Störig
Das große Wörterbuch der deutschen Sprache

Störig

Das große Wörterbuch der deutschen Sprache

erarbeitet von Ursula Hermann
unter Mitarbeit von Horst Leisering
und Heinz Hellerer

Parkland

„Einführung und Hinweise für den Benutzer"
und „Regeln zur Rechtschreibung, Zeichensetzung
und Grammatik" entstanden in Zusammenarbeit von
Ursula Hermann und Hans Joachim Störig
Koordination und Redaktion:
Lexikographisches Institut, München

ISBN 3-88059-3809

© 1990 Parkland Verlag GmbH, Stuttgart
© 1985 Lexikographisches Institut, München
Einband: Dieter Gebhardt
Satz und Druck: C. H. Beck'sche Buchdruckerei, Nördlingen
Bindung: Franz Spiegel Buch GmbH, Ulm
– 65141/4 –

Inhalt

Vorwort — 7

Einführung und Hinweise für den Benutzer — 8

Abkürzungen und Zeichen — 17

Aussprachebezeichnungen — 19

Frakturschrift, deutsche Schreibschrift, griechisches und kyrillisches Alphabet, römische Ziffern — 20

Zeichen zur Umschrift nichtlateinischer Schriften — 21

Korrekturzeichen, nach DIN 16511 — 22

Länder, Städte und ihre Einwohner — 25

Regeln zur Rechtschreibung, Zeichensetzung und Grammatik — 30

Deklinations- und Konjugationstabellen — 79

Wörterverzeichnis A–Z — 95

Vorwort

Wörterbücher zählen zu den Büchern, die man erst dann richtig schätzenlernt, wenn sie einem nicht zur Hand sind. Ein Wort, dessen Bedeutung einem nicht geläufig ist, schafft Unbehagen. Plötzlich hängt alles an einem Wort. Das weiß jeder, der sich der Sprache nicht nur als bloßes Kommunikationsgeräusch bedient. Mit jedem Wort, das wir uns aneignen, wächst auch unser Wissen, und mit dem Wissen unsere Sicherheit. Es ist durchaus keine Schande, ein Wort nicht zu kennen, wohl aber ist es eine Schande, diesen Zustand der Unwissenheit nicht sofort mit einem Griff nach einem Wörterbuch zu beenden. Kein Mensch beherrscht alle Wörter der deutschen Sprache, selbst über alle Ausdrücke unserer Umgangssprache wird kaum einer verfügen. Die Benutzung des Wörterbuchs ist also das Selbstverständlichste der Welt – doch wie sooft beim Selbstverständlichen: es geschieht viel zu selten. Meist begnügt man sich damit, die Bedeutung eines fremden Wortes aus einem Zusammenhang zu erraten, in dem man ihm begegnet. Das führt zu vagen, unklaren Wortvorstellungen, so daß beim Sprechen oder Schreiben nicht so recht klar werden kann, wovon überhaupt die Rede ist. Schwätzer leben von der Überzeugung, daß das Denken sich schon beim Munter-drauf-los-Reden einstellen würde. Sie vergessen, daß nur eine genaue und sichere Kenntnis der Wortbedeutungen ein genaues und sicheres Denken garantiert.

Um die Benutzung eines Wörterbuchs zu erleichtern, sind den Wörtern Beispiele beigegeben. Schon Jakob Grimm bemerkte in seiner Einleitung zum Deutschen Wörterbuch (1854): „Wörter verlangen Beispiele, die Beispiele Gewähr, ohne welche ihre beste Kraft verloren ginge." Nur aus dem Beispiel heraus wird die Bedeutung eines Wortes lebendig. Bestünden Wörterbücher nur aus Bedeutungserläuterungen, würde man sich im Labyrinth der Möglichkeiten schnell verirren. Beispiele dagegen schaffen Sicherheit.

Viele Menschen haben Angst vor Wörterbüchern. Die Fülle der Informationen schüchtert sie ein, und sie bringen ganz einfach die Geduld und auch sehr oft gar nicht den Mut auf, ein unbekanntes oder zweifelhaftes Wort nachzuschlagen. Dabei wird es ihnen leichtgemacht. Da ist zunächst einmal die alphabetische Ordnung, die selbst dem Unerfahrensten und Kleinmütigsten einleuchten müßte. Überdies hat jahrhundertelange Erfahrung uns gelehrt, wie ein Wörterbuch auszusehen hat, um den Benutzer nicht ins Schwitzen zu bringen. Eine klare typographische Gliederung der Erklärungen und Beispiele ist die beste Voraussetzung für eine stolperfreie Benutzung. Doch ohne aufmerksame Geduld geht es nicht. Wörterbücher sind keine Lesebücher, in denen man gedankenverloren schmökern könnte. Man muß schon wissen, was man will, um in ihnen zurechtzukommen. Je präziser die Frage, um so präziser die Antworten. Diese alte Weisheit gilt in einem besonderen Maße auch für die Benutzung eines Wörterbuchs. Nachschlagen heißt mit größter Sorgfalt und größter Aufmerksamkeit lesen. Mit einem Darüberhuschen ist es nicht getan.

Vergessen wir nicht: Solange ein Wort nur im Wörterbuch steht, ist es tot. Erst durch seinen Gebrauch, durch seinen häufigen Gebrauch wird es lebendig. Wörterbücher sind also keine Wortgrabkammern, sondern alltägliche Hilfsmittel für den Umgang mit der deutschen Sprache, die uns, wenn wir kritisch und genau hinhören und lesen, immer wieder Fragen aufgeben muß. Wer mit einem kleinen Wortschatz zufrieden ist, kann die Welt, in der wir leben, nicht so verstehen, wie sie es verdient und verlangt. Insofern das Wort nicht nur bedeutet, sondern auch bezeichnet, ist es ein Name. Wie können wir also mit Dingen umgehen, deren Namen wir gar nicht kennen. Gründe, um die Nase in ein Wörterbuch zu stecken, gibt es genug. Wir müssen es nur tun, wohl wissend, daß unsere Sprache nichts Festes ist; sie wandelt sich in unserer kurzlebigen Zeit gleichsam unter der Hand. So gesehen sind Wörterbücher Wegweiser, ohne die wir im Widerstreit der Bedeutungen und Wörter schnell verzagen müßten.

Prof. Dr. Herbert Heckmann
Präsident der Deutschen Akademie
für Sprache und Dichtung

Einführung
und Hinweise für den Benutzer

Was dieses Buch will Für jeden, der die deutsche Sprache spricht und schreibt, der sie sprechen und schreiben lernt oder sich sonst mit ihr beschäftigt, soll dieses Buch ein Hilfsmittel sein, das ihm in rechtschreiblichen, grammatischen und vielen anderen sprachlichen Fragen Auskunft gibt, das nach Format und Umfang gut zu handhaben und damit für den täglichen Gebrauch geeignet ist. Es enthält die Wörter der deutschen Gegenwartssprache (eine Feststellung, die später noch präzisiert und auch eingeschränkt werden muß), und zwar sowohl deutsche Wörter als auch Fremdwörter, dazu möglichst viele neue Wörter, wie sie in allen Lebensbereichen ständig auftauchen, sei es neu gebildet, sei es aus einer fremden Sprache (heute überwiegend dem Anglo-Amerikanischen) oder aus einer Fachsprache übernommen. Dabei spielen die Sprache des Sports (Clinch, Spurt, Finish), der Medien (Moderator, Live-Übertragung) und der Technik, vor allem der Elektronik (programmieren, Software) eine wichtige Rolle. Solche Wörter gehen heute aus ihrem Sachbereich, in dem sie seit längerem geläufig sind, häufig in die Gemeinsprache über und werden auch in übertragenem Sinne verwendet.

Übersichtliche Anordnung und zweckentsprechende Wahl der Schriften und Schriftgrößen (Stichwort und Ordnungsziffern fett, Definition kursiv, Anwendungsbeispiele und grammatische Angaben in gerader Schrift) sollen das Finden des gesuchten Stichworts und das Aufnehmen des zugehörigen Artikels möglichst leichtmachen.

Außer über die korrekte Schreibung des Wortes informiert das Wörterbuch über die Silbentrennung; über die Betonung deutscher Wörter; bei schwierigen Wörtern und Fremdwörtern über die Aussprache; über die Zugehörigkeit zu einer bestimmten Wortart und weitere grammatische Eigenheiten; über den Gebrauch des Wortes im Satzzusammenhang oder in bestimmten Wendungen; über seine Zugehörigkeit zu einer Mundart, einer Fach- oder Sondersprache und einer bestimmten Stilebene; über die Herkunft (bei Fremdwörtern regelmäßig, bei deutschen Wörtern gelegentlich).

Ein Prinzip sei besonders hervorgehoben, um das sich die Mitarbeiter dieses Buches bemüht haben – aufgrund vielfältiger Erfahrungen über Schwierigkeiten, die bei der Benutzung von Wörterbüchern entstehen. Solche Schwierigkeiten erwachsen, wenn der Leser in irgendeinem Zusammenhang auf ein Wort stößt, das er nicht versteht oder in der vorliegenden Verwendung nicht voll versteht, wenn er ein Wort selbst verwenden möchte, sich aber über seinen Einbau in einen Satz, insbesondere mit den erforderlichen Ergänzungen, nicht klar ist. Deshalb ist ein grundlegendes Prinzip dieses Wörterbuches das Prinzip der Einsetzbarkeit: die Erklärung soll so formuliert sein, daß der Leser sie an Stelle des Wortes, um das es ihm geht, in seinen Satz oder Kontext einbauen kann. Dies ist besonders wichtig bei Verben, die eine Ergänzung in einem bestimmten Kasus fordern.

Dem Stichwort lassen wir möglichst oft ein oder mehrere Anwendungsbeispiele folgen, die den Gebrauch des Wortes im Satz deutlich machen. Als Beispielsätze werden dabei Sätze aus der Alltagssprache bevorzugt, die der Leser nach seinen Bedürfnissen anwenden oder umbauen kann. Wir haben mit Bedacht auf Belegstellen aus der Literatur verzichtet. Die Sprache der Literatur bedient sich oft langer und verwickelter Sätze; vor allem weicht der Sprachgebrauch des Dichters häufig vom Sprachgebrauch des Alltags ab (das ist sogar einer seiner Wesenszüge), auf den es uns gerade besonders ankommt.

Auf den folgenden Seiten wird im einzelnen dargelegt, wie die Verfasser bei der Auswahl und der Behandlung der Wörter vorgegangen sind und wie der Benutzer sich des Werkes bedienen soll, um seinen Inhalt möglichst vollständig ausschöpfen zu können.

Abc-Ordnung Die Stichwörter erscheinen in strenger Abc-Folge; aus mehreren Wörtern bestehende Ausdrücke fügen sich dieser Folge ebenfalls ein, sie werden wie *ein* Wort behandelt. Auf mensis currentis folgt also Mens sana in corpore sano.

Die Umlaute ä, ö, ü werden wie die einfachen Vokale a, o, u behandelt, entsprechend äu wie au. Es folgt also auf Packung das Wort Pädagoge und danach Paddel. Dagegen gelten ae und oe als zwei Buchstaben: auf prädominieren folgt also praecox. Unterscheiden sich zwei Wörter nur durch den Umlaut, wie Buhne und Bühne, so steht das nicht umgelautete Wort an erster Stelle. ß ist wie ss eingeordnet.

Einführung

zur Auswahl der Stichwörter

Kein Wörterbuch der deutschen Gegenwartssprache kann deren vollständigen Wortschatz darbieten – selbst wenn es den sechs- oder achtfachen Umfang dieses Bandes hat. Dem Bestreben nach Vollständigkeit sind Grenzen gesetzt in mehrfacher Hinsicht:

1. Das Wörterbuch kann im allgemeinen nur das Grundwort geben (bei Substantiven den Nominativ des Singulars, bei Verben den Infinitiv usw.), nicht aber jede Form, die von dieser Grundform durch Konjugation, Deklination oder Steigerung abgeleitet ist. Die abgeleitete Form kann jedoch aus den Tabellen S. 79 ff., in Einzelfällen auch aus dem Regelteil S. 30 ff. entnommen werden.

2. Unsere Sprache ist komponierfreudig; sie bildet Zusammensetzungen, besonders von Substantiven, mühelos. Es ist unmöglich und auch nicht nötig, alle denkbaren Komposita mit -tür wie Haustür, Zimmertür, Schlafzimmertür, Schranktür, Stalltür, Gartentür aufzunehmen, zumal der Sinn dieser Komposita sich in der Regel aus dem ihrer Bestandteile ergibt.

3. Grenzen sind auch gesetzt für die Aufnahme von älteren Wörtern sowie Wörtern aus Mundarten, Sonder- und Fachsprachen, besonders aus Wissenschaft und Technik. Die Zahl der Fachwörter in Naturwissenschaft, Medizin, Technik zählt nach Hunderttausenden. Deshalb sind nur soweit Wörter aus den Fachsprachen aufgenommen worden, als sie in den Allgemeingebrauch übergegangen sind. Das geschieht freilich täglich von neuem.

4. Neubildungen aus Slang und Jugendsprache erweisen sich nach einiger Zeit häufig als Eintagsfliegen, weshalb eine gewisse Zurückhaltung beim Aufnehmen solcher Wörter geboten schien.

Österreich, Schweiz, DDR

Das Wörterbuch möchte die deutsche Gegenwartssprache erfassen, nicht nur für die Bundesrepublik, sondern auch für Österreich, die Schweiz, die DDR. Besonderheiten des Sprachgebrauchs in diesen Ländern sind soweit wie möglich berücksichtigt. Die in der Schweiz weitverbreitete Schreibung des ß-Lautes als ss (gross für groß) ist jedoch nicht bei jedem Einzelstichwort vermerkt.

veraltete Wörter

Viele Wörter, die heute nicht mehr benutzt werden, begegnen dem Leser noch in der Literatur; deshalb ist eine erhebliche Anzahl veralteter oder im Veralten begriffener Wörter aufgenommen worden. Wir unterscheiden dabei zwischen „veraltet" (gekennzeichnet durch das Zeichen †) und „veraltend" (ausgeschrieben).

Das Kreuz für „veraltet" bedeutet, daß es die Sache zwar noch gibt, die Bezeichnung aber nicht mehr gebraucht wird, z. B. bei Broderie ⟨†⟩ *Stickerei*. Außerdem unterscheiden wir zwischen dem Zusatz „†" und „früher". Der Zusatz „früher" wird verwendet, wenn es die Sache selbst nicht mehr gibt, z. B. beim Stichwort „Landestrauer"; der Zusatz entfällt, wenn diese Tatsache aus der Definition hervorgeht oder ein Hinweis wie „im MA" oder „um 1800" gegeben ist.

Abkürzungen als Stichwort

Bezeichnungen, die in abgekürzter Form geläufiger sind als in der Vollform (z. B. TÜV), erscheinen nur in der Kurzform als Stichwort; es folgt darauf die ausgeschriebene Form: TÜV ⟨Abk. für⟩ *Technischer Überwachungs-Verein*.

zum Aufbau der Artikel
Definition

Die Definition der Stichwörter ist möglichst einfach gehalten und verwendet wenig Fremdwörter, um dem Leser weiteres Nachschlagen zu ersparen. Bei Ableitungen wird das Stichwort durch Wörter der gleichen Wortfamilie erklärt, um den Leser auf das Grundwort hinzuführen, bei dem er eine genaue Definition sowie Beispiele findet. So wird bei dem Wort ‚Anerkennung' als Definition nicht ‚Lob' o. ä. gegeben, sondern ‚das Anerkennen' bzw. ‚das Anerkanntwerden', weil beim Verb ‚anerkennen' Näheres zu finden ist. Dieses Prinzip läßt sich allerdings nicht in allen Fällen durchführen.

römische und arabische Ziffern

Die Numerierung mit römischen Ziffern bezieht sich auf grammatische Unterschiede, z. B. Unterschiede des Geschlechts oder der erforderlichen Ergänzungen. Arabische Ziffern trennen Bedeutungsunterschiede. Eine weitergehende Differenzierung der Bedeutung ist durch kleine Buchstaben gekennzeichnet.

grammatische Angaben

In spitzen Klammern hinter dem Stichwort stehen die Angaben über die Wortart des Stichwortes sowie über seine grammatischen Formen (Deklination, Konjugation, Steigerung) sowie gegebenenfalls über Ergänzungen, die das Stichwort verlangt. Im einzelnen wird darüber weiter unten bei den Wortarten (Substantive, Adjektive, Verben) gesprochen.

Aussprache

Wo Zweifel über die richtige Aussprache bestehen können, ist sie in eckigen Klammern hinter dem Stichwort angegeben, und zwar in den Zeichen des Internationalen Phonetischen Alphabets (S. 19). Teile des Stichworts, zu denen die Angabe der Aussprache nicht erforderlich ist, werden dabei durch einen kurzen waagerechten Strich ersetzt: Amouren [-mu̯-]. Bei chemischen Bezeichnungen auf -id oder -it haben wir das i immer

Einführung

als lang zu sprechen markiert, obwohl in manchen Gegenden die kurze Aussprache üblich ist.

Betonung Die Betonung eines Wortes wird durch einen Punkt unter dem Vokal (kurz zu sprechen: Ba̱lsam) oder durch einen Strich unter dem Vokal oder Diphthong (lang zu sprechen: balsa̱misch, beile̱ibe) kenntlich gemacht. Bei einsilbigen Wörtern zeigt der Punkt bzw. Strich nur an, ob der Vokal kurz oder lang gesprochen wird (Ba̱lg, scho̱n) bzw. daß der Diphthong nicht getrennt ausgesprochen wird (La̱ib).

Silbentrennung Die Silbentrennung wird durch einen senkrechten Strich angegeben, z.B. Spi|ri|tua|li|en. Ein ck wird bei Silbentrennung zu k|k; diese Angabe steht jeweils in spitzen Klammern hinter dem Stichwort: Fackelzug ⟨-k|k-⟩. Die deutschen Wörter wie auch Fremdwörter aus dem Englischen und Französischen sind nach deutschen Regeln getrennt (z.B. pei|ni|gen, Figh|ter, di|stin|guiert), die Fremdwörter aus dem Lateinischen und Griechischen größtenteils nach Sprachsilben (z.B. In|ter|es|se, Päd|ago|ge).

Etymologie Deutsche Wörter erhalten im allgemeinen keine Herkunftsangabe, wenn sie germanischen Ursprungs sind und sich die Bedeutung bis ins Germanische oder Indogermanische im wesentlichen unverändert zurückverfolgen läßt. Ausnahmen bilden interessante oder merkwürdige Wörter wie z.B. Griesgram. Bei Fremdwörtern ist eine mehr oder weniger kurze Etymologie angegeben. Ein scheinbar deutsches Wort, das fremden Ursprungs ist, ohne daß die äußere Form dies ahnen läßt, erhält ebenfalls eine Etymologie, z.B. Hängematte.

Wer weitergehende Angaben über Herkunft und Bedeutungsgeschichte wünscht, muß ein etymologisches Wörterbuch zu Rate ziehen. Für viele Fremd- und Neuwörter, die in den meisten Fachwerken noch nicht zu finden sind, bietet sich „Knaurs Herkunftswörterbuch" (auch „Knaurs etymologisches Lexikon" genannt) an.

Sind zwei gleichklingende Wörter unterschiedlicher Herkunft, so steht jedes für sich als Stichwort und trägt eine kleine hochgestellte Kennziffer (vgl. Otter[1], Otter[2]).

Das Zeichen < bedeutet: das Wort ist entstanden oder gebildet worden aus ..., z.B. Aktion [< lat. *actio* „Handlung, Tätigkeit"]

mundartliche Wörter Wörter, die bestimmten Mundarten zuzuordnen sind, haben in spitzen Klammern einen entsprechenden Zusatz, z.B. schwäbisch ⟨schwäb.⟩. Läßt sich der Gebrauch des Wortes nicht auf eine einzige Mundart begrenzen, so wird der größere Sprachraum angegeben, in dem es zu Hause ist, z.B. mitteldeutsch ⟨mdt.⟩, oberdeutsch ⟨oberdt.⟩, niederdeutsch ⟨nddt.⟩, oder der geographische Raum, z.B. norddeutsch ⟨norddt.⟩, österreichisch ⟨österr.⟩. Läßt sich ein Wort weder einer Mundart noch einem geographischen Raum eindeutig zuordnen, gehört es aber auch nicht zur allgemeinen Umgangssprache, so erhält es den Zusatz: landschaftlich ⟨landsch.⟩.

Wörter aus Sondersprachen Wörter, die der Sprache besonderer Gruppen angehören oder entstammen, sind gekennzeichnet durch Zusätze wie ⟨Jägerspr.⟩, ⟨Schülerspr.⟩, ⟨Kaufmannsspr.⟩ u.ä.

Bereichsangaben Oft ist bei einem Wort der fachsprachliche Bereich angegeben, in dem es vorkommt, und zwar dann, wenn aus der Definition der Bereich nicht ohne weiteres ersichtlich ist oder wenn das Wort nur in diesem Bereich vorkommt und nirgends sonst oder wenn die Bedeutung eines Wortes in einem Bereich von der in einem anderen Bereich abgegrenzt werden soll. Diese Angaben stehen in abgekürzter Form in der spitzen Klammer hinter dem Stichwort, z.B. ⟨Med.⟩ = Medizin, ⟨Mus.⟩ = Musik. Auch Zeitabschnitte werden angegeben, z.B. im Mittelalter ⟨im MA⟩, ferner Hinweise auf begrenzte Anwendungsgebiete, z.B. an Kraftfahrzeugen ⟨an Kfz⟩.

Stilebenen Sehr oft erhält ein Wort einen Zusatz, der seine Zugehörigkeit zu einem bestimmten Stilbereich kennzeichnet: zur dichterischen (poetischen) Sprache ⟨poet.⟩, zur gehobenen Schriftsprache ⟨geh.⟩, zur Umgangssprache ⟨ugs.⟩, zur Vulgärsprache ⟨vulg.⟩ und zu einem Bereich zwischen Umgangssprache und Vulgärsprache, der entweder mit „salopp" oder „derb" bezeichnet wird. Die Grenzen zwischen den Bereichen sind fließend; mancher Leser wird ein Wort „schon" als derb empfinden, ein anderer „noch" als umgangssprachlich betrachten. Diese Angaben sind daher eher als Hinweise und nicht als bindend zu verstehen. Ist bei einem Stichwort keine dieser Stilebenen angegeben, dann gehört es zur Schriftsprache.

Verweise Verweise von einem weniger gebräuchlichen Wort auf das gleichbedeutende, gebräuchliche Wort sind durch einen Pfeil (→) gekennzeichnet, der dazu auffordert, bei dem betreffenden Wort nachzuschlagen, z.B. Blaubeere →Heidelbeere; oder: Bickbeere →Heidelbeere; oder: Schwarzbeere →Heidelbeere. Bei „Heidelbeere" findet sich die Bedeutungserklärung. Das Wort, von dem aus verwiesen wird, erscheint an der angegebenen Stelle wieder, und zwar als Synonym (abgekürzt: Syn.), z.B. Heidelbeere ⟨f.11⟩ **1** .... **2** ....; Syn. *Bickbeere, Blaubeere, Schwarzbeere*.

Handelt es sich bei dem Wort, auf das verwiesen wird, nur um eine orthographische

Einführung

ph- und f-Schreibung Variante, so wird dort der Zusatz „auch:" verwendet, z. B. Anschovis → *Anchovis*. Bei „Anchovis" steht nach der Definition der Zusatz: auch: *Anschovis*.

Da sich im Deutschen die eindeutschende Schreibung für Fremdwörter, besonders das Ersetzen des griechischen ph durch f, ausbreitet, haben wir uns bei einigen vielgebrauchten Wörtern, wie Telefon, Fotografie, Telegrafie, diesem Trend angeschlossen, nicht aber bei Fremdwörtern, die in der Fachsprache weiterhin mit ph geschrieben werden; auch nicht bei zusammengesetzten Wörtern, wie z. B. Photosynthese, deren ersten Wortteil man zwar mit f schreiben könnte, deren zweiten Teil man aber in der üblichen fremden Form schreibt. Es sähe merkwürdig aus, wollte man den ersten Wortteil eindeutschen, den zweiten aber nicht. Das mag inkonsequent wirken, entspricht aber dem gegenwärtigen Stand der Entwicklung unserer Sprache. Wir haben uns deshalb zu diesem Kompromiß entschlossen. Die alte Schreibung bei völlig eingedeutschten Wörtern beizubehalten, wäre rückschrittlich; Fachwörter gewaltsam in eine neue Form zu pressen, hieße der Entwicklung allzu weit vorauszugreifen. Zudem ist nicht sicher, ob die Entwicklung weiter auf Eindeutschung hinstrebt; dem entgegen wirkt die Tendenz, international verbreitete Wörter so zu schreiben, daß Ausländer sie ohne Schwierigkeit erkennen.

Warenzeichen Ist ein Wort als Warenzeichen einer Firma geschützt, so wird dies hin und wieder angegeben, und zwar in der spitzen Klammer hinter den grammatischen Angaben zum Stichwort, abgekürzt: Wz. Fehlt dieses Kürzel, bedeutet das jedoch nicht, daß das betreffende Wort nicht geschützt ist.

Tilde Eine Tilde (~) wird verwendet, wenn innerhalb des Artikels das Stichwort in den Anwendungsbeispielen wiederholt wird, und zwar nur, wenn es mit einer Ableitungssilbe gebraucht wird, z. B. im Stichwort tragbar: ein ~er Fernsehapparat, oder wenn zum Stichwort ein Beispiel für eine Zusammensetzung gegeben wird, z. B. beim Stichwort Trank: (Heil~). Wird das Stichwort unverändert wiederholt, erscheint es nur mit dem Anfangsbuchstaben und Punkt, z. B. tragbar: das ist nicht mehr t.

zu den wichtigsten Wortarten **Substantive**

Ge|halt I ⟨m. 1⟩ 1 *Inhalt;* der geistige G. einer Dichtung 2 *wertvoller, wichtiger Inhalt;* dieser Roman hat nicht viel G. 3 *Anteil (eines Stoffes an einer Mischung;* Fett~) II ⟨n. 4⟩ *regelmäßige Vergütung für die Arbeit (von Angestellten);* er hat, bezieht ein G. von 3000 DM; die Gehälter auszahlen

1. Stichwort; Silbentrennung durch |; Betonung durch Punkt (kurze und betonte Aussprache)
2. römische Ziffer; sie trennt gleichklingende Wörter verschiedenen Geschlechts
3. grammatische Angaben; Angabe des Geschlechts: das Wort I ist ein Maskulinum, das Wort II ein Neutrum; Nummer des Musters (im Deklinationsschema S. 79), nach dem das betreffende Wort dekliniert wird
4. arabische Ziffer; sie trennt die verschiedenen Bedeutungen
5. Erklärung (Definition) in Kursivschrift
6. Anwendungsbeispiel
7. Beispiel für eine Zusammensetzung mit dem Stichwort als Grundwort

Haut|gout ⟨[ogu] m., -s, nur Sg.⟩ *intensiver Geschmack gut abgehangenen Wildbrets;* einen H. haben ⟨übertr.⟩ *etwas fragwürdig, anrüchig sein* [<frz. *hautgoût* in ders. Bed., <*haut* „stark, hoch" und *goût* „Geschmack"]

1. Stichwort; Silbentrennung durch |
2. Aussprache
3. grammatische Angaben; Geschlecht: Maskulinum; der Genitiv Singular wird mit der Endung -s gebildet; nur Sg.: das Wort wird nur im Singular gebraucht
4. Erklärung (Definition) in Kursivschrift
5. Anwendungsbeispiel
6. Verwendung im übertragenen Sinne
7. Herkunft des Wortes

Einführung

Bei einem Substantiv wird das Geschlecht (m. = maskulinum, f. = femininum, n. = neutrum) angegeben sowie die Nummer des Musters (im Deklinationsschema S. 79ff.), nach dem es dekliniert wird. Läßt sich ein Substantiv nicht in dieses Schema einordnen (wie das bei sehr vielen Fremdwörtern der Fall ist), dann erhält es die Angabe des Genitivs Singular und des Nominativs Plural: Delirium ⟨n., -s, -ri|en⟩. Weist das Wort irgendeine Besonderheit auf (hat z.B. der Genitiv Singular oder Nominativ Plural keine Endung oder kann es nur im Singular bzw. nur im Plural benutzt werden), dann wird auch das vermerkt: Leute ⟨nur Pl.⟩, Kasus ⟨m., -, -⟩, Informatik ⟨f., -, nur Sg.⟩. Der Vermerk ⟨meist Pl.⟩ bedeutet, daß der Singular zwar existiert, aber selten gebraucht wird, z.B. beim Stichwort Ingrediens, Ingredienz.

Weist ein Substantiv je nach seiner Bedeutung unterschiedliches Geschlecht auf (die Steuer, das Steuer), so wird mit römischen Ziffern untergliedert.

Um den Rahmen dieses Wörterbuches nicht zu sprengen, ist bei den Substantiven grundsätzlich auf einige Wortgruppen verzichtet worden. Es handelt sich dabei um Wörter, die der Leser selbst bilden oder ableiten kann, wenn er das betreffende Grundwort kennt:

1. **Substantive auf -er,** die von Verben abgeleitet sind, z.B. Schenker (jemand, der schenkt), Aufpasser (jemand, der aufpaßt), es sei denn, das Substantiv hätte eine besondere Bedeutung, die sich nicht aus der einfachen Ableitung ergibt (z.B. Täter);

2. **zusammengesetzte Wörter,** deren Sinn aus ihren Bestandteilen erschlossen werden kann, z.B. Fußgängerunterführung, Schwimmweltmeisterschaft. Auch wenn zur Zusammensetzung des Wortes Bildungselemente verwendet werden müssen, wie -er- (in Bilderrahmen), -s- (in Gebrauchsanweisung), -n- (in Suppenteller), sind solche Wörter nicht aufgenommen worden, sofern ihre Bedeutung sich aus den beiden Teilen von selbst erklärt. Die meisten dieser Wörter sind in Rechtschreibbüchern (wie Knaurs Rechtschreibung) verzeichnet;

3. **Ableitungen auf -heit, -keit** (oder **-igkeit), -ung, -tät** (oder **-ität)** werden, wenn ihre Bedeutung sich aus dem Grundwort ergibt, ohne Erklärung an das betreffende Grundwort angehängt, sofern sie diesem im Alphabet unmittelbar folgen, z.B. abschüssig – Abschüssigkeit, planlos – Planlosigkeit, anspannen – Anspannung;

4. bei **Ableitungen auf -ion** oder **-ation** und **-ierung** oder **-isierung** gilt folgender Grundsatz: Ist die Form auf -tion oder -ation gebräuchlich, so erscheint sie als Stichwort und wird auch erklärt, z.B. Zentralisation. Gibt es daneben auch die Form auf -ierung oder -isierung (Zentralisierung), so wird diese ohne Erklärung an das Grundwort (zentralisieren) angehängt, zum Zeichen, daß man auch diese Form bilden kann;

5. **Ableitungen auf -in** werden nur aufgeführt, wenn sich durch die Ableitung orthographisch etwas ändert, wie bei Anwalt – Anwältin. Ableitungen, bei denen das Endungs-e wegfällt (Chinese – Chinesin), gelten als regelmäßig und werden deshalb nicht eigens genannt;

6. **Eigennamen** sind nicht aufgenommen worden, ebensowenig solche geographischen Namen, die als Eigennamen zu betrachten sind. Völkernamen und von Länder- und Städtenamen abgeleitete Bezeichnungen für deren Einwohner sind (sofern unregelmäßig gebildet, wie Finne oder Madagasse) in einer Liste auf Seite 25ff. zusammengestellt;

7. auf **Verkleinerungsformen** ist im wesentlichen verzichtet worden, da die Regeln zu ihrer Bildung als bekannt vorausgesetzt werden können (vgl. Stichwort „Diminutiv" S. 40). Aufgenommen wurden nur unregelmäßige Formen, wie Krägelchen, Härchen, sowie solche, die gegenüber dem Grundwort eine neue Bedeutung enthalten, besonders in bestimmten Wendungen: Mütchen (sein Mütchen kühlen), Häuschen (aus dem Häuschen sein), Herrchen (geschniegelter junger Mann, Mann als Hundebesitzer).

Adjektive **arg** ⟨Adj., ärger, am ärgsten⟩ **1** *schlimm, ärgerlich;* das ist wirklich arg!; ein ~es Mißgeschick; damit machst du alles nur noch ärger; das Ärgste dabei ist, daß . . .; etwas liegt im argen *etwas ist sehr in Unordnung, sehr verworren* **2** *böse, bösartig;* ein ~er Gedanke, Blick; ich habe mir nichts Arges dabei gedacht **3** *stark, heftig;* ~e Schmerzen haben; treibt es nicht zu arg! **4** ⟨Adv.⟩ *sehr;* das ist arg lieb von dir; es ist schon arg spät

Einführung

1. Stichwort; der Punkt unter dem a bezeichnet die kurze Aussprache
2. Angabe der Wortart (Adjektiv); unter Nr. 4 bedeutet die Angabe ⟨Adv.⟩, daß das Adjektiv auch als Adverb verwendet werden kann und als solches eine andere Bedeutung erhält
3. Angabe der unregelmäßigen Steigerung
4. arabische Ziffer; sie trennt die verschiedenen Bedeutungen
5. Erklärung (Definition) in Kursivschrift
6. Anwendungsbeispiele

mies ⟨Adj., -er, am -esten⟩ **1** ⟨im jidd. Sprachgebrauch⟩ *häßlich* **2** ⟨ugs.⟩ *schlecht, übel;* in einer ∼en Verfassung sein; mir ist m. **3** *wertlos, minderwertig, abstoßend;* ein ∼er Charakter; ∼e Handlungsweise; sich m. verhalten [< jidd. *mis, miuss* „schlecht, unangenehm, widrig; häßlich", < hebr. *miʾus* „Abscheu, Widerwille"]

1. Stichwort; der Strich unter dem ie bezeichnet die lange Aussprache
2. Angabe der Wortart (Adjektiv)
3. Steigerung
4. arabische Ziffer; sie trennt die verschiedenen Bedeutungen
5. Anwendungsbereich
6. Erklärung (Definition) in Kursivschrift
7. Stilebene; das Wort wird in dieser Bedeutung nur umgangssprachlich gebraucht
8. Anwendungsbeispiel
9. Herkunft des Wortes

Beim Adjektiv wird die Wortart angegeben ⟨Adj.⟩. Steigerungsformen werden nur genannt, wenn sie unregelmäßig sind, z. B. kalt ⟨kälter, am kältesten⟩ oder in abgekürzter Form: schlau ⟨-er, am -(e)sten⟩. Kann das Adjektiv nicht gesteigert werden, ist dies in der Form ⟨o.Steig.⟩ = ohne Steigerung vermerkt. Fehlen derartige Angaben, dann ist die Steigerung möglich und regelmäßig. Der Vermerk ⟨o.Dekl.⟩ bedeutet, daß das Adjektiv nicht dekliniert werden kann, z. B. lila. Zum Gebrauch des Adjektivs im Satz werden folgende Angaben gemacht:

1. das Adjektiv kann nur als Attribut dienen ⟨nur als Attr.⟩, z. B. hiesig, die ∼en Zeitungen (dagegen nicht als Prädikativ, also nicht: die Zeitungen sind hiesig);
2. das Adjektiv kann nur mit einer Form von „sein" (prädikativ) verwendet werden: ⟨nur mit „sein"⟩, z. B. schade, das ist schade (aber nicht als Attribut, also nicht: ein schades Ereignis);
3. es kann als Attribut und mit „sein" verwendet werden ⟨nur als Attr. und mit „sein"⟩, z. B. kinderlieb, das ∼e Mädchen, sie ist sehr k.;
4. es kann als Attribut (vgl. Ziffer 1) sowie als Adverb dienen ⟨nur als Attr. und Adv.⟩, z. B. abschließend, ∼e Worte, a. sagte er . . .;
5. manche Adjektive können nur adverbial verwendet werden, und zwar in bestimmten Wendungen, z. B. anheischig. Dies ist in den spitzen Klammern vermerkt in der Form ⟨Adj., nur in der Wendung⟩ sich a. machen.

Sind alle Verwendungsweisen möglich, ist außer der Wortart ⟨Adj.⟩ nichts vermerkt. Die Eignung zum prädikativen Gebrauch schließt ein, daß das Adjektiv statt mit „sein" auch mit „werden" auftreten kann, z. B. er ist krank, er wird krank.
Aus Verben gebildete Adjektive in Form des Partizips Präsens oder Perfekt (blendend, aufgeblasen, ungehobelt) werden nur dann als eigenes Stichwort aufgeführt, wenn sie in dieser Form eine besondere Bedeutung erhalten.
Adjektive auf -bar und -los (auslegbar, reimlos) werden größtenteils nicht aufgeführt, da ihre Zahl für den Umfang dieses Buches zu groß ist. Die Ableitungssilben -bar und -los erscheinen jedoch als Stichwort mit einer Erklärung und einigen Beispielen, so daß der Leser selbst ähnliche Adjektive bilden kann. Wörter, bei denen sich durch die Ableitung eine neue Bedeutung ergibt (kopflos – kopflose Flucht), werden als eigene Stichwörter aufgeführt, ebenso einige sehr häufig gebrauchte Wörter wie z. B. machbar.

Verben **auf|stel|len** ⟨V. 1, hat aufgestellt⟩ **I** ⟨mit Akk.⟩ **1** etwas a. **a** *hinstellen, an eine Stelle, einen Platz stellen;* Figuren a. **b** *aufbauen, errichten;* ein Denkmal a. **c** *in aufrechte*

13

Einführung

Stellung, Haltung bringen; den Mantelkragen a.; der Esel stellt die Ohren auf **d** *durch Nachdenken erarbeiten und zum Ausdruck bringen;* eine Theorie, eine Regel, einen Grundsatz a. **e** → *aufsetzen (I,4)* **f** ⟨norddt.⟩ → *anstellen (I,1b)* **2** jmdn. a. **a** *jmdn. beauftragen, an einer bestimmten Stelle Wache zu halten;* Posten, Wachen a. **b** *kampfbereit machen;* Truppen a. **c** *zur Wahl vorschlagen;* Kandidaten a. **d** ⟨Sport⟩ *in eine Mannschaft berufen* **II** ⟨refl.⟩ sich a. *sich in einer bestimmten Ordnung hinstellen;* eine Mannschaft stellt sich auf

1. Stichwort; Silbentrennung durch |; Betonung durch Strich (ˍ)
2. Wortart (Verb) und Nummer des Musters (im Konjugationsschema S. 89ff.), nach dem das Verb konjugiert wird
3. Angabe des Perfekts: es wird mit „haben" gebildet
4. römische Ziffer; sie trennt die Anwendungsweisen: I mit Akkusativobjekt, II als reflexives Verb
5. Angabe des Kasus, den das Verb verlangt (unter I: Akkusativ); Angabe, daß es in anderer Bedeutung auch reflexiv gebraucht werden kann (unter II)
6. arabische Ziffer; sie trennt die verschiedenen Bedeutungen
7. kurzer Hinweis darauf, ob das Verb auf eine Sache zielt (1) oder auf eine Person (2) oder auf den Sprecher selbst (II)
8. kleiner Buchstabe zur Untergliederung der unter 1 und 2 angegebenen Bedeutung
9. Erklärung (Definition) in Kursivschrift
10. Anwendungsbeispiel
11. Verweis auf ein anderes Wort, das mit dem Stichwort synonym ist
12. Angabe des mundartlichen oder geographischen Raumes, in dem das Wort in dieser Bedeutung bevorzugt verwendet wird
13. Bereich, in dem das Wort in dieser Bedeutung verwendet wird

de|kla|mie|ren ⟨V. 3, hat deklamiert⟩ **I** ⟨mit Akk.⟩ *künstlerisch vortragen;* ein Gedicht d. **II** ⟨o. Obj.; übertr.⟩ *übertrieben sprechen;* er deklamiert zu sehr [< lat. *declamare* „laut hersagen, vortragen", eigtl. „herunterrufen" ....]

1. Stichwort; Silbentrennung durch |; Betonung durch ˍˍ (lang)
2. Wortart (Verb) und Nummer des Musters (im Konjugationsschema S. 89ff.), nach dem das Verb konjugiert wird
3. Angabe des Perfekts; es wird mit „haben" gebildet
4. römische Ziffer; sie trennt die Anwendungsweisen mit oder ohne Objekt: das Verb verlangt den Akkusativ (I), kann aber in anderer Bedeutung auch ohne Objekt stehen (II)
5. Angabe des Kasus, den das Verb verlangt (Akkusativ); Angabe, daß das Verb in anderer Bedeutung ohne Objekt steht
6. Erklärung (Definition) in Kursivschrift
7. Anwendungsbeispiel
8. Verwendung in übertragener Bedeutung
9. Herkunft des Wortes

grammatische Angaben — Bei den Verben ist in den spitzen Klammern ⟨ ⟩ zunächst die Wortart „Verb" in abgekürzter Form ⟨V.⟩ angegeben, dann folgt die Nummer des Musters (im Konjugationsschema S. 89ff.), nach dem das betreffende Verb konjugiert wird. Danach folgt die Form des Perfekts, aus der hervorgeht, ob dieses mit „haben" oder „sein" gebildet wird. Es folgen Angaben darüber, ob das Verb eine Ergänzung verlangt und gegebenenfalls welche. Diese Angaben beziehen sich nur auf obligatorische Ergänzungen und unter diesen nur auf Objekte. Ergänzungen, die beliebig hinzutreten können, z.B. ein weiteres Objekt, adverbiale Bestimmungen oder präpositionale Wendungen, erschei-

Einführung

nen in den Anwendungsbeispielen. Zwar gibt es adverbiale Bestimmungen, bei deren Fehlen der Satz unvollständig bleiben würde (Köln liegt *am Rhein*), doch haben wir uns bei der Angabe der Ergänzungen in den weitaus meisten Fällen auf die Objekte beschränkt, da ihre Verwendung die größeren Schwierigkeiten bereitet. Es ist also jeweils vermerkt, ob das Verb ein Genitiv-, Dativ-, Akkusativ- oder Präpositionalobjekt oder zwei Objekte verlangt: ⟨mit Gen.⟩, ⟨mit Dat.⟩, ⟨mit Akk.⟩, ⟨mit Präp. obj.⟩ oder ⟨mit Dat. und Akk.⟩

reflexive Verben Bei den reflexiven Verben kann das Reflexivpronomen entweder im Akkusativ stehen (ich beeile *mich*) oder im Dativ (ich nehme *mir* etwas vor). In der Grammatik werden manchmal die reflexiven Verben mit Akkusativ als „echte", die mit Dativ als „unechte" bezeichnet. Reflexive Verben mit Akkusativ sind durch den Zusatz ⟨refl.⟩ gekennzeichnet; reflexive Verben mit Dativ (die gewöhnlich neben dem Reflexivpronomen ein Akkusativobjekt verlangen) haben den Zusatz ⟨mit Dat. (sich) und Akk.⟩. Da das Stichwort immer im Infinitiv steht und für diesen das Reflexivpronomen „sich" lautet (sowohl für den Dativ als auch für den Akkusativ), haben wir das Reflexivpronomen in den spitzen Klammern auch so angegeben. In der 1. und 2. Person hat das Reflexivpronomen für den Dativ und Akkusativ verschiedene Formen: ich nehme *mir* etwas vor; ich beeile *mich*. Dieser Unterschied wird meist durch die Anwendungsbeispiele deutlich.

Verben, bei denen das Reflexivpronomen oder ein Akkusativobjekt stehen kann, ohne daß sich die Bedeutung ändert (z. B. waschen: ich wasche *mich*, ich wasche *das Kind*) haben nur den Vermerk ⟨mit Akk.⟩

Gliederung der Artikel Die Vielfalt der möglichen Ergänzungen zum Verb ist im Deutschen groß, und häufig ändert sich mit dem Hinzutreten oder Wechsel eines Objekts auch die Bedeutung des Verbs. Deshalb haben wir in diesem Wörterbuch die Unterschiede in den Ergänzungen des Verbs zum obersten Gliederungsprinzip gemacht; dann erst folgen die Bedeutungsunterschiede.

Kann das Verb ohne Objekt gebraucht werden, dann ist vermerkt ⟨o. Obj.⟩; fordert es ein Objekt, dann ist dieses angegeben: ⟨mit Akk.⟩, ⟨mit Präp. obj.⟩ usw. Sind verschiedene Ergänzungen möglich, dann wird mit römischen Ziffern untergliedert, z. B. I ⟨o. Obj.⟩, II ⟨mit Akk.⟩, III ⟨refl.⟩. Innerhalb dieser Gliederung werden verschiedene Bedeutungen mittels arabischer Ziffern (1, 2) getrennt. Muß unter 1 oder 2 nochmals nach Bedeutungen getrennt werden, dann geschieht dies mittels kleiner Buchstaben (a, b). Oft ändert sich die Bedeutung, je nachdem, ob das Verb sich auf eine Person oder eine Sache oder auf beides bezieht. Dann wird wie folgt untergliedert (der Artikel ist verkürzt wiedergegeben, die Anwendungsbeispiele in Klammern nur angedeutet):

schneiden I ⟨mit Akk.⟩ **1** etwas s. **a** *mit Messer o. ä. zerteilen* ... (Brot, Film) **b** *mit Messer o. ä. abtrennen, loslösen* (Rosen) **c** *mit Messer o. ä. kürzen* (Haare) **d** *mit Messer o. ä. formen* (Figuren aus Papier) **e** *vertieft in etwas anbringen* (Inschrift) **f** *einander s. kreuzen* (Linien) **g** ⟨in Verbindung mit bestimmten Substantiven⟩ (Ball, Kurve) **2** jmdn. oder sich s. *verletzen* **3** jmdn. s. ⟨übertr.⟩ *nicht beachten* II ⟨o. Obj.⟩ *scharf sein*, ...; *das Messer schneidet gut.*

andere Wortarten **gleich** I ⟨Adj., o. Steig.⟩ **1** *genau übereinstimmend, ebenso beschaffen;* zwei ∼e Stühle; die ∼en Interessen haben; ... **2** *gleichbleibend;* mit immer ∼er Freundlichkeit; ... **3** ⟨als Adv.⟩ *ebenso, genauso, gleichermaßen;* sie sind beide g. groß; ... **4** ⟨nur mit „sein"⟩ *gleichgültig, einerlei;* das ist mir g.; ... **5** ⟨mit Dat.⟩ *ebenso wie;* der Drachen schwebte einem Vogel g. in der Luft; ... II ⟨Adv.⟩ **1** *sofort, sehr bald;* ich komme g.; ... **2** *schon, bereits;* g. zu Beginn; ... **3** *unmittelbar (neben), dicht;* g. neben der Tür; ... **4** *überraschenderweise;* sie kamen g. zu zweit **5** ⟨als Füllwort⟩ *obendrein;* ich bekam einen Schnupfen und g. noch eine Halsentzündung dazu; ... III ⟨Konj.; in Verbindung mit „ob" oder „wenn"; geh.; bibl.⟩ *auch;* und ob er g. stürbe; und wenn ich g. mit Engelszungen redete

Einführung

1. Stichwort; der Strich unter dem ei bezeichnet die lange Aussprache
2. römische Ziffer; sie trennt die Wortarten; das Wort kann als Adjektiv (I), als Adverb (II) und als Konjunktion (III) auftreten
3. Angabe der Wortart: unter I Adjektiv, unter II Adverb, unter III Konjunktion; unter I,3 der Vermerk, daß das Adjektiv auch adverbial gebraucht werden kann (aber als Adjektiv zu betrachten ist); auch diese Bedeutungsnuance ist noch den unter I angeführten Bedeutungsgruppen zuzurechnen
4. Angabe zur Steigerung (o. Steig. = ohne Steigerung): das Adjektiv kann nicht gesteigert werden; unter I, 4, 5 sowie II, 5 Vermerk über grammatische Besonderheiten im Gebrauch, unter III der Vermerk einer Besonderheit im Gebrauch des Wortes als Konjunktion
5. arabische Ziffer; sie trennt die verschiedenen Bedeutungen
6. Erklärung (Definition) in Kursivschrift
7. Anwendungsbeispiele
8. Stilebene; geh. (= gehoben), das Wort wird (in dieser Bedeutung) nur in gehobener Sprache verwendet
9. Bereich, in dem das Wort (in dieser Bedeutung) bevorzugt gebraucht wird: biblisch, das Wort kommt besonders in der Sprache der Bibel vor

Manche Wörter können je nach Gebrauch in verschiedenen Wortarten auftreten, z. B. können sie als Adjektiv, Adverb und Konjunktion stehen (gleich; siehe Beispiel oben) oder als Präposition und Adverb (z. B. über: über den Bäumen ⟨Präp. mit Dat.⟩; über die Brücke ⟨Präp. mit Akk.⟩; über und über beschmutzt ⟨Adv.⟩) oder als Adverb und Konjunktion (z. B. da: da oben ⟨Adv.⟩; an dem Tag, da dies geschah ⟨Relativadv.⟩; da du nicht schreibst, ... ⟨Konj.⟩). Diese Gliederung wird mit römischen Ziffern bezeichnet.
Bei Präpositionen erfolgt die Hauptgliederung nach dem Kasus, den sie fordern, z. B. bei „auf": I ⟨Präp. mit Dat.⟩, II ⟨Präp. mit Akk.⟩

Abkürzungen und Zeichen

Abk.	Abkürzung	f.	femininum	mal.	malaiisch
adj.	adjektivisch	Fem.	Femininum	Mal.	Malerei
Adj.	Adjektiv	Flugw.	Flugwesen	Mar.	Marine
adv.	adverbial	Forstw.	Forstwesen		(Streitkräfte)
Adv.	Adverb	Fot.	Fotografie	Mask.	Maskulinum
afrik.	afrikanisch	frz.	französisch	Math.	Mathematik
ahd.	althochdeutsch	Fußb.	Fußball	mdt.	mitteldeutsch
Akk.	Akkusativ			Med.	Medizin
allg.	allgemein	geh.	gehoben	mengl.	mittelenglisch
amerik.	amerikanisch	Gen.	Genitiv	Met.	Metallurgie
Anat.	Anatomie	Geogr.	Geographie	Meteor.	Meteorologie
Anthropol.	Anthropologie	Geol.	Geologie	mgriech.	mittelgriechisch
aram.	aramäisch	Geom.	Geometrie	mhd.	mittelhochdeutsch
Art.	Artikel	germ.	germanisch	Mil.	Militär
Astrol.	Astrologie	gest.	gestorben	Min.	Mineralogie
Astron.	Astronomie	Ggs.	Gegensatz	mlat.	mittellateinisch
AT	Altes Testament	Gramm.	Grammatik	mnddt.	mittelniederdeutsch
Attr.	Attribut			mndrl.	mittelniederländisch
		Handb.	Handball	Mus.	Musik
Bankw.	Bankwesen	hebr.	hebräisch	Myth.	Mythologie
Bauk.	Baukunst	hind.	Hindustani		
Bauw.	Bauwesen	hist.	historisch	N	Norden
Bed.	Bedeutung	hl.	heilig	n.	neutrum
bes.	besonders			nat.-soz.	nationalsozialistisch
Bez.	Bezeichnung	idg.	indogermanisch	n.Chr.	nach Christus
...bez.	...bezeichnung	i.e.S.	im engeren Sinne	nddt.	niederdeutsch
Bgb.	Bergbau	in ders. Bed.	in derselben	ndrl.	niederländisch
Bibl.	Bibliothekswesen		Bedeutung	Neutr.	Neutrum
Biol.	Biologie	Int.	Interjektion	nhd.	neuhochdeutsch
Bot.	Botanik	ital.	italienisch	Nom.	Nominativ
BRD,	Bundesrepublik	i.w.S.	im weiteren Sinne	norw.	norwegisch
BR Dtld.	Deutschland			NT	Neues Testament
Buchw.	Buchwesen	jap.	japanisch	Num.	Numerale
bzw.	beziehungsweise	Jh.	Jahrhundert		
		jmd.	jemand	O	Osten
Chem.	Chemie	jmdm.	jemandem	o.	ohne
chin.	chinesisch	jmdn.	jemanden	o.ä.	oder ähnliches
		jmds.	jemandes	Obj.	Objekt
Dat.	Dativ			...obj.	...objekt
DDR	Deutsche	Kart.	Kartenspiel	Okk.	Okkultismus
	Demokratische	kath.	katholisch	Ökol.	Ökologie
	Republik	Kfz	Kraftfahrzeug	österr.	österreichisch
Dekl.	Deklination	km	Kilometer	ostmdt.	ostmitteldeutsch
d.h.	das heißt	Konj.	Konjunktion		
dt.	deutsch	Kunstw.	Kunstwort	Part.	Partizip
Dtld.	Deutschland	Kurzw.	Kurzwort	Perf.	Perfekt
				Pers.	Person, Personal...
EDV	elektronische	landsch.	landschaftlich	Pharm.	Pharmazeutik
	Datenverarbeitung	Landw.	Landwirtschaft	Philos.	Philosophie
eigtl.	eigentlich	lat.	lateinisch	Phys.	Physik
Eisenb.	Eisenbahn	Lit.	Literatur	Physiol.	Physiologie
El., Elektr.	Elektrotechnik			Pl.	Plural
erg.	ergänze	m	Meter	Pol.	Politik
europ.	europäisch	m.	maskulinum	port.	portugiesisch
ev., evang.	evangelisch	MA	Mittelalter	Präp.	Präposition

Abkürzungen und Zeichen

Präp.obj.	Präpositionalobjekt	...spr.	...sprache	V.	Verb
Präs.	Präsens	Sprachw.	Sprachwissen-	v.Chr.	vor Christus
Pron.	Pronomen		schaft	vgl.	vergleiche
...pron.	...pronomen	Steig.	Steigerung	Völkerk.	Völkerkunde
prov.	provenzalisch	subst.	substantivisch	vulg.	vulgär
Psych.	Psychologie	Subst.	Substantiv		
		Syn.	Synonym	W	Westen
Rechtsw.	Rechtswesen			westmdt.	westmitteldeutsch
refl.	reflexiv	Tech.	Technik	Wirtsch.	Wirtschaft
relig.	religiös	Tel.	Telefon, Telegrafie	Wiss.	Wissenschaft
Rel., Relig.	Religion	Theat.	Theater	Wz.	Warenzeichen
Rotw.	Rotwelsch	Theol.	Theologie		
		Typ.	Typographie	Zahnmed.	Zahnmedizin
				z.B.	zum Beispiel
S	Süden	u.a.	unter anderem,	Zool.	Zoologie
Sammelbez.	Sammelbezeichnung		und andere(s)	Zus.	Zusammensetzung(en)
Sanskr.	Sanskrit	u.ä.	und ähnliches	<	hat sich entwickelt
scherzh.	scherzhaft	übertr.	übertragen		aus, ist gebildet worden
schweiz.	schweizerisch	ugs.	umgangssprachlich		aus
Seew.	Seewesen	ung.	ungarisch	*	nicht schriftlich
Sg.	Singular	urspr.	ursprünglich		belegt
skand.	skandinavisch	usw.	und so weiter	†	veraltet
Soziol.	Soziologie				

Aussprachebezeichnungen

[a] Galopp [galɔp]
helles, kurzes, unbetontes a

[a̍] Gesang [gəzaŋ]
helles, kurzes, betontes a

[a:] Zierat [tsi̱ra:t]
helles, langes, unbetontes a

[a̱] Nase [na̱zə]
helles, langes, betontes a

[ã] antichambrieren [-ʃãbri̱-]
nasales, unbetontes a

[ã̱] Chance [ʃã̱sə]
nasales, betontes a

[e] jedoch [jedɔx]
geschlossenes, kurzes, unbetontes e

[e:] Karies [ka̱rie:s]
geschlossenes, langes, unbetontes e

[e̱] Leben [le̱bən]
geschlossenes, langes, betontes e

[æ] Jamboree [dʒæmbɔri:]
sehr offenes, kurzes, betontes e

[æ̱] Hansom cab [hænsəm kæ̱b]
offenes, langes, betontes e

[ɛ] Eidechse [aidɛksə]
offenes, kurzes, unbetontes e

[ɛ̱] kennen, Hände [kɛ̱nən, hɛ̱ndə]
offenes, kurzes, betontes e

[ɛ:] Eisbär [aisbɛ:r]
offenes, langes, unbetontes e

[ɛ̱] Käse [kɛ̱zə]
offenes, langes, betontes e

[ɛ̃] pointiert [poɛ̃ti̱rt]
nasales, unbetontes e

[ɛ̱̃] Réfrain, Bulletin [rəfrɛ̱̃, byltɛ̱̃]
nasales, betontes e

[ə] Gabe, Gentleman, Mijnheer [ga̱bə, dʒɛntlmən, mənȩ̱r]
dunkles, kurzes, ›gemurmeltes‹, unbetontes e

[ə:] Callgirl [kɔlgə:l]
dunkles, langes, unbetontes e

[ə̱] Jersey [dʒə̱zi]
dunkles, langes, betontes e

[i] Minute [minu̱tə]
kurzes, unbetontes i

[i̱] Hilfe [hi̱lfə]
kurzes, betontes i

[i:] Mitglied, Augenlid [mi̱tgli:d, augənli:d]
langes, unbetontes i

[i̱] niesen, Stilblüte [ni̱zən, sti̱lbly:tə]
langes, betontes i

[o] Krokodil [krɔkodi̱l]
geschlossenes, mittellanges, unbetontes o

[o:] Trio [tri̱o:]
geschlossenes, langes, unbetontes o

[o̱] Mode [mo̱də]
geschlossenes, langes, betontes o

[ɔ] Heros [he̱rɔs]
offenes, kurzes, unbetontes o

[ɔ̱] Sorge [zɔ̱rgə]
offenes, kurzes, betontes o

[ɔ:] Overall [ouvərɔ:l]
offenes, langes, unbetontes o

[ɔ̱] Story [stɔ̱ri]
offenes, langes, betontes o

[õ] Fondue [fõdy̱]
offenes, nasales, unbetontes o

[õ̱] Bourbon [burbõ̱]
offenes, nasales, betontes o

[ø] Dejeuner [deʒøne̱]
geschlossenes, kurzes, unbetontes ö

[ø:] unschön [unʃø:n]
geschlossenes, langes, unbetontes ö

[ø̱] böse [bø̱zə]
geschlossenes, langes, betontes ö

[œ] Jeunesse dorée [jœnɛs dorȩ̱]
offenes, kurzes, unbetontes ö

[œ̱] löschen [lœ̱ʃən]
offenes, kurzes, betontes ö

[œ̱] Œuvre [œ̱vrə]
offenes, langes, betontes ö

[œ̃] frz. un homme [œ̃nɔm]
nasales, unbetontes ö

[œ̱̃] Verdun [vɛrdœ̱̃]
nasales, betontes ö

[u] Omnibus [ɔmnibus]
kurzes, unbetontes u

[u̱] Puppe [pu̱pə]
kurzes, betontes u

[u:] Uhu [u̱hu:]
langes, unbetontes u

[u̱] Bruder [bru̱dər]
langes, betontes u

[y] parfümieren [parfymi̱rən]
kurzes, unbetontes ü

[y̱] Mücke [my̱kə]
kurzes, betontes ü

[y:] Haustür [hausty:r]
langes, unbetontes ü

[y̱] Gemüse [gəmy̱zə]
langes, betontes ü

[ai] Ameise [a̱maizə]
unbetontes ai

[a̱i] Kaiser, Speise [ka̱izər, ʃpa̱izə]
betontes ai

[au] Kabeljau [ka̱bəljau]
unbetontes au

[a̱u] Laune [la̱unə]
betontes au

[ɛi] Gangway [gɛŋwɛi]
unbetonte Verbindung von offenem e und i

[ɛ̱i] Ranger [rɛ̱indʒə]
betonte Verbindung von offenem e und i

[ɔi] Efeu, Allgäu [eːfɔi, algɔi]
unbetonte Verbindung von offenem o und i

[ɔ̱i] Freude, Fräulein [frɔ̱idə, frɔ̱ilain]
betonte Verbindung von offenem o und i

[ou] Norfolk [nɔfouk]
unbetonte Verbindung von offenem o und u

[o̱u] Floating [flo̱utiŋ]
betonte Verbindung von offenem o und u

[ç] ich [iç]
[x] ach [ax]
[ŋ] Fang [faŋ]
[z] Rose, Laser [ro̱zə, lɛizər]
stimmhaftes s

[ð] engl. father [fa̱ðə]
stimmhafter engl. th-Laut

[θ] Southampton [sauθæmptən]
stimmloser engl. th-Laut

[ʒ] Genie [ʒe̱ni]
stimmhaftes sch

[ʃ] schön [ʃøn]
stimmloses sch

[v] Wachs, Vase [vaks, va̱zə]
[w] Wales [wɛilz]
konsonantisches u

[|] Aero... [a|ero...]
getrennt auszusprechende Vokale

Frakturschrift, deutsche Schreibschrift, griechisches und kyrillisches Alphabet, römische Ziffern

1	2	3	4	5	1	2	3	4	5	1	2	3	4	5	6	7
𝔄	a	𝒜	𝓪	a	Α	α	Alpha	a	a	А	а	𝒜	𝒶	a	a	a
𝔅	b	ℬ	𝒷	b	Β	β	Beta	b	v	Б	б	Б	𝒷	b	b	b
ℭ	c	𝒞	𝒸	c	Γ	γ	Gamma	g	γ	В	в	ℬ	𝒷	v	w	v
𝔇	d	𝒟	𝒹	d	Δ	δ	Delta	d	ð	Г	г	𝒢	𝑔	g	g	g
𝔈	e	ℰ	𝓃	e	Ε	ε	Epsilon	ε	ε	Д	д	𝒟	𝒹	d	d	d
𝔉	f	ℱ	𝒻	f	Ζ	ζ	Zeta	ts	z	Е	е	ℰ	𝑒	e	e, je	jə
𝔊	g	𝒢	𝓰	g	Η	η	Eta	e	i	Ж	ж	ℳ	ж	ž	sch	ʒ
ℌ	h	ℋ	𝒽	h	Θ	ϑ	Theta	t	θ	З	з	𝒵	𝓏	z	s	z
ℑ	i	𝒥	𝒾	i	Ι	ι	Iota	i, j	i, j	И	и	𝒰	𝓊	i	i	i
ℑ	j	𝒥	𝒿	j	Κ	κ	Kappa	k	k	Й	й	𝒰̆	𝓊̆	j	i, j	i, j
𝔎	k	𝒦	𝓀	k	Λ	λ	Lambda	l	l	К	к	𝒦	𝓀	k	k	k
𝔏	l	ℒ	𝓁	l	Μ	μ	My	m	m	Л	л	ℒ	𝓁	l	l	l
𝔐	m	ℳ	𝓂	m	Ν	ν	Ny	n	n	М	м	ℳ	𝓂	m	m	m
𝔑	n	𝒩	𝓃	n	Ξ	ξ	Xi	ks	ks	Н	н	ℋ	𝓃	n	n	n
𝔒	o	𝒪	𝓸	o	Ο	ο	Omikron	ɔ	ɔ	О	о	𝒪	𝑜	o	o	o
𝔓	p	𝒫	𝓅	p	Π	π	Pi	p	p	П	п	𝒫	𝓅	p	p	p
𝔔	q	𝒬	𝓆	q	Ρ	ρ	Rho	r	r	Р	р	𝒫	𝓅	r	r	r
ℜ	r	ℛ	𝓇	r	Σ	σ	Sigma	s	s	С	с	𝒞	𝒸	s	s, ss	s
𝔖	ſ	𝒮	𝒻	s	Τ	τ	Tau	t	t	Т	т	𝒯	𝓂	t	t	t
–	s	–	𝓈	s	Υ	υ	Ypsilon	y, u	i	У	у	𝒰	𝓊	u	u	u
–	–	𝓃𝓃	𝓈𝓉	st	Φ	φ	Phi	f	f	Ф	ф	ℱ	𝜙	f	f	f
–	–	–	ß	ß	Χ	χ	Chi	ç	ç	Х	х	𝒳	𝓍	h	ch	x
𝔗	t	𝒯	𝓉	t	Ψ	ψ	Psi	ps	ps	Ц	ц	𝒰	𝓊	c	z	ts
𝔘	u	𝒰	𝓊̆	u	Ω	ω	Omega	ɔ	ɔ	Ч	ч	𝒰	𝓉	č	tsch	tʃ
𝔙	v	𝒱	𝓋	v						Ш	ш	𝒰	𝓊	š	sch	ʃ
𝔚	w	𝒲	𝓌	w						Щ	щ	𝒰	𝓊	šč	schtsch	ʃtʃ
𝔛	x	𝒳	𝓍	x						Ъ	ъ	–	ъ	ʺ	–	–
𝔜	y	𝒴	𝓎	y						Ы	ы		ы	y	y	y
ℨ	z	𝒵	𝓏	z						Ь	ь		ь	ʹ	–	–
										Э	э	𝒢	э	ė	e	e
										Ю	ю	𝒥𝒪	ю	ju	ju	ju
										Я	я	𝒥	я	ja	ja	ja

Römische Ziffern. Es gibt sieben verschiedene Zeichen: I = 1, V = 5, X = 10, L = 50, C = 100, D = 500, M = 1000. Die Zahlen werden von links nach rechts gelesen und addiert; steht jedoch eine kleinere Zahl vor einer größeren, so muß sie abgezogen werden: II = 2, III = 3, IV = 4, VI = 6, VII = 7, VIII = 8, IX = 9, XI = 11, XIX = 19, XX = 20, XXX = 30, XL = 40, LX = 60, XC = 90, XCIX = 99, CI = 101, CCCXLIX = 349, MCMLXXXVI = 1986

Frakturschrift und deutsche Schreibschrift: 1, 2 Frakturschrift **3, 4** Schreibschrift **5** lateinische Schriftzeichen. — **Griechische Schrift: 1** altgriechische bzw. neugriechische Großbuchstaben **2** byzantinische bzw. neugriechische Kleinbuchstaben **3** Buchstabenname **4** Aussprache des Altgriechischen **5** des Neugriechischen. — **Kyrillische Schrift** (russische Form): **1, 2** Druckschrift **3, 4** Schreibschrift **5** wissenschaftliche Transliteration **6** deutsche Umschrift **7** Aussprache (von links nach rechts).

Zeichen zur Umschrift
nichtlateinischer Schriften

Arabisch ḍ am mittleren Gaumen gesprochenes d
 ḏ stimmhaftes, geriebenes d, wie in engl. that
 ġ geriebenes g, ähnlich dem Zäpfchen-r
 ǧ dsch wie in engl. gentleman oder ital. giorno
 ḥ stimmloses, tief in der Kehle gesprochenes h mit Reibegeräusch
 ḫ ch wie in ach
 q in der Kehle gesprochenes k
 ṣ intensiv gesprochenes s
 š sch
 ṭ intensiv gesprochenes t
 ṯ stimmloses, geriebenes t, wie in engl. thing
 ẓ stimmhaftes s
 ʾ ein als voller Konsonant geltender Laut, der einem in der Kehle gesprochenen Knacklaut ähnelt, wie er im Deutschen vor anlautendem Vokal vorkommt, z. B. in Ulme oder vor dem a in Beamter
 ʿ ein stimmhafter, tief in der Kehle gepreßter Laut
 ā ein Strich über einem Vokal bedeutet, daß er lang gesprochen wird

Hebräisch ə schwach gesprochenes, zwischen e und ö liegendes e
 ê offenes e, wie in deutsch ä
 ḥ ch wie in ach
 ḵ ch wie in ich
 q in der Kehle gesprochenes k
 ṣ ts
 š sch
 ṭ intensiv gesprochenes t
 z stimmhaftes s
 ʿ kleiner Absatz beim Sprechen
 ā ein Strich über einem Vokal bedeutet, daß er lang gesprochen wird

Sanskrit c, ch wird wie tsch gesprochen
 ḥ schwaches, stimmloses h
 ḷ am Gaumen gesprochenes l, ähnlich dem engl. l in hall, well
 ṇ ng wie in singen
 ṅ ng vor Gaumenlauten wie in Anker
 ñ im Sanskrit am Gaumen gesprochenes n, mittelindisch nj
 ṛ Zungen-r mit nachklingendem i
 ś vorn am Gaumen gesprochenes sch vor oder nach hellen Vokalen, wie in mischen, Schiene
 ṣ mit nach hinten gebogener Zungenspitze gesprochenes sch vor oder nach dunklen Vokalen, wie in Schaf, schon, Schule
 ā ein Strich über einem Vokal bedeutet, daß er lang gesprochen wird
 Anmerkung: Bei den Wörtern aus dem Sanskrit ist immer die Stammform (nicht die deklinierte Form) des Wortes angegeben, deshalb steht ein Bindestrich am Ende; der Wortstamm ist dem Stichwort meist näher

Persisch č tsch
 ġ geriebenes g, wie im Arabischen
 ǧ dsch wie in engl. gentleman oder ital. giorno
 ḫ ch wie in ach
 š sch

Korrekturzeichen, nach DIN 16511

Hauptregeln   Die Eintragungen sind so deutlich vorzunehmen, daß kein Irrtum entstehen kann. Jedes eingezeichnete Korrekturzeichen ist am Papierrand zu wiederholen. Die erforderliche Änderung ist rechts neben das wiederholte Korrekturzeichen zu schreiben, sofern das Zeichen nicht (wie z. B. ⊓⊔ , ═══) für sich selbst spricht. Das Einzeichnen von Korrekturen innerhalb des Textes ohne den dazugehörigen Randvermerk ist unbedingt zu vermeiden. Das an den Rand Geschriebene muß in seiner Reihenfolge mit den innerhalb der Zeile angebrachten Korrekturzeichen übereinstimmen und in möglichst gleichem Abstand neben den betreffenden Zeilen untereinanderstehen.

Bei mehreren Korrekturen innerhalb einer Zeile sind unterschiedliche Korrekturzeichen anzuwenden. Ergeben sich in einem Absatz umfangreichere Korrekturen, wird das Neuschreiben des Absatzes empfohlen. Bei Zeilenmaschinensatz macht jede Änderung den Neusatz der Zeile erforderlich. Um den Neusatz einzuschränken, ist darauf zu achten, daß die bisherigen Zeilenübergänge nach Möglichkeit erhalten bleiben. Erklärende Vermerke zu einer Korrektur sind durch Doppelklammern zu kennzeichnen.

Es wird empfohlen, die Korrekturen farbig anzuzeichnen. Jeder gelesene Satzabzug ist zu signieren.

Anwendung

1. Falsche Buchstaben oder Wörter werden durchgestrichen und am Papierrand die richtigen ersetzt; versehentlich umgedrehte Buchstaben werden in gleicher Weise angezeichnet.

Kommen in einer Zeile mehrere solcher Fehler vor, so erhalten sie ihrer Reihenfolge nach unterschiedliche Zeichen.

2. Überflüssige Buchstaben oder Wörter werden durchgestrichen und am Papierrand durch ⌀ (Abkürzung für deleatur = „es werde getilgt") angezeichnet.

3. Fehlende Buchstaben werden angezeichnet, indem der vorangehende oder der folgende Buchstabe durchgestrichen und am Rand zusammen mit dem fehlenden Buchstaben wiederholt wird. Es kann auch das ganze Wort oder die Silbe durchgestichen und am Rand berichtigt werden.

4. Fehlende oder überflüssige Satzzeichen werden wie fehlende oder überflüssige Buchstaben angezeichnet.

Beispiele: Satzzeichen beispielsweise Komma oder Punkt
„Die Ehre ist das äußere Gewissen" heißt es bei Schopenhauer „und das Gewissen die innere Ehre."

5. Beschädigte Buchstaben werden durchgestrichen und am Rand einmal unterstrichen.

Fälschlich **aus anderer Schrift gesetzte Buchstaben** werden am Rand zweimal unterstrichen.

Verschmutzte Buchstaben und zu **stark** erscheinende Stellen werden umringelt. Dieses Zeichen wird am Rand wiederholt.

Neu zu setzende Zeilen. Zeilen mit porösen oder beschädigten Stellen erhalten einen waagerechten Strich. Ist eine solche Stelle nicht mehr lesbar, wird sie durchgestrichen und deutlich an den Rand geschrieben.

6. Wird nach **Streichung eines Bindestriches oder Buchstabens** die Getrennt- oder Zusammenschreibung der verbleibenden Teile zweifelhaft, so ist wie folgt zu verfahren:

Beispiele: Ein blendend weißes Kleid, der Schnee war blendend weiß, la couronne

Korrekturzeichen

7. Ligaturen (zusammengegossene Buchstaben) werden verlangt, indem man die fälschlich einzeln gesetzten Buchstaben durchstreicht und am Rand mit einem darunter befindlichen Bogen wiederholt.
Fälschlich gesetzte Ligaturen werden durchgestrichen, am Rand wiederholt und durch einen Strich getrennt.
Beispiel: Auflage

8. Verstellte Buchstaben werden durchgestrichen und am Rand richtig angegeben.
Verstellte Wörter werden [das durch] Umstellungszeichen berichtigt. Die Wörter werden bei größeren Umstellungen beziffert.
Verstellte Zahlen sind immer ganz durchzustreichen und in der richtigen Ziffernfolge an den Rand zu schreiben.
Beispiel: 1694

9. Fehlende Wörter sind in der Lücke durch Winkelzeichen kenntlich zu machen und am anzugeben.
Bei größeren Auslassungen wird auf die Manuskriptseite verwiesen. Die Stelle ist auf dem Manuskript zu markieren.
Beispiel: Die Erfindung Gutenbergs ist Entwicklung

10. Falsche Trennungen werden am Zeilenschluß und am folgenden Zeilenanfang angezeichnet.

11. Fehlender Wortzwischenraum wird durch Z, zu enger Zwischenraum durch Y, zu weiter Zwischenraum durch T angezeichnet.
Beispiel: Soweit du gehst, die Füße T laufen mit.
Ein Doppelbogen gibt an, daß der Zwischenraum ganz wegfallen soll.

12. Andere Schrift wird verlangt, indem man die betreffende Stelle unterstreicht und die gewünschte Schrift am Rand vermerkt.

13. Die Sperrung oder Aufhebung einer Sperrung wird – wie beim Verlangen einer anderen Schrift – durch Unterstreichen angezeichnet.

14. Nicht Linie haltende Stellen werden durch parallele Striche angezeichnet.

15. Unerwünscht mitdruckende Stellen (z. B. Spieße) werden unterstrichen ■ und am Rand mit Doppelkreuz angezeichnet.

16. Ein Absatz wird durch das Zeichen ⌐ im Text und am Rand verlangt.
Beispiel: Die ältesten Drucke sind so gleichmäßig schön ausgeführt, daß sie die schönste Handschrift übertreffen. ⌐ Die älteste Druckerpresse scheint von der, die uns Jost Amman im Jahre 1568 im Bilde vorführt, nicht wesentlich verschieden gewesen zu sein.

17. Das Anhängen eines Absatzes wird durch eine verbindende Schleife verlangt.
Beispiel: Diese Presse bestand aus zwei Säulen, die durch ein langes Gesims verbunden waren.
In halber Mannshöhe war auf einem verschiebbaren Karren die Druckform befestigt.

18. Zu tilgender oder zu verringernder Einzug erhält das Zeichen ⊢.
Beispiel: ⊢ Das Auge an die Beurteilung guter Verhältnisse zu gewöhnen, erfordert jahrelange Übung.

19. Fehlender oder zu erweiternder Einzug erhält das Zeichen ⊏.
Beispiel: Der Einzug bleibt im ganzen Buch gleich groß, auch wenn einzelne Absätze oder Anmerkungen in kleinerem Schriftgrad gesetzt sind.

20. Verstellte (versteckte) Zeilen werden mit waagerechten Randstrichen versehen und in der richtigen Reihenfolge numeriert.

Korrekturzeichen

1 ———————— Beispiel: Sah ein Knab' ein Röslein stehn,
4 ————————————— lief er schnell, es nah zu sehn,
3 ————————————— war so jung und morgenschön,
2 ————————————— Röslein auf der Heiden,
5 ————————————— sah's mit vielen Freuden.   (Goethe)

21. Fehlender Durchschuß wird durch einen zwischen die Zeilen gezogenen Strich mit nach außen offenem Bogen angezeichnet.

Zu großer Durchschuß wird durch einen zwischen die Zeilen gezogenen Strich mit einem nach innen offenen Bogen angezeichnet.

22. Erklärende Vermerke zu einer Korrektur sind durch Doppelklammer zu kennzeichnen.

Beispiel: Die Vorstufen der Buchstabenschriften waren die Bilderschriften. Alphabet als der Stammutter aller abendländischen Schriften schufen die Griechen.

23. Für unleserliche oder zweifelhafte Manuskriptstellen, die noch nicht blockiert sind, zeichnet man eine Blockade an (⊠), um auf die noch notwendige Korrektur oder Ergänzung aufmerksam zu machen.

Beispiel: Hyladen sind Insekten mit unbeweglichem Prothorax
         (s. S.⊢⊣).

24. Irrtümlich Angezeichnetes wird unterpunktiert. Die Korrektur am Rand ist durchzustreichen.

Länder, Städte und ihre Einwohner

Selbständige Staaten

Heute kann man jeden Einwohner eines Staates, sofern keine festgelegte Bezeichnung existiert, nach folgendem Schema benennen:
Name des Staates + Endung -er = Einwohnername (z.B. Nauru/Nauruer, Oman/Omaner).
Die weibliche Form wird durch Anhängen der Nachsilbe -in an den Einwohnernamen gebildet (Nauruerin, Omanerin). Fügt man die Nachsilbe -isch an den Namen des Staates, so erhält man das Adjektiv, das die Zugehörigkeit ausdrückt (nauruisch, omanisch).
Es gibt jedoch viele Unregelmäßigkeiten. So treten bestimmte Fugenelemente auf (etwa das -n- in Nicaraguaner), oder ein Vokal fällt aus (Grenada/Grenader gegenüber Panama/Panamaer).
Deshalb wurde bei der Auflistung der Ländernamen und der zugehörigen Ableitungen Vollständigkeit angestrebt; nur ganz regelmäßige Bildungen wie Japan/Japaner/Japanerin/japanisch oder Österreich/Österreicher/Österreicherin/österreichisch sind nicht aufgeführt. Manchmal sind es geringfügige Abweichungen, die die Aufnahme gerechtfertigt haben, so etwa die Adjektive kiribatisch (nicht kiribatiisch) oder schweizerisch (nicht schweizisch).
Für neubenannte oder neuere Staaten fehlen die Angaben zum Teil noch, z.B. heißt Obervolta seit August 1984 Burkina-Faso. Man muß abwarten, wie der Einwohnername gebildet wird, und sich einstweilen mit der Konstruktion Burkina-Fasoer behelfen.
Interessant ist auch, daß für die DDR kein eigentlicher Einwohnername existiert. Man gebraucht offiziell Bürger der DDR, in Österreich oft Ostdeutscher und in der Bundesrepublik meist DDRler – wobei die beiden letztgenannten als umgangssprachlich zu werten sind.

A	Afghanistan	Afghane, Afghanin	afghanisch
	Ägypten	Ägypter, -in	ägyptisch
	Albanien	Albaner, -in	albanisch
	Algerien	Algerier, -in	algerisch
	Andorra	Andorraner, -in	andorranisch
	Angola	Angolaner, -in	angolanisch
	Äquatorialguinea	Äquatorialguineer, -in	äquatorialguineisch
	Argentinien	Argentinier, -in	argentinisch
	Äthiopien	Äthiopier, -in	äthiopisch
	Australien	Australier, -in	australisch
B	Bahamas (Pl.)	Bahamaer, -in	bahamaisch
	Bangladesch	Bangladescher, -in	bangladeschisch
	Barbados	Barbadier, -in	barbadisch
	Belgien	Belgier, -in	belgisch
	Belize	Belizer, -in	belizisch
	Birma (Burma)	Birmane, Birmanin (Burmese, Burmesin)	birmaisch (burmesisch)
	Bolivien	Bolivianer, -in	bolivianisch
	Botsuana	Botsuaner, -in	botsuanisch
	Brasilien	Brasilianer, -in	brasilianisch
	Bulgarien	Bulgare, Bulgarin	bulgarisch
	Burundi	Burundier, -in	burundisch
C	Chile	Chilene, Chilenin	chilenisch
	China	Chinese, Chinesin	chinesisch
	Costa Rica	Costaricaner, -in	costaricanisch

Länder, Städte, Einwohner

D	Dänemark	Däne, Dänin	dänisch
	Dominica	Dominicaner, -in	dominicanisch
	Dominikanische Rep.	Dominikaner, -in	dominikanisch
	Dschibuti	Dschibutier, -in	dschibutisch
E	Ecuador	Ecuadorianer, -in	ecuadorianisch
	Elfenbeinküste	–	elfenbeinisch
	El Salvador	Salvadorianer, -in	salvadorianisch
F	Fidschi	Fidschianer, -in	fidschianisch
	Finnland	Finne, Finnin	finnisch
	Frankreich	Franzose, Französin	französisch
G	Gambia	Gambier, -in	gambisch
	Grenada	Grenader, -in	grenadisch
	Griechenland	Grieche, Griechin	griechisch
	Großbritannien	Brite, Britin	britisch
	Guatemala	Guatemalteke, Guatemaltekin	guatemaltekisch
	Guinea	Guineer, -in	guineisch
	Guyana	Guyaner, -in	guyanisch
H	Haiti	Haitier, -in (Haitianer, -in)	haitisch (haitianisch)
	Honduras	Honduraner, -in	honduranisch
I	Indien	Inder, -in	indisch
	Indonesien	Indonesier, -in	indonesisch
	Iran	Iraner, -in (Irani)	iranisch
	Irland	Ire, Irin	irisch
	Island	Isländer, -in	isländisch
	Israel	Israeli, Israelin	israelisch
J	Jamaika	Jamaikaner, -in	jamaikanisch
	Jemen	Jemenit, -in	jemenitisch
	Jordanien	Jordanier, -in	jordanisch
	Jugoslawien	Jugoslawe, Jugoslawin	jugoslawisch
K	Kamputschea (Kambodscha)	Kamputscheaner, -in (Kambodschaner, -in)	kamputscheanisch (kambodschanisch)
	Kanada	Kanadier, -in	kanadisch
	Kap Verde (Kapverden)	Kapverdier, -in	kapverdisch
	Kenia	Kenianer, -in	kenianisch
	Kiribati	Kiribatier, -in	kiribatisch
	Kolumbien	Kolumbianer, -in	kolumbianisch
	Komoren	Komorer, -in	komorisch
	Kongo	Kongolese, Kongolesin	kongolesisch
	Korea	Koreaner, -in	koreanisch
	Kuba	Kubaner, -in	kubanisch
L	Laos	Laote, Laotin	laotisch
	Lesotho	Lesother, -in	lesothisch
	Libanon	Libanese, Libanesin	libanesisch
	Liberia	Liberianer, -in	liberianisch
	Libyen	Libyer, -in	libysch
M	Madagaskar	Madagasse, Madagassin	madagassisch
	Malawi	Malawier, -in	malawisch
	Malaysia	Malaysier, -in	malaysisch
	Malediven	Malediver, -in	maledivisch
	Mali	Malier, -in	malisch
	Malta	Malteser, -in	maltesisch
	Marokko	Marokkaner, -in	marokkanisch

Länder, Städte, Einwohner

	Martinique	Martiniquais, -e	–
	Mauretanien	Mauretanier, -in	mauretanisch
	Mauritius	Mauritier, -in	mauritisch
	Mexiko	Mexikaner, -in	mexikanisch
	Monaco	Monegasse, Monegassin	monegassisch
	Mongolei	Mongole, Mongolin	mongolisch
	Mosambik	Mosambikaner, -in	mosambikanisch
N	Namibia	Namibier, -in	namibisch
	Nepal	Nepalese, Nepalesin	nepalesisch
	Neuseeland	Neuseeländer, -in	neuseeländisch
	Nicaragua	Nicaraguaner, -in	nicaraguanisch
	Niederlande	Niederländer, -in	niederländisch
	Niger	Nigrer, -in	nigrisch
	Nigeria	Nigerianer, -in	nigerianisch
	Norwegen	Norweger, -in	norwegisch
P	Pakistan	Pakistaner, -in (Pakistani)	pakistanisch
	Panama	Panamaer, -in (Panamese, Panamesin)	panamaisch (panamesisch)
	Papua-Neuguinea	Papua-Neuguineer, -in	papua-neuguineisch
	Persien	Perser, -in	persisch
	Peru	Peruaner, -in	peruanisch
	Philippinen	Philippiner, -in (Filipino)	philippinisch
	Polen	Pole, Polin	polnisch
	Portugal	Portugiese, Portugiesin	portugiesisch
R	Ruanda	Ruander, -in	ruandisch
	Rumänien	Rumäne, Rumänin	rumänisch
S	Salomonen	Salomoner, -in	salomonisch
	Sambia	Sambier, -in	sambisch
	Samoa	Samoaner, -in	samoanisch
	San Marino	Sanmarinese, Sanmarinesin	sanmarinesisch
	São Tomé	Santomeer, -in	santomeisch
	Saudi-Arabien	Saudiaraber, -in (Saudi)	saudiarabisch
	Schweden	Schwede, Schwedin	schwedisch
	Schweiz	Schweizer, -in	schweizerisch
	Senegal	Senegalese, Senegalesin	senegalesisch
	Seschellen	Senegalese, Senegalesin	seschellisch
	Sierra Leone	Sierraleoner, -in	sierraleonisch
	Simbabwe	Simbabwer, -in	simbabwisch
	Somalia	Somalier, -in	somalisch
	Sowjetunion (UdSSR)	Sowjetbürger, -in	sowjetisch
	Spanien	Spanier, -in	spanisch
	Sri Lanka	Srilanker, -in	srilankisch
	St. Lucia	Lucianer, -in	lucianisch
	St. Vincent	Vincenter, -in	vincentisch
	Sudan	Sudaner, -in (Sudanese, Sudanesin)	sudanisch (sudanesisch)
	Südafrika	Südafrikaner, -in	südafrikanisch
	Suriname	Surinamer, Surinamin	surinamisch
	Swasiland	Swasi	swasiländisch
	Syrien	Syrer, -in	syrisch
T	Tansania	Tansanier, -in	tansanisch
	Thailand (Siam)	Thailänder, -in (Siamese, Siamesin)	thailändisch (siamesisch)
	Togo	Togoer, -in (Togolese, -lesin)	togoisch (togolesisch)
	Tschechoslowakei	Tschechoslowake, Tschechoslowakin	tschechoslowakisch
	Tunesien	Tunesier, -in	tunesisch
	Türkei	Türke, Türkin	türkisch

Länder, Städte, Einwohner

	U	Uganda	Ugander, -in	ugandisch
		Ungarn	Ungar, -in	ungarisch
		Uruguay	Uruguayer, -in	uruguayisch
	V	Vanuatu	Vanuatuer, -in	vanuatisch
		Venezuela	Venezolaner, -in	venezolanisch
		Vereinigte Staaten von Amerika (USA)	(US-)Amerikaner, -in	amerikanisch
		Vietnam	Vietnamese, Vietnamesin	vietnamesisch
	Z	Zaire	Zairer, -in	zairisch
		Zypern	Zyprer, -in (Zypriot, Zypriotin)	zyprisch
Kontinente		Afrika	Afrikaner, -in	afrikanisch
		Amerika	Amerikaner, -in	amerikanisch
		Asien	Asiat, -in	asiatisch
		Australien	Australier, -in	australisch
		Europa	Europäer, -in	europäisch
Gliedstaaten, ehemalige Staaten, Inseln, Landesteile (Auswahl) deutschsprachiger Raum		Baden	Badener, -in (Badenser)	badisch
		Elsaß	Elsässer, -in	elsässisch
		Friesland	Friese, Friesin	friesisch
		Graubünden	Graubündner, -in (Bündner)	graubündnerisch (bündnerisch)
		Hessen	Hesse, Hessin	hessisch
		Preußen	Preuße, Preußin	preußisch
		Sachsen	Sachse, Sächsin	sächsisch
		Schwaben	Schwabe, Schwäbin	schwäbisch
		Steiermark	Steirer, -in	steirisch
		Thüringen	Thüringer, -in	thüringisch
		Uri	Urner, -in	urnerisch
		Wallis	Walliser, -in	wallisisch
		Westfalen	Westfale, Westfälin	westfälisch
nicht-deutsch-sprachige Länder		Bermuda (Bermudas)	Bermuder, -in	bermudisch
		Bosnien	Bosnier, -in, (Bosniake, Bosniakin)	bosnisch (bosniakisch)
		Capri	Caprese, Capresin	capresisch
		Ceylon	Ceylonese, Ceylonesin	ceylonesisch
		Dalmatien	Dalmatiner, -in	dalmatinisch (dalmatisch)
		England	Engländer, -in	englisch
		Eritrea	Eritreer, -in	eritreisch
		Estland	Este, Estin	estnisch
		Färöer	Färöer, -in (Färinger, -in)	färöisch (färingisch)
		Holland	Holländer, -in	holländisch
		Ibiza	Ibizenker, -in	ibizenkisch
		Kanaren	Kanarier, -in	kanarisch
		Kreta	Kreter, -in	kretisch
		Kroatien	Kroate, Kroatin	kroatisch
		Lettland	Lette, Lettin	lettisch
		Madeira	Madeirer, -in	madeirisch
		Montenegro	Montenegriner, -in	montenegrisch
		Puerto Rico	Puertoricaner, -in	puertoricanisch
		Schottland	Schotte, Schottin	schottisch
		Serbien	Serbe, Serbin	serbisch
		Slowenien	Slowene, Slowenin	slowenisch
		Tanganjika	Tanganjiker, -in	tanganjikisch
		Texas	Texaner, -in	texanisch
		Tibet	Tibeter, -in (Tibetaner, -in)	tibetisch (tibetanisch)
		Wales	Waliser, -in	walisisch

Länder, Städte, Einwohner

Antike (Stadtstaaten, biblische Länder)	Attika	–	attisch
	Juda	Judäer, -in	judäisch
	Karthago	Karthager, -in	karthagisch
	Milet	Milesier, -in	milesisch
	Rhodos	–	rhodisch
	Samaria	Samariter, -in	samaritisch
	Sparta	Spartaner, -in	spartanisch

Städte   Im allgemeinen werden die Bezeichnungen für die Einwohner von Orten durch Anhängen der Nachsilbe -er an den Ortsnamen gebildet, so z. B. Aachen/Aachener und Paris/Pariser. Die weibliche Form entsteht durch Anhängen der Silbe -in an den Einwohnernamen (Pariserin). Sehr häufig gibt es aber abweichende Bildungen.

deutschsprachiger Raum

Ableitung von Orten auf -ing und -ingen
Dingolfing	Dingolfinger, -in
Göttingen	Göttinger, -in

Ableitung mit/ohne Umlaut
Darmstadt	Darmstädter, -in
Neustadt (an der Weinstraße)	Neustadter, -in
Nordhausen	Nordhäuser, -in
Oberhausen	Oberhausener, -in

Ableitung mit/ohne Ausfall eines Vokals
Emden	Emdener, -in
St. Gallen	St. Galler, -in
Basel	Basler, -in
Wesel	Weseler, -in
Zülpich	Zülpicher, -in
Zürich	Zürcher, -in

Ableitung auf -aner in Nord- und Mitteldeutschland
Hannover	Hannoveraner, -in
Kassel	Kasselaner, -in (Kasseler)
Münster	Münsteraner, -in
Salzgitter	Salzgitteraner, -in
Weimar	Weimarer, -in (Weimaraner)

Besonderheiten
Cottbus	Cottbusser, -in (Cottbuser)
Jena	Jenaer, Jenenser, -in
Halle (Saale)	Hallenser, -in
Halle (Westfalen)	Haller, -in

nicht-deutschsprachiger Raum

Damaskus	Damaszener, -in
Florenz	Florentiner, -in
Genua	Genuese(r), Genues(er)in
Madrid	Madrilene, Madrilenin
Marseille	Marseiller, -in
Rom	Römer, -in
Sofia	Sofioter, -in
Venedig	Venezianer, -in

Das Adjektiv der Zugehörigkeit wird durch Anhängen von -er an den Ortsnamen gebildet (Berliner, Hamburger) und groß geschrieben. Durch Anhängen der Nachsilbe -isch (an den Ortsnamen oder Einwohnernamen) werden dagegen charakteristische Eigenschaften des Einwohners, besonders seine Mundart oder seine Sprachgewohnheiten (berlinisch oder berlinerisch), ausgedrückt. Meistens gibt es aber nur eine Form. So sagt man nur wienerisch, leipzigerisch und nie wienisch, leipzigisch, hingegen stets hamburgisch (hamburgerisch allenfalls umgangssprachlich). Bildungen wie dortmunderisch (dortmundisch) oder linzerisch (linzisch) sind zwar denkbar, werden aber so gut wie nie verwendet. Beim Namen Hannover steht oft entsprechend -sch: hannoversch (hannöversch), aber auch hannoverisch (hannöverisch).

Regeln zur Rechtschreibung, Zeichensetzung und Grammatik

Vorbemerkung Dieser Regelteil stellt, besonders was die Grammatik anbelangt, kein vollständiges System dar. Ein solches zu geben ist nicht erforderlich und, von Raumgründen abgesehen, auch nicht möglich im Hinblick auf den Stand der Sprachwissenschaft, die manches von den Grundfesten der herkömmlichen ,,Schulgrammatik" erschüttert hat, ohne doch in Grundlagen, Methoden und Ergebnissen allseits Anerkanntes an ihre Stelle setzen zu können. Der Regelteil gibt aber Auskunft über die meisten Zweifelsfälle, die erfahrungsgemäß den Ratsuchenden bedrängen. Da schätzungsweise 15 Millionen Ausländer gegenwärtig Deutsch lernen, sind auch einige Probleme behandelt (z.B. Kongruenz, trennbare und untrennbare Verben), die den Menschen deutscher Muttersprache kaum Schwierigkeiten bereiten, aber dem Ausländer harte Nüsse zu knacken geben. Wer sich mit diesen Regeln und mit den Benutzerhinweisen auf Seite 8ff. vertraut macht, kann dieses Wörterbuch besser ausschöpfen.
Wo auf eine Regel Beispielwörter oder -sätze folgen, sind diese stets als ausgewählte Beispiele zu verstehen, nicht als vollständige Aufzählung.
Ein grundsätzliches Wort ist noch nötig zur Rechtschreibung: Die gegenwärtig (im wesentlichen seit 1901 unverändert) geltenden Regeln sind in wichtigen Teilbereichen (Groß- und Kleinschreibung, Zusammen- oder Getrenntschreibung, Silbentrennung u.a.) schwierig, manchmal inkonsequent oder zu pedantisch. Über eine Reform wird seit Jahren diskutiert und gestritten. Solange keine neue verbindliche Regelung – und zwar eine für alle deutschsprachigen Länder gemeinsame – ausgehandelt und in Kraft gesetzt ist, kann ein neues Wörterbuch keine Vorstöße zu einer Neuregelung unternehmen, auch wenn seine Verfasser von der Reformbedürftigkeit mancher Punkte überzeugt sind. Hier muß die Einheitlichkeit des Gebrauchs im Interesse der Schulen, der Behörden, der Verlage und Druckereien sowie der Verständigung über Staatsgrenzen hinweg den Vorrang haben. Und schließlich: Überall da, wo die Entwicklung im Fluß ist, z.B. bei der Groß- und Kleinschreibung, Zusammen- oder Getrenntschreibung, sollte dem Schreibenden ein gewisser Freiraum eingeräumt werden, je nachdem, was er im Einzelfall ausdrücken oder hervorheben möchte.

abhängige Rede →indirekte Rede

Abkürzungen 1. Mit Punkt schreibt man Abkürzungen, wenn sie ungekürzt gesprochen werden: d.h. (das heißt), m.E. (meines Erachtens), s.o. (siehe oben), usw. (und so weiter). Ausnahmen sind Maßbezeichnungen wie kg, cm, DM.
2. Ohne Punkt schreibt man Abkürzungen, wenn sie in der Kurzform gesprochen werden: Pkw [pekave], CDU [tsedeu], BGB [begebe] (Bürgerliches Gesetzbuch). Einige Abkürzungen wie a.D. (außer Dienst), i.V. (in Vertretung) haben einen Punkt und werden meist in der ungekürzten Form, häufig aber auch in der Kurzform [ade], [ifau] gesprochen. Wird eine Abkürzung als selbständiges (vollständiges) Wort ausgesprochen, so bleibt sie ohne Punkt: TÜV (Technischer Überwachungsverein, meist [tyf] gesprochen). Längere Abkürzungen, besonders für Gesetze, Verordnungen, Behörden, werden – ohne Rücksicht auf die Aussprache – gewöhnlich ohne Punkt(e) geschrieben: EStG (Einkommensteuergesetz), GewStDV (Gewerbesteuer-Durchführungsverordnung), BMWi (Bundesminister für Wirtschaft).
3. Abkürzungen am Satzanfang werden groß geschrieben, wenn sie nur ein Wort bezeichnen; z.B.: Vgl. die ersten Kapitel. – Abkürzungen, die für mehrere Wörter stehen, werden ausgeschrieben: Das heißt ... (statt: D.h. ...). Die Abkürzung des Adelsprädikats ,,von" wird auch am Satzanfang klein geschrieben: v. Richthofen ...
4. Sind Abkürzungen mit einem anderen Wort bzw. einer weiteren Abkürzung verbunden, so steht zwischen beiden ein Bindestrich: EDV-System, US-amerikanisch, K.-o.-Schlag, Dipl.-Kfm.
5. Im Genitiv haben Abkürzungen ein -s ohne Apostroph, wenn die ungekürzt gesprochenen Wörter ein Genitiv-s haben: Sh.s Dramen (Shakespeares Dramen). Ein Apostroph steht nur, wenn der abgekürzte Name auf s endet: S.' Reden (Sokrates' Reden).

Adverb

Abkürzungen, die als solche gesprochen werden, haben ebenfalls ein Genitiv-s ohne Apostroph; sie können jedoch auch ohne -s verwendet werden: die Karosserie des Pkws (oder: des Pkw); entsprechend im Plural: die Pkws (oder: die Pkw). – Vgl. Kurzwort.

Ablaut regelmäßiger Wechsel des Stammvokals in wurzelverwandten Wörtern. Man unterscheidet den qualitativen Ablaut, auch Abtönung genannt, der einen Wechsel von Vokalen gleicher Dauer darstellt (z.B. *binden, band, gebunden*), und einen quantitativen Ablaut, auch Abstufung genannt, bei dem lange und kurze Vokale abwechseln (z.B. *brechen, brach, gebrochen*). Der Ablaut ist besonders in der Konjugation zu beobachten, doch tritt er auch bei der Bildung von Substantiven auf, z.B. *reiten – Ritter; trinken – Trunk; geben – Gabe; schenken – Ausschank.*

Absichtssatz →Finalsatz

Adjektiv
(Eigenschaftswort, Beiwort) Wort, das eine Eigenschaft von Dingen, Lebewesen oder Begriffen bezeichnet. Es kann attributiv verwendet werden (ein *langer* Weg), prädikativ (der Weg *ist lang*), und es kann als Adverb stehen: sein *lang* auf die Schultern *fallendes* Haar. Außerdem kann das Adjektiv gesteigert werden (der *längere, längste* Weg); vgl. Komparation. Steht das Adjektiv als Attribut, wird es dekliniert (vgl. Seite 36); als Prädikativ bleibt es unverändert: Hier ist ein *unerträglicher* Lärm; der Lärm ist *unerträglich*. Manche Adjektive werden nur prädikativ verwendet, z.B. quitt (wir sind *quitt;* aber nicht: eine *quitte* Angelegenheit), gewärtig, nütze sowie die von Substantiven abgeleiteten Adjektive: gram, feind, schuld u.a.; manche nur attributiv, z.B. ehemalig (der *ehemalige* Bürgermeister; aber nicht: der Bürgermeister ist *ehemalig*).

Für das Adjektiv, das als Attribut bei einem Substantiv steht (der *schöne* Garten), das also dekliniert wird, gibt es eine starke und eine schwache Deklination. In der starken Deklination hat das Adjektiv dieselben Endungen wie der bestimmte Artikel, wenn er dekliniert wird (mit Ausnahme aber des Genitivs Singular beim Maskulinum und Neutrum, der immer die Endung -en erhält: gut*en* Gewissens). Die schwache Deklination kennt nur die Endung -en. Die starke Form steht, wenn das Adjektiv allein (d.h. ohne Artikel oder Pronomen) vor dem Substantiv steht (*schönes* Wetter), ebenso dann, wenn zwar ein Artikel, Pronomen oder Zahlwort vorhergeht, dieses Wort aber keine starke Endung aufweist und damit Genus, Numerus und Kasus, also den grammatischen Zusammenhang, nicht eindeutig erkennen läßt: ein *schöner* Garten (weil „ein" Maskulinum wie Neutrum sein kann); aber: der *schöne* Garten. In allen anderen Fällen steht die schwache Form. Weitere Beispiele: dieser *freche* Ton, jenes *beleibten* Mannes (schwach gebeugt); mit viel *überflüssigem* Kram, mit Unterstützung *hilfsbereiter* Passanten (stark gebeugt). Die Sprache strebt also, an einer (aber nur einer) Stelle die grammatische Form deutlich anzuzeigen. Ein Deklinationsschema findet sich auf S. 85.

Eine Reihe von Adjektiven kann nicht dekliniert werden, vor allem die aus fremden Sprachen übernommenen Farbbezeichnungen wie lila, mauve, orange u.a.

Zwei hintereinanderstehende Adjektive werden beide und auf gleiche Weise dekliniert: bei *schönem, sonnigem* Wetter.

Bei zusammengesetzten Adjektiven wird nur der zweite Teil dekliniert: ein *blau-grüner* Mantel, ein *sauersüßes* Lächeln.

Die meisten Adjektive können auch als Adverb stehen und bleiben dann unflektiert: eine *unglaublich* schnelle Reaktion; er übertreibt *maßlos*.

Schließlich kann das Adjektiv auch substantiviert werden, es wird dann groß geschrieben und wie ein Substantiv dekliniert (vgl. Tabelle Seite 83): die *Alten* und die *Jungen; Alte* und *Junge*.

Viele Adjektive verlangen eine Ergänzung durch ein Objekt, in der Regel in einem bestimmten Kasus: Ich bin *das Stehen* gewohnt (Akkusativobjekt). Das ist *ihm* lästig (Dativobjekt). Er ist *aller Sorgen* ledig (Genitivobjekt). Das ist *für ihn* bezeichnend (Präpositionalobjekt mit Akkusativ). Er ist *zu keinem Entschluß* fähig (Präpositionalobjekt mit Dativ).

Vgl. Maß- und Mengenangaben.

Adresse →Anschrift

Adverb
(Umstandswort) Wort, das ein Verb, ein Adjektiv oder ein anderes Adverb näher bestimmt: Ich komme *gern*. Es ist *sehr* kalt. Der Schlüssel liegt *hier* oben. – Es kann auch als Attribut zu einem Substantiv treten: die Schale *dort*. Und es kann einen ganzen Satz näher bestimmen: Dies ist *höchstwahrscheinlich* ein Versehen (Satzadverb).

Man unterscheidet Adverbien

1. des Ortes (sie antworten auf Fragen wie Wo?, Wohin?, Woher?): hier, links, oben, dorthin, überall, irgendwo;

2. der Zeit (Wann?, Wie lange?, Wie oft?): jetzt, morgen, niemals, oft, seitdem;

adverbiale Bestimmung

3. des Grundes (Warum?): darum, daher;
4. des Zwecks (Wozu?): dazu, hierfür;
5. der Folge (Mit welcher Folge?): infolgedessen, demzufolge;
6. der Bedingung (Unter welcher Bedingung?): andernfalls, sonst, falls;
7. der Einräumung (Trotz welchen Umstands?): trotzdem, gleichwohl;
8. der Entgegenstellung (Entgegen welchem Umstand?): indessen, hingegen;
9. der Art und Weise (Wie?, Auf welche Weise?): gern, sehr, besonders, beinahe, vielleicht, kopfüber, freundlicherweise;
10. des Mittels (Womit?, Wodurch?): hiermit, dadurch.

Andere Einteilungen sind möglich; bei weiterer Differenzierung kann man u.a. auch Adverbien der Beschränkung (nur, fast), der Hervorhebung (gerade, sogar), der Erweiterung (zudem, außerdem) unterscheiden.

Adverbien können nicht gesteigert werden, mit einigen Ausnahmen: oft, öfter (aber ohne Superlativ); lange, länger, am längsten. Bei manchen Adverbien kann man zur Steigerung die Formen eines Adjektivs zu Hilfe nehmen: gern, lieber, am liebsten. Dagegen können Adjektive, wenn sie als Adverb dienen, regelmäßig gesteigert werden: Er läuft *schnell, schneller, am schnellsten*.

Die meisten Adjektive können als Adverbien verwendet werden, z.B.: Er raucht *stark*. Er benimmt sich *ungeschickt*.

Anstelle eines einfachen Adverbs kann auch eine →adverbiale Bestimmung oder ein →Adverbialsatz stehen.

adverbiale Bestimmung
(Umstandsbestimmung, Adverbiale)

mehrgliedriger Satzteil, der ein Verb (er spricht *ohne Scheu*), ein Adjektiv (*mehr oder minder* häufig) oder ein anderes Adverb (es dauert *wider Erwarten* lange), auch ein Substantiv (die Frau *mit der Mütze*) oder einen Satz (*mit größter Wahrscheinlichkeit* hat er ...) näher bestimmt. Die adverbiale Bestimmung kann ein Substantiv sein *(des Nachts)*, meistens ist sie eine präpositionale Wendung (Präposition und Substantiv: *während der Nacht*). Wie beim Adverb kann man folgende Gruppen unterscheiden: adverbiale Bestimmung

1. des Ortes (Lokalbestimmung: sie antwortet auf die Fragen Wo?, Woher?, Wohin?): Das Schiff liegt *im Hafen*. Er kam *aus dem Haus*. Die Kinder gehen *in die Schule*.
2. der Zeit (Temporalbestimmung: Wann?, Wie oft?, Wie lange?, Bis wann?, Seit wann?): Die Schmerzen treten *des Nachts* auf. Ich bin *gegen ein Uhr* angekommen. Ich sage dir jetzt *zum hundertsten Mal,* daß du die Gartentür zumachen sollst. Wir bleiben noch *bis zum Sonntag*. Ich warte schon *seit drei Stunden*.
3. des Grundes (Kausalbestimmung: Warum?, Weshalb?): Sie mußte *wegen einer Erkältung* das Konzert absagen. Er hat das ja nur *aus Spaß* getan. Sie hat *vor Schreck* den Teller fallen lassen.
4. des Zwecks (Finalbestimmung: Wozu?, Zu welchem Zweck?): Ich brauche das Buch *für meine Sammlung*. Er betreibt das Fotografieren nur *zu seiner Freude*.
5. der Folge (Konsekutivbestimmung: Mit welcher Folge?): *Zu meiner großen Erleichterung* brauchte ich nicht mitzugehen. Es war *zum Schreien* komisch.
6. der Bedingung (Konditionalbestimmung: Unter welcher Bedingung?): *Unter dieser Voraussetzung* stimmen wir zu. *Bei schönem Wetter* können wir die Party im Garten veranstalten.
7. der Einräumung (Konzessivbestimmung: Trotz welchen Umstands?): *Ungeachtet* oder *trotz seiner Verletzung* hielt er den Wettkampf durch.
8. der Entgegenstellung (Adversativbestimmung: Entgegen welchem Umstand?): Ich schwärme *im Unterschied zu Ihnen* überhaupt nicht für Sport.
9. der Art und Weise (Modalbestimmung: Wie?, Auf welche Weise?): Sie läßt das Radio *mit voller Lautstärke* laufen. Er weinte *wie ein kleines Kind*. Er dankte ihm *mit einem Kopfnicken*.
10. des Mittels (Instrumentalbestimmung: Womit?, Wodurch?, Durch wen?): Er öffnete die Tür *mit einem Spezialschlüssel*. Er konnte *durch einen Trick* seinen Verfolgern entgehen. Wir werden die Maschine *von unserem Mechaniker* überprüfen lassen.

Die Abgrenzung zwischen adverbialer Bestimmung und Präpositionalobjekt ist schwierig: Achte *auf deine Aussprache!* Hamburg liegt *an der Unterelbe*. Äußerlich betrachtet scheinen die beiden präpositionalen Wendungen völlig gleichartig. Der erste Beispielsatz enthält jedoch ein Präpositionalobjekt, der zweite eine adverbiale Bestimmung. Woran läßt sich das unterscheiden? Das Verb „achten" (in dem hier gemeinten Sinn „aufmerksam verfolgen") fordert eine Ergänzung, und zwar eine mit der Präposition „auf" (achten bei ..., mit ..., für ... ist sprachlich nicht möglich). Bei solchen Verben (weitere Beispiele: glauben *an,* nachdenken *über,* abhängen *von*) ist die nachfolgende Wendung ein Präpositionalobjekt. Das Verb „liegen" fordert dagegen nicht notwendig

Aktionsart

eine Ergänzung mit „an"; Hamburg könnte auch bei ..., in ..., unweit ... liegen. In solchen Fällen liegt eine adverbiale Bestimmung vor.

Präpositionale Wendungen, die in einem übertragenen Sinn gebraucht werden, gehören zu den adverbialen Bestimmungen. Beispiele: Er schwebt *in tausend Ängsten.* Die Sache geht *in die Brüche.* Die Welt ist *aus den Fugen* geraten.

Vgl. Objekt (4).

Adverbialsatz
(Umstandssatz)

Nebensatz, der für eine →adverbiale Bestimmung steht und wie diese die näheren Umstände eines Geschehens angibt. Die Adverbialsätze können wie die adverbialen Bestimmungen eingeteilt werden:

1. Lokalsatz (Ortssatz): *Wo früher freies Feld war,* liegen jetzt Wohnsiedlungen.
2. Temporalsatz (Zeitsatz): *Seit ich zum letzten Mal hier war,* hat sich vieles verändert.
3. Kausalsatz (Begründungssatz): Wir fahren gern nach dem Süden, *weil man dort mit gutem Wetter rechnen kann.*
4. Finalsatz (Zwecksatz): Beeil dich, *damit wir endlich gehen können.*
5. Konsekutivsatz (Folgesatz): Der Vortrag war so langweilig, *daß einige Zuhörer laut gähnten.*
6. Konditionalsatz (Bedingungssatz): *Wenn das Wetter schön ist,* fahren wir morgen auf die Zugspitze.
7. Konzessivsatz (Einräumungssatz): Ich bin mit ihm ins Theater gegangen, *obwohl ich eigentlich keine Lust hatte.*
8. Adversativsatz (Entgegenstellungssatz): Ich liebe Schiffsreisen, *wohingegen meine Tochter einen Horror davor hat.*
9. Modalsatz (Umstandssatz der Art und Weise): Er machte sich bemerkbar, *indem er sich räusperte.*
10. Instrumentalsatz (Umstandssatz des Mittels): Ich konnte ihn nur *dadurch* von seinem Vorhaben abbringen, *daß ich ihn auf die gefährlichen Folgen aufmerksam machte.*

Adversativsatz
(Entgegenstellungssatz)

Satz, der dem im neben- oder übergeordneten Hauptsatz ausgedrückten Geschehen etwas gegenüberstellt oder entgegensetzt.

Als Hauptsatz wird er durch Konjunktionen wie „aber", „sondern", „doch", „jedoch" eingeleitet: Er war zwar schuld an dem Unfall, *aber wir haben ihm nie einen Vorwurf gemacht.* Er hatte anfangs viele Schwierigkeiten, *doch er konnte sich durchsetzen.*

Als Nebensatz wird er durch Konjunktionen wie „während", „wohingegen" eingeleitet: Der eine der beiden Söhne ist hochmusikalisch, *wohingegen der andere eher technisch begabt ist.*

Affix

Ableitungssilbe: zum Wortstamm hinzutretendes Formelement; es kann vor den Stamm treten (Vorsilbe, →Präfix) oder an ihn angehängt (Nachsilbe, →Suffix), auch in das Wort eingefügt werden (Infix), z.B. das Fugen-s in arbeit*s*los, mann*s*toll, das Fugenelement -er in Rind*er*braten.

Affrikata

„angeriebener" Laut, →Konsonant (1,3)

Akkusativ
(vierter Fall, Wenfall)

Deklinationsfall des →Nomens; er antwortet auf die Frage Wen oder was?: Ich kenne *ihn.* Der Postbote bringt *den Brief.* – Bestimmte Verben fordern ein Objekt im Akkusativ: Ich brauche *den Schlüssel.* Wir erledigen *den Auftrag.* Auch bestimmte Präpositionen fordern den Akkusativ: Er hat es für *dich* getan. – Vgl. transitive und intransitive Verben, Valenz.

Aktionsart

Handlungsart des Verbs; sie bezeichnet das vom Verb ausgedrückte Geschehen in bezug auf seinen zeitlichen Verlauf. Man kann folgende Gruppen unterscheiden:

1. inchoative oder ingressive Verben bezeichnen den Beginn einer Handlung: erblühen, erwachen, entzünden;
2. durative oder imperfektive Verben bezeichnen ein andauerndes Geschehen: schlafen, wohnen, leben;
3. iterative Verben drücken die Wiederholung eines Geschehens aus: kränkeln (oft ein wenig krank sein), sticheln, stochern (wiederholt leicht stechen);
4. perfektive oder resultative Verben drücken die Vollendung eines Geschehens aus: verklingen, verwelken, austrinken;
5. kausative oder faktitive Verben bezeichnen das Bewirken einer Tätigkeit oder eines Zustandes: tränken (trinken machen), fällen (fallen machen), erheitern (heiter machen);
6. intensive Verben drücken die Verstärkung einer Tätigkeit aus: schnitzen (zu schneiden), nicken (zu neigen), schnupfen (zu schnaufen);
7. diminutive Verben drücken eine abgeschwächte Form der Tätigkeit aus: lächeln (ein wenig lachen).

Man kann die Aktionsart statt durch besondere Verben auf vielfältige andere Weise ausdrücken, z.B. durch ein Adverb: Er schläft *gerade;* durch adverbiale Bestimmung:

Aktionsform

	Er redet *ohne Unterlaß;* durch Funktionsverb und Substantiv: Er *setzt* die Maschine *in Bewegung;* durch Wiederholung: Er läuft *und läuft.*
Aktionsform (Genus verbi)	Form des Geschehens, der Handlung beim Verb, Handlungsrichtung; →Aktiv, →Passiv.
Aktiv (Tatform)	Aktionsform (Handlungsrichtung) des Verbs, die zum Ausdruck bringt, daß das Subjekt des Satzes etwas tut oder sich in einem Zustand befindet, z.B.: Die Kinder *kommen* aus der Schule. Der Schnee *schmilzt.* Die Kirschen *sind* reif. Sätze wie „Er *erhielt* die Lebensrettungsmedaille" zeigen jedoch, daß die deutsche Bezeichnung „Tatform" inhaltlich nicht zutreffend ist, denn das Subjekt ist in diesem Beispiel durchaus nicht „tätig". Die Bezeichnung hat rein formalen Charakter und besagt nur, daß das Geschehen im Satz vom Subjekt ausgeht. – Vgl. Passiv.
Akzent	in der geschriebenen Sprache →diakritisches Zeichen. In der gesprochenen Sprache bezeichnet man als Akzent: 1. die Betonung einer Silbe im Wort, im Deutschen durch stärkere Schallfülle und höheren Ton (qualitativer oder Druckakzent: Lẹbensversicherung); 2. die Melodieführung im Satz (musikalischer Akzent, z.B. Hebung am Schluß eines Fragesatzes); 3. Hervorheben einer sonst unbetonten Silbe (Ich will nicht kaufen, sondern vẹrkaufen) zwecks Verdeutlichung eines Gegensatzes; 4. Durchklingen der Muttersprache: Er spricht Deutsch mit deutlichem amerikanischem Akzent.
als oder wie	Wenn in einem Vergleich ein Adjektiv im Komparativ steht, muß „als" gesetzt werden: Er ist größer *als* ich. Aber: Er ist so groß *wie* ich (Gleichsetzung).
Anfügungssatz	→Kopulativsatz
Anführungszeichen („Gänsefüßchen")	Zeichen zur Kennzeichnung der direkten Rede, einer wörtlich angeführten Textstelle (eines Zitats) und zur Hervorhebung von Wörtern oder Sätzen. Das Anführungszeichen steht vor und nach dem wörtlich angeführten oder hervorgehobenen Satz oder Satzteil. Man nennt es, wenn es am Ende steht, auch „Aus-" oder „Abführungszeichen" oder „schließendes Anführungszeichen". Neben den Formen „ " und „ " kommen auch die französischen Formen « » und » « vor. 1. Bei der direkten Rede stehen Punkt, Frage- und Ausrufezeichen vor dem schließenden Anführungszeichen, wenn sie zur Rede gehören: „Das ist nicht wahr!" rief sie empört. – Das Komma steht immer hinter dem schließenden Anführungszeichen: „Wenn kein Glatteis ist", sagte er, „können wir mit dem Auto fahren." Wird die Rede angekündigt, steht vor ihr ein Doppelpunkt, z.B.: Ernst fragte mich: „Hast du das Buch schon gelesen?" Als mich Ernst fragte: „Hast du das Buch schon gelesen?", mußte ich verneinen. In der wissenschaftlichen Literatur schließt man wörtlich angeführte Zitate anderer Autoren in Anführungszeichen ein. Vgl. direkte Rede. 2. Das Zitat wird wie die direkte Rede zwischen Anführungszeichen gesetzt; wird es unterbrochen, kommt jeder Zitatteil für sich zwischen Anführungszeichen: Aus Schillers „Glocke" stammt der häufig zitierte Vers „Von der Stirne heiß rinnen muß der Schweiß". „Das Gute," – so die originelle Definition von Wilhelm Busch – „dieser Satz steht fest, ist stets das Böse, das man läßt." 3. Anführungszeichen dienen auch zur Hervorhebung von einzelnen Wörtern, Sätzen oder Satzteilen sowie von Buchtiteln u.ä.: Der Begriff der „unbewältigten Vergangenheit" war lange Zeit Gegenstand heftiger Auseinandersetzungen. Ich kenne Musils Roman „Der Mann ohne Eigenschaften" nicht. – Vgl. Titel von Büchern, Zeitungen und ähnlichem. Frage- und Ausrufezeichen stehen nach dem schließenden Anführungszeichen, es sei denn, sie gehören zum angeführten Text: Kennen Sie Musils Roman „Der Mann ohne Eigenschaften"? Aber: Kennen Sie das Buch „Kleiner Mann – was nun?"? – Und so etwas nennst du nun „Ordnung halten"! Aber: Ich kann dein ständiges „Ich habe keine Zeit!" schon nicht mehr hören! 4. Halbe Anführungszeichen werden gesetzt, wenn innerhalb eines Zitats oder einer wörtlichen Rede erneut Äußerungen eines anderen, ein Buchtitel o.ä. kenntlich gemacht werden, z.B.: Ernst fragte mich: „Hast du schon Musils Roman ‚Der Mann ohne Eigenschaften' gelesen?"
Anlaut	Laut (Vokal oder Konsonant), mit dem eine Silbe oder ein Wort beginnt, z.B. das A in „Anlaut" oder das L in „Laut". Vgl. Auslaut, Inlaut.
Anrede	1. Im Satz wird die Anrede durch Komma abgetrennt: Petra, hast du deine Aufgaben schon gemacht? Ihr beide, Thomas und Ulrich, geht mit mir. Entschuldigen Sie, Herr Müller, kann ich Sie einen Augenblick sprechen?

Apostroph

2. Am Briefanfang wird die Anrede heute meist mit einem Komma anstelle des früher üblichen Ausrufezeichens vom eigentlichen Brieftext getrennt, neuerdings auch nach amerikanischem Vorbild durch einen Gedankenstrich. Das erste Wort des Brieftextes schreibt man danach klein (außer Substantiv und Anredefürwort): Sehr geehrte Herren, auf Ihre Anfrage teilen wir Ihnen mit ...

3. Die Fürwörter ,,du, ihr, dein, euer" schreibt man in Briefen, Inschriften, Widmungen usw. groß: Lieber Gerold, über *Deine* Karte habe ich mich sehr gefreut. Dieses Buch sei *Dir* zugedacht. Ich grüße *Euch* alle herzlich.

,,Sie, Ihr, Ihnen" usw. als Anrede schreibt man immer groß: Haben *Sie* diesen Film schon gesehen? Ich danke *Ihnen* vielmals.

Die Fürwörter ,,ihr" und ,,euer" werden in bestimmten Höflichkeitsformeln groß geschrieben: Darf ich *Eure* Exzellenz bitten ... Die Fürwörter ,,ihre" und ,,seine" schreibt man in Höflichkeitsformeln auch dann groß, wenn sie nicht der Anrede dienen: Ihre Majestät die Königin. *Seine* Majestät der König.

Anschrift
Die Anschrift im Brief oder auf dem Umschlag wird in den meisten Ländern folgendermaßen geschrieben:
1. Name und Titel oder Firma des Empfängers,
2. Straße und Hausnummer oder Postfach,
3. Postleitzahl und Bestimmungsort.

Berufs- oder Dienstbezeichnungen stehen hinter ,,Herr" bzw. ,,Frau", akademische Titel stehen unmittelbar vor dem Namen.

Herrn Apotheker	Herrn	Bayerischer Rundfunk
Jürgen Koch	Prof. Dr. H.-H. Voigt	Pressestelle
Hubertusstr. 28	Calsowstr. 15	Postfach 200508
D-8034 Germering	D-3400 Göttingen	8000 München 2

Auf Briefen ins Ausland steht der Name des Landes in international vereinbarter Kurzform vor der Postleitzahl oder ausgeschrieben unter dem Bestimmungsort. In manchen Ländern steht die Hausnummer mit Komma vor der Straße.

Frau	Dr. Eric Forbes	Firma
Elsa Meyerink	41, Grange Road	Ex Libris Verlag AG
Salzhausener Str. 34c	Edinburgh 9	Hermetschloostr. 77
DDR-3250 Staßfurt	Großbritannien	CH-8023 Zürich

Apostroph
(Auslassungszeichen)
Der Apostroph (') weist stets auf die Auslassung eines oder zweier Buchstaben hin; er wird also dort gesetzt, wo sonst der Buchstabe stünde: Hier *steht's* ja. Willst du *noch'n* Stück Kuchen?

1. Steht der Apostroph am Satzbeginn, wird der folgende Buchstabe (trotz des Satzanfangs) klein geschrieben: *'s* ist wirklich schade. Der Apostroph steht nicht, wenn Präposition und Artikel zusammengezogen werden: *ins* Haus, *aufs* Dach, *übers* Jahr, *beim* Bahnhof.

2. Bei Eigennamen, die auf s, ß, tz, x oder z enden, kennzeichnet der Apostroph den Genitiv, da das Genitiv-s hier entfällt: Sokrates' Fragen galten in Athen als umstürzlerisch. Gauß' Theorie der Kreisteilung.

Der Apostroph wird auch beim abgekürzten Eigennamen im Genitiv gesetzt: S.' Reden (Sokrates' Reden).

Der Apostroph steht nicht, wenn das Genitiv-s geschrieben werden kann: Shakespeares Werke (nicht: Shakespeare's Werke). Er steht nicht bei der Ableitung auf -sch: die Straußchen Walzer, die Straussschen Lieder.

3. Bei Substantiven, die auf e enden, kann aus stilistischen Gründen oder des Rhythmus wegen das e durch den Apostroph ersetzt werden: Mit einer Gabel und mit *Müh'* zieht ihn die Mutter aus der *Brüh'* (Wilhelm Busch).

Der Apostroph steht jedoch nicht bei festen Wendungen dieser Art: mit *Müh* und Not, in *Reih* und Glied.

4. Bei Adjektiven läßt man im poetischen Sprachgebrauch oft das i bei der Endung -ig weg und ersetzt es durch den Apostroph: Er sprach von *ew'ger* Liebe. Bei Kurzformen einiger Adjektive kann der Apostroph auch wegbleiben: Ich bin so *müd*.

5. Bei einigen Verbformen kann das e am Ende wegfallen und durch den Apostroph ersetzt werden: Das *hätt'* ich mir denken können. Das *rat'* ich dir! Ich *lass'* es nicht zu. Derartige Formen kommen jedoch auch ohne Apostroph vor: Den Film *hab* ich schon gesehen. Das *laß* ich nicht zu (ss wird hier zu ß).

Beim Imperativ in der zweiten Person Singular fällt das e heute fast immer weg und wird auch nicht durch den Apostroph ersetzt: *Frag* ihn doch! *Setz* dich! *Bleib* hier! *Faß* mal mit *an*!

Apposition

Apposition
(Beisatz)

Satzteil (kein Satz), der einem Substantiv oder Pronomen „beigesetzt" ist. Die Apposition ist ein substantivisches →Attribut, das im gleichen Kasus steht wie das Wort, zu dem es gehört: *das Königreich* Belgien; Edison, *der Erfinder der Glühlampe;* ich habe den Brief an Herrn Prof. Becker, *den Chefarzt des Krankenhauses,* adressiert.

Die Apposition kann sehr eng mit dem zugehörigen Wort verbunden sein und wird dann nicht durch Komma abgetrennt. Das ist der Fall bei Vornamen, festen Beinamen, Gattungsbegriffen, bei Berufen, Titeln, Verwandtschaftsgraden, Mengenbezeichnungen und bei der Fügung mit „als": *Johann Wolfgang* von Goethe; Peter *der Große; die Londoner Tageszeitung* „Times"; in *dem Roman* „Stiller" von Max Frisch; *Staatssekretär Professor* Mayer; *mein Onkel* Alfred; *eine Tasse* Kaffee; er *als Leiter des Instituts.*

Die Apposition kann auch selbständigeren Charakter haben; sie wird dann nachgestellt und durch Komma abgetrennt: Ernst, *der beste Turner unserer Klasse.* Hast du „Stiller", *den Roman von Max Frisch,* schon gelesen?

Artikel
(Geschlechtswort)

Wortart, die das Geschlecht (Maskulinum, Femininum, Neutrum; →Genus) eines Substantivs, eines substantivierten Adjektivs oder substantivierten Infinitivs angibt. Man unterscheidet den bestimmten Artikel (der, die, das) und den unbestimmten Artikel (ein, eine, ein). Beispiele: *der* Vater, *ein* Vater; *die* Mutter, *eine* Mutter; *das* Kind, *ein* Kind; Friedrich *der* Große; *das* Gute; die Sache hat *ein* Gutes; *das* Gehen.

Der bestimmte Artikel bezeichnet, wie der Name sagt, eine bestimmte Person oder Sache, der unbestimmte dagegen eine beliebige oder jedenfalls nicht näher bezeichnete Person oder Sache. Im Plural fällt der unbestimmte Artikel entweder weg: *Lügen* haben kurze Beine. Man muß *Kinder* gewähren lassen; oder es tritt ein unbestimmtes Fürwort für ihn ein: *manche, viele* Väter.

Bei der Deklination (vgl. S. 39) gibt der Artikel zugleich den Kasus und den Numerus des Substantivs an: Die Kinder helfen *der* Mutter. Das ist zuviel *des* Guten! Ich traf *einen* Bekannten. Die Eltern helfen *den* Kindern.

Gelegentlich wird der bestimmte Artikel – im Gegensatz zu seiner Hauptfunktion – verallgemeinernd gebraucht: Für *das Kind* (d.h. für Kinder allgemein) ist jeder Tag ein neues Abenteuer.

Abstrakte Substantive werden häufig ohne Artikel gebraucht: *Gelegenheit* macht Diebe. *Unkenntnis* des Gesetzes schützt vor Strafe nicht.

Ebenso stehen Stoffnamen (die gewöhnlich keinen Plural haben) ohne Artikel, sofern sie den Stoff allgemein bezeichnen: *Gold und Silber* lieb' ich sehr. *Kupfer* ist dafür nicht geeignet. – Der Artikel wird aber gesetzt, wenn ein Gegenstand aus dem Stoff oder eine (bestimmte oder unbestimmte) Menge oder eine besondere Art des Stoffes gemeint ist: *Das Glas* ist leer. Gib mir bitte *den Honig* (im Glas). *Die Wolle* (d.h. diese Art von Wolle) läßt sich schwer verstricken.

Attribut
(Beifügung)

die nähere Bestimmung eines Substantivs, Adjektivs oder Adverbs. Beim Substantiv und Adjektiv antwortet das Attribut auf die Frage Was für ein? Attribute können ganz verschiedene Formen haben. Ein Attribut kann sein:

1. ein Adjektiv oder Partizip, das dem Substantiv meist vorangestellt wird: eine *großartige* Aufführung; die *längste* Strecke; ein *strahlender* Tag; ein *gefeierter* Künstler.

In poetischer Sprache und in Namen wird es oft unflektiert gebraucht: *Schön*-Rohtraud, *Klein*-Ilse, *Alt*-Heidelberg, *all* meine Gedanken.

Gelegentlich kann das Attribut nachgestellt werden, dann wird es unflektiert gebraucht, in poetischer Sprache allerdings auch – mit Wiederholung des Artikels – flektiert: ein Tag, *strahlend und unvergeßlich;* so weit er die Stimme, *die rufende,* schicket.

2. ein Substantiv im Genitiv: ein Mann *der Tat;* die Mitglieder *unseres Vereins.* Steht das Attribut im gleichen Kasus wie das Substantiv (Peter *der Große*), dann handelt es sich um eine →Apposition.

3. ein Substantiv oder Pronomen mit Präposition: ihre Empörung *über diesen Vorfall* (ersatzweise ein Adverb: ihre Empörung *darüber*); ein Geschenk *von mir.* Der Weg *zum Bahnhof* führt hier rechts hinunter. Aber: Der Weg führt zum Bahnhof (→adverbiale Bestimmung, 1).

4. ein Infinitiv mit „zu": Das Bedürfnis *zu sprechen;* die Gewohnheit, *die Brauen zu heben.*

5. ein Adverb: dieser Mann *hier* (Attribut beim Substantiv); eine *erstaunlich* gute Leistung (beim Adjektiv); das tue ich *äußerst* ungern (beim Adverb).

6. ein Nebensatz: →Attributsatz.

Attributsatz
(Beifügungssatz)

Nebensatz, der anstelle eines Attributs ein Substantiv näher bestimmt: Ein Mann, *der krank ist,* darf nicht arbeiten. Attribut: Ein *kranker* Mann darf nicht arbeiten.

Der Attributsatz antwortet auf die Fragen Was für ein?, Welcher? Er kann sein

Berufsbezeichnungen

1. ein Relativsatz beim Substantiv, beim substantivierten Adjektiv, beim substantivierten Partizip, beim Pronomen: Gestern wurde der neue Kollege, *den ich schon kannte*, eingeführt. Wenn ich ihm nur das Gute, *das er mir getan hat,* einmal vergelten könnte! Alle Verletzten, *die gehfähig waren,* wurden wieder entlassen. Jeder, *der sich an dem Wettbewerb beteiligt hatte,* bekam einen Preis.
2. ein Konjunktionalsatz: Ich bin der Meinung, *daß wir ihm helfen müssen.*
3. ein indirekter Fragesatz: Die Frage, *wie es zu dem Unfall kam,* ist noch immer nicht geklärt.
4. ein Infinitivsatz: Ich habe die Absicht, *im Sommer ins Gebirge zu fahren.*

Aufforderungssatz →Imperativsatz

Auslassung, Auslassungssatz (Ellipse) Weglassen eines oder mehrerer Glieder in einem Satz oder Satzgefüge, die an sich notwendig sind, aber weggelassen werden, weil der Hörer sie aus dem Zusammenhang oder aus der Situation ergänzen kann: Immer mit der Ruhe! Licht aus! Ende gut, alles gut.

Auslassungszeichen →Apostroph

Auslaut Laut (Vokal oder Konsonant), mit dem eine Silbe oder ein Wort endet, z.B. das e in ,,Silbe". – Vgl. Anlaut, Inlaut.

Ausrufesatz Satz, der eine gefühlsbetonte (Freude, Erstaunen, Enttäuschung, Empörung) Aussage, Feststellung, Mitteilung o.ä. enthält: Das ist aber merkwürdig! Ich hatte mich doch so gefreut! – Vgl. Ausrufezeichen.

Ausrufezeichen Das Ausrufezeichen (!) steht
1. nach Wunsch- und Befehlssätzen: Seid doch still! Hätten wir nur so lange gewartet! Gib mir den Brief! – Vgl. Punkt (3).
2. nach gefühlsbetonten Ausrufen: Wie schön! So ein Unsinn! Au! Nein!
3. nach Ausrufen in Frageform: Wie konntest du das tun!
Das Ausrufezeichen stand früher nach der Anrede im Brief, doch hat sich weitgehend das Komma durchgesetzt: Sehr geehrter Herr Professor! Wir danken Ihnen für Ihren Brief ... Heute statt dessen: Sehr geehrter Herr Professor, wir danken Ihnen für Ihren Brief ...
Das Ausrufezeichen kann auch in Klammern im Satz stehen, wenn damit auf ein Wort oder einen Sachverhalt besonders aufmerksam gemacht werden soll: Er wurde gestern zum dritten Mal (!) operiert.
Das Ausrufezeichen kann entfallen, wenn der Ausruf geringen Nachdruck hat: ,,Wenn Sie Lust haben, rufen Sie mal wieder an", sagte er beim Abschied. – Es steht nicht, wenn der Ausruf als Nebensatz von einem Hauptsatz (Aussage- oder Fragesatz) abhängig ist: Er rief, ich solle mich davonscheren. Hat er wirklich gesagt, du solltest ihn in Ruhe lassen? Das schließende Satzzeichen richtet sich hier nach der Art des Hauptsatzes.
Ausrufezeichen in Verbindung mit anderen Satzzeichen →Anführungszeichen (3), →Gedankenstrich, →Klammern (1).

Aussageform, Aussageweise →Modus

Aussagenebensatz →Prädikativsatz

Aussagesatz Satz, der eine einfache Aussage, Feststellung, Mitteilung o.ä. enthält, z.B.: Heute nachmittag treffen wir uns mit unseren Freunden aus Berlin. – Vgl. Ausrufesatz, Imperativsatz, Interrogativsatz.

Auxiliarverb →Hilfsverb

Bedingungssatz →Konditionalsatz

Befehlsform →Imperativ

Befehlssatz →Imperativsatz

Begründungssatz →Kausalsatz

Beifügung →Attribut

Beifügungssatz →Attributsatz

Beisatz →Apposition

Berufsbezeichnungen
1. Die meisten männlichen Berufsbezeichnungen werden von Verben oder Substantiven mittels des Suffixes -er abgeleitet, z.B. Bäcker, Maurer, Bauer, Lehrer, Gärtner. Selten sind die nur aus dem Wortstamm gebildeten Berufsbezeichnungen wie Koch, Arzt. Viele Bezeichnungen sind aus Fremdsprachen entlehnt, vor allem solche technischer oder wissenschaftlicher Berufe: Professor, Ingenieur, Apotheker, Pilot.
2. Die weiblichen Berufsbezeichnungen werden im allgemeinen durch Anhängen des Suffixes -in an die männliche Form oder an den Wortstamm gebildet (manchmal mit Umlaut): Lehrerin, Gärtnerin, Beamtin, Anwältin, Ärztin. Bei weiblichen Berufs-

besitzanzeigendes Fürwort

bezeichnungen, die aus Fremdsprachen übernommen worden sind, finden sich auch fremdsprachliche Formen: Direktrice, Friseuse.
3. Berufsbezeichnungen werden nicht dekliniert, wenn der Artikel fehlt; das Genitiv-s wird an den Namen angehängt: *Bäcker Meyers* Brote sind die bekömmlichsten. Geht jedoch der Artikel voraus, wird die Berufsbezeichnung dekliniert, wohingegen der Familienname ungebeugt bleibt: Die Brote *des Bäckers Meyer* sind die bekömmlichsten. Vgl. Anrede, Titel.

besitzanzeigendes Fürwort	→Possessivpronomen
Betonung	→Akzent
Beugung	→Flexion, →Deklination, →Konjugation
bezügliches Fürwort	→Relativpronomen
Bezugssatz	→Relativsatz
Binde-s	→Fugenzeichen
Bindestrich	

1. Der Bindestrich (-) steht anstelle eines zu wiederholenden Wortteils (Ergänzungsbindestrich): be- und entladen; Wohn- und Geschäftshäuser; hin- und zurückfahren; ein- oder zweimal; Kleinst-, Klein- und größere Lebewesen; Wollpullover und -blusen; Atomforschungs- und -versuchsanlage. Wenn die erste Wortzusammensetzung bereits einen Bindestrich hat, wird der mit Bindestrich folgende zweite Wortteil groß geschrieben: UKW-Sender und -Empfänger.
2. Der Bindestrich steht in Zusammensetzungen. Grundsätzlich werden zusammengesetzte Wörter zusammengeschrieben. Es wird jedoch ein Bindestrich gesetzt
a) wenn das Wort durch die Zusammenschreibung doppeldeutig würde: Gliedersatz, aber: Glied-Ersatz (Prothese);
b) wenn drei gleiche Vokale in Substantiven zusammentreffen: See-Elefant, Tee-Ei. Adjektive und Partizipien schreibt man jedoch zusammen: seeerprobte Jachten. Beim Zusammentreffen von zwei gleichen oder zwei bzw. drei verschiedenen Vokalen schreibt man das Wort zusammen: Kokereiofen, Prärieindianer, paläoarktisch, zweieiig. Doch sollte man, wenn die Zusammensetzung unübersichtlich wird, lieber einen Bindestrich setzen: Stereo-Anlage, Panorama-Aufnahme, Werbe-Idee;
c) wenn ein Buchstabe mit einem Wort verbunden wird: Doppel-n, I-Punkt, x-beliebig;
d) wenn Abkürzungen mit einem Wort verbunden werden: NATO-Länder, Militär-Lkw;
e) in ungewöhnlichen Zusammensetzungen: Ich-Erzähler;
f) wenn Zusammensetzungen mit mehr als drei Wortgliedern bei Zusammenschreibung unübersichtlich sind: Einfuhr-Umsatzsteuererklärung;
g) wenn ein Wortteil einer Zusammensetzung in seiner eigentlichen oder in einer anderen Bedeutung herausgestellt werden soll: Hoch-Zeit, Frei-Tag;
h) wenn Abkürzungen zusammengesetzt werden: Dipl.-Ing.
3. Der Bindestrich reiht mehrere Wörter aneinander:
a) Substantive: Hals-Nasen-Ohren-Arzt;
b) Adjektive, wenn jedes Adjektiv seine Eigenbedeutung behält: römisch-katholisch, derb-komisch. Wenn jedoch das erste Adjektiv das folgende näher bestimmt, steht kein Bindestrich: feuchtwarm, uralt (vgl. Farben);
c) substantivierte Infinitive mit Adverbialbestimmung: sein ständiges Aus-der-Rolle-Fallen, das Von-der-Hand-in-den-Mund-Leben;
d) Ziffern und Substantive: 5-Liter-Kanister, ½-kg-Dose, 5-Mark-Stück (aber in Buchstaben: Fünfmarkstück). – Vgl. Zahlen und Ziffern (2).
4. Der Bindestrich verbindet Namen:
a) Doppelnamen: Schröder-Devrient, Libbertz-vom Dahl;
b) Namen und Substantiv: Mozart-Konzert, Goethe-Schiller-Archiv, Fritz-Reuter-Museum; zweigliedrige Zusammensetzungen (Name und ein Substantiv) werden jedoch häufig zusammengeschrieben: Kolpinghaus, Kleistschule; besonders wenn der Eigenname sich zum Gattungsnamen wandelt: Dieselmotor, Röntgenstrahlen. Solche Zusammensetzungen werden vielfach als einheitliche Begriffe empfunden.
c) Namen und Sachbezeichnungen: Hut-Breiter, Wäsche-Beck.
Vgl. Familiennamen (1), geographische Namen (1), Straßennamen (2), Völkernamen, Vornamen (1).

Bindewort	→Konjunktion
Bindewortsatz	→Konjunktionalsatz
c, k oder z	Das in Fremdwörtern vorkommende c wird bei der Eindeutschung zunehmend durch k oder z ersetzt. Ausgenommen sind Familien- und geographische Namen sowie bestimmte fachsprachliche Bezeichnungen.

Deklination

Die allgemeine Ausspracheregel ist: Vor a, o, u und Konsonanten wird c wie k gesprochen, vor e, i, y, ä und ö wie z [ts]: Calcium, Curriculum, Clique; aber: Celsius, Cäsar, Cölestin. – Vgl. diakritische Zeichen.

Für nicht eingedeutschte Fremdwörter kann als Anhalt gelten: In englischen und französischen Wörtern wird c vor a, o, u und vor Konsonanten wie k gesprochen: camel [kɛməl], Camille [kamij]; vor e, i, y wie s: Cecil [sɛsil], Cézanne [se:zan̩].

Das c in italienischen Wörtern wird vor a, o, u und Konsonanten wie k gesprochen: Condottiere [kɔn-], Cremona [krɛ-], vor e und i aber wie [tʃ]: Cesare [tʃɛzare], Cicerone [tʃitʃerɔnə]. Doppel-c wird vor e und i ebenfalls wie [tʃ] gesprochen: Riccione [-tʃo-], vor a, o, u wie k: ecco [ɛko].

Im Spanischen spricht man c vor a, o, u ebenfalls wie k: Carmen; vor e und i dagegen wie das stimmlose th im Englischen: Ceuta [θeu̯ta]. In Südamerika tritt an die Stelle dieses Lautes meist ein stimmloses s [s].

Consecutio temporum (Zeitenfolge)
Regel, nach der die Zeitform des Nebensatzes von der des Hauptsatzes abhängig ist. Die strenge Zeitenfolge verlangt im Nebensatz Präsens oder Perfekt, wenn im Hauptsatz Präsens steht; sie verlangt im Nebensatz Imperfekt oder Plusquamperfekt, wenn im Hauptsatz Imperfekt steht: Wenn ich gerade weggehen *will, klingelt* bestimmt das Telefon. Als ich weggehen *wollte, klingelte* das Telefon. Nachdem ich *weggegangen war, klingelte* das Telefon. Im Deutschen wird die Consecutio temporum nicht immer genau eingehalten.

Dativ (dritter Fall, Wemfall)
Deklinationsfall des →Nomens; er antwortet auf die Frage Wem?: Ich gebe *ihm* die Hand. Er versetzte *dem Ball* einen Stoß. – Bestimmte Verben fordern den Dativ: Ich vertraue *ihm* am meisten. Ich stimme *diesem Vorschlag* zu. Auch bestimmte Präpositionen fordern den Dativ: aus *einer Laune;* seit *dem letzten Wiedersehen;* ebenso bestimmte Adjektive: er ist *ihr* zugetan; ich bin *dir* dankbar.

Dativ oder Akkusativ?
Bei einigen Verben, wie klopfen, schlagen, stoßen, treten, kann sowohl der Dativ als auch der Akkusativ verwendet werden, je nachdem, was mit dem Satz ausgedrückt werden soll. Der Akkusativ steht immer dann, wenn die Bewegung zielgerichtet ist, wenn der Sprecher einen bestimmten Körperteil betont wissen will; der Dativ steht, wenn nur allgemein eine Berührung ausgedrückt werden soll. Zum Beispiel:

Ich bin *ihm* (versehentlich) auf den Fuß getreten; aber: ich habe *ihn* auf den Fuß getreten (weil ich ihm Schmerz zufügen oder ihn ärgern wollte und weiß, daß er dort empfindlich ist). Oder: Ich trete *ihm* jedes Mal auf den Fuß (wenn er so viel erzählt, was er lieber für sich behalten sollte, d.h. weil ich ihn durch eine Berührung, ein Anstoßen aufmerksam machen will).

Ich trete *dir* in den Hintern, wenn du das tust (ich bin so wütend, daß ich dir auf irgendeine Weise weh tue, wenn ...); aber: ich werde *dich* in den Hintern treten (damit du hinfliegst, denn an diesem Körperteil wirkt der Tritt am besten).

Ich könnte *dir* ins Gesicht schlagen (so empört bin ich; ich könnte dich aber auch schütteln oder boxen); aber: ich könnte *dich* ins Gesicht schlagen (weil das eine Beleidigung ist, und ich bin so wütend, daß ich mich nur durch eine Beleidigung rächen kann).

Datum
Die Zahlen für den Tag und Monat werden mit Punkt geschrieben: Er ist am 8. 12. 1920 geboren. Tritt vor das Datum eine Ortsangabe, so wird diese durch Komma vom Datum getrennt: Hamburg, den 14. November 1972; oder: Hamburg, 14. 11. 72. Auf Briefköpfen, am Schluß von Verträgen u.ä. steht das Datum ohne abschließenden Punkt.

In Datumsangaben mit „am" vor dem Wochentag kann der nachfolgende Monatstag im Dativ stehen (erklärender Beisatz, in Kommas eingeschlossen): Ich treffe am Montag, dem 17. Juli, bei Ihnen ein. – Der Monatstag kann auch im Akkusativ stehen (dann ohne schließendes Komma): Ich treffe bei meinem Freund am Montag, den 17. Juli ein. – Fehlt „am" vor der Angabe des Wochentags, so steht der nachfolgende Monatstag im Akkusativ: Montag, den 17. Juli werde ich bei Ihnen eintreffen.

Treten Zeitangaben zum Datum hinzu, dann werden sie von diesem durch Komma getrennt: Der Vortrag findet am Montag, den 4. Februar 1980, (um) 10 Uhr statt. – Die Minutenzahl wird von der Stundenzahl durch Punkt getrennt oder durch Hochstellen abgesetzt: 10.30 Uhr; 10^{30} Uhr. – Vgl. Zahlen und Ziffern (5, 6).

Deklination (Beugung)
das Bilden der vier Fälle des →Nomens im Singular und Plural. Man unterscheidet die starke, schwache und gemischte Deklination; die starke ist durch verschiedenartige Endungen und manchmal den Umlaut des Stammvokals gekennzeichnet, die schwache hat (außer im Nominativ Singular) immer die Endung -n oder -en, die gemischte ist im Singular stark, im Plural schwach. – Vgl. die Tabellen Seite 79ff.

Demonstrativpronomen

Demonstrativpronomen
(hinweisendes Fürwort)

auf Personen, Sachen, Sachverhalte oder Begriffe betont hinweisendes Fürwort: der, die, das; dieser, diese, dieses (Deklination vgl. S. 83); jener, derselbe, derjenige, solcher (mit den weiblichen und sächlichen Entsprechungen). In der Umgangssprache wird das einfache Pronomen der, die, das bevorzugt, wobei es sich vom bestimmten Artikel lediglich durch den Akzent beim Sprechen unterscheidet: *Der* Hut gefällt mir, *den* nehme ich. – In der Umgangssprache wird das einfache Pronomen oft auch wie ein Personalpronomen verwendet: Das habe ich *dem* schon x-mal gesagt. – Manchmal rechnet man zu den Demonstrativpronomen auch ,,selbst" und ,,selber", die jedoch nicht dekliniert werden.

diakritische Zeichen

Zeichen über oder unter Buchstaben zur Bezeichnung ihrer Aussprache. Die wichtigsten diakritischen Zeichen sind:
der Akut (´); er bezeichnet im Französischen (accent aigu [aksãtɛgy]) die geschlossene Aussprache des e: Gérard [ʒerar], im Spanischen die Betonung: Córdoba [kɔrdova], im Tschechischen die lange Aussprache (nicht die Betonung): Husák [hu̯sa:k], ähnlich im Ungarischen die lange Aussprache des Vokals (nicht die Betonung): é = [e], e = [ɛ], Kertész [kɛrte:s], ähnlich bei anderen Vokalen. Beim a bedeutet á Aussprache als [a], a Aussprache dunkel, annähernd als [ɔ], Bartók [bɔrto:k], Molnár [mɔ̯lna:r]. Im Ungarischen liegt der Ton immer auf der ersten Silbe;
der Gravis (`); er bezeichnet im Französischen (accent grave [aksã grav]) die lange und offene Aussprache des e: Molière [mɔljɛr], im Italienischen die kurze, betonte Aussprache: Pietà [pi̯etɑ];
der Zirkumflex (ˆ); er bezeichnet im Französischen (accent circonflexe [aksã sirkɔ̃flɛks]) die lange, offene Aussprache eines Vokals oder Diphthongs: fenêtre [fənɛtrə] (Fenster), maître [mɛtrə] (Meister), Table d'hôte [tabldo̯t] (Speisetafel im Gasthaus), âne [a̯n] (Esel). Er deutet auch oft an, daß in der lateinischen Grundform des betreffenden Worts ein s auf den bezeichneten Vokal folgte: fenestra, magister, hostis, asinus;
das Háček (ˇ) (eindeutschend Hatschek); es bezeichnet in slawischen Sprachen über dem c die Aussprache wie [tʃ]: Korčula [kɔrtʃula]; über dem z die Aussprache wie [ʒ]: Žatec [ʒa̯tets] (Saaz an der Eger); über dem s die Aussprache wie [ʃ]: Šabac [ʃabats] (Stadt an der Save), über dem r die Aussprache wie [rʒ]: Dvořák [dvɔ̯rʒa:k];
das Trema (¨); es bezeichnet die getrennte Aussprache zweier nebeneinanderstehender Vokale: Aleuten; oder über einem e die fast nicht mehr hörbare Aussprache: Staël [sta(ə)l], Cuës [ku(ə)s];
die Tilde (~); sie bezeichnet im Spanischen über dem n die Aussprache wie [nj]: Señor [senjor], im Portugiesischen über Vokalen die nasale Aussprache: São [sãu̯] (Sankt);
die Cedille [sedijə] (¸); sie bezeichnet im Französischen unter dem c die Aussprache wie [s] vor a, o, u: façon [fasõ], ça [sa].

Diminutiv
(Verkleinerungsform)

Form des Substantivs, die die Kleinheit einer Person oder Sache kennzeichnet. Das Diminutiv wird durch Anhängen eines Diminutivsuffixes (-chen oder -lein) gebildet: das *Tischchen, das Männlein;* gelegentlich werden auch zwei Suffixe angehängt: *Tüchelchen.* Diminutiva sind immer Neutra; ihre Bildung erfordert häufig den Umlaut: (der Bursche) das *Bürschlein;* ein Endungs-e beim Substantiv fällt meistens weg: das *Entchen.* In den Mundarten dienen auch Endungen wie -le (*Gläsle*), -li (*Müsli*), -erl (*Haserl*) als Diminutivsuffixe. Manchmal drückt auch das Suffix -ling eine Verkleinerung (*Pflegling, Liebling*) aus. Das Diminutiv dient häufig als Koseform; in solchen Fällen wird es auch gelegentlich von Adjektiven gebildet: *Kleinchen, Liebchen, Altchen.*

Dingwort
→Substantiv

Diphthong
(Zwielaut)

Verbindung zweier verschiedener Vokale, von denen im Deutschen der erste etwas stärker gesprochen wird: ai, ei, au, eu, äu, oi. In Eigennamen wird statt des i oft ein y geschrieben, also Mayer, Meyer; außerdem kommt oy vor: Droysen. – Vgl. Doppellaut.

direkte Rede
(wörtliche Rede)

wortgetreue Wiedergabe der Äußerungen einer oder mehrerer Personen. Die direkte Rede wird durch →Anführungszeichen gekennzeichnet. Geht ihr ein Einführungssatz voraus, so steht nach diesem der Doppelpunkt, z.B.: Er sagte zu mir: ,,Das habe ich nicht gewollt." – Steht die direkte Rede voran, trennt man durch Komma: ,,Ich verstehe kein Wort", sagte sie. – Endet die Rede jedoch mit einem Frage- oder Ausrufezeichen, dann entfällt das Komma: ,,Was wollen Sie eigentlich von mir?" fragte er.
Das Zitat (aus Büchern, Zeitungen u.ä.) ist grammatisch eine Form der direkten Rede, wird also ebenso behandelt. Bei sehr bekannten Zitaten aus Geschichte oder Literatur kann man auf die Anführungszeichen verzichten: Die Türen habe ich selbst gestrichen – die Axt im Haus erspart den Zimmermann.

Familiennamen

Doppellaut Verbindung zweier gleicher Laute, entweder Doppelvokal, z.B. aa, ee, oder Doppelkonsonant, z.B. tt, mm.
Der Doppelvokal darf nicht mit dem →Diphthong verwechselt werden.

Doppelpunkt (Kolon) Den Doppelpunkt (:) setzt man, um anzukündigen:
1. die direkte Rede: Der Arzt sagte zu dem Kranken: „Sie sollten einige Tage das Bett hüten!"
2. Sätze oder Satzteile: Denk immer daran: Wer andern eine Grube gräbt, fällt selbst hinein. Benzinverbrauch: 10 Liter.
3. Aufzählungen: Er beherrscht mehrere Sprachen: Englisch, Französisch und Italienisch. Ausnahme: Steht vor der Aufzählung eine Fügung wie d.h., d.i., z.B., und zwar, nämlich, dann setzt man statt des Doppelpunktes ein Komma: Er beherrscht einige exotische Sprachen, z.B. Vietnamesisch. – Vgl. Komma (4).
4. Sätze, die eine vorangegangene Aufzählung zusammenfassen bzw. daraus eine Folgerung ableiten: Freie Wahlen und Gerechtigkeit, Pressefreiheit und Chancengleichheit: sie sind die Grundlagen jeder Demokratie.
Doppelpunkt in Verbindung mit Gedankenstrich, Gedankenstrich anstelle des Doppelpunkts: vgl. Gedankenstrich.
Groß- oder Kleinschreibung nach dem Doppelpunkt: Folgt dem Doppelpunkt ein Satzteil oder eine Aufzählung, so schreibt man das erste Wort klein, z.B.: Nur an eines hatte sie in der Hast des Einpackens nicht gedacht: an die Fahrkarte. Ihm war alles gleichgültig: seine Familie, seine Karriere, sein Ansehen. – Man schreibt dagegen gewöhnlich groß, wenn nach einem ganzen Satz mit Doppelpunkt wieder ein vollständiger Satz folgt, z.B.: Es ist immer wieder das gleiche: Wenn es zu schnell gehen muß, macht man Fehler.

Eigenschaftswort →Adjektiv
Einräumungssatz →Konzessivsatz
Einzahl →Singular
Ellipse →Auslassung
Empfindungswort →Interjektion
Ergänzungssatz →Objektsatz

f oder ph Bei Vornamen aus der deutschen Sprache gilt die Schreibung mit ph statt f als veraltet; man schreibt heute: *Rudolf* (statt Rudolph). Bei Vornamen aus anderen Sprachen, besonders aus dem Griechischen, behält man in der Regel die fremde Schreibweise bei, z.B. *Philipp*. Bereits stark eingedeutschte Namen können auch mit f geschrieben werden, z.B. *Josef*. – Vgl. Vornamen (1).
Bei den übrigen aus Fremdsprachen stammenden Wörtern gelten ähnliche Regeln. Je weiter die Eindeutschung fortgeschritten ist, desto häufiger findet sich die Schreibung mit f. Beispiele: *Fotograf* (statt Photograph), *Telefon* (statt Telephon). Selten verwendete Fremdwörter behalten meist ph, z.B. *Epitaph, Chronograph*. Das ph bleibt auch erhalten, wenn ein an sich geläufiges Wort mit einem weiteren Fremdwort, besonders einem griechischer Herkunft, zusammentrifft: *Photosynthese, Photosphäre*.

Fall →Kasus

Familiennamen 1. Schreibung
Die Schreibung der Familiennamen richtet sich nicht immer nach den Rechtschreibregeln, sondern gewöhnlich nach der überlieferten und in die amtlichen Register eingetragenen Schreibweise. Selbst irrige Schreibweisen, z.B. falsche Eintragungen in Taufbüchern, können sich manchmal durchsetzen. So finden sich oft unterschiedliche Schreibungen desselben Familiennamens. z.B. *Goethe* und *Göthe, Schulze* und *Schultze, Mayer, Meyer, Meier, Mair, Mayr*.
Familiennamen werden immer groß geschrieben. Das Adelsprädikat „von" jedoch schreibt man auch am Satzanfang klein, wenn es abgekürzt wird: *v. Brauchitsch* war ein bekannter Rennfahrer.
Doppelnamen schreibt man mit Bindestrich: Schröder-Devrient, von Droste-Hülshoff, Jochum-von Moltke. Auch hier gibt es Ausnahmen, für die oft besondere Gründe gelten: Walther Leisler Kiep.
In Zusammensetzungen mit Substantiven wird der Name im allgemeinen mit dem Substantiv durch Bindestrich verbunden: Luther-Bibel, Schiller-Nationalmuseum; wird dagegen die Zusammensetzung als einheitlicher Begriff empfunden, dann schreibt man sie zusammen: Nobelpreis, Wankelmotor. Ist der Name mehrgliedrig, dann werden sämtliche Teile durch Bindestrich verbunden: Richard-Strauss-Liederabend, Werner-von-Siemens-Gymnasium.
Steht der Familienname als Grundwort, so wird er mit dem Bestimmungswort durch Bindestrich verbunden: Pfeifen-Huber.

Farben

Zusammensetzungen von Namen mit Adjektiven schreibt man klein und zusammen: die marxabhängige Soziologie. Vgl. Goethisch oder goethisch?

2. Deklination

Der Genitiv von Familiennamen wird durch Anfügen von s gebildet, wenn kein Artikel vor dem Namen steht: Picassos Bilder, die Musik Mozarts. Steht der Artikel vor dem Namen, fällt das Genitiv-s weg: die Werke des Lukas Cranach. Das Genitiv-s wird auch dann gesetzt, wenn der Name abgekürzt ist: H.s Gedichte (Heines Gedichte).

Familiennamen von *von, van, de* u.ä. bilden den Genitiv ebenfalls mit s: August von Kotzebues Theaterstücke. Nur wenn der Familienname eigentlich ein geographischer Name ist – meist bei Adelsnamen – und an zweiter Stelle steht, rückt das Genitiv-s an den Vornamen: die Werke Hartmanns von Aue; aber: Hartmann von Aues Werke.

Beim Genitiv von Familiennamen, die auf s, ss, ß oder z enden, setzt man entweder einen Apostroph (Richard Strauss' Lieder), oder man fügt die Endung -ens an (Richard Straussens Lieder); man kann auch den Artikel oder das Wort ,,von" voranstellen (die Schriften *des* Lukrez, die Walzer *von* Johann Strauß). – Vgl. Apostroph (2).

Steht vor dem Namen ein →Titel oder eine →Berufsbezeichnung mit Artikel, so wird nur der Titel bzw. die Berufsbezeichnung gebeugt: *des Studienrats* Mayer, *des Schreinermeisters* Vogel. – Steht kein Artikel davor, so wird der Name gebeugt: Studienrat *Mayers* Unterricht.

Der Plural wird im allgemeinen mit s gebildet: die *Hansens,* bei *Hartmanns.* Will man jedoch das ganze Geschlecht bezeichnen, so fällt das s weg: die *Hohenzollern,* die *Medici.* Gelegentlich wird der Plural auch durch die Ableitung auf -er gebildet: die *Oranier* (zu: Oranien), die *Wittelsbacher* (zu: Wittelsbach).

Farben   Zusammengesetzte Farbbezeichnungen werden zusammengeschrieben, wenn man eine Mischfarbe benennen will: blaurot, bläulichrot. Sind jedoch beide Farben ungemischt vertreten, schreibt man sie mit Bindestrich: blau-rot (blau und rot gemustert); ein *grünweiß-blauer* Wimpel. Ist eine solche Zusammensetzung allgemein bekannt und damit unmißverständlich, kann man sie auch zusammenschreiben: die *blauweißrote* Trikolore; *blauweißes* Zwiebelmuster; ein *Schwarzweißfilm*.

Substantivierte Farbbezeichnungen schreibt man groß: Dieses *Rot* gefällt mir. – Wenn jedoch Farbbezeichnungen in unveränderlichen Wendungen gebraucht werden, schreibt man sie klein: Er konnte seine Zukunft nur *grau in grau* sehen.

Deklination   Farbadjektive können dekliniert werden, mit Ausnahme der fremdsprachlichen wie beige, oliv, lila, orange: ein *lila* Kleid, ein *beigefarbener* Mantel, ein *orangefarbenes* Kleid (ein *beiger* Mantel, ein *oranges* Kleid sind umgangssprachliche Formen). Farbsubstantive werden im Singular dekliniert, haben aber keinen Plural (allenfalls in der Umgangssprache): die Wirkung dieses leuchtenden *Grüns*; das sind verschiedene *Rot* (besser: verschiedene Tönungen von Rot).

Großschreibung   Farbadjektive werden groß geschrieben als Bestandteile von Namen: das *Rote* Kreuz, der *Blaue* Reiter, wenn sie als Substantive gebraucht werden: eine Fahrt ins *Grüne,* und wenn sie ein Substantiv mit Farbadjektiv vertreten: ... Licht, ... Farbe, ... Kleidung o.ä.: dieses *Blau* (diese blaue Farbe) gefällt mir; die Ampel zeigt *Rot* (rotes Licht); sie trägt gern *Grün* (grüne Farben); die Kinder gehen in *Weiß* (in weißer Kleidung).

Femininum   →Genus

feste und unfeste Verben   →trennbare und untrennbare Verben.

Finalsatz (Zwecksatz, Absichtssatz)   Satz, der den Zweck eines im neben- oder übergeordneten Hauptsatz ausgedrückten Geschehens angibt. Er antwortet auf die Fragen Wozu?, Zu welchem Zweck?

Als Hauptsatz wird er durch Konjunktionen wie ,,dazu" oder ,,darum" eingeleitet: Sag mir, womit ich dir helfen kann, *dazu bin ich ja hergekommen.* Als Nebensatz vertritt er die adverbiale Bestimmung des Zwecks (→Adverbialsatz, 4) und wird durch die Konjunktionen ,,daß", ,,damit", ,,um ... zu" eingeleitet: Machen Sie täglich einen Spaziergang, *damit Sie gesund bleiben.* Er liest sehr viel, *um seine Kenntnisse zu vertiefen.*

Flexion   Sammelbegriff für die →Deklination des →Nomens und die →Konjugation des →Verbs. Vgl. die Tabellen Seite 79ff., 89ff.

Folgesatz   →Konsekutivsatz

Fragefürwort   →Interrogativpronomen

Fragesatz   →Interrogativsatz

Fragezeichen   1. Das Fragezeichen muß nach einem direkten Fragesatz stehen: Kommst du morgen? ,,Warum kommst du morgen nicht?" fragte er.

Es steht auch, wenn der direkte Fragesatz als Überschrift oder Titel erscheint: ,,Wer hat Angst vor Virginia Woolf?" heißt ein Theaterstück von Edward Albee. – Vgl. Anführungszeichen (1, 3).

Gedankenstrich

Nach Fragewörtern muß auch dann ein Fragezeichen gesetzt werden, wenn sie allein stehen: Wer? Warum? Woher?
Will man ein einzelnes Wort in einem Satz in Frage stellen, so setzt man das Fragezeichen in Klammern hinter das betreffende Wort: Er beruft sich auf zuverlässige (?) Zeugen.
2. Kein Fragezeichen steht nach indirekten Fragesätzen. Ausnahmen sind möglich (→ Interrogativsatz).
Vgl. Gedankenstrich.

Fugenzeichen Werden zwei oder mehrere Wörter zu einem neuen Wort (Kompositum) zusammengeschlossen – ein Modell der Wortbildung, dessen sich die deutsche Sprache mit Leichtigkeit und überaus häufig bedient –, so werden die Bestandteile meist einfach zusammengerückt: Haus + Tür ergeben *Haustür;* Bus + Fahrer ergeben *Busfahrer;* Faust + Hand + Schuh ergeben *Fausthandschuh.* Nicht selten wird aber an der Wortfuge ein Buchstabe (oder zwei) als Fugenzeichen eingeschoben. Am häufigsten tritt s in dieser Rolle auf (Fugen-s, Binde-s): Kalb*s*braten, Sonntag*s*maler. Es stammt offenbar aus der Genitivendung beim männlichen und sächlichen Substantiv (des Kalbs, des Sonntags). Jedoch tritt es auch am Ende weiblicher Substantive auf: Liebe*s*brief, Nahrung*s*mittel, arbeit*s*los, weil das Fugen-s hier eine leichtere, flüssige Aussprache ermöglicht.
Die Sprache ist in diesem Punkt nicht konsequent; es gibt Kalbfleisch neben Kalb*s*leber, Rindfleisch neben Rind*s*leder und Rind*er*braten. Auch Doppelformen treten auf: Werkarzt neben Werk*s*arzt, Einkommensteuer neben Einkommen*s*steuer.
Als Fugenzeichen treten außer s auf: -es (Tag*es*zeit; aber: Tagwerk); -e (Maus*e*loch; auch bei Zusammensetzungen mit Verben: Les*e*buch; aber: Schreibheft); -en (Zitat*en*schatz, Christ*en*tum); -er oder -r (ein*er*lei, kleb*r*ig).
Oft tritt das Fugen-s dort auf, wo das Bestimmungswort im Singular steht, aber den Plural bedeutet: Bischof*s*konferenz (Konferenz mehrerer Bischöfe); dagegen: Bischof*s*mütze (Mütze eines Bischofs). Was richtig ist, kann kaum aus Regeln abgeleitet werden, weil manchmal das Fugenzeichen die Bedeutung verändert: Wassernot (Mangel an Wasser) – Wasser*s*not (Notlage infolge Überschwemmung); Kreuzweg (Weggabelung) – Kreuz*es*weg (Leidensweg Christi zum Kreuz).

Fügewort → Partikel
Funktionsverben Verben, die in enger Verbindung mit einem Verbalsubstantiv stehen und ihren ursprünglichen Sinn fast verloren haben, z.B. ,,kommen" in *zur Verwendung kommen,* ,,bringen" in *zur Darstellung bringen,* ,,nehmen" in *Aufstellung nehmen.* Diese Fügungen wirken jedoch blaß und werden besser in einer rein verbalen Form ausgedrückt: diese Geräte *werden* auch im Haushalt *verwendet;* wir *werden* das noch ausführlich *darstellen;* die Mannschaft *hat sich aufgestellt.*

Funktionswort → Partikel
Fürwort → Pronomen
Futur(um) Zeitform des Verbs, durch die eine in der Zukunft erwartete Handlung (Futur I) oder
(Zukunft) eine zu einem zukünftigen Zeitpunkt abgeschlossene Handlung (Futur II) bezeichnet wird. Das Futur I wird mit ,,werden" und dem Infinitiv des Verbs gebildet: Morgen *werde* ich ihn *anrufen.* – Das Futur II (auch ,,Futurum exactum" oder ,,vollendete Zukunft" genannt) wird mit ,,werden", dem → Partizip Perfekt des Verbs und mit dem Infinitiv von ,,haben" oder ,,sein" gebildet: Bis dahin *werde* ich ihn *angerufen haben.* Bis dahin *wird* er *zurückgekehrt sein.* – Das Futur kann auch eine Vermutung ausdrücken: Er *wird* (wohl) *krank sein.* Bis morgen *wird* er wohl *zurück sein.* – Mit dem Futur I drückt man auch einen Befehl aus: Du *wirst* jetzt *schweigen!* – Häufig steht statt des Futurs I auch das → Präsens, statt des Futurs II das → Perfekt.

Gänsefüßchen → Anführungszeichen
Gedankenstrich Der Gedankenstrich (–) steht
1. zwischen Sätzen, um einen gedanklichen Einschnitt zu kennzeichnen: Der Architekt hat einen ausgezeichneten Entwurf geliefert. Das Studium der Architektur hätte mich übrigens auch interessiert;
2. innerhalb eines Satzes, wenn eine längere Sprech- bzw. Gedankenpause verdeutlicht werden soll, insbesondere
a) zwischen Überschriften: Das Buch hat folgende Kapitel: Kindheit – Jugend – Reife – Alter;
b) zwischen Ankündigungs- und Ausführungsbefehl: Auf die Plätze – fertig – los!;
c) wenn auf ein unerwartetes oder erschreckendes Ereignis hingewiesen werden soll: Es läutet, ich öffne die Tür, und vor mir steht – der Totgeglaubte;
d) wenn man einen Gedanken abbricht: ,,Du willst doch nicht etwa –?" fragte er entsetzt;

Gegenstandssatz

e) wenn man einen Gedanken einschiebt: Das alte Haus – ein historisch wertvoller Bau – wurde leider abgerissen (vgl. Parenthese);
f) wenn der Sprecher wechselt und keine Anführungszeichen stehen oder das Thema gewechselt wird: Machst du das mit? – Niemals! rief er. ,,Ich möchte Ihnen erklären – warum sehen Sie mich so starr an?"
Der Gedankenstrich kann auch in Verbindung mit anderen Satzzeichen stehen:
1. mit Komma, wenn auch ohne den eingeschobenen Redeteil ein Komma gesetzt werden müßte: Er besuchte uns – es ging ihm wieder gut –, wenn seine Zeit es eben erlaubte. Es steht jedoch kein Komma, wenn der Satz ohne Einschub auch kein Komma erhielte: Der Maler Paul Gauguin – er hatte seine bürgerliche Existenz aufgegeben – lebte lange Zeit auf Tahiti;
2. mit Ausrufe- und Fragezeichen, die sinngemäß dort stehen, wo der Ausruf bzw. die Frage endet, also vor dem zweiten Gedankenstrich: Kurz nach meinem achten Geburtstag kam – welche Freude! – mein Vater aus der Gefangenschaft zurück. In unserer Kindheit – erinnerst du dich noch? – ließen wir im Herbst oft Drachen steigen;
3. mit Doppelpunkt, der bei einem eingeschobenen Gedanken nach dem zweiten Gedankenstrich stehen muß, weil er auf den folgenden Satz hinweisen soll: Der Redner rief – und dabei streckte er den Arm vor –: ,,Es liegt bei Ihnen, das zu ändern!"
Der Gedankenstrich kann statt des Kommas oder des Doppelpunkts gesetzt werden,
1. wenn das Komma einen Gegensatz nicht genug verdeutlichen würde: Er könnte schon – aber er will nicht;
2. wenn der Doppelpunkt nicht stark genug wäre: In Wahrheit hatte er immer nur eines im Sinn – Geld zu verdienen.
Die Gedankenstriche können durch runde Klammern ersetzt werden, wenn der eingeschobene Satz nicht besonders hervorgehoben werden soll: Klaus war schließlich (so glaubte er jedenfalls) sein bester Freund.

Gegenstandssatz	→Subjektsatz
Gegenwart	→Präsens
Genitiv (zweiter Fall, Wesfall)	Deklinationsfall des →Nomens; er antwortet auf die Frage Wessen?: der Sohn *unseres Freundes;* die Einführung *neuer Methoden;* er rühmte sich *seiner Tat.* – Der Genitiv wird bei männlichen und sächlichen Substantiven durch die Endung -s oder -es gekennzeichnet; auch Fremdwörter erhalten gewöhnlich das Genitiv-s: des Leutnant*s,* des Klub*s,* des Jogging*s.* Bei geographischen Namen schwankt der Gebrauch: des Rhein*s,* des Mississippi*(s);* des südlichen Italien*(s).* Vgl. geographische Namen. – In der Umgangssprache wird der Genitiv oft durch ,,von" gekennzeichnet: die Einführung *von neuen Methoden.* – Bestimmte Verben verlangen den Genitiv, z.B. bedürfen, gedenken, sich entledigen, sich erbarmen; ebenso bestimmte Präpositionen: kraft *Gesetzes,* unweit *des Flußufers,* vorbehaltlich *späterer Nachprüfung;* auch manche Adjektive: *einer Auszeichnung* würdig, eingedenk *seiner Verdienste.* Der Genitiv kann auch als adverbiale Bestimmung dienen: Ich behaupte das *guten Gewissens.* – Oft wird der Genitiv durch eine präpositionale Wendung ersetzt: mit gutem Gewissen, statt: guten Gewissens. Vgl. Abkürzungen (6), Familiennamen (2), geographische Namen (2), Maß- und Mengenangaben (4), Titel (2), Vornamen (2).
Genus (grammatisches Geschlecht)	Jedes deutsche Substantiv gehört einem von drei grammatischen Geschlechtern an: Maskulinum (männliches Geschlecht): *der* Mann; Femininum (weibliches Geschlecht): *die* Frau; Neutrum (sächliches Geschlecht): *das* Kind. Im Deutschen läßt sich für die Geschlechtszugehörigkeit der Substantive kaum eine Regel aufstellen, jedenfalls keine ohne Ausnahme, denn selbst die naheliegende Annahme, daß Lebewesen weiblichen Geschlechts auch in der Grammatik als Feminina behandelt werden, trifft nicht immer zu (*das* Weib); vor allem aber werden alle Lebewesen durch Diminutivsuffixe (Verkleinerungsendungen) sogleich in Neutra verwandelt: der Mann, *das* Männlein; die Frau, *das* Frauchen, *das* Fräulein. Das Geschlecht der zusammengesetzten Substantive richtet sich nach dem Grundwort (*die* Eisen*bahn*), das Geschlecht von Abkürzungen und Kurzwörtern ebenfalls nach dem Grundwort des ausgeschriebenen Gesamtbegriffs (*die* GmbH, *das* StGB, *die* Uni). Bei Fremdwörtern richtet sich das Geschlecht entweder nach dem des entsprechenden deutschen Wortes: *die* Band (weil: *die* Musikkapelle), *das* Callgirl (*das* Girl, *das* Mädchen), oder nach dem des fremden Wortes: *der* Ponte Vecchio, die berühmte Arnobrücke in Florenz (deutsch heißt es zwar *die* Brücke, aber im Italienischen ist das Wort männlich: *il* ponte). Zum schwankenden Sprachgebrauch in bezug auf das Geschlecht (*der* oder *das* Kompromiß, *der* oder *das* Liter) vgl. die einzelnen Wörter im Wörterverzeichnis.

Gleichsetzungsnebensatz

geographische Namen

1. Schreibung

Adjektive, die zum Namen gehören, schreibt man groß: das *Rote* Meer, der *Wilde* Kaiser, die *Kleinen* Antillen, der *Große* Bärensee, das *Nördliche* Eismeer. Man schreibt sie klein, wenn sie nicht zum Namen gehören, z.B. im *nördlichen* China. – Zusammensetzungen mit unflektiertem Adjektiv schreibt man zusammen: *Mittelamerika, Oberbayern, Neuguinea, Vorderindien, Hinterindien, Großbritannien, Kleinasien, Osteuropa, Westeuropa*. Jedoch schwankt hier die Schreibung häufig: *Alt-Wien* oder *Altwien; Neu-Ulm*, aber: *Neuaubing* (bei München); *Klein Auheim* (bei Hanau), aber: *Kleinbardorf* (bei Bad Neustadt); *West-Berlin* oder *Westberlin*.

Ableitungen auf -er schreibt man groß und getrennt: die *Schweizer* Kantone, *Neusiedler* See, *Straßburger* Münster; in der Schweiz auch zusammen: *Zugersee*. Trifft die Ableitungssilbe -er auf auslautendes -ee, wie in den Namen von Seen, so werden nur zwei e geschrieben: *Tegernseer* Tal. – Manchmal ist die Silbe -er keine Ableitungssilbe, sondern gehört zum Namen; dann schreibt man das Wort zusammen: *Großglocknerstraße, Brennerbad*. Flektierte Ableitungen auf -isch (also: -ischer, -ische, -isches) schreibt man groß, wenn sie zum Namen gehören: *Bayerischer* Wald, *Sächsische* Schweiz; aber: die *bayerischen* Seen, das *sächsische* Industriegebiet. Namen mit unflektierter Ableitungssilbe -isch schreibt man im allgemeinen mit Bindestrich: *Französisch-Guyana, Spanisch-Sahara*. Ausnahmen sind einige amtliche Schreibungen wie *Schwäbisch Hall, Bayrischzell*.

Mit Bindestrich schreibt man Zusammensetzungen von geographischen Bezeichnungen und anderen Substantiven, wenn sie sonst unübersichtlich wären oder wenn das geographische Bestimmungswort besonders hervorgehoben werden soll: *Brenner-Autobahn, Mosel-Winzergenossenschaft*. Man schreibt sie zusammen, wenn das Wort gut lesbar ist: *Alpenquerstraße, Neckarlandschaft*. – Mit Bindestrich schreibt man Zusammensetzungen, wenn das Wort aus zwei oder drei geographischen Bestandteilen besteht oder wenn der geographische Bestandteil mehrgliedrig ist: *Österreich-Ungarn, Baden-Württemberg, Berlin-Tempelhof, Rhein-Main-Donau-Kanal*. – Die Schreibung schwankt bei Zusammensetzungen mit Personennamen: *Wrangel-Insel*, aber: *Humboldtstrom*. Ein Bindestrich wird immer gesetzt, wenn der Personenname mehrgliedrig ist: *Königin-Luise-Land, König-Georg-V.-Land*.

Zusammensetzungen mit Sankt (St.) werden in deutschen Namen getrennt geschrieben: Sankt Andreasberg (St. Andreasberg). Die englischen Namen mit Saint werden ebenso geschrieben: Saint Andrews (St. Andrews), die französischen jedoch mit Bindestrich: Sainte-Croix. Italienische und spanische Zusammensetzungen mit San oder Santa werden getrennt geschrieben: San Sebastián, Santa Cruz. Zusammensetzungen von Santo und einem Namen, der mit Vokal beginnt, werden mit Apostroph und zusammengeschrieben, der Name wird jedoch groß geschrieben: Sant'Angelo.

Zusammensetzungen mit ,,Bad" werden gewöhnlich getrennt geschrieben: *Bad Nauheim*, aber: *Badgastein* – im Unterschied zu *Hofgastein*. Bei Zusammensetzung mit einem anderen geographischen Namen setzt man einen Bindestrich: *Stuttgart-Bad Cannstatt*.

2. Deklination und Ableitung

Der Genitiv erhält ein s, wenn kein Artikel vorausgeht: Deutschlands, Europas, Australiens. Geht der Artikel voraus, so schwankt der Gebrauch. Korrekt ist bei Ländernamen das Anhängen eines s, doch setzt sich zunehmend die Schreibung ohne s durch: des heutigen Amerikas (oder: des heutigen Amerika). – Bei deutschen männlichen Flußnamen wird das Genitiv-s immer gesetzt: an den Ufern des Rheins. Bei ausländischen Flußnamen fällt es meist weg: des Missouri, des Rio de la Plata. Ebenso verfährt man bei Namen von Bergen: des Brockens, des Kilimandscharo(s).

Zusammensetzungen mit Adjektiven werden bei Getrenntschreibung dekliniert: des Großen Bärensees, des Roten Meeres, des Indischen Ozeans, des Hohen Venns.

Zusammensetzungen aus zwei geographischen Namen, die mit Bindestrich geschrieben werden, können Ableitungen bilden: die Rheinland-Pfälzer, rheinland-pfälzisch; der Schleswig-Holsteiner, schleswig-holsteinisch. Ableitungen von zusammengesetzten Städtenamen werden zusammengeschrieben: Westberliner.

Für Namen aus Sprachen mit nichtlateinischer Schrift vgl. Transkription und Transliteration.

Vgl. hierzu die Tabelle ,,Länder, Städte und ihre Einwohner" auf Seite 25.

Geschlecht → Genus
Geschlechtswort → Artikel
Gleichsetzungsnebensatz → Prädikativsatz

Gleichsetzungsnominativ

Gleichsetzungsnominativ, Gleichsetzungsakkusativ → Prädikat

Gliedsatz → Nebensatz

Goethisch oder goethisch? Für die Ableitungen von Familiennamen gibt es mehrere Möglichkeiten: auf -sch, auf -isch oder auf -ianisch, z.B. *Kantsch, kantisch, kantianisch, Goethesch, goethisch*. Die Entscheidung, ob Groß- oder Kleinschreibung aufgrund inhaltlicher Merkmale (wie: Goethesch, Goethisch = von Goethe stammend, goethesch, goethisch = in Goethes Art), ist in schwierigen Texten nicht immer eindeutig zu treffen, und es ist oft eine Frage der Auffassung, wie man den Sachverhalt auslegt. Die Schreibungen schwanken also, und man findet z.B. *archimedische* Schraube neben *Archimedische* Schraube, *euklidische* Geometrie neben *Euklidische* Geometrie, wobei die Großschreibung dann bevorzugt wird, wenn es sich um einen festen Begriff handelt. Daher ist man heute häufig dazu übergegangen, besonders im philosophischen und theologischen Bereich, die Ableitungen auf -sch groß zu schreiben, die Ableitungen auf -isch oder -ianisch dagegen als Adjektiv aufzufassen und klein zu schreiben. Also: ein *Goethesches, Heinesches* Gedicht, die *Kantsche* Philosophie, die *Bismarcksche* Reichsgründung, die *Hegelschen* Werke; aber: die *platonische, aristotelische, kantische* Philosophie, der *augustinische* „Gottesstaat", ebenso: *hegelianisch, friderizianisch* usw. Der Sprachgebrauch ist hier allerdings nicht einheitlich; Ausdrücke wie „Elisabethanisches Zeitalter", „Napoleonische Kriege" werden meist groß geschrieben.

Groß- und Kleinschreibung Das Problem der Groß- und Kleinschreibung gehört zu den schwierigsten und am meisten umstrittenen der heutigen deutschen Rechtschreibung. Bei den Diskussionen um eine Reform steht es im Mittelpunkt. Solange keine Rechtschreibreform beschlossen ist, sollte in begründeten Zweifelsfällen dem Schreibenden eine gewisse Freiheit eingeräumt werden.

am Satzanfang 1. Am Satzanfang schreibt man das erste Wort groß. Von dieser Regel gibt es zwei Ausnahmen. Beginnt der Satz mit einem durch einen →Apostroph verkürzten Wort, wird dieses klein geschrieben: *'s* ist wirklich wahr! Beginnt der Satz mit dem abgekürzten Adelsprädikat „von", so wird dieses klein geschrieben: *v.* Braun ist ein berühmter Raketenkonstrukteur. – Vgl. Abkürzungen (3).

Textbeginn, Überschrift 2. Groß geschrieben wird der Beginn eines selbständigen Textes (z.B. einer Anzeige) sowie einer Überschrift – auch dann, wenn es sich nicht um einen Satz handelt.

direkte Rede 3. Groß schreibt man den Beginn der durch Doppelpunkt eingeleiteten direkten Rede, z.B.: Er fragte sogleich: „Woher haben Sie das?" – Geht der Satz nach dem Ende der direkten Rede weiter, wird klein geschrieben, auch wenn die Rede mit Frage- oder Ausrufezeichen endet, z.B.: „Worüber freust du dich so?" fragte sie.

Zitate, Werktitel 4. Zitierte Textstellen, Redeteile, Aussprüche u.ä., ebenso Titel von Büchern, Gedichten, Gemälden, Musikstücken u.ä. werden groß geschrieben: In Schillers „Glocke" heißt es „Von der Stirne heiß rinnen muß der Schweiß". Ich denke oft an Moltkes Wahlspruch „Mehr sein als scheinen". Der Roman „Der grüne Heinrich" ist von Gottfried Keller. Eine Aufführung von Haydns Oratorium „Die Schöpfung". – Die Großschreibung wird auch bei Verzicht auf die Anführungszeichen beibehalten: Kellers *Grüner* Heinrich ...; die Gedichtsammlung *Des* Knaben Wunderhorn.

Substantive, Substantivierungen 5. Substantive werden grundsätzlich groß geschrieben, ebenso alle Wörter anderer Wortarten sowie Verbformen, sofern sie als Substantive verwendet werden, z.B. Adjektive: das *Schöne*, ein *Befriedigend* (als Schulnote); Infinitive: *Sein* oder *Nichtsein*, lautes *Schreien*, beim *Laufen;* Partizipien: das *Bleibende*, der *Gefangene*, das *Gehörte;* Pronomen: die *Deinigen* (deine Angehörigen), mein besseres *Ich;* Zahlwörter: die *Dreizehn;* Adverbien: das *Einst* und *Jetzt;* Präpositionen: das *Hin* und *Her;* Konjunktionen: das *Wenn* und *Aber*.

Substantive in Verbindung mit Verben schreibt man in manchen Fällen heute schon klein, z.B. *radfahren* (aber: ich *fahre Rad*); dagegen: *Auto fahren*. Die schwankende Schreibung in solchen Fügungen zeigt, daß die Sprache immer in Bewegung ist, sich weiterentwickelt. Das Schriftbild wird klarer und anschaulicher, wenn der substantivische Bestandteil, sofern er für sich allein steht, groß geschrieben wird. – Vgl. Zusammen- oder Getrenntschreibung.

Substantive können die Funktion einer anderen Wortart übernehmen; in solchen Fällen schreibt man sie klein: *mittags, montags* (als Adverb gebraucht); *trotz, mangels, zwecks* (als Präposition); ein *bißchen* (als unbestimmtes Zahlwort).

Außerdem werden Substantive in zahlreichen stehenden Verbindungen klein geschrieben, z.B.: in *bezug* auf, im *voraus*. Die gegenwärtige Handhabung ist fließend und wenig folgerichtig.

Hauptsatz

Adjektive 6. Adjektive werden groß geschrieben, wenn sie mit einem unbestimmten Pronomen verbunden sind: etwas *Gutes,* nichts *Erfreuliches,* viel *Brauchbares,* alles *Neue.* Adjektive schreibt man außerdem in botanischen und zoologischen Namen groß: *Schöner* Lauch, *Großer* Ameisenbär; sowie in geographischen Namen: *Rotes* Meer, *Indischer* Ozean, *Wilder* Kaiser. – Adjektive im Superlativ mit „aufs" schreibt man klein, wenn dafür „sehr" stehen kann: Er fühlte sich aufs *ärgste* bedrängt (sehr arg, sehr bedrängt). – Vgl. Goethisch oder goethisch?

Einzelbuchstaben 7. Einzelbuchstaben schreibt man groß, wenn sie als Substantiv verwendet werden: Das *B* ist der zweite Buchstabe des Alphabets. Man schreibt sie klein, wenn der in einem Wort klein geschriebene Buchstabe gemeint ist: In dem Wort „aber" steht das *a* als Anlaut.

Allgemeines Vgl. Anrede (2, 3), Doppelpunkt, Familiennamen (1), geographische Namen (1), Straßennamen (1), Titel (1), Zahlen und Ziffern (1).
Diese grundsätzlichen Regeln können nicht jeden Einzelfall erfassen. Darüber hinaus ist es häufig eine Frage der Auffassung, ob man ein Wort groß oder klein schreibt, je nachdem, was man damit ausdrücken will. So kann man in dem Satz „Er lernt schwimmen" das Wort „schwimmen" als Verb auffassen und schreibt es deshalb klein. Man kann es aber auch als substantivierten Infinitiv betrachten und schreibt es groß: Er lernt (das) Schwimmen.

Grundform →Infinitiv
Grundstufe →Positiv
Grundzahl →Kardinalzahl
haben oder sein im 1. Folgende Verben bilden das Perfekt mit *haben:*
Perfekt der Verben a) alle transitiven Verben: Ich *habe* eine Wanderung gemacht. Ich *habe* das Buch gelesen;
b) alle reflexiven Verben: Ich *habe* mich gewundert. Er *hat* sich beeilt;
c) diejenigen intransitiven Verben, die einen Vorgang in seiner Dauer bezeichnen: Ich *habe* lange, gut geschlafen. Wir *haben* drei Jahre in München gewohnt;
d) alle unpersönlichen Verben (die mit „es" gebildet werden): Es *hat* gedonnert, geblitzt, geregnet, geschneit, gehagelt;
e) alle Modalverben: Ich *habe* nicht kommen *dürfen.*
2. Folgende Verben bilden das Perfekt mit „sein":
a) Verben, die eine Bewegung und Ortsveränderung bezeichnen: Ich *bin* gelaufen, gekommen. – Verben, die zwar eine Bewegung, aber weniger eine Ortsveränderung bezeichnen, können beide Formen bilden. Liegt der Akzent mehr auf der Bewegung, wird „haben" verwendet: Sie *hat* die ganze Nacht hindurch getanzt. Wir *haben* zwei Stunden gerudert. Liegt der Akzent mehr auf der Ortsveränderung, wird „sein" verwendet: Sie *ist* vor Freude durch alle Zimmer getanzt. Wir *sind* über den See gerudert. – Der Sprachgebrauch ist jedoch schwankend: Ich bin (oder habe) früher regelmäßig geschwommen;
b) diejenigen intransitiven Verben, die den Abschluß eines Vorgangs bezeichnen: Das Jahr *ist* schnell vergangen. Die Blumen *sind* aufgeblüht. Das Kind *ist* eingeschlafen;
c) die Verben „sein, werden, bleiben": Wir *sind* gestern im Zirkus gewesen. Sie *ist* sehr hübsch geworden. Ich *bin* zu Hause geblieben.
3. Viele Verben können das Perfekt sowohl mit „sein" als auch mit „haben" bilden, je nachdem, ob sie intransitiv oder transitiv gebraucht werden: Ich *bin* nach Hause gefahren. Er *hat* mich nach Hause gefahren. Er *hat* früher einen VW gefahren. Die Wunde *ist* schnell geheilt. Der Arzt *hat* ihn von seiner Krankheit geheilt. Das Eis *ist* abgetaut. Ich *habe* den Kühlschrank abgetaut. – Bei den Verben „liegen", „sitzen", „stehen" wird in Norddeutschland die Form mit „haben" verwendet, die als hochsprachlich gilt, im süddeutschen Sprachraum einschließlich Österreichs und der Schweiz die Form mit „sein": Ich *habe (bin)* vor dem Haus gestanden. Ich *habe (bin)* in der Sonne gesessen.

Handlungsrichtung →Aktionsform, →Aktiv, →Passiv
Hauptsatz selbständiger, unabhängiger Satz. Der Hauptsatz kann unabhängig von anderen Sätzen sinnvoll für sich allein bestehen. Man kennt vier Gruppen von Hauptsätzen: →Aussagesatz, →Interrogativsatz, →Ausrufesatz, Befehls- oder Aufforderungssatz (→Imperativsatz).
Werden zwei oder mehrere Hauptsätze aneinandergereiht, so spricht man von „Satzverbindung". Die Sätze können entweder unverbunden hintereinanderstehen oder durch ein Bindewort (→Konjunktion) miteinander verbunden werden. Sie sind einander stets nebengeordnet: Der Junge ist ein netter Kerl, er ist hilfsbereit und immer gut aufgelegt. Er ist freundlich und hilfsbereit, deshalb haben ihn alle gern.
Tritt zu einem Hauptsatz ein abhängiger Satz (→Nebensatz), so spricht man von „Satz-

Hauptwort

gefüge". Der Hauptsatz ist dem Nebensatz stets übergeordnet: Er ist bei allen beliebt, weil er freundlich und hilfsbereit ist. – Vgl. Komma (1), Konjunktion, Punkt (1), Semikolon (1).

Hauptwort → Substantiv

Hilfsverb (Hilfszeitwort, Auxiliarverb)
Sammelbegriff für die Verben „haben, sein, werden", mit deren Hilfe das Perfekt, Plusquamperfekt, Futur I, Futur II und Passiv gebildet werden. Beispiele: Ich *habe (hatte)* gelesen. Ich *bin (war)* gekommen. Ich *werde* arbeiten (gearbeitet *haben*). Ich *werde* gefragt. – Das Hilfsverb kann auch als selbständiges Verb (Vollverb) verwendet werden: Er *hat* Mut. Daraus *wird* nichts. Wer *sind* Sie? – Vgl. Modalverben.

hinweisendes Fürwort → Demonstrativpronomen

Höchststufe → Superlativ

Imperativ (Befehlsform)
derjenige → Modus des Verbs, der einen Befehl, eine Bitte, einen Wunsch (an jemanden), eine Aufforderung, eine Mahnung, Warnung, Drohung o.ä. ausdrückt. Die zweite Person (Singular und Plural) besitzt dafür eine eigene Verbform, bei den übrigen Personen verwendet man den Infinitiv (mit Ausnahme von „sein"): Iß! Gib her! Kommt! Seht euch vor! Gehen wir! Kommen Sie! Haben Sie keine Angst! Seien Sie unbesorgt! – Vgl. Ausrufezeichen (1).
Oft wird statt des Imperativs der Infinitiv gebraucht, wenn nicht eine bestimmte Person angesprochen werden soll, z.B. auf Gebots- und Verbotsschildern: Bitte rechts halten! Nicht hinauslehnen! Bitte die Tür schließen!
In der zweiten Person Singular wird in der modernen Sprache (nicht nur in der Umgangssprache) das e immer häufiger weggelassen: frag! (statt: frage!), schlaf! (statt: schlafe!). – In der poetischen Sprache sind die Formen mit e jedoch noch häufig zu finden. Bei den Verben auf -nen bleibt das e immer erhalten: rechne!; bei den Verben auf -ern meistens: räuspere dich!, kümmere, kümmre dich um ihn! – Vgl. Apostroph (5).

Imperativsatz (Befehlssatz, Aufforderungssatz)
Satz, der einen Befehl, eine Bitte, einen (an einen anderen gerichteten) Wunsch, eine Aufforderung, Mahnung, Drohung o.ä. ausdrückt: Sei doch still! Freu dich deiner Freiheit! Bitte laß das! Schauen wir uns das an! – Gelegentlich steht in der förmlichen Anrede wie auch in der nachdrücklichen Aufforderung statt der Befehlsform die Aussageform: Du bleibst hier! Sie wollen bitte zur Kenntnis nehmen, daß ...! – In der zweiten Person Singular und Plural ist die Person bereits in der Befehlsform enthalten und wird nur dann ausdrücklich genannt, wenn sie besonders hervorgehoben werden soll: Sei *du* nur still! Kümmert *ihr* euch um eure eigenen Angelegenheiten! Rede *du* mit ihm, ich kann es nicht! – Vgl. Ausrufezeichen (1).

Imperfekt (erste Vergangenheit, Präteritum)
Zeitform des Verbs, die ein Geschehen als in der Vergangenheit ablaufend, einen Zustand als nicht mehr bestehend kennzeichnet, und zwar ohne Bezug zur Gegenwart: Wir *waren* gestern im Theater. Als wir aus dem Wald *herauskamen, sahen* wir den See vor uns liegen. – Das Imperfekt ist die bevorzugte Form der Erzählung, des Berichts. Im Süddeutschen wird häufig das Perfekt als Form des Erzählens verwendet; vgl. Perfekt.
Neuerdings bevorzugt man in der Grammatik des Deutschen für diese Vergangenheitsform die Bezeichnung → Präteritum.

Indefinitpronomen (unbestimmtes Fürwort, Indefinitum)
Fürwort, das eine oder mehrere nicht genau bestimmte Personen oder Sachen bezeichnet: man, jemand, einer, einige, keiner, nichts, etwas. Indefinitpronomen wie „jemand, einer, einige, manche, etliche, mehrere" werden wie der bestimmte Artikel dekliniert; „nichts" und „etwas" sind unbeugbar; „man" tritt nur im Nominativ auf und wird in den übrigen Deklinationsfällen durch die Formen von „einer" ersetzt: Das kann *einem* leid tun. Es freut *einen*, wenn ... – Manche Indefinitpronomen stehen anstelle eines Substantivs: Jeder weiß, daß ... – Andere können auch als Begleiter des Substantivs dienen: Alle haben gesehen, daß ... oder: Alle Gäste haben gesehen, daß ... – Manche Indefinitpronomen (z.B. „alle, einige, mehrere") kann man auch als unbestimmte Zahlwörter ansehen; die Grenze ist fließend.
Zur Deklination eines Adjektivs nach einem Indefinitpronomen vgl. die Tabellen Seite 85ff.

Indikativ (Wirklichkeitsform)
derjenige → Modus des Verbs, durch den eine Feststellung mitgeteilt, ein Sachverhalt als wirklich gekennzeichnet wird: Fritz *ist* krank (im Unterschied zu: Fritz sagte, er *sei* krank). Er *konnte* nicht *kommen*, da er keine Zeit *hatte* (dagegen: Er *wäre* gekommen, wenn er Zeit *gehabt hätte*). – Vgl. Konjunktiv.

indirekte Rede (abhängige Rede)
Sie wird verwendet, wenn man die Mitteilungen einer Person, den Inhalt eines Textes (Gesetzestext, Gutachten, Pressemeldung u.ä.) oder Gedanken, Erwägungen, Argumente wiedergibt, sich aber nicht der direkten Rede bedienen will oder kann, die eine

Interpunktion

wortgetreue Wiedergabe verlangt. Die indirekte Rede steht gewöhnlich im →Konjunktiv (wenn nicht der Wirklichkeitscharakter des Berichteten betont werden soll). Sie wird durch einen Hauptsatz eingeleitet: Er erklärte, er *habe* keine Zeit *gehabt* (aber: Er erklärte dem Kind, daß die Erde eine annähernd kreisförmige Bahn um die Sonne *beschreibt*).

Das →Tempus der indirekten Rede ist nicht abhängig von dem des einleitenden Hauptsatzes, sondern von der Zeit, in der der mitgeteilte Sachverhalt stattgefunden hat: Sie sagte, er *treibe* gern Sport. Sie sagte, er *habe* schon früher gern Sport *getrieben*. In der Regel wird in der indirekten Rede der Konjunktiv Präsens oder Perfekt verwendet, es sei denn, die Verbformen stimmen mit denen des Indikativs überein. Um Mißverständnisse zu vermeiden, verwendet man in diesem Fall den Konjunktiv Imperfekt oder Plusquamperfekt: Er sagte, er *habe* keine Zeit *(gehabt)*. Aber: Ich sagte, ich *hätte* keine Zeit *(gehabt)*. – Der Konjunktiv Imperfekt oder Plusquamperfekt steht immer dann, wenn die Aussage durch ,,wenn" oder ,,falls" eingeschränkt wird: Er sagte, *wenn* er Zeit *hätte*, *führe* er gern mit. – In denselben Fällen können auch die umschriebenen Formen des Konjunktivs mit ,,würde" verwendet werden: Sie erzählte, er *würde* schon *fragen*, *wenn* er den Mut dazu hätte (nicht: Sie erzählte, er würde immer wieder fragen). – Wird eine solche Einschränkung nicht gemacht, dann steht der Konjunktiv Präsens oder Perfekt: Sie erzählte, er *frage* immer wieder, oder: Sie erzählte, er *habe* immer wieder *gefragt*.

Infinitiv (Grundform, Nennform) die nicht konjugierte Form des Verbs: *gehen, fragen;* sie bringt das durch das Verb bezeichnete Geschehen oder Sein ohne Bindung an Person, Zahl oder Zeit zum Ausdruck und zählt deshalb zusammen mit den Partizipien zu den unbestimmten (infiniten) Formen des Verbs. Alle übrigen Formen (wie z.B. ich singe, er lief, Sie haben gerufen), also alle, die durch Zahl, Geschlecht, Person bestimmt sind, heißen bestimmte (finite) Formen. – Neben dem Infinitiv des Präsens gibt es den Infinitiv des Perfekts: *gefragt haben;* bei transitiven Verben die passiven Infinitivformen des Präsens: *gefragt werden;* des Perfekts: *gefragt worden sein*.

Der Infinitiv steht dem Substantiv nahe und wird deshalb häufig substantiviert; er wird dann groß geschrieben und erhält meistens einen Artikel: (Das) *Rauchen* ist schädlich. Der Infinitiv kommt auch mit ,,zu, um zu, (an)statt zu, ohne zu" vor: Ich war in der Stadt, *um einiges zu besorgen. Anstatt herumzustehen,* solltest du mir lieber helfen. *Ohne zu überlegen,* sprang er dem Kind ins Wasser nach. Vgl. Komma (2).

Infinitivsatz ein →verkürzter Nebensatz

Instrumentalsatz (Umstandssatz des Mittels) Nebensatz, der eine adverbiale Bestimmung des Mittels vertritt (→Adverbialsatz, 9). Er antwortet auf die Fragen Wodurch?, Womit? und wird durch Konjunktionen wie ,,dadurch, daß", ,,damit, daß", ,,indem" eingeleitet: *Dadurch, daß ich die verordnete Diät streng eingehalten habe,* bin ich die Beschwerden sehr schnell losgeworden. Der ganze Streit endete *damit, daß alle schallend lachten*. Sie konnten das Kind nur retten, *indem sie die Funkstreife zu Hilfe holten*.

Inlaut Laut (Vokal oder Konsonant), der im Innern eines Wortes steht; z.B. steht das auslautende s des Wortes ,,Haus" im Plural ,,Häuser" als Inlaut. Vgl. Anlaut, Auslaut.

Interjektion (Empfindungswort, Ausrufewort) Wort, Wortteil oder Laut zum Ausdruck eines Gefühls, z.B. von Staunen *(oh!, ach?)*, Schmerz *(au!)*, Schadenfreude *(ätsch!)*, Ekel *(ih!)*, Abscheu *(pfui!)*, oder zur Nachahmung eines Geräusches *(peng!, bums!)*, auch für Flüche und Verwünschungen. Interjektionen sind unveränderlich und können allein, am Anfang, in der Mitte oder am Ende des Satzes stehen, ohne in dessen Gefüge eingebunden zu sein: *Ih* – wenn ich nur daran denke, wird mir schon schlecht! Und dann – *zackzack!* – geht's los! *Pfui*, du Ferkel, du hast dich ja ganz schmutzig gemacht! *Schwuppdiwupp*, da wird nach oben schon ein Huhn hinaufgehoben (Wilhelm Busch); in diesem Satz deutet ,,schwuppdiwupp" Geschwindigkeit, Behendigkeit an und vertritt eine adverbiale Bestimmung wie etwa ,,im Handumdrehen".

Bei einigen Interjektionen handelt es sich um ursprünglich echte Wörter, die nur verkürzt worden sind, z.B. *o je!* (o Jesus!) oder *holla!* (alter Imperativ zu ,,überholen": hol über!, mit dem man den Fährmann zum Herüberkommen veranlaßte).

Nach dem Muster lautmalerischer Interjektionen wie *klirr-klirr* oder *ticktack* treten in der heutigen Jugendsprache, besonders auch in Comic-Texten, neue Interjektionen wie *ächz, krrks* auf.

Interjektionen spielen eine wichtige Rolle für die emotionale Tönung der Rede, besonders im Gespräch.

Interpunktion (Zeichensetzung) die Handhabung der Satzzeichen, die den Satz gliedern und Anhaltspunkte für Rhythmus und Betonung geben: →Ausrufezeichen, →Bindestrich, →Doppelpunkt, →Fragezeichen, →Gedankenstrich, →Klammern, →Komma, →Punkt, →Semikolon.

Interrogativadverb

Interrogativadverb
(Frage-Umstands-wort)
Bezeichnung für eine Gruppe von Adverbien, die eine Frage einleiten oder enthalten und die nicht wie →Interrogativpronomen nach Personen oder Sachen fragen, sondern nach den Umständen eines Geschehens. Sie können ähnlich wie andere Adverbien eingeteilt werden: Frage nach den örtlichen Umständen: wo, woher, wohin; nach den zeitlichen Umständen: wann; nach der Menge: wieviel; nach dem Grund: warum, wieso; nach dem Zweck: wozu; nach dem Mittel: womit, wodurch; nach der Art und Weise: wie.

Interrogativ-pronomen
(Fragefürwort)
Fürwort, das eine Frage zum Ausdruck bringt oder einleitet. Die Pronomen ,,wer" und ,,was" werden alleinstehend verwendet, sie fragen nach Personen oder Sachen: *Wer* hat das gesagt? *Was* ist das? – Die Pronomen ,,welcher" und ,,was für (ein)" fragen nach der Beschaffenheit einer Person oder Sache oder zielen auf die Auswahl aus einer Menge. Sie werden in Verbindung mit einem Substantiv gebraucht: *Welcher* Wagen? *Was für ein* Wagen? *Was für* Geräusche? – ,,Welcher" kann auch allein gebraucht werden, bezieht sich aber immer auf ein bereits genanntes Substantiv: *Welchen* wollen wir nehmen?
Die Fragepronomen können statt einer Frage auch einen Ausruf einleiten: *Welch* Glück! *Was für eine* Überraschung!
Vgl. die Deklinationstabelle Seite 83. – Vgl. Interrogativsatz, Interrogativadverb.

Interrogativsatz
(Fragesatz)
Satz, der ein Geschehen, ein Verhalten oder einen Zustand klären will oder der nach einer Person, einer bestimmten Sache oder einem Umstand fragt. Es gibt direkte und indirekte Fragesätze; bei den direkten sind zwei Typen zu unterscheiden. Den ersten Typ nennt man Entscheidungsfrage, z.B.: Kennst du ihn? Ist das wahr? Hast du das gesehen? – Den zweiten Typ nennt man Bestimmungsfrage, z.B.: Wie alt ist er? Was für ein Zeichen soll hier stehen? Man kann zwei weitere Typen unterscheiden: 1. Wiederholungs- oder Echofrage. ,,Kennst du den?" ,,Ob ich den kenne? Aber ja." Der Gefragte wiederholt die Frage, um sie anschließend zu beantworten. 2. Rhetorische Frage. In einer politischen Rede sagt der Sprecher: ,,Und was hat die Regierung dagegen getan?" Er erwartet keine Antwort, sondern gibt sie anschließend selbst.
Der direkte Fragesatz, der als Hauptsatz für sich steht, ist im Schriftbild durch das Fragezeichen am Ende gekennzeichnet, beim Sprechen gewöhnlich durch die Hebung des Tons am Satzende. Die Entscheidungsfrage wird mit dem Prädikat eingeleitet (bei zusammengesetzten Verbformen mit dem Hilfsverb), die Bestimmungsfrage mit einem →Interrogativpronomen oder →Interrogativadverb. Für die Entscheidungsfrage wird gelegentlich auch die Form des Aussagesatzes benutzt, vor allem wenn mit besonderem Nachdruck oder Erstaunen gefragt wird: Du hast das nicht gewußt?
Der indirekte Fragesatz, der als Nebensatz von einem Hauptsatz abhängt, wird durch ein Fragepronomen (,,wer", ,,was") oder Interrogativadverb (,,wo", ,,warum") oder durch die Konjunktion ,,ob" eingeleitet und hat am Ende kein Fragezeichen, sondern einen Punkt: Ich fragte ihn, *wer gekommen sei*. Ich bin mir nicht klar darüber, *was eigentlich geschehen ist*. Ich weiß nicht, *ob er schon zurückgekommen ist*. – Manchmal wird jedoch auch ein indirekter Fragesatz um des größeren Nachdrucks willen mit einem Fragezeichen versehen: *Wo ich gewesen sei?* fuhr er mich an. – Steht ein durch ,,ob" eingeleiteter Fragesatz allein, erhält er ein Fragezeichen: Ob er wohl schon da ist? – Vgl. indirekte Rede.

Kardinalzahl
(Grundzahl)
Zahlwort (→Numerale), das eine der Grundzahlen (*eins, zwei, drei* usw.) bezeichnet. Von den Kardinalzahlen werden nur die Zahlen ,,eins", ,,zwei" und ,,drei" dekliniert: die Aussage *eines* Zeugen allein; die Aussagen *zweier* Zeugen; den *dreien* hab ich's heimgezahlt. Die Wörter ,,Million, Milliarde, Billion" usw. sind Substantive und werden dekliniert: eine Million, vier *Millionen*. – Vom Grundzahlwort abgeleitet sind die Formen der Vervielfältigungszahlen (*dreimal, vierfach* u.a.). – Vgl. Numerale.
Zum Gebrauch der Großschreibung bei →hundert und →tausend vgl. das Wörterverzeichnis.

Kasus (Fall)
die Form des Nomens, die dessen Beziehung zu anderen Satzgliedern kennzeichnet. Es gibt im Deutschen vier Fälle: →Nominativ, →Genitiv, →Dativ und →Akkusativ.

Kausalsatz
(Begründungssatz)
Satz, der die Begründung zu einem im über- oder nebengeordneten Hauptsatz ausgedrückten Geschehen angibt. Er antwortet auf die Fragen Warum?, Weshalb?
Als Hauptsatz wird er durch Konjunktionen wie ,,denn", ,,darum", ,,deshalb" eingeleitet: Ich konnte gestern nicht mit ins Konzert gehen, *denn ich hatte keine Karte mehr bekommen*. Ich hatte keine Karte mehr bekommen, *deshalb konnte ich nicht mit ins Konzert gehen*.
Als Nebensatz vertritt er eine adverbiale Bestimmung des Grundes (→Adverbialsatz, 3) und wird durch Konjunktionen wie ,,da", ,,weil" eingeleitet: Ich konnte gestern nicht mit ins Konzert gehen, *da ich keine Karte mehr bekommen hatte*.

Komma

Klammern Im laufenden Text werden hauptsächlich die runden und eckigen Klammern verwendet: (), [].
1. Runde Klammern
Erklärende Zusätze schließt man in runde Klammern ein: Einmal in der Woche (meist mittwochs) gehe ich zum Schwimmen; Otto von Bismarck, deutscher Staatsmann (1815–1898); Halle (Saale).
Buchstaben oder Wortteile, die ausgelassen werden können, stehen in Klammern: Werk(s)bücherei; Rinder(schmor)braten.
Schaltsätze kann man in runde Klammern einschließen, →Parenthese.
Satzzeichen in Verbindung mit Klammern: Nach der abschließenden Klammer steht das Satzzeichen, das auch ohne die Klammer geschrieben werden müßte: Er wohnt in dem grünen Haus (an der Dorfstraße). Ich muß wirklich sagen (man verzeihe mir das Wort): Das ist eine Schweinerei. – Vor der abschließenden Klammer steht dasjenige Satzzeichen, das der eingeklammerte Zusatz erfordert: Der Briefträger brachte ihm (welch unverhofftes Glück!) eine Geldüberweisung. – Der Punkt steht innerhalb der Klammer, wenn ein in sich geschlossener Satz in Klammern einem anderen abgeschlossenen Satz folgt: Dieses Buch handelt von der Sprache. (Ein weiteres über die Mathematik wird vorbereitet.)
2. Eckige Klammern
Erläuterungen zu einem schon in Klammern stehenden Zusatz stellt man in eckige Klammern: Eingedeutschte Namen (z.B. Franziska [von lat. Franciscus]) schreibt man wie deutsche Wörter.
Einschübe in Zitate setzt man in eckige Klammern, um zu verdeutlichen, daß der Zusatz nicht Teil des Zitats ist, z.B.: Er schrieb mir über seinen derzeitigen Zustand: „Ich habe zwar starke Schmerzen, aber die Ärzte hier [er lag im Krankenhaus] lindern sie nach Kräften."

Kolon →Doppelpunkt

Komma (Beistrich) Keine Regel ohne Ausnahme – dies gilt im besonderen Maße für die nachfolgenden Grundsätze. Da das Komma auf der einen Seite den (geschriebenen) Satz grammatisch gliedert, auf der anderen Seite aber auch den (gesprochenen) Satz rhythmisch gliedern soll, kann man dem Schreibenden bei der Kommasetzung einen gewissen Spielraum eigenen Ermessens zubilligen. Im folgenden werden die wichtigsten Regeln für die Verwendung des Kommas aufgeführt, doch können selbstverständlich nicht alle Möglichkeiten und Ausnahmen, die sich im Sprachgebrauch ergeben, erfaßt werden.
1. Das Komma trennt Sätze.

Hauptsätze Hauptsätze, die unverbunden oder durch Konjunktion miteinander verbunden sind, werden durch Komma getrennt: Der Raum ist wegen des Verkehrslärms als Arbeitsraum nicht geeignet, außerdem ist er viel zu klein. Ich hätte ihn gern wiedergesehen, aber er war in diesen Tagen leider verreist.

und, oder Das Komma steht auch vor den Konjunktionen „und" sowie „oder", wenn diese einen vollständigen Hauptsatz (mit eigenem Subjekt) einleiten: Wir waren im Theater, und danach sind wir noch zum Essen gegangen. Ich werde sicher kommen, oder ich rufe dich noch an.

Nebensatz Das Komma steht vor einem indirekten →Interrogativsatz, →Konjunktionalsatz, →Relativsatz; →verkappten Nebensatz, vor einem →Adverbialsatz, →Attributsatz, →Objektsatz, →Prädikativsatz, →Subjektsatz (Beispiele jeweils dort). Folgen zwei oder mehrere durch „und" bzw. „oder" verbundene Nebensätze aufeinander, so steht vor dem zweiten kein Komma: Die Forsythie ist ein gelbblühender Zierstrauch, dessen Blüten noch vor den Blättern erscheinen und der gern in Gärten angepflanzt wird (Relativsatz). Betrachten wir die frühen Bilder dieses Malers und vergleichen wir sie mit denen aus späteren Jahren, fällt uns eine bestimmte Maltechnik auf (verkappter Nebensatz).
Ist der Nebensatz in den Hauptsatz eingeschaltet, so muß vor und nach dem Nebensatz ein Komma stehen: Er ging, nachdem er eine Verbeugung angedeutet hatte, ohne ein weiteres Wort hinaus.

direkte Rede Bei der direkten Rede steht das Komma nach dem schließenden Anführungszeichen, wenn nicht die Rede selbst durch ein Frage- oder Ausrufezeichen abgeschlossen wird: „Das ist nicht gut möglich", sagte er.
Vgl. Anführungszeichen, direkte Rede.

Schaltsatz Ein Schaltsatz kann in Kommas, Gedankenstriche oder runde Klammern eingeschlossen werden: Gestern, ich hatte gerade meine Arbeit beendet, stand plötzlich ein alter Freund vor meiner Tür.
Vgl. Parenthese.

Komma

Auslassung 2. Das Komma trennt unvollständige Sätze.
Auch wenn Hauptsatz oder Nebensatz oder beide infolge Auslassung (Ellipse) unvollständig sind, ist das Komma so zu setzen, als wenn die Sätze vollständig wären: Ende gut, alles gut (vollständig: Wenn das Ende gut ist, ist alles gut). Möglich, daß er doch noch kommt (vollständig: Es ist möglich, daß er doch noch kommt).
Auch das Wort „bitte" kann als Auslassung aufgefaßt werden (eigentlich: ich bitte dich, oder: Sie): Bitte, seien Sie so freundlich, bringen Sie mir die Speisekarte, kürzer: Bitte bringen Sie mir die Speisekarte.

Infinitiv Das Komma wird vor dem Infinitiv mit „zu" gesetzt, wenn dieser nicht allein steht (erweiterter Infinitiv); als erweiterter Infinitiv gelten auch schon ein Infinitiv mit zusammengesetztem Verb sowie ein Infinitiv mit „ohne zu", „anstatt zu" usw.: *Ohne zu zögern,* sprang er dem Kind ins Wasser nach. Ich gab mir Mühe, *einzuschlafen. Anstatt zu fahren,* sollten wir lieber zu Fuß gehen. – In Fällen wie dem folgenden: Es liegt nahe, *zu glauben, daß er mich belogen hat* ist der einfache Infinitiv „zu glauben" dennoch als nicht alleinstehend aufzufassen, da er im Zusammenhang mit dem folgenden daß-Satz steht; der Infinitiv mit dem daß-Satz gilt als erweiterter Infinitiv und wird deshalb durch Komma vom Hauptsatz abgetrennt.
Ausnahmen: Das Komma steht auch beim einfachen, nicht erweiterten Infinitiv, wenn Mißverständnisse auftreten könnten: Er bat mich, zu grüßen. (Es ist nicht gemeint: Er bat, mich zu grüßen.) – Das Komma steht auch beim einfachen Infinitiv, wenn dieser einen Gleichsetzungsnominativ (vgl. Prädikat) vertritt: Ihre größte Freude war, zu reisen (im Sinne von: Ihre größte Freude war das Reisen). Steht dieser Infinitiv am Anfang des Satzes, wird jedoch kein Komma gesetzt: Zu reisen war ihre größte Freude. – Dieselbe Regel gilt beim erweiterten Infinitiv: Einmal nach Ägypten zu reisen war schon immer ihr größter Wunsch. – Will man doch ein Komma setzen, muß man ein „das" einschieben: Zu reisen, das war ihre größte Freude. Einmal nach Ägypten zu reisen, das war ihr größter Wunsch.
Das Komma steht nicht beim erweiterten Infinitiv nach Hilfsverben: Ich habe nichts mehr dazu zu sagen. Er ist zu nichts zu gebrauchen. Es ist einfach nicht zu fassen. – Das Komma steht nicht beim erweiterten Infinitiv nach Verben wie brauchen, pflegen, scheinen, wissen: Du brauchst heute nicht mehr zu kommen. Er pflegt jeden Abend einen Spaziergang zu machen. Der Tag scheint schön zu werden. Er weiß sich immer zu helfen. – Das Komma steht nicht nach Verben wie drohen, versprechen, wenn Mißverständnisse auftreten könnten: Sie drohte in Ohnmacht zu fallen. (= Es schien, als fiele sie in Ohnmacht; aber: Sie drohte, ihn anzuzeigen.) Er verspricht ein guter Arzt zu werden. (= Er wird sicher ein guter Arzt, aber: Er versprach, ihr immer ein guter Sohn zu sein.)
Das Komma *kann* stehen beim erweiterten Infinitiv mit „zu" nach Verben wie bitten, fürchten, glauben, hoffen: Ich bitte das zu unterlassen, oder: Ich bitte, das zu unterlassen. Sie fürchtet ihn zu verlieren, oder: Sie fürchtet, ihn zu verlieren. Er glaubt eine solche Handlungsweise nicht verantworten zu können, oder: Er glaubt, ... Wird das Objekt jedoch vorangestellt, steht kein Komma: Diesen Unfug bitte ich zu unterlassen. Eine solche Handlungsweise glaubt er nicht verantworten zu können.

Partizip Das Komma wird vor einem Partizip gesetzt, wenn dieses nicht allein steht (erweitertes Partizip): Sich die Ohren zuhaltend, stürzte er davon. Allein gelassen, sah er sich vorsichtig um. Erschrocken über die vielen fremden Gesichter, fing das Kind an zu weinen. – Wird ein Partizip Präsens nur durch *ein* Wort näher bestimmt, gilt es noch nicht als erweitertes Partizip und wird daher nicht durch Komma abgetrennt: Laut lachend ließ er sich in einen Sessel fallen.

3. Das Komma trennt Wörter und Satzteile.

Anrede Anrede: Name oder Bezeichnung der angesprochenen Person werden vom übrigen Satz durch Komma(s) abgetrennt: Dir, liebe Mutter, herzliche Grüße! Guten Tag, Herr Huber! Fräulein Fink, gehen Sie bitte voraus. – Vgl. Anrede (1, 2).

Anschrift In der Anschrift auf dem Briefbogen und -umschlag werden keine Kommas gesetzt (vgl. den Artikel Anschrift). Bei Wohnungsangaben im laufenden Text werden Ort und Straße durch Komma voneinander getrennt, außerdem steht nach dem Namen und am Ende der Anschrift ein Komma: Die Fotos sollen an Frau Ursula Becker, Feldbergstr. 6, 6360 Friedberg, zur Ansicht geschickt werden.

Apposition Die nachgestellte Apposition wird durch Komma(s) abgetrennt: Gestern traf ich Theo, einen Schulfreund meines Bruders. Die hier genannte Veröffentlichung von Max Frisch, das „Tagebuch", habe ich noch nicht gelesen. – Die vorangestellte Apposition wird nicht durch Komma abgetrennt: Mein alter Schulfreund Theo. – In folgenden Fällen kann das Komma stehen oder wegbleiben, je nachdem, was man als Apposition

Komma

auffaßt: Der Geschäftsführer Jensen ist dafür verantwortlich; oder: Der Geschäftsführer, (nämlich) Jensen, ist dafür verantwortlich; oder: Jensen, der Geschäftsführer, ist dafür verantwortlich. – Beinamen von Herrschern und Künstlern sind ebenfalls Appositionen, werden jedoch nicht durch Komma abgetrennt: Iwan der Schreckliche; Pippin der Kleine; Hans Holbein der Jüngere; aber: Achim, der Jüngste, wird von allen verwöhnt.

Attribut Das nachgestellte Attribut wird durch Komma(s) abgetrennt: Er öffnete die Schachtel, und ein Maikäfer, braun und glänzend, kroch heraus. Das Kind, das liebe, hat uns viel Freude gemacht. Endlich kam die Stunde, die lang erwartete.

Aufzählung Gleichartige Wörter in unverbundener Aufzählung werden durch Komma voneinander getrennt: Bäche, Flüsse, Ströme und Meere werden zunehmend verunreinigt. Alle schrien, lachten, lärmten durcheinander. Er liest gern spannende, unterhaltende Romane. – Das Komma steht nicht, wenn das letzte Adjektiv mit dem Substantiv einen einzigen Begriff bildet: Aus der Schlägerei trug er ein dickes *blaues Auge* davon. Vollfetter *dänischer Käse*. Dabei treten gefährliche *atomare Zerfallsprozesse* auf. – Auch Wortgruppen als Bestandteile von Aufzählungen werden durch Kommas getrennt: Die Etüden von Chopin, Liszts Dante-Sonate, die späten Sonaten Beethovens sind seine Bravourstücke.

Ausrufe Empfindungswörter, Bejahungen und Verneinungen werden durch Komma abgetrennt, wenn sie mit Nachdruck gesprochen werden: Ach, laß mich in Ruhe! Oh, hätte ich das doch gewußt! Pfui, wie scheußlich! Doch, das weiß ich. Ja, komm nur! – Es steht jedoch kein Komma, wenn diese Wörter mit dem folgenden Wort eine enge Verbindung eingehen: O ja! O weh! O Graus! Ach nein! Ach du liebe Zeit! Pfui Teufel! Ja doch!

Datum Das Datum wird vom übrigen Satz durch Kommas abgetrennt: Das Konzert findet am Sonntag, dem 20. Januar 1980, um acht Uhr statt. – Vgl. Datum.

vor Konjunktionen Satzteile, vor denen eine Konjunktion steht, werden durch Komma abgetrennt: Er ist jähzornig, aber sonst gutmütig. Nicht er, sondern sie hat mir das erzählt. – Das Komma steht jedoch nicht vor ,,und – oder, entweder – oder, sowohl – als auch, sowie, und, oder": Er hat weder geschrieben noch angerufen. Ich gehe entweder heute nachmittag oder morgen früh in die Stadt. Sowohl die Kinder als auch die Erwachsenen waren von dem Vorfall tief beeindruckt. Haus, Garten und Ställe sowie das lebende und tote Inventar. – Folgt jedoch auf ,,oder" und ,,noch" ein ganzer Satz oder werden weitere Satzteile durch ,,noch" angeschlossen, dann steht ein Komma: Er hat weder geschrieben, noch hat er es für nötig gehalten, anzurufen. Er hat weder geschrieben noch telegraphiert, noch angerufen, noch sonst etwas hören lassen. Entweder fahre ich mit dem Auto in die Stadt, oder ich nehme die S-Bahn. – Vgl. oben unter 1. ,,und, oder".

Namen Der nachgestellte Vorname (z.B. in Listen) wird durch Komma abgetrennt: Berger, Karl-Heinrich. – Vor den Zusätzen mit geb., verh., verw., gesch. kann ein Komma stehen: Maria Bachmann, verw. Kühn, geb. Hauser; meist wird jedoch kein Komma gesetzt.

Stellenangaben Stellenangaben in Büchern: Angaben über Jahrgang, Heft, Seite usw. werden voneinander durch Komma getrennt, z.B.: fono forum, Heft 3, März 1972, Seite 180. – Bei Angaben von Stellen aus Gesetzen, Verordnungen u.ä. wird meist kein Komma gesetzt: § 549 Abs. 1 Satz 2 BGB.

Titel Titel werden von Namen nicht durch Komma getrennt, auch dann nicht, wenn mehrere Titel aufeinander folgen: Professor Dr. Albrecht Freiherr von Putlitz.

adverbiale Bestimmung Nach → adverbialen Bestimmungen steht kein Komma: *Mit Rücksicht auf die ungeklärte Rechtslage* haben wir noch keinen Beschluß gefaßt. – Gegen diese Regel wird häufig verstoßen, besonders wenn die adverbiale Bestimmung relativ lang ist.

4. Sonderfälle

das heißt Nach ,,das heißt" steht ein Komma, wenn ein vollständiger Satz folgt: Dieses Verfahren ist nicht zulässig, das heißt, das Gesetz verbietet es. – Es steht kein Komma, wenn nur ein Satzteil folgt: Die Veranstaltung ist auf den 1. Oktober verschoben worden, das heißt auf nächsten Mittwoch.

zum Beispiel Wird ein Beispiel erläuternd mit ,,zum Beispiel" eingeschoben, wird es durch Komma(s) abgetrennt oder eingeschlossen: Ich habe Blumen in leuchtenden Farben, zum Beispiel Tulpen, besonders gern. Wir könnten noch jemanden einladen, zum Beispiel deine Schwester. – Hat ,,zum Beispiel" jedoch den Sinn von ,,vielleicht" o.ä., so steht kein Komma: Du hättest ja zum Beispiel mich fragen können.

und zwar, und das, und noch dazu Vor ,,und zwar" und ähnlichen Fügungen steht ein Komma: Sie können das Gerät in Raten bezahlen, und zwar in vier Monatsraten. Er hat gestern den ganzen Tag im Garten gearbeitet, und das am Sonntag!

Komparation

eine, diese, solche Folgt nach ,,eine", ,,diese" oder ,,solche" ein mehrgliedriges Attribut, so steht kein Komma: eine wenn auch noch so kleine Gabe; diese seit Jahren erhobene Forderung; an solchen die Vorteile moderner Technik ausnutzenden Systemen ...

als, wie Vor ,,als" und ,,wie" steht ein Komma, wenn ein vollständiger Satz folgt: Er kann doch mehr, als wir vermutet haben. Er hat sich so verhalten, wie ich es von ihm erwartet habe; aber: Er kann doch mehr als ich. Er hat sich genauso verhalten wie in ähnlichen Fällen sonst auch. – Vor ,,als" steht ein Komma, wenn es einen Nebensatz einleitet: Mir ist, als hätte ich ihn schon einmal gesehen. – Steht ,,wie" vor einer eingeschobenen Aufzählung, so kann man diese in Kommas einschließen oder nicht, je nachdem, wie stark man die Aufzählung betonen will: Kinderkrankheiten wie Masern und Keuchhusten hat er schon hinter sich, oder: Auch Kinderkrankheiten, wie Masern und Keuchhusten, können gefährlich sein. – Vgl. Gedankenstrich, Semikolon.

Komparation (Steigerung) Durch die Komparation des Adjektivs werden mehrere Dinge, Begriffe oder Wesen, Zustände oder Tätigkeiten miteinander verglichen: Das Haus ist *hoch*. Dieses ist *höher*. Jenes Haus ist *das höchste*, oder: *am höchsten*. – In adverbialer Verwendung: Ich schwimme *schnell*. Er schwimmt *schneller*. Sie schwimmt *am schnellsten*.
Man unterscheidet bei der Komparation drei Stufen:
1. die Grundstufe, den Positiv. Er wird mit dem unflektierten Adjektiv gebildet: Der Film ist *spannend,* auch: Der Film ist *sehr spannend.*
2. Die erste Steigerungsstufe, der Komparativ (auch ,,Mehrstufe" oder ,,Vergleichsstufe" genannt), stellt die Ungleichheit zweier Dinge oder Wesen fest; er wird mit der Endung -r oder -er gebildet: müde, müder, auch: müd, müder. – Gelegentlich fällt ein e aus: edel, edler; praktikabel, praktikabler. – Das Vergleichswort ist ,,als": Dieser Film ist spannender als der vorige. – Zur Verstärkung tritt oft noch ein Adverb hinzu, z.B.: Er ist *viel spannender,* oder: *bei weitem spannender.*
Sollen nicht zwei Dinge oder Personen miteinander verglichen werden, sondern zwei Eigenschaften einer einzigen Sache oder Person, so kann statt der ersten Steigerungsstufe die Grundstufe zusammen mit ,,mehr" oder ,,weniger" gebraucht werden: Das Haus ist *mehr* breit *als* hoch. Sein Verhalten war *weniger* bösartig als unbesonnen.
In manchen Fällen bedeutet in der Umgangssprache der Komparativ weniger als der Positiv, eigentlich sogar das Gegenteil von dem, was das Wort ausdrückt. So ist eine ,,ältere" Frau noch keine ,,alte" Frau, eine ,,jüngere" Frau ist älter als eine ,,junge" Frau, die ,,größeren" Kinder sind noch keine ,,großen" Kinder, und wenn es dem Kranken heute schon ,,besser" geht, so geht es ihm noch nicht ,,gut".
Das Vergleichswort ,,denn" statt ,,als" ist veraltet, es wird nur noch gebraucht, wenn zweimal ,,als" hintereinander stehen müßte, und auch dann nur in der gehobenen Sprache: Er ist als Musiker bedeutender *denn* als Dichter.
3. Die zweite Steigerungsstufe, der Superlativ (auch ,,Meiststufe" oder ,,Höchststufe" genannt), wird mit der Endung -ste oder -este gebildet: der *feinste*, der *netteste*, der *wildeste*, der *mieseste*. Bei Adjektiven, die auf ß enden, ist die Steigerungsendung unterschiedlich: heiß, der *heißeste*; blaß, der *blasseste*; groß, der *größte*. Steht der Superlativ beim Verb, tritt zu ihm das Wort ,,am": Diese Arbeit ist *die beste*. Er läuft *am schnellsten*. – Zur Bezeichnung des sehr hohen Grades können auch der Elativ oder absolute Superlativ (Endung -ens oder -st) sowie der Superlativ mit ,,aufs" verwendet werden: Er hat alles *bestens* geregelt, oder: *aufs beste*. Ich war *höchst* erfreut. Es war alles *schönstens* vorbereitet, oder: *aufs schönste*, oder: *sehr schön*. Das Pulver wird in der Flüssigkeit *feinstens* verteilt.
Bei zusammengesetzten Adjektiven wird der zweite Wortteil gesteigert: Sie ist viel *hilfsbereiter, menschenfreundlicher* als er. – Ist der zweite Wortteil jedoch ein Partizip, so wird der erste Wortteil gesteigert: ein *schwerwiegender* Fehler, ein *schwerer wiegender* Fehler, der *am schwersten wiegende* Fehler; eine *gutangezogene* Frau, eine *besser angezogene* Frau, die *am besten angezogene* Frau.
Eine Reihe von Adjektiven hat unregelmäßige Steigerungsformen, z.B. viel, *mehr, am meisten;* hoch, *höher, am höchsten;* gut, *besser, am besten.*
Oft wird bei der Steigerung der Stammvokal umgelautet: lang, *länger, am längsten;* groß, *größer, am größten;* dumm, *dümmer, am dümmsten.* Bei manchen Adjektiven gibt es Doppelformen, eine umgelautete und eine ohne Umlaut: fromm, *frömmer* oder *frommer;* blaß, *blässer* oder *blasser.*
Manche Adjektive können nicht gesteigert werden, u.a. solche, die auch nicht dekliniert werden können, wie lila, orange, oder solche, die einen bestimmten Zustand ausdrücken, wie tot, nackt, sowie zusammengesetzte Adjektive, deren erster Wortteil bereits einen hohen Grad oder einen Vergleich ausdrückt: blutrot, urkomisch, mordsmäßig, überschlank.

Konjugation

Die echten Adverbien haben keine Steigerungsformen; sollen sie doch gesteigert werden, so tritt für den Komparativ und Superlativ ein Adjektiv als Ersatz ein, z.B.: Ich gehe *gern* mit. Ich gehe *lieber, am liebsten* mit dir.
Oft wird für den Komparativ auch „mehr" oder „weiter" zu Hilfe genommen: Du mußt dich *mehr rechts* halten. Der Schlüssel liegt *weiter hinten*.

Komparativ erste Steigerungsstufe des →Adjektivs. Vgl. Komparation

Komparativsatz (Vergleichssatz)
1. Nebensatz, der angibt, wie sich das Geschehen im Hauptsatz vollzieht, oder der das Geschehen im Hauptsatz mit einem anderen Geschehen vergleicht. Der Komparativsatz ist eine Spielart des →Modalsatzes und antwortet wie dieser auf die Frage Wie? Er wird durch die Konjunktionen „als", „als ob" oder „wie" eingeleitet: Er rannte, *als wäre ihm der Teufel auf den Fersen*. Du tust, *als ob du noch nie etwas davon gehört hättest*. Er hat sich so verhalten, *wie ich es von ihm erwartet habe*.
2. Eine andere Form des Vergleichssatzes ist nicht genau erfragbar; sie steht immer nach dem Komparativ und wird durch „als" eingeleitet: Der Weg ist doch weiter, *als ich es anfangs vermutet hätte*.

Konditionalsatz (Bedingungssatz)
Satz, der die Bedingung für ein im neben- oder übergeordneten Hauptsatz ausgedrücktes Geschehen angibt. Er antwortet auf die Frage Unter welcher Bedingung?
Als Hauptsatz wird er durch Konjunktionen wie „sonst", „andernfalls" eingeleitet: Ich muß die Brille aufsetzen, *sonst kann ich nichts sehen*. Ich bringe Ihnen die Bücher heute noch, *andernfalls gebe ich Ihnen Bescheid*.
Als Nebensatz vertritt er eine adverbiale Bestimmung der Bedingung (→Adverbialsatz, 6) und wird durch Konjunktionen wie „wenn", „falls" eingeleitet: *Falls ich nicht kommen kann,* gebe ich Ihnen noch Bescheid. – Wenn die Bedingung nur angenommen oder ihre Erfüllung unwahrscheinlich ist, steht im Haupt- und im Nebensatz der Konjunktiv: *Wenn ich Zeit hätte, würde ich gern mitkommen.*

Kongruenz
Übereinstimmung zusammengehöriger Satzteile in Genus, Numerus und Kasus – im Deutschen ein wichtiges Mittel zur Verdeutlichung von Sinn und Zusammenhang eines Textes. Die Kongruenz spielt eine Rolle:
1. Beim Subjekt und dem als Prädikat folgenden Verb: Ich reit*e*. Er reit*et*. Wir reit*en*. – Hier müssen die beiden Satzglieder nach Person und Numerus übereinstimmen.
Zweifel können entstehen, wenn sich das Prädikat auf mehrere Subjekte bezieht. Im allgemeinen setzt man dann das Prädikat in den Plural: Barbara und Michael *gehen* ins Kino. – Doch setzt man nach zwei abstrakten Substantiven als Subjekte auch den Singular: Hoffen und Harren *macht* manchen zum Narren.
Ein anderer Zweifel entsteht, wenn das Substantiv mit einem Mengenbegriff im Subjekt verknüpft ist: Eine große Menge Leute *hat* das gesehen, oder: *haben* das gesehen. Beide Fügungen sind möglich, je nachdem, ob der Sprecher oder Schreiber die Mengenbezeichnung (hier im Singular: eine Menge *hat* das gesehen) oder das mit ihr verbundene Substantiv (hier im Plural: die Leute *haben* das gesehen) als Hauptteil des Subjekts empfindet.
2. Beim Subjekt und substantivischen Prädikativ: Seine Frau ist ein*e* bekannt*e* Rechtsanwält*in*. Es gibt aber Substantive, die gleichsam neutral sind und keine Kongruenz verlangen: Renate ist *Lehrling* in einer Buchhandlung. – Zweifel treten häufig beim Reflexivpronomen auf. Handelt es sich um nur eine Person, so ist die Kongruenz eindeutig: *Ich freue mich, wir freuen uns*. Gibt es zwei Subjekte im Singular (meine Tochter und ich), steht das Reflexivpronomen im Plural: Meine Tochter und ich freuen *uns*. – Vgl. Reflexivpronomen.
Besteht das Prädikat aus Kopula und Adjektiv, so bleibt das Adjektiv unverändert. Der Mann *ist groß*. Die Häuser *sind groß*.
3. Beim Substantiv, zugehörigen Artikel und beigefügten Adjektiv: *ein großer* Mann, *eine große* Mauer, *ein großes* Haus. Hier ist auch Kongruenz des Kasus gefordert: eines Mann*es*, in ein*em* Haus*(e)*. – Vgl. das Schema der Deklination des Substantivs mit Adjektiv Seite 85f.
4. Beim Substantiv mit Apposition: Bei *den* beid*en* Student*en*, sein*en* best*en* Freund*en*, fand er keine Unterstützung.
Die Kongruenzforderung bildet eine große Klippe für den deutschlernenden Ausländer, besonders wenn sie in seiner Muttersprache eine geringe Rolle spielt (vgl. englisch z.B.: a *tall* man, a *tall* woman, *tall* houses).

Konjugation (Beugung)
die Abwandlung des →Verbs nach →Person, →Numerus, →Modus, →Tempus und →Aktionsform. Man unterscheidet die starke und schwache Konjugation. Die starke Konjugation ist durch die Veränderung des Stammvokals (→Ablaut) gekennzeichnet: schwimmen, schwamm, geschwommen. – Die schwache Konjugation ist dadurch gekennzeichnet, daß der Stammvokal nicht verändert, das Imperfekt mit der Endung -te

Konjunktion

und das Partizip Perfekt mit der Silbe ge- und der Endung -t gebildet werden: kaufen, kaufte, gekauft. – Einige Verben haben gemischte Formen, z.B.: bringen, brachte, gebracht; brennen, brannte, gebrannt. Bei manchen Verben ist das Imperfekt in die schwache Form übergegangen, im Partizip Perfekt hat sich jedoch die starke noch erhalten, z.B.: hauen, haute (neben hieb), gehauen; mahlen, mahlte, gemahlen. – Vgl. die Tabellen Seite 89 ff.

Konjunktion (Bindewort) Wort, das Satzteile oder Sätze miteinander verknüpft. Ihrer Form nach kann man die Konjunktionen einteilen in einfache *(und, oder, denn)*, zusammengesetzte *(vielmehr, trotzdem)* und mehrgliedrige *(weder ... noch, sowohl ... als auch)*.
Wichtiger ist die Einteilung nach ihrer Funktion im Satzzusammenhang. Es gibt Konjunktionen, die zwischen zwei Sätzen ein Verhältnis der Nebenordnung, und solche, die ein Verhältnis der Unterordnung herstellen. Nebenordnende Konjunktionen verbinden zwei →Hauptsätze: Er hatte keinen Pfennig bei sich, *trotzdem* ging er mit. Unterordnende Konjunktionen machen den durch sie eingeleiteten Satz zum →Nebensatz: Er ging mit, *obwohl* er keinen Pfennig bei sich hatte.
Man kann die Konjunktionen auch einteilen nach der besonderen Art des Verknüpfungsverhältnisses, das sie ausdrücken (z.B. begründend, einräumend).

Konjunktionaladverb Adverb, das die Funktion einer Konjunktion haben kann, bzw. Konjunktion, die auch als Adverb stehen kann. Steht das Konjunktionaladverb als Konjunktion, dann kann es Sätze verknüpfen: Der Zug fiel aus, *deshalb* bin ich nicht pünktlich (Konjunktion). Der Zug fiel aus, ich konnte *deshalb* nicht pünktlich kommen (Adverb).

Konjunktionalsatz (Bindewortsatz) Satz, der durch eine →Konjunktion eingeleitet wird. Er kann Hauptsatz sein, dann wird er durch eine koordinierende (nebenordnende) Konjunktion eingeleitet, oder Nebensatz, dann wird er durch eine subordinierende (unterordnende) Konjunktion eingeleitet. Konjunktionalsätze sind: →Adversativsatz, →Finalsatz, →Instrumentalsatz, →Kausalsatz, →Konditionalsatz, →Konsekutivsatz, →Konzessivsatz, →Kopulativsatz, →Lokalsatz, →Modalsatz, →Temporalsatz.
Es besteht jedoch auch die Möglichkeit, einen Gedanken in einem Nebensatz ohne Konjunktion auszudrücken; man spricht in solchen Fällen von einem →verkappten Nebensatz.

Konjunktiv (Möglichkeitsform) derjenige →Modus des Verbs, der eine Möglichkeit oder einen Wunsch ausdrückt: Er behauptet, er *sei* krank. Das *könnte* richtig sein. *Hätte* er nur auf mich *gehört*!
Der einfache Konjunktiv wird durch bestimmte Formen des Verbs gebildet, er kann aber auch mit Hilfe der Hilfsverben ,,werden", ,,sein" oder ,,haben" umschrieben werden: Ich *käme* sehr gern. Ich *würde* sehr gern *kommen*. Ich *wäre* sehr gern *gekommen*. Ich *hätte* dich gern *mitgenommen*. Die umschriebenen Formen werden besonders dann gebraucht, wenn ein Nebensatz mit ,,wenn" vorausgeht oder folgt oder in Gedanken zu ergänzen ist: Ich *würde* gern *mitfahren, wenn* noch ein Platz frei wäre. – Diese Unterscheidung ist wichtig bei der →indirekten Rede.

Konsekutivsatz (Folgesatz) Satz, der die Folge eines im neben- oder übergeordneten Hauptsatz ausgedrückten Geschehens angibt. Er antwortet auf die Frage Mit welcher Folge?
Als Hauptsatz wird er durch Konjunktionen wie ,,folglich", ,,infolgedessen", ,,also" eingeleitet: Die Arbeit nimmt ihn völlig in Anspruch, *infolgedessen hat er für seine Hobbys keine Zeit mehr*.
Als Nebensatz vertritt er eine adverbiale Bestimmung der Folge (→Adverbialsatz, 5) und wird durch Konjunktionen wie ,,daß", ,,so daß" eingeleitet: Die Arbeit nimmt ihn völlig in Anspruch, *so daß er für seine Hobbys keine Zeit mehr hat*. Er stürzte so unglücklich, *daß er sich ein Bein brach*.

Konsonant (Mitlaut) Laut, bei dem die ausströmende Atemluft durch Lippen, Zähne, Zunge gehemmt wird. Man kann die deutschen Konsonanten nach der Art und nach der Stelle ihrer Bildung (Artikulationsart, Artikulationsstelle) einteilen, außerdem danach, ob sie stimmhaft oder stimmlos sind, das heißt, ob die Stimmbänder mitschwingen oder nicht.
1. Artikulationsart:
Bei den Explosivlauten (Verschlußlauten) ist der Mundkanal zunächst gesperrt, dann wird der Verschluß gesprengt: p, t, k (stimmlos), b, d, g (stimmhaft). Die stimmlosen Verschlußlaute nennt man auch Tenues (Singular: die Tenuis), die stimmhaften Verschlußlaute auch Mediä oder Medien (Singular: die Media).
Bei den Frikativlauten oder Spiranten (Reibelauten) ist der Mundkanal verengt: s, sch [ʃ], ch [ç, x], f (stimmlos), s [z], w [v].
Bei den Nasalen (Nasenlauten) ist der Mundkanal versperrt, so daß nur der Weg durch die Nase frei ist: m, n, ng.
Bei den Liquiden (Fließ-, Schmelz- oder Schwinglauten) wird ein Teil der Zunge in Schwingung versetzt: l, r (Zungen-r, Zäpfchen-r).

Kurzwort

Bei den Affrikaten („angeriebenen" Lauten oder Lautverbindungen) verbinden sich Verschluß- und Reibelaut: pf, z [ts], tsch [tʃ].
2. Artikulationsstelle:
Die Labiale (Lippenlaute) werden mit beiden Lippen gebildet: b, m, p (Bilabiale), oder mit Unterlippe und Oberzähnen: f, w (Labiodentale).
Die Dentale oder Alveolare (Zahnlaute) werden durch Verschluß oder Reibung von Zähnen und Zunge gebildet: d, t, l, n, s, Zungen-r.
Die Gutturale (Kehl- oder Gaumenlaute) werden mit Zunge und Gaumen gebildet: ch [ç], g, k vor e und i (Palatale oder Vordergaumenlaute), ch [x], g, k vor a, o und u, Zäpfchen-r (Velare, Laryngale, Hintergaumen- oder Kehllaute).
Eine Sonderstellung nimmt der Hauchlaut h ein; er wird im Kehlkopf gebildet, doch wird bei ihm nicht, wie bei den übrigen Konsonanten, die Atemluft gehemmt, sondern strömt frei aus.
3. In anderen Sprachen gibt es noch weitere Laute, z.B. im Englischen zwischen den Zähnen gebildete Laute (Interdentale): stimmhaftes und stimmloses th [ð, θ] wie in father [faðə], thing [θiŋ]; im Französischen, Italienischen und Spanischen mouillierte Laute (erweichte oder palatalisierte Laute), z.B. das l in frz. famille [famijə], das n in span. Señor [sɛnjɔr]; im Französischen, Ungarischen und in slawischen Sprachen stimmhafte Reibelaute wie das j in frz. Jean [ʒã] oder das zs in ungar. József [jɔʒɛf]; im Englischen und Italienischen stimmhafte Affrikaten wie das j in engl. Jack [dʒæk] oder das g vor e und i in ital. Agrigento [agridʒɛntɔ] und Giovanni [dʒɔvani].
Vgl. Zusammentreffen von drei gleichen Konsonanten.

	Labiale		*Dentale oder*	*Gutturale*	
	Bilabiale	Labiodentale	*Alveolare*	Palatale	Velare
Explosivlaute					
stimmhaft	b		d	g ⎱ vor e	g ⎱ vor
stimmlos	p		t	k ⎰ und i	k ⎰ a, o, u
Frikative oder Spiranten					
stimmhaft		w	s [z], sch [ʒ]		
stimmlos		f	s, sch [ʃ]	ch [ç]	ch [x]
Nasale	m		n	ng	
Liquiden			l, Zungen-r		Zäpfchen-r
Hauchlaute					h

Konzessivsatz
(Einräumungssatz)

Satz, der einen Gegengrund zu der im neben- oder übergeordneten Hauptsatz ausgedrückten Handlung angibt. Er antwortet auf die Frage Trotz welchen Umstands?
Als Hauptsatz wird er durch Konjunktionen wie „trotzdem", „zwar" eingeleitet: *Zwar war er schwer verletzt,* aber er konnte sich noch bis zum nächsten Dorf schleppen.
Als Nebensatz vertritt er eine adverbiale Bestimmung der Einräumung (→ Adverbialsatz, 7) und wird durch Konjunktionen wie „obgleich", „obwohl" eingeleitet: *Obgleich er schwer verletzt war,* schleppte er sich noch bis zum nächsten Dorf.

Kopula
Kopulativsatz
(Anfügungssatz, Anreihungssatz)

Satzband, Teil des zusammengesetzten → Prädikats.
Hauptsatz, der einen gleichwertigen Gedanken zu dem im nebengeordneten Hauptsatz ausgedrückten Geschehen angibt. Er wird durch Konjunktionen wie „und", „oder", „außerdem" eingeleitet: Entweder schicke ich das Paket mit der Post, *oder ich bringe es selbst hin.*

Kurzwort

Kurzwörter entstehen durch Weglassen eines oder mehrerer Wortteile, z.B. *Kripo* aus *Kriminalpolizei, Mofa* aus *Motorfahrrad, Profi* aus *Professional, Konsum* aus *Konsum*genossenschaft; sie entstehen ferner durch Zusammenziehen von Silben oder auch Einzelbuchstaben zu sprechbaren Wörtern, z.B. NATO, Agfa. Die Kurzwörter werden mehr als Wort empfunden, weniger als Abkürzung, sie erhalten deshalb keinen Punkt. Sie haben im allgemeinen das Geschlecht des Worts, aus dem sie entstanden sind: *das* Auto (*das* Automobil), *die* Interpol (*die* Internationale Kriminalpolizeiliche Kommission), *das* Motel (aus englisch „motorist's hotel", *das* Hotel), doch bilden sich im Sprachgebrauch auch Abweichungen von dieser Regel: *der* Konsum, obwohl *die* Konsumgenossenschaft, *das* Taxi oder *die* Taxe, obwohl *der* Taxameter. Aus Einzelbuchstaben gebildete Wörter haben überwiegend das Geschlecht des Grundworts: *die* UNO, weil *die* Organisation (der Vereinten Nationen). Kurzwörter werden großenteils wie Substantive dekliniert; bei der Pluralbildung wird die im Hochdeutschen ursprünglich seltene Form mit -s bevorzugt: Taxis, Akkus, Fotos, Krimis. – Vgl. im einzelnen das Wörterverzeichnis.

Laut	→ Konsonant, → Vokal, → Diphthong, → Umlaut, → Doppellaut
Leideform	→ Passiv
Lokalsatz (Ortssatz)	Nebensatz (→ Adverbialsatz, 1), der eine adverbiale Bestimmung des Ortes vertritt. Er antwortet auf die Fragen Wo?, Wohin?, Woher?, Wie weit? und wird häufig durch ein solches Fragewort eingeleitet. Oft weist ein Adverb im Hauptsatz (da, dahin, dort) auf den Nebensatz hin und macht damit deutlich, daß es sich bei ihm um einen Relativsatz handelt: Wir bleiben im Urlaub gern dort, *wo wir Ruhe und Sonne haben.* Stell das Buch wieder dorthin, *wohin es gehört.* Der Lokalsatz ist zu unterscheiden vom → Objektsatz und → Attributsatz, die beide auch mit einem Fragewort eingeleitet werden können.
männliches Geschlecht	Maskulinum, → Genus
Maß- und Mengenangaben	1. Männliche und sächliche Maß- und Mengenangaben werden im Singular dekliniert, z.B.: wegen *eines Liters* Milch, wegen *eines Zentimeters.* – Im Plural werden sie in Verbindung mit Zahlen nicht dekliniert: fünf Paar Schuhe, drei *Bund* Radieschen, 50 *Pfennig* (50 „Pfennige" ist veraltet). – Bei Geldangaben schwankt der Gebrauch: 50 *Dollar*, 50 *Centavo(s)*. In Verbindung mit unbestimmten Zahlwörtern werden sie im Plural meist gebeugt: ein paar *Dollar(s)*, einige *Pfennig(e)*. Ausnahmen: Steht vor der Zahl eine Präposition, kann die Maßangabe gebeugt werden: eine Strecke von *100 Meter(n)*. Die Mengenangabe muß gebeugt werden, wenn damit weniger das Maß als der Gegenstand gemeint ist: Er kaufte zwei *Faß* Sauerkraut (Faß = Mengenangabe); aber: Er kann noch zwei *Fässer* aufladen. 1000 *Stück* Zigarren (Packung); aber: Das Glas zersprang in tausend *Stücke.* 2. Weibliche Maß- und Mengenangaben werden im Plural gebeugt: drei *Tonnen*, 50 *Peseten* (Singular: Peseta), zwei *Millionen.* 3. Wenn sie sich aus dem Zusammenhang oder der Situation ergibt, läßt man die Maßbezeichnung weg: Wir haben drei Kaffee, vier Bier zu zahlen, statt: drei *Tassen* Kaffee, vier *Glas* Bier. 4. Bei der Verbindung von Maßangabe mit Adjektiv und Substantiv müßte korrekterweise sowohl das Adjektiv als auch das darauffolgende Substantiv im Genitiv stehen, z.B.: ein Glas frisch*en* Wasser*s*, ein Paar neu*er* Beinkleid*er*, mit einer Flasche alt*en* Rotwein*s*, nach einer Stunde intensiv*en* Üben*s*. Doch wird heute der Genitiv nach der Maßangabe meist als gespreizt empfunden, so daß er nur noch in der gehobenen Sprache verwendet wird. In der Umgangssprache bestimmt der Kasus der Maßangabe den Kasus des folgenden Adjektivs und Substantivs: *ein Glas* frisch*es* Wasser; wegen *eines Glases* alt*en* Rotweins; er kam mit *einer Flasche* alt*em* Rotwein; er brachte mir *eine Flasche* alt*en* Rotwein.
Mehrstufe	→ Komparativ
Mehrzahl	→ Plural
Meiststufe	→ Superlativ
Mitlaut	→ Konsonant
Mittelwort	→ Partizip
Mittelwortsatz	Partizipialsatz, ein → verkürzter Nebensatz
Modalsatz (Vergleichssatz, Umstandssatz der Art und Weise)	Satz, der einen Vergleich mit dem im nebengeordneten Hauptsatz ausgedrückten Geschehen angibt oder die Art und Weise, wie etwas im übergeordneten Hauptsatz Ausgedrücktes geschieht. Er antwortet auf die Fragen Wie?, Auf welche Weise? Als Hauptsatz wird er durch Konjunktionen wie „ebenso", „genauso" eingeleitet: Diese Ausgabe ist überflüssig, *ebenso könnte er das Geld zum Fenster hinauswerfen.* Als Nebensatz vertritt er eine adverbiale Bestimmung der Art und Weise (→ Adverbialsatz, 8) und wird durch Konjunktionen wie „anstatt", „ohne daß", „wie" eingeleitet: *Anstatt sich zu entschuldigen,* wird er auch noch unverschämt. Jeder muß sein Leben so führen, *wie er es für richtig hält.*
Modalverben	die Verben „dürfen, können, mögen, müssen, sollen, wollen"; sie haben die Funktion des Hilfsverbs übernommen und dienen dazu, eine Möglichkeit, Unmöglichkeit, einen Wunsch, eine Ungewißheit, eine Notwendigkeit auszudrücken, wobei ihnen immer ein Verb im Infinitiv (sei es des Präsens, des Perfekts oder auch eine passive Form) folgt: Das Kind *mag* nicht *essen.* Ich *muß* jetzt *gehen.* Willst du heute nachmittag *kommen?* Der Kranke *darf* heute wieder *aufstehen.* Du *kannst* ihn nicht *gesehen haben.* – Im

Nominativ

Perfekt stehen sie, wenn sie mit einem Infinitiv verbunden sind, ebenfalls im Infinitiv: Ich *habe* doch noch kommen *können* (nicht: kommen gekonnt). Ich *habe* lachen *müssen.* – Die Modalverben können auch als Vollverben verwendet werden: Ich *habe* Zeit. Ich *kann* nicht mehr. Er *will* das nicht. – Treten sie als Vollverb auf, dann bilden sie auch das Perfekt wie ein solches: Ich *habe* keine Zeit *gehabt.* Ich *habe* nicht mehr *gekonnt.* Er *hat* das nicht *gewollt.*

Modus (Aussageform)	Aussageweise des Verbs. Im Deutschen unterscheidet man drei Modi: →Indikativ, →Konjunktiv, →Imperativ.
Möglichkeitsform	→Konjunktiv
Nachsilbe	→Suffix
Namen	→Familiennamen, →geographische Namen, →Schiffsnamen, →Völkernamen, →Vornamen
Nebensatz (Gliedsatz)	Satz, der anstelle eines Satzteils steht und immer von einem Hauptsatz abhängig ist. Man unterscheidet Nebensätze

1. nach ihrer Stellung zum Hauptsatz:
Vordersatz: *Nachdem er lange nichts von sich hatte hören lassen,* rief er mich gestern plötzlich an.
Zwischensatz: Er rief mich gestern an, *nachdem er lange nichts von sich hatte hören lassen,* und erzählte ...
Nachsatz: Er rief mich gestern an, *nachdem er lange nichts von sich hatte hören lassen.*
2. nach der Art ihres Anschlusses an den Hauptsatz: →Relativsatz, →Konjunktionalsatz, indirekter →Interrogativsatz, →verkappter Nebensatz.
3. nach ihrem Inhalt (d.h. nach dem Satzteil, den sie vertreten): →Prädikativsatz, →Subjektsatz, →Objektsatz, →Attributsatz, →Adverbialsatz.

Negation (Verneinung)

Zur Verneinung einer Aussage stehen im Deutschen – wenn wir von Vorsilben wie un- (unfreundlich) oder (bei Fremdwörtern) in-, an- (inaktiv, anorganisch) absehen – zahlreiche Negationswörter zur Verfügung:
nein, nicht, nichts, nie, niemals, niemand, nirgends, nirgendwo, nirgendwohin, nirgendwoher; kein, keinesfalls, keineswegs; weder – noch.
Von diesen können nur ,,kein" und ,,niemand" dekliniert werden. Die Negationswörter gehören verschiedenen Wortklassen an, manche je nach Verwendung zwei verschiedenen. Aus diesem Grund und wegen der Besonderheiten des deutschen Satzbaus gelten für ihre Verwendung zahlreiche Regeln, z.B. kann ,,kein" nur zur Verneinung von Substantiven dienen; ,,nicht" gehört je nach dem Sinn der beabsichtigten Aussage an verschiedene Stellen im Satz. Und es gibt eine Schwierigkeit, die manchmal Kopfzerbrechen bereitet: Sätze, die aus Hauptsatz und Nebensatz bestehen und bei denen das Verb des Hauptsatzes schon eine Verneinung in sich schließt.
Das gilt für Verben des Unterlassens, Verbietens, Verhinderns, des Warnens, Zweifelns, Bestreitens u.ä. Es muß z.B. heißen: Ich warne dich, heute abend noch mehr zu trinken. Man liest oder hört jedoch oft: Ich warne dich, heute abend nicht noch mehr zu trinken.
Normalerweise drückt (im Schriftdeutschen, in Dialekten kann es anders sein) die doppelte Negation eine Bejahung aus. ,,Er empfing mich nicht unfreundlich" heißt, daß der Empfang freundlich war. ,,Max ist kein Spielverderber" heißt, daß Max sich einordnet und mitmacht. Im oben angeführten Beispielsatz wird das ,,nicht" in den Nebensatz eingefügt im Bestreben, die Warnung, das Verbot zu verstärken, zu unterstreichen; aber es wird das Gegenteil erreicht, denn logisch genommen bedeutet der zweite Satz, daß ich dir nahelege, noch mehr zu trinken.
Es gilt also folgende Regel: Nach Verben der Verneinung darf die Negation im folgenden Nebensatz nicht wiederholt werden. Also: Er *bestritt* entschieden, *das gesagt zu haben.* Aber nicht: Er *bestritt* entschieden, das *nicht* gesagt zu haben. – Er *leugnet,* daß *er zur Tatzeit in X war.* Aber nicht: Er *leugnet,* daß er zur Tatzeit *nicht* in X war.
Diese Regel gilt auch für Nebensätze, die durch temporale Konjunktionen wie ,,ehe, bevor, bis" eingeleitet werden: Du gehst *nicht* in die Disco, *ehe die Hausaufgaben fertig sind.* Aber nicht: Du gehst *nicht* in die Disco, *ehe nicht die Hausaufgaben fertig sind.*

Nennform	→Infinitiv
Nennwort	→Substantiv
Neutrum	→Genus
Nomen	Oberbegriff für alle Wörter, die dekliniert werden können: →Substantiv, →Pronomen, →Adjektiv, →Artikel, →Numerale. – Vgl. Partizip.
Nominativ (erster Fall, Werfall)	Deklinationsfall des →Nomens; er antwortet auf die Frage Wer oder was? *Die Kinder* spielen im Schulhof. *Wir* fahren morgen nach Berlin. *Peter* hatte am Mittwoch Geburtstag.

Numerale

Numerale (Zahlwort)
Gleichsetzungsnominativ vgl. Prädikat.
Wort, das eine Zahl, Größe, Menge angibt: *zehn* Mark, das *dritte* Mal, *ein Viertel* des Gesamtbetrags. – Die Zahlwörter lassen sich nicht eindeutig als Wortart abgrenzen; z.B. sind *Million, Milliarde, Schock, Dutzend* Substantive; andererseits werden „unbestimmte" Zahlwörter wie *mehrere, alle* heute meist unter die →Indefinitpronomen eingereiht.
Nach ihrer Funktion kann man die Zahlwörter in folgende Gruppen gliedern: Grundzahlen: *eins, zwei* (→Kardinalzahlen); Ordnungszahlen: *der erste, der zweite, erstens, zweitens* (→Ordinalzahlen); Vervielfältigungszahlen: *zweimal, dreifach* (Multiplikativzahlen); Einteilungszahlen: *je zwei* (Distributivzahlen); Bruchzahlen: *zwei Drittel* (Partitivzahlen); unbestimmte Zahlwörter: *einige, viele*.

Numerus (Zahlform)
Der Numerus gibt an, ob ein Substantiv, ein Adjektiv, ein Pronomen oder eine Verbform in der Einzahl (→Singular) oder Mehrzahl (→Plural) auftritt. Vgl. Kongruenz.

Objekt (Satzergänzung)
Satzteil, der das im Verb ausgedrückte Geschehen ergänzt. Sehr viele Verben verlangen ein bestimmtes Objekt als Ergänzung: transitive Verben ein Akkusativobjekt, viele intransitive Verben ein Dativobjekt, einige ein Genitivobjekt, und manche Verben fordern zwei Objekte. Zahlreiche Verben können sowohl ohne Objekt als auch mit Objekt gebraucht werden, auch mit verschiedenen Objekten, z.B. „geben": Wer schnell gibt, gibt doppelt (ohne Objekt). Gib *den Stift* her! (mit Akkusativobjekt). Gib *mir den Stift!* (Dativobjekt und Akkusativobjekt). Ich gebe *nichts auf sein Gerede* (Akkusativobjekt und Präpositionalobjekt).
Man unterscheidet:
1. das Akkusativobjekt; es antwortet auf die Frage Wen oder was?: Der Briefträger hat *die Post* gebracht.
2. das Dativobjekt; es antwortet auf die Frage Wem?: Der Hund gehört *unserem Nachbarn*.
Oft treten Dativ- und Akkusativobjekt gemeinsam auf: Der Arzt hat *dem Verletzten den Verband* abgenommen.
3. das Genitivobjekt, das im Sprachgebrauch allmählich seltener wird; es antwortet auf die Frage Wessen?: Das bedarf wohl *keines weiteren Beweises*.
4. das Präpositionalobjekt; es ist durch eine Präposition mit dem Verb verbunden. Sein Kasus richtet sich nach der Präposition, die ihrerseits vom Verb abhängt. (Sehr viele Verben verlangen eine bestimmte Präposition.) Das Präpositionalobjekt wird durch ein Fragewort erfragt, das die Präposition enthält, also durch Wofür?, Worüber?, Worauf?, Wovon? usw. Verben, die eine bestimmte Präposition fordern, sind z.B. beruhen (auf), hoffen, vertrauen (auf), fragen (nach), sich freuen (über, auch: an), bitten (um), abhängen (von): Er besteht *auf seinem Recht*. Ich wundere mich *über seine Gelassenheit*. Hier wimmelt es von *Ameisen*. Ich zweifle *an seiner Aufrichtigkeit*.
Die Grenze zwischen Präpositionalobjekt und →adverbialer Bestimmung ist fließend. Um ein Präpositionalobjekt handelt es sich immer dann, wenn die Präposition mit dem Verb (nicht mit dem Substantiv) eine feste Verbindung bildet. Die Präposition ist daher nicht austauschbar. – Vgl. Valenz.

Objektsatz (Ergänzungssatz)
Nebensatz, der ein Objekt vertritt. Er wird also mit denselben Fragewörtern erfragt wie die Objekte: Wessen?, Wem?, Wen oder was?, Wohin?, Worauf? Der Form nach können Objektsätze →Relativsätze, →Konjunktionalsätze oder indirekte →Interrogativsätze sein: Er hilft jedem, *der Hilfe braucht*. Ich verstehe, *daß er sich weigert*. Er drängt darauf, *daß wir einen Entschluß fassen*. Ich habe keine Ahnung, *wohin dieser Weg führt*.

Ordinalzahl (Ordnungszahl)
Zahlwort (→Numerale), das eine Reihenfolge: *der erste, der zweite*, oder eine Rangordnung angibt: *der Erste, der Zweite*. Die Ordinalzahlen werden – mit Ausnahme der Sonderformen *erste* und *dritte* – durch Anfügen der Endung -te(r) oder -ste(r) an das Grundzahlwort gebildet: der siebente, die zwanzigste; er ist fünfter geworden. – Daneben gibt es die der Gliederung dienenden Ableitungen *erstens, zweitens*.

Ordnungszahl
→Ordinalzahl

Parenthese (Schaltsatz)
eingeschalteter Redeteil, z.B.: In der Erregung – das habe ich schon oft beobachtet – fängt er an zu stottern. – Die Parenthese wird in Gedankenstriche, Kommas oder runde Klammern eingeschlossen. Auch die Klammern selbst werden zuweilen als „Parenthese" bezeichnet.

Partikel (Fügewort, Funktionswort)
Als „Partikel" bezeichnet man alle Wortarten, die nicht dekliniert werden können (von wenigen Ausnahmen abgesehen), also →Adverb, →Konjunktion und →Präposition. Gemeinsam ist den Partikeln, daß ihre Rolle im Zusammenhang des Textes vorwiegend im Verknüpfen, Nuancieren, Vergleichen, Steigern u.ä. besteht (daher auch „Funktionswörter"), so daß es häufig schwerfällt, ihnen eine eigene klar definierte

Partizip (Mittelwort)	lexikalische Bedeutung zuzuschreiben. Gelegentlich wird auch die →Interjektion zu den Partikeln gerechnet, doch gehört sie als nur lautliche Gefühläußerung genaugenommen nicht zu den Wortarten. vom Verb abgeleitete Form, die wie ein Adjektiv dekliniert werden kann (es nimmt also eine Mittelstellung zwischen Verb und Adjektiv ein, daher die deutsche Bezeichnung); z.B.: Er gab nur *zögernd* Auskunft; eine *zögernde* Antwort. – Man unterscheidet das Partizip Präsens oder Mittelwort der Gegenwart (zögernd) und das Partizip Perfekt oder Mittelwort der Vergangenheit (gezögert). Das Partizip Präsens drückt die Gleichzeitigkeit einer Handlung mit einer anderen aus: *Murrend* ging er aus dem Zimmer. – Das Partizip Perfekt wird zur Bildung des →Perfekts und →Plusquamperfekts verwendet; es drückt die Vollendung einer Handlung und oft ihr Ergebnis aus: Ich habe mich darüber sehr *gefreut. Erfreut* nahm er das Angebot an. Oft hat das Partizip Perfekt passivischen Sinn: der *geschriebene* Brief, die *geladenen* Gäste. – Gelegentlich wird es jedoch auch in aktivischem Sinn verwendet: der *gelernte* Arbeiter (der Arbeiter, der etwas gelernt *hat*), *ungefrühstückt* weggehen (weggehen, ohne gefrühstückt *zu haben*). Viele solche Formen werden heute nicht mehr als scherzhaft oder umgangssprachlich empfunden, z.B.: eine *studierte* Frau, ein *gestandener* Mann.
Partizipialsatz (Mittelwortsatz)	ein →verkürzter Nebensatz
Passiv (Leideform)	Aktionsform (Handlungsrichtung) des Verbs, die zum Ausdruck bringt, daß mit dem Subjekt etwas geschieht, z.B.: Er *wurde* mit der Goldmedaille *ausgezeichnet*. Heute *werden* die Kirschen *gepflückt*. – Passivformen wie diese nennt man „persönliches" Passiv. Sie können nur von transitiven Verben gebildet werden, z.B.: Wir ernten die Kirschen (Aktiv). Die Kirschen werden geerntet (Passiv). – Von den intransitiven Verben dagegen kann man nur ein unpersönliches Passiv bilden, z.B.: Ich helfe ihm (Aktiv). Es wird ihm geholfen; oder: Ihm wird geholfen (Passiv). Wegen seines (durch Weglassen des Subjekts bedingten) unpersönlichen Charakters wird das Passiv häufig im Amtsdeutsch und in wissenschaftlichen Berichten verwendet: Hiermit wird bekanntgemacht, daß ... Durch eingehende Untersuchungen ist festgestellt worden ...
Perfekt (zweite Vergangenheit)	Zeitform des Verbs, die eine Handlung als abgeschlossen, einen Zustand als beendet kennzeichnet, aber noch Bezug zur Gegenwart setzt: Er *hat* früher geraucht (d.h., er raucht heute nicht mehr). – Das Perfekt wird mit einer Partizip Perfekt und einer Präsensform von „haben" oder „sein" gebildet: Ich *bin* gekommen. Ich *habe* gegessen. In Süddeutschland wird das Perfekt als Form der Erzählung gegenüber dem Imperfekt bevorzugt: Und dann *hat* er gesagt ... Es wird häufig auch anstelle der zweiten Zukunft verwendet, z.B.: Bis du zurückkommst, *habe* ich das Buch zu Ende *gelesen* (statt: ..., *werde* ich das Buch zu Ende *gelesen haben*).
Person	Bei den Personalpronomen und den Formen des Verbs unterscheidet man: erste (sprechende) Person: *ich,* Plural: *wir;* zweite (angesprochene) Person: *du,* Plural: *ihr;* dritte (besprochene) Person: *er, sie, es,* Plural: *sie.*
Personalpronomen (persönliches Fürwort)	Pronomen, das stellvertretend für Namen und Bezeichnungen von Personen oder Sachen steht: (Gib mir *die Schere!*) Ich finde *sie* nicht. – Nur in der 3. Person Einzahl gibt es für die drei Geschlechter die drei Formen: er, sie, es; für alle übrigen Personen, auch für die Anrede „Sie", wird kein Unterschied nach Geschlechtern gemacht, und „Sie" gilt für Singular und Plural. Eine Sonderform des Personalpronomens ist das →Reflexivpronomen. Zur Deklination des Personalpronomens vgl. Tabelle Seite 83. Vgl. Anrede (3).
Plural (Mehrzahl)	Beugungsform des →Nomens und →Verbs, die angibt, daß von mehreren Lebewesen, Dingen oder Begriffen gesprochen wird: *Die Kinder spielen* im Garten. *Ihr kommt* spät. – Manche Substantive können zwei verschiedene Pluralformen bilden, je nach ihrer Bedeutung, z.B. Bank: *Bänke* (zum Sitzen) und *Banken* (Geldinstitute). Andere Substantive treten nur im Plural auf: *Leute, Einkünfte, Kosten, Wirren.* Man nennt ein solches Substantiv „Pluraletantum". – Vgl. Singular, Kongruenz. Zu den einzelnen Pluralformen vgl. die Deklinationstabellen Seite 79ff.
Plusquamperfekt (dritte Vergangenheit, Vorvergangenheit)	Zeitform des Verbs; sie bezeichnet eine abgeschlossene Handlung, die noch vor einem anderen Geschehen (das im Imperfekt steht) abgelaufen ist, und wird mit dem →Partizip Perfekt und einer Imperfektform von „haben" oder „sein" gebildet: Nachdem er *gegessen hatte,* zündete er sich eine Zigarette an. Als die Sonne *untergegangen war,* wurde es schnell dunkel.
Positiv (Grundstufe)	die Grundform des →Adjektivs vor der Steigerung zum Komparativ oder Superlativ. – Vgl. Komparation.

Possessivpronomen

Possessivpronomen
(besitzanzeigendes Fürwort)

Pronomen, das ein Besitzverhältnis (*mein* Wagen) oder eine diesem ähnliche Beziehung (*mein* Arzt) anzeigt. Das Possessivpronomen ist abgeleitet aus dem Genitiv des Personalpronomens (ich – meiner – mein). Welches Pronomen zu verwenden ist, hängt im Deutschen vom Besitzer ab; es heißt, wenn der Besitzer eine Frau ist: *ihr* Mann, *ihr* Kind – ohne Rücksicht darauf, daß „Mann" männlich, „Kind" sächlich ist. Dagegen richtete sich die Deklinationsendung des Pronomens nach Person, Genus und Numerus des Objekts, das Gegenstand des Besitzverhältnisses ist: *sein* Onkel, *seine* Tante. Das Possessivpronomen wird nicht dekliniert, wenn es als Prädikativ steht: Ich bin *dein*, und du bist *mein*.

Prädikat
(Satzaussage)

Satzteil, der etwas über das Subjekt aussagt; es antwortet daher auf die Frage: Was wird von dem Subjekt ausgesagt? Jedes Prädikat enthält ein Verb (bzw. Hilfsverb): Die Blumen *blühen*. Die Blumen *haben geblüht*. Die Blumen *werden blühen*. – Man spricht in solchen Fällen von einem einfachen Prädikat, auch wenn die Zeitform des Verbs mehrteilig ist.
Als ein einziger Satzteil gilt das Prädikat auch dann, wenn es mit Hilfe der Modalverben dürfen, können, mögen, müssen, sollen, wollen und einem Infinitiv gebildet wird; diese Verben werden dann wie Hilfsverben verwendet: Ich *kann* nicht *bleiben*. Wir *wollen gehen*. Die Arbeit *muß* morgen *beendet sein*. Das *möchte* ich nicht *gehört haben!*
Ebenso gilt das Prädikat als *ein* Satzteil, wenn es mit Hilfe der Verben brauchen, pflegen, scheinen, versuchen und einem Infinitiv mit „zu" gebildet wird: Du *brauchst* nicht *zu kommen*. Er *pflegt* abends noch einen Spaziergang *zu machen*. Ich *versuchte zu schlafen*.
Daneben gibt es das zusammengesetzte Prädikat: Mein Vater *ist Arzt*. Mein Bruder *wird Lehrer*. Die Äpfel *sind reif*. – Das Prädikat besteht hier aus der Kopula, deutsch: Satzband (ist, wird, sind), und dem Prädikativ(um), deutsch: Sinnteil (Arzt, Lehrer, reif). Die Kopula kann durch die Verben sein, werden, bleiben, heißen, nennen, scheinen (den Anschein haben) gebildet werden: Unser Sohn *heißt* Ulrich. Die Aufgabe *scheint* leicht (zu sein), ist es aber nicht. Das Geschäft *bleibt* morgen geschlossen. Er *nannte* ihn einen Betrüger. – Das Prädikativ kann ein Substantiv, ein Pronomen oder Numerale, ein Adjektiv oder Adverb, ein Nebensatz oder →verkürzter Nebensatz sein: Mein Vater *ist Arzt*. Dieses Haus ist *das unsere*. Wir sind *fünf*. Die Äpfel sind *reif*. Die Gäste waren schon *fort*, als ich nach Hause kam. Du bist geblieben, *was du schon immer warst:* ein unverbesserlicher Optimist. Seine Aufgabe ist (es), *die Ergebnisse noch einmal zu prüfen*.
Das Prädikativ wird im allgemeinen in unflektierter Form verwendet, nur gelegentlich auch in der flektierten, z.B.: Diese Frage ist *eine politische* (keine private); besser: Dies ist eine politische Frage. Dieses Buch ist nicht *das richtige*.
In neueren Grammatiken werden die Bezeichnungen „Kopula" und „Prädikativ" nicht mehr verwendet. Man hat die enge Verbindung von Kopula und Prädikativ aufgelöst, da man die Kopula als selbständiges Verb betrachtet und ebenso das Prädikativ als selbständigen Satzteil. Man bezeichnet die Kopula als Prädikat. Das Prädikativ, wenn es sich um ein Substantiv, ein flektiertes Adjektiv, ein Numerale, einen (auch verkürzten) Nebensatz handelt, heißt dann Gleichsetzungsnominativ (Mein Vater ist *Arzt*) oder Gleichsetzungsakkusativ (Er nannte ihn *einen Betrüger*). Das unflektierte Adjektiv bzw. Adverb nennt man Modal- oder Artergänzung (die Äpfel sind *reif*, die Gäste waren *fort*).

Prädikativsatz
(Aussagenebensatz)

Nebensatz, der das Prädikativ (nicht das Prädikat) vertritt. Er kann ein →Relativsatz, ein →Konjunktionalsatz oder ein →verkürzter Nebensatz sein: Er ist bis heute geblieben, *was er schon früher war:* ein Optimist. Alles hängt davon ab, *daß man im richtigen Augenblick die richtige Entscheidung trifft*. Sein größter Wunsch war von jeher, *Flieger zu werden*. – Der Prädikativsatz wird heute auch oft Gleichsetzungsnebensatz genannt. – Vgl. Prädikat.

Präfix
(Vorsilbe)

vor den Wortstamm gestellte Silbe; im Deutschen ein wesentliches Mittel zur differenzierenden Wortbildung: an*heben*, auf*heben*, be*heben*, ent*heben*, er*heben*, hervor*heben* usw. – Vgl. Affix, trennbare und untrennbare Verben.

Präposition
(Verhältniswort)

Wortart, die undeklinierbar ist und räumliche bzw. zeitliche Verhältnisse oder logische Beziehungen zwischen Personen, Sachen und Vorgängen kennzeichnet: Er ist *in* der Stadt. *Während* der Arbeit kann ich nicht Musik hören. Wir kamen *zu* Fuß.
Jede Präposition fordert einen oder zwei bestimmte Fälle:
den Genitiv: während *der Pause;* innerhalb *des Gartens;*
den Dativ: *dem Haus* gegenüber; mit *der Hand;*
den Akkusativ: ohne *mein Wissen;* für *seinen Freund;*
den Genitiv oder Dativ: trotz *seines Widerstandes*, trotz *allem;*

reflexive Verben

den Dativ oder Akkusativ, je nachdem, ob eine Ruhestellung (Dativ) oder ein zielgerichtetes Geschehen (Akkusativ) bezeichnet werden soll: Das Buch liegt auf *dem Tisch;* aber: Ich lege das Buch auf *den Tisch.*

Die Bezeichnung „Präposition", wörtlich „das Vorangestellte", ist nur bedingt richtig. Die meisten Präpositionen stehen zwar vor dem Substantiv: *zwischen diesen Häusern* (Präposition i.e.S.), manche stehen aber auch nach dem Substantiv: *der Einfachheit halber* (Postposition), oder sind zweiteilig und rahmen das Substantiv ein: *um des lieben Friedens willen* (Zirkumposition). Der neutrale Oberbegriff lautet „Adposition".

Die ursprünglichen Präpositionen sind überwiegend aus Ortsadverbien abgeleitet; in neuerer Zeit sind zahlreiche Präpositionen neu entstanden, sei es aus Substantiven (kraft, trotz, mittels), aus Adjektiven (unweit) oder aus Partizipien (entsprechend, ungeachtet, unbeschadet).

Präpositionalobjekt → Objekt (4)

Präsens (Gegenwart) Zeitform des Verbs, die ein Geschehen als in der Gegenwart stattfindend, einen Zustand als gegenwärtig bestehend kennzeichnet: Wir *singen* (nämlich jetzt). Wir *sind* gesund. Ich *gehe* heim.

Gelegentlich wird das Präsens auch beim Erzählen eines vergangenen Geschehens gebraucht, um es lebendiger zu gestalten: Ich *komme* ins Zimmer – und was *sehe* ich? Das Fenster *steht* offen, und der Vogel ist verschwunden. – Man nennt diese Form „historisches Präsens" (Präsens historicum).

Das Präsens wird auch statt des ersten Futurs gebraucht: Morgen *sieht* alles ganz anders *aus;* statt: Morgen wird alles ganz anders aussehen. Diese Vereinfachung ist häufig in Verbindung mit Modalverben: Morgen *kann* ich nicht kommen; statt: Morgen werde ich nicht kommen können.

Präteritum (Vergangenheit) früher Sammelbegriff für alle Vergangenheitsformen des → Verbs, heute meist für das → Imperfekt gebraucht.

Pronomen (Fürwort) Wort, das im Satz anstelle eines anderen → Nomens steht: → Personalpronomen, → Demonstrativpronomen, → Possessivpronomen, → Interrogativpronomen, → Indefinitpronomen, → Reflexivpronomen.
Vgl. Anrede (3).

Punkt

1. Nach Aussagesätzen steht der Punkt, wenn die Aussage vollständig ist und deutlich vom folgenden Gedanken getrennt werden soll: Dieses Buch wurde mir von einem Kollegen empfohlen. Sobald ich es gelesen habe, werde ich Ihnen meinen Eindruck mitteilen.
2. Nach dem indirekten → Interrogativsatz und nach der → indirekten Rede steht der Punkt.
3. Ohne Nachdruck geäußerte Wunsch- oder Befehlssätze haben anstelle des Ausrufezeichens den Punkt: Bitte warten Sie einen Augenblick. Begleiten Sie ihn doch über die Straße.
4. Nach → Ordinalzahlen in Ziffern steht der Punkt: Morgen ist der 15. Februar. Wilhelm II. war der letzte deutsche Kaiser.
5. Nach bestimmten → Abkürzungen steht ein Punkt. – Vgl. Kurzwort.
6. Nach Datumsangaben steht kein Punkt, wenn sie allein stehen: Wien, den 3. 2. 1980
7. Nach Unterschriften steht kein Punkt: Mit herzlichen Grüßen

Ihre

Barbara Voigt

8. Nach frei stehenden Überschriften und Buchtiteln steht kein Punkt.
Punkt in Verbindung mit anderen Satzzeichen → Anführungszeichen (1), → Klammern (1). Vgl. Semikolon.

reflexive Verben (rückbezügliche Verben) Verben, die sich mit Hilfe eines Pronomens, des → Reflexivpronomens, auf das Subjekt zurückbeziehen. Kennzeichen der echten (obligatorischen) reflexiven Verben ist, daß sie nur mit dem Reflexivpronomen auftreten. Reflexive Verben, bei denen das Reflexivpronomen im Akkusativ steht, können kein persönliches → Passiv bilden, z.B. sich beeilen, sich betrinken, sich bedanken, sich erkälten, sich freuen, sich schämen, sich wundern.

Bei Verben wie sich etwas aneignen, sich etwas vornehmen, sich etwas anschauen, sich etwas anhören steht das Reflexivpronomen im Dativ, und die Verben sind eigentlich transitive Verben: *etwas* anschauen.

Manche Verben können sowohl transitiv wie reflexiv gebraucht werden. Doch gewinnen sie beim reflexiven Gebrauch eine vom transitiven Gebrauch abweichende Bedeutung, und sie können – in dieser Bedeutung – kein persönliches Passiv bilden. Zum Beispiel:

Reflexivpronomen

transitiv	reflexiver Gebrauch
Ich sammle *Beeren*. (Die Beeren werden von mir gesammelt.)	Ich sammle *mich* (d.h.: Ich nehme meine Gedanken zusammen).
Ich spiele *ein Tonband* ab. (Das Tonband wird von mir abgespielt.)	Gestern hat *sich* eine Tragödie abgespielt (d.h.: sich ereignet).
Ich entscheide *die Angelegenheit*. (Die Angelegenheit wird von mir entschieden.)	Ich entscheide *mich* (d.h.: Ich fasse einen Entschluß).
Ich stelle *die Blumen* auf den Tisch. (Die Blumen werden von mir auf den Tisch gestellt.)	Er stellt *sich* der Polizei (d.h.: Er meldet sich freiwillig bei der Polizei).

Bei anderen transitiven Verben, die auch reflexiv gebraucht werden, bleibt die Bedeutung bei reflexivem Gebrauch dieselbe, und sie können ein persönliches Passiv bilden. Das Reflexivpronomen kann im Akkusativ oder Dativ stehen. Man nennt sie fakultativ reflexive Verben. Beispiele: beschäftigen, ändern, fragen, opfern, kaufen, waschen, anstrengen. – Ich beschäftige *ihn*. Ich beschäftige *mich*. – Sie ändert *mir* ein Kleid. Sie hat *sich* in den letzten Jahren nicht geändert. – Ich wasche *ihn*. Ich wasche *mich*. – Ich wasche *ihm* die Hände. Ich wasche *mir* die Hände. – Diese Übung strengt *die Beinmuskeln* an. Ich strenge *mich* an. – Zu diesen Verben setzt man manchmal zur Verdeutlichung, daß wirklich das Subjekt gemeint ist, das Wort „selbst" hinzu: Er belügt *sich selbst*. Das Kind kann *sich* schon *selbst* waschen. Sie hat *sich selbst* geopfert.

Eine weitere Gruppe fakultativ reflexiver Verben nennt man reziproke Verben, z.B.: sich begegnen, sich treffen, sich decken. Es sind intransitive Verben, und das scheinbare Reflexivpronomen müßte eigentlich „einander" heißen: Unsere Ansichten decken sich (decken einander). Wir sind uns (sind einander) begegnet. Wir verstehen uns (verstehen einander) gut.

Die Einteilung der reflexiven Verben ist in den Grammatiken der verschiedenen Autoren nicht einheitlich.

Reflexivpronomen (rückbezügliches Fürwort) eine Form des Personalpronomens, die anzeigt, daß sich das Geschehen des Satzes auf das Subjekt zurückbezieht. „Sich" ist das einzige Reflexivpronomen mit eigener Form, es wird in der 3. Person Singular und Plural verwendet (sie freut *sich;* sie freuen *sich*). Für die übrigen Personen werden die Formen des Personalpronomens verwendet: Ich begnüge *mich;* du erkältest *dich;* wir bewerben *uns;* ihr bedankt *euch*.

Bezieht sich das Reflexivpronomen auf mehrere Wörter, dann steht die Pluralform: Mein Sohn und ich, meine Kinder und ich freuen *uns*. Will man diese Klippe umschiffen, kann man schreiben: Mein Sohn und ich, meine Kinder und ich, *wir* freuen *uns*.

Rektion Fähigkeit eines Worts, einen bestimmten Kasus oder eine bestimmte Präposition zu verlangen (zu „regieren").

Verben 1. Viele Verben verlangen den Akkusativ (transitive Verben): Ich habe *den Film* gesehen. Er hat *mich* heute angerufen. – Viele intransitive Verben verlangen den Dativ, einige den Genitiv: Der Termin paßt *ihm* leider nicht. Bitte antworte *mir*. Er bedarf *des Zuspruchs*. Er freut sich *seines Lebens*. – Nicht wenige Verben verlangen zwei Ergänzungen in zwei verschiedenen Kasus: Ich leihe *das Fahrrad meinem Bruder* (Akkusativ und Dativ). Man hat *uns dieses Vorteils* beraubt (Akkusativ und Genitiv).

Viele Verben verlangen eine oder zwei bestimmte Präpositionen: Er neigt *zum* Jähzorn. Hat jemand *nach* mir gefragt? Ich freue mich *über* deinen Erfolg. Ich freue mich *an* den vielen Blumen. Der Unterschied besteht *in* folgendem. Das Gerät besteht *aus* Holz.

Substantive 2. Manche Substantive verlangen eine bestimmte Präposition, oft dieselbe wie die entsprechenden Verben: Hoffnung *auf;* Glaube *an;* Zweifel *an;* Freude *an* oder *über;* Eignung *für* oder *zu*.

Adjektive 3. Manche Adjektive verlangen den Genitiv: Er ist *der deutschen Sprache* nicht mächtig. Ich bin *des vielen Redens* müde. – Die Zahl dieser Adjektive geht allerdings immer mehr zurück; der Genitiv wird zunehmend durch den Akkusativ oder eine Präposition ersetzt: Ich wurde *ihn* erst gewahr, als … statt: Ich wurde *seiner* erst gewahr, als … Er ist *zu keiner bösen Tat* fähig, statt: Er ist *keiner bösen Tat* fähig.

Viele Adjektive verlangen eine oder mehrere bestimmte Präpositionen: Er ist *bei* seinen Kollegen sehr beliebt. Er ist *zu* allem entschlossen. Sie war *über* unser Angebot sehr erfreut. Ich bin wütend *über* sein Verhalten. Ich bin wütend *auf* ihn.

Präpositionen 4. Kasus nach Präpositionen: → Präposition. – Vgl. Valenz.

Relativpronomen (bezügliches Fürwort) Pronomen, das einen Nebensatz auf ein Wort des übergeordneten Satzes oder auf diesen selbst bezieht; es leitet zugleich den Nebensatz ein. Die Relativpronomen sind „der, die, das", „welcher, welche, welches", „wer, was". Das Pronomen „welcher, welche, welches" wird nur im schriftlichen Gebrauch verwendet und ist im Schwinden, da es schwerfällig wirkt. Statt dessen wird „der, die, das" verwendet, auch auf die Gefahr hin, daß gelegentlich zweimal nacheinander dasselbe Wort steht, nämlich Pronomen und bestimmter Artikel, z.B.: Es ist dieselbe Lehrerin, *die die* Kinder schon im letzten Jahr unterrichtet hat.

Das Relativpronomen richtet sich im Genus und Numerus nach dem Wort, auf das es verweist: *der Film, der* heute läuft; *die* kritischen *Bemerkungen, die* hier stehen. – Der Kasus des Relativpronomens richtet sich jedoch nach der Rolle, die es im Nebensatz spielt: der Hund, *der* dort läuft (Nominativ); der Hund, *den* Sie dort sehen (Akkusativ); die Kollegin, *der* ich das Buch geschenkt habe.

Die Pronomen „wer" und „was" beziehen sich auf eine unbestimmte Person bzw. auf einen ganzen Sachverhalt: *Wer* das behauptet hat, muß auch dazu stehen. Das ist alles, *was* ich dazu sagen kann. Er hat ein Stipendium für ein Studienjahr in Amerika bekommen, *was* mich sehr für ihn freut.

Die Genitiv- und Dativformen werden wie die des Demonstrativpronomens gebildet (vgl. Tabelle Seite 83): ein Mensch, von *dessen* Fähigkeiten jeder überzeugt ist; das sind Fehler, *denen* man häufig begegnet.

Relativsatz →Nebensatz, der durch ein →Relativpronomen eingeleitet wird; er bezieht sich auf ein
(Bezugssatz) Wort des übergeordneten Satzes oder auf dessen gesamten Inhalt. Der Relativsatz soll möglichst nahe bei dem Satz oder Satzteil, auf den er sich bezieht, stehen: Der Mann, *der sich vorgestellt hatte,* ist niemals wiedergekommen. Ich kann das, *was sie sagte,* kaum glauben. Er hat aus seinem Leben erzählt, *was sehr interessant war.* – Der Relativsatz kann auch durch ein Interrogativadverb eingeleitet werden: Ich weiß nicht, *woher* er stammt.

rückbezügliches
Fürwort →Reflexivpronomen
s, ss, ß 1. Einfaches s

Als erster Buchstabe eines Wortes kann nur s stehen: singen, See, sauber.

Innerhalb des Wortes steht s am Silbenanfang oder -ende: Fer|se, hän|seln, wei|se, raspeln, rö|sten. Bei Fremdwörtern gehört das s häufig zum Beginn der Sprachsilbe: Arterio|sklerose, sub|skribieren.

Die auf -nis, -us, -as und -es endenden Wörter haben ein auslautendes s, obwohl die gebeugten Formen das ss im Inlaut haben: Ereignis (Ereignisse), Atlas (des Atlasses), des (dessen). – Vgl. Fugenzeichen.

2. Doppel-s (ss) oder ß?

ss steht im Inlaut zwischen zwei Vokalen, wenn der erste kurz gesprochen wird: Masse, Flüsse, beschlossen, besser. – Im Auslaut wird nicht ss geschrieben (vgl. 3). – Vgl. Apostroph (5).

3. ß steht im Inlaut nach langem Vokal (Muße, gießen), nach Diphthong (außen, fleißig) und vor Konsonant (läßt) sowie im Auslaut (Maß, bloß, naß, daß; Silbenauslaut: Eßlöffel).

Substantive auf -ß im Auslaut nach kurzem Vokal bilden ihren Plural mit ss (Schloß, Schlösser), Substantive auf -ß im Auslaut nach langem Vokal mit ß (Fuß, Füße). Verben mit ss im Infinitiv haben konjugiert am Wort- und Silbenauslaut sowie vor -t ein ß (wissen, weiß, wußte, gewußt). In der Schweiz schreibt man gewöhnlich ss für ß, auch im Auslaut: Musse, Schloss, muss.

Steht ß als Großbuchstabe, wird die Schreibung unterschiedlich gehandhabt. Es gibt dafür keine Regel, entscheidend ist die Lesbarkeit. Man kann schreiben: MASZSTAB oder MAßSTAB oder MASSGABE. Möglich, aber zu vermeiden ist die Schreibung: MASSSTAB.

sächliches
Geschlecht Neutrum, →Genus
Satz in sich geschlossener, nach bestimmten Regeln aufgebauter Teil eines Textes oder einer Rede. In Ausnahmefällen kann ein Satz aus einem einzigen Wort bestehen, z.B.: Angeber! Iß! Herein! – Vgl. im einzelnen Hauptsatz, Nebensatz und die dort (mit →) angegebenen weiteren Stichwörter.
Satzaussage →Prädikat
Satzergänzung →Objekt
Satzgefüge aus einem →Hauptsatz und einem oder mehreren →Nebensätzen zusammengesetzter
(Periode) Satz.
Satzgegenstand →Subjekt
Satzverbindung aus zwei oder mehreren →Hauptsätzen zusammengesetzter Satz.
Schaltsatz →Parenthese

Schiffsnamen

Schiffsnamen Schiffsnamen sind meist weiblich, auch wenn das Geschlecht des Namens eigentlich männlich oder sächlich ist: *die* „München", *die* „Europa", *die* „Admiral Scheer". – Ist der Schiffsname ein männlicher Personenname mit einer Beifügung, so wird meist das männliche Geschlecht vorgezogen: *der* „Fliegende Holländer"; auch bei Sachnamen mit Beifügung: *der* „Silberne Pfeil". Abkürzungen wie MS (Motorschiff) vor dem Schiffsnamen ändern hingegen an der Behandlung als Femininum nichts: die Ankunft *der* MS Europa. – Dient ein männlicher Tiername als Schiffsname, so ist der Sprachgebrauch schwankend: der Kapitän *des* „Eber", neben: der Kapitän *der* „Eber".

Selbstlaut → Vokal

Semikolon (Strichpunkt) Man setzt das Semikolon (;), wenn der Punkt zu stark, das Komma zu schwach gliedern würde.

1. Hauptsätze kann man durch das Semikolon voneinander trennen (statt durch Punkt), wenn sie inhaltlich verbunden sind, z.B.: Blau und Gelb sind die Lieblingsfarben dieses Malers; sie finden sich in den meisten seiner Gemälde.

2. Einen nebengeordneten Konjunktionalsatz kann man durch das Semikolon abtrennen: Er war am Ende seiner Kräfte; darum gab er auf.

3. In mehrfach zusammengesetzten Sätzen trennt man der besseren Übersicht halber die Hauptgedanken durch Semikolon voneinander: Die Regierung erklärt, sie werde keine Steuererhöhungen vornehmen; wie Äußerungen aus Oppositionskreisen erkennen lassen, schenkt man dort diesen Versicherungen keinen Glauben.

4. In Aufzählungen kann das Semikolon Gruppen gleichartiger oder zusammengehöriger Begriffe trennen: Birnen, Äpfel, Orangen; Kuchen, Gebäck; Schokolade und Marzipan.

Silbe kleinste abtrennbare Lautgruppe bzw. Spracheinheit eines Wortes. Man unterscheidet zwischen offenen Silben, die auf einen Vokal auslauten (z.B. in „Be|lu|sti|gung" die Silben Be-, -lu- und -sti-), und geschlossenen Silben, die auf einen Konsonanten auslauten (-gung).

Außerdem unterscheidet man Sprach- und Sprechsilben, was für die → Silbentrennung wichtig ist. Unter Sprachsilbe versteht man eine Silbe im Hinblick auf die Wortbildung: Be-lehr-ung (*-lehr-* ist die → Stammsilbe, die übrigen sind Ableitungssilben); unter Sprechsilbe versteht man eine Silbe im Hinblick auf die Aussprache des Wortes; Sprechsilben sind diejenigen Teile, in die das Wort beim langsamen Aussprechen gleichsam von selbst zerfällt: Be|leh|rung. – Vgl. Affix.

Silbentrennung
einfache Wörter

1. Einfache Wörter

Die überwiegende Zahl der Wörter wird nach Sprechsilben getrennt (→ Silbe).
Ein einzelner Konsonant kommt auf die neue Zeile: Rei|se, ma|len. Von mehreren Konsonanten kommt der letzte auf die neue Zeile: fürch|ten, brin|gen, Knos|pe, rol|len, Dirn|del.

ch, sch, ß ch, sch, ß gelten als ein einziger Buchstabe: la|chen, ra|scheln, rei|ßen. Wird ß als ss geschrieben (z.B. auf Schreibmaschinen, die kein Zeichen für ß haben), so gilt auch ss als ein einziger Laut: rei|ssen.

ck ck wird in k|k verwandelt: Fak|kel, rük|ken, Blik|ke.

st st wird in einfachen und abgeleiteten Wörtern niemals getrennt: fa|sten, Mu|ster, Re|ste, li|stig. (Vgl. aber 3.)
Ein einzelner Vokal wird nie abgetrennt (also nicht: A|berglaube).
Zwei Vokale in derselben Silbe werden nicht getrennt: See|le, Beu|te, Zie|ge. – Eine Silbe, die nur aus zwei Vokalen besteht, kann abgetrennt werden: Ei|sen, Au|erhahn, Aa|chen, Main|au.
Vokale, die nur der Dehnung dienen, sowie die als [o] gesprochene Endung -ow in Ortsnamen werden nicht getrennt: Soe|ster [zo̱stər] Börde (nicht: So|ester), Kummerower See (nicht: Kummero|wer).

abgeleitete Wörter 2. Abgeleitete Wörter

Eine Vorsilbe wird abgetrennt. Beginnt der Stamm des Wortes mit zwei Konsonanten, so kommen beide auf die neue Zeile: ge|brauchen, zer|knittern. Endet die Vorsilbe mit einem Vokal und beginnt der Wortstamm ebenfalls mit einem Vokal, so werden beide Vokale getrennt: be|achten, ge|ordnet.
Nachsilben werden ebenfalls abgetrennt: heim|lich, Freund|schaft, Trau|ung. Beginnt die Nachsilbe mit einem Vokal und geht ihr ein Konsonant voraus, so nimmt sie den (letzten) Konsonanten der vorhergehenden Silbe mit sich auf die neue Zeile: schwie|rig, hei|misch, Zei|tung, Ärz|tin, Baste|lei.
Endet der Wortstamm auf h und beginnt die Nachsilbe ebenfalls mit h, so fällt das h des Stammes weg und wird auch bei der Trennung nicht geschrieben: roh, Roheit, Ro|heit; hoch, Hoheit, Ho|heit.

Straßennamen

zusammengesetzte Wörter

3. Zusammengesetzte Wörter

Sie werden nach ihren Bestandteilen, also nach Sprachsilben (→ Silbe), getrennt: Haus|frau, Bunt|specht, Donners|tag (in diesem Fall wird st getrennt!), Bundes|amt, Voll|endung.

Ist in einem zusammengesetzten Wort der dritte von drei zusammentreffenden Konsonanten weggefallen, so wird er bei der Silbentrennung wieder eingefügt: vollaufen, voll|laufen; Schiffahrt, Schiff|fahrt; Bettücher, Bett|tücher; Sperriegel, Sperr|riegel; Kammolch, Kamm|molch.

Können bei einer Trennung Mißverständnisse auftreten oder wird die Lesbarkeit erschwert, dann sollte diese Trennung vermieden werden, also nicht: Bilder|zählung, sondern: Bild|erzählung; nicht: Erdur|zeit, sondern: Erd|urzeit; nicht Säu|getier, sondern: Säuge|tier; nicht: Urin|stinkt, sondern: Ur|instinkt.

Fremdwörter

4. Fremdwörter

Zusammengesetzte Fremdwörter werden nach ihren Bestandteilen getrennt, die für jemanden, der die betreffende Sprache nicht kennt, allerdings oft schwierig zu erkennen sind: Atmo|sphäre; Per|spektive; Päd|agoge; aber: Pädo|loge. Im Einzelfall schlage man deshalb im Wörterverzeichnis nach, wo die korrekte Silbentrennung mittels senkrechter Trennstriche angegeben ist.

Einfache und abgeleitete Fremdwörter dürfen heute in einigen Fällen – besonders wenn sie in ihrer Schreibung den deutschen Lauten angepaßt worden sind – auch nach deutschen Regeln getrennt werden, z.B. Epi|so|de statt Epis|ode; Tran|sit statt Trans|it.

ph, rh, sh, dh, th

Die Lautverbindungen ph, rh, sh, dh, th werden nie getrennt, da sie in den Ursprungssprachen *einen* Laut bezeichnen: Al|phabet, Pa|thologie, Gan|dhi.

pr, dr, tr, kr, gn, gl

Die Lautverbindungen pr, dr, tr, kr, gn, gl werden nicht getrennt: ka|priziös, Re|glement, Demo|kratie, Si|gnal, Te|trarch.

Vokalverbindungen

Nicht getrennt werden Silben oder Vokalverbindungen, die eine Lauteinheit bilden: Teak [tik], Grape|fruit [greɪpfruːt], Aire|dale|terrier [ɛrdeɪl-].

Namen

5. Namen

Personennamen sollten möglichst nicht getrennt werden; im Notfall trennt man sie nach Sprechsilben; ck wird nicht getrennt: Kasch|nitz, Goe|the, Men|cke.

Singular
(Einzahl)

Beugungsform des → Nomens und → Verbs, die angibt, daß von nur einem Lebewesen, Ding oder Begriff gesprochen wird: *Ich danke* Ihnen vielmals. *Der Hagel hat* großen Schaden angerichtet.

Einige Substantive haben keinen Plural, sondern treten nur im Singular auf, z.B. Stoffnamen wie Gold, abstrakte Substantive wie Dank, Furcht, Gerechtigkeit, Sammelbegriffe wie Laub. Man nennt ein solches Substantiv „Singularetantum". – Bei den Stoffnamen ist zu beachten: Substantive wie Holz, Garn, Glas, Wein, Brot haben – und brauchen – keinen Plural, wenn sie den Stoff als solchen (ohne Rücksicht auf Art oder Menge) bezeichnen; sie können aber einen Plural bilden, wenn entweder Arten und Sorten gemeint sind: afrikanische *Hölzer,* französische *Weine,* erstklassige *Garne* (dies kommt in Wirtschaft und Technik vielfach vor); oder wenn aus dem Material gefertigte Einzelstücke gemeint sind: Ich hätte gern sechs von diesen *Gläsern.* Geben Sie mir zwei *Seidentücher.*

Auch bei Abstrakta muß man differenzieren; sie haben zwar als abstrakte Begriffe keinen Plural, z.B. die mit den Suffixen -heit und -keit gebildeten wie Albernheit, Freiheit, Einsamkeit, Grausamkeit; sie können jedoch auch benutzt werden, wenn eine einzelne konkrete Handlung oder Verkörperung bezeichnet werden soll, und bilden dann einen Plural: Laß diese *Albernheiten!* Er nimmt sich *Freiheiten* heraus. Die Rebellen haben unbeschreibliche *Grausamkeiten* begangen. Alle *Schönheiten* der Stadt (d.h. alle schönen Frauen) waren versammelt. – In dichterischer Sprache kann auch ein Wort wie Einsamkeit im Plural vorkommen.

Vgl. Plural, Kongruenz.

Stammsilbe

letzter Bestandteil eines Wortes, der übrigbleibt, wenn man Vor- und Nachsilben von ihm abgetrennt hat. An den Stamm werden die Ableitungssilben, z.B.: trink*en*, Trink*er*, *Ge*tränk, und die Flexionssilben, z.B.: Getränk*(e)s,* trink*st,* angefügt. Der Vokal der Stammsilbe wechselt bei der Wortbildung durch Ableitung und Flexion häufig: trinken, trank, getrunken, Getränk, Trunk, Trank. – Vgl. Ablaut, Umlaut.

Steigerung

→ Komparation

Straßennamen

1. Bei Straßennamen, die aus einem Substantiv mit flektiertem Adjektiv oder mit Präposition bestehen, schreibt man das Adjektiv und die Präposition für sich und groß: Alte Gasse, Hohe Straße, Kleine Freiheit, Am Karlstor, In der Rosenau. – Ist das Adjektiv jedoch nicht flektiert, so schreibt man den Namen zusammen: Altgasse, Hochtor.

Strichpunkt

2. Setzt sich der Straßenname aus einem Substantiv oder Personennamen als Bestimmungswort und einer Straßenbezeichnung als Grundwort zusammen, so schreibt man beides in einem Wort: Ludwigstraße, Schloßgasse, Lindenallee, Kurfürstendamm. – Ist die Zusammensetzung unübersichtlich, so ist auch die Schreibung mit Bindestrich zulässig: Zeus-Straße. Bei mehreren Bestimmungswörtern steht zwischen allen Teilen ein Bindestrich: Richard-Wagner-Straße, Schwere-Reiter-Straße.

3. Straßennamen, die mit einem unflektierten Orts- oder Ländernamen verbunden sind, schreibt man zusammen: Langendorfstraße, Chiemgaustraße, Hollandstraße. Hat der Name jedoch eine Ableitungssilbe, so schreibt man getrennt: Chiemgauer Straße, Bayerische Straße. Ist eine Straße nach einer Person benannt, deren Name von einem Ortsnamen abgeleitet ist, wie z.B. Altdorfer, dann schreibt man zusammen: Altdorferstraße (nach dem Maler Albrecht Altdorfer), aber: Altdorfer Straße (nach dem Ort Altdorf).

4. Deklination: Bei Straßennamen, die mit einem flektierten Adjektiv zusammengesetzt sind, wird das Adjektiv auch im Genitiv und Dativ dekliniert: Sie wohnt in der *Hohen Straße* (aber: Sie wohnt *Hohe Straße* 35). Unser Grundstück liegt jenseits der *Schweren-Reiter-Straße*.

Strichpunkt →Semikolon

Subjekt (Satzgegenstand)
Satzteil, der den Urheber oder den Gegenstand des durch das Verb ausgedrückten Geschehens bezeichnet. Es steht immer im Nominativ und antwortet auf die Frage Wer oder was? Seiner Form nach kann das Subjekt sein: ein Substantiv, ein Pronomen, ein substantiviertes Verb, ein Infinitiv mit „zu", ein Nebensatz (→Subjektsatz): *Der Hund* bellt. *Er* ist eben nach Hause gekommen. (Unpersönlich:) *Es* regnet. *Spazierengehen* ist gesund. *Einmal die Pyramiden zu sehen,* war ihr sehnlichster Wunsch. *Daß du so etwas tust,* gefällt mir nicht.

Subjektsatz (Gegenstandssatz)
Nebensatz, der anstelle des Subjekts steht. Er antwortet, wie das Subjekt, auf die Frage Wer oder was? Seiner Form nach kann der Subjektsatz ein →Relativsatz, ein indirekter →Interrogativsatz oder ein →Konjunktionalsatz sein: *Was ich befürchtet hatte,* trat ein. Es ist nicht sicher, *ob er heute noch kommt.* Es freut mich, *daß er gute Fortschritte macht.*

Substantiv (Dingwort, Hauptwort, Nennwort)
Wort, das vor allem Lebewesen und Gegenstände benennt, aber auch abstrakte Begriffe, wie z.B. Fähigkeiten, Eigenschaften, Institutionen. Die deutsche Bezeichnung „Nennwort" (von Johannes Erben eingeführt) ist daher treffender als das zu enge „Dingwort", auch besser als „Hauptwort", das dem Substantiv gegenüber dem Verb eine nicht gerechtfertigte Vorrangstellung einräumt. Jedes deutsche Substantiv gehört einem der drei grammatischen Geschlechter an (→Genus) und kann dekliniert werden (→Deklination). Es ist am Artikel erkennbar. – Vgl. Singular, Plural.

Substantivierung
Verwandlung in ein Substantiv. Man kann Wörter, die keine Substantive sind, als Substantive gebrauchen, z.B. Adjektive (ein auffallendes *Rot,* viel *Schönes*), Zahlwörter (die *Sieben*) oder Verbformen wie den Infinitiv (beim *Gehen*), das Partizip Präsens (das *Auffallende*), das Partizip Perfekt (der *Angeklagte*). Das substantivierte Wort wird wie alle Substantive groß geschrieben. Verben kann man durch Ableitungssilben in Substantive verwandeln: schreiben – Schreiber; verändern – Veränderung. – Zu dem heute häufigen Ersatz eines Verbs durch eine Verbindung von Substantiv und Verb (z.B. zum Einsatz bringen) vgl. Funktionsverben.

Suffix (Nachsilbe)
an den Wortstamm angehängte Silbe. Sie dient der Wortbildung: Frei*heit,* freiheit*lich,* Feig*ling,* Reich*tum,* Freund*schaft,* Gelächt*er.* – Vgl. Affix.

Superlativ
zweite Steigerungsstufe des →Adjektivs. Vgl. Komparation.

Syntax (Satzlehre)
Lehre vom Satz, von seinem Aufbau, den Satzarten und der Funktion der Satzteile.

t oder th
In Fremdwörtern griechischen Ursprungs steht meist th: Theater, Diskothek, Therapie, katholisch.
Bei →geographischen Namen kommen beide Schreibweisen vor, wobei die mit th gewöhnlich die ältere ist: Wuppertal; aber: Frankenthal.
Bei →Vornamen gibt es beide Schreibungen: Walter neben Walther, Dieter neben Diether, Günter neben Günther.

Tatform →Aktiv

Tätigkeitswort, Tatwort →Verb(um)

Temporalsatz (Zeitsatz)
Nebensatz, der eine adverbiale Bestimmung der Zeit vertritt (→Adverbialsatz, 2). Er antwortet auf die Fragen Wann?, Wie lange?, Wie oft?, Seit wann? und wird durch Konjunktionen wie „als", „nachdem", „bevor", „sobald" eingeleitet: *Nachdem er gegangen war,* fiel mir ein, was ich ihn hatte fragen wollen. *Sobald ich Nachricht habe,* rufe ich dich an.

Tempus Konjugationsform des →Verbs zur Bestimmung der Zeit, in der ein Geschehen (Hand-
(Zeitform) lung, Vorgang, Zustand) abläuft. Im Deutschen unterscheidet man die Zeitformen
→Präsens, →Präteritum (Imperfekt), →Perfekt, →Plusquamperfekt, →Futur.

Titel 1. Schreibung
Adjektive, Pronomen und Zahlwörter als Bestandteile eines Titels oder Namens schreibt man groß: der Erste Sekretär der Kommunistischen Partei; Seine Durchlaucht; Ludwig der Strenge; der Alte Fritz.
Steht ein Adjektiv nicht am Beginn des Titels, kann man es auch klein schreiben: Verein für christlich-jüdische Zusammenarbeit; Club der hanseatischen Kaufleute.
Die Regelung gilt auch für offizielle Bezeichnungen von Behörden und Institutionen: Bayerisches Nationalmuseum; Deutsches Theater; aber: Gesellschaft für deutsche Sprache.
2. Deklination
Titel mit dem vorausgehenden Artikel werden dekliniert: des Studienrats Mayer; die Studienräte Mayer, Klein und Hofer. – Stehen Titel und Name ohne Artikel, so wird der Name dekliniert: Studienrat Mayers Vorschläge. Der Titel „Herr" wird immer dekliniert, ob mit oder ohne Artikel: der Brief des Herrn Hofer; Herrn Hofers Brief; mit Herrn Hofer; für Herrn Hofer; die Herren Klein und Hofer. – Steht „Herr" vor einem weiteren Titel, so wird in der Regel auch der zweite Titel dekliniert: die Anweisungen des Herrn Doktors (auch: des Herrn Doktor); die Rede des Herrn Bundespräsidenten. – Die beiden Titel „Doktor" und „Professor" nehmen eine gewisse Sonderstellung ein, da sie als zum Namen gehörig empfunden werden. Sie werden deshalb in Verbindung mit dem Namen meist nicht dekliniert: die Anweisungen des Herrn Doktor Klein, des Herrn Professor Voigt; aber: die Rede des Herrn Bundespräsidenten Heuss, des Herrn Bundespräsidenten Professor Dr. Heuss. – Vgl. Komma (3).
3. Weibliche Formen
Da höhere Stellungen im Staatsdienst ebenso wie akademische Grade früher ganz überwiegend den Männern vorbehalten waren, sind entsprechende Titel hauptsächlich in männlicher Form überliefert: *Minister, Regierungsrat, Inspektor; Professor, Doktor, Magister*. In dem Maße, in dem sich die rechtliche und faktische Gleichstellung der Frauen allmählich durchsetzt, bürgern sich weibliche Titelformen ein. Dieser Prozeß ist noch im Fluß. Im Augenblick ist in der Bundesrepublik Deutschland folgender Stand erreicht: Weibliche Beamte sollen nach den Besoldungsgesetzen des Bundes und der Länder die Amtsbezeichnung soweit möglich in der weiblichen Form führen. Diese wird in der Regel dadurch gebildet, daß die Endung -in an die männliche Form des Titels angehängt und (bei Anrede) die Bezeichnung „Frau" vorangestellt wird: Frau *Ministerialrätin*, Frau *Stadtinspektorin*, Frau *Postsekretärin*. Auch in der Ernennungsurkunde erscheint die weibliche Form: Frau X wird zur *Studienrätin* ernannt. Weibliche Richter und Staatsanwälte führen stets die weibliche Amtsbezeichnung: *Richterin, Präsidentin, Staatsanwältin*.
Der Zusatz „soweit möglich" zu Beginn dieses Abschnitts deutet darauf hin, daß die allgemeine Regel nicht ausnahmslos durchgeführt wird.
Erste Ausnahme: Die weibliche Form mit -in wird nicht verwendet, wenn sie dem Sprachempfinden zuwiderläuft. Es gibt deshalb eine Frau Regierungsamtmann, aber keine Amtmännin oder Amtfrau.
Zweite Ausnahme: Titel, die aus dem Lateinischen stammen, insbesondere Professor und Minister, werden vielfach in dieser Form einheitlich verwendet, einerlei, ob der Träger des Titels ein Mann oder eine Frau ist.
Dritte Ausnahme: Ist die amtliche Bezeichnung einer Behörde identisch mit der Bezeichnung einer Person – Beispiele: Der Präsident des Oberlandesgerichts; Der Regierungspräsident von ...; Der Bundesminister für Bildung und Wissenschaft –, so bleibt die Bezeichnung unverändert, auch wenn eine Frau das Amt innehat. Man schreibt dann z.B.: An den Bundesminister für Bildung und Wissenschaft Frau Dr. Dorothee Wilms.
Die akademischen Grade werden von den einzelnen Hochschulen verliehen. Die Form des zu verleihenden Titels ist in den jeweiligen Prüfungsordnungen festgelegt. Bis heute werden solche Titel ausschließlich – oder überwiegend – in der männlichen Form verliehen. Auch eine Frau wird also zum *Doktor* promoviert (nicht zur Doctrix, wie die lateinische weibliche Entsprechung lauten müßte), sie wird *Magister artius* (nicht Magistra). Ob sich an dieser Praxis in absehbarer Zeit etwas ändern wird, ist zweifelhaft.
Im deutschen Sprachgebrauch ist die männliche Form durchgehend üblich; jeder wird ein Türschild „Dr. Karla Wegner, Augenärztin" lesen als „Doktor Karla ..." (nicht Doktorin oder Doctrix). Vgl. Berufsbezeichnungen.

Titel von Büchern

Titel von Büchern, Zeitungen u.ä.

Titel von Schrift- und Musikwerken, Zeitschriften usw. werden auch dann dekliniert, wenn sie in Anführungszeichen stehen: Kellers ,,Grüner Heinrich"; eine Stelle aus der ,,Versunkenen Glocke" von Gerhart Hauptmann; die Redakteure der ,,Süddeutschen Zeitung"; der erste Teil des ,,Tagebuchs" von Max Frisch. – Will man den vollständigen, unveränderten Titel angeben, so muß man die Gattungsbezeichnung zu Hilfe nehmen: eine Stelle aus Kellers Roman ,,Der grüne Heinrich"; Auszüge aus dem Schauspiel ,,Die versunkene Glocke" von Hauptmann.

transitive und intransitive Verben (zielende und nichtzielende Verben)

1. Transitive Verben nennt man im bisherigen Sprachgebrauch diejenigen Verben, die ein Akkusativobjekt bei sich haben müssen oder haben können; in beiden Fällen können sie auch ein persönliches Passiv bilden.

Zur ersten Gruppe gehören z.B. bringen, werfen, holen: Ich bringe *die Zeitung* (die Zeitung wird von mir gebracht). Wir holen *das Essen* (das Essen wird von uns geholt). – Das Akkusativobjekt ist in dieser Gruppe obligatorisch (notwendig).

Zur zweiten Gruppe gehören alle Verben, die mit und auch ohne Akkusativobjekt verwendet werden können, z.B. essen, singen, trinken: Ich esse *ein Schnitzel*. Ich esse gerade. – Ich singe jetzt *ein Lied*. Ich singe gern. – Ich trinke *ein Glas Wasser*. Er trinkt (= er trinkt gewohnheitsmäßig Alkohol). Das Akkusativobjekt ist hier fakultativ (nicht notwendig, wahlfrei).

2. Intransitive Verben nennt man diejenigen Verben, die kein Akkusativobjekt bei sich haben können. Sie brauchen entweder überhaupt kein Objekt (z.B. blühen, leben, schlafen und alle unpersönlichen Verben wie regnen, schneien), oder sie haben ein Dativ- oder Genitivobjekt bei sich (z.B. helfen, gedenken). Gelegentlich wird zwar auch ein intransitives Verb mit einem Akkusativobjekt verwendet, doch ist dieses immer eng mit dem Verb verbunden und nicht beliebig austauschbar, z.B.: Er schläft *den Schlaf* des Gerechten. Er hat *ein erfülltes Leben* gelebt. Du gehst *einen schweren Gang*. Er lachte *sein meckerndes Lachen*.

Von intransitiven Verben kann man entweder gar kein oder nur ein unpersönliches Passiv bilden: Jetzt *wird* aber *geschlafen!* Es *wurde* sehr *gelacht*.

3. Manche Verben können sowohl transitiv als auch intransitiv gebraucht werden. Sie verändern je nach transitivem oder intransitivem Gebrauch ihre Bedeutung, z.B. trocknen, ziehen, fahren, aufbrechen: Ich trockne *die Wäsche* (= ich mache sie trocken). Die Wäsche trocknet (= sie wird trocken). – Ich ziehe *eine Linie* (= ich zeichne eine Linie). Wir ziehen nach Berlin (= wir verlegen unseren Wohnsitz nach Berlin). – Ich breche *die Tür* auf (= ich öffne die Tür mit Gewalt). Wir wollen aufbrechen (= wir wollen gehen). – Ich könnte mir *die Haare* einzeln ausreißen vor Ärger (= herausziehen). Der Junge ist ausgerissen (= davongelaufen).

Die grammatischen Angaben bei Verben im Wörterverzeichnis folgen nicht der Unterscheidung in transitiv und intransitiv, sondern stützen sich auf neuere Einteilungen der Verben nach Art und Anzahl ihrer (obligatorischen und fakultativen) Objekte. – Vgl. Objekt, Valenz.

Transkription und Transliteration

Schwierigkeiten treten auf, wenn Namen aus Sprachen, die sich nicht des lateinischen Alphabets in der im Deutschen üblichen Form bedienen, in unserer Schrift wiedergegeben werden sollen, also vor allem aus dem Griechischen, Hebräischen, aus slawischen Sprachen, soweit sie das kyrillische Alphabet verwenden, aus dem Arabischen sowie aus Sprachen, die die arabische Schrift benutzen (z.B. Persisch). Bei Sprachen, die wie das Chinesische keine Buchstabenschrift benutzen, sondern Zeichen (Ideogramme), die ursprünglich Bildzeichen waren und heute teils den Wortinhalt bezeichnen, teils die Aussprache andeuten, ist eine sinngetreue und korrekte Umsetzung noch schwieriger. Man unterscheidet die lautgetreue oder phonetische Umschrift (Transkription) und die buchstabengetreue (wissenschaftliche) Umschrift (Transliteration). Bei der Transliteration wird jeweils ein fremder Buchstabe durch einen (einzigen) lateinischen Buchstaben wiedergegeben. Um das zu können, bedient man sich diakritischer Zeichen, z.B. č (für tsch), phonetische Umschrift [tʃ]. So findet man z.B. *Kertsch* (phonetische oder lautgetreue Transkription) neben *Kerč* (buchstabengetreue Transliteration).

In der Literatur und auf Landkarten findet man häufig Schreibweisen, die dem deutschen Leser die richtige Aussprache ermöglichen sollen *(Singapur),* neben solchen, die sich der Schreibung für anderssprachige, in diesem Fall englische, Leser anpassen (engl. *Singapore* [-pur]). Bei den japanischen Namen ist es üblich, die Vokale der deutschen Aussprache, die Konsonanten der englischen Aussprache entsprechen zu lassen: Seiji Ozawa [saidʒi ozava].

Die Regierung der Volksrepublik China hat eine Schreibweise entwickelt, das Pinyin, die es ermöglicht, die Wiedergabe chinesischer Namen zu vereinheitlichen: *Qingdao* [dʒiŋdau] für *Tsingtao* oder *Tsingtau*, *Xian* [çian] für *Sian* bzw. *Hsian*. Soweit die

trennbare und untrennbare Verben

Chinesen selbst ihre Sprache in lateinischer Schrift schreiben – dies geschieht z.B. in für das Ausland bestimmten Publikationen, aber auch im Zuge eines langfristigen Experiments bei der Verwendung des Pinyin als Hilfsschrift in Schulen –, benutzen sie einheitlich dieses System. Es setzt sich auch in den anderen Ländern durch; in Europa und Amerika tritt es an die Stelle der bisher für jede Sprache (Deutsch, Französisch, Englisch) unterschiedlichen Transkriptionssysteme. Die deutschen und europäischen Zeitungen haben sich stillschweigend umgestellt und drucken z.B. die Namen chinesischer Politiker in der neuen Umschrift. Fest eingebürgerte Namen wie Peking (heute Beijing) bleiben jedoch in der alten, seit Jahrzehnten eingebürgerten Form in Gebrauch.

trennbare und untrennbare Verben (unfeste und feste Verben)

1. Zusammengesetzte Verben

Aus einem einfachen Verb (z.B. *gehen*) können im Deutschen in vielfacher Weise zusammengesetzte Verben gebildet werden, indem ein Zusatz (*ent*gehen, *unter*gehen) oder auch mehrere (*überein*kommen, *auseinander*klaffen) als Bestimmungswort vor das Verb treten. Zusammensetzungen sind möglich mit

a) einfachen Vorsilben, die niemals selbständig auftreten: *ver*geben, *zer*gehen;
b) Präpositionen: *über*nehmen, *hinter*gehen;
c) Adverbien: *wieder*bringen, *zurück*gehen;
d) Adjektiven: *tot*schlagen, *frei*sprechen;
e) Substantiven: *ehe*brechen, *rad*fahren;
f) Verben: *kennen*lernen, *spazieren*gehen.

2. Die Unterscheidung trennbar/untrennbar

Die Verbindung zwischen Bestimmungswort und Verb kann entweder fest (untrennbar) oder unfest (trennbar) sein. Bei den festen Verben bleibt die Zusammensetzung in sämtlichen Verbformen unlösbar: empfinden, ich empfinde, ich empfand, ich habe empfunden. Bei den unfesten Verben gilt die Verbindung nur für drei Formen bzw. Fälle:

a) für den Infinitiv: vorangehen, weiterkommen;
b) für die beiden Partizipien: vorausgehend, untergekommen;
c) wenn das Verb als Prädikat am Schluß eines Nebensatzes steht: Mach, daß du weiterkommst!

In allen anderen Formen – also in allen finiten Formen (Ausnahme: 2 c) – treten die beiden Bestandteile auseinander: *Geh weiter! Das Schiff geht unter. Der Zug fährt ab.*

3. Grundregel: Die Betonung entscheidet

Als allgemeine, freilich nicht durchgehend gültige Richtschnur für die Handhabung (die Ausländern große Schwierigkeiten bereitet) kann gelten: Die Verbindung ist fest, wenn die Betonung im Infinitiv auf dem Verb liegt. Folgende Vorsilben können niemals den Ton tragen und bilden daher nur feste Verbindungen: be-, ge-, emp-, ent-, er-, ver-, zer-. Beispiele: begreifen, gelingen, empfangen, entnehmen. Es gibt allerdings zwei weitere Vorsilben, die stets beim Verb bleiben, obwohl sie auch den Ton tragen können: miß- und ob-. Bei „mißachten" ist die Vorsilbe unbetont, bei „mißverstehen" betont, doch in beiden Fällen ist die Verbindung fest: ich mißachte, ich mißverstehe. Bei den allmählich veraltenden Verben mit ob- (obsiegen, obwalten) schwankt der Gebrauch.

Bestimmungswörter anderer Art (Präposition, Adverb, Adjektiv) können im Infinitiv unbetont sein und bilden dann feste Verbindungen: hintergehen, ich hintergehe; wiederholen, ich wiederhole; vollbringen, ich vollbringe.

Ist das Bestimmungswort betont (das Verb also unbetont), so ist die Verbindung unfest und tritt in allen Fällen (außer den unter 2a–2c genannten) auseinander: ausgehen, ich gehe aus; herkommen, ich komme her; übereinkommen, wir kommen überein; herauskommen, er kommt heraus; heimkommen, er kommt heim; spazierengehen, sie geht spazieren.

Steht vor einem betonten Bestimmungswort eine der Vorsilben, die niemals selbständig vorkommen können, so bleibt die Verbindung fest: veranschlagen, ich veranschlage; beantragen, ich beantrage. – Steht dagegen ein betonter Bestandteil vor einer solchen Vorsilbe, so wird er abgetrennt: einbeziehen, ich beziehe ein.

Der Sprachgebrauch neigt neuerdings dazu, in manchen Fällen den an sich trennbaren Bestandteil beim Verb zu halten. So findet man zu „anerkennen" sowohl *wir erkennen an* als auch *wir anerkennen;* letzteres besonders in sehr langen Sätzen, in denen beide Wortteile zu weit auseinandertreten würden.

4. Die Silben „ge" und „zu"

Bei festen Verben entfällt die Silbe „ge" im Partizip Perfekt: verreisen, ich bin verreist; unternehmen, ich habe unternommen. Bei unfesten Verben tritt die Vorsilbe „ge" im Partizip Perfekt zwischen Bestimmungswort und Verb: Er ist abgefahren. Man hat ihn

Umlaut

umgebracht. – Ist ein Verb mit der Vorsilbe „ge" gebildet, so entfällt im Perfekt das sonst für dieses kennzeichnende Vorsetzen von „ge", da diese Silbe sonst doppelt auftreten würde: gehören, es hat mir gehört.

Auch beim Infinitiv mit „zu" unterscheiden sich feste und unfeste Verben. Bei festen Verben steht „zu" getrennt vor dem Infinitiv: Ich habe Ihnen etwas zu überbringen. Du hast hier keine Kunststücke zu vollführen. – Dagegen tritt das „zu" bei unfesten Verben zwischen Bestimmungswort und Verb: Der Zug scheint anzuhalten. Alle haben teilzunehmen.

5. Zusätze, die fest und unfest vorkommen

Die Zusätze „durch, über, um, hinter, voll, wider, wieder" können in beiden Arten von Zusammensetzungen auftreten. Trägt im Infinitiv das Verb den Ton, ist die Verbindung fest: unternehmen, ich unternehme; wiederholen, wiederholen Sie das! – Ist das Bestimmungswort betont, ist die Verbindung trennbar: vollfüllen, er füllt die Gläser voll; wiederbringen, ich bringe dir die Tasche wieder.

Die Bedeutung des festen Verbs unterscheidet sich in allen diesen Fällen deutlich von der des unfesten. Beispiele: übersetzen (ein Buch) – übersetzen (mit der Fähre); umfahren (ein Hindernis umgehen) – umfahren (umrennen); übergehen (nicht beachten) – übergehen (zum Feind, zu etwas anderem); durchfahren (einen Wald) – durchfahren (ohne Aufenthalt); unterstellen (z.B. unter ein Schutzdach) – unterstellen (z.B. böse Absichten).

6. Ausnahmen, auch „scheinbare"

Manche Zusammensetzungen sind nur scheinbar aus Bestimmungswort und Verb zusammengefügt, in Wahrheit aber aus zusammengesetzten Substantiven abgeleitet. Hierher gehören z.B.: frühstücken (zu Frühstück); (sich) langweilen (zu Langeweile); urteilen (zu Urteil). Solche Verben sind fest, obwohl das Verb unbetont ist: ich frühstücke; sie langweilt sich; das Gericht hat geurteilt.

Ist die Sonderbehandlung bei den obengenannten Verben aus ihrer Herkunft erklärbar, so ist sie bei anderen nicht weiter begründbar. Sie bilden schlichte Ausnahmen, die sich keiner Regel fügen. Es handelt sich immer um Bildungen mit einem Substantiv oder Adjektiv als Bestimmungswort, und die Verbindung ist fest, obwohl das Bestimmungswort den Ton trägt. Hierzu gehören z.B.: lustwandeln, sie lustwandelten, mutmaßen, ich mutmaße, wetterleuchten, es wetterleuchtet.

Es gibt auch Verben, bei denen der Sprachgebrauch (in dieser Hinsicht) schwankt. Man findet z.B. zu liebkosen: er hat sie *liebkost* neben er hat sie *geliebkost;* zu mißbilligen: sie haben das *mißbilligt* neben sie haben das *gemißbilligt*.

Die beim Substantiv gültige Betonung (bei Komposita immer auf dem ersten Bestandteil, dem Bestimmungswort) bleibt beim Verb erhalten.

Vgl. Zusammen- und Getrenntschreibung.

7. Verben mit unvollständigem Formenkatalog

Eine Reihe zusammengesetzter Verben hat nur einige Formen ausgebildet, während die übrigen nicht gebildet werden können oder unüblich sind. Hierher gehören z.B.: wettlaufen (nur im Infinitiv üblich); notlanden (außer dem Infinitiv ist nur das Partizip „notgelandet" üblich); preisgekrönt (hier ist nur das Partizip üblich, nicht der Infinitiv).

Umlaut die Laute ä, ö, ü, äu. Der Umlaut tritt hauptsächlich in der Konjugation (ich laufe, du *läufst*), bei der Pluralbildung (Nuß, *Nüsse*), bei Verkleinerungsformen (Rose, *Röschen*) und anderen Ableitungen (jung, *Jüngling*) auf.

Da die Umlaute der deutschen Sprache in unserem aus dem Lateinischen übernommenen Alphabet nicht vorkommen, bereitet ihre Einordnung in alphabetisch geführten Schriftstücken, Büchern, Verzeichnissen usw. Schwierigkeiten. Während nach den DIN-Regeln für die alphabetische Ordnung ä = ae, ö = oe usw. zu setzen und entsprechend einzuordnen ist – eine Regelung, der z.B. die Telefonbücher der Deutschen Bundespost folgen –, haben Nachschlagewerke (insbesondere Wörterbücher) vielfach den Grundsatz, ä als a, ö als o usw. zu behandeln, also beim Einordnen den Umlaut unbeachtet zu lassen. Für Wörterbücher ist diese Regelung vorzuziehen, da sie der Herkunft nach zusammengehörende Wörter besser zusammenhält. Auf Schreibmaschinen, die keine besonderen Zeichen für die Umlaute aufweisen, wird gewöhnlich ä durch ae, ö durch oe usw. geschrieben. Einwandfrei ist jedoch nur die Schreibweise mit ä, ö usw., auch in Fremdwörtern wie z.B. *Diät, Diözese, Büro.*

Umstandsbestimmung →adverbiale Bestimmung
Umstandssatz →Adverbialsatz
Umstandswort →Adverb

Valenz

unbestimmtes Fürwort
→ Indefinitpronomen

Valenz (Wertigkeit)
In neueren Sprachtheorien stößt man heute zunehmend auf den Begriff der Valenz oder auch Wertigkeit. Diese Theorien gehen davon aus, daß die übliche Unterscheidung in transitive und intransitive Verben nicht genügt, daß sie keine ausreichend genaue Differenzierung erlaubt. Die Schwierigkeit der Unterscheidung wird andeutungsweise in dem Artikel ,,transitive und intransitive Verben" deutlich. Manche Verben, die als transitiv gelten, können auch ohne Akkusativobjekt stehen, z.B. essen, lesen, schreiben, singen; manche intransitiven Verben können (in beschränktem Umfang) doch ein Akkusativobjekt bei sich haben, z.B. gehen (wir gehen diesen Weg), leben, schlafen (er schläft den Schlaf des Gerechten), lachen; manche transitiven Verben können kein persönliches Passiv bilden: Er erhielt *die Lebensrettungsmedaille* (aber nicht: Die Lebensrettungsmedaille wurde von ihm erhalten). Manche Verben sind transitiv oder intransitiv, je nachdem, in welcher Bedeutung sie verwendet werden. So stößt man immer wieder auf Probleme. Man hat deshalb versucht, die Verben nach neuen Gesichtspunkten einzuteilen, und bedient sich dazu des Begriffs der Valenz, der aus der Chemie entlehnt ist. Unter ,,Valenz" versteht man im allgemeinen die Fähigkeit eines Wortes (besonders eines Verbs, aber auch eines Substantivs oder Adjektivs), eine oder mehrere Ergänzungen zu fordern, die in bestimmter Anzahl und Art eingesetzt werden müssen, damit ein sinnvoller Satz entsteht. (,,Ich brauche" ist z.B. kein sinnvoller Satz, weil er offenläßt, *was* jemand braucht.) Verben, die nur eine einzige Ergänzung fordern, nennt man einwertig (*Ich* schmunzle – nur das Subjekt ist erforderlich), Verben, die zwei Ergänzungen fordern, zweiwertig (*Ich kenne ihn* – Subjekt und ein Objekt); Verben, die drei Ergänzungen fordern, heißen dreiwertig (*Er beschuldigt ihn des Diebstahls* – Subjekt und zwei Objekte: im Akkusativ und Genitiv).

Die Ergänzungen, die ein Verb fordern kann, sind ganz verschiedener Art. Die folgende Aufstellung mag in Umrissen einen Überblick darüber geben:

1. Verben ohne Objekt: Er kam. Das Kind weinte.
2. Verben mit obligatorischem Dativobjekt: Er ähnelt *seinem Vater*.
3. Verben mit fakultativem Dativobjekt: Er hilft *mir*.
4. Verben mit Genitivobjekt: Er bedarf *der Pflege*.
5. Verben mit Präpositionalobjekt: Er stammt *aus München*. Er geriet *an einen Betrüger*. Seine Aussage beruht *auf Wahrheit*.
6. Verben mit Adverbialergänzung ohne Präposition: Die Besprechung dauert *lange*. Er sieht *gut* aus.
7. Verben mit Dativobjekt und Präpositionalobjekt: Es gereicht *ihm zur Ehre*.
8. Verben mit obligatorischem Akkusativobjekt: Er bringt *die Post*.
9. Verben mit fakultativem Akkusativobjekt: Sie singt *ein Lied*.
10. Verben mit Dativobjekt und Akkusativobjekt: Er vertraut *mir etwas* an.
11. Verben mit Akkusativobjekt und Genitivobjekt: Er enthebt *ihn seines Amtes*.
12. Verben mit Akkusativobjekt und Präpositionalobjekt: Er ernennt *ihn zum Nachfolger*.
13. Verben mit Infinitiv: Ich muß *gehen*.
14. Verben mit Akkusativobjekt und Infinitiv: Ich lehre *ihn schreiben*.

Die Gruppen 1 bis 7 umfassen die intransitiven, die Gruppen 8 bis 14 die transitiven Verben. In den Gruppen 2 und 3 sowie 8 und 9 sind obligatorische (notwendige) und fakultative (nicht notwendige) Ergänzungen aufgeführt; die Ergänzungen der übrigen Gruppen sind sämtlich obligatorisch. Man sieht aus dieser Aufstellung, wie stark die transitiven und intransitiven Verben differenziert werden können, und man kann auch diese Gruppierung noch weiter untergliedern.

Mit einer rein syntaktischen Betrachtung ist es jedoch nicht getan. Die Valenz eines Verbs kann je nach seiner Bedeutung verschieden sein, das heißt: wird ein Verb in einer anderen Bedeutung verwendet, so verlangt es auch andere oder weitere Ergänzungen, z.B.: Er macht *Gartenarbeit*. Sie macht *mir ein Kleid*. Sie macht *ihm das Leben zur Hölle*. (Weitere Beispiele: → transitive und intransitive Verben, → reflexive Verben.) – Aber auch bei gleicher Bedeutung des Verbs kann sich die Valenz ändern, und zwar spielt dabei der Inhalt der Ergänzung eine Rolle, z.B.: Er wirft *den Speer*. – Verändert man die Ergänzung, so ergibt der Satz keinen Sinn mehr: Er wirft das Buch; aber: Er wirft das Buch *auf den Tisch*. – Man kann weiterhin nicht sagen: Er wirft das Buch an den Kopf; aber: Er wirft *ihr* das Buch an den Kopf. Oder: Ich möchte gehen; aber nicht: Ich möchte wohnen, sondern: Ich möchte *in München* wohnen. Nicht: Ich möchte in München beschließen, sondern: Ich möchte *meine Tage* in München beschließen.

Verb(um)

Verb(um) (Tatwort, Tätig- keitswort, Zeitwort)	Da diese Einteilung der Verben nach ihrer Valenz teilweise noch Gegenstand wissenschaftlicher Diskussion und vor allem vielen Wörterbuchbenutzern aus ihrer Schulzeit nicht bekannt ist, wurde in diesem Regelteil die bisher übliche Einteilung der Verben in transitive, intransitive und reflexive Verben beibehalten. Wort zur Bezeichnung von Handlungen, Vorgängen und Zuständen. Es wird durch die →Konjugation nach →Person, →Numerus, →Modus, →Tempus und →Aktionsform bestimmt. Beispiel: *Er ist geschwommen* (Person: dritte; Numerus: Singular; Modus: Indikativ; Tempus: Perfekt; Aktionsform: Aktiv). – Im Satz steht das Verb meist als →Prädikat (Ich *schwimme* gern); als substantivierter Infinitiv kann es Subjekt sein (*Schwimmen* ist gesund). Diejenigen Formen des Verbs, die Person und Numerus erkennen lassen, nennt man finite (bestimmte) Formen; z.B. ist die Form „schwimmst" durch die zweite Person Singular bestimmt. Die infiniten (unbestimmten) Formen des Verbs sind →Infinitiv (schwimmen) und das →Partizip: das Partizip Präsens (schwimmend) und das Partizip Perfekt (geschwommen); sie sagen allein stehend nichts über Person und Numerus aus. – Vgl. transitive und intransitive Verben, reflexive Verben, haben oder sein im Perfekt der Verben, Aktionsart, Valenz, trennbare und untrennbare Verben.
Vergangenheit	→Präteritum, →Imperfekt, →Perfekt, →Plusquamperfekt
Vergleichssatz	→Komparativsatz, →Modalsatz
Vergleichsstufe	→Komparativ
Verhältniswort	→Präposition
verkappter Nebensatz	Nebensatz ohne Einleitungswort; er hat die äußere Form eines Hauptsatzes, ist jedoch von einem anderen Hauptsatz abhängig. Man erkennt ihn oft an der Umstellung von Subjekt und Prädikat und kann ihn immer in einen Konditionalsatz (wenn ...), Konzessivsatz (obgleich ...), Objekt- oder Subjektsatz (daß ...) oder Temporalsatz (wenn ..., sobald ...) umwandeln: *Hätte er den Lastwagen nicht überholt*, wäre der Unfall nicht passiert. *Scheint es auch kaum möglich*, sollte man es doch wenigstens versuchen. Ich weiß genau, *ich habe den Schlüssel auf den Tisch gelegt. Ist die Katze aus dem Haus*, dann tanzen die Mäuse auf dem Tisch.
Verkleinerungsform	→Diminutiv
verkürzter Nebensatz	Nebensatz ohne Einleitungswort; er wird mit einem Infinitiv mit „zu" oder mit einem Partizip gebildet und kann in einen echten Nebensatz oder in einen Satzteil verwandelt werden: *Von der Notwendigkeit seiner Maßnahmen überzeugt*, setzte er sich über alle Einwände hinweg (Da er von der Notwendigkeit ... überzeugt war, ...). *Bedenklich den Kopf schüttelnd*, blätterte er in den Akten (Indem er bedenklich den Kopf schüttelte, ...). Ich bitte Sie, *sich einen Augenblick zu gedulden* (... um einen Augenblick Geduld). Ich habe mir schon immer gewünscht, *einmal nach Ägypten zu reisen* (... mir schon immer eine Reise nach Ägypten gewünscht).
Vokal (Selbstlaut)	Laut, bei dem die Atemluft frei ausströmen kann (im Unterschied zum →Konsonanten): a, e, i, o, u. – Vgl. Diphthong, Umlaut. In anderen Sprachen, z.B. im Französischen und Portugiesischen, gibt es auch nasalierte Vokale (Nasalvokale), bei denen ein Teil des Atemstroms durch die Nase geleitet wird, z.B. in frz. Chanson [ʃãsɔ̃], Saint [sɛ̃], Verdun [vɛrdœ̃]; in port. São [sɐ̃u].
Völkernamen	Zusammensetzungen von Völkernamen als Bezeichnungen für Personen schreibt man mit Bindestrich, wenn beide Bestandteile gleichermaßen betont sein sollen. So ist „Anglo-Amerikaner" der Sammelbegriff für Engländer und Amerikaner. Dagegen ist ein „Angloamerikaner" ein Amerikaner englischer Herkunft. Ebenso schreibt man zusammen: Deutschfranzose, Deutschschweizer (Franzose bzw. Schweizer mit einem deutschen Elternteil). – Adjektivisch gebrauchte Völkernamen schreibt man in Zusammensetzungen mit Bindestrich, wenn beide Bestandteile eine gewisse Eigenständigkeit behalten haben: das deutsch-belgische Kulturabkommen; die spanisch-französische Grenze; der Deutsch-Französische Krieg von 1870/71 (Großschreibung, weil der Krieg von 1870/71 gemeint ist; sonst, wenn irgendein deutsch-französischer Krieg gemeint ist, Kleinschreibung). – Ohne Bindestrich schreibt man derartige Zusammensetzungen, wenn der erste Teil auf -o endet: tschechoslowakisch, Frankokanadier, die serbokroatische Sprache. Für die Frage, ob und wie die Bezeichnung eines Bewohners (oder der Bewohner) von dem Namen des betreffenden Staates abgeleitet werden kann, gibt es keine Regel: Deutschland – der *Deutsche;* England – der *Engländer;* Frankreich – der *Franzose.* Hier kann nur der Eintrag im Wörterverzeichnis Auskunft geben, der sich im allgemeinen an die Richtlinien des Außenministeriums in Bonn hält. Der Sprachgebrauch verändert sich auch hier, z.B. ist an die Stelle von früher *Panamese* heute *Panamaer* getreten. Vgl. die Tabelle auf S. 25 ff.

Wortart

Vornamen   1. Schreibung
Die Schreibung von Vornamen richtet sich nicht immer nach den Rechtschreibregeln, sondern nach der Form, die die Eltern zur Eintragung ins amtliche Register angemeldet haben. Es kommen vor: Claus neben Klaus; Eckehart neben Ekkehart, Eckhart, Eckart, Eckard oder Eckhard; Günther neben Günter; Siegrid neben Sigrid.
Die Schreibung fremdstämmiger Vornamen mit ph, th, ch wird zunehmend der deutschen Schreibung angeglichen. So findet man heute fast nur noch Josef statt Joseph; gelegentlich schreibt man auch Teo und Käte statt Theo und Käthe; im Vordringen ist die Schreibung Kristine und Kristof statt Christine und Christoph.
Doppelnamen kann man zusammen- oder mit Bindestrich schreiben, man findet sie jedoch auch getrennt; Marieluise, Marie-Luise, Marie Luise; Fritz-Heinrich, Fritzheinrich. – Immer getrennt schreibt man diejenigen Doppelnamen, bei denen jeder einen Hauptton trägt: Anna Amalia; Wolfgang Amadeus.
Zusammensetzungen mit Vornamen, die einen einheitlichen Begriff bilden, schreibt man zusammen: Gänseliesel, Heulpeter, Prahlhans, Transuse. – Die besonders mundartlich gebräuchlichen Zusammensetzungen mit Berufsbezeichnungen schreibt man meist mit Bindestrich: Schreiner-Sepp, Jager-Loisl.
2. Deklination
Der Genitiv wird mit dem Genitiv-s gebildet, wenn kein Artikel vorausgeht: Peters Zimmer; Giselas Bruder; die Politik Friedrichs des Großen; die Regierungszeit Friedrichs des Zweiten (Friedrichs II.).
Bei den Namen, die auf s oder z enden, wird das Genitiv-s durch einen Apostroph ersetzt, oder man hängt die Silbe -ens an: Hans' Zimmer, oder: Hansens Zimmer; Heinz' Schwester, oder: Heinzens Schwester.
Geht dem Vornamen eine Verwandtschaftsbezeichnung oder ein Titel ohne Artikel voraus, so erhält der Vorname ebenfalls ein s: Onkel Heinrichs Brief; Tante Evas Geschenk; König Friedrichs Politik. – Geht der Artikel dem Namen voraus, so erhält der Name kein s: des kleinen Peter. – Geht dem Namen eine Verwandtschaftsbezeichnung oder ein Titel mit Artikel bzw. Pronomen voraus, so erhalten Verwandtschaftsbezeichnung und Titel das s: der Brief meines Onkels Heinrich; die Politik des Königs Friedrich des Zweiten (des Königs Friedrich II.).
Gelegentlich werden Vornamen auch in den Plural gesetzt. Dafür gibt es Bildungen mit angehängtem e (Wir haben in unserer Schule drei Heinriche), mit s (zwei Giselas; vier Michaels), mit n oder en (zwei Christianen, drei Gudrunen) oder ohne Endung (zwei Peter; zwei Gretel, umgangssprachlich auch: Gretels), gegebenenfalls auch mit verdoppeltem s und Plural-e (ihr seid ja zwei ungläubige Thomasse).

Vorsilbe   → Präfix
Vorvergangenheit   → Plusquamperfekt
weibliches Geschlecht   Femininum, → Genus
Wemfall   → Dativ
Wenfall   → Akkusativ
Werfall   → Nominativ
Wertigkeit   → Valenz
Wesfall   → Genitiv
Wirklichkeitsform   → Indikativ
Wortart
(Wortklasse)   Im Deutschen und in den ihm verwandten indoeuropäischen Sprachen lassen sich aus einer zusammenhängenden Rede oder einem Text im allgemeinen die Wörter als sinntragende Bestandteile deutlich ausgliedern. Nach einer bis auf die Antike zurückreichenden Einteilung gehört jedes Wort einer der folgenden Gruppen an:

1. → Substantiv   6. → Verb
2. → Adjektiv   7. → Präposition
3. → Pronomen   8. → Konjunktion
4. → Artikel   9. → Adverb
5. → Numerale   10. → Interjektion.

Die Gruppen 2 bis 5 werden als Begleiter und Vertreter des Substantivs zusammengefaßt. Die Gruppen 1 bis 5, die alle deklinierbar sind (→ Deklination), werden zusammenfassend als → Nomen bezeichnet. Die Wortart 6, das Verb, wird durch → Konjugation verändert (substantivierte Verbformen werden wie Substantive dekliniert). Die Gruppen 7 bis 10 sind im wesentlichen unveränderbar. Von ihnen wurden die Wortarten 7 bis 9 als → Partikeln zusammengefaßt. Die Interjektionen können als sprachliche Gefühlsäußerungen nur bedingt als Wortart bezeichnet werden, weil sie strenggenommen keine Klasse mit genau bestimmbaren Eigenschaften bilden.

wörtliche Rede

Die Einteilung der Wörter in solche Wortklassen ist umstritten. Gegen sie wird geltend gemacht, daß ihr keine einheitlichen Merkmale zugrunde liegen, sondern mehrere, die einander überschneiden: Einteilung nach der Art der Flexion bzw. Unflektierbarkeit (ein Gesichtspunkt der Morphologie); Einteilung nach syntaktischen Gesichtspunkten (z.B. kann das Substantiv einen Artikel haben, das Pronomen nicht; das Adjektiv bestimmt ein Substantiv näher, das Adverb verschiedene andere Wortarten, in erster Linie Verb und Adjektiv); Einteilung nach semantischen (Bedeutungs-)Kriterien. Die Numeralien bilden eine eigene Klasse nur unter dem Gesichtspunkt, daß sie Zahlen oder Mengen bezeichnen, während sie sich morphologisch und grammatisch ganz unterschiedlich verhalten, beispielsweise als Substantiv: *Millionen* von Wählern; als Adverb: Klopfen Sie *dreimal* an!; als Pronomen: *Manche* mögen's heiß.

Außerdem können Wörter die Wortart wechseln, sei es durch Substantivierung (die böse *Sieben*, sein verletztes *Ich*, beim *Schwimmen*) oder Desubstantivierung (Dank – dank, Kraft – kraft), oder je nach ihrer Stellung im Satz: *Entlang dem Zaun* wachsen Sträucher (Präposition mit Dativ); der Dieb schlich sich *den Zaun entlang* (Präposition mit Akkusativ); aber: überall *am Zaun entlang* sind Schneeglöckchen aufgeblüht (Adverb). Ich war letzte Woche sehr erkältet, *darum* habe ich die Einladung absagen müssen (Konjunktion); aber: er ist zwar manchmal unpünktlich, aber man kann ihn *darum* nicht gleich als unzuverlässig *bezeichnen* (Adverb).

Gelegentlich werden im Lauf der Sprachentwicklung Adverbien wie Adjektive behandelt: unsere *kürzliche Besprechung*, statt: unsere Besprechung, die wir *kürzlich hatten*; die *leihweise Überlassung* von Büchern, statt: wir können Ihnen die Bücher *leihweise überlassen*.

Schließlich gibt es gleichlautende Wörter (Homonyme), die unterschiedlich verwendet werden und je nach Gebrauch in verschiedene Wortklassen gehören: ein leiser *Laut* (Substantiv); sprechen Sie *laut* (Adverb); *laut* Anweisung der Betriebsleitung (Präposition).

wörtliche Rede →direkte Rede

Wunschsatz Satz, der einen (nicht an eine bestimmte Person gerichteten) Wunsch ausdrückt. Das Verb steht immer im Konjunktiv: Käme er doch endlich! Hätte ich das doch nicht gesagt!

Zahlen und Ziffern 1. Groß- oder Kleinschreibung: In Verbindung mit einem Substantiv oder Pronomen schreibt man Zahlen klein: drei Äpfel; wir zwei; drei von uns. – In Verbindung mit dem Artikel schreibt man sie groß, denn sie haben die Funktion eines Substantivs übernommen: die Sieben; ein knappes Hundert.

Ordnungszahlen werden klein geschrieben, wenn sie ein Glied oder eine Person in einer Reihenfolge bezeichnen: Er war der zehnte in der Schlange vor der Kasse. – Man schreibt sie jedoch groß, wenn sie einen Rang bezeichnen: Er wurde bei dem Wettkampf Zweiter. – In Verbindung mit Herrschernamen schreibt man sie ebenfalls groß: Friedrich der Zweite.

2. Zusammen- oder Getrenntschreibung: Zahlen bis zu einer Million schreibt man zusammen: dreihundert; hunderttausend; aber: eine Million vierhundert(und)achtzig. Steht eine Zahl als Bestimmungswort in einer Zusammensetzung, so schreibt man diese zusammen: Zwölftonmusik; Zwanzigmarkschein; vierhändig, dreiteilig. – Will man die Zahl in Ziffern schreiben, so schreibt man sie in Verbindung mit zwei Wörtern mit Bindestrich: 20-Mark-Schein; 100-Meter-Lauf; in Verbindung mit nur einem Substantiv schreibt man Zahlen am besten in Buchstaben, z.B. Achttonner, um Formen wie „8tonner" zu vermeiden.

3. Schreibung in Buchstaben oder Ziffern: Zahlen unter zwölf schreibt man im laufenden Text meist in Buchstaben, ab dreizehn in Ziffern, besonders wenn es sich um sehr hohe, in Buchstabenschrift unübersichtliche Zahlen handelt. Man schreibt die Ziffern in Dreiergruppen, von hinten nach vorn gegliedert: 1 400 570. Ausnahmen sind die Telefonnummern, die nach postamtlicher Regelung ebenso wie die Nummern von Postfächern (Schließfächern) in Zweiergruppen, von hinten nach vorn gegliedert, geschrieben werden: 6 12 43 46.

4. Dezimalzahlen: Zwischen den ganzen Zahlen und den Bruchzahlen steht ein Komma: 4,25 DM; 7,6 km. Auch der Punkt wird – neuerdings zunehmend – hier verwendet: 4.25 DM. In längeren Ziffernfolgen sollte man die Dreiergruppen nicht durch Punkte trennen, sondern durch Zwischenräume (vgl. 3.). – Bei Zeitangaben aus Stunden, Minuten (und Sekunden) setzt man niemals ein Komma (weil die aufeinanderfolgenden Zahlen keine Zehntel, Hundertstel usw. bezeichnen), sondern einen Punkt: 14.30 Uhr; oder man stellt die zweite Zahl hoch: 14^{30} Uhr.

Zusammen- oder Getrenntschreibung

5. Zahlenbereiche können mit dem Bindestrich oder mit „bis" verbunden werden: 1963–1973, oder: 1963–73, oder: 1963 bis 1973, oder: von 1963 bis 1973; 16–18 Uhr, oder: von 16 bis 18 Uhr; 12–14 Kilo, oder: 12 bis 14 Kilo. – Bei zwei aufeinanderfolgenden Jahreszahlen kann man statt des waagerechten Striches auch einen Schrägstrich setzen: 1972/1973, oder: 1972/73.

6. In Datumsangaben werden die Zahlen für Tag und Monat mit Punkt geschrieben: 22.4.1980, oder: 22.4.80. – Neuerdings begegnet auch die Schreibweise: 80-04-22. – Vgl. Datum.

Zahlform	→Numerus
Zahlwort	→Numerale
Zeichensetzung	→Interpunktion
Zeitangaben	→Datum, →Zahlen und Ziffern (4, 5)
Zeitenfolge	→Consecutio temporum
Zeitform	→Tempus
Zeitsatz	→Temporalsatz
Zeitwort	→Verb(um)
Zukunft	→Futur

Zusammen- oder Getrenntschreibung

Es gibt kaum ein Problem der Rechtschreibung, bei dem der jetzige Sprachzustand und das geltende Regelwerk so verwickelt, unbefriedigend, inkonsequent sind wie hier. Manches erscheint willkürlich. Ein Grundsatz sei vorangestellt: Der Entwicklung unserer Sprache, auch ihrer Erlernbarkeit für Ausländer, ist nicht damit gedient, daß durch Zusammenrücken und Zusammenschreiben immer neue Wortungetüme entstehen. In begründeten Zweifelsfällen sollte man deshalb lieber getrennt schreiben.
Es können folgende Grundregeln gelten:

1. Verb + Verb
Man schreibt getrennt, wenn beide Wörter in ihrer ursprünglichen Bedeutung gebraucht werden: Man soll alte Leute in der Straßenbahn *sitzen* (d.h. nicht stehen) *lassen*. – Aber man schreibt zusammen, wenn durch die Verbindung ein neuer Begriff entsteht: Er hat das Mädchen *sitzenlassen* (d.h. verlassen, im Stich gelassen). Du kannst *sitzen bleiben* (du brauchst nicht aufzustehen); aber: Wenn du so weitermachst, wirst du *sitzenbleiben* (wirst du nicht in die nächste Klasse versetzt werden). Ich kann ihn nicht ohne ein freundliches Wort *gehen lassen* (weggehen lassen); aber: Du solltest dich nicht so *gehenlassen* (du solltest dich nicht so unbeherrscht benehmen, dich nicht so vernachlässigen).

2. Adverb + Verb
Hier gilt das gleiche wie bei 1.: Man schreibt getrennt, wenn beide Wörter in ihrer ursprünglichen Bedeutung gebraucht werden: Er wird *gleich* (sehr bald, sofort) *kommen*. Aber man schreibt zusammen, wenn ein neuer Begriff entsteht: Er wird ihr nie *gleichkommen* (er wird nie den Vergleich mit ihr aushalten). Auf dieser unebenen Unterlage kann ich nicht *gut schreiben* (nicht sauber, nicht ordentlich schreiben); aber: Wir werden diesen Betrag Ihrem Konto *gutschreiben* (auf Ihrem Konto als Haben verbuchen).
Einen Hinweis darauf, ob getrennt geschrieben werden muß oder zusammen, gibt oft die Betonung. In den Sätzen „Er wird gleich kommen; ich kann nicht gut schreiben" sind sowohl Adverb wie Verb betont, es wird also getrennt geschrieben. In den Sätzen „Er wird ihr nie *gleich*kommen; wir werden den Betrag *gut*schreiben" ist nur das Adverb betont, und es ergibt sich eine neue Bedeutung; man schreibt in diesen Fällen also zusammen.

3. Präposition + Substantiv
Diese Verbindungen bilden ein Übergangsfeld zwischen Zusammen- und Getrenntschreibung. Bei vielen Ausdrücken wie auf Grund – aufgrund, an Stelle – anstelle schwankt die Schreibung. Die Entwicklung bewegt sich hier auf die Zusammenschreibung zu. Das Substantiv verblaßt in seiner ursprünglichen Bedeutung, und man empfindet die genannten Fügungen als eine einzige Präposition bzw. Fügungen wie „beizeiten" als ein einziges Adverb; hier hat sich die Zusammenschreibung durchgesetzt. Wieweit im Einzelfall diese Entwicklung schon abgeschlossen ist, darüber gehen die Meinungen auseinander. Die Wörterbücher richten sich im allgemeinen nach den Gepflogenheiten in Zeitungen, Zeitschriften, Büchern. Was heute noch ungewohnt ist, kann morgen schon Allgemeingut und als „richtig" anerkannt sein. Wer sichergehen will, schlage im Wörterverzeichnis nach, in dem die Schreibung nach den zur Zeit geltenden Regeln aufgeführt ist.

4. Substantiv + Verb

Zusammentreffen von drei gleichen Konsonanten

Es gibt drei Gruppen von Fällen:
a) Das Substantiv ist verblaßt, es wird kaum noch als solches empfunden, bildet vielmehr mit dem Verb eine gedankliche Einheit. Hier wird zusammengeschrieben, und wenn die beiden Bestandteile auseinandertreten – weil es sich um ein trennbares Verb handelt (→ trennbare und untrennbare Verben) –, so wird der ursprünglich substantivische Bestandteil auch dann klein geschrieben, wenn er allein steht. Zu dieser Gruppe gehören Zusammensetzungen, deren substantivischer Bestandteil in der Gegenwartssprache allein nicht mehr (bzw. nicht mehr in derselben Bedeutung) vorkommt. Hierzu gehören Bildungen wie stattfinden, standhalten, preisgeben: Das Rennen findet statt. Die Abstützung hält dem Druck nicht stand. Wir geben das niemals preis.
b) Das Substantiv wird noch (mehr oder weniger) deutlich als solches empfunden. Es steht daher für sich und wird groß geschrieben. Beispiele: Schach spielen, wir spielen Schach; Posten stehen, er steht Posten; Hilfe suchen, sie sucht Hilfe.
c) Die dritte Gruppe enthält die zweifelhaften Fälle, die in der Entwicklung begriffen sind: ich fahre rad, aber: ich fahre Auto; ich laufe Schi, ich sage Dank, aber: wir halten maß. – Hier wird das Substantiv teils als noch bedeutungskräftig empfunden, teils als verblaßt; doch reicht dieses Argument kaum aus, um eine so widersprüchliche Handhabung (die aber zur Zeit „gilt") einleuchtend zu machen. Sobald ein Attribut zu dem „verblaßten" Substantiv tritt, wird wieder groß geschrieben: er hält maß, aber: er hält das rechte Maß.

5. Präposition + Substantiv + Verb

Hier ist die Entwicklung ebenso im Fluß (und die geltende Regelung deshalb ebenso unbefriedigend) wie bei den unter 4. behandelten Fällen. Die Verbindung „in Kraft treten" findet man in dieser (ursprünglichen) Form, aber auch in Zeitungen, Zeitschriften, Briefen u.a. in einem Wort als inkrafttreten. Man findet zugrunde gehen neben zugrundegehen – hier dagegen nicht mehr die ursprüngliche Form zu Grunde gehen. Man findet instand halten und instandhalten, kaum noch in Stand halten. Die Wörterbücher (und auch das vorliegende, da es keine eigenen Regeln aufstellen und damit Verwirrung stiften will) schreiben die Schreibung in zwei Bestandteilen vor: zugrunde gehen, zugute halten, (sich) zunutze machen, zustande bringen, zutage treten – obwohl diese Regelung, die einen Kompromiß zwischen völliger Zusammenschreibung (infragestellen) und Schreibung in drei Bestandteilen mit Großschreibung des Substantivs (in Frage stellen) bildet, sehr anfechtbar ist.

6. Substantiv + Partizip

Verbindungen eines Substantivs mit dem Partizip Präsens werden zusammengeschrieben auch bei Fügungen, die im Infinitiv getrennt und mit groß geschriebenem Substantiv auftreten: ein Saal voll *biertrinkender, kartenspielender* Bauern; er sah sich *hilfesuchend* um; die *eisenverarbeitende* Industrie; eine *sicherheitsverkleidete* Lenksäule.

7. Adjektiv + Partizip

Hier wird zusammengeschrieben, wenn die Zusammensetzung als Attribut verwendet wird: der *schwerverletzte* Lokführer; der *grüngestrichene* Zaun; ein *leuchtendrotes* Tuch. – Wird die Verbindung dagegen als Prädikat gebraucht, schreibt man getrennt: Der Lokführer *ist schwer verletzt;* der Zaun *ist grün gestrichen;* das Tuch *ist leuchtend rot.* – Hier handelt es sich nicht um eine Zusammensetzung als Attribut, sondern um ein Prädikat, das durch ein adverbial gebrauchtes Adjektiv näher bestimmt wird.

Hierzu → trennbare und untrennbare Verben, → Familiennamen (1), → geographische Namen (1), → Straßennamen (1, 2, 3), → Völkernamen, → Vornamen (1), Zahlen und Ziffern (2).

Zusammentreffen von drei gleichen Konsonanten Folgt in Zusammensetzungen auf drei gleiche Konsonanten ein Vokal, so fällt ein Konsonant weg: Stoffetzen, stillegen. – Bei der Silbentrennung tritt er jedoch wieder in Erscheinung: Stoff|fetzen, still|legen. – Vgl. Silbentrennung (3). – Folgt auf drei gleiche Konsonanten ein Konsonant, so sind alle vier Konsonanten zu schreiben: Pappplakat; Sauerstoffflasche, Balletttruppe (die Silbentrennung erfolgt nach Wortbestandteilen: Papp|plakat, Sauerstoff|flasche, Ballett|truppe). Allerdings setzt sich für solche Zusammensetzungen die Schreibung mit Bindestrich immer mehr durch: Papp-Plakat, Sauerstoff-Flasche, Ballett-Truppe. – Vgl. Bindestrich (2b).

Zwecksatz → Finalsatz
Zwielaut → Diphthong

Deklinations- und Konjugationstabellen

Starke Deklination des Substantivs

			Singular	*Plural*	*Singular*	*Plural*
(1)	Maskulinum	Nominativ	der Weg	die Wege	der Greis	die Greise
		Genitiv	des Weg(e)s	der Wege	des Greises	der Greise
		Dativ	dem Weg(e)	den Wegen	dem Greis(e)	den Greisen
		Akkusativ	den Weg	die Wege	den Greis	die Greise
		Nominativ	der Kürbis	die Kürbisse	der Riß	die Risse
		Genitiv	des Kürbisses	der Kürbisse	des Risses	der Risse
		Dativ	dem Kürbis (-sse)	den Kürbissen	dem Riß (-sse)	den Rissen
		Akkusativ	den Kürbis	die Kürbisse	den Riß	die Risse
	Femininum	Nominativ	die Drangsal	die Drangsale	die Kenntnis	die Kenntnisse
		Genitiv	der Drangsal	der Drangsale	der Kenntnis	der Kenntnisse
		Dativ	der Drangsal	den Drangsalen	der Kenntnis	den Kenntnissen
		Akkusativ	die Drangsal	die Drangsale	die Kenntnis	die Kenntnisse
	Neutrum	Nominativ	das Pferd	die Pferde	das Gleis	die Gleise
		Genitiv	des Pferd(e)s	der Pferde	des Gleises	der Gleise
		Dativ	dem Pferd(e)	den Pferden	dem Gleis(e)	den Gleisen
		Akkusativ	das Pferd	die Pferde	das Gleis	die Gleise
		Nominativ	das Ereignis	die Ereignisse	das Geschoß	die Geschosse
		Genitiv	des Ereignisses	der Ereignisse	des Geschosses	der Geschosse
		Dativ	dem Ereignis (-sse)	den Ereignissen	dem Geschoß(-sse)	den Geschossen
		Akkusativ	das Ereignis	die Ereignisse	das Geschoß	die Geschosse
		Nominativ	das Maß	die Maße		
		Genitiv	des Maßes	der Maße		
		Dativ	dem Maß(e)	den Maßen		
		Akkusativ	das Maß	die Maße		
(2)	Maskulinum	Nominativ	der Sohn	die Söhne	der Hals	die Hälse
		Genitiv	des Sohn(e)s	der Söhne	des Halses	der Hälse
		Dativ	dem Sohn(e)	den Söhnen	dem Hals(e)	den Hälsen
		Akkusativ	den Sohn	die Söhne	den Hals	die Hälse
		Nominativ	der Fluß	die Flüsse	der Spaß	die Späße
		Genitiv	des Flusses	der Flüsse	des Spaßes	der Späße
		Dativ	dem Fluß (-sse)	den Flüssen	dem Spaß(e)	den Späßen
		Akkusativ	den Fluß	die Flüsse	den Spaß	die Späße
	Femininum	Nominativ	die Maus	die Mäuse	die Nuß	die Nüsse
		Genitiv	der Maus	der Mäuse	der Nuß	der Nüsse
		Dativ	der Maus	den Mäusen	der Nuß	den Nüssen
		Akkusativ	die Maus	die Mäuse	die Nuß	die Nüsse
	Neutrum	Nominativ	das Floß	die Flöße		
		Genitiv	des Floßes	der Flöße		
		Dativ	dem Floß(e)	den Flößen		
		Akkusativ	das Floß	die Flöße		
(3)	Maskulinum	Nominativ	der Leib	die Leiber		
		Genitiv	des Leib(e)s	der Leiber		
		Dativ	dem Leib(e)	den Leibern		
		Akkusativ	den Leib	die Leiber		

Deklinationstabellen

			Singular	Plural	Singular	Plural
	Neutrum	*Nominativ*	das Rind	die Rinder	das Ei	die Eier
		Genitiv	des Rind(e)s	der Rinder	des Ei(e)s	der Eier
		Dativ	dem Rind(e)	den Rindern	dem Ei(e)	den Eiern
		Akkusativ	das Rind	die Rinder	das Ei	die Eier
(4)	Maskulinum	*Nominativ*	der Mann	die Männer	der Strauch	die Sträucher
		Genitiv	des Mann(e)s	der Männer	des Strauch(e)s	der Sträucher
		Dativ	dem Mann(e)	den Männern	dem Strauch(e)	den Sträuchern
		Akkusativ	den Mann	die Männer	den Strauch	die Sträucher
	Neutrum	*Nominativ*	das Blatt	die Blätter	das Gras	die Gräser
		Genitiv	des Blatt(e)s	der Blätter	des Grases	der Gräser
		Dativ	dem Blatt(e)	den Blättern	dem Gras(e)	den Gräsern
		Akkusativ	das Blatt	die Blätter	das Gras	die Gräser
		Nominativ	das Faß	die Fässer		
		Genitiv	des Fasses	der Fässer		
		Dativ	dem Faß (-sse)	den Fässern		
		Akkusativ	das Faß	die Fässer		
(5)	Maskulinum	*Nominativ*	der Kater	die Kater	der Sessel	die Sessel
		Genitiv	des Katers	der Kater	des Sessels	der Sessel
		Dativ	dem Kater	den Katern	dem Sessel	den Sesseln
		Akkusativ	den Kater	die Kater	den Sessel	die Sessel
	Neutrum	*Nominativ*	das Fenster	die Fenster	das Rätsel	die Rätsel
		Genitiv	des Fensters	der Fenster	des Rätsels	der Rätsel
		Dativ	dem Fenster	den Fenstern	dem Rätsel	den Rätseln
		Akkusativ	das Fenster	die Fenster	das Rätsel	die Rätsel
		Nominativ	das Gebirge	die Gebirge		
		Genitiv	des Gebirges	der Gebirge		
		Dativ	dem Gebirge	den Gebirgen		
		Akkusativ	das Gebirge	die Gebirge		
(6)	Maskulinum	*Nominativ*	der Vater	die Väter	der Vogel	die Vögel
		Genitiv	des Vaters	der Väter	des Vogels	der Vögel
		Dativ	dem Vater	den Vätern	dem Vogel	den Vögeln
		Akkusativ	den Vater	die Väter	den Vogel	die Vögel
	Femininum	*Nominativ*	die Tochter	die Töchter		
		Genitiv	der Tochter	der Töchter		
		Dativ	der Tochter	den Töchtern		
		Akkusativ	die Tochter	die Töchter		
	Neutrum	*Nominativ*	das Kloster	die Klöster		
		Genitiv	des Klosters	der Klöster		
		Dativ	dem Kloster	den Klöstern		
		Akkusativ	das Kloster	die Klöster		
(7)	Maskulinum	*Nominativ*	der Tropfen	die Tropfen		
		Genitiv	des Tropfens	der Tropfen		
		Dativ	dem Tropfen	den Tropfen		
		Akkusativ	den Tropfen	die Tropfen		
	Neutrum	*Nominativ*	das Zeichen	die Zeichen		
		Genitiv	des Zeichens	der Zeichen		
		Dativ	dem Zeichen	den Zeichen		
		Akkusativ	das Zeichen	die Zeichen		
(8)	Maskulinum	*Nominativ*	der Graben	die Gräben		
		Genitiv	des Grabens	der Gräben		
		Dativ	dem Graben	den Gräben		
		Akkusativ	den Graben	die Gräben		

Deklinationstabellen

			Singular	*Plural*	*Singular*	*Plural*
(9)	Maskulinum	Nominativ	der Kakadu	die Kakadus	der Trupp	die Trupps
		Genitiv	des Kakadus	der Kakadus	des Trupps	der Trupps
		Dativ	dem Kakadu	den Kakadus	dem Trupp	den Trupps
		Akkusativ	den Kakadu	die Kakadus	den Trupp	die Trupps
	Femininum	Nominativ	die Kobra	die Kobras	die Bar	die Bars
		Genitiv	der Kobra	der Kobras	der Bar	der Bars
		Dativ	der Kobra	den Kobras	der Bar	den Bars
		Akkusativ	die Kobra	die Kobras	die Bar	die Bars
	Neutrum	Nominativ	das Auto	die Autos	das Fräulein	die Fräuleins
		Genitiv	des Autos	der Autos	des Fräuleins	der Fräuleins
		Dativ	dem Auto	den Autos	dem Fräulein	den Fräuleins
		Akkusativ	das Auto	die Autos	das Fräulein	die Fräuleins

Schwache Deklination des Substantivs

			Singular	*Plural*	*Singular*	*Plural*
(10)	Maskulinum	Nominativ	der Held	die Helden		
		Genitiv	des Helden	der Helden		
		Dativ	dem Helden	den Helden		
		Akkusativ	den Helden	die Helden		
	Femininum	Nominativ	die Frau	die Frauen	die Bahn	die Bahnen
		Genitiv	der Frau	der Frauen	der Bahn	der Bahnen
		Dativ	der Frau	den Frauen	der Bahn	den Bahnen
		Akkusativ	die Frau	die Frauen	die Bahn	die Bahnen
		Nominativ	die Freundin	die Freundinnen		
		Genitiv	der Freundin	der Freundinnen		
		Dativ	der Freundin	den Freundinnen		
		Akkusativ	die Freundin	die Freundinnen		
(11)	Maskulinum	Nominativ	der Knabe	die Knaben	der Bauer	die Bauern
		Genitiv	des Knaben	der Knaben	des Bauern	der Bauern
		Dativ	dem Knaben	den Knaben	dem Bauern	den Bauern
		Akkusativ	den Knaben	die Knaben	den Bauern	die Bauern
	Femininum	Nominativ	die Blume	die Blumen	die Harmonie	die Harmonien
		Genitiv	der Blume	der Blumen	der Harmonie	der Harmonien
		Dativ	der Blume	den Blumen	der Harmonie	den Harmonien
		Akkusativ	die Blume	die Blumen	die Harmonie	die Harmonien
		Nominativ	die Feder	die Federn	die Wurzel	die Wurzeln
		Genitiv	der Feder	der Federn	der Wurzel	der Wurzeln
		Dativ	der Feder	den Federn	der Wurzel	den Wurzeln
		Akkusativ	die Feder	die Federn	die Wurzel	die Wurzeln

Gemischte Deklination des Substantivs

			Singular	*Plural*	*Singular*	*Plural*
(12)	Maskulinum	Nominativ	der Strahl	die Strahlen	der Schmerz	die Schmerzen
		Genitiv	des Strahl(e)s	der Strahlen	des Schmerzes	der Schmerzen
		Dativ	dem Strahl(e)	den Strahlen	dem Schmerz(e)	den Schmerzen
		Akkusativ	den Strahl	die Strahlen	den Schmerz	die Schmerzen
	Neutrum	Nominativ	das Ohr	die Ohren	das Juwel	die Juwelen
		Genitiv	des Ohr(e)s	der Ohren	des Juwel(e)s	der Juwelen
		Dativ	dem Ohr(e)	den Ohren	dem Juwel(e)	den Juwelen
		Akkusativ	das Ohr	die Ohren	das Juwel	die Juwelen
(13)	Maskulinum	Nominativ	der Doktor	die Doktoren		
		Genitiv	des Doktors	der Doktoren		
		Dativ	dem Doktor	den Doktoren		
		Akkusativ	den Doktor	die Doktoren		

Deklinationstabellen

			Singular	Plural	Singular	Plural
	Neutrum	Nominativ	das Elektron	die Elektronen		
		Genitiv	des Elektrons	der Elektronen		
		Dativ	dem Elektron	den Elektronen		
		Akkusativ	das Elektron	die Elektronen		
(14)	Maskulinum	Nominativ	der Vetter	die Vettern	der Muskel	die Muskeln
		Genitiv	des Vetters	der Vettern	des Muskels	der Muskeln
		Dativ	dem Vetter	den Vettern	dem Muskel	den Muskeln
		Akkusativ	den Vetter	die Vettern	den Muskel	die Muskeln
		Nominativ	der See	die Seen		
		Genitiv	des Sees	der Seen		
		Dativ	dem See	den Seen		
		Akkusativ	den See	die Seen		
	Neutrum	Nominativ	das Auge	die Augen	das Marterl	die Marterln
		Genitiv	des Auges	der Augen	des Marterls	der Marterln
		Dativ	dem Auge	den Augen	dem Marterl	den Marterln
		Akkusativ	das Auge	die Augen	das Marterl	die Marterln
(15)	Maskulinum	Nominativ	der Name	die Namen		
		Genitiv	des Namens	der Namen		
		Dativ	dem Namen	den Namen		
		Akkusativ	den Namen	die Namen		

Deklination des Substantivs, das ein Adjektiv enthält

			Singular	Plural
			mit bestimmtem Artikel	
(16)		Nominativ	der Hohepriester	die Hohenpriester
		Genitiv	des Hohenpriesters	der Hohenpriester
		Dativ	dem Hohenpriester	den Hohenpriestern
		Akkusativ	den Hohenpriester	die Hohenpriester

			mit unbestimmtem Artikel und Zahlwort	
		Nominativ	ein Hoherpriester	viele Hohepriester
		Genitiv	eines Hohenpriesters	vieler Hoherpriester
		Dativ	einem Hohenpriester	vielen Hohenpriestern
		Akkusativ	einen Hohenpriester	viele Hohepriester

Deklination des substantivierten Adjektivs

			mit bestimmtem Artikel	
(17)	Maskulinum	Nominativ	der Angestellte	die Angestellten
		Genitiv	des Angestellten	der Angestellten
		Dativ	dem Angestellten	den Angestellten
		Akkusativ	den Angestellten	die Angestellten
	Femininum	Nominativ	die Angestellte	die Angestellten
		Genitiv	der Angestellten	der Angestellten
		Dativ	der Angestellten	den Angestellten
		Akkusativ	die Angestellte	die Angestellten
	Neutrum	Nominativ	das Ganze	die Ganzen
		Genitiv	des Ganzen	der Ganzen
		Dativ	dem Ganzen	den Ganzen
		Akkusativ	das Ganze	die Ganzen

Deklinationstabellen

mit unbestimmtem Artikel und Zahlwort

(18)

		Singular	Plural
Maskulinum	Nominativ	ein Angestellter	viele Angestellte
	Genitiv	eines Angestellten	vieler Angestellter
	Dativ	einem Angestellten	vielen Angestellten
	Akkusativ	einen Angestellten	viele Angestellte
Femininum	Nominativ	eine Angestellte	viele Angestellte
	Genitiv	einer Angestellten	vieler Angestellter
	Dativ	einer Angestellten	vielen Angestellten
	Akkusativ	eine Angestellte	viele Angestellte
Neutrum	Nominativ	ein Ganzes	viele Ganze
	Genitiv	eines Ganzen	vieler Ganzer
	Dativ	einem Ganzen	vielen Ganzen
	Akkusativ	ein Ganzes	viele Ganze

Deklination des Personalpronomens

	Singular					Plural		
Nominativ	ich	du	er	sie	es	wir	ihr	sie
Genitiv	meiner	deiner	seiner	ihrer	seiner	unser	euer	ihrer
Dativ	mir	dir	ihm	ihr	ihm	uns	euch	ihnen
Akkusativ	mich	dich	ihn	sie	es	uns	euch	sie

Deklination des Demonstrativpronomens

Singular				
	Nominativ	der	die	das
	Genitiv	dessen	deren	dessen
	Dativ	dem	der	dem
	Akkusativ	den	die	das
Plural	Nominativ	die	die	die
	Genitiv	derer, deren	derer, deren	derer, deren
	Dativ	denen	denen	denen
	Akkusativ	die	die	die
Singular	Nominativ	dieser Mann	diese Frau	dieses Kind
	Genitiv	dieses Mannes	dieser Frau	dieses Kindes
	Dativ	diesem Mann(e)	dieser Frau	diesem Kind(e)
	Akkusativ	diesen Mann	diese Frau	dieses Kind
Plural	Nominativ	diese Männer	diese Frauen	diese Kinder
	Genitiv	dieser Männer	dieser Frauen	dieser Kinder
	Dativ	diesen Männern	diesen Frauen	diesen Kindern
	Akkusativ	diese Männer	diese Frauen	diese Kinder

Deklination des Interrogativpronomens

Singular	Nominativ	wer, was	welcher Mann	welche Frau	welches Kind
	Genitiv	wessen	welches / welchen } Mannes	welcher Frau	welches / welchen } Kindes
	Dativ	wem	welchem Mann(e)	welcher Frau	welchem Kind(e)
	Akkusativ	wen, was	welchen Mann	welche Frau	welches Kind
Plural	Nominativ		welche Männer	welche Frauen	welche Kinder
	Genitiv		welcher Männer	welcher Frauen	welcher Kinder
	Dativ		welchen Männern	welchen Frauen	welchen Kindern
	Akkusativ		welche Männer	welche Frauen	welche Kinder

Deklinationstabellen

Deklination des Possessivpronomens

1. Person Singular

Singular	Nominativ	mein Bruder	meine Schwester	mein Kind
	Genitiv	meines Bruders	meiner Schwester	meines Kindes
	Dativ	meinem Bruder	meiner Schwester	meinem Kind(e)
	Akkusativ	meinen Bruder	meine Schwester	mein Kind
Plural	Nominativ	meine Brüder	meine Schwestern	meine Kinder
	Genitiv	meiner Brüder	meiner Schwestern	meiner Kinder
	Dativ	meinen Brüdern	meinen Schwestern	meinen Kindern
	Akkusativ	meine Brüder	meine Schwestern	meine Kinder

2. Person Singular

Singular	Nominativ	dein Bruder	deine Schwester	dein Kind
	Genitiv	deines Bruders	deiner Schwester	deines Kindes
	Dativ	deinem Bruder	deiner Schwester	deinem Kind(e)
	Akkusativ	deinen Bruder	deine Schwester	dein Kind
Plural	Nominativ	deine Brüder	deine Schwestern	deine Kinder
	Genitiv	deiner Brüder	deiner Schwestern	deiner Kinder
	Dativ	deinen Brüdern	deinen Schwestern	deinen Kindern
	Akkusativ	deine Brüder	deine Schwestern	deine Kinder

3. Person Singular

Singular	Nominativ	sein, ihr Bruder	seine, ihre Schwester	sein, ihr Kind
	Genitiv	seines, ihres Bruders	seiner, ihrer Schwester	seines, ihres Kindes
	Dativ	seinem, ihrem Bruder	seiner, ihrer Schwester	seinem, ihrem Kind(e)
	Akkusativ	seinen, ihren Bruder	seine, ihre Schwester	sein, ihr Kind
Plural	Nominativ	seine, ihre Brüder	seine, ihre Schwestern	seine, ihre Kinder
	Genitiv	seiner, ihrer Brüder	seiner, ihrer Schwestern	seiner, ihrer Kinder
	Dativ	seinen, ihren Brüdern	seinen, ihren Schwestern	seinen, ihren Kindern
	Akkusativ	seine, ihre Brüder	seine, ihre Schwestern	seine, ihre Kinder

1. Person Plural

Singular	Nominativ	unser Bruder	unsere Schwester	unser Kind
	Genitiv	unseres Bruders	unserer Schwester	unseres Kindes
	Dativ	unserem Bruder	unserer Schwester	unserem Kind(e)
	Akkusativ	unseren Bruder	unsere Schwester	unser Kind
Plural	Nominativ	unsere Brüder	unsere Schwestern	unsere Kinder
	Genitiv	unserer Brüder	unserer Schwestern	unserer Kinder
	Dativ	unseren Brüdern	unseren Schwestern	unseren Kindern
	Akkusativ	unsere Brüder	unsere Schwestern	unsere Kinder

2. Person Plural

Singular	Nominativ	euer Bruder	eure Schwester	euer Kind
	Genitiv	eures Bruders	eurer Schwester	eures Kindes
	Dativ	eurem Bruder	eurer Schwester	eurem Kind(e)
	Akkusativ	euren Bruder	eure Schwester	euer Kind
Plural	Nominativ	eure Brüder	eure Schwestern	eure Kinder
	Genitiv	eurer Brüder	eurer Schwestern	eurer Kinder
	Dativ	euren Brüdern	euren Schwestern	euren Kindern
	Akkusativ	eure Brüder	eure Schwestern	eure Kinder

Deklinationstabellen

3. Person Plural

Singular	Nominativ	ihr Bruder	ihre Schwester	ihr Kind
	Genitiv	ihres Bruders	ihrer Schwester	ihres Kindes
	Dativ	ihrem Bruder	ihrer Schwester	ihrem Kind(e)
	Akkusativ	ihren Bruder	ihre Schwester	ihr Kind
Plural	Nominativ	ihre Brüder	ihre Schwestern	ihre Kinder
	Genitiv	ihrer Brüder	ihrer Schwestern	ihrer Kinder
	Dativ	ihren Brüdern	ihren Schwestern	ihren Kindern
	Akkusativ	ihre Brüder	ihre Schwestern	ihre Kinder

Deklination des Adjektivs mit bestimmtem und unbestimmtem Artikel und unbestimmtem Zahlwort

		Singular	*Plural*
Maskulinum	Nominativ	der gute Freund	die guten Freunde
	Genitiv	des guten Freundes	der guten Freunde
	Dativ	dem guten Freund(e)	den guten Freunden
	Akkusativ	den guten Freund	die guten Freunde
	Nominativ	ein guter Freund	viele gute Freunde
	Genitiv	eines guten Freundes	vieler guter Freunde
	Dativ	einem guten Freund(e)	vielen guten Freunden
	Akkusativ	einen guten Freund	viele gute Freunde
Femininum	Nominativ	die schöne Blume	die schönen Blumen
	Genitiv	der schönen Blume	der schönen Blumen
	Dativ	der schönen Blume	den schönen Blumen
	Akkusativ	die schöne Blume	die schönen Blumen
	Nominativ	eine schöne Blume	viele schöne Blumen
	Genitiv	einer schönen Blume	vieler schöner Blumen
	Dativ	einer schönen Blume	vielen schönen Blumen
	Akkusativ	eine schöne Blume	viele schöne Blumen
Neutrum	Nominativ	das kleine Kind	die kleinen Kinder
	Genitiv	des kleinen Kindes	der kleinen Kinder
	Dativ	dem kleinen Kind(e)	den kleinen Kindern
	Akkusativ	das kleine Kind	die kleinen Kinder
	Nominativ	ein kleines Kind	viele kleine Kinder
	Genitiv	eines kleinen Kindes	vieler kleiner Kinder
	Dativ	einem kleinen Kind(e)	vielen kleinen Kindern
	Akkusativ	ein kleines Kind	viele kleine Kinder

Deklination des Adjektivs ohne Artikel

Maskulinum	Nominativ	guter Freund	gute Freunde
	Genitiv	guten Freundes	guter Freunde
	Dativ	gutem Freund(e)	guten Freunden
	Akkusativ	guten Freund	gute Freunde
Femininum	Nominativ	gute Mutter	gute Mütter
	Genitiv	guter Mutter	guter Mütter
	Dativ	guter Mutter	guten Müttern
	Akkusativ	gute Mutter	gute Mütter
Neutrum	Nominativ	gutes Kind	gute Kinder
	Genitiv	guten Kindes	guter Kinder
	Dativ	gutem Kind(e)	guten Kindern
	Akkusativ	gutes Kind	gute Kinder

Deklinationstabellen

Deklination des Adjektivs mit vorausgehendem unbestimmtem Pronomen

Maskulinum	*Nominativ*	manch guter Freund	manche gute Freunde
		mancher gute Freund	manche guten Freunde
	Genitiv	manch guten Freundes	mancher guter Freunde
		manches guten Freundes	mancher guten Freunde
	Dativ	manchem gutem Freund	manchen guten Freunden
		manchem guten Freund	
	Akkusativ	manch guten Freund	manche gute Freunde
		manchen guten Freund	manche guten Freunde
Femininum	*Nominativ*	manch gute Mutter	manche gute Mütter
		manche gute Mutter	manche guten Mütter
	Genitiv	manch guter Mutter	mancher guter Mütter
		mancher guter Mutter	mancher guten Mütter
	Dativ	mancher guter Mutter	manchen guten Müttern
		mancher guten Mutter	
	Akkusativ	manch gute Mutter	manche gute Mütter
		manche gute Mutter	manche guten Mütter
Neutrum	*Nominativ*	manch gutes Kind	manche gute Kinder
		manches gute Kind	manche guten Kinder
	Genitiv	manch guten Kindes	mancher guter Kinder
		manches guten Kindes	mancher guten Kinder
	Dativ	manchem gutem Kind	manchen guten Kindern
		manchem guten Kind	
	Akkusativ	manch gutes Kind	manche gute Kinder
		manches gute Kind	manche guten Kinder

Konjugationstabellen

Vollständiges Konjugationsbeispiel eines schwachen Verbums

Aktiv

Infinitiv	Indikativ Präsens			Konjunktiv Präsens		
fragen	ich frage	du fragst	er (sie, es) fragt	ich frage	du fragest	er (sie, es) frage
	wir fragen	ihr fragt	sie fragen	wir fragen	ihr fraget	sie fragen

Die Formen des Konjunktivs Präsens, die mit denen des Indikativs Präsens gleichlauten, können durch die Formen des Konjunktivs Imperfekt ersetzt werden

Imperativ	Indikativ Imperfekt			Konjunktiv Imperfekt		
frag!	ich fragte	du fragtest	er fragte	ich fragte	du fragtest	er fragte
fragt!	wir fragten	ihr fragtet	sie fragten	wir fragten	ihr fragtet	sie fragten

Indikativ Perfekt			Konjunktiv Perfekt		
ich habe gefragt	du hast gefragt	er hat gefragt	ich habe gefragt	du habest gefragt	er habe gefragt
wir haben gefragt	ihr habt gefragt	sie haben gefragt	wir haben gefragt	ihr habet gefragt	sie haben gefragt

Im folgenden ist als zweites Beispiel ein Verbum hinzugefügt, dessen Perfekt mit „sein" gebildet wird

Die Formen des Konjunktivs Perfekt, die mit denen des Indikativs Perfekt gleichlauten, können durch die Formen des Konjunktivs Plusquamperfekt ersetzt werden

ich bin erkrankt	du bist erkrankt	er ist erkrankt	ich sei erkrankt	du sei(e)st erkrankt	er sei erkrankt
wir sind erkrankt	ihr seid erkrankt	sie sind erkrankt	wir seien erkrankt	ihr seiet erkrankt	sie seien erkrankt

Indikativ Plusquamperfekt			Konjunktiv Plusquamperfekt		
ich hatte gefragt	du hattest gefragt	er hatte gefragt	ich hätte gefragt	du hättest gefragt	er hätte gefragt
wir hatten gefragt	ihr hattet gefragt	sie hatten gefragt	wir hätten gefragt	ihr hättet gefragt	sie hätten gefragt
ich war erkrankt	du warst erkrankt	er war erkrankt	ich wäre erkrankt	du wär(e)st erkrankt	er wäre erkrankt
wir waren erkrankt	ihr wart erkrankt	sie waren erkrankt	wir wären erkrankt	ihr wär(e)t erkrankt	sie wären erkrankt

Indikativ Futur I			Konjunktiv Futur I		
ich werde fragen	du wirst fragen	er wird fragen	ich werde fragen	du werdest fragen	er werde fragen
wir werden fragen	ihr werdet fragen	sie werden fragen	wir werden fragen	ihr werdet fragen	sie werden fragen

Indikativ Futur II			Konjunktiv Futur II		
ich werde gefragt haben	du wirst gefragt haben	er wird gefragt haben	ich werde gefragt haben	du werdest gefragt haben	er werde gefragt haben
wir werden gefragt haben	ihr werdet gefragt haben	sie werden gefragt haben	wir werden gefragt haben	ihr werdet gefragt haben	sie werden gefragt haben
ich werde erkrankt sein	du wirst erkrankt sein	er wird erkrankt sein	ich werde erkrankt sein	du werdest erkrankt sein	er werde erkrankt sein
wir werden erkrankt sein	ihr werdet erkrankt sein	sie werden erkrankt sein	wir werden erkrankt sein	ihr werdet erkrankt sein	sie werden erkrankt sein

Umschreibung des Konjunktivs Imperfekt			Umschreibung des Konjunktivs Plusquamperfekt		
ich würde fragen	du würdest fragen	er würde fragen	ich würde gefragt haben	du würdest gefragt haben	er würde gefragt haben
wir würden fragen	ihr würdet fragen	sie würden fragen	wir würden gefragt haben	ihr würdet gefragt haben	sie würden gefragt haben
			ich würde erkrankt sein	du würdest erkrankt sein	er würde erkrankt sein
			wir würden erkrankt sein	ihr würdet erkrankt sein	sie würden erkrankt sein

Passiv

Indikativ Präsens			Konjunktiv Präsens		
ich werde gefragt	du wirst gefragt	er wird gefragt	ich werde gefragt	du werdest gefragt	er werde gefragt
wir werden gefragt	ihr werdet gefragt	sie werden gefragt	wir werden gefragt	ihr werdet gefragt	sie werden gefragt

Diejenigen Formen des Konjunktivs Präsens, die mit denen des Indikativs Präsens gleichlauten, können durch die Formen des Konjunktivs Imperfekt ersetzt werden

Indikativ Imperfekt			Konjunktiv Imperfekt		
ich wurde gefragt	du wurdest gefragt	er wurde gefragt	ich würde gefragt	du würdest gefragt	er würde gefragt
wir wurden gefragt	ihr wurdet gefragt	sie wurden gefragt	wir würden gefragt	ihr würdet gefragt	sie würden gefragt

Indikativ Perfekt			Konjunktiv Perfekt		
ich bin gefragt worden	du bist gefragt worden	er ist gefragt worden	ich sei gefragt worden	du sei(e)st gefragt worden	er sei gefragt worden
wir sind gefragt worden	ihr seid gefragt worden	sie sind gefragt worden	wir seien gefragt worden	ihr seiet gefragt worden	sie seien gefragt worden

Konjugationstabellen

Indikativ Plusquamperfekt

ich war gefragt worden	du warst gefragt worden	er war gefragt worden
wir waren gefragt worden	ihr wart gefragt worden	sie waren gefragt worden

Indikativ Futur I

ich werde gefragt werden	du wirst gefragt werden	er wird gefragt werden
wir werden gefragt werden	ihr werdet gefragt werden	sie werden gefragt werden

Indikativ Futur II

ich werde gefragt worden sein	du wirst gefragt worden sein	er wird gefragt worden sein
wir werden gefragt worden sein	ihr werdet gefragt worden sein	sie werden gefragt worden sein

Konjunktiv Plusquamperfekt

ich wäre gefragt worden	du wär(e)st gefragt worden	er wäre gefragt worden
wir wären gefragt worden	ihr wär(e)t gefragt worden	sie wären gefragt worden

Konjunktiv Futur I

ich werde gefragt werden	du werdest gefragt werden	er werde gefragt werden
wir werden gefragt werden	ihr werdet gefragt werden	sie werden gefragt werden

Konjunktiv Futur II

nicht üblich

Umschreibung des Konjunktivs Plusquamperfekt

ich würde gefragt worden sein	du würdest gefragt worden sein	er würde gefragt worden sein
wir würden gefragt worden sein	ihr würdet gefragt worden sein	sie würden gefragt worden sein

Konjugationstabellen

Konjugation der schwachen Verben

	Infinitiv	Indikativ Präsens			Indikativ Imperfekt			Konjunktiv Imperfekt			Imperativ	Partizip Perfekt
1	lachen	lache -en	lachst -t	lacht -en	lachte -ten	lachtest -tet	lachte -ten	lachte -ten	-test -tet	-te -ten	lach! lacht!	gelacht
	fassen	fasse fassen	faßt faßt	faßt fassen	faßte faßten	faßtest faßtet	faßte faßten	faßte -ten	-test -tet	-te -ten	faß! faßt!	gefaßt
2	baden	bade -en	badest -et	badet -en	badete -eten	badetest -etet	badete -eten	badete -eten	-etest -etet	-ete -eten	bad(e)! badet!	gebadet
	zeichnen	zeichne -en	zeichnest -et	zeichnet -en	zeichnete -eten	zeichnetest -etet	zeichnete -eten	zeichnete -eten	-etest -etet	-ete -eten	zeichne! zeichnet!	gezeichnet
3	rasieren	rasiere -en	rasierst -t	rasiert -en	rasierte -ten	rasiertest -tet	rasierte -ten	rasierte -ten	-test -tet	-te -ten	rasier(e)! rasiert!	rasiert

Konjugation der starken Verben

	Infinitiv	Indikativ Präsens			Indikativ Imperfekt			Konjunktiv Imperfekt			Imperativ	Partizip Perfekt
4	backen	backe backen	bäckst backt	bäckt backen	buk -en	bukst -t	buk -en	büke -en	-st -t	-e -en	back! back!	gebacken
	wird auch schwach konjugiert											
5	befehlen	befehle befehlen	befiehlst befehlt	befiehlt befehlen	befahl -en	befahlst -t	befahl -en	befähle -en	-st -t	-e -en	befiehl! befehlt!	befohlen
								auch: beföhle usw.				
6	befleißen	befleiße -en	befleiß(es)t -sset	befleißt -ssen	befliß -ssen	beflissest -sset	befliß -ssen	beflisse -ssen	-ssest -sset	-sse -ssen	befleiß(e)! befleißt!	beflissen
7	beginnen	beginne -en	beginnst -t	beginnt -en	begann -en	begannst -t	begann -en	begänne -en	-st -t	-e -en	beginn(e)! beginnt!	begonnen
								auch: begönne usw.				
8	beißen	beiße -en	beißt -t	beißt -en	biß bissen	bissest bißt	biß bissen	bisse -ssen	-ssest -sset	-sse -ssen	beiß! beißt!	gebissen
9	bergen	berge bergen	birgst bergt	birgt bergen	barg -en	bargst -t	barg -en	bärge -en	-st -t	-e -en	birg! bergt!	geborgen
10	bersten	berste bersten	birst berstet	birst bersten	barst -en	barstest -et	barst -en	bärste -en	-est -et	-e -en	birst! berstet!	geborsten
								auch: börste usw.				
11	bewegen	bewege -en	bewegst -t	bewegt -en	bewog -en	bewogst -t	bewog -en	bewöge -en	-st -t	-e -en	beweg(e)! bewegt!	bewogen
	wird nur im Sinne von „veranlassen" stark konjugiert											
12	biegen	biege -en	biegst -t	biegt -en	bog -en	bogst -t	bog -en	böge -en	-st -t	-e -en	bieg! biegt!	gebogen
13	bieten	biete -en	bietest -et	bietet -en	bot -en	bot(e)st -et	bot -en	böte -en	-est -et	-e -en	biet(e)! bietet!	geboten
14	binden	binde -en	bindest -et	bindet -en	band -en	band(e)st -et	band -en	bände -en	-(e)st -et	-e -en	bind(e)! bindet!	gebunden
15	bitten	bitte -en	bittest -et	bittet -en	bat -en	bat(e)st -et	bat -en	bäte -en	-(e)st -et	-e -en	bitt(e)! bittet!	gebeten
16	blasen	blase blasen	bläst blast	bläst blasen	blies -en	blies(es)t -t	blies -en	bliese -en	-(es)t -et	-e -en	blas! blast!	geblasen
17	bleiben	bleibe -en	bleibst -t	bleibt -en	blieb -en	bliebst -t	blieb -en	bliebe -en	-(e)st -t	-e -en	bleib! bleibt!	geblieben
18	braten	brate braten	brätst bratet	brät braten	briet -en	briet(e)st -et	briet -en	briete -en	-(e)st -et	-e -en	brat(e)! bratet!	gebraten
19	brechen	breche brechen	brichst brecht	bricht brechen	brach -en	brachst -t	brach -en	bräche -en	-st -t	-e -en	brich! brecht!	gebrochen
20	brennen	brenne -en	brennst -t	brennt -en	brannte -ten	branntest -tet	brannte -ten	brennte -ten	-test -tet	-te -ten	brenn(e)! brennt!	gebrannt
21	bringen	bringe -en	bringst -t	bringt -en	brachte -ten	brachtest -tet	brachte -ten	brächte -ten	-test -tet	-te -ten	bring! bringt!	gebracht
22	denken	denke -en	denkst -t	denkt -en	dachte -ten	dachtest -tet	dachte -ten	dächte -ten	-test -tet	-te -ten	denk! denkt!	gedacht
23	dingen	dinge -en	dingst -t	dingt -en	dang -en	dangst -t	dang -en	dänge -en	-st -t	-e -en	ding! dingt!	gedungen
	wird auch schwach konjugiert											
24	dreschen	dresche dreschen	drischst drescht	drischt dreschen	drosch -en	droschst -t	drosch -en	drösche -en	-(e)st -et	-e -en	drisch! drescht!	gedroschen
25	dringen	dringe -en	dringst -t	dringt -en	drang -en	drangst -t	drang -en	dränge -en	-st -t	-e -en	dring(e)! dringt!	gedrungen
26	dürfen	darf dürfen	darfst dürft	darf dürfen	durfte -ten	durftest -tet	durfte -ten	dürfte -ten	-test -tet	-te -ten	–	gedurft
27	empfehlen	empfehle empfehlen	empfiehlst empfehlt	empfiehlt empfehlen	empfahl -en	empfahlst -t	empfahl -en	empföhle -en	-st -t	-e -en	empfiehl! empfehlt!	empfohlen
28	erbleichen	erbleiche -en	erbleichst -t	erbleicht -en	erblich -en	erblichst -t	erblich -en	erbliche -en	-st -t	-e -en	erbleich(e)! erbleicht!	erblichen
	wird heute meist schwach konjugiert											
29	erkiesen	erkiese -en	erkies(es)t -t	erkiest -en	erkor -en	erkorst -t	erkor -en	erköre -en	-st -t	-e -en	erkies(e)! erkiest!	erkoren
30	erlöschen	erlösche erlöschen	erlischst erlöscht	erlischt erlöschen	erlosch -en	erloschst -t	erlosch -en	erlösche -en	-(e)st -et	-e -en	erlisch! erlöscht!	erloschen

Konjugationstabellen

	Infinitiv	Indikativ Präsens			Indikativ Imperfekt		Konjunktiv Imperfekt			Imperativ	Partizip Perfekt
31	essen	esse essen	ißt eßt	ißt essen	aß -en	aßest -t	aß -en	äße -en	-est -t	-e -en	iß! eßt!	gegessen
32	fahren	fahre fahren	fährst fahrt	fährt fahren	fuhr -en	fuhrst -t	fuhr -en	führe -en	-st -t	-e -en	fahr! fahrt!	gefahren
33	fallen	falle fallen	fällst fallt	fällt fallen	fiel -en	fielst -t	fiel -en	fiele -en	-st -t	-e -en	fall! fallt!	gefallen
34	fangen	fange fangen	fängst fangt	fängt fangen	fing -en	fingst -t	fing -en	finge -en	-st -t	-e -en	fang! fangt!	gefangen
35	fechten	fechte fechten	fichtst fechtet	ficht fechten	focht -en	fochtest -et	focht -en	föchte -en	-est -et	-e -en	ficht! fechtet!	gefochten
36	finden	finde -en	findest -et	findet -en	fand -en	fand(e)st -et	fand -en	fände -en	-est -et	-e -en	find(e)! findet!	gefunden
37	flechten	flechte flechten	flichtst flechtet	flicht flechten	flocht -en	flochtest -et	flocht -en	flöchte -en	-est -et	-e -en	flicht! flechtet!	geflochten
38	fliegen	fliege -en	fliegst -t	fliegt -en	flog -en	flogst -t	flog -en	flöge -en	-st -t	-e -en	flieg! fliegt!	geflogen
39	fliehen	fliehe -en	fliehst -t	flieht -en	floh -en	flohst -t	floh -en	flöhe -en	-st -t	-e -en	flieh! flieht!	geflohen
40	fließen	fließe -en	fließ(es)t -t	fließt flossen	floß floßt	flossest flossen	floß flossen	flösse -ssen	-ssest -sset	-sse -ssen	fließ(e)! fließt!	geflossen
41	fressen	fresse fressen	frißt freßt	frißt fressen	fraß -en	fraßest -t	fraß -en	fräße -en	-est -t	-e -en	friß! freßt!	gefressen
42	frieren	friere -en	frierst -t	friert -en	fror -en	frorst -t	fror -en	fröre -en	-st -t	-e -en	frier(e)! friert!	gefroren
43	gären	gäre -en	gärst -t	gärt -en	gor -en	gorst -t	gor -en	göre -en	-st -t	-e -en	gär(e)! gärt!	gegoren
	wird auch schwach konjugiert											
44	gebären	gebäre gebären	gebierst gebärt	gebiert gebären	gebar -en	gebarst -t	gebar -en	gebäre -en	-st -t	-e -en	gebier! gebärt!	geboren
45	geben	gebe geben	gibst gebt	gibt geben	gab -en	gabst -t	gab -en	gäbe -en	-st -t	-e -en	gib! gebt!	gegeben
46	gedeihen	gedeihe -en	gedeihst -t	gedeiht -en	gedieh -en	gediehst -t	gedieh -en	gediehe -en	-st -t	-e -en	gedeih(e)! gedeiht!	gediehen
47	gehen	gehe -en	gehst -t	geht -en	ging -en	gingst -t	ging -en	ginge -en	-st -t	-e -en	geh! geht!	gegangen
48	gelingen	– –	– –	gelingt gelingen	– –	– –	gelang -en	–	–	gelänge -en	geling! gelingt!	gelungen
49	gelten	gelte gelten	giltst geltet	gilt gelten	galt -en	galt(e)st -et	galt -en	gälte -en	-(e)st -et	-e -en	gilt! geltet!	gegolten
50	genesen	genese -en	genes(es)t -t	genest -en	genas -en	genasest -t	genas -en	genäse -en	-est -t	-e -en	genes(e)! genest!	genesen
51	genießen	genieße -en	genießt -t	genießt -en	genoß genossen	genossest genoßt	genoß genossen	genösse -ssen	-ssest -ßt	-sse -ssen	genieß(e)! genießt!	genossen
52	geschehen	– –	– –	geschieht geschehen	– –	– –	geschah -en	–	–	geschähe -en	–	geschehen
53	gewinnen	gewinne -en	gewinnst -t	gewinnt -en	gewann -en	gewannst -t	gewann -en	gewänne auch: gewönne usw.	-st	-e -en	gewinn(e)! gewinnt!	gewonnen
54	gießen	gieße -en	gießt -t	gießt -en	goß gossen	gossest goßt	goß gossen	gösse gössen	-ssest gößt	-sse -ssen	gieß! gießt!	gegossen
55	gleichen	gleiche -en	gleichst -t	gleicht -en	glich -en	glichst -t	glich -en	gliche -en	-st -t	-e -en	gleich(e)! gleicht!	geglichen
56	gleiten	gleite -en	gleitest -t	gleitet -en	glitt -en	glitt(e)st -et	glitt -en	glitte -en	-est -et	-e -en	gleit(e)! gleitet!	geglitten
57	glimmen	glimme -en	glimmst -t	glimmt -en	glomm -en	glommst -t	glomm -en	glömme -en	-st -t	-e -en	glimm! glimmt!	geglommen
58	graben	grabe graben	gräbst grabt	gräbt graben	grub -en	grubst -t	grub -en	grübe -en	-st -t	-e -en	grab! grabt!	gegraben
59	greifen	greife -en	greifst -t	greift -en	griff -en	griffst -t	griff -en	griffe -en	-st -t	-e -en	greif! greift!	gegriffen
60	haben	habe haben	hast habt	hat haben	hatte -en	hattest -et	hatte -en	hätte -en	-est -et	-e -en	hab(e)! habt!	gehabt
61	halten	halte halten	hältst haltet	hält halten	hielt -en	hielt(e)st -et	hielt -en	hielte -en	-est -et	-e -en	halt(e)! haltet!	gehalten
62	hängen	hänge -en	hängst -t	hängt -en	hing -en	hingst -t	hing -en	hinge -en	-st -t	-e -en	häng! hängt!	gehangen
	wird nur bei intransitivem Gebrauch stark konjugiert											
63	hauen	haue -en	haust -t	haut -en	hieb -en	hiebst -t	hieb -en	hiebe -en	-st -t	-e -en	hau! haut!	gehauen
	mit den Vorsilben ein-, herunter-, hin-, ver- (sowie ab- bei intransitivem Gebrauch) Imperfekt: -haute											
64	heben	hebe -en	hebst -t	hebt -en	hob -en	hobst -t	hob -en	höbe -en	-st -t	-e -en	heb! hebt!	gehoben
65	heißen	heiße -en	heiß(es)t -t	heißt -en	hieß -en	hieß(es)t -t	hieß -en	hieße -en	-est -t	-e -en	heiß! heißt!	geheißen
66	helfen	helfe helfen	hilfst helft	hilft helfen	half -en	halfst -t	half -en	hülfe -en	-st -t	-e -en	hilf! helft!	geholfen
67	kennen	kenne -en	kennst -t	kennt -ten	kannte -ten	kanntest -tet	kannte -ten	kennte -ten	-test -tet	-te -ten	kenn(e)! kennt!	gekannt
68	klimmen	klimme -en	klimmst -t	klimmt -en	klomm -en	klommst -t	klomm -en	klömme -en	-st -t	-e -en	klimm! klimmt!	geklommen

Konjugationstabellen

	Infinitiv	Indikativ Präsens			Indikativ Imperfekt			Konjunktiv Imperfekt			Imperativ	Partizip Perfekt
69	klingen	klinge	klingst	klingt	klang	klangst	klang	klänge	-st	-e	kling!	geklungen
		-en	-t	-en	-en	-t	en	-en	-t	-en	klingt!	
70	kneifen	kneife	kneifst	kneift	kniff	kniffst	kniff	kniffe	-st	-e	kneif!	gekniffen
		-en	-t	-en	-en	-t	-en	-cn	-t	-en	kneift!	
71	kommen	komme	kommst	kommt	kam	kamst	kam	käme	-st	-e	komm!	gekommen
		-en	-t	-en	-en	-t	-en	-en	-t	-en	kommt!	
72	können	kann	kannst	kann	konnte	konntest	konnte	könnte	-test	-te	–	gekonnt
		können	könnt	können	-ten	-tet	-ten	-ten	-tet	-ten		
73	kriechen	krieche	kriechst	kriecht	kroch	krochst	kroch	kröche	-st	-e	kriech!	gekrochen
		-en	-t	-en	-en	-t	-en	-en	-t	-en	kriecht!	
74	laden	lade	lädst	lädt	lud	lud(e)st	lud	lüde	-est	-e	lad!	geladen
		laden	ladet	laden	-en	-et	-en	-en	-et	-en	ladet!	
75	lassen	lasse	läßt (-ssest)	läßt	ließ	ließ(es)t	ließ	ließe	-est	-e	laß!	gelassen
		lassen	laßt	lassen	-en	-t	-en	-en	-t	-en	laßt!	
76	laufen	laufe	läufst	läuft	lief	liefst	lief	liefe	-st	-e	lauf!	gelaufen
		laufen	lauft	laufen	-en	-t	-en	-en	-t	-en	lauft!	
77	leiden	leide	leidest	leidet	litt	litt(e)st	litt	litte	-est	-e	leid(e)!	gelitten
		-en	-et	-en	-en	-et	-en	-en	-et	-en	leidet!	
78	leihen	leihe	leihst	leiht	lieh	liehst	lieh	liehe	-st	-e	leih!	geliehen
		-en	-t	-en	-en	-t	-en	-en	-et	-en	leiht!	
79	lesen	lese	liest	liest	las	lasest	las	läse	-est	-e	lies!	gelesen
		lesen	lest	lesen	-en	-t	-en	-en	-et	-en	lest!	
80	liegen	liege	liegst	liegt	lag	lagst	lag	läge	-st	-e	lieg!	gelegen
		-en	-t	-en	-en	-t	-en	-en	-t	-en	liegt!	
81	lügen	lüge	lügst	lügt	log	logst	log	löge	-st	-e	lüg!	gelogen
		-en	-t	-en	-en	-t	-en	-en	-t	-en	lügt!	
82	meiden	meide	meidest	meidet	mied	miedst	mied	miede	-est	-e	meid(e)!	gemieden
		-en	-et	-en	-en	-et	-en	-en	-et	-en	meidet!	
83	melken	melke	melkst auch: milkst	melkt milkt	molk	molkst	molk	mölke	-st	-e	melk! milk!	gemolken
		melken	melkt	melken	-en	-t	-en	-en	-t	-en	melkt!	
	wird auch schwach konjugiert											
84	messen	messe	mißt	mißt	maß	maßest	maß	mäße	-est	-e	miß!	gemessen
		messen	meßt	messen	-en	-t	-en	-en	-t	-en	meßt!	
85	mißlingen	–	–	mißlingt	–	–	mißlang	–	–	mißlänge	–	mißlungen
		–	–	mißlingen			-en			-en		
86	mögen	mag	magst	mag	mochte	mochtest	mochte	möchte	-test	-te	–	gemocht
		mögen	mögt	mögen	-ten	-tet	-ten	-ten	-tet	-ten		
87	müssen	muß	mußt	muß	mußte	mußtest	mußte	müßte	-test	-te	–	gemußt
		müssen	müßt	müssen	-ten	-tet	-ten	-ten	-tet	-ten		
88	nehmen	nehme	nimmst	nimmt	nahm	nahmst	nahm	nähme	-st	-e	nimm!	genommen
		nehmen	nehmt	nehmen	-en	-t	-en	-en	-t	-en	nehmt!	
89	nennen	nenne	nennst	nennt	nannte	nanntest	nannte	nennte	-test	-te	nenn(e)!	genannt
		-en	-t	-en	-ten	-tet	-ten	-ten	-tet	-ten	nennt!	
90	pfeifen	pfeife	pfeifst	pfeift	pfiff	pfiffst	pfiff	pfiffe	-st	-e	pfeif!	gepfiffen
		-en	-t	-en	-en	-t	-en	-en	-t	-en	pfeift!	
91	pflegen	pflege	pflegst	pflegt	pflog	pflogst	pflog	pflöge	-st	-e	pfleg(e)!	gepflogen
		-en	-t	-en	-en	-t	-en	-en	-t	-en	pflegt!	
	wird nur noch in Fügungen wie „Beziehungen pflegen" stark konjugiert											
92	preisen	preise	preist	preist	pries	priesest	pries	priese	-est	-e	preis(e)!	gepriesen
		-en	-t	-en	-en	-t	-en	-en	-t	-en	preist!	
93	quellen	quelle	quillst	quillt	quoll	quollst	quoll	quölle	-st	-e	quill!	gequollen
		quellen	quellt	-en	-en	-t	-en	-en	-t	-en	quellt!	
	wird bei transitivem Gebrauch schwach konjugiert											
94	raten	rate	rätst	rät	riet	riet(e)st	riet	riete	-est	-e	rat(e)!	geraten
		raten	ratet	raten	-en	-et	-en	-en	-et	-en	ratet!	
95	reiben	reibe	reibst	reibt	rieb	riebst	rieb	riebe	-st	-e	reib(e)!	gerieben
		-en	-t	-en	-en	-t	-en	-en	-t	-en	reibt!	
96	reißen	reiße	reißt	reißt	riß	rissest	riß	risse	-ssest	-sse	reiß!	gerissen
		-en	-t	-en	rissen	rißt	rissen	-ssen	rißt	-ssen	reißt!	
97	reiten	reite	reitest	reitet	ritt	rittst	ritt	ritte	-st	-e	reit(e)!	geritten
		-en	-et	-en	-en	-et	-en	-en	-et	-en	reitet!	
98	rennen	renne	rennst	rennt	rannte	ranntest	rannte	rennte	-test	-te	renn(e)!	gerannt
		-en	-t	-en	-ten	-tet	-ten	-ten	-tet	-ten	rennt!	
99	riechen	rieche	riechst	riecht	roch	rochst	roch	röche	-st	-e	riech!	gerochen
		-en	-t	-en	-en	-t	-en	-en	-t	-en	riecht!	
100	ringen	ringe	ringst	ringt	rang	rangst	rang	ränge	-st	-e	ring(e)!	gerungen
		-en	-t	-en	-en	-t	-en	-en	-t	-en	ringt!	
101	rinnen	rinne	rinnst	rinnt	rann	rannst	rann	ränne	-st	-e	rinn(e)!	geronnen
		-en	-t	-en	-en	-t	-en	-en auch: rönne usw.	-t	-en	rinnt!	
102	rufen	rufe	rufst	ruft	rief	riefst	rief	riefe	-st	-e	ruf!	gerufen
		-en	-t	-en	-en	-t	-en	-en	-t	-en	ruft!	
103	saufen	saufe	säufst	säuft	soff	soffst	soff	söffe	-st	-e	sauf!	gesoffen
		saufen	sauft	saufen	-en	-t	-en	-en	-t	-en	sauft!	
104	saugen	sauge	saugst	saugt	sog	sogst	sog	söge	-st	-e	saug!	gesogen
		-en	-t	-en	-en	-t	-en	-en	-t	-en	saugt!	
	wird auch schwach konjugiert											

Konjugationstabellen

	Infinitiv	Indikativ Präsens			Indikativ Imperfekt			Konjunktiv Imperfekt			Imperativ	Partizip Perfekt
105	schaffen	schaffe -en	schaffst -t	schafft -en	schuf -en	schufst -t	schuf -en	schüfe -en	-st -t	-e -en	schaff(e)! schafft!	geschaffen
	wird im Sinne von „arbeiten" und mit den Vorsilben an-, be-, ver-, hinaus- u. ä. schwach konjugiert											
106	schallen	schalle -en	schallst -t	schallt -en	scholl -en	schollst -t	scholl -en	schölle -en	-st -t	-e -en	schall(e)! schallt!	geschollen
	wird auch schwach konjugiert											
107	scheiden	scheide -en	scheidest -et	scheidet -en	schied -en	schied(e)st -et	schied -en	schiede -en	-(e)st -et	-e -en	scheid(e)! scheidet!	geschieden
108	scheinen	scheine -en	scheinst -t	scheint -en	schien -en	schienst -t	schien -en	schiene -en	-st -t	-e -en	schein(e)! scheint!	geschienen
109	scheißen	scheiße -en	scheißt -t	scheißt -en	schiß schissen	schissest schißt	schiß schissen	schisse -ssen	-ssest -ssen	-sse -ssen	scheiß! scheißt!	geschissen
110	schelten	schelte schelten	schiltst scheltet	schilt schelten	schalt -en	schalt(e)st -et	schalt -en	schölte -en	-(e)st -et	-e -en	schilt! scheltet!	gescholten
111	scheren	schere -en	scherst -t	schert -en	schor -en	schorst -t	schor -en	schöre -en	-st -t	-e -en	scher! schert!	geschoren
112	schieben	schiebe -en	schiebst -t	schiebt -en	schob -en	schobst -t	schob -en	schöbe -en	-st -t	-e -en	schieb! schiebt!	geschoben
113	schießen	schieße -en	schießt -t	schießt -en	schoß schossen	schossest schoßt	schoß schossen	schösse -ssen	-ssest schößt	-sse -ssen	schieß! schießt!	geschossen
114	schinden	schinde -en	schindest -et	schindet -en	schund -en	schund(e)st -et	schund -en	schünde -en	-est -et	-e -en	schind(e)! schindet!	geschunden
115	schlafen	schlafe schlafen	schläfst schlaft	schläft schlafen	schlief -en	schliefst -t	schlief -en	schliefe -en	-st -t	-e -en	schlaf(e)! schlaft!	geschlafen
116	schlagen	schlage schlagen	schlägst schlagt	schlägt schlagen	schlug -en	schlugst -t	schlug -en	schlüge -en	-st -t	-e -en	schlag(e)! schlagt!	geschlagen
117	schleichen	schleiche -en	schleichst -t	schleicht -en	schlich -en	schlichst -t	schlich -en	schliche -en	-st -t	-e -en	schleich! schleicht!	geschlichen
118	schleifen	schleife -en	schleifst -t	schleift -en	schliff -en	schliffst -t	schliff -en	schliffe -en	-st -t	-e -en	schleif! schleift!	geschliffen
	wird im Sinne von „zerstören" (Festung) schwach konjugiert											
119	schleißen	schleiße -en	-(es)t -t	-t -en	schliß schlissen	schlissest schlißt	schliß schlissen	schlisse -ssen	-ssest -ßt	-sse -ssen	schleiß! schleißt!	geschlissen
120	schließen	schließe -en	schließt -t	schließt -en	schloß schlossen	schlossest schloßt	schloß schlossen	schlösse -ssen	-ssest -ßt	-sse -ssen	schließ! schließt!	geschlossen
121	schlingen	schlinge -en	schlingst -t	schlingt -en	schlang -en	schlangst -t	schlang -en	schlänge -en	-st -t	-e -en	schling! schlingt!	geschlungen
122	schmeißen	schmeiße -en	schmeißt -t	schmeißt -en	schmiß schmissen	schmissest schmißt	schmiß schmissen	schmisse -ssen	-ssest -ßt	-sse -ssen	schmeiß! schmeißt!	geschmissen
123	schmelzen	schmelze schmelzen	schmilzt schmelzt	schmilzt schmelzen	schmolz -en	schmolzest -t	schmolz -en	schmölze -en	-est -t	-e -en	schmilz! schmelzt!	geschmolzen
124	schnauben	schnaube -en	schnaubst -t	schnaubt -en	schnob -en	schnobst -t	schnob -en	schnöbe -en	-st -t	-e -en	schnaub(e)! schnaubt!	geschnoben
	wird heute meist schwach konjugiert											
125	schneiden	schneide -en	schneidest -et	schneidet -en	schnitt -en	schnitt(e)st -et	schnitt -en	schnitte -en	-est -et	-e -en	schneid(e)! schneidet!	geschnitten
126	schrecken	schrecke schrecken	schrickst schreckt	schrickt schrecken	schrak -en	schrakst -t	schrak -en	schräke -en	-(e)st -(e)t	-e -en	schreck(e)! schreckt!	geschrocken
	wird bei transitivem Gebrauch und jägersprachlich (intransitiv) schwach konjugiert											
127	schreiben	schreibe -en	schreibst -t	schreibt -en	schrieb -en	schriebst -t	schrieb -en	schriebe -en	-st -t	-e -en	schreib! schreibt!	geschrieben
128	schreien	schreie -en	schreist -t	schreit -en	schrie schrie(e)n	schriest schrie(e)t	schrie schrie(e)n	schriee schrieen	schrieest schrieet	schriee schrieen	schrei! schreit!	geschrie(e)n
129	schreiten	schreite -en	schreitest -et	schreitet -en	schritt -en	schrittest -et	schritt -en	schritte -en	-est -et	-e -en	schreit(e)! schreitet!	geschritten
130	schweigen	schweige -en	schweigst -t	schweigt -en	schwieg -en	schwiegst -t	schwieg -en	schwiege -en	-st -t	-e -en	schweig! schweigt!	geschwiegen
131	schwellen	schwelle schwellen	schwillst schwellt	schwillt schwellen	schwoll -en	schwollst -t	schwoll -en	schwölle -en	-st -t	-e -en	schwill! schwellt!	geschwollen
	wird bei transitivem Gebrauch schwach konjugiert											
132	schwimmen	schwimme -en	schwimmst -t	schwimmt -en	schwamm -en	schwammst -t	schwamm -en	schwömme -en	-st -t	-e -en	schwimm! schwimmt!	geschwommen
133	schwinden	schwinde -en	schwindest -et	schwindet -en	schwand -en	schwand(e)st -et	schwand -en	schwände -en	-est -et	-e -en	schwind(e)! schwindet!	geschwunden
134	schwingen	schwinge -en	schwingst -t	schwingt -en	schwang -en	schwangst -t	schwang -en	schwänge -en	-st -t	-e -en	schwing! schwingt!	geschwungen
135	schwören	schwöre -en	schwörst -t	schwört -en	schwur -en	schwurst -t	schwur -en	schwüre -en	-st -t	-e -en	schwör(e)! schwört!	geschworen
	auch: schwor usw.											
136	sehen	sehe sehen	siehst seht	sieht sehen	sah -en	sahst -t	sah -en	sähe -en	-est -t	-e -en	sieh(e)! seht!	gesehen
137	sein	bin sind	bist seid	ist sind	war -en	warst -t	war -en	wäre	-(e)st -t	-e -en	sei! seid!	gewesen
								Konjunktiv Präsens: sei seien	sei(e)st seiet	sei seien		
138	senden	sende -en	sendest -et	sendet -en	sandte sandten	sandtest sandtet	sandte sandten	sendete -eten	-etest -etet	-ete -eten	send(e)! sendet!	gesandt
	wird im Sinne von „ausstrahlen"(Rundfunk, Fernsehen) schwach konjugiert											

Konjugationstabellen

	Infinitiv	Indikativ Präsens			Indikativ Imperfekt			Konjunktiv Imperfekt			Imperativ	Partizip Perfekt
139	sieden	siede	siedest	siedet	sott	sott(e)st	sott	sötte	-est	-e	sied(e)!	gesotten
		-en	-et	-en	-en	-et	-en	-en	-et	-en	siedet!	
	wird bei intransitivem Gebrauch schwach konjugiert											
140	singen	singe	singst	singt	sang	sangst	sang	sänge	-st	-e	sing!	gesungen
		-en	-t	-en	-en	-t	-en	-en	-t	-en	singt!	
141	sinken	sinke	sinkst	sinkt	sank	sankst	sank	sänke	-st	-e	sink!	gesunken
		-en	-t	-en	-en	-t	-en	-en	-t	-en	sinkt!	
142	sinnen	sinne	sinnst	sinnt	sann	sannst	sann	sänne	-st	-e	sinn(e)!	gesonnen
		-en	-t	-en	-en	-t	-en	-en	-t	-en	sinnt!	
143	sitzen	sitze	sitzt	sitzt	saß	saß(es)t	saß	säße	-est	-e	sitz!	gesessen
		-en	-t	-en	-en	-t	-en	-en	-t	-en	sitzt!	
144	speien	speie	speist	speit	spie	spiest	spie	spiee	spieest	spiee	spei!	gespie(e)n
		-en	-t	-en	spie(e)n	spie(e)t	spie(e)n	spieen	spieet	spieen	speit!	
145	spinnen	spinne	spinnst	spinnt	spann	spannst	spann	spänne	-st	-e	spinn!	gesponnen
		-en	-t	-en	-en	-t	-en	-en	-t	-en	spinnt!	
146	sprechen	spreche	sprichst	spricht	sprach	sprachst	sprach	spräche	-st	-e	sprich!	gesprochen
		sprechen	sprecht	sprechen	-en	-t	-en	-en	-t	-en	sprecht!	
147	sprießen	sprieße	sprieß(es)t	sprießt	sproß	sprossest	sproß	sprösse	-ssest	-sse	sprieß(e)!	gesprossen
		-en	-t	-en	sprossen auch:	sproßt	sprossen	-ssen	-ßt	-ssen	sprießt!	
					sproßte	sproßtest	sproßte					
					sproßten	sproßtet	sproßten					
	wird auch schwach konjugiert											
148	springen	springe	springst	springt	sprang	sprangst	sprang	spränge	-st	-e	spring!	gesprungen
		-en	-t	-en	-en	-t	-en	-en	-t	-en	springt!	
149	stechen	steche	stichst	sticht	stach	stachst	stach	stäche	-st	-e	stich!	gestochen
		stechen	stecht	stechen	-en	-t	-en	-en	-t	-en	stecht!	
150	stecken	stecke	steckst	steckt	stak	stakst	stak	stäke	-st	-e	steck!	gesteckt
		-en	-en	-en	-en	-t	-en	-en	-t	-en	steckt!	
	wird auch (transitiv immer) schwach konjugiert											
151	stehen	stehe	stehst	steht	stand	stand(e)st	stand	stände	-est	-e	steh!	gestanden
		-en	-t	-en	-en	-et	-en	-en	-et	-en	steht!	
								auch: stünde usw.				
152	stehlen	stehle	stiehlst	stiehlt	stahl	stahlst	stahl	stähle	-st	-e	stiehl!	gestohlen
		stehlen	stehlt	stehlen	-en	-t	-en	-en	-t	-en	stehlt!	
153	steigen	steige	steigst	steigt	stieg	stiegst	stieg	stiege	-st	-e	steig!	gestiegen
		-en	-t	-en	-en	-t	-en	-en	-t	-en	steigt!	
154	sterben	sterbe	stirbst	stirbt	starb	starbst	starb	stürbe	-st	-e	stirb!	gestorben
		sterben	sterbt	sterben	-en	-t	-en	-en	-t	-en	sterbt!	
155	stieben	stiebe	stiebst	stiebt	stob	stobst	stob	stöbe	-st	-e	stieb(e)!	gestoben
		-en	-t	-en	-en	-t	-en	-en	-t	-en	stiebt!	
	wird auch schwach konjugiert											
156	stinken	stinke	stinkst	stinkt	stank	stankst	stank	stänke	-st	-e	stink!	gestunken
		-en	-t	-en	-en	-t	-en	-en	-t	-en	stinkt!	
157	stoßen	stoße	stößt	stößt	stieß	stieß(es)t	stieß	stieße	-est	-e	stoß!	gestoßen
		stoßen	stoßt	stoßen	-en	-t	-en	-en	-t	-en	stoßt!	
158	streichen	streiche	streichst	streicht	strich	strichst	strich	striche	-st	-e	streich!	gestrichen
		-en	-t	-en	-en	-t	-en	-en	-t	-en	streicht!	
159	streiten	streite	streitest	streitet	stritt	stritt(e)st	stritt	stritte	-est	-e	streit(e)!	gestritten
		-en	-et	-en	-en	-et	-en	-en	-et	-en	streitet!	
160	tragen	trage	trägst	trägt	trug	trugst	trug	trüge	-st	-e	trag!	getragen
		tragen	tragt	tragen	-en	-t	-en	-en	-t	-en	tragt!	
161	treffen	treffe	triffst	trifft	traf	trafst	traf	träfe	-st	-e	triff!	getroffen
		treffen	trefft	treffen	-en	-t	-en	-en	-t	-en	trefft!	
162	treiben	treibe	treibst	treibt	trieb	triebst	trieb	triebe	-st	-e	treib!	getrieben
		-en	-t	-en	-en	-t	-en	-en	-t	-en	treibt!	
163	treten	trete	trittst	tritt	trat	tratst	trat	träte	-est	-e	tritt!	getreten
		treten	tretet	treten	-en	-et	-en	-en	-et	-en	tretet!	
164	triefen	triefe	triefst	trieft	troff	troffst	troff	tröffe	-st	-e	–	getroffen
		-en	-t	-en	-en	-t	-en	-en	-t	-en	–	
	wird auch schwach konjugiert											
165	trinken	trinke	trinkst	trinkt	trank	trankst	trank	tränke	-st	-e	trink!	getrunken
		-en	-t	-en	-en	-t	-en	-en	-t	-en	trinkt!	
166	trügen	trüge	trügst	trügt	trog	trogst	trog	tröge	-st	-e	trüg(e)!	getrogen
		-en	-t	-en	-en	-t	-en	-en	-t	-en	trügt!	
167	tun	tue	tust	tut	tat	tat(e)st	tat	täte	-est	-e	tu!	getan
		tun	tut	tun	-en	-et	-en	-en	-et	-en	tut!	
168	verderben	verderbe	verdirbst	verdirbt	verdarb	verdarbst	verdarb	verdürbe	-st	-e	verdirb!	verdorben
		verderben	verderbt	verderben	-en	-t	-en	-en	-t	-en	verderbt!	verderbt
169	verdrießen	verdrieße	verdrießt	verdrießt	verdroß	verdrossest	verdroß	verdrösse	-ssest	-sse	verdrieß!	verdrossen
		-en	-t	-en	-ssen	-ßt	-ssen	-ssen	-ßt	-ssen	verdrießt!	
170	vergessen	vergesse	vergißt	vergißt	vergaß	vergaß(es)t	vergaß	vergäße	-est	-e	vergiß!	vergessen
		vergessen	vergeßt	vergessen	-en	-t	-en	-en	-t	-en	vergeßt!	
171	verlieren	verliere	verlierst	verliert	verlor	verlorst	verlor	verlöre	-st	-e	verlier!	verloren
		-en	-t	-en	-en	-t	-en	-en	-t	-en	verliert!	
172	wachsen	wachse	wächst	wächst	wuchs	wuchs(es)t	wuchs	wüchse	-est	-e	wachs(e)!	gewachsen
		wachsen	wachst	wachsen	-en	-t	-en	-en	-t	-en	wachst!	

Konjugationstabellen

Infinitiv	Indikativ Präsens			Indikativ Imperfekt			Konjunktiv Imperfekt			Imperativ	Partizip Perfekt
173 wägen	wäge	wägst	wägt	wog	wogst	wog	wöge	-st	-e	wäg!	gewogen
	-en	-t	-en	-en	-t	-en	-en	-t	-en	wägt!	
wird auch schwach konjugiert											
174 waschen	wasche	wäschst	wäscht	wusch	wuschst	wusch	wüsche	-(e)st	-e	wasch!	gewaschen
	waschen	wascht	waschen	-en	-t	-en	-en	-t	-en	wascht!	
175 weben	webe	webst	webt	wob	wobst	wob	wöbe	-st	-e	web!	gewoben
	-en	-t	-en	-en	-t	-en	-en	-t	-en	webt!	
wird auch schwach konjugiert											
176 weichen	weiche	weichst	weicht	wich	wichst	wich	wiche	-(e)st	-e	weich(e)!	gewichen
	-en	-t	-en	-en	-t	-en	-en	-t	-en	weicht!	
177 weisen	weise	weist	weist	wies	wies(es)t	wies	wiese	-est	-e	weis(e)!	gewiesen
	-en	-t	-en	-en	-t	-en	-en	-t	-en	weist!	
178 wenden	wende	wendest	wendet	wandte	wandtest	wandte	wendete	-etest	-ete	wend(e)!	gewandt
	-en	-et	-en	wandten	wandtet	wandten	-eten	-etet	-eten	wendet!	
wird auch (transitiv immer) schwach konjugiert											
179 werben	werbe	wirbst	wirbt	warb	warbst	warb	würbe	-st	-e	wirb!	geworben
	werben	werbt	werben	-en	-t	-en	-en	-t	-en	werbt!	
180 werden	werde	wirst	wird	wurde	wurdest	wurde	würde	-est	-e	werd(e)!	geworden
	werden	werdet	werden	-en	-et	-en	-en	-et	-en	werdet!	als Hilfsverb: worden
181 werfen	werfe	wirfst	wirft	warf	warfst	warf	würfe	-st	-e	wirf!	geworfen
	werfen	werft	werfen	-en	-t	-en	-en	-t	-en	werft!	
182 wiegen	wiege	wiegst	wiegt	wog	wogst	wog	wöge	-st	-e	wieg!	gewogen
	-en	-t	-en	-en	-t	-en	-en	-t	-en	wiegt!	
183 winden	winde	windest	windet	wand	wand(e)st	wand	wände	-est	-e	wind(e)!	gewunden
	-en	-et	-en	-en	-et	-en	-en	-et	-en	windet!	
184 wissen	weiß	weißt	weiß	wußte	wußtest	wußte	wüßte	-test	-te	wisse!	gewußt
	wissen	wißt	wissen	wußten	wußtet	wußten	-tet	-tet	-ten	wißt!	
185 wollen	will	willst	will	wollte	wolltest	wollte	wollte	-test	-te	wolle!	gewollt
	wollen	wollt	wollen	-ten	-tet	-ten	-ten	-tet	-ten	wollt!	
186 zeihen	zeihe	zeihst	zeiht	zieh	ziehst	zieh	ziehe	-(e)st	-e	zeih(e)!	geziehen
	-en	-t	-en	-en	-t	-en	-en	-t	-en	zeiht!	
187 ziehen	ziehe	ziehst	zieht	zog	zogst	zog	zöge	-st	-e	zieh!	gezogen
	-en	-t	-en	-en	-t	-en	-en	-t	-en	zieht!	
188 zwingen	zwinge	zwingst	zwingt	zwang	zwangst	zwang	zwänge	-st	-e	zwing!	gezwungen
	-en	-t	-en	-en	-t	-en	-en	-t	-en	zwingt!	

Konjugation schwacher Verben mit starkem Perfekt

189 mahlen	mahle	mahlst	mahlt	mahlte	mahltest	mahlte	mahlte	-test	-te	mahl(e)!	gemahlen
	mahlen	mahlt	mahlen	mahlten	mahltet	mahlten	-ten	-tet	-ten	mahlt!	
190 salzen	salze	salz(es)t	salzt	salzte	salztest	salzte	salzte	-test	-te	salz(e)!	gesalzen
	salzen	salzt	salzen	salzten	salztet	salzten	-ten	-tet	-ten	salzt!	
191 spalten	spalte	spaltest	spaltet	spaltete	spaltetest	spaltete	spaltete	-tetest	-tete	spalt(e)!	gespalten oder gespaltet
	spalten	spaltet	spalten	spalteten	spaltetet	spalteten	-teten	-tetet	-teten	spaltet!	

A

a 1 ⟨Zeichen für⟩ *Ar* 2 ⟨Zeichen für⟩ *Atto*...
A ⟨n., -s, -(s)⟩ 1 *erster Buchstabe des Alphabets;* das A und das O *Anfang und Ende, Gott;* ⟨übertr.⟩ *das Wichtigste;* das A und O der Sache ist, daß ...; von A bis Z *von Anfang bis Ende* [nach dem ersten und letzten Buchstaben des griech. Alphabets: *Alpha* und *Omega*] 2 ⟨Zeichen für⟩ *Ampere* 3 ⟨Länderkennzeichen für⟩ *Austria (Österreich)* 4 ⟨Abk. für⟩ *Avance* (5)
à *je, zu je;* fünf Stück à 2 DM [frz.]
Å ⟨früher Zeichen für⟩ *Ångström(einheit)*
a. ⟨Abk. für⟩ *am, an;* Frankfurt a. Main; Neustadt a. d. Orla
a., A. ⟨Abk. für⟩ *anno, Anno*
a..., A... ⟨Vorsilbe⟩ *un..., nicht, ohne, Fehlen von,* z.B. atypisch, Amoral [< griech. *a...* „nicht"]
AA ⟨Abk. für⟩ *Auswärtiges Amt*
āā ⟨Abk. für⟩ *ad (partes) aequales: zu gleichen Teilen* ⟨als Anweisung auf Rezepten⟩ [lat.]
Aal ⟨m. 1⟩ *Fisch mit drehrundem, sehr langgestrecktem Körper*
aa|len ⟨V.1, hat geaalt; refl.; ugs.⟩ sich a. *sich behaglich ausruhen* [eigtl. „sich wohlig dehnen und rekeln, sich winden wie ein Aal"]
aal|glatt ⟨Adj., o.Steig.⟩ 1 *glatt wie ein Aal* 2 ⟨übertr.⟩ *liebenswürdig, aber unpersönlich*
Aal|mut|ter ⟨f.11⟩ *lebendgebärender Salzwasserfisch*
Aal|tier|chen ⟨n.7⟩ → *Älchen*
a.a.O. ⟨Abk. für⟩ *am angeführten Ort* [→ *anführen 2 a*]
Aar ⟨m.1; poet., auch fachsprachlich in Zus. wie Gleitaar⟩ → *Adler* [verwandt mit griech. *ornis* „Vogel"]
Aas ⟨n.1⟩ *verwesende Tierleiche* [zu *essen*]
Aas|blu|me ⟨f.11⟩ *Blume, deren Blüte Aasgeruch ausströmt*
aa|sen ⟨V.1, hat geaast; o.Obj.; ugs.⟩ mit etwas a. *verschwenderisch mit etwas umgehen*
Aas|flie|ge ⟨f.11⟩ → *Schmeißfliege*
Aas|gei|er ⟨m.5; verdeutlichend für⟩ *Geier;* sich wie ein A. auf etwas stürzen ⟨ugs.⟩ *rücksichtslos versuchen, etwas zu bekommen*
aa|sig ⟨Adj.⟩ 1 *wie Aas, faulig;* a. riechen 2 ⟨übertr.⟩ *ironisch, boshaft*
Aas|sei|te ⟨f.11⟩ *innere, dem Muskelfleisch zugewandte Seite (einer zu verarbeitenden Tierhaut);* Ggs. *Narbenseite*
ab ⟨Präp. mit Dat.⟩ 1 *weg, weg von;* der Zug fährt ab München 6.15 Uhr; Sendung ab Bahnstation frei Haus 2 *beginnend mit, von ... an;* ab Mai; ab dem 14. Lebensjahr; ab 14 Jahren; ab 12 Uhr; ab morgen 3 *mehr als;* Bestellungen ab 50 DM 4 ⟨in Regieanweisungen kurz für⟩ *geht ab*
Aba|ka ⟨m., -s, nur Sg.⟩ *Manilahanf* [mal.]
Aba|kus ⟨m., -, -⟩ 1 *antikes Rechen-, Spielbrett* 2 *Deckplatte über dem Säulenkapitell* [< lat. *abacus*, < griech. *abax*, Gen. *abakos*, „Brett, Zeichen-, Spielbrett"]
Aba|lo|ne ⟨f.11⟩ *eßbare Meeresschnecke* [span.]
ab|än|dern ⟨V.1, hat abgeändert; mit Akk.⟩ *verstärkend für⟩ ändern* **Ab|än|de|rung** ⟨f.10⟩
Aban|don [abãdõ] ⟨m.9⟩ **Aban|don|ne|ment** ⟨[abãdənəmã] n.9⟩ *Abtretung (von Rechten oder Sachen)* [< frz. *abandon* „Abtretung", *abandonnement* „Verzichtleistung", zu *abandonner*, → *abandonnieren*]

aban|don|nie|ren ⟨V.3, hat abandonniert; mit Akk.⟩ etwas a. *auf etwas verzichten, etwas aufgeben, abtreten* [< frz. *abandonner* „verlassen, im Stich lassen"]
ab|ängs|ti|gen ⟨V.1, hat abgeängstigt; refl.⟩ sich a. *sich sehr ängstigen*
ab|ar|bei|ten ⟨V.2, hat abgearbeitet⟩ I ⟨mit Akk.⟩ etwas a. 1 *durch Arbeiten tilgen;* Schulden a. 2 *durch regelmäßiges Arbeiten erledigen;* ein Pensum a. II ⟨refl.⟩ sich a. *bis zur Erschöpfung arbeiten*
Ab|art ⟨f.10⟩ 1 *abgeänderte Form* 2 ⟨Biol., veraltend⟩ *Abweichung innerhalb einer Art;* Syn. *Varietät*
ab|ar|tig ⟨Adj., Steig. nur ugs.⟩ *widernatürlich, sexuell stark abweichend*
Aba|sie ⟨f.11; Med.⟩ *psychisch oder organisch bedingte Unfähigkeit zu gehen* [< griech. *a...* „nicht" und *bainein* „gehen"]
ab|äs|ten ⟨V.2, hat abgeästet; mit Akk.⟩ *von Ästen befreien;* einen gefällten Baum a.
Aba|te ⟨m., -(n), -ten oder -ti; Titel für⟩ *italienischer Weltgeistlicher;* auch: *Abbate*
Aba|ton ⟨n., -s, -ta; griech.-kath. Kirche⟩ *das Allerheiligste* [< griech. *abatos* „geweihter Ort", zu *abatos* „unbetretbar, unzugänglich"]
Abb. ⟨Abk. für⟩ *Abbildung*
ab|bal|gen ⟨V.1, hat abgebalgt; mit Akk.⟩ ein Tier a. *einem Tier den Balg abziehen*
Ab|ba|te → *Abate*
Ab|bau ⟨m., -(e)s, nur Sg.⟩ *das Abbauen, das Abgebautwerden;* A. von Maschinen, von Personal; A. von Traubenzucker; geistiger A.
ab|bau|en ⟨V.1, hat abgebaut⟩ I ⟨mit Akk.⟩ 1 *in seine Einzelteile zerlegen und wegbringen;* Ggs. *aufbauen (I,1);* eine Maschine, ein Gerüst a. 2 *nach und nach geringer, kleiner machen;* Preise, Löhne, Personal, Vorurteile a. 3 ⟨Chem.⟩ *zersetzen, spalten, auflösen;* organische Verbindungen a. 4 ⟨Bgb.⟩ *fördern, zutage bringen* II ⟨o.Obj.⟩ 1 *nach und nach die körperlichen und geistigen Kräfte verlieren, in der Leistung, Aufmerksamkeit nachlassen;* er baut jetzt schon sehr ab; am Abend baue ich spürbar ab
ab|bau|wür|dig ⟨Adj.; Bgb.⟩ *Abbau lohnend*
Ab|bé ⟨m.9⟩ 1 ⟨urspr. frz. Bez. und Anrede für⟩ *Abt* 2 ⟨seit dem 16. Jh. frz. Bez. für⟩ *niederer Weltgeistlicher* [< frz. *abbé* „Abt", < lat. *abbas* „Abt", < aram. *abba* „Vater"]
ab|bee|ren ⟨V.1, hat abgebeert; mit Akk.⟩ *vom Stiel abpflücken;* Johannisbeeren, Weinbeeren a.
ab|be|hal|ten ⟨V.61, hat abbehalten; mit Akk.⟩ *nicht wieder aufsetzen;* Ggs. *aufbehalten;* die Mütze, den Hut a.
ab|bei|ßen ⟨V.8, hat abgebissen; mit Akk.⟩ *durch Beißen ablösen;* von seinem Ruhm kann er nichts a. ⟨ugs., scherzh.⟩ *der Ruhm nützt ihm nichts, davon kann er nicht leben*
ab|bei|zen ⟨V.1, hat abgebeizt; mit Akk.⟩ etwas a. *die Beize von etwas entfernen*
ab|be|kom|men ⟨V.71, hat abbekommen; mit Akk.⟩; Syn. *abkriegen;* etwas a. 1 *einen Teil von etwas bekommen 2 lösen, abtrennen können;* ich bekomme den Haken von der Wand, die Farbe von den Fingern nicht ab; Ggs. *anbekommen* 3 *hinnehmen müssen, sich gefallen lassen müssen;* Prügel a. ich habe bei dem Streit böse Worte a. 4 *beschädigt werden;* das Haus hat im Krieg einiges a.
ab|be|ru|fen ⟨V.102, hat abberufen; mit

Akk.⟩ jmdn. a. *von seinem Posten, einem Ort zurückrufen;* a. werden ⟨übertr.⟩ *sterben*
Ab|be|ru|fung ⟨f.10⟩
ab|be|stel|len ⟨V.1, hat abbestellt; mit Akk.⟩ 1 etwas a. *die Bestellung von etwas rückgängig machen, erklären, daß man etwas nicht mehr haben, nicht mehr beziehen will;* eine Ware a.; die Zeitung a. 2 jmdn. a. *jmdm. sagen, daß er (obwohl bestellt) nicht zu kommen braucht;* einen Handwerker a.
ab|be|ten ⟨V.2, hat abgebetet; mit Akk.⟩ etwas a. 1 *bis zu Ende beten;* den Rosenkranz a. 2 *rasch, eilig und ohne Betonung hersagen;* ein Gebet, etwas Eingelerntes a. 3 *durch Beten tilgen;* seine Sünden a.
ab|bet|teln ⟨V.1, hat abgebettelt; mit Dat. und Akk.⟩ jmdm. etwas a. *durch vieles oder dringendes Bitten von jmdm. erlangen;* er hat mir die Erlaubnis abgebettelt
Ab|be|vil|lien [abaviljɛ̃] n., -s, nur Sg.⟩ *Kulturstufe der Altsteinzeit* [nach der frz. Stadt *Abbeville*]
ab|be|zah|len ⟨V.1, hat abbezahlt; mit Akk.⟩ *allmählich, in Raten bis zur Tilgung zahlen;* einen Kredit, ein Haus a.
ab|bie|gen ⟨V.1, hat abgebogen; mit Akk.⟩ 1 *in bestimmter Weise biegen;* einen Draht rechtwinklig a. 2 ⟨übertr.⟩ *vermeiden, verhindern;* eine unangenehme Sache, ein Gespräch a. II ⟨sein, abgebogen⟩ ⟨o.Obj.⟩ *die Richtung ändern;* rechts, links a.
Ab|bie|ger ⟨m.5⟩ *jmd., der mit einem Fahrzeug abbiegt oder abbiegen will*
Ab|bild ⟨n.3⟩ *Wiedergabe, Darstellung, Bild, Spiegelbild;* er ist das getreue A. seines Vaters
ab|bil|den ⟨V.2, hat abgebildet; mit Akk.⟩ *im Bild darstellen*
Ab|bil|dung ⟨f.10⟩ *etwas Abgebildetes, Bild, Darstellung*
ab|bin|den ⟨V.14, hat abgebunden⟩ I ⟨mit Akk.⟩ etwas a. 1 *die Bindung von etwas lösen und es abnehmen;* die Schürze, Krawatte a. 2 *fest umschnüren;* eine Ader, ein verletztes Bein a. (um die Blutung zu hemmen) 3 ⟨verstärkend⟩ *binden;* ein Kalb a. eine Soße a. ⟨verstärkend⟩ *binden* II ⟨o.Obj.⟩ *eine chemische Verbindung eingehen und dadurch hart werden;* Mörtel, Beton bindet ab
Ab|bit|te ⟨f.11⟩ *Bitte um Verzeihung;* A. leisten, tun *um Verzeihung bitten*
ab|bit|ten ⟨V.15, hat abgebeten; mit Dat. und Akk.⟩ jmdm. etwas a. *jmdn. wegen etwas um Verzeihung bitten;* ich habe ihm im stillen manches abgebeten
ab|bla|sen ⟨V.16, hat abgeblasen; mit Akk.⟩ etwas a. 1 *durch Blasen entfernen, wegblasen;* Staub, Schaum a. 2 *entweichen lassen;* Gas, Dampf a. 3 *durch Hornsignal beenden;* Ggs. *anblasen;* die Jagd a. 4 ⟨übertr.⟩ *erklären, daß etwas nicht stattfindet;* eine Veranstaltung a.
ab|blas|sen ⟨V.1, ist abgeblaßt; o.Obj.⟩ *an Farbe verlieren, blaß werden;* die Farbe ist abgeblaßt
ab|blät|tern ⟨V.1, ist abgeblättert; o.Obj.⟩ 1 *Blätter verlieren;* Blumen blättern ab 2 *sich in Blättchen lösen und abfallen;* die Farbe, der Putz blättert ab
ab|blei|ben ⟨V.17, ist abgeblieben; o.Obj.; norddt., ugs.; fast nur im Perf.⟩ *abgeblieben sein* 1 *sich jetzt nicht, nicht wissen, wo der Schlüssel abgeblieben ist* 2 *gestorben, gefallen sein;* Vater ist ja nun auch abgeblieben; er ist im Krieg abgeblieben

95

ab|blen|den ⟨V.2, hat abgeblendet⟩ I ⟨mit Akk.⟩ *zum Teil verdecken;* Licht, eine Lampe a. II ⟨mit Akk. oder o.Obj.⟩ *die Scheinwerfer a. mit geringerer Stärke leuchten lassen;* man blendet ab, wenn ein Fahrzeug entgegenkommt III ⟨o.Obj.; Fot.⟩ *die Blende verkleinern*

Ab|blend|licht ⟨f.3⟩ *schaltbare Senkung des Lichtkegels (von Autoscheinwerfern);* Ggs. *Fernlicht*

ab|blit|zen ⟨V.1, ist abgeblitzt; o.Obj.; ugs.⟩ *eine deutliche Absage erhalten, abgewiesen werden;* er ist (bei ihr) abgeblitzt; jmdn. a. lassen *jmdn. abweisen*

ab|blocken ⟨-k|k-; V.1, hat abgeblockt; mit Akk.⟩ *etwas a.* 1 ⟨Sport⟩ *abwehren;* einen Schlag, Wurf a. 2 ⟨übertr., ugs.⟩ *verhindern;* ein Gespräch a.

Ab|brand ⟨m.2⟩ 1 *Materialschwund (beim Verbrennen und Schmelzen)* 2 ⟨Kerntechnik⟩ *Maß für den verbrauchten Brennstoff der Brennstoffladung eines Kernreaktors*

Ab|brand|ler ⟨m.5; österr.⟩ *durch Brand Geschädigter*

ab|brau|sen ⟨V.1⟩ I ⟨hat abgebraust; mit Akk.⟩ *mit der Brause leicht begießen;* Blumen a.; sich kalt a. II ⟨ist abgebraust; o.Obj.; übertr., ugs.⟩ *sich rasch und geräuschvoll entfernen, wegfahren;* Ggs. *anbrausen*

ab|bre|chen ⟨V.19⟩ I ⟨hat abgebrochen; mit Akk.⟩ 1 *durch Brechen ablösen, abtrennen;* ein Stück Brot a.; Blumen a.; brich dir nur keinen ab ⟨erg.: keinen Zacken aus der Krone⟩ ⟨ugs.⟩ *hör mit dem Getue auf; er bricht sich keinen ab er überarbeitet sich nicht;* er bricht sich bald einen ab *er tut, als sei es sehr schwer* 2 *ein-, niederreißen;* ein Bauwerk a. 3 ⟨übertr.⟩ *plötzlich, ohne Ankündigung beenden;* ein Gespräch, die Beziehungen a. II ⟨hat abgebrochen, o.Obj.⟩ *jmd. bricht ab hört plötzlich auf (zu sprechen, zu arbeiten), hält inne;* er brach mitten im Satz ab III ⟨ist abgebrochen; o.Obj.⟩ *etwas bricht ab löst sich durch Brechen;* der Ast ist abgebrochen 2 *hört auf, geht nicht weiter;* das Geräusch brach ab; die Autoschlange bricht nicht ab

ab|brem|sen ⟨verstärkend für⟩ *bremsen*

ab|bren|nen ⟨V.20⟩ I ⟨hat abgebrannt; mit Akk.⟩ *etwas a.* 1 *durch Anzünden zerstören;* ein Haus a. 2 *durch Brand roden;* Urwald, ein Moor a. 3 *anzünden und bersten lassen;* Feuerwerkskörper a. 4 *Teig a. erhitzen und rühren, bis er sich vom Topf löst* II ⟨ist abgebrannt; o.Obj.⟩ 1 *durch Brand vernichtet werden;* das Haus ist abgebrannt; er hat kein Geld mehr 2 *langsam verbrennen;* die Kerzen sind abgebrannt

Ab|bre|via|ti|on, Ab|bre|via|tur ⟨f.10⟩ *Abkürzung (in Schrift und Druck)* [→ *abbreviieren*]

ab|bre|vi|ie|ren ⟨V.3, hat abbreviiert; mit Akk.⟩ *abkürzen* [< lat. *abbreviare* „abkürzen", zu *brevis* „kurz"]

ab|brin|gen ⟨V.21, hat abgebracht; mit Akk.⟩ 1 *etwas a. lösen, abnehmen können;* ich bringe den Ring, die Farbe nicht ab 2 *jmdn. (von etwas) a. jmdn. dazu bringen, etwas nicht zu tun;* jmdn. von seinem Vorhaben a. *ihn dazu bringen, sein Vorhaben nicht auszuführen;* jmdn. von einer Meinung a. *ihn dazu bringen, seine Meinung zu ändern*

ab|bröckeln ⟨-k|k-; V.1⟩ I ⟨hat abgebröckelt; mit Akk.⟩ *in kleinen Brocken lösen;* etwas a. II ⟨ist abgebröckelt; o.Obj.⟩ *sich in kleinen Brocken lösen und abfallen;* Putz bröckelt ab; von seinem Ruhm ist schon einiges abgebröckelt ⟨übertr.⟩

Ab|bruch ⟨m.2⟩ *das Abbrechen, Niederreißen, Zerlegen in Einzelteile;* A. von Gebäuden; ein Haus auf A. verkaufen *es zum Abrißwert verkaufen* 2 *Beendigung;* A. von Beziehungen 3 ⟨in der Wendung⟩ *das tut der Liebe keinen A. das schadet der Liebe keinesfalls*

ab|bruch|reif ⟨Adj.⟩ *so beschaffen, daß Instandsetzungsarbeiten nicht mehr sinnvoll sind;* ~es Gebäude

ab|brum|men ⟨V.1⟩ I ⟨hat abgebrummt; mit Akk.; ugs.⟩ *eine Strafe a. sie verbüßen;* er hat drei Jahre abgebrummt II ⟨ist abgebrummt; o.Obj.⟩ *sich mit brummendem Geräusch entfernen*

ab|bu|chen ⟨V.1, hat abgebucht; mit Akk.⟩ *durch Buchung vom Guthaben wegnehmen, als Ausgabe auf dem Konto eintragen;* einen Betrag a.

ab|bür|sten ⟨V.2, hat abgebürstet; mit Akk.⟩ 1 *durch Bürsten reinigen;* einen Mantel a. 2 *durch Bürsten entfernen;* Staub a.

ab|bü|ßen ⟨V.1, hat abgebüßt; mit Akk.⟩ 1 *eine Strafe a. für eine Schuld Buße tun* 2 *eine Strafe a. sie erdulden;* Syn. *verbüßen*

Abc ⟨n., -, -⟩ → *Alphabet*

Abc-Schüt|ze ⟨m.11⟩ *Kind, das gerade Lesen und Schreiben lernt*

ABC-Waf|fe ⟨f.11, meist Pl.⟩ ~n ⟨Kurzw. für⟩ *atomare Waffen, biologische und chemische Kampfmittel*

Ab|da|chung ⟨f.10⟩ *(allmähliches) Abnehmen der Steigung*

Ab|dampf ⟨m.2⟩ *Dampf, der nach Arbeitsleistung entströmt*

ab|damp|fen ⟨V.1⟩ I ⟨hat abgedampft; mit Akk.⟩ *verdampfen lassen;* Wasser a. II ⟨ist abgedampft; o.Obj.⟩ 1 *Dampf abgeben;* den Dampftopf a. lassen; eine Speise a. lassen 2 ⟨früher⟩ *sich unter Dampf entfernen;* der Zug, das Schiff dampfte ab 3 ⟨übertr., ugs.⟩ *sich entfernen, wegfahren*

ab|dan|ken ⟨V.1, hat abgedankt⟩ I ⟨mit Akk.⟩ *entlassen;* einen Beamten, Offizier a. II ⟨o.Obj.⟩ *seine Stellung aufgeben, sein Amt niederlegen, in den Ruhestand treten;* Syn. ⟨†⟩ *abdizieren;* der König, Minister dankte ab

Ab|dan|kung ⟨f.10⟩ 1 *Verzicht auf den Thron, Rücktritt;* Syn. *Abdikation* 2 ⟨schweiz.⟩ *Trauerfeier*

ab|dar|ben ⟨V.1, hat abgedarbt; mit Dat. (sich) und Akk.⟩ *sich etwas (vom Munde) a. etwas unter Entbehrungen sparen;* Syn. *absparen;* sich Geld für das Studium a.; sich das Brot für die Kinder a.

ab|decken ⟨-k|k-; V.1, hat abgedeckt; mit Akk.⟩ *etwas a.* 1 *die Bedeckung von etwas wegnehmen;* das Bett a.; der Sturm hat das Haus abgedeckt *das Dach weggerissen;* den Tisch a. *das Geschirr vom Tisch nehmen* 2 *decken, zudecken, schützend bedecken;* ein Blumenbeet, ein Bild a.; das damit abgedeckt es ist Deckung für die Schuld vorhanden, sie kann bezahlt werden; 3 *ein verendetes Tier a. ihm das Fell abziehen*

Ab|decker ⟨-k|k-; m.5⟩ *jmd., der gewerbsmäßig Tierleichen beseitigt und Teile davon weiterverarbeitet;* Syn. *Fallmeister, Schinder, Wasenmeister,* ⟨Rotw.⟩ *Kafiller* [eigtl. „jmd., der die Decke (Tierhaut) abzieht"]

Ab|decke|rei ⟨-k|k-; f.10⟩ *Anstalt zur Beseitigung von Tierkörpern;* Syn. *Tierkörperbeseitigungsanstalt*

ab|dich|ten ⟨V.1, hat abgedichtet; mit Akk.⟩ *eine Öffnung a. mit etwas schließen;* Fugen mit Werg a.

ab|die|nen ⟨V.1, hat abgedient; mit Akk.⟩ *eine Zeit, einen Zeitraum a. einen bestimmten Dienst während eines Zeitraums tun;* seine Militärzeit a.; er hat seine zwei Jahre abgedient

Ab|di|ka|ti|on ⟨f.10⟩ → *Abdankung (1)* [zu *abdizieren*]

ab|din|gen ⟨V.1, hat abgedingt; mit Akk. und Dat.⟩ 1 *jmdm. etwas a. durch Handeln von jmdm. erlangen*

ab|di|zie|ren ⟨V.3, hat abdiziert; o.Obj.; †⟩ → *abdanken* [< lat. *abdicere* „absagen, verweigern", < *ab...* „weg..." und *dicere* „sagen, sprechen"]

Ab|do|men ⟨n., -s, - oder -mi|na⟩ 1 ⟨beim Menschen⟩ *Bauch, Unterleib* 2 ⟨bei Gliedertieren⟩ *Hinterleib*

ab|do|mi|nal ⟨Adj., o. Steig.⟩ *das Abdomen betreffend, zu ihm gehörend*

ab|drän|gen ⟨V.1, hat abgedrängt; mit Akk.⟩ *zur Seite drängen, von etwas wegdrängen*

ab|dre|hen ⟨V.1⟩ I ⟨hat abgedreht; mit Akk.⟩ 1 *durch Drehen entfernen, lösen;* einen Knopf a. 2 *durch Drehen eines Hebels oder Schalters am Fließen bringen;* Wasser, Gas, Strom, Licht a.; Ggs. *andrehen* 3 *zu Ende drehen;* einen Film a. II ⟨ist abgedreht; o. Obj.; Mar., Flugw.⟩ *die Richtung ändern,* das Flugzeug drehte ab

Ab|drift ⟨f.10⟩ → *Abtrift*

Ab|druck ⟨m.1⟩ *Abbildung durch Druck* II ⟨m.2⟩ *Form, die ein Gegenstand durch Druck hinterläßt*

ab|drucken ⟨-k|k-; V.1, hat abgedruckt; mit Akk.⟩ *durch Drucken darstellen, abbilden, gedruckt erscheinen lassen;* einen Artikel in der Zeitung a.

ab|drücken ⟨-k|k-; V.1, hat abgedrückt⟩ I ⟨o.Obj.⟩ *durch Betätigung eines Hebels einen Schuß abfeuern* II ⟨mit Akk.⟩ 1 *etwas a. durch Drücken in eine weiche Masse abbilden;* einen Gegenstand in Wachs a. 2 *jmdn. a.* ⟨ugs.⟩ *herzlich an sich drücken und liebkosen* III ⟨mit Dat. und Akk.⟩ *jmdm. etwas a. schmerzhaft zusammendrücken;* sein Leiden drückt mir das Herz ab; Vorsicht, du drückst mir die Schlagader ab IV ⟨refl.⟩ *sich a. sich als Abdruck in einer weichen Masse zeigen;* sein Schuh hat sich im Schnee, im Boden abgedrückt

Ab|duk|ti|on ⟨f.10⟩ *Bewegung von der Körperachse weg, Abspreizen* [lat.]

Ab|duk|tor ⟨m.13⟩ *Streckmuskel;* Ggs. *Adduktor*

ab|dun|keln ⟨V.1, hat abgedunkelt; mit Akk.⟩ *dunkler machen;* ein Zimmer, ein Foto a.; den Ton im Lautsprecher a.

ab|du|zie|ren ⟨V.3, hat abduziert; mit Akk.⟩ *abspreizen* [< lat. *abducere* „wegziehen, wegführen", < *ab...* „weg..." und *ducere* „führen"]

ab|eb|ben ⟨V.1, ist abgeebbt; o.Obj.⟩ *weniger, leiser werden;* das Hochwasser, die Musik ebbt ab [→ *Ebbe*]

abe|ce|lich ⟨Adj., o. Steig.; eindeutschend für⟩ *alphabetisch*

abend ⟨Adv.⟩ *zur Zeit der Dämmerung bis Mitternacht;* heute, morgen a.; Dienstag a. *am Dienstag nach dem Abend*

Abend ⟨m.1⟩ 1 *Zeit zwischen Dämmerung und Mitternacht;* am A.; jmdm. einen guten A. wünschen; zu A. essen 2 *Veranstaltung in dieser Zeit;* geselliger, literarischer A. 3 ⟨†⟩ *Richtung des Sonnenuntergangs, Westen*

Abend|brot ⟨n., -(e)s, nur Sg.; norddt. und mdt.⟩ → *Abendessen*

aben|de|lang ⟨Adj., o. Steig.⟩ *sich über mehrere Abende hinziehend, mehrere Abende hindurch;* wir haben a. daran gearbeitet ⟨aber⟩ mehrere, viele Abende lang

Abend|es|sen ⟨n.7⟩ *späteste Mahlzeit des Tages;* Syn. *Abendbrot,* ⟨schwäb., österr.⟩ *Nachtessen, Nachtmahl*

abend|fül|lend ⟨Adj., o. Steig.⟩ *einen Abend lang dauernd, so lang, daß ein Abend darüber vergeht;* eine ~e Beschäftigung; das ist kein ~es Theaterstück

Abend|kas|se ⟨f.11⟩ *Stelle im Theater zum Verkauf von Karten kurz vor Beginn der Vorstellung am Abend*

Abend|land ⟨n., -(e)s, nur Sg.⟩ *Europa (als kulturgeschichtliche Einheit, auch mit Amerika);* Ggs. *Morgenland*

abend|län|disch ⟨Adj., o. Steig.⟩ *das*

Abendland betreffend, zu ihm gehörend; Ggs. *morgenländisch*

abend|lich ⟨Adj., o. Steig.⟩ *am Abend oder jeden Abend stattfindend;* ~e Mußestunde; ~er Spaziergang

Abend|mahl ⟨n.1; christl. Kirche⟩ *gottesdienstliche Handlung zum Gedenken an die letzte Mahlzeit Christi mit seinen Jüngern;* Syn. *Tisch des Herrn;* das heilige A.

Abend|pfau|en|au|ge ⟨n.14⟩ *ein Nachtfalter*

Abend|rot ⟨n., -(e)s, nur Sg.⟩, **Abend|rö|te** ⟨f., -, nur Sg.⟩ *Rötung des Himmels zur Zeit der Abenddämmerung;* Ggs. *Morgenrot, Morgenröte*

abends ⟨Adv.⟩ *am Abend, jeden Abend;* das tue ich nur a.; um 9 Uhr a.; spät a.; Dienstag a., dienstags a. *jeden Dienstag am Abend*

Abend|schu|le ⟨f.11⟩ *Bildungsstätte, in der Unterricht nach der Arbeitszeit erteilt wird*

Abend|seg|ler ⟨m.5⟩ *früh am Abend fliegende Fledermaus*

Abend|stern ⟨m., -, nur Sg.⟩ *der Planet Venus am Westhimmel;* vgl. *Morgenstern*

abend|wärts ⟨Adv.; poet.⟩ →*westwärts;* Ggs. *morgenwärts*

Abend|wei|te ⟨f.11⟩ *Winkelabstand eines Gestirns vom Westpunkt bei seinem Untergang;* Ggs. *Morgenweite*

Aben|teu|er ⟨n.5⟩ *1 Wagnis, gefährliches oder ungewöhnliches Ereignis, gefährliche Unternehmung.* A. bestehen; auf A. ausgehen *2 kurze (außereheliche) Liebesbeziehung* [< frz. *aventure* ,,unerwartetes Erlebnis", über vulgärlat. **aventura* ,,das, was geschehen wird" < lat. *advenire* ,,hinzu-, herankommen"]

Aben|teu|e|rin ⟨f.10⟩ →*Abenteurerin*

aben|teu|er|lich ⟨Adj.⟩ *1 mit Abenteuern verbunden;* ~e Reise *2 von Abenteuern handelnd;* ~e Geschichte *3 ungewöhnlich, unglaublich, unfaßbar;* es ist a., was dort geschieht

aben|teu|ern ⟨V.1, ist geabenteuert; o. Obj.; fast nur im Infinitiv⟩ *als Abenteurer durch die Welt ziehen;* ich möchte mal ein Jahr lang a.

Aben|teu|rer ⟨m.5⟩ *Mann, der viele Abenteuer erlebt hat, der ein abenteuerliches Leben liebt*

Aben|teu|re|rin ⟨f.10⟩ *weiblicher Abenteurer;* auch: *Abenteuerin*

aber I ⟨Konj.⟩ *1* ⟨Verneinung mit Zugeständnis⟩ *nicht hübsch, a. anziehend 2* ⟨Bejahung mit Einschränkung⟩ er wollte zahlen, hatte a. zu wenig Geld bei sich; ich komme um vier, kann a. nicht lange bleiben; ich fahre zwar viel Auto, a. nicht gern *3* ⟨Entgegenstellung⟩ es schneit zwar, a. wir gehen trotzdem hinaus; ich will a. (nicht)! *4* ⟨Verstärkung⟩ a. ja, a. nein, a. gern, a. sicher!; das ist a. schön!; das dauert a. lange *5* ⟨Beruhigung⟩ a., a., wer wird denn gleich weinen? **II** ⟨Adv.; †⟩ *wieder(um), noch einmal;* a. und abermals; hundert und a. hundert; ⟨österr.⟩ aberhundert; tausend und a. tausend; ⟨österr.⟩ abertausend

Aber ⟨n.5, a.pn. n.9⟩ *1 Einschränkung, Bedenken;* es gibt kein A.!; das Wenn und das A. *2 etwas, das Schwierigkeiten macht;* es ist ein A. dabei

Aber|glau|be(n) ⟨m.15⟩ *auf primitiven religiösen Vorstellungen beruhender Glaube* [< mhd. *abe* ,,weg von" und *Glaube,* also eigtl. ,,abweichender, falscher Glaube"]

aber|gläu|bisch ⟨Adj.⟩ *1 voller Aberglauben, am Aberglauben festhaltend;* ~er Mensch *2 auf Aberglauben beruhend;* ~e Vorstellungen

aber|hun|dert →*aber (II)*

ab|er|ken|nen ⟨V.67, hat aberkannt; mit Dat. und Akk.⟩ *jmdm. etwas a. erklären, daß jmdm. etwas nicht zusteht;* Syn. ⟨Rechtsw.⟩ *abjudizieren;* jmdm. ein Recht, eine Fähigkeit a.; ich erkenne es ihm ab, ⟨auch⟩ ich aberkenne es ihm

Ab|er|ken|nung ⟨f.10⟩ *das Aberkennen;* Syn. ⟨Rechtsw.⟩ *Abjudikation*

aber|ma|lig ⟨Adj., o. Steig.⟩ *nochmals geschehend, wiederum eintretend, erneut;* ein ~er Verstoß

aber|mals ⟨Adv.⟩ *wieder, noch einmal;* er hatte a. Glück

Ab|er|ra|ti|on ⟨f.10⟩ *1* ⟨allg.⟩ *Abweichung 2* ⟨Astron.⟩ *scheinbare Ortsveränderung eines Sterns 3* ⟨Optik⟩ **a** *sphärische A. Bildunschärfe* **b** *chromatische A. Farbabweichung* [< lat. *aberratio* ,,Abirrung"]

Aber|rau|te ⟨f.11⟩ →*Eberraute*

aber|tau|send →*aber (II)*

Aber|witz ⟨m., -es, nur Sg.⟩ *Wahnsinn, Wahnwitz* [< mhd. *abe* ,,weg von" und *witze* ,,Wissen, Einsicht, Verstand", also eigtl. ,,mangelndes Wissen, Unverstand"]

aber|wit|zig ⟨Adj.⟩ *so kühn, daß es verrückt ist, wahnsinnig, unsinnig;* eine ~e Vorstellung; ~er Geschwindigkeit

ab|es|sen ⟨V.31, hat abgegessen; mit Akk.⟩ *1 leer essen;* den Teller a.; noch lange am abgegessenen Tisch sitzen *am Tisch, auf dem noch die Reste der Mahlzeit und das Geschirr stehen 2 durch Essen verbrauchen;* die 15 DM hat man schnell abgegessen

ab|fah|ren ⟨V.32, 1 hat abgefahren; mit Akk.⟩ *mit einem Fahrzeug wegbringen;* Waren, Schnee, Schutt a.; Ggs. *anfahren* **II** ⟨ist abgefahren; auch: hat abgefahren; mit Akk.⟩ *eine Strecke a. prüfend eine bestimmte Strecke fahren* **III** ⟨hat abgefahren; mit Dat. und Akk.⟩ *jmdm. ein Glied a. durch Überfahren abtrennen;* ihm wurde ein Bein abgefahren **IV** ⟨ist abgefahren; o.Obj.⟩ *1 sich fahrend, im Fahrzeug entfernen;* der Zug ist abgefahren; wir sind heute morgen um 10 Uhr abgefahren *2 unfreundlich abgewiesen werden;* jmdn. a. lassen *unfreundlich abweisen 3* ⟨derb⟩ *sterben;* er wird wohl bald a. *4* ⟨ugs.⟩ *begeistert sein;* da fahr' ich voll drauf ab **V** ⟨refl.⟩ *sich a. durch Fahren, Rollen abnutzen;* diese Reifen fahren sich schnell ab

Ab|fahrt ⟨f.10⟩ *1 Beginn einer Fahrt, Abreise 2* ⟨Schilauf⟩ *a Fahrt bergab* **b** *zum Fahren geeigneter Hang* **c** ⟨kurz für⟩ *Abfahrtslauf*

Ab|fahrts|lauf ⟨m.2⟩ *alpiner Schiwettbewerb, bei dem eine Strecke bergab in kürzester Zeit zu fahren ist*

Ab|fall ⟨m.2⟩ *1* ⟨nur Sg.⟩ *Lossagung;* A. vom Glauben, von einer Partei *2 das Abfallen, Sichsenken (eines Geländes) 3 Reste, übrigbleibende, nicht weiter verwertbare Stoffe;* A., Abfälle beseitigen

ab|fal|len ⟨V.33, ist abgefallen; o.Obj.⟩ *1 herunterfallen;* die Früchte fallen schon ab *2 sich neigen, niedriger werden;* das Gelände fällt hier etwas steil ab *3 nebenbei übrigbleiben;* für dich wird auch etwas, ein Trinkgeld a. (ugs.); beim Zuschneiden fällt viel, wenig Stoff ab *4 an Gewicht verlieren;* er ist durch seine Krankheit sehr abgefallen *5 gegen jmdn. neben einem a. weniger gut als einem sein oder aussehen 6 vom Glauben a. den religiösen Glauben verlieren, nicht mehr glauben*

ab|fäl|lig ⟨Adj.⟩ *abwertend, herabsetzend, verächtlich;* a. über jmdn. oder etwas reden, urteilen

ab|fan|gen ⟨V.34, hat abgefangen; mit Akk.⟩ *1 etwas a.* **a** *auf dem Weg zum Ziel wegnehmen, nicht in jmds. Hände gelangen lassen;* einen Brief, eine Nachricht a. **b** *geschickt annehmen und dadurch seine Wucht mildern;* einen Schlag, Stoß, Angriff a. **c** *stützen und dadurch das Gewicht verteilen;* die Decke eines Raumes a. *2 jmdn. a. jmdn. vor seinem Ziel erwarten und aufhalten;* einen Boten a. *3 Wild a. ihm den Fangstoß geben*

ab|fas|sen ⟨V.1, hat abgefaßt; mit Akk.⟩ *etwas a. schriftlich formulieren;* der Text ist geschickt, ungeschickt, in englischer Sprache abgefaßt

ab|fei|ern ⟨V.1, hat abgefeiert; mit Akk.; ugs.⟩ *Überstunden a. sie sich nicht bezahlen lassen, sondern Freizeit dafür nehmen*

ab|fer|ti|gen ⟨V.1, hat abgefertigt; mit Akk.⟩ *1 etwas a. zur Abfahrt, zum Versand o. ä. fertig machen;* ein Fahrzeug, Gepäck a. *2 jmdn. a. kontrollieren und bedienen;* Kunden am Schalter, Fahr-, Fluggäste a.; jmdn. kurz a. *unfreundlich bedienen, jmds. Fragen kurz beantworten und ihn dann entlassen*

Ab|fer|ti|gung ⟨f.10⟩ *das Abfertigen, das Abgefertigtwerden*

ab|fin|den ⟨V.36, hat abgefunden⟩ **I** ⟨mit Akk.⟩ *jmdn. a. jmds. Ansprüche ein für allemal befriedigen;* jmdn. mit einer Geldsumme a. **II** ⟨refl.⟩ *sich mit etwas a. sich der notgedrungen mit etwas zufriedengeben 2 sich mit jmdm. a. jmds. Anwesenheit, Mitarbeit o. ä. notgedrungen ertragen*

Ab|fin|dung ⟨f.10⟩ *Zahlung als Ausgleich für einen Anspruch*

ab|flau|en ⟨V.1, ist abgeflaut; o.Obj.⟩ *weniger werden, nachlassen;* der Wind, die Nachfrage, der Lärm flaut ab

ab|flie|ßen ⟨V.40, ist abgeflossen; o.Obj.⟩ *weg-, nach unten fließen*

Ab|flug ⟨m.2⟩ *Beginn des Fluges*

Ab|fluß ⟨m.2⟩ *1* ⟨nur Sg.⟩ *das Abfließen 2 Öffnung (durch die etwas abfließt);* A. einer Spüle, eines Teiches

ab|fluß|los ⟨Adj., o. Steig.⟩ *ohne Abfluß;* ~e Trockengebiete, Binnenseen

Ab|fol|ge ⟨f.11⟩ *Reihenfolge*

ab|for|dern ⟨V.1, hat abgefordert; mit Dat. und Akk.⟩ *jmdm. etwas a. nachdrücklich etwas von jmdm. fordern*

ab|fra|gen ⟨V.1, hat abgefragt⟩ **I** ⟨mit Akk. und Akk.⟩ *jmdn. etwas a. durch systematisches Fragen prüfen, ob jmd. etwas gelernt hat;* jmdn. Vokabeln a. **II** ⟨mit Akk.; EDV, Nachrichtentechnik⟩ *etwas a. durch Fragen die Funktion von etwas ermitteln;* Signale a.

Ab|fuhr ⟨f.10⟩ *1 das Abfahren, Wegbringen mit einem Fahrzeug 2* ⟨übertr.⟩ *schroffe Zurückweisung;* sich eine (, bei jmdm.) holen

ab|füh|ren ⟨V.1, hat abgeführt⟩ **I** ⟨mit Akk.⟩ *1 jmdn. a. wegführen und in Gewahrsam bringen;* einen Täter a. *2 etwas a.* **a** *wegführen, wegleiten;* Dampf, Gas a. **b** *regelmäßig und pflichtgemäß abgeben, zahlen;* Beiträge, Steuern, Geld a. **II** ⟨o.Obj.⟩ *1 den Stuhlgang herbeiführen, fördern;* dieser Tee führt ab *2 in eine andere, in die falsche Richtung führen;* dieser Weg führt (vom Ziel) ab

Ab|führ|mit|tel ⟨n.5⟩ *Mittel, das die Darmentleerung fördert;* Syn. *Laxans, Laxativ, Laxativum, Purgans*

ab|fül|len ⟨V.1, hat abgefüllt; mit Akk.⟩ *in kleinere Behälter füllen;* Bonbons in Tüten, Wein in Flaschen a.

ab|füt|tern ⟨V.1, hat abgefüttert; mit Akk.⟩ *1 Vieh a. füttern 2 jmdn. a. jmdm. lieblos und rasch zu essen geben;* Gäste a.; die Kinder vor dem Empfang der Gäste a. *3 ein Kleidungsstück a. füttern*

Ab|ga|be ⟨f.11⟩ *1* ⟨nur Sg.⟩ *das Abgeben 2* ⟨Pl.⟩ *~n regelmäßige Zahlungen an eine öffentlichrechtliche Einrichtung (z. B. Steuern, Versicherungsbeiträge)*

Ab|gang ⟨m.2⟩ *1* ⟨allg.⟩ *das Abgehen, Weggehen* **a** *Verlassen eines Raumes;* A. von der Bühne; sich einen guten A. verschaffen, sichern **b** *Verlassen eines Wirkungskreises;* A. eines Ministers **c** *Verlassen einer Institution;* A. von der Schule **d** *Abfahrt;* kurz vor A. des Zuges **e** *Ausscheidung;* A. von Nierensteinen **f** *das Abgeschicktwerden;* nach A. der Post *2* ⟨nur Sg.⟩ *Schwund, Verlust;* es gibt heuer viel A. beim Obst *3 Fehlgeburt;* einen A. haben *4 Todesfall;* mehrere Abgänge an einem Tag *5* ⟨bes. österr.⟩ *jmd., der*

Abgänger

ab-, weggeht; wir haben dieses Jahr viele Abgänge (von der Schule) **6** ⟨derb⟩ Samenerguß

Ab|gän|ger ⟨m.5⟩ jmd., der aus der Schule entlassen wird (Schul-)

ab|gän|gig ⟨Adj., o.Steig.⟩ *vermißt;* es sind drei Bergsteiger a.

Ab|gas ⟨n.1⟩ bei Verbrennungsvorgängen entweichendes Gas, Auspuffgas

Ab|gas|ka|ta|ly|sa|tor ⟨m.13⟩ Vorrichtung zur Senkung des Gehalts an Stickstoffoxiden und Kohlenmonoxid im Abgas von Kraftfahrzeugmotoren

ab|ge|ben ⟨V.45, hat abgegeben⟩ **I** ⟨mit Akk.⟩ **1** etwas a. **a** *weggeben, jmdm. geben;* einen Teil von etwas a.; einen Brief a. (bei der Wahl) seine Stimme a.; den Mantel in der Garderobe a.; den Ball a. *einem Mitspieler zuspielen;* Ware billiger a. **b** *ausdrücken, formulieren;* eine Erklärung a. **c** *ausstrahlen;* das Gerät gibt Wärme ab **d** *als etwas dienen;* die Ruine gibt einen schönen Hintergrund für das Theaterspiel; der Wollrest gibt noch eine Mütze ab **2** jmdn. a. ⟨ugs.⟩ *jmdn. einem andern überlassen;* Arbeitskräfte, einen Mitarbeiter a. **b** *eine Rolle als jmd. spielen;* er wird einmal einen guten Arzt a.; ich habe bei dem Streit den Vermittler abgegeben **II** ⟨refl.⟩ sich mit etwas oder jmdm. a. *sich beschäftigen*

ab|ge|brannt ⟨Adj., o.Steig.⟩ *ohne Geldmittel;* ich bin (völlig) a.

ab|ge|brüht ⟨Adj., ugs.⟩ **1** *abgestumpft und daher moralisch unempfindlich* **2** *erfahren, gerissen;* ~er Geschäftsmann

ab|ge|dro|schen ⟨Adj.⟩ *durch allzu häufige Wiederholung seit langer Zeit nichtssagend geworden;* ~e Redensart

ab|ge|feimt ⟨Adj.⟩ *sehr schlau, raffiniert;* (meist in der Fügung) ein ~er Bösewicht

ab|ge|fuckt ⟨[-fakt] Adj., vulg.⟩ *heruntergekommen* [< engl. (Slang) *fucked up* ,,verpfuscht, verwirrt'']

ab|ge|grif|fen ⟨Adj.⟩ *durch häufige Wiederholung nicht mehr wirkungsvoll oder bildhaft;* ~er Ausdruck; ~e Redensart

ab|ge|hackt ⟨Adj.⟩ *in kurzen, oft nur halben Sätzen;* ~e Redeweise; a. sprechen

ab|ge|hen ⟨V.47, ist abgegangen⟩ **I** ⟨o.Obj.⟩ **1** *weggehen, sich entfernen, den Schauplatz, einen Ort verlassen;* (geht ab) (als Regieanweisung) verläßt die Bühne; der Zug ist schon abgegangen; von der Schule a. *die Schule für immer verlassen;* der verschluckte Kirschkern ist mit dem Kot abgegangen **2** *sich ablösen;* der Knopf, die Farbe ist abgegangen **3** *wegführen, abzweigen;* hier geht ein Weg ab **4** *verkauft werden;* die neuen Stoffe gehen gut ab **5** *abgezogen, abgerechnet werden;* von dem Betrag gehen 5% Spesen ab; von der Ware gehen 20 g für die Verpackung ab **II** ⟨mit Dat.⟩ jmdm. a. *fehlen (und Sehnsucht verursachen);* der Junge geht mir ab; das verliehene Fahrrad geht mir ab **III** ⟨mit Präp.obj.⟩ von etwas a. *von etwas abweichen, etwas verlassen;* von der Wahrheit, von einer Meinung, einem Standpunkt a. **IV** ⟨mit Akk.⟩ eine Strecke a. *prüfend eine Strecke gehen;* ein Grundstück a. *prüfend um ein Grundstück herumgehen*

ab|ge|kämpft ⟨Adj.⟩ **1** *eigtl. durch Kämpfen abgeschöpft* **2** ⟨allg.⟩ *durch Anstrengung ermüdet*

ab|ge|kartet ⟨Adj., o.Steig.⟩ ⟨zu jmds. Nachteil⟩ heimlich verabredet; ~e Sache

ab|ge|klärt ⟨Adj.⟩ *durch Erfahrung, Erkenntnis gereift, weise*

ab|ge|lebt ⟨Adj., o.Steig.⟩ **1** ⟨†⟩ *altersschwach* **2** *längst vergangen;* in ~en Zeiten

ab|ge|legen ⟨Adj.⟩ *weit entfernt von Verkehrswege*

ab|gel|ten ⟨V.49, hat abgegolten; mit Akk.⟩ *bezahlen, ausgleichen;* eine Schuld, einen Verlust a.; seine Leistung ist damit abgegolten

ab|ge|neigt ⟨Adj.⟩ *keine Lust habend, ablehnend;* (meist verneinend) nicht a. sein, etwas zu tun *es nicht ablehnen, etwas zu tun, etwas vielleicht tun wollen;* einer Sache nicht a. sein *einer Sache nicht ablehnend gegenüberstehen*

Ab|ge|ord|ne|ten|haus ⟨n.4⟩ **1** *Gebäude für die Tagungen der Abgeordneten* **2** *Gesamtheit der Abgeordneten*

Ab|ge|ord|ne|ten|kam|mer ⟨f.11⟩ *Gesamtheit der Abgeordneten*

Ab|ge|ord|ne|te(r) ⟨m., f.17 bzw. 18⟩ jmd., der von einer Partei abgeordnet und vom Volk in eine parlamentarische Institution gewählt worden ist

Ab|ge|sand|te(r) ⟨m., f.17 bzw. 18⟩ jmd., der von einer Gruppe mit bestimmtem Auftrag abgesandt worden ist

Ab|ge|sang ⟨m.2⟩ **1** (im Meistergesang) letzter Teil der Strophe; Ggs. Aufgesang **2** ⟨übertr.⟩ letztes Werk (eines Dichters)

ab|ge|schie|den ⟨Adj.⟩ *weit entfernt (vom Weltgetriebe), einsam und still gelegen*

Ab|ge|schie|den|heit ⟨f., -, nur Sg.⟩ *stille, einsame Lage weitab vom Lärm der Welt*

ab|ge|schla|gen ⟨Adj.⟩ *matt, müde (bes. während einer Krankheit)*

ab|ge|schmackt ⟨Adj.⟩ *fad, geistlos, unangebracht und dumm;* ~es Gerede

Ab|ge|schmackt|heit ⟨f., -, nur Sg.⟩

ab|ge|spannt ⟨Adj.⟩ *müde, erschöpft*

Ab|ge|spannt|heit ⟨f., -, nur Sg.⟩

Ab|ge|stumpft|heit ⟨f., -, nur Sg.⟩ *das Abgestumpftsein*

ab|ge|ta|kelt ⟨Adj.⟩ **1** (bei Schiffen) *außer Betrieb* **2** ⟨übertr.⟩ *nicht mehr lebensvoll, verblüht, mit welker Haut, vernachlässigt;* eine ~e Frau; sie sieht a. aus; Ggs. aufgetakelt [→abtakeln]

ab|ge|tan → abtun

ab|ge|trie|ben → abtreiben

ab|ge|win|nen ⟨V.53, hat abgewonnen; mit Dat. und Akk.⟩ einer Sache etwas a. *Gefallen an einer Sache finden;* jeder Sache etwas Positives a.; ich kann dem nichts a.

ab|ge|wöh|nen ⟨V.1, hat abgewöhnt; mit Dat. und Akk.⟩ jmdm. oder sich etwas a. *jmdn. oder sich dazu bringen, eine Gewohnheit abzulegen;* sich das Rauchen, einem Kind eine Unart a.

ab|ge|zir|kelt ⟨Adj., ugs.⟩ (über)genau abgemessen; die Blumenbeete sehen so a. aus; ~e Sprechweise *Sprechweise in wohlgesetzten Worten*

ab|gie|ßen ⟨V.54, hat abgegossen; mit Akk.⟩ etwas a. **1** *den oberen Teil von etwas ausgießen (so daß nur der Bodensatz bleibt);* Tee a. **2** *durch Gießen nachbilden;* eine Form, eine Büste a. **3** *Wasser von etwas weggießen;* Kartoffeln, Gemüse a.

Ab|glanz ⟨m., -es, nur Sg.⟩ **1** *zurückgeworfener Glanz, Widerschein* **2** *letzter Glanz (von etwas, das verschwunden ist), letzter schöner Rest;* ein (schwacher) A. der einstigen Herrlichkeit

Ab|gott ⟨m.4⟩ **1** *falscher Gott, Götze* **2** ⟨übertr.⟩ *leidenschaftlich verehrte geliebte Person;* der Sänger ist ihr A.; das Kind ist sein A. [< mhd. *abe* ,,weg von'' und *Gott*, also eigtl. ,,falscher Gott'']

ab|göt|tisch ⟨Adj., o.Steig.⟩ *wie einen Abgott;* sie liebt das Kind a.

Ab|gott|schlan|ge ⟨f.11⟩ *südamerikanische Riesenschlange*

ab|gra|ben ⟨V.58, hat abgegraben⟩ **I** ⟨mit Akk.⟩ *Gruben, Gräbenziehen wegleiten;* Wasser a. **II** ⟨mit Dat. und Akk.⟩ jmdm. das Wasser a. ⟨übertr.⟩ *jmds. Wirksamkeit behindern, seine Existenz bedrohen*

ab|gra|sen ⟨V.1, hat abgegrast; mit Akk.⟩ **1** *eine Wiese a. das Gras von einer Wiese abweiden, abfressen* **2** *ein Wissensgebiet a.* ⟨übertr.⟩ *es eingehend bearbeiten, so daß ein anderer nichts Neues mehr darüber sagen kann*

Ab|grund ⟨m.2⟩ **1** *steile und sehr tiefe Senke im Boden* **2** ⟨übertr.⟩ *tiefer, dunkler Bereich;* die Abgründe der menschlichen Seele, des menschlichen Daseins **3** ⟨übertr.⟩ *großes Ausmaß;* ein A. von Verworfenheit

ab|grün|dig ⟨Adj., o.Steig.⟩ **1** *tief und dunkel und dadurch rätselhaft* **2** *undurchschaubar;* a. lächeln

ab|grund|tief ⟨Adj., o.Steig.⟩ **1** *tief wie ein Abgrund* **2** ⟨übertr.⟩ *sehr tief, sehr groß;* ~er Haß; ~e Verachtung

ab|gucken ⟨-k·k-; V.1, hat abgeguckt⟩ **I** ⟨mit Dat. und Akk.⟩ jmdm. etwas a. *durch Schauen von jmdm. lernen;* Syn. *absehen;* diesen Trick habe ich ihm abgeguckt **II** ⟨o.Obj.; Schülerspr.⟩ *(bei einer Klassenarbeit) dem Nachbarn ins Heft schauen und dasselbe schreiben;* du hast abgeguckt!

Ab|gunst ⟨f., -, nur Sg.; †⟩ *Mißgunst*

Ab|guß ⟨m.2⟩ *dreidimensionale Abformung (eines Kunstgegenstandes, einer Versteinerung)*

Abh. ⟨Abk. für⟩ Abhandlung

ab|ha|ben ⟨V.60, hat abgehabt; mit Akk.; ugs.⟩ **1** *den Hut, die Mütze a. nicht auf dem Kopf haben;* Ggs. *aufhaben* **2** (nur im Infinitiv) etwas a. *wollen einen Teil haben wollen;* er will von allem etwas a.

ab|ha|ken ⟨V.1, hat abgehakt; mit Akk.⟩ etwas a. **1** *etwas durch einen Haken Befestigtes abnehmen* **2** *durch einen Haken kennzeichnen;* Namen auf einer Liste a.

ab|hal|tern ⟨V.1, hat abgehalftert; mit Akk.⟩ **1** *ein Pferd a. ihm das Halfter abnehmen* **2** jmdn. a. ⟨übertr., ugs.⟩ *ihm sein Amt, seine Wirksamkeit nehmen, ihn aus seiner Stellung drängen;* einen Liebhaber a.

ab|hal|ten ⟨V.61, hat abgehalten⟩ **I** ⟨mit Akk.⟩ **1** etwas a. **a** *von sich weg halten* **b** *hindern, weder oder hereinzukommen;* Regen, Lärm, Wind u. Fliegen a. **c** *veranstalten, stattfinden lassen;* den Gottesdienst, Unterricht a. **2** ein Kind a. *es zur Verrichtung seiner Notdurft halten* **3** jmdn. (von etwas) a. *jmdn. hindern, etwas zu tun;* jmdn. von der Arbeit a.; lassen Sie sich einen unbesonnenen Schritt nicht a.! ich will Sie nicht stören! **II** ⟨mit Präp.obj.⟩ sich von etwas a. ⟨Mar.⟩ *sich von etwas entfernt halten, wegsteuern;* von der Küste a.; sich von den Klippen a.

Ab|hal|tung ⟨f.10⟩ *Ablenkung, Verhinderung;* eine Menge ~en haben *vieles vorhaben, was andere Tätigkeiten verhindert*

ab|han|deln ⟨V.1, hat abgehandelt⟩ **I** ⟨mit Akk.⟩ etwas a. *(wissenschaftlich) über etwas schreiben;* ein Thema a. **II** ⟨mit Dat. und Akk.⟩ jmdm. etwas a. *durch Handeln von jmdm. erlangen;* Syn. *abmarkten*

ab|han|den ⟨Adv.; nur in der Fügung⟩ a. kommen *verlorengehen*

Ab|hand|lung ⟨f.10; Abk.: Abh.⟩ *schriftliche wissenschaftliche Arbeit*

Ab|hang ⟨m.2⟩ *stark geneigter Hang*

ab|hän|gen I ⟨V.1, hat abgehangen; mit Akk.⟩ **1** etwas a. Ggs. *anhängen* **a** *vom Haken nehmen;* Bilder a. **b** *von der Befestigung lösen;* einen Eisenbahnwagen a. **2** jmdn. a. ⟨ugs.⟩ *sich von jmdm. lösen, ihm entfliehen, ihn hinter sich lassen;* einen Begleiter a. **II** ⟨V.62, hat abgehangen; o.Obj.⟩ *Fleisch hängt ab hängt einige Zeit, bis es gut genießbar ist* **III** ⟨V.62, hat abgehangen; mit Präp.obj.⟩ **1** von etwas a. *durch etwas bestimmt sein;* der Erfolg hängt von seinem Geschick ab; ob wir mitkommen, hängt davon ab, ob... **2** von jmdm. a. *jmdm. angewiesen sein, jmdm. unterworfen sein, tun müssen, was jmd. will*

ab|hän|gig ⟨Adj.⟩ **1** *unselbständig, untergeordnet;* ~er Satz *Nebensatz;* sich in ~er Stellung befinden **2** *süchtig (drogen-)* **3** von etwas a. sein **a** *durch etwas bestimmt sein; das* ist von den Umständen a.; das ist davon a., ob... **b** *so stark an etwas gewöhnt sein, daß man nicht mehr davon loskommt;* vom Alkohol a. sein **4** *von jmdm. a. sein auf jmdn. angewiesen sein, von jmdm. wirtschaftlich erhalten werden;* er ist noch von den Eltern, sie ist von ihrem Mann a.

Ab|hän|gig|keit ⟨f.10⟩ **1** *das Abhängigsein* (Drogen~) **2** *abhängige Stellung;* sich in (eine) A. begeben; *sich von etwas oder jmdm. abhängig machen;* sich von einer A. in die andere begeben

ab|här|ten ⟨V.2, hat abgehärtet; mit Akk.⟩ *jmdn., seinen Körper, sich a. widerstandsfähig machen, bes. gegen Kälte;* sich gegen Einflüsse, Gefühle a.

ab|hau|en ⟨V.63⟩ **I** ⟨hat abgehauen; mit Akk.⟩ **1** *durch Hauen abtrennen;* Äste a. **II** ⟨hat abgehauen, o.Obj.⟩ *Schülerspr.* →*abgucken (II)* **III** ⟨ist abgehauen; o.Obj.; ugs.⟩ *ausreißen, fliehen;* hau ab! *mach, daß du wegkommst!, verschwinde!*

ab|he|ben ⟨V.64, hat abgehoben⟩ **I** ⟨mit Akk.⟩ *heben und wegnehmen;* den Deckel a. *Geld a. vom Konto wegnehmen;* Karten a. *einige Karten vom Kartenstoß nehmen und darunterlegen* **II** ⟨o.Obj.⟩ **1** *sich in die Luft erheben;* ein Flugzeug, ein Vogel hebt sich ab **2** ⟨ugs.⟩ *ein Glücksgefühl haben;* ich glaub', ich heb' ab **III** ⟨refl.⟩ *sich von etwas unterscheiden, einen Gegensatz zu etwas bilden;* die Farben heben sich gut, zu wenig (voneinander) ab **IV** ⟨mit Präp.obj.⟩ auf etwas a. *deutlich auf etwas hinweisen;* der Redner hob auf die Frage der Abfallverwertung ab

ab|hel|fen ⟨V.66, hat abgeholfen; mit Dat.⟩ einer Sache a. *sie bessern, beseitigen;* einem Übel, Mißstand a.; einem Bedürfnis a. *es befriedigen;* dem Kranken a. *kann nicht abgeholfen werden*

ab|het|zen ⟨V.1, hat abgehetzt; mit Akk.⟩ Syn. *abjagen (I)* **1** *ein Zug-, Reittier a. bis zur Erschöpfung antreiben* **2** *sich a. sich bis zur Erschöpfung beeilen;* abgehetzt sein *außer Atem, erhitzt und erschöpft sein*

Ab|hil|fe ⟨f., -, nur Sg.⟩ *Hilfe (gegen Schwierigkeiten, Übelstände);* A. schaffen; für A. sorgen

Ab|hit|ze ⟨f., -, nur Sg.⟩ *im Abgas noch enthaltene Wärmeenergie*

ab|ho|len ⟨V.1, hat abgeholt; mit Akk.⟩ **1** etwas a. *von einem Ort holen;* ein Paket von, bei der Post a.; ich hole die Bücher morgen a. **2** jmdn. a. *sich mit jmdm. treffen und ihn dann begleiten;* ich hole dich vom Bahnhof, zu Hause ab **3** *verhaften und in polizeilichen Gewahrsam bringen;* man hat ihn gestern abgeholt

ab|hol|zen ⟨V.1, hat abgeholzt; mit Akk.⟩ einen Wald a. *alle Bäume eines Waldes fällen* **Ab|hol|zung** ⟨f.10⟩

ab|hor|chen ⟨V.1; verstärkend für⟩ →*abhören (I,1,II,1)*

ab|hö|ren ⟨V.1, hat abgehört⟩ **I** ⟨mit Akk.⟩ **1** *prüfend anhören;* eine Rundfunksendung, Schallplatte a. **2** *heimlich belauschen;* Syn. *abhorchen;* Telefongespräche a. **II** ⟨mit Akk. oder mit Dat. und Akk.⟩ jmdn. a. oder jmdm. etwas a. **1** *mittels Ohr oder Hörrohr auf krankhafte Geräusche im Innern hin prüfen;* Syn. *abhorchen, auskultieren;* einen Kranken a.; dem Kranken die Lunge a. **2** *jmdn. fragen, um zu prüfen, ob er etwas gelernt hat;* kannst du mich bitte a.?; jmdm. die Vokabeln a.

Ab|hör|ge|rät ⟨n.1⟩ *versteckt angebrachtes Gerät, das über ein Mikrofon Gespräche unbemerkt aufnimmt*

Ab|hub ⟨m., -s, nur Sg.; †⟩ *Abschaum* [eigtl. „das, was abgehoben (und entfernt) wird"]

Abi|li|ty [ˈəbɪ-] ⟨f., -, -ties; Psych.⟩ *Fähigkeit des Menschen, aufgrund einer Veranlagung (ohne Schulung) eine Tätigkeit auszuüben* [< engl. *ability* „Fähigkeit"]

Abio|ge|ne|se, Abio|ge|ne|sis ⟨f., -, nur Sg.; †⟩ *Urzeugung, Zeugung aus unbelebter Materie* [< griech. *a...* „nicht", *bios* „Leben" und *genesis* „Entstehung"]

Abio|se ⟨f., -, nur Sg.⟩ *Leblosigkeit, Lebensunfähigkeit* [< griech. *a...* „nicht" und *bios* „Leben"]

abio|tisch ⟨Adj., o.Steig.⟩ *leblos*

Abio|tro|phie ⟨f.11⟩ *vorzeitiges Absterben von Geweben* [< griech. *a...* „nicht", *bios* „Leben" und ...*trophie*]

ab|ir|ren ⟨V.1, ist abgeirrt; o.Obj.⟩ *unabsichtlich abweichen, eine falsche Richtung einschlagen;* seine Gedanken irrten immer wieder a.

Ab|i|tur ⟨n., -s nur Sg.⟩ *Abschlußprüfung an der höheren Schule;* Syn. *Reifeprüfung,* ⟨österr., schweiz.⟩ *Matura,* ⟨†⟩ *Maturum* [< lat. *abitur* „man geht weg", zu *abire* „weggehen"]

Ab|i|tu|ri|ent ⟨m.10⟩ *jmd., der das Abitur ablegt oder abgelegt hat;* Syn. ⟨schweiz.⟩ *Maturand,* ⟨österr.⟩ *Maturant*

ab|ja|gen ⟨V.1, hat abgejagt⟩ **I** →*abhetzen* **II** ⟨mit Dat. und Akk.⟩ **1** jmdm. etwas a. **a** *durch energisches Zureden von ihm erlangen;* sie hat das Geld abgejagt **b** *durch Verfolgen und rasches Zugreifen wegnehmen;* einem Dieb seine Beute wieder a. **c** *durch Schnelligkeit und Geschicklichkeit wegnehmen;* dem Gegner den Ball a. **2** jmdm. etwas a. *durch Konkurrenz jmdm. wegnehmen;* jmdm. Kunden a.

Ab|ju|di|ka|ti|on ⟨f.10; Rechtsw.⟩ *Aberkennung;* Ggs. *Adjudikation* [→*abjudizieren*]

ab|ju|di|zie|ren ⟨V.3, hat abjudiziert; mit Dat. und Akk.⟩ jmdm. etwas a. *aberkennen;* Ggs. *adjudizieren* [< lat. *abiudicare* „aberkennen", < *ab...* „weg..." und *iudicare* „Recht sprechen, urteilen"]

Ab|kant|ma|schi|ne ⟨f.11⟩ *Biegemaschine (für Bleche)*

ab|kan|zeln ⟨V.1, hat abgekanzelt; mit Akk.⟩ *barsch tadeln* [eigtl. „von der Kanzel herab tadeln"]

ab|kap|seln ⟨V.1, hat abgekapselt; refl.⟩ sich a. **1** *sich mit einer Hülle umgeben;* Krankheitserreger kapseln sich ab **2** ⟨übertr.⟩ *sich von der Umwelt absondern*

ab|kau|fen ⟨V.1, hat abgekauft; mit Dat. und Akk.⟩ jmdm. etwas a. **1** *etwas von jmdm. kaufen* **2** ⟨übertr., ugs.⟩ *jmdm. etwas glauben;* das kaufe ich dir nicht ab!

Ab|kehr ⟨f., -, nur Sg.⟩ *das Sichabkehren, Abwendung*

ab|ket|ten ⟨V.1⟩, **ab|ket|ten** ⟨V.2, hat abgekette(l)t; mit Akk.⟩ Maschen a. *(auf der letzten Reihe) so verschlingen, daß sie sich nicht mehr lösen können*

ab|klap|pern ⟨V.1, hat abgeklappert; mit Akk.; ugs.⟩ *der Reihe nach aufsuchen (um etwas zu verkaufen, zu erfahren oder zu bekommen);* ich habe alle Läden, Häuser, Kunden abgeklappert

Ab|klatsch ⟨m.1⟩ **1** ⟨früher⟩ *Korrekturabzug, der durch Auflegen von feuchtem Papier auf den Satz und Klatschen oder Klopfen mit einer Bürste hergestellt wurde* **2** ⟨übertr.⟩ *unschöpferische Nachahmung*

ab|klin|gen ⟨V.69, ist abgeklungen, o.Obj.⟩ *nachlassen, geringer, schwächer werden;* ein Schmerz, eine Krankheit klingt ab.

ab|klop|fen ⟨V.1, hat abgeklopft⟩ **I** ⟨mit Akk.⟩ **1** etwas a. **a** *durch Klopfen beseitigen;* Staub a. **b** *durch Klopfen auf etwas hin untersuchen;* ein Wort auf seine möglichen Bedeutungen hin a.; eine Behauptung auf ihre Stichhaltigkeit hin a. **2** etwas od. jmdn. a. ⟨Med.⟩ *durch Klopfen auf krankhaft angesammelte Flüssigkeit im Innern prüfen;* Syn. ⟨ugs.⟩ *beklopfen;* die Lunge, einen Kranken a. **II** ⟨o.Obj.⟩ **1** *durch Klopfen mit dem Taktstock das Spiel unterbrechen;* der Dirigent klopfte mehrmals ab **2** ⟨Judo u. ä.⟩ *durch Klopfen mit den Fingern dem Gegner anzeigen, daß man im Kampf aufgibt*

ab|knal|len ⟨V.1, hat abgeknallt; mit Akk.; ugs.⟩ *sinnlos erschießen*

ab|knap|pen, ab|knap|sen ⟨V.1, hat abgeknappt, abgeknapst; mit Dat. und Akk.⟩ jmdm. etwas a. *in kleiner Menge entziehen;* jmdm. etwas vom Lohn, von der Verpflegung a.; er will mir 20 DM a.

ab|knöp|fen ⟨V.1, hat abgeknöpft⟩ **I** ⟨mit Akk.⟩ etwas a. *durch Öffnen des Knopfverschlusses abnehmen;* die Hosenträger a. **II** ⟨mit Dat. und Akk.⟩ jmdm. etwas a. ⟨übertr., ugs.⟩ *durch Zureden oder Bitten von ihm erlangen*

ab|knut|schen ⟨V.1, hat abgeknutscht; mit Akk.; ugs.⟩ *heftig und lange küssen*

ab|ko|chen ⟨V.1, hat abgekocht⟩ **I** ⟨mit Akk.⟩ *kurz kochen* **II** ⟨o.Obj.⟩ *im Freien (beim Lagern) kochen*

Ab|ko|chung ⟨f.10; Pharm.⟩ *durch Kochen gewonnener Auszug aus Pflanzenteilen;* Syn. *Absud, Dekokt*

ab|kom|man|die|ren ⟨V.3, hat abkommandiert; mit Akk.⟩ jmdn. a. *durch Befehl zu einer anderen Dienststelle oder Verwendung versetzen*

ab|kom|men ⟨V.71, ist abgekommen⟩ **I** ⟨o.Obj.⟩ **1** *weg-, los-, freikommen;* das Schiff kommt (vom Ufer, von der Sandbank) nicht ab **2** *sich freimachen, eine Tätigkeit unterbrechen;* ich kann zur Zeit nicht a. **3** *starten;* der Läufer, das Flugzeug ist gut, schlecht abgekommen **4** *abmagern, elend werden;* paß auf, daß du durch das Fasten nicht abkommst **II** ⟨mit Präp.obj.⟩ von etwas a. **1** *versehentlich von etwas abweichen;* vom Weg, vom Kurs a.; vom Thema a. **2** *etwas aufgeben, sich gedanklich davon entfernen;* von einem Plan, einer Meinung, einem Vorhaben a.; ich bin davon abgekommen, zu glauben, daß ...

Ab|kom|men ⟨n.7⟩ **1** *vertragliche Vereinbarung (bes. zwischen Staaten oder Institutionen)* **2** *Verabredung (bei der jeder der beiden Partner sich zu etwas verpflichtet);* ein A. über etwas treffen

ab|kömm|lich ⟨Adj., o. Steig.⟩ *in der Lage, sich von einer Tätigkeit, Arbeit freizumachen;* ich bin zur Zeit nicht a.

Ab|kömm|ling ⟨m.1⟩ **1** ⟨allg.⟩ *Nachkomme* **2** ⟨Chem.⟩ →*Derivat*

ab|krat|zen ⟨V.1⟩ **I** ⟨hat abgekratzt; mit Akk.⟩ **1** *durch Kratzen entfernen;* Schmutz, Farbe a. **II** ⟨ist abgekratzt; o.Obj.; derb⟩ *sterben*

ab|krie|gen ⟨V.1⟩ →*abbekommen*

ab|küh|len ⟨V.1, hat abgekühlt⟩ **I** ⟨mit Akk.⟩ *kühl machen;* Speisen a. **II** ⟨refl.⟩ *sich a. kühl werden;* es hat sich abgekühlt *die Luft ist kühl geworden;* seine Liebe, sein Zorn hat sich abgekühlt ⟨übertr.⟩

ab|kün|di|gen ⟨V.1, hat abgekündigt; mit Akk.⟩ *von der Kanzel herab bekanntgeben;* Veranstaltungen a.

Ab|kunft ⟨f., -, nur Sg.⟩ *Abstammung;* er ist von vornehmer A.

ab|kür|zen ⟨V.1, hat abgekürzt; mit Akk.⟩ etwas a. *Ausdehnung oder Zeit von etwas beschränken, kürzer machen;* den Weg, ein Verfahren a.

Ab|kür|zung ⟨f.10⟩ **1** *das Abkürzen* **2** *abgekürztes Wort, mehrere zusammengehörige abgekürzte Wörter,* z.B. Lkw, i.A. usw.

Ab|kür|zungs|zei|chen ⟨n.7⟩ *als Abkürzung dienendes, feststehendes Zeichen,* z.B. & für „und"

ab|küs|sen ⟨V.1, hat abgeküßt; mit Akk.⟩ *heftig und lange küssen, mit Küssen bedecken*

ab|la|den ⟨V.74, hat abgeladen⟩ **I** ⟨mit Akk.⟩ **1** *vom Fahrzeug nehmen;* Waren, Schutt a.; Ggs. *aufladen (I,1)* **2** *von der Last befreien, etwas anderen tun lassen;* er lädt alle Arbeit, alles Unangenehme immer auf andere ab

Ablage

4 ⟨übertr., ugs.⟩ *aussprechen und sich dadurch erleichtern;* seine Sorgen (bei jmdm.) a. **II** ⟨o.Obj.; ugs.⟩ *sein Herz ausschütten;* bei jmdm. a. können

Ab|la|ge ⟨f.11⟩ **1** ⟨nur Sg.⟩ **a** *das Ablegen;* A. von Schriftstücken **b** ⟨schweiz.⟩ *das Ablagern* **2** *Gestell zum Ablegen* (Hut~, Brief~) **3** *Raum, in dem Schriftstücke abgelegt werden* **4** ⟨schweiz.⟩ *Annahmestelle* (z. B. einer Wäscherei)

ab|la|gern ⟨V.1⟩ **I** ⟨hat abgelagert; mit Akk.⟩ *am Ufer liegenlassen;* der Fluß lagert Sand ab **II** ⟨hat abgelagert; refl.⟩ sich a. *(im Wasser) sinken und liegenbleiben;* Pflanzenteile lagern sich auch **III** ⟨ist abgelagert; o. Obj.⟩ *Wein lagert ab bleibt einige Zeit liegen, bis er den gewünschten Geschmack hat*

Ab|la|ge|rung ⟨f.10⟩ **1** *Anhäufung von* (z.B. durch Wasser, Wind) *abgetragenem Material;* Syn. *Sedimentation* **2** *abgelagertes Sediment;* Syn. *Sediment*

ab|lak|tie|ren ⟨V.3, hat ablaktiert; mit Akk.⟩ →*abstillen* [< lat. *ablactare* ,,entwöhnen", <ab..., ,,weg..." und *lactare* ,,Milch geben", zu *lac*, Gen. *lactis*, ,,Milch"]

ab|lan|dig ⟨Adj., o.Steig.⟩ *vom Lande her wehend;* Ggs. *auflandig*

Ab|laß ⟨m.2⟩ **1** ⟨kath. Kirche⟩ *Erlaß von Sündenstrafen* **2** *Vorrichtung, durch die Wasser abfließen kann*

Ab|laß|brief ⟨m.1; bes. um 1500⟩ *Urkunde über den erteilten Ablaß (1)*

ab|las|sen ⟨V.75, hat abgelassen⟩ **I** ⟨mit Akk.⟩ **1** *entweichen, abfließen lassen;* Syn. *auslassen (1,2);* Dampf a.; das Badewasser a. **2** *leerlaufen lassen, leeren;* einen Teich, ein Schwimmbecken a. **II** ⟨mit Dat. und Akk.⟩ jmdm. etwas a. *zum Kauf überlassen;* jmdm. eine Ware billiger a. **III** ⟨mit Präp.obj.⟩ **1** von etwas a. *mit etwas aufhören;* von seinen Bemühungen a. **2** von jmdm. a. *sich nicht mehr um jmdn. bemühen oder kümmern*

Ab|la|ti|on ⟨f.10⟩ **1** *Abschmelzen (von Gletschern)* **2** *Abtragung, Einebnung (der Erdoberfläche, von Material)* [< lat. *ablatio* ,,das Wegtragen", vgl. *Ablativ*]

Ab|la|tiv ⟨m.1⟩ *Beugungsfall mancher Sprachen, z. B. des Lateinischen, der den Ausgangspunkt, die Richtung von ... her ausdrückt* [< lat. *casus ablativus* ,,die Entfernung, Trennung bezeichnender Fall", zu *ablatus* ,,weggetragen"]

Ab|lauf ⟨m.2⟩ **1** *Vorrichtung, aus der Wasser abfließen kann* **2** *das Ablaufen, das Sichabspielen;* A. einer Handlung; es ist immer der gleiche A. **3** *das Vergehen (von Zeit);* nach A. von drei Tagen; nach A. der Frist

Ab|lauf|berg ⟨m.1; auf Verschiebebahnhöfen⟩ *Gleisstrecke mit Gefälle*

ab|lau|fen ⟨V.76⟩ **I** ⟨hat abgelaufen; mit Akk.⟩ etwas a. *durch Laufen abnützen;* Absätze, Sohlen a. **II** ⟨hat abgelaufen; mit Dat. (sich) und Akk.⟩ *sich die Beine a.* (um etwas zu finden, zu bekommen) ⟨ugs.⟩ *viel (und lange erfolglos) herumlaufen* **III** ⟨ist abgelaufen; mit Akk.⟩ etwas a. **1** *prüfend an etwas entlanglaufen;* eine Strecke a. **2** *der Reihe nach aufsuchen und hindurchlaufen* (um etwas zu finden); ich bin alle Straßen abgelaufen **IV** ⟨ist abgelaufen; o.Obj.⟩ **1** *wegfließen, nach unten fließen;* das Wasser läuft (nicht) ab **2** *sich abwickeln;* ein Seil, Kabel läuft ab **3** *in Betrieb, in Gang sein;* ein Uhrwerk läuft ab; die Uhr ist abgelaufen *ist stehengeblieben* **4** *vergehen, zu Ende gehen;* die Zeit läuft ab; die Frist ist abgelaufen **5** *Gültigkeit verlieren, aufhören zu gelten;* der Vertrag läuft am 31. 12. ab **6** *vonstatten gehen, sich entwickeln, auf bestimmte Weise verlaufen;* wie ist die Unterredung abgelaufen?; die Sache ist gut, schlecht abgelaufen; täglich läuft dasselbe Programm ab **7** ⟨übertr., ugs.⟩ *abgewiesen werden;* er ist abgelaufen *unfreundlich, ungerührt abweisen;* jmdn. a. lassen **V** ⟨hat abgelaufen; mit Dat. und Akk.⟩ jmdm. den Rang a. →*Rang²*

ab|lau|schen ⟨V.1, hat abgelauscht; mit Dat. und Akk.⟩ jmdm. etwas a. *durch Lauschen, aufmerksames Zuhören von jmdm. erfahren;* eine dem Leben abgelauschte Geschichte ⟨übertr., geh.⟩ *nach dem Leben erzählte Geschichte*

Ab|laut ⟨m.1; Sprachw.⟩ *Wechsel des Stammvokals in wurzelverwandten Wörtern,* z.B. singen – Gesang, werfen – Wurf, liegen – Lage

Ab|le|ben ⟨n., -s, nur Sg.⟩ *Sterben, Tod;* vor, nach seinem A.

ab|le|cken ⟨-k·k-; V.1, hat abgeleckt; mit Akk.⟩ Syn. *abschlecken;* etwas a. **1** *mit der Zunge über etwas gleiten und es dadurch säubern;* den Teller a.; (sich) die Finger a.; die Finger nach etwas a. ⟨übertr., ugs.⟩ *etwas sehr gern haben wollen* **2** *mit der Zunge entfernen;* Honig vom Löffel a.

ab|le|gen ⟨V.1, hat abgelegt⟩ **I** ⟨mit Akk.⟩ **1** *weg-, niederlegen;* eine Last a. **2** *ausziehen und hinlegen oder aufhängen;* den Mantel a.; wollen Sie nicht a.? ⟨Frage an den Besucher⟩ **3** *weglegen, weil man es nicht mehr anzieht;* Schuhe, Kleider a. *ist von den abgelegten Sachen der großen Schwester* **4** *weglegen und aufbewahren;* Schriftsatz a.; Briefe a.; (beim Kartenspiel) Karten a. **5** *aufgeben, nicht mehr haben;* eine Gewohnheit a. **6** *leisten* ⟨im weitesten Sinne, in bestimmten Wendungen⟩; ein Geständnis, Bekenntnis a. *etwas gestehen, bekennen;* eine Probe seines Könnens a. *sein Können zeigen;* eine Prüfung a. *machen;* Rechenschaft a. *geben;* Zeugnis über etwas a. *etwas bezeugen* **II** ⟨o.Obj.; Mar.⟩ *abfahren, den Hafen verlassen;* Ggs. *anlegen;* das Schiff legt ab

Ab|le|ger ⟨m.5⟩ *abgeschnittener und neu in die Erde gesetzter Pflanzenteil;* Syn. *Senker (1)*

ab|leh|nen ⟨V.1, hat abgelehnt; mit Akk.⟩ **1** *nicht annehmen, zurückweisen;* eine Einladung, Aufforderung a.; Dank, Hilfe a.; Geld, ein Angebot a.; die Verantwortung (für etwas) a. **2** *nicht erfüllen, nicht bewilligen;* eine Bitte, Forderung, ein Gesuch a. **3** *nicht für gut oder richtig halten, nicht bejahen;* jmds. Handlungsweise a.; ein Buch a. **4** jmdn. *nicht leiden können, nicht für geeignet halten;* einen Mitarbeiter a.

Ab|leh|nung ⟨f.10⟩ *das Ablehnen, das Abgelehntwerden*

ab|lei|ten ⟨V.2, hat abgeleitet; mit Akk.⟩ **1** *in eine andere Richtung, an eine andere Stelle leiten;* Wasser, Dampf a. **2** *etwas aus etwas anderem entwickeln, die Folge, Herkunft von etwas aus etwas anderem zeigen;* einen Anspruch aus einem Recht a.; das Wort ,,graziös" aus lateinisch ,,gratia" (Anmut) a. **3** *ein Wort von einem anderen a. durch Vor- oder Nachsilben aus einem anderen Wort bilden;* von dem Wort ,,Bau" die Wörter ,,bauen, Bauer" a.

Ab|lei|tung ⟨f.10⟩ **1** *das Ableiten* **2** *Ergebnis des Ableitens, abgeleitetes Wort;* ,,Bauer" ist eine A. zu ,,Bau" **3** ⟨Elektr.⟩ *leitende Verbindung mit der Erde* **4** ⟨Med.⟩ *Wegleitung (von Blut) aus gestauten Organen* **5** ⟨Math.⟩ *Berechnung der Steigung einer Funktion f(x)*

Ab|lei|tungs|sil|be ⟨f.11⟩ *Silbe, mit deren Hilfe Ableitungen von einem Wort gebildet werden können,* z. B. ver- (in ,,verehren"), -er (in ,,Bauer"), -ung (in ,,Versuchung")

ab|len|ken ⟨V.1, hat abgelenkt⟩ **I** ⟨mit Akk.⟩ **1** etwas a. *etwas von einem anderen weg, in eine andere Richtung lenken;* einen Verdacht von jmdm., von sich a. **2** jmdn. oder sich a. *auf andere Gedanken bringen;* ins Theater gehen, um sich abzulenken **3** jmdn. **a** jmds. *Aufmerksamkeit auf etwas anderes richten* **b** jmdn. *im Denken stören;* der Lärm lenkt mich ab **II** ⟨o.Obj.⟩ *das Gesprächsthema wechseln, von etwas anderem zu sprechen beginnen;* er lenkte sofort ab

Ab|len|kung ⟨f.10⟩ **1** *das Ablenken, das Abgelenktwerden* **2** *etwas, das ablenkt;* zuviel ~en haben *zu oft abgelenkt werden (von der Arbeit u.ä.)* **3** *durch äußere Einwirkungen hervorgerufene Richtungsänderung* (z. B. von Ladungen in der Physik)

ab|le|sen ⟨V.79, hat abgelesen⟩ **I** ⟨mit Akk.⟩ **1** *lesen und laut aussprechen;* einen Vortrag a. **2** *einzeln wegnehmen und sammeln oder wegtun;* Beeren (vom Strauch) a.; Haare (vom Mantel) a. **3** *auf einem Meßgerät lesen;* den Verbrauch an Strom a.; Maßzahlen a. **II** ⟨mit Dat. und Akk. und Präp.obj. in Wendungen wie⟩ jmdm. einen Wunsch von den Augen a. *erkennen, daß jmd. einen Wunsch hat, und ihn erfüllen;* jmdm. Ärger, Enttäuschung, eine Lüge vom Gesicht a. *jmds. Ärger usw. an seinem Gesichtsausdruck erkennen*

ab|leug|nen ⟨V.2, hat abgeleugnet; mit Akk.⟩ *leugnen, abstreiten*

ab|lich|ten ⟨V.2, hat abgelichtet⟩ →*fotokopieren*

Ab|lich|tung ⟨f.10⟩ →*Fotokopie*

ab|lie|fern ⟨V.1, hat abgeliefert; mit Akk.⟩ *vereinbarungsgemäß bringen und abgeben;* eine Arbeit (pünktlich) a. **Ab|lie|fe|rung** ⟨f.10⟩

ab|lie|gen ⟨V.80, ist abgelegen; o.Obj.⟩ *abseits, entfernt liegen;* der Hof liegt weit ab; vgl. *abgelegen*

ab|li|sten ⟨V.2, hat abgelistet; mit Dat. und Akk.⟩ jmdm. etwas a. *durch List etwas von jmdm. erlangen;* jmdm. eine Zusage a.

ab|lö|schen ⟨V.1, hat abgelöscht; mit Akk.⟩ **1** *mit Löschblatt trocknen;* Tinte, Geschriebenes a. **2** *mit kalter Flüssigkeit begießen;* Braten mit Brühe a.

Ab|lö|se ⟨f.11⟩ *Summe, die für eine Ablösung (7) zu zahlen ist*

ab|lö|sen ⟨V.1, hat abgelöst; mit Akk.⟩ **1** etwas a. **a** *lösen und wegnehmen;* Briefmarken a. **b** *durch Zahlung übernehmen;* Einrichtungen in einer Wohnung beim Mieten a. **c** *durch einmalige Zahlung tilgen oder abgelten;* eine Hypothek, eine Rente a. **2** jmdn. a. *jmds. Tätigkeit übernehmen;* die Wache a.; jmdn. beim Fahren a.

Ab|lö|sung ⟨f.10⟩ **1** *das Ablösen, das Sichablösen* **2** *das Abgelöstwerden;* ich warte auf meine A.; kurz vor der A. **3** ⟨Psych.⟩ *Lösung (von einer Bindung);* A. vom Elternhaus **4** *Übernahme der Tätigkeit eines anderen* **5** jmd., *der einen anderen bei der Arbeit, bei einer Tätigkeit ablöst;* meine A. ist noch nicht gekommen **6** *einmalige Zahlung zur Tilgung einer längerfristigen Verpflichtung* **7** *Zahlung für Einrichtungen in einer Wohnung, die beim Mieten übernommen werden*

ab|luch|sen ⟨V.1, hat abgeluchst; mit Dat. und Akk.; ugs.⟩ jmdm. etwas a. *durch schlaues Vorgehen etwas von jmdm. erlangen*

Ab|luft ⟨f.2⟩ *aus einem Raum abgeleitete, verbrauchte Luft*

ab|ma|chen ⟨V.1, hat abgemacht; mit Akk.⟩ **1** *von etwas ablösen, abtrennen;* Ggs. *anmachen;* Knöpfe a. **2** *vereinbaren, verabreden;* ein Geschäft a.; ein Wiedersehen a.; es ist abgemacht, daß wir uns morgen treffen

Ab|ma|chung ⟨f.10⟩ *Vereinbarung, Verabredung, gemeinsamer Beschluß, wie etwas gemacht werden soll;* das ist gegen, wider die A.!

ab|ma|gern ⟨V.1, ist abgemagert; o.Obj.⟩ *sehr mager werden*

Ab|ma|ge|rung ⟨f., -, nur Sg.⟩ *das Abmagern, das Abgemagertsein*

ab|ma|len ⟨V.1, hat abgemalt; mit Akk.⟩ *durch Malen nachbilden*

ab|mark|ten ⟨V.2, hat abgemarktet⟩ →*abhandeln (II)*

Ab|marsch ⟨m., -(e)s, nur Sg.⟩ *das Ab-, Wegmarschieren;* Ggs. *Anmarsch*

ab|mar|schie|ren ⟨V.3, ist abmarschiert; o.Obj.⟩ *sich in Marschordnung entfernen;* Ggs. *anmarschieren*

ab|mel|den ⟨V.2, hat abgemeldet; mit Akk.⟩ *jmdn. oder sich a. erklären, daß man oder jmd. weggeht, einen Ort verläßt;* Ggs. *anmelden;* sich beim Abteilungsleiter a.; ein Kind von der Schule a.; bei dem bist du abgemeldet ⟨übertr., ugs.⟩ *bei dem hast du nichts mehr zu sagen, er hört nicht mehr auf dich*

Ab|mel|dung ⟨f.10⟩ **1** *das Abmelden* **2** *Schriftstück, in dem jmd. sich oder etwas abmeldet*

ab|mes|sen ⟨V.84, hat abgemessen; mit Akk.⟩ *etwas a. die Maße von etwas feststellen;* seine Worte (genau) a. ⟨übertr.⟩ *sich seine Worte genau überlegen;* in abgemessenen Worten reden; vgl. *gemessen*

Ab|mes|sung ⟨f.10⟩ *Maß, Ausmaß;* die ∼en eines Gegenstandes in Höhe, Breite und Tiefe

ab|mie|ten ⟨V.2, hat abgemietet; mit Dat. und Akk.⟩ *jmdm. etwas a. etwas von jmdm. mieten*

Ab|mi|schung ⟨f.10; bei Schallplatten⟩ *elektronisches Zusammenmischen verschiedener Tonbandspuren am Mischpult zu einer endgültigen Fassung*

ab|mon|tie|ren ⟨V.3, hat abmontiert; mit Akk.⟩ *mit technischen Geräten ablösen, entfernen;* Ggs. *anmontieren;* eine Maschine, Maschinenteile a.

ab|mü|hen ⟨V.1, hat abgemüht; refl.⟩ sich a. *sich große Mühe machen;* sich mit einer Arbeit a.

ab|murk|sen ⟨V.1, hat abgemurkst; mit Akk.; ugs., scherzh.⟩ *töten*

ab|mu|stern ⟨V.1, hat abgemustert; Mar.⟩ Ggs. *anmustern* **I** ⟨mit Akk.⟩ *aus dem Dienst auf dem Schiff entlassen;* Matrosen a. **II** ⟨o.Obj.⟩ *den Dienst auf dem Schiff aufgeben;* wir mustern im nächsten Hafen ab

ab|na|beln ⟨V.1, hat abgenabelt⟩ **I** ⟨mit Akk.⟩ *ein neugeborenes Kind a. von der Nabelschnur lösen* **II** ⟨refl.⟩ sich a. ⟨übertr., ugs.⟩ *sich aus einer engen und einengenden Bindung lösen* **Ab|na|be|lung** ⟨f., -, nur Sg.⟩

ab|na|gen ⟨V.1, hat abgenagt; mit Akk.⟩ **1** *durch Nagen lösen;* Fleisch (vom Knochen), Rinde (vom Baum) a. **2** einen Knochen a. *durch Nagen das Fleisch vom Knochen lösen*

ab|nä|hen ⟨V.1, hat abgenäht; mit Akk.⟩ *durch eine Falte mit Naht enger machen;* eine Bluse in der Taille a.

Ab|nä|her ⟨m.5⟩ *Falte mit Naht, durch die ein Kleidungsstück enger gemacht wird*

Ab|nah|me ⟨f.11⟩ **1** *das Abnehmen, Entfernen, Verringern;* A. des Gewichts, der Helligkeit **2** *das Entgegennehmen, Annehmen* **3** *Kauf;* bei A. von 1000 Stück verringert sich der Preis **4** *amtliche Prüfung, Begutachtung nach Fertigstellung* (Bau∼)

ab|neh|men ⟨V.88, hat abgenommen⟩ **I** ⟨mit Akk.⟩ etwas a. **1** *wegnehmen, herunternehmen;* ein Bild a.; den Deckel, den Verband a.; Äpfel, Beeren a. **2** *nach Fertigstellung auf Richtigkeit prüfen;* einen Bau, ein Fahrzeug a. **II** ⟨mit Dat. und Akk.⟩ jmdm. etwas a. **1** *jmdm. etwas aus der Hand nehmen, um ihm behilflich zu sein;* den Mantel, den Koffer a. **2** *etwas für jmdn. tun, jmdn. von etwas entlasten;* jmdm. eine Arbeit, Besorgung a.; jmdm. die Kinder a.; ich habe ihm 10 Ansichtskarten abgenommen; ich nehme ihm jede Woche 20 Eier ab **4** *operativ entfernen;* jmdm. ein Bein, einen Finger a. **5** *etwas von jmdm. verlangen und bekommen;* er hat mir für das Bild, für die Reparatur 20 DM abgenommen; jmdm. den Führerschein a. **7** *widerrechtlich wegnehmen;* er hat mir alles Geld abgenommen **8** *feierlich von jmdm. etwas er-*

klären lassen; jmdm. einen Eid, ein Versprechen a. **9** ⟨übertr., ugs.⟩ *glauben;* ich nehme ich dir nicht ab! **III** ⟨o.Obj.⟩ *weniger werden, an Umfang, Gewicht verlieren;* der Mond nimmt ab; die Vorräte haben abgenommen; ich habe etwas, viel, zehn Pfund abgenommen

Ab|neh|mer ⟨m.5⟩ *jmd., der etwas abnimmt, Käufer, Verbraucher;* die Ware findet viele, keine A.

Ab|nei|gung ⟨f.10⟩ *starkes, ständiges Unlustgefühl, Widerwille;* eine A. gegen jmdn., gegen eine Speise, Tätigkeit haben

ab|norm ⟨Adj., o. Steig.⟩ *von der Norm, von der Regel abweichend, regelwidrig, nicht normal, unnormal, krankhaft;* eine a. große Nase; sein Appetit ist a. [< lat. *abnormis* „von der Norm abweichend", < *ab...*, *„weg..."* und *norma* „Regel, Maßstab"]

ab|nor|mal ⟨Adj., o. Steig.; österr., schweiz.⟩ *nicht normal* [→*abnorm*]

Ab|nor|mi|tät ⟨f.10⟩ *Abweichung von der Regel, Regelwidrigkeit, krankhafte Erscheinung*

ab|nö|ti|gen ⟨V.1, hat abgenötigt; mit Dat. und Akk.⟩ *jmdm. etwas a. jmdn. zwingen oder durch dringende Aufforderung dazu bewegen, etwas zu tun;* ein Versprechen a.; seine Haltung nötigt mir Respekt, Bewunderung ab ⟨übertr.⟩

ab|nut|zen, ab|nüt|zen ⟨V.1, hat abgenutzt, abgenützt⟩ **I** ⟨mit Akk.⟩ *durch häufigen Gebrauch unansehnlich machen oder beschädigen* **II** ⟨refl.⟩ sich a. **1** *durch häufigen Gebrauch unansehnlich werden oder entzweigehen* **2** ⟨übertr.⟩ *an Wirkung, Bildkraft verlieren;* die Redensart nutzt sich ab

Ab|nut|zung, Ab|nüt|zung ⟨f., -, nur Sg.⟩ *das Abnutzen, das Sichabnutzen*

Abo|li|tio|nis|mus ⟨m., -, nur Sg.⟩ *Bewegung, die die Abschaffung eines Zustandes erstrebt,* ⟨in den USA⟩ *Bewegung für die Abschaffung der Sklaverei,* ⟨in England⟩ *Bewegung für die Abschaffung der Prostitution* [< engl. *abolition* „Abschaffung"]

Abon|ne|ment ⟨[abɔnəmã] schweiz. auch [-bɔn-]n.9, schweiz. auch [-mənt] n.1⟩ **1** *Bezug von Zeitungen u.a. auf bestimmte oder unbestimmte Zeit* **2** *Miete eines Platzes im Theater oder Konzert für eine Spielzeit;* Syn. *Anrecht, Platzmiete* [< frz. *abonnement* in ders. Bed.; vgl. *abonnieren*]

Abon|ne|ments|preis ⟨[-mãs-]m.1⟩ *(gegenüber dem Einzelpreis herabgesetzter) Preis für ein Abonnement*

Abon|nent ⟨m.10⟩ *Inhaber eines Abonnements;* Syn. *Anrechtler*

abon|nie|ren ⟨V.3, hat abonniert⟩ **I** ⟨mit Akk.⟩ *ein Abonnement für etwas nehmen;* eine Zeitung, einen Platz im Theater a. **II** ⟨ugs., schweiz. auch⟩ *auf etwas a.;* wir werden wieder auf denselben Platz a.; ich sind auf die „Süddeutsche Zeitung" abonniert [< frz. *abonner* „vorausbestellen, bezahlen", < altfrz. *abosner* „abgrenzen", zu *bosne* „Grenzstein"]

ab|ord|nen ⟨V.1, hat abgeordnet; mit Akk.⟩ *jmdn. (zu etwas) a. jmdn. mit einem dienstlichen Auftrag (zu etwas) schicken;* Syn. *deputieren;* jmdn. zu einer Tagung a.

Ab|ord|nung ⟨f.10⟩ Syn. *Deputation* **1** ⟨nur Sg.⟩ *das Abordnen, das Abgeordnetwerden* **2** *Gruppe von Personen, die zu etwas abgeordnet werden oder worden sind;* eine A. zu jmdm. schicken

Abort[1] ⟨m.1⟩ *Anlage zum Verrichten der Notdurft;* Syn. *Abtritt;* auf den A. gehen; etwas in den A. werfen [< *ab* und *Ort*, also eigtl. „abgelegener, abgetrennter Ort"]

Ab|ort[2] ⟨m.1⟩ →*Fehlgeburt;* auch: *Abortus* [< lat. „Abgang"]

ab|or|tiv ⟨Adj., o. Steig.⟩ *einen Abort*[2] *herbeiführend, abtreibend;* ∼e Mittel

Ab|or|ti|vum ⟨n., -s, -va⟩ **1** *Mittel zur Ab-*

treibung **2** *Mittel, das eine Krankheit verkürzt oder ihren Ausbruch verhindert* [→*Abort*[2]]

Ab|or|tus ⟨m., -, -tus; weniger gebräuchlich für⟩ *Abort*[2], →*Fehlgeburt*

ab ovo *von vorn an, weit ausholend;* etwas a. o. berichten [lat., „vom Ei an", urspr. *ab ovo usque ad mala* „vom Ei bis zu den Äpfeln", weil die Römer ihre Mahlzeiten mit Eiern begannen und als Nachtisch Obst verzehrten]

ab|packen ⟨-k|k-; V.1, hat abgepackt; mit Akk.⟩ *etwas a. in bestimmten Mengen verpacken;* Zucker in Tüten a.; abgepackter Kuchen

ab|pas|sen ⟨V.1, hat abgepaßt; mit Akk.⟩ **1** *etwas a. warten, bis etwas günstig, passend ist;* eine Gelegenheit a. **2** *jmdn. a. es so einrichten, daß man mit jmdm. zur gleichen Zeit an einem Ort ist*

ab|pfei|fen ⟨V.90, hat abgepfiffen; mit Akk., auch o.Obj.⟩ *durch Pfeifen das Ende eines Spiels anzeigen;* ein Spiel a.; er hat schon abgepfiffen

Ab|pfiff ⟨m.1⟩ *Pfiff als Zeichen zum Beenden eines Spiels*

ab|pflücken ⟨-k|k-; V.1, hat abgepflückt; mit Akk.; verstärkend mit dem Sinn des Wegnehmens⟩ *pflücken;* er hat alle Blumen abgepflückt

ab|placken ⟨-k|k-; V.1, hat abgeplackt; refl.; landsch.⟩ sich a. *sich abplagen, abrackern*

ab|pla|gen ⟨V.1, hat abgeplagt; refl.⟩ sich a. *sich große Mühe geben, sich viel Mühe machen;* sich mit den Schulaufgaben a.

ab|plat|ten ⟨V.2, hat abgeplattet; mit Akk.⟩ *platt, flach machen;* eine Wölbung a.; abgeplatteter Schädel *sehr flacher Schädel*

ab|plat|zen ⟨V.1, ist abgeplatzt; o.Obj.⟩ *sich plötzlich mit leisem Geräusch lösen;* ein Knopf platzt ab

Ab|prall ⟨m., -(e)s, nur Sg.⟩ *das Abprallen*

ab|pral|len ⟨V.1, ist abgeprallt; o.Obj.⟩ *beim Auftreffen auf eine Fläche zurückschnellen*

ab|pres|sen ⟨V.1, hat abgepreßt⟩ **I** ⟨mit Akk.⟩ *etwas a. durch Pressen herauslösen;* Saft a. **II** ⟨mit Dat. und Akk.⟩ *jmdm. etwas a.* ⟨übertr.⟩ *durch Drohung o.ä. etwas von jmdm. erreichen;* jmdm. ein Geständnis, Versprechen a.

ab|prot|zen ⟨V.1, hat abgeprotzt; o.Obj.⟩ **1** *ein Geschütz von der Protze nehmen und zum Abfeuern bereitstellen* **2** ⟨übertr., vulg.⟩ *seine große Notdurft verrichten*

ab|put|zen ⟨V.1, hat abgeputzt; mit Akk.⟩ **1** *von Schmutz, Staub befreien;* jmdm. den Mantel a. **2** *mit Putz versehen, verputzen;* eine Mauer a.

ab|quä|len ⟨V.1, hat abgequält⟩ **I** ⟨refl.⟩ *sich (mit etwas) a. sich qualvolle Mühe (mit etwas) machen;* sich mit einer Arbeit, mit den französischen Vokabeln a.; ich muß mich a., um ... **II** ⟨mit Dat. (sich) und Akk.⟩ *sich etwas a. mit großer Mühe etwas zustande bringen;* den Brief habe ich mir abgequält **III** ⟨mit Dat. und Akk.⟩ *jmdm. etwas a. von jmdm. durch langes, dringendes Bitten etwas von jmdm. erreichen;* er hat mir die Erlaubnis abgequält

ab|qua|li|fi|zie|ren ⟨V.3, hat abqualifiziert; mit Akk.⟩ *abwertend beurteilen;* jmdn. a.; jmds. Leistung a.

ab|rackern ⟨-k|k-; V.1, hat abgerackert; refl.⟩ sich a. *sich große körperliche Mühe machen;* sich mit einer Arbeit a.

Abra|ka|da|bra ⟨n.9⟩ **1** *ein Zauberwort* **2** *sinnloses Geschwätz* [→*Abraxas*]

ab|ra|sie|ren ⟨V.3, hat abrasiert; mit Akk.⟩ *ganz, völlig rasieren, durch Rasieren völlig wegnehmen;* jmdm., sich den Bart, die Augenbrauen, die Haare a.

Ab|ra|sio ⟨f., -, si|onen; Med.⟩ *Auskratzung, Ausschabung;* auch: *Abrasion* [< lat. *abrasio* „Abschabung", zu *abradere* „abkratzen"]

Ab|ra|si|on ⟨f.10⟩ **1** ⟨Geol.⟩ *Abtragung (der Küste durch die Brandung)* **2** ⟨Med.⟩ → *Abrasio*

ab|ra|ten ⟨V.94, hat abgeraten; mit Dat.⟩ *jmdm. a. jmdm. raten, etwas nicht zu tun oder zu tun; ich habe ihm abgeraten, es zu tun; ich habe ihm davon abgeraten*

Ab|raum ⟨m., -(e)s, nur Sg.⟩ *wertlose (taube) Deckschichten über Lagerstätten (die bei der Gewinnung nutzbarer Mineralien übrigbleiben)*

ab|räu|men ⟨V.1, hat abgeräumt; mit Akk.⟩ *wegräumen, wegtragen; den Tisch a. die Speisen und das Geschirr oder Gegenstände vom Tisch wegnehmen*

Ab|raum|salz ⟨n.1⟩ *~e Gruppe von Salzen (als Rohstoff und Düngemittel genutzt)* [früher als wertlos *abgeräumt*]

Abra|xas ⟨m., -, nur Sg.⟩ **1** ⟨in der Gnosis Name für⟩ *Gott* **2** ⟨auf geschnittenen Steinen⟩ *Zauberwort* [im System des Basilides, des Hauptvertreters der ägypt. Gnosis, durch Zahlen- und Buchstabensymbolik gebildeter Name für Gott]

ab|re|agie|ren ⟨V.3, hat abreagiert⟩ **I** ⟨mit Akk.⟩ *etwas a. durch Sprechen oder Tun sich von etwas befreien; seinen Ärger a.; seinen Zorn an jmdm. a. jmdn. anschreien oder schlagen, um den Zorn loszuwerden* **II** ⟨refl.⟩ *sich a. seinem Ärger usw. Luft machen, sich davon befreien*

Ab|re|ak|ti|on ⟨f.10⟩ *das Abreagieren, das Sichabreagieren*

ab|re|beln ⟨V.1, hat abgerebelt; mit Akk.⟩ ⟨österr.⟩ *Beeren a. einzeln abpflücken*

ab|rech|nen ⟨V.2, hat abgerechnet⟩ **I** ⟨mit Akk.⟩ *etwas a. durch Rechnen von etwas abziehen, bei etwas nicht mitrechnen; Ggs. anrechnen; fünf Mark, drei Tage mußt du (davon) a.; man muß eine halbe Stunde für den Weg a.; die Kasse a. den Bestand der Kasse zählen und prüfen* **II** ⟨o.Obj.⟩ **1** *Rechenschaft ablegen, eine endgültige Rechnung aufstellen; mit jmdm. a. jmdm. eine Rechnung vorlegen und sie ausgleichen* **2** ⟨übertr.⟩ *jmdm. seine Schuld vorhalten (und ihn bestrafen)*

Ab|rech|nung ⟨f.10⟩ **1** *das Abrechnen* **2** *Rechnung über Auslagen, Leistungen o.ä., endgültige, abschließende Rechnung; A. mit jmdm. halten (bes. übertr.) mit jmdm. abrechnen*

Ab|re|de ⟨f.11⟩ **1** *Vereinbarung, Abmachung; das ist gegen, wider die A.!* **2** ⟨†⟩ *Erklärung, daß etwas nicht sei;* ⟨nur noch in der Wendung⟩ *etwas in A. stellen etwas leugnen, für nicht wahr erklären*

ab|re|gen ⟨V.1, hat abgeregt; refl.⟩ ⟨ugs.⟩ *sich a. aufhören, sich aufzuregen, sich beruhigen; Ggs. aufregen (II); reg dich ab!; er hat sich endlich wieder abgeregt*

ab|rei|ben ⟨V.95, hat abgerieben; mit Akk.⟩ **1** *etwas a. durch Reiben entfernen; Schmutz a.* **2** *etwas oder jmdn. a. durch Reiben säubern oder trocknen* **3** *jmdn. a.* ⟨übertr.⟩ *jmdm. energisch die Meinung sagen, jmdn. verprügeln*

Ab|rei|bung ⟨f.10⟩ **1** *das Abreiben,* ⟨bes. Med.⟩ *Abreiben mit feuchtem Tuch; kalte A.* **2** ⟨übertr., ugs.⟩ *scharfe Zurechtweisung; Prügel, Schläge*

Ab|rei|se ⟨f.11⟩ *das Abreisen, Beginn der Reise; Ggs. Anreise*

ab|rei|sen ⟨V.1, ist abgereist; o.Obj.⟩ *von einem Ort wegfahren, sich auf eine Reise begeben; Ggs. anreisen*

ab|rei|ßen ⟨V.96⟩ **I** ⟨hat abgerissen; mit Akk.⟩ **1** *durch Reißen lösen, wegnehmen, abtrennen; einen Faden a.* **2** *niederreißen, einreißen; ein Gebäude a.* **II** ⟨ist abgerissen; o.Obj.⟩ **1** *sich bei heftigem Reißen lösen; der Faden, Knopf ist abgerissen* **2** ⟨übertr.⟩ *unterbrochen werden, eine Pause machen; der Besucherstrom reißt nicht ab; die Auto-*

schlange reißt endlich ab; es reißt nicht ab *es hört nicht auf, es geht immer weiter*

Abri ⟨m.9⟩ *steinzeitliche Wohnstätte unter einem Felsvorsprung* [< frz. *abri* "Schutz, Unterschlupf", zu *abrier* "bergen, schützen"]

ab|rich|ten ⟨V.2, hat abgerichtet; mit Akk.⟩ **1** *glätten; Hölzer, Bleche a.* **2** *ein Tier a. ihm etwas beibringen, es dressieren*

Ab|rich|ter ⟨m.5⟩ → *Dresseur*

Ab|rich|tung ⟨f.10, nur Sg.⟩ *das Abrichten, Dressur*

Ab|rieb ⟨m.1, nur Sg.⟩ *Materialschwund durch Abbröckeln oder Reibung (bei Kohle, Metall o.ä.)*

ab|rieb|fest ⟨Adj.⟩ *widerstandsfähig gegen Abrieb*

ab|rie|geln ⟨V.1, hat abgeriegelt; mit Akk.⟩ *mit Riegel verschließen, mit Hindernissen versperren; eine Tür, einen Weg a.; Truppen a. ihnen durch Hindernisse den Weg versperren*

Ab|rie|ge|lung, Ab|rieg|lung ⟨f.10⟩

ab|rin|den ⟨V.2, hat abgerindet; mit Akk.⟩ *einen Baum a. die Rinde von einem Baum ablösen*

ab|rin|gen ⟨V.100, hat abgerungen⟩ **I** ⟨mit Dat. und Akk.⟩ *jmdm. etwas a. mit Mühe etwas von jmdm. erreichen; jmdm. eine Zusage a.* **II** ⟨mit Dat. (sich) und Akk.⟩ *sich etwas a. nach innerem Kampf etwas tun; ich habe mir die Entschuldigung, das Einverständnis dazu abgerungen*

Ab|riß ⟨m.1⟩ **1** *das Abreißen, Niederreißen; A. eines Gebäudes* **2** *kurze, aber umfassende Darstellung, Übersicht; A. der Anatomie* **3** ⟨schweiz.⟩ *unverschämte Forderung*

Ab|ro|ga|ti|on ⟨f.10⟩ *Abschaffung, Aufhebung (eines Gesetzes), Zurücknahme (eines Auftrags)* [< lat. *abrogatio* "Abschaffung", zu *abrogare* "abschaffen", < *ab...* "weg..." und *rogare* "holen"]

ab|rol|len ⟨V.1⟩ **I** ⟨hat abgerollt; mit Akk.⟩ **1** *durch drehende Bewegung von einer Spule laufen lassen; ein Kabel, einen Film a.* **2** *mit Rollfuhre wegbringen; Kisten, Fässer, Waren a.; Ggs. anrollen* **II** ⟨ist abgerollt; o.Obj.⟩ **1** *sich gleichmäßig weiterentwickeln, sich wie ein Film abspielen; die Geschichte rollte beim Erzählen vor unseren inneren Augen ab; das Theaterstück, das Spiel rollte reibungslos ab* **2** *sich über den gekrümmten Rücken, die Schultern rollen; er stürzte, rollte aber geschickt ab* **3** *den Fuß beim Gehen nacheinander von der Ferse bis zur Spitze aufsetzen; er hat orthopädische Schuhe, damit er trotz seiner amputierten Zehen a. kann*

ab|rücken ⟨-k·k-; V.1⟩ *Ggs. anrücken* **I** ⟨hat abgerückt; mit Akk.⟩ *etwas a. von seinem Platz wegrücken, ein Stück wegschieben; einen Schrank (von der Wand) a.* **II** ⟨ist abgerückt; o.Obj.⟩ **1** *wegmarschieren; die Truppen sind heute abgerückt* **2** ⟨ugs.⟩ *heimlich oder ohne etwas zu sagen weggehen; ihr könnt doch nicht einfach a.!; von jmdm. ein Stückchen von ihm wegrücken;* ⟨übertr.⟩ *erklären, daß man nicht der gleichen Meinung sei wie jmd., daß man seine Meinung, sein Tun nicht billige; von seiner Meinung a. seine eigene, früher vertretene Meinung aufgeben*

Ab|ruf ⟨m.1⟩ *das Abrufen;* ⟨auf A. *wenn gerufen wird, wenn etwas verlangt, angefordert wird; Ware auf A. liefern; ich sitze hier auf A. ich kann jeden Augenblick gerufen werde*

ab|ru|fen ⟨V.102, hat abgerufen; mit Akk.⟩ **1** *jmdn. a. jmdm. mitteilen, daß er kommen soll; Herr X ist nicht da, er ist abgerufen worden* **2** *etwas a. durch Signal, Mitteilung anfordern; Beträge, Waren a.; bestimmte Informationen a.* ⟨EDV⟩ *vom Computer ausstoßen lassen*

ab|run|den ⟨V.2, hat abgerundet; mit Akk.⟩ **1** *rund machen; eine Ecke a.* **2** *eine Zahl a. eine Zahl zu einer niedrigeren runden Zahl machen, ihre Endziffer(n) (von 1 bis 4) durch Null(en) ersetzen; Ggs. aufrunden; Zahlen*

auf Zehner a. **3** *ergänzen, vollständig machen; einen Bericht a.*

Ab|run|dung ⟨f.10⟩

ab|rup|fen ⟨V.1, hat abgerupft; mit Akk.⟩ *grob oder ungeschickt abpflücken; Blumen, Gräser, Blätter a.*

ab|rupt ⟨Adj., o.Steig.⟩ *ohne Übergang, plötzlich* [< lat. *abruptus* "abgerissen", zu *abrumpere* "abreißen, abbrechen"]

ab|rü|sten ⟨V.2, hat abgerüstet⟩ **I** ⟨mit Akk. oder o.Obj.⟩ *den Bestand (eines Landes) an Soldaten und Kriegsmaterial verringern oder beseitigen; Ggs. aufrüsten; ein Land a.; Staaten rüsten ab* **II** ⟨mit Akk.⟩ *ein Gebäude a. das Gerüst um ein Gebäude (nach Fertigstellen der Bauarbeiten) wieder entfernen; Ggs. einrüsten*

Ab|rü|stung ⟨f.10⟩ *Verringerung oder Beseitigung des Bestandes an Soldaten und Kriegsmaterial; Ggs. Aufrüstung*

ab|rut|schen ⟨V.1, ist abgerutscht; o.Obj.⟩ **1** *nach unten rutschen; auf nassem, steilem Weg a.; von der Leitersprosse a.* **2** ⟨übertr.⟩ *den moralischen Halt verlieren, auf die schiefe Bahn geraten* **3** ⟨übertr.⟩ *in den Leistungen nachlassen; Syn. absacken²; er ist in der Schule mächtig abgerutscht*

ABS ⟨Abk. für⟩ *Antiblockiersystem*

Abs. ⟨Abk. für⟩ *Absatz (3)*

ab|sä|beln ⟨V.1, hat abgesäbelt; mit Akk.⟩ *in dicken Scheiben oder großen Stücken grob oder ungeschickt abschneiden*

ab|sacken¹ ⟨-k·k-; V.1, hat abgesackt; mit Akk.⟩ *in Säcke füllen; Getreide, Kohlen a.*

ab|sacken² ⟨-k·k-; V.1, ist abgesackt; o.Obj.⟩ **1** *nach unten sinken, untersinken; das Gebäude, Schiff, Flugzeug sackt ab* **2** → *abrutschen (3)*

Ab|sa|ge ⟨f.11⟩ **1** *das Absagen, ablehnende Antwort, Ablehnung einer Einladung, Aufforderung; Ggs. Zusage; eine A. bekommen; eine A. an die Politik der Stärke* **2** ⟨Rundfunk⟩ *abschließende Mitteilung des Ansagers über die eben beendete Sendung; Ggs. Ansage*

ab|sa|gen ⟨V.1, hat abgesagt⟩ **I** ⟨mit Akk.⟩ *etwas a. erklären, daß etwas angekündigtes nicht stattfindet; ein Konzert, eine Tagung a.* **II** ⟨o.Obj.⟩ *erklären, daß man einer Aufforderung nicht folgen kann oder will, daß man an etwas nicht teilnehmen will; er hat im letzten Augenblick abgesagt*

ab|sä|gen ⟨V.1, hat abgesägt; mit Akk.⟩ **1** *etwas a. durch Sägen abtrennen; einen Ast, einen Baum a.* **2** *jmdn. a.* ⟨übertr., ugs.⟩ *jmdn. aus seiner Stellung entfernen, jmdn. kündigen*

ab|sah|nen ⟨V.1, hat abgesahnt; mit Akk.⟩ **1** *Milch a. die Sahne von der Milch abschöpfen* **2** *das Beste (für sich) a.* ⟨übertr., ugs.⟩ *sich das Beste nehmen, ohne zu bezahlen oder sich zu bemühen*

ab|sat|teln ⟨V.1, hat abgesattelt; mit Akk.⟩ *ein Pferd a. ihm den Sattel abnehmen*

Ab|satz ⟨m.2⟩ **1** *Unterbrechung einer Fläche, Folge, Reihe (Treppen~)* **2** *Unterbrechung eines schriftlichen Textes und Beginn mit einer neuen Zeile; einen A. machen* **3** ⟨Abk.: Abs.⟩ *Abschnitt eines schriftlichen Textes; Paragraph 2, Abs. 3; erster, letzter ~; neuer A.* **4** *Teil des Schuhs unter der Ferse; hoher, flacher A.; auf dem A. kehrtmachen (nach der Ankunft) sofort wieder umkehren* **5** ⟨nur Sg.⟩ *Verkauf; die Ware findet guten, keinen A.*

ab|satz|fä|hig ⟨Adj.⟩ *fähig, abgesetzt zu werden, gut verkäuflich; (nicht) ~e Waren, Güter*

Ab|satz|ge|stein ⟨n.1⟩ → *Sedimentgestein*

ab|sau|fen ⟨V.103, ist abgesoffen; o.Obj.⟩ ⟨ugs.⟩ **1** *untergehen; das Schiff säuft ab* **2** *ertrinken; er ist abgesoffen*

ab|sau|gen ⟨V.1, hat abgesaugt; mit Akk.⟩ **1** *durch Saugen entfernen; Ggs. ansaugen; Wasser, Luft a.* **2** *mit dem Staubsauger ent-*

fernen; Fusseln vom Teppich a. 3 ⟨verstärkend für⟩ mit dem Staubsauger saugen; den Teppich a.
ạb|säu|gen ⟨V.1, hat abgesäugt; mit Akk.⟩ ein junges Tier a. *aufhören, es mit Muttermilch zu ernähren*
ạb|scha|ben ⟨V.1, hat abgeschabt; mit Akk.⟩ 1 *durch Schaben entfernen;* Schmutz, Farbe, Tapeten von der Wand a. 2 *durch Schaben reinigen;* Häute, eine Wand a.
ạb|schaf|fen ⟨V.1, hat abgeschafft⟩ I ⟨mit Akk.⟩ 1 *beseitigen, außer Kraft, außer Gebrauch setzen;* ein Gesetz a. 2 *weggeben;* Ggs. *anschaffen;* das Auto a.; ⟨ugs. auch⟩ den Hund a. II ⟨refl.⟩ sich a. ⟨ugs.⟩ *hart arbeiten, sich körperlich sehr anstrengen;* abgeschafft sein *erschöpft sein*
Ạb|schaf|fung ⟨f., -, nur Sg.⟩ 1 *das Abschaffen, das Abgeschafftwerden* 2 ⟨österr.⟩ →*Abschiebung*
ạb|schal|ten ⟨V.1, hat abgeschaltet; mit Akk.⟩ *durch Unterbrechen des Stromkreises außer Tätigkeit setzen;* Ggs. *anschalten;* das Radio, die Maschine a. II ⟨o.Obj.; ugs.⟩ *nicht mehr zuhören, sich nicht mehr an Gespräch beteiligen und an anderes denken;* als mir der Vortrag zu langweilig wurde, habe ich einfach abgeschaltet **Ạb|schal|tung** ⟨f.10⟩
ạb|schät|zen ⟨V.1, hat abgeschätzt; mit Akk.; meist verneinend⟩ *schätzen;* das kann ich nicht a., ich kann nicht a., ob ... **Ạb|schät|zung** ⟨f., -, nur Sg.⟩
ạb|schät|zig ⟨Adj.⟩ *abwertend, geringschätzig*
Ạb|schaum ⟨m., -(e)s, nur Sg.⟩ 1 *auf kochender Flüssigkeit sich bildender Schaum (der weggenommen wird)* 2 ⟨fig.⟩ *moralisch minderwertiger Teil einer Personengruppe;* A. der Gesellschaft
ạb|schäu|men ⟨V.1, hat abgeschäumt; mit Akk.⟩ *vom Schaum befreien;* kochende Marmelade, Brühe a.
ạb|schei|den ⟨V.107⟩ I ⟨hat abgeschieden; mit Akk.⟩ *trennen, ausscheiden, absondern;* einen Stoff aus einer Flüssigkeit a.; Sekret a.; von der Beschichtung scheiden sich kleine Teilchen ab II ⟨ist abgeschieden; o.Obj.; poet.⟩ *sterben*
Ạb|schei|der ⟨m.5⟩ *Vorrichtung zum Abscheiden*
Ạb|schei|dung ⟨f.10⟩ *das Abscheiden, das Sichabscheiden*
ạb|schei|fern ⟨V.1, ist abgeschelfert⟩ →*abschilfern*
Ạb|sche|rung ⟨f.10; Tech.⟩ *Abnutzung durch Scherungskräfte*
Ạb|scheu ⟨m., -s, nur Sg.⟩ *starker Widerwille, Ekel;* A. gegen etwas oder jmdn. empfinden; A. vor etwas oder jmdm. haben
ạb|scheu|ern ⟨V.1, hat abgescheuert⟩ I ⟨mit Akk.⟩ 1 *durch Scheuern reinigen;* den Tisch a. 2 *durch Scheuern entfernen;* Schmutz a. 3 *durch Reibung abnutzen, verletzen;* den Hosenboden, die Haut, die Wand a. II ⟨refl.⟩ sich a. *durch Reibung schadhaft werden;* die Ärmel scheuern sich ab
ạb|scheu|lich ⟨Adj.⟩ 1 *Abscheu erregend, widerwärtig;* ein ~es Verbrechen; ~er Geruch; das a. schmeckt a. 2 *boshaft, ungezogen, unangenehm;* ein ~er Bengel, Kerl
Ạb|scheu|lich|keit ⟨f.10⟩ 1 ⟨nur Sg.⟩ *abscheuliche Beschaffenheit;* die A. dieser Tat 2 *abscheuliche Handlung;* das und andere ~en
ạb|schicken ⟨-k·k-; V.1⟩ →*absenden (1)*
ạb|schie|ben ⟨V.112⟩ I ⟨hat abgeschoben; mit Akk.⟩ 1 *etwas a.* **a** *wegschieben* **b** *einem andern aufbürden;* eine Arbeit a.; die Verantwortung a. 2 *jmdn. a. jmdn., der unerwünscht ist, wegschicken, wegbringen;* Ausländer (über die Grenze) a. II ⟨ist abgeschoben; o.Obj.; ugs.⟩ *weggehen, sich trollen;* schieb ab!; vergnügt, traurig a.; dann schob er endlich ab

Ạb|schie|bung ⟨f., -, nur Sg.⟩ *das Abschieben (I,2);* Syn. ⟨österr.⟩ *Abschaffung*
Ạb|schied ⟨m.1⟩ 1 *Trennung, Weggehen;* A. nehmen; sie hat ihm den A. gegeben *sie hat sich von ihm getrennt* 2 *Entlassung (von Offizieren, Beamten);* seinen A. nehmen, bekommen
ạb|schie|ßen ⟨V.113, hat abgeschossen⟩ I ⟨mit Akk.⟩ 1 *etwas a.* **a** *mittels Waffe auf den Weg bringen;* ein Geschoß, eine Kugel a. **b** *eine Waffe a. ein Geschoß aus einer Waffe fliegen lassen;* ein Gewehr, eine Kanone a. **c** *mittels Geschoß zerstören oder kampfunfähig machen;* ein Flugzeug, einen Panzer a. 2 *jmdn. a.* **a** *mittels Geschoß heimtückisch und kaltblütig töten;* Menschen a.; sie sieht zum Abschießen aus ⟨übertr., ugs.⟩ *sie ist geschmacklos, komisch gekleidet, frisiert usw.* **b** *jmdn. um sein Amt, um seine Wirksamkeit bringen (bes. durch Intrigen)* II ⟨mit Dat. und Akk.⟩ *jmdm. etwas a. durch Schuß vom Körper trennen;* jmdm. die Hand a.
ạb|schil|fern ⟨V.1, ist abgeschilfert; o.Obj.⟩ *sich in Schuppen, kleinen Blättchen lösen;* auch: *abschelfern;* Haut schilfert ab
ạb|schin|den ⟨V.114, hat abgeschunden⟩ I ⟨mit Akk.⟩ jmdn. oder ein Tier a. *bis zur Erschöpfung hart arbeiten lassen* II ⟨refl.⟩ sich a. *hart arbeiten*
Ạb|schirm|dienst ⟨m.1⟩ *Geheimdienst zum Schutz der eigenen Streitkräfte*
ạb|schir|men ⟨V.1, hat abgeschirmt; mit Akk. und Präp.obj.⟩ *jmdn., etwas oder sich gegen etwas schützen;* sich gegen den Wind a.; die Augen gegen das Licht a.; jmdn. gegen Störungen, Belästigungen a.
Ạb|schir|mung ⟨f.10⟩ ⟨nur Sg.⟩ 1 *das Abschirmen, das Sichabschirmen* 2 *Schutzvorrichtung (gegen den Einfluß elektrischer oder magnetischer Störfelder oder schädlicher Strahlungen)*
ạb|schir|ren ⟨V.1, hat abgeschirrt; mit Akk.⟩ ein Zugtier a. *ihm das Geschirr abnehmen;* Syn. *ausschirren;* Ggs. *anschirren*
ạb|schlach|ten ⟨V.2, hat abgeschlachtet; mit Akk.; übertr.⟩ *in Massen oder brutal töten* **Ạb|schlach|tung** ⟨f., -, nur Sg.⟩
Ạb|schlag ⟨m.2⟩ 1 ⟨Wirtsch.⟩ **a** *Nachlaß (vom Preis)* **b** *Teilbetrag einer größeren Summe, der vor der endgültigen Abrechnung bezahlt wird* 2 ⟨Fußb.⟩ *Wegkicken des Balls von der Torlinie (durch den Torwart, nachdem der Ball von einem angreifenden Spieler aus dem Spielfeld geschossen wurde)* 3 ⟨Eishockey, Hockey⟩ →*Bully* 4 ⟨Golf⟩ **a** *erster Schlag* **b** *Bahnbeginn*
ạb|schla|gen ⟨V.116, hat abgeschlagen⟩ I ⟨mit Akk.⟩ *etwas a.* 1 *durch Schlagen abtrennen;* Äste a. 2 *abwehren;* einen Angriff a. 3 ⟨†⟩ sein Wasser a. *harnen, Wasser lassen* 4 *durch Verschlag abtrennen;* einen Raum auf dem Speicher a. II ⟨mit Dat. und Akk.⟩ *jmdm. etwas a.* 1 *mit scharfer Waffe vom Körper trennen;* jmdm. die Hand, den Kopf a. 2 *nicht bewilligen, nicht erfüllen;* jmdm. eine Bitte a. III ⟨refl.⟩ sich a. *sich niederschlagen;* Wasserdampf schlägt sich an den Fensterscheiben ab
ạb|schlecken ⟨-k·k-⟩ →*ablecken*
ạb|schlei|fen ⟨V.118, hat abgeschliffen⟩ I ⟨mit Akk.⟩ 1 *durch Schleifen entfernen;* eine Oberfläche a. 2 *durch Schleifen glätten;* das Wasser hat die Steine abgeschliffen II ⟨refl.⟩ sich a. *durch ständige Reibung glatt werden;* Unebenheiten schleifen sich ab; sein schroffes Wesen hat mit der Zeit abgeschliffen ⟨übertr.⟩
Ạb|schleppdienst ⟨m.1⟩ *Organisation zum Abschleppen von (fahruntüchtigen, falsch geparkten) Fahrzeugen*
ạb|schlep|pen ⟨V.1, hat abgeschleppt⟩ I ⟨mit Akk.⟩ 1 *ein Fahrzeug a. ein defektes oder falsch geparktes Fahrzeug abtransportieren* II ⟨refl.⟩ sich mit etwas a. ⟨ugs.⟩ *etwas* mit Mühe längere Zeit schleppen; sich mit einem schweren Koffer a.
ạb|schlie|ßen ⟨V.120, hat abgeschlossen⟩ I ⟨mit Akk.⟩ etwas a. 1 *mit Schlüssel verschließen;* ein Zimmer, die Tür a. 2 *beenden;* einen Vortrag, eine Arbeit, sein Studium a.; ~d können wir sagen, daß ...; eine abgeschlossene Ausbildung haben 3 *vereinbaren, gültig machen;* einen Vertrag, ein Geschäft a. 4 *das Ende von etwas bilden;* ein Brunnen schließt den Park ab II ⟨mit Präp.obj.⟩ mit etwas a. *etwas als beendet betrachten;* er hat mit dem Leben abgeschlossen
ạb|schmecken ⟨-k·k-; V.1, hat abgeschmeckt; mit Akk.⟩ eine Speise a. *sie kosten und ihren Geschmack durch Gewürze abrunden*
ạb|schmei|cheln ⟨V.1, hat abgeschmeichelt; mit Dat. und Akk.⟩ jmdm. etwas a. *etwas durch Schmeicheln von jmdm. erlangen*
ạb|schmet|tern ⟨V.1, hat abgeschmettert; mit Akk.⟩ *energisch, heftig abweisen (bes. in Versammlungen);* einen Antrag, Vorschlag a.
ạb|schmin|ken ⟨V.1, hat abgeschminkt; mit (Dat. und) Akk.⟩ 1 *von Schminke reinigen;* jmdn., sich a.; sich das Gesicht a. 2 ⟨ugs.⟩ *ein Vorhaben aufgeben;* das kannst du dir a.
ạb|schnal|len ⟨V.1, hat abgeschnallt⟩ I ⟨mit Akk.⟩ etwas a. *die Schnalle von etwas öffnen und es ablegen, abnehmen;* Ggs. *anschnallen;* den Gürtel, das Koppel a. II ⟨refl.⟩ sich a. *die Schnallen der Riemen, mit denen man befestigt ist, öffnen (z. B. im Flugzeug)* III ⟨o.Obj.; ugs.⟩ *müde, unaufmerksam werden;* nach zwei Stunden schnallte ich ab
ạb|schnap|pen ⟨V1; ugs.⟩ I ⟨hat abgeschnappt; mit Akk.⟩ jmdn. a. *gerade noch erreichen;* ich konnte ihn kurz vor seinem Weggehen noch a. II ⟨ist abgeschnappt; o.Obj.⟩ 1 *plötzlich aufhören, abbrechen;* die Rundfunksendung schnappte mittendrin ab 2 ⟨scherzh.⟩ *sterben;* alle dachten, ich schnappe gleich ab
ạb|schnei|den ⟨V.125, hat abgeschnitten⟩ I ⟨mit Akk.⟩ *durch Schneiden abtrennen;* ein Stück a. II ⟨mit Dat. und Akk.⟩ jmdm. etwas a. *wegnehmen, entziehen;* einem Heer den Nachschub a.; jmdm. das Wort a. *ihn schroff unterbrechen;* jmdm. die Ehre a. ⟨veraltend⟩ *jmds. Ehre angreifen, verletzen;* jmdm. den Weg a. *ihn nicht weitergehen lassen;* sich ihm in den Weg stellen III ⟨o.Obj.⟩ *Erfolg haben;* bei einem Wettbewerb, einer Prüfung gut, schlecht a.
Ạb|schnitt ⟨m.1⟩ 1 *Teil eines Ganzen, Teilstück, Teilstrecke, Zeitraum;* A. eines Textes, einer Epoche 2 *Teil eines Formulars, einer Eintrittskarte o.ä., der abgetrennt und einbehalten werden kann* 3 *räumlicher Bereich für militärische Maßnahmen*
Ạb|schnitts|be|voll|mäch|tig|te(r) ⟨m., f.17 oder 18; DDR⟩ *Beauftragte(r) der Volkspolizei, der (die) einen bestimmten Bezirk polizeilich und politisch überwacht*
ạb|schnü|ren ⟨V.1, hat abgeschnürt⟩ I ⟨mit Dat. und Akk.⟩ jmdm. etwas a. *durch festes Umwickeln oder Drücken eines Körperteils die Zufuhr (von Luft, Blut) behindern;* die Fesseln schnürten ihm die Hände ab; jmdm. die Luft a. *jmdm. den Hals zusammendrücken, so daß er keine Luft bekommt* II ⟨mit Akk.⟩ etwas a. *durch Spannen einer Schnur den geraden Verlauf von etwas vorbereiten;* eine Mauer a. **Ạb|schnü|rung** ⟨f.10⟩
ạb|schöp|fen ⟨V.1, hat abgeschöpft; mit Akk.⟩ 1 *durch Schöpfen entfernen, wegnehmen;* Fett (von der Soße), Rahm (von der Milch) a. 2 ⟨Wirtsch.⟩ *wegnehmen, aus dem Verkehr ziehen;* Geld, Gewinn a.
Ạb|schöp|fung ⟨f.10⟩ *zollähnliche Abgabe auf landwirtschaftliche Produkte bei der Einfuhr in die EG*

ab|schot|ten ⟨V.2, hat abgeschottet; mit Akk.⟩ **1** ⟨Mar.⟩ *mit Schotten ausstatten* **2** ⟨übertr.⟩ *fest abschließen, zuschließen, unzugänglich machen*

ab|schrau|ben ⟨V.1, hat abgeschraubt; mit Akk.⟩ *durch Herausdrehen der Schraube(n) ablösen, abtrennen*

ab|schrecken ⟨-k·k-; V.1, hat abgeschreckt; mit Akk.⟩ **1** *jmdn. a. jmdn. in Schrecken versetzen (um ihn von etwas zurückzuhalten, von einem Vorhaben abzubringen);* das kann mich nicht a.!; ein ~des Beispiel **2** *etwas a. mit kaltem Wasser übergießen;* gekochte Eier, gekochten Reis a.

Ab|schreckung ⟨-k·k-; f., -, nur Sg.⟩ **1** *das Abschrecken (1)* **2** ⟨Pol.⟩ *Bestreben, einen Gegner durch ausreichende militärische Mittel vom Angriff abzuhalten*

ab|schrei|ben ⟨V.127, hat abgeschrieben⟩ **I** ⟨mit Akk.⟩ *etwas a.* **1** *etwas (Geschriebenes, Gedrucktes) lesen und nochmals hinschreiben* **2** *auf etwas verzichten;* diesen Plan können wir a. **3** *etwas, das ein anderer geschrieben hat, in der eigenen Arbeit verwenden, als eigenes geistiges Erzeugnis ausgeben* **4** *einen Betrag a.* ⟨Wirtsch.⟩ **a** *den Wert eines Vermögensgegenstandes um den Betrag vermindern, der seiner Abnutzung oder dem Grad seines Veraltens entspricht* **b** *streichen, abziehen* **II** ⟨mit Dat.⟩ *jmdm. a. jmdm. schreiben, daß eine Verabredung nicht eingehalten werden kann*

Ab|schrei|bung ⟨f.10⟩ **1** *das Abschreiben (4)* **2** *Betrag, der abgeschrieben wird*

ab|schrei|ten ⟨V.129, hat abgeschritten; mit Akk.⟩ *etwas a. prüfend oder feierlich an etwas entlanggehen;* die Front a.

Ab|schrift ⟨f.10⟩ *abgeschriebenes Schriftstück;* beglaubigte A. einer Urkunde; mehrere ~en herstellen

Ab|schrot ⟨m.1⟩ *meißelförmiger Einsatz für den Amboß;* auch: *Abschröter*

Ab|schrö|ter ⟨m.5⟩ **1** → *Abschrot* **2** *Hammer zum Abschroten*

Ab|schup|pung ⟨f.10; Med.⟩ **1** *Ablösung der verhornten Schicht bei Erneuerung der Oberhaut (z. B. nach Infektionskrankheiten wie Scharlach)* **2** ⟨Geomorphologie⟩ *schalenförmige Ablösung an Gesteinsoberflächen (bes. in trockenen Gebieten)*

ab|schür|fen ⟨V.1, hat abgeschürft; mit Dat. (sich) und Akk.⟩ *sich etwas a. oberflächlich verletzen;* sich die Haut a.

Ab|schür|fung ⟨f.10⟩ **1** ⟨nur Sg.⟩ *das Abschürfen* **2** *abgeschürfte Stelle*

Ab|schuß ⟨m.2⟩ *das Abschießen*

Ab|schuß|ba|sis ⟨f., -, -sen⟩ *Stätte zum Abschuß von Raketen*

ab|schüs|sig ⟨Adj.⟩ *geneigt, abfallend, sich senkend;* ~e Straße; ~es Gelände [eigtl. *abschießend* „steil abfallend"] **Ab|schüs|sig|keit** ⟨f., -, nur Sg.⟩

Ab|schuß|li|ste ⟨f.11⟩ *Liste mit den Namen von Personen, die mißliebig sind und entlassen oder verhaftet werden sollen;* er steht auf der A.

Ab|schuß|ram|pe ⟨f.11⟩ *Vorrichtung zum Abschuß von Raketen*

ab|schüt|teln ⟨V.1, hat abgeschüttelt; mit Akk.⟩ **1** *etwas a.* **a** *sich durch Schütteln von etwas befreien;* Blätter, Schmutz a. **b** ⟨übertr.⟩ *mit Willensanstrengung loswerden;* eine Erinnerung, Unmut, Unwillen a. **2** *jmdn. a.* ⟨übertr.⟩ *jmdn. entkommen;* einen Verfolger a.

ab|schwä|chen ⟨V.1, hat abgeschwächt; mit Akk.⟩ **1** *schwächer machen, mildern;* einen Vorwurf a. **2** *durch Chemikalien heller machen, aufhellen;* ein Lichtbild a. **Ab|schwä|chung** ⟨f., -, nur Sg.⟩

Ab|schwä|cher ⟨m.5⟩ *Chemikaliengemisch zum Abschwächen von Negativen*

ab|schwat|zen ⟨V.1, hat abgeschwatzt; mit Dat. und Akk.⟩ *jmdm. etwas a. durch vieles*

Zureden etwas von jmdm. erlangen; jmdm. einen Gegenstand a.

ab|schwei|fen ⟨V.1, ist abgeschweift; o.Obj.⟩ *vorübergehend von etwas anderem sprechen, eine andere (gedankliche) Richtung einschlagen;* er schweifte vom Thema ab; seine Gedanken schweiften ab

Ab|schwei|fung ⟨f.10⟩ *Darstellung, die nicht ganz zur Sache, zum Thema gehört;* nach dieser kurzen A.

ab|schwel|len ⟨V.131, ist abgeschwollen; o.Obj.⟩ *an Umfang, Stärke verlieren;* Ggs. *anschwellen;* die verletzte Hand ist abgeschwollen; der Ton schwoll wieder ab

ab|schwö|ren ⟨V.135, hat abgeschworen; mit Dat.⟩ *einer Sache a. sich durch Schwur, durch festen Vorsatz von einer Sache lossagen, trennen;* dem Glauben a.; dem Alkohol, dem Rauchen a.

ab|se|hen ⟨V.136, hat abgesehen⟩ **I** ⟨mit Akk.⟩ *erkennen, im voraus berechnen;* der Ausgang der Sache läßt sich nicht a. **II** ⟨mit Dat. und Akk.⟩ → *abgucken (I)* **III** ⟨mit Präp.obj.⟩ *von etwas a.* **1** *etwas nicht berücksichtigen, außer acht, beiseite lassen;* von kleinen Fehlern wollen wir zunächst a.; ganz abgesehen davon, daß er ... *wir wollen nicht davon sprechen, daß er ...* **2** *auf etwas verzichten;* wir wollen von einer Bestrafung, von weiteren Maßnahmen a. **IV** ⟨im Perf. mit „es" und Präp.⟩ **1** *es auf etwas abgesehen haben etwas unbedingt erreichen, haben wollen;* er hat es nur auf ihr Geld abgesehen; er hat es nur auf komische Wirkung, nur auf eine Kränkung abgesehen **2** *es auf jmdn. abgesehen haben* **a** *jmdn. für sich gewinnen wollen;* sie hat es auf ihn abgesehen **b** *jmdn. kränken, kritisieren wollen;* du hast es wohl heute auf mich abgesehen?

Ab|se|hen ⟨n.7; schweiz.⟩ *Visier*

ab|sei|len ⟨V.1, hat abgeseilt⟩ **I** ⟨mit Akk.⟩ *mit Hilfe eines Seils nach unten lassen;* einen Bergsteiger a. **II** ⟨refl.⟩ *sich a.* ⟨ugs.⟩ *sich unauffällig von einer Gruppe entfernen*

ab|sein ⟨V.137, ist abgewesen; o.Obj.⟩ **1** *abgelöst, abgetrennt sein;* der Knopf ist ab; die Farbe ist schon fast ganz ab **2** ⟨übertr., ugs.⟩ *erschöpft sein;* ich bin ganz ab

Ab|sei|te¹ ⟨f.11; bei Geweben⟩ *Rückseite*

Ab|sei|te² ⟨f.11⟩ **1** *Seitenschiff (einer Kirche)* **2** *Nebenraum unter dem Dach* [< ahd. *apsida* „Apsis", volksetymolog. angelehnt an *ab* und *Seite*]

ab|sei|tig ⟨Adj.⟩ *abseits liegend;* seine Interessen sind ein wenig a.

ab|seits **I** ⟨Adv.⟩ **1** *entfernt, in einigem Abstand;* a. stehen, liegen **2** ⟨Ballsport⟩ *in regelwidriger Stellung* **II** ⟨Präp. mit Gen., auch mit „von"⟩ *fern, außerhalb;* a. der Straße; a. vom Wege; a. vom Trubel der Welt

Ab|seits ⟨n., -, nur Sg.; Ballsport⟩ *regelwidrige Stellung* [Lehnübersetzung von engl. *off side* „außerhalb der (eigenen) Spielfeldhälfte"]

Ab|sence [absɑ̃s] ⟨f.11⟩ *Geistesabwesenheit* **2** *kurze Bewußtseinstrübung oder Bewußtlosigkeit (bei epileptischen Anfällen)* [frz., → *Absenz*]

ab|sen|den ⟨V.138, hat abgesandt; mit Akk.⟩ **1** *etwas a. mit der Post auf den Weg bringen;* Syn. *abschicken;* eine Ware, ein Paket a. **2** *jmdn. a. mit einem Auftrag auf den Weg schicken;* einen Boten a.

Ab|sen|der ⟨m.5⟩ *jmd., der etwas abschickt oder abgeschickt hat*

Ab|sen|ker ⟨m.5⟩ *in die Erde herabgebogener und festgehakter Pflanzenteil (der nach Bewurzelung von der Mutterpflanze abgetrennt wird)*

ab|sent ⟨Adj., o.Steig.⟩ *abwesend;* Ggs. *präsent* [< lat. *absens*, Gen. *-ntis*, „abwesend"]

ab|sen|tie|ren ⟨V.3, hat absentiert; refl., veraltend⟩ *sich a.* **1** *sich entfernen;* sich zurückziehen; ich werde mich a., sobald es geht

[< frz. *s'absenter* „sich entfernen", zu *absent* < lat. *absens* „abwesend"]

Ab|senz ⟨f.10⟩ **1** ⟨schweiz.⟩ → *Absence* **2** → *Abwesenheit;* Ggs. *Präsenz (1)* [< lat. *absentia* „Abwesenheit", zu *absens* „abwesend"]

ab|ser|vie|ren ⟨V.3, hat abserviert⟩ **I** ⟨mit Akk. oder o.Obj.⟩ *(Geschirr) vom Tisch wegnehmen;* Sie können a. **II** ⟨mit Akk.⟩ *jmdn. a.* ⟨ugs.⟩ *ihn rücksichtslos aus seiner Stellung entfernen*

Ab|setz|becken ⟨-k·k-; n.7⟩ *Anlage zum Auffangen und zum Klären von Abwasser*

ab|set|zen ⟨V.1, hat abgesetzt⟩ **I** ⟨mit Akk.⟩ **1** *etwas a.* **a** *aus den Händen, vom Rücken nehmen und niedersetzen;* eine schwere Tasche, den Tornister a. **b** *aus einer Stellung, Haltung wegnehmen;* Ggs. *ansetzen;* ein Glas a.; die Flöte, den Bogen a. **c** *eine Zeitlang mitführen und dann liegenlassen;* der Fluß setzt Sand, Geröll am Ufer ab **d** *nicht länger aufführen;* ein Theaterstück (vom Spielplan) a. **e** *nicht weiterführen;* eine ärztliche Behandlung a. **f** *nicht länger einnehmen;* ein Medikament a. **g** *verkaufen;* eine Ware a. **h** *bei der Steuererklärung als berufsbedingte Ausgabe geltend machen und abziehen;* Beträge vom Steuer a. **i** *mit einer neuen Zeile beginnen lassen;* einen Text a. **2** *ein Tier a. nicht mehr von der Mutter säugen lassen* **3** *jmdn. a.* **a** *jmdn. aus einem Amt nehmen;* einen Herrscher, Leiter a. **b** *aus dem Fahrzeug aussteigen lassen;* jmdn. am Marktplatz a. **II** ⟨refl.⟩ **1** *sich a. sinkt unter und bleibt liegen;* am Boden haben sich Pflanzenreste, hat sich Schlamm abgesetzt **2** *jmd. setzt sich ab* ⟨ugs.⟩ *geht heimlich weg;* Truppen setzen sich ab *ziehen sich zurück;* sich ins Ausland a. **III** ⟨unpersönl., mit „es"⟩ *es wird gleich etwas a., es wird Prügel, Ohrfeigen geben;* du wirst gleich Prügel, Ohrfeigen bekommen **IV** ⟨o.Obj.⟩ *innehalten;* reden, trinken, ohne abzusetzen

Ab|sicht ⟨f.10⟩ *Wunsch, Vorsatz, etwas zu tun;* ich habe (nicht) die A., zu ...; er hat ernste ~en *er meint es ernst,* (auch heute nur noch scherzh.) *er möchte sie wirklich heiraten*

ab|sicht|lich ⟨Adj., o.Steig.⟩ *mit Absicht*

ab|sin|gen ⟨V.140, hat abgesungen; mit Akk.; ugs.⟩ *grölend von Anfang an bis zu Ende singen;* unter Absingen vulgärer Lieder zogen sie weiter

Ab|sinth ⟨m.1⟩ *ein Wermutbranntwein* [< griech. *apsinthion*]

ab|sit|zen ⟨V.143⟩ **I** ⟨hat abgesessen; mit Akk.⟩ **1** *eine Zeit a. sitzen, bis eine bestimmte Zeit vergangen ist;* er muß dort seine acht Stunden a. **2** *eine Strafe, eine Zeit als Strafe a. eine Strafe bis zu ihrem Ende verbüßen;* fünf Jahre im Gefängnis abgesessen **3** *einen Gegenstand a. durch vieles Sitzen abnützen;* ein altes, abgesessenes Sofa **II** ⟨o.Obj.⟩ **1** ⟨ist abgesessen⟩ *vom Pferd,* (auch) *vom Motorrad absteigen* **2** ⟨hat abgesessen; ugs.⟩ *entfernt sitzen;* er kann uns nicht hören, er sitzt zu weit ab

ab|so|lut **I** ⟨Adj., o.Steig.⟩ **1** *nicht mehr steigerbar, vollkommen;* das Durcheinander war a.; der ~e Rekord war ... **2** *unabhängig, ohne Vergleiche, für sich stehend;* Ggs. *relativ (1);* ~e Atmosphäre ⟨nicht mehr zulässige Einheit für den⟩ *Luftdruck;* vgl. *Bar (2);* ~es Gehör *Fähigkeit, Töne ohne Bezug zu anderen Tönen nach dem Gehör zu bestimmen;* ~e Mehrheit *Mehrheit mit mehr als 50% aller abgegebenen Stimmen;* ~ Musik *Musik, die nicht auf außermusikalischen Vorstellungen beruht;* Ggs. *Programmusik;* ~er Nullpunkt *die tiefste erreichbare Temperatur (– 273,15 °C);* ~er Superlativ → *Elativ;* ~e Temperatur *vom absoluten Nullpunkt aus gerechnete Temperatur* **3** *unbeschränkt;* ~e Monarchie *Monarchie, in der der Herrscher die alleinige Gewalt ausübt, die durch keine Verfassung be-*

abstellen

schränkt ist; zu jmdm. ~es Vertrauen haben; ~e Zahl *unabhängig von ihrem Vorzeichen betrachtete Zahl* II ⟨Adv.⟩ *durchaus, völlig;* ich bin a. dagegen; das ist a. falsch, richtig; ich habe a. keine Lust [< lat. *absolutus* „von nichts anderem abhängig, für sich bestehend", zu *absolvere* „lossprechen, befreien"]

Ab|so|lu|ti|on ⟨f.10; kath. Kirche⟩ *Freisprechung von Sünden;* jmdm. die A. erteilen [< lat. *absolutio* „Freisprechung", → *absolut*]

Ab|so|lu|tis|mus ⟨m., -, nur Sg.⟩ *Regierungsform, bei der der Herrscher die unbeschränkte Gewalt ausübt*

Ab|so|lu|tist ⟨m.10⟩ *Anhänger des Absolutismus*

ab|so|lu|tis|tisch ⟨Adj., o.Steig.⟩ *zum Absolutismus gehörend, in der Art des Absolutismus*

Ab|so|lu|to|ri|um ⟨n., -s, -ri|en⟩ **1** ⟨†⟩ *Freispruch* **2** *die Bescheinigung darüber* **3** ⟨österr.⟩ *Zulassung zum Staatsexamen und zum Abitur* [→ *absolut*]

Ab|sol|vent ⟨m.10⟩ *jmd., der eine Schule, einen Lehrgang absolviert hat*

ab|sol|vie|ren ⟨V.3, hat absolviert; mit Akk.⟩ **1** etwas a. **a** *erfolgreich durchlaufen;* einen Lehrgang, die Schule, eine Prüfung a. **b** *pflichtgemäß erledigen, leisten;* einen Besuch, ein Pensum a. **2** jmdn. a. ⟨kath. Kirche⟩ *jmdm. die Absolution erteilen, jmdn. von Sünden lossprechen* [< lat. *absolvere* „beenden, lösen, befreien"]

ab|son|der|lich ⟨Adj.⟩ *vom Üblichen abweichend, nicht ganz verständlich, Kopfschütteln hervorrufend, seltsam;* er wird jetzt im Alter etwas a.; eine ~e Idee

Ab|son|der|lich|keit ⟨f.10⟩ **1** ⟨nur Sg.⟩ *absonderliche Beschaffenheit, absonderliches Wesen* **2** *absonderliche Sache;* das und andere ~en

ab|son|dern ⟨V.1, hat abgesondert⟩ I ⟨mit Akk.⟩ **1** etwas a. *ausscheiden, nach außen fließen lassen;* die Wunde sondert Flüssigkeit ab **2** jmdn. a. *von andern trennen;* Kranke a. II ⟨refl.⟩ *sich von andern zurückziehen, fernhalten*

Ab|son|de|rung ⟨f.10⟩ **1** ⟨nur Sg.⟩ *das Absondern* **2** *abgesonderte Flüssigkeit*

Ab|sor|bens ⟨n., -, -ben|zi|en oder -ben|tia [-tsja]⟩ *Stoff, der einen anderen absorbiert;* Ggs. *Absorptiv* [< lat. *absorbens* „verschluckend"]

Ab|sor|ber ⟨m.5⟩ *Anlage zum Absorbieren von Gasen oder Dämpfen* [< engl. *absorber* „Absorbierer"]

ab|sor|bie|ren ⟨V.3, hat absorbiert; mit Akk.⟩ **1** etwas a. *ein-, aufsaugen;* Wasser absorbiert Sauerstoff **2** jmdn. a. ⟨*ganz*⟩ *in Anspruch nehmen;* meine Arbeit absorbiert mich völlig [< lat. *absorbere* „verschlingen, verschlucken"]

Ab|sorp|ti|on ⟨f.10⟩ **1** *Aufnahme von Gas oder Dampf in Flüssigkeit oder festen Körpern* **2** *Energieschwächung von Strahlung beim Durchdringen von Materie* [< lat. *absorptio*, zu *absorbere*, → *absorbieren*]

ab|sorp|tiv ⟨Adj., o.Steig.⟩ *zur Absorption fähig, ein-, aufsaugend* [< frz. *absorptif* „aufsaugend"]

Ab|sorp|tiv ⟨n.1⟩ *Stoff, der von einem anderen absorbiert wird;* Ggs. *Absorbens*

ab|spä|nen[1] ⟨V.1, hat abgespänt; mit Akk.⟩ *mit Spänen reinigen;* Parkett (mit Stahlspänen) a.

ab|spä|nen[2] ⟨V.1, hat abgespänt; mit Akk.⟩ *ein junges Tier a. ihm statt Muttermilch andere Nahrung geben, es entwöhnen;* Ferkel a. [< mhd. *abspanen, abspenen* „weglocken, entwöhnen"; < *abe* „weg" und *spanen, spenen* „locken"]

ab|span|nen ⟨V.1, hat abgespannt⟩ I ⟨mit Akk.⟩ *aus dem Gespann nehmen, vom Wagen losbinden;* Ggs. *anspannen (I);* Zugtiere a. II ⟨o.Obj.; selten⟩ *sich entspannen;* → *abgespannt*

Ab|span|nung ⟨f., -, nur Sg.⟩ *Nachlassen der Spannung, Ermüdung, Erschöpfung*

ab|spa|ren ⟨V.1, hat abgespart⟩ → *abdarben*

ab|spei|sen ⟨V.1, hat abgespeist; mit Akk.⟩ jmdn. mit etwas a. *jmdm. weniger Gutes oder Wertvolles geben, als er erwartet hat;* jmdn. mit schönen Worten, mit einem kleinen Geschenk a.; damit lasse ich mich nicht a. [eigtl. „mit Speise versorgen"]

ab|spens|tig ⟨Adj.; nur in der Wendung⟩ jmdm. jmdn. a. machen *jmdn. von jmdm. weg- und an sich locken;* jmdm. seine Freunde, Kunden a. machen [< mhd. *abe*, ahd. *aba* „weg von" und ahd. *spenstig* „verlockbar", zu *spanan* „locken"]

ab|sper|ren ⟨V.1, hat abgesperrt; mit Akk.⟩ *mit Sperre verschließen, unzugänglich machen;* eine Tür, einen Raum a.; einen Weg a.

Ab|sper|rung ⟨f.10⟩ **1** ⟨nur Sg.⟩ *das Absperren* **2** *Sperre, Hindernis;* die A. durchbrechen **3** ⟨Polizei⟩ *Postenkette*

Ab|spiel ⟨n., -(e)s, nur Sg.; Ballsport⟩ *das Abspielen (4)*

ab|spie|len ⟨V.1, hat abgespielt⟩ I ⟨mit Akk.⟩ **1** *laufen lassen, vorführen;* eine Schallplatte, ein Tonband a. **2** *durch vieles Spielen abnutzen;* eine abgespielte Schallplatte **3** *nach Noten spielen, was vorher nicht geübt zu haben;* ein Musikstück a. **4** *den Ball a. einem Mitspieler zuspielen, an einen Mitspieler abgeben* II ⟨refl.⟩ *sich a. ereignen, geschehen;* es haben sich schreckliche Szenen abgespielt; wie mag sich das abgespielt haben?; der Vorfall spielte sich rasend schnell ab

Ab|spra|che ⟨f.11⟩ *Verabredung, Vereinbarung;* eine A. treffen; er hat es ohne vorherige A. mit mir getan

ab|spre|chen ⟨V.146, hat abgesprochen⟩ I ⟨mit Akk.⟩ etwas a. *vereinbaren, etwas auf bestimmte Weise zu tun* II ⟨refl.⟩ *sich mit jmdm. a. mit jmdm. vereinbaren, etwas zu tun* III ⟨mit Dat. und Akk.⟩ *jmdm. etwas a. erklären, daß jmd. etwas nicht habe;* jmdm. ein Recht, gewisse Fähigkeiten a.

ab|spre|chend ⟨Adj.⟩ *geringschätzig, ohne Achtung, ohne Anerkennung;* sich a. über jmdn. oder etwas äußern

ab|sprin|gen ⟨V.148, ist abgesprungen; o.Obj.⟩ **1** *von etwas weg-, hinunterspringen;* mit dem Fallschirm, vom fahrenden Zug, vom Pferd a. **2** ⟨Jägerspr.⟩ *wegspringen, in Sprüngen fliehen;* der Hirsch sprang ab **3** *sich plötzlich und rasch lösen;* ein Knopf ist abgesprungen; er wollte erst mitmachen, ist dann aber abgesprungen ⟨übertr.⟩

Ab|sprung ⟨m.2⟩ *das Abspringen, Beginn des Sprungs;* er findet nicht den A. zu einer neuen Tätigkeit ⟨übertr.⟩

ab|spü|len ⟨V.1, hat abgespült⟩ → *abwaschen (2)*

ab|stam|men ⟨V.1, Perf. nicht üblich; mit Präp.obj.⟩ von etwas oder jmdm. a. *von etwas oder jmdm. Abkömmling, Nachkomme sein;* sie stammt von letzten Kaiser ab; ein Wort stammt von einem andern ab

Ab|stam|mung ⟨f., -, nur Sg.⟩ *Herkunft (von bestimmten Vorfahren oder Vorgängern);* er ist von vornehmer, niederer A.

Ab|stam|mungs|leh|re ⟨f., -, nur Sg.⟩ *Wissenschaft von der Abstammung der Lebewesen;* Syn. *Deszendenztheorie*

Ab|stand ⟨m.2⟩ **1** *Entfernung zwischen zwei Gegenständen, Personen oder Zeitpunkten;* räumlicher, zeitlicher A.; in größeren, kleineren, geringeren Abständen; im A. von zehn Metern, von zwei Jahren; er hat sich in gewissem A. von den Dingen *er betrachtet sie vom rein persönlichen Standpunkt aus;* er ist mir mit A. der liebste ⟨ugs.⟩ *er ist mir bei weitem lieber als die andern;* von etwas A. nehmen *etwas nicht tun wollen, auf etwas verzichten*

ab|stän|dig ⟨Adj.⟩ *überaltert, dürr, abgestorben;* ~e Bäume; der gesamte Bestand ist a. [< *abstehen* „(zu) lange stehen"]

Ab|stands|sum|me ⟨f.11⟩ *Summe, die jmdm. gezahlt wird, damit er auf etwas verzichtet*

ab|stat|ten ⟨V.2, hat abgestattet; mit Dat. und Akk.; nur in Wendungen wie⟩ jmdm. einen Besuch, einen formellen Besuch machen; jmdm. seinen Dank a. *jmdm. formell danken*

ab|stau|ben ⟨V.1, hat abgestaubt; mit Akk.⟩ **1** *von Staub befreien;* Möbel, Oberflächen a. **2** ⟨ugs.⟩ *(aus einem großen Vorrat) heimlich wegnehmen;* ein paar Flaschen Wein, ein paar Zigarren a.

Ab|stau|ber ⟨m.5⟩ **1** *jmd., der etwas abstaubt (2)* **2** *jmd., der ein Abstaubertor schießt*

Ab|stau|ber|tor ⟨n.1; Ballsport⟩ *aus unmittelbarer Nähe geschossenes Tor, bei dessen Zustandekommen glückliche Umstände mitwirken*

ab|ste|chen ⟨V.149, hat abgestochen⟩ I ⟨mit Akk.⟩ **1** *ein Tier a. durch Stich töten;* ein Schwein a. **2** *aus dem Faß abfließen lassen und dadurch vom Bodensatz trennen;* Wein, Bier a. **3** *einen Hochofen a. das flüssige Metall aus dem Hochofen fließen lassen* **4** *mit Spaten, Löffel o. ä. abtrennen;* Grasnarbe, Torf, Teig a. II ⟨o.Obj.⟩ *einen starken Gegensatz zu etwas oder jmdm. bilden;* die Farben stechen voneinander ab; er sticht durch sein Aussehen von seinem Bruder ab

Ab|ste|cher ⟨m.5⟩ *kleiner Umweg, kleiner Ausflug innerhalb einer Fahrt oder Reise*

ab|stecken ⟨V.1, hat abgesteckt; mit Akk.⟩ **1** *durch Nadeln, Pfähle, Fähnchen kennzeichnen, umgrenzen;* eine Fläche auf der Landkarte, ein Gebiet a. **2** *mit Stecknadeln passend machen;* ein Kleid, einen Rocksaum a. **3** *durch Herausnehmen der Nadel(n) lösen, trennen, abnehmen;* ein Abzeichen a.

Ab|steckung ⟨-k|k-; f.10, nur Sg.⟩ *Festlegung der Außenkanten (eines Gebäudes auf dem Baugrund) vor Baubeginn*

ab|ste|hen ⟨V.151⟩ I ⟨o.Obj.⟩ **1** ⟨hat abgestanden, süddt.: ist abgestanden⟩ **a** *in der Stellung vom Körper wegstreben;* ~de Ohren, Zöpfchen, Rüschen **b** *in einem gewissen Abstand stehen;* der Stuhl steht zu weit vom Tisch ab **2** ⟨ist abgestanden⟩ *längere Zeit stehen und dadurch lauwarm, schal werden;* das Wasser muß eine Weile a.; abgestandenes Wasser, Bier II ⟨mit Präp.obj.⟩ von etwas a. *etwas doch nicht ausführen wollen;* von einem Vorhaben a. III ⟨mit Akk.⟩ *eine Zeit a. stehen, bis eine Zeit vergangen ist;* zwei Stunden Wache a.

Ab|stei|ge ⟨f.11; kurz für⟩ *Absteigequartier*

ab|stei|gen ⟨V.153, ist abgestiegen; o.Obj.⟩ **1** *nach unten, vom Berg hinuntersteigen;* Ggs. *aufsteigen (1)* **2** *vom Pferd, Fahrrad, Motorrad steigen;* Ggs. *aufsteigen (3)* **3** ⟨Sport⟩ *in eine niedrigere Leistungsklasse eingestuft werden;* Ggs. *aufsteigen (5);* ein Sportler, eine Mannschaft steigt ab **4** *vorübergehend wohnen;* in einem Hotel a.; wo sind Sie abgestiegen? **5** *von etwas abstammen;* Ggs. *ansteigen, aufsteigen (4);* ~der Weg; alle Verwandten in ~der Linie *alle Nachkommen*

Ab|stei|ge|quar|tier ⟨n.1⟩ **1** *Hotel, Gasthaus, bei dem jmd. auf einer Reise zu wohnen pflegt* **2** *Wohnung, die sich jmd. hält, um dort unbeobachtet zu sein*

Ab|stei|ger ⟨m.5⟩ Ggs. *Aufsteiger* **1** *jmd., der in eine tiefere Gesellschaftsklasse abgesunken ist* **2** *Sportler, Mannschaft, der bzw. die in eine niedrigere Leistungsklasse eingestuft wird oder worden ist*

ab|stel|len ⟨V.1, hat abgestellt⟩ I ⟨mit Akk.⟩ **1** *auf den Boden, auf einen Platz stellen (um sich zu entlasten);* einen Koffer a. **2** *an einem Platz aufbewahren, parken;* Möbel im Speicher a.; das Auto in einer Seitenstraße

Abstellgleis

a. **3** *außer Betrieb, außer Tätigkeit setzen;* eine Maschine, den Motor, das Radio a.; Ggs. *anstellen* **4** *beseitigen;* einen Mißstand a. **II** ⟨mit Präp.obj.⟩ *eine Sache auf etwas a. sie auf etwas hin ausrichten, sie einer andern Sache anpassen;* das Programm ist auf das Bedürfnis der Masse abgestellt **III** ⟨o.Obj.; ugs., Behördenspr.⟩ *hervorheben, betonen;* der Vortrag stellte darauf ab, daß baldige Abhilfe geschaffen werden müsse

Ab|stell|gleis ⟨n.1⟩ **1** *Gleis, auf dem Züge (z. B. zur Reinigung) abgestellt werden* **2** jmdn. aufs A. schieben ⟨übertr.⟩ *jmdn. aus seinem Wirkungskreis verdrängen;* auf dem A. stehen *sich in einer Stellung ohne Wirkungsmöglichkeit befinden*

ab|stem|peln ⟨V.1, hat abgestempelt; mit Akk.⟩ **1** etwas a. *stempeln (um damit etwas zu bewirken)* **2** jmdn. als etwas a. *erklären oder andeuten, daß jmd. etwas (Negatives) sei;* jmdn. als Betrüger, als Spießer a.

ab|ster|ben ⟨V.154, ist abgestorben; o.Obj.⟩ **1** *aufhören zu leben, zugrunde gehen;* abgestorbene Bäume, Zweige; Körpergewebe stirbt ab; das Gerät ist am Absterben ⟨übertr.⟩ *das Gerät funktioniert kaum noch* **2** *gefühllos werden;* vor Kälte abgestorbene Finger, Zehen

Ab|stich ⟨m.1⟩ **1** *Ablassen von flüssigem Metall aus dem Hochofen (durch Öffnen des Stichloches)* **2** *Umfüllen von Wein in ein anderes Faß (zur Trennung von der Hefe)*

Ab|stieg ⟨m.1⟩ **1** ⟨nur Sg.⟩ *das Absteigen, Hinuntersteigen (von einer Höhe);* Ggs. *Anstieg (1), Aufstieg (1)* **2** ⟨nur Sg.⟩ *Verschlechterung, Niedergang;* Ggs. *Anstieg (2);* wirtschaftlicher, sozialer, moralischer A. **3** *abwärts führender Weg;* Ggs. *Anstieg (3)*

ab|stiegs|ge|fähr|det ⟨Adj.⟩ *in Gefahr, (sportlich) abzusteigen*

ab|stil|len ⟨V.1, hat abgestillt; mit Akk.⟩ ein Kind a. *aufhören, es mit Muttermilch zu ernähren;* Syn. *entwöhnen, ablaktieren*

ab|stim|men ⟨V.1, hat abgestimmt⟩ **I** ⟨o.Obj. oder mit Präp.⟩ *die Stimme(n) abgeben (um gemeinsam etwas zu entscheiden);* wir haben abgestimmt, ob wir gehen oder bleiben sollen; mit Ja oder Nein a.; durch Handzeichen, Stimmzettel a.; über etwas a. **II** ⟨mit Akk.⟩ **1** *in Einklang bringen, übereinstimmend machen;* Farben, Texte, Töne aufeinander a. **2** *auf eine bestimmte Wellenlänge einstellen;* ein Rundfunkgerät a.

Ab|stim|mung ⟨f.10⟩ **1** *das Abstimmen* **2** *Stimmabgabe*

ab|sti|nent ⟨Adj., o.Steig.⟩ *enthaltsam (bes.) auf Alkohol verzichtend;* a. leben [< lat. *abstinens* „sich enthaltend", zu *abstinere* „sich enthalten"]

Ab|sti|nenz ⟨f., -, nur Sg.⟩ *Enthaltsamkeit (bes. von Alkohol)* [→ *abstinent*]

Ab|sti|nenz|er|schei|nung ⟨f.10⟩ *Störung, die nach plötzlichem Entzug von suchterregenden Mitteln auftritt*

Ab|sti|nenz|ler ⟨m.5⟩ *jmd., der enthaltsam lebt, bes. keinen Alkohol trinkt*

Ab|stoß ⟨m.2; Fußb.⟩ *Abschuß des Balls vom Tor*

ab|sto|ßen ⟨V.157, hat abgestoßen⟩ **I** ⟨mit Akk.⟩ **1** *etwas a.* **a** *von sich stoßen, von sich abtrennen;* Eidechsen stoßen den Schwanz, Schlangen stoßen die alte Haut ab; der Körper stößt Fremdkörper ab; Magnetpole stoßen einander ab **b** *als nicht nutzbringend weggeben, verkaufen;* Waren, Aktien a. **c** *durch Stoß beschädigen;* Möbel, Obst, Ecken a. **2** jmdn. a. *bei jmdm. Widerwillen, Abscheu, Antipathie erregen;* sein Benehmen stößt mich ab **II** ⟨refl.⟩ sich a. *sich mit Schwung lösen, sich weg von etwas bewegen;* sich vom Sprungbrett, vom Ufer a.

ab|stot|tern ⟨V.1, hat abgestottert; mit Akk.; ugs.⟩ *in Raten bezahlen*

ab|stra|hie|ren ⟨V.3, hat abstrahiert⟩ **I** ⟨mit Akk.⟩ etwas a. *das Wesentliche von etwas erkennen und verallgemeinern, zum Begriff erheben* **II** ⟨o.Obj.⟩ *vom Besonderen, Konkreten a. es nicht berücksichtigen, davon absehen, es beiseite lassen* [< lat. *abstrahere* „wegziehen, entfernen, trennen" (nämlich vom Konkreten, Besonderen)]

ab|strakt ⟨Adj.⟩ *begrifflich, unanschaulich;* Ggs. *konkret;* ~e Kunst *(mehrdeutige Bez. für) jede Art von bildender Kunst, die nicht die Wirklichkeit darstellen oder in Erinnerung rufen will* [< lat. *abstractus* „weg-, abgezogen", zu *abstrahere*, → *abstrahieren*]

Ab|strak|ti|on ⟨f.10⟩ *Verallgemeinerung, Bildung von Allgemeinbegriffen*

Ab|strak|tum ⟨n., -s, -ta⟩ **1** *allgemeiner, ungegenständlicher Begriff* **2** *Substantiv, das einen Begriff ausdrückt,* z.B. Glaube, Anspruch; Ggs. *Konkretum*

ab|stram|peln ⟨V.1, hat abgestrampelt; refl.; ugs.⟩ sich a. *sich sehr bemühen, viel tun, viel arbeiten, um etwas zu erreichen*

ab|strei|chen ⟨V.158⟩ **I** ⟨hat abgestrichen; mit Akk.⟩ **1** etwas a. *durch Streichen entfernen;* Schaum a. **2** *durch Streichen säubern;* Syn. *abstreifen;* Schuhe vor der Tür a. **3** *wegnehmen, darauf verzichten;* kleine Beträge (von einer Rechnung) a. **4** *ein Gelände a.* **a** *mit Hunden durchsuchen* **b** *darüberfliegen und Beute suchen;* Raubvögel streichen die Felder ab **II** ⟨ist abgestrichen; o.Obj.; Jägerspr.⟩ *wegfliegen;* Federwild streicht ab

Ab|strei|cher ⟨m.5⟩ → *Abtreter*

ab|strei|fen ⟨V.1, hat abgestreift; mit Akk.⟩ **1** *mit einer leichten, streifenden Bewegung entfernen;* Asche a.; die Kleider, Handschuhe a. **2** → *abstreichen (I,2)*

Ab|strei|fer ⟨m.5⟩ → *Abtreter*

ab|strei|ten ⟨V.159, hat abgestritten; mit Akk.⟩ → *leugnen*

Ab|strich ⟨m.1⟩ **1** ⟨nur Sg.⟩ *das Abstreichen* **2** *das, was abgestrichen worden ist (z.B. von einer Flüssigkeit)* **3** ⟨Med.⟩ *Entnahme einer Haut-, Schleimhaut-, Geschwulstabsonderung zur Untersuchung* **a** *durch Abstrich gewonnene Probe* **4** ⟨Met.⟩ *infolge geringerer Dichte auf Metallschmelzen schwimmende Verunreinigungen, die bei der Reinigung abgezogen werden* **5** ⟨beim Schreiben⟩ *Strich nach unten;* Ggs. *Aufstrich (2)* **6** ⟨beim Spielen von Streichinstrumenten⟩ *abwärts führender Strich mit dem Bogen;* Ggs. *Aufstrich (3)* **7** *Streichung, Kürzung, Verzicht;* ~e machen *etwas streichen, kürzen, auf etwas verzichten*

ab|strus ⟨Adj.⟩ *schwer verständlich, verworren;* ~e Ideen; was er sagt, klingt sehr a. [< lat. *abstrusus* „verborgen, versteckt", zu *abstrudere* „verstecken"]

ab|stu|fen ⟨V.1, hat abgestuft; mit Akk.⟩ **1** *stufenförmig anlegen, gliedern, einteilen;* ein Gelände a. **2** *in verschiedenen Tönungen nebeneinandersetzen;* Farben a.

Ab|stu|fung ⟨f.10⟩ **1** ⟨nur Sg.⟩ *das Abstufen* **2** *Stufe, Grad (Farb~)*

ab|stump|fen ⟨V.1, hat abgestumpft⟩ **I** ⟨mit Akk.⟩ **1** *stumpf machen* **2** ⟨übertr.⟩ *unempfindlich machen;* ständige Reize stumpfen die Nerven, Sinne ab; ständige Not stumpft den Menschen ab **II** ⟨ist abgestumpft; o.Obj.⟩ *unempfindlich, gleichgültig werden* **Ab|stump|fung** ⟨f., -, nur Sg.⟩

Ab|sturz ⟨m.2⟩ **1** ⟨nur Sg.⟩ *das Abstürzen* **2** *sehr steiler und hoher Abhang, Abgrund*

ab|stür|zen ⟨V.1, ist abgestürzt; o.Obj.⟩ **1** *in die Tiefe stürzen* **2** *steil abfallen;* der Felsen stürzt hier 50 Meter ab

ab|su|chen ⟨V.1, hat abgesucht; mit Akk.⟩ etwas a. *gründlich suchend durch etwas hindurch-, an etwas entlanggehen;* ein Gelände, den Wald a.; den Horizont, mit Scheinwerfern den Himmel a.

Ab|sud ⟨auch [-sud] m.1⟩ → *Abkochung* [zu *sieden*]

ab|surd ⟨Adj.⟩ *unsinnig, unvernünftig* [< lat. *absurdus* „mißtönend, ungereimt, töricht, ungeschickt"]

Ab|sur|di|tät ⟨f.10⟩ **1** ⟨nur Sg.⟩ *absurde Beschaffenheit, Unsinnigkeit* **2** *absurde Sache;* und lauter solche ~en

ab|sze|die|ren ⟨V.3, hat abszediert; o.Obj.⟩ *einen Abszeß bilden, eitern*

Ab|szeß ⟨m.1, österr. ugs. n.1⟩ *Eiterschwulst* [< lat. *abscessus* „Weggang"]

Ab|szis|se ⟨f.11; Math.⟩ *parallel zur Abszissenachse abgemessener Linienabschnitt* [< lat. *abscissum* „das Abgerissene"]

Ab|szis|sen|ach|se ⟨f.11⟩ *waagerechte Achse im Koordinatensystem*

Abt ⟨m.2⟩ *Vorsteher eines Mönchsklosters oder Stifts* [< mhd. *abbet,* ahd. *abbat,* < kirchenlat. *abbas,* Gen. *abbatis,* < aram. *abba* „Vater"]

Abt. ⟨Abk. für⟩ *Abteilung*

ab|ta|keln ⟨V.1, hat abgetakelt; mit Akk.⟩ **1** ein Schiff a. *die Takelage vom Schiff abnehmen;* Ggs. *auftakeln (I)* **2** jmdn. a. ⟨übertr., ugs.⟩ *jmdn. absetzen, ihm kein Amt nehmen;* vgl. *abgetakelt* **Ab|ta|ke|lung** ⟨f., -, nur Sg.⟩

ab|ta|sten ⟨V.2, hat abgetastet; mit Akk.⟩ *tastend und suchend befühlen*

ab|tau|en ⟨V.1⟩ ⟨hat abgetaut; mit Akk.⟩ etwas a. **1** *zum Tauen bringen;* Eis a. **2** *Eis an etwas zum Tauen bringen;* den Kühlschrank a. **II** ⟨ist abgetaut; o.Obj.⟩ *durch Tauen verschwinden;* das Eis taut ab

Ab|tei ⟨f.10⟩ *Kloster, dem ein Abt oder eine Äbtissin vorsteht*

Ab|teil ⟨n.1⟩ **1** *Raum des Eisenbahnwagens mit Sitzplätzen* **2** ⟨auch⟩ *dessen Insassen;* er unterhielt sich mit seinen Reden das ganze A. **3** *Schrankfach*

ab|tei|len ⟨V.1, hat abgeteilt; mit Akk.⟩ *durch Teilen trennen;* einen Raum (von einem andern) durch einen Vorhang a.; ein Wort a. *nach bestimmten Regeln in seine Silben zerlegen*

Ab|tei|lung ⟨f.10⟩ **I** ⟨[ab-] nur Sg.⟩ *das Abteilen* **II** ⟨[-tai-] Abk.: Abt.⟩ **1** *Abschnitt, Teil* **2** *Teil eines Unternehmens mit besonderem Aufgabengebiet (Vertriebs~)* **3** ⟨Mil.⟩ **a** ⟨in Deutschland bis 1945 bei einigen Waffengattungen⟩ *kleiner Truppenverband* **b** ⟨schweiz.⟩ *Bataillon* **c** *abweichend von der normalen Gliederung zusammengestellter Truppenverband* **4** ⟨Geol.⟩ *Abschnitt einer erdgeschichtlichen Formation* **5** ⟨Biol.⟩ *systematische Einheit*

Ab|tei|lungs|zei|chen ⟨n.7⟩ *Zeichen für die Silbentrennung (= oder -)*

ab|te|le|fo|nie|ren ⟨V.3, hat abtelefoniert; o. Obj. oder mit Dat.⟩ *(jmdm.) telefonisch absagen*

ab|te|le|gra|fie|ren ⟨V.3, hat abtelegrafiert; o.Obj. oder mit Dat.⟩ *(jmdm.) telegrafisch absagen*

ab|teu|fen ⟨V.1, hat abgeteuft; mit Akk.⟩ einen Schacht a. *senkrecht in die Tiefe graben;* auch: [< mhd. *teufe, tiufede* „Tiefe"]

Äb|tis|sin ⟨f.10⟩ *Vorsteherin eines Nonnenklosters oder Stifts* [→ *Abt*]

ab|tö|ten ⟨V.2, hat abgetötet; mit Akk.⟩ **1** *töten, vernichten;* Bakterien a.; Begierden a. **2** *unempfindlich machen;* einen Nerv a.

Ab|trag ⟨m.2⟩ *Beeinträchtigung, Schaden;* jmdm. A. tun *jmdm. schaden;* das tut der Sache keinen A. **2** ⟨schweiz.⟩ *Unterschied*

ab|tra|gen ⟨V.160, hat abgetragen; mit Akk.⟩ **1** *nach und nach, Stück für Stück entfernen;* Wasser, Wind trägt Erdreich ab; ein Gebäude, einen Hügel a.; eine Schuld a.; Speisen (vom Tisch) a. **2** *durch Tragen abnutzen;* Kleider, Schuhe a.

Ab|tra|gung ⟨f., -, nur Sg.⟩ *das Abtragen (1)*

Ab|trans|port ⟨m.2⟩ *das Abtransportieren*

ab|trans|por|tie|ren ⟨V.3, hat abtransportiert; mit Akk.⟩ *mit Fahrzeug wegbringen;* Gefangene, Güter a.

ab|trei|ben ⟨V.162⟩ I ⟨hat abgetrieben; mit Akk.⟩ **1** *hinuntertreiben;* Vieh von der Alm a. **2** *zu sehr beanspruchen;* ein abgetriebenes Pferd **3** *durch Medikament mit dem Kot abgehen lassen;* Würmer a. **4** *weg-, forttreiben;* der Wind treibt das Boot vom Land ab **5** *vom Edelmetall trennen;* unedle Bestandteile a. **6** *im Mutterleib abtöten und vom Körper ausstoßen lassen;* ein Kind, die Leibesfrucht a. II ⟨ist abgetrieben; o.Obj.⟩ *durch Wind, Strömung o.ä. weggetrieben werden;* das Boot, der Schwimmer treibt immer weiter ab

Ab|trei|bung ⟨f.10⟩ *künstlich herbeigeführte Fehlgeburt*

ab|tren|nen ⟨V.1, hat abgetrennt; mit Akk.⟩ *vom Ganzen trennen; lösen;* Landesteile a.; bei dem Unfall wurde ihm ein Arm abgetrennt; eine Borte, Schleife (vom Kleid) a.; einen Teil des Zimmers durch einen Vorhang a.

ab|tre|ten ⟨V.163⟩ I ⟨hat abgetreten; mit Akk.⟩ **1** *durch vieles Gehen oder Begehen abnutzen;* Schuhe, Absätze a.; den Teppich a. **2** *durch Treten von Schmutz säubern;* (sich) die Schuhe vor der Tür a. **3** *durch Treten entfernen;* sich den Schnee (von den Schuhen) a. II ⟨hat abgetreten; mit Dat. und Akk.⟩ jmdm. etwas a. *überlassen, übertragen, zur Verfügung stellen;* jmdm. ein Recht a.; einem andern Staat ein Gebiet a. III ⟨ist abgetreten; o.Obj.⟩ **1** *seine Tätigkeit aufgeben;* die Regierung wird a. müssen; ein Minister tritt ab **2** *sich zurückziehen, weggehen;* der Schauspieler tritt ab; vom Schauplatz a. **3** ⟨ugs.⟩ *sterben*

Ab|tre|ter ⟨m.5⟩ *Matte oder Rost (vor der Haustür) zum Reinigen der Schuhsohlen;* Syn. Abstreicher, Abstreifer

Ab|tre|tung ⟨f.10⟩ *das Abtreten, Überlassung;* A. von Rechten

Ab|trieb ⟨m.1⟩ **1** *das Hinuntertreiben (des Viehs von der Alm);* Ggs. Auftrieb **2** ⟨Forstw.⟩ *vollständige Abholzung;* Syn. Räumung **3** ⟨Tech.⟩ *Maschinenteil, an dem die nutzbare Leistung abgenommen wird*

Ab|trift ⟨m.10⟩ *das Abgetriebenwerden (des Schiffs oder Flugzeugs) vom Kurs durch Strömung, Seegang oder Wind;* auch: Abdrift

Ab|tritt ⟨m.1⟩ **1** ⟨nur Sg.⟩ *das Abtreten, Weggehen;* A. eines Schauspielers von der Bühne **2** ⟨nur Sg.⟩ *Weggang, Ausscheiden (aus dem Dienst);* A. eines Politikers **3** *Abort¹*

ab|trock|nen ⟨V.2⟩ I ⟨hat abgetrocknet; mit Akk.⟩ *trocken machen;* Geschirr a. II ⟨ist abgetrocknet; o.Obj.⟩ *trocken werden*

ab|trop|fen ⟨V.1, ist abgetropft; o.Obj.⟩ **1** *Flüssigkeit in Tropfen absondern;* gewaschenen Salat, nasse Wäsche a. lassen **2** *in Tropfen herunterfallen;* aus dem Hahn tropft Wasser ab

ab|trot|zen ⟨V.1, hat abgetrotzt; mit Dat. und Akk.⟩ jmdm. etwas a. *durch trotziges Verhalten von jmdm. erreichen;* der Junge hat ihr die Erlaubnis abgetrotzt

ab|trün|nig ⟨Adj.⟩ *von einem Glauben, einer Partei abgefallen;* er ist a. geworden = er ist von seinem Glauben, seiner Partei abgefallen [< mhd. *abetrünnic*, ahd. *abatrünnic*, zu *abatrünne* ,,Abfall vom Glauben'', < *aba* ,,weg von'' und *trünne* ,,Schar, Rudel'']

ab|tun ⟨V.167, hat abgetan; mit Akk.⟩ **1** *ausziehen;* die Kleider a. **2** *erledigen;* eine Sache möglichst schnell a.; die Sache ist abgetan und vergessen **3** ⟨übertr.⟩ *beiseite schieben;* man kann den Vorfall nicht mit ein paar Worten a.; einen Einwand mit einer Handbewegung a.

Abu (in arab. Eigennamen) *Vater (des ...);* Abu Hassan

Abu|lie ⟨f.11⟩ *krankhaftes Unvermögen, seinen Willen zu gebrauchen* [< griech. *a...* ,,nicht'' und *boulesthai* ,,wollen'']

Ab|un|danz ⟨f., -, nur Sg.⟩ **1** *Häufigkeit, Überfluß* **2** ⟨Ökol.⟩ *Häufigkeit einer Tier- oder Pflanzenart je Flächeneinheit* [< lat. *abundantia* ,,Überfluß, Reichtum'', zu *abundare* ,,überfließen'', zu *unda* ,,Welle, Woge'']

ab ur|be con|di|ta (Abk.: a. u. c.) *seit Gründung der Stadt (Rom), d.h. seit 753 v. Chr. (altrömische Zeitrechnung)*

ab|ur|tei|len ⟨V.1, hat abgeurteilt; mit Akk.⟩ jmdn. a. *verurteilen, das Urteil über jmdn. sprechen* **Ab|ur|tei|lung** ⟨f.10⟩

ab|usiv ⟨Adj.⟩ *mißbräuchlich* [→ Abusus]

Ab|usus ⟨m., -, -⟩ *übermäßiger Gebrauch, Mißbrauch;* [< lat. *abusus* ,,das Aufbrauchen, Verbrauch'', zu *abuti* ,,verbrauchen'']

Ab|ver|kauf ⟨m.2; österr.⟩ → Ausverkauf (1)

ab|ver|lan|gen ⟨V.1, hat abverlangt; mit Dat. und Akk.⟩ jmdm. etwas a. *etwas von jmdm. verlangen*

ab|wä|gen ⟨V.173, hat abgewogen; mit Akk.⟩ etwas a. *die Vor- und Nachteile von etwas bedenken;* man muß genau a., ob man es tun soll oder nicht; zwei Möglichkeiten gegeneinander a. *zwei Möglichkeiten vergleichend bedenken*

Ab|wahl ⟨f.10⟩ *das Abwählen;* A. eines Vorsitzenden

ab|wäh|len ⟨V.1, hat abgewählt; mit Akk.⟩ **1** jmdn. a. *jmdn. nicht wiederwählen* **2** ein Fach a. ⟨Schule⟩ *nicht mehr am Unterricht in einem Fach teilnehmen*

ab|wäl|zen ⟨V.1, hat abgewälzt; mit Akk.⟩ *von sich wegschieben, einem anderen aufbürden;* eine lästige Arbeit a.; die Verantwortung auf einen andern a. **Ab|wäl|zung** ⟨f.10⟩

ab|wan|deln ⟨V.1, hat abgewandelt; mit Akk.⟩ **1** (leicht) *verändern;* eine Formulierung etwas a.; Substantive a. *beugen, deklinieren;* Verben a. *beugen, konjugieren* **Ab|wan|de|lung, Ab|wand|lung** ⟨f.10⟩

Ab|wär|me ⟨f., -, nur Sg.⟩ *Wärme, die nach einem technischen Vorgang übrigbleibt;* Syn. Abhitze

Ab|wart ⟨m.1; schweiz.⟩ *Hausmeister*

ab|war|ten ⟨V.1, hat abgewartet; mit Akk., auch o.Obj.⟩ etwas a. *warten, bis etwas geschieht oder eintritt;* eine günstige Gelegenheit a.; wart's ab! *sei nicht so ungeduldig!;* wir wollen a., ob er ...

ab|wärts|ge|hen ⟨V.47, ist abwärtsgegangen; o.Obj., mit ,,es''⟩ ⟨übertr.⟩ *schlechter werden;* Ggs. aufwärtsgehen; mit seiner Gesundheit, der Firma geht es abwärts

Ab|wasch I ⟨m., -s, nur Sg.⟩ **1** *das Abwaschen;* Syn. Aufwasch; das ist in einem A.; das läßt sich in einem A. erledigen *das läßt sich auf einmal, in einem einzigen Arbeitsgang, gleichzeitig erledigen* **2** *schmutziges Geschirr, das abgewaschen werden soll;* in der Küche steht noch der ganze A. II ⟨f., -, nur Sg.; österr.⟩ *Spülbecken (für Geschirr)*

ab|wa|schen ⟨V.174, hat abgewaschen; mit Akk.⟩ **1** *durch Wasser nach und nach wegnehmen;* der Regen hat die Farbe, den Verputz abgewaschen **2** ⟨auch⟩ *mit Wasser säubern;* Syn. abspülen, aufwaschen; Geschirr a.; ich muß noch a.

Ab|wa|schung ⟨f.10; Med.⟩ *Behandlung des Körpers mit Wasser;* kalte ~en

Ab|was|ser ⟨n.6⟩ *abfließendes Schmutzwasser*

ab|wech|seln ⟨V.1, hat abgewechselt; o.Obj. oder mit Akk. (einander)⟩ *wechselweise etwas tun, vorgehen, handeln;* bei einer Arbeit, einem Spiel a.; ⟨ugs.⟩ sich bei einer Tätigkeit a.; ~d im Wechsel; ~d links und rechts

Ab|wechs|lung ⟨f.10⟩ *angenehme Unterbrechung, kurzweiliger Wechsel;* etwas A. in eine Veranstaltung, eine Arbeit, einen Raum bringen; es zur A. einmal anders machen

ab|wechs|lungs|reich ⟨Adj.⟩ *mit vielen Abwechslungen;* ~e Landschaft, Reise

Ab|weg ⟨m.1, meist Pl.⟩ ~e *falsche Gedankengänge, gedankliche Irrwege, moralisch nicht einwandfreies Handeln;* auf ~e geraten, jmdn. auf ~e führen

ab|we|gig ⟨Adj.⟩ *vom Üblichen, Normalen stark abweichend, sehr sonderbar, unverständlich;* ein ~er Gedanke; dieser Vorschlag ist nicht so a., wie du glaubst **Ab|we|gig|keit** ⟨f., -, nur Sg.⟩

Ab|wehr ⟨f., -, nur Sg.⟩ **1** *das Abwehren* **2** ⟨Sport⟩ *Verteidigung* **3** ⟨Mil.⟩ **a** *alle Maßnahmen, die sich gegen einen Angriff richten* **b** (in Dtld. bis 1945) *Geheimdienst*

ab|weh|ren ⟨V.1, hat abgewehrt; mit Akk.⟩ etwas oder jmdn. a. *sich gegen etwas oder jmdn. wehren oder schützen, etwas zurückschlagen, zurückweisen;* einen Angriff, Fliegen, Kälte a.; Lob, Dank a.; einen Angreifer a.

Ab|wehr|man|gel ⟨m.6; Med.⟩ *Verminderung oder Fehlen bestimmter Abwehrstoffe im Körper*

ab|wei|chen¹ ⟨V.1⟩ I ⟨hat abgeweicht; mit Akk.⟩ *weich machen und ablösen;* Schmutz a. II ⟨ist abgeweicht; o.Obj.⟩ *weich werden und sich lösen;* der Schmutz, die Farbe ist abgeweicht

ab|wei|chen² ⟨V.176, ist abgewichen; mit Präp.obj.⟩ von etwas a. **1** *sich von etwas entfernen, dem man bisher gefolgt ist;* vom Weg, vom Kurs, von einer Richtung a.; von einer Meinung a. **2** *anders sein;* Ansichten weichen voneinander ab; ~de Meinung vertreten

Ab|weich|ler ⟨m.5; DDR⟩ jmd., *der eine von der Parteidoktrin abweichende Meinung vertritt*

Ab|wei|chung ⟨f.10⟩ **1** ⟨nur Sg.⟩ *das Abweichen²;* A. von der Regel, von der Vorschrift **2** *etwas, das abweicht, abweichende Form oder Sache;* ~en feststellen

ab|wei|sen ⟨V.177, hat abgewiesen; mit Akk.⟩ *von sich weisen, zurückweisen;* ein Angebot, einen Antrag, eine Forderung a.; ein ~des Gesicht machen; sich ~d verhalten **Ab|wei|sung** ⟨f.10⟩

ab|wen|den ⟨V.2, hat abgewendet; mit Akk.⟩ *verhindern, fernhalten;* einen Schlag, ein Unheil a. II ⟨V.2 oder 178, hat abgewendet; mit Akk.⟩ *zur Seite, wegwenden;* das Gesicht a.; ich wandte mich enttäuscht ab

ab|wen|dig ⟨Adj.⟩ → abspenstig

ab|wer|ben ⟨V.179, hat abgeworben; mit Akk.⟩ (jmdm.) jmdn. a. *durch Werbung jmdn. veranlassen, von jmdm. wegzugehen, und ihn für sich zu gewinnen;* Kunden, Arbeitskräfte a.; einen Sportler a.; *ihn zum Übertritt in einen anderen Verein verleiten* **Ab|wer|bung** ⟨f.10⟩

ab|wer|fen ⟨V.181, hat abgeworfen; mit Akk.⟩ *weg-, von sich werfen;* die Bäume werfen die Blätter ab; der Hirsch wirft das Geweih ab; das Pferd hat den Reiter abgeworfen; Bomben a.; Gewinn, Zinsen a. ⟨übertr.⟩ *bringen, einbringen*

ab|wer|ten ⟨V.1, hat abgewertet; mit Akk.⟩ **1** *im Wert herabsetzen;* Ggs. aufwerten; eine Währung a. **2** *in der Bedeutung, Wichtigkeit herabsetzen;* jmds. Haltung a.; das Wort ,,Frauenzimmer'' ist im Laufe der Zeit abgewertet worden

Ab|wer|tung ⟨f.10⟩ *das Abwerten, das Abgewertetwerden;* Ggs. Aufwertung

ab|we|send ⟨Adj., o.Steig.⟩ **1** *sich nicht hier befindend, nicht da;* Ggs. anwesend; die ~en Mitglieder; ich bin heute a. **2** *die Gedanken nicht bei der Sache; an anderes denkend;* a. antworten [< mhd. *abewesen*, < ahd. *abawesan* ,,nicht vorhanden sein, fehlen'', < ahd. *aba* ,,weg'' und *wesan* ,,da sein, vorhanden sein'']

Ab|we|sen|heit ⟨f., -, nur Sg.⟩ *das Abwesendsein;* Syn. Absenz; Ggs. Anwesenheit; das ist während meiner A. geschehen; geistige A.

ab|wet|zen ⟨V.1, hat abgewetzt; mit Akk.⟩

abwickeln

durch Gebrauch, Reibung abnutzen; den Hosenboden, die Ärmel a.
ab|wickeln ⟨-k|k-; V.1, hat abgewickelt; mit Akk.⟩ **1** *durch Wickeln von etwas lösen;* Ggs. *aufwickeln;* Garn (von der Spule), den Faden (vom Knäuel) a. **2** *ordnungsgemäß, vereinbarungsgemäß durchführen;* ein Geschäft, ein Programm a.
Ab|wick|lung ⟨f., -, nur Sg.⟩ *das Abwickeln;* A. von Geschäften
ab|wie|geln ⟨V.1, hat abgewiegelt; mit Akk.⟩ *beruhigen;* Ggs. *aufwiegeln;* eine aufgeregte Menschenmenge a. [→ *aufwiegeln*]
ab|wie|gen ⟨V.182, hat abgewogen; mit Akk.⟩ *vom Ganzen wegnehmen und wiegen;* ein Stück Fleisch, ein Pfund Gemüse a.
Ab|wind ⟨m.1⟩ *abwärts wehender Wind;* Ggs. *Aufwind*
ab|win|ken ⟨V.1, hat abgewinkt; o.Obj.⟩ **1** *zum Zeichen der Abwehr, des mangelnden Interesses winken;* auf meine Frage winkte er nur ab **2** *durch Winken beenden;* ein Rennen a.
ab|wirt|schaf|ten ⟨V.2, hat abgewirtschaftet⟩ **I** ⟨mit Akk.⟩ *durch schlechtes Wirtschaften zugrunde richten;* einen Bauernhof, eine Firma a. **II** ⟨o.Obj.⟩ *durch schlechtes Wirtschaften zugrunde gehen, seine Existenz zerstören;* die Firma hat abgewirtschaftet; abgewirtschaftet sein ⟨übertr.⟩ ⟨durch übermäßiges Arbeiten, ungesundes Leben⟩ *erschöpft, elend sein*
ab|wi|schen ⟨V.1, hat abgewischt; mit Akk.⟩ **1** *durch Wischen säubern;* einen Gegenstand, sich das Gesicht a. **2** *durch Wischen entfernen;* Schmutz, einem Kind die Tränen a.
ab|woh|nen ⟨V.1, hat abgewohnt; mit Akk.⟩ *durch Wohnen abnützen;* abgewohnte Zimmer
ab|wracken ⟨-k|k-; V.1, hat abgewrackt; mit Akk.⟩ ein Schiff a. *ein nicht mehr brauchbares Schiff in seine Bestandteile zerlegen und verschrotten* [→ *Wrack*] **Ab|wrackung** ⟨-k|k-; f., -, nur Sg.⟩
Ab|wurf ⟨m.2⟩ *das Abwerfen;* A. von Bomben, von Flugblättern
ab|wür|gen ⟨V.1, hat abgewürgt; mit Akk.⟩ **1** *jmdn. a. erwürgen, ihm die Kehle zudrücken* **2** etwas a. ⟨übertr.⟩ **a** *verhindern, im Keim ersticken;* ein Gespräch, eine Unternehmung a. **b** *ungewollt zum Stillstand bringen;* den Motor a.
abys|sal, abys|sisch ⟨Adj., o.Steig.⟩ **1** *aus der Tiefe der Erde, des Meeres stammend* **2** *zur Tiefsee gehörig* **3** *abgrundtief* [→ *Abyssus*]
Abys|sus ⟨m., -, nur Sg.⟩ *Abgrund, Unergründliches* [< griech. *abyssos* „Abgrund, Hölle"]
ab|zah|len ⟨V.1, hat abgezahlt; mit Akk.⟩ *nach und nach bezahlen;* ein Auto, ein Haus a.
ab|zäh|len ⟨V.1, hat abgezählt⟩ **I** ⟨mit Akk.⟩ **1** *in Gruppen zusammenfassend zählen;* jeweils fünf Stück, fünf Mann a.; Geld a. *eine bestimmte Summe zählen und wegnehmen;* Geld abgezählt bereithalten **II** ⟨o.Obj.⟩ **1** *eine Gruppe nach einem bestimmten Schema zählen, um eine Person zu ermitteln, die etwas tun soll* **2** *durch Zählen Gruppen bilden;* zu vieren a.
Ab|zähl|reim ⟨m.1⟩ *Vers, mit dem ein Kind aus einer Gruppe durch Abzählen für eine Aufgabe bestimmt wird;* Syn. *Abzählvers*
Ab|zah|lung ⟨f.10⟩ *das Abzahlen; etwas auf A. kaufen etwas kaufen und die Zahlung in Raten vereinbaren*
Ab|zähl|vers ⟨m.1⟩ → *Abzählreim*
ab|zap|fen ⟨V.1, hat abgezapft⟩ **I** ⟨mit Akk.⟩ **1** *durch Herausnehmen des Zapfens ausfließen lassen;* Wein, Bier a. **II** ⟨mit Dat. und Akk.; in bestimmten Wendungen⟩ jmdm. Blut a. *eine gewisse Menge Blut aus der Vene*

entnehmen; jmdm. Geld a. *mit Geschick von ihm erlangen*
ab|zap|peln ⟨V.1, hat abgezappelt; refl.⟩ sich a. **1** *vor Ungeduld zappeln, es vor Ungeduld kaum aushalten* **2** *sich sehr bemühen, sich sehr anstrengen*
ab|zäu|men ⟨V.1, hat abgezäumt; mit Akk.⟩ einem Zug- oder Reittier a. *ihm den Zaum abnehmen;* Ggs. *aufzäumen* (1)
ab|zeh|ren ⟨V.1, hat abgezehrt; mit Akk.; selten; meist im Part. Perf.⟩ *mager und elend machen;* die lange Krankheit, die Sorge hat ihn abgezehrt; abgezehrt aussehen; abgezehrtes Gesicht
Ab|zei|chen ⟨n.7⟩ **1** *kleiner Gegenstand (z. B. Anstecknadel, aufgenähtes Stück Stoff) als Kennzeichen oder Erkennungszeichen* **2** ⟨bei Haustieren⟩ ⟨meist heller⟩ *Fleck im Fell oder in der Haut* **3** ⟨allg.⟩ *Kennzeichen, Merkmal*
ab|zeich|nen ⟨V.1, hat abgezeichnet⟩ **I** ⟨mit Akk.⟩ **1** *nach einer Vorlage zeichnen* **2** *mit der abgekürzten Unterschrift unterschreiben;* einen Brief a. **II** ⟨refl.⟩ **1** *sich durch gewisse Zeichen, Anzeichen erkennen oder voraussehen lassen;* kommende Ereignisse, Entwicklungen zeichnen sich bereits ab **2** *sich gegen etwas abheben, sich erkennen lassen;* unter dem Gewand zeichnen sich Knochen, Muskeln ab; die Bäume zeichnen sich gegen den Himmel ab
Ab|zieh|bild ⟨n.3⟩ *gedrucktes Bild, das wasserlöslich an seinem Untergrund haftet und übertragen werden kann*
ab|zie|hen ⟨V.187⟩ **I** ⟨hat abgezogen; mit Akk.⟩ **1** *wegziehen, durch Ziehen wegnehmen;* den Schlüssel a.; einen Ring (vom Finger) a.; einem Tier das Fell a.; einer Frucht die Haut a.; jmds. Gedanken, Aufmerksamkeit von etwas a. ⟨übertr.⟩ **2** *durch Rechnen wegnehmen;* Syn. *subtrahieren;* eine Zahl von einer andern a.; fünf Prozent a. **3** ⟨in bestimmten Fügungen⟩ eine Feuerwaffe a. *den Hebel zum Auslösen des Schusses zurückziehen;* ein Foto a. *von einem Negativ eine Positivkopie herstellen;* Parkett a. *Stahlspäne über eine Maschine darüberziehen und es dadurch reinigen und glätten;* einen Text a. *einen Abdruck (auf der Presse) davon machen;* Wein a. *vom Faß in Flaschen füllen;* eine Soße mit Ei a. *Eidotter darunterrühren;* die Hand von jmdm. a. *jmdn. nicht mehr beschützen oder begünstigen;* jmdm. etwas vom Lohn a. *wegnehmen, zurückbehalten* **4** ⟨ugs.⟩ *durch Gags die Aufmerksamkeit auf sich ziehen;* er zieht wirklich 'ne Show ab **II** ⟨ist abgezogen; o.Obj.⟩ **1** *weggehen, sich entfernen;* Truppen ziehen ab; er zog enttäuscht ab ⟨ugs.⟩; zieh ab! ⟨ugs.⟩ *verschwinde!, geh!* **2** *sich durch Luftströmung entfernen;* das Gewitter, Rauch zieht ab
ab|zie|len ⟨V.1, hat abgezielt; mit Präp.obj.⟩ *auf etwas a. etwas zum Ziel haben, zu verwirklichen suchen;* die Vorschrift zielt darauf ab, Unfälle zu verhindern
ab|zir|keln ⟨V.1, hat abgezirkelt; mit Akk.⟩ *sehr genau ausmessen und berechnen;* das brauchst du doch nicht so haarscharf abzuzirkeln; vgl. *abgezirkelt*
ab|zi|schen ⟨V.1, ist abgezischt; o.Obj.; ugs.⟩ **1** *sich rasch entfernen,* ⟨eigtl.⟩ *mit zischendem Geräusch entfernen;* zisch bloß endlich ab!
ab|zit|tern ⟨V.1, ist abgezittert; o.Obj.; ugs.⟩ *sich entfernen, weggehen* [wahrscheinlich urspr. „zaghaft, kleinlaut, sozusagen zitternd sich zurückziehen"]
Ab|zug ⟨m.2⟩ **1** ⟨nur Sg.⟩ *das Abziehen;* A. von Truppen **2** *Korrektur- oder Probedruck vom gesetzten Text* **3** ⟨Fot.⟩ *in gleicher Größe von einem Negativ kopiertes positives Bild* **4** *Vorrichtung, die Gase und Dämpfe ins Freie abführt;* Syn. *Digestor* **5** ⟨an Schußwaffen⟩ *Vorrichtung, die den Schuß auslöst*

ab|züg|lich ⟨Präp.; bes. Kaufmannsspr.⟩ *vermindert um;* 50 DM a. des Trinkgeldes, ⟨oder⟩ a. Trinkgeld
ab|zugs|fä|hig ⟨Adj., o.Steig.⟩ *so beschaffen, daß man es (vom zu versteuernden Einkommen) abziehen kann;* ~e Ausgabe
ab|zwacken ⟨-k|k-; V.1, hat abgezwackt; mit Akk.⟩ **1** *abzwicken* **2** ⟨übertr.⟩ *in kleinem Stück vom Ganzen wegnehmen;* jmdm. etwas vom Lohn a.
Ab|zweig|do|se ⟨f.11⟩ ⟨meist⟩ *geerdeter Anschluß für mehrere elektrische Leitungen*
ab|zwei|gen ⟨V.1⟩ **I** ⟨ist abgezweigt, o.Steig.⟩ *wie ein Zweig in eine andere Richtung führen, seitlich wegführen;* hier zweigt ein Weg ab **II** ⟨hat abgezweigt; mit Akk.⟩ *für einen bestimmten Zweck oder heimlich vom Ganzen wegnehmen;* eine Summe a.; eine kleine Menge für sich a.
Ab|zwei|gung ⟨f.10⟩ **1** *Stelle, an der ein Weg abzweigt;* an der A. rechts abbiegen **2** *Nebenstrecke*
ab|zwicken ⟨-k|k-; V.1, hat abgezwickt; mit Akk.⟩ *durch Zwicken abtrennen;* ein Stück Draht, ein Stückchen Haut a.
Ac ⟨chem. Zeichen für⟩ *Actinium*
à c. ⟨Abk. für⟩ *à condition*
a. c. ⟨Abk. für⟩ *anni currentis*
Aca|de|my-Award ⟨[əkædəmi əwɔrd] m., -(s), -(s)⟩ *amerikanischer Filmpreis für die beste künstlerische Leistung;* Syn. *Oscar*
Acan|thus → *Akanthus*
a cap|pel|la *ohne Instrumentalbegleitung;* ein Lied a c. singen [ital., „in der Art, im Stil eines Kapellchores"]
ac|ce|le|ran|do ⟨[atʃel-] Abk.: accel.; Mus.⟩ *schneller werdend, beschleunigend;* Ggs. *ritardando* [ital.]
Ac|cent ai|gu ⟨[aksātegy] m., --, -s -s; Zeichen: ´⟩ *im Französischen Zeichen für die geschlossene Aussprache des e, z.B. in Café;* → *Akut* [< frz. *accent* „Akzent" und *aigu* „spitz, scharf"]
Ac|cent cir|con|flexe ⟨[aksā sirkɔ̃flɛks] m., --, -s -s; Zeichen: ^⟩ *im Französischen Zeichen für die Dehnung eines Vokals oder Diphthongs* ⟨meist infolge eines sprachgeschichtlich ausgefallenen s⟩, *z.B. in* maître *< lat.* magister [< frz. *accent cironflexe,* → *Akzent,* → *Zirkumflex*]
Ac|cent grave ⟨[aksā grav] m., --, -s -s; Zeichen: `⟩ *im Französischen Zeichen für die lange, offene Aussprache des e, z.B. in* mère (Mutter) [< frz. *accent grave,* → *Akzent,* → *Gravis*]
Ac|ces|soires ⟨[aksɛsoars] nur Pl.⟩ *modisches Zubehör zur Kleidung (z.B. Gürtel, Schmuck)* [< frz. *accessoires* „Nebensächlichkeiten, Zubehör", < lat. *accessus* „das Hinzukommen, Vermehrung", zu *accedere* „hinzukommen"]
Ac|com|pa|gna|to ⟨[-nja-] n., -(s), -s oder -ti⟩ *vom Orchester begleitetes Rezitativ* [< ital. *accompagnato* „begleitet", zu *accompagnare* „begleiten", zu *compagno* „Gefährte"]
ac|com|pa|gnie|ren ⟨[-nji-] V.3, hat accompagniert; mit Akk.; † Mus.⟩ *begleiten* [< frz. *accompagner* in ders. Bed.]
Ac|count ⟨[əkaunt] m.9⟩ **1** *Werbeetat* **2** *Auftraggeber einer Werbeagentur* [< engl. *account* „Rechnung, Rechenschaft, Verantwortung", zu *to account* „Rechenschaft ablegen"]
ac|cre|scen|do ⟨[-ʃɛn-] Abk.: acc.⟩ → *crescendo;* Ggs. *descrescendo*
Ac|cro|cha|ge ⟨[-ʃaʒə] f.11⟩ *Ausstellung einer Galerie aus ihren eigenen Kunstbeständen* [< frz. *accrochage* „das Aufhängen", zu *accrocher* „aufhängen", zu *croc* „Haken, Nagel"]
Acet|al|de|hyd ⟨m., -s, nur Sg.⟩ *stechend riechende organische Verbindung* [< *Acetat* und *Aldehyd*]

Acetat ⟨n.1⟩ *Salz der Essigsäure* [< lat. *acetum* „Essig"]

Aceton ⟨n., -s, nur Sg.⟩ *aromatisch riechendes Lösungsmittel* [< *Acetat* und *Keton*]

Acetylen ⟨n., -s, nur Sg.⟩ *ungesättigter, gasförmiger Kohlenwasserstoff* [< lat. *acetum* „Essig"]

ach ⟨Int.⟩ **1** ⟨drückt Erstaunen, Schmerz, Abwehr, Geringschätzung u.a. aus⟩ *ach Gott; ach je; ach du liebe Zeit!; ach? wirklich?; ach und weh schreien* **2** ⟨verstärkt ein anderes Wort⟩ *ach ja!; ach nein!; ach was!; ach so!*

Ach ⟨n., -s, -s⟩ *Äußerung des Erstaunens, Schmerzes u.a.;* sein ständiges Ach und Weh; diese vielen Achs und Wehs werden mir zuviel; mit Ach und Krach *mit großer Mühe, gerade noch*

Achäne ⟨[axɛ-] f.11⟩ *einsamige Schließfrucht von Korbblütlern* [< griech. *a*... „nicht" und *chainein* „öffnen"]

Achat ⟨m.1⟩ *gebänderter Halbedelstein* [nach dem (heute nicht mehr genau zu bestimmenden) Fluß *Achates* in Sizilien]

achaten ⟨Adj., o.Steig.⟩ *aus Achat*

Acheuléen ⟨[aʃøleˁ] n., -(s), nur Sg.⟩ *Kulturstufe der älteren Altsteinzeit* [nach der frz. Stadt *St.-Acheul*]

Achillesferse ⟨f.11⟩ *verwundbare Stelle, schwacher Punkt* [nach *Achilles*, dem Helden der griech. Sage, der unverwundbar war mit Ausnahme der Fersen und der durch einen Pfeilschuß in die Ferse starb]

Achillessehne ⟨f.11⟩ *Sehne zwischen Wadenmuskeln und Fersenbein*

achlamydeisch ⟨[axla-] Adj., o.Steig.⟩ *ohne Blütenhülle* [< griech. *a*... „nicht" und *chlamys* „Oberkleid"]

Ach-Laut ⟨m., -(e)s, nur Sg.⟩ *der am hinteren Gaumen gesprochene Laut* ch *nach* a, o, u, z. B. in ach, noch, Flucht; vgl. *Ich-Laut*

a. Chr. (n.) ⟨Abk. für⟩ *ante Christum (natum): vor Christi Geburt*

Achromasie ⟨[akro-] f.11⟩ *bei optischen Geräten⟩ Brechung des Lichts ohne Zerlegung in Farben;* Syn. *Achromatismus* [< griech. *a*... „nicht" und *chroma* „Farbe"]

Achromat ⟨[akro-] m.1⟩ *Linsensystem, das Licht nicht in Farben zerlegt*

Achromatin ⟨[akro-] n., -s, nur Sg.⟩ *der nicht färbbare Teil der Zellkernsubstanz*

achromatisch ⟨[akro-] Adj., o.Steig.⟩ **1** *nicht in Farben zerlegend* **2** *nicht farbig, unbunt*, z. B. *schwarz, weiß*

Achromatismus ⟨[akro-] m., -, -men⟩ → *Achromasie*

Achromatopsie ⟨[akro-] f.11⟩ *völlige Farbenblindheit* [< griech. *a*... „nicht" und *chroma*, Gen. *chromatos*, „Farbe" und *opsis* „das Sehen"]

Achsdruck ⟨m., -(e)s, nur Sg.⟩ *Gesamtdruck sämtlicher Räder einer Fahrzeugachse auf die Unterlage;* Syn. *Achslast*

Achse ⟨[aksə] f.11⟩ **1** *Stab oder Stange, um die sich Teile drehen (und die diese starr verbindet)* **2** *gedachte Gerade, um die sich ein Körper dreht* (Erd~)

Achsel ⟨[ak-] f.11⟩ **1** *Vertiefung in der Verbindungsstelle zwischen Arm und Rumpf;* Syn. *Achselhöhle* **2** ⟨landsch.⟩ *Schulter*

Achselband ⟨n.4⟩ → *Fangschnur*

Achselhöhle ⟨f.11⟩ → *Achsel* (1)

Achselklappe ⟨f.11⟩ *an Uniformröcken und ~mänteln⟩ Besatz auf der Schulter mit Rangabzeichen;* Syn. *Epaulett, Schulterklappe, Schulterstück*

Achselschnur ⟨f.2⟩ → *Fangschnur*

achselständig ⟨Adj., o.Steig; Bot.⟩ *in der Blattachsel stehend*

Achselzucken ⟨-k·k-; n., -s, nur Sg.⟩ *kurzes Heben und Fallenlassen der Achseln (als Zeichen des Nichtwissens oder der Gleichgültigkeit);* eine Bemerkung mit einem A. beantworten, abtun

...achser ⟨[aksər] m.5; in Zus.⟩ *Fahrzeug, das mit einer bestimmten Zahl von Achsen versehen ist,* z.B. *Dreiachser*

...achsig ⟨[aksig] Adj.; in Zus.⟩ *mit einer bestimmten Zahl von Achsen versehen,* z.B. *einachsig, dreiachsig*

Achskilometer ⟨n.5⟩ *Maßeinheit bei der Eisenbahn⟩ Produkt aus Anzahl der Achsen und der gefahrenen Kilometer*

Achslast ⟨f.10⟩ → *Achsdruck*

achsrecht ⟨Adj., o.Steig.⟩ → *axial*

Achsstand ⟨m.2⟩ *Abstand zwischen zwei Achsen*

Achssturz ⟨m.2⟩ *Neigung eines Rades von der Senkrechten weg*

acht ⟨Num.; Schreibung in Buchstaben für⟩ *8;* 8fach; 8jährig; 8mal; a. Uhr; um a., nach, vor a., es geht auf a.; heute in a. Tagen *heute in einer Woche;* wir sind zu a.

Acht¹ ⟨f.10⟩ **1** *die Ziffer 8;* eine A. schreiben, malen; eine arabische, römische A. **2** *Straßenbahn, Autobus Linie 8;* mit der A. fahren **3** *Figur in Form einer 8;* eine A. (mit dem Rad, auf dem Eis) fahren; ein im Vorderrad haben *ein verbogenes Vorderrad haben*

Acht² ⟨f., -, nur Sg.; †⟩ *Aufmerksamkeit;* ⟨heute nur noch in bestimmten Wendungen und klein geschrieben⟩ sich in acht nehmen *vorsichtig sein;* etwas in acht nehmen *auf etwas aufpassen;* nimm deine Handtasche in acht; sich vor jmdm. oder etwas in acht nehmen *im Umgang mit jmdm. oder etwas vorsichtig sein;* etwas außer acht lassen *es nicht berücksichtigen, nicht darauf achten*

Acht³ ⟨f., -, nur Sg.; früher⟩ *Ächtung, Ausschluß aus der Gemeinschaft und Verlust des Rechtsschutzes;* jmdn. in die A. tun; jmdn. in A. und Bann tun [zu *ächten*]

Achteck ⟨n.1⟩ *Vieleck mit acht Ecken und Seiten;* Syn. *Oktogon*

achteinhalb ⟨Num.⟩ *8 1/2, 8,5, acht und ein halbes;* auch: *achtundeinhalb*

Achtel ⟨Num.⟩ *1/8;* ein a. Liter; ⟨aber⟩ *Achtelliter*

Achtel ⟨n.5, schweiz. m.5⟩ **1** *jeder Teil eines in acht gleiche Teile geteilten Ganzen;* ein A.; zwei A. **2** ⟨Mus.; kurz für⟩ *Achtelnote*

Achtelliter ⟨m.5; schweiz.⟩ *achter Teil eines Liters*

achteln ⟨V.1, hat geachtelt; mit Akk.⟩ *in acht gleiche Teile teilen*

Achtelnote ⟨f.11; Mus.⟩ *Note im Wert des achten Teils einer ganzen Note*

Achtelpause ⟨f.11; Mus.⟩ *Pause für die Dauer einer Achtelnote*

achten ⟨V.2, hat geachtet⟩ **I** ⟨mit Akk.⟩ *etwas oder jmdn. a.* um den Wert von etwas oder jmdm. wissen, seinen Wert anerkennen; jmds. Gefühle a. **II** ⟨mit Präp.obj.⟩ *auf etwas oder jmdn. a. aufpassen, es oder ihn beachten, sich um ihn oder darum kümmern,* achte darauf, daß ...; auf den Weg a.; bitte achte auf das Kind

ächten ⟨V.2, hat geächtet; mit Akk.⟩ *jmdn. ä. die Acht über jmdn. aussprechen, ihn aus der Gemeinschaft ausstoßen*

Achtender ⟨m.5⟩ *Hirsch mit acht Enden am Geweih*

achtens ⟨Adv.⟩ *an achter Stelle; erstens, zweitens, ... a.*

achtenswert ⟨Adj.⟩ *so beschaffen, daß man es achten sollte;* eine ~e Haltung, Einstellung

achter ⟨Adj., o.Steig.; Mar.⟩ *hinter* [< nddt.-ndrl. *achter*, entsprechend veraltetem *after*, → *After*]

achte(r, -s) ⟨Num.⟩ Schreibung → *erste*

Achter ⟨m.5⟩ **1** *Ruderboot für acht Ruderer* **2** ⟨oberdt.⟩ **a** *die Ziffer 8;* einen A. schreiben **b** *Figur in Form einer 8;* einen A. im Rad haben **c** *Autobus, Straßenbahn Linie 8;* mit dem A. fahren

achteraus ⟨Adv.; Mar.⟩ *nach hinten*

Achterbahn ⟨f.10⟩ *Berg-und-Tal-Bahn mit Doppelschleifen in Form von Achten*

Achterdeck ⟨n.9; Mar.⟩ *Hinterdeck;* Syn. *Quarterdeck*

achterlastig ⟨Adj.; Mar.⟩ *hinten mehr belastet als vorn;* Ggs. *vorderlastig*

achterlei ⟨Adj., o.Dekl.⟩ *acht verschiedene;* a. Sorten Brot

achtern ⟨Adv.; Mar.⟩ *hinten*

Achterreihe ⟨f.11⟩ *Reihe zu acht Mann nebeneinander;* in ~n antreten, marschieren

Achterschale ⟨f.11; Atomphysik⟩ *Anordnung von acht Elektronen in einer Schale*

Achterschiff ⟨n.1; Mar.⟩ *Hinterschiff*

Achtersteven ⟨m.7; Mar.⟩ *hinterer Abschluß eines Schiffes*

achtfach ⟨Adj., o.Dekl.⟩ *8fach, achtmal übereinander, hintereinander;* das Papier liegt a.; den Stoff a. nehmen; ein ~es Echo

Achtfache ⟨n.19⟩ *das mit acht Malgenommene; das A. einer Menge;* etwas um das A. erhöhen, verstärken

Achtflach ⟨n.1⟩, **Achtflächner** ⟨m.5⟩ *von acht Flächen begrenzter Körper;* Syn. *Oktaeder*

achtgeben ⟨V.45, hat achtgegeben⟩ Syn. *achthaben* **I** ⟨o.Obj.⟩ *aufpassen, achtsam sein;* im Unterricht nicht a.; gib acht, daß du nicht fällst **II** ⟨mit Präp.obj.⟩ *auf etwas oder jmdn. a. die Aufmerksamkeit auf etwas oder jmdn. richten;* gib auf das Kind, auf die Stufen acht

Achtgroschenjunge ⟨m.11⟩ **1** *jmd., der sich für Geld zu Spitzeldiensten u.ä. hergibt* **2** → *Strichjunge*

achthaben ⟨V.60, hat achtgehabt⟩ → *achtgeben*

achthundert ⟨Num.; Schreibung in Buchstaben für⟩ *800*

Achtkampf ⟨m.2; Kunstturnen der Frauen⟩ *Wettbewerb mit je vier Pflicht- und Kürübungen*

achtlos ⟨Adj.⟩ *ohne achtzugeben, ohne nachzudenken;* a. etwas wegwerfen **Achtlosigkeit** ⟨f., -, nur Sg.⟩

achtmal ⟨Num.⟩ *mit acht malgenommen, bis zur Zahl acht wiederholt;* ich habe a. gerufen; er hat acht- bis zehnmal geläutet; ⟨aber⟩ acht mal zwei ist sechzehn

achtmalig ⟨Adj., o.Steig.⟩ *achtmal (wiederholt);* eine ~e Wiederholung; ein ~er Ruf

Acht-Minuten-Takt ⟨m., -(e)s, nur Sg.; Tel.⟩ *Zeitraum von acht Minuten als Gebühreneinheit*

achtsam ⟨Adj.⟩ *voller Aufmerksamkeit, behutsam, sorgsam* **Achtsamkeit** ⟨f., -, nur Sg.⟩

Achtstundentag ⟨m.1⟩ *8-Stunden-Tag, Tag mit acht Stunden Arbeitszeit*

achttausend ⟨Num.; Schreibung in Buchstaben für⟩ *8000*

Achttausender ⟨m.5⟩ *Berg über 8000 m Höhe*

achtundeinhalb ⟨Num.⟩ → *achteinhalb*

Achtundvierziger ⟨m.5⟩ *Anhänger der deutschen Revolution von 1848*

Achtung ⟨f., -, nur Sg.⟩ *Anerkennung des Wertes, Wissen um den Wert von etwas oder jmdm.;* A. vor jmdm. haben; sich A. verschaffen

Ächtung ⟨f., -, nur Sg.⟩ *das Ächten, das Geächtetwerden, Ausstoßung aus der Gemeinschaft*

Achtungserfolg ⟨m.1⟩ *Erfolg, der zwar eine gewisse Anerkennung durch das Publikum zeigt, aber keinen Gewinn bringt;* das Theaterstück, die Mannschaft erzielte nur einen A.

achtzehn ⟨Num.; Schreibung in Buchstaben für⟩ *18;* er ist a. (Jahre alt); im Jahre a. des 20. Jahrhunderts *1918*

achtzig ⟨Num.; Schreibung in Buchstaben für⟩ *80;* er ist Anfang, Mitte a. *er ist etwa 81, 82 bzw. 85 Jahre alt*

Achtzig

Acht|zig ⟨f.10⟩ **1** *die Ziffer 80* **2** ⟨nur Sg.⟩ *Lebensalter von 80 bis 89 Jahren;* er ist Anfang, Mitte der A.

acht|zi|ger ⟨Num.; o.Dekl.⟩ **1** *aus dem Jahr 80 (eines Jahrhunderts) stammend;* ein a. Jahrgang; ein a. Wein *Wein aus dem Jahr 1980* **2** *die Jahre 80 bis 89 (eines Jahrhunderts);* das war in den a. Jahren des 19. Jahrhunderts

Acht|zi|ger ⟨m.5⟩ **1** *Wein aus dem Jahre 1980* **2** *Mann von 80 Jahren;* er ist rüstiger A. **3** ⟨Pl.⟩ die A. *die Lebensjahre zwischen 80 und 89;* er ist in den -n; er ist Mitte der A.

Acht|zy|lin|der ⟨m.5⟩ **1** *Motor mit acht Zylindern* **2** *Kraftfahrzeug mit einem solchen Motor*

Achy|lie ⟨[axy-] f.11⟩ *fehlende oder mangelhafte Saftbildung (von Verdauungsorganen)* [< griech. *a...* „nicht" und *chylos* „Saft"]

äch|zen ⟨V.1, hat geächzt; o.Obj.⟩ *den Laut „ach" oder „ah" ausstoßen, laut seufzen, ohne Stimme stöhnen;* unter einer Last, vor Anstrengung ä.

Acid 1 ⟨[atsɪd] n.1⟩ *Salz der Stickstoffwasserstoffsäure* [→ *Acidum*] **2** ⟨[ɛsɪt] n., -s, nur Sg.; Deckname für⟩ *LSD* [< engl. *acid* „Säure"]

Aci|di|me|trie ⟨f., -, nur Sg.⟩ *Verfahren zum Messen der Konzentration von Säuren* [< *Acidum* und *...metrie*]

Aci|di|tät ⟨f., -, nur Sg.⟩ *Säuregrad (einer Flüssigkeit)*

Aci|do|se ⟨f.11⟩ *krankhaftes Ansteigen des Säuregehalts im Blut*

Aci|dum ⟨n., -s, -da⟩ *Säure* [< lat. *acidum* „Säure"]

Aci|dur ⟨n., -s, nur Sg.⟩ *säurebeständiges, siliciumhaltiges Gußeisen*

Acker ⟨-k|k-⟩ **I** ⟨m.6⟩ *landwirtschaftlich bebautes Stück Land, Feld* **II** ⟨m.5⟩ *altes Feldmaß zwischen 19 und 65 Ar;* 30 A. Land

Acker|bau ⟨-k|k-; m., -(e)s, nur Sg.⟩ **1** *Anbau und Ernte von Nutzpflanzen auf Feldern;* Syn. Feldbau **2** *Landwirtschaft ohne Viehzucht*

Acker|bau|er ⟨-k|k-; m.11⟩ *Bauer, der Ackerbau (2) betreibt*

Acker|ga|re ⟨-k|k-; f., -, nur Sg.⟩ → *Bodengare*

Acker|kru|me ⟨-k|k-; f.11⟩ *oberste, pflügbare Erdschicht des Ackers*

ackern ⟨-k|k-; V.1, hat geackert; o.Obj.⟩ **1** *pflügen, eggen* **2** ⟨ugs.⟩ *schwer arbeiten, angestrengt lernen*

Acker|nah|rung ⟨-k|k-; f., -, nur Sg.; früher⟩ *Ackerland, das zur Ernährung einer vierköpfigen Familie ausreicht und von dieser allein bearbeitet werden kann*

Acker|rö|te ⟨-k|k-; f., -, nur Sg.⟩ *violettblühendes Getreideunkraut* [nach der Wurzel, die früher zum Rotfärben benutzt wurde]

Acker|sa|lat ⟨-k|k-; m., -(e)s, -e; schwäb⟩ → *Feldsalat*

Ack|ja ⟨m.9⟩ **1** *Rentierschlitten* **2** *Rettungsschlitten der Bergwacht* [finn.]

à con|di|tion ⟨[akɔ̃disjɔ̃] Abk.: à c.⟩ *unter Vorbehalt, nicht fest (zu liefern bzw. geliefert)* [frz., „auf Bedingung", → *Kondition*]

Aco|ni|tin ⟨n.1⟩ → *Akonitin*

Ac|quit ⟨[aki] n.9; †⟩ *Empfangsbescheinigung, Quittung* [< frz. *acquit* „Quittung, Zahlung", zu *acquitter* „bezahlen, freimachen"]

Acre ⟨[eikə] m.9⟩ *englisches und nordamerikanisches Flächenmaß, 4047 m²* [< engl.; ⟨†⟩ *acre* „Acker"]

Acro|le|in ⟨n., -, nur Sg.⟩ *übelriechende, die Augen reizende chemische Verbindung (zur Herstellung von Lack, Parfüm, Tränengas)* [< lat. *acer* „scharf" und *olere* „riechen" und *...in*]

Acryl... ⟨in Zus.⟩ *durch Verbindungen auf der Basis von Acrylsäure gekennzeichnet,* z.B. Acrylfarben, Acrylglas [< *Acrolein* und der Endung *...yl* zur Bezeichnung einwertiger Kohlenwasserstoffradikale]

Acryl|säu|re ⟨f.11⟩ *Äthylencarbonsäure (Ausgangsstoff vieler Kunstharze und synthetischer Fasern)*

Ac|ti|ni|um ⟨n., -s, nur Sg.; Zeichen: Ac⟩ *chemisches Element* [< griech. *aktis*, Gen. *aktinos*, „Strahl"]

Ac|ti|no|id ⟨n.1⟩ *chemisches Element mit Ordnungszahl über 88* [zu *Actinium*]

Ac|tion ⟨[ækʃn] f.9⟩ *ereignisreicher Vorgang, lebhafte Bewegung; spannende Handlung;* ein Film mit viel A. [< engl. *action* „Tun, Handeln", → *Aktion*]

Ac|tion Pain|ting ⟨[ækʃn peintiŋ] n., --, nur Sg.⟩ *Richtung der abstrakten Malerei, die den spontanen Malvorgang betont* [eigtl. „Aktionsmalerei" < engl. *action* „Handeln, Tun" und *painting* „das Malen"]

a d. ⟨Abk. für⟩ *a dato*

a.D. ⟨Abk. für⟩ *außer Dienst;* Major, Regierungsrat a.D.

a.D., A.D. ⟨Abk. für⟩ *anno Domini, Anno Domini*

ad ab|sur|dum etwas a. a. führen *die unmöglichen oder widersprüchlichen Folgen von etwas zeigen und damit seine Unsinnigkeit beweisen;* eine Behauptung, einen Vorschlag a. a. führen [lat., → *absurd*]

ADAC ⟨Abk. für⟩ *Allgemeiner Deutscher Automobil-Club*

ad ac|ta ⟨Abk.: a. a.⟩ *zu den Akten;* etwas a. a. legen *etwas als erledigt betrachten* [lat.]

ada|gio ⟨-[-dʒo] Adv.; Mus.⟩ *langsam, ruhig* [ital., „ruhig", eigtl. *ad agio* „mit Muße, in Bequemlichkeit", < altfrz. *a aise* „gemächlich"]

Ada|gio ⟨[-dʒo] n.9⟩ *langsames Musikstück, ruhiger Teil eines Musikstücks*

Adak|ty|lie ⟨f.11⟩ *angeborenes Fehlen der Finger* [< griech. *a...* „nicht" und *daktylos* „Finger"]

Adam ⟨m.9⟩ **1** ⟨nach der Bibel⟩ *der erste Mensch;* bei A. und Eva anfangen (zu erzählen) ⟨ugs.⟩ *ganz von vorn anfangen, weit ausholen* **2** *der Mensch (schlechthin);* den alten A. ausziehen *ein neuer Mensch werden* **3** ⟨ugs., scherzh.⟩ *der Mann als Partner der Frau;* diese ~s **4** ⟨ugs., scherzh.⟩ *unbekleideter Mann*

Adams|ap|fel ⟨m.6⟩ *hervortretender Schildknorpel des Kehlkopfs (beim Mann)* [nach volkstümlicher Auffassung Rest des verbotenen Apfels, den Adam im Paradies aß, wahrscheinlich zu hebr. *tappuah* „Apfel"]

Adams|ko|stüm ⟨n.; nur in der Wendung⟩ im A. *unbekleidet*

Ad|ap|ta|ti|on ⟨f., -, nur Sg.⟩ **1** *Anpassung* **2** ⟨Physiol.⟩ *Änderung der Empfindlichkeit von Sinneszellen in Anpassung an einen Reiz (z.B. des Auges an Licht und Dunkelheit);* auch: *Adaption* → *Aktion*

Ad|ap|ter ⟨m.5⟩ *Zusatzgerät, das die Verwendungsmöglichkeit des Hauptgeräts erweitert* [< engl. *adapter* „Adaptierer", → *adaptieren*]

ad|ap|tie|ren ⟨V.3, hat adaptiert; mit Akk.⟩ **1** *anpassen* **2** ⟨österr.⟩ *neu herrichten;* eine Wohnung a. **3** *für den Film bearbeiten;* einen Roman a. [< lat. *adaptare* „anpassen"]

Ad|ap|ti|on ⟨f.10⟩ → *Adaptation*

ad|ap|tiv ⟨Adj.⟩ *sich anpassend* [→ *adaptieren*]

ad|äquat ⟨Adj.⟩ *angemessen, entsprechend;* Ggs. *inadäquat* [< lat. *adaequatus*, „gleichgemacht", zu *adaequare* „gleichmachen", zu *aequus* „eben, flach, gleich"]

a da|to ⟨Abk.: a d.⟩ *vom Tag der Ausstellung (des Wechsels) an* [lat., „vom Zeitpunkt an", → *Datum*]

Ad|dend ⟨m.10⟩ → *Summand* [→ *addieren*]

Ad|den|dum ⟨n., -s, -da⟩ *Zusatz, Nachtrag* [< lat. *addendum* „das Hinzuzufügende", zu *addere*, → *addieren*]

ad|die|ren ⟨V.3, hat addiert; mit Akk.⟩ *zusammenzählen, dazuzählen;* Zahlen a. [< lat. *addere* „hinzufügen", < *ad* „zu" und *dare* „geben"]

ad|dio *adieu, leb wohl* [ital., < lat. *ad Deum*, → *ade*]

Ad|di|son|sche Krank|heit ⟨[ædisn-] f., -n -, nur Sg.⟩ *Braunfärbung der Haut infolge fehlender oder mangelhafter Produktion des Nebennierenrindenhormons;* Syn. *Bronzekrankheit* [nach dem engl. Arzt Thomas Addison]

Ad|di|ti|on ⟨f.10⟩ *Hinzufügung, Zusammenzählung;* Ggs. *Subtraktion* [< lat. *additio*, Gen. *additionis*, „Hinzufügung", → *addieren*]

ad|di|tiv ⟨Adj., o.Steig.⟩ *auf Addition beruhend, hinzufügend*

Ad|di|tiv ⟨n.1⟩ *Zusatz, der in geringer Menge die gewünschte Eigenschaft eines Stoffes verbessert* [zu *addieren*]

Ad|duk|ti|on ⟨f.10⟩ *Anziehen eines Gliedes an den Körper* [< lat. *adducere* „heranführen"]

Ad|duk|tor ⟨m.13⟩ *heranziehender Muskel;* Ggs. *Abduktor* [→ *Adduktion*]

ade *leb wohl;* jmdm. a. sagen [mhd., volkstümliche Form des frz. *adieu*, < frz. *à Dieu* < lat. *ad Deum* „zu Gott", also „Gott befohlen"]

Ade ⟨n.9⟩ *Abschiedsgruß;* jmdm. ein A. zurufen, zuwinken

Ade|bar ⟨m.1; volkstümlich für⟩ *Storch;* Meister A. [< germ. **udafaran* „Sumpfgänger" oder **odaboro* „Glücksbringer"]

Adel ⟨m., -s, nur Sg.⟩ **1** *Gesamtheit der Personen, die in einer nach Ständen gegliederten Gesellschaft dem höchsten Stand angehören;* alter, hoher, niederer A. **2** *adlige Abstammung, Herkunft;* von A. sein **3** *Adelstitel;* den A. erwerben, verliehen bekommen **4** *edle, hochherzige Gesinnung;* seine Haltung zeugt von A.

ade|lig ⟨Adj.⟩ → *adlig*

Ade|li|ge(r) ⟨f.2 (m.1)⟩ → *Adlige(r)*

adeln ⟨V.1, hat geadelt; mit Akk.⟩ **1** *in den Adelsstand erheben;* er wurde wegen seiner großen Verdienste geadelt **2** *auf eine höhere Ebene heben, schöner, vornehmer machen;* seine Gesinnung adelt seine Tat; ein von Güte geadeltes Gesicht

Adels|brief ⟨m.1⟩ *Urkunde, mit der jmdm. der Adel verliehen wird;* Syn. *Adelspatent*

Adels|pa|tent ⟨n.1⟩ → *Adelsbrief*

Adels|stand ⟨m.2⟩ *gesellschaftlicher Stand des Adels;* jmdn. in den A. erheben

Adels|ti|tel ⟨m.5⟩ *den Rang des Adels bezeichnender Titel,* z.B. Baron, Graf

Ade|ni|tis ⟨f., -, -tiden⟩ *Drüsen-, Lymphknotenentzündung* [< griech. *aden* „Drüse"]

ade|no|id ⟨Adj., o.Steig.⟩ *drüsenartig, drüsig* [→ *Adenitis*]

Ade|nom ⟨n.1⟩, **Ade|no|ma** ⟨n., -s, -ma|ta⟩ *gutartige Drüsengeschwulst* [< griech. *aden* „Drüse"]

Ade|no|to|mie ⟨f.11⟩ *operative Entfernung eines Adenoms im Nasen-Rachen-Raum* [< *Adenitis* und *...tomie*]

Adept ⟨m.10⟩ **1** *Eingeweihter (bes. in eine Geheimwissenschaft),* Meister **2** *Schüler, Jünger* [< lat. *adeptus*, „erlangt, erreicht", zu *adipisci* „erlangen, erreichen"]

Ader ⟨f.11⟩ **1** *Blutgefäß* **2** ⟨Bgb.⟩ *erzhaltiger kleiner Gang* (Gold~)

Äder|chen ⟨n.7⟩ *kleine Ader*

Ader|haut ⟨f.2⟩ *aderführende Gewebeschicht (des Auges)*

ade|rig, äde|rig ⟨Adj.⟩ → *adrig*

Ader|laß ⟨m.2⟩ *Blutentnahme aus der Ader*

Äde|rung ⟨f.2⟩ *Durchzogensein mit Adern, Gemustertsein mit Adern*

Ades|po|ta ⟨Pl.⟩ *Werke (bes. Kirchenlieder) unbekannter Verfasser* [< griech. *adespotos* „herrenlos, ohne bekannten Verfasser", < *a...* „nicht" und *despotes* „Herr, Besitzer"]

à deux mains [adø mɛ̃] *mit zwei Händen (zu spielen)* [frz.]

Ad|go ⟨f., -, nur Sg.; Abk. für⟩ *Allgemeine deutsche Gebührenordnung: nichtamtliche Gebührenordnung für zugelassene Ärzte und Zahnärzte*

ad|hä|rent ⟨Adj.⟩ *anhaftend, zusammenhängend* [< lat. *adhaerens*, Part. Präs. zu *adhaerere* „an etwas festhängen"]

Ad|hä|renz ⟨f., -, nur Sg.⟩ *das Anhaften* [zu *adhärent*]

Ad|hä|si|on ⟨f.10⟩ **1** *das Haften aneinander (von Stoffen)* **2** *Verwachsung (von Geweben)* [< lat. *adhaesio*, Gen. *adhaesionis*, „das Anhaften"]

Ad|hä|si|ons|bahn ⟨f.10⟩ *schienengebundenes Verkehrsmittel, bei dem die Haftreibung (Adhäsion) zwischen Rädern und Schienen zur Fortbewegung ausgenutzt wird*

Ad|hä|siv ⟨Adj.⟩ *(an)haftend, (an)klebend* [zu *Adhäsion*]

ad hoc 1 *zu diesem Zweck* **2** *aus dem Augenblick heraus; eine Redewendung, ein Wort a. h. bilden* [lat., „zu diesem", d.h. „nur zu diesem Zweck"]

ad ho|mi|nem *die Denkart des Menschen (zu dem man spricht) berücksichtigend; etwas a.h. erklären; a.h. sprechen* [lat., „zum Menschen", zu *homo* „Mensch"]

Ad|hor|ta|tiv ⟨m.1; Gramm.⟩ *Imperativ der 1. Person Plural, Ermahnungsform, z.B. gehen wir!* [< lat. *adhortari* „ermahnen"]

adia|ba|tisch ⟨Adj., o.Steig.; mit Gasen, Luft⟩ *ohne Wärmeaustausch mit der Umgebung* [< griech. *a...* „nicht" und *diabainein* „hindurchgehen"]

adieu [adjø] *leb wohl, leben Sie wohl* [→ *ade*]

Adieu ⟨[adjø] n.9⟩ *Abschiedsgruß* [→ *Ade*]

Ädi|ku|la ⟨f., -, -lä⟩ *Einfassung von Fenstern oder Nischen mit Säulen und Giebel* [< lat. *aedicula* „Zimmerchen, kleine Kapelle", Verkleinerungsform zu *aedes*, Gen. *aedis*, „Wohnung, Tempel"]

ad in|fi|ni|tum *bis ins Unendliche; auch: in infinitum; und so weiter a.i.* [< lat. *ad* „zu" und *infinitum* „das Unbegrenzte, Unendliche", zu *finis* „Ende, Grenze"]

adi|pös ⟨Adj.⟩ *fettreich, verfettet* [< lat. *adiposus* „fett"]

Adi|po|si|tas ⟨f., -, nur Sg.⟩ *Fettsucht* [zu *adipös*]

Ad|jek|tiv ⟨n.1⟩ *Wort, das eine Eigenschaft eines Dinges, Lebewesens oder Begriffes bezeichnet;* Syn. *Eigenschaftswort, Beiwort* [< lat. *adiectio* „Hinzufügung", zu *adicere* „zu etwas setzen, stellen, legen"]

ad|jek|ti|visch ⟨Adj., o.Steig.⟩ *in der Art eines Adjektivs, als Adjektiv;* Syn. *eigenschaftswörtlich*

Ad|ju|di|ka|ti|on ⟨f.10⟩ *Zuerkennung;* Ggs. *Abjudikation* [→ *adjudizieren*]

ad|ju|di|zie|ren ⟨V.3, hat adjudiziert; mit Dat. und Akk.⟩ *jmdm. etwas a. zuerkennen;* Ggs. *abjudizieren* [< lat. *adiudicare* „zuerkennen, zusprechen", < *ad* „zu hin" und *iudicare* „Recht sprechen, urteilen"]

Ad|junkt ⟨m.1; österr., schweiz.⟩ **1** *Amtsgehilfe* **2** *beigeordnete Person*

ad|ju|stie|ren ⟨V.3, hat adjustiert; mit Akk.⟩ **1** *genau einstellen; Meßgeräte a.* **2** *zurichten, zurüsten; Werkstücke a.* **3** ⟨†, noch österr.⟩ *mit Uniform ausstatten, einkleiden* [< frz. *ajuster*, älter *adjuster* „anpassen", über mlat. zu lat. *iuxta* „dicht daneben, fast so, ebenso"]

Ad|ju|stie|rung ⟨f., -, nur Sg.⟩

Ad|ju|tant ⟨m.10⟩ *einem höheren Offizier als Gehilfe zugeteilter junger Offizier* [< lat. *adiutans*, Gen. *adiutantis*, „helfend"]

Ad|ju|ta|tur ⟨f.10⟩ *Amt, Dienststelle eines Adjutanten*

Ad|ju|tor ⟨m.13⟩ *Helfer, Gehilfe* [→ *Adjutant*]

ad l. ⟨Abk. für⟩ *ad libitum*

Ad|la|tus ⟨m., -, - oder -ten⟩ *Helfer, Gehilfe im Amt* [< lat. *ad latus* „zur Seite", d.h. „zur Hilfe", zu *latus* „Seite"]

Ad|ler ⟨m.5; Sammelbez.⟩ *großer Greifvogel mit kräftigem, gerade vorspringendem Hakenschnabel* [< mhd. *adel-are* „edler Aar"]

Ad|ler|farn ⟨m.1⟩ *eine (weltweit verbreitete) Farnpflanze* [nach der Anordnung der Leitbündel, die im Querschnitt die Form eines Doppeladlers zeigen]

Ad|ler|na|se ⟨f.11⟩ *vorspringende, gebogene Nase mit hohem Nasenrücken*

Ad|ler|ro|chen ⟨m.7⟩ *Vertreter einer Familie der Rochen* [nach der Körperform, die an das Flugbild eines Adlers erinnert]

ad lib. ⟨Abk. für⟩ *ad libitum*

ad li|bi|tum ⟨Abk.: ad l., ad lib.⟩ *nach Belieben* [lat.]

ad|lig ⟨Adj., o.Steig.⟩ *auch: adelig* **1** *aus dem Adel stammend, zum Adel gehörig; er ist a.* **2** *edel, hochherzig; ~e Gesinnung* [< mhd. *adellich*; → 18. Jh.⟩ *Angehörige(r) des Adels; auch: Adelige(r)*

ad ma|io|rem Dei glo|ri|am ⟨Abk.: A.M. D.G.⟩ ⟨eigtl.⟩ *omnia a.m.D.g. (alles) zur größeren Ehre Gottes (Wahlspruch der Jesuiten)* [lat.]

Ad|mi|ni|stra|ti|on ⟨f.10⟩ *Verwaltung, Verwaltungsbehörde* [< lat. *administratio* „Verwaltung, Besorgung", zu *administrare*, → *administrator*]

Ad|mi|ni|stra|tor ⟨m.13⟩ *Verwalter*

ad|mi|ni|strie|ren ⟨V.3, hat administriert; mit Akk.⟩ *verwalten; administrierter Preis behördlich festgesetzter oder genehmigter Preis (z. B. Bahn-, Posttarif)* [< lat. *administrare* „verwalten, besorgen", zu *minister* „Diener, Gehilfe"]

Ad|mi|ral ⟨m.1, bes. österr. auch m.2⟩ **1** *Seeoffizier im Generalsrang* [< arab. *al amīr* „Befehlshaber", über engl. *admiral*, dessen unter formaler Anlehnung an lat. *admirare* „bewundern" entstanden] **2** *Tagfalter* [wegen der prächtigen schwarz-weiß-roten Flügelzeichnung wie *Admiral* (1) mit lat. *admirare* verknüpft, in Dtld. auch wegen der Übereinstimmung mit den alten Reichsfarben mit dem militärischen Rang verbunden]

Ad|mi|ra|li|tät ⟨f.10⟩ **1** *Gesamtheit der Admirale* **2** *oberste Kommando- und Verwaltungsstelle der Kriegsmarine*

Ad|mi|ral|stab ⟨m.2⟩ *oberste Leitung der Kriegsmarine*

ADN ⟨DDR; Abk. für⟩ *Allgemeiner Deutscher Nachrichtendienst*

Ad|nex ⟨m.1⟩ **1** *Anhang, Anhängsel* **2** ⟨Biol.⟩ *Eierstock und Eileiter* [< lat. *adnexus* „Verbindung", zu *nectere* „verknüpfen, verbinden"]

Ad|ne|xi|tis ⟨f., -, -ti|den⟩ *Entzündung des Adnexes (2)*

ad no|tam *etwas a. n. nehmen zur Kenntnis nehmen, vormerken* [< lat. *ad* „zu hin" und *notam*, Akk. zu *nota* „Anmerkung, Note"]

Ado|be ⟨m., -, -s⟩ *luftgetrockneter Lehmziegel* [< span. *adobar* „Gips"]

ad ocu|los *vor Augen; etwas a.o. demonstrieren etwas vor Augen führen, durch Augenschein beweisen* [lat.]

ado|les|zent ⟨Adj., o.Steig.⟩ *heranwachsend, im Jugendalter stehend* [→ *Adoleszenz*]

Ado|les|zenz ⟨f., -, nur Sg.⟩ *Jugendalter, Zeit nach der Pubertät bis zum 20. Lebensjahr* [< lat. *adolescentia* „Jünglingsalter, Jugend"]

Ado|nis|rös|chen ⟨n.7⟩ *Vertreter einer Gattung der Hahnenfußgewächse* [nach der Sage, die Pflanze sei aus dem Blut des *Adonis* entstanden]

ad|op|tie|ren ⟨V.3, hat adoptiert; mit Akk.⟩ *an Kindes Statt annehmen* [< lat. *adoptare* in ders. Bed., eigtl. „erwählen, ausersehen"]

Ad|op|ti|on ⟨f.10⟩ *Annahme an Kindes Statt* [zu *adoptieren*]

Adop|tiv|el|tern ⟨nur Pl.⟩ *Eltern durch Adoption*

Ad|op|tiv|kind ⟨n.3⟩ *adoptiertes Kind*

Ad|ora|ti|on ⟨f.10⟩ **1** *Anbetung* **2** *Huldigung (der Kardinäle vor dem neugewählten Papst)* [< lat. *adoratio* „Anbetung", zu *adorare* „anbeten"]

ad rem *zur Sache* [lat.]

Adre|ma ⟨f.9; Kurzw. für⟩ *Adressiermaschine*

Ad|re|na|lin ⟨n., -s, nur Sg.⟩ *Hormon des Nebennierenmarks* [< lat. *ad* „an, bei" und *ren* „Niere"]

Ad|re|no|ste|ron ⟨n., -s, nur Sg.⟩ *Hormon der Nebennierenrinde*

Adres|sant ⟨m.10⟩ *Absender*

Adres|sat ⟨m.10⟩ *Empfänger (einer Postsendung)*

Adres|se ⟨f.11⟩ **1** → *Anschrift* **2** *politische (schriftliche) Kundgebung, offizielle schriftlicher Gruß (Gruß~)* **3** ⟨EDV⟩ *Kennzeichen (meist Zahl), mit dem eine bestimmte Stelle im Speicher angesprochen wird* [< frz. *adresse* „Adresse, Richtung", zu *adresser* „an jmdn. richten"]

Adres|sier|ma|schi|ne ⟨f.11⟩ *Büromaschine für den Druck häufig wiederkehrender Texte, bes. von Adressen;* Kurzw.: *Adrema*

adrett ⟨Adj.⟩ *hübsch, sauber und ordentlich* [ältere Bed.: „flink, gewandt", < frz. *adroit* „geschickt, gewandt", < lat. *ad* „zu" und *dextra*, *dextera* „rechte Hand"]

ad|rig, äd|rig ⟨Adj.⟩ *reich an Adern; auch: aderig, äderig*

Ad|sor|bat ⟨n.1⟩ → *Adsorptiv*

Ad|sor|bens ⟨n., -, -ben|zi|en oder -ben|tia [-tsja]⟩, **Ad|sor|ber** ⟨m.5; bei der Adsorption⟩ *der adsorbierende Stoff;* vgl. *Adsorptiv*

Ad|sorp|ti|on ⟨f.10⟩ *Anlagerung, Verdichtung (eines Gases oder gelösten Stoffes) auf der Oberfläche eines festen Stoffes* [zu *adsorbieren*]

Ad|sorp|tiv ⟨n.1; bei der Adsorption⟩ *der adsorbierte Stoff;* auch: *Adsorbat;* Syn. *Adsorbens*

Ad|strin|gens ⟨n., -, -gen|zi|en oder -gen|tia [-tsja]⟩ *zusammenziehendes, blutstillendes Heilmittel* [→ *Adstringenz*]

Ad|strin|genz ⟨f., -, nur Sg.⟩ *zusammenziehende Fähigkeit (eines Stoffes)* [< lat. *ad* „an, hin, zu" und *stringere* „zusammenziehen, schnüren"]

Adu|lar ⟨m.1⟩ *ein Feldspat, Schmuckstein* [fälschlich nach den *Adula-Alpen* in Graubünden]

adult ⟨Adj., o.Steig.⟩ *erwachsen, geschlechtsreif; ein ~er Vogel* [< lat. *adultus* „herangewachsen"]

A-Dur ⟨n., -, nur Sg.⟩ *auf dem Grundton A aufbauende Dur-Tonart*

ad us. prop. ⟨Abk. für⟩ *ad usum proprium*

ad usum *zum Gebrauch; a.u. Delphini zum Gebrauch des Dauphins (des frz. Kronprinzen)*, ⟨übertr.⟩ *zum Gebrauch für den Schüler* (früher Vermerk in Klassikerausgaben, aus denen anstößige Stellen entfernt worden waren); *a.u. proprium* ⟨Abk.: ad us. prop.⟩ *auf ärztlichen Rezepten: zum eigenen Gebrauch* [lat.]

Ad|vek|ti|on ⟨f.10; Meteor.⟩ *waagerechte Heranführung von Gasmassen und Flüssigkeiten;* Ggs. *Konvektion* [< lat. *advectio*, Gen. *advectionis*, „das Herbei-, Heranführen"]

ad|vek|tiv ⟨Adj., o.Steig.⟩ *auf Advektion beruhend*

Ad|vent ⟨m.1⟩ **1** *die vier Wochen vor Weihnachten* **2** ⟨kurz für⟩ *Adventssonntag* [< lat. *adventus* „Ankunft", zu *advenire* „sich nähern, ankommen"]

Ad|ven|tist ⟨m.10⟩ *Angehöriger einer evangelischen Sekte, die die Wiederkehr Christi erwartet* [zu *Advent*]

Ad|ven|tiv|knos|pe ⟨f.11⟩ *Knospe an ungewöhnlicher Stelle (z. B. am Stamm)*

Ad|ven|tiv|kra|ter ⟨m.5⟩ *Nebenkrater*

Ad|ven|tiv|pflan|ze ⟨f.11⟩ *durch den Menschen in ein neues Gebiet gebrachte Pflanze, die ursprünglich dort nicht heimisch war*

Ad|verb ⟨n., -s, -bi|en⟩ *Wort, das ein Verb, Adjektiv oder anderes Adverb näher bestimmt oder erläutert, z.B. ,,gern" in ich komme gern, ,,sehr" in ich komme sehr gern;* Syn. *Umstandswort*

ad|ver|bi|al ⟨Adj., o.Steig.⟩ *in der Art eines Adverbs, umstandswörtlich; auch: adverbiell*

Ad|ver|bi|al|be|stim|mung ⟨f.10⟩, **Ad|ver|bi|a|le** ⟨n., -s, -li|en⟩ *Satzteil, der ein Verb, Adjektiv oder anderes Adverb näher bestimmt;* Syn. *Umstandsbestimmung*

ad|ver|bi|ell ⟨Adv.⟩ →*adverbial*

ad|ver|sa|tiv ⟨Adj., o.Steig.⟩ *entgegenstellend, gegensätzlich* [< lat. *adversus* ,,gegenüberstehend, zugekehrt", zu *advertere* ,,hinwenden"]

Ad|vo|ca|tus Dei ⟨m., - -, nur Sg.; im kath. Heilig- oder Seligsprechungsprozeß⟩ *Geistlicher, der für den Betreffenden eintritt* [lat., ,,Anwalt Gottes"]

Ad|vo|ca|tus Dia|bo|li ⟨m., - -, nur Sg.⟩ **1** ⟨im kath. Heilig- oder Seligsprechungsprozeß⟩ *Geistlicher, der die Bedenken vorbringt* **2** ⟨übertr.⟩ *jmd., der bewußt eine schlechte Sache vertritt* **3** ⟨auch⟩ *strenger Kritiker* [lat., ,,Anwalt des Teufels"]

Ad|vo|kat ⟨m.10; †⟩ *Rechtsanwalt* [< lat. *advocatus* ,,Rechtsbeistand", zu *advocare* ,,herbeirufen"]

Ady|na|mie ⟨f.11; Med.⟩ *Kraftlosigkeit* [< griech. *a*..., ,,nicht" und *dynamis* ,,Kraft"]

ady|na|misch ⟨Adj.⟩ *kraftlos, schwach*

Ady|ton ⟨n., -, -ta; in Tempeln⟩ *das Allerheiligste* [griech., ,,Allerheiligstes"; < *a*... ,,nicht" und *dyein* ,,hineingehen, betreten"]

AE ⟨Abk. für⟩ *Astronomische Einheit*

Ae|ri|al ⟨[ae-] n.1; nur Sg.⟩ *der Luftraum als Lebensbereich der Landtiere* [< lat. *aerius* ,,zur Luft gehörig", zu griech. *aer* ,,Luft"]

aeril ⟨[ae-] Adj., o.Steig.; Geol.⟩ *durch Windwirkung entstanden*

aero..., Aero... ⟨in Zus.⟩ *luft..., Luft...* [< griech. *aer*, Gen. *aeros*, ,,Luft"]

ae|rob ⟨[ae-] Adj., o.Steig.⟩ *Sauerstoff zum Leben brauchend;* Ggs. *anaerob;* ~*e Bakterien* [< *aer*... und griech. *bios* ,,Leben"]

Ae|ro|bic ⟨[ɛ-] n., -, nur Sg.⟩ *Tanzgymnastik* [< engl. *aerobic* ,,von Sauerstoff abhängig", →*aerob*]

Ae|ro|bus ⟨auch [ɛ-] m.1⟩ *Hubschrauber im Zubringerdienst;* vgl. *Airbus* [< *Aero*... und *Bus*]

Ae|ro|dy|na|mik ⟨[ae-] f., -, nur Sg.⟩ *Wissenschaft von der Bewegung gasförmiger Stoffe*

ae|ro|dy|na|misch ⟨[ae-] Adj.⟩ *auf Aerodynamik beruhend*

Ae|ro|gramm ⟨[ae-] n.1⟩ *Luftpostleichtbrief* [< *Aero*... und griech. *gramma* ,,Schriftzeichen"]

Ae|ro|kar|to|graph ⟨[ae-] m.10⟩ *Gerät zum Entzerren von Luftaufnahmen zur kartographischen Auswertung*

Ae|ro|kli|ma|to|lo|gie ⟨[ae-] f., -, nur Sg.⟩ *Klimatologie der Lufthülle*

Ae|ro|lith ⟨[ae-] m.10; †⟩ *Meteorstein* [< *Aero*... und ...*lith*]

Ae|ro|lo|gie ⟨[ae-] f., -, nur Sg.⟩ *Wissenschaft von den freien (hohen) Luftschichten* [< *Aero*... und ...*logie*]

Ae|ro|me|cha|nik ⟨[ae-] f., -, nur Sg.⟩ *Wissenschaft vom Gleichgewicht und der Bewegung der Gase*

Ae|ro|me|di|zin ⟨[ae-] f., -, nur Sg.⟩ *Gebiet der Medizin, das sich mit den Wirkungen der Luftfahrt auf den Körper befaßt*

Ae|ro|me|ter ⟨[ae-] n.5⟩ *Gerät zum Messen von Gewicht und Dichte der Luft* [< *Aero*... und ...*meter*]

Ae|ro|naut ⟨[ae-] m.10; †⟩ *Flieger* [< *Aero*... und griech. *nautes* ,,Schiffer"]

Ae|ro|na|vi|ga|tion ⟨[ae-] f., -, nur Sg.⟩ *Steuerung und Standortbestimmung von Luftfahrzeugen*

Ae|ro|no|mie ⟨[ae-] f., -, nur Sg.⟩ *Wissenschaft von den höchsten Luftschichten* [< *Aero*... und griech. *nomos* ,,Gesetz"]

Ae|ro|pha|gie ⟨[ae-] f.11⟩ *krankhaftes Luftschlucken* [< *Aero*... und ...*phagie*]

Ae|ro|phon ⟨[ae-] n.1⟩ *Musikinstrument, bei dem der Ton durch Luft erzeugt wird (z.B. Blasinstrument)* [< *Aero*... und griech. *phone* ,,Ton"]

Ae|ro|pho|to|gram|me|trie ⟨[ae-] -mm|m-; f.11⟩ *Luftbildmessung*

Ae|ro|pho|to|gra|phie ⟨[ae-] f.11⟩ *Luftaufnahme*

Ae|ro|plan ⟨[ae-] m.1; †⟩ *Flugzeug* [< *Aero*... und griech. *planes* ,,Umherschweifender"]

Ae|ro|sol ⟨[ae-] n.1⟩ **1** *Luft- oder Gasmenge, in der feinste flüssige oder gasförmige Teilchen schweben (z.B. Nebel, Rauch)* **2** *Heilmittel zum Einatmen* [< *Aero*... und gekürztem lat. *solutio* ,,Aufgelöstsein"]

Ae|ro|sta|tik ⟨[ae-] f., -, nur Sg.⟩ *Wissenschaft von den Gleichgewichtszuständen der Gase*

Ae|ro|ta|xe ⟨[ae-] f.11⟩ *Mietflugzeug für kurze Strecken* [< *Aero*... und *Taxe*]

Ae|ro|tro|pis|mus ⟨[ae-] m., -, nur Sg.⟩ *Hinstreben von Pflanzenwurzeln zu gut durchlüfteten Stellen im Boden*

afe|bril ⟨Adj., o.Steig.⟩ *ohne Fieber* [< griech. *a*... ,,nicht" und lat. *febris* ,,Fieber"]

Af|fä|re ⟨f.11⟩ **1** *Angelegenheit, (unangenehmer) Vorfall; sich geschickt aus der A. ziehen* **2** *Liebesbeziehung; eine A. (mit jmdm.) haben* [< frz. *affaire* ,,Geschäft, Angelegenheit", altfrz. auch ,,Art und Weise", eigtl. *a faire* (v. *faire* ,,machen (ist)"]

Äff|chen ⟨n.7⟩ **1** *kleiner Affe* **2** ⟨als Grundwort in Artnamen⟩ *südamerikanischer Krallenaffe* (Löwen~)

Af|fe ⟨m.1⟩ *Vertreter der Herrentiere (den Menschen ausgenommen)* (Halb~, Menschen~) [altes Wanderwort, bereits ahd. *affo*, vielleicht griech. Ursprungs]

Af|fekt ⟨m.1⟩ *starke Gemütsbewegung, Erregung* [< lat. *affectus* ,,Zustand"]

af|fekt|hand|lung ⟨f.10⟩ *unbeherrschte Handlung ohne Einsicht*

af|fek|tiert ⟨Adj.⟩ *geziert, unnatürlich*

Af|fek|ti|on ⟨f.11⟩ **1** ⟨†⟩ *Zuneigung, Wohlwollen* **2** *krankhafter Vorgang oder Zustand, Erkrankung* [< frz. *affection* in ders. Bed., < lat. *affectio* ,,Gemüts-, Geistesverfassung"]

af|fek|tio|niert ⟨Adj.; †⟩ *zugeneigt, wohlgesinnt*

Af|fek|ti|vi|tät ⟨f.10⟩ *menschliches Gefühlsleben (vor allem hinsichtlich der Ansprechbarkeit und Reaktionsart)* [zu *Affekt*]

Af|fen|brot|baum ⟨m.2⟩ *breitwüchsiger afrikanischer Savannenbaum;* Syn. *Baobab* [nach den Früchten, die an einen Brotlaib erinnern]

Af|fen|fal|te, Af|fen|fur|che ⟨f.11⟩ *Querlinie in der Handfläche (häufig bei Affen, selten beim Menschen)*

af|fen|geil ⟨Adj.; ugs.⟩ *ganz toll, unübertrefflich*

Af|fen|hit|ze ⟨f., nur Sg.; ugs.⟩ *sehr große Hitze*

Af|fen|lie|be ⟨f., -, nur Sg.⟩ *übertriebene, unvernünftige Liebe*

Af|fen|pin|scher ⟨m.5⟩ *eine Hunderasse, zierlicher Zwerghund* [nach dem affenähnlichen Gesicht]

Af|fen|schan|de ⟨f., -, nur Sg.; ugs.⟩ *sehr große Schande; es ist eine A., daß...*

Af|fen|spal|te ⟨f.11⟩ *krankhafte Spaltung zwischen Hinterhaupts- und Schläfenlappen im menschlichen Gehirn (beim Affen normal)*

Af|fen|thea|ter ⟨n., -, nur Sg.⟩ **1** *übertriebenes Getue (um etwas), übertriebene Aufregung (über etwas); mach doch nicht solch ein A.!* **2** *als übertrieben dargestellte, in Wirklichkeit aber lächerliche Angelegenheit*

af|fet|tuo|so ⟨Mus.⟩ *ausdrucksvoll, leidenschaftlich* [ital., →*Affekt*]

Af|fi|che ⟨[afiʃ(ə)] f.11⟩ *Anschlagzettel, Plakat* [< frz. *affiche* in ders. Bed., zu *afficher* < lat. *affigere* ,,anheften, anschlagen"]

af|fi|chie|ren ⟨[-ʃi-] V.3, hat affichiert; mit Akk.⟩ *anheften, anschlagen, aushängen* [zu *Affiche*]

af|fi|da|vit ⟨n.9⟩ *eidesstattliche Erklärung, Bürgschaft (für einen Einwanderer)* [< mlat. *affidavit* ,,er hat versichert", zu *affidare* ,,versichern"]

af|fig ⟨Adj.⟩ *geziert, eitel*

af|fin ⟨Adj., o.Steig.⟩ **1** *wesensverwandt* **2** ⟨Math.⟩ *bestimmte Punkte auf jeweils parallelen Strahlen aufweisend;* Syn. *parallelverwandt;* ~*e Figuren; zwei geometrische Figuren sind einander a.* [< lat. *affinis* ,,angrenzend, benachbart", zu *finis* ,,Grenze"]

Af|fi|ni|tät ⟨f., -, nur Sg.⟩ **1** *Wesensverwandtschaft; eine A. zu jmdm. haben, sich wesensverwandt mit ihm fühlen* **2** ⟨Math.⟩ *affine Beschaffenheit;* Syn. *Parallelverwandtschaft* **3** ⟨bei chem. Elementen und Verbindungen⟩ *Triebkraft, sich mit anderen Stoffen zu verbinden* [→*affin*]

Af|fir|ma|tion ⟨f.10⟩ *Bejahung, Zustimmung* [zu *affirmieren*]

af|fir|ma|tiv ⟨Adj., o.Steig.⟩ *bejahend, zustimmend*

af|fir|mie|ren ⟨V.3, hat affirmiert; mit Akk.⟩ *bejahen;* Ggs. *negieren* [< lat. *affirmare* ,,beteuern, bestätigen, behaupten", zu *firmare* ,,sichern, festigen"]

äf|fisch ⟨Adj.⟩ *wie ein Affe*

Af|fix ⟨n.1⟩ *Vor- bzw. Nachsilbe, Prä- bzw. Suffix* [< lat. *affixum* ,,das Angeheftete", zu *affigere* ,,anheften, befestigen"]

Af|fo|dill →*Asphodill*

Af|fri|ka|ta ⟨f., -, -tä⟩, **Af|fri|ka|te** ⟨f.11⟩ *Verschlußlaut mit folgendem Reibelaut, z.B. pf, z (= ts)* [eigtl. ,,angeriebener Laut", zu lat. *affricare* ,,anreiben"]

Af|front ⟨[afrõ] m.9⟩ *Beleidigung, Kränkung* [< frz. *affront* in ders. Bed., zu *affronter* ,,die Stirn bieten, angreifen"]

Af|gha|ne ⟨m.11⟩ **1** *Einwohner von Afghanistan* **2** *eine Windhundrasse*

Af|gha|ni ⟨m.9⟩ *afghanische Währungseinheit*

à fonds per|du ⟨[afɔ̃ pɛrdy] *ohne Aussicht auf Wiedererstattung oder Wiedererlangung* [frz., ,,bei verlorenem Kapital"]

Afri|kaa|ner ⟨m.5⟩ *weißer Bürger Südafrikas niederländischer, niederdeutscher oder hugenottischer Herkunft*

Afri|kaans ⟨n., -, nur Sg.⟩ *Sprache der Afrikaaner;* Syn. *Kapholländisch*

Afri|kan|der ⟨m.5⟩ *südafrikanisches Rind eigener Züchtung* [nach dem Vorbild von ,,Holländer" im Afrikaans neugeprägtes Wort]

Afri|ka|ner ⟨m.5⟩ *Bewohner Afrikas*

afri|ka|nisch ⟨Adj., o.Steig.⟩ *Afrika betreffend, zu ihm gehörend, aus ihm stammend*

Afri|ka|nist ⟨m.10⟩ *Wissenschaftler auf dem Gebiet der Afrikanistik*

Afri|ka|ni|stik ⟨f., -, nur Sg.⟩ *Wissenschaft von den afrikanischen Sprachen und Kulturen*

afri|ka|ni|stisch ⟨Adj., o.Steig.⟩ *zur Afrikanistik gehörend*

afro..., Afro... ⟨in Zus.⟩ *Afrika oder die Bewohner Afrikas betreffend, von ihnen stammend, in ihrer Art*

Afro-Look ⟨[-luk] m., -s, nur Sg.⟩ *Haartracht, bei der langes, krauses Haar den Kopf umrahmt* [< *Afro*... und engl. *look* ,,Aussehen"]

After ⟨m.5⟩ *Darmausgang;* Syn. *Anus* [< ahd. *after* ,,hinter, nachfolgend"]

After|drü|se ⟨f.11; bei Insekten, Wirbeltieren⟩ *im oder am After mündende Drüse*

Af|ter|flos|se ⟨f.11⟩ *Flosse zwischen Afteröffnung und Schwanzflosse*

Af|ter|klaue ⟨f.11⟩ Syn. *Geäfter* **1** ⟨bei Huftieren⟩ *verkümmertes höherstehendes Zehenpaar* **2** ⟨beim Hund⟩ *höherstehende fünfte Zehe der Hinterbeine*

Af|ter|leder ⟨n.5; früher in der Schuhmacherei⟩ *Fersenkappe*

Af|ter|mieter ⟨m.5; †⟩ *Untermieter* [oberdt. Form *after* von nddt. *achter* „hinter"]

Af|ter-Shave ⟨[-ʃeiv] n.9⟩ *Rasierwasser, das nach der Rasur gebraucht wird* [< engl. *after* „nach" und *shave* „Rasur"]

Af|ter|skor|pi|on ⟨m.1⟩ *Vertreter einer Ordnung der Spinnentiere* [*after* hier im Sinne von „unecht" und nach der skorpionähnlichen Gestalt]

Ag ⟨chem. Zeichen für⟩ *Silber* [< lat. *argentum* „Silber"]

AG, AG., A.G., A.-G. ⟨Abk. für⟩ *Aktiengesellschaft*

a.G. **1** ⟨Abk. für⟩ *auf Gegenseitigkeit* **2** ⟨Abk. für⟩ *als Gast*

Aga ⟨m.9; früher im Osman. Reich Titel für⟩ *Offizier, Beamter* [türk.]

agam ⟨Adj., o.Steig.⟩ *sich ohne Befruchtung fortpflanzend;* auch: *agamisch* [zu *Agamie*]

Aga|me ⟨f.11⟩ *Vertreter einer Familie der Echsen in warmen Gebieten der Alten Welt* [karibisch]

Aga|mie ⟨f., -, nur Sg.⟩ *Ehelosigkeit* [< griech. *agamos* „unverheiratet", *< a...* „nicht" und *gamein* „heiraten"]

aga|misch ⟨Adj., o.Steig.⟩ **1** *ehelos* **2** → *agam*

Aga|mo|go|nie ⟨f., -, nur Sg.⟩ *ungeschlechtliche Fortpflanzung* [< griech. *a...* „nicht" und *gamein* „heiraten" und *gone* „Geburt"]

Aga|pe ⟨f.11; in der altchristl. Gemeinde⟩ **1** *gemeinsame Mahlzeit mit Armenspeisung* **2** ⟨nur Sg.⟩ *Liebe Gottes, Nächstenliebe* [< griech. *agape* „Liebe, Liebesmahl", zu *agapan* „gastlich aufnehmen, willkommen heißen, lieben"]

Agar-Agar ⟨m. oder n., -, nur Sg.⟩ *Gallerte aus Rotalgen (für Bakterienkulturen, auch zum Andicken von Speisen und Marmeladen)* [mal.]

Aga|ve ⟨f.11⟩ *tropische und subtropische Pflanze mit dickfleischigen, länglich-zugespitzten Blättern* [< griech. *agaue*, Fem. von *agauos* „edel, vortrefflich", wegen ihrer Stattlichkeit]

Agen|da ⟨f., -, -den⟩ **1** *Notizbuch, Terminkalender* **2** *Zusammenstellung von Gesprächspunkten für eine Verhandlung* **3** *Liste zu erledigender Dinge* [< lat. *agenda* „Dinge, die betrieben werden müssen", zu *agere* „treiben, führen"]

Agen|de ⟨f.11⟩ *Buch für die Gottesdienstordnung* [→ *Agenda*]

Agens ⟨n., Agen[zi]en⟩ **1** *tätige Kraft, wirkendes Prinzip* **2** ⟨Med.⟩ *wirkendes Mittel* **3** ⟨Gramm.⟩ *Träger des Geschehens im Satz;* Ggs. *Patiens*

Agent ⟨m.10⟩ **1** *Vertreter, Vermittler* **2** *Spion* [< lat. *agens* „einer, der etwas betreibt", zu *agere* „treiben, führen"]

agen|tie|ren ⟨V.3, hat agentiert; o.Obj.; österr.⟩ *als Handelsagent tätig sein*

Agent pro|vo|ca|teur ⟨[aʒã -tœr] m., -, -s -s⟩ *Lockspitzel* [frz.]

Agen|tur ⟨f.10⟩ **1** *Geschäftsstelle eines Agenten* **2** *Geschäftsnebenstelle*

Ag|glo|me|rat ⟨n.1⟩ *Gesteinsmasse aus zusammengebackenen vulkanischen Gesteinstrümmern;* Ggs. *Konglomerat* [< lat. *agglomeratus* „zusammengedrängt"]

Ag|glo|me|ra|ti|on ⟨f.10⟩ **1** *Anhäufung* **2** *Ballung von städtischen Siedlungen und Industrieanlagen* [< lat. *agglomeratio* „Zusammenballung"]

Ag|glu|ti|na|ti|on ⟨f.10⟩ **1** *das Agglutinieren, Verklebung, Zusammenballung* **2** ⟨Sprachw.⟩ *das Anfügen eines Affixes an den Wortstamm* [zu *agglutinieren*]

ag|glu|ti|nie|ren ⟨V.3, hat agglutiniert; o.Obj.⟩ *zusammenballen, verklumpen, verkleben;* ~*de Sprachen Sprachen, bei denen die grammatischen Beziehungen der Wörter im Satz durch Anfügen von Affixen an den Wortstamm wiedergegeben werden (z.B. das Ungarische)* [< lat. *agglutinare* „anleimen, ankleben", zu *gluten*, Gen. *glutinis*, „Leim, Kitt"]

Ag|glu|ti|nin ⟨n.1⟩ *Abwehrstoff im Blutserum* [zu *agglutinieren*]

Ag|glu|ti|no|gen ⟨n.1⟩ *Stoff zur Bildung von Agglutininen* [zu *agglutinieren* und griech. *gennan* „hervorbringen"]

Ag|gra|va|ti|on ⟨f.10⟩ **1** *Erschwerung, Verschlimmerung* **2** *Übertreibung von Krankheitserscheinungen* [< lat. *aggravare* „schwer machen, vermehren", zu *gravis* „schwer"]

Ag|gre|gat ⟨n.1⟩ **1** *Anhäufung, mehrgliedriges Ganzes* **2** ⟨Math.⟩ *mehrgliedrige Größe* **3** ⟨Tech.⟩ *Satz aus mehreren gekoppelten Maschinen oder Teil davon* **4** ⟨Geol.⟩ *regellos verwachsenes Mineralgebilde* [< lat. *aggregatus* „zu-, beigesellt", zu *aggregare* „zu-, beigesellen"]

Ag|gre|ga|ti|on ⟨f.10⟩ *Vereinigung mehrerer Moleküle*

Ag|gre|gat|zu|stand ⟨m.2⟩ *Zustandsform von Stoffen;* gasförmiger, flüssiger, fester A.; vgl. *Plasma*

Ag|gres|si|on ⟨f.10⟩ **1** *Angriff, Überfall* **2** *feindselige, gereizte Einstellung* [< lat. *aggressio* „Angriff", zu *aggredi* „sich nähern, angreifen, überfallen", zu *gradi* „festen Schrittes gehen"]

ag|gres|siv ⟨Adj.⟩ **1** *angreifend, angriffslustig* **2** *rücksichtslos vorwärtsdrängend;* ~*e Fahrweise* **3** *aufdringlich, grell;* ~*e Farben, Klänge*

Ag|gres|si|vi|tät ⟨f., -, nur Sg.⟩ **1** *aggressive Beschaffenheit; die A. dieser Musik* **2** *aggressives Verhalten*

Ag|gres|sor ⟨m.13⟩ *Angreifer*

Ägi|de ⟨f., -, nur Sg.⟩ *Schutz, Obhut, Schirmherrschaft;* ⟨meist in der Wendung⟩ *unter der Ä. von...* [< lat. *aegis*, griech. *aigis*, Gen. *aigidos*, „Ziegenfell, Lederharnisch", dann „Schutzschild"]

agie|ren ⟨V.3, hat agiert; o.Obj.⟩ *handeln, wirken; als jmd. a. jmds. Rolle spielen; er agiert dort als Conférencier* [< lat. *agere* „handeln, tätig sein"]

agil ⟨Adj.⟩ *flink, beweglich, behende* [< lat. *agilis* in ders. Bed., zu *agere* „handeln, tätig sein"]

Agi|li|tät ⟨f., -, nur Sg.⟩ *agiles Verhalten, agile Wesensart*

Agio ⟨[adʒo] oder [aʒio] n., -s, nur Sg.⟩ *Betrag, um den der Preis (Kurs) einer Geldsorte die Parität übersteigt oder der für ein Wertpapier zusätzlich zum Nennwert gezahlt werden muß;* Ggs. *Disagio* [< ital. *agio* „Spielraum", eigtl. „Bequemlichkeit", → *adagio*]

Agio|ta|ge ⟨[aʒiotaʒə] f.11⟩ *Börsenspekulation unter Ausnutzung der Kursunterschiede zwischen verschiedenen Börsenplätzen* [zu *Agio*]

Agio|teur ⟨[aʒiotøːr] m.1⟩ *Börsenspekulant, der agiotiert*

agio|tie|ren ⟨[aʒio-] V.3, hat agiotiert; o.Obj.⟩ *unter Ausnutzung der Kursunterschiede zwischen verschiedenen Börsenplätzen spekulieren* [zu *Agiotage*]

Agi|ta|ti|on ⟨f.10⟩ *aufreizende politische Werbung* [zu *agitieren*]

agi|ta|to ⟨[-dʒi-] Mus.⟩ *sehr bewegt* [ital.]

Agi|ta|tor ⟨m.13⟩ *jmd., der für etwas agitiert*

agi|tie|ren ⟨V.3, hat agitiert; o.Obj.⟩ *politische Propaganda treiben* [< lat. *agitare* „heftig treiben, in Lauf setzen"]

Aglo|bu|lie ⟨f., -, nur Sg.⟩ *Verringerung der Anzahl der roten Blutkörperchen* [< griech. *a...* „nicht" und lat. *globulus* „Kügelchen"]

Agna|ti|on ⟨f., -, nur Sg.⟩ *Blutsverwandtschaft väterlicherseits;* vgl. *Kognation*

Agno|sie ⟨f.11⟩ *Unfähigkeit, das sinnlich Wahrgenommene geistig zu verarbeiten;* Syn. *Seelenblindheit* [< griech. *a...* „nicht" und *gnosis* „Erkenntnis"]

Agno|sti|ker ⟨m.5⟩ *Vertreter des Agnostizismus*

Agno|sti|zis|mus ⟨m., -, nur Sg.⟩ *Überzeugung oder philosophische Lehre von der Unerkennbarkeit Gottes und des übersinnlichen Seins* [< griech. *agnostos* „unerkannt, unerkennbar", *< a...* „nicht" und *gnostos* „erkennbar", zu *gnosis* „Erkenntnis"]

agno|szie|ren ⟨V.3, hat agnosziert; mit Akk.⟩ **1** *anerkennen* **2** ⟨österr.⟩ *identifizieren; einen Toten a.* [< lat. *agnoscere* „anerkennen", zu *gnoscere* „erkennen, wahrnehmen"]

Agnus Dei ⟨n., - -, nur Sg.⟩ **1** *Lamm Gottes (Bezeichnung Christi nach Johannes 1,29)* **2** *ein Gebetshymnus im katholischen Gottesdienst* [lat.]

Ago|gik ⟨f., -, nur Sg.; Mus.⟩ *Lehre von den Tempi als Ausdrucksmittel, lebendige Gestaltung (eines Musikstücks)* [< griech. *agoge* „richtige Führung, Abstufung des Tempos", zu *agein* „führen, leiten"]

Agon ⟨m.1; im alten Griechenland⟩ *Wettkampf (im Sport und in den musischen Künsten)*

Ago|nie ⟨f.11⟩ *Todeskampf* [< griech. *agonia* „Kampf, Angst"]

Ago|nist ⟨m.10; im alten Griechenland⟩ *Wettkämpfer* [< griech. *agonistes* in ders. Bed., zu *agon* „Wettkampf"]

Ago|ra ⟨f., -, nur Sg.; im alten Griechenland⟩ *Markt und Versammlungsplatz*

Ago|ra|pho|bie ⟨f.11⟩ *Platzangst (1)*

Agraf|fe ⟨f.11⟩ **1** *Brosche, Schmuckspange* **2** ⟨Baukunst⟩ *klammerförmige Verzierung am Rundbogen* **3** ⟨Med.⟩ *Wundklammer* [< frz. *agrafe* „Haken, Spange, Brosche", zu *agrafer* „zuhaken"]

Agra|nu|lo|zy|to|se ⟨f.11⟩ *Schwund der weißen Blutkörperchen* [< griech. *a...* „nicht" und lat. *granulum* „Körnchen" und neulat. *...cyta* „Gefäß, Zelle" und griech. *...osis* zur Bez. eines krankhaften Zustandes]

Agra|phie ⟨f.11⟩ *krankhaftes Unvermögen zu schreiben* [< griech. *a...* „nicht" und *graphein* „schreiben"]

agrar..., Agrar... ⟨in Zus.⟩ *die Landwirtschaft betreffend, für sie bestimmt, auf ihr beruhend,* z.B. *Agrarbericht, Agrarfonds, Agrarstaat* [< lat. *agrarius* „die Felder betreffend", zu griech. *agros* „Feld"]

Agree|ment ⟨[əgriː] n.9⟩ *Vereinbarung, Übereinkunft* [< engl. *agreement* in ders. Bed., < altfrz. *agreer* „willkommen sein", zu *gré* „Freundschaft"]

Agré|ment ⟨[-mã] n.9⟩ *Zustimmung einer Regierung zum Empfang eines ausländischen Diplomaten* [< frz. *agrément* „Bewilligung", zu *agréer* „gestatten, erlauben", zu *gré* „Wille" < lat. *gratus* „gefällig"]

Agri|kul|tur ⟨f.10⟩ *Landwirtschaft, Ackerbau* [< lat. *agricultura* in ders. Bed.]

agro..., Agro... ⟨in Zus.⟩ *die Landwirtschaft betreffend, auf ihr beruhend* [< griech. *agros* „Feld"]

Agro|nom ⟨m.10⟩ *wissenschaftlich ausgebildeter Landwirt*

Agro|no|mie ⟨f., -, nur Sg.⟩ *Wissenschaft vom Ackerbau;* Syn. *Landwirtschaftswissenschaft* [< griech. *agros* „Feld, Acker" und *nomos* „Gesetz"]

agro|no|misch ⟨Adj., o.Steig.⟩ *die Agronomie betreffend, zu ihr gehörend, auf ihr beruhend*

Agro|sto|lo|gie ⟨f., -, nur Sg.⟩ *Gräserkunde* [< griech. *agrostis* (eine Grasart) und *...logie*]

Agro|tech|nik ⟨f., -, nur Sg.⟩ Technik in der Landwirtschaft

Agru|men, Agru|mi ⟨nur Pl.; Sammelbez. für⟩ Zitrusfrüchte [< ital. *agrumi* in ders. Bed., zu lat. *acer* ,,scharf"]

Agryp|nie ⟨f., -, nur Sg.⟩ Schlaflosigkeit [< griech. *agrypnia* in ders. Bed.]

ägyp|tisch ⟨Adj., o.Steig.⟩ Ägypten betreffend, zu ihm gehörig, aus ihm stammend

Ägyp|to|lo|ge ⟨m.11⟩ Wissenschaftler auf dem Gebiet der Ägyptologie

Ägyp|to|lo|gie ⟨f., -, nur Sg.⟩ Wissenschaft vom ägyptischen Altertum

ägyp|to|lo|gisch ⟨Adj., o.Steig.⟩ zur Ägyptologie gehörend

Ah ⟨Zeichen für⟩ Amperestunde [< Ampere und lat. *hora* ,,Stunde"]

aha ⟨Int.⟩ **1** [aha] *so ist das!, jetzt verstehe ich es!* **2** [aha] *ich habe es ja gleich gesagt!, das habe ich mir doch gleich gedacht!*

Aha-Er|leb|nis ⟨n.1⟩ plötzliche Erkenntnis, Erlebnis, bei dem man blitzartig einen Zusammenhang erkennt

Ahas|ver ⟨m., -, -s oder -e⟩ ruhelos umherirrender Mensch [nach *Achaschverosch*, dem hebr. Namen für Xerxes (pers. König), der aufgrund einer Verwechslung auf die Sagengestalt des Ewigen Juden überging]

ahas|ve|risch ⟨Adj., o.Steig.⟩ ruhelos umherirrend [zu *Ahasver*]

Ahl|bee|re ⟨f.11; norddt.⟩ schwarze Johannisbeere [gekürzt < *Alantbeere*, wohl wegen der geschmacklichen Ähnlichkeit mit der Wurzel des *Alants*]

Ah|le ⟨f.11⟩ Werkzeug zum Löcherstechen; Syn. *Pfriem*

Ah|ming ⟨f.1 oder f.9; an Schiffen⟩ Markierung für den Tiefgang [< mhd. *ame*, < mlat. *ama* ,,Maß"]

Ahn ⟨m.12⟩ → *Vorfahr(e)*

ahn|den ⟨V.2, hat geahndet; mit Akk.⟩ strafen, strafrechtlich verfolgen; einen Diebstahl a.

Ah|ne ⟨m.11 bzw. f.11⟩ **1** männlicher oder weiblicher Vorfahr **2** ⟨bair.⟩ Großvater bzw. Großmutter, Urgroßvater bzw. Urgroßmutter

äh|neln ⟨V.1, hat geähnelt; mit Dat.⟩ jmdm. oder einer Sache ä. *ähnlich sein, ähnlich aussehen, klingen*

ah|nen ⟨V.1, hat geahnt; mit Akk.⟩ etwas a. *das Gefühl haben, daß etwas geschehen wird;* ich ahne es; ⟨ugs. auch⟩ mir ahnt, daß ...

Ah|nen|kult ⟨m.1⟩ kultische Verehrung der Ahnen

Ah|nen|ta|fel ⟨f.11⟩ schematische namentliche Aufzeichnung der Ahnen

Ahn|frau ⟨f.10; †⟩ → *Ahnin*

Ahn|herr ⟨m.11; †⟩ → *Vorfahr(e)*

Ah|nin ⟨f.10⟩ weiblicher Vorfahr; Syn. ⟨†⟩ *Ahnfrau*

ähn|lich ⟨Adj.⟩ **1** *in wesentlichen Merkmalen übereinstimmend;* beide sind sich sehr ä.; sich ä. sehen *in wesentlichen äußeren Merkmalen übereinstimmen;* das sieht ihm ä.! ⟨übertr.⟩ *das paßt zu ihm, es überrascht nicht* (daß er es gesagt, getan hat) **2** ⟨Geom.⟩ *bei gleicher Gestalt verschiedene Größe besitzend*

Ähn|lich|keit ⟨f.10⟩ ähnliche Beschaffenheit, ähnliches Aussehen

Ah|nung ⟨f.10⟩ undeutliches Gefühl (daß etwas geschehen wird); ich habe eine A., daß er ...; ich habe keine (blasse) A. *ich weiß es nicht;* hast du eine A., ob ...? *weißt du, ob ...?*

ah|nungs|los ⟨Adj.⟩ ohne Ahnung, nichts wissend oder vermutend

Ah|nungs|lo|sig|keit ⟨f., -, nur Sg.⟩ Unwissenheit (im Hinblick auf bestimmte Geschehnisse)

ahoi! ⟨seemännischer Anruf eines Schiffes⟩ Schiff a.!, Boot a.! [< engl. *ahoy*, aus *ah* und *hoy*, Rufen, die Aufmerksamkeit erregen sollen]

Ahorn ⟨m.1⟩ Laubbaum aus der Gattung der

Ahorngewächse (Berg~, Spitz~) [vermutlich zu idg. **ak* ,,spitz", nach der Blattform]

Ähr|chen ⟨n.7⟩ **1** kleine Ähre **2** ⟨bei Gräsern u.a.⟩ einzelner Blütenstand in einem aus vielen Ähren gebildeten Gesamtblütenstand

Äh|re ⟨f.11⟩ **1** ⟨bei Getreidepflanzen⟩ Fruchtstand, der die Körner enthält **2** Blütenstand, an dem Blüten einzeln an einer dünnen Achse sitzen [zu idg. **ak* ,,spitz"]

Ai ⟨auch [aɪ] n., -(s), -s⟩ dreizehiges Faultier [nach seiner Lautäußerung, die wie ein geseufztes ,,aiii" klingt]

Aide-mé|moire ⟨[ɛːdmemoaʀ] n.9⟩ Niederschrift einer mündlichen diplomatischen Erklärung [frz., ,,Notizbuch", < *aide* ,,Hilfe" und *mémoire* ,,Gedächtnis"]

AIDS ⟨[eids] n., -, nur Sg.⟩ seuchenartige Krankheit mit Verlust der körpereigenen Abwehrkräfte gegen bakterielle und Virus-Infektionen [Kurzw.< engl. *Acquired Immune Deficiency Syndrom* ,,erworbenes Immun-Abwehrmangel-Syndrom"]

Ai|gret|te ⟨[ɛgʀɛtə] f.11⟩ **1** Federbusch **2** Bündel, Büschel, z. B. Strahlenbüschel beim Feuerwerk [< frz. *aigrette* in ders. Bed., urspr. ,,Reiher"]

Ai|ki|do ⟨n., -(s), nur Sg.⟩ System der Selbstverteidigung, das Körper und Geist bilden soll [jap., ,,Weg der geistigen Harmonie"]

Ai|ma|rá ⟨I m., -(s), -(s)⟩ Angehöriger eines Indianervolkes in Peru und Bolivien **II** ⟨n., -(s), nur Sg.⟩ dessen Sprache

Ai|nu ⟨I m., -(s), -(s)⟩ Angehöriger des Ureinwohnervolkes von Japan **II** ⟨n., -(s), nur Sg.⟩ dessen Sprache [Ainu, ,,Mensch"]

Air[1] ⟨[ɛʀ] n.9⟩ Aussehen, Haltung, Benehmen; sich ein A. eines vornehmen tun; sich in A. von etwas geben *so tun, als ob* [< frz. *air* ,,Luft, Aussehen, Äußeres, Benehmen, Haltung", eigtl. ,,Dunstkreis, Atmosphäre" (eines Menschen)]

Air[2] ⟨[ɛʀ] n.9⟩ Lied, liedartiges, melodisches Musikstück [< frz. *air* ,,Lied, Singweise", < ital. *aria* ,,Lied", < lat. *aer* ,,Luftzug, Lufthauch"]

Air|bag ⟨[ɛʀbɛg] m.9⟩ **1** mit Luft gefülltes Kissen **2** Luftsack am Lenkrad von Kraftfahrzeugen, der sich beim plötzlichen Bremsen sofort mit Luft füllt und den Stoß abfängt [engl., ,,Luftsack"]

Air|bus ⟨[ɛʀ-] m.1⟩ in Europa entwickelte Flugzeug-Modellreihe (für Passagierverkehr auf kurzen Strecken); vgl. *Aerobus* [engl., ,,Luftbus"]

Air|con|di|tion ⟨[ɛʀkɔndɪʃn] f., -, nur Sg.⟩ Lüftung und Temperaturregelung durch Klimaanlage [< engl. *air conditioning* in ders. Bed.]

Aire|dale|ter|ri|er ⟨[ɛʀdeɪl-] m.5⟩ englische Hunderasse mit dunkler, sattelförmiger Rückenzeichnung [nach der Flußlandschaft *Airedale* in Yorkshire und *Terrier*]

Air mail ⟨[ɛʀmeɪl] f., -, nur Sg.⟩ Luftpost [engl.]

ais, Ais ⟨n., -, -; Mus.⟩ *das um einen halben Ton erhöhte a bzw. A*

ai|sis, Ai|sis ⟨n., -, -; Mus.⟩ *das um zwei halbe Töne erhöhte a bzw. A*

Ai|tel ⟨m.5; oberdt.⟩ ein Süßwasserfisch; Syn. *Döbel*[1]

ajour ⟨[aʒuʀ] österr. für⟩ *à jour* (2,3)

à jour **1** *bis zum heutigen Tag;* (mit einer Arbeit) à j. sein *auf dem laufenden sein* **2** eingefaßt (Edelstein) **3** durchbrochen (Gewebe) [frz., ,,bis zum Tage" sowie ,,durchbrochen, durchsichtig", eigtl. ,,mit Tageslicht"]

Aka|de|mie ⟨f.11⟩ **1** *der Forschung dienende Vereinigung von Gelehrten oder Künstlern;* A. der Wissenschaften **2** Fachhochschule (Kunst~) **3** Forschungsanstalt **4** ⟨früher, heute noch österr.⟩ literarische od. künstlerische Veranstaltung [< griech. *akademia*, Name eines nach dem attischen Heros *Akade-*

mos benannten Hains bei Athen, in dem Platon lehrte]

Aka|de|mi|ker ⟨m.5⟩ jmd., der an einer Universität oder Akademie studiert hat

Aka|de|mis|mus ⟨m., -, nur Sg.⟩ in Regeln erstarrte Betätigung (in einer Kunst oder Wissenschaft)

Akan|thit ⟨m.1⟩ bleigraues Mineral, Silberglanz [< griech. *akanthos* ,,Dorn", wegen der rhombischen Form der Kristalle]

Akan|thus ⟨m., -, -⟩ **1** Vertreter einer Gattung von Staudengewächsen des Mittelmeergebietes; auch: *Acanthus* **2** Ornament an korinthischen Säulen in Form von Akanthusblättern [< griech. *akanthos* ,,Dorn"]

Aka|ro|id|harz ⟨n.1⟩ (ein gelbes oder rotes) Baumharz (für Lack und Firnis) [< neulat. *akaroid* ,,milbenartig" und *Harz*]

Aka|zie ⟨[-tsjə] f.11⟩ Vertreter einer Gattung tropisch-subtropischer Laubbäume [< griech. *akakia*, zu *ake* ,,spitz"]

Ake|lei ⟨f.10⟩ Vertreter einer Gattung der Hahnenfußgewächse [< lat. *aquilegia* ,,wasseransammelnd", wegen der trichterförmigen Blütenblätter, oder < lat. *aquila* ,,Adler", wegen der einem Adlerschnabel ähnlichen Verlängerung des Blütenblattes]

Aki|ne|sie ⟨f., -, nur Sg.⟩ **1** krankhafte Bewegungshemmung **2** ⟨bei Tieren⟩ Totstellen [< griech. *a...* ,,nicht" und *kinesis* ,,Bewegung"]

Ak|kla|ma|ti|on ⟨f.10⟩ **1** Beifall, zustimmender Zuruf **2** Wahl oder Abstimmung durch Zuruf, Klopfen o.ä. [< lat. *acclamatio* ,,mißbilligender Zuruf", selten auch ,,Beifall", zu *acclamare* ,,zurufen, zuschreien"]

ak|kla|mie|ren ⟨V.3, hat akklamiert; mit Akk.⟩ jmdn. a. **1** jmdm. Beifall spenden **2** jmdn. durch Zuruf wählen [< lat. *acclamare* ,,zurufen, zuschreien"]

Ak|kli|ma|ti|sa|ti|on ⟨f.10⟩ Anpassung an veränderte Klima- oder Umweltverhältnisse [zu *akklimatisieren*]

ak|kli|ma|ti|sie|ren ⟨V.3, hat akklimatisiert; refl.⟩ sich a. *sich veränderten klimatischen oder Umweltbedingungen anpassen* [zu *Klima*] **Ak|kli|ma|ti|sie|rung** ⟨f., -, nur Sg.⟩

Ak|ko|la|de ⟨f.11⟩ **1** zeremonielle Umarmung (beim Ritterschlag und bei Ordensverleihungen) **2** ⟨Zeichen: { }⟩ geschweifte Klammer [< frz. *accolade* ,,Umarmung, Bruderkuß, Klammer"; übertragen auf die Klammer, weil sie etwas wie mit zwei Armen zusammenfaßt]

Ak|kom|mo|da|ti|on ⟨f.10⟩ Anpassungsfähigkeit des Auges an wechselnde Entfernungen [zu *akkommodieren*]

ak|kom|mo|die|ren ⟨V.3, hat akkommodiert; refl.⟩ sich a. **1** *sich anpassen, sich angleichen;* das Auge akkommodiert sich an eine größere Entfernung **2** ⟨†⟩ *sich mit jmdm. über etwas einigen* [< frz. *accommoder* ,,gelegen sein, behagen, passen", < lat. *accommodare* ,,anpassen, einrichten"]

Ak|kord ⟨m.1⟩ **1** ⟨†⟩ Übereinstimmung, Einklang **2** ⟨Rechtsw.⟩ Vergleich, Vereinbarung (mit Gläubigern) **3** Leistungs-, Stücklohn; im A. arbeiten **4** ⟨Mus.⟩ Zusammenklang zweier oder mehrerer verschiedener Töne; einen A. anschlagen (auf dem Klavier) [< frz. *accord* ,,Übereinstimmung, Eintracht", zu *accorder* ,,in Übereinstimmung bringen"]

Ak|kor|de|on ⟨n.9⟩ Handharmonika mit Tastatur und Knöpfen für den Zug und Druck; Syn. *Schifferklavier* [geprägt vom Erfinder, zu *Akkord*]

ak|kre|di|tie|ren ⟨V.3, hat akkreditiert; mit Akk.⟩ jmdn. a. **1** jmdm. Kredit gewähren **2** jmdn. eine Vollmacht erteilen; einen diplomatischen Vertreter a. [< frz. *accréditer* ,,in Ansehen bringen, Glauben verschaffen, < lat. *accredere* ,,Glauben schenken", zu *credere* ,,glauben"]

aktivieren

Ak|kre|di|tiv ⟨n.1⟩ *Versprechen einer Bank, an einen Begünstigten zu Lasten eines Dritten Zahlungen zu leisten* **2** *Beglaubigungsschreiben (für einen Diplomaten)* [zu *akkreditieren*]

Ak|ku ⟨m.9; Kurzw. für⟩ *Akkumulator*

Ak|kul|tu|ra|ti|on ⟨f.10⟩ *kulturelle Angleichung* [< lat. *ac...* (für *ad*) „hin, zu" und *cultura* „Kultur"]

Ak|ku|mu|la|tor ⟨m.13⟩ **1** *Gerät zum Speichern von elektrischer Energie* **2** *Druckwasserbehälter* [< lat. *accumulare* „anhäufen", zu *accumulare* „anhäufen", → *akkumulieren*]

ak|ku|mu|lie|ren ⟨V.3, hat akkumuliert; mit Akk. oder refl.⟩ (sich) a. *(sich) ansammeln, (sich) anhäufen* [< lat. *accumulare* „anhäufen", zu *cumulus* „Haufen, Überschuß"]

ak|ku|rat ⟨Adj.⟩ **1** *genau, sorgfältig;* Ggs. *inakkurat;* a. arbeiten; a. so ist es! ⟨süddt.⟩ *genauso ist es!* [< lat. *accuratus* in ders. Bed., zu *accurare* „pünktlich besorgen, sorgfältig betreiben", zu *cura* „Sorge, Pflege"]

Ak|ku|ra|tes|se ⟨f., -, nur Sg.⟩ *Genauigkeit, Sorgfalt*

Ak|ku|sa|tiv ⟨m.1⟩ *vierter Fall der Deklination;* Syn. *Wenfall* [< lat. *casus accusativus* „die Anklage betreffender Fall", zu *accusare* „anklagen, beschuldigen", nicht ganz treffend übersetzt < griech. *ptosis aitiatike* „die Ursache, die Wirkung ausdrückender Fall"]

Ak|me ⟨f., nur Sg.⟩ *Höhepunkt (einer Krankheit)* [< griech. *akme* „Spitze"]

Ak|ne ⟨f.11⟩ *eitrige Entzündung von Talgdrüsen* (wahrscheinlich falsche Lesart oder Schreibfehler, zu griech. *akme* „Spitze"]

Ako|ni|tin ⟨n.1⟩ *aus den Wurzeln des Blauen Eisenhutes gewonnener Giftstoff;* auch: *Aconitin*

Akon|to ⟨n., -s, -ten oder -s; österr.⟩ *Anzahlung;* [< ital. *a conto* „auf das Konto"]

Akon|to|zah|lung ⟨f.10⟩ *Anzahlung, Teilzahlung* [< ital. *a conto* „auf das Konto"]

ak|qui|rie|ren ⟨V.3, hat akquiriert; mit Akk.⟩ **1** ⟨†⟩ *erwerben, anschaffen* **2** *gewinnen;* Kunden a. [< lat. *acquirere* „dazugewinnen", zu *quaerere* „suchen, zu erwerben versuchen"]

Ak|qui|si|teur ⟨[-tør] m.1⟩ *jmd., der Kunden wirbt (bes. für Anzeigen in Zeitungen und Zeitschriften)* [zu *akquirieren*]

Ak|qui|si|ti|on ⟨f.10⟩ **1** *Anschaffung, Erwerb* **2** *Werbung (von Kunden)* [< lat. *acquisitio* „Erwerbung", zu *acquirere* „dazugewinnen", → *akquirieren*]

Akri|bie ⟨f., -, nur Sg.⟩ *größte Genauigkeit, höchste Sorgfalt;* wissenschaftliche A. [< griech. *akribeia* in ders. Bed., zu *akribes* „genau, gründlich"]

akri|bisch ⟨Adj.⟩ *sehr genau, äußerst sorgfältig*

akri|tisch ⟨Adj., o.Steig.⟩ *unkritisch* [< griech. *a...* „nicht" und *kritisch*]

Akro|bat ⟨m.10⟩ *Artist, der turnerische, auf körperlicher Kraft und Gelenkigkeit beruhende Übungen vorführt* [< griech. *akrobatein* „auf den Zehen gehen", < *akros* „Spitze" und *batein* „besteigen"]

Akro|ba|tik ⟨f., -, nur Sg.⟩ *Kunst des Akrobaten*

akro|ba|tisch ⟨Adj., o.Steig.⟩ *auf Akrobatik beruhend, in der Art der Akrobatik;* ~e Übungen

Akro|ke|pha|lie ⟨f.11⟩ → *Akrozephalie*

Akro|lith ⟨m.10⟩ *Standbild, bei dem die bekleideten Teile aus Holz, die unbekleideten aus Stein bestehen* [< griech. *akros* „zuoberst, äußerst" und *lithos* „Stein" (meist sind die äußersten Gliedmaßen, also Hände und Füße, aus Stein)]

Akro|me|ga|lie ⟨f.11⟩ *übermäßiges Wachstum* [< griech. *akros* „äußerst" und *megas*, Gen. *megalos*, „groß"]

Akro|nym ⟨n.1⟩ *Kurzwort, das aus den Anfangsbuchstaben mehrerer Wörter gebildet ist,* z.B. *Agfa, UNO* [< griech. *akros* „äußerst" und *onyma* „Name"]

Akro|po|lis ⟨f., -, po|len; im alten Griechenland⟩ *auf einem Hügel liegende Stadtburg* [< griech. *akros* „äußerst, oberst, höchst" und *polis* „Stadt"]

Akro|sti|chon ⟨n., -s, -chen oder -cha⟩ *Lied oder Gedicht, bei dem die Anfangsbuchstaben, -silben oder -wörter jeder Zeile oder der ersten Zeile jeder Strophe ein Wort oder einen Satz ergeben* [< spätgriech. *akrostichis* in ders. Bed., < *akros* „äußerst" und *stichos* „Vers, Zeile, Reihe"]

Akro|te|ri|on ⟨n., -s, -ri|en; an Giebeln⟩ *Aufsatz aus Ranken oder Blättern* [< griech. *akroterion* „äußerster, hervorragender Teil", zu *akros* „oberst, äußerst"]

Akro|ze|pha|le ⟨m.11⟩ *Mensch mit nach oben spitz zulaufendem Kopf* [zu *Akrozephalie*]

Akro|ze|pha|lie ⟨f.11⟩ *spitze Kopfform;* auch: *Akrokephalie* [< griech. *akros* „Spitze" und *kephale* „Kopf"]

Akryl... ⟨Adj.⟩ → *Acryl...*

Akt I ⟨m.1⟩ **1** *Handlung, Vorgang;* ein A. der Höflichkeit; feierlicher, symbolischer A. **2** ⟨Theater⟩ *Aufzug (3);* erster, zweiter A. **3** *künstlerische Darstellung des nackten menschlichen Körpers;* männlicher, weiblicher A. **4** ⟨kurz für⟩ *Geschlechtsakt*
II ⟨m.12⟩ → *Akte;* den A. „Müller" werden Sie ablegen [< lat. *actus* „Tätigkeit, Handlung", zu *agere* „in Bewegung setzen"]

Ak|te ⟨f.10⟩ *die schriftlichen Unterlagen eines geschäftlichen oder behördlichen Vorgangs (Gerichts~, Polizei~);* Syn. *Akt;* jmdn. in den ~n führen schriftliche Unterlagen über ihn besitzen; eine Sache zu den ~n legen ⟨eigtl.⟩ *zu den übrigen Schriftstücken, die über die gleiche Sache schon vorhanden sind* ⟨übertr.⟩ *sie als erledigt betrachten* [< lat. *acta* „Werke, Taten, Amtshandlungen", Pl. von *actum* „das Geschehene, Vollbrachte", → *Akt*]

Ak|tei ⟨f.10⟩ *Sammlung von Akten* [zu *Akte*]

Ak|ten|deckel ⟨-k|k-; m.5⟩ *einmal gefaltetes Stück Karton zum Einlegen und Aufbewahren von Schriftstücken*

ak|ten|kun|dig ⟨Adj., o.Steig.⟩ *in den Akten vermerkt, nachweisbar;* eine Sache a.; jmd. wird bei einer Behörde a.

Ak|ten|map|pe ⟨f.11⟩, **Ak|ten|ta|sche** ⟨f.11⟩ ⟨meist lederne⟩ *Mappe (mit Henkel) zum Tragen von Schriftstücken, Büchern u.ä.*

Ak|ten|zei|chen ⟨n.7; Abk.: Az.⟩ **1** *Zeichen (Buchstaben, Zahl), mit dem ein in einer Akte festgehaltener Vorgang gekennzeichnet wird* **2** *abgekürzter Name (beim Unterzeichnen von Briefdurchschlägen usw.)*

Ak|teur ⟨[-tør] m.1⟩ **1** *Handelnder;* die ~e in dieser Angelegenheit **2** *Schauspieler* [< frz. *acteur* „Schauspieler", < lat. *actus* „Handlung", → *Akt*]

Akt|fo|to ⟨n.9⟩ *Fotografie eines nackten Menschen* [zu *Akt (1,3)*]

Ak|tie ⟨[-tsjə] f.11⟩ *Urkunde über den Anteil am Grundkapital einer Aktiengesellschaft*

Ak|ti|en|ge|sell|schaft ⟨f.10; Abk.: AG, AG., A. G., A.-G.⟩ *Handelsgesellschaft, bei der die Anteile der Gesellschafter am Grundkapital in Aktien verbrieft sind*

...ak|tig ⟨Adj., o.Steig.⟩ *aus einer bestimmten oder unbestimmten Zahl von Akten bestehend,* z.B. einaktiges, mehraktiges Theaterstück

Ak|ti|nie ⟨[-niə] f.11⟩ *blumenähnliches, buntes Meerestier (am Fußende mit Haftsohlen festsitzend);* Syn. *Seeanemone* [< griech. *aktis*, Gen. *aktinos*, „Strahl"]

ak|ti|nisch ⟨Adj., o.Steig.; Med.⟩ *durch Strahlung hervorgerufen*

Ak|ti|ni|um ⟨n., nur Sg.⟩ → *Actinium*

Ak|ti|no|graph ⟨m.10⟩ *mit einem Aktinometer verbundenes Schreibgerät* [< griech. *aktis*, Gen. *aktinos*, „Strahl" und *graphein* „schreiben"]

Ak|ti|no|me|ter ⟨n.5⟩ *Gerät zum Messen von Lichtstrahlen (bes. der Sonne)* [< griech. *aktis*, Gen. *aktinos*, „Strahl" und *...meter*]

ak|ti|no|morph ⟨Adj., o.Steig.⟩ *strahlenförmig* [< griech. *aktis*, Gen. *aktinos*, „Strahl" und *...morph*]

Ak|ti|no|my|ko|se ⟨f.11⟩ *Strahlenpilzkrankheit* [< griech. *aktis*, Gen. *aktinos*, „Strahl" und *mykes* „Pilz" und *...osis*]

Ak|ti|no|my|zet ⟨m.10⟩ → *Strahlenpilz* [< griech. *aktis*, Gen. *aktinos*, „Strahl" und *mykes* „Pilz"]

Ak|ti|on ⟨f.10⟩ **1** *Handlung, Vorgehen, Unternehmung;* gemeinsame A.; eine A. starten **2** *Tätigkeit, Betrieb;* in A. treten *zu handeln, zu wirken beginnen;* etwas in A. zeigen, vorführen **3** ⟨österr., schweiz.⟩ *Sonderangebot;* der Käse war eine A. [< lat. *actio* „Handlung, Tätigkeit", zu *agere* „treiben, in Bewegung setzen"]

Ak|tio|när ⟨m.1⟩ *Inhaber einer Aktie*

Ak|tio|nis|mus ⟨m., -, nur Sg.⟩ *Bestreben, durch provozierende Aktionen das Bewußtsein der Menschen und damit die gesellschaftlichen Zustände zu verändern*

Ak|tio|nist ⟨m.10⟩ *Vertreter des Aktionismus*

Ak|ti|ons|art ⟨f.10⟩ *Art und Weise, wie das durch ein Verb ausgedrückte Geschehen vor sich geht,* z.B. inchoative (beginnende) A. („erblühen"), perfektive (vollendende) A. („verblühen") iterative oder frequentative (wiederholende) A. („hüsteln")

ak|ti|ons|fä|hig ⟨Adj.⟩ *fähig, zu handeln, einsatzfähig;* ich bin nach meiner Krankheit (noch nicht) wieder a.; das Gerät ist wieder, ist nicht a.

Ak|ti|ons|form ⟨f.10⟩ *Form des Geschehens, der Handlung beim Verb,* (gemeinsame Bez. für) *Aktiv und Passiv;* Syn. *Genus verbi*

Ak|ti|ons|ra|di|us ⟨m., -, -di|en⟩ **1** *Bereich, in dem man sich frei bewegen kann* **2** *Wirkungsbereich, Wirkungsweite, Reichweite;* einen großen, kleinen A. haben **3** *Entfernung, die ein (Land-, See-, Luft-)Fahrzeug zurücklegen kann, ohne Treibstoff aufzunehmen*

Ak|ti|ons|strom ⟨m.2⟩ *in lebenden Zellen auftretender elektrischer Strom*

Ak|ti|ons|zen|trum ⟨n.s, -tren⟩ **1** *Punkt, Gebiet, von dem Aktionen ausgehen* **2** ⟨Klimatologie⟩ *abgeschlossenes Gebiet mit kennzeichnendem hohem oder niedrigem Luftdruck*

ak|tiv ⟨Adj.⟩ **I** [-tif] **1** *wirksam, handelnd, tätig;* Ggs. *inaktiv, passiv;* sie ist sehr a.; sich a. bei etwas beteiligen; ~es Wahlrecht *das Recht, zu wählen;* Ggs. *passives Wahlrecht;* ~er Wortschatz *Wortschatz, den man anwendet;* Ggs. *passiver Wortschatz* **2** ⟨Mil.⟩ *ständig im Dienst stehend;* ~er Offizier; Ggs. *Reserveoffizier* **3** ⟨Chem.⟩ *wirksam, reaktionsfähig* **II** [-ak-] ⟨Gramm.⟩ *in der Tatform stehend;* ~es Verb; Ggs. *passives Verb* [< lat. *activus* „handelnd, tätig", zu *agere* „in Bewegung setzen, treiben"]

Ak|tiv I ⟨[ak-] n., -s, nur Sg.⟩ *Aktionsform des Verbs, die ausdrückt, daß das Subjekt etwas tut;* Syn. *Tatform;* Ggs. *Passiv* **II** ⟨[-tif] n.1⟩ (in kommunist. Ländern) *Gruppe aus Funktionären und Aktivisten, die an einer bestimmten Aufgabe arbeitet und überdurchschnittliche Leistungen anstrebt*

Ak|ti|va ⟨Pl.⟩ *Vermögenswerte, Guthaben;* Syn. *Aktivposten;* Ggs. *Passiva*

Ak|ti|va|tor ⟨m.13⟩ **1** *Stoff, der die Wirksamkeit eines Katalysators beschleunigt, ohne selbst Katalysator zu sein* **2** ⟨Zahnmed.⟩ *Vorrichtung zur Kieferregulierung*

Ak|tiv|bür|ger ⟨m.5; früher, noch schweiz.⟩ *Bürger mit allen politischen Rechten;* Ggs. *Passivbürger*

ak|ti|vie|ren ⟨V.3, hat aktiviert; mit Akk.⟩ **1** *zu größerer Wirkung bringen, besser in*

115

Aktivismus

Schwung bringen **2** *als Vermögenswert in die Buchführung und Bilanz aufnehmen*

Ak|ti|vis|mus ⟨m., -, nur Sg.⟩ *betont zielstrebiges Handeln*

Ak|ti|vist ⟨m.10⟩ **1** *(bes. politisch) zielstrebig handelnder Mensch* **2** ⟨DDR⟩ *Arbeiter oder Angestellter, der für besonders gute Leistungen ausgezeichnet worden ist*

Ak|ti|vi|tät ⟨f.10⟩ **1** ⟨nur Sg.⟩ *Tätigkeit, Wirksamkeit;* Ggs. *Inaktivität, Passivität* **2** ⟨Pl.⟩ ~*en Handlungen, Unternehmungen* **3** ⟨Phys.⟩ *kurz für:* **a** *Radioaktivität* **b** *optische Aktivität*

Ak|tiv|koh|le ⟨f.11⟩ *feinporige Kohle (zur Reinigung und Entgiftung)*

Ak|tiv|po|sten ⟨m.7, Pl.⟩ → *Aktiva*

Ak|tiv|ru|der ⟨n.5; an Schiffen⟩ *Steuerruder mit eingebautem Hilfspropeller zur Verstärkung der Ruderwirkung*

Ak|tiv|ur|laub ⟨m.1⟩ *Urlaub, in dem man etwas unternimmt, z. B. sich sportlich betätigt*

Ak|tri|ce [-sə] ⟨f.11; †⟩ *Schauspielerin* [weibl. Form von → *Akteur*]

ak|tua|li|sie|ren ⟨V.3, hat aktualisiert; mit Akk.⟩ *aktuell, zeitnah machen, auf den neuesten Stand bringen* [zu *aktuell*]

Ak|tua|lis|mus ⟨m., -, nur Sg.⟩ *Auffassung, daß die Kräfte, die verändernd auf die Erdoberfläche einwirken, heute die gleichen sind wie in früheren Erdzeitaltern*

Ak|tua|li|tät ⟨f., -, nur Sg.⟩ *Zeitnähe, Bedeutung für die Gegenwart*

Ak|tu|ar ⟨m.1⟩ **1** ⟨†⟩ *Gerichtsangestellter* **2** ⟨schweiz.⟩ *Schriftführer* [< lat. *actuarius* „Schreiber (bei Verhandlungen)", zu *agere* „treiben, führen"]

ak|tu|ell ⟨Adj.⟩ *zeitnah, für die Gegenwart interessant oder wichtig* [< frz. *actuel* „wirklich, tatsächlich, gegenwärtig", < lat. *actualis* „tätig, wirksam", → *Akt*]

Aku|pres|sur ⟨f.10⟩ *durch Druck und Massage mit der Hand wirkendes Heilverfahren* [< lat. *acus* „Nadel" und *pressura* „das Drücken"]

Aku|punk|tur ⟨f.10⟩ *durch Einstechen von Nadeln in die Haut wirkendes Heilverfahren* [< lat. *acus* „Nadel" und *punctura* „das Stechen"]

Aku|stik ⟨f.10⟩ **1** *Schallwirkung, Klangverhältnisse (eines Raumes)* **2** *Wissenschaft vom Schall, von den Tönen* [< griech. *akoustos* „hörbar"]

aku|stisch ⟨Adj., o.Steig.⟩ **1** *die Akustik betreffend, auf ihr beruhend; ich habe den Satz a. nicht verstanden ich habe den Satz mit dem Gehör nicht richtig aufgenommen* **2** *mit dem Gehör wahrnehmbar;* Ggs. *visuell*

akut ⟨Adj.⟩ **1** *im Augenblick wichtig, dringend; eine ~e Gefahr besteht nicht; die Sache wird dann a., wenn . . .* **2** ⟨Med.⟩ *plötzlich auftretend, rasch und heftig verlaufend;* Ggs. *chronisch;* ~*e Erkrankung* [< lat. *acutus* „scharf, spitz"]

Akut ⟨m.1; Zeichen:´⟩ *Zeichen für die geschlossene Aussprache eines Vokals, z.B. im Französischen (Accent aigu), im Ungarischen für die geschlossene Aussprache des e und o sowie für die offene Aussprache des a, in einigen Sprachen, z.B. im Spanischen, für die Betonung* [→ *akut*]

Ak|ze|le|ra|ti|on ⟨f.10⟩ Ggs. *Retardation* **1** *Beschleunigung* **2** ⟨Biol.⟩ *beschleunigte körperliche Entwicklung (des jungen Menschen)* [zu *akzelerieren*]

Ak|ze|le|ra|tor ⟨m.13⟩ *Beschleuniger*

ak|ze|le|rie|ren ⟨V.3, hat akzeleriert; mit Akk.⟩ *beschleunigen* [< lat. *accelerare* „beschleunigen", zu *celer* „schnell"]

Ak|zent ⟨m.1⟩ **1** ⟨Zeichen: `, ´, ^⟩ *Zeichen für die Betonung, Länge, offene oder geschlossene Aussprache der Vokale;* Akut, Gravis, Zirkumflex **2** *Betonung, Nachdruck; einen besonderen A. auf eine Bemerkung legen* **3** *Tonfall, Aussprache; mit ame-*

rikanischem A. sprechen [< lat. *accentus* „Ton", zu *cantus* „Ton, Klang"]

Ak|zen|tua|ti|on ⟨f., -, nur Sg.⟩ *das Akzentuieren, Betonung*

ak|zen|tu|ie|ren ⟨V.3, hat akzentuiert; mit Akk.⟩ **1** *betonen* **2** *genau und deutlich aussprechen* [zu *Akzent*]

Ak|zept ⟨n.1⟩ **1** *durch Unterschrift angenommener Wechsel* **2** *Annahmeerklärung auf dem Wechsel* [zu *akzeptieren*]

ak|zep|ta|bel ⟨Adj.⟩ *so beschaffen, daß man es akzeptieren kann, annehmbar;* Ggs. *inakzeptabel; ein akzeptabler Vorschlag*

Ak|zep|tant ⟨m.10⟩ *jmd., der einen Wechsel akzeptiert;* Syn. *Bezogener*

Ak|zep|tanz ⟨f., -, nur Sg.⟩ *Annehmbarkeit, Möglichkeit des Annehmens, Bereitschaft, etwas anzunehmen* [zu *akzeptieren*]

ak|zep|tie|ren ⟨V.3, hat akzeptiert; mit Akk.⟩ *etwas oder jmdn. a. mit etwas oder jmdm. einverstanden sein, etwas oder jmdn. als richtig, geeignet anerkennen; einen Vorschlag a.; jmdn. als Vorgesetzten (nicht) a.* [< frz. *accepter* in ders. Bed., < lat. *acceptare* „(wiederholt) empfangen", zu *accipere* „annehmen, empfangen", zu *capere* „fassen, greifen"]

Ak|zep|tor ⟨m.13⟩ *Stoff, der bei einer chemischen Reaktion andere Stoffe annimmt, bindet* [zu *akzeptieren*]

Ak|zeß ⟨m.1⟩ **1** *Zutritt* **2** ⟨österr.⟩ *Zulassung (zum Gerichts- oder Verwaltungsdienst)* [< lat. *accessus* „Zutritt", → *Akzession*]

Ak|zes|si|on ⟨f.10⟩ **1** *Zugang, Erwerb* **2** *Beitritt (zu einem bereits abgeschlossenen Staatsvertrag)* [< lat. *accessio* „Zuwachs, Zunahme", zu *accedere* „wachsen, hinzukommen", zu *cedere* „zuteil werden"]

Ak|zes|sist ⟨m.10; österr.⟩ *Anwärter auf den Gerichts- und Verwaltungsdienst* [zu *Akzession*]

ak|zes|so|risch ⟨Adj.⟩ *hinzutretend, nebensächlich*

ak|zi|den|tell, ak|zi|den|ti|ell [-tsjεl] ⟨Adj.⟩ *zufällig, nebensächlich, unwesentlich* [< lat. *accidens* „sich ereignend", zu *accidere* „sich ereignen, vorfallen", zu *cadere* „fallen, begegnen, widerfahren"]

Ak|zi|denz ⟨f.10⟩ *Drucksache für besondere Ereignisse oder Gelegenheiten, meist geringen Umfangs (z.B. Anzeige, Glückwunsch)* [< lat. *accidens* „sich ereignend", zu *accidere*, → *akzidentell*]

ak|zi|pie|ren ⟨V.3, hat akzipiert; mit Akk.⟩ *annehmen, empfangen* [< lat. *accipere* „annehmen, empfangen", zu *capere* „fassen, greifen"]

Ak|zi|se ⟨f.11⟩ *indirekte Verbrauchssteuer, Zoll* [< frz. *accise* in ders. Bed., < lat. *accisum* „das Angeschnittene, Angehauene", zu *accidere* „anschneiden, zum Teil abhauen", zu *caedere* „schlagen, hauen"]

Al ⟨chem. Zeichen für⟩ *Aluminium*

a.l. ⟨Abk. für⟩ *ad libitum*

à la 1 *nach Art von . . . , so wie . . . ; Eisbombe à la maison nach Art des Hauses* **2** *im Stil von, in der Art von; Novellen à la Maupassant* [frz.]

alaaf ⟨niederrhein. Karnevalsruf⟩ *hoch!; Kölle a.!*

Ala|ba|ster ⟨m.5⟩ *dem Marmor ähnliche Gipsart* [< griech. *alabastros* in ders. Bed.]

ala|ba|stern ⟨Adj., o.Steig.⟩ *aus Alabaster*

à la bonne heure! [alabɔnœr] *recht so!, tüchtig!, bravo!* [frz., eigtl. „zur guten Stunde", d.h. „zur rechten Zeit (getan, gesprochen)"]

à la carte [alakart] *in der Wendung* à l. c. essen *nach der Speisekarte essen (d.h. nicht das Menü)* [frz.]

à la hausse [ala os] *in der Wendung* à l. h. spekulieren *mit dem Steigen der Börsenkurse rechnend spekulieren* [frz., „zum Steigen"]

à la jar|di|niè|re [ala ʒardinjεrə] *mit Gemüse garniert; Fleisch à l. j.* [frz., „nach Art der Gärtnerin"]

à la longue [alalɔ̃g] *auf die Dauer, auf lange Sicht* [frz., „auf die Länge"]

à la mode [alamɔd] *in der Wendung* sich à l. m. kleiden *sich nach der Mode kleiden* [frz.]

Ala|mode|li|te|ra|tur ⟨[-mɔd-] f., -, nur Sg.⟩ *die deutsche Literatur des 17./18. Jahrhunderts, die französische und italienische Vorbilder nachahmte*

Aland ⟨m.1⟩ → *Orfe*

Ala|nin ⟨n., -s, nur Sg.⟩ *eine Aminosäure*

Alant ⟨m.1⟩ *eine Heilpflanze* [vielleicht < griech. *helenion*, zu *helene* „geflochtener Korb", wegen der kranzförmig angeordneten Blütendolden]

Alarm ⟨m.1⟩ **1** *Ruf, Signal, Lärm zum Zeichen der Gefahr, Warnzeichen; A. schlagen* **2** ⟨im 2. Weltkrieg⟩ *Zeit der Gefahr durch Luftangriffe zwischen Warnung und Entwarnung (Flieger~)* [< frz. *alarme* „Lärm, Ruf zu den Waffen", eigtl. *à l'arme* „zur Waffe", zu *arme* „Waffe"]

alar|mie|ren ⟨V.3, hat alarmiert; mit Akk.⟩ **1** *durch Alarmsignal warnen* **2** *zu Hilfe herbeirufen*

Alaun ⟨m.1⟩ *Kaliumaluminiumsulfat (u.a. blutstillendes Mittel)* [< lat. *alumen* in ders. Bed.]

Alb[1] ⟨f.10⟩ *Mittelgebirgslandschaft in Süddeutschland; Fränkische A.; Schwäbische A.*

Alb[2] ⟨m.12; germ. Myth.⟩ *unterirdischer Naturgeist* [→ *Alp*[2]]

Al|ba ⟨f., -, -ben⟩ *langes, weißes liturgisches Gewand bei den katholischen und anglikanischen Geistlichen; auch:* Albe [< lat. *alba*, Fem. zu *albus* „weiß"]

Al|ba|ner ⟨m.5⟩ *Einwohner von Albanien*

al|ba|nisch ⟨Adj., o.Steig.⟩ *Albanien betreffend, zu ihm gehörig, aus ihm stammend*

Al|ba|tros ⟨m.1⟩ *Vertreter einer Vogelfamilie südlicher Meere, der hervorragend segelfliegt* [vielleicht < arab. *al kadus* „Brunnenrohr", nach der röhrenförmigen Verlängerung der Nase auf dem Schnabel]

Al|be ⟨f.11⟩ → *Alba*

Al|be|do ⟨f.10, nur Sg.⟩ *Verhältnis des auf eine Fläche fallenden Lichts zum zurückgestrahlten Licht* [< lat. *albedo* „weiße Farbe", zu *albus* „weiß"]

Al|be|rei ⟨f.10⟩ *albernes, kindisches Tun*

al|bern I ⟨Adj.⟩ **1** *töricht, kindisch; sich a. benehmen* **2** *einfältig-lustig, geistlos-lustig;* ~*e Leute; ein* ~*er Film* **3** *geziert, unnatürlich und etwas komisch;* ~*es Getue* **II** ⟨V.1, hat gealbert⟩ *Unsinn, Spaß treiben*

Al|bern|heit ⟨f.10⟩ *albernes Benehmen, albernes Tun; laß doch diese* ~*en!*

Al|bi|nis|mus ⟨m., -, nur Sg.⟩ *fehlende Farbstoffbildung in Haut, Augen und Haaren* [zu *Albino*]

Al|bi|no ⟨m.9⟩ *Mensch oder Tier mit Albinismus* [span., port., zu *albo* „weiß"]

al|bi|no|tisch ⟨Adj., o.Steig.⟩ *auf Albinismus beruhend, in der Art eines Albinos*

Al|bit ⟨m.1⟩ *weißliches Mineral, ein Natronfeldspat* [< lat. *albus* „weiß"]

Al|bum ⟨n., -s, -ben⟩ *Sammelbuch (für Fotos, Briefmarken u.a.)* **1** *lat. album* „weiße Tafel", die mit Bekanntmachungen beschrieben und öffentlich ausgestellt wurde, zu *albus* „weiß"]

Al|bu|men ⟨n., -s, nur Sg.⟩ *Eiweiß* [< lat. *albumen* „das Weiße im (gekochten) Ei"]

Al|bu|min ⟨n., -s, meist Sg.⟩ *Gruppe von Eiweißstoffen* [zu *Albumen*]

al|bu|mi|no|id ⟨Adj., o.Steig.⟩ *eiweißähnlich*

al|bu|mi|nös ⟨Adj., o.Steig.⟩ *eiweißhaltig*

Al|bu|min|urie ⟨f.11⟩ Vorkommen von Eiweiß im Urin; Syn. Eiweißharnen [< *Albumen* und griech. *ouron* „Harn"]

Al|bu|mo|se ⟨f.11⟩ Zwischenprodukt bei der Eiweißverdauung [< *Albumin* und ...*ose*]

Al|bus ⟨m.1⟩ → *Weißpfennig* [< lat. *albus* „weiß"]

Al|che|mie ⟨f., -, nur Sg.⟩ → *Alchimie*

Äl|chen ⟨n.7⟩ kleiner Fadenwurm: Syn. *Aaltierchen*

Al|chi|mie ⟨f., -, nur Sg.⟩ Vorstufe der wissenschaftlichen Chemie, Goldmacherei; auch: *Alchemie* [< arab. *al-kīmiyā'* in ders. Bed.]

Al|chi|mist ⟨m.10⟩ jmd., der sich mit Alchimie befaßt; [< arab. *al-kīmiyā'*]

Al|de|hyd ⟨m.1⟩ Vertreter einer Gruppe chemischer Verbindungen, die durch Entzug von Wasserstoff aus Alkoholen gewonnen werden [Kurzw. < lat. *alcoholus dehydrogenatus* „Alkohol, dem Wasserstoff entzogen wurde"]

al den|te ⟨Adj., o.Steig.; bei Nudelgerichten⟩ nicht ganz weich gekocht; Spaghetti a.d. [ital., „für den Zahn"]

Al|der|man ⟨[ɔldǝrmǝn] m., -s, -men; in angelsächs. Ländern⟩ Mitglied der gesetzgebenden Körperschaft einer Gemeinde [< engl. *alderman* „Ratsherr, Stadtrat", < *alder*, altengl. *aldor* „Oberhaupt" (zu altengl. *ald* „alt") und *man* „Mann"]

Ale ⟨[eil] n., -(s), nur Sg.⟩ englisches helles Bier [< engl. *ale*, verwandt mit skand. *öl* „Bier"]

Alea iacta est der Würfel ist gefallen: die Entscheidung ist getroffen [lat., angeblicher Ausspruch Cäsars, als er 49 v. Chr. den Rubicon überschritt und damit den Bürgerkrieg auslöste]

alea|to|risch ⟨Adj., o.Steig.⟩ vom Zufall abhängig [< lat. *aleator* „zum Würfelspiel gehörig", zu *alea* „Würfel"]

Ale|man|ne ⟨m.11⟩ **1** Angehöriger eines westgermanischen Volksstammes **2** Angehöriger eines deutschen Stammes im Süden Baden-Württembergs, im Elsaß und in der Schweiz [< *allmende-mannen* „Gemeinschaft der freien Mannen"]

ale|man|nisch ⟨Adj., o.Steig.⟩ die Alemannen betreffend, zu ihnen gehörig, von ihnen stammend

Alep|po|beu|le ⟨f.11⟩ durch einen Blutparasiten verursachte bohnengroße, rote bis braunrote Hautanschwellung [nach der syr. Stadt *Aleppo*]

alert ⟨Adj.⟩ munter, flink [< frz. *alerte* „wachsam, munter", < ital. *allerta*, aufgepaßt, Achtung!, eigtl. *all'erta* „auf die Anhöhe", zu *erto* „steil"]

Aleu|ron ⟨n., -s, nur Sg.⟩ Reserveeiweiß pflanzlicher Zellen, Kleber [< griech. *aleuron* „Mehl"]

Aleu|te ⟨m.11⟩ Bewohner der Inselgruppe Aleuten [russ. *aleut*, vielleicht tschuktischen Ursprungs]

aleu|tisch ⟨Adj., o.Steig.⟩ das Volk oder die Inselgruppe der Aleuten betreffend, zu ihnen gehörig, von ihnen stammend

Alex|an|dri|ner ⟨m.5⟩ sechsfüßiger, jambischer, gereimter Vers mit 12 oder 13 Silben, alexandrinischer Vers [nach dem häufig in diesem Versmaß abgefaßten frz. Epen des 12. Jh. um *Alexander den Großen*]

Alex|an|drit ⟨m.1⟩ grüner, bei Kunstlicht roter Schmuckstein [nach dem Zaren *Alexander II.*]

Ale|xie ⟨f., -, nur Sg.⟩ krankhafte Leseunfähigkeit, Buchstaben- oder Wortblindheit [< griech. *a*... „nicht" und *lexis* „Wort"]

Ale|xin ⟨n.1, meist Pl.⟩ eiweißartiger Schutzstoff im Blutserum gegen Bakteriengifte [< griech. *alexein* „abwehren"]

Al|fa|gras → *Halfagras*

Äl|fan|ze|rei ⟨f.10; †⟩ **1** kindisches, närrisches Benehmen **2** Schwindelei [zu frühnhd. *älfanzen* „betrügen, Possen reißen", < mhd. *alvanz*, *anvanz* „Betrug"]

al fi|ne ⟨Mus.⟩ (noch einmal) bis zum Ende (zu spielen); → *da capo* [ital.]

al fres|co auf der frischen (Putz, Kalk); ⟨in Wendungen wie⟩ a. f. gemalt; a. f. malen; Ggs. *al secco* [ital., „auf den frischen", d. h. noch feuchten Kalk]

Al|ge ⟨f.11⟩ Vertreter einer Abteilung niederer, wurzelloser Wasserpflanzen [< lat. *alga* „Seegras, Seetang"]

Al|ge|bra ⟨österr. [-gə-] f., -, nur Sg.⟩ Zweig der Mathematik, Buchstabenrechnung, Rechnen mit Gleichungen, Gruppen u. a. [< arab. *al-ǧabr*, „die Wiederherstellung"]

al|ge|bra|isch ⟨Adj., o.Steig.⟩ die Algebra betreffend, zu ihr gehörig, auf ihr beruhend

Al|gen|pilz ⟨m.1⟩ Vertreter einer Klasse algenähnlicher Pilze

Al|ge|ri|er ⟨m.5⟩ Einwohner von Algerien

al|ge|risch ⟨Adj., o.Steig.⟩ Algerien betreffend, zu ihm gehörig, aus ihm stammend

Al|ge|sie ⟨f.11⟩ Schmerz, Schmerzempfindlichkeit [< griech. *algos* (poet. auch *algesis*) „Schmerz"]

...al|gie ⟨in Zus.⟩ Schmerz [< griech. *algos* „Schmerz"]

Al|gin|säu|re ⟨f., -, nur Sg.⟩ aus Algen gewonnene, vielseitig verwendbare Säure

ALGOL ⟨n., -, nur Sg.⟩ Formelsprache zur Programmierung von Computern [Kurzw. < engl. *algorithmic language* „algorithmische Sprache"]

Al|go|lo|gie ⟨f., -, nur Sg.⟩ Wissenschaft von den Algen [< *Alge* und ...*logie*]

Al|gon|kin I ⟨m., -(s), -(s)⟩ Angehöriger einer Gruppe nordamerikanischer Volksstämme **II** ⟨n., -(s), nur Sg.⟩ deren Sprache

al|gon|kisch ⟨Adj., o.Steig.⟩ die Algonkin betreffend, zu ihnen gehörig, von ihnen stammend

Al|gon|ki|um ⟨n., -s, nur Sg.⟩ → *Archäozoikum*, nach dem *Algonkin (I)*, in deren Gebiet die charakteristischen Schichten zuerst entdeckt wurden]

Al|go|rith|mus ⟨m., -, -men⟩ Rechenformel, die man beim Lösen einer Rechenaufgabe ständig wieder anwenden kann [nach dem pers. Mathematiker *al-Ḫwārizmī*, gestorben um 850]

Al|hi|da|de ⟨f.11; an Winkelmeßgeräten⟩ drehbarer Teil [< arab. *al-'iḍāda* „beweglisches Lineal am Astrolabium"]

ali|as ⟨Adv.⟩ anders, auch, auch ... genannt; Franz Weber, a. Huber [lat., „woanders, zu anderer Zeit", Adv. zu *alius* „ein anderer"]

Ali|bi ⟨n.9⟩ Nachweis der Abwesenheit (eines Verdächtigen) vom Tatort des Verbrechens zur Tatzeit; A. haben; sich ein A. verschaffen [< lat. *alibi* „woanders, bei anderen Leuten", zu *alias*]

Ali|gne|ment ⟨[alinjəmã] n.9; Straßenbau⟩ Absteken einer Fluchtlinie [< frz. *alignement* „Ausrichtung"]

Ali|men|te ⟨n.1, Pl.⟩ Beiträge zum Lebensunterhalt (bes. für nichteheliche Kinder) [< lat. *alimenta* (Pl.) „Nahrungsmittel, Nahrung", zu *alere* „ernähren"]

ali|men|tie|ren ⟨V.3, hat alimentiert; mit Akk.⟩ jmdn. a. jmdm. Alimente zahlen

a li|mi|ne von vornherein, ohne die Sache zu prüfen [lat., „von der Schwelle"]

ali|pha|tisch ⟨Adj., o.Steig.⟩ mit in offenen Ketten angeordneten Kohlenstoffatomen; Ggs. *alicyclisch* [< griech. *aleiphar*, Gen. *aleiphatos*, „Öl, Salbe, Fett"]

ali|quant ⟨Adj., o.Steig.⟩ nur mit Rest teilbar; Ggs. *aliquot*; ~e Zahlen [< lat. *aliquantus* „ziemlich viel"]

ali|quot ⟨Adj., o.Steig.⟩ ohne Rest teilbar; Ggs. *aliquant*; ~e Zahlen [< lat. *aliquotie(n)s* „mehrmals"]

Ali|quo|te ⟨f.11⟩ Zahl, durch die eine andere ohne Rest geteilt werden kann [zu *aliquot*]

Ali|quot|flü|gel ⟨m.5⟩ Flügel (Klavier) mit *Aliquotsaiten*

Ali|quot|sai|te ⟨f.11⟩ → *Resonanzsaite*

Ali|quot|ton ⟨m.2⟩ → *Oberton*

Ali|za|rin ⟨n.1⟩ ein Pflanzenfarbstoff; Syn. *Krapprot* [< frz. *alizari*, getrockneter Krappwurzel, zu arab. *al-'uṣāra* „Saft"]

Alk ⟨m.10⟩ Vertreter einer Familie schwarzweißer Tauchvögel nordischer Meere [altnord.]

Al|ka|hest ⟨n.1; Alchimie⟩ Mittel, das angeblich alle Stoffe auflöst [wahrscheinlich von Paracelsus nach dem Vorbild eines arab. Wortes gebildet]

Al|kal|de ⟨m.11; in Spanien⟩ Bürgermeister mit richterlichen Befugnissen [span. *alcalde* < arab. *al-qāḍī* „der Richter"]

Al|ka|li ⟨n., -s, -li|en⟩ chemische Verbindung, die in wäßriger Lösung alkalisch (basisch) reagiert [< arab. *al-qily* „Salzasche, Pottasche"]

Al|ka|li|me|tall ⟨n.1; Sammelbez. für⟩ die Elemente Lithium, Natrium, Kalium, Rubidium, Caesium und Francium

Al|ka|li|me|trie ⟨f.11⟩ Bestimmung des Alkaligehalts einer Lösung [< *Alkali* und ...*metrie*]

al|ka|lin ⟨Adj., o.Steig.⟩ alkalisch reagierend

Al|ka|li|tät ⟨f., -, nur Sg.⟩ die Eigenschaft (eines Stoffes), alkalisch zu reagieren

al|ka|li|sie|ren ⟨V.3, hat alkalisiert; mit Akk.⟩ alkalisch machen

Al|ka|li|tät ⟨f., -, nur Sg.⟩ → *Basizität*

Al|ka|lo|id ⟨n.1⟩ stickstoffhaltige Base (meist in Pflanzen gebildet), Heilmittel [< *Alkali* und ...*oid*]

Al|kan|na ⟨f., -, nur Sg.⟩ blau blühende Staude (Rauhblattgewächs), deren Wurzeln roten Farbstoff (Henna) liefern [< arab. *al-ḥinnā* „Farbstoff aus Blättern und Stengeln dieser Pflanze"]

Al|ka|zar ⟨[-kaθar] auch [-θar] m.1; in Spanien⟩ Burg, Schloß [< span. *alcazar*, < arab. *al-qaṣr* „die Burg, das Schloß"]

Al|ko|hol ⟨m.1⟩ **1** (i.w.S.) Vertreter einer Gruppe von organischen Verbindungen mit der Formel ROH **2** (i.e.S.) Äthylalkohol [< arab. *al-kuḥl* „das Spießglanzpulver" als Augenschminke]

Al|ko|ho|li|ka ⟨nur Pl.⟩ alkoholische Getränke

Al|ko|ho|li|ker ⟨m.5⟩ jmd., der an *Alkoholismus (1)* leidet

al|ko|ho|lisch ⟨Adj.⟩ Alkohol enthaltend

al|ko|ho|li|sie|ren ⟨V.3, hat alkoholisiert; mit Akk.⟩ **1** etwas a. mit Alkohol vermischen **2** jmdn. a. ⟨scherzh.⟩ jmdm. viel Alkohol zu trinken geben; ⟨meist im Perf.⟩ alkoholisiert sein *beschwipst, betrunken sein*

Al|ko|ho|lis|mus ⟨m., -, nur Sg.⟩ **1** *Trunksucht* **2** *Alkoholvergiftung*

Al|ko|ho|lo|me|ter ⟨n.5⟩ Gerät zum Bestimmen des Alkoholgehalts einer Flüssigkeit [< *Alkohol* und ...*meter*]

Al|ko|hol|spie|gel ⟨m.5⟩ prozentualer Alkoholgehalt des Blutes

Al|ko|ven ⟨auch [-ko-] m.7⟩ kleiner Nebenraum, Bettnische [< frz. *alcôve* in ders. Bed., < span. *alcoba*, „Nische", Schlafzimmer", < arab. *al-qubba* „das Gewölbe"]

Al|kyl ⟨n.1⟩ einwertiger Kohlenwasserstoff [< *Alkali* und griech. *hyle* „Stoff, Rohstoff, Materie"]

all ⟨unbestimmtes Pron.⟩ ganz, gesamt, im ganzen Umfang; a. sein Geld; a. die vielen Kinder; ~e Freude war dahin; ~er Anfang ist schwer; ~es Gute; er ist ~em Neuen gegenüber aufgeschlossen; vor ~em (anderen); ich habe ~en Grund, anzunehmen; das Ergebnis ~er meiner Mühe; ~en Ernstes; → *alle, alles*

All ⟨n., -s, nur Sg.⟩ *Weltall, Weltraum, Kosmos*

all|abend|lich ⟨Adj., o.Steig.⟩ jeden Abend

al|la bre|ve ⟨Mus.⟩ *mit verkürztem Tempo, beschleunigt* [ital., „nach Art der kurzen (Note)"]

Al|la-bre|ve-Takt ⟨m.1⟩ *Takt, bei dem statt vier Vierteln zwei Halbe gezählt werden*

Al|lah ⟨im Islam Name für⟩ *Gott* [arab.]

al|la mar|cia ⟨[-tʃa] Mus.⟩ *in der Art eines Marsches* [ital.]

Al|lan|to|is ⟨f., -, nur Sg.⟩ *embryonaler Harnsack* [< griech. *allas*, Gen. *allantos*, „Wurst"]

al|la po|lac|ca ⟨Mus.⟩ *in der Art einer Polonäse* [ital., *polacca* „Polonäse", Fem. zu *polacco* „polnisch"]

al|la pri|ma ⟨in der Wendung⟩ a. p. *malen mit nur einer Farbschicht, ohne Unter- und Übermalung* [ital., *prima* „erste"]

Al|lasch ⟨m.1⟩ *ein Kümmellikör* [nach dem Gut *Allasch* bei Riga]

al|la te|des|ca ⟨Mus.⟩ *auf deutsche Art, in der Art eines deutschen Tanzes* [ital., *tedesca*, Fem. zu *tedesco* „deutsch"]

al|la tur|ca ⟨Mus.⟩ *nach türkischer Art, in der Art der Janitscharenmusik* [ital.]

al|la zin|ga|re|se ⟨Mus.⟩ *in der Art von Zigeunermusik* [ital.]

all|be|kannt ⟨Adj., o.Steig.⟩ *überall bekannt, allen bekannt*

all|da ⟨Adv.; †; verstärkend für⟩ *da, gerade da*

al|le I ⟨unbestimmtes Pron., Pl.⟩ **1** *die gesamte Menge, die gesamte Anzahl, sämtliche;* wir waren a. gekommen; das Leben ∼r (Kinder); er hat es ∼n (Leuten) erzählt **2** ⟨mit Maßangabe⟩ *im regelmäßigen Abstand von;* a. Tage *jeden Tag;* a. drei Tage *jeden dritten Tag;* a. paar Schritte; a. zehn Meter **II** ⟨Adv.; ugs.⟩ *verbraucht, zu Ende;* der Vorrat ist a.

al|le|dem ⟨in Verbindung mit Präp.; zusammengezogen aus⟩ *all diesem,* auch: *alldem;* bei a.; mit a.; trotz a.

Al|lee ⟨f.11⟩ *Straße mit Bäumen zu beiden Seiten* (Platanen∼) [< frz. *allée* „Gang (zum Lustwandeln)", zu *aller* „gehen"]

Al|le|go|rie ⟨f.11⟩ *bildhafte, gleichnishafte Darstellung eines Begriffs oder Vorgangs* [< griech. *allegoria* „bildliche Bezeichnung", zu *allegorein* „anders reden, bildlich erklären", < *alle* „auf andere Weise" und *agoreuein* „reden, verkünden"]

al|le|go|risch ⟨Adj., o.Steig.⟩ *in der Art einer Allegorie*

al|le|go|ri|sie|ren ⟨V.3, hat allegorisiert; mit Akk.⟩ *in einer Allegorie darstellen*

al|le|gret|to ⟨Mus.⟩ *weniger schnell als allegro, mäßig schnell* [ital., Verkleinerungsform von → *allegro*]

al|le|gro ⟨Mus.⟩ *lebhaft, bewegt* [ital., „lebhaft, munter", über vulgärlat. *alecrum* < lat. *alacer, alacris*, „lebhaft, munter"]

al|lein I ⟨Adv.⟩ **1** *einsam, ohne Gesellschaft, ohne Begleitung;* a. sein; a. reisen **2** *ohne Familie, ohne Ehemann;* a. leben; a. stehen **3** *ohne Hilfe;* das kann ich a.; ich muß alles a. machen; ich kann den Kranken nicht a. lassen; von a. *ohne Antrieb* **4** *ohne Zeugen, ohne Anwesenheit eines anderen;* kann ich Sie a. sprechen? **5** *nur, ausschließlich, nichts anderes als;* a. der Gedanke ist mir unerträglich; das Grundstück kostet a. schon ein Vermögen **II** ⟨Konj.; meist poet.⟩ *jedoch, aber;* die Botschaft hör ich wohl, a. mir fehlt der Glaube (Goethe, Faust) [< *all* (verstärkend) und *ein*, d.h. also „nur, einzig"]

Al|lein|gang ⟨m.2⟩ *Handlung ohne Hilfe anderer oder ohne anderen etwas davon zu sagen;* ein solcher A. kann gefährlich werden; etwas im A. tun; er hat den Gipfel im A. erstiegen

Al|lein|herr|schaft ⟨f.10⟩ *unumschränkte Herrschaft*

al|lei|nig ⟨Adj., o.Steig.⟩ *einzig;* der ∼e Besitzer

al|lein|se|lig|ma|chend ⟨Adj., o.Steig.⟩ *einzig und richtig;* die ∼e Kirche *die einzige zum Heil führende Kirche;* du solltest deine Ansicht nicht für a. halten

al|lein|ste|hend ⟨Adj., o.Steig.⟩ *allein lebend, ohne Familie lebend;* ∼e Menschen; ich bin a.

Al|lel ⟨n.1⟩ *Zustandsform einer Erbanlage, bezogen auf homologe Chromosomen* [< griech. *allelon* „einander, gegenseitig"]

Al|le|lo|pa|thie ⟨f.11⟩ *gegenseitige Beeinflussung von Pflanzen durch Stoffwechselausscheidungen* [< *Allel* und griech. *pathetos* „für Einflüsse empfänglich"]

al|le|lu|ja → *halleluja*

al|le|mal ⟨Adv.⟩ **1 a** ⟨al-⟩ *jedes Mal, immer (wieder);* es ist a. dasselbe **b** [-mal] *ein für allemal und damit für die Zukunft geltend;* ich sage dir das ein für a.; ich habe es ihm ein für a. verboten **2** ⟨[-mal] ugs.⟩ *auf jeden Fall, trotzdem;* das kannst du a. noch tun

Al|le|man|de ⟨[al(ə)mãd(ə)] f.11⟩ **1** ⟨im 16./17. Jh.⟩ *aus einem deutschen Tanz entstandener Gesellschaftstanz* **2** ⟨später⟩ *im Satz der Suite* [frz., „deutscher Tanz", zu *allemand* „deutsch", < lat. *Aleman(n)ia* „Deutschland", nach den *Alemannen*]

al|len|falls ⟨Adv.⟩ **1** *höchstens, nicht mehr als;* es wird a. drei Tage dauern; er bringt a. einen Blumenstrauß mit, aber nichts anderes (Geschenk) **2** *wenn es nötig ist, vorsichtshalber;* a. rufe ich dich noch an; es wird sicher nicht kalt werden, aber du kannst ja a. einen Pullover mitnehmen

al|lent|hal|ben ⟨Adv.⟩ *überall*

al|ler... ⟨ugs., verstärkend beim Superlativ⟩ *noch mehr als ...; der allerbeste ...; die allerschönste ...; das allerneuste ...*

al|ler|dings ⟨auch [-dɪŋs] Adv.⟩ **1** ⟨bekräftigend, verstärkend, auch im triumphierenden⟩ *natürlich, gewiß, ja;* „Hat er dir das gesagt?" „Allerdings!" **2** ⟨einschränkend⟩ *jedoch;* a. muß ich zugeben, daß ...; die Wohnung ist hübsch, hat a. ein dunkles Bad

al|ler|en|den ⟨Adv.; poet.⟩ *überall*

Al|ler|gen ⟨n.1, meist Pl.⟩ *Stoff, der allergische Erscheinungen hervorruft* [< *Allergie* und griech. *gennan* „erzeugen, hervorbringen"]

Al|ler|gie ⟨f.11⟩ *Überempfindlichkeit gegen bestimmte Stoffe* [< griech. *allos* „anders, fremd" und *ergon* „Werk", wörtlich etwa „andere Reaktion (als erwartet)"]

Al|ler|gi|ker ⟨m.5⟩ *jmd., der an einer Allergie leidet oder dazu neigt*

al|ler|gisch ⟨Adj.⟩ *auf Allergie beruhend, überempfindlich*

al|ler|hand ⟨Adj., o.Dekl.⟩ **1** ⟨al-⟩ *verschiedenerlei, mancherlei;* er wußte a. Neues zu berichten; a. gute Dinge; ich habe a. zu tun **2** [-hand] *a. unerhört, zuviel;* das ist ja a.!; es ist a., was er sich erlaubt **b** *erstaunlich;* es ist a., was er schon kann

Al|ler|hei|li|gen ⟨o.Art.⟩ *katholischer Feiertag am 1. November zum Gedenken an die Heiligen;* an, zu A.

Al|ler|hei|lig|ste ⟨n.18, nur Sg.⟩ **1** ⟨in Tempeln⟩ *hinterster oder innerster Raum, den die Priester betreten dürfen* **2** ⟨kath. Kirche⟩ *die geweihte Hostie*

al|ler|lei ⟨Adj., o.Steig., o.Dekl.⟩ *verschiedene, ziemlich viele (Dinge), mancherlei;* ich habe a. gesehen, gehört; a. schöne Dinge

Al|ler|lei ⟨n., -s, nur Sg.⟩ *buntes Gemisch;* Leipziger A. *gemischtes Gemüse aus Erbsen, Möhren und Spargelstücken*

al|ler|liebst ⟨auch [-lipst] Adj., o.Steig.⟩ *sehr hübsch und niedlich, reizend;* ein ∼es Kind; es sieht a. aus; sie ist a.

Al|ler|manns|har|nisch ⟨m.1⟩ *grünlichgelb blühende Lauchart europäischer Gebirge* [galt als Zaubermittel bes. gegen Verwundung]

al|ler|or|ten ⟨†⟩, **al|ler|orts** ⟨Adv.⟩ *überall*

Al|ler|see|len ⟨o.Art.⟩ *katholischer Feiertag am 2. November zum Gedenken an die Toten;* an, zu A.

al|ler|seits ⟨Adv.⟩ **1** *alle zusammen;* guten Tag, a.! **2** *bei allen, von allen;* der Film fand a. starken Anklang; man erwartet a. Zustimmung

al|ler|wärts ⟨Adv.⟩ *überall*

al|ler|we|gen ⟨Adv.; †⟩ *überall*

al|ler|welts... ⟨in Zus.⟩ **1** *Durchschnitts..., wie man es überall sehen, hören kann; nicht ausgeprägt, wenig Eindruck machend,* z.B. Allerweltsgesicht **2** *für vieles verwendbar,* z.B. Allerweltswort; „nett" und „interessant" sind Allerweltswörter

Al|ler|welts|kerl ⟨m.1; ugs.⟩ *jmd., der zu allem geschickt, für alles geeignet ist*

Al|ler|wer|tes|te(r) ⟨m.17 bzw. f.18; ugs., scherzh.⟩ *Gesäß, Hintern;* setz dich auf deinen Allerwertesten!

al|les ⟨unbestimmtes Pron.⟩ *alle Dinge (in ihrer Gesamtheit), jedes Ding;* a., nur das nicht; das ist a., was ich habe, was ich dazu sagen kann; ich habe a. getan, was ich konnte; a. hat seine zwei Seiten **2** *insgesamt;* das hat a. keinen Sinn; es ist a. aus **3** ⟨ugs. statt *alle;* a. aussteigen!; a. lachte

Al|les|fres|ser ⟨m.5⟩ *Tier, das sich von pflanzlichen und tierischen Stoffen ernährt;* Syn. *Omnivore, Pantophage*

al|le|zeit ⟨Adv.⟩ *immer, zu jeder Zeit;* auch: *allzeit*

all|fäl|lig ⟨Adj., o.Steig.⟩ *nur als Attr.; bes. österr. und schweiz. möglicherweise (vorkommend oder entstehend), etwaig;* ∼e Beanstandungen

All|ge|gen|wart ⟨f., nur Sg.⟩ *ständige Gegenwart, ständige Anwesenheit überall;* die A. Gottes

all|ge|gen|wär|tig ⟨Adj., o.Steig.⟩ *ständig gegenwärtig, ständig überall anwesend;* der ∼e Gott

all|ge|mach ⟨Adv.; †⟩ *nach und nach, allmählich*

all|ge|mein ⟨auch [al-] Adj.⟩ **1** *überall, bei allen;* der Vorschlag rief ∼e Freude, ∼es Erstaunen hervor; a. bekannt, beliebt; ist das a. verständlich? **2** *allen gemeinsam;* das ∼e Wohl; die ∼e Lage, die Bibliothek ist nicht a. zugänglich **3** *für alle bestimmt, für alle verbindlich;* ∼e Wehrpflicht; ∼es Wahlrecht **4** *Einzelheiten nicht berücksichtigend, umfassend;* ein ∼er Eindruck; a. kann man sagen, daß ...; sein Vortrag war zu a.; im ∼en *im großen und ganzen gesehen, umfassend betrachtet;* Ggs. *im besonderen*

All|ge|mein|be|fin|den ⟨n., -s, nur Sg.⟩ *Befinden, Gesundheitszustand insgesamt, im großen und ganzen;* mein A. ist nicht schlecht, nur habe ich noch Ischias, sondern auch mein A. hat sich gebessert

all|ge|mein|bil|dend ⟨Adj., o.Steig.⟩ *Allgemeinbildung vermittelnd*

All|ge|mein|bil|dung ⟨f., -, nur Sg.⟩ *umfassende, viele Bereiche berührende Bildung;* eine gute, umfassende A. haben

all|ge|mein|gül|tig ⟨Adj., o.Steig.⟩ *für alle und zu jeder Zeit geltend;* eine ∼e Aussage

All|ge|mein|gül|tig|keit ⟨f., -, nur Sg.⟩

All|ge|mein|gut ⟨n., -(e)s, nur Sg.⟩ *geistiger Besitz eines jeden, etwas, das jeder kennt;* das Wissen um fremde Länder ist längst A. geworden

All|ge|mein|heit ⟨f., -, nur Sg.⟩ *Öffentlichkeit, alle Leute, die anderen;* dieses Gespräch ist nicht für die A. bestimmt; Arbeit, Einsatz für die A.

all|ge|mein|ver|ständ|lich ⟨Adj., o.Steig.⟩ *überall, für jeden verständlich;* das Buch ist in ∼em Deutsch geschrieben; sein Vortrag war zu wissenschaftlich, man müßte ihn in ∼e Sprache übersetzen; (aber) sind meine Worte im Saal allgemein verständlich?

All|ge|mein|wohl ⟨n., -s, nur Sg.⟩ *Wohl, Wohlergehen aller*

Alpha

All|ge|walt ⟨f., -, nur Sg.⟩ *unbeschränkte, umfassende Gewalt;* die A. Gottes; der Überfall geschah mit der A. einer Naturkatastrophe

all|ge|wal|tig ⟨Adj., o.Steig.⟩ *Allgewalt besitzend, mit Allgewalt;* der ~e Chef ⟨übertr., ugs.⟩

All|heil|mit|tel ⟨n.5⟩ *Mittel, das alle Krankheiten oder Mißstände beseitigen soll*

all|hier ⟨Adv.; poet.⟩ *hier*

Al|li|ance ⟨[aliɑ̃s] frz. Schreibung von⟩ *Allianz*

Al|li|anz ⟨f.10⟩ **1** *Bündnis (zwischen Staaten)* **2** *Vereinigung, Interessengemeinschaft* [< frz. *alliance* „Bündnis, Bund", zu *allier* „vereinigen, verknüpfen" < lat. *alligare* „fesseln, verbindlich machen", zu *ligare* „festbinden"]

Al|li|ga|ti|on ⟨f.10⟩ *Mischung (z. B. von Metallen)* [< lat. *alligatio* „das Anbinden, Fesseln", zu *alligare* „anbinden, fesseln"]

Al|li|ga|tor ⟨m.13⟩ *Vertreter einer Familie der Krokodile* [< span. *aligator, el lagarto* „die große Eidechse"]

al|li|ie|ren ⟨V.3, hat alliiert; refl.⟩ *sich a. sich verbünden* [< frz. *s'allier* „sich verbünden", zu *allier* „vereinigen", → *Allianz*]

Al|li|ier|te(r) ⟨m.17 bzw. 18⟩ *Verbündeter, Angehöriger eines Bündnisses*

Al|li|te|ra|ti|on ⟨f.10⟩ → *Stabreim* [< neulat. *alliteratio* „Spiel mit Buchstaben" < lat. *ad literas* „auf die Buchstaben (schauend)"]

al|li|te|rie|ren ⟨V.3, hat alliteriert; o.Obj.⟩ *sich im Stabreim reimen; das m alliteriert in der ersten Zeile*

all|jähr|lich ⟨Adj., o.Steig.⟩ *jedes Jahr;* die Veranstaltung findet a. statt

All|macht ⟨f., -, nur Sg.⟩ *unbeschränkte, alles umfassende Macht;* die A. Gottes

all|mäch|tig ⟨Adj., o.Steig.⟩ *Allmacht besitzend, Macht über alle(s) habend;* der Allmächtige Gott; die ~e Sekretärin ⟨übertr., ugs.⟩

all|mäh|lich ⟨Adj., o.Steig.⟩ *nach und nach, langsam, in kleinen Schritten*

All|mend ⟨f.10, schweiz.⟩, **All|men|de** ⟨f.11; früher⟩ *ungeteiltes, gemeinsam genutztes Gemeindeeigentum an Wald, Weide und Wasser* [< mhd. *almeinde, almende,* „Gemeindeflur", < *al* „all, jeder" und *meinde* „Gemeinde"]

all|nächt|lich ⟨Adj., o.Steig.; meist poet.⟩ *jede Nacht;* in ~en Traum

al|lo..., Al|lo... ⟨in Zus.⟩ *anders, fremd, gegensätzlich* [< griech. *allos* „anders, fremd"]

Al|lo|cho|rie ⟨[-ko-] f.11⟩ *Verbreitung von Früchten und Pflanzensamen durch Einwirkung von außen (z. B. durch Wind oder Tiere)* [< *Allo...* und griech. *chorein* „weggehen, sich ausbreiten"]

al|lo|chro|ma|tisch ⟨Adj., o.Steig.⟩ *anders gefärbt, als es der Substanz nach zu erwarten wäre;* Ggs. *idiochromatisch*

al|lo|chthon ⟨Adj., o.Steig.; Geol.⟩ *in fremdem Boden oder andernorts entstanden;* Ggs. *autochthon* [< *allo...* und griech. *chthon* „Erde, Gegend, Land"]

al|lo|gam ⟨Adj., o.Steig.⟩ *auf Allogamie beruhend*

Al|lo|ga|mie ⟨f.11⟩ *Fremdbestäubung* [< *Allo...* und griech. *gamein* „heiraten"]

Al|lo|mor|phie ⟨f.11⟩ → *Allotropie*

Al|lon|ge ⟨[alɔ̃ʒ(ə)] f.11; an Wechseln⟩ *Verlängerungsstreifen für zusätzliche Angaben* [frz., „Anhang, Verlängerungsstück", zu *allonger* „verlängern", zu *long* „lang"]

Al|lon|ge|pe|rü|cke ⟨-k|k-; [alɔ̃ʒ-] f.11⟩ *Perücke mit langen Locken (für Männer)*

Al|lo|nym ⟨n.1⟩ *Name eines anderen als Deckname* [< griech. *allos* „anders" und *onyma* „Name"]

Al|lo|path ⟨m.10⟩ *nach der Allopathie arbeitender Arzt;* Ggs. *Homöopath*

Al|lo|pa|thie ⟨f., -, nur Sg.⟩ *herkömmliches Heilverfahren, gegen eine Krankheit ein der Ursache entgegenwirkendes Mittel anzuwenden;* Ggs. *Homöopathie* [< *Allo...* und *...pathie*]

al|lo|pa|thisch ⟨Adj., o.Steig.⟩ *auf Allopathie beruhend*

Al|lo|pla|stik ⟨f.10⟩ **1** *Ersatz von Gewebe durch anorganische Stoffe* **2** *Ersatzstück dafür*

al|lo|pla|stisch ⟨Adj., o.Steig.⟩ *mittels Alloplastik*

Al|lo|tria ⟨früher Pl., heute n., -s, nur Sg.⟩ *Unfug, Dummheiten;* die Kinder haben nur, haben lauter A. getrieben; laß diese bzw. dieses A.!

al|lo|trop ⟨Adj., o.Steig.⟩ *auf Allotropie beruhend*

Al|lo|tro|pie ⟨f.11⟩ *Eigenschaft eines chemischen Stoffes, in verschiedenen festen Zustandsformen vorzukommen (z. B. des Kohlenstoffs als Graphit und Diamant);* Syn. *Allomorphie* [< *Allo...* und griech. *tropos* „Beschaffenheit"]

all'ot|ta|va ⟨Mus.; Zeichen: 8va⟩ *eine Oktave höher (tiefer) zu spielen;* a. bassa *eine Oktave tiefer zu spielen* [ital., „in der Oktave"]

All|rad|an|trieb ⟨m.11⟩ *Antriebsart, bei der die Antriebskraft auf alle Räder verteilt wird*

all right! ⟨ɔl rait⟩ *in Ordnung!, gut!, einverstanden!* [engl., „(es ist) alles recht"]

Al|l|round|man ⟨[ɔlraundmən] m. -, -s. -men⟩ *jmd., der auf vielen Gebieten Bescheid weiß und tätig ist* [< engl. *all round* „rings umher" und *man* „Mann"]

all|sei|tig ⟨Adj., o.Steig.⟩ *nach allen Seiten hin, alle (Seiten) umfassend;* zur ~en Zufriedenheit

all|seits ⟨Adv.⟩ *nach oder von allen Seiten, überall, bei allen;* habe ich mich a. verständlich gemacht?; man war a. einverstanden

All|strom|ge|rät ⟨n.1⟩ *Gerät für Gleich- und Wechselstrom*

All|tag ⟨m., -(e)s, nur Sg.⟩ **1** *alle Wochentage, alle Arbeitstage;* im A. komme ich nicht zum Lesen **2** *tägliche Arbeit;* an jmds. A. teilnehmen; der A. frißt mich auf **3** *tägliches Einerlei;* der graue A.

all|täg|lich ⟨Adj., o.Steig.⟩ **1** *zum Alltag gehörig, im Alltag stattfindend;* meine ~e Arbeit **2** *für den Alltag bestimmt;* ~e Kleidung; ~e Mahlzeiten **3** *nichts Besonderes aufweisend, so, wie es jeden Tag vorkommen kann, üblich, gewöhnlich;* eine ~e Geschichte; ein ~es Vorkommnis **4** *durchschnittlich, ohne besondere Prägung, ohne Eigenart,* ein ~er Mensch **5** ⟨verstärkend für⟩ *täglich;* mein ~er Spaziergang

all|tags ⟨Adv.⟩ *im Alltag;* a. habe ich dafür keine Zeit

all|über|all ⟨Adv.; poet.; verstärkend für⟩ *überall*

all'un|ghe|re|se ⟨Mus.⟩ *nach ungarischer Art* [ital.]

all'uni|so|no → *unison*

Al|lü|re ⟨f.11⟩ *Gangart (des Pferdes)* [< frz. *allure* „Gang, Lauf", übertr. „Benehmen", zu *aller* „gehen"]

Al|lü|ren ⟨Pl.⟩ *ungewöhnliches, übertriebenes Benehmen* (Star~)

al|lu|vi|al ⟨Adj., o.Steig.⟩ *aus dem Alluvium stammend*

Al|lu|vi|on ⟨f.10⟩ *angeschwemmtes Land* [zu *Alluvium*]

Al|lu|vi|um ⟨n., -s, nur Sg.; veraltend⟩ → *Holozän* [< lat. *alluvio* „Anschwemmung"]

all|wis|send ⟨Adj., o.Steig.⟩ *alles wissend;* ich bin nicht a.! ⟨als Antwort auf eine Frage⟩

All|wis|sen|heit ⟨f., -, nur Sg.⟩

Al|lyl... ⟨in Zus.⟩ *die chemische Gruppe $CH_2 = CH-CH_2$- enthaltend (z. B. Allylalkohol)* [< lat. *allium* „Knoblauch" und griech. *hyle* „Stoff, Rohstoff, Materie", zuerst in einer aus Knoblauch isolierten Verbindung beschrieben]

all|zeit ⟨Adv.⟩ → *allezeit*

all|zu ⟨Adv.⟩ *viel zu, in zu großem Umfang, in zu hohem Maße;* der Frisör hat dir die Haare a. kurz geschnitten

all|zu|mal ⟨Adv.; †, noch poet.⟩ *alle miteinander;* wir sind a. Sünder (nach Römerbrief 3,23)

all|zu|viel ⟨Adv.; verstärkend⟩ *zuviel;* er redet a.

Alm I ⟨f.10⟩ *mit Hütten und Ställen versehene Weidefläche;* Syn. *Alp^1* II ⟨m., -, nur Sg.⟩ → *Seekreide*

Al|ma ma|ter ⟨f., - -, nur Sg.; poet. Bez. für⟩ *Universität* [lat., „nährende Mutter"]

Al|ma|nach ⟨m.1⟩ **1** *meist mit Bildern versehener kleiner Kalender* **2** *regelmäßig erscheinendes kleines Buch mit Leseproben aus den Werken eines Verlages* [< mlat. *almanachus,* < arab. *al-manāḫ* „Tafel mit dem täglichen Stand von Sonne und Mond"]

Al|man|din ⟨m.1⟩ *dunkelrotes Mineral, Schmuckstein* [nach der antiken Stadt *Alabanda* in Kleinasien]

Al|men|rausch ⟨m., -(es), nur Sg.; landsch.⟩ → *Alpenrose*

Al|mo|sen ⟨auch [ɑl-] n.7⟩ **1** *Gabe an Bedürftige* **2** *dürftiges Geschenk, allzu geringes Entgelt* [< ahd. *alamuosan,* < griech. *eleemosyne* „Mitleid, Wohltätigkeit, milde Gabe", zu *eleemon* „mitleidig"]

Al|mo|se|nier ⟨m., -s; früher⟩ *geistlicher Würdenträger, der die Almosen verteilte*

Alm|rausch ⟨m., -(e)s, nur Sg.⟩ → *Alpenrose*

Aloe ⟨[aloe] f.11⟩ *Liliengewächs, Heilpflanze* [wahrscheinlich über griech. *aloe* < hebr. *ahalim,* beeinflußt von hebr. *halal* „bitter"]

Alo|pe|zie ⟨f.11⟩ *Haarschwund über das normale Maß hinaus* [< griech. *alopekia* „Fuchsräude", zu *alopex* „Fuchs"]

Alp^1 ⟨f.10⟩ ⟨im Allgäu Bez. für⟩ *Alm^1;* auch: *Alpe*

Alp^2 ⟨m.1; im Volksglauben⟩ *Gespenst, das sich nachts dem Schläfer auf die Brust setzt und schwere Träume hervorruft;* Syn. *Nachtmahr* [< ahd. *alb* „Gespenst"]

Al|pac|ca → *Alpaka^2*

Al|pa|ka^1 ⟨n.9⟩ **1** *Haustierform des Vikunja, einer Lamaart* **2** ⟨nur Sg.⟩ *dessen Wolle* [< Ketschua *pakko* „gelblich, rötlich", wegen der Farbe des Fells der Wildform]

Al|pa|ka^2 ⟨n., -(s), nur Sg.⟩ *eine Kupfer-Nikkel-Zink-Legierung (bes. für Bestecke)* [wahrscheinlich < chin. *pack-fong,* eine falsche Lesart von *pai t'ung* „weißes Kupfer"]

al pa|ri ⟨bei Aktien⟩ *zum Nennwert* [ital., „zum gleichen (Wert)"]

Alp|drücken ⟨-k|k-; n., -s, nur Sg.⟩ *Gefühl der Beklemmung im Schlaf mit schweren Träumen* [zu *Alp^2*]

Al|pe ⟨f.11⟩ → *Alp^1*

Al|pen|bock ⟨m.2⟩ *auf hellblauem Grund schwarz gezeichneter Bockkäfer der Hochgebirge*

Al|pen|doh|le ⟨f.11⟩ *gelbschnäbeliger, rotfüßiger kleiner Rabenvogel eurasiatischer Hochgebirge*

Al|pen|glü|hen ⟨n.7⟩ *Dämmerungserscheinung in den Alpen, rote Beleuchtung von Kalk- und Schneewänden beim Purpurlicht der Sonne*

Al|pen|ro|se ⟨f.11⟩ *Vertreter einer Gattung der Heidekrautgewächse;* Syn. *Almenrausch, Almrausch* [irreführender Name, vermutlich nach der „rosenroten" Blütenfarbe]

Al|pen|sa|la|man|der ⟨m.5⟩ *schwarzer Salamander der Alpen*

Al|pen|schnee|huhn ⟨n.4⟩ *Art der Rauhfußhühner, lebt in Mitteleuropa nur in den Alpen;* Syn. *Schneehuhn*

Al|pen|veil|chen ⟨n.7⟩ *rotviolett blühendes Primelgewächs* [irreführender Name, wohl nach der entfernt veilchenähnlichen Blatt- und Blütenform]

Al|pha ⟨n.9; Zeichen: α, A⟩ *erster Buchstabe*

Alphabet

des griechischen Alphabets; das A. und das Omega *Anfang und Ende*

Al|pha|bet ⟨n.1⟩ *die Buchstaben einer Sprache in geordneter Reihenfolge;* Syn. Abc [< griech. *alpha* und *beta*, o. den beiden ersten Buchstaben des griech. Alphabets]

al|pha|be|tisch ⟨Adj., o.Steig.⟩ *in der Ordnung des Alphabets;* Syn. abecelich; Wörter a. ordnen; ~e Reihenfolge

al|pha|be|ti|sie|ren ⟨V.3, hat alphabetisiert; mit Akk.⟩ **1** *etwas a. in alphabetischer Reihenfolge ordnen, nach dem Alphabet ordnen* **2** ⟨heute auch⟩ *jmdn. a. jmdm. das Lesen und Schreiben beibringen;* Bevölkerungsgruppen a.

al|pha|nu|me|risch ⟨Adj., o.Steig.⟩ *EDV Dezimalziffern und Buchstaben enthaltend a. alphabetisch und numerisch* [< *alphabetisch* und *numerisch*]

Al|pha|strah|len, **α-Strah|len** ⟨Pl.⟩ *aus Alphateilchen bestehende, radioaktive Strahlung*

Al|pha|teil|chen ⟨n.7; Phys.⟩ *Heliumkern (als Bestandteil von Alphastrahlung)*

Alp|horn ⟨n.4⟩ *altes Blasinstrument der Gebirgsländer mit bis zu 4 Meter langem, geradem oder unten gebogenem Rohr*

al|pin ⟨Adj., o.Steig.⟩ *die Alpen betreffend, darin vorkommend;* ~e Kombination *Wettkampf aus Abfahrts- und Torlauf*

Al|pi|ni ⟨Pl., Sg. -no⟩ *italienische Gebirgsjäger*

Al|pi|nis|mus ⟨m., -, nur Sg.⟩ *sportlich betriebenes Bergsteigen und Bergwandern;* Syn. Alpinistik

Al|pi|nist ⟨m.10⟩ *Anhänger des Alpinismus*

Al|pi|nis|tik ⟨f., -, nur Sg.⟩ →*Alpinismus*

Al|pi|num ⟨n.9⟩ **1** *wissenschaftlich angelegter Alpengarten mit Alpenpflanzen* **2** →*Steingarten*

Äl|pler ⟨m.5; oft abwertend⟩ *Alpenbewohner*

Alp|traum ⟨m.2⟩ **1** *durch Alpdrücken hervorgerufener Angsttraum* **2** ⟨übertr.⟩ *bedrückende Sache, bedrückendes Erlebnis*

Al|raun, **Al|rau|ne** ⟨m., f.11⟩ *menschenähnlich gestaltete, früher als Zaubermittel geltende Wurzel des Nachtschattengewächses* Mandragora officinarum [vielleicht zu *Alp* und ahd. *runi* „Geheimnis"]

als[1] ⟨Konj.⟩ **1** *(zur Bez. einer Eigenschaft)* er a. Sohn, a. Fachmann; seine Aussage hat sich a. falsch erwiesen **2** *(zur Bildung des Komparativs)* größer, schöner, älter a.; ich freue mich über seinen Erfolg um so mehr, a. ich weiß, daß . . .; das Haus ist mehr zweckmäßig a. schön **3** *(nach „anders, kein, keiner, nichts, niemand")* du bist anders a. sie; keiner a. er ist dazu fähig; nichts a. Ärger; niemand (anders) a. er kann das reparieren **4** *(nicht korrekt nach „so" und Adj. zur Bez. des Vergleichs)* so bald a. möglich; (richtig:) so bald wie möglich **5** ⟨vor „ob (wenn)" oder statt dessen mit Konjunktiv⟩ es war, a. ob jmd. riefe; es war jmd. riefe; a. riefe jmd.; a. ob (wenn) er nichts gewußt habe, a. habe er nichts gewußt **6** ⟨nach „insofern"⟩ →*insofern* **7** ⟨vor Aufzählungen in der Fügung „als da sind"⟩ viele Ausländer, a. da sind: Franzosen, Engländer, Italiener usw. **8** ⟨nach „zu" und Adj. oder Adv. in Verbindung mit „daß"⟩ es ist viel zu weit, a. daß man zu Fuß gehen könnte

als[2] ⟨Adv.; alemann., badisch⟩ *manchmal;* das habe ich a. auch schon getan

als|bald ⟨auch [als-] Adv.⟩ *sehr bald, gleich darauf;* und a. hörte man ein leises Donnern [< mhd. *also bald*]

als|bal|dig ⟨Adj., o.Steig.⟩ *sehr schnell, sofortig;* zum ~en Gebrauch bestimmt ⟨Vermerk auf Lebensmittelpackungen⟩

als|dann ⟨Adv.⟩ **1** ⟨†⟩ *dann, darauf* **2** ⟨abschließend⟩ *dann also;* a. auf Wiedersehen!; a. bis morgen!

Al|se ⟨f.11⟩ →*Maifisch*

al sec|co *auf trockenen (Putz, Kalk);* ⟨in Wendungen wie⟩ a. s. gemalt; a. s. malen;

Ggs. *al fresco* [ital., „auf den trockenen (Kalk)"]

al se|gno ⟨[sɛnjo] Mus.⟩ *(noch einmal) bis zum Zeichen (zu spielen)* [ital.]

al|so I ⟨Konj.⟩ **1** *infolgedessen, folglich;* a. gut, wenn es sein muß; a. los!; er ist schon sechzig Jahre alt, a. gehört er zur Generation meiner Eltern **2** *(bei Ausrufen, die Erstaunen, Befriedigung ausdrücken)* nein! *das hält man nicht für möglich!*; na a.! siehst du, ich habe es ja gleich gesagt II ⟨Adv.; †⟩ *so, auf diese Weise;* a. sprach Zarathustra

al|so|bald ⟨†⟩ →*alsbald*

al|so|gleich ⟨†⟩ →*sogleich*

alt ⟨Adj., älter, am ältesten⟩ **1** Ggs. *jung; in vorgerücktem Lebensalter, schon lange lebend;* ein ~er Mann; ein ~es Pferd; ~e Leute; a. sein, werden; a. und jung alte und junge Leute; auf meine ~en Tage fange ich damit nicht mehr an *in meinem (hohen) Alter*; ich werde hier nicht a. ⟨übertr., ugs.⟩ *ich werde hier nicht lange bleiben (weil es mir nicht gefällt);* sich a. fühlen; mein ~er Herr ⟨ugs.⟩ *mein Vater;* ~er Herr *ehemaliges Mitglied einer Studentenverbindung* **2** Ggs. *neu* (I); **a** *schon lange in Gebrauch befindlich, schon lange bestehend;* ein ~es Haus; ~er Brauch **b** *gebraucht, aus zweiter Hand;* ~e Bücher; etwas a. kaufen **c** *langjährig, vertraut;* ein ~er Freund **d** *ehemalig;* unser ~er Chef; mein ~er Lehrer; unsere ~e Wohnung; eine ~e Liebe von mir **e** *seit langem bekannt;* es ist eine ~e Erfahrung, daß . . .; es ist immer das a. immer wieder dasselbe; ein ~er Witz **f** *aus einer früheren Zeit stammend;* ~e Meister *bedeutende Künstler aus früherer Zeit;* ~e Musik *Musik aus der Renaissance- und Barockzeit;* ~e Sprachen *Latein und Griechisch;* Alte Geschichte *Geschichte des Altertums* **3** Ggs. *frisch* (1); *vor längerer Zeit hergestellt;* ~e Semmeln; eine ~e Wunde; ein ~er Schmerz; die Schokolade schmeckt a. ~er Wein ⟨Ausnahme.⟩ *junger Wein* **4** *in einem bestimmten Lebensalter stehend;* das Kind ist drei Jahre a.; ein drei Wochen ~es Kätzchen; wie a. bist du? **5** ⟨übertr., derb⟩ *unangenehm, lästig wie eh und je;* so ein ~er Mist *unangenehme Arbeit;* du ~es Ferkel; du ~er Schwätzer **6** ⟨in freundschaftlich-salopper Anrede⟩ na, ~er Junge; ~es Mädchen; ~er Knabe, wie geht's?; →*Alte(r)*

Alt ⟨m., -s, nur Sg.⟩ **1** *tiefe Stimmlage (bei Frauen und Knaben);* Syn. Altstimme **2** *mittlere Stimmlage (bei Musikinstrumenten; z.B.* ~flöte) **3** *Sänger(in) mit Altstimme* **4** *Gesamtheit der tiefen Frauen- und Knabenstimmen im Chor*

Alt... ⟨in Zus.⟩ *nicht mehr im Amt, aber noch lebend, z.B.* Altbundeskanzler; ⟨schweiz. Schreibung⟩ alt Bundesrat

Al|tan ⟨m.1⟩ **1** *vom Boden aus gestützter Balkon, Söller* **2** *(umlaufender) Holzbalkon* [< ital. *altana* in ders. Bed., < lat. *altus* „hoch"]

Al|tar ⟨m.2⟩ **1** *heidnische (meist erhöhte) Stätte zum Darbringen von Opfern* **2** ⟨in christl. Kirchen⟩ *erhöhter Tisch oder Block für gottesdienstliche Handlungen;* ein Mädchen zum A. führen ⟨†⟩ *es heiraten;* sein Leben auf dem A. der Liebe darbringen ⟨†, poet.⟩ *sein Leben für eine Liebe opfern* [< lat. *altaria* (Pl.), „Herd auf dem Opfertisch zum Verbrennen der Opfertiere", wohl zu *altus* „hoch"]

Al|tar(s)|sa|kra|ment ⟨n.1⟩ *Sakrament des Abendmahls*

Alt|azi|mut ⟨n.1 oder m.1⟩ *Gerät zum Messen von Höhe und Azimut eines Gestirns* [< lat. *altitudo* „Höhe" und *Azimut*]

alt|backen ⟨-k|k-; Adj., o.Steig.⟩ **1** *einige Tage alt;* ~es Brot **2** ⟨übertr., ugs.⟩ *altmodisch, veraltet*

Alt|bau ⟨m., -(e)s, -bau|ten⟩ *vor einem bestimmten (in Gesetzen unterschiedlich festgelegten) Zeitpunkt errichteter Wohnbau;* Ggs. Neubau

Alt|bier ⟨n.1⟩ *(vor allem im Rheinland beliebtes) obergäriges Bier*

alt|christ|lich ⟨Adj.⟩ →*frühchristlich*

alt|deutsch ⟨Adj., o.Steig.⟩ *aus einer früheren deutschen Kulturepoche stammend, Elemente einer früheren deutschen Kulturepoche wieder aufnehmend (bes. aus dem 14.–16. Jahrhundert);* ~er Stil

alt|ein|ge|ses|sen ⟨Adj., o.Steig.⟩ *seit langem (an einem Ort) ansässig;* ~e Familie

Alt|ei|sen ⟨n., -s, nur Sg.⟩ *verwertbare Eisenabfälle*

Al|ten|heim ⟨n.1⟩ *Wohnanlage für alte Menschen mit Kleinwohnungen und gemeinschaftlich zu nutzenden Einrichtungen;* Syn. Seniorenheim; vgl. Altersheim

Al|ten|teil ⟨n.1⟩ *rechtlich gesicherter Anteil am Besitz (Wohnung, Sachleistungen) für den, der sein Eigentum (meist Bauernhof) seinem Nachfolger übergibt;* Syn. Altsitz, Ausgedinge, Austrag, Auszug, ⟨schweiz.⟩ Stöckli; auf dem A. sitzen; sich aufs A. zurückziehen

Al|ten|tei|ler ⟨m.5⟩ *jmd., der auf dem Altenteil lebt;* Syn. Auszügler

Al|te(r) ⟨m., f.17 bzw. 18⟩ *alter Mann bzw. alte Frau;* meine Alte ⟨ugs.⟩ *meine Frau, meine Mutter;* mein Alter ⟨ugs.⟩ *mein Mann, mein Vater;* die Alten *die Vorfahren, die Völker des Altertums;* der Alte ⟨abwertend⟩ *der Chef;* die Alte ⟨abwertend⟩ *die Chefin;* komische Alte ⟨Theat.⟩ *Rollenfach der komischen alten Frau;* er redet, fährt Schi wie ein Alter *wie ein erfahrener, erwachsener Mensch*

Al|ter ⟨n., -s, nur Sg.⟩ **1** *Zeitraum, seit der Geburt eines Lebewesens oder der Entstehung eines Gegenstandes verstrichen ist;* das A. eines Menschen, eines Baumes, Gesteins, eines Kunstwerks; hohes, mittleres, reifes A.; er ist in meinem A.; im besten A. *auf dem Höhepunkt des Lebens, in der Mitte des Lebens;* kritisches A. ⟨bei der Frau⟩ *Wechseljahre, Klimakterium* **2** *die letzten Jahrzehnte des Lebens;* im A. wird man oft wunderlich **3** ⟨übertr.⟩ *die alten Menschen;* das A. hat den Vortritt man läßt alte Menschen zuerst eintreten oder auswählen

äl|ter ⟨Adj., Komparativ von „alt"⟩ *nicht mehr jung, aber auch noch nicht alt;* ein ~er Herr; eine ~e Frau; ~e Leute; die Älteren unter uns; der Ältere; *(bei Eigennamen zur Unterscheidung; Abk.: d. Ä.)* Hans Holbein der Ältere

Al|te|rans ⟨n., -, -tia; Med.⟩ *umstimmendes Mittel* [zu *alterieren*]

Al|te|ra|ti|on ⟨f.10⟩ **1** *Erregung, Aufregung* **2** ⟨Med.⟩ *krankhafte Veränderung* **3** ⟨Mus.⟩ *chromatische Veränderung;* A. eines Akkords [zu *alterieren*]

al|te|ra|tiv ⟨Adj., o.Steig.⟩ *in der Art einer Alteration* (2)

Al|ter ego ⟨n., --, nur Sg.⟩ **1** *das andere Ich: die Seele* **2** *vertrauter Freund* **3** ⟨bei Schizophrenen⟩ *abgespaltener seelischer Bereich* **4** ⟨bei Naturvölkern⟩ *Pflanze oder Tier, zu der bzw. dem ein Mensch eine enge, übersinnliche Beziehung hat* [lat., „anderes Ich"]

al|te|rie|ren ⟨V.3, hat alteriert⟩ I ⟨o.Obj.; Mus.⟩ *chromatisch verändern;* einen Akkord a. II ⟨refl.⟩ *sich aufregen* [< lat. *alterare* „verändern", zu *alter* „der andere"]

al|tern ⟨V.1, ist gealtert; o.Obj.⟩ **1** *alt werden;* er ist mit letzten Jahren sehr gealtert **2** *die Frische, die ursprüngliche Beschaffenheit verlieren;* Weine, Metalle a.

Al|ter|nanz ⟨f.10⟩ **1** →*Alternation* **2** ⟨Obstbau⟩ *Wechsel von Jahren mit und ohne Ertrag*

Al|ter|nat ⟨n., -s, nur Sg.⟩ *bei Staatsverträgen) Wechsel in der Aufzählung der Vertragschließenden und der Reihenfolge der Unterschriften* [zu *alternieren*]

Al|ter|na|ti|on ⟨f.10⟩ Wechsel zwischen zwei Möglichkeiten oder Dingen; Syn. *Alternanz* [zu *alternieren*]

al|ter|na|tiv ⟨Adj., o.Steig.⟩ **1** die Wahl zwischen zwei Möglichkeiten bietend, wechselweise **2** anders als üblich, als bisher, anders als die übrigen; ∼e Politik; a. leben; sich a. ernähren *von Lebensmitteln, die keine Schad-, Konservierungs- u. ä. Stoffe enthalten* [→ *Alternative*]

Al|ter|na|tiv... ⟨in Zus.⟩ *im Gegensatz zur herrschenden (gewinn- und wachstumsorientierten) Auffassung, z.B.* Alternativfilmer, Alternativszene

Al|ter|na|ti|ve ⟨f.11⟩ *Wahl zwischen zwei Möglichkeiten, andere Möglichkeit;* vor der A. stehen, dies oder das zu tun; kannst du mir eine A. nennen?; die A. dazu wäre: ... [< mlat. *alternativus* „zweideutig", zu lat. *alternare* „abwechseln", → *alternieren*]

al|ter|nie|ren ⟨V.3, hat alterniert; o.Obj.⟩ *wechseln (von zwei Vorgängen, Zuständen usw.)* [< lat. *alternare* „abwechseln", zu *alter* „der andere"]

Al|terns|for|schung ⟨f., -, nur Sg.⟩ → *Gerontologie*

al|ters ⟨nur in Wendungen wie⟩ seit a., von a. her *seit langer Zeit, von jeher*

al|ters|be|dingt ⟨Adj., o.Steig.⟩ *für ein bestimmtes Alter kennzeichnend;* ∼e *Krankheit*

Al|ters|blöd|sinn ⟨m., -(e)s, nur Sg.⟩ *Dementia senilis* (→ *Dementia*)

Al|ters|brand ⟨m., -(e)s, nur Sg.⟩ *Absterben von Gewebe infolge ungenügender Blutversorgung im Alter*

Al|ters|fleck ⟨m.1, meist Pl.⟩ ∼e *im Alter auftretende bräunliche Hautflecke (vor allem auf den Händen)*

Al|ters|ge|nos|se ⟨m.11⟩ *Mensch im gleichen Alter;* er ist mein, sein A.; sie sind ∼n

Al|ters|gren|ze ⟨f.11⟩ *Alter, von dem ab oder bis zu dem etwas gestattet wird oder eine bestimmte Wirkung eintritt*

Al|ters|grup|pe ⟨f.11⟩ → *Altersklasse*

Al|ters|heil|kun|de ⟨f., -, nur Sg.⟩ → *Geriatrie*

Al|ters|heim ⟨n.1⟩ *Wohnheim für alte Menschen mit Einzel- und Doppelzimmern, in dem sie versorgt werden;* vgl. *Altenheim*

Al|ters|jahr ⟨n.1; schweiz.⟩ → *Lebensjahr*

Al|ters|klas|se ⟨f.11⟩ **1** *Gesamtheit der Personen im gleichen Lebensalter;* Syn. *Altersgruppe* **2** ⟨Forstw.; zusammenfassende Bez. für⟩ *Bäume bestimmten Alters*

Al|ters|kleid ⟨n.3⟩ *fertig ausgebildetes Gefieder;* Ggs. *Jugendkleid*

Al|ters|prä|si|dent ⟨m.10⟩ *ältestes Mitglied einer Körperschaft, das bis zur Wahl des neuen Präsidenten den Vorsitz führt*

al|ters|schwach ⟨Adj.⟩ **1** ⟨von Personen⟩ *schwach infolge hohen Alters* **2** ⟨von Gegenständen⟩ *abgenutzt, baufällig infolge langen Gebrauchs*

Al|ters|schwä|che ⟨f., -, nur Sg.⟩ *Nachlassen der Körperkräfte im Alter*

Al|ters|sich|tig|keit ⟨f., -, nur Sg.⟩ *Weitsichtigkeit im Alter*

Al|ters|stu|fe ⟨f.11⟩ *Abschnitt im Leben im Hinblick auf das Alter;* Kinder dieser A. sind zu solchen Überlegungen noch bei weitem nicht fähig

Al|ter|tum ⟨n., -s, nur Sg.⟩ *ältester Zeitabschnitt einer Kultur; klassisches A. die griechische und römische Kultur von etwa 800 v. Chr. bis 4./5. Jahrhundert n. Chr.;* vgl. *Altertümer*

al|ter|tü|meln ⟨V.1, hat gealtertümelt; fast nur im Präs.⟩ *die Formen früher vergangenen Zeit in Kunst, Sprache usw. nachahmen*

Al|ter|tü|mer ⟨Pl.⟩ *Kunstgegenstände aus dem Altertum;* A. sammeln

al|ter|tüm|lich ⟨Adj.⟩ **1** *in der Art vergangener Zeit;* ∼e Ausdrucksweise **2** *aus vergangener Zeit stammend;* ∼e Gebäude

Al|te|rung ⟨f., -, nur Sg.⟩ *Änderung spezifischer Stoffeigenschaften im Laufe der Zeit*

Äl|te|ste(r) ⟨m., f.17 bzw. 18⟩ **1** *ältester Sohn, älteste Tochter;* unser Ältester, unsere Älteste **2** *ältestes (und angesehenstes) Mitglied einer Gemeinschaft (meist auch Oberhaupt);* die Ältesten

alt|frän|kisch ⟨Adj.⟩ *altmodisch und ein bißchen hausbacken*

alt|ge|dient ⟨Adj., o.Steig.⟩ *lange Zeit im Dienst gewesen;* ∼er Soldat

Alt|gei|ge ⟨f.11⟩ → *Bratsche*

Alt|gold ⟨n., -(e)s, nur Sg.⟩ *dunkle Goldfarbe*

alt|gol|den ⟨Adj., o.Steig.⟩ *dunkelgolden*

Alt|grad ⟨m.1⟩ *360. Teil des Vollkreises*

Alt|thee ⟨[-teǝ] f.11⟩ **1** *Vertreter einer Gattung der Malvengewächse, Eibisch* **2** *daraus gewonnenes Hustenmittel* [< griech. *althaia* in ders. Bed., zu *althein* „heilen"]

alt|her|ge|bracht ⟨Adj., o.Steig.⟩ *seit langem üblich*

Alt|her|ren|mann|schaft ⟨f.10⟩ *aus den ältesten Spielern eines Sportvereins gebildete Mannschaft, die nicht mehr an offiziellen Wettbewerben teilnimmt*

alt|hoch|deutsch ⟨Adj., o.Steig.; Abk.: ahd.⟩ ∼e Sprache *die mittel- und oberdeutschen Mundarten vom Anfang der schriftlichen Überlieferung (um 800) bis etwa 1100*

Alt|holz ⟨n.4⟩ *Waldbestand, der die Hiebreife erreicht hat*

Al|ti|graph ⟨m.10; Meteor.⟩ *automatischer Höhenschreiber* [< lat. *altum,* Gen. *alti,* „Höhe" und *...graph*]

Al|ti|me|ter ⟨n.5⟩ *Höhenmesser* [< lat. *altum,* Gen. *alti,* „Höhe" und *...meter*]

Al|tist ⟨m.10⟩ *Sänger mit Altstimme*

Alt|jahrs|abend ⟨m.1⟩ *letzter Abend des alten Jahres, Silvesterabend*

alt|jüng|fer|lich ⟨Adj.⟩ *in der Art einer alten Jungfer, ein bißchen zimperlich, empfindlich und prüde, schrullig, wunderlich*

Alt|ka|tho|li|ken ⟨m.10, Pl.⟩ *Religionsgemeinschaft, die sich nach der Verkündung von der Unfehlbarkeit des Papstes (1870) von der römisch-katholischen Kirche losgesagt hat;* Syn. ⟨schweiz.⟩ *Christkatholiken*

alt|ka|tho|lisch ⟨Adj., o.Steig.; nur als Attr. und mit „sein"⟩ *zu den Altkatholiken gehörig;* Syn. ⟨schweiz.⟩ *christkatholisch*

Alt|kla|ri|net|te ⟨f.11⟩ → *Bassetthorn*

alt|klug ⟨Adj., o.Steig.⟩ *frühreif, (scheinbar) klüger, als es dem Alter entspricht;* ∼es Kind

Alt|last ⟨f.10⟩ *technische Anlage oder Einrichtung, die zwar noch in Betrieb ist, aber nicht den für Neueinrichtungen gültigen Bestimmungen (z.B. hinsichtlich des Umweltschutzes) entspricht*

ält|lich ⟨Adj., o.Steig.⟩ *in vorgerücktem Alter und ein bißchen verschroben*

Alt|mei|ster ⟨m.5⟩ **1** ⟨früher⟩ *Vorsteher einer Innung* **2** ⟨heute⟩ *als Vorbild geltender Vertreter eines Berufs- oder Kunstzweiges, eines Fachgebietes;* A. der Literatur; A. des Sports

Alt|me|tall ⟨n., -s, nur Sg.⟩ *verwertbare Metallabfälle*

alt|mo|disch ⟨Adj.⟩ **1** *aus einer früheren Mode stammend, nicht der jetzigen Mode entsprechend;* ∼e Kleidung **2** *in den Auffassungen einer früheren Zeit befangen;* ∼e Ansichten; er ist a.

Al|to|cu|mu|lus ⟨m., -, -li⟩ *Haufenwolke in mittlerer Höhe* [< lat. *altus* „hoch" und *Cumulus*]

Al|to|stra|tus ⟨m., -, -ti⟩ *Schichtwolke in mittlerer Höhe* [< lat. *altus* „hoch" und *stratus* „das Gelagerte"]

Alt|pa|pier ⟨n., -(e)s, nur Sg.⟩ *verwertbare Papierabfälle*

Alt|phi|lo|lo|ge ⟨m.11⟩ *Wissenschaftler auf dem Gebiet der Altphilologie;* Syn. *Altsprachler*

Alt|phi|lo|lo|gie ⟨f., -, nur Sg.⟩ *Wissenschaft von den Sprachen und Literaturen des klassischen Altertums (Altgriechisch, Latein)*

alt|phi|lo|lo|gisch ⟨Adj., o.Steig.⟩ *zur Altphilologie gehörend;* Syn. *altsprachlich*

Al|tru|is|mus ⟨m., -, nur Sg.⟩ *Uneigennützigkeit, Selbstlosigkeit;* Ggs. *Egoismus* [< frz. *altruisme* in ders. Bed., zu *autrui* „anderer" unter Anlehnung an lat. *alter* „der andere" gebildet]

Al|tru|ist ⟨m.10⟩ *uneigennütziger, selbstloser Mensch;* Ggs. *Egoist*

al|tru|is|tisch ⟨Adj.⟩ *uneigennützig, selbstlos;* Ggs. *egoistisch*

Alt|schlüs|sel ⟨m.5⟩ *Notenschlüssel auf der dritten Linie;* Syn. *C-Schlüssel, Bratschenschlüssel*

Alt|sil|ber ⟨n., -s, nur Sg.⟩ *(meist durch schwefelhaltige Mittel) künstlich gedunkeltes Silber*

Alt|sitz ⟨m.1⟩ → *Altenteil*

Alt|sprach|ler ⟨m.5⟩ → *Altphilologe*

alt|sprach|lich ⟨Adj., o.Steig.⟩ → *altphilologisch*

Alt|stadt ⟨f.2⟩ *ältester Teil einer Stadt;* Ggs. *Neustadt*

Alt|stein|zeit ⟨f., -, nur Sg.⟩ → *Paläolithikum*

Alt|stim|me ⟨f.11⟩ → *Alt (1)*

Alt|tier ⟨n.1; beim Rot-, Dam- und Elchwild⟩ *Muttertier;* Ggs. *Schmaltier*

Alt|va|ter ⟨m.6⟩ → *Patriarch*

alt|vä|te|risch ⟨Adj., o.Steig.⟩ *in der Art unserer Väter, altmodisch;* ∼er Anzug; ∼e Möbel

alt|vä|ter|lich ⟨Adj., o.Steig.⟩ *in der Art der Altväter, ernst und ehrwürdig*

Alt|vor|dern ⟨Pl.; †, noch scherzh.⟩ *Urahnen, Vorfahren*

Alt|was|ser ⟨n.⟩ *alte, abgeschnittene Flußschlinge mit stehendem Wasser*

Alt|wei|ber|fast|nacht ⟨f., -, nur Sg.; landsch.⟩ *Donnerstag vor Fastnacht*

Alt|wei|ber|kno|ten ⟨m.7⟩ *schlechter Knoten*

Alt|wei|ber|som|mer ⟨m.5⟩ **1** *Spät-, Nachsommer* **2** ⟨nur Sg.⟩ *vom Wind getragene Spinnwebfäden im Spätsommer;* Syn. ⟨in Nordamerika⟩ *Indianersommer* [diese Fäden wurden mit dünnen, weißen Frauenhaaren verglichen]

alt|welt|lich ⟨Adj., o.Steig.⟩ *eurasiatisch und afrikanisch;* Ggs. *neuweltlich* [nach der *alten Welt*, den bereits im Altertum bekannten Erdteilen]

Alu ⟨Kurzw. für⟩ *Aluminium*

Alu|fo|lie ⟨[-lje] f.11; Kurzw. für⟩ *Aluminiumfolie*

Alu|mi|ni|um ⟨n., -s, nur Sg.; Zeichen: Al⟩ *chemisches Element, ein Metall* [< lat. *alumen,* Gen. *aluminis,* „Alaun"]

Alu|mi|ni|um|fo|lie ⟨[-lje] f.11⟩ *fein ausgewalztes Aluminium mit hochglänzender Oberfläche (für Verpackungen u. a.)*

Alum|nat ⟨n.1⟩ **1** *zu einer Schule gehöriges Schülerheim* **2** ⟨österr.⟩ *Ausbildungsstätte für Geistliche* [< lat. *alumnus* „Pflegling, Zögling", zu *alere* „ernähren, großziehen"]

Alum|ne ⟨m.11⟩ *im Alumnat lebender Schüler*

Alu|nit ⟨m., -s, nur Sg.⟩ *ein Mineral, Alaunstein* [< frz. *alun* „Alaun"]

Al|veo|lar ⟨m.1⟩ → *Dentallaut*

al|veo|lär ⟨Adj., o.Steig.⟩ *mit kleinen Hohlräumen versehen* [zu *Alveole*]

Al|veo|le ⟨f.11⟩ **1** *Zahnfach im Kiefer* **2** *jeder der kleinen, kugeligen Hohlräume in der Lunge, durch deren Wände der Gasaustausch stattfindet;* Syn. *Lungenbläschen* [< lat. *alveolus,* „kleine Wanne, kleine Mulde"]

am ⟨Präp. mit Art.⟩ **1** *an dem;* am Fluß; am Arm; am Abend **2** ⟨zur Bez. einer gerade stattfindenden Tätigkeit⟩ ich bin am Schreiben **3** ⟨zur Bildung des Superlativs⟩ am besten; am liebsten

Am ⟨chem. Zeichen für⟩ *Americium*

AM 1 ⟨Abk. für⟩ *Amplitudenmodulation* 2 ⟨Abk. für⟩ *Auslösemechanismus*

ama|bi|le ⟨Mus.⟩ liebenswürdig, lieblich [ital., zu *amare* „lieben"]

amagne|tisch ⟨Adj., o.Steig.⟩ nicht magnetisch, nicht magnetisierbar

Amal|gam ⟨n.1⟩ eine Quecksilberlegierung [< arab. *al-malgam* „die erweichende Salbe", < griech. *malagma* „Mittel zum Erweichen"]

Amal|ga|ma|ti|on ⟨f.10⟩ Gewinnung von Gold und Silber als Erz durch Lösen in Quecksilber [zu *Amalgam*]

amal|ga|mie|ren ⟨V.3, hat amalgamiert; mit Akk.⟩ 1 mit Quecksilber legieren 2 *aus Erzen durch Lösen in Quecksilber gewinnen;* Gold, Silber a. [zu *Amalgam*]

ama|rant ⟨Adj.⟩ dunkelrot [→ *Amarant*]

Ama|rant ⟨m.1⟩ 1 ⟨Sammelbez. für⟩ mehrere Vertreter einer Gattung der Amarantgewächse, meist mit roten, quastenartigen Blüten [< griech. *amarantos* „unverwelklich", nach der myst. Vorstellung von einer Blume, die nicht verblüht] 2 →*Violettholz* 3 *Prachtfinkenart* [wegen des roten Gefieders]

Ama|rel|le ⟨f.11⟩ eine Sauerkirschenart [< lat. *amarus* „bitter", vgl. *Marille*]

Ama|ryl ⟨m.1⟩ künstlich hergestellter, hellgrüner Korund

Ama|ryl|lis ⟨f., -, -len⟩ volkstümliche Sammelbez. für) Zierpflanze aus der Gattung Amaryllis oder Hippeastrum [griech., Name einer mythologischen Schäferin]

Ama|teur ⟨[-tør] m.1⟩ 1 *jmd., der eine Beschäftigung aus Liebhaberei, nicht beruflich, betreibt,* z.B. ~*fotograf* 2 *unbezahlter Sportler;* Ggs. *Profi, Berufssportler* [< frz. *amateur* „Liebhaber, Freund", < lat. *amator* in ders. Bed., zu *amare* „lieben"]

Ama|ti ⟨f.9⟩ Geige aus der Werkstatt der italienischen Geigenbauerfamilie Amati (16./17. Jahrhundert)

Amau|ro|se ⟨f.11⟩ Erblindung ohne irgendeine Lichtempfindung, „schwarzer Star" [< griech. *amaurosis* „Verdunkelung"]

Ama|zo|ne ⟨f.11⟩ 1 ⟨griech. Myth.⟩ Angehörige eines kriegerischen Frauenvolkes 2 ⟨übertr.⟩ Reiterin 3 ⟨Motorsport⟩ Fahrerin 4 sportliches, knabenhaftes Mädchen [< griech. *amazon* in ders. Bed., weitere Herkunft unsicher]

Am|bas|sa|deur ⟨[ãbasadør] m.1; †⟩ Botschafter, Gesandter [frz., < ital. *ambasciatore* in ders. Bed., < mlat. *ambascia, ambactia* „Dienst, Auftrag", < lat. *ambactus* „Dienstmann"]

Am|be ⟨f.11⟩ 1 ⟨Lotto⟩ Doppeltreffer; auch: ⟨österr.⟩ *Ambo* 2 ⟨Math.⟩ *Verbindung von zwei Zahlen in einer größeren Zahlenzusammenstellung* [< ital. *ambi... „beide, beid...", < lat. ambo „beide"]

Am|ber ⟨m.5 oder m.14⟩ → *Ambra*

am|bi|dex|ter ⟨Adj.⟩ mit beiden Händen gleich geschickt [< lat. *ambi* „zu beiden Seiten" und *dexter* „rechts"]

Am|bi|en|te ⟨n., -, nur Sg.⟩ 1 ⟨Malerei, bildende Kunst⟩ *Umgebung (einer Gestalt)* 2 ⟨allg.⟩ *Umwelt, Milieu* [< lat. *ambiens, ambientis*, zu *ambire* „herumgehen"]

Am|bi|gui|tät ⟨f.10, nur Sg.⟩ Zweideutigkeit, Doppelsinn [< lat. *ambiguitas* in ders. Bed., zu *ambiguus* „zwischen zweien schwankend", zu *ambigere* (eigtl. *ambi-agere*) „zweifeln, schwanken", < *ambi* „zu beiden Seiten" und *agere* „treiben"]

Am|bi|ti|on ⟨f.10, meist Pl.⟩ Ehrgeiz, Streben; in dieser Hinsicht habe ich keine ~en [< lat. *ambitio* „Bewerbung um ein Amt", zu *ambire* „bittend umhergehen"]

am|bi|tio|niert ⟨Adj.; nur als Attr. und mit „sein"; österr.⟩ ehrgeizig [→ *Ambition*]

am|bi|ti|ös ⟨Adj.⟩ ehrgeizig [→ *Ambition*]

Am|bi|tus ⟨m., -, -; Mus.⟩ Tonumfang (einer Stimme, eines Instruments, einer Melodie) [lat., „Umfang, Umkreis", zu *ambire* „rings umgeben"]

am|bi|va|lent ⟨Adj., o.Steig.⟩ doppelwertig *(und daher oft widersprüchlich);* ~*e Gefühle;* mein Verhältnis zu ihm ist a. [< lat. *ambi* „zu beiden Seiten" und *valens, valentis* „stark, mächtig", zu *valere* „mächtig sein"]

Am|bi|va|lenz ⟨f.10⟩ 1 ⟨von Gefühlen, Begriffen⟩ *Doppelwertigkeit, Zwiespältigkeit, Möglichkeit, auch das Gegenteil einzuschließen* 2 ⟨bei manchen Tieren⟩ *Fähigkeit, männlich oder weiblich zu reagieren (je nach dem Geschlecht des Partners)*

Am|bo[1] ⟨m.9, Pl. auch -ben, österr.⟩ → *Ambe* (1)

Am|bo[2], **Am|bon** ⟨m., -s, -bo|nen; in frühchristl. Kirchen⟩ *erhöhter Aufbau mit Lesepult (Vorläufer der Kanzel)* [< griech. *ambon* „Gefäßrand, erhöhter, ansteigender Gegenstand", angelehnt an *anabainein* „hinaufsteigen"]

Am|boß ⟨m.1⟩ 1 *stählerner Block als Unterlage zum Bearbeiten von Eisen* [< ahd. *anaboz*, zu *bozan* „schlagen", wörtlich „etwas, woran man schlägt"] 2 *mittleres der drei Gehörknöchelchen* [nach der amboßähnlichen Form]

Am|bra ⟨f.9⟩ für Duftstoffe verwendete Ausscheidung des Pottwals; auch: *Amber* [arab.]

Am|bro|sia ⟨f., -; griech. Myth.⟩ Speise der Götter, die Unsterblichkeit verleiht; vgl. *Nektar* (1)

am|bro|sisch ⟨Adj.⟩ himmlisch, göttlich

am|bu|lant ⟨Adj.⟩ 1 wandernd, umherziehend; ~*er Handel* Handel von Tür zu Tür; ~*es Gewerbe* nicht ortsgebundenes Gewerbe 2 während der Sprechstunde, nicht im Krankenhaus; Ggs. *stationär*; ~*e Behandlung* [< lat. *ambulans*, „umhergehend", zu *ambulare* „umhergehen", zu *ambi* „herum"]

Am|bu|lanz ⟨f.10⟩ 1 bewegliches Feldlazarett 2 Station für ambulante Behandlung im Krankenhaus 3 fahrbare Einrichtung für ärztliche Untersuchungen und Behandlungen 4 Krankenwagen

Am|bu|la|to|ri|um ⟨n., -s, -ri|en; DDR⟩ → *Ambulanz*

A. M. D. G. ⟨Abk. für⟩ *ad maiorem Dei gloriam*

Amei|se ⟨f.11⟩ meist ungeflügeltes Insekt, das Staaten mit Arbeitsteilung bildet [< ahd. *a..., ab...* „weg, fort, ab" und *meizan* „schneiden", da man die Tier beim „Abschneiden" von Pflanzenteilen beobachtete]

Amei|sen|bär ⟨m.10⟩ Vertreter einer Familie südamerikanischer Säuger, zahnlos, mit rüsselartiger Schnauze und langer, klebriger Zunge [irreführender Name, sie fressen meist Termiten und sind nicht bärenähnlich]

Amei|sen|gast ⟨m.2⟩ Gliederfüßer, der in Ameisennestern lebt

Amei|sen|hau|fen ⟨m.7⟩ überirdischer Bau einiger Ameisenarten

Amei|sen|igel ⟨m.5⟩ → *Schnabeligel*

Amei|sen|jung|fer ⟨f.11⟩ ein Netzflügler

Amei|sen|lö|we ⟨m.11⟩ Larve der Ameisenjungfer [scherzh. nach der Hauptbeute, saugt in Trichtern zum Abrutschen gebrachte Ameisen aus]

Amei|sen|säu|re ⟨f.11⟩ u. a. im Giftsekret der Ameisen enthaltene Säure

Ame|lie ⟨f.11⟩ angeborenes Fehlen von Gliedmaßen [< griech. *a...* „nicht" und *melos* „Glied"]

Ame|lio|ra|ti|on ⟨f.10⟩ Verbesserung (des Bodens) [zu *ameliorieren*]

ame|lio|rie|ren ⟨V.3, hat amelioriert; mit Akk.⟩ verbessern; den Boden a. [< frz. *améliorer* in ders. Bed., zu lat. *melior* „besser"]

Amel|korn ⟨n., -(e)s, nur Sg.⟩ → *Emmer*

amen ⟨Adv.⟩ *Gebetsschlußwort, Bekräftigungsformel;* zu allem ja und a. sagen *sich allem fügen;* sein Amen zu etwas geben *sein Einverständnis;* das ist so sicher wie das Amen in der Kirche [< hebr. *āmēn* „sicher, so sei es"]

amen|die|ren ⟨[amã-] auch [amɛn-] V.3, hat amendiert; mit Akk.⟩ etwas a. *ein Amendment zu etwas einreichen*

Amend|ment ⟨[əmɛnd-] m.9⟩ Zusatz-, Änderungsvorschlag *(zu einem Gesetz, in den USA auch zur Verfassung)* [engl., < frz. *amende-ment* in ders. Bed. sowie „Verbesserung", zu *amender* „verbessern", < lat. *emendare* „verbessern", zu *mendum* „Fehler"]

Ame|nor|rhö ⟨f.10⟩, **Ame|nor|rhoe** ⟨[-rø] f.11⟩ Ausbleiben der Regelblutung [< griech. *a...* „nicht" und *Menorrhö*]

Amen|tia ⟨[-tsja] f., -, -ti|en⟩, **Amenz** ⟨f., -, -zi|en⟩ *vorübergehende geistige Verwirrung* [< lat. *amentia* „Wahnsinn"]

Ame|ri|ci|um ⟨n., -, nur Sg.; Zeichen: Am⟩ künstlich hergestelltes chemisches Element, ein Transuran [nach *Amerika*, da es in den USA entdeckt wurde]

Ame|ri|ka|ner ⟨m.5⟩ 1 *Einwohner von Amerika (bes. der USA)* 2 *Gebäck in Form einer Halbkugel mit Zuckerguß auf der flachen Seite*

ame|ri|ka|ni|sie|ren ⟨V.3, hat amerikanisiert; mit Akk.⟩ nach amerikanischem Vorbild gestalten, amerikanisch machen

Ame|ri|ka|nis|mus ⟨m., -, -men⟩ 1 *in eine andere Sprache übernommene amerikanische Spracheigentümlichkeit* 2 *amerikanische Eigenart (in Lebensstil, Weltanschauung, Kultur, Wirtschaftsform usw.)*

Ame|ri|ka|nist ⟨m.10⟩ Wissenschaftler auf dem Gebiet der Amerikanistik

Ame|ri|ka|ni|stik ⟨f., -, nur Sg.⟩ Wissenschaft von der Kultur und den Sprachen der indianischen Urbevölkerung Amerikas sowie der USA

ame|ri|ka|ni|stisch ⟨Adj.⟩ zur Amerikanistik gehörend, auf ihr beruhend

Ame|thyst ⟨m.1⟩ violettes Mineral, Schmuckstein [< griech. *amethystos* „dem Rausch nicht verfallend", der Stein galt als Talisman gegen Trunkenheit]

Ame|tro|pie ⟨f.11⟩ Sehfehler infolge Abweichung von der normalen Brechkraft des Auges [< griech. *a...* „nicht" und *metron* „Maß" und *ops* „Auge"]

Ami|ant ⟨m.1⟩ ein feinfaseriges Mineral (als Asbest verwendet) [< griech. *amiantos* „unbefleckt, rein", weil er unverbrennbar ist und im Feuer zu reinigen ist]

Amid ⟨n.1⟩ chemische Verbindung des Ammoniaks mit basenähnlichem Charakter [< *Ammoniak* und ...*id*]

Amin ⟨n.11⟩ Verbindung des Ammoniaks mit organischen Molekülgruppen

Amino... ⟨in Zus.⟩ *die chemische Gruppe -NH₂- enthaltend* [zu *Amin*]

Ami|no|säu|re ⟨f.11⟩ Vertreter einer Gruppe von organischen Säuren

Ami|to|se ⟨f.11⟩ Zellteilung mit Kerndurchschnürung; Ggs. *Mitose* [< griech. *a...* „nicht" und *mitos* „Faden"]

ami|to|tisch ⟨Adj., o.Steig.⟩ auf Amitose beruhend

Am|mann ⟨m.4; schweiz.⟩ Gemeindevorsteher [< mhd. *amman*, verkürzt < *ambetman* „Diener, Gerichtsperson, Bürgermeister"]

Am|me ⟨f.11⟩ Frau, die eben ein Kind geboren hat und (neben ihrem eigenen) ein fremdes Kind stillt [< mhd. *amme*, < ahd. *amma*, „Mutter, sofern sie ein Kind nährt", wohl Lallwort, wie „Mama"]

Am|men|mär|chen ⟨n.7⟩ Kindermärchen, unglaubwürdige Geschichte (wie man sie Kindern erzählt)

Am|mer ⟨f.11⟩ Vertreter einer Unterfamilie der Finkenvögel [vermutlich zu →*Emmer*, nach der Nahrung]

Am|mo|ni|ak ⟨auch -[jak] österr. [amɔ-] n., -s, nur Sg.⟩ ein stechend riechendes Gas aus Wasserstoff und Stickstoff [< griech. *ammo-*

niakon ,,bitteres Harz" aus der Pflanze Dorema in der Oase Siwah in Libyen; der antike Name der Oase war *Ammonion*, da sich dort ein Heiligtum des ägypt. Gottes *Ammon* befand]

am|mo|nia|ka|lisch ⟨Adj., o.Steig.⟩ *Ammoniak enthaltend*

Am|mo|nit ⟨m.10⟩ *ausgestorbener, als Versteinerung erhaltener Kopffüßer mit spiralig gewundener Kalkschale;* Syn. *Ammonshorn* [nach den Widderhörnern des ägypt. Gottes *Ammon*]

Am|mo|ni|um... ⟨in Zus.⟩ *die chemische Gruppe NH$_4$ enthaltend* [zu *Ammoniak*]

Am|mons|horn ⟨n.4⟩ → *Ammonit*

Amne|sie ⟨f.11⟩ *dauernder oder vorübergehender Gedächtnisschwund* [< griech. *a...* ,,nicht" und *mneme*, Gen. *mnestis* ,,Gedächtnis, Erinnerung"]

Amne|stie ⟨f.11⟩ *Begnadigung, Straferlaß (durch Gesetz), Gnadenerlaß* [< griech. *amnestia* ,,Vergessen", < *a...* ,,nicht" und *mnestis* ,,Gedächtnis"]

amne|stie|ren ⟨V.3, hat amnestiert; mit Akk.⟩ *begnadigen* [→ *Amnestie*]

Am|nesty In|ter|na|tio|nal ⟨[ɛmnɪstɪ ɪntənɛʃənəl] f., - -⟩ *eine engl., internationale, überparteiliche Hilfsorganisation zur Betreuung politisch Verfolgter und Gefangener* [engl.]

Am|ni|on ⟨n., -s, nur Sg.⟩ *innerste Embryonalhülle der höheren Wirbeltiere;* Syn. *Schafhaut* [griech., ,,Opferschale zum Auffangen des Blutes der Opfertiere", zu *amnos* ,,Lamm"]

Am|nio|sko|pie ⟨f.11⟩ *Untersuchung des Fruchtwassers (mit einem optischen Gerät)* [< *Amnion* und griech. *skopein* ,,sehen, schauen, betrachten"]

Am|nio|te ⟨m.11, meist Pl.⟩ *Angehöriger einer der drei obersten Wirbeltierklassen (Säugetiere, Vögel, Reptilien), deren Embryonen sich in einem Amnion entwickeln;* Gs. *Anamnier*

am|nio|tisch ⟨Adj., o.Steig.⟩ *sich in einem Amnion entwickelnd*

Amö|be ⟨f.11⟩ *Vertreter einer Ordnung der Wurzelfüßer, einfacher Einzeller;* Syn. *Wechseltierchen* [< griech. *amoibe* ,,Wechsel"]

Amö|ben|ruhr ⟨f., -, nur Sg.⟩ *durch Amöben verursachte Tropenkrankheit*

amö|bo|id ⟨Adj., o.Steig.⟩ *einer Amöbe ähnlich*

Amok ⟨m., -s, nur Sg.⟩ *blinde, angreiferische Wut;* (nur in Wendungen) A. laufen *infolge Geistesstörung blindwütig umherlaufen und jeden angreifen, der in der Nähe ist;* A. fahren *blindwütig mit dem Auto umherfahren und jeden, der in der Nähe ist, überfahren sowie andere Autos rücksichtslos beschädigen;* er läuft A.; er fährt A. [< mal. *amok, amuk,* ,,Wutlauf, heftiger Angriff", zu *amuk* ,,wütend angreifen, vor Wut außer sich sein"]

Amok|fah|rer ⟨m.5⟩ *jmd., der Amok fährt*

Amok|lauf ⟨m.2⟩ *das Amoklaufen;* → *Amok*

Amok|läu|fer ⟨m.5⟩ *jmd., der Amok läuft*

a-Moll ⟨n., -, nur Sg.⟩ *auf dem Grundton a aufbauende Moll-Tonart*

Amo|ral ⟨f., -, nur Sg.⟩ *Fehlen von Moral* [< griech. *a...* ,,nicht" und *Moral*]

amo|ra|lisch ⟨Adj.⟩ *sich über moralische Grundsätze hinwegsetzend, ihnen gleichgültig gegenüberstehend;* vgl. *immoralisch*

Amo|ra|lis|mus ⟨m., -, nur Sg.⟩ *Gleichgültigkeit gegenüber moralischen Grundsätzen, Ablehnung von Moral überhaupt;* vgl. *Immoralismus, Antimoralismus*

Amo|ra|li|tät ⟨f., -, nur Sg.⟩ *amoralische Einstellung;* vgl. *Immoralität*

Amo|ret|te ⟨f.11⟩ *bildende Kunst*⟩ *Figur eines geflügelten Knaben mit Pfeil und Bogen* [zu *Amor*, dem röm. Gott der Liebe, mit frz. Verkleinerungsendung *...ette*]

Amor fa|ti ⟨in der Philos. Friedrich Nietzsches⟩ *Bejahung des eigenen Schicksals* [lat., ,,Liebe des Schicksals", d.h. zum Schicksal]

amo|ro|so ⟨Mus.⟩ *zärtlich, innig* [ital.]

amorph ⟨Adj.⟩ *formlos, gestaltlos* [< griech. *a...* ,,nicht" und *morphe* ,,Form, Gestalt"]

Amor|phie ⟨f.11⟩ **1** *Gestaltlosigkeit, Formlosigkeit* **2** ⟨Phys.⟩ *Zustand eines Stoffes zwischen festem und flüssigem Aggregatzustand* [zu *amorph*]

Amor|ti|sa|ti|on ⟨f.10⟩ *allmähliche Abtragung, Tilgung (einer Schuld)* [zu *amortisieren*]

amor|ti|sie|ren ⟨V.3, hat amortisiert; mit Akk.⟩ *allmählich tilgen;* eine Schuld a.; ein Gegenstand amortisiert sich *seine Anschaffungskosten werden schrittweise durch den Ertrag gedeckt* [< mlat. *amortizare, *amortare* ,,in die tote Hand überführen", < lat. *a...* ,,zu hin" und *mors*, Gen. *mortis*, ,,Tod"]

Amou|ren ⟨[amu-] f.10, Pl.⟩ *Liebschaften, Liebesabenteuer* [< frz. *amour* ,,Liebe"]

amou|rös ⟨[amu-] Adj., o.Steig.; nur als Attr. und mit ,,sein"⟩ **1** *mit Liebschaft(en) verbunden, Liebes...;* ~e Abenteuer **2** ⟨auch⟩ *viele Liebschaften habend, Liebesabenteuer suchend;* ~es Frauenzimmer [< frz. *amoureux* ,,verliebt", zu *amour* ,,Liebe"]

Am|pel ⟨f.11⟩ **1** *kleine Hängelampe* **2** ⟨kurz für⟩ *Verkehrsampel* [< lat. *ampulla* ,,kleines, bauchiges Gefäß"]

Am|pere ⟨[-pɛːɐ̯] n., -(s), -; Zeichen: A⟩ *Maßeinheit für elektrische Stromstärke* [nach dem frz. Physiker A. M. *Ampère*]

Am|pere|me|ter ⟨n.5⟩ *Meßinstrument für die Stärke des elektrischen Stromes* [< *Ampere* und *...meter*]

Am|pere|se|kun|de ⟨f.11; Zeichen: As⟩ *die Elektrizitätsmenge, die Strom von 1 Ampere in 1 Sekunde transportiert*

Am|pere|stun|de ⟨f.11; Zeichen: Ah⟩ *die Elektrizitätsmenge, die Strom von 1 Ampere in 1 Stunde transportiert*

Amp|fer ⟨m.5⟩ *Vertreter einer Gattung der Knöterichgewächse* [vermutlich zu germ. **ampra* ,,bitter, sauer", nach dem Geschmack der Blätter]

Am|phet|amin ⟨n.1⟩ *ein das Zentralnervensystem anregendes Benzedrin-Präparat* [gekürzt < *Alphamethylphenylethylamin*]

Am|phi|bie ⟨[-biə] f.11⟩ *Vertreter einer Klasse wechselwarmer Wirbeltiere mit nackter, drüsenreicher Haut und (meist) vier Beinen;* auch: *Amphibium;* Syn. *Lurch* [< griech. *amphibios* ,,beidlebig", da sie sowohl im Wasser als auch an Land leben können]

Am|phi|bi|en|fahr|zeug ⟨n.1⟩ *Fahrzeug, das sich zu Lande und zu Wasser fortbewegen kann*

am|phi|bisch ⟨Adj., o.Steig.⟩ **1** *zu den Amphibien gehörig, in der Art der Amphibien;* Syn. *beidlebig* **2** *im Wasser und auf dem Land einsetzbar;* ~e *Fahrzeuge*

Am|phi|bi|um ⟨n., -s, -bi|en⟩ → *Amphibie*

Am|phi|bol ⟨m.1⟩ *Vertreter einer Gruppe gesteinsbildender, meist dunkler Mineralien* [< griech. *amphibolos* ,,zweifelhaft, unsicher", weil die Gruppe sehr verschiedene Mineralien umfaßt]

Am|phi|bo|lit ⟨m.1⟩ *dunkles, oft grünschwarzes Gestein* [überwiegend aus dem *Amphibol*-Mineral Hornblende aufgebaut]

Am|phi|go|nie ⟨f.11⟩ *zweigeschlechtliche Fortpflanzung (durch Ei und Samen);* Ggs. *Monogenese* [< griech. *amphi* ,,zweifach" und *gone* ,,Erzeugung"]

am|phi|mik|tisch ⟨Adj., o.Steig.⟩ *durch Amphimixis entstanden*

Am|phi|mi|xis ⟨f., -, nur Sg.⟩ *Vermischung der Erbanlagen bei der Amphigonie* [< griech. *amphis* ,,zweifach" und *mixis* ,,Vermischung"]

Am|phi|o|le ⟨f.11; Wz.⟩ *Ampulle mit spritzfertigem Arzneimittel* [wahrscheinlich < *Ampulle* und *Phiole*]

Am|phi|o|xus ⟨m., -, nur Sg.⟩ → *Lanzettfischchen* [< griech. *amphis* ,,zweifach, beidseitig" und *oxys* ,,scharf, spitz", die Körperform ist vorn und hinten zugespitzt]

am|phi|pneu|stisch ⟨Adj., o.Steig.⟩ *durch Lungen und Kiemen atmend* [< griech. *amphis* ,,zweifach" und *pneuma* ,,Atem"]

Am|phi|po|de ⟨m.11⟩ → *Flohkrebs* [< griech. *amphi* ,,ringsherum, auf allen Seiten" und *pous*, Gen. *podos*, ,,Fuß"]

Am|phi|thea|ter ⟨n.5⟩ *(urspr. antikes) Theater unter freiem Himmel mit kreis- oder ellipsenförmigem Grundriß und ansteigenden Sitzreihen* [< griech. *amphi* ,,ringsherum" und *Theater*]

am|phi|thea|tra|lisch ⟨Adj., o.Steig.⟩ *in der Art eines Amphitheaters*

Am|pho|ra, Am|pho|re ⟨f., -, -pho|ren⟩ **1** *altgriechischer Krug mit engem Hals und zwei senkrechten Henkeln* **2** *antikes Flüssigkeitsmaß* [< griech. *amphoreus* ,,Krug mit zwei Henkeln", < *amphi* ,,beiderseits" und *phorein, pherein* ,,tragen"]

am|pho|ter ⟨Adj., o.Steig.⟩ *teils sauer, teils basisch reagierend* [< griech. *amphoteros* ,,beides, beiderseitig"]

Am|pli|fi|ka|ti|on ⟨f.10⟩ *Erweiterung, Ausdehnung, ausführlichere Darstellung* [zu *amplifizieren*]

am|pli|fi|zie|ren ⟨V.3, hat amplifiziert; mit Akk.⟩ *erweitern, ausdehnen, ausführlicher darstellen* [< lat. *amplificare* ,,erweitern", < *amplus* ,,geräumig, weit" und *...ficere (für facere)* ,,machen"]

Am|pli|tu|de ⟨f.11⟩ **1** *größter Ausschlag (eines schwingenden Körpers)* **2** *Schwingungsweite (einer Welle)* **3** *Schwankungsweite (einer Größe)* [< lat. *amplitudo* ,,Geräumigkeit, Weite", zu *amplus* ,,geräumig, weit"]

Am|pli|tu|den|mo|du|la|ti|on ⟨f.10; Abk.: AM⟩ *Beeinflussung der Schwingungsweite einer hochfrequenten Trägerwelle durch die zu übertragende niederfrequente Welle*

Am|pul|le ⟨f.11⟩ **1** (i.w.S.) *kleines, bauchiges Gefäß* **2** (i.e.S.) *zugeschmolzenes Glasröhrchen mit Arzneimittel zum Einspritzen* [< lat. *ampulla* ,,kleines, bauchiges Gefäß"]

Am|pu|ta|ti|on ⟨f.10⟩ *operative Abtrennung eines Körpergliedes* [zu *amputieren*]

am|pu|tie|ren ⟨V.3, hat amputiert; mit Akk.⟩ *durch operativen Eingriff abtrennen;* einen Arm, ein Bein a. [< lat. *amputare* ,,ringsum abschneiden", < *ambi* ,,herum" und *putare* ,,beschneiden"]

Am|sel ⟨f.11⟩ *ein Singvogel, Drosselart;* Syn. ⟨landsch., westmdt.⟩ *Merle*

Amt ⟨n.4⟩ **1** *bestimmter, dauernder Aufgabenkreis im öffentlichen Dienst; geistliches, öffentliches* A.; ein A. antreten, bekleiden, innehaben; sein A. niederlegen; jmdn. seines ~es entheben; er bleibt noch bis zum 1. 4. im A. **2** *Aufgabe, die man übertragen bekommen hat, Pflicht;* ein A. übernehmen **3** *öffentliche Dienststelle mit bestimmten Aufgaben* (Schul~, Finanz~); A. für Denkmalspflege **4** *Gebäude, in dem eine öffentliche Dienststelle untergebracht ist* **5** *Vermittlungsstelle für Telefongespräche bei der Post* (Fern~); das Fräulein vom A. **6** (in Betrieben) *freie Fernsprechleitung, die man durch Vermittlung der Telefonzentrale für ein Gespräch bekommt;* kann ich bitte ein A. haben?; es ist kein A. frei **7** (in einigen Bundesländern) *Verband mehrerer Gemeinden* **8** (kath. Kirche) *gesungene Messe*

Ämt|chen ⟨n.7; iron.⟩ *kleines, untergeordnetes Amt*

äm|ten ⟨V.2, hat geamtet⟩ → *amtieren*

am|tie|ren ⟨V.3, hat amtiert; o.Obj.⟩ *in einem öffentlichen Amt tätig sein;* auch: *amten;* ~der Bürgermeister; er amtiert dort als Schulrat

amt|lich ⟨Adj.⟩ zu einem Amt gehörig, darauf beruhend, von ihm ausgehend; ~e Mitteilung; ~e Bescheinigung; die Nachricht ist a. offiziell mitgeteilt; ein ~es Gesicht machen ⟨ugs.⟩ ein undurchdringliches, unpersönliches Gesicht; er wurde wieder a. er beendete das private Gespräch und benahm sich wieder als Vertreter seines Amtes

Amt|mann ⟨m.4, Pl. auch Amts|leu|te⟩ Verwaltungsbeamter im gehobenen Dienst

Amts|an|ma|ßung ⟨f.10⟩ unbefugte, strafbare Ausübung eines öffentlichen Amtes

Amts|arzt ⟨m.2⟩ beamteter oder behördlich angestellter Arzt, der zur Ausstellung von Gesundheitszeugnissen befugt ist

Amts|be|zeich|nung ⟨f.10⟩ Bezeichnung für jmdn., der ein bestimmtes Amt ausübt; seine A. ist „Studienrat"

Amts|bru|der ⟨m.6; auch als Anrede⟩ Kollege (eines Geistlichen)

Amts|deutsch ⟨n., -s, nur Sg.⟩ hölzernes, geschraubtes, unlebendiges Deutsch (der Behörden usw.)

Amts|ge|richt ⟨n.1⟩ unterste Instanz der deutschen Gerichtsbarkeit

Amts|hand|lung ⟨f.10⟩ Handlung bei der Ausübung eines öffentlichen Amtes (z.B. des Standesbeamten bei der Trauung)

Amts|mie|ne ⟨f.11⟩ unpersönlicher, undurchdringlicher Gesichtsausdruck bei der Ausübung eines öffentlichen Amtes; eine A. aufsetzen

Amts|per|son ⟨f.10⟩ jmd., der ein öffentliches Amt ausübt; ich komme als A. (nicht als Privatmann)

Amts|rich|ter ⟨m.5; früher⟩ Richter beim Amtsgericht

Amts|schim|mel ⟨m.5; übertr., Sinnbild für⟩ engstirnige Haltung von Amtspersonen, pedantische Umständlichkeit von Behörden; da wiehert der A.! da haben wir wieder einen Fall von engstirniger Haltung eines Amtes!; den A. reiten amtliche Formalitäten allzu genau einhalten [Herkunft unklar]

Amts|weg ⟨m.1⟩ → Dienstweg

Amts|zeit ⟨f.10⟩ Zeit, in der jmd. ein öffentliches Amt ausübt; vor, nach meiner A.

Amu|lett ⟨n.1⟩ am Körper getragener Gegenstand, dem eine schützende Wirkung zugeschrieben wird [< lat. amuletum „Abwehrmittel gegen Unheil", eigtl. amolimentum „(Erd-)Aufwurf", das (wohl der leichteren Sprechbarkeit wegen) vom Volksmund mit dem ähnlich klingenden amolum, amylum „Stärkemehl, Kraftmehl" zu amuletum verschmolzen wurde, obwohl beides nichts miteinander zu tun hat]

amü|sant ⟨Adj.⟩ vergnüglich, unterhaltend [< frz. amusant in ders. Bed., zu amuser „unterhalten", →amüsieren]

Amü|se|ment [amyzəmã] ⟨n.9⟩ Vergnügen, heiterer Zeitvertreib, belustigende Unterhaltung [< frz. amusement in ders. Bed., zu amuser „unterhalten", →amüsieren]

amü|sie|ren ⟨V.3, hat amüsiert; mit Akk.⟩ jmdn. oder sich a. erheitern, vergnügen [< frz. amuser „unterhalten, die Zeit vertreiben", zu muser „tändeln, trödeln, müßig sein"]

amu|sisch ⟨Adj., o.Steig.⟩ nicht musisch (veranlagt), ohne Sinn für Kunst, Literatur usw. [< griech. an... „nicht" und musisch]

Amyg|da|lin ⟨n., -s, nur Sg.⟩ blausäurehaltiger Geschmacksstoff in bitteren Mandeln, Apfelkernen u.a.

amy|lo|id ⟨Adj.⟩ stärkeähnlich [< amylum „Stärke" und ...oid]

Amy|lo|id ⟨n.1⟩ stärkeähnlicher Eiweißkörper, der sich als Zeichen einer Gewebsschädigung bildet [von Virchow gebildeter Name, zu →amyloid]

an I ⟨Präp. mit Dat., oft mit Art.: an dem (= am)⟩ **1** zu einem Ort, dicht in der Nähe; an der Straße wohnen; am Wald; Frankfurt am Main **2** zu einem Zeitpunkt; am 1. Januar; es war an einem Montag; am Montag, dem 3. 1.; am Anfang **3** ⟨in der Fügung⟩ von... an **a** von einem Punkt, Ort aus; von Rosenheim an wurde die Straße besser **b** von einem Zeitpunkt ab, seit; von heute an; von Kindheit an **4** beschäftigt mit; ich bin am Aufräumen **5** beschäftigt bei; Lehrer an einer Schule sein **6** ⟨zur Bez. des Besitzes oder Fehlens⟩ es fehlt ihm an Energie; Mangel an etwas leiden; was haben Sie an Wein vorrätig?; reich, arm an Bodenschätzen; Schuld an etwas haben **7** mit Hilfe des, der, von; er geht am Stock; ich habe an einem Stück genug **8** ⟨zur Bez. einer Beziehung, Zugehörigkeit zu jmdm. oder einer Sache⟩ an mir liegt es nicht; ich spüre es an seinem Verhalten; er hat etwas an sich, was mir gefällt; ich finde an der Sache nichts Böses; an dem Film ist nicht viel (dran) er ist nicht besonders gut **II** ⟨Präp. mit Akk.⟩ **1** zu einem Ort, in einer Sache, zu jmdm. hin; an die See fahren; an jmdn. schreiben, denken, glauben; geh an deine Arbeit! **2** bestimmt für; eine Frage, Bitte an jmdn. richten; einen Brief an jmdn. schreiben **3** ⟨bei Zahlenangaben⟩ ungefähr, fast; an die 20 DM; an die 100 Personen **III** ⟨mit Dat. oder Akk. in Verbindung mit bestimmten Verben⟩ leiden, sterben, kranken an etwas; zweifeln an etwas oder jmdn. **IV** ⟨Adv.; in den Fügungen⟩ ab und an und ab und zu; an und für sich eigentlich, im Grunde

Ana|bap|tis|mus ⟨m., -, nur Sg.⟩ Lehre einer christlichen Sekte und Praxis, bei der die Erwachsenentaufe üblich ist [< griech. ana „wieder" und baptizein „unter-, eintauchen", zu baptisma „Taufe, Waschung"]

Ana|bap|tist ⟨m.10⟩ Vertreter des Anabaptismus, Wiedertäufer

Ana|bio|se ⟨f., -, nur Sg.⟩ Überdauern und Wiederaufleben mancher Lebewesen nach längerem Scheintod [< griech. anabioun „wiederaufleben", zu bios „Leben"]

Ana|bo|lie ⟨f.11⟩ Erwerb neuer Merkmale im Laufe der Entwicklung des Individuums [< griech. anabole „Überwurf, Umhang, Mantel", also gewissermaßen „das Anlegen einer neuen Hülle"]

Ana|bo|li|kum ⟨n., -s, -ka; meist Pl.⟩ den Hormonen der Nebennierenrinde ähnliche Substanz (u.a. von Sportlern zur Kräftigung der Muskulatur eingesetzt) [< griech. anabole „(Erd-)Aufwurf", hier im Sinne von „Aufbaustoff"]

Ana|cho|ret ⟨[-ko-] m.10⟩ frühchristl. Bez. für⟩ Einsiedler [< griech. anachoresis „Rückzug, Zurückgezogenheit, Zufluchtsort"; < ana „zurück" und chorein „weichen, Platz machen"]

Ana|chro|nis|mus ⟨[-kro-] m., -, -men⟩ **1** falsche zeitliche Einordnung **2** nicht zeitgemäße Einrichtung [< griech. ana „über hin, überall drin, entgegen" und chronizein „eine Zeit zubringen, verweilen", zu chronos „Zeit"]

ana|chro|nis|tisch ⟨Adj.⟩ in einen Zeitabschnitt nicht hineingehörend

an|aer|ob ⟨[-ae-] Adj., o.Steig.⟩ **1** ohne Sauerstoff lebend; ~e Bakterien **2** ⟨Chem.⟩ ohne Sauerstoff ablaufend [< griech. an... „nicht" und aerob]

An|aer|o|bi|er ⟨[-ae-] m.5⟩, **An|aer|o|bi|ont** ⟨m.10⟩ niederes Lebewesen, das ohne Sauerstoff leben kann; Ggs. Aerobier [zu anaerob]

Ana|ge|ne|se ⟨f., -, nur Sg.⟩ Höherentwicklung im Laufe der Stammesgeschichte [< griech. ana „hinauf" und Genese]

Ana|gramm ⟨n.1⟩ Rätsel, bei dem die Buchstaben oder Silben eines Wortes (oder mehrerer zusammengehöriger Wörter) zu einem neuen Wort umgestellt werden müssen, z.B. Unart – Natur **2** Wort, das aus einer solchen Umstellung gebildet worden ist, z.B. der Name Voltaire aus Arouet l(e) j(eune). [eigtl. „Aufgeschriebenes", < griech. ana „auf" und gramma „Schriftzeichen, Geschriebenes, Buchstabe"]

ana|gram|ma|tisch ⟨Adj.; o.Steig.⟩ in der Art eines Anagramms

Ana|kon|da ⟨f.9⟩ am Wasser lebende, bis 8 m lange südamerikanische Boaschlange [wahrscheinlich zu singhales. henakandaya, Bez. für eine Schlange Ceylons, zu hena „Blitz" und kanda „Stamm, Stengel" und Suffix -ya]

An|aku|sis ⟨f., -, nur Sing.⟩ Taubheit [< griech. an... „nicht" und akousis „das Hören"]

anal ⟨Adj., o.Steig.⟩ **1** zum Anus gehörig, in der Nähe des Anus (gelegen) **2** ⟨Psych.⟩ interessiert an allem, was mit dem Anus zusammenhängt; ~e Phase (des Kindes) [< lat. anus „After", eigtl. „Kreis, Ring"]

Ana|lek|ten ⟨Pl.⟩ Sammlung von Aufsätzen oder von Auszügen aus Dichtwerken [< griech. ana „auf" und lektos „gesammelt", zu legein „lesen, sammeln"]

Ana|lep|ti|kum ⟨n., -s, -ka⟩ anregendes und belebendes Mittel [< griech. analeptikos „erquickend"]

ana|lep|tisch ⟨Adj.⟩ anregend, belebend

Anal|ero|tik ⟨f., -, nur Sg.; Psych.⟩ **1** frühkindliches Interesse am Anus **2** Fixierung der sexuellen Wünsche auf den Anus

An|al|ge|sie ⟨f. 11⟩ Schmerzlosigkeit, Aufhebung der Schmerzempfindung; auch: Analgie [< griech. an... „nicht" und Algesie]

An|al|ge|ti|kum ⟨n., -s, -ka⟩ schmerzstillendes Mittel [zu Analgesie]

an|al|ge|tisch ⟨Adj.⟩ schmerzstillend

An|al|gie ⟨f.11⟩ →Analgesie

ana|log ⟨Adj., o.Steig.⟩ ähnlich, entsprechend; das Wort „Kätzin" wurde a. zu den Wörtern „Löwin, Füchsin" gebildet; ~e Darstellung ⟨Phys.⟩ kontinuierliche Wiedergabe (z.B. in Form einer Kurve) einer veränderlichen Größe (z.B. der Temperatur)

Ana|lo|gie ⟨f.11⟩ Entsprechung, sinngemäße Anwendung oder Übertragung; die Wörter „Liege, Schreibe" wurden in A. zu Wörtern wie Leuchte, Speise gebildet [→ Analogon]

Ana|lo|gie|schluß ⟨m.2⟩, **Ana|lo|gis|mus** ⟨m., -, -men⟩ auf Vergleich oder Ähnlichkeit beruhender logischer Schluß

Ana|lo|gie|zau|ber ⟨m., -s, nur Sg.⟩ Zauberhandlung, deren Vorgehen dem erstrebten Ergebnis ähnelt (z.B. Tötung eines Menschen durch Zerstechen einer Puppe)

Ana|lo|gon ⟨n., -s, -ga⟩ ähnlicher Fall [< griech. analogos „übereinstimmend", eigtl. „der Vernunft entsprechend", < ana „hinauf, gemäß" und logos „Vernunft"]

Ana|log|rech|ner ⟨m.5⟩ Rechenmaschine, bei der zu verrechnende Größen durch ihnen entsprechende elektrische Größen dargestellt werden (z.B. 1 cm Weg entspricht 1 V Spannungsänderung)

An|al|pha|bet ⟨m.10⟩ jmd., der des Lesens und Schreibens unkundig ist [< griech. an... „nicht" und Alphabet]

An|al|pha|be|tis|mus ⟨m., -, nur Sg.⟩ Lese- und Schreibunkundigkeit

Ana|ly|sand ⟨m.10⟩ jmd., der sich einer psychotherapeutischen Analyse unterzieht

Ana|ly|sa|tor ⟨m.13; Phys.⟩ Vorrichtung zur Zerlegung von Schwingungen in ihre Einzelteile [zu Analyse]

Ana|ly|se ⟨f.11⟩ Zergliederung eines Ganzen in seine Teile und Untersuchung der Teile im Verhältnis zum Ganzen [< griech. analysis „Auflösung", < ana „auf" und lysis „Lösung"]

ana|ly|sie|ren ⟨V.3, hat analysiert; mit Akk.⟩ zergliedernd untersuchen

Ana|ly|sis ⟨f., -, nur Sg.⟩ zergliederndes Verfahren zur Lösung mathematischer Aufgaben

Ana|ly|tik ⟨f., -, nur Sg.⟩ Lehre von der Analyse, Kunst der Analyse

Ana|ly|ti|ker ⟨m.5⟩ jmd., der die Analytik beherrscht, der gut analysieren kann

ana|ly|tisch ⟨Adj., o.Steig.⟩ zergliedernd; Ggs. synthetisch (2)

An|ämie ⟨f.11; Med.⟩ Verminderung der roten Blutkörperchen oder ihres Farbstoffes; Syn. Blutarmut [< griech. anaimia „Blutleere, Blutlosigkeit", < an... „nicht" und haima „Blut"]

an|ämisch ⟨Adj., o.Steig.⟩ an Anämie leidend; Syn. blutarm

Ana|mne|se ⟨Med.⟩ Vorgeschichte der Krankheit (nach Angaben des Patienten); vgl. Katamnese [< griech. anamnesis „Gedächtnis, Erinnerung"]

anam|ne|stisch, ana|mne|tisch ⟨Adj., o.Steig.⟩ die Anamnese betreffend, auf ihr beruhend

An|am|ni|er ⟨m.5⟩ Wirbeltier, dessen Embryo sich ohne Amnion entwickelt; Ggs. Amniote [< griech. an... „nicht" und Amnion]

Ana|mor|phot ⟨m.10⟩ Linse, die bei Breitwand-Filmaufnahmen die Bilder verzerrt und bei der Vorführung wieder entzerrt [< griech. ana „zurück" und morphosis „äußere Form, Beschaffenheit"]

ana|mor|pho|tisch ⟨Adj.⟩ verzerrt

Ana|nas ⟨f.1⟩ 1 mittelamerikanisches Bromeliengewächs 2 dessen Frucht 3 ⟨bayr., österr.⟩ Gartenerdbeere mit großen Früchten [über port. < Tupi nana, anana]

Ana|päst ⟨m.1⟩ Versfuß aus zwei kurzen, unbetonten und einer langen, betonten Silbe [< griech. anapaistos „zurückgeschlagen", < ana „zurück" und paiein „schlagen"]

Ana|pher ⟨f.11⟩, **Ana|pho|ra** ⟨f., -, ...ra⟩ Wiederholung des ersten Wortes oder der ersten Wörter in aufeinanderfolgenden Sätzen (als Stilmittel), z.B. vieles kenn ich, vieles weiß ich; Ggs. Epiphora [< griech. anaphora „Erhebung, Aufsteigen", < ana „hinauf" und pherein „tragen"]

ana|pho|risch ⟨Adj., o.Steig.⟩ in der Art einer Anapher

An|aphro|di|si|akum ⟨n., -s, -ka⟩ den Geschlechtstrieb dämpfendes Mittel [< griech. an... „nicht" und Aphrodisiakum]

ana|phy|lak|tisch ⟨Adj., o.Steig.⟩ auf Anaphylaxie beruhend

Ana|phy|la|xie ⟨f.11⟩ Überempfindlichkeit gegen körperfremdes Eiweiß [< griech. ana „überall darin" und phylax „Wächter"]

An|ar|chie ⟨f.11⟩ Zustand der Gesetzlosigkeit, politische Unordnung [< griech. anarchia „Herrenlosigkeit", < an... „nicht" und arche „Herrschaft, Regierung"]

an|ar|chisch ⟨Adj., o.Steig.⟩ auf Anarchie beruhend

An|ar|chis|mus ⟨m., -, nur Sg.⟩ Lehre, die jede Staatsgewalt und -ordnung ablehnt

An|ar|chist ⟨m.10⟩ Vertreter des Anarchismus

an|ar|chi|stisch ⟨Adj., o.Steig.⟩ auf Anarchismus beruhend, ihn anstrebend

An|äs|the|sie ⟨f.11⟩ 1 Schmerzbetäubung (für chirurgische Eingriffe) 2 Schmerzempfindlichkeit [< griech. anaisthesia „Unempfindlichkeit, Gefühllosigkeit"]

an|äs|the|sie|ren ⟨V.3, hat anästhesiert; mit Akk.⟩ schmerzunempfindlich machen; auch: anästhetisieren

An|äs|the|sio|lo|gie ⟨f., -, nur Sg.⟩ Wissenschaft von der Anästhesie

An|äs|the|sist ⟨m.10⟩ Facharzt für Narkose [zu Anästhesie]

An|äs|the|ti|kum ⟨n., -s, -ka⟩ schmerzunempfindlich machendes Mittel [zu Anästhesie]

an|äs|the|tisch ⟨Adj., o.Steig.⟩ Anästhesie bewirkend, darauf beruhend

an|äs|the|ti|sie|ren ⟨V.3, hat anästhetisiert⟩ →anästhesieren

An|astig|mat ⟨m.1 oder n.1⟩ Photoobjektiv, das unverzerrte Bilder ermöglicht [< griech. an... „nicht" und Astigmatismus]

Ana|sto|mo|se ⟨f.11⟩ 1 Verbindung zwischen Adern, Lymphgefäßen und Nerven 2 Verbindung zwischen Blattnerven 3 operative Verbindung von Hohlorganen [< griech. anastomosis „Öffnung", zu stoma „Mund"]

Ana|them ⟨n.1⟩, **Ana|the|ma** ⟨n., -s, -thema|ta⟩ Kirchenbann, Verfluchung [< griech. anathema „Verfluchung", zu anatithenai „jmdm. etwas auflagen, aufbürden"]

Ana|tom ⟨m.10⟩ Wissenschaftler auf dem Gebiet der Anatomie

Ana|to|mie ⟨f.11⟩ 1 ⟨nur Sg.⟩ Wissenschaft vom Körperbau der Lebewesen 2 Lehrbuch darüber 3 Ausbildungsstätte für Anatomen an einer Universität 4 ⟨ugs.; bei Frauen⟩ Wuchs, Körperformen; im Schleiertanz bekam das Publikum den Anblick ihrer makellosen A. zu sehen [< griech. anatome „das Aufschneiden"]

ana|to|misch ⟨Adj., o.Steig.⟩ die Anatomie (1) betreffend, zu ihr gehörig, mit ihrer Hilfe

an|axi|al ⟨auch [an-] Adj., o.Steig.⟩ nicht in der Achsenrichtung angeordnet Ggs. axial [< griech. an... „nicht" und axial]

an|bah|nen ⟨V.1, hat angebahnt⟩ I ⟨mit Akk.⟩ etwas a. den Weg für etwas frei machen, etwas vorbereiten, in Schwung bringen; Verhandlungen a. II ⟨refl.⟩ sich a. sich zu entwickeln beginnen, sich öffnen; hier bahnt sich eine Möglichkeit, Entwicklung an

an|ban|deln, an|bän|deln ⟨V.1, hat angebandelt; mit Präp.obj.⟩ mit jmdm. a. mit jmdm. ein Liebelei beginnen

An|bau ⟨m., -(e)s, -bau|ten⟩ 1 ⟨nur.Sg.⟩ das Anbauen; A. eines Gebäudeteils; A. von Getreide 2 angebautes Gebäude, angebauter Gebäudeteil; ein Haus durch ~ten erweitern, verunstalten

an|bau|en ⟨V.1, hat angebaut⟩ I ⟨mit Akk.⟩ 1 durch Bauen anfügen; eine Garage, einen Raum a. 2 in großem Umfang anpflanzen; Getreide, Kartoffeln a. II ⟨o.Obj.⟩ ein Gebäude erweitern, vergrößern; wir müssen a.

An|bau|mö|bel ⟨n.5, meist Pl.⟩ Möbel, die durch später hinzufügbare Teile abgewandelt werden können

an|be|feh|len ⟨V.5, hat anbefohlen; mit Dat. und Akk.; †⟩ 1 jmdm. etwas a. dringend empfehlen, dringend raten 2 jmdm. jmdn. a. jmdn. jmds. Obhut übergeben; ich empfehle dir meine Kinder an

An|be|ginn ⟨m., -s, nur Sg.; poet.⟩ Beginn; ⟨in den Wendungen⟩ von A., seit A.

an|be|hal|ten ⟨V.61, hat anbehalten; mit Akk.⟩ am Körper behalten, nicht ausziehen; ich behalte den Mantel an

an|bei ⟨Adv.⟩ beigelegt; a. sende ich Ihnen eine Abschrift

an|bei|ßen ⟨V.8, hat angebissen⟩ I ⟨mit Akk.⟩ etwas a. den ersten Biß in etwas tun; einen Apfel a.; sie sieht zum Anbeißen aus ⟨ugs.⟩ niedlich und adrett II ⟨o.Obj.⟩ 1 in einen Köder beißen; der Fisch hat angebissen; heute beißt nichts an 2 ⟨übertr.⟩ sich verlocken lassen, auf ein Angebot eingehen; ich habe ihm den Vorschlag gemacht, und er hat angebissen

an|be|kom|men ⟨V.71, hat anbekommen; mit Akk.; ugs.⟩ anziehen können; Syn. ankriegen; ich bekomme die Handschuhe nicht an

an|be|lan|gen ⟨V.1, hat anbelangt; mit Akk.⟩ betreffen, anlangen [vermischt aus anlangen und veraltetem belangen „betreffen"]

an|be|que|men ⟨V.1, hat anbequemt; refl. mit Dat.⟩ sich einer Sache a. sich einer Sache fügen, sich mit einer Sache abfinden; du wirst dich der Vorschrift, seinem Willen, seinen Forderungen a. müssen

an|be|rau|men ⟨V.1, hat anberaumt; mit Akk.⟩ etwas a. einen Zeitpunkt für etwas bestimmen; er hat die Sitzung für 11 Uhr anberaumt

an|be|ten ⟨V.2, hat angebetet; mit Akk.⟩ 1 durch Gebet verehren; Gott, einen Götzen a. 2 jmdn. a. ⟨übertr.⟩ glühend verehren, verehrend lieben; er betet seine Frau an

An|be|ter ⟨m.5⟩ 1 jmd., der etwas oder eine Gottheit anbetet 2 ⟨übertr.⟩ jmd., der jmdn. verehrt; sie hat viele A.

An|be|tracht ⟨m.; nur mit „in" und Gen.⟩ in A. einer Sache im Hinblick auf eine Sache, wenn man sie berücksichtigt; in A. der Tatsache, der Möglichkeit, daß ..., will ich mich einverstanden erklären; in A. dessen solltest du zustimmen

an|be|tref|fen ⟨V.161, hat anbetroffen; mit Akk.⟩ betreffen; was unseren Plan anbetrifft, was dich anbetrifft, so ...

An|be|tung ⟨f., -, nur Sg.⟩ das Anbeten

an|bie|dern ⟨V.1, hat angebiedert; refl.⟩ sich (bei jmdm.) a. sich jmdm. überhöflich, aber aufdringlich nähern; er hat sich bei ihm angebiedert; ich warne dich, werde mich nicht a. **An|bie|de|rung** ⟨f., -, nur Sg.⟩

an|bie|ten ⟨V.13, hat angeboten; mit Akk.⟩ 1 ⟨jmdm.⟩ etwas a. a zum Essen oder Trinken reichen; jmdm. eine Tasse Kaffee a.; es wurden Getränke, belegte Brote angeboten b ⟨jmdm.⟩ etwas zeigen, was man verkaufen will; ein Haus zum Verkauf a. c mitteilen, daß man bereit ist, etwas zu geben; ich habe ihm meine Hilfe, Geld, meine Wohnung angeboten d es kam zu einer Ohrfeigen angeboten 2 sich a. mitteilen, daß man bereit ist, etwas zu tun; ich habe mich angeboten, ihn zur Bahn zu bringen; sie bietet sich Männern an sie treibt Prostitution

an|bin|den ⟨V.14, hat angebunden⟩ I ⟨mit Akk.⟩ mit Schnur befestigen; Syn. abbinden; einen Baum am Pfahl a.; ein Tier an einem Pflock a.; du kannst deine Kinder nicht a. du mußt ihnen einige Freiheit lassen; kurz angebunden kurz und abweisend; „...", antwortete er kurz angebunden; er war ziemlich kurz angebunden II ⟨mit Präp.obj.⟩ mit jmdm. a. Streit mit jmdm. anfangen

an|bla|sen ⟨V.16, hat angeblasen; mit Akk.⟩ 1 etwas oder jmdn. a. in Richtung auf etwas oder jmdn. blasen; der Wind bläst mich heftig an; blas mich nicht an mit deinem Schnupfen! 2 etwas a. a durch Blasen zum Lodern bringen; Feuer, Glut a. b durch Hornsignal das Zeichen zum Beginn geben; Ggs. abblasen; die Jagd a. c ein Blasinstrument a. probeweise einige Töne angeblasen, zu blasen beginnen 3 jmdn. a. ⟨übertr., ugs.⟩ barsch anreden, anfahren

An|blick ⟨m.1⟩ 1 das Anblicken; beim A. der festlich gedeckten Tafel; beim ersten A. 2 Bild (das man sieht, was sich den Augen darbietet); es war ein herrlicher, ein trostloser A.; der A. der frühlingshaften Landschaft; bei ihrem A. erschrak ich als ich sie sah

an|blicken ⟨-k|k-; V.1, hat angeblickt; mit Akk.⟩ etwas oder jmdn. a. den Blick auf etwas oder jmdn. richten

an|blin|ken ⟨V.1, hat angeblinkt; mit Akk.⟩ mit der Lichthupe einen mit Morsezeichen aufmerksam machen oder zu etwas auffordern

an|blit|zen ⟨V.1, hat angeblitzt; mit Akk.; übertr.⟩ jmdn. a. einen mit blitzenden Augen (zornig, kampflustig, empört) ansehen

an|boh|ren ⟨V.1, hat angebohrt⟩ I ⟨mit Akk.⟩ etwas a. ein Loch in einen Gegenstand bohren, ohne ihn ganz zu durchbohren II ⟨o.Obj.; ugs.⟩ sich vorsichtig erkundigen; ich will einmal (bei ihm) a., ob er bereit wäre

An|bot ⟨n.1; österr.⟩ →Angebot

an|brau|sen ⟨V.1, ist angebraust; o.Obj.⟩ heranbrausen, sich brausend nähern; Ggs. abbrausen; der Zug braust an; ⟨oft in der Wendung⟩ angebraust kommen; der Zug kam angebraust

an|bre|chen ⟨V.19⟩ I ⟨hat angebrochen; mit Akk.⟩ etwas a. 1 das erste Stück von etwas abbrechen und essen; ein Brot, eine Tafel Schokolade a. 2 das erste Glas von etwas ein-

anbrennen

gießen; eine Flasche Wein a.; eine angebrochene Flasche Wein **3** *zu verbrauchen beginnen;* einen Vorrat a. **4** *leicht brechen und nicht ganz durchbrechen;* er hat sich den Arm angebrochen **II** ⟨ist angebrochen; o.Obj.⟩ *beginnen;* der Tag, ein neues Zeitalter bricht an; bei ~der Morgendämmerung; ein angebrochener Abend *ein Abend, der nur zum Teil mit etwas ausgefüllt wurde;* was sollen wir mit dem angebrochenen Abend noch anfangen?

an|bren|nen ⟨V.20⟩ **I** ⟨hat angebrannt; mit Akk.⟩ *zum Brennen bringen;* eine Kerze, eine Zigarette a. **II** ⟨ist angebrannt; o.Obj.⟩ **1** *zu brennen beginnen:* das Holz brennt nicht an **2** *beim Kochen braun oder schwarz werden;* das Fleisch ist angebrannt; laß das Gemüse nicht a.!

an|brin|gen ⟨V.21, hat angebracht; mit Akk.⟩ **1** *herbeibringen, nach Hause bringen (meist überraschend oder nicht ganz erwünscht);* gestern brachte der Junge einen neuen Freund, einen Hund an, den er beherbergen sollte; er brachte eine Fuhre Holz an **2** *befestigen;* eine Lampe (an der Wand) a. **3** *machen, hinzufügen;* eine Verbesserung, Veränderung, Korrektur a. **4** *(bes. an offizieller Stelle) mitteilen;* eine Bitte, Beschwerde a. **5** *verkaufen, absetzen;* er bringt seine Ware gut, nicht a. **6** *zeigen, zur Schau stellen, vorweisen;* er will seine Kenntnisse, sein Wissen a. **7** ⟨süddt.⟩ *loswerden;* einen Gegenstand (bei jmdm.) a. **8** jmdn. a. *jmdm. eine Stellung verschaffen;* er hat seine Tochter in einem Kaufhaus als Verkäuferin angebracht; vgl. *angebracht*

An|bruch ⟨m.2; Pl. selten⟩ *das Anbrechen (II);* A. eines neuen Zeitalters; bei A. des Tages, der Nacht

an|brü|chig ⟨Adj., o.Steig.⟩ *in Fäulnis übergegangen;* ~es Wildbret, Holz

An|cho|vis ⟨[-ʃo-] f., -, -⟩ *kleine, eingesalzene Sardelle;* auch: *Anschovis* ⟨über ndrl. *ansjovis* in ders. Bed. letzlich < griech. *aphye* ,,kleine Fische verschiedener Art"]

An|cien ré|gime ⟨[ãsiɛ̃ reʒim] s., -, -; nur Sg.⟩ **1** *die absolutistische Regierung in Frankreich vor der Französischen Revolution* **2** *die höfische europäische Gesellschaft im 18. Jahrhundert* [frz., ,,altes Regime, alte Regierungsform"]

An|dacht ⟨f.10⟩ **1** ⟨nur Sg.⟩ *Versunkensein ins Gebet, Sammlung der Gedanken im Gebet;* jmds. A. nicht stören **2** ⟨nur Sg.⟩ *feierliche Stimmung, ehrfürchtiges Schweigen;* voller A. ein Kunstwerk betrachten **3** *kurzer Gottesdienst, kurze religiöse Feier* (Morgen~, Abend~)

an|däch|tig ⟨Adj.⟩ *voller Andacht*

an|dan|te ⟨Mus.⟩ *ruhig, schreitend;* a. con moto *ruhig, (doch) mit Bewegung* [ital., ,,gehend"]

an|dan|ti|no ⟨Mus.⟩ *etwas schneller als andante* [ital., Verkleinerungsform von *andante*]

an|dau|en ⟨V.1, hat angedaut; mit Akk.⟩ *zu verdauen beginnen;* Speichel daut die Nahrung bereits an; angedaute Speise *Speise, deren Verdauung begonnen hat*

an|dau|ern ⟨V.1, hat angedauert; o.Obj.⟩ *lange dauern, nicht aufhören, anhalten;* das schöne Wetter dauert an

an|dau|ernd ⟨Adj., o.Steig.⟩ **1** *lange dauernd, nicht aufhörend;* ~er Regen; ~e Kälte **2** *sehr häufig;* ~e Störungen; er kommt a. und fragt

An|den|ken ⟨n.7⟩ **1** ⟨nur Sg.⟩ *Gedenken, Erinnern,* zur A. an diesen Tag **2** *Gegenstand, der zu etwas erinnern soll;* Syn. *Souvenir;* ich schenke es dir als A.

an|de|ren|falls ⟨Adv.⟩ *im anderen Falle, sonst;* auch: *andernfalls;* wir müssen das Geld aufbringen, a. wird das Geschäft geschlossen

an|de|ren|orts ⟨Adv.⟩ *an anderen Orten;* auch: *andernorts;* a. ist das ganz genauso

an|de|ren|tags ⟨Adv.⟩ *am anderen Tag;* auch: *andrentags*

an|de|ren|teils ⟨Adv.⟩ → *andererseits*

an|de|re(r, -s) ⟨unbestimmtes Pron.⟩ auch: *andre(r, -s)* **1** *andersartig, nicht gleich, unterschiedlich;* der eine und der andere; dieser Mann war es nicht, ein anderer; dieses Bild ist ein anderes als das, das du neulich hier gesehen hast; andere behaupten, es sei nicht so gewesen; das ist etwas anderes; ich kann nichts anderes sagen als dies; ich bin anderer Meinung **2** *nächste(r, -s), folgende(r, -s), zweite(r, -s);* einer nach dem anderen; er stieg aus und bestieg ein anderes Auto; das machen wir ein anderes Mal; ein Mal ums andere *jedes zweite Mal;* am anderen Tag; zum einen – zum andern *erstens – zweitens;* zum einen ist er ein guter Musiker und zum andern auch ein geschickter Lehrer **3** *weitere(r, -s), sonstige(r, -s), übrige(r, -s);* er ging bald, aber alle anderen blieben noch; alles andere wirst du noch hören; unter anderem ⟨Abk.: u.a.⟩ *außer dem übrigen;* unter anderem will ich das neue Museum besuchen; und anderes ⟨Abk.: u.a.⟩ *und noch mehr, und sonstiges;* Kleidung, Schuhe und anderes; und anderes mehr ⟨Abk.: u.a.m.⟩

an|de|rer|seits ⟨Adv.⟩ *wenn man die andere Seite der Angelegenheit betrachtet, auf der anderen Seite, hingegen;* auch: *andrerseits, anderseits;* Syn. *anderenteils;* einerseits kann ich ihn verstehen, a. ärgert mich sein Verhalten

an|der|mal ⟨Adv.⟩ ein a. *ein anderes Mal, später;* wir sehen uns ein a.; auf ein a.!

än|dern ⟨V.1, hat geändert⟩ **I** ⟨mit Akk.⟩ eine Sache ä. *durch Hinzufügen, Wegnehmen oder Auswechseln anders machen, einer Sache eine andere Form, einen anderen Inhalt geben;* das müssen wir ä.; einen Mantel ä.; ich kann es nicht ä. *es geht nicht anders;* das ändert nichts an der Tatsache, daß ... **II** ⟨refl.⟩ sich ä. *anders werden;* er hat sich im Laufe der Jahre sehr geändert; das Wetter hat sich geändert

an|dern|falls ⟨Adv.⟩ → *anderenfalls*

an|dern|orts ⟨Adv.⟩ → *anderenorts*

an|dern|tags ⟨Adv.⟩ → *anderentags*

an|dern|teils ⟨Adv.⟩ → *anderenteils*

an|ders ⟨Adv.⟩ **1** *nicht gleich, nicht genauso, auf andere Weise, unterschiedlich;* wir machen das a.; a. aussehen, klingen, denken; er ist ganz a. als sein Bruder; er hatte – a. als ich – die Hoffnung schon aufgegeben **2** ⟨in Verbindung mit Frage- oder unbestimmtem Pron. oder mit Konj.⟩ *sonst;* wer a. als ich?; wie a. könnte das geschehen?; niemand a. als er; wer a. laufen will, wenn a. er nicht Gefahr laufen will, in einen falschen Verdacht zu geraten

an|ders|ar|tig ⟨Adj., o.Steig.⟩ *anders geartet, von anderer Art, anders aussehend, klingend usw.*

an|der|seits ⟨Adv.⟩ → *andererseits*

an|ders|her|um ⟨Adv.⟩ auch: ⟨ugs.⟩ *andersrum* **1** *nach der anderen Seite, in anderer Richtung;* er läuft jetzt a.; einen Gegenstand a. stellen, drehen **2** *mit der Vorderseite nach der anderen Seite;* der Schreibtisch steht jetzt a. **3** ⟨ugs.⟩ *homosexuell;* er ist a.

an|ders|wo ⟨Adv.⟩ → *woanders*

an|ders|wo|her ⟨Adv.⟩ → *woandersher*

an|ders|wo|hin ⟨Adv.⟩ → *woandershin*

an|dert|halb ⟨Num.; in Ziffern: 1½⟩ *ein-undeinhalb;* a. Tage *ein Tag und ein halber*

Än|de|rung ⟨f.10⟩ **1** *das Ändern;* ~en an einem Gebäude, Kleid, Manuskript vornehmen **2** *das Sichändern, das Anderswerden;* ich habe keine Ä. feststellen können; es ist keine Ä. des Zustandes eingetreten

an|der|wär|tig ⟨Adj., o.Steig.⟩ *woanders befindlich*

an|der|wärts ⟨Adv.⟩ **1** *woanders;* der Hof liegt a. **2** *anderswohin;* er wandte sich a.

an|der|weit ⟨Adv.⟩ → *anderweitig;* wir werden Sie a. entschädigen

an|der|wei|tig ⟨Adj., o.Steig.; nur als Attr. und Adv.⟩ als Adv. auch: *anderweit;* **1** *auf andere Weise;* ich habe dafür ~e Verwendung; ich werde das Geld a. verwenden **2** *woanders;* ich werde mich a. umsehen, erkundigen

an|deu|ten ⟨V.1, hat angedeutet; mit Akk.⟩ **1** etwas a. *vorsichtig, versteckt auf etwas hinweisen, etwas zu verstehen geben, ohne es deutlich auszusprechen;* er hat angedeutet, er wolle fort **2** *in großen Zügen mitteilen;* ich möchte meine Pläne nur a.

An|deu|tung ⟨f. 10⟩ *vorsichtiger, versteckter Hinweis;* er hat nur eine A., nur ~en gemacht; geheimnisvolle ~en

an|deu|tungs|wei|se ⟨Adv.⟩ *nur in Andeutungen, nicht deutlich;* er hat a. mitgeteilt, er habe eine Nachricht bekommen

an|dich|ten ⟨V.2, hat angedichtet⟩ **I** ⟨mit Akk.⟩ jmdn. a. *ein Gedicht an jmdn. richten, ein Gedicht mit jmdm. in Verbindung bringen* **II** ⟨mit Dat. und Akk.⟩ jmdm. etwas a. *von jmdm. (etwas Unwahres) behaupten;* er dichtet mir lauter Eigenschaften an, die ich nicht habe; die Tat ist ihm nur angedichtet worden

an|din ⟨Adj., o.Steig.⟩ *die Anden betreffend, zu ihnen gehörig, aus ihnen stammend;* ~e Kultur; ~e Musik der Ketschua-Indianer

An|dorn ⟨m.1⟩ *Lippenblütler des Mittelmeergebietes, Heilpflanze*

An|dor|ra|ner ⟨m.5⟩ *Einwohner Andorras*

an|dor|ra|nisch ⟨Adj., o.Steig.⟩ *Andorra betreffend, zu ihm gehörig, aus ihm stammend*

An|dra|go|gik ⟨f., -, nur Sg.⟩ *Erwachsenenbildung* [< griech. *aner,* Gen. *andros,* ,,Mann, Mensch" und *agoge* ,,Führung, Leitung, Erziehung"]

An|drang ⟨m., -(e)s, nur Sg.⟩ *das Andringen, Herandrängen, das Sichdrängen;* der A. der Besucher zur Kasse war groß; es herrschte starker, großer A.

an|drän|gen ⟨V.1, hat angedrängt; mit Präp.obj.⟩ gegen etwas a. *in Mengen zu etwas hin, gegen etwas drängen;* Syn. *andringen;* gegen die Absperrung a.

an|dre|hen ⟨V.1, hat angedreht⟩ **I** ⟨mit Akk.⟩ etwas a. **1** *durch Drehen, Schalten in Betrieb setzen;* Ggs. *abdrehen;* das Licht, das Radio a. **2** ⟨ugs.⟩ *zuwege bringen, möglich machen;* das will nicht, wie ich das a. soll **II** ⟨mit Dat. und Akk.⟩ jmdm. etwas a. *jmdn. durch List, Überredung o.ä. dazu bringen, daß er etwas kauft;* ich habe ihm das alte Auto angedreht; ich habe mir ein Auto a. lassen

and|re(r, -s) → *andere(r, -s)*

and|rer|seits ⟨Adv.⟩ → *andererseits*

an|drin|gen ⟨V.25, ist angedrungen; mit Präp.obj.⟩ → *andrängen*

An|dro|ga|met ⟨m.10⟩ *männliche Keimzelle* [< griech. *aner,* Gen. *andros,* ,,Mann" und *gametes* ,,Ehemann"; zu *gamein* ,,heiraten"]

an|dro|gyn ⟨Adj., o.Steig.⟩ *zweigeschlechtlich, zwitterig* [< griech. *androgynos* ,,Mannweib, Zwitter", < *aner,* Gen. *andros,* ,,Mann" und *gyne* ,,Frau"]

An|dro|gy|nie ⟨f.11⟩ *Ausbildung männlicher Geschlechtsmerkmale bei Frauen;* Ggs. *Gynandrie*

an|dro|hen ⟨V.1, hat angedroht; mit Dat. und Akk.⟩ jmdm. etwas a. *jmdm. drohen, daß man etwas tun, anwenden werde;* man hat ihm angedroht, daß ..., falls er nicht gehorcht; jmdm. Prügel, Gewalt a.

An|dro|hung ⟨f.10⟩ *das Androhen;* es ist nur unter A. von Gewalt erreicht

An|dro|lo|gie ⟨f.11⟩ *Wissenschaft von den (geschlechtsabhängigen) Männerkrankheiten;* Ggs. *Gynäkologie* [< griech. *aner,* Gen. *andros,* und ...*logie*]

An|druck ⟨m.1⟩ *Probedruck*

an|drücken (-k·k-; V.1, hat angedrückt; mit

Anforderung

Akk.⟩ *durch Drücken festmachen;* den Klebehaken fest a.

an|ecken ⟨-k|k-; V.1, ist angeeckt; o.Obj.⟩ **1** *an eine Ecke stoßen;* mit dem Auto a. **2** ⟨übertr.⟩ *Ärger, Mißfallen erregen;* er eckt mit seinen Ansichten, mit seinem schlechten Benehmen überall an

an|eignen ⟨V.1, hat angeeignet; mit Dat. (sich) und Akk.⟩ sich etwas a. **1** *sich etwas zu eigen machen, sich etwas (für immer) nehmen, von etwas Besitz ergreifen;* sich die Bücher einfach angeeignet, ohne zu fragen **2** *etwas lernen, studieren, bis man es beherrscht;* sich Kenntnisse, Fertigkeiten a.

an|ein|an|der ⟨Adv.⟩ *einer an den andern, einer am andern;* a. denken; a. vorbeireden einander mißverstehen; ⟨Zusammenschreibung mit dem folgenden Verb, wenn der Ton auf ,,aneinander" liegt⟩ ~stoßen

An|ek|do|te ⟨f.11⟩ *kurze, witzige, nicht unbedingt verbürgte, aber kennzeichnende Geschichte über eine Persönlichkeit* [< griech. *anekdotos* ,,noch nicht herausgegeben", < *an...*,,nicht" und *ekdidonai* ,,herausgeben, bekanntmachen", < *ek* ,,heraus, hinaus" und *didonai* ,,geben, schenken"]

an|ek|do|tisch ⟨Adj., o.Steig.⟩ *in der Art einer Anekdote, kurz, witzig und treffend*

an|ekeln ⟨V.1, hat angeekelt; mit Akk.⟩ jmdn. a. *jmdm. Ekel einflößen, jmds. Ekel erregen;* die schmutzige Wohnung ekelt mich an; sein Benehmen, der Kerl ekelt mich an

Ane|mo|ga|mie ⟨f.11⟩ *Bestäubung durch Wind* [< griech. *anemos* ,,Wind" und *gamein* ,,heiraten"]

Ane|mo|me|ter ⟨n.5⟩ *ein Windmeßgerät;* Syn. *Windmesser* [< griech. *anemos* ,,Wind" und *..neter*]

Ane|mo|ne ⟨f.11⟩ *Vertreter einer Gattung der Hahnenfußgewächse;* Syn. *Windröschen* [< griech. *anemos* ,,Wind", man sagt, die Blüten öffnen sich bei leichtem, warmem Wind]

an|emp|fun|den ⟨Adj., o.Steig.⟩ *nur als Attr. und mit ,,sein"⟩ ohne Widerstandskraft; a. für, gegen Erkältungen sein; die für Föhn besonders ~en Menschen **An|fäl|lig|keit** ⟨f., -, nur Sg.⟩

An|er|bie|ten ⟨n.7⟩ *Angebot, etwas zu tun oder zu geben;* ich nehme Ihr A. gern an

An|er|gie ⟨f.11⟩ **1** *Energielosigkeit* **2** *Reizunempfindlichkeit* **3** ⟨bei Energieumwandlungen⟩ *Teil der Energie, der durch Reibungs- u.ä. Verluste verlorengeht* [< griech. *an-...* ,,nicht" und *energos* ,,arbeitend, wirksam"]

an|er|gisch ⟨Adj.⟩ **1** *energielos* **2** *unempfindlich gegen Reize* [zu *Anergie*]

an|er|kannt ⟨Adj., o.Steig.⟩ *von allen gelobt, bejaht, als gut befunden;* ein ~er Fachmann; staatlich ~e Prüfung

an|er|kann|ter|ma|ßen ⟨Adv.⟩ *wie von allen anerkannt wird, nach allgemeinem Urteil;* seine Leistung ist a. die beste

an|er|ken|nen ⟨V.67, hat anerkannt; mit Akk.⟩ **1** etwas a. **a** *bejahen, billigen, richtig finden (und sich danach richten);* ich erkenne Ihre Forderungen an, ⟨auch, bes. in langen Sätzen⟩ ich anerkenne Ihre Forderungen; die Spielregeln a. **b** *loben, gutheißen, gut finden;* eine Leistung a.; jmds. Bemühungen a.; sich ~d äußern **2** jmdn. a. *jmdm. aufgrund seiner Leistung schätzen;* jmdn. als etwas a. *bestätigen, daß jmd. rechtmäßig etwas ist;* jmdn. als Staatsoberhaupt a.; ein Kind als das eigene a.

an|er|ken|nens|wert ⟨Adj.⟩ *so beschaffen, daß man es anerkennen sollte;* eine ~e Leistung; sein Bemühen ist a.

An|er|kennt|nis ⟨f.1⟩ *Anerkennung, Billigung*

An|er|ken|nung ⟨f., -, nur Sg.⟩ **1** *das Anerkennen, Lob;* sich voller A. äußern **2** *das Anerkanntwerden;* um seine A. ringen

Ane|ro|id ⟨n.1⟩, **Ane|ro|id|ba|ro|me|ter** ⟨n.5⟩ *Luftdruckmesser, bei dem eine (fast) luftleere Dose durch den Luftdruck von außen verformt wird* [< griech. *an...* ,,nicht, ohne" und *aer* ,,Luft"]

An|ero|sie ⟨f.11⟩ *Fehlen des Geschlechtstriebes* [< griech. *an...* ,,nicht" und *eros* ,,Liebe, Verlangen"]

an|er|zie|hen ⟨V.187, hat anerzogen; mit Dat. und Akk.⟩ jmdm. (oder sich) etwas a. *durch Erziehung beibringen, angewöhnen;* einem Kind gute Manieren, Ordnung, Pünktlichkeit a.

Aneur|ie ⟨f.11⟩ *Nervenschwäche* [< griech. *a...* ,,nicht" und *neuron* ,,Nerv"]

Aneu|rin ⟨n., -s, nur Sg.⟩ → *Thiamin* [< *anti...* und *Polyneuritis* und *Vitamin*]

An|eu|rys|ma ⟨n., -s, -men oder -ma|ta⟩ *sackartige Erweiterung einer Schlagader* [< spätgriech. *aneurynein* ,,sich ausdehnen"]

an|fa|chen ⟨V.1, hat angefacht; mit Akk.⟩ *zum Brennen, zum Lodern bringen;* das Feuer, die Glut (wieder) a.; jmds. Leidenschaft a. ⟨übertr.⟩ *schüren*

an|fah|ren ⟨V.32⟩ **I** ⟨hat angefahren; mit Akk.⟩ **1** etwas a. **a** *mit dem Fahrzeug herbeibringen;* Ggs. *abfahren;* eine Ladung Holz a. **b** *auf etwas zufahren;* einen Ort a.; eine Kurve mit zu großer Geschwindigkeit a. **2** jmdn. oder etwas a. *durch Fahren anstoßen, beschädigen, verletzen;* einen anderen Wagen, einen Fußgänger a. **3** jmdn. a. ⟨ugs.⟩ *barsch, heftig, zornig anreden;* fahr mich nicht so an! **II** ⟨ist angefahren; o.Obj.⟩ **1** *zu fahren beginnen;* der Wagen fuhr an **2** *sich im oder auf dem Fahrzeug nähern;* ⟨bes. in der Fügung⟩ angefahren kommen; er kam mit seinem neuen Fahrrad angefahren

An|fahrt ⟨f.10⟩ **1** *das Herbei-, Heranfahren;* die A. des Taxis muß mit bezahlt werden **2** *Strecke, auf der man heranfährt;* man hat bis dorthin eine lange A. **3** *Zeit, die man zum Heranfahren braucht;* zwei Stunden A.

An|fall ⟨m.2⟩ **1** ⟨Med.⟩ *plötzliches, vorübergehendes Auftreten eines krankhaften Zustandes* (Asthma~, Tobsuchts~) **2** *plötzliche Laune;* in einem A. von Großmut **3** *das, was anfällt (II);* A. von Arbeit, von Kosten

an|fal|len ⟨V.33⟩ **I** ⟨hat angefallen; mit Akk.⟩ *überfallen, angreifen;* der Tiger hat den Dompteur angefallen **II** ⟨ist angefallen; o.Obj.⟩ *entstehen, sich ergeben;* es fällt zur Zeit viel Arbeit an; ⟨den Kosten; der ~de Müll

an|fäl|lig ⟨Adj., nur als Attr. und mit ,,sein"⟩ *ohne Widerstandskraft;* a. für, gegen Erkältungen sein; die für Föhn besonders ~en Menschen **An|fäl|lig|keit** ⟨f., -, nur Sg.⟩

An|fang ⟨m.2⟩ **1** *etwas Erstes, das, was zuerst kommt, Ursprung, Beginn;* der A. einer Geschichte, einer Krankheit; am A., zu A. hatte ich noch große Mühe; aller A. ist schwer; die Anfänge der Menschheitsentwicklung; den A. machen *der erste sein, etwas beginnen;* das ist der A. vom Ende **2** *die ersten Tage, die erste Zeit (eines Zeitraums);* A. April; A. des Jahres; A. nächster Woche

an|fan|gen ⟨V.34, hat angefangen⟩ **I** ⟨mit Akk.⟩ **1** etwas a. *mit etwas beginnen, etwas in Gang bringen;* eine Arbeit a.; eine Geschichte (zu schreiben, zu erzählen) a.; einen Brief a.; er fing an zu heulen; etwas mit jmdm. a. ⟨ugs.⟩ *eine Liebschaft mit jmdm. beginnen;* mit jmdm. nichts a. können *keine Berührungspunkte, keinen Gesprächsstoff mit jmdm. finden* **2** *zuwege bringen, machen, tun;* wie soll ich das a.?; was soll ich jetzt a.?; ich kann mir ihrer freien Zeit nichts a. **II** ⟨o.Obj.⟩ **1** *etwas zu tun beginnen;* fang an!; mit einer Arbeit a. **2** *seinen Anfang haben;* wo fängt der Wald an **3** *in Gang, in Bewegung kommen;* die Sache fing damit an, daß ...; die Vorstellung fängt um acht Uhr an

An|fän|ger ⟨m.5⟩ *jmd., der eine Ausbildung anfängt, der am Beginn einer Ausbildung steht*

an|fäng|lich ⟨Adj., o.Steig., nur als Attr. und Adv.⟩ *am Anfang;* seine ~e Schüchternheit ist vorbei; a. machte er noch viele Fehler, ⟨dafür meist⟩ *anfangs*

an|fangs **I** ⟨Adv.⟩ *am Anfang;* a. hatte ich große Schwierigkeiten **II** ⟨Präp. mit Gen.⟩ *am Anfang, zu Anfang;* a. des Jahrhunderts

An|fangs|buch|sta|be ⟨m., -ns, -n⟩ *erster Buchstabe (eines Wortes);* Ggs. *Endbuchstabe*

An|fangs|grün|de ⟨m.2, Pl.⟩ *Grundlagen;* die A. einer Wissenschaft

an|fas|sen ⟨V.1, hat angefaßt⟩ **I** ⟨mit Akk.⟩ **1** etwas oder jmdn. a. **a** *mit der Hand berühren* **b** ⟨übertr.⟩ *in bestimmter Weise behandeln;* jmdn. hart, streng a.; eine Sache vorsichtig a.; verkehrt a. **2** etwas a. ⟨Gefängnisjargon⟩ *stehlen, eine Straftat begehen;* ein Ding a.; ich fasse nichts mehr an **3** jmdn. a. *bei der Hand nehmen, an der Hand fassen;* komm, faß mich mal an!; wenn wir über die Straße gehen, mußt du mich a. **II** ⟨o.Obj.; ugs.⟩ *zupacken, helfen;* er kann kräftig mit a. komm, faß mal mit an! **III** ⟨refl.⟩ sich a. *bei Berührung auf bestimmte Weise wirken;* Syn. *angreifen;* der Stoff faßt sich hart, weich, rauh, wie Seide an

an|fecht|bar ⟨Adj., o.Steig.⟩ *nur als Attr. und mit ,,sein"⟩ so beschaffen, daß man es anfechten kann;* ein ~es Urteil; die Entscheidung ist nicht a.

an|fech|ten ⟨V.35, hat angefochten; mit Akk.⟩ **1** etwas a. *die Gültigkeit von etwas bestreiten, Einspruch gegen etwas erheben;* ein Urteil, ein Testament a. **2** *etwas ficht jmdn. an beunruhigt jmdn., macht jmdn. angst;* das ficht mich nicht an, kann mich nicht a.; ich lasse es mich nicht a.

An|fech|tung ⟨f.10⟩ **1** *das Anfechten, Einspruch* **2** *Versuchung, Verlockung;* ~en ausgesetzt sein

an|fein|den ⟨V.2, hat angefeindet; mit Akk.⟩ jmdn. a. *jmdm. feindlich begegnen, ihn feindselig behandeln*

An|fein|dung ⟨f.10⟩ *das Anfeinden, das Angefeindetwerden;* ~en ausgesetzt sein

an|fer|ti|gen ⟨V.1, hat angefertigt; mit Akk.⟩ *sachgemäß machen, herstellen;* ein Kleid a.; Möbel a. **An|fer|ti|gung** ⟨f.10⟩

an|feu|ern ⟨V.1, hat angefeuert; mit Akk.⟩ *energisch ermuntern, durch Zuruf antreiben* **An|feue|rung** ⟨f., -, nur Sg.⟩

an|fi|xen ⟨V.1, hat angefixt; mit Akk.⟩ *zum Fixen verleiten*

an|fle|hen ⟨V.1, hat angefleht; mit Akk.⟩ *flehend, inständig bitten;* jmdn. um Hilfe a.

an|flie|gen ⟨V.38⟩ **I** ⟨mit Akk.; hat angeflogen⟩ etwas a. **1** *sich im Flugzeug einem Ort nähern;* wir fliegen jetzt München an **2** jmdn. a. ⟨poet.⟩ *gefühlsmäßig berühren, überkommen;* Furcht flog mich an **II** ⟨mit Dat.; ist angeflogen⟩ etwas fliegt jmdm. an ⟨ugs.⟩ *setzt sich in ihm fest, ohne daß er es merkt;* die Erkältung ist mir angeflogen **III** ⟨o.Obj.; ist angeflogen⟩ *durch Wind als Samen herangetragen werden;* diese Birkengruppe ist angeflogen

An|flug ⟨m.2⟩ **1** *das Anfliegen, Heranfliegen;* A. feindlicher Flugzeuge; beim A. auf die Stadt **2** *Strecke, auf der man heranfliegt;* einen weiten A. haben **3** *Andeutung, kaum spürbarer Ausdruck;* mit einem A. von Stolz, von Trauer **4** *Verbreitung (von Samen) durch Wind* **5** *Pflanzen, die aus angeflogenem Samen entstanden sind*

an|for|dern ⟨V.1, hat angefordert; mit Akk.⟩ etwas a. *die Zusendung von etwas fordern;* Unterlagen a.

An|for|de|rung ⟨f.10⟩ **1** *das Anfordern;* ich habe die Unterlagen erst auf A. hin bekommen **2** *Forderung, Anspruch;* ~en an jmdn. stellen *von jmdm. fordern, daß er etwas tut, etwas leistet;* den ~en nicht gewachsen sein; in diesem Beruf werden hohe ~en gestellt

127

Anfrage

An|fra|ge ⟨f.11⟩ *Frage, Bitte um Auskunft;* eine A. an jmdn. richten; eine A. im Parlament einbringen

an|fra|gen ⟨V.1, hat angefragt; o.Obj.⟩ *jmdm. eine Frage stellen, sich mit einer Frage an jmdn. wenden;* bei jmdm. a., ob ...

an|freun|den ⟨V.2, hat angefreundet; refl.⟩ sich (mit jmdm.) a. *Freundschaft mit jmdm. schließen, jmds. Freund(in) werden;* ich habe mich mit ihm angefreundet; die beiden haben sich angefreundet

an|füh|len ⟨V.1, hat angefühlt⟩ **I** ⟨mit Akk.⟩ etwas a. *prüfend betasten;* fühl mal den Stoff an, wie weich er ist **II** ⟨refl.⟩ *sich a. beim Betasten ein bestimmtes Gefühl vermitteln;* sich weich, hart, rauh, glatt a.; das fühlt sich wie Samt, wie Papier an

An|fuhr ⟨f., -, nur Sg.⟩ *das Herbeibringen mittels Fahrzeugs;* A. von Waren

an|füh|ren ⟨V.1, hat angeführt; mit Akk.⟩ **1** etwas oder eine Gruppe a. *der Anführer davon sein, etwas lenken, leiten;* ein Heer, ein Rudel, einen Festzug, einen Polonaise a. **2** etwas a. **a** *wörtlich wiedergeben, zitieren;* eine Stelle aus einem Buch a.; am angeführten Ort ⟨Abk.: a.a.O.⟩ *eine bereits zitierte Stelle* **b** *sagen, mitteilen;* einen Grund für etwas a.; zu meiner Entlastung kann ich a., daß ... **3** jmdn. a. ⟨übertr.⟩ *zum besten haben, veralbern, foppen*

An|füh|rer ⟨m.5⟩ **1** *jmd., der etwas oder eine Personengruppe anführt* **2** *Tier, das ein Rudel, eine Gruppe anführt*

An|füh|rung ⟨f.10⟩ **1** ⟨nur Sg.⟩ *Führung, Leitung;* der Trupp rückte unter A. eines Unteroffiziers vor **2** *Wörtliche Wiedergabe, Zitierung* **3** *Wort oder Satz in Anführungszeichen* **4** ⟨kurz für⟩ *Anführungszeichen*

An|füh|rungs|stri|che ⟨m.1, Pl.⟩, **An|füh|rungs|zei|chen** ⟨n.7, Pl.⟩ *Zeichen vor und hinter einem wörtlich wiedergegebenen oder hervorzuhebenden Wort oder Satz;* einen Satz in A. setzen; das sage ich jetzt in A. ⟨übertr.⟩ *das meine ich nicht ganz ernst*

an|fül|len ⟨V.1, hat angefüllt; mit Akk.⟩ *ganz füllen, bis zum Rand füllen*

an|fun|ken ⟨V.1, hat angefunkt; mit Akk.⟩ *mittels Funkspruchs anrufen, aufmerksam machen*

An|ga|be ⟨f.11⟩ **1** *Mitteilung, Auskunft, Aussage;* können Sie darüber nähere ~n machen?; ohne weitere ~ **2** ⟨Tennis, Tischtennis⟩ **a** *Recht, eine bestimmte Anzahl von Schlägen zuerst auszuführen;* er hat A. **b** *Art und Weise, wie diese Schläge ausgeführt werden;* er hat eine gute A. **3** ⟨nur Sg.; übertr.⟩ *Prahlerei, Aufschneiderei, Wichtigtuerei;* das ist alles nur A.

an|gän|gig ⟨Adj., o.Steig.; mit „sein" und selten als Attr.⟩ *erlaubt, zulässig;* das ist nicht a.; nicht ~es Benehmen

an|ge|ben ⟨V.45, hat angegeben⟩ **I** ⟨mit Akk.⟩ **1** etwas a. *mitteilen, sagen, behaupten, Auskunft über etwas geben;* können Sie a., wann Sie ...?; Namen und Adresse a.; das Gerät gibt die Geschwindigkeit an; er gibt an, es nicht gewußt zu haben **2** ⟨in der Wendung⟩ den Ton a. ⟨Mus.⟩ *einen Ton anschlagen, nach dem die Instrumente gestimmt werden oder nach dem der Chor zu singen beginnt* **b** ⟨übertr.⟩ *in einer Gesellschaft oder Gruppe maßgebend sein, bestimmen* **3** jmdn. a. *verraten, bei einer offiziellen Stelle, einem Vorgesetzten melden, denunzieren* **II** ⟨o.Obj.; übertr.⟩ *prahlen, großsprecherisch reden, sich wichtig tun;* gib nicht so an!

An|ge|ber ⟨m.1⟩ **1** *jmd., der andere angibt, verrät* **2** ⟨ugs.⟩ *jmd., der angibt, Prahler, Wichtigtuer*

An|ge|be|rei ⟨f.10⟩ *das Angeben (II), Prahlerei, Wichtigtuerei*

an|ge|be|risch ⟨Adj.⟩ *prahlerisch, wichtigtuerisch*

An|ge|bin|de ⟨n.5⟩ *kleines Geschenk* [es wurde früher dem Beschenkten um den Hals oder an den Arm gebunden]

an|geb|lich ⟨Adj., o.Steig.; nur als Attr. und Adv.⟩ *wie behauptet wird, vermeintlich;* der ~e Verfasser; er ist a. dort gewesen

an|ge|bo|ren ⟨Adj.⟩ *bei der Geburt vorhanden;* vgl. *erworben,* → *erwerben (3)*

An|ge|bot ⟨n.1⟩ Syn. ⟨österr.⟩ *Anbot* **1** *Vorschlag, etwas zu kaufen, etwas anzunehmen;* ein günstiges A.; jmds. A. annehmen, ablehnen; ich mache dir folgendes A., mir zu helfen **2** *Gesamtheit der Waren, die jmd. anbietet;* ein reichhaltiges A. (an Schuhen, Obst); A. und Nachfrage

an|ge|bracht ⟨Adj.; mit „sein" und selten als Attr.⟩ *passend, angemessen, sinnvoll;* eine kurze Antwort wäre wohl a.; diese Bemerkung war nicht a.; ein so hohes Trinkgeld ist nicht a.; eine sehr ~e Maßnahme

an|ge|dei|hen ⟨V.; nur in der Wendung⟩ jmdm. etwas a. lassen *jmdm. etwas zuteil werden, zugute kommen lassen, gewähren, geben;* jmdm. eine gute Erziehung, liebevolle Pflege a. lassen; er hat ihm eine gediegene Schulbildung a. lassen

An|ge|den|ken ⟨n., -s, nur Sg.⟩ *Gedenken, Erinnerung;* jmdm. ein treues A. bewahren; jmdn. in gutem A. behalten; seligen ~s ⟨urspr.⟩ *verstorben;* unser Großvater seligen ~s; seligen ~s ⟨noch scherzh.⟩ *vor langer Zeit;* meine erste Liebe seligen ~s

an|ge|gan|gen ⟨Adj., o.Steig.; nur als Attr. und mit „sein"⟩ *in Fäulnis übergehend;* ~es Obst

an|ge|gos|sen ⟨Adj.; nur in der Fügung⟩ wie a. *genau passend;* die Schuhe sitzen wie a.

an|ge|graut ⟨Adj., o.Steig.; nur als Attr. und mit „sein"⟩ *leicht ergraut, etwas grau;* ~es Haar; sein Haar ist schon a.

an|ge|grif|fen ⟨Adj.⟩ *schlapp, erschöpft, elend;* sie ist, fühlt sich nach der Operation noch etwas a.; a. aussehen

an|ge|hei|ra|tet ⟨Adj., o.Steig.; nur als Attr. und mit „sein"⟩ *durch Heirat verwandt;* ein ~er Onkel; dieser Onkel ist a.

an|ge|hei|tert ⟨Adj.⟩ *infolge Alkoholgenusses sehr heiter, leicht betrunken, beschwipst*

an|ge|hen ⟨V.47, ist angegangen⟩ **I** ⟨mit Akk.⟩ **1** eine Sache a. *versuchen, mit einer Sache fertig zu werden;* ein Problem energisch, zielbewußt a.; ich weiß nicht, wie ich die Arbeit a. soll **2** etwas a. **a** *angreifen;* jmdn. von unten her, von hinten a. **b** *betreffen, berühren;* das geht dich nichts an!; das geht mich nichts an; was deine Bitte angeht, so kann ich dir leider nicht helfen **II** ⟨o.Obj.⟩ **1** *anfangen, losgehen;* das Theater geht um acht Uhr an **2** *anfangen zu brennen, zu leuchten, zu spielen;* das Licht, das Radio geht an; das Feuer geht nicht an **3** ⟨unpersönl., mit „es" und „daß"⟩ *sich gehören, sich ziemen, anständig sein;* es geht nicht (recht) noch an, daß ... *es ist noch zu entschuldigen, zu vertreten, zu rechtfertigen* **III** ⟨mit Präp.obj.⟩ **1** gegen etwas a. *sich gegen etwas zur Wehr setzen, Widerstand leisten, etwas bekämpfen;* gegen Maßnahmen, Mißstände a. **2** gegen jmdn. a. *jmdn. (mit Worten oder Tat) angreifen* **3** jmdn. um etwas a. *um etwas bitten;* jmdn. um Geld, um Hilfe a.

an|ge|hend ⟨Adj., o.Steig.; nur als Attr.⟩ *kurz vor Ende der Entwicklung, der Ausbildung stehend;* ein Jurist, Künstler

an|ge|hö|ren ⟨V.1, hat angehört; mit Dat.⟩ **1** *einer Gemeinschaft a. Mitglied, Teilnehmer einer Gemeinschaft sein;* einer Partei, Delegation, der Regierung a. **2** jmdm. a. ⟨†⟩ *eng verbunden mit ihm sein;* einem Mann a.

An|ge|hö|ri|ge(r) ⟨m., f.17 bzw. 18⟩ **1** *jmd., der zu einer Gemeinschaft angehört;* Angehöriger einer Partei, eines Vereins **2** *enger Verwandter;* ein Angehöriger von mir; meine Angehörigen

An|ge|klag|te(r) ⟨m., f.17 bzw. 18⟩ *jmd., der einer Straftat beschuldigt und gegen den das Hauptverfahren eröffnet worden ist*

an|ge|knackst ⟨Adj., o.Steig.; ugs.⟩ **1** *angebrochen* **2** ⟨übertr.⟩ *von Krankheit oder Leiden gezeichnet, angegriffen;* ~e Gesundheit; sich a. fühlen

an|ge|krän|kelt ⟨Adj., o.Steig.⟩ *leicht krank, nicht mehr ganz gesund, nicht mehr voll widerstandsfähig*

an|ge|kratzt ⟨Adj., o.Steig. ugs.⟩ *nicht mehr jung und kräftig, vom beginnenden Alter gezeichnet*

An|gel ⟨f.11⟩ **1** *Rute für den Fischfang* **2** *Zapfen, um den sich Türen oder Fenster drehen;* eine Tür aus den ~n heben; du kannst die Welt nicht aus den ~n heben *du kannst die Welt nicht ändern, nicht umstürzen*

an|ge|le|gen ⟨Adj.; nur in der Wendung⟩ sich a. sein lassen *sich um etwas eingehend kümmern, sich bemühen;* ich werde es mir a. sein lassen, die Sache aufzuklären

An|ge|le|gen|heit ⟨f.10⟩ *Sache, die jmdn. angeht, Geschehnis, Begebenheit, Fall;* in welcher A. kommen Sie? was ist der Grund Ihres Kommens, was wünschen Sie zu besprechen?; das ist meine, nicht deine A.

an|ge|le|gent|lich ⟨Adv.⟩ **1** *dringlich, sehr interessiert, nachdrücklich;* sich a. nach etwas od. jmdm. erkundigen **2** *gelegentlich, beiläufig*

An|gel|ha|ken ⟨m.5⟩ *gebogener Draht mit Widerhaken an der Spitze (zum Angeln)*

An|ge|li|ka ⟨f.9⟩ → *Engelwurz* [< lat. *angelica* (herba) „Engelskraut"; sie galt als Heilmittel („Engel") gegen Gifte]

an|geln ⟨V.1, hat geangelt⟩ **I** ⟨o.Obj.⟩ *mit der Angel Fische fangen;* er angelt gern **II** ⟨mit der Angel fangen⟩ Forellen a. **III** ⟨mit Präp.obj.; ugs.⟩ nach etwas a. *versuchen, etwas zu ergreifen, suchend nach etwas tasten;* sie angelte nach dem Schlüssel in ihrer Tasche **IV** ⟨refl.; ugs.⟩ *mit Mühe oder Geschick zu erreichen, zu bekommen suchen;* sich die besten Stücke von der Aufschnittplatte a.; sich einen Mann a.

an|ge|lo|ben ⟨V.1, hat angelobt; mit Dat. und Akk.; †⟩ **1** jmdm. etwas a. *geloben, feierlich versprechen* **2** jmdm. a., etwas zu tun **3** jmdn. a. *weihen, zu eigen versprechen;* ein Mädchen oder sich einem Mann a.

An|ge|lo|bung ⟨f.10; österr.⟩ → *Fahneneid*

An|gel|punkt ⟨m.1⟩ **1** *Punkt, um den sich etwas dreht, Drehpunkt* **2** ⟨übertr.⟩ *wichtigster Punkt, Ausgangspunkt*

an|gel|säch|sisch ⟨Adj., o.Steig.⟩ *die germanischen Stämme der Angeln, Sachsen und Jüten betreffend, zu ihnen gehörig, von ihnen stammend*

an|ge|mes|sen ⟨Adj.⟩ *entsprechend, richtig zugemessen;* ~e Entschädigung; sein Gehalt ist seiner Leistung (nicht) a.; jmdn. a. entlohnen

an|ge|nehm ⟨Adj.⟩ *so, wie man es gern hat, erfreulich, wohltuend;* sei ~ Gefühl; er hat ein ~es Wesen; haben Sie eine ~e Reise gehabt?; das ist mir nicht a.; eine Zeit a. verbringen

An|ger ⟨m.5⟩ *freier Grasplatz im oder am Dorf, Gemeindeweide*

An|ger|dorf ⟨n.4⟩ *um einen Anger angelegtes Dorf*

An|ge|schul|dig|te(r) ⟨m., f.17 bzw. 18⟩ *jmd., der einer Straftat beschuldigt und gegen den öffentlich Klage erhoben worden ist*

an|ge|se|hen ⟨Adj.⟩ *Ansehen genießend, geachtet, geschätzt;* aus einer ~en Familie stammen; er ist bei allen Kollegen a.

An|ge|sicht ⟨n.1⟩ **1** → *Gesicht (1);* im Schweiße meines ~s (1. Buch Mosis, 3, 19) ⟨scherzh.⟩ *mit großer Anstrengung;* jmdm. von A. zu A. gegenüberstehen **2** *Anblick;* im A. der Gefahr, des Todes

an|ge|sichts ⟨Präp. mit Gen.⟩ **1** *beim An-*

blick; a. dieser schönen Landschaft **2** *im Hinblick auf, wenn man berücksichtigt;* a. seiner Reue solltest du nicht so streng mit ihm sein; a. der Tatsache, daß ...

an|ge|sof|fen ⟨Adj.⟩ *österr., derb) betrunken*

an|ge|spannt ⟨Adj.⟩ **1** *mit großer Aufmerksamkeit, voller Spannung;* a. lauschen **2** *mit Anstrengung;* a. arbeiten **3** *gesammelt;* mit ~er Aufmerksamkeit **4** *gefährlich, bedenklich;* ~e politische Lage; die Lage ist a.

an|ge|stammt ⟨Adj.; nur als Attr. und mit „sein"⟩ **1** *ererbt;* ~es Eigentum **2** *seit langem geltend;* ~e Rechte

an|ge|tan ⟨Adj.; in der Wendung⟩ *von etwas oder jmdm. a. sein angenehm berührt sein, Gefallen an etwas oder jmdm. finden;* ich bin von ihm, von dem Film, von seinem freundlichen Wesen sehr a.; ich bin davon nicht sehr a. [zu *antun*]

An|ge|trau|te(r) ⟨m., f.17 bzw. 18⟩ → *antrauen*

an|ge|trun|ken ⟨Adj., o. Steig.⟩ *leicht betrunken*

An|ge|wen|de ⟨n.5⟩ *Streifen am Rand des Ackers zum Wenden und Abstellen der Ackergeräte*

an|ge|wöh|nen ⟨V.1, hat angewöhnt; mit Akk.⟩ *jmdm. oder sich etwas a. zur Gewohnheit machen;* ich habe dem Kind angewöhnt, seine Spielsachen selbst aufzuräumen; er hat sich leider diese affektierte Sprechweise angewöhnt

An|ge|wohn|heit ⟨f.10⟩ *etwas, was man sich angewöhnt hat;* schlechte ~en; seine A., alles sofort wegzuräumen

An|gi|na ⟨f., -, -nen⟩ *fieberhafte Mandel-Rachen-Entzündung;* Syn. (†) Halsbräune; A. pectoris *Erkrankung oder Verengung der Herzkranzgefäße mit Schmerzen in der linken Brustseite und Angstzuständen* [< lat. *angina* „Halsentzündung", < griech. *agchone* „das Erdrosseln, würgende Angst;* die Angst, Gen. pectoris „Brust", übertr. „Herz"]

An|gio|gramm ⟨n.1⟩ *Röntgenbild der Blutgefäße* [< griech. *aggeion* „Gefäß" und ...gramm]

An|gio|lo|gie ⟨f., -, nur Sg.⟩ *Wissenschaft von den Blutgefäßen* [< griech. *aggeion* „Gefäß" und ...logie]

An|gi|om ⟨n.1⟩ *Geschwulst an Blut- und Lymphgefäßen* [< griech. *aggeion* „Gefäß"]

An|gio|sper|men ⟨Pl.⟩ → *Bedecktsamer* [< griech. *aggeion* „Gefäß" und *sperma* „Samen"]

An|glaise ⟨[ãglɛz] f.11⟩ *alter englischer Gesellschaftstanz* [frz., „englisch"]

an|glei|chen ⟨V.55, hat angeglichen; mit Dat. und Akk.⟩ **1** *etwas einer Sache a. gleich- oder ähnlich machen;* die Gehälter denen anderer Branchen a. **2** *sich einem anderen oder einer anderen Sache a. ähnlich werden wie jmd. oder etwas;* sie hat sich ihm in ihrer langen Ehe angeglichen; die Farben haben sich einander angeglichen **An|glei|chung** ⟨f.10⟩

Ang|ler ⟨m.5⟩ **1** *jmd., der angelt, jmd., der Angelsport betreibt* **2** →*Anglerfisch*

Ang|ler|fisch ⟨m.1⟩ *Vertreter einer Familie von Salzwasserfischen;* Syn. Angler, Seeteufel [er „angelt" Beutetiere mit einem Anhang der Rückenflossenstachel, der wie ein Köder wirkt]

an|glie|dern ⟨V.1, hat angegliedert; mit Dat. und Akk.⟩ *einem Ganzen a. als Glied hinzufügen;* einen kleinen Staat einem größeren a.

An|glie|de|rung ⟨f.10⟩ *das Angliedern, das Angegliedertwerden*

an|gli|ka|nisch ⟨Adj., o.Steig.; nur als Attr.⟩ ~e Kirche *englische Staatskirche* [< engl. Anglicans < lat. Angli „Angeln" (Engländer)]

an|gli|sie|ren ⟨V.3, hat anglisiert; mit Akk.⟩ *nach englischem Muster gestalten;* auch: englisieren

An|glist ⟨m.10⟩ *Wissenschaftler auf dem Gebiet der Anglistik*

An|gli|stik ⟨f., -, nur Sg.⟩ *Wissenschaft von der englischen Sprache und Kultur*

An|gli|zis|mus ⟨m., -, -men⟩ *in eine andere Sprache übernommene englische Spracheigentümlichkeit,* z.B. „einmal mehr" aus „once more" (eigtl. „noch einmal")

An|glo|ame|ri|ka|ner ⟨m.5⟩ *Amerikaner englischer Abstammung*

An|glo-Ame|ri|ka|ner ⟨m.5, Pl.; Sammelbez. für⟩ *Engländer und Amerikaner*

an|glo-ame|ri|ka|nisch ⟨Adj., o.Steig.⟩ *Engländer und Amerikaner betreffend, zu ihnen gehörend*

An|glo|ma|nie ⟨f., -, nur Sg.⟩ *übertriebene Vorliebe für alles Englische* [< lat. Angli „Angeln" (Engländer) und Manie]

an|glo|phil ⟨Adj.⟩ *allem Englischen zugeneigt, englandfreundlich*

An|glo|phi|lie ⟨f., -, nur Sg.⟩ *Vorliebe für alles Englische* [< lat. Angli „Angeln" (Engländer) und ...philie]

an|glo|phob ⟨Adj.⟩ *allem Englischen abgeneigt, englandfeindlich*

An|glo|pho|bie ⟨f., -, nur Sg.⟩ *Abneigung gegen alles Englische* [< lat. Angli „Angeln" (Engländer) und Phobie]

An|go|la|ner ⟨m.5⟩ *Einwohner Angolas*

an|go|la|nisch ⟨Adj., o.Steig.⟩ *Angola betreffend, zu ihm gehörig, aus ihm stammend*

An|go|ra... ⟨in Zus.⟩ *feine, lange Haare besitzend* [nach *Angora*, dem früheren Namen der türk. Stadt Ankara, da die Angoraziege zuerst in der Gegend von Angora gezüchtet wurde; später auf andere Haustierrassen übertragen]

An|go|ra|ka|nin|chen ⟨n.7⟩ *eine Hauskaninchenrasse* [→ Angora...]

An|go|ra|kat|ze ⟨f.11⟩ *eine Hauskatzenrasse* [→ Angora...]

An|go|ra|wol|le ⟨f.11⟩ *das Haar von Angorakaninchen und Angoraziege* [→ Angora...]

An|go|ra|zie|ge ⟨f.11⟩ *eine Hausziegenrasse* [→ Angora...]

An|go|stu|ra ⟨m.9⟩ *aus der Rinde des Angosturabaums gewonnener Bitterlikör* [nach dem früheren Namen der venezolanischen Stadt Ciudad Bolívar]

an|grei|fen ⟨V.59, hat angegriffen⟩ **I** ⟨mit Akk.⟩ **1** *etwas a.* **a** *mit der Hand fest berühren, prüfend betasten;* greif den Stoff mal an, wie rauh er ist **b** *zu verbrauchen beginnen;* einen Vorrat, die Ersparnisse a. **c** *langsam beschädigen, zerstören;* Säure greift Holz an **d** *teilweise stehlen, veruntreuen;* ihm anvertraute Gelder angegriffen **e** *entschlossen zu tun beginnen;* eine Sache energisch, richtig, falsch a.; alles, was er angreift, gelingt ihm **2** *etwas oder jmdn. a.* **a** *einen Kampf mit etwas oder jmdm. beginnen, etwas oder jmdn. überfallen;* jmdn. mit den Fäusten, mit einem Messer a.; eine Stadt mit Bomben a. **b** *scharf kritisieren;* jmdn., jmds. Äußerungen (heftig) a. **3** *jmdn. a. sehr ermüden;* die lange Reise hat mich angegriffen **II** ⟨o.Obj.⟩ **1** *einen Kampf beginnen* **2** ⟨Sport⟩ *die Führung des Spiels übernehmen* **III** ⟨refl.⟩ sich a. → *anfassen* (III)

An|grei|fer ⟨m.5⟩ *jmd., der etwas oder jmdn. angreift*

An|griff ⟨m.1⟩ **1** *das Angreifen, Beginn eines Kampfes oder Wettkampfes* **2** *scharfe Kritik;* ich will mich keinen ~en aussetzen **3** ⟨in der Wendung⟩ *etwas in A. nehmen etwas zu tun beginnen, etwas energisch anpacken;* eine Arbeit, Aufgabe in A. nehmen **4** ⟨Sport⟩ *derjenige Teil einer Mannschaft, der angreift;* Ggs. Verteidigung

an|grif|fig ⟨Adj.⟩ → *angriffslustig*

An|griffs|flä|che ⟨f.11⟩ → *Angriffspunkt* (2)

an|griffs|lu|stig ⟨Adj.⟩ *gern angreifend, geneigt, bereit zum Angriff;* Syn. angriffig

An|griffs|punkt ⟨m.1⟩ **1** *Punkt, an dem ein Angriff stattfindet* **2** *Möglichkeit, Anlaß zum Angreifen;* Syn. Angriffsfläche; ich will ihm keine ~e bieten; die Kritiker fanden an dem Roman, Theaterstück viele, keine ~e

angst ⟨urspr. Subst.; nur als Adv. und mit „sein" und „werden"⟩ *ängstlich, bange;* du machst mir a. *du machst mich ängstlich;* dabei kann einem a. und bange werden; mir ist a.

Angst ⟨f.2⟩ *Gefühl des Bedrohtseins, Ausgeliefertseins, starke Unruhe, große Sorge;* A. haben; A. vor etwas oder jmdm. haben; A. um jmdn. haben

äng|sten ⟨V.2, hat geängstet; †⟩ *ängstigen*

Angst|geg|ner ⟨m.5⟩ *Person oder Mannschaft, gegen die im Wettkampf aus nicht erklärbaren Gründen meist schlechte Ergebnisse erzielt werden*

Angst|ha|se ⟨m.11⟩ *sehr ängstlicher, vorsichtiger Mensch;* Syn. Angstmeier, Bangbüx

äng|sti|gen ⟨V.1, hat geängstigt⟩ **I** ⟨mit Akk.⟩ *jmdn. ä. jmdm. Angst einflößen, jmdn. in große Sorge versetzen;* sein langes Ausbleiben ängstigt mich **II** ⟨refl.⟩ **1** *Angst haben;* sich vor etwas ä. **2** *sich große Sorgen machen;* sich um jmdn. ä.

Angst|kauf ⟨m.2⟩ *Kauf aus Angst vor Knappwerden oder Verschwinden einer Ware vom Markt*

ängst|lich ⟨Adj.⟩ **1** *etwas Angst habend;* ä. zurückweichen **2** *übermäßig vorsichtig, scheu, schüchtern;* ~es Kind; sei nicht so ä.! **3** *übermäßig genau;* Vorschriften ä. einhalten; dabei brauchen Sie nicht so ä. zu sein **Ängst|lich|keit** ⟨f., -, nur Sg.⟩

Angst|mei|er ⟨m.5; ugs., verächtlich⟩ →*Angsthase*

Angst|pa|ro|le ⟨f.11⟩ *Äußerung, die Angst erzeugen soll;* ~n verbreiten

Ång|ström ⟨[ɔŋ-] auch [aŋ-] n., -s, -⟩

Ång|ström|ein|heit ⟨[aŋ-] f.10; Zeichen: Å⟩ *offiziell nicht mehr zulässige Maßeinheit für die Wellenlänge von Licht- und Röntgenstrahlen* [nach dem schwed. Physiker A.J. Ångström]

angst|voll ⟨Adj.⟩ *voller Angst*

an|gucken ⟨-k|k-; V.1, hat angeguckt⟩ →*anschauen*

an|gu|lar ⟨Adj., o.Steig.⟩ *zu einem Winkel gehörig, eckig* [< lat. *angularis* „eckig, winkelig"]

An|guß ⟨m.2; Hüttenwesen⟩ *erster Guß, Beginn des Gießens*

Anh. ⟨Abk. für⟩ *Anhang* (1)

an|ha|ben ⟨V.60, hat angehabt⟩ **I** ⟨mit Akk.⟩ **1** *etwas a. angezogen haben, am Körper tragen;* eine Hose, Jacke a.; er hatte nichts an **II** ⟨mit Dat. und Akk.⟩ *jmdm. etwas a. können jmdm. schaden, jmdn. stören, verletzen können;* er kann mir nichts a.; der Wind, die Kälte konnte mir nichts a.

an|haf|ten ⟨V.2, hat angehaftet; mit Dat.⟩ **1** *einem Gegenstand a. fest an einem Gegenstand haften, hängen, kleben;* dem Anzug haften noch immer Schmutzreste an; dem Kissen haftet ein eigenartiger Geruch an **2** *jmdm. a. mit jmdm. verbunden sein, an jmdm. hängen;* ihm haftet immer noch der Verdacht des Diebstahls an

An|halt ⟨m.1⟩ **1** *etwas zum Festhalten, Halt, Stütze;* ich fand bei dem Sturz keinen A. **2** →*Anhaltspunkt*

an|hal|ten ⟨V.61, hat angehalten⟩ **I** ⟨mit Akk.⟩ **1** *etwas a. zum Stehen, Stillstand bringen;* einen Wagen, die Uhr a.; er hält die Luft a. **2** *jmdn. a. jmdn. ansprechen und zum Stehenbleiben bringen* **II** ⟨o.Obj.⟩ **1** *stehenbleiben, aufhören, sich zu fahren;* der Wagen hielt an **2** *nicht aufhören, andauern;* der Sturm hielt die ganze Nacht an **III** ⟨mit Dat. und Akk.⟩ *jmdm. etwas a. et-*

was unmittelbar vor oder an jmdn. halten; halt mir doch mal den Stoff, die Bluse an **IV** ⟨mit Präp.obj.; †⟩ um ein Mädchen a. *ein Mädchen oder dessen Eltern fragen, ob man es heiraten darf* **V** ⟨mit Akk. und Präp.obj.⟩ jmdn. zu etwas a. *jmdn. häufig ermahnen, etwas zu tun;* ein Kind zur Pünktlichkeit a. jmdn. zur Arbeit a. **VI** ⟨refl.⟩ sich a. *sich festhalten*

An|hal|ter ⟨m.5; ugs.⟩ *jmd., der einen Kraftwagen anhält, um kostenlos ein Stück mitgenommen zu werden;* einen A. einsteigen lassen; per A. fahren

An|halts|punkt ⟨m.1⟩ Syn. *Anhalt* **1** *etwas, wonach man sich richten kann, Kennzeichen;* ich finde keinen A., ob wir auf dem richtigen Weg sind **2** *Begründung;* ich kann für diese Vermutung keinen A., keine ~e nennen; sein Verhalten bietet keinen A., keinerlei ~e für einen Verdacht

an Hand, an|hand ⟨Präp. mit Gen.⟩ *auf der Grundlage (von), mit Hilfe;* a. H., a. eines Protokolls; a. H., a. von Bildern

An|hang ⟨m.2⟩ **1** ⟨Abk.: Anh.⟩ *Gesamtheit hinzugefügter Angaben, erläuternder Bemerkungen am Schluß* **2** ⟨Anat.⟩ *Endstück* (Knochen~) **3** ⟨nur Sg.; scherzh.⟩ *Familienmitglieder, Verwandte;* Frau X mit A. **4** ⟨nur Sg.; abwertend⟩ *Gesamtheit der Anhänger;* Professor Y mit seinem ganzen A.

an|han|gen ⟨V.62, hat angehangen; mit Dat.; veraltend⟩ **1** jmdm. a. *jmdm. sehr verbunden sein;* einem Mann a. **2** einer Sache a. *eng an eine Sache gebunden sein, ihr verfallen sein;* einem Glauben, einem Laster a.

an|hän|gen I ⟨V.1, hat angehängt; mit Akk.⟩ etwas (an etwas) a. **1** *etwas an etwas befestigen, so daß es hängt;* Ggs. *abhängen (1);* einen Wagen (an einen Zug) a. **2** *anfügen, hinzufügen;* eine Silbe (an ein Wort) a.; einen Tag Urlaub an ein Wochenende, an eine Dienstreise a. **II** ⟨mit Dat. und Akk.⟩ jmdm. etwas a. **1** *jmdn. mit etwas belasten;* sie haben mir die ganze Arbeit angehängt **2** *etwas (Unwahres) von jmdm. behaupten, jmdn. wegen etwas verdächtigen;* sie haben ihm den Diebstahl angehängt **III** ⟨V.62, hat angehangen; mit Dat.⟩ etwas hängt jmdm. an *etwas ist eng mit jmdm. verbunden, haftet jmdm. an;* der Verdacht hängt ihm immer noch an, hat ihm jahrelang angehangen

An|hän|ger ⟨m.5⟩ **1** *angehängtes oder anzuhängendes Fahrzeug;* Lastwagen, Fahrrad mit A. **2** *an einer Kette um den Hals oder am Arm zu tragendes Schmuckstück* **3** *Schildchen zum Anhängen* (Koffer~, Schlüssel~) **4** *jmd., der die gleichen Ziele wie ein anderer verfolgt und dessen Bestrebungen unterstützt, jmd., der für eine Sache eintritt;* A. eines Staatsmannes, einer Partei; ich bin kein A. der Prügelstrafe

An|hän|ger|schaft ⟨f., -, nur Sg.⟩ *Gesamtheit der Anhänger (4)*

an|hän|gig ⟨Adj.⟩ *in Verhandlung befindlich, im Verhandlungsstadium, im Gange;* Syn. *hängig;* das Verfahren, der Prozeß ist a.; etwas a. machen *bei Gericht vorbringen;* eine Klage a. machen

an|häng|lich ⟨Adj., o.Steig.⟩ *jmdm. zugetan und sich gern in seiner Nähe aufhaltend;* ein ~er Freund, Hund; das Kind ist sehr a. **An|häng|lich|keit** ⟨f., -, nur Sg.⟩

An|häng|sel ⟨n.5⟩ **1** *kleines angehängtes oder anhängendes Stück* **2** ⟨übertr.⟩ *Person als ständiger, aber unwichtiger oder lästiger Begleiter*

an|hau|chen ⟨V.1, hat angehaucht; mit Akk.⟩ a. *hauchen auf jmdn. u. ihm nahe kommen und stark hauchen;* den Spiegel a.; hauch mich mal an!; der Tod hauchte mich an ⟨übertr.⟩ *der Tod war mir sehr nahe;* von etwas angehaucht sein *mit etwas sympathisieren;* sie ist rötlich angehaucht *sie neigt dem Kommunismus zu* **2** jmdn. a. ⟨übertr., ugs.,

scherzh.⟩ *energisch zurechtweisen;* der Chef hat mich heute angehaucht

an|hau|en ⟨V.63⟩ **I** ⟨hieb an, hat angehauen; mit Akk.⟩ etwas a. *(mit einem Werkzeug) den ersten Hieb in etwas tun* **II** ⟨haute an, hat angehauen; mit Akk.; derb⟩ jmdn. a. *jmdn. formlos um etwas bitten;* er hat mich wegen Geld, um ein paar Zigaretten angehauen

an|häu|fen ⟨V.1, hat angehäuft⟩ **I** ⟨mit Akk.⟩ **1** *auf einen Haufen zusammentragen, in Haufen ansammeln* **2** *in großen Mengen sammeln;* Geld, Reichtum a. **II** ⟨refl.⟩ sich a. *immer mehr werden, zu einem Haufen werden*

An|häu|fung ⟨f.10⟩ **1** *das Anhäufen;* A. von Schnee, Geld **2** *großer Haufen;* A. von Adjektiven (in einem Text) *allzu viele Adjektive*

an|he|ben ⟨V.64, hat angehoben⟩ **I** ⟨mit Akk.⟩ **1** *ein kleines Stück (auf einer Seite) in die Höhe heben;* einen Schrank a. **2** *erhöhen, steigern;* Löhne, Preise a. **II** ⟨o. Obj.; geh.⟩ *anfangen;* er hob an zu sprechen

an|hef|ten ⟨V.2, hat angeheftet; mit Akk.⟩ *mit Nadeln, Büroklammer(n), großen Stichen befestigen*

an|hei|meln ⟨V.1, hat angeheimelt; mit Akk.⟩ jmdn. a. *vertraut, warm, gemütlich auf jmdn. wirken, ein Gefühl der Wärme, des Behagens geben;* das Zimmer heimelt mich an; eine ~de Atmosphäre

an|heim|fal|len ⟨V.33, ist anheimgefallen; mit Dat.⟩ **1** jmdm. a. *als Eigentum zufallen, jmds. Eigentum werden;* das Grundstück fällt nach seinem Tod dem Staat anheim **2** *in einen Zustand, einer Entwicklung a.* zum Opfer fallen; der Vorfall wird bald der Vergessenheit a.; das Haus ist dem Verfall, der Zerstörung anheimgefallen

an|heim|ge|ben ⟨V.45, hat anheimgegeben; mit Dat. und Akk.⟩ jmdm. etwas a. *übergeben, überlassen, anvertrauen;* ich will das Haus nicht dem Verfall a.; jmdm. ein Kind zur Erziehung a.; ich gebe mich dem Schicksal anheim

an|heim|stel|len ⟨V.1, hat anheimgestellt; mit Dat. und Akk.⟩ jmdm. etwas a. *jmdm. etwas überlassen (ob er es tun will);* ich stelle es dir anheim, ob du kommst oder nicht

an|hei|schig ⟨nur in der Wendung⟩ sich a. machen (etwas zu tun) *übernehmen, es sich zutrauen, (etwas zu tun);* ich mache mich a., es ihm zu erklären

an|hei|zen ⟨V.1, hat angeheizt; mit Akk.⟩ etwas a. **1** *zu heizen beginnen, Feuer in etwas machen;* den Ofen, den Herd a. **2** ⟨übertr.⟩ *heiß, hitzig machen, in Schwung bringen;* Syn. *aufheizen;* die Stimmung, eine Diskussion a. **3** ⟨übertr.⟩ *(im negativen Sinne) fördern, verstärken, vorantreiben;* diese Maßnahmen heizen nur die Inflation an

an|herr|schen ⟨V.1, hat angeherrscht; mit Akk.⟩ *barsch, laut und zornig anreden*

an|heu|ern ⟨V.1, hat angeheuert⟩ **I** ⟨mit Akk.⟩ **1** *für den Dienst auf einem Schiff verpflichten* **2** ⟨übertr.⟩ *für eine Arbeit, Beschäftigung gewinnen* **II** ⟨o.Obj.⟩ **1** *in Dienst auf einem Schiff treten;* er hat als Schiffsjunge angeheuert

An|hieb ⟨m.1⟩ *erster Hieb;* auf A. *beim ersten Versuch, sofort, von Anfang an;* es hat auf A. geklappt; wir haben uns auf A. gut verstanden

an|him|meln ⟨V.1, hat angehimmelt; mit Akk.⟩ *hingebungsvoll, bewundernd anschauen, schwärmerisch lieben oder verehren;* wenn er spricht, himmelt sie ihn an; wir haben den Sänger früher alle angehimmelt

an|hin ⟨Adv.; schweiz.⟩ *bis a. bis jetzt, bisher*

An|hö|he ⟨f.11⟩ *kleiner Hügel*

an|hö|ren ⟨V.1, hat angehört⟩ **I** ⟨mit Akk. oder mit Dat. (sich) und Akk.⟩ **1** etwas a. **a** *aufmerksam, prüfend anhören (sich)* ein Musikstück, eine Radiosendung a.; jmds. Bericht a. **b** *widerwillig hören (und sich dabei belästigt fühlen);* ich kann das Geschrei nicht

länger mit a.; das höre ich mir jetzt nicht länger an **2** jmdm. a. *dem, was jmd. sagt oder vorträgt, aufmerksam zuhören;* einen Bittsteller a. **II** ⟨mit Dat. und Akk.⟩ jmdm. oder einer Sache etwas a. *beim Hören von jmds. Stimme oder Worten, beim Hören einer Sache etwas bemerken;* ich höre ihm an, daß er Italiener ist, daß er verzweifelt ist, daß er nicht die Wahrheit sagt; man hört seinem Spiel an, daß er sehr musikalisch, aber noch etwas unreif ist **III** ⟨refl.⟩ sich a. *auf bestimmte Weise klingen;* das hört sich gut, merkwürdig an; es hört sich an, als ob es regnete

An|hö|rung ⟨f.10⟩ *öffentliches Anhören von Sachverständigen;* Syn. *Hearing*

An|hy|drid ⟨n.1⟩ *chem. Stoffverbindung, die mit Wasser eine Säure oder Base bildet* [< griech. *an...* „nicht" und *hydor* „Wasser"]

An|hy|drit ⟨m.1⟩ *wasserfreier Gips* [< griech. *an...* „nicht" und *hydor* „Wasser"]

Ani|lin ⟨n., -s, nur Sg.⟩ *eine farblose, ölige Flüssigkeit, Ausgangsstoff für Farb- und Kunststoffe sowie Arzneimittel* [< frz. *aniline,* < span. *anilina,* < arab. *an-nila* „Indigo"]

ani|ma|lisch ⟨Adj.⟩ *tierisch* [< lat. *animalis* „lebend, lebendig", zu *animal* „Lebewesen, Geschöpf", bes. „Tier"]

Ani|ma|lis|mus ⟨m., -, nur Sg.⟩ *religiöse Verehrung von Tieren* [zu *animalisch*]

Ani|ma|li|tät ⟨f., -, nur Sg.⟩ *tierische Wesensart* [zu *animalisch*]

Ani|ma|teur ⟨[-tør] m.1⟩ *Angestellter in der Touristik, der die Ferienreisenden dazu anregt, ihre Freizeit aktiv zu gestalten;* auch: *Animator* [< frz.]

ani|ma|to ⟨Mus.⟩ *belebt, beseelt* [ital.]

Ani|ma|tor ⟨m.13⟩ **1** *Zeichner der Bewegungsabläufe im Zeichentrickfilm* **2** → *Animateur*

Ani|mier|da|me ⟨f.11⟩ → *Animiermädchen*

ani|mie|ren ⟨V.3, hat animiert; mit Akk.⟩ *anregen, ermuntern;* jmdn. zu etwas a. *in die Stimmung versetzen, etwas zu tun;* kann ich dich nicht dazu a., mich zu begleiten?; animiert sein *angeregt, heiter, in guter Stimmung sein* [< frz. *animer* „beleben, beseelen, anfeuern", < lat. *animare* „beleben, beseelen", zu *anima* „Atem, Seele"]

Ani|mier|lo|kal ⟨n.1⟩ *Lokal, in dem die Gäste durch Animiermädchen in Stimmung gebracht und zum Trinken angeregt werden*

Ani|mier|mäd|chen ⟨n.7; in Lokalen⟩ *Mädchen, das die Gäste in Stimmung bringt und zum Trinken anregt;* Syn. *Animierdame*

Ani|mis|mus ⟨m., -, nur Sg.⟩ *Glaube an die Beseeltheit der Natur* [< lat. *anima* „Seele, Atem"]

Ani|mo ⟨n., -(s), nur Sg.⟩ *österr. Lust, Schwung;* keinen A. zu etwas haben [< lat. *animus* „Lust, Vergnügen"]

Ani|mo|si|tät ⟨f., -, nur Sg.⟩ *Abneigung, Widerwille* [< frz. *animosité* „Gereiztheit, Unwille, Leidenschaftlichkeit", < lat. *animositas* „Ungestüm, Heftigkeit", zu *animosus* „leidenschaftlich, heftig"]

Ani|mus ⟨m., -, -mi⟩ **1** *Geist, Seele, Neigung, Gefühl* **2** ⟨scherzh.⟩ *Ahnung;* einen A. haben, daß etwas geschieht [lat., „Geist, Seele, Gefühl"]

An|ion ⟨n., -s, -io|nen⟩ *negativ geladenes Teilchen;* Ggs. *Kation* [< *Anode* und *Ion*]

Anis ⟨auch [anis] m.1⟩ *Gewürz aus der Frucht eines Doldengewächses* [< griech. *anison* „Dill"]

Ani|sett ⟨m.1⟩ *mit Anis gewürzter Likör* [frz.]

An|iso|ga|mie ⟨f.11⟩ *Fortpflanzung niederer Pflanzen mit ungleichen männlichen und weiblichen Keimzellen* [< griech. *an...* „nicht" und *isos* „gleich" und *gamein* „heiraten"]

an|iso|trop ⟨Adj., o.Steig.⟩ **1** *bei gleichen Bedingungen verschiedene Wachstumsrich-*

tung aufweisend ⟨von Pflanzenteilen⟩ **2** *nach verschiedenen Richtungen verschiedene physikalische Eigenschaften aufweisend* ⟨von Kristallen⟩; Ggs. *isotrop* [< griech. *an*...,,nicht" und *isotrop*]

an|kämp|fen ⟨V.1, hat angekämpft; mit Präp.obj.⟩ gegen etwas a. *sich mit Anstrengung gegen etwas zur Wehr setzen, starken Widerstand leisten;* gegen die Wellen, die Müdigkeit a.; gegen eine Versuchung a.

An|kauf ⟨m.2⟩ *Kauf in größerer Menge, Kauf einer größeren Sache (bes. eines Grundstücks)*

an|kau|fen ⟨V.1, hat angekauft⟩ **I** ⟨mit Akk.⟩ *in größerer Menge kaufen* **II** ⟨refl.⟩ sich a. *an einem bestimmten Ort ein Grundstück kaufen;* er hat sich im Bayerischen Wald angekauft

An|ken ⟨m., -s, nur Sg.; alemann.⟩ *Butter*

An|ker ⟨m.5⟩ **1** *Doppelhaken zum Festmachen von Schiffen am Grund des Gewässers;* vor A. gehen, liegen **2** *Teil einer elektrischen Maschine, in dessen Wicklung die Spannung erzeugt wird* **3** *altes Weinmaß, 35–45 l*

an|kern ⟨V.1, hat geankert; o.Obj.⟩ **1** *vor Anker liegen;* das Schiff ankert in einer Bucht **2** *vor Anker gehen, den Anker auswerfen*

An|ker|spill ⟨n.1⟩, **An|ker|win|de** ⟨f.11⟩ *Vorrichtung zum Hochziehen des Ankers* [Spill: Nebenform zu *Spindel*]

an|ket|ten ⟨V.2, hat angekettet; mit Akk.⟩ *mit einer Kette befestigen;* einen Hund a.; (früher) einen Gefangenen a.

An|kla|ge ⟨f.11⟩ **1** *Klage vor Gericht;* gegen jmdn. A. erheben; jmdn. unter A. stellen **2** ⟨allg.⟩ *Beschuldigung, heftiger, nachdrücklicher Vorwurf*

An|kla|ge|bank ⟨f.2⟩ *Sitzplatz für den Angeklagten vor Gericht;* auf der A. sitzen ⟨übertr.⟩ angeklagt sein, beschuldigt werden

an|kla|gen ⟨V.1, hat angeklagt; mit Akk.⟩ jmdn. a. **1** *vor Gericht beschuldigen;* jmdn. wegen Mordes a. **2** *jmdm. schwere Vorwürfe machen*

An|klä|ger ⟨m.5⟩ *jmd., der Anklage erhebt oder erhoben hat*

an|klä|ge|risch ⟨Adj., o.Steig.⟩ *anklagend*

An|klang ⟨m.2⟩ **1** ⟨nur Sg.⟩ *Zustimmung, Anerkennung, freundliche Aufnahme, Widerhall;* sein Vorschlag fand allgemein, fand keinen A. **2** A. an etwas, Anklänge an etwas *leichte Ähnlichkeit mit etwas;* in seiner Musik finden sich Anklänge, findet sich ein A. an Mozart

an|kle|ben ⟨V.1, hat angeklebt; mit Akk.⟩ *mit Klebstoff befestigen*

an|klei|den ⟨V.2, hat angekleidet; mit Akk.⟩ jmdn. oder sich a. *jmdm. oder sich Kleidung anlegen*

an|klin|geln ⟨V.1, hat angeklingelt; mit Akk.; ugs.⟩ *telefonisch anrufen;* Syn. *anläuten*

an|klin|gen ⟨V.69, hat angeklungen⟩ **I** ⟨o.Obj.⟩ *andeutungsweise zum Ausdruck kommen;* in ihren Worten klang leise Trauer, Sehnsucht an; in seinem ersten Roman klingt schon manches von seinen reiferen Werken an **II** ⟨mit Präp.obj.⟩ an etwas a. *leichte Ähnlichkeit mit etwas haben;* in seiner Oper klingt manches an Wagner an

an|klop|fen ⟨V.1, hat angeklopft; o.Obj.⟩ *an die Tür klopfen und damit um Einlaß bitten;* bei jmdm. a. ⟨übertr.⟩ *jmdm. vorsichtig fragen, sich vorsichtig bei jmdm. erkundigen;* ich habe schon bei ihm angeklopft, ob er uns helfen will

an|knöp|fen ⟨V.1, hat angeknöpft; mit Akk.⟩ *mit Knöpfen befestigen;* eine Kapuze zum Anknöpfen

an|knüp|fen ⟨V.1, hat angeknüpft⟩ **I** ⟨mit Akk.⟩ etwas a. **1** *durch Knüpfen, mit Knoten befestigen;* eine Schnur wieder a. **2** *herstellen, zustande bringen;* eine Beziehung, eine Verbindung, ein Gespräch a. **II** ⟨mit Präp.obj.⟩ an etwas a. *eine Beziehung, Verbindung zu etwas wiederherstellen;* ich möchte an das Gespräch von gestern a. **An|knüp|fung** ⟨f., -, nur Sg.⟩

An|knüp|fungs|punkt ⟨m.1⟩ *Möglichkeit, ein Gespräch anzuknüpfen, Thema, mit dem man ein Gespräch anknüpfen kann;* einen A. suchen; ich finde keinen A.

an|koh|len[1] ⟨V.1, hat angekohlt; o.Obj. oder mit Akk.⟩ *leicht anbrennen (lassen), so daß es schwarz wird;* das Fleisch ist schon angekohlt [zu *Kohle*]

an|koh|len[2] ⟨V.1, hat angekohlt; mit Akk.⟩ jmdn. a. *jmdn. veralbern, zum besten haben, beschwindeln* [zu *Kohl*[2]]

an|kom|men ⟨V.71, ist angekommen⟩ **I** ⟨o.Obj.⟩ **1** *einen Ort erreichen, an einen Ort kommen;* wir sind heute angekommen; sie kommen um acht Uhr (in München) an **2** *angestellt werden, eine Stellung finden;* er ist im Verlag, bei einer Firma angekommen **3** *einen guten, freundlichen Eindruck machen, sofort beliebt sein;* er kommt überall an **4** ⟨unpersönl., mit ,,es'' und Präp. ,,auf''⟩ *es kommt auf etwas oder jmdn. an. etwas oder jmd. ist wichtig, gibt den Ausschlag;* es kommt auf das Wetter an; es kommt auf ihn an, ob wir fahren können; es kommt darauf an, ob er einverstanden ist; es kommt ganz darauf an! ⟨ugs.⟩ *es ist noch nicht sicher, es hängt von verschiedenen Dingen ab;* darauf wollen wir es a. lassen *das wollen wir erst abwarten;* ich lasse es darauf an. *ich warte ab und entscheide mich dann* **5** ⟨mit verschiedenen Präp.⟩ bei jmdm. a. *Erfolg haben;* damit, mit solchen Witzen kommst du bei mir nicht an; gegen etwas a. *etwas überwinden;* gegen die hohen Wellen, gegen den Sturm kommt er nicht an; gegen jmdn. a. *sich behaupten, die Überlegenheit erringen;* gegen ihn kommst du nicht an **II** ⟨mit Akk.⟩ etwas kommt jmdn. an *etwas ergreift, übermannt jmdn.;* Langeweile, Müdigkeit, Rührung kam mich an

An|kömm|ling ⟨m.1⟩ *jmd., der ankommt;* die ~e willkommen heißen

an|kön|nen ⟨V.72, hat angekonnt; mit Präp.obj.; ugs.⟩ gegen etwas oder jmdn. a. *sich gegen etwas oder jmdn. behaupten, stärker als etwas oder jmd. sein;* ich kann nicht gegen ihn, gegen seine Unverschämtheit an, weil ich gegen ihn nicht ankann, ich konnte

an|kop|peln ⟨V.1, hat angekoppelt; mit Akk.⟩ **1** *etwas (an etwas) a. etwas beweglich (mit etwas) verbinden;* auch: *ankuppeln;* einen Wagen (an einen anderen, an den Zug) a. **2** *gruppenweise zusammenbinden;* Hunde a.

an|kot|zen ⟨V.1, hat angekotzt; mit Akk.; derb⟩ jmdn. a. *jmdn. anwidern, jmdm. zuwider sein;* diese Heuchelei kotzt mich an

an|kral|len ⟨V.1, hat angekrallt⟩ **I** ⟨mit Akk.⟩ a. ⟨nur übertr.⟩ *aufdringlich, energisch ansprechen* **II** ⟨refl.⟩ *sich a. mit aller Kraft mit den Fingern festhalten*

an|krei|den ⟨V.2, hat angekreidet⟩ **I** ⟨mit Akk.; †⟩ *mit Kreide auf einer Tafel als Schuld notieren;* im Gasthaus die Zeche, zwei Schnäpse a. lassen **II** ⟨mit Dat. und Akk.; übertr.⟩ *jmdm. etwas a. übelnehmen;* das hat er mir angekreidet; das wird er dir a.

an|kreu|zen ⟨V.1, hat angekreuzt; mit Akk.⟩ *mit einem Kreuz bezeichnen;* Namen (in einer Liste) a.

an|krie|gen ⟨V.1, hat angekriegt⟩ → *anbekommen*

an|kün|di|gen ⟨V.1, hat angekündigt; mit Akk.⟩ *vorher mitteilen, bekanntgeben;* er hat sein Kommen für morgen angekündigt **An|kün|di|gung** ⟨f.10⟩

An|kunft ⟨f., -, nur Sg.⟩ *das Ankommen, Eintreffen;* schreib uns deine A.!; bei, vor, nach meiner A.

an|kup|peln ⟨V.1, hat angekuppelt⟩ → *ankoppeln (1)*

an|kur|beln ⟨V.1, hat angekurbelt; mit Akk.⟩ **1** ⟨urspr.⟩ *mittels Kurbel in Gang setzen;* den Motor a. **2** ⟨übertr.⟩ *in Bewegung bringen, steigern, fördern;* die Wirtschaft, eine Entwicklung a.

An|ky|lo|se ⟨f.11⟩ *Gelenkversteifung* [< griech. *agkylos* ,,gekrümmt'']

an|lä|cheln ⟨V.1, hat angelächelt; mit Akk.⟩ jmdn. a. **1** *anblicken und lächeln* **2** ⟨übertr.⟩ → *anlachen (I,2)*

an|la|chen ⟨V.1, hat angelacht⟩ **I** ⟨mit Akk.⟩ jmdn. a. **1** *anblicken und lachen* **2** ⟨übertr.⟩ *jmdm. einen verlockenden Anblick bieten;* die Torte lacht mich an **II** ⟨mit Dat. (sich) und Akk.⟩ sich jmdn. a. *eine freundschaftliche Beziehung, ein Liebesverhältnis mit jmdm. beginnen*

An|la|ge ⟨f.11⟩ **1** ⟨nur Sg.⟩ *das Anlegen (I,2,3);* A. von Kapital **2** *von der Natur gegebene Fähigkeit, Begabung;* der Junge hat gute ~n **3** *etwas Angelegtes (→anlegen I,2), planvoll angelegte Gesamtheit von Gebäuden, Geräten, Pflanzen u.a.* (Fabrik~, Garten~) **4** ⟨nur Sg.⟩ *Art des Aufbaus;* A. eines Theaterstücks, Romans **5** ⟨meist Pl.⟩ *Grünfläche mit Blumenbeeten und Wegen;* in den ~n spazierengehen **6** *Beigelegtes, Beigefügtes;* als A. erhalten Sie eine Abschrift

an|la|gern ⟨V.1, hat angelagert; refl.⟩ sich a. *sich ansammeln und liegenbleiben;* am Ufer hat sich Sand angelagert **An|la|ge|rung** ⟨f.10⟩

An|län|de ⟨f.11⟩ *Landungsplatz (für Schiffe)*

an|lan|gen ⟨V.1⟩ **I** ⟨mit Akk.; was angelangt⟩ **1** *betreffen;* was die Kosten anlangt, so müssen wir... **2** *anfassen;* bitte die Figuren nicht a.! **II** ⟨o.Obj.; ist angelangt⟩ *ankommen, eintreffen*

An|laß ⟨m.2⟩ **1** *Grund;* aus welchem A.? **2** *Ausgangspunkt, Anstoß;* sein Zuspätkommen war nur der A. (nicht die Ursache) für den Streit; seine Bemerkung gab A. zu einem langen Gespräch; etwas zum A. nehmen (etwas zu tun); er wurde ohne erkennbaren A. zornig

an|las|sen ⟨V.75, hat angelassen⟩ **I** ⟨mit Akk.⟩ **1** etwas a. **a** *in Gang setzen;* den Motor a. **b** ⟨ugs.⟩ *angezogen lassen, am Körper behalten;* ich möchte die Jacke a. **c** ⟨ugs.⟩ *angeschaltet lassen, nicht ausschalten;* das Licht, das Radio a. **2** jmdn. a. ⟨ugs.⟩ *scheltend anreden, anfahren;* jmdn. hart, barsch a. **II** ⟨refl.; ugs.⟩ *sich am Beginn herausstellen, erweisen als;* der Tag läßt sich gut an; der neue Verkäufer läßt sich gut an, besonders gut an

An|las|ser ⟨m.5⟩ *Hilfseinrichtung zum Ingangsetzen von Motoren;* Syn. *Starter*

An|laß|far|be ⟨f.11⟩ *temperaturabhängige Verfärbung (an Metalloberflächen)*

an|läß|lich ⟨Präp. mit Gen.⟩ *aus Anlaß;* a. meines Geburtstages

an|la|sten ⟨V.2, hat angelastet; mit Dat. und Akk.⟩ jmdm. etwas a. *zur Last legen, jmdn. für etwas verantwortlich machen*

An|lauf ⟨m.2⟩ **1** *kurzer Lauf (vor einem Sprung, Wurf usw.);* einen A. nehmen **2** ⟨übertr.⟩ *innere Vorbereitung, inneres Sicheinstellen;* ich brauche für diese Tätigkeit immer erst einen A.

an|lau|fen ⟨V.76⟩ **I** ⟨o.Obj.; ist angelaufen⟩ **1** ⟨in der Wendung⟩ angelaufen kommen *sich laufend nähern;* die Kinder kamen angelaufen **2** ⟨Sport⟩ *eine kurze Strecke laufen (vor dem Wurf, dem Absprung usw.)* **3** *zu wirken, zu arbeiten beginnen, in Gang kommen;* die Produktion, der Versuch läuft an **4** *sich ansammeln;* einige Zinsen, hohe Kosten sind angelaufen **5** *sich mit Wasserdampf bedecken;* die Brille, die Fensterscheibe läuft an **6** *sich verfärben;* sein Gesicht lief vor Zorn rot an **7** *gegen etwas, an etwas a. im Laufen gegen etwas prallen, heftig stoßen* **8** *bei jmdm. übel, schlecht a. jmds. Ärger, Unwillen erregen* **II** ⟨mit Akk.; hat angelaufen; Mar.⟩ einen Ort a. *auf einen Ort zusteuern;* das Schiff läuft einen Hafen an

An|lauf|zeit ⟨f.10⟩ *Zeit, in der etwas anläuft, in Gang, in Schwung, zur vollen Wirkung kommt;* der Versuch braucht etwas A.

An|laut ⟨m.1⟩ *erster Laut, erster Buchstabe (eines Wortes, einer Silbe);* vgl. *Auslaut, Inlaut;* in dem Wort „Bund" steht das B im A.

an|lau|ten ⟨V.2, hat angelautet; o.Obj.⟩ *(mit einem Laut) beginnen;* das Wort „Bund" lautet mit B an; vgl. *auslauten*

an|läu|ten ⟨V.2, hat angeläutet⟩ →*anklingeln*

an|le|gen ⟨V.1, hat angelegt⟩ I ⟨mit Akk.⟩ **1** etwas a. **a** *an etwas anderes legen;* Steine, Fliesen (der Reihe nach) a.; bei der Patience Karten a.; (bei etwas) Hand a. ⟨übertr.⟩ *helfen;* das Gewehr a. *an die Schulter legen und zielen* **b** *nach einem Plan gestalten;* einen Garten, eine Straße a.; der Roman ist groß, breit angelegt; angelegt sein *die Veranlagung haben, eingerichtet, vorgesehen sein;* er ist so angelegt, daß er so reagieren muß; in seiner Entwicklung ist schon im Keim angelegt **c** *so verwenden, daß es Ertrag, Gewinn bringt;* Geld in Aktien a.; Kapital a. **d** *bezahlen, ausgeben;* wieviel wollen Sie für den Mantel a.?; ich möchte dafür nicht mehr als 20 DM a. **e** *zusammenstellen;* ein Verzeichnis, eine Liste a. **f** *anziehen;* an einem Körper befestigen; Kleidung, Waffen a.; Trauer a. *Trauerkleidung anziehen;* jmdm. Fesseln a. **2** einen Säugling a. *an die Brust legen, zu stillen beginnen* II ⟨mit „es" und Präp.obj.⟩ *es auf etwas a. etwas zielstrebig verfolgen, etwas Bestimmtes erreichen wollen;* du hast es wohl darauf angelegt, mich zu ärgern? III ⟨o.Obj.⟩ *ankommen und Land berühren, landen;* Ggs. *ablegen(II);* das Schiff legte am Kai an; das Schiff legt um fünf Uhr an IV ⟨refl.⟩ sich mit jmdm. a. *mit jmdm. Streit beginnen;* ich lege mich mit ihm nicht an

an|leh|nen ⟨V.1, hat angelehnt; mit Akk.⟩ **1** etwas oder sich a. *an etwas stützen, gegen etwas lehnen;* eine Leiter a.; sich mit dem Rücken a. **2** sich an etwas oder jmdn. a. *als Stütze, Halt, Grundlage benutzen;* er lehnt sich in seinem Roman an die Musiktheorie Schönbergs an; sich in der Not an einen Freund a. *Hilfe bei ihm suchen und finden*

An|leh|nung ⟨f., -, nur Sg.⟩ *das Sichanlehnen;* in A. an ein Wort Goethes möchte ich sagen ... *indem ich mich an ein Wort Goethes anlehne, indem ich es abgewandelt als Denkanstoß gebe*

An|leh|nungs|be|dürf|nis ⟨n.1⟩ *Bedürfnis, bei jmdm. Halt, Zuspruch, Liebe u.ä. zu finden*

an|leh|nungs|be|dürf|tig ⟨Adj.⟩ *voller Anlehnungsbedürfnis*

An|lei|he ⟨f.11⟩ **1** *langfristiger, am Kapitalmarkt aufgenommener Kredit;* staatliche A.; eine A. bei jmdm. aufnehmen *einen Kredit bei jmdm. aufnehmen* **2** ⟨übertr.⟩ *jmds. geistiges Erzeugnis im eigenen Werk verwenden*

An|lei|hen ⟨n.7; schweiz.⟩ *Anleihe*

an|lei|nen ⟨V.1, hat angeleint; mit Akk.⟩ *an die Leine nehmen;* einen Hund a.

an|lei|ten ⟨V.2, hat angeleitet; mit Akk.⟩ jmdn. a. *jmdm. zeigen, wie er etwas machen soll*

An|lei|tung ⟨f.10⟩ *das Anleiten;* unter A. eines Lehrers Pflanzen sammeln; A. zum Basteln, Kochen

An|lern|be|ruf ⟨m.1⟩ *Beruf, der keine Lehrzeit erfordert, sondern nach einer kurzen Ausbildung ausgeübt werden kann*

an|ler|nen ⟨V.1, hat angelernt; mit Akk.⟩ jmdn. a. *jmdn. in eine einfache Berufstätigkeit einweisen;* angelernte Arbeitskräfte

An|lern|ling ⟨m.1⟩ *jmd., der angelernt wird, der eine kurze Ausbildung erhält*

an|le|sen ⟨V.79, hat angelesen⟩ I ⟨mit Akk.⟩ **1** ein Buch a. *zu lesen beginnen (um sich einen Eindruck zu verschaffen)* II ⟨mit Dat. (sich) und Akk.⟩ sich etwas a. *etwas nur durch Lesen (nicht durch eigenes Erleben oder Denken) lernen;* seine Ansichten, Kenntnisse sind nur angelesen

an|lie|gen ⟨V.80, hat angelegen⟩ I ⟨o.Obj.⟩ **1** *eng am Körper liegen;* das Kleid liegt an **2** *(einem Brief) beiliegen, beigefügt sein;* ~d erhalten Sie ein Foto **3** *zu erledigen sein, auf Bearbeitung warten;* was liegt heute an? II ⟨mit Dat.⟩ **1** einem Grundstück, einer Straße a. *unmittelbar neben einem Grundstück, einer Straße liegen, daran angrenzen;* Syn. ⟨österr.⟩ *anrainen;* der Straße liegen mehrere Häuser mit Gärten an **2** jmdm. a. **a** *jmdn. innerlich bewegen, jmdn. (als Auftrag) beschäftigen;* ihm liegt an. eine schwierige Frage zu lösen **b** *jmdn. bedrängen;* jmdm. mit Bitten, Forderungen, Beschwerden a. III ⟨mit Akk.; Mar.⟩ einen Punkt a. *darauf zusteuern*

An|lie|gen ⟨n.7⟩ *etwas, was einem auf dem Herzen liegt, Wunsch, Bitte;* ich habe ein A. an Sie

An|lie|ger ⟨m.5⟩ *Besitzer eines Grundstücks, das an eine öffentliche Straße grenzt;* Syn. ⟨österr.⟩ *Anrainer,* ⟨schweiz.⟩ *Anstößer* [zu *anliegen (II,1)*]

An|lie|ger|staat ⟨m.7⟩ *angrenzender Staat;* die ~en des Persischen Golfs

Anm. (Abk. für) *Anmerkung*

an|ma|chen ⟨V.1, hat angemacht; mit Akk.⟩ **1** etwas a. **a** *befestigen;* Ggs. *abmachen (1);* ein abgebrochenes Teil wieder a.; ein Bild, Schild, Gardinen a. **b** *anschalten;* Ggs. *ausmachen (I,1);* Licht, das Radio a. **c** *durch Mischung der Zutaten herstellen;* einen Salat, Teig a.; Mörtel a. **2** jmdn. a. ⟨ugs.⟩ *zum Mitmachen anregen, verlocken, reizen;* das macht mich nicht an

an|mah|nen ⟨V.1, hat angemahnt; mit Akk.⟩ **1** etwas a. *jmdn. mahnen, daß er etwas schickt oder schreibt;* die Unterlagen a.; eine Rechnung a. **2** jmdn. a. *mahnen, etwas zu schicken oder gekommen zu sein*

An|marsch ⟨m., -(e)s, nur Sg.⟩ *das Heranmarschieren;* Ggs. *Abmarsch;* im A. sein; auf dem A.

an|mar|schie|ren ⟨V.3, ist anmarschiert; o.Obj.⟩ *sich in Marschordnung und im Gleichschritt nähern;* Ggs. *abmarschieren;* ⟨oft in der Wendung⟩ anmarschiert kommen

an|ma|ßen ⟨V.1, hat angemaßt; mit Dat. (sich) und Akk.⟩ sich etwas a. **1** *sich etwas zutrauen, obwohl man die Fähigkeit dazu nicht hat;* er maßt sich ein Urteil darüber an; ich maße mir nicht an, das beurteilen zu können **2** *unberechtigt für sich in Anspruch nehmen;* sich ein Recht a. **3** *unberechtigt ausüben;* sich ein Amt a.

an|ma|ßend ⟨Adj.⟩ *überheblich, eingebildet und rücksichtslos;* a. sein; ein ~es Wesen haben; a. auftreten

An|ma|ßung ⟨f.10⟩ **1** *unberechtigter Anspruch, unberechtigte Ausübung (Amts~)* **2** *anmaßendes Verhalten, schroffe Überheblichkeit*

an|mel|den ⟨V.2, hat angemeldet; mit Akk.⟩ **1** etwas a. *melden, daß etwas vorhanden ist, mit dem man künftig rechnen muß;* ein Patent a.; einen Anspruch, eine Forderung a.; Zweifel, Bedenken a. **2** jmdn. oder sich a. *mitteilen, daß man oder jmd. kommen möchte, teilnehmen möchte oder gekommen ist;* Ggs. *abmelden;* sich zu einem Lehrgang a.; ein Kind in der Schule a.; sich beim Arzt zur Sprechstunde a.; sich schriftlich a.

An|mel|dung ⟨f.10⟩ *das Anmelden, das Sichanmelden*

an|mer|ken ⟨V.1, hat angemerkt⟩ I ⟨mit Akk.⟩ **1** *ergänzend sagen, äußern;* ich möchte dazu a., daß ... **2** *kennzeichnen, ein schriftliches Zeichen an etwas setzen;* einen Tag im Kalender a. II ⟨mit Dat. und Akk.⟩ jmdm. etwas a. *merken, daß etwas mit jmdm. los ist;* man merkt ihm an, daß er Sorgen hat; jmdm. seinen Ärger deutlich a.; sich nichts a. lassen *die anderen nichts merken lassen*

An|mer|kung ⟨f.10⟩ **1** *kurze Ergänzung oder Erläuterung,* ich muß dazu eine A. machen **2** (Abk.: Anm.) *kurze schriftliche Ergänzung zu einem Text*

an|mes|sen ⟨V.84, hat angemessen; mit Dat. und Akk.⟩ jmdm. etwas a. *jmdm. Maß für etwas nehmen;* jmdm. einen Mantel, Schuhe a.

an|mon|tie|ren ⟨V.3, hat anmontiert; mit Akk.⟩ *mit technischen Geräten befestigen, anbringen;* Ggs. *abmontieren;* ein Maschinenteil a.

an|mot|zen ⟨V.1, hat angemotzt; mit Akk.; ugs.⟩ *jmdn. zurechtweisen, tadeln, scharf anfahren*

an|mus|tern ⟨V.1, hat angemustert; Mar.⟩ Ggs. *abmustern* I ⟨mit Akk.⟩ *in Dienst nehmen;* Matrosen a. II ⟨o.Obj.⟩ *(auf einem Schiff) in Dienst treten* **An|mus|te|rung** ⟨f., nur Sg.⟩

An|mut ⟨f., -, nur Sg.⟩ **1** *Leichtigkeit, Beschwingtheit und Harmonie;* A. der Bewegungen, der Formen **2** *Leichtigkeit, sich zu bewegen;* Syn. *Grazie;* die A. dieses Mädchens **3** *Heiterkeit, Freundlichkeit;* A. einer Landschaft

an|mu|ten ⟨V.2, hat angemutet⟩ I ⟨mit Akk.⟩ *etwas mutet jmdn. an jmdn gibt ihm ein bestimmtes Gefühl;* die Landschaft mutet mich heimatlich an; sein Verhalten, sein Aussehen mutet mich wirklich seltsam an II ⟨mit Dat. und Akk.; schweiz.⟩ jmdm. etwas a. *zumuten*

an|mu|tig ⟨Adj.⟩ **1** *leicht, beschwingt und harmonisch;* ~e Formen; sich a. bewegen **2** *schlank und mit geschmeidigen, leichten, harmonischen Bewegungen;* Syn. *graziös;* ~s Mädchen; sie ist sehr a.

An|mu|tung ⟨f.10; schweiz.⟩ *Zumutung*

an|nä|hen ⟨V.1, hat angenäht; mit Akk.⟩ *mit Nähstichen befestigen;* einen Knopf a.

an|nä|hern ⟨V.1, hat angenähert⟩ I ⟨mit Akk. und Dat.⟩ *etwas einer Sache näher bringen, es ihr ähnlich machen;* einen Standpunkt einem anderen a.; II ⟨refl.⟩ sich einer Sache a. *einer Sache näher kommen;* ich habe mich dieser Einstellung allmählich angenähert

an|nä|hernd ⟨Adj., o.Steig.; nur als Attr. und Adv.⟩ **1** *ähnlich, ungefähr;* mit ~er Genauigkeit **2** *fast;* die Uhren gehen a. gleich

An|nä|he|rung ⟨f., -, nur Sg.⟩ *das Annähern, das Sichannähern*

An|nah|me ⟨f.11⟩ **1** ⟨nur Sg.⟩ *das Annehmen, Entgegennehmen;* A. einer Sendung, Zahlung **2** *Voraussetzung, Vermutung;* habe ich recht mit der A., daß ...?; in der A., es sei wirklich so, habe ich ... **3** *Billigung, Zustimmung;* die Annahme Ihrer Vorschläge, Ihres Antrags setzt voraus, daß ...

An|na|len ⟨Pl.⟩ *geschichtliche Jahrbücher* [< lat. *annales* „Jahrbücher, Chronik", zu *annus* „Jahr"]

an|nehm|bar ⟨Adj.⟩ **1** *so beschaffen, daß man es annehmen, daß man zustimmen kann;* ~er Vorschlag; der Vorschlag ist nicht a. **2** *leidlich, etwas besser als mittelmäßig, einigermaßen gut;* eine ~e Leistung; es geht mir a.

an|neh|men ⟨V.88, hat angenommen⟩ I ⟨mit Akk.⟩ **1** etwas a. **a** *in Empfang nehmen, entgegennehmen, nehmen und behalten;* ein so großes Geschenk kann ich doch nicht a.!; er nimmt kein Geld an; der Stoff nimmt die Farbe schlecht an; der Kranke nimmt keine Speise an **b** *einer Sache zustimmen, auf sie eingehen, ihr folgen;* einen Vorschlag a.; eine Einladung, ein Angebot (dankend) a.; sie nimmt keinen Rat an **c** *zu eigen nehmen, sich*

aneignen; einen anderen Namen a.; eine Gewohnheit a.; die Sache nimmt Formen, Ausmaße an, die wir nicht ahnen konnten; nimm doch Vernunft an! **d** *vermuten, glauben;* ich nehme an, daß es ..., daß es so ist **2** jmdn. a. **a** *in eine Gemeinschaft, einen Betrieb aufnehmen;* ich habe den jungen Mann als Volontär angenommen; ein Kind (als eigen) a. *adoptieren;* bist du zum Studium angenommen worden? **b** *sich mit jmdm. anfreunden, jmdn. anerkennen;* der Hund hat mich angenommen; man muß sich selbst, so wie man ist, a. können **II** ⟨refl.; mit Gen.⟩ sich jmds. oder einer Sache a. *sich um jmdn. oder eine Sache kümmern, etwas tun, um eine Sache zu fördern bzw. jmdm. zu helfen;* er hat sich des Kindes, des Kranken angenommen; sie hat sich seiner Weiterbildung angenommen
An|nehm|lich|keit ⟨f.10⟩ *etwas Angenehmes, Bequemes;* die ~en einer modernen Wohnung; er genießt alle ~en, aber auch alle Nachteile einer freiberuflichen Arbeit
an|nek|tie|ren ⟨V.3, hat annektiert; mit Akk.⟩ *sich mit Gewalt aneignen;* ein Staat annektiert einen Teil eines anderen Staates [< lat. *annectere* ,,anknüpfen, anfügen'', *< an...* (für *ad*) ,,an, zu'' und *nectere* ,,knüpfen'']
An|nek|tie|rung ⟨f.10⟩ → *Annexion*
An|ne|li|de ⟨f.11, meist Pl.⟩ → *Ringelwurm* [< lat. *annulus* ,,Ringelchen'']
An|nex ⟨m.1⟩ *Anhang, Anhängsel, Anbau* [< lat. *annexum* ,,das Hinzugefügte'', zu *annectere,* → *annektieren*]
An|ne|xi|on ⟨f.10⟩ *(gewaltsame) Aneignung;* Syn. *Annektierung;* A. fremden Staatsgebietes [→ *Annex*]
An|ne|xio|nis|mus ⟨m., -, nur Sg.⟩ *Streben nach Annexionen*
an|ni cur|ren|tis ⟨Abk.: a.c.⟩ *(des) laufenden Jahres* [lat.]
An|ni|hi|la|ti|on ⟨f.10⟩ **1** ⟨Rechtsw.⟩ *Nichtigkeitserklärung* **2** ⟨Phys.⟩ *Umwandlung eines Elementarteilchenpaares in Strahlungsenergie*
An|ni|ver|sar ⟨n.1⟩, **An|ni|ver|sa|ri|um** ⟨n., -s, -ri|en, kath. Kirche⟩ *jährlich abgehaltene Gedächtnisfeier* [< lat. *anniversarius* ,,jedes Jahr wiederkehrend'', *< annus,* Pl. *anni,* ,,Jahr'' und *versare* ,,wenden'']
an|no, An|no ⟨Abk. a., A.⟩ *im Jahre;* Anno 1848; anno dazumal ⟨ugs.⟩ *vor langer Zeit, einstmals, damals;* Anno Tobak ⟨ugs., scherzh.⟩ *einstmals*
an|no Do|mi|ni, An|no Do|mi|ni ⟨Abk.: a.D., A.D.⟩ *im Jahre des Herrn, nach Christi Geburt;* anno Domini 1483
An|non|ce ⟨[ãŋsə] f.11⟩ → *Anzeige (1);* eine A. aufgeben [< frz. *annonce* in ders. Bed., zu *annoncer,* → *annoncieren*]
An|non|cen|ex|pe|di|ti|on ⟨[ãŋsən-] f.10⟩ *Büro zur Vermittlung von Zeitungsanzeigen*
an|non|cie|ren ⟨[ãŋsi-] V.3, hat annonciert; mit Akk.⟩ *durch eine Annonce bekanntgeben, ausschreiben;* einen Verlust a.; ich habe annonciert, daß ... [< frz. *annoncer* ,,bekanntmachen, anzeigen'', < lat. *annuntiare* ,,ankündigen, berichten'', zu *nuntiare* ,,melden'', zu *nuntius* ,,Bote, Melder'']
An|no|ta|ti|on ⟨f.10⟩ *Anmerkung, Aufzeichnung, Notiz* [< lat. *annotatio,* Gen. *-onis,* ,,schriftliche Bemerkung'', zu *notare* ,,aufzeichnen, bemerken'', zu *nota* ,,Merkmal, Kennzeichen'']
an|nu|ell ⟨Adj., o.Steig.⟩ **1** ⟨†⟩ *jährlich* **2** ⟨Bot.⟩ → *einjährig;* ~e Pflanzen [< frz. *annuel,* ,,jährlich'', < lat. *annualis* in ders. Bed., zu *annus* ,,Jahr'']
An|nui|tät ⟨f.10⟩ *jährliche Zahlung (zur Verzinsung und Tilgung einer Schuld)* [< frz. *annuité* ,,jährliche Abschlagszahlung'', zu lat. *annus* ,,Jahr'']
an|nul|lie|ren ⟨V.3, hat annulliert; mit Akk.⟩ *für ungültig, nichtig erklären* [< lat. *annullare* ,,zunichte machen'', zu *nullus* ,,keiner, gar nicht''] **An|nul|lie|rung** ⟨f.10⟩
Anoa ⟨n.9⟩ *kleinste Rinderart* [Eingeborenenspr. der Insel Celebes]
An|ode ⟨f.11⟩ **1** *positiver Pol einer Batterie;* Ggs. *Kathode* **2** *mit dem positiven Pol einer Gleichstromquelle verbundene Elektrode* [< griech. *anodos* ,,Aufstieg, Weg hinauf'', nach dem Weg des Stroms zur Anode hin oder von ihr weg]
an|öden ⟨V.2, hat geödet; mit Akk.⟩ jmdn. a. **1** *langweilen* **2** *dumm anreden, mit dummem Gerede belästigen*
An|öku|me|ne ⟨f., -, nur Sg.⟩ *unbewohnter Teil der Erde (z.B. Polarkappen, Wüste, Hochgebirge);* Ggs. *Ökumene (1)* [< griech. *an...* ,,nicht'' und *Ökumene*]
an|omal ⟨auch [-omal] Adj., o.Steig.⟩ *von der Regel abweichend (z.B. im biologischen Sinne)* [< griech. *a...* ,,nicht'' und *nomos* ,,Gesetz'']
An|oma|lie ⟨f.11⟩ *Abweichung von einem Normalzustand, Regelwidrigkeit, Mißbildung;* A. des Wassers *die Eigenschaft des Wassers, beim Erwärmen von 0°C auf 4°C sein Volumen zunächst zu verkleinern* [zu *anomal*]
an|onym ⟨Adj., o.Steig.⟩ *ohne Angabe des Namens;* ~er Brief; das Buch ist a. erschienen [< griech. *anonymos* ,,namenlos, unbenannt'', *< an...* ,,nicht'' und *onyma* ,,Name'']
An|ony|mi|tät ⟨f., -, nur Sg.⟩ *Verschweigen des Namens, Namenlosigkeit;* in der A. bleiben
An|ony|mus ⟨m., -, -mi⟩ *jmd. (bes. Künstler), dessen Name nicht bekannt ist*
An|oph|e|les ⟨f., -, -⟩ *eine Stechmücke, Überträgerin der Malaria;* Syn. *Fiebermücke* [< griech. *anopheles* ,,schädlich'']
An|opie, An|op|sie ⟨f.11⟩ *Untätigkeit der Netzhaut eines Auges (z.B. beim Schielen)* [< griech. *an...* ,,nicht'' und *opsis* ,,das Sehen'']
Ano|rak ⟨m.9⟩ *Windjacke, meist mit Kapuze* [< eskimoisch *anoraq* ,,Windjacke'']
an|ord|nen ⟨V.2, hat angeordnet; mit Akk.⟩ etwas a. **1** *eine Vorschrift, Anweisung für etwas aussprechen;* eine Untersuchung a.; er hat angeordnet, daß ... **2** *in bestimmter Weise, Reihenfolge ordnen, anbringen;* Gegenstände nach der Größe, Farbe a.; ein Verzeichnis alphabetisch, systematisch a.
An|ord|nung ⟨f.10⟩ **1** *das Anordnen, Befehl, Anweisung;* meine ~en sind unbedingt zu befolgen; sich jmds. ~en widersetzen **2** *das Angeordnetsein;* dieselben Dinge, nur in anderer A.
an|or|ga|nisch ⟨Adj., o.Steig.⟩ *nicht organisch, unbelebt;* Ggs. *organisch;* ~e Chemie *Wissenschaft von den Elementen und Verbindungen ohne Kohlenstoff*
anor|mal ⟨Adj.; ugs.⟩ *nicht normal, unnormal* [Kreuzung < *anomal* und *abnorm*]
an|paa|ren ⟨V.1, hat angepaart; mit Akk.⟩ Tiere a. *gezielt miteinander paaren (um bestimmte Zuchtergebnisse zu erhalten)* **An|paa|rung** ⟨f.10⟩
an|packen ⟨-k|k-; V.1, hat angepackt; mit Akk.⟩ **1** etwas oder jmdn. a. *fest, kräftig, mit der ganzen Hand anfassen* **2** etwas a. *beginnen;* eine Arbeit, Aufgabe a.; ich weiß nicht, wie ich es a. soll **3** jmdn. a. *im Tier a. behandeln;* jmdn., ein Tier streng, hart, energisch a.
an|pas|sen ⟨V.1, hat angepaßt⟩ **I** ⟨mit Akk. und Dat.⟩ etwas einer Sache oder jmdm. a. **1** *passend für eine Sache oder jmdn. machen;* ein Kleidungsstück der Figur a.; Vorhänge in der Farbe den Möbeln a.; der Schrank wird der Ecke genau angepaßt **2** *mit einer Sache in Übereinstimmung bringen;* die Löhne den Lebenshaltungskosten a.; Kleidung der Temperatur, dem Klima a. **II** ⟨refl.⟩ sich jmdm., einer Sache a. *sich angleichen, sich danach oder nach ihm richten;* sich den Gewohnheiten des Gastgebers a.; er kann sich gut, schlecht anpassen, nicht a.; ein der Umwelt angepaßtes Tier
An|pas|sung ⟨f., -, nur Sg.⟩ **1** *das Anpassen, das Sichanpassen* **2** *Fähigkeit von Lebewesen, sich der Umwelt einzufügen und auf deren Veränderungen zu reagieren*
an|pas|sungs|fä|hig ⟨Adj.⟩ *fähig, sich anzupassen*
an|pei|len ⟨V.1, hat angepeilt; mit Akk.⟩ **1** etwas a. *durch Peilen feststellen und ansteuern;* einen Punkt an der Küste a. **2** ⟨übertr.⟩ *versuchen, Kontakt zu jmdm. aufzunehmen;* ein Mädchen a.
an|pfei|fen ⟨V.90, hat angepfiffen; mit Akk.⟩ **1** etwas a. ⟨Sport⟩ *mit Pfiff das Zeichen zum Beginn von etwas geben;* das Spiel a. **2** jmdn. a. ⟨übertr., ugs.⟩ *laut und scharf tadeln*
An|pfiff ⟨m.1⟩ **1** ⟨Ballsport⟩ *vom Schiedsrichter mit einer Trillerpfeife gegebenes Signal für den Spielbeginn* **2** ⟨ugs.⟩ *laute, strenge Rüge*
an|pflau|men ⟨V.1, hat angepflaumt; mit Akk.⟩ jmdn. a. *jmdm. eine neckende Bemerkung zurufen*
an|pir|schen ⟨V.1, hat angepirscht; refl.; Jägerspr.⟩ sich a. *sich (an das Wild) anschleichen*
An|pö|be|lei ⟨f.10⟩ *das Anpöbeln*
an|pö|beln ⟨V.1, hat angepöbelt; mit Akk.⟩ jmdn. a. *jmdn. unverschämt, ordinär anreden;* Leute auf der Straße a.
An|prall ⟨m.1⟩ *heftiger Stoß an etwas;* der A. der Wellen ans Ufer; A. des Balls an die Mauer
an|pral|len ⟨V.1, ist angeprallt; o.Obj.⟩ *heftig an etwas stoßen, gegen etwas fliegen;* an eine Mauer, eine Fensterscheibe a.
an|pran|gern ⟨V.1, hat angeprangert; mit Akk.⟩ *öffentlich kritisieren, als schädlich, schlecht bezeichnen;* Mißstände a. [zu *Pranger*]
an|prei|sen ⟨V.92, hat angepriesen; mit Akk.⟩ etwas a. *laut loben (um dafür zu werben);* Waren a.
An|pro|be ⟨f.11⟩ *das Anprobieren (eines Kleidungsstücks);* zur A. kommen; zwei ~n für ein Kleid
an|pro|bie|ren ⟨V.3, hat anprobiert; mit Akk.⟩ etwas a. *probeweise anziehen (um zu sehen, ob es paßt);* Schuhe, einen Mantel a.
an|pum|pen ⟨V.1, hat angepumpt; mit Akk.⟩ jmdn. a. *jmdn. formlos bitten, leihweise Geld herzugeben;* Syn. *anzapfen;* ich habe ihn um 20 DM angepumpt
an|put|zen ⟨V.1, hat angeputzt; mit Akk.⟩ *festlich anziehen, mit Schmuck versehen;* den Christbaum a. *schmücken*
an|rai|nen ⟨V.1, hat angeraint; österr.⟩ → *anliegen (II,1)* [zu *Rain*]
An|rai|ner ⟨m.5; österr.⟩ → *Anlieger*
an|ran|zen ⟨V.1, hat angeranzt; mit Akk.⟩ *barsch anreden, barsch tadeln*
An|ran|zer ⟨m.5⟩ *barscher Tadel*
an|ra|ten ⟨V.94, hat angeraten; mit Dat. und Akk.⟩ jmdm. etwas a. *jmdm. raten, etwas zu tun;* auf Anraten des Arztes *auf den Rat des Arztes hin*
an|rech|nen ⟨V.2, hat angerechnet; mit Dat. und Akk.⟩ jmdm. etwas a. **1** *berechnen, ihm auf die Rechnung setzen;* Ggs. *abrechnen (I);* ich rechne Ihnen nur die Unkosten und das Material an **2** jmdm. etwas für etwas anderes a. *als Ausgleich für etwas anderes abziehen;* ich rechne Ihnen für den alten Wagen 500 DM an; die vier Wochen Untersuchungshaft werden ihm auf die Strafe angerechnet **3** *bewerten;* ich rechne ihm sein Verhalten hoch an
An|rech|nung ⟨f.10⟩ *das Anrechnen;* etwas in A. bringen *anrechnen*
An|recht ⟨n.1⟩ **1** *Recht, Anspruch;* ein A. auf etwas haben **2** ⟨Theat.⟩ → *Abonnement*
An|recht|ler ⟨m.5⟩ → *Abonnent*

An|re|de ⟨f.11⟩ **1** *Bezeichnung, mit der man jmdn. anredet*, z. B. *du, Sie, Herr, Frau* **2** *Titel, mit dem man jmdn. anredet*, z.B. *Exzellenz, Majestät; wie ist die A. für einen Kaiser?*

An|re|de|fall ⟨m.2⟩ → *Vokativ*

an|re|den ⟨V.2, hat angeredet; mit Akk.⟩ jmdn. a. *zu jmdm. zu reden beginnen, das Wort an jmdn. richten*

an|re|gen ⟨V.1, hat angeregt; mit Akk.⟩ **1** *jmdn. oder etwas in Schwung bringen, ermuntern, beleben;* den Kreislauf a.; ein Gespräch a.; seine Bemerkung hat mich zum Nachdenken angeregt; er ist ein ~der Mensch; eine angeregte Unterhaltung **2** *etwas a. vorschlagen, den Anstoß zu etwas geben;* ein Spiel, eine Unternehmung a.; er regte an, einmal gemeinsam in die Berge zu fahren

An|re|gung ⟨f.10⟩ **1** *das Anregen, Vorschlag, Anstoß (zu etwas);* eine A. zu etwas geben; auf seine A. hin habe ich mir das Buch gekauft **2** ⟨Phys.⟩ *Überführung aus dem Grundzustand in eine höhere Energiestufe;* A. schwingungsfähiger Gebilde

an|rei|chern ⟨V.1, hat angereichert; mit Akk.⟩ *verbessern, gehaltvoller machen;* Lebensmittel mit Vitaminen, Eiweiß a.; Wein mit Zucker a.; eine Mischung, Lösung a. *ihre nutzbaren Bestandteile vermehren* **An|rei|che|rung** ⟨f., -, nur Sg.⟩

An|rei|se ⟨f.11⟩ *das Anreisen, Ankunft;* Ggs. *Abreise*

an|rei|sen ⟨V.1, ist angereist, o.Obj.⟩ *(nach einer Reise) ankommen;* Ggs. *abreisen;* wir reisen am 10. 5. an

an|rei|ßen ⟨V.96, hat angerissen; mit Akk.⟩ **1** *ein kleines Stück weit zerreißen;* ein Blatt Papier a. **2** *(nach Öffnen der Verpackung) zu verbrauchen beginnen;* eine angerissene Schachtel Zigaretten **3** *auf einem Werkstück vorzeichnen, einritzen;* Linien a. **4** *durch lautes Anpreisen anlocken;* Käufer, Zuschauer a.

an|rei|ße|risch ⟨Adj.⟩ *aufdringlich (werbend);* eine ~e Verpackung; eine ~e Reklame

An|reiz ⟨m.1⟩ *Reiz, Verlockung, Ansporn;* einen A. für etwas bieten

an|rei|zen ⟨V.1, hat angereizt; mit Akk.⟩ *reizen (etwas zu tun), verlocken;* jmdn. zum Stehlen a.

an|rem|peln ⟨V.1, hat angerempelt; mit Akk.⟩ **1** *derb, grob anstoßen* **2** ⟨übertr., ugs.⟩ *grob anreden*

an|ren|nen ⟨V.98⟩ I ⟨o.Obj.; ist angerannt; in der Wendung⟩ angerannt kommen *herbeirennen, sich rennend nähern* II ⟨mit Präp.-obj.; ist angerannt⟩ gegen etwas a. **1** *rennend gegen etwas stoßen und es einzureißen versuchen;* gegen eine Barrikade a. **2** ⟨übertr.⟩ *sich heftig gegen etwas auflehnen;* gegen Vorurteile a. **3** *versehentlich heftig gegen etwas stoßen;* ich bin mit dem Knie gegen die Kante angerannt III ⟨mit Dat. (sich) und Akk.; hat angerannt; ugs.⟩ sich etwas a. *sich heftig stoßen;* ich habe mir den Kopf an der Ecke angerannt

An|rich|te ⟨f.11⟩ **1** *niedriger Geschirrschrank, auf dem Speisen angerichtet werden* **2** *Raum, in dem Speisen angerichtet werden*

an|rich|ten ⟨V.2, hat angerichtet; mit Akk.⟩ **1** *zum Essen fertig machen, in Schüsseln und auf Platten legen;* Speisen a.; es ist angerichtet *das Essen ist bereit* **2** *verursachen;* Schaden, Unheil a.; da hast du was Schönes angerichtet ⟨iron.⟩

An|riß ⟨m.1⟩ *Vorzeichnung einer Arbeitslinie auf dem Werkstoff* [*zu anreißen (3)*]

an|rol|len ⟨V.1⟩ I ⟨mit Akk.; hat angerollt⟩ *rollend herbeibringen;* Ggs. *abrollen (I,2);* Fässer a. II ⟨o.Obj.; ist angerollt⟩ **1** *sich rollend oder auf Rädern nähern;* die Waggons, Panzer rollten an; der Ball kam angerollt **2** *zu rollen beginnen;* der Wagen rollte an; die Wahlkampagne ist angerollt ⟨übertr.⟩ *hat begonnen*

an|rü|chig ⟨Adj.⟩ **1** *in zweifelhaftem oder schlechtem Ruf stehend;* ein ~es Lokal **2** *nicht einwandfrei;* ein ~es Leben führen; eine ~e Angelegenheit; die Sache kommt mir a. vor **3** *anstößig, etwas unanständig;* ein ~er Witz; ein ~es Lied [*ältere Form anrüchtig, zu Gerücht < mhd. gerucht, gerücht „Ruf, Nachrede"*]

an|rü|cken ⟨-k|k-; V.1⟩ Ggs. *abrücken* I ⟨mit Akk.; hat angerückt⟩ *dicht an etwas heranrücken;* einen Schrank (ganz) a. II ⟨o.Obj.; ist angerückt⟩ **1** *näher kommen, sich nähern;* Truppen rücken an **2** ⟨ugs.⟩ *kommen, ankommen;* sie ist mit der ganzen Familie angerückt

An|ruf ⟨m.1⟩ **1** *an eine Person gerichteter Ruf;* beim ersten A. stehenbleiben **2** *telefonischer Ruf, telefonische Mitteilung;* ich erwarte einen A.; es kamen zwei ~e für dich

An|ruf|be|ant|wor|ter ⟨m.5⟩ *Zusatzgerät zum Telefon, das selbsttätig Nachrichten übermittelt und Mitteilungen aufzeichnet*

an|ru|fen ⟨V.102, hat angerufen; mit Akk.⟩ jmdn. a. **1** *durch Rufen aufmerksam machen, sich durch Ruf an jmdn. wenden;* einen Schlafwandler soll man nicht a.; Gott und alle Heiligen (um Hilfe) a. **2** *telefonisch mit jmdm. sprechen (wollen);* ich rufe dich morgen an; er hat schon dreimal angerufen ⟨erg.: dich⟩, aber du warst nicht da

An|ru|fung ⟨f.10⟩ **1** *das Anrufen* **2** *Beschwörung;* A. der Geister

an|rüh|ren ⟨V.1, hat angerührt; mit Akk.⟩ **1** etwas a. **a** *mit Flüssigkeit vermischen;* Mehl a. **b** *aus verschiedenen Zutaten zusammenmischen;* Teig a. **2** *etwas oder jmdn. a. berühren;* bitte rühr die Figuren nicht an!; rühr mich nicht an! **3** jmdn. a. *innerlich bewegen;* das Lied hat mich sehr angerührt

ans ⟨Präp. mit Art.; zusammengezogen aus⟩ *an das;* ans Wasser laufen; wir müssen ans Heimgehen denken

An|sa|ge ⟨f.11⟩ **1** ⟨Rundfunk, Fernsehen⟩ *Mitteilung über die folgende Sendung oder über die Uhrzeit (Zeit~);* Ggs. *Absage (2)* **2** *das Ansagen, Diktat;* einen Text nach A. schreiben

an|sa|gen ⟨V.1, hat angesagt⟩ I ⟨mit Akk.⟩ etwas a. **1** *mitteilen zum Nachschreiben, diktieren;* bitte schreiben Sie, was ich Ihnen ansage **2** *vorher bekanntgeben, ankündigen;* eine (Rundfunk-)Sendung a.; der Wetterbericht hat im Gewitter angesagt ⟨mit Dat. und Akk.⟩ jmdm. etwas a. *mitteilen, daß man etwas beginnen, tun will;* jmdm. den Kampf a. III ⟨refl.⟩ sich a. *mitteilen, daß man kommen wird;* er hat sich für morgen angesagt

an|sam|meln ⟨V.1, hat angesammelt⟩ I ⟨mit Akk.⟩ *allmählich sammeln und anhäufen;* Vorräte a.; Ärger in sich a. II ⟨refl.⟩ sich a. *allmählich immer mehr werden;* es haben sich viele Briefe angesammelt, die zu beantworten sind

An|samm|lung ⟨f.10⟩ *Menge, die sich angesammelt hat;* eine A. von Kuriositäten

an|säs|sig ⟨Adj.⟩ *wohnhaft, den Wohnsitz habend;* die hier ~en Familien; ich bin hier schon lange a.; sich a. machen *seinen ständigen Wohnsitz nehmen*

An|satz ⟨m.2⟩ **1** *das Ansetzen;* einen A. zum Springen nehmen **2** *das Sichansetzen;* A. von Rost **3** *Stelle, an der etwas ansetzt (Haar~)* **4** *Beginn, Zeichen eines Beginns;* bei ihm zeigen sich Ansätze von Altersschwäche; sein Buch zeigt gute Ansätze, ist aber noch keine reife Leistung **5** ⟨Mus.⟩ *beim Singen, Streichen, Blasen⟩ das Ansetzen des Tons;* einen harten, weichen A. haben **6** *Voranschlag, Berechnung von Kosten* **7** ⟨Math.⟩ *Aufstellen von Gleichungen (zur Lösung eines vorgegebenen Problems)*

an|sau|fen ⟨V.103, hat angesoffen; mit Dat. (sich) und Akk.; ugs.⟩ sich einen ⟨erg.: Rausch⟩ a. *sich betrinken*

an|sau|gen ⟨V.1, poet. auch V.104, hat angesaugt bzw. angesogen⟩ I ⟨mit Akk.⟩ *saugend an sich heranziehen;* Ggs. *absaugen (1);* Flüssigkeit, Staub a. II ⟨refl.⟩ sich a. *durch Saugen fest haftenbleiben*

An|schaf|fe ⟨f., -, nur Sg.⟩ **1** ⟨landsch.⟩ *das Anschaffen (II)* **2** ⟨derb⟩ *Erwerbsmöglichkeit (bes. Prostitution);* auf die A. gehen *zur Arbeit gehen*

an|schaf|fen ⟨V.1, hat angeschafft⟩ I ⟨mit Akk.⟩ *kaufen, etwas kaufen, erwerben (meist bei größeren Gegenständen oder Tieren);* Ggs. *abschaffen (2);* wir haben (uns) ein Auto, einen Hund angeschafft II ⟨mit Dat. und Akk.⟩ jmdm. etwas a. ⟨süddt., österr.⟩ *jmdm. nachdrücklich mitteilen, daß er etwas tun soll;* ich lasse mir von dir nichts a.!; er hat mir angeschafft, den Rasen zu mähen III ⟨o.Obj.; derb; in der Wendung⟩ a. gehen *auf den Strich gehen, Prostitution betreiben*

An|schaf|fung ⟨f.10⟩ **1** ⟨nur Sg.⟩ *das Anschaffen (I)* **2** *Gegenstand, den man sich angeschafft hat;* einige neue ~en

an|schal|ten ⟨V.2, hat angeschaltet; mit Akk.⟩ *etwas a. mittels Schalters in Betrieb setzen;* Ggs. *abschalten (I);* das Radio, eine Maschine a.

an|schau|en ⟨V.1, hat angeschaut⟩ Syn. ⟨ugs.⟩ *angucken* I ⟨mit Akk.⟩ etwas oder jmdn. a. *den Blick auf etwas od. jmdn. richten;* jmdn. freundlich, nachdenklich, aufmerksam a. II ⟨mit Dat. (sich) und Akk.⟩ sich jmdn. oder etwas a. *untersuchen, prüfend betrachten, nachsehen, was fehlt, ist defekt ist;* ich will mir den Patienten noch einmal a.; ich komme heute abend vorbei und schaue mir das Gerät mal an **2** *längere Zeit, eingehend betrachten;* sich eine Stadt, ein Bild a.; das Theaterstück mußt du dir a.

an|schau|lich ⟨Adj.⟩ *bildhaft, deutlich;* ~e Erklärung; etwas a. darstellen, erklären; einen technischen Sachverhalt für Laien a. machen **An|schau|lich|keit** ⟨f., -, nur Sg.⟩

An|schau|ung ⟨f.10⟩ **1** ⟨nur Sg.⟩ *das Anschauen, Betrachten;* ~en gewinnt man aus eigener A. kennen **2** *Art des Anschauens, Art, die Dinge des Lebens zu sehen (Welt~);* ich habe eine andere A. als du; moderne, überholte ~en

An|schein ⟨m., -s, nur Sg.⟩ *äußerer Eindruck;* es hat den A., als ob es macht den Eindruck, sieht so aus; sein Verhalten erweckt den A., als sei er eingebildet; allem A. nach ist es so *wie es scheint, wie man sieht, offensichtlich*

an|schei|nend ⟨Adv.⟩ *dem Anschein nach, offenbar, offensichtlich;* vgl. *scheinbar;* er ist a. schon das Ganze mit der Mappe steht im Flur); du hast im Urlaub a. gutes Wetter gehabt (denn du bist so braun)

an|schei|ßen ⟨V.109, hat angeschissen; mit Akk.; vulg.⟩ jmdn. a. *grob, derb rügen;* er hat mich wegen einer Kleinigkeit angeschissen

an|schicken ⟨-k|k-; V.1, hat angeschickt; refl.⟩ sich a. (etwas zu tun) *sich bereit machen, gerade dabei sein, anfangen;* ich schickte mich eben an, wegzugehen

an|schie|ben ⟨V.112, hat angeschoben; mit Akk.⟩ *etwas a. schieben, bis etwas rollt oder richtig steht;* schieb mal den Wagen an; einen Schrank a.

an|schie|ßen ⟨V.113⟩ I ⟨mit Akk.; hat angeschossen⟩ **1** *jmdn. oder ein Tier a. durch Schuß verwunden* **2** ⟨übertr.⟩ *öffentlich scharf kritisieren, angreifen;* er wird von allen Seiten angeschossen **3** Waffen a. *auf ihre Treffsicherheit hin prüfen* II ⟨o.Obj.; ist angeschossen; nur in der Wendung⟩ angeschossen kommen *sich sehr schnell nähern;* der Hund kam angeschossen

an|schir|ren ⟨V.1, hat angeschirrt; mit Akk.⟩ ein Zugtier a. *ihm das Geschirr anlegen;* Ggs. *abschirren*

An|schiß ⟨m.1; vulg.⟩ *derber, grober Tadel*

An|schlag ⟨m.2⟩ **1** *das Anschlagen* (II, 1,2); A. der Wellen an die Mauer; A. des Schwimmers (an den Beckenrand) **2** *Niederdrücken der Taste (der Schreibmaschine);* sie schreibt, macht 250 Anschläge in der Minute **3** *Art der Tongebung (der Pianisten);* einen harten, weichen A. haben **4** *etwas, das angeschlagen worden ist, Zettel mit Bekanntmachung, Plakat;* einen A. lesen **5** *Berechnung der Kosten* (Kosten~); etwas in A. bringen *berücksichtigen;* etwas ist in ⟨übertr.⟩ **6** ⟨an Maschinen, Automaten u. ä.⟩ *Hemmvorrichtung;* die Karte bis zum A. in den Schlitz des Automaten stecken **7** ⟨bei Fenster- und Türöffnungen⟩ *vorspringende Mauerzunge zum Anschlagen der Blendrahmen* **8** *Überfall, Angriff;* einen A. auf jmdn. oder etwas vorhaben; einem A. zum Opfer fallen

an|schla|gen ⟨V.116, hat angeschlagen⟩ **I** ⟨mit Akk.⟩ **1** *durch Nägel, Nadeln, auch Klebstoff (an einer Wand, einem Wandbrett) befestigen;* eine Bekanntmachung, ein Plakat a. **2** *durch Schlag beschädigen;* angeschlagenes Geschirr; ⟨übertr., ugs.⟩ *erschöpft, überanstrengt sein* **3** *durch Schlag erklingen lassen;* eine Glocke a. **4** *durch Niederdrücken der Taste erklingen lassen;* einen Ton (auf dem Klavier) a. (vgl. Ton) **5** ein Thema a. *davon zu sprechen beginnen* **6** *bewerten;* eine Leistung hoch, niedrig a. **II** ⟨o.Obj.⟩ **1** *flach an etwas stoßen;* Wellen schlagen an die Mauer **2** ⟨Schwimmen⟩ *mit der Handfläche den Beckenrand berühren;* XY hat als erster angeschlagen **3** *kurz, warnend bellen;* der Hund hat angeschlagen

an|schlä|gig ⟨Adj.; norddt.⟩ *schlau*

an|schlei|chen ⟨V.117⟩ **I** ⟨o.Obj.⟩ *ist angeschlichen;* in der Wendung⟩ angeschlichen kommen *sich schleichend nähern;* der Kater kam angeschlichen **II** ⟨refl.; hat angeschlichen⟩ sich a. *sich leise und vorsichtig nähern;* sich an ein Wild a.

an|schlep|pen ⟨V.1, hat angeschleppt; mit Akk.; ugs.⟩ oft in der Wendung⟩ angeschleppt bringen **1** etwas a. *mit Anstrengung herbeibringen;* er brachte einen schweren Koffer angeschleppt **2** jmdn. a. *gegen dessen Willen herbeibringen, mitbringen;* sie brachten einen Freund angeschleppt

an|schlie|ßen ⟨V.120, hat angeschlossen⟩ **I** ⟨mit Akk.⟩ **1** *mit Schloß sichern oder befestigen;* ein Fahrrad a. an den Zaun a.; einen Gefangenen (an Ketten) a. **2** *mit einem Stromkreis, einer Zapfstelle verbinden;* ein elektrisches Gerät a.; einen Schlauch (an den Hahn) a. **II** ⟨refl.⟩ sich a. **1** ⟨von Sachen⟩ *etwas schließt sich (einer Sache, an eine Sache) an folgt ihr unmittelbar;* dem Vortrag, an den Vortrag schlossen sich musikalische Darbietungen an; bei der ⟨sich⟩ ~den Diskussion **2** ⟨von Personen⟩ a jmd. schließt sich (jmdm.) an *geht mit jmdm. mit;* darf ich mich (Ihnen) a.? b jmd. schließt sich einer Gemeinschaft an *tritt einer Gemeinschaft bei;* sich einer Gruppe, einer Partei a. c jmd. schließt sich einer Sache an *stimmt einer Sache zu;* sich einer Meinung, Auffassung, einem Vorschlag a. **III** ⟨o.Obj.⟩ *unmittelbar neben etwas stehen, am Körper liegen;* der Mantel schließt eng an; das eine Gebäude schließt an das andere an

an|schlie|ßend ⟨Adv.⟩ *unmittelbar danach;* a. gingen wir in ein Café

An|schluß ⟨m.2⟩ **1** *Verbindung mit einer Leitung* (Strom~, Wasser~, Gas~) **2** *Verbindung mit dem Fernsprechnetz;* sich einen A. legen lassen; keinen A. bekommen **3** *Zugverbindung;* A. nach Bremen haben; den A. verpassen *beim Umsteigen den nächsten Zug nicht bekommen,* ⟨übertr., ugs.⟩ *die letzte Gelegenheit (zum beruflichen Vorwärtskommen) versäumen* **4** ⟨nur Sg.⟩ *Verbindung mit Menschen;* sie findet überall gleich A.; A. an eine Partei **5** ⟨nur Sg.⟩ in der Fügung⟩ im A. (an etwas) *unmittelbar danach;* im A. an die Sitzung; im A. daran

An|schluß|zug ⟨m.2⟩ ⟨beim Umsteigen⟩ *der nächste Zug zum Ziel;* den A. (nicht) bekommen

an|schmie|gen ⟨V.1, hat angeschmiegt; mit Akk. (und Dat.)⟩ *sich an etwas (an einem Gegenstand) a. dicht an etwas legen;* einen Stoff einer Form a.; der Pullover schmiegt sich dem Körper an

an|schmieg|sam ⟨Adj.⟩ *sich gern anschmiegend, zärtlich und fügsam*

an|schmie|ren ⟨V.3, hat angeschmiert⟩ **I** ⟨mit Dat. (sich) und Akk.⟩ sich etwas a. *sich etwas schmierig, schmutzig machen;* du hast dir die Jacke (an der Mauer) angeschmiert **II** ⟨refl.⟩ sich a. *sich schmierig, schmutzig machen;* ich habe mich irgendwo angeschmiert **III** ⟨mit Akk.⟩ jmdn. a. **1** *schmierig, schmutzig machen;* jmdn. mit Kreide, Farbe a. **2** ⟨übertr.⟩ *betrügen;* da hast du dich a. lassen; der hat mich schön angeschmiert

an|schnal|len ⟨V.1, hat angeschnallt; mit Akk.⟩ *mit Gurt und Schnalle(n) befestigen;* Ggs. *abschnallen* (I); den Ranzen a.; sich im Auto a.

an|schnau|zen ⟨V.1, hat angeschnauzt; mit Akk.⟩ *barsch und laut anreden, grob, derb rügen*

An|schnau|zer ⟨m.5⟩ *grobe, derbe, laute Rüge oder Anrede*

an|schnei|den ⟨V.125, hat angeschnitten; mit Akk.⟩ etwas a. **1** *das erste Stück von etwas abschneiden;* ein Brot, einen Braten a. **2** *durch Schnitt öffnen;* ein Geschwür a. **3** ⟨Schneiderei⟩ *in einem Stück mit dem Ganzen zuschneiden;* die Ärmel a.; angeschnittene Ärmel **4** ⟨Jägerspr.⟩ *anfressen;* der Fuchs schneidet ein verendetes Stück Wild an **5** ⟨Schilauf⟩ ein Tor a. *dicht an der Torstange hindurchfahren* **6** ⟨Tennis u.a.⟩ einen Ball a. *ihm eine Drehung geben, so daß er nach dem Aufprall anders zurückspringt als vom Gegner erwartet* **7** ⟨Fot.⟩ *(auf einem Bild) ein Stück von etwas abschneiden;* den Hinterkopf einer Person, ein Gebäude a. **8** *zur Sprache bringen;* ein Thema a.

An|schnitt ⟨m.1⟩ **1** *erstes abgeschnittenes Stück;* A. des Brotes, des Bratens **2** *Schnittfläche*

An|scho|vis ⟨f., -, -⟩ →Anchovis

an|schrei|ben ⟨V.127, hat angeschrieben; mit Akk.⟩ **1** etwas a. a *an die Wandtafel, an ein Schild, an die Hauswand schreiben;* Wörter, Zahlen a.; dort steht der Name angeschrieben b *notieren, aufschreiben;* (beim Spiel) Punkte, Werte a.; die Zeche a. lassen *sie nicht sofort bezahlen;* bei jmdm. gut, schlecht angeschrieben sein *bei jmdm. in gutem, schlechtem Ansehen stehen* **2** jmdn. a. ⟨Bürospr.⟩ *an jmdn. schreiben*

An|schrei|ben ⟨n.7; Bürospr.⟩ *Schreiben, Brief*

an|schrei|en ⟨V.128, hat angeschrien⟩ **I** ⟨mit Akk.⟩ jmdn. a. *schreiend (wütend) anreden, laut, grob, derb rügen* **II** ⟨mit Präp.obj.⟩ gegen etwas a. *lauter schreien als etwas tönt;* gegen den Lärm, die Brandung a. (um sich jmdm. verständlich zu machen)

An|schrift ⟨f.10⟩ *Bezeichnung des Wohnorts, der Straße und Hausnummer;* Syn. *Adresse*

an|schul|di|gen ⟨V.1, hat angeschuldigt; mit Akk.⟩ *öffentlich vor Gericht anklagen*

An|schul|di|gung ⟨f.10⟩ **1** *öffentliche Anklage vor Gericht im Hauptverfahren* **2** *Behauptung einer Schuld;* falsche ~en; eine A. zurückweisen, zurücknehmen

an|schwär|men ⟨V.1, hat angeschwärmt; mit Akk.⟩ jmdn. a. *für jmdn. schwärmen, jmdn. schwärmerisch verehren;* einen Schauspieler, eine Lehrerin a.

an|schwär|zen ⟨V.1, hat angeschwärzt; mit Akk.⟩ **1** *Nachteiliges über jmdn. (einem anderen gegenüber) reden, verleumden;* jmdn. beim Vorgesetzten a.

an|schwei|gen ⟨V.130, hat angeschwiegen; mit Akk.; ugs.⟩ jmdn. a. *jmdm. gegenübersitzen und lange schweigen, sich nicht mit ihm unterhalten;* sich (eigtl.: einander) a.

an|schwel|len ⟨V.131, ist angeschwollen; o.Obj.⟩ *an Umfang, Stärke zunehmen;* Ggs. *abschwellen;* der verstaubte Fuß ist angeschwollen; ein Fluß, ein Ton schwillt an

An|schwel|lung ⟨f.10⟩ **1** ⟨nur Sg.⟩ *das Anschwellen* **2** *geschwollene Stelle*

an|se|hen ⟨V.136, hat angesehen⟩ **I** ⟨mit Akk.⟩ etwas oder jmdn. a. *den Blick auf etwas oder jmdn. richten;* jmdn. scharf a.; etwas oder jmdn. prüfend a.; er sieht das Geld nicht an ⟨übertr.⟩ *er ist nicht geizig, gibt das Geld großzügig aus;* jmdn. nur vom Ansehen her kennen ⟨mit Dat. und Akk.⟩ jmdn. oder einer Sache etwas a. *beim Anblick merken, wie der Zustand von etwas oder jmdm. ist, was mit jmdm. los ist;* man sieht ihr an, daß sie unglücklich ist; man sieht ihm seine Krankheit an; ich sehe dir an, ich sehe es dir an den Augen an, daß es dir gut geht; dem Gerät sieht man es schon von außen an, daß es nichts taugt **III** ⟨mit Dat. (sich) und Akk.⟩ **1** sich etwas oder jmdn. a. *etwas oder jmdn. prüfend, interessiert betrachten;* den Film werde ich mir a.; ich muß mir deinen Freund doch mal a.; ohne Ansehen der Person *ohne Stellung, Rang, Herkunft einer Person zu berücksichtigen* **2** sich etwas a. *den Anblick von etwas ertragen;* das muß man sich nicht mit a.; ich kann mir das nicht länger mit a. **IV** ⟨mit Präp. „als" oder „für"⟩ jmdn. oder etwas als oder für etwas a. *als, für etwas halten;* ich sehe es als, für erwiesen an, daß . . . ; ich sehe es als, für meine Pflicht an, hier einzugreifen; jmdn. als Betrüger a.; jmdn. nicht für voll a. *jmdm. die nötige Geltung nicht zuerkennen*

An|se|hen ⟨n., -s, nur Sg.⟩ *das Geachtet-, Geschätztwerden, Hochachtung, Wertschätzung;* aufgrund seines ~s; hohes A. genießen; bei jmdm. in hohem A. stehen; sich A. verschaffen; sein A. leidet darunter, daß er . . .

an|sehn|lich ⟨Adj.⟩ **1** *groß, kräftig und angenehm, stattlich, frisch und gut aussehend;* eine ~e Person; ein ~es Gebäude; sie sieht recht a. aus **2** *ziemlich groß;* eine ~e Summe, Menge

An|se|hung ⟨f., -, nur Sg.⟩ *veraltend;* in der Fügung⟩ in A. *wenn man berücksichtigt;* in A. seiner Verdienste

an|sei|len ⟨V.1, hat angeseilt; mit Akk.⟩ *am Seil befestigen (um einen Absturz zu vermeiden);* einen Bergsteiger, sich a.

an|sein ⟨V.137, ist angewesen; o.Obj.; ugs.⟩ *kurz für: angeschaltet sein;* Ggs. *aussein* (I,1); das Licht, das Radio ist an, muß immer ansein

an|set|zen ⟨V.1, hat angesetzt⟩ **I** ⟨mit Akk.⟩ **1** *hinzu-, anfügen und befestigen;* ein Stück Stoff a. **2** *entstehen lassen, hervorbringen;* die Sträucher setzen Knospen, Früchte an; sie haben gut ⟨erg.: Früchte⟩ angesetzt **3** *aufs Feuer stellen;* den Braten, die Kartoffeln a. **4** *durch Mischen der Zutaten vorbereiten;* eine Bowle, einen Teig a. **5** *in eine bestimmte Stellung, Haltung bringen, in die Ausgangsstellung bringen;* Ggs. *absetzen* (1b); das Glas a. (zum Trinken); die Flöte, den Bogen a.; den Meißel a. **6** *(vorläufig) festlegen;* einen Preis, einen Termin a.; die Kosten wurden mit 500 DM angesetzt; die Sitzung ist für fünf Uhr angesetzt **7** jmdn. auf jmdn. a.; *jmdn. die Verfolgung, Bewachung, Beschattung beginnen lassen;* einen Agenten auf

Ansicht

jmdn. a. **8** ein Tier auf etwas a. *ein Tier die Verfolgung beginnen lassen;* einen Hund auf eine Fährte a. **II** ⟨o.Obj.⟩ *beginnen;* sein Haar setzt tief in der Stirn, setzt sehr hoch an; tief angesetzter Ärmel **III** ⟨mit Präp.obj.⟩ *zu etwas a. sich bereit machen zu etwas, mit etwas beginnen;* zum Sprung a.; er setzte zum Sprechen an; zu einer Arbeit a.; ich habe mehrmals dazu angesetzt, mußte es aber immer wieder seinlassen **IV** ⟨refl.⟩ sich a. **1** *haftenbleiben;* auf dem Rad hat sich Rost, Moos angesetzt **2** sich auf den Bock a. ⟨Jägerspr.⟩ *sich auf den Ansitz begeben und den Bock erwarten*

An|sicht ⟨f.10⟩ **1** ⟨nur Sg.⟩ *das Ansehen;* ein Buch nur zur A. bestellen **2** *Bild, Abbildung;* eine A. der Stadt Augsburg, des Rathauses **3** *von außen sichtbare Seite* (Vorder~, Seiten~, Rück~) **4** *Anschauung, Meinung;* altmodische, merkwürdige, vernünftige ~en haben; meiner A. nach hat er es nicht getan; er vertritt die A., daß ...

an|sich|tig ⟨Adj., o.Steig.; nur in der Wendung⟩ jmds. oder eines Gegenstands a. *werden jmdn. oder etwas erblicken;* als ich seiner a. wurde, machte ich kehrt

An|sichts|kar|te, An|sichts|post|kar|te ⟨f.11⟩ *Postkarte mit einer Ansicht, mit Bild*

an|sie|deln ⟨V.1, hat angesiedelt⟩ **I** ⟨mit Akk.⟩ **1** jmdn. a. *jmdm. Grundbesitz zur Bearbeitung überlassen;* Ggs. *aussiedeln* **2** Tiere a. *in einen Lebensraum bringen, um sie dort seßhaft zu machen* **II** ⟨refl.⟩ sich a. **1** *Grundbesitz erwerben und zu bebauen beginnen* **2** *sich für die Dauer niederlassen;* in den Räumen hat sich das Ungeziefer angesiedelt

An|sied|lung ⟨f.10⟩ **1** ⟨nur Sg.⟩ *das Ansiedeln, das Sichansiedeln* **2** *kleine Siedlung*

an|sin|gen ⟨V.140, hat angesungen⟩ ⟨mit Akk.⟩ ein Lied a. *probeweise zu singen beginnen*

An|sin|nen ⟨n.7⟩ *kaum zumutbarer Vorschlag;* ein A. an jmdn. stellen

An|sitz ⟨m.1⟩ → *Anstand* (4)

an|sit|zen ⟨V.143, hat angesessen⟩ ⟨o.Obj.; Jägerspr.⟩ *auf den Ansitz Wild erwarten;* ich habe zwei Stunden angesessen

an|son|sten ⟨Adv.⟩ *sonst, andernfalls, im übrigen*

an|span|nen ⟨V.1, hat angespannt⟩ **I** ⟨mit Akk.⟩ **1** *vor den Wagen spannen;* Ggs. *abspannen* (I); die Pferde a. **2** *spannen, straff machen;* Muskeln a. **3** *anstrengen, zusammennehmen;* vgl. *angespannt;* alle Kräfte a. **II** ⟨refl.⟩ sich a. *straff werden;* alle Muskeln spannten sich an **An|span|nung** ⟨f., -, nur Sg.⟩

An|spiel ⟨n.1⟩ **1** ⟨Sport⟩ *erstes Zuspielen des Balls* **2** ⟨Kart., Sport⟩ *Beginn des Spiels*

an|spie|len ⟨V.1, hat angespielt⟩ **I** ⟨mit Akk.⟩ **1** etwas a. **a** ein Instrument a. *probeweise darauf spielen* **b** ein Musikstück a. *probeweise einen Teil davon spielen* **2** jmdn. a. ⟨Sport⟩ *jmdm. den Ball zuspielen* **II** ⟨o. Obj.; Kart., Sport⟩ *das Spiel beginnen;* wer spielt an? **III** ⟨mit Präp.obj.⟩ auf etwas a. *etwas andeuten, auf etwas hinweisen, ohne es deutlich auszudrücken;* er spielte dabei auf ihre Freundschaft mit XY an

An|spie|lung ⟨f.10⟩ *Andeutung, versteckter Hinweis;* eine A. (auf etwas) machen

an|spin|nen ⟨V.145, hat angesponnen⟩ **I** ⟨mit Akk.⟩ etwas a. *vorsichtig beginnen;* eine Unterhaltung a. **II** ⟨refl.⟩ sich a. *kaum merkbar beginnen;* da spinnt sich eine Liebesgeschichte an

an|spit|zen ⟨V.1, hat angespitzt; mit Akk.⟩ **1** etwas a. *spitz machen* **2** jmdn. a. ⟨übertr., ugs.⟩ *antreiben (etwas zu tun), in Schwung bringen*

An|sporn ⟨m.1⟩ *Antrieb, Anreiz;* seine Freude, sein Lob ist ein A. für mich; jmdm. einen A. geben; er braucht einen A.

an|spor|nen ⟨V.1, hat angespornt; mit Akk.⟩ **1** ein Pferd a. *ihm die Sporen geben* **2** jmdn. a. *jmdm. Lust, Mut machen (etwas zu tun), jmdn. antreiben;* jmdn. zu höheren Leistungen a.

An|spra|che ⟨f.11⟩ **1** *kurze Rede;* eine A. halten **2** ⟨nur Sg.⟩ *geistiger, seelischer Austausch, geistige Anregung durch Menschen;* er hat dort überhaupt keine A.; er braucht etwas mehr A.

an|spre|chen ⟨V.146, hat angesprochen⟩ **I** ⟨mit Akk.⟩ **1** jmdn. a. **a** *sich jmdm. zuwenden und sprechen, das Wort an jmdn. richten* **b** *jmdm. gefallen, jmdn. innerlich berühren;* das Buch hat mich nicht stark, nicht angesprochen **c** jmdn. auf etwas hin a. *jmdn. nach etwas fragen;* ich sprach ihn auf seine Prüfung (hin) an **2** Wild a. *sein Geschlecht, Alter usw. feststellen* **3** etwas a. **a** *seinen Standort feststellen;* ein Ziel, einen Punkt a. **b** *erwähnen, auf etwas hinweisen, (kurz) von etwas sprechen;* eine Frage, ein Thema a. **c** etwas als etwas a. *etwas als etwas bezeichnen;* man kann seine Arbeit als gut, ausreichend a. **II** ⟨mit Präp.obj.⟩ auf etwas a. *tätig werden, Wirkung zeigen, reagieren;* das Instrument spricht leicht, gut, schwer an *ist leicht usw. zu spielen;* ich spreche auf Medikamente sehr schnell an

an|spre|chend ⟨Adj.⟩ *Gefallen erregend, angenehm*

an|sprin|gen ⟨V.148⟩ **I** ⟨mit Akk.; hat angesprungen⟩ **1** jmdn. a. **a** *im Sprung jmdn. angreifen, sich auf jmdn. stürzen, an jmdn. hochspringen;* der Hund sprang mich an **b** ⟨übertr.⟩ *sehr stark und plötzlich auf jmdn. wirken;* die Erkenntnis sprang mich an; diese Musik, Malerei springt einen geradezu an **2** etwas a. ⟨Sport⟩ *gegen etwas springen;* ein Hindernis a. **II** ⟨o.Obj.; ist angesprungen⟩ **1** *zu arbeiten beginnen, in Gang kommen;* der Motor sprang sofort, nicht an **2** ⟨in der Wendung⟩ angesprungen kommen *herbeispringen, sich in Sprüngen nähern;* der Hund kam, die Kinder kamen angesprungen

An|spruch ⟨m.2⟩ **1** *Recht (auf etwas);* einen A. auf etwas haben; *berechtigte Ansprüche* **2** *Forderung;* Ansprüche an jmdn. stellen; hohe Ansprüche haben *viel verlangen;* einen A. auf etwas erheben; *hinsichtlich des Essens* stelle ich keine Ansprüche; etwas in A. nehmen *von etwas Gebrauch machen;* ich nehme deine Hilfe gern in A.; jmdn., jmds. Zeit in A. nehmen *jmdn. für sich arbeiten, tätig sein lassen, sich von jmdm. helfen lassen;* der Hausbau nimmt seine Kräfte, seine Zeit voll in A. *fordert, braucht seine Kräfte, seine Zeit ganz;* sehr in A. genommen sein *sehr beschäftigt sein, mit Arbeit belastet sein;* seine Aufmerksamkeit war von den Vorgängen auf der Bühne völlig in A. genommen *war stark gefesselt*

an|spruchs|los ⟨Adj.⟩ **1** ⟨von Personen⟩ *keine, wenig Ansprüche stellend, genügsam* **2** ⟨von Sachen⟩ *keine geistigen Fähigkeiten, wenig Mitdenken verlangend;* ein ~es Buch, Theaterstück

An|spruchs|lo|sig|keit ⟨f., -, nur Sg.⟩ *anspruchslose Beschaffenheit, anspruchslose Wesensart*

an|spruchs|voll ⟨Adj.⟩ **1** ⟨von Personen⟩ *hohe Ansprüche stellend* **2** ⟨von Sachen⟩ *geistige Beweglichkeit, Denken verlangend;* ein ~es Buch, Theaterstück

an|spü|len ⟨V.1, hat angespült; mit Akk.⟩ *ans Ufer spülen;* das Meer spült Tang, Holzstücke an

an|sta|cheln ⟨V.1, hat angestachelt; mit Akk.⟩ *heftig antreiben, anfeuern;* jmdn. a., etwas zu tun; Syn. *aufstacheln;* jmds. Ehrgeiz a.

An|stalt ⟨f.10⟩ **1** *einem bestimmten Zweck dienende Einrichtung sowie das Gebäude dafür* (Erziehungs~, Heil~); A. des öffentlichen Rechts *Einrichtung des Staates oder einer Körperschaft für Aufgaben der öffentlichen Verwaltung* **2** ⟨kurz für⟩ *Nervenheilanstalt;* er muß in eine A. **3** *Betrieb, Unternehmen, Institut;* Verlags~, karthographische A. **4** ⟨Pl.⟩ ~en *Vorbereitungen;* er machte ~en, sich zu verabschieden; er machte keine ~en, zu gehen; ~en für eine Reise treffen [< mhd. *anstalt* ,,Richtung, Beziehung", zu *stallen* ,,in eine Richtung, an eine Stelle bringen"]

An|stand ⟨m.2⟩ **1** ⟨nur Sg.⟩ *der guten Sitte, der gesellschaftlichen Norm entsprechendes Benehmen;* er hat (keinen) A.; den A. wahren, verletzen; sich mit A. aus einer unangenehmen Lage befreien, zurückziehen **2** *Bedenken;* ich werde keinen A. nehmen, ihn anzuzeigen **3** ⟨meist Pl.⟩ *Schwierigkeit;* Anstände haben, ⟨österr.⟩ A. haben; ich will keine Anstände bekommen **4** ⟨Jägerspr.⟩ *Stelle, an der der Jäger das Wild wartet;* Syn. *Ansitz;* auf den A. gehen

an|stän|dig ⟨Adj.⟩ **1** *wie es der Anstand erfordert, wie es sich gehört;* ~es Benehmen; benimm dich a.! **2** *ehrenhaft, edel;* ~er Kerl; ~er Charakter; das war sehr a. von ihm; sich a. verhalten **3** *angemessen, gut, befriedigend;* ein ~es Gehalt **4** *ordentlich;* a. gekleidet sein **5** ⟨ugs.⟩ *ziemlich stark;* du hast ja eine ~e Erkältung

An|stän|dig|keit ⟨f., -, nur Sg.⟩ *anständige Gesinnung, anständiges Verhalten;* er handelte aus A. so

An|stands|be|such ⟨m.1⟩ *Besuch aus Höflichkeit, der Form halber*

an|stands|hal|ber ⟨Adv.⟩ *aus Gründen des Anstands, weil es sich so gehört, weil man niemanden verletzen will;* ich muß a. wohl hingehen

an|stands|los ⟨Adj.⟩ *ohne Schwierigkeit, ohne Komplikation;* ich habe den Brief a. ausgehändigt bekommen; man hat mich a. hineingelassen

an|statt **I** ⟨Präp. mit Gen.⟩ *anstelle, als Ersatz für;* er nahm den Autobus a. der S-Bahn; ich habe a. der Rosen (die ich eigentlich wollte) Nelken gekauft **II** ⟨Konj.⟩ *statt, anstelle;* a. hier herumzustehen, solltest du mir lieber helfen

an|stau|en ⟨V.1, hat angestaut; mit Akk., meist refl.⟩ *(sich) ansammeln, anhäufen;* in ihm haben sich Aggressionen angestaut; angestaute Wut, Empörung

an|ste|chen ⟨V.149, hat angestochen; mit Akk.⟩ **1** *durch Stich öffnen;* eine Blase a.; ein Wein-, Bierfaß a. **2** *durch Stich beschädigen;* eine angestochene Frucht *eine Frucht mit Insektenstich;* er sprang auf wie angestochen ⟨ugs.⟩ *plötzlich und heftig* **3** *durch Hineinstechen prüfen, ob etwas gar ist;* Kartoffeln, Fleisch a.

an|stecken ⟨-k|k-; V.1, hat angesteckt⟩ **I** ⟨mit Akk.⟩ **1** etwas a. **a** *mit Nadel(n) befestigen* **b** *in Brand setzen;* ein Haus a. **2** jmdn. a. *eine Krankheit, Stimmung auf jmdn. übertragen;* ich will dich nicht mit meiner Erkältung a.; er hat uns alle mit seiner Fröhlichkeit angesteckt **II** ⟨mit Dat. und Akk.⟩ jmdm. oder sich etwas a. *mit Nadel(n) am Körper befestigen, an den Finger stecken;* jmdm. oder sich einen Ring a., eine Plakette a. **III** ⟨refl.⟩ sich a. *eine übertragbare Krankheit auziehen;* sich bei jmdm. a. **IV** ⟨o.Obj.⟩ *sich übertragen, auf andere übergehen;* Masern stecken an; sein Lachen wirkt ~d

An|steckung ⟨-k|k-; f.10⟩ *Übertragung oder Aufnahme von Krankheitserregern;* Syn. *Infektion, Kontagion*

an|ste|hen ⟨V.151⟩ **I** ⟨o:Obj.; hat angestanden, süddt. auch: ist angestanden⟩ **1** *in einer Reihe warten;* Syn. *Schlange stehen;* ich habe, ⟨schweiz.⟩ bin zwei Stunden nach Karten angestanden **2** *auf Erledigung warten, zu erledigen sein;* eine Arbeit steht an; Zahlungen a. lassen *nicht begleichen, aufschieben* **3** *fest-*

gesetzt sein; die Besprechung steht für morgen an; ein Termin steht noch nicht an **II** ⟨mit Dat.; hat angestanden, süddt. auch: ist angestanden; veraltend⟩ jmdm. a. *passend, schicklich sein, sich geziemen für jmdn., angemessen sein;* sein bescheidenes Wesen steht ihm wohl an; solche Anmaßung steht ihm übel, nicht an **III** ⟨mit Präp.obj.; ist angestanden; österr.⟩ auf etwas a. *auf etwas angewiesen sein;* ich stehe auf deine Hilfe nicht an

an|ste|hend ⟨Adj.; in der Fügung⟩ ~es Gestein *an der Erdoberfläche zutage tretendes Gestein von ursprünglicher Beschaffenheit*

An|ste|hen|de(s) ⟨n.17 bzw. 18, nur Sg.⟩ *zutage tretendes Gestein*

an|stei|gen ⟨V.153, ist angestiegen; o.Obj.⟩ **1** *in die Höhe führen;* Ggs. absteigen (5); der Weg steigt an **2** *aufwärtssteigen;* Ggs. absteigen; wir sind eine Stunde angestiegen **3** *höher werden;* das Wasser, die Temperatur steigt an **4** *wachsen, mehr werden;* die Zahl der Verletzten steigt weiter an

an|stel|le, an Stel|le ⟨Präp. mit Gen.⟩ *statt;* a. des Dirigenten leitete ein Schüler die Chorprobe; a. von nutzlosen Klagen hatte ich einen Vorschlag erwartet

an|stel|len ⟨V.1, hat angestellt⟩ **I** ⟨mit Akk.⟩ **1** etwas a. **a** *in Betrieb, in Tätigkeit setzen;* Ggs. abstellen (5); eine Maschine, das Radio a. **b** *eine Dummheit machen;* Syn. ⟨norddt.⟩ aufstellen; er hat etwas (Dummes) angestellt **c** *tun, machen, zustande, zuwege bringen;* ich weiß nicht, wie ich es a. soll, ich dazu zu bringen; der Junge weiß vor Freude, Übermut nicht, was er a. soll; ich konnte a., was ich wollte, es gelang mir nicht **d** ⟨in bestimmten Wendungen⟩ *Betrachtungen über etwas a. etwas nachdenklich, überlegend betrachten;* Vermutungen über etwas a. *Vermutungen äußern, etwas vermuten;* Versuche a. *Versuche machen* **2** jmdn. a. *in Dienst nehmen, zu einer Arbeit heranziehen, beschäftigen;* ich habe ihn als Verkäufer angestellt; ich lasse mich von dir nicht a. ich lasse mir von dir keine Arbeit aufladen **II** ⟨refl.⟩ sich a. **1** *sich in eine Reihe wartender Personen stellen;* sich an der Kasse nach Theaterkarten a. **2** *sich (in bestimmter Weise) verhalten;* sich geschickt, ungeschickt, dumm a.; er stellt sich an wie ein Anfänger **3** *zimperlich sein, Klagen, Ausflüchte vorbringen;* stell dich nicht so an, sondern halt still!

an|stel|lig ⟨Adj.⟩ *willig und geschickt, gelehrig* **An|stel|lig|keit** ⟨f., -, nur Sg.⟩

An|stel|lung ⟨f.10⟩ **1** *das Indienstnehmen, Übertragung einer Arbeit* **2** *Stellung, Arbeitsverhältnis;* eine feste A. haben

An|stell|win|kel ⟨m.5⟩ *Winkel zwischen Strömungsrichtung und Richtung der Querschnitte einer überströmten Fläche (z. B. bei der Tragfläche eines Flugzeugs)*

An|stich ⟨m.1⟩ **1** *das Anstechen, das Öffnen durch Stich;* A. eines Bierfasses **2** *Getränk aus dem eben geöffneten Faß;* frischer A. **3** *erster Spatenstich*

an|stie|feln ⟨V.; ugs.; nur in der Fügung⟩ angestiefelt kommen *sich mit festen, raschen Schritten nähern*

An|stieg ⟨m.1⟩ **1** ⟨nur Sg.⟩ *das Ansteigen, Hinaufsteigen;* Ggs. Abstieg (1) **2** ⟨nur Sg.⟩ *Verbesserung, Aufwärtsbewegung;* Ggs. Abstieg (2); wirtschaftlicher, sozialer A. **3** *aufwärts führender Weg;* Ggs. Abstieg (3)

an|stif|ten ⟨V.2, hat angestiftet; mit Akk.⟩ **1** etwas a. *veranlassen, in Gang bringen;* ein Unheil, eine Verschwörung a. **2** jmdn. a. *jmdn. dazu bringen (etwas zu tun);* er hat mich angestiftet; jmdn. zu einer Dummheit a. [zu *stiften* „gründen"]

an|stim|men ⟨V.1, hat angestimmt; mit Akk.⟩ **1** *zu singen beginnen;* ein Lied a. **2** *laut zu äußern beginnen;* ein Klagelied, ein großes Geschrei a.

an|stin|ken ⟨V.156, hat angestunken; mit Präp.obj.; fast nur im Infinitiv üblich; vulg.⟩ gegen etwas oder jmdn. a. *sich gegen etwas oder jmdn. behaupten, etwas oder jmdn. übertreffen;* gegen den kannst du nicht a.; gegen solche Frechheit kann man nicht a.

An|stoß ⟨m.1⟩ **1** ⟨Fußb.⟩ *erster Stoß;* Syn. ⟨schweiz.⟩ Kick-off; A. haben **2** *Anregung, Antrieb;* den A. zu etwas geben **3** *Ärgernis;* A. erregen (bei jmdm.); A. an etwas nehmen *unwillig, ärgerlich über etwas werden*

an|sto|ßen ⟨V.157, hat angestoßen⟩ **1** einen Gegenstand a. *einem Gegenstand einen Stoß geben* **2** jmdn. a. *jmdn. (mit dem Ellenbogen, dem Fuß) stoßen und ihm damit ein Zeichen geben* **II** ⟨o.Obj.; hat angestoßen⟩ **1** *die Gläser leicht aneinanderstoßen, daß sie klingen, und einen Wunsch damit verbinden;* wir wollen auf seine Gesundheit, auf gutes Gelingen a. **2** *mit der Zunge a.* → lispeln **III** ⟨o.Obj. oder mit Präp.obj.; ist angestoßen⟩ an etwas a. *gegen etwas stoßen;* ich bin mit dem Knie (an die Bettkante) angestoßen

An|stö|ßer ⟨m.5; schweiz.⟩ → Anlieger

an|stö|ßig ⟨Adj.⟩ *Anstoß erregend, den Anstand verletzend, ein wenig unanständig;* ~e Lieder, Witze; ~es Benehmen **An|stö|ßig|keit** ⟨f., -, nur Sg.⟩

an|stre|ben ⟨V.1, hat angestrebt; mit Akk.⟩ etwas a. *nach etwas streben*

an|strei|chen ⟨V.158, hat angestrichen⟩ **I** ⟨mit Akk.⟩ etwas a. **1** *mit Farbe bemalen;* grün anstreichen **2** *durch Strich kennzeichnen;* Wörter im Buch a.; Fehler a.; einen Tag im Kalender rot a. *als besonders wichtig kennzeichnen* **3** *probeweise einen Strich ziehen;* eine Saite. **4** *durch Streichen anzünden;* ein Zündholz a. **II** ⟨mit Dat. und Akk.⟩ jmdm. etwas a. *etwas vergelten, heimzahlen;* diese Gemeinheit werde ich ihm a.

An|strei|cher ⟨m.5⟩ → Maler (1)

an|stren|gen ⟨V.1, hat angestrengt⟩ **I** ⟨mit Akk.⟩ **1** *stark beanspruchen, arbeiten lassen;* seine Kräfte a.; seinen Geist a.; angestrengt arbeiten *mit Anstrengung, mit allen Kräften* **2** *ermüden, überanspruchen;* das viele Lesen strengt mich, meine Augen an; angestrengt aussehen **3** *beim Gericht veranlassen;* einen Prozeß a. (gegen jmdn.). **II** ⟨o.Obj.⟩ *die Kraft stark beanspruchen, Kraft erfordern;* diese Arbeit strengt sehr an; die Reise; eine so große Wanderung ist mir zu ~d **III** ⟨refl.⟩ sich a. *alle Kräfte einsetzen, sich große Mühe geben* [zu *streng*]

An|stren|gung ⟨f.10⟩ *das Anstrengen der Kraft, Kraftaufwand, große Mühe;* große ~en machen, um etwas zu erreichen *sich sehr und oft anstrengen;* der Kranke konnte nur mit A. sprechen

An|strich ⟨m.1⟩ **1** *Farbauftrag, aufgestrichene Farbe;* ein neuer A.; heller, grüner A. **2** ⟨übertr.⟩ *Aussehen, Äußeres;* einer Sache einen neuen A. geben *sie neu gestalten;* er will sich einen vornehmen A. geben *er will vornehm erscheinen;* der Abend soll durch musikalische Darbietungen einen künstlerischen A. bekommen

An|sturm ⟨m.2⟩ **1** *das Heranstürmen, heftiger Angriff;* beim ersten A. **2** *großer Andrang;* wir hatten einen solchen A. von Besuchern nicht erwartet; der A. auf die Theaterkasse war groß

an|stür|men ⟨V.1, ist angestürmt⟩ **I** ⟨o.Obj.⟩ **1** *heranstürmen, im Sturm angreifen;* die ~den Truppen **2** ⟨in der Fügung⟩ angestürmt kommen *sich stürmisch, rennend nähern;* die Kinder kamen angestürmt **II** ⟨mit Präp.obj.⟩ gegen etwas a. *etwas heftig angreifen;* gegen ein Bollwerk a.; gegen Vorurteile a.

an|su|chen ⟨V.1, hat angesucht; mit Präp.obj.; veraltend⟩ um etwas a. *ein Gesuch wegen etwas stellen;* um Aufnahme in einen Verein a.

An|su|chen ⟨n.7⟩ *Gesuch, förmliche Bitte;* ein A. (an jmdn., an eine Behörde) stellen

Ant|ago|nis|mus ⟨m., -, -men⟩ **1** *Widerstreit, (unversöhnlicher) Gegensatz* **2** ⟨Med.⟩ *entgegengesetzte Wirkung von Hormonen oder Muskeln* [< griech. *antagonistes* „Gegner, Widersacher", zu *agonia* „Kampf"]

Ant|ago|nist ⟨m.10⟩ **1** *Gegner, Widersacher* **2** ⟨Med.⟩ *entgegengesetzt wirkender Körperteil oder Stoff*

ant|ago|ni|stisch ⟨Adj.⟩ *gegensätzlich, unversöhnlich*

an|tan|zen ⟨V.1, ist angetanzt; o.Obj.; scherzh.⟩ *kommen;* um sechs tanzten schon die ersten Gäste an; er tanzt dauernd bei mir an *kommt dauernd zu mir (weil er etwas möchte);* jmdn. a. lassen *jmdn. auffordern zu kommen*

ant|ark|tisch ⟨Adj., o.Steig.⟩ *die Antarktis betreffend, zu ihr gehörig, aus ihr stammend;* Ggs. arktisch [< griech. *anti* „gegen" und *arktisch*]

an|ta|sten ⟨V.2, hat angetastet; mit Akk.⟩ *berühren;* dieses Recht darf von niemandem angetastet werden, lasse ich nicht a.; sowie man das Thema nur antastet, wird er wütend

an|te Chri|stum (na|tum) ⟨Abk.: a.Chr. (n.)⟩ *vor Christi Geburt;* Ggs. *post Christum (natum)*, ⟨heute statt dessen meist⟩ v.Chr. [lat.]

An|teil ⟨m.1⟩ **1** *Teil, der jmdm. zusteht (Gewinn~) oder von jmdm. getragen werden muß (Kosten~);* er hat ~e an der Firma **2** *Mitgefühl, Teilnahme, Interesse;* A. an etwas nehmen *Mitgefühl usw. zeigen*

an|tei|lig ⟨Adj., o.Steig.⟩ *dem Anteil entsprechend;* ~e Kosten; Kosten a. übernehmen

An|teil|nah|me ⟨f., -, nur Sg.⟩ *Mitgefühl, Mitempfinden (bes. bei Todesfällen);* jmdm. seine A. ausdrücken, aussprechen; A. an jmds. Schicksal

An|ten|ne ⟨f.11⟩ **1** *Vorrichtung zum Empfangen oder Senden von elektromagnetischen Wellen* **2** *Fühler* [< lat. *antemna*, „Segelstange, Rahe"]

An|te|pen|di|um ⟨n., -s, -di|en⟩ *Verkleidung des Altarunterbaus (mit Stoff, Holz oder Metall)* [< lat. *ante* „vor" und *pendere* „hängen"]

An|te|ze|dens ⟨n., -, -den|zi|en⟩ *Voraussetzung, Grund, Ursache* [< lat. *antecedens*, Part. Präs. von *antecedere* „vorausgehen"]

An|te|ze|denz ⟨f.10⟩ *Talbildung an einem Fluß bei gleichzeitiger Erhebung eines Gebirges* [zu *Antezedens*]

Ant|hel|min|thi|kum ⟨n., -s, -ka⟩ *Mittel gegen Eingeweidewürmer* [< griech. *anti* „gegen" und *helmos*, Gen. *-inthos*, „Wurm"]

An|the|mi|on ⟨n., -s, -mi|en⟩ *altgriech. Baukunst;* *Schmuckfries aus Blumen* [< griech. *anthemion* „Blume", zu *anthos* „Blüte"]

An|the|re ⟨f.11; Bot.⟩ *Staubbeutel* [< griech. *antheros*, „blühend"]

An|the|ri|di|um ⟨n., -s, -di|en⟩ *meist Pl.; bei niederen Pflanzen* *männliches Geschlechtsorgan* [neulat. Verkleinerungsform zu lat. *anthera* „Heilmittel aus Blumen", zu griech. *antheros* „blühend"]

An|tho|cy|an ⟨n.1⟩ *Vertreter einer Gruppe pflanzlicher Farbstoffe* [< griech. *anthos* „Blüte" und *kyaneos* „dunkelblau"]

An|tho|lo|gie ⟨f.11⟩ *Sammlung von Gedichten, Sprüchen oder Prosastücken;* Syn. *Blütenlese, Florilegium* [< griech. *anthos* „Blüte" und ... *logie*]

An|tho|zo|on ⟨n., -s, -zo|en⟩ *Korallentier* [< griech. *anthos* „Blüte" und *zoon* „Tier"]

An|thra|cen ⟨n.1⟩ *Bestandteil des Steinkohlenteers, Ausgangsstoff für Farbstoffe* [zu *Anthrazit*]

An|thra|chi|non ⟨[-çi-] n., -s, nur Sg.⟩ *Abkömmling des Anthracens* [< *Anthracen* und *Chinon*]

An|thra|ko|se ⟨f.11⟩ **1** *Ablagerung von Koh-*

Anthrax

lenstaub in der Lunge 2 *Pflanzenkrankheit, z.B. fachsprachlich für den schwarzen Brenner* [< griech. *anthrax*, Gen. *anthrakos* ,,(glühende) Kohle"]

An|thrax ⟨m., -, nur Sg.⟩ →*Milzbrand* [griech., ,,(glühende) Kohle"]

An|thra|zit ⟨m.1⟩ *Steinkohle mit hohem Heizwert* [< griech. *anthrax*, Gen. *anthrakos* ,,(glühende) Kohle"*...logie*]

an|thro|po|gen ⟨Adj., o.Steig.⟩ *von Menschen verursacht oder beeinflußt* [< griech. *anthropos* ,,Mensch" und *...gen*]

an|thro|po|id ⟨Adj., o.Steig.⟩ *menschenähnlich* [< griech. *anthropos* ,,Mensch" und *eidos* ,,Form, Gestalt"]

An|thro|po|id ⟨m.10⟩ *Menschenaffe*

An|thro|po|lo|ge ⟨m.11⟩ *Wissenschaftler auf dem Gebiet der Anthropologie*

An|thro|po|lo|gie ⟨f., -, nur Sg.⟩ *Wissenschaft vom Menschen* [< griech. *anthropos* ,,Mensch" und *...logie*]

an|thro|po|lo|gisch ⟨Adj., o.Steig.⟩ *die Anthropologie betreffend, zu ihr gehörig*

An|thro|po|me|trie ⟨f., -, nur Sg.⟩ *Wissenschaft von den Maßverhältnissen des menschlichen Körpers* [< griech. *anthropos* ,,Mensch" und *...metrie*]

an|thro|po|morph ⟨Adj., o.Steig.⟩ *menschenähnlich* [< griech. *anthropos* ,,Mensch" und *morphe* ,,Form, Gestalt"]

An|thro|po|mor|phis|mus ⟨m., -, nur Sg.⟩ *Übertragung menschlicher Eigenschaften auf nichtmenschliche Dinge oder Vorgänge* [zu *anthropomorph*]

An|thro|po|pha|ge ⟨m.11⟩ *Angehöriger eines Naturvolkes, das Anthropophagie betreibt*; Syn. *Kannibale, Menschenfresser*

An|thro|po|pha|gie ⟨f., -, nur Sg.⟩ *bei Naturvölkern Sitte, einen getöteten Feind rituell zu verspeisen, um sich dessen Kräfte anzueignen*; Syn. *Menschenfresserei, Kannibalismus* [< griech. *anthropos* ,,Mensch" und *...phagie*]

An|thro|po|pho|bie ⟨f., -, nur Sg.⟩ →*Menschenscheu*

An|thro|po|soph ⟨m.10⟩ *Vertreter, Anhänger der Anthroposophie*

An|thro|po|so|phie ⟨f., -, nur Sg.⟩ *von Rudolf Steiner begründete Lehre vom Menschen in seiner Beziehung zum Übersinnlichen* [< griech. *anthropos* ,,Mensch" und *sophia* ,,Wissenschaft"]

an|thro|po|so|phisch ⟨Adj., o.Steig.⟩ *die Anthroposophie betreffend, zu ihr gehörig, auf ihr beruhend*

an|thro|po|zen|trisch ⟨Adj., o.Steig.⟩ *den Menschen in den Mittelpunkt stellend*; ~es *Weltbild* [< griech. *anthropos* ,,Mensch" und lat. *centrum* ,,Mittelpunkt"]

An|thro|pus ⟨m., -, nur Sg.⟩ *Frühmensch* (Sin~) [neulat., zu griech. *anthropos* ,,Mensch"]

an|ti..., An|ti... ⟨in Zus.⟩ *gegen..., Gegen...*, z.B. *antiklerikal gegen den Klerus, gegen die Kirche gerichtet* [griech.]

An|ti|al|ko|ho|li|ker ⟨m.5⟩ *jmd., der aus Überzeugung keinen Alkohol trinkt, Gegner des Alkoholtrinkens*

an|ti|au|to|ri|tär ⟨Adj.⟩ *gegen Autorität gerichtet oder eingestellt*; ~e *Erziehung*; ~er *Kinderladen*

An|ti|ba|by|pil|le, An|ti-Ba|by-Pil|le ⟨[-bɛbi-] f.11; ugs.⟩ *ein empfängnisverhütendes Arzneimittel*; auch: ⟨kurz⟩ *Pille*

an|ti|bak|te|ri|ell ⟨Adj., o.Steig.⟩ *gegen Bakterien wirkend*

An|ti|bi|ont ⟨m.10⟩ *Kleinstlebewesen, das Antibiose bewirkt*

An|ti|bi|o|se ⟨f.11⟩ *Vernichtung von Kleinstlebewesen durch Stoffwechselprodukte anderer Kleinstlebewesen (Bakterien, Pilze)* [< griech. *anti* ,,gegen" und *bios* ,,Leben"]

An|ti|bi|o|ti|kum ⟨n., -s, -ka⟩ *Stoff, der Antibiose bewirkt*

an|ti|bi|o|tisch ⟨Adj., o.Steig.⟩ *Antibiose bewirkend*

An|ti|blockier|sy|stem ⟨-k|k-; n.1; Abk.: ABS⟩ *Vorrichtung, die das Blockieren der Kraftfahrzeugräder bei Vollbremsung verhindern soll*

an|ti|cham|brie|ren ⟨[-ʃã-] oder [-ʃam-] V.3, hat antichambriert; o.Obj.⟩ **1** *im Vorzimmer warten, auf eine Audienz warten, wiederholt bei einer Behörde vorsprechen* **2** ⟨übertr.⟩ *sich um Gunst bemühen* [< frz. *antichambre* ,,Vorzimmer", zu *chambre* ,,Zimmer"]

An|ti|dot ⟨n.1⟩ *Gegengift, Mittel, das die Wirkung des Giftes neutralisiert* [< griech. *antidoton* in ders. Bed.; < *anti* ,,gegen" und *didonai* ,,geben, schenken"]

An|ti|fa|schis|mus ⟨m., -, nur Sg.⟩ *Gegnerschaft, Bewegung gegen Faschismus und Nationalsozialismus*

An|ti|fa|schist ⟨m.10⟩ *Vertreter des Antifaschismus*

an|ti|fa|schi|stisch ⟨Adj., o.Steig.⟩ *auf Antifaschismus beruhend*

An|ti|gen ⟨n.1⟩ *artfremder Eiweißstoff, der im Blut die Bildung von Antikörpern bewirkt* [< griech. *anti* ,,gegen" und *gennan* ,,erzeugen"]

an|tik ⟨Adj.⟩ **1** *aus der Antike stammend, sie betreffend* **2** *alt, altertümlich*

An|ti|ka|gli|en ⟨[-kalʲən] Pl.⟩ *kleine antike Kunstwerke* [< ital. *anticaglia* ,,altes Zeug, unmoderne Dinge", zu *antico* < lat. *anticus, antiquus* ,,alt"]

An|ti|ka|tho|de ⟨f.11⟩ *Anode einer Röntgenröhre* [< griech. *anti* ,,gegen" und *Kathode*]

An|ti|ke ⟨f.11⟩ **1** ⟨nur Sg.⟩ *das griechisch-römische Altertum* **2** ⟨Pl.⟩ ~n *antike Kunstwerke*; ~n *sammeln* [< frz. *antique* ,,antik, Antike", < lat. *antiquus* ,,alt"]

an|ti|ki|sie|ren ⟨V.3, hat antikisiert; mit Akk.⟩ *nach dem Vorbild der Antike gestalten*

an|ti|kli|nal ⟨Adj., o.Steig.; Geol.⟩ *sattelförmig* [< griech. *anti* ,,gegen" und *klinein* ,,beugen, neigen"]

An|ti|kli|na|le ⟨f.11⟩ *Sattel (einer geologischen Falte)*

An|ti|klopf|mit|tel ⟨n.5⟩ *chemischer Zusatz zum Kraftstoff, um dessen Klopffestigkeit zu steigern*

An|ti|ko|a|gu|lans ⟨n., -, -lan|tia oder -lan|zi|en⟩ *Mittel zur Hemmung der Blutgerinnung* [< griech. *anti* ,,gegen" und *Koagulans*]

an|ti|kon|zep|tio|nell ⟨Adj., o.Steig.⟩ *empfängnisverhütend* [< griech. *anti* ,,gegen" und lat. *concipere* ,,in sich aufnehmen"]

An|ti|kör|per ⟨m.5⟩ *im Blut gebildeter Abwehrstoff gegen Krankheitserreger*; Syn. *Immunkörper*

An|ti|lo|pe ⟨f.11⟩ *gehörntes Huftier (bes. in Afrika und Asien)* [< griech. *anthalops* ,,Blumenauge"]

An|ti|ma|te|rie ⟨auch [an-] f., -, nur Sg.⟩ *Form der Materie, deren Ladungsaufbau dem der normalen Materie entgegengesetzt ist*

An|ti|mon ⟨n., -s, nur Sg.; Zeichen: Sb⟩ *chemisches Element, ein Metall*; Syn. *Stibium* [< spätgriech. *anthemon* ,,Blüte", nach den stengelartigen Kristalle, die büschelförmig angeordnet sind und wie eine Blüte aussehen]

An|ti|mo|ra|lis|mus ⟨m., -, nur Sg.⟩ *gegen die herrschende Moral gerichtete Haltung*; vgl. *Immoralismus* **an|ti|mo|ra|li|stisch** ⟨Adj.⟩

An|ti|neur|al|gi|kum ⟨n., -s, -ka⟩ *schmerzstillendes Mittel* [< griech. *anti* ,,gegen" und *Neuralgie*]

An|ti|neu|tron ⟨n.13⟩ *Antiteilchen zum Neutron*

An|ti|no|mie ⟨f.11⟩ *Widerspruch zweier an sich gültiger Sätze, Widerspruch innerhalb eines Satzes, Widersprüchlichkeit* [< griech. *antinomia* ,,Widerspruch eines Gesetzes mit sich selbst oder der Gesetze miteinander", < *anti* ,,gegen" und *nomos* ,,Gesetz"]

an|ti|no|misch ⟨Adj., o.Steig.⟩ *in der Art einer Antinomie, widersprüchlich*

An|ti|oxi|dans ⟨n., -, -dan|tia [-tsja] oder -dan|zi|en⟩ *die Oxidation verhinderndes Mittel*

An|ti|pa|sto ⟨m. oder n., -(s), -sti⟩ *Vorspeise* [ital., wörtlich ,,vor der Mahlzeit"]

An|ti|pa|thie ⟨f.11⟩ *gefühlsmäßige Abneigung, Widerwille*; Ggs. *Sympathie*; eine A. *gegen jmdn. oder etwas haben*

An|ti|phon ⟨f.11⟩ *liturgischer Wechselgesang*; auch: *Antiphone, Antiphonie* [< griech. *antiphonein* ,,antworten", < *anti* ,,gegen, gegenüber" und *phone* ,,Ton, Klang, Stimme"]

an|ti|pho|nal ⟨Adj.⟩ *im liturgischen Wechselgesang*

An|ti|pho|na|le ⟨n., -s, -li|en⟩, **An|ti|pho|nar** ⟨n., -s, -na|ri|en⟩ *Sammlung von Antiphonen*

An|ti|pho|ne, An|ti|pho|nie ⟨f.11⟩ →*Antiphon*

An|ti|po|de ⟨m.11⟩ **1** *(vom Betrachter aus gesehen) auf dem entgegengesetzten Ende des Erddurchmessers lebender Mensch*; Syn. ⟨†⟩ *Gegenfüßler* **2** ⟨übertr.⟩ *den entgegengesetzten Standpunkt vertretender Mensch* [< griech. *antipous*, Gen. *antipodos* ,,Gegenfüßler", < *anti* ,,gegen" und *pous, podos* ,,Fuß"]

An|ti|pro|ton ⟨n.13⟩ *Antiteilchen zum Proton*

An|ti|py|re|ti|kum ⟨n., -s, -ka⟩ *fiebersenkendes Mittel* [< griech. *anti* ,,gegen" und *Pyretikum*]

An|ti|qua ⟨f., -, nur Sg.⟩ *Sammelbez. für mehrere lateinische Druckschriften* [< lat. *antiqua*, Fem. zu *antiquus* ,,alt"]

An|ti|quar ⟨m.1⟩ *jmd., der mit gebrauchten (meist wertvollen) Büchern, Kunstblättern u.ä. handelt* [< lat. *antiquarius* ,,Liebhaber von Altertümern", zu *antiquus* ,,alt"]

An|ti|qua|ri|at ⟨n.1⟩ *Buchhandlung für gebrauchte (oft wertvolle) Bücher* [→*Antiquar*]

an|ti|qua|risch ⟨Adj., o.Steig.⟩ *alt, gebraucht (von Büchern, Kunstblättern)*

An|ti|qua|ri|um ⟨n., -s, -ri|en⟩ *Sammlung von Altertümern* [→*Antiquar*]

an|ti|quiert ⟨Adj., o.Steig.; nur als Attr. und mit ,,sein"⟩ *veraltet*

An|ti|qui|tät ⟨f.10⟩ *altertümliches Kunstwerk, altertümlicher, wertvoller Gebrauchsgegenstand* [< lat. *antiquus* ,,alt"]

An|ti|sep|sis ⟨f., -, nur Sg.⟩ *Abtötung von Krankheitskeimen (bes. in Wunden)*

An|ti|sep|ti|kum ⟨n., -s, -ka⟩ *Mittel zur Antisepsis*

an|ti|sep|tisch ⟨Adj., o.Steig.⟩ *keimtötend*

An|ti|teil|chen ⟨n.7⟩ *Elementarteilchen, dessen Eigenschaften denen eines anderen bestimmten Teilchens entgegengesetzt sind (z.B. Proton – Antiproton)*

An|ti|the|se ⟨f.11⟩ *der These entgegengestellte Behauptung, Gegenbehauptung*

an|ti|the|tisch ⟨Adj., o.Steig.⟩ *entgegenstellend, gegensätzlich* [zu *Antithese*]

An|ti|to|xin ⟨n.1⟩ *Gegengift, Antikörper* [< griech. *anti* ,,gegen" und *Toxin*]

An|ti|zi|pa|ti|on ⟨f.10⟩ *Vorwegnahme, Vorgriff* [zu *antizipieren*]

an|ti|zi|pie|ren ⟨V.3, hat antizipiert; mit Akk.⟩ *vorwegnehmen; einen Gedanken (der erst später dargestellt werden soll) a.* [< lat. *anticipare* ,,vorausnehmen, vorher gewinnen", < *ante* ,,voran" und *... cipere* (in Zus. für *capere*) ,,fassen, nehmen"]

an|ti|zy|klisch ⟨Adj., o.Steig.⟩ *gegen einen Zyklus verlaufend, unregelmäßig wiederkehrend*; Ggs. *prozyklisch*

An|ti|zy|klo|ne ⟨f.11⟩ →*Hochdruckgebiet*

Ant|litz ⟨n.1; poet.⟩ →*Gesicht (1)* [< mhd. *antlitze, antlütze* < ahd. *antlizze, antluzzi* < got. *andawleizn* ,,Gesicht", < *anda* ,,auf hin, zu hin" und mit einem untergegangenen Verb *wleitan* ,,sehen"]

Ant|onym ⟨n.1⟩ *Wort mit entgegengesetzter Bedeutung, z.B. ,,häßlich" im Gegensatz zu ,,schön" im Gegensatz zu*

„häßlich" [< griech. *anti* „gegen" und *onyma* „Name"]

an|tör|nen ⟨V.1, hat angetörnt⟩ → *anturnen*

an|tra|ben ⟨V.1, ist angetrabt; o.Obj.⟩ **1** ⟨Reiten⟩ *zu traben beginnen* **2** ⟨ugs.⟩ *kommen;* jmdn. a. lassen *jmdn. zu sich bestellen;* ich muß beim Chef a. *der Chef hat mich zu sich bestellt*

An|trag ⟨m.2⟩ **1** *schriftliche Bitte, Gesuch, formeller Vorschlag;* einen A. im Parlament einbringen; einen A. stellen **2** *Heiratsantrag;* einem Mädchen einen A. machen

an|tra|gen ⟨V.160, hat angetragen; mit Dat. und Akk.⟩ jmdm. etwas a. *anbieten, vorschlagen;* einem Mädchen die Ehe a. (†); jmdm. das „Du" a.; er hat mir seine Hilfe angetragen

an|trau|en ⟨V.1, hat angetraut; mit Dat. und Akk.⟩ jmdm. jmdn. a. *jmdn. mit jmdm. verheiraten;* sie wurde ihm, er wurde ihr angetraut; deine dir Angetraute ⟨scherzh.⟩ *deine Frau*

an|trei|ben ⟨V.162⟩ **I** ⟨mit Akk.; hat angetrieben⟩ **1** etwas a. *in Bewegung setzen;* ein Boot mit dem Paddel a.; das Rad wird durch Wind, durch Wasser angetrieben **2** ein Tier a. *anspornen, vorwärtstreiben;* ein Pferd mit den Sporen, mit der Peitsche a. **3** *zum A. treiben, drängen;* jmdn. zu größerer Eile, zu höheren Leistungen a. **II** ⟨o.Obj.; ist angetrieben⟩ *ans Ufer gespült werden;* angetriebene Pflanzenreste, Holzstücke

an|tre|ten ⟨V.163⟩ **I** ⟨mit Akk.; hat angetreten⟩ **1** etwas a. **a** *durch Treten in Betrieb setzen;* das Motorrad a. **b** *festtreten;* Erde um eine Pflanze a. **c** *mit etwas beginnen, etwas übernehmen;* eine neue Stelle, ein Amt, einen Dienst a.; eine Reise a.; eine Erbschaft a.; eine Strafe a.; den Beweis a., daß ... *beweisen* **2** jmdn. A. ⟨poet., †⟩ *an jmdn. herantreten, sich jmdm. nähern;* rasch tritt der Tod den Menschen an **II** ⟨o.Obj.; ist angetreten⟩ **1** *sich in bestimmter Ordnung aufstellen;* lassen Sie die Leute a.; in drei Reihen a. **2** *kommen, um etwas zu tun;* zum Dienst a.; gegen jmdn. a. *kommen, um den Kampf, Wettkampf mit jmdm. zu beginnen*

An|trieb ⟨m.1⟩ **1** *bewegende Kraft, Triebkraft* **2** *innere treibende Kraft, Anreiz;* ich brauche einen A.; etwas aus eigenem A. tun *freiwillig, ohne aufgefordert zu sein* **3** ⟨Tech.⟩ *Kraftübertragung zwischen Energiequelle und Arbeitsmaschine* (Elektro~)

an|trin|ken ⟨V.165, hat angetrunken⟩ **I** ⟨o.Obj.⟩ *den ersten Schluck trinken* **II** ⟨mit Dat. und Akk.⟩ sich einen (erg.: Rausch) a. *sich betrinken*

An|tritt ⟨m.1⟩ *das Antreten, Beginn* (Amts~, Dienst~); bei, vor A. der Reise

An|tritts|re|de ⟨f.11⟩ *erste Rede nach Übernahme eines Amtes*

an|tun ⟨V.167, hat angetan⟩ **I** ⟨mit Akk.⟩ ein Kleidungsstück a. *anziehen;* sie war angetan mit langem Kleid, Hut und Handschuhen **II** ⟨mit Dat. und Akk.⟩ jmdm. etwas a. *(Böses) zufügen, (Gutes) zuteil werden lassen;* tu mir das nicht an!; tu mir die Liebe an und komm mit!; wenn du wüßtest, was er mir angetan hat; jmdm. Ehre a.; tun Sie sich keinen Zwang an! *benehmen Sie sich ganz zwanglos* **III** ⟨mit „es" und Dat.⟩ etwas tut es jmdm. an, ⟨meist im Perf.⟩ *etwas hat es jmdm. angetan, etwas gefällt jmdm. sehr;* dieses Haus hat es mir angetan; → *angetan*

an|tur|nen ⟨[-tə-] -:-⟩ V.1, hat angeturnt; o.Obj.; Jargon⟩ *Rauschgift nehmen, sich von Disco-Musik u.a. berauschen lassen;* ⟨bes. in Passiv⟩ davon angeturnt sein; auch: *antörnen* [< engl. *to turn on* „andrehen"]

Ant|wort ⟨f.10⟩ *auf eine Frage Gesagtes, Erwiderung, Entgegnung;* gib A.!; keine A. geben; „Ja", gab er zur A.; jmdm. Rede und A. stehen *jmdm. Rechenschaft geben, genaue Auskunft geben*

ant|wor|ten ⟨V.2, hat geantwortet; mit Akk.⟩ *auf eine Frage sagen, erwidern, entgegnen;* mündlich, schriftlich a.; „Ja", antwortete er

An|urie ⟨f.11⟩ *Versagen der Urinabsonderung* [< griech. *an...* „nicht" und *ouron* „Harn, Urin"]

Anus ⟨m.., -, Ani⟩ → *After* [lat.]

an|ver|trau|en ⟨V.1, hat anvertraut⟩ **I** ⟨mit Dat. und Akk.⟩ **1** jmdm. etwas a. **a** *im Vertrauen auf seine Verschwiegenheit sagen;* jmdm. ein Geheimnis, eine Schuld a. **b** *jmdm. in treue Verwahrung geben;* jmdm. Geld a. **2** jmdm. a. *vertrauensvoll in Obhut geben, zur Behandlung übergeben;* jmdm. die Führung überlassen; jmdm. ein Kind, ein Tier a.; ich vertraue mich dem Arzt vollkommen an; ich kann mich ihm beim Bergsteigen völlig a. **II** ⟨mit Dat. (sich) und Akk.⟩ sich jmdm. a. *jmdm. etwas bisher nicht Gesagtes mitteilen;* das Kind vertraute sich der Mutter an

An|ver|wand|te(r) ⟨m., f.17 oder 18; veraltend⟩ → *Verwandte(r)*

an|wach|sen ⟨V.172, ist angewachsen; o.Obj.⟩ **1** *Wurzeln schlagen, festwachsen* **2** *immer mehr werden, an Größe, Stärke zunehmen;* seine Schulden sind auf 10000 DM angewachsen; der Verkehr ist in den letzten Jahren auf das Dreifache angewachsen

An|walt ⟨m.2⟩ **1** ⟨kurz für⟩ *Rechtsanwalt;* sich einen A. nehmen **2** *Fürsprecher, Verfechter;* er machte sich zum A. für diese Sache, zum A. der Flüchtlinge

An|wäl|tin ⟨f.10⟩ *weiblicher Anwalt*

An|walt|schaft ⟨f., -, nur Sg.⟩ **1** *Vertretung (einer Sache) als Anwalt;* die A. hat Dr. X übernommen **2** *Gesamtheit, Stand der Rechtsanwälte*

an|wan|deln ⟨V.1, hat angewandelt; mit Akk.⟩ etwas wandelt jmdn. an *überkommt jmdn., erfaßt, ergreift jmdn.;* ein Gefühl von Wehmut wandelte mich an; mich wandelte die Lust an, auf diesen Berg zu steigen

An|wand|lung ⟨f.10⟩ *plötzliche Stimmung, Laune;* in einer A. von Reue gestand er ...

An|wär|ter ⟨m.5⟩ *jmd., der Aussicht oder ein Anrecht auf etwas (Amt, Stellung) hat;* A. auf ein Amt, auf den Thron

An|wart|schaft ⟨f., -, nur Sg.⟩ *begründete Aussicht, begründeter Anspruch auf ein Amt, einen Posten, eine Stellung*

an|wei|sen ⟨V.177, hat angewiesen⟩ **I** ⟨mit Dat. und Akk.⟩ jmdm. etwas a. **1** *überweisen, durch eine Bank auszahlen lassen;* ich weise Ihnen morgen 200 DM an **2** *zuteilen, geben;* jmdm. einen Platz a. **II** ⟨mit Akk.⟩ jmdn. a. **1** *jmdm. einen Auftrag geben;* man hat mich angewiesen, Ihnen herzurückommen; bitte weisen Sie den Kassierer an, mir das Geld auszuzahlen **2** *belehren;* jmdn. a., wie etwas getan werden soll

An|wei|sung ⟨f.10⟩ **1** *schriftlicher Auftrag zur Zahlung* (Post~); A. an eine Bank; ich schicke Ihnen eine A. über 200 DM **2** *Anordnung, Auftrag;* jmdm. die A. geben, etwas zu tun; ich habe keine A., Ihnen die Briefe auszuhändigen; meine ~en sind unbedingt zu beachten; sich jmds. ~en widersetzen **3** *Belehrung* (Gebrauchs~); ich bitte um genaue ~en, wie das Gerät zu bedienen ist

an|wend|bar ⟨Adj., o.Steig.⟩ *so beschaffen, daß man es anwenden kann;* diese Vorschrift ist hier nicht a.

An|wend|bar|keit ⟨f., -, nur Sg.⟩ *das Anwendbarsein, Möglichkeit zur Anwendung;* eine Methode auf ihre A. hin testen

an|wen|den ⟨V.2 oder 178, hat angewendet; mit Akk.⟩ etwas a. **1** *verwenden, gebrauchen;* ein Mittel gegen Heiserkeit a.; eine List a.; diese Regel kann man hier nicht a.; eine Methode a. **2** *etwas falsch, richtig a.* **2** *etwas auf etwas a. etwas (das bekannt, erprobt ist) bei etwas anderem gebrauchen, einsetzen;* ein Urteil auf einen ähnlichen Fall a.; du kannst diese Erkenntnis nicht auf einen völlig anderen Fall a.

An|wen|dung ⟨f.10⟩ **1** *das Anwenden, Verwendung, Gebrauch;* diese Methode findet hier auch A. *wird hier auch angewendet;* etwas zur A. bringen ⟨besser⟩ *anwenden* **2** *das kurmäßige Anwenden bestimmter Heilmethoden (Bäder, Massagen u.ä.);* die täglichen ~en lassen einem wenig Zeit für anderes

an|wer|ben ⟨V.179, hat angeworben; mit Akk.⟩ *durch Werben (für einen Dienst) zu gewinnen suchen;* Soldaten, Arbeitskräfte a.

An|wer|bung ⟨f.10⟩ *das Anwerben, das Angeworbenwerden*

an|wer|fen ⟨V.181, hat angeworfen; mit Akk.⟩ **1** *an die Mauer werfen;* Putz a. **2** *in Betrieb, in Gang bringen;* den Motor a.

An|wert ⟨m., -(e)s, nur Sg.⟩ österr.⟩ *Wert-, Hochschätzung;* A. haben *geschätzt werden*

An|we|sen ⟨n.7⟩ *Grundstück mit Haus*

an|we|send ⟨Adj., o.Steig.⟩ *nur als Attr. und mit „sein"⟩ hier befindlich, gekommen, erschienen;* Ggs. *abwesend* (1); die Anwesenden *diejenigen, die gekommen, da sind;* die ~den Mitglieder; a. sein *dasein, dabeisein;* ich bin morgen nicht a.; Herr X war an diesem Tag nicht a.; ich war eben nicht ganz a. ⟨scherzh.⟩ *ich habe gerade nicht aufgepaßt*

An|we|sen|heit ⟨f., -, nur Sg.⟩ *das Anwesendsein, Dasein, Dabeisein;* Ggs. *Abwesenheit;* meine A. ist wohl nicht nötig; die Sitzung fand in A. von Herrn X statt

An|we|sen|heits|lis|te ⟨f.11⟩ *Liste mit den Namen der Anwesenden*

an|wi|dern ⟨V.1, hat angewidert; mit Akk.⟩ jmdn. a. *jmdm. widerlich, sehr unangenehm sein, jmdn. sehr unangenehm berühren;* bestimmte Speisen widern mich an; dieser Film hat mich angewidert

an|win|keln ⟨V.1, hat angewinkelt; mit Akk.⟩ etwas a. *so biegen, daß es einen Winkel bildet;* das Bein, den Arm a.; angewinkeltes Rohr

An|woh|ner ⟨m.5⟩ *jmd., der in einem angrenzenden Haus oder Grundstück wohnt;* die A. dieser Straße

An|wuchs ⟨m.2; Forstw.⟩ *sehr junger Wald*

An|wurf ⟨m.2⟩ **1** ⟨Ballspiel⟩ *erster Wurf;* den A. haben **2** ⟨übertr.⟩ *Beleidigung, böser Vorwurf;* sich gegen jmds. Anwürfe zur Wehr setzen

an|wur|zeln ⟨V.1, ist angewurzelt; o.Obj.⟩ *Wurzeln schlagen;* der junge Baum ist (gut) angewurzelt; er blieb wie angewurzelt stehen

An|zahl ⟨f., -, nur Sg.⟩ *Menge;* eine große, kleine A. von Kindern; eine A. *eine unbestimmte Menge, einige*

an|zah|len ⟨V.1, hat angezahlt; mit Akk.⟩ etwas a. *eine Summe als Teilzahlung zahlen (als Gewähr dafür, daß man den ausgewählten Gegenstand wirklich kaufen wird)*

An|zah|lung ⟨f.10⟩ *Teilzahlung, Zahlung (als Gewähr, daß der Gegenstand auch wirklich gekauft und abgeholt wird);* eine A. leisten

an|zap|fen ⟨V.1, hat angezapft; mit Akk.⟩ **1** etwas a. *durch Stich öffnen;* ein Bier-, Weinfaß a.; Bäume a. *durch Stich in den Stamm Harz, Saft herausfließen lassen;* eine Telefonleitung a. *sich die Möglichkeit zum Mithören verschaffen* **2** jmdn. a. → *anpumpen* **An|zap|fung** ⟨f.10⟩

An|zei|chen ⟨n.7⟩ *Zeichen (von etwas Kommendem);* die ersten A. eines Unwetters, einer Entwicklung

an|zeich|nen ⟨V.2, hat angezeichnet; mit Akk.⟩ **1** *an eine Tafel zeichnen* **2** *kennzeichnen;* etwas in einem Buch oder Text a.; Fehler a.

An|zei|ge ⟨f.11⟩ **1** *Bekanntmachung (in der Zeitung;* Zeitungs~); Syn. *Annonce, Inserat;* eine A. aufgeben, einrücken **2** *Mitteilung, Meldung (einer strafbaren Handlung bei einer*

Behörde); ich möchte eine A. machen; A. gegen jmdn. erstatten **3** gedruckte Mitteilung (eines familiären Ereignisses; Heirats~, Todes~) **4** Stand des Zeigers (an der Skala eines Geräts); die A. ablesen

an|zei|gen ⟨V.1, hat angezeigt; mit Akk.⟩ **1** etwas a. **a** bei einer Behörde melden; einen Diebstahl bei der Polizei a. **b** durch Anzeige öffentlich bekanntmachen; die Geburt eines Kindes a. **c** einen Stand (an einem Meßgerät) zeigen; die Waage zeigt 250 g an; der Zähler zeigt den Verbrauch an Heizöl an **d** angezeigt ratsam, notwendig; es ist, scheint angezeigt, Maßnahmen dagegen zu ergreifen; ich halte es für angezeigt, den Standort zu wechseln **2** jmdn. a. bei der Polizei melden, daß jmd. eine strafbare Handlung begangen hat, Strafanzeige erstatten; jmdn. wegen Diebstahls, Ruhestörung a.

An|zei|ger ⟨m.5⟩ **1** Gerät, das etwas anzeigt **2** Titel von Zeitungen (Stadt~, Gemeinde~); Neuhauser A.

an|zet|teln ⟨V.1, hat angezettelt; mit Akk.⟩ **1** (Weberei) den Aufzug in die Kettfäden dafür spannen **2** heimlich (in böser Absicht) vorbereiten; einen Aufstand a.

an|zie|hen ⟨V.187⟩ I ⟨mit Akk.; hat angezogen⟩ **1** etwas a. **a** an sich heranziehen; ein Magnet zieht Eisen an **b** straffer ziehen; eine Kette a. **c** fester ziehen; eine Schraube a. **d** anlegen, um den Körper oder einen Körperteil legen; Ggs. ausziehen (1,1e); ein Kleid, Handschuhe a. **2** jmdn. oder sich a. jmdm. oder sich Kleidung anlegen; ein Kind (hübsch, warm) a.; elegant angezogen sein elegante Kleidung tragen **3** jmdn. a. **a** sich zugeneigt machen, jmdm. gefallen; sie zieht durch ihr heiteres Wesen alle an **b** anlocken, herbeilocken; diese Stadt zieht Besucher aus allen Ländern an **II** ⟨o.Obj.; hat angezogen⟩ **1** zu ziehen beginnen; die Pferde zogen an **2** ansteigen; die Preise, Börsenkurse haben angezogen **3** ⟨Brettspiel⟩ den ersten Zug tun; Weiß zieht an **4** ⟨ist angezogen⟩ heranziehen; ⟨in der Fügung⟩ angezogen kommen heranziehen, sich in Menge zu Fuß oder zu Pferd nähern; das Heer, die Reiterschar kam angezogen

an|zie|hend ⟨Adj.⟩ freundlich, heiter, gewinnend, so, daß es einem gefällt; sie hat ein ~es Wesen; sie ist nicht hübsch, aber a.

An|zie|hung ⟨f., -, nur Sg.⟩ **1** das Anziehen (I, 3), Lockung; eine starke A. auf jmdn. ausüben **2** ⟨Phys.⟩ Wechselwirkung (zwischen Körpern, ungleichnamigen Ladungen u. a.), die auf gegenseitige Annäherung hinzielt

An|zie|hungs|kraft ⟨f.2⟩ **1** → Gravitation **2** Fähigkeit, Menschen anzuziehen, ihnen zu gefallen

An|zucht I ⟨f.10⟩ Aufziehen (von Pflanzen) II ⟨f.2; Bgb.⟩ Abwassergraben

An|zug ⟨m.2⟩ **1** ⟨nur Sg.⟩ das Näherkommen, Heranziehen; die Truppen sind im A. ziehen heran; ein Gewitter ist im A. **2** Kleidung; dieser Mantel mit der Mütze und dem Schal ist ein hübscher A. **3** im Stoff zusammenpassende Hose und Jacke (Herren~, Trainings~) **4** Kleidung für einen bestimmten Zweck (Schi~, Tauch~) **5** ⟨schweiz.⟩ Antrag im Parlament **6** ⟨beim Kfz.⟩ Beschleunigungsvermögen; dieser Sportwagen hat einen rasanten A.

an|züg|lich ⟨Adj.⟩ boshaft, scherzhaft auf etwas anspielend; eine ~e Bemerkung machen; werde nur nicht a.!

An|züg|lich|keit ⟨f.10⟩ **1** ⟨nur Sg.⟩ anzügliche Beschaffenheit; die A. seiner Witze fällt mir auf die Nerven **2** anzügliche Bemerkung; laß deine ~en!

an|zün|den ⟨V.2, hat angezündet; mit Akk.⟩ in Brand setzen; mit Streichholz, eine Kerze, ein Haus a.; Licht a. anschalten, andrehen

an|zwei|feln ⟨V.1, hat angezweifelt; mit Akk.⟩ etwas a. Zweifel an etwas äußern, et-was nicht ganz glauben; jmds. Aussage a.; ich zweifle das stark an

ao, a.o. ⟨Abk. für⟩ außerordentlich(er); ao. Professor

Äols|har|fe ⟨f.11⟩ Harfe, deren Saiten durch Wind zum Schwingen gebracht werden [nach lat. Aeolus, griech. Aiolos, dem griech. Gott der Winde]

Äon ⟨m.12⟩ sehr langer Zeitraum, Weltalter [< griech. aion „Zeit(raum)", zu aiei „immer"]

Ao|rist ⟨m.1⟩ Form des griechischen Verbums, die eine einmalige, zu einem unbestimmten oder gleichgültigen Zeitpunkt ablaufende Handlung wiedergibt [< griech. aoristos „unbestimmt, nicht abgegrenzt", < a... „nicht" und horistikos „genau begrenzend", zu horos „Grenze"]

Aor|ta ⟨f., -ten⟩ Hauptschlagader (des Körpers) [< griech. aorte in ders. Bed., eigtl. „Tragband", zu aeirein, airein „in die Höhe heben, aufhängen", da man früher glaubte, das Herz sei an der Hauptschlagader aufgehängt]

ap|ago|gisch ⟨Adj., o.Steig.; nur in der Fügung⟩ ~er Beweis Beweis für die Richtigkeit einer Behauptung dadurch, daß man die Falschheit des Gegenteils beweist [< griech. apagoge „das Ab-, Wegführen", zu apagein „wegführen"]

Apa|na|ge ⟨[-ʒə] f.11⟩ Unterhalt nicht regierender Angehöriger eines regierenden Fürsten [frz., „angemessener Unterhalt" < mlat. apanagium „Unterstützung aus dem fürstlichen Erbe für Familienmitglieder des Fürsten", zu appanare „unterstützen", eigtl. „mit Brot versehen", zu lat. panis „Brot"]

apart ⟨Adj.⟩ eigenartig, ungewöhnlich und reizvoll [< frz. à part „beiseite, abgesondert"]

Apart|heid ⟨f.10; in der Republik Südafrika⟩ planmäßige getrennte Entwicklung der Rassen [Afrikaans, „Getrenntheit"]

Apart|ment ⟨[əpartmənt] n.9⟩ → Appartement (2) [engl., „Zimmer, Wohnung"]

Apart|ment|haus ⟨[əpartmənt-] n.4⟩ Mietshaus mit Kleinstwohnungen

Apa|thie ⟨f.11⟩ Teilnahmslosigkeit, Gleichgültigkeit, Stumpfheit; er versank nach diesem Zwischenfall sofort wieder in A. [< griech. a... „nicht" und ...pathie]

apa|thisch ⟨Adj.⟩ teilnahmslos, gleichgültig, abgestumpft; er sitzt völlig a. da; in ~em Zustand [zu Apathie]

Apa|tit ⟨m.1⟩ ein farblos und in allen Farben auftretendes Mineral (Calciumphosphat) [< griech. apatan „trügen, täuschen", weil er leicht verwechselt werden kann]

aper ⟨Adj., o.Steig.; oberdt.⟩ schneefrei [< mhd. aber „trocken und warm (nach Nässe und Kälte)", zu aeber „Stelle, an der der Schnee weggeschmolzen ist"]

Aper|çu ⟨[-sy] n.9⟩ geistreiche Bemerkung [frz., „Überblick, kurze Darstellung", Pl. aperçus „Bemerkungen", zu apercevoir „wahrnehmen, bemerken"]

ape|ri|odisch ⟨Adj., o.Steig.⟩ nicht periodisch, unregelmäßig; ~e Schwingung

Ape|ri|tif ⟨m.9⟩ vor der Mahlzeit genommenes, appetitanregendes alkoholisches Getränk [< frz. apéritif „appetitanregend, Appetitreger", zu lat. aperire „öffnen"]

Ape|ri|ti|vum ⟨n., -s, -va⟩ **1** mildes Abführmittel **2** appetitanregendes Mittel [lat., „das Öffnende"]

apern ⟨V.1, hat geapert, o.Obj.; oberdt.⟩ tauen [zu aper]

Aper|tur ⟨f.10⟩ **1** Maß für Auflösungsvermögen und Helligkeit eines optischen Geräts **2** natürliche Körperöffnung [< lat. apertura „Öffnung"]

Aper|wind ⟨m.1; oberdt.⟩ Tauwind [zu aper]

Apex ⟨m., -, Api|zes⟩ **1** Richtung der Bewegung (des Sonnensystems) [lat., „Spitze, Gipfel"] **2** ⟨Sprachw.⟩ diakritisches Zeichen zur Kennzeichnung eines langen oder betonten Vokals, z.B. ´, ˆ

Ap|fel ⟨m.6⟩ Frucht des Apfelbaums; dafür kriegst du nur einen A. und ein Ei dafür bekommst du ihn sehr wenig Geld, das kannst du nur ganz billig verkaufen; in den sauren A. beißen etwas Unangenehmes tun

Ap|fel|baum ⟨m.2⟩ Baum aus der Familie der Rosengewächse

Ap|fel|blü|ten|ste|cher ⟨m.5⟩ ein kleiner, brauner Rüsselkäfer

Ap|fel|kraut ⟨n., -(e)s, nur Sg.⟩ mit Schale eingekochte Äpfel (als Brotaufstrich)

Ap|fel|säu|re ⟨f., -, nur Sg.⟩ in einigen Früchten enthaltene, farblose Säure [urspr. aus Apfelsaft gewonnen]

Ap|fel|schim|mel ⟨m.5⟩ weißes Pferd mit apfelgroßen, dunklen Flecken

Ap|fel|si|ne ⟨f.11; hauptsächlich norddt.⟩ → Orange [< ndrl. appelsina „Apfel aus China"]

Ap|fel|stru|del ⟨m.5⟩ mit Apfelstückchen gefüllter Strudel

Ap|fel|wick|ler ⟨m.5⟩ ein Kleinschmetterling, dessen Raupe das Kerngehäuse des Apfels frißt

Apha|sie ⟨f., -, nur Sg.⟩ **1** ⟨Philos.⟩ Enthaltung des Urteils **2** Verlust des Sprechvermögens oder des Sprachverständnisses (bei Gehirnschädigung) [< griech. a... „nicht" und phasis „Bejahung, Gerücht, Redensart"]

Aph|el ⟨[aphel] auch [afel] n.1⟩ Punkt der größten Entfernung eines Planeten von der Sonne; Syn. Sonnenferne; Ggs. Perihel [< griech. apo „weg, entfernt" und helios „Sonne"]

Apho|nie ⟨f.11; Med.⟩ tonloses Sprechen, Flüsterstimme [< griech. a... „nicht" und phone „Stimme, Ton"]

Apho|ris|mus ⟨m., -, -men⟩ kurz und treffend formulierter, in sich geschlossener Gedanke, Sinnspruch [< griech. aphorizein „(von etwas) abgrenzen, trennen, auswählen", < apo „weg" und horismos „Begrenzung"]

Apho|ri|sti|ker ⟨m.5⟩ Verfasser von Aphorismen

apho|ri|stisch ⟨Adj.⟩ in der Art eines Aphorismus, kurz und treffend

Aphro|di|sia|kum ⟨n., -s, -ka⟩ den Geschlechtstrieb anregendes Mittel [< griech. aphrodisiazein „der Liebe pflegen, Liebesverlangen haben", nach Aphrodite, der griech. Göttin der Liebe]

Aphro|di|sie ⟨f.11⟩ krankhaft gesteigerter Geschlechtstrieb [zu Aphrodisiakum]

aphro|di|sisch ⟨Adj., o.Steig.⟩ den Geschlechtstrieb steigernd

Aph|the ⟨[afta] f.11, meist Pl.⟩ ~n weißliche, rot umrandete, offene Stellen in der Mundschleimhaut, Infektionskrankheit [< griech. aphtha „Bläschen, Mundschwämmchen"]

Aph|then|seu|che ⟨[aftən-] f., -, nur Sg.⟩ → Maul- und Klauenseuche

Api|kul|tur ⟨f.10⟩ → Imkerei [< lat. apis „Biene" und Kultur]

apl. ⟨Abk. für⟩ außerplanmäßig

Apla|sie ⟨f.11⟩ angeborenes Fehlen oder Fehlleistung eines Organs [< griech. a... „nicht" und plasis „das Bilden, Formen"]

Aplomb ⟨[aplɔ̃] m., -s, nur Sg.⟩ **1** Sicherheit, Nachdruck; er betrat mit großem A. den Saal **2** ⟨Ballett⟩ Abfangen (einer Bewegung) [< frz. aplomb in ders. Bed., eigtl. „senkrechte Stellung, Gleichgewicht", < à plomb „in Richtung des Senkbleis", zu plomb < lat. plumbum „Blei"]

Apo, APO ⟨f., -, nur Sg.; Kurzw. für⟩ außerparlamentarische Opposition

Apo|chro|mat ⟨[-kro-] m.1⟩ Farbfehler korrigierendes Linsensystem [< griech. apo „weg" und chroma „Farbe"]

Apo|dik|tik ⟨f., -, nur Sg.; Philos.⟩ Lehre vom Beweis [< griech. apodeiknynai „vorzei-

apo|dik|tisch ⟨Adj.⟩ unwiderleglich, keinen Widerspruch duldend [→Apodiktik]

Apo|ga|mie ⟨f., -, nur Sg.; Bot.⟩ ungeschlechtliche Fortpflanzung [< griech. apo „weg" und gamein „heiraten"]

Apo|gä|um ⟨n., -s, -gä|en⟩ Punkt der größten Entfernung des Mondes oder anderer Erdsatelliten von der Erde; Syn. Erdferne; Ggs. Perigäum [< griech. apo „weg" und gaia, ge „Erde"]

Apo|ka|lyp|se ⟨f.11⟩ prophetische Schrift über das (schreckliche) Weltende (bes. die Offenbarung des Johannes im NT) [< griech. apokalypsis „Enthüllung, Offenbarung", zu apokalyptein „enthüllen, offenbaren", < apo „weg" und kalyptein „verhüllen"]

apo|ka|lyp|tisch ⟨Adj., o.Steig.⟩ zur Apokalypse gehörend, die Apokalypse darstellend

apo|karp ⟨Adj., o. Steig.; Bot.⟩ nicht miteinander verwachsen (von Fruchtblättern) [< griech. apo „weg, getrennt von" und karpos „Frucht"]

apo|kryph ⟨Adj., o.Steig.⟩ zu den Apokryphen gehörend, unecht, später hinzugefügt

Apo|kry|phe ⟨f.11⟩ nicht anerkannte, später zu einem Werk (bes. der Bibel) hinzugefügte Schrift [< griech. apokryphos „verborgen, versteckt", < apo „weg" und kryptein „verbergen"]

apo|li|tisch ⟨Adj., o.Steig.⟩ nicht politisch, unpolitisch, politisch nicht interessiert [< griech. a... „nicht" und politisch]

apol|li|nisch ⟨Adj., o.Steig.⟩ maßvoll, ausgeglichen; Ggs. dionysisch [nach Apollo, dem griech. Gott der Dichtkunst]

Apol|lo ⟨m.9⟩, **Apol|lo|fal|ter** ⟨m.5⟩ ein Tagfalter (u.a. in den Alpen) [wegen seiner schönen Zeichnung, nach dem in vollkommener Schönheit dargestellten griech. Gott Apoll(on)]

Apo|lo|get ⟨m.10⟩ Verfechter, Verteidiger (einer Lehre, einer Sache, bes. des Christentums) [→Apologetik]

Apo|lo|ge|tik ⟨f.10⟩ Verteidigung, Rechtfertigung (einer Lehre, einer Sache, bes. des christlichen Glaubens) [< griech. apologia „Verteidigung", zu apologeisthai „verteidigen, rechtfertigen", < apo „weg" und legein „sagen, sprechen", also eigtl. „lossprechen"]

apo|lo|ge|tisch ⟨Adj., o.Steig.⟩ verteidigend, rechtfertigend [→Apologetik]

Apo|lo|gie ⟨f.11⟩ Rede oder Schrift zur Verteidigung oder Rechtfertigung (einer Lehre, Sache) [→Apologetik]

Apo|mor|phin ⟨n., -s, nur Sg.⟩ Abkömmling des Morphins, stärkstes bekanntes Reizmittel für Brech- und Atemzentrum [< griech. apo „weg", weil es durch Entzug eines Wassermoleküls aus Morphin entsteht]

Apo|phtheg|ma ⟨n., -s, -ma|ta⟩ witziger, treffender Ausspruch [griech., „Denkspruch, (witziger) Ausspruch", < apo „weg, heraus" und phtegma „Rede, Wort"]

Apo|phy|se ⟨f.11⟩ Knochenfortsatz [< griech. apophysis „das Herauswachsen"]

Apo|plek|ti|ker ⟨m.5⟩ jmd., der zu Apoplexien neigt

apo|plek|tisch ⟨Adj., o.Steig.⟩ auf Apoplexie beruhend

Apo|ple|xie ⟨f.11⟩ →Schlaganfall [< griech. apoplessein „niederschlagen, hinstrecken"]

Apo|rie ⟨f.11⟩ ⟨Philos.⟩ **1** Unmöglichkeit, eine philosophische Frage infolge innerer Widersprüche zu lösen **2** ⟨i.w.S.⟩ Ausweglosigkeit (in einer bestimmten Lage) [< griech. aporia in ders. Bed., zu aporos „weglos, ratlos"]

Apo|stat ⟨m.10⟩ **1** ⟨i.e.S.⟩ jmd., der sich vom (christlichen) Glauben losgesagt hat **2** ⟨i.w.S.⟩ Abtrünniger, Renegat [< griech. apostasis „Trennung, Entfernung, Abfall", < apo „weg" und stasis „Stellung, Stand; Aufstehen"]

Apo|stel ⟨m.5⟩ **1** Jünger Jesu **2** ⟨übertr.⟩ Vertreter, Vorkämpfer (einer Lehre) [< griech. apostolos „Gesandter, Botschafter", zu apostellein „wegsenden", < apo „weg" und stellein „senden"]

Apo|stel|ge|schich|te ⟨f., -, nur Sg.⟩ das 5. Buch des NT, die Geschichte vom Wirken der Apostel

a po|ste|rio|ri Ggs. a priori **1** aus der Erfahrung (gewonnen) **2** nachträglich, später [lat., „vom Späteren (her)"]

Apo|ste|rio|ri ⟨n., -, -⟩ aus der Erfahrung gewonnene Erkenntnis; Ggs. Apriori

apo|ste|rio|risch ⟨Adj., o.Steig.⟩ aus der Erfahrung gewonnen, auf Erfahrung beruhend; Ggs. apriorisch; ~e Erkenntnis [zu a posteriori]

Apo|sto|li|kum ⟨n., -s, nur Sg.⟩ das Apostolische Glaubensbekenntnis

apo|sto|lisch ⟨Adj., o.Steig.⟩ die Apostel betreffend, von ihnen ausgehend; Apostolisches Glaubensbekenntnis ältestes Bekenntnis des christlichen Glaubens; Apostolischer Stuhl Heiliger Stuhl (→heilig)

Apo|stroph ⟨m.1⟩ Zeichen: ' Zeichen, daß ein Vokal weggelassen ist, z.B. das e in „ich kann's"; Syn. Auslassungszeichen [< griech. apostrophos „abgewandt", zu apostrephein „wegfallen, verlieren"]

Apo|stro|phe ⟨[-fe] f., -, -stro|phen⟩ **1** Hinwendung des Redners zu einer abwesenden Person oder zu einer anderen als der bisher angeredeten **2** feierliche Anrede, Anrufung [griech., „Abwendung", < apo „weg" und strephein „wenden"]

apo|stro|phie|ren ⟨V.3, hat apostrophiert; mit Akk.⟩ feierlich anreden, nachdrücklich bezeichnen, hervorheben; jmdn. als Retter in der Not a.

Apo|the|ke ⟨f.11⟩ Räume zur Herstellung und Verkauf von Arzneimitteln [griech., „Ort, Behältnis zum Aufbewahren", < apo „weg, beiseite" und theke „Behältnis"]

Apo|the|ker ⟨m.5⟩ jmd., der (nach abgeschlossenem Hochschulstudium und Praktikum) berechtigt ist, eine Apotheke zu leiten

Apo|theo|se ⟨f.11⟩ **1** Vergöttlichung, Verherrlichung **2** ⟨Theat.⟩ prächtiges Schlußbild [< griech. apotheosis „Vergötterung", < apo „gemäß, nach Art und Weise" und theos „Gott"]

Ap|pa|rat ⟨m.1⟩ **1** mehrteiliges Gerät **2** alle für eine Tätigkeit nötigen Hilfsmittel; wissenschaftlicher A. **3** Gesamtheit funktionell zusammengehörender Einzelorgane (Seh~) [< lat. apparatus „Rüstzeug, Gerät(e), Werkzeug(e)"]

ap|pa|ra|tiv ⟨Adj., o.Steig.⟩ mit Hilfe eines Apparats

Ap|pa|rat|schik ⟨m.9; in totalitären Staaten⟩ Funktionär, der Maßnahmen bürokratisch durchzusetzen versucht [zu Apparat]

Ap|pa|ra|tur ⟨f.10⟩ Gesamtheit von Apparaten

Ap|pa|ri|ti|on ⟨f.10; bei Gestirnen⟩ Erscheinen, Sichtbarwerden [< frz. apparition < lat. apparitio „Erscheinung"]

Ap|par|te|ment ⟨[apartmã] n.9⟩ **1** ⟨im Hotel⟩ Zimmerflucht, Einheit aus Wohn- und Schlafzimmer und Bad **2** komfortable Kleinstwohnung; auch: Apartment [frz. appartement „Wohnung", zu appartare „abtrennen", zu parte „Teil", < lat. pars, partis „Teil"]

ap|pas|sio|na|to ⟨Mus.⟩ leidenschaftlich [ital., zu passione „Leidenschaft"]

Ap|peal ⟨[əpil] m.9; Werbung⟩ Anreiz, Anziehungskraft [engl., „Anziehungskraft", < to appeal „Anklang finden"]

Ap|pell ⟨m.1⟩ **1** Aufruf, Mahnruf; einen A. an jmdn. richten **2** Antreten, Aufstellung, Versammeln; wir haben früh um 6 Uhr A. **3** Gehorsam (des Jagdhundes); der Hund hat guten, gar keinen A. [< frz. appel „Aufruf", zu appeler „rufen, nennen", →appellieren]

Ap|pel|la|ti|on ⟨f.10⟩ →Berufung [zu appellieren]

Ap|pel|la|ti|ons|ge|richt ⟨n.1⟩ →Berufungsgericht

Ap|pel|la|tiv ⟨n.1⟩, **Ap|pel|la|ti|vum** ⟨n., -s, -va⟩ Substantiv, das eine Gattung bezeichnet (z.B. „Tier"); vgl. Kollektivum [zu appellieren]

ap|pel|lie|ren ⟨V.3, hat appelliert; mit Präp.obj.⟩ an etwas a. jmdn. ansprechen, eine Eigenschaft oder Fähigkeit von ihm wirksam werden zu lassen; an jmds. Hilfsbereitschaft, Gemeinschaftssinn a. [< frz. appeler „anrufen, nennen", < lat. appellare „benennen, ansprechen, sich wenden an"]

Äp|pel|woi ⟨m., -s, nur Sg.; hess.⟩ Apfelwein

Ap|pen|dek|to|mie ⟨f.11⟩ operative Entfernung des Appendix (2)

Ap|pen|dix ⟨m., - oder -es, -e oder -di|zes⟩ **1** Anhang **2** Wurmfortsatz (des Blinddarms) [lat., „Anhängsel, Zugabe"]

Ap|pen|di|zi|tis ⟨f., -, -ti|den⟩ Entzündung des Wurmfortsatzes des Appendix

Ap|per|zep|ti|on ⟨f.10⟩ Wahrnehmen, Erfassen und Einordnen von Sinneseindrücken in einen Bewußtseinszusammenhang; vgl. Perzeption [< lat. ap... (in Zus. vor p für ad), „zu" und percipere „wahrnehmen, auffassen, begreifen"]

Ap|pe|tenz|ver|hal|ten ⟨n., -s, nur Sg.; Ethologie⟩ zielstrebiges Verhalten, das auf die Auslösung einer Triebhandlung gerichtet ist (z.B. das Streben, den Laichplatz zu erreichen, um die Eier ablegen zu können)

Ap|pe|tit ⟨m.1⟩ Verlangen nach Speise, besonders nach einer bestimmten Speise; keinen A. haben; großen A. auf etwas haben

ap|pe|tit|lich ⟨Adj.⟩ **1** den Appetit anregend, zum Essen verlockend; eine a. angerichtete Salatplatte **2** einwandfrei sauber und frisch; die Wurst sieht nicht mehr a. aus **3** ⟨übertr.⟩ hübsch, frisch und gepflegt; ein ~es Mädchen

Ap|pe|tit|züg|ler ⟨m.5⟩ Mittel, das den Appetit herabsetzt

ap|plau|die|ren ⟨V.3, hat applaudiert; mit Dat. oder o.Obj.⟩ Beifall klatschen, durch Händeklatschen Beifall spenden; jmdm. a.; die Zuhörer applaudierten heftig [< lat. applaudere „etwas an etwas schlagen, Beifall klatschen", zu plaudere „klatschend schlagen, klopfen"]

Ap|plaus ⟨m., -es, nur Sg.⟩ durch Händeklatschen ausgedrückter Beifall [< lat. applausus „geschlagen", →applaudieren]

Ap|pli|ka|ti|on ⟨f.10⟩ **1** Verordnung und Anwendung von Heilmitteln **2** auf ein Kleidungsstück aufgenähte Verzierung [zu applizieren]

Ap|pli|ka|tur ⟨f.10⟩ **1** (†) zweckmäßiger Gebrauch **2** (beim Instrumentalspiel) →Fingersatz [zu applizieren]

ap|pli|zie|ren ⟨V.3, hat appliziert; mit Akk.⟩ **1** aufnähen; Pailletten (auf ein Kleid) a. **2** verabreichen, anwenden; ein Heilmittel a. **3** auftragen; Farben a. [< lat. applicare „hinzufügen, verbinden"]

ap|port! bring es her! ⟨Befehl an den Hund⟩ [zu apportieren]

Ap|port ⟨m.1⟩ **1** ⟨Jägerspr.⟩ Herbeibringen (des erlegten Wildes durch den Hund) **2** ⟨Parapsychologie⟩ Ortsveränderung (von Gegenständen) [zu apportieren]

ap|por|tie|ren ⟨V.3, hat apportiert; mit Akk.⟩ der Hund apportiert das erlegte Wild bringt es herbei [< frz. apporter < lat. apportare „herbeibringen", zu portare „tragen, bringen"]

Ap|po|si|ti|on ⟨f.10⟩ **1** ⟨Gramm.⟩ substantivische Beifügung im gleichen Kasus, z.B. Pe-

Apprehension

ter „der Große", ein Schreiben an Herrn XY, „den Abteilungsleiter"; Syn. **Beisatz 2** (Bot.) Dickenwachstum der Zellwände [< lat. *appositio* „das Hinsetzen, Zusatz", zu *apponere* „hinsetzen, -legen, -stellen, an die Seite von etwas setzen", zu *ponere* „setzen, stellen, legen"]

Ap|pre|hen|si|on ⟨f.10⟩ Erfassen, Begreifen, Begriffsvermögen [< lat. *apprehensio* „Begreifen, Verstehen", zu *apprehendere* „fassen, ergreifen", < ... (für *ad*) „an, zu" und *prendere* „fassen, greifen"]

ap|pre|hen|siv ⟨Adj.⟩ reizbar, furchtsam [zu *Apprehension*, eigtl. also „sich leicht ergreifen lassend"]

ap|pre|tie|ren ⟨V.3, hat appretiert; mit Akk.⟩ Gewebe so bearbeiten, daß es mehr Glanz und Festigkeit erhält [< frz. *apprêter* „steif machen, pressen", eigtl. „bereit machen, zubereiten", über das Altfrz. < lat. *praesto esse* „bei der Hand, verfügbar sein"]

Ap|pre|tur ⟨f.10⟩ **1** das Appretieren **2** Glanz und Festigkeit (von Geweben) **3** Abteilung (eines Betriebes), in der Gewebe appretiert werden

Ap|pro|ba|ti|on ⟨f.10⟩ **1** Genehmigung, Bewilligung **2** staatliche Zulassung zur Berufsausübung (für Ärzte und Apotheker) **3** Bestätigung (eines Priesters durch die Kurie) **4** Druckerlaubnis (für religiöse Schriften durch die Kirchenbehörde) [zu *approbieren*]

ap|pro|bie|ren ⟨V.3, hat approbiert; mit Akk.⟩ **1** genehmigen **2** zur Berufsausübung zulassen; approbierter Arzt [< lat. *approbare* „billigen, genehmigen"]

Ap|pro|pri|a|ti|on ⟨f.10⟩ **1** Aneignung **2** Besitzergreifung [< lat. *appropriare* „sich aneignen"]

Ap|pro|xi|ma|ti|on ⟨f.10⟩ **1** Annäherung **2** (Math.) → *Näherungswert*

ap|pro|xi|ma|tiv ⟨Adj., o.Steig.⟩ annähernd

Après-Ski ⟨[aprɛʃi] n., -, nur Sg.; veraltend⟩ **1** bequeme, modische Kleidung nach dem Schilaufen **2** geselliges Beisammensein nach dem Schilaufen [< frz. *après* „nach" und *Ski*]

Apri|ko|se ⟨f.11⟩ Frucht des Aprikosenbaums [vielleicht < lat. *apricus* „sonnig", wegen des bevorzugten Standorts]

Apri|ko|sen|baum ⟨m.2⟩ Steinobstbaum aus der Familie der Rosengewächse

April ⟨m.1⟩ vierter Monat des Jahres [< lat. *aprilis*, „April", Herkunft nicht bekannt, vielleicht zu lat. *aperire* „öffnen, ans Licht bringen", wegen des beginnenden Frühlings]

April|scherz ⟨m.1⟩ Fopperei am 1. April

a pri|ma vi|sta ⟨Mus.; in Wendungen wie⟩ a p. v. spielen, singen *vom Blatt, ohne geübt zu haben* [ital., „auf den ersten Blick"]

a pri|o|ri Ggs. *a posteriori* **1** (nur) aus dem Denken, aus der Vernunft her, nicht auf Erfahrung beruhend; etwas a p. sagen, feststellen, behaupten **2** von vornherein; etwas a p. ablehnen [lat., „vom Früheren (her)"]

Apri|o|ri ⟨n., -, -⟩ aus der Vernunft, aus dem Denken gewonnene Erkenntnis; Ggs. *Aposteriori*

apri|o|risch ⟨Adj., o.Steig.⟩ (nur) aus dem Denken gewonnen, auf (reinem) Denken beruhend; Ggs. aposteriorisch; ~e Erkenntnis [zu *a priori*]

apro|pos ⟨[-po] Adv.⟩ übrigens, nebenbei bemerkt, weil wir gerade davon sprechen, dabei fällt mir ein [< frz. *à propos* in ders. Bed., eigtl. „bei Gelegenheit, beim Anlaß"]

Ap|si|de ⟨f.11⟩ Punkt der kleinsten oder größten Entfernung eines Planeten von dem Gestirn, um das er sich bewegt [< griech. *apsis* „Rundung", → *Apsis*]

ap|si|di|al ⟨Adj., o.Steig.⟩ nur als Attr. und Adv.⟩ zur *Apsis* gehörig

Ap|sis ⟨f., -, -si|den⟩ halbrunde oder vieleckige Altarnische oder Abschluß des Chors (einer Kirche); ⟨im MA⟩ auch: *Exedra* [griech.,

„Schlinge, Rad", übertr. „Rundung, Wölbung", zu *haptein* „schlingen, knüpfen"]

ap|te|ry|got ⟨Adj., o.Steig.⟩ flügellos [< griech. *a...* „nicht" und *pteron*, Gen. *pterygos*, „Flügel"]

Aqua de|stil|la|ta ⟨n., - -, nur Sg.⟩ destilliertes (chemisch reines) Wasser [lat., „herabgeträufeltes Wasser"]

Aqua|dukt ⟨m.1⟩ (bes. altrömische) Wasserleitung, meist auf Brücken entlanglaufende Rinnen oder Rohre [< lat. *aquaeductus* „Wasserleitung"]

Aqua|kul|tur ⟨f.10⟩ planmäßige Nutzung von Gewässern (z.B. zur Fischzucht)

Aqua|ma|ni|le ⟨n.14; MA⟩ Gefäß zur Handwaschung des Priesters während des Gottesdienstes [< lat. *aquaemanale, aquamanile* „Waschbecken, Krug", < *aqua*, Gen. *aquae*, „Wasser"; die Deutung des zweiten Wortteils ist nicht gesichert, vielleicht < *manale* „für die Hand bzw. die Hände", zu *manus* „Hand", oder < *manabilis, manalis* „fließend", zu *manare* „fließen"]

Aqua|ma|rin ⟨m.1⟩ meerblauer oder -grüner Edelstein [< lat. *aqua* „Wasser" und *marina*, Fem. zu *marinus*, „zum Meer gehörig"]

Aqua|naut ⟨m.10⟩ Tiefseeforscher [< lat. *aqua* „Wasser" und *Nautik*]

Aqua|pla|ning ⟨n., -s, nur Sg.⟩ Verlust der Bodenhaftung von Autoreifen bei rascher Fahrt durch gestautes Wasser auf der Fahrbahn; Syn. *Wasserglätte* [zu engl. *to aquaplane* „wellenreiten", < engl., lat. *aqua* „Wasser" und engl. *to plane* „gleiten"]

Aqua|rell ⟨n.1⟩ mit Wasserfarben gemaltes Bild [< ital. *acquerello*, älter *acquarello* „Wasserfarbe sowie damit gemaltes Bild", zu *acqua*, lat. *aqua* „Wasser"]

aqua|rel|lie|ren ⟨V.3, hat aquarelliert; mit Akk.⟩ mit Wasserfarben malen

Aqua|rel|list ⟨m.10⟩ Maler von Aquarellen

Aqua|ria|ner ⟨m.5⟩ Aquarienliebhaber

Aqua|ri|a|ner ⟨m.10⟩ Fachmann auf dem Gebiet der Aquaristik

Aqua|ri|stik ⟨f., -, nur Sg.⟩ Aquarienkunde

Aqua|ri|um ⟨n., -s, -ri|en⟩ Glasbehälter oder Gebäude zur Pflege und Zucht kleiner Wassertiere [< lat. *aqua* „Wasser" und Suffix *...arium* zur Bez. eines Behälters]

Aqua|tin|ta ⟨f., -, -tin|ten⟩ **1** ⟨nur Sg.⟩ ein Kupferstichverfahren, bei dem die Zeichnung aus der Platte herausgeätzt wird **2** in diesem Verfahren hergestelltes Kunstblatt [ital., < *acqua* „Wasser" und *tinta* „Farbe", zu *tingere* „färben"]

aqua|tisch ⟨Adj., o.Steig.⟩ zum Wasser gehörig, im Wasser lebend

Äqua|tor ⟨m.13⟩ größter Breitenkreis der Erdkugel sowie dessen Projektion auf das Himmelsgewölbe [< lat. *aequatio* „Gleichstellung, das Gleichmachen", zu *aequare* „gleichmäßig verteilen"]

äqua|to|ri|al ⟨Adj., o.Steig.⟩ zum *Äquator* gehörig

Äqua|tor|tau|fe ⟨f.11⟩ scherzhafter seemännischer „Reinigungs-"Brauch (beim ersten Überschreiten des Äquators)

Aqua|vit ⟨m.1⟩ mit Kümmel gewürzter Kornbranntwein [< lat. *aqua vitae* „Wasser des Lebens"]

Äqui|li|brist ⟨m.10⟩ Artist, der die Äquilibristik beherrscht (z.B. Seiltänzer); auch: *Equilibrist*; Syn. *Gleichgewichtskünstler*

Äqui|li|bri|stik ⟨f., -, nur Sg.⟩ Kunst des Gleichgewichtshaltens auf und mit Gegenständen (z.B. auf Stuhllehnen, auf dem Seil) [< lat. *aequilibris* „im Gleichgewicht", < *aequus* „gleich, gleichmäßig verteilt" und *libra* „Waage"]

Äqui|li|bri|um ⟨n., -s, -bria oder -bri|en⟩ Gleichgewicht [< lat. *aequus* „gleich" und *libra* „Waage, Gewicht"]

äqui|nok|ti|al ⟨Adj., o.Steig.⟩ zum *Äquinoktium* gehörig, auf ihm beruhend

Äqui|nok|ti|um ⟨n., -s, -ti|en [-tsjən]⟩ → *Tagundnachtgleiche* [< lat. *aequinoctium* in ders. Bed.]

äqui|pol|lent ⟨Adj., o.Steig.⟩ Gleiches bedeutend, aber verschieden ausgedrückt [< lat. *aequus* „gleich" und *pollens*, Gen. *-entis*, „stark, viel vermögend"]

Äqui|pol|lenz ⟨f., -, nur Sg.⟩ gleiche Bedeutung bei verschiedener Formulierung

äqui|va|lent ⟨Adj., o. Steig.⟩ gleichwertig [< lat. *aequus* „gleich" und *valens*, Gen. *-entis*, „geltend, viel vermögend", zu *valere* „gelten, vermögen, stark sein"]

Äqui|va|lent ⟨n.1⟩ Gleichwertiges, gleichwertiger Ersatz

Äqui|va|lenz ⟨f., -, nur Sg.⟩ Gleichwertigkeit

äqui|vok ⟨Adj., o.Steig.⟩ doppelsinnig, mehrdeutig [< lat. *aequus* „gleich" und *vox*, Gen. *vocis*, „Stimme; Wort, Ausdruck, Bezeichnung"]

Ar[1] ⟨n. oder m., -s, -; Zeichen: a⟩ Flächenmaß, 100 m²; auch: ⟨schweiz.⟩ *Are* [< frz. *are*, „Ar", < lat. *area*, → *Areal*]

Ar[2] ⟨chem. Zeichen für⟩ Argon

Ara ⟨m.9; Sammelbez.⟩ bunter, kräftiger Papagei des tropischen Amerika mit langem, gestuftem Schwanz [Tupi]

Ära ⟨f., -, Ären⟩ Zeitalter, Zeitabschnitt, Amtszeit; die Ä. Adenauer [lat.]

Ara|ber ⟨auch: [ara-] ugs. und schweiz. [a:ra-] m.5⟩ **1** Einwohner Arabiens **2** (aus Arabien stammende) Pferderasse

Ara|bes|ke ⟨f.11⟩ **1** Pflanzenornament **2** heiteres Musikstück **3** (Ballett) Körperhaltung mit waagerecht nach hinten gestrecktem Bein [< frz. *arabesque* „arabisch"]

ara|bisch ⟨Adj., o.Steig.⟩ Arabien betreffend, zu ihm gehörig, aus ihm stammend; ~ Ziffern *die aus Arabien stammenden Ziffern des dekadischen Zahlensystems*

Ara|bist ⟨m.10⟩ Wissenschaftler auf dem Gebiet der Arabistik

Ara|bi|stik ⟨f., -, nur Sg.⟩ Wissenschaft von der arabischen Sprache und Kultur

ara|bi|stisch ⟨Adj., o.Steig.; nur als Attr. und Adv.⟩ zur Arabistik gehörend, sie betreffend

Arach|no|lo|gie ⟨f., -, nur Sg.⟩ Spinnenkunde [< griech. *arachne* „Spinne" und *...logie*]

Ar|a|lie ⟨[-ljə] f.11⟩ Vertreter einer Gattung efeuartiger nordamerikanischer und ostasiatischer Sträucher, Zimmerpflanze [wahrscheinlich indian.]

Aräo|me|ter ⟨n.5⟩ Gerät zum Messen der Dichte von Flüssigkeiten; Syn. *Senkwaage* [< griech. *araios* „dünn" und *...meter*]

Ärar ⟨n.1⟩ Staatsschatz, Staatsvermögen [< lat. *aerarium* „Schatzkammer, Staatskasse", < *aes*, Gen. *aeris*, „Erz, Kupfer, Kupfergeld, Münze", allg. „Geld, Vermögen"]

Arau|ka|rie ⟨[-riə] f.11⟩ Vertreter einer Gattung von Nadelbäumen der südlichen Erdhälfte; Syn. *Zimmertanne* [nach dem chilen. Indianerstamm der *Araukaner*, in deren Gebiet die zuerst entdeckte Art ausgedehnte Wälder bildet]

Ar|beit ⟨f.10⟩ **1** Tätigkeit, Tun, Beschäftigung (Garten~, Haus~); körperliche, geistige A.; ganze A. leisten *etwas gründlich tun*; ⟨auch iron.⟩ *etwas ganz zerstören*; bei der, an der A. sitzen; etwas in A. haben *an etwas arbeiten*; etwas (Anzug, Kleid) in A. geben *anfertigen lassen*; der Schrank ist in A. *wird gerade angefertigt* **2** berufliche Tätigkeit; eine A. annehmen; eine A. aufgeben; seiner A. nachgehen; ohne A. sein; zur A. gehen **3** schriftliche Prüfung (Prüfungs~, Klassen~, Mathematik~, Doktor~); eine A. schreiben **4** Ergebnis einer Tätigkeit; eine A. abliefern **5** Mühe, Plage, Anstrengung; das war eine große, tüchtige, leichte, harte A.; das macht, kostet viel A. **6** Abrichtung, Ausbildung eines Tieres, Dressur; die A. mit Löwen im Zirkus, mit Jagdhunden **7** ⟨Phys.⟩ a *Produkt* *aus Kraft und Weg in der Wegrichtung* **b** *Leistung in einer bestimmten Zeit*

ar|bei|ten ⟨V.2, hat gearbeitet⟩ **I** ⟨mit Akk.⟩ *anfertigen, herstellen;* (jmdm.) *ein Kleid a.* **II** ⟨o.Obj.⟩ **1** ⟨von Personen⟩ **a** *Berufsarbeit leisten;* in einer Firma, bei einer Behörde a.; er arbeitet gut, rasch, zuverlässig **b** *eine Arbeit tun, sich beschäftigen, sich betätigen;* im Garten a.; angestrengt, viel, wenig a.; körperlich, geistig a.; an etwas a.; über etwas oder jmdn. *a. sich mit etwas oder jmdm. gründlich beschäftigen und es schriftlich niederlegen;* er arbeitet über Rilke, über die frühneuhochdeutsche Literatur **c** *sich mühen, plagen;* er arbeitete verzweifelt, heftig, um gegen die Wellen anzukommen **2** ⟨von Sachen⟩ *in Gang, in Betrieb sein;* die Maschine arbeitet gut **3** ⟨mit "es"⟩ *es arbeitete in ihm, in seinem Gesicht arbeitete es er war innerlich sehr erregt* **III** ⟨refl.; mit "es"; in bestimmten Wendungen⟩ *es arbeitet sich gut, schlecht, schwer mit ihm, mit diesem Material man kann gut usw. mit ihm, damit arbeiten*

Ar|bei|ter ⟨m.5⟩ **1** ⟨i.w.S.⟩ *jmd., der Arbeit leistet;* ein guter, schneller, zuverlässiger A. sein **2** ⟨i.e.S.⟩ *jmd., der gegen Lohn körperliche Arbeit leistet* (Industrie~, Berg~, Bau~, Straßen~)

Ar|bei|te|rin ⟨f.10⟩ **1** *weiblicher Arbeiter* **2** ⟨bei Bienen, Hummeln, Wespen, Ameisen⟩ *Weibchen mit verkümmerten Geschlechtsorganen*

Ar|bei|ter|schaft ⟨f., -, nur Sg.⟩ *Gesamtheit der Arbeiter*

Ar|bei|ter- und Bau|ern|staat ⟨m., -(e)s, nur Sg.; Beiname für die⟩ *DDR*

Ar|beit|ge|ber ⟨m.5⟩ *jmd., der Arbeitskräfte gegen Entgelt beschäftigt;* Ggs. Arbeitnehmer

Ar|beit|neh|mer ⟨m.5⟩ *jmd., der gegen Entgelt seine Arbeitskraft einem anderen zur Verfügung stellt,* Ggs. Arbeitgeber

ar|beit|sam ⟨Adj.⟩ *gern arbeitend, fleißig*

Ar|beit|sam|keit ⟨f., -, nur Sg.⟩

Ar|beits|amt ⟨n.4⟩ *Behörde, die sich mit Vermittlung von Arbeit, Verwaltung der Arbeitslosenversicherung und Berufsberatung befaßt*

Ar|beits|dienst ⟨m.1; im Dritten Reich 1935–1945⟩ *Organisation, die vor allem Jugendliche zur Ableistung öffentlicher Arbeiten zusammenfaßte*

Ar|beits|es|sen ⟨n.7⟩ *Mahlzeit, bei der von den Teilnehmern Fragen der gemeinsamen Arbeit besprochen werden*

Ar|beits|gang ⟨m.2⟩ **1** *Verlauf, Entwicklung einer Arbeit;* flotter, schleppender A. **2** *Abschnitt innerhalb einer Arbeit;* dafür sind mehrere Arbeitsgänge nötig; man kann beides in einem einzigen A. erledigen

Ar|beits|ge|richt ⟨n.1⟩ *für arbeitsrechtliche Streitigkeiten zuständiges Gericht*

Ar|beits|kraft ⟨f.2⟩ **1** ⟨nur Sg.⟩ *zum Arbeiten nötige Kraft;* meine A. läßt nach; ich habe eine viel größere A. als er **2** *Arbeit leistende Person;* es fehlen an Arbeitskräften; neue Arbeitskräfte einstellen; er ist eine gute A.

Ar|beits|la|ger ⟨n.5⟩ *Lager für Zwangsarbeiter (vor allem in sozialistischen Ländern)*

ar|beits|los ⟨Adj., o.Steig.⟩ *ohne Erwerbseinkommen*

Ar|beits|lo|sig|keit ⟨f., -, nur Sg.⟩ **1** *Zustand des Arbeitslosseins;* während meiner A. **2** *Mangel an Möglichkeiten zur Arbeit (gegen Entgelt)*

Ar|beits|markt ⟨m.2⟩ *Gesamtheit der Beziehung zwischen Angebot und Nachfrage von Arbeitskräften;* die Lage auf dem A. verschlechtert sich

Ar|beits|me|di|zin ⟨f., -, nur Sg.⟩ *Zweig der Medizin, der sich mit der Verhütung oder Heilung von Berufskrankheiten, Einstellungsuntersuchungen, Ergonomie, Unfallverhütung befaßt*

Ar|beits|platz ⟨m.2⟩ **1** *Platz, an dem man arbeitet* **2** *Möglichkeit zur beruflichen Arbeit;* es fehlt an Arbeitsplätzen; Arbeitsplätze schaffen

Ar|beits|recht ⟨n., -(e)s, nur Sg.⟩ *alle Gesetze und Vorschriften zur Regelung der Arbeitsbedingungen und Arbeitsverhältnisse der unselbständigen Arbeitnehmer*

ar|beits|scheu ⟨Adj.⟩ *nicht arbeiten wollend*

Ar|beits|scheu ⟨f., -, nur Sg.⟩ *fehlender Wille zu arbeiten*

Ar|beits|stel|le ⟨f.11⟩ *Betrieb, Unternehmen, in dem jmd. arbeitet*

Ar|beits|tag ⟨m.1⟩ *Tag, an dem allgemein gearbeitet wird;* 24 ~e Urlaub haben

Ar|beits|the|ra|pie ⟨f.11⟩ *Heilbehandlung (bei psychischer Erkrankung) durch (gelenkte) Arbeitstätigkeit, aber auch geistige Arbeit*

Ar|beits|tier ⟨n.1⟩ **1** *Tier, das dazu abgerichtet ist, Arbeit zu leisten* **2** ⟨übertr.⟩ *jmd., der viel und schwer arbeitet*

Ar|beits|ver|hält|nis ⟨n.1⟩ *rechtlich geregeltes Verhältnis zwischen Arbeitgeber und Arbeitnehmer hinsichtlich der Arbeit;* jmd. steht in einem A. ist ständig gegen Entgelt bei jmdm. beschäftigt; ein A. eingehen; das A. lösen

Ar|beits|zeit ⟨f.10⟩ *Zeit, in der eine Person des Erwerbs wegen arbeitet;* eine, keine geregelte A. haben; eine Stellung mit einer A. von 40 Stunden pro Woche; ich habe eine A. von neun bis fünf Uhr

Ar|beits|zim|mer ⟨n.7⟩ *Zimmer (in der Wohnung), das für (geistige) Berufsarbeit eingerichtet ist*

Ar|bi|tra|ge ⟨[-ʒə] f.11⟩ **1** *Schiedsspruch* **2** *Ausnutzung von Preis- und Kursschwankungen* [< frz. *arbitrage* in ders. Bed., zu *arbitrer* "als Schiedsrichter entscheiden, schätzen", < lat. *arbitrari* "als Schiedsrichter entscheiden"]

ar|bi|trär ⟨Adj., o.Steig.⟩ *nach Ermessen*

Ar|bo|re|tum ⟨n., -s, -ten⟩ *Baumgarten mit verschiedenen Hölzern zu Studienzwecken* [< lat. *arbor* "Baum"]

arc ⟨Zeichen für⟩ *Arkus*

Ar|chai|kum, Ar|chä|i|kum ⟨n., -s, nur Sg.⟩ → *Azoikum* [mit lat. Endung < spätgriech. *archaikos*, Neutr. *archaikon*, zu *archaios* "alt"]

ar|cha|isch ⟨Adj., o.Steig.⟩ *aus sehr früher Zeit (einer Kunst o.ä.) stammend* [< griech. *archaios*]

ar|chä|isch ⟨Adj., o.Steig.⟩ *zum Archaikum gehörend, aus ihm stammend*

ar|chai|sie|ren ⟨V.3, hat archaisiert; o. Obj.⟩ *altertümliche Sprach- oder Kunstformen nachahmen*

Ar|cha|is|mus ⟨m., -, -men⟩ **1** ⟨nur Sg.⟩ *Nachahmung archaischer Kunstformen* **2** *altertümliche Form, altertümliches Wort*

ar|cha|is|tisch ⟨Adj., o.Steig.⟩ *in der Art eines Archaismus*

Ar|chäo|lo|ge ⟨m.11⟩ *Wissenschaftler auf dem Gebiet der Archäologie*

Ar|chäo|lo|gie ⟨[-ceo-] f., -, nur Sg.⟩ *Wissenschaft von den alten Kulturen, besonders aufgrund von Ausgrabungen* [< griech. *archaiologia* "Erzählung alter Geschichten; Altertumskunde"; < *archaios* "alt, altertümlich" und ...*logie*]

ar|chäo|lo|gisch ⟨Adj., o.Steig.⟩ *die Archäologie betreffend, zu ihr gehörig, auf ihr beruhend, mit ihrer Hilfe*

Ar|chäo|pte|ryx ⟨m. oder (seltener) f., -, -e oder -pte|ry|ges⟩ *versteinerter Vogel mit Reptilienmerkmalen;* Syn. Urvogel [< griech. *archaios* "alt" und *pteryx* "Flügel"]

Ar|chäo|zoi|kum ⟨n., -s, nur Sg.⟩ *Frühzeit der Erdgeschichte mit Beginn des organischen Lebens;* Syn. Algonkium, Eozoikum, Proterozoikum [< griech. *archaios* "alt" und *zoikos* "tierisch", zu *zoon* "Lebewesen, Tier"]

Ar|che ⟨[-çə] f.11⟩ *kastenähnliches Schiff;* die A. Noah [< mhd. *arke, arche* < ahd. *archa, arca* "Arche, Kasten, Schiff Noahs", < lat. *arca* "Kasten, Kiste"]

Ar|che|go|ni|um ⟨n., -s, -ni|en⟩ *weibliches Fortpflanzungsorgan der Moose und Farne* [< griech. *arche* "Anfang, Beginn, Ursprung" und *gone* "Same, Erzeugung"]

Ar|che|typ ⟨m.12⟩ **1** *Urbild, Urform* **2** *Muster, Vorbild* **3** *älteste verfügbare Vorlage eines Druckes oder einer Handschrift* [< griech. *archetypos* "Urbild, Vorbild", < *arche* "Anfang, Beginn, Ursprung" und *typos* "Vorbild, Muster, Gestalt, Bild"]

ar|che|ty|pisch ⟨Adj., o.Steig.⟩ *der Urform entsprechend, vorbildlich, musterhaft*

Ar|chi|dia|kon ⟨m.1 oder m.10⟩ **1** ⟨kath. Kirche⟩ *Vorsteher eines Kirchensprengels;* Syn. Erzdiakon [< griech. *archein* "der Erste sein, gebieten, herrschen" und *Diakon*]

Ar|chi|man|drit ⟨m.10; Ostkirche⟩ *Vorsteher eines oder mehrerer Klöster, Abt, höherer Geistlicher* [< griech. *archein* "der Erste sein, gebieten, herrschen" und *mandra* "Kloster"]

ar|chi|me|disch ⟨Adj., o.Steig.⟩ *Archimedes betreffend, von ihm stammend;* Archimedisches Prinzip *(von dem griechischen Mathematiker Archimedes aufgestelltes) Gesetz vom Auftrieb eines in eine Flüssigkeit eintauchenden Körpers*

Ar|chi|pel ⟨m.1⟩ *Inselgruppe, Inselmeer* [< ital. *arcipelago* in ders. Bed., wahrscheinlich < lat. *Aegaeus pelagus*, griech. *Aigaios pelagos* "Ägäisches Meer"]

Ar|chi|tekt ⟨m.10⟩ *Baumeister* [< griech. *architekton* "Baumeister", eigtl. "oberster, leitender Zimmermann", < *archein* "der Erste sein, gebieten, herrschen" und *tekton* "Handwerker"]

Ar|chi|tek|to|nik ⟨f., -, nur Sg.⟩ **1** *Wissenschaft von der Baukunst* **2** *Aufbau, Bauart eines Bauwerks*

ar|chi|tek|to|nisch ⟨Adj., o.Steig.⟩ *die Architektur betreffend, baulich*

Ar|chi|tek|tur ⟨f.10⟩ *Baukunst*

Ar|chi|trav ⟨m.1; antike Baukunst⟩ *die Säulen verbindender, den Oberbau tragender Querbalken;* Syn. Epistyl [< ital. *architrave* in ders. Bed., < ital. *arci...* "Ober...", Haupt..." (< griech. *archein* "der Erste, Oberste sein") und *trave* "Balken" (< lat. *trabs*, Gen. *trabis*, "Balken", bes. "Querbalken"); nach anderer Deutung < lat. *arco* (Pl. *archi*) "Bogen" und *trave* "Balken" also "Balken, der die Funktion eines Bogens ausübt"]

Ar|chiv ⟨[-çif] n.1⟩ **1** *Sammlung von Urkunden u.ä.* **2** *Raum oder Gebäude dafür* [< griech. *archeion* "Regierungsgebäude, Rathaus", zu *arche* "Regierung, Oberbefehl, Herrschaft"]

Ar|chi|va|li|en ⟨Pl.⟩ *Urkunden, Dokumente in einem oder aus einem Archiv*

ar|chi|va|lisch ⟨Adj., o.Steig.⟩ *urkundlich*

Ar|chi|var ⟨m.1⟩ *Leiter, Angestellter eines Archivs*

ar|chi|vie|ren ⟨V.3, hat archiviert; mit Akk.⟩ *in ein Archiv aufnehmen;* Urkunden, Briefe a.

Ar|chi|vol|te ⟨f.11⟩ **1** *Stirn-Innenseite eines Rundbogens* **2** *profilierter, meist reichverzierter Portalbogen* [< lat. *arcivolto* in ders. Bed., < *arci...* "Ober..., Haupt..." und *volta* "gerollt, gedreht" oder < ital. *arco* "Bogen" und *volto* "Gesicht", hier im Sinne von "Vorder-, Stirnseite"]

Ar|chon ⟨[-çɔn] m., -s, -chon|ten⟩, **Ar|chont** ⟨[-çɔnt] m.10; in altgriech. Städten⟩ *höchster Beamter* [< griech. *archon*, Gen. *archontos*, "Vorsteher, Oberster, Befehlshaber; Beamter", zu *archein* "der Erste sein, gebieten, herrschen"]

ARD ⟨Abk. für⟩ *Arbeitsgemeinschaft der öffentlich-rechtlichen Rundfunkanstalten der Bundesrepublik Deutschland*

Are ⟨f.11; schweiz.⟩ *Ar*

Are|al ⟨n.1⟩ **1** Bodenfläche, Siedlungs-, Verbreitungsgebiet **2** ⟨Biol.⟩ Verbreitungsgebiet einer Art [über mlat. *areale* „Platz mit Gebäude oder für Gebäude" < lat. *area* „freier, ebener Platz"]

Are|al|lin|gui|stik ⟨f.,-, nur Sg.⟩ → *Sprachgeographie*

Are|ka|nuß ⟨f.2⟩ *Frucht der Areka- oder Betelpalme* [drawid.-port.]

are|li|gi|ös ⟨Adj., o.Steig.⟩ *nicht religiös*; vgl. *irreligiös*

Are|na ⟨f., -, -nen⟩ **1** *mit Sand bestreuter Kampfplatz* **2** *Sportplatz mit Zuschauertribünen* **3** *Zirkusmanege* **4** ⟨österr.⟩ *Sommerbühne* [< lat. *arena* „Sand, mit Sand bestreuter Kampfplatz im Amphitheater"]

Areo|pag ⟨m.1; im alten Athen⟩ *höchster Gerichtshof* [< griech. *areios* „dem Ares geweiht" und *pagos* „Hügel", wo die Sitzungen stattfanden]

arg ⟨Adj., ärger, am ärgsten⟩ **1** *schlimm, ärgerlich*; das ist wirklich arg!; ein ~es Mißgeschick; damit machst du alles nur noch ärger; das Ärgste dabei ist, daß ...; etwas liegt im argen *ist sehr in Unordnung, sehr verworren* **2** *böse, bösartig*; ein ~er Gedanke, Blick; ich habe mir nichts Arges dabei gedacht **3** *stark, heftig*; ~e Schmerzen haben; treibt es nicht zu arg! **4** ⟨Adv.⟩ *überaus, sehr*; das ist arg lieb von dir; es ist schon arg spät; das ist arg teuer

Arg ⟨n., -s, nur Sg.⟩ *Falschheit, Böswilligkeit*; er ist ohne Arg; es ist kein Arg an ihm

Ar|gen|tan ⟨n., -s, nur Sg.⟩ → *Neusilber* [zu *Argentum*]

Ar|gen|tit ⟨m., -, nur Sg.⟩ *Silberglanz, ein Mineral* [zu *Argentum*]

Ar|gen|tum ⟨n., -s, nur Sg.; Zeichen: Ag⟩ *Silber* [lat., < griech. *arges* „weißschimmernd"]

Är|ger ⟨m., -s, nur Sg.⟩ **1** *leichter Zorn, Unwille*; seinen Ä. an jmdm. abreagieren; ich habe großen, viel Ä. gehabt **2** *Unannehmlichkeit, Verdruß, Schererei*; laß das sein, es gibt nur Ä.

är|ger|lich ⟨Adj.⟩ **1** *voller Ärger, leicht zornig*; ä. werden; „...", sagte er ä. **2** *Ärger erregend, unangenehm*; eine ~e Sache; das ist wirklich ä.

är|gern ⟨V.1, hat geärgert⟩ **I** ⟨mit Akk.⟩ jmdn. ä. **1** *jmdm. Ärger bereiten* **2** *foppen, stark necken*; den kleinen Bruder ä. **II** ⟨refl.⟩ sich ä. *ärgerlich werden, ärgerlich sein*; ich könnte mich grün, schwarz ä., daß ich das vergessen habe; sich über etwas oder jmdn. ä. [zu *ärger*, Komparativ zu *arg*, also eigtl. „ärger machen"]

Är|ger|nis ⟨n.1⟩ **1** ⟨nur Sg.⟩ *Ärger, Unwille (weil das Gefühl für Anstand verletzt wurde)*; (öffentliches) Ä. erregen **2** *ärgerliche Sache, etwas Ärgerliches*; das ist immer wieder ein Ä. für mich; das und andere ~se; häusliche, berufliche ~se

Arg|list ⟨f., -, nur Sg.⟩ *Heimtücke, Hinterlist*

arg|li|stig ⟨Adj.⟩ *heimtückisch, hinterlistig*

arg|los ⟨Adj.⟩ **1** *ohne Arg, nichts Böses wollend* **2** *nichts Böses ahnend, vertrauensvoll*

Arg|lo|sig|keit ⟨f., -, nur Sg.⟩ *arglose Wesensart, argloses Verhalten*

Ar|gon ⟨auch [-gɔn] n., -s, nur Sg.; Zeichen: Ar⟩ *chemisches Element, ein Edelgas* [< griech. *argos* „untätig, unwirksam", < *a-...* „nicht" und *ergon* „Arbeit"; Edelgase gehen keine chem. Verbindungen ein]

Ar|got ⟨[-go] n.9⟩ **1** *die französische Gaunersprache* **2** ⟨auch⟩ → *Jargon* [frz., „Gaunersprache", vielleicht Rückbildung von *argoter* (†) „betteln"; weitere Herkunft nicht bekannt]

Ar|gu|ment ⟨n.1⟩ *Beweisgrund, einleuchtende Entgegnung* [< lat. *argumentum* „Gegenstand einer Darstellung, Beweis(grund)", zu *arguere* „klar darstellen, erweisen"]

Ar|gu|men|ta|ti|on ⟨f.10⟩ *das Argumentieren, Beweisführung*

ar|gu|men|ta|tiv ⟨Adj., o.Steig.⟩ *in der Art eines Arguments, als Argument*

ar|gu|men|tie|ren ⟨V.3, hat argumentiert; o.Obj.⟩ *Argumente vorbringen*

Ar|gus|au|gen ⟨Pl.⟩ *scharfe, wachsame Augen*; etwas mit A. beobachten [nach *Argus*, einem Riesen der griech. Sage, der hundert Augen hatte, von denen ein Teil immer wachte]

Arg|wohn ⟨m., -s, nur Sg.⟩ *Mißtrauen, Vermutung von etwas Bösem*; jmds. A. erregen; etwas voller A. beobachten [< *Arg* und *Wahn*]

arg|wöh|nen ⟨V.1, hat geargwöhnt; mit Akk.⟩ *etwas a. etwas (Böses) vermuten*; er argwöhnte, man wolle ihn hintergehen

arg|wöh|nisch ⟨Adj.⟩ *voller Argwohn, mißtrauisch*

Arhyth|mie ⟨f.11⟩ → *Arrhythmie*

Ari|ad|ne|fa|den ⟨m.8⟩ *Leitfaden, rettendes Mittel* [nach *Ariadne*, der Tochter des Königs Minos von Kreta; als Theseus in das Labyrinth des Königspalastes eindrang, um den Minotauros zu suchen und zu töten, gab sie ihm einen zum Knäuel gewickelten Faden mit, den er am Eingang festband und bei seiner Wanderung durch die Irrgänge ablaufen ließ; auf diese Weise fand er den Weg zurück wieder]

arid ⟨Adj.⟩ *trocken, dürr (vom Boden, Klima)* [< lat. *aridus* in ders. Bed.]

Ari|di|tät ⟨f.,-, nur Sg.⟩ *Trockenheit*

Arie ⟨[ariə] f.11⟩ *Sologesangsstück mit Instrumentalbegleitung* [< ital. *aria* „Arie, Melodie", eigtl. „Luft, Windhauch", dann auch „die mit dem Wind herangetragenen Töne" < lat. *aer*, Gen. *aeris*, „Luft"]

Ari|er ⟨m.5⟩ **1** *Angehöriger eines der indogermanischen Völker in Indien und dem Iran* **2** ⟨im Nationalsozialismus⟩ *Angehöriger der sogenannten nordischen Rasse, Nichtjude*

Ari|et|ta ⟨f.,-, -ten⟩ *kleine Arie*

ari|os, ari|o|so ⟨Adj., o.Steig.⟩ *arienartig, sanglich, melodiös* [zu *Arie*]

Ari|o|so ⟨n., -(s), -si⟩ *arienartiges Sologesangs- oder Instrumentalstück*

arisch ⟨Adj., o.Steig.⟩ *die Arier (1, 2) betreffend, zu ihnen gehörend*

Ari|sto|krat ⟨m.10⟩ **1** *Angehöriger der Aristokratie (1)* **2** ⟨übertr.⟩ *edler, vornehmer Mensch*

Ari|sto|kra|tie ⟨f.11⟩ **1** *Adel* **2** *Adelsherrschaft* **3** ⟨übertr.⟩ *Oberschicht* [< griech. *aristokratia* „Herrschaft der Vornehmsten", < *aristo-* „bester, tüchtigster, edelster, vornehmster", zu *aristeuein* „sich auszeichnen, der Beste sein" und *kratein* „herrschen"]

ari|sto|kra|tisch ⟨Adj., o.Steig.⟩ **1** *zur Aristokratie (1) gehörend* **2** ⟨übertr.⟩ *vornehm*

ari|sto|te|lisch ⟨Adj., o.Steig.⟩ *die Lehre des griechischen Philosophen Aristoteles betreffend, auf ihr beruhend*

Arith|me|tik ⟨f., -, nur Sg.⟩ *Zahlenlehre, das Rechnen mit Zahlen* [< griech. *arithmetike techne* „Rechenkunst, Zahlenlehre", zu *arithmos* „Zahl"]

arith|me|tisch ⟨Adj., o.Steig.⟩ *zur Arithmetik gehörend, mit ihrer Hilfe*; ~es Mittel *Durchschnittswert*

...ari|um ⟨Nachsilbe⟩ **1** *Raum, Behälter (zur Aufbewahrung), z.B. Aquarium* **2** *Gesamtheit zusammengehöriger Gegenstände* [lat. Nachsilbe zur Bez. eines Behälters]

Ar|ka|de ⟨f.11⟩ *auf zwei Säulen oder Pfeilern ruhender Bogen* [< ital. *arcata*, frz. *arcade* „bogenförmige Öffnung", < lat. *arcus* „Bogen"]

Ar|ke|bu|se ⟨f.11; 15. Jh.⟩ *schweres, beim Schießen in einen Haken zu hängendes Gewehr*; Syn. *Hakenbüchse* [< frz. *arquebuse*, flandr. *haquebuche*, ndrl. *hakebusse* „Hakenbüchse"]

Ar|ko|se ⟨f., -, ⟩ *Feldspat und Glimmer enthaltender Sandstein* [frz.]

ark|tisch ⟨Adj., o.Steig.⟩ *die Arktis betreffend, zu ihr gehörig, aus ihr stammend* [< griech. *arktikos* „nördlich, die Nordgestirne (d.h. den Großen und den Kleinen Bären) betreffend, unter ihnen gelegen", zu *arktos* „Bär, Nordgestirn, Norden"]

Ar|kus ⟨m., -, -; Zeichen: arc⟩ *Kreisbogen eines Winkels* [< lat. *arcus* „Bogen"]

arm ⟨Adj., ärmer, am ärmsten⟩ **1** *sehr wenig besitzend, kaum das Nötigste zum Leben habend, sehr wenig Geld habend*; ~e Leute; ein ~es Land; er ist sehr a.; die vielen Ferngespräche machen mich noch a.!; geistig a.; ich bin um 20 DM ärmer geworden *man hat mir 20 DM gestohlen, ich habe 20 DM verloren, ausgegeben*; ich wäre um vieles ärmer, wenn ich die Musik nicht hätte **2** *bedauernswert*; du Arme!; du Ärmste!; das ~e Kind; das ~e Tier; er ist ~er Hund; das ~e Luder; er ist a. dran *es geht ihm sehr schlecht* **3** *dürftig*; meine ~en Bemühungen; ob dir mein ~es Geschenk eine Freude macht? **4** *a. an etwas sein wenig von etwas haben, wenig von etwas aufweisen*; der Boden ist a. an Nährstoffen; seine Jugend war a. an Liebe und Wärme

Arm ⟨m.1⟩ **1** *(beim Menschen und bei Affen) obere bzw. vordere Gliedmaße*; die ~e ausbreiten; jmdn. in die ~e schließen; der A. des Gesetzes reicht weit ⟨übertr.⟩; jmdn. auf den A. nehmen ⟨übertr., ugs.⟩ *foppen, veralbern*; jmdm. in den A. fallen *jmdn. an etwas hindern*; jmdm. in die ~e laufen *jmdm. zufällig begegnen*; jmdn. mit offenen ~en aufnehmen *gern, bereitwillig*; jmdm. unter die ~e greifen *jmdm. helfen*; die Beine unter die A. nehmen ⟨scherzh.⟩ *sich beeilen, davonlaufen* **2** ⟨bei Kopffüßern u.a.⟩ *armähnlicher Körperteil* **3** ⟨übertr.⟩ *Arbeitskraft, Hilfskraft*; wir brauchen noch ein paar kräftige ~e zur Hilfe **4** *einem Arm ähnlicher Teil eines Geräts oder Gegenstands* (Ton~); *abzweigender Teil* (Fluß~) **6** ⟨vulg.; verhüllend⟩ *Arsch*; leck mich am A.!

Ar|ma|da ⟨f.9, Pl. auch -den⟩ *Kriegsflotte* [nach dem Namen der aus 130 Kriegsschiffen bestehenden Flotte des span. Königs Philipp II., zu span. *armada* „Armee"]

Ar|ma|gnac ⟨[-njak] m.9⟩ *ein französischer Weinbrand* [nach dem Herkunftsland, der gleichnamigen Landschaft in Südwestfrankreich]

Ar|ma|tur ⟨f.10⟩ *Bedienungsvorrichtung (an Maschinen und technischen Anlagen)* [< lat. *armatura* „Bewaffnung, Ausrüstung"]

Ar|ma|tu|ren|brett ⟨n.3; bei Motorfahrzeugen⟩ *Anzeigetafel mit dem Meßinstrumenten*

Arm|brust ⟨f.1 oder (seltener) f.2⟩ *(aus Bogen, Sehne, Schaft und Kolben bestehende) Pfeil- oder Bolzenwaffe* [volksetymolog. Umdeutung < lat. *arcuballista* < *arcus* „Bogen" und *ballista* „Wurfmaschine", zu griech. *ballein* „werfen, schleudern"]

arm|dick ⟨Adj., o.Steig.⟩ *so dick wie ein Arm*; ein ~er Pfahl

Ar|mee ⟨f.11⟩ **1** *Gesamtheit der Streitkräfte eines Landes* **2** *Verband von Landstreitkräften aus mehreren Armeekorps* [< frz. *armée* in ders. Bed., zu *armer* „bewaffnen"]

Ar|mee|korps ⟨[-ko:r] n., -, [-ko:rs], -[-ko:rs]⟩ *Verband von Landstreitkräften aus mehreren Divisionen*

Är|mel ⟨m.5⟩ *Teil eines Kleidungstücks, der den Arm bedeckt*; die Ä. hochkrempeln ⟨übertr.⟩ *sich energisch zur Arbeit bereit machen*; etwas aus dem Ä. schütteln ⟨übertr.⟩ *mühelos zustande bringen, beschaffen*

...är|me|lig ⟨Adj., o.Steig.; in Zus.⟩ *mit einer bestimmten Art von Ärmeln versehen, z.B. kurzärmelig, langärmelig, halbärmelig*

Ar|men|bi|bel ⟨f.11; im MA⟩ *Bibel mit Bildern und Erläuterungen für geistig Arme, d.h.*

für Unwissende, Ungelehrte; Syn. Biblia pauperum

Ar|men|haus ⟨n.4; früher⟩ Heim, in dem Arme unentgeltlich wohnen und verpflegt werden; Syn. ⟨landsch.⟩ Spittel

Ar|men|häus|ler ⟨m.5⟩ Bewohner eines Armenhauses

Ar|me|ni|er ⟨m.5⟩ Angehöriger eines indoeuropäisches Volkes in Vorderasien

ar|me|nisch ⟨Adj., o.Steig.⟩ Armenien betreffend, in ihm gehörig, aus ihm stammend

Ar|men|recht ⟨n., -(e)s, nur Sg.⟩ Recht, bei nachgewiesener Bedürftigkeit von den Prozeß- und Anwaltskosten befreit zu werden; A. in Anspruch nehmen

Ar|mes|län|ge ⟨f.11; als Maßangabe⟩ Länge eines Armes; ein Pfahl von A.; jmdn. auf A. von sich fernhalten; jmdn. bis auf A. an sich herankommen lassen

Ar|me|sün|der|glocke ⟨-k|k-; f.19; früher⟩ Glocke, die bei Hinrichtungen geläutet wird

Arm|füßer ⟨m.5⟩ Vertreter einer Klasse niederer, festsitzender Meerestiere mit zweiklappiger Schale [nach den spiralig eingerollten Mundarmen, die man für Fangwerkzeuge hielt]

ar|mie|ren ⟨V.3, hat armiert; mit Akk.⟩ 1 mit Waffen, Munition, Befestigungen, Kriegsschiffen, Flugzeugen versehen, bewaffnen 2 mit Armaturen versehen 3 mit Stahleinlagen verstärken [< lat. armare „ausrüsten, kampftüchtig machen", zu arma „Waffen, Kriegsmaterial"]

Ar|mie|rung ⟨f.10⟩ 1 das Armieren 2 Stahleinlage in Beton

...ar|mig ⟨Adj., o.Steig.; in Zus.⟩ mit einer bestimmten oder unbestimmten Zahl, mit einer bestimmten Art von Armen versehen, z.B. kurz-, langarmig, dreiarmiger, mehrarmiger Leuchter

arm|lang ⟨Adj., o.Steig.⟩ so lang wie ein Arm; ein ~er Stock, Fisch

Arm|leuch|ter ⟨m.5⟩ 1 Leuchter mit mehreren Armen 2 ⟨derb, verhüllend⟩ Arschloch; so ein A.!; dieser A.!

ärm|lich ⟨Adj.⟩ 1 dürftig, sehr bescheiden; eine ~e Wohnung; in ~en Verhältnissen leben; ä. gekleidet

Ar|mo|ri|al ⟨n.1⟩ → Wappenbuch [frz., zu armoiries (Pl.) „Wappen", zu armes „Wappen", Ableitung von arme „Waffe"]

arm|se|lig ⟨Adj.⟩ 1 aufgrund von Armut dürftig, kümmerlich; eine ~e Wohnung, Mahlzeit; es sah alles so a. aus 2 sehr gering, unzulänglich, kaum etwas wert; ein ~es Geschenk; behalt deine ~en Groschen; ein paar ~e Kleinigkeiten

Ar|mut ⟨f., -, nur Sg.⟩ Zustand des Armseins; in bitterer, völliger A. leben; geistige A. ⟨urspr.⟩ Unwissenheit (in Fragen der Religion, Theologie), Ungelehrtheit, ⟨heute⟩ Ungebildetheit, Geistesschwäche, Dummheit

Ar|muts|zeug|nis ⟨n.1⟩ 1 ⟨urspr.⟩ amtliches Zeugnis darüber, daß jmd. die Kosten für einen Prozeß nicht aufbringen kann 2 ⟨heute, übertr.⟩ Beweis der Unfähigkeit; stell dir doch kein solches A. aus! tu doch nicht so, als ob du das nicht könntest!

Arm|voll ⟨m., -, -⟩ so viel, wie man in einem Arm tragen kann; ein A. Heu, Reisig

Ar|ni|ka ⟨f., -, -⟩ gelb blühender Korbblütler, Heilpflanze; Syn. Bergwohlverleih, Wohlverleih [vielleicht < lat. achillea ptarmika, zu ptarmike „Nieskraut" (zu ptarmos „das Niesen"), da die zerriebenen Blätter der Pflanze Niesreiz erregen]

Aro|ma ⟨n., -s, -s oder -men⟩ 1 Wohlgeruch, würziger Duft 2 ⟨natürlicher oder künstlich hergestellter⟩ Geschmacksstoff, aromatisches Würzmittel [griech., „würziges Kraut"]

Aro|mat ⟨m.10; Chem.⟩ aromatische Verbindung

aro|ma|tisch ⟨Adj.⟩ 1 wohlriechend, würzig duftend 2 ⟨Chem.⟩ eine ungesättigte, ringförmige Bindung enthaltend (insbesondere einen Benzolring); ~e Verbindung

aro|ma|ti|sie|ren ⟨V.3, hat aromatisiert; mit Akk.⟩ mit einem Aroma versehen; Tee a.

Aro|ma|ti|sie|rung ⟨f.10⟩ 1 das Aromatisieren 2 ⟨Chem.⟩ Verfahren zur Gewinnung aromatischer Kohlenwasserstoffe

Aron|stab ⟨m., -(e)s, nur Sg.⟩ giftige Staude mit tütenförmigem Hochblatt, das den Blütenkolben umhüllt [vielleicht über lat. arum < arab. harunda „Rohr"; nach einer Sage aus dem in die Erde gesteckten Stab des Hohenpriesters Aaron entstanden]

Ar|peg|gia|tur ⟨[-pɛdʒa-] f.10⟩ Reihe von Arpeggien

ar|peg|gie|ren ⟨[-pɛdʒi-] V.3, hat arpeggiert; mit Akk.⟩ einzeln nacheinander spielen; Akkordtöne a.

Ar|peg|gio ⟨[-pɛdʒo] n., -s, -s oder -peg|gi|en [-pɛdʒən]⟩ Akkord, dessen Töne rasch hintereinander einzeln gespielt werden [< ital. arpeggio in ders. Bed., zu arpeggiare „in Arpeggien spielen, Harfe oder ein anderes Zupfinstrument spielen", zu arpa < lat. harpa „Harfe"]

Ar|peg|gio|ne ⟨[-pɛdʒo-] f.11⟩ sechsseitiges, gitarrenähnliches, mit dem Bogen zu streichendes Musikinstrument

Ar|rak ⟨m.1 oder m.9⟩ Branntwein (in Indien aus Reis, in China aus Datteln gewonnen) [< arab. araq „Saft"]

Ar|ran|ge|ment ⟨[arãʒmã] n.9⟩ 1 Anordnung, Zusammenstellung, Gestaltung 2 Übereinkunft 3 Bearbeitung eines Musikstücks für andere Instrumente [zu arrangieren]

Ar|ran|geur ⟨[arãʒør] m.1⟩ jmd., der ein Musikstück arrangiert

ar|ran|gie|ren ⟨[arãʒi-] oder [arãʒi-] V.3, hat arrangiert⟩ I ⟨mit Akk.⟩ 1 in die Wege leiten, bewerkstelligen, einrichten; eine Reise, ein Programm a.; ich werde das für Sie a. 2 geschmackvoll zusammenstellen; Blumen in Vasen, Körben a. 3 ein Musikstück a. für andere Instrumente bearbeiten II ⟨refl.⟩ sich a. 1 sich mit dem Unvermeidlichen abfinden; man muß sich a. 2 mit jemand anderen, mit anderen zurechtkommen, eine Möglichkeit des Zusammenlebens oder -arbeitens finden [< frz. arranger „ordnen, einrichten; vermitteln, beilegen", zu rang „Ordnung, Reihe"]

Ar|rest ⟨m.1⟩ 1 Freiheitsstrafe; leichter, schwerer, verschärfter A. 2 Beschlagnahme, Pfändung, Eintragung einer Zwangshypothek 3 ⟨Schule⟩ Strafstunde, Nachsitzen; drei Stunden A. bekommen [< mlat. arrestum „Verhaftung", zu arrestare „verhaften", zu restare „zurückbleiben, stillstehen"]

Ar|re|stant ⟨m.10⟩ jmd., der in Arrest ist

ar|re|tie|ren ⟨V.3, hat arretiert; mit Akk.⟩ 1 jmdn. a. in Arrest nehmen, festnehmen, verhaften 2 etwas a. sperren, an der Bewegung hindern, festhalten; einen Maschinenteil a. [< frz. arrêter in denselben Bedeutungen, → Arrest]

Ar|re|tie|rung ⟨f.10⟩ 1 das Arretieren (1), Festnahme 2 ⟨in Uhren⟩ Hemmvorrichtung

Ar|rhe|no|to|kie ⟨f.11⟩ Entwicklung männlicher Tiere aus unbefruchteten Eiern (z. B. bei Drohnen) [< griech. arrhen „männlich" und tokos „Geburt"]

Ar|rhyth|mie ⟨f.11⟩ auch: Arhythmie 1 Störung des Rhythmus, Mangel an Gleichmaß 2 Unregelmäßigkeit des Herzschlags [< griech. a..., „nicht" und Rhythmus]

ar|ri|vie|ren ⟨V.3, ist arriviert; o.Obj.⟩ Erfolg haben, anerkannt werden, beruflich vorwärtskommen; er ist arriviert [< frz. arriver „ankommen"]

ar|ro|gant ⟨Adj.⟩ eingebildet und herablassend, dünkelhaft [frz., zu arroger „sich anmaßen", < lat. arrogare „sich anmaßen, für sich in Anspruch nehmen"]

Ar|ro|ganz ⟨f., -, nur Sg.⟩ arrogantes Wesen oder Verhalten, Dünkel, Überheblichkeit

ar|ron|die|ren ⟨[-rõ-] V.3, hat arrondiert; mit Akk.⟩ abrunden, zusammenlegen; Grundbesitz a. [< frz. arrondir „abrunden, sein Besitztum erweitern", zu rond „rund"]

Ar|ron|dis|se|ment ⟨[arõdismã n.9⟩ 1 Abteilung eines französischen Departements 2 ⟨in frz. Großstädten⟩ Stadtbezirk [zu arrondieren]

Ar|ro|si|on ⟨f.10⟩ allmähliche Zerstörung von Gewebe durch Entzündung oder Geschwür [< lat. arrosus „angenagt", zu arrodere „annagen, benagen"]

Ar|row|root ⟨[ærourut] n.9⟩ Stärkemehl aus Wurzeln oder Knollen tropischer Pflanzen [< aruak. aru „Mehl"; Umdeutung zu engl. arrowroot „Pfeilwurzel", weil die Wurzel Heilmittel bei Pfeilwunden war]

Ars an|ti|qua ⟨f., - -, nur Sg.⟩ die mehrstimmige Musik des 13. Jahrhunderts in Nordfrankreich [lat., „alte Kunst"]

Arsch ⟨m.2; derb⟩ → Gesäß; jmdm. in den A. kriechen ⟨vulg.⟩ jmdm. plump schmeicheln, sich jmdm. gegenüber unterwürfig benehmen

Arsch|krie|cher ⟨m.5; vulg.⟩ jmd., der sich einem anderen gegenüber unterwürfig benimmt, der jmdm. plump schmeichelt

Arsch|le|der ⟨n.5⟩ auf dem Gesäß getragener Lederschurz der Bergleute zum Schutz bei der Arbeit im Liegen in schmalen, schräg stehenden Flözen

ärsch|lings ⟨Adv.; derb⟩ rückwärts; ä. ins Wasser fallen

Arsch|loch ⟨n.4; vulg.⟩ 1 After 2 blöder, unfähiger Kerl, Schwächling 3 gemeiner Kerl

Ar|sen ⟨n., -s, nur Sg.; Zeichen: As⟩ chemisches Element [vielleicht < syr. zarnika, altpers. zaranya „goldfarben" oder < griech. arsen „männlich, kräftig, stark", da Arsen ein stark wirkendes Gift ist]

Ar|se|nal ⟨n.1⟩ Lager für Kriegsgeräte, Waffenlager, Zeughaus [über ital. arsenale < arab. dār aṣ-ṣinā'a „Haus des Handwerks, Fabrik, Werft"]

Ar|se|nik ⟨n., -(s), nur Sg.⟩ Verbindung von Arsen und Sauerstoff

Ar|sen|kies ⟨m., -(es), nur Sg.⟩ ein silberweißes Mineral; Syn. Mißpickel

Ars no|va ⟨f., - -, nur Sg.⟩ die mehrstimmige Musik des 14./15. Jahrhunderts in Florenz und Frankreich [lat., „neue Kunst"]

Art ⟨f.10⟩ 1 Eigenart, Eigentümlichkeit, Wesen, Beschaffenheit, Weise, wie jmd. oder etwas ist; das ist so seine A. so ist er nun einmal; er ist von ganz anderer A. als sein Bruder; in der A. von Kindern wie Kinder; nach A. des ..., der ..., von ... wie es bei ... üblich ist; ein Salat nach A. des Hauses; Spezifische A. von, nach A. von Wilhelm Busch 2 Verhaltensweise, Weise, sich zu geben; das ist sonst nicht seine A. sonst verhält er sich nicht so; er hat eine freundliche A., mit Kindern umzugehen 3 Verfahrensweise, Weise, etwas zu tun, Stil; du machst das nicht auf die richtige A.; ich muß es auf eine andere A. probieren; 4 ⟨gutes⟩ Benehmen; das ist doch keine A.! so benimmt man sich nicht!; er ging drauflos, daß es nur so eine A. hatte ⟨ugs.⟩ sehr energisch, mit Schwung und Kraft 5 ⟨Biol.⟩ Fortpflanzungsgemeinschaft (als Einheit); Syn. Spezies; aus der A. schlagen ⟨übertr.⟩ sich anders entwickeln als die übrigen Familienmitglieder 6 Sorte; vielerlei ~en von Schnittzereien; Haushaltgeräte aller A.; die verschiedensten Haushaltgeräte; er gehört zu der A. von Schauspielern, die ... 7 etwas Ähnliches wie; er trägt bei der Arbeit eine A. Schürze; dieser Stoff ist so eine A. Samt

Art. ⟨Abk. für⟩ Artikel

Art Dé|co ⟨[art deko] oder [a:r deko] f., - -, nur Sg.⟩ ein nachträglich geprägter Begriff für den Stil der zwanziger Jahre [frz.]

Art-Di|rec|tor ⟨[-dai-] oder [-di-] m.9; Wer-

bung) künstlerischer Leiter eines Ateliers oder einer Layoutgruppe [engl.]

ar|te|fakt ⟨Adj., o.Steig.; nur als Attr. und mit „sein"⟩ künstlich hervorgerufen; ~e Verletzung [→Artefakt]

Ar|te|fakt ⟨n.1⟩ **1** Kunsterzeugnis **2** ⟨Vor- und Frühgeschichte⟩ durch menschliche Einwirkung geformter Gegenstand **3** künstlich hervorgerufener Körperschaden (z. B. Verletzung, zwecks Täuschung) [< lat. arte factum „mit Kunst gemacht"]

art|ei|gen ⟨Adj., o.Steig.⟩ für eine bestimmte Art kennzeichnend

ar|ten ⟨V.2, ist geartet; o.Obj.⟩ werden, sich entwickeln; er artet nach seinem Vater; er ist ganz anders geartet als sein Bruder

Ar|te|rie ⟨[-riə] f.11⟩ vom Herzen wegführendes Blutgefäß; Syn. Schlagader [< griech. arteria in ders. Bed., zu artan „aufhängen"; vgl. Aorta]

ar|te|ri|ell ⟨Adj., o.Steig.⟩ zur Arterie gehörig; ~es Blut Sauerstoff enthaltendes Blut

Ar|te|ri|en|ver|kal|kung ⟨f.10⟩ →Arteriosklerose

Ar|te|rio|skle|ro|se ⟨f.11; Med.⟩ Einlagerung bestimmter Stoffe in die Gefäßwände der Arterien; Syn. Arterienverkalkung

ar|te|sisch ⟨Adj., o.Steig.⟩ durch Druck zutage tretend (von Grundwasser); ~er Brunnen Springquell [< frz. artésien „zum Artois gehörig", nach der frz. Landschaft Artois, in der angeblich die ersten dieser Brunnen angelegt worden sind]

art|fremd ⟨Adj., o.Steig.⟩ nicht zu einer bestimmten Art gehörig; Ggs. artgleich; ~es Eiweiß

Art|ge|nos|se ⟨m.11⟩ Vertreter der gleichen Art

art|gleich ⟨Adj., o.Steig.⟩ zu einer bestimmten Art gehörig; Ggs. artfremd

Ar|thri|ti|ker ⟨m.5⟩ jmd., der an Arthritis leidet

Ar|thri|tis ⟨f., -, -ti|den⟩ Gelenkentzündung [< griech. arthron „Gelenk, Glied" und ...itis]

Ar|thro|se ⟨f.11⟩ auf Abnutzung beruhendes, nichtentzündliches Gelenkleiden [zu Arthritis]

ar|ti|fi|zi|ell ⟨Adj.⟩ künstlich, gekünstelt [< frz. artificiel < lat. artificialis „künstlich, kunstgerecht"]

ar|tig ⟨Adj.⟩ **1** gehorsam, gut erzogen, fügsam, brav; ~e Kinder; der Hund ist sehr a. **2** höflich, ehrerbietig, eine ~e Verbeugung, einen ~en Knicks machen; „Ja, gern", sagte er a. **3** hübsch und ordentlich, so, wie es sich gehört; das sieht recht a. aus

...ar|tig ⟨Adj., o.Steig.⟩ die gleichen oder ähnlichen Merkmale aufweisend wie, in der Art von, z. B. lederartig, fischartig

Ar|tig|keit ⟨f.10⟩ **1** ⟨nur Sg.⟩ artiges Verhalten **2** liebenswürdige Äußerung, Schmeichelei, Kompliment; ~en sagen

Ar|ti|kel ⟨auch [-ti̯-] m.5; Abk.: Art.⟩ **1** das Geschlecht eines Substantivs bezeichnende Wortart; Syn. Geschlechtswort; männlicher, weiblicher, sächlicher A.; bestimmter, unbestimmter A. **2** Abschnitt (eines Gesetzes oder Vertrages) **3** kleiner Aufsatz, kleine Abhandlung **4** Glaubenssatz (einer Religion) **5** Ware [< lat. articulus „Gelenk, Glied", übertr. „Teil, Stück, Abschnitt", Verkleinerungsform von artus (Pl.) „Gliedmaßen"]

ar|ti|ku|lar ⟨Adj., o.Steig.⟩ zum Gelenk gehörig [< lat. articularis in ders. Bed., →Artikel]

Ar|ti|ku|la|ti|on ⟨f.10⟩ **1** ⟨Anat.⟩ Gelenkverbindung **2** ⟨Sprachw.⟩ Lautbildung, Aussprache **3** das Artikulieren (von Gedanken, Gefühlen) **4** ⟨Mus.⟩ sinnvolle Gliederung (einer Tonfolge)

ar|ti|ku|lie|ren ⟨V.3, hat artikuliert⟩ **I** ⟨mit Akk.⟩ **1** deutlich aussprechen; Laute a. **2** zum Ausdruck bringen; Gedanken a. **3** ⟨Mus.⟩ gliedern und betonen; Töne a. **II** ⟨o.Obj.⟩ Laute formen; gut, schlecht, mühsam a. **III** ⟨refl.⟩ sich a. seine Gedanken, Gefühle zum Ausdruck bringen [< frz. articuler „deutlich nach den Silben aussprechen, Punkt für Punkt vortragen", zu article „Abschnitt, Punkt"]

Ar|til|le|rie ⟨auch [ar-] f.11⟩ mit Geschützen ausgerüstete Truppe **2** die Geschützausrüstung selbst [frz., zu altfrz. artiller „ausrüsten"]

Ar|til|le|rist ⟨m.10⟩ Soldat der Artillerie

Ar|ti|schoc|ke ⟨-k|k-; f.11⟩ distelartige Gemüsepflanze wärmerer Länder [ital. < span. < arab.]

Ar|tist I ⟨[artist] m.10⟩ Varieté- oder Zirkuskünstler **II** ⟨[artist] m.9; Werbung⟩ Gebrauchsgraphiker, Fotograf, Typograph usw. [< frz. artiste < „Künstler", zu lat. ars, Gen. artis, „Kunst(fertigkeit), Können, Geschicklichkeit"]

Ar|ti|stik ⟨f., -, nur Sg.⟩ Kunst des Artisten (I)

ar|ti|stisch ⟨Adj., o.Steig.⟩ **1** die Artistik betreffend, zu ihr gehörend **2** künstlerisch

Art nou|veau ⟨[a:r nuvo] f., - -, nur Sg.; frz. Bez. für den⟩ Jugendstil

Ar|to|thek ⟨f.10⟩ Institution, die Werke der bildenden Kunst ausleiht [< lat. ars, Gen. artis, „Kunst" und griech. theke „Behältnis"]

Ar|tung ⟨f., -, nur Sg.⟩ das Geartetsein, Eigenart, Gepräge; er ist von anderer A.

Art-Work ⟨[a:twə:k] n.9; Sammelbez. für⟩ graphische, fotografische, typographische Gestaltung einer Anzeige [engl., < art „Kunst" und work „Arbeit, Werk"]

Ar|ve ⟨[-fə] f.11⟩ Nadelbaum der Alpen; Syn. Zirbelkiefer, Zirbe, Zirbel

Arz|nei ⟨f.10⟩ Heilmittel; Syn. Arzneimittel, Pharmakon [< mhd. arzenie in ders. Bed., zu arzet, →Arzt]

Arz|nei|buch ⟨n.4⟩ Vorschriftensammlung über die Beschaffenheit von Arzneimitteln

Arz|nei|mit|tel ⟨n.5, meist Pl.; in Veröffentlichungen Bez. für⟩ →Arznei

Arzt ⟨m.2⟩ jmd., der nach abgeschlossener Hochschulausbildung die staatliche Berechtigung hat, Kranke zu behandeln, Heilkundiger; Syn. Mediziner, ⟨volkstümlich⟩ Doktor, ⟨†⟩ Physikus [< griech. archiatros „Leibarzt", < archein „der Erste sein, gebieten" und iatros „Arzt", →Iatrik]

Ärz|te|kam|mer ⟨f.11⟩ Berufs- und Standesvertretung der Ärzte

Arzt|hel|fe|rin ⟨f.10⟩ Sekretärin und Sprechstundenhilfe des Arztes

Ärz|tin ⟨f.10⟩ weiblicher Arzt

ärzt|lich ⟨Adj., o.Steig.⟩ den Arzt betreffend, durch den Arzt

as ⟨Mus.⟩ das um einen halben Ton erniedrigte a

As¹ 1 ⟨Mus.⟩ das um einen halben Ton erniedrigte A **2** ⟨chem. Zeichen für⟩ Arsen **3** ⟨Abk. für⟩ Amperesekunde

As² ⟨n., -, As|se⟩ **1** Spielkarte mit dem höchsten Wert **2** ⟨übertr.⟩ Spitzenkönner, Bester; auch: ⟨österr.⟩ Aß [< lat. as „das Ganze als Einheit"]

a. S. ⟨Abk. für⟩ auf Sicht

ASA ⟨n., -(s), -; kurz für⟩ ASA-Grad

Asa foe|ti|da, Asa fö|ti|da ⟨f., - -, nur Sg.⟩ →Asant

ASA-Grad ⟨m., -s, -⟩ Maßeinheit für die Lichtempfindlichkeit fotografischer Schichten [< engl. American Standards Association „Amerikanischer Normenausschuß" und Grad]

Asant ⟨m., -s, nur Sg.; Tiermedizin⟩ krampflösendes Mittel; Syn. Asa foetida [< lat. asa und foetida „übelriechend"]

As|best ⟨m.1; Sammelbez. für⟩ faseriges, hitzebeständiges Mineral [< griech. asbestos „unauslöschlich, unvergänglich", < a- „nicht" und sbesis „Erlöschen", urspr. für einen sagenhaften Stein mit unvergänglicher Hitze]

As|be|sto|se ⟨f.11⟩ durch Asbeststaub hervorgerufene Lungenkrankheit

Asch ⟨m.2; ostmdt.⟩ große Schüssel, kleine Wanne

Aschan|ti|nuß ⟨f.2; österr.⟩ Erdnuß [nach den Aschanti im Süden Ghanas, in deren Gebiet Erdnüsse angebaut werden]

Asch|be|cher ⟨m.5⟩ →Aschenbecher

asch|blond ⟨Adj., o.Steig.⟩ stumpfblond, graublond

Asche ⟨f.11⟩ **1** bei der Verbrennung von organischen Stoffen verbleibender anorganischer Rest; die A. der Zigarette abstreifen; Friede seiner A.! er (der Tote) möge in Frieden ruhen; A. auf mein Haupt! ich bekenne mich schuldig!; ein Gebäude in Schutt und A. legen es niederbrennen; in Sack und A. gehen ⟨übertr.⟩ Buße tun **2** bei Vulkanausbrüchen zerstäubte Lava

Äsche ⟨f.11⟩ europäischer Flußfisch mit hoher Rückenflosse

Asch|ei|mer ⟨m.5; norddt.⟩ →Mülleimer

Aschen|bahn ⟨f.10; früher⟩ mit zerkleinerten Schlacken bestreute Bahn (für Laufwettbewerbe)

Aschen|be|cher ⟨m.5⟩ Schale für die Asche der Zigarre oder Zigarette; Syn. Aschbecher, Ascher

Aschen|brö|del ⟨n.5⟩ →Aschenputtel [zu Asche und brodeln in der untergegangenen Bed. „wühlen"]

Aschen|ka|sten ⟨m.7; in Öfen⟩ Kasten zum Auffangen der Asche

Aschen|put|tel ⟨n.5⟩ Mädchen, das für andere niedrige Arbeiten verrichten muß; Syn. Aschenbrödel; sie macht zu Hause nur das A. [nach der Märchengestalt, zu Asche und puddeln „wühlen" (vgl. Pudel), also eigtl. „jmd., der in der Asche wühlt"]

Aschen|re|gen ⟨m.7⟩ Niederschlag von (vulkanischer oder radioaktiver) Asche

Ascher ⟨m.5⟩ →Aschenbecher

Ascher ⟨m.5⟩ **1** Aschen- und Kalklauge **2** Faß, Grube dafür

Ascher|mitt|woch ⟨m.1⟩ Tag nach Fastnacht, (in der kath. Kirche) Beginn der Fastenzeit [an diesem Tag streut der Priester den Gläubigen Asche auf den Kopf oder zeichnet ihnen mit Asche ein Kreuz auf die Stirn]

asch|fahl ⟨Adj., o.Steig.⟩ bleich, fahl wie Asche, graubleich; er wurde a. im Gesicht

asch|grau ⟨Adj., o.Steig.⟩ grau wie Asche; das geht ja ins Aschgraue ⟨ugs.⟩ das nimmt ja kein Ende

aschig ⟨Adj., o.Steig.⟩ wie Asche

Asch|ke|na|sim ⟨auch [-sim] Pl.⟩ die ost- und mitteleuropäischen Juden; vgl. Sephardim [< hebr. Aschkenas, in der Bibel (1. Buch Mosis 10, 3) Bez. für ein Volk wahrscheinlich in Kleinasien (benannt nach Aschkenas, dem Urenkel Noahs), später für „Deutscher"]

Asch|ku|chen ⟨m.7; ostmdt.⟩ Napfkuchen [urspr. „in der heißen Asche gebackener Kuchen"]

Asch|ram ⟨m.9 oder n.9⟩ →Ashram

As|cor|bin|säu|re ⟨f., -, nur Sg.; chem. Bez. für⟩ Vitamin C [< griech. a... „nicht" und Skorbut]

As-Dur ⟨n., -, nur Sg.⟩ auf dem Grundton As aufbauende Dur-Tonart

Ase ⟨f.11, meist Pl.⟩ ~n die germanischen Götter [< altnord. ass „Gott", wohl zu idg. *ans- „atmen"]

Ase|bie ⟨f., -, nur Sg.⟩ Gottlosigkeit; Ggs. Eusebie [< griech. asebeia „Gottlosigkeit, Frevel", zu asebein „gottlos handeln, sich versündigen", < a... „nicht" und sebein „Ehrfurcht haben, heiligen, ehren"]

äsen ⟨V.1, hat geäst; o.Obj.; Jägerspr.⟩ fressen; Wild äst [< mhd. asen „essen, abweiden", zu az „Speise", zu essen]

Asep|sis ⟨f., -, nur Sg.⟩ Keimfreiheit (z. B. von Wunden, Instrumenten) [< griech. a... „nicht" und Sepsis]

Aseptik ⟨f., -, nur Sg.⟩ *keimfreie Wundbehandlung*
aseptisch ⟨Adj., o.Steig.⟩ *keimfrei*
Äser[1] ⟨Pl. von⟩ *Aas*
Äser[2] ⟨m.5; Jägerspr.; beim Haarwild, ausgenommen Raub- und Schwarzwild⟩ *Maul;* Syn. *Geäse* [zu *äsen*]
asexuell ⟨Adj., o.Steig.⟩ **1** *geschlechtslos* **2** *gleichgültig in sexueller Hinsicht*
Ashram ⟨[afram] m.9 oder n.9; neuerer Hinduismus⟩ *Wohn- und Lebensgemeinschaft mit religiöser Zielsetzung* [Sanskrit, „Periode oder Ort der religiösen Bemühung"]
Asiat ⟨m. 10⟩, **Asiate** ⟨m.11⟩ *Bewohner Asiens*
Asiatika ⟨Pl.⟩ *Bücher, Bilder, Dokumente über Asien*
asiatisch ⟨Adj., o.Steig.⟩ *zu Asien gehörig, aus Asien stammend*
Askari ⟨m.9⟩ *eingeborener Soldat im ehemaligen Deutsch-Ostafrika* [arab., „Soldat"]
Askariasis, Askaridiasis ⟨f., -, nur Sg.⟩ *Befall mit Spulwürmern* [< griech. *askaris* „Eingeweidewurm"]
Askese ⟨f., -, nur Sg.⟩ *streng enthaltsame Lebensweise, Selbstüberwindung* [< griech. *askesis* „Übung", zu *askein* „üben, sich einer Sache befleißigen"]
Asket ⟨m.10⟩ *jmd., der Askese übt*
asketisch ⟨Adj.⟩ *in der Art eines Asketen, enthaltsam*
Äskulapnatter ⟨f.11⟩ *ungiftige Schlange Südeuropas und Kleinasiens (auch in Teilen Mitteleuropas)* [gelegentlich als die um den →*Äskulapstab* gewundene Schlange angesehen, da sie gern Äste umschlingt]
Äskulapstab ⟨m.2⟩ *von einer Schlange umwundener Stab (Symbol der Ärzte)* [nach *Äskulap*, dem griech. Gott der Heilkunde]
as-Moll ⟨n., -, nur Sg.⟩ *auf dem Grundton as aufbauende Moll-Tonart*
asozial ⟨auch [aso-] Adj.⟩ *nicht sozial, unfähig zum Leben in der Gemeinschaft*
Asparagus ⟨auch [-pa-] m., -, nur Sg.⟩ **1** ⟨fachsprachl. für⟩ *Spargel* **2** *Spargelkraut (als Beigabe zu Blumengebinden)* [< griech. *asparagos* „Spargel, junger Trieb"]
Aspekt ⟨m.1⟩ **1** *eine Seite (einer Sache)* **2** *Betrachtungsweise, Blickwinkel* **3** ⟨bes. in den slaw. Sprachen⟩ *Aktionsart des Verbums, die ausdrückt, ob ein Vorgang vollendet ist oder nicht* **4** *bestimmte Stellung der Planeten zueinander* [< lat. *aspectus* „Anblick, Aussehen", zu *aspicere* „anblicken, erblicken", zu *specere* oder *spectare* „schauen, sehen"]
Aspergill ⟨n.1⟩ *Wedel zum Verspritzen von Weihwasser* [< mlat. *aspergillum* „kleine Bürste, Wedel, Gefäß zum Verspritzen", Verkleinerungsform von *aspergo* „hingespritzte Feuchtigkeit", zu *spargere* „spritzen, streuen"]
Aspermatismus ⟨m., -, nur Sg.⟩, **Aspermie** ⟨f., -, nur Sg.⟩ *Fehlen der Samenzellen im Samenerguß* [< griech. *a...* „nicht" und *Sperma*]
Aspersion ⟨f.10⟩ *Besprengung mit Weihwasser* [→ *Aspergill*]
Asphalt ⟨m.1⟩ *Gemisch aus Bitumen und Mineralstoffen, Erdpech;* Syn. *Bergteer* [< griech. *asphaltos* „Erdpech", < *a...* „nicht" und *sphallesthai* „umgestoßen werden"; er wurde als Bindemittel zum Mauern verwendet]
asphaltieren ⟨V.3, hat asphaltiert; mit Akk.⟩ *mit Asphalt bedecken*
Asphodill ⟨m.1⟩ *Liliengewächs, Gartenzierpflanze;* auch: *Affodill* [< griech. *a...* „nicht" und *sphodros* „heftig, wild", wörtlich etwa „der Stille"; die Blume galt bei den Griechen als Sinnbild der Trauer]
asphyktisch ⟨Adj., o.Steig.⟩ *auf Asphyxie beruhend*
Asphyxie ⟨f.11⟩ *Erstickung infolge Lähmung des Atemzentrums* [< griech. *asphyktos* „pulslos"]
Aspik ⟨m.1, österr. auch n.1⟩ *säuerliches Gallert (für Fleisch- oder Fischstücke als Einlage); Ente in A.* [< frz. *aspic* in ders. Bed., weitere Herkunft unsicher]
Aspirant ⟨m.10⟩ **1** *Anwärter, Bewerber* **2** ⟨in kommunist. Ländern⟩ *Nachwuchswissenschaftler an einer Hochschule* [< lat. *aspirans*, Gen. *-antis*, Part. Präs. von *aspirare* „nach etwas trachten, zu etwas hinstreben", zu *spirare* „atmen", auch „trachten, streben"]
Aspirantur ⟨f.10; in kommunist. Ländern⟩ *Stelle eines Aspiranten*
Aspirata ⟨f., -, -tä oder -ten⟩ *behauchter Laut, z.B. griech. ϱ (rho), ϑ (theta)* [zu *aspirieren*]
Aspiration ⟨f.10⟩ **1** ⟨†⟩ *Streben, Bestrebung* **2** *behauchte Aussprache (eines Lautes)* **3** *das Ansaugen (von Flüssigkeit)* [zu *aspirieren*]
Aspirator ⟨m.13⟩ *Vorrichtung zum Ansaugen von Luft oder Gas*
aspirieren ⟨V.3, hat aspiriert⟩ **I** ⟨mit Akk.⟩ *mit Hauchlaut aussprechen; einen Laut a.* **II** ⟨mit Präp.obj.; österr.⟩ *auf etwas a. sich um etwas bewerben* [< lat. *aspirare* „hinhauchen, hinwehen", < *a...* „zu" und *spirare* „hauchen, blasen"; für die österr. Bed. vgl. *Aspirant* (1)]
Aspirin ⟨n., -s, nur Sg.; Wz.⟩ *Acetylsalicylsäure, ein fiebersenkendes, schmerzstillendes Mittel* [Kurzw.: *A*cetylgruppe CH_3-CO und *Spirs*äure (der alten Bez. für Salicylsäure)]
Aspisviper ⟨f.11⟩ *Giftschlange Südwesteuropas (auch in Teilen Mitteleuropas)* [< griech. *aspis* „Viper" und *Viper*; tautologischer Name]
Aß ⟨österr.⟩ *As*
Ass. 1 ⟨Abk. für⟩ *Assessor* **2** ⟨Abk. für⟩ *Assistent*
assai ⟨Mus.⟩ *ziemlich, genug* [ital.]
Assekuranz ⟨f.10; †⟩ **1** *Versicherung* **2** *Versicherungsgesellschaft* [über ital. *assicurare* „jmdm. etwas versichern" < lat. *as...* (in Zus. vor s für *ad*) „zu" und *securus* „sicher, unbesorgt"]
Assel ⟨f.11⟩ *käferähnliches Krebstier (Keller~)* [vielleicht zu *essen*]
Assemblee ⟨[asãble] f.11⟩ *Versammlung*
Assembling ⟨[əsəm-] n.9⟩ *Zusammenschluß von Industriebetrieben zur Rationalisierung* [engl.]
assentieren ⟨V.3, hat assentiert⟩ **I** ⟨o. Obj.⟩ *bei-, zustimmen* **II** ⟨mit Akk.; österr.⟩ *für tauglich zum Militärdienst erklären* [< lat. *assentiri* „zu-, beistimmen, seine Zustimmung geben", zu *sentiri* „meinen, denken"]
Assertion ⟨f.10; Philos.⟩ *Behauptung, Feststellung* [< lat. *assertio* „Behauptung", eigtl. „die (juristische) Behauptung, daß jmd. ein freier Mensch sei"]
assertorisch ⟨Adj., o.Steig.⟩ *behauptend, feststellend*
Asservat ⟨n.1⟩ *amtlich aufbewahrter Gegenstand (z.B. für eine Gerichtsverhandlung), Beweismittel*
asservieren ⟨V.3, hat asserviert; mit Akk.⟩ *aufbewahren* [< lat. *asservare* „in Obhut nehmen, aufbewahren", zu *servare* „erhalten, unversehrt bewahren, in acht nehmen"]
Assessor ⟨m.13; Abk.: Ass.⟩ *Anwärter auf die höhere Beamtenlaufbahn* [lat., „Beisitzer, Amtsgehilfe", zu *assidere* „beistehen", eigtl. „bei jmdm. sitzen"]
Assessorin ⟨f.10⟩ *weiblicher Assessor*
Assimilat ⟨n.1⟩ *durch Assimilation entstandenes Produkt (z.B. Zucker)*
Assimilation ⟨f.10⟩ Ggs. *Dissimilation* **1** *Angleichung, Verschmelzung* **2** ⟨Bot.⟩ *Aufbau organischer Verbindungen aus Kohlendioxid, Wasser und Licht*
assimilatorisch ⟨Adj., o.Steig.⟩ *durch Assimilation (entstanden)*
assimilieren ⟨V.3, hat assimiliert; mit Akk.⟩ *angleichen, sich einverleiben* [< lat. *assimulare, assimilare* „ähnlich machen", zu *similis* „ähnlich"]
Assistent ⟨m.10; Abk.: Ass.⟩ **1** *wissenschaftlicher Mitarbeiter (z.B. an Universitäten)* **2** *jmdm. unterstellter Mitarbeiter, Gehilfe*
Assistenzarzt ⟨m.2⟩ *approbierter Arzt in nicht leitender Stellung*
assistieren ⟨V.3, hat assistiert; mit Dat. oder o.Obj.⟩ *helfen, mitarbeiten; dem Chefarzt a.; bei einer Operation a.* [< lat. *assistere* „dabeistehen, jmdm. beistehen", zu *sistere* „stellen"]
Associé ⟨[asɔsje] m.9; †⟩ *Teilhaber* [frz., zu *associer* „zugesellen, teilnehmen lassen", → *Assoziation*]
Assonanz ⟨f.10⟩ *Gleichklang nur der Vokale, nicht aber der Konsonanten beim Reim, z.B. „Segen" und „Leben"* [< lat. *assonans*, Part. Präs. von *assonare* „tönend antworten", zu *sonare* „tönen, schallen"]
assortieren ⟨V.3, hat assortiert; mit Akk.⟩ *mit Waren versehen, nach Warensorten ordnen und vervollständigen; ein Lager a.* [< frz. *assortir* „passend zusammenstellen, ausstatten", zu *sorte* „Gattung, Art, Sorte"]
Assoziation ⟨f.10⟩ **1** *Verknüpfung, Verbindung (von Gedanken, Vorstellungen)* **2** *(organisatorischer) Zusammenschluß, Vereinigung;* Ggs. *Dissoziation* [< frz. *association* „Vereinigung, Verbindung" zu *associer* „vereinigen, verbinden", < lat. *associare*, „verbinden", zu *socius* „gemeinsam; Gefährte, Genosse"]
assoziativ ⟨Adj., o.Steig.⟩ *durch Verknüpfung von Vorstellungen bewirkt, verbindend;* Ggs. *dissoziativ*
assoziieren ⟨V.3, hat assoziiert; mit Akk.⟩ *verbinden, verknüpfen;* Ggs. *dissoziieren; etwas mit einer Vorstellung a.; ich assoziiere mit diesem Namen eine Kindheitserinnerung; ich kann mit diesem Begriff nichts a.* [< frz. *associer* „zugesellen, verbinden", < lat. *associare* „vereinigen, verbinden, beigesellen", zu *socius* „gemeinsam; Gefährte, Genosse"]
Assumption, Assumtion ⟨f., -, nur Sg.⟩ *Himmelfahrt Mariä* [< lat. *assumptio* „Annahme, Aufnahme" (nämlich Marias in den Himmel), zu *assumere* „an-, aufnehmen"]
Assunta ⟨f., -, -ten⟩, **Assunzione** ⟨f.11⟩ *bildliche Darstellung der Himmelfahrt Mariä* [ital.]
Assyriologie ⟨f., -, nur Sg.⟩ *Wissenschaft von den assyrisch-babylonischen Sprachen und Kulturen*
Ast ⟨m.2⟩ **1** *starker Zweig eines Gehölzes; der sägt einen A. durch* ⟨scherzh.⟩ *er schnarcht laut;* ⟨fig.⟩ *auf dem man sitzt sich selbst die Grundlage (zum Leben, Arbeiten, Wirken) nehmen; sich einen A. lachen* ⟨ugs.⟩ *sehr lachen; auf dem absteigenden A. sein, sich befinden in seinen Leistungen nachlassen, alt werden, im Absteigen, im Niedergang sein* **2** ⟨übertr., derb⟩ *Buckel; einen A. haben* **3** *Astloch* **4** *astähnlicher Teil (Luftröhren~)*
AStA ⟨m., -(s), -(s); Kurzw. für⟩ *Allgemeiner Studentenausschuß*
Astasie ⟨f.11; Med.⟩ *Unfähigkeit zu stehen* [< griech. *a...* „nicht" und *statos* „stehend"]
Astatin ⟨n., -, nur Sg.; Zeichen: At⟩ *künstlich hergestelltes chemisches Element* [< griech. *astates* „unstet", wegen seiner kurzen Zerfallszeit]
astatisch ⟨Adj.⟩ **1** ⟨Med.⟩ *unstet, unruhig* **2** ⟨Phys.⟩ *gegen Beeinflussung durch äußere elektrische und magnetische Felder geschützt* [< griech. *a...* „nicht" und *statisch*]
asten ⟨V.2, ist geastet; o.Obj.; ugs.⟩ *schnell laufen, eilen*

Aster

Aster ⟨f.11⟩ ein Korbblütler, Zierpflanze [< griech. *aster* „Stern"]

aste|risch ⟨Adj., o.Steig.⟩ sternähnlich [< griech. *aster* „Stern"]

Aste|ris|kus ⟨m., -, -ken; Buchw.⟩ Sternchen (*) [< lat. *asteriscus* „Sternchen", zu griech. *aster* „Stern"]

Aste|ro|id ⟨m.12 oder m.10⟩ → *Planetoid*

Asthe|nie ⟨f.11⟩ allgemeine Körperschwäche [< griech. *astheneia* „Schwäche"]

Asthe|ni|ker ⟨m.5⟩ schmächtiger, zart gebauter Mensch

asthe|nisch ⟨Adj., o.Steig.⟩ schlank, zart, schwach

Äs|thet ⟨m.10⟩ überfeinerter Freund des Schönen

Äs|the|tik ⟨f., -, nur Sg.⟩ Lehre vom Schönen [< griech. *aisthetike episteme* „Wissen, Kenntnis von den sinnlich wahrgenommenen Eindrücken und den Empfindungen" (deren harmonische Einheit als Grundgesetz des Schönen galt), zu *aisthesis* „Wahrnehmung, Sinneseindruck, Empfindung"]

äs|the|tisch ⟨Adj.⟩ **1** im Sinne der Ästhetik, auf ihr beruhend **2** schön, geschmackvoll, stilvoll

äs|the|ti|sie|ren ⟨V.3, hat ästhetisiert; mit Akk.⟩ einseitig nach den Gesetzen der Ästhetik gestalten oder beurteilen

Äs|the|ti|zis|mus ⟨m., -, nur Sg.⟩ einseitig ästhetische Lebenshaltung oder Kunstbetrachtung

Asth|ma ⟨n., -s, nur Sg.⟩ anfallsweise auftretende Atemnot [griech., „Atemnot, Keuchen, Beklemmung"]

Asth|ma|ti|ker ⟨m.5⟩ jmd., der an Asthma leidet

asth|ma|tisch ⟨Adj.⟩ an Asthma leidend, kurzatmig

Asti ⟨m., -(s), -⟩ Wein aus der Gegend um die italienische Stadt Asti; A. spumante italienischer Schaumwein

astig ⟨Adj.⟩ astreich, stark verästelt

astig|ma|tisch ⟨Adj., o.Steig.; Optik⟩ Punkte strichförmig verzerrend

Astig|ma|tis|mus ⟨m., -, nur Sg.⟩ **1** Abbildungsfehler von Linsen, linear verzerrte Punktwiedergabe **2** Augenfehler [< griech. *a...* „nicht" und *stigma* „Stich, Punkt"]

Äs|ti|ma|ti|on ⟨f., -, nur Sg.⟩ Hochschätzung, Beachtung, Würdigung

äs|ti|mie|ren ⟨V.3, hat ästimiert, mit Akk.⟩ etwas oder jmdn. ä. **1** hochachten, schätzen **2** beachten, jmdm. oder einer Sache Aufmerksamkeit widmen [< lat. *aestimare* „schätzen, achten"]

Ast|loch ⟨n.4⟩ Loch im Nutzholz, an einer Stelle, an der vorher ein Ast abzweigte

Astra|chan ⟨[-xa:n] m.9⟩ Fell eines südrussischen Lammes [nach der gleichnamigen südruss. Stadt]

astral ⟨Adj., o.Steig.⟩ die Gestirne betreffend, von ihnen stammend [< lat. *astralis* in ders. Bed., < griech. *aster* „Stern"]

Astral|leib ⟨m.3; Okkultismus⟩ unsichtbarer, den physischen Tod des Menschen überdauernder, seelischer und ätherischer Leib des Menschen

Astral|re|li|gi|on ⟨f.10⟩ religiöse Verehrung von Gestirnen

ast|rein ⟨Adj.⟩ **1** in der Wendung⟩ die Sache ist nicht ganz a. ist nicht in Ordnung, ist bedenklich [zu *Ast* „Astloch", also eigtl. „ohne Astlöcher", d. h. „einwandfrei"]

astro..., Astro... ⟨in Zus.⟩ *stern..., Stern...* [< griech. *astron*, Gestirn, Sternbild"]

Astro|fo|to|gra|fie ⟨f., -, nur Sg.⟩ Fotografie der Himmelskörper

Astro|graph ⟨m.10⟩ **1** Fernrohr mit Einrichtung zum Fotografieren des Sternhimmels **2** Gerät zum Zeichnen von Sternkarten [< *Astro...* und griech. *graphein*, schreiben"]

Astro|la|bi|um ⟨n., -s, -bi|en⟩ altes astronomisches Winkelmeßgerät [< *Astro...* und griech. *labis* „Zange"]

Astro|lo|gie ⟨f., -, nur Sg.⟩ Lehre vom angeblichen Einfluß der Gestirne auf das menschliche Schicksal; Syn. Sterndeutung [< griech. *astrologia* „Sternkunde", < *astron* „Gestirn" und *...logie*]

Astro|me|trie ⟨f., -, nur Sg.⟩ Zweig der Astronomie, der sich mit der Bestimmung der Örter der Gestirne beschäftigt [< *Astro...* und *...metrie*]

Astro|naut ⟨m.10; US-amerik. Bez. für⟩ Weltraumfahrer; Syn. Kosmonaut, Raumfahrer, Spationaut [< griech. *astron* „Gestirn" und *nautes* „Schiffer"]

Astro|nau|tik ⟨f., -, nur Sg.⟩ **1** Weltraumfahrt **2** die Wissenschaft davon

Astro|nom ⟨m.10⟩ Wissenschaftler auf dem Gebiet der Astronomie

Astro|no|mie ⟨f., -, nur Sg.⟩ Wissenschaft von den Gestirnen; Syn. Himmelskunde, Sternkunde [< griech. *astronomia* „Sternkunde", < *astron* „Gestirn" und *nomos* „Gesetz"]

astro|no|misch ⟨Adj., o.Steig.⟩ **1** zur Astronomie gehörig, mit ihrer Hilfe; Astronomische Einheit, 149,6 Millionen km **2** ⟨übertr.⟩ sehr hoch, übertrieben hoch; ~e Preise

Astro|pho|to|me|trie ⟨f., -, nur Sg.⟩ Wissenschaft von der wirklichen und scheinbaren Helligkeit der Gestirne

Astro|phy|sik ⟨f., -, nur Sg.⟩ Wissenschaft von der physikalischen Beschaffenheit der Himmelskörper

Ästu|ar, Ästu|a|ri|um ⟨n., -s, -ri|en⟩ trichterförmige Flußmündung [< lat. *aestuarium* „Bucht"]

Äsung ⟨f., -, nur Sg.⟩ beim Haarwild, ausgenommen Raub- und Schwarzwild⟩ Nahrung; Syn. Geäse [zu *äsen*]

Asyl ⟨n.1⟩ **1** Zufluchtsort (für Verfolgte), Freistatt **2** Heim (für Obdachlose) [< griech. *asylon* „Freistatt, Ort der Sicherheit" zu *asylos* „unverletzt, unberaubt, unverletzlich, sicher", zu *sylon* „Raub, Tempelraub"]

Asy|lant ⟨m.10⟩ jmd., der um Asyl bittet

Asyl|recht ⟨n.1⟩ Schutzrecht (in einem anderen Land) für politisch Verfolgte

Asym|me|trie ⟨f., -, nur Sg.⟩ Mangel an Symmetrie, Ungleichmäßigkeit [< griech. *a...* „nicht" und *Symmetrie*]

asym|me|trisch ⟨Adj., o.Steig.⟩ nicht symmetrisch

Asym|pto|te ⟨f.11⟩ Gerade, der sich eine Kurve nähert, ohne sie (im Endlichen) zu erreichen [< griech. *a...* „nicht" *symptosis* „das Zusammenfallen"]

asyn|chrom ⟨Adj., o.Steig.⟩ nicht gleichfarbig; ~er Druck Mehrfarbendruck, bei dem für jede Farbe eine Druckplatte verwendet wird [< griech. *a...* „nicht" und *syn* „zusammen" und *chroma* „Farbe"]

asyn|chron ⟨Adj., o.Steig.⟩ nicht gleichzeitig [< griech. *a...* „nicht" und *synchron*]

Asyn|chron|mo|tor ⟨m.12⟩ Elektromotor mit frequenzunabhängiger Drehzahlregelung

asyn|de|tisch ⟨Adj., o.Steig.⟩ nicht durch Bindewörter verbunden; ~e Sätze, Satzteile; vgl. *syndetisch, polysyndetisch*

Asyn|de|ton ⟨n., -s, -ta⟩ Aneinanderreihung von Sätzen oder Satzteilen ohne Bindewörter, z. B. „Ich kam, ich sah, ich siegte" (Cäsar); Ggs. *Polysyndeton* [< griech. *a...* „nicht" und *syndeton* „zusammengebunden"]

Aszen|dent ⟨m.10⟩ Ggs. *Deszendent* **1** Verwandter in aufsteigender Linie, Vorfahr **2** aufsteigende Gestirn **3** Aufgangspunkt eines Gestirns [< lat. *ascendens* „aufsteigend", zu *ascendere* „auf-, emporsteigen"]

Aszen|denz ⟨f.10⟩ Ggs. *Deszendenz* **1** Verwandtschaft in aufsteigender Linie **2** Aufgang (eines Gestirns)

aszen|die|ren ⟨V.3, ist aszendiert; o.Obj.⟩ ansteigen, aufsteigen, aufgehen; Ggs. *deszendieren*; ein Gestirn aszendiert [< lat. *ascendere* „aufsteigen", < *a...* „an, auf" und *scandere* „steigen"]

at ⟨Abk. für die nicht mehr zulässige physikal. Einheit⟩ *Atmosphäre*

At ⟨chem. Zeichen für⟩ *Astatin*

atak|tisch ⟨Adj., o.Steig.⟩ auf Ataxie beruhend, ungleichmäßig

Ata|man ⟨m.1⟩ Stammes- und militärischer Führer der Kosaken [russ., < *Kosakenältester*", vielleicht < turktatar. *odaman* „Ältester der Hirten und eines Kosakenlagers", zu krimtatar. *oda* „Rotte"]

Ata|ra|xie ⟨f., -, nur Sg.⟩ unerschütterliche Ruhe, Gleichmut in allen Lebenslagen [< griech. *ataraxia* „Gemütsruhe", < *a...* „nicht" und *tarassein* „verwirren, beunruhigen, erschrecken"]

Ata|vis|mus ⟨m., -, -men⟩ **1** Wiederauftreten von Merkmalen stammesgeschichtlicher Ahnen **2** ⟨übertr.⟩ Rückfall in überholte Anschauungen [< lat. *atavus* „Vater des Ururgroßvaters, Vorfahr", < *at. . .* „darüber hinaus, und auch" und *avus* „Groß-, Urgroßvater"]

ata|vi|stisch ⟨Adj., o.Steig.⟩ einem früheren Stadium der Menschheit entsprechend

Ata|xie ⟨f.11⟩ Störung des geordneten Bewegungsablaufs in Form von schleudernden Bewegungen [< griech. *ataxia* „Unordnung", < *a. . .* „nicht" und *taxis* „Ordnung"]

Ate|lier ⟨[-lje] n.9⟩ **1** Werkstatt eines Künstlers, eines Maßschneiders **2** Raum für fotografische oder Filmaufnahmen [frz., „Werkstatt (bes. des Tischlers)", vielleicht < älterem *astelier* „Haufen von Holzspänen", < *astele* „Span"]

Ate|lier|woh|nung ⟨[-lje-] f.10⟩ weiträumige, helle Wohnung unter dem Dach eines Hauses

Atem ⟨m., -s, nur Sg.⟩ **1** Luft, die ein- und ausgeatmet wird; den A. anhalten; A. holen; es war so kalt, daß man den A. vor dem Munde sah **2** das Atmen, Atmung; einen kurzen A. haben kurzatmig sein; einen langen A. haben *lange singen oder sprechen können, ohne Luft zu holen*, ⟨übertr.⟩ bei Diskussionen u. ä. nicht gleich nachgeben; außer A. sein keuchen (vor Anstrengung oder nach raschem Lauf); ich muß erst wieder zu A. kommen muß mich wieder ruhig atmen lassen

atem|be|rau|bend ⟨Adj.⟩ so erregend, daß man den Atem anhalten muß; ein Film von ~er Spannung; mit ~er Geschwindigkeit

atem|los ⟨Adj.⟩ heftig nach Atem ringend, keuchend

Atem|not ⟨f., -, nur Sg.⟩ (vorübergehender oder andauernder, krankhafter) Zustand, in dem das Atmen erschwert ist; Syn. *Dyspnoe*

Atem|pau|se ⟨f.11⟩ kurze Ruhepause (um wieder zu Atem zu kommen)

a tempo 1 ⟨Mus.⟩ wieder im gleichen Tempo (zu spielen) **2** ⟨ugs.⟩ sofort, schnell [ital., „im Zeitmaß"]

Atem|tech|nik ⟨f.10⟩ richtige Methode des Atmens (z. B. beim Singen, Sport oder bei der Meditation)

Atem|zug ⟨m.2⟩ einmaliges Ein- und Ausatmen; man kann diese zwei Dinge nicht in einem A. nennen *man kann diese zwei Dinge nicht in Zusammenhang bringen, weil sie nicht zusammenpassen*; bis zum letzten A. *bis zum Tode*

Äthan ⟨n., -s, nur Sg.⟩ gasförmiger gesättigter Kohlenwasserstoff [zu *Äther*]

Atha|na|sie ⟨f., -, nur Sg.⟩ Unsterblichkeit [< griech. *athanasia* „Unsterblichkeit", < *a. . .* „nicht" und *thanatos* „Tod"]

Äthanol ⟨n., -s, nur Sg.⟩ → *Äthylalkohol* [Kurzw. < *Äthan* und *Alkohol*]

Athe|is|mus ⟨m., -, nur Sg.⟩ Verneinung der Existenz Gottes [< griech. *a. . .* „nicht" und *theos* „Gott"]

Athe|ist ⟨m.10⟩ *jmd., der die Existenz Gottes verneint*

Äther ⟨m., -s, nur Sg.⟩ **1** *Himmelsluft, Himmel* **2** ⟨griech. Philos.⟩ *feinster Stoff, aus dem alles entsteht und der in allem wirkt* **3** ⟨Chem.⟩ *über ein Sauerstoffatom verbundene Kohlenwasserstoffe* **4** ⟨Phys.; früher⟩ *die gesamte Welt erfüllender, in sich ruhender Stoff* **5** ⟨Med.⟩ *ein Narkosemittel (Äthyl~)* [< griech. *aither* „reine Himmelsluft"]

äthe|risch ⟨Adj., o.Steig.⟩ **1** *himmlisch* **2** *hauchzart* **3** *vergeistigt* **4** *ätherartig; ~e Öle aromatische, vollständig verdunstende pflanzliche Öle*

äthe|ri|sie|ren ⟨V.3, hat ätherisiert; mit Akk.⟩ *mit Äther behandeln*

ather|man ⟨Adj., o.Steig.⟩ *undurchlässig für Wärmestrahlen; Ggs. diatherman* [eigtl. *adiatherman,* < griech. *a...* „nicht" und *dia* „durch" und *thermainein* „(er)wärmen"]

Athe|rom ⟨n.1⟩ → *Grützbeutel* [< griech. *athere* „Weizengraupen, Brei daraus"]

Ath|let ⟨m.10⟩ **1** ⟨urspr.⟩ *Wettkämpfer* **2** ⟨übertr.⟩ *sehr starker, stark gebauter Mann* [< griech. *athletes* „Wettkämpfer", zu *athlos* „Wettkampf"]

Ath|le|ti|ker ⟨m.5⟩ *muskulöser, starkknochiger Menschentyp*

ath|le|tisch ⟨Adj., o.Steig.⟩ *starkknochig und muskulös*

Äthyl... ⟨in Zus.⟩ *die chemische Gruppe C_2H_5- enthaltend* [zu *Äther*]

Äthyl|al|ko|hol ⟨m., -s, nur Sg.⟩ *in alkoholischen Getränken enthaltener Alkohol*

Äthy|len ⟨n., -s, nur Sg.⟩ *ungesättigter Kohlenwasserstoff*

Athy|mie ⟨f., -, nur Sg.⟩ *Mutlosigkeit, Schwermut* [< griech. *athymia* „Mutlosigkeit, Verzagtheit", < *a...* „nicht" und *thymos* „Lebenskraft, Wille"]

Ätio|lo|gie ⟨f., -, nur Sg.⟩ *Lehre von den Ursachen (bes. der Krankheiten)* [< griech. *aitia* „Ursache, Schuld" und *...logie*]

At|lant ⟨m.10; Baukunst⟩ *das Gebälk tragende Männergestalt* [nach dem Riesen *Atlas* (Gen. *Atlantos*) der griech. Sage, der die Himmelskugel auf seinen Schultern trägt]

at|lan|tisch ⟨Adj., o.Steig.⟩ *zum Atlantik gehörig; ~e Häfen; Atlantischer Ozean*

At|las¹ I ⟨m., -, nur Sg.; griech. Myth.⟩ *das Himmelsgewölbe tragender Riese* [griech., „der Tragende, Standhaltende"] II ⟨m.1 oder m., -, -lan|ten⟩ **1** *Buch mit Landkarten (früher auch Sternkarten)* [nach einer Kartensammlung von Mercator, die den *Atlas (I)* auf dem Titelbild zeigt] **2** *Buch über ein Wissensgebiet mit Abbildungen (Pilz~, Anatomie~)* III ⟨m., - oder -las|ses, nur Sg.⟩ *oberster Halswirbel* [nach *Atlas (I)*]

At|las² ⟨m.1⟩ *ein Seidengewebe* [vielleicht < arab. *aṭlas* „glatt, fein"]

atm, Atm ⟨Abk. für die nicht mehr zulässige physikal. Einheit⟩ *Atmosphäre*

At|man ⟨m.1; ind. Philos.⟩ *Atem, Seele, Selbst* [Sanskrit]

at|men ⟨V.2, hat geatmet⟩ I ⟨mit Akk.⟩ **1** *mit der Lunge einziehen; die reine, frische Luft a.* **2** ⟨übertr.⟩ *ausströmen: hier atmet alles Ruhe und Frieden* II ⟨o.Obj.⟩ *Luft einziehen und ausstoßen; tief, ruhig, gleichmäßig a.; schwere dem Atmen haben*

At|mo|me|ter ⟨n.5⟩ *Gerät zum Messen der Wasserverdunstung; Syn. Evaporimeter* [< griech. *atmos* „Dampf" und *...meter*]

At|mo|sphä|re ⟨f.11⟩ **1** *Gashülle eines Himmelskörpers (bes. der Erde)* **2** ⟨Abk.: atm⟩ *nicht mehr zulässige Maßeinheit für den Druck; vgl. Bar* **3** ⟨übertr.⟩ *Stimmung; es herrschte eine fröhliche, ungemütliche, eisige A.* **4** ⟨übertr.⟩ *Umwelt, Umgebung; er lebt in einer harmonischen, ungehobenen A.* [< griech. *atmos* „Dampf" und *sphaira* „Kugel"]

at|mo|sphä|risch ⟨Adj., o.Steig.⟩ *zur Atmosphäre (1) gehörend, die Atmosphäre (3, 4) betreffend, hinsichtlich der Atmosphäre*

At|mung ⟨f., -, nur Sg.⟩ *das Atmen*

Atoll ⟨n.1⟩ *ringförmiges Korallenriff* [< mal. *atol* in ders. Bed.]

Atom ⟨n.1⟩ *kleinstes Teilchen eines chemischen Elements* [< griech. *atomos* „ungeschnitten, unteilbar", < *a...* „nicht" und *tome* „Schnitt"]

ato|mar ⟨Adj., o.Steig.⟩ **1** *das Atom betreffend, auf ihm beruhend* **2** *auf Kernwaffen beruhend*

Atom|bom|be ⟨f.11⟩ *Bombe, bei deren Explosion Atomenergie freigesetzt wird*

Atom|bun|ker ⟨m.5⟩ *Bunker zum Schutz gegen die Wirkung einer Atombombenexplosion*

Atom|ener|gie ⟨f.11⟩ → *Kernenergie*

Atom|ge|wicht ⟨n.1⟩ *Masse eines Atoms*

ato|mi|sie|ren ⟨V.3, hat atomisiert; mit Akk.⟩ *in Atome zerkleinern, völlig zerstören*

Ato|mis|mus ⟨m., -, nur Sg.⟩ **Ato|mis|tik** ⟨f., -, nur Sg.⟩ *Lehre, daß alle Materie aus kleinsten, unteilbaren Teilchen (Atomen) bestehe*

Atom|kern ⟨m.1⟩ *innerster Bestandteil eines Atoms, um den die Elektronen kreisen*

Atom|kraft|werk ⟨n.1⟩ → *Kernkraftwerk*

Atom|krieg ⟨m.1⟩ *mit Atomwaffen geführter Krieg*

Atom|macht ⟨f.2⟩ *Staat, der Kernwaffen besitzt*

Atom|mei|ler ⟨m.5; veraltend⟩ → *Kernreaktor*

Atom|müll ⟨m., -s, nur Sg.⟩ *radioaktiver Abfall*

Atom|phy|sik ⟨f., -, nur Sg.⟩ → *Kernphysik*

Atom|pilz ⟨m.1⟩ *riesige, pilzförmige Wolke nach einer Atombombenexplosion*

Atom|re|ak|tor ⟨m.13⟩ → *Kernreaktor*

Atom|schiff ⟨n.1⟩ *mit Kernenergie angetriebenes Schiff*

Atom|uhr ⟨f.10⟩ *Quarzuhr mit extrem hoher Genauigkeit, die auf der Eigenschwingung von Atomen (oder Molekülen) beruht*

Atom|waf|fe ⟨f.11⟩ → *Kernwaffe*

Atom|wär|me ⟨f., -, nur Sg.; bei chem. Elementen⟩ *Wärmemenge, die einem Grammatom zugeführt werden muß, um dessen Temperatur um 1 °C zu erhöhen*

Atom|zei|chen ⟨n.7⟩ *Zeichen, Abkürzung für ein chemisches Grundelement*

Atom|zeit|alter ⟨n.5⟩ *geschichtliche Epoche seit dem Auftreten der Atomphysik als Wissenschaft*

ato|nal ⟨Adj., o.Steig.; Mus.⟩ *nicht tonal, nicht auf einen Grundton bezogen; Ggs. tonal; ~e Musik* → *Zwölftonmusik* [< griech. *a...* „nicht" und *tonal*]

Ato|na|list ⟨m.10⟩ *Vertreter der atonalen Musik*

Ato|na|li|tät ⟨f., -, nur Sg.⟩ *atonale Kompositionsweise; Ggs. Tonalität*

Ato|nie ⟨f.11⟩ *Erschlaffung (bes. der Muskeln)* [< griech. *atonos* „schlaff", < *a...* „nicht" und *tonos* „Spannung"]

ato|nisch ⟨Adj., o.Steig.⟩ *erschlafft*

Ato|non ⟨n., -s, -na⟩ *unbetontes, unvollständiges Wort, das sich an ein vorangehendes anlehnt, z.B. das „es" in „ich bin's"* [< griech. *atonos* „schlaff, ohne Spannung", < *a...* „nicht" und *tonos* „Spannung, Ton, Klang"]

Atout ⟨[atu] m.9 oder n.9; Kart.⟩ *Trumpf* [< frz. *atout* < *à tout* „für alles (stechend)" im Kartenspiel, < lat. *ad* „an, hin, zu" und *totum* „das Ganze"]

à tout prix ⟨atupri⟩ *um jeden Preis* [frz.]

ato|xisch ⟨Adj., o.Steig.⟩ *nicht toxisch, ungiftig* [< griech. *a...* „nicht" und *toxisch*]

Atri|chie, Atri|cho|se ⟨f.11⟩ *Haarlosigkeit, Kahlheit* [< griech. *a...* „nicht" und *thrix,* Gen. *trichos,* „Haar"]

Atri|um ⟨n.1⟩ **1** *Hauptraum des altrömischen Hauses* **2** *Innenhof, durch Säulen gebildete Vorhalle* **3** *Vorhof (des Herzens)* [< lat. *atrium* „mittlerer Raum des Hauses, Wohn- und Eßraum der Familie, Raum zur Abwicklung von Geschäften"; Herkunft nicht bekannt]

Atri|um|haus ⟨n.4⟩ *um einen Innenhof gebautes Haus*

Atro|phie ⟨f.11⟩ *Schwund von Muskeln, Zellgewebe, Organen (z. B. infolge mangelhafter Ernährung)* [< griech. *atrophos* „schlecht ernährt", < *a...* „nicht" und *trophe* „Nahrung"]

atro|phie|ren ⟨V.3, ist atrophiert; o.Obj.; Med.⟩ *schwinden, schrumpfen*

Atro|pin ⟨n., -s, nur Sg.⟩ *in der Tollkirsche enthaltenes Gift, krampflösendes Mittel* [< griech. *atropos* „unabwendbar", wegen der „unabwendbar" tödlichen Wirkung]

Atro|zi|tät ⟨f.10⟩ *Grausamkeit* [< lat. *atrocitas* „Schrecklichkeit, Härte, Strenge", zu *atrox,* Gen. *atrocis,* „schrecklich, streng, hart, grausam"]

ätsch! ⟨Ausruf der Schadenfreude⟩

at|tac|ca ⟨Mus.⟩ *ohne Unterbrechung anschließen* [ital., „häng an"]

At|ta|ché ⟨[-ʃe] m.9⟩ **1** *Anwärter auf den diplomatischen Dienst* **2** *Sachverständiger einer Auslandsvertretung (Kultur~)* [frz., „Bevollmächtigter", zu *attacher* „anheften, festbinden"; die Bedeutungsverlagerung ist dadurch zu erklären, daß der Attaché einer diplomatischen Vertretung zugeordnet, angeschlossen, sozusagen an sie gebunden ist]

at|ta|chie|ren ⟨[-ʃi-] V.3, hat attachiert; mit Dat. und Akk.⟩ *jmdn. einem anderen a. zugesellen, zuteilen*

At|tack ⟨[ətæk] m.9; Jazz⟩ *lautes, heftiges Anspielen, wobei die Tonhöhe in kurzem, raschem Anlauf erreicht wird* [engl., „Angriff"]

At|tacke ⟨-k|k-; f.11⟩ **1** *Angriff (bes. der Kavallerie)* **2** *Krankheits-, Schmerzanfall* [< frz. *attaque* „Angriff", zu *attaquer* „angreifen", < ital. *attaccare* „angreifen", eigtl. „anbinden, befestigen"; vgl. *Attaché*]

at|tackie|ren ⟨-k|k-; V.3, hat attackiert; mit Akk.⟩ *angreifen (auch mit Worten)*

At|ten|tat ⟨auch [at-] n.1⟩ *politischer Mordanschlag* [frz., „Anschlag", < lat. *attentatio* „Versuch", zu *attentare, attemptare* „versuchen, angreifen", eigtl. „antasten", zu *temptare* „betasten, angreifen"]

At|ten|tä|ter ⟨auch [at-] m.5⟩ *jmd., der ein Attentat verübt hat*

At|ten|tis|mus ⟨m., -, nur Sg.⟩ *Zurückhaltung der Entscheidung, bis eine von zwei streitenden Parteien erfolgreich ist* [über frz. *attention* „Aufmerksamkeit" < lat. *attentio* „Aufmerksamkeit, Anspannung des Geistes", zu *attendere* „seine Aufmerksamkeit auf etwas richten, seinen Geist anspannen"]

At|test ⟨n.1⟩ *ärztliche Bescheinigung* [< lat. *attestatio* „Bescheinigung" zu *attestari,* → *attestieren*]

at|te|stie|ren ⟨V.3, hat attestiert; mit Dat. und Akk.⟩ *jmdm. etwas a. bescheinigen; jmdm. eine Erkrankung a.; jmdm. große Gewissenhaftigkeit a.* [< lat. *attestari* „bezeugen", zu *testis* „Zeuge"]

At|ti|ka ⟨f., -, -ken; Baukunst⟩ **1** *Wand in der Art einer Brüstung über dem Hauptgesims* **2** *niedriges Obergeschoß* [nach der griech. Landschaft Attika]

At|ti|la ⟨f.9⟩ *mit Schnüren besetzte Husarenjacke* [nach dem Hunnenkönig Attila]

At|ti|tü|de ⟨f.11⟩ **1** *ausdrucksvolle Körperhaltung, Pose* **2** *Einstellung, Haltung (gegenüber jmdm. oder etwas)* **3** ⟨Ballett⟩ *Körperstellung mit nach hinten erhobenem Bein und abgewinkeltem Unterschenkel* [< frz. *attitude* „Stellung, Haltung", < lat. *attitudine* „Haltung", < lat. *actus* „Bewegung, Gebärdenspiel"]

Atto... ⟨Abk.: a; vor Maßeinheiten⟩ *ein Trillionstel (10^{-18}), z.B. Attofarad* [< dän., norweg. *atten* „achtzehn"]

At|trak|ti|on ⟨f.10⟩ **1** *Anziehung, Anzie-*

attraktiv

hungskraft **2** Glanznummer (im Zirkus) **3** besonders gut gehende Ware [< frz. *attraction* in ders. Bed., < lat. *attractio* „das Ansichziehen", zu *attrahere* „heranziehen, an sich ziehen"]

at|trak|tiv ⟨Adj.⟩ *anziehend;* eine ~e Frau; ein Programm etwas ~er gestalten

At|trak|ti|vi|tät ⟨f., -, nur Sg.⟩ *Anziehungskraft*

At|trap|pe ⟨f.11⟩ **1** *Nachbildung, Schaupackung* **2** ⟨übertr., ugs.⟩ *Person oder Sache ohne Bedeutung, ohne Wirkung oder Einfluß* [< frz. *attrape* „Falle, Schlinge", zu *trappe*, „Falle"]

at|tri|bu|ie|ren ⟨V.3, hat attribuiert; mit Akk.⟩ **1** *als Attribut verwenden* **2** *mit einem Attribut versehen*

At|tri|but ⟨n.1⟩ **1** *Merkmal, Eigenschaft* **2** *bestimmter Gegenstand als Kennzeichen einer Person,* z.B. der Schlüssel für den heiligen Petrus **3** ⟨Gramm.⟩ *nähere Bestimmung eines Substantivs, eines Adjektivs oder Adverbs;* Syn. *Beifügung* [< lat. *attributio* „die einer Person oder Sache nebenbei zukommende Eigenschaft, Nebenumstand", zu *attribuere* „zuschreiben, beimessen, zuerteilen"]

at|tri|bu|tiv ⟨Adj., o.Steig.⟩ *als Attribut (gebraucht)*

aty|pisch ⟨auch [a-] Adj., o.Steig.⟩ *nicht typisch, von der Regel abweichend*

at|zen ⟨V.1, hat geatzt; mit Akk.; bei Greifvögeln⟩ *füttern* [mhd., „zu essen geben", zu *az* „Speise"; vgl. *äsen*]

ät|zen ⟨V.1, hat geätzt⟩ **I** ⟨mit Akk.⟩ etwas ä. **1** *mit scharfen chemischen Mitteln behandeln, chemische Mittel auf etwas einwirken lassen* **2** *mit chemischen Mitteln auf einer Oberfläche eingraben;* eine Zeichnung in die Kupferplatte ä. **II** ⟨o.Obj.⟩ *sich in etwas einfressen, zerstörend auf etwas einwirken;* Säure ätzt

Ätz|ka|li ⟨n.9⟩ → *Kalilauge*

Ätz|kalk ⟨m.1⟩ *gebrannter Kalk*

Ätz|na|tron ⟨n., -s, nur Sg.⟩ → *Natronlauge*

At|zung ⟨f.10; bei Greifvögeln⟩ **1** *Nahrung* **2** *Fütterung*

Ät|zung ⟨f.10⟩ **1** *Behandlung mit Chemikalien* **2** *Druckplatte mit durch Ätzen herausgearbeitetem Bild* [zu *ätzen*]

Au[1] ⟨chem. Zeichen für⟩ *Gold* [< lat. *aurum* „Gold"]

Au[2] ⟨f.10⟩ → *Aue*

Au|ber|gi|ne [[obɛrʒinə] f.11⟩ *(meist braunviolette) gurkenähnliche Gemüsefrucht;* Syn. *Eierfrucht* [frz., zu katalan. *albergina* < arab. *al-bādingān* in ders. Bed.]

Au|brie|tie [obriɛtsjə] f.11⟩ *Vertreter der Kreuzblütlergattung des Mittelmeergebiets, Zierstaude;* Syn. *Blaukissen* [nach dem frz. Blumen- und Tiermaler C. *Aubriet*]

a.u.c. ⟨Abk. für⟩ *ab urbe condita*

auch ⟨Adv.⟩ **1** *ebenso, gleichfalls;* das ist auch sehr schön; ich komme auch; auch ich habe es nicht gewußt; es hat auch heute geregnet **2** *außerdem, obendrein;* auch das noch!; ich muß erst einkaufen und dann auch noch Briefe schreiben **3** *sogar;* wir sind auch bei schlechtem Wetter gewandert; auch der Klügste macht Fehler **4** *wirklich, tatsächlich;* so ist es auch!; ich ahnte es, und meine Ahnung hat sich ja dann auch bestätigt; es ist ja auch ganz gleichgültig **5** ⟨verstärkend⟩ *was auch immer geschieht;* lassen Sie niemanden herein, wer es auch sein mag; wie dem auch sei *mag es sein, wie es will;* wozu auch?; warum auch? **6** ⟨einschränkend, in Verbindung mit „wenn" oder „so"⟩ *wenn du mich auch noch so bedrängst, ich tue es nicht; so leid es mir auch tut; wenn auch!* ⟨als Antwort⟩ *das macht doch nichts, es ist auch gleichgültig*

Au|dia|tur et al|te|ra pars *auch der andere Teil muß gehört werden (römischer Rechtsgrundsatz)* [lat.]

Au|di|enz ⟨f.10⟩ *feierlicher offizieller Empfang (bei hochgestellten Persönlichkeiten)* [< lat. *audientia* „Aufmerksamkeit für einen Redenden, das Gehör, das man ihm schenkt", zu *audire* „hören"]

Au|di|max ⟨n., -, nur Sg.; Kurzw. für⟩ *Auditorium maximum*

au|dio|lin|gu|al ⟨Adj., o.Steig.⟩ *vom gesprochenen Wort ausgehend;* ~e Methode

Au|dio|me|ter ⟨n.5⟩ *Gerät zum Messen des menschlichen Hörvermögens* [< lat. *audire* „hören" und ...*meter*]

Au|di|on ⟨n.9 oder m., -s, -di|o|nen⟩ *Bauelement von Verstärkerschaltungen* [< lat. *audire* „hören"]

au|dio|phil ⟨Adj., o.Steig.⟩ **1** *auf Klangtreue, Wohlklang bedacht;* ein ~er Plattensammler **2** *hochwertig in der Wiedergabe von Musik;* ~e Schallplatten **3** *hochwertige Wiedergabe von Musik erstrebend;* ~e Herstellungsverfahren (für Schallplatten)

Au|dio-Vi|deo-Tech|nik ⟨f.10⟩ *Technik des Übertragens und Empfangens von Ton und Bild*

au|dio|vi|su|ell ⟨Adj., o.Steig.⟩ *das Hören und Sehen betreffend;* ~er Unterricht *Unterricht mit Lehrmitteln, die die Fähigkeit sowohl des Hörens als auch des Sehens ausnutzen* [< lat. *audire* „hören" und *visuell*]

au|di|tiv ⟨Adj., o.Steig.⟩ *das Hören betreffend, auf ihm beruhend* [< frz. *auditif,* Fem. *auditive,* in ders. Bed., zu lat. *audire* „hören"]

Au|di|to|ri|um ⟨n., -s, -ri|en⟩ **1** *Hörsaal einer Universität;* A. maximum *größter Hörsaal* **2** *Gesamtheit der Zuhörer* [lat., „Hörsaal, Schule, Gerichtssaal", auch „die versammelten Zuhörer", zu *auditor* „ständiger Hörer, Schüler", zu *audire* „hören"]

Aue ⟨f.11⟩ *flaches Gelände an einem Fluß mit Wiesen und Laubwald;* auch: *Au*

Au|er|hahn ⟨m.2⟩ *männliches Auerhuhn*

Au|er|hen|ne ⟨f.11⟩ *weibliches Auerhuhn*

Au|er|huhn ⟨n.4⟩ *größtes Rauhfußhuhn* [< ahd. *urhano,* Erstbestandteil → *Auerochse,* eigtl. „männlicher, zeugungsfähiger Hahn"; urspr. nur Bez. für den männlichen Vogel]

Au|er|me|tall ⟨n., -s, nur Sg.⟩ *eine Eisen-Cer-Legierung* [nach dem Erfinder C. *Auer* von Welsbach]

Au|er|och|se ⟨m.11⟩ *ausgestorbenes Wildrind;* Ur [< ahd. *ur, urohso,* zu idg. **uer-* und **ugh-,* beides „befeuchten, bespritzen" im Sinne von „mit Samen befeuchten", also „zeugungsfähiges Rind"]

Au|er|wild ⟨n., -(e)s, nur Sg.; Sammelbez. für⟩ *Auerhahn und Auerhenne*

auf I ⟨Präp. mit Dat.⟩ **1** *an der Oberfläche von;* auf dem Tisch liegen; auf dem Wasser schwimmen **2** *an einer Stelle;* auf einem Platz; auf einer Insel **3** ⟨zur Bez. einer Tätigkeit⟩ *auf der Suche nach etwas;* auf der Reise **II** ⟨Präp. mit Akk.⟩ **1** *an die Oberfläche von;* auf einen Berg steigen; etwas auf den Boden stellen; das auf die Haut malen werden **2** *an eine Stelle (hin), zu einer Behörde;* aufs Rathaus, aufs Standesamt gehen **3** ⟨zur Angabe einer Zeitspanne⟩ auf eine Woche verreisen **4** ⟨zur Angabe eines Zeitpunkts⟩ jmdn. auf den Abend einladen; ich komme auf acht Uhr ⟨landsch.⟩; von einem Tag auf den anderen; er ist auf die Minute pünktlich **5** ⟨Art und Weise⟩ auf gut Glück; etwas auf Raten kaufen; es geht auf Leben und Tod; auf deutsch sagen **6** ⟨Ziel und Zweck⟩ auf jmds. Wohl trinken; böse auf jmdn. sein; auf etwas achten, hoffen; auf Wiedersehen!; im Hinblick auf etwas; auf daß ⟨†⟩ *damit;* auf daß es dir wohl bekomme **7** ⟨Grund, Veranlassung⟩ auf seine Anregung hin; auf Grund, ⟨auch⟩ aufgrund eines Anrufs **8** ⟨bei Maßangaben⟩ drei Äpfel gehen auf ein Pfund; auf jeden kommen fünf Mark **9** ⟨bei Wiederholungen⟩ es ging Schlag auf Schlag **10** ⟨mit

Adj. zur Bildung des absoluten Superlativs⟩ *aufs beste, aufs schönste* **III** ⟨Adv.⟩ **1** *nach oben;* auf! los, vorwärts!; auf und ab, auf und nieder **2** ⟨kurz für⟩ *aufmachen;* Augen auf!; vgl. *aufsein* **3** ⟨in der Fügung⟩ *von ... her, seit;* von Jugend auf; von klein auf

auf|ar|bei|ten ⟨V.2, hat aufgearbeitet; mit Akk.⟩ **1** *durch Arbeiten nachholen;* liegengebliebene Korrespondenz a. **2** *neu herrichten, instand setzen;* Möbel a.

auf|at|men ⟨V.2, hat aufgeatmet; o.Obj.⟩ *erleichtert sein (und deshalb einen tiefen Atemzug tun, einen Seufzer ausstoßen);* ich atmete auf, als ich das hörte

auf|backen ⟨-k·k-; V.4, hat aufgebacken; mit Akk.⟩ *nochmals backen, durch nochmaliges Backen wieder knusprig machen;* Semmeln a.

auf|bah|ren ⟨V.1, hat aufgebahrt; mit Akk.⟩ *auf eine Bahre legen und mit Blumen schmücken;* einen Toten a. **Auf|bah|rung** ⟨f., -, nur Sg.⟩

Auf|bau ⟨m., -s, -bau|ten⟩ **1** ⟨nur Sg.⟩ **a** *das Aufbauen (I,1 a,b,c; II)* **b** *das Wiederinstandsetzen;* A. einer zerstörten Stadt **c** *das Schaffen, Errichten;* A. einer Firma **d** *das Gliedern;* A. eines Dramas, eines Bildes **2** *etwas Aufgebautes, etwas, das auf etwas anderes gebaut ist;* ein A. von Früchten auf dem Tisch; die Schiffsteile auf dem Deck **3** → *Karosserie*

auf|bau|en ⟨V.1, hat aufgebaut⟩ **I** ⟨mit Akk.⟩ **1** etwas a. **a** *zusammensetzen und in die Höhe bauen, errichten;* Ggs. *abbauen (I,1);* ein Zelt a. **b** *wieder instand setzen;* eine zerstörte Stadt wieder a. **c** *hübsch zusammenstellen und hinsetzen, hinlegen;* die Weihnachtsgeschenke auf dem Tisch a.; eine Dekoration im Schaufenster a. **d** *schaffen, ins Leben rufen, wirksam machen;* eine Firma, eine Abteilung einer Firma a. **e** *gliedern, die Einzelteile von etwas anordnen;* ein gut aufgebautes Bild **2** jmdn. a. *jmdm. Aufgaben geben, so daß er sich entwickeln kann und Erfolg hat;* einen Schriftsteller a. **II** ⟨mit Präp.obj.⟩ etwas a. *auf der Grundlage von etwas stehen, sich auf einer Grundlage entwickeln;* diese Lehre baut auf der Anschauung von der Willensfreiheit auf **III** ⟨refl.; ugs.⟩ *sich vor jmdm. a. sich drohend oder erwartungsvoll vor jmdn. hinstellen*

auf|bäu|men ⟨V.1, hat aufgebäumt, refl.⟩ **1** sich a. *sich auf die Hinterbeine stellen und sich hoch aufrichten;* das Pferd bäumt sich auf **2** *sich gegen etwas a. sich heftig gegen etwas auflehnen;* er bäumte sich mit Stolz gegen sich gegen eine solche Forderung auf

auf|bau|schen ⟨V.1, hat aufgebauscht; mit Akk.⟩ **1** *bauschen;* ein Kissen a. **2** ⟨übertr.⟩ *eine Sache a. übertreibend darstellen, einer Sache unangemessen viel Gewicht beilegen;* einen Vorfall a.

Auf|bau|ten ⟨Pl. von⟩ *Aufbau (2,3)*

auf|be|geh|ren ⟨V.1, hat aufbegehrt; o.Obj.⟩ *sich auflehnen, heftig widersprechen;* er begehrt beim geringsten Vorwurf gleich auf; gegen eine Forderung a.

auf|be|hal|ten ⟨V.61, hat aufbehalten; mit Akk.⟩ *auf dem Kopf behalten;* Syn. *auflassen;* Ggs. *abbehalten;* den Hut, die Mütze a.

auf|bei|ßen ⟨V.8, hat aufgebissen; mit Akk.⟩ *durch Biß öffnen;* Nüsse a.

auf|be|kom|men ⟨V.71, hat aufbekommen; mit Akk.⟩ → *aufbringen (1 a)*

auf|be|rei|ten ⟨V.2, hat aufbereitet; mit Akk.⟩ *zur weiteren Verwendung bearbeiten;* Material, Rohstoffe a.; einen Text literarisch a. *so bearbeiten, daß er leser- und lesbar wird*

Auf|be|rei|tung ⟨f., -, nur Sg.⟩ **1** *das Aufbereiten* **2** ⟨Kernphysik⟩ → *Wiederaufarbeitung*

auf|bes|sern ⟨V.1, hat aufgebessert; mit Akk.⟩ *erhöhen;* jmds. Gehalt a. **Auf|bes|se|rung** ⟨f.10⟩

auf|be|wah|ren ⟨V.1, hat aufbewahrt; mit

Akk.) *an einen sicheren Platz legen und dort lassen;* Briefe im Schreibtisch a.; Wertsachen gut a.; *ich bewahre das Geld für dich auf*

Auf|be|wah|rung ⟨f.10⟩ **1** ⟨nur Sg.⟩ *das Aufbewahren* **2** *Ort, wo etwas (meist gegen Entgelt) aufbewahrt wird* (Gepäck~)

auf|bie|ten ⟨V.13, hat aufgeboten; mit Akk.⟩ **1** *etwas a. zusammennehmen und einsetzen, sammeln und wirken lassen;* er bot alle seine Kräfte, seinen ganzen Einfluß auf **2** *jmdn. oder etwas a. zum Einsatz bringen;* Truppen, Polizeieinheiten a.; Krankenwagen, Flugzeuge a. **3** *jmdn. a. öffentlich von der Kanzel oder durch Aushang im Standesamt als Brautpaar bekanntgeben (um mögliche Ehehindernisse zu ermitteln)*

Auf|bie|tung ⟨f., -, nur Sg.⟩ *das Aufbieten (1);* mit, unter A. aller Kräfte

auf|bin|den ⟨V.14, hat aufgebunden⟩ **I** ⟨mit Akk.⟩ **1** *nach oben binden;* das Haar a.; Pflanzen a. **2** *durch Lösen der Schleife oder des Knotens öffnen;* Ggs. zubinden; einen Sack a. **II** ⟨mit Dat. und Akk.; übertr.⟩ *jmdm. etwas a. jmdm. etwas erzählen, was nicht stimmt, jmdm. etwas vorschwindeln;* da hast du dir was a. lassen; vgl. *Bär*

auf|bla|sen ⟨V.16, hat aufgeblasen; mit Akk.⟩ *durch Blasen mit Luft füllen, dick machen;* einen Luftballon a.; die Backen a. *Luft in die Backen a.* ⟨übertr.⟩ *sich wichtig tun;* vgl. aufgeblasen

auf|blei|ben ⟨V.17, ist aufgeblieben; o.Obj.⟩ **1** *nicht schlafen gehen;* wir sind bis 12 Uhr aufgeblieben **2** ⟨ugs.⟩ *offenbleiben;* das Fenster bleibt in der Nacht auf

auf|blit|zen ⟨V.1, ist aufgeblitzt; o.Obj.⟩ **1** *kurz leuchten, kurz blitzen;* ein Licht blitzte auf und erlosch **2** ⟨übertr.⟩ *plötzlich auftauchen;* eine Idee blitzte in ihm auf

auf|blü|hen ⟨V.1, ist aufgeblüht; o.Obj.⟩ **1** *die Blütenblätter entfalten;* heute sind drei Rosen aufgeblüht **2** ⟨übertr.⟩ *lebhafter und froher aussehen, gesünder aussehen;* seit sie ihren Freund hat, ist sie richtig aufgeblüht **3** *sich wirtschaftlich gut entwickeln;* ein ~der Kurort

auf|brau|sen ⟨V.1, ist aufgebraust; o.Obj.⟩ **1** *brausend nach oben steigen;* Wasser, kochende Marmelade braust auf **2** ⟨übertr.⟩ *plötzlich zornig oder ungeduldig werden, in Erregung geraten und sie in Worten ausdrücken;* er braust schnell auf; ein ~des Temperament haben

auf|bre|chen ⟨V.19⟩ **I** ⟨mit Akk.⟩ hat aufgebrochen⟩ **1** *durch Brechen oder Gewalt öffnen;* ein Schloß, eine Tür a. **2** *mit Bohrmaschine auseinanderbrechen;* Pflaster, Asphalt a. **3** ⟨Jägerspr.⟩ **a** *aufwühlen;* Schwarzwild bricht Erde auf **b** *ausschneiden und ausweiden;* ein erlegtes Wild a. **II** ⟨o.Obj.; ist aufgebrochen⟩ **1** *sich öffnen;* Knospen brechen auf; ein Geschwür bricht auf öffnet sich und sondert Eiter ab **2** *auseinanderbrechen;* die Eisdecke ist aufgebrochen **3** *sich auf den Weg machen, fortgehen, fortfahren;* wir brechen in einer Stunde auf

auf|brin|gen ⟨V.21, hat aufgebracht; mit Akk.⟩ **1** *etwas a. a öffnen können;* Syn. aufbekommen, aufkriegen; ich bringe das Schloß nicht auf **b** *beschaffen;* er kann das Geld dafür nicht a. **c** *in sich hervorbringen, zur Wirksamkeit bringen;* den Mut, die Energie a., etwas zu tun; ich kann dafür kein Verständnis a. **d** *großziehen;* eines junges Tier a. **e** *(erfinden) in Umlauf bringen;* ein Schlagwort a.; ich möchte wissen, wer dieses Gerücht aufgebracht hat **f** *ein Schiff a. es zwingen, in einen bestimmten Hafen anzulaufen,* **g** *auf etwas streichen, tupfen, träufeln;* ein Medikament (auf die Haut) a. **2** *jmdn. a. in Zorn versetzen;* dein ständiger Widerspruch bringt mich auf; vgl. aufgebracht

Auf|brin|gung ⟨f., -, nur Sg.⟩ *das Aufbringen (1f)*

Auf|bruch ⟨m.1⟩ **1** ⟨nur Sg.⟩ *das Aufbrechen, Fortgehen;* um elf Uhr war Aufbruch A. **2** ⟨nur Sg.⟩ *das Sicherheben, Befreiung von Bevormundung;* A. der jungen Völker **3** *aufgebrochene Stelle* (z.B. im Asphalt; Frost~) **4** ⟨Jägerspr.⟩ *die Eingeweide des erlegten Wildes* **5** ⟨Bgb.⟩ *Blindschacht*

auf|brum|men ⟨V.1, hat aufgebrummt; mit Dat. und Akk.⟩ *jmdm. etwas a. auferlegen, aufbürden;* jmdm. eine Strafe, zwei Stunden Arrest a.

auf|bür|den ⟨V.2, hat aufgebürdet; mit Dat. und Akk.⟩ *jmdm. etwas a. zu tragen geben;* jmdm. eine Last, eine Verantwortung a.

auf|decken ⟨-k|k-; V.1, hat aufgedeckt⟩ **I** ⟨mit Akk.⟩ *etwas a.* **1** *die Bedeckung von etwas wegnehmen;* Ggs. zudecken; das Bett a.; einen Topf a. **2** *offenbar machen, der Öffentlichkeit kundgeben;* ein Verbrechen a.; seine Pläne a. **3** *offen hinlegen;* die Karten a.; ich will meine Karten nicht a. ⟨übertr.⟩ *ich will meine Absichten nicht preisgeben* **II** ⟨refl.⟩ *sich a. im Schlaf die Bettdecke wegschieben* **III** ⟨o.Obj.⟩ *den Tisch decken*

auf|don|nern ⟨V.1, hat aufgedonnert; refl.; ugs.⟩ *sich a. sich auffallend kleiden, schminken und mit Schmuck behängen;* aufgedonnert wie ein Pfau

auf|drän|gen ⟨V.1, hat aufgedrängt⟩ **I** ⟨mit Dat. und Akk.⟩ *jmdm. etwas a. jmdm. etwas gegen dessen Willen geben;* Syn. aufnötigen; er hat mir die Blumen, das Geld aufgedrängt; er drängt mir immer wieder seine Hilfe auf **II** ⟨refl.⟩ *sich (jmdm.) a.* **1** ⟨von Personen⟩ *jmdm. mit seiner Gesellschaft, seinem Rat usw. lästig fallen* **2** ⟨von Sachen⟩ *jmdm. nachdrücklich, wider Willen in den Sinn kommen;* der Gedanke drängte sich mir auf, er könnte etwas Dummes angestellt haben; es drängt sich mir immer wieder die Vorstellung auf, sie könnte krank zu Hause liegen

auf|dre|hen ⟨V.1, hat aufgedreht⟩ **I** ⟨mit Akk.⟩ **1** *durch Drehen öffnen;* Ggs. zudrehen; einen Hahn a.; den Gashahn a. ⟨übertr.⟩ *Selbstmord begehen* **2** *durch Drehen lockern;* eine Schraube a. **3** *durch Drehen auseinanderziehen;* Syn. aufdröseln; einen (gedrehten) Faden a. **II** ⟨o.Obj.⟩ **1** *Gas geben, die Geschwindigkeit stark beschleunigen* **2** *lustig, lebhaft sein;* ich bin heute so aufgedreht

auf|dring|lich ⟨Adj.⟩ **1** *sich aufdrängend, sich hartnäckig immer wieder jmdm. nähernd* **2** *auffallend und nicht geschmackvoll;* ~e Kleidung, Farben; ein ~es Parfüm; **3** *laut und belästigend;* ~e Musik; ~es Lachen **Auf|dring|lich|keit** ⟨f., -, nur Sg.⟩

auf|drö|seln ⟨V.1, hat aufgedröselt; mit Akk.⟩ **1** → *aufdrehen (1,3)* **2** *durch Ziehen des Fadens auftrennen;* einen Pullover a. **3** ⟨übertr.⟩ *genau untersuchen, entwirren;* einen Konflikt, ein Problem a.

Auf|druck ⟨m.1⟩ *aufgedruckte Schrift, aufgedruckter Text*

auf|drucken ⟨-k|k-; V.1, hat aufgedruckt; mit Akk.⟩ *auf etwas drucken;* einen Text a.

auf|drücken ⟨-k|k-; V.1, hat aufgedrückt⟩ **I** ⟨mit Akk.⟩ **1** *durch Druck öffnen;* ein Fenster a.; einen Pickel a. **II** ⟨mit Dat. und Akk.⟩ **1** *einer Sache etwas a. etwas auf eine Sache drücken;* einem Brief einen Stempel a.; er hat dieser Entwicklung seinen Stempel, sein Siegel aufgedrückt *er hat sie geprägt* **2** *jmdm. etwas a. auf den Kopf drücken;* jmdm. einen Kranz a.; ⟨übertr.⟩ *jmdm. küssen* **III** ⟨o.Obj.⟩ *beim Schreiben Druck ausüben;* du drückst zu sehr auf

auf|ein|an|der ⟨Adv.⟩ *eins auf das andere, eins an das andere;* a. einwirken; in Verbindung mit Verben Zusammenschreibung, wenn das Wort „aufeinander" betont ist, z.B. aufeinanderprallen, aufeinanderliegen

Auf|ent|halt ⟨m.1⟩ **1** *Zeit, in der man sich an einem Ort aufhält* (Ferien~); A. an der See, im Gebirge, in einer Stadt, bei Freunden **2** *das Stehenbleiben, Pause;* der Zug hat hier zehn Minuten A. *der Zug bleibt hier zehn Minuten stehen* **3** *Verzögerung;* es gab ein paar kleine ~e

Auf|ent|hal|ter ⟨m.5; schweiz.⟩ *Durchreisender, Gast*

Auf|ent|halts|ge|neh|mi|gung ⟨f.10⟩ *behördliche Genehmigung zu vorübergehendem Aufenthalt in einem Land oder Gebiet*

auf|er|le|gen ⟨V.1, hat auferlegt; mit Dat. und Akk.⟩ *jmdm. etwas a. von jmdm. verlangen, daß er etwas auf sich nimmt oder tut;* jmdm. eine Pflicht, Buße a.; sich Zwang a. müssen *nicht frei handeln, sprechen oder sich bewegen können*

auf|er|ste|hen ⟨V.151, ist auferstanden; o.Obj.⟩ **1** *wieder zum Leben erwachen;* Christus ist auferstanden; vom Tode a. **2** ⟨ugs.⟩ *wieder gesund werden;* er ist nach langer Krankheit wieder auferstanden

Auf|er|ste|hung ⟨f., -, nur Sg.⟩ *das Auferstehen;* A. Christi

auf|fah|ren ⟨V.32⟩ **I** ⟨mit Akk.; hat aufgefahren⟩ **1** *mit Fahrzeug heranbringen und aufschütten;* Erde a. **2** *an eine Stelle fahren und in Feuerstellung bringen;* ein Geschütz a. **3** ⟨übertr.; scherzh.⟩ *reichlich herbeibringen;* Kuchen, belegte Brote, Getränke a. **II** ⟨o.Obj.; ist aufgefahren⟩ **1** *nach oben, aufwärts fahren* **2** ⟨Theol.⟩ *in die Höhe schweben;* gen Himmel a. **3** *heranfahren;* die Kutschen mit dem Königspaar, die Regierungswagen fuhren a. **4** ⟨übertr.⟩ *plötzlich rasch aufrichten, plötzlich den Kopf heben;* aus dem Schlaf, aus tiefen Gedanken a.; zornig a. **III** ⟨mit Präp.obj.; ist aufgefahren⟩ *auf etwas a. im Fahren auf etwas stoßen, prallen;* der Pkw ist auf einen anderen aufgefahren; das Schiff ist auf ein Riff aufgefahren

Auf|fahr|scha|den ⟨m.8⟩ *durch einen Auffahrunfall verursachter Schaden*

Auf|fahrt ⟨f.10⟩ **1** ⟨nur Sg.⟩ *das (geordnete, feierliche) Auf-, Heranfahren;* A. der fürstlichen Familie **2** *breite Straße, Allee zum Heranfahren;* die A. zum Schloß **3** *(ansteigende) Zufahrtsstraße zur Autobahn*

Auf|fahr|un|fall ⟨m.2⟩ *Unfall durch Aufprall eines Fahrzeugs auf ein langsameres oder stehendes Fahrzeug*

auf|fal|len ⟨V.33, ist aufgefallen; o.Obj.⟩ **1** *zu Boden, auf etwas fallen;* er ist im Absturz erst auf ein vorspringendes Dach aufgefallen; er ist hart aufgefallen **2** *Aufmerksamkeit erregen, bemerkt werden;* es fällt auf, daß . . .; er fällt durch sein lautes Benehmen überall auf; angenehm, unangenehm a.; mir ist nichts Besonderes (an ihm) aufgefallen *ich habe nichts Besonderes bemerkt*

auf|fal|lend ⟨Adj.⟩ *so beschaffen, daß es auffällt, ungewöhnlich;* sie ist eine ~e Erscheinung; sie ist ~ schön; die Kinder sind heute a. ruhig

auf|fäl|lig ⟨Adj.⟩ *auffallend;* sich a. benehmen

auf|fan|gen ⟨V.34, hat aufgefangen; mit Akk.⟩ **1** *etwas oder jmdn. a. etwas, das fällt, jmdn. der fällt, fassen und festhalten;* einen Ball a.; jmdn. im Sprungtuch a. **2** *etwas a. (in einem Gefäß) sammeln;* tropfendes Harz a. **b** *am weiteren Fallen, Rutschen hindern;* eine (von der Nadel gefallene) Masche a.; Syn. auffassen **c** *die Wucht von etwas mildern;* einen Hieb, Stoß a. **2** *zufällig hören;* Fetzen eines Gespräches a. **3** *jmdn. a. in ein Lager aufnehmen;* Flüchtlinge a.

Auf|fang|la|ger ⟨n.5⟩ *Lager, in dem Flüchtlinge, Auswanderer, Heimkehrer vorübergehend aufgenommen und versorgt werden*

auf|fas|sen ⟨V.1, hat aufgefaßt; mit Akk.⟩ **1** → *auffangen (1b)* **2** *verstehen, begreifen;* etwas schnell, langsam a.; etwas richtig, falsch a.; ich habe das anders aufgefaßt

Auffassung

Auf|fas|sung ⟨f.10⟩ *Art des Auffassens, Meinung, Anschauung;* eine bestimmte A. von etwas haben; ich habe davon eine andere A. als du

Auf|fas|sungs|ga|be ⟨f., -, nur Sg.⟩ *Fähigkeit, etwas aufzufassen, zu begreifen;* eine gute, leichte A. haben

auf|flie|gen ⟨V.38, ist aufgeflogen; o.Obj.⟩ **1** *in die Höhe fliegen;* Syn. *aufstehen;* ein Schwarm Vögel flog auf **2** *sich plötzlich schnell öffnen;* die Tür flog auf **3** *aufgelöst werden, pleite gehen;* die Firma ist aufgeflogen **4** *scheitern;* das Unternehmen, die Konferenz ist aufgeflogen

auf|for|dern ⟨V.1, hat aufgefordert; mit Akk.⟩ jmdn. a. **1** *jmdn. fragen, ob er etwas tun will, einladen;* jmdn. zum Mitkommen, zum Abendessen, zu einem Ausflug a.; jmdn. zum Tanz a. **2** *jmdn. bitten, etwas zu tun, ermahnen;* jmdn. a., sich zu beeilen

Auf|for|de|rung ⟨f.10⟩ *das Auffordern;* einer A. (keine) Folge leisten; trotz mehrmaliger A. ist er nicht gekommen

auf|for|sten ⟨V.2, hat aufgeforstet; mit Akk.⟩ *neu pflanzen;* Wald a. **Auf|for|stung** ⟨f., -, nur Sg.⟩

auf|fri|schen ⟨V.1⟩ **I** ⟨mit Akk.; hat aufgefrischt⟩ **1** *einen Gegenstand a. einem Gegenstand wieder schönes Aussehen verleihen;* Farben, Möbel a. **2** *Kenntnisse a. wiederholen, sie sich wieder ins Gedächtnis rufen;* ich will mein Englisch a.; wir haben alte Erinnerungen aufgefrischt **II** ⟨o.Obj.; hat sich aufgefrischt⟩ *stärker wehen und kühler werden;* der Wind frischt auf; ~de Winde aus Nordost **Auf|fri|schung** ⟨f., -, nur Sg.⟩

auf|füh|ren ⟨V.1, hat aufgeführt⟩ **I** ⟨mit Akk.⟩ **1** *in die Höhe führen, aufbauen;* eine Mauer a. **2** *nennen, aufzählen;* Namen, Zahlen, Beispiele a. **3** *auf der Bühne gestalten, darstellen, spielen;* ein Theaterstück a. **II** ⟨refl.⟩ sich a. *sich benehmen;* sich gut, schlecht, unmöglich a.; wie er sich wieder aufgeführt hat!

Auf|füh|rung ⟨f.10⟩ **1** ⟨nur Sg.⟩ **1** *das Aufführen, Nennen, Aufzählen* **2** *das Schaufführen, Betragen* **3** *Darstellung, Gestaltung auf der Bühne;* eine gute, moderne A.

Auf|ga|be ⟨f.11⟩ **1** ⟨nur Sg.⟩ *das Aufgeben (I,1; III)* **2** *etwas, das jmdm. aufgegeben worden ist* (→*aufgeben II,2), Arbeit, Pflicht, Auftrag* (Schul~); ich muß noch meine ~n machen *Schularbeiten;* es ist nicht meine A., das zu tun *das brauche ich nicht zu tun*

auf|ga|beln ⟨V.1, hat aufgegabelt; mit Akk.⟩ **1** *mit einer Gabel spießen, laden* **2** ⟨heute, übertr.⟩ *finden, kennenlernen;* wo hast du denn das (den, die) aufgegabelt?

Auf|ga|lopp ⟨m.1 oder m.9⟩ **1** *das Vorbereiten der Teilnehmer eines Pferderennens vor dem Start, Probegalopp* **2** *erstes Pferderennen der Saison*

Auf|gang ⟨m.2⟩ **1** *das Aufgehen* (Sonnen~) **2** *Treppe*

auf|ge|ben ⟨V.45, hat aufgegeben⟩ **I** ⟨mit Akk.⟩ **1** etwas a. **a** *der Post oder Bahn zur Beförderung übergeben;* einen Eilbrief, ein Telegramm, Gepäck a. **b** *einer Zeitung zur Veröffentlichung übergeben;* eine Anzeige a. **c** *nicht weiterführen, seinlassen;* gib's auf!; den Kampf a.; ein Unternehmen, einen Plan a.; die Hoffnung a.; das Rauchen a. **d** *schließen, auflösen;* das Geschäft a.; die Wohnung a. *aus der Wohnung ausziehen* **2** jmdn. a. *nicht mehr glauben, daß jmd. wieder gesund wird, daß jmd. vorwärtskommt, etwas erreicht;* die Ärzte hatten den Kranken schon aufgegeben; die Lehrer haben ihn schon aufgegeben **II** ⟨mit Dat. und Akk.⟩ jmdm. etwas a. **1** *jmdm. etwas auf den Teller legen;* darf ich Ihnen noch etwas Suppe a.? **2** *jmdm. eine Aufgabe stellen;* jmdm. ein Rätsel a.; Schülern etwas zu lernen, zu rechnen, zu schreiben a. (als Hausaufgabe); unser Deutschlehrer gibt

immer sehr viel auf **III** ⟨o.Obj.⟩ *auf einen weiteren Wettkampf, auf weitere Bemühungen verzichten;* ich gebe nicht so schnell auf

auf|ge|bla|sen ⟨Adj.⟩ *eingebildet und dümmlich;* dieser ~e Kerl **Auf|ge|bla|sen|heit** ⟨f., -, nur Sg.⟩

Auf|ge|bot ⟨n.1⟩ **1** *das Aufbieten (1);* mit dem A. aller seiner Kräfte **2** *zu einem bestimmten Zweck aufgebotene Gruppe von Menschen oder Gegenständen* (→*aufbieten 2);* ein starkes A. von Polizei, von Rettungswagen **3** *Einziehung zum Heeresdienst sowie die eingezogenen Männer selbst;* A. der Landwehr **4** *öffentliche amtliche Aufforderung, Rechte und Ansprüche anzumelden* (z. B. bei Erbschaften) **5** *öffentliche Bekanntgabe der beabsichtigten Eheschließung;* das A. (beim Standesamt) bestellen

auf|ge|bracht ⟨Adj.⟩ *wütend, empört;* vgl. *aufbringen (2)*

auf|ge|dun|sen ⟨Adj.⟩ *dick (infolge Wasseransammlung im Gewebe), aufgequollen, aufgeschwemmt;* ~es Gesicht [< mhd. *sich dinsen* „sich ausdehnen, sich mit etwas anfüllen"]

auf|ge|hen ⟨V.47, ist aufgegangen⟩ **I** ⟨o.Obj.⟩ **1** *sich öffnen;* die Rosen sind aufgegangen; ein Furunkel geht auf; dein Zopf geht auf; der Verband, der Knoten ist aufgegangen; jetzt sind mir die Augen aufgegangen ⟨übertr.⟩ *jetzt erkenne ich die Wahrheit, jetzt wird es mir klar* **2** *am Himmel erscheinen;* der Mond, die Sonne geht auf; mir geht ein Licht auf ⟨übertr.⟩ *jetzt verstehe ich die Sache* **3** *keimen, sprießen;* die Saat ist aufgegangen **4** *anschwellen, in die Höhe gehen;* der Hefeteig geht auf **5** *ein glattes Ergebnis ohne Rest ergeben;* die Rechnung geht (nicht) auf; deine Rechnung ist nicht aufgegangen ⟨übertr.⟩ *die Sache hat sich nicht so entwickelt, wie du es dir gedacht hast* **6** ⟨Jägerspr.⟩ *wieder beginnen;* im Juli geht die Jagd auf **II** ⟨mit Dat. und Akk.⟩ etwas geht jmdm. auf *wird jmdm. verständlich, klar;* jetzt geht mir auf, was er gemeint hat; ihm geht erst jetzt auf, was er für eine Verantwortung zu tragen hat

auf|gei|len ⟨V.1, hat aufgegeilt; mit Akk.; ugs.⟩ *geschlechtlich erregen;* jmdn. sich gegenseitig a. mit Fotos, in Pornofilmen a.

auf|ge|kratzt ⟨Adj.⟩ *munter und fröhlich, fidel;* vgl. *aufkratzen (2)*

Auf|geld ⟨n.3⟩ **1** *zusätzliche Zahlung, Aufschlag* **2** →*Handgeld*

auf|ge|legt ⟨Adj., o.Steig.⟩ *gestimmt;* gut, schlecht a. sein; ich bin heut zum Scherzen a.

auf|ge|räumt ⟨Adj.⟩ *in guter, lockerer Stimmung und etwas laut*

auf|ge|regt ⟨Adj.⟩ →*aufregen (I)*

Auf|ge|regt|heit ⟨f., -, nur Sg.⟩ *das Aufgeregtsein, Erregung, Aufregung*

Auf|ge|sang ⟨m.2; im Meistergesang⟩ *erster, längerer Teil der Strophe;* Ggs. *Abgesang*

auf|ge|schlos|sen ⟨Adj.⟩ *bereit, etwas (Eindrücke, Anregungen) aufzunehmen, interessiert, empfänglich, zugänglich;* a. für alles Neue, für die Probleme anderer Menschen **Auf|ge|schlos|sen|heit** ⟨f., -, nur Sg.⟩

auf|ge|schmis|sen ⟨Adj.; ugs.⟩ *in der Fügung⟩* a. sein *in einer unangenehmen Lage, in Verlegenheit sein, ratlos sein;* wenn er nicht kommt, wenn das nicht klappt, bin ich a.

auf|ge|ta|kelt ⟨Adj., o.Steig.; übertr.⟩ →*auftakeln;* Ggs. *abgetakelt (1)*

auf|ge|weckt ⟨Adj.⟩ *wachen Geistes, lebhaft und intelligent* ⟨von Kindern⟩; Syn. *geweckt*

auf|gie|ßen ⟨V.54, hat aufgegossen; mit Akk.⟩ **1** *noch kurzem Dünsten oder Braten mit Wasser oder Brühe übergießen;* Gemüse, Braten a. **2** *mit kochendem Wasser übergießen;* Kaffee, Tee a.

auf|grei|fen ⟨V.59, hat aufgegriffen; mit Akk.⟩ **1** etwas a. *als gut erkennen und benutzen;* eine Idee, eine Anregung a. **2** jmdn.

finden und festnehmen; einen streunenden Jugendlichen, einen Flüchtling a.

auf|grund, auf Grund ⟨Präp. mit Gen.⟩ *auf der Grundlage von, begründet durch, veranlaßt durch;* aufgrund einer Anzeige; aufgrund meines Anspruchs; aufgrund deines Anrufs

Auf|guß ⟨m.2⟩ **1** ⟨nur Sg.⟩ *das Aufgießen (2)* **2** *durch Aufgießen (2) entstandene Flüssigkeit* (Kamillen~); Syn. *Infus, Infusum;* erster, zweiter A. von Kaffee, Tee

Auf|guß|beu|tel ⟨m.5⟩ *kleiner, mit Tee gefüllter Papierbeutel zum Aufgießen von Tee;* Syn. *Teebeutel*

Auf|guß|tier|chen ⟨n.7⟩ →*Infusionstierchen* [weil es im Heu- oder Strohaufguß zu finden ist]

auf|ha|ben ⟨V.60, hat aufgehabt⟩ **I** ⟨mit Akk.⟩ **1** *auf dem Kopf haben;* Ggs. *abhaben (1);* einen Hut a. **2** ⟨Schülerspr.⟩ *als Aufgabe (zum Arbeiten zu Hause) gestellt bekommen haben;* was habt ihr heute auf?; wir haben heute viel, wenig auf **II** ⟨o.Obj.; ugs.⟩ *geöffnet haben;* der Laden hat noch auf, hat bis sechs Uhr auf

auf|hal|sen ⟨V.1, hat aufgehalst; mit Dat. und Akk.⟩ jmdm. etwas a. *jmdm. etwas zu tun, zu erledigen geben, was man selbst nicht tun will*

auf|hal|ten ⟨V.61, hat aufgehalten⟩ **I** ⟨mit Akk.⟩ **1** etwas a. **a** *an der Weiterbewegung, am Kommen, Laufen hindern;* eine Entwicklung, ein Unheil a.; ein durchgehendes Pferd a. **b** ⟨ugs.⟩ *geöffnet halten;* ⟨jmdm.⟩ die Tür a.; die Hand a. (in Erwartung eines Trinkgeldes) **2** jmdn. a. *am Gehen, Aufbrechen, am Arbeiten, Tun hindern;* ich will Sie nicht länger a.; bitte verschwende hier, du hältst uns nur auf; ich bin leider aufgehalten worden **II** ⟨refl.⟩ **1** sich a. *sich an einem Ort befinden;* sich in Berlin, in einer Wohnung, bei Freunden a. **2** sich mit etwas a. *Zeit mit etwas verlieren;* ich kann mich nicht mit nebensächlichen Dingen a. **3** sich über etwas oder jmdn. a. *über etwas oder jmdn. tadelnd, nachteilig sprechen*

auf|hän|gen ⟨V.1, hat aufgehängt⟩ **I** ⟨mit Akk.⟩ **1** etwas a. *so befestigen, daß es hängt;* einen Mantel, ein Bild a.; etwas an einem Nagel a.; er hat einen Fehler benutzt, um seine Kritik zu entwickeln; er hat an diesem Ereignis aus der Jugend Heines seine Biographie aufgehängt *er hat mit diesem Ereignis seine Biographie wirkungsvoll, fesselnd begonnen* **2** jmdn. a. *erhängen, durch Hängen, Henken hinrichten;* sich a. *durch Erhängen Selbstmord begehen* **II** ⟨mit Dat. und Akk.⟩ jmdm. etwas a. *jmdm. etwas geben oder verkaufen, was nicht gut oder den wert voll ist oder was der Betreffende eigentlich nicht haben will;* er hat mir angefaultes Obst aufgehängt; ich habe mir einen Mantel a. lassen; du hast mir deinen Schnupfen aufgehängt; er hat ihr ein Kind aufgehängt *er hat sie schwanger gemacht* **III** ⟨refl.; ugs.⟩ sich a. *sich erhängen*

Auf|hän|ger ⟨m.5⟩ **1** *Stoffstreifen oder Öse zum Aufhängen* **2** *herausragende Sache, interessantes Ereignis, an dem eine Darstellung entwickelt wird* [zu *aufhängen (1)*]

Auf|hän|gung ⟨f.10⟩ **1** *Vorrichtung, an der etwas aufgehängt ist* **2** *Art, wie etwas aufgehängt ist*

auf|he|ben ⟨V.64, hat aufgehoben; mit Akk.⟩ **1** etwas a. **a** *in die Höhe heben;* die Hand a.; die Hand gegen jmdn. a. *jmdn. schlagen;* einen Korb (vom Boden) a. **b** *außer Kraft setzen, für nicht mehr gültig erklären;* eine Vorschrift a. **c** *aufbewahren;* ich hebe das Geld für dich auf; ich habe den Schlüssel gut aufgehoben und finde ihn trotzdem nicht; bei ihm ist die Sache gut aufgehoben ⟨übertr.⟩ *in guten Händen;* ich hebe Ihnen die Kinokarten bis morgen auf **d** *etwas hebt* etwas anderes auf *etwas hat denselben Wert wie etwas anderes und gleicht es dadurch wieder aus;* die Vorteile dieser Wohnung heben ihre Nachteile auf **2** jmdn. a. *vom Boden heben und aufrichten;* einen Gestürzten a. ⟨auch übertr.⟩

Auf|he|bung ⟨f., -, nur Sg.⟩ *das Aufheben (I b);* A. eines Gesetzes

auf|hei|tern ⟨V.1, hat aufgeheitert⟩ **I** ⟨mit Akk.⟩ *heiter machen, aufmuntern* **II** ⟨refl.⟩ sich a. *heller, freundlicher, sonniger werden;* das Wetter, der Himmel heitert sich auf

Auf|hei|te|rung ⟨f.10⟩ *das Aufheitern, das Sichaufheitern;* morgen Regen mit gelegentlichen ~en (in Wetterberichten)

auf|hei|zen ⟨V.1, hat aufgeheizt⟩ →*anheizen (2)*

auf|hel|fen ⟨V.66, hat aufgeholfen; mit Dat.⟩ **1** jmdm. a. **a** *beim Aufstehen helfen* **b** *aus einer bedrängten Lage helfen* **2** einer Sache a. *sie stärken;* man muß ihrem Selbstvertrauen wieder etwas a.; bitte helfen Sie meiner Erinnerung auf und sagen Sie mir . . .

auf|hel|len ⟨V.1, hat aufgehellt⟩ **I** ⟨mit Akk.⟩ *heller machen;* die dunklen Stellen eines Negativs a.; eine Angelegenheit a. *sie klären* **II** ⟨refl.⟩ sich a. *heller werden;* der Himmel hellt sich auf; ihr Gesicht hellte sich auf

Auf|hel|lung ⟨f., -, nur Sg.⟩

auf|ho|len ⟨V.1, hat aufgeholt⟩ **I** ⟨mit Akk.⟩ *ausgleichen, wettmachen, einholen;* einen Verlust, verlorene Zeit a. **II** ⟨o.Obj.⟩ *den Vorsprung anderer (vor der eigenen Leistung) geringer machen;* er hat in der Schule wieder aufgeholt

auf|hor|chen ⟨V.1, hat aufgehorcht; o.Obj.⟩ *bei einem Geräusch, bei gehörten Worten plötzlich aufmerksam werden, interessiert, bedenklich oder mißtrauisch werden*

auf|hö|ren ⟨V.1, hat aufgehört; o.Obj.⟩ **1** *nicht weitermachen, Schluß machen, eine Tätigkeit nicht weiterführen, sie beenden;* da hört ⟨⟨ugs.⟩ sich⟩ doch alles auf! ⟨übertr., ugs.⟩ *das geht zu weit, das ist unerhört!;* a. zu arbeiten; hör mit dem Unsinn auf! **2** *nicht andauern, ein Ende nehmen, zu Ende gehen;* der Regen hört nicht auf; es hört nicht auf zu schneien

auf|kau|fen ⟨V.1, hat aufgekauft; mit Akk.⟩ *in großer Menge kaufen;* er hat alle angrenzenden Grundstücke, die gesamte Ernte aufgekauft

auf|kla|ren ⟨V.1, hat aufgeklart; o.Obj.⟩ *klar, heiter werden;* der Himmel klart auf, es klart auf

auf|klä|ren ⟨V.1, hat aufgeklärt⟩ **I** ⟨mit Akk.⟩ **1** etwas a. **a** *die Wahrheit über etwas ermitteln;* einen Sachverhalt, einen Diebstahl a. **b** *erkunden, auskundschaften;* die feindlichen Stellungen a. **2** jmdn. a. *jmdm. die Wahrheit über etwas mitteilen;* jmdn. über einen Irrtum, über die Absichten eines anderen a.; ein Kind a. *ihm die Vorgänge der menschlichen Fortpflanzung erklären;* ein aufgeklärter Mensch *ein vorurteilsfreier, gebildeter Mensch;* vgl. *Aufklärung (3)* **II** ⟨refl.⟩ sich a. **1** *klar werden;* die Sache hat sich aufgeklärt **2** *hell, heiter werden;* das Wetter hat sich aufgeklärt; jmds. Miene klärt sich auf

Auf|klä|rer ⟨m.5⟩ **1** *Vertreter der Aufklärung (3)* **2** *mit besonderen Einrichtungen ausgestattetes Flugzeug oder Schiff zum Aufklären feindlicher Stellungen*

Auf|klä|rung ⟨f.10⟩ **1** *das Aufklären, das Aufgeklärtwerden;* über etwas A. verlangen **2** ⟨Mil.⟩ *Erkundung, Auskundschaften* **3** ⟨18. Jh.⟩ *Bewegung zur vernunftgemäßen Denken, gegen Vorurteile und religiösen Aberglauben sowie zur Verbreitung von Wissenschaft und Bildung (auch in niederen Volksschichten)*

auf|klau|ben ⟨V.1, hat aufgeklaubt; mit Akk.⟩ *sorgfältig aufheben, vom Boden aufsammeln;* Papierschnipsel einzeln a.

auf|knöp|fen ⟨V.1, hat aufgeknöpft; mit Akk.⟩ *durch Lösen der Knöpfe aus den Knopflöchern öffnen;* Ggs. *zuknöpfen;* die Jacke a.; knöpf dir die Ohren auf! ⟨ugs., scherzh.⟩ *hör besser zu!*

auf|kno|ten ⟨V.2, hat aufgeknotet⟩ →*aufknüpfen (1)*

auf|knüp|fen ⟨V.1, hat aufgeknüpft; mit Akk.⟩ **1** etwas a. *den Knoten von etwas öffnen;* Syn. *aufknoten;* eine Schnur, ein Band a. **2** jmdn. a. ⟨ugs.⟩ *erhängen*

auf|ko|chen ⟨V.1, hat aufgekocht⟩ **I** ⟨mit Akk.⟩ **1** *zum Kochen bringen und kurz kochen* **2** *noch einmal kurz kochen* ⟨o.Obj.⟩ **1** *zum Kochen kommen* **2** ⟨süddt.⟩ *gut und reichlich kochen;* bei Festen wird immer groß aufgekocht

auf|kom|men ⟨V.71, ist aufgekommen⟩ **I** ⟨o.Obj.⟩ **1** *entstehen, sich bilden;* ein Gewitter kommt auf; er läßt durch seine übertriebene Strenge keine Freude a.; ich möchte kein Mißtrauen, keine Zweifel a. lassen **2** *in die Höhe kommen, aufsteigen;* er läßt sich niemanden neben sich a. **3** *auf den Boden kommen;* ich bin beim Sprung schlecht, hart aufgekommen **II** ⟨mit Präp.obj.⟩ **1** für etwas oder jmdn. a. *die Kosten für etwas oder jmdn. übernehmen* **2** gegen etwas oder jmdn. a. *sich gegen etwas oder jmdn. durchsetzen können, sich behaupten können;* gegen ihren Redefluß kommt man nicht auf

Auf|kom|men ⟨n.7⟩ *Summe der Einnahmen aus den von der öffentlichen Hand erhobenen Abgaben* (Steuer~)

auf|krat|zen ⟨V.1, hat aufgekratzt; mit Akk.⟩ **1** etwas a. *durch Kratzen verletzen;* Haut a.; eine verschorfte Wunde wieder a. **2** jmdn. a. ⟨ugs.⟩ *fröhlich, lustig machen;* vgl. *aufgekratzt*

auf|krem|peln ⟨V.1, hat aufgekrempelt; mit Akk.⟩ *in die Fügung* die Ärmel a. *nach oben rollen* [zu *Krempe*]

auf|kreu|zen ⟨V.1, hat aufgekreuzt; o.Obj., ugs.⟩ *auftauchen, erscheinen;* nach längerer Zeit ist unser Freund wieder einmal aufgekreuzt

auf|krie|gen ⟨V.1, hat aufgekriegt⟩ →*aufbringen (1 a)*

auf|kün|di|gen ⟨V.1, hat aufgekündigt; mit Dat. und Akk.⟩ jmdm. etwas a. *kündigen, für beendet erklären;* Syn. *aufsagen;* jmdm. den Dienst, die Freundschaft a.

Aufl. ⟨Abk. für⟩ *Auflage (3)*

auf|la|den ⟨V.74, hat aufgeladen⟩ **I** ⟨mit Akk.⟩ **1** *auf ein Fahrzeug laden;* Ggs. *abladen (I,1);* Kohlen, Schutt a. **2** *elektrisch laden;* eine Batterie a. **II** ⟨mit Dat. und Akk.⟩ **1** jmdm., einem Tier oder sich etwas a. *auf den Rücken laden* **2** jmdm. oder sich etwas a. *aufbürden;* jmdm. Arbeit, eine Verantwortung a. **III** ⟨refl.⟩ sich a. *sich elektrostatisch laden;* der Teppich hat sich aufgeladen

Auf|la|ge ⟨f.11⟩ **1** *aufgelegte Schicht, Überzug* (Metall~) **2** *Stütze, Unterlage;* eine A. für den Arm, für den Apparat beim Fotografieren suchen **3** ⟨Abk. für: Aufl.⟩ *Gesamtheit der auf einmal gedruckten Exemplare (eines Schriftwerks);* ein Buch in einer von 5000 Exemplaren drucken **4** *geforderte Leistung, Verpflichtung;* jmdm. zur A. machen, täglich etwas Bestimmtes zu tun

auf|la|gen|schwach ⟨Adj.⟩ *in geringer Auflage gedruckt*

auf|la|gen|stark ⟨Adj.⟩ *in hoher Auflage gedruckt;* eine ~e Zeitung

Auf|la|ger ⟨n.5⟩ *Stützkörper, auf dem eine Konstruktion aufliegt (z.B. Träger für eine Decke)*

auf|län|dig ⟨Adj., o.Steig.⟩ *auf das Land zu wehend;* Ggs. *ablandig*

auf|las|sen ⟨V.75, hat aufgelassen; mit Akk.⟩ **1** *das Recht an etwas aufgeben oder auf jmdn. übertragen;* ein Grundstück, ein Grab a. **2** *stillegen, schließen;* ein Bergwerk a.; ein aufgelassener Bahnhof **3** ⟨ugs.⟩ *offenlassen;* laß die Tür auf! **4** ⟨ugs.⟩ →*aufbehalten*

auf|läs|sig ⟨Adj.; Bgb.⟩ *stillgelegt, geschlossen;* ~e Grube

auf|lau|ern ⟨V.1, hat aufgelauert; mit Dat.⟩ jmdm. a. *versteckt auf jmdn. warten (bes. um ihn zu überfallen)*

Auf|lauf ⟨m.2⟩ **1** *das Zusammenlaufen vieler erregter Menschen* **2** *im Backofen in einer Form gebackene Speise* (Nudel~, Reis~) [zu *auflaufen "anschwellen"*]

auf|lau|fen ⟨V.76⟩ **I** ⟨o.Obj.; ist aufgelaufen⟩ **1** *sich ansammeln;* Beträge a. lassen; aufgelaufene Schulden **2** *durch Schwellung entstehen;* an deiner Stirn ist eine Beule aufgelaufen **3** *steigen, ansteigen;* das Wasser um die Inseln ist aufgelaufen **4** *auf etwas laufen, fahren, prallen;* auf jmdn. a.; das Schiff ist (auf eine Klippe) aufgelaufen; jmdn. a. lassen ⟨übertr.⟩ *jmdm. wichtige Informationen vorenthalten, jmdn. nicht warnen* **II** ⟨mit Dat. (sich) und Akk.; hat aufgelaufen⟩ sich die Füße a. *wund laufen*

auf|le|ben ⟨V.1, ist aufgelebt; o.Obj.⟩ **1** *lebhafter, munterer, froher werden;* nachdem der Arzt ihm die Angst vor der Krankheit genommen hat, ist sie wieder aufgelebt **2** *wieder beginnen;* durch diesen Vorfall ist die alte Feindschaft zwischen ihnen wieder aufgelebt; alte Bräuche leben wieder auf

auf|le|gen ⟨V.1, hat aufgelegt; mit Akk.⟩ **1** *auf etwas daraufgeben;* zwei Gedecke, das Tischtuch a.; ein Pflaster, Puder, Rouge a. *aufs Gesicht auftragen;* Karten a. (zur Patience); einem Gläubigen die Hand a. *zum Segnen auf den Kopf legen;* den Hörer a. ⟨Tel.⟩ *den Hörer auf die Gabel legen;* kaum hatte ich den Hörer aufgelegt, als es schon wieder klingelte; er hat einfach aufgelegt ⟨erg.: den Hörer⟩ *er hat das Gespräch abgebrochen;* den Arm (beim Schreiben) a. **2** ⟨Wirtsch.⟩ *anbieten (um zum Kauf von Anteilscheinen aufzufordern);* Anleihen, Wertpapiere a. **3** *in neuer Auflage drucken;* ein Buch neu a.

auf|leh|nen ⟨V.1, hat aufgelehnt⟩ **I** ⟨mit Akk.⟩ *auflegen;* die Arme a. **II** ⟨refl.⟩ sich gegen etwas oder jmdn. a. *sich einer Sache widersetzen, einer Sache oder jmdm. Widerstand leisten;* sich gegen ein Verbot, einen Machthaber a.

Auf|leh|nung ⟨f., -, nur Sg.⟩ *das Sichauflehnen*

auf|le|sen ⟨V.79, hat aufgelesen; mit Akk.⟩ **1** etwas a. **a** *aufheben und sammeln;* Krümel (vom Boden) a.; Blumen, Ähren a. **b** *unfreiwillig bekommen;* eine Krankheit a.; wer weiß, wo ich die Erkältung aufgelesen habe **2** jmdn. oder ein Tier a. *zufällig treffen bzw. finden und mitnehmen;* er hat den Hund auf der Straße aufgelesen; einen Ausreißer a. und heimbringen

auf|leuch|ten ⟨V.2, hat aufgeleuchtet; o.Obj.⟩ *kurz leuchten;* ihre Augen haben aufgeleuchtet

auf|lie|fern ⟨V.1, hat aufgeliefert; mit Akk.⟩ *in größerer Menge abliefern;* Briefe (auf der Post) a.; Waren a.

auf|lie|gen ⟨V.80, hat aufgelegen⟩ **I** ⟨o.Obj.⟩ **1** ⟨süddt.: ist aufgelegen⟩ *unmittelbar auf der Oberfläche liegen;* die Platte, der Deckel liegt nicht genau auf **2** ⟨süddt.: ist aufgelegen⟩ *offen daliegen;* es liegen Listen zum Einschreiben auf **3** ⟨Mar.⟩ *in Ruhe liegen;* ein Schiff liegt auf **II** ⟨refl.⟩ sich →*wundliegen*

auf|li|sten ⟨V.2, hat aufgelistet; mit Akk.⟩ *in Listen erfassen, zusammenstellen;* Namen, Begriffe, gesammelte Pflanzen a.

auf|lockern ⟨-k|k-; V.1, hat aufgelockert; mit Akk.⟩ **1** *verstärkend lockern;* Erde a. **2** *kurzweiliger, fesselnder gestalten;* einen Vortrag durch Lichtbilder, praktische Beispiele a. **Auf|locke|rung** ⟨-k|k-, f., -, nur Sg.⟩

auflösen

auf|lö|sen ⟨V.1, hat aufgelöst⟩ I ⟨mit Akk.⟩ **1** *in etwas Flüssigkeit zerfallen lassen, aufweichen und flüssig machen;* eine Tablette in Wasser a.; ich fand sie in Tränen aufgelöst ⟨ugs.⟩ *heftig weinend* **2** *aus einer Bindung befreien;* einen Knoten a.; sie ist ganz aufgelöst *sie hat die Beherrschung verloren, ist ganz aufgeregt und weint* **3** *nicht weiterbestehen lassen, die Bindung aller Teile, aller Teilnehmer aufheben;* einen Haushalt, einen Verein a.; eine Demonstration a. **4** *lösen;* ein Rätsel a. II ⟨refl.⟩ sich a. **1** *zerfallen, aufweichen und flüssig werden* **2** *zu Ende gehen, von selbst aufhören zu bestehen;* das Unternehmen hat sich aufgelöst **3** *sich in etwas a. in einen anderen Zustand übergehen;* das Pulver hat sich in Rauch aufgelöst; unsere Hoffnungen haben sich in nichts aufgelöst
Auf|lö|sung ⟨f.10⟩ **1** ⟨nur Sg.⟩ *das Auflösen, das Sichauflösen;* das Unternehmen ist in A. begriffen **2** *Lösen;* für dieses Rätsel gibt es verschiedene ∼en
Auf|lö|sungs|ver|mö|gen ⟨n., -s, nur Sg.⟩ *beim Auge und bei optischen Geräten) Fähigkeit, aneinanderliegende Punkte getrennt wiederzugeben*
Auf|lö|sungs|zei|chen ⟨n.7; Zeichen: ♮; Mus.⟩ *Zeichen, das ein vorgezeichnetes Kreuz oder b aufhebt*
auf|ma|chen ⟨V.1, hat aufgemacht⟩ I ⟨mit Akk.⟩ **1** *öffnen,* Ggs. *zumachen;* eine Tür, die Fenster a.; mach doch die Augen auf! ⟨ugs.⟩ *paß doch auf!* **2** *aufhängen;* Gardinen a. **3** *einrichten, eröffnen;* ein Geschäft a. **4** *äußerlich gestalten, ausstatten;* ein Theaterstück groß, prunkvoll a.; ein hübsch aufgemachtes Schaufenster, Geschenk; das Buch ist nicht besonders (gut) aufgemacht II ⟨refl.⟩ sich a. *sich auf den Weg machen, aufbrechen;* ein Wind hat sich aufgemacht ⟨übertr.⟩ *hat zu wehen begonnen*
Auf|ma|cher ⟨m.5⟩ *wirkungsvoller Titel (eines Zeitungsartikels)*
Auf|ma|chung ⟨f., -, nur Sg.⟩ **1** *äußere Gestaltung, Ausstattung;* ein Theaterstück in großer A. herausbringen; die A. des Buches ist dürftig **2** *Kleidung und Schmuck;* sie erschien in prunkvoller A.
Auf|marsch ⟨m.2⟩ **1** *das Aufmarschieren;* A. von Truppen **2** *feierlicher Marsch an jmdm. oder etwas vorbei* **3** ⟨Mil.⟩ *Bewegung von Streitkräften (als Vorbereitung einer Kampfhandlung)*
auf|mar|schie|ren ⟨V.3, ist aufmarschiert; o.Obj.⟩ *heranmarschieren (und sich ordnungsgemäß aufstellen)*
auf|mer|ken ⟨V.1, hat aufgemerkt; o.Obj.⟩ *aufpassen, aufmerksam sein;* im Unterricht gut a.
auf|merk|sam ⟨Adj.⟩ **1** *mit den Sinnen genau wahrnehmend, gut beobachtend, wachen Geistes, gespannt, interessiert;* a. zuhören, zuschauen; im Unterricht a. sein; jmdn. auf etwas oder jmdn. a. machen *ihn auf etwas oder jmdn. hinweisen, jmds. Sinne auf etwas oder jmdn. richten* **2** *höflich, zuvorkommend, darauf achtend, ob man helfen kann;* jmdn. a. bedienen; du bist ja eine Mutter sehr a. **3** *(kleines) Geschenk;* das Buch war nur eine kleine A.
Auf|merk|sam|keit ⟨f.10⟩ **1** ⟨nur Sg.⟩ *das Aufmerksamsein, Empfänglichkeit der Sinne, Wahrnehmungskraft;* mit gespannter A. zuhören; jmds. A. auf etwas richten; meine A. ließ nach; ich bitte um A.! **2** *höfliche, rücksichtsvolle, hilfreiche Behandlung;* jmdm. ∼en erweisen **3** *(kleines) Geschenk;* das Buch war nur eine kleine A.
auf|mö|beln ⟨V.1, hat aufgemöbelt; mit Akk.⟩ **1** *einen Gegenstand wieder ein schöneres Aussehen verleihen, ihn so bearbeiten, daß er wieder neu aussieht* **2** ⟨fig.⟩ *munter, fröhlich machen;* der Kaffee hat mich aufgemöbelt; er ist so still, wir müssen ihn ein bißchen a. [wahrscheinlich zu *Möbel* im Sinne von „Möbel

aufarbeiten, wieder ganz und glänzend machen"]
auf|mot|zen ⟨V.1, hat aufgemotzt; o.Obj.⟩ ugs.⟩ *aufbegehren*
auf|mucken ⟨-k·k-; V.1, hat aufgemuckt; o.Obj.⟩ *sich widersetzen, widersprechen;* gegen ein Verbot, gegen eine Zurechtweisung a.
auf|mun|tern ⟨V.1, hat aufgemuntert; mit Akk.⟩ *heiter machen, in gute Stimmung bringen* **Auf|mun|te|rung** ⟨f., -, -en⟩
auf|müp|fig ⟨Adj.⟩ *sich oft auflehnend, oft aufmuckend*
Auf|nah|me ⟨f.11⟩ **1** *das Aufnehmen* **a** ⟨nur Sg.⟩ *das Zusichnehmen, Essen und Trinken (Nahrungs-∼)* **b** *Fotografie;* eine A. von etwas oder jmdm. machen **c** *Aufzeichnung auf Tonband (Band-∼)* **d** ⟨nur Sg.⟩ *Beginn;* A. von Verhandlungen, Beziehungen **e** ⟨nur Sg.⟩ *das Leihen;* A. von Geldmitteln **f** ⟨nur Sg.⟩ *Unterbringung;* A. nach meiner A. ins Krankenhaus **g** *Willkomm, Begrüßung, Empfang;* freundliche, kühle A. in Anklang, Widerhall; der Vorschlag, das Theaterstück fand begeisterte A. **2** *Raum, in dem sich Neuankömmlinge melden oder ihre Personalien angeben müssen (z.B. im Krankenhaus)*
auf|nah|me|fä|hig ⟨Adj.⟩ *nur als Attr. und mit „sein"⟩ fähig, Eindrücke, Erklärungen u.a. aufzunehmen* **Auf|nah|me|fä|hig|keit** ⟨f., -, nur Sg.⟩
Auf|nah|me|prü|fung ⟨f.10⟩, **Auf|nah|ms|prü|fung** ⟨f.10; österr.⟩ *Prüfung, um die Eignung nachzuweisen (z. B. für das Gymnasium)*
auf|neh|men ⟨V.88, hat aufgenommen; mit Akk.⟩ **1** *etwas a.* **a** *vom Boden, von unten nehmen, aufheben* **b** *aufwischen;* Flüssigkeit mit dem Lappen a. **c** *dazunehmen, hinzufügen;* Namen in eine Liste; Wörter in ein Wörterbuch a.; Maschen a. *auf die Nadel schlingen* **d** *zu sich nehmen, essen und trinken;* Nahrung a. **e** *schriftlich, fotografisch, auf Tonband festhalten, aufzeichnen;* ein Stenogramm a.; ein Gebäude, eine Landschaft (fotografisch) a.; ein Musikstück (auf Band) a. **f** *beginnen;* eine Arbeit a.; Beziehungen zu jmdm. a.; den Kampf a. **g** *leihen;* Geld, eine Hypothek a. **h** *in sich fassen, Platz bieten;* der Fahrstuhl kann sechs Personen a. **i** *annehmen, sehen oder hören und in sich weiterarbeiten, zur Kenntnis nehmen und beurteilen);* einen Vorschlag, eine Anregung a.; wie hat er die Nachricht aufgenommen?; das Theaterstück wurde vom Publikum begeistert, kühl aufgenommen; neue Eindrücke a. **k** ⟨unpersönl., mit „es" in der Wendung⟩ es mit jmdm. a. *sich mit jmdm. in der Leistung vergleichen;* mit dem nehme ich es leicht auf; mit dem kannst du es doch auf.! **2** *jmdn. a.* **a** *beherbergen, in der Wohnung unterbringen;* Gäste a.; er ist freundlich aufgenommen worden **b** *jmdm. Teilnahme, Zutritt gewähren;* jmdn. in einen Verein, in eine Schule a.; jmdn. ins Krankenhaus a.
äuf|nen ⟨V.2, hat geäufnet; mit Akk.; schweiz.⟩ *mehren, vermehren;* Kapital ä.
auf|nö|ti|gen ⟨V.1, hat aufgenötigt⟩ →*aufdrängen (1)*
auf|ok|troy|ie|ren ⟨[-ɔktroa-] ugs. verstärkend⟩ *oktroyieren*
auf|op|fern ⟨V.1, hat aufgeopfert; refl.⟩ *sich a. sich mit großer Kraft, großer Hingabe einsetzen;* sich für jmdn., eine Arbeit hingebungsvoll, sich ganz einsetzend; einen Kranken ∼d pflegen
au four [ofur] ⟨fr.⟩ *im Ofen gebacken oder gebraten [frz.], „im Ofen"]*
auf|pas|sen ⟨V.1, hat aufgepaßt⟩ I ⟨o.Obj.⟩ *achtgeben, aufmerksam sein* II ⟨mit Präp.obj.⟩ auf jmdn. a. *jmdn. beaufsichtigen, sich fürsorglich um jmdn. kümmern* III ⟨mit Dat. und Akk.⟩ *jmdm., einer Sache*

oder sich etwas a. *probeweise aufsetzen, auflegen;* jmdn. oder sich einen Hut a.; einem Gefäß einen Deckel a.
Auf|pas|ser ⟨m.5⟩ *jmd., der einen anderen oder andere streng beaufsichtigt*
auf|peit|schen ⟨V.1, hat aufgepeitscht; mit Akk.⟩ **1** *nach oben schleudern, heftig aufwühlen;* der Sturm peitscht die Wellen auf **2** →*aufputschen (2)*
auf|pflan|zen ⟨V.1, hat aufgepflanzt⟩ I ⟨mit Akk.⟩ **1** *als Zeichen aufstellen, aufrichten;* eine Fahne a. **2** ⟨in der Wendung⟩ das Bajonett a. *das Bajonett auf den Gewehrlauf stecken (um es als Stichwaffe benutzen zu können)* II ⟨refl.; übertr.⟩ sich a. *sich großspurig, herausfordernd hinstellen;* sich vor jmdm., vor der Tür a.
auf|pfrop|fen ⟨V.1, hat aufgepfropft; mit Akk.⟩ **1** *ein Reis a. auf einen Zweig pfropfen* **2** *etwas a.* ⟨übertr.⟩ *gewaltsam hinzufügen, was nicht paßt;* in dem Roman wirken bestimmte Szenen, Abschnitte aufgepfropft
auf|plus|tern ⟨V.1, hat aufgeplustert⟩ I ⟨mit Akk.⟩ *aufrichten, sträuben;* der Vogel plustert die Federn auf II ⟨refl.⟩ sich a. **1** *die Federn aufrichten, sträuben;* der Vogel plustert sich auf **2** ⟨übertr.⟩ *sich wichtig tun*
auf|prä|gen ⟨V.1, hat aufgeprägt; mit Dat. und Akk.⟩ **1** *einer Sache etwas a. mittels Stempels auf eine Sache prägen;* einem Bucheinband ein Muster a. **2** *einer Sache seinen Stempel a.* ⟨übertr.⟩ *sie stark spürbar beeinflussen;* ein Politiker prägt seiner Zeit seinen Stempel auf
Auf|prall ⟨m.1⟩ *das Aufprallen*
auf|pral|len ⟨V.1, ist aufgeprallt; o.Obj.⟩ *auf etwas prallen, hart auf etwas stoßen, schwer auf etwas fallen*
Auf|preis ⟨m.1⟩ *Aufschlag, Zuschlag auf den regulären Preis einer Ware;* gegen A. wird der Tisch auch furniert geliefert
auf|pul|vern ⟨V.1, hat aufgepulvert; mit Akk.⟩ **1** *durch Reizmittel kräftigen, anregen;* die Nerven, sich (mit Kaffee o.ä.) a.
auf|put|schen ⟨V.1, hat aufgeputscht; mit Akk.⟩ **1** *zum Putsch aufhetzen* **2** *durch Reizmittel stark anregen;* Syn. *aufpeitschen;* die Nerven, den Kreislauf, sich a.
Auf|putz ⟨m., -es, nur Sg.⟩ *Schmuck, Verzierungen, geschmückte Kleidung, schmückende Aufmachung*
auf|put|zen ⟨V.1, hat aufgeputzt, mit Akk.⟩ *schmücken, verzieren*
auf|raf|fen ⟨V.1, hat aufgerafft⟩ I ⟨mit Akk.⟩ *eilig, hastig aufheben und an sich nehmen* II ⟨refl.⟩ sich a. **1** *sich mühsam erheben* **2** *sich überwinden, seine Energie zusammennehmen;* ich kann mich nicht a., mitzugehen; raff dich endlich auf und fang an!
auf|rap|peln ⟨V.1, hat aufgerappelt; refl.⟩ **1** *schnell und unbeholfen aufstehen* **2** *eine Krankheit überwinden;* er hat sich bald wieder aufgerappelt
auf|räu|men ⟨V.1, hat aufgeräumt⟩ I ⟨mit Akk.⟩ **1** *in Ordnung bringen;* in Zimmer a. **2** *an seinen gewohnten Platz stellen, legen;* Spielsachen, Arbeitsgeräte a. **3** *wegräumen, weg-, beiseite schaffen;* Schutt, Trümmer a. II ⟨mit Präp.obj.⟩ **1** mit etwas a. *mit etwas Schluß machen, etwas abschaffen;* mit veralteten Vorstellungen a. **2** ⟨ugs.⟩ *unter Menschen vernichten, töten;* die Epidemie hat unter der Bevölkerung grausam aufgeräumt; vgl. *aufgeräumt*
Auf|räu|mungs|ar|beit ⟨f.10, meist Pl.⟩ ∼*en Arbeiten, um etwas wegzuschaffen, um Ordnung zu schaffen*
auf|rech|nen ⟨V.2, hat aufgerechnet⟩ I ⟨mit Akk.⟩ *etwas gegen etwas anderes a. etwas so berechnen, daß es etwas anderes ausgleicht;* Forderungen, Zahlungen gegeneinander a. II ⟨mit Dat. und Akk.; selten⟩ jmdm. etwas a. *in Rechnung stellen* **Auf|rech|nung** ⟨f., -, nur Sg.⟩

auf|recht ⟨Adj.⟩ **1** *gerade aufgerichtet;* a. *stehen, gehen; sich* a. *hinsetzen; ich kann mich kaum noch* a. *halten* **2** *aufrichtig, rechtschaffen, ein ~er Charakter*

auf|recht|er|hal|ten ⟨V.61, hat aufrechterhalten; mit Akk.⟩ *so erhalten, wie es ist, nicht abschaffen, bestehen lassen; einen alten Brauch* a.; *freundschaftliche Beziehungen* a.

auf|re|den ⟨V.2, hat aufgeredet⟩ → *aufschwatzen*

auf|re|gen ⟨V.1, hat aufgeregt⟩ **I** ⟨mit Akk.⟩ *jmdn.* a. *erregt, äußerst unruhig, sehr ärgerlich, nervös machen; der Kranke darf nicht aufgeregt werden; sein ständiger Widerspruch regt mich auf* **II** ⟨refl.⟩ *sich* a. *erregt, sehr unruhig, sehr ärgerlich werden;* Ggs. ⟨ugs.⟩ *abregen*

Auf|re|gung ⟨f.10⟩ *große Erregung, äußerste Unruhe; ich habe in letzter Zeit viel* A., *viele ~en gehabt*

auf|rei|ben ⟨V.95, hat aufgerieben; mit Akk.⟩ **1** *etwas* a. *durch Reiben verletzen, wund machen; vom Waschen aufgeriebene Hände* **2** a. *vernichten, besiegen; die Truppen wurden völlig aufgerieben* **3** *etwas, jmdn. oder sich* a. *zu sehr beanspruchen, ermüden, erschöpfen; seine Kräfte* a.; *diese Tätigkeit reibt mich auf; sich im Dienst für andere* a.; *eine ~de Arbeit*

auf|rei|ßen ⟨V.96⟩ **I** ⟨mit Akk.; hat aufgerissen⟩ **1** *etwas* a. *weit aufmachen; den Mund, die Augen* a. **b** *durch Reißen öffnen; einen Brief* a. **c** *gewaltsam öffnen, durch Bohren, Hacken zerstören; eine Straße* a. **d** ⟨Jargon⟩ *bekommen, sich verschaffen; eine Stellung, einen Job* a. **e** ⟨Jargon⟩ *unternehmen; was können wir denn heute mal* a.? **2** *jmdn.* a. ⟨Jargon⟩ *mit jmdm. in Kontakt kommen, jmds. Bekanntschaft machen, jmdn. ansprechen; ein Mädchen* a. **II** ⟨o.Obj.; ist aufgerissen⟩ *durch zu starke Dehnung reißen, sich öffnen; die Naht reißt auf*

Auf|rei|ßer ⟨m.5⟩ **1** ⟨Sport⟩ *Griff, um den Gegner aus der Bäuchlingslage hochzuheben* **2** *Artikel oder Titel (in einer Zeitung, Zeitschrift), der möglichst viele Leser ansprechen soll*

auf|rei|zen ⟨V.1, hat aufgereizt; mit Akk.; verstärkend⟩ **1** *reizen, aufhetzen, anstacheln; jmdn. zum Widerstand* a. **2** *absichtlich erregen, nervös machen*

Auf|rich|te ⟨f.11; schweiz.⟩ → *Richtfest*

auf|rich|ten ⟨V.2, hat aufgerichtet; mit Akk.⟩ **1** *etwas* a. **a** *gerade, senkrecht stellen* **b** *aufbauen, errichten; Barrikaden* a. **2** *jmdn.* a. **a** *in aufrechte Haltung bringen; oder sich* a. *im Bett* a. **b** ⟨übertr.⟩ *jmdm. oder sich selbst Mut zusprechen, Selbstvertrauen wiedergeben*

auf|rich|tig ⟨Adj.⟩ **1** *wahrheitsliebend, ehrlich* **2** *ernstgemeint; in ~er Freundschaft, Dankbarkeit* **Auf|rich|tig|keit** ⟨f., -, nur Sg.⟩

Auf|rich|tung ⟨f., -, nur Sg.⟩ *das Aufrichten*

Auf|riß ⟨m.1⟩ **1** *unperspektivische Zeichnung der Außenseite (eines Gegenstandes)* **2** ⟨derb⟩ *Bekanntschaft (für eine Nacht)*

auf|rol|len ⟨V.1, hat aufgerollt; mit Akk.⟩ **1** *auf eine Rolle wickeln oder zu einer Rolle wickeln; einen Teppich, Papier* a. **2** *auseinanderrollen, rollend offen hinlegen; einen (zusammengerollten) Teppich* a. **3** ⟨übertr.⟩ *einen Sachverhalt* a. *untersuchen und darstellen* **4** ⟨Mil., Sport⟩ *von der Seite her, von hinten angreifen und besiegen; die Front, die feindliche Stellung* a.; *das Läuferfeld von hinten* a.

auf|rücken ⟨-k·k-; V.1, ist aufgerückt; o.Obj.⟩ **1** *in eine höhere Stellung rücken; zum Fähnrich, zum Abteilungsleiter* a. **2** *dicht zusammenrücken, dicht an den Nachbarn oder Vordermann rücken;* Syn. *aufschließen*

Auf|ruf ⟨m.1⟩ **1** *das Aufrufen, das Aufgefenwerden (Namens~)* **2** *Aufforderung (etwas zu tun);* A. *an die Bevölkerung, Ruhe zu bewahren* **3** *Bekanntmachung, Mitteilung, daß etwas abzuholen ist;* A. *von Theaterkarten (im Abonnement); einen* A. *bekommen*

auf|ru|fen ⟨V.102, hat aufgerufen; mit Akk.⟩ **1** *jmdn.* a. *beim Namen rufen, damit er sich meldet oder etwas tut; einen Schüler im Unterricht* a.; *die Bevölkerung zur Mithilfe* a. **2** *etwas* a. *zu einem bestimmten Zweck rufen, wecken, ansprechen; Namen* a.; *jmds. Hilfsbereitschaft, Gemeinschaftsgefühl* a.

Auf|ruhr ⟨m.1⟩ **1** *Empörung und Zusammenrottung (bes. gegen die Staatsgewalt); offener* A. **2** *starke Erregung; in* A. *geraten; jmdn. in* A. *bringen* **3** *starke Bewegung;* A. *der Naturelemente* [zu *aufführen* (2)]

auf|rüh|ren ⟨V.1, hat aufgerührt; mit Akk.⟩ **1** *etwas* a. *wieder in lebhafte (nicht mit gewünschte) Erinnerung bringen; durch deinen Brief wurde alles Vergangene wieder aufgerührt* **2** a. *in starke Erregung versetzen; die Nachricht hat mich sehr aufgerührt*

Auf|rüh|rer ⟨m.5⟩ *jmd., der einen Aufruhr (1) anstiftet oder angestiftet hat, an einem Aufruhr (1) beteiligt ist oder war*

auf|rüh|re|risch ⟨Adj.⟩ *in der Art eines Aufrührers, zum Aufruhr (1) anstachelnd; ~e Reden führen*

auf|run|den ⟨V.2, hat aufgerundet; mit Akk.⟩ *eine Zahl* a. *in runder Zahl machen, Endziffer(n) von 5 bis 9 durch Null(en) ersetzen und die vorhergehende Ziffer um 1 erhöhen;* Ggs. *abrunden* (2) **Auf|run|dung** ⟨f., -, nur Sg.⟩

auf|rü|sten ⟨V.2, hat aufgerüstet; mit Akk.⟩ *den Bestand (eines Landes) an Soldaten und Kriegsmaterial vergrößern;* Ggs. *abrüsten; ein Land* a.; *Staaten rüsten auf*

Auf|rü|stung ⟨f.10⟩ *Erhöhung des Bestandes an Soldaten und Kriegsmaterial;* Ggs. *Abrüstung*

auf|rüt|teln ⟨V.1, hat aufgerüttelt; mit Akk.⟩ **1** *durch Rütteln aufwecken; jmdn. aus dem Schlaf, aus seinen Phantasien* a.; *jmds. Gewissen* a. ⟨übertr.⟩ *wecken*

aufs ⟨Präp. mit Art.; zusammengezogen aus⟩ *auf das; sich aufs Bett legen; es ist alles aufs beste vorbereitet; ich freue mich aufs Schilaufen*

auf|sa|gen ⟨V.1, hat aufgesagt⟩ **I** ⟨mit Akk.⟩ *auswendig vortragen; ein Gedicht* a. **II** ⟨mit Dat. und Akk.⟩ *jmdm. etwas* a. → *aufkündigen*

auf|säs|sig ⟨Adj.⟩ *Widerstand leistend, sich auflehnend; ~es Kind; die Mannschaft wird* a. **Auf|säs|sig|keit** ⟨f., -, nur Sg.⟩

Auf|satz ⟨m.2⟩ **1** *auf etwas anderes gesetzter und dazu passender Gegenstand, Aufbau; ein* A. *auf einer Kommode* **2** *kurze Abhandlung, schriftliche Darstellung (in einer Zeitschrift, im Unterricht); Zeitschriften~, Schul~, Klassen~*

auf|sau|gen ⟨V.1, geh. auch 104, hat aufgesaugt bzw. hat aufgesogen; mit Akk.⟩ *durch Saugen wegnehmen oder in sich aufnehmen; mit einem Schwamm Wasser* a.; *mit dem Schwamm hat das Wasser aufgesaugt; Wissensstoff* a.; *er hat alles, was er von dem Alten lernen konnte, gierig aufgesaugt*

auf|schau|en ⟨V.1, hat aufgeschaut, o.Obj.⟩ *nach oben, in die Höhe schauen;* Syn. *aufsehen; arbeiten, schreiben, ohne aufzuschauen; zum Himmel* a.; *zu jmdm.* a. ⟨übertr.⟩ *jmdn. hochachten, verehren, sein Wissen, seine Überlegenheit anerkennen*

auf|schau|keln ⟨V.1, hat aufgeschaukelt⟩ → *hochschaukeln*

auf|schei|nen ⟨V.108, ist aufgeschienen, o.Obj.; bes. österr.⟩ *sich zeigen, auftreten, erscheinen*

auf|scheu|chen ⟨V.1, hat aufgescheucht; mit Akk.⟩ **1** *ein Tier* a. *in Schrecken versetzen und zum Fliehen bringen;* Syn. *aufstöbern; Wild* a. **2** *jmdn.* a. *sich plötzlich jmdm.*
nähern und ihn stören; Syn. *aufstören; jmdn. aus dem Schlaf, von einer ruhigen Tätigkeit* a.

auf|schie|ben ⟨V. 112, hat aufgeschoben; mit Akk.⟩ **1** *durch Schieben öffnen; eine Schiebetür, ein Schiebefenster* a. **2** *verschieben; aufgeschoben ist nicht aufgehoben was man aufschieben muß, kann man immer noch tun*

Auf|schieb|ling ⟨m.1⟩ *kleiner Balkon auf dem Hauptsparren im Dachstuhl*

auf|schie|ßen ⟨V.113⟩ **I** ⟨o.Obj.; ist aufgeschossen⟩ **1** *sehr schnell in die Höhe wachsen; ein lang, hoch aufgeschossener Bursche* **2** *sich plötzlich schnell nach oben bewegen; ein ~der Wasserstrahl* **II** ⟨mit Akk.; hat aufgeschossen; Mar.⟩ *zusammenrollen; ein Tau* a.

Auf|schlag ⟨m.2⟩ **1** *das Aufschlagen, Aufprallen auf einer Fläche; beim* A. *auf den Steinboden* **2** ⟨Tennis, Tischtennis⟩ *erster Schlag; wer hat den* A.? **3** *nach oben gewendeter Stoffteil (am Ärmel, am Verschluß der Jacke, am Hosenbein)* **4** *Erhöhung (Preis~)* **5** ⟨Forstw.⟩ *aus herabgefallenem (ungeflügeltem) Samen entstandener Bestand an Bäumen und Sträuchern*

auf|schla|gen ⟨V.116⟩ **I** ⟨mit Akk.; hat aufgeschlagen⟩ **1** *durch Schlagen öffnen; ein Ei* a. **2** *öffnen; die Augen* a.; *ein Buch* a.; *eine Seite* (im Buch) a. *das Buch öffnen und eine bestimmte Seite suchen* **3** *nach oben wenden; die Ärmel, die Hutkrempe, die Bettdecke* a. **4** *aufbauen; ein Zelt* a.; *seinen Wohnsitz in Berlin* a. **5** ⟨in bestimmten Wendungen⟩ *Karten* a. *offen hinlegen; Maschen* a. *den Faden zu Maschen verschlingen* **II** ⟨mit Dat. und Akk.; hat aufgeschlagen⟩ *jmdm. oder sich etwas* a. *durch Schlag, Stoß verletzen; sich das Knie* a. **III** ⟨o.Obj.⟩ **1** ⟨ist aufgeschlagen⟩ *hart auf eine Fläche fallen; der Ball schlägt auf dem Boden auf* **2** ⟨hat aufgeschlagen; Tennis, Tischtennis⟩ *den ersten Schlag tun; wer schlägt auf?* **3** ⟨hat aufgeschlagen⟩ *sich erhöhen, erhöht werden; die Preise haben aufgeschlagen* **4** ⟨hat aufgeschlagen; ugs.⟩ *teurer werden; diese Waren, Artikel haben aufgeschlagen*

Auf|schlä|ger ⟨m.5⟩ *Spieler, der den Aufschlag macht*

Auf|schlag|zün|der ⟨m.5; bei Geschossen, Bomben⟩ *Vorrichtung, die beim Auftreffen von Artilleriegeschossen und Bomben die Detonation auslöst*

auf|schlie|ßen ⟨V.120, hat aufgeschlossen⟩ **I** ⟨mit Akk.⟩ **1** *mit Schlüssel oder durch Verändern des Schlosses öffnen;* Syn. *aufsperren* **2** ⟨Bgb.⟩ *abbaureif machen; eine Mine, Erz* a. *vorkommen* a. **3** ⟨Hüttenwesen⟩ *durch Zerkleinern zur Weiterverarbeitung vorbereiten; Erze* a. **4** ⟨Chem.⟩ *in lösliche Stoffe umwandeln, löslich machen; unlösliche Stoffe* a. **II** ⟨mit Dat. und Akk.⟩ *jmdm. etwas* a. ⟨übertr.⟩ *verständlich machen, erklären; Kindern eine Dichtung, die Naturschönheiten* a. **III** ⟨refl.⟩ *sich* a. *anderen gegenüber offen, zugänglich werden, andere am eigenen Erleben teilnehmen lassen* **IV** ⟨o.Obj.⟩ → *aufrücken* (2)

Auf|schluß ⟨m.1⟩ **1** *Auskunft, Aufklärung, Belehrung;* A. *über etwas verlangen, erhalten* **2** ⟨Bgb., Hüttenwesen, Chem.⟩ *das Aufschließen* **3** ⟨Geol.⟩ *Stelle, an der das Gestein nicht durch Bewuchs verhüllt wird*

auf|schlüs|seln ⟨V.1, hat aufgeschlüsselt; mit Akk.⟩ *mit Hilfe eines Systems (Schlüssels) gliedern, ordnen; Kosten je nach Beteiligung* a.

auf|schluß|reich ⟨Adj.⟩ *viele Aufschlüsse gebend, lehrreich*

auf|schnal|len ⟨V.1, hat aufgeschnallt; mit Akk.⟩ **1** *etwas* a. *die Schnalle(n) von etwas öffnen; den Ranzen* a. **2** *einem Tier etwas* a. *auf den Rücken legen oder darüber hängen* *und mittels Schnalle(n) befestigen;* einem Tier den Sattel, eine Last a.

auf|schnap|pen ⟨V.1⟩ **I** ⟨mit Akk.; hat aufgeschnappt⟩ **1** *mit dem Maul auffangen;* eine Fliege, ein Stück Wurst a. **2** *zufällig hören, erfahren;* eine Neuigkeit a.; von einem Gespräch ein paar Brocken a. **II** ⟨o.Obj.; ist aufgeschnappt⟩ *sich mit einem Knack öffnen;* das Schloß schnappte auf

auf|schnei|den ⟨V.125, hat aufgeschnitten⟩ **I** ⟨mit Akk.⟩ **1** *durch Schneiden öffnen;* einen Umschlag a.; jmdm. den Bauch a. ⟨ugs.⟩ *jmdn. im Bauch operieren* **2** *in Scheiben zerschneiden;* Wurst (und Braten), Käse a. **II** ⟨o.Obj.⟩ *übertreiben, prahlen*

Auf|schnitt ⟨m., -s, nur Sg.⟩ *verschiedenerlei Wurst (und Braten) in Scheiben geschnitten*

auf|schnü|ren ⟨V.1, hat aufgeschnürt; mit Akk.⟩ *etwas a. die Schnur um etwas lösen, aufknoten*

auf|schrecken ⟨-k·k-; V.1⟩ **I** ⟨mit Akk.; hat aufgeschreckt⟩ *jmdn., ein Tier a. in Schrecken versetzen und stören oder vertreiben;* jmdn. aus tiefen Gedanken a. **II** ⟨o.Obj.; ist aufgeschreckt⟩ *erschrecken und sich rasch aufrichten oder den Kopf heben;* ich schreckte aus dem Schlaf auf

Auf|schrei ⟨m.1⟩ *plötzlicher, kurzer Schrei*

auf|schrei|ben ⟨V.127, hat aufgeschrieben; mit Akk.⟩ **1** *etwas a. schriftlich festhalten, niederschreiben* **2** *jmdn. a. jmds. Namen schriftlich festhalten, notieren*

auf|schrei|en ⟨V.128, hat aufgeschrien; o.Obj.⟩ *plötzlich kurz schreien*

Auf|schrift ⟨f.10⟩ *etwas Daraufgeschriebenes;* A. auf einem Schild, einem Buch

Auf|schub ⟨m.2⟩ *das Aufschieben, Hinausschieben, Verlängern der Frist;* um A., um drei Tage A. bitten

auf|schür|fen ⟨V.1, hat aufgeschürft; mit Akk.⟩ *durch heftige Reibung verletzen;* (sich) die Haut a.

auf|schwat|zen ⟨V.1, hat aufgeschwatzt; mit Dat. und Akk.⟩ *jmdm. etwas a. jmdn. durch eifriges Zureden dazu bringen, etwas zu kaufen;* Syn. *aufreden;* ich habe mir ein Kleid a. lassen

auf|schwin|gen ⟨V.134, hat aufgeschwungen; refl.⟩ **1** *sich a. mit eigener Kraft, mit Schwung in die Höhe fliegen;* der Vogel schwang sich auf **2** *sich zu etwas a. den Schwung, die Energie, die Möglichkeit finden, etwas zu tun;* ich konnte mich nicht dazu a., mitzugehen; wir haben uns zu einem Fernsehapparat aufgeschwungen ⟨eigtl.⟩ *haben uns aufgeschwungen, einen Fernsehapparat zu kaufen*

Auf|schwung ⟨m.2⟩ **1** *Aufstieg, Aufwärtsentwicklung, Blütezeit;* wirtschaftlicher A. der Literatur und Kunst **2** ⟨Turnen⟩ *Hochschwingen des Körpers auf ein Turngerät*

auf|se|hen ⟨V.136, hat aufgesehen⟩ → *aufschauen*

Auf|se|hen ⟨n., -s, nur Sg.⟩ *Aufmerksamkeit, Widerhall;* der Vorfall erregte allgemeines, großes, erhebliches A.

Auf|se|her ⟨m.5⟩ *jmd., der die Aufsicht führt, Wächter*

auf|sein ⟨V.137, ist aufgewesen; o.Obj.⟩ **1** *aufgestanden sein, sich außerhalb des Bettes befinden;* ich bin schon auf, bin noch auf **2** ⟨ugs.⟩ *offen sein;* die Tür ist auf

auf|set|zen ⟨V.1, hat aufgesetzt⟩ **I** ⟨mit Akk.⟩ **1** *oben darauf setzen, auf etwas anderes setzen;* ein Dach mit einem aufgesetzten Türmchen **2** *auf etwas anderes nähen;* eine Borte a.; Jacke mit aufgesetzten Taschen **3** *auf den Kopf, auf die Nase setzen;* einen Hut, die Brille a.; einen Dickkopf a. ⟨übertr., ugs.⟩ *dickköpfig sein;* eine unfreundliche Miene a. ⟨übertr., ugs.⟩ *ein unfreundliches Gesicht machen* **4** *zum Kochen auf den Herd setzen;* Syn. *aufstellen;* Wasser, Kartoffeln a. **II** ⟨o.Obj.⟩ **1** *auf den Boden kommen;* das Flugzeug setzte weich, hart auf **2** ⟨Jägerspr.⟩ *Gehörn, Geweih neu bilden;* Rehe, Hirsche setzen auf **III** ⟨refl.⟩ *sich a. sich aus dem Liegen zum Sitzen aufrichten;* sich im Bett a.

Auf|set|zer ⟨m.5; Ballspiele⟩ *Ball, der auf dem Boden aufprallt, ehe er den Spieler oder das Tor erreicht*

Auf|sicht ⟨f.10⟩ **1** ⟨nur Sg.⟩ *Überwachung, Beaufsichtigung, das Aufpassen;* die A. über etwas, über Kinder haben, führen **2** *jmd. (z.B. Lehrer, Angestellter), der andere beaufsichtigt, andere überwacht*

Auf|sichts|pflicht ⟨f.10⟩ *gesetzlich vorgeschriebene Pflicht, bestimmte Sachen, Personen oder Institutionen zu beaufsichtigen;* elterliche, ärztliche, dienstliche A.

Auf|sichts|rat ⟨m.2⟩ *Gruppe von Personen, die zur Aufsicht über ein Unternehmen (z.B. AG) eingesetzt ist*

auf|sit|zen ⟨V.143⟩ **I** ⟨o.Obj.⟩ **1** ⟨ist aufgesessen⟩ *aufs Pferd, aufs Motorrad steigen;* jmdn. a. lassen *hinten aufs Motorrad, Fahrrad, auf den Wagen steigen lassen (um ihn mitzunehmen);* vgl. *aufsitzen (II)* **2** ⟨ist aufgesessen⟩ *so auf einem Turngerät springen oder sich schwingen, daß man sitzt* **3** ⟨hat aufgesessen, süddt.⟩ *noch aufsein, noch nicht im Bett sein;* ich sitze abends lange auf **4** ⟨hat aufgesessen⟩ *aufgerichtet im Bett sitzen;* der Kranke sitzt schon auf **5** ⟨hat aufgesessen⟩ *auf Grund gefahren sein;* das Boot sitzt auf **6** ⟨hat aufgesessen⟩ *fest auf etwas sitzen;* der Deckel sitzt genau, sitzt nicht auf **II** ⟨mit Dat. ist aufgesessen; ugs.⟩ *jmdm. a. von jmdm. gefoppt, betrogen, getäuscht werden;* dem bin ich schön aufgesessen; einen Schwindler a.; jmdn. a. lassen *jmdn. im Stich lassen, eine Verabredung, Vereinbarung mit jmdm. nicht einhalten*

auf|span|nen ⟨V.1, hat aufgespannt; mit Akk.⟩ **1** *öffnen bzw. aufwickeln und spannen;* den Schirm a.; ein Sprungtuch a.; eine Wäscheleine a. **2** *spannen und auf etwas befestigen;* Papier (auf einen Rahmen) a.

auf|spa|ren ⟨V.1, hat aufgespart; mit Akk. oder mit Dat. (sich) und Akk.⟩ *für später aufheben;* einen Teil des Proviants a.; sich ein Osterei a.; sich eine Neuigkeit als Knalleffekt bis zuletzt a.

auf|spei|chern ⟨V.1, hat aufgespeichert; mit Akk.; verstärkend⟩ *speichern;* seine aufgespeicherten Aggressionen brachen plötzlich hervor

auf|sper|ren ⟨V.1, hat aufgesperrt; mit Akk.⟩ **1** → *aufschließen (I,1)* **2** *aufmachen;* den Mund, den Schnabel a.; sperr doch die Ohren auf! ⟨derb⟩ *hör doch besser zu!*

auf|spie|len ⟨V.1, hat aufgespielt⟩ **I** ⟨mit Akk.⟩ *vorspielen, zu jmds. Vergnügen auf einem Instrument (bes. Geige) spielen;* ein Liedchen a.; spiel uns eins (= ein Musikstück) auf! **II** ⟨o.Obj.⟩ *Musik machen;* Spielmann, spiel auf!; zum Tanz a. **III** ⟨refl.⟩ *sich a. sich wichtig tun, prahlen;* sich als etwas so tun, als ob man etwas sei; sich als starker Mann a.

auf|sprin|gen ⟨V.148, ist aufgesprungen; o.Obj.⟩ **1** *in die Höhe springen, vom Sitzen oder Liegen auf die Füße springen* **2** *sich rasch öffnen;* die Tür, das Kästchen sprang auf **3** *rissig werden;* aufgesprungene Hände, Lippen

auf|spü|ren ⟨V.1, hat aufgespürt; mit Akk.⟩ *etwas oder jmdn. a. die Spur von etwas oder jmdm. verfolgen und es bzw. ihn finden;* Syn. *aufstöbern;* ein Wild, einen Verbrecher in seinem Versteck a.

auf|sta|cheln ⟨V.1, hat aufgestachelt; mit Akk.⟩ *aufreizen, hetzend dazu bringen, etwas zu tun;* jmdn. zum Widerstand, zum Aufruhr a.; Syn. *anstacheln*

Auf|stand ⟨m.2⟩ **1** *Empörung gegen die Obrigkeit, Aufruhr;* bewaffneter A.; zum A. aufrufen, einen A. niederschlagen **2** ⟨ugs.⟩ *überflüssige Umstände, Durcheinander, Aufregung;* laß das sein, das gibt einen riesigen A.; mach doch nicht einen solchen A.!

auf|stän|disch ⟨Adj., o.Steig.; nur als Attr. und mit „sein"⟩ *im Aufstand (1) befindlich;* ~e Bauern; die Aufständischen *die im Aufstand befindlichen Personen*

auf|stecken ⟨-k·k-; V.1, hat aufgesteckt; mit Akk.⟩ **1** *auf etwas stecken;* Fähnchen a. **2** *nach oben nehmen und mit Nadeln befestigen;* das Haar, den Rock a.; Gardinen a. **3** *aufgeben, nicht länger tun, nicht weiter betreiben;* einen Beruf a.; das Rauchen a.

auf|ste|hen ⟨V.151, ist aufgestanden⟩ **I** ⟨o.Obj.⟩ **1** *sich auf die Füße stellen, sich aus dem Sitzen oder Liegen erheben* **2** *das Bett verlassen;* ich stehe sehr früh, sehr spät auf; da mußt du früher a.! ⟨übertr., ugs.⟩ *mußt du dich eher darum kümmern!* **3** *ganz auf dem Boden, auf einer Fläche stehen;* das vierte Stuhlbein steht nicht auf **4** ⟨Jägerspr.⟩ → *auffliegen (1)* **II** ⟨mit Präp.obj.⟩ *gegen jmdn. oder etwas a. sich empören; gegen einen Tyrannen, gegen Willkürherrschaft a.*

auf|stei|gen ⟨V.153, ist aufgestiegen; o.Obj.⟩ **1** *nach oben, auf einen Berg steigen;* Ggs. *absteigen;* wir sind drei Stunden aufgestiegen, bis wir den Gipfel erreicht hatten **2** *in die Höhe fliegen;* das Flugzeug, der Drachen steigt auf **3** *aufs Pferd, Fahrrad, Motorrad steigen;* Ggs. *absteigen* **4** *nach oben führen;* Ggs. *absteigen;* ~der Weg; alle Verwandten in ~der Linie *alle Vorfahren;* sich auf dem ~den Ast befinden *beruflich, finanziell vorwärtskommen* **5** ⟨Sport⟩ *in eine höhere Leistungsklasse eingestuft werden;* Ggs. *absteigen* **6** *eine höhere Gehalts-, Gesellschaftsklasse erreichen* **7** *Ansehen, Einfluß, Macht gewinnen;* das ~de Bürgertum **8** *entstehen, sich bilden;* ein Gefühl der Wehmut stieg in mir auf; gegen die ~den Tränen ankämpfen **9** *ins Bewußtsein dringen;* eine Idee, eine Vorstellung stieg in mir auf

Auf|stei|ger ⟨m.5⟩ *Ggs. Absteiger* **1** *jmd., der in eine höhere Gesellschaftsklasse aufgestiegen ist* **2** *Sportler, Mannschaft, der bzw. die in eine höhere Leistungsklasse eingestuft worden ist*

auf|stel|len ⟨V.1, hat aufgestellt⟩ **I** ⟨mit Akk.⟩ **1** *etwas a.* **a** *hinstellen, an eine Stelle, einen Platz stellen;* Figuren a. **b** *aufbauen, errichten;* ein Denkmal a. **c** *in aufrechte Stellung, Haltung bringen;* den Mantelkragen a.; der Esel stellt die Ohren auf **d** *durch Nachdenken erarbeiten und zum Ausdruck bringen;* eine Theorie, eine Regel, einen Grundsatz a. **e** → *aufsetzen (I,4)* **f** ⟨norddt.⟩ → *ansetzen (I,1b)* **2** *jmdn. a.* **a** *jmdn. beauftragen, an einer bestimmten Stelle Wache zu halten;* Posten, Wachen a. **b** *kampfbereit machen;* Truppen a. **c** *zur Wahl vorschlagen;* Kandidaten a. **d** ⟨Sport⟩ *in eine Mannschaft berufen* **II** ⟨refl.⟩ *sich a. sich in einer bestimmten Ordnung hinstellen;* eine Mannschaft stellt sich auf

Auf|stel|lung ⟨f.10⟩ **1** ⟨nur Sg.⟩ *das Aufstellen;* A. nehmen *sich aufstellen* **2** *Zusammenstellung, Liste (von Namen, Dingen);* eine A. der benötigten Bücher machen **3** ⟨Sport⟩ *Auswahl aus in Frage kommenden Spielern*

Auf|stieg ⟨m.1⟩ **1** *das Aufsteigen (1);* Ggs. *Abstieg;* der A. bis zum Gipfel dauerte drei Stunden **2** *das In-die-Höhe-Fliegen;* A. eines Feuerwerkskörpers **3** *das Aufsteigen in eine höhere Gesellschaftsklasse, berufliches Vorwärtskommen;* Ggs. *Abstieg;* sozialer, beruflicher A. **4** *nach oben führender Weg;* Ggs. *Abstieg* **5** *Aufwärtsentwicklung;* Ggs. *Abstieg;* wirtschaftlicher, politischer A.

auf|stö|bern ⟨V.1, hat aufgestöbert⟩ **1** → *aufscheuchen* **2** → *aufspüren*

auf|stocken ⟨-k·k-; V.1, hat aufgestockt; mit Akk.⟩ *erhöhen;* ein Gebäude aufstocken; Kapital aufstocken

auf|stö|ren ⟨V.1, hat aufgestört⟩ →*aufscheuchen (2)*

auf|sto|ßen ⟨V.157⟩ I ⟨mit Akk.; hat aufgestoßen⟩ **1** *durch Stoß oder Ruck öffnen;* eine Tür, das Fenster a. **2** *auf eine Fläche stoßen;* eine Zigarette (auf dem Tisch) a. II ⟨o.Obj.; hat aufgestoßen⟩ **1** *Luft aus dem Magen durch den Mund herausdringen lassen* **2** *auf etwas stoßen, etwas von oben her berühren;* mit dem Stock auf dem Boden a.; die Hosenbeine stoßen auf den Schuhen auf III ⟨mit Dat.; ist aufgestoßen⟩ *jmdm. a. auffallen, von jmdm. bemerkt werden;* mir stoßen in dem Text immer wieder Fehler auf; mir ist aufgestoßen, daß ... IV ⟨mit Dat. (sich) und Akk.; hat aufgestoßen⟩ *sich etwas a. sich durch Stoß etwas verletzen;* ich habe mir das Knie an der Kante aufgestoßen

auf|stre|ben ⟨V.1, hat aufgestrebt; o.Obj.⟩ **1** *nach oben, in die Höhe streben;* ~de Linien, Bogen (in der gotischen Baukunst) **2** *Einfluß, Macht, Freiheit zu gewinnen suchen;* das ~de Bürgertum; ~de junge Völker

auf|strec|ken ⟨-k·k-; V.1, hat aufgestreckt; o.Obj.; schweiz.⟩ *sich durch Handzeichen melden*

auf|strei|chen ⟨V.158, hat aufgestrichen; mit Akk.⟩ *auf etwas daraufstreichen;* Butter, Wurst, Farbe a.

Auf|strich ⟨m.1⟩ **1** *etwas Aufgestrichenes* (Farb~) *oder etwas, was aufgestrichen werden kann* (z.B. Butter, Wurst, Käse; Brot~) **2** ⟨beim Schreiben⟩ *Strich nach oben;* Ggs. *Abstrich (5)* **3** ⟨beim Spielen von Streichinstrumenten⟩ *aufwärts geführter Strich mit dem Bogen;* Ggs. *Abstrich (6)*

auf|su|chen ⟨V.1, hat aufgesucht; mit Akk.⟩ **1** *etwas a.* **a** *suchen;* eine Stelle in einem Text a. **b** *in etwas hineingehen;* sein Zimmer (im Hotel) a.; ein Gasthaus a. **2** *jmdn. a. zu einem bestimmten Zweck besuchen, zu jmdm. gehen;* den Arzt a.

auf|ta|keln ⟨V.1, hat aufgetakelt⟩ I ⟨mit Akk.⟩ *mit Takelwerk ausstatten;* Ggs. *abtakeln;* ein Schiff a. II ⟨refl.; übertr., ugs.⟩ *sich a. auffallend und nicht geschmackvoll kleiden, frisieren, schminken usw.;* aufgetakelt daherkommen **Auf|ta|ke|lung** ⟨f., -, nur Sg.⟩

Auf|takt ⟨m.1⟩ **1** ⟨Mus.⟩ *unvollständiger Takt vor dem ersten Takt eines Musikstücks* **2** ⟨Metrik⟩ *unbetonte Silbe vor der ersten betonten Silbe eines Verses* **3** ⟨übertr.⟩ *kleine Darbietung zu Beginn einer Veranstaltung, Einleitung*

auf|tan|ken ⟨V.1, hat aufgetankt⟩ I ⟨mit Akk.⟩ *ein Kraftfahrzeug a. den Benzintank eines Kraftfahrzeugs ganz füllen* II ⟨o.Obj.⟩ *den Vorrat an Treibstoff ergänzen*

auf|tau|chen ⟨V.1, ist aufgetaucht; o.Obj.⟩ **1** *aus dem Wasser hervorkommen, an der Oberfläche erscheinen* **2** ⟨übertr.⟩ *plötzlich, unvermutet erscheinen;* jmd. taucht nach langer Zeit wieder auf **3** *entstehen;* es sind Zweifel bei ihm aufgetaucht, ob ... **4** *sich finden, zum Vorschein kommen;* mein verlegter Schlüssel ist noch nicht wieder aufgetaucht; irgendwo wird er schon a.

auf|tau|en ⟨V.1⟩ I ⟨mit Akk.; hat aufgetaut⟩ *zum Tauen bringen;* Tiefgefrorenes a. II ⟨o.Obj.; ist aufgetaut⟩ **1** *tauen, schmelzen;* das tiefgefrorene Obst ist noch nicht aufgetaut **2** ⟨übertr.⟩ *gesprächig, zutraulich werden;* Lügen, eine Nachricht a. das verschüchterte Kind taute langsam auf

auf|ti|schen ⟨V.1, hat aufgetischt; mit Dat. u. Akk.⟩ *etwas a.* **1** *für jmdn. auf den Tisch stellen;* jmdm. reichlich Speisen a. **2** *jmdm. etwas erzählen* (was nicht der Wahrheit entspricht oder was ihm unangenehm ist); Lügen, eine Nachricht a.

Auf|trag ⟨m.2⟩ **1** *Anweisung* (etwas zu tun, zu besorgen); einen A. ausführen; ich habe den A., Ihnen zu sagen ...; im Auftrag (Abk.: i.A., I.A.; vor dem Namen dessen, der einen Brief für einen anderen unterschreibt); ich rufe im A. von Frau X an; jmdm., einem A. wegschicken **2** *Arbeit, die jmdm. gegen Entgelt übergeben werden soll oder worden ist;* einen A. annehmen, ablehnen; etwas in A. geben *machen lassen, arbeiten lassen* **3** *aufgetragene Schicht* (Farb~)

auf|tra|gen ⟨V.160, hat aufgetragen⟩ I ⟨mit Akk.⟩ **1** *auf den Tisch bringen;* Speisen a. **2** *auf etwas streichen;* Farbe, Salbe a. **3** *tragen, anziehen, bis es unbrauchbar ist;* einen Pullover noch zu Hause a. II ⟨mit Dat. und Akk.⟩ *jmdm. etwas a. jmdm. sagen, daß er etwas tun soll;* jmdm. a., etwas zu holen, zu bringen, auszurichten; man hat mir aufgetragen, niemanden einzulassen; jmdm. Grüße für jmdn. a.

Auf|trag|ge|ber ⟨m.5⟩ *jmd., der jmdm. einen Auftrag erteilt oder gegeben hat*

Auf|trag|neh|mer ⟨m.5⟩ *jmd., der einen Auftrag übernimmt oder übernommen hat*

auf|tref|fen ⟨V.161, ist aufgetroffen; mit Präp.obj.⟩ *auf etwas aufprallen, etwas hart von oben her berühren;* er stürzte und traf mit dem Kopf auf einem Stein auf

auf|trei|ben ⟨V.162, hat aufgetrieben; mit Akk.⟩ **1** *in die Höhe treiben;* der Wind treibt den Staub, die Blätter auf **2** *durch Druck* (von innen) *dick machen, ausdehnen;* Darmgase haben seinen Leib aufgetrieben **3** *nach langem Suchen finden, mit Mühe beschaffen;* ich habe von dem Buch noch ein Exemplar aufgetrieben; das nötige Geld, ein Taxi, einen Handwerker a.

auf|tre|ten ⟨V.163⟩ I ⟨mit Akk.; hat aufgetreten⟩ *mit einem Tritt öffnen;* die Tür a. II ⟨o.Obj.; ist aufgetreten⟩ **1** *auf den Boden treten, den Fuß, die Füße auf den Boden setzen;* ich kann vor Schmerz nicht a.; laut, leise, kräftig, vorsichtig a. **2** *sich in bestimmter Weise in der Öffentlichkeit benehmen, sich in der Öffentlichkeit zeigen;* er kann a. er kann sich in der Öffentlichkeit gewandt, energisch benehmen; sicher, selbstbewußt, bescheiden a.; er trat als Zeuge vor Gericht auf; gegen jmdn. a. *jmdn. öffentlich* (mit Worten) *angreifen* **3** *auf der Bühne erscheinen, etwas darstellen, als Künstler wirken;* er tritt nicht mehr auf; er tritt in diesem Stück in der Hauptrolle auf **4** *erscheinen, vorkommen;* die Krankheit tritt nur in den Tropen auf; bei diesem Medikament können Nebenwirkungen a.

Auf|trieb ⟨m., -s, nur Sg.⟩ **1** ⟨Phys.⟩ *Kraft, die ein Körper* (in Flüssigkeiten oder Gasen) *entgegen der Erdanziehung erfährt* **2** *das Hinauftreiben* (des Viehs auf die Alm); Ggs. *Abtrieb (1)* **3** *Schwung, Kraft, etwas zu tun, Schaffenskraft, Lebensfreude;* die Reise hat mir neuen A. gegeben **4** *Kraft zur Weiter-, Höherentwicklung;* die Wirtschaft erhielt neuen A.

Auf|tritt ⟨m.1⟩ **1** *das Auftreten, Erscheinen* (bes. auf der Bühne) **2** ⟨im Drama⟩ *Teil eines Aufzugs;* erster Aufzug, zweiter A. **3** *laute Auseinandersetzung, lauter Streit;* einen A. mit jmdm. haben

auf|trum|pfen ⟨V.1, hat aufgetrumpft; o.Obj.⟩ *betonen, daß man recht hat, seine Überlegenheit zeigen;* gegen jmdn. a.

auf|tun ⟨V.167, hat aufgetan⟩ I ⟨mit Akk.⟩ **1** *etwas a. öffnen;* die Augen a.; er hat den ganzen Abend den Mund nicht aufgetan **b** ⟨schweiz.⟩ *eröffnen;* ein Geschäft a. **2** *jmdn. a.* ⟨ugs.⟩ *nach längerer Zeit jmdn. wieder treffen, eine Beziehung zu jmdm. anknüpfen, jmdn. finden;* einen alten Bekannten a.; ich habe jmdn. aufgetan, der mir Malerarbeiten macht II ⟨refl.⟩ *sich a.* **1** *sich öffnen;* plötzlich tat sich vor uns eine Schlucht auf; auf dieser Reise tat sich eine ganz neue Welt auf **2** *gegründet werden, sich bilden;* da hat sich ein neuer Verein aufgetan III ⟨mit Dat. und Akk.⟩ *jmdm. oder sich etwas a. auf den Teller legen;* darf ich Ihnen noch Salat a.?

auf|tür|men ⟨V.1, hat aufgetürmt; mit Akk.⟩ *zu einem Turm aufbauen, aufeinanderschichten;* Steine a.; jmdm., sich Kuchen auf den Teller a.

auf|wa|chen ⟨V.1, ist aufgewacht; o.Obj.⟩ **1** *aufhören zu schlafen, erwachen;* morgens zeitig, nachts a.; aus einer Ohnmacht a. **2** *geistig lebhafter werden, Interesse an der Umwelt, am Leben gewinnen* **3** *wieder auftauchen, lebendig werden;* da wachten alte Erinnerungen wieder auf

auf|wach|sen ⟨V.172, ist aufgewachsen; o.Obj.⟩ **1** *größer, älter werden* **2** *seine Kindheit und Jugend verbringen;* ich bin auf dem Land, in der Großstadt aufgewachsen

auf|wal|len ⟨V.1, ist aufgewallt; o.Obj.⟩ **1** *hochsteigen und Blasen werfen;* Suppe, Brühe wallt auf; die Soße einmal a. lassen **2** *plötzlich entstehen, aufsteigen;* Zorn, Freude wallte in ihm auf **3** *in Schwaden aufsteigen;* dichter Neben wallte auf

Auf|wal|lung ⟨f.10⟩ *das Aufwallen (2), plötzliche Gemütsbewegung;* in einer A. von Zorn, von Mitleid

Auf|wand ⟨m., -(e)s, nur Sg.⟩ *das Aufwenden, Einsatz von Kraft* (Kraft~), *von Mitteln* (Kosten~), *von Material, von Zeit* (Zeit~); der ganze A. ist mir zuviel; das Fest wurde mit großem A. gestaltet

auf|wär|men ⟨V.1, hat aufgewärmt⟩ I ⟨mit Akk.⟩ *etwas a.* **1** *noch einmal warm machen;* Essen a. **2** ⟨übertr.⟩ *wieder von etwas* (was vergessen werden sollte) *sprechen;* wärm doch diese alten Geschichten nicht immer wieder auf! II ⟨refl.⟩ *sich a.* **1** *sich erwärmen, sich warm machen* **2** ⟨Sport⟩ *durch Laufen, leichte Übungen die Muskeln erwärmen und lokkern*

Auf|war|te|frau ⟨f.10⟩ →*Putzfrau*

auf|war|ten ⟨V.2, hat aufgewartet⟩ I ⟨mit Dat. u.Obj.⟩ *jmdm. a. jmdm. bedienen, jmdm. etwas anbieten;* bei Tisch a.; mit Erfrischungen a.; kann ich sonst mit etwas a.? II ⟨o.Obj.⟩ **1** ⟨veralt.⟩ *sich ergebenst zeigen* (in der Fügung) *a. gehen* ⟨mdt.⟩ *als Aufwartefrau tätig sein*

Auf|wär|ter ⟨m.5; †⟩ *Diener, Kellner*

auf|wärts ⟨Adv.⟩ *nach oben, in die Höhe;* a. gehen, steigen, fliegen; vgl. *aufwärtsgehen*

auf|wärts|ge|hen ⟨V.47, ist aufwärtsgegangen; o.Obj.; übertr., nur „es"; übertr.⟩ *besser werden;* Ggs. *abwärtsgehen;* mit seiner Gesundheit, mit der Firma geht es jetzt wieder aufwärts; nur Mut, es wird bald wieder a.!

Auf|war|tung ⟨f.10, nur Sg.⟩ *das Aufwarten, Bedienen;* jmdm. seine A. machen *jmdm. einen formellen Besuch machen;* jmdm. als Aufwartefrau arbeiten **2** →*Putzfrau;* unsere A. ist krank

Auf|wasch ⟨m., -s, nur Sg.⟩ →*Abwasch (I,1)*

auf|wa|schen ⟨V.174, hat aufgewaschen⟩ →*abwaschen (1)*

auf|wec|ken ⟨-k·k-; V.1, hat aufgeweckt; mit Akk.⟩ *wach machen, aus dem Schlaf holen;* vgl. *aufgeweckt*

auf|wei|chen ⟨V.1⟩ I ⟨mit Akk.; hat aufgeweicht⟩ *weich machen;* Brot in Milch a.; der Regen hat die Wege aufgeweicht; eine erstarrte Front a. ⟨übertr.⟩ *Personen, die starr eine Meinung vertreten, für eine andere Meinung zugänglich machen* II ⟨o.Obj.; ist aufgeweicht⟩ *weich werden;* die Wege sind während des langen Regens aufgeweicht **Auf|wei|chung** ⟨f., -, nur Sg.⟩

Auf|weis ⟨m.1⟩ *das Zeigen, Beweis;* zum A. der Wahrheit meiner Behauptung

auf|wei|sen ⟨V.177, hat aufgewiesen; mit Akk.⟩ *haben, besitzen, zeigen;* die Wohnung weist alle Vorzüge, aber auch alle Nachteile einer Stadtwohnung auf; der Kranke weist alle Anzeichen von Scharlach auf; haben Sie

aufwenden

Kenntnisse in Sprachen aufzuweisen? *besitzen Sie Kenntnisse ...?*

auf|wen|den ⟨V.178 oder V.2, hat aufgewendet; mit Akk.⟩ *einsetzen, aufbieten, verwenden;* er wendete, wandte alle seine Kraft auf; viel Zeit, Mühe für etwas a.

auf|wen|dig ⟨Adj.⟩ *viel Aufwand erfordernd, kostspielig;* das ist mir zu a.; ~e Reparaturen

Auf|wen|dung ⟨f.10⟩ **1** ⟨nur Sg.⟩ *das Aufwenden* **2** ⟨Pl.⟩ *~en Ausgaben, Kosten*

auf|wer|fen ⟨V.181, hat aufgeworfen⟩ **I** ⟨mit Akk.⟩ **1** *nach oben werfen;* der Maulwurf wirft Erde auf **2** *aufschütten;* Sand a.; einen Wall a. **3** *zur Sprache bringen;* eine Frage, ein Problem a. **4** *hochziehen, vorschieben;* die Lippen (verächtlich) a.; aufgeworfene Lippen *sehr breite, gewölbte Lippen* **II** ⟨o.Obj.; Jägerspr.⟩ *plötzlich, rasch und aufmerksam den Kopf heben;* der Hirsch warf auf und sprang ab **III** ⟨refl.⟩ *sich zu etwas a. sich anmaßen, etwas zu sein, sich selbst zu etwas machen;* ich will mich nicht zum Richter, Beschützer, Wohltäter a.

auf|wer|ten ⟨V.2, hat aufgewertet; mit Akk.⟩ *etwas a. den Wert von etwas erhöhen oder wiederherstellen;* Ggs. *abwerten (1);* eine Währung, die Mark a.

Auf|wer|tung ⟨f.10⟩ *das Aufwerten;* Ggs. *Abwertung*

auf|wickeln ⟨-k|k-; hat aufgewickelt; mit Akk.⟩ **1** *auf eine Spule, Rolle wickeln, zum Knäuel wickeln;* Ggs. *abwickeln (1);* Garn, Wolle a.; Haar (auf Lockenwickler) a.

auf|wie|geln ⟨V.1, hat aufgewiegelt; mit Akk.⟩ *zum Aufstand, Aufruhr anstiften, aufhetzen;* Ggs. *abwiegeln* [zu mhd. *wigeln* „wanken", zu *wegen* „bewegen machen", in Bewegung bringen"] **Auf|wie|ge|lung** ⟨f., -, nur Sg.⟩

auf|wie|gen ⟨V.182, hat aufgewogen; mit Akk.⟩ *etwas a. ausgleichen, einen Ausgleich für etwas bieten;* die Vorteile seiner Stellung wiegen die Nachteile (nicht) auf

Auf|wieg|ler ⟨m.5⟩ *jmd., der andere aufwiegelt*

auf|wieg|le|risch ⟨Adj., o.Steig.⟩ *aufwiegelnd, zum Aufstand reizend;* ~e Reden führen

Auf|wind ⟨m.1⟩ *aufwärts wehender Wind;* Ggs. *Abwind;* er ist zur Zeit im A. ⟨übertr.⟩ *er hat großen Schwung, Auftrieb bekommen*

auf|wir|beln ⟨V.1, hat aufgewirbelt; mit Akk.⟩ *in die Höhe wirbeln;* der Wind wirbelt Sand, Staub, Blätter auf; vgl. *Staub*

Auf|wuchs ⟨m.2⟩ **1** *das Wachsen in die Höhe;* A. von Pflanzen **2** *Anpflanzung junger Bäume*

auf|wüh|len ⟨V.1, hat aufgewühlt; mit Akk.⟩ **1** *etwas a. durch Wühlen nach oben bringen, durch Wühlen (unerwünscht) locker machen;* Wildschweine, Maulwürfe wühlen die Erde auf **2** *jmdn. innerlich tief und heftig bewegen, erschüttern;* dieses Erlebnis, der Film hat mich aufgewühlt

auf|zäh|len ⟨V.1, hat aufgezählt⟩ **I** ⟨mit Akk.⟩ *nacheinander nennen;* Namen, Mitarbeiter a.; eine Reihe Filme des Regisseurs XY auf **II** ⟨mit Dat. und Akk.⟩ in der Wendung⟩ *jmdm. ein paar Hiebe a. jmdm. ein paar Hiebe schlagen*

Auf|zäh|lung ⟨f.10⟩ *das Aufzählen, (einförmiges) Aneinanderreihen;* seine Selbstbiographie besteht nur aus einer A. seiner Erfolge

auf|zäu|men ⟨V.1, hat aufgezäumt; mit Akk.⟩ **1** *ein Pferd a. einem Pferd den Zaum anlegen;* Ggs. *abzäumen;* ein Pferd beim Schwanz a. ⟨übertr.⟩ *eine Sache falsch anfangen* **2** *eine Sache a. einer Sache ein bestimmtes Aussehen geben;* einen Ausflug als Dienstreise a.

auf|zeich|nen ⟨V.2, hat aufgezeichnet; mit Akk.⟩ **1** *auf etwas zeichnen;* ein Muster (auf Papier, Stoff) a. **2** *zur Erklärung, Verdeutlichung zeichnen;* ich will dir den Weg a. **3** *schriftlich festhalten, niederschreiben;* Erinnerungen, Erlebnisse a.

Auf|zeich|nung ⟨f.10⟩ **1** ⟨nur Sg.⟩ *das Aufzeichnen* **2** *schriftliches Festhalten, Niederschrift, Notiz;* ~en von Gedanken, über eine Reise, einen Vortrag

auf|zei|gen ⟨V.1, hat aufgezeigt⟩ **I** ⟨mit Akk.⟩ *erklärend, beweisend zeigen;* a., wie sich etwas entwickelt hat; die Vorzüge, Nachteile einer Sache a. **II** ⟨o.Obj.; österr.⟩ *sich durch Handzeichen melden*

auf|zie|hen ⟨V.187⟩ **I** ⟨mit Akk.; hat aufgezogen⟩ **1** *etwas a.* **a** *in die Höhe ziehen;* die Zugbrücke, den Vorhang, den Rolladen a. **b** *durch Ziehen öffnen;* eine Schublade a. **c** *durch Ziehen des Fadens auftrennen;* einen Pullover wieder a. **d** *die Feder von etwas spannen und es dadurch in Gang bringen;* eine Uhr a. **e** *auf eine feste Unterlage spannen;* kleben; ein Bild auf Pappe, auf Preßspan a.; Saiten a. *auf ein Streich- oder Zupfinstrument spannen;* wir müssen andere Saiten a. ⟨übertr.⟩ *wir müssen energischer, strenger werden;* **f** *gestalten;* der neue Film ist ganz anders aufgezogen als der alte; ein Lustspiel als derben Schwank a. **2** *ein Tier, eine Pflanze, ein Kind a. großziehen, zum Wachsen bringen, ernähren und pflegen* **3** *jmdn. a. necken, hänseln;* jmdn. mit einer schlechten Angewohnheit, mit seiner neuen Freundin a. **II** ⟨o.Obj.; ist aufgezogen⟩ **1** *heranziehen, sich nähern;* ein Gewitter zieht auf **2** *heranmarschieren;* die Wache, die Militärkapelle zieht auf **III** ⟨refl.; hat aufgezogen⟩ *sich a. klar, hell werden;* der Himmel hat sich wieder aufgezogen

Auf|zucht ⟨f.10⟩ *das Aufziehen (I,2);* A. von Pflanzen, Tieren

Auf|zug ⟨m.2⟩ **1** *Aufmarsch;* A. der Wache **2** *Vorrichtung zum Befördern von Personen oder Lasten senkrecht auf- und abwärts;* Syn. *Fahrstuhl, Lift;* mit dem A. fahren **3** *Teil eines Bühnenwerks;* Syn. *Akt (1,2)* **4** ⟨Weberei⟩ *Gesamtheit der Kettfäden* **5** *Art der Kleidung (bes. sehr alte, nachlässige oder schmutzige Kleidung);* in diesem A. kannst du dort nicht hingehen

auf|zwin|gen ⟨V.188, hat aufgezwungen; mit Dat. und Akk.⟩ *jmdm. etwas a. jmdn. zwingen, etwas anzunehmen, zu ertragen, zu dulden;* er hat ihr seinen Willen aufgezwungen; einem Land eine Staatsform a.; einem Kind, Kranken das Essen a.

Aug|ap|fel ⟨m.6⟩ *gewölbter Teil des Auges;* etwas, jmdn. wie seinen A. hüten ⟨übertr.⟩ *äußerst sorgfältig, ängstlich, wie eine Kostbarkeit hüten*

Au|ge ⟨n.11⟩ **1** *dem Sehen dienendes Organ, Lichtsinnesorgan;* die ~n aufmachen ⟨übertr.⟩ *sich aufmerksam umschauen, seine Umgebung bewußt wahrnehmen, aufpassen;* seine ~n brachen *er starb;* sich die ~n verderben *das Sehvermögen verringern;* ein A. zudrücken *es nicht so genau (mit der Arbeit, dem Verhalten eines anderen) nehmen;* beide ~n zudrücken *so tun, als sähe man einen Fehler, einen Verstoß nicht;* wo hatte ich nur meine ~n? *wie konnte ich das nicht bemerken?;* ich habe hinten keine ~n! ⟨als unfreundliche Antwort⟩ *ich kann nicht sehen, was hinter mir steht oder vorgeht!;* er hat kein A. für solche Feinheiten *solche Feinheiten bemerkt er nicht;* feuchte ~n bekommen *fast zu weinen beginnen (vor Rührung);* große ~n machen *staunen;* da wirst du ~n machen! *da wirst du staunen!;* etwas mit einem lachenden und einem weinenden A. tun *halb gern, halb ungern, mit gemischten Gefühlen (weil es Vor- und Nachteile hat);* gute ~n haben *gut, scharf sehen können;* einem Mädchen schöne ~n machen *ihm zeigen, daß man es hübsch und nett findet, versuchen, seine Aufmerksamkeit zu erregen;* etwas im A. behalten *weiter darüber nachdenken, wie etwas erledigt werden könnte;* etwas im A. haben ⟨übertr.⟩ *etwas haben wollen, tun wollen, eine Absicht haben;* das ist mir sofort ins A. gesprungen *das habe ich sofort bemerkt, erkannt;* etwas ins A. fassen *sich etwas vornehmen, planen, in seine Überlegungen einbeziehen;* ich könnte ihr nicht mehr in die ~n sehen, treten *ich könnte ihr nicht mehr frei gegenübertreten;* das wäre fast ins A. gegangen ⟨übertr., ugs.⟩ *schiefgegangen;* ich kann ihm nicht wieder unter die ~n treten *ich kann ihm wegen meines schlechten Gewissens nicht mehr frei gegenübertreten,* ich schäme mich vor ihm; jmdm. etwas vor ~n führen *deutlich, nachdrücklich zeigen;* jmdm. oder sich etwas vor ~n halten *jmdm. oder sich etwas klarmachen, bewußtmachen* **2** *in ein Tau oder eine Trosse eingebundene Schleife* **3** *Zentrum eines Wirbelsturms* **4** *kreisrunde Öffnung im Scheitel einer Kuppel* **5** ⟨Bot.⟩ **a** *unentfaltete Seitenknospe an Pflanzenteilen* **b** *Keimansatz (bei Kartoffeln)* **6** ⟨auf Würfeln, Dominosteinen⟩ *Punkt* **7** ⟨bei manchen Kartenspielen⟩ *Zählwert;* die Dame zählt drei ~n *hat den Zählwert von drei* **8** *Fetttropfen auf der Suppe (Fett~)*

Äu|gel|chen ⟨n.7⟩ *kleines Auge*

äu|geln ⟨V.1, hat geäugelt; o.Obj.⟩ *heimlich, verstohlen oder begehrlich blicken;* nach jmdm., nach der Torte ä.

äu|gen ⟨V.1, hat geäugt; o.Obj.⟩ *auf bestimmte Weise (z.B. aufmerksam, vorsichtig, mißtrauisch) hinschauen;* der Vogel, der Fuchs äugte in unsere Richtung

Au|gen|auf|schlag ⟨m.2⟩ *kurzes, gewollt deutliches Heben der Augenlider*

Au|gen|blick ⟨m.1⟩ *sehr kurze Zeitspanne, Zeitpunkt;* es dauert nur einen A.; in einem A. war es vorbei; im selben A. gab es einen Knall; ich habe im A. keine Zeit *jetzt gerade;* einen günstigen A. abwarten; er will alle ~e etwas anderes; einen lichten A. haben *eine gute Idee haben*

au|gen|blick|lich ⟨Adj., o.Steig.; nur als Attr. und Adv.⟩ **1** ⟨Adj.⟩ **a** *zur Zeit, jetzig;* die ~e Situation *in diesem Augenblick dauernd;* eine ~e Unsicherheit **2** ⟨Adv.⟩ **a** *in diesem Augenblick, jetzt;* ich habe a. keine Zeit; er befindet sich a. in Berlin **b** *sofort;* er verschwand a.

au|gen|blicks ⟨Adv.; geh.⟩ *sofort, augenblicklich;* er war im ~ verschwunden

Au|gen|braue ⟨f.11⟩ *Haarbogen über dem Auge;* Syn. *Braue*

Au|gen|deckel ⟨-k|k-; m.5; volkstümlich⟩ → *Lid*

Au|gen|dia|gno|se ⟨f.11⟩ → *Iridologie*

au|gen|fäl|lig ⟨Adj.⟩ *in die Augen fallend, ohne weiteres, deutlich erkennbar;* der Zusammenhang ist doch a.

Au|gen|fal|ter ⟨m.5⟩ *Tagfalter mit Augenflecken auf den Vorderflügeln, z.B. Mohrenfalter*

Au|gen|fleck ⟨m.1⟩, **Au|gen|flecken** ⟨-k|k-; m.7⟩ **1** *bei Nachtfaltern, Fischen u.a.) augenförmiges Farbmuster* **2** ⟨bei Geißeltierchen⟩ *zur Wahrnehmung des Lichts dienender Pigmentfleck*

Au|gen|flim|mern ⟨n., -s, nur Sg.⟩ *Sehstörung mit flimmernden Wahrnehmungen (z.B. bei Übermüdung)*

Au|gen|glas ⟨n.4; †⟩ **1** → *Brille (1)* **2** (auch) *Monokel, Zwicker*

Au|gen|heil|kun|de ⟨f., -, nur Sg.⟩ *Wissenschaft von den Erkrankungen des Auges;* Syn. *Ophthalmologie, Ophthalmiatrie*

Au|gen|licht ⟨n., -(e)s, nur Sg.⟩ *Sehkraft, Sehvermögen;* er hat bei einem Unfall sein A. verloren

Au|gen|lid ⟨n.3⟩ → *Lid*

Au|gen|maß ⟨n., -es, nur Sg.⟩ *das Schätzen (einer Entfernung) durch bloßes Hinsehen;* ein gutes, schlechtes A. haben; es sind nach A. etwa 15 Meter

Au|gen|merk ⟨n., -s, nur Sg.⟩ *Aufmerksamkeit;* sein A. auf etwas richten

Au|gen|pul|ver ⟨n., -s, nur Sg.⟩ *feine, sehr kleine und die Augen anstrengende Schrift oder Arbeit*

Au|gen|rän|der ⟨m.4, Pl.⟩, **Au|gen|rin|ge** ⟨m.1, Pl.⟩, **Au|gen|schat|ten** ⟨m.7, Pl.⟩ *halbkreisförmige, dunkle Hautstellen unter den Augen*

Au|gen|schein ⟨m., -s, nur Sg.⟩ **1** *Anschein;* hier trügt der A.; man kann nicht immer nach dem A. urteilen **2** *Wahrnehmung, Prüfung durch Anschauen;* sich durch eigenen A. von etwas überzeugen; etwas in A. nehmen *sich etwas selbst genau anschauen*

au|gen|schein|lich ⟨Adj., o.Steig.⟩ *anscheinend, offenbar, offensichtlich;* a. ist es so; a. hat er recht

Au|gen|spie|gel ⟨m.5⟩ *Spiegel zur Untersuchung des Augenhintergrundes;* Syn. *Ophthalmoskop*

Au|gen|trip|per ⟨m.5⟩ *eitrige Bindehautentzündung (als Folge einer Geschlechtskrankheit)*

Au|gen|trost ⟨m., -s, nur Sg.⟩ *auf Wiesen wachsende Pflanze mit weißen oder violetten Blüten* [verschiedene Arten dienen zur Behandlung von Augenkrankheiten]

Au|gen|wei|de ⟨f.11⟩ *erfreulicher, ästhetisch befriedigender Anblick;* die Blumenanlagen sind eine A.; dieses verwahrloste Haus ist nicht gerade eine A.

Au|gen|wim|per ⟨f.11⟩ → *Wimper*

Au|gen|win|kel ⟨m.5⟩ *von Ober- und Unterlid gebildeter Winkel des Auges (seitlich der Nase);* sie beobachtete ihn aus den ~n

Au|gen|wi|sche|rei ⟨f., -, nur Sg.⟩ *Selbsttäuschung, Verkennen der wahren Sachlage, Täuschung*

Au|gen|zahl ⟨f.10, Würfel-, Domino-, Kartenspiel⟩ *Zahl der Augen oder der Zählwerte*

Au|gen|zeu|ge ⟨m.11⟩ *jmd., der etwas selbst gesehen hat und darüber aussagen kann;* ich war bei dem Unfall A.

Au|gen|zit|tern ⟨n., -s, nur Sg.⟩ *Augenkrankheit mit rhythmischem Zucken der Augäpfel;* Syn. *Nystagmus*

Au|gi|as|stall ⟨m.2⟩ **1** *verschmutzter Raum* **2** *vernachlässigte Arbeit* **3** *verrottete, korrupte Verhältnisse* [nach dem König Augias (Augeias) der griech. Sage, der riesige Viehherden besaß und diese in völlig verschmutzten Ställen hielt; Herakles reinigte in einem einzigen Tag die von Mist erfüllten Ställe, indem er zwei Flüsse hindurchleitete]

äu|gig ⟨Adj., o.Steig.; in Zus.⟩ *mit einer bestimmten Zahl oder Art von Augen versehen,* z.B. einäugig, blauäugig, großäugig

Au|git ⟨m.1⟩ *weitverbreitetes (schwarzes, grünliches oder braunes) Mineral* [< lat. *augitis* < griech. *auge* „Glanz"]

Äug|lein ⟨n.7; poet. für⟩ *Äugelchen*

Aug|ment ⟨n.1⟩ **1** *Zusatz* **2** *dem Verbstamm vorangesetzter Wortbildungsteil (bes. im Griechischen)* [< lat. *augmentum* „Vermehrung, Wachstum, Zunahme", zu *augere* „vermehren, vergrößern"]

Aug|men|ta|ti|on ⟨f.10⟩ *Vergrößerung, Vermehrung, Verlängerung*

aug|men|tie|ren ⟨V.3, hat augmentiert; mit Akk.⟩ *vergrößern, vermehren*

Aug|sproß ⟨m.1⟩, **Aug|spros|se** ⟨f.11; beim Hirschgeweih⟩ *unteres Ende des Geweihs*

Au|gur ⟨m.12 oder m.10; im alten Rom⟩ *Priester, Wahrsager, der in ältester Zeit die Fruchtbarkeitsriten ausführte und später aus dem Flug, dem Schrei und Fressen der Vögel eines bestimmten Bezirks den Willen der Gottheit deutete* [< lat. *augere* „vermehren, das Wachstum, Gedeihen fördern" (wegen des Fruchtbarkeitszaubers); nicht, wie häufig angegeben, < *avis* „Vogel"]

Au|gu|ren|lä|cheln ⟨n., -s, nur Sg.⟩ *wissendes Lächeln unter Eingeweihten (als Zeichen geheimen Einverständnisses)*

August I ⟨[au-] m.1; im Zirkus⟩ *der dumme A. der Spaßmacher* II ⟨[-gust] m., -(s), -e⟩ *achter Monat des Jahres* [nach dem Beinamen *Augustus* des Kaisers Octavian (1. Jh. v. Chr.) „der Erhabene"]

Auk|ti|on ⟨f.10⟩ → *Versteigerung* [< lat. *auctio*, Gen. *auctionis*, „Versteigerung", eigtl. „Vermehrung", zu *augere* „vermehren"]

Auk|tio|na|tor ⟨m.13⟩ *Versteigerer*

auk|tio|nie|ren ⟨V.3, hat auktioniert; mit Akk.⟩ → *versteigern*

Au|la ⟨f., -, -len⟩ **1** *Innenhof des altgriechischen Hauses* **2** *altrömischer Palast* **3** ⟨MA⟩ *Pfalz* **4** *Vorhalle der altchristlichen Basilika* **5** *Versammlungssaal (einer Schule oder Hochschule)* [< lat. *aula* < griech. *aule* „Hof, Gehöft, Königshof, Palast"]

au na|tu|rel ⟨[onatyrɛl] bei Speisen und Getränken⟩ *ohne künstlichen Zusatz* [frz., „nach der Natur"]

au pair ⟨opɛr⟩ *auf Gegenleistung, ohne Bezahlung* [frz., „für Kost und Wohnung (ohne Gehalt)", eigtl. „auf Gleiches, auf gleichen Wert, auf Gegenleistung"]

Au-pair-Mäd|chen ⟨[opɛr-] n.7⟩ *Mädchen, das gegen Unterkunft, Verpflegung und Taschengeld in einer Familie im Ausland arbeitet, um die Landessprache zu erlernen*

au por|teur ⟨[opɔrtœr] bei Wertpapieren⟩ *auf den Überbringer lautend* [frz.]

Au|ra ⟨f., -, -ren⟩ **1** ⟨Okkultismus⟩ *Strahlenkranz, der (angeblich) einen Menschen umgibt* **2** ⟨Med.⟩ *von bestimmten Sinnesempfindungen begleitetes Gefühl vor (z.B. epileptischen) Anfällen* **3** ⟨übertr.⟩ *Gesamtheit der von einem Menschen ausgehenden Wirkungen* [< lat., griech. *aura* „Lufthauch, Wind, Dunst"]

au|ral ⟨Adj., o.Steig.⟩ *zum Ohr gehörig* [< lat. *auris* „Ohr"]

Au|rar ⟨Pl. von⟩ *Eyrir*

Au|reo|le ⟨f.11⟩ **1** ⟨bildende Kunst⟩ *Heiligenschein um die ganze Gestalt* **2** ⟨Bgb.⟩ *bläuliches Lichtschein um Grubenlampen bei Auftreten von Grubengas* **3** ⟨Astron.⟩ *Hof um Sonne oder Mond infolge Wolkendunst* **4** ⟨Elektr.⟩ *Lichterscheinung an elektrisch geladenen Körpern bei hoher Spannung* [< lat. *aureolus* „schön golden", Verkleinerungsform von *aureus* „golden", zu *aurum* „Gold"]

Au|ri|gna|ci|en ⟨[orinjasjɛ̃] n., -, -s⟩ *Stufe der jüngeren Altsteinzeit* [nach der frz. Stadt *Aurignac*]

Au|ri|kel ⟨f.11⟩ *geschützte Primelart der Alpen* [< lat. *auricula* „Öhrchen", nach der Blattform]

au|ri|ku|lar ⟨Adj., o.Steig.⟩ *zum Ohr gehörig* [< lat. *auricularis* in ders. Bed.]

Au|ri|pig|ment ⟨n.1⟩ *goldgelbes Arsenmineral* [< *Aurum* und *Pigment*]

Au|ro|ra|fal|ter ⟨m.5⟩ *ein Tagfalter* [nach den orangefarbenen Flügelspitzen des Männchens, zu *Aurora*, der Göttin der Morgenröte]

Au|rum ⟨n., -s, nur Sg.; Zeichen: Au⟩ *Gold* [lat.]

aus I ⟨Präp. mit Dat.⟩ **1** ⟨örtlich⟩ *von her, weg von;* aus dem Wald kommen; eine Stelle aus einem Buch vorlesen; ein Bild aus Privatbesitz **2** ⟨bei Zuständen⟩ *weg von, heraus;* jmdn. aus dem Schlaf reißen; aus dem Stand springen **3** ⟨zeitlich⟩ *von her;* ein Roman aus dem 17. Jahrhundert **4** ⟨bei Stoffen, Materialien⟩ ein Gefäß aus Holz, Gold; ein Stoff aus Samt ⟨zur Bez. des Grundes, der Ursache⟩ *von, aus, nicht aus Liebe, aus Mitleid, aus Hunger* II ⟨Adv.⟩ *heraus, hinaus* **1** ⟨in der Fügung⟩ aus und ein; bei jmdm. aus und ein gehen; er wußte nicht mehr, was er tun sollte **2** ⟨verstärkend⟩ *von hier aus;* von Berlin aus **3** ⟨ugs.; in der Wendung⟩ von mir aus *meinetwegen* **4** ⟨als Ausruf⟩ „Aus!" *Schluß!, Ruhe!;* vgl. *aussein*

Aus ⟨n., -, nur Sg.; Sport⟩ *Fläche außerhalb des Spielfeldes;* der Ball ist im A., flog ins A. [Lehnübersetzung von engl. *out* „aus"]

aus|ar|bei|ten ⟨V.2, hat ausgearbeitet⟩ I ⟨mit Akk.⟩ **1** *schriftlich gründlich bearbeiten, darstellen;* einen Entwurf a. **2** *erarbeiten, schriftlich niederlegen;* einen Vortrag a. II ⟨refl.⟩ sich a. *sich körperlich kräftig betätigen, körperlich arbeiten, Sport treiben*

Aus|ar|bei|tung ⟨f.10⟩ **1** ⟨nur Sg.⟩ *das Ausarbeiten, das Sichausarbeiten* **2** *ausführliche schriftliche Darstellung*

aus|ar|ten ⟨V.2, ist ausgeartet; o.Obj.⟩ **1** *sich allzu stark, übermäßig entwickeln (ins Negative);* sein Zorn artet meist in Tätlichkeiten aus **2** *zu wild, ungezogen werden, sich schlecht benehmen;* wenn Kinder übermütig werden, arten sie leicht aus

aus|at|men ⟨V.2, hat ausgeatmet; o.Obj.⟩ *die Luft aus den Lungen ausstoßen;* Ggs. *einatmen*

Aus|at|mung ⟨f., -, nur Sg.⟩ *das Ausatmen;* Syn. *Exspiration;* Ggs. *Einatmung*

aus|ba|den ⟨V.2, hat ausgebadet; mit Akk.⟩ *etwas a. die Folgen von etwas tragen;* das kannst du dann selber a.; das muß er nun a.

aus|ba|lan|cie|ren ⟨[-lãsi-] V.3, hat ausbalanciert; mit Akk.⟩ *ins Gleichgewicht bringen*

aus|bal|do|wern ⟨V.1, hat ausbaldowert; mit Akk.⟩ *erkunden, auskundschaften* [zu *Baldower*]

Aus|ball ⟨m.2; Sport⟩ *über den Spielfeldrand hinaus gespielter Ball*

Aus|bau ⟨m., -(e)s, -bau|ten⟩ *das Ausbauen (1,2)*

aus|bau|en ⟨V.1, hat ausgebaut; mit Akk.⟩ **1** *durch Bauen bewohnbar machen;* einen Dachstuhl a. **2** *durch Bauen vergrößern, erweitern;* das U-Bahn-Netz a. **3** *aus einer technischen Einrichtung, einem Gerät herausnehmen;* Ggs. *einbauen;* ein Maschinenteil, den Motor a. **4** *vervollständigen, vervollkommnen, weiterentwickeln;* eine Erzählung zum Roman a.; eine Stellung a.; eine wissenschaftliche Lehre a.

Aus|bau|stu|fe ⟨f.11⟩ *nach einem mehrstufigen Plan erfolgender Weiterbau eines Bauprojekts, dessen Grundstufe bereits fertiggestellt ist*

aus|be|din|gen ⟨V.23, hat ausbedungen; mit Dat. (sich) und Akk.⟩ *sich etwas a. etwas zur Bedingung machen;* wenn ich diesen Auftrag übernehme, dann bedinge ich mir aus, daß...

aus|bei|ßen ⟨V.8, hat ausgebissen; mit Dat. (sich) und Akk.⟩ *sich einen Zahn a. durch Beißen einen Zahn zerstören, so daß er herausfällt;* sich an einer Arbeit die Zähne a. ⟨übertr.⟩ *bei einer Arbeit angestrengt nachdenken müssen*

aus|bes|sern ⟨V.1, hat ausgebessert; mit Akk.⟩ *etwas a. Schäden an etwas beseitigen, etwas flicken, wieder in Ordnung bringen;* eine Mauer, ein Dach a.; Wäsche a. **Aus|bes|se|rung** ⟨f.10⟩

aus|beu|len ⟨V.1, hat ausgebeult; mit Akk.⟩ **1** *so dehnen, so schlagen oder stoßen, daß es sich wölbt;* einen Rock durch Radfahren a.; Hosenbeine in den Knien a.; ausgebeulter Topf **2** *nach außen drücken oder schlagen einen eingedrückten Kotflügel a.*

Aus|beu|te ⟨f.11⟩ **1** *Gewinn, Ertrag (durch Arbeit, Sammeln);* von einem Ausflug mit reicher A. (an Pflanzen, Steinen) heimkommen **2** ⟨Phys.⟩ → *Wirkungsgrad*

aus|beu|ten ⟨V.2, hat ausgebeutet; mit Akk.⟩ **1** *etwas a. zutage fördern und verwerten;* Bodenschätze a. **b** *Nutzen aus etwas ziehen, etwas für die eigene Arbeit verwenden;* vorhandene Literatur a. **2** *jmdn. a. jmds. Arbeitskraft, Leistungsfähigkeit bis zum letzten ausnutzen, jmdn. rücksichtslos für sich arbeiten lassen*

Aus|beu|ter ⟨m.5⟩ jmd., der andere ausbeutet
Aus|beu|tung ⟨f., -, nur Sg.⟩ das Ausbeuten
aus|be|zah|len ⟨V.1; ugs.⟩ →*auszahlen*
aus|bil|den ⟨V.2, hat ausgebildet⟩ **I** ⟨mit Akk.⟩ **1** etwas a. **a** *aus sich heraus bilden, hervorbringen;* Lebewesen bilden bestimmte Körperformen, Eigenschaften aus **b** *durch Lernen, Üben, Trainieren hervorbringen;* Fähigkeiten a. **c** *durch Schulung fähig zu etwas machen;* seine Stimme, sein Gehör, seine Muskeln a. **2** jmdn. a. *lehren, durch Lehren auf eine Tätigkeit, einen Beruf vorbereiten;* Lehrlinge, Nachwuchs a. **II** ⟨refl.⟩ *sich a.* *sich entwickeln, hervorkommen, entstehen;* am Rosenstrauch bilden sich schon Knospen aus; im Laufe der Jahrhunderte bilden sich bestimmte Kunststile aus
Aus|bil|der ⟨m.5⟩ jmd., der andere ausbildet; vgl. *Auszubildende(r)*
Aus|bil|dung ⟨f.10⟩ **1** *das Ausbilden, das Sichausbilden, das Ausgebildetwerden;* A. von Fähigkeiten **2** *Vorbereitung auf den Beruf;* was haben Sie für eine A.?
Aus|bil|dungs|gang ⟨m.2⟩ *Verlauf der Berufsausbildung*
aus|bit|ten ⟨V.15, hat ausgebeten; mit Dat. (sich) und Akk.⟩ *sich etwas a.* **1** *energisch darum bitten, daß etwas geschieht, daß sich jmd. so und so verhält;* ich bitte mir aus, daß meine Anweisungen strikt befolgt werden; ich bitte mir pünktliches Erscheinen aus **2** *bitten, daß man etwas bekommt;* ich habe mir von ihm den Rasenmäher ausgebeten
aus|bla|sen ⟨V.16, hat ausgeblasen; mit Akk.⟩ *durch Blasen auslöschen;* eine Kerze a.; vgl. *Lebenslicht*
Aus|blä|ser ⟨m.5⟩ *Geschoß, dessen Sprengladung wirkungslos verbrennt*
aus|blei|ben ⟨V.17, ist ausgeblieben; o.Obj.⟩ *nicht kommen, nicht geschehen, nicht ein-, auftreten;* er ist länger ausgeblieben, als wir dachten; in der Regel ist ausgeblieben; die Folgen deines Leichtsinns werden nicht a.; der erwartete Wetterumschwung ist ausgeblieben
aus|blen|den ⟨V.2, hat ausgeblendet; mit Akk.; Film, Funk, Fernsehen⟩ *durch Ausschalten herauswenden;* Ggs. *einblenden;* einen Teil einer Sendung, eines Films a.
Aus|blick ⟨m.1⟩ **1** *Blick in die Ferne, Blick über die Umgebung* **2** *Blick in die Zukunft*
aus|blicken ⟨-k·k-; V.1, hat ausgeblickt⟩ →*ausschauen (I,1)*
aus|blü|hen ⟨V.1; o.Obj.⟩ **1** *ausgeblüht; poet.⟩ zu blühen aufhören* **2** ⟨ist ausgeblüht; von Gesteinen⟩ *an der Oberfläche Kristalle bilden*
Aus|blü|hung ⟨f.10⟩ *auskristallisierter Niederschlag an Mauerwerk*
aus|blu|ten ⟨V.2, ist ausgeblutet; o.Obj.⟩ **1** ⟨in den Wendungen⟩ *ein (geschlachtetes) Tier, eine Wunde a. lassen alles Blut herauslaufen lassen* **2** *sich wirtschaftlich erschöpfen, sich verausgaben;* ein durch Krieg ausgeblutetes Land
aus|bom|ben ⟨V.1, hat ausgebombt; nur im Passiv und unpersönl.⟩ *ausgebombt werden durch Bombenangriff seinen Besitz verlieren;* wir sind Ende des Krieges ausgebombt worden; *ausgebombt sein durch Bombenangriff seinen Besitz verloren haben;* wir sind ausgebombt
aus|boo|ten ⟨V.2, hat ausgebootet; mit Akk.⟩ **1** *mit Boot(en) vom Schiff ans Land bringen;* Passagiere, Schiffbrüchige a. **2** ⟨übertr.⟩ *aus der Stellung verdrängen, entfernen*
aus|bor|gen ⟨V.1, hat ausgeborgt; mit Dat. (sich) und Akk.⟩ *sich etwas a. sich etwas leihen;* ich habe mir seinen Fotoapparat ausgeborgt
aus|bre|chen ⟨V.19⟩ **I** ⟨mit Akk.; hat ausgebrochen⟩ **1** *herausbrechen, durch Brechen,* Hacken, Stemmen herauslösen; Mauersteine a. **2** *abbrechen, entfernen;* unfruchtbare Triebe (an Pflanzen) a. **3** *erbrechen;* sie hat das Essen wieder ausgebrochen **II** ⟨mit Dat. (sich) und Akk.⟩ *sich etwas ausgebrochen;* sich etwas a. *durch Sturz zerstören;* sich zwei Zähne a. **III** ⟨o.Obj.; ist ausgebrochen⟩ **1** *sich mit Gewalt befreien und fliehen;* aus dem Gefängnis a.; der Löwe ist aus dem Käfig ausgebrochen **2** *gewaltsam eine andere Richtung einschlagen;* das Pferd ist (beim Rennen) ausgebrochen **3** *sich aus einer Bindung befreien;* aus einer Ehe, einer Gemeinschaft a. **4** *mit großer Kraft entstehen, sich Bahn brechen;* ein Tumult, der Krieg, Feuer ist ausgebrochen **5** *in etwas (eine Gefühlsäußerung) a. plötzlich und heftig eine Gefühlsäußerung von sich geben;* in Zorn, in Schluchzen, ⟨auch⟩ in Tränen a.; in Beschimpfungen a.
Aus|bre|cher ⟨m.5⟩ **1** *Gefangener, der ausgebrochen ist* **2** *Pferd, das zum Ausbrechen (III,2) neigt*
aus|brei|ten ⟨V.2, hat ausgebreitet⟩ **I** ⟨mit Akk.⟩ **1** *auseinanderlegen, auseinanderfalten, nebeneinander hinlegen, auf einer Fläche verteilen;* eine Tischdecke a.; Papiere, Fotos, Karten a. **2** *nach den Seiten ausstrecken;* die Arme, Flügel a. **3** *ausführlich überall erzählen;* sie breitet überall aus, daß . . .; sie breitet jedes Mal, wenn sie kommt, alle ihre Probleme vor mir aus **II** ⟨refl.⟩ *sich a.* **1** *sich immer mehr über eine Fläche verteilen;* das Unkraut, eine Epidemie breitet sich aus **2** *sich ausdehnen, sich erstrecken;* vor uns breitete sich eine weite Ebene aus
Aus|brei|tung ⟨f., -, nur Sg.⟩ *das Ausbreiten, das Sichausbreiten*
aus|bren|nen ⟨V.20⟩ **I** ⟨mit Akk.; hat ausgebrannt⟩ *durch Feuer oder Ätzen zerstören, vernichten;* ein Wespennest, ein Geschwür, eine Warze a. **II** ⟨o.Obj.; ist ausgebrannt⟩ **1** *bis zu Ende, bis zum Erlöschen brennen;* die Kerzen a. lassen **2** *innen ganz verbrennen;* das Haus, ein Zimmer ist ausgebrannt; *ausgebranntes Schiff* ⟨meist im Part. Perf.⟩ *seelische Kraft völlig verbrauchen;* er ist ausgebrannt
aus|brin|gen ⟨V.21, hat ausgebracht; mit Akk.⟩ **1** *vor einem feierlichen Trunk aussprechen;* einen Toast, Trinkspruch (auf jmdn., auf jmds. Wohl) a. **2** ⟨Mar.⟩ *ins Wasser hinablassen;* den Anker, ein Boot a. **3** ⟨Jägerspr.⟩ *vom Federwild ausbrüten* **4** ⟨Typ.⟩ *durch Vergrößern der Zwischenräume verlängern;* Syn. *austreiben;* Ggs. *einbringen (5)* eine Zeile a.
Aus|bruch ⟨m.2⟩ **1** *gewaltsames Sichbefreien und Flucht;* A. von Gefangenen **2** *plötzlich einsetzende, heftige Tätigkeit;* A. eines Tumults, eines Vulkans **3** *heftiger Beginn;* A. des Krieges, einer Krankheit **4** *plötzliche, laute Gefühlsäußerung;* A. von Zorn; seine Ausbrüche sind gefürchtet **5** *Wein aus überreifen, am Stock eingetrockneten, einzeln gepflückten (ausgebrochenen) Beeren*
aus|brü|ten ⟨V.2, hat ausgebrütet; mit Akk.⟩ **1** *Eier a. so lange brüten, bis junge Vögel aus den Eiern schlüpfen* **2** *etwas a.* ⟨ugs.⟩ **a** *die ersten unbestimmten Anzeichen einer Krankheit fühlen oder zeigen;* ich glaube, ich brüte irgend etwas aus, eine Erkältung a. **b** *ersinnen, erdenken, heimlich vorbereiten;* einen Racheplan a.
aus|bu|chen ⟨V.1, hat ausgebucht; mit Akk.⟩ **1** ⟨nur im Part. Perf.⟩ *ausgebucht sein* **a** *vergeben, ausverkauft sein;* der Flug nach Athen ist ausgebucht **b** *alle Termine vergeben haben, völlig beansprucht sein;* die meisten großen Sänger sind auf einige Jahre im voraus ausgebucht **2** ⟨Kaufmannsspr.⟩ *einen Betrag a. von einem Konto wegnehmen, streichen* **Aus|buchung** ⟨f.10⟩

aus|buch|ten ⟨V.2, hat ausgebuchtet; mit Akk.⟩ *wölben, mit einer Wölbung versehen*
Aus|buch|tung ⟨f.10⟩ **1** ⟨nur Sg.⟩ *das Ausbuchten* **2** *Wölbung*
aus|bud|deln ⟨V.1, hat ausgebuddelt; ugs.⟩ →*ausgraben (1)*
aus|bü|geln ⟨V.1, hat ausgebügelt; mit Akk.⟩ **1** *bügeln* **2** ⟨übertr.⟩ *ausgleichen, wiedergutmachen;* einen Fehler, eine Taktlosigkeit a.
aus|bu|hen ⟨V.1, hat ausgebuht; mit Akk.⟩ *jmdn., ein Theaterstück a. durch Buhrufe zum Schweigen bringen, kritisieren;* der Redner wurde ausgebuht
Aus|bund ⟨m.2⟩ *Muster, das Höchste, Beste;* er ist ein A. an Friedfertigkeit [eigtl. das „Ausgebundene, zur Schau auf dem Aufgebundene"; früher pflegten Kaufleute auf verpackte Waren ein Muster zur Schau zu binden, und dieses Muster war natürlich immer besonders gut oder schön]
aus|bür|gern ⟨V.1, hat ausgebürgert; mit Akk.⟩ *jmdn. a. jmdm. die Staatsbürgerschaft entziehen;* Syn. *denaturalisieren*
Aus|bür|ge|rung ⟨f.10⟩ *das Ausbürgern; das Ausgebürgertwerden;* Syn. *, Denaturalisation, Denaturalisierung, Expatriation*
aus|büx|en ⟨V.1, hat ausgebüxt; norddt.⟩ →*ausreißen (II,2)*
Aus|dau|er ⟨f., -, nur Sg.⟩ *Fähigkeit, etwas lange Zeit zu tun;* er hat beim Üben, Wandern, Sammeln keine, wenig, große A.
aus|dau|ernd ⟨Adj., o.Steig.⟩ **1** *lange Zeit unermüdlich tätig, lange durchhaltend* **2** *viele Jahre lang immer wieder wachsend und blühend* [Part. Präs. zu *ausdauern* (†)]
aus|deh|nen ⟨V.1, hat ausgedehnt⟩ **I** ⟨mit Akk.⟩ **1** *durch Dehnen weiter, größer machen;* ein Gummiband a. **2** *erweitern;* seinen Einfluß, seinen Arbeitsbereich a. **3** *verlängern;* einen geselligen Abend bis in den Morgen hinein a.; einen ausgedehnten Spaziergang machen einen langen Spaziergang **II** ⟨refl.⟩ *sich a.* **1** *weiter, größer werden;* Metall, Wasser dehnt sich beim Erwärmen aus **2** *sich erstrecken;* die Ebene dehnt sich bis zum Horizont aus
Aus|deh|nung ⟨f.10⟩ **1** *das Ausdehnen* **2** *Erstreckung, Ausmaß, Umfang;* der Spielplatz hat eine A. von 500 Quadratmetern **3** *(durch Wärme bewirkte) Vergrößerung des Volumens bei gleichbleibender Masse*
aus|den|ken ⟨V.22, hat ausgedacht; mit Dat. (sich) und Akk.⟩ *sich etwas a. durch Nachdenken schaffen;* sich eine Geschichte, einen Plan, ein Geschenk für jmdn. a.; *es ist nicht auszudenken, was geschehen wäre, wenn . . . man kann es sich nicht vorstellen*
aus|deu|ten ⟨V.2, hat ausgedeutet; mit Akk.⟩ *erklären, deuten;* einen Text a. **Aus|deu|tung** ⟨f.10⟩
aus|die|nen ⟨V.1; o.Obj.; nur im Part. Perf. üblich⟩ **1** *aus dem Dienst ausscheiden* **2** *sich abnutzen;* die Stiefel haben nun ausgedient; vgl. *ausgedient*
aus|dör|ren ⟨V.1⟩ **I** ⟨mit Akk.; hat ausgedörrt⟩ *ganz trocken machen;* die Sonne dörrt den Boden aus **II** ⟨o.Obj.; ist ausgedörrt⟩ *ganz trocken werden;* meine Kehle ist ganz ausgedörrt ich habe großen Durst
aus|dre|hen ⟨V.1, hat ausgedreht; mit Akk.⟩ **1** *durch Drehen des Schalters außer Betrieb setzen;* das Licht, das Radio a. **2** →*auskugeln*
Aus|druck[1] ⟨m.2⟩ **1** ⟨nur Sg.⟩ *Art, sich auszudrücken;* der Aufsatz ist gut im A.; dein A. muß noch besser werden **2** ⟨nur Sg.⟩ *das Sichausdrücken, sichtbare, hörbare Gestaltung inneren Erlebens;* mit A. singen, spielen, vortragen; einem Gefühl A. geben; eine Behauptung mit dem A. des Bedauerns zurücknehmen; *zum A. kommen ausgedrückt werden;* etwas zum A. bringen *etwas ausdrücken* **3** ⟨nur Sg.⟩ *das Zeigen eines Gefühls, eines*

inneren Zustands (in der Miene, im Gesicht) (Gesichts~); seine Augen haben einen traurigen A. **4** *Bezeichnung, Wort, Redewendung* (Fach~); *Ausdrücke gebrauchen Schimpfwörter, ordinäre Wörter;* ,,Gspusi" ist ein bayrischer A.; ,,beschwipst" ist gar kein A.! ,,beschwipst" ist viel zu schwach ausgedrückt, man müßte sagen: ,,volltrunken"!

Aus|druck² ⟨m.1⟩ **1** *Ende des Druckes (einer Auflage);* der Text kann nach dem A. nicht mehr korrigiert werden **2** *ausgedruckter Text* **3** ⟨EDV⟩ *das Ausgeben von Daten durch den Computer;* Syn. *Output (3)*

aus|drucken ⟨-k|k-; V.1, hat ausgedruckt; mit Akk.⟩ **1** *zu Ende drucken;* die Auflage ist (noch nicht) ausgedruckt **2** ⟨EDV⟩ *gedruckt ausgeben*

aus|drücken ⟨-k|k-; V.1, hat ausgedrückt⟩ **I** ⟨mit Akk.⟩ etwas a. **1** *sagen, in Worte fassen;* ich weiß nicht, wie ich es a. soll; kann man auch freundlicher a. **2** *äußerlich zeigen;* seine Augen drückten Freude, Enttäuschung aus **3** *durch Drücken Saft, Wasser aus etwas herausholen;* eine Zitrone, einen Schwamm a. **II** ⟨mit Dat. und Akk.⟩ *jmdm. etwas a. jmdm. in Worten etwas mitteilen;* jmdm. seinen Dank, seine Anteilnahme a. **III** ⟨refl.⟩ sich a. **1** *etwas sagen, sich äußern;* ich kann mich nicht anders a. ich muß es so sagen **2** *sich zeigen, äußerlich erkennbar sein;* in seinem Gesicht, in seiner Haltung drückte sich gespannte Erwartung aus

aus|drück|lich ⟨Adj., o.Steig.⟩ *betont, deutlich, mit klaren Worten;* ich habe n. darum gebeten; ich habe es mit seiner ~en Erlaubnis getan

aus|drucks|los ⟨Adj., o.Steig.⟩ *ohne Ausdruck;* ~es Gesicht

Aus|drucks|tanz ⟨m.2⟩ *künstlerischer Bühnentanz, der durch Bewegungen Empfindungen und seelische Zustände ausdrücken will*

aus|drucks|voll ⟨Adj.⟩ *voller Ausdruck;* ~e Augen, Bewegungen; ein ~es Bild

Aus|drucks|wei|se ⟨f.11⟩ *Art, sich auszudrücken;* einfache, klare, geschraubte A.

aus|dun|sten, aus|dün|sten ⟨V.2, hat ausgedunstet bzw. hat ausgedünstet⟩ **I** ⟨mit Akk.⟩ *feucht, intensiv ausströmen;* etwas dunstet einen modrigen, fauligen Geruch aus **II** ⟨o.Obj.⟩ *Feuchtigkeit in Form von Dunst abgeben, Geruch abgeben;* der Kuchen muß eine Zeitlang a.; Kleidungsstücke an der Luft a. lassen

Aus|dun|stung, Aus|dün|stung ⟨f., -, Sg.⟩ **1** *das Ausdunsten* **2** *(meist unangenehmer) schwerer Geruch*

aus|ein|an|der ⟨Adv.⟩ *getrennt voneinander;* die beiden Grundstücke liegen weit a.; die Kinder sind (im Alter) zwei Jahre a.

aus|ein|an|der... (in Zus. mit Verben) *weg voneinander, eins weg vom anderen,* z.B. auseinandergehen, auseinanderschneiden, auseinanderziehen

aus|ein|an|der|hal|ten ⟨V.61, hat auseinandergehalten; mit Akk.⟩ *unterscheiden;* ich kann die Zwillinge nicht a.

aus|ein|an|der|kla|mü|sern ⟨V.1, auseinanderklamüsert⟩ **I** ⟨mit Akk.⟩ *ordnen und im einzelnen untersuchen;* ein Paket ungeordneter Briefe a. **II** ⟨mit Dat. und Akk.⟩ jmdm. etwas a. *jmdm. etwas im einzelnen erklären*

aus|ein|an|der|neh|men ⟨V.88, hat auseinandergenommen; mit Akk.⟩ **1** *etwas a. etwas in seine Bestandteile zerlegen* **2** *jmdn. a.* ⟨übertr., ugs.⟩ *jmdm. energisch die Meinung sagen*

aus|ein|an|der|set|zen ⟨V.1, hat auseinandergesetzt⟩ **I** ⟨mit Dat. und Akk.⟩ *jmdm. etwas a. erklären* **II** ⟨refl.⟩ **1** sich mit etwas a. *sich mit etwas gründlich beschäftigen und Stellung dazu nehmen, sich eine Meinung darüber bilden* **2** sich mit jmdm. a. *im Gespräch mit jmdm. energisch, deutlich die Meinungen, Standpunkte klären*

Aus|ein|an|der|set|zung ⟨f.10⟩ **1** *gründliches Sichbeschäftigen (mit etwas);* A. mit religiösen Fragen **2** *energisches Gespräch, Streit;* eine A. mit jmdm. haben, ~en vermeiden

aus|er|kie|sen ⟨V.29, hat auserkoren; nur noch im Passiv und in Vergangenheitsformen üblich⟩ *auswählen, erwählen;* ich wurde dazu auserkoren, man hat mich dazu auserkoren; die Festrede zu halten; er ist dazu auserkoren; seine Auserkorene ⟨scherzh.⟩ *seine Braut, seine Verlobte;* ihr Auserkorener *ihr Bräutigam, ihr Verlobter*

aus|er|ko|ren ⟨Part. Perf. von⟩ auserkiesen

aus|er|le|sen ⟨Adj., o.Steig.; nur als Attr. und mit „sein"⟩ *sorgfältig ausgewählt, ganz besonders gut, fein;* ~e Speisen, Weine

aus|er|se|hen ⟨V.136, hat ausersehen; mit Akk.⟩ etwas a. *auswählen, bestimmen;* ich habe ihn dazu a., mein Nachfolger zu werden; er war dazu a., ein großer Künstler zu werden

aus|fah|ren ⟨V.32⟩ **I** ⟨mit Akk.; hat ausgefahren⟩ **1** etwas a. **a** *durch vieles Befahren abnutzen;* ausgefahrener Weg; sich in ausgefahrenen Gleisen, Bahnen bewegen *an herkömmlichen Gleisen hängen, immer wieder längst Bekanntes vorbringen* **b** *am äußeren Straßenrand fahren;* eine Kurve a., nicht schneiden **c** *bis zu Ende fahren;* er hat das Rennen nicht ausgefahren **d** ⟨bei Maschinen⟩ *durch Mechanik aus dem gleichen lassen;* das Fahrgestell (des Flugzeugs) a. **e** *beim Fahren voll beanspruchen, voll ausnutzen;* er hat seinen schweren Wagen noch nie ausgefahren **f** ⟨Mar.⟩ *hinablassen;* den Anker a. **2** jmdn. a. *(im Fahrzeug, Rollstuhl, Kinderwagen) spazierenfahren* **II** ⟨o.Obj.; ist ausgefahren⟩ **1** *(zu einem bestimmten Zweck) hinausfahren, aufs Meer hinausfahren;* die Fischer fahren noch vor Sonnenaufgang aus **2** *fahrend einen Ort verlassen;* der ~de Zug **3** *in der Umgebung umherfahren, spazierenfahren* **4** ⟨in der Fügung⟩ ~de Bewegungen *plötzliche, unkontrollierte Bewegungen (mit Arm oder Bein)*

Aus|fahrt ⟨f.10⟩ **1** ⟨nur Sg.⟩ *das Ausfahren;* Ggs. *Einfahrt (1);* bei A. des Zuges; die A. ist noch nicht freigegeben **2** *Spazierfahrt* **3** *Straße, auf der man die Autobahn verlassen kann;* Ggs. *Einfahrt (3)* **4** *Stelle, Öffnung, durch die man aus etwas fahren kann* (Hof~)

Aus|fall ⟨m.2⟩ **1** *Verlust* (Haar~, Lohn~) **2** ⟨Fechten⟩ *Angriff durch rasches Vorsetzen eines Fußes, Beugen des Knies und gleichzeitigen Stoß oder Hieb* **3** *das Nichtstattfinden* (einer Sitzung) **4** *längere Unterbrechung* (Arbeits~) **5** *Funktionsunfähigkeit;* A. eines Motors **6** *Ergebnis;* der A. der Wahl war nicht vorauszusehen **7** *Wegfall;* A. eines Buchstabens (im Wort) **8** *unverschämte, beleidigende Äußerung;* Ausfälle gegen jmdn. machen

aus|fal|len ⟨V.33, hat ausgefallen; o.Obj.⟩ **1** *herausfallen;* Haare, Zähne fallen aus **2** ⟨Fechten, Mil.⟩ *einen Ausfall (2) machen* **3** *nicht stattfinden;* die Sitzung, der Unterricht fällt aus **4** *nicht funktionieren, nicht arbeiten;* ein Triebwerk ist ausgefallen **5** *ein (bestimmtes) Ergebnis haben;* die Mathematikarbeit ist gut, schlecht ausgefallen; wie ist die Entscheidung, die Wahl ausgefallen? **6** *wegfallen;* ein Buchstabe im Wort fällt aus und wird durch einen Apostroph ersetzt **7** ⟨von Personen⟩ *nicht arbeiten (können);* wegen seiner Krankheit, seinen Urlaub vier Wochen lang (im Betrieb) ausgefallen

aus|fäl|len ⟨V.1, hat ausgefällt; mit Akk.; Chem.⟩ *aus-, abscheiden, in unlöslichen Zustand bringen;* gelöste Stoffe a.; ein Reagens fällt eine Substanz aus

aus|fal|lend ⟨Adj.⟩ *unverschämt, beleidigend;* Syn. *ausfällig;* ~e Äußerungen; bitte werde nicht a.!

Aus|fall|er|schei|nung, Aus|falls|er|schei|nung ⟨f.10⟩ *Abschwächung oder Ausfall einer wichtigen Körperfunktion*

aus|fäl|lig ⟨Adj.⟩ → *ausfallend*

Aus|fall(s)|tor ⟨n.1⟩ **1** ⟨früher⟩ *Tor (in einer Befestigungsanlage), durch das ein militärischer Ausfall unternommen wurde* **2** ⟨heute⟩ *Ausgangspunkt;* der Hamburger Hafen ist ein A. für die deutsche Wirtschaft

Aus|fall|stra|ße ⟨f.11⟩ *wichtige Straße, die aus einem Ballungsraum herausführt*

Aus|fall|win|kel, Aus|falls|win|kel ⟨m.5⟩ *Winkel zwischen ausfallendem Strahl und Ausfallsebene, Reflexionswinkel*

Aus|fall|zeit ⟨f.10⟩ ⟨bei Versicherungen⟩ **1** *durch längere Krankheit oder Arbeitslosigkeit verursachter Zustand des Nichtversichertseins* **2** *vorübergehende Nichtbenutzbarkeit (einer Arbeitskraft, Maschine o.ä.)*

aus|fech|ten ⟨V.35, hat ausgefochten; mit Akk.⟩ *bis zu Ende kämpfen;* eine Sache, die man begonnen hat, a.; einen Kampf, einen Prozeß a.

aus|fer|ti|gen ⟨V.1, hat ausgefertigt; mit Akk.⟩ **1** *schriftlich herstellen und amtlich beglaubigen (stempeln und unterschreiben lassen);* eine Urkunde a. **2** *ausfüllen, stempeln und unterschreiben;* einen Paß, Ausweis a.

Aus|fer|ti|gung ⟨f.10⟩ **1** ⟨nur Sg.⟩ *das Ausfertigen* **2** *Exemplar eines ausgefertigten Schriftstücks;* ein Schreiben in dreifacher A.; eine A. bekommen Sie, zwei behalten wir

aus|fin|dig ⟨Adj.; nur in der Fügung⟩ a. machen *(nach längerem Suchen) finden*

aus|flie|gen ⟨V.38, ist ausgeflogen; o.Obj.⟩ **1** *hinaus-, wegfliegen* **2** ⟨übertr.⟩ *von zu Hause weggehen;* wir wollten euch gestern besuchen, aber ihr wart ausgeflogen

aus|flip|pen ⟨V.1, ist ausgeflippt; o.Obj.⟩ **1** *durch Einnahme von Rauschgift sich in einen Rauschzustand versetzen* **2** *aus den gesellschaftlichen Normen ausbrechen, sich außerhalb der bürgerlichen Gesellschaft stellen* **3** *die Nerven, die Beherrschung verlieren* [nach den *Flippern* im Flipperspiel, zwei Markierungen am Ende der Bahn; wenn die Kugel zwischen ihnen hindurchrollt, „flippt sie aus", d.h. scheidet sie aus; zu engl. *to flip* ,,leicht schlagen, schnellen"]

aus|flocken ⟨-k|k-; V.1⟩ **I** ⟨mit Akk.; hat ausgeflockt⟩ *in Form von Flocken aus-, abscheiden;* eine Substanz a. **II** ⟨o.Obj.; ist ausgeflockt⟩ *sich in Form von Flocken (aus einer Lösung) aus-, abscheiden* **Aus|flockung** ⟨-k|k-; f.10⟩

Aus|flucht ⟨f.2⟩ → *Ausrede;* Ausflüchte machen

Aus|flug ⟨m.2⟩ **1** ⟨bei Bienen, Vögeln⟩ *das Ausfliegen* **2** *kleine Wanderung oder Spazierfahrt*

Aus|fluß ⟨m.2⟩ **1** *Öffnung, durch die etwas ausfließen kann* **2** ⟨nur Sg.⟩ *weißliche Absonderung aus dem weiblichen Geschlechtsorgan*

aus|fol|gen ⟨V.1, hat ausgefolgt; mit Dat. und Akk.; Amtsdeutsch⟩ *jmdm. etwas a. übergeben;* jmdm. eine Urkunde a.

aus|for|schen ⟨V.1, hat ausgeforscht; mit Akk.⟩ **1** *etwas a. auskundschaften, in Erfahrung bringen, ermitteln* **2** *jmdn. a. eingehend (über etwas Bestimmtes) befragen*

aus|fra|gen ⟨V.1, hat ausgefragt; mit Akk.⟩ *jmdm. viele und eingehende Fragen stellen*

aus|fran|sen ⟨V.1, ist ausgefranst; o.Obj.⟩ *am Rand Fransen bilden, sich am Rand auflösen;* eine ausgefranste Tischdecke; ausgefranste Hosenbeine

aus|fres|sen ⟨V.41, hat ausgefressen; mit Akk.⟩ **1** *leer fressen;* der Hund hat seinen Napf ausgefressen **2** *etwas a. eine Dummheit machen, eine (üble) Missetat begehen;* er hat in der Schule irgend etwas ausgefressen; hast du was ausgefressen?

aus|frie|ren ⟨V.42⟩ **I** ⟨o.Obj.; ist ausgefroren) **1** *durch und durch gefrieren;* feuchte Wäsche im Freien a. lassen **2** *ausgefroren sein infolge langen Frierens durch und durch kalt sein* II ⟨mit Akk.; hat ausgefroren⟩ *einen Stoff a. durch Gefrierenlassen aus einem anderen Stoff (der einen anderen Gefrierpunkt hat) herauslösen*

Aus|fuhr ⟨f.10⟩ *das Ausführen (von Waren) ins Ausland zwecks Verkauf;* Syn. *Export;* Ggs. *Einfuhr*

aus|füh|ren ⟨V.1, hat ausgeführt; mit Akk.⟩ **1** *etwas a.* **a** *tun, machen (was man sich vorgenommen oder aufgetragen bekommen hat);* eine Arbeit, einen Auftrag a.; Bewegungen a.; *die Ausführenden die vortragenden Künstler* **b** *(in bestimmtem Material) gestalten;* eine Statue in Marmor, Holz a. **c** *zum Verkauf ins Ausland befördern;* Syn. *exportieren;* Ggs. *einführen (I,1b);* Waren a. **d** *ausführlich erklären, beschreiben;* wie ich soeben ausgeführt habe; ich werde das noch im einzelnen a. **2** *jmdn. oder einen Hund a. spazierenführen* **3** *jmdn. a. ins Theater, Konzert, zum Essen ins Restaurant einladen*

aus|führ|lich ⟨Adj.⟩ *sehr genau, bis ins einzelne, mit vielen Worten;* etwas a. erläutern, erzählen

Aus|führ|lich|keit ⟨f., -, nur Sg.⟩ *ausführliche Beschaffenheit;* die A. seiner Darstellung wirkte ermüdend; etwas in aller A. erklären, *sehr ausführlich*

Aus|füh|rung ⟨f.10⟩ **1** ⟨nur Sg.⟩ *das Ausführen, Tun, Machen;* A. eines Auftrags **2** *Gestaltung, Ausstattung, Art der Herstellung;* wir haben diese Tischdecken auch in anderer, in verschiedener A. da **3** *ausführliche Erklärung, Beschreibung;* interessante ~en; wie Sie aus meinen ~en entnehmen konnten

Aus|füh|rungs|be|stim|mung ⟨f.10⟩ *Anweisung, Bestimmung, wie etwas (Vorschrift, Gesetz) im einzelnen auszuführen ist*

Aus|füh|rungs|gang ⟨m.2; Anat.⟩ *Gang, durch den ein Feststoff oder eine Flüssigkeit den Körper verläßt*

aus|fül|len ⟨V.1, hat ausgefüllt; mit Akk.⟩ **1** *etwas a.* **a** *vollmachen, ganz füllen;* eine Fläche, Lücke a.; eine Fuge mit Kitt a.; mein Tag, meine Zeit ist ganz ausgefüllt *ich habe den ganzen Tag, habe immer zu tun* **b** *ein Formular a. die Fragen in einem Formular beantworten, die geforderten Angaben machen* **2** *jmdn. a. jmds. geistige Leistungsfähigkeit in Anspruch nehmen, jmdn. innerlich befriedigen;* diese Tätigkeit füllt mich nicht, füllt mich ganz aus

Ausg. ⟨Abk. für⟩ *Ausgabe (4)*

Aus|ga|be ⟨f.11⟩ **1** *das Ausgeben, Verteilen, Herausgeben (Essens~);* A. neuer Banknoten **2** *Stelle, an der etwas ausgegeben wird* (Waren~, Handgepäck~) **3** *Aufwand an Geld, Zahlung;* Ggs. *Einnahme (1);* meine ~n steigen; viele ~n haben; sich große ~n machen **4** ⟨Abk.: Ausg.⟩ *Veröffentlichung (von Schriftwerken)* (Erst~); *freie Zeit zur Ausgabe;* sonntags A. (A. einer Zeitung) für den Landkreis **5** *äußere Form (eines Schriftwerks)* (Taschenbuch~); gebundene, broschierte A.; illustrierte A.; A. letzter Hand → *Hand*

Aus|gang ⟨m.2⟩ **1** ⟨nur Sg.⟩ *Ende;* der A. eines Theaterstücks, einer Krankheit ⟨nur Sg.⟩ *Ergebnis;* A. eines Prozesses, einer Verhandlung **3** ⟨nur Sg.; bei Hausangestellten, Soldaten⟩ *freier Tag;* sonntags A. haben **4** *Tür zum Hinausgehen;* Ggs. *Eingang (1)* **5** ⟨meist Pl.⟩ *Ausgänge zum Versenden fertige Post, zum Liefern fertige Waren* **6** *Ausgangspunkt;* zum A. eines Gesprächs zurückkehren

aus|gangs ⟨Präp. mit Gen.⟩ *am Ende;* Ggs. *eingangs;* a. Ihres Schreibens; a. der fünfziger Jahre

Aus|gangs|punkt ⟨m.1⟩ *Punkt, von dem man ausgeht oder von dem etwas ausgeht oder ausgegangen ist;* wieder an den A. zurückkehren

Aus|gang(s)|stel|lung ⟨f.10⟩ **1** ⟨Sport⟩ *Grundstellung (vor der Übung)* **2** ⟨Mil.⟩ *Stellung (der Truppen) vor dem Angriff*

aus|ge|ben ⟨V.45, hat ausgegeben⟩ I ⟨mit Akk.⟩ **1** *etwas a.* **a** *(auftragsgemäß) verteilen;* Essen, Anstaltskleidung a. **b** *weggeben, bezahlen, verbrauchen;* Geld, große Summen a. **c** *zum Verkauf hergeben;* Aktien, Sondermarken a. **d** *in Umlauf bringen;* neue Banknoten a. **e** *zum Mitnehmen hergeben;* Bücher a. (in der Bibliothek) **f** *offiziell bekanntgeben;* Befehle a.; die Parole a. **g** *spendieren, für andere bezahlen;* eine Runde Bier a. **2** *etwas, jmdn. oder sich für oder als etwas a. so tun, als sei etwas, jmd. oder man selbst etwas (Bestimmtes);* er gibt die Perlen für, als echt aus; er hat sich als Arzt ausgegeben; er gibt den Hund als schottischen Schäferhund aus II ⟨refl.⟩ *sich a. verausgaben* III ⟨o.Obj.⟩ *ausgiebig sein, lange reichen;* die Wolle gibt beim Stricken viel, wenig aus; Pflaumen geben als Marmelade sehr viel aus

aus|ge|bufft ⟨Adj.⟩ *gerissen, erfahren, raffiniert;* ein ~er Geschäftsmann [Herkunft nicht geklärt]

Aus|ge|burt ⟨f.10⟩ **1** *Erzeugnis, etwas Hervorgebrachtes;* dieser Film ist eine A. an Scheußlichkeit; diese A. seiner Phantasie **2** *jmd., an dem eine (meist negative) Eigenschaft besonders hervortritt;* sein Sohn, diese A. von Bosheit

aus|ge|dient ⟨Adj., o.Steig.; nur als Attr.⟩ **1** *nicht mehr im Dienst;* ~er Soldat **2** *nicht mehr in Gebrauch;* ~e Stiefel

Aus|ge|din|ge ⟨n.5⟩ → *Altenteil;* ins A. ziehen [eigtl. „etwas, was man sich ausbedungen hat" (nämlich als Wohnsitz)]

aus|ge|fal|len ⟨Adj.⟩ *ungewöhnlich und merkwürdig, nicht alltäglich;* eine ~e Idee; er will ihr ein Schmuckstück kaufen, aber es soll irgend etwas Ausgefallenes sein

aus|ge|fuchst ⟨Adj.⟩ **1** *erfahren;* ein ~er Autofahrer, Geschäftsmann **2** *trickreich;* eine ~e Methode

aus|ge|gli|chen ⟨Adj.⟩ *gleichmäßig (in der Gemütslage), ruhig und gelassen;* ~es Temperament; ~er Charakter; er ist sehr a. **Aus|ge|gli|chen|heit** ⟨f., -, nur Sg.⟩

aus|ge|hen ⟨V.47, ist ausgegangen⟩ I ⟨o.Obj.⟩ **1** *hinausgehen, weggehen, das Haus verlassen* **2** *Vergnügen, Zerstreuung außer Haus suchen;* wir gehen abends gern, viel, wenig aus **3** *heraus-, abfallen;* mir gehen die Haare aus **4** *zu Ende, zur Neige gehen, alle werden;* mir ist das Geld ausgegangen *wie wird das a.?*; schlecht ausgegangen; jetzt geht mir die Geduld aus! **6** *aufhören zu brennen, zu leuchten;* das Feuer, das Licht, die Zigarre ist ausgegangen **7** *beim Waschen des Stoffes ineinanderlaufen;* die Farben sind ausgegangen II ⟨mit Präp.obj.⟩ **1** *auf etwas a. etwas erreichen, haben wollen;* auf Abenteuer, Raub a.; er geht bei allem nur auf seinen Vorteil, aufs Geld aus **2** *von etwas a.* **a** *etwas als Ausgangspunkt haben;* von der Sonne geht Licht, Wärme aus; von diesem Buch ging eine starke Wirkung aus **b** *etwas als Grundlage nehmen, etwas voraussetzen;* ich gehe davon aus, daß . . . **3** *von jmdm. herrühren, geäußert werden;* der Vorschlag ist von ihm ausgegangen (nicht von uns) **4** *von jmdm. ausgestrahlt werden;* von ihm geht Ruhe, Unruhe, eine starke Anziehungskraft aus

aus|ge|kocht ⟨Adj.; nur als Attr., „sein"⟩ *alle Kniffe, Tricks, Auswege, Hintertüren kennend;* ein ~er Verteidiger, Betrüger

aus|ge|las|sen ⟨Adj.⟩ *fröhlich und wild, übermütig* **Aus|ge|las|sen|heit** ⟨f., -, nur Sg.⟩

aus|ge|lit|ten ⟨Part. Perf. vom nicht üblichen Verb *ausleiden*; nur in der Fügung⟩ ausgelitten haben *gestorben sein, tot sein;* Großvater hat ausgelitten

aus|ge|macht ⟨Adj., o.Steig.; nur als Attr.⟩ *erwiesen, sicher, klar, eindeutig;* vgl. *ausmachen (I,4);* das ist ~er Blödsinn, Schwindel; ein ~er Betrug

aus|ge|mer|gelt ⟨Adj.⟩ *abgemagert, abgezehrt, blutlos* [zu *Mark*, eigtl. „des Marks beraubt", angelehnt an *Mergel*, der schon in ältester Zeit zum Düngen verwendet wurde, der aber dem Boden auslaugt, wenn er zu oft gegeben wird]

aus|ge|nom|men → *ausnehmen (I,2a)*

aus|ge|picht ⟨Adj., o.Steig.⟩ **1** *schlau, gerissen;* ein ~er Gauner **2** *raffiniert, verfeinert;* ein ~er Genießer **3** *an scharfe Schnäpse gewohnt;* er hat eine Kehle wie Leder [Part. Perf. von *auspichen* (†) „mit Pech abdichten"; was mit Pech gedichtet ist, ist widerstandsfähig und unangreifbar]

aus|ge|prägt ⟨Adj.⟩ **1** *eigenwillig oder auffallend geformt, scharf geschnitten;* ~e Gesichtszüge **2** *durch hervortretende Eigenschaften gekennzeichnet;* ein ~er Charakter **3** *deutlich erkennbar;* er hat eine a. künstlerische Begabung; ein a. naturalistisches Theaterstück

aus|ge|rech|net ⟨Adv.; zum Ausdruck des Unerwarteten oder Unerwünschten⟩ *gerade;* a. jetzt muß sie anrufen; a. er macht mir Vorwürfe

aus|ge|schamt ⟨Adj.; bayr.-österr.⟩ *unverschämt;* ein ~er Kerl; der ist ganz a. [eigtl. „sich nicht mehr schämend"]

aus|ge|schlos|sen ⟨Adj., o.Steig., nur mit „sein"⟩ *unmöglich, undenkbar;* das ist ganz a.; es ist a., daß . . .

aus|ge|schrie|ben ⟨Adj., o.Steig.; nur als Attr. und mit „sein"⟩ *ausgeprägt, durch vieles Schreiben zügig;* eine ~e Handschrift haben; seine Schrift ist noch nicht sehr a.

aus|ge|spro|chen ⟨Adj., o.Steig.; nur als Attr. und Adv.⟩ **1** ⟨Attr.⟩ **a** *besondere(r, -s);* eine ~e Abneigung gegen etwas haben **b** *typisch, so, wie man es sich vorstellt;* er ist ein ~er Abenteurer **2** ⟨Adv.⟩ *ganz besonders;* ich habe ihn a. gern; so etwas ist a. töricht

aus|ge|stal|ten ⟨V.2, hat ausgestaltet; mit Akk.⟩ **1** *planvoll, sorgfältig gestalten;* eine Feier a.; einen Raum künstlerisch, geschmackvoll a. **2** *erweitern, ausarbeiten;* eine Theorie, Lehre a. **Aus|ge|stal|tung** ⟨f., -, nur Sg.⟩

aus|ge|stor|ben ⟨Adj., o.Steig.⟩ *menschenleer;* die Straßen waren während der Fußballübertragung im Fernsehen völlig a.

aus|ge|wo|gen ⟨Adj., o.Steig.⟩ *ebenmäßig, richtig in den Maßen, harmonisch;* ein ~es Verhältnis der Formen und Farben (in einem Raum)

aus|ge|zeich|net ⟨Adv., o.Steig.⟩ *sehr gut, besonders gut;* eine ~e Leistung; ein ~es Essen; sie ist eine ~e Pianistin; sie kann a. mit Kindern umgehen; das schmeckt ganz ausgezeichnet

aus|gie|big ⟨Adj.⟩ **1** *reichlich;* a. frühstücken **2** *lange und eingehend;* sich a. unterhalten; sich a. etwas betrachten **3** *viel ausgebend, lange reichend;* die Wolle ist beim Stricken sehr a. **Aus|gie|big|keit** ⟨f., -, nur Sg.⟩

aus|gie|ßen ⟨V.54, hat ausgegossen; mit Akk.⟩ **1** *hinausgießen, weggießen;* Wasser a. **2** *gießend leeren, leer machen;* eine Kanne a. **3** *mit flüssiger Masse (die fest werden soll) füllen;* Gußformen, Matern a. **4** ⟨übertr.⟩ *ausschütten, über jmdn. schütten;* in ganzen Zorn, Hohn über uns aus **5** ⟨Bibelspr.⟩ *in reichem Maße, im Übermaß schenken;* seinen Geist, seine Gnade, Liebe über jmdn. a.

Aus|gie|ßung ⟨f., -, nur Sg.⟩ *das Ausgießen (5);* A. des Heiligen Geistes

Aus|gleich ⟨m.1⟩ **1** *das Ausgleichen, Besei-*

tigung von Unterschieden, Herstellung eines Gleichgewichts; A. des Kontos; Sport, Musik, ein Hobby als A. zur Berufsarbeit betreiben **2** *Ersatz;* A. von Verlusten **3** *Entschädigung;* einen A. für etwas erhalten **4** *Bezahlung;* A. einer Rechnung

aus|glei|chen ⟨V.55, hat ausgeglichen⟩ **I** ⟨mit Akk.⟩ **1** *gleichmachen, ähnlich machen, einander angleichen;* die Soll- und Habenseite des Kontos, ein Konto a. **2** *beseitigen, mildern;* Unterschiede, Gegensätze, Spannungen a. **3** *bezahlen,* eine Rechnung a. **4** *ins Gleichgewicht bringen;* Gewicht(e) a. **5** *ersetzen;* den Mangel an frischem Obst durch Vitaminpräparate a. **II** ⟨refl.⟩ sich a. **1** *ein Gleichgewicht herstellen, ins Gleichgewicht kommen;* die Vor- und Nachteile gleichen sich aus **2** *verschwinden, weniger spürbar werden;* die Unebenheiten, Unterschiede gleichen sich von selbst wieder aus

aus|glei|ten ⟨V.56, ist ausgeglitten; geh.⟩ →*ausrutschen*

aus|glie|dern ⟨V.1, hat ausgegliedert; mit Akk.⟩ *(aus einem geordneten Ganzen) planvoll, nach einem System herauslösen*

aus|glü|hen ⟨V.1, hat ausgeglüht; mit Akk.⟩ **1** *zum Glühen bringen und dadurch keimfrei machen;* eine Nadel a. **2** *auf hohe Temperatur erhitzen und abkühlen lassen* Metalle a. (um ihr Gefüge zu ändern, bes. um sie zu härten) **3** ⟨poet.⟩ *durch Hitze völlig austrocknen;* die Sonne hat den Boden ausgeglüht

aus|gra|ben ⟨V.58, hat ausgegraben; mit Akk.⟩ **1** *durch Graben zutage fördern;* Syn. (ugs.) *ausbuddeln;* Reste alter Kulturen a. **2** *in Archiven, Bibliotheken entdecken;* alte Noten, Handschriften a. **3** *(unerwünscht) wieder in Sprache bringen;* er gräbt immer wieder den alten Streit aus

Aus|grä|ber ⟨m.5⟩ *Archäologe, der Ausgrabungen durchführt*

Aus|gra|bung ⟨f.10⟩ *das Ausgraben von Resten alter Kulturen*

aus|grei|fen ⟨V.59, hat ausgegriffen; o.Obj.⟩ *große Schritte, große Sprünge machen;* das Pferd griff mächtig aus

aus|grei|fend ⟨Adj., o.Steig.; nur als Attr. und Adv.⟩ **I** ⟨Attr.⟩ **a** *weit, groß, schwungvoll;* mit ~en Schritten gehen; ~e Bewegungen **b** *weit vorausschauend, in die Zukunft gerichtet;* ~e Pläne **2** ⟨Adv.⟩ *große Schritte, große Sprünge machend;* das Pferd galoppierte weit a. voraus

aus|gren|zen ⟨V.1, hat ausgegrenzt; mit Akk.⟩ **1** *etwas a. (aus einem Ganzen) herauslösen, (innerhalb eines Ganzen) begrenzen;* Zeitabschnitte a. **2** ⟨a. ⟨verhüllend⟩ *(aus einer Stellung, einer Gemeinschaft) hinausdrängen, isolieren* **Aus|gren|zung** ⟨f., -, nur Sg.⟩

aus|grün|den ⟨V.2, hat ausgegründet; mit Akk.⟩ *durch Herauslösen eines Teils aus einem Unternehmen eine Firma neu gründen;* ein Zweigunternehmen a. **Aus|grün|dung** ⟨f.10⟩

Aus|guck ⟨m.1⟩ *Platz in der Höhe zum Beobachten;* Syn. *Auslug*

aus|gucken ⟨-k·k-; V.1, hat ausgeguckt⟩ →*ausschauen (I,1)*

Aus|guß ⟨m.2⟩ **1** *Öffnung, durch die etwas ausgegossen werden kann* **2** *an die Kanalisation angeschlossenes Becken zum Ausgießen von Schmutzwasser* u. a.

aus|ha|ben ⟨V.60, hat ausgehabt; o.Obj.; ugs.⟩ **1** *zu Ende gelesen haben;* hast du das Buch schon a.? **2** *Schulschluß haben;* wann habt ihr heute aus?

aus|ha|ken ⟨V.1, hat ausgehakt⟩ **I** ⟨mit Akk.⟩ *aus den Haken lösen* **II** ⟨o.Obj.⟩ *nicht mehr funktionieren;* an einem bestimmten Punkt hakt es immer aus; mein Gedächtnis hakt aus; an diesem Punkt hakt es bei mir aus *an diesem Punkt verstehe*

ich nichts mehr, habe ich kein Verständnis mehr

aus|hal|ten ⟨V.61, hat ausgehalten⟩ **I** ⟨mit Akk.⟩ **1** *etwas a.* **a** *ertragen, erdulden;* Schmerzen a. **b** ⟨mit „es"⟩ es a. *einen Zustand ertragen;* er hat es zu Hause nicht mehr ausgehalten; ich halte es vor Hunger, vor Müdigkeit, vor Langeweile nicht mehr aus **c** *lange klingen lassen;* einen Ton, eine Note a. **2** *jmdn. a. für jmdn. den Lebensunterhalt bezahlen;* eine(n) Geliebte(n) a. **II** ⟨o.Obj.⟩ *standhalten, nicht aufgeben;* halt noch fünf Minuten aus!

aus|han|deln ⟨V.1, hat ausgehandelt; mit Akk.⟩ *durch Verhandeln erreichen;* bessere Bedingungen a.

aus|hän|di|gen ⟨V.1, hat ausgehändigt; mit Dat. und Akk.⟩ *jmdm. etwas a. in die Hand geben, übergeben* **Aus|hän|di|gung** ⟨f., -, nur Sg.⟩

Aus|hang ⟨m.2⟩ *an einer allgemein zugänglichen Stelle ausgehängte Anzeige oder Bekanntmachung*

Aus|hän|ge|bo|gen ⟨m.7, Pl.⟩ →*Aushänger*

aus|hän|gen **I** ⟨V.1, hat ausgehängt; mit Akk.⟩ **1** *an einer allgemein zugänglichen Stelle aufhängen;* eine Anzeige, schriftliche Bekanntmachung a. **2** *aus den Angeln nehmen;* Syn. *ausheben;* Ggs. *einhängen (I);* eine Tür, ein Fenster a. **II** ⟨V.62, hat ausgehangen; o.Obj.⟩ *an allgemein zugänglicher Stelle hängen;* eine Verlustanzeige hängt aus; das Kleid hing lange im Schaufenster aus

Aus|hän|ger ⟨m.5, Pl.⟩ *fertige Druckbogen (eines Buches);* Syn. *Aushängebogen* [früher wurden die Bogen öffentlich ausgehängt, um Auftraggeber und Interessenten über den Fortgang des Druckes zu unterrichten]

Aus|hän|ge|schild ⟨n.3⟩ *Schild mit Bekanntmachung oder Anzeige, das an öffentlicher Stelle ausgehängt ist;* jmdn. als A. benutzen ⟨ugs.⟩ *jmdn. oder jmds. Namen dazu benutzen, um Reklame, Propaganda für sich zu machen*

aus|har|ren ⟨V.1, hat ausgeharrt; o.Obj.⟩ *geduldig warten;* bis zum Ende der Vorstellung a.

aus|hau|chen ⟨V.1, hat ausgehaucht; mit Akk.⟩ **1** *beim Ausatmen von sich geben* **2** *ausströmen;* die Erde haucht nach dem Regen einen würzigen Duft aus; die Mauern hauchen Eiseskälte aus **3** *seinen Geist, seine Seele a. sterben*

aus|hau|en ⟨V.63, hat ausgehauen; mit Akk.⟩ **1** *etwas a.* **a** *durch Abhauen von Bäumen und Sträuchern frei machen;* eine gehauene Stelle im Wald **b** *roden;* Wald a. **c** *durch Hauen herstellen;* Stufen (im Fels) a.; ein Loch, eine Höhle a. **d** *durch Behauen, Meißeln gestalten;* eine Figur in Stein a. **2** jmdn. a. ⟨haute aus, hat ausgehauen⟩ bayr. *verhauen*

aus|häu|sig ⟨Adj., o.Steig.; nur als Attr. und mit „sein"⟩ *von zu Hause abwesend;* ~e Vergnügungen; wir sind oft a.

aus|he|ben ⟨V.64, hat ausgehoben; mit Akk.⟩ **1** etwas a. **a** →*aushängen (I,2)* **b** *durch Graben in Schollen, in größeren Stücken herausheben;* Erdreich a. **c** *durch Herausheben von Erdreich herstellen;* einen Graben, eine Grube, ein Grab a. **d** *mit den Wurzeln ausgraben und herausheben;* Bäume a. und umpflanzen **e** *ein Nest a. (böswillig) die Eier aus dem Nest nehmen;* Rekruten a. **f** *finden und ausräumen* **2** jmdn. a. **a** ⟨Ringen⟩ *hochheben und zu Fall bringen* **b** *zum Wehrdienst einberufen;* eine Verbrecherbande a. *sie in ihrem Versteck finden und verhaften*

Aus|he|ber ⟨m.5⟩ **1** ⟨Ringen⟩ *Griff, um den Gegner auszuheben* **2** ⟨Gerberei⟩ *Fehler im Leder infolge einer falschen Bearbeitung der Haut*

aus|he|bern ⟨V.1, hat ausgehebert; mit Akk.⟩ *etwas a. mittels eines Schlauchs Flüssigkeit aus etwas heraussaugen;* jmdm. den Magen a. **Aus|he|be|rung** ⟨f.10⟩

Aus|he|bung ⟨f.10⟩ *das Ausheben, Einberufung zum Wehrdienst*

aus|hecken ⟨-k·k-; V.1, hat ausgeheckt; mit Akk.; ugs.⟩ *sich ausdenken, ersinnen;* einen Plan, eine Dummheit a.; wer weiß, was die wieder ausgeheckt haben

aus|hei|len ⟨V.1⟩ **I** ⟨mit Akk.; hat ausgeheilt⟩ *vollkommen heilen, gesunden lassen;* er hat im Sanatorium seine Tuberkulose ausgeheilt **II** ⟨o.Obj.; ist ausgeheilt⟩ **1** *vollständig verschwinden, zurückgehen;* die Krankheit, seine Tuberkulose ist ausgeheilt **2** *gesund werden, wieder funktionsfähig werden;* seine Lunge ist ausgeheilt **Aus|hei|lung** ⟨f., -, nur Sg.⟩

aus|hel|fen ⟨V.66, hat ausgeholfen; mit Dat. oder o.Obj.⟩ *helfen, helfend einspringen;* jmdm. (bei einer Arbeit) a.; kannst du mir morgen eine Stunde a.?; ich helfe dort ab und zu aus; jmdm. mit etwas a. *jmdm. für kurze Zeit etwas leihen (was ihm gerade fehlt, was er gerade nicht bei sich hat);* kannst du mir mit einem Pfund Zucker, mit einem Taschentuch a.?

Aus|hil|fe ⟨f.11⟩ **1** *das Aushelfen;* jmdn. zur A. haben, bekommen **2** →*Aushilfskraft;* wir bekommen morgen eine A.

Aus|hilfs|kraft ⟨f.2⟩ *jmd., der (im Arbeitsprozeß) aushilft;* Syn. *Aushilfe*

aus|ho|len ⟨V.1, hat ausgeholt⟩ **I** ⟨o.Obj.⟩ **1** *den Arm mit Schwung nach hinten bewegen (um zuzuschlagen oder zu werfen);* er holte aus und gab ihm eine kräftige Ohrfeige; zum Schlag, zum Wurf a. **2** *(beim Erzählen) ganz von vorn anfangen, in der Vergangenheit beginnen;* da muß ich weit a. **II** ⟨mit Akk.⟩ jmdn. a. *ausfragen, aushorchen*

aus|hol|zen ⟨V.1, hat ausgeholzt; mit Akk.⟩ *von Unterholz befreien;* Wald a. **Aus|hol|zung** ⟨f., -, nur Sg.⟩

aus|hor|chen ⟨V.1, hat ausgehorcht; mit Akk.⟩ *jmdn. a. jmdm. ausfragen und ihm eine Information entlocken*

Aus|hub ⟨m.2⟩ *ausgehobene Erde*

aus|hun|gern ⟨V.1, hat ausgehungert; mit Akk.⟩ *jmdn. a. hungern lassen (um ihn dadurch zur Kapitulation zu zwingen);* die Einwohner einer belagerten Stadt a.; ausgehungert sein *sehr großen Hunger haben;* nach etwas ausgehungert sein *etwas sehr stark vermissen;* nach Liebe, Sonne, Luft ausgehungert sein

aus|hu|sten ⟨V.2, hat ausgehustet⟩ **I** ⟨mit Akk.⟩ *durch Husten hervor-, herausbringen;* Schleim, Blut a. **II** ⟨refl.⟩ sich a. *so lange husten, bis der Hustenreiz vollkommen abgeklungen ist*

aus|ixen ⟨V.1, hat ausgeixt; mit Akk.⟩ *beim Maschinenschreiben ein Wort a. mit dem Buchstaben x über ein Wort tippen und es dadurch unlesbar machen*

aus|ke|geln ⟨V.1; landsch.⟩ →*auskugeln*

aus|keh|len ⟨V.1, hat ausgekehlt; mit Akk.⟩ *mit einer Hohlkehle versehen* **Aus|keh|lung** ⟨f., -, nur Sg.⟩

aus|kei|len ⟨V.1, hat ausgekeilt; o.Obj.⟩ **1** *keilförmig enden, keilförmig auslaufen;* eine Gesteinsschicht keilt aus **2** →*ausschlagen (III,2)*

aus|ken|nen ⟨V.67, hat ausgekannt; refl.⟩ sich a. *Bescheid wissen, vertraut sein (mit etwas);* sich in einer Stadt a.; ich kenne mich hier gut, nicht aus; er kennt sich auf vielen Gebieten aus; jetzt kenne ich mich nicht mehr aus! *jetzt verstehe ich nichts mehr!;* sie kennt sich mit schwierigen Kindern aus

aus|klam|mern ⟨V.1, hat ausgeklammert; mit Akk.⟩ **1** ⟨Math.⟩ *aus der Klammer nehmen;* eine Zahl a. **2** ⟨übertr.⟩ *nicht behandeln, nicht besprechen, beiseite lassen, unberücksichtigt lassen;* eine Frage, einen stritti-

ausklamüsern

gen Punkt a.; wir können ihn bei den Verhandlungen nicht a.

aus|kla|mü|sern ⟨V.1, hat ausklamüsert; mit Akk.⟩ *durch Nachdenken und Probieren herausfinden;* ich habe es jetzt ausklamüsert, wie man es machen kann [zu *Kalmäuser*]

Aus|klang ⟨m.2⟩ *1 letzter Ton, letzter Akkord (eines Musikstücks)* 2 *Abschluß, Ende;* diese Viertelstunde Musik war ein schöner A. des Abends

aus|klei|den ⟨V.2, hat ausgekleidet; mit Akk.⟩ **1** *etwas a. innen ganz bedecken, überziehen;* einen Raum mit Tapete a.; eine Schachtel mit Samt a. **2** *jmdn. oder sich a. von den Kleidern befreien, auszieheh*

Aus|klei|dung ⟨f., -, nur Sg.⟩ **1** *das Auskleiden (von etwas)* **2** *Stoff, mit dem etwas ausgekleidet ist*

aus|klin|gen ⟨V.69, ist ausgeklungen o.Obj.⟩ **1** *verklingen, klingend zu Ende gehen;* das Lied klang mit einem lang ausgehaltenen Ton aus **2** *(harmonisch) zu Ende gehen;* der Abend klang mit einer kurzen Ansprache des Gastgebers aus

aus|klin|ken ⟨V.1, hat ausgeklinkt⟩ **I** ⟨mit Akk.⟩ *durch Betätigung einer Klinke aus der Halterung lösen und dadurch fallen lassen;* Ggs. *einklinken (2);* eine Bombe, ein Schleppseil a. **II** ⟨refl.⟩ *sich a. sich aus der Halterung lösen und fallen;* das Seil klinkt sich automatisch aus **III** ⟨o.Obj.; ugs.⟩ *nichts mehr verstehen, nicht mehr mitkommen, nicht mehr folgen können;* jetzt habe ich ausgeklinkt

Aus|klop|fer ⟨m.5⟩ → *Teppichklopfer*
aus|klü|geln ⟨V.1, hat ausgeklügelt; mit Akk.⟩ *fein, scharfsinnig ausdenken;* einen Plan a.

aus|kno|beln ⟨V.1, hat ausgeknobelt; mit Akk.⟩ *geschickt ausdenken;* einen Plan, eine Methode, eine Möglichkeit a.

aus|knocken [-kǀk-; -nɔkən] ⟨V.1, hat ausgeknockt; mit Akk.⟩ **1** *durch Knockout besiegen* **2** *(übertr., ugs.) übertrumpfen, übertreffen, zum Nachgeben zwingen*

aus|ko|chen ⟨V.1, hat ausgekocht; mit Akk.⟩ **1** *kräftig kochen (um Nährstoffe oder Schmutz herauszulösen);* Knochen a.; Wäsche a.; medizinische Instrumente a.; vgl. *ausgekocht* **2** *(übertr., ugs.) ausdenken;* da haben sie wieder etwas ausgekocht, ohne uns zu fragen, ob es in der Praxis möglich ist

aus|kof|fern ⟨V.1, hat ausgekoffert; mit Akk.⟩ *eine Straße a. Erdreich ausheben, um den Unterbau für eine Straße anzubringen*

Aus|kof|fe|rung ⟨f., -, nur Sg.⟩
Aus|kol|kung ⟨f.10⟩ *Bildung von kesselförmigen Einsenkungen durch Wasserwirbel (am Grund eines Flusses)*

aus|kom|men ⟨V.71, ist ausgekommen⟩ **I** ⟨mit Präp.obj.⟩ **1** *mit etwas a. etwas so einteilen, daß es für einen bestimmten Zeitraum reicht;* mit dem Geld, mit einem Vorrat a. **2** *mit jmdm. a. sich mit jmdm. vertragen, gut verstehen* **3** *ohne etwas oder jmdn. a. etwas oder jmdn. nicht brauchen, ohne etwas oder jmdn. leben können;* man kann auch ohne Auto a. **II** ⟨o.Obj. oder mit Dat.; bayr.-österr.⟩ *jmdm. entkommen, entwischen;* drei Häftlinge sind ausgekommen; der Fisch ist mir wieder ausgekommen **III** ⟨mit Dat.; bayr.-österr.⟩ *ihm kommt nichts aus er läßt sich nichts entgehen, nimmt alles mit, ist immer dabei*

Aus|kom|men ⟨n., -s, nur Sg.⟩ **1** *Lebensunterhalt;* sein gutes A. haben **2** *das Vertragen (mit jmdm.), Einklang;* mit ihm ist kein A. möglich

aus|kömm|lich ⟨Adj.⟩ *(für den Lebensunterhalt) ausreichend;* ein ∼es Gehalt, eine ∼e Rente haben

aus|kom|po|nie|ren ⟨V.3, hat auskomponiert; mit Akk.⟩ *bis in die Einzelheiten vertonen;* im Barock wurden die Bässe in der Be-gleitung nicht auskomponiert, sondern nur angedeutet

aus|ko|sten ⟨V.2, hat ausgekostet; mit Akk.⟩ *genießen;* ein Vergnügen, die Ferien voll a.

aus|kra|gen ⟨V.1, hat ausgekragt; o.Obj.; Baukunst⟩ *(aus der Mauer) heraus-, hervorragen, vorspringen;* Syn. *ausladen;* ∼de Mauersteine; ein weit ∼der Balkon

Aus|kra|gung ⟨f.10⟩ **1** ⟨nur Sg.⟩ *das Auskragen* **2** *auskragender Bauteil* [→ *Kragstein*]

aus|krat|zen ⟨V.1⟩ **I** ⟨mit Akk.; hat ausgekratzt⟩ **1** *durch Kratzen herausholen;* den letzten Rest Teig, Suppe a. **2** *durch Kratzen ganz leer machen;* den Topf, die Schüssel a. **3** ⟨Med.; salopp⟩ → *ausschaben (2)* **II** ⟨o.Obj.; ist ausgekratzt; ugs.⟩ → *ausreißen (II,2)*

Aus|krat|zung ⟨f.10; Med.; salopp⟩ → *Ausschabung*

aus|kri|stal|li|sie|ren ⟨V.3⟩ **I** ⟨mit Akk.; hat auskristallisiert⟩ *durch Kristallisation gewinnen;* Salz a. **II** ⟨o.Obj.; ist auskristallisiert⟩ *sich aus einer Lösung in Form von Kristallen abscheiden;* Salz kristallisiert aus

aus|ku|geln ⟨V.1, hat ausgekugelt; mit Dat. und Akk.⟩ *sich den Arm a. aus dem Schultergelenk drehen;* Syn. *ausdrehen,* ⟨landsch.⟩ *auskegeln*

Aus|kul|ta|ti|on ⟨f.10⟩ *Abhorchen der Geräusche im Körperinnern mit dem Ohr oder Stethoskop* [zu *auskultieren*]

aus|kul|tie|ren ⟨V.3, hat auskultiert; mit Akk.⟩ *abhören (II,1)* [< lat. *auscultare* „horchen, lauschen", wohl zu *auris,* eigtl. *aus-, „Ohr";* die Herkunft des zweiten Wortteils ist nicht geklärt]

aus|kund|schaf|ten ⟨V.2, hat ausgekundschaftet; mit Akk.⟩ *durch Nachforschen, Beobachten erfahren, herausfinden;* die feindlichen Stellungen a.; a., wo sich jmd. befindet

Aus|kunft ⟨f.2⟩ **1** *(belehrende, aufklärende) Mitteilung, Belehrung, Aufklärung;* eine, keine A. erhalten; jmdm. A. geben; ich kann darüber keine A. geben **2** *Raum, Schalter, Stelle, wo man Auskünfte erhält* (Bahnhofs∼); die A. anrufen; fragen Sie bitte in, bei der A.!

Aus|kunf|tei ⟨f.10⟩ *Unternehmen, das gewerbsmäßig Auskünfte einzieht (bes. über die Kreditwürdigkeit von Firmen)*

Aus|kunfts|bü|ro ⟨n.9⟩ *Büro, in dem man (bes. als Tourist) Auskünfte verschiedenster Art erhalten kann*

aus|ku|rie|ren ⟨V.3, hat auskuriert⟩ **I** ⟨mit Akk.⟩ *etwas a. vollständig heilen;* ich will in dem Kurort meinen Rheumatismus a. **II** ⟨refl.⟩ *sich a. durch Heilmethoden gesund werden;* kurier dich erst mal richtig aus!

aus|la|chen ⟨V.1, hat ausgelacht; mit Akk.⟩ *jmdn. a. über jmdn. lachen, sich über jmdn. lustig machen, jmdn. durch Lachen verspotten*

Aus|lad ⟨m., -(e)s, nur Sg.; Eisenbahn; schweiz.⟩ *Ausladung*

aus|la|den¹ ⟨V.74, hat ausgeladen⟩ **I** ⟨mit Akk.⟩ *etwas a.* **1** *aus dem Fahrzeug nehmen;* Ggs. *einladen¹;* Waren, Güter a. **2** *von transportierten Waren, Gütern leer machen;* einen Wagen, ein Schiff a. **II** ⟨o.Obj.⟩ → *auskragen*

aus|la|den² ⟨V.74, hat ausgeladen; mit Akk.⟩ *jmdn. a. eine Einladung rückgängig machen, jmdn., den man eingeladen hat, wieder absagen;* Ggs. *einladen² (1)*

aus|la|dend ⟨Adj.; nur als Attr. und mit „sein"⟩ **1** *weit vorspringend;* ∼es Dach **2** *weit ausholend, schwungvoll;* ∼e Bewegungen mit den Armen machen

Aus|la|dung ⟨f., -, nur Sg.⟩ *das Ausladen¹, das Ausladen²*

Aus|la|ge ⟨f.11⟩ **1** *(meist Pl.)* ∼n *im Schaufenster ausgestellte Waren;* sich die ∼n betrachten **2** *Schaufenster, Schaukasten;* ein Stück aus der A. hereinnehmen **3** ⟨nur Pl.⟩ ∼n *Betrag, den man ausgelegt hat;* jmdm. ∼n erstatten; haben Sie ∼n gehabt? **4** ⟨Boxen, Fechten⟩ *Ausgangsstellung*

aus|la|gern ⟨V.1, hat ausgelagert; mit Akk.⟩ **1** *an einen anderen Ort bringen und dort aufbewahren;* Kunstwerke, Möbel wurden während des Krieges häufig ausgelagert **2** *in großer Menge (zum Verkauf) aus dem Lager nehmen* **Aus|la|ge|rung** ⟨f., -, nur Sg.⟩

Aus|land ⟨n., -(e)s, nur Sg.⟩ *nicht zum eigenen Staat gehörendes Gebiet, Land, dessen Staatsangehörigkeit man nicht besitzt, fremdes Land;* Ggs. *Inland;* gute Beziehungen zum A. unterhalten; im Ausland leben; ins A. reisen

Aus|län|der ⟨m.5⟩ *Angehöriger eines fremden Staates;* Ggs. *Inländer*

Aus|län|de|rei ⟨f., -, nur Sg.⟩ *Nachahmung ausländischer Eigentümlichkeiten*

aus|län|disch ⟨Adj., o.Steig.⟩ **1** *zum Ausland gehörig, aus ihm stammend, im Ausland lebend;* Ggs. *inländisch;* ∼e Literatur, ∼e Waren; ∼e Freunde **2** *fremdartig;* er sieht a. aus

Aus|lands|ge|spräch ⟨n.1⟩ *Telefongespräch mit einem Teilnehmer im Ausland*

Aus|lands|kor|re|spon|dent ⟨m.10⟩ *im Ausland lebender Mitarbeiter (einer Zeitung)*

Aus|lands|ver|tre|tung ⟨f.10⟩ *Vertretung (eines Unternehmens) im Ausland*

Aus|laß ⟨m.2; süddt.⟩ *Öffnung, Tür (für Tiere)*

aus|las|sen ⟨V.75, hat ausgelassen⟩ **I** ⟨mit Akk.⟩ **1** *weglassen, wegfallen lassen, nicht schreiben, nicht aussprechen;* einen Buchstaben, ein Wort a. **2** → *ablassen (I,1)* **3** ⟨bayr.-österr.⟩ **a** *von der Leine lassen, frei herumlaufen lassen;* einen Hund a. **b** *loslassen;* einen Griff, Hebel a.; laß meine Hand aus! **4** *flüssig werden lassen;* Butter, Speck a. **5** *durch Auftrennen der Naht herunterlassen;* den Saum (am Rock, Ärmel) a. **6** *vorübergehen lassen, auf etwas verzichten;* er läßt keine Gelegenheit aus, um in der Rede zu finden **7** *etwas an jmdm. a. etwas ungehemmt äußern und jmdn. spüren lassen;* seinen Unmut, seine schlechte Laune an jmdm. a. **II** ⟨refl.⟩ *sich a. sich ausführlich äußern;* sich über das Wetter, über ein Buch a.

Aus|las|sung ⟨f.10⟩ **1** *das Auslassen (I,1);* A. eines Wortes im Satz **2** *ausführliche Äußerung;* seine ∼en über den neuesten Film

Aus|las|sungs|punk|te ⟨m.1, Pl.⟩ *drei Punkte (...) zum Zeichen, daß etwas weggelassen worden oder vom Leser zu ergänzen ist*

Aus|las|sungs|satz ⟨m.2⟩ → *Ellipse*
Aus|las|sungs|zei|chen ⟨n.7⟩ → *Apostroph*
Aus|laß|ven|til ⟨n.1; bei Verbrennungsmotoren⟩ *Ventil, durch welches das Gasgemisch den Verbrennungsraum verläßt*

aus|la|sten ⟨V.2, hat ausgelastet; mit Akk.⟩ *etwas oder jmdn. a. in der Leistungsfähigkeit voll ausnutzen;* eine Maschine a.; ich bin mit meiner Tätigkeit voll, nicht ausgelastet

aus|lat|schen ⟨V.1, hat ausgelatscht; mit Akk.; ugs.⟩ *durch vieles Tragen austreten, breit treten, ausweiten;* Schuhe a.; das Thema ist schon ausgelatscht *(übertr.) ist erschöpft, ist allzu oft besprochen worden*

Aus|lauf ⟨m.2⟩ **1** *das Ablaufen (von Flüssigkeiten)* **2** *Stelle, Öffnung, wo Flüssigkeit ablaufen kann* **3** *Abfahrt (eines Schiffes)* **4** ⟨Sport⟩ *Strecke zwischen dem letzten Hindernis und dem Ziel bzw. Strecke nach dem Ziel* **5** *Möglichkeit zum Laufen, Herumspringen;* der Hund braucht täglich zwei Stunden A.

aus|lau|fen ⟨V.76⟩ **I** ⟨o.Obj.; ist ausgelaufen⟩ **1** *herauslaufen;* das Benzin ist aus dem Tank gelaufen **2** *leerlaufen;* den Tank a. lassen **3** *ineinanderlaufen;* die Farben sind beim Waschen ausgelaufen **4** → *einlaufen (I,6);* das Schiff läuft morgen aus **5** *langsamer laufen und zum Stillstand kommen;* die Maschine a. lassen **6** *nach dem Ver-*

ausmisten

kauf der letzten Stücke nicht mehr hergestellt werden; dieses Geschirr, diese Serie läuft jetzt aus **7** *zu Ende gehen, ablaufen;* wie ist der Versuch ausgelaufen?; die Sache ist gut ausgelaufen **8** *enden;* der Pfahl läuft oben spitz, in eine Spitze aus **II** ⟨mit Akk.⟩ eine Kurve a. *am äußeren Rand einer Kurve laufen, die nicht schneiden* **III** ⟨refl.; hat ausgelaufen⟩ sich a. *weit laufen, um sich Bewegung zu machen;* sich im Urlaub a.; der Hund muß täglich a.

Aus|läu|fer ⟨m.5⟩ **1** *letzter, flacher und schmaler werdender Teil (z. B. eines Gebirges)* **2** *Seitensproß (einer Pflanze)* **3** ⟨schweiz.⟩ *Laufbursche, Bote*

aus|lau|gen ⟨V.1, hat ausgelaugt; mit Akk.⟩ **1** ⟨Chem.⟩ *einen Stoff durch ein Lösungsmittel aus einem anderen herauslösen;* Salz mit Wasser aus Gestein a. **2** ⟨Landwirtschaft⟩ *wertvoller Bestandteile berauben;* Pflanzen laugen den Boden aus **3** ⟨übertr.⟩ *erschöpfen, sehr ermüden;* ich bin nach solchen Tagungen immer völlig ausgelaugt

Aus|laut ⟨m.1⟩ *letzter Laut (eines Wortes oder einer Silbe);* vgl. Anlaut, Inlaut; das Wort „Fleiß" hat ein ß im A.

aus|lau|ten ⟨V.2, hat ausgelautet, nur im Präs. üblich; o.Obj.; Sprachw.⟩ *enden;* vgl. anlauten; das Wort „Frieden" lautet auf n aus

aus|le|ben ⟨V.1, hat ausgelebt⟩ **I** ⟨mit Akk.⟩ etwas a. *etwas ohne Einschränkung, ohne Hemmung zum Ausdruck bringen, befriedigen;* einen Trieb, eine Neigung, ein Gefühl a. **II** ⟨refl.⟩ sich a. *das Leben genießen, seinen Trieben, Neigungen keinen Zwang antun*

aus|lee|ren ⟨V.1, hat ausgeleert⟩ **I** ⟨mit Akk.⟩ **1** *wegschütten, weggießen;* Wasser a. **2** *leer machen;* einen Eimer a. **II** ⟨o.Obj.⟩ *Kot ausscheiden;* der Hund hat zweimal ausgeleert

aus|le|gen ⟨V.1, hat ausgelegt; mit Akk.⟩ **1** *ausgebreitet hinlegen;* Wäsche zum Trocknen a. **2** *zum Ansehen oder Mitnehmen hinlegen;* Prospekte a. **3** *verstecken hinlegen, verteilen, anbringen (um Tiere anzulocken, zu fangen oder zu vernichten);* Köder, Schlingen a. **4** *bedecken;* den Boden, einen Raum mit Fliesen a.; eine Schublade mit Papier a. **5** *leihweise bezahlen;* für jmdn. Geld a. **6** *erklären, deuten, interpretieren;* einen Text a.; jmds. Worte falsch a. **7** *(auf bestimmte Weise) verstehen;* du hast diese Äußerung als Vorwurf gegen dich ausgelegt

Aus|le|ger ⟨m.5⟩ **1** ⟨Tech.⟩ *über einen bestimmten Punkt hinausragendes Teil (z.B. Fachwerkträger, der Arm eines Krans)* **2** ⟨bei Booten⟩ *seitlich angebrachter Schwimmkörper (der das Kentern verhindern soll)* **3** *jmd., der etwas auslegt (6), Deuter, Erklärer*

Aus|le|ger|boot ⟨n.1⟩ *Boot mit Auslegern (2)*

Aus|le|ge|wa|re ⟨f., -, nur Sg.⟩ *Teppichstoff zum Belegen des Fußbodens (eines ganzen Raumes)*

Aus|le|gung ⟨f.10⟩ *das Auslegen (6), Erklärung, Deutung;* A. von Bibelstellen; für diesen Satz gibt es verschiedene ~en

aus|lei|den ⟨nur im Part. Perf. üblich⟩ →ausgelitten

aus|lei|ern ⟨V.1, hat ausgeleiert⟩ **I** ⟨refl.⟩ sich a. *durch vieles Benutzen weiter, locker werden, sich abnutzen;* die Hose, Jacke, das Gewinde hat sich ausgeleiert **II** ⟨mit Akk.⟩ *durch vieles Drehen, Benutzen lockern, erweitern;* das Türschloß, Gummiband ist ausgeleiert

Aus|leih|bi|blio|thek ⟨f.10⟩ *Bibliothek, in der man Bücher ausleihen (mit nach Hause nehmen) kann;* öffentliche Ausleihbibliothek

Aus|lei|he ⟨f.11; in Bibliotheken⟩ *Raum, in dem die Bücher zum Ausleihen ausgegeben werden*

aus|lei|hen ⟨V.78, hat ausgeliehen⟩ **I** ⟨mit Akk.⟩ *leihweise hergeben;* Bücher a. **II** ⟨mit Dat. (sich) und Akk.⟩ sich etwas a. *sich leihweise etwas geben lassen oder leihen;* ich habe mir seinen Rasenmäher ausgeliehen

aus|ler|nen ⟨V.1, hat ausgelernt; o.Obj.⟩ *die Lehrzeit beenden;* er hat schon, noch nicht ausgelernt; nach drei Jahren hat er ausgelernt; man lernt nie aus ⟨übertr.⟩ *man lernt sein Leben lang Neues, man wird nie fertig mit Lernen*

Aus|le|se ⟨f.11⟩ **1** *Auswahl (der besten Stücke, der tüchtigsten Personen);* eine A. treffen **2** *die ausgewählten Stücke oder Personen* **3** *Wein aus überreifen, ausgelesenen Trauben*

aus|le|sen ⟨V.79, hat ausgelesen; mit Akk.⟩ **1** *aussondern, einzeln herausnehmen, einzeln pflücken;* schlechte Körner a.; die reifsten Beeren a. **2** *zu Ende lesen;* hast du das Buch schon ausgelesen?

aus|leuch|ten ⟨V.2, hat ausgeleuchtet; mit Akk.⟩ **1** *gleichmäßig und völlig beleuchten;* einen Raum a. **2** *mit guter Licht- und Schattenwirkung beleuchten;* eine Figur (zum Fotografieren) a.

aus|lich|ten ⟨V.2, hat ausgelichtet; mit Akk.⟩ *lichter, heller machen, von überflüssigen Ästen befreien;* eine Baumkrone, Sträucher a.

aus|lie|fern ⟨V.1, hat ausgeliefert⟩ **I** ⟨mit Akk.⟩ **1** *etwas a. zum Verkauf an Händler geben;* Waren a.; die Auflage (des Buches) ist bereits ausgeliefert **2** *jmdn. a. zur Aburteilung übergeben, der zuständigen Gerichtsbarkeit übergeben;* einen Flüchtling, Täter a.; jmdm. oder einer Naturgewalt ausgeliefert sein *hilflos preisgegeben sein* **II** ⟨refl.⟩ sich a. *sich in jmds. Gewalt begeben, sich jmdm. preisgeben;* wenn du das tust, lieferst du dich ihm ja völlig aus

Aus|lie|fe|rung ⟨f.10⟩ **1** ⟨nur Sg.⟩ *das Ausliefern;* A. von Waren, A. eines Flüchtlings, Gefangenen **2** *Abteilung eines Verlages, der die A. (1) der Bücher obliegt*

aus|lie|gen ⟨V.80, hat ausgelegen; o.Obj.⟩ *zur Ansicht oder zum Mitnehmen offen daliegen;* hier liegen Prospekte, Zeitschriften aus

aus|löf|feln ⟨V.1, hat ausgelöffelt; mit Akk.⟩ **1** *mit dem Löffel leer essen;* eine Schüssel Quark a. **2** *mit dem Löffel aufessen;* Suppe a. **3** ⟨übertr.⟩ etwas a., was man sich eingebrockt hat *die Folgen seines Tuns tragen*

aus|lo|gie|ren ⟨[-ʒi:-] V.3, hat auslogiert; mit Akk.⟩ *jmdn. einen Auszug aus der Wohnung veranlassen* [zu *Logis*]

aus|loh|nen, aus|löh|nen ⟨V.1, hat ausgelohnt bzw. hat ausgelöhnt; mit Akk.⟩ *jmdn. bei der Entlassung seinen Lohn auszahlen;* Arbeiter a. **Aus|loh|nung, Aus|löh|nung** ⟨f., -, nur Sg.⟩

aus|lö|schen ⟨V.1, hat ausgelöscht; mit Akk.⟩ **1** ⟨verstärkend⟩ *löschen;* Feuer, eine Kerze a. **2** *weg-, abwischen, verwischen;* Schrift (von der Tafel) a.; Spuren a. **3** *beseitigen, verdrängen;* ich möchte diese Zeit am liebsten aus meinem Gedächtnis a. **II** ⟨V.30, ist ausgelöscht; o.Obj.; meist im Präs. und Imperfekt; poet.⟩ *erlöschen, zu brennen aufhören, ausgehen;* das Licht lischt aus, losch aus

Aus|lö|se|me|cha|nis|mus ⟨m., -, -men; Abk.: AM; Ethologie⟩ *Filterung eintreffender Reize im Nervensystem, so daß nur die Schlüsselreize eine Verhaltensweise auslösen*

aus|lo|sen ⟨V.1, hat ausgelost; mit Akk.⟩ *durch Los bestimmen;* Gewinner a.

aus|lö|sen ⟨V.1, hat ausgelöst⟩ **I** ⟨mit Akk.⟩ etwas a. **a** *veranlassen, bewirken;* diese Äußerung des Redners löste einen Tumult aus **b** *in Gang setzen, zum Tätigwerden bringen;* einen Mechanismus, einen Verschluß a. **c** *durch Zahlung zurückerhalten;* einen verpfändeten Gegenstand wieder a. **2** *jmdn. a. durch Zahlung freikaufen, befreien;* Geiseln, Gefangene a. **II** ⟨refl.⟩ sich a. *in Gang kommen;* der Mechanismus löst sich automatisch aus, wenn eine bestimmte Temperatur erreicht ist

Aus|lö|ser ⟨m.5⟩ **1** *Mechanismus, Hebel, durch den etwas ausgelöst wird* **2** *Reiz, der eine bestimmte Verhaltensweise auslöst (z.B. Geruch, Farbe)*

Aus|lo|sung ⟨f.10⟩ *das Auslosen*

Aus|lö|sung ⟨f.10⟩ **1** ⟨nur Sg.⟩ *das Auslösen* **2** *Entschädigung für Reisekosten (die dem Arbeitnehmer dienstlich entstehen)*

aus|lo|ten ⟨V.2, hat ausgelotet; mit Akk.⟩ etwas a. **1** *durch Lot die Tiefe von etwas feststellen;* einen Teich a. **2** *lotrecht stellen* **3** ⟨übertr.⟩ *bis ins einzelne feststellen;* alle Bedeutungen eines Wortes a.

Aus|lucht ⟨f.10; in Norddeutschland⟩ *erkerartiger Vorbau*

Aus|lug ⟨m.1⟩ →Ausguck

aus|lu|gen ⟨V.1, hat ausgelugt; o.Obj.⟩ *aufmerksam, scharf ausschauen*

aus|ma|chen ⟨V.1, hat ausgemacht⟩ **I** ⟨mit Akk.⟩ **1** *durch Betätigen eines Schalters oder Hebels außer Betrieb setzen;* Ggs. anmachen (1b); das Licht, das Radio, die Küchenmaschine a. **2** *löschen, am Weiterbrennen hindern;* die Zigarette, Kerze a. **3** *ausgraben;* Kartoffeln a. **4** *vereinbaren, verabreden;* vgl. ausgemacht; einen Treffpunkt, einen Zeitpunkt a. **5** *einen Konflikt bereinigen;* das machen wir unter uns aus **6** *kosten;* das macht zehn Mark aus **7** *bewirken;* das Improvisieren, die Ungewißheit macht für ihn den Reiz einer Reise aus **8** *feststellen;* ich kann es nicht a., woher das Geräusch kommt **II** ⟨mit Dat. und Umstandsbestimmung⟩ jmdm. etwas a. **1** *stören;* „Macht es dir etwas aus, wenn ich rauche?", „Nein, das macht mir nichts aus!"; der Rauch macht mir nichts aus **2** *Mühe machen;* macht es dir was aus, mich zum Bahnhof zu bringen? **3** *für jmdn. wichtig sein, jmdm. etwas bedeuten;* sein Lob, Tadel macht mir viel, wenig aus **III** ⟨refl.; ugs.⟩ sich a. *wirken, einen Eindruck machen, sich darstellen;* das Rot neben dem Grün macht sich (nicht) gut aus

aus|mah|len ⟨V.81a, hat ausgemahlen; mit Akk.⟩ *sehr fein mahlen, gründlich mahlen* **Aus|mah|lung** ⟨f.10⟩

aus|ma|len ⟨V.1, hat ausgemalt⟩ **I** ⟨mit Akk.⟩ **1** *mit Farbe bedecken, mit Farbe ausfüllen;* ein Zimmer a.; Figuren (im Malheft) a. **2** *künstlerisch mit Malereien verzieren;* Innenräume, die Kuppel einer Kirche a. **II** ⟨mit Dat. (sich) und Akk.⟩ sich etwas a. *sich etwas anschaulich und in Einzelheiten vorstellen;* sich a., wie etwas sein wird; sich eine Begegnung a. **Aus|ma|lung** ⟨f., -, nur Sg.⟩

aus|mar|chen ⟨V.1, hat ausgemarcht; schweiz.⟩ *festlegen, abgrenzen;* Rechte, Interessen a. [zu *March* (dt. *Mark*) „Grenze"] **Aus|mar|chung** ⟨f.10⟩

Aus|maß ⟨n.1⟩ *Maß, Umfang, Größe;* die ~e eines Gegenstandes *Höhe, Breite und Tiefe;* wir haben von dem A. des Unwetters erst durch die Zeitung erfahren

aus|mer|zen ⟨V.1, hat ausgemerzt; mit Akk.⟩ **1** *aus der Zucht aussondern;* ungeeignete Tiere a. **2** *vernichten;* Schädlinge a. **3** *beseitigen, tilgen, streichen;* Fehler, bestimmte Stellen (in einem Text) a. [wahrscheinlich zu *März*, da im Frühjahr die zur Zucht nicht geeigneten Tiere, ursprünglich die Schafe, ausgesondert wurden (diese Tiere nannte man *Merzvieh, Merzschafe*)]

aus|mes|sen ⟨V.84, hat ausgemessen; mit Akk.⟩ etwas a. *die Maße von etwas feststellen;* ein Zimmer a.

aus|mis|ten ⟨V.2, hat ausgemistet⟩ **I** ⟨mit Akk.⟩ **1** *von Mist befreien;* einen Stall a.

165

2 ⟨übertr.⟩ *von unbrauchbaren oder überflüssigen Dingen befreien;* seinen Schreibtisch, die Schränke a. **II** ⟨o.Obj.⟩ *Überflüssiges ausrangieren und Ordnung schaffen;* ich muß bei mir wieder einmal a.

aus|mit|tig ⟨Adj., o.Steig.; Tech.⟩ → *exzentrisch;* auch: *außermittig*

aus|mün|zen ⟨V.1, hat ausgemünzt; mit Akk.⟩ **1** *zu Münzen prägen;* Metall a. **2** *ausnutzen, auswerten;* eine Vorschrift zum eigenen Vorteil a.; jmds. Zorn auf einen anderen für sich a.

aus|mu|stern ⟨V.1, hat ausgemustert; mit Akk.⟩ **1** ⟨Mil.⟩ *bei der Musterung als untauglich ausscheiden* **2** ⟨allg.⟩ *aussondern;* überflüssige, unbrauchbare Gegenstände a. **Aus|mu|ste|rung** ⟨f.-, nur Sg.⟩

Aus|nah|me ⟨f.11⟩ **1** *Abweichung von der Regel;* eine A. machen; so etwas kommt sonst nicht vor, das ist die große A.; keine Regel ohne A. **2** ⟨in bestimmten Fügungen⟩ *alle ohne A. alle;* mit A. von *außer;* mit A. von zwei Lehrlingen sind alle zu der Versammlung gekommen **3** ⟨nur Sg.; österr.⟩ *Altenteil;* in die A. gehen

Aus|nah|me|fall ⟨m.2⟩ *eine Ausnahme bildender Fall;* wir geben nur in Ausnahmefällen die Erlaubnis

Aus|nah|me|zu|stand ⟨m.2⟩ **1** ⟨allg.⟩ *ungewöhnlicher, unüblicher Zustand;* in einem A. befinden **2** *Notzustand, der bestimmte staatliche Maßnahmen erfordert* **3** *Belagerungszustand;* den A. verhängen

Aus|nahms|fall ⟨m.2; österr.⟩ *Ausnahmefall*

aus|nahms|los ⟨Adv.⟩ *ohne Ausnahme;* sie sind a. erschienen; ich habe es a. allen mitgeteilt

aus|nahms|wei|se ⟨auch [aus-] Adv.⟩ **1** *als Ausnahme, nur dieses eine Mal;* ich werde es a. erlauben **2** *ganz selten;* er nimmt nur ganz a. die Kinder mit

aus|neh|men ⟨V.88, hat ausgenommen⟩ **I** ⟨mit Akk.⟩ **1** *etwas a.* **a** ⟨in den Wendungen⟩ Geflügel a. *die Eingeweide herausnehmen;* Vogelnester a. *die Eier herausnehmen* **b** *außer Betracht lassen, nicht mitrechnen;* es kostet insgesamt soundso viel, wenn wir das Mittagessen davon a. **2** *jmdn. a.* **a** *ausschließen;* wenn ihr die Wanderung machen wollt, nehmt ihn bitte aus; wir können ihn nicht a.; alle, ausgenommen die Kranken *alle außer den Kranken* ⟨ugs.⟩ *jmdm. viel Geld abnehmen* **c** ⟨ugs.⟩ *aushorchen, ausfragen, jmdm. Informationen entlocken* **II** ⟨refl.⟩ *sich a. einen Eindruck machen, wirken;* der bunte Sonnenschirm nimmt sich auf der Terrasse gut aus; ein solches Wort nimmt sich in diesem Zusammenhang wirklich sehr merkwürdig aus

aus|neh|mend ⟨Adj., o.Steig.; nur als Attr. und Adv.⟩ **1** ⟨Attr.; selten⟩ *sehr groß, außergewöhnlich;* er behandelte uns mit ~er Großzügigkeit, Höflichkeit **2** ⟨Adv.⟩ *sehr, ganz besonders;* das gefällt mir a. gut; er ist a. höflich

Aus|neh|mer ⟨m.5; österr.⟩ *jmd., der auf dem Altenteil (der Ausnahme) lebt*

aus|nüch|tern ⟨V.1, hat ausgenüchtert⟩ **I** ⟨mit Akk.⟩ *wieder nüchtern machen;* jmdn. a. **II** ⟨o.Obj.⟩ *wieder nüchtern werden;* wir bringen ihn zur Polizei, dort kann er a. **Aus|nüch|te|rung** ⟨f.-, nur Sg.⟩

aus|nut|zen, aus|nüt|zen ⟨V.1, hat ausgenutzt bzw. hat ausgenützt; mit Akk.⟩ **1** *etwas a.* **a** *Nutzen aus etwas ziehen, vollen Gebrauch von etwas machen;* wir nützen die Vorteile der Großstadt wirklich aus; auf so kurzen Strecken kannst du den schweren Wagen ja gar nicht a.; eine Gelegenheit a.; nütze keine Stellung aus, um anderen zu helfen **b** *bedenkenlos, rücksichtslos Vorteil aus etwas ziehen;* jmds. Großzügigkeit (schamlos) a. **2** *jmdn. a. jmds. Großzügigkeit, Gutmütigkeit rücksichtslos gebrauchen;* ich schenke

gern, aber ich lasse mich nicht a. **Aus|nut|zung, Aus|nüt|zung** ⟨f.-, nur Sg.⟩

aus|packen ⟨-k·k-; V.1, hat ausgepackt⟩ **I** ⟨mit Akk.⟩ etwas a. **1** *aus der Verpackung nehmen;* ein Geschenk a. **2** *die Verpackung von etwas öffnen;* ein Paket a. **3** *leer machen;* den Koffer a. **4** *ausführlich mitteilen;* Sorgen, Nöte a.; sie packte alle ihre Liebesgeschichten vor mir aus **II** ⟨o.Obj.; ugs.⟩ *die Wahrheit verraten, mitteilen;* er ist zur Polizei gegangen und hat ausgepackt

aus|pfei|fen ⟨V.90, hat ausgepfiffen; mit Akk.⟩ *etwas oder jmdn. a. durch Pfeifen scharf kritisieren;* der Redner, das Theaterstück wurde ausgepfiffen

aus|pflan|zen ⟨V.1, hat ausgepflanzt; mit Akk.⟩ *ins Freie pflanzen;* im Topf gezogene Sämlinge a.

aus|pi|chen ⟨nur noch als Part. Perf.⟩ → *ausgepicht*

Au|spi|zi|um ⟨n., -s, -zi|en, meist Pl., österr. nur Pl.⟩ **1** ⟨im alten Rom⟩ *Weissagung nach dem Vogelflug* **2** *Aussicht, Vorzeichen;* etwas steht unter günstigen, ungünstigen Auspizien **3** *Obhut, Leitung;* etwas unter jmds. Auspizien tun [< lat. *auspicium* „Weissagung aus dem Vogelflug und -ruf; das Recht dazu", allg. „Wahrzeichen, Vorzeichen", zu *auspex*, Gen. *auspicis*, „jmd., der den Vogelflug beobachtet, Vogelschauer"]

aus|plau|dern ⟨V.1, hat ausgeplaudert; mit Akk.⟩ *versehentlich, unbedacht verraten;* ein Geheimnis a.

aus|plün|dern ⟨V.1, hat ausgeplündert; mit Akk.⟩ *etwas oder jmdn. a. völlig berauben, alles, was in etwas vorhanden ist oder was jmd. hat, stehlen;* einen Laden a.; Karawanen, Reisende a.; den Kühlschrank a. ⟨übertr.⟩ **Aus|plün|de|rung** ⟨f.10⟩

aus|po|sau|nen ⟨V.1, hat ausposaunt; mit Akk.⟩ *wichtigtuerisch überall erzählen;* Syn. *austrompeten;* du solltest nicht gleich alles a., was du her gehört hast

aus|po|wern ⟨V.1, hat ausgepowert; mit Akk.⟩ *arm machen, ausbeuten* [zu frz. *pauvre* < lat. *pauper* „arm"]

aus|prä|gen ⟨V.1, hat ausgeprägt⟩ **I** ⟨mit Akk.; verstärkend⟩ *prägen;* Münzen a. **II** ⟨refl.⟩ *sich a. zum Ausdruck kommen, sich deutlich zeigen;* seine Menschenliebe, Menschenverachtung prägt sich in seinen Dichtungen aus; ihre Enttäuschungen haben sich in ihren Gesichtszügen ausgeprägt; vgl. *ausgeprägt*

Aus|prä|gung ⟨f.-, nur Sg.⟩ **1** *das Ausprägen* **2** *das Ausgeprägtsein, ausgeprägte Eigenart;* ein Wein von besonderer A.

aus|pres|sen ⟨V.1, hat ausgepreßt; mit Akk.⟩ *etwas a.* **1** *durch Pressen Saft, Wasser aus etwas herausholen;* Syn. *ausquetschen;* Orangen a. **2** *durch Pressen gewinnen;* Saft a.; frisch ausgepreßter Traubensaft

aus|pro|bie|ren ⟨V.3, hat ausprobiert; mit Akk.⟩ **1** ⟨verstärkend⟩ *probieren;* ich muß erst a., ob es geht, ob ich es kann **2** *einen Gegenstand a. benutzen, um festzustellen, ob er brauchbar ist*

Aus|puff ⟨m.1; bei Motorfahrzeugen⟩ *Rohrsystem, durch das die verbrannten Gase und unverbrannte Rückstände nach außen geführt werden*

Aus|puff|topf ⟨m.2⟩ *Schalldämpfer im Auspuff*

aus|pum|pen ⟨V.1, hat ausgepumpt; mit Akk.⟩ **1** *durch Pumpen leer machen;* einen vollgelaufenen Keller a.; jmdm. den Magen a.; er ist völlig ausgepumpt ⟨übertr.⟩ *völlig erschöpft, völlig außer Atem* **2** *durch Pumpen herausholen;* Wasser a.

aus|punk|ten ⟨V.2, hat ausgepunktet; mit Akk.; Sport, bes. Boxen⟩ *nach Punkten besiegen*

Aus|putz ⟨m., -es, nur Sg.⟩ *Rückstände bei der Reinigung von Getreide*

Aus|put|zer ⟨m.5; Fußb.⟩ *Spieler, der eine kritische Situation vor dem Tor bereinigt*

aus|quar|tie|ren ⟨V.3, hat ausquartiert; mit Akk.⟩ *aus einem Quartier, einer Unterkunft entfernen;* Ggs. *einquartieren;* Gäste a. und anderswo unterbringen **Aus|quar|tie|rung** ⟨f.-, nur Sg.⟩

aus|quet|schen ⟨V.1, hat ausgequetscht; mit Akk.; ugs.⟩ **1** *etwas a.* → *auspressen (1)* **2** *jmdn. a.* ⟨übertr.⟩ *eindringlich, zudringlich ausfragen*

aus|ran|gie|ren ⟨[-rãʒi-] V.3, hat ausrangiert; mit Akk.⟩ *als zu alt oder unbrauchbar aussondern und wegwerfen oder weggeben;* Kleider, Gebrauchsgegenstände a.

aus|ra|sten ⟨V.2; o.Obj.⟩ **1** ⟨ist ausgerastet⟩ *aus einer Halte- oder Befestigung springen;* Ggs. *einrasten (1);* die Feder, der Hebel ist ausgerastet **2** ⟨hat ausgerastet; bayr.-österr.⟩ *ausruhen* **3** ⟨ist ausgerastet; ugs.⟩ *nicht mehr beleidigt sein, wieder freundlich sein;* Ggs. *einrasten (2)*

aus|rau|ben ⟨V.1, hat ausgeraubt; mit Akk.⟩ **1** *etwas a. seines Inhalts berauben, den Inhalt von etwas rauben;* Einbrecher haben den Laden ausgeraubt **2** *jmdn. a. jmdn. völlig seines Eigentums berauben;* er ist völlig ausgeraubt worden

aus|räu|bern ⟨V.1, hat ausgeräubert; mit Akk.; leicht scherzh.⟩ *ausplündern*

aus|räu|chern ⟨V.1, hat ausgeräuchert; mit Akk.⟩ **1** *durch Räuchern von Schädlingen oder Ungeziefer befreien,* eine Stube a. **2** *durch Räuchern vertreiben oder vernichten,* Wespen, Ameisen a. **3** ⟨Jägerspr.⟩ *durch Räuchern aus dem Bau vertreiben,* einen Fuchs a. **Aus|räu|che|rung** ⟨f.-, nur Sg.⟩

aus|räu|men ⟨V.1, hat ausgeräumt; mit Akk.⟩ **1** *vom Inhalt befreien, leer machen;* ein Zimmer, einen Schrank a.; während sie verreist waren, haben Einbrecher die ganze Wohnung ausgeräumt ⟨ugs., scherzh.⟩ **2** *aus einem Raum hinausbringen;* die Möbel a. **3** ⟨übertr.⟩ *beseitigen;* Mißverständnisse a.

aus|rech|nen ⟨V.2, hat ausgerechnet; mit Akk.⟩ **1** *durch Rechnen lösen* **2** *durch Rechnen herausfinden, feststellen;* ich habe ausgerechnet, wieviel jeder zu zahlen hat **3** ⟨ugs.⟩ *durch Nachdenken feststellen;* das kannst du dir doch selber a., was dann passiert (wenn du das tust); vgl. *ausgerechnet*

Aus|rech|nung ⟨f.11⟩ **1** ⟨nur Sg.⟩ *das Ausrechnen* **2** *dessen Ergebnis*

Aus|re|de ⟨f.11⟩ *unzutreffende, als Entschuldigung gedachte Begründung für ein bestimmtes Verhalten;* Syn. *Ausflucht;* das ist eine faule A.; er hat für alles eine A. bereit; er ist nie um eine A. verlegen

aus|re|den ⟨V.2, hat ausgeredet⟩ **I** ⟨o. Obj.⟩ *zu Ende reden;* Syn. *aussprechen;* laß mich bitte a.! **II** ⟨mit Dat. und Akk.⟩ *jmdm. etwas a. jmdn. dazu bringen, daß er etwas nicht mehr glaubt oder nicht mehr tun will;* Ggs. *einreden (I);* jmdm. einen Gedanken, einen Plan a. **III** ⟨refl.⟩ *sich a.* **1** *sich aussprechen, seine Gedanken mit jmdm. austauschen,* jmdm. seine Not, seine Schwierigkeiten o.ä. ausführlich schildern **2** ⟨selten⟩ *sich herausreden*

Aus|rei|ber ⟨m.5⟩ *Werkzeug zum Erweitern von Bohrungen*

Aus|reib|tuch ⟨n.4; österr.⟩ *Scheuertuch*

aus|rei|chen ⟨V.1, hat ausgereicht; verstärkend⟩ → *reichen (1)*

aus|rei|chend ⟨Adj., o.Steig.⟩ **1** *so viel, daß man damit ausreicht, genügend;* einen ~en Vorrat von etwas haben **2** ⟨als Schulnote⟩ *gerade noch genügend*

aus|rei|fen ⟨V.1⟩ **I** ⟨o.Obj.; ist ausgereift⟩ **1** *ganz reif werden;* Früchte am Baum a. lassen; die Beeren sind noch nicht ausgereift **2** *sich fertig entwickeln;* einen Gedanken (in sich) a. lassen; eine ausgereifte Leistung **II** ⟨mit Akk.; hat ausgereift⟩ *völlig reif ma-*

chen; Sonne und Wärme müssen die Beeren noch a.

Aus|rei|se ⟨f.11⟩ *Reise, Grenzübertritt ins Ausland;* Ggs. *Einreise;* bei der A. den Paß vorweisen

aus|rei|sen ⟨V.1, ist ausgereist; o.Obj.⟩ *auf der Ausreise begriffen sein, die Grenze ins Ausland passieren;* Ggs. einreisen

aus|rei|ßen ⟨V.96⟩ **I** ⟨mit Akk.; hat ausgerissen⟩ *herausreißen (und beseitigen), durch Reißen herauslösen;* jmdm. oder sich Haare a.; ich reiße mir deswegen kein Bein aus ⟨übertr., ugs.⟩ *ich mache mir deswegen keine große Mühe* **II** ⟨o.Obj.; ist ausgerissen⟩ **1** *sich aus der Naht lösen;* der Ärmel reißt aus **2** *weg-, davonlaufen;* Syn. ⟨ugs.⟩ *auskratzen,* ⟨norddt.⟩ *ausbüxen;* von zu Hause a.

Aus|rei|ßer ⟨m.5⟩ *jmd. (bes. Kind) oder kleines Tier, das bzw. das ausgerissen ist;* einen A. wieder einfangen

aus|rei|ten ⟨V.97, ist ausgeritten; o.Obj.⟩ *hinausreiten, spazierenreiten*

aus|ren|ken ⟨V.1, hat ausgerenkt; mit Akk.⟩ → *verrenken;* Ggs. einrenken; sich den Hals a. ⟨übertr., ugs.⟩ *sich angestrengt recken (um etwas zu sehen);* sich nach jmdm. den Hals a. *sich auffällig nach jmdm. umschauen*

aus|rich|ten ⟨V.2, hat ausgerichtet⟩ **I** ⟨mit Akk.⟩ **1** *etwas a.* **a** *in einer Reihe stellen;* Bänke, Stühle (genau) a. **b** *in eine bestimmte geistige Richtung bringen;* seine Handlungsweise, seine Gesinnung nach Parteigrundsätzen a.; sich nach jmdm., nach einem Vorbild a. **2** *etwas a.* **a** *genau in die Richtung von etwas stellen;* Gegenstände nach einem bestimmten Punkt a.; die Kirche ist nach Osten ausgerichtet **b** *bestimmten Bedürfnissen entsprechend gestalten;* einen Vortrag auf den Bildungsstand, das Alter der Zuhörer a.; unser Warenangebot ist auf die Wünsche des Publikums ausgerichtet **c** *veranstalten, gestalten, die Kosten für etwas übernehmen;* eine Hochzeit a. **d** *erreichen, bewirken;* ich konnte bei ihm nichts a. **e** ⟨Bgb.⟩ *finden, entdecken;* eine Lagerstätte a. **II** ⟨mit Dat. und Akk.⟩ *jmdm. etwas a. jmdm. in jmds. Auftrag etwas mitteilen;* ich soll dir (von ihm) ein Grüß a.; ⟨ugs.⟩ *durch Laut-*

Aus|rich|tung ⟨f.10⟩ **1** ⟨nur Sg.⟩ *das Ausrichten (1)* **2** *das Ausgerichtetsein*

Aus|ritt ⟨m.1⟩ *Ausflug zu Pferd*

aus|rol|len ⟨V.1⟩ **I** ⟨mit Akk.; hat ausgerollt⟩ **1** *mit einer Rolle flach machen, zur Scheibe drücken;* Teig a. **2** *auseinanderrollen;* einen Teppich a. **II** ⟨o.Obj.; ist ausgerollt⟩ *immer langsamer rollen und zum Stillstand kommen;* der Wagen, das Flugzeug rollt aus

aus|rot|ten ⟨V.2, hat ausgerottet; mit Akk.⟩ **1** *bis zum letzten Einzelwesen vernichten, töten;* Pflanzen-, Tierarten, Völker a. **2** *völlig beseitigen;* ein Übel (mit der Wurzel) a. **Aus|rot|tung** ⟨f., -, nur Sg.⟩ [eigtl. *ausreuten,* ⟨ mhd. *ûzriuten ...roden, urbar machen,* von dem man Wurzeln, Baumstümpfe, Unkraut usw. ausreißt]

aus|rücken ⟨-k·k-; V.1⟩ **I** ⟨o.Obj.; ist ausgerückt⟩ **1** *hinausmarschieren, aus der Stadt marschieren;* Ggs. einrücken (I,2); Truppen rücken aus **2** *ausreißen;* der Junge ist ausgerückt **II** ⟨mit Akk.; hat ausgerückt; Buchw.⟩ *(auf der Seite) links vor den übrigen Zeilen beginnen lassen;* Ggs. einrücken; eine Zeile um fünf Anschläge a.

Aus|ruf ⟨m.1⟩ *kurzer Ruf (zum Ausdruck einer Gefühlsbewegung);* schmerzlicher, erfreuter A.

aus|ru|fen ⟨V.102, hat ausgerufen; mit Akk.⟩ **1** *in einem kurzen Ruf äußern;* „Laß sein!" rief er aus **2** *rufend bekanntgeben;* (im Autobus, auf Bahnhöfen) die Haltestellen a.; Zeitungsverkäufer rufen die neuesten Nachrichten aus; ein Kind a. ⟨ugs.⟩ *durch Laut-* *sprecher bekanntgeben, daß ein Kind im Gedränge seinen Eltern abhanden gekommen ist* **3** *öffentlich verkünden;* die Republik a.; jmdn. zum König a. *öffentlich verkünden, daß jmd. zum König gewählt worden ist* **4** *rufend feilbieten;* Hausierer, Händler (auf dem Markt) rufen ihre Waren aus

Aus|ru|fe|satz ⟨m.2⟩ *aus einem Ausruf bestehender Satz,* z.B. „Komm mit!"

Aus|ru|fe|zei|chen, Aus|ru|fungs|zei|chen ⟨n.7; Zeichen: !⟩ *Satzzeichen am Ende eines Ausrufs oder in Klammern im Satz, um auf einen Sachverhalt aufmerksam zu machen oder die Bedeutung eines Wortes hervorzuheben*

Aus|ru|fung ⟨f., -, nur Sg.⟩ *das Ausrufen (1–3)*

aus|ru|hen ⟨V.1, hat ausgeruht⟩ **I** ⟨o.Obj. oder refl.⟩ *ruhen, sich durch Ruhen erholen, durch Ruhen Kräfte sammeln;* (sich) auf einer Bank, im Urlaub a. **II** ⟨mit Akk.⟩ *ruhen lassen, sich erholen lassen;* nach dem vielen Lesen die Augen a.

aus|rü|sten ⟨V.2, hat ausgerüstet; mit Akk.⟩ **1** *jmdn., etwas, sich a. mit allem, was für eine bestimmten Zweck, eine Aufgabe oder Unternehmung nötig ist, ausstatten;* jmdn., sich für eine Reise a.; ein Schiff mit Waffen a.; jmdn. mit guten Ratschlägen a. **2** *Textilien a. durch bestimmte Behandlung widerstandsfähiger machen*

Aus|rü|stung ⟨f., -, nur Sg.⟩ **1** *das Ausrüsten;* A. mit Waffen, Werkzeugen **2** *Gesamtheit alles dessen, was für einen Zweck, eine Unternehmung nötig ist;* eine gute, mangelhafte A. an Geräten

aus|rut|schen ⟨V.1, ist ausgerutscht; o.Obj.⟩ *plötzlich rutschen und das Gleichgewicht verlieren (und fallen);* Syn. *ausgleiten;* auf dem Parkett, auf einer Obstschale a.

Aus|rut|scher ⟨m.5⟩ **1** *ungewollte oder unangebrachte Bemerkung oder Verhaltensweise, gesellschaftliche Entgleisung* **2** ⟨Sport⟩ *unnötige Niederlage*

Aus|saat ⟨f., -, nur Sg.⟩ **1** *das Aussäen* **2** *das, was ausgesät worden ist, Saat*

aus|sä|en ⟨V.1, hat ausgesät; mit Akk.; verstärkend⟩ *säen*

Aus|sa|ge ⟨f.11⟩ **1** *sprachlich formulierte Meinung, Feststellung* **2** *ausdrückliche Erklärung, kurzer Bericht (bes. vor Gericht; Zeugen~);* eine A. machen; die A. verweigern **3** *geistiger Gehalt (eines Kunstwerks), Anliegen, das ein Künstler in seinem Werk zum Ausdruck bringen will;* ein Bild, ein Theaterstück mit einer starken A.

Aus|sa|ge|kraft ⟨f.2⟩ *Kraft, Wirkung einer Aussage;* dieser Roman, dieses Bild ist von ungeheurer A.

aus|sa|gen ⟨V.1, hat ausgesagt⟩ **I** ⟨mit Akk.⟩ **1** *mündlich mitteilen, erklären;* können Sie etwas darüber aus, ob . . .? **2** *zum Ausdruck bringen, erkennen lassen;* das Buch, der Film sagt etwas aus, sagt nichts aus; dieser Brief sagt einiges aus über seine Einstellung zu Frauen aus **II** ⟨o.Obj.⟩ ⟨vor Gericht⟩ *Aussagen machen;* wollen Sie a.?; gegen jmdn. a.

Aus|sa|ge|satz ⟨m.2⟩ *vollständiger Satz mit einer Aussage (1)*

Aus|sa|ge|wei|se ⟨f.11⟩ → *Modus (2)*

Aus|satz ⟨m., -es, nur Sg.⟩ → *Lepra* [weil die Erkrankten „ausgesetzt", d.h. abgesondert wurden]

aus|sät|zig ⟨Adj., o.Steig.⟩ *an Aussatz leidend;* Syn. *lepros, leprös*

Aus|sät|zi|ge(r) ⟨m., f.17 bzw. 18⟩ *jmd., der an Aussatz leidet, Leprakranker*

aus|sau|gen ⟨V.104, hat ausgesaugt oder hat ausgesogen; mit Akk.⟩ **1** *etwas a.* **a** *durch Saugen herausholen;* Saft, Blut a. **b** *durch Saugen leer machen* **2** jmdn. oder etwas a. *bis zur Grenze des Erträglichen ausbeuten, ihm alles Erarbeitete wieder nehmen;* ein Volk, ein Land (bis aufs Blut) a.

aus|scha|ben ⟨V.1, hat ausgeschabt; mit Akk.⟩ *etwas a.* **1** *durch Schaben das Innere von etwas herausholen;* eine (dickschalige) Frucht a. **2** ⟨Med.⟩ *mit besonderm Instrument von Gewebsresten oder krankem Gewebe befreien;* Syn. ⟨salopp⟩ *auskratzen;* die Gebärmutter a.

Aus|scha|bung ⟨f.10; Med.⟩ *das Ausschaben der Gebärmutter mit einem löffelartigen Instrument;* Syn. ⟨salopp⟩ *Auskratzung*

aus|schach|ten ⟨V.2, hat ausgeschachtet; mit Akk.⟩ **1** *durch Entfernen von Erdreich in der Art eines Schachts herstellen;* eine tiefe Grube a. **2** *durch Graben herausheben;* Erdreich (für eine Grube) a.

Aus|schach|tung ⟨f.10⟩ **1** ⟨nur Sg.⟩ *das Ausschachten* **2** *dadurch entstandene Grube*

Aus|schaf|fung ⟨f.10; schweiz.⟩ *Ausweisung*

aus|schal|ten ⟨V.2, hat ausgeschaltet; mit Akk.⟩ **1** *etwas a.* **a** *durch Betätigen eines Schalters außer Betrieb setzen, den Stromkreis von etwas unterbrechen;* Ggs. einschalten (I,1); das Licht, Radio a.; eine Maschine a. **b** *beseitigen;* eine Fehlerquelle a. **c** *nicht berücksichtigen, beiseite lassen;* die Kostenfrage will ich zunächst a. **2** *jmdn. a. ausschließen, nicht teilnehmen lassen, aus seinem Wirkungskreis verdrängen;* Ggs. einschalten (I,2) **Aus|schal|tung** ⟨f.10⟩

Aus|scha|lung ⟨f.10⟩ *Entfernen der Schalung nach Erhärten des Betons*

Aus|schank ⟨m.2⟩ **1** ⟨nur Sg.⟩ *das Ausschenken;* A. von alkoholischen Getränken; A. auch über die Straße (zum Mitnehmen) **2** *einfache Gastwirtschaft, Kneipe (Steh~);* vgl. *Schenke* **3** *Schanktisch, Theke*

Aus|schau ⟨f., -, nur Sg.⟩ *das Ausschauen (I,1);* ⟨meist in der Wendung⟩ nach jmdm. oder etwas A. halten *ausschauen*

aus|schau|en ⟨V.1, hat ausgeschaut⟩ **I** ⟨mit Präp.obj.⟩ **1** *nach jmdm. oder etwas a.* **a** *sich umsehen, erwartungsvoll in eine Richtung schauen (ob etwas oder jmd. sich nähert);* Syn. *ausblicken, ausgucken* **2** *etwas oder jmdn. suchen, versuchen, zu bekommen;* nach Hilfskräften a.; nach einer Arbeit, Beschäftigung a. **II** ⟨o. Obj.; süddt.⟩ *aussehen;* gut schaust du aus!; damit schaut's schlecht aus *das wird wohl nichts werden*

aus|schei|den ⟨V.107⟩ **I** ⟨mit Akk.; hat ausgeschieden⟩ **1** *aus einer Menge heraussuchen und entfernen;* alle Stücke a., die nicht brauchbar sind **2** *von sich geben, selbst aus dem Körper entfernen;* Schweiß, Kot, Giftstoffe a. **II** ⟨o.Obj.; ist ausgeschieden⟩ **1** *eine Gruppe, Gemeinschaft verlassen;* ein Mitarbeiter scheidet aus; aus dem Dienst a. **2** *nicht weiter mitspielen (können), nicht mehr teilnehmen (an etwas);* beim Rennen a. **3** *nicht berücksichtigt werden, nicht in Betracht kommen;* diese Möglichkeit scheidet aus; er scheidet als Bewerber (von vornherein) aus

Aus|schei|dung ⟨f.10⟩ **1** ⟨nur Sg.⟩ *das Ausscheiden (I,2);* Syn. *Exkretion;* A. von Giftstoffen, von Kot **2** *Produkt des Ausscheidens (I,2) (z.B. Harn, Kot);* menschliche, tierische ~en

Aus|schei|dungs|run|de ⟨f.11; Sport⟩ *Teil eines Wettbewerbs, in dessen Verlauf der jeweils Schwächere ausscheidet*

Aus|schei|dungs|spiel ⟨n.1; Sport⟩ *Spiel, nach dem der Verlierer aus dem Wettbewerb ausscheidet*

aus|schel|ten ⟨verstärkend⟩ *schelten*

aus|schen|ken ⟨V.1, hat ausgeschenkt; mit Akk.⟩ *in Trinkgefäße gießen (und verkaufen);* Getränke a.

aus|sche|ren ⟨V.1, ist ausgeschert; o.Obj.⟩ **1** *eine Linie, Reihe, Kolonne, Spur seitlich verlassen;* Ggs. einscheren; der Wagen scherte plötzlich aus; aus der Fahrspur a. **2** ⟨übertr.⟩ *während eines gemeinsamen Un-*

ausschicken

ternehmens plötzlich einen eigenen Weg gehen, ein eigenes Ziel verfolgen

aus|schicken ⟨-k|k-; V.1, hat ausgeschickt; mit Akk.⟩ *wegschicken (um einen Auftrag zu erledigen);* ich habe gerade den Jungen ausgeschickt, um Milch zu holen

aus|schie|ßen ⟨V.113, hat ausgeschossen; mit Akk.⟩ **1** *durch Schießen zerstören;* jmdm. ein Auge a. **2** ⟨Jägerspr.⟩ *ein Revier a. den Wildbestand eines Reviers durch Abschießen vermindern* **3** ⟨Buchw.⟩ *Seiten a. so zusammenstellen, daß sich nach dem Falzen des Druckbogens die richtige Seitenfolge ergibt*

aus|schif|fen ⟨V.1, hat ausgeschifft⟩ Ggs. *einschiffen* **I** ⟨mit Akk.⟩ *vom Schiff ans Land bringen;* Passagiere a. **II** ⟨refl.⟩ *sich a. an Land gehen* **Aus|schif|fung** ⟨f., -, nur Sg.⟩

aus|schil|dern ⟨V.1, hat ausgeschildert; mit Akk.⟩ *mit Wegweisern, Straßen- oder Verkehrsschildern ausstatten;* die Straßen sind gut, schlecht ausgeschildert

aus|schimp|fen ⟨V.1, hat ausgeschimpft⟩ →*schelten*

aus|schir|ren ⟨V.1, hat ausgeschirrt⟩ →*abschirren*

aus|schlach|ten ⟨V.2, hat ausgeschlachtet; mit Akk.⟩ *in bestimmten Wendungen* **1** *ein Tier a. aus einem geschlachteten Tier die Eingeweide herausnehmen* **2** *ein altes Auto, Gerät a. die noch brauchbaren Teile herausnehmen und weiterverwenden* **3** *ein Ereignis a. bis in die heikelsten Einzelheiten berichten;* die Presse hat den Vorfall gründlich ausgeschlachtet **4** *Fehler a. bedenkenlos zu seinem Vorteil ausnutzen* **Aus|schlach|tung** ⟨f., -, nur Sg.⟩

aus|schla|fen ⟨V.115, hat ausgeschlafen⟩ **I** ⟨o.Obj.⟩ *so lange schlafen, bis man von selbst aufwacht und munter ist;* sonntags lange a. **II** ⟨mit Akk.⟩ *durch Schlafen überwinden;* er soll seinen Rausch a.

Aus|schlag ⟨m.2⟩ **1** *Bewegung des Zeigers eines Meßgeräts;* das gibt den A. ⟨übertr.⟩ *das ist entscheidend* **2** *krankhafte Hautveränderung (z. B. in Form von Bläschen, Flecken);* Syn. *Exanthem*

aus|schla|gen ⟨V.116⟩ **I** ⟨mit Dat. und Akk.; hat ausgeschlagen⟩ *jmdm. oder einem Gegenstand etwas a. durch Schlag zerstören, entfernen;* jmdm. ein Auge, einen Zahn a.; das schlägt dem Faß den Boden aus! ⟨übertr.⟩ *das ist unerhört!, das ist die Höhe!* **II** ⟨mit Akk.; hat ausgeschlagen⟩ *etwas a.* **1** *innen ganz bedecken;* einen Raum, einen Kasten mit Stoff a. **2** *ablehnen, nicht annehmen;* eine Einladung a. **3** *durch Schlagen löschen, ersticken;* Feuer, Flammen mit einem nassen Tuch a. **III** ⟨o.Obj.⟩ **1** ⟨hat ausgeschlagen⟩ **a** *Knospen treiben;* die Bäume und Sträucher schlagen aus **b** *mit dem Hinterhuf schlagen, stoßen;* Syn. *auskeilen;* Vorsicht, das Pferd schlägt gern aus! **c** *plötzlich die Ruhelage verlassen, eine Bewegung machen;* der Zeiger eines Meßgerätes, eine Wünschelrute schlägt aus **d** ⟨nur im Perf.⟩ *aufhören zu schlagen;* die Uhr, sein Herz hat ausgeschlagen **2** ⟨ist ausgeschlagen⟩ *sich entwickeln;* die Sache wird zum Guten, zum Bösen a.

aus|schlag|ge|bend ⟨Adj., o.Steig.⟩ *nur als Attr. und mit „sein"⟩ entscheidend;* der ~e Fehler war ...; allein sein Verhalten ist a., ob er ..., oder ..., sondern daß ...

aus|schlie|ßen ⟨V.120, hat ausgeschlossen; mit Akk.⟩ *etwas a.* **a** *für nicht erwägenswert, für unmöglich halten;* einen Unfall müssen wir a. **b** *nicht berücksichtigen;* diese Möglichkeit möchte ich von vornherein a. **c** *als unmöglich erscheinen lassen, unmöglich machen;* die näheren Umstände schließen sein Selbstmord aus **d** ⟨Typ.⟩ *eine Zeile a. einer Zeile (durch Verändern der Zwischenräume zwischen den Wörtern) die richtige Länge geben* **e** *nicht zulassen;* etwas ist von etwas ausgeschlossen *ist zu etwas nicht zugelassen;* Unterwäsche ist vom Umtausch ausgeschlossen; feuergefährliche Gegenstände sind von der Beförderung ausgeschlossen **2** *jmdn. a.* **a** *jmdm. das weitere Dabeisein untersagen;* jmdn. aus einer Gemeinschaft, einer Partei a. **b** *jmdn. nicht teilnehmen lassen, nicht mitmachen lassen;* jmdn. von einem Ausflug a.; ein Kind von einem Spiel a. **c** *jmdn. durch Schließen oder Verschließen der Tür den Zutritt unmöglich machen;* Syn. *aussperren;* du hast mich versehentlich ausgeschlossen; ich habe den Schlüssel in der Wohnung liegenlassen und mich selbst ausgeschlossen

aus|schließ|lich I ⟨Adj., o.Steig.; nur als Attr.⟩ *alleinig, uneingeschränkt;* das ist sein ~es Recht **II** ⟨Adv.⟩ *allein, nur, nichts anderes als;* ich werde mich a. um den Kranken kümmern **III** ⟨Präp. mit Gen.⟩ *außer, nicht mitgerechnet;* Ggs. *einschließlich;* die Kosten a. des Trinkgeldes, a. der Getränke; ⟨wenn der Art. vor dem Subst. fehlt, steht statt des Genitivs der Akk. oder Dat.⟩ *der Preis gilt für die gesamte Verpflegung* a. Trinkgeld, a. Getränken

Aus|schließ|lich|keit ⟨f., -, nur Sg.⟩ *Uneingeschränktheit;* er vertritt seine Meinung mit einer A., die ...

Aus|schlie|ßung ⟨f., -, nur Sg.⟩ *das Ausschließen*

aus|schlüp|fen ⟨V.1, ist ausgeschlüpft; o.Obj.⟩ *aus dem Ei schlüpfen*

Aus|schluß ⟨m.2⟩ **1** ⟨nur Sg.⟩ *das Ausschließen (1,2a,b);* A. der Öffentlichkeit; A. von Mitgliedern aus einer Partei **2** ⟨Typ.; beim Bleisatz⟩ *Setzmaterial zum Herstellen von Zwischenräumen, das niedriger ist als die Typen und das daher nicht mitdruckt*

aus|schmie|ren ⟨V.3, hat ausgeschmiert; mit Akk.⟩ **1** *etwas a. innen mit Schmiere einreiben* **2** *jmdn. a.* ⟨übertr., ugs.⟩ *betrügen, hereinlegen;* da hast du dich a. lassen (wenn du dabei mitmachst, bist du der Ausgeschmierte)

aus|schmü|cken ⟨-k|k-; V.1, hat ausgeschmückt; mit Akk.⟩ **1** *innen schmücken, verzieren;* einen Raum mit Girlanden a. **2** *mit erfundenen Einzelheiten vorteilhaft verändern, spannender, schöner machen;* einen Bericht, eine Geschichte a. **Aus|schmückung** ⟨-k|k-; f., -, nur Sg.⟩

aus|schnei|den ⟨V.125, hat ausgeschnitten; mit Akk.⟩ **1** *in bestimmter Form herausschneiden;* Figuren (aus Papier) a.; faule, wurmige Stellen (aus Früchten) a. **3** *durch Schneiden von überflüssigen Ästen befreien;* Bäume a. **4** *mit einem Ausschnitt versehen;* ein Kleid (tief) a.; ausgeschnittenes Kleid

Aus|schnitt ⟨m.1⟩ **1** *etwas Ausgeschnittenes (Zeitungs~)* **2** *ausgeschnittene Stelle am Kleidungsstück (Hals~, Ärmel~);* runder, spitzer, tiefer A. **3** *Teil (aus einem Ganzen) (Kreis~, Kugel~);* ~e aus einem Buch vorlesen; ~e aus einem Film als Vorspann

aus|schöp|fen ⟨V.1, hat ausgeschöpft; mit Akk.⟩ **1** *durch Schöpfen leer machen;* ein leckes Boot a. **2** *durch Schöpfen herausholen;* Wasser a. **3** *voll ausnutzen;* wir haben noch alle Möglichkeiten zu seiner Rettung ausgeschöpft **4** *in allen Einzelheiten erkennen, verstehen und erklären;* er hat in seiner Interpretation diese Dichtung, Komposition noch nicht ausgeschöpft

aus|schrei|ben ⟨V.127, hat ausgeschrieben; mit Akk.⟩ **1** *mit allen Buchstaben, nicht abgekürzt schreiben;* ein Wort, einen Namen a.; vgl. *ausgeschrieben* **2** *in Buchstaben, nicht in Ziffern schreiben;* eine Zahl, einen Betrag a. **3** ⟨verstärkend⟩ *schreiben;* einen Scheck, ein Rezept a. **4** *durch Anzeige(n) bekanntgeben (um Interessenten aufzufordern, sich zu melden);* Stellen (in der Zeitung) a.; einen Wettbewerb a.; eine Wohnung (zum Mieten) a.

Aus|schrei|bung ⟨f.10⟩ *Bekanntmachung, in der etwas (Stelle, Wettbewerb) ausgeschrieben ist*

aus|schrei|ten ⟨V.129, mit Akk.⟩ *ausgeschritten schreitend, mit Schritten ausmessen;* ich habe das Grundstück ausgeschritten **II** ⟨o.Obj.; ist ausgeschritten⟩ *schreiten, vorwärts gehen;* rüstig a.

Aus|schrei|tung ⟨f.10⟩ *Gewalttätigkeit, tätlicher Übergriff;* ~en begehen; es kam zu ~en [zu *ausschreiten* in der veralteten Bed. „hinausschreiten, -gehen (über etwas), über den Weg hinausgehen"]

aus|schu|len ⟨V.1, hat ausgeschult; mit Akk.⟩ **1** *aus der Schule nehmen;* Ggs. *einschulen;* einen Schüler a. **2** ⟨österr.⟩ *in eine andere Schule versetzen*

Aus|schuß ⟨m.2⟩ **1** *Stelle, an der ein in den Körper eingedrungenes Geschoß ihn wieder verlassen hat;* Ggs. *Einschuß* (1) **2** ⟨nur Sg.⟩ *fehlerhafte, bei der Herstellung mißlungene Stücke, die ausgeschieden werden (die man produziert heute wohl nur A.?* **3** *für eine bestimmte Aufgabe ausgewählte Gruppe von Personen (Prüfungs~)*

Aus|schuß|wa|re ⟨f., -, nur Sg.⟩ *Ware, die als fehlerhaft oder minderwertig ausgeschieden wird oder worden ist*

aus|schüt|teln ⟨V.1, hat ausgeschüttelt; mit Akk.⟩ *durch Schütteln von Staub, Krümeln befreien;* ein Staubtuch, eine Decke a.

aus|schüt|ten ⟨V.2, hat ausgeschüttet⟩ **I** ⟨mit Akk.⟩ **1** *durch Umkippen leer machen;* einen Eimer a.; jmdm. sein Herz a. ⟨übertr.⟩ *jmdm. seine Nöte, Sorgen vertrauensvoll mitteilen* **2** *herausschütten, wegschütten;* Ggs. *einschütten;* Wasser a. **3** *verteilen, auszahlen;* Gewinnanteile, Prämien a. **II** ⟨refl.⟩ *nur in der Wendung⟩ sich a. vor Lachen; sehr lachen;* ich könnte mich a., wir haben uns ausgeschüttet vor Lachen

Aus|schüt|tung ⟨f.10⟩ *das Ausschütten, Verteilen (von Gewinnanteilen)*

aus|schwär|men ⟨V.1, ist ausgeschwärmt; o.Obj.⟩ **1** *im Schwarm wegfliegen;* Bienen schwärmen aus **2** ⟨Mil.⟩ *nach allen Richtungen planvoll auseinanderlaufen und sich im Gelände verteilen*

aus|schwei|fen ⟨V.1⟩ **I** ⟨mit Akk.; hat ausgeschweift⟩ *mit einer Rundung, einem Bogen versehen;* Tischbeine oder Stuhlbeine a. **II** ⟨o.Obj.; ist ausgeschweift⟩ *das übliche Maß überschreiten;* ⟨fast nur noch im Part. Präs.⟩ →*ausschweifend*

aus|schwei|fend ⟨Adj., o.Steig.; nur als Attr. und mit „sein"⟩ **1** *sehr rege, üppig, bildreich;* eine ~e Phantasie **2** *ungezügelt, ungehemmt, nur dem Genuß hingegeben;* ein ~es Leben führen

Aus|schwei|fung ⟨f.10⟩ **1** *übermäßiger, die Gesundheit angreifender Genuß;* sich ~ hingeben **2** *üppige, überreiche Bilder, zu weit gehende Vorstellungen;* die ~en seiner Phantasie

aus|schwei|gen ⟨V.130, hat ausgeschwiegen; refl.⟩ *sich a. beharrlich schweigen;* er schweigt sich darüber aus, was er vorhat

aus|schwit|zen ⟨V.1, hat ausgeschwitzt; mit Akk.⟩ **1** *durch Schwitzen aus dem Körper ausscheiden;* Krankheitskeime a.; getrunkene Flüssigkeit wieder a. **2** *absondern;* Wände schwitzen Feuchtigkeit aus

aus|seg|nen ⟨V.2, hat ausgesegnet; mit Akk.⟩ *einen Toten a. ihn segnen, bevor er zu Grabe getragen wird* **Aus|seg|nung** ⟨f.10⟩

aus|se|hen ⟨V.136, hat ausgesehen; o.Obj.⟩ **1** *einen (bestimmten) Anblick bieten* ⟨bei Personen bes. bezüglich des Gesichts⟩; gut, schlecht, fröhlich, gesund, krank a.; hier sieht es ja aus! ⟨ugs.⟩ *hier ist es ja schrecklich unordentlich, schmutzig;* so siehst du aus! *das denkst du dir so, das könnte dir so passen, das* kommt nicht in Frage! 2 einen (bestimmten) Eindruck machen, scheinen; er sieht aus, als sei ihm schlecht; sie sieht jünger, älter aus als sie ist; sehe ich so aus? kann man mir so etwas zutrauen?; er sieht so aus, als ob ... es scheint so, als ob ...; es sieht nach Regen aus, es sieht ganz danach aus, als würde, wollte es heute noch regnen es scheint so

Aus|se|hen ⟨n., -s, nur Sg.⟩ Anblick (den jmd., bes. vom Gesicht her, oder etwas bietet), äußere Erscheinung, äußerer Eindruck (den jmd. oder etwas macht); du solltest wegen deines schlechten ~s zum Arzt gehen; einem Gegenstand ein neues, anderes A. geben; nach dem A. zu urteilen, ⟨oder⟩ dem A. nach geht es ihm wieder besser

aus|sein ⟨V.137, ist ausgewesen; ugs.⟩ I ⟨o.Obj.⟩ 1 kurz für: ausgeschaltet sein; Ggs. ansein; das Licht, Radio ist aus 2 ⟨kurz für⟩ ausgegangen sein, von zu Hause abwesend sein; wir waren jeden Abend aus 3 erloschen sein; das Feuer ist aus 4 zu Ende sein; das Theater, die Vorstellung ist aus 5 verbraucht sein; der Vorrat ist aus 6 ⟨süddt.⟩ verkauft sein, nicht mehr vorhanden sein; Trachtenhüte sind aus; Leberknödel sind aus (im Lokal) 7 ⟨mit „es"⟩ es ist alles verloren; es ist aus mit ihm er ist am Ende seiner Kraft, seiner Existenz, sein Leben ist zerstört II ⟨mit Präp.obj.⟩ auf etwas a. etwas unbedingt erreichen, haben wollen; er ist darauf aus, Abteilungsleiter zu werden; er ist nur auf seinen Vorteil aus

au|ßen ⟨Adv.⟩ 1 an der äußeren Seite; a. an der Tür 2 nach a. an die äußere Seite, zur äußeren Seite; die Tür geht nach a. auf; ein Kleidungsstück nach a. drehen umdrehen, so daß die innere Seite sichtbar wird 3 von a. von der äußeren Seite her; von a. sieht das Haus noch ganz gut aus; von a. kann man das nicht sehen 4 ⟨bayr.-österr.⟩ draußen; dort a.; hier a.

Au|ßen|auf|nah|me ⟨f.11; Film, Fot.⟩ Aufnahme, die nicht im Atelier gemacht wird; Ggs. Innenaufnahme

Au|ßen|bahn ⟨f.10; Leichtathletik, Schwimmen⟩ an der äußersten Krümmung der Aschenbahn gelegene Laufbahn oder am Beckenrand gelegene Schwimmbahn

Au|ßen|bord|mo|tor ⟨m.13; bei Booten⟩ außen am Heck angebrachter Motor

Au|ßen|bords ⟨Adv.⟩ außen (am Boot, Schiff); Ggs. binnenbords

au|ßen|bür|tig ⟨Adj., o.Steig.⟩ →exogen

aus|sen|den ⟨V.138, hat ausgesandt, mit Akk.⟩ 1 etwas a. von sich geben; Strahlen a. b ⟨poet.⟩ öffentlich bekanntmachen, verbreiten; ein Gebot, eine Nachricht a. 2 jmdn. mit einem Auftrag wegschicken; einen Botschafter, Kundschafter, Missionar a.

Au|ßen|dienst ⟨m., -es, nur Sg.⟩ Dienst außerhalb der Dienststelle; Ggs. Innendienst

Aus|sen|dung ⟨f., -, nur Sg.⟩ das Aussenden

Au|ßen|han|del ⟨m., -s, nur Sg.⟩ Handel mit dem Ausland

Au|ßen|li|nie ⟨f.11⟩ 1 ⟨Sport⟩ äußere Begrenzung des Spielfelds; der Ball rollte über die A. 2 ⟨Mil.⟩ äußere Verteidigungslinie 3 ⟨Geom.⟩ Linie, die den Umriß bezeichnet

Au|ßen|mi|ni|ste|ri|um ⟨n., -s, -ri|en⟩ Ministerium für auswärtige Angelegenheiten

Au|ßen|netz ⟨n.1; Ballspiele⟩ seitlicher Teil des Tornetzes von außen

Au|ßen|po|li|tik ⟨f., -, nur Sg.⟩ Verkehr eines Staates mit anderen Staaten

au|ßen|po|li|tisch ⟨Adj., o.Steig.⟩ die Außenpolitik betreffend, zu ihr gehörig

Au|ßen|sei|te ⟨f.11⟩ äußere Seite, nach außen gewandte Seite; Ggs. Innenseite; er zeigt immer eine liebenswürdige A. er ist nach außen hin immer liebenswürdig (kann sich aber ganz anders verhalten)

Au|ßen|sei|ter ⟨m.5⟩ 1 jmd., der außerhalb der Gesellschaft oder von Gruppen steht, seine eigenen Wege geht, seine eigenen Ziele verfolgt 2 Sportler mit geringen Aussichten auf den Sieg 3 Rennpferd mit geringen Aussichten auf den Sieg, das hohe Gewinnquoten bringt [Lehnübersetzung von engl. outsider in ders. Bed.]

Au|ßen|stän|de ⟨m.2, Pl.⟩ unbezahlte Forderungen; 5000 DM A. haben; A. einziehen

Au|ßen|ste|hen|de(r) ⟨m., f.17 bzw. 18⟩ jmd., der nicht zur Familie, nicht zur Gemeinschaft, Gruppe gehört, der nicht über deren Angelegenheiten Bescheid weiß; was wir hier reden, ist nicht für Außenstehende bestimmt; ich als Außenstehender kann das nicht beurteilen; für einen Außenstehenden ist das unbegreiflich

Au|ßen|stel|le ⟨f.11⟩ von der Zentrale entfernt liegende Zweigstelle (z.B. einer Behörde, Bank)

Au|ßen|stür|mer ⟨m.5; Sport; Sammelbez. für⟩ Rechts- und Linksaußen

Au|ßen|ta|sche ⟨f.11⟩ an der Außenseite eines Kleidungsstücks angebrachte Tasche; Ggs. Innentasche

Au|ßen|wand ⟨f.2⟩ die Außenseite (eines Gebäudes, Gefäßes) begrenzende Wand; Ggs. Innenwand

Au|ßen|welt ⟨f., -, nur Sg.⟩ 1 Welt außerhalb des eigenen Ichs, des eigenen Person; Ggs. Innenwelt; der Kranke nimmt die A. kaum wahr 2 Welt außerhalb des eigenen Heims und seiner unmittelbaren Umgebung, Welt außerhalb eines Wohnbereichs; das Dorf war durch den anhaltenden Schneefall tagelang von der A. abgeschnitten

Au|ßen|win|kel ⟨m.7; Geom.⟩ außerhalb eines Vielecks liegender Nebenwinkel eines Innenwinkels

au|ßer I ⟨Präp. mit Dat. oder Akk., selten Gen.⟩ 1 außerhalb von ..., des ...; ich bin völlig a. mir ich bin empört, fassungslos; er war a. sich vor Zorn ungemein erregt vor Zorn; a. Fassung sein die Fassung verloren haben; das steht a. Frage, a. jedem Zweifel darüber kann man sich nicht verschiedener Meinung sein; a. Gefahr sein; jmdn. a. Gefecht setzen kampfunfähig machen; a. Hause sein ausgegangen sein; a. Landes gehen das Land für immer verlassen; a. der Reihe drankommen vor den übrigen Wartenden 2 mit Ausnahme von, abgesehen von; a. mir war niemand da; a. ein paar Rechtschreibfehlern ist der Aufsatz gut 3 über ... hinaus; a. seinen drei Hunden hat er noch zwei Vögel und ein Meerschweinchen II ⟨Konj.⟩ 1 es sei denn (daß); ich kann mit dieser Erkältung nicht ausgehen, a. du nimmst mich im Auto mit 2 a. daß abgesehen davon, daß; die Fahrt ist gut verlaufen, a. daß man uns in X das Auto aufgebrochen hat 3 a. wenn nur nicht, wenn; ich komme bestimmt, a. wenn sich bei mir noch Besuch ansagt

au|ßer|dem ⟨Konj.⟩ zudem, darüber hinaus, obendrein

au|ßer|ehe|lich ⟨Adj., o.Steig.⟩ 1 außerhalb der Ehe (geboren, gezeugt), unehelich; ~es Kind; das Kind ist a. gezeugt worden 2 außerhalb der Ehe stattfindend; ~e Beziehungen

äu|ße|re(r, -s) ⟨Adj., Steig. nur im Superlativ⟩ 1 außen befindlich, an der Außenseite; Ggs. innere(r, -s); der äußere Teil des Gartens 2 von außen sichtbar; seine äußere Erscheinung ist elegant und gepflegt 3 von außen kommend; das war nur der äußere Anlaß, nicht die Ursache 4 auswärtig, das Ausland betreffend, außenpolitisch; die äußeren Angelegenheiten (eines Staates), vgl. äußerste(r, -s)

Äu|ße|re(s) ⟨n.17 bzw. 18⟩ Ggs. Innere(s) 1 Außenseite; das Äußere des Schlosses, der Kirche 2 äußere Erscheinung, Aussehen; er legt viel, wenig Wert auf sein Äußeres; ein Mann mit gepflegtem Äußerem, ⟨oder⟩ Äußeren

au|ßer|ge|wöhn|lich ⟨Adj.⟩ ungewöhnlich, vom Gewohnten abweichend, über das Gewohnte, Übliche hinausgehend; ein ~er Film; er hat ein ~es künstlerisches Talent; ein a. kalter Winter; es ist heute draußen a. ruhig; sein Verhalten ist a.

au|ßer|halb ⟨Präp. mit Gen.⟩ 1 nicht innen, nicht innerhalb (eines Raums oder Zeitraums); Ggs. innerhalb; a. des Gartens, des Hauses; a. der Dienstzeit 2 von a. von einem Ort, der nicht in dieser Stadt liegt; ich komme von a. 3 nach a. in andere Städte, in Orte, die nicht in dieser Stadt liegen; Briefe nach a.

äu|ßer|lich ⟨Adj., o.Steig. Ggs. innerlich 1 außen, an der Außenseite; die Arznei ist nur ä. anzuwenden; das ist nur ä. ⟨übertr.⟩ das ist nicht wesentlich, trifft nicht den Kern der Sache 2 die Außenseite betreffend; die Ähnlichkeit ist nur ä. 3 von außen; eine Sache nur ä. betrachten (ohne ihr Wesen zu berücksichtigen); ä. ist keine Verletzung erkennbar 4 nach außen hin; er ließ sich seine Erregung nicht anmerken 5 nur das Äußere betrachtend, das Wesentliche nicht sehend, oberflächlich; er, der Roman, der Film ist mir zu ä.

Äu|ßer|lich|keit ⟨f.10⟩ die äußere Form, Äußerliches, zu einer Ä. werden; ~en das Aussehen, die äußere Form betreffende, nicht wesentliche Dinge; mir gefällt manches nicht an ihm, aber das sind nur ~en; stoß dich nicht an ~en!

au|ßer|mit|tig ⟨Adj.⟩ → ausmittig

äu|ßern ⟨V.1, hat geäußert⟩ I ⟨mit Akk.⟩ zum Ausdruck bringen, sagen, mitteilen; eine Meinung, einen Verdacht ä. II ⟨refl.⟩ sich ä. etwas sagen, mitteilen; ich kann, will mich nicht dazu ä.; sich über etwas oder jmdn. ä.; ich werde mich dazu noch schriftlich ä.

au|ßer|or|dent|lich ⟨auch [au-] Adj., o.Steig.⟩ 1 über das Übliche, den Durchschnitt hinausgehend; eine ~e Leistung; seine Leistung ist ganz a.; er hat Außerordentliches geleistet 2 ⟨außerhalb der gewohnten Ordnung, des üblichen Ablaufs⟩; eine ~e Konferenz ansetzen; ~er Professor ⟨Abk. a.o. Prof.⟩ oder ao. Prof.; an Hochschulen⟩ planmäßiger Professor mit geringeren Rechten als ein ordentlicher Professor 3 ⟨Adv.⟩ sehr, ganz besonders; es gefällt mir a. gut; ich habe mich dort a. wohl gefühlt

au|ßer|par|la|men|ta|risch ⟨Adj., o.Steig.⟩ nicht im Parlament vertreten, außerhalb des Parlaments; ~e Opposition ⟨Abk.: APO, Apo⟩ linksrevolutionäre, meist jugendliche politische Gruppen

au|ßer|plan|mä|ßig ⟨Adj., o.Steig.⟩ außerhalb eines Plans, zusätzlich zu einem Plan; der Zug verkehrt a.; ~er Professor ⟨Abk.: apl. Prof.; früher an Hochschulen Titel für⟩ Professor ohne Lehrstuhl

äu|ßerst ⟨Adv.⟩ sehr, ganz besonders; das ist mir ä. unangenehm; dabei muß man ä. vorsichtig sein

au|ßer|stan|de ⟨Adv.⟩ nicht in der Lage, nicht fähig; ich bin a., das zu beurteilen; ich sehe, fühle mich a., für ihn etwas zu tun

äu|ßer|sten|falls ⟨Adv.⟩ im äußersten Fall, im schlimmsten Notfall

äu|ßer|ste(r, -s) ⟨Adj., Superlativ zu äußere(r, -s); nur als Attr. und substantiviert⟩ 1 am weitesten draußen, am weitesten entfernt; Ggs. innerste(r, -s); die äußerste Schicht; der äußerste Teil des Gartens 2 letzte(r, -s), schlimmste(r, -s), größte(r, -s); im äußersten Fall; mit äußerster Vorsicht; ich bin bereit, das Äußerste, wozu ich bereit bin; wir sind auf das Äußerste gefaßt auf das Schlimmste; wir wollen es bis zum Äußersten gehen bis zum Letzten; ⟨aber Kleinschreibung⟩ er war aufs äußerste gespannt sehr gespannt

Äu|ße|rung ⟨f.10⟩ 1 gesagte Worte, Aussa-

aussetzen

ge, Bemerkung; meine ~en von gestern waren nicht so ernst gemeint; abfällige ~en **2** *äußeres Zeichen, das etwas zum Ausdruck bringt;* Stirnrunzeln als Ä. des Unmuts, des Erstaunens

aus|set|zen ⟨V.1, hat ausgesetzt⟩ **I** ⟨mit Akk.⟩ **1** *hinaus-, ins Freie setzen, an eine bestimmte Stelle setzen;* Pflanzen a.; Tiere a. *im Wald freilassen (um sie dort anzusiedeln);* ein Kind a. *an irgendeinem Ort hinlegen und es dort liegenlassen (um es loszuwerden);* ein Boot a. *ins Wasser lassen;* die Kugel, den Ball a. ⟨Billard⟩ *zum Anspielen hinlegen* **2** *unterbrechen, verschieben;* im Gerichtsverfahren a.; eine Strafe zur Bewährung a. **3** *versprechen, in Aussicht stellen, ankündigen;* eine Belohnung für den Finder a.; einen Preis für den Gewinner, Sieger a. **II** ⟨mit Akk. und Dat.⟩ jmdn. oder sich einer Sache a. *preisgeben, darbieten;* jmdn. oder sich einer Gefahr a.; seinen Körper oder sich der Sonne a.; sich der Kritik, dem Spott anderer a. **III** ⟨o.Obj.⟩ **1** *eine Pause machen, vorübergehend mit etwas aufhören, etwas unterbrechen;* ich muß ein paar Minuten, ein paar Wochen mit der Arbeit a. **2** *plötzlich aufhören, die Tätigkeit beenden;* der Motor, sein Herzschlag, Atem setzt aus **IV** ⟨in der Wendung⟩ etwas an jmdm. oder an etwas auszusetzen haben *zu bemängeln, zu tadeln haben;* er hat an dem Jungen ständig etwas auszusetzen **Aus|set|zung** ⟨f.10⟩

Aus|sicht ⟨f.10⟩ **1** *Möglichkeit zum Hinausschauen, zum Schauen ins Weite, Blick hinaus, Blick auf etwas;* die A. von meinem Fenster (auf Gärten, auf einen Hof) ist hübsch, ist nicht besonders schön, wird demnächst verbaut werden; von hier oben hat man eine herrliche A. aufs Meer **2** *Möglichkeit für die Gestaltung oder Entwicklung der Zukunft;* günstige ~en haben; seine beruflichen ~en sind gut; die Sache hat keine A. (auf Verwirklichung); die übrigen Bewerber haben keine A.; A. auf eine Stellung haben, eine Stellung in A. haben; jmdm. etwas in A. stellen *jmdm. etwas versprechen, jmdm. ankündigen, daß man etwas für ihn tun wird*

aus|sichts|los ⟨Adj.⟩ *ohne Aussicht auf Erfolg;* Ggs. *aussichtsreich;* ein ~es Unternehmen; deine Bemühungen sind a.

Aus|sichts|lo|sig|keit ⟨f., -, nur Sg.⟩ *aussichtslose Beschaffenheit;* er sah die A. seiner Bemühungen ein

Aus|sichts|punkt ⟨m.1⟩ *Punkt, Stelle mit schöner Aussicht über die Umgebung*

aus|sichts|reich ⟨Adj.⟩ **1** *gute Aussichten bietend;* Ggs. *aussichtslos;* eine ~e Stellung **2** *gute Aussichten habend;* ein ~er Bewerber, Wahlkandidat

Aus|sichts|turm ⟨m.2⟩ *Turm, von dem aus man eine schöne, weite Aussicht hat*

aus|sie|deln ⟨V.1, hat ausgesiedelt; mit Akk.⟩ *aus einem Wohngebiet ausweisen, zum Verlassen eines Wohngebiets zwingen;* Ggs. *ansiedeln (I,1)* **Aus|sied|lung** ⟨f., -, nur Sg.⟩

aus|söh|nen ⟨V.1, hat ausgesöhnt; mit Akk.⟩ jmdn. oder sich mit jmdm. a. *zwischen jmdm. (oder sich) und jmd. anderem Streit, Feindschaft beenden, ein freundliches Verhältnis wiederherstellen;* es gelang mir, die beiden (miteinander) auszusöhnen; die beiden haben sich, wir haben uns (miteinander) ausgesöhnt **Aus|söh|nung** ⟨f., -, nur Sg.⟩

aus|son|dern ⟨V.1, hat ausgesondert; mit Akk.⟩ *aus einer Menge entfernen, aussortieren;* fehlerhafte, schadhafte Stücke, alte Kleider, faule Früchte a. **Aus|son|de|rung** ⟨f., -, nur Sg.⟩

aus|sor|tie|ren ⟨V.3, hat aussortiert; mit Akk.⟩ *beim Sortieren heraus-, wegnehmen;* Ggs. *einsortieren;* die besten Stücke a. **Aus|sor|tie|rung** ⟨f., -, nur Sg.⟩

aus|span|nen ⟨V.1, hat ausgespannt⟩ **I** ⟨mit Akk.⟩ **1** *aus dem Gespann nehmen;* Ggs. *einspannen (1a);* Pferde a. **2** *ausbreiten und spannen;* ein Netz, die Wäscheleine a. **3** *aus der Spannung nehmen;* Ggs. *einspannen (1b);* den Bogen a. **II** ⟨o.Obj.⟩ *sich längere Zeit ausruhen, sich erholen* **III** ⟨mit Dat. und Akk.; ugs.⟩ **1** jmdm. jmdn. a. *abspenstig machen, wegnehmen;* er hat seinem Freund die Geliebte ausgespannt **2** jmdn. etwas a. *durch Schmeicheln, Bitten oder List von jmdm. etwas abbekommen;* meine Schwester hat mir mein Abendkleid ausgespannt

Aus|span|nung ⟨f., -, nur Sg.⟩ *Erholung, längere Ruhepause*

aus|spa|ren ⟨V.1, hat ausgespart; mit Akk.⟩ *frei lassen, nicht ausfüllen;* eine Fläche (innerhalb der größeren) a.; ein Stück Raum a.

Aus|spa|rung ⟨f., -, nur Sg.⟩ **1** *das Aussparen* **2** *ausgesparter Raum, ausgesparte Fläche*

aus|spei|en ⟨V.144, hat ausgespien⟩ **I** ⟨mit Akk.⟩ **1** *durch Speien von sich geben;* Syn. *ausspucken; Essen wieder a.* **2** *aus sich herausschleudern;* ein Vulkan speit Lava aus **3** ⟨übertr.⟩ *hinausquillen lassen;* die Omnibusse spien Scharen von Touristen aus **II** ⟨o.Obj.⟩ *Speichel mit Schwung von sich geben;* Syn. *ausspucken;* vor jmdm. a. (als Zeichen der Verachtung)

aus|sper|ren ⟨V.1, hat ausgesperrt; mit Akk.⟩ **1** = *ausschließen (2c)* **2** *von der Arbeit (im Betrieb) ausschließen, nicht zur Arbeit zulassen (als Maßnahme des Arbeitgebers im Arbeitskampf);* Arbeiter a.

Aus|sper|rung ⟨f.10⟩ *das Aussperren (von Arbeitnehmern)*

aus|spie|len ⟨V.1, hat ausgespielt⟩ **I** ⟨mit Akk.⟩ **1** etwas a. **a** *ins Spiel bringen;* eine Karte a.; vgl. *Trumpf* **b** ⟨Lotterie⟩ *durch Los ermitteln, auslosen;* Gewinne a. **c** *als Preis hergeben, ausgeben;* bei jeder Ziehung werden bestimmte Beträge ausgespielt **d** *einsetzen, zur Wirkung bringen;* sie spielte ihren ganzen Charme e *eine Rolle a. bis in die feinsten Einzelheiten gestalten* **2** jmdn. a. **a** ⟨Sport⟩ *jmdn. nicht an den Ball kommen lassen* **b** *jmdn. gegen einen anderen a. Nachteiliges über jmdn. gegenüber einem anderen reden, um den anderen für sich zu gewinnen* **II** ⟨o.Obj.⟩ **1** ⟨Kart.⟩ *das Spiel eröffnen, die erste Karte auflegen;* wer spielt aus? **2** ⟨nur im Perf.⟩ ausgespielt haben *keinen Einfluß, keine Wirkungsmöglichkeit mehr haben, nichts mehr zu bestimmen haben;* er hat ausgespielt; als Chef hat er ausgespielt

Aus|spie|lung ⟨f.10; Lotterie⟩ *das Ausspielen (von Gewinnen)*

Aus|spra|che ⟨f.11⟩ **1** *das Aussprechen (von Lauten, Wörtern auf bestimmte Weise);* eine gute, schlechte A. haben; englische, französische A.; jmds. falsche A. korrigieren; für dieses Wort gibt es mehrere ~n; eine feuchte A. haben ⟨ugs., scherzh.⟩ *beim Sprechen Speicheltröpfchen von sich geben* **2** *Gespräch, in dem etwas geklärt werden soll, Austausch von Meinungen und Standpunkten*

aus|spre|chen ⟨V.146, hat ausgesprochen⟩ **I** ⟨mit Akk.⟩ **1** *in Lauten formen;* ein Wort a.; ein Wort richtig, falsch a. **2** *sprachlich wiedergeben, in Worten zum Ausdruck bringen;* einen Gedanken, eine Bitte a. **II** ⟨mit Dat. und Akk.⟩ jmdm. etwas a. *mitteilen;* jmdm. seine Teilnahme, Glückwünsche, Anerkennung a. **III** ⟨o.Obj.⟩ → *ausreden (I);* jmdn. a. lassen **IV** ⟨refl.⟩ sich a. **1** *seine Gedanken, Nöte, Schwierigkeiten jmdm. mitteilen;* sie wollte sich bei mir nur einmal a. **2** *sich über etwas oder jmdn. mitteilen;* er hat sich sehr positiv über dich ausgesprochen **3** sich mit jmdm. a. *mit jmdm. sprechen und dabei Schwierigkeiten bereinigen, Fragen klären* **4** *sich für, gegen etwas oder jmdn. a. seinen Standpunkt, seine Einstellung äußern*

Aus|spruch ⟨m.2⟩ *Satz mit bedeutungsvollem, treffend ausgedrücktem Inhalt (bes. von einer bekannten Persönlichkeit)*

aus|spu|cken ⟨-k|k-; V.1, hat ausgespuckt⟩ **I** ⟨mit Akk.⟩ **1** = *ausspeien (I)* **2** ⟨übertr., ugs.⟩ **a** *auf Anforderung herausgeben;* er wird eine ganze Menge Geld a. müssen **b** *auf Knopfdruck, Münzeinwurf o.ä. hin herausgeben, herauswerfen;* der Computer spuckt Informationen aus; der Automat spuckt Fahrkarten aus **II** ⟨o.Obj.⟩ → *ausspeien (II)*

aus|staf|fie|ren ⟨V.3, hat ausstaffiert; mit Akk.⟩ *mit neuer Kleidung und allem Zubehör versehen* [zu *staffieren* (†) in ders. Bed., zu nddt., mndd. *staffieren* ,,ausschmücken, verzieren, herrichten"]

Aus|stand ⟨m.2⟩ **1** *Arbeitsniederlegung, Streik;* die Arbeiter sind, befinden sich im A., sind in den A. getreten **2** *Ausscheiden aus einer Stellung, aus dem Dienst, Beendigung eines Arbeitsverhältnisses;* Ggs. *Einstand (1);* seinen A. feiern **3** *kleine Feier beim Ausscheiden aus der Stellung (wobei man den Mitarbeitern etwas spendiert);* seinen A. geben

aus|stat|ten ⟨V.2, hat ausgestattet; mit Akk.⟩ **1** etwas a. **a** *mit allem Nötigen einrichten;* einen Raum mit Möbeln a.; eine elegant ausgestattete Wohnung **b** *mit Schmuck versehen, schmücken;* ein Buch mit Bildern a. **2** jmdn. a. *jmdm. alles Nötige (für einen Zweck) geben;* jmdn. mit Kleidung, Geld, Vollmachten a.; mit reichen Anlagen, vielen Talenten ausgestattet sein *reiche Anlagen, viele Talente besitzen*

Aus|stat|tung ⟨f.10⟩ **1** ⟨nur Sg.⟩ *das Ausstatten, die Ausgestattetheit;* die A. eines Zimmers mit Möbeln **2** *alle Gegenstände, mit denen etwas ausgestattet ist;* reiche, prunkvolle A.; die barocke A. der Kirche **3** *äußere Gestaltung, Aufmachung;* A. eines Theaterstücks, eines Buches **4** → *Aussteuer*

Aus|stat|tungs|stück ⟨n.1⟩ *Theaterstück, bei dem die Ausstattung (Bühnenbilder, Dekorationen, Kostüme) eine große Rolle spielt*

aus|ste|chen ⟨V.149, hat ausgestochen; mit Akk.⟩ **1** etwas a. **a** *durch Stechen mit dem Spaten herausheben;* Erde, Rasen a. **b** *mit scharfrandigen Förmchen, die auf den ausgerollten Teig gedrückt werden, formen, ausholen;* Plätzchen a. **c** *durch Stich zerstören;* jmdm. oder sich ein Auge a. **2** jmdn. a. *übertreffen, bessere Leistungen erzielen als jmd.;* jmdn. bei einem anderen a. *jmdn. aus der Gunst eines anderen verdrängen*

aus|ste|hen ⟨V.151, hat ausgestanden⟩ **I** ⟨mit Akk.⟩ **1** etwas a. *ertragen, aushalten, durchstehen;* sie hat große Schmerzen a. müssen; ich habe Todesangst, große Angst ausgestanden; die Sache ist ausgestanden *ist durchgehalten worden, ist vorbei;* er hat im Altersheim nichts auszustehen *es geht ihm dort gut, er muß nichts erdulden* **2** jmdn. nicht a. können *jmdn. absolut nicht leiden können* **II** ⟨o.Obj.⟩ *erwartet werden, noch nicht eingetroffen sein;* die Zahlung steht noch aus; die Entscheidung steht noch aus *ist noch nicht getroffen*

aus|stei|gen ⟨V.153, ist ausgestiegen; o.Obj.⟩ **1** *aus einem Fahrzeug steigen, ein Fahrzeug verlassen;* Ggs. *einsteigen (1);* aus dem Wagen a.; er ist schon ausgestiegen **2** ⟨übertr., ugs.⟩ *nicht mehr (bei etwas) mitmachen;* Ggs. *einsteigen (3);* aus einem Unternehmen, Rennen a.

Aus|stei|ger ⟨m.5⟩ *jmd., der sich von einer gesellschaftlichen Gruppe getrennt hat und seine eigenen Wege geht*

aus|stel|len ⟨V.1, hat ausgestellt; mit Akk.⟩ **1** *zur Schau stellen, öffentlich zeigen;* Waren, künstlerische Arbeiten a. **2** *schreiben, schriftlich herstellen (für jmdn.);* ein amtliches Dokument, eine Urkunde a.; sich einen Paß a. lassen; jmdm. ein Zeugnis über etwas a. **3** *ausschalten;* das Radio, den Plattenspieler

a. 4 ⟨Schneiderei⟩ *nicht ganz eng, unten etwas weiter werdend zuschneiden;* einen Rock etwas a.; ausgestellter Rock 5 *nach außen, schräg stellen;* das Fenster a.

Aus|stel|ler ⟨m.5⟩ *jmd., der etwas ausstellt* (→ *ausstellen 1*); als A. zur Messe reisen

Aus|stel|lung ⟨f.10⟩ 1 ⟨nur Sg.⟩ *das Ausstellen* (1,2) 2 *Sammlung von Gegenständen oder Tieren, die zur Besichtigung ausgestellt werden* (Gemälde~, Foto~, Hunde~)

Aus|stel|lungs|stück ⟨n.1⟩ *Gegenstand, der nur ausgestellt ist, der nicht verkauft wird*

Aus|ster|be|etat ⟨[-eta:] m.9; in den Wendungen⟩ 1 *auf den A. stehen an Bedeutung verlieren, nicht mehr gebraucht werden, allmählich zu Ende gehen;* diese Art von Autos steht schon lange auf dem A. 2 *etwas auf den A. setzen langsam verschwinden lassen, zu Ende gehen lassen, nicht mehr herstellen*

aus|ster|ben ⟨V.154, ist ausgestorben; o.Obj.⟩ 1 *aufhören, sich zu vermehren;* Pflanzen, Tiere sterben aus; diese Familie, dieses Adelsgeschlecht ist ausgestorben 2 *in Vergessenheit geraten, nicht mehr gepflegt werden;* dieser alte Brauch, diese Sitte stirbt langsam aus; vgl. *ausgestorben*

Aus|steu|er ⟨f.11⟩ *Gegenstände (bes. Wäsche und Besteck), die einem Mädchen von den Eltern mit in die Ehe gegeben werden;* Syn. *Ausstattung*

aus|steu|ern ⟨V.1, hat ausgesteuert; mit Akk.⟩ 1 *etwas a.* a ⟨Elektr.⟩ *so einstellen, daß eine gute Wiedergabe gewährleistet ist;* ein Tonbandgerät, eine Tonbandaufnahme a.; die Aufnahme ist schlecht, falsch ausgesteuert *es klingt verzerrt* b *durch Steuern wieder unter Kontrolle bringen;* das Auto a. 2 *jmdn. a.* a ⟨selten⟩ *mit einer Aussteuer ausstatten* b *jmds. Unterstützung (durch Versicherung) beenden;* nach einer gewissen Zeit wird man ausgesteuert *erhält man kein Krankengeld, keine Unterstützung mehr*

Aus|stich ⟨m.1⟩ 1 *das Beste, Schönste seiner Art;* dieser Wein ist ein A. 2 ⟨schweiz.⟩ *entscheidender Gang beim Wettbewerb, Entscheidungskampf*

Aus|stieg ⟨m.1⟩ *Tür, Öffnung zum Aussteigen;* Ggs. *Einstieg*

aus|stop|fen ⟨V.1, hat ausgestopft; mit Akk.⟩ 1 *füllen, vollstopfen;* einen Hohlraum, eine Ritze, Lücke a. 2 *ein Tier a. den Balg eines Tieres so präparieren und mit Werg o.ä. füllen, daß es wie lebend aussieht*

Aus|stoß ⟨m.2⟩ *gesamte Produktion (eines Betriebs, einer Maschine) in einem bestimmten Zeitraum;* Syn. *Output*

aus|sto|ßen ⟨V.157, hat ausgestoßen⟩ I ⟨mit Akk.⟩ 1 *etwas a.* a *durch Druck von innen herausschleudern;* die Maschine stößt Dampf aus b *laut und heftig äußern;* einen Schrei, einen Fluch a. c *in einem bestimmten Zeitraum produzieren;* die Maschine stößt in der Stunde 150 Fertigteile aus d ⟨Sprachw.⟩ *verlieren, weglassen;* ein Wort kann im Laufe der Zeit einen Laut a. 2 *jmdn. a.* brüsk, energisch ausschließen; jmdn. aus einer Gemeinschaft a. II ⟨mit Dat. und Akk.⟩ *jmdm. etwas a. durch Stoß zerstören;* jmdm. ein Auge, einen Zahn a. **Aus|sto|ßung** ⟨f., -, nur Sg.⟩

aus|strah|len ⟨V.1, hat ausgestrahlt⟩ I ⟨mit Akk.⟩ 1 *in Form von Strahlen von sich geben;* die Sonne strahlt Helligkeit, Wärme aus; die Erdoberfläche strahlt Wärme aus 2 ⟨Rundfunk⟩ *senden;* das Programm wird morgen um 15 Uhr nochmals ausgestrahlt 3 *zeigen, sehen, spüren lassen;* seine Augen strahlten Freude aus; Güte aus II ⟨o.Obj.⟩ *sich in Form von Strahlen ausbreiten;* von dem kleinen Ofen strahlt viel Wärme aus

Aus|strah|lung ⟨f.10⟩ 1 *das Ausstrahlen;* Ggs. *Einstrahlung* 2 ⟨übertr.⟩ *Wirkung, Anziehungskraft;* sie hat eine starke, keine A.

aus|strecken ⟨-k·k-; V.1, hat ausgestreckt⟩ I ⟨mit Akk.⟩ *geraderichten, von sich weg strecken;* den Arm, das Bein a.; die Fühler a.; die Arme nach jmdm. a. II ⟨refl.⟩ *sich a. sich hinlegen (um zu ruhen), sich in fast liegende Stellung bringen;* sich nach dem Essen a.; sich behaglich im Sessel a.

aus|strei|chen ⟨V.158, hat ausgestrichen; mit Akk.⟩ 1 *auf einer Fläche verteilen;* einen Tropfen Blut auf einer Glasplatte a. 2 *(mit breiiger Flüssigkeit, die fest wird) ausfüllen;* Fugen, Ritzen a. 3 *innen bestreichen;* die Backform mit Fett a. 4 *durch Strich ungültig, unlesbar machen;* ein Wort a.; diese Zeit möchte ich am liebsten aus meinem Gedächtnis a. ⟨übertr.⟩

aus|streu|en ⟨V.1, hat ausgestreut; mit Akk.⟩ 1 *streuend verteilen;* Vögeln Futter a. 2 ⟨übertr.⟩ *überall erzählen, verbreiten;* ein Gerücht a.

aus|strö|men ⟨V.1⟩ I ⟨o.Obj.⟩ *ist ausgeströmt* 1 *stark, dicht herausfließen;* Wasser, Dampf, Gas strömt (aus einer Öffnung) aus 2 *spürbar sein;* von ihm strömt große Ruhe, Beruhigung aus II ⟨mit Akk.⟩ *hat ausgeströmt* 1 *von sich geben;* die Blumen strömen einen herrlichen Duft aus 2 *spüren lassen;* er strömt große Ruhe aus

aus|stül|pen ⟨V.1, hat ausgestülpt; mit Akk., meist refl.⟩ *nach außen stülpen, nach außen wenden;* ein Hohlorgan stülpt sich aus **Aus|stül|pung** ⟨f., -, nur Sg.⟩

aus|su|chen ⟨V.1, hat ausgesucht; mit Akk.⟩ *aus einer Menge heraussuchen, auswählen;* die schönsten Rosen a. und zum Strauß binden; ausgesucht schön *besonders schön, makellos;* jmdn. mit ausgesuchter Höflichkeit behandeln *ganz besonders höflich*

aus|ta|rie|ren ⟨V.3, hat austariert; mit Akk.; österr.⟩ *etwas a. auf der Waage das Leergewicht von etwas feststellen;* einen Behälter a. [zu *Tara*]

Aus|tausch ⟨m.1⟩ *das Austauschen* (Meinungs~, Schüler~, Studenten~); A. von Höflichkeiten

aus|tau|schen ⟨V.1, hat ausgetauscht⟩ I ⟨mit Akk.⟩ 1 *etwas a.* a *einander gleichzeitig geben oder mitteilen;* Bücher, Gedanken, Meinungen a. b *ersetzen, auswechseln;* den Motor a. 2 *jmdn. a. wechselseitig ins Ausland schicken;* Schüler a. *einen Schüler zu einer Familie im Ausland als Gast schicken und dafür deren Sohn (Tochter) in der eigenen Familie als Gast aufnehmen* II ⟨refl.⟩ *sich a.* jmdm.) a. wechselseitig seine Gedanken, Meinungen mit einem anderen besprechen

Aus|tausch|mo|tor ⟨m.13⟩ *Ersatzmotor für einen Gebrauchtwagen*

Aus|tausch|pro|fes|sor ⟨m.13⟩ *Professor, der aufgrund eines Austauschs an einer ausländischen Universität lehrt*

Aus|tausch|schü|ler ⟨m.5⟩ *Schüler, der mit einem ausländischen Schüler für einige Zeit ausgetauscht wird* (→ *austauschen I,2*)

Aus|tausch|stu|dent ⟨m.10⟩ *einem Austauschschüler entsprechender Student*

aus|tei|len ⟨V.1, hat ausgeteilt; mit Akk.⟩ *verteilen, mehreren Personen (auch Tieren) geben;* Essen, Futter a.; Karten a.; nach allen Seiten Püffe a. **Aus|tei|lung** ⟨f., -, nur Sg.⟩

Au|ste|nit ⟨m.1⟩ *ein Mischkristall von Eisen und Kohlenstoff* [nach dem engl. Forscher *Roberts-Austen*]

Au|ster ⟨f.11⟩ *eßbare Muschel* [< griech. *ostreon* "Muschel", zu *osteon* "Knochen"]

Au|ste|ri|ty-Po|li|tik ⟨[ɔstɛriti-] f., -, nur Sg.⟩ *Politik der wirtschaftlichen Einschränkung, Sparpolitik (der Regierung)* [zu engl. *austerity* "Einfachheit, Genügsamkeit", nach der Politik der Labour-Regierung nach 1945]

Au|stern|fi|scher ⟨m.5⟩ *taubengroßer, schwarzweißer Strandvogel* [frißt u.a. auch Muscheltiere]

aus|to|ben ⟨V.1, hat ausgetobt⟩ I ⟨mit Akk.⟩ *hemmungslos und laut zum Ausdruck bringen;* seinen Zorn a. II ⟨refl.⟩ *sich a.* 1 *wild, lebhaft herumlaufen und schreien, lärmend spielen, seine Kräfte ungehemmt verausgaben;* Kinder wollen sich a.; er hat sich in seiner Jugend genügend ausgetobt 2 *seinen Gefühlen, Trieben hemmungslos Ausdruck geben;* man muß ihn sich a. lassen 3 *sich voll entladen;* das Gewitter, der Sturm hat sich ausgetobt

Aus|trag ⟨m. 2⟩ 1 *Ausbruch und Beilegung;* einen Streit zum A. bringen; der Streit ist endlich zum A. gekommen *ist endlich offen ausgebrochen und beendet worden* 2 *Durchführung;* A. der Wettkämpfe → *Altenteil*

aus|tra|gen ⟨V.160, hat ausgetragen; mit Akk.⟩ 1 *(den Kunden) ins Haus tragen, bringen;* Briefe, Zeitungen, Wäsche, Semmeln a. 2 *durchführen;* einen Wettkampf a. 3 *zum Ausbruch kommen lassen und beenden;* einen Streit (endlich) a. 4 *ein Kind a. bis zur vollen Entwicklung des Kindes im Mutterleib tragen;* sie will das Kind a. sie will keinen Schwangerschaftsabbruch; sie hat das Kind nicht a. können 5 *löschen, ungültig machen;* Ggs. *eintragen;* einen Vermerk, eine Buchung a.

Aus|trä|ger ⟨m.5⟩ 1 *jmd., der etwas austrägt* (Zeitungs~) 2 *jmd., der Klatsch verbreitet*

Aus|trä|ge|rei ⟨f.10, Pl.⟩ *überall weitererzählter Klatsch*

Aus|trag|stüb|chen ⟨n.7; scherzh.; in der Wendung⟩ *im A. sitzen Kleinrentner sein, keine Lebensaufgabe mehr haben*

Aus|tra|gung ⟨f.10⟩ *das Austragen* (2,3,5); A. eines Wettkampfs, eines Streits

aus|trai|niert ⟨[tre-] Adj.; Sport⟩ *durch regelmäßiges Training körperlich sehr gut in Form*

au|stra|lid ⟨Adj., o.Steig.⟩ *zu den Australiden gehörend* [< lat. *australis* "südlich"]

Au|stra|li|de(r) ⟨m., f.17 bzw. 18; Anthropol.⟩ *Angehörige(r) einer hauptsächlich in Australien vorkommenden Rassengruppe*

Au|stra|li|er ⟨m.5⟩ 1 (i.w.S.) *Bewohner Australiens* 2 (i.e.S.) *Ureinwohner Australiens* [zu neulat. *Australia* "Südland", → *australid*]

au|stra|lisch ⟨Adj., o.Steig.⟩ *Australien betreffend, zu ihm gehörig, aus ihm stammend*

aus|träu|men ⟨V.1, hat ausgeträumt; mit Akk.⟩ *zu Ende träumen;* dieser Traum ist ausgeträumt *in dieser Sache gibt es keine Hoffnung, keine Aussicht mehr*

aus|trei|ben ⟨V.162, hat ausgetrieben⟩ I ⟨mit Akk.⟩ 1 *hinaustreiben, auf die Weide treiben;* Vieh a. 2 *aus dem Körper pressen;* die Leibesfrucht a. 3 ⟨im Volksglauben⟩ *durch Beschwörung hervorlocken und vertreiben, verbannen;* Geister a. 4 ⟨Typ.⟩ → *ausbringen* (4) II ⟨mit Dat. und Akk.⟩ *jmdm. etwas a. jmdn. energisch von etwas abbringen;* einem Kind eine Unart a.; jmdm. dumme Gedanken a.

Aus|trei|bung ⟨f., -, nur Sg.⟩ *das Austreiben* (I,2,3)

aus|tre|ten ⟨V.163⟩ I ⟨mit Akk.; hat ausgetreten⟩ 1 *durch vieles Betreten abnutzen;* Stufen a. 2 *durch vieles Betreten bahnen, fest machen;* einen Weg, Pfad a. 3 *durch langes Benutzen weiter machen;* Ggs. *eintreten* (I,2); Schuhe a. 4 *durch Darauftreten löschen;* Flammen, eine Zigarette a. II ⟨o.Obj. oder mit Präp.obj.; ist ausgetreten⟩ *aus etwas a.* 1 *freiwillig ausscheiden, eine Gemeinschaft verlassen, die Mitgliedschaft aufgeben;* Ggs. *eintreten* (III,2); aus der Partei, aus der Kirche a. III ⟨o.Obj.; ugs.⟩ *zur Toilette gehen;* ich muß mal a. 3 *nach außen dringen, austreten;* aus dem Rohr tritt Flüssigkeit, Gas aus 4 ⟨Jägerspr.⟩ *aus dem Wald herauskommen;* nachmittags tritt hier Wild aus

aus|trick|sen ⟨V.1, hat ausgetrickst; mit Akk.⟩ 1 ⟨bei Ballspielen⟩ *durch trickreiches Spiel überlisten;* den Gegner a. 2 *durch einen Trick, durch Machenschaften aus einem Wir-*

Austrieb

kungskreis, einer Stellung, einem Unternehmen verdrängen

Aus|trieb ⟨m.1⟩ *das Austreiben (I,1)*

aus|trin|ken ⟨V.165, hat ausgetrunken; mit Akk.⟩ **1** *leer trinken;* ein Glas a. **2** *zu Ende trinken, ganz trinken;* die Milch, den Wein a.

Aus|tritt ⟨m.1⟩ **1** *das Austreten (II,1,3);* Ggs. *Eintritt* **2** *das Austreten aus einer Gemeinschaft;* Ggs. *Eintritt (2);* A. aus einer Partei **3** *Stelle, an der man aus einem erhöhten Raum heraustreten kann, kleiner Balkon*

aus|trock|nen ⟨V.1⟩ **I** ⟨mit Akk.; hat ausgetrocknet⟩ **1** *trocken machen;* die Sonne hat den Boden ausgetrocknet **2** *innen trocken machen;* Gläser a. **II** ⟨o.Obj.; ist ausgetrocknet⟩ *ganz trocken werden;* mein Mund ist ausgetrocknet *ich habe großen Durst*

aus|trom|meln ⟨V.1, hat ausgetrommelt; mit Akk.; nur noch übertr.⟩ *wichtigtuerisch überall erzählen* [früher wurden Bekanntmachungen unter Trommelwirbeln ausgerufen]

aus|trom|pe|ten ⟨V.2, hat austrompetet⟩ → *ausposaunen*

aus|tüf|teln ⟨V.1, hat ausgetüftelt; mit Akk.⟩ **1** *sorgfältig, sehr genau ausdenken;* einen Mechanismus, eine Methode a. **2** *durch genaues, eingehendes Nachdenken herausfinden*

aus|üben ⟨V.1, hat ausgeübt; mit Akk.⟩ **1** *längere Zeit betreiben, ausführen;* einen Beruf, ein Handwerk a. **2** *innehaben, verwalten;* ein Amt a. **3** *zur Wirkung bringen, wirken lassen;* Macht, Einfluß, Druck a.; einen starken Reiz (auf jmdn.) a. **Aus|übung** ⟨f., -, nur Sg.⟩

aus|ufern ⟨V.1, ist ausgeufert; o.Obj.⟩ **1** *über die Ufer treten;* der Fluß ufert aus **2** ⟨übertr.⟩ *das erträgliche, wünschenswerte Maß überschreiten;* ~de Maßnahmen, Kontrollen

Aus|ver|kauf ⟨m.2⟩ **1** *Verkauf aller Waren (um die Lager zu leeren)* **2** *das Scheitern;* der A. seiner Politik

aus|ver|kau|fen ⟨V.1, hat ausverkauft; mit Akk.⟩ **1** *bis zum letzten Stück verkaufen;* ⟨meist im Part. Perf.⟩ Sandaletten sind ausverkauft; die Abendvorstellung ist ausverkauft *für die Abendvorstellung sind alle Plätze verkauft;* wir haben wochenlang ein ausverkauftes Haus gehabt *wir haben wochenlang alle Eintrittskarten verkauft;* vor ausverkauftem Haus spielen *vor vollbesetztem Zuschauerraum*

aus|wach|sen ⟨V.172⟩ **I** ⟨o.Obj.; ist ausgewachsen⟩ **1** *zur vollen Größe wachsen;* ⟨fast nur im Part. Perf.⟩ ausgewachsen sein *voll erwachsen sein, seine volle Größe erreicht haben* **2** *infolge anhaltender feuchter Witterung auf dem Halm keimen;* Getreidekörner wachsen aus **3** ⟨ugs.⟩ *vor Ungeduld, Langeweile verzweifeln;* es dauerte zwei Stunden – ich bin fast ausgewachsen!; das ist ja zum Auswachsen! *dabei kann man ja verzweifeln (vor Ungeduld)!* **II** ⟨refl.; hat ausgewachsen⟩ sich a. *zu etwas werden;* der Kleine hat sich zu einem hübschen Burschen ausgewachsen; die anfänglich geringe Störung hat sich zu einer wirklichen Belastung ausgewachsen **III** ⟨mit Akk.; hat ausgewachsen⟩ Kleidungsstücke a. *zu groß für bestimmte Kleidungsstücke werden;* sie hat im letzten Jahr alle ihre Röcke ausgewachsen; alles, was die Älteste ausgewachsen hat, bekommt die kleine Schwester

Aus|wahl ⟨f., -, nur Sg.⟩ **1** *das Auswählen, Wahl;* eine A. treffen; jetzt haben Sie noch die A. *jetzt können Sie noch wählen* **2** *ausgewählte Menge, Menge zum Auswählen;* Tücher, Schuhe in großer A.; das Geschäft hat, bietet viel, genügend A.

Aus|wahl|band ⟨m.2; Buchw.⟩ *Band mit ausgewählten Werken (eines Schriftstellers)*

aus|wäh|len ⟨V.1, hat ausgewählt; mit Akk.⟩ *aus einer Menge wählen;* ein Kleidungsstück a.; ein Geschenk für jmdn. a.; jmdn. für eine Aufgabe a.

aus|wal|zen ⟨V.1, hat ausgewalzt; mit Akk.⟩ **1** *mit einer Walze flach drücken* **2** ⟨übertr.⟩ *mit zu vielen Worten, zu ausführlich schildern;* einen Sachverhalt, ein Thema a.

Aus|wan|de|rer ⟨m.5⟩ *jmd., der auswandert oder ausgewandert ist;* Syn. *Emigrant;* Ggs. *Einwanderer*

aus|wan|dern ⟨V.1, ist ausgewandert; o.Obj.⟩ *den Heimatstaat für immer verlassen;* Syn. *emigrieren;* Ggs. *einwandern*

Aus|wan|de|rung ⟨f., -, nur Sg.⟩ *das Auswandern, das Verlassen des Heimatstaates für immer;* Syn. *Emigration;* Ggs. *Einwanderung*

aus|wär|tig ⟨Adj., o.Steig.; nur als Attr.⟩ **1** *in einer anderen Stadt befindlich oder lebend;* ~e Zweigstellen; ~e Kunden **2** *aus einer anderen Stadt kommend;* ~e Besucher **3** *das Ausland betreffend;* ~e Angelegenheiten; Auswärtiges Amt ⟨Abk.: AA; BRD⟩ *Behörde für die auswärtigen Angelegenheiten*

aus|wärts ⟨Adv.⟩ Ggs. *einwärts* **1** *nach außen;* die Füße a. setzen; die Handflächen a. drehen **2** *außerhalb ihres Wohnortes;* er arbeitet a.; von a. *aus einem anderen Ort, einer anderen Stadt;* Besuch von a. haben; viele Gäste kommen von a. **3** *nicht zu Hause;* a. Mittag essen **4** *aus dem Zentrum hinaus, heraus* (stadt~)

aus|wa|schen ⟨V.174; hat ausgewaschen; mit Akk.⟩ **1** *rasch mit der Hand (nicht in der Maschine) waschen;* eine Bluse a. **2** *durch Waschen entfernen;* einen Fleck a. **3** *durch Waschen innen reinigen;* Gläser a.; eine Wunde a. **4** *durch Wasser allmählich aushöhlen;* der Fluß wäscht die Ufer aus **5** *durch Wasser bleichen, heller machen;* Farbe a.; die Farben sind ausgewaschen

aus|wech|seln ⟨V.1, hat ausgewechselt; mit Akk.⟩ *durch etwas Gleiches, durch eine Person mit gleicher Funktion ersetzen;* eine Glühbirne a.; zwei Gegenstände a. *einen an die Stelle des anderen setzen und umgekehrt;* Stühle a.; einen Spieler a.; sie war wie ausgewechselt *sie war plötzlich ganz anders (lustiger, lebhafter o. ä.).* **Aus|wechs|lung** ⟨f., -, nur Sg.⟩

Aus|weg ⟨m.1⟩ *Hilfe aus einer schwierigen Lage, aus einem Konflikt, hilfreiche, rettende Lösung eines Konflikts;* einen A. suchen, wissen; es gibt einen, keinen A.

aus|weg|los ⟨Adj., o.Steig.; nur als Attr. und mit „sein"⟩ *ohne Ausweg;* eine ~e Situation; die Lage ist (nicht) a.

Aus|weg|lo|sig|keit ⟨f., -, nur Sg.⟩ *ausweglose Beschaffenheit;* die A. einer Situation erkennen

Aus|wei|che ⟨f.11⟩ *Stelle (an einer Straße), an der man ausweichen kann*

aus|wei|chen ⟨V.176, ist ausgewichen⟩ **I** ⟨o.Obj. oder mit Dat.⟩ *aus dem Weg gehen, Platz machen;* jmdm. a.; ich konnte nicht a. **II** ⟨mit Dat.⟩ *einer Sache a. eine Sache umgehen, sie vermeiden;* einer Frage, einer präzisen Antwort a.; einer Entscheidung a.; ~d antworten *nicht genau, nicht direkt antworten*

aus|wei|den ⟨V.2, hat ausgeweidet; mit Akk.; Jägerspr.⟩ Wild a. *ihm die Eingeweide herausnehmen*

aus|wei|nen ⟨V.1, hat ausgeweint⟩ **I** ⟨refl.⟩ sich a. **1** *lange, bitterlich weinen;* sich bei jmdm., an jmds. Schulter a. *weinend bei jmdm. Trost suchen* **2** *aufhören zu weinen;* als sie sich ausgeweint hatte **II** ⟨mit Akk.⟩ etwas a. *durch Weinen loswerden;* seinen Kummer (bei jmdm.) a.

Aus|weis ⟨m.1⟩ **1** *Urkunde, die Angaben zur Person (mindestens den Namen) enthält und als Beglaubigung, Bestätigung dient* (Personal~, Schüler~, Mitglieds~) *oder zu etwas berechtigt* (Fahrt~); jmdm. einen A. ausstellen **2** *Darstellung, Übersicht;* nach A. des Kontos, der Statistik *wie das Konto, die Statistik zeigt*

aus|wei|sen ⟨V.177, hat ausgewiesen⟩ **I** ⟨mit Akk.⟩ **1** *etwas a. zeigen, beweisen;* wie unsere Unterlagen a., haben wir Ihnen am 2. 5. geschrieben **2** *jmdn. a. aus dem Staat weisen, jmdm. den weiteren Aufenthalt (in einem Staat) verbieten* **II** ⟨refl.⟩ sich a. *den Ausweis vorzeigen, durch Ausweis bestätigen, wer man ist;* können Sie sich a.?; sich als Arzt, als Kontrollbeamter a.

aus|weis|lich ⟨Adj., o.Steig.; mit Gen.⟩ *nachweislich, wie ... beweist;* der Minister hat, a. seiner Äußerungen von gestern, nicht die Absicht ...

Aus|weis|pa|pie|re ⟨n.1, Pl.⟩ *mehrere zusammengehörige Dokumente, die als Ausweis, als Beglaubigung dienen*

Aus|wei|sung ⟨f.10⟩ *das Ausweisen (aus einem Staat), das Ausgewiesenwerden*

aus|wei|ten ⟨V.2, hat ausgeweitet⟩ **I** ⟨mit Akk.⟩ **1** *weiter machen, dehnen;* Handschuhe, Ärmel a. **2** *vergrößern, ausdehnen;* seinen Wirkungsbereich, Aufgabenkreis a. **II** ⟨refl.⟩ sich a. *weiter werden, sich erweitern, sich ausdehnen*

aus|wen|dig ⟨Adv.⟩ **1** *aus dem Gedächtnis, ohne abzulesen;* etwas a. hersagen, singen, spielen; etwas a. können; das kann ich schon in- und a. ⟨ugs.⟩ *das habe ich schon so oft gehört, daß es mich langweilt;* etwas a. lernen *sich so einprägen, daß man es aus dem Gedächtnis sagen, singen, spielen kann* [eigtl. „nach außen gewendet", d.h. „vom Buch abgewendet", also „ohne ins Buch zu schauen"] **2** ⟨süddt.⟩ *außen;* der Mantel ist a. blau und inwendig kariert gefüttert

aus|wer|fen ⟨V.181, hat ausgeworfen; mit Akk.⟩ **1** *nach draußen werfen;* der Vulkan wirft Lava, Gesteinsbrocken aus **2** *aushusten, ausspeien;* Schleim, Blut a. **3** *durch Werfen (in weitem Bogen) ins Wasser bringen;* das Netz a. (vgl. *Netz*); die Angel, den Anker a. **4** *(für einen bestimmten Zweck) in Aussicht stellen, hergeben;* einen Betrag für die Ergreifung des Täters, für die Werbung a.

Aus|wer|fer ⟨m.5⟩ *Mechanismus zum Auswerfen (eines Werkstücks), einer leeren Geschoßhülse)*

aus|wer|keln ⟨V.1, hat ausgewerkelt; meist im Part. Perf.; österr.⟩ *durch vielen Gebrauch abnutzen, lockern;* ausgewerkeltes Türschloß

aus|wer|ten ⟨V.2, hat ausgewertet; mit Akk.⟩ *etwas a. nutzbar machen, Erkenntnisse aus etwas ziehen;* eine Sammlung a.; Erfahrungen a. **Aus|wer|tung** ⟨f.10⟩

aus|wet|zen ⟨V.1, hat ausgewetzt; mit Akk.; in der Wendung⟩ eine Scharte a. *einen Fehler wiedergutmachen, einen Mißerfolg durch einen Erfolg ausgleichen*

aus|wie|gen ⟨V.182, hat ausgewogen; mit Akk.⟩ *genau wiegen; genau das abwiegen, was verlangt wurde;* vgl. *ausgewogen*

aus|win|tern ⟨V.1, ist ausgewintert; o.Obj.⟩ **1** *durch Frost absterben oder Schaden leiden;* Feldfrüchte wintern aus **2** *unter dem Eis ersticken;* Fische wintern aus **Aus|win|te|rung** ⟨f., -, nur Sg.⟩

aus|wir|ken ⟨V.1, hat ausgewirkt⟩ **I** ⟨mit Akk.⟩ *erwirken, erreichen;* ich habe für sie eine Verlängerung der Frist ausgewirkt **II** ⟨refl.⟩ sich a. *Wirkung zeigen, Folgen haben;* das wird sich günstig, ungünstig a.; die Kur hat sich gut auf seinen Gesundheitszustand ausgewirkt

Aus|wir|kung ⟨f.10⟩ *das Sichauswirken, Wirkung, Folge*

aus|wi|schen ⟨V.1⟩ **I** ⟨mit Akk.; hat ausgewischt⟩ **1** *durch Wischen innen säubern;* ein Schubfach a. **2** *durch Wischen auslöschen, unlesbar machen;* ein Wort an der Wandtafel, im Schulheft a. **II** ⟨mit Dat. und Akk.; hat ausgewischt⟩ jmdm. eins a. *jmdm.*

einen bösen Streich spielen, *jmdm. boshaft einen Schaden zufügen* III ⟨o.Obj.; ist ausgewischt; selten⟩ *entwischen*

aus|wrin|gen ⟨V.100, hat ausgewrungen; mit Akk.⟩ *etwas a. durch Zusammendrehen Flüssigkeit aus etwas herausdrücken;* einen Lappen a.

Aus|wuchs ⟨m.2⟩ **1** *krankhafte Wucherung, Höcker, Beule* **2** *das Auswachsen (von Getreide), das Keimen (der Körner) auf dem Halm* **3** *schädliche oder unangenehme Nebenerscheinung (einer Entwicklung)*

Aus|wurf ⟨m.2⟩ **1** *beim Husten ausgespiener Schleim;* Syn. *Sputum;* blutiger A. **2** *von einem Vulkan ausgeworfene Masse* **3** ⟨selten⟩ *Abschaum (der Menschheit)*

Aus|würf|ling ⟨m.1⟩ *von einem Vulkan ausgeworfener Gesteinsbrocken*

aus|zah|len ⟨V.1, hat ausgezahlt⟩ **I** ⟨mit Akk. oder mit Dat. und Akk.⟩ *(jmdm.) etwas a. in bar übergeben;* (jmdm.) eine Summe, den Lohn a. **II** ⟨mit Akk.⟩ *jmdn. a. jmdm. seinen Lohn zahlen (bevor er den Betrieb, die Stellung verläßt)* **III** ⟨refl.⟩ *sich a. sich lohnen;* dieser Einsatz, Aufwand zahlt sich nicht aus; es zahlt sich aus, wenn man sich gut vorbereitet

aus|zäh|len ⟨V.1, hat ausgezählt⟩ **I** ⟨mit Akk.⟩ **1** *etwas a. durch Zählen die Summe feststellen,* (nach der Wahl) die Stimmen a. **2** *einen Boxkämpfer. durch Zählen bis 10 seine Niederlage feststellen* **II** ⟨o.Obj.⟩ *bei Kinderspielen durch Zählen, durch Abzählreim ein Kind für eine Aufgabe bestimmen;* wir zählen aus, wer suchen soll

Aus|zah|lung ⟨f.10⟩ *das Auszahlen* (Lohn~)

Aus|zäh|lung ⟨f.10⟩ *das Auszählen* (I)

aus|zan|ken ⟨V.1, hat ausgezankt⟩ → *schelten*

aus|zeh|ren ⟨V.1, hat ausgezehrt; mit Akk.⟩ *der Kraft berauben;* die lange Krankheit hat ihn ausgezehrt

Aus|zeh|rung ⟨f., -, nur Sg.; †⟩ → *Lungentuberkulose*

aus|zeich|nen ⟨V.1, hat ausgezeichnet⟩ **I** ⟨mit Akk.⟩ **1** *jmdn. a.* **a** *bevorzugt behandeln;* er zeichnet ihn durch besonderes Vertrauen aus **b** *durch ein äußeres Zeichen ehren;* jmdn. mit einem Orden, einem Preis, einer Urkunde a. **2** *etwas a.* **a** *aus der Menge der übrigen herausheben, kennzeichnen;* ⟨meist im Part. Perf.⟩ dieses Gerät ist durch besondere Zuverlässigkeit, durch einfache Bedienung ausgezeichnet **b** *mit Preisschild versehen;* Waren a. **c** *mit Angaben über Schriftart und -größe versehen;* ein Manuskript a.; ein Zitat im Text durch kursive Schrift a. **II** ⟨refl.⟩ *sich a. sich aus den übrigen herausheben, sich von den übrigen unterscheiden, besonders gekennzeichnet sein;* vgl. *ausgezeichnet;* er zeichnet sich durch große Wendigkeit und Initiative aus; das Gerät zeichnet sich durch besondere Stabilität aus

Aus|zeich|nung ⟨f.10⟩ **1** *das Auszeichnen, Preisangabe (bei Waren)* **2** *Hervorhebung durch andere Schrift;* kursive Schrift zur A. verwenden **3** *Ehrung, öffentliches Lob;* ich empfand seine Bemerkung als A. **4** *Orden, Abzeichen, Urkunde,* ⟨auch⟩ *Titel, wodurch jmd. ausgezeichnet wird* **5** ⟨in der Fügung⟩ *mit A. besonders gut, hervorragend;* eine Prüfung mit A. bestehen

Aus|zeich|nungs|schrift ⟨f.10⟩ *von der Normalschrift (eines Textes) abweichende Schrift (zur Hervorhebung von Wörtern und Sätzen);* kursive Schrift als A. verwenden

Aus|zeit ⟨f.10⟩ **1** ⟨Sport⟩ *Spielunterbrechung, in der die Zeit nicht gemessen wird* **2** ⟨auf Versammlungen⟩ *Unterbrechung der Diskussion vor einer Entscheidung;* ich beantrage A.

aus|zie|hen ⟨V.187⟩ **I** ⟨mit Akk.; hat ausgezogen⟩ **1** *etwas a.* **a** *herausziehen;* einen Nagel a. **b** *durch Auseinanderziehen der ineinandergeschobenen Teile länger machen;* einen Tisch, ein Stativ a. **c** *durch Auskochen herauslösen;* Pflanzenstoffe a. **d** *herausschreiben;* Abschnitte aus einem Buch a. **e** *vom Körper nehmen, ablegen;* Ggs. *anziehen (I,1d);* den Mantel a. **f** *zu einer Linie ziehen, nachzeichnen;* eine punktierte Linie a.; Umrisse mit Tusche a. **2** *jmdn. a.* **a** *jmdm. die Kleider vom Körper nehmen* **b** ⟨übertr., ugs.⟩ *ausplündern, zuviel Geld von jmdm. verlangen* **II** ⟨mit Dat. und Akk.⟩ *hat ausgezogen⟩ jmdm. etwas a.* **1** *herausziehen;* jmdm. einen Zahn, einen Splitter a. **2** *vom Körper nehmen;* jmdm. (oder sich) die Kleider a. **III** ⟨o.Obj.; ist ausgezogen⟩ **1** *hinaus-, wegziehen, weggehen, wegmarschieren, in die Fremde gehen;* er zog aus, ein Abenteuer zu suchen **2** *eine Wohnung für immer verlassen*

Aus|zieh|tisch ⟨m.1⟩ *Tisch, dessen Fläche durch Ausziehen einer Platte vergrößert werden kann*

Aus|zieh|tu|sche ⟨f.11⟩ *Tusche, mit der Linien, Umrisse nachgezogen (ausgezogen) werden*

aus|zie|ren ⟨V.1, hat ausgeziert; mit Akk.⟩ *verzieren, durch Zierat bereichern*

aus|zir|keln ⟨V.1, hat ausgezirkelt; mit Akk.⟩ *(wie mit dem Zirkel) sehr genau abmessen oder zeichnen*

aus|zi|schen ⟨V.1, hat ausgezischt; mit Akk.⟩ *etwas oder jmdn. a. durch Zischen sein Mißfallen über etwas oder jmdn. ausdrücken (und damit erreichen, daß etwas beendet wird oder jmd. zu sprechen aufhört);* ein Theaterstück a.; einen Redner a.

Aus|zu|bil|den|de(r) ⟨m., f.17 bzw. 18; Kurzw.: Azubi; neuere Bez. für⟩ *Lehrling*

Aus|zug ⟨m.2⟩ **1** *das Ausziehen, Wegmarschieren;* A. der Juden aus Ägypten **2** *Teil eines Geräts, der ausgezogen werden kann* (z.B. an der Kamera) **3** *durch Auskochen von Pflanzen gewonnene Flüssigkeit;* Syn. *Extrakt* (1) **4** *aus einem Buch herausgeschriebener Abschnitt;* Syn. *Exzerpt;* Auszüge machen **5** *verkürzte Fassung (eines Schriftwerks);* eine Abhandlung im A. wiedergeben **6** → *Altenteil* **7** ⟨schweiz.⟩ *Gesamtheit der Wehrfähigen der jüngsten Altersklasse*

Aus|züg|ler ⟨m.5⟩ → *Altenteiler*

Aus|zugs|hieb ⟨m.1⟩ *Ausholzung alter und kranker Bäume*

aut|ark ⟨Adj., o.Steig.⟩ *(bes. wirtschaftlich) unabhängig* [< griech. *autarkes* „sich selbst genügend, unabhängig", < *autos* „selbst" und *arkein* „genügen, ausreichen"]

Aut|ar|kie ⟨f.11⟩ **1** *Unabhängigkeit, Eigenständigkeit* **2** *wirtschaftliche Unabhängigkeit vom Ausland durch Selbstversorgung*

Au|then|tie ⟨f., -, nur Sg.⟩ → *Authentizität*

au|then|ti|fi|zie|ren ⟨V.3, hat authentifiziert; mit Akk.⟩ *als echt bezeugen, beglaubigen* [< lat. *authenticus* und lat. *…ficere* (in Zus. für *facere*) „machen"]

au|then|tisch ⟨Adj., o.Steig.⟩ *als richtig erwiesen, zuverlässig, verbürgt, echt;* eine ~e Nachricht; die Nachricht ist nicht a. [< griech. *authentikos* „zuverlässig, richtig", zu *authentes* „Urheber, Täter", < *autos* „selbst, allein" und *anyein, anytein* „vollenden"]

au|then|ti|sie|ren ⟨V.3, hat authentisiert; mit Akk.⟩ → *authentifizieren*

Au|then|ti|zi|tät ⟨f., -, nur Sg.⟩ *Echtheit, Glaubwürdigkeit;* auch: *Authentie*

au|thi|gen ⟨Adj., o.Steig.⟩ *am Fundort entstanden (von Gestein)* [< griech. *authigenes* „an Ort und Stelle entstanden"]

Au|tis|mus ⟨m., -, nur Sg.⟩ *extreme Kontaktunfähigkeit, krankhafte Ichbezogenheit* (z.B. bei Schizophrenie) [zu griech. *autos* „selbst, für sich, allein"]

Au|tist ⟨m.10⟩ *jmd., der an Autismus leidet*

au|ti|stisch ⟨Adj.⟩ *auf Autismus beruhend, an Autismus leidend*

Aut|ler ⟨m.5; schweiz.⟩ *Autofahrer (aus Liebhaberei)*

Au|to¹ ⟨n.9⟩ **1** ⟨Kurzw. für⟩ *Automobil* **2** ⟨Kurzw. für⟩ *Autotypie*

Au|to² ⟨n.9⟩ *religiöses, einaktiges spanisches und portugiesisches Schauspiel* [< lat. *actus* „Handlung, Bewegung, Vortrag", zu *agere* „handeln, in Bewegung setzen"]

au|to…, Au|to… (in Zus.) *selbst…, Selbst…* [< griech. *autos* „selbst, persönlich, allein", auch „unmittelbar, gerade, genau"]

Au|to|bahn ⟨f.10⟩ *kreuzungsfreie Straße, meist mit Mittelstreifen, die dem Schnellverkehr mit Kraftfahrzeugen vorbehalten ist*

Au|to|bahn|mei|ste|rei ⟨f.10⟩ *technische Dienststelle, die für den einwandfreien Zustand eines Autobahnabschnitts verantwortlich ist*

Au|to|bio|gra|phie ⟨f.11⟩ *Beschreibung des eigenen Lebens;* Syn. *Selbstbiographie* [< griech. *autos* „selbst" und *bios* „Leben" und *graphein* „schreiben"]

au|to|bio|gra|phisch ⟨Adj., o.Steig.⟩ *in der Art einer Autobiographie;* der Roman hat ~e Züge

Au|to|bus ⟨m.1⟩ → *Omnibus* [moderne Bildung < *Automobil* und *Omnibus*]

Au|to|car ⟨m.9; schweiz.⟩ *Autobus für Gesellschaftsreisen, Ausflugsomnibus* [< *Autobus* und engl. *car* „Wagen"]

Au|to|cho|rie ⟨[-ko-] f., -, nur Sg.⟩ *Verbreitung von Früchten und Pflanzensamen durch die Pflanze selbst* (z. B. durch Spritzen oder Schleudern) [< griech. *autos* „selbst" und *chorein* „weggehen, sich ausbreiten"]

au|to|chthon ⟨Adj., o.Steig.⟩ *alteingesessen, bodenständig, am Ort entstanden;* Ggs. *allochthon* [< griech. *autos* „unmittelbar" und *chthon* „Erdboden, Heimat"]

Au|to|da|fé ⟨[-fe] n.9⟩ *Ketzerverbrennung, öffentliches Verbrennen verbotener Bücher* [< port. *auto da fé* „feierliches Glaubens-, Ketzergericht", < *auto* „wichtige, feierliche Handlung, Werk, Tat" und *da fé* „für den Glauben"]

Au|to|di|dakt ⟨m.10⟩ *jmd., der durch Selbstunterricht Wissen erworben hat* [< griech. *autos* „selbst" und *didaktos* „gelehrt"]

Au|to|drom ⟨n.1; österr.⟩ **1** → *Autoskooter* **2** → *Motodrom* [< *Automobil* und griech. *dromos* „Rennbahn, Übungsplatz"]

Au|to|ero|tik ⟨f., -, nur Sg.⟩ *Triebbefriedigung am eigenen Körper*

Au|to|fried|hof ⟨m.2⟩ *Abstell- und Lagerplatz für nicht reparierbare Autos*

Au|to|ga|mie ⟨f.11⟩ *Selbstbefruchtung* [< griech. *autos* „selbst" und *gamein* „heiraten"]

au|to|gen ⟨Adj., o.Steig.⟩ *selbsttätig;* ~es Schweißen *Schweißen zweier Werkstücke durch Stichflamme;* ~es Training *ein System von Entspannungsübungen*

Au|to|gramm ⟨n.1⟩ *eigenhändig geschriebener eigener Name* [< griech. *autos* „selbst" und *…gramm*]

Au|to|gramm|jä|ger ⟨m.5; ugs.⟩ *leidenschaftlicher Sammler von Autogrammen*

Au|to|graph ⟨n.10⟩ *eigenhändig geschriebenes Schriftstück (von einer bekannten Persönlichkeit)* [< griech. *autos* „selbst" und *…graph*]

au|to|gra|phie|ren ⟨V.3, hat autographiert; mit Akk.⟩ *autographisch schreiben* [< *auto…* und griech. *graphein* „schreiben"]

Au|to|hyp|no|se ⟨f.11; Psych.⟩ *selbstbewirkter hypnotischer Zustand;* Syn. *Selbsthypnose* [< griech. *autos* „selbst" und *Hypnose*]

Au|to|in|fek|ti|on ⟨f.10⟩ *Selbstansteckung* (z.B. Übertragung von Eiter aus einem Furunkel am Bein auf die Augenbindehaut)

Au|to|in|to|xi|ka|ti|on ⟨f.10⟩ *Selbstvergiftung (bei Fäulnisprozessen im eigenen Körper)*

Autokino

Au|to|ki|no ⟨n.9⟩ *Freilichtkino, in dem man den Film vom Auto aus ansieht;* Syn. *Drive-in-Kino*

Au|to|klav ⟨m.12⟩ *Stahlgefäß zum Erhitzen bei Überdruck* [< griech. *autos* „selbst" und lat. *clavis* „Riegel, Schloß, Schlüssel"]

Au|to|krat ⟨m.10⟩ **1** *Alleinherrscher mit unumschränkter Staatsgewalt* **2** ⟨übertr.⟩ *selbstherrlicher Mensch*

Au|to|kra|tie ⟨f.11⟩ *Alleinherrschaft* [< griech. *autos* „selbst, allein" und *kratein* „herrschen"]

au|to|kra|tisch ⟨Adj.⟩ *auf Autokratie beruhend, in der Art einer Autokratie, eines Autokraten*

Au|to|ly|se ⟨f.11⟩ **1** *Selbstauflösung, Auflösung abgestorbener pflanzlicher oder tierischer Lebewesen ohne Beteiligung von Bakterien* **2** ⟨Med.⟩ *Selbstverdauung, Abbau von Körpereiweiß ohne Bakterien* [< griech. *autos* „selbst" und *lysis* „Auflösung"]

Au|to|mat ⟨m.10⟩ *selbsttätiger Apparat* [< griech. *automatos* „Selbstbeweger"]

Au|to|ma|tie ⟨f.11⟩ → *Automatismus*

Au|to|ma|tik ⟨f.10⟩ **1** *Selbststeuerung* **2** *selbsttätige Wirkungsweise*

Au|to|ma|ti|on ⟨f., -, nur Sg.⟩ *Einführung von automatischen Arbeitsgängen;* auch: *Automatisation, Automatisierung*

Au|to|ma|ti|sa|ti|on ⟨f., -, nur Sg.⟩ → *Automation*

au|to|ma|tisch ⟨Adj., o.Steig.⟩ **1** *mit Hilfe einer Automatik, selbsttätig* **2** ⟨übertr.⟩ *ohne nachzudenken;* ich habe den Schlüssel ganz a. eingesteckt; er reagierte ganz a.

au|to|ma|ti|sie|ren ⟨V.3, hat automatisiert; mit Akk.⟩ *einen Betrieb a. in einem Betrieb automatische Arbeitsgänge einführen*

Au|to|ma|ti|sie|rung ⟨f., -, nur Sg.⟩ → *Automation*

Au|to|ma|tis|mus ⟨m., -, -men⟩ Syn. *Automatie* **1** *unbewußt ablaufende Handlung (z.B. das Gehen, Atmen)* **2** *unwillkürliche Tätigkeit von Organen (z.B. Herzschlag)* **3** *vom Bewußtsein nicht kontrollierte Tätigkeit, gewohnheitsmäßige Handlung, die man ohne nachzudenken ausführt* **4** ⟨Tech.⟩ *programmgesteuerter, selbsttätiger Mechanismus*

Au|to|mo|bil ⟨n.1; Kurzw.: Auto⟩ *Kraftfahrzeug* [< griech. *autos* „selbst" und lat. *mobilis* „beweglich"]

Au|to|mo|bi|list ⟨m.10; schweiz.⟩ *Autofahrer*

au|to|nom ⟨Adj., o.Steig.⟩ *unabhängig, selbständig, eigenen Gesetzen folgend;* Ggs. *heteronom;* a. leben [< griech. *autos* „selbst" und *nomos* „Gesetz", eigentlich „das Zugeteilte"]

Au|to|no|mie ⟨f., -, nur Sg.⟩ Ggs. *Heteronomie* **1** *Unabhängigkeit* **2** *Recht zur Selbstverwaltung*

aut|onym ⟨Adj., o.Steig.⟩ *unter dem wirklichen Namen des Verfassers;* das Buch erscheint a. [< griech. *autos* „selbst" und *onyma* „Name"]

Aut|onym ⟨n.1⟩ *autonym erschienenes Buch*

Au|to|pi|lot ⟨m.10⟩ *automatische Steuerungsanlage im Flugzeug, in einer Rakete*

Au|to|plas|tik ⟨f.10⟩ *Verpflanzung von Gewebe auf demselben Körper*

Au|top|sie ⟨f.11⟩ **1** *eigener Augenschein* **2** *Leichenschau, Leichenöffnung* [< griech. *autos* „selbst" und *opsis* „das Sehen"]

Au|tor ⟨m.13⟩ *Verfasser, Urheber (eines Schrift- oder Kunstwerks)* [< frz. *auteur* < lat. *autor, (richtiger) auctor* „Förderer, Veranlasser, Urheber", zu *augere* „fördern, wachsen lassen"]

Au|to|ra|dio ⟨n.9⟩ *im Auto eingebautes Radio*

Au|to|rei|se|zug ⟨m.2⟩ *Eisenbahnzug, der Personen sowie deren Autos transportiert;* Syn. *Autozug*

Au|to|ren|film ⟨m.1⟩ *Film, in dem der Drehbuchautor zugleich Regisseur ist*

Au|to|ri|sa|ti|on ⟨f.10⟩ *das Autorisieren, Ermächtigung, Vollmacht*

au|to|ri|sie|ren ⟨V.3, hat autorisiert; mit Akk.⟩ *jmdn.* **a.** *als einzigen ermächtigen, berechtigen; autorisierte Übersetzung Übersetzung durch jmdn., der autorisiert ist* [zu *Autor*]

au|to|ri|tär ⟨Adj., o.Steig.⟩ *auf uneingeschränkter Autorität beruhend, mit uneingeschränkter Autorität, unbedingten Gehorsam fordernd;* ~e Erziehung; ~es Regime; a. herrschen; er ist sehr a. [< frz. *autoritaire* „selbständig auftretend, herrisch", zu *autorité* „Machtvollkommenheit, Ansehen", < lat. *auctoritas* „Vollmacht, Ansehen", zu *auctor*, → *Autor*]

Au|to|ri|tät ⟨f.10⟩ **1** ⟨nur Sg.⟩ *Ansehen, Geltung* **2** *anerkannter Fachmann*

au|to|ri|ta|tiv ⟨Adj., o.Steig.⟩ *auf Autorität beruhend, maßgebend, entscheidend*

au|to|ri|täts|gläu|big ⟨Adj.⟩ *die Autorität (einer Person oder Institution) kritiklos anerkennend, sich ihr widerspruchslos unterordnend*

Au|tor|kor|rek|tur ⟨f.10⟩ *vom Autor selbst vorgenommene Korrektur (eines Schriftsatzes)*

Au|tor|schaft ⟨f., -, nur Sg.⟩ *Urheberschaft*

Au|to|skoo|ter ⟨[-sku-] m.5; auf Jahrmärkten⟩ **1** *elektrisches Kleinauto* **2** *Fahrbahn dafür;* Syn. *Autodrom* [< *Auto* und engl. *scooter* „Roller", zu *scoot* „rasen, flitzen"]

Au|to|stopp ⟨m.9⟩ *Anhalten von Autos, um mitgenommen zu werden*

Au|to|stra|da ⟨f.9; in Italien⟩ *Autobahn* [ital., „Autostraße"]

Au|to|strich ⟨m.1⟩ **1** *Prostitution an Autostraßen;* sie geht auf den A. **2** *Straße, Gegend, wo diese Prostitution betrieben wird*

Au|to|sug|ges|ti|on ⟨f.10⟩ *selbstbewirkte Erzeugung von Ideen oder Vorstellungen* [< griech. *autos* „selbst" und *Suggestion*]

Au|to|te|le|fon ⟨n.1⟩ *im Auto eingebautes Telefon*

Au|to|to|mie ⟨f.11⟩ *Selbstverstümmelung (von Tieren) durch Abwerfen eines Körperteils bei Gefahr (z.B. bei Eidechsen)* [< griech. *autos* „selbst" und *tome* „Schnitt"]

Au|to|to|xin ⟨n.1⟩ *im eigenen Körper entstandenes Gift*

Au|to|trans|fu|si|on ⟨f.10; Med.⟩ *Eigenblutübertragung*

au|to|troph ⟨Adj., o.Steig.; bei Pflanzen⟩ *sich selbst ernährend durch Umwandlung anorganischer Nahrung in organische Stoffe;* Ggs. *heterotroph* [< griech. *autos* „selbst" und *trophe* „Nahrung, Ernährung"]

Au|to|ty|pie ⟨f.11⟩ **1** *Druckstock mit durch Raster entstandenen Halbtönen* **2** *das davon hergestellte Druckbild* [< griech. *autos* „selbst" und *typos* „Abdruck, Bild, Vorbild"]

Au|to|vak|zi|ne ⟨f.11⟩ *Impfstoff, der aus Bakterien im Körper des Impflings hergestellt wurde* [< griech. *autos* „selbst" und *Vakzine*]

Au|to|zug ⟨m.2; kurz für⟩ → *Autoreisezug*

Au|xi|li|ar|verb ⟨n.12; †⟩ *Hilfsverb* [zu lat. *auxiliaris* „Hilfe leistend, hilfreich", zu *auxilium* „Hilfe, Beistand"]

Au|xin ⟨n.1⟩ *Stoff, der durch Pflanzen gebildet wird und deren Wachstum fördert* [< griech. *auxein* „wachsen"; es wurde früher als Wuchsstoff angesehen]

a. v. ⟨Abk. für⟩ *a vista*

Aval ⟨m.1 oder n.1⟩ → *Wechselbürgschaft* [frz., vielleicht < *à valoir* „auf Abrechnung, auf Abschlag", zu *valoir* „gelten, wert sein", oder < arab. *ḥawāla* „Mandat, Wechsel"]

Avan|ce ⟨[avãs(ə)] f.11⟩ **1** *Vorsprung, Vorteil, Gewinn* **2** *Entgegenkommen, Ermutigung;* jmdm. ~n machen *in jmdm. Hoffnungen wecken* **3** *Vorschuß* **4** *Preisunterschied zwischen Kauf und Verkauf* **5** ⟨Abk.: A; bei Uhrwerken⟩ *Beschleunigung* [→ *avancieren*]

avan|cie|ren ⟨[avãsi-] V.3, ist avanciert; o.Obj.⟩ *aufrücken, befördert werden;* er zum Hauptmann avancierte [< frz. *avancer* „vorwärtskommen, befördert werden", zu *avant* „vor"]

Avant|gar|de ⟨[avãgardə] f.11⟩ **1** ⟨†⟩ → *Vorhut* **2** *Gruppe von Vorkämpfern für eine Idee, Bewegung, geistige oder künstlerische Entwicklung* [frz., < *avant* „vor" und *garde* „Wache, Wachmannschaft"]

Avant|gar|dis|mus ⟨[avã-] m., -, nur Sg.⟩ *Eintreten für neue Ideen (vor allem in der Kunst)*

Avant|gar|dist ⟨[avã-] m.10⟩ *jmd., der neue Ideen vertritt oder verwirklicht*

avan|ti! *vorwärts!, los!, schnell!* [ital.]

Ave ⟨n.9; Kurzw. für⟩ *Avemaria;* ein A. beten

Ave|ma|ria, Ave-Ma|ria ⟨n.9⟩ **1** *ein kath. Gebet; ein Avemaria beten* **2** (→ *englisch*[2]) *Englischer Gruß* [nach den Anfangsworten des Gebets *Ave, Maria* „Sei gegrüßt, Maria!"]

Aven|tu|rin ⟨m.1⟩ *durch eingelagerte Glimmer- oder Eisenglanzschüppchen (meist) grün- oder rotmetallisch schillernder Quarz* [< ital. *a ventura* „auf gut Glück", weil er als Material in Murano zufällig hergestellt worden sein soll]

Ave|nue ⟨[-ny] f.11⟩ *mit Bäumen bepflanzte Straße, Allee, Prachtstraße* [frz., < altfrz. *avenir* „das Herankommen" < lat. *advenire* „herankommen"]

Aver|bo ⟨n., -s, -bi⟩ *Gesamtheit der Stammformen eines Verbums, aus denen sich andere Formen ableiten lassen, z.B. trinken, trank, getrunken* [< lat. *a verbo* „vom Verb"]

Avers ⟨m.1⟩ *Vorderseite (einer Münze oder Medaille);* Ggs. *Revers (2)* [< frz. *avers* in ders. Bed., < lat. *adversus* „(mit der Vorderseite) zugewandt"]

Aver|sal|sum|me ⟨f.11⟩ → *Aversum*

Aver|si|on ⟨f.10⟩ *Widerwille, Abneigung;* eine A. gegen etwas oder jmdn. haben [< lat. *aversio* „das Abwenden", zu *avertere* „abwenden, fernhalten, vertreiben, entfremden"]

Aver|sio|nal|sum|me ⟨f.11⟩ → *Aversum*

aver|siv ⟨Adj., o.Steig.⟩ *Aversion hervorrufend*

Aver|sum ⟨n., -s, -sa⟩ *Abfindungssumme;* Syn. *Aversalsumme, Aversionalsumme*

Avi|a|ri|um ⟨n., -s, -ria oder -rien; bes. in zoolog. Gärten⟩ *großes Vogelhaus*

Avi|a|tik ⟨f., -, nur Sg.; †⟩ *Flugtechnik, Flugwesen* [< lat. *aviarius* „zu den Vögeln gehörig"]

Avis ⟨[avi] n., -, - [avis]⟩ *Benachrichtigung, Ankündigung;* auch: ⟨österr.⟩ *Aviso* [→ *avisieren*]

avi|sie|ren ⟨V.3, hat avisiert; mit Akk.⟩ *anmelden, ankündigen;* jmdn., jmds. Ankunft a. [< frz. *aviser* „benachrichtigen", zu *avis* „Meldung, Warnung", < altfrz. *ço m'est a vis* „das ist meine Ansicht, so scheint es mir"]

Avi|so ⟨m.9; österr.⟩ → *Avis*

a vis|ta ⟨Bankw.⟩ *bei Vorlage (fällig)* [ital., „bei Sicht"]

Avis|ta|wech|sel ⟨m.5⟩ *Wechsel, der bei Vorlage fällig ist;* Syn. *Sichtwechsel* [zu ital. *a vista* „bei Sicht"]

Avit|ami|no|se ⟨f.11⟩ *durch Vitaminmangel verursachte Krankheit* [< griech. *a...* „nicht" und *Vitamin* und ...*ose*]

Avi|va|ge ⟨[-vaʒə] f.11⟩ *Nachbehandlung von Geweben, um ihnen mehr Glanz und Farbe zu geben* [frz., „Auffrischung"]

Avo|ca|do ⟨f.9⟩ *ölhaltige, birnenförmige Frucht aus Südamerika mit cremigem Fleisch* [über das Span. < Nahuatl *ahuacatl* „Hoden", vielleicht wegen der Form oder weil die Frucht als Aphrodisiakum galt]

AWACS ⟨[avaks] oder [ɛwɛks] n., -, nur Sg.; NATO⟩ *Radar- und elektronisches Rechensystem (zum frühen Erkennen eines feindlichen*

Angriffs) [< engl. *Airborne Warning and Control System* „Fliegendes Luftwarn- und Luftwaffenführungssystem"]

Axel ⟨m.5; Eis-, Rollkunstlauf⟩ *Sprung mit einer Umdrehung* [nach dem norweg. Eiskunstläufer *Axel* Paulsen]

axi|al ⟨Adj., o.Steig.⟩ *auf eine Achse bezogen, in der Achsenrichtung, längsachsig, symmetrisch;* Syn. *achsrecht;* Ggs. *anaxial* [< lat. *axis* „Achse"]

Axia|li|tät ⟨f., -, nur Sg.⟩ *Anordnung in Achsenrichtung* [zu *axial*]

axil|lar ⟨Adj., o.Steig.⟩ **1** *zur Achselhöhle gehörig, in ihr gelegen* **2** ⟨Bot.⟩ *in der Blattachsel stehend, achselständig* [< lat. *axilla* „Achselhöhle"]

Axi|om ⟨n.1⟩ *grundlegender, ohne Beweis einleuchtender Lehrsatz* [< griech. *axioma* „Grundsatz", zu *axioun* „für wahr, richtig halten"]

Axio|ma|tik ⟨f., -, nur Sg.⟩ *Lehre von den Axiomen*

axio|ma|tisch ⟨Adj., o.Steig.⟩ *auf einem Axiom beruhend, unmittelbar einleuchtend*

Axis|hirsch ⟨m.1⟩ *brauner, weißgefleckter vorderindischer Hirsch*

Axo|lotl ⟨m.5⟩ *mexikanischer Wassermolch* [< Nahuatl *atl* „Wasser" und *xolo* oder *xolotl* „Diener", also „Diener des Wassers"]

Axon ⟨n., -s, Axo|nen⟩ *Achsenzylinder, zentraler Teil einer Nervenfaser* [griech.]

Axo|no|me|trie ⟨f.11⟩ *eine geometrische Parallelprojektion* [< *Axon* und ...*metrie*]

Axt ⟨f.2⟩ *langstieliges Werkzeug zur Holzbearbeitung mit gerader, schmaler Schneide;* er benimmt sich wie die A. im Wald ⟨übertr., ugs.⟩ *sehr ungehobelt*

Aya|tol|lah ⟨m.9; im schiitischen Islam⟩ *hoher Würdenträger* [pers., < arab. *ayatullah* „Zeichen Gottes"]

Aye-Aye ⟨[aijai] n., -, -s⟩ *ein Halbaffe;* Syn. *Fingertier* [angebl. nach dem Ruf, mit dem die Eingeborenen den Entdecker auf das Tier hinwiesen]

Az. ⟨Abk. für⟩ *Aktenzeichen*

Aza|lee ⟨f.11⟩ *strauchartige Pflanze, bes. mit roten Blüten* [nach Linné < griech. *azaleos* „trocken", da er glaubte, die Pflanze liebe einen trockenen Standort]

Aze|tat ⟨n.1⟩ → *Acetat*

Azi|dose ⟨f.11⟩ *krankhafte Abnahme des p_H-Werts im Blut (und damit Ansteigen des Säuregehalts)* [zu lat. *acidus* „sauer"]

Azi|mut ⟨m.1 oder n.1⟩ *Winkelabstand zwischen dem Schnittpunkt des durch ein Gestirn gehenden Vertikalkreises mit dem Horizont und dem Südpunkt (auf dem Horizont)* [< arab. *as-sumūt, as-simūt,* Pl. von *samt* „Weg, Richtung"]

azi|mu|tal ⟨Adj., o.Steig.⟩ *den Azimut betreffend*

Azo|farb|stoff ⟨m.1⟩ *ein Teerfarbstoff* [zu *Azot*]

Azo|grup|pe ⟨f.11⟩ *eine Stickstoffgruppe* [zu *Azot*]

Azo|ikum ⟨n., -s, nur Sg.⟩ *ältestes Erdzeitalter ohne organisches Leben;* Syn. *Archaikum* [< griech. *a...* „nicht" und *zoikos* „tierisch", zu *zoon* „Lebewesen"]

Azoo|sper|mie ⟨[atso|o-] f.11⟩ *Fehlen der Samenzellen in der Samenflüssigkeit* [< griech. *a...* „nicht" und *zoe* „Leben" und *Sperma*]

Azot ⟨[azo] n., -s, nur Sg.⟩, **Azote** ⟨[azɔt] m., -, nur Sg.; ältere frz. Bez. für⟩ *Stickstoff* [< griech. *a...* „nicht" und *zoe* „Leben"]

Az|te|ke ⟨m.11⟩ *Angehöriger eines Indianervolkes in Mexiko*

az|te|kisch ⟨Adj., o.Steig.⟩ *die Azteken betreffend, zu ihnen gehörig, von ihnen stammend*

Azu|bi ⟨[auch atsu-] Kurzw. für⟩ *Auszubildende(r)*

Azu|len ⟨n.1⟩ *in verschiedenen ätherischen Ölen enthaltener, blauvioletter Kohlenwasserstoff* [< span. *azul* „blau"]

Azur ⟨m., -s, nur Sg.⟩ *Himmelsbläue* [frz., < ital. *azzurro* in ders. Bed., über arab. *lāzuward* „blau" (das anlautende l wurde im Italienischen als Artikel mißverstanden und deshalb weggelassen) < pers. *lāgward* „himmelblau, blauer Stein"]

Azu|rit ⟨m., -s, nur Sg.⟩ *ein azurblaues Mineral*

azurn ⟨Adj., o.Steig.⟩ *azurblau*

azy|klisch ⟨auch [atsy-] Adj., o.Steig.⟩ **1** *nicht zyklisch* **2** ⟨Bot.⟩ *nicht kreisförmig, spiralig* **3** ⟨Med.⟩ *zeitlich unregelmäßig* [< griech. *a...* „nicht" und *zyklisch*]

B

b ⟨Mus.⟩ *das um einen halben Ton erniedrigte h*
B 1 ⟨abkürzendes Länderkennzeichen für⟩ Belgien **2** ⟨Zeichen für⟩ *Bel* **3** ⟨chem. Zeichen für⟩ *Bor* **4** ⟨Abk. für⟩ *Baht* **5** ⟨Mus.⟩ *das um einen halben Ton erniedrigte H* **6** ⟨Abk. für⟩ *Bundesstraße*
Ba ⟨chem. Zeichen für⟩ *Barium*
Baas ⟨m.1; nddt.⟩ *Herr, Vorgesetzter* [ndrl., „Meister", vgl. *Boß*]
bab|beln ⟨V.1, hat gebabbelt⟩ **I** ⟨mit Akk.⟩ *schwätzen, daherreden; dummes Zeug b.* **II** ⟨o.Obj.⟩ **1** *plaudern, sich unterhalten; wir haben den ganzen Abend nur gebabbelt* **2** *unverständlich reden (bes. bei Kleinkindern)*
Ba|bu|sche ⟨f.11; nordostdt.⟩ *Stoffpantoffel, warmer Hausschuh;* auch: *Pampusche* [< frz. *babouche* in ders. Bed., über türk. *pabuş* < pers. *pāpūš* „Schuh"]
Ba|by [bɛbi] ⟨n.9⟩ **1** *Säugling* **2** ⟨ugs., Kosewort⟩ *Schätzchen, Liebling* [engl., „Säugling", Verkleinerungsform von *babe* in ders. Bed., urspr. kindliches Lallwort]
Ba|by|jahr [bɛbi-] ⟨n.1⟩ *(geplante) anrechenbare Rentenversicherungszeit bei Frauen, die ein Kind gehabt haben*
ba|by|lo|nisch ⟨Adj., o.Steig.; nur als Attr.⟩ *zu Babylonien gehörend;* ~e *Sprachverwirrung;* ~*es Sprachengewirr Durcheinander von vielen Sprachen (die an einem Ort, z. B. in einer Weltstadt, gesprochen werden)* (nach dem 1. Buch Mosis, 11,9)
ba|by|sit|ten [bɛbi-] ⟨V.2; nur im Infinitiv⟩ *sich als Babysitter betätigen*
Ba|by|sit|ter [bɛbi m.5] ⟨jmd., der ein Baby in Abwesenheit der Eltern beaufsichtigt⟩ [< engl. *to babysit* „ein kleines Kind hüten", zu *Baby* und *to sit* „sitzen"]
Bac|cha|nal [baxa-] ⟨n.9⟩ **1** *Fest zu Ehren des römischen Weingottes Bacchus* **2** ⟨übertr.⟩ *wüstes Trinkgelage*
Bac|chant [-xant] ⟨m.10⟩ **1** *Diener des römischen Weingottes Bacchus* **2** ⟨übertr.⟩ *berauschter Trinker*
bac|chan|tisch [-xan-] ⟨Adj., o.Steig.⟩ *trunken, ausgelassen*
Bach ⟨m.2⟩ *kleines fließendes Gewässer*
Ba|che ⟨f.11⟩ *weibliches Wildschwein* [zu mundartl. *Bachen* „Schinken, Speckseite"; → *Bacon*]
Ba|che|lor [bɛtʃələr] ⟨m.9; in England und den USA⟩ *niedrigster akademischer Grad* [engl.; → *Bakkalaureus*]
Ba|cher ⟨m.5⟩ *zweijähriger Keiler* [zu *Bache*]
Bach|fo|rel|le ⟨f.11⟩ *in Fließgewässern lebende Forellenart*
Bach|stel|ze ⟨f.11⟩ *schwarzweiß gefiederte Stelzenart* [nach dem Lebensraum in Wassernähe und dem „stelzenden" Gang des Vogels]
back ⟨Adv.; Mar.⟩ *hinten, zurück* [< nddt. *bak* „Hinterseite", zu engl. *back* „Rücken"]
Back¹ ⟨f.10; Seew.⟩ **1** *oberes Vorderdeck* **2** *zusammenklappbarer Tisch an Bord* [zu *back*] **3** *hölzerne Eßschüssel*
Back² ⟨m.bɛk⟩ ⟨m.9; schweiz.; Sport⟩ *Verteidiger* [engl.]
back|bord ⟨Adv.; Seew.⟩ *links;* auch: *backbords;* Ggs. *Steuerbord*
Back|bord ⟨n., -(s), nur Sg.⟩ *linke Schiffs- oder Flugzeugseite (von hinten gesehen);* Ggs. *Steuerbord* [< *back* und *Bord;* früher

stand der Steuermann beim Halten des Steuerruders (mit der rechten Hand) auf dessen linker Seite und drehte also der linken Seite den Rücken zu]
back|bords ⟨Adv.⟩ → *backbord*
Bąc|ke ⟨-k|k-; f.11⟩ **1** → *Wange, Gesichtsteil rechts bzw. links von Nase und Mund;* auch: *Backen* **2** *Teil des Gesäßes oder Hinterteils* (Hinter~) **3** *eine der beiden verstellbaren Druckflächen eines Werkzeugs oder einer Maschine* (Schraubstock, Bremssystem u.ä.)
bąc|ken¹ ⟨-k|k-; V.4, hat gebacken⟩ **I** ⟨mit Akk.⟩ **1** *aus Teig herstellen und im Ofen trocken gar werden lassen;* Kuchen, Brot, Plätzchen b.; *sein Ideal muß man sich b. lassen* (ugs., scherzh.) *ideale Menschen und Dinge gibt es nicht* **2** *in heißem Fett gar braten;* Hähnchen b. **3** *in heißem Fett gar machen; Pfannkuchen b.* **4** *trocknen, dörren;* Obst b. **II** ⟨o.Obj.⟩ **1** *als Bäcker tätig sein, Arbeit wie ein Bäcker verrichten; sie bäckt gern, gut, viel* **2** *im Ofen trocken gar werden; der Kuchen muß eine Stunde b.* **3** *kleben, zusammenballen; Schnee backt an den Absätzen*
bąc|ken² ⟨-k|k-; Mar.; nur in der Wendung⟩ *b. und banken! zum Essen, zu Tisch kommen!* [eigtl. „Essen fassen und sich auf die Bänke setzen", zu *Back* „Schüssel" und *Bank*]
Bąc|ken ⟨-k|k-; m.7; oberdt.⟩ **1** → *Backe (1)* **2** *seitlich an Vorrichtungen oder Maschinen) eine von zwei beweglichen oder festen Flächen* (Brems~)
Bąc|ken|bart ⟨-k|k-; m.2⟩ *Bart (nur) seitlich an den Backen*
Bąc|ken|bre|cher ⟨-k|k-; m.5⟩ *Zerkleinerungsmaschine, die Gestein zwischen einem festen und einem beweglichen Hartstahlbacken zerdrückt*
Bąc|ken|kno|chen ⟨-k|k-; n.7⟩ → *Jochbein*
Bąc|ken|streich ⟨-k|k-; m.1; geh.⟩ → *Ohrfeige*
Bąc|ken|ta|sche ⟨-k|k-; f.11, meist Pl.; bei Säugetieren⟩ *seitliche Ausbuchtung der Mundhöhle zum Aufspeichern von Nahrung*
Bąc|ken|zahn ⟨-k|k-; m.2⟩ *jeder von 12 Kau- und Mahlzähnen links und rechts hinter den Eckzähnen;* auch: *Backzahn;* Syn. *Molar,* ⟨bei Pflanzenfressern⟩ *Mahlzahn*
Bąc|ker ⟨-k|k-; m.5⟩ *Handwerker, der Backwaren herstellt*
Bąck|erb|se ⟨f.11, meist Pl.⟩ ~n *Suppeneinlage aus erbsengroßen gebackenen Teigkügelchen*
Bąc|ke|rei ⟨-k|k-; f.10⟩ **1** ⟨nur Sg.⟩ *das Backen* (Weihnachts~) **2** *Betrieb eines Bäckers, Bäckerladen*
Back|fisch ⟨m.1; †⟩ **1** *panierter und gebackener Fisch* **2** *Mädchen zwischen etwa vierzehn und siebzehn Jahren* [eigtl. „kleiner, nicht ausgewachsener Fisch", entweder weil er sich seiner Zartheit wegen besser zum Backen (Braten) eignet als zum Kochen oder weil die kleinen Fische auf dem Schiff aussortiert und über das Back (Backbord) wieder ins Meer geworfen wurden]
Back|ground [bɛkgraund] ⟨m.9⟩ **1** ⟨Film⟩ *Projektion als Hintergrund einer Dekoration* **2** ⟨Jazz⟩ *Klanghintergrund beim Solo* **3** *geistiger, sozialer, historischer Hintergrund* [engl., „Hintergrund", < *back* „hinten, rückwärts" und *Ground* „Boden"]
Back|ground|mu|sik [bɛkgraund-] ⟨f., -, nur Sg.⟩ *Musik als Begleitung, Untermalung von Gesprächen*

Bąck|hähn|chen ⟨n.7⟩ *paniertes Brathähnchen*
Back|hand ⟨[bɛkhɛ:nd] m.9; Tennis⟩ → *Rückhand;* Ggs. *Forehand* [engl.]
Bąck|koh|le ⟨f.11⟩ *Steinkohle, die bei der Herstellung von Koks zusammengesintert („zusammengebacken") wird*
Bąck|obst ⟨n., -es, nur Sg.⟩ → *Dörrobst*
Bąck|pfei|fe ⟨f.11⟩ → *Ohrfeige*
Bąck|pul|ver ⟨n.5⟩ *zum Lockern und Treiben des Teigs verwendete Substanz*
Bąck|schaft ⟨f.10; Seew.⟩ *Tischgemeinschaft* [zu *Back¹* (2)]
Bąck|schaf|ter ⟨m.5; Seew.⟩ *Essenholer*
Bąck|stag ⟨n.1 oder n.12⟩ *von einem Mast schräg nach hinten gehendes Tau zur Verspannung*
Bąck|stein ⟨m.1⟩ → *Ziegel*
Bąck|trog ⟨m.2; in Bäckereien⟩ *Trog, in dem der Teig vorbereitet wird*
Bąck|wa|re ⟨f.11, meist Pl.⟩ *Erzeugnis aus Teig, das im Rohr gebacken wird*
Bąck|werk ⟨n., -s, nur Sg.⟩ *kleine Backwaren*
Bąck|zahn ⟨m.2⟩ → *Backenzahn*
Ba|con ⟨[bɛikən] m., -s, nur Sg.⟩ *leicht geräucherter und gesalzener, durchwachsener Speck* [engl., „Speck"]
Bad ⟨n.4⟩ **1** *Wasser in einer Wanne (zum Reinigen des Körpers, zum Erfrischen oder zu Heilzwecken* (Wannen~); *kaltes, warmes B.; das Kind mit dem B. ausschütten* ⟨übertr.⟩ *mit einem Mißstand zugleich etwas Gutes oder Vorteilhaftes beseitigen* **2** *das Eintauchen in Wasser (zur Reinigung, Festigung, Erfrischung, Heilung* (Ganz~, Fuß~, Seifen~); *tägliches B.; ein B. nehmen;* jmdm. *Bäder verordnen* **3** *Liegen oder Bewegung in freier Luft oder in heilkräftigem Licht* (Sonnen~, Moor~) **4** *Flüssigkeit, in die ein Gegenstand eingetaucht wird (um eine Reaktion auf ihm hervorzurufen oder um ihn mit einem Überzug zu versehen)* (Fixier~, Entwickler~); *galvanisches B.* **5** *Raum zum Baden, Wohnung mit B. und Küche* **6** *Kurort mit Heilquelle oder an der See* (See~, Wild~); *in ein B. fahren; eine Kur in einem B. machen* **7** → *Badeanstalt* (Frei~, Hallen~, Strand~)
Ba|de|an|stalt ⟨f.10⟩ *öffentliche Einrichtung zum Schwimmen*
Ba|de|ho|se ⟨f.11⟩ *Hose zum Schwimmen*
Ba|de|man|tel ⟨m.6⟩ *Mantel aus Frottéstoff (bes. zum Wärmen nach dem Baden)*
Ba|de|mei|ster ⟨m.5⟩ *jmd., der berufsmäßig eine öffentliche Badeanstalt beaufsichtigt*
ba|den ⟨V.2, hat gebadet⟩ **I** ⟨mit Akk.⟩ *in der Badewanne reinigen; ein Kind, sich b.; naß wie eine Katze gebadet sein* (ugs., scherzh.) *völlig durchnäßt* **II** ⟨o.Obj.⟩ *ein Bad (in der Badewanne, in einem Gewässer, in der Badeanstalt) nehmen;* b. *gehen zum Schwimmen gehen;* ⟨übertr.⟩ *einen Mißerfolg haben, scheitern*
Ba|de|ner, Ba|den|ser ⟨m.5⟩ *Einwohner von Baden*
Ba|der ⟨m.5; früher⟩ **1** *Wärter im öffentlichen Badehaus* **2** *Inhaber eines solchen* **3** *Friseur, Bartscherer, der zugleich kleine medizinische Eingriffe vornimmt (z. B. Zähneziehen)*
Ba|de|zeug ⟨n., -s, nur Sg.⟩ *alle Gegenstände, die man zum Baden (Schwimmen) braucht*
Ba|di|na|ge [-ʒə], **Ba|di|ne|rie** ⟨f.11⟩ *schnelles, heiteres Musikstück, Satz der Suite*

Balanceakt

im 18. Jahrhundert [frz., „Spielerei, Schäkerei, Narrenpossen", zu *badin* „schäkernd, mutwillig"]
ba|disch ⟨Adj., o.Steig.⟩ *zu Baden gehörig, von dort stammend*
Bad|min|ton ⟨[bædmɪntən] n., -, nur Sg.⟩ *sportlich betriebenes Federballspiel* [nach Badminton in Gloucestershire in England, dem Sitz des Herzogs von Beaufort, wo das Spiel zum ersten Mal nach festen Regeln gespielt worden sein soll]
Bad Trip ⟨[bɛd] m., - -(s), - -s⟩ → *Horrortrip* [engl., „schlechter Ausflug"]
Bae|de|ker ⟨[bɛ-] m.5⟩ *gedruckter Reiseführer* [nach dem Verfasser der ersten Reiseführer dieser Art, dem Buchhändler Karl Baedeker (1801–1859)]
Ba|fel ⟨m., -s, nur Sg.⟩; auch: *Bofel, Pofel* **1** *Ausschußware* **2** *Gerede, Geschwätz* [< rotw. *Bafel* „Ramsch, wertloses Zeug", weitere Herkunft nicht geklärt]
baff ⟨nur in der Fügung⟩ b. sein, *verblüfft sein*
BA̱|fö̱G, Ba̱|fög ⟨n., -(s), nur Sg.; Kurzw. für⟩ *Bundesausbildungsförderungsgesetz,* ⟨an Schulen und Hochschulen⟩ *Ausbildungsförderung in Form von Geldzuschüssen;* er bekommt B.
Ba|ga̱|ge ⟨[-ʒə] f.11⟩ **1** ⟨†⟩ *Reisegepäck* **2** ⟨†; Mil.⟩ *Troß* **3** ⟨ugs., abwertend⟩ *Gesindel, Pack* [frz., „Gepäck"; wahrscheinl. < altfrz. *bague* „Bündel"]
Ba|gas̱|se ⟨f.11⟩ *Rückstand bei der Rohrzuckergewinnung* [< span. *bagazo* „Bodensatz, Abfall", zu *baga* „Hülse"]
Ba|ga|teḻ|le ⟨f.11⟩ **1** *kurzes, leichtes Musikstück* **2** *Kleinigkeit, Geringfügigkeit* [frz., < ital. *bagatella* „Kleinigkeit", mit Verkleinerungsendung zu lat. *baca, bacca* „Beere"]
ba|ga|tel|li|sie|ren ⟨V.3, hat bagatellisiert; mit Akk.⟩ *als Bagatelle behandeln, als geringfügig, unwichtig darstellen*
Ba|ga|telḻ|sa|che ⟨f.11⟩ *geringfügiger Rechtsstreit*
Bag̱|ger ⟨m.5⟩ *Maschine zum Heben und Wegschaffen von Erdreich, Schutt u.a.* [< mndrl. *baggher* „Schlamm"]
Bag̱|ger|füh|rer ⟨m.5⟩ *jmd., der (berufsmäßig) mit einem Bagger arbeitet*
bag̱|gern ⟨V.1, hat gebaggert⟩ **I** ⟨mit Akk.⟩ *mit dem Bagger herausheben;* Erdreich, Steine b. **II** ⟨o.Obj.⟩ *mit dem Bagger arbeiten*
Bag̱no ⟨[banjo] n., -s, -s oder -gni [-nji]; früher in Italien und Frankreich⟩ *Kerker* [ital., „Bad, Baderaum, -anstalt", früher „Kerker für lebensältig Verurteilte", über vulgärlat. *balneum* < lat. *balineum* „Bad", < griech. *balaneion*, weitere Herkunft nicht bekannt]
Bag̱|stall ⟨m.1 oder m.2; österr.⟩ *Pfosten, Stützpfeiler* [vermutl. wörtlich „das Beigestellte"]
Ba|guette ⟨[-gɛt] f.11⟩ **1** *länglicher Schliff von Edelsteinen, bes. Diamanten* **2** *langes, dünnes französisches Weißbrot* [frz., „dünner Stab, Stecken, Gerte"]
bah! ⟨Int.⟩ *(Ausruf der Abwertung, Herablassung, bes. als Antwort)*
bäh! ⟨Int.⟩ *(Ausruf der Schadenfreude, des Ekels)*
ba̱|hen ⟨V.1, hat gebäht; mit Akk.⟩ **1** ⟨†; urspr.⟩ *mit feuchter Wärme behandeln* **2** ⟨bayr.-österr.⟩ *rösten;* Weißbrotscheiben b.
Ba̱hn ⟨f.10⟩ **1** *festgelegter oder vorgezeichneter Weg für bewegte oder sich bewegende Körper* (Planeten~); freie B. haben; auf die schiefe B. geraten *ein moralisch nicht einwandfreies Leben beginnen;* eine Entwicklung in die richtige B. lenken; sich auf neuen ~en bewegen **2** *an Schienen gebundenes Verkehrsmittel* (Eisen~, Straßen~); mit der B. fahren; die B. nehmen; jmdn. von der B. abholen, zur B. bringen **3** *Weg, den sich jmd.*

oder etwas schafft; der Fluß hat sich eine neue B. gesucht; die B. durchs Dickicht schlagen **4** *in Breite und Länge begrenzte Strecke (für sportliche Wettkämpfe;* Kegel~, Renn~) **5** *zugeschnittener Streifen eines Stoffes* (Stoff~, Papier~); Tapete in ~en aufkleben; ein Rock in vier ~en
bahṉ|bre|chend ⟨Adj., o.Steig.⟩ *eine neue Entwicklung ermöglichend;* ~e Erfindung; er hat mit seiner Theorie b. gewirkt
ba̱h|nen ⟨V.1, hat gebahnt; mit Akk.⟩ *etwas b. eine Bahn für etwas schaffen, zum Gehen, Fahren herstellen;* (sich) einen Weg durchs Gestrüpp b.
baẖ|nen|wei|se ⟨Adv.⟩ *in (Stoff-)Bahnen*
Bahṉ|hof ⟨m.2; Abk.: Bf., Bhf.⟩ **1** *(Eisenbahn) Anlage zum Besteigen und Verlassen, Be- und Entladen sowie Zusammenstellen und Abstellen von Zügen;* großer B. ⟨übertr., ugs., scherzh.⟩ *feierlicher Empfang;* er kriegt einen großen B.; ich verstehe nur B. ⟨übertr., ugs., scherzh.⟩ *ich verstehe überhaupt nichts* **2** ⟨übertr.⟩ **a** *Großhaltestelle (für Omnibusse)* **b** *Hauptsammelstelle (für Straßenbahnen)*
Bahṉ|hofs|mis|si|on ⟨f.10⟩ **1** *kirchlicher Verband zur kostenlosen Betreuung von (kranken, hilfsbedürftigen) Reisenden und Kindern auf Bahnhöfen* **2** *Räume für diese Betreuung*
Bahṉ|kör|per ⟨m.5; bei Schienenbahnen⟩ *Unterbau der Gleisanlage*
ba̱hn|la|gernd ⟨Adj., o.Steig.; bei Frachtgütern⟩ *im Bestimmungsbahnhof bis zur Abholung durch Empfänger lagernd;* ~e Sendung
Bahṉ|mei|ste|rei ⟨f.10⟩ *bautechnische Abteilung der Eisenbahn, zuständig für Instandhaltung und Streckensicherung*
Bahṉ|po|li|zei ⟨f., -, nur Sg.⟩ *Eisenbahnangestellte mit polizeilichen Rechten im Bahnbereich*
Bahṉ|ren|nen ⟨n.7; Radsport⟩ *Wettkampf auf der befestigten Rundbahn*
Bahṉ|steig ⟨m.1; auf Personenbahnhöfen⟩ *Plattform entlang der Gleise, von der aus Fahrgäste die Züge besteigen und verlassen;* Syn. ⟨†⟩ *Perron*
Bahṉ|über|gang ⟨m.2⟩ *höhengleicher Weg über Bahngleise;* beschrankter, unbeschrankter B.
Bahṉ|wär|ter ⟨m.5⟩ *Eisenbahnangestellter, der die Schranken an einem Bahnübergang betätigt und die Gleisanlagen kontrolliert*
Baẖ|re ⟨f.11⟩ **1** *flaches, bettähnliches Gestell mit vier Tragegriffen (zum Transport von Kranken oder Verletzten);* Syn. *Tragbare* **2** *Liegegestell für Tote, Totenbett;* Syn. *Totenbahre* [< ahd. *beran* „tragen"]
Bahṟ|tuch ⟨n.4⟩ → *Grabtuch*
Baht ⟨m., -, -; Abk.: B⟩ *Währungseinheit in Thailand, 100 Stangs*
Bai ⟨f.10⟩ *Meeresbucht* [< frz. *baie* in ders. Bed.]
bai̱|risch ⟨Adj., o.Steig.⟩ ~e *Mundart Mundart im Sprachraum zwischen Nürnberg und Wien;* nord~, mittel~, süd~
Bai̱|ser ⟨[bɛze] n.9⟩ **1** *(Sammelbez. für) Gebäck, das überwiegend Eischnee und Zucker enthält* (~torte) **2** → *Meringe* [frz. „Kuß"]
Bais̱|se ⟨[bɛs(ə)] f.11⟩ *niedriger Stand (von Aktien, Preisen);* Ggs. *Hausse* **1** *Fallen, Sinken,* zu *baisser* „senken", zu *bas* „niedrig"]
Bais|sier ⟨[bɛsje] m.9⟩ *jmd., der an der Börse auf Baisse spekuliert;* Ggs. *Haussier*
Ba|ja|de̱|re ⟨f.11⟩ *indische Tempeltänzerin* [über frz. *bayadère* „indische Tänzerin", „Freudenmädchen", < port. *bailadeira* „Tänzerin", zu *bailar* < spätlat. *ballare* „tanzen"]
Ba|jaẕ|zo ⟨m.9⟩ *Spaßmacher, Hanswurst* [< mailänd. mundartl. *pajazz*, ital. *pagliaccio* in ders. Bed., zu *paja, paglia* „Stroh", weil

einen Anzug aus grobem Gewebe mit weiten, schlotternden Hosen trägt, der einem Strohsack ähnelt]
Ba|jo|netṯ ⟨n.1⟩ *Stoß- und Stichwaffe, die mit dem Gewehr verbunden („aufgepflanzt") werden kann;* Syn. *Seitengewehr* [< frz. *baïonnette*, nach der Stadt Bayonne, wo es zuerst hergestellt wurde]
ba|jo|net|tie|ren ⟨V.3, hat bajonettiert; mit Akk.⟩ *mit dem Bajonett aufspießen*
Ba|jo|netṯ|ver|schluß ⟨m.2⟩ *leicht lösbare Verbindung von Rohren, Hülsen usw. durch Aufstecken und geringe Drehung des Deckels oder Geräteteils*
Ba|ju|wa̱|re ⟨m.11; †, noch scherzh.⟩ *Bayer*
ba|ju|wa̱|risch ⟨Adj., o.Steig.; †, noch scherzh.⟩ *bayerisch*
Ba̱|ke ⟨f.11⟩ **1** ⟨Schiffs-, Luft-, Straßen- und Eisenbahnverkehr⟩ *feststehendes Orientierungszeichen* **2** ⟨Vermessung⟩ *Absteckpfahl* [< nddt., entsprechend engl. *beacon* „Zeichen, Leuchtturm", zu *to beckon* „winken"]
Ba̱|ke|lit ⟨n., -s, nur Sg.; Wz.⟩ *ein Kunstharzpreßstoff* [nach dem belg. Chemiker L. Baekeland]
Bak|ka|lau|re̱|at ⟨n.1⟩ **1** *Würde eines Bakkalaureus* **2** ⟨in Frankreich⟩ *dem Abitur entsprechender Schulabschluß*
Bak|ka|lau̱|re|us ⟨m., -, -rei; in England, Frankreich und den USA⟩ *Träger des Bakkalaureats (2)* [< mlat. *baccalarius, baccalareus* „fortgeschrittener Student, der unter Aufsicht seines Lehrers Vorlesungen hält, aber keinen eigenen Lehrauftrag hat"]
Baḵ|ken ⟨m.7; Schisport⟩ *Schanzentisch (der Sprungschanze)* [norweg., „Hügel"]
Bak|la|va ⟨n.9⟩ *öliges, mit Nüssen und Honig gefülltes Gebäck aus Strudelteigschichten* [türk.]
Baḵ|schisch ⟨n.9⟩ *Trinkgeld, Bestechungsgeld* [< pers. *bahšiš* „Geschenk"]
Bak|te|ri|ä|mie ⟨f.11⟩ *Vorhandensein von Bakterien im Blut ohne septische Krankheitserscheinungen* [< *Bakterium* und griech. *haima* „Blut"]
Bak|te̱|rie ⟨[-riə] f.11; ugs.⟩ → *Bakterium*
bak|te|ri|elḻ ⟨Adj., o. Steig.⟩ *durch Bakterien hervorgerufen*
Bak|te|rio|lo|gie̱ ⟨f., -, nur Sg.⟩ *Wiss. von den Bakterien* [< *Bakterium* und *...logie*]
bak|te|rio|lo̱|gisch ⟨Adj., o.Steig.⟩ *die Bakteriologie betreffend, zu ihr gehörig, mit ihrer Hilfe*
Bak|te|rio|pha̱|ge ⟨m.11⟩ *bakterienvernichtendes Virus* [< *Bakterium* und griech. *phagein* „essen"]
Bak|te|rio|sta̱|ti|kum ⟨n., -s, -ka⟩ *Mittel, das Wachstum und Vermehrung von Bakterien hemmt, ohne sie abzutöten* [< *Bakterium* und griech. *statos* „stehend"]
Bak|te̱|ri|um ⟨n., -s, -ri|en⟩ *einzelliges, häufig stäbchenförmiges pflanzliches Kleinstlebewesen, meist Krankheitserreger;* Syn. *Spaltpilz* [< griech. *baktēria, baktron* „Stab, Stock"]
bak|te|ri|ziḏ ⟨Adj., o.Steig.⟩ *bakterientötend* [< *Bakterium* und lat. *-cidere* (in Zus. für *caedere*) „töten"]
Bak|te|ri|ziḏ ⟨n.1⟩ *bakterientötendes Mittel*
Ba|la|lai̱|ka ⟨f., -, -ken⟩ *russisches Zupfinstrument mit drei Saiten und dreieckigem Klangkörper* [Herkunft unsicher, vielleicht zu russ. *balakat* „schwatzen" oder rumän. *balalai* „mit schlenkernder Handbewegung etwas tun"]
Ba|laṉ|ce ⟨[-lāsə] f., -, nur Sg.⟩ *Gleichgewicht* [frz., „Waage, Waagschale; Gleichgewicht", < lat. *bilanx* „Waage"]
Ba|laṉ|ce|akt ⟨[-lāsə-] m.1⟩ **1** *schwierige Übung, bei der das Gleichgewicht gehalten werden muß* **2** ⟨übertr.⟩ *schwieriges Vorgehen, schwieriges Handeln, bei dem man mehreren Faktoren oder beteiligten Personen gerecht werden muß*

ba|lan|cie|ren ⟨[-sj-] V.3⟩ **I** ⟨hat balanciert; mit Akk.⟩ *im Gleichgewicht halten;* einen Stab auf der Stirn b.; ein volles Tablett durch das Café b. ⟨ugs.⟩ *mit einem vollen Tablett in der Hand vorsichtig durchs Café gehen* **II** ⟨ist balanciert; o.Obj.⟩ *gehen, ohne das Gleichgewicht zu verlieren;* auf einem Baumstamm, einem Seil b.

Ba|la|ni|tis ⟨f., -, -ti|den⟩ *Entzündung der Eichel des Penis, Eicheltripper* [< griech. *balanos* „Eichel"]

Ba|la|ta ⟨f., -, nur Sg.⟩ *dem Naturkautschuk ähnlicher Stoff* [indian.]

bal|bie|ren ⟨V.3⟩ →*barbieren;* ⟨nur noch in der Wendung⟩ jmdn. über den Löffel b. *betrügen* [→ *Löffel*]

bald ⟨Adv.⟩ **1** ⟨von jetzt an⟩ *in kurzer Zeit, demnächst;* ich komme b.; schick mir das Buch bitte b.; das wird so b. nicht geschehen; hörst du b. damit auf? ⟨ugs.⟩ *hör endlich damit auf!;* bis b.! ⟨als Abschiedsgruß⟩ *wir sehen uns demnächst wieder!;* so b. wie möglich **2** ⟨in den Wendungen⟩ b. danach, b. darauf *kurze Zeit danach* **3** ⟨ugs.⟩ *fast, beinahe;* ich wäre b. umgefallen vor Schreck; ich hätte b. laut gelacht **4** ⟨in der Fügung⟩ bald ..., bald ... einmal ..., einmal ...; es geht nicht, bald so, bald so, so macht *einmal so und einmal anders;* b. lachte sie, b. weinte sie vor Glück

Bal|da|chin ⟨m.1⟩ **1** *Dach aus (verziertem) Stoff (über Bett, Thron oder dem Allerheiligsten bei Prozessionen)* **2** ⟨Architektur⟩ *steinernes Schutzdach (über einer Statue u.ä.)* **3** *halbrunde oder kegelförmige Hülle, die die Austrittsöffnung eines Kabels aus der Zimmerdecke (für die Deckenlampe) verdeckt* [< ital. *baldacchino* in ders. Bed., < *Baldacco,* der toskan. Bez. für die Stadt *Bagdad,* die für ihre Seidenstoffe bekannt war]

Bäl|de ⟨f.; nur in der Fügung⟩ in B. *bald*

bal|dig ⟨Adj., o.Steig.; nur als Attr.⟩ *bald stattfindend, bald geschehend;* auf ~es Wiedersehen!; für eine ~e Antwort wäre ich dankbar

bal|digst ⟨Adv.⟩ *möglichst bald, sehr bald;* ich schicke Ihnen die Prospekte b. zu

bald|mög|lichst ⟨Adv.; im Geschäftsverkehr unkorrekt auch als Adj., als Attr.⟩ *so bald wie möglich;* ich gebe Ihnen b. Bescheid; ich möchte um ~e Erledigung bitten

Bal|do|wer ⟨m.5⟩ *Gauner, Spitzbube* [rotw., „Auskundschafter, Anführer"; < jidd. *baal* „Kenner" und *dawar* „Wort, Sache"]

Bal|dri|an ⟨m., -(e)s, nur Sg.⟩ **1** *rötlich oder weiß blühende Heilpflanze* **2** *aus deren Wurzeln gewonnenes Beruhigungsmittel* [< lat. *valerianus;* → *Valeriana*]

Balg ⟨m.2⟩ **1** *Tierhaut, abgezogenes Fell* **2** *ausgestopfter Vogel (ohne Stellfläche u.ä.) zur Aufbewahrung in Schubladen* **3** *harmonikaartig auseinanderziehbarer Teil eines Geräts (z.B. am Fotoapparat);* auch: *Balgen* II ⟨n.6; ugs.⟩ **1** ⟨abwertend⟩ *ungezogenes Kind;* sie erschien mit ihren zwei Bälgern **2** ⟨kleines⟩ *Kind;* ein süßes B. [< mhd. *balc,* < got. *balgs* „Balg, Schlauch, Tasche", zu germ. *belg-* „schwellen"]

Balg ⟨f.11, meist Pl.⟩ ~n **1** *Erhebungen auf der Oberfläche des hintersten Teils der Zunge* **2** *kleine Talgdrüsen an den Haarwurzeln*

Bal|ge ⟨f.11⟩ **1** *Fahrrinne, Wasserlauf (im Wattenmeer);* auch: *Balje* **2** *Abzugsgraben* **3** *Waschfaß, Eimer* [nddt. *balje,* zu frz. *baille* „Kübel"]

bal|gen ⟨V.1, hat gebalgt; mit Akk. (sich)⟩ sich b. *spielerisch miteinander ringen, sich miteinander auf dem Boden herumwälzen;* Kinder, junge Tiere balgen sich; sich um einen Knochen, um Spielzeug b. [< mhd. *balgen* „raufen, ringen"; < ahd. *belgan* „zürnen"]

Bal|gen ⟨m.7⟩ →*Balg (I,3)*

Bal|ge|rei ⟨f.10⟩ *das Sichbalgen, spielerische Rauferei, spielerisches Ringen*

Bal|je ⟨f.11⟩ → *Balge (1)*

Bal|ka|no|lo|gie ⟨f., -, nur Sg.⟩ *Wiss. von den Sprachen und Literaturen der Balkanhalbinsel* [< *Balkan* und griech. *logos* „Lehre, Kunde"]

Bal|ken ⟨m.7⟩ *massiver Träger (aus Holz, Stahlbeton oder Stahl)*

Bal|ken|an|ker ⟨m.5⟩ *Flacheisen, das zur Aussteifung des Mauergefüges einzelne Holzdeckenbalken mit den Außenmauern verbindet*

Bal|ken|waa|ge ⟨f.11⟩ *Waage aus einem Balken, der auf einer Schneide gelagert ist und an dessen Ende Schalen hängen*

Bal|kon ⟨[-kɔ̃] oder [-kɔn] m.9 oder eindeutschend [-kɔn] m.1⟩ **1** *durch Gitter oder nicht hohe Mauer abgeschlossener Vorbau eines Hauses im oberen Stockwerk* **2** ⟨Theat.⟩ *erhöhter Teil des Zuschauerraums, unterster Rang* [< frz. *balcon* < ital. *balcone* in ders. Bed., über das Langobardische < ahd. *balko* „Balken"]

Ball¹ ⟨m.2⟩ **1** *kugelförmiges Gebilde für verschiedene Sportarten und Spiele;* am B. bleiben ⟨übertr., ugs.⟩ *eine Sache weiterverfolgen;* sich die Bälle zuspielen ⟨übertr.⟩ *sich gegenseitig begünstigen;* sich im Gespräch die Bälle zuspielen *sich im Gespräch gegenseitig durch Fragen anregen* **2** *Art und Weise, wie ein Ball (1) bewegt wird;* ein scharfer, halbhoher B.

Ball² ⟨m.2⟩ *Veranstaltung mit Tanz in großem Umfang;* einen B. geben; zu einem B. gehen [< frz. *bal* in ders. Bed., zu *baller* < lat. *ballare* „tanzen"]

Bal|la|de ⟨f.11⟩ *episch-lyrisches, dramatisch bewegtes Gedicht* [< frz. *ballade* in ders. Bed., ältere Bed. „Tanzlied", < prov. *balada* „Tanz", zu *balar* „tanzen"]

bal|la|desk ⟨Adj., o.Steig.⟩ *in der Art einer Ballade, balladenhaft*

Bal|lad-ope|ra, Bal|lad Ope|ra ⟨[bæləd ɔpərə] f., -, - -s; im 17./18. Jh.⟩ *volkstümliches englisches Singspiel*

Bal|last ⟨auch [bal-] m.1⟩ **1** *wertlose Fracht (zum Ausgleich des Tiefgangs eines Schiffes)* **2** *unnötige Belastung, bloße Last* [< ndrl. *ballast, barlast,* also „Last ohne Nutzwert", zu *baar* „bloß, nackt"]

Bal|last|stoff ⟨m.1, meist Pl.⟩ ~e *unverdauliche, aber verdauungsfördernde Bestandteile der Nahrung*

Bal|la|watsch ⟨m., -(e)s, nur Sg.; österr.⟩ *Durcheinander, Wirrwarr* [vielleicht < ital. *balordaggine* „Dummheit, Torheit, Eselei", zu *balordo* „blöd"]

Bal|lei|sen ⟨n.7⟩ *Stemmeisen zum Ausheben von Nuten*

bal|len ⟨V.1, hat geballt⟩ **I** ⟨mit Akk.⟩ *zusammendrücken, zu einem Klumpen formen;* Schnee b.; die Hand zur Faust b.; die Faust b.; in geballten Massen *in dichten Massen;* mit geballten Fäusten auf jmdn. losgehen **II** ⟨refl.⟩ sich b. **1** *einen Klumpen bilden;* Schnee ballt sich an den Schuhsohlen **2** *sich ansammeln, sich verdichten;* geballte Energie **III** ⟨o.Obj.⟩ *Ball spielen;* Kinder b. gern

Bal|len ⟨m.7⟩ **1** *rundliche Verpackungsform (z.B. für Tabak, Baumwolle, Kaffee)* **2** *Zählmaß für bestimmte Waren (z.B. Papier, Stoff, Leder)* **3** *zusammengerollte Stoffbahn* **4** *Muskelpolster an Handfläche und Fußsohle;* auf den B. gehen

Bal|le|ri|na, Bal|le|ri|ne ⟨f., -, -nen; Ballett⟩ *Solotänzerin* [< ital. *ballerina* in ders. Bed., zu *ballare* „tanzen"]

bal|lern ⟨V.1, hat geballert⟩ **I** ⟨mit Akk.⟩ *heftig werfen;* Steine, Schneebälle gegen die Fenster b. **II** ⟨o.Obj.⟩ **1** *knallen;* ein Schuß ballert **2** *Schüsse abgeben;* durch die Gegend b. ⟨ugs.⟩

Bal|lett ⟨n.1⟩ **1** *künstlerischer Tanz auf der Bühne;* Syn. *Bühnentanz* **2** *Tanzgruppe für Bühnentanz* **3** *zum Ballett gehörige Musik;* ein B. schreiben, komponieren [< ital. *balletto* in ders. Bed., eigtl. „Tänzchen", Verkleinerungsform von *ballo* „Tanzfest, Ball", zu *ballare* „tanzen"]

Bal|let|teu|se ⟨[-tø-] f.11⟩ *Ballettänzerin*

Bal|lett|mei|ster ⟨m.5⟩ *Ausbilder der Ballettänzer*

Bal|li|ste ⟨f.11⟩ *antike Wurfmaschine* [< lat. *ballista* in ders. Bed., zu griech. *ballein* „schleudern"]

Bal|li|stik ⟨f., -, nur Sg.⟩ *Wiss. von der Flugbahn geworfener oder geschossener Körper* [zu *Balliste*]

bal|li|stisch ⟨Adj., o.Steig.⟩ *die Ballistik betreffend, zu ihr gehörig;* ~e Kurve *geometrische Darstellung der Flugbahn eines Geschosses*

Ball|jun|ge ⟨m.11; beim Tennis, auch Fußb.⟩ *Junge, der aus dem Spielfeld geschlagene Bälle aufhebt und zurückwirft*

Bal|lon ⟨[-lɔŋ] auch [-lɔ̃] m.9 oder [-lɔn] m.1⟩ **1** *mit Luft oder Gas gefüllte Hülle (aus Stoff, Gummi oder Plastik)* **2** *mit Gas gefülltes, kugelförmiges Luftfahrzeug* **3** *bauchiger Glasbehälter* [< frz. *ballon,* in Anlehnung an *balle* „Spielball"]

Bal|lot ⟨n.9⟩ **1** [-lo] *kleiner Warenballen* **2** ⟨[-lo] im Glashandel⟩ *ein Stückmaß* **3** ⟨[bælət] in England und den USA⟩ *geheime Abstimmung;* vgl. *Ballotage* [frz., „kleiner Ballen, kleine Kugel"]

Bal|lo|ta|de ⟨f.11; Hohe Schule⟩ *Sprung des Pferdes mit angezogenen Vorderbeinen und nach hinten gerichteten Hufen* [frz. zu *ballotter* „hin und her schwanken, sich hin und her bewegen"]

Bal|lo|ta|ge ⟨[-ʒə] f.11⟩ *geheime Abstimmung mit weißen und schwarzen Kugeln* [< frz. *ballottage* in ders. Bed., zu *balle* „Kugel"]

bal|lo|tie|ren ⟨V.3, hat ballotiert; o.Obj.⟩ *mittels Ballotage abstimmen*

Bal|lung ⟨f.10⟩ *das Sichballen, Verdichtung, Ansammlung*

Bal|lungs|ge|biet ⟨n.1⟩ *Gebiet mit viel Industrie und hoher Bevölkerungsdichte*

Bal|me ⟨f.11⟩ *Nische in einer Felswand* [kelt.]

Bal|neo|lo|gie ⟨f., -, nur Sg.⟩ *Bäder-, Heilquellenkunde* [< lat. *balneum* „Badezimmer", zu griech. *balaneion* in ders. Bed. und *...logie*]

Bal|neo|the|ra|pie ⟨f.11⟩ *Behandlung mit Heilbädern*

Bal pa|ré ⟨[-re] m., -, -s -s⟩ *bes., festlicher Ball* [frz., „Ball in Galakleidung", zu *parer* „schmücken, ausstatten"]

Bal|sa ⟨f.⟩ **1** *floßartiges Boot der südamerikanischen Indianer aus Binsenbündeln oder Balsaholz* **2** ⟨kurz für⟩ *Balsaholz* [span., „Floß"]

Bal|sa|holz ⟨n.4⟩ *gelbliches, sehr leichtes Holz des südamerikanischen Balsabaumes* [zu *Balsa*]

Bal|sam ⟨m.1⟩ **1** *Gemisch aus Harzen und ätherischen Ölen* **2** ⟨übertr., meist scherzh.⟩ *Wohltat, Linderung;* das ist B. auf mein wundes Herz [< lat. *balsamum,* griech. *balsamon* „Balsamstrauch sowie dessen Harz", < hebr. *bêsêm, bāsām* „Balsam, Wohlgeruch"]

Bal|sa|mi|ne ⟨f.11⟩ *ein Springkrautgewächs, Zierpflanze* [neulat., zu *Balsam*]

bal|sa|misch ⟨Adj.⟩ **1** *in der Art des Balsams;* ~e Düfte **2** ⟨übertr.⟩ *wohltätig, lindernd*

Bal|sam|tan|ne ⟨f.11⟩ *nordamerikanischer Nadelbaum, liefert Kanadabalsam*

Bal|te ⟨m.11⟩ **1** ⟨i.w.S.⟩ *Einwohner des Baltikums* **2** ~n ⟨Pl.; i.e.S. Oberbegriff für⟩ *Litauer und Letten* **3** *Nachkomme deutscher Siedler in den Ländern des Baltikums*

bal|tisch ⟨Adj., o.Steig.⟩ **1** *das Baltikum betreffend, zu ihm gehörig, aus ihm stammend*

2 einen Zweig der idg. Sprachen betreffend, zu ihm gehörig, aus ihm stammend; ~e Sprachen Litauisch und Lettisch

Bal|to|lo|gie ⟨f., -, nur Sg.⟩ Wiss. von den baltischen Sprachen und Literaturen

Ba|lus|ter ⟨m.5⟩ kleine Säule (als Geländerstütze [über ital. < lat. *balaustium*, griech. *balaustion* „Granatapfelblüte", wegen der Form des Säulchen]

Ba|lu|stra|de ⟨f.11⟩ Geländer, Brüstung mit Balustern

Balz ⟨f., -, nur Sg.; bei bestimmten Vögeln, auch Fischen⟩ **1** *Vorspiel zur Paarung* **2** *Paarungszeit*

bal|zen ⟨V.1, hat gebalzt; o.Obj.; Jägerspr.⟩ durch Rufe und Bewegungen lockend werben; der Auerhahn balzt

Bam|bi ⟨m.9⟩ jährlich verliehener Preis für die beliebtesten deutschen Filmschauspieler [nach *Bambi*, einer Trickfilmfigur, einem Rehkitz, von Walt Disney]

Bam|bi|no ⟨m., -s, -s oder -ni⟩ *kleiner Junge, kleines Kind* [ital.]

Bam|bus ⟨m.1⟩ (strauch- bis baumförmige) Graspflanze mit stark verholzendem Stengel [wahrscheinlich mal.]

Bam|bus|vor|hang ⟨m., -s, nur Sg.; übertr.⟩ Grenze zwischen der kommunistischen und nichtkommunistischen Staaten in Südostasien

Bam|mel ⟨m., -s, nur Sg.; ugs.⟩ *Angst* [< jidd. *baʿalēmā* „furchtsamer Mensch, Angsthase", eigtl. „Besitzer eines Schreckens" < *baʿal* „Herr" und *ēmā* „Angst"]

bam|meln ⟨V.1, hat gebammelt; o.Obj.; mdt.⟩ **1** *baumeln* **2** *hängen*

Ban¹ ⟨m.1; früher⟩ **1** *ungarischer Statthalter* **2** *kroatischer Würdenträger* [serbo-kroat., „Herr"]

Ban² ⟨m., -s, Ba|ni⟩ *rumänische Währungseinheit, 1/100 Leu* [rumän., „Geld(stück)"]

ba|nal ⟨Adj.⟩ alltäglich, fad, geistlos, nichtssagend; eine ~e Geschichte, Bemerkung [< frz. *banal* in ders. Bed. sowie „gemeinnützig, allen gehörig"]

ba|na|li|sie|ren ⟨V.3, hat banalisiert; mit Akk.⟩ ins Banale herunterziehen, banal machen; einen Ausspruch, eine poetische Redewendung (durch Mißbrauch, z.B. in der Werbung) b.

Ba|na|li|tät ⟨f.10⟩ **1** ⟨nur Sg.⟩ *Fadheit, Geistlosigkeit* **2** *geistlose Bemerkung, fader Witz*

Ba|na|ne ⟨f.11; Sammelbez. für⟩ **1** *tropische Staudenpflanze* **2** *deren längliche, gekrümmte, eßbare Frucht* [Kongospr.]

Ba|na|nen|re|pu|blik ⟨f.11; ugs., übertr.⟩ kleines Land in den tropischen Teilen des amerikanischen Kontinents, das vornehmlich von US-amerikanischen Kapital abhängig ist

Ba|na|nen|stecker ⟨-k·k-⟩ ⟨m.5; Elektr.⟩ kleiner, schmaler, einpoliger Stecker

Ba|nau|se ⟨m.11⟩ Mensch ohne Sinn für Kunst und geistige Dinge [< griech. *banausos* „Handwerker; handwerksmäßig", übertr. abwertend „gewöhnlich, niedrig, philisterhaft"]

Band¹ ⟨n.4⟩ **1** *Gewebestreifen (zum Binden und Verzieren)* **2** ⟨kurz für⟩ *Bandbreite* (2) **3** ⟨kurz für⟩ *Tonband*; eine Ansprache auf B. aufnehmen **4** ⟨kurz für⟩ *Fließband*; am B. stehen **5** ⟨kurz für⟩ *Zielband*; er gewann um ~breite **6** ⟨kurz für⟩ *Farbband*; ein neues B. einlegen **II** ⟨n.1; fig.⟩ in der Wendung⟩ außer Rand und B., →*Rand*; ⟨sonst nur im Pl.⟩ ~e **1** *Fesseln*; jmdn. in ~e schlagen **2** *Beziehungen, Bindungen*; die ~e der Freundschaft, der Liebe; verwandtschaftliche ~e **III** ⟨m.2; Abk.: Bd., Pl.: Bde.⟩ **1** *einzelnes Buch* **2** *ein Buch als Teil eines mehrbändigen Werkes*; erster, zweiter B.; Goethes Werke in 20 Bänden

Band² ⟨[bɛnd] f.9⟩ *Kapelle für Tanzmusik* [< engl. *band* in ders. Bed. sowie „Schar, Trupp"]

Ban|da|ge ⟨[-ʒə] f.11⟩ stützender oder schützender Verband; mit harten ~n kämpfen unerbittlich kämpfen [frz., zu fränk. *binda* „Binde"]

ban|da|gie|ren ⟨[-ʒi-] V.3, hat bandagiert; mit Akk.⟩ fest mit Binden umwickeln; einen Arm b.

Ban|da|gist ⟨[-ʒist] m.10⟩ Hersteller, Verkäufer von Bandagen und künstlichen Gliedmaßen

Band|auf|nah|me ⟨f.11⟩, **Band|auf|zeich|nung** ⟨f.10⟩ *Aufnahme (von Text, Musik) auf Tonband*

Band|brei|te ⟨f., -, nur Sg.⟩ **1** ⟨Währung⟩ *Bereich, innerhalb dessen die Wechselkurse um die festgelegte Parität schwanken dürfen* **2** ⟨Nachrichtentechnik⟩ *Frequenzbereich, der übertragen werden kann*

Ban|de¹ ⟨f.11⟩ **1** *organisierte Gruppe von Verbrechern, Gang* (Räuber~) **2** *Gruppe von gleichgesinnten jungen Leuten oder Kindern (die gemeinsam etwas unternehmen)*; ihr seid ja eine B.!; gemeine B.!; dann zog die ganze B. ab

Ban|de² ⟨auch [bãd] f.11; Sport, Spiel⟩ *seitliche Umrandung (des Spielfelds oder einer Bahn, z.B. der Reitbahn)* [frz., „Streifen, Rand, Einfassung"]

Bän|del ⟨n.14; süddt.⟩ **1** *kleines Band*; jmdn. am B. haben einen Liebhaber haben; sie hat ihn fest am B. *sie läßt ihn nicht los, läßt ihm keine Freiheit* **2** ⟨landsch.⟩ *Schnürsenkel*

Ban|de|lier ⟨n.1; †⟩ *Schulterriemen, Wehrgehänge* [< frz. *bandoulière* in ders. Bed., zu *bande* „Binde, Band"]

Ban|del|werk ⟨n.1; Baukunst⟩ *aus Bändern gebildetes Ornament*

Ban|den|spek|trum ⟨n., -s, -tren⟩ *von Molekülen erzeugtes Spektrum, das von zahlreichen Linien (Banden) durchsetzt ist*

Ban|de|ril|la ⟨[-rilja] f.9⟩ *mit Fähnchen geschmückter kleiner Spieß mit Widerhaken, der beim Stierkampf dem Stier in den Nacken gestoßen wird* [< span. *banderilla*, Verkleinerungsform von *bandera* „Banner, Fahne, Flagge"]

Ban|de|ril|le|ro ⟨[-rilje-] m.9⟩ *Stierkämpfer, der den Stier mit Banderillas reizt*

bän|dern ⟨V.1, hat gebändert; mit Akk.⟩ *mit Bändern verzieren, in der Art von Bändern verzieren*; gebänderter Maibaum; gebänderter Marmor

Ban|de|ro|le ⟨f.11⟩ *mit Preis oder steuerlichem Vermerk versehener Streifen an der Verpackung einer steuerpflichtigen Ware* [frz., „Fähnchen, Spruchband, Wehrgehenk", < ital. *banderuola* „Fähnchen", Verkleinerungsform von *bandiera* „Fahne"]

ban|de|ro|lie|ren ⟨V.1, hat banderoliert; mit Akk.⟩ *mit Banderole versehen, versteuern*

...bän|dig ⟨Adj., o.Steig.; in Zus.⟩ *aus einer bestimmten oder unbestimmten Anzahl von Bänden bestehend, z.B. zweibändig, fünfbändig, mehrbändig, vielbändig*

bän|di|gen ⟨V.1, hat gebändigt; mit Akk.⟩ **1** *jmdn. oder ein Tier b. zum Gehorsam, zur Unterwerfung bringen, zur Ruhe bringen*; einen randalierenden Betrunkenen, ein wildes Kind, einen Hund b. **2** *etwas b. unterdrücken, beherrschen*; seinen Zorn b. **Bän|di|gung** ⟨f., -, nur Sg.⟩

Ban|dit ⟨m.10⟩ *Räuber, räuberischer Herumtreiber* [< ital. *bandito* „Straßenräuber", eigtl. „Verbannter, Ausgestoßener", zu *bandire* „verbannen"]

Band|ke|ra|mik ⟨f., -, nur Sg.⟩ *älteste Ackerbaukultur der Jungsteinzeit* [nach dem vorherrschenden Ornament der Keramik]

Band|lea|der ⟨[bɛndliːdər] m.5⟩ *Leiter eines Jazzorchesters* [zu *Band²*]

Band|maß ⟨n.1⟩ *Metermaß in Form eines (aufrollbaren) Bandes*

Ban|do|la ⟨f.9⟩ →*Bandura*

Ban|do|ne|on, Ban|do|ni|on ⟨n.9⟩ *Handharmonika mit Knöpfen auf beiden Seiten* [nach dem Erfinder Heinrich *Band* (1846 in Krefeld)]

Band|sä|ge ⟨f.11⟩ *Maschinensäge mit einem über zwei Scheiben laufenden, endlosen Sägeband*

Band|sa|lat ⟨m., -(e)s, nur Sg.; scherzh.⟩ *aus der Spule geratenes, verwirrtes Tonband*

Band|schei|be ⟨f.11⟩ *Knorpelscheibe zwischen den Wirbeln*

Band|schei|ben|vor|fall ⟨m., -(e)s, nur Sg.⟩ *Verschiebung des Gallertkerns der Bandscheibe*

Bänd|sel ⟨n.5; Mar.⟩ *dünnes Tau*

Ban|du|ra ⟨f.9⟩ *ukrainisches Zupfinstrument mit zwölf Saiten* [< russ., ukrain. *bandura*, über poln. *bandura* < ital., lat. *pandura* < griech. *pandoura* in ders. Bed., weitere Herkunft nicht bekannt]

Ban|dur|ria ⟨f.9⟩ *spanisches Zupfinstrument mit zehn Saiten*

Band|wurm ⟨m.4⟩ *bandförmiger Plattwurm, der als Parasit im Darm von Menschen und Wirbeltieren lebt*

bang ⟨Adj.⟩ →*bange*

Ban|ga|le ⟨m.11⟩ *Einwohner von Bangladesh*

Bang|büx ⟨f.10; norddt.⟩ →*Angsthase*

ban|ge ⟨Adj., Steig. nur ugs.: bänger, am bängsten⟩ *ängstlich, beklommen, besorgt*; b. Stunden erleben; du machst mir, (auch) mich b.; Bangemachen gilt nicht!; du kannst mir keine Angst einflößen!; mir ist b.; ich bin so b.; mir wurde bang und bänger ⟨ugs., scherzh.⟩; mir ist b., nach ihm *ich habe ängstliche Sehnsucht nach ihm*; mir ist b. um ihn *ich habe Angst um ihn*; mir ist b. vor ihm *ich habe keine Angst vor ihm*

Ban|ge ⟨f., -, nur Sg.⟩ *Angst, Furcht, Sorge*; hab keine B.!

ban|gen ⟨V.1, hat gebangt; o.Obj., mit Dat. oder refl.⟩ *Angst, Sorge haben*; mir bangt, es bangt mir *ich habe Angst, Sorge*; sie bangt um ihren Sohn; mir bangt vor der langen Reise ⟨oder⟩ ich bange mich vor der langen Reise; die Kinder bangten sich nach der Mutter ⟨süddt.⟩ *die Kinder hatten ängstliche Sehnsucht nach der Mutter*

Bang|ig|keit ⟨f., -, nur Sg.⟩ *das Bangesein, Angst, Sorge*; Syn. *Bangnis*

bäng|lich ⟨Adj.⟩ *leicht bange, etwas bange*; mir ist b. (zumute)

Bang|nis ⟨f., -, nur Sg.⟩ →*Bangigkeit*

Bang|sche Krank|heit ⟨f., -schen -, nur Sg.⟩ *Infektionskrankheit (bes. bei Rindern)* [nach dem dän. Tierarzt B. *Bang*]

Ba|ni ⟨Pl. von⟩ *Ban²*

Ban|jo ⟨auch [bɛndʒo] n.9⟩ *Zupfinstrument der nordamerikanischen Neger mit fünf bis neun Saiten* [< engl. *banjo* in ders. Bed., in der Sprache der Negersklaven verstümmelt < engl. *bandore* „Bandura"]

Bank¹ ⟨f.2⟩ **1** *Möbelstück zum Sitzen für mehrere Personen*; etwas auf die lange B. schieben ⟨übertr.⟩ *etwas hinausschieben, seine Erledigung verzögern*; durch die B. *alle* (eigtl.: alle, so wie sie nebeneinander auf einer *Bank* sitzen); vor leeren Bänken predigen *vergeblich mahnen oder warnen* **2** *Sand-, Kiesablagerung im Meer oder Fluß* (Sand~, Kies~) **3** *Ansammlung von Lebewesen auf dem Meeresgrund* (Korallen~, Austern~) **4** ⟨Meereskunde⟩ →*Untiefe* **5** *handwerkliches Gerät in Form eines Tisches* (Werk~, Hobel~) **6** ⟨Optik⟩ *Metallschiene u.a. zum Aufbau optischer Versuchsanordnungen* **7** ⟨Ringen⟩ *Ausgangsstellung im Bodenkampf* **8** *gleichbleibende Reihe auf Tippscheinen, gesamt. Stammwort*

Bank² ⟨f.10⟩ **1** *Unternehmen für den Geldverkehr*; Geld auf der B. haben; ein Konto bei einer B. haben **2** ⟨bei Glücksspielen⟩ *Kasse*; die B. halten *das Amt des Bankhalters ausüben*; die B. sprengen *das gesamte Geld*

Bankeisen

des Bankhalters gewinnen **3** *Sammelstelle für Blut- und Organkonserven (Blut~, Organ~)* [< ital. *banca* „Bank"]

Bank|eisen ⟨n.7⟩ *Flachstahl mit Spitze und Anschraublöchern zum Befestigen von Tür- und Fensterrahmen in der Wand*

Bän|kel|lied ⟨n.3⟩ *Lied des Bänkelsangs*

Bän|kel|sang ⟨m., -s, nur Sg.⟩ *im 17./18.Jh.⟩ monotoner Vortrag von Liedern über seltsame oder schaurige Ereignisse zu Drehorgelmusik* [zu *Bank¹*, da die Bänkelsänger auf einer Holzbank standen, um für ihr Publikum gut sicht- und hörbar zu sein]

ban|ken ⟨V.1⟩ → *backen²*

Ban|ker ⟨m.5⟩ *Fachmann, Kaufmann im Bankwesen*

Ban|kert ⟨m.1⟩ *uneheliches Kind* [< mhd. *banchart* „Bastard", zu *banc* „Bank" und *-hart* in Anlehnung an Personennamen wie *Gerhard* usw.; der B. ist das auf der Bank, d.h. nicht im Ehebett gezeugte Kind]

Ban|kett ⟨n.1⟩ **1** *Festmahl* [< frz. *banquet* „Festmahl", urspr. „kleine Mahlzeit, die nach der abendlichen Hauptmahlzeit auf der Bank vor dem Haus eingenommen wird", zu *banque* „Bank"] **2** *Absatz einer Grundmauer* [< frz. *banquette* „lange Bank ohne Lehne; erhöhter Fußweg; Fensterbank", zu *banque* „Bank"]

Ban|ket|te ⟨f.11⟩ *meist nicht befestigter Streifen neben der Fahrbahn* [< *Bankett (2)*]

Bank|ge|heim|nis ⟨n.1⟩ *Verpflichtung und Recht der Banken, über die Höhe der Konten ihrer Kunden sowie deren wirtschaftliche Beziehungen keine Auskunft zu geben*

Bank|hal|ter ⟨m.5; bei Glücksspielen⟩ *derjenige, der die Kasse (Bank²) verwaltet und gegen den alle anderen spielen*

Ban|kier ⟨[-kje] m.9⟩ *Inhaber oder Leiter einer Bank²*

Bank|leit|zahl ⟨f.10; Abk.: BLZ⟩ *achtstellige Zahl als Kennzeichen einer Bank²*

Bank|no|te ⟨f.11⟩ *von der Notenbank herausgegebenes Zahlungsmittel aus Papier;* Syn. *Geldschein*

Bank|raub ⟨m.1⟩ *Einbruch in oder Überfall auf eine Bank² und Diebstahl von Geld, Wertpapieren, Wertsachen*

Bank|räu|ber ⟨m.5⟩ *jmd., der Bankraub begeht oder begangen hat*

bank|rott ⟨Adj. o.Steig.⟩ *zahlungsunfähig; sich b. erklären; b. gehen*

Bank|rott ⟨m.1⟩ *finanzieller Zusammenbruch; B. machen; vor dem B. stehen* [< ital. *bancarotta* in ders. Bed., eigtl. „zerbrochene Bank", weil man an dem zahlungsunfähigen Geldwechsler auf dem Forum seinen Wechslertisch (die Wechselbank) zerbrochen haben soll]

Bank|rot|teur ⟨[-tør] m.1⟩ *jmd., der Bankrott gemacht hat*

bank|rot|tie|ren ⟨V.3, hat bankrottiert; o.Obj.⟩ *Bankrott machen*

Bank|we|sen ⟨n., -s, nur Sg.⟩ *alle Tatbestände und Vorgänge, die mit den Kreditinstituten eines Landes zusammenhängen*

Bann ⟨m.1⟩ **1** ⟨im MA⟩ **a** *Recht zum Erlaß von Geboten und Verboten und die Verhängung von Strafen* **b** *diese Gebote und Verbote selbst sowie die für deren Verletzung auferlegte Strafe; jmdn. in den B. tun; jmdn. mit dem B. belegen* **c** *Gebiet, in dem der Bann gilt* **2** *Strafe für Vergehen gegen kirchliche Gebote und Verbote, Ausschluß aus der Kirche* **3** *Zauber, Verzauberung; sie standen ganz im B. seines Spiels; damit war der B. gebrochen damit war die augenblickliche Befangenheit überwunden, gelöst; jmdn. in seinen B. schlagen, ziehen jmdn. stark anziehen, stark fesseln*

Bann|bul|le ⟨f.11⟩ *päpstliche Urkunde, in der über jmdn. der Bann (2) ausgesprochen wird*

ban|nen ⟨V.1, hat gebannt; mit Akk.⟩ **1** *jmdn. b.* **a** *mit dem Bann belegen* **b** *(durch Zauberspruch) zum Bleiben an einer Stelle zwingen; den Teufel b.; wie gebannt dasitzen, zuschauen* **c** *(durch Beschwörung) vertreiben; Geister b.* **d** *stark fesseln, zum Zuschauen, Zuhören zwingen; seine eindringliche Darstellung bannte die Zuhörer* **2** *etwas b. abwenden; eine Gefahr b.* **3** ⟨übertr., geh.⟩ *an eine Stelle bringen, an einer Stelle festhalten; eine Landschaft auf die Leinwand b. malen; jmdn. auf die Platte, auf den Film b. fotografieren*

Ban|ner ⟨n.5⟩ *Fahne an einer waagerecht am Schaft hängenden Stange*

ban|nig ⟨Adj., o.Steig.; nur als Attr. und Adv.; ugs.⟩ **1** ⟨Attr.⟩ *sehr stark, groß; eine ~e Erkältung* **2** ⟨Adv.⟩ *sehr; b. kalt; b. heiß*

Bann|mei|le ⟨f.11⟩ **1** ⟨früher⟩ *Gebiet im Umkreis von einer Meile, in dem der Bann gilt; innerhalb der B. einer Stadt* **2** ⟨heute⟩ *Gebiet um ein Regierungsgebäude (in dem das Versammlungsverbot gilt)*

Ban|tam|ge|wicht ⟨n.1; Boxen, Ringen, Gewichtheben⟩ *eine Gewichtsklasse* [nach dem zum Hahnenkampf verwendeten *Bantamhuhn*]

Ban|tam|huhn ⟨n.4⟩ *in England gezüchtete Zwerghuhnrasse* [nach der javan. Hafenstadt *Bantam*]

Ban|tu **I** ⟨m.9 oder m., -, -⟩ *Angehöriger einer Gruppe von Negerstämmen, die Bantusprachen sprechen* **II** ⟨n., -(s), nur Sg.⟩ *eine weitverbreitete afrikanische Sprachengruppe*

Bao|bab ⟨m.9⟩ → *Affenbrotbaum* [afrik.]

Bap|tis|mus ⟨m., -, nur Sg.⟩ *Lehre einer calvinistischen Gemeinschaft, die bewußte Glaubensentscheidung verlangt und daher nur die Erwachsenentaufe zuläßt* [→ *Baptisterium*]

Bap|tist ⟨m.10⟩ *Anhänger des Baptismus*

Bap|tis|te|ri|um ⟨n., -s, -ri|en⟩ **1** *Schwimmbecken im altrömischen Bad* **2** *Taufkapelle* **3** *Taufbecken* [< griech. *baptisma, baptismos* „Eintauchen, Waschung, Taufe", zu *baptizein, baptein* „eintauchen"]

bar¹ ⟨Adj., o.Steig.⟩ **1** ⟨nur als Attr.⟩ *rein, lauter; das ist ~er Unsinn* **2** ⟨nur als Attr. und Adv.⟩ *in Geldscheinen oder Münzen (nicht als Scheck oder Überweisung);* Ggs. *unbar; ~es Geld; etwas für ~e Münze nehmen etwas Gesagtes ohne Einschränkung glauben; b. bezahlen; eine Ware nur gegen b. verkaufen; ich gebe dir den Betrag in b.* **3** ⟨nur mit „sein" von mit Gen.⟩ *bloß, entblößt (von); das ist b. jeder, aller Vernunft; er ist b. jeden Verständnisses*

bar² ⟨Zeichen für⟩ *Bar²*

...bar ⟨Nachsilbe⟩ *so beschaffen, daß etwas gemacht werden kann, z.B. lenkbar so beschaffen, daß es gelenkt werden kann; lieferbar so beschaffen, daß es geliefert werden kann*

Bar¹ ⟨f.9⟩ **1** *Lokal, für das der lange, hohe Schanktisch mit hohen Hockern davor charakteristisch ist* **2** *langer, hoher Schanktisch; an der B. sitzen* [< engl. *bar*, eigtl. „Stange, Querholz"]

Bar² ⟨n., -, -; Zeichen: bar⟩ *Maßeinheit des Luftdrucks* [< griech. *baros* „Schwere, Gewicht"]

Bär ⟨m.10⟩ **1** *ein großer, stummelschwänziger Beutegreifer (Eis~, Braun~, Wasch~); Großer B., Kleiner B.* ⟨übertr.⟩ *Name zweier Sternbilder; jmdm. einen ~en aufbinden* ⟨übertr.⟩ *jmdn. veralbern, spielerisch beschwindeln* **2** → *Bärenspinner* [germ. Stammwort, eigtl. „der Braune", nach der Farbe des Braunbären]

Ba|racke ⟨-k·k-; f.11⟩ *ebenerdiges, nicht unterkellertes, zerlegbares Haus* [< frz. *baraque* < ital. *baracca*, span. *barraca* in ders. Bed.]

Ba|ratt|han|del ⟨m., -s, nur Sg.⟩ *Tauschhandel* [< ital. *baratto* in ders. Bed., zu *barattare* „tauschen"]

Bar|bar ⟨m.10⟩ **1** ⟨urspr.⟩ *Nichtgrieche* **2** ⟨heute⟩ *roher, ungesitteter, unkultivierter Mensch* [< lat. *barbarus*, < griech. *barbaros* „Fremder, Nichtrömer", „Fremder, Nichtgrieche, bes. Asiat, Perser; ungesittet, ungebildet, wild"]

Bar|ba|rei ⟨f., -, nur Sg.⟩ **1** *Zustand des Unkultiviert-, Unzivilisiertseins; ein Rückfall in die B.* **2** *Rohheit, Unmenschlichkeit; ein solches Vorgehen ist eine B.*

bar|ba|risch ⟨Adj.⟩ **1** *roh, grausam* **2** ⟨ugs.⟩ *sehr groß, sehr hart; ~e Kälte*

Bar|ba|ris|mus ⟨m., -, -men⟩ *Verstoß gegen die Sprachregeln*

Bar|be ⟨f.11⟩ **1** *europäischer Karpfenfisch mit Barteln in den Maulwinkeln* **2** *Spitzensatz an weiblicher Kopfbedeckung* [< lat. *barba* „Bart"]

Bar|be|cue ⟨[barbikju:] n.9⟩ **1** *Gartenfest, bei dem ganze Tiere am Spieß oder auf dem Rost gebraten werden* **2** *Gerät zum Rösten von Fleisch* **3** *das auf dem Spieß gebratene Fleisch* [< engl. *barbecue* in ders. Bed., über span. *barbacoa* < aruak. *barbacoa* „Lattengerüst zum Räuchern"]

bär|bei|ßig ⟨Adj.⟩ *verdrießlich und unfreundlich, brummig* [nach dem *Bärenbeißer*, einer Hunderasse, die früher zur Bärenjagd verwendet wurde] **Bär|bei|ßig|keit** ⟨f., -, nur Sg.⟩

Bar|bier ⟨m.1; †⟩ *Friseur* [frz., zu *barbe*, < lat. *barba* „Bart"]

bar|bie|ren ⟨V.3, hat barbiert; mit Akk.; †⟩ → *rasieren*

Bar|bi|ton ⟨n.9⟩, **Bar|bi|tos** ⟨m. oder f., -, -toi⟩ *altgriechisches, harfenähnliches Saiteninstrument* [< griech. *barbitos* „große Leier", vielleicht in dem Phrygischen]

Bar|bi|tu|rat ⟨n.1⟩ *ein Salz der Barbitursäure, Schlaf- und Beruhigungsmittel*

Bar|bi|tur|säu|re ⟨f., -, nur Sg.⟩ *organische Säure, Grundstoff für Schlafmittel*

Bärb|ling ⟨m.1; Aquaristik; Sammelbez. für⟩ *kleine tropische Barbe*

Barch ⟨m.1⟩ *kastriertes männliches Schwein*

Bar|chent ⟨m.1⟩ *Baumwollflanell* [< mlat. *barracanus* „grober Stoff", < arab. *barrakān* in ders. Bed.]

Bar|da|me ⟨f.11⟩ *Angestellte, die an einer Bar Getränke ausschenkt und den Gästen Gesellschaft leistet*

Bar|de¹ ⟨m.11⟩ **1** *keltischer Dichter und Sänger* **2** ⟨iron.⟩ *lyrischer Dichter* [kelt.]

Bar|de² ⟨f.11⟩ *Speckscheibe, die zum Braten um Geflügel gewickelt wird* [frz., < arab.]

bar|die|ren ⟨V.3, hat bardiert; mit Akk.⟩ *mit einer Barde² umwickeln; Geflügel vor dem Braten b.*

bar|disch ⟨Adj., o.Steig.⟩ *von den Barden stammend, in der Art eines Barden*

Bä|ren|dienst ⟨m.1⟩ *unbeabsichtigt schlechter Dienst; jmdm. einen B. erweisen*

Bä|ren|dreck ⟨m., -s, nur Sg.; oberdt.⟩ → *Lakritze*

Bä|ren|fang ⟨m.2⟩ *ostpreußischer Honiglikör*

Bä|ren|füh|rer ⟨m.5⟩ *jmd., der einen Tanzbären zur Schau stellt*

Bä|ren|haut ⟨f.; nur in den Wendungen⟩ *auf der B. liegen, sich auf die B. legen faulenzen*

Bä|ren|klau ⟨m. oder (selten) f., -s, nur Sg.⟩ *ein Doldengewächs* [nach der Blattform, die einer Bärenklaue ähnelt]

Bä|ren|lauch ⟨m.1⟩ → *Bärlauch*

Bä|ren|müt|ze ⟨f.11⟩ *große Mütze aus Fell (urspr. aus Bärenfell)*

Bä|ren|spin|ner ⟨m.5⟩ *ein bunter Nachtfalter;* Syn. *Bär* [nach den stark behaarten Raupen, die mit einem kleinen Bären verglichen werden]

Bä|ren|trau|be ⟨f.11⟩ *gelblich oder rosa blühendes Heidekrautgewächs, Zwergstrauch mit roten Beeren*

Ba|rett ⟨n.1⟩ *flache Kopfbedeckung, ohne Rand (bes. zur Amtstracht von Richtern,*

Bar|fran|kie|rung ⟨f.10⟩ *Frankierung mit Stempelmaschine*
Bar|frost ⟨m.2⟩ *Frost ohne Schnee* [zu *bar¹*]
bar|fuß ⟨Adj., o.Steig.; nur mit „sein" und als Adv.⟩ *mit bloßen Füßen, ohne Schuhe und Strümpfe; ich bin b.; b. gehen*
Bar|füßer ⟨m.5⟩ *Angehöriger eines katholischen Ordens, dessen Mitglieder (in Sandalen) barfuß gehen*
bar|füßig ⟨Adj., o.Steig.⟩ *mit bloßen Füßen, ohne Schuhe und Strümpfe;* Syn. *bloßfüßig;* ~es *Kind*
Bar|geld ⟨n., -(e)s, nur Sg.⟩ *Geldscheine und Münzen; ich habe kein B. bei mir*
bar|geld|los ⟨Adj., o.Steig.⟩ *nicht in bar, ohne Bargeld;* ~er *Zahlungsverkehr Zahlungen durch Schecks, Überweisungen, Zahlkarten; b. zahlen*
bar|haupt ⟨Adv.; †⟩ → *barhäuptig*
bar|häup|tig ⟨Adj., o.Steig.⟩ *mit bloßem Kopf, ohne Kopfbedeckung*
bä|rig ⟨Adj.; ugs.⟩ *großartig, toll;* ~es *Wetter; gestern abend war es b.*
ba|risch ⟨Adj., o.Steig.⟩ *den Luftdruck betreffend, auf ihm beruhend; das* ~e *Windgesetz* [zu *Bar²*]
Ba|ri|ton ⟨m.1⟩ **1** *Männerstimme in der Mittellage* **2** *Sänger mit dieser Stimme* [< griech. *barys* „schwer" und *tonos* „Ton, Klang"]
Ba|ri|to|nist ⟨m.10⟩ → *Bariton (2)*
Ba|ri|um ⟨n., -s, nur Sg.; Zeichen: Ba⟩ *chemisches Element aus der Gruppe der Erdalkalimetalle* [abgeleitet < *Baryt*, in dem es enthalten ist]
Bark ⟨f.10⟩ *Segelschiff mit drei bis fünf Masten* [zu *Barke*]
Bar|ka|ro|le ⟨f.11⟩ **1** *Ruderboot* **2** *Lied des Gondoliere, Gondellied (auch als Instrumentalstück)* [< ital. *barcarola* in ders. Bed., zu *barca* „Boot"; → *Barke*]
Bar|kas|se ⟨f.11⟩ **1** *größtes Beiboot auf Kriegsschiffen* **2** *großes Motorboot* [< ndrl. *barkas* in ders. Bed.; → *Barke*]
Bar|ke ⟨f.11⟩ **1** *kleines Boot ohne Mast* **2** ⟨poet.⟩ *Kahn, Boot* [< frz. *barque*, < ital., spätlat. *barca* in ders. Bed.]
Bar|kee|per ⟨[-ki:-] m.5⟩ **1** *Inhaber einer Bar* **2** *Kellner hinter der Bar;* Syn. *Barmann*
Bär|lapp ⟨m.1⟩ *moosähnliche, blütenlose, sporentragende Pflanze* [vielleicht < *Bär* und ahd. *lappo* „flache Hand"]
Bär|lauch ⟨m.1⟩ *weiß blühendes Liliengewächs in feuchten Laubwäldern;* auch: *Bärenlauch*
Bar|lauf ⟨m., -(e)s, nur Sg.⟩ *ein Mannschaftslaufspiel* [zu *Barre*]
Bar|mann ⟨m.4⟩ → *Barkeeper (2)*
Bär|me ⟨f., -, nur Sg.; norddt.⟩ **1** *Hefe* **2** *Schaum (vom Bier)* [⟨nddt. *barme*, < germ. *barma* „Bierhefe", < idg. *bhereu* „gären, wallen"]
bar|men ⟨V.1, hat gebarmt; o.Obj.⟩ *wehleidig klagen, jammern*
barm|her|zig ⟨Adj.⟩ *mitleidig und hilfreich; sei doch b.!;* ~er *Himmel!* (Ausruf des Schreckens oder der Verblüffung) **Barm|her|zig|keit** ⟨f., -, nur Sg.⟩
Bar|mi|xer ⟨m.5⟩ *jmd., der an der Bar Getränke mixt*
ba|rock ⟨Adj.⟩ **1** *zum Barock gehörend, aus ihm stammend* **2** *überladen, üppig*
Ba|rock ⟨n., -(s), nur Sg.⟩ **1** *kraftvoller, schmuckreicher Kunst- und Literaturstil des 17./18. Jahrhunderts* **2** *Zeitalter selbst* [< ital. *barocco*, frz. *baroque* „Barock", als Adj. „barock", übertr. „lächerlich, sonderbar, merkwürdig", urspr. (16. Jh.) in der Fügung *perle baroque* „unregelmäßig geformte Perle"]
ba|ro|ckie|ren ⟨-k|k-; V.3, hat barockisiert; mit Akk.⟩ *nach dem Vorbild des Barockstils gestalten*
Ba|ro|graph ⟨m.10⟩ *selbstaufzeichnender Luftdruckmesser* [< griech. *baros* „Schwere, Gewicht" und *...graph*]
Ba|ro|me|ter ⟨n.5⟩ *Luftdruckmesser;* Syn. ⟨volkstümlich⟩ *Wetterglas; das B. steht auf Sturm* [ist herrscht ein Zustand äußerster Gereiztheit] [< griech. *baros* „Schwere, Gewicht" und *...meter*]
ba|ro|me|trisch ⟨Adj., o.Steig.⟩ *mit Hilfe des Barometers (gemessen);* ~e *Höhenformel, Höhenstufe Höhenunterschied zwischen zwei Orten mit einem Unterschied des Barometerstandes von 1 mm Quecksilbersäule*
Ba|ron ⟨m.1⟩ **1** ⟨Titel für⟩ *Angehörigen des untersten Adelsranges;* Syn. *Freiherr* **2** ⟨übertr., iron. in Zus.⟩ *Industrieller (Kohlen~, Industrie~)* [frz. „Freiherr" < fränk. *baro* „Mann, Lehnsmann, Krieger"]
Ba|ro|nat ⟨n.1⟩ *Würde, Stammsitz eines Barons*
Ba|ro|nes|se ⟨f.11⟩ *unverheiratete Tochter eines Barons;* Syn. *Freiin, Freifräulein*
Ba|ro|net ⟨[bærənət] m.9; Abk.: Bart.⟩ **1** *unterster englischer Adelstitel* **2** *Träger dieses Titels*
Ba|ro|nie ⟨f.11⟩ → *Baronat*
Ba|ro|nin ⟨f.10⟩ *Ehefrau eines Barons;* Syn. *Freifrau*
Bar|ras ⟨m., -, nur Sg.; ugs.⟩ *Militär, Militärdienst* [wahrscheinlich < jidd. *baras* „Fladenbrot, Kommißbrot", dann auf den „Kommiß" bezogen]
Bar|re ⟨f.11⟩ **1** ⟨an Flußmündungen⟩ *Sandbank, Schlammbank* **2** *Schranke, Querstange* [frz.]
Bar|rel ⟨bɛrəl] n.9; in den USA und Großbritannien; Erdölindustrie⟩ *Hohlmaß für Erdöl und Benzin, 158,76 l* [engl., „Faß, Tonne"]
Bar|ren ⟨m.7⟩ **1** *Turngerät aus zwei von je zwei Säulen getragenen Holmen (Parallel~, Stufen~)* **2** *gegossenes Formstück aus Metall (bes. Münzmetall); Gold~* [zu *Barre*]
Bar|rie|re ⟨f.11⟩ **1** *Vorrichtung, die einen Zugang versperrt* **2** ⟨übertr.⟩ *etwas, das eine Verbindung verhindert oder erschwert (Sprach~)* [< frz. *barrière* „Schranke, Sperre"]
Bar|ri|ka|de ⟨f.11⟩ *Straßensperre, Hindernis; auf die* ~n *gehen* ⟨übertr.⟩ *empört gegen etwas angehen;* ~n *errichten* [frz.]
barsch ⟨Adj.⟩ *kurz und unfreundlich, grob*
Barsch ⟨m.1⟩ **1** *längsgebänderter eurasiatischer Süßwasserfisch mit stacheliger Rückenflosse;* Syn. ⟨schweiz.⟩ *Egli* [germ. Stammwort, eigtl. „der Borstige"] **2** *ein Knochenfisch (Bunt~, Zacken~)*
Bar|schaft ⟨f.10⟩ *Gesamtheit des Bargeldes, das jmd. bei sich hat*
Bar|scheck ⟨m.9⟩ *Scheck, der von der Bank² gegen Bargeld eingelöst wird*
Barsch|heit ⟨f., -, nur Sg.⟩ *barsches Benehmen*
Bar|soi ⟨m.9⟩ *russischer Windhund* [< russ. *borsoi* „Windhund", zu *borsoi* „schnell, rasch" (von Hunden)]
Bar|sor|ti|ment ⟨n.1⟩ **1** ⟨nur Sg.⟩ *Form des Buchhandels, die der Vermittlung zwischen Verlegern und Buchhändlern dient, Zwischenbuchhandel* **2** *Unternehmen, das Bücher von Verlagen kauft und an Buchhändler weiterverkauft*
Bart ⟨m.1⟩ **1** ⟨bei Männern⟩ *starke Behaarung an Kinn, Wangen und über der Oberlippe; das hat einen B.* ⟨ugs.⟩ *das ist längst bekannt; etwas in seinen B. murmeln* ⟨ugs.⟩ *undeutlich, unverständlich sagen; jmdm. um den B. gehen* ⟨ugs.⟩ *jmdm. schmeicheln (um etwas von ihm zu erreichen)* **2** ⟨bei Säugetieren⟩ *lange, herausragende Gesichtshaare*
Bar|te ⟨f.11; bei Bartenwalen⟩ *Hornplatte im Oberkiefer* [zu *Bart*]
Bar|teln ⟨Pl.; bei Fischen⟩ *fadenartige Auswüchse am Maul* [Verkleinerungsform zu *Bart*]
Bar|ten|wal ⟨m.1⟩ *Wal mit Barten (statt Zähnen) zum Filtern der Nahrung*
Bar|terl ⟨n.14; österr.⟩ → *Lätzchen*
Bart|flech|te ⟨f.11⟩ **1** *Pflanze, Vertreter einer Gattung der Flechten* [sie hängen in „bart"ähnlichen Strähnen von Bäumen] **2** *Hauterkrankung in der Bartgegend*
Bart|gei|er ⟨m.5⟩ *Greifvogel eurasischer und afrikanischer Gebirge;* Syn. *Lämmergeier* [nach dem schwarzen Federbart]
Bart|grun|del ⟨f.11⟩ *kleiner Bodenfisch eurasiatischer Fließgewässer mit sechs Barteln;* Syn. *Schmerle*
Bart|hel ⟨in der Wendung⟩ *er weiß, wo B. den Most holt* ⟨ugs.⟩ *er kennt alle Schliche, alle Tricks* [vielleicht < rotw. *Bartel* „Brecheisen" oder *Barsel* „Werkzeug zum Schließen" und *Moos* „Geld"]
Bär|tier|chen ⟨n.7⟩ *winziges, walzenförmiges Gliedertierchen*
bär|tig ⟨Adj.⟩ *mit Bart;* ~es *Gesicht;* ~er *Mann*
...bär|tig ⟨Adj., o.Steig.; in Zus.⟩ *mit einer bestimmten Art von Bart versehen, z.B. weißbärtig, stoppelbärtig*
Bart|mei|se ⟨f.11⟩ *Singvogel eurasiatischer Schilfgebiete* [nach der meisenähnlichen Gestalt und den schnurrbartähnlichen Streifen beiderseits des Schnabels]
Bart|sche|rer ⟨m.5; †⟩ *jmd., der berufsmäßig rasiert*
Bart|tracht ⟨f.10⟩ *bestimmte Art, den Bart wachsen zu lassen oder Teile davon zu rasieren*
Ba|rut|sche ⟨f.11⟩ *zweirädrige Kutsche;* auch: *Birutsche* [< ital. *barroccio, birroccio* „zweirädriger Karren" < lat. *birotus* „zweirädrig", aus *bis* „zweimal" und *rota* „Rad"]
Ba|ry|on ⟨n., -s, Ba|ryo|nen; meist Pl.⟩ ~en *schwere, unstabile Elementarteilchen (Nukleonen und Hyperonen)* [< griech. *barys* „schwer"]
Ba|ry|sphä|re ⟨f.11⟩ *innerster Teil der Erde, Erdkern* [< griech. *barys* „tief" und *Sphäre*]
Ba|ryt ⟨m.1⟩ *ein Mineral;* Syn. *Schwerspat* [< griech. *barys* „schwer", *barytes* „Schwere"]
Ba|ry|ton ⟨n.1⟩ *der Gambe ähnliches Streichinstrument* [< griech. *barys* „schwer" und *tonos* „Ton, Klang"]
Bar|zel|let|ta ⟨f., -, -s oder -ten; 15./16. Jh.⟩ *Tanzlied* [ital.]
ba|sal ⟨Adj., o.Steig.⟩ *zur Basis gehörend, auf ihr liegend*
Ba|salt ⟨m.1⟩ *ein schwärzliches Vulkangestein* [< lat. *basanites*, nach dem verwitterten Lavaboden der Landschaft *Basan* in Nordostpalästina]
Ba|sal|tem|pe|ra|tur ⟨f.10⟩ *die morgens vor dem Aufstehen gemessene Körpertemperatur*
Ba|sar ⟨m.1⟩ **1** *in oriental. Ländern Markt* **2** ⟨früher⟩ *Warenhaus* **3** *Warenverkauf für wohltätige Zwecke* [über ital. *bazar* „Kaufhaus" < pers. *bāzār* „Markt"]
Bäs|chen ⟨n.7⟩ *Kusine, junge Base¹*
Basch|lik ⟨m.9⟩ *kaukasische Wollkapuze* [< türk. *başlık* „Kopfbedeckung", < *baş* „Kopf" und Nachsilbe *-lik* „etwas zu etwas Gehöriges, Passendes"]
Ba|se¹ ⟨f.11; †⟩ → *Kusine*
Ba|se² ⟨f.11⟩ *alkalisch reagierende chemische Verbindung* [zu *Basis*]
Base|ball ⟨[beɪsbɔ:l] m., -s, nur Sg.⟩ *dem Schlagball ähnliches amerikanisches Mannschaftsspiel* [eigtl. „Malspiel"; < engl. *base* „Stützpunkt, Grundlage", im Spiel „Mal", im B. Bez. für jeden der vier Eckpunkte des Spielquadrats, die im Spielverlauf bes. wichtige Punkte sind, und *ball* „Ball"]
Ba|se|dow|sche Krank|heit ⟨[-doʃə-] f., -n

-, nur Sg.⟩ *auf Überfunktion der Schilddrüse beruhende Krankheit* [nach dem Arzt K. von Basedow]

Ba|sic-Eng|lish ⟨[bɛɪsɪkɪŋglɪʃ] n., -, nur Sg.⟩ *Grundenglisch, vereinfachtes Englisch mit 850 Grundwörtern und einfachen Regeln*

ba|sie|ren ⟨V.3, hat basiert; mit Präp.obj.⟩ *auf etwas b. sich auf etwas gründen, etwas zur Grundlage haben* [zu *Basis*]

Ba|si|li|en|kraut ⟨[-ljən] n., -(e)s, nur Sg.⟩ → *Basilikum (1)*

Ba|si|li|ka ⟨f., -, -ken⟩ **1** *altrömische Markt- und Gerichtshalle* **2** *altchristliche Kirchenform mit Mittelschiff und zwei niedrigen Seitenschiffen, seit dem 14. Jahrhundert mit Querschiff* [< griech. *stoa basilike* „königliche Halle", < *stoa* „Säulenhalle" und *basilikos* „königlich", < *basileus* „König, Herrscher"]

ba|si|li|kal ⟨Adj., o.Steig.⟩ *in der Art einer Basilika (2)*

Ba|si|li|kum ⟨n., -s, nur Sg.⟩ **1** *weiß oder rötlich blühender Lippenblütler; Syn. Basilienkraut* **2** *daraus gewonnenes Gewürz* [< lat. *basilicum remedium*, < griech. *basilikon pharmakon*, beides „königliches Heilmittel", zu griech. *basileus* „König"]

Ba|si|lisk ⟨m.10⟩ **1** ⟨oriental. Myth.⟩ *drachenähnliches Ungeheuer mit tödlichem Blick und Atem* [< lat. *basiliscus* „kleiner König", zu griech. *basileus* „König", entweder wegen dem Kopfschmuck, der einer kleinen Krone ähnelt, oder weil er der König aller Schlangen ist] **2** *ein südamerikanischer Leguan* [nach dem bizarren Äußeren mit dem Ungeheuer verglichen; die Männchen des Helmbasilisken haben einen schwellfähigen Hautkamm]

Ba|sis ⟨f., -, -sen⟩ **1** *Grundlage, Ausgangspunkt, Wurzel* **2** *militärischer Stützpunkt* **3** *Grundzahl (einer Potenz oder eines Logarithmus)* **4** *Grundlinie (einer geometrischen Figur), Grundfläche (eines Körpers)* **5** ⟨Marxismus⟩ *die wirtschaftliche Struktur (einer Gesellschaftsordnung)* [< griech. *basis* „Schritt, Gang; Grundlage", zu *bainein* „gehen; sich befinden"]

ba|sisch ⟨Adj., o.Steig.; Chem.⟩ *wie eine Base[2] (reagierend)*

Ba|si|zi|tät ⟨f., -, nur Sg.; Chem.⟩ **1** *Basengehalt einer Lösung; Syn. Alkalität* **2** *Maßbegriff für die Neutralisationsfähigkeit einer Säure*

Bas|ke ⟨m.11⟩ *Angehöriger eines Volkes in den Westpyrenäen und an der Biscaya* [< span. *vasco* „Baske"]

Bas|ken|müt|ze ⟨f.11⟩ *Mütze aus Tuch ohne Rand und Schirm* [nach den *Basken*]

Bas|ket|ball ⟨m., -s, nur Sg.⟩ *dem Korbball ähnliches Spiel* [< engl. *basket* „Korb" und *ball* „Ball"]

bas|kisch ⟨Adj., o.Steig.⟩ *die Basken betreffend, zu ihnen gehörig, von ihnen stammend;* ~*e Sprache nichtindogermanische Sprache der Basken*

Bas|kü|le ⟨f.11⟩ *Hebelverschluß für Fenster und Türen* [< frz. *bascule* „Wippe, Hebelwaage"]

Bas|re|li|ef ⟨[baʀəljɛf] n.9 oder n.1⟩ → *Flachrelief* [frz., < *bas* „niedrig, flach" und → *Relief*]

baß ⟨Adv.; nur in den Wendungen⟩ *b. erstaunt, b. verwundert sehr erstaunt, verwundert* [< mhd. *baz* „besser", Komparativ zu *wol* „wohl"]

Baß ⟨m.2⟩ **1** *Kontrabaß, Baßgeige* **2** *tiefe Tonlage der Männerstimme* **3** *Sänger mit dieser Stimme* **4** *Gesamtheit der tiefen Männerstimmen im Chor* **5** *tiefste Tonlage bei Musikinstrumenten (~flöte)* [< ital. *basso* in ders. Bed., eigtl. „niedrig, tief"]

bas|sa ⟨Mus.⟩ *tief, niedrig; ottava b.* ⟨Zeichen: 8 bassa oder 8va bassa⟩ *eine Oktave tiefer (zu spielen)* [ital., Fem. zu *basso* „tief"]

Bas|sa ⟨m.9; †⟩ *europäische Form für* → *Pascha*

Baß|ba|ri|ton ⟨m.1⟩ **1** *Stimmlage zwischen Baß und Bariton* **2** *Sänger mit einer solchen Stimme*

Baß|buf|fo ⟨m.9⟩ *Baßsänger für komische Rollen*

Bas|se ⟨m.11; Jägerspr.⟩ *starker Keiler*

Bas|se|lis|se ⟨[baslɪs] f.11⟩ *Webart mit waagerechter Kette; Ggs. Hautelisse* [< frz. *basselice*, < *bas*, *basse* „tief, niedrig" und *lice* „Schaft"]

Bas|set ⟨engl. [bæsət] oder frz. [basɛ] m.9⟩ *kurzbeiniger Jagdhund mit Hängeohren* [< frz. *basset* „kurzbeinig", zu *bas* „niedrig"]

Bas|sett|horn ⟨n.4⟩ *Klarinette in tiefer Tonlage; Syn. Altklarinette* [Übersetzung von ital. *corno di bassetto*, < *corno* „Horn" und *bassetto* „kleiner Baß", zu *basso* „Baß"]

Baß|gei|ge ⟨f.11⟩ → *Kontrabaß*

Bas|sin ⟨-sɛ̃ n.9⟩ *künstlich angelegtes Becken für Flüssigkeiten* [frz., „Becken, Schüssel"]

Bas|sist ⟨m.10⟩ **1** *Sänger, der Baß singt* **2** *Spieler der Baßgeige, des Kontrabasses*

Bas|so ⟨m., -, -si; Mus.⟩ *Baß;* B. *continuo* ⟨Abk.: b. c., B. c.⟩ *im 17./18. Jh.⟩ Baßstimme zur Unterstützung oder Begleitung bei Instrumentalstücken; Syn. Generalbaß;* B. *ostinato ständig wiederkehrendes Motiv im Baß* [< ital. *basso* „Baß", als Adj. „tief"]

Baß|schlüs|sel ⟨m.5; Mus.⟩ *Notenschlüssel auf der vierten Linie; Syn. F-Schlüssel*

Bast ⟨m.1⟩ **1** *Fasergewebe unter der Rinde* **2** *daraus gewonnener Werkstoff* **3** *Haut über dem wachsenden Geweih*

ba|sta! *genug!, Schluß!* [ital., „es genügt", zu *bastare* „genügen"]

Ba|stard ⟨m.1⟩ **1** ⟨beim Menschen⟩ *Nachkomme von rassisch verschiedenen Eltern* **2** ⟨abwertend⟩ *nichteheliches Kind (bes. eines Adligen und einer nichtadligen Frau)* **3** *Tier oder Pflanze, dessen bzw. deren Eltern verschiedenen Arten (oder Gattungen) angehören; Syn. Blendling* [altfrz., vielleicht zu *bast* „Saumsattel, Packsattel", also etwa „der auf dem Packsattel Gezeugte", was dadurch erklärt wird, daß die Maultiertreiber oft aus ihren Sätteln im Wirtshaus ein Lager anfertigten]

ba|star|die|ren ⟨V.3, hat bastardiert; mit Akk.⟩ *kreuzen, mischen; Rassen, Arten b.*

Ba|star|die|rung ⟨f.10⟩ *das Bastardieren, Entstehung von Bastarden (3)*

Ba|stard|schrift ⟨f.10⟩ *eine Druckschrift mit Merkmalen der Fraktur und Antiqua*

Ba|stei ⟨f.10⟩ *vorspringender Teil einer Festung, Bollwerk, Bastion in ders. Bed., zu bastire* „bauen"]

ba|steln ⟨V.1, hat gebastelt⟩ **I** ⟨o.Obj.⟩ *sich aus Liebhaberei mit kleinen handwerklichen Arbeiten beschäftigen; ich bastele, bastle gern* **II** ⟨mit Akk.⟩ *durch kleine handwerkliche Arbeiten aus Liebhaberei herstellen; er hat ein Mobile gebastelt*

ba|sten ⟨Adj., o.Steig.; nur als Attr. und mit „sein"⟩ *aus Bast*

Ba|stil|le ⟨[bastijə] f.11⟩ **1** *befestigtes Schloß in Frankreich* **2** *Burg in Paris, die als Staatsgefängnis diente* [frz., mlat. *bastile, bastilla, bastia, bastida* „Festung, Burg", zu *bastire* „bauen"]

Ba|sti|on ⟨f.10⟩ *Bollwerk, Schutzwehr* [< ital. *bastione* in ders. Bed., zu fränk. *bastjan „bauen"]

Bast|ler ⟨m.5⟩ *jmd., der gern bastelt*

Ba|sto|na|de ⟨f.; früher im Orient⟩ *Prügelstrafe, Stockhiebe (bes. auf die Fußsohlen)* [über frz. *bastonnade* < ital. *bastonato* „Stockschlag", zu *bastone* „Stock"]

BAT ⟨Abk. für⟩ *Bundes-Angestellten-Tarif*

Ba|tail|lon ⟨[-ljoŋ] n.1⟩ *Truppenverband mit mehreren Kompanien* [< frz. *bataille* „Kampf"]

Ba|ta|te ⟨f.11⟩ *tropisches Windengewächs mit eßbaren Wurzelknollen; Syn. Süßkartoffel*

[< span. *batata*, *patata* < hait. *patata* in ders. Bed.; vgl. engl. *potato* „Kartoffel"]

Ba|tho|lith ⟨m.1 oder m.10⟩ *magmatischer, in der Tiefe erstarrter Gesteinskörper* [< griech. *bathos* „Tiefe" und *lithos* „Stein"]

Ba|tho|pho|bie ⟨f.11⟩ *Furcht- und Schwindelgefühl beim Blick in die Tiefe oder aus der Tiefe in große Höhe* [< griech. *bathos* „Tiefe" und *Phobie*]

Ba|thy|al ⟨n., -s, nur Sg.⟩ **1** *lichtarmer Bereich eines Meeres zwischen 200 und 800 Meter Tiefe* **2** *Ablagerungen in diesem Bereich* [< griech. *bathos* „Tiefe"]

Ba|thy|skaph ⟨m.10⟩ *Tiefseetauchgerät* [< griech. *bathos* „tief" und *skaphe* „leichtes Boot"]

Ba|tik ⟨f.10⟩ **1** ⟨nur Sg.⟩ *javanisches Verfahren zum Färben von Gewebe, bei dem das aufgezeichnete Muster mit Wachs abgedeckt wird* **2** *ein so gefärbter Stoff* [< javan. *batik* „gemalt, gesprenkelt"]

ba|ti|ken ⟨V.1, hat gebatikt; mit Akk.⟩ *mittels Batik (1) färben*

Ba|tist ⟨m.1⟩ *feines, leinenartiges Gewebe* [< frz. *batiste* in ders. Bed.]

Bat|te|rie ⟨f.11⟩ **1** *Zusammenfassung gleichartiger Vorrichtungen zur Erhöhung der Wirkung* **2** ⟨Elektr.⟩ *Zusammenschaltung mehrerer Elemente zu einer Stromquelle* **3** *kleinste Artillerie-Einheit* **4** *Anordnung von Hähnen für Kalt- und Warmwasser* **5** ⟨ugs.⟩ *Menge gleichartiger Gegenstände; B. von Flaschen* [frz., „Reihe gefechtsbereiter Kanonen; deren Bedienungsmannschaft; Reihe nebeneinandergestellter Gegenstände", zu *battre* „schlagen"]

Bat|zen ⟨m.7⟩ **1** *Masse ohne bestimmte Form oder in nicht überschaubarer Menge; ein B. Erde, Schmutz; ein B. Geld sehr viel Geld* [vielleicht zusammengezogen < mundartl. *backetzen* „zusammenbacken"] **2** ⟨Münzwesen⟩ **a** ⟨in Dtld.⟩ *4 Kreuzer* **b** ⟨schweiz. noch⟩ *Zehnrappenstück* [wohl nach dem Berner Wappentier, dem Bären, in der alten Verkleinerungsform *Betz* oder *Petz*]

Bau **I** ⟨m., -(e)s, nur Sg.⟩ **1** *das Bauen, das Errichten;* B. *von Straßen, Brücken, Schulen* **2** *Anbau;* B. *von Kartoffeln, Getreide* **3** *Art, wie ein Körper gewachsen ist, Wuchs (Körper~);* B. *eines Blattes, einer Blüte* **4** *Stelle, wo etwas gebaut wird (~stelle); auf dem B. arbeiten; er ist vom B.* ⟨übertr.⟩ *er weiß auf diesem Gebiet Bescheid* **5** ⟨Mil.⟩ *Raum, in dem eine kurze Freiheitsstrafe verbüßt wird* **b** *die Freiheitsstrafe selbst, Arrest; drei Tage B. bekommen* **II** ⟨m.1⟩ **1** *Höhle als Tierwohnung (Dachs~); ich komme zur Zeit nicht aus dem B.* ⟨übertr., ugs.⟩ *ich kann zur Zeit kaum ausgehen* **2** *Anlage im Bergwerk, Stollen, Grube* **III** ⟨m., -(e)s, Bau|ten⟩ *Gebäude, Bauwerk*

Bauch ⟨m.2⟩ **1** ⟨beim Menschen und bei Wirbeltieren⟩ *unterer Teil des Rumpfes; sich den B. halten vor Lachen* ⟨ugs.⟩ *sehr lachen; vor jmdm. auf dem B. kriechen* ⟨übertr.⟩ *sich vor jmdm. demütigen, sich unterwürfig benehmen; das kann ich nicht aus dem hohlen B. sagen* ⟨ugs.⟩ *das weiß ich nicht auswendig, dazu müßte ich erst nachschlagen; jmdm. ein Loch in den B. fragen* ⟨ugs.⟩ *jmdn. unaufhörlich fragen; auf den B. fallen* ⟨ugs.⟩ *scheitern* **2** ⟨ugs.⟩ *Magen; sich den B. vollschlagen* ⟨derb⟩ *sehr viel (auf einmal) essen* **3** ⟨übertr.⟩ *Wölbung nach außen;* B. *einer Flasche* [germ. Stammwort, eigtl. „der Geschwollene"]

Bauch|decke ⟨-k|k-; f.11⟩ *Haut-, Muskel- und Fettgewebeteile des Bauches*

bau|chen ⟨V.1, hat gebaucht; mit Akk.⟩ *mit einer Wölbung versehen; ein gebauchtes Gefäß*

Bauch|fell ⟨n.1⟩ *Auskleidung der Bauchhöhle; Syn. Peritoneum* [*Fell* hier in der älteren Bed. „Haut"]

Bauch|fleck ⟨m., -s, nur Sg.; österr.⟩ →*Bauchklatscher* [vermutlich zu *flacken*]
Bauch|fuß ⟨m.2, meist Pl.; bei Gliederfüßern⟩ *einfach gebautes Fortbewegungswerkzeug am Hinterleib*
Bauch|grim|men ⟨n.7⟩ *(leichte) Bauchschmerzen* [zu ahd. *krimman* „verletzen"]
Bauch|höh|le ⟨f.11⟩ *(vom Bauchfell umschlossene) Körperhöhle zwischen Zwerchfell und Beckenboden (enthält u. a. Magen, Darm und Leber)*
Bauch|höh|len|schwan|ger|schaft ⟨f.10⟩ *Entwicklung der Leibesfrucht außerhalb der Gebärmutter in der Bauchhöhle*
bauchig ⟨Adj.⟩ *gewölbt;* ~er Krug
Bauch|klat|scher ⟨m.5⟩ *mißglückter Kopfsprung, bei dem der Körper waagerecht auf die Wasseroberfläche auftrifft;* Syn. (österr.) *Bauchfleck*
Bauch|knei|pen ⟨n.7; ostmdt.⟩ *Bauchschmerzen* [zu *kneifen*]
Bauch|la|den ⟨m.8⟩ *Kasten mit kleinen Waren, der über eine Schulter gehängt und vor dem Bauch getragen wird*
bäuch|lings ⟨Adv.⟩ **1** *auf dem Bauch;* b. *auf der Couch liegen* **2** *mit dem Bauch voran;* b. *ins Wasser fallen*
Bauch|pilz ⟨m.1⟩ *ein Ständerpilz* [nach der rundlichen („bauchigen") Form einiger Arten, bes. der Boviste]
bauch|re|den ⟨V., nur im Infinitiv und Perf.⟩ *ohne Mundbewegung sprechen; er kann b.; er hat bauchgeredet*
Bauch|red|ner ⟨m.5⟩ *jmd., der bauchreden kann*
Bauch|spei|chel|drü|se ⟨f.11⟩ *Drüse in der Bauchhöhle, die u. a. Enzyme zur Verdauung (Bauchspeichel) absondert und Insulin bildet;* Syn. *Pankreas*
Bauch|tanz ⟨m.2; bes. bei asiat. und afrik. Völkern⟩ *Tanz mit lebhaften Bewegungen der Hüften und des Bauches*
Bauch|was|ser|sucht ⟨f., -, nur Sg.⟩ *Auftreibung des Leibes durch Flüssigkeitsansammlung in der Bauchhöhle*
Bauch|weh ⟨n., -s, nur Sg.; bes. Kinderspr.⟩ *Bauchschmerzen*
Baud ⟨[bod] n., -(s), -⟩ *Einheit für die Telegrafiergeschwindigkeit* [nach dem frz. Telegrafisten *Baudot*]
Bau|de ⟨f.11⟩ **1** *Hütte (im Riesengebirge)* **2** *Berggasthof* [< tschech. *bouda*, entspricht mhd. *buode* „Hütte"]
Bau|ele|ment ⟨n.1⟩ **1** *kleinste Einheit einer Schaltung* **2** *vorgefertigtes Bauteil* **3** *Grundbestandteil (eines Bauwerks, einer Maschine u. ä.)*
bau|en ⟨V.1, hat gebaut⟩ **I** ⟨mit Akk.⟩ **1** *nach einem bestimmten Plan errichten, aufrichten, anlegen, herstellen; ein Haus, eine Brücke, eine Straße, ein Nest b.; die Betten b.* ⟨ugs.⟩ *in Ordnung bringen; auf ihn kann man Häuser b.* ⟨ugs.⟩ *auf ihn kann man sich fest verlassen* **2** *in großem Umfang anpflanzen; Kartoffeln, Wein b.* **3** ⟨in Wendungen wie⟩ *den Doktor b.* ⟨übertr., ugs.⟩ *die Doktorprüfung machen; einen Unfall b.* ⟨übertr., ugs.⟩ *einen Unfall haben* **II** ⟨o.Obj.⟩ **1** *ein Haus, Häuser, Brücken usw. errichten; wir wollen b.; wir haben gebaut; mit Bauklötzen b.;* **1** *hier wird viel gebaut* **2** *in bestimmter Weise errichten, herstellen; wir wollen nicht so hoch, nicht so teuer b.; der Schrank ist gut, fest, solide gebaut; ein gut gebauter Mann von gutem, ebenmäßigem Körperbau; so wie du gebaut bist, schaffst du das doch!* ⟨ugs., scherzh.⟩ *du mußt Kraft, Energie, Ausdauer b.; Ausdauer schafft du das doch!*
Bau|er ⟨m.11⟩ **1** *jmd., der berufsmäßig Landwirtschaft betreibt (Acker~, Wein~);* Syn. *Landwirt,* (geh.) *Landmann* **2** *eine Spielkarte, Bube, Wenzel* **3** *eine Schachfigur*
Bäu|e|rin ⟨f.10⟩ *Frau eines Bauern*

bäu|e|risch ⟨Adj.⟩ →*bäurisch*
bäu|er|lich ⟨Adj.⟩ *von einem Bauern bewirtschaftet, zum Bauern gehörig, in der Art der Bauern;* ~es *Anwesen;* ~e *Tracht*
Bau|er... ⟨in Zus.; häufig als Zusatz bei Lebensmitteln, urwüchsige Erzeugung vorspiegelnd⟩ *nach der Art oder von Bauern hergestellt, z. B. Bauernbrot, Bauerngesélchtes*
Bau|ern|brot ⟨n.1⟩ →*Landbrot*
Bau|ern|fän|ger ⟨m.5⟩ *Betrüger, der die Unerfahrenheit, Vertrauenseligkeit anderer ausnutzt* [urspr. „jmd., der einen Bauern mit den Mitteln des gerissenen Städters betrügt"]
Bau|ern|fän|ge|rei ⟨f., -, nur Sg.⟩ *plumper Betrug*
Bau|ern|früh|stück ⟨n.1⟩ *(üppiges) Frühstück mit Bratkartoffeln*
Bau|ern|haus ⟨n.4⟩ *Wohngebäude eines Bauern*
Bau|ern|hoch|zeit ⟨f.10⟩ **1** *(aufwendige) Hochzeit vom Land* **2** *Hochzeit von Städtern (oft in Trachten) auf dem Land*
Bau|ern|hof ⟨m.2⟩ *Wohn- und Wirtschaftsgebäude eines Bauern;* Syn. *Gehöft,* ⟨schweiz.⟩ *Heimen, Heimet*
Bau|ern|ka|len|der ⟨m.5⟩ *Kalender mit langfristigen Wettervorhersagen (oft gereimt in Spruchform)*
Bau|ern|karp|fen ⟨m.7⟩ →*Karausche*
Bau|ern|re|gel ⟨f.11⟩ *aus der Erfahrung vieler Jahrhunderte abgeleitete, zum Teil jedoch auf Aberglauben beruhende Wetterregel, z.B. „Ist der Siebenschläfer naß, regnet's ohne Unterlaß"*
Bau|ern|sa|me ⟨f., -, nur Sg.; schweiz.⟩ *Bauernschaft*
Bau|ern|schlau ⟨Adj., o.Steig.⟩ *auf einfache Art gewitzt, gerissen*
Bau|ern|schläue ⟨f., -, nur Sg.⟩ *einfache Art von Schläue*
Bau|ern|thea|ter ⟨n.5⟩ **1** *Theater, in dem Stücke aus dem Bauernmilieu im Dialekt aufgeführt werden* **2** *Theater, in dem Stücke von der bäuerlichen Bevölkerung selbst aufgeführt werden*
Bau|ern|tum ⟨n., -s, nur Sg.⟩ **1** *Wesensart des Bauern; sein B. (nicht) verleugnen* **2** *Gesamtheit der Bauern als gesellschaftlicher Stand; das B. fördern, unterstützen*
Bau|ern|volk ⟨n., -s, nur Sg.⟩ *Bauern und ihre Angehörigen; es war viel B. versammelt*
Bau|ern|wet|zel ⟨m., -s, nur Sg.; landsch.⟩ →*Mumps*
Bau|ers|frau ⟨f.10⟩ *einfache Frau vom Lande, Bäuerin*
Bau|ers|mann ⟨m.4; poet.⟩ *Bauer*
Bau|fach ⟨n., -(e)s, nur Sg.⟩ →*Baugewerbe*
bau|fäl|lig ⟨Adj.; bei Gebäuden⟩ *so beschaffen, daß Instandsetzungsarbeiten notwendig sind*
Bau|flucht ⟨f.10⟩ *Linie, auf der die der Straße zugekehrte Vorderfront eines Gebäudes liegen soll;* Syn. *Baulinie* [< nddt. *flugt* „Flug"]
Bau|füh|rer ⟨m.5⟩ *jmd., der die Arbeiten auf einer Baustelle leitet*
Bau|ge|nos|sen|schaft ⟨f.10⟩ **1** *Verbrauchergenossenschaft, die für ihre Mitglieder Wohnungen baut* **2** *gemeinnütziges Wohnungsbauunternehmen im Besitz einer Gemeinde oder des Staates*
Bau|ge|wer|be ⟨n., -s, nur Sg.; Sammelbez. für⟩ *Unternehmen (Betriebe), die mit Hoch-, Tief- und Straßenbau sowie Installation, Malerei und Glaserei am Bau zu tun haben;* Syn. *Bauwirtschaft*
Bau|herr ⟨m., -(e)n, -en⟩ *jmd., der (als künftiger Besitzer) den Auftrag zum Bauen gibt; B. ist das Land Bayern*
Bau|her|ren|mo|dell ⟨n., -s, nur Sg.⟩ *(aus Steuergründen gewählte) juristische Konstruktion für Erwerber und Erbauer von Wohnungen*
Bau|holz ⟨n.4⟩ **1** *Holz für Bauzwecke* **2** ⟨nur Sg.; Sammelbez. für⟩ *Holzteile an*

Obstbäumen und -sträuchern, die keine Blüten oder Früchte tragen; Gs. *Fruchtholz*
Bau|hüt|te ⟨f.11⟩ *früher: Vereinigung von Bildhauern und Steinmetzen zur Planung und Errichtung von großen Kirchenbauten*
Bau|in|ge|nieur ⟨[-inʒənjøːr] m.1; nicht geschützte Berufsbez. für⟩ *im Hoch- oder Tiefbau tätiger Ingenieur*
Bau|ka|sten ⟨m.8⟩ *Kasten mit vielen Einzelteilen zum Bauen (für Kinder)*
Bau|klötz|chen ⟨n., -s, Pl.⟩, **Bau|klöt|zer** ⟨m.4, Pl.⟩ *kleine Klötze zum Bauen (als Kinderspielzeug); er staunte Bauklötze(r)* ⟨ugs.⟩ *er staunte sehr*
Bau|kunst ⟨f., -, nur Sg.⟩ *Kunst des Bauens, Bauen nach künstlerischen Gesichtspunkten;* Syn. *Architektur*
bau|lich ⟨Adj., o.Steig.; nur als Attr. und Adv.⟩ *einen Bau betreffend, hinsichtlich des Baues, zu einem Bau gehörend;* ~e *Veränderungen anbringen; das Haus ist b. sehr schön, aber schlecht instand*
Bau|lich|kei|ten ⟨f.10, Pl.⟩ *Gesamtheit von Gebäuden, mehrere zusammengehörige Gebäude*
Bau|li|nie ⟨[-njə] f.11⟩ →*Bauflucht*
Bau|lö|we ⟨m.11; ugs., abwertend⟩ *gerissener Bauunternehmer, der viele Mietshäuser besitzt*
Baum ⟨m.2⟩ **1** *Holzgewächs, dessen Stamm sich erst oberhalb des Bodens verzweigt; es ist, um auf die Bäume zu klettern!* ⟨ugs.⟩ *es ist zum Verzweifeln!; das zeigt auf Bäume!* ⟨ugs.⟩ *das ist unerhört!; er sieht den Wald vor lauter Bäumen nicht* ⟨ugs.⟩ *er sieht es nicht (was er sucht), obwohl er davorsteht; ein B. von einem Mann* ⟨ugs.⟩ *ein sehr großer, kräftiger Mann; Bäume ausreißen können* ⟨ugs.⟩ *Dinge leisten können, zu denen viel Kraft gehört* **2** ⟨bei Segelschiffen⟩ **a** *Rundholz der Takelung* **b** ⟨kurz für⟩ *Ladebaum*
Baumé|grad ⟨[bome-] m.1, nach Zahlenangaben Pl.; Zeichen: °Bé⟩ *Einheit für das spezifische Gewicht von Flüssigkeiten* [nach dem frz. Chemiker Antoine *Baumé*]
Bau|mei|ster ⟨m.5; als Titel bis Ende 1980 erwerbbar⟩ *Diplomingenieur, der als Bauunternehmer tätig ist*
bau|meln ⟨V.1, hat gebaumelt; mit Akk.⟩ *hängen (und schwingen); er saß auf dem Geländer und ließ die Beine b.* ⟨oder⟩ *und baumelte mit den Beinen*
bäu|men ⟨V.1, hat gebäumt; refl.; geh.⟩ *sich b.* ⟨meist⟩ *sich aufbäumen; sich gegen etwas b. sich zur Wehr setzen, Widerstand leisten*
Baum|fal|ke ⟨m.11⟩ *kleiner eurasiatischer Falke mit rotbraunen Federhosen* [nach seiner Nistweise in Bäumen]
Baum|farn ⟨m.1⟩ *eine meist tropische, baumartige Farnpflanze*
Baum|fre|vel ⟨m.5⟩ *absichtliche, strafbare Beschädigung von Bäumen*
Baum|gren|ze ⟨f.11⟩ *klimatisch bedingte Grenze für normalen Baumwuchs*
Baum|hei|de ⟨f., -, nur Sg.⟩ *weißlich blühendes Heidekrautgewächs der Mittelmeerländer, liefert Bruyèreholz*
Baum|ku|chen ⟨m.7⟩ *hoher, innen hohler Kuchen in Form eines Baumstammes*
baum|lang ⟨Adj., o.Steig.⟩ *sehr lang, sehr groß, hochgewachsen; ein* ~er *Kerl*
Baum|läu|fer ⟨m.5⟩ *ein kleiner, brauner Singvogel mit gebogenem Schnabel (Wald~, Garten~)* [er klettert an Bäumen]
Baum|mar|der ⟨m.5⟩ *waldbewohnender einheimischer Marder mit gelbem Kehlfleck;* Syn. *Edelmarder*
Baum|öl ⟨n.1⟩ *minderwertiges Olivenöl*
Baum|pie|per ⟨m.5⟩ *eurasiatische Pieperart* [macht seinen Singflug von der Spitze von Bäumen aus]
Baum|sä|ge ⟨f.11⟩ *kleine Säge zum Entfernen von Ästen (von Obstbäumen)*
Baum|sarg ⟨m.2; in der europ. Vorge-

schichte und bei Naturvölkern⟩ *Sarg aus einem ausgehöhlten Baumstamm*
Baum|schei|be ⟨f.11⟩ *Bodenfläche um den Baumstamm, die offen und pflanzenfrei gehalten wird*
Baum|schu|le ⟨f.11⟩ *Anzuchtstätte für Obst-, Forst- und Ziergehölze*
Baum|schwamm ⟨m.2⟩ *an Bäumen wachsender Pilz*
baum|stark ⟨Adj., o.Steig.⟩ *dick wie ein Baumstamm;* ein ~er *Pfahl*
Baum|wachs ⟨n.1⟩ *Mittel zum Bestreichen von Baumwunden (meist aus Harz, Wachs u.a.)*
Baum|wol|le ⟨f.11⟩ **1** *ein tropisch-subtropisches Malvengewächs* **2** *aus dessen Kulturformen gewonnene Haare der Samenschale* **3** *daraus versponnenes Garn;* Syn. ⟨engl.⟩ *Cotton*
baum|wol|len ⟨Adj., o.Steig.⟩ *aus Baumwolle*
Baun|zerl ⟨n.14; österr.⟩ *Milchbrötchen*
Bau|op|fer ⟨n.5; früher⟩ *in das Fundament eingemauerter oder unter die Schwelle vergrabener Gegenstand (z.B. Münzen oder ein Tier)*
Bau|or|na|ment ⟨n.1⟩ *in der Baukunst verwendete Verzierung*
Bau|plan ⟨m.2⟩ **1** *Plan eines Architekten (für ein Bauwerk u.ä.)* **2** *bildliche Veranschaulichung des inneren Aufbaus (von Dingen und Lebewesen)* **3** *Anleitung zum Bauen*
bäu|risch ⟨Adj., o.Steig.⟩ *in der Art von Bauern, ungewandt, ungeschickt;* auch: *bäurisch;* ~es *Benehmen*
Bausch ⟨m.2⟩ **1** *dickes Stück (eines weichen Stoffes;* Watte~⟩; auch: ⟨österr.⟩ *Bauschen* **2** *zusammengeknülltes Stück* (Papier~, Stoff~) **3** *Verdickung, Wulst, Polster;* in B. und Bogen *alles in einem, ohne Rücksicht auf Einzelheiten;* etwas in B. und Bogen kaufen, verkaufen *insgesamt kaufen, verkaufen, ohne zu zählen, ohne genau zu rechnen* [< mhd. *busch* ,,Wulst, Gewölbtes''; in der Wendung *in B. und Bogen* steht *Bausch* als das ,,Gewölbte, Dicke'', mithin das ,,Zuviel'' dem *Bogen,* dem ,,Flachen, nach innen Gewölbten'', also dem ,,Zuwenig'' gegenüber; bei einem Kauf *in Bausch und Bogen* wird also nicht im einzelnen abgerechnet, sondern ein Zuviel an der einen Stelle wird durch ein Zuwenig an einer andern Stelle ausgeglichen]
Bäu|schel ⟨m.5; Bgb.⟩ *schwerer Hammer* [< mhd. *busch* ,,Knüttel(schlag)'']
bau|schen ⟨V.1, hat gebauscht⟩ **I** ⟨mit Akk.⟩ *in lockere, luftige Falten legen und dadurch weit machen;* gebauschte *Ärmel* **II** ⟨refl.⟩ sich b. *lockere, weite Falten bilden;* der Rock bauscht sich
Bau|schen ⟨m.7; österr.⟩ → *Bausch*
bau|schig ⟨Adj.⟩ *in weite, luftige Falten gelegt;* ~e *Ärmel*
Bau|schu|le ⟨f.11⟩ *Fachhochschule für das Bauwesen*
bau|spa|ren ⟨V.1, hat bausgespart; nur im Infinitiv und Perf.; o.Obj.⟩ *durch einen Bausparvertrag steuerbegünstigt sparen;* er hat jahrelang bausgespart
Bau|spar|ver|trag ⟨m.2⟩ *Vertrag mit einem Geldinstitut, durch den man einen langfristigen Kredit zum Bauen bekommt*
Bau|stein ⟨m.1⟩ **1** *(künstlicher oder natürlicher) Stein zum Bauen* **2** → *Bauklötze* **3** ⟨übertr.⟩ *Bestandteil;* einen B. zu einem gemeinnützigen Werk beitragen
Bau|stel|le ⟨f.11⟩ *Stelle, an der gebaut wird*
Bau|stoff ⟨m.1⟩ *zum Bauen verwendeter Stoff* (z. B. Bauholz, Baumetall)
Bau|ta|stein ⟨m.1⟩ *bronzezeitlicher, skandinavischer Gedenkstein* [altnord.]
Bau|tech|nik ⟨f., -, nur Sg.; Sammelbez. für⟩ *technische Tätigkeiten bei Erstellung von Bauwerken*
Bau|ten ⟨Pl. von⟩ *Bau (III)*

Bau|werk ⟨n.1⟩ *(großes, bedeutendes) Gebäude*
Bau|wich ⟨m.1⟩ *vorgeschriebener Mindestabstand eines Hauses vom Nachbargrundstück* [zu *weichen* ,,Platz machen'']
Bau|wirt|schaft ⟨f., -, nur Sg.⟩ → *Baugewerbe*
Bau|xerl ⟨n.14; bayr.⟩ *kleines, liebenswertes Wesen (z.B. Kind oder Tier)*
Bau|xit ⟨auch [-ksit] m.1⟩ *weißliches oder rotbraunes Sedimentgestein, Rohstoff für Aluminiumherstellung* [nach dem ersten Fundort *Les Baux* in Südfrankreich]
Bay|er ⟨m.5⟩ *Einwohner Bayerns*
baye|risch ⟨Adj.⟩ → *bayrisch*
bay|risch ⟨Adj., o.Steig.⟩ *Bayern betreffend, zu ihm gehörig, aus ihm stammend;* auch: *bayerisch*
Ba|zar ⟨m.1⟩ → *Basar*
Ba|zi ⟨m.9; bayr.-österr.⟩ *(harmloser, liebenswerter) Schlingel* [möglicherweise eine Ableitung zu mundartlich *Baaz* ,,feuchte, klebrige Masse'']
ba|zil|lär ⟨Adj., o.Steig.⟩ *durch Bazillen hervorgerufen*
Ba|zil|lus ⟨m., -, -len⟩ **1** *Vertreter einer Gattung sporenbildender Bakterien* **2** ⟨ugs.⟩ *Bakterien als Erreger von ansteckenden Krankheiten;* der B. der Gewalt ⟨übertr.⟩ *die Gefahr des Umsichgreifens der Gewalt* [→ lat. *bacillum* ,,Stäbchen, Stöckchen'', nach der Gestalt]
Ba|zoo|ka ⟨[-zu-] f.9⟩ *amerikanische Panzerfaust* [vermutlich zu *bazoo,* Slangwort für ,,Mund'']
BBC ⟨[bibisi] f., -, nur Sg.; Abk. für⟩ *British Broadcasting Corporation:* Britische Rundfunk- und Fernsehgesellschaft
b. c., B. c. ⟨Abk. für⟩ *Basso continuo*
B. C. ⟨[bisi] Abk. für⟩ *Before Christ:* vor Christus [engl.]
B-Dur ⟨n.; -, nur Sg.; Mus.⟩ *auf dem Grundton B aufbauende Tonart*
Be ⟨chem. Zeichen für⟩ *Beryllium*
BE ⟨Abk. für⟩ *Broteinheit*
be|ab|sich|ti|gen ⟨V.1, hat beabsichtigt; mit Abk.⟩ *etwas b. die Absicht haben, etwas zu tun, etwas tun wollen, vorhaben;* ich beabsichtige, im Herbst nach Meran zu fahren
be|ach|ten ⟨V.1, hat beachtet; mit Akk.⟩ *etwas* b *auf etwas oder jmdn. achten, aufmerksam auf etwas oder jmdn. sein*
be|acht|lich ⟨Adj.⟩ *so beschaffen, daß man es beachten muß oder sollte, ziemlich groß;* eine ~e *Leistung;* seine musikalische Begabung ist b.
Be|ach|tung ⟨f., -, nur Sg.⟩ *das Beachten;* jmdm. oder einer Sache große, keine B. schenken
Beagle ⟨[bigəl] m.9⟩ *kleiner englischer Spürhund* [< mengl. *begle* in ders. Bed., wahrscheinlich < altfrz. *begueule* ,,Schreihals, lärmende Person'', wegen des auffallend lauten, aufgeregten Hechelns]
Be|am|te(r) ⟨m.17 bzw. 18⟩ *jmd., der im Amt im öffentlichen Dienst oder im Dienst einer Körperschaft des öffentlichen Rechts innehat und pensionsberechtigt ist* (Staats~, Bahn~)
be|am|tet ⟨Adj., o.Steig.; nur als Attr. und mit ,,sein''⟩ *als Beamter oder Beamtin festangestellt;* ein ~er *Lehrer*
Be|am|tin ⟨f.10⟩ *weiblicher Beamter*
be|äng|sti|gen ⟨V.1, hat beängstigt; mit Akk.⟩ *b. jmdm. Angst machen;* sein Appetit ist ~d ⟨scherzh.⟩ **Be|äng|sti|gung** ⟨f., -, nur Sg.⟩
be|an|spru|chen ⟨V.1, hat beansprucht; mit Akk.⟩ **1** *etwas b.* **a** *fordern, verlangen;* ein Recht b.; Rücksicht b.; sein Vortrag beansprucht volle Aufmerksamkeit der Zuhörer **b** *brauchen, benötigen;* Platz, Zeit b. **c** *von etwas Gebrauch machen, benutzen, verwenden;* ich möchte Ihre Gastfreundschaft

nicht zu lange b.; das Gerät wird zu sehr beansprucht **2** ⟨jmdn. b. *jmds. in großem Anspruche stellen, von jmdm. verlangen, daß er etwas tut;* mein Beruf, meine Familie beansprucht mich sehr; ich habe sehr viel zu tun, habe wenig Zeit
Be|an|spru|chung ⟨f., -, nur Sg.⟩ *das Beanspruchen, das Beansprucht sein;* die B. war zu groß
be|an|stan|den ⟨V.2, hat beanstandet; mit Akk.⟩ *etwas b.* **1** *tadeln, rügen, etwas an etwas auszusetzen haben;* jmds. Arbeit b.; das Essen (im Hotel) b.; ich habe nichts zu b. **2** *Einspruch gegen etwas erheben, sich über etwas beklagen;* der Kunde hat die schlechte Verpackung der Ware beanstandet **Be|an|stan|dung** ⟨f.10⟩
be|an|tra|gen ⟨V.1, hat beantragt; mit Akk.⟩ *etwas b.* **1** *einen Antrag stellen, um etwas zu bekommen;* einen Paß, einen Zuschuß b. **2** *fordern, verlangen;* die Auslieferung eines Verbrechers b.
be|ant|wor|ten ⟨V.2, hat beantwortet; mit Akk.⟩ *etwas b. eine Antwort auf etwas geben;* eine Frage b.; einen Brief b. **Be|ant|wor|tung** ⟨f., -, nur Sg.⟩
be|ar|bei|ten ⟨V.2, hat bearbeitet; mit Akk.⟩ **1** *etwas b.* **a** *sich eingehend mit etwas beschäftigen, etwas gründlich prüfen;* ein Gesuch, einen Antrag b. **b** *in eine bestimmte Form bringen;* Metall, Stein b.; ein Manuskript b.; ein Theaterstück für die Bühne b. **c** *verändern, verbessern;* neu bearbeitete Auflage (eines Buches) **d** *fruchtbar machen,* Land, den Boden b. **2** jmdn. b. *jmdm. energisch zureden (daß er etwas tut);* jmdn. mit den Fäusten b. ⟨ugs.⟩ *jmdn. verprügeln*
Be|ar|bei|tung ⟨f.10⟩ **1** *das Bearbeiten* **2** *durch Bearbeiten entstandene Form, bearbeitetes Werk;* das Schauspiel ist die B. eines alten Volksbuchs; er brachte das Stück in neuer B. heraus
Beat ⟨[bit] m., -, nur Sg.⟩ **1** ⟨im Jazz⟩ *gleichmäßiger Schlagrhythmus* **2** ⟨im Jazz⟩ *betonter Taktteil* **3** ⟨im Jazz⟩ *Musik mit gleichmäßigem Schlagrhythmus* **4** ⟨auch⟩ → *Beatnik* [< engl. *to beat* ,,schlagen'']
Beat|ge|ne|ra|ti|on ⟨[bitdʒənəreiʃn] f., -, nur Sg.⟩ *eine gruppe amerikanischer Künstler nach dem Zweiten Weltkrieg, die sich gegen Staat und Gesellschaft auflehnte*
Bea|ti|fi|ka|ti|on ⟨f.10⟩ *Seligsprechung* [→ *beatifizieren*]
bea|ti|fi|zie|ren ⟨V.3, hat beatifiziert; mit Akk.; kath. Kirche⟩ → *seligsprechen* [< lat. *beatificare* ,,beglücken'', < *beatus* ,,glückselig'' und *-ficare* (für *facere*) ,,machen'']
Beatle ⟨[bitl] m.9⟩ *Selbstbezeichnung der Mitglieder einer englischen Beatmusikgruppe, die dichte, pilzförmige Frisuren trugen;* ⟨danach auch eine Zeitlang Bez. für⟩ *junger Mann mit pilzförmiger Frisur* [< *Beat,* mit Verkleinerungsendung *...le*]
be|at|men ⟨V.2, hat beatmet; mit Akk.⟩ *jmdn. b. an jmdm. künstliche Atmung durchführen;* einen Kranken während der Operation b.; einen Verletzten von Mund zu Mund b. **Be|at|mung** ⟨f., -, nur Sg.⟩
Beat|nik ⟨[bitnik] m.9⟩ **1** *Vertreter der Beatgeneration* **2** ⟨übertr.⟩ *jmd., der sich durch sein Äußeres und Verhalten von den Normen der bürgerlichen Gesellschaft absetzt* [< engl. *beat(en)* ,,geschlagen'', zu *to beat* ,,schlagen'', und jidd., russ. *...nik,* Nachsilbe zur Bez. für ,,jmd., der an etwas beteiligt ist, zu etwas gehört'']
Beat|pad ⟨[bitpæd] m.9⟩ *Stelle, wo man Rauschgift kaufen kann* [< *Beat* und amerik. *pad* ,,Bude'']
Beau ⟨[bo] m.9⟩ *schöner, eitler Mann* [< frz. *beau* ,,schön'']
Beau|fort|ska|la ⟨[bofərt] f., -, -len⟩ *urspr. zwölfgradige, heute auf 17 Stufen erweiterte*

Skala für Windstärken [nach dem engl. Admiral Sir Francis *Beaufort*]

be|auf|sich|ti|gen ⟨V.1, hat beaufsichtigt; mit Akk.⟩ etwas oder jmdn. b. *die Aufsicht über etwas oder jmdn. führen, beobachten und vor Mißgeschick bewahren;* kleine Kinder b.; jmds. Arbeit b. **Be|auf|sich|ti|gung** ⟨f., -, nur Sg.⟩

be|auf|tra|gen ⟨V.1, hat beauftragt; mit Akk.⟩ jmdn. b. *jmdm. einen Auftrag geben (etwas zu tun);* man hat mir eine Arbeit b.; ich bin beauftragt, Sie zu begleiten

be|äu|gen ⟨V.1, hat beäugt; mit Akk.⟩ *genau betrachten;* jmdn. oder etwas aufmerksam, mißtrauisch b.

be|au|gen|schei|ni|gen ⟨V.1, hat beaugenscheinigt; mit Akk.⟩ *in Augenschein nehmen, genau anschauen*

Beau|jo|lais [boʒolɛ] m., -, -⟩ *aus der französischen Landschaft Beaujolais stammender Rotwein*

Beau|té ([bote] f.9⟩ *schöne Frau* [< frz. *beauté* „Schönheit", zu *beau* „schön"]

be|bau|en ⟨V.1, hat bebaut; mit Akk.⟩ etwas b. **1** *in großem Umfang mit Nutzpflanzen bepflanzen;* Boden, ein Stück Land b. **2** *Gebäude auf etwas errichten;* ein Gelände b. **Be|bau|ung** ⟨f., -, nur Sg.⟩ *das Bebauen, das Bebautwerden*

Bé|bé ([-be] n.9; schweiz.⟩ *kleines Kind* [frz., < engl. *baby* „Säugling"]

be|ben ⟨V.1, hat gebebt; o.Obj.⟩ *(leicht) zittern;* die Erde bebte; er bebte am ganzen Körper; er um jmdn. b. *große Sorge, Angst um jmdn. haben*

Be|ben ⟨n.7⟩ **1** *Vorgang des Bebens* **2** ⟨kurz für⟩ *Erdbeben*

be|bil|dern ⟨V.1, hat bebildert; mit Akk.⟩ *mit Bildern ausstatten;* bebilderte Ausgabe (eines Buches)

Be|bil|de|rung ⟨f., -, nur Sg.⟩ **1** *das Bebildern* **2** *Gesamtheit der Bilder (in einem Buch, einer Zeitschrift)*

Be|bop ([bibɔp] m.9⟩ *nordamerikanischer Jazzstil um 1940, bei dem die verminderte Quinte als melodisches Intervall im Vordergrund steht* [die Quinte soll durch die bedeutungslosen Silben *be* und *bop* angedeutet werden]

Be|bung ⟨f.10⟩ *leichtes Schwingen, leichtes Schwanken;* B. eines Geigentones, der Stimme (beim Singen)

Bé|cha|mel|so|ße ([-ʃamel-] f.11⟩ *Soße aus Mehl, Milch, Butter und Gewürzen* [nach dem Kochkünstler und Haushofmeister Ludwigs XIV., Béchamel, Marquis von Nointel, der ein Kochbuch in Versen verfaßte]

Be|cher ⟨m.5⟩ **1** *Trinkgefäß ohne Stiel und Henkel* (Milch~, Zahnputz~); zu tief in den B. schauen ⟨ugs.⟩ *zu viel trinken* **2** *henkelloses Gefäß* (Eis~, Würfel~) **3** *konisch geformter Teil eines Gerätes oder Instrumentes* (Schall~)

Be|cher|glas ⟨n.4; bei chem. Versuchen⟩ *(Jenaer) Glas in Becherform mit geschwungenem Rand*

Be|cher|ling ⟨m.1⟩ *Vertreter einer Gattung der Schlauchpilze* [zu *Becher*, nach der Form des Fruchtkörpers]

be|chern ⟨V.1, hat gebechert; o.Obj.⟩ *Alkohol (in größerer Menge) trinken;* wir haben tüchtig gebechert

Be|cher|werk ⟨n.1⟩ *Fördereinrichtung mit Gefäßen, die an einem endlosen Band umlaufen;* Syn. Eimerwerk

Becken ⟨-k·k-; n.7⟩ **1** *Wasserbehälter* (Schwimm~, Wasch~) **2** ⟨beim Menschen und bei Wirbeltieren⟩ *knöcherner Ring am Skelett* **3** ⟨Geol.⟩ *gegenüber seiner Umgebung tiefer liegender Raum mit schüsselförmig gelagerten Schichten* **4** *Musikinstrument aus zwei leicht gewölbten Metallscheiben*

Beck|mes|se|rei ⟨f. 10⟩ *kleinlicher Tadel, kleinliche Kritik* [nach dem Meistersinger Sixtus *Beckmesser* in Richard Wagners Oper „Die Meistersinger von Nürnberg"]

beck|mes|sern ⟨V.1, hat beckmessert; o.Obj.⟩ *übergenaue Kritik üben* [→ *Beckmesserei*]

Bec|que|rel ([bɛkrɛl] n., -s, -; Zeichen: Bq⟩ *SI-Einheit für die Stärke der Radioaktivität* [nach dem frz. Physiker Henri *Becquerel*]

be|da|chen ⟨V.1, hat bedacht; mit Akk.⟩ *mit einem Dach versehen*

be|dacht ⟨Adj., o.Steig.⟩ nur als Attr. und mit „sein"⟩ *auf etwas b. stets an etwas denkend, für etwas sorgend;* der immer auf Ordnung ~e Hausmeister; auf etwas b. sein *stets an etwas denken;* er war auf seinen Vorteil b.; er ist darauf b., es allen recht zu machen

Be|dacht ⟨m.; nur in den Fügungen⟩ mit, ohne B.; mit B. *mit Überlegung, mit Absicht, aufgrund von Nachdenken;* etwas mit B. tun; einen Gegenstand mit B. an einen bestimmten Platz stellen; ohne B. *ohne Überlegung, ohne nachzudenken*

be|däch|tig ⟨Adj.⟩ *besonnen, langsam und überlegt;* ", sagte er b. handeln, vorgehen **Be|däch|tig|keit** ⟨f., -, nur Sg.⟩

be|dacht|sam ⟨Adj.⟩ *mit Bedacht, ruhig und überlegt* **Be|dacht|sam|keit** ⟨f., -, nur Sg.⟩

Be|da|chung ⟨f.10⟩ **1** ⟨nur Sg.⟩ *das Bedachen* **2** *Dach;* die Garagen haben eine B. aus Wellblech

be|dan|ken ⟨V.1, hat bedankt; refl.⟩ sich b. *Dank aussprechen;* sich für ein Geschenk b.; ich bedanke mich für Ihre Auskunft! ich danke Ihnen, vielen Dank für Ihre Auskunft!; dafür bedanke ich mich! ⟨ugs., iron.⟩ *das will ich durchaus nicht haben, damit will ich nichts zu tun haben*

Be|darf ⟨m., -s, nur Sg.⟩ *Bedürfnis, Nachfrage, Wunsch;* seinen B. decken; Dinge des täglichen ~s; B. an etwas haben *etwas gerade brauchen;* haben Sie B. an Wein?; wir haben keinen B.

Be|darfs|ar|ti|kel ⟨m.5⟩ *Artikel (Ware) des täglichen Bedarfs, notwendiger Artikel*

Be|darfs|fall ⟨m.2; in der Fügung⟩ im B. *wenn es nötig ist, wenn Bedarf besteht*

Be|darfs|hal|te|stel|le ⟨f.11; bei Bussen, Straßenbahnen⟩ *Haltestelle, an der nur auf ein Zeichen der Fahrgäste gehalten wird*

be|dau|er|lich ⟨Adj.⟩ *so beschaffen, daß man es bedauern muß, Bedauern erregend;* ein ~er Vorfall; es ist sehr b., daß ... *es ist sehr schade*

be|dau|ern ⟨V.1, hat bedauert; mit Akk.⟩ **1** *etwas b. etwas schade, unerfreulich finden;* einen Vorfall b.; ich bedaure, bedaure sehr, daß es so gekommen ist; bedaure! (eigtl.: ich bedaure es) *es tut mir leid!, leider nicht!* **2** *jmdn. b. Mitleid mit jmdm. haben*

Be|dau|ern ⟨n., -, nur Sg.⟩ **1** *(förmlich ausgedrückte) Reue;* ich nehme meine Behauptung mit B. zurück **2** *leichtes Mitleid;* jmdm. sein B. ausdrücken **3** *leichte Betrübnis;* etwas mit B. zur Kenntnis nehmen; zu meinem B. muß ich sagen ...

be|dau|erns|wert ⟨Adj.⟩ *so beschaffen, daß man es, ihn, sie bedauern muß, daß man Mitleid haben muß;* er ist ein ~er Mensch

be|decken ⟨-k·k-; V.1, hat bedeckt; mit Akk.⟩ **1** *mit etwas zudecken, verhüllen;* einen Gegenstand b.; das Gesicht mit den Händen b.; der Himmel bedeckt sich mit Wolken; bedeckter Himmel

Be|deck|sa|mer ⟨m.5⟩ *Pflanze, deren Samenanlagen im Fruchtknoten eingeschlossen sind;* Syn. Angiosperme; Ggs. Nacktsamer

Be|deckung ⟨-k·k-; f. 10; nur Sg.⟩ **1** *das Bedecken* **2** *Gegenstand zum Bedecken, Decke, Deckel, Hülle* (Kopf~); die B. abnehmen

Be|deckungs|ver|än|der|li|che(r) ⟨-k·k-; m.17 oder 18⟩ *Stern, der einen anderen verdeckt oder von diesem wechselweise verdeckt wird*

be|den|ken ⟨V.22, hat bedacht⟩ **I** ⟨mit Akk.⟩ **1** *etwas b. sich überlegen, in Betracht, in Erwägung ziehen;* man muß b., daß ...; wenn ich bedenke, was er alles für uns getan hat; wenn man es recht bedenkt **2** jmdn. (mit etwas) b. *jmdm. etwas schenken;* ihn müssen wir auch b. *wir dürfen nicht vergessen, ihm auch etwas zu schenken;* jmdn. mit Blumen, Geld b. **II** ⟨refl.⟩ sich b. *darüber nachdenken;* ich muß mich erst b.; er bedachte sich eine Weile, dann sagte er ...

Be|den|ken ⟨n.7⟩ **1** ⟨nur Sg.⟩ *Nachdenken, Überlegen;* nach einigem, kurzem B. antwortete er **2** ⟨meist Pl.⟩ *Einwand, vorsichtige Überlegung, Zweifel;* ich habe meine B., habe große B., ob das möglich ist; gegen einen Plan B. anmelden, erheben; ich habe keine B., ihn allein reisen zu lassen; ich habe (einziges) B. dagegen, und er trug keine B. zu erklären, daß ...

Be|den|ken|los ⟨Adj., o.Steig.⟩ **1** *ohne Angst, ohne Befürchtung, vertrauensvoll;* du kannst b. mit ihm gehen **2** *ohne Hemmung, rücksichtslos;* er opfert b. seine Freunde, seine Mitarbeiter

be|denk|lich ⟨Adj.⟩ **1** *Bedenken erregend;* eine ~e Angelegenheit; das scheint mir b.; es stimmt mich b. **2** *Bedenken ausdrückend;* ein ~es Gesicht machen **3** *voller Bedenken;* er ist immer noch b. **4** *gefährlich;* er wurde in ~em Zustand ins Krankenhaus gebracht **Be|denk|lich|keit** ⟨f., -, nur Sg.⟩

Be|denk|zeit ⟨f.10⟩ *Zeit zum Sichbedenken, Zeit zum Überlegen;* um B. bitten

be|dep|pert ⟨Adj.; ugs.⟩ *erschrocken und ratlos, bestürzt*

be|deu|ten ⟨V.2, hat bedeutet⟩ **I** ⟨mit Akk.⟩ etwas b. **1** *einen bestimmten Sinn haben, etwas meinen;* dieses Zeichen bedeutet „Einbahnstraße"; diese Bemerkung bedeutet, daß ich von dem Vertrag noch zurücktreten kann **2** *ausdrücken, erkennen lassen;* diese Entwicklung bedeutet bereits einen großen Fortschritt **3** *ankündigen, verheißen;* das bedeutet nichts Gutes **4** *anerkannt sein, wichtig sein;* als Schriftsteller bedeutet er etwas **II** ⟨mit Dat. und Akk.⟩ jmdm. etwas b. **1** *jmdm. wichtig sein;* das Kind bedeutet ihr viel, alles **2** *jmdm. zu verstehen geben, nahelegen, jmdn. anweisen, etwas zu tun;* der Polizist bedeutet ihm, an der Seite zu halten; man bedeutete ihm, ich solle morgen wiederkommen; er bedeutete ihm zu schweigen

be|deu|tend ⟨Adj.⟩ **1** *fähig, allgemein bekannt und anerkannt;* ein ~er Schriftsteller **2** *groß;* eine ~e Summe **3** ⟨als Adv.⟩ *erheblich, beträchtlich, ziemlich viel;* b. größer, kleiner, mehr, weniger

be|deut|sam ⟨Adj.⟩ **1** *etwas Besonderes bedeutend, voller (tiefer) Bedeutung;* eine ~e Bemerkung, Entwicklung; ein ~es Ereignis **2** *etwas Besonderes ausdrückend;* jmdn. b. anblicken

Be|deu|tung ⟨f.10⟩ **1** *Sinn;* die B. dieses Wortes hat sich im Laufe der Zeit verändert; dieses Wort hat mehrere ~en; erklär mir die B. dieses Satzes!; wörtliche, übertragene B. eines Wortes **2** *Wichtigkeit;* ein Ereignis von großer B.; das ist ohne B., das hat keine B. *das ist nicht wichtig* **3** *Ansehen, Geltung;* ein Schriftsteller von großer B.

be|deu|tungs|voll ⟨Adj.⟩ *von großer Bedeutung, wichtig*

be|die|nen ⟨V.1, hat bedient⟩ **I** ⟨mit Akk.⟩ **1** *etwas b. handhaben, mit etwas umgehen;* eine Maschine b.; wie bedient man dieses Gerät? **2** *eine Farbe b.* ⟨Kart.⟩ ⟨auch o.Obj.⟩ *falsch, richtig b. die gleiche Farbe ausspielen;* die falsche, richtige Farbe ausspielen **2** jmdn. b. **a** *jmdm. zu essen und zu trinken reichen;* jmdn. bei Tisch b. **b** *jmdm. Waren vorlegen und ihn beraten;* Kunden b.; ich bin bedient! ⟨übertr., ugs.⟩ *jetzt reicht's mir, ich habe ge-*

nug davon!, ich will davon nichts mehr wissen! **II** ⟨refl.⟩ sich b. **1** sich bei Tisch vom Essen selbst nehmen, sich im Laden Waren selbst heraussuchen **2** sich einer Sache b. *eine Sache benutzen, eine Sache gebrauchen;* ich bediene mich gern Ihrer Hilfe; ich will mich eines Beispiels b., um es Ihnen klarzumachen **3** ⟨auch⟩ sich jmds. b. *jmdn. als Mittel zum Zweck benutzen;* sie hat sich seiner nur bedient, um vorwärtszukommen

be|dien|stet ⟨Adj.; nur als Attr. und mit „sein" bei jmdm. b. sein *bei jmdm. in Dienst stehen, angestellt sein*

Be|dien|ste|te(r) ⟨m., f.17 bzw. 18⟩ *Angestellte(r) im öffentlichen Dienst*

Be|dien|te(r) ⟨m., f.17 bzw.18; †⟩ *Diener(in)*

Be|die|nung ⟨f.10⟩ **1** ⟨nur Sg.⟩ *das Bedienen;* höfliche, unfreundliche, rasche B. **2** *Kellner(in), Verkäufer(in)*

Be|ding ⟨m.1 oder n.11; †⟩ *Bedingung;* mit dem B. *unter der Bedingung*

be|din|gen I ⟨V.23, hat bedungen; mit Dat. (sich) und Akk.; †⟩ sich etwas b. *etwas fordern;* er hat sich gewisse Vorrechte bedungen **II** ⟨V.1, hat bedingt; mit Akk.⟩ etwas b. **1** *die Voraussetzung, die Ursache für etwas sein;* ihr frühkindliches Erlebnisse b. ihr gestörtes Verhalten zur Umwelt; ihr Verhalten ist dadurch bedingt, daß man sie als Kind falsch behandelt hat *falsche Behandlung ist die Ursache für ihr Verhalten, hat ihr Verhalten zur Folge;* ihre Krankheit ist psychisch bedingt *hat psychische Ursachen* **2** *zur Bedingung machen, voraussetzen;* eine stabile Gesundheit bedingt vernünftige Ernährung [zu mhd., ahd. *dinc* „Vertrag"]

be|dingt ⟨Adj., o.Steig.⟩ **1** *unter bestimmten Bedingungen (geschehend), an bestimmte Bedingungen geknüpft;* ~e Strafaussetzung *Erlaß der Strafe unter der Bedingung, daß sich der Betreffende während der Bewährungsfrist gut führt* **2** *mit Einschränkung;* das ist nur b. richtig

Be|din|gung ⟨f.10⟩ **1** *Forderung;* ich muß eine B., bestimmte ~en stellen **2** *etwas, das vorhanden sein muß, damit etwas andere geschehen kann, etwas, das getan werden muß;* ich sage nur unter der B. zu, daß ... *nur wenn das und das geschieht, getan wird;* günstige ~en für einen Vertrag aushandeln **3** ⟨Pl.⟩ ~en *Umstände, Gegebenheiten (zum Leben, Arbeiten);* er lebt unter wirklich unglücklichen ~en

be|din|gungs|los ⟨Adj., o.Steig.⟩ *ohne Bedingungen, uneingeschränkt;* ~e Unterwerfung; jmdm. b. ergeben sein, b. folgen

Be|din|gungs|satz ⟨m.2⟩ → *Konditionalsatz*

be|drän|gen ⟨V.1, hat bedrängt; mit Akk.⟩ jmdn. b. **1** *jmdm. heftig und hartnäckig zureden, jmdm. immer wieder etwas vorhalten;* jmdn. mit Bitten, Forderungen b. **2** *jmdn. in die Enge treiben, drohend verfolgen* **3** *jmdn. quälend belasten;* die Sorge um ihn, die Reue bedrängt mich; in einer bedrängten Lage sein

Be|dräng|nis ⟨f.1⟩ *bedrängte Lage, Not, seelischer Druck, Zeitnot;* in B. geraten; jmdn. in B. bringen

be|dripst ⟨Adj.; ugs.⟩ *betreten, kleinlaut, niedergeschlagen*

be|dro|hen ⟨V.1, hat bedroht; mit Akk.⟩ jmdn. b. *jmdm. (mit etwas) drohen, jmdm. Gewalt ankündigen;* jmdn. mit dem Messer b.

be|droh|lich ⟨Adj.⟩ *gefährlich, unheilvündigend;* die Lage ist b.; in ~er Nähe

Be|dro|hung ⟨f.10⟩ *das Bedrohen, Drohung, Ankündigung von Gewalt*

be|drucken ⟨-k|k-; V.1, hat bedruckt; mit Akk.⟩ etwas b. *durch Druck Muster, Schrift auf etwas anbringen;* Stoff, Papier b.

be|drücken ⟨-k|k-; v.1, hat bedrückt; mit Akk.⟩ *traurig, mutlos, niedergeschlagen machen;* die Sorge um das Kind bedrückt mich; dieser Zustand ist ~d

be|drückt ⟨Adj.⟩ *niedergeschlagen, mutlos*

Be|drückung ⟨-k|k-; f., -, nur Sg.⟩ *das Bedrücken, das Bedrücktsein*

Be|dui|ne ⟨m.11⟩ *nomadisch lebender Araber* [< arab. *badawī* „Wüstenbewohner, in der Wüste Umherstreifender", zu *badw* „Wüste"]

be|dün|ken ⟨V.1, hat bedünkt; mit Akk., nur mit "es"; †⟩ es bedünkt mich, will mich b., daß ..., als ob ... *es scheint mir, will mir scheinen, daß ...*

Be|dün|ken ⟨n., -s, nur Sg.; †⟩ nach meinem B. *meiner Meinung nach, meinem Eindruck nach*

be|dür|fen ⟨V.26, hat bedurft; mit Gen.⟩ jmds. oder einer Sache b. *jmdn. oder eine Sache nötig haben, ihn, sie brauchen;* er bedarf dringend der Hilfe, der Erholung; es bedarf meiner; er bedarf eines Arztes; es bedurfte keines langen Zuredens

Be|dürf|nis ⟨n.1⟩ *Verlangen, Wunsch;* ein starkes B. nach Wärme haben; ich habe das B., ihm zu helfen; *ein B. befriedigen;* um einem dringenden B. abzuhelfen ⟨meist scherzh.⟩ *es ist allgemein gewünscht wird*

Be|dürf|nis|an|stalt ⟨f.10; †⟩ *einfache öffentliche Toilette*

be|dürf|tig ⟨Adj.; mit Gen.⟩ *Hilfe brauchend, Mangel leidend, arm;* die Bedürftigsten unter ihnen; einer Sache b. sein *etwas nötig haben, brauchen;* er ist des Trostes b. **Be|dürf|tig|keit** ⟨f., -, nur Sg.⟩

Beef|steak ⟨[bifste:k] n.9⟩ *gebratene Scheibe Rindfleisch;* deutsches B. → *Fleischklößchen* [< engl. *beef* „Rindfleisch" und *Steak*]

be|eh|ren ⟨V.1, hat beehrt; mit Akk.⟩ jmdn. oder sich b. *jmdm. oder sich die Ehre geben;* bitte b. Sie mich bald wieder (erg.: mit Ihrem Besuch) *bitte besuchen Sie mich bald wieder;* wir b. uns, die Vermählung unserer Tochter anzuzeigen

be|ei|den ⟨V.2, hat beeidet; mit Akk.⟩ *durch Eid versichern, bestätigen;* auch: ⟨geh.⟩ *beeidigen;* können Sie b., daß Sie ...?; beeidete Aussage *durch Eid bekräftigte Aussage*

be|ei|di|gen ⟨V.1, hat beeidigt; geh.⟩ → *beeiden*

be|ei|len ⟨V.1, hat beeilt; refl.⟩ sich b. *schnell machen, schnell handeln;* Syn. *sich sputen*

Be|ei|lung ⟨f., -, nur Sg.; ugs.⟩ *das Sichbeeilen;* ⟨meist in der Fügung⟩ bitte B.! *bitte beeilt euch!*

be|ein|drucken ⟨-k|k-; V.1, hat beeindruckt; mit Akk.⟩ jmdn. b. *jmdm. Eindruck machen, jmdn. innerlich bewegen;* das Buch hat mich sehr beeindruckt; ich bin von dem Buch sehr beeindruckt

be|ein|flus|sen ⟨V.1, hat beeinflußt; mit Akk.⟩ etwas oder jmdn. b. *Einfluß auf etwas oder jmdn. ausüben, durch Worte oder Verhalten auf etwas oder jmdn. einwirken;* etwas, jmdn. günstig, ungünstig b. **Be|ein|flus|sung** ⟨f., -, nur Sg.⟩

be|ein|träch|ti|gen ⟨V.1, hat beeinträchtigt; mit Akk.⟩ *geringer machen, mindern, schmälern;* jmds. Freude b.; die Qualität wird durch die Verfärbung nicht beeinträchtigt **Be|ein|träch|ti|gung** ⟨f., -, nur Sg.⟩

Be|el|ze|bub ⟨auch [bel-] m., -, nur Sg.; im NT⟩ *Satan als oberster Teufel, Herr der Dämonen und bösen Geister;* Syn. *Fliegengott;* den Teufel mit B. austreiben ⟨ugs.⟩ *ein Übel durch ein schlimmeres oder ebenso schlimmes bekämpfen* [< hebr. *ba'al* „Herr, Gott" und vielleicht *zebub* „Fliege", also „Fliegengott"; nach anderer Deutung < syr. *be'el debaba* „Feind"]

be|en|den ⟨V.2, hat beendet; mit Akk.⟩ etwas b. *zu Ende bringen, mit etwas Schluß machen;* eine Arbeit b.

be|en|di|gen ⟨V.1, hat beendigt; älter für⟩ *beenden*

Be|en|di|gung, Be|en|dung ⟨f., -, nur Sg.⟩ *das Beendigen, Beenden*

be|en|gen ⟨V.1, hat beengt; mit Akk.⟩ jmdn. b. *jmdm. zu eng sein, jmds. Bewegungsfreiheit einschränken;* die Jacke beengt mich; wir wohnen sehr beengt *die Wohnung ist zu eng für uns* **Be|engt|heit** ⟨f., -, nur Sg.⟩ **Be|en|gung** ⟨f., -, nur Sg.⟩

be|er|ben ⟨V.1, hat beerbt; mit Akk.⟩ jmdn. b. *jmdm. erben, jmds. Erbe sein;* er hat seine Tante beerbt **Be|er|bung** ⟨f., -, nur Sg.⟩

be|er|di|gen ⟨V.1, hat beerdigt; mit Akk.⟩ *begraben;* sie haben den Falschen beerdigt ⟨übertr.⟩ *sie haben den Falschen ausgeschaltet, verdrängt, bekämpft und besiegt*

Be|er|di|gung ⟨f.10⟩ → *Begräbnis*

Bee|re ⟨f.11⟩ **1** *kleine (meist eßbare) Frucht ohne großen Kern* (Erd~, Vogel~) **2** *Schließfrucht mit fleischiger Fruchtwand* (z. B. Kürbis, Zitrone, Dattel); in die ~n gehen ⟨volkstüml.⟩ *wilde Beeren sammeln*

Bee|ren|aus|le|se ⟨f.11⟩ *Wein aus sorgfältig ausgelesenen Weinbeeren*

Bee|ren|obst ⟨n., -es, nur Sg.; Sammelbez. für⟩ *Brom-, Erd-, Heidel-, Him-, Johannis-, Preisel- und Stachelbeeren sowie Weintrauben*

Bee|ren|tang ⟨m., -(e)s, nur Sg.⟩ *Braunalge tropischer Meere mit beerenartigen Schwimmblasen*

Beet ⟨n.1⟩ **1** *abgegrenztes, bearbeitetes Stück Boden, das den Pflanzen angebaut werden können* (Früh~) **2** *das Stück Boden und die Gesamtheit der Pflanzen darauf* (Blumen~) [zu *Bett*]

Bee|te ⟨f.11⟩ → *Bete*

be|fä|hi|gen ⟨V.1, hat befähigt; mit Akk.⟩ jmdn. b. **1** *die Fähigkeit (zu etwas) verleihen, geben;* seine Geduld befähigt ihn, mit Kindern umzugehen; jmd. ist sehr befähigt *er hat viele Fähigkeiten* **2** ⟨auch⟩ jmdm. *die Möglichkeit geben (etwas zu tun);* ihre Hilfe hat mich befähigt, das Problem zu lösen

Be|fä|hi|gung ⟨f., -, nur Sg.⟩ *das Befähigtsein, Fähigkeit, Eignung, Begabung;* er hat dazu die nötige B.

be|fah|ren I ⟨V.32, hat befahren; mit Akk.⟩ etwas b. *auf etwas fahren, mit einem Fahrzeug benutzen;* die Straße wird viel, wenig b. **II** ⟨Adj., o.Steig.; nur als Attr. und mit „sein" *mit Fahrzeugen benutzt;* eine häufig, wenig ~e Straße

Be|fall ⟨m.2⟩ *Zustand, bei dem ein Lebewesen oder ein Ding von Ungeziefer oder Schmarotzern in großer Anzahl bewohnt ist*

be|fal|len ⟨V.33, hat befallen; mit Akk.⟩ **1** etwas oder jmdn. b. *sich in großer Menge an, in etwas oder jmdm. festsetzen;* Läuse, Pflanzen; dieses Ungeziefer befällt auch Menschen **2** jmdn. b. *sich jmds. bemächtigen, jmdn. ergreifen, heimsuchen;* eine Krankheit befällt jmdn.; eine plötzliche Schwäche befiel mich; er ist von dem Wahn b., er müsse ...

be|fan|gen ⟨Adj.⟩ **1** *verlegen, unsicher;* die vielen Leute machen das Kind b. **2** *voreingenommen;* einen Zeugen als b. ablehnen

Be|fan|gen|heit ⟨f., -, nur Sg.⟩ **1** *das Befangensein, Unsicherheit* **2** *Voreingenommenheit;* einen Richter wegen B. ablehnen

be|fas|sen ⟨V.1, hat befaßt⟩ **I** ⟨refl.⟩ sich mit etwas oder jmdm. b. *sich mit etwas oder jmdm. beschäftigen, Zeit mit etwas oder jmdm. verbringen, an etwas arbeiten, etwas bearbeiten, sich über etwas genau informieren, sich mit jmdm. unterhalten, mit jmdm. spielen u.ä.;* sich mit Literatur b.; er befaßt sich sehr viel mit dem Kind **II** ⟨mit Akk.⟩ jmdn. mit etwas b. *jmdm. etwas zu tun, zu bearbeiten geben, jmdn. beauftragt etwas zu tun;* jmdn. mit der Untersuchung eines Vorfalls b.; ich bin damit nicht befaßt *ich arbeite daran nicht, ich habe damit nichts zu tun*

be|feh|den ⟨V.2, hat befehdet; mit Akk.⟩ jmdn. b. *bekämpfen;* sich ⟨eigtl.: einander⟩ b. *einander bekämpfen*

Be|fehl ⟨m.1⟩ **1** *Willensäußerung (bes. von Vorgesetzten) mit Anspruch auf Gehorsam;* einen B. ausführen, geben, verweigern; ich habe den B., das Zimmer zu durchsuchen; ich habe das auf seinen, auf höheren B. hin getan; zu B.! ⟨Mil.⟩ jawohl, ich werde es tun! **2** ⟨EDV⟩ *Anweisung an Computer zur Ausführung programmierter Aufgaben*
be|feh|len ⟨V.5, hat befohlen⟩ **I** ⟨mit Akk.⟩ *streng erklären, daß etwas getan werden soll, anordnen;* er befahl die sofortige Schließung des Lokals **II** ⟨mit Dat. und Akk.⟩ jmdm. etwas b. **1** *jmdm. einen Befehl erteilen, jmdm. streng mitteilen, daß er etwas tun soll;* jmdm. b., das Zimmer zu verlassen; du hast mir nichts zu b.!; ich lasse mir von dir nicht b.! **2** ⟨†; poet.⟩ *anvertrauen;* er befahl seine Seele Gott **III** ⟨mit Präp.obj.⟩ über etwas b. *die Befehlsgewalt über etwas haben;* er befiehlt über eine Flotte, ein Heer
be|feh|le|risch ⟨Adj., o.Steig.⟩ *scharf und kurz (im Ton), streng;* diesen ∼en Ton verbitte ich mir
be|feh|li|gen ⟨V.1, hat befehligt; mit Akk.; in Wendungen wie⟩ eine Kompanie b. *die Befehlsgewalt über eine Kompanie haben*
Be|fehls|form ⟨f.10⟩ *Imperativ*
Be|fehls|ge|walt ⟨f.10⟩ *Befugnis, Befehle zu erteilen;* die B. haben
Be|fehls|ha|ber ⟨m.5⟩ *höherer militärischer Führer mit vorwiegend ein bestimmtes Gebiet betreffendem Zuständigkeitsbereich*
Be|fehls|not|stand ⟨m.2⟩ *Zwangslage aufgrund bindender Anweisungen*
be|fein|den ⟨V.2, hat befeindet; mit Akk.⟩ *jmdm. oder einer Sache feindlich gegenüberstehen, jmdn. oder eine Sache bekämpfen*
be|fe|sti|gen ⟨V.1, hat befestigt; mit Akk.⟩ **1** ⟨mit Nägeln, Faden, Klebstoff o.ä. an etwas⟩ *festmachen* **2** *stark, haltbar, widerstandsfähig machen;* eine Stadt (durch Mauern) b. **3** ⟨übertr.⟩ *stärken;* dieses Erlebnis hat seinen Glauben befestigt
Be|fe|sti|gung ⟨f.10⟩ **1** ⟨nur Sg.⟩ *das Befestigen* **2** *das Befestigtsein* (Ufer∼) **3** *Anlage, die der Truppe erhöhten Schutz gegen Feindeinwirkung gewähren und den gegnerischen Waffeneinsatz erleichtern soll* (z.B. Mauern, Türme, Geschützstand); Syn. ⟨†⟩ *Fortifikation*
be|feu|ern ⟨V.1, hat befeuert; mit Akk.⟩ **1** ⟨Mar.⟩ *mit Leuchtfeuern ausstatten;* die Küste, Inseln b. **2** *beschießen;* die feindliche Stellung b. **3** ⟨seltn.⟩ *beheizen;* einen Ofen von der Küche aus b. **4** ⟨übertr., poet.⟩ *beflügeln, begeistern;* das Lob befeuerte seinen Ehrgeiz, befeuerte ihn zu neuen Taten **Be|feu|e|rung** ⟨f.1, nur Sg.⟩
Be|feu|e|rung ⟨f.10⟩ **1** *das Befeuern (1–3), das Befeuertwerden* **2** *Licht- oder Funkanlage zur Kenntlichmachung von Schiffahrts- und Flugwegen*
Beff|chen ⟨Pl.; an Amtstrachten⟩ *Halsbinde mit zwei kleinen, rechteckigen Läppchen* [< mndl. *beffe, beve* „Chorhut oder -mütze"; *Chorrock der Prälaten"*]
be|fin|den ⟨V.36, hat befunden⟩ **I** ⟨mit Akk.⟩ **1** *etwas b. entscheiden, entschlossen äußern;* der Richter befand, daß diese Aussage nicht genüge **2** *etwas oder jmdn. für richtig, gut usw.* **b. für richtig, gut usw. halten, als richtig, gut usw. beurteilen;* man hat ihn für schuldig befunden **II** ⟨mit Präp.obj.⟩ über etwas b. *etwas entscheiden, über etwas bestimmen;* du hast nicht darüber zu b., ob ich bleiben oder gehen soll **III** ⟨refl.⟩ sich b. **1** *sich aufhalten* ⟨an einem Ort⟩ *sein;* er befindet sich zur Zeit in Berlin **2** *in einem bestimmten Zustand, in einer Verfassung sein, sich wohl b.; wie b. Sie sich?;* das Zimmer befand sich in einem unbeschreiblichen Zustand
Be|fin|den ⟨n., -, nur Sg.⟩ **1** *körperlicher oder seelischer Zustand;* wie ist das B. des Kranken heute?; sich nach jmds. B. erkundigen **2** *Meinung, Ansicht;* nach meinem B. war es falsch, so zu handeln
be|find|lich ⟨Adj., o.Steig.; nur als Attr. und mit „sein"⟩ *sich (an einem Ort, in einem Zustand) befindend;* die im Keller ∼en Vorräte; die in Aufruhr ∼en Volksmassen
be|flecken ⟨-k·k-; V.1, hat befleckt; mit Akk.⟩ **1** *mit Flecken beschmutzen, besudeln;* **2** ⟨übertr.⟩ *schädigen, beeinträchtigen;* jmds. Ehre, Ruf b. **Be|fleckung** ⟨-k·k-; f., -, nur Sg.⟩
be|flei|ßen ⟨V.6, hat beflissen; †⟩ →*befleißigen;* b. befleissen
be|flei|ßi|gen ⟨V.1, hat sich befleißigt; refl., mit Gen.⟩ *sich einer Sache b. sich um etwas bemühen;* sich größter Sorgfalt b.
be|flie|gen ⟨V. 38, hat beflogen; mit Akk.⟩ **1** *mit Flugzeug benutzen;* eine Route b.; eine stark beflogene Route **2** *zielgerichtet zu etwas hinfliegen;* Bienen b. Blüten
be|flis|sen ⟨Adj.⟩ *eifrig bemüht* (dienst∼); er ist sehr b., alles recht zu machen **Be|flis|sen|heit** ⟨f., -, nur Sg.⟩
be|flü|geln ⟨V.1, hat beflügelt; mit Akk.⟩ **1** *schneller, lebhafter werden lassen;* Freude beflügelte ihre Schritte; mit beflügelten Gangs durch die Straßen eilen **2** *anregen, antreiben;* der Wein beflügelte seine Phantasie; sein Lob beflügelte mich
be|fol|gen ⟨V.1, hat befolgt; mit Akk.⟩ *etwas b. ausführen, sich nach etwas richten;* ein Gebot, einen Rat, eine Vorschrift b. **Be|fol|gung** ⟨f., -, nur Sg.⟩
be|för|dern ⟨V.1, hat befördert; mit Akk.⟩ **1** *an einen anderen Ort bringen;* Syn. *transportieren;* Gepäck, Waren mit dem Wagen, mit der Bahn b.; Waren ins Ausland b.; jmdn. an die frische Luft b. ⟨übertr., ugs.⟩ *hinauswerfen* **2** *(im Rang) erhöhen, in eine höhere Stellung aufrücken lassen;* einen Offizier zum Hauptmann b.
Be|för|de|rung ⟨f.10⟩ *das Befördern, das Befördertwerden*
be|frach|ten ⟨V.2, hat befrachtet; mit Akk.⟩ **1** *mit Fracht beladen;* ein Schiff b. **2** ⟨allg.⟩ *beladen;* der Text mit zu viel Philosophie befrachtet
be|fra|gen ⟨V.1, hat befragt⟩ **I** ⟨mit Akk.⟩ **1** *jmdn. b. Fragen an jmdn. stellen* **2** *etwas b. mit Hilfe von etwas zu erfahren, zu erkennen versuchen;* das Orakel, die Sterne b.; die Karte b. *den Weg auf der Karte suchen* **II** ⟨refl.⟩ sich b. *sich erkundigen, sich informieren;* ich muß mich erst (beim Anwalt, nach der Auskunft) b., ehe ich mich entschließe **Be|fra|gung** ⟨f.10⟩
be|frei|en ⟨V.1, hat befreit; mit Akk.⟩ *jmdn. b. frei machen;* jmdn. aus dem Gefängnis b.; jmdn., sich von Fesseln b., sich von beengender Kleidung b.; einen Gegenstand von Schmutz b.
Be|frei|ung ⟨f., -, nur Sg.⟩ *das Befreien, das Befreitwerden*
be|frem|den ⟨V.2, hat befremdet; mit Akk.⟩ *jmdn. b. ungewohnt, unerwartet (und nicht angenehm) für jmdn. sein, ablehnendes, unwilliges Erstaunen bei jmdm. hervorrufen;* sein Verhalten, seine Äußerungen befremden mich
Be|frem|den ⟨n., -, nur Sg.⟩ *ablehnendes, unwilliges Erstaunen;* etwas mit B. wahrnehmen, beobachten; zu meinem B. erfuhr ich, daß …; sein Verhalten rief allgemeines B. hervor
be|frem|det ⟨Adj.⟩ *ablehnend, unwillig erstaunt;* jmdn. b anschauen
be|fremd|lich ⟨Adj.⟩ *befremdend*
be|freun|den ⟨V.2, hat befreundet; refl.⟩ **1** *sich (mit jmdm.) b. jmds. Freund(in) werden, Freundschaft mit jmdm. schließen;* die beiden haben sich (miteinander) befreundet **2** *sich mit etwas b. sich mit etwas vertraut machen, etwas allmählich als angenehm, gut,*
richtig empfinden; ich kann mich mit dem Gedanken, der Aussicht nicht b., daß …
be|freun|det ⟨Adj., o.Steig.⟩ *freundschaftlich verbunden;* ein ∼er Kollege; wir sind eng b.
be|frie|den ⟨V.2, hat befriedet; mit Akk.⟩ **1** *ein Land b. friedliche Zustände in einem Land herstellen* **2** *jmdn. b. jmdm. inneren Frieden geben*
be|frie|di|gen ⟨V.1, hat befriedigt; mit Akk.⟩ **1** *jmdn. b. jmdn. zufrieden machen, jmds. Wunsch, Verlangen erfüllen; dafür sorgen, daß jmd. bekommt, was er beansprucht, verlangt;* bist du nun befriedigt?; meine Arbeit befriedigt mich (nicht); sich selbst b. →*masturbieren;* ∼d ⟨Schulnote⟩ **2** *etwas b. verwirklichen, erfüllen;* jmds. Anspruch, Verlangen, Bedürfnis b.
Be|frie|di|gung ⟨f., -, nur Sg.⟩ **1** *das Befriedigen;* zur B. seiner Ansprüche **2** *Zufriedenheit;* zu meiner B. hörte ich, daß …; in seinem Beruf findet er volle B.
Be|frie|dung ⟨f., -, nur Sg.⟩ *das Befrieden, das Befriedetwerden*
be|fri|sten ⟨V.2, hat befristet; mit Akk.⟩ *etwas b. eine Frist für etwas setzen;* der Vertrag ist auf ein Jahr befristet **Be|fri|stung** ⟨f., -, nur Sg.⟩
be|fruch|ten ⟨V.2, hat befruchtet; mit Akk.⟩ *etwas b.* **1** *mit etwas zur Fortpflanzung vereinigen; vgl. begatten, besamen;* der männliche Samen befruchtet die Eizelle **2** ⟨übertr.⟩ *fördernd, anregend auf etwas einwirken;* die Freundschaft mit nn befruchtete meine Arbeit; ∼d auf etwas oder jmdn. wirken
Be|fruch|tung ⟨f.10⟩ **1** *Verschmelzung zweier geschlechtsverschiedener Zellen und ihrer Kerne zu einer Zelle (zum Zweck der Entwicklung eines neuen Lebewesens);* künstliche B. *Einbringen von Samenzellen in die weiblichen Geschlechtswege oder* ⟨bei Pflanzen⟩ *Aufbringen von Pollen auf die Narbe* **2** *geistige Förderung, Anregung*
Be|fruch|tungs|op|ti|mum ⟨n., -s, -ma; Knaus-Ogino-Methode⟩ *günstigste Zeit für die Befruchtung der Frau*
be|fu|gen ⟨V.1, hat befugt; mit Akk.⟩ *jmdn. b.* ⟨etwas zu tun⟩ *jmdm. die Vollmacht geben, jmdn. berechtigen (etwas zu tun);* ⟨meist im Perf. oder Zustandspassiv⟩ wer hat Sie befugt, die Papiere herauszugeben?; ich bin nicht befugt, darüber zu sprechen [zu *Fug*]
Be|fug|nis ⟨f.1⟩ *Vollmacht, Berechtigung;* das überschreitet meine ∼se
Be|fund ⟨m.1; Med.⟩ *durch eine Untersuchung festgestelltes Ergebnis;* der B. ist gut, schlecht; wie ist der B.?; ohne B. ⟨Abk.: oB, o.B.⟩ *es wurden keine Krankheitszeichen festgestellt*
be|fürch|ten ⟨V.2, hat befürchtet; mit Akk.⟩ *etwas b. Furcht haben, daß etwas eintritt, geschieht;* ich befürchte unangenehme Folgen; es ist zu b., daß … man muß fürchten, daß …; was ich befürchtet hatte, ist eingetreten
Be|fürch|tung ⟨f.10⟩ *Furcht, Sorge, daß etwas eintritt, geschieht;* ich habe die B., daß …; meine ∼en haben sich bewahrheitet; deine ∼en sind unbegründet
be|für|wor|ten ⟨V.2, hat befürwortet; mit Akk.⟩ *etwas b. für etwas eintreten, mit Worten etwas unterstützen;* jmds. Antrag, Gesuch b. **Be|für|wor|tung** ⟨f., -, nur Sg.⟩
be|ga|ben ⟨V.1, hat begabt; mit Akk.⟩ *mit guten Gaben, Fähigkeiten, Anlagen ausstatten;* die Natur hat ihn reich begabt, hat ihn mit schöpferischen Fähigkeiten begabt
be|gabt ⟨Adj.; nur als Attr. und mit „sein"⟩ *mit Fähigkeiten, guten Anlagen ausgestattet, talentiert;* ein ∼er Junge; er ist besonders für Musik b.
Be|ga|bung ⟨f.10⟩ *das Begabtsein, angeborene Fähigkeit, natürliche Anlage;* die Eltern erkannten früh seine musikalische B.; eine B.

Begasung

für Mathematik haben; diese Tätigkeit entspricht (nicht) seiner B.

Be|ga|sung ⟨f.10⟩ **1** *das Durchsetzen flüssiger Metalle mit Gasen* **2** ⟨bei Füchsen und Dachsen⟩ *Tötung durch Einbringen von Gas in den Bau*

be|gat|ten ⟨V.2, hat begattet; mit Akk.⟩ *ein weibliches Tier sich mit einem weiblichen Tier geschlechtlich vereinigen*, Syn. *beschälen, bespringen, besteigen, decken (I,2), treten;* vgl. *befruchten, besamen;* der Stier begattet die Kuh; sich b. ⟨ugs.⟩ *sich geschlechtlich miteinander vereinigen, sich paaren*

Be|gat|tung ⟨f.10⟩ *das Begatten, das Begattetwerden*

be|ge|ben ⟨V.45, hat begeben⟩ **I** ⟨mit Akk.; Bankw.⟩ *ausgeben, in Umlauf bringen;* Aktien b. **II** ⟨refl.⟩ sich b. **1** ⟨*an einen Ort*⟩ *gehen;* er begab sich nach Hause; bitte b. Sie sich in den ersten Stock **2** *sich in einen Zustand bringen;* sich in Gefahr b.; sich zur Ruhe b. **3** ⟨mit Gen.⟩ *sich einer Sache b. auf eine Sache verzichten;* du begibst dich jeden Vorteils, wenn du das tust **4** ⟨unpersönlich⟩ *etwas begibt sich etwas ereignet sich;* dort hat sich gestern etwas Merkwürdiges b.; es begab sich, daß zur gleichen Zeit ...

Be|ge|ben|heit ⟨f.10⟩, **Be|geb|nis** ⟨n.1; poet.⟩ *Ereignis, Geschehnis*

be|geg|nen ⟨V.2, ist begegnet; mit Dat.⟩ **1** jmdm. b. **a** *jmdn. treffen, jmdm. (auf dem Weg) entgegenkommen;* sich ⟨eigtl.: einander⟩ b. *einander treffen;* ihre Blicke begegneten sich **b** *jmdm. zustoßen, jmdm. widerfahren;* ein solches Mißgeschick ist mir auch schon begegnet, kann jedem b.; das Unangenehme, was dir b. kann, ist ... **c** *jmdm. behandeln, sich jmdm. gegenüber benehmen;* jmdm. höflich, mit Achtung b. **2** *einer Sache b. a eine Sache hören, sehen, auf sie stoßen;* dieser Ansicht kann man oft b.; dieser Pflanze begegnet man hier häufig **b** *gegen eine Sache vorgehen, sie zu verhindern suchen;* einer Gefahr b.; der Absicht, dem Plan eines anderen wirksam b.

Be|geg|nung ⟨f.10⟩ **1** *das Begegnen, Treffen, Zusammentreffen;* der Kongreß war eine Stätte internationaler ∼en **2** ⟨Sport⟩ *Wettkampf;* die B. zweier Mannschaften

be|ge|hen ⟨V.47, hat begangen; mit Akk.⟩ *etwas b.* **1** *prüfend an etwas entlanggehen, über etwas gehen;* Felder b. **2** *auf etwas gehen, zu Fuß benutzen;* einen Weg b.; der Weg wird viel begangen; ein häufig begangener Weg **3** *feiern;* seinen 50. Geburtstag b. **4** *verüben;* eine Dummheit b.; Selbstmord b.

Be|gehr ⟨m. oder n., -s, nur Sg.; †⟩ *Begehren, Wunsch;* er fragte nach ihrem B.; was ist dein B.?

be|geh|ren ⟨V.1, hat begehrt; mit Akk.⟩ **1** *etwas b. haben wollen, verlangen, wünschen;* Einlaß b.; ich begehrte zu wissen, was vorgefallen sei; er ist ein begehrter Tänzer; dieser Artikel ist sehr begehrt wird oft gekauft, oft verlangt **2** *jmdn. geschlechtliches Verlangen nach jmdm. haben;* er begehrte sie leidenschaftlich; ein Mädchen zur Frau b. *es heiraten wollen*

be|gehr|lich ⟨Adj.⟩ *stark verlangend, heftig wünschend;* er warf ∼e Blicke auf die Torte

Be|gehr|lich|keit ⟨f., -, nur Sg.⟩

Be|ge|hung ⟨f., -, nur Sg.⟩ **1** *das Begehen* **2** *prüfende Besichtigung;* B. eines fertiggestellten Bauwerks

be|gei|stern ⟨V.1, hat begeistert⟩ **I** ⟨mit Akk.⟩ jmdn. b. *in Begeisterung versetzen, mit Begeisterung erfüllen;* Kinder fürs Theaterspielen b.; sein Spiel hat mich begeistert; das kann mich nicht b.; kann ich dich dafür b.? kann es nicht fertigbringen, daß es dir gefällt?; das finde ich nicht gerade ∼d **II** ⟨refl.⟩ sich b. *in Begeisterung geraten;* sich für etwas oder jmdn. b. *Begeisterung für et-*

was oder jmdn. in sich entstehen lassen, etwas oder jmdn. herrlich, großartig finden; sich für einen Schauspieler, Sportler b.; dafür, für den könnte ich mich nicht b.

be|gei|stert ⟨Adj., Steig. nur ugs.⟩ *von Begeisterung erfüllt, großen Gefallen (an etwas oder jmdn.) findend, beglückt und jubelnd;* Ggs. ⟨*entgeistert;* die ∼en Zuschauer; ich bin von dem Buch, Film, Schauspieler ganz b.

Be|gei|ste|rung ⟨f., -, nur Sg.⟩ *starke freudige Erregung, Jubel, beglückte Stimmung;* die Wogen der B. gingen, schlugen hoch; etwas mit B. tun *leidenschaftlich gern tun*

Be|gier ⟨f., -, nur Sg.⟩ → *Begierde (1)*

Be|gier|de ⟨f.11⟩ **1** ⟨nur Sg.⟩ *heftiges, leidenschaftliches Verlangen, heftiger Wunsch (etwas zu haben, zu bekommen);* Syn. *Begier* **2** *heftiges sinnliches, bes. geschlechtliches Verlangen;* körperliche, sinnliche, fleischliche ∼

be|gie|rig ⟨Adj.⟩ *voller Begierde (1), eifrig wünschend;* b. lauschen; b. Wissen in sich einsaugen, aufnehmen; ich bin b., zu wissen, wie es gewesen ist

be|gie|ßen ⟨V.54, hat begossen; mit Akk.⟩ *etwas b. Flüssigkeit über etwas gießen;* Fleisch mit Brühe b.; ein Ergebnis b. ⟨ugs., scherzh.⟩ *mit Trinken von Alkohol feiern;* er stand da wie ein begossener Pudel ⟨ugs.⟩ *er war völlig ratlos, fassungslos, blamiert*

Be|ginn ⟨m., -, nur Sg.⟩ *das Beginnen, Ursprung, Anfang;* der B. einer Entwicklung; ich bin erst am B.; bei, zu B. des neuen Jahres

be|gin|nen ⟨V.7, hat begonnen⟩ **I** ⟨mit Akk.⟩ etwas b. **1** *mit etwas anfangen, einen Anfang mit etwas machen, etwas in Gang bringen;* eine Arbeit, eine Unterhaltung b.; er begann zu singen, zu laufen **2** *machen, tun;* ich weiß nicht, was ich b. soll; was soll ich nur b.? **II** ⟨o.Obj.⟩ **1** *zu tun anfangen, mit etwas einsetzen;* mit der Arbeit b. **2** *seinen Anfang haben, ansetzen;* hier beginnt unser Grundstück **3** *in Gang kommen;* das Konzert beginnt um acht Uhr

be|glau|bi|gen ⟨V.1, hat beglaubigt; mit Akk.⟩ *schriftlich bestätigen;* die Abschrift eines Briefes, einer Urkunde b. *mit dem Original vergleichen und durch Stempel und Unterschrift bestätigen* **Be|glau|bi|gung** ⟨f., -, nur Sg.⟩

be|glei|chen ⟨V.55, hat beglichen; mit Akk.⟩ **1** *bezahlen;* eine Rechnung b. **2** *ausgleichen, tilgen;* eine alte Schuld b. **Be|glei|chung** ⟨f., -, nur Sg.⟩

Be|gleit|brief ⟨m.1⟩ → *Begleitschreiben*

be|glei|ten ⟨V.2, hat begleitet; mit Akk.⟩ **1** jmdn. b. **a** *mit jmdm. mitgehen (zum Schutz, zur Gesellschaft), jmdn. an einen Ort führen;* jmdn. nach Hause, zum Arzt b.; meine Segenswünsche b. dich! **2** *jmdn. oder etwas b. zu einem Gesang, Instrumentenspiel Gesang oder zu jmds. Instrumentalspiel auf einem anderen Instrument spielen;* jmdn. auf dem Klavier b.; jmds. Gesang b. **3** *ständig mit etwas verbunden sein;* ⟨meist im Passiv⟩ alles, was er unternahm, war von Erfolg begleitet

Be|gleit|er|schei|nung ⟨f.10⟩ *Erscheinung, die etwas begleitet, Nebenerscheinung;* dieses Medikament ruft unangenehme ∼en hervor

Be|gleit|schiff ⟨n.1⟩ → *Beischiff*

Be|gleit|schrei|ben ⟨n.7⟩ *beigefügtes Schreiben, das nähere Angaben über eine Sendung enthält;* Syn. *Begleitbrief*

Be|glei|tung ⟨f.10⟩ **1** *das Begleiten;* jmds. B. ablehnen; sie erschien in B. von XY *sie wurde von XY begleitet* **2** *Person, die jmdn. begleitet*

be|glü|cken ⟨-k|k-; V.1, hat beglückt; mit Akk.⟩ *glücklich machen;* jmdn. mit einem Geschenk b.; darüber bin ich ganz, bin ich nicht sehr b.; ein ∼des Buch, Erlebnis

Be|glü|ckung ⟨-k|k-; f., -, nur Sg.⟩ *das Be-*

glücken, das Beglücktsein; zu meiner großen B. erfuhr ich ...

be|glück|wün|schen ⟨V.1, hat beglückwünscht; mit Akk.⟩ *jmdn. b. jmdm. Glück wünschen;* jmdn. zum Geburtstag, zu einem Erfolg b.

be|gna|den ⟨V.2, hat begnadet; mit Akk.⟩ *jmdn. b.* ⟨fig., eigtl.: *voller Gnade, aus Gnade*⟩ *etwas Außergewöhnliches verleihen, schenken;* das Schicksal hat ihn mit großen künstlerischen Fähigkeiten begnadet; ein begnadeter Künstler *ein hochbegabter Künstler*

be|gna|di|gen ⟨V.1, hat begnadigt; mit Akk.⟩ *jmdn. b. jmdm. die Strafe (bes. Todesstrafe) erlassen, jmds. Strafe vermindern;* einen zum Tod Verurteilten zu lebenslänglichem Zuchthaus b.

Be|gna|di|gung ⟨f.10⟩ *das Begnadigen, das Begnadigtwerden*

be|gnü|gen ⟨V.1, hat begnügt; refl.⟩ *sich mit etwas zufriedengeben;* sich mit wenigem b.; sich mit einem (einzigen) Stück b.

Be|go|nie ⟨[-njə] f.11⟩ *Vertreter einer Gattung der Schiefblattgewächse, Zierpflanze* (Knollen∼) [nach dem frz. Förderer der Bot. Michel *Bégon*]

be|gön|nern ⟨V.1, hat begönnert; mit Akk.⟩ *gönnerhaft, leutselig und herablassend behandeln*

be|gra|ben ⟨V.58, hat begraben; mit Akk.⟩ *ins Grab legen;* Syn. *beerdigen;* eine Hoffnung b. ⟨übertr.⟩ *aufgeben;* einen Streit, eine Freundschaft b. ⟨übertr.⟩ *beenden;* b. liegen *sein Grab haben;* er liegt auf dem Waldfriedhof b.; dann kann ich mich b. lassen ⟨ugs.⟩ *dann ist es aus, habe ich verspielt;* damit kannst du dich b. lassen ⟨ugs.⟩ *damit kann man nichts anfangen, das ist völlig zwecklos*

Be|gräb|nis ⟨n.1⟩ **1** *das Begraben, das Begrabenwerden;* Syn. *Beerdigung* **2** ⟨in Zus.⟩ *Grabstätte, Gruft* (Erb∼)

be|gra|di|gen ⟨V.1, hat begradigt; mit Akk.⟩ *gerade leiten;* einen Flußlauf, eine Straße, eine Grenzlinie b. **Be|gra|di|gung** ⟨f.10⟩

be|grei|fen ⟨V.59, hat begriffen⟩ **I** ⟨mit Akk.⟩ **1** *etwas b. mit dem Geist, dem Verstand erfassen, verstehen;* einen Zusammenhang, Sachverhalt b.; ich begreife nicht, wie er das hat tun können **2** *jmdn. b. sich in jmds. Lage, Gefühle versetzen können;* ich begreife dich sehr gut; ich begreife mich selbst nicht mehr *ich kann nicht mehr verstehen, wie ich das habe tun können* **II** ⟨o.Obj.⟩ *eine gute Auffassungsgabe haben, Zusammenhänge rasch erfassen;* das Kind begreift schwer, leicht **III** ⟨refl.⟩ *sich als etwas b. sich als etwas betrachten, der Meinung sein, daß man etwas ist;* ich begreife mich als Vermittler zwischen beiden Auffassungen

be|greif|lich ⟨Adj.⟩ *so beschaffen, daß man es begreifen kann, verständlich;* er befindet sich in ∼er Aufregung; es ist b., daß er ...; jmdm. etwas b. machen *erklären*

be|greif|li|cher|wei|se ⟨Adv.⟩ *wie man begreifen muß;* b. habe ich mir b. große Sorgen gemacht

be|gren|zen ⟨V.1, hat begrenzt; mit Akk.⟩ *etwas b.* **1** *die Grenze(n) für etwas festlegen, ein Stück Land b.; eine Krankheit auf ihren Herd b.* **2** *eine Grenze, den Rand von etwas bilden;* Wald, ein Fluß begrenzt das Grundstück **3** *in Grenzen einschließen, einschränken, beschränken;* meine Zeit ist begrenzt; einen begrenzten Horizont haben; das ist nur in begrenztem Umfang möglich

Be|gren|zung ⟨f.10⟩ **1** ⟨nur Sg.⟩ *das Begrenzen* **2** *Grenze*

Be|griff ⟨m.1⟩ **1** *in einem Wort zusammengefaßter Inhalt einer Vorstellung, eines Gedankens;* mathematischer B.; ein neuer B. bilden; die ∼e verwechseln **2** *das Begreifenkönnen, Vorstellungsvermögen, Verständnis;* er ist leicht, schwer von B. *er begreift alles*

leicht, schwer; das geht über meine ~e **3** *Vorstellung;* hast du einen B., was das heißen soll? *verstehst du das?;* du machst dir keinen B., wie schwer das ist

be|grif|fen ⟨Adj., o.Steig.; nur als Attr. und mit „sein") in etwas b. sein *sich in einem Ablauf, einem Vorgang, einem Zustand befinden;* ich bin im Gehen b.; im Umbau ~en Räume müssen gesperrt werden

be|griff|lich ⟨Adj., o.Steig.⟩ *in Begriffen, gedanklich;* Ggs. *gegenständlich;* ~es Denken; b. denken können; seine Denkweise ist überwiegend b.

Be|griffs|schrift ⟨f.10⟩ *Schrift, in der jeder Gegenstand, jeder Begriff durch ein Zeichen dargestellt wird (z. B. die chinesische Schrift);* vgl. Silbenschrift, Buchstabenschrift, Bilderschrift

Be|griffs|stut|zig, ⟨österr.⟩ **be|griffs|stüt|zig** ⟨Adj.⟩ *langsam begreifend* **Be|griffs|stut|zig|keit, Be|griffs|stüt|zig|keit** ⟨f., -, nur Sg.⟩

Be|griffs|ver|mö|gen ⟨n., -s, nur Sg.⟩ *Fähigkeit, Vermögen, etwas zu begreifen;* das geht über mein B.

be|grün|den ⟨V.2, hat begründet; mit Akk.⟩ etwas b. **1** *einen Grund, Gründe für etwas angeben;* eine Behauptung, einen Verdacht b.; begründete Hoffnungen haben *Hoffnungen, die durch Gründe gestützt werden* **2** ⟨in Fügungen wie⟩ *in, durch etwas begründet sein, in etwas begründet liegen seinen Grund, seine Grundlage in etwas haben;* seine schroffe Ablehnung ist darin begründet, daß er beleidigt worden ist **3** *gründen, die Grundlage für etwas schaffen, stiften;* eine literarische, philosophische Richtung, Bewegung b.

Be|grün|der ⟨m.5⟩ *jmd., der etwas begründet (3);* der B. einer Lehre, einer philosophischen Schule

Be|grün|dung ⟨f.10⟩ **1** ⟨nur Sg.⟩ *das Begründen (1);* stichhaltige B.; zur B. meines Verdachts kann ich nur sagen ... **2** *Grund;* das ist keine B.!; als B. dafür könnte gelten, daß ...

Be|grün|dungs|satz → *Kausalsatz*

be|grü|ßen ⟨V.1, hat begrüßt; mit Akk.⟩ **1** jmdn. b. *grüßend empfangen, mit einem Gruß auf jmdn. zugehen;* Gäste b.; jmdn. mit einem Händedruck b.; jmdn. freundlich, herzlich b. **1** ⟨schweiz.⟩ *jmdn. um seine Meinung befragen,* eine Behörde, die zuständige Stelle b. **2** *etwas b. a freudig wahrnehmen;* nach dem langen Regen begrüßten wir jeden Sonnenstrahl **b** *gutheißen, billigen, erfreut seine Einwilligung zu etwas geben;* einen Vorschlag, jmds. Entschluß b.; ich würde es sehr b., wenn ...

be|grü|ßens|wert ⟨Adj.⟩ *so beschaffen, daß man es begrüßen (2,b) kann, willkommen, erfreulich*

Be|grü|ßung ⟨f.10⟩ *das Begrüßen, Gruß beim Empfang;* B. der Gäste; freundliche, unfreundliche B.; jmdm. zur B. ein Glas Sekt anbieten

Be|gum ⟨f.9; in Indien Titel für⟩ *Fürstin* [Hindi]

be|gün|sti|gen ⟨V.1, hat begünstigt; mit Akk.⟩ **1** *jmdn. b. jmdm. mehr Gunst erweisen, mehr Rechte einräumen als anderen, jmdn. bevorzugen* **2** *etwas b. fördern, günstig beeinflussen;* die Entwicklung b.; die Dunkelheit begünstigte seine Flucht

Be|gün|sti|gung ⟨f.10⟩ **1** ⟨nur Sg.⟩ *das Begünstigen* **2** ⟨Rechtsw.⟩ *Unterstützung (eines Verbrechers), Beistand nach der Tat*

be|gut|ach|ten ⟨V.2, hat begutachtet; mit Akk.⟩ etwas b. **1** *prüfen und ein Gutachten darüber abgeben;* eine Erfindung durch einen Sachverständigen b. lassen **2** *prüfend betrachten* **Be|gut|ach|tung** ⟨f., -, nur Sg.⟩

be|gü|tert ⟨Adj.; nur als Attr. und mit „sein"⟩ *mit materiellen Gütern ausgestattet, wohlhabend;* eine ~e Familie; er ist sehr b.

be|gü|ti|gen ⟨V.1, hat begütigt; mit Akk.⟩ *beruhigen, besänftigen, beschwichtigen;* „...", sagte er ~d **Be|gü|ti|gung** ⟨f., -, nur Sg.⟩

be|haa|ren ⟨V.1, hat behaart; refl.⟩ sich b. *sich mit Haaren bedecken*

be|haart ⟨Adj.⟩ **1** ⟨starken⟩ *Haarwuchs aufweisend;* ~e Brust, Arme **2** ⟨bei Pflanzen u.a.⟩ *haarähnliche Auswüchse aufweisend*

Be|haa|rung ⟨f., -, nur Sg.⟩ *das Besetztsein, Bewachsensein mit Haaren;* starke, geringe B.

be|hä|big ⟨Adj.⟩ *dicklich und träge, schwerfällig und bedächtig;* er ist im Alter allmählich b. **Be|hä|big|keit** ⟨f., -, nur Sg.⟩

be|hacken ⟨-k·k-; V.1, hat behackt; mit Akk.⟩ **1** *mit der Hacke bearbeiten, lockern;* **2** ⟨übertr., ugs.⟩ *betrügen;* er hat mich um zehn Mark behackt

be|haf|ten ⟨V.2, hat behaftet; mit Akk.; schweiz.⟩ *beim Wort nehmen;* jmdn. bei einer Äußerung b.; jmdn., wenn er eine Äußerung tut, beim Wort nehmen

be|haf|tet ⟨Adj., o.Steig.; nur als Attr. und mit „sein") mit etwas b. sein *etwas (Unangenehmes) an sich haben;* mit Schmutzflecken b.; mit Pusteln im Gesicht, mit einer Krankheit b. sein

be|ha|gen ⟨V.1, hat behagt; mit Dat.⟩ jmdm. b. *jmdm. ein Wohlgefühl geben, jmdm. angenehm, erfreulich sein;* das Hotel, das Wetter behagt mir (nicht)

Be|ha|gen ⟨n., -, nur Sg.⟩ *Wohlgefühl, körperliche Zufriedenheit;* sich mit B., voller B. im Sessel ausstrecken

be|hag|lich ⟨Adj.⟩ **1** *bequem, (körperlich) angenehm, gemütlich;* ~e Wärme; ein ~es Zimmer **2** *ruhig, geruhsam;* b. dahinwandern; mir ist nicht b. dabei *ich bin unruhig, habe etwas Angst, Sorge* **Be|hag|lich|keit** ⟨f., -, nur Sg.⟩

be|hal|ten ⟨V.61, hat behalten; mit Akk.⟩ **1** etwas b. **a** *bei sich lassen, nicht weggeben, nicht hergeben;* kann ich das Buch b., oder willst du es wiederhaben?; die Mütze auf dem Kopf b. *nicht abnehmen;* der Kranke kann nichts (bei sich) b. *er erbricht alle Nahrung;* das für sich b. *es nicht weitererzählen* **b** *im Gedächtnis bewahren, sich merken;* das kann ich nicht alles b.; eine Adresse im Kopf, im Gedächtnis b. **2** jmdn. b. *in der Wohnung, in der Familie bei sich lassen;* jmdn. (als Gast) über Nacht b.; wir hoffen, daß wir unseren Großvater noch lange b. *er noch lange bei uns, am Leben ist*

Be|häl|ter ⟨m.5⟩ *Gegenstand, der dazu benutzt wird, lose Gegenstände oder Flüssigkeiten aufzubewahren;* auch: *Behältnis*

Be|hält|nis ⟨n.1⟩ → *Behälter*

be|häm|mert ⟨Adj.; ugs.⟩ **1** *begriffsstutzig, ein bißchen dumm* **2** *benommen, nicht konzentriert, nicht fähig, aufmerksam zu sein*

be|han|deln ⟨V.1, hat behandelt; mit Akk.⟩ **1** jmdn. b. **a** *mit jmdm. umgehen, sich jmdm. gegenüber verhalten;* jmdn. gut, schlecht, freundlich, liebevoll, falsch, richtig b.; du behandelst den Jungen wie ein kleines Kind **b** *jmdm. helfen, Heilmethoden an jmdm. anwenden;* jmdn. mit Medikamenten, mit Massage b. **2** etwas b. **a** *mit etwas umgehen, etwas handhaben, bedienen;* ein Gerät pfleglich b. **b** *etwas mit etwas einwirken lassen;* Parkett mit Wachs b.; einen kranken Fuß mit Umschlägen b. **c** *darstellen, schildern;* in einem Aufsatz ein Thema b.; er behandelt in seinem Buch das Leben und Werk Mozarts **d** *sich zu etwas in bestimmter Weise verhalten;* du solltest dich Unarten mit mehr Nachsicht, Großzügigkeit b.

be|hän|di|gen ⟨V.1, hat behändigt; schweiz.⟩ → *aushändigen*

Be|hand|lung ⟨f.10⟩ **1** ⟨nur Sg.⟩ *das Behandeln, das Behandeltwerden;* gute, schlechte, falsche, richtige B. **2** ⟨nur Sg.⟩ *Darstellung, Schilderung;* die B. eines Themas, eines historischen Stoffes **3** *ärztliche Hilfe, ärztliche Betreuung;* sich in ⟨ärztliche⟩ B. begeben, in B. sein **4** *Heilverfahren, Anwendung von Heilmethoden;* es sind etwa 20 ~en mit Kurzwellen nötig

Be|hang I ⟨m., -(e)s, nur Sg.; bei Pferden⟩ *lange Haare in der Fesselbeuge des Fußes* II ⟨m.2⟩ **1** ⟨bei Jagdhunden⟩ *herabhängendes Ohr;* *Behänge beider Ohren* **2** *etwas zum Behängen* (Samt~, Weihnachtsbaum~)

be|hän|gen ⟨V.1, hat behängt⟩ I ⟨mit Akk.⟩ *mit etwas b. Gegenstände an etwas hängen;* ⟨im Perf. Passiv auch:⟩ *behangen⟩* der Weihnachtsbaum ist mit bunten Kugeln behangen **II** ⟨refl.⟩ *sich b. Schmuck b. zuviel Schmuck tragen*

be|har|ren ⟨V.1, hat beharrt; mit Präp.obj.⟩ *auf etwas b. hartnäckig an etwas festhalten;* auf seiner Meinung, seinem Entschluß b.

be|harr|lich ⟨Adj.⟩ *fest beharrend, ausdauernd, unbeirrbar;* er schwieg b.; etwas b. wiederholen; ein Ziel b. verfolgen **Be|harr|lich|keit** ⟨f., -, nur Sg.⟩

Be|har|rung ⟨f., -, nur Sg.⟩ *das Beharren*

Be|har|rungs|ver|mö|gen ⟨n., -s, nur Sg.⟩ **1** *Fähigkeit, zu beharren, standzuhalten, an seinem Standort, bei seinem Standpunkt zu bleiben* **2** ⟨Phys.⟩ *Trägheit, Fähigkeit, in einem Zustand zu bleiben*

be|hau|en ⟨V.63, hat behauen; nur im Präs. und Perf.; mit Akk.⟩ *durch Hauen bearbeiten;* Stein b.

be|haup|ten ⟨V.2, hat behauptet⟩ I ⟨mit Akk.⟩ **1** *fest, bestimmt erklären, als wahr, sicher darstellen;* er behauptet, er habe ...; ich kann es, will es nicht b., daß es so war **2** *aufrechterhalten;* seinen Standpunkt b. **3** *erfolgreich verteidigen;* seinen Platz, seine Stellung b. **II** ⟨refl.⟩ *sich b. standhaft bleiben, seinen Platz, seine Stellung bewahren;* es ist schwer für ihn, sich in dieser Klasse, dieser Gruppe zu b.

Be|haup|tung ⟨f.10⟩ **1** *das Behaupten, das Sichbehaupten* **2** *nachdrücklich, nicht bewiesene Aussage;* das ist eine B., die du erst noch beweisen mußt; eine falsche B. zurückweisen, zurücknehmen, widerlegen

be|haust ⟨Adj., o.Steig.; nur als Attr. und mit „sein"; poet.⟩ *wohnend, hausend, seine Heimstatt habend;* in Wäldern ~e Riesen

Be|hau|sung ⟨f.10⟩ *Wohnung*

Be|ha|vio|ris|mus ⟨[bihe-] m., -, nur Sg.⟩ *Richtung der Psychologie, die aus dem Verhalten von Mensch und Tier seelische Merkmale zu erschließen sucht* [< amerik. *behavior* „Benehmen, Verhalten", zu *to behave* „sich benehmen, sich verhalten"]

be|he|ben ⟨V.64, hat behoben; mit Akk.⟩ *beseitigen, gutmachen;* einen Mangel, Schaden, Mißstand b. **Be|he|bung** ⟨f.10⟩

be|hei|ma|tet ⟨Adj., o.Steig.; nur als Attr. und mit „sein"⟩ *wohnhaft, ansässig;* wo sind Sie b.?; der in Hessen ~e XY

Be|helf ⟨m.1⟩ *Mittel zur vorübergehenden Hilfe, in Ermangelung von etwas Besserem, Notlösung;* dieses Regal ist nur ein B.

be|hel|fen ⟨V.66, hat beholfen; refl.⟩ **1** sich b. *sich helfen, zu Rande kommen, zurechtkommen;* ich kann mich schon b. **2** sich b. *etwas in Ermangelung von etwas Besserem benutzen, etwas als Ersatz nehmen*

be|helfs|mä|ßig ⟨Adj., o.Steig.⟩ *als Behelf;* ein ~es Nachtlager

be|hel|li|gen ⟨V.1, hat behelligt; mit Akk.⟩ *belästigen, stören;* er behelligt mich ständig mit unnützen Fragen; er wird sich noch einmal wegen der Reparatur b.? [< mhd. *hellegen, helligen* „durch Verfolgung ermüden, stören, plagen, quälen", zu *hellec, hellic* „ermüdet, erschöpft", zu *hel* „schwach, matt"] **Be|hel|li|gung** ⟨f., -, nur Sg.⟩

be|hend, be|hen|de ⟨Adj.⟩ *flink und geschickt* **Be|hen|dig|keit** ⟨f., -, nur Sg.⟩

be|her|ber|gen ⟨V.1, hat beherbergt; mit Akk.⟩ **1** jmdn. b. *als Gast aufnehmen, jmdm.*

beherrschen

ein Nachtlager geben **2** *etwas b. Raum für etwas geben, enthalten;* das Gehege hat früher Rehe beherbergt

be|herr|schen ⟨V.1, hat beherrscht; mit Akk.⟩ **1** *jmdn. oder etwas b. die Herrschaft über jmdn. oder etwas haben, jmdm. seinen Willen aufzwingen;* ein Volk, Land b.; sie beherrscht ihren Mann völlig; das Verlangen nach Reichtum, nach Geld beherrscht ihn ganz und gar **2** *etwas b.* **a** *wirkungsvoll überragen;* die Burg beherrscht die Landschaft, das Tal **b** *etwas können;* er beherrscht die englische Sprache ausgezeichnet, nur unvollkommen **3** *etwas oder sich b. in der Gewalt haben, zügeln, zurückhalten;* er konnte sich nicht mehr b.; seinen Zorn b.

be|herrscht ⟨Adj.⟩ *zurückhaltend, sich in der Gewalt habend, bewußt ruhig;* ein ~er Mensch; er ist sehr b.; er sprach sehr b. **Be|herrscht|heit** ⟨f., -, nur Sg.⟩

Be|herr|schung ⟨f., -, nur Sg.⟩ **1** *das Beherrschen;* zur B. dieser Kunst gehört viel Übung **2** *das Sichbeherrschen, Zurückhaltung;* die B. verlieren

be|her|zi|gen ⟨V.1, hat beherzigt; mit Akk.⟩ *sich zu Herzen nehmen, zur Kenntnis nehmen und sich danach richten;* jmds. Rat, Mahnung b.

be|her|zi|gens|wert ⟨Adj.⟩ *so beschaffen, daß man es beherzigen sollte;* der Ratschlag ist b.

Be|her|zi|gung ⟨f., -, nur Sg.⟩ *das Beherzigen*

be|herzt ⟨Adj. *unerschrocken, entschlossen;* ~es Vorgehen; b. ging er auf den Hund zu **Be|herzt|heit** ⟨f., -, nur Sg.⟩

be|hilf|lich ⟨Adj., o.Steig.⟩ *helfend, hilfreich;* ein mir ~er Mitreisender; jmdm. b. sein *jmdm. helfen;* jmdm. beim Ein- und Aussteigen b. sein

be|hin|dern ⟨V.1, hat behindert; mit Akk.⟩ *jmdn. b. jmdm. im Wege stehen, im Wege sein, jmdn. aufhalten;* den Gegner (beim Wettkampf) b. *ihn in seiner Bewegungsfreiheit hemmen, ihm die Bewegung erschweren;* die Handschuhe b. mich beim Arbeiten; körperlich, geistig behindert sein *einen körperlichen, geistigen Schaden, ein Gebrechen haben*

Be|hin|de|rung ⟨f.10⟩ **1** ⟨nur Sg.⟩ *das Behindern, das Behindertsein* **2** ⟨körperlicher oder geistiger⟩ *Schaden, Gebrechen*

Be|hör|de ⟨f.11⟩ **1** *Gruppe von Personen, die von Staat, Gemeinde oder Kirche mit bestimmten Aufgaben beauftragt sind;* sich an eine B. wenden **2** ⟨staatliche, gemeindliche, kirchliche⟩ *Dienststelle;* Arbeit bei der B. [zum veralteten V. *behören* „zugehören", also „Stelle, wo etwas hingehört, für etwas zuständige Stelle"]

be|hörd|lich ⟨Adj., o.Steig.; nur als Attr. und Adv.⟩ **1** ⟨Attr.⟩ *zu einer Behörde gehörend, von ihr ausgehend;* ~e Maßnahmen; ~e Genehmigung **2** ⟨Adv.⟩ *durch eine Behörde;* ich bin b. beauftragt; b. genehmigter Urlaub

be|host ⟨Adj.⟩ *mit einer Hose bekleidet;* die ~en Mädchen

...be|host ⟨in Zus.⟩ *mit einer bestimmten Art von Hose bekleidet,* z.B. langbehost, kurzbehost, rotbehost

Be|huf ⟨m.1; Amtsspr.⟩ *Zweck;* zu diesem B.; zu welchem B.? [< mhd. *behuof* „das zu einer Sache Nötige", zu *beheben, behaben* „erlangen, erwerben"]

be|hufs ⟨Präp. mit Gen.; †⟩ *zum Zweck;* b. eines Umbaus meines Hauses benötige ich Ihre Genehmigung

be|hump|sen, be|hum|sen ⟨V.1, hat behum(p)st; mit Akk.; ugs.⟩ *leicht betrügen;* jmdn. beim Spiel b.

be|hü|ten ⟨V.2, hat behütet; mit Akk.⟩ **1** *sorgsam über jmdn. oder etwas wachen, jmdn. oder etwas in Obhut haben;* behüt dich Gott! ⟨als Abschiedsgruß⟩ **2** *jmdn. oder etwas vor etwas b. bewahren, schützen;* jmdn. vor Unheil b.; Gott behüte ⟨erg.: dich, mich davor⟩! keineswegs!, auf keinen Fall!

be|hut|sam ⟨Adj.⟩ *aufmerksam und vorsichtig, mit weichen Bewegungen, mit freundlichen, vorsichtigen Worten;* etwas b. aufheben, niedersetzen; jmdn. b. auf etwas Schlimmes vorbereiten **Be|hut|sam|keit** ⟨f., -, nur Sg.⟩

bei ⟨Präp. mit Dat.; oft mit Art.: bei dem ⟨= beim⟩⟩ **1** ⟨örtlich⟩ **a** *in der Nähe von, neben;* beim Bahnhof; gleich bei der Schule; bei München **b** *an einem bestimmten Ort, im Wohn-, Lebens-, Arbeitsbereich bestimmter Personen;* er arbeitet bei einer Behörde; er war gerade beim Arzt; du kannst bei uns wohnen; ich muß bei dem Kind bleiben; bei wem hast du das gelernt? **c** *an einem Punkt, an einer Stelle;* jmdn. beim Arm packen; du wirst bei ihm Hilfe finden; ich habe kein Geld bei mir **2** ⟨zeitlich⟩ **a** *zu einem Zeitpunkt;* bei meiner Abreise; bei Dienstschluß **b** *in einer Zeitspanne, in einem Vorgang, Ablauf, Geschehen; während;* beim Gehen; bei der Arbeit; bei Tag; bei Nacht **3** ⟨zur Bez. eines Zustands⟩ bei Besinnung, bei Kräften sein **4** ⟨zur Bez. eines bestimmten Umstands⟩ bei aller Vorsicht; bei seiner Begabung müßte er es erreichen; bei dieser Kälte **5** *im Werk einer Person;* dieses Motiv kommt bei Mozart häufig vor; du kannst bei Schiller darüber manches lesen **6** ⟨in Beteuerungsformeln⟩ das ist bei Gott nicht wahr; ich schwöre es bei meiner Ehre **7** ⟨vor Zahlen- und unbestimmten Maßangaben⟩ es waren bei 50 Personen anwesend *ungefähr 50 Personen;* bei kleinem ⟨nordwestdt.⟩ *allmählich;* bei weitem *viel;* bei weitem größer

bei|be|hal|ten ⟨V.61, hat beibehalten; mit Akk.⟩ *weiterhin behalten, nicht aufgeben;* eine Gewohnheit, seine Ernährungsweise b.; unsere Wohnung in Garmisch behalten wir bei **Bei|be|hal|tung** ⟨f., -, nur Sg.⟩

bei|bie|gen ⟨V.12, hat beigebogen; mit Dat. und Akk.; ugs.⟩ →*beibringen;* ich muß sehen, wie ich ihm das beibiege

Bei|boot ⟨n.1⟩ *zu einem Schiff gehörendes Boot*

Bei|bre|che ⟨f.11; Bgb.⟩ *beim Erzabbau mitabgebaute Nebengesteine*

bei|brin|gen ⟨V.21, hat beigebracht⟩ **I** ⟨mit Akk.⟩ *etwas oder jmdn. b. herbeischaffen;* können Sie Zeugen b.?; Zeugnisse b. **II** ⟨mit Dat. und Akk.⟩ *jmdm. etwas b.* **1** *jmdm. etwas lehren;* Syn. ⟨ugs.⟩ *beibiegen;* jmdm. das Autofahren b. **2** *jmdm. etwas* ⟨Unangenehmes⟩ *mitteilen;* Syn. ⟨ugs.⟩ *beibiegen;* jmdm. die Nachricht seiner Entlassung b.; jmdm. etwas schonend b.; jmdm., daß er etwas tun muß **3** *jmdm. etwas zufügen;* jmdm. oder einer Sache eine Verletzung b.

Beich|te ⟨f.11⟩ *vor einem Geistlichen ausgesprochenes Sündenbekenntnis;* die B. ablegen; jmdm. die B. abnehmen; zur B. gehen [< mhd. *bigihte* < ahd. *bigihto* in ders. Bed., zu *jehan* „beichten, bekennen, erklären, aussagen"]

beich|ten ⟨V.2, hat gebeichtet⟩ **I** ⟨o.Obj.⟩ *zur Beichte gehen, vor einem Geistlichen seine Sünden bekennen;* er hat gestern zum ersten Mal gebeichtet **II** ⟨mit Akk. oder mit Dat. und Akk.⟩ *eingestehen, bekennen;* eine Sünde, ein Vergehen b.; jmdm. etwas b.

Beicht|ge|heim|nis ⟨n.1⟩ *Pflicht und Recht eines Geistlichen, das ihm Gebeichtete für sich zu behalten*

Beich|ti|ger ⟨m.5; †⟩ →*Beichtvater*

Beicht|kind ⟨n.3⟩ *jmd. in seiner Beziehung zu einem Geistlichen, zu dem er regelmäßig zur Beichte geht*

Beicht|stuhl ⟨m.2⟩ *dreiteiliges Gehäuse aus Holz, in dessen Mittelteil der Beichtende sitzt, während der Beichtende aus einem der beiden Seitenteile durch ein Gitter in der Trennwand zu ihm spricht*

Beicht|va|ter ⟨m.6⟩ *Geistlicher in seiner Beziehung zu jmdm., der regelmäßig bei ihm beichtet;* Syn. *Beichtiger;* Pfarrer X ist mein B.

beid|ar|mig ⟨Adj., o.Steig.⟩ *mit beiden Armen*

bei|de ⟨unbestimmtes Pron. und Num.⟩ *alle zwei, die zwei zusammen, der eine und der andere;* ⟨Nom.⟩ wir b., wir ~n Mädchen; ihr b. kommt mit; hallo, ihr ~n dort!; sie b.; alle b.; diese ~n; diese ~n Mädchen; b. kranken Kinder; die ~n kranken Kinder; es ist ~s möglich; alles ~s; ⟨Gen.⟩ unser ~r, euer ~r Leben ist in Gefahr; die Leben der ~n, der ~n Kinder; ⟨Dat.⟩ ich habe es ~n, den ~n, ~n Kindern gesagt; ich bin mit ~m einverstanden; ⟨Akk.⟩ ich nehme ~, alle b., b. Kinder mit; ich nehme die ~n Kinder mit

bei|de|mal ⟨Adv.; auch⟩ *beide Male; das eine wie das andere Mal;* er hat ⟨oder⟩ beide Male geschwiegen

bei|der|lei ⟨Adj., o.Steig., o.Dekl.; mit Gen.⟩ *des einen und des anderen, von einem und von anderem;* Personen b. Geschlechts; das Abendmahl in b. Gestalt *in Gestalt von Brot und Wein*

bei|der|sei|tig ⟨Adj., o.Steig.⟩ *auf beiden Seiten, von beiden Seiten ausgehend;* auch: *beidseitig;* die ~e Sympathie; die Sympathie ist b.; der Stoff kann b. verwendet werden

bei|der|seits ⟨Adv.⟩ *auf beiden Seiten, von beiden Seiten, nach beiden Seiten;* b. des Gartens läuft ein Bach vorbei; die Aussagen stimmen b. überein; wir mußten uns b. verteidigen

Bei|der|wand ⟨f., oder n., -, nur Sg.⟩ *leinwandbindiger Baumwoll- und Leinenstoff* [eigtl. „beiderlei Gewand", zu ⟨†⟩ *Wand* „Tuch", vgl. *Gewand*]

Beid|hän|der ⟨m.5⟩ **1** *jmd., der mit beiden Händen gleich geschickt ist* **2** →*Zweihänder*

beid|hän|dig ⟨Adj., o.Steig.⟩ *mit beiden Händen*

beid|le|big ⟨Adj., o.Steig.; †⟩ →*amphibisch*

beid|recht ⟨Adj., o.Steig.; bei Geweben⟩ *auf beiden Seiten gleich* [*recht* hier im Sinne von „gut"]

Beid|recht ⟨n.1⟩ *beidrechtes Gewebe*

bei|dre|hen ⟨V.1, hat beigedreht; o.Obj.⟩ *die Richtung ändern und dabei die Fahrt verlangsamen;* das Schiff drehte bei

beid|sei|tig ⟨Adj., o.Steig.⟩ →*beiderseitig*

bei|ein|an|der ⟨Adv.⟩ *einer beim anderen, zusammen;* Syn. *beisammen;* in Zus. mit Verben Zusammenschreibung, z.B. ~sitzen, ~liegen, ~stehen

bei|ein|an|der|ha|ben ⟨V.60, hat beieinandergehabt; mit Akk.⟩ **1** *zusammengetragen, gesammelt haben;* ich habe jetzt alle Unterlagen beieinander **2** *zur Verfügung haben;* für diese Arbeit muß ich alle Gedanken b.; du hast sie wohl nicht alle beieinander? ⟨ugs.⟩ *du bist wohl verrückt?*

bei|ein|an|der|sein ⟨V.137, ist beieinandergewesen; o.Obj.⟩ **1** *beisammensein;* fröhlich b.; abends waren wir alle wieder beieinander **2** ⟨in den Wendungen⟩ gut b. *gesund, auf der Höhe sein;* schlecht b. *krank, nicht auf der Höhe sein*

beif. ⟨Abk. für⟩ *beifolgend*

Bei|fah|rer ⟨m.5⟩ **1** *jmd., der neben dem Fahrer sitzt* **2** ⟨Automobilsport⟩ *helfender Begleiter des Fahrers*

Bei|fall ⟨m., -s, nur Sg.⟩ **1** *Händeklatschen oder Zuruf als Zeichen der Zustimmung, des Gefallens;* jmdm. B. klatschen; unter dem B. der Zuhörer; stürmischer B. **2** *Zustimmung, Billigung;* der Vorschlag fand allgemeinen B., findet nicht meinen B.

bei|fal|len ⟨V.33, ist beigefallen; mit Dat.⟩ *jmdm. b. in den Sinn kommen, einfallen;* es fällt mir ein, daß ...

bei|fäl|lig ⟨Adj.⟩ *zustimmend, billigend;* b. nicken

Bei|falls|ruf ⟨m.1⟩ Beifall ausdrückender Ruf, z.B. bravo!, jawohl!, richtig!

Bei|film ⟨m.1⟩ kurzer Film, der vor dem Hauptfilm läuft

bei|fol|gend ⟨Adj., o.Steig.; nur als Attr. und Adv.; Abk.: beif.; †⟩ beigelegt, zusammen mit diesem Schreiben; die ~e Bestätigung erbitten wir unterschrieben zurück; b. erhalten Sie ...

bei|fü|gen ⟨V.1, hat beigefügt; mit Akk.⟩ beilegen, hinzufügen, mitschicken; einem Brief ein Foto b.

Bei|fü|gung ⟨f.10⟩ 1 ⟨nur Sg.⟩ das Beifügen 2 → Attribut (3)

Bei|fuß ⟨m., -, nur Sg.⟩ 1 rötlichbraun blühender Korbblütler 2 daraus hergestelltes Gewürz [< ahd. pipoz, zu bozzan „stoßen", vielleicht weil man der Pflanze Geister „abstoßende" Wirkung zuschrieb, später volksetymologische Umdeutung zu „Fuß", weil er gegen Beinmüdigkeit helfen soll]

Bei|ga|be ⟨f.11⟩ etwas, das beigegeben ist oder wird (Grab~); das Gastzimmer ist hübsch, und das Telefon darin ist eine angenehme B.

bei|ge ⟨beʒ⟩ ⟨Adj., o.Steig.⟩ sandfarben, hellgelbbraun, weiß mit bräunlichem Schimmer; ein ~s Kleid; ein ~r Stoff [frz., „bräunlich grau", urspr. im Zusammenhang mit Wolle gebraucht „ungefärbt, ungebleicht", < altfrz. bege < lat. Baeticus, bätisch, zur Provinz Baetica in Südwestspanien gehörig, von dort stammend"; Baetica war wegen seiner Wolle berühmt]

Bei|ge ⟨f.11; süddt., schweiz.⟩ geschichteter Stoß, Stapel, bes. B. Brennholz [< mhd. bige in ders. Bed., < ahd. biga „Getreidehaufen", weitere Herkunft unklar]

bei|ge|ben ⟨V.45, hat beigegeben⟩ I ⟨mit Dat. und Akk.⟩ 1 einer Sache etwas b. beilegen, beifügen; einer Sendung einen Brief b. 2 jmdm. b. mitgeben, jmdm. durch jmdn. begleiten lassen; jmdm. einen Begleiter zum Schutz b.; jmdm. einen Helfer, Dolmetscher b. II ⟨o.Obj.; in der Fügung⟩ klein b. sich fügen, kleinlaut nachgeben

Bei|ge|ord|ne|te(r) ⟨m. f.17 bzw. 18⟩ Beamter oder Angestellter einer Gemeindeverwaltung

Bei|ge|schmack ⟨m., -(e)s, nur Sg.⟩ 1 leichter, zusätzlicher Geschmack, der den eigentlichen Geschmack etwas beeinflußt; süßlicher, bitterer, eigenartiger, unangenehmer B.; ein B. von Mandeln 2 ⟨übertr.⟩ Eigenschaft, die störend ist oder etwas beeinträchtigt; die ganze Sache hat einen peinlichen B.

bei|ge|sel|len ⟨V.1, hat beigesellt⟩ I ⟨mit Dat. und Akk.⟩ jmdm. jmdn. b. zur Gesellschaft geben; einem Kind einen Gefährten b. II ⟨refl.; mit Dat.⟩ 1 sich jmdm. b. sich jmdm. anschließen, zu jmdm. gehen und bei ihm bleiben; sich einer Wanderung einer Gruppe b. 2 sich einer Sache b. zu einer Sache hinzutreten; einer so raschen Entwicklung gesellt sich meist irgendeine bedenkliche Nebenerscheinung bei

Beig|net ⟨[benje] m.9⟩ in Pfannkuchenteig getauchte und in schwimmendem Fett gebakkene Fruchtscheiben [frz., < älterem bugnet, eigtl. „kleine Beule"]

Bei|hil|fe ⟨f.11⟩ 1 finanzielle Hilfe, Unterstützung; jmdm. eine einmalige B. zukommen lassen 2 ⟨Rechtsw.⟩ Hilfe bei einer Straftat oder bei der Vorbereitung dazu; B. (zum Diebstahl) leisten

Bei|hirsch ⟨m.1; Jägerspr.⟩ dem Rudel des Platzhirsches folgender, schwächerer Hirsch

Bei|koch ⟨m.1⟩ Hilfskoch

bei|kom|men ⟨V.71, ist beigekommen; mit Dat.⟩ 1 jmdm. b. jmdn. aus seiner Zurückhaltung locken, ihn zum Sprechen bringen; einem störrischen Kind durch Freundlichkeit b.; wir wissen noch nicht, wie wir dem Geiselnehmer b. sollen 2 einer Sache b. mit einer Sache fertig werden, sie lösen; einem Problem müssen wir auf andere Weise b.

Bei|kost ⟨f., -, nur Sg.⟩ zusätzliche Kost zur täglichen Nahrung

Beil ⟨n.1⟩ kurzstieliges Hackwerkzeug mit breiter, gewölbter Schneide; Syn. Hacke²(2)

beil. ⟨Abk. für⟩ beiliegend

bei|la|den ⟨V.74, hat beigeladen; mit Akk.⟩ 1 etwas b. zusätzlich aufladen, mitnehmen; ein Möbelstück b. 2 ⟨Rechtsw.⟩ jmdn. b. zusätzlich (zu einer Verhandlung) laden

Bei|la|dung ⟨f.10⟩ 1 ⟨nur Sg.⟩ das Beiladen 2 Schriftstück, in dem jmd. beigeladen wird; jmdm. eine B. schicken 3 beigeladener Gegenstand

Bei|la|ge ⟨f.11⟩ 1 etwas Beigelegtes; ein Foto als B. zu einem Brief; ein Bildbericht als B. zur Zeitung 2 kleine Speise zum Hauptgericht; Syn. ⟨österr.⟩ Zuspeis; Gemüse als B. zum Fleisch 3 ⟨bei Maschinen⟩ Blechstreifen zum Ausgleichen von Zwischenräumen

Bei|la|ger ⟨n.5; früher bei fürstlichen Personen, heute noch bei Naturvölkern⟩ Hochzeitsfest mit zeremoniellem Beischlaf; (feierliches) B. halten

bei|läu|fig ⟨Adj., o.Steig.⟩ nebenbei (ausgesprochen); ~e Bemerkung; etwas b. bemerken

bei|le|gen ⟨V.1, hat beigelegt⟩ I ⟨mit Dat. und Akk.⟩ 1 einer Sache etwas b. hinzufügen, etwas dazulegen; einer schriftlichen Bewerbung Zeugnisse b. 2 einen bestimmten Sinn in einer Sache, in einer Sache sehen; du legst dem Vorfall zuviel Bedeutung, zuviel Gewicht bei II ⟨mit Akk.⟩ etwas b. mit etwas aufhören, etwas klären und nicht mehr davon sprechen; einen Streit b.; die Angelegenheit ist nun beigelegt

bei|lei|be ⟨Adv.; nur in verneinenden Sätzen⟩ bestimmt, wirklich; ich will b. nicht sagen, daß ...; wir wollen b. keinen Streit; b. nicht! [eigtl. „bei meinem Leben" als Beteuerungsformel, zu Leib in der alten Bed. „Leben"]

Bei|leid ⟨n., -(e)s, nur Sg.; bei Todesfällen⟩ Mitgefühl, Anteilnahme; jmdm. sein B. aussprechen, ausdrücken; (mein) herzliches B.!

bei|lie|gen ⟨V.80, hat beigelegen; o.Obj.⟩ beigefügt sein, als Beilage in einem Brief sein; ~d ⟨Abk.: beil.; †⟩ beigefügt; die ~de Abschrift; ~d erhalten Sie ...

beim ⟨Präp. + Art.⟩ 1 bei dem; b. Bahnhof 2 ⟨zur Bez. einer Tätigkeit⟩ ich bin gerade b. Aufräumen

bei|mes|sen ⟨V.84, hat beigemessen; mit Dat. und Akk.⟩ einer Sache oder jmdm. etwas b. zuschreiben, eine Sache oder jmdn. für etwas halten; einer Sache große Wichtigkeit, großen Wert b.; sie für sehr wichtig, wertvoll halten; man braucht der Sache wohl nicht zu viel Bedeutung beizumessen; jmdm. einen Teil der Schuld an etwas b.

Bein ⟨n.1⟩ 1 ⟨bei Wirbeltieren und beim Menschen⟩ jedes der beiden unteren (hinteren) Gliedmaßen (Vorder~, Hinter~); Syn. ⟨oberdt.⟩ Fuß; linkes, rechtes B.; du bist wohl mit dem linken B. zuerst aufgestanden du hast wohl schlechte Laune [nach altem Aberglauben gilt das linke B. als „ungünstig" beim Aufstehen]; jmdm. ~e machen ihn energisch antreiben; sich die ~e vertreten (nach langem Sitzen) ein wenig hin und her gehen; einen Kranken wieder auf die ~e bringen ihn gesund machen; wieder auf die ~e kommen wieder gesund werden, seine Lage wirtschaftlich wieder bessern; ich bin nur herumgelaufen, war immer unterwegs, die ~e in die Hand, unter den Arm nehmen ⟨scherzh.⟩ schnell laufen, sich beeilen; sich eine Last ans B. binden eine Last auf sich nehmen, die einen behindert; was man nicht im Kopf hat, das muß man in den ~en haben ⟨scherzh.⟩ wenn man etwas vergessen hat, muß man noch einmal zurückgehen; mit beiden ~en auf der Erde stehen lebenstüchtig sein, die Dinge nüchtern beurteilen 2 ⟨bei Gliederfüßern⟩ Fortbewegungsorgan 3 stützender, tragender Teil eines Gegenstandes (Tisch~, Stuhl~) 4 ⟨†, noch gelegentlich bayr.⟩ Knochen (Schlüssel~); der Schreck fuhr mir in die ~e

bei|nah, bei|na|he ⟨Adv.⟩ fast, nahezu, nicht ganz; er wäre b. zu spät gekommen; in b. allen Punkten

Bei|na|me ⟨m.15⟩ zusätzlicher Name, der jmdm. von anderen beigelegt wird, Spitzname, Ehrenname

Bein|brech ⟨m.1⟩ grüngelb blühendes Liliengewächs westeuropäischer Moore [nach einem Volksglauben werde das Vieh knochenbrüchig, wenn es die Pflanze fresse]

Bein|bruch ⟨m.2⟩ Bruch eines Beinknochens; das ist kein B. ⟨übertr., ugs.⟩ das ist nicht so schlimm; vgl. Hals- und B.

bei|nern ⟨Adj., o.Steig.⟩ aus Knochen

be|in|hal|ten ⟨V.2, hat beinhaltet; mit Akk.⟩ zum Inhalt haben; der Brief beinhaltet, daß ...

bein|hart ⟨Adj., o.Steig.; österr.⟩ sehr hart, zäh; ein ~er Fußballer

Bein|haus ⟨n.4; auf Friedhöfen⟩ Gebäude oder Raum, in dem Gebeine aus aufgelassenen Gräbern aufbewahrt werden

Bein|holz ⟨n., -es, nur Sg.⟩ Holz von Liguster und Geißblatt [zu Bein (4), wegen seiner Härte]

...bei|nig ⟨in Zus.⟩ eine bestimmte Art oder Anzahl von Beinen besitzend, z.B. kurzbeinig, säbelbeinig, achtbeinig

Bein|kleid ⟨n.3; geh.⟩ → Hose

Bein|ling ⟨m.1⟩ Oberteil des Strumpfes

Bein|schwarz ⟨n., -, nur Sg.⟩ fein zermahlene Knochenkohle (u.a. für Malerfarbe, Druckerschwärze); Syn. Elfenbeinschwarz [zu Bein (4)]

Bein|well ⟨m.1 oder n.1⟩ rotviolett blühendes, staudiges Rauhblattgewächs (häufig an feuchten Stellen) [wurde u.a. als Heilmittel bei Knochenbrüchen eingesetzt, zu wellen im Sinne von „zusammenschließen"]

bei|ord|nen ⟨V.2, hat beigeordnet; mit Dat. und Akk.⟩ 1 einer Sache etwas b. etwas gleichberechtigt neben eine Sache stellen 2 jmdm. jmdn. b. jmdm. einen anderen zur Seite stellen, zur Hilfe geben **Bei|ord|nung** ⟨f., -, nur Sg.⟩

Bei|pack ⟨m., -(e)s, nur Sg.⟩ zusätzliche Fracht

Bei|pferd ⟨n.1⟩ → Handpferd

bei|pflich|ten ⟨V.2, hat beigepflichtet; mit Dat.⟩ 1 jmdm. b. erklären, daß jmd. recht hat, ihm zustimmen 2 einer Sache b. eine Sache gutheißen, richtig finden, ihr zustimmen; einem Vorschlag b.

Bei|pro|gramm ⟨n.1⟩ alle Filme (eines Filmprogramms), die vor einem Film gezeigt werden (z.B. Reklame-, Kulturfilm, Wochenschau)

Bei|rat ⟨m.2⟩ Gruppe von Personen, die einer Körperschaft, Behörde o.ä. beratend zur Seite stehen

Bei|ried ⟨n.1 oder f.1; österr.⟩ hinteres Rumpfstück vom Rind

be|ir|ren ⟨V.1, hat beirrt; mit Akk.⟩ irre machen, verwirren; laß dich nicht b.!; seine Selbstsicherheit beirrte mich

bei|sam|men ⟨Adv.⟩ → beieinander; guten Abend, b.! ⟨bayr.⟩ (Gruß an mehrere Personen zugleich)

bei|sam|men|ha|ben ⟨V.60⟩ → beieinanderhaben

Bei|sas|se ⟨m.11⟩ vom MA bis ins 19. Jh. Bürger ohne oder mit geringerem Bürgerrecht

Bei|satz ⟨m.2⟩ → Apposition

Bei|schiff ⟨n.1⟩ *Hilfsfahrzeug in einem größeren Schiffsverband;* Syn. *Begleitschiff*
Bei|schlaf ⟨m., -(e)s, nur Sg.⟩ → *Koitus;* den B. ausüben; Syn. ⟨geh.⟩ *Kohabitation*
Bei|schläfer ⟨m.5; †⟩ *jmd., der den Beischlaf ausübt;* sie und ihr B.
Bei|schlag ⟨m.2; an Bürgerhäusern in norddt. Hansestädten⟩ *terrassenartiger Vorbau mit Treppe und Sitzplatz (vor dem Hauseingang)*
Bei|schluß ⟨m.2⟩ *Anlage (zum Brief)*
Bei|segel ⟨n.5⟩ *kleines Stagsegel, das nur bei wenig Wind zur Beschleunigung der Fahrt eingesetzt wird*
Bei|sein ⟨n., -s, nur Sg.⟩ *Dabeisein, Anwesenheit;* sie sagte es in seinem B.
bei|seite ⟨Adv.⟩ **1** *nach der Seite, seitwärts;* b. gehen; b. stehen; Spaß b.! *jetzt wollen wir wieder ernst werden!* **2** ⟨Theat., als Regieanweisung⟩ *leise für sich und nur für die Zuschauer bestimmt zu sprechen*
Bei|sel ⟨n.14; bayr., österr.⟩ *kleine Gastwirtschaft, Kneipe;* auch: Beisl [< rotw. *Baiss, Beiz* „Kneipe", < *Bajis* „Haus, Herberge, Gastwirtschaft", < jidd. *bajis, bes* „Haus"]
bei|setzen ⟨V.1, hat beigesetzt; mit Akk.⟩ **1** etwas b. **a** ⟨†⟩ *dazusetzen, dazutun* **b** ⟨Mar.⟩ *zusätzlich aufziehen;* Segel b. **2** jmdn. b. *die Asche eines verbrannten Toten in der Urne begraben*
Bei|setzung ⟨f.10⟩ *das Beisetzen (2) (Urnen~)*
Bei|sitz ⟨m.1⟩ **1** *Amt des Beisitzers* **2** *Sitz des Beifahrers, Soziussitz*
bei|sitzen ⟨V.143, hat beigesessen; mit Dat.⟩ *einer Verhandlung, Prüfung b. ihr als Beisitzer beiwohnen, als Beisitzer bei ihr anwesend sein*
Bei|sitzer ⟨m.5⟩ *Richter oder Mitglied eines Ausschusses neben dem Vorsitzenden*
Beisl ⟨n.14⟩ → *Beisel*
Bei|spiel ⟨n.1⟩ **1** *kennzeichnender Fall oder Vorfall, kennzeichnendes Geschehen als Vorbild, Muster für anderes;* etwas an einem B. erklären; zum B. ⟨Abk.: z.B.⟩ *es sei als Muster für eine Erklärung hervorgegriffen;* er hat zum B. auch gesagt ...; *ungefähr so (wie);* wie zum B. in München **2** *vorbildliches, einleuchtendes, überzeugendes Handeln;* jmds. B. folgen **3** *Vorbild;* sich an jmdm. ein B. nehmen *nach jmds. Vorbild handeln;* mit gutem B. vorangehen [< mhd. *bispel* „zur Belehrung erdichtete Fabel, Erzählung" < *bi* „neben, neben bei" und *spel* „Fabel, Erzählung", zu *spellen* „erzählen", also eigtl. „nebenher erzählte Fabel"]
bei|spiel|haft ⟨Adj.⟩ *vorbildlich;* ~es Verhalten; dieser Fall kann als b. für andere gelten
bei|spiel|los ⟨Adj., o.Steig.⟩ *ohne Beispiel, ohne Vorbild;* ein ~er Erfolg; eine ~e Unverschämtheit
bei|spiels|wei|se ⟨Adv.⟩ *zum Beispiel*
bei|sprin|gen ⟨V.148, ist beigesprungen; mit Dat.⟩ jmdm. b. *jmdm. zu Hilfe kommen, rasch helfen*
bei|ßen ⟨V.8, hat gebissen⟩ **I** ⟨mit Akk.⟩ **1** etwas b. *mit den Zähnen zerkleinern;* der alte Mann kann das Fleisch nicht mehr b.; sie haben nichts mehr zu b. ⟨übertr.⟩ *nichts mehr zu essen, sie sind arm, müssen hungern* **2** jmdn. b. **a** *mit den Zähnen packen (und verletzen);* der Hund hat ihn (in die Hand) gebissen **b** ⟨von Insekten⟩ *stechen;* mich hat ein Floh gebissen **II** ⟨ohne Akk.⟩ sich (sich) b. ⟨eigtl.: einander⟩ b. **1** *einander mit den Zähnen packen (und verletzen);* die Hunde haben sich gebissen **2** *nicht zusammenpassen;* die Farben b. sich **III** ⟨refl.⟩ sich b. *sich mit den Zähnen Schmerz zufügen;* ich habe mich (auf die Zunge) gebissen **IV** ⟨o.Obj.⟩ **1** *mit den Zähnen zupacken;* Vorsicht, der Hund beißt; der Hund biß um sich *er suchte jeden, der ihn fassen wollte, mit den Zähnen zu packen* **2** *beim Essen mit den Zähnen auf etwas treffen;* auf ein Pfefferkorn, einen Kirschkern b., vgl. *Granit, Gras* **3** ⟨übertr.⟩ *scharf sein, ätzen, stechen;* Radieschen b.; ~der Rauch, Wind; der Wind beißt mir ins Gesicht; der Rauch beißt in die Augen; ~der Spott

Bei|ßer|chen ⟨n.7; scherzh.⟩ *Zahn*
Beiß|korb ⟨m.2⟩ → *Maulkorb*
Beiß|zan|ge ⟨f.11⟩ *Zange zum Durchtrennen (von Draht) und Herausziehen (von Nägeln);* seinen Anteil an etwas fordern wie eine B.
Bei|stand ⟨m.2⟩ **1** ⟨nur Sg.⟩ *Hilfe, Unterstützung;* B. brauchen; jmdm. B. leisten **2** *Helfer (z.B. im Prozeß) (Rechts~)*
bei|ste|hen ⟨V.151, hat beigestanden; mit Dat.⟩ jmdm. b. *jmdm. helfen, jmdn. unterstützen;* jmdm. mit Rat und Tat b.; jmdm. in der Not b.
bei|steu|ern ⟨V.1, hat beigesteuert; mit Akk.⟩ *beitragen, dazugeben;* einen Geldbetrag b.; etwas zu einem Programm b.
Bei|steue|rung ⟨f., -, nur Sg.⟩
bei|stim|men ⟨V.1, hat beigestimmt; mit Dat.⟩ *jmdm. oder einer Sache b. zustimmen, beipflichten;* ich stimme Ihnen bei; ich stimme dem Vorschlag bei
Bei|strich ⟨m.1⟩ → *Komma*
Bei|tel ⟨m.5⟩ *stemmeisenähnliches Werkzeug mit Schneide (zum Aushauen von Vertiefungen in Holz)* [< nddt. *bötel*, zu mhd. *boz* „Schlag", zu *boze(l)n* „schlagen, klopfen"]
Bei|trag ⟨m.2⟩ **1** *regelmäßige Zahlung (an einen Verein o.ä.)* Mitglieds~ **2** *Arbeit, Leistung, die für etwas als Anteil erbracht wird;* seinen B. zu einer Veranstaltung leisten; künstlerische, musikalische B. zu einem geselligen Abend **3** *Artikel, Novelle, Aufsatz o.ä. (für eine Zeitung, Zeitschrift, einen Sammelband)*
bei|tra|gen ⟨V.160, hat beigetragen; mit Akk.⟩ *dazugeben, dazutun;* tausend Mark zu einer Sammlung b.; etwas zu einem Programm b.; er hat viel zum Erfolg der Veranstaltung beigetragen
Bei|trä|ger ⟨m.5; †⟩ *jmd., der Beiträge für eine Zeitung, Zeitschrift schreibt*
bei|trei|ben ⟨V.162, hat beigetrieben; mit Akk.⟩ *herbeischaffen, eintreiben;* Geld, Schulden b.
bei|tre|ten ⟨V.163, ist beigetreten; mit Dat.⟩ *einer Sache b. sich einer Sache anschließen, bei einer Sache mitmachen, Mitglied werden;* einem Verein, einer Partei b.
Bei|tritt ⟨m.1⟩ *das Beitreten, Eintritt;* B. in einem Verein, eine Partei
Bei|wa|gen ⟨m.7⟩ **1** ⟨Motorrad⟩ *seitlich mit einem dritten Rad angebrachter Wagen* **2** ⟨Straßenbahn⟩ *Anhänger*
Bei|werk ⟨n., -(e)s, nur Sg.⟩ **1** *nicht notwendige Zutat;* schmückendes B. **2** *Nebensächliches, nebensächliche Zutat;* das ist nur B.
bei|woh|nen ⟨V.1, hat beigewohnt; mit Dat.⟩ **1** *einer Sache b. bei einer Sache anwesend, Zuhörer, Zuschauer sein;* einer Theateraufführung b. **2** *einer Frau b.* ⟨†⟩ *Geschlechtsverkehr mit einer Frau haben*
Bei|wohnung ⟨f., -, nur Sg.⟩ **1** *das Beiwohnen, Anwesenheit* **2** *Geschlechtsverkehr*
Bei|wort ⟨n.4⟩ → *Adjektiv*
Beiz ⟨f.10; schweiz.⟩ *Schenke, Wirtshaus* [→ *Beisel*]
Bei|zahl ⟨f.10⟩ → *Koeffizient*
Bei|ze ⟨f.11⟩ **1** ⟨Tech.⟩ *Lösung zum Beizen* **2** *Jagd mit abgerichteten Greifvögeln (Falken~);* Syn. *Beizjagd* [< ahd. *beizen* „anspornen, veranlassen zu beißen"]
bei|zei|ten ⟨Adv.⟩ *rechtzeitig, frühzeitig;* die Theaterkarten b. bestellen
bei|zen ⟨V.1, hat gebeizt⟩ **I** ⟨mit Akk.⟩ *mit Beize bestreichen;* Möbel b. **II** ⟨o.Obj.⟩ *scharf brennen,* ⟨bes.⟩ *in den Augen brennen;* ~der Qualm
bei|zie|hen ⟨V.187, hat beigezogen; mit Akk.⟩ **1** jmdn. b. *um Mitwirkung, Hilfe bitten;* einen Arzt, weitere Mitarbeiter b. **2** etwas b. *zu Hilfe nehmen, als Hilfsmittel, Grundlage, Beweis benutzen;* Sekundärliteratur, weiteres Material b.
Beiz|jagd ⟨f.10⟩ → *Beize*
be|ja|hen ⟨V.1, hat bejaht; mit Akk.⟩ Ggs. *verneinen;* etwas b. **1** *ja zu etwas sagen;* eine Frage b. **2** *etwas positiv betrachten, beurteilen;* eine Auffassung b.; jmds. Handeln, Einstellung b.
be|ja|hen|den|falls ⟨Adv.⟩ *falls es bejaht wird, im Falle einer bejahenden Antwort*
be|jahrt ⟨Adj., o.Steig.⟩ *hoch an Jahren, alt*
Be|ja|hung ⟨f.10⟩ *das Bejahen, die Antwort „Ja";* Ggs. *Verneinung*
be|jam|mern ⟨V.1, hat bejammert; mit Akk.⟩ *etwas oder jmdn. b. über etwas oder jmds. Lage, Zustand jammern, etwas oder jmdn. laut beklagen*
be|jam|merns|wert ⟨Adj.⟩ *so beschaffen, daß man es bejammern muß;* er war in einem ~en Zustand, seine Lage, seine Lage ist b.
be|ju|beln ⟨V.1, hat bejubelt; mit Akk.⟩ *jmdn., etwas b. jmdm., einer Sache zujubeln, jmdm., einer Sache gegenüber seine Freude mit Jubelrufen ausdrücken;* der Sänger, das Theaterstück wurde stürmisch bejubelt
be|ka|keln ⟨V.1, hat bekakelt; mit Akk.; norddt.⟩ *besprechen*
be|kämp|fen ⟨V.1, hat bekämpft; mit Akk.⟩ *jmdn. oder etwas b. gegen jmdn. oder etwas kämpfen;* die Feinde, eine Seuche b. **Be|kämp|fung** ⟨f., -, nur Sg.⟩
be|kannt ⟨Adj.⟩ *von vielen gekannt, gewußt;* das ist eine ~e Tatsache; ein ~er Schauspieler; das kommt mir, er kommt mir b. vor; jmdn. mit jmdm. oder etwas b. machen *bewirken, daß jmd. jmdn. oder etwas kennenlernt;* sich mit etwas b. machen *sich Kenntnisse über etwas aneignen;* ⟨aber⟩ etwas b. *bekanntmachen;* das ist mir b. *das weiß ich;* ich bin hier b. *ich kenne mich hier aus,* ⟨oder⟩ *man kennt mich hier;* mit jmdm. oder etwas b. werden *jmdn. oder etwas kennenlernen;* ⟨aber⟩ → *bekanntwerden*
Be|kann|ten|kreis ⟨m.1⟩ *Kreis von Menschen, die man gut kennt und mit denen man Geselligkeit pflegt*
Be|kann|te(r) ⟨m., f.17 bzw. 18⟩ *jmd., den man kennt;* er ist ein alter, guter, flüchtiger Bekannter von mir; mein Bekannter ⟨ugs.⟩ *mein Freund, mein Liebhaber*
be|kann|ter|ma|ßen ⟨Adv.⟩ → *bekanntlich*
Be|kannt|ga|be ⟨f., -, nur Sg.⟩ *das Bekanntgeben;* die B. der Gewinner
be|kannt|ge|ben ⟨V.45, hat bekanntgegeben; mit Akk.⟩ *öffentlich mitteilen;* die Namen der Gewinner b.; ich möchte Ihnen allen b., daß ...
Be|kannt|heit ⟨f., -, nur Sg.⟩ *das Bekanntsein*
be|kannt|lich ⟨Adv.⟩ *wie bekannt ist, wie jeder weiß;* Syn. *bekanntermaßen*
be|kannt|ma|chen ⟨V.1, hat bekanntgemacht; mit Akk.⟩ *öffentlich mitteilen, verbreiten, zur Kenntnis geben;* er ließ b., daß er ...; die Nachricht von dem Unglücksfall wurde überall bekanntgemacht
Be|kannt|ma|chung ⟨f.10⟩ *(meist) amtliche öffentliche Mitteilung*
Be|kannt|schaft ⟨f.10⟩ **1** ⟨nur Sg.⟩ *das Bekanntsein (mit jmdm.), Kenntnis von jmdm.;* meine B. mit diesem Mann, mit den neuesten Ergebnissen der Verhaltensforschung ist jüngeren Datums; jmds. B. machen *jmdn. kennenlernen;* mit etwas B. machen *etwas kennenlernen;* er machte mit dem harten Fußboden B. ⟨übertr., iron.⟩ *er stürzte zu Boden* **2** *Personen, die man gut kennt;* jmd. aus meiner B. **3** *Person, die man gut kennt;* sie hat viele ~en
be|kannt|wer|den ⟨V.180, ist bekanntgeworden; o.Obj.⟩ *zur Kenntnis der Öffentlichkeit gelangen, in die Öffentlichkeit dringen;*

dieser Vorfall darf nicht b., ist nie bekanntgeworden

Be|kas|si|ne ⟨f.11⟩ drosselgroßer Sumpfvogel; Syn. *Himmelsziege, Sumpfschnepfe,* ⟨bayr.-österr.⟩ *Habergeiß* [< frz. *bécassin,* Verkleinerungsform zu *becasse* „Schnepfe"]

be|keh|ren ⟨V.1, hat bekehrt; mit Akk.⟩ jmdn. oder sich b. *jmdn. oder sich dazu bringen, etwas zu glauben, etwas für gut, richtig zu halten;* jmdn., sich zum Christentum, zu einer Auffassung, Meinung b.

Be|keh|rung ⟨f.10⟩ *das Bekehren, das Bekehrtwerden*

be|ken|nen ⟨V.67, hat bekannt⟩ I ⟨mit Akk.⟩ 1 *offen aussprechen, zugeben, eingestehen;* eine Sünde, ein Vergehen, die Wahrheit b. 2 *offen bezeugen;* seinen Glauben b. II ⟨refl.⟩ 1 sich b. *sich erklären, daß man sich eine Eigenschaft zuschreibt;* sich schuldig b.; sich als unwissend b. 2 sich zu etwas b. *erklären, daß man es für gut, richtig hält, daß man an etwas glaubt;* sich zum Christentum, sich zu einer politischen Partei b. 3 sich zu jmdm. b. *erklären, daß man an jmds. Seite steht, daß man der gleichen Meinung ist wie jmd.;* sich zu Christus, zu einem Verhafteten b.

Be|kennt|nis ⟨n.1⟩ 1 *das Bekennen, Geständnis;* B. der Schuld; ein B. ablegen 2 *Erklärung, auf die man sich durch seinen Glauben bekennt;* B. zum Christentum 3 *Gesamtheit der Glaubenssätze (einer Religion);* Glaubens~ 4 *Religionsgemeinschaft;* katholisches, evangelisches B.; wir haben das gleiche B.

Be|kennt|nis|frei|heit ⟨f., -, nur Sg.⟩ → *Religionsfreiheit*

Be|kennt|nis|schu|le ⟨f.11⟩ *Schule für Schüler und Lehrer nur des gleichen Bekenntnisses (4);* Syn. *Konfessionsschule;* Ggs. *Simultanschule*

be|kla|gen ⟨V.1, hat beklagt⟩ I ⟨mit Akk.⟩ 1 etwas b. *über etwas klagen, etwas bedauern;* einen Verlust b.; sein Schicksal, Los b. 2 jmdn. b. a *über jmds. Tod klagen;* Menschenleben waren bei dem Unglück nicht zu b. b *jmdn. bedauern, bemitleiden* II ⟨refl.⟩ sich b. *über etwas klagen, sich beschweren;* es geht mir gut, ich kann mich nicht b.; sich über das schlechte Essen, über zu lange Wartezeiten b.

be|kla|gens|wert ⟨Adj.⟩ *so beschaffen, daß man es beklagen muß;* sein Schicksal ist b.

Be|klag|te(r) ⟨m., f.17 bzw. 18⟩ *jmd., gegen den eine zivilrechtliche Klage erhoben worden ist*

be|klat|schen ⟨V.1, hat beklatscht; mit Akk.⟩ etwas oder jmdn. b. 1 *durch Händeklatschen zeigen, daß etwas od. jmd. gefällt;* sein Vortrag, sein Spiel wurde lebhaft beklatscht 2 *Klatsch über etwas oder jmdn. verbreiten;* einen Vorfall, jmds. Lebenswandel b.

be|klau|en ⟨V.1, hat beklaut; mit Akk.; ugs.⟩ → *bestehlen*

be|kle|ben ⟨V.1, hat beklebt; mit Akk.⟩ etwas mit etwas b. *etwas auf etwas kleben;* eine Wand mit Plakaten, Tapete b.

be|kleckern ⟨-k|k-; V.1, hat bekleckert; mit Akk.⟩ jmdn. oder sich b. *beim Essen mit Stückchen oder Tropfen von Speise beschmutzen;* du hast dich ja nicht gerade mit Ruhm bekleckert ⟨übertr., ugs.⟩ *du hast nichts getan, wofür man dich loben müßte*

be|kleck|sen ⟨V.1, hat bekleckst; mit Akk.⟩ *mit Klecksen beschmutzen*

be|klei|den ⟨V.1, hat bekleidet; mit Akk.⟩ 1 jmdn. b. *jmdn. mit Kleidung ausstatten, jmdm. Kleidung anlegen* 2 etwas b. a *bedecken, bekleben, behängen, schützen;* eine Wand mit Tapete, Stoff b. b *ausüben, innehaben;* ein Amt b.

Be|klei|dung ⟨f., -, nur Sg.⟩ 1 *das Bekleiden* 2 *Gesamtheit der Kleidungsstücke* (Herren~, Damen~) 3 *Überzug, Bedeckung* (Wand~)

be|klem|men ⟨V.1, hat beklemmt; mit Akk.⟩ *jmdn. b. in jmdm. ein Gefühl des Erstickens hervorrufen, jmdn. stark bedrücken;* diese Stille beklemmt mich; ~des Angstgefühl

Be|klem|mung ⟨f.10⟩ *beklemmendes Gefühl, Gefühl des Erstickens und der Angst* (Herz~); in einem überfüllten Raum bekomme ich ~en

be|klom|men ⟨Adj.⟩ *ängstlich und gespannt, ängstlich und erregt* **Be|klom|men|heit** ⟨f., -, nur Sg.⟩

be|klop|fen ⟨V.1, hat beklopft; mit Akk.⟩ 1 etwas b. *mehrmals prüfend auf, an etwas klopfen;* eine Wand (auf Hohlräume hin) b. 2 jmdn. b. ⟨ugs.⟩ → *abklopfen (2)*

be|kloppt ⟨Adj.; ugs.⟩ *begriffsstutzig, blöd, dumm*

be|knackt ⟨Adj., ugs.⟩ 1 *sehr töricht, blöd* (Person) 2 *ärgerlich, unerfreulich* (Sache)

be|knei|pen ⟨V.1, hat bekneipt; refl.⟩ sich b. ⟨ugs.⟩ *sich betrinken*

be|knien ⟨V.1, hat bekniet; mit Akk.; ugs.⟩ *dringend immer wieder bitten;* er hat mich bekniet, ihm das Geld zu geben, ihm alles zu sagen

be|kom|men ⟨V.71, hat bekommen⟩ I ⟨mit Akk.⟩ Syn. *kriegen* 1 etwas b. *als Besitz, zu eigen, als Gabe erhalten;* Geld, ein Geschenk, einen Brief b. b *als Anerkennung oder Strafe erhalten;* Beifall, ein Lob, Prügel b. c *zur Kenntnis erhalten;* eine Nachricht, Antwort b. d *erreichen, erlangen;* eine Stellung, einen Platz im Bus b.; er bekommt immer seinen Willen; sie bekommen von ihm alles, was sie will e *in einen Zustand geraten, sich etwas zuziehen;* eine Erkältung, Hunger, Angst, Ärger b. f *allmählich entwickeln, erhalten;* Schwung, Übung b. g *aus sich selbst hervorbringen;* du bekommst allmählich Farbe wirst braun; Knospen, Blätter, Zähne b. h ⟨mit Verben im Infinitiv mit zu⟩ *fähig werden, etwas zu tun oder zu empfinden;* er bekam den Hund am Halsband zu fassen, etwas zu hören, zu sehen b. i ⟨mit Verben im Part. Perf. zur Bez. des Passivs⟩ ich bekam etwas geschenkt, zugeteilt *etwas wurde mir geschenkt, zugeteilt* 2 jmdn. b. a *zur Welt bringen;* ein Kind b. b *zur Verfügung, zur Mitarbeit erhalten;* jmdn. als Assistenten, als Hilfskraft b. c (in Wendungen wie) er bekam sie *sie gab sich ihm hin, er vollzog den Beischlaf mit ihr* II ⟨mit Dat.⟩ jmdm. b. *zuträglich sein;* scharfe Schnäpse b. mir nicht; der Ausflug ist mir gut, schlecht b.

be|kömm|lich ⟨Adj.⟩ *zuträglich, leicht verdaulich;* eine ~e Mahlzeit; viel Fett ist schwer b.

be|kö|sti|gen ⟨V.1, hat beköstigt; mit Akk.⟩ *regelmäßig mit Speise (Kost) versorgen, verpflegen* **Be|kö|sti|gung** ⟨f., -, nur Sg.⟩

be|kräf|ti|gen ⟨V.1, hat bekräftigt; mit Akk.⟩ *durch innerliche Handlung, mit Nachdruck, ausdrücklich bestätigen;* „Jawohl!" bekräftigte er; ein Versprechen mit einem Handschlag b.

Be|kräf|ti|gung ⟨f., -, nur Sg.⟩ *das Bekräftigen;* jmdm. zur B. eines Versprechens die Hand geben

be|krän|zen ⟨V.1, hat bekränzt; mit Akk.⟩ *mit einem Kranz schmücken* **Be|krän|zung** ⟨f., -, nur Sg.⟩

be|kreu|zen ⟨V.1, hat bekreuzt; selten⟩ → *bekreuzigen*

be|kreu|zi|gen ⟨V.1, hat bekreuzigt; refl.⟩ sich b. *das Kreuzzeichen vor der eigenen Brust und Stirn machen* **Be|kreu|zi|gung** ⟨f., -, nur Sg.⟩

be|krie|gen ⟨V.1, hat bekriegt; mit Akk.⟩ jmdn. b. *gegen jmdn. Krieg führen*

be|krit|teln ⟨V.1, hat bekrittelt; mit Akk.⟩ *kleinlich kritisieren, kleinlich tadeln* **Be|krit|te|lung** ⟨f., -, nur Sg.⟩

be|krö|nen ⟨V.1, hat bekrönt; mit Akk.⟩ etwas b. 1 *mit einem schmückenden oberen Abschluß (wie mit einer Krone) versehen;* einen Turm mit einer Kuppel b. 2 *glänzenden Höhepunkt von etwas sein;* dieser Roman bekrönt sein Werk

be|küm|mern ⟨V.1, hat bekümmert⟩ I ⟨mit Akk.⟩ jmdn. b. *jmdm. Kummer machen* II ⟨refl.⟩ sich um etwas oder jmdn. b. *sich* → *kümmern*

Be|küm|mer|nis ⟨f.1⟩ *Kummer, Sorge*

be|küm|mert ⟨Adj.⟩ *voller Kummer, betrübt*

be|kun|den ⟨V.2, hat bekundet; mit Akk.⟩ 1 *öffentlich, vor Gericht erklären;* der Zeuge bekundete, es habe sich so und so abgespielt 2 *zum Ausdruck bringen, zeigen, deutlich werden lassen;* eine Absicht b.; er bekundete keine Neigung, das zu tun, was man von ihm forderte; jmdm. sein Mitleid b.

Bel ⟨n., -s, -; Zeichen: B⟩ *Maßeinheit für die Dämpfung von Schwingungen* [nach dem brit.-amerik. Physiker A. G. *Bell*]

be|lä|cheln ⟨V.1, hat belächelt; mit Akk.⟩ *etwas oder jmdn. b. über etwas oder jmdn. lächeln;* seine Bemühungen werden nur belächelt *man lächelt über sie*

be|la|chen ⟨V.1, hat belacht; mit Akk.⟩ *etwas oder jmdn. b. über etwas oder jmdn. lachen;* die anderen haben seine Späße schallend belacht; der Clown im Zirkus wurde sehr belacht *man lachte sehr über ihn*

be|la|den ⟨V.1, hat beladen⟩ I ⟨mit Akk.⟩ *etwas b. viele Gegenstände auf etwas legen;* Ggs. *entladen (I,1);* einen Wagen b.; etwas mit etwas b. *etwas auf etwas laden;* einen Wagen, ein Lasttier mit Heu b. II ⟨refl.⟩ sich b. *eine Last auf sich nehmen;* er belud sich mit den Koffern; ich habe mich da mit einer Verantwortung, einer Aufgabe b., die mich bedrückt

Be|lag ⟨m.2⟩ *Schicht, Überzug* (Brems~, Fußboden~, Straßen~); ein B. auf der Zunge haben *(als Krankheitszeichen);* Käse, Wurst als B. aufs Brot

Be|la|ge|rer ⟨m.5⟩ *jmd., der belagert (z. B. ein Heer)*

be|la|gern ⟨V.1, hat belagert; mit Akk.⟩ 1 etwas b. *umzingeln und von der Außenwelt abschließen;* eine Festung, eine Stadt b. 2 ⟨übertr.⟩ etwas oder jmdn. b. *sich dicht um, vor etwas oder jmdn. drängen;* Fotografen belagerten das Auto des Kanzlers; das Schaufenster mit den Eisenbahnen ist immer belagert

Be|la|ge|rung ⟨f.10⟩ *das Belagern (1), das Belagertwerden*

Be|la|ge|rungs|zu|stand ⟨m., -(e)s, nur Sg.⟩ *durch innere Unruhen oder Krieg geschaffener Ausnahmezustand, bei dem die geltenden Gesetze durch Kriegsgesetze ersetzt werden können;* den B. verhängen

Bel|ami ⟨m.9⟩ *Mann, der viel Erfolg bei Frauen hat, Frauenliebling* [< frz. *bel ami* „schöner Freund"]

be|läm|mern ⟨V.1⟩ → *belemmern*

Be|lang ⟨m.1⟩ 1 ⟨nur Sg.⟩ *Wichtigkeit;* das ist nicht von B., das ist nicht wichtig 2 ⟨meist Pl.⟩ ~e *alles, was jmdn. angeht, wichtig für jmdn. ist;* jmds. ~e vertreten

be|lan|gen ⟨V.1, hat belangt; mit Akk.⟩ 1 etwas oder jmdn. b. *betreffen, angehen,* ⟨nur in unpersönlichen Wendungen wie⟩ was mich belangt, so werde ich ...; was meine Arbeit belangt, so kann ich sagen ... 2 jmdn. b. *zur Verantwortung ziehen, verklagen;* jmdn. wegen Betrugs b.

be|lang|los ⟨Adj.⟩ *ohne Belang (1), unwichtig;* Ggs. *belangvoll*

Be|lang|lo|sig|keit ⟨f.10⟩ 1 ⟨nur Sg.⟩ *belanglose Beschaffenheit, Unwichtigkeit* 2 *belanglose Sache;* das und ähnliche ~en; er erzählte nur ~en

be|lang|voll ⟨Adj.⟩ *voller Belang (1), wichtig;* Ggs. *belanglos;* das ist nicht b.

be|las|sen ⟨V.75, hat belassen; mit Akk.⟩ *lassen;* einen Gegenstand an seinem Platz b.;

belasten

wir wollen es dabei b. *wir wollen es lassen, wie es ist*

be|la|sten ⟨V.2, hat belastet; mit Akk.⟩ **1** etwas b. **a** *eine Last auf etwas legen;* Ggs. *entlasten (1);* ein Wagen ist stark b. **b** *eine Sache mit etwas b. einer Sache etwas als Last auflegen;* ein Konto mit einem Betrag b. *einen Betrag von einem Konto abbuchen;* ein Haus mit einer Hypothek b.; der Fahrstuhl darf nur mit 300 kg belastet werden **2** jmdn. b.: Ggs. *entlasten (2)* **a** *jmdm. eine Last aufbürden;* die Verantwortung belastet mich zu sehr; er ist erblich belastet *er hat eine nachteilige Anlage geerbt* **b** *etwas zu jmds. Nachteil aussagen;* der Zeuge hat den Angeklagten schwer belastet **c** *jmdn. mit etwas b. jmdm. etwas als Last, Sorge aufbürden;* ich will dich nicht mit meinen Angelegenheiten b.

be|lä|sti|gen ⟨V.1, hat belästigt; mit Akk.⟩ jmdn. b.: *jmdm. zur Last fallen, jmdn. stören*

Be|lä|sti|gung ⟨f.10⟩ **1** ⟨nur Sg.⟩ *das Belästigen, das Belästigtwerden* **2** *Störung;* seine vielen Anfragen werden allmählich eine B.

Be|la|stung ⟨f.10⟩ *das Belasten, das Belastetsein, Last, Bürde;* die B. eines Grundstücks mit Hypotheken; die Brücke hält die B. nicht aus; die Verantwortung ist mir eine zu große B.; seelische B.; steuerliche ~en *Steuern;* erbliche B. *krankhafte Erbanlage*

Be|la|stungs|pro|be ⟨f.11⟩ *Probe, Versuch, wie stark man etwas oder jmdn. belasten kann*

Be|la|stungs|zeu|ge ⟨m.11⟩ *Zeuge, der den Angeklagten mit einer Aussage belastet, der zum Nachteil des Angeklagten aussagt*

be|lat|schern ⟨V.1, hat belatschert; mit Akk.; salopp⟩ *überreden*

be|lau|ben ⟨V.1, hat belaubt; refl.⟩ sich b. *Laub, Blätter treiben;* Ggs. *entlauben (II);* die Bäume b. sich schon

be|lau|ern ⟨V.1, hat belauert; mit Akk.⟩ *heimlich und in böser Absicht beobachten*

Be|lauf ⟨m.2⟩ **1** *Betrag* **2** *Forstbezirk, Verwaltungsbezirk eines Försters*

be|lau|fen ⟨V.76, hat belaufen; refl.⟩ sich b.: *etwas (eine Zahl, eine Summe) in bestimmter Höhe erreichen;* die Kosten b. sich auf tausend Mark; die Zahl der Mitwirkenden beläuft sich auf mindestens fünfzig

be|lau|schen ⟨V.1, hat belauscht; mit Akk.⟩ **1** etwas b. *etwas heimlich mithören;* ein Gespräch b. **2** *jmdn. heimlich beobachten,* jmdm. *heimlich zuhören*

Bel|can|to ⟨m., -(s), nur Sg.⟩ *die Schönheit der Stimme zur Geltung bringender Gesang des 17.–19. Jahrhunderts* [< ital. *bel canto* „schöner Gesang", zu *cantare* „singen"]

be|le|ben ⟨V.1, hat belebt⟩ **I** ⟨mit Akk.⟩ **1** jmdn. b. **a** *jmds. Atmung wieder in Gang bringen* **b** *jmdn. wieder munter, frisch, leistungsfähig machen;* der Kaffee hat mich wieder belebt **2** etwas b. **a** *in Schwung bringen, fördern, anregen;* den Handel durch bestimmte Maßnahmen b. **b** *freundlicher, abwechslungsreicher gestalten;* einen Raum durch farbige Gegenstände b.; einen Vortrag durch praktische Beispiele b. **II** ⟨refl.⟩ sich b. *lebhafter werden, sich mit Leben erfüllen;* seine Gesichtszüge belebten sich; der Verkehr belebt sich gegen Mittag; belebte Straßen; die belebte Natur *die mit Leben erfüllte, die lebendige Natur*

Be|le|bung ⟨f., -, nur Sg.⟩ *das Beleben, das Belebtwerden*

Be|leg ⟨m.1⟩ **1** *Zeugnis, schriftlicher Nachweis (z.B. für Ausgaben);* einer Abrechnung, Steuererklärung ~e beifügen **2** *schriftliches Beispiel;* für dieses Wort, diesen Ausdruck gibt es in der Literatur, bei Goethe zahlreiche ~e **3** *kurz für* Belegexemplar

be|le|gen ⟨V.1, hat belegt; mit Akk.⟩ **1** etwas b. **a** *als besetzt, als nicht mehr frei kennzeichnen;* einen Platz b.; vgl. belegt **b** etwas mit etwas b. *etwas auf etwas legen;* den Boden mit Fliesen, Teppichen b.; eine Stadt mit Bomben b. ⟨übertr.⟩ *Bomben auf eine Stadt abwerfen* **c** *sich als Hörer für etwas eintragen;* Vorlesungen b. **d** *den Nachweis für die Richtigkeit, für das Vorhandensein von etwas erbringen;* diese Behauptung kann ich schriftlich b.; können Sie Ihre Ausgaben b.?; diesen Ausdruck kann man bei Goethe b. **2** *jmdn. mit etwas b. jmdm. etwas auferlegen;* eine Stadt (= die Einwohner) mit Abgaben, Steuern b.; jmdn. mit einer Geldstrafe b.

Be|leg|ex|em|plar ⟨n.1⟩ *Exemplar (eines Buches, eines Zeitschriftenartikels), das dem Verfasser als Nachweis der Veröffentlichung zugesandt wird;* Syn. Belegstück

Be|leg|schaft ⟨f.10⟩ *Gesamtheit der in einem Betrieb beschäftigten Personen*

Be|leg|stel|le ⟨f.11⟩ *Stelle in einem Buch, an der ein bestimmtes Wort oder ein Ausdruck vorkommt;* ~ anzeigen

Be|leg|stück ⟨n.1⟩ → Belegexemplar

be|legt ⟨Adj., o.Steig.⟩ **1** *besetzt, nicht frei;* es ist b., die Leitung ist b. *die Telefonleitung ist nicht frei;* der Platz ist nicht b. **2** *mit einem Belag versehen;* ~e Brötchen; eine ~e Zunge haben; seine Stimme klang b. *nicht klangvoll, nicht frei* **3** *schriftlich vorhanden, als vorhanden nachgewiesen;* dieses Wort ist in der antiken Literatur nur einmal b.

be|leh|nen ⟨V.1, hat belehnt; mit Akk.; hist.⟩ jmdn. b. *jmdm. ein Stück Land als Lehen überlassen* **Be|leh|nung** ⟨f.10⟩

be|leh|ren ⟨V.1, hat belehrt; mit Akk.⟩ *aufklären, unterrichten;* ein Blick auf sein Gesicht belehrte mich, daß es besser war, zu schweigen; jmdn. eines Besseren b. *jmdm. erklären, daß seine Meinung nicht richtig ist und welche die richtige ist;* jmdn. über einen Sachverhalt b.

Be|leh|rung ⟨f.10⟩ **1** ⟨nur Sg.⟩ *das Belehren, das Belehrtwerden;* nach der B. durch den Polizisten konnte ich weiterfahren **2** *Lehre, Aufklärung;* ich mußte mir seine ~en anhören; keine B. annehmen

be|leibt ⟨Adj.; nur als Attr. und mit „sein"⟩ *dick, füllig;* eine ~e Dame **Be|leibt|heit** ⟨f., -, nur Sg.⟩

be|lei|di|gen ⟨V.1, hat beleidigt; mit Akk.⟩ **1** *jmdn. in seinem Ehrgefühl, in seinen Empfindungen verletzen, kränken;* ich lasse mich von dir nicht b.!; seine Äußerungen sind ~d; beleidigt sein; die Beleidigten spielen **2** etwas b. **a** *mit Worten verletzen;* jmds. Ehre b. **b** *schwer erträglich für etwas sein;* diese Musik beleidigt mein Ohr

Be|lei|di|gung ⟨f.10⟩ **1** ⟨nur Sg.⟩ *das Beleidigen, das Beleidigtwerden* **2** *beleidigende Äußerung;* die B. nicht hinnehmen; jmdn. wegen B. anzeigen

be|lei|hen ⟨V.78, hat beliehen; mit Akk.⟩ *eine Sache b. im Hinblick auf das Vorhandensein einer Sache sich einen Betrag auszahlen lassen;* ich kann ein Wertpapier, meine Lebensversicherung b. **Be|lei|hung** ⟨f., -, nur Sg.⟩

be|lem|mern ⟨V.1, hat belemmert; mit Akk.; salopp⟩ auch: *belämmern;* jmdn. b. *belästigen;* jmdn. mit Bitten, Forderungen b. [wahrscheinlich zu *lahm*, eigtl. „lahm machen"]

be|lem|mert ⟨Adj.; ugs.⟩ auch: *belämmert* **1** *unangenehm, heikel, verfahren;* eine ~e Geschichte; das ist wirklich b. **2** *betreten, verlegen, bedrückt;* b. dreinschauen, dastehen

Be|lem|nit ⟨m.10⟩ **1** *ausgestorbener Kopffüßer* **2** *versteinerter Rest seines Gehäuses;* Syn. *Donnerkeil* [< griech. *belemnon* „Geschoß"; man glaubte früher, die kegelförmige Versteinerung sei im Geschoß des Donners]

be|le|sen ⟨Adj.; nur als Attr. und mit „sein"⟩ *durch vieles Lesen große Kenntnisse besitzend, viel Literatur kennend*

Be|le|sen|heit ⟨f., -, nur Sg.⟩ *das Belesensein, Kenntnisse in der Literatur*

Bel|eta|ge ⟨[beletaʒə] f., -, -n; †⟩ *erstes Stockwerk, Hauptgeschoß* [< frz. *bel étage* „schönes Stockwerk"]

be|leuch|ten ⟨V.2, hat beleuchtet; mit Akk.⟩ **1** *mit Licht erfüllen, mit Licht bestrahlen;* einen Raum, einen Gegenstand b.; die Straßen nachts b. **2** *mit einer Lichtquelle ausstatten, mit Beleuchtung sichtbar machen;* das Fahrzeug muß beim Parken nachts beleuchtet sein; gut beleuchtete Straßen **3** ⟨übertr.⟩ *gedanklich untersuchen, prüfend betrachten und etwas darüber sagen;* einen Konflikt in einem Drama von allen Seiten b.

Be|leuch|ter ⟨m.5⟩ *Bühnentechniker, dem die Beleuchtung des Bühnenraums und der Darsteller obliegt*

Be|leuch|ter|brücke ⟨-k·k-; f.11⟩ *Laufsteg über der Theaterbühne (für Beleuchtungsanlagen)*

Be|leuch|tung ⟨f.10⟩ *Erhellung (von Räumen oder Gegenständen) mittels (natürlicher oder künstlicher) Lichtquellen;* direkte B. *unmittelbar von der Lichtquelle auf einen Gegenstand auftreffendes Licht mit scharfer Schattenbildung;* indirekte B. *von Gegenständen zurückgestrahltes Licht mit unscharfer Schattenbildung*

be|leum|det ⟨selten⟩, **be|leu|mun|det** ⟨Adj., o.Steig.; nur als Attr. und mit „sein"; in den Fügungen⟩ *gut, schlecht b. sein einen guten, schlechten Leumund haben*

bel|fern ⟨V.1, hat gebelfert; o.Obj.⟩ **1** *aufgeregt und mißtönend bellen, keifend kläffen* **2** ⟨übertr.⟩ *laut und schrill schimpfen, keifen* [Herkunft nicht sicher, zu *belvern* „fluchen" (zuerst bei Luther)]

Bel|fried ⟨m.1⟩ Syn. *Bergfried* **1** ⟨bei mittelalterlichen Burgen⟩ *Hauptturm* **2** ⟨in flandrischen Städten⟩ *Glockenturm* [< mhd. *bervrid, bervrit,* „hölzerne Verschanzung, Turm zum Angriff und zur Verteidigung", wahrscheinlich < *berc* „Umschließung", zu *bergen* „in Sicherheit bringen" und *vrit, vride* „Friede, Schutz"]

Bel|gi|er ⟨m.5⟩ *Einwohner Belgiens* [nach dem kelt. Stamm der *Belgen*]

bel|gisch ⟨Adj., o.Steig.⟩ *Belgien betreffend, zu ihm gehörig, aus ihm stammend*

be|lich|ten ⟨V.2, hat belichtet; mit Akk.⟩ **1** *dem Licht aussetzen, Licht auf etwas fallen lassen* **2** *gezielt Licht auf etwas einwirken lassen;* einen Film b.

Be|lich|tung ⟨f.10⟩ *gesteuerte Einwirkung von Licht auf einen lichtempfindlichen Stoff*

Be|lich|tungs|mes|ser ⟨m.5; Fot.⟩ *Vorrichtung oder Gerät zum Bestimmen der richtigen Belichtungszeit und Blende*

be|lie|ben ⟨V.1, hat beliebt⟩ **I** ⟨mit Dat.⟩ *jmdm. b. jmdm. gefallen;* beliebt es Ihnen, noch ein wenig spazierenzugehen?; tu das, was dir beliebt!; ganz wie es dir beliebt **II** ⟨o.Obj.; veraltend⟩ *Lust haben (etwas zu tun), (zu tun) wünschen;* Sie b. zu scherzen! *das ist doch wohl nicht Ihr Ernst?;* b. Herr Graf aufzufahren

Be|lie|ben ⟨n., -, nur Sg.⟩ *Wunsch, Neigung;* das steht ganz in Ihrem B., ist ganz in Ihr B. gestellt; Sie können nach B. wählen; ich kann nach meinem B. den Wagen benutzen

be|lie|big ⟨Adj., o.Steig.⟩ *nach Wunsch und Lust gewählt, irgendein;* jeder ~ *jeder, irgendeiner;* ein ~es Beispiel; eine ~e Zahl; das Stück kann b. groß sein; b. oft

be|liebt ⟨Adj.⟩ *gern gesehen, gern gehört, gern gebraucht;* ein ~er Schauspieler; eine ~e Oper; er ist bei seinen Kollegen sehr b. nicht b.; er will sich bei allen, bei seinen Vorgesetzten b. machen *er will sich ihr Wohlwollen erwerben;* wenn du dich bei mir b. machen willst ⟨scherzh.⟩ *wenn du mir einen Gefallen tun willst*

Be|liebt|heit ⟨f., -, nur Sg.⟩ *das Beliebtsein;* diese Schallplatte, dieses Lokal erfreut sich allgemeiner, großer B.

Bel|la|don|na ⟨f., -, nur Sg.⟩ Inhaltsstoff der Tollkirsche, Atropin [< ital. bella donna „schöne Frau"; B. wirkt pupillenerweiternd und verleiht so ein ausdrucksvolleres Auge]

bel|len ⟨V.1, hat gebellt; o.Obj.⟩ **1** ⟨vom Hund und Fuchs⟩ Laut geben **2** ⟨ugs.⟩ hart und trocken husten; ~der Husten harter, trockener Husten

Bel|le|trist ⟨m.10⟩ Schriftsteller der Belletristik

Bel|le|tri|stik ⟨f., -, nur Sg.⟩ schöne Literatur, Unterhaltungsliteratur [< frz. belles-lettres „schöne Wissenschaften"]

Belle|vue [belvy] **I** ⟨f.11; †⟩ Aussichtspunkt **II** ⟨n.9⟩ (Name von Schlössern) [< frz. belle vue „schöne Aussicht"]

Bel|li|zist ⟨m.10⟩ Kriegstreiber [< lat. bellicus „zum Krieg gehörig, Kriegs-", zu bellum „Krieg"]

be|lo|ben ⟨älter⟩, **be|lo|bi|gen** ⟨V.1, hat belobt, belobigt; mit Akk.⟩ loben **Be|lo|bi|gung** ⟨f.10⟩

be|loh|nen ⟨V.1, hat belohnt; mit Akk.⟩ jmdn. b. jmdm. einen Lohn, ein Geschenk (als Gegenleistung) geben; jmdn. reichlich, fürstlich b.; jmdn. für seine Hilfe b.

Be|loh|nung ⟨f.10⟩ Lohn, Geschenk (als Gegenleistung, als Anerkennung); eine B. für etwas aussetzen; zur B. bekommst du eine Tafel Schokolade

Be|lo|rus|se ⟨m.11⟩ →Weißrusse [< russ. bjelyj „weiß"]

Bel-Pae|se ⟨m., -, -⟩ ein italienischer Weichkäse [ital., „schönes Land"]

be|lüf|ten ⟨V.2, hat belüftet; mit Akk.⟩ regelmäßig lüften, mit frischer Luft versorgen; gut, schlecht belüftete Räume **Be|lüf|tung** ⟨f., -, nur Sg.⟩

Be|lu|ga ⟨m.9⟩ **1** ⟨nur Sg.⟩ Gründelwal der Nordmeere; Syn. Weißwal **2** Kaviar des Hausens [< russ. bjelyj „weiß"]

be|lü|gen ⟨V.81, hat belogen; mit Akk.⟩ jmdn. b. jmdm. eine Lüge sagen

be|lu|sti|gen ⟨V.1, hat belustigt⟩ **I** ⟨mit Akk.⟩ jmdn. b. jmdm. Spaß machen, jmdn. zum Lachen bringen; der Vorfall hat mich sehr belustigt **II** ⟨refl.⟩ sich b. **1** sich erheitern, sich vergnügen; sich auf dem Jahrmarkt b. **2** sich b. über jmdn. über jmdn. lustig machen; du brauchst dich über mein Pech nicht auch noch zu b.

Be|lu|sti|gung ⟨f.10⟩ **1** ⟨nur Sg.⟩ das Belustigen, das Belustigtsein; zu meiner, zu unser aller B.; das dient zur allgemeinen B. **2** vergnügliche Zeitvertreib (Volks~); ein Karussell als B. für die Kinder

Bel|ve|de|re ⟨n.9⟩ **1** Aussichtspunkt **2** (Name von Schlössern) [< ital. belvedere „Aussichtspunkt, -turm", eigtl. „schöner Anblick", < bello „schön" und vedere „Anblick"]

be|mäch|ti|gen ⟨V.1, hat bemächtigt; refl., mit Gen.⟩ **1** sich einer Sache b. sich eine Sache gewaltsam aneignen **2** sich jmds. b. jmdn. in seine Gewalt bringen **3** jmdn. überfallen, überkommen (von Gefühlen); Furcht bemächtigte sich seiner

be|ma|len ⟨V.1, hat bemalt; mit Akk.⟩ etwas oder sich b. mit Farbe anstreichen, mit farbigen Figuren verzieren

Be|ma|lung ⟨f., -, nur Sg.⟩ **1** das Bemalen **2** farbiger Anstrich, Farbschicht, Verzierung durch Malerei; unter der neuen B. wurden alte Fresken entdeckt; die B. blättert schon ab

be|män|geln ⟨V.1, hat bemängelt; mit Akk.⟩ etwas b. rügen, etwas an etwas auszusetzen haben; jmds. Arbeit, Verhalten b.; ich habe an der Aufführung einiges zu b.; es gibt nichts zu b. **Be|män|ge|lung** ⟨f., -, nur Sg.⟩

be|man|nen ⟨V.1, hat bemannt; mit Akk.⟩ mit einer Mannschaft besetzen, ausrüsten; ein Boot, ein Flugzeug b.; mit sechs Ruderern bemanntes Boot

Be|man|nung ⟨f.10⟩ **1** ⟨nur Sg.⟩ das Bemannen **2** Mannschaft, Besatzung

be|män|teln ⟨V.1, hat bemäntelt; mit Akk.⟩ als harmloser hinstellen, als es ist; einen Fehler, Verstoß, Betrug b. **Be|män|te|lung** ⟨f., -, nur Sg.⟩

be|mei|stern ⟨V.1, hat bemeistert⟩ **I** ⟨mit Akk.⟩ beherrschen, unterdrücken, nicht laut werden lassen; seinen Zorn, Unmut, seine Erregung b. **II** ⟨refl.⟩ sich b. sich beherrschen, ruhig bleiben, seinen Zorn o.ä. nicht zeigen **Be|mei|ste|rung** ⟨f., -, nur Sg.⟩

be|mel|det ⟨Adj., o.Steig.; †⟩ erwähnt

be|merk|bar ⟨Adj., o.Steig.⟩ so beschaffen, daß man es bemerken muß; der Unterschied ist kaum b.; sich b. machen seine Anwesenheit (durch Ruf, Geräusch) zeigen

be|mer|ken ⟨V.1, hat bemerkt; mit Akk.⟩ **1** etwas oder jmdn. b. wahrnehmen, sehen, hören; ein herankommendes Auto im letzten Augenblick b.; ich bemerkte, daß es im Dunkeln nicht b. **2** etwas b. äußern, sagen; „....", bemerkte er; nebenbei bemerkt; mit dem Bemerken, seinen Bemerkung

be|mer|kens|wert ⟨Adj.⟩ so beschaffen, daß man es bemerken muß, erstaunlich, beachtlich; eine ~e Leistung; es ist das ...

Be|mer|kung ⟨f.10⟩ kurze Äußerung; mündliche, schriftliche B.; eine B. an den Rand schreiben; anzügliche, geistreiche, spöttische B.; eine, keine B. über etwas machen

be|mes|sen ⟨V.84, hat bemessen⟩ **I** ⟨mit Akk.⟩ abmessen, in den Maßen, nach Maß, nach Berechnung, Schätzung festlegen; er hat den Zeitraum nicht lang genug b.; die Zeit ist kurz b. **II** ⟨refl.⟩ sich b. festgelegt werden; die Höhe des monatlichen Beitrags bemißt sich nach dem Einkommen **Be|mes|sung** ⟨f., -, nur Sg.⟩

be|mit|lei|den ⟨V.2, hat bemitleidet; mit Akk.⟩ jmdn. b. Mitleid mit jmdm. haben, jmdn. bedauern

be|mit|lei|dens|wert ⟨Adj.⟩ so beschaffen, daß man es, ihn, sie bemitleiden muß

be|mit|telt ⟨Adj., o.Steig.⟩ genügend Geldmittel besitzend, wohlhabend

Bem|me ⟨f.11; sächs.⟩ Butterbrot, belegtes Brot (Butter~, Wurst~) [vielleicht < wendisch pomazaŕka „Schnitte, Butterbrot", zu pomaz „beschmieren"; da es im Rheinland das Wort Bemme, Bamme ebenfalls gibt, käme eine kindersprachliche Ableitung von Botterramme, Butterramme „Butterbrot, Brotschnitte" in Frage, zu Ramme „derbes Stück Brot, tüchtiger Brocken"]

be|moost ⟨Adj., o.Steig.⟩ **1** mit Moos bedeckt; ~er Stein **2** ⟨übertr., ugs.⟩ alt, mit grauem Haar; ~es Haupt alter Herr; ⟨früher in der Studentenspr.⟩ Student in sehr hohem Semester

be|mü|hen ⟨V.1, hat bemüht⟩ **I** ⟨mit Akk.⟩ jmdn. b. jmdm. Mühe machen, jmdn. veranlassen, etwas zu tun; leider muß ich Sie noch einmal b.; ich habe Sie leider umsonst bemüht; sie hat mindestens drei verschiedenen Kleider bemüht, als sie das Kleid kaufte **2** jmds. Werk zu Hilfe nehmen, zum Nachweis heranziehen; er hat in seinem Vortrag sogar die bemüht **II** ⟨refl.⟩ sich b. **1** sich Mühe geben, alle Kraft, allen guten Willen für etwas einsetzen; sie hat mich wirklich, redlich bemüht, ihm zu helfen **2** sich an einen Ort b. sich die Mühe machen, an einen Ort zu gehen; bitte b. Sie sich in den ersten Stock; bitte b. Sie sich nicht! **3** sich um etwas b. sich Mühe geben, etwas zu bekommen; sich um eine Stellung b. **4** sich um jmdn. b. sich Mühe machen um jmdn.; sich um einen Kranken b.; sich um ein Mädchen b. versuchen, die Gunst, Liebe eines Mädchens zu gewinnen

Be|mü|hen ⟨n., -s, nur Sg.⟩ das Sichbemühen, Mühe; vergebliches B.; ihr zu b. fallen

Be|mü|hung ⟨f.10⟩ das Sichbemühen, Mü-

he; ich danke Ihnen für Ihre (freundlichen) ~en

be|mü|ßi|gen ⟨V.1, hat bemüßigt; mit Gen.; selten⟩ sich einer Sache b. bestrebt sein, etwas zu erreichen; sich eines guten Stils b.; ⟨meist in der Wendung⟩ sich bemüßigt fühlen sich veranlaßt fühlen, glauben, daß man etwas tun muß; ich fühlte mich bemüßigt, ihm meinen Platz anzubieten

be|mut|tern ⟨V.1, hat bemuttert; mit Akk.⟩ jmdn. b. liebevoll (wie eine Mutter) für jmdn. sorgen, sich um jmdn. kümmern, ⟨auch⟩ jmdn. allzu sehr umsorgen, allzu viel für ihn tun

Ben ⟨vor hebr. und arab. Namen⟩ Sohn, Enkel

be|nach|bart ⟨Adj., o.Steig.⟩ **1** angrenzend; das ~e Grundstück **2** in der Nachbarschaft liegend oder wohnend; der ~e Ort; sie sind uns b. sie wohnen neben uns, sind unsere Nachbarn

be|nach|rich|ti|gen ⟨V.1, hat benachrichtigt; mit Akk.⟩ jmdn. b. jmdm. Nachricht geben; ich benachrichtige Sie sofort, wenn ...; jmdn. von etwas b.

Be|nach|rich|ti|gung ⟨f.10⟩ **1** das Benachrichtigen; durch rechtzeitige B. der Eltern **2** Nachricht, Mitteilung; jmdm. eine B. schicken

be|nach|tei|li|gen ⟨V.1, hat benachteiligt; mit Akk.⟩ jmdn. b. jmdn. zu seinem Nachteil behandeln; benachteiligt sein einen Nachteil haben **Be|nach|tei|li|gung** ⟨f.10⟩

be|nam|sen ⟨V.1, hat benamst; mit Akk.; ugs., scherzh.⟩ jmdn. oder eine Sache b. jmdm. oder einer Sache einen Namen geben, jmdn., sie benennen

be|ne|beln ⟨V.1, hat benebelt; mit Akk. oder mit Dat. und Akk.⟩ jmdn. b. ⟨oder in Wendungen wie⟩ jmdm. die Sinne b. jmdm. die Sinne verwirren, jmdm. das klare Denken unmöglich machen; der Wein hat ihn, hat ihm den Kopf, den Verstand benebelt

be|ne|dei|en ⟨V.1, hat benedeit; mit Akk.⟩ segnen; gebenedeit seist du, Maria [< mhd. benedien, benedigen „segnen", < lat. benedicere, urspr. „Gutes (von jmdm.) reden, loben", später in der Kirchenspr. „lobpreisen, segnen", < bene „gut" und dicere „sagen, sprechen"]

Be|ne|dic|tus ⟨n., -, -; in der kath. Messe⟩ Lobgesang, Hymnus [lat., „gesegnet"; →benedeien]

Be|ne|dik|ten|kraut ⟨n.4⟩ gelb blühender Korbblütler (in Feldkulturen als Heilpflanze gezüchtet) [< lat. benedictus „gesegnet, heilkräftig"]

Be|ne|dik|ti|ner ⟨m.5⟩ **1** Angehöriger eines Mönchsordens **2** ein Kräuterlikör

Be|ne|dik|ti|on ⟨f.10⟩ Segnung [< lat. benedictio, Gen. benedictionis, „Lobpreisung, Segen", zu benedicere; →benedeien]

Be|ne|fiz ⟨n.1⟩ **1** →Benefizvorstellung **2** →Benefizium

Be|ne|fi|zi|ar, Be|ne|fi|zi|at ⟨m.1⟩ Inhaber eines Benefiziums

Be|ne|fi|zi|um ⟨n., -s, -zi|en; im MA⟩ **1** zur Nutzung überlassenes, vererbbares Land **2** mit einer Pfründe verbundenes Kirchenamt [< lat. beneficium „Wohltat, Gnade, Auszeichnung", < bene „gut" und facere „machen"]

Be|ne|fiz|vor|stel|lung ⟨f.10⟩ Theater- oder Musikaufführung zugunsten eines Künstlers oder eines wohltätigen Zweckes [→Benefizium]

be|neh|men ⟨V.88, hat benommen⟩ **I** ⟨mit Dat. und Akk.⟩ bes. ⟨veralt.⟩ (weg)nehmen; der Wind, der Schreck benahm mir den Atem; der Wein benimmt mir den klaren Kopf **II** ⟨refl.⟩ sich b. sich in bestimmter Weise verhalten, die Regeln des Anstands, der Ethik (auf bestimmte Weise) befolgen); bitte benimm dich (erg.: gut, anständig, ordent-

lich)!; er kann sich nicht b.; sich gut, schlecht, vorbildlich b.
Be|neh|men ⟨n., -s, nur Sg.⟩ **1** *gute Umgangsformen;* er hat kein B.; das ist kein B.! **2** *Art, sich zu benehmen, Verhaltensweise;* gutes, schlechtes B. **3** *Einvernehmen;* sich mit jmdm. ins B. setzen
be|nei|den ⟨V.2, hat beneidet; mit Akk.⟩ **1** *jmdn. b. jmdm. gegenüber Neid empfinden;* er ist nicht zu b. *man kann ihm gegenüber keinen Neid empfinden, er ist in einer unangenehmen Lage* **2** *jmdn. um etwas b. jmdm. etwas nicht gönnen, wünschen, daß man selbst etwas hätte oder könnte (was der andere hat oder kann);* jmdn. um seinen Frohsinn, seine Schlagfertigkeit b.
be|nei|dens|wert ⟨Adj.⟩ *so beschaffen, daß man ihn, sie beneiden kann;* er hat eine ~e Geduld; seine Lage ist (nicht) b.
Be|ne|lux ⟨Kurzw. für⟩ *Belgien, Niederlande und Luxemburg (als Zoll- und Wirtschaftseinheit);* auch: Beneluxländer [Kurzw. < Belgique, Nederland, Luxembourg]
be|nen|nen ⟨V.89, hat benannt; mit Akk.⟩ *jmdn. oder eine Sache n.* **1** *bezeichnen, jmdm. oder einer Sache einen Namen geben;* ich weiß nicht, wie ich diese Erscheinung, dieses Gefühl b. soll **2** *nennen, angeben;* können Sie Zeugen b.?
Be|nen|nung ⟨f.10⟩ **1** ⟨nur Sg.⟩ *das Benennen* **2** *Name, Bezeichnung*
be|net|zen ⟨V.1, hat benetzt; mit Akk.; poet.⟩ *leicht naß machen, befeuchten;* mit Tränen benetzte Wangen
ben|ga|lisch ⟨Adj., o.Steig.⟩ *Bengalen betreffend, zu ihm gehörig, aus ihm stammend;* ~es Feuer *Feuerwerkskörper, der mit ruhiger bunter Flamme brennt*
Ben|gel[1] ⟨m.5, ugs. m.9⟩ **1** *Junge;* ein niedlicher, kleiner B.; **2** *Lausejunge, Nichtsnutz;* dieser B. hat doch wieder seine Aufgaben nicht gemacht
Ben|gel[2] ⟨m.5; landsch.⟩ *Stock, Knüppel* [< engl. mundartl. *bangle* „Knotenstock, abgebrochener Ast", zu *bang* „Holzpfosten, starker Holzstock"]
be|nie|sen ⟨V.1, hat beniest; mit Akk.; scherzh.⟩ *etwas b. etwas (was man oder jmd. gesagt hat) durch Niesen bekräftigen*
be|nig|ne ⟨Adj., o.Steig.; Med.⟩ *gutartig (von Tumoren gesagt);* Ggs. maligne [lat., „gütig, gnädig, mild"]
Be|ni|gni|tät ⟨f., -, nur Sg.; Med.⟩ *Gutartigkeit;* Ggs. Malignität [zu benigne]
Be|nimm ⟨m., -s, nur Sg.; ugs.⟩ *Benehmen;* er hat keinen B.; dieses Benimm ist schlecht; bei deinem B. kannst du nicht erwarten ... bei deinem schlechten Benehmen; das ist nur eine Frage des ~s *es kommt dabei nur darauf an, daß man sich gut oder richtig benimmt*
Ben|ja|min ⟨m.1⟩ *jüngster Sohn, Jüngster (in einer Gruppe);* er ist unser B. [nach dem biblischen Benjamin, dem jüngsten Sohn Jakobs]
Ben|ne ⟨f.11; schweiz.⟩ →Schubkarren [frz., „Tragkorb", < kelt.]
be|nom|men ⟨Adj.⟩ *leicht betäubt, nicht klar denken könnend;* ich war durch das Schlafmittel noch b.; ich bin von dem Schrecken noch ganz b. **Be|nom|men|heit** ⟨f., -, nur Sg.⟩
be|no|ten ⟨V.2, hat benotet; mit Akk.⟩ *mit einer Note (Zensur) versehen;* eine Prüfungsarbeit (mit einer Eins) b.; Leistungen gerecht b.
be|nö|ti|gen ⟨V.1, hat benötigt; mit Akk.⟩ *brauchen;* ich benötige (dringend) einige Hilfskräfte, neues Material
Be|no|tung ⟨f., -, nur Sg.⟩ *das Benoten, das Benotetwerden*
Ben|thal ⟨n.1⟩ *Lebensbereich des Meeresbodens, auch des Bodens stehender Gewässer* [zu Benthos]
Ben|thos ⟨n., -, nur Sg.⟩ *Gesamtheit der ein Benthal bewohnenden Lebewesen* [griech., „Tiefe"]

be|num|mern ⟨V.1, hat benummert⟩ →numerieren
be|nut|zen, be|nüt|zen ⟨V.1, hat benutzt, benützt; mit Akk.⟩ **1** *etwas b. aus etwas Nutzen ziehen, etwas verwenden, gebrauchen;* ein Gerät häufig, gern, selten b.; ich benutze das Brett als Unterlage; ich benutze die Schere nur zum Haarschneiden; eine Gelegenheit zum Mitfahren b. **2** *jmdn. b. einen eigenen Vorteil, zum eigenen Lustgewinn etwas tun lassen;* er benutzt sie nur als Werkzeug
Be|nut|zer, Be|nüt|zer ⟨m.5⟩ *jmd., der etwas (bes. Bücher in einer Bibliothek) benutzt*
Be|nut|zung, Be|nüt|zung ⟨f., -, nur Sg.⟩ *das Benutzen, das Benutztwerden;* durch häufige B. abgewetzt; jmdm. etwas zur B. überlassen
Benz|al|de|hyd ⟨m.1⟩ *einfachster Aldehyd, farblose, ölige Flüssigkeit mit Mandelgeschmack* [nach dem Strukturelement Benzol]
ben|zen ⟨V.1, hat gebenzt; o.Obj.; bayr., österr.⟩ *dringend, inständig bitten, betteln*
Ben|zin ⟨n.1⟩ *aus Erdöl gewonnenes, flüssiges Gemisch von höheren Kohlenwasserstoffen* [zu Benzoe]
Ben|zin|kut|sche ⟨f.11; scherzh.⟩ *Auto*
Ben|zoe ⟨[-tsoe:] f., -, nur Sg.⟩ *Harz verschiedener ostasiatischer Laubbäume* [< frz. benjoin „Benzoegummi", < arab. *lubān gāwī* „javanischer Weihrauch", zu *lubān* „Weihrauch" und *gāwī* „Java" (obwohl die B. aus Sumatra kommt)]
Ben|zoe|säu|re ⟨f.11⟩ *ein Konservierungsmittel*
Ben|zol ⟨n., -s, nur Sg.⟩ *wasserklarer, flüssiger Kohlenwasserstoff mit ringförmiger Struktur (Ausgangsstoff für zahlreiche organische Verbindungen), Treibstoff* [< Benzoe und Alkohol]
Ben|zyl ⟨n., -s, nur Sg.⟩ *Restgruppe des Moleküls Benzol*
Beo ⟨m.9⟩ *asiatischer Star, Käfigvogel* [mal.]
be|ob|ach|ten ⟨V.2, hat beobachtet; mit Akk.⟩ **1** *etwas oder jmdn. b. längere Zeit mit den Augen verfolgen, aufmerksam beim Verhalten, Tun betrachten;* jmdn., etwas scharf, genau b.; jmdn. bei einer Tätigkeit b.; jmdn. im Krankenhaus b. *ihn ständig auf seinen Gesundheitszustand hin prüfen;* jmdn. polizeilich b. lassen **2** *etwas b.* **a** *wahrnehmen, bemerken;* man kann oft b., daß ...; ich habe keine Veränderung beobachtet **b** *sich nach etwas richten, etwas befolgen;* eine Vorschrift, Anweisungen (genau, streng) b. **c** *einhalten, wahren;* bitte b. Sie strengstes Stillschweigen
Be|ob|ach|ter ⟨m.5⟩ *jmd., der etwas oder jmdn. beobachtet;* jmdm. einen B. mitgeben; ein guter, schlechter B. sein
Be|ob|ach|tung ⟨f.10⟩ **1** ⟨nur Sg.⟩ *das Beobachten (1);* bei der B. der Gestirne **2** *Wahrnehmung, Feststellung;* ich habe meine ~en, gewisse ~en gemacht
Be|ob|ach|tungs|ga|be ⟨f., -, nur Sg.⟩ *Gabe, Fähigkeit zur Beobachtung;* eine gute, schlechte, eine scharfe B. haben
be|or|dern ⟨V.1, hat beordert; mit Akk.⟩ *jmdn. an einen bestimmten Ort b. jmdm. die Anweisung geben, an einen Ort zu kommen, zu gehen;* jmdn. zu sich b.; jmdn. nach Bonn b.; ich bin hier hierher beordert worden, um Sie abzuholen; ich habe das Taxi für elf Uhr ans Theater beordert
be|pflan|zen ⟨V.1, hat bepflanzt; mit Akk.⟩ *etwas b. Pflanzen auf etwas setzen;* ein Grab b.; etwas mit Blumen b. Blumen *auf etwas pflanzen;* ein Beet mit Tulpen b.
be|quas|seln ⟨V.1, hat bequasselt; mit Akk.; ugs.⟩ Syn. bequatschen **1** *etwas b. besprechen* **2** *jmdn. b. überreden*
be|quat|schen ⟨V.1⟩ →bequasseln
be|quem ⟨Adj.⟩ **1** *angenehm, Behagen gebend, zum Wohlbefinden geeignet;* ~e Sessel; ~e Kleidung; ein ~er Weg; die Schuhe sind mir b.; b. sitzen, liegen **2** *Arbeit und Zeit sparend oder erleichternd;* die Küche, Wohnung ist b. eingerichtet; Geräte b. zur Hand haben **3** *leicht, ohne Mühe, ohne Anstrengung, ohne Eile, ohne Beengung;* man geht den Weg b. in einer Stunde; wenn du jetzt gehst, erreichst du den Zug b.; auf dem Rücksitz haben b. drei Personen Platz **4** *Ruhe, Behaglichkeit liebend, träge;* Syn. bequemlich; er wird jetzt im Alter b.
be|que|men ⟨V.1, hat bequemt; refl.⟩ *sich b. sich endlich entschließen, endlich bereit sein (zu etwas);* er bequemte sich schließlich, Platz zu machen; sich zu einer Erklärung b.
be|quem|lich ⟨Adj.⟩ →bequem (4)
Be|quem|lich|keit ⟨f.10⟩ **1** ⟨nur Sg.⟩ *das Bequemsein, bequeme Beschaffenheit, Behaglichkeit;* er liebt die B. **2** *bequeme Sache, bequeme Einrichtung oder Vorrichtung;* eine Wohnung mit allen ~en **3** ⟨†⟩ *Toilette;* die B. befindet sich auf halber Treppe
Be|rapp ⟨m., -(e)s, nur Sg.⟩ *rauher Verputz* [zu frz. *râpe* „Reibeisen"]
be|rap|pen ⟨V.1, hat berappt; mit Akk.; ugs.⟩ *bezahlen* [< rotw. *berabbeln, berebben, beribbeln, bezahlen*, zu *rebbes* < jidd. *ribbis* „Zins, Gewinn"]
be|ra|ten ⟨V.94, hat beraten; mit Akk.⟩ **1** *jmdn. b. einen Rat, Ratschläge geben;* jmdn. gut, schlecht b.; damit bist du gut b. *das ist ein guter Rat;* sich mit jmdm. b., ⟨eigtl.⟩ *etwas miteinander b. etwas miteinander überlegen und besprechen* **2** *etwas b., ⟨auch⟩ über etwas b. gemeinsam überlegen und besprechen (ob oder wie etwas gemacht werden soll);* wir haben b., wir haben darüber b., ob wir ..., wie wir ...; einen Plan, ein Vorhaben b.
Be|ra|ter ⟨m.5⟩ *jmd., der einen anderen berät;* jmdm. einen B. mitgeben; jmds. B. sein
be|rat|schla|gen ⟨V.1, hat beratschlagt; o.Obj.⟩ *etwas gemeinsam überlegen und besprechen;* wir haben beratschlagt, wie wir es machen sollen; mit jmdm. b. **Be|rat|schla|gung** ⟨f., -, nur Sg.⟩
Be|ra|tung ⟨f.10⟩ **1** *das Beraten;* ich möchte zu einer B. kommen; er verlangt für jede B. 30 Mark; ärztliche B.; sich mit jmdm. b. treffen **2** →Beratungsstelle (Berufs~)
Be|ra|tungs|stel|le ⟨f.11⟩ *Dienststelle, bei der man über bestimmte (z.B. gesundheitliche, rechtliche) Fragen beraten werden kann*
be|rau|ben ⟨V.1, hat beraubt⟩ **I** ⟨mit Akk.⟩ *jmdn. b. sein Eigentum rauben;* man hat mich beraubt; ich möchte Sie nicht b. *(Höflichkeitsformel, wenn man etwas angeboten bekommt und es ablehnen will oder sich nicht getraut, es sofort anzunehmen)* **II** ⟨mit Akk. und Gen.⟩ *jmdn., einen Lebewesen, einen Gegenstand einer Sache b.* **1** *ihm eine Sache mit Gewalt, gewaltsam wegnehmen;* jmdn. seines Geldes b.; der Sturm hat die Bäume ihres Blütenschmucks beraubt **2** *jmdn. rücksichtslos, ohne zu fragen eine Sache nehmen;* man hat mich beim Militär meines Bartes beraubt **Be|rau|bung** ⟨f.10⟩
be|rau|schen ⟨V.1, hat berauscht; mit Akk.⟩ **1** *betrunken machen;* der Wein hat ihn berauscht; er war schwer berauscht; ein ~des Getränk **2** *begeistern;* die Musik hat mich berauscht; ich bin von der Musik ganz berauscht; sich an einem Anblick b.; das Buch ist nicht ~d *nicht besonders gut*
Ber|ber ⟨m.5⟩ **1** *Angehöriger einer hamitischen nordafrikanischen Völkergruppe* **2** *von Berbern gezüchtete Pferderasse* **3** *von Berbern hergestellter Teppich* [zu Barbar]
ber|be|risch ⟨Adj., o.Steig.⟩ *die Berber betreffend, zu ihnen gehörig, von ihnen stammend*
Ber|be|rit|ze ⟨f.11⟩ *Strauch mit scharlachroten, länglichen, säuerlichen Beeren;* Syn. Sauerdorn [< lat. *barbaris, berberis* in ders. Bed.]

Ber|ceu|se ⟨[bɛrsøzə] f.11⟩ *Wiegenlied* [< frz. *berceuse* ,,Wiegenlied", eigtl. ,,wiegende Frau", zu *bercer* ,,wiegen"]

Berch|ten ⟨Pl.⟩ → *Perchten*

be|rech|nen ⟨V.2, hat berechnet⟩ **I** ⟨mit Akk.⟩ **1** *ausrechnen, durch Rechnen ermitteln;* Kosten b.; den Inhalt eines Kreises, Dreiecks b. **2** *durch Rechnen planen;* das Haus ist für zwei Familien berechnet **3** *vorher genau überlegen;* die Wirkung von Worten, Sätzen b.; er ist sehr ~ *er ist auf seinen Vorteil bedacht* **II** ⟨mit Dat. und Akk.⟩ jmdm. etwas b. *von jmdm. einen Geldbetrag für etwas verlangen;* die Getränke muß ich Ihnen extra b.; für den Transport berechne ich Ihnen nichts

Be|rech|nung ⟨f.10; nur Sg.⟩ **a** *das Berechnen;* B. der Kosten **b** *Bedachtsein auf den eigenen Vorteil; etwas aus B. tun* **2** *Rechnung, Rechnen und Planen;* ~en über etwas anstellen; nach meiner B. brauchen wir für die Fahrt vier Stunden

be|rech|ti|gen ⟨V.1, hat berechtigt; mit Akk.⟩ jmdn. b. **1** *jmdm. das Recht geben (zu etwas);* dieser Ausweis berechtigt Sie zum Grenzübertritt **2** *jmdm. Anlaß geben (zu etwas);* seine Begabung berechtigt (erg.: uns, alle) zu großen Hoffnungen

be|rech|tigt ⟨Adj., o.Steig.; nur als Attr. und mit ,,sein"⟩ **1** *zu Recht bestehend, auf Recht, Richtigkeit gegründet;* ein ~er Anspruch; ein ~er Vorwurf; sein Vorwurf ist b. **2** zu etwas b. sein *das Recht zu etwas haben;* ich bin nicht b., Ihnen die Papiere zu geben

Be|rech|ti|gung ⟨f., -, nur Sg.⟩ **1** *Recht, Befugnis, amtliche Erlaubnis;* die B. zum Eintritt; er kann das mit voller B. verlangen; mit welcher B. verlangen Sie von mir, ich soll ...? **2** *das Berechtigtsein;* die B. eines Anspruchs, eines Vorwurfs einsehen

be|re|den ⟨V.2, hat beredet; mit Akk.⟩ **1** etwas b. *besprechen, über etwas sprechen;* einen Plan, ein Vorhaben b.; einen Vorfall b.; sich mit jmdm. b. ⟨ugs., eigtl.⟩ *etwas miteinander b.* *etwas miteinander besprechen* **2** jmdn. b. *überreden;* wir haben ihn beredet mitzukommen

be|red|sam ⟨Adj.⟩ *viel reden könnend, gern viel redend, mitteilsam;* er ist ein ~er Gesprächspartner

Be|red|sam|keit ⟨f., -, nur Sg.⟩ *Fähigkeit, viel zu reden, Gewandtheit im Reden;* die Schleusen seiner B. öffneten sich ⟨scherzh.⟩ *er fing an zu reden und hörte lange Zeit nicht mehr auf*

be|redt ⟨Adj.⟩ **1** *fähig, gewandt und überzeugend zu reden* **2** ⟨übertr.⟩ *ausdrucksvoll, vielsagend;* ~es Schweigen; mit ~er Miene

Be|redt|heit ⟨f., -, nur Sg.⟩

be|reg|nen ⟨V.2, hat beregnet; mit Akk.⟩ *mit künstlichem Regen bewässern;* Beete, ein Feld b. **Be|reg|nung** ⟨f.10⟩

Be|reich ⟨m.1⟩ **1** *mehr oder minder genau begrenztes Gebiet;* der B. um das Krankenhaus **2** *Gebiet, in dem jmd. wirken kann, wirksam ist* (Arbeits~, Wellen~); das liegt nicht im B. meiner Möglichkeiten

be|rei|chern ⟨V.1, hat bereichert⟩ **I** ⟨mit Akk.⟩ etwas b. *reicher, größer machen;* sein Wissen b.; eine Sammlung um einige Stücke b. **II** ⟨refl.⟩ sich b. *auf Kosten anderer reich werden, auf unredliche Weise Gewinne machen;* sich durch die Arbeit anderer, durch Ausbeutung b.

Be|rei|che|rung ⟨f.10⟩ *das Bereichern, das Sichbereichern*

be|rei|fen ⟨V.1, hat bereift; mit Akk.⟩ *mit Reifen versehen;* ein Faß b.; einen Kraftwagen neu b.

be|reift ⟨Adj., o.Steig.; nur als Attr. und mit ,,sein"⟩ *mit Reif bedeckt*

Be|rei|fung ⟨f.10; bei Fahrzeugen⟩ *Ausstattung mit Reifen*

be|rei|ni|gen ⟨V.1, hat bereinigt; mit Akk.⟩ *klären und nicht mehr davon sprechen;* ein Mißverständnis b. **Be|rei|ni|gung** ⟨f.10⟩

be|rei|sen ⟨V.1, hat bereist; mit Akk.⟩ ein Land b. *in einem Land umherreisen (um es kennenzulernen);* Griechenland b.

be|reit ⟨Adj., o.Steig.⟩ **1** *fertig, vorbereitet, gerüstet, in Bereitschaft;* zur Abfahrt b.; sich b. halten, bis man gerufen wird; sich zur Abreise b. machen; vgl. *bereit...* **2** *geneigt, gewillt;* ein zu allem ~er Gefährte; ich bin (nicht) b., dafür Geld zu geben

be|reit... ⟨in Zus. mit Verben⟩ *griffbereit, gebrauchsfertig,* z.B. etwas bereithalten, etwas bereitlegen, bereitliegen, etwas bereitmachen, bereitstehen, etwas bereitstellen

be|rei|ten[1] ⟨V.2, hat bereitet; mit Akk.⟩ **1** etwas oder sich b. *bereit zu etwas machen, fertigmachen;* sich zur Abfahrt b.; ein Bad b. **2** etwas b. *zubereiten, herstellen;* das Essen b. **3** *verursachen;* jmdm. Freude, Kummer, Vergnügen b.

be|rei|ten[2] ⟨V.97, hat beritten; mit Akk.⟩ *zureiten, ausbilden, an die Hilfen des Reiters gewöhnen;* ein Pferd b.

Be|rei|ter ⟨m.5⟩ *berufsmäßiger Ausbilder von Reit- und Turnierpferden*

be|reits ⟨Adv.⟩ *schon;* ich habe ihn b. angerufen

Be|reit|schaft ⟨f.10⟩ **1** ⟨nur Sg.⟩ *das Bereitsein;* seine B. zu dem Unternehmen schon erklärt; in B. bereit, zur Verfügung; etwas in B. halten; etwas liegt in B. **2** *Dienst auf Abruf* (Wochenend~) **3** *Einheit, die zum Einsatz bereit ist;* eine B. der Polizei

Be|reit|schafts|dienst ⟨m.1⟩ *Dienst außerhalb der Dienstzeiten im Notfall;* B. der Apotheken, der Ärzte; B. haben

Be|reit|schafts|po|li|zei ⟨f., -, nur Sg.⟩ **1** ⟨BRD⟩ *geschlossene nichtmilitärische Polizeieinheit* **2** ⟨DDR⟩ *kasernierte, militärisch ausgerichtete und bewaffnete Polizeitruppe*

Be|rei|tung ⟨f., nur Sg.⟩ *das Bereiten*[1]*, das Zubereiten;* B. des Essens

be|reit|wil|lig ⟨Adj.⟩ *gern bereit, nicht widerstrebend;* er fand ~e Helfer; er kam b. mit

Be|reit|wil|lig|keit ⟨f., -, nur Sg.⟩ *freundliches Bereitsein, freundliche Bereitschaft*

be|ren|ten ⟨V.2, hat berentet; mit Akk.⟩ jmdm. b. *jmdm. eine (staatliche) Rente zahlen;* berentete Personen *Personen, denen eine Rente gezahlt wird*

be|reu|en ⟨V.1, hat bereut; mit Akk.⟩ etwas b. *Reue über etwas empfinden*

Berg ⟨m.1⟩ *deutlich ausgeprägte Erhebung (an der Erdoberfläche);* Berge versetzen ⟨übertr.⟩ *kann Wunder vollbringen;* jmdm. goldene ~e versprechen *große Versprechungen machen (und sie nicht halten);* mit etwas hinter dem ~e halten *etwas verheimlichen;* über den B. sein *das Schlimmste hinter sich haben;* er ist über alle ~e *er ist geflohen und schon weit fort*

berg|ab ⟨Adv.⟩ *den Berg hinunter, abwärts;* Ggs. *bergauf;* es geht b. ⟨übertr.⟩ *es verschlechtert sich*

Berg|ahorn ⟨m.1⟩ *Baum mittel- und südeuropäischer Bergwälder*

Berg|aka|de|mie ⟨f.11⟩ *Hochschule für Berg- und Hüttenwesen;* Syn. ⟨österr.⟩ *Montanuniversität*

Ber|ga|mas|ka ⟨f., -, -ken⟩ *Tanzlied des 17./18. Jahrhunderts* [nach der ital. Stadt *Bergamo*]

Ber|ga|mot|te ⟨f.11⟩ **1** *kleinasiatische Zitrusfrucht* **2** *eine Birnensorte* [< türk. *beg armudı* ,,Herrenbirne", zu *beg* ,,Herr, Fürst" und *armut* ,,Birne", da sie bes. groß und schmackhaft ist]

Ber|ga|mottöl ⟨n.1⟩ *aus der Fruchtschale der Bergamotte (1) gewonnenes Öl (für Parfümerie, Earl-Grey-Tee)*

Berg|amt ⟨n.4; Bgb.⟩ *staatliche Aufsichtsbehörde*

berg|an ⟨Adv.; geh.⟩ → *bergauf*

Berg|ar|bei|ter ⟨m.5⟩ *im Lohnverhältnis stehender, unter Tage beschäftigter Arbeiter des Bergbaus;* Syn. *Bergmann*

berg|auf ⟨Adv.⟩ *den Berg hinauf, aufwärts;* Syn. ⟨geh.⟩ *bergan,* Ggs. *bergab;* es geht b. ⟨übertr.⟩ *es wird besser*

Berg|bahn ⟨f.10⟩ *Personen- und Lastenförderungsmittel (für bergiges Gelände),* z.B. Seilschwebebahn, Zahnradbahn

Berg|bau ⟨m., -(e)s, nur Sg.⟩ *Verfahren zur Gewinnung von Bodenschätzen*

Berg|bau|be|flis|se|ne(r) ⟨m.17 bzw. 18⟩ *Bergbaustudent im praktischen Jahr*

Berg|bau|er ⟨m.1⟩ *Bewirtschafter eines Hofes in (steiler) Höhenlage*

Berg|be|hör|de ⟨f.11⟩ *Aufsichtsorgan des Staates für den Bergbau (z.B. Bergamt, Wirtschaftsministerium)*

Ber|ge ⟨m.1, Pl.; Bgb.⟩ *nicht brauchbares Gestein*

ber|ge|hoch ⟨Adj., o.Steig.; übertreibend⟩ *sehr hoch;* das schmutzige Geschirr türmt sich b.

Berg|ei|sen ⟨n.7; früher; hauptsächlich im Erzbergbau⟩ *Spitzkeil mit Handgriff*

ber|gen ⟨V.9, hat geborgen; mit Akk.⟩ **1** *etwas oder jmdn. in Sicherheit bringen, retten;* Schiffbrüchige, Verschüttete b.; Tiere aus den Fluten b.; die Ernte noch vor dem Gewitter b. **2** *etwas verbergen, verstecken;* sie barg das Gesicht in den Händen, an seiner Schulter; er barg den Brief unter seiner Jacke **3** *enthalten, in sich tragen;* die Erde birgt hier noch reiche Schätze; diese Höhle birgt ein Geheimnis, birgt Gefahren

Ber|ge|nie ⟨[-njə] f.11⟩ *ein Steinbrechgewächs, Zierstaude* [nach dem Arzt und Botaniker Karl August von *Bergen*]

Ber|ges|hö|he ⟨f.11; poet.⟩ *Berg, im Hinblick auf sein Erhöhtsein über die Umgebung betrachtet;* auf B.

Berg|fach ⟨n., -, -(e)s, nur Sg.⟩ *Berufsfach des Bergbaubeamten*

Berg|fahrt ⟨f.10; Binnenschiffahrt⟩ *Fahrt stromaufwärts;* Ggs. *Talfahrt*

Berg|fex ⟨m.1⟩ *leidenschaftlicher Bergsteiger*

Berg|fink ⟨m.10⟩ *nordeurasische Finkenart* [irreführender Name, der Vogel zeigt keine besondere Bindung an Berge]

Berg|fried ⟨m.1⟩ → *Belfried*

Berg|füh|rer ⟨m.5⟩ *geschulter Führer, der Touristen auf einen Berg begleitet*

Berg|geist ⟨m.3; Myth.⟩ *im Innern eines Berges lebender Naturgeist, Zwerg oder Riese*

Berg|haupt|mann ⟨m.4⟩ **1** *Leiter eines Oberbergamtes, höchster Bergbeamter* **2** ⟨österr.⟩ *Leiter der Berghauptmannschaft (einer Bergbehörde)*

berg|hoch ⟨Adj.⟩ → *bergehoch*

ber|gig ⟨Adj.⟩ *mit Bergen, voller Berge;* ~es Gelände; es wird hier schon b. *das Gelände weist hier schon Berge auf*

Berg|kä|se ⟨m.5⟩ *aus Rohmilch hergestellter Hartkäse*

Berg|krank|heit ⟨f.10⟩ → *Höhenkrankheit*

Berg|kri|stall ⟨m.1⟩ *farbloses, durchsichtiges Mineral* [nach den bedeutenden Fundorten in den Alpen]

Berg|land ⟨n.4⟩ *bergiger oder gebirgiger Landstrich*

Berg|leu|te ⟨Pl. von⟩ *Bergmann*

Berg|mann ⟨m., -(e)s, -leu|te⟩ → *Bergarbeiter*

berg|män|nisch ⟨Adj., o.Steig.⟩ *den Bergmann betreffend, zu ihm gehörig, von ihm stammend*

Berg|molch ⟨m.1⟩ *Molch mit orangerotem Bauch und gefleckter Rückenleiste* [kommt u.a. in Bergwäldern vor]

Berg|not ⟨f., -, nur Sg.⟩ *gefährliche Lage beim Bergsteigen;* in B. sein

Berg|par|te ⟨f.11⟩ *Paradebeil der Bergleute* [→ *Hellebarde*]

Berg|pre|digt ⟨f., -, nur Sg.⟩ *eine Predigt Christi (Matth.5–7)*

Berg|recht ⟨n., -(e)s, nur Sg.⟩ *Gesamtheit der Vorschriften, die das Aufsuchen und die Gewinnung von Mineralien regeln*

Berg|rei|hen ⟨m.7⟩ *volkstümliches Lied der Bergleute*

Berg|rutsch ⟨m.1⟩ *Abgleiten von Gesteinsmassen auf durchfeuchtetem Untergrund;* Syn. ⟨schweiz.⟩ *Bergschlipf, Erdrutsch*

Berg|scha|den ⟨m.7⟩ *durch einen Bergwerksbetrieb verursachter Schaden an der Erdoberfläche*

Berg|schlipf ⟨m.1; schweiz.⟩ → *Bergrutsch*

berg|schüs|sig ⟨Adj.⟩ *viel taubes Gestein enthaltend*

Berg|stei|ger ⟨m.5⟩ *jmd., der bergwandert oder klettert*

Berg|stock ⟨m.2⟩ **1** *Stock zum Bergsteigen* **2** ⟨Geol.⟩ → *Stock*

Berg|sturz ⟨m.2⟩ *Abbruch und Zutalstürzen von großen Fels- oder Schuttmassen*

Berg|teer ⟨m., -(e)s, nur Sg.⟩ → *Asphalt*

Berg-und-Tal-... ⟨in Zus.⟩ *auf- und abwärts, z.B.* Berg-und-Tal-Bahn, Berg-und-Tal-Fahrt, Berg-und-Tal-Wind

Ber|gung ⟨f.10; bei Menschen, auch bei Geräten⟩ **1** *Rettung, Hilfeleistung* **2** → *Schiffsbergung*

Ber|gungs|dienst ⟨m.1; beim Zivilschutzkorps⟩ **1** *Einheit, die bei Gefahr und Notständen Bergungs-, Aufräumungs- und Instandsetzungsarbeiten ausführt* **2** *deren Aufgabenbereich*

Berg|wacht ⟨f.10⟩ *Organisation für die Rettung von Menschen aus Bergnot*

Berg|werk ⟨n.1⟩ *technische Anlage für den Bergbau;* Syn. *Grube, Zeche*

Berg|wis|sen|schaft ⟨f.10⟩ *Wiss. vom Bergbau*

Berg|wohl|ver|leih ⟨m., -(e)s, -(e)⟩ → *Arnika*

Be|ri|be|ri ⟨f., -, nur Sg.⟩ *Vitamin-B₁-Mangel-Krankheit* [< singhales. *beriberi* „äußerste Schwäche", zu *beri* „Schwäche"]

Be|richt ⟨m.1⟩ *kurze, sachliche Erzählung, Mitteilung, Darstellung (eines Vorgangs oder Sachverhalts) (Erlebnis~, Tatsachen~);* B. *über etwas erstatten; einen* B. *von etwas geben*

be|rich|ten ⟨V.2, hat berichtet⟩ **I** ⟨mit Akk.⟩ *sachlich darstellen, ohne Ausschmückung erzählen; einen Vorgang, ein Erlebnis* b.; *da bist du falsch berichtet* ⟨veraltend⟩ *da hat man dir etwas Falsches berichtet* **II** ⟨mit Präp.obj.⟩ *über etwas* b. *einen Bericht über etwas geben*

Be|richt|er|stat|ter ⟨m.5⟩ *Mitarbeiter (einer Zeitung oder Zeitschrift), der regelmäßig über die neuesten Ereignisse berichtet*

Be|richt|er|stat|tung ⟨f., -, nur Sg.⟩ *das Berichterstatten*

be|rich|ti|gen ⟨V.1, hat berichtigt; mit Akk.⟩ **1** *etwas* b. *richtigstellen, verbessern; eine Behauptung* b.; jmds. *Aussprache* b., *einen Fehler* b. *beseitigen und das Richtige an seine Stelle setzen* **2** *jmdn.* b. *jmds. Aussage richtigstellen; bitte* b. *Sie mich, wenn ich etwas Falsches sage* **Be|rich|ti|gung** ⟨f.10⟩

Be|richts|jahr ⟨n.1⟩ *Jahr, aus dem oder über das berichtet werden soll*

be|rie|seln ⟨V.1, hat berieselt; mit Akk.⟩ **1** *etwas* b. *mit schwach fließendem Wasser ständig feucht halten; ein Feld* b. **2** *jmdn.* b. ⟨ugs.⟩ *jmdm. stetig etwas zu hören geben; Käufer mit Musik, mit Werbesprüchen* b.; *sich* b. *lassen längere Zeit zuhören, ohne richtig aufzupassen* **Be|rie|se|lung** ⟨f.10⟩

be|rin|gen ⟨V.1, hat beringt; mit Akk.⟩ **1** *mit einem Ring um den Fuß (als Kennzeichen) versehen; Vögel* b. **2** *mit Ring(en) schmücken; beringte Finger, Hände*

Be|rin|gung ⟨f.10⟩ *Markierung frei lebender Vögel mit Ringen (als Erkennungszeichen)*

Be|ritt ⟨m.1⟩ **1** *kleine Reiterabteilung* **2** ⟨†⟩ *Forstbezirk, Dienstbezirk*

be|rit|ten ⟨Adj., o.Steig.⟩ **1** *zu Pferde, reitend;* ~e *Artillerie* **2** *mit Pferden ausgerüstet; die* ~e *Artillerie, Polizei*

Ber|ke|li|um ⟨n., -s, nur Sg.; Zeichen: Bk⟩ *chemisches Element* [nach der Stadt *Berkeley* in Kalifornien, wo es zum ersten Mal dargestellt wurde]

Ber|li|na|le ⟨f.11⟩ *jährlich in Berlin stattfindende Filmfestspiele* [gebildet nach *Biennale*]

Ber|li|ner|blau, Ber|li|ner Blau ⟨n., -s bzw. - -s, nur Sg.⟩ *lichtechte, dunkelblaue Malerfarbe*

ber|li|ne|risch ⟨Adj., o.Steig.⟩ → *berlinisch*

ber|li|nern ⟨V.1, hat berlinert; o.Obj.⟩ *berlinischen Dialekt sprechen*

Ber|li|ner Pfann|ku|chen ⟨m.7⟩ → *Krapfen*

ber|li|nisch ⟨Adj., o.Steig.⟩ *Berlin betreffend, zu ihm gehörig, aus ihm stammend;* oder: *berlinerisch*

Ber|locke ⟨-k·k-; f.11⟩ *Schmuckanhänger für Uhrketten u.ä.* [< frz. *berloque*, Nebenform zu *breloque* „Uhrgehänge, zierliche Kleinigkeit", weitere Herkunft nicht sicher]

Ber|me ⟨f.11⟩ *horizontaler Absatz in einer Böschung oder in einem Deich* [< ndrl. *berm* in ders. Bed.; vgl. *Bräme*]

Bern|har|di|ner ⟨m.5⟩ **1** ⟨frz. Bez. für⟩ *Zisterzienser* **2** *große, braun-weiß gefleckte Hunderasse* [urspr. von den Mönchen auf dem Großen Sankt *Bernhard* gehalten]

Bern|stein ⟨m., -(e)s, nur Sg.⟩ *durchsichtiges, hellgelbes bis dunkelbraunes, hartgewordenes Kiefernharz aus dem Tertiär, Schmuckstein* [ndrl., „Brennstein", d.h. „brennbarer Stein"]

Bern|stein|säu|re ⟨f., -, nur Sg.⟩ *eine Dicarbonsäure, wichtiges Stoffwechsel-Zwischenprodukt* [u.a. im *Bernstein* enthalten]

Bern|stein|schnecke ⟨-k·k-; f.11⟩ *eine weltweit verbreitete Lungenschnecke*

Ber|sa|glie|re ⟨[-saljɛrɛ] m., -s, -ri⟩ *Soldat der italienischen Elitetruppe (mit breitkrempigem Hut und Federbusch, Scharfschütze* [< ital. *bersaglio* „Zielscheibe"]

Ber|ser|ker ⟨m.5; altnord. Myth.⟩ *wilder, starker Kämpfer* [< altnord. *berserkr* „Bärenhäuter, Krieger im Bärenfell", < *bera* „Bärin", *bersi* „Bär" und *serkr* „Hemd, Waffenrock"]

ber|sten ⟨V.10, ist geborsten; o.Obj.⟩ *auseinanderbrechen, platzen, zerspringen; die Mauer, das Eis ist geborsten; er birst fast vor Tatendrang; wir sind fast gestorben vor Lachen; der Wagen war zum Bersten voll*

be|rüch|tigt ⟨Adj.⟩ *in schlechtem Ruf stehend, auf schlimme Weise berühmt* [zu frühnhd. *berüchtigen* „in schlechten Ruf, ins Gerede bringen", zu mhd. *gerucht, gerücht* „Ruf, Nachrede"]

be|rücken ⟨-k·k-; V.1, hat berückt; mit Akk.⟩ *jmdn.* b. *bezaubern, in Entzücken versetzen, so auf jmdn. wirken, daß er nichts anderes mehr sieht; ein Mädchen von* ~*der Anmut; das ist ja nicht gerade* ~*d* ⟨ugs.⟩ *nicht besonders gut oder schön*

be|rück|sich|ti|gen ⟨V.1, hat berücksichtigt; mit Akk.⟩ *beachten, bedenken, in Überlegungen, Berechnungen einbeziehen; wir müssen* b., *daß ...;* jmds. *Alter* b.; jmds. *Wunsch* b.

Be|rück|sich|ti|gung ⟨f., -, nur Sg.⟩ *das Berücksichtigen; unter* B. *der Tatsache, daß ... wenn man die Tatsache berücksichtigt*

Be|ruf ⟨m.1⟩ **1** *(meist erlernte) Tätigkeit, mit der man seinen Lebensunterhalt verdient: einen* B. *ausüben, erlernen, ergreifen; was sind Sie von* B.? **2** ⟨†⟩ *Berufung, innere Bestimmung; er ist Arzt, Musiker aus* B.; *den* B. *zum Priester in sich fühlen*

be|ru|fen ⟨V.102, hat berufen⟩ **I** ⟨mit Akk.⟩ **1** *jmdn.* b. *jmdm. formell mitteilen, daß er ein Amt antreten kann; jmdn. als Professor (an eine Hochschule)* b.; *jmdn. als* jmds. *Nachfolger, zum Nachfolger* b.; b. *sein eine Sendung, Aufgabe zu erfüllen haben; er ist zum Lehrer* b., *ich fühle mich nicht* b., *das zu tun ich bin nicht der Meinung, daß ich das tun muß; ich möchte das* ~*eren Händen überlassen* ⟨ugs.⟩ *ich möchte das* jmdm. *überlassen, der mehr davon versteht als ich* **2** *etwas* b. *im voraus über etwas reden (was nach altem Aberglauben dann nicht in Erfüllung geht); du hast es* b.; *wir wollen es nicht* b.! **II** ⟨refl.⟩ *sich auf etwas oder* jmdn. b. *etwas als Beweis, jmdn. als Zeugen oder Empfehlung nennen; sich* b. *darauf, daß er ...; du kannst dich auf mich* b.

Be|ruf|kraut ⟨n.4; Sammelbez. für⟩ *verschiedene Korbblütler* [sie galten als Schutzmittel gegen das Berufen „Schadenstiftung durch Worte"]

be|ruf|lich ⟨Adj.⟩ *den Beruf betreffend, auf ihm beruhend, zu ihm gehörend, im Beruf;* ~*er Ärger;* ~*e Sorgen; sind Sie noch* b. *tätig?; ich habe* b. *in Berlin zu tun*

be|rufs|be|dingt ⟨Adj., o.Steig.⟩ *nur als Attr. und mit „sein"⟩ durch den Beruf veranlaßt, für den Beruf nötig;* ~*e Ausgaben*

be|rufs|be|glei|tend ⟨Adj., o.Steig.⟩ *nur als Attr. und mit „sein"⟩ neben dem Beruf einhergehend;* ~*e Schule Berufsschule;* ~*e Ausbildung*

Be|rufs|be|ra|tung ⟨f.10⟩ *(von den Arbeitsämtern eingerichtete) Beratung über Berufsmöglichkeiten, Ausbildungswege und Anforderungen*

Be|rufs|be|zeich|nung ⟨f.10⟩ *offizielle Bezeichnung eines bestimmten Berufs; seine* B. *ist Sozialpädagoge*

Be|rufs|bild ⟨n.3⟩ *Beschreibung eines Berufs einschließlich der Ausbildung und Möglichkeiten*

be|rufs|fremd ⟨Adj.⟩ *nicht dem erlernten Beruf entsprechend;* ~*e Tätigkeit*

Be|rufs|ge|heim|nis ⟨n.1⟩ **1** *Recht und Pflicht, über Dinge zu schweigen, die man innerhalb der Berufsarbeit erfährt* **2** ⟨früher⟩ *Fertigkeit, Kenntnis, die nur den Angehörigen eines bestimmten Berufs bekannt ist*

Be|rufs|klei|dung ⟨f., -, nur Sg.⟩ *Kleidung, die für die Arbeit in einem bestimmten Beruf geeignet ist*

Be|rufs|krank|heit ⟨f.10⟩ *Erkrankung, die bei Ausübung bestimmter Berufe entsteht (z.B. Staublunge);* Syn. *Gewerbekrankheit*

be|rufs|mä|ßig ⟨Adj., o.Steig.⟩ *als Beruf; er übt dieses Spiel* b. *aus*

Be|rufs|schu|le ⟨f.11⟩ *berufsbegleitende Teilzeitschule*

Be|rufs|sport|ler ⟨m.5⟩ *Sportler, der den Sport als Erwerbsquelle betreibt;* Syn. *Profi;* Ggs. *Amateur*

be|rufs|tä|tig ⟨Adj., o.Steig.⟩ *einen Beruf ausübend, im Beruf tätig; er ist noch, nicht mehr* b. **Be|rufs|tä|tig|keit** ⟨f., -, nur Sg.⟩

Be|rufs|un|fä|hig|keit ⟨f., -, nur Sg.⟩ *(durch Krankheit verursachte Unfähigkeit, den erlernten Beruf auszuüben)*

Be|rufs|ver|bot ⟨n.1⟩ *gerichtliche oder amtliche Untersagung der Berufsausübung (z.B. aus politischen Gründen)*

Be|rufs|ver|bre|cher ⟨m.5⟩ jmd., *der ständig Straftaten begeht und daraus seinen Lebensunterhalt bestreitet*

Be|rufs|ver|kehr ⟨m., -s, nur Sg.⟩ *regelmäßiger, dichter Verkehr, der von den Wohngebieten zu den Arbeitsstätten und wieder zurück führt*

Be|ru|fung ⟨f.10⟩ **1** *das Berufen, das Berufenwerden; seine* B. *als Professor* **2** *das Berufensein, innere Bestimmung; die* B. *zum Musiker in sich fühlen* **3** *das Sichberufen; unter* B. *auf die Verfassung* **4** *Einspruch gegen ein gerichtliches Urteil;* Syn. *Appellation;* B. *einlegen; in* B. *gehen*

Be|ru|fungs|ge|richt ⟨n.1⟩ *nächsthöheres*

Gericht, das für eine Berufung (4) zuständig ist; Syn. *Appellationsgericht*

be|ru|hen ⟨V.1, hat beruht; mit Präp.obj.⟩ **auf etwas b.** *etwas zur Grundlage, als Ursache haben, auf etwas gründen;* unsere Sympathie beruht auf Gegenseitigkeit; seine Aussage beruht auf Wahrheit, auf einem Irrtum; wir wollen die Sache auf sich b. lassen *wir wollen sie nicht mehr erörtern, nicht mehr verfolgen, sie so lassen, wie sie ist*

be|ru|hi|gen ⟨V.1, hat beruhigt⟩ **I** ⟨mit Akk.⟩ jmdn. b. *ruhig machen, jmdm. seine Sorge nehmen;* ein schreiendes Kind, einen erregten Kranken b.; sei ganz beruhigt! *mach dir keine Sorgen!;* wenn es so ist, dann bin ich beruhigt *dann habe ich keine Sorge* **II** ⟨refl.⟩ sich b. *ruhig werden;* er hat sich wieder beruhigt; bitte beruhige dich, es ist nicht so schlimm; der Sturm hat sich beruhigt *hat aufgehört*

Be|ru|hi|gung ⟨f., -, nur Sg.⟩ **1** *das Beruhigen, das Ruhigwerden;* jmdm. ein Mittel zur B. geben; zu deiner B. kann ich dir sagen ... damit du beruhigt bist; zu meiner großen B. hörte ich, daß ... **2** *das Beruhigtsein;* das gibt mir ein Gefühl der B.

Be|ru|hi|gungs|mit|tel ⟨n.5⟩ *Mittel, das die Erregbarkeit des Nervensystems herabsetzt;* Syn. *Sedativ, Sedativum*

be|rühmt ⟨Adj.⟩ *überall, sehr bekannt, geschätzt, angesehen;* ein ~er Maler, Forscher; er ist durch seinen Roman auf einen Schlag b. geworden; mir geht es nicht b. ⟨ugs.⟩ *nicht besonders gut*

Be|rühmt|heit ⟨f.10⟩ **1** ⟨nur Sg.⟩ *das Berühmtsein, Ruhm;* B. erlangen **2** *berühmte Persönlichkeit;* er und andere ~en

be|rüh|ren ⟨V.1, hat berührt; mit Akk.⟩ **1** *etwas oder jmdn. b.* **a** *sehr leicht an etwas oder jmdn. stoßen, leicht anfassen;* etwas oder jmdn. mit der Hand b.; berührt mit dem Kopf die Decke; die Ausstellungsstücke bitte nicht b.! **b** *angehen, betreffen;* diese Entscheidung berührt mich, unsere Interessen nicht **2** jmdn. b. *innerlich bewegen;* das berührt mich nicht; sein Schicksal hat mich stark berührt **3** *etwas b. erwähnen;* diese Frage wurde nicht, wurde nur kurz berührt **4** sich, ⟨eigtl.⟩ *einander b. ähnlich sein;* unsere Interessen b. sich; seine Absichten b. sich mit den meinen, ⟨ugs.; eigtl.⟩ b. die meinen *sind den meinen ähnlich*

Be|rüh|rung ⟨f.10⟩ *das Berühren, das Berührtwerden;* das Kind schrie bei der leisesten B.; eine zärtliche B.; in B. bringen *zusammenbringen;* in B. kommen *nahe kommen;* paß auf, daß du mit dem Kranken nicht in B. kommst; ich bin mit ihm nicht mehr in B. gekommen *ich habe ihn nicht mehr gesehen und nichts mehr von ihm gehört*

Be|rüh|rungs|gift ⟨n.1⟩ → *Kontaktgift*

Be|rüh|rungs|punkt ⟨m.1⟩ **1** *Punkt, an dem sich zwei Dinge, zwei geometrische Figuren berühren* **2** *Gemeinsamkeit im Denken, Wollen, in den Interessen;* ich habe mit ihm viele, keine ~e

Be|rüh|rungs|span|nung ⟨f.10⟩ → *Reibungselektrizität*

Be|ryll ⟨m.1⟩ *Mineral (dessen farbige Abarten beliebte Edelsteine sind)* [< griech. *beryllos* < Prakrit *veluriya*, nach der südinl. Stadt *Velur* (heute *Belur*), in deren Umgebung es früher Edelsteinminen gab]

Be|ryl|li|um ⟨n., -s, nur Sg.; Zeichen: Be⟩ *chemisches Element, ein silberweißes Metall* [kommt hauptsächlich im *Beryll* vor]

be|sa|gen ⟨V.1, hat besagt; mit Akk.; nur von Sachen⟩ *etwas bringt etwas zum Ausdruck, bedeutet etwas;* das besagt gar nichts; was soll das B.?; sein Schweigen besagt, daß er der Täter war

be|sagt ⟨Adj., o.Steig.; nur als Attr.⟩ *(schon, soeben) erwähnt;* ~er Polizist hat ...; das ~e Grundstück liegt in der Nähe

von ...; um auf den ~en Vorfall zurückzukommen

be|sai|ten ⟨V.2, hat besaitet; mit Akk.⟩ *mit Saiten bespannen;* ein Musikinstrument b.; vgl. *zartbesaitet*

be|sa|men ⟨V.1, hat besamt; mit Akk.⟩ *Eizellen b. (ohne körperliche Vereinigung) männlichen Samen an Eizellen bringen;* vgl. *befruchten (1), begatten;* Fische b. den abgelegten Laich im Wasser; eine Eizelle künstlich b. *männlichen Samen künstlich in das weibliche Geschlechtsorgan einbringen*

Be|sa|mung ⟨f.10⟩

Be|san ⟨m.1; bei Segelschiffen⟩ *Gaffelsegel am hinteren Mast* [über ndrl., ital. < arab. *mazzān* in ders. Bed.]

be|sänf|ti|gen ⟨V.1, hat besänftigt; mit Akk.⟩ **1** jmdn. b. *jmds. Erregung dämpfen;* einen wütenden, rabiaten Kunden b. **2** *etwas b. mildern, dämpfen;* jmds. Zorn b. [zu *sanft*]

Be|sänf|ti|gung ⟨f., -, nur Sg.⟩

Be|san|mast ⟨m.12⟩ → *Kreuzmast*

Be|satz ⟨m.2⟩ **1** ⟨an Kleidungsstücken⟩ *schmaler, aufgenähter Streifen (Pelz~)* **2** ⟨bei Weidetieren, Niederwild, Fischen⟩ *zahlenmäßiger Bestand (von Tieren in einem Gebiet, Revier, Gewässer)*

Be|sat|zung ⟨f.10⟩ **1** ⟨an Bord von Schiffen, Flugzeugen oder gepanzerten Fahrzeugen⟩ *planmäßiges Personal* **2** *Verteidigungstruppe eines befestigten Platzes* **3** *zur Sicherung besetzten Feindgebietes oder nach Kriegsende weiterhin dort stationierte Truppen und Verwaltungsorgane*

Be|sat|zungs|kind ⟨n.3; ugs.; bes. nach 1945 in Dtld.⟩ *Kind einer einheimischen Frau und eines Angehörigen der Besatzungsmacht*

Be|sat|zungs|macht ⟨f.2⟩ *Staat, der Herrschaftsgewalt in einem militärisch besetzten Gebiet ausübt*

Be|sat|zungs|zo|ne ⟨f.11; früher in Dtld. und Österreich⟩ *von einem der vier Alliierten besetzte Zone*

be|sau|fen ⟨V.103, hat besoffen; refl.; derb⟩ sich b. *sich betrinken*

Be|säuf|nis ⟨f.1 oder n.1; derb⟩ **1** ⟨nur Sg.⟩ *Betrunkenheit;* in seiner B. wäre er fast in ein Auto gelaufen **2** *Trinkgelage;* gestern hat wieder einmal eine große B. stattgefunden; das Fest artete in eine allgemeine B. aus

be|schä|di|gen ⟨V.1, hat beschädigt; mit Akk.⟩ *etwas b. einen Schaden an etwas verursachen;* beim Umzug Möbel b.; beschädigt werden *einen Schaden erhalten, erleiden;* der Wagen wurde bei dem Unfall beschädigt; ein beschädigtes Buch zurückgeben

Be|schä|di|gung ⟨f.10⟩ **1** ⟨nur Sg.⟩ *das Beschädigen* **2** *Schaden;* eine B. ausbessern

be|schaf|fen ⟨V.1, hat beschafft; mit Akk.⟩ *herbeischaffen, besorgen;* ich weiß nicht, wie ich das Geld so schnell b. soll; ich muß mir das nötige Material erst b. **II** ⟨Adj., o.Steig.; nur als Attr. und mit „sein"⟩ *gestaltet, gebaut, veranlagt, geartet, aussehend;* wie ist das Gerät b.; wie sieht es aus, wie funktioniert es?; er ist nun einmal so b., daß er alles viel zu ernst nimmt; ein so ~er Mensch kann das nicht ertragen; es ist schlecht b. ihm geht es schlecht

Be|schaf|fen|heit ⟨f., -, nur Sg.⟩ *das Beschaffensein, Aussehen, Gestalt, Bau, Form, Veranlagung;* die B. eines Gerätes untersuchen; bei seiner seelischen, physischen B. ist ihm eine solche Handlungsweise gar nicht möglich

Be|schaf|fung ⟨f., -, nur Sg.⟩ *das Beschaffen;* B. von Material

be|schäf|ti|gen ⟨V.1, hat beschäftigt⟩ **I** ⟨mit Akk.⟩ jmdn. b. **1** *jmdm. Arbeit geben, zu tun geben;* jmdn. als Volontär b.; ein Kind an Kranken b.; er ist sehr beschäftigt *ich habe sehr viel zu tun* **2** *Gedanken verursachen, innerlich bewegen;* die Sache beschäftigt mich sehr

II ⟨refl.⟩ sich b. **1** *etwas tun, tätig sein;* ich kann mich immer b. **2** sich mit etwas b. **a** *an etwas arbeiten, sich über etwas Gedanken machen, Kenntnisse auf einem Gebiet erwerben;* sich mit Philosophie b.; er hat sich besonders mit Tropenkrankheiten beschäftigt; sich mit einem Problem b. **b** *sich mit etwas die Zeit vertreiben;* sich mit Rosenzucht b. **3** *sich mit jmdm. b. mit jmdm. Zeit verbringen, mit jmdm. spielen, arbeiten, jmdm. die Zeit vertreiben;* ich beschäftige mich gern mit Kindern; sich mit einem Kranken b.

Be|schäf|ti|gung ⟨f.10⟩ **1** ⟨nur Sg.⟩ *das Sichbeschäftigen;* bei der B. mit dieser Frage entdeckte ich ...; einem Kind, einem Kranken etwas zur B. geben **2** *Arbeit, Beruf, Tätigkeit;* ich habe zur Zeit keine B., bin ohne B.

Be|schäf|ti|gungs|grad ⟨m.1⟩ *Verhältnis der Zahl der Beschäftigten zu der der Arbeitslosen und zur Bevölkerungszahl*

Be|schäf|ti|gungs|the|ra|pie ⟨f.11⟩ *Therapie (für seelisch Kranke) durch körperliche, manuelle Beschäftigung*

be|schä|len ⟨V.1, hat beschält; mit Akk.; bei Pferd und Esel⟩ → *begatten*

Be|schä|ler ⟨m.5⟩ *Zuchthengst;* Syn. *Deckhengst* [< mhd. *schel(e)*, ahd. *scelo* „Zuchthengst", eigtl. „Bespringer", < idg. *(s)kel* „springen"]

be|schal|len ⟨V.1, hat beschallt; mit Akk.⟩ **1** *mit Schallwellen untersuchen* **2** ⟨Med.⟩ *mit Ultraschall behandeln* **3** *unter Schalleinwirkung bringen;* mit diesem Verstärker kann man einen ganzen Fußballplatz, einen Saal b. **4** *mit Hilfe von Lautsprechern ständigem Schall (durch Musik, Werbesprüche usw.) aussetzen;* man wird in Supermärkten heute ständig beschallt

Be|schal|lung ⟨f., -, nur Sg.⟩ *das Beschallen, das Beschalltwerden*

Be|schäl|seu|che ⟨f.11; bei Pferd und Esel⟩ *Geschlechtskrankheit (die beim Beschälen übertragen wird);* Syn. *Zuchtlähme, Dourine*

Be|schä|lung ⟨f.10; bei Pferd und Esel⟩ → *Begattung*

be|schä|men ⟨V.1, hat beschämt; mit Akk.⟩ jmdn. b. *in jmdm. Scham, ein Gefühl der Peinlichkeit verursachen;* jmdn. durch (unverdiente) Großzügigkeit, Nachsicht b.; deine Handlungsweise ist ~d (für dich)

Be|schä|mung ⟨f., -, nur Sg.⟩ *das Beschämtsein;* zu meiner B. muß ich gestehen ...; mit tiefer B. erkannte er, daß ...

be|schat|ten ⟨V.2, hat beschattet; mit Akk.⟩ **1** *etwas oder jmdn. b. einem Gegenstand oder jmdn. Schatten geben;* der Baum beschattet den Garten zu sehr **2** jmdn. b. *heimlich ständig beobachten;* jmdn. durch einen Detektiv, durch die Polizei b. lassen

Be|schat|tung ⟨f., -, nur Sg.⟩

Be|schau ⟨f., -, nur Sg.⟩ *das Betrachten, Untersuchen, Qualitätsprüfung (Fleisch~)*

be|schau|en ⟨V.1, hat beschaut; mit Akk.⟩ *anschauen;* Bilder b.; sich im Spiegel b.

be|schau|lich ⟨Adj.⟩ **1** *die Dinge der Welt mit Ruhe und Genuß betrachtend;* er ist ein eher ~er Charakter **2** *ruhig und genußvoll;* b. im Garten sitzen; einen ~en Urlaub verbringen

Be|schau|lich|keit ⟨f., -, nur Sg.⟩ *ruhige, genußvolle Betrachtung, Geruhsamkeit;* etwas in aller B. tun

Be|schau|zei|chen ⟨n.7⟩ *Prüfzeichen für Qualität und Feingehalt handwerklicher Stücke (aus Gold, Silber, Zinn)*

Be|scheid ⟨m.1⟩ **1** *Nachricht, Antwort;* Sie bekommen noch B.; jmdm. B. geben, sagen; auf B. warten; jmdm. B. tun *jmdm., der einem zugetrunken hat, mit Zutrinken danken;* dem muß ich B. stoßen ⟨ugs.⟩ *muß ich meinen Unwillen über sein Tun energisch mitteilen;* vorläufiger, endgültiger B. **2** ⟨in der Fügung⟩ B. wissen *Kenntnisse haben, sich*

bescheiden

auskennen; ich weiß in dieser Stadt (nicht) B.; wissen Sie hier B.?; damit du B. weißt *damit du weißt, wie du dich verhalten mußt (oft als Drohung)*
be|schei|den I ⟨V.107, hat beschieden; mit Akk.⟩ jmdm. b. ⟨geh.⟩ **1** *jmdm. Bescheid, Nachricht geben;* jmdm. abschlägig b. **2** *kommen lassen, zu kommen bitten;* jmdn. an einen Ort b., zu sich b. **II** ⟨mit Dat. und Akk.⟩ jmdm. etwas b. *zuteil werden lassen;* das Schicksal hat mir beschieden, daß ich ..., hat es mir leider nicht beschieden; ihm war kein Erfolg beschieden **III** ⟨refl.⟩ sich b. *sich zufriedengeben, sich begnügen;* sich mit wenigem b. **IV** ⟨Adj.⟩ **1** *genügsam, ohne große Ansprüche;* ein ~er Mensch; er ist, lebt sehr b. **2** *nicht eingebildet, zurückhaltend, sich nicht in den Vordergrund stellend;* er tritt b. auf **3** *einfach;* eine ~e Mahlzeit; ein ~es Hotel **4** ⟨ugs.⟩ *mittelmäßig, nicht besonders gut;* dein Zeugnis ist ja ziemlich b.; mir geht es b. **5** ⟨verhüllend für⟩ *beschissen*
Be|schei|den|heit ⟨f., -, nur Sg.⟩ **1** *bescheidenes Verhalten, Genügsamkeit, Zurückhaltung;* ich sage das nicht aus falscher B., sondern weil ich es wirklich nicht anders möchte **2** *bescheidene Beschaffenheit, Einfachheit*
be|schei|ni|gen ⟨V.1, hat bescheinigt; mit Dat. und Akk.⟩ jmdm. etwas b. *schriftlich bestätigen;* jmdm. den Empfang einer Sendung, Zahlung b.; jmdm. Unfähigkeit b. ⟨übertr., ugs.⟩ *jmdn. für unfähig erklären*
Be|schei|ni|gung ⟨f.10⟩ **1** *das Bescheinigen* **2** *Schriftstück, in dem etwas bescheinigt wird;* jmdm. eine B. ausstellen
be|schei|ßen ⟨V.109, hat beschissen; mit Akk.; vulg.⟩ **1** *mit Kot verunreinigen* **2** ⟨übertr., derb⟩ *betrügen;* jmdn. beim Spiel b.; jmdn. um zehn Mark b.
be|schen|ken ⟨V.1, hat beschenkt; mit Akk.⟩ jmdn. b., jmdn. mit etwas b. *jmdn. etwas schenken;* jmdn. mit Geld, Blumen b.
be|sche|ren ⟨V.1, hat beschert⟩ **I** ⟨mit Dat. und Akk.⟩ jmdm. etwas b. *geben, schenken;* der Himmel bescherte uns herrliches Wetter; den Kindern etwas zu Weihnachten b. **II** ⟨o.Obj.⟩ *die Weihnachtsgeschenke darbringen, überreichen;* wir b. schon am 24. Dezember nachmittags, erst am 25. Dezember morgens
Be|sche|rung ⟨f.10⟩ **1** *das Bescheren, Darreichen der Weihnachtsgeschenke* **2** ⟨übertr., ugs.⟩ *Überraschung oder Sache;* da haben wir die B.!; schau dir diese B. an!; das ist ja eine schöne B.!
be|scheu|ert ⟨Adj., ugs.⟩ **1** *dumm, blöd* (von Personen) **2** *ärgerlich, unangenehm, unpassend* (von Sachen) [wahrscheinlich zu *scheuern* „prügeln", also „so verprügelt, daß man nicht mehr denken kann"]
be|schich|ten ⟨V.2, hat beschichtet; mit Akk.⟩ *mit einer Schicht versehen;* eine Oberfläche b.
Be|schich|tung ⟨f.10⟩ **1** ⟨nur Sg.⟩ *das Beschichten* **2** *aufgetragene Schicht;* die B. hält nicht, blättert ab
be|schi|cken ⟨-k·k-; V.1, hat beschickt; mit Akk.⟩ **1** *etwas mit etwas schicken;* eine Ausstellung mit Bildern b.; eine Messe mit Warenmustern b. **2** *jmdn. zu etwas schicken;* eine Tagung mit Vertretern b.; die Tagung war gut, schlecht beschickt *es waren viele, wenige Vertreter hingeschickt worden* **3** *mit Material füllen;* einen Hochofen b. **Beschickung** ⟨-k·k-; f., -, nur Sg.⟩
be|schie|ßen ⟨V.113, hat beschossen; mit Akk.⟩ **1** *etwas oder jmdn. b.* **1** *auf etwas oder jmdn. schießen;* ein Schiff, eine feindliche Stellung b.; die Angreifer wurden beschossen man schoß auf sie **2** ⟨in der Wendung⟩ Atomkerne b. *Elementarteilchen auf Atomkerne treffen lassen* **Be|schie|ßung** ⟨f.6⟩
be|schil|dern ⟨V.1, hat beschildert; mit Akk.⟩ *mit Hinweis-, Straßenschildern ausstatten;* der Weg ist gut beschildert
Be|schil|de|rung ⟨f., -, nur Sg.⟩ **1** *das Beschildern* **2** *Ausstattung mit Schildern;* die B. ist unzureichend, ist gut
be|schimp|fen ⟨V.1, hat beschimpft; mit Akk.⟩ jmdn. b. **1** *grob schelten* **2** *durch Schimpfen beleidigen* **3** ⟨ugs., scherzh.⟩ *jmdm. Vorwürfe machen, Vorhaltungen machen;* er hat mich schon beschimpft, daß ich euch nicht eingeladen habe
Be|schimp|fung ⟨f.10⟩ **1** ⟨nur Sg.⟩ *das Beschimpfen* **2** *Beleidigung durch Schimpfen, grobe Kränkung* **3** ⟨meist Pl.⟩ ~en *Schimpfworte, beleidigende Ausdrücke;* jmdm. ~en nachrufen
be|schir|men ⟨V.1, hat beschirmt; mit Akk.⟩ *beschützen;* jmdn. vor etwas b.; die Augen mit der Hand gegen das Sonnenlicht b.; der Baum wird uns gegen den Regen b.
Be|schiß ⟨m., -sses, nur Sg.; derb⟩ *Betrug* (bes. beim Spiel); mach keinen B.!
be|schis|sen ⟨Adj.; derb⟩ **1** *sehr unangenehm, ärgerlich;* eine ~e Angelegenheit **2** *sehr schlecht;* mir geht es b.
Be|schlächt ⟨n.1⟩ *Uferschutz aus Bohlen* [nddt., zu *schlagen*]
be|schla|fen ⟨V.115, hat beschlafen; mit Akk.⟩ **1** etwas b. *eine Nacht schlafen, bevor man etwas entscheidet, sich etwas bis morgen überlegen* **2** eine Frau, einen Homosexuellen b. ⟨vulg.⟩ *den Beischlaf mit ihr, ihm ausführen*
Be|schlag ⟨m.2⟩ **1** *aufgeschraubtes Metallstück zum Zusammenhalten oder Befestigen beweglicher Teile* (z.B. Scharnier, Riegel) **2** *Gesamtheit der Hufeisen* (mit denen ein Pferd beschlagen ist) **3** *Überzug, Schicht;* das Glas hat einen B. bekommen **4** ⟨nur Sg.⟩ *das Beschlagnahmen;* etwas mit B. belegen, auf etwas B. legen *etwas beschlagnahmen;* jmdn. mit B. belegen, jmdn. in B. nehmen ⟨übertr.⟩ *jmdn., jmds. Zeit für sich beanspruchen*
be|schla|gen I ⟨V.116, hat beschlagen; mit Akk.⟩ **1** *etwas b. einen Beschlag an etwas anbringen;* eine Tür b. **2** ein Tier b. **a** *einem Tier Hufeisen auf die Hufe nageln* **b** (beim Edelwild) *befruchten, begatten* **II** ⟨V.116, hat beschlagen; o. Obj. oder refl.⟩ *sich mit einem Beschlag bedecken;* die Fensterscheibe beschlägt (sich); Eisen beschlägt sich mit Rost; der Spiegel hat sich , ist b. **III** ⟨Adj.; nur als Attr. und mit „sein"⟩ *(auf einem Gebiet) Kenntnisse besitzend, gut Bescheid wissend;* ein auf vielen Gebieten ~er Mann; er ist in der Biologie gut, sehr b.
Be|schlag|nah|me ⟨f.11⟩ *das Beschlagnahmen*
be|schlag|nah|men ⟨V.1, hat beschlagnahmt; mit Akk.⟩ *in behördlichem Auftrag wegnehmen;* Syn. *konfiszieren;* Bücher, Zeitschriften, bestimmte Waren b.
be|schleu|ni|gen ⟨V.1, hat beschleunigt⟩ **I** ⟨mit Akk.⟩ etwas b. *schneller werden lassen, die Geschwindigkeit von etwas erhöhen;* seinen Lauf, seine Schritte b.; das Tempo b.; Elementarteilchen b.; beschleunigter Puls **II** ⟨refl.⟩ sich b. *schneller werden* **III** ⟨o.Obj.⟩ *in einem bestimmten Zeitraum eine bestimmte Geschwindigkeit erreichen;* der Wagen beschleunigt in 15 Sekunden auf 100 Stundenkilometer
Be|schleu|ni|ger ⟨m.5; kurz für⟩ *Teilchenbeschleuniger*
Be|schleu|ni|gung ⟨f., -, nur Sg.⟩ **1** *das Beschleunigen* **2** *Geschwindigkeitszunahme innerhalb eines bestimmten Zeitraums*
be|schlie|ßen ⟨V.120, hat beschlossen; mit Akk.⟩ etwas b. **1** *sich vornehmen, sich entscheiden, etwas zu tun, einen Beschluß über etwas fassen;* er beschloß sich b., in diesem Urlaub ans Meer zu fahren; ein Gesetz b.; das ist beschlossene Sache *die Sache ist beschlossen* **2** *beenden;* er beschloß seine Rede mit den Worten ...; ich möchte mein Leben nicht in dieser Stadt b.
Be|schlie|ße|rin ⟨f.10; veraltend; bes. in Hotels⟩ *Verwalterin der Wäsche und anderer Gebrauchsgegenstände*
Be|schluß ⟨m.2⟩ **1** *(gemeinsame) Entscheidung, etwas zu tun;* einen B. fassen **2** *Ende, Abschluß;* zum B. des Abends ein Hoch auf den Gastgeber ausbringen
be|schluß|fä|hig ⟨Adj., o.Steig.⟩ *aufgrund einer festgelegten Anzahl von Teilnehmern fähig, einen Beschluß zu fassen;* die Versammlung ist (nicht) b. **Be|schluß|fä|hig|keit** ⟨f., -, nur Sg.⟩
be|schmut|zen ⟨V.1, hat beschmutzt; mit Akk.⟩ *schmutzig machen;* jmdm. oder sich die Kleidung b.; den Teppich mit Speiseresten b.; jmds. Ehre, guten Ruf b. ⟨übertr.⟩ *etwas sagen, was jmds. Ehre, gutem Ruf schadet*
be|schnei|den ⟨V.125, hat beschnitten; mit Akk.⟩ **1** etwas b. **a** *durch Schneiden gerade, glatt machen;* Ränder b. **b** *durch Abschneiden der Ränder verkleinern;* Fotos b. oder sich die Nägel b. **c** *durch Abschneiden von Spitzen oder Teilen verkleinern, kürzer machen;* Bäume, Sträucher b.; jmdm. oder sich den Bart b. **d** *einschränken;* jmds. Rechte, Einkünfte b. **2** jmdn. b. *jmdm. die Vorhaut des Penis ringförmig abschneiden;* Knaben b.
Be|schnei|dung ⟨f.10⟩ **1** ⟨nur Sg.⟩ *das Beschneiden* (von Bäumen, Sträuchern) **2** *ringförmiges Abschneiden der Vorhaut;* Syn. *Zirkumzision*
Be|schnit|te|ne(r) ⟨m.17 bzw. 18⟩ *jmd., der beschnitten worden ist* [→ *beschneiden (2)*]
be|schö|ni|gen ⟨V.1, hat beschönigt; mit Akk.⟩ *als harmloser, günstiger darstellen, als es ist, als weniger schwerwiegend erscheinen lassen;* einen Fehler, ein Vergehen b.; jmds. Verhalten b. **Be|schö|ni|gung** ⟨f.10⟩
be|schran|ken ⟨V.1, hat beschrankt; mit Akk.⟩ *mit Schranken ausrüsten;* beschrankter Bahnübergang
be|schrän|ken ⟨V.1, hat beschränkt⟩ **I** ⟨mit Akk.⟩ eine Sache oder jmdn. b. *einer Sache oder jmdm. Schranken setzen, sie, ihn in engere Grenzen zwingen;* Ausgaben b.; jmds. Rechte, Bewegungsfreiheit b.; jmdn. in seinen Rechten, in seiner Bewegungsfreiheit b.; eine Krankheit an einem Herd b. **II** ⟨refl.⟩ sich b. *sich in gewissen Grenzen halten;* die Ausgaben b. sich auf die übliche Höhe; sich auf das Wesentliche b. *nur das Wesentliche mitteilen*
be|schränkt ⟨Adj.; nur als Attr. und mit „sein"⟩ **1** *eingeengt, begrenzt;* er lebt in ~en Verhältnissen; unsere Möglichkeiten, Mittel sind b. **2** *geistig unbeweglich, geistig schwach begabt, ein wenig dumm;* er ist b. **3** *eng, engstirnig;* ~e Ansichten; einen ~en Horizont haben **Be|schränkt|heit** ⟨f., -, nur Sg.⟩
Be|schrän|kung ⟨f.10⟩ **1** ⟨nur Sg.⟩ *das Beschränken;* B. der Ausgaben; B. auf das Wesentliche **2** *Schranke, Grenze* (bezüglich der Handlungsfreiheit); jmdm. sich ~en auferlegen
be|schrei|ben ⟨V.127, hat beschrieben; mit Akk.⟩ **1** etwas b. **a** *mit Schriftzeichen bedecken;* eine Seite im Heft b.; ein zur Hälfte beschriebenes Blatt Papier **b** *in bestimmter Weise verlaufen, sich in bestimmter Weise bewegen;* die Straße beschreibt hier einen Bogen; das Flugzeug beschrieb einen Kreis und setzte zur Landung an **2** etwas oder jmdn. b. *schildern, in Worten darstellen;* den Täter b.; jmdm. den Weg b.; eine Landschaft b.
Be|schrei|bung ⟨f.10⟩ *das Beschreiben, Schilderung, Darstellung in Worten, Angaben über etwas oder jmdn.;* können Sie eine B. des Täters geben?; B. des Krankheitsverlaufs
be|schrei|en ⟨V.128, hat beschrien⟩ → *berufen (I,2);* beschrei es nicht!

be|schrei|ten ⟨V.129, hat beschritten; mit Akk.⟩ *etwas b. auf etwas schreiten, gehen;* neue Wege b.; wir müssen den Rechtsweg b. *wir müssen das Gericht, einen Anwalt in Anspruch nehmen*

be|schrif|ten ⟨V.2, hat beschriftet; mit Akk.⟩ *mit einer Aufschrift versehen;* Schilder, Etiketten, Fotos b.

Be|schrif|tung ⟨f.10⟩ **1** ⟨nur Sg.⟩ *das Beschriften* **2** *Aufschrift;* das Etikett trägt noch keine B.; die B. ist nicht mehr lesbar

be|schul|di|gen ⟨V.1, hat beschuldigt; mit Akk. (und Gen.)⟩ *jmdn. b. jmdm. die Schuld (an etwas) geben;* jmdn. b., etwas getan oder unterlassen zu haben; jmdn. des Diebstahls b.

Be|schul|dig|te(r) ⟨m., f.17 bzw. 18⟩ *jmd., der bei Gericht wegen einer Straftat angezeigt worden ist*

Be|schul|di|gung ⟨f.10⟩ *das Beschuldigen, Erklärung, daß jmd. an etwas schuld sei;* ~en gegen jmdn. erheben *jmdn. (wegen einer Sache) beschuldigen*

be|schum|meln ⟨V.1, hat beschummelt; mit Akk.; ugs.⟩ *leicht betrügen (bes. beim Spiel)* [< rotw. *schummeln, beschumlen, beschunden* „betrügen", < *schunden* „scheißen", zu *Schund* „Kot, Schmutz", also soviel wie „bescheißen"]

be|schüt|zen ⟨V.1, hat beschützt; mit Akk.⟩ jmdn. b. *jmdm. Schutz geben;* jmdn. vor einer Gefahr, einem Feind b.

Be|schüt|zer ⟨m.5⟩ *jmd., der jmdn. beschützt;* einen B. haben; das Kind hat an dem Hund einen guten B.

be|schwat|zen ⟨V.1, hat beschwatzt; mit Akk.⟩ **1** jmdn. b. *überreden* **2** *etwas b. über etwas schwatzen*

Be|schwer ⟨f., - oder n., -s, nur Sg.⟩ *Mühe, Anstrengung;* das macht mir viel B.; es trägt das Kind noch ohne B. die Treppe hinauf

Be|schwer|de ⟨f.11⟩ **1** *Schmerz, körperliches Unbehagen;* ~n des Alters; ~n beim Atmen haben; schnelles Laufen macht mir ~n **2** *Klage, die man an offizieller oder höherer Stelle vorbringt;* B. führen; B. einlegen; eine B. vorbringen

be|schwe|ren ⟨V.1, hat beschwert⟩ **I** ⟨mit Akk.⟩ *schwer, schwerer machen, belasten;* Briefe, Zettel b. (damit sie nicht fortgeweht werden); Fett beschwert den Magen; das beschwert mich wenig ⟨übertr.⟩ *macht mir wenig Sorgen,* belastet mich wenig **II** ⟨refl.⟩ sich b. *eine Beschwerde, Klage vorbringen, sich beklagen;* sich über die unfreundliche Bedienung, das schlechte Essen b.

be|schwer|lich ⟨Adj.⟩ *Beschwerden hervorrufend, mühsam, anstrengend;* eine ~e Reise; der steile Weg ist mir zu b.; jmdm. b. fallen *jmdm. Mühe machen, lästig sein*

Be|schwer|lich|keit ⟨f.10⟩ *beschwerliche Sache, Mühe, Mühsal, Anstrengung;* die ~en der langen Reise; das und andere ~en

be|schwich|ti|gen ⟨V.1, hat beschwichtigt; mit Akk.⟩ **1** jmdn. b. *jmds. Erregung, Zorn dämpfen* **2** etwas b. **a** *dämpfen, mildern;* jmds. Zorn b. **b** *beruhigen;* sein Gewissen b. [< nddt. *swichten* „zum Schweigen bringen", zu *swichtig* „ruhig, still, schweigsam"] **Be|schwich|ti|gung** ⟨f., -, nur Sg.⟩

be|schwin|deln ⟨V.1, hat beschwindelt; mit Akk.⟩ ⟨geringfügig⟩ *belügen*

be|schwin|gen ⟨V.1, hat beschwingt; mit Akk.⟩ jmdn. b. *jmdm. freudigen Schwung geben;* die Vorfreude beschwingte mich

be|schwingt ⟨Adj.⟩ *voll freudigen Schwungs, unbeschwert, froh;* b. dahineilen; ich bin heute ganz b. (weil ich mich freue)

be|schwip|sen ⟨V.1, hat beschwipst; refl.⟩ sich b. *sich ein wenig betrinken;* beschwipst *leicht betrunken und heiter, angeheitert*

be|schwö|ren ⟨V.135, hat beschworen; mit Akk.⟩ **1** etwas b. **a** *einen Schwur leisten, daß etwas so sei, daß etwas richtig, wahr sei;* ich kann b., daß ...; seine Aussage b. **b** *ins Gedächtnis rufen;* Erinnerungen, Vergangenes b. **2** jmdn. b. **a** ⟨nach dem Volksglauben⟩ *durch Zauberformeln herbeirufen;* Geister b., den Geist eines Verstorbenen b. **b** *dringend bitten, flehentlich bitten;* jmdn. b., etwas nicht zu tun

Be|schwö|rung ⟨f.10⟩ **1** *das Beschwören;* B. von Geistern **2** *flehentliche Bitte;* jmds. ~en nicht beachten

Be|schwö|rungs|for|mel ⟨f.11; im Volksglauben⟩ *Formel, mit der man Geister beschwört*

be|see|len ⟨V.1, hat beseelt; mit Akk.⟩ **1** *mit Seele erfüllen;* die beseelte Natur **2** *seelenvoll gestalten;* das beseelte Spiel des Künstlers **3** *innerlich erfüllen;* die Hoffnung beseelte ihn, er würde wieder gesund; vom Glauben an etwas beseelt sein

Be|seelt|heit ⟨f., -, nur Sg.⟩ *das Beseeltsein;* die B. ihres Spiels

Be|see|lung ⟨f., -, nur Sg.⟩ *das Beseelen*

be|se|hen ⟨V.136, hat besehen; mit Akk.⟩ *ansehen, betrachten;* sich die Bilder genau b.

be|sei|ti|gen ⟨V.1, hat beseitigt; mit Akk.⟩ **1** etwas b. **a** *wegschaffen, wegbringen, entfernen;* Schmutz, einen Flecken b.; Fehler b. **b** *aus dem Weg räumen, zum Verschwinden bringen;* Schwierigkeiten, Mißstände b. **2** jmdn. b. *töten, ermorden;* einen Nebenbuhler, Mitwisser b. **Be|sei|ti|gung** ⟨f., -, nur Sg.⟩

be|se|li|gen ⟨V.1, hat beseligt; mit Akk.⟩ *selig machen, in Seligkeit versetzen;* die Hoffnung auf das Wiedersehen mit ihm beseligt sie; sie ist ganz beseligt über den guten Ausgang der Sache

Be|se|li|gung ⟨f., -, nur Sg.⟩ *Seligkeit*

Be|sen ⟨m.7⟩ **1** *Gerät aus gebündelten, steifen Haaren, Ruten o.ä. mit Stiel, zum Fegen von Flächen* (Reisig~, Tisch~); ich freß einen B., wenn das stimmt! ⟨ugs.⟩ *das stimmt ganz sicher nicht;* neue B. kehren gut *im neuer Mitarbeiter arbeitet anfangs besonders eifrig;* mit dem eisernen B. auskehren *energisch und gründlich Ordnung schaffen,* den anderen energisch die Meinung sagen; jmdn. auf den B. laden *jmdn. zum besten haben, foppen* **2** ⟨übertr.⟩ (bes. weibliche) *kratzbürstige, boshafte, widerspenstige Person*

Be|sen|gin|ster ⟨m.5⟩ *gelb blühender Zwergstrauch mit rutenförmigen Zweigen*

be|sen|rein ⟨Adj., o.Steig.⟩ *mit dem Besen ausgekehrt;* dem neuen Mieter die Wohnung b. übergeben

be|ses|sen ⟨Adj., o.Steig.⟩ **1** ⟨nach dem Volksglauben⟩ (von einem bösen Geist) *beherrscht;* er ist vom Teufel b.; er schrie wie b., schlug wie b. um sich **2** *von etwas* ⟨übertr.⟩ *von etwas leidenschaftlich, vollkommen erfüllt sein;* er ist b. von der Musik, von seiner Sammelleidenschaft; er ist b. von dem Gedanken, er müsse ... [zu *besitzen*]

Be|ses|sen|heit ⟨f., -, nur Sg.⟩ *das Besessensein*

be|set|zen ⟨V.1, hat besetzt; mit Akk.⟩ *etwas b.* **1** *sich auf etwas setzen;* einen Platz b.; sie haben schon alle Stühle besetzt; besetzt *nicht Platz für mich!* setzt dich auf diesen Platz und halt ihn *(dadurch) für mich frei!;* einen Platz besetzt halten; besetzt sein *nicht frei sein;* die Stühle, Tische sind alle besetzt; der Wagen ist besetzt *auf allen Plätzen darin sitzt jmd.* **2** *für kurze Zeit in Anspruch nehmen, für sich brauchen, benutzen;* die Toilette b.; Besetzt (Aufschrift auf dem Schloß der Toilettentür); das Telefon, die Leitung ist besetzt *es wird gerade telefoniert* **3** *in Besitz nehmen, erobern;* eine Stadt, ein Land b.; er wohnt im besetzten Gebiet **4** *etwas mit etwas b.* **a** *etwas auf etwas nähen, befestigen;* einen Mantel mit Pelz b. **b** *etwas in etwas hineinsetzen;* einen Teich mit Karpfen b. **5** *etwas mit jmdm. besetzen, etwas durch eine Person verwalten, gestalten lassen;* die Rollen eines Theaterstücks mit bestimmten Schauspielern b.; ein Amt mit einem geeigneten Nachfolger b.; das Amt des Vorsitzenden muß neu besetzt werden

Be|setzt|zei|chen ⟨n.7; Tel.⟩ *Ton mit kurzen Unterbrechungen, der anzeigt, daß der gewählte Anschluß der Leitung nicht frei ist*

Be|set|zung ⟨f.10⟩ **1** ⟨nur Sg.⟩ *das Besetzen;* B. eines Landes **2** *das Besetztsein (einer Rolle, der Rollen in einem Theaterstück);* die B. der Hauptrolle war verfehlt **3** *Gesamtheit der in einem Stück mitwirkenden Schauspieler;* eine Aufführung in, mit ausgezeichneter B.; Wiederaufführung eines Stückes mit anderer B.

be|sich|ti|gen ⟨V.1, hat besichtigt; mit Akk.⟩ *interessiert oder prüfend betrachten, anschauen;* Sehenswürdigkeiten, eine Stadt, ein Museum b.; Truppen b.; das Besichtigen von Arbeitsplätzen durch einen Arzt vom Gesundheitsdienst; der Arzt besichtigt täglich die vernähte Wunde; ich muß doch deine neue Schwägerin noch b. ⟨scherzh.⟩ *kennenlernen*

Be|sich|ti|gung ⟨f.10⟩ *das Besichtigen;* B. von Sehenswürdigkeiten

be|sie|deln ⟨V.1, hat besiedelt; mit Akk.⟩ etwas b. **1** *Bewohner in etwas ansässig machen;* ein Gebiet, ein neuentdecktes Land b.; ein Gebiet mit Flüchtlingen b.; das Land ist dünn, dicht besiedelt *es hat wenige, viele Einwohner* **2** *bewohnen, heimisch in etwas sein;* Feldspatzen b. Gehölze **3** *auf etwas wachsen;* Ruinen sind von Pflanzen besiedelt **Be|sie|de|lung, Be|sied|lung** ⟨f., -, nur Sg.⟩

be|sie|geln ⟨V.1, hat besiegelt; mit Akk.⟩ **1** ⟨urspr., verstärkend⟩ *siegeln* **2** *etwas mit etwas b.* ⟨übertr.⟩ *etwas mit etwas bekräftigen, nachdrücklich bestätigen;* eine Abmachung mit Handschlag b.; eine Liebeserklärung mit einem Kuß b. **3** *besiegelt sein unabänderlich feststehen* **Be|sie|ge|lung** ⟨f., -, nur Sg.⟩

be|sie|gen ⟨V.1, hat besiegt; mit Akk.⟩ **1** jmdn. b. *den Sieg über jmdn. erringen, den Kampf mit jmdm. gewinnen;* er erklärte sich für besiegt *er erklärte, daß der andere gesiegt habe* **2** *etwas überwinden, Herr über etwas werden;* seine Leidenschaft, seinen Zorn b. **Be|sie|gung** ⟨f., -, nur Sg.⟩

be|sin|gen ⟨V.140, hat besungen; mit Akk.⟩ etwas oder jmdn. b. *in einem Lied preisen*

be|sin|nen ⟨V.142, hat besonnen; refl.⟩ sich b. **1** *überlegen, nachdenken;* er besann sich einen Augenblick, dann sagte er ...; sich eines Besseren b. *sich eine Sache anders und besser überlegen;* ohne Besinnen *ohne nachzudenken* **2** *sich erinnern;* wenn ich mich recht besinne *wenn ich mich richtig erinnere;* sich auf etwas b. *sich an etwas erinnern;* sich auf sich selbst b. *sich des eigenen Tuns, Wollens, der eigenen Gefühle bewußt werden*

be|sinn|lich ⟨Adj.⟩ *sinnend-betrachtend, geruhsam-nachdenklich;* er ist ein ~er Mensch; eine ~e Stunde verbringen; ich wünsche Euch ein ~es Weihnachten

Be|sinn|lich|keit ⟨f., -, nur Sg.⟩ *besinnliche Wesensart, besinnliche Beschaffenheit*

Be|sin|nung ⟨f., -, nur Sg.⟩ **1** *Bewußtsein;* die B. verlieren; wieder zur B. kommen; ohne B. sein **2** *ruhige Überlegung, ruhiges Nachdenken, vernünftiges Denken;* ich rede erst wieder mit dir, wenn du zur B. gekommen bist *wenn du wieder vernünftig bist;* ich komme vor Arbeit und Aufregung nicht mehr zur B. *zum ruhigen Nachdenken*

be|sin|nungs|los ⟨Adj., o.Steig.⟩ **1** *ohne Besinnung, bewußtlos* **2** *außer sich, in höchster Erregung;* b. vor Angst, vor Wut sein **Be|sin|nungs|lo|sig|keit** ⟨f., -, nur Sg.⟩

Be|sitz ⟨m.1⟩ **1** *körperliche Verfügungsgewalt (über eine Sache);* vgl. *Eigentum;* etwas in B. haben; etwas in B. nehmen; von etwas B. ergreifen; rechtmäßiger B.; unerlaubter B.

besitzen

von Waffen **2** *Sache, über die man das Gebrauchs- und Nutzungsrecht hat;* seinen B. verlieren; nach B. streben **3** ⟨ugs.⟩ *Grundstück;* Syn. *Besitztum, Besitzung;* sie haben einen schönen B. auf dem Land

Be|sit|zen ⟨V.143, hat besessen; mit Akk.⟩ **1** etwas b. *in Besitz haben, die körperliche Verfügungsgewalt über etwas haben;* sie b. ein schönes Haus, zwei Autos und einen Hund **2** *über etwas verfügen, etwas haben;* er besitzt große Kenntnisse, Fähigkeiten; er besitzt Genügend Mut, Verstand, um …; er besaß die Unverschämtheit, zu behaupten … **2** jmdn. b., ⟨bes.⟩ eine Frau b. *mit jmdm.,* ⟨bes.⟩ *mit einer Frau Geschlechtsverkehr haben*

Be|sit|zer ⟨m.5⟩ *jmd., der die körperliche Verfügungsgewalt über eine Sache hat,* ⟨bei Grundstücken⟩ *Pächter,* ⟨bei Wohnungen⟩ *Mieter;* vgl. *Eigentümer;* er ist der B., aber nicht der Eigentümer des Hauses

Be|sitz|tum ⟨n.4⟩ → *Besitz* (3)
Be|sit|zung ⟨f.10⟩ → *Besitz* (3); ausgedehnte ~en haben

be|sol|den ⟨V.2, hat besoldet; mit Akk.⟩ jmdn. b. *jmdm. Sold, Lohn, Gehalt zahlen;* Soldaten, Offiziere, Beamte b.

Be|sol|dung ⟨f., -, nur Sg.⟩ **1** *das Besolden* **2** *Sold, Lohn, Gehalt,* ⟨bes.⟩ *Arbeitsentgelt für Beamte*

be|söm|mern ⟨V.1, hat besömmert; mit Akk.⟩ *(nur mit Sommerfrucht bestellen);* einen Acker b. **Be|söm|me|rung** ⟨f., -, nur Sg.⟩

be|son|de|re(r, -s) ⟨Adj., o.Steig.⟩ **1** *vom Üblichen abweichend, eigenartig, eigentümlich;* von ihr geht ein besonderer Reiz aus; ohne besondere Kennzeichen; das ist etwas Besonderes; es war nichts Besonderes los **2** *über das Normale hinausgehend;* er ist mein besonderer Liebling; dafür habe ich besonderes Interesse **3** *zusätzlich, über etwas hinausgehend;* dafür ist ein besonderer Arbeitsgang nötig; dafür gibt es ein besonderes Gerät **4** ⟨in der Fügung⟩ *im besonderen im einzelnen;* Ggs. *im allgemeinen*

Be|son|der|heit ⟨f.10⟩ *das Besonders-, Anderssein, Eigenart, besonderes Merkmal;* die B. des Gerätes ist seine leichte Handhabung; ~en aufweisen

be|son|ders ⟨Adv.⟩ **1** *getrennt von anderen, gesondert, für sich;* einige Ausstellungsstücke sind b. aufgestellt; das muß ich mir b. hinlegen, hinstellen, sonst vergesse ich es; diese Frage muß noch b. besprochen werden **2** ⟨Abk.: bes.⟩ *vor allem, hauptsächlich;* b. darüber habe ich mich sehr gefreut; darüber habe ich mich (ganz) b. gefreut; die Reise war b. für das Kind sehr anstrengend; ich möchte b. betonen, daß … **3** *außerordentlich, in hohem Maße;* b. gut, schön, schwierig

be|son|nen ⟨Adj.⟩ *(vor dem Handeln) überlegend, ruhig abwägend, nicht übereilt, nicht leichtsinnig;* er ist sehr b.; b. vorgehen; ~es Handeln

Be|son|nen|heit ⟨f., -, nur Sg.⟩ *besonnene Wesensart, besonnenes Handeln;* seine B. bewahrte uns vor einem Unglück

be|sonnt ⟨Adj., o.Steig.⟩ *von Sonne beschienen*

be|sor|gen ⟨V.1, hat besorgt; mit Akk.⟩ **1** etwas b. **a** *sich darum kümmern, daß man oder daß jmd. etwas bekommt, herbeischaffen, kaufen;* Fahrkarten b.; ich muß noch Wein b. für das Essen; das Buch werde ich mir sofort b.; besorge euch ein Taxi **b** *erledigen, tun;* Einkäufe b.; seine Geschäfte b.; das Hauswesen b. **c** *Sorge um etwas haben, sich Sorge um etwas machen;* man muß ja fast b., daß er eine Dummheit begeht ⟨mit „es", ugs.⟩ ⟨ugs.⟩ *jmdm. gründlich die Meinung sagen, ihn energisch zurechtweisen;* dem werde ich's b.! **2** etwas oder jmdn. b. *sich um etwas oder jmdn. kümmern, betreuen, pflegen;* die Blu-

men in jmds. Abwesenheit b.; ein Kind, einen Kranken b.

Be|sorg|nis ⟨f.1⟩ *Sorge, Befürchtung;* jmds. ~se zerstreuen

Be|sor|gung ⟨f.10⟩ **1** *das Besorgen, Erledigung, Betreuung* **2** *Einkauf;* ~en machen

be|span|nen ⟨V.1, hat bespannt; mit Akk.⟩ etwas mit etwas b. **1** *etwas über etwas spannen;* ein Instrument mit Saiten b.; eine Wand mit Stoff b. **2** *etwas an, vor etwas spannen;* einen Wagen mit Pferden b.; mit zwei Ochsen, einem Esel bespannter Wagen

Be|span|nung ⟨f.10⟩ **1** ⟨nur Sg.⟩ *das Bespannen* **2** *Stoff, mit dem etwas bespannt ist* (Wand~); die B. löst sich an einigen Stellen

be|spie|geln ⟨V.1, hat bespiegelt; mit Akk.⟩ etwas oder sich b. *(eitel) darstellen;* er bespiegelt in seinem Roman nur sein eigenes Ich, seine Fähigkeiten, sich selbst

Be|spie|ge|lung ⟨f., -, nur Sg.⟩ *das Bespiegeln,* ⟨meist⟩ *das Sichbespiegeln* (Selbst~)

be|spie|len ⟨V.1, hat bespielt; mit Akk.⟩ **1** ein Tonband, eine Schallplatte b. *ein Musikstück auf ein Tonband, eine Schallplatte aufnehmen* **2** Bühnen b. *regelmäßig Gastspiele in Theatern (kleiner Städte), in Städten geben;* die Truppe, das Ensemble bespielt mehrere Bühnen, bespielt die Städte in der Umgebung im Wechsel **3** einen Sportplatz b. *auf einem Sportplatz ein Wettspiel veranstalten* **Be|spie|lung** ⟨f.10⟩

be|spit|zeln ⟨V.1, hat bespitzelt; mit Akk.⟩ jmdn. b. *als Spitzel ständig jmdn. beobachten oder aushorchen* **Be|spit|ze|lung** ⟨f., -, nur Sg.⟩

be|spre|chen ⟨V.146, hat besprochen; mit Akk.⟩ etwas b. **1** *über etwas sprechen;* ein Ereignis, einen Vorfall b.; die künftige Arbeitsweise b. **2** *gemeinsam beraten;* wir müssen noch b., wann und wo wir uns treffen wollen; das Nähere, die Einzelheiten b. wir noch **3** *eine Kritik über etwas schreiben, etwas kritisch beurteilen;* in einer Zeitung, Zeitschrift einen Film, ein Theaterstück, Konzert b.; ein Stück gut, schlecht b. **4** ein Tonband b. *Text sprechen und auf Tonband aufnehmen* **5** ⟨im Volksglauben⟩ *durch Beschwörungsformeln vertreiben;* eine Krankheit, Warzen b. **6** sich mit jmdm., ⟨eigtl.⟩ *etwas mit jmdm. b. gemeinsam etwas beraten, überlegen*

Be|spre|chung ⟨f.10⟩ ⟨nur Sg.⟩ **1** *das Besprechen;* B. von Einzelheiten **2** *sachliches Gespräch (über etwas Bestimmtes), Beratung;* mit jmdm. eine B. haben **2** *Kritik, kritische Beurteilung* (in einer Zeitung oder Zeitschrift); B. eines Theaterstücks, Konzerts

Be|spre|chungs|ex|em|plar ⟨n.1⟩ *Exemplar (eines Buches), einer Zeitung oder Zeitschrift, dem Rundfunk oder einem Kritiker zum Besprechen zugesandt wird*

be|sprin|gen ⟨V.148, hat besprungen; mit Akk.⟩ *bei Säugetieren: begatten;* der Stier bespringt die Kuh

Bes|se|mer|bir|ne ⟨f.11⟩ *feuerfester Behälter, in dem Roheisen gereinigt und in Stahl umgewandelt wird* [nach dem engl. Erfinder, Sir Henry Bessemer]

Bes|se|mer|ver|fah|ren ⟨n.7⟩ *Verfahren zur Stahlerzeugung* [→ *Bessemerbirne*]

bes|ser ⟨Adj., Komparativ von „gut"⟩ *mehr als gut, in höherem Maße gut;* meine ~e Hälfte ⟨scherzh.⟩ *meine Frau, mein Mann;* mein ~es Ich *mein Gewissen;* ~e Leute *Leute aus höhergestellten Schichten;* unser Garten ist nur ein ~es Blumenbeet *ist nicht viel mehr als ein Blumenbeet;* so geht es b.; mach's b., wenn du kannst!; er kann nicht b. gesagt: er hat keine Lust, b. ist B.! ⟨ugs.⟩ *wir wollen lieber vorsichtig sein;* wir können nichts Besseres tun, als abzuwarten; wenn du nichts Besseres vorhast, dann komm doch mit!; vgl. *belehren, besinnen*

bes|sern ⟨V.1, hat gebessert⟩ **I** ⟨mit Akk.⟩ **1** *besser machen;* einen Kriminellen zu ver-

suchen; damit ist nichts gebessert **2** *verbessern;* ich habe an dem Artikel immer wieder gefeilt und gebessert **II** ⟨refl.⟩ sich b. *besser werden;* ich werde b. h.!; das Wetter, sein Zustand hat sich gebessert

bes|ser|stel|len ⟨V.1, hat bessergestellt; mit Akk.⟩ *in eine höhere Gehaltsklasse versetzen;* die bessergestellten Bevölkerungsschichten *die Bevölkerungsschichten mit höherem Einkommen*

Bes|se|rung ⟨f., -, nur Sg.⟩ **1** *das Besserwerden;* B. geloben **2** *Gesundung, Genesung;* gute B.! *(Wunsch an einen Kranken);* er befindet sich auf dem Weg der B.

Bes|ser|wis|ser ⟨m.5⟩ *jmd., der alles besser zu wissen glaubt, der andere ständig belehrt*

Bes|ser|wis|se|rei ⟨f., -, nur Sg.⟩ *vermeintliches Besserwissen, ständiges aufdringliches Belehren*

best... (in Zus.) *am besten, am meisten;* die bestbezahlte Stellung; der bestgehaßte Mann

be|stal|len ⟨V.1, hat bestallt; mit Akk.⟩ jmdn. b. *in eine Stellung als etwas geben, jmdn. zu etwas ernennen;* jmdn. zum Vormund b. **Be|stal|lung** ⟨f.10⟩

Be|stand ⟨m.2⟩ **1** ⟨nur Sg.⟩ *das Bestehen, Weiterbestehen, Halten, Dauern;* das hat keinen B. *das dauert nicht, bleibt nicht;* das ist nicht von B. *das wird nicht dauern, nicht bleiben* **2** *Vorrat, vorhandene Menge* (Waren~); der B. an Büchern (einer Bibliothek); die Bestände durchsehen, prüfen, ordnen **3** ⟨Forstw.⟩ *Gesamtheit der nutzbaren Bäume (eines Reviers)*

be|stan|den ⟨Adj., o.Steig.⟩ *nur als Attr. und mit „sein"⟩ *bewachsen;* mit schönen, alten Bäumen ~er Park; der Garten ist mit Obstbäumen und Beerensträuchern b.

be|stän|dig ⟨Adj.⟩ **1** *lange anhaltend, gleichbleibend;* ~es Wetter; er arbeitet sehr b.; diese Pflanzen sind b. *sie blühen lange* **2** *häufig wiederholt, fortgesetzt, dauernd;* seine ~en Klagen; er hat b. etwas zu meckern; es hat heute b. geschneit **3** *nicht wankelmütig, beharrlich, treu;* ein ~er Mensch; er ist b. in seiner Treue

Be|stän|dig|keit ⟨f., -, nur Sg.⟩ **1** *beständige Wesensart, Beharrlichkeit, Ausdauer* **2** *beständige Beschaffenheit, Dauerhaftigkeit;* die B. dieses Materials; die B. seines Arbeitens

Be|stands|auf|nah|me ⟨f.11⟩ **1** *Aufnahme, Erfassen des Bestands (in Listen, Verzeichnissen);* eine B. machen **2** (übertr.) *Überblick, Zusammenschau (einer Situation, einer Entwicklung)*

Be|stand|teil ⟨m.1⟩ *Teil eines Ganzen, einer größeren Einheit;* dieser Grundsatz ist ein wichtiger B. seiner Lehre; einen Gegenstand in seine ~e zerlegen; der Korbsessel löst sich langsam in seine ~e auf ⟨ugs.⟩ *geht langsam kaputt*

be|stär|ken ⟨V.1, hat bestärkt; mit Akk.⟩ *unterstützen, stark machen;* jmdn. in seiner Auffassung, Meinung b. **Be|stär|kung** ⟨f., -, nur Sg.⟩

be|stä|ti|gen ⟨V.1, hat bestätigt⟩ **I** ⟨mit Akk.⟩ **1** etwas b. *erklären, daß etwas geschehen sei, daß man etwas erhalten habe;* wir b. den Eingang, den Empfang Ihres Schreibens; wir b. Ihr Schreiben vom 1. 10. **b** *erklären, daß etwas richtig, wahr sei;* jmds. Aussage, Meinung b. **2** jmdn. als etwas b. *jmdn. offiziell als etwas anerkennen;* er muß seitens der Behörde noch als Leiter des Instituts bestätigt werden **II** ⟨refl.⟩ sich b. *sich als richtig erweisen, als wahr herausstellen;* es hat sich wieder einmal bestätigt, daß …; meine Ahnung hat sich bestätigt; sich selbst b. *sich selbst anerkennen, sich klarmachen, daß man etwas kann;* sich selbst bestätigt zu fühlen *um zu fühlen, daß er etwas kann*

Be|stä|ti|gung ⟨f.10⟩ **1** *das Bestätigen;* B. eines Briefes; jmds. B. als Direktor **2** *Be-*

scheinigung, mit der etwas bestätigt wird; jmdm. eine B. schreiben

be|stat|ten ⟨V.2, hat bestattet; mit Akk.⟩ beerdigen, begraben, einäschern

Be|stat|tung ⟨f.10⟩ Beerdigung, Einäscherung (Feuer~)

Be|stat|tungs|in|sti|tut ⟨n.1⟩ Unternehmen, das alle für eine Bestattung notwendigen Dinge erledigt

be|stau|ben ⟨V.1, hat bestaubt; mit Akk.⟩ mit Staub bedecken; bestaubte Schuhe

be|stäu|ben ⟨V.1, hat bestäubt; mit Akk.⟩ **1** eine Blüte b. *männlichen Blütenstaub (Pollen) von den Staubgefäßen auf die weibliche Blüte übertragen;* Bienen, Vögel b. Pflanzen **2** etwas mit etwas b. *etwas mit feinsten Teilchen bedecken;* einen Kuchen mit Puderzucker b.; sich mit Parfüm b.

Be|stäu|bung ⟨f.10⟩ *Übertragung von Pollen (zwischen Blüten der gleichen Art)*

be|ste|chen ⟨V.149, hat bestochen⟩ **I** ⟨mit Akk.⟩ jmdn. b. **1** *durch Geld, Geschenke oder Gewähren von Vorteilen für sich gewinnen und veranlassen, etwas zu tun (was er nicht tun darf);* Syn. ⟨ugs.⟩ schmieren; einen Beamten, einen Gefängniswärter, einen Zeugen b. **2** *für sich einnehmen, jmdn. sehr gefallen;* das Haus hat uns durch seine schöne Lage bestochen **II** ⟨o.Obj.⟩ *einen sehr günstigen, vorteilhaften Eindruck machen, gewinnende Wirkung ausüben;* sie besticht durch ihre Liebenswürdigkeit; seine Redegewandtheit ist ~d

be|stech|lich ⟨Adj.⟩ *geneigt, sich bestechen zu lassen;* ~e Beamte; b. sein *sich bestechen lassen*

Be|ste|chung ⟨f.10⟩ *das Bestechen, das Bestochenwerden;* er ist für eine B., für ~en zugänglich e läßt sich bestechen

Be|steck ⟨n.1⟩ **1** *mehrere zusammengehörige Geräte zum Essen oder zum Austeilen, Vorlegen von Speisen* (Eß~, Salat~, Vorlege~) **2** ⟨Mar.⟩ *durch navigatorische Verfahren bestimmter Standort auf See;* das B. aufnehmen **3** ⟨Med.⟩ *mehrere zusammengehörige Geräte oder Werkzeuge für einen bestimmten Zweck* (Mikroskopier~, Operations~)

be|stecken ⟨-k|k-; V.1, hat besteckt; mit Akk.⟩ etwas mit etwas b. *etwas durch Hineinstecken, durch Anstecken mit etwas schmücken;* ein Grab mit Tannenzweigen b.; Kerzen besteckter Weihnachtsbaum

Be|ste|der ⟨m.5⟩ *Schiffsmakler* [ndrl.]

be|ste|hen ⟨V.151, hat bestanden⟩ **I** ⟨mit Akk.⟩ etwas b. *erfolgreich durchführen, erleben, beenden;* Abenteuer b.; ein Examen b.; er hat die Probe gut, schlecht, nicht bestanden **II** ⟨o.Obj.⟩ **1** *vorhanden sein, dasein;* die Universität besteht seit dem 15. Jahrhundert; der damals berühmte Kirchenchor besteht heute noch; es besteht die Gefahr, daß ...; daran besteht kein Zweifel; seit Bestehen der Firma hat sich daran nichts geändert **2** *Bestand haben, leben;* ohne Wasser kann man nicht b.; ein auf Schwindel aufgebautes Unternehmen kann auf die Dauer nicht b. **3** *sich behaupten;* mit deinen Fähigkeiten kannst du überall, vor jedem b. **III** ⟨mit Präp.obj.⟩ **1** auf etwas b. *auf etwas beharren, etwas durchsetzen wollen;* ich bestehe darauf, muß darauf b....; er besteht auf seinem Recht, auf seinem Plan **2** in etwas b. **a** *etwas begründet sein, seinen Grund in etwas haben;* die Schwierigkeit besteht darin, daß ..., besteht in seinem schlechten Gesundheitszustand; der Vorteil, Nachteil besteht darin, daß ... **b** *seinen Inhalt in etwas haben, finden;* seine Arbeit, sein Leben besteht in ständigem Dienst für andere

be|ste|hen|blei|ben ⟨V.17, ist bestehengeblieben; o.Obj.⟩ *weiterhin bestehen, fortdauern*

be|steh|len ⟨V.152, hat bestohlen; mit Akk.⟩ jmdn. b. *jmdm. etwas stehlen;* Syn. ⟨ugs.⟩ beklauen; man hat mich bestohlen

be|stei|gen ⟨V.153, hat bestiegen; mit Akk.⟩ etwas b. **1** *auf etwas steigen;* einen Berg b.; ein Pferd, das Motorrad b.; den Thron b. *Herrscher werden* **2** ⟨bei manchen Vögeln⟩ *begatten;* der Hahn besteigt die Henne

Be|stei|gung ⟨f.10⟩ *das Besteigen (1);* B. eines Berges, des Thrones

be|stel|len ⟨V.1, hat bestellt⟩ **I** ⟨mit Akk.⟩ **1** etwas b. **a** *bitten, daß jmd. einem etwas bringt, schickt, liefert, heraussucht, freihält;* im Restaurant einen Kaffee b.; Waren b.; ein Buch in der Bibliothek b.; im Restaurant einen Tisch, im Theater einen Platz b.; ein Zimmer im Hotel b.; du hast hier nichts zu b. ⟨ugs.⟩ *nichts zu sagen, anzuordnen, zu suchen, zu tun* **b** *bearbeiten;* den Acker, das Feld b.; sein Haus b. *in Ordnung bringen (bevor man geht)* **2** jmdn. b. **a** *bitten, daß jmd. kommt;* jmdn. für vier Uhr b.; jmdn. zu sich b.; jmdn. zum Vormund b. **II** ⟨mit Dat. und Akk.⟩ jmdm. etwas b. *ausrichten, im Auftrag mitteilen;* ich soll Ihnen von meiner Mutter b., daß ...; bestell ihm einen Gruß von mir! **III** ⟨mit „es" und Passiv Perf.⟩ es ist gut, schlecht bestellt um ihn, mit ihm; es geht ihm gut, schlecht; wenn das wahr ist, dann muß es mit seinen Finanzen schlecht bestellt sein

Be|stel|lung ⟨f.10⟩ **1** *das Bestellen;* B. von Waren, Büchern **2** *Auftrag, etwas zu schicken, zu liefern;* eine B. (über etwas) aufgeben etwas bestellen; eine B. annehmen, vormerken

be|sten|falls ⟨Adv.⟩ *im besten Fall, wenn alles gutgeht, wenn alle günstigen Umstände zusammentreffen*

be|stens ⟨Adv.⟩ *sehr gut, ausgezeichnet;* er hat alles b. erledigt; mir geht es b.; danke b.! vielen Dank!

be|ste(r, -s) ⟨Adj., Superlativ von „gut"⟩ *im höchsten Maß gut;* der beste Freund, mein bester Freund; die beste Freundin, meine beste Freundin; das beste Pferd, mein bestes Pferd; es ist das beste ⟨oder⟩ am besten, wenn wir jetzt heimfahren; es ist das beste für dich, für am besten, wenn ...; er ist in den besten Jahren *im mittleren Alter;* es geht beim besten Willen nicht wirklich nicht, bei aller Mühe nicht; eine Frage nach bestem Wissen beantworten; es geht ihm nicht zum besten *nicht besonders gut;* jmdn. zum besten haben *ihn veralbern, foppen, necken;* etwas zum besten geben *etwas vortragen, erzählen (um die anderen zu unterhalten)*

Be|ste(r, -s) ⟨m., f., n.17 bzw. 18⟩ *der, die, das im höchsten Maß Gute;* nein, mein Bester!, meine Beste!; er ist der Beste in seiner Gruppe; das ist das Beste, was du tun kannst; eine Veranstaltung zum Besten elternloser Kinder

be|steu|ern ⟨V.1, hat besteuert; mit Akk.⟩ etwas b. *mit Steuer(n) belegen, Steuer(n) für etwas verlangen;* Spirituosen b.; seine Einkünfte sind hoch besteuert **Be|steu|e|rung** ⟨f., -, nur Sg.⟩

best|ge|haßt ⟨Adj., o.Steig.; nur als Attr.⟩ *am meisten gehaßt;* ⟨meist in der Wendung⟩ der ~e Mann im Staat

be|stia|lisch ⟨Adj.⟩ **1** *äußerst roh, grausam;* ein ~es Verbrechen **2** *fürchterlich;* ~er Gestank [zu Bestie]

Be|stia|li|tät ⟨f., -, nur Sg.⟩ *äußerste Rohheit, Grausamkeit* [zu Bestie]

Be|stia|ri|um ⟨n. -s, -ri|en; im MA⟩ *Sammlung von Tierbeschreibungen* [< lat. bestiarius „wilde Tiere betreffend"]

Be|stie [-stjə] ⟨f.11⟩ **1** ⟨abwertend⟩ *wildes Tier* **2** ⟨übertr.⟩ *roher, grausamer Mensch* [< lat. bestia „Tier"]

be|stim|men ⟨V.1, hat bestimmt; mit Akk.⟩ **1** etwas b. **a** *anordnen, festsetzen, festlegen;* einen Tag b., an dem etwas geschehen soll; er bestimmte, daß ...; du hast gar nichts zu b.! **b** *die Art, Beschaffenheit, Lage von etwas genau klären, in ein System einordnen, begrifflich festlegen;* Pflanzen b.; den augenblicklichen Standort b. **c** *beeinflussen, prägen;* das Gelände bestimmt den Lauf des Flusses; seine Herkunft bestimmte seine Laufbahn; seine Mutter hatte einen ~den Einfluß auf ihn, wirkte ~d auf ihn **2** jmdn. b. **a** jmdm. beeinflussen, etwas zu tun; er hat mich bestimmt, meinen Beruf zu wechseln; dieses Ereignis bestimmte mich, über manche Dinge genauer nachzudenken **b** *jmdn. für etwas, zu etwas b. anordnen, daß jmd. etwas sein soll, tun soll;* er hat mich zum Testamentsvollstrecker bestimmt; jmdn. für ein Amt b.; die Gewinner werden durch das Los bestimmt **3** *für etwas oder jmdn. bestimmt sein ausgewählt, gedacht, festgelegt sein;* er ist zu etwas Höherem, Besserem bestimmt; das Geld ist (nicht) für dich bestimmt; das Gespräch ist nicht für deine Ohren bestimmt; die beiden sind füreinander bestimmt

be|stimmt ⟨Adj.⟩ **1** *festgelegt, ausgewählt;* ich wollte ein ~es Buch kaufen **2** *bekannt, aber nicht näher bezeichnet;* ~e Tierarten kommen hier nicht vor; er verfolgt damit eine ~e Absicht; das betrifft nur ~e Leute **3** *entschieden, energisch, keinen Widerspruch duldend;* er sprach in sehr ~em Ton **4** ⟨Gramm.⟩ *hinweisend;* der ~e Artikel (der, die, das) **5** *sicher, gewiß;* das ist b. richtig; ich komme (ganz) b.

Be|stimmt|heit ⟨f., -, nur Sg.⟩ *Entschiedenheit, Festigkeit;* ich kann mit B. sagen, daß ...; mit B. auftreten

Be|stim|mung ⟨f.10⟩ **1** ⟨nur Sg.⟩ *das Bestimmen (1), das Einordnen, Klären, Festlegen;* B. von Pflanzen, von Begriffen **2** ⟨nur Sg.⟩ *das Bestimmtsein (für etwas), Zweck, Aufgabe;* das Gebäude wurde heute seiner B. übergeben; anscheinend ist es seine B., immer nur für andere dazusein; er muß seiner B. folgen **3** *Ziel;* das Schiff stach in See mit der B. nach Havanna **4** ⟨Gramm.⟩ *bestimmender, verdeutlichender Zusatz, genauere Angabe;* ein Adverb ist eine nähere B. zu einem Verb **5** *Anordnung, Vorschrift;* die geltenden ~en erlauben es nicht, daß ...; sich nach den ~en richten

Be|stim|mungs|ort ⟨m.1⟩ *Ort als Ziel;* B. einer versandten Ware, eines Verkehrsmittels

Be|stim|mungs|wort ⟨n.4; bei zusammengesetzten Wörtern⟩ *erster Bestandteil des Wortes, der den zweiten näher bestimmt;* in dem Wort „Rosenstrauch" ist „Rose" das B. zu „Strauch"

best|in|for|miert ⟨Adj., o.Steig.; nur als Attr.⟩ *am besten informiert;* die ~e Zeitung **be|stirnt** ⟨Adj., o.Steig.⟩ *mit Sternen;* ~er Himmel

Best|lei|stung ⟨f.10⟩ *beste Leistung, Rekord;* sportliche B.

Best|mann ⟨m.4; auf kleinen Küstenschiffen⟩ *Vertreter des Schiffsführers*

best|mög|lich ⟨Adj., o.Steig.; nur als Attr.⟩ *so gut wie möglich;* in ~er Ausführung

be|stra|fen ⟨V.1, hat bestraft; mit Akk.⟩ jmdn. b. *jmdm. eine Strafe geben;* jmdn. mit Arrest, Gefängnis b.

Be|stra|fung ⟨f.10⟩ **1** ⟨nur Sg.⟩ *das Bestrafen, das Bestraftwerden;* sich der B. entziehen **2** *Strafe;* strenge, milde B.

be|strah|len ⟨V.1, hat bestrahlt; mit Akk.⟩ **1** *mit Strahlen beleuchten* **2** *mit Strahlen (zu Heilzwecken) behandeln*

Be|strah|lung ⟨f.10⟩ **1** ⟨nur Sg.⟩ *das Bestrahlen* **2** *Heilbehandlung durch Strahlen;* jmdm. zehn ~en verordnen; ~en bekommen

be|stre|ben ⟨V.1, hat bestrebt; refl.⟩ sich b. *bestrebt sein, sich bemühen, sich Mühe geben (etwas zu tun)*

Be|stre|ben ⟨n., -s, nur Sg.⟩ *Bemühung, be-*

harrlich verfolgte Absicht; im B., es richtig, gut zu machen; mein einziges B. war ...
Be|stre|bung ⟨f.10⟩ *Bemühung, beharrlich wiederholter Versuch;* es sind ~en im Gange, dieses Gesetz abzuschaffen
be|strei|chen ⟨V.158, hat bestrichen; mit Akk.⟩ etwas b. **1** *etwas auf etwas streichen;* einen Zaun mit Farbe, mit Beize b.; ein Brötchen mit Wurst b. **2** *unter Beschuß, unter Feuer nehmen;* ein Gelände mit Gewehrfeuer b.
be|strei|ken ⟨V.1, hat bestreikt; mit Akk.⟩ einen Betrieb b. *in einem Betrieb streiken, einen Betrieb durch Streik lahmlegen*
be|strei|ten ⟨V.159, hat bestritten; mit Akk.⟩ etwas b. **1** *erklären, daß etwas nicht wahr sei;* eine Tatsache, eine Behauptung b.; er bestritt entschieden, die Tat begangen zu haben; ich bestreite ja gar nicht, daß ..., aber ...; es ist nicht zu b., daß er im Recht ist **2** *für etwas sorgen, aufkommen, etwas zahlen;* er muß seinen Lebensunterhalt durch Gelegenheitsarbeiten b.; die Kosten für die Kur bestreitet er selbst **3** *gestalten;* das Programm bestreitet er allein **4** *durchführen;* eine Mannschaft bestreitet ein Spiel **Be|strei|tung** ⟨f., -, nur Sg.⟩
best|re|nom|miert ⟨Adj., o.Steig.; nur als Attr.⟩ *mit dem besten Renommee;* das ~e Hotel am Platze ist ...
be|stricken ⟨-k·k-; V.1, hat bestrickt; mit Akk.⟩ **1** jmdn. b. *bezaubern, entzücken;* sie hat ihn mit ihrer Liebenswürdigkeit bestrickt; ein Mädchen von ~der Anmut **2** *etwas oder jmdn. b.* ⟨ugs.⟩ *etwas für etwas oder jmdn. stricken;* ich bestricke eine Puppe, meinen kleinen Neffen
Best|sel|ler ⟨m.5⟩ *Buch (auch Schallplatte o.ä.) mit großem Verkaufserfolg* [engl., < *best* „am besten" und *to sell* „verkaufen"]
be|stücken ⟨-k·k-; V.1, hat bestückt; mit Akk.⟩ **1** *mit etwas ausrüsten;* ein Gerät mit Einbauteilen b.; ein Schiff mit Geschützen b. **2** ⟨allg.⟩ *ausstatten;* ein gut mit Waren bestückter Laden **Be|stückung** ⟨-k·k-; f., -, nur Sg.⟩
be|stuh|len ⟨V.1, hat bestuhlt; mit Akk.⟩ *mit Stühlen, Sesseln ausstatten;* einen Konzertsaal neu b.
Be|stuh|lung ⟨f.10⟩ **1** ⟨nur Sg.⟩ *das Bestuhlen* **2** *Gesamtheit der Stühle (eines Zuschauerraums, Speisesaals o.ä.)*
be|stür|men ⟨V.1, hat bestürmt; mit Akk.⟩ *stürmisch bedrängen;* jmdn. mit Fragen, Bitten b.
be|stür|zen ⟨V.1, hat bestürzt; mit Akk.⟩ *erschrecken und ratlos machen;* diese Nachricht hat mich bestürzt; er fragte bestürzt ob, ...
Be|stür|zung ⟨f., -, nur Sg.⟩ *Erschrecken und zugleich Ratlosigkeit;* zu unser aller B. teilte man uns mit ...
Best|wert ⟨m.1⟩ *bester, höchster Wert*
Best|zeit ⟨f.10; bei Wettkämpfen⟩ *beste, kürzeste Zeit;* er lief, fuhr, erreichte die B. von 10,5 Minuten
Be|such ⟨m.1⟩ **1** *das Besuchen;* der B. einer Gemäldegalerie, eines Konzerts; ein kurzer B. bei Freunden; ich bitte um Ihren B. (in unserer Firma); ich danke Ihnen für Ihren B.; mehrere ~e beim Arzt **2** ⟨nur Sg.⟩ *das Besuchtwerden;* das neue Museum erfreut sich regen ~s **3** *Aufenthalt;* bei jmdm. zu B. sein; während unseres letzten ~s in Frankreich **4** *Gast, Gäste;* wir haben viel, wenig B.; ich bin nur als B. hier; wir erwarten B.; wir müssen unseren B. vom Bahnhof abholen
be|su|chen ⟨V.1, hat besucht; mit Akk.⟩ **1** jmdn. b. **a** *als Gast zu jmdn. gehen;* Freunde übers Wochenende b.; b. Sie uns bald einmal! **b** *aus einem bestimmten Grund zu jmdn. gehen;* einen Kranken b.; Kunden b. **2** etwas b. *zu einem bestimmten Zweck an einen Ort, zu einer Stelle gehen;* ein Museum, ein Konzert b.; er besucht noch die Schule *er* geht noch in die Schule; das Theater war gut besucht *es waren viele Zuschauer da*

Be|su|cher ⟨m.5⟩ *jmd., der jmdn. oder etwas besucht;* der B. eines Museums, eines Konzerts; einen lästigen B. abweisen
Be|suchs|kar|te ⟨f.11⟩ →*Visitenkarte*
Be|suchs|rit|ze ⟨f.11; ugs., scherzh.⟩ *Spalt zwischen zwei nebeneinanderstehenden Betten, auf dem zur Not auch ein Besucher übernachten kann;* auf der B. schlafen
Be|suchs|zeit ⟨f.10⟩ *festgesetzte Zeit, in der Besucher eingelassen werden;* die B. im Krankenhaus ist täglich von 14 bis 16 Uhr; während der ~en des Museums
be|su|deln ⟨V.1, hat besudelt; mit Akk.⟩ *stark beschmutzen, beflecken;* jmds. Anzug mit Soße, Kaffee b.; mit Blut besudelte Kleidung; jmds. guten Ruf b. ⟨übertr.⟩ *schädigen*
Be|ta ⟨be-⟩ *oder neugriech.* [vita] n.9; Zeichen: β, B⟩ *zweiter Buchstabe des griechischen Alphabets*
be|tagt ⟨Adj.; nur als Attr. und mit „sein"⟩ *hoch an Jahren, alt;* er ist schon b.; ein ~es Mütterchen
be|ta|sten ⟨V.2, hat betastet; mit Akk.⟩ *mit den Fingern berühren um etwas festzustellen;*
Be|ta|strah|len, β-Strah|len ⟨m.12, Pl.⟩ *aus Elektronen oder Positronen bestehende radioaktive Strahlen*
be|tä|ti|gen ⟨V.1, hat betätigt⟩ **I** ⟨mit Akk.⟩ **1** *in Tätigkeit versetzen, in Gang, in Bewegung setzen;* einen Mechanismus, einen Hebel b. **2** *wirksam werden lassen, in die Tat umsetzen;* er möchte seinen Schaffensdrang b. **II** ⟨refl.⟩ sich b. *eine Tätigkeit ausüben, etwas tun, wirksam sein;* im Haushalt, im Garten b.; er betätigt sich an Wochenenden als Museumsführer; sich politisch, sozial b.; du könntest dich auch mal etwas b.! *du könntest mir etwas helfen!*
Be|tä|ti|gung ⟨f., -, nur Sg.⟩ **1** *das Betätigen;* durch B. der Notbremse den Zug zum Halten bringen **2** *das Sichbetätigen;* B. im Garten
Be|ta|tron ⟨n.1 oder n.9⟩ *Gerät zum Beschleunigen von Elektronen;* Syn. *Elektronenschleuder* [Kurzw. < *Betastrahlen* und *Elektron*]
be|täu|ben ⟨V.1, hat betäubt⟩ **I** ⟨mit Akk.⟩ **1** *empfindungslos, schmerzunempfindlich machen;* einen Körperabschnitt, einen Zahn b. **b** *(durch Medikamente) beseitigen, mildern;* Schmerzen mit Tabletten b.; seinen Kummer mit Alkohol b. **2** jmdn. b. *bewußtlos, benommen, schmerzunempfindlich machen;* jmdn. durch Narkose b.; jmdn. örtlich b.; er war durch den Schlag einige Augenblicke betäubt **II** ⟨refl.⟩ sich b. *sein Bewußtsein trüben, die Wirklichkeit nicht sehen wollen;* sich mit Alkohol, mit Rauschgift b.
Be|täu|bung ⟨f., -, nur Sg.⟩ **1** *das Betäuben, vollkommene oder teilweise Ausschaltung des Bewußtseins oder der Schmerzempfindung;* örtliche B.; B. durch Narkose **2** *Betäubtsein;* während der B.; aus der B. erwachen **3** *Zustand des Benommenseins;* durch die Schlafmittel spürte ich am Morgen noch eine leichte B.
Be|täu|bungs|mit|tel ⟨n.5⟩ *Arzneistoff, der die Schmerzempfindung vermindert oder aufhebt;* Syn. *Narkotikum*
Be|te ⟨f.11; Sammelbez. für⟩ *verschiedene Rüben; auch:* Beete; rote B. *rote Rübe* [< lat. *beta* „rote Rübe, Mangold"]
be|tei|li|gen ⟨V.1, hat beteiligt⟩ **I** ⟨mit Akk.⟩ jmdn. an etwas b. *jmdm. einen Teil von etwas geben, an etwas teilhaben lassen;* jmdn. am Gewinn (und Verlust) b.; er ist an dem Unternehmen mit 40 Prozent beteiligt **II** ⟨refl.⟩ sich b. *an etwas teilnehmen, mitwirken;* sich am Gespräch b.; sich an einem Wettbewerb b.; sich an einer Sammlung, einem Ausflug b.
Be|tei|li|gung ⟨f., -, nur Sg.⟩ **1** *das Beteili-* gen, das Beteiligtsein; B. am Gewinn; B. mit 40 Prozent **2** *das Sichbeteiligen, Mitwirkung, Teilnahme;* die B. an dem Wettbewerb war groß, gering, schwach
Be|tel ⟨m.5⟩ *aus nicht ganz reifen Betelnüssen (Früchte der südostasiatischen Arekapalme) zubereitetes Anregungsmittel;* B. kauen [mal.]
be|ten ⟨V.2, hat gebetet⟩ **I** ⟨o.Obj.⟩ **1** *zu Gott sprechen, Gott um etwas bitten, mit Gott im Gebet sprechen;* für jmdn. b.; um Hilfe b.; zu Gott b. **2** ⟨ugs.⟩ *stark, inständig hoffen;* man kann nur b., daß das gutgeht **II** ⟨mit Akk., in einigen Fällen⟩ das Vaterunser, ein Avemaria b. *sprechen;* den Rosenkranz b. *gemäß der Zahl der Perlen des Rosenkranzes Gebete sprechen*
be|teu|ern ⟨V.1, hat beteuert; mit Akk.⟩ *nachdrücklich, inständig versichern, erklären;* er beteuert seine Unschuld; er beteuerte, nicht dabeigewesen zu sein
Be|teu|e|rung ⟨f.10⟩ *das Beteuern, nachdrückliche, inständige Versicherung;* ich glaube seinen ~en nicht
be|tex|ten ⟨V.2, hat betextet; mit Akk.⟩ *mit Text(en) versehen;* Abbildungen b.
Be|ting ⟨m.1 oder f.1; Mar.⟩ *Gerüst zum Befestigen von Ketten und Tauen*
be|ti|teln ⟨V.1, hat betitelt; mit Akk.⟩ **1** *etwas b. mit einem Titel versehen, einer Sache einen Titel geben;* einen Zeitungsartikel b.; wie ist das Klavierstück betitelt? was für einen Titel hat es? **2** jmdn. b. *jmdn. mit einem Titel anreden;* jmdn. mit „Studienrat" b. **b** *abwertend benennen;* jmdn. (mit) „Idiot" b.
Be|ton ⟨[-tɔŋ] m.9 oder [-tɔn] m.1⟩ *Baustoff aus einer Mischung von Zement, Sand, Wasser u.a.* [< frz. *béton* < lat. *bitumen* „Erdharz"; „Bitumen"]
be|to|nen ⟨V.1, hat betont; mit Akk.⟩ **1** *mit stärkerem Ton, mit Nachdruck aussprechen;* ein Wort, eine Silbe b. **2** *hervorheben, nachdrücklich bemerken;* ich möchte b., daß ich ...; er betont sein großes Wissen allzu sehr; er betont in seinem Roman die sozialen Verhältnisse der damaligen Zeit; betont besonders, nachdrücklich, auffallend; er tritt mit betonter Forschheit auf; sie verhält sich betont liebenswürdig
be|to|nie|ren ⟨V.3, hat betoniert; mit Akk.⟩ *mit Beton ausmauern* **Be|to|nie|rung** ⟨f., -, nur Sg.⟩
Be|ton|kuh ⟨[-tɔŋ-] f.2; Tech.⟩ *simuliertes, feststehendes Verkehrshindernis zur Berechnung des absoluten Bremsweges eines Fahrzeugs*
be|ton|nen ⟨V.1, hat betonnt; mit Akk.⟩ *mit Tonnen (oder Bojen) versehen, kennzeichnen;* die Fahrrinne b. **Be|ton|nung** ⟨f., -, nur Sg.⟩
Be|to|nung ⟨f.10⟩ **1** ⟨nur Sg.⟩ **a** *das Betonen, Hervorheben;* durch B. der ersten Silbe **b** *ausdrucksvolles, sinnvolles Betonen (von Wörtern);* du mußt das Gedicht mit mehr B. sprechen; ein Gedicht ohne B. herunterleiern **2** *starker Ton, Akzent;* die B. dieses Wortes wechselt, schwankt
be|tö|ren ⟨V.1, hat betört; mit Akk.⟩ *sich verliebt machen, für sich gewinnen, hinreißen;* sie ist von ~der Schönheit
Bet|pult ⟨n.1⟩ *Pult mit Stütze für die Knie und Ellenbogen zum Beten im Knien*
betr. ⟨Abk. für⟩ *betreffend, betreffs*
Betr. ⟨Abk. für⟩ *Betreff*
Be|tracht ⟨m., -(e)s, nur Sg.⟩ **1** *Berücksichtigung;* diesen Punkt können wir außer B. lassen *brauchen wir nicht zu berücksichtigen;* diese Frage außer B. bleiben **2** *Erwägung;* etwas in B. ziehen; etwas kommt in B. *kann erwogen werden;* jmd. kommt für einen Posten nicht in Frage; das wird nicht in B. *das wird nicht erwogen*
be|trach|ten ⟨V.2, hat betrachtet; mit Akk.⟩ **1** *(längere Zeit) genußvoll, nachdenklich anschauen;* ein Bild b.; ein Mädchen wohlgefäl-

lig b. **2** *ansehen und sich Gedanken darüber machen, prüfend ansehen, untersuchen;* du betrachtest die Sache zu einseitig, nur von deinem Standpunkt aus; man muß das auch von der anderen Seite b.; wir wollen jetzt Goethes Entwicklung zum Klassiker b.; wir wollen diese Erzählung etwas genauer b. **3** *jmdn. oder etwas als etwas b. als etwas ansehen, für etwas halten;* ich habe ihn immer als meinen Freund betrachtet; ich betrachte die Sache als erledigt

Be|trach|ter ⟨m.5⟩ *jmd., der etwas betrachtet;* vom B. aus gesehen die linke Seite

be|trächt|lich ⟨Adj.⟩ *ziemlich viel, ziemlich groß;* ein Grundstück von ~em Umfang; eine Summe von ~er Höhe; das eine ist b. größer als das andere

Be|trach|tung ⟨f.10⟩ **1** ⟨nur Sg.⟩ *das Betrachten, ruhiges, nachdenkliches Anschauen;* bei der B. eines Bildes; in B. versunken sein **2** *prüfende Überlegung, Untersuchung;* ~en über etwas anstellen

Be|trag ⟨m.2⟩ **1** *Geldsumme,* Syn. ⟨†⟩ *Belauf;* jmdm. einen B. überweisen; wir bekommen jeden Monat einen größeren B. von ihm; eine Rechnung über einen B. von 150 DM **2** ⟨Math.⟩ *Größe einer Zahl ohne Beachtung ihrer Vorzeichen*

be|tra|gen ⟨V.160, hat betragen⟩ **I** ⟨mit Akk.⟩ *die Summe, Größe von ... erreichen;* die Kosten b. 150 DM; die Höhe des Raumes beträgt 2,5 Meter **II** ⟨refl.⟩ *sich b. sich benehmen, sich verhalten;* sich anständig, gut b.

Be|tra|gen ⟨n., -s, nur Sg.⟩ *Benehmen, Verhalten;* sein B. war einwandfrei; er hat im B. nur eine Zwei (als Schulnote)

be|trau|en ⟨V.1, hat betraut; mit Akk.⟩ *jmdn. mit etwas b. jmdm. einen (verantwortungsvollen) Auftrag geben, jmdm. eine Arbeit, Aufgabe übertragen;* einen Schüler mit dem Einsammeln des Geldes für den Ausflug b.; jmdn. mit der Vertretung des Chefs b.

be|trau|ern ⟨V.1, hat betrauert; mit Akk.⟩ *jmdn., jmds. Tod b. um jmdn. trauern*

be|träu|feln ⟨V.1, hat beträufelt; mit Akk.⟩ *tropfenweise befeuchten*

be|treff ⟨Präp. mit Gen.; Amtsspr.⟩ *in der Fügung⟩* in b. *was ... betrifft;* in b. Ihrer Anfrage *was Ihre Anfrage betrifft*

Be|treff ⟨m.1⟩ **1** ⟨Abk.: Betr.; Amtsspr.⟩ *Angelegenheit;* ⟨am Anfang von Briefen als Überschrift⟩ Betr.: Ihre Anfrage vom 1.4.1983 **2** ⟨†⟩ *Hinsicht;* in diesem B.

be|tref|fen ⟨V.161, hat betroffen; mit Akk.⟩ **1** *etwas oder jmdn. b. sich auf etwas oder jmdn. beziehen, etwas oder jmdn. angehen;* dieser Brief, diese Bemerkung betrifft dich; was betrifft Ihren Plan b. mich; ⟨Abk.: betr.⟩ der ~de Mitarbeiter *der Mitarbeiter, den es angeht;* die ~de Anordnung *die Anordnung, um die es geht;* vgl. Betreffende(r) **2** jmdn. b. a ⟨†⟩ *antreffen, ertappen, erwischen;* jmdn. beim Stehlen b. **b** *treffen, heimsuchen;* ihn hat ein Unglück betroffen; wir sind davon alle betroffen; die von der Katastrophe betroffenen Personen; vgl. *betroffen*

Be|tref|fen|de(r) ⟨m., f.17 bzw. 18⟩ *jmd., den etwas betrifft, den etwas angeht, von dem die Rede ist, der gemeint ist;* der Betreffende wird schon selbst wissen, was er zu tun hat

be|treffs ⟨Präp. mit Gen.; Amtsspr.; Abk.: betr.⟩ *was ... betrifft;* b. Ihrer Anfrage teilen wir Ihnen mit *was Ihre Anfrage betrifft*

be|trei|ben ⟨V.162, hat betrieben; mit Akk.⟩ **1** etwas b. **a** *(beruflich) führen, leiten;* er betreibt eine Tankstelle **b** *(beruflich) ausüben;* ein Handwerk b.; einen Handel mit Antiquitäten b. **c** *sich mit etwas beschäftigen;* er betreibt die Fotografie nur aus Liebhaberei **d** *zielgerichtet, zweckvoll führen;* eine kluge Politik b.; die Verhandlungen schleppend b. **e** *zu beschleunigen suchen, auf etwas hinarbeiten;* können Sie meine Angelegenheit nicht etwas b.?; auf mein Betreiben hin *auf meine Bitte um Beschleunigung, auf meine dringende Nachfrage hin* **f** *handhaben, in Gang setzen, in Gang halten;* das Gerät wird elektrisch, von Hand betrieben **2** jmdn. b. ⟨schweiz.⟩ *zum Zahlen veranlassen;* einen Schuldner b.

Be|trei|bung ⟨f., -, nur Sg.⟩ **1** *das Betreiben* **2** ⟨schweiz.⟩ *Eintreibung;* B. einer Schuld

be|treßt ⟨Adj., o.Steig.; nur als Attr. und mit ,,sein"⟩ *mit Tressen besetzt;* ~e Livree

be|tre|ten I ⟨V.163, hat betreten; mit Akk.⟩ **1** *etwas b. auf etwas treten, auf etwas gehen, in etwas hineingehen;* kaum hatte ich die Schwelle b., als ...; eine Brücke, einen Platz b.; nach drei Jahren betrat er wieder deutschen Boden; einen Raum b.; das Betreten des Grundstücks ist verboten; nach diesem Vorfall habe ich ihm das Betreten meines Hauses untersagt **2** ⟨beim Federwild und Hahn⟩ *treten, begatten;* der Hahn betritt die Henne **II** ⟨Adj.⟩ *erschrocken und verlegen;* ein ~es Gesicht machen; er schwieg b.; er schaute b. zu Boden

Be|tre|ten|heit ⟨f., -, nur Sg.⟩ *das Betretensein, Verlegenheit*

be|treu|en ⟨V.1, hat betreut; mit Akk.⟩ **1** jmdn. b. *sich um jmdn. kümmern, für jmdn. sorgen;* einen Kranken b.; ein Kind tagsüber b. **2** etwas b. **a** *ständig bearbeiten;* ein Sachgebiet b. **b** *dafür sorgen, daß etwas in Gang bleibt, leiten;* Frl. X betreut die Schulbuchabteilung

Be|treu|er ⟨m.5⟩ *jmd., der einen anderen oder andere betreut;* B. von Kindern im Ferienlager; B. eines Sportlers, einer Mannschaft

Be|treu|ung ⟨f., -, nur Sg.⟩ *das Betreuen*

Be|trieb ⟨m.1⟩ **1** ⟨nur Sg.⟩ **a** *das Betreiben (1);* der B. eines Schuhgeschäfts **b** *das In-Gang-Sein, Arbeiten, Wirksamkeit;* die Maschine ist in B.; das Bergwerk ist außer B. *es wird nicht mehr betrieben, es liegt still;* einen Mechanismus in B. setzen **c** *Verkehr, Leben, Bewegung;* in der Stadt herrscht lebhafter B.; während des Schlußverkaufs war in den Kaufhäusern reger B., war dieses Jahr nur schwacher B.; hier ist B. *hier ist etwas los, hier kann man etwas sehen, erleben;* B. machen *Leben in eine Gesellschaft bringen* **2** *räumliche Einheit, in der Arbeitskräfte und Produktionsmittel zusammengefaßt sind, um Leistungen oder Güter hervorzubringen* (Industrie~, Handels~, Handwerks~); landwirtschaftlicher B. *großer Bauernhof;* einen B. leiten; ich gehe heute nicht in den B.

be|trieb|lich ⟨Adj., o.Steig.; nur als Attr.⟩ *den Betrieb betreffend;* ~e Angelegenheiten, Schwierigkeiten

be|trieb|sam ⟨Adj.⟩ *unternehmungslustig, rege tätig, geschäftig* **Be|trieb|sam|keit** ⟨f., -, nur Sg.⟩

be|triebs|blind ⟨Adj.⟩ *durch lange Zugehörigkeit zu einem Betrieb, durch langes Arbeiten in demselben Bereich unfähig, Fehler und Schwächen darin zu erkennen*

Be|triebs|ge|werk|schafts|lei|tung ⟨f.10; Abk.: BGL; in der DDR⟩ *von den Gewerkschaftsmitgliedern eines Betriebs gewählte Gruppe von Mitarbeitern zur Leitung der Gewerkschaftsorganisation eines Betriebs*

Be|triebs|in|ge|nieur ⟨[-inʒənjør] m.1⟩ *Ingenieur, der in einem Industriebetrieb die Fertigung überwacht, die Arbeiter anleitet und die Maschinen überwacht*

be|triebs|in|tern ⟨Adj., o.Steig.⟩ *innerhalb eines Betriebs bestehend, vorhanden;* das ist eine ~e Angelegenheit

Be|triebs|ka|pi|tal ⟨n., -s, nur Sg.⟩ **1** *zum Aufbau eines Betriebs notwendiges Kapital* **2** *einem Betrieb zur Verfügung stehendes Kapital*

Be|triebs|kli|ma ⟨n., -s, nur Sg.⟩ *allgemeine Stimmung, menschliche Atmosphäre in einem Betrieb;* das B. dort ist gut, schlecht, angenehm

Be|triebs|nu|del ⟨f.11; ugs., scherzh.⟩ *jmd., der in einer Gesellschaft für gute Stimmung sorgen, Betrieb machen kann*

Be|triebs|ob|mann ⟨m.4; in kleinen Betrieben⟩ *von den Arbeitnehmern eines Betriebs gewählte Person mit den gleichen Aufgaben wie der Betriebsrat*

Be|triebs|rat ⟨m.2⟩ *Gruppe von Mitarbeitern, die von den Arbeitnehmern eines Betriebs gewählt worden ist, um ihre sozialen und wirtschaftlichen Interessen zu wahren*

Be|triebs|wirt ⟨m.1⟩ *Wissenschaftler auf dem Gebiet der Betriebswirtschaft*

Be|triebs|wirt|schaft ⟨f., -, nur Sg.⟩ *Teil der Wirtschaftswissenschaft, der sich mit Produktion, Absatz, Finanzierung und anderen wirtschaftlichen Fragen in Betrieben und Unternehmen befaßt*

Be|triebs|wis|sen|schaft ⟨f., -, nur Sg.⟩ *Teil der Betriebswirtschaft, der sich mit der Organisation der Betriebe (Einsatz von Arbeitskräften, Rationalisierung usw.) befaßt*

be|trin|ken ⟨V.165, hat betrunken; refl.⟩ *sich b. Alkohol trinken, bis man berauscht ist;* (total) betrunken sein

be|trof|fen ⟨Adj.⟩ *bestürzt, erschrocken;* ein ~es Gesicht machen; dein Vorwurf hat mich b. gemacht; er schwieg b. **Be|trof|fen|heit** ⟨f., -, nur Sg.⟩

be|trü|ben ⟨V.1, hat betrübt; mit Akk.⟩ *jmdn. b. traurig machen, jmdm. Kummer machen:* dein Verhalten, diese Nachricht betrübt mich sehr; betrübt sein *traurig sein, Kummer haben*

be|trüb|lich ⟨Adj.⟩ *Kummer bereitend, traurig;* eine ~e Mitteilung

Be|trüb|nis ⟨f.1⟩ *Kummer, Traurigkeit;* zu meiner großen B. erfuhr ich, daß ...

Be|trug ⟨m., -(e)s, nur Sg.⟩ *Täuschung eines anderen, um sich einen Vorteil zu verschaffen;* einen B. begehen

be|trü|gen ⟨V.166, hat betrogen; mit Akk.⟩ **1** jmdn. b. *jmdn. täuschen, um sich einen Vorteil zu verschaffen;* jmdn. beim Spiel b.; jmdn. um zehn Mark b.; er hat seine Frau, sie hat ihren Mann betrogen *er, sie hat Ehebruch begangen;* sie hat ihn mit seinem Freund betrogen; sich selbst b. *sich täuschen, sich Illusionen machen;* ich sah mich in meinen Hoffnungen, Erwartungen betrogen

Be|trü|ger ⟨m.5⟩ *jmd., der andere betrügt*

Be|trü|ge|rei ⟨f.10⟩ *geringfügiger Betrug;* kleine ~en begehen

be|trü|ge|risch ⟨Adj., o.Steig.⟩ **1** *Betrug begehend;* ~er Verwalter **2** *Betrug bezweckend;* ~er Bankrott; in ~er Absicht *in der Absicht zu betrügen*

Be|trun|ken|heit ⟨f., -, nur Sg.⟩ *das Betrunkensein*

Bet|schwe|ster ⟨f.11; abwertend⟩ *frömmelnde Frau, Frau, die übertrieben oft in die Kirche geht*

Bet|stuhl ⟨m.2⟩ *Bank mit Stütze für die Knie und Ellenbogen zum Beten im Knien*

Bett ⟨n.12⟩ **1** *Möbelstück zum Schlafen aus Gestell, Matratze, Kissen und Decke;* ans B. gefesselt sein *liegen müssen, nicht aufstehen können;* ins B., zu B. gehen *schlafen gehen;* mit jmdm. ins B. gehen, steigen *mit jmdm. Geschlechtsverkehr haben;* ich habe zwei Tage im B. gelegen *ich war zwei Tage krank und bettlägerig;* sich ins gemachte B. legen *seine Existenz nicht selbst aufbauen, sondern auf etwas gründen, was ein anderer erarbeitet hat* **2** *rinnenförmige Vertiefung eines Wasserlaufs im Erdboden* (Bach~, Fluß~, Strom~); der Fluß hat sich ein neues B. gegraben **3** ⟨kurz für⟩ *Federbett;* das B. aufschütteln

Bett|decke ⟨-k·k-; f.11⟩ *Decke zum Zudecken im Bett;* Syn. *Zudecke*

Bet|tel ⟨m., -s, nur Sg.⟩ **1** *das Betteln* (Straßen~) **2** *Gerümpel, alter Kram;* nimm den ganzen B.; er hat mir für den ganzen B. 500 DM gezahlt; ich habe ihm den ganzen B. vor die Füße geworfen *ich habe ihm meine Mitarbeit aufgekündigt, ich habe ihm die Arbeit hingeworfen*

bet|tel|arm ⟨Adj., o.Steig.⟩ *so arm, daß man betteln gehen muß oder müßte, sehr arm*

Bet|tel|brief ⟨m.1⟩ *Brief, in dem man jmdn. dringend um etwas bittet*

Bet|te|lei ⟨f., -, nur Sg.⟩ **1** *das Betteln* **2** *ständiges, lästiges Betteln* (2), *ständiges dringendes Bitten;* hör mit der B. auf!

Bet|tel|mönch ⟨m.1⟩ *Angehöriger eines Bettelordens*

bet|teln ⟨V.1, hat gebettelt; o.Obj.⟩ **1** *um eine Gabe, um Almosen bitten;* auf der Straße, an den Türen b.; Betteln verboten! **2** *dringlich und immer wieder (um etwas) bitten;* er hat so lange gebettelt, bis ich ihm seinen Wunsch erfüllt habe; der Hund bettelt *er macht sich bemerkbar, um etwas zu bekommen;* b. gehen

Bet|tel|or|den ⟨m.7⟩ *religiöser Orden, dessen Mitglieder vom Betteln, von Almosen leben*

Bet|tel|stab ⟨m.2; urspr.⟩ *Stab, Stock des (meist alten, kranken oder so erscheinenden) Bettlers;* ⟨heute nur noch in der Wendung⟩ jmdn. an den B. bringen *jmdn. allmählich um sein Geld bringen, jmdn. arm machen*

bet|ten ⟨V.2, hat gebettet; mit Akk.⟩ *jmdn. oder sich b. jmdm. oder sich in ein Lager bereiten und ihn oder sich bequem hinlegen;* jmdn. aufs Sofa b.; wie man sich bettet, so liegt man ⟨übertr.⟩ *wie man sich sein Leben gestaltet, so muß es einem auch recht sein*

Bett|ha|se ⟨m.11; ugs.⟩ *Mädchen, das nach kurzer Bekanntschaft bereit ist, mit einem Mann ins Bett zu gehen*

Bett|him|mel ⟨m.5⟩ *Stoffdach über dem Bett, Baldachin*

Bett|hup|ferl ⟨n.14; bayr.-österr.⟩ **1** *Süßigkeit, die Kinder vor dem Schlafengehen bekommen* **2** ⟨übertr.⟩ *Fernsehsendung, nach der Kinder schlafen gehen sollen;* jetzt kommt euer B. [zu *hüpfen*]

bett|lä|ge|rig ⟨Adj., o.Steig.⟩ *so krank, daß man das Bett nicht verlassen kann* **Bett|lä|ge|rig|keit** ⟨f., -, nur Sg.⟩

Bett|la|ken ⟨n.7⟩ → *Bettuch*

Bett|ler ⟨m.3⟩ *jmd., der öffentlich bettelt*

Bett|ler|lei|er ⟨f.11⟩ → *Drehleier*

Bett|näs|sen ⟨n., -s, nur Sg.⟩ *unwillkürlicher Harnabgang während des Schlafes;* Syn. *Enuresis*

Bett|näs|ser ⟨m.5⟩ *jmd., der an Bettnässen leidet*

Bett|pfan|ne ⟨f.11; veraltend⟩ → *Schieber* (2)

Bett|ru|he ⟨f., -, nur Sg.⟩ *liegendes Ausruhen im Bett;* jmdm. B. verordnen

Bett|schatz ⟨m., -es, nur Sg.⟩ *Frau, mit der ein Mann geschlechtlich verkehrt, an die er aber keine geistigen Ansprüche stellt;* sie ist ihm gut genug als B.; er braucht sie nur als B.

Bett|schwe|re ⟨f., -, nur Sg.; ugs.⟩ *Müdigkeit vor dem Schlafengehen, Schlafbedürfnis;* die nötige B. haben

Bett|statt ⟨f., -, nur Sg.; poet.⟩ → *Bett* (1)

Bett|tuch ⟨-tt|t-; n.4⟩ *Tuch, das über die Matratze des Bettes gelegt wird;* Syn. *Bettlaken, Leintuch*

Bet|tung ⟨f.10⟩ *feste Unterlage, z.B. für Eisenbahngleise, Geschütze*

Bett|wä|sche ⟨f., -, nur Sg.⟩, **Bett|zeug** ⟨n., -s, nur Sg.; Sammelbez. für⟩ *Laken sowie Bezüge für Kissen und Bettdecke*

be|tucht ⟨Adj.⟩ *vermögend, wohlhabend* [< rotw. *betuach* „sicher, vertrauenswürdig" im Sinne von „zahlungsfähig"]

be|tu|lich ⟨Adj.⟩ *freundlich-besorgt und etwas umständlich*

be|tun ⟨V.167, hat betan; refl.⟩ *sich b.* **1** *sich umständlich um etwas kümmern;* sie betut sich immer ganz unnötig; sie betut sich viel zuviel **2** *sich zieren;* betu dich nicht so!

Beu|che ⟨f.11⟩ *Lauge zum Entfernen von Fett und Holzsubstanzen aus Baumwolle u.a.* [< mhd. *biuche, buche* „Lauge", weitere Herkunft unsicher]

beu|chen ⟨V.1, hat gebeucht; mit Akk.⟩ *in Lauge kochen und dadurch reinigen;* Baumwolle b.

beug|bar ⟨Adj., o.Steig.; Gramm.⟩ *so beschaffen, daß man es beugen kann;* ~es Adjektiv; Adverbien sind nicht b.

Beu|ge ⟨f.11⟩ **1** *turnerische Übung, bei der ein Körperteil gebeugt wird* (Knie~, Rumpf~) **2** *Stelle, an der Gliedmaßen abgebeugt werden können* (Arm~)

Beu|ge|haft ⟨f., -, nur Sg.⟩ *Haft, durch die jmd. zu etwas (z.B. Aussage) gezwungen werden soll*

Beu|ge|mus|kel ⟨m.14⟩ *Muskel, der durch Zusammenziehen die Abbiegung von Gliedmaßen bewirkt;* Syn. *Beuger, Flexor;* Ggs. *Streckmuskel*

beu|gen ⟨V.1, hat gebeugt⟩ **I** ⟨mit Akk.⟩ **1** *etwas b.* **a** *biegen, krümmen;* den Rücken, Arm b. **b** *nach unten neigen;* den Kopf b.; das Knie b. *niederknien* **c** *vom geradlinigen Verlauf ablenken;* Lichtstrahlen b. **d** ⟨Gramm.⟩ → *flektieren* **e** *das Recht b. willkürlich zum eigenen Vorteil auslegen und anwenden* **2** *jmdn. b. jmds. Widerstand brechen, jmdn. unterwerfen* **II** ⟨refl.⟩ *sich b.* **1** *sich neigen, sich bücken;* sich aus dem Fenster b.; sich über etwas oder jmdn. b. **2** *sich unterwerfen, nachgeben;* sich jmdm., jmds. Willen b.; sich vor jmdm. b. *jmds. Willen gezwungenermaßen anerkennen*

Beu|ger ⟨m.5⟩ → *Beugemuskel*

Beu|gerl ⟨n.14; bayr.-österr.⟩ *bogenförmiges Gebäck* (Nuß~)

Beu|gung ⟨f.10⟩ **1** *das Beugen;* B. des Arms, des Rückens **2** ⟨Gramm.⟩ → *Flexion* (1)*, Deklination* **3** ⟨bei Wasser-, Schall-, Licht und Radiowellen⟩ *Abweichung der geradlinigen Fortpflanzung bei Auftreffen auf scharfe Kanten oder ein Hindernis der Größenordnung der Wellenlänge;* Syn. *Diffraktion*

Beu|le ⟨f.11⟩ **1** ⟨i.w.S.⟩ *kleine Wölbung nach außen* **2** ⟨i.e.S.⟩ *Anschwellung von Körperregionen* (Frost~, Eiter~); sich an der Stirn stoßen **3** *Wölbung oder Vertiefung (an einem Gegenstand);* eine B. im Kotflügel haben

Beu|len|pest ⟨f., -, nur Sg.⟩ *Verlaufsform der Pest;* Syn. *Bubonenpest* [wegen der Anschwellung der Lymphknoten]

be|un|ru|hi|gen ⟨V.1, hat beunruhigt; mit Akk.⟩ *jmdn. oder sich b. jmdm. oder sich Unruhe bereiten, Sorgen machen;* sein langes Ausbleiben beunruhigt mich; bitte beunruhige dich nicht, wenn ich später komme

Be|un|ru|hi|gung ⟨f., -, nur Sg.⟩ *das Beunruhigen, das Beunruhigtsein, Unruhe, Sorge;* sein Verhalten ist für mich eine ständige B.

be|ur|kun|den ⟨V.2, hat beurkundet; mit Akk.⟩ **1** *durch eine Urkunde festhalten;* sein Geburtsdatum ist nicht beurkundet **2** *durch eine Urkunde beweisen, bezeugen;* seine Rechte, Ansprüche b. **Be|ur|kun|dung** ⟨f., -, nur Sg.⟩

be|ur|lau|ben ⟨V.1, hat beurlaubt⟩ **I** ⟨mit Akk.⟩ jmdn. b. **1** *jmdm. Urlaub geben* **2** *jmdn. vorübergehend von seinen Dienstpflichten befreien* **II** ⟨refl.⟩ *sich b.* erklären, daß man Urlaub nimmt, daß man einige Zeit nicht im Dienst sein wird; als Abteilungsleiter b. **Be|ur|lau|bung** ⟨f., -, nur Sg.⟩

be|ur|tei|len ⟨V.1, hat beurteilt; mit Akk.⟩ *etwas oder jmdn. b. sich ein Urteil über etwas oder jmdn. bilden, ein Urteil über etwas oder jmdn. abgeben;* das kann ich nicht b.; ein Buch gut, schlecht b.; jmdn. richtig, falsch b.

Be|ur|tei|lung ⟨f.10⟩ **1** ⟨nur Sg.⟩ *das Beurteilen;* die B. dieses Buches fällt mir schwer **2** *Äußerung, die ein Urteil enthält;* schriftliche B.; eine B. über jmdn. schreiben; er hat eine gute, schlechte B. bekommen

Beu|schel ⟨n.5; österr.⟩ *Speise aus Lunge oder/und Herz:* saures B. [wohl Verkleinerungsform zu *Bausch*]

Beu|schel|rei|ßer ⟨m.5; österr., scherzh.⟩ *starke Zigarette* [zu *Beuschel*]

Beu|te¹ ⟨f., -, nur Sg.⟩ **1** ⟨bei Tieren⟩ *zur Nahrung dienender Fang;* B. schlagen (von Bären und Greifvögeln) **2** *Gewinn durch Gewalt, Diebstahl oder Einbruch;* beim Stehlen B. machen; da das Geld im unverschlossenen Schubfach lag, war es für den Dieb eine leichte B. **3** *die durch Gewalt, Diebstahl, Einbruch erlangten Gegenstände;* einem Dieb seine B. wieder abjagen **4** *Opfer;* das Haus wurde eine B. der Flammen; die ahnungslose Frau wurde für den Betrüger eine leichte B. *ein Opfer, das ihm leicht zufiel*

Beu|te² ⟨f.11; veraltend⟩ **1** *Holzgefäß, Back-, Wassertrog* **2** *hohler oder ausgehöhlter Waldbaum als Bienenstock* [< mhd. *biute* „Bienenkorb, Badetrog", < ahd. *biot, biet* „Tisch, Brett"]

Beu|te|grei|fer ⟨m.5; neue wertfreie Bez. für⟩ → *Raubtier*

Beu|tel ⟨m.5⟩ **1** *Säckchen, Tragetasche* (Geld~); sich den B. füllen ⟨übertr.⟩ *sich bereichern;* den B. zuhalten, die Hand auf den B. halten *nichts zahlen wollen, geizig sein;* tief in den B. greifen müssen *viel zahlen müssen;* der Abend hat mir ein Loch in den B. gerissen *hat viel gekostet* **2** ⟨bei Beuteltieren und Seepferdchen⟩ *Hautfalte am Bauch, in dem sich das neugeborene Junge fertig entwickelt*

Beu|tel|bär ⟨m.10⟩ → *Koala*

Beu|tel|mar|der ⟨m.5⟩ *Vertreter einer Gruppe marder- oder katzenähnlicher, räuberischer Beuteltiere*

Beu|tel|mei|se ⟨f.11⟩ *eurasiatischer Singvogel* [nach dem beutelförmigen Hängenest und der meisenähnlichen Gestalt]

beu|teln ⟨V.1, hat gebeutelt⟩ **I** ⟨mit Akk.⟩ *schütteln;* jmdn. am Kragen packen und b. (bes. als Zurechtweisung); er ist vom Leben ordentlich gebeutelt worden ⟨übertr.⟩ **II** ⟨o.Obj.⟩ *sich beutelartig bauschen;* der Rock, die Hose beutelt hinten

Beu|tel|schnei|der ⟨m.5⟩ **1** ⟨†⟩ *Taschendieb* **2** ⟨veraltend⟩ *jmd., der andere übervorteilt*

Beu|tel|schnei|de|rei ⟨f., -, nur Sg.⟩ *das Berechnen von zu hohen Preisen, Nepp*

Beu|tel|tier ⟨n.1⟩ *ein Säugetier, dessen Junge sich in einem Beutel am Bauch des Weibchens entwickeln (z.B. Känguruh, Koala);* Syn. *Beutler, Marsupialier*

beu|te|lu|stig ⟨Adj.; bei Tieren⟩ *darauf bedacht, den Hunger (mit einem anderen Tier als Beute) zu stillen*

Beu|tel|wolf ⟨m.2⟩ *wolfähnliches, quergestreiftes Beuteltier Australiens*

Beu|te|zug ⟨m.2⟩ → *Raubzug*

Beut|ler ⟨m.5⟩ → *Beuteltier*

Beut|ner ⟨m.5⟩ *Züchter von Waldbienen* [zu *Beute²*]

be|völ|kern ⟨V.1, hat bevölkert; mit Akk.⟩ **1** *bewohnen, besiedeln;* Ggs. *entvölkern;* viele Vogelarten b. die Inseln; dicht bevölkertes Gebiet **2** ⟨übertr.⟩ *in großer Zahl erfüllen;* mittags b. Touristen die Lokale

Be|völ|ke|rung ⟨f.10⟩ *Gesamtheit der Bewohner (eines Gebiets, einer Stadt);* Syn. *Population*

Be|völ|ke|rungs|dich|te ⟨f., -, nur Sg.⟩ *durchschnittliche Bevölkerungszahl pro Flächeneinheit*

be|voll|mäch|ti|gen ⟨V.1, hat bevollmächtigt; mit Akk.⟩ *jmdn. b. jmdm. eine Vollmacht geben (um etwas zu tun);* jmdn. b., die Verhandlungen zu führen, einen Vertrag ab-

zuschließen; dazu bin ich nicht bevollmächtigt
Be|voll|mäch|tig|te(r) ⟨m., f.17 bzw. 18⟩ jmd., der eine Vollmacht hat
Be|voll|mäch|ti|gung ⟨f., -, nur Sg.⟩ Erteilung einer Vollmacht
be|vor ⟨Konj.⟩ *ehe, eher als, früher als;* b. ich ein Urteil fälle, will ich auch ihn anhören; er ging, b. der Film zu Ende war; ich unterschreibe nicht, b. ich es gründlich durchgelesen habe, ⟨auch, wenn man die Bedingung betonen will⟩ ich unterschreibe nicht, b. ich es nicht gründlich durchgelesen habe *ich unterschreibe erst, wenn ...*
be|vor|mun|den ⟨V.2, hat bevormundet; mit Akk.⟩ *jmdn. nicht frei entscheiden lassen, nicht selbständig handeln lassen, jmdm. ständig sagen, was er tun und lassen soll* **Be|vor|mun|dung** ⟨f., -, nur Sg.⟩
be|vor|ra|ten ⟨V.2, hat bevorratet; mit Akk.⟩ *mit einem Vorrat ausrüsten;* Haushalte b. **Be|vor|ra|tung** ⟨f., -, nur Sg.⟩
be|vor|rech|ten ⟨V.2, hat bevorrechtet; mit Akk.⟩ *jmdn. b. jmdm. besondere Rechte einräumen* **Be|vor|rech|tung** ⟨f., -, nur Sg.⟩
be|vor|rech|ti|gen ⟨V.1, hat bevorrechtigt⟩ →bevorrechten **Be|vor|rech|ti|gung** ⟨f., -, nur Sg.⟩
be|vor|schus|sen ⟨V.1, hat bevorschußt; mit Akk.⟩ *jmdn. b. jmdm. einen Vorschuß geben*
be|vor|ste|hen ⟨V.151, hat bevorgestanden; o.Obj. oder mit Dat.⟩ *in Aussicht sein, zu erwarten sein;* die Prüfung stand unmittelbar bevor; uns steht eine große Freude bevor *wir haben eine große Freude in Aussicht;* uns steht noch einiges Unangenehme bevor *wir haben einiges Unangenehme zu erwarten;* die Sache steht mir ziemlich bevor ⟨ugs.⟩ *mir graust etwas davor*
be|vor|tei|len ⟨V.1, hat bevorteilt; mit Akk.⟩ *jmdn. b. jmdm. einen Vorteil einräumen, jmdn. begünstigen*
be|vor|zu|gen ⟨V.1, hat bevorzugt; mit Akk.⟩ **1** *etwas b. lieber mögen;* ich bevorzuge Wollstoffe; eine bevorzugte Stellung einnehmen *eine höhere, günstigere Stellung* **2** *jmdn. b. jmdm. besser, freundlicher behandeln, jmdm. Vergünstigungen zukommen lassen, die andere nicht haben;* jmdn. bevorzugt abfertigen *vor den anderen Wartenden* **Be|vor|zu|gung** ⟨f., -, nur Sg.⟩
be|wa|chen ⟨V.1, hat bewacht; mit Akk.⟩ *etwas oder jmdn. b. Wache vor etwas oder bei jmdm. halten, auf etwas oder jmdn. scharf aufpassen;* ein Haus, ein Grundstück, Grenzen b.; einen Gefangenen b.; der Hund bewacht draußen mein Fahrrad; die Katze bewacht ihre Jungen; sie wird von ihm eifersüchtig bewacht
be|wach|sen ⟨V.172, hat bewachsen; mit Akk.⟩ *etwas b. über etwas hin wachsen, etwas im Wachsen bedecken;* Geißblatt bewächst die Laube; die Hauswand ist mit wildem Wein b.
Be|wa|chung ⟨f., -, nur Sg.⟩ *das Bewachen;* jmdn. unter B. stellen, halten; jmdn. unter scharfer B. hinausführen
be|waff|nen ⟨V.2, hat bewaffnet; mit Akk.⟩ **1** *jmdn. oder sich b. mit Waffen ausrüsten;* Ggs. *entwaffnen;* leicht, schwer bewaffnete Soldaten **2** ⟨scherzh.⟩ *ausrüsten;* sich mit Besen, Eimer und Scheuertuch b. und energisch an die Arbeit gehen
Be|waff|nung ⟨f., -, nur Sg.⟩ **1** *das Bewaffnen* **2** *Gesamtheit der Waffen (einer Person, einer Armee)*
Be|wahr|an|stalt ⟨f.10⟩ *Anstalt zur zwangsweisen Unterbringung*
be|wah|ren ⟨V.1, hat bewahrt⟩ **I** ⟨mit Akk.⟩ *etwas oder jmdn. b. in Obhut nehmen oder haben, auf etwas oder jmdn. aufpassen, achtgeben;* ich bewahre dir das Geld, das Haus, bis du wiederkommst; bewahr mir die

Kinder gut!; *etwas oder jmdn. vor etwas b. schützen;* man kann Heranwachsende nicht vor Enttäuschungen b.; jmdn. vor Schaden, Unheil b.; Gott bewahre!, i bewahre!; Gott behüte!, aber nein!, bestimmt nicht! **II** ⟨mit Akk. oder mit Dat. und Akk.⟩ *erhalten, beibehalten;* (die) Ruhe b.; über eine Sache Stillschweigen b.; sich seine Freiheit b.; einem Toten ein gutes Andenken b.; etwas in seiner Erinnerung b.; jmdm. die Treue b.
be|wäh|ren ⟨V.1, hat bewährt; refl.⟩ *sich b. sich als brauchbar, geeignet erweisen, eine Probe bestehen;* der Mantel hat sich im Winter sehr bewährt; er hat sich als Freund, Helfer oft bewährt; er soll sich erst b., ehe ich ihm vertraue; das ist ein bewährtes Mittel gegen Mücken
be|wahr|hei|ten ⟨V.2, hat bewahrheitet; refl.⟩ *sich b. sich als wahr erweisen, herausstellen*
Be|wah|rung ⟨f., -, nur Sg.⟩ *das Bewahren*
Be|wäh|rung ⟨f., -, nur Sg.⟩ *das Sichbewähren;* jmdm. zur B. eine Aufgabe übertragen; eine Strafe zur B. aussetzen **2** ⟨kurz für⟩ *Bewährungsfrist;* er bekam drei Jahre Gefängnis mit, ohne B.
Be|wäh|rungs|frist ⟨f.10⟩ **1** *Frist, in der jmd. Gelegenheit hat, sich zu bewähren* **2** ⟨Rechtsw.⟩ *Frist, in der sich ein Verurteilter bewähren kann, so daß ihm die Strafe erlassen wird*
Be|wäh|rungs|hel|fer ⟨m.5⟩ *jmd., der im Auftrag des Gerichts einen Verurteilten während der Bewährungsfrist betreut*
Be|wäh|rungs|pro|be ⟨f.11⟩ *Probe, durch die sich jmd. bewähren kann oder soll;* eine B. (glänzend) bestehen; jmdn. auf eine B. stellen
be|wal|den ⟨V.2, hat bewaldet; refl.⟩ *sich b. sich mit Wald bedecken;* bewaldete Berge
Be|wal|dung ⟨f., -, nur Sg.⟩ *das Sichbewalden, das Bewaldetsein*
be|wäl|ti|gen ⟨V.1, hat bewältigt; mit Akk.⟩ *etwas b.* **1** *etwas fertig werden;* eine Aufgabe b.; ich weiß nicht, wie ich die viele Arbeit b. soll **2** *etwas innerlich verarbeiten, sich mit etwas auseinandersetzen;* einen Konflikt, ein schweres Erlebnis b. **3** *aufessen;* eine so große Portion kann ich nicht, kaum b. **Be|wäl|ti|gung** ⟨f., -, nur Sg.⟩
be|wan|dert ⟨Adj.; nur als Attr. und mit „sein"⟩ *Erfahrungen, Kenntnisse (auf einem Gebiet) besitzend;* er ist in der Biologie sehr b.
be|wandt ⟨Adj.; nur in den Wendungen⟩ *damit ist es so b., damit ist es folgendermaßen b. damit steht es so, das steht so* [< mhd. *bewant* „beschaffen" (*so bewant* „solch"), Part. Perf. zu *bewenden* „verwandeln, gestalten, zu einem Ende bringen"]
Be|wandt|nis ⟨f.1⟩ *das Vorsichgehen;* ⟨nur noch in den Wendungen⟩ damit hat es folgende B. *das Sichere verhält sich so;* was hat es damit für eine B.? *was ist damit los?, wie ist das zu erklären?;* damit hat es eine andere B. *das verhält sich anders, das ist anders;* damit hat es eine besondere B. *das geschieht auf eine besondere Weise*
be|wäs|sern ⟨V.1, hat bewässert; mit Akk.⟩ *etwas b. mit Wasser versorgen, ständig feucht halten;* Ggs. *entwässern;* Felder b. **Be|wäs|se|rung** ⟨f., -, nur Sg.⟩
be|we|gen[1] ⟨V.1, hat bewegt; mit Akk.⟩ **1** *etwas b. die Lage, Stellung von etwas verändern, von der Stelle rücken;* den Kopf b.; ich kann den Arm nicht mehr b.; der Wagen läßt sich nicht b. **2** *jmdn. b.* **a** *innerlich berühren, in jmdm. ein Gefühl erregen;* seine Erzählung hat mich bewegt; er war im ~der Augenblick **b** *innerlich verfolgen, beschäftigen;* in jmdm. Gedanken hervorrufen; die Vorstellung eines Berufswechsels bewegt mich schon lange **3** *ein Pferd b. es täglich reiten* **II** ⟨V.1, hat bewegt; refl.⟩ *sich b.* **1** *seine Lage, Stellung verändern;* ich kann mich vor Schmerzen kaum b.; beweg dich nicht! **2** *seine Stellung fortgesetzt verändern;* beide Fahrzeuge b. sich in der gleichen Richtung; ein langer Zug von Demonstranten bewegte sich zum Rathaus **3** *umhergehen, sich drehen, sich bücken usw.;* ich kann mich hier frei b.; sie bewegt sich sehr graziös; sich viel in frischer Luft b. **4** *Umgang haben, verkehren;* er bewegt sich in ganz anderen Gesellschaftskreisen als ich **III** ⟨V.11, hat bewogen; mit Akk.⟩ *jmdn. b. (etwas zu tun) veranlassen, dazu bringen;* er bewog mich, noch keine Anzeige zu erstatten; ich konnte ihn nicht dazu b., sich zu entschuldigen; was hat dich bewogen, diesen Hund zu kaufen?
Be|weg|grund ⟨m.2⟩ *Grund, etwas zu tun, zu sagen, innere Veranlassung;* was für einen B. hat er gehabt, sich so zu verhalten?
be|weg|lich ⟨Adj.⟩ **1** *so beschaffen, daß man es bewegen kann;* ein ~er Henkel; ~es Kapital *Gegenstände des Vermögens, die man bewegen kann, z.B. Mobiliar, Tiere (im Unterschied zum Haus und Grundstück);* die Platte b. befestigt; der Schalter ist leicht, schwer b. **2** *geistig rasch denkend, rasch auffassend* **3** *sich gern bewegend, sich leicht bewegend, gelenkig, behende;* sie ist für ihr Alter noch sehr b. **3** *jedes Jahr an einem anderen Datum stattfindend;* ~e Feste (Ostern, Pfingsten)
Be|weg|lich|keit ⟨f., -, nur Sg.⟩ **1** *bewegliche Beschaffenheit* **2** *bewegliche Wesensart; geistige B. rasches Denkvermögen, rasche Auffassungsgabe*
be|wegt ⟨Adj.; nur als Attr. und mit „sein"⟩ **1** *voller Bewegung, sich stark bewegend;* ~e See **2** *voller Ereignisse, abwechslungsreich;* ein ~es Leben führen; eine ~e Vergangenheit haben; in einer ~en Zeit leben **3** *ergriffen, gerührt;* er war sehr b., tief b. von ihren Worten
Be|we|gung ⟨f.10⟩ **1** *Veränderung der Lage, der Stellung;* B. der Glieder; eine rasche, unvorsichtige B. machen; er näherte sich dem Tier mit langsamen, vorsichtigen ~en; der Zug setzte sich in B. **2** *das Sichbewegen, Umhergehen, Umherlaufen, sportliche Übungen;* sich B. machen; mir fehlt die B. in frischer Luft, er ist immer in B. **3** *Ergriffenheit, Rührung;* er ließ sich seine B. nicht anmerken; seine Stimme zitterte vor innerer B. **4** *Bestrebung einer großen Zahl von Menschen (um etwas Neues hervorzubringen), ein geistiges, politisches, weltanschauliches Ziel zu erreichen);* literarische, künstlerische, politische B.
Be|we|gungs|frei|heit ⟨f., -, nur Sg.⟩ **1** *Möglichkeit, sich leicht, unbehindert zu bewegen;* in diesem Mantel, in diesem Raum habe ich zu wenig B. **2** *Freiheit zum selbständigen Handeln*
be|weh|ren ⟨V.1, hat bewehrt; mit Akk.; †⟩ *jmdn. oder etwas b. bewaffnen*
be|wehrt ⟨Adj., o.Steig.; nur als Attr. und mit „sein"⟩ **1** ⟨†⟩ *bewaffnet* **2** *mit etwas, das als Waffe dienen kann, ausgestattet;* mit Krallen ~er Fuß; mit Stacheln ~es Tier
Be|weh|rung ⟨f., -, nur Sg.⟩ *im Stahlbeton Stahleinlage*
be|wei|ben ⟨V.1, hat beweibt; refl.; ugs., scherzh.⟩ *sich b. sich verheiraten (vom Mann)*
be|weih|räu|chern ⟨V.1, hat beweihräuchert; mit Akk.⟩ **1** *mit Weihrauch erfüllen* **2** ⟨meist übertr.⟩ *übertrieben, sentimental loben;* sich selbst b. **Be|weih|räu|che|rung** ⟨f., -, nur Sg.⟩
be|wei|nen ⟨V.1, hat beweint; mit Akk.⟩ *etwas oder jmdn. b. um etwas oder jmdn. weinen, weinend trauern, einen Verlust, einen Toten b.* **Be|wei|nung** ⟨f., -, nur Sg.⟩
be|wein|kau|fen ⟨V.1, hat beweinkauft; mit Akk.⟩ *norddt.; nur noch in der regionalen Wendung* eine Grabstelle b. *pachten oder*

Beweis

den Vertrag für eine Grabstelle erneuern [< nddt. *bewinkopen* „durch Weinkauf bestätigen" (*Weinkauf* „Trunk Bier oder Wein, mit dem man einen Handel bekräftigt")]

Be|weis ⟨m.1⟩ **1** *Umstand, der etwas bestätigt, Tatsache, die etwas bezeugt;* das ist ein B. dafür, daß ...; das ist kein B.!; einen B. für etwas führen *etwas beweisen;* haben Sie einen B., haben Sie ~e dafür?; jmdn. aus Mangel an ~en freisprechen **2** *stichhaltige, überzeugende Bestätigung;* den B. antreten, führen, daß sich etwas so und so zugetragen hat **3** *sichtbares, spürbares Zeichen;* einen B. seiner Liebe geben

be|wei|sen ⟨V.177, hat bewiesen; mit Akk.⟩ etwas b. **1** *den Beweis für etwas geben, liefern, durch Beweis glaubhaft machen;* eine Behauptung b.; seine Unschuld b.; ich kann b., daß es so ist; das ist eine Behauptung, die erst noch bewiesen werden muß **2** *durch eine Tat zeigen;* seinen Mut b.; er hat bewiesen, daß er es kann

Be|weis|grund ⟨m.2⟩ *Grund, der etwas beweist;* Beweisgründe anführen

Be|weis|kraft ⟨f., -, nur Sg.⟩ *Fähigkeit, Eignung, etwas zu beweisen;* seine Beteuerungen haben keine B.

be|weis|kräf|tig ⟨Adj.⟩ *fähig, etwas zu beweisen, stichhaltig beweisend;* ~e Zeugnisse, Schriftstücke

be|wen|den ⟨V.178; nur in den Wendungen⟩ wir wollen es dabei b. lassen *wir wollen es nicht weiter tun, es nicht weiter verfolgen;* damit soll es sein Bewenden haben *damit soll es genug sein, soll es erledigt sein*

be|wer|ben ⟨V.179, hat beworben; refl.⟩ sich (um etwas) b. **(für etwas)** *seine Arbeitskraft anbieten, sich (um etwas) bemühen;* es haben sich schon zahlreiche Interessenten beworben; sich um eine Stellung, ein Amt, die Zulassung zur Hochschule b.; sich um ein Mädchen b. *einem Mädchen einen Heiratsantrag machen*

Be|wer|ber ⟨m.5⟩ *jmd., der sich um etwas oder um ein Mädchen bewirbt oder beworben hat;* sie hat viele B.; einen B. ablehnen, annehmen

Be|wer|bung ⟨f.10⟩ *das Sichbewerben, Gesuch, Antrag;* meine B. hatte Erfolg; wir mußten viele ~en ablehnen

be|wer|fen ⟨V.181, hat beworfen; mit Akk.⟩ **1** etwas mit etwas b. *etwas an etwas werfen;* eine Wand mit Kalk b. **2** jmdn. mit etwas b. *etwas nach jmdm. werfen;* einen Redner mit Tomaten, faulen Eiern b.; jmdn. mit Schmutz b. (übertr.) *häßlich, abwertend, verleumderisch über jmdn. reden*

be|werk|stel|li|gen ⟨V.1, hat bewerkstelligt; mit Akk.⟩ *zustande, zuwege bringen* **Be|werk|stel|li|gung** ⟨f., -, nur Sg.⟩

be|wer|ten ⟨V.2, hat bewertet; mit Akk.⟩ **1** etwas b. *den Wert von etwas feststellen oder schätzen;* ein Bild mit 15000 DM b.; eine Leistung mit „Gut" b.; einen Gegenstand oder eine Leistung hoch, niedrig, gering b. **2** jmdn. b. *beurteilen;* jmdn. nur nach dem Äußeren b.

Be|wer|tung ⟨f.10⟩ *das Bewerten, Feststellung des Werts (von etwas),* es gibt ganz unterschiedliche ~en dieses Bildes

Be|wet|te|rung ⟨f., -, nur Sg.; in Untertagewerken im Bgb.⟩ *Zufuhr von Frischluft und Absaugung verbrauchter Luft*

be|wil|li|gen ⟨V.1, hat bewilligt; mit Akk.⟩ *genehmigen, erlauben;* eine Summe für einen bestimmten Zweck b.; jmdm. einen Zuschuß, drei Tage Urlaub b. **Be|wil|li|gung** ⟨f., -, nur Sg.⟩

be|will|komm|nen ⟨V.1, hat bewillkommnet; mit Akk.⟩ *willkommen heißen* **Be|will|komm|nung** ⟨f., -, nur Sg.⟩

be|wir|ken ⟨V.1, hat bewirkt; mit Akk.⟩ *hervorrufen, herbeiführen;* damit bewirkst du nur das Gegenteil von dem, was du willst;

Druck bewirkt Gegendruck **Be|wir|kung** ⟨f., -, nur Sg.⟩

be|wir|ten ⟨V.2, hat bewirtet; mit Akk.⟩ jmdn. b. *jmdm. etwas zu essen und zu trinken anbieten, geben;* einen Gast reichlich b.

be|wirt|schaf|ten ⟨V.2, hat bewirtschaftet; mit Akk.⟩ **1** *durch Wirtschaften leiten, führen, betreiben;* einen Bauernhof, ein Hotel, Restaurant b.; die Berghütte ist im Winter nicht bewirtschaftet **2** *landwirtschaftlich bearbeiten;* Land b. **3** *das Herstellen und Verteilen von etwas staatlich kontrollieren;* bestimmte Waren b.; Wohnraum b. **Be|wirt|schaf|tung** ⟨f., -, nur Sg.⟩

Be|wir|tung ⟨f., -, nur Sg.⟩ *das Bewirten;* freundliche, reichliche, dürftige B.

be|wit|zeln ⟨V.1, hat bewitzelt; mit Akk.⟩ etwas b. *Witze über etwas machen;* jmds. Bemerkung, jmds. Aussehen b.; ein Bild b.

be|woh|nen ⟨V.1, hat bewohnt; mit Akk.⟩ etwas b. **1** *in etwas wohnen, etwas als Wohnung haben;* eine Wohnung, ein Haus, ein Zimmer b. **2** *etwas als Wohnstätte haben;* ein Land, eine Insel b.

Be|woh|ner ⟨m.5⟩ *jmd., der etwas bewohnt;* die B. eines Hauses, einer Insel

be|wöl|ken ⟨V.1, hat bewölkt; refl.⟩ sich b.; Ggs. *entwölken* **1** *sich mit Wolken bedecken;* der Himmel bewölkt sich **2** (übertr.; in der Wendung) seine Stirn bewölkte sich *sein Gesichtsausdruck verfinsterte sich, wurde unfreundlich, bedrückt*

Be|wöl|kung ⟨f., -, nur Sg.⟩ *das Bewölktsein, das Bedecktsein des Himmels mit Wolken*

Be|wuchs ⟨m., -es, nur Sg.⟩ *das Bewachsensein mit Pflanzen, Pflanzendecke (Algen~)*

Be|wun|de|rer ⟨m.5⟩ *jmd., der jmdn. bewundert;* der Pianist hat viele B.; seine Kunst findet viele B.

Be|wun|de|rin ⟨f.10⟩ *weiblicher Bewunderer*

be|wun|dern ⟨V.1, hat bewundert; mit Akk.⟩ **1** etwas b. *staunend und anerkennend betrachten oder beurteilen;* ein Bauwerk b.; jmds. Leistung b.; jmds. neues Haus b. (ugs.) *anerkennend anschauen* **2** jmdn. b. *Verehrung und Anerkennung für jmdn. empfinden;* jmdn. wegen seiner Leistungen, Fähigkeiten b.

be|wun|derns|wert ⟨Adj.⟩ *so beschaffen, daß man es bewundern muß;* dein Mut, deine Geduld ist b.

Be|wun|de|rung ⟨f., -, nur Sg.⟩ *verehrende, staunende Anerkennung;* wir waren voll B. für seine Kunst, für seinen Mut; wir erstarrten in B. (iron.)

be|wun|de|rungs|wür|dig ⟨Adj.⟩ *Bewunderung verdienend*

Be|wurf ⟨m.2⟩ *Putz, mit dem eine Mauer beworfen ist*

be|wur|zeln ⟨V.1, hat bewurzelt; refl.⟩ sich b. *Wurzeln treiben, Wurzeln bekommen*

be|wußt ⟨Adj.⟩ **1** *erkennend, geistig wach, aufmerksam;* etwas b. wahrnehmen; er lebt b.; er hat diese Zeit b. erlebt **2** *mit Absicht, mit Willen;* ~e Täuschung; ~e Irreführung; ich habe das (ganz) b. getan **3** *sich einer Sache b. sein sich klar erkannt haben;* ich bin mir b., daß ich falsch gehandelt habe; ich bin mir dessen voll b.; er ist sich seines Fehlers (nicht) b.; er ist sich seines guten Aussehens sehr wohl b.; das ist mir jetzt b. geworden *das habe ich erst jetzt erkannt*

Be|wußt|heit ⟨f., -, nur Sg.⟩ *geistige Wachheit, Klarheit über etwas, Wissen um etwas;* die B., mit der das Kind dies alles schon tut, ist erstaunlich

be|wußt|los ⟨Adj., o.Steig.⟩ *ohne Bewußtsein*

Be|wußt|lo|sig|keit ⟨f., -, nur Sg.⟩ *Zustand ohne Bewußtsein;* tiefe, leichte, anhaltende B.; bis zur B. tun (ugs.) *etwas bis zum Überdruß tun*

Be|wußt|sein ⟨n., -s, nur Sg.⟩ **1** *geistige Klarheit, Fähigkeit, zu denken und zu erkennen;* das B. verlieren, wieder zu B. kommen;

er ist nicht, ist wieder bei B. **2** *Wissen um etwas, Erkenntnis, das Sichklarsein über etwas;* etwas kommt jmdm. zum B. *etwas wird jmdm. bewußt, klar;* sich etwas ins B. rufen; etwas mit vollem B. tun **3** *Überzeugung, Denken, Denkinhalt;* das politische, soziale B. eines Menschen, eines Volkes

bez. 1 ⟨Abk. für⟩ *bezahlt (auf Quittungen, Listen usw. als Vermerk)* **2** ⟨Abk. für⟩ *bezüglich*

Bez. 1 ⟨Abk. für⟩ *Bezeichnung* **2** ⟨Abk. für⟩ *Bezirk*

be|zah|len ⟨V.1, hat bezahlt; mit Akk.⟩ **1** etwas b. *Geld für etwas als Gegenleistung geben;* eine Arbeit, eine Ware b.; eine Rechnung b.; ich habe dafür 15 DM bezahlt; das habe ich teuer b. müssen (übertr.) *deswegen habe ich große Schwierigkeiten, Unannehmlichkeiten gehabt;* er hat seinen Leichtsinn mit dem Leben bezahlt *er mußte wegen seines Leichtsinns sterben;* das macht sich (nicht) bezahlt *das lohnt sich (nicht)* **2** jmdn. b. *jmdm. Geld als Gegenleistung geben;* jmdn. für eine Arbeit b.; er wird hoch, gut, schlecht bezahlt *er bekommt für seine Arbeit viel, wenig Geld*

Be|zah|lung ⟨f.10⟩ **1** ⟨nur Sg.⟩ *das Bezahlen;* die B. einer Schuld; er macht das nur gegen B. **2** *Gehalt, Lohn, Honorar*

be|zäh|men ⟨V.1, hat bezähmt; mit Akk.⟩ *zügeln, zurückhalten, in Grenzen, Schranken halten;* seinen Zorn, Unmut, seine Eßlust b.; bitte bezähme deine Ungeduld!; ich muß mich sehr b., wenn ich hier so viele leckere Dinge vor mir sehe

be|zau|bern ⟨V.1, hat bezaubert; mit Akk.⟩ jmdn. b. *einen Zauber auf jmdn. ausüben, mit einer gewissen magischen Kraft entzücken (so daß man ihr nicht schwer wieder an anderes denken kann);* sie bezaubert mich durch ihren Charme; das Buch hat mich bezaubert; die Sprache dieses Dichters bezaubert mich

be|zau|bernd ⟨Adj.⟩ **1** *einen Zauber ausübend;* sie hat einen ~en Charme **2** *entzückend, reizend;* das Mädchen, Kind ist b.; ich finde den Film b.; seine Freundin hatte ein ~es Kleid an

be|ze|chen ⟨V.1, hat bezecht; refl.⟩ → *betrinken*

be|zeich|nen ⟨V.2, hat bezeichnet; mit Akk.⟩ **1** etwas b. **a** *durch ein Zeichen herausheben, kenntlich machen;* Namen, Wörter durch Anstreichen, mit einem Kreuz b.; einen Weg durch Markierungen an den Bäumen b.; die Aussprache eines Vokals durch einen Akzent b. **b** *beschreiben, angeben;* können Sie die Stelle genauer b., wo Sie den Täter gesehen haben? **2** etwas oder jmdn. b. *nennen, benennen;* eine Krankheit b.; dieser Name bezeichnet mehrere Pflanzen; wie bezeichnet man ein solches Gebäude?; etwas als gut, hervorragend b.; jmdn. als großen Könner b.

be|zeich|nend ⟨Adj.⟩ *kennzeichnend, von anderen unterscheidend, charakteristisch;* diese Ausdrucksweise, dieses Verhalten ist b. für ihn

Be|zeich|nung ⟨f.10⟩ **1** ⟨nur Sg.⟩ *das Bezeichnen;* ein Akzent zur B. der Betonung **2** *Name, Benennung;* eine genaue B. für einen Gegenstand suchen; die B. ist falsch, richtig, treffend; mir fehlt die passende B. für sein Verhalten

be|zei|gen ⟨V.1, hat bezeigt; mit Akk.⟩ *zeigen, zum Ausdruck bringen;* jmdm. seine Dankbarkeit, Ehrerbietung, Teilnahme b.

Be|zei|gung ⟨f.10⟩

be|zeu|gen ⟨V.1, hat bezeugt; mit Akk.⟩ etwas b. *erklären, daß etwas so sei, bestätigen;* ich kann b., daß er um diese Zeit dort war; er hat durch Schriftstücke bezeugt; seine Handlungsweise bezeugt seine Redlichkeit; bezeugt sein *belegt, nachgewiesen sein;* dieses Wort ist bei Hans Sachs bezeugt

Be|zeu|gung ⟨f.10⟩ *das Bezeugen, Bestätigung*

be|zich|ti|gen ⟨V.1, hat bezichtigt; mit Akk. (und Gen.)⟩ *beschuldigen;* jmdn. oder sich selbst eines Fehlers, einer Schwäche b.; er hat mich bezichtigt, ich sei zu voreilig gewesen [zu mhd. *ziht* „Beschuldigung", zu *zihen,* ahd. *zihan* „beschuldigen, zeihen"] **Be|zich|ti|gung** ⟨f.10⟩

be|zie|hen ⟨V.187, hat bezogen⟩ **I** ⟨mit Akk.⟩ etwas b. **1** *überziehen, einen Bezug, eine Hülle über etwas ziehen;* das Bett (frisch) b.; Polstermöbel neu b. **2** *in etwas einziehen;* ein Haus, eine Wohnung b.; in einer Stadt Quartier b.; eine Universität b. ⟨†⟩ *an einer Universität zu studieren beginnen* **3** *sich gegen Entgelt schicken, liefern lassen;* Waren von einer bestimmten Firma b.; eine Zeitung, Zeitschrift b. **4** *regelmäßig bezahlt bekommen;* Gehalt, Rente, Pension b. **5** *erhalten, bekommen;* Prügel b.; woher beziehst du deine Informationen? ⟨leicht iron.⟩ *woher weißt du das so genau?* **6** ⟨*einen Platz*⟩ *einnehmen, sich auf etwas stellen;* Posten b.; einen klaren Standpunkt b. **7** etwas auf etwas b. *etwas in einen Zusammenhang mit etwas bringen;* ich habe diese Bemerkung auf den Vorfall von gestern bezogen; er bezieht alles auf sich **II** ⟨refl.⟩ sich b. **1** *sich (mit Wolken) bedecken;* der Himmel bezieht sich (mit Wolken) **2** sich auf etwas b. **a** *etwas betreffen, meinen;* seine Äußerung bezieht sich auf ein Gespräch mit mir von einigen Tagen **b** *an etwas anknüpfen, auf etwas zurückkommen;* er bezieht sich in seinem Brief auf das, was ich ihm vorher geschrieben habe; wir b. uns auf unser gestriges Telefongespräch und teilen Ihnen mit …

be|zie|hent|lich ⟨Präp. mit Gen.; †; Amtsspr.⟩ *mit Bezug auf;* b. Ihres Schreibens vom 1.4.1983

Be|zie|her ⟨m.5⟩ *jmd., der etwas bezieht;* B. von Zeitschriften

Be|zie|hung ⟨f.10⟩ **1** ⟨nur Sg.⟩ *das Sichbeziehen (auf etwas), Anspielung, Anknüpfung;* er sagte das mit B. auf unser Gespräch **2** *Verbindung (mit jmdm.), Bindung, Verbundenheit;* freundschaftliche, verwandtschaftliche, geschäftliche ~en; die politischen, wirtschaftlichen ~en beider Staaten; zwischen den beiden Familien bestehen keine ~en mehr; die B. zu jmdm. aufnehmen, abbrechen **3** *Zusammenhang (mit etwas);* zwischen beiden Wörtern bestehen keine sprachlichen ~en **4** *vorteilhafte Bekanntschaft;* er hat ~en zu hohen militärischen Stellen; seine ~en ausnutzen, einsetzen **5** *inneres Verhältnis, Fähigkeit, eine innere Verbindung herzustellen;* er hat keine B. zur Kunst; er hat eine B. zu Hunden **6** *Hinsicht;* in B. auf unsere Freundschaft ist sein Verhalten sehr wenig nett; in dieser B. kannst du ganz beruhigt sein; du hast in jeder B. recht; dieser Standpunkt ist in keiner B. vertretbar

Be|zie|hungs|ki|ste ⟨f., -, nur Sg.; ugs.⟩ *Lebensbereich, der mit Freundschaft, Partnerschaft, Liebe und Ehe zu tun hat*

be|zie|hungs|los ⟨Adj., o.Steig.⟩ **1** *ohne Beziehung;* er reiht die Wörter, Sätze scheinbar b. aneinander **2** *ohne innere Bindung, ohne Gemeinsamkeit;* sie leben b. nebeneinander

Be|zie|hungs|wahn ⟨m., -(e)s, nur Sg.⟩ *Wahnvorstellung, bei der neutrale Vorgänge der Umgebung auf die eigene Person bezogen werden*

be|zie|hungs|wei|se ⟨Konj.; Abk.: bzw.⟩ **1** ⟨wenn von zwei Dingen die Rede ist⟩ *im andern Fall;* ein Aerobiont ist ein Tier oder eine Pflanze, das b. die ohne Sauerstoff leben kann **2** *genauer gesagt;* ich bin entschlossen, b. ich habe mich damals entschlossen, meinen Beruf aufzugeben; ich bin b. wir sind beide schon dort gewesen

Be|zie|hungs|wort ⟨n.4⟩ *Wort, auf das sich ein Relativpronomen bezieht*

be|zif|fern ⟨V.1, hat beziffert; mit Akk.⟩ **1** *mit Ziffern versehen, mit Ziffern bezeichnen;* bezifferter Baß *mit Ziffern versehene Baßnoten zur Bezeichnung der Akkorde* **2** *mit etwas b. in einer Zahl ausdrücken;* wir müssen die Anzahl der Toten mit etwa 1000 b. **Be|zif|fe|rung** ⟨f., -, nur Sg.⟩

Be|zirk ⟨m.1⟩ **1** *abgegrenztes Gebiet, abgegrenzter Bereich* **2** ⟨Abk.: Bez.: in Ländern, Städten, Gemeinden⟩ *Verwaltungseinheit* **3** *Landstrich, Gegend*

be|zir|zen ⟨V.1, hat bezirzt; mit Akk.; ugs., scherzh.⟩ jmdn. b. *jmdn. in sich verliebt machen;* sie hat ihn bezirzt [nach der Zauberin Circe in Homers „Odyssee"]

Be|zo|ar, Be|zo|ar|stein ⟨m.1; bei Ziegen, Gemsen, Lamas⟩ *steinartiges, kugeliges Gebilde im Magen, bestehend aus Haaren, die beim Lecken aufgenommen wurden (früher als Heilmittel benutzt)* [< pers. *pādzahr* „Gegengift"]

Be|zo|ar|zie|ge ⟨f.11⟩ *Wildziege auf Kreta und in Vorderasien, Stammform der Hausziege*

Be|zo|ge|ne(r) ⟨m.17 bzw. 18⟩ → *Akzeptant*

Be|zug ⟨m.2⟩ **1** ⟨nur Sg.⟩ *das Beziehen;* der B. von Zeitungen, Zeitschriften **2** ⟨nur Sg.⟩ *das Sichbeziehen, Anspielung;* die B. auf den Vorfall von gestern abend war unnötig; er machte eine Andeutung, aber der B. war mir nicht klar *mir ist nicht klar, worauf sich die Andeutung bezogen hat* **3** *kurz für* Bezugnahme **4** ⟨in der Wendung⟩ in bezug auf *hinsichtlich;* in bezug auf das Wetter war unser Urlaub ein großer Erfolg; in bezug auf das Hotel blieb dagegen einiges zu wünschen übrig **5** *Überzug* (Bett~); die Bezüge wechseln **6** ⟨nur Pl.⟩ Bezüge *regelmäßige Einkünfte, Gehalt*

Be|zü|ger ⟨m.5; schweiz.⟩ *Bezieher (von Zeitschriften)*

be|züg|lich **I** ⟨Adj., o.Steig.; nur als Attr. und mit „sein"⟩ *sich beziehend;* ich werde jede darauf ~e Bemerkung überhören **II** ⟨Präp. mit Gen.; im Geschäftsverkehr Abk.: bez.⟩ *hinsichtlich;* b. unseres Urlaubs kann ich noch keinen Termin angeben

Be|zug|nah|me ⟨f., -, nur Sg.; Amtsspr.⟩ *das Bezugnehmen;* unter B. auf Ihr Schreiben vom 2. 5. 1983 teilen wir Ihnen mit *wir beziehen uns auf Ihr Schreiben*

be|zugs|fer|tig ⟨Adj., o.Steig.⟩ *fertig zum Beziehen, zum Einziehen;* ~e Wohnungen; die Wohnungen werden b. übergeben

Be|zugs|grö|ße ⟨f.11⟩ *Größe, mit der Werte verglichen werden können*

Be|zugs|per|son ⟨f.11⟩ *Person, von der jmd. seine Normen und Wertvorstellungen herleitet (bes. am Beginn der Entwicklung)*

Be|zugs|punkt ⟨m.1⟩ **1** *Punkt, auf den eine Messung, Zeichnung oder Darstellung bezogen wird* **2** *B. seiner Bestrebungen bzw. Sache, nach der sich jmd. ausrichtet, an der sich jmd. orientiert, Ziel;* der B. für sein Handeln ist immer das Geld

Be|zugs|satz ⟨m.2⟩ → *Relativsatz*

Be|zugs|sy|stem ⟨n.1⟩ *System (von Gedanken, Auffassungen), das einer Sache zugrunde liegt*

be|zu|schus|sen ⟨V.1, hat bezuschußt; mit Akk.⟩ etwas b. *einen Zuschuß für etwas geben;* ein Theater b.; das Theater wird hoch bezuschußt *dem Theater wird ein hoher Zuschuß gezahlt*

be|zwe|cken ⟨-k·k-; V.1, hat bezweckt; mit Akk.⟩ etwas b. *einen Zweck mit etwas verfolgen, verbinden;* mit dem Beschneiden der Sträucher bezwecke ich das Nachwachsen junger Triebe

be|zwei|feln ⟨V.1, hat bezweifelt; mit Akk.⟩ etwas b. *Zweifel an etwas haben, etwas nicht glauben;* ich bezweifle seine Aufrichtigkeit; ich bezweifle (stark), daß er das Geld für sich verwendet hat

be|zwin|gen ⟨V.188, hat bezwungen; mit Akk.⟩ **1** *etwas oder jmdn. besiegen;* eine Festung b.; einen Feind b. **2** *ein Tier b. bändigen, in Ruhe halten;* der Dompteur bezwang den unruhigen Löwen durch geschicktes Verhalten **3** *etwas b.* **a** *etwas überwinden, mit etwas fertig werden;* die letzte Strecke eines Weges, den Aufstieg auf einen Berg b.; einen Berg b. *ihn bis zum Gipfel besteigen;* ein ~der Blick *ein Blick, der Widerstand unmöglich macht;* sie ist von ~der Fröhlichkeit *von einer Fröhlichkeit, die keine trübe Stimmung aufkommen läßt* **b** *in Schranken halten, meistern, zurückhalten;* seinen Zorn, Schmerz b.

Bf. ⟨Abk. für⟩ *Bahnhof*

BfA ⟨Abk. für⟩ *Bundesversicherungsanstalt für Angestellte*

bfr ⟨Abk. für⟩ *belgische(r) Franc(s)*

BG ⟨abkürzendes Länderkennzeichen für⟩ *Bulgarien*

BGB ⟨Abk. für⟩ *Bürgerliches Gesetzbuch*

BGBl. ⟨Abk. für⟩ *Bundesgesetzblatt*

BGL ⟨Abk. für⟩ *Betriebsgewerkschaftsleitung*

Bhf. ⟨Abk. für⟩ *Bahnhof*

bi ⟨Adj., o.Steig., o.Dekl.; ugs.⟩ → *bisexuell*

Bi ⟨chem. Zeichen für⟩ *Wismut* [< neulat. *Bismutum*]

bi…, Bi… ⟨in Zus.⟩ *zwei…, doppel…,* z.B. bilateral, bisexuell [< lat. *bis* „zweimal, doppelt"]

bi|an|nu|ell ⟨Adj., o.Steig.; Bot.⟩ *zweijährig, zwei Jahre lebensfähig;* Syn. bienn [< lat. *bi…* „zwei" und *annus* „Jahr"]

Bi|ar|chie ⟨f.11⟩ *Doppelherrschaft* [< lat. *bi…* „zwei…, doppelt" und griech. *arche* „Herrschaft, Regierung"]

Bi|as ⟨[baiəs] n., -, nur Sg.; Marktforschung⟩ *Verzerrung von Meinungsumfrage-Ergebnissen durch subjektive Einflüsse und systematische Fehler* [< engl. *bias* „Vorurteil, Vorliebe"]

Bi|ath|let ⟨m.10⟩ *jmd., der den Biathlon betreibt*

Bi|ath|lon ⟨n.9⟩ *aus Schilanglauf und Schießübungen kombinierter sportlicher Wettbewerb* [< lat. *bi…* „zwei…" und griech. *athlon, athlos* „Wettkampf"]

bib|bern ⟨V.1, hat gebibbert; o.Obj.; ugs.⟩ *zittern;* vor Angst, vor Kälte b.

Bi|bel ⟨f.11⟩ **1** *heiliges Buch der Christen, Heilige Schrift* **2** ⟨übertr., ugs.⟩ *wichtiges Buch (das jmdm. viel bedeutet)* [< mhd. *biblie, bibel* „Buch", bes. „Buch der kirchenlat. < griech. *biblion* „Papierblatt, Buch", < *biblos, byblos* „Papyrusstaude" (die den Rohstoff zur Herstellung des ~ Papyrus lieferte), nach der phönik. Hafenstadt *Byblos,* wo der Papyrosbast verarbeitet und nach Griechenland verschifft wurde]

bi|bel|fest ⟨Adj.⟩ *die Bibel gut kennend, vieles aus der Bibel auswendig wissend*

Bi|bel|spruch ⟨m.2⟩ *Spruch aus der Bibel (der oft zitiert wird)*

Bi|ber **I** ⟨m.5⟩ *großes Nagetier mit plattem, beschupptem Schwanz (Biberkelle)* **II** ⟨m.5 oder n.5⟩ *Baumwollflanell in Köperbindung (stark angeraut bei beiden Seiten)* [germ. Stammwort mit der Grundbedeutung „der Braune"]

Bi|be|ret|te ⟨f.11⟩ **1** *dem Biberfell ähnlicher brauner Mohairplüsch* **2** *auf Biber zugerichtetes Kaninchenfell* [< *Biber* mit frz. Verkleinerungsendung *-ette*]

Bi|ber|geil ⟨n.1⟩ *Absonderung aus der Afterdrüse des Bibers (zur Herstellung von Seife und Parfüm benutzt)* [< mhd. *geil(e)* „Hoden"]

Bi|ber|nel|le ⟨f.11⟩ *ein weiß blühendes Doldengewächs;* Syn. Pimpernell, Pimpinelle [entstellt lat. *pimpinella*]

Bi|ber|rat|te ⟨f.11⟩ → *Nutria*

Bi|ber|schwanz ⟨m.2⟩ *flacher Dachziegel*

Bi|blia pau|pe|rum ⟨f., - -, -bliae -⟩ → *Armenbibel* [lat., ,,Bibel der Armen"]
Bi|blio|graph ⟨m.10⟩ *Hersteller einer Bibliographie*
Bi|blio|gra|phie ⟨f.11⟩ **1** *Bücherkunde* **2** *Bücherverzeichnis mit genauen Angaben von Titel, Verfasser, Erscheinungsort und -jahr, Seitenzahl usw.* [< griech. *biblion* ,,Buch" und *graphein* ,,schreiben"]
bi|blio|gra|phie|ren ⟨V.3, hat bibliographiert; mit Akk.⟩ *etwas b.* **1** *in eine Bibliographie aufnehmen* **2** *den Titel von etwas genau feststellen, ermitteln*
Bi|blio|klast ⟨m.10⟩ *jmd., der aus Sammelwut Seiten aus fremden Büchern herausreißt* [< griech. *biblion* ,,Buch" und *klasis* ,,das Zerbrechen", zu *klan* ,,zerbrechen"]
Bi|blio|ma|ne ⟨m.11⟩ *übertrieben leidenschaftlicher Büchersammler*
Bi|blio|ma|nie ⟨f.11⟩ *übertrieben leidenschaftliches Sammeln von Büchern* [< griech. *biblion* ,,Buch" und *Manie*]
bi|blio|phil ⟨Adj.⟩ **1** *bücherliebend* **2** *schön und kostbar ausgestattet;* ~e *Ausgabe* [→ *Bibliophilie*]
Bi|blio|phi|le(r) ⟨m., f.17 bzw. 18⟩ *Liebhaber und Sammler schöner Bücher*
Bi|blio|phi|lie ⟨f., -, nur Sg.⟩ *Freude an schönen Büchern* [< griech. *biblion* ,,Buch" und *philia* ,,Liebe, Zuneigung"]
bi|blio|phob ⟨Adj.⟩ *bücherfeindlich* [→ *Bibliophobie*]
Bi|blio|pho|be(r) ⟨m., f.17 bzw. 18⟩ *Bücherfeind*
Bi|blio|pho|bie ⟨f., -, nur Sg.⟩ *Abneigung gegen Bücher* [< griech. *biblion* ,,Buch" und *phobos* ,,Scheu, Furcht"]
Bi|blio|thek ⟨f.10⟩ Syn. *Bücherei* **1** *Büchersammlung,* **2** *Raum, Gebäude dafür* [< griech. *bibliotheke* ,,Büchersammlung, < *biblion* ,,Buch" und *theke* ,,Behältnis, Kasten, Kiste"]
Bi|blio|the|kar ⟨m.1⟩ *Angestellter in einer Bibliothek (mit besonderer Ausbildung)*
bi|blisch ⟨Adj., o.Steig.⟩ *zur Bibel gehörend, aus ihr stammend; die* ~en *Bücher*
Bi|bli|zis|mus ⟨m., -, nur Sg.⟩ *Auffassung, daß alle Aussagen der Bibel wörtlich zu verstehen seien und als Verhaltensnorm zu gelten hätten*
Bi|ci|ni|um ⟨n., -s, -ni|en; im 15./16. Jh.⟩ *kurzes, zweistimmiges Musikstück* [lat., ,,Zwiegesang", < *bini* ,,zwei, ein Paar" und *canere* ,,singen, tönen, blasen, (auf einem Instrument) spielen"]
Bick|bee|re ⟨f.11; norddt.⟩ → *Heidelbeere* [zu *Pech*, nach der Farbe]
bi|derb ⟨Adj.; †⟩ → *bieder*
Bi|det ⟨[-de] n.9⟩ *flaches, niedriges Waschbecken für die Reinigung des Unterleibes* [frz.]
Bi|don|ville ⟨[-dõvil] n.9; bes. in afrik. Städten⟩ *Elendsviertel* [frz., ,,Benzinkanisterstadt"]
bie|der ⟨Adj.⟩ **1** *rechtschaffen, ehrenhaft, zuverlässig* **2** *brav und ein wenig einfältig* [< spätmhd. *bider*, mhd. *biderbe*, ahd. *bidarbi* ,,brauchbar, nützlich, tüchtig"]
Bie|der|mann ⟨m.4⟩ *rechtschaffener, ein wenig einfältiger Mann*
Bie|der|mei|er ⟨n., -s, nur Sg.⟩ *Kunst-, Möbel- und Modestil in der ersten Hälfte des 19. Jahrhunderts* [nach Gottliebe Biedermeier, einer 1853 von dem Arzt Adolf Kußmaul erfundenen Figur, deren Namen sie ihr Freund Ludwig Eichrodt als Decknamen benutzte, um in den ,,Fliegenden Blättern" Gedichte zu veröffentlichen, in denen er die angeblich komischen Gedichte des Dorfschulmeisters S. F. Sauter parodierte und mit denen er den Typ des treuherzigen Spießers schuf]
Bie|der|sinn ⟨m., -(e)s, nur Sg.⟩ *rechtschaffene, aufrichtige Gesinnung*
Bie|ge ⟨f.11⟩ *Biegung, Kurve*
Bie|ge|fe|stig|keit ⟨f., -, nur Sg.⟩ *Widerstandsfähigkeit eines Körpers gegen Verformung durch Biegen*
bie|gen ⟨V.12, hat gebogen; mit Akk.⟩ *etwas b.* **1** *krumm machen, krümmen, (gegen leichten Widerstand) aus der geraden Richtung bringen; einen Draht b.; einen Zweig nach unten, oben b.; die Bäume b. sich im Wind; wir haben uns gebogen vor Lachen* ⟨ugs.⟩ *wir haben sehr gelacht; auf Biegen oder Brechen unbedingt, unter allen Umständen, auch mit Gewalt*
bieg|sam ⟨Adj.⟩ **1** *leicht zu biegen, biegbar;* ~er *Zweig* **2** *beweglich, geschmeidig;* ~*kig; einen* ~en *Körper haben* **3** ⟨übertr.⟩ *fügsam, leicht lenkbar; in diesem Alter ist ein Kind, ein Charakter noch b.* **Bieg|sam|keit** ⟨f., -, nur Sg.⟩
Bie|gung ⟨f.10⟩ *bogenförmige Abweichung von der geraden Richtung; die Straße, der Fluß macht hier eine B.*
Bien ⟨m., -(e)s, nur Sg.⟩ *Gesamtheit des Bienenvolks*
Bie|ne ⟨f.11⟩ **1** (i.w.S.) *ein Hautflügler mit rüsselartigen, zum Saugen von Blütensäften ausgebildeten Mundwerkzeugen* **2** (i.e.S.) → *Honigbiene;* Syn. ⟨landsch., auch geh.⟩ *Imme* [vielleicht zu einer idg. Wurzel *bhi-* ,,schweben, schwirren"]
Bie|nen|fleiß ⟨m., -es, nur Sg.⟩ *unermüdlicher Fleiß*
bie|nen|flei|ßig ⟨Adj., o.Steig.⟩ *unermüdlich fleißig*
Bie|nen|fres|ser ⟨m.5⟩ *Rackenvogel mit langem, gebogenem Schnabel und buntem Gefieder* [*lebt bes. von Hautflüglern, z.B. Bienen*]
Bie|nen|ho|nig ⟨m., -s, nur Sg.; Handelsbez. für⟩ → *Honig*
Bie|nen|kö|ni|gin ⟨f.10⟩ *fortpflanzungsfähige weibliche Biene;* Syn. *Weisel*
Bie|nen|korb ⟨m.2; Bienenzucht⟩ *spiralig verflochtener, kegelförmiger Strohkorb*
Bie|nen|stich ⟨m.1⟩ **1** *Stich einer Biene* **2** *mit blätterig geschnittenen Mandeln bestreute Schnitte aus Hefeteig (auch mit Creme gefüllt)*
Bie|nen|stock ⟨m.2⟩ *Kasten mit auswechselbaren Rähmchen zum Bau von Waben (als Wohnung für Bienen)*
Bie|nen|va|ter ⟨m.2; geh.⟩ → *Imker*
Bie|nen|wachs ⟨n., -es, nur Sg.⟩ *aus Bienenwaben gewonnenes, honigbraunes Wachs (u.a. zur Herstellung von Kerzen)*
Bie|nen|wei|de ⟨f., -, nur Sg.⟩ *Nährpflanze der Bienen*
Bie|nen|wolf ⟨m.2⟩ **1** *eine Grabwespe, die Bienen als Futter für die Brut fängt* **2** ⟨Bez. für einige⟩ *Buntkäfer, die bei Bienen schmarotzen*
bi|enn ⟨Adj., o.Steig.⟩ → *biannuell*
Bi|en|na|le ⟨f.11⟩ *alle zwei Jahre stattfindende Ausstellung und Vorführung von Werken der bildenden Kunst, der Musik und des Films (bes. in Venedig)* [ital., < lat. *biennalis* ,,zweijährig, zweijährlich" zu *biennium* ,,Zeitraum von zwei Jahren", < *bis* ,,zweimal" und *annus* ,,Jahr"]
Bi|en|ni|um ⟨n., -s, -ni|en⟩ *Zeitraum von zwei Jahren* [lat.; → *Biennale*]
Bier ⟨n.1⟩ **1** (i.w.S.) *Getränk, das durch alkoholische Gärung aus stärkehaltigen Rohstoffen entsteht und nicht destilliert wird (Mais* ~) **2** (i.e.S.) *alkoholisches, kohlensäurehaltiges Getränk aus Gerstenmalz, Hopfen und Wasser; das ist sein B.* ⟨ugs.⟩ *das ist seine Sache, das soll er machen, wie er will*
Bier|bank|po|li|ti|ker ⟨m.5⟩ → *Stammtischpolitiker*
Bier|baß ⟨m.2; ugs.⟩ *tiefe, kräftige Stimme*
Bier|deckel ⟨-k|k-; m.5; in Gasthäusern⟩ *(meist runder) Untersetzer aus Pappe für Gläser;* Syn. ⟨bayr.⟩ *Bierfilz*
Bier|ei|fer ⟨m., -s, nur Sg.; ugs.⟩ *übermäßiger Eifer*
bier|ei|frig ⟨Adj., o.Steig.; ugs.⟩ *übermäßig eifrig*
bier|ernst ⟨Adj., o.Steig.; ugs.⟩ *todernst*
Bier|filz ⟨m.1⟩ → *Bierdeckel* [urspr. aus Filz]
Bier|gar|ten ⟨m.8⟩ *Gaststätte, in der man im Freien trinken und essen kann*
Bier|he|fe ⟨f.11⟩ *in der Bierbrauerei verwendete Hefe;* Syn. ⟨süddt.⟩ *Gerbe*
Bier|idee ⟨f.11⟩ → *Schnapsidee*
Bier|lei|che ⟨f.11; ugs., scherzh.⟩ *jmd., der vom Bier volltrunken ist*
Bier|rei|se ⟨f.11; ugs., scherzh.⟩ *Besuche in mehreren Lokalen hintereinander zum Biertrinken*
Bier|ru|he ⟨f., -, nur Sg.; ugs., scherzh.⟩ *unerschütterliche Ruhe*
Bier|schin|ken ⟨m.7⟩ *Aufschnittwurst mit einer Einlage aus Schinken*
Bier|ver|lag ⟨m.1⟩ *Unternehmen für Zwischenhandel mit Bier*
Bier|wär|mer ⟨m.5⟩ *mit heißem Wasser gefülltes Metallgefäß, das ins Bierglas gehängt wird*
Bier|zei|tung ⟨f.10⟩ *von Mitgliedern einer geselligen Gruppe für diese hergestellte, witzige Zeitung*
Bier|zelt ⟨n.1; auf Volksfesten⟩ *großes Zelt, in dem vor allem Bier ausgeschenkt wird*
Bier|zip|fel ⟨m.5⟩ *Anhänger für die Uhrkette in den Farben einer Studentenverbindung*
Bie|se ⟨f.11⟩ **1** *abgenähte Zierfalte (z.B. an Damenblusen)* **2** ⟨an Uniformen⟩ *farbiger Vorstoß* [vermutlich zu frz. *bisette* ,,Besatz", < mndrl. *bisetten* ,,besetzen"]
bie|sen ⟨V.1, hat gebiest; o.Obj.⟩ *von Biesfliegen geplagt aufgeregt umherrennen; die Kuh biest*
Bies|flie|ge ⟨f.11⟩ → *Dasselfliege* [zu *biesen*]
Biest ⟨n.3; ugs.⟩ **1** *lästiges, unangenehmes Tier; das B. läßt sich nicht einfangen* **2** *gemeine, boshafte, intrigante Person* **3** *junges Mädchen, das sich seines Charmes bewußt ist und Männer immer wieder abblitzen läßt* **4** *Gegenstand (mit dem man Mühe hat); das B. springt nicht an* [Nebenform von *Bestie*]
bie|stig ⟨Adj.; ugs.⟩ *boshaft, intrigant*
Biest|milch ⟨f., -, nur Sg.⟩ *erste Milch der Kuh nach dem Kalben* [< ahd. *biost*, zur idg. Wurzel *bhu-* ,,schwellen"]
Biet ⟨n.1; schweiz.⟩ *Gebiet, meist in Verbindung mit Städtenamen (Basel*~) [Nebenform zu *Gebiet*]
bie|ten ⟨V.13, hat geboten⟩ **I** ⟨mit Akk.⟩ *etwas b. zeigen, vorführen; der Artist bot ausgezeichnete Leistungen; sie boten ein buntes Programm; nach dem Bombenangriff bot die Stadt einen schrecklichen Anblick* **II** ⟨mit Akk. oder o.Obj.; auf Versteigerungen⟩ *ein Angebot machen; er hat 500 DM für das Bild geboten; er hat eifrig mitgeboten; 500 DM – wer bietet mehr?* **III** ⟨mit Dat. und Akk.⟩ *jmdm. etwas b.* **1** *darreichen, zeigen; wir wollen unserem Gast etwas b. wir wollen ihm gutes Essen und gute Getränke vorsetzen und ihn unterhalten, ihm etwas zeigen; das ist alles, was ich b. kann* **2** *jmdm. die Möglichkeit geben, etwas zu nehmen, jmdm. etwas geben, geben wollen; jmdm. Geld, eine gute Stellung b.; jmdm. für ein Schmuckstück 1000 DM b.; jmdm. Unterkunft, Obdach b.* **3** *wünschen; jmdm. einen guten Morgen b.* **4** *entgegenhalten, hinhalten; jmdm. den Arm (als Stütze) b.; jmdm. die Hand (zum Gruß, zur Versöhnung) b.; jmdm. die Wange (zum Kuß) b.* **5** *zumuten; das hat mir noch niemand geboten; sich etwas b. lassen sich etwas gefallen lassen; das lasse ich mir nicht b.* **IV** ⟨refl.⟩ *sich b. sich zeigen, sichtbar werden; wenn sich eine günstige Gelegenheit, eine Möglichkeit dazu bietet; er fand keinen Vorwand bieten sich immer; als wir ins Zimmer traten, bot sich uns ein köstlicher, unbeschreiblicher Anblick*
Bie|ter ⟨m.5; auf Versteigerungen⟩ *jmd., der bietet (II);* Syn. *Lizitant*

bi|fi|lar ⟨Adj., o.Steig.⟩ *zweifädig, zweidrahtig* [< lat. *bi...* „zwei" und *filum* „Faden"]
Bi|fo|kal|glas ⟨n.4⟩ *Brillenglas mit zweifachem Schliff für Nah- und Fernsicht* [< lat. *bis* „zweimal" und *focus* „Brennpunkt", → *Fokus*]
Bi|fur|ka|ti|on ⟨f.10⟩ *Gabelung, Zweiteilung (z.B. eines Blutgefäßes, eines Tales)* [< lat. *bis* „zweimal" und *furca* „Gabel"]
Bi|ga ⟨f., -, -gen⟩ *antiker, mit zwei Pferden bespannter, zweirädriger Wagen* [< lat. *biga* „Zweigespann", eigtl. *biiuga*, < *bis* „zweimal" und *iugae*, Pl. Fem. zu *iugus* „zusammengehörig", zu *iugum* „Joch"]
Bi|ga|mie ⟨f.11⟩ *Ehe mit zwei Ehepartnern zugleich;* Syn. Doppelehe [< lat. *bigamus* „zweifach verheiratet", < *bis* „zweimal" und griech. *gamein* „heiraten"]
bi|ga|misch ⟨Adj., o.Steig.; nur als Attr. und Adv.⟩ *in der Art der Bigamie;* er hat b. gelebt
Bi|ga|mist ⟨m.10⟩ *jmd., der in Bigamie lebt*
Big Band [-bænd] ⟨f., -, -s⟩ *großes Jazzorchester* [engl.]
Big Bu|si|ness [-biznis] ⟨n., -, nur Sg.⟩ *Wirtschaftsform mit der Tendenz zum Großbetrieb und zu Unternehmenszusammenschlüssen* [engl.]
Bi|gno|nie ⟨[-njə] f.11⟩ *im tropischen Nordamerika heimische Kletterpflanze, Zierpflanze;* Syn. Trompetenblume [nach dem frz. Mönch Jean-Paul *Bignon*]
bi|gott ⟨Adj.⟩ *übertrieben, oberflächlich fromm, Frömmigkeit zur Schau stellend* [< frz. *bigot* „abergläubisch, buchstabengläubig, fromm", < angelsächs. *bī god* „bei Gott"; diese Fügung wurde als Schwurformel; sie wurde von den normann. Soldaten übernommen und später im Fränkischen Reich substantiviert und als Spottname für die Normannen gebraucht]
Bi|got|te|rie ⟨f., -, nur Sg.⟩ *bigottes Wesen oder Verhalten, zur Schau gestellte Frömmigkeit*
Bi|jou ⟨[-ʒu] n.9 oder m.9⟩ *Kleinod, Schmuckstück* [frz.]
Bi|jou|te|rie ⟨[-ʒu-] f.11⟩ **1** *(meist unechte) Schmuckwaren* **2** *Schmuckgeschäft* [frz., zu *bijou* „Kleinod, Juwel"]
Bi|ki|ni ⟨m.9⟩ *sehr knapper, zweiteiliger Badeanzug* [nach dem Atoll *Bikini* in den Marshallinseln]
bi|kon|kav ⟨auch [bi-] Adj., o.Steig.⟩ *beiderseits hohlgeschliffen;* ∼e Linse [< *bi...* und *konkav*]
bi|kon|vex ⟨auch [bi-] Adj., o.Steig.⟩ *beiderseits gewölbtgeschliffen;* ∼e Linse [< *bi...* und *konvex*]
bi|la|bi|al ⟨Adj., o.Steig.⟩ *mit beiden Lippen zugleich gebildet;* ∼e Laute: m, b, p [< lat. *bis* „doppelt" und *labial*]
Bi|la|bi|al ⟨m.1⟩ *mit beiden Lippen gebildeter Laut;* m, b, p
Bi|lanz ⟨f.10⟩ **1** *Gegenüberstellung von Vermögenswerten und Verpflichtungen zu einem bestimmten Zeitpunkt* **2** *(übertr.) Gegenüberstellung, abschließender Überblick;* B. machen ⟨ugs.⟩ *die persönlichen Möglichkeiten überprüfen;* die B. (aus etwas) ziehen *das Ergebnis (von etwas) feststellen* [< ital. *bilancio* in ders. Bed., zu *bilanciare* „ins Gleichgewicht bringen, ausgleichen", zu *bilancia* „Waage", → *Balance*]
bi|lan|zie|ren ⟨V.3, hat bilanziert; mit Akk.⟩ *etwas b. eine Bilanz über etwas aufstellen;* ein Konto b.
bi|la|te|ral ⟨Adj., o.Steig.⟩ *zweiseitig;* ∼e Verträge [< lat. *bis* „zweimal" und *latus* „Seite"]
Bilch ⟨m.1⟩ → *Schlafmaus* [slaw.]
Bild ⟨n.3⟩ **1** *figürliche Darstellung auf einer Fläche* (Öl-, Licht∼) *oder plastisch* (Stand∼); *lebende* ∼*er Darstellung von kleinen, unbewegten Szenen (die erraten werden müssen) durch eine Gruppe von Personen;* ein B. von jmdm. machen *jmdn. fotografieren;* er macht gute ∼er *er fotografiert gut;* sie ist ein B. von einem Mädchen ⟨ugs.⟩ *sie ist ein besonders schönes Mädchen* **2** *Anblick;* ein herrliches B. bot sich uns; es war im B. des Jammers **3** *Vorstellung;* nach deiner Beschreibung kann ich mir kein gutes B. ..., kann ich mir kein B. von ihm, von der Stadt machen; ich bin im ∼e *ich weiß Bescheid, ich kann es mir vorstellen;* jmdn. ins B. setzen *jmdn. über etwas aufklären, unterrichten* **4** *anschaulicher Ausdruck;* in ∼ern sprechen; ein B. als Vergleich gebrauchen **5** *Abschnitt eines Bühnenwerks;* ein Spiel in fünf ∼ern
Bild|agen|tur ⟨f.10⟩ *Unternehmen, das Bildmaterial beschafft, vertreibt und ausleiht*
Bild|auf|nah|me|röh|re ⟨f.11⟩ *Elektronenröhre, die ein optisches Bild in eine Folge elektrischer Signale umwandelt*
Bild|band ⟨m.2⟩ *Buch mit vielen Bildern und erläuterndem Text*
bil|den ⟨V.2, hat gebildet⟩ **I** ⟨mit Akk.⟩ **1** *etwas b. erzeugen, hervorbringen, schaffen;* eine Regierung, einen Ausschuß b.; ein Wort (neu) b.; der Baum bildet Blätter, Nadeln **b** *formen, herstellen;* eine Figur (aus Stein, Ton) b.; wir bildeten einen Kreis, eine Reihe, eine Gruppe; zu dem Wort „Licht" kann man zwei Pluralformen b.; der Markt bildet den Mittelpunkt einer Stadt; die Beschäftigung mit Kunst und Musik bildet einen Ausgleich für seine Berufsarbeit **2** *jmdn. b. jmdm. Bildung, Kenntnisse, Erkenntnisse vermitteln;* Jugendliche (geistig) b. **II** ⟨o.Obj.⟩ *Kenntnisse, Erkenntnisse, Erfahrungen vermitteln;* Reisen bildet; ∼de Bücher, Filme **III** ⟨mit Dat.⟩ (sich) **c** *sich etwas b. sich etwas erarbeiten, durch Nachdenken erlangen, eine Meinung b.;* sich ein Urteil über etwas oder jmdn. b. **IV** ⟨refl.⟩ sich b. **1** *entstehen;* hier hat sich eine Pfütze gebildet; an dieser Stelle bildet sich Hornhaut, neues Gewebe **2** *sich Kenntnisse, Erkenntnisse aneignen;* sich geistig b.
Bil|der|bo|gen ⟨m.7⟩ *Druckblatt mit einer Bilderfolge oder Bildergeschichte (mit den dazugehörigen Texten);* Münchner B.
Bil|der|buch ⟨n.4⟩ *Buch mit Bildern und (wenig) erzählendem Text (für Kinder)*
Bil|der|buch... ⟨in Zus.⟩ *wie im Bilderbuch, ideal, besonders schön,* z.B. ein Bilderbuchwetter, eine Bilderbuchlandschaft, ein Bilderbuchtor ⟨Fußb.⟩
Bil|der|rät|sel ⟨n.5⟩ *Rätsel, bei dem aus Bildern und einzelnen Wörtern oder ein Satz gebildet werden müssen;* Syn. Rebus
bil|der|reich ⟨Adj.⟩ **1** *reich an Bildern;* ein ∼es Buch **2** ⟨meist übertr.⟩ *reich an bildlichen, anschaulichen Ausdrücken;* er hat eine ∼e Sprache
Bil|der|schrift ⟨f.10⟩ *Schrift, die ein Wort, einen Satz oder einen Sachverhalt durch ein bildliches Zeichen wiedergibt (z.B. die Hieroglyphen, die chinesische Schrift, die Gaunerzinken);* Syn. Piktographie; vgl. Lautschrift, Silbenschrift
Bil|der|sturm ⟨m.2⟩ *Zerstörung von Heiligenbildern (bes. im 8. Jahrhundert und in der Reformation);* Syn. Ikonoklasmus
Bil|der|stür|mer ⟨m.5⟩ **1** *Teilnehmer am Bildersturm;* Syn. Ikonoklast **2** ⟨übertr.⟩ *jmd., der gegen überkommene, aber noch vertretbare Anschauungen kämpft*
Bild|flä|che ⟨f.11⟩ **1** *Fläche eines Bildes* **2** *Fläche, die ein fotografisches oder projiziertes Bild einnimmt;* auf der B. erscheinen ⟨übertr.⟩ *plötzlich erscheinen, plötzlich auftreten, kommen;* von der B. verschwinden ⟨übertr.⟩
Bild|fre|quenz ⟨f.10; Filmtechnik⟩ *Zahl der in der Sekunde erzeugten Bilder*
Bild|funk ⟨m., -(e)s, nur Sg.⟩ → *Bildtelegraphie*
Bild|guß ⟨m., -gus|ses, nur Sg.⟩ *Herstellung von Bildwerken durch Abgießen in eine negative Hohlform*
bild|haft ⟨Adj.⟩ *in der Art eines Bildes, anschaulich;* ∼e Ausdrucksweise
Bild|hau|er ⟨m.5⟩ *Künstler, der Bildwerke (bes. in Stein) herstellt*
Bild|hau|e|rei ⟨f., -, nur Sg.⟩ → *Bildhauerkunst*
Bild|hau|er|kunst ⟨f., -, nur Sg.⟩ *Gestaltung plastischer Bildwerke;* Syn. Bildnerei, Bildhauerei
bild|hübsch ⟨Adj., o.Steig.⟩ *sehr hübsch,* ⟨eigtl.⟩ *hübsch wie ein Bild, ebenmäßig und hübsch;* ein ∼es Mädchen
Bild|kon|ser|ve ⟨f.11; ugs.⟩ *gespeichertes Bildmaterial (für das Fernsehen)*
Bild|kraft ⟨f., -, nur Sg.⟩ *Anschaulichkeit, Kraft der bildlichen Darstellungsweise;* die B. seiner Sprache; er hat eine Sprache von außerordentlicher B.
bild|kräf|tig ⟨Adj.⟩ *voller Bildkraft, sehr anschaulich*
bild|lich ⟨Adj.⟩ *mit Hilfe eines Bildes, durch ein Bild;* ∼e Darstellung eines Menschen, eines Gegenstandes; ∼er Ausdruck *Ausdruck, der mit Hilfe eines Bildes etwas sagt;* vgl. Metapher; das war nur b. gesprochen, b. gemeint *das war übertrieben ausgedrückt, nicht wörtlich gemeint*
Bild|ma|te|ri|al ⟨n., -s, -li|en⟩ *aus Bildern bestehendes Material, Vorrat, Anzahl von Bildern;* in dem Buch ist reiches B. verarbeitet worden
Bild|mi|schung ⟨f.10; Fernsehen⟩ *Mischung von Bildern, die von verschiedenen Fernsehkameras gleichzeitig angeboten werden (zur Erzeugung von optischen Effekten)*
Bild|ner ⟨m.5⟩ **1** *jmd., der etwas im Bild darstellt (Licht∼)* **2** ⟨geh.⟩ *Bildhauer;* der B. mächtiger Statuen **3** *Sache, die etwas bildet (z.B. Säure)*
Bild|ne|rei ⟨f., -, nur Sg.⟩ → *Bildhauerkunst*
Bild|nis ⟨n.1⟩ *bildliche Darstellung eines Menschen;* Syn. Porträt
Bild|plat|te ⟨f.11⟩ *einer Schallplatte ähnlicher Informationsspeicher für Videosignale von Fernsehbildern*
Bild|re|dak|ti|on ⟨f.10⟩ *Abteilung eines Verlages, einer Zeitung oder Zeitschrift, die für die Beschaffung und Verarbeitung von Bildmaterial sorgt*
Bild|röh|re ⟨f.11⟩ *den Erfordernissen der Fernsehbildwiedergabe angepaßte Braunsche Röhre*
bild|sam ⟨Adj.⟩ *so beschaffen, daß man es bilden, formen kann;* ∼es Material; ein ∼er Charakter **Bild|sam|keit** ⟨f., -, nur Sg.⟩
Bild|schirm ⟨m.1⟩ *Ansichtsfläche einer Bildröhre*
Bild|schirm|zei|tung ⟨f.10; ugs.⟩ *Übermittlung von Text und graphischen Darstellungen auf ein Fernsehgerät*
Bild|schnit|zer ⟨m.5⟩ *Künstler, der Figuren in Holz (auch Elfenbein) schnitzt*
Bild|schnit|ze|rei ⟨f., -, nur Sg.⟩ *Kunst, Figuren in Holz (auch Elfenbein) zu schnitzen*
bild|schön ⟨Adj., o.Steig.⟩ *sehr schön,* ⟨eigtl.⟩ *schön wie ein Bild, ebenmäßig und schön*
Bild|stel|le ⟨f.11⟩ *Firma oder Abteilung eines Unternehmens (z.B. Verlages), die Bildmaterial sammelt, aufbewahrt und ausleiht oder verkauft*
Bild|stock ⟨m.2⟩ **1** ⟨bayr.-österr.⟩ *auf einem Pfeiler oder Sockel stehendes Kruzifix oder Heiligenbild* **2** *Druckstock für eine Abbildung*
Bild|te|le|gra|phie ⟨f., -, nur Sg.⟩ *Übermittlung von Bildern und Schriftzeichen auf elektrischem Wege (z.B. Telex);* Syn. Bildfunk
Bild|tep|pich ⟨m.1⟩ *Wandteppich mit figürlichen Darstellungen*
Bil|dung ⟨f.10⟩ **1** *das Bilden, Hervorbringen, Schaffen;* B. einer neuen Regierung; B.

von Gruppen, Vereinen **2** *das Sichbilden, Entstehen;* B. von neuem Körpergewebe **3** *Form, Gestalt;* die ebenmäßige B. ihres Gesichts, ihrer Hände; in den ~en der Wolken Figuren sehen **4** ⟨nur Sg.⟩ *Sichaneignen oder Vermittlung von Kenntnissen, Erkenntnissen, Erfahrungen;* geistige B.; ich muß etwas für meine B. tun; B. durch Lesen, Reisen **5** ⟨nur Sg.⟩ *mit Urteilsvermögen, Geschmack verbundene Gesamtheit von Kenntnissen, Erkenntnissen, Erfahrungen;* sich B. aneignen; B. haben; das zu wissen, gehört zur B. **6** ⟨nur Sg.⟩ *Takt und Güte* (Herzens~), *freundliches, gutes Benehmen;* er hat keine B.

bil|dungs|fä|hig ⟨Adj.⟩ *fähig zur geistigen Bildung*

Bil|dungs|ge|we|be ⟨n., -s, nur Sg.; Bot.⟩ *teilungsfähiges Gewebe;* Syn. Meristem

bil|dungs|hung|rig ⟨Adj.⟩ *bestrebt, sich Bildung (4) anzueignen*

Bil|dungs|lü|cke ⟨-k|k-; f.11⟩ *Fehlen von Kenntnissen innerhalb der Bildung (4);* eine B. schließen; diesen Schriftsteller nicht zu kennen ist eine B.

Bil|dungs|rei|se ⟨f.11⟩ *Reise zum Zweck der Bildung (4)*

Bil|dungs|ro|man ⟨m.1⟩ *Roman, in dem die geistige und charakterliche Bildung (Entwicklung) eines Menschen geschildert wird*

Bil|dungs|ur|laub ⟨m., -(e)s, nur Sg.⟩ *bezahlter Urlaub zum Zweck der Berufsfortbildung (für Arbeitnehmer)*

Bild|ver|stär|ker ⟨m.5⟩ → *Bildwandler*

Bild|wand|ler ⟨m.5⟩ *Elektronenröhre zur Umwandlung eines optischen Bildes in ein Bild auf dem Leuchtschirm einer Sichtröhre;* Syn. Bildverstärker

Bild|wer|bung ⟨f., -, nur Sg.⟩ *Werbung durch Bilder, z.B. durch Plakate, Kino und Fernsehen*

Bild|werk ⟨n.1⟩ *plastisch oder halbplastisch gestaltetes Bild, Werk der Bildhauerkunst*

bild|wirk|sam ⟨Adj.⟩ *Bildwirkung habend;* dieses Motiv ist nicht b., ist sehr b.

Bild|wir|kung ⟨f., -, nur Sg.⟩ *Wirkung, die von einem Bild, von Bildern ausgeht, Wirkung durch die Art, wie ein Bild gestaltet ist;* der Film ist von großer B., hat eine große B.

Bild|wör|ter|buch ⟨n.4⟩ *Wörterbuch, in dem Gegenstände, Personen, Tiere, Pflanzen durch Bilder erklärt werden*

Bil|ge ⟨f.11⟩ *tiefster Raum im Schiff über dem Kiel, in dem sich Leck- und Schmutzwasser ansammelt* [engl.]

Bil|har|zie ⟨[-tsio] f.11⟩ *tropischer Saugwurm, dessen Jugendform beim Aufenthalt des Menschen im Wasser durch dessen Haut eindringt* [nach dem Arzt Theodor Bilharz]

Bil|har|zio|se ⟨f.11⟩ *durch Bilharzien verursachte Krankheit*

bi|lin|gu|al ⟨Adj.⟩ → *bilinguisch*

bi|lin|gu|isch ⟨Adj., o.Steig.⟩ *zweisprachig* [< lat. *bis* „zweimal, doppelt" und *lingua* „Sprache, Zunge"]

Bi|li|ru|bin ⟨n., -s, nur Sg.⟩ *rötlichbrauner Gallenfarbstoff* [< lat. *bilis* „Galle" und *ruber* „rot"]

Bi|lis ⟨f., -, nur Sg.; fachsprachl. für⟩ *Galle* [lat.]

Bi|li|ver|din ⟨n., -s, nur Sg.⟩ *grüner Gallenfarbstoff* [< lat. *bilis* „Galle" und *viridis* „grün"]

Bill ⟨f.9⟩ **1** ⟨im brit. Parlament⟩ *Gesetzentwurf* **2** ⟨im engl.-amerik. Rechtsw. allg.⟩ *Urkunde* [engl.]

Bil|lard ⟨[-lj-] österr. [biljar] oder [bijar] n., -s, nur Sg.⟩ *Spiel, bei dem Kugeln mittels eines langen Stabes auf einem mit Tuch bespannten Tisch gestoßen werden* [frz., zu *bille* „Billardkugel, kleine Steinkugel, Murmel", < fränk. **bikil* „Knöchel, Knöchlein"]

bil|lar|die|ren ⟨V.3, hat billardiert; o.Obj.⟩ *Billard regelwidrig spielen*

Bill|ber|gie ⟨[-b*ε*rgjə] f., -, -gi|en⟩ *ein Bromeliengewächs, Zierpflanze* [nach dem schwed. Botaniker J. G. Billberg]

Bil|le¹ ⟨f.11⟩ *Rundung des Schiffshecks* [mnddt., zu *Ball*]

Bil|le² ⟨f.11⟩ *doppelschneidige Hacke* [< ahd. *billi* „Schwert, Streitaxt"]

Bil|let|doux ⟨[bijedu] n.9; †⟩ *Liebesbriefchen* [< frz. *billet doux*, „süßes Briefchen"]

Bil|le|teur ⟨[bijet*œ*r] m.1 oder m.9; österr.⟩ *Platzanweiser (im Theater)* [zu *Billett*]

Bil|lett ⟨[-lj*ε*t] n.9 oder n.1⟩ **1** ⟨†⟩ *Briefchen, Zettel mit einer Mitteilung* **2** ⟨veraltend⟩ *Eintrittskarte, Theater-, Fahrkarte* [< frz. *billet* „Briefchen, Einladungskarte, Bescheinigung, Schuldschein u.a.", < lat. *bulla*; → *Bulle*]

Bil|li|ar|de ⟨f.11⟩ *tausend Billionen;* Syn. ⟨USA⟩ Quadrillion

bil|lig ⟨Adj.⟩ **1** *wenig Geld kostend;* ~e Waren **2** ⟨nur als Adv.⟩ *für wenig Geld;* etwas b. abgeben, verkaufen, einkaufen; dort kann man b. leben **3** *dürftig, unansehnlich; das Kleid sieht b. aus* **4** *minderwertig, schlecht;* das ist eine ~e Schokolade (obwohl sie ziemlich teuer ist); die Schokolade schmeckt b. **5** *nichtssagend;* ~e Ausrede; jmdn. mit ~en Redensarten abspeisen; das klingt b., wenn ich das sage, schreibe **6** *dumm und kleinlich, dumm und nicht anständig;* sein Verhalten, seine Reaktion ist b. **7** *berechtigt, angemessen;* das ist ein ~es Verlangen; das ist nur recht und b. **8** ⟨nur als Adv.⟩ *mit Recht;* und so kann man b. sagen, daß ...

bil|li|gen ⟨V.1, hat gebilligt; mit Akk.⟩ *etwas b. gutheißen, mit etwas einverstanden sein;* ich billige deinen Plan; ich kann sein Verhalten nicht b.

Bil|lig|keit ⟨f., -, nur Sg.⟩ **1** *billige Beschaffenheit;* die B. der Waren erstaunt mich **2** *Berechtigung;* die B. seiner Forderung

Bil|li|gung ⟨f., -, nur Sg.⟩ *das Billigen*

Bil|lig|wa|re ⟨f.11⟩ *im Preis herabgesetzte Ware*

Bil|li|on ⟨f.10⟩ **1** *eine Million Millionen* **2** ⟨in den USA und der UdSSR⟩ *tausend Millionen, Milliarde* [frz., „tausend Millionen", früher „eine Million Millionen", < lat. *bis* „zweimal, doppelt" und frz. *million* „Million", zu *mille* „tausend"]

Bil|li|on|stel ⟨n.5⟩ *der billionste Teil*

Bil|sen|kraut ⟨n.4⟩ *giftiges Nachtschattengewächs mit schmutziggelb-violetter Blüte, auf Schutthalden*

Bi|lux|lam|pe ⟨f.11⟩ *elektrische Glühbirne mit zwei Glühdrähten verschiedener Helligkeit und Strahlenrichtung* [< *bi...* und lat. *lux* „Licht"]

Bi|me|tall ⟨n.1⟩ *zwei aufeinandergeschweißte oder -gewalzte Metallstreifen mit verschiedenen Wärmeausdehnungskoeffizienten (z.B. zur Temperaturmessung)*

Bi|me|tal|lis|mus ⟨m., -, nur Sg.⟩ *auf zwei Metallen (meist Gold und Silber) beruhende Währung;* Syn. Doppelwährung; Ggs. Monometallismus

Bim|mel ⟨f.11; ugs.⟩ *Klingel, Glocke*

Bim|mel|bahn ⟨f.10; scherzh.⟩ *Kleinbahn*

bim|meln ⟨V.1, hat gebimmelt; o.Obj.; mdt., norddt.⟩ *klingeln, läuten*

Bims ⟨m.1; kurz für⟩ *Bimsstein*

bim|sen ⟨V.1, hat gebimst; mit Akk., auch o.Obj.; ugs.⟩ *gründlich und mit Anstrengung lernen;* Vokabeln b.; ich muß noch Mathematik b.; für die Prüfung b.

Bims|stein ⟨m.1⟩ *schaumig aufgeblähtes Vulkangestein mit vielen Poren* [< lat. *pumex* „Schaumstein"]

bi|när ⟨Adj., o.Steig.⟩ *aus zwei Einheiten oder Teilen bestehend;* ~es Zahlensystem; ~er Logarithmus → *Logarithmus*

Bin|de ⟨f.11⟩ **1** *Stoffstreifen, als Schmuck* (Stirn~), *zur Kennzeichnung* (Arm~), *zum Schutz u.a.;* elastische B. **2** *Streifen aus Verbandstoff* (Mull~); den Arm in der B. tragen **3** *längliches, mit Zellstoff ausgefülltes, feines Netz zum Schutz der Kleidung bei der Regelblutung* (Damen~, Monats~) **4** *langes Tuch zum Wärmen* (Leib~) **5** ⟨†⟩ *Krawatte, Schlips;* ⟨noch in der Wendung⟩ einen hinter die B. gießen ⟨ugs.⟩ *einen Schnaps trinken*

Bin|de|ge|we|be ⟨n.5⟩ *(gallertartiges, faseriges oder netzförmiges) die Organe umhüllendes und stützendes Körpergewebe, z.B. in Knorpeln, Sehnen, bei Fettgewebe*

Bin|de|glied ⟨n.3⟩ **1** *verbindender Teil, Zwischenstück* **2** *vermittelnder, einen Übergang bildender Teil*

Bin|de|haut ⟨f.2⟩ *Schleimhaut (der Innenseite der Augenlider und des Augapfels bis zum Hornhautrand);* Syn. Konjunktiva

Bin|de|mit|tel ⟨n.5⟩ **1** ⟨Tech.⟩ *erhärtendes Mittel, das pulvrige, körnige oder andere Stoffe zusammenhält;* Syn. Binder (3) **2** ⟨bei Speisen⟩ *Mittel, das eindickt, z.B. Mehl* **3** ⟨Geol.⟩ *Material, durch das lockere Trümmergesteine zu festem Gestein verkittet werden*

bin|den ⟨V.14, hat gebunden⟩ **I** ⟨mit Akk.⟩ **1** *etwas b. a mit Faden, Draht, Band o.ä. befestigen, zusammenfügen;* Blumen (zum Strauß, zum Kranz) b.; einen jungen Baum an einen Pfahl b.; ein Faß (mit Reifen) b.; jmdm. die Hände b.; *fesseln;* mir sind die Hände gebunden *ich kann mich nicht frei entscheiden, ich kann nicht tun, was ich will* **b** *schlingen, verschlingen, knüpfen;* die Krawatte b.; ein Tuch um den Kopf b. **c** *durch Schlingen eines Bandes herstellen;* eine Schleife, einen Knoten b. **d** ⟨Chem.⟩ *festhalten;* ein Trockenmittel bindet Feuchtigkeit **e** *dicklich machen, dicken;* eine Soße mit Mehl b. **f** ⟨Mus.⟩ *miteinander verbinden;* Töne b. **2** *jmdn.* **a** *fesseln;* einen Gefangenen b.; sie brachten ihn gebunden vor den Richter **b** *an etwas, der Bewegung hindern;* Truppen b. **3** *an etwas gebunden sein* **a** *etwas unbedingt brauchen;* die Straßenbahn, Eisenbahn ist an Schienen gebunden **b** *verpflichtet sein, etwas einzuhalten, zu erfüllen;* ich bin an keine Zeit gebunden; der Auftrag ist an einen Termin gebunden *er muß bis zu einem bestimmten Termin ausgeführt sein;* er ist an seine Zusage gebunden; gebundene Rede *Ausdrucksweise in Versform, in bestimmten Rhythmus* **4** *an jmdn. gebunden sein verpflichtet sein, sich verpflichtet fühlen, bei jmdm. zu bleiben* **II** ⟨refl.⟩ *sich b.* **a** *verpflichten, etwas zu tun, etwas einzuhalten, zu erfüllen;* ich will mich an keinen Termin, an keine Zusage binden **2** *sich an jmdn.* **b** *eine feste Liebesbeziehung mit jmdm. eingehen, jmdn. heiraten;* sie ist noch nicht gebunden *sie ist noch nicht verlobt oder verheiratet*

Bin|der ⟨m.5⟩ **1** ⟨Bauw.⟩ **a** *(bei Ziegel- und Natursteinmauern) Stein, der mit seiner langen Seite senkrecht zur Außenfläche liegt;* Ggs. Läufer **b** → *Dachbinder* **2** *(früher) Erntemaschine, die das Getreide mäht und gleichzeitig zu Garben bindet* **3** → *Bindemittel* **4** → *Krawatte* **5** ⟨österr.⟩ → *Böttcher*

Bin|der|mes|ser ⟨m.5⟩ *Böttcherbeil mit breiter, gebogener Schneide*

Bin|de-s ⟨n., -, -⟩ *als Bindeglied zwischen die beiden Bestandteile eines zusammengesetzten Wortes geschobenes s, z.B. in Erholungsurlaub*

Bin|de|strich ⟨m.1⟩ *kurzer Querstrich als Bindeglied zwischen zwei Wörtern, z.B. in geistig-seelisch, anstelle eines wiederholenden Wortteils, z.B. in be- und entladen, oder als Abteilungszeichen am Ende der Zeile*

Bin|de|wort ⟨n.4⟩ → *Konjunktion*

Bin|de|wort|satz ⟨m.2⟩ → *Konjunktionalsatz*

Bind|fa|den ⟨m.8⟩ *dünne Schnur, Faden zum Binden*

bin|dig ⟨Adj.⟩ *schwer, zäh;* ~*er Boden*
...bin|dig ⟨in Zus.⟩ *in einer bestimmten Bindung gewebt, z.B. atlasbindig, köperbindig*
Bin|dig|keit ⟨f., -, nur Sg.⟩ *bindige Beschaffenheit*
Bin|dung ⟨f.10⟩ **1** *das Gebundensein, Verbundensein, das Sichbinden, bindende Beziehung; B. an einen Menschen, an einen Vertrag; eine B. eingehen; freundschaftliche* ~*en* **2** ⟨Chem.⟩ *Zusammenhalt der zu Molekülen vereinigten Atome (Atom*~*, Ionen*~*)* **3** ⟨Textiltechnik⟩ *Fadensystem, bei dem sich Kette und Schuß kreuzen (Köper*~*, Leinwand*~*)* **4** ⟨Sport⟩ **a** *Vorrichtung zur festen Verbindung von Schi und Schuh* **b** ⟨Fechten⟩ *der von der angebotenen Blöße abdrängende Kontakt der Klinge des Einladenden mit der des Gegners*
Bin|ge ⟨f.11; Bgb.⟩ *durch Einsturz alter Gruben entstandene, trichterförmige Erdvertiefung; auch: Pinge* [< mhd. *binge* „Vertiefung, Graben"]
Bin|gel|kraut ⟨n.4⟩ *Vertreter einer Gattung milchsaftloser Wolfsmilchgewächse (Wald*~*)* [vielleicht zu mundartl. *bingeln* „pinkeln", wegen der harntreibenden Wirkung]
Bin|kel ⟨m.14⟩ **1** ⟨österr.⟩ → *Bündel (1)* **2** ⟨bayr.⟩ **a** → *Beule* **b** *Kerl, dummer Kerl*
bin|nen ⟨Präp. mit Gen. oder Dat.⟩ *innerhalb (von);* b. *zweier Jahre oder zwei Jahren;* b. *24 Stunden;* b. *kurzem innerhalb kurzer Zeit*
bin|nen..., Bin|nen... ⟨in Zus.⟩ **1** *innerhalb, räumlich in, z.B. Binnenwanderung* **2** *meerfern, das Land betreffend, z.B. Binnenstaat*
bin|nen|bords ⟨Adv.; Mar.⟩ *innerhalb des Schiffes; Ggs. außenbords*
Bin|nen|fi|sche|rei ⟨f., -, nur Sg.⟩ *gewerblicher Fischfang in Binnengewässern*
Bin|nen|ge|wäs|ser ⟨n.5, Pl.; Sammelbez. für⟩ *stehende und fließende Gewässer des Festlands*
Bin|nen|han|del ⟨m., -s, nur Sg.⟩ *Handel innerhalb eines Staates*
Bin|nen|land ⟨n.4⟩ *meerferne Teile des Festlands; Ggs. Küstenland*
bin|nen|län|disch ⟨Adj., o.Steig.⟩ *das Binnenland betreffend, zu ihm gehörig, aus ihm stammend*
Bin|nen|markt ⟨m.2⟩ *Markt innerhalb eines Staates; mit Binnenmärkten*
Bin|nen|meer ⟨n.1⟩ *weitgehend vom Land umgebener Meeresteil*
Bin|nen|reim ⟨m.1⟩ *Reim in der Mitte der Zeile; Ggs. Endreim; vgl. Stabreim*
Bin|nen|schiff|fahrt ⟨-ff|f-; f., -, nur Sg.⟩ *Schiffahrt auf Flüssen, Binnenseen und Kanälen*
Bin|nen|staat ⟨m.12⟩ *Staat, der keine unmittelbare Verbindung zu den Weltmeeren hat*
Bin|nen|wan|de|rung ⟨f.10⟩ *Bevölkerungsbewegung innerhalb der Staatsgrenzen mit Verlegung des Wohnsitzes; B. Landflucht*
Bin|okel ⟨n.5⟩ *Brille, Fernrohr, Mikroskop für beide Augen* [< frz. *binocle* „Doppelfernrohr", < lat. *bini* „zwei, ein Paar" und *oculus* „Auge"]
bin|oku|lar ⟨Adj., o.Steig.⟩ *für beide Augen zugleich eingerichtet;* ~*es Sehen das dem Menschen und vielen Tieren eigene Sehen mit zwei Augen* [< lat. *bini* „zwei, ein Paar" und *Okular*]
Bi|nom ⟨n.1⟩ **1** *zweigliedriger Ausdruck, z.B.* ⟨Math.⟩ a + b, ⟨allg.⟩ *Dichter-Maler* **2** *zweigliedriger zoologischer oder botanischer Artname* [< bi... „zwei..." und nomen, Gen. nominis, „Name"]
bi|no|misch ⟨Adj., o.Steig.⟩ *in der Art eines Binoms, zweigliedrig;* ~*er Lehrsatz Formel zur Berechnung der Potenz zweigliedriger Klammerausdrücke, z.B.* $(a + b)^2 = a^2 + 2ab + b^2$

Bin|se ⟨f.11⟩ *eine grasähnliche Ufer- und Sumpfpflanze mit knotenlosen, stielrunden Halmen und unscheinbaren Blüten*
Bin|sen|wahr|heit, Bin|sen|weis|heit ⟨f.10⟩ *allgemein bekannte Wahrheit beziehungsweise Weisheit*
bio..., Bio... ⟨in Zus.⟩ **1** *leben(s)..., Leben(s)...* **2** *mit biologischen Mitteln gewonnen, ohne Anwendung der Chemie, umweltfreundlich, z.B. Bioessig, Biowaschmittel* [< griech. *bios* „Leben"]
Bio|che|mie ⟨f., -, nur Sg.⟩ *Wissenschaft von den chemischen Vorgängen in der belebten Welt*
Bio|feed|back [-fidbɛk] ⟨n., -, nur Sg.⟩ *Rückmeldung biologischer Prozesse an solche Zellen, die automatisch im Körper ablaufende Vorgänge bedarfsgerecht steuern*
Bio|gas ⟨n.1⟩ *Gas, das sich bei der Gärung organischer Abfälle bildet (z.B. Methan aus Schweinemist)*
bio|gen ⟨Adj., o.Steig.⟩ *von Lebewesen stammend;* ~*es Sediment aus Tier- oder Pflanzenresten entstandenes Sediment* [< bio... und ...gen]
Bio|ge|ne|se ⟨f., -, nur Sg.⟩ → *Entwicklungsgeschichte*
Bio|geo|gra|phie ⟨f.11⟩ *Wissenschaft von der Verteilung der Tiere und Pflanzen auf der Erde*
Bio|gramm ⟨n.1; Verhaltensforschung⟩ *Aufzeichnung der Lebensvorgänge innerhalb einer zusammengehörigen Gruppe* [< griech. *bios* „Leben" und *gramma* „Schriftzeichen, Schrift", zu *graphein* „schreiben"]
Bio|graph ⟨m.10⟩ *Verfasser einer Biographie*
Bio|gra|phie ⟨f.11⟩ **1** *Beschreibung der Lebensgeschichte einer Persönlichkeit* **2** *Lebensgeschichte, Lebenslauf einer Person* [< griech. *bios* „Leben" und *graphein* „schreiben"]
Bio|hum ⟨m., -, nur Sg.⟩ *organischer Handelsdünger auf der Basis von Torf und Klärschlamm* [< Bio... und Humus]
Bio|in|di|ka|tor ⟨m.13⟩ *Lebewesen, das bestimmte Umweltbedingungen anzeigt, sowohl durch sein Vorhandensein als auch durch sein Fehlen (z.B. bestimmte Algen in Seen)*
Bio|kli|ma|to|lo|gie ⟨f., -, nur Sg.⟩ *Wissenschaft von der Wirkung des Klimas auf das Leben*
Bio|ky|ber|ne|tik ⟨f., -, nur Sg.⟩ *Wissenschaft von den vielfältigen Wechselwirkungen einer Lebensgemeinschaft*
Bio|la|den ⟨m.8; ugs.⟩ *Laden, in dem u.a. Erzeugnisse aus biologisch-dynamischem Anbau und Lebensmittel zur makrobiotischen Ernährung verkauft werden*
Bio|lith ⟨m.10 oder m.12⟩ *Ablagerungsstein tierischer oder pflanzlicher Herkunft* [< Bio... und ...lith]
Bio|lo|ge ⟨m.11⟩ *jmd., der sich wissenschaftlich mit Biologie beschäftigt*
Bio|lo|gie ⟨f., -, nur Sg.⟩ *Wissenschaft von den Organismen* [< Bio... und ...logie]
bio|lo|gisch ⟨Adj., o.Steig.⟩ *die Biologie betreffend, zu ihr gehörig;* b.-*dynamisch mit organischen Dünge- und Pflanzenschutzmitteln arbeitend;* ~*es Alter aus bestimmten Entwicklungsmerkmalen errechnetes Alter;* ~*e Schädlingsbekämpfung Bekämpfung von Schädlingen ohne chemische Mittel, z.B. mit ihren natürlichen Feinden;* ~*e Waffen (völkerrechtswidrige) Waffen, bei denen Bakterien oder Schädlinge verwendet werden*
Bio|lo|gis|mus ⟨m., -, nur Sg.⟩ *einseitige Anwendung biologischer Betrachtungsweisen auf andere Wissensgebiete*
Bio|lu|mi|nes|zenz ⟨f., -, nur Sg.; bei Lebewesen⟩ *Leuchtvermögen (z.B. von Pilzen, Tiefseefischen)*
Bi|om ⟨n.1⟩ *Großregion von Lebensräumen mit typischer Tier- oder Pflanzenwelt, z.B. Taiga, Regenwald* [< Bio... und griech.

...*oma*, *Nachsilbe zur Bildung von Substantiven*]
Bio|mas|se ⟨f., -, nur Sg.⟩ *Lebendgewicht einer biologisch-ökologischen Einheit (z.B. von Insekten pro Hektar Waldboden)*
Bio|me|trie ⟨f., -, nur Sg.⟩ *Messung und Auswertung von biologischen Befunden* [< Bio... und ...metrie]
Bio|mor|pho|se ⟨f.11⟩ *ständiger Gestaltwechsel aller Lebewesen (vor der Geburt bis zum Tod)*
Bio|nik ⟨f., -, nur Sg.⟩ *Wissenschaft, die sich mit der Lösung technischer Fragen nach Vorbildern aus der Natur befaßt* [Kurzw. < *Biologie* und *Technik*]
Bio|phy|sik ⟨f., -, nur Sg.⟩ *Erforschung der physikalischen Vorgänge des Lebens*
Bi|op|sie ⟨f.11⟩ *Untersuchung von Gewebe u.ä., das dem lebenden Organismus entnommen wurde* [< Bio... und ...opsie]
Bio|re|ak|tor ⟨m.13; chem. und pharmazeut. Industrie⟩ *Behälter, in dem Mikroorganismen einen chemischen Prozeß durchführen*
Bio|rhyth|mus ⟨m., -, -men⟩ *rhythmischer Ablauf von Lebensvorgängen*
Bio|so|zio|lo|gie ⟨f., -, nur Sg.⟩ **1** *Hilfswissenschaft, die die Einwirkung biologischer Umstände auf soziologische Erscheinungen untersucht* **2** *Wissenschaft vom Zusammenleben von Tieren und Pflanzen*
Bio|sphä|re ⟨f., -, nur Sg.⟩ *von Lebewesen bewohnter oder bewohnbarer Teil der Erdoberfläche*
Bio|tech|no|lo|gie ⟨f., -, nur Sg.⟩ *Teilgebiet der Biowissenschaften, das sich darum bemüht, Bakterien, Algen und Hefen großtechnisch heranzuziehen*
Bio|tin ⟨n., -s, nur Sg.⟩ *Vitamin H*
bio|tisch ⟨Adj., o.Steig.⟩ *belebt, auf Lebewesen bezüglich*
Bio|top ⟨m.1 oder n.1⟩ *Lebensraum mit einheitlicher, von seiner Umgebung abgrenzbarer Beschaffenheit; Syn. Lebensraum* [< Bio... und griech. *topos* „Ort, Stelle"]
Bio|zid ⟨n.1⟩ *Schädlingsbekämpfungsmittel, das sowohl Pflanzen als auch Tiere tötet* [< Bio... und ...zid]
Bio|zö|no|se ⟨f.11⟩ *Zusammenleben von Mikroorganismen, Pflanzen und Tieren in einem Biotop* [< Bio... und griech. *koinos* „gemeinsam"]
Bi|pe|die ⟨f., -, nur Sg.; Anthropol.⟩ *aufrechte Dauerhaltung bei gestreckten Beinen, Zweifüßigkeit* [< lat. *bipes*, Gen. *bipedis*, „zweifüßig, Zweifüßer"]
bi|po|lar ⟨Adj., o.Steig.⟩ *mit zwei Polen (versehen)* [< lat. *bis* „zweimal, doppelt" und *polar*]
Bir|ke ⟨f.11⟩ **1** *Laubbaum mit weißer und dunkel quergestreifter Rinde* **2** ⟨o.Pl.⟩ *Birkenholz* [germ. Stammwort < idg. **bhereg*- „leuchten, weiß sein"]
Bir|ken|pilz, Bir|ken|röhr|ling ⟨m.1⟩ *eßbarer Röhrling mit braunem Hut und (birkenähnlich) schwarzweißem Stiel* [kommt häufig unter Birken vor]
Bir|ken|spin|ner ⟨m.5⟩ *ein eurasiatischer Nachtfalter* [Raupe und Schmetterling leben auf oder bei Birken, die Raupe „spinnt" ein pergamentartiges Gewebe]
Bir|ken|was|ser ⟨n., -s, nur Sg.⟩ *ätherisches Öl der Birkenknospen (zur Haarpflege)*
Birk|hahn ⟨m.2⟩ *männliches Birkhuhn (blauschwarz mit leierförmigem Schwanz); Syn.* ⟨Jägerspr.⟩ *Spielhahn*
Birk|huhn ⟨n.4⟩ *nordeurasiatisches Rauhfußhuhn, Wildhuhn in Heide und Moor* [ernährt sich u.a. von Birkenknospen]
Birk|wild ⟨n., -(e)s, nur Sg.; Jägerspr.⟩ *Birkhahn und Birkhenne*
Bir|ma|ne ⟨m.11⟩ *Einwohner von Birma; auch: Burmane*
bir|ma|nisch ⟨Adj., o.Steig.⟩ *Birma betreffend, zu ihm gehörig, aus ihm stammend;*

Birnbaum

auch: burmanisch; ~e Sprache *eine sinotibetische Sprache*

Birn|baum ⟨m.2⟩ *Baum aus der Familie der Rosengewächse; auch:* Birne (2)

Bir|ne ⟨f.11⟩ *1 Frucht des Birnbaums* *2* ⟨kurz für⟩ *Birnbaum 3* ⟨übertr., ugs.⟩ *Kopf;* einen Schlag an die B. bekommen; eine weiche B. haben *ein bißchen dumm, beschränkt sein* [< lat. *pirum* in ders. Bed.]

Birsch ⟨f., -, nur Sg.⟩ → *Pirsch*

Bi|rut|sche ⟨f.11⟩ → *Barutsche*

bis I ⟨Präp.⟩ *1* ⟨bezeichnet den Endpunkt eines Zeitabschnitts oder einen bestimmten oder unbestimmten Zeitpunkt⟩ bis jetzt, bis morgen; bis fünf Uhr; bis Ende des Jahres; bis zum 15. Mai; bis bald! ⟨ugs.⟩ *auf baldiges Wiedersehen!;* bis gleich, bis nachher, bis später! *wir sehen uns gleich, nachher, später wieder! 2* ⟨bezeichnet den Endpunkt einer Strecke oder einen Richtpunkt⟩ bis hierher; bis dorthin; bis an den Fluß; bis zum Bahnhof *3* ⟨bezeichnet das letzte Glied einer Anzahl, Menge⟩ der Saal war bis auf den letzten Platz besetzt *alle Plätze, auch der letzte Platz, waren besetzt;* alle bis auf einen *alle außer einem einzigen;* bis auf das letzte Kapitel ist das Buch fertig *außer dem letzten Kapitel* **II** ⟨als Adv. vor Zahlen⟩ *1* ⟨bezeichnet eine nicht genau bestimmte Menge⟩ *etwa;* vier bis fünf Stunden; zwei- bis dreimal *2* ⟨bezeichnet die obere Grenze⟩ Kinder bis 12 Jahre, bis zu 12 Jahren; ich kann dafür bis (zu) 50 DM ausgeben **III** ⟨als Konj.; bezeichnet den Endpunkt eines Zeitabschnitts⟩ er lief, bis er nicht mehr konnte; wir saßen draußen, bis es dunkel wurde; bis daß der Tod euch scheide ⟨†⟩

Bi|sam ⟨m.1⟩ *1 Fell der Bisamratte 2* ⟨†⟩ → *Moschus* [< hebr. *bêsem, bāsām* „Balsam, Wohlgeruch"]

Bisam... ⟨in Zus.; veraltend, außer im Namen Bisamratte meist durch Moschus... ersetzt⟩ *nach Moschus riechend,* z.B. Bisamente, Bisamhirsch, Bisamkraut, Bisamochse, Bisamrüßler

Bi|sam|rat|te ⟨f.11⟩ *nordamerikanische (in Europa eingeführte) fast kaninchengroße Wühlmaus mit biberähnlicher Lebensweise* [sondert aus einer Drüse einen nach Moschus riechenden Stoff ab]

Bi|schof ⟨m.2⟩ *oberster geistlicher Würdenträger eines begrenzten Gebietes* [< ahd. *biscof,* got. *aipiscaupus* „Bischof", < lat. *episcopus* „Aufseher, Bischof", < griech. *episkopos,* urspr. „Aufseher, Hüter, Wächter", dann auch „Bischof", zu *episkopein* „auf etwas sehen, beobachten"]

bi|schöf|lich ⟨Adj., o.Steig.⟩ *zu einem Bischof gehörig, ihm zustehend;* ~e Gewänder; der ~e Amtssitz

Bi|schofs|müt|ze ⟨f.11⟩ *1* → *Mitra 2* ⟨volkstümliche Bez. für⟩ *verschiedene Pflanzen und Tiere (z.B.* einen Igelkaktus, einen Lorchelpilz, eine Meeresschnecke)

Bi|schofs|sitz ⟨m.1⟩ *Hauptstadt eines Bistums und zugleich Amtssitz eines Bischofs*

Bi|se ⟨f.11; schweiz.⟩ *kühler, trockener Nord- bis Nordwestwind* [< ahd. *bisa* „Nordwind"]

Bi|se|xua|li|tät ⟨f., -, nur Sg.⟩ *1* ⟨Biol.⟩ *Doppelgeschlechtlichkeit 2 auf beide Geschlechter gerichtete Sexualität*

bi|se|xu|ell ⟨Adj., o.Steig.⟩ *1 auf beide Geschlechter zugleich gerichtet;* ~e Veranlagung *2 mit beiden Geschlechtern sexuell verkehrend;* Syn. ⟨ugs.⟩ *bi* [< lat. *bis* „zweimal, doppelt" und *sexuell*]

bis|her ⟨Adv.⟩ *bis jetzt, bis heute;* Syn. *bislang*

bis|he|rig ⟨Adj., o.Steig.; nur als Attr.⟩ *bisher stattgefunden habend, bisher vorhanden, bisher gewesen;* die ~en Verhandlungen haben nichts erbracht; die ~en Verträge werden ungültig; mein ~er Freund

Bis|kot|te ⟨f.11; österr.⟩ *Löffelbiskuit* [< ital. *biscotto,* < *bis* „zweimal" und *cotto* „gebacken;* → *Biskuit*]

Bis|kuit ⟨[-kvit] auch [bɪs-] n.9 oder n.1⟩ *leichtes Gebäck aus Mehl, Eiern und Zucker (ohne Fett)* [< frz. *biscuit* „Zwieback", < *bis* „nochmals" und *cuit* „gebacken"]

Bis|kuit|por|zel|lan ⟨[-kvit-] n., -s, nur Sg.⟩ *bei niedriger Temperatur gebranntes, unglasiertes, gelbliches Porzellan*

bis|lang ⟨Adv.⟩ → *bisher*

Bis|marck|he|ring ⟨m.1⟩ *in Essig eingelegter und entgräteter Hering* [zu Ehren von Fürst Otto von *Bismarck* so benannt, der gesagt haben soll, der Hering sei als Speise nur deshalb so wenig geachtet, weil der Fisch nicht selten genug ist]

Bis|mu|tum ⟨n., -s, nur Sg.; neulat. für⟩ *Wismut*

Bi|son ⟨m.9⟩ *nordamerikanisches Wildrind mit mächtigem Kopf, Buckel, Bart und Mähne* (Prärie-, Wald~) [lat., zu ahd. *wisunt;* → *Wisent*]

Biß ⟨m.1⟩ *1 das Beißen, Hineinbeißen mit den Zähnen;* B. in einen Apfel; keinen B. haben ⟨ugs.⟩ *keine Lust haben 2* → *Bißwunde* (Hunde~)

biß|chen I ⟨unbestimmtes Pron.⟩ *das b. das wenige;* das b. reicht bei weitem nicht; mit dem b. komme ich nicht aus; das b. Sonne wird dir nicht schaden; mit dem b. Geld kommst du nicht weit; ach du liebes b.! *(Ausruf des Erstaunens, Erschreckens);* „Hast du Angst?" „Ein b.!"; hast du ein b. Zeit? **II** ⟨in Verbindung mit „ein" auch als Adv.⟩ *ein wenig, etwas;* es regnet nur ein b.; es geht mir schon ein b. besser; sei mal ein b. still!

bis|sel ⟨bayr.⟩ → *bißchen*

bis|sen ⟨m.7⟩ *1 ein Mundvoll von einer Speise 2 kleine Speise, Happen;* einen B. essen; jmdm. keinen B. gönnen *jmdm. überhaupt nichts gönnen*

Bißgurn ⟨f., -, nur Sg.; bayr.-österr.⟩ *zänkische, böse Frau* [vielleicht < *Biß* und mhd. *gurre* „schlechte Stute, schlechtes Pferd"]

bis|sig ⟨Adj.⟩ *1* ⟨bei Tieren⟩ *schnell, gern zubeißend;* ein Hund *2* ⟨übertr.⟩ *scharf und höhnisch;* eine ~e Antwort, Bemerkung **Bis|sig|keit** ⟨f., -, nur Sg.⟩

Biß|wun|de ⟨f.11⟩ *durch Beißen entstandene Wunde*

Bi|ster ⟨m.5⟩ *aus Ruß gewonnene, braune Wasserfarbe* [< frz. *bistre* in ders. Bed.]

Bi|stro ⟨auch [biˈ-] n.9⟩, **Bi|strot** ⟨[-stro] n.9⟩ *in Frankreich⟩ kleine Gaststätte, Kneipe* [frz.]

Bis|tum ⟨n.4⟩ *Verwaltungsbezirk eines kath. Bischofs;* Syn. *Diözese*

bis|wei|len ⟨Adv.⟩ *manchmal, ab und zu*

bi|syl|la|bisch ⟨Adj., o.Steig.⟩ *zweisilbig* [< lat. *bis* „zweimal, doppelt" und *syllaba* „Silbe"]

Bit ⟨n.9; EDV⟩ *1 Ziffer des binären Zahlensystems (0 oder 1) 2 Einheit der Informationsmenge (Ja oder Nein)* (Kurzw. < engl. *binary digit* „binäre Zahl"; → *Digit*]

Bit|tag ⟨-t[t]- f.1; kath. Kirche⟩ *jeder der drei Tage vor Christi Himmelfahrt*

Bitt|brief ⟨m.1⟩ *Brief (bes. an eine höhere Stelle), in dem jmd. um etwas bittet*

bit|te *1 (Höflichkeitsformel zur Betonung einer Bitte, einer bittenden Frage, einer Aufforderung)* komm b. schnell her!; sei b. so freundlich und mach mir das b. leise!; kann ich b. eine Scheibe Brot haben?; können Sie mir b. sagen ...; „Möchtest du Kaffee oder Tee?" „Bitte Tee!"; „Ja, b.!" *2 (als Antwort auf Dank)* b.!, aber b.! *gern geschehen! 3 (Formel beim Geben, Anbieten)* hier, b.! *4 (Formel zur Höflichkeitsformel bei einer Äußerung zu wiederholen, weil man sie nicht verstanden hat)* wie b.?, ⟨auch kurz⟩ b.? *was hast du gesagt?, was haben Sie gesagt?*

Bit|te ⟨f.11⟩ *1 Wunsch;* ich habe eine B.; würden Sie mir eine B. erfüllen? *2 freundliche Aufforderung, höflich ausgedrückter Wunsch;* eine B. an jmdn. richten; eine Forderung in die Form einer B. kleiden; dringende, flehentliche B.

bit|ten ⟨V.15, hat gebeten; mit Akk.⟩ jmdn. b. *freundlich auffordern, einen höflichen Wunsch an jmdn. richten;* ich bitte dich, mir zu sagen, ob ...; ich bitte dich! (betont) *aber nein!, das ist doch nicht möglich!;* aber ich bitte Sie! (betont) *Sie brauchen sich doch nicht zu entschuldigen, das ist doch ganz selbstverständlich!;* jmdn. dringend b., etwas zu tun; jmdn. um Hilfe, um Verständnis b.; und zwar sofort, wenn ich b. darf! *(als nachdrückliche Bitte);* darum möchte ich sehr gebeten haben! *(als energische Bitte)* das muß ich verlangen!

bit|ter ⟨Adj.⟩ *1 sehr herb;* ~er Geschmack; ~e Schokolade; der Tee schmeckt b. *2* ⟨übertr.⟩ *schmerzlich, verletzend;* das ist b. für mich; eine ~e Enttäuschung *3 traurig und etwas hart;* sie ist durch Enttäuschung b. geworden; einen ~en Zug um den Mund haben *4 groß, stark;* ~er Ernst; ~e Not leiden; ~e Kälte *5* ⟨als Adv.⟩ *sehr, unendlich;* er hat mir b. leid getan; er ist b. enttäuscht

Bit|ter ⟨m.5⟩ *alkoholisches Getränk, das unter Verwendung bitter schmeckender Fruchtauszüge oder Pflanzenteile hergestellt wurde* (Kräuter~, Magen~)

bit|ter|bö|se ⟨Adj., o.Steig.⟩ *sehr böse;* er warf mir einen ~n Blick zu; ein ~r Feind

Bit|ter|en|zian ⟨m.1⟩ → *Bitterling* (2)

Bit|ter|keit ⟨f., -, nur Sg.⟩ *1 bittere Beschaffenheit;* ihre Worte gab mir zu denken *2 Traurigkeit (infolge Enttäuschungen)*

Bit|ter|klee ⟨m., -s, nur Sg.⟩ → *Fieberklee*

bit|ter|lich *1* ⟨Adv.⟩ *sehr, schmerzlich;* b. weinen *2* ⟨Adj.⟩ *leicht bitter;* ~er Geschmack; die Schokolade schmeckt b.

Bit|ter|ling ⟨m.1⟩ *1 kleiner eurasischer Karpfenfisch* [schmeckt bitter] *2 ein goldgelb blühendes Enziangewächs;* Syn. *Bitterenzian*

Bit|ter|man|del|öl ⟨n.1⟩ *aus Aprikosenkernen oder bitteren Mandeln gewonnenes, bleisäurehaltiges Öl*

Bit|ter|mit|tel ⟨n.5⟩ *Arznei mit pflanzlichen Bitterstoffen, die Magensaftabsonderung und Nervensystem anregen*

Bit|ter|nis ⟨f.1⟩ *1* ⟨nur Sg.⟩ *bittere Beschaffenheit, Bitterkeit 2 bittere Sache;* die ~se des Lebens

Bit|ter|pilz ⟨m.1⟩ → *Gallenröhrling*

Bit|ter|salz ⟨n.1⟩ *u.a. in Mineralquellen vorkommendes, kristallines Pulver mit bitterem Geschmack;* Syn. *Epsomsalz, Magnesiumsulfat*

Bit|ter|stoff ⟨m.1⟩ *pflanzliches Stoffwechselprodukt chemisch verschiedenartiger stickstoffreicher Substanzen (z.B. in Enziangewächsen)*

bit|ter|süß ⟨Adj., o.Steig.⟩ *bitter und süß zugleich, schmerzlich und doch auch schön;* eine ~e Liebesgeschichte

Bit|ter|süß ⟨n., -, nur Sg.⟩ → *Nachtschatten* [nach dem Geschmack der Pflanze]

Bit|ter|was|ser ⟨n.6⟩ *sulfathaltiges Wasser einer Bitterquelle, das mitunter Heilzwecken dient*

bit|te|schön ⟨Adv.⟩ → *bitte* (2,3)

Bitt|gang ⟨m.2⟩ *Gang, um eine Bitte vorzubringen*

Bitt|ge|such ⟨n.1; verstärkend⟩ *Gesuch*

bitt|lich ⟨Adj., o.Steig.⟩ *nur in der Wendung* wenn ich b. sein darf ⟨österr.⟩ *wenn ich bitten darf*

Bitt|schrift ⟨f.10⟩ *Schreiben (an eine höhere Stelle), das eine Bitte enthält*

Bitt|stel|ler ⟨m.5⟩ *jmd., der förmlich um etwas bittet*

Bi|tu|men ⟨n.7⟩ *aus Kohlenwasserstoff beste-*

hende, brennbare Masse von gelblicher bis braunschwarzer Farbe, die für Abdichtungen verwendet wird; Syn. Erdpech, Erdwachs [lat.]

bi|tu|mi|nie|ren ⟨V.3, hat bituminiert; mit Akk.⟩ mit Bitumen bestreichen

bi|tu|mi|nös ⟨Adj., o.Steig.⟩ Bitumen enthaltend

bit|zeln ⟨V.1, hat gebitzelt; o.Obj.⟩ 1 ⟨süddt., westdt.⟩ prickeln; Selterswasser bitzelt 2 ⟨mdt.⟩ kleine Stücke abschneiden

Bitz|ler ⟨m.5⟩ eben erst mit der Gärung einsetzender Weinmost [zu bitzeln, da er am Gaumen prickelt]

bi|va|lent ⟨Adj., o.Steig.⟩ zweiwertig [zu Bivalenz]

Bi|va|lenz ⟨f.10; Chem.⟩ Zweiwertigkeit [< bi... und Valenz]

Bi|wa ⟨f.9⟩ viersaitige japanische Laute [japan.]

Bi|wak ⟨n.1 oder n.9; bes. Mil. und beim Bergsteigen⟩ Nachtlager im Freien, Feldlager [< frz. bivouac in ders. Bed., < nddt. biwake „Beiwache, Nebenwache"]

bi|wa|kie|ren ⟨V.3, hat biwakiert; o.Obj.⟩ ein Biwak aufschlagen, im Biwak übernachten

bi|zarr ⟨Adj.⟩ 1 seltsam, ungewöhnlich; ~e Formen 2 launenhaft, wunderlich; ein ~er Kerl; er ist ein wenig b. [< frz. bizarre „wunderlich", < ital. bizarro „zornig, hitzig, jähzornig", zu bizza „Jähzorn"]

Bi|zar|re|rie ⟨f.11⟩ Seltsamkeit, Wunderlichkeit, wunderliches Benehmen

Bi|zeps ⟨m.1⟩ zweiköpfiger Beugemuskel (z.B. am Oberarm und Oberschenkel) [< lat. biceps „zweiköpfig"]

Bi|zi|nie ⟨[-njə] f.11⟩ → Bicinium

Bk ⟨chem. Zeichen für⟩ Berkelium

Bl. ⟨in bibliograph. Angaben Abk. für⟩ Blatt

Bla|bla ⟨n., -s, nur Sg.; ugs.⟩ nichtssagendes Gerede, Geschwätz

Bla|che ⟨f.11⟩ 1 → Blahe 2 → Blachfeld (1)

Blach|feld ⟨n.3⟩ 1 flaches Feld, Ebene 2 ⟨poet.⟩ Schlachtfeld [< mhd. blach, Nebenform von vlach „flach"]

Black|out ⟨[blɛkaʊt] n.9⟩ 1 plötzliches Dunkelwerden der Bühne beim Szenenschluß 2 kurze, witzige Szene mit einem solchen Schluß 3 Ausfall der Funkverbindung mit einem Raumschiff bei dessen Eintritt in die Atmosphäre 4 vorübergehender Verlust der Sehfähigkeit unter Einwirkung extremer Beschleunigung 5 Aussetzen der Wahrnehmungsfähigkeit oder des Bewußtseins [engl., Grundbedeutung „Verdunkelung", < black „schwarz" und out „aus"]

Black Po|wer ⟨[blæk paʊər] f., -, nur Sg.⟩ Freiheitsbewegung der US-amerikanischen Neger [engl., „schwarze Macht"]

blad ⟨Adj.; österr., derb⟩ dick, fett [wörtlich „geblüht"]

blaf|fen ⟨V.1, hat geblafft; o.Obj.⟩ 1 bellen, kläffen 2 schimpfen, schnauzen

Blag ⟨n.12⟩, **Bla|ge** ⟨f.11; ugs.; abwertend⟩ kleines, ungezogenes, lästiges Kind

Bla|he ⟨f.11⟩ Plane, grobes Leintuch; auch: Blache, ⟨österr.⟩ Plache

blä|hen ⟨V.1, hat gebläht⟩ I ⟨mit Akk.⟩ dick machen, aufblasen, schwellen; der Wind bläht die Segel, die Gardinen II ⟨o.Obj.⟩ Darmgase entwickeln und dadurch ein Völlegefühl im Bauch hervorrufen; Hülsenfrüchte b.; ~de Speisen III ⟨refl.⟩ sich b. 1 ⟨durch Luft⟩ prall werden, sich wölben; die Segel, Gardinen b. sich (im Wind) 2 ⟨†⟩ sich wichtig tun

Bläh|hals ⟨m.2; volkstümlich⟩ leichter Kropf

Bläh|sucht ⟨f., -, nur Sg.⟩ 1 ⟨Med.⟩ starke Gasbildung im Magen-Darm-Trakt (u.a. bei Verdauungsstörungen); Syn. Meteorismus 2 ⟨Tiermedizin⟩ → Trommelsucht

Bläh|ton ⟨m., -(e)s, nur Sg.⟩ durch Erhitzen auf hohe Temperaturen unter Gaszusatz (Blähen) hergestellter Ton (z.B. für Hydrokulturen)

Blä|hung ⟨f.10⟩ 1 das Blähen 2 übermäßige Bildung von Darmgasen bei Gärungsvorgängen; Syn. Darmwind, Flatulenz, Flatus, ⟨derb⟩ Furz

bla|ken ⟨V.1, hat geblakt; o.Obj.⟩ schwelen, rußen, rauchen; die Lampe blakt [nddt. „flackern, qualmen", wohl < griech. phlegein „flammen, brennen"]

blä|ken ⟨V.1, hat gebläkt; o.Obj.; sächs.⟩ schreien, plärren

Bla|ker ⟨m.5⟩ 1 reflektierender Metallschirm eines Wandleuchters 2 Leuchter mit solchem Schirm [zu blaken]

bla|ma|bel ⟨Adj., blamabler, am ~sten⟩ beschämend

Bla|ma|ge ⟨[-ʒə] f.11⟩ peinliche Beschämung (bes. vor anderen) [zu blamieren]

bla|mie|ren ⟨V.3, hat blamiert; mit Akk.⟩ (bes. vor anderen) beschämen, peinlich bloßstellen [< frz. blâmer „tadeln, rügen", zu blasphémer „lästern, schmähen, fluchen", → Blasphemie]

blan|chie|ren ⟨[blãʃi-] V.3, hat blanchiert; mit Akk.⟩ mit kochendem Wasser übergießen, brühen; Geflügel, Mandeln b. [< frz. blanchir „weiß machen, bleichen, abkochen", zu blanc, blanche „weiß"]

bland ⟨Adj.⟩ 1 mild, reizlos; ~e Diät 2 ruhig verlaufend; ~e Krankheit [< lat. blandus „sanft"]

blank ⟨Adj.⟩ 1 sauber und glänzend; ~e Fensterscheiben; den Fußboden, Tisch b. putzen, b. reiben 2 glänzend, leuchtend; ~e Augen haben; der ~e Hans die Nordsee bei Sturm [vielleicht wegen der weißen Schaumkronen] 3 (abgewetzt und daher etwas) glänzend; ~er Hosenboden; Ärmel b. scheuern abnutzen und dadurch glänzend machen 4 bloß, nackt; auf der ~en Erde sitzen; Schläge auf den ~en Hintern; ~er Unsinn barer, bloßer Unsinn, nichts als Unsinn 5 die ~e Waffe die aus der Scheide gezogene (Hieb- oder Stich-)Waffe; ich bin b. ⟨ugs.⟩ ich habe kein Geld mehr

Blank|aal ⟨m.1⟩ geschlechtsreifer, abwandernder, nicht mehr fressender Aal [nach dem „blanken", d.h. silberweiß glänzenden Bauch]

Blän|ke ⟨f., -, nur Sg.⟩ 1 Waldlichtung 2 Tümpel [zu blank]

Blan|kett ⟨n.1⟩ nicht völlig ausgefülltes aber unterschriebenes Formular, ⟨bes.⟩ Wechsel

blank|glü|hen ⟨V.1, hat blankgeglüht; mit Akk.⟩ Metall b. Metall (in einem Gas, das mit ihm keine chemische Reaktion eingeht) glühen, um eine glänzende Oberfläche zu erreichen

blan|kie|ren ⟨V.3, hat blankiert; mit Akk.⟩ etwas b. verkaufen, ohne es selbst schon gekauft zu haben [→ blanko]

Blank|leder ⟨n.5⟩ geglättetes Rindsleder

blan|ko ⟨Adv.⟩ unausgefüllt, aber unterschrieben; jmdm. einen Scheck b. geben [< ital. bianco „weiß, unbeschrieben", < frz. *blank „weiß"]

Blan|ko|ge|schäft ⟨n.1⟩ Blankokauf beziehungsweise -verkauf

Blan|ko|kauf ⟨m.2⟩ Kauf einer noch nicht verfügbaren Sache

Blan|ko|scheck ⟨m.9⟩ nicht ausgefüllter, aber unterschriebener Scheck; jmdm. einen B. ausstellen ⟨ugs.⟩ jmdm. unbeschränkte Handlungsvollmacht geben

Blan|ko|ver|kauf ⟨m.2⟩ (spekulativer) Verkauf einer Sache, die man noch nicht besitzt

Blan|ko|voll|macht ⟨f.10⟩ unbeschränkte Vollmacht

Blank|vers ⟨m.1⟩ fünffüßiger Jambus ohne Reim [< engl. blank verse „reimloser Vers", < blank „reimlos, leer" und verse „Vers", zu blanko und Vers]

blank|zie|hen ⟨V.187, hat blankgezogen; mit Akk. oder o.Obj.⟩ (die Hieb- oder Stichwaffe) aus der Scheide ziehen; den Säbel b.; er zog blank

Blas|balg ⟨m.2; österr.⟩ → Blasebalg

Bläs|chen|aus|schlag ⟨m.2; bei Rindern⟩ anzeigepflichtige Viruserkrankung mit Bildung von Bläschen und Geschwülsten an den Geschlechtsteilen

Bla|se ⟨f.11⟩ 1 ⟨Anatomie⟩ a häutiges oder muskuläres Hohlorgan (Gallen~, Frucht~, Schwimm~) b ⟨kurz für⟩ Harnblase; die B. entleeren; sich die B. erkälten 2 ⟨infolge Verletzung entstandener⟩ mit Flüssigkeit gefüllter Hohlraum unter der Haut (Blut~, Brand~); sich ~n laufen 3 mit Luft gefüllter Hohlraum in einem festen oder flüssigen Stoff (z.B. im Glas; im Wasser; Wasser~, Luft~) 4 ⟨übertr., abwertend⟩ Gruppe von Personen (die man nicht mag oder die einen stört)

Bla|se|balg ⟨m.2⟩ Gebläse, bei dem zwei durch einen Balg verbundene Platten gegeneinander bewegt werden; auch: ⟨österr.⟩ Blasbalg

bla|sen ⟨V.16, hat geblasen⟩ I ⟨mit Akk.⟩ etwas b. 1 durch Ausstoßen von Atemluft zum Tönen bringen; die Trompete, Flöte b. 2 auf einem Blasinstrument spielen; einen Marsch (auf der Trompete) b.; vgl. Marsch; jmdm. die Meinung b. ⟨ugs.⟩ jmdm. energisch die Meinung sagen; Trübsal b. trüber Stimmung sein 3 mittels Glasbläserpfeife und Atemluft herstellen; Glas b. 4 durch Ausstoßen von eingezogenem Tabakrauch erzeugen; Ringe b. 5 durch Wehen treiben; der Wind bläst mir Schnee, Staub ins Gesicht II ⟨o.Obj.⟩ 1 wehen; der Wind bläst mir direkt ins Gesicht 2 Atemluft ausstoßen; in die Hände b. (um sie zu erwärmen) 3 mittels Blasinstruments das Zeichen für etwas geben; zum Beginn der Jagd, zum Sammeln b.

Bla|sen|fü|ßer ⟨m.5⟩ Vertreter einer Gruppe bis etwa 5 mm großer Insekten mit stechendsaugenden Mundwerkzeugen, Pflanzensauger; Syn. Fransenflügler, Thrips [nach den Haftblasen an den Füßen]

Bla|sen|kä|fer ⟨m.5⟩ Vertreter einer weitverbreiteten Käferfamilie, der zum Teil ein auf der Haut Blasen verursachendes Gift enthält (z.B. Spanische Fliege)

Bla|sen|kam|mer ⟨f.11; Phys.⟩ Gerät zum Nachweis energiereicher, geladener Teilchen [in der Kammerflüssigkeit bilden sich um die Ionen der Teilchen Verdampfungsbläschen]

Bla|sen|ka|tarrh ⟨m.1⟩ Blasenentzündung

Bla|sen|keim ⟨m.1⟩ Blastula

Bla|sen|kir|sche ⟨f.11⟩ → Judenkirsche [nach dem blasig erweiterten Blütenkelch, der die Kirschenähnliche Frucht umwächst]

Bla|sen|mo|le ⟨f., -, nur Sg.⟩ krankhafte Veränderung der Chorinzotten des Mutterkuchens mit Bildung von Bläschen an dünnen Stielen [< lat. mola „Mühlstein"]

Bla|sen|spie|gel ⟨m.5⟩ → Zystoskop

Bla|sen|sprung ⟨m.2⟩ Zerreißen der Eihäute, die Kind und Fruchtwasser umschließen

Bla|sen|stein ⟨m.1⟩ fester Körper aus Harnsalzen in der Harnblase

Bla|sen|strauch ⟨m.2⟩ gelb blühender südeuropäischer Schmetterlingsblütler, Zierstrauch [nach der Frucht, einer aufgeblasenen Hülse]

Bla|sen|tang ⟨m.1⟩ Braunalge der kälteren Meere mit gasgefüllter Blase an den Enden der Verzweigungen

bla|sen|zie|hend ⟨Adj., o.Steig.⟩ Blasen auf der Haut hervorrufend; ~es Mittel Hautreizmittel zur Ausscheidung schädlicher Stoffe

Blä|ser ⟨m.5⟩ 1 Spieler eines Blasinstruments; Musik für B. 2 ⟨Bgb.⟩ Gasausbruch beim Anschlagen von gasgefüllten Hohlräumen im Gestein

Blä|ser|mu|sik ⟨f.10⟩ Kammermusik für Bläser

bla|siert ⟨Adj.⟩ eingebildet und eitel [< frz.

Blasiertheit

blasé ,,übersättigt, gleichgültig", zu *blaser* ,,abstumpfen, übersättigen"]

Bla|siert|heit ⟨f., -, nur Sg.⟩ blasiertes Wesen oder Verhalten

bla|sig ⟨Adj.⟩ **1** mit Blasen bedeckt **2** blasenähnlich

Blas|in|stru|ment ⟨n.1⟩ Musikinstrument, das durch Blasen zum Tönen gebracht wird, z.B. Flöte, Trompete

Blas|mu|sik ⟨f.10⟩ Musik für Blasinstrumente (vor allem unterhaltende, volkstümliche oder Militärmusik)

Bla|son ⟨[-sɔ̃] m.9⟩ Wappen, Wappenschild [frz., ,,Wappenschild, Wappenkunde", altfrz. ,,Schild"]

Blas|phe|mie ⟨f.11⟩ Gotteslästerung, Beschimpfung von etwas Heiligem [< griech. *blasphemia* ,,Lästerung, Schmähung", zu *pheme* ,,Ausspruch, Wort" (zu *phemi* ,,ich sage"); die Herkunft des ersten Wortteils ist dunkel, vielleicht über eine unbelegte Form *mlas < *melos ,,Fehler, Böses" oder < *blabos* ,,Schaden"]

blas|phe|misch, blas|phe|mi|stisch ⟨Adj.⟩ gotteslästerlich, Heiliges verhöhnend

Blas|rohr ⟨n.1⟩ **1** Rohr, durch das mit dem Mund Geschosse geblasen werden **2** Düse im Schornstein von Dampflokomotiven

blaß ⟨Adj., blasser, am blassesten oder blässer, am blässesten⟩ **1** ohne gesunde Farbe, blutleer, bleich; blasses Gesicht, blasse Wangen; b. aussehen; vor Schreck b. werden **2** matt, hell, nicht kräftig; blasse Farben; ein blasses Rot **3** schwach; ich habe nur eine blasse Erinnerung daran; ich habe keine blasse Ahnung, keinen blassen Dunst ich weiß davon gar nichts

blaß... ⟨in Zus. mit Farbbez.⟩ hell..., matt..., z.B. blaßblau, blaßrot

Bläs|se ⟨f.11⟩ **1** ⟨nur Sg.⟩ das Blaßsein; die B. seines Gesichts; ungesunde B. **2** → Blesse

Bläß|huhn ⟨n.4⟩ entengroßer, schiefergrauer Ralle mit weißem Stirnschild; Syn. (neue Bez.) Bläßralle; auch: Bleßhuhn [der Vogel mit der Blässe wirkt, wenn er an Land Futter sucht, wie ein Huhn]

bläß|lich ⟨Adj.⟩ etwas blaß; du siehst b. aus

Bläß|ral|le ⟨f.11⟩ neue korrigierende Bez. für⟩ Bläßhuhn

Bla|stem ⟨n.1⟩ noch nicht differenziertes, zu fortgesetzter Zellteilung fähiges Gewebe [< griech. *blastanein* ,,keimen"]

Bla|sto|derm ⟨n., -s, nur Sg.⟩ Zellwandung der Blastula [< griech. *blastos* ,,Keim" und *derma* ,,Haut"]

Bla|stom ⟨n.1⟩ nichtentzündliche Geschwulst [< griech. *blastos* ,,Keim, Sproß"]

Bla|sto|mere ⟨f.11⟩ Zelle, in die das befruchtete Ei bei der Furchung zerlegt wird; Syn. Furchungszelle [< griech. *blastos* ,,Keim, Sproß" und *meros* ,,Teil"]

Bla|stu|la ⟨f., -, nur Sg.⟩ tierischer Embryo am Ende der Furchungsphase; Syn. Blasenkeim [latinisierende Verkleinerungsform von griech. *blastos* ,,Sproß, Keim"]

Blatt ⟨n.4⟩ **1** (meist) flächiges Anhangsorgan der höheren Pflanzen, das dem Stoffwechsel und dem Wasserhaushalt dient (Laub~, Papier~) Syn. *Folium* **2** ⟨Tech.⟩ **a** dünn gepreßter Stoff (Papier~, Metall~) **b** (bei Werkzeugen) flacher Teil (Säge~, Ruder~) **3** gleichmäßig zugeschnittenes Stück Papier; ein B. Papier; leeres B.; lose Blätter ⟨als Mengenbez. Pl.⟩ 100 B. Schreibmaschinenpapier; kein B. vor den Mund nehmen *seine Meinung geradeheraus sagen*; das B. hat sich gewendet *es ist jetzt alles anders geworden*; er hat noch ein unbeschriebenes B. ⟨übertr.⟩ *er hat noch keine Erfolge, Leistungen aufzuweisen* **4** Abdruck, Abzug eines Holzschnitts, einer Radierung, eines Kupferstichs (Kunst~) **5** Zeitung, Zeitschrift (Tage~, Wochen~); die kleinen Blätter *die kleinen Zeitungen* **6** ⟨Kart.⟩ Gesamtheit der Karten, die ein Spieler beim Austeilen bekommen hat; ein gutes, schlechtes B. haben *eine günstige, ungünstige Zusammenstellung von Karten bekommen haben* **7** ⟨kurz für⟩ Notenblatt; vom B. singen, spielen *nach den Noten singen, spielen, ohne vorher geübt zu haben* **8** ⟨Jägerspr., beim Schalenwild⟩ vorderer, bis eine Handbreit hinter die Schulterblätter reichender Teil des Rumpfes

Blatt|te ⟨f.11⟩ Instrument zum Nachahmen des Fiepens der Ricke; auch: Blatter² [zu *blatten*]

blat|ten ⟨V.2, hat geblattet; o.Obj.; Jägerspr.⟩ auf einem Blatt oder auf der Blatte fiepen

Blat|ter¹ ⟨f.11⟩ Pockennarbe [< mhd. *blatere* ,,Blase"]

Blat|ter² ⟨m.5⟩ → Blatte

blät|te|rig ⟨Adj.⟩ → blättrig

Blät|ter|koh|le ⟨f.11⟩ aus zusammengeschwemmten Blättern entstandene Abart der Braunkohle

Blät|ter|ma|gen ⟨m.8; bei Wiederkäuern⟩ dritter Magenteil mit blattförmigen Längsfalten

Blat|tern ⟨f.11, Pl.⟩ → Pocken [zu Blatter¹]

blät|tern ⟨V.1, hat geblättert⟩ **I** ⟨o.Obj.⟩ hier und da auf einer Seite eines Buches lesen; in einem Buch b. **II** ⟨mit Akk.⟩ einzeln, Schein für Schein hinlegen; Geldscheine auf den Tisch b.

Blät|ter|pilz ⟨m.1⟩ ein Ständerpilz, z.B. Champignon, Knollen; Syn. Lamellenpilz [nach den blattähnlichen Lamellen an der Unterseite des Hutes]

Blät|ter|teig ⟨m.1⟩ Mehl-Wasser-Teig, der durch mehrmaliges Ausrollen mit Butter beim Backen blättrig aufgeht

Blät|ter|wald ⟨m., -(e)s, nur Sg.; scherzh.⟩ große Zahl von Zeitungen und Zeitschriften; im deutschen B.; es rauscht im B. *die Presse macht großes Aufhebens von einer Sache*

Blatt|ge|mü|se ⟨n.5; Sammelbez. für⟩ Gemüse, bei dem die Blätter gegessen werden, z.B. Spinat

Blatt|gold ⟨n., -(e)s, nur Sg.⟩ Gold in hauchdünnen Blättchen (zum Vergolden)

Blatt|grün ⟨n., -s, nur Sg.⟩ → Chlorophyll

Blatt|horn|kä|fer ⟨m.5⟩ Vertreter einer Überfamilie der Käfer, z.B. Hirschkäfer, Maikäfer [nach den Fühlern, die oft blattähnliche Anhängsel tragen]

Blatt|laus ⟨f.2⟩ Vertreter einer an Pflanzen saugenden Insektengruppe, Saftschmarotzer [die flügellose Generation wird mit Läusen verglichen]

Blatt|me|tall ⟨n.1⟩ dünne Metallblätter, z.B. Blattgold, Blattsilber

Blatt|pflan|ze ⟨f.11⟩ Zier- oder Zimmerpflanze, deren Wirkung auf Form oder Anordnung der Blätter, nicht der Blüten, beruht, z.B. Gummibaum

blätt|rig ⟨Adj.⟩ auch: blätterig **1** mit Blättern versehen **2** blattähnlich

Blatt|schnei|der ⟨m.5⟩ **1** eine südamerikanische Ameise, die Stücke aus Blättern schneidet und diese als Nährboden für Pilzzucht benutzt **2** eine Biene, die Stücke aus Blättern schneidet und damit ihre Brutzellen tapeziert

Blatt|spie|ler ⟨m.5⟩ jmd., der vom Blatt spielen kann; ein guter, schlechter B. sein

Blatt|sprei|te ⟨f.11⟩ → Spreite

Blatt|werk ⟨n., -(e)s, nur Sg.⟩ **1** Laubwerk **2** ⟨an spätgot. Altären, Kanzeln und Kirchenmobiliar⟩ Zierform aus Ranken und Blättern

Blatt|wes|pe ⟨f.11⟩ ein Hautflügler, dessen Larven zum Teil Blattschädlinge sind (Kirsch~)

Blatt|zeit ⟨f.10; bei Rehen⟩ Brunftzeit [weil der Bock dann durch Blatten angelockt werden kann]

blau ⟨Adj.⟩ **1** in der Farbe des Himmels; ~es Blut in den Adern haben ⟨iron.⟩ *adelig sein*; ~er Fleck *anfangs violetter, dann grünlicher bis gelber Fleck auf der Haut infolge Blutaustritt aus den Gefäßen nach Einwirkung von stumpfer Gewalt*; die ~en Jungs *die Matrosen*; ~en Montag machen, halten *das Wochenende bis zum Montag verlängern*, ⟨allg. auch⟩ *müßiggehen* [urspr. der Montag vor Fastnacht, der früher mit Volksbelustigungen gefeiert wurde; im 16. Jh. wurde es bei den Handwerksgesellen üblich, nach der durchzechten Nacht vom Sonntag auf den Montag den halben oder ganzen Tag der Arbeit fernzubleiben; die Herkunft von ,,blau" in diesem Zusammenhang ist nicht sicher]; du wirst dein ~es Wunder erleben! *du wirst noch staunen!*; etwas b. färben **2** ⟨übertr., ugs.⟩ *betrunken*; er ist völlig b.

Blau ⟨n., -s, nur Sg.⟩ blaue Farbe; sie geht in B. *sie ist blau gekleidet*; Fahrt ins ~e *Fahrt mit unbekanntem Ziel*; das ~ vom Himmel herunter lügen *stark lügen*; der ~e Reiter *Münchener Künstlervereinigung expressionistischer Maler*

Blau|al|ge ⟨f.11⟩ eine einzellige oder Kolonien bildende Pflanze mit bakterienähnlichem Bau der Zellwände [oft blau gefärbt]

blau|äu|gig ⟨Adj., o.Steig.⟩ **1** mit blauen Augen; ~es Kind **2** ⟨übertr., ugs.⟩ arglos, treuherzig, naiv

Blau|bart ⟨m.2⟩ Frauenmörder [nach dem Ritter B. im Märchen, der seine Frauen umbringt, weil sie seinem Gebot nicht gehorchen]

Blau|bee|re ⟨f.11⟩ → Heidelbeere

blau|blü|tig ⟨Adj., o.Steig.; iron.⟩ adelig

Blau|buch ⟨n.4⟩ in Großbritannien amtliche Veröffentlichung zur Außenpolitik mit blauem Umschlag

Bläue ⟨f., -, nur Sg.⟩ blaue Beschaffenheit, blaue Färbung; der Himmel strahlte in herrlicher B.

blau|en ⟨V.1, hat geblaut; o.Obj.⟩ blau leuchten; über uns blaute der Himmel

bläu|en ⟨V.1, hat gebläut; mit Akk.⟩ blau färben

Blau|fäu|le ⟨f., -, nur Sg.⟩ bläuliche Verfärbung durch Pilzwucherung (bei gefälltem Nadelholz)

Blau|fel|chen ⟨m.7⟩ Renkenart (geschätzter Speisefisch) [→ Felchen]

Blau|feu|er ⟨n.5⟩ nächtliches Schiffssignal zur Anforderung eines Lotsen

Blau|fuchs ⟨m.2; Pelzhandel⟩ blaugraue Farbvariante des Polarfuchses

blau|grau ⟨Adj., o.Steig.⟩ grau mit blauem Schimmer

blau|grün ⟨Adj., o.Steig.⟩ grün mit blauem Schimmer

Blau|kehl|chen ⟨n.7⟩ eurasiatischer Singvogel [nach der leuchtend blauen Kehle des Männchens]

Blau|kis|sen ⟨n.7⟩ → Aubrietie

Blau|kraut ⟨n., -(e)s, nur Sg.; bayr.⟩ → Rotkraut [bei der etwas anderen Zubereitungsart wird die Farbe mehr blauviolett]

Blau|kreuz|ler ⟨m.5⟩ jmd., der dem Blauen Kreuz, einer Vereinigung zur Betreuung von Alkoholikern, angehört

bläu|lich ⟨Adj.⟩ leicht blau, mit blauem Schimmer

Blau|licht ⟨n.3⟩ periodisch blinkendes Licht von blauer Farbe (zur Kennzeichnung von Kraftfahrzeugen der Polizei, Feuerwehr u.a.)

Bläu|ling ⟨m.1⟩ ein kleiner Tagfalter [die Männchen sind meist blau gefärbt]

blau|ma|chen ⟨V.1, hat blaugemacht; o.Obj.⟩ nicht arbeiten; ich mache ein paar Tage blau; vgl. blau (1)

Blau|mann ⟨m.4; ugs.⟩ blauer Arbeitsanzug, blauer Overall

Blau|mei|se ⟨f.11⟩ weitverbreitete Meisenart mit himmelblau gefärbtem Oberkopf sowie Blau an Schwanz und Flügeln

Blau|pa|pier ⟨n., -(e)s, nur Sg.⟩ dünnes Pa-

pier mit einseitiger, blau abfärbender Schicht (für Durchschriften)

Blau|pau|se ⟨f.11; früher⟩ *Lichtpause mit weißer Zeichnung auf blauem Grund*

Blau|racke ⟨-k|k-; f.11⟩ *eurasiatisch-nordafrikanische Racke, hähergroßer, himmelblau und rotbraun gefärbter Vogel;* Syn. ⟨veraltend⟩ *Mandelkrähe*

blau|rot ⟨Adj., o.Steig.⟩ *rot mit blauem Schimmer*

Blau|säu|re ⟨f., -, nur Sg.⟩ *giftige, farblose Säure (u.a. in bitteren Mandeln und Obstkernen)* [ihre Salze können zur Herstellung blauer Farben verwendet werden]

blau|schwarz ⟨Adj., o.Steig.⟩ *schwarz mit blauem Schimmer*

Blau|stern ⟨m.1⟩ *hellblaue Frühjahrsblume lichter Laubwälder mit sternförmigen Blütenblättern*

Blau|strumpf ⟨m.2⟩ *ihre Emanzipiertheit und geistige Bildung einseitig betonende Frau* [in der Form „Blaustrumpfgesellschaft" 1757 von Admiral Boscawen geprägte Bez. für einen gesellig literarischen Kreis, in dem ein Gelehrter verkehrte, der blaue oder graue Strümpfe trug und damit zu erkennen gab, daß es ihm auf Äußerlichkeiten nicht ankam; die Bez. ging dann auf literarische, politisierende, von Damen veranstaltete Gesellschaften über; die Mitglieder dieser Gesellschaften wurden *Blaustrümpfe* genannt]

Blau|sucht ⟨f., -, nur Sg.⟩ *Blaufärbung von Haut und Schleimhäuten (bei Herzfehlern und Lungenkrankheiten)*

Blau|tan|ne ⟨f.11⟩ *grünblaue Abart der Fichte, Zierpflanze*

Blau|wal ⟨m.1⟩ *größte Walart*

Bla|zer ⟨[blɛzər] m.5⟩ *leichte, sportliche Herren- oder Damenjacke mit aufgesetzten Taschen* [engl., „Klubjacke mit auffällig leuchtendem Abzeichen", dann allg. „farbige Sportjacke", zu *to blaze* „leuchten", zu *blaze* „Flamme"]

Blech ⟨n.1⟩ **1** *gewalztes Metall (Stahl~, Fein~, Grob~); red doch kein (solches) B.!* ⟨ugs.⟩ *red doch keinen (solchen) Unsinn!* **2** *Gesamtheit der Blechblasinstrumente im Orchester* **3** ⟨kurz für⟩ *Backblech; das B. in den Ofen schieben, aus dem Ofen nehmen; einen Kuchen auf dem B. backen*

Blech|blas|in|stru|ment ⟨n.1⟩ *Blasinstrument aus Messing, z.B. Trompete, Horn*

ble|chen ⟨V.1, hat geblecht; mit Akk.; ugs.⟩ *bezahlen; dafür kannst du eine ganze Menge b.; ich habe über 20 DM b. müssen*

ble|chern ⟨Adj., o.Steig.⟩ **1** *aus Blech* **2** *metallisch hart (im Ton), ohne vollen Klang; seine Stimme klingt b.*

Blech|la|wi|ne ⟨f.11; scherzh.⟩ *mehrere Autoschlangen nebeneinander*

Blech|mu|sik ⟨f., -, nur Sg.⟩ *Musik mit Blechblasinstrumenten (bes. in der Militärmusik)*

Blech|ner ⟨m.5; südwestdt.⟩ → *Klempner*

Blech|scha|den ⟨m.8; bei Autos⟩ *Schaden nur an der Karosserie; ein Unfall mit B.*

ble|cken ⟨-k|k-; V.1, hat gebleckt; mit Akk.⟩ *nur in der Wendung* die Zähne b. *die Zähne fletschen* [< ahd. *blechen, blecken, plechen* „blitzen, glänzen"]

Blei I ⟨n., -(e)s, nur Sg.; Zeichen: Pb⟩ *chemisches Element, graues, weiches Metall;* Syn. *Plumbum* B. *gießen; vgl.* Bleigießen **II** ⟨n.1⟩ *Senkblei* **III** ⟨m.1 oder m.9; ugs.⟩ *Bleistift* **IV** ⟨m.1⟩ → *Brachsen;* auch: *Bleie*

Blei|be ⟨f., -, nur Sg.; ugs.⟩ *Unterkunft, Obdach, Wohnung; ich habe für heute nacht keine B.*

blei|ben ⟨V.17, ist geblieben; o.Obj.⟩ **1** (an einem Ort, an einer Stelle) *verweilen, sich weiterhin aufhalten; ich bleibe heute mittag b.; ich möchte noch etwas b.; zu Hause b.; so ist es mir im Gedächtnis, in der Erinnerung geblieben; er ist im Krieg geblieben* ⟨übertr.⟩ *gefallen;* wir sind drei Tage in Florenz geblieben; wo bleibst du denn? **2** in einem Zustand, einer Lage, Stellung verharren; stehen, liegen, sitzen, wohnen b.; ⟨aber⟩ → *stehenbleiben,* → *liegenbleiben,* → *sitzenbleiben; gesund b.; am Leben b.* **3** *eine Eigenschaft, Haltung beibehalten; jmds. Freund b.; ich konnte kaum ernst b.; konsequent b.; bitte bleib sachlich!; das muß geheim b.* **4** *übrigbleiben, sich erhalten; jetzt bleibt nur noch die Hoffnung, daß...; von all ihrem Reichtum ist nichts geblieben; es bleibt (uns) keine andere Wahl, Möglichkeit* **5** ⟨mit Verben im Infinitiv und „zu" im Satz; es bleibt zu hoffen, zu wünschen, daß ... man kann nur hoffen, wünschen, daß ...⟩ **6** *bei etwas b. an etwas festhalten, sich von etwas nicht ablenken lassen; bei der Arbeit b.; bei der Sache b.* ⟨übertr.⟩ *bei der Wahrheit b.*

blei|ben|las|sen ⟨V.75, hat bleibenlassen oder hat bleibengelassen; mit Akk.⟩ *nicht tun, nicht beginnen, sein lassen; das wirst du schön b.!* (als leichte Drohung); *das kann ich ebensogut b. es hat gar keinen Sinn, daß ich damit anfange*

bleich ⟨Adj.⟩ *ohne gesunde Farbe, blaß, weißlich; ~es Gesicht; b. werden; das ~e Licht des Mondes; ihn erfaßte das ~e Entsetzen, Grauen* ⟨übertr.⟩

Bleich|chart ⟨m.1⟩ → *Bleichert*

Blei|che ⟨f., -, nur Sg.⟩ **1** ⟨selten⟩ *das Bleichsein, bleiche Beschaffenheit* **2** ⟨früher⟩ *sonniger Rasen, auf den man die Wäsche zum Bleichen legt* **3** *Mittel zum Bleichen*

blei|chen ⟨V.1, hat gebleicht⟩ **I** ⟨mit Akk.⟩ **1** *weiß machen; Wäsche (in der Sonne) b.* **2** *blond machen; jmdm., sich das Haar b.* **II** ⟨o.Obj.; poet.⟩ *bleich, weiß werden; seine Gebeine b. in fremder Erde*

Bleich|er|de ⟨f.11⟩ *tonähnliches, wasserhaltiges Aluminiumsilicat mit wechselndem Gehalt an Magnesium, Calcium und Eisen (zum Entfärben von Mineralölen und Fetten)* **2** → *Podsol*

Blei|chert ⟨m.1⟩ *hellroter Wein (vor allem Ahrwein)*

Bleich|ge|sicht ⟨n.3⟩ **1** ⟨Bez. der nordamerik. Indianer für⟩ *Europäer* **2** ⟨danach⟩ *Mensch mit bleichem Gesicht*

Bleich|so|da ⟨n., -, nur Sg.⟩ *Gemisch aus Soda und Wasserglas (zur Enthärtung des Wassers)*

Bleich|sucht ⟨f., -, nur Sg.⟩ *(früher häufige) durch Eisenmangel bedingte Form der Anämie (bes. bei jungen Mädchen);* Syn. *Chlorose (2)*

Bleie ⟨f.11⟩ → *Blei (IV)*

blei|ern ⟨Adj., o.Steig.⟩ **1** *aus Blei* **2** *grau wie Blei; ein ~er Himmel hing über der Stadt* **3** ⟨übertr.⟩ *schwer wie Blei; eine ~e Müdigkeit überfiel mich*

Blei|far|be ⟨f.11⟩ *gut deckende Malerfarbe mit Blei als Pigment, z.B. Bleiweiß, Mennige*

blei|frei ⟨Adj., o.Steig.⟩ *kein Bleitetraäthyl enthaltend; ~es Benzin*

Blei|gie|ßen ⟨n., -s, nur Sg.⟩ *Silvesterbrauch, Bleifiguren auf einem Löffel über einer Kerze zu schmelzen und anschließend in kaltes Wasser zu gießen (es entsteht eine bizarre Figur, die man für die Zukunft des Betreffenden zu deuten versucht)*

Blei|glanz ⟨m.1⟩ *grauglänzendes Mineral, häufigstes Bleierz;* Syn. *Galenit*

Blei|glas ⟨n., -es, nur Sg.⟩ → *Kristallglas* [nach dem hohen Bleioxidgehalt]

Blei|kam|mer ⟨f.11⟩ **1** ⟨veraltend⟩ *aus Bleiplatten hergestellter Raum zur Gewinnung von Schwefelsäure* **2** ⟨Pl.⟩ *früher⟩ ~n Gefängnisse unter dem mit Bleiplatten belegten Dach des Dogenpalastes in Venedig,* ⟨danach auch poet. allg.⟩ *Untersuchungsgefängnis*

Blei|kri|stall ⟨n., -, nur Sg.⟩ *Kristallglas mit hohem Bleigehalt*

Blei|lot ⟨n.1⟩ *Weichlot mit 98,5 Prozent Blei*

Blei|satz ⟨m., -(e)s, nur Sg.⟩ *(bis etwa 1960 allgemein üblicher) Schriftsatz mit Bleilettern*

blei|schwer ⟨Adj., o.Steig.⟩ ⟨übertr.⟩ *sehr schwer; meine Lider waren b. vor Müdigkeit*

Blei|sol|dat ⟨m.10⟩ *kleine, aus Blei gegossene Figur eines Soldaten (als Kinderspielzeug)*

Blei|stift ⟨m.1⟩ *Schreibstift mit Graphitmine in Holzumkleidung* [früher enthielt die Mine *Blei*]

Blei|stift|ab|satz ⟨m.2⟩ *sehr dünner, hoher Absatz an Damenschuhen*

Blei|te|tra|äthyl ⟨n., -s, nur Sg.⟩ *farblose, giftige Flüssigkeit, die zur Verbesserung der Klopffestigkeit dem Benzin zugesetzt wird*

Blei|weiß ⟨n., -, nur Sg.⟩ *gut deckende weiße Bleifarbe;* Syn. *Kremser Weiß*

Blei|zucker ⟨-k|k-; m., -s, nur Sg.; volkstümliche Bez. für⟩ *kristallzuckerähnliches, süßlich schmeckendes Bleiacetat*

Blend|ar|ka|de ⟨f.11⟩ *zur Zierde auf die Mauer aufgesetzte Arkade* [zu *Blende*]

Blend|bo|gen ⟨m.7⟩ *zur Zierde auf die Mauer aufgesetzter Bogen*

Blen|de ⟨f.11⟩ **1** ⟨Optik⟩ **a** *Vorrichtung zur Strahlenbegrenzung;* Syn. ⟨†⟩ *Diaphragma* **b** ⟨Fot.⟩ *Öffnungsweite des Objektivs; die B. einstellen* **2** ⟨Geol.⟩ *Vertreter einer Gruppe glitzernder Mineralien* [sie blendeten, d.h. täuschten den Bergmann] **3** *einer Mauerfläche vorgesetztes Bauteil (z.B. Blendbogen)* **4** ⟨an Kleidungsstücken⟩ *zur Zierde angesetzter, abgesteppter Streifen Stoff (Schulter~)*

blen|den ⟨V.2, hat geblendet⟩ **I** ⟨mit Akk.⟩ **1** *etwas od. jmdn. b. schmerzhaft oder unangenehm bestrahlen; das Licht blendet mich, blendet meine Augen;* ⟨auch o.Obj.⟩ *das Licht, die Sonne blendet* **2** *jmdn. b.* **a** *früher als Strafe) durch Ausstechen der Augen blind machen* **b** *jmdn. so stark beeindrucken, daß er Schwächen, Fehler oder Mängel nicht mehr erkennt; er ist von ihrer Liebenswürdigkeit, von dem Reichtum geblendet* **II** ⟨o.Obj.⟩ *mehr scheinen, als man ist; er blendet durch sein gewandtes Auftreten*

blen|dend ⟨Adj., o.Steig.⟩ *hervorragend, sehr gut; er ist ein ~er Redner; mir geht es b.; du siehst b. aus*

Blen|der ⟨m.5⟩ *jmd., der blendet (II), der vorgibt, mehr zu sein, als er ist*

Blend|fen|ster ⟨n.5⟩ *zur Zierde an der Außenmauer vorgetäuschtes Fenster* [zu *blind*]

Blend|ling ⟨m.1⟩ → *Bastard (3)* [zu *blenden* „gut aussehen"; Bastarde beeindrucken in der ersten Generation oft durch Größe oder Schönheit]

Blend|rah|men ⟨m.7; bei Fenstern und Türen⟩ *äußerer, feststehender Rahmen, an dem die beweglichen Teile angebracht sind*

Blend|stein ⟨m.1⟩ *Stein, der als Dekoration der Fassade vor das tragende Mauerwerk gemauert wird*

Blen|dung ⟨f., -, nur Sg.⟩ *das Blenden, das Geblendetwerden; B. durch Scheinwerfer*

Blend|werk ⟨n., -(e)s, nur Sg.⟩ *schöner Schein, blendende Täuschung, Vorspiegelung*

Blend|zeug ⟨n., -(e)s, nur Sg.; bei der Treibjagd⟩ *auffällige Stofflappen u.a., die das Wild abschrecken sollen*

Blen|nor|rhö ⟨f.10⟩, **Blen|nor|rhoe** ⟨[-rø] f.11; †⟩ *eitrige Schleimabsonderung,* ⟨bes.⟩ *eitrige Bindehautentzündung* [< griech. *blenna, blennos* „Schleim, Rotz" und *rhoos, rhous* „Fließen, Strömen"]

Bles|se ⟨f.11⟩ *auch:* **Blässe** **1** *heller Stirnfleck (bei Tieren, bes. Pferden und Rindern)* **2** *Tier mit solchem Fleck* [zu *blaß*]

Bleß|huhn ⟨n.4⟩ → *Bläßhuhn*

bles|sie|ren ⟨V.3, hat blessiert; mit Akk.; †⟩ *verwunden, verletzen* [< frz. *blesser* „verwunden, verletzen", < altfrz. *blecier* „beschädigen, verletzen", weitere Herkunft nicht bekannt]

Bles|sur ⟨f.10; veraltend⟩ → *Verletzung* [< frz. *blessure* in ders. Bed.]

bleu ⟨[blø] Adj., o.Steig.; o.Dekl.⟩ *grünlichblau* [frz.]

Bleu|el ⟨m.5⟩ *Holzstock zum Klopfen nasser Textilien* [zu *bleuen*]

bleu|en ⟨V.1, hat gebleut; mit Akk.; früher⟩ *mit dem Bleuel schlagen;* Wäsche b.; vgl. *verbleuen*

Blick ⟨m.1⟩ **1** *Ausdruck der Augen, Art des Schauens;* einen freundlichen, offenen, harten B. haben **2** *kurzes Hinschauen;* jmdm. einen B. zuwerfen; einen B. auf etwas werfen; einen B. in ein Buch tun *flüchtig hineinsehen;* Liebe auf den ersten B.; ein belustigter, prüfender, böser B.; den bösen B. haben ⟨nach dem Volksglauben⟩ *durch bloßes Anschauen Unheil anrichten* **3** *die Augen selbst;* den B. heben, senken; den B. auf etwas richten **4** *Erkenntnis durch Anschauen;* einen (guten, sicheren) B. für etwas haben *etwas rasch zu erfassen geeignet, echt erkennen* **5** *Aussicht, Fernsicht;* ein herrlicher B. auf das Tal

Blicke ⟨-k|k-; f.11⟩ → *Güster*

blicken ⟨-k|k-; V.1, hat geblickt; o.Obj.⟩ **1** *schauen;* freundlich, böse b.; das läßt tief b. *daraus kann man Schlüsse ziehen, das verrät manches;* in die Ferne b. **2** *sehen;* sich b. lassen *sich sehen lassen, kommen, erscheinen;* laß dich ja nicht wieder hier b.!; du hast dich lange nicht bei uns b. lassen

Blick|fang ⟨m.2⟩ *Gegenstand, der die Blicke auf sich lenkt;* ein Bild, Plakat dient als B.; dieses vergrößerte Foto an der Wand ist ein hübscher B.

Blick|feld ⟨n.3⟩ *Bereich, den man überblicken kann, ohne Kopf und Augen zu bewegen;* Syn. *Blickwinkel;* vgl. *Gesichtsfeld*

Blick|kon|takt ⟨m.1⟩ *gegenseitiges Anschauen;* der Säugling braucht den B. mit der Mutter; durch einen Overheadprojektor hat der Vortragende B. mit den Zuhörern

blick|los ⟨Adj., o.Steig.⟩ *ohne Ausdruck (der Augen), ohne etwas zu sehen;* seine ~en Augen *seine blinden Augen;* er starrte b. vor sich hin

Blick|punkt ⟨m.1⟩ **1** *Punkt, auf den sich der Blick richtet;* er steht im B. der Öffentlichkeit *das Interesse aller ist auf ihn gerichtet* **2** *Punkt, von dem her man etwas betrachtet;* er sieht die Sache von einem anderen B. her als ich

Blick|win|kel ⟨m.5⟩ **1** → *Blickfeld* **2** *Standpunkt, von dem aus man etwas betrachtet;* unter diesem B. betrachtet, sieht die Sache anders aus

blind ⟨Adj., o.Steig.⟩ **1** *ohne Sehvermögen;* b. sein, werden; ~er Fleck *Eintrittsstelle des Sehnervs in die Netzhaut des Auges* **2** *getrübt, ohne Glanz;* ~er Spiegel *undurchsichtig;* das Fenster ist b. vor Staub **4** *besinnungslos, hemmungslos;* b. vor Zorn, Wut **5** *unbesonnen, ohne zu prüfen, voreilig, ohne Überlegung;* ~er Eifer; ~es Vertrauen zu jmdm. haben; jmdm. b. vertrauen; Liebe macht b. *wenn man liebt, sieht man die Schwächen und Mängel des Partners nicht* **6** *von anderen ungesehen;* ⟨in der Fügung⟩ ~er Passagier *Passagier, der heimlich mitfährt, mitfliegt* **7** *ohne Öffnung, vorgetäuscht;* ~e Fenster; ~e Tür; die Straße endet b. *die Straße führt nicht weiter und hat auch keine Abzweigung* **8** *ohne hinzusehen;* sich b. ein Buch aus dem Schrank greifen; für etwas b. sein *etwas nie beachten, etwas nicht sehen, nicht sehen wollen, für etwas keinen Sinn haben;* er ist b. für die Schönheiten der Natur; er ist b. für alles, was ihn nicht interessiert, was andere für ihn tun

Blind|bo|den ⟨m.8⟩ *Bretterlage (unter Parkett oder Dielenböden)*

Blind|darm ⟨m.2⟩ *Anfangsteil des Dickdarms, der dem Eintrittsstelle des Dünndarms hinausragt;* Syn. *Typhlon* [er endet *blind,* d.h. hat keine Verbindung mit dem anderen Darmteil]

Blind|darm|ent|zün|dung ⟨f.10⟩ **1** *Entzündung des Blinddarms;* Syn. *Typhlitis* **2** ⟨ugs.⟩ *Entzündung des Wurmfortsatzes des Blinddarms, Appendizitis*

Blin|de|kuh ⟨f., -, nur Sg.⟩ *Spiel, bei dem jmd. mit verbundenen Augen versuchen muß, innerhalb eines Kreises einen anderen Mitspieler zu fangen*

Blin|den|hund ⟨m.1⟩ *abgerichteter Hund, der einen Blinden führt*

Blin|den|schrift ⟨f., -, nur Sg.⟩ *aus erhabenen Punkten bestehende Schrift, die von Blinden getastet werden kann;* Syn. *Punktschrift, Brailleschrift*

blind|flie|gen ⟨V.38, ist blindgeflogen; o.Obj.⟩ *ohne Sicht, nur mit Hilfe der Instrumente fliegen*

Blind|flug ⟨m.1⟩ *Flug ohne Sicht, nur mit den Instrumenten*

Blind|gän|ger ⟨m.5⟩ **1** *Geschoß, das nicht detoniert* **2** ⟨übertr.⟩ *Versager*

blind|gläu|big ⟨Adj., o.Steig.⟩ *gläubig, ohne die Sache zu prüfen und ohne sie zu kritisieren*

Blind|heit ⟨f., -, nur Sg.⟩ *das Blindsein;* ich war wie mit B. geschlagen *ich habe es nicht erkannt, nicht durchschaut*

Blind|holz ⟨n.4⟩ *Blindmaterial (1)*

Blind|ma|te|ri|al ⟨n., -s, -lien⟩ **1** ⟨Holzbearbeitung⟩ *Holz als Füllmaterial zwischen Furnieren;* Syn. *Blindholz* **2** ⟨Drucktechnik⟩ *nichtdruckende Teile des Schriftsatzes (z.B. Zwischenräume zwischen Wörtern)*

Blind|schlei|che ⟨f.11⟩ *schlangenähnliche, fußlose Echse* [wörtlich wohl „blinder Schleicher", weil sie wegen ihrer kleinen Augen oft für blind gehalten wird, oder zu *blind* „giftlos"]

blind|schrei|ben ⟨V.127, hat blindgeschrieben; o.Obj.⟩ *auf der Schreibmaschine schreiben, ohne auf die Tasten zu schauen*

Blind|spiel ⟨n.1⟩ *Schachspiel nur nach dem Gedächtnis, ohne den Stand der Figuren anzusehen, wobei die Züge des Gegners mitgeteilt werden*

blind|spie|len ⟨V.1, hat blindgespielt; o.Obj.⟩ *Schach nur nach dem Gedächtnis spielen, indem man sich die Züge des Gegners mitteilen läßt und selbst zieht, ohne hinzusehen*

blind|wü|tig ⟨Adj., o.Steig.⟩ *wütend ohne Maß und Überlegung;* b. angreifen, dreinschlagen

blink ⟨Adj., o.Steig.; o.Dekl.; nur in der Fügung⟩ b. und blank *ganz blank, blitzblank*

blin|ken ⟨V.1, hat geblinkt⟩ **I** ⟨o.Obj.⟩ **1** *glänzen, funkeln;* die Fensterscheiben, Sterne b. **2** *ein Blinkzeichen geben;* mit der Taschenlampe, dem Scheinwerfer b. **II** ⟨mit Akk.⟩ ein Signal b. *mittels Blinkzeichen ein Signal geben*

Blin|ker ⟨m.5; am Kfz⟩ *elektrische Signalanlage, mit der die Änderungen der Fahrtrichtung angezeigt werden;* Syn. *Fahrtrichtungsanzeiger*

blin|kern ⟨V.1, hat geblinkert; o.Obj.⟩ *mit den Augen b. die Augen schnell mehrere Male schließen und öffnen (um jmdm. ein Zeichen zu geben)*

Blink|feu|er ⟨n.5⟩ *Leuchtfeuer zur Standortbestimmung für Schiffe*

Blink|licht ⟨n.3⟩ *periodisch sich wiederholendes Lichtsignal*

Blink|zei|chen ⟨n.7⟩ *Zeichen durch mehrmals abwechselnd leuchtendes und verlöschendes Licht*

blin|zeln ⟨V.1, hat geblinzelt; o.Obj.⟩ **1** *die Augen bis auf einen Spalt schließen* **2** *die Augen mehrmals rasch schließen und kaum öffnen (um jmdm. ein Zeichen zu geben)*

Blitz ⟨m.1⟩ *elektrische Entladung in der Atmosphäre mit hoher Strom- und Spannungsstärke;* es kam wie ein B. aus heiterem Himmel *völlig unerwartet;* er stand da wie vom B. getroffen *ganz überrascht, fassungslos, völlig verstört;* die Nachricht schlug ein wie ein B. *die Nachricht verursachte große Aufregung*

blitz... ⟨in Zus. mit Adj.⟩ *sehr,* z.B. blitzschnell, blitzdumm, blitzblank

Blitz|ab|lei|ter ⟨m.5; an Gebäuden⟩ *geerdete Anlage zum Schutz vor Blitzen (z.B. metallene, mit blanker Spitze versehene Stange, die den Blitz auf sich zieht und in tiefe Erdschichten leitet)*

blitz|ar|tig ⟨Adj., o.Steig.; nur als Attr. und Adv.⟩ *außerordentlich schnell, im Bruchteil einer Sekunde;* mir wurde b. bewußt, daß ...

blit|zen ⟨V.1, hat geblitzt⟩ **I** ⟨o.Obj.⟩ **1** ⟨unpersönl., mit „es"⟩ es blitzt *ein Blitz leuchtet auf,* ⟨übertr., ugs., scherzh.⟩ *der Unterrock guckt hervor* **2** *leuchten, funkeln;* die Sterne b.; ihre Augen blitzten **3** *plötzlich aufleuchten;* ein Licht blitzte durch das Dunkel **II** ⟨mit Akk.⟩ jmdn. b. *jmdn. fotografieren, der an der Verkehrsampel bei Rot durchfährt;* (fast wie in der Form) geblitzt werden

Blit|zer ⟨m.5⟩ → *Flitzer*

Blit|zes|schnel|le ⟨f.; nur in der Fügung⟩ mit B. *blitzschnell, ungeheuer schnell*

Blitz|kar|rie|re ⟨f.11⟩ *sehr schnelle Karriere*

Blitz|krieg ⟨m.1⟩ *rasch gewonnener Krieg*

Blitz|licht ⟨n.3⟩ *blitzartig aufleuchtende, sehr helle künstliche Lichtquelle (für fotografische Aufnahmen)*

Blitz|mä|del ⟨n.5⟩, **Blitz|mäd|chen** ⟨n.7; scherzh.⟩ *im 2. Weltkrieg Bez. für Nachrichtenhelferin*

Blitz|mer|ker ⟨m.5⟩ → *Schnellmerker*

Blitz|röh|re ⟨f.11⟩ *durch Blitzschlag auf die Erdoberfläche entstandene Röhre aus geschmolzenem Gestein;* Syn. *Fulgurit (1)*

blitz|sau|ber ⟨Adj., o.Steig.⟩ **1** *ganz, glänzend sauber* **2** ⟨bayr.⟩ *hübsch und adrett;* ein ~es Dirndl

Blitz|schlag ⟨m.2⟩ *das Einschlagen eines Blitzes*

blitz|schnell ⟨Adj., o.Steig.⟩ *ungeheuer schnell*

Bliz|zard ⟨[blizərd] m.9; in Nordamerika⟩ *Schneesturm* [engl.]

Bloch ⟨m.1, m.4 oder n.4; süddt., schweiz., österr.⟩ *roh behauener Baumstamm, Holzblock* [zu *Block*]

Block **I** ⟨m.2⟩ **1** *große, ungeformte, feste Masse (Stein-, Holz~)* **2** ⟨Eisenbahn⟩ *Einzelabschnitt des Schienennetzes;* vgl. *Blocksystem* **3** *Gruppe von Staaten, die sich aufgrund gleicher strategischer oder wirtschaftlicher Interessen zusammengeschlossen haben (Ost~)* **4** *Gruppe innerhalb einer Partei* **II** ⟨m.9⟩ **1** *zusammenhängende Gruppe von Häusern (Häuser~),* in unserem B. wohnen viele Familien mit kleinen Kindern [< engl. *block* „Häuserviereck"] **2** *an einer Kante zusammengeheftete oder -geklebte Papierbogen (Schreib~)* [< mnddt., ndrl. *blok,* *block* „Holzklotz, Balken, Kiste"]

Block|a|de ⟨-k|k-; f.11⟩ **1** *Absperrung der See- oder Landwege (durch Militär);* die B. über ein Land verhängen **2** ⟨Med.⟩ *Unterbrechung einer Reizleitung* in ders. Bed.; → *blockieren* [< ital. *bloccata* < *block*]

blocken ⟨-k|k-; V.1, hat geblockt; mit Akk.⟩ **1** *etwas b.* ⟨bayr.⟩ **2** *jmdn. b.* ⟨Sport⟩ *am Schlag, Stoß, Hieb hindern*

Blocker ⟨-k|k-; m.5⟩ *schwere, steife Bürste zum Polieren von gewachsten Fußböden;* Syn. *Bohner, Bohnerbesen*

Block|flö|te ⟨f.11⟩ *Holzblasinstrument, bei dem das Blasrohr oben bis auf einen Spalt durch einen Block verschlossen ist*

block|frei ⟨Adj., o.Steig.⟩ *keinem Bündnissystem zugehörig;* ~e Staaten *Staaten, die weder dem östlichen noch dem westlichen Bündnissystem angehören*

Block|haus ⟨n.4⟩ *Holzhaus aus übereinandergeschichteten runden Stämmen*

blockie|ren ⟨-k|k-; V.3, hat blockiert; mit Akk.⟩ **1** sperren, durch Sperre verschließen; Zufahrtswege b.; die Straße ist durch Autos blockiert **2** durch Hindernis am Rollen, an der Bewegung hindern; Räder b. **3** durch Maßnahmen, Einspruch o.ä. unmöglich machen; jmds. Pläne b. **Blockie|rung** ⟨-k|k-; f.10⟩
Block|scho|ko|la|de ⟨f.11⟩ Schokolade in großen Stücken oder dicken Tafeln (zum Kochen und Backen)
Block|schrift ⟨f.10⟩ Schrift aus Druckbuchstaben mit gleichmäßig starken Strichen
Block|stun|de ⟨f.11; Schule⟩ Doppelstunde
Block|sy|stem ⟨n.1; Eisenbahn⟩ Einrichtung zur Sicherung von Einzelabschnitten (Blöcken) von einer Befehlsstelle (Blockstelle) aus
Blockung ⟨-k|k-; f.10⟩ das Blocken, Sperrung
blöd ⟨Adj.⟩ →blöde
blö|de ⟨Adj.⟩ **1** ⟨†⟩ schüchtern, zaghaft, einfältig **2** ⟨Med.⟩ schwachsinnig; das Kind ist von Geburt an b.; Syn. blödsinnig **3** ⟨ugs.⟩ dumm, begriffsstutzig, borniert, engstirnig, uneinsichtig; stell dich nicht so b. an!; um das zu verstehen, ist er ja viel zu b. **4** ⟨ugs.⟩ albern, geistlos, langweilig; ein ~r Kerl; ein ~s Buch; ein ~r Film **5** ⟨ugs.⟩ unangenehm, peinlich; eine b. Sache; das ist wirklich b.
Blö|de|lei ⟨f.10; ugs.⟩ das Blödeln, absichtlich unsinniges Gerede
blö|deln ⟨V.1, hat geblödelt; o.Obj.; ugs.⟩ absichtlich Unsinn reden
Blöd|heit ⟨f., -, nur Sg.⟩ **1** Schwachsinn **2** Dummheit, blödes Verhalten; ich kann nichts dafür, es war meine eigene B. **3** blöde (4) Beschaffenheit; der Film ist an B. nicht zu übertreffen
Blöd|ian ⟨m.1⟩ blöder Kerl, Dummkopf [< blöd und 2. Teil von Dummerjan]
Blö|dig|keit ⟨f., -, nur Sg.; †⟩ **1** Schüchternheit **2** Einfalt; in seines Herzens B.
Blöd|mann ⟨m.4; norddt., ugs.⟩ Dummkopf
Blöd|sinn ⟨m., -s, nur Sg.⟩ **1** Schwachsinn (Alters~) **2** Unsinn, dummes Zeug, Fehler; das ist doch B.!; B. reden; er hat lauter B. geschrieben, gemacht **3** Spaß; die Kinder machen lauter B.; das hab ich doch nur aus B. gesagt, getan
blöd|sin|nig ⟨Adj.⟩ **1** →blöde (2) **2** unsinnig, sehr dumm, widersinnig; eine ~e Idee **3** ⟨ugs.⟩ schlimm, furchtbar; ~e Schmerzen
blö|ken ⟨V.1, hat geblökt; o.Obj.⟩ **1** Laut geben, rufen (von Schaf und Kalb) **2** ⟨ugs.⟩ albern und laut reden
blond ⟨Adj.⟩ **1** hell, gelblich; ~es Haar; eine (kühle) Blonde ein Glas helles Bier **2** hellhaarig; ein ~es Kind ⟨ugs.⟩ **3** hell, nicht scharf gebacken; ~e Semmeln [frz.]
Blon|de **I** ⟨blõ:d-] f.18⟩ **1** →Blondine **2** ⟨ugs.⟩ ein Glas helles Bier **II** ⟨[blõ:d] f.19⟩ Seidenspitze mit Muster [frz.]
blon|die|ren ⟨V.3, hat blondiert; mit Akk.⟩ künstlich heller, hellblond machen; Haar b.
Blon|di|ne ⟨f.11⟩ Frau mit blondem Haar; Syn. Blonde [frz.]
Blood|hound ⟨[blʌdhaund] m.9; engl. für⟩ →Bluthund (1)
bloß I ⟨Adj., o.Steig.⟩ **1** unbedeckt, nackt; er trägt das Hemd unter dem ~ en Körper; mit ~em Kopf, mit ~en Füßen herumlaufen; mit ~em Auge ohne Fernrohr oder Vergrößerungsglas; ⟨verstärkend⟩ **2** nichts als, nichts anderes als, nichts weiter als; das ist ~es Gerede **3** ⟨mit Art. und Präp.⟩ allein, nur; beim ~en Anschauen wird mir schwindlig; der ~e Gedanke erschreckt mich **II** ⟨Adv.⟩ nur; wo bleibt er b. so lange?; was kann b. passiert sein?; sieh b. vor, du hättest ...; ich war fünf Minuten fort; b. nicht!
Blö|ße ⟨f.11⟩ **1** ⟨geh.⟩ Nacktheit; seine B. bedecken **2** dauernd holzleere Stelle im Waldbestand **3** ⟨Fechten⟩ durch die jeweilige Klingenlage nicht abgedeckter Teil der gültigen Trefffläche **4** ⟨übertr.⟩ schwache Stelle, Schwäche; ich will mir keine B. geben keine schwache Stelle zeigen; dem Gegner eine B. bieten
bloß|fü|ßig ⟨Adj.⟩ →barfüßig
bloß|le|gen ⟨V.1, hat bloßgelegt; mit Akk.⟩ **1** von einer Erdschicht befreien, durch Graben ans Licht bringen; die Wurzeln eines Baumes b. **2** ⟨übertr.⟩ an die Öffentlichkeit bringen, aufdecken; die Hintergründe einer Angelegenheit b. **Bloß|le|gung** ⟨f., -, nur Sg.⟩
bloß|lie|gen ⟨V.80, ist bloßgelegen; o.Obj.⟩ unbedeckt liegen, frei und offen daliegen; das Kind liegt bloß; die Wurzeln liegen bloß
bloß|stel|len ⟨V.1, hat bloßgestellt; mit Akk.⟩ jmdn. oder sich b. eine schwache Stelle von jmdm. oder sich zeigen, preisgeben **Bloß|stel|lung** ⟨f.10⟩
Blou|son ⟨[bluzõ:] m.9 oder n.9⟩ über dem Rock getragene, über der Hüfte eng anliegende Bluse ⟨französisierende Bildung zu Bluse⟩
Blow-up ⟨[bloʊʌp] n., -(s), nur Sg.⟩ Aufbauschen, Vergrößern, Vergrößerung (eines Fotos u.ä.) [< engl. to blow up „aufblasen", < to blow „blasen" und up „auf"]
blub|bern ⟨V.1, hat geblubbert; o.Obj.⟩ **1** (beim Kochen oder über einer Luftströmung) Blasen bilden und ein dunkles, weiches Geräusch machen; Wasser blubbert **2** ⟨übertr.; scherzh.⟩ undeutlich reden
Blue-Box-Ver|fah|ren ⟨[blu:-] n.7; Fernsehtechnik⟩ Trickverfahren zur wechselnden Hintergrundgestaltung (bei Studioaufnahmen); Syn. Blue-Screen-Verfahren [< engl. blue box „blaue Schachtel", weil ein meist blauer Hintergrund durch einen anderen ersetzt wird]
Blue Jeans ⟨[blu: dʒi:nz] Pl.⟩ Hose aus festem, blauem Baumwollgewebe [< engl. blue „blau" und jean „festes Baumwollgewebe", < frz. Gênes „Genua"; Genua war früher ein wichtiger Einfuhrhafen für Baumwolle]
Blues ⟨[blu:z] m., -, -⟩ **1 a** schwermütiges Tanzlied der nordamerikanischen Neger **b** daraus entstandene Jazzart **2** langsamer Gesellschaftstanz [verkürzt < engl. blue devils „Trübsinn, Melancholie", eigtl. „böse (dunkle) Dämonen", zu blue „traurig, bedrückt, niedergeschlagen"]
Blue-Screen-Ver|fah|ren ⟨[blu:skri:n-] n.7⟩ →Blue-Box-Verfahren
Bluff ⟨[blœf] auch [bluf] m.9⟩ dreiste Täuschung, Irreführung [engl., zu to bluff „irreführen, täuschen", < ndrl. bluffen „aufschneiden, prahlen, protzen", zu schleswig-holstein. bluffen „durch Worte oder Gesten in Schrecken setzen", wohl letztlich zur ndrl. Int. plof, bof, die einen Knall bezeichnet]
bluf|fen ⟨[blœfən] auch [blufən] V.1, hat gebluffft; mit Akk. oder o.Obj.⟩ dreist täuschen, verblüffen; er hat mich b.; er blufft ja nur
blü|hen ⟨V.1, hat geblüht⟩ **I** ⟨o.Obj.⟩ **1** offene Blüten haben **2** ⟨übertr.⟩ Erfolg haben, Gewinn bringen; das Geschäft, der Handel blüht **II** ⟨mit Dat. und Akk.⟩ jmdm. b. jmdm. künftig geschehen (nur von unangenehmen Dingen); wer weiß, was uns noch blüht; so etwas kann dir auch b.
Blü|het ⟨m., -s, nur Sg⟩ schweiz. Blütezeit, Blust
Blüm|chen|kaf|fee ⟨m., -s, nur Sg.; scherzh.⟩ dünner Kaffee [weil man die Blümchen des Musters auf dem Grund der Tasse hindurchsieht]
Blu|me ⟨f.11⟩ **1** ⟨Bot.⟩ **a** Pflanze, die Blüten trägt; jmdm. etwas durch die B. sagen ⟨übertr.⟩ verhüllt, in Andeutungen [→ Blumensprache] **b** Blütenstand, der wie eine Einzelblüte wirkt **2** ⟨Zool.⟩ **a** (bei Hasen und Kaninchen) Schwanz **b** (bei Fuchs und Wolf) helle Schwanzspitze **c** (beim Pferd) runder Stirnfleck **3** (beim Wein) Gesamtheit aller Duftstoffe, Aroma **4** Schaum (auf frischem Bier) **5** Stück von der Rindskeule
Blu|men|bin|der ⟨m.5⟩ →Florist (1)
Blu|men|kohl ⟨m., -(e)s, nur Sg.⟩ Zuchtform des Gemüsekohls mit weißlichgelbem, fleischigem Kopf; Syn. ⟨österr.⟩ Karfiol [die eßbaren Teile werden von Blütenknospen gebildet]
blu|men|reich ⟨Adj.; übertr.⟩ reich an bildlichen Ausdrücken und schmückenden Adjektiven; ~er Stil
Blu|men|spra|che ⟨f., -, nur Sg.⟩ das Ausdrücken einer Empfindung durch bestimmte Blumen, die man jmdm. schenkt
Blu|men|stock ⟨m.2⟩ im Topf gezogene Blütenpflanze
Blu|men|strauß ⟨m.2⟩ Strauß aus geschnittenen oder gepflückten Blumen
Blu|men|stück ⟨n.1⟩ aus Blumen bestehendes Stilleben
Blu|men|tier ⟨n.1⟩ →Koralle [manche Arten wirken, unter Wasser betrachtet, wie Blumenstöcke]
blü|me|rant ⟨Adj.⟩ schwindelig, flau, schwach; mir ist, wird ganz b. [ältere Schreibung bleumourant, „blaßblau, mattblau", < frz. bleu mourant „sterbendes Blau", zu mourir „sterben"]
blu|mig ⟨Adj.⟩ **1** (beim Wein) reich an Duftstoffen **2** ⟨übertr.⟩ bildliche Ausdrücke oder einen bildlichen Ausdruck enthaltend; ~er Stil; ~e Redensart
Blun|zen ⟨f.7; landsch., bes. österr.⟩ **1** →Blutwurst **2** ⟨übertr.⟩ dicke Frau [vielleicht zu mhd. blunsen „aufschwellen"]
Blu|se ⟨f.11⟩ **1** leichtes, lockeres Kleidungsstück für Frauen, das den Oberkörper bedeckt (Seiden~, Woll~, Hemd~) **2** ⟨in Zus.⟩ **a** warmes, strapazierfähiges Kleidungsstück für den Oberkörper (Wind~) **b** Oberteil bestimmter Uniformen (Matrosen~) [< frz. blouse „Fuhrmannskittel, Staubmantel", vielleicht < prov. lano blouso „Kurzwolle", < lano „Wolle" und blos, blouse „beraubt, nackt"]
Blü|se ⟨f.11; Seew.⟩ Leuchtfeuer
blu|sig ⟨Adj., o.Steig.⟩ locker, leicht wie eine Bluse; der Pullover soll b. sitzen, fallen; b. geschnittenes Oberteil
Blust ⟨m., -(e)s, nur Sg.; †, noch poet. und schweiz.⟩ das Blühen; die Bäume stehen im vollen B. [Intensivbildung zu blühen]
Blut ⟨n., -(e)s, nur Sg.⟩ **1** (bei Wirbeltieren und beim Menschen) rote Körperflüssigkeit (die u.a. Sauerstoff transportiert); mir erstarrte, stockte das B. in den Adern ich war starr vor Schreck; an seinen Händen klebt B., seine Hände sind mit B. beflleckt ⟨übertr.⟩ er hat jmdn. ermordet; B. lecken ⟨übertr.⟩ er ist auf den Geschmack gekommen; B. und Wasser schwitzen vor Angst; B. vergießen töten; das macht böses B. ⟨übertr.⟩ das erregt Unzufriedenheit, Feindseligkeit; jmdn. bis aufs B. peinigen aufs äußerste peinigen **2** (bei Nicht-Wirbeltieren) ähnliche Flüssigkeit (kann andersfarbig sein, z.B. blau bei Krebsen) **3** ⟨übertr.⟩ Gemüt, Wesensart; heißes B. haben **4** Gemütslage, seelischer Zustand; nur ruhig B.! bleib ruhig!; kaltes B. bewahren beherrscht bleiben, überlegt, besonnen handeln **5** ⟨poet.⟩ Mensch; so ein junges B.; unschuldiges B. vergießen einen unschuldigen Menschen töten
Blut|ader ⟨f.11⟩ →Vene
Blut|al|ko|hol ⟨m., -(e)s, nur Sg.; ugs.⟩ Alkoholgehalt im Blut
blut|arm ⟨Adj., o.Steig.⟩ **1** →anämisch **2** ⟨übertr.⟩ schwächlich, blaß, farblos; eine ~e Schilderung
Blut|ar|mut ⟨f., -, nur Sg.⟩ →Anämie
Blut|auge ⟨n.14⟩ dunkelblutrot blühendes Rosengewächs der Moore

Blut|bad ⟨n.4⟩ *Ermordung, Tötung von vielen Menschen;* ein B. anrichten
Blut|bahn ⟨f.10⟩ → *Blutkreislauf*
Blut|bank ⟨f.10⟩ *Sammelstelle für Blutkonserven*
Blut|bild ⟨n.3⟩ *Gesamtergebnis der medizinischen Blutuntersuchung*
blut|bildend ⟨Adj., o.Steig.⟩ *das Heranwachsen der Blutkörperchen fördernd*
Blut|bildung ⟨f., -, nur Sg.⟩ *Heranwachsen der Blutkörperchen*
Blut|bla|se ⟨f.11⟩ *blutgefüllte Hautblase*
Blut|bre|chen ⟨n., -s, nur Sg.⟩ *bei Geschwüren im Magen und Zwölffingerdarm) Erbrechen von Blut (beim Platzen erweiterter Venen in der Speiseröhre)*
Blut|bu|che ⟨f.11⟩ *Spielart der Buche mit dunkelroten Blättern*
Blut|druck ⟨m., -(e)s, nur Sg.⟩ *(durch die Herztätigkeit erzeugter) Druck in den Arterien;* hoher, niedriger B.
Blut|durst ⟨m., -es, nur Sg.⟩ *heftiges Verlangen zu töten;* Syn. *Blutgier*
blut|dur|stig ⟨Adj., o.Steig.⟩ *voller Blutdurst;* Syn. *blutgierig*
Blü|te ⟨f.11⟩ **1** *Teil einer Pflanze, der die Fortpflanzungsorgane trägt* **2** ⟨übertr.⟩ *Höhepunkt, höchste Steigerung;* in der B. der Jahre stehen; seltsame ~n treiben **3** ⟨ugs.⟩ *gefälschte Banknote* [zu *blühen*]
Blut|egel ⟨m.5⟩ *Ringelwurm mit Mundsaugnapf und Haftscheiben am Hinterende, meist Blutsauger; medizinischer B.*
blu|ten ⟨V.2, hat geblutet; o.Obj.⟩ **1** *Blut verlieren;* er blutete stark; er blutet aus der Nase **2** *Blut ausfließen lassen;* die Wunde blutet (nicht mehr), blutet heftig; das Herz blutet mir, wenn ich daran denke ⟨übertr.⟩ *es tut mir sehr weh;* mit ~dem Herzen *sehr ungern, voller Schmerzen* **3** → *harzen* (I) **4** *etwas Farbe abgeben;* neues Garn blutet beim ersten Waschen **5** ⟨übertr., ugs.⟩ *zahlen, Geld hergeben;* da wird er b. müssen
Blü|ten|le|se ⟨f.11⟩ → *Anthologie*
Blü|ten|pflan|ze ⟨f.11⟩ *hochentwickelte Pflanze, die sich durch Besitz einer Blüte und Bildung von Samen auszeichnet;* Syn. *Samenpflanze, Phanerogame*
Blü|ten|stand ⟨m.2⟩ *Art und Weise, wie gehäufte Blüten an einer Pflanze stehen, Anordnung der Blüten (z.B. Ähre, Dolde, Rispe);* Syn. *Floreszenz* (1), *Inforeszenz*
Blü|ten|staub ⟨m., -(e)s, nur Sg.⟩ → *Pollen*
blü|ten|weiß ⟨Adj., o.Steig.⟩ *glänzend weiß, rein weiß*
Blu|ter ⟨m.5⟩ *jmd., der an der Bluterkrankheit leidet*
...blü|ter ⟨in Zus.; bei Tieren⟩ *mit einer bestimmten Art von Blut,* z.B. Kaltblüter, Warmblüter, Wechselwarmblüter; vgl. aber *Kaltblut, Warmblut*
Blut|er|guß ⟨m.2⟩ *Blutung unter der Haut, (meist durch Verletzung von Blutgefäßen) in den Weichteilen;* Syn. *Hämatom*
Blu|ter|krank|heit ⟨f., -, nur Sg.⟩ *Unvermögen des Blutes, bei Austritt aus einem Blutgefäß zu gerinnen;* Syn. *Hämophilie*
Blut|er|satz ⟨m., -es, nur Sg.⟩ *Wiederauffüllen des Kreislaufs nach großen Blutverlusten (meist durch Bluttransfusion, auch durch blutähnliche chemische Erzeugnisse)*
Blü|te|zeit ⟨f.10⟩ **1** *Zeit der Blüte, des Blühens* **2** *Zeit, in etwas auf seinem Höhepunkt steht, besonders fruchtbare Zeit;* die B. des deutschen Romans, der ägyptischen Kunst
Blut|farb|stoff ⟨m.1⟩ *Farbstoff der roten Blutkörperchen (z.B. Hämoglobin)*
Blut|flecken|krank|heit ⟨-k|k-; f., -, nur Sg.⟩ *Sammelbez. für⟩ punktförmige Blutungen in Haut und Schleimhaut*
Blut|ge|fäß ⟨n.1⟩ → *Ader*
Blut|ge|fäß|ge|schwulst ⟨f.2⟩ *geschwulstartige, gutartige Neubildung von Blutgefäßen* (z.B. Feuermal, Blutschwämmchen); Syn. *Hämangiom*
Blut|geld ⟨n., -es, nur Sg.⟩ **1** ⟨früher⟩ *Geld, das von Mörder als Sühne an die Familie des Ermordeten gezahlt wurde;* Syn. *Wergeld* **2** *Geld als Lohn für einen Verrat oder Mord*
Blut|ge|rin|nung ⟨f., -, nur Sg.⟩ *Verfestigung des Blutes nach Austritt aus einem Blutgefäß*
Blut|ge|rüst ⟨n.1; geh.⟩ → *Schafott*
Blut|ge|schwür ⟨n.1; ugs.⟩ *Mixgetränk aus Eier- und Kirschlikör*
Blut|gier ⟨f., -, nur Sg.⟩ → *Blutdurst*
blut|gie|rig ⟨Adj.⟩ → *blutdurstig*
Blut|grup|pe ⟨f.11⟩ *erbbedingter biochemischer Typ des menschlichen Blutes;* die B. A, B, AB oder 0 haben
Blut|hänf|ling ⟨m.1; verdeutlichend für⟩ → *Hänfling* [nach der in der Brutzeit karminroten Brust- und Scheitelzeichnung des Männchens]
Blut|har|nen ⟨n., -s, nur Sg.⟩ *Ausscheidung roter Blutkörperchen mit dem Harn (z.B. bei Nierengeschwülsten, Blasensteinen, Tuberkulose);* Syn. *Hämaturie*
Blut|hund ⟨m.1⟩ **1** *englischer Jagdhund mit tiefen Gesichtsfalten, ausgeprägter Wamme und langen Hängeohren, Polizeihund für die Spurensuche;* Syn. *Bloodhound* **2** ⟨übertr.⟩ *grausamer Mensch, der andere tötet und foltert* [Lehnübersetzung < engl. *blood* „Blut, edle Abstammung", und *hound* „Jagdhund"]
Blut|hu|sten ⟨m., -s, nur Sg.⟩ *Auswurf, der Blut enthält (z.B. bei Lungenkrebs oder Tuberkulose);* Syn. *Blutspucken*
blu|tig ⟨Adj.⟩ **1** *voller Blut, blutend* **2** ⟨übertr.⟩ **a** *grausam, mit vielen Opfern;* ~e Schlacht **b** ⟨in bestimmten Fügungen⟩ *äußerst, völlig;* er ist ~er Anfänger; ich bin ~er Laie; ~er Ernst
blut|jung ⟨Adj., o.Steig.⟩ *sehr jung*
Blut|kon|ser|ve ⟨f.11⟩ *durch Zusätze ungerinnbar und für einige Wochen haltbar gemachtes Blut eines Spenders*
Blut|kör|per|chen ⟨n.7⟩ *fester Bestandteil des Blutes;* Syn. *Hämozyt;* rote, weiße B.
Blut|kreis|lauf ⟨m.2⟩ *durch das Herz angetriebener Umlauf des Blutes im Körper;* auch ⟨kurz⟩: *Kreislauf;* Syn. *Blutbahn*
Blut|lau|gen|salz ⟨n.1; Sammelbez. für⟩ *komplexe Cyanide von Kalium und Eisen; gelbes, rotes B.* [früher u.a. aus Tierblut gewonnen]
Blut|laus ⟨f.2⟩ *Art der Blattläuse, Apfelbaumschädling* [nach der roten Körperflüssigkeit]
Blut|lee|re ⟨f.11⟩ *Zustand nach unterbrochener Durchblutung (z.B. nach Abschnürung, Gefäßkrampf, bei niedrigem Blutdruck)*
...blüt|ler ⟨in Zus.⟩ *mit einer bestimmten Art von Blüten versehen,* z.B. Kreuzblütler, Lippenblütler, Rachenblütler
Blut|mehl ⟨n., -(e)s, nur Sg.⟩ *getrocknetes und gemahlenes Tierblut (als Eiweißfutter oder Stickstoffdünger)*
Blut|op|fer ⟨n.5⟩ **1** *Opferung eines Menschen* **2** *jmd., der bei einem Kampf geopfert worden ist*
Blut|oran|ge ⟨[-orāʒə] f.11⟩ *Orange mit rotem Saft und Fruchtfleisch*
Blut|plas|ma ⟨n., -s, -men⟩ *flüssiger Bestandteil des Blutes (Blutwasser und Eiweiße)*
Blut|plätt|chen ⟨n.7⟩ *kleiner geformter Bestandteil des Blutes;* Syn. *Thrombozyt*
Blut|pro|be ⟨f.11⟩ **1** *Entnahme von Blut (u.a. zur Bestimmung der Blutgruppe oder zum Alkoholnachweis)* **2** *Untersuchung zum eventuellen Nachweis von Blut (z.B. am Tatort)*
Blut|ra|che ⟨f., -, nur Sg.⟩ *Sitte, die den Verwandten eines Ermordeten verpflichtet, den Mörder oder ein Mitglied seiner Familie zu töten*
Blut|rausch ⟨m., -(e)s, nur Sg.⟩ *sinnlose, blinde Begierde zu töten;* von einem B. erfaßt werden

Blut|re|gen ⟨m., -s, nur Sg.⟩ *Regen, der roten Staub oder blutfarbige Algen enthält*
Blut|rei|ni|gung ⟨f., -, nur Sg.⟩ *Maßnahme zur Entlastung des Kreislaufs und zur Anregung des Stoffwechsels (z.B. durch Aderlaß, Abführmittel, Schwitzkuren)*
blut|rot ⟨Adj., o.Steig.⟩ *rot wie Blut, intensiv rot*
blut|rün|stig ⟨Adj.⟩ **1** ⟨selten⟩ *blutdurstig* **2** *von Blut und Mord handelnd;* ~er Roman, Film
Blut|sau|ger ⟨m.5⟩ **1** *blutsaugendes Tier (z.B. Bremse, Floh, Stechmücke)* **2** ⟨übertr.⟩ *jmd., der andere bis aufs letzte ausbeutet, skrupelloser Ausbeuter oder Wucherer*
Bluts|bru|der ⟨m.6⟩ *jmd., der mit einem anderen Blutsbrüderschaft getrunken hat;* Syn. *Blutsfreund*
Bluts|brü|der|schaft ⟨f., -, nur Sg.⟩ *Beziehung zwischen Männern, die nach dem Trinken einer Mischung aus ihrer beider Blut einander unlösbare Freundschaft gelobt haben*
Blut|schan|de ⟨f., -, nur Sg.⟩ *Beischlaf zwischen Blutsverwandten*
Blut|schän|der ⟨m.5⟩ *jmd., der Blutschande betreibt*
blut|schän|de|risch ⟨Adj.⟩ *auf Blutschande beruhend*
Blut|schuld ⟨f., -, nur Sg.⟩ *Schuld infolge eines Mordes;* eine B. auf sich laden
Blut|schwämm|chen ⟨n.7⟩ *schwammige Blutgefäßgeschwulst aus Hohlräumen, die mit venösem Blut gefüllt sind;* Syn. ⟨fachsprachlich⟩ *Kavernom*
Blut|sen|kung ⟨f.10⟩ **1** *Sinken der roten Blutkörperchen in einem Glasrohr (die Geschwindigkeit ist ein Anzeichen für bestimmte Krankheiten)* **2** *eine solche Untersuchung,* eine B. machen
Bluts|freund ⟨m.1⟩ → *Blutsbruder*
Blut|spen|der ⟨m.5⟩ *jmd., der sich Blut für Blutkonserven oder Direkttransfusionen entnehmen läßt*
Blut|spucken ⟨-k|k-; n., -s, nur Sg.⟩ → *Bluthusten*
Blut|spur ⟨f.10⟩ *durch ausfließendes Blut verursachte Spur, Blutfleck;* eine B. führte bis an die Haustür; ~en an Kleidern oder Gegenständen finden, beseitigen
Blut|stau|ung ⟨f.10⟩ *vermehrter Blutandrang in Organen oder Körperteilen (z.B. bei Krampfadern)*
Blut|stein ⟨m.1⟩ *feinkristallines Roteisenerz* [färbt beim Schleifen das Kühlwasser blutrot]
blut|stil|lend ⟨Adj., o.Steig.⟩ *den Blutaustritt aus Gefäßen zum Stillstand bringend oder herabsetzend;* ~e Mittel
Bluts|tröpf|chen ⟨n.7⟩ **1** ⟨Bez. für einige Vertreter der⟩ → *Widderchen* [mehrere Arten dieser Schmetterlinge haben auffällige rote Flecken auf den Vorderflügeln] **2** ⟨volkstümliche Bez. für⟩ *verschiedene rotblühende Pflanzen (z.B. Adonis, wilde Nelken)*
Blut|sturz ⟨m.2⟩ *plötzlicher, starker Erguß von hellrotem, schaumigem Blut aus Mund und Nase;* Syn. *Hämatorrhö*
bluts|ver|wandt ⟨Adj., o.Steig.⟩ *durch gleiche Abstammung verwandt*
Bluts|ver|wandt|schaft ⟨f., -, nur Sg.⟩ *auf gleicher Abstammung beruhende Verwandtschaft;* Syn. ⟨†⟩ *Konsanguinität*
Blut|tat ⟨f.10⟩ *Mord*
Blut|trans|fu|si|on, Blut|über|tra|gung ⟨f.10⟩ *Einführung von Blut eines Spenders oder aus einer Blutkonserve) in die Blutbahn eines Patienten, der einen lebensbedrohenden Blutverlust erlitten hat*
Blu|tung ⟨f.10⟩ *Austritt von Blut aus verletzten Gefäßen;* Syn. *Hämorrhagie*
blut|un|ter|lau|fen ⟨Adj., o.Steig.⟩ *durch Blutaustritt gerötet;* ~e Augen
Blut|ver|gie|ßen ⟨n., -s, nur Sg.⟩ *Tötung;* der Kampf endete ohne B.
Blut|ver|gif|tung ⟨f.10⟩ **1** *Überschwem-*

mung des Blutes mit eitererzeugenden Bakterien; Syn. Sepsis 2 ⟨ugs. auch⟩ Entzündung der Lymphbahn

Blut|wäsche ⟨f.11⟩ Verfahren zur Entschlackung des Blutes

blut|we|nig ⟨Adj., o.Steig.; nur als Adv. und mit „sein"⟩ sehr wenig; das ist b.

Blut|wurst ⟨f.2⟩ aus Schweineblut, Speck und Gewürzen hergestellte Wurst; Syn. Rotwurst, ⟨österr.⟩ Blunzen

Blut|wurz ⟨f.10⟩ gelb blühendes eurasiatisches Rosengewächs [die Wurzel wird beim Anschneiden rot]

Blut|zeu|ge ⟨m.11⟩ → Märtyrer

Blut|zoll ⟨m., -(e)s, nur Sg.⟩ bildliche Bez. für Opfer (von Menschenleben); der immer stärker werdende Verkehr fordert jährlich einen hohen B.

Blut|zucker ⟨-k|k-; m., -s, nur Sg.⟩ im Serum des Blutes gelöster Traubenzucker

BLZ ⟨Abk. für⟩ Bankleitzahl

b.m. ⟨Abk. für⟩ brevi manu

b-Moll ⟨n., nur Sg.; Mus.⟩ auf dem Grundton b aufbauende Moll-Tonart

Bö ⟨f.10⟩ einzelner, heftiger Windstoß; auch: Böe [nddt.]

Boa ⟨f.9⟩ 1 eine lebendgebärende tropische Riesenschlange 2 langer, schmaler Pelz, Schal o.ä. zum Umhängen (Feder~) [lat., „Wasserschlange"]

Bob ⟨m.9⟩ Sportschlitten mit Steuereinrichtung und Metallgehäuse (Vierer~, Zweier~) [gekürzt < engl. bob-sleigh in ders. Bed., < to bob „sich ruckweise bewegen"], weil der Fahrer den Oberkörper nach vorn bewegen, um die Geschwindigkeit zu erhöhen; sleigh „Schlitten"]

bob|ben ⟨V.1, hat gebobbt; o.Obj.⟩ beim Bobfahren den Oberkörper ruckweise nach vorn bewegen, um die Fahrt zu beschleunigen

Bob|by ⟨m., -s, -bies⟩ englischer Polizist (bes. in London) [nach Sir Robert („Bobby") Peel, dem brit. Innenminister (1788–1850), der die brit. Sicherheitspolizei schuf]

Bo|bi|ne ⟨f.11⟩ 1 Garnspule 2 endloser Papierstreifen 3 Trommel für Förderbänder [frz., „Spule"]

Bo|bi|net ⟨auch [bo-] m.9⟩ Gardinentüll [< engl. bobbinet, zu bobbin „Spule" und net „Netz"; vgl. Bobine]

Bob|tail ⟨[-teil] m.9⟩ ⟨meist⟩ an Kopf, Hals, Brust und Vorderbeinen weiß, sonst dunkelgrau gefärbte Hunderasse mit zottigen Haaren, altenglischer Schäferhund [engl., „Stummelschwanz"]

Boc|cia ⟨[bɔtʃa] n., -(s), nur Sg.⟩ ein italienisches Kugelspiel [ital., Herkunft unbekannt, vielleicht zu bozza „Buckel, Höcker"]

Boche ⟨[bɔʃ] m.9; bes. im 1. Weltkrieg⟩ (Schimpfname der Franzosen für den Deutschen) [frz., „Schwein"]

Bock¹ ⟨m.2⟩ 1 ⟨bei Ziege, Schaf, Reh, Gemse, Antilope u.a.⟩ männliches Tier; den B. (Ziegenbock) zum Gärtner machen ⟨übertr.⟩ jmdm. ein Amt geben, für das er völlig ungeeignet ist; einen B. schießen ⟨übertr.⟩ einen Fehler machen 2 ⟨übertr., derb⟩ geiler Mann; so ein alter B. 3 ⟨Turnen⟩ lederbezogener Kasten mit vier in der Höhe verstellbaren Beinen; vgl. Bockspringen 4 Stützgerät zur Auflage von Werkstücken (Säge~) 5 Sitzfläche (auf einem hochbeinigen Schemel, auf einer Kutsche; Kutsch~) 6 ⟨Kurzw., bes. in Zus. für⟩ → Bockkäfer (Alpen~, Holz~) 7 ⟨bei Kindern⟩ Dickkopf, Trotz; ihn stößt der B. er ist dickköpfig, trotzig, widersetzlich 8 ⟨Jargon⟩ große Lust; (einen) B. auf etwas haben

Bock² ⟨n., -(s), -; kurz für⟩ Bockbier (Mai~); bitte zwei B.!

bock|bei|nig ⟨Adj.⟩ störrisch, sich widersetzend, widerspenstig

Bock|bier ⟨n.1⟩ süßliches Starkbier mit hohem Stammwürzegehalt [nach der niedersächs. Stadt Einbeck, wo es zuerst gebraut wurde]

Bock|büchs|flin|te ⟨f.11⟩ doppelläufiges Jagdgewehr (für Schrot und Kugel), bei dem die Läufe nicht nebeneinander, sondern übereinander liegen

Böck|chen ⟨n.7⟩ 1 kleiner Bock 2 kleiner afrikanischer Hornträger

Bock|dop|pel|flin|te ⟨f.11⟩ doppelläufiges Jagdgewehr mit zwei übereinanderliegenden Schrotläufen

bocken ⟨-k|k-; V.1, hat gebockt; o.Obj.⟩ 1 nach dem Bock brünstig sein (von Schaf, Ziege u.a.) 2 sich aufbäumen, den Gehorsam verweigern; das Pferd bockt 3 ⟨übertr.⟩ trotzig sein, beleidigt sein (von Kindern)

Bockerl ⟨-k|k-; n.14; österr.⟩ Kiefernzapfen

Bock|huf ⟨m.1; beim Pferd⟩ zu stumpfe Hufform

bockig ⟨-k|k-; Adj.⟩ trotzig, störrisch, beleidigt (von Kindern) **Bockig|keit** ⟨-k|k-; f., -, nur Sg.⟩

Bock|kä|fer ⟨m.5⟩ Käfer mit besonders langen, kräftigen Fühlern (Alpen~, Moschus~); auch: Bock [die Fühler werden mit Bockshörnern verglichen]

Bock|kitz ⟨n.1⟩ männliches Kitz; Ggs. Geißkitz

Bock|lei|ter ⟨f.11⟩ Stehleiter, zusammenklappbare Leiter

Bock|mist ⟨m., -(e)s, nur Sg.; übertr., derb⟩ großer Mist, großer Unsinn, dummer Fehler; da habe ich B. gemacht, geschrieben

Bocks|bart ⟨m.2⟩ 1 → Ziegenbart 2 ein Korbblütler mit gelben Zungenblüten (Wiesen~)

Bocks|beu|tel ⟨m.5⟩ flache, seitlich gebauchte Flasche (bes. für Frankenwein)

Böck|ser ⟨m.5⟩ fehlerhafter Wein mit schlechtem Geruch und Geschmack (hervorgerufen durch Schwefelwasserstoff)

Bocks|fei|ge ⟨f.11⟩ männliche Pflanze der Feige

Bocks|horn ⟨n.; nur in der Wendung⟩ jmdn. ins B. jagen jmdn. einschüchtern; laß dich nicht ins B. jagen! [Herkunft nicht bekannt]

Bocks|hörndl ⟨n.14; österr.⟩ Frucht des Johannisbrotbaums

Bocks|horn|klee ⟨m., -s, nur Sg.⟩ gelblich blühender Schmetterlingsblütler des Mittelmeergebietes (als Heilpflanze auch weiter nördlich angebaut)

Bock|sprin|gen ⟨n., -s, nur Sg.⟩ Überspringen eines Hindernisses (eines Bocks (3), einer gebückt stehenden Person, eines Pfostens) mit gegrätschten Beinen, wobei man sich mit beiden Händen kurz darauf aufstützt

Bock|wurst ⟨f.2⟩ lange Brühwurst [urspr. zur Bockbierzeit gegessen]

Bod|den ⟨m.7⟩ durch Landzungen oder vorgelagerte Inseln abgetrennte, seichte Meeresbucht an einer Flachküste (bes. in Vorpommern) [ndat., „(Meeres-)Boden"]

Bo|de|ga ⟨f.9⟩ spanische Weinschenke [→ Bottega]

Bo|den ⟨m.8⟩ 1 oberste verwitterte, lebenerfüllte und landwirtschaftlich genutzte Schicht der Erdkruste; jmdm. dem Ziel näher kommen; der B. brennt ihm unter den Füßen, ihm wird der B. zu heiß er ist in Gefahr; ich hatte wieder B. unter den Füßen ich hatte wieder eine Lebensgrundlage; jmdm. den B. unter den Füßen wegziehen jmdm. seine Lebensgrundlage nehmen; das Unternehmen steht auf schwankendem B. das Unternehmen ist unsicher; er war völlig am B. zerstört ⟨ugs.⟩ völlig erschöpft, tief deprimiert [nach der häufigen Meldung Ende des 2. Weltkriegs, daß Flugzeuge am B. zerstört worden seien, um sie nicht dem Feind übergeben zu müssen]; auf fruchtbaren B. fallen Zustimmung finden, nachgeahmt werden; et-

was aus dem B. stampfen etwas aus dem Nichts, mit wenigen Mitteln schaffen; das ist eine Moral mit doppeltem B. eine Moral, die man zum eigenen Vorteil so oder so anwenden kann; das ist ein Faß ohne B. das ist eine Sache, die viel Geld, Zeit, Energie verbraucht; zu B. gehen niederstürzen (bes. im Boxkampf) 2 untere Begrenzung (des Meeres, eines Raums, eines Gefäßes, eines Wagens u.a.; Fuß~, Flaschen~, Schacht~) 3 Raum unter dem Dach (Dach~, Heu~); auch an dem B.

Bo|den|art ⟨f.10⟩ Beschaffenheit des Bodens; wasserdurchlässige, saure, mineralsalzreiche B.; vgl. Bodentyp

Bo|den|druck ⟨m.2⟩ Druck einer Flüssigkeit auf den Boden des Gefäßes

Bo|den|eis ⟨n., -es, nur Sg.⟩ durch Gefrieren des Wassers im Boden entstandenes Eis

Bo|den|fil|ter ⟨m.5; in Kläranlagen und Staubecken⟩ wasserdurchlässiger Boden, der zur mechanischen und biologischen Reinigung von Abwässern verwendet wird

Bo|den|frä|se ⟨f.11⟩ landwirtschaftliche Bodenbearbeitungsmaschine (die durch eine sich drehende Walze mit Dornen die Oberfläche lockert)

Bo|den|frei|heit ⟨f., -, nur Sg.⟩ geringster Abstand zwischen der Unterseite eines Fahrzeugs und dem Boden (Fahrbahn)

Bo|den|frost ⟨m.2⟩ 1 Frost unmittelbar über dem Erdboden 2 Gefrieren des Porenwassers im Boden (1)

Bo|den|ga|re ⟨f., -, nur Sg.⟩ günstigster Zustand des Bodens (im Hinblick auf Luft- und Feuchtigkeitsgehalt und krümelige Humusbeschaffenheit); auch: ⟨kurz⟩ Gare

Bo|den|kun|de ⟨f., -, nur Sg.⟩ Wissenschaft, die sich mit Beschaffenheit und Entstehung des Bodens sowie räumlicher Verteilung der Bodenarten und -typen befaßt; Syn. Pedologie

Bo|den|le|ger ⟨m.5⟩ jmd., der Fußböden verlegt

bo|den|los ⟨Adj., o.Steig.⟩ 1 unergründlich tief; ein Sturz ins Bodenlose 2 ⟨übertr.⟩ unerhört, unglaublich; eine ~e Gemeinheit

Bo|den|mü|dig|keit ⟨f., -, nur Sg.⟩ Unvermögen des Bodens, Pflanzen normal gedeihen zu lassen (z.B. nach ständigem Anbau der gleichen Feldfrüchte)

Bo|den|per|so|nal ⟨n., -s, nur Sg.; Flugw.⟩ nicht-fliegendes, mit der Organisation der Flüge beschäftigtes Personal

Bo|den|pro|fil ⟨n.1⟩ senkrechter Schnitt durch den Boden, der zu seiner Charakterisierung nach Schichtpaketen (Horizonten) dient

Bo|den|satz ⟨m.2⟩ feste Bestandteile einer Flüssigkeit, die auf den Boden eines Gefäßes gesunken sind (sich gesetzt haben)

Bo|den|schät|ze ⟨Pl.⟩ im Boden enthaltene, nutzbare Stoffe (Mineralien, Erze, Erdöl)

bo|den|stän|dig ⟨Adj., o.Steig.⟩ 1 seit langem ansässig in der Heimat verwurzelt; ~e Kultur **Bo|den|stän|dig|keit** ⟨f., -, nur Sg.⟩

bo|den|stet ⟨Adj., o.Steig.; Bot.⟩ nur auf bestimmten Boden gedeihend, z.B. Kalkstet

Bo|den|tur|nen ⟨n., -s, nur Sg.⟩ wettkampfmäßig auf einer Bodenfläche ausgeführtes Kunstturnen

Bo|den|typ ⟨m.12⟩ Boden mit kennzeichnendem Bodenprofil (z.B. Braunerde, Podsol); vgl. Bodenart

Bo|den|wel|le ⟨f.11⟩ 1 leichte Bodenerhebung (auf Straßen) 2 von einem Sender ausgestrahlte elektromagnetische Welle, die sich entlang der Erdoberfläche ausbreitet

Bo|den|wind ⟨m.1; Meteor.⟩ Wind in 10 Meter Höhe

Bo|dhi|satt|va ⟨m.9⟩ Wesen (Tier oder Mensch), das auf dem Wege ist, ein Buddha zu werden [< Sanskrit bodhisat(t)va „zur Erleuchtung bestimmtes Wesen", < bodhi- „Erleuchtung" und sat(t)va- „Wesen, Existenz"]

Bod|me|rei ⟨f., -, nur Sg.⟩ Darlehen an den

Bodoni

Kapitän eines Schiffes zur Finanzierung der Weiterfahrt [< nddt. *Bodmeri* ,,Geldleihe auf Schiff und Ladung", eigtl. ,,bis auf den Boden des Schiffes"; < ndrl. *bodem(e)*, *boddeme* ,,Boden, Grund, Grundlage"]

Bo|do|ni ⟨f., -, nur Sg.⟩ *eine Antiqua-Druckschrift* [nach dem ital. Buchdrucker und Schriftschöpfer G. *Bodoni*]

Bo|dy|buil|ding ⟨[-bil-] n., -, nur Sg.⟩ *Muskeltraining zur Ausbildung guter Körperformen* [engl., < *body* ,,Körper" und *building* ,,das Formen"]

Bo|dy|check ⟨[-tʃɛk] m.9; Eishockey⟩ *erlaubte körperliche Behinderung des Angreifers in der Verteidigungszone* [engl., < *body* ,,Körper" und *to check* ,,aufhalten"]

Böe ⟨f.11⟩ → *Bö*

Bo|fel ⟨m.5⟩ → *Bafel*

Bo|fist ⟨m.1⟩ → *Bovist*

Bo|gen ⟨m.7, südd. m.8⟩ **1** *gekrümmte Linie (Kreis~), Biegung, Kurve; die Straße macht hier einen B.; einen B. um etwas oder jmdn. machen* ⟨übertr.⟩ *etwas oder jmdn. aus dem Weg gehen, die Nähe von etwas, das Zusammentreffen mit jmdm. meiden; den B. heraushaben* ⟨ugs.⟩ *wissen, wie man etwas zustande bringen kann, etwas gut können; jmdn. in hohem B. hinauswerfen* ⟨ugs.⟩ *energisch hinausweisen* **2** *aus einem elastischen Holzstab, an dessen Enden eine Sehne straff befestigt ist, bestehende Waffe zum Abschießen von Pfeilen; mit Pfeil und B. schießen, jagen; den B. überspannen* ⟨übertr.⟩ *zuviel verlangen, eine übertrieben hohe Forderung stellen* **3** *mit Roß- oder Kunsthaar bespannter Holzstab, mit dem die Saiten eines Streichinstruments in Schwingungen versetzt werden (Geigen~)* **4** ⟨Baukunst⟩ *miteinander verbundene, eine Krümmung bildende Steine zum Überwölben einer Öffnung (Tür~, Fenster~)* **5** *(meist rechteckig) zugeschnittenes Blatt Papier; ein B. Packpapier* **6** ⟨Buchw.⟩ *Teil eines Buches (meist 16 Seiten; Druck~)*

Bo|gen|ent|la|dung ⟨f.10⟩ *elektrische Entladung in Gasen*

Bo|gen|fen|ster ⟨n.5⟩ *Fenster, dessen obere Begrenzung aus einem Bogen (4) besteht (Rund~, Spitz~)*

Bo|gen|fries ⟨m.1; bes. in der roman. Baukunst⟩ *Reihe kleiner Blendbogen*

Bo|gen|füh|rung ⟨f., -, nur Sg.⟩ *Art, wie der Bogen (beim Spielen eines Streichinstruments) geführt wird*

Bo|gen|gang ⟨m.2⟩ **1** ⟨Baukunst⟩ *an einer Seite offener, durch Bogenstellungen begrenzter Gang* **2** ⟨beim Menschen und bei Wirbeltieren⟩ *Teil des Innenohrs*

Bo|gen|kor|rek|tur ⟨f.10⟩ *Korrektur der Druckbogen*

Bo|gen|lam|pe ⟨f.11⟩ *punktförmige Lichtquelle durch Bogenentladung zwischen zwei weißglühenden Lichtquellen*

Bo|gen|maß ⟨n.1⟩ *Größe eines Winkels, die durch die Länge seines Bogens (1) im Einheitskreis bestimmt ist*

Bo|gen|mi|nu|te ⟨f.11; Math.⟩ *sechzigster Teil eines Grades*

Bo|gen|schie|ßen ⟨n., -s, nur Sg.⟩ *Schießen mit Pfeil und Bogen (2)*

Bo|gen|se|kun|de ⟨f.11; Math.⟩ *sechzigster Teil einer Bogenminute*

Bo|gen|stel|lung ⟨f.10; Baukunst⟩ *auf zwei Pfeilern oder Säulen ruhender Bogen (4)*

Bo|gen|zwickel ⟨-k|k-; m.5⟩ → *Spandrille*

bo|gig ⟨Adj., o.Steig.⟩ *in der Art eines Bogens, gekrümmt*

...bo|gig (in Zus.) *in der Art eines bestimmten Bogens, z.B. rundbogig, spitzbogig*

Bo|go|mi|le, Bo|gu|mi|le ⟨m.11⟩ *Angehöriger einer mittelalterlichen Sekte in Osteuropa und Kleinasien* [slaw. ,,Gottesfreund" oder nach dem Gründer *Bogomil*]

Bo|heme ⟨[boɛm] f., -, nur Sg.⟩ *unbürgerliches, ungebundenes Künstlerleben oder -milieu* [< frz. *bohème* ,,leichtsinnige Welt der Pariser Künstler; Bummler", zu *Bohème* ,,Zigeuner", eigtl. ,,Böhme", < lat. *Bohemia* ,,Böhmen"]

Bo|he|mi|en ⟨[boɛmjẽ] m.9⟩ *jmd., der in der Art der Boheme lebt*

Boh|le ⟨f.11⟩ *dickes Holzbrett*

böh|misch ⟨Adj., o.Steig.⟩ *Böhmen betreffend, zu ihm gehörig, aus ihm stammend, tschechisch; ~e Dörfer* ⟨übertr.⟩ *etwas Unverständliches* [nach der ursprüngl. kelt. Bevölkerung, den Bojern]

Boh|ne ⟨f.11⟩ **1** ⟨Sammelbez. für mehrere Schmetterlingsblütler, Gemüsepflanze mit Hülsenfrüchten (Garten~, Feuer~, Sau~, Soja~); nicht die B.!* *überhaupt nicht, keineswegs* [Bohnen wurden früher als Spielgeld verwendet und hatten also keinen Wert] **2** *bohnenähnliche Frucht (Kaffee~, Kakao~)* **3** ⟨beim Pferd⟩ *trichterförmige Vertiefung in der Mitte der Reibfläche des Schneidezahns (zur Altersbestimmung), Syn. Kunde*

boh|nen ⟨V.1, hat gebohnt; mit Akk.⟩ → *bohnern*

Boh|nen|kaf|fee ⟨m.9; verdeutlichend für⟩ *Kaffee (im Unterschied zu kaffeeähnlichen Getränken wie z.B. Malzkaffee)*

Boh|nen|kraut ⟨n., -(e)s, nur Sg.⟩ **1** *violett oder weiß blühender Lippenblütler des Mittelmeergebietes* **2** *daraus hergestelltes Gewürz (für Bohnengerichte)*

Boh|nen|stan|ge ⟨f.11⟩ **1** *Stange, an der sich die Bohne emporranken kann* **2** ⟨ugs., scherzh.⟩ *sehr große, dünne Person*

Boh|nen|stroh ⟨n.; nur in der Wendung⟩ *dumm wie B. sehr dumm* [nach dem wertlosen Stroh der Saubohne]

Boh|ner ⟨m.5⟩, **Boh|ner|be|sen** ⟨m.7⟩ → *Blocker*

boh|nern ⟨V.1, hat gebohnert; mit Akk.⟩ *mit dem Bohnerbesen glänzend machen; (auch) bohnen; Parkett b.*

Boh|ner|wachs ⟨n.1⟩ *dickflüssige oder pastenförmige Mischung von Wachskörnern in Terpentinöl zum Bohnern*

boh|ren ⟨V.1, hat gebohrt⟩ **I** ⟨mit Akk.⟩ **1** *mit dem Bohrer, Finger oder anderen Gegenstand durch Druck und Drehung hervorbringen; ein Loch (in die Wand, in die Erde, ins Papier) b.; einen Schacht, Brunnen b.; ein Gewinde in etwas b.; ein Messer in etwas b.; etwas Spitzes in etwas hineindrücken; einen Stab in die Erde b.; jmdm. ein Messer in den Leib, zwischen die Rippen b.* **II** ⟨o.Obj.⟩ **1** *mit dem Bohrer oder Finger in etwas eindringen; der Zahnarzt muß b.; in der Nase b.; in der Erde nach Öl, Wasser b.* **2** *hartnäckig, immer wieder fragen oder bitten; er hat so lange gebohrt, bis ...; ~de Fragen stellen* **III** ⟨refl.⟩ *sich in etwas b. mit Druck in etwas eindringen; eine Zecke bohrt sich ins Fleisch; das Flugzeug bohrte sich (beim Absturz) in den Boden; seine Augen bohrten sich in die ihren* ⟨übertr.⟩

Boh|rer ⟨m.5⟩ **1** *stabförmiges, zugespitztes Werkzeug zum Einbringen runder Löcher (Gesteins~, Nagel~, Spiral~)* **2** *jmd., der bohrt, Arbeiter an der Bohrmaschine*

Bohr|fut|ter ⟨n., -s, nur Sg.⟩ *den Bohrer haltender Teil einer Bohrmaschine*

Bohr|in|sel ⟨f.11⟩ *künstliche Insel für Bohrungen in den Meeresuntergrund*

Bohr|kern ⟨m.1⟩ *mittels Bohrer gewonnene Gesteinsprobe*

Bohr|knar|re ⟨f.11⟩ *Handbohrgerät, bei dem der Bohrer durch Hin- und Herschwenken eines Hebels angetrieben wird (bes. zum Gewindeschneiden)*

Bohr|löf|fel ⟨m.5; bei Tiefbohrungen⟩ *Rohrgefäß mit Bodenventil zum Herausheben des Bohrguts*

Bohr|ma|schi|ne ⟨f.11⟩ *Werkzeugmaschine zum Bohren von Löchern (Hand~, Schlag~,*

Bohr|mu|schel ⟨f.11; Sammelbez. für⟩ *Muschel, die ihre gezähnten Schalenränder als Bohrwerkzeuge verwendet, z.B. Bohrwurm*

Bohr|turm ⟨m.2; bei Tiefbohrungen⟩ *Gerüst zum Aufhängen des Bohrgestänges (Bohrstange und Bohrmeißel)*

Boh|rung ⟨f.10⟩ **1** *das Bohren* **2** *Stelle, an der gebohrt wurde* **3** ⟨bei Kolbenmaschinen⟩ *Innendurchmesser der Zylinder*

Bohr|win|de ⟨f.11⟩ *kurbelartig gekröpftes Bohrgerät mit Stützknauf (zum Andrücken des handbetriebenen Bohrers)*

Bohr|wurm ⟨m.2⟩ *Bohrmuschel, die durch ihre Bohrgänge im Holz Hafen- und Dammbauten zerstört*

bö|ig ⟨Adj., o.Steig.⟩ *kurz und heftig wehend; b. auffrischender Wind; ~er Ostwind* [zu *Bö*]

Boi|ler ⟨[bɔi-] m.5⟩ *Gerät zum Warmwasserbereiten und -speichern* [engl., ,,Sieder", zu *to boil* ,,sieden, kochen"]

Bo|jar ⟨m.10⟩ **1** ⟨im alten Rußland⟩ *Angehöriger des Hochadels* **2** ⟨in Bulgarien und Rumänien⟩ *adliger Großgrundbesitzer* [< russ. *bojarin* ,,Großer, Vornehmster", Bez. der Altadeligen gegenüber dem Dienstadeligen]

Bo|je ⟨f.11⟩ *verankerter Schwimmkörper, mit dem bestimmte Stellen auf dem Wasser markiert werden, z.B. Fahrwasserrinnen, Nichtschwimmerbereiche; Heul~, Leucht~* [< mndrl. *boie* < altfrz. < fränk. *bokan ,,Zeichen"]

Bok|mål ⟨[-mo:l] n., -s, nur Sg.⟩ *vom Dänischen beeinflußte norwegische Schriftsprache;* vgl. *Landsmål* [norweg., ,,Buchsprache"]

Bo|la ⟨f.9⟩ *südamerikanische Schleuderwaffe aus langen Riemen mit Steinen an den Enden (die sich beim Auftreffen um das Ziel wickeln)* [span., ,,Kugel"]

...bold (in Zus.) *jmd., der häufig etwas tut oder ständig etwas vertritt, z.B. Raufbold, Saufbold, Witzbold, Tugendbold* [< ahd. *...bald*, dem zweiten Bestandteil von Männernamen in der Bed. ,,stark, kühn"]

Bo|le|ro ⟨m.9⟩ **1** *spanischer Tanz* **2** *kurzes, offenes Jäckchen* [die Herkunft ist nicht geklärt, möglicherweise zu span. *balo* ,,Ball" oder zu *vuelo* ,,Flügel"; vielleicht erinnert die Haltung des Armes, der bei einem bestimmten Taktteil über den Kopf nach oben gestreckt wird, an einen Flügel]

Bo|lid ⟨m.1 oder m.10⟩ **1** *großer oder besonders heller Meteor; Syn. Feuerkugel* **2** ⟨Automobilsport⟩ *bei Formel-I-Rennen eingesetzter Rennwagen* [< spätgriech. *bolis*, Gen. *bolidos*, ,,Geschoß"]

Bo|lí|var ⟨m.1, -s, -⟩ *Währungseinheit in Venezuela* [nach dem südamerik. Nationalhelden Simón *Bolívar*]

Bo|li|via|no ⟨m.9⟩ *Währungseinheit in Bolivien*

Böl|le ⟨f.11; schweiz.⟩, **Bol|le** ⟨f.11; nddt.⟩ → *Zwiebel* [< mhd. *bolle* ,,Knospe; kugelförmiges Gefäß"]

Bol|len ⟨m.7; schwäb.⟩ *runder Klumpen* [→ *Bölle*]

Bol|len|hut ⟨m.2⟩ *Hut der Schwarzwälder Frauentracht* [zu *Bollen*; → *Bölle*]

Böl|ler ⟨m.5⟩ **1** *(früher) Vorderladergeschütz* **2** *Knallbüchse (für Salut- und Freudenschüsse)*

böl|lern ⟨V.1, hat geböllert; o.Obj.⟩ *mit dem Böller schießen*

Boll|werk ⟨n.1⟩ **1** *Befestigungs-, Verteidigungsanlage, Festung* **2** *fester Damm am Flußufer* **3** ⟨übertr.⟩ *etwas, das als Schutz dient* [< nddt. *bolwerk*, < *Bohle* und *Werk*]; vgl. *Boulevard*

Bo|lo|gne|se ⟨[-nje-] Adj., o.Steig.; bei ital. Speisen⟩ *nach Art der Küche Bolognas (meist mit feingehacktem Schweinefleisch); Spaghetti B.*

Bo|lo|gne|ser ⟨[-nje-] m.5⟩ **1** *Einwohner*

von Bologna **2** Rasse zwerghafter Stubenhunde mit weißen, langen Haaren

Bo|lo|me|ter ⟨n.5⟩ *Gerät zum Messen der Energie elektromagnetischer Strahlung* [< griech. *bole* „Strahl" und *metron* „Maß"]

Bol|sche|wik ⟨m., -wi|ken, -wi|ken oder -wi|ki; bis 1952 Bez. für⟩ *Angehöriger der Kommunistischen Partei der UdSSR; auch: Bolschewist* [< russ. *bolschewiki* „die aus der Mehrheit", zu *bolsche* „mehr, größer", da sie im 2. Kongreß der Sozialdemokratischen Partei Rußlands 1903 die Mehrheit hatten]

bol|sche|wi|sie|ren ⟨V.3, hat bolschewisiert; mit Akk.⟩ *nach dem Vorbild des Bolschewismus gestalten*

Bol|sche|wis|mus ⟨m., -, nur Sg.⟩ **1** *Kommunismus (bes. in seiner Ausprägung im sowjetischen Staatswesen);* vgl. *Menschewismus* **2** ⟨abwertend⟩ *absolute Macht einiger weniger kommunistischer Führer*

Bol|sche|wist ⟨m.10⟩ **1** *Anhänger, Vertreter des Bolschewismus* **2** → *Bolschewik*

bol|sche|wi|stisch ⟨Adj., o.Steig.⟩ *den Bolschewismus betreffend, zu ihm gehörig, von ihm abgeleitet*

Bo|lus ⟨m., nur Sg.⟩ *kalkhaltiger Ton* [lat., < griech. *bolos* „Erdscholle, Erdklumpen"]

bol|zen ⟨V.1, hat gebolzt⟩ **I** ⟨o.Obj.⟩ *hart, regelwidrig Fußball spielen* **II** ⟨refl.⟩ *sich b.* ⟨landsch.⟩ *sich raufen, sich prügeln*

Bol|zen ⟨m.7⟩ **1** *zylindrischer Körper (meist aus Metall) zur Verbindung von Maschinenteilen* **2** *Geschoß für Armbrust oder Luftgewehr*

bol|zen|ge|ra|de ⟨Adj., o.Steig.⟩ *gerade wie ein Bolzen, ganz gerade;* b. *sitzen, stehen*

Bom|ba|ge ⟨[-ʒə] f.11⟩ *Biegung, Wölbung, gewölbte Form* [frz., zu *bomber* „wölben", zu *bombe* „Bombe, Ballon"]

Bom|bar|de ⟨f.11⟩ **1** ⟨früher⟩ *großkalibriges Vorderlader-Belagerungsgeschütz für schwere Steinkugeln* **2** *tiefes Orgelregister* **3** → *Pommer* [< frz. *bombarde* in ders. Bed., < vulgärlat. *bombus* „Lärm"; → *Bombe (1)*]

Bom|bar|de|ment ⟨[-mã] n.9⟩ *das Bombardieren, Bombenabwurf;* Syn. *Bombardierung*

bom|bar|die|ren ⟨V.3, hat bombardiert; mit Akk.⟩ **1** *etwas b. mit Bomben angreifen; eine Stadt b.* **2** *jmdn. mit Bomben o.ä.* **a** *etwas angreifen; jmdn. mit Vorwürfen b.* **b** *etwas nach jmdm. werfen; jmdn. mit Papierkugelchen, Kissen b.*

Bom|bar|dier|kä|fer ⟨m.5⟩ *metallisch blau und rot gefärbter Laufkäfer, der zu seiner Verteidigung unter schwachem Knall einen scharfen Stoff aus der Afterdrüse absondert*

Bom|bar|die|rung ⟨f.10⟩ → *Bombardement*

Bom|bar|don ⟨[-dõ] n.9⟩ *Blechblasinstrument, Vorläufer der Baßtuba*

Bom|bast ⟨m., -(e)s, nur Sg.⟩ *Schwulst, Prunk, Überladenheit (bes. im Schreiben und Reden)* [< engl. *bombast* „Baumwolle oder ähnliches weiches, faseriges Material (zum Polstern, Ausstopfen und Aufbauschen), Wortschwall, Redeschwulst", < griech. *pambax* „Baumwolle", < türk. *pamuk* < pers. *panbäh* „Baumwolle"]

bom|ba|stisch ⟨Adj.⟩ *allzu prunkvoll, überladen, schwülstig, hochtrabend*

Bom|be ⟨f.11⟩ **1** *mit explodierenden oder anderen schädigenden Stoffen gefüllter Hohlkörper (Brand~, Giftgas~); die B. ist geplatzt* ⟨übertr., ugs.⟩ *das befürchtete Ereignis ist eingetreten, die geheimgehaltene Nachricht ist bekanntgeworden; die Nachricht schlug ein wie eine B.* **2** ⟨Geol.⟩ *vulkanischer Auswürfling (Lava~)* **3** ⟨Sport, scherzh.⟩ *besonders wuchtiger Schuß, Wurf* [< frz. *bombe* in ders. Bed., < vulgärlat. *bombus* „Lärm"]

Bom|ben... ⟨in Zus.; ugs.⟩ *sehr, sehr groß, sehr viel, sehr gut, sehr hoch, z.B. Bombenerfolg, Bombengeld, Bombenhitze, Bombenstellung, Bombenstimmung*

bom|ben|fest ⟨Adj., o.Steig.⟩ → *bombensi-cher* **bom|ben|fest** ⟨Adv.⟩ *ganz fest; das steht b.*

Bom|ben|rol|le ⟨f.11; ugs.⟩ *sehr gute Rolle (für einen Schauspieler), Rolle, die viel Erfolg verspricht, in der er sein Können zeigen kann*

bom|ben|si|cher ⟨Adj., o.Steig.⟩ *gesichert gegen Bomben;* ~*er Keller* **bom|ben|si|cher** ⟨Adj.; ugs.⟩ *ganz sicher; ein* ~*es Geschäft; das ist b.*

Bom|ben|stim|me ⟨f.11; ugs.⟩ *laute, tragende Stimme mit großem Umfang*

Bom|ben|tep|pich ⟨m.1⟩ *Abwurf von Bomben in großer Zahl auf ein großes Gebiet; einen B. legen*

Bom|ben|trich|ter ⟨m.5⟩ *durch Bombeneinschlag entstandene, trichterförmige Vertiefung im Boden*

Bom|ber ⟨m.5⟩ *Flugzeug zur Bekämpfung von Zielen mittels Bomben oder Raketen*

bom|bie|ren ⟨V.3, hat bombiert; mit Akk.⟩ *biegen, wölben; Glas, Blech b.* [< frz. *bomber* „wölben", zu *bombe* „Ballon"]

bom|big ⟨Adj., o.Steig.; ugs.⟩ *großartig*

Bom|mel ⟨f.11⟩ ⟨landsch.⟩ *weiches, rundes Anhängsel (bes. an Mützen); auch: Bummel²* [zu *baumeln*]

Bom|mer|lun|der ⟨m.5⟩ *ein norddeutscher Kornbranntwein*

Bon ⟨[bõ] m.9⟩ *Kassenzettel, Gutschein* [frz., „Gutschein, Anweisung", eigtl. „gültig", < lat. *bonus* „gut, tauglich, geeignet"]

bo|na fi|de *im guten Glauben, auf Treu und Glauben* [lat.]

Bo|na|par|tis|mus ⟨m., -, nur Sg.⟩ *politische Richtung in Frankreich, die die Wiedereinsetzung der Angehörigen des Hauses Bonaparte erstrebte*

Bon|bon ⟨[bõbõ] auch [bõ bõ] n.9 oder ⟨selten⟩ m.9⟩ *kleine Süßigkeit zum Lutschen;* Syn. ⟨landsch.⟩ *Gutsel* [frz., mit kindersprachlicher Verdoppelung zu *bon* „gut"]

Bon|bon|nie|re ⟨[bõbɔniɛːrə] auch [bõbõnʒerə] f.11⟩ **1** *Schmuckdose mit Bonbons* **2** *Geschenkpackung mit Pralinen* [frz.]

bon|gen ⟨V.1, hat gebongt; mit Akk.⟩ *etwas b. einen Bon für etwas an der Registrierkasse tippen;* Syn. *bonieren; eine Bestellung, einen Kauf b.; (die Sache) ist gebongt* ⟨ugs.⟩ *ist erledigt, in Ordnung*

Bon|go¹ ⟨m.9⟩ *rotbraune, weiß längsgestreifte afrikanische Waldantilope mit gedrehten Hörnern* [afrik.]

Bon|go² ⟨n.9⟩ *kubanische, aus Afrika stammende, aus zwei verschieden gestimmten Trommeln zusammengesetzte Trommel, die mit den Fingern geschlagen wird* [afrik. Eingeborenenspr.]

Bön|ha|se ⟨m.11⟩ *keiner Zunft angehörender Handwerker, Pfuscher* [nddt., < *bön* „Bühne, Dachboden", eigtl. „jmd., der heimlich auf dem Dachboden arbeitet"]

Bon|ho|mie ⟨[bõnɔmiː] f., -, nur Sg.⟩ *Gutmütigkeit, Biederkeit* [→ *Bonhomme*]

Bon|homme ⟨[bõnɔm] m.9⟩ *gutmütiger, einfältiger Mensch* [frz., „gutmütiger Mensch, guter Kerl", < *bon* „gut, einfältig" und *homme* „Mensch"]

bo|nie|ren ⟨V.3, hat boniert; mit Akk.⟩ → *bongen*

Bo|ni|fi|ka|ti|on ⟨f.10⟩ *Vergütung*

bo|ni|fi|zie|ren ⟨V.3, hat bonifiziert; mit Akk.⟩ **1** *ein Guthaben b. einen höheren Zinssatz als üblich für ein Guthaben gewähren* **2** *jmdn. b. jmdm. Schaden, Verlust ersetzen* [< frz. *bonifier* „verbessern, entschädigen", < mlat. *bonificare* „gut machen", < lat. *bonus* „gut" und *facere* (in Zus. *...ficere*) „machen"]

Bo|ni|tät ⟨f.10⟩ **1** *Güte, Wert* **2** *kaufmännischer Ruf* **3** *Zahlungsfähigkeit* [< lat. *bonitas*, Gen. *bonitatis*, „gute Beschaffenheit (einer Sache)", zu *bonus* „gut"]

bo|ni|tie|ren ⟨V.3, hat bonitiert; mit Akk.⟩ *schätzen, dem Wert nach einstufen; ein Grundstück, Waren b.*

Bo|ni|to ⟨m.9; Sammelbez. für⟩ *(wirtschaftlich wichtiger) Thunfisch* [span., „der kleine Gute"]

Bon|mot ⟨[bõmo] n.9⟩ *witzige, geistreiche Bemerkung* [< frz. *bon mot* „guter Witz, geistreicher Ausspruch", < *bon* „gut, witzig, geistreich" und *mot* „Wort, Ausdruck, Ausspruch"]

Bon|ne ⟨f.11; †⟩ *Kindermädchen* [< frz. *bonne* in ders. Bed., eigtl. „die Gute", urspr. Kosewort *ma bonne* „meine Gute, Liebe", zu *bon, bonne* „gut, gute"]

Bon|sai ⟨n., -, nur Sg.⟩ *Kunst, zwerghafte Bäume in Schale oder Topf zu züchten* **II** ⟨m.9⟩ *ein so gezüchteter Baum* [< japan. *bon* „Schale, Schüssel" und *sai* „kultivieren"]

Bo|nus ⟨m., -, - oder -nus|se⟩ Ggs. *Malus* **1** *Gutschrift, einmalige Sondervergütung* **2** *verbessernder Zuschlag auf Zeugnisnoten u.ä.* [< lat. *bonus* „gut"]

Bon|vi|vant ⟨[bõvivã] m.9⟩ **1** *Lebemann* **2** ⟨als Rollenfach im Theat.⟩ *Salonheld* [< frz. *bon vivant* „munterer Kerl", eigtl. „einer, der gut lebt", < *bon* „gut" und *vivant* „lebend", zu *vivre* „leben"]

Bon|ze ⟨m.11⟩ **1** *lamaistischer Mönch* **2** ⟨übertr.⟩ *engstirniger Parteifunktionär* [< japan. *bonsō* „buddhistischer Priester", < *bon*, eigtl. *bongyō* „keuscher Wandel, heiliges Leben", und *sō* „buddhistischer Mönch, Priester"]

Bon|zo|kra|tie ⟨f.11⟩ *Bonzenherrschaft*

Boof|ke ⟨m.9; berlin.⟩ *ungebildeter, ungeschliffener Mensch* [vielleicht zu *Bofel*]

Boom ⟨[buːm] m.9⟩ *wirtschaftlicher Aufschwung, Hochkonjunktur* [engl., „Aufschwung", amerik. auch „Reklamerummel", zu *to boom* „in die Höhe treiben; sich schnell aufwärts entwickeln"]

Boo|ne|kamp ⟨m., -s, nur Sg.⟩ *Magenbitter mit Auszügen aus Anis, Rhabarber, Süßholz, Nelken u.a.* [nddt.]

Boo|ster ⟨[buːstər] m.5⟩ **1** ⟨Maschinenbau⟩ *Hilfstriebwerk* **2** ⟨Fernsehtechnik⟩ **a** *Zeilenschaltröhre* **b** *Schalttransistor* [engl., „Verstärkung, Zusatz"]

Boot ⟨n.1⟩ **1** *kleines, offenes oder nur abgedecktes Schiff (mit Riemen, Motor oder einfacher Besegelung); wir sitzen im gleichen B. wir haben die gleichen Interessen;* ⟨auch⟩ *wir befinden uns in der gleichen Gefahr* **2** ⟨bei bestimmten Typen Bez. für⟩ *Kriegsschiff (Schnell*~)

Boot|leg|ger ⟨[buːt-] m.5⟩ **1** ⟨amerik. Bez. für⟩ *Alkoholschmuggler, illegaler Schnapsbrenner* **2** ⟨ohne Genehmigung⟩ *gepreßte Schallplatte, Raubpressung* [< engl. *bootleg* „Stiefelschaft", < *boot* „Stiefel" und *leg* „Bein, Stiefelschaft", weil der Alkohol in Flaschen anfangs im Stiefelschaft versteckt wurden]

Boot|leg|ging ⟨[buːt-] n., -s, nur Sg.⟩ *unautorisiertes Aufnehmen und Vervielfältigen von öffentlichen Veranstaltungen (bes. Konzerten), Musikdiebstahl* [→ *Bootlegger (2)*]

Boots|haus ⟨n.4⟩ *Schutzhütte für Boote*

Boots|mann ⟨m., -(e)s, -leu|te; Mar.⟩ → *Feldwebel*

Boots|manns|maat ⟨m.1⟩ *Marineunteroffizier*

Bor ⟨n., -, nur Sg.; Zeichen: B⟩ *chemisches Element, Nichtmetall* [zu *Borax*]

Bo|ra ⟨f.9; an der dalmatin. Küste⟩ *kalter Fallwind* [ital., gekürzt < *Boreas*]

Bo|rax ⟨n.1⟩ *farbloses, kristallines Pulver, Natriumtetraborat* [< mlat. *borax* < arab. *būraq* < pers. *burāh* in ders. Bed.]

Bo|ra|zit ⟨n.1⟩ *ein borhaltiges Mineral* [< *Borax* und lat. *acidus* „sauer, scharf"]

Bord I ⟨m.1⟩ *oberste Kante des Schiffsrumpfes* **II** ⟨o.Art.⟩ *Schiff, Flugzeug, Raumschiff; an B. auf dem Schiff, im Flugzeug; an B. ge-*

hen *aufs Schiff, ins Flugzeug steigen*; *über B. gehen vom Schiff ins Wasser fallen*; *seine Bedenken über B. werfen* ⟨übertr.⟩ *sich von seinen Bedenken freimachen, nicht mehr daran denken*; *von B. gehen das Schiff, das Flugzeug verlassen* III ⟨m.1⟩ *Rand, Einfassung* (z.B. *des Fußwegs*) IV ⟨n.1⟩ **1** *Wand-, Bücherbrett* (*Bücher~*) **2** ⟨schweiz.⟩ *kleiner Abhang, Böschung*

Bör|de ⟨f.11; nddt.⟩ *fruchtbare Ebene; Magdeburger B.* [< nddt. *borde*, geborde „Bezirk, Landschaft", urspr. ein Rechtsbegriff „abgegrenzte Sache", wahrscheinlich zu *gebühren, zukommen*", also „eine begrenzte Sache, die jmdm. zusteht"]

Bor|deaux ⟨[-do] m., -, - [-dos]⟩ *Wein aus dem Bordelais* (*dem Weinbaugebiet um die französische Stadt Bordeaux*)

Bor|deaux|brü|he ⟨[-do-] f., -, nur Sg.⟩ *Spritzmittel aus Kupfervitriol, Wasser und Kalkmilch* (*gegen Pflanzenkrankheiten*); Syn. *Bordelaiser Brühe* [Lehnübersetzung zu frz. *bouillie bordelaise*]

Bor|de|lai|ser Brü|he ⟨[-lɛ-] f.11⟩ → *Bordeauxbrühe* [→ *Bordelese*]

Bor|de|le|se ⟨m.11⟩, **Bor|de|le|ser** ⟨m.5⟩ *Einwohner von Bordeaux* [< frz. *bordelais(e)* „aus Bordeaux"]

Bor|dell ⟨n.1, ugs. auch n.9⟩ *Haus zur Ausübung der Prostitution*; Syn. *Dirnenhaus, Freudenhaus*, ⟨volkstümlich †⟩ *Hurenhaus* [über ital. *bordello* „Bordell" < frz. *bordel* in ders. Bed., urspr. „Hütte"]

bör|deln ⟨V.1, hat gebördelt; mit Akk.⟩ *rechtwinklig umbiegen, mit einem Rand versehen*; *Blech b.* [zu *Bord (III)*]

Bor|de|reau ⟨[-ro] m.9 oder n.9⟩ *Liste, Verzeichnis* (*von Wechseln oder Wertpapieren*) [frz., „Verzeichnis"]

bor|die|ren ⟨V.3, hat bordiert; mit Akk.⟩ *mit einer Borte einfassen*; auch: *bortieren* [< frz. *border* „einfassen, säumen", zu *bord* „Rand"]

Bord|kan|te ⟨f.11⟩ *Kante der Einfassung des befestigten Fußwegs*

Bord|kar|te ⟨f.11⟩ *Karte, die man vor Besteigen des Flugzeugs zur Kontrolle erhält und die man an Bord wieder abgibt*

Bor|dun ⟨m.1⟩ **1** *ständig mitklingender Baßton* (z.B. *bei Dudelsack und Drehleier*) **2** *tiefes Orgelregister* **3** → *Bordunsaite* [< frz. *bourdon* „Brummbaß, Orgelpfeife, große Glocke, Hummel" oder ital. *bordone* „anhaltender Brummton, Orgelregister", vermutlich lautmalend]

Bor|dun|sai|te ⟨f.11⟩ *mitschwingende, neben dem Griffbrett liegende Saite*

Bor|dü|re ⟨f.11⟩ *farbiger Rand, Einfassung* (*von Geweben*) [< frz. *bordure* „Borte, Besatz"]

Bord|waf|fe ⟨f.11; in Flugzeugen, auf Schiffen, in Landfahrzeugen⟩ *fest montiertes Geschütz* (*oder andere Waffe*)

Bord|zeit ⟨f.10⟩ **1** *die geographischen Länge des jeweiligen Standorts eines Schiffes oder Flugzeugs entsprechende Tageszeit* **2** *Dauer der von Seeleuten an Bord verbrachten Zeit*

bo|re|al ⟨Adj., o.Steig.; Tier- und Pflanzengeographie⟩ *zu dem Nadelwaldgürtel nördlicher Breiten gehörend* [neulat., zu *Boreas*]

Bo|re|as ⟨m., -, nur Sg.⟩ *Nord- bis Nordostwind am Ägäischen Meer* [nach dem gleichnamigen griech. Gott des Nordwinds]

Borg ⟨m.; nur noch in der Fügung⟩ *auf B. leihweise*; *etwas auf B. kaufen, nehmen*; *auf B. leben leben, ohne seinen Unterhalt sofort zu bezahlen*

bor|gen ⟨V.1, hat geborgt⟩ **I** ⟨mit Dat. und Akk.⟩ *jmdm. etwas b. vorübergehend, leihweise geben*; *jmdm. Geld, ein Buch, ein Gerät b.*; *kannst du mir hundert Mark b.?* **II** ⟨mit Dat. (sich) und Akk.⟩ *sich etwas b. sich vor-*

übergehend, leihweise geben lassen; *sich Geld b.* [< mhd. *borgen* „schonen, Zahlung erlassen, anvertrauen", < ahd. *borgen* „sich vor etwas hüten, Sicherheit gewähren, schonen"]

Bor|ke ⟨f.11⟩ *äußerer, abgestorbener Teil der Baumrinde*

Bor|ken|kä|fer ⟨m.5⟩ *kleiner Käfer, dessen Weibchen unter der Rinde unter im Holz kennzeichnende Gänge zur Eiablage nagt*, z.B. *Buchdrucker, Kupferstecher*

bor|kig ⟨Adj.⟩ *wie Borke aussehend oder beschaffen, grindig*; *~e Haut*

Born ⟨m.1; poet.⟩ *Quelle, Brunnen*; *der B. des Wissens*; *in B. der Freude*

bor|niert ⟨Adj.⟩ *geistig beschränkt, engstirnig, stur* [< frz. *borné* „begrenzt, abgegrenzt", übertr. „beschränkt, dumm", zu *borner* „abgrenzen, begrenzen", zu *borne* „Grenzstein"] **Bor|niert|heit** ⟨f., -, nur Sg.⟩

Bor|retsch ⟨m., -, nur Sg.⟩ **1** *blau blühendes, rauh behaartes Rauhblattgewächs des Mittelmeerraumes*; Syn. *Gurkenkraut* **2** *daraus hergestelltes Gewürz* [< frz. *bourrache* in ders. Bed.]

Bor|sal|be ⟨f., -, nur Sg.⟩ *Borsäure enthaltende Vaseline* (*zur Hautpflege und milden Desinfektion*)

Borschtsch ⟨m., -, nur Sg.⟩ *russische, ukrainische oder polnische Suppe auf der Grundlage von roter Bete* (*der Kohl, Fleisch und Sauerrahm hinzugefügt werden können*) [russ., „Bärenklau", da die Suppe urspr. aus der Pflanze gemacht wurde]

Bör|se ⟨f.11⟩ **1** *Geldbeutel, Portemonnaie* **2** *regelmäßiger Markt zum Handel von Wertpapieren und bestimmten Gütern*; *B. Gebäude, in dem Börsengeschäfte getätigt werden* **4** *Einnahmen eines Berufsboxers aus einem Wettkampf* [< mlat. *bursa* „Geldbeutel", < griech. *byrsa* „abgezogene Haut, Fell, Leder"]

Bör|sen|job|ber ⟨[-dʒɔb-] m.5; salopp⟩ → *Börsenspekulant*

Bör|sen|mak|ler ⟨m.5⟩ *jmd., der berufsmäßig Börsengeschäfte vermittelt*; Syn. *Börsianer*

Bör|sen|spe|ku|lant ⟨m.10⟩ *jmd., der an der Börse unter Ausnutzung der Kursschwankungen Geschäfte macht*; Syn. *Börsianer*, ⟨salopp⟩ *Börsenjobber*

Bör|sen|spe|ku|la|ti|on ⟨f.10⟩ *Kauf und Verkauf von Papieren an der Börse unter Ausnutzung von Kursschwankungen*

Bör|sen|ver|ein ⟨m.; nur in der Fügung⟩ *B. des deutschen Buchhandels Verband des Buchhandels zur Wahrung der Interessen der Buchhändler, Verleger und Zwischenbuchhändler*

Bör|sia|ner ⟨m.5⟩ **1** → *Börsenmakler* **2** → *Börsenspekulant*

Bor|ste ⟨f.11⟩ *dickes, steifes Haar*

Bor|sten|igel ⟨m.5⟩ → *Tanrek*

Bor|sten|kie|fer ⟨m.5⟩ → *Pfeilwurm*

Bor|sten|schwanz ⟨m.2⟩ *ein primitives Insekt mit borstigen Schwanzfortsätzen* (z.B. *Silberfischchen*)

Bor|sten|tier ⟨n.1⟩, **Bor|sten|vieh** ⟨n., -s, nur Sg.; meist scherzh.⟩ → *Schwein*

Bor|sten|wurm ⟨m.4⟩ *ein meist meeresbewohnender Ringelwurm mit borstentragenden Stummelfüßchen*

bor|stig ⟨Adj.⟩ **1** *voller Borsten* **2** *hart wie Borsten*; *~er Bart*; *~es Haar* **3** ⟨übertr.⟩ *kurz angebunden und mürrisch*

Bor|stig|keit ⟨f., -, nur Sg.⟩ *borstige Beschaffenheit, borstiges Wesen*

Bor|te ⟨f.11; bei Kleidungsstücken, Polstermöbeln, Gardinen u.a.⟩ *schmales Band* (*als Besatz oder Abschluß*) [zu *Bord* „Rand, Einfassung"]

bor|tie|ren ⟨V.3, hat bortiert; mit Akk.⟩ → *bordieren* [angelehnt an *Borte*]

Bo|rus|se ⟨m.11⟩ **1** *Preuße* **2** *Anhänger einer Vereinigung, die den Namen „Borussia" trägt*

bös ⟨Adj.⟩ → *böse*

bös|ar|tig ⟨Adj.⟩ Ggs. *gutartig* **1** *bewußt böse, heimtückisch* **2** *lebensgefährlich*; *eine ~e Geschwulst*, *~e Krankheit* **Bös|ar|tig|keit** ⟨f., -, nur Sg.⟩

bö|schen ⟨V.1, hat geböscht; mit Akk.⟩ *schräg anlegen, als Böschung anlegen*; *das Ufer steil b.*

Bö|schung ⟨f.10⟩ *Neigung des Geländes zwischen verschieden hohen Ebenen, Abhang*

Bö|schungs|win|kel ⟨m.5⟩ *Winkel, den eine Böschung mit der Ebene bildet*

bö|se ⟨Adj.⟩ Ggs. *gut* **1** *geneigt, anderen Übles zuzufügen*; *ein ~r Mensch* **2** *zornig, sehr ärgerlich, voller Groll*; *hör auf, sonst werde ich b.!*; *b. sein beleidigt, gekränkt, ärgerlich sein*; *sei nicht b., wenn ich dir das sage*; *jmdm. b. sein, auf jmdn. b. sein Groll, Zorn gegen jmdn. hegen* **3** *unartig, Dummheiten machend*; *~s Kind* **4** *Schaden, Unheil stiftend*; *~r Geist*; *~r Blick* (→ *Blick*); *der Böse der Teufel* **5** *verletzt, entzündet, eiternd, schmerzend*; *einen ~n Finger haben*; *er ist krank, aber es ist nichts Böses* **6** *sehr unangenehm, schlimm*; *das ist eine b. Geschichte, b. Sache*; *b. Erfahrungen machen*; *er ist b. dran es geht ihm schlecht*; *ich ahnte nichts Böses*; *sie haben ihm b. mitgespielt sie haben ihn schlimm behandelt*

Bö|se|wicht ⟨m.3 oder m.1⟩ *Mensch, der böse Taten begeht*

bos|haft ⟨Adj.⟩ **1** *geneigt, anderen Ärger zuzufügen, andere in Verlegenheit zu bringen, sich über die Verlegenheit, den Ärger eines anderen freuend*; *ein ~er Kerl* **2** *ärgerlich machend, verlegen machend* **3** *voller Bosheit*; *b. lächeln* **Bos|haf|tig|keit** ⟨f., -, nur Sg.⟩

Bos|heit ⟨f.10⟩ **1** ⟨nur Sg.⟩ *Freude, andere ärgerlich oder verlegen machen zu können*; *er sagt das ja nur aus B.* (*nicht weil es wahr ist*) **2** *boshafte Bemerkung*; *seine ~en gehen mir auf die Nerven*

Bos|kett ⟨n.1⟩ *Lustwäldchen* [< frz. *bosquet* in ders. Bed., < ital. *boschetto* „Wäldchen", Verkleinerungsform von *bosco* „Wald"]

Bos|kop ⟨m.9⟩ *eine Apfelsorte* [nach dem ndrl. Ort *Boskoop*]

Bos|ni|ak ⟨m.11⟩ **1** *Einwohner von Bosnien*; auch: *Bosnier* **2** *jugoslawische Rasse kleiner Pferde*

Bos|nia|ken ⟨Pl.⟩ *kurze, gestrickte Wollsocken*

Bos|ni|er ⟨m.5⟩ → *Bosniake (1)*

Boß ⟨m.1⟩ **1** *Vorgesetzter, Arbeitgeber, Chef* **2** *Partei-, Gewerkschaftsführer* [< amerik. Slang *boss* „Meister, Vorgesetzter, Chef", ältere Formen *bass, base*, < ndrl. *baas* „Meister"]

Bos|se ⟨f.11⟩ **1** *rauh belassene Fläche eines behauenen Steins* **2** *Rohform einer aus dem Stein gehauenen Figur* **3** *Verzierung aus Metallbuckeln* [zu *bosseln*]

Bos|sel ⟨f.11⟩ *Holzkugel zum Klootschießen* [zu *bosseln*]

bos|seln ⟨V.1, hat gebosselt; o.Obj.⟩ *leichte, kleine* (*bes. handwerkliche*) *Arbeiten machen*; (*meist mit Präp.*) *an etwas b. etwas immer wieder verbessern, ändern* [< frz. *bosseler* „erhabene bildhauerische Arbeit machen", → *bossieren*]

Bos|sel|näch|te ⟨f.2, Pl.; oberdt.⟩ *Nächte der letzten drei Donnerstage des Advents, in denen maskierte Burschen an Tür und Fenster klopfen, worauf sie bewirtet werden*; Syn. *Klöpfelnächte* [zu *bosseln*]

Bos|sen|werk ⟨n., - (e)s, nur Sg.⟩ *zusammenhängende Fläche aus Bossen*

bos|sie|ren ⟨V.3, hat bossiert; mit Akk.⟩ **1** *roh behauen*; *Stein b.* **2** *formen*; *Wachs, Ton b.* [< frz. *ouvrage à bosse* „bildhauerische erhabene Arbeit", zu *bosse* „Beule, Buckel, Anschwellung"]

Bos|ton ⟨[bɔstn] m.9⟩ *um 1920 in Europa*

boykottieren

beliebter langsamer amerikanischer Walzer [nach der Stadt *Boston* in den USA]

bös|wil|lig ⟨Adj.⟩ *in böser Absicht; etwas b. beschädigen; den Ehepartner b. verlassen* ihn ohne sein Einverständnis für immer verlassen

Bös|wil|lig|keit ⟨f., -, nur Sg.⟩

Bot ⟨n.1⟩ → *Bott*

Bo|ta|nik ⟨f., -, nur Sg.⟩ *Wissenschaft von den Pflanzen;* Syn. *Pflanzenkunde* [< griech. *botanikos* ,,Pflanzen betreffend'', zu *botane* ,,Pflanze, Weide'']

Bo|ta|ni|ker ⟨m.5⟩ *jmd., der sich wissenschaftlich mit Botanik befaßt*

bo|ta|nisch ⟨Adj., o.Steig.⟩ *die Botanik betreffend, zu ihr gehörig;* ~er Garten *Gartenanlage (Gewächshäuser und Freilandanlagen) zur Pflege, Demonstration und zum Studium von Pflanzen*

bo|ta|ni|sie|ren ⟨V.3, hat botanisiert; o.Obj.⟩ *Pflanzen sammeln*

Bo|ta|ni|sier|trom|mel ⟨f.11⟩ *länglicher Metallbehälter zum Botanisieren*

Böt|chen ⟨n.7⟩ *kleines Boot*

Bo|te ⟨m.11⟩ **1** *jmd., der jmdm. etwas (Gegenstand, Nachricht) von jmdm. bringt; einen* ~n *schicken; reitender B.* **2** ⟨übertr.⟩ *erstes Zeichen; Krokusse als* ~n *des Frühlings; ein B. des Todes* ⟨poet.⟩

Bo|ten|brot ⟨n.; †, in der Wendung⟩ *sich ein B. verdienen einen Botenlohn*

Bo|ten|gang ⟨m.2⟩ *Gang, um jmdm. etwas von jmdm. zu bringen; Botengänge machen*

Bo|ten|lohn ⟨m.2⟩ *Lohn für einen Boten*

bot|mä|ßig ⟨Adj., o.Steig.; nur als Attr. und mit ,,sein''; †⟩ **1** *untertan, tributpflichtig* **2** *gehorsam, fügsam* [< mhd. *bot* ,,Gebot'']

Bot|mä|ßig|keit ⟨f., -, nur Sg.; †⟩ *Herrschaft;* er brachte das Land unter seine B.; das Land steht unter seiner B.

Bo|to|ku|de ⟨m.11⟩ *Indianer im ostbrasilianischen Küstengebirge* [< port. *botoque* ,,Faßspund'', nach ihren Ohr- und Lippenpflöcken aus Holz]

Bot|schaft ⟨f.10⟩ **1** *durch einen Boten gebrachte oder zu bringende Nachricht, Mitteilung;* eine B. erhalten; jmdm. eine B. schikken; die Frohe B. *das Evangelium* **2** *feierliche Mitteilung (eines Staatsoberhauptes)* **3** *von einem Botschafter geleitete diplomatische Vertretung (eines Staates im Ausland);* die deutsche B. in Schweden **4** *Gebäude dafür*

Bot|schaf|ter ⟨m.5⟩ *ranghöchster diplomatischer Vertreter (eines Staates in einem anderen Staat)*

Bot|schafts|rat ⟨m.2⟩ *dem Botschafter beigegebener Beamter, der ihn in seiner Abwesenheit vertritt*

Bott ⟨n.1; schweiz.⟩ auch: *Bot* **1** → *Vorladung* **2** → *Versammlung* [< mhd. *bot* ,,Gebot, Befehl'']

Bött|cher ⟨m.5; bes. norddt.⟩ *Handwerker, der hölzerne Gefäße (Fässer, Kübel) herstellt;* Syn. ⟨ostfränk.-ostmitteldt.⟩ *Büttner,* ⟨österr.⟩ *Binder,* ⟨landsch.⟩ *Faßbinder,* ⟨südwestdt.⟩ *Küfer,* ⟨bayr.⟩ *Schäffler* [zu *Bottich*]

Bot|te|ga ⟨f., -, -s oder -ghe⟩ *italienische Weinschenke* [< lat. *apotheca*, → *Apotheke*]

Bot|tich ⟨m.1⟩ *großes, offenes Holzgefäß;* Syn. *Kufe* [< mlat. *butica* ,,Gefäß'']

Bot|tle|neck ⟨bɔtl-] n., -(s), -⟩ *Blues-Gitarrenspiel* *Spielweise, bei der mit einem über den Finger gestülpten, abgebrochenen Flaschenhals ein summendes Geräusch erzeugt wird* [engl., ,,Flaschenhals'']

Bott|le-Par|ty ⟨[bɔtl-] f.2⟩ *Party, zu der die Gäste die Getränke selbst mitbringen* [< engl. *bottle* ,,Flasche'' und *Party*]

Bo|tu|lis|mus ⟨m., -, nur Sg.⟩ *bakterielle Fleischvergiftung* [< lat. *botulus* ,,Darm, Wurst'']

Bou|clé [bukle] **I** ⟨n.9⟩ *frotteeartiger Zwirn* **II** ⟨m.9⟩ *Teppich, Gewebe daraus* [< frz. *bouclé* ,,gelockt, geringelt, Locken tragend'', zu *boucle* ,,Ring, Öse, Locke''; → *Buckel*]

Bou|doir ⟨[budoar] n.9⟩ *kleines, elegantes Damenzimmer* [< frz. *boudoir* in ders. Bed., auch ,,Schmollwinkel'', also ,,kleines Zimmer, in das man sich zurückziehen kann, wenn man schlechte Laune hat'', zu *bouderie* ,,schlechte Laune'', zu *bouder* ,,schmollen, maulen'']

Bou|gain|vil|lea ⟨[buge-] f., -, -s oder -villen; Bez. für⟩ *zwei Arten der Wunderblumengewächse, Kletterstrauch des tropischen Amerika (in Südeuropa wegen der schön gefärbten Hochblätter an Hausmauern angepflanzt)* [nach dem frz. Seefahrer L.A. de *Bougainville*]

Bou|gie ⟨[buʒi] f.9⟩ *Stäbchen zum Dehnen krankhaft verengter Körpergänge (z.B. der Harnröhre)* [< frz. *bougie* ,,Sonde, Katheter; Wachskerze'', nach der alger. Hafenstadt *Bougie*, aus der die Wachs und Kerzen ausgeführt wurden]

bou|gie|ren ⟨[buʒi-] V.3, hat bougiert; mit Akk.⟩ *mit der Bougie dehnen*

Bouil|la|baisse ⟨[bujabɛs] f., -, -s [-bɛs]⟩ *provenzalische Suppe (besser: Eintopf), die u.a. mehrere Fischsorten und Safran enthält* [< prov. *bouillabaisso*, eigtl. *bouli abaissà* ,,kocht und setzt sich'']

Bouil|lon ⟨[buljɔn] auch [buljɔ̃] oder [bujɔ̃] f.9⟩ → *Fleischbrühe* [frz., zu *bouillir* ,,kochen'']

Boule ⟨[bul] n., -s, nur Sg.⟩ *dem Boccia ähnliches französisches Kugelspiel* [frz., ,,Kugel'']

Bou|let|te ⟨[bu-] f.11⟩ → *Frikadelle* [frz., ,,Kügelchen, Fleischklößchen'', zu *boule* ,,Kugel'']

Bou|le|vard ⟨[bulvar] m.9⟩ *breite Ringstraße an den Stadtkernen, Prachtstraße* [frz., ursprl. ,,Festungswall, Bollwerk'', < ndrl. *bolwerk* ,,Festungswall'', zu mndrl. *bolle* ,,Baumstumpf'']

Bou|le|vard|pres|se ⟨[bulvar-] f., -, nur Sg.⟩ *billige, vorwiegend auf der Straße verkaufte Sensationszeitungen*

Bou|le|vard|stück ⟨[bulvar-] n.1⟩ *unterhaltendes, anspruchsloses, aber schwungvolles Theaterstück*

Bou|le|vard|thea|ter ⟨[bulvar-] n.5⟩ *kleines Theater im Vergnügungsviertel großer Städte für leichte Unterhaltung*

Bou|quet ⟨[buke-] n.9; frz. Schreibung für⟩ *Bukett*

Bou|qui|nist ⟨[buki-] m.10⟩ *Händler mit gebrauchten Büchern (bes. in Paris)* [< frz. *bouquiniste* in ders. Bed., zu *bouquin* ,,altes Buch, Schmöker'', < ndrl. *boekje*, mndrl. *boekijn* ,,Büchlein'']

Bour|bo|ne ⟨[bur-] m.11⟩ *Angehöriger eines französischen Herrschergeschlechts*

bour|geois ⟨[burʒoa] Adj., o.Steig.⟩ *zur Bourgeoisie gehörend, in der Art der Bourgeoisie, bürgerlich;* ~e [burʒoazə] *Einstellung, Haltung*

Bour|geois ⟨[burʒoa] m., -, -; abwertend⟩ *wohlhabender, selbstzufriedener Bürger* [frz., ,,Bürger einer Stadt'', zu *bourg* ,,Marktflecken'', < altfrz. *borg*, < ahd. *burg* ,,Stadt'']

Bour|geoi|sie ⟨[burʒoazi] f.11⟩ *wohlhabendes Bürgertum*

Bour|rée ⟨[bure] f.9⟩ **1** *altfranzösischer, bäuerlicher Tanz* **2** *Satz der Suite* [frz., ,,ländlicher Tanz in der Auvergne'', weitere Herkunft nicht bekannt]

Bour|ret|te ⟨[burɛt(ə)] f.11⟩ **1** *Abfallseide* **2** *Gewebe daraus* [frz., ,,rohe Seide, erste Lage am Kokon der Seidenraupe'', zu *bourre* ,,Wollhaar'']

Bou|teil|le ⟨[butɛj(ə)] f.11; †⟩ → *Flasche* [frz.]

Bou|tique ⟨[butik] f.11⟩ *kleiner Laden für modische Kleidung und Modeartikel* [frz., ,,Kramladen'', < prov. *botica* ,,Laden'', < griech. *apotheke* ,,Speicher''; → *Apotheke*]

Bou|ton ⟨[butɔ̃] m.9⟩ *Schmuckknopf fürs Ohr (bes. in Form einer Knospe)* [frz., ,,Knospe'', auch ,,Knopf'']

Bou|zou|ki ⟨[buzu-] f.9⟩ → *Busuki*

Bo|vist ⟨auch [-vist] m.1⟩ *Vertreter verschiedener Gattungen der Bauchpilze mit ei- bis flaschenförmigen Fruchtkörper;* auch: *Bofist;* Syn. *Stäubling* [< mhd. *vohenfist* ,,Fähenfurz'', < *vohe* ,,Fähe, Füchsin'' und *vist* ,,Darmwind'', da die Sporen mit Geräusch und wie eine Staubwolke aus ihrem Behälter geschleudert werden]

Bow|den|zug ⟨[bau-] m.2⟩ *Seilzug zur Übertragung von Zug- und Schubkräften um (veränderliche) Biegungen* [nach dem Erfinder, dem engl. Industriellen H. *Bowden*]

Bo|wie|mes|ser ⟨m.5⟩ *dolchartiges Jagdmesser in reichverzierter Lederscheide* [nach dem amerik. Oberst J. *Bowie*]

Bow|le ⟨[bo-] f.11⟩ **1** *Getränk aus Wein, Zucker, Früchten oder Kräutern, das in einer Glasschüssel angesetzt wird und dem vor dem Servieren Sekt oder Schaumwein zugesetzt wird* **2** *Glasgefäß dafür* [< engl. *bowl* ,,Schüssel'']

Bow|ler ⟨[bou-] m.5⟩ **1** *Spieler beim Cricket, Werfer, Ballmann* **2** → *Melone (4)* [< engl. *bowl* ,,Holzkugel'', zu *to bowl* ,,rollen, werfen, treiben'']

Bow|ling ⟨[bou-] n., -s, nur Sg.⟩ **1** *amerikanische Art des Kegelspiels (die Kugel wird mit drei Fingern in drei ausgesparten Löchern gefaßt und mit gestrecktem Arm auf zehn Kegel geworfen)* **2** *englisches Rasen-Kugelspiel* [engl., ,,das Rollen'', zu *to bowl* ,,rollen'']

Bowls ⟨[boulz] Pl.⟩ *englisches Spiel mit einseitig beschwerten, daher in Kurven laufenden Kugeln (auf besonderen Rasenflächen, den ,,Bowlinggreens'')* [< engl. *bowl* ,,Kugel'']

Box ⟨f.10⟩ **1** *Abteil im Pferdestall oder in der Autogarage* **2** *Unterstellraum* **3** *Behälter, Schachtel, Kasten* **4** *einfache Kamera in Kastenform* **5** *Klangkörper (Lautsprecher~)* [engl., ,,Büchse, Kasten, Schachtel'', ursprl. ,,Behälter aus Buchsbaum'', zu *box* ,,Buchsbaum'']

Box|calf ⟨n.9⟩ → *Boxkalf*

bo|xen ⟨V.1, hat geboxt⟩ **I** ⟨mit Akk.⟩ *mit den Fäusten schlagen* **II** ⟨o.Obj.⟩ *mit den Fäusten nach bestimmten Regeln kämpfen* [< engl. *to box* in ders. Bed., zu *box* ,,Ohrfeige'']

Bo|xer ⟨m.5⟩ **1** *jmd., der den Sport des Boxens betreibt* **2** *mittelgroße, kurzschnauzige Hunderasse mit kurzem (meist gelbbraunem) Fell (der Hund wurde früher als Kampfhund, z.B. zur Verteidigung des Lagers, verwendet und sollte auch mit den Vorderbeinen kämpfen (,,boxen''))*

Bo|xer|mo|tor ⟨m.13⟩ *Art des Verbrennungsmotors mit einander gegenüberliegenden Zylindern*

Bo|xer|na|se ⟨f.11; ugs.⟩ *Nase mit gebrochenem, eingefallenem Nasenbein*

Box|kalf ⟨n.9⟩ *mit Chromsalzen gegerbtes, feinnarbiges Kalbsleder;* auch: *Boxcalf* [< engl. *boxcalf* in ders. Bed., < *box* ,,Kasten, Kästchen'' und *calf* ,,Kalb'', wegen der viereckigen Struktur, die bei der Bearbeitung des Leders entsteht]

Box|ring ⟨m.1⟩ *durch drei übereinanderspannte Seile begrenzte quadratische Fläche, in der Boxkämpfe ausgetragen werden*

Boy ⟨m.9; in Hotels⟩ *jugendlicher Diener in Livree* [engl., ,,Junge'']

Boy|kott ⟨m.1⟩ *Verrufserklärung, Waren-, Liefersperre* [nach Ch. C. *Boycott* (1832–1897), einem Gutsverwalter in der irischen Grafschaft Mayo, der sich durch seine Strenge gegen die Pächter so verhaßt machte, daß niemand mehr für ihn arbeiten wollte]

boy|kot|tie|ren ⟨V.3, hat boykottiert; mit Akk.⟩ **1** *mit Boykott belegen; einen Staat b.* **2** *zu verhindern suchen, erschweren, behindern; einen Plan b.*

Boy-Scout ⟨[bɔiskaut] m.9⟩ englischer Pfadfinder
BP 1 ⟨Abk. für⟩ Bundespost **2** ⟨Abk. für⟩ British Petroleum (Mineralölgesellschaft)
Br ⟨chem. Zeichen für⟩ Brom
Br. ⟨Abk. für⟩ Bruder (3)
brab|beln ⟨V.1, hat gebrabbelt; o.Obj.⟩ undeutlich, leise und unverständlich reden
brach ⟨Adj., o.Steig.; nur als Attr.; selten⟩ unbebaut, unbearbeitet; ein ~er Acker [→ Brache]
Bra|che ⟨f.11⟩ **1** brachliegender Acker **2** Zeit, in der Acker brachliegt [< mhd. brache „umgebrochenes (gepflügtes) Land ohne Saat", zu brachen „pflügen, umbrechen"]
Bra|chet ⟨m.1; alter Name für⟩ Juni; Syn. Brachmonat, Brachmond [→ Brache, weil in diesem Monat gepflügt wurde]
Bra|chi|al|ge|walt ⟨f., -, nur Sg.⟩ rohe Körperkraft
brach|lie|gen ⟨V.80, hat brachgelegen; o.Obj.⟩ **1** gepflügt und ohne Saat liegen; der Acker liegt brach **2** (übertr.) ungenutzt sein, nicht angewendet werden; seine Kräfte, Fähigkeiten liegen brach
Brach|mo|nat, Brach|mond ⟨m.1⟩ → Brachet
Brach|schwal|be ⟨f.11⟩ regenpfeiferartiger, kurzbeiniger Vogel (z.B. in Südosteuropa) [nach dem Vorkommen in Brachgebieten und dem schwalbenähnlichen Flug]
Brach|sen ⟨[braksən] m.7⟩ (im gemäßigten Europa und Teilen Asiens vorkommender) hochrückiger Karpfenfisch; Syn. Blei (4), ⟨norddt.⟩ Brassen (1)
Brach|vo|gel ⟨m.6⟩ langbeiniger, großer Schnepfenvogel mit abwärts gebogenem Schnabel [kommt u.a. auf Brachland vor]
bra|chy|ke|phal ⟨Adj.; Anthropol.⟩ breit- oder kurzköpfig, rundköpfig; Ggs. dolichokephal [< griech. brachy „kurz" und kephale „Kopf"]
Bra|chy|ke|pha|lie ⟨f.11; Anthropol.⟩ Breit- oder Kurzköpfigkeit, Rundköpfigkeit; Ggs. Dolichokephalie [zu brachykephal]
Bra|chy|lo|gie ⟨f., -, nur Sg.⟩ gedrängte Kürze, Knappheit des Ausdrucks; Syn. Breviloquenz [< griech. brachy „kurz" und logos „Wort"]
Bracke ⟨-k|k-; f.11⟩ Vertreter verschiedener kleiner bis mittelgroßer, kurzhaariger Jagdhunde (Dachs~) [< mhd. bracke „Spürhund", < ahd. bracko, braccio „Hirten-, Hofhund", zu mhd. braehen „riechen"]
brackig ⟨-k|k-; Adj.⟩ mit Salzwasser gemischt, nicht trinkbar; ~es Wasser [zu ndrl. brak „salzig"]
Brack|was|ser ⟨n., -s, nur Sg.⟩ mit Salzwasser vermischtes Süßwasser (bes. im Mündungsgebiet von Flüssen) [zu brackig]
Bra|dy|kar|die ⟨f.11⟩ Verlangsamung der Herztätigkeit; Ggs. Tachykardie [< griech. brady „langsam" und kardia „Herz"]
Brä|gen ⟨m.7⟩ → Bregen
Brah|ma ⟨n.1⟩ eine Riesenhühnerrasse [urspr. aus der Gegend des indischen Flusses Brahmaputra nach Nordamerika importiert]
Brah|man ⟨[braxma:n] n., -, nur Sg.⟩ **1** (urspr.) geformtes Wort, das Zauberkraft besitzt **2** (danach) Urgrund alles Seins, beherrschendes Weltprinzip [Sanskrit]
Brah|ma|ne ⟨[brax-] m.11⟩ Angehöriger der obersten Kastengruppe der Hindus (die Gelehrte, Priester, Politiker u.a. umfaßt) [eigtl. „jmd., der des Brahman (1) mächtig ist, der solche Wörter beherrscht"]
Brah|ma|nis|mus ⟨[brax-] m., -, nur Sg.⟩ Bez. für den Hinduismus der älteren Zeit
Brah|mi|ne ⟨m.11; Nebenform von⟩ Brahmane
Braille|schrift ⟨f., -, nur Sg.⟩ → Blindenschrift [nach ihrem Erfinder, dem Franzosen Louis Braille (1809–1852)]

Brain|stor|ming ⟨[brein-] n., -s, nur Sg.⟩ eine Konferenzmethode, bei der in begrenzter Zeit spontan alle Vorschläge zu einem bestimmten Problem abgegeben werden [< engl. brainstorm „Anfall von Geistesstörung", übertr. „verrückter Einfall", dann amerik. ugs. „glänzender Gedanke, Geistesblitz", < brain „Gehirn, Verstand" und storm „Sturm, Gewitter"]
Brain-Trust ⟨[breintrʌst] m.9⟩ Beratungsausschuß aus hochqualifizierten Fachleuten [< amerik. brain trust in ders. Bed., < brain „Gehirn, Verstand" und trust, → Trust]
Brak|te|at ⟨m.10⟩ (aus dünnem Silber-, selten auch Goldblech bestehende) einseitig geprägte Münze des Mittelalters [< lat. bracteatus, unrichtig für bratteatus „mit Goldblech überzogen"; nur äußerlich schimmernd (und also nicht echt)", zu bractea, brattea „dünnes Metallblättchen"]
Bram ⟨f.10⟩ zweite über dem Obermast befindliche Verlängerung des Mastes; Syn. Bramstenge [jüngere Bildung zu → Bramsegel]
Bra|mar|bas ⟨m.1⟩ Prahlhans, Aufschneider [Name eines Großsprechers in dem 1710 anonym erschienenen satir. Gedicht „Cartell (= Herausforderung) des Bramarbas an Don Quixote", zu span. bramar „brausen, brüllen", zu bramuras „Prahlerei, Großsprecherei"]
bra|mar|ba|sie|ren ⟨V.3, hat bramarbasiert; o.Obj.⟩ aufschneiden, großtun [zu Bramarbas]
Brä|me, Bra|me ⟨f.11⟩ **1** kostbarer Besatz (am Kleidungsstück) **2** Einfassung (einer Wiese, eines Feldes) mit Bäumen [→ verbrämen]
Bram|me ⟨f.11⟩ gegossener oder grobgewalzter Stahlblock (der im Walzwerk weiterverarbeitet wird)
Bram|se|gel ⟨n.5⟩ an der Bram befestigtes Rahsegel [< ndrl. bram „Pracht, Prunk", also eigtl. „Prachtsegel"]
Bram|sten|ge ⟨f.11⟩ → Bram
Bran|che ⟨[brã:ʃə] f.11⟩ Bereich der Wirtschaft, in dem bestimmte Dinge hergestellt werden, Wirtschaftszweig, Geschäftszweig (Auto~, Textil~); in einer B. tätig sein; in welcher B. arbeiten Sie? [< frz. branche „Ast, Zweig, Wissenszweig"; < lat. branca „Pranke, Pfote", urspr. „Fußspur", nämlich der Abdruck der Zehen mit dem Fußballen; aus diesem Bild ergab sich dann die Bed. „Zweig"]
Bran|chie ⟨[-çiə] f.11; fachsprachl. für⟩ → Kieme [< griech. branchion, Pl. branchia „Kieme(n)"]
Brand ⟨m.2⟩ **1** das Brennen, die Verbrennung (mit oder ohne Flamme; Feuer~, Schwel~); in B. geraten, in B. stecken **2** ⟨Med.; ugs.⟩ Gangrän **3** einer fleckigen Verbrennung ähnliche, krankhafte Veränderung von pflanzlichen Organen (bes. bei Getreide; Flug~, Stein~) **4** Erhitzen von keramischen Massen bis zum Glühen **5** große Hitze **6** ⟨ugs.⟩ großer Durst; einen B. haben
Brand|bla|se ⟨f.11⟩ durch Verbrennung entstandene Hautblase
Brand|bom|be ⟨f.11⟩ mit chemischen Brandstoffen gefüllte Bombe
Brand|brief ⟨m.1⟩ Brief, der eine dringende Mahnung oder Bitte enthält
brand|ei|lig ⟨Adj., o.Steig.; nur als Attr. und mit „sein"⟩ sehr eilig; der Brief, die Sache ist b.
Brand|ei|sen ⟨n.7⟩ glühend gemachter Stahlstempel zum Markieren (von Holzbehältern und Tieren)
bran|den ⟨V.2, hat gebrandet; o.Obj.⟩ sich (an etwas) brechen, schäumend (an etwas) schlagen; die Wellen branden ans Ufer, an die Felsen
Brand|en|te ⟨f.11⟩ → Brandgans

Bran|der ⟨m.5; in der älteren Seekriegführung⟩ mit Brand- und Explosivmaterial beladenes Fahrzeug, das brennend an Feindschiffe herangebracht wird
Brand|fuchs ⟨m.2⟩ dunkle Abart des Rotfuchses
Brand|gans ⟨f.2⟩ zwischen Ente und Gans stehender Vogel europäischer Küsten; Syn. Brandente [über die Brust zieht sich ein braunrotes (brandrotes) Band]
Brand|gas|se ⟨f.11⟩ unbebauter Raum zwischen Gebäuden, der das Übergreifen von Bränden verhindern soll
Brand|herd ⟨m.1⟩ Stelle, an der ein Brand ausgebrochen ist
bran|dig ⟨Adj.⟩ **1** von Brand (2,3) befallen; das Gewebe wird b. **2** → brenzlig (1)
Brand|kul|tur ⟨f.10⟩ → Brandwirtschaft
Brand|mal ⟨n.1⟩ durch Verbrennung oder Einbrennen entstandenes Mal (früher zur Kennzeichnung und Bestrafung von Missetätern)
Brand|ma|le|rei ⟨f.10⟩ Einbrennen von figürlichen Darstellungen mit glühendem Stahlstift in Holz; Syn. Holzbrandmalerei
brand|mar|ken ⟨V.1, hat gebrandmarkt; mit Akk.⟩ etwas b. öffentlich scharf kritisieren, verurteilen [nach dem früheren Brauch, Verbrechern ein Mal in die Haut einzubrennen]
Brand|mau|er ⟨f.11⟩ dicke Mauer ohne Öffnung zwischen Gebäuden, die das Übergreifen von Bränden verhindern soll; Syn. Brandwand
Brand|maus ⟨f.2⟩ eurasiatische braunrote Maus mit schwarzem Rückenstrich
Brand|meis|ter ⟨m.5⟩ Feuerwehrmann, der die Löscharbeiten leitet
brand|neu ⟨Adj., o.Steig.⟩ ganz neu
Brand|op|fer ⟨n.5⟩ · **1** Opfer, bei dem ein Tier geschlachtet und auf dem Altar verbrannt wird **2** ⟨bei manchen Völkern⟩ Opfer, bei dem Weihrauchstäbchen abgebrannt werden **3** jmd., der bei einem Brand ums Leben gekommen ist
Brand|pilz ⟨m.1⟩ Pilz, der Brand (3) an Pflanzen verursacht
Brand|re|de ⟨f.11⟩ Rede, die eine dringende Mahnung vor einem dringenden Aufruf enthält, flammende Rede
brand|rot ⟨Adj., o.Steig.⟩ feuerrot
Brand|satz ⟨m.2⟩ Füllung von Brandwaffen
brand|schat|zen ⟨V.1, hat gebrandschatzt; mit Akk.; früher⟩ jmdn. b. unter Androhung, Feuer zu legen und zu plündern, Geld von jmdm. erpressen; die Bevölkerung einer Stadt b. [< Brand und mhd. schatzen, schetzen „Geld anhäufen, Geld abnehmen, Lösegeld auferlegen", zu Schatzung „abgenommenes Geld als Steuer oder Lösegeld"] **Brand|schat|zung** ⟨f.10⟩
Brand|schie|fer ⟨m.5⟩ dunkel gefärbter Schieferton mit hohem Gehalt an verkohlten Pflanzenresten
Brand|soh|le ⟨f.11; bei Schuhen⟩ innere Ledersohle (des Schuhs) [aus dem durch Brandzeichen beschädigten Leder hergestellt]
Brand|stif|ter ⟨m.5⟩ jmd., der vorsätzlich oder fahrlässig einen Brand verursacht hat
Brand|stif|tung ⟨f.10⟩ vorsätzliches oder fahrlässiges Inbrandsetzen von Gebäuden oder Gegenständen
Bran|dung ⟨f.10⟩ das Sichüberstürzen der Meereswellen bei geringer Wassertiefe [nach dem Geräusch, das an das Prasseln der Flammen eines Brandes erinnert]
Brand|wa|che ⟨f.11⟩ Wache an einer Brandstelle
Brand|wand ⟨f.2⟩ → Brandmauer
Brand|wirt|schaft ⟨f., -, nur Sg.⟩ Feld-Wald-Wechselwirtschaft mit Abbrennen des Bodens nach Abholzen des Niederwaldbestands; Syn. Brandkultur
Bran|dy ⟨[brændi] m.9; engl. Bez. für⟩ **1** Branntwein (aus Früchten) **2** Weinbrand

[engl. Kurzform zu älterem *brandewine* „gebrannter Wein"]

Brand|zei|chen ⟨n.7; bei Weide- und Zuchttieren⟩ *mit dem glühenden Brandeisen aufgebranntes Kennzeichen*

Branle, Bransle ⟨[brãl] m., -, nur Sg.⟩ *alter französischer Volkstanz* [frz., „Reigentanz, Schwingung, Schwung", zu *branler* „schwanken"]

Brannt|wein ⟨m.1⟩ *durch Gärung und anschließendes Brennen hergestelltes, stark alkoholisches Getränk* [früher aus gebranntem Wein hergestellt; vgl. *Weinbrand*]

Bra|sil I ⟨m.1 der m.9⟩ *Kaffee-, Tabaksorte* **II** ⟨f., -, -⟩ *Zigarre aus Brasiltabak*

Bra|sil|holz ⟨n., -es, nur Sg.⟩ *südamerikanisches Nutzholz für Geigenbögen* [< altspan. *brasa* „glühende Kohle", nach seiner roten Farbe]

Bra|si|lia|ner ⟨m.5⟩ *Einwohner Brasiliens*

bra|si|lia|nisch ⟨Adj., o.Steig.⟩ *Brasilien betreffend, zu ihm gehörig, aus ihm stammend*

Bra|si|lin ⟨n., -, nur Sg.⟩ *aus Brasilholz gewonnener roter Farbstoff*

Bra|sil|nuß ⟨f.2⟩ → *Paranuß*

Bras|se[1] ⟨f.11⟩ → *Brassen*

Bras|se[2] ⟨f.11; auf Segelschiffen⟩ *schweres Tau zum Drehen und Festhalten der Rahen* [< frz. *bras* „Arm"]

Bras|se|lett ⟨n.9⟩ **1** ⟨†⟩ *Armband* **2** ⟨Pl.; Gaunerspr.⟩ *~s Handschellen* [< frz. *bracelet* „Armband", über altfrz. **bracel* < lat. *brachiale, brachialis* „(am Oberarm getragene) Armspange", zu *brachium* „Unterarm"]

bras|sen ⟨V.1, hat gebraßt; mit Akk.⟩ *die Segel b. mit der Brasse*[2] *nach dem Wind drehen*

Bras|sen ⟨m.7⟩ auch: **Brasse 1** ⟨norddt.⟩ → *Brachsen* **2** ⟨in Artnamen⟩ *Vertreter (besonders) der Meerbrassen* (Gold~)

Brat ⟨n., -(s), nur Sg.; österr.⟩, **Brät** ⟨n., -(s), nur Sg.⟩ *rohe Bratwurstmasse*

Brat|ap|fel ⟨m.6⟩ *gebratener oder gebackener Apfel*

bra|ten ⟨V.18, hat gebraten⟩ **I** ⟨mit Akk.⟩ *erhitzen, bräunen und gar machen;* Fleisch, Kartoffeln, Äpfel b.; Fleisch am Spieß b. **II** ⟨o.Obj.⟩ **1** *bei Hitze braun und gar werden;* das Fleisch muß eine Stunde b. **2** ⟨übertr., ugs.⟩ *in der Sonne b. sich von der prallen Sonne bräunen lassen*

Bra|ten ⟨m.7⟩ *gebratenes Fleisch(stück)* (Gänse~, Schweine~); den B. riechen ⟨ugs.⟩ *merken, daß sich etwas Unangenehmes nähert oder man keinen Vorteil bietet* **2** *zum Braten geeignetes Fleischstück* [< ahd. *brato* „Fleisch", urspr. nicht mit *braten* verwandt]

Bra|ten|rock ⟨m.2; scherzh.⟩ *Gehrock* [weil man ihn zuletzt nur noch zu festlichen Gelegenheiten, z.B. Festessen mit einem guten Braten, trug]

Brä|ter ⟨m.5; landsch.⟩ *Topf zum Braten, Kasserolle*

Brat|he|ring ⟨m.1⟩ *kalter, gebratener und in Essig eingelegter Hering*

Brat|kar|tof|feln ⟨f.11, Pl.⟩ *(roh oder gekocht) in Scheiben geschnittene, in Fett in der Pfanne gebratene Kartoffeln;* Syn. ⟨norddt.⟩ *Röstkartoffeln*

Brat|ling ⟨m.1⟩ *pflanzliches Bratklößchen (z.B. aus Grünkern, Pilzen, Sojamehl)*

Brät|ling ⟨m.1; kurz für⟩ → *Milchbrätling*

Brat|sche ⟨f.11⟩ *Streichinstrument, etwas größer als die Violine;* Syn. *Altgeige, Viola* [verkürzt < *Bratschviole,* < ital. *viola da braccio* „Armgeige", wörtlich „Geige für den Arm" im Unterschied zur Viola da gamba; → *Gambe*]

Brat|schen|schlüs|sel ⟨m.5⟩ → *Altschlüssel*

Brat|scher ⟨m.5⟩, **Brat|schist** ⟨m.10⟩ *Musiker, der Bratsche spielt*

Brat|spill ⟨n.1⟩ *Ankerwinde mit waagerechter Welle*

Brat|wurst ⟨f.2⟩ **1** *aus zerkleinertem Fleisch hergestellte Wurst mit geringem Wassergehalt (zum Braten)* **2** *gebratene Wurst*

Bräu ⟨n.1⟩ **1** *Brauerei (meist mit einem Eigennamen als Zusatz)* **2** *zu einer Brauerei gehörende Gastwirtschaft*

...bräu ⟨in Zus., meist in Verbindung mit Brauereinamen⟩ *Biersorte*

Brauch ⟨m.2⟩ *auf Tradition beruhende, durch feste Regeln gebundene Gewohnheit (innerhalb einer Gemeinschaft);* Volks~; es ist B. in unserer Familie, daß wir ...; ein alter deutscher B.

brauch|bar ⟨Adj.⟩ *so beschaffen, daß man es brauchen kann;* das Buch ist recht b.; der Besen ist nicht mehr b.

Brauch|bar|keit ⟨f., -, nur Sg.⟩ *brauchbare Beschaffenheit;* ein Gerät auf seine B. hin prüfen

brau|chen ⟨V.1, hat gebraucht⟩ **I** ⟨mit Akk.⟩ **1** *etwas oder jmdn. b. nötig haben;* ich brauche dich; er braucht jetzt einen Freund; Geld b.; ich brauche eine Schere; ich brauche meine ganze Kraft, um durchzuhalten; ich kann dich jetzt nicht b. du bist mir jetzt im Weg, du störst mich **2** *etwas b.* **a** *benutzen, verwenden;* ich brauche das Gerät oft, ständig; das kann ich gut, nicht b. **b** *(eine bestimmte Zeit) aufwenden müssen;* ich brauche dazu eine Stunde, 14 Tage; für den Weg braucht man eine halbe Stunde **c** *verbrauchen, zum Antrieb benötigen;* das Auto braucht viel Benzin; das Gerät braucht wenig Strom **II** ⟨als Modalverb mit Verben im Infinitiv und „zu"; hat brauchen⟩ *müssen;* du brauchst es nur zu sagen; er hat nicht zu kommen b.; wenn ich den späteren Zug nehmen könnte, brauchte ⟨oder⟩ bräuchte ich nicht so früh aufzustehen

Brauch|tum ⟨n., -(e)s, nur Sg.⟩ *Gesamtheit der Bräuche (eines Volkes, einer Volksgruppe)*

Brauch|was|ser ⟨n., -s, nur Sg.⟩ *nicht dem menschlichen Genuß dienendes Wasser;* Syn. *Nutzwasser;* Ggs. *Trinkwasser*

Braue ⟨f.11⟩ → *Augenbraue*

brau|en ⟨V.1, hat gebraut⟩ **I** ⟨mit Akk.⟩ *herstellen, zubereiten* (nur von Getränken); Bier b.; einen Punsch b.; sich einen starken Kaffee b. **II** ⟨o.Obj.; poet.⟩ *wallen, sich in Schwaden bewegen;* der Nebel braut im Tal

Brau|er ⟨m.5⟩ *jmd., der Bier herstellt*

Braue|rei ⟨f.10⟩ **1** *Betrieb, in dem Bier hergestellt und vertrieben wird;* Syn. *Brauhaus* **2** ⟨nur Sg.⟩ *das Brauen, Herstellung von Bier*

Brau|haus ⟨n.4⟩ → *Brauerei (1)*

braun ⟨Adj.⟩ **1** *in der Farbe der Erde, der Haselnuß;* ~e Augen; ~es Haar; sich von der Sonne b. brennen lassen **2** *gebraten;* du bist im Urlaub schön b. geworden

Braun|al|ge ⟨f.11⟩ *eine Alge mit meist bräunlicher Färbung (z.B. Blasentang)*

Braun|bär ⟨m.10⟩ *(am weitesten verbreitete und bekannteste) Art der Bären* [der Bär schlechthin; der verdeutlichende Zusatz nach der Fellfarbe wird meist nur im Vergleich zu anderen Arten (wie dem Eisbären) gesetzt]

Braun|bier ⟨n.1; landsch.⟩ *dunkles Bier;* B. mit Spucke aussehen ⟨ugs.⟩ *schlecht, blaß, krank aussehen*

Bräu|ne ⟨f., -, nur Sg.⟩ **1** *braune Hautfarbe;* Syn. *Bräunung;* eine gesunde B. haben **2** *verschiedene Krankheiten (bei Mensch, Tier und Pflanze, z.B. Diphtherie, eine Pferdekrankheit, Bräune bei Obstbäumen)*

Braun|ei|sen|erz ⟨n.1⟩, **Braun|ei|sen|stein** ⟨n., -(e)s, nur Sg.⟩ → *Limonit*

Brau|nel|le ⟨f.11⟩ **1** *Vertreter einer in Europa und im nichttropischen Asien heimischen Vogelfamilie* (Alpen~, Hecken~) [zu *braun,* nach der überwiegenden Gefiederfarbe] **2** *Vertreter einer Gattung violett blühender Lippenblütler;* auch: *Brunelle* [entstellt < *Braunheil,* d.h. „Pflanze, die Halsbräune heilt"]

bräu|nen ⟨V.1, hat gebräunt⟩ **I** ⟨mit Akk.⟩ *erhitzen und braun machen, braun werden lassen;* Zwiebeln in der Pfanne b. **II** ⟨refl., auch o.Obj.⟩ ⟨sich⟩ *b. braun werden;* deine Haut bräunt sich schon; meine Haut bräunt nicht

Brau|ne(r) ⟨m.17 oder 18⟩ *braunes Pferd mit schwarzer Mähne und schwarzen Schweifhaaren*

Braun|er|de ⟨f., -, nur Sg.⟩ *Bodentyp gemäßigter Klimabereiche mit mittlerer Durchfeuchtung*

Braun|fäu|le ⟨f., -, nur Sg.⟩ *volkstümliche Bez. für verschiedene durch Pilze und Bakterien hervorgerufene Pflanzenkrankheiten;* Syn. *Schwarzfäule*

Braun|fisch ⟨m.1⟩ *Art der Schweinswale*

Braun|hemd ⟨n.12⟩ **1** *braunes Hemd als Teil der Uniform mehrerer nat.-soz. Organisationen* **2** ⟨Pl.⟩ *die ~en die Angehörigen der Organisationen, in denen dieses Hemd getragen wurde*

Braun|kehl|chen ⟨n.7⟩ *eurasiatischer Singvogel offenen Geländes;* Syn. *Wiesenschmätzer* [nach der gelbbraunen Brust und Kehle des Männchens]

Braun|kohl ⟨m., -(e)s, nur Sg.⟩ *Grünkohl mit bräunlichen Blattspitzen*

Braun|koh|le ⟨f.11⟩ *holzig-faseriges, gelbbraunes bis tiefschwarzes Kohlegestein*

bräun|lich ⟨Adj.⟩ *leicht braun, mit braunem Schimmer*

Braun|sche Röh|re ⟨f.11⟩ *Elektronenstrahlröhre* [nach dem Physiker Karl Ferdinand Braun]

Braun|stein ⟨m.1⟩ *Mangandioxid (u.a. für braune Glasuren verwendet)*

Bräu|nung ⟨f.10⟩ **1** *das Braunwerden* **2** → *Bräune (1)*

Braun|vieh ⟨n., -(e)s, nur Sg.⟩ *einfarbige, graubraune Rinderrasse (z.B. in der Schweiz und im Allgäu)*

Braun|wurz ⟨f.10⟩ *ein Lippenblütler mit kleinen, braunen Blüten*

Braus ⟨m., -es, nur Sg.; poet., †⟩ *Trubel, buntes Treiben, lebhaftes Durcheinander von Menschen;* der fröhliche B.; ⟨heute nur noch in der Wendung⟩ in Saus und B. leben *sorglos und verschwenderisch leben*

Brau|sche ⟨f.11; ostmdt.⟩ *Beule (am Kopf)*

Brau|se ⟨f.11⟩ **1** *Gemisch von organischen Säuren mit Natriumhydrogencarbonat, Zucker, Essenzen und Farbstoffen (als Pulver, in Würfeln oder Stangen)* **2** *Getränk daraus* [braust bei Wasserzusatz unter Kohlendioxidentwicklung auf] **3** ⟨norddt.⟩ → *Dusche*

Brau|se|bad ⟨n.4⟩ → *Duschbad*

Brau|se|kopf ⟨m.2⟩ *leicht aufbrausender Mensch*

brau|se|köp|fig ⟨Adj.; nur als Attr. und mit „sein"; geh.⟩ *leicht aufbrausend*

brau|sen ⟨V.1⟩ **I** ⟨o.Obj.⟩ **1** ⟨hat gebraust⟩ *rauschen, mit Gebrause wehen;* der Wind, Sturm braust **2** ⟨hat gebraust⟩ *ein Geräusch wie von starkem Wind machen;* die Brandung braust; der Verkehr braust bis hierher **3** ⟨ist gebraust⟩ *sich schnell und gleichmäßig vorwärtsbewegen;* der Zug brauste durch die kleine Station; das Auto brauste durch die Landschaft. **4** ⟨hat gebraust⟩ *laut und voll tönen;* die Orgel braust; es braust mir in den Ohren **II** ⟨refl.; hat gebraust⟩ ⟨sich⟩ *b. sich ~ duschen*

Braut ⟨f.2⟩ **1** *Frau an ihrem Hochzeitstag* **2** *Verlobte;* sie ist B. *sie ist verlobt;* meine B. **3** ⟨ugs.⟩ *Geliebte, Freundin einem Mann gegenüber, ohne daß sie als Verlobte gilt;* er hat mehrere Bräute

Braut|bett ⟨n.12⟩ *für das neuvermählte Paar festlich hergerichtetes Bett*

Braut|bit|ter ⟨m.5⟩ → *Brautwerber*

Braut|ex|amen ⟨n.7; kath. Kirche⟩ *kurze Prüfung des Brautpaares vor der Hochzeit durch den Geistlichen*

Braut|fahrt ⟨f.10; früher⟩ *Abholen der Braut vom elterlichen Haus durch den Bräutigam*

Braut|füh|rer ⟨m.5⟩ *Begleiter einer Brautjungfer im Hochzeitszug*

Bräu|ti|gam ⟨m.1⟩ **1** *Mann an seinem Hochzeitstag* **2** *Verlobter;* mein B.

Braut|jung|fer ⟨f.11⟩ *Mädchen, das die Braut zur Kirche führt oder ihr mit dem Brautführer im Hochzeitszug folgt;* Syn. *Kranzjungfer*

Braut|kranz ⟨m.2⟩ *Kranz (meist aus Myrten), den die Braut am Hochzeitstag im Haar trägt*

Braut|kro|ne ⟨f.11⟩ *kostbarer Kopfschmuck der Braut am Hochzeitstag*

Braut|la|der ⟨m.5; bayr.⟩ *jmd., der die Hochzeitsgäste einlädt (kenntlich an einem Schleier am Hut)*

Braut|leu|te ⟨nur Pl.⟩ *Braut und Bräutigam, verlobtes Paar;* sie sind B.

bräut|lich ⟨Adj., o.Steig.⟩ *wie es einer Braut zukommt;* b. geschmückt

Braut|nacht ⟨f.2⟩ → *Hochzeitsnacht*

Braut|paar ⟨n.1⟩ *Braut und Bräutigam (bes. am Hochzeitstag)*

Braut|raub ⟨m.1; bei manchen Völkern⟩ *tatsächliche oder vorgetäuschte Entführung der Braut durch den Bräutigam*

Braut|schau ⟨f., -, nur Sg.⟩ *Suche nach einer geeigneten Braut;* er geht auf B.; er ist auf B.

Braut|stand ⟨m., -(e)s, nur Sg.⟩ **1** *gesellschaftlicher Stand als Braut;* in den B. eintreten **2** *Zeit, in der ein Mädchen Braut ist, Verlobungszeit;* während ihres ∼es

Braut|werber ⟨m.5⟩ *jmd., der für den Bräutigam bei den Eltern der Braut um diese wirbt;* Syn. *Brautbitter*

Braut|zeit ⟨f., -, nur Sg.⟩ *Zeit, in der ein Mädchen verlobt ist, Braut (2) ist*

brav ⟨Adj.⟩ **1** *artig, gehorsam;* ein ∼es Kind; ein ∼er Hund; sei B. **2** *tüchtig, rechtschaffen;* ein ∼er Mann **3** *tapfer, wacker;* sich b. halten **4** *richtig, fehlerlos, aber ohne Ausdruck;* ein Musikstück b. herunterspielen [< frz. *brave* „tapfer, rechtschaffen" < ital. *bravo,* → *bravo*] **Brav|heit** ⟨f., -, nur Sg.⟩

bra|vis|si|mo! *ausgezeichnet!* [ital.]

bra|vo! *sehr gut!* [< ital. *bravo* „gut, tüchtig, brav", span. *bravo* „tapfer, wild" (von Tieren), mit Metathese < lat. *barbarus* „wild, ungebildet, roh"; → *Barbar*]

Bra|vo **I** ⟨n.9⟩ *(Beifallsruf)* **II** ⟨m.9; ital. Bez. für⟩ *gedungener Mörder*

Bra|vour ⟨[-vu:r] f., -, nur Sg.⟩ **1** *Meisterschaft, sehr großes technisches Können* **2** *Kühnheit, Schneid* [< frz. *bravoure* „Tapferkeit;* meisterhafter Vortrag eines schwierigen Musikstücks", < ital. *bravura* „Tüchtigkeit, Können", zu *bravo*]

Bra|vour|arie ⟨[-vu:ra:riə] f.11⟩ *Arie, die großes technisches Können erfordert*

bra|vou|rös ⟨[-vu-] Adj.⟩ **1** *großes technisches Können erfordernd* **2** *technisch hervorragend (gespielt)*

Bra|vour|stück ⟨[-vu:r-] n.1⟩ **1** *publikumswirksames Musikstück, dessen Vortrag großes technisches Können erfordert* **2** ⟨ugs.⟩ *Glanzstück, Glanzleistung*

BRD ⟨Abk. für⟩ *Bundesrepublik Deutschland*

break! [breik] *trennt euch!: (Kommando des Ringrichters, wenn zwei Boxer im Clinch sind)* [engl., eigtl. Imperativ zu *to break* „brechen, unterbrechen"]

Break [breik] **I** ⟨m.2⟩ **1** *lange, offene Kutsche für Gesellschaftsfahrten* **2** *Kombiwagen* **II** ⟨n.9⟩ **1** ⟨Jazz⟩ *Zwischensolo mit entgegengesetztem Rhythmus* **2** ⟨Sport⟩ *unerwarteter Durchbruch* [< engl. *break* „Bruch, Unterbrechung, Durchbruch", zu *to break* „brechen"; in der Bed. I,1 vielleicht dasselbe wie *brake* „vierrädriger Wagen"]

Brec|cie ⟨[brɛtʃə] f.11⟩ → *Brekzie* [ital.]

Brech|boh|ne ⟨f.11⟩ *junge grüne Bohne (für Gemüse und Salate)*

Brech|durch|fall ⟨m.2⟩ *Erkrankung mit Durchfall und Erbrechen*

Brech|ei|sen ⟨n.7⟩ → *Brechstange*

bre|chen ⟨V.19⟩ **I** ⟨mit Akk.; hat gebrochen⟩ **1** *durch Druck in Stücke teilen;* das Brot b. *feierlich teilen;* Blumen b. ⟨poet.⟩ *pflücken;* Flachs b. *zerkleinern;* Marmor b. *im Steinbruch abschlagen;* sie haben nichts zu b. und zu beißen ⟨veraltend⟩ *sie haben nichts zu essen, müssen hungern* **2** *überwinden, bezwingen;* jmds. Trotz, Widerstand b. **3** *nicht halten, nicht einhalten;* einen Schwur, die Treue, einen Vertrag, ein Versprechen b.; sein Wort b. **4** *beenden;* das Fasten b.; endlich brach er das Schweigen; einen Rekord b. *einen neuen Rekord aufstellen* **II** ⟨mit Dat. und Akk.; hat gebrochen⟩ *jmdm. oder sich etwas b. durch Gewalt, Sturz entzweimachen;* sich den Arm, das Bein b.; das hat ihm das Genick gebrochen ⟨ugs.⟩ *das hat ihm die Existenz genommen* **III** ⟨refl.; hat gebrochen⟩ sich b. **1** *von der Richtung abweichen;* Lichtstrahlen b. sich im Wasser **2** *gegen etwas schlagen und zurückgeworfen werden;* Wellen b. sich am Ufer, am Felsen; Schallwellen b. sich an einer Mauer **IV** ⟨o.Obj.; ist gebrochen⟩ **1** *durch Druck in Stücke gehen, entzweigehen;* das Eis, der Zweig bricht; mir brach fast das Herz ⟨übertr.⟩ *es tat mir sehr weh;* der Saal war vom Brechen voll *der Saal war überfüllt* **2** *brüchig werden, rissig werden;* alter Seidenstoff, altes Leder bricht **3** *aussetzen;* seine Stimme brach (vor innerer Bewegung) **4** *starr, blicklos werden;* ⟨in der Wendung⟩ seine Augen brachen *er starb* **5** *plötzlich hervorkommen;* die Sonne brach aus den Wolken, durch die Wolken; Rehe brachen aus dem Gebüsch **V** ⟨o.Obj. oder mit Akk. oder refl.; hat gebrochen; ugs.⟩ *den Mageninhalt durch den Mund von sich geben, sich erbrechen;* ich muß b., ⟨oder⟩ ich muß mich b.; er hat gebrochen, ⟨oder⟩ er hat das Essen gebrochen; der Film ist zum Brechen *der Film ist abscheulich, widerwärtig* **VI** ⟨mit Präp.obj.; hat gebrochen⟩ *mit etwas b. etwas nicht mehr tun, mit etwas aufhören;* mit einer Gewohnheit b.; mit etwas und jmdm. b. *die Freundschaft mit jmdm., die Beziehung zu etwas oder jmdm. beenden;* mit einem Freund, mit der Kirche, mit einer Partei b.

Bre|cher ⟨m.5⟩ **1** *Woge mit überstürzendem Kamm;* Syn. *Sturzsee* **2** *schwere Zerkleinerungsmaschine*

Brech|mit|tel ⟨n.5⟩ *Mittel, das Brechreiz verursacht und die rasche Entleerung des Magens herbeiführt;* Syn. *Emetikum*

Brech|nuß ⟨f.2⟩ *ostindischer Baum, dessen Samen giftige Alkaloide enthält*

Brech|reiz ⟨m., -es, nur Sg.⟩ *im Hals würgender Drang, sich zu erbrechen*

Brech|stan|ge ⟨f.11⟩ *Stahlstange mit abgeflachtem Ende (u.a. als Hebel);* Syn. *Brecheisen*

Bre|chung ⟨f.10⟩ **1** ⟨Optik⟩ *Richtungsänderung des Lichtwellen beim Übergang in einen anderen Stoff* **2** ⟨Sprachw.⟩ *Wechsel von e und i beziehungsweise von o und u im Althochdeutschen unter Einfluß bestimmter folgender Laute*

Bre|chungs|feh|ler ⟨m.5⟩ *fehlerhafte Lichtbrechung im Auge*

Brech|wein|stein ⟨m., -(e)s, nur Sg.⟩ *Salz der Weinsäure [ruft Erbrechen hervor]*

Brech|wurz ⟨f., -, nur Sg.⟩ → *Ipecacuanha*

Bre|douille ⟨[brədulje] f.⟩ *Bedrängnis, Verlegenheit;* in der B. sein; in die B. kommen [frz., „völliger Verlust" (im Spiel), eigtl. „Dreck", weitere Herkunft unbekannt]

Bre|gen ⟨m.7⟩ *Hirn vom Schlachttier;* auch: *Brägen* [nddt., verwandt mit engl. *brain* „Hirn"]

Bre|gen|wurst ⟨f.2⟩ *leicht geräucherte Wurst aus Mehl, Hafer und Schweinehirn*

Brei ⟨m.1⟩ **1** *weiche, halbflüssige Speise (Grieß∼, Kartoffel∼);* Syn. ⟨österr.⟩ *Koch* **2** *breiartige Masse (Papier∼)*

brei|ig ⟨Adj.⟩ *wie Brei;* ∼e Masse

breit ⟨Adj.⟩ **1** *in seitlicher Richtung ausgedehnt, sich erstreckend;* Ggs. *lang (I,1), schmal;* ein ∼er Fluß; ∼e Schultern haben; der Schrank ist breit genug; Schuhe b. treten *durch vieles Laufen ausweiten;* ein heruntergefallenes Stück Obst b. treten; ⟨aber⟩ → *breittreten* **2** *ein bestimmtes Maß in der seitlichen Ausdehnung habend;* Ggs. *lang (I,2);* der Schrank ist 2,5 Meter b. **3** *weitschweifig, allzu ausführlich, mit allen Einzelheiten;* etwas lang und b. erzählen **4** *gedehnt und zu betont;* eine ∼e Aussprache haben; er lachte b. *mit auseinandergezogenem Mund und dreist oder hämisch oder töricht* **5** ⟨in den Wendungen⟩ ∼e Kreise der Bevölkerung *ein großer Teil der Bevölkerung;* die ∼e Masse der unteren Schichten *(eines Volkes)*

Breit|band... ⟨in Zus.⟩ *mit weitem Anwendungsbereich, z.B. Breitbandantibiotikum, Breitbandverstärker*

Breit|band|stra|ße ⟨f.11⟩ *Walzwerkanlage zur automatischen Fertigung von breiten Werkstücken*

breit|bei|nig ⟨Adj., o.Steig.; fast nur als Adv.⟩ *mit auseinandergestellten Beinen;* b. dastehen, dasitzen

Brei|te ⟨f.11⟩ **1** ⟨nur Sg.⟩ *seitliche Ausdehnung, seitliche Erstreckung;* Ggs. *Länge (1);* die B. des Flusses; der Platz in seiner ganzen B.; sie ist in die B. gegangen *sie ist breit, dick geworden;* Wirkung in die B. *in großem Umfang* **2** *Maß in der seitlichen Ausdehnung;* Ggs. *Länge (3);* nördliche B. ⟨Abk.: n.Br.⟩; südliche B. ⟨Abk.: s.Br.⟩; in unseren ∼n ist diese Kälte ungewöhnlich *in unserer Gegend, in unserem Landstrich* **3** *große Ausführlichkeit;* Ggs. *Kürze;* etwas in aller B. erzählen **4** *Abstand vom Äquator;* Ggs. *Länge (3);* nördliche B. ⟨Abk.: n.Br.⟩; südliche B. ⟨Abk.: s.Br.⟩; in unseren ∼n ist diese Kälte ungewöhnlich *in unserer Gegend, in unserem Landstrich*

brei|ten ⟨V.2, hat gebreitet⟩ **I** ⟨mit Akk.⟩ *auseinanderfalten oder -strecken und über etwas legen oder halten;* eine Decke über jmdn. b.; beide Hände über etwas b. **II** ⟨refl.⟩ *sich b. sich erstrecken, sich ausdehnen;* ein strahlender Himmel breitete sich über das Land

Brei|ten|grad ⟨m.1⟩ *Streifen der Erdoberfläche zwischen zwei Breitenkreisen, die sich um 1° unterscheiden;* Ggs. *Längengrad;* auf dem gleichen B. liegen

Brei|ten|kreis ⟨m.2⟩ *zum Äquator (dem größten B. mit 0 °) parallel laufender Kreis;* Syn. *Parallelkreis* **2** *Längenkreis*

Brei|ten|sport ⟨m., -(e)s, nur Sg.⟩ *weitverbreitete Sportart, Sport, der von breiten Bevölkerungsschichten betrieben wird*

Brei|ten|wir|kung ⟨f., -, nur Sg.⟩ *Wirkung in großem Umfang, nach allen Seiten*

Breit|for|mat ⟨n.1⟩ *Format, bei dem die Breite größer ist als die Höhe;* Ggs. *Hochformat;* ein Bild im B.

breit|krem|pig ⟨Adj., o.Steig.⟩ *mit breiter Krempe*

Breit|ling ⟨m.1; Sammelbez. für⟩ *Brachsen, Sprotte*

breit|ma|chen ⟨V.1, hat breitgemacht; refl.⟩ sich b. **1** *viel Platz einnehmen;* mach dich nicht so breit! **2** *sich (in unangenehmer Weise) ausbreiten;* in letzter Zeit hat sich diese Unsitte breitgemacht

Breit|na|se ⟨f.11⟩ *Affe der Neuen Welt;* Ggs. *Schmalnase*

breit|schla|gen ⟨V.116, hat breitgeschlagen; mit Akk.; ugs.⟩ *überreden;* ich habe mich b. lassen und bin beigekommen

Breit|schwanz ⟨m., -es, nur Sg.; Pelzhandel⟩ *(meist schwarzes) feines, schwach gewelltes Fell nicht ganz ausgetragener Karakullämmer* [urspr. ein Name für das Karakulschaf, bei dem Fett im Schwanzbereich gespeichert ist]

Breit|sei|te ⟨f.11⟩ **1** ⟨†⟩ *Seitenfläche (eines Schiffes)* **2** ⟨bei Kriegsschiffen⟩ *gleichzeitiges Abfeuern aller nach einer Seite geschwenkten Geschütze*

Breit|spur ⟨f.10; Eisenbahn⟩ *Spurweite, größer als die europäische Normalspur (1435 mm); Ggs. Schmalspur*

breit|spu|rig ⟨Adj., o.Steig.⟩ **1** *mit Breitspur* **2** ⟨übertr.⟩ *wichtigtuerisch, laut und leutselig;* Syn. *großspurig* **Breit|spu|rig|keit** ⟨f., -, nur Sg.⟩

breit|tre|ten ⟨V.163, hat breitgetreten; mit Akk.; übertr., ugs.⟩ *in aller Ausführlichkeit in der Öffentlichkeit berichten; einen Vorfall b.*

Breit|wand|ver|fah|ren ⟨n.7; von Kinofilmen⟩ *Wiedergabeverfahren auf sehr breiten Vorführwänden, aber mit üblicher Bildhöhe*

Brek|zie ⟨[-tsiə] f.11⟩ *Sedimentgestein aus eckigen, durch ein Bindemittel verkitteten Gesteinstrümmern;* auch: *Breccie* [< ital. *breccia* „Geröll"]

Bre|me ⟨f.11; oberdt.⟩ → *Bremse²*

Brems|backe ⟨-k|k-; f.11⟩ *bei Reibungsbremsen beweglicher Metallteil, das gegen die Bremstrommel oder an Bremsscheiben angepreßt wird*

Brems|be|lag ⟨m.2⟩ *(oft asbesthaltiger) auswechselbarer Belag einer Bremsbacke*

Brems|berg ⟨m.1; Bgb., Eisenbahn⟩ *zweigleisige, schräge Bahn, auf der abwärtsrollende, volle Wagen den leeren durch ein Seil heraufziehen (das über eine Trommel mit Bremsvorrichtung läuft)*

Brem|se¹ ⟨f.11⟩ *Vorrichtung, die den Bewegungswiderstand von Fahrzeugen erhöht, Hemmschuh (Hand~, Reibungs~, Strömungs~)* [zu *bremsen*]

Brem|se² ⟨f.11⟩ *eine plumpe, blutsaugende Fliege (Pferde~, Rinder~);* auch: ⟨oberdt.⟩ *Breme* [zu *brummen*]

brem|sen ⟨V.1, hat gebremst⟩ **I** ⟨o.Obj.⟩ **1** *die Geschwindigkeit verringern oder ganz aufheben, die Bremse betätigen; scharf b.* **2** ⟨ugs.⟩ *zurückhaltend sein, sich zurückhalten; ich werde zu dick, ich muß jetzt etwas b.; mit dem Essen, mit dem Alkohol b.; mit bestimmten Ausgaben b.* **II** ⟨mit Akk.⟩ *etwas b. die Geschwindigkeit von etwas verringern, etwas zum Stillstand bringen; das Auto, den Zug b.; die Fahrt b.*

Brem|ser ⟨m.5⟩ **1** *Begleitfahrer an Güterwagen, der u.a. die Bremsen kontrolliert* **2** *hinterster Fahrer im Bobsleigh*

Brems|schuh ⟨m.1⟩ *keilartige Blockiervorrichtung (für die Räder von Güterwagen im Rangierbetrieb);* Syn. *Hemmschuh (1)*

Brems|spur ⟨f.10⟩ *auf der Fahrbahn sichtbare Spur der Reifen (beim scharfen Bremsen)*

Brems|weg ⟨m.1⟩ *Weg, den ein Kraftfahrzeug vom Betätigen der Bremse bis zum Stillstand zurücklegt*

Brenn|ele|ment ⟨n.1⟩ *(kastenförmig zusammengefaßte) Brennstäbe und dazugehörige Regel- und Steuereinrichtungen, die im Verbund mit gleichartigen Elementen den Kern eines Kernreaktors aufbauen*

bren|nen ⟨V.20, hat gebrannt⟩ **I** ⟨mit Akk.⟩ **1** etwas b. **a** *als Licht- oder Wärmequelle gebrauchen; Kerzen b.: Koks, Briketts, Öl, Holz b.* **b** *eingeschaltet haben; wir müssen in diesem Zimmer auch tagsüber Licht b.* **c** *mit Hitze behandeln; Kaffee, Ziegel, Porzellan b.* **d** *durch Feuer verursachen, herstellen; ein Loch in die Tischdecke b.; einem Tier ein Zeichen ins Fell b.* **e** *durch Erhitzen und Verdampfen herstellen, destillieren; Schnaps b.* **f** *durch Hitze formen; jmdm., sich die Haare zu Wellen, Locken b.* **2** *jmdn., sich b. jmdm. oder sich durch Feuer Schmerz oder eine Wunde zufügen; sich am Ofen b.; hab ich dich mit der Zigarette gebrannt?; gebranntes Kind scheut das Feuer* ⟨Sprichwort⟩

wer einmal eine schlechte Erfahrung gemacht hat, ist von da an vorsichtiger **II** ⟨o.Obj.⟩ **1** *in Flammen stehen, Flammen oder eine Flamme hervorbringen; das Haus, das Holz brennt; die Kerze brennt; es brennt!* (Hilferuf bei Feuersnot); *wo brennt's denn?* ⟨übertr.⟩ *was ist denn los?; er brennt vor Liebe, Haß* ⟨übertr.⟩ *er liebt, haßt glühend* **2** *eingeschaltet, angezündet sein; in seinem Zimmer brennt noch Licht; die Lampe brennt* (nicht); *der Ofen brennt* **3** *sehr heiß sein und Schmerzen verursachen; die Sonne brennt; meine Augen, meine Füße b.* **4** *scharf sein, beißen; der Schnaps brennt im Hals; der Rauch brennt in den Augen* **III** ⟨mit Präp.obj.⟩ *auf etwas b. unbedingt etwas tun wollen; er brennt darauf, fliegen zu lernen* **IV** ⟨refl.; übertr., ugs.⟩ *sich b. sich täuschen; wenn du das glaubst, dann hast du dich aber gebrannt!*

bren|nend ⟨Adj., o.Steig.⟩ **1** ⟨als Attr. und mit „sein"⟩ **a** *heftig;* ~er Durst; ~es Verlangen nach etwas haben **b** *(gerade jetzt) wichtig;* es ~e Problem; das Problem ist b. **2** ⟨als Adv.⟩ *sehr, äußerst; ich möchte b. gern wissen, ob ...*

Bren|ner ⟨m.5⟩ **1** *jmd., der Branntwein herstellt (Schnaps~)* **2** *düsenartige Vorrichtung, in der Brennstoffe mit Luft gemischt und verbrannt werden (Gas~, Öl~)* **3** → *Thermokauter*

Bren|ne|rei ⟨f.10⟩ *Unternehmen, das Branntwein und Spiritus herstellt*

Brenn|es|sel ⟨-nn|n-; f.11⟩ *krautige Pflanze mit kleinen, grünlichen Blüten und Brennhaaren*

Brenn|glas ⟨n.4⟩ *Sammellinse, in deren Brennpunkt sich Stoffe durch Sonnenlicht entflammen lassen*

Brenn|haa|re ⟨n.1, Pl.⟩ *bei Pflanzen und Raupen⟩ haarähnliche Gebilde, die bei Berührung ein Brennen (II,3) verursachen*

Brenn|holz ⟨n., -es, nur Sg.⟩ *(meist geringwertiges) Holz zum Heizen*

Brenn|punkt ⟨m.1⟩ **1** ⟨Optik⟩ *Punkt, in dem die achsenparallele Lichtstrahlen nach der Brechung an einer Linse oder Zurückwerfung an einem Hohlspiegel sammeln;* Syn. *Fokus* **2** ⟨Math.⟩ *Konstruktionspunkt an der Achse von Kegelschnitten* **3** ⟨ugs.⟩ *Mittelpunkt; er steht im B. des Geschehens*

Brenn|sche|re ⟨f.11⟩ *scherenähnliches Gerät, mit dem Haarsträhnen durch Hitze zu Locken geformt werden*

Brenn|stab ⟨m.2; Kerntechnik⟩ *(bis 4,5 Meter langer) Metallstab, der den Kernbrennstoff enthält*

Brenn|stoff ⟨m.1⟩ **1** *Stoff, der zur Verbrennung genutzt werden kann* **2** *Stoff, der zur Kernspaltung im Kernreaktor genutzt werden kann*

Brenn|wei|te ⟨f.11; Optik⟩ *Entfernung (von der Oberfläche einer Linse, eines Spiegels) bis zum Brennpunkt*

Bren|ze ⟨Pl.; Sammelbez. für⟩ *Mineralien, die restlos verbrennen* [< oberdt. *Brenz* „Destillat"]

bren|zeln ⟨V.1, hat gebrenzelt; o.Obj.⟩ *brenzlig (1) riechen*

brenz|lig ⟨Adj.⟩ **1** *wie verbrannt, nach Brand;* Syn. *brandig;* ~er Geruch; es riecht b. **2** ⟨übertr., ugs.⟩ *bedenklich, gefährlich; jetzt wird die Sache b.*

Bre|sche ⟨f.11⟩ *Lücke (bes. in feindlichen Reihen); eine B. schlagen* ⟨übertr.⟩ *Schwierigkeiten beseitigen; in die B. springen* ⟨übertr.⟩ *sich für jmdn. oder etwas einsetzen* [< frz. *brèche* „Bruch, Riß, Scharte", zu dt. *brechen*]

brest|haft ⟨Adj., o.Steig.; †⟩ *mit einem Gebrechen behaftet* [< mhd. *brest* „Mangel"]

Bre|to|ne ⟨m.11⟩ *Einwohner der Bretagne*

bre|to|nisch ⟨Adj., o.Steig.⟩ *die Bretagne betreffend, zu ihr gehörig, aus ihr stammend;* ~e *Sprache eine keltische Sprache*

Brętt ⟨n.3⟩ **1** *in der Länge und Breite zugeschnittenes Stück Holz (etwa zwischen 10 und 35 mm dick); das B. bohren, wo es am dünnsten ist* ⟨übertr.⟩ *den Weg des geringsten Widerstands gehen, sich eine Sache leichtmachen; ein B. vor dem Kopf haben* ⟨übertr., ugs.⟩ *begriffsstutzig, beschränkt sein, etwas nicht verstehen; für ihn ist die Welt mit* ~ern *vernagelt* ⟨übertr., ugs.⟩ *dort ist überhaupt nichts los* **2** *einem Brett (1) ähnlicher Gegenstand (Sprung~)* **3** ⟨kurz für⟩ *Spielbrett; bei jmdm. einen Stein im B. haben bei jmdm. in besonderer Gunst stehen* [im Puffspiel kann man, wenn man einen oder besser zwei Steine in bestimmter Stellung auf dem Spielbrett hat, dem Gegner das Spiel erschweren] **4** ⟨Pl.⟩ ~er **a** → *Schier mehrere Stunden am Tag auf den* ~ern *stehen* **b** ⟨in der Wendung⟩ *die* ~er, *die die Welt bedeuten die Schauspielbühne, das Theater*

Brettl ⟨n.5 oder n.14; bayr.⟩ *Kleinkunstbühne, Kabarett*

Brętt|lin ⟨n.14, Pl.; bayr.-österr.⟩ → *Schier*

Brętt|spiel ⟨n.1⟩ *Spiel, das mit runden Steinen, kleinen Kegeln oder Figuren auf einem Brett mit vorgezeichneten Spielfeldern gespielt wird, z.B. Schach, Mühle, Halma*

Bre|vet ⟨[breve] n.9⟩ **1** ⟨früher⟩ *Gnadenbrief des französischen Königs* **2** ⟨heute⟩ *Verleihungs-, Schutzurkunde für Diplome, Patente usw.* [frz., < lat. *brevis* „kurz"]

Bre|vi|ar ⟨n.1⟩, **Bre|via|ri|um** ⟨n., -s, -ri|en⟩ *kurze Übersicht, Auszug* [→ *Brevier*]

Bre|vier ⟨n.1⟩ **1** *Gebetbuch der kath. Geistlichen* **2** *kleine Stellensammlung aus den Werken eines Dichters (Goethe~)* [< lat. *breviarium* „kurze Übersicht, kurzer Auszug", zu *brevis* „kurz"]

Bre|vi|lo|quenz ⟨f., nur Sg.⟩ → *Brachylogie* [< lat. *breviloquentia* „Kürze im Ausdruck", < *brevis* „kurz" und *loqui* „sprechen"]

bre|vi ma|nu ⟨Abk.: b. m., br. m.; †⟩ *kurzerhand; das hätte er b. m. erledigen können* [lat.]

Bre|ze ⟨f.11; oberdt.⟩ → *Brezel*

Bre|zel ⟨f.11⟩ *etwa in Form einer 8 geschlungenes Gebäck;* auch: *Breze, Brezen* [< mlat. *brachitum, brachitellum* im Plur. Bed., zu lat. *bracchium* „Arm, Zweig"]

Bre|zen ⟨f., -, -; bayr.-österr.⟩ → *Brezel*

Bridge ⟨[brɪdʒ] n., -, nur Sg.⟩ *ein Kartenspiel mit französischen Karten* [Herkunft unbekannt, man vermutet orientalischen Ursprung]

Brie ⟨m., -(s), nur Sg.⟩ *ein milder, cremiger, französischer Weichkäse;* Syn. *Fromage de Brie* [nach der frz. Landschaft *Brie* zwischen Seine und Marne]

Brief ⟨m.1⟩ **1** *schriftliche Mitteilung; jmdm. B. und Siegel auf etwas geben jmdm. etwas fest zusichern* **2** *Urkunde (Meister~)* **3** *Wertpapier, Wechsel* **4** ⟨kurz für⟩ → *Briefkurs*

Brief|be|schwe|rer ⟨m.5⟩ *schwerer Gegenstand, mit dem lose Schriftstücke bedeckt werden*

Brief|ge|heim|nis ⟨n., -nis|ses, nur Sg.⟩ *Pflicht, einen an einen anderen gerichteten Brief ungeöffnet zu lassen*

Brief|kar|te ⟨f.11⟩ *unbedruckte Karte, die im Umschlag als Brief verschickt wird*

Brief|ka|sten ⟨m.8⟩ **1** *öffentlicher, von der Post bereitgestellter und regelmäßig geleerter Behälter für kleine Postsendungen;* Syn. *Postkasten* **2** ⟨an Gebäuden⟩ *Behälter zum Einwerfen von kleinen Postsendungen für den Empfänger im Haus;* Syn. *Postkasten* **3** *Teil einer Zeitung oder Zeitschrift, in dem Leserbriefe (Anfragen usw.) veröffentlicht (und beantwortet) werden*

Brief|kopf ⟨m.2⟩ *oberer Teil des Briefbogens mit Angaben über den Absender (Name, Adresse, Firmenbezeichnung u.a.)*

Brief|kurs ⟨m.1; Abk.: Br.⟩ *Kurs, zu dem ein Wertpapier an der Börse angeboten wird;* Ggs. *Geldkurs*

brief|lich ⟨Adj., o.Steig.⟩ **1** *in Form eines Briefes;* jmdm. b. etwas mitteilen **2** *im Brief;* ich will mich b. nicht darüber äußern

Brief|marke ⟨f.11⟩ *von der Post herausgegebenes Wertzeichen zum Frankieren von Postsendungen,* ⟨amtl. Bez.⟩ *Postwertzeichen;* Syn. *Freimarke*

Brief|öffner ⟨m.5⟩ *mit einer Klinge ohne Schneide versehenes Gerät zum Öffnen von Briefumschlägen*

Brief|ro|man ⟨m.1⟩ *Roman in Form von (fingierten) Briefen*

Brief|schaf|ten ⟨f.10, Pl.; Sammelbez. für⟩ *Briefe, Briefkarten, Ansichtskarten, Drucksachen (die sich in jmds. Besitz befinden);* seine B. ordnen

Brief|schuld ⟨f.10⟩ *unbeantworteter Brief;* ich habe ~en; ich habe noch eine B., noch ~en zu erledigen

Brief|steller ⟨m.5⟩ *Buch mit Anleitungen zum Schreiben von Briefen*

Brief|ta|sche ⟨f.11⟩ *brusttaschengroßer, zusammenlegbarer Behälter für Ausweise, Geld u.a.*

Brief|taube ⟨f.11⟩ *auf Orientierungsvermögen, Schnelligkeit und Ausdauer gezüchtete Taube (urspr. zur Nachrichtenübermittlung)*

Brief|träger ⟨m.5⟩ *Angestellter der Post, der den Empfängern kleine Postsendungen zustellt,* ⟨amtl. Bez.⟩ *Zusteller;* Syn. ⟨süddt.⟩ *Postbote*

Brief|wech|sel ⟨m.5⟩ **1** *brieflicher Verkehr zwischen Personen;* mit jmdm. in B. stehen **2** *gesammelte und veröffentlichte Briefe, die zwei Personen einander geschrieben haben;* B. zwischen Goethe und Schiller in vier Bänden

Bries ⟨n.1⟩, **Bries|chen** ⟨n.7⟩ *Thymusdrüse von jungen Schlachttieren (bes. vom Kalb);* auch: *Bröschen;* Syn. *Kalbsmilch,* ⟨nordwestdt.⟩ *Midder,* ⟨schweiz.⟩ *Milke* [wahrscheinlich zu *Brösel,* wegen des Aussehens]

Bri|ga|de ⟨f.11⟩ **1** ⟨BRD, Österreich⟩ *kleinster, zu selbständiger Kampfführung befähigter Verband (Panzer~)* **2** ⟨Schweiz⟩ *in bestimmten Bereichen eingesetzte Landformation (Grenz~)* **3** ⟨DDR⟩ *mehrere Arbeiter oder Angestellte, die mit dem Ziel, hohe Leistungen zu erreichen, zusammengefaßt sind* [frz., ⟨ *Trupp*, < ital. *brigata* „bewaffnete Schar"]

Bri|ga|dier ⟨[-dje] m.9⟩ **1** *Brigadegeneral, Brigadeführer* **2** ⟨DDR⟩ *Leiter einer Brigade (3)*

Bri|gant ⟨m.10⟩ *Straßenräuber* [< ital. *brigante* „Räuber", zu *briga* in der Bed. (†) „Betrug, Machenschaft", heute „Unannehmlichkeit, Verwicklung"]

Bri|gan|ti|ne ⟨f.11⟩ *leichtes, zweimastiges Segelschiff mit nur einem Gaffelsegel am hinteren Mast* [< ital. *brigante* „Straßenräuber"; vgl. *Brigade*]

Brigg ⟨f.9⟩ *Segelschiff mit zwei voll getakelten Masten* [< engl. *brig,* gekürzt < *Brigantine*]

Bri|ghel|la ⟨m., -(s), nur Sg.⟩ *in der Commedia dell'arte listiger, intriganter Diener* [ital., zu *brigare* „sich eifrig bemühen, auch mit Hilfe von Intrigen, etwas zu erreichen", zu *briga* „Machenschaft"]

Bri|kett ⟨n.9⟩ *in Form gepreßte Kohle* [< frz. *briquette* „Preßkohle", Verkleinerungsform von *brique* „Mauer-, Ziegelstein"]

bri|ket|tie|ren ⟨V.3, hat brikettiert; mit Akk.⟩ *zu Briketts formen*

Bri|ko|le ⟨f.11; Billard⟩ *Rückprall der Kugel von der Bande* [< frz. *bricole* in ders. Bed.]

bri|ko|lie|ren ⟨V.3, hat brikoliert; mit Akk.⟩ *durch Brikole treffen*

bril|lant ⟨[-ljant] Adj.⟩ **1** *glänzend, hervorragend;* er ist ein ~er Redner, Pianist; b. Klavier spielen; das Buch ist b. geschrieben **2** *gestochen scharf (von Fotos)* [frz., „glänzend, prächtig", zu *briller* „glänzen, hervorragen", über ital. *brillare* „leuchten, strahlen" vielleicht zu *berillo* < lat. *beryllus* „Beryll"]

Bril|lant [briljant] **I** ⟨m.10⟩ *geschliffener Diamant* **II** ⟨f., -, nur Sg.⟩ *Schriftgrad von 3 Punkt* [< frz. *brillant* „glänzend, funkelnd"]

Bril|lan|tin ⟨[briljan-] n., -s, nur Sg.; österr.⟩ → *Brillantine*

Bril|lan|ti|ne ⟨[briljan-] f., -, nur Sg.; veraltend⟩ *parfümierte, alkoholische Lösung von Ölen (als Haarpflege- und Festigungsmittel);* auch ⟨österr.⟩: *Brillantin* [frz., zu *brillant*]

Bril|lanz ⟨[-ljants] f., -, nur Sg.⟩ **1** *meisterhafte Geschicklichkeit* **2** *gestochene Schärfe (von Fotos)*

Brille ⟨f.11⟩ **1** *Gestell mit optischen Gläsern (zum Ausgleich von Augenfehlern);* Syn. *Augenglas;* etwas durch eine rosa B. sehen ⟨übertr.⟩ *etwas schöner sehen, als es ist* **2** *Schutzvorrichtung für die Augen (Motorrad~, Schweißer~)*

Bril|len|schlan|ge ⟨f.11⟩ **1** *indische Giftschlange mit brillenähnlicher Zeichnung am Nacken;* Syn. *Kobra* **2** ⟨scherzh.⟩ *(bes. weibliche) Person, die eine Brille trägt*

bril|lie|ren ⟨V.3, hat brilliert; o.Obj.⟩ *durch sehr gute Leistung auffallen, glänzen;* sie brillierte mit ihrer Koloratur

Brim|bo|ri|um ⟨n., -s, nur Sg.⟩ *unnützer Aufwand, Getue;* mach nicht soviel B.! [< frz. *brimborion* „Geringfügigkeit, Lappalie", im 16.Jh. „gemurmelte Gebete, unaufmerksam geplapperte Gebete", auch „Zauberformel", < *breborion* „Brevier", einer Verstümmelung von lat. *breviarium* „Brevier"]

Brim|sen ⟨m., -(s), nur Sg.; österr.⟩ *ein Schafskäse* [tschech.]

Bri|nell|här|te ⟨f., -, nur Sg.; Zeichen: HB⟩ *Maß für die Härte eines Werkstoffs* [nach dem schwed. Ingenieur August Johann *Brinell*]

bringen ⟨V.21, hat gebracht; mit Akk. oder mit Dat. und Akk.⟩ **1** ⟨jmdm.⟩ *etwas b.* **a** *herbeiholen, herbeischaffen, an einen anderen Ort, zu jmdm. schaffen;* der Kellner bringt das Essen; der Juli hat viel Regen gebracht ⟨übertr.⟩; er hat mir Blumen gebracht; jmdm. eine gute Nachricht b.; einen Brief auf die Post b.; etwas in seinen Besitz, an sich b. *sich aneignen;* eine Arbeit (schnell) hinter sich b. **b** *zuteil werden lassen;* das hat mir Glück gebracht; du bringst mich auf eine Idee **c** *Nutzen, Sinn haben;* das bringt nichts, das bringt mir gar nichts; was soll das b.? **d** *abwerfen, ergeben;* Gewinn b.; das Kapital bringt Zinsen **e** *zur Folge haben;* das bringt dir nur Ärger **2** *etwas b.* **a** *veröffentlichen, aufführen, senden;* die Zeitung hat heute eine Besprechung des Films gebracht; das Staatstheater bringt dieses Jahr zwei Opern von Mozart; der Rundfunk bringt heute eine Sendung über Umweltschutz **b** ⟨mit „es" als Obj.⟩ *erreichen, werden;* er hat es bis zum Direktor gebracht *er ist Direktor geworden;* er hat es zu nichts gebracht; er wird es noch zu etwas b.; er wird es noch weit b. *er wird noch viel erreichen;* du wirst es noch dahin b., daß man dir kündigt **c** ⟨ugs.⟩ *können;* das bringe ich nicht!; ob du das bringst? **3** *jmdn. b.* **a** *begleiten, an einen Ort schaffen;* ich bringe dich bis zum Gartentor; ein Kind in die Schule b. **b** *dafür sorgen, daß jmd. an einen Ort, eine Stelle kommt;* jmdn. ins Gefängnis b.; du bringst mich noch ins Grab! **c** *jmdn. veranlassen, etwas zu tun oder nicht zu tun, jmdn. in einen Zustand versetzen;* jmdn. zum Lachen, Weinen, Sprechen b.; du bringst mich zur Verzweiflung!; kannst du ihn nicht dazu b., mit dem Rauchen aufzuhören?; jmdn. auf andere Gedanken b.

Brink ⟨m.1⟩ *hügeliges Stück Grasland* [nddt.]

brio → *con brio*

Bri|oche ⟨[briʃ] f.9⟩ *gewölbtes Hefegebäck, das viel Butter enthält* [frz., < norman. *pain brié* „Brot mit harter Kruste"]

bri|o|so → *con brio*

bri|sant ⟨Adj.; nur als Attr. und mit „sein"⟩ **1** *große Sprengkraft besitzend, hochexplosiv* **2** ⟨übertr.⟩ *die Möglichkeit in sich schließend, große Aufregung, Auseinandersetzungen hervorzurufen, äußerst aufregend, höchst aktuell;* ein ~es Thema, Buch; eine ~e Frage [< frz. *briser* „zerschlagen, zertrümmern"]

Bri|sanz ⟨f., -, nur Sg.⟩ **1** *große Sprengkraft* **2** ⟨übertr.⟩ *höchste Aktualität*

Bri|se ⟨f.11⟩ *leichter, kühler Wind; eine frische, steife B.* [frz.]

Bri|so|lett ⟨n.1⟩, **Bri|so|let|te** ⟨f.11⟩ *gebratenes Fleischklößchen* [französisierende Verkleinerungsform zu frz. *briser* „zerkleinern", wegen des kleingehackten Fleisches]

Bri|tan|nia|me|tall ⟨n.1⟩ *eine Zinnlegierung*

bri|tisch ⟨Adj., o.Steig.⟩ **1** *Großbritannien betreffend, zu ihm gehörig, aus ihm stammend* **2** *die Bewohner Großbritanniens (bes. ihre Sprache) betreffend (im Gegensatz zu anderen angelsächsischen Ländern)*

br. m. ⟨Abk. für⟩ *brevi manu*

Broc|co|li ⟨m., -, nur Sg.; Pl.⟩ *Abart des Blumenkohls mit grünen oder gelben Blütenständen;* auch: *Brokkoli* [< ital. *broccolo,* Pl. *broccoli,* in ders. Bed., zu *brocco* „Locke, Noppe"]

bröc|k(e)|lig ⟨-k|k-; Adj.⟩ *leicht abbröckelnd, beim Berühren in Brocken, Bröckchen zerfallend;* auch: *bröcklig;* das Brot, das Gestein ist b.

bröckeln ⟨-k|k-; V.1, hat gebröckelt; o.Obj.⟩ *in kleinen Brocken abfallen, sich lösen;* der Putz bröckelt von den Mauern; das Gestein bröckelt

brocken ⟨-k|k-; V.1, hat gebrockt; mit Akk.⟩ *in Brocken zerteilen (und in etwas hineintun);* Brot in die Suppe b.

Brocken ⟨-k|k-; m.7⟩ **1** *abgebrochenes Stück;* ein B. Fleisch; dem Hund Brot in B. zuwerfen. **2** *unförmiges Gebilde;* ein B. Erde, Gestein; ein harter B. ⟨übertr.⟩ *eine schwere Aufgabe, ein schwerer Mensch* **3** ⟨übertr.⟩ *Bruchstück als Anteil;* sich einen fetten B. schnappen; er sucht sich immer die besten B. heraus **4** ⟨übertr.⟩ *aus dem Zusammenhang genommenes Stück, Satz, Wort;* ich habe von dem Gespräch nur ein paar B. gehört, verstanden; er kann ein paar B. Französisch **5** ⟨übertr., ugs.⟩ *große, breite, dicke oder stattliche Person;* er, sie ist ein B.

Brocken|ge|spenst ⟨-k|k-; n.3⟩ *vergrößertes, von farbigen Ringen umgebenes Schattenbild des Beobachters auf einer Nebelwand* [nach dem Berg *Brocken* im Harz, der als Hexentanzplatz gilt und wo diese meteorolog. Erscheinung öfter zu beobachten ist]

bröck|lig ⟨Adj.⟩ → *bröckelig*

Bro|del ⟨m., -s, nur Sg.⟩ *Dampf, wallender Nebel*

bro|deln ⟨V.1, hat gebrodelt; o.Obj.⟩ **1** *wallen, in Blasen dampfen;* das Wasser, die Suppe brodelt im Topf **2** *es brodelt* ⟨übertr.⟩ *es herrscht unruhige, aufgeregte Stimmung;* es brodelt unter der Bevölkerung [< mhd. *brodelen, brodelen, brodeln',* zu *brod* „Brühe"]

Bro|de|rie ⟨f.11; †⟩ *Stickerei* [frz., zu *broder* „sticken"]

Broi|ler ⟨m.5; in der DDR⟩ *Brathähnchen* [< engl. *to broil* „auf dem Rost braten"]

Bro|kat ⟨m.1⟩ *schwerer Seidenstoff mit eingewebten Gold- oder Silberfäden (Gold~, Silber~)* [< ital. *broccato* „Brokat", zu *brocco* „Noppe"]

Bro|ka|tell ⟨m.1⟩, **Bro|ka|tel|le** ⟨f.11⟩ *schwerer Halbseidenstoff mit erhabenem Muster* [< frz. *brocatelle* in ders. Bed., < ital. *broccatello,* Verkleinerungsform von *broccato* „Brokat"]

Bro|ker ⟨m.5⟩ **1** ⟨in angelsächs. Ländern und in Japan⟩ *jmd., der mit Wertpapieren handelt und andere beim Kauf von Wertpa-*

Bruder

pieren berät **2** ⟨an der Londoner Börse⟩ *amtlich zugelassener Händler mit Wertpapieren;* Ggs. *Jobber* [engl., „Makler, Vermittler, Agent"]

Brok|ko|li ⟨m., -, nur Sg.⟩ → *Broccoli*

Brom ⟨n., -s, nur Sg.; Zeichen: Br⟩ *chemisches Element (Flüssigkeit, die rotbraune, schwere, beizende Dämpfe von charakteristischem Geruch entwickelt)* [< griech. *bromos* „Gestank", urspr. „Gestank"; über die Bed. „Körpergeräusch, Furz" hat das Wort den Sinn von „Gestank" angenommen]

Bro|ma|to|lo|gie ⟨f.11⟩ *Wissenschaft von der Zubereitung der Nahrungs- und Genußmittel* [< griech. *broma*, Gen. *bromatos*, „Nahrung, Speise" und ...*logie*]

Brom|bee|re ⟨f.11⟩ **1** *stacheliger, kletternder Strauch aus der Familie der Rosengewächse* **2** *dessen schwarze Frucht*; Syn. ⟨schles.⟩ *Kroatzbeere* [< ahd. *brama* „Dorn"]

Brom|sil|ber ⟨n., -s, nur Sg.; Fot.⟩ *Verbindung des Broms zur Herstellung der lichtempfindlichen Schicht*

bron|chi|al ⟨Adj., o.Steig.⟩ *zu den Bronchien gehörig, von ihnen ausgehend*

Bron|chi|al|ka|tarrh ⟨m.1⟩ → *Bronchitis*

Bron|chie ⟨[-çiə] f.11; meist Pl.⟩ *Ast der Luftröhre;* auch: *Bronchus* [< griech. *brogchia* im Pl., < griech. *brogchos* „Luftröhre"]

Bron|chi|ek|ta|sie ⟨f., -, nur Sg.⟩ *krankhafte Erweiterung der Bronchien*

Bron|chio|len ⟨f.11, Pl.⟩ *feine Verzweigungen der Bronchien*

Bron|chi|tis ⟨f., -, -ti|den⟩ *Schleimhautentzündung der Bronchien;* Syn. *Bronchialkatarrh*

Bron|cho|sko|pie ⟨f.11⟩ *Untersuchung der Bronchien* [< *Bronchie* und griech. *skopein* „betrachten"]

Bron|chus ⟨m., -, -chen⟩ → *Bronchie*

Bronn ⟨m.12⟩, **Bron|nen** ⟨m.7; poet., †⟩ *Brunnen*

Bron|to|sau|rus ⟨m., -, -ri|er⟩ *riesiger Saurier der Kreidezeit in Nordamerika* [< griech. *bronte* „Donner" und *saura* „Eidechse"]

Bron|ze ⟨[brõsə] f.11⟩ **1** ⟨nur Sg.⟩ *Legierung aus Kupfer und Zinn* **2** *künstlerisch gestalteter Gegenstand daraus* **3** ⟨nur Sg.⟩ *braungelber Farbton* **4** ⟨ugs.⟩ *kurz für Bronzemedaille;* nur B. *für Deutschland* [frz.]

Bron|ze|krank|heit ⟨[brõsə-] f., -, nur Sg.⟩ *Erkrankung der Nebennieren mit Braunfärbung der Haut;* Syn. *Addisonsche Krankheit*

Bron|ze|me|dail|le ⟨[brõsəmədaljə] f.11⟩ *dritter Platz bei Medaillenwettbewerben;* auch: ⟨kurz⟩ *Bronze*

bron|zen ⟨[brõsən] Adj., o.Steig.⟩ *aus Bronze*

Bron|ze|zeit ⟨[brõsə] f., -, nur Sg.⟩ *vorgeschichtliche Kulturepoche zwischen Jungsteinzeit und Eisenzeit, in der überwiegend Bronze zur Herstellung von Gegenständen verwendet wurde*

bron|zie|ren ⟨[brõsi-] V.3, hat bronziert; mit Akk.⟩ *mit Bronze überziehen*

Bro|sa|me ⟨f.11⟩ *sehr kleines Stückchen Brot, Krume* [< mhd. *brosem(e), brosme*, < ahd. *brosma, brosama, brosoma* „Krume, Brotkrümel, Bröckchen", zu germ. *brusjan* „zerkleinern, zerreiben"]

brosch. ⟨Abk. für⟩ *broschiert*

Bro|sche ⟨f.11⟩ *Schmuckstück mit Nadel zum Anstecken* [< frz. *broche* „Spieß, lange Nadel, Anstecknadel", < prov. *broc* „Spieß, Dorn"]

Brös|chen ⟨n.7⟩ → *Bries*

bro|schie|ren ⟨V.3, hat broschiert; mit Akk.⟩ *heften oder leimen; Druckbogen b.; broschierte Bücher Bücher, deren Druckbogen nicht gebunden, sondern geheftet oder geleimt sind* [< frz. *brocher* „heften"; durchwirken", zu *broche* „Spieß, lange Nadel"]

Bro|schur ⟨f.10⟩ **1** ⟨nur Sg.⟩ *das Broschieren* **2** *broschierte Druckschrift*

Bro|schü|re ⟨f.11⟩ *dünnes, broschiertes Buch in leichtem Kartonumschlag*

Brö|sel ⟨m.5, österr. n.14⟩ *sehr kleines, zerriebenes Stückchen Brot oder Semmel (Semmel~)* [Verkleinerungsform von *Brosame*]

brö|seln ⟨V.1, hat gebröselt⟩ **I** ⟨mit Akk.⟩ *fein brocken, reiben;* Brot, Semmeln auf den Tisch b. **II** ⟨o.Obj.⟩ *in Brösel zerfallen; das Brot, der Kuchen bröselt*

Brot ⟨n.1⟩ **1** *Gebäck aus Mehl, Salz, Wasser (mit Sauerteig oder Hefe als Treibmittel)* **2** *Nahrung, Lebensunterhalt;* sein B. verdienen; das ist ein hartes, saures B. *eine schwere Aufgabe;* er will sein eigenes B. essen *er will sich seinen Lebensunterhalt selbst verdienen;* jmdm. ums B. bringen *jmdm. seine Existenz nehmen, zerstören* **3** ⟨kurz für⟩ *(belegte) Brotscheibe;* ~e schmieren; zu Mittag nur ein B. essen

Bröt|chen ⟨n.7⟩ *kleines rundes oder längliches Gebäck aus Weizen- oder Roggenmehl, Wasser oder Milch und Hefe;* Syn. ⟨bayr., österr.⟩ *Semmel*, ⟨berlin.⟩ *Schrippe;* seine B. verdienen ⟨ugs., scherzh.⟩ *seinen Lebensunterhalt verdienen*

Brot|ge|ber ⟨m.5; ugs., scherzh.⟩ *Arbeitgeber*

Brot|ein|heit ⟨f.10; Abk.: BE⟩ *bei der Diabetikerdiät Rechengröße, die den Kohlenhydratgehalt eines Nahrungsmittels angibt,* 1 B. = 20 g Weißbrot

Brot|er|werb ⟨m., -s, nur Sg.⟩ **1** *Erwerben des Lebensunterhalts;* diese Arbeit mache ich nur zum B. **2** *Beruf, mit dem man seinen Lebensunterhalt verdient*

Brot|frucht|baum ⟨m.2⟩ *Nutzpflanze Polynesiens mit eßbaren, runden Früchten, die an ein Brot erinnern*

Brot|herr ⟨m.14; †⟩ *Arbeitgeber*

Brot|korb ⟨m.2⟩ *Korb zum Aufbewahren oder Transportieren von Brot;* jmdm. den B. höher hängen ⟨übertr.⟩ *jmdm. weniger zu essen geben, ihm weniger Lohn zahlen, jmdn. strenger, energischer behandeln als bisher*

brot|los ⟨Adj., o.Steig.⟩ **1** *ohne Verdienst, ohne Einkünfte, ohne Arbeit;* b. sein, werden **2** *nicht viel Geld einbringend; das ist eine ~e Kunst*

Brot|neid ⟨m., -(e)s, nur Sg.⟩ *Neid auf die Stellung, die Einkünfte eines anderen*

Brot|stu|di|um ⟨n., -s, nur Sg.; †⟩ *Studium, das nicht aus Neigung, sondern zum Zweck des späteren Broterwerbs gewählt wird*

Brot|zeit ⟨f.10; bayr.-österr.⟩ **1** *kleine Mahlzeit;* B. machen **2** *Wurst, Brot, Bier u.a.;* eine B. mitnehmen

brot|zeln ⟨V.1, hat gebrotzelt⟩ → *brutzeln*

Brow|ning ⟨[brau-] m.9⟩ *Selbstladepistole* [nach dem amerik. Erfinder John Browning]

BRT ⟨Abk. für⟩ *Bruttoregistertonne*

Bru|cel|lo|se ⟨[-tse-] f.11; Sammelbez.⟩ *auf Menschen übertragbare Infektionskrankheit bei Haustieren (durch Bakterien der Gattung Brucella hervorgerufen)* [nach dem austral. Bakteriologen David *Bruce*]

Bruch¹ ⟨m.2⟩ **1** *das Zerbrechen, Auseinanderbrechen (Achsen~);* zu B. gehen *entzwei-, kaputtgehen;* ein Auto zu B. fahren *kaputtfahren* **2** ⟨Kaufmannsspr.⟩ *zerbrochene Ware(n)* **3** *Nichteinhaltung;* B. eines Vertrages **4** *Abbrechen einer Beziehung, einer Verbindung;* wir wollen es nicht zum B. kommen lassen; unsere Freundschaft ist in die Brüche gegangen **5** ⟨Math.⟩ *Verhältnis zweier gleichartiger Größen zueinander (dargestellt durch einen waagerechten oder schrägen Strich);* echter B. *Bruch, bei dem der Zähler kleiner als der Nenner ist;* unechter B. *Bruch, bei dem der Nenner kleiner als der Zähler ist;* vgl. *Dezimalbruch* **6** ⟨Geol.⟩ → *Verwerfung* **7** ⟨Min.⟩ *das Auseinanderfallen mit unregelmäßigen Flächen;* muscheliger, splittriger, faseriger, glatter oder erdiger B. **8** ⟨Med.⟩ **a** ⟨kurz für⟩ *Knochenbruch* **b** *Ausstülpung der Eingeweide (Leisten~)* **9** ⟨Forstw.⟩ *Waldschaden durch Witterungseinfluß (Wind~, Schnee~)* **10** *grüner Zweig, der nach erfolgreicher Jagd vom Schützen als Hutschmuck überreicht wird* **11** ⟨bei der Käseherstellung⟩ *frisch geronnene Milch* **12** ⟨beim Wein⟩ *Nachtrübung;* weißer B.; schwarzer B. [zu *brechen*]

Bruch² ⟨n.2 oder m.2⟩ *feuchtes, meist mit Bäumen bestandenes Gelände* [verwandt mit engl. *brook* „Bach"]

Bruch|band ⟨n.4⟩ *gürtelartiges, elastisches Band, das durch ein Druckkissen einen Eingeweidebruch zurückhält*

Bruch|bu|de ⟨f.11; ugs.⟩ *baufällige, armselige Hütte, dürftige, schlecht eingerichtete Wohnung*

bru|chig ⟨Adj., o.Steig.⟩ *in der Art eines Bruches, staunaß* [zu *Bruch²*]

brü|chig ⟨Adj., o.Steig.⟩ *leicht brechend, morsch, zerfallend* **Brü|chig|keit** ⟨f., -, nur Sg.⟩

bruch|rech|nen ⟨V., nur im Infinitiv⟩ *mit Brüchen rechnen;* er kann b.

Bruch|stück ⟨n.1⟩ **1** *abgebrochenes Stück, Teil eines zerbrochenen Ganzen, übriggebliebenes Teil* **2** ⟨allg.⟩ *Teil;* ich kenne von dem Roman nur ~e; der Roman ist nur in ~en erhalten

Bruch|teil ⟨m.1⟩ **1** *Teil* **2** *sehr kleiner Teil;* es geschah im B. einer Sekunde; ich habe nur einen B. von dem bekommen, was ich hätte bekommen müssen

Bruch|wald ⟨m.4⟩ *zeitweise überfluteter Wald* [zu *Bruch²*]

Brü|cke ⟨-k|k-; f.11⟩ **1** *Bauwerk zur Überquerung von Hindernissen, z.B. Flüssen, Tälern, Verkehrswegen (Hänge~);* alle ~n hinter sich abbrechen *alle Beziehungen lösen;* jmdm. goldene ~n bauen *jmdm. das Nachgeben, die Versöhnung erleichtern* **2** *kleiner Teppich* **3** *Zahnersatz, der mit Metallkonstruktion an Kronen oder Wurzeln gesunder Zähne befestigt ist* **4** *Teil des Hirnstammes oberhalb des verlängerten Marks* **5** ⟨Turnen⟩ *Übung, bei der der Rumpf so nach hinten gebeugt wird, bis man mit angewinkelten Armen den Boden berührt* **6** ⟨kurz für⟩ *Kommandobrücke* **7** ⟨übertr.⟩ *Bindeglied, verbindender Teil;* eine B. zwischen zwei Entwicklungsstufen

Brü|cken|bil|dung ⟨-k|k-; f.10⟩ **1** *bei längerem Betrieb eines elektrischen Geräts (meist durch Verschmutzung) entstehende, unerwünschte leitende Verbindung* **2** ⟨bei der Vulkanisation⟩ *Bildung von Schwefelmolekülen zwischen benachbarten Kautschukmolekülen*

Brü|cken|ech|se ⟨-k|k-; f.11⟩ *urtümliches, echsenähnliches Tier Neuseelands mit Rückenkamm und Resten eines Scheitelauges;* Syn. *Tuatera* [sie ist stammesgeschichtlich gesehen eine „Brücke" zu ausgestorbenen Reptilien]

Brü|cken|kopf ⟨-k|k-; m.2⟩ **1** *dem Feind zugewandte Befestigungsanlage im Vorgelände einer Brücke* (1) **2** *von eigenen Truppen auf dem feindlichen Ufer erkämpfter oder noch gehaltener Geländeraum*

Brü|cken|kran ⟨-k|k-; m.2⟩ *auf seitlichen Stützen stehender Kran mit Durchfahrt unter dem Krangehäuse*

Brü|cken|schlag ⟨-k|k-; m., -(e)s, nur Sg.⟩ **1** *das Schlagen einer Brücke* (1) **2** ⟨meist übertr.⟩ *(Möglichkeit einer) Verbindung, Annäherung;* ein B. zwischen den Völkern

Brü|cken|waa|ge ⟨-k|k-; f.11⟩ *Hebelwaage mit einer großen Plattform (Brücke) zur Aufnahme der Last (bes. von Lastfahrzeugen)*

Bru|der ⟨m.6⟩ **1** *männliche Person, die von denselben Eltern abstammt (wie jmd.);* mein älterer, jüngerer B.; sie sind zu Hause sechs Brüder **2** *enger Freund (Bluts~);* sie sind Brüder im Geiste **3** ⟨Abk.: Br.⟩ *Mönch*

231

Brüdergemeine

⟨Kloster~, Laien~⟩ **4** *Mitglied desselben Vereins, derselben Vereinigung* ⟨Bundes~, Kegel~⟩ **5** ⟨in bestimmten Fügungen⟩ *Bursche, Kerl;* er ist ein B. Lustig, B. Liederlich; er ist ein B. Saufaus *Trunkenbold;* warmer B. ⟨vulg.⟩ *Homosexueller*

Brü|der|ge|mei|ne ⟨f., -, nur Sg.⟩ *1722 entstandene evangelische Gemeinschaft mit dem Sitz in Herrnhut (Lausitz);* Herrnhuter B.

Bru|der|hand ⟨f.2⟩ *Hand des Bruders (2), des brüderlichen Freundes;* (meist in der Wendung) jmdm. die B. reichen *jmdm. die Hand zur Versöhnung reichen, jmdm. die Versöhnung anbieten*

Bru|der|haus ⟨n.4⟩ *Anstalt der Inneren Mission zur Ausbildung von Diakonen*

Bru|der|herz ⟨n., o.Dekl.; als Anrede oder leicht iron. Bez. für⟩ *Bruder*

Bru|der|kind ⟨n.3; †⟩ *Kind des Bruders, Nichte oder Neffe*

Bru|der|krieg ⟨m.1; geh.⟩ → *Bürgerkrieg*

brü|der|lich ⟨Adj., o.Steig.⟩ *in der Art eines (guten) Bruders (1);* ~e Verbundenheit; etwas b. teilen **Brü|der|lich|keit** ⟨f., -, nur Sg.⟩

Bru|der|schaft ⟨f.10⟩ **1** *freiwillige kirchliche Vereinigung von Geistlichen und Laien* **2** ⟨übertr.⟩ *Vereinigung mit ethischer Zielsetzung*

Brü|der|schaft ⟨f., -, nur Sg.⟩ *enges freundschaftliches, brüderliches Verhältnis;* jmdm. die B. anbieten *das Du anbieten;* mit jmdm. B. schließen, trinken *mit jmdm. zum Duzen übergehen (und dies durch einen Trunk bekräftigen)*

Brü|he ⟨f.11⟩ **1** *durch Auskochen (von Fleisch, Knochen u.a.) entstandene klare Suppe* ⟨Fleisch~, Knochen~, Gemüse~⟩; viel B. um etwas machen ⟨ugs.⟩ *viel Aufhebens, Getue;* in der B. sitzen ⟨ugs.⟩ *in einer unangenehmen Lage sein* **2** *trübe Flüssigkeit* ⟨Schmutz~⟩ **3** *dünne, wässerige Flüssigkeit;* der Kaffee war nur eine dünne B.; was ist denn das für eine B.?

brüh|heiß ⟨Adj., o.Steig.⟩ *kochend heiß, sehr heiß*

Brühl ⟨m.1; †; nur noch in Namen von Straßen und Plätzen⟩ *Sumpfgelände* [< ahd. *brogil* „feuchtes Land"]

brüh|warm ⟨Adj., o.Steig.; nur übertr.⟩ **1** *ganz neu, eben bekanntgeworden;* die Nachricht ist noch b. **2** ⟨als Adv.⟩ *sofort;* etwas b. weitererzählen

Brüh|wurst ⟨f.2⟩ *Wurst, die aus zerkleinertem rohem Fleisch und Speck unter Zusatz von Salz, Gewürzen und Wasser hergestellt und danach gebrüht wird*

Brui|tis|mus ⟨m., -, nur Sg.⟩ *Richtung der Musik, in der Geräusche als Gestaltungsmaterial verwendet werden* [< frz. *bruit* „Lärm, Geräusch"]

Brüll|af|fe ⟨m.11⟩ *ein süd- und mittelamerikanischer Affe* [nach dem heulenden Gebrüll]

brül|len ⟨V.1, hat gebrüllt; o.Obj.⟩ **1** *Laut geben* (vom Löwen u.a.); gut gebrüllt, Löwe! (Worte des Demetrius in Shakespeares „Sommernachtstraum", V.1) *das hast du gut gemacht!* **2** *laut schreien, laut heulen;* es ist zum Brüllen ⟨ugs.⟩ *es ist sehr komisch* **3** *laut, heftig schimpfen*

Brül|ler ⟨m.5⟩, **Brül|ler|krank|heit** ⟨f., -, nur Sg.; bei Kühen und Stuten⟩ *andauernde Brunst*

Brumm|baß ⟨m.2; volkstümlich⟩ **1** *Kontrabaß, Baßgeige* **2** *tiefe, volle Stimme*

Brumm|ei|sen ⟨n.7⟩ → *Maultrommel*

brum|meln ⟨V.1, hat gebrummelt; o.Obj.⟩ *leise, tief und undeutlich reden*

brum|men ⟨V.1, hat gebrummt; o.Obj.⟩ **1** *Laut geben* (vom Bären, Stier u.a.) **2** *tief summen;* ein Käfer, eine Hummel brummt **3** *ein tiefes Geräusch von sich geben;* ein Flugzeug, der Motor brummt **4** *leise und mürrisch oder ärgerlich reden, etwas sagen;* „Meinetwegen!" brummte er

Brum|mer ⟨m.5; ugs.⟩ **1** *dicke, große, laut summende Fliege* **2** *Hummel* **3** *Lastwagen mit Anhänger* **4** *brummiger Mensch* **5** *Chorsänger mit tiefer, brummender Stimme* **6** *großer, schwerer Gegenstand* **7** *große, dicke Person*

brum|mig ⟨Adj.⟩ *mürrisch, brummend und kurz antwortend;* du bist heute so b.; ein ~er Alter **Brum|mig|keit** ⟨f., -, nur Sg.⟩

Brumm|krei|sel ⟨m.5⟩ *Metallkreisel mit Fuß, der beim Drehen ein singendes Brummen ertönen läßt*

Brumm|och|se ⟨m.11⟩ **1** ⟨volkstümlich⟩ *Stier* **2** *Dummkopf, Trottel*

Brumm|schä|del ⟨m.5; ugs.⟩ *schmerzender, benommener Kopf;* einen B. haben

Brunch [brant∫] ⟨-, -(s), nur sg.⟩ *spätes, herzhaftes Frühstück oder zeitiges Mittagessen* [zusammengezogen < engl. *breakfast* „Frühstück" und *lunch* „Mittagessen"]

Bru|nel|le ⟨f.11⟩ → *Braunelle*

brü|nett ⟨Adj., o.Steig.⟩ **1** *braun* ~es Haar **2** *braunhaarig und mit bräunlicher Gesichtsfarbe;* ~er Typ; ~es Mädchen [< frz. *brunet*, Fem. *brunette*, „braunhaariger Mensch", zu *brun*, *brune* „braun"]

Brunft ⟨f.2; bei Rot-, Reh-, Gems- und Muffelwild⟩ → *Brunst*

brunf|ten ⟨V.2, hat gebrunftet; o.Obj.⟩ Jägerspr.⟩ *in der Brunft sein;* der Hirsch brunftet

brunf|tig ⟨Adj.⟩ *in Brunftstimmung*

Brün|ne ⟨f.11⟩ *mittelalterliches Panzerhemd* [< ahd. *brunia, brunna*, got. *brunjō*, < kelt. in der Bed. „Brust"]

Brun|nen ⟨m.7⟩ **1** *Anlage zum Fördern von Trink- und Nutzwasser aus wasserführenden Erdschichten* ⟨Schacht~, Zieh~⟩; den B. zudecken, wenn das Kind hineingefallen ist *Sicherheitsmaßnahmen ergreifen, wenn bereits ein Unglück geschehen ist* **2** *künstlerisch gestaltetes Bauwerk mit Wasserdüsen und Becken* ⟨Spring~⟩ **3** *Wasser einer Quelle* ⟨Mineral~⟩

Brun|nen|kres|se ⟨f.11⟩ *in Bächen wachsender, wintergrüner Kreuzblütler*

Brun|nen|stu|be ⟨f.11; †⟩ *Raum oder Schacht, in dem Quellwasser gesammelt wird*

Brun|nen|ver|gif|ter ⟨m.5⟩ **1** *jmd., der vorsätzlich Grundwasser, Trinkwasser vergiftet* **2** ⟨übertr.⟩ *Verleumder, jmd., der Zwietracht sät* (bes. politisch, zwischen Parteien)

Brun|nen|ver|gif|tung ⟨f., -, nur Sg.⟩ **1** *vorsätzliche Vergiftung von Grund- und Trinkwasser* **2** ⟨übertr.⟩ *Verleumdung, das Stiften von Zwietracht* (bes. politisch)

Brunst ⟨f.2⟩ **1** *Paarungszeit bei bestimmten Säugetieren* (z.B. Rindern); auch: ⟨bes. bei Hirschen⟩ *Brunft,* Syn. ⟨bei Hasen⟩ *Rammelzeit,* ⟨bei Fuchs und Mardern⟩ *Ranz,* ⟨bei Haus- und Wildschweinen⟩ *Rausche, Rauschzeit* **2** *starke geschlechtliche Erregung bei bestimmten Säugetieren;* Syn. ⟨bei weibl. Tieren⟩ *Hitze,* ⟨bei Hündinnen⟩ *Läufigkeit,* ⟨bei Katzen⟩ *Rolligkeit,* ⟨bei Pferden⟩ *Rossigkeit* [Intensivbildung zu *brennen;* vgl. *Feuersbrunst*]

brun|sten ⟨V.2, hat gebrunstet; o.Obj.⟩ *in der Brunst sein*

brün|stig ⟨Adj.⟩ **1** *in der Brunst (1,2) befindlich;* Syn. ⟨bei Hündinnen⟩ *läufig,* ⟨bei Katzen⟩ *rollig,* ⟨bei Kühen⟩ *rinderig, stierig,* ⟨bei Stuten⟩ *rossig,* ⟨allg. bei weibl. Tieren⟩ *heiß* **2** ⟨beim Menschen⟩ *geschlechtlich erregt*

brüsk ⟨Adj.⟩ *schroff, barsch, kurz und unfreundlich;* jmdn. b. abweisen [< frz. *brusque* „rauh, barsch", < ital. *brusco* „herb (vom Wein), barsch, schroff", weitere Herkunft unklar]

brüs|kie|ren ⟨V.3, hat brüskiert; mit Akk.⟩ *brüsk behandeln, brüsk abweisen*

Brust ⟨f.2⟩ **1** ⟨beim Menschen und bei manchen Wirbeltieren⟩ *vorderer oberer Teil des Rumpfes;* ihm schwoll die B. vor Glück, vor Stolz; sich an die B. schlagen ⟨übertr.⟩ *sich Vorwürfe machen, etwas bereuen;* er hat es auf der B. *leidet an einem Bronchial- oder Lungenleiden;* schwach auf der B. sein *eine Neigung zu Bronchial- oder Lungenerkrankungen haben;* ⟨übertr.⟩ *wenig Geld haben;* sich in die B. werfen *eine stolze, prahlerische Haltung einnehmen* **2** *jeder der beiden der Brustdrüsen enthaltenden Teile des ausgebildeten weiblichen Oberkörpers;* einem Kind die B. geben *es stillen* **3** ⟨Pl.⟩ *Brüste die weibliche Brust, Busen* [germ. Stammwort, zur idg. Wurzel *bhreus- „schwellen"]

Brust|bein ⟨n.1⟩ Syn. *Sternum* **1** ⟨beim Menschen⟩ *platter Knochen, der senkrecht in der Mitte vor dem Brustkorb liegt und an dem sieben Rippenpaare und das Schlüsselbein ansetzen* **2** ⟨bei höheren Wirbeltieren⟩ *entsprechender Teil*

Brust|drü|se ⟨f.11⟩ *Fettgewebe und Milchdrüse der weiblichen Brust;* Syn. ⟨fachsprachl.⟩ *Mamma*

brü|sten ⟨V.2, hat gebrüstet; refl.⟩ *sich mit etwas b. mit etwas prahlen;* er brüstet sich mit seinen großen Erfolgen bei Frauen; er brüstet sich damit, daß er der erste gewesen sei, der ...

Brust|fell ⟨n.1⟩ → *Pleura*

Brust|flos|se ⟨f.11⟩ ~n *den Armen der Landwirbeltiere entsprechende Flossen der Fische*

brust|hoch ⟨Adj., o.Steig.⟩ *vom Boden bis zur Brust reichend;* das Wasser stand mir b.; ein brusthoher Zaun

Brust|hö|he ⟨f., -, nur Sg.⟩ *Höhe vom Boden bis zur Brust;* der Haken befindet sich in B.

Brust|höh|le ⟨f.11⟩ *innerer Brustkorb, in dem die Brusteingeweide (Herz, Lunge u.a.) liegen*

Brust|ka|sten ⟨m.8⟩ → *Brustkorb*

Brust|kind ⟨n.3⟩ *mit Muttermilch ernährtes Kind;* Ggs. *Flaschenkind*

Brust|korb ⟨m.2⟩ *Brust (1) und Rippen;* Syn. *Brustkasten,* ⟨fachsprachl.⟩ *Thorax*

Brust|kreuz ⟨n.1⟩ → *Pektorale*

brust|rei|ni|gend ⟨Adj., o.Steig.; veraltend⟩ *die Atemwege reinigend, schleimlösend*

Brust|re|so|nanz ⟨f., -, nur Sg.⟩ *Schwingungen der Brustwand (beim Sprechen und bes. Singen)*

Brust|schwim|men ⟨n., -s, nur Sg.⟩ ⟨wettkampfmäßig betriebenes⟩ *Schwimmen in Brustlage, wobei Armzug und Beinschlag nahezu gleichzeitig erfolgen*

Brust|stim|me ⟨f., -, nur Sg.⟩ **1** *die normale Sprechstimme* **2** ⟨beim Singen⟩ *mit Brustresonanz erzeugte Stimme;* Ggs. *Kopfstimme*

Brust|tee ⟨m.9⟩ *brustreinigender Tee*

Brust|ton ⟨m.2⟩ **1** ⟨beim Singen⟩ *mit Brustresonanz erzeugter Ton;* Ggs. *Kopfton* **2** ⟨in der Wendung⟩ im B. der Überzeugung *im Bewußtsein, recht zu haben*

Brü|stung ⟨f.11⟩ **1** *brusthoher Mauerteil zwischen Fensterunterkante und Fußboden* **2** *brusthohe Schutzvorrichtung (als Abschluß von Balkonen), Geländer, Lehne*

Brust|war|ze ⟨f.11⟩ *warzenförmige Erhebung in der Mitte eines dunkelgefärbten Pigmentflecks (auf beiden Seiten der Brustaußenseite);* Syn. ⟨fachsprachl.⟩ *Mamilla,* ⟨kurz⟩ *Warze*

Brust|was|ser|sucht ⟨f., -, nur Sg.⟩ *krankhafte Ansammlung von wässeriger Flüssigkeit in der Brusthöhle zwischen Lunge und Rippenfell (z.B. bei schweren Herzleiden);* Syn. *Hydrothorax*

Brust|wehr ⟨f.10⟩ *ein den Schützen oder Beobachter deckender Kugelfang (Erdaufschüttung, Sandsäcke u.a.)*

Brut ⟨f.10⟩ **1** ⟨bei Vögeln⟩ *die unter einem brütenden Tier liegenden Eier* **2** ⟨bei Vögeln, Fischen, Insekten⟩ *aus Eiern geschlüpfte Nachkommenschaft* **3** ⟨übertr., abwertend⟩

Gruppe von Menschen, Nachkommen mit negativen Eigenschaften, Gesindel [zu *brüten*]
bru|tal ⟨Adj.⟩ **1** *roh, gewalttätig* **2** *sehr grob, grob und rücksichtslos* [< lat. *brutalis* „tierisch, unvernünftig", zu *brutus* „schwerfällig, langsam von Begriff, unvernünftig, gefühllos, stumpfsinnig"]
bru|ta|li|sie|ren ⟨V.3, hat brutalisiert; mit Akk.⟩ *jmdn. b. jmdn. brutal machen, brutale Triebe in jmdm. wecken*
Bru|ta|li|tät ⟨f., -, nur Sg.⟩ *brutales Verhalten, Roheit, Gewalttätigkeit*
brü|ten ⟨V.2, hat gebrütet; o.Obj.⟩ **1** *auf den Eiern sitzen und sie wärmen, bis die Jungen ausgeschlüpft sind;* der Vogel brütet **2** ⟨Kernphysik⟩ *im Brutreaktor aus nicht spaltbarem Material durch Beschießen mit Neutronen spaltbares Material erzeugen* **3** *drückend lasten;* Hitze brütet über dem Wald; es ist ⟨übertr.⟩ *tief und anhaltend über etwas nachdenken*
Brut|fleck ⟨m.10; bei brütenden Vögeln⟩ *federlose, gut durchblutete Hautstelle am Bauch*
Brut|hit|ze ⟨f., -, nur Sg.⟩ *drückende Hitze*
bru|tig ⟨Adj.; österr.⟩, **brü|tig** ⟨Adj.⟩ *zum Brüten bereit;* ~e Henne
Brut|ka|sten ⟨m.8⟩ → *Inkubator*
Brut|pa|ra|si|tis|mus ⟨m., -, nur Sg.⟩ *das Ausbrüten- und Aufziehenlassen der eigenen Brut durch andere Elterntiere (z.B. beim Kuckuck)*
Brut|platz ⟨m.2⟩ *Ort, an dem sich Eier und Junge (von Tieren) entwickeln;* Syn. *Brutstätte (1)*
Brut|re|ak|tor ⟨m.13⟩ *Kernreaktor, der mehr spaltbares Material erzeugt, als er verbraucht*
Brut|schrank ⟨m.2⟩ **1** *elektrischer Apparat zum Ausbrüten (von Geflügel- oder Fischeiern)* **2** *elektrischer Apparat zur Kultivierung lebenden Materials (z.B. von Bakterien und Gewebe)*
Brut|stät|te ⟨f.11⟩ **1** → *Brutplatz* **2** ⟨übertr.⟩ *Ort, an dem sich etwas (Negatives) besonders gut entwickeln kann;* dieser Stadtteil ist eine B. des Verbrechens; eine B. von Ungeziefer, Krankheitserregern
brut|to ⟨Abk.: btto.⟩ Ggs. *netto* **1** *ohne Abzug von Kosten oder Abgaben;* er verdient b. 5000 DM [ital., „roh, unrein", d.h. „nicht bearbeitet, ohne Abzüge, mit Verpackung", < lat. *brutus* „schwer, schwerfällig"]
Brut|to... ⟨in Zus.⟩ Ggs. *Netto...* **1** *mit Verpackung*, z.B. Bruttogewicht **2** *ohne Abzug von Steuern und Abgaben*, z.B. Bruttoeinkommen, Bruttoertrag, Bruttogehalt
Brut|to|re|gi|ster|ton|ne ⟨f.11; Abk.: BRT⟩ *Maß für den von einem Schiff einschließlich seiner Aufbauten umschlossenen Raum;* Ggs. *Nettoregistertonne*
Brut|to|so|zi|al|pro|dukt ⟨n.1; Abk.: BSP⟩ *Summe aller in einem Jahr in einer Volkswirtschaft erzeugten Güter und Dienstleistungen*
brut|zeln ⟨V.1, hat gebrutzelt⟩ auch: *brotzeln* **I** ⟨o.Obj.⟩ *spritzend und knisternd braten;* Eier b.; Fleisch brutzelt in der Pfanne **II** ⟨mit Akk., meist mit Dat. (sich) und Akk.⟩ (sich) etwas b. *(sich) etwas in der Pfanne braten*
Bruy|ère ⟨[bryjɛr] n.4⟩ *rötliches Wurzelholz der Baumheide (bes. für Pfeifenköpfe)* [frz., „Heidekraut"]
Bryo|lo|gie ⟨f., -, nur Sg.⟩ *Wissenschaft von den Moospflanzen* [< griech. *bryon* „Moos" und ...*logie*]
btto. ⟨Abk. für⟩ *brutto*
Bub ⟨m.10; süddt.⟩ *Junge;* auch: *Bube*
bub|bern ⟨V.1, hat gebubbert; o.Obj.; ugs.⟩ *laut klopfen, schlagen;* mein Herz bubberte (vor Angst, Aufregung)
Bu|be ⟨m.11⟩ **1** → *Bub* **2** *Bösewicht, Verbrecher, Schurke* **3** ⟨frz. Kart.⟩ *vierthöchste Spielkarte;* Syn. *Unter, Wenzel*

Bu|ben|streich ⟨m.1⟩ **1** ⟨†⟩ *böse Tat, Missetat* [zu *Bube*] **2** *harmloser Streich, wie er von Buben verübt wird* [zu *Bub*]
Bu|ben|stück ⟨n.1; †⟩ *böse, schurkische Tat, Schandtat;* Syn. *Büberei*
Bü|be|rei ⟨f.10⟩ → *Bubenstück*
Bu|bi ⟨m.9⟩ **1** *Koseform für* Bub **2** ⟨übertr.⟩ *unreifer Junge, geschniegelter, eitler junger Mann*
Bu|bi|kopf ⟨m.2⟩ *bis übers Ohrläppchen reichendes, in die Stirn fallendes, gerade geschnittenes, glattes Haar;* Syn. *Pagenkopf*
Bu|bi|kra|gen ⟨m.8⟩ *flacher, runder, weißer Kragen*
Bu|bin ⟨f.10; †⟩ *weiblicher Schurke* [zu *Bube*]
bü|bisch ⟨Adj., o.Steig.; †⟩ *böse, verbrecherisch, schurkisch* [zu *Bube*]
Bu|bo ⟨m., -s, -bo|nen⟩ *entzündliche Lymphknotenschwellung in der Leistenbeuge* [< griech. *boubon* „Schamgegend", auch „Drüsenschwellung"]
Bu|bo|nen|pest ⟨f., -, nur Sg.⟩ → *Beulenpest* [zu *Bubo*]
Buch ⟨n.4⟩ **1** *geheftetes oder gebundenes Druckwerk, in Leinen, Leder gebundenes B.;* er redet wie ein B. *er redet viel;* er ist ein Techniker, wie er im ~e steht *er ist ein typischer Techniker;* über den Büchern sitzen *fleißig lernen;* vgl. *Siegel* **2** *Teil eines größeren Schriftwerks;* erstes, zweites B.; die Bücher der Bibel **3** ⟨kurz für⟩ *Drehbuch* **4** ⟨meist Pl.⟩ *Listen mit den geschäftlichen Vorgängen eines Betriebs;* die Bücher führen; ein Betrag steht zu ~e wird als Schuld in den Geschäftsbüchern geführt; das schlägt zu ~e *das macht sich in den Abrechnungen;* ⟨allg.⟩ *das macht sich deutlich bemerkbar* **5** *Tagebuch, Aufzeichnungen;* über etwas B. führen *regelmäßig etwas aufschreiben* **6** ⟨bei Pferderennen⟩ *Liste mit den Wetten;* B. machen *die Wetten eintragen* **7** ⟨früher⟩ *Zählmaß für Druck- und Schreibpapier* **8** ⟨früher⟩ *Zählmaß für Blattgold und -silber*
Bu|cha|ra ⟨m.9⟩ *überwiegend roter, handgeknüpfter Teppich mit achteckigen Mustern* [nach *Buchara*, der Hauptstadt der Usbekischen SSR]
Buch|bin|der ⟨m.5⟩ *Handwerker, der Bücher einbindet*
Buch|block ⟨m.2⟩ *Innenteil des Buches ohne Einband*
Buch|club ⟨m.9⟩ → *Buchgemeinschaft*
Buch|deckel ⟨-k|k-; m.5⟩ *Einband eines Buches*
Buch|druck ⟨m., -(e)s, nur Sg.⟩ **1** *das Drucken von Büchern* **2** *Verfahren zur Herstellung von Büchern durch Hochdruck (2)*
Buch|drucker ⟨-k|k-; m.5⟩ **1** *jmd., der im Buchdruck arbeitet* **2** *Art der Borkenkäfer* [nach dem Fraßbild, das einem aufgeschlagenen Buch ähnelt]
Bu|che 1 *wichtiger Waldbaum Mitteleuropas mit hellem, weißgrauer Rinde;* Syn. *Rotbuche* **2** *verschiedene buchenähnliche und verwandte Bäume* (Hain~, Süd~)
Buch|ecker ⟨-k|k-; f.11⟩ *dreikantige, eßbare Frucht der Buche (1);* Syn. *Ecker,* ⟨oberdt.⟩ *Buchel*
Bu|chel ⟨f.11; oberdt.⟩ → *Buchecker*
bu|chen[1] ⟨V.1, hat gebucht; mit Akk.⟩ **1** *ins Geschäftsbuch, in eine Teilnehmerliste eintragen;* einen Betrag, einen Namen b. **2** *fest bestellen;* ein Zimmer im Hotel, einen Platz im Flugzeug b.; eine Reise (beim Reisebüro) b. **3** *etwas als etwas b.* ⟨übertr.⟩ *ansehen, betrachten (eigtl. notieren, vermerken);* ich buche es als Erfolg für mich, daß die Sache zustande gekommen ist; dieses Verhalten des Hundes kann man als Danksagung b.
bu|chen[2], **bü|chen** ⟨Adj., o.Steig.⟩ *aus Buchenholz*
Bu|chen|ge|wächs ⟨n.1⟩ *eine Holzpflanze, deren Nußfrüchte von einem verholzten*

Becher umgeben sind, z.B. Buche, Eiche, Kastanie
Bü|che|rei ⟨f.10⟩ → *Bibliothek* (Stadt~, Leih~)
Bü|cher|laus ⟨f.2⟩ **1** *Vertreter einer Familie winziger flügelloser Insekten, die sich u.a. vom Kleister alter Bücher ernähren können;* Syn. *Staublaus* **2** ⟨scherzh.⟩ *jmd., der sich heftig mit Büchern beschäftigt*
Bü|cher|re|vi|sor ⟨m.13⟩ → *Buchprüfer*
Bü|cher|skor|pi|on ⟨m.1⟩ *winziger Afterskorpion, der zwischen alten Büchern Jagd auf Bücherläuse macht*
Bü|cher|weis|heit ⟨f., -, nur Sg.⟩ *Weisheit, die man nur durch Lesen von Büchern, nicht im praktischen Leben gewonnen hat*
Bü|cher|wurm ⟨m.4⟩ **1** *volkstümliche Bez. für Insekt, das in alten Büchern leben kann* **2** ⟨übertr.⟩ *jmd., der ständig Bücher liest*
Buch|fink ⟨m.10⟩ *an zwei weißen Flügelbinden kenntlicher Singvogel Europas und Westasiens [hält sich gern bei Buchen auf, sein Ruf „pink" gab alten Finkenvögeln den Namen]*
Buch|for|mat ⟨n.1⟩ *Format eines Buches, das sich daraus ergibt, wie oft der Druckbogen gefaltet wurde, z.B. Quartformat*
Buch|füh|rung ⟨f., -, nur Sg.⟩ *das Aufschreiben aller geschäftlichen Vorgänge (Einnahmen und Ausgaben);* Syn. *Buchhaltung;* doppelte B. *doppeltes Aufschreiben eines geschäftlichen Vorgangs (auf einem Konto als Guthaben, auf dem anderen als Belastung)*
Buch|ge|mein|schaft ⟨f.10⟩ **1** *Unternehmen, das Bücher im Abonnement zu günstigen Preisen an seine Mitglieder liefert;* Syn. *Buchclub* **2** *Gesamtheit der Leser, die sich zur Abnahme von Büchern dieses Unternehmens für eine bestimmte Zeit verpflichten*
Buch|ge|wer|be ⟨n., -s, nur Sg.; Sammelbez. für⟩ *Buchdruck, Buchbinderei und Buchhandel*
Buch|hal|ter ⟨m.5⟩ *kaufmännischer Angestellter, der in der Buchführung tätig ist*
Buch|hal|tung ⟨f.10⟩ **1** → *Buchführung* **2** *Abteilung eines Betriebs, der die Buchführung obliegt*
Buch|han|del ⟨m., -s, nur Sg.⟩ *Handelszweig, in dem Bücher, Zeitschriften, Notenbücher usw. hergestellt und vertrieben werden*
Buch|händ|ler ⟨m.5⟩ *Händler mit Büchern bzw. Angestellter in einer Buchhandlung mit dreijähriger Ausbildung*
buch|händ|le|risch ⟨Adj., o.Steig.⟩ *den Buchhandel betreffend, zu ihm gehörig*
Buch|hand|lung ⟨f.10⟩ *Ladengeschäft, in dem Bücher verkauft werden*
Buch|ma|cher ⟨m.5⟩ *jmd., der gewerbsmäßig Wetten vermittelt (besonders bei Pferderennen)*
Buch|ma|le|rei ⟨f.10⟩ **1** ⟨nur Sg.⟩ *gemalte oder gezeichnete Ausschmückung von alten Handschriften und Büchern mit figürlichen Darstellungen oder Ornamenten* **2** *die Darstellungen selbst*
Buch|mes|se ⟨f.11⟩ *Messe, bei der Verleger ihre Neuerscheinungen ausstellen*
Buch|prü|fer ⟨m.5⟩ *Sachverständiger für Buchhaltung, der die Geschäftsführung von Unternehmen prüft;* Syn. *Bücherrevisor*
Buchs ⟨[buks] m.1⟩, **Buchs|baum** ⟨m.2⟩ *kleiner Zierstrauch mit immergrünen, glänzend ledrigen Blättern (z.B. zur Einfassung von Beeten)* [< lat. *buxus* < griech. *pyxos* in ders. Bed., vgl. *Box, Büchse*]
Buch|se ⟨[buksə] f.11⟩ *röhrenförmiges Bauteil (z.B. als Gegenstück eines Steckers)* [zu *Büchse*]
Büch|se ⟨[byksə] f.11⟩ **1** *kleiner Behälter (meist aus Metall;* Blech **2** *Jagdgewehr mit gezogenem Lauf (zum Kugelschuß)* [< lat. *buxis* < griech. *pyxis* „Dose aus Buchsbaum"]
Büch|sen|licht ⟨n., -(e)s, nur Sg.⟩ *für sicheres Zielen noch ausreichende Helligkeit*

Büch|sen|ma|cher ⟨m.5⟩ jmd., der Gewehre herstellt oder repariert [zu *Büchse (2)*]
Büch|sen|milch ⟨f., -, nur Sg.⟩ →*Kondensmilch*
Büchs|flin|te [byks-] ⟨f.11⟩ Jagdgewehr mit je einem Lauf für Kugel- und für Schrotschuß
Buch|sta|be ⟨m.15⟩ **1** Zeichen zur schriftlichen Wiedergabe eines gesprochenen Lautes **2** ⟨übertr., in bestimmten Wendungen⟩ Wortlaut; sich zu sehr an den ∼n halten, klammern, zu sehr am ∼n hängen *sich starr an den Wortlaut halten*
Buch|sta|ben|glau|be ⟨m., -ns, nur Sg.⟩ *Glaube, der sich zu starr an den Wortlaut hält*
buch|sta|ben|gläu|big ⟨Adj.⟩ *sich zu starr an den Wortlaut haltend*
Buch|sta|ben|rät|sel ⟨n.5⟩ *Rätsel, bei dem aus den Buchstaben eines Wortes neue Wörter gebildet werden müssen*
Buch|sta|ben|rech|nung ⟨f.10⟩ *Rechenverfahren mit Buchstaben, um allgemeingültige Formeln zu erhalten*
Buch|sta|ben|schrift ⟨f.10⟩ *aus Buchstaben bestehende Schrift; vgl. Begriffsschrift, Bilderschrift, Silbenschrift*
buch|sta|bie|ren ⟨V.3, hat buchstabiert⟩ **I** ⟨mit Akk.⟩ *in einzelnen Buchstaben lesen oder sprechen*; ein Wort b. **II** ⟨o.Obj.⟩ *langsam, mühsam, schwerfällig lesen*
Buch|sta|bier|ta|fel ⟨f.11⟩ *Liste mit den Buchstaben des Alphabets, auf der jeder Buchstabe durch einen Namen oder ein Wort vertreten ist, das mit ihm beginnt* (als Hilfe zum Buchstabieren schwieriger Namen, bes. bei Telefongesprächen)
...buch|sta|big ⟨in Zus.⟩ *aus einer bestimmten oder unbestimmten Zahl von Buchstaben bestehend*, z.B. fünfbuchstabig, mehrbuchstabig
buch|stäb|lich ⟨Adj., o.Steig.⟩ **1** *Wort für Wort*; einen Text b. auslegen, b. verstehen; sich b. an eine Vorschrift halten **2** *im wirklichen Sinn des Wortes, wirklich, nicht übertrieben*; ich bin b. vor Schreck umgefallen
Bucht ⟨f.10⟩ **1** *ins Land vordringender Meeresteil* **2** *tiefer als das übrige Land gelegener Festlandteil* (Tieflands∼) **3** *Krümmung eines Schiffsdecks quer zur Längsrichtung des Rumpfes* [norddt., zu *biegen*]
Buch|tel ⟨f.11; österr.⟩ *fast würfelig geformtes, mit Marmelade gefülltes, im Rohr gebackenes Hefegebäck*; auch: ⟨westösterr.⟩ *Wuchtel* [< tschech. *buchta* in ders. Bed., zu *puchnouti* „schwellen"]
Bu|chung ⟨f.10⟩ **1** *das Buchen¹ (1)*; B. eines Geschäftsvorgangs **2** *gebuchter Vorgang*; eine B. rückgängig machen, stornieren
Buch|wei|zen ⟨m., -s, nur Sg.⟩ *Nutzpflanze aus der Familie der Knöterichgewächse* [< mnddt. *bokwete*, nach den Früchten, die Bucheckern ähneln]
Buch|wert ⟨m.1⟩ *Wert, mit dem Vermögensgegenstände und Verbindlichkeiten eines Unternehmens in den Konten und in der Bilanz aufgeführt sind*
Buch|we|sen ⟨n., -s, nur Sg.⟩ *alle Gegenstände, Einrichtungen und Vorgänge, die mit der Herstellung und dem Vertrieb von Büchern und Zeitschriften zusammenhängen*
Buch|wis|sen ⟨n., -s, nur Sg.⟩ *Wissen, das nur aus Büchern stammt und nicht in der Praxis erworben worden ist*; seine Kenntnisse sind reines B.
Buch|zei|chen ⟨n.7⟩ *Zeichen (Blatt Papier o.ä.), das man sich an die Stelle im Buch legt, an der man zu lesen aufgehört hat*
Bu|cin|to|ro [-tʃin-] ⟨m., -(s), -ri; ital. Form für⟩ *Buzentaur*
Buckel ⟨-k|k-; m.5⟩ **1** *krankhafte Verkrümmung des Rückgrats nach hinten*; einen B. haben **2** ⟨bei Tieren⟩ *Wölbung am Rücken* (z.B. beim Büffel) **3** ⟨ugs.⟩ *Rücken*; er muß immer seinen B. hinhalten ⟨ugs.⟩ *er wird immer zur Rechenschaft, zur Verantwortung ge-*

zogen; er kann mir den B. runterrutschen ⟨ugs.⟩ *ich denke nicht daran, zu tun, was er sagt, es ist mir ganz gleichgültig, was er will oder sagt*; rutsch mir den B. runter! ⟨ugs.⟩ *mach doch, was du willst!*; er hat einen breiten B. ⟨ugs.⟩ *er kann viel Unannehmlichkeiten aushalten*; er hat schon seine 80 Jahre auf dem B. *er ist schon 80 Jahre alt* **4** ⟨ugs.⟩ *runde Erhebung, Wölbung* [< frz. *boucle* „Ring, Öse", < altfrz., „Schnalle", < lat. *buccula* „Bäckchen, Backenstück am Helm", Verkleinerungsform von *bucca* „Backe"]
bucke|lig ⟨-k|k-; Adj.⟩ →*bucklig*
buckeln ⟨-k|k-⟩ ⟨V.1, hat gebuckelt; o.Obj.⟩ **1** *einen Buckel machen, den Rücken krümmen* **2** ⟨übertr.⟩ *vor jmdm. b. sich jmdm. gegenüber unterwürfig benehmen, widerspruchslos und dienstfertig jmds. Anordnungen entgegennehmen*
bücken ⟨-k|k-⟩ ⟨V.1, hat gebückt; refl.⟩ *sich b. sich niederbeugen, den Rücken krümmen*; sich nicht mehr gut b. können
buck|lig ⟨Adj.⟩ *mit einem Buckel versehen*; auch: *buckelig*
Bück|ling¹ ⟨m.1; †⟩ *Verbeugung*; einen B. machen
Bück|ling² ⟨m.1⟩ *warm geräucherter Hering* [< mndrl. *buckinc*, zu *buc* „Bock", nach dem strengen Geruch]
Buck|ram ⟨m.9 oder n.9⟩ *geglättetes Leinen- oder Baumwollgewebe (für Bucheinbände)* [engl., entstellt < *Buchara* als altem Zentrum der Textilindustrie in Mittelasien]
Buck|skin ⟨m.9⟩ **1** *Schaf- oder Hirschleder* **2** *ein Streichgarngewebe* [< engl. *buck* „Bock" und *skin* „Haut"]
Bud|del ⟨f.11; nddt.⟩ *Flasche*; auch: *Buttel* [< frz. *bouteille* in ders. Bed.]
bud|deln ⟨V.1, hat gebuddelt; o.Obj. oder mit Akk.; ugs.⟩ *graben, (in der Erde) wühlen*; im Sand b.; ein Loch b.; nach etwas b. *im Erdboden nach etwas suchen*; der Hund buddelt nach Mäusen
Bud|dhis|mus ⟨m., -, nur Sg.⟩ *von Buddha (6. Jahrhundert v.Chr.) gestiftete indische Religion* [< Sanskrit *Buddha* „der Erleuchtete"]
Bud|dhist ⟨m.10⟩ *Anhänger des Buddhismus*
Bu|de ⟨f.11⟩ **1** *einfaches Häuschen (bes. aus Holz; Bretter∼)* **2** ⟨auf Jahrmärkten⟩ *Häuschen als Verkaufsstand* (Jahrmarkts∼, Verkaufs∼) **3** *kleines, möbliertes Zimmer* (Studenten∼); eine B. unter dem Dach haben; die B. auf den Kopf stellen *ein ausgelassenes Fest im jmds. Zimmer feiern und alles durcheinanderbringen* **4** ⟨ugs., in bestimmten Wendungen⟩ *Wohnung, Büro*; jmdm. die B. einrennen, einlaufen *im immer wieder in seiner Wohnung, seinem Büro aufsuchen, um etwas zu erreichen*; jmdm. auf die B. rücken *jmdn. unangemeldet besuchen, um ihn zur Rede zu stellen* **5** *Lokal*; er muß seine B. zumachen
Bu|den|angst ⟨f., -, nur Sg.; übertr.⟩ *Gefühl der Beklemmung, der Vereinsamung, wenn man längere Zeit allein in seiner Wohnung ist*
Bu|den|zauber ⟨m., -s, nur Sg.⟩ *zwangloses Fest in jmds. Zimmer*
Bud|get [bydʒe] ⟨n.9⟩ **1** *(bes. staatlicher) Haushaltsplan, Finanzplan* **2** *die Gelder dafür* [frz., < engl. *budget* „Haushaltsplan, Geldsumme dafür, Vorrat", mundartl. „Ledertasche sowie deren Inhalt", < frz. *bougette* „Ranzen", *zu bouge* „Reisesack, Ranzen", < lat. *bulga* „lederner Sack, Geldsack"]
bud|ge|tär [bydʒe-] ⟨Adj., o.Steig.; nur als Attr. und mit „sein"⟩ *das Budget betreffend, zum Budget gehörend*
Bu|di|ke ⟨f.11⟩ *kleiner Laden, kleine Kneipe*; vgl. *Boutique* [zu *Bude*]
Bu|di|ker ⟨m.5⟩ *Inhaber einer Budike*
Büd|ner ⟨m.5; norddt.⟩ →*Häusler*
Bu|do ⟨n., -, nur Sg.; Sammelbez. für⟩ *Aiki-*

do, Jiu-Jitsu, Judo, Karate, Kendo und Kyudu [jap., „Weg des Ritters"]
Bu|en Re|ti|ro ⟨n., - -(s), - -s⟩ *Ort der Ruhe und Entspannung* [< span. *buen* „gut" und *retiro* „Zufluchtsort, Unterschlupf, Einsamkeit", zu *retirar* „sich zurückziehen, verbergen"]
Bü|fett ⟨n.9⟩ auch: ⟨schweiz.⟩ *Buffet*, ⟨österr.⟩ *Büffet* **1** *Anrichte*; kaltes B. *Auswahl kalter Gerichte* **2** *Geschirrschrank* **3** *Schanktisch* [< frz. *buffet* in ders. Bed., weitere Herkunft nicht bekannt]
Buf|fa ⟨f., -, -fe; kurz für⟩ *Opera buffa*
Büf|fel ⟨m.5; Sammelbez.⟩ *wildes oder halbzahmes Rind* (Kaffern∼, Wasser∼) [< frz. *buffle* < griech. *bubalos* „eine Gazellenart"]
Büf|fe|lei ⟨f., -, nur Sg.; ugs.⟩ *anhaltendes Büffeln*
büf|feln ⟨V.1, hat gebüffelt; o.Obj.; ugs.⟩ *angestrengt lernen*; Syn. ⟨ugs.⟩ *ochsen*; für die Prüfung b. [zu *Büffel* im Sinne von „arbeiten wie ein Büffel"]
Buf|fet [byfe] ⟨n.9; veraltend, noch schweiz.⟩ →*Büfett*
Büf|fet [byfe] ⟨n.9; österr.⟩ **1** →*Büfett* **2** *Gaststätte* (Bahnhofs∼)
Buf|fi ⟨Pl. von⟩ *Buffo*
Büff|ler ⟨m.5; ugs.⟩ *jmd., der viel büffelt*
Buf|fo ⟨m., -s, -s oder -fi⟩ *Sänger komischer Rollen* (Baß∼, Tenor∼) [ital., „drollig, spaßig", Rückbildung von *buffone* „Possenreißer, Spaßmacher", zu *buffare* „Spaß machen"]
buf|fo|nesk ⟨Adj., o.Steig.⟩ *in der Art eines Buffos oder der Buffooper*
Buf|fo|oper ⟨f.11⟩ *komische Oper*
Bug ⟨m.1⟩ **1** *vorderer Teil (von Schiffen und Booten)* **2** ⟨auch m.2; bei Pferd, Rind, Wild⟩ *Gegend der Schultergelenks*
Bü|gel ⟨m.5⟩ *gebogener Gegenstand, der etwas hält* (Brillen∼, Gewehr∼, Kleider∼, Steig∼) [zu *biegen*]
Bü|gel|ei|sen ⟨n.7⟩ *Gerät zum Glätten von Stoffen und Wäschestücken durch Druck und Hitze*; Syn. ⟨norddt.⟩ *Plätte, Plätteisen*, ⟨schweiz.⟩ *Glätteise*
Bü|gel|fal|te ⟨f.11; an langen Hosen⟩ *scharf gebügelte Falte*
bü|gel|frei ⟨Adj., o.Steig.⟩ *nach dem Waschen ohne Bügeln glatt*; ∼e Stoffe
Bü|gel|horn ⟨n.4; Sammelbez. für⟩ *mehrere Blechblasinstrumente mit sich schnell erweiterndem Rohr und Ventilen* [< frz. *bugle* „Jagd-, Signalhorn", zu frz. *beugler* „brüllen, das Horn blasen", < lat. *buculus* „junger Stier", zu *bos* „Rind"]
bü|geln ⟨V.1, hat gebügelt; mit Akk.⟩ *mit dem Bügeleisen glatt machen*; Syn. ⟨norddt.⟩ *plätten*
Bug|gy [ˈbʌgi] ⟨m.9⟩ **1** *zweirädriger, einspänniger Wagen für Trabrennen* **2** *offenes kleines Auto (Selbstbau)* **3** *Kindersportwagen* **4** *Einkaufswägelchen* [engl., „leichter Wagen", Herkunft nicht bekannt]
bug|sie|ren ⟨V.3, hat bugsiert; mit Akk.⟩ **1** *ins Schlepptau nehmen*; ein Schiff b. **2** *mit einiger Mühe und Geschicklichkeit an einen bestimmten Ort bringen*; jmdn. ins Bett b. [< ndrl. *boegseren*, zu *bugsieren*, *lotsen*, < älterem *boechseerden*, *boesjarden*, *boesjaren*, < port. *puxar* „ziehen, schleppen, stoßen, antreiben", < lat. *pulsare* „stoßen, treiben, vertreiben"]
Bug|spriet ⟨m.1 oder n.1⟩ *über den Bug schräg hinausragende Segelstange*
Bü|hel ⟨m.5⟩ →*Bühl*
bu|hen ⟨V.1, hat gebuht; o.Obj.⟩ „Buh!" *rufen (als Zeichen des Mißfallens, z.B. im Theater)*
Bühl ⟨m.1; oberdt., bes. schweiz.-alemann.⟩ *Hügel (1)*
Buh|le ⟨m.11 oder f.11; poet.; †⟩ *Geliebte(r), Liebste(r)* [< mhd. *buole* „naher Verwandter", urspr. Koseform zu *Bruder*]

buh|len ⟨V.1, hat gebuhlt; o.Obj.⟩ **1** mit jmdm. b. ⟨†⟩ *mit jmdm. ein Liebesverhältnis haben* **2** *um etwas b. übereifrig um etwas werben, sich übereifrig um etwas bemühen;* um jmds. Gunst b.

Buh|le|rei ⟨f., -, nur Sg.; †⟩ *ständiges Buhlen, das Unterhalten von Liebschaften*

Buh|le|rin ⟨f.10; †⟩ *Dirne*

Buhl|teu|fel ⟨m.5; im Volksglauben des MA⟩ *mit einer Frau buhlender Teufel bzw. mit einem Mann buhlender weiblicher Teufel*

Buh|mann ⟨m.4⟩ **1** *Schreckgespenst* **2** *jmd., dem man alle Schuld zuschiebt, dem man die Verantwortung aufbürdet;* jmdn. zum B. machen

Büh|ne ⟨f.11; an der Küste, bei regulierten Flüssen⟩ *aus Steinen aufgeschütteter Damm (quer zum Strand oder zur Fließrichtung);* Syn. ⟨nddt.⟩ Stack [nddt.]

Büh|ne ⟨f.11⟩ **1** *für die Aufführung bestimmter, nach dem Zuschauerraum hin geöffneter Teil eines Theaters;* ein Stück für die B. bearbeiten; ein Stück auf die B. bringen *zur Aufführung gestalten;* die Sache ist gut über die B. gegangen ⟨übertr.⟩ *ist gut verlaufen* **2** *Arbeitsfläche, Arbeitsgerüst* (Hochofen~, Schacht~) **3** ⟨schweiz. auch⟩ *Heuboden, Dachboden, Speicher*

Büh|nen|aus|spra|che ⟨f., -, nur Sg.⟩ *Aussprache des Hochdeutschen, wie sie für den Gebrauch auf der Bühne festgelegt worden ist;* Syn. Bühnensprache

Büh|nen|be|ar|bei|tung ⟨f.10⟩ *Bearbeitung eines Schauspiels für die Aufführung auf der Bühne*

Büh|nen|bild ⟨n.3⟩ *Gesamtheit von Kulissen und Dekorationen, wie sie für ein Theaterstück gestaltet worden sind*

Büh|nen|bild|ner ⟨m.5⟩ *jmd., der Bühnenbilder entwirft*

büh|nen|fä|hig ⟨Adj.⟩ →*bühnenreif*

Büh|nen|fas|sung ⟨f.10⟩ *für die Aufführung auf der Bühne geeignete Fassung (eines Schauspiels)*

büh|nen|ge|recht ⟨Adj.⟩ *den Anforderungen einer Aufführung auf der Bühne entsprechend;* ein Stück b. bearbeiten

Büh|nen|künst|ler ⟨m.5⟩ *Schauspieler*

Büh|nen|lo|ge ⟨[-ʒə] f.11⟩ *Loge zu beiden Seiten der Bühne (innerhalb des Zuschauerraums, aber von diesem geteilt)*

Büh|nen|ma|ler ⟨m.5⟩ *Kulissenmaler*

Büh|nen|meis|ter ⟨m.5⟩ *Angestellter in einem Theater, der für die technische Einrichtung der Bühne verantwortlich ist*

Büh|nen|mu|sik ⟨f.10⟩ **1** *Musik, die zur Handlung auf der Bühne gehört* **2** *Musik, die die Handlung auf der Bühne untermalt oder Pausen ausfüllt*

büh|nen|reif ⟨Adj.⟩ *geeignet, auf der Bühne aufgeführt zu werden;* Syn. bühnenfähig; ~es Schauspiel; ein Stück b. machen

Büh|nen|rei|fe ⟨f., -, nur Sg.⟩ *Eignung (eines Schauspiels) für die Aufführung auf der Bühne;* dem Stück fehlt noch die B.

Büh|nen|sän|ger ⟨m.5⟩ *Sänger, der auf der Bühne singt, Opernsänger, Operettensänger (im Unterschied zum Konzertsänger oder Oratoriensänger)*

Büh|nen|schaf|fen|de(r) ⟨m. oder f.17 bzw. 18⟩ *jmd., der an einer Bühne oder für eine Bühne beruflich tätig ist*

Büh|nen|spra|che ⟨f., -, nur Sg.⟩ →*Bühnenaussprache*

Büh|nen|star ⟨m.9⟩ *berühmte(r) Bühnenkünstler(in)*

Büh|nen|stück ⟨n.1⟩ →*Theaterstück*

Büh|nen|tanz ⟨m., -es, nur Sg.⟩ →*Ballett*

Büh|nen|werk ⟨n.1⟩ *literarisches oder musikalisches Werk, das aufgeführt werden kann (Schauspiel, Oper, Operette)*

büh|nen|wirk|sam ⟨Adj.⟩ *auf der Bühne gut wirkend;* ~es Theaterstück **Büh|nen|wirk|sam|keit** ⟨f., -, nur Sg.⟩

Buh|ruf ⟨m.1⟩ *der Ruf „Buh!"*

Bu|hurt ⟨m.1⟩ *mittelalterliches Turnierspiel zwischen zwei Scharen* [< altfrz. *hurter* „stoßen"]

Bu|ka|nier ⟨m.5; im 17.Jh.⟩ *Seeräuber im Karibischen Meer* [< frz. *boucanier* „Seeräuber", auch „Büffeljäger", eigtl. „der, der abends zum *boucan* zurückkehrt, um dort zu nächtigen", zu *boucan* „Räucherkammer, Räucherkate der Seeräuber von Santo Domingo"]

Bu|kett ⟨n.1⟩ **1** *Blumenstrauß* **2** *Duft, Aroma (des Weins);* auch ⟨†⟩ *Bouquet* [< frz. *bouquet* „Blumenstrauß"]

Bu|ki|nist ⟨m.10⟩ *eingedeutschte Form für* Bouquinist

Bu|ko|lik ⟨f., -, nur Sg.; bes. in der Antike⟩ *Dichtungen, in denen das Leben der Hirten geschildert wird;* Syn. Hirtendichtung [< griech. *boukolikos* „zu den Hirten gehörig, in der Art der Hirten", zu *boukolos* „Hirt, Rinderhirt", zu *boskein* „weiden, auf die Weide treiben", zu *bous* „Rind"]

Bu|ko|li|ker ⟨m.5⟩ *Verfasser bukolischer Dichtungen*

bu|ko|lisch ⟨Adj., o.Steig.⟩ *in der Art des Lebens der Hirten, ländlich-idyllisch;* ~e Dichtung

bul|bös ⟨Adj., o.Steig.⟩ *knollig, zwiebelförmig* [zu *Bulbus*]

Bül|bül ⟨m.9⟩ *Vertreter einer drosselähnlichen Singvogelgattung Afrikas und Asiens* [arab.-pers.]

Bul|bus ⟨m., -, -bi⟩ **1** *Zwiebel, Knolle* **2** *rundliches Organ, z.B.* Augapfel **3** *Anschwellung* [lat., „Zwiebel, Knolle"]

Bu|let|te ⟨f.11⟩ *eindeutsche Schreibung für* Boulette, →*Fleischklößchen*

Bul|ga|re ⟨m.11⟩ *Einwohner Bulgariens*

bul|ga|risch ⟨Adj., o.Steig.⟩ *Bulgarien betreffend, zu ihm gehörig, aus ihm stammend;* ~e Sprache *eine südslawische Sprache*

Bu|lin ⟨f.10⟩, **Bu|li|ne** ⟨f.11⟩ *Halteutau für Rahsegel* [nddt.]

Bulk ⟨m.1; schweiz.⟩ *Fahrzeug mit Ladeeinrichtung* [engl., „Größe, Umfang, Masse"]

Bulk|car|ri|er ⟨[balkkærier] m.5⟩ *Frachtschiff für Massengut (bes. Schüttgut)* [< Bulk und engl. *carrier* „Träger"]

Bul|la|ri|um ⟨n., -s, -ri|en⟩ *Sammlung päpstlicher Bullen*

Bull|au|ge ⟨n.14⟩ *kleines, rundes Fenster (am Schiff)* [< engl. *bull's eye* „Bullenauge, Ochsenauge"]

Bull|dog|ge ⟨f.11⟩ *schwere, muskulöse Hunderasse mittlerer Größe, breitköpfig, mit vorstehendem Unterkiefer* [< engl. *bull* „Stier" und *dog* „Hund", da die Hunde früher zur Bullenhetze verwendet wurden]

Bull|do|zer ⟨-do:zər] m.5⟩ *schwere Planierraupe* [engl., Herkunft unsicher]

Bul|le[1] ⟨m.11⟩ **1** *geschlechtsreifes männliches Tier (beim Rind, Kamel, Elefanten u.a.);* Syn. ⟨bes. oberdt.⟩ Stier **2** ⟨übertr.⟩ *besonders großer, kräftiger Mann* **3** ⟨ugs., scherzh.⟩ *Polizeibeamter* [über nddt. < engl. *bull* „Bulle", zu altengl. *bealluc* „Hoden"]

Bul|le[2] ⟨f.11⟩ ⟨urspr.⟩ **1** *in eine Kapsel eingeschlossenes Siegel einer Urkunde* **2** *das Siegel selbst* **3** ⟨dann⟩ *Urkunde mit Metallsiegel (bes. päpstlicher Erlaß)* [< lat. *bulla* „Blase, Buckel, Knopf, Kapsel (die von freigeborenen Knaben als Amulett um den Hals getragen wurde)"]

Bul|len|bei|ßer ⟨m.5⟩ **1** *Stammform der doggenartigen Hunde* **2** ⟨ugs.⟩ *unfreundlicher Mensch*

Bul|len|hit|ze ⟨f., -, nur Sg.; derb⟩ *sehr große Hitze*

bul|le|rig ⟨Adj.; ugs.⟩ *leicht aufbrausend und polternd;* auch: bullrig

bul|lern ⟨V.1, hat gebullert; o.Obj.⟩ *ein dumpf klopfendes Geräusch machen;* Wasser bullert im Kessel; Holzfeuer bullert im Ofen

Bul|le|tin ⟨[byltɛ̃] n.9⟩ **1** *amtliche Bekanntmachung, amtlicher Bericht über ein Ereignis* **2** *öffentliche Mitteilung (einer Regierung)* [frz., < ital. *bollettino*, *bollettino* „Bericht, öffentliche Bekanntmachung", zu *bolletta* „Schein", Verkleinerungsform von *bolla* „Siegel, gesiegelte Urkunde", < lat. *bulla*, →*Bulle*[2]]

Bul|li|on ⟨[bʊljən] n.9⟩ *Barren aus Gold oder Silber* [engl., „ungeprägtes Gold oder Silber", < mndrl. *bulioen*, *boelioen*, *billioen* < frz. *billon* „Metallbarren"]

Bull|rich|salz ⟨n., -es, nur Sg.⟩ *doppeltkohlensaures Natron (gegen überschüssige Säure im Magen)* [nach dem Apotheker Wilhelm *Bullrich*]

bull|rig ⟨Adj.⟩ →*bullerig*

Bull|ter|ri|er ⟨m.5⟩ *(meist einfarbig) weiße englische Hunderasse, mittelgroß mit großem Kopf und sehr eigenwilligem, durchdringenden Blick* [aus Kreuzungen zwischen Bulldogge und Terriern entstanden]

Bul|ly ⟨n.9; Hockey, Eishockey⟩ *Abschlag bei Spielbeginn und Wiederaufnahme des Spiels nach Unterbrechung* [< engl. *to bully off* „wegschlagen", weitere Herkunft unbekannt]

Bult ⟨m.1 oder m.10⟩, **Bül|te** ⟨f.11⟩ *flaches Hügelchen aus Torfmoosen (in Mooren)* [< nddt. *bult* „Haufen"]

Bult|sack ⟨m.2⟩ *Seemannsmatratze*

Bum|boot ⟨n.1⟩ *kleines Händlerschiff zur Versorgung größerer Schiffe* [< engl. *bumboat* in ders. Bed., zu ndrl. *boomschip* „Kanu", wörtlich „Baumschiff"]

Bu|me|rang ⟨m.1 oder m.9⟩ *gekrümmtes Wurfholz, das, wenn es sein Ziel verfehlt, zum Werfer zurückkehrt* [über engl. *boomerang*, *bomarang* < einer Eingeborenensprache in Neusüdwales (Australien), wahrscheinlich < *buma* „schlagen, treffen" und Endung „*…arang*"]

Bum|mel[1] ⟨m.5⟩ *geruhsamer Spaziergang* (Stadt~)

Bum|mel[2] ⟨f.11⟩ →*Bommel*

Bum|me|lant ⟨m.10⟩ **1** *jmd., der langsam arbeitet, der alles langsam tut, langsam hinterherschlendert;* Syn. Bummler; auf ~en können wir nicht warten **2** *Müßiggänger, Nichtstuer, jmd., der unentschuldigt der Arbeit fernbleibt*

Bum|me|lei ⟨f.10⟩ *übermäßige Langsamkeit, langsames Arbeiten*

bum|me|lig ⟨Adj.⟩ *langsam arbeitend, alles langsam tuend;* auch: bummlig; er ist b. *er tut alles sehr langsam, läßt sich zu allem viel Zeit*

Bum|me|lig|keit ⟨f., -, nur Sg.⟩

Bum|mel|le|ben ⟨n., -s, nur Sg.⟩ *Leben im Müßiggang;* ein B. führen

bum|meln ⟨V.1, hat gebummelt; o.Obj.⟩ **1** *alles langsam tun, langsam arbeiten* **2** *geruhsam spazierengehen;* durch die Straßen b. **3** *der Arbeit fernbleiben* **4** ⟨mit „es"⟩ *es hat gebummst es sind zwei Fahrzeuge zusammengestoßen* **5** ⟨derb⟩ *koitieren*

Bum|mel|streik ⟨m.9⟩ *langsames Arbeiten, um Forderungen durchzusetzen;* Syn. Goslow

Bumm|ler ⟨m.5⟩ **1** *jmd., der bummelt (2)* **2** →*Bummelant (1)*

bumm|lig ⟨Adj.⟩ →*bummelig*

Bums ⟨m.1⟩ *kurzer, dumpf dröhnender Krach*

bum|sen ⟨V.1, hat gebumst; o.Obj.⟩ **1** *kurz dröhnen* **2** *dröhnend schlagen;* an die Tür b. **3** *dröhnend gegen etwas prallen;* gegen die Wand b. **4** ⟨mit „es"⟩ *es hat gebumst es sind zwei Fahrzeuge zusammengestoßen* **5** ⟨derb⟩ *koitieren*

Bums|lo|kal ⟨n.1⟩ *billiges Lokal mit lärmender Tanzmusik*

bums|voll ⟨Adj., o.Steig.; ugs.⟩ *ganz voll, übervoll;* das Lokal ist b.

Bu|na ⟨m. oder n., -, nur Sg.; Wz⟩ *synthetischer Kautschuk* [< *Butadien* und *Natrium*]

Bund I ⟨m.2⟩ **1** *enge, dauernde Verbindung zwischen Menschen* (Freundschafts~,

Bündel

Ehe~); den B. der Ehe eingehen; den B. fürs Leben schließen ⟨†⟩ *heiraten;* mit jmdm. im ~e stehen *mit jmdm. verbündet sein;* der Dritte im ~e *dritte Person, die sich freundschaftlich mit einem Paar verbindet* **2** *Vereinigung zu bestimmtem Zweck;* B. der Steuerzahler; einem B. beitreten **3** ⟨kurz für⟩ *Bundeswehr;* er ist beim B. **4** ⟨bei Bundesstaaten⟩ *Gesamtstaat (im Unterschied zu den einzelnen Gliedstaaten)* **5** ⟨Judentum⟩ *von Gott bestimmtes Verhältnis zwischen Gott und Mensch beziehungsweise zwischen Gott und Volk* **6** *oberer fester Rand von Hose und Rock* (Hosen~, Rock~); den B. enger, weiter machen **7** *Ring, der etwas zusammenhält* (Schlüssel~) **8** ⟨bei Zupf- und alten Streichinstrumenten⟩ *Querleiste auf dem Griffbrett* **9** ⟨Pl.⟩ *Bünde quer über den Buchrücken verlaufende Wülste, die aus den zusammengebundenen Fäden bestehen, mit denen die Druckbogen zusammengeheftet sind* **II** ⟨n.2⟩ **1** *etwas Zusammengebundenes, Bündel;* ein B. Stroh **2** ⟨nur Sg.⟩ *zusammengebundene Früchte oder Kräuter;* zwei B. Radieschen, Petersilie

Bün|del ⟨n.5⟩ **1** *etwas Längliches, das zusammengebunden wurde* (Reisig~); Syn. ⟨österr.⟩ *Binkel, Bürdel* **2** *Packen von Dingen, die (in loser Form) miteinander verbunden sind* (Geld~, Kleider~) ; ein B. schnüren ⟨früher⟩ *seine Sachen packen (zum Weggehen)* **3** ⟨Math.⟩ *Menge aller Geraden durch einen Punkt des Raumes* [zu *Bund*]

Bün|de|lei ⟨f., -, nur Sg.⟩ *das Bilden von Geheimbünden, Anzetteln von Verschwörungen*

bün|deln ⟨V.1, hat gebündelt; mit Akk.⟩ *in ein Bund oder ein Bündel zusammenfassen;* Möhren, Petersilie, Fäden b.

Bün|del|pfei|ler ⟨m.5⟩ *von dünnen Säulen eingefaßter Pfeiler*

Bun|des|amt ⟨n.4; in der BRD⟩ *oberste Verwaltungsbehörde für ein bestimmtes Sachgebiet;* Statistisches B.

Bun|des|an|stalt ⟨f.10; in der BRD⟩ *Anstalt des öffentlichen Rechts für ein bestimmtes Sachgebiet auf Bundesebene;* B. für Arbeit

Bun|des|be|hör|de ⟨f.11; in Bundesstaaten⟩ *Behörde des Gesamtstaates (im Unterschied zu den Behörden der Gliedstaaten)*

Bun|des|bru|der ⟨m.4⟩ *Mitglied der gleichen Vereinigung (bes. der gleichen Studentenverbindung)*

Bun|des|bür|ger ⟨m.5⟩ *Bürger der Bundesrepublik Deutschland*

Bun|des|ebe|ne ⟨f., -, nur Sg.; in der Fügung⟩ *auf B. in der Zuständigkeit der Bundesregierung;* etwas auf B. regeln, verhandeln

bun|des|ei|gen ⟨Adj., o.Steig.; bei Bundesstaaten⟩ *dem Gesamtstaat gehörig*

Bun|des|ge|biet ⟨n., -(e)s, nur Sg.⟩ *Gebiet der Bundesrepublik Deutschland*

Bun|des|ge|nos|se ⟨m.11⟩ *Verbündeter*

Bun|des|ge|nos|sen|schaft ⟨f., -, nur Sg.⟩ *Verbindung, Verbundenheit von Bundesgenossen*

bun|des|ge|nös|sisch ⟨Adj., o.Steig.; nur als Attr. und Adv.⟩ *in der Art von Bundesgenossen, wie unter Bundesgenossen üblich*

Bun|des|kanz|lei ⟨f., -, nur Sg.; in der Schweiz⟩ *dem Bundespräsidenten unterstellte Kanzlei des Bundesrats*

Bun|des|kanz|ler ⟨m.5⟩ **1** ⟨in der BRD und in Österreich⟩ *Leiter der Bundesregierung* **2** ⟨in der Schweiz⟩ *Leiter der Bundeskanzlei*

Bun|des|la|de ⟨f., -, nur Sg.; im AT⟩ *Heiligtum der Juden, Kasten mit den Gesetzestafeln*

Bun|des|land ⟨n.4⟩ *Gliedstaat eines Bundesstaates*

Bun|des|li|ga ⟨f., -, -gen; in der BRD⟩ *Fußb., Handb. u.a.⟩ höchste Spielklasse*

Bun|des|mi|ni|ster ⟨m.5⟩ *Minister der Bundesregierung*

Bun|des|prä|si|dent ⟨m.10⟩ *Staatsoberhaupt eines Bundesstaates*

Bun|des|rat ⟨m.2⟩ **1** ⟨in der BRD und in Österreich⟩ *aus Vertretern der Bundesländer gebildetes Organ, das bei der Gesetzgebung und Verwaltung mitwirkt* **2** *Regierung der Schweizerischen Eidgenossenschaft* **3** ⟨in Österreich⟩ *Mitglied des Bundesrats (1),* ⟨in der Schweiz⟩ *Mitglied des Bundesrats (2)*

Bun|des|re|gie|rung ⟨f.10⟩ *Regierung eines Bundesstaates*

bun|des|re|pu|bli|ka|nisch ⟨Adj., o.Steig.; nur als Attr.⟩ *zur Bundesrepublik Deutschland gehörig, sie betreffend*

Bun|des|staat ⟨m.12⟩ *Staat, der aus der Vereinigung mehrerer Staaten entstanden ist, die ihre Gesetzgebung, Verwaltung und Rechtsprechung zum Teil auf ihn übertragen haben*

Bun|des|stra|ße ⟨f.11; Abk.: B; in der BRD, in Österreich⟩ *Straße für den Fern- und Schnellverkehr*

Bun|des|tag ⟨m., -(e)s, nur Sg.; in der BRD⟩ *Volksvertretung, Parlament*

Bun|des|wehr ⟨f., -, nur Sg.⟩ *militärische Organisation der Bundesrepublik Deutschland*

bün|dig ⟨Adj.⟩ **1** *kurz und bestimmt;* eine ~e Aussage, Antwort **2** *kurz und überzeugend;* eine ~e Schlußfolgerung **3** ⟨Bauw.⟩ *auf einer Ebene liegend;* ~er Balken

Bün|dig|keit ⟨f., -, nur Sg.⟩ *bündige Beschaffenheit, Kürze und Bestimmtheit, Beweiskraft*

bün|disch ⟨Adj., o.Steig.; nur als Attr. und Adv.⟩ *in einem Bund (1,2) gehörig, in einem Bund, in Bünden zusammengefaßt*

Bünd|ner ⟨m.5; schweiz.⟩ *Einwohner von Graubünden*

Bündner Fleisch ⟨n., -es, nur Sg.⟩ *lufttrocknetes Rindfleisch*

Bünd|nis ⟨n.1⟩ *Vereinigung mehrerer Staaten zur Verfolgung gemeinsamer Ziele*

Bund|schuh ⟨m.1⟩ **1** *strapazierfähiger, seitlich zu schnürender Halbschuh mit einem am oberen Rand durchgezogenen Riemen;* Syn. *Haferlschuh* **2** *Name des Bundes aufständischer Bauern (von etwa 1450 bis 1525)*

Bund|steg ⟨m.1; Buchw.⟩ *freier Raum zwischen zwei Kolumnen, der nach dem Falzen neben dem Buchrücken zu liegen kommt, innerer Rand der Buchseite*

bund|wei|se ⟨Adj., o.Steig.; nur als Attr. und Adv.⟩ *in Bünden;* Radieschen werden b. verkauft

Bun|ga|low ⟨[-lo:] m.9⟩ *kleines Wohnhaus ohne Oberstock (meist mit flachem Dach)* [engl.; < Hindi *bānlā* „bengalisch(es Haus)"]

Bun|ge ⟨f.11⟩ *reusenförmiges Fischnetz* [mhd., „Trommel"]

Bun|ker ⟨m.5⟩ **1** *Behälter für Massengüter* (Kohlen~) **2** *betonierter Schutzraum* [engl.]

bun|kern ⟨V.1, hat gebunkert; mit Akk.⟩ *in einen Bunker (1) füllen und dort speichern*

Bun|sen|bren|ner ⟨m.5⟩ *Gasbrenner (in Laboratorien), der aus einer Metallröhre besteht, an deren unterem Ende die Luftzufuhr mit einer Düse geregelt werden kann* [nach dem Forscher Robert Wilhelm *Bunsen*]

bunt ⟨Adj.⟩ **1** *farbig, mehrfarbig;* es ist bekannt wie ein ~er Hund (ugs., scherzh.) *ist sehr bekannt;* in ~er Reihe sitzen abwechselnd ein Mann und eine Frau **2** *mannigfaltig, vielgestaltig;* ~e Platte *Platte mit Aufschnitt, Platte mit verschiedenartig belegten und garnierten Brötchen;* jetzt wird es mir zu b. *jetzt wird es mir zuviel;* sie verliere ich die Geduld; die Kinder treiben es zu b. *sie werden zu wild, sie werden übermütig;* ein ~es Durcheinander; in seinem Zimmer liegt alles b. durcheinander

Bunt|heit ⟨f., -, nur Sg.⟩ *bunte Beschaffenheit, Farbigkeit*

Bunt|me|tall ⟨n.1⟩ **1** *Schwermetall (außer Eisen und Stahl)* **2** *eine Legierung davon* [die Metalle selbst oder ihre Legierungen sind farbig]

Bunt|pa|pier ⟨n.1⟩ *einseitig farbiges Papier (für Bastelarbeiten)*

Bunt|sand|stein ⟨m.1⟩ **1** *(meist rot gefärbter) Sandstein* **2** ⟨nur Sg.⟩ *unterste Abteilung der Trias*

Bunt|specht ⟨m.1⟩ *schwarzweißrot gefiederter Specht (in eurasiatischen Wäldern)*

Bunt|stift ⟨m.1⟩ *Zeichenstift mit farbiger Mine*

Bunt|wä|sche ⟨f., -, nur Sg.⟩ *farbige Wäsche (die bei bestimmter Temperatur gewaschen werden muß)*

Buph|thal|mie ⟨f.11⟩, **Buph|thal|mus** ⟨m., -, nur Sg.⟩ *Augapfelvergrößerung* [< griech. *bous* „Rind, Ochse" und *ophthalmos* „Auge", also „Ochsenauge, Glotzauge"]

Bür|de ⟨f.11⟩ *etwas, was schwer zu tragen ist, Last, Mühsal;* die B. des Alters; jmdm. eine B. auflade; unter einer B. seufzen; eine B. auf sich nehmen

Bür|del, Bürdl ⟨n.5; österr.⟩ → *Bündel;* ein B. Geäst [zu *Bürde*]

Bu|re ⟨m.11⟩ *Bewohner Südafrikas, der Nachkomme niederländischer (auch niederdeutscher und hugenottischer) Siedler ist;* Syn. ⟨†⟩ *Kapholländer* [< ndrl. *boer* „Bauer"]

Bü|ret|te ⟨f.11⟩ *zylindrische Glasröhre mit einstellbarem Abflußhahn und einer Skala (zum Abmessen von Flüssigkeiten)* [< frz. *burette* „Meßkännchen"]

Burg ⟨f.10⟩ **1** ⟨bes. im MA⟩ *befestigter Bau als Wohnstätte und zur Verteidigung* **2** *Wall aus Sand um den Strandkorb* (Sand~) **3** ⟨Jägerspr.⟩ *Bau des Bibers*

Bür|ge ⟨m.11⟩ *jmd., der für einen anderen bürgt*

bür|gen ⟨V.1, hat gebürgt; o.Obj.⟩ **1** *haften, Sicherheit leisten;* für jmdn. b. *sich verpflichten, jmds. Verbindlichkeit einem Dritten gegenüber in einem bestimmten Fall zu erfüllen;* für etwas b. *die Verantwortung für etwas übernehmen;* ich bürge dafür, daß ... **2** *ausdrücklich versichern, daß etwas so sei, wie man annimmt, wie gesagt wird;* ich bürge für seine Zuverlässigkeit

Bür|ger ⟨m.5⟩ **1** *Bewohner einer Gemeinde, einer Stadt, eines Staates* (Staats~) **2** *Angehöriger des besitzenden Bürgertums*

Bür|ger|haus ⟨n.4⟩ *repräsentatives Wohnhaus eines Bürgers (in einer Stadt)*

Bür|ger|initia|ti|ve ⟨f.11⟩ *Vereinigung von Bürgern zur Durchsetzung ihrer Rechte*

Bür|ger|krieg ⟨m.1⟩ **1** *bewaffneter Kampf zwischen (politischen, nationalen, sozialen oder religiösen) Gruppen eines Staates;* Syn. ⟨geh.⟩ *Bruderkrieg* **2** *Kampf solcher Gruppen gegen die Regierung*

bür|ger|lich ⟨Adj.⟩ **1** *den Bürger (Staatsbürger) betreffend, ihm zustehend;* ~e Recht; ~e Ehe *auf dem Standesamt geschlossene Ehe;* ~es Bürgerliches Gesetzbuch (Abk.: BGB) *deutsches Gesetzbuch zur Regelung des bürgerlichen Rechts* **2** *zum Bürgertum gehörend, ihm entsprechend, ihm gemäß;* b. denken, leben; ~e Familie; ein ~es Mädchen heiraten *ein nichtadliges Mädchen (vom Adligen her gesehen)* **3** *gut und einfach, herzhaft, nicht überfeinert;* ~e Küche **4** ⟨abwertend⟩ *ehrbar, aber etwas engherzig, spießig*

Bür|ger|lich|keit ⟨f., -, nur Sg.⟩ *bürgerliches Wesen, bürgerliches Denken*

Bür|ger|mei|ster ⟨m.5⟩ *Leiter der Verwaltung einer Gemeinde oder Stadt*

Bür|ger|schaft ⟨f., -, nur Sg.⟩ **1** *Gesamtheit der Bürger (einer Stadt, einer Gemeinde)* **2** ⟨in Hamburg und Bremen⟩ *Volksvertretung*

Bür|ger|schreck ⟨m.9⟩ *jmd., der durch sein unkonventionelles oder provozierendes Verhalten den Durchschnittsbürger erschreckt und in Abwehrhaltung drängt*

Bür|ger|sinn ⟨m., -(e)s, nur Sg.⟩ *Sinn für Ehrbarkeit, Rechtlichkeit, Verantwortung*

Bür|ger|stand ⟨m., -(e)s, nur Sg.⟩ *gesell-*

Bürgersteig ⟨m.1; veraltend⟩ *erhöhter Gehweg neben der Fahrstraße;* Syn. *Gehsteig*

Bürgertum ⟨n., -s, nur Sg.⟩ *Gesamtheit der Bürger, Gesamtheit der mittleren gesellschaftlichen Schichten*

Burgfräulein ⟨n.7; im MA⟩ *Tochter eines Burgherrn*

Burgfriede ⟨m.15⟩ **1** ⟨urspr.⟩ **a** *Hoheitsbezirk eines Burgherrn* **b** *Vereinbarung, in diesem Bezirk Frieden zu halten* **2** ⟨im MA⟩ *Verbot der Fehde in ummauerten Plätzen (z.B. in einer Stadt)* **3** ⟨heute⟩ *Übereinkunft zwischen politischen Parteien, in Krisenzeiten den politischen Kampf einzustellen*

Burggraf ⟨m.10; im MA⟩ *militärischer Befehlshaber einer Burg, zuweilen zugleich Gerichtsherr im Hoheitsbezirk um eine Burg;* Syn. *Burgvogt*

Burgherr ⟨m.14; im MA⟩ *Inhaber einer Burg*

Burgsasse ⟨m.11; im MA⟩ *Bewohner einer Burg oder des Hoheitsbezirks um eine Burg*

Bürgschaft ⟨f.10⟩ **1** *Haftung, Gewähr, Sicherheitsleistung;* die B. für jmdn., für etwas übernehmen **2** *Vertrag, in dem sich jmd. verpflichtet, für jmdn. zu bürgen;* eine B. unterschreiben **3** *Betrag, für den jmd. bürgt;* eine B. von 10000 DM

Burgunder ⟨m.5⟩ **1** *Angehöriger eines ostgermanischen Volksstammes* **2** *Wein aus Burgund*

Burgvogt ⟨m.2; im MA⟩ **1** *Verwalter einer Burg* **2** →*Burggraf*

burisch ⟨Adj., o.Steig.⟩ *die Buren betreffend, zu ihnen gehörend, von ihnen stammend*

Burlak ⟨m.10; im alten Rußland⟩ *Schiffszieher an der Wolga* [russ.]

burlesk ⟨Adj.⟩ *possenhaft, derb-komisch* [< ital. *burlesco* „spaßhaft, possenhaft", zu *burla* „Spaß"]

Burleske ⟨f.11⟩ **1** *Posse, Schwank, Farce* **2** ⟨Mus.⟩ *heiteres Instrumentalstück*

Burmane ⟨m.11⟩ →*Birmane*

burmanisch ⟨Adj.⟩ →*birmanisch*

Burnus ⟨m.1⟩ *Kapuzenmantel der Beduinen* [über frz. *burnous* < arab. *burnus* in ders. Bed., über syr.-aramäische Formen < griech. *birrhos* „Art Überwurf", < lat. *birrus* „mit Kapuze versehener Überwurf"]

Büro ⟨n.9⟩ **1** *Raum oder Räume für Schreibarbeiten oder Abwicklung von Geschäften* **2** *kleine Firma* **3** *alle Angestellten eines Büros* (2) [< frz. *bureau* „grober Wollstoff; Arbeits-, Rechen-, Zahltisch; Amtszimmer, Schreibstube; Amtspersonal;" früher waren die Tische mit Stoff bezogen, und die Bed. ging von dem Stoff auch auf den Tisch über, dann auf den Raum, in dem gerechnet, geschrieben usw. wurde, und schließlich auf die Angestellten; < lat. *burra* „Schurwolle"]

Büroklammer ⟨f.11⟩ *mehrfach gebogenes Drahtstück (auch entsprechend geformte kleine Plastikklammer) zum Zusammenhalten von losem Papier*

Bürokrat ⟨m.10⟩ *pedantischer nach Vorschriften arbeitender Mensch*

Bürokratie ⟨f.11⟩ **1** *mit Beamten arbeitendes Verwaltungssystem* **2** ⟨übertr.⟩ *engstirnige Beamtenwirtschaft* [< frz. *bureau* „öffentliche Anstalt, Amt, Amtspersonal" und griech. *kratein* „herrschen"; vgl. *Büro*]

bürokratisch ⟨Adj.⟩ **1** *in der Art einer Bürokratie* **2** *kleinlich, allzu genau*

bürokratisieren ⟨V.3, hat bürokratisiert; mit Akk.⟩ *einer genauen Ordnung unterwerfen*

Bürokratismus ⟨m., -, nur Sg.⟩ *kleinliche Auslegung von Vorschriften, Kleinigkeitskrämerei*

Bürokratius ⟨[-tsjus] m., -, nur Sg.; scherzh.⟩ *personifizierte Kleinlichkeit von Behörden*

Bursch ⟨m.10⟩ →*Bursche*

Bursche ⟨m.11⟩ **1** *junger Mann, Halbwüchsiger* **2** *Junge, Bub;* netter, drolliger kleiner B. **3** ⟨anerkennend oder abwertend⟩ *Mann, Kerl;* ein toller B.; ein übler B.; dem ~n werde ich die Meinung sagen! **4** ⟨Studentenspr.⟩ *älteres Mitglied einer Studentenverbindung* **5** *Diener eines Offiziers (Offiziers~)* **6** ⟨früher⟩ *Geselle (Müller~)* [eigtl. „Bewohner einer Burse"]

Burschenschaft ⟨f.10; nach 1815⟩ *studentische Verbindung*

Burschenschafter ⟨m.5⟩ *Angehöriger einer Burschenschaft*

burschikos ⟨Adj.⟩ *burschenhaft ungezwungen* [zu *Bursche* im alten, noch heute in Studentenverbindungen üblichen Sinne von „Student" mit griech. adverbialer Endung *...kos,* also eigtl. „burschenhaft, studentisch"]

Burschikosität ⟨f., -, nur Sg.⟩ *burschikoses Benehmen*

Burse ⟨f.11⟩ **1** ⟨im MA⟩ *Studentenheim, dessen Bewohner aus einer gemeinsamen Kasse lebten* **2** ⟨dann, heute †⟩ *Studentenkantine, Mensa* [< mhd. *burso* „Beutel, Kasse; zusammenlebende Genossenschaft sowie ihr Haus", < mlat. *bursa* „Geldbeutel", →*Börse*]

Bursitis ⟨f., -, -tiden⟩ *Schleimbeutelentzündung* [< mlat. *bursa* „Geldbeutel"]

Bürste ⟨f.11⟩ **1** *Werkzeug (zum Reinigen oder Glätten) mit Borsten (auch Draht usw.), die auf einem festen Untergrund mit oder ohne Stiel) angebracht sind (Haar~, Kleider~, Schuh~, Zahn~)* **2** *(bei Elektromotoren und Generatoren) auf dem Kollektor schleifendes Stromführungsstück* **3** ⟨kurz für⟩ *Bürstenfrisur, Bürstenhaarschnitt* [zu *Borste*]

bürsten ⟨V.2, hat gebürstet; mit Akk.⟩ *mit der Bürste reinigen, glänzend oder geschmeidig machen oder aufrauhen; glätten*

Bürstenabzug ⟨m.2; Druck.; veraltend⟩ *erster Abzug von Schriftsatz; früher durch Klopfen mit einer Bürste auf das Papier hergestellt*

Bürstenbinder ⟨m.5; früher⟩ *jmd., der Bürsten herstellt;* saufen wie ein B. *übermäßig viel Alkohol trinken*

Bürzel ⟨m.5⟩ **1** ⟨bei Vögeln⟩ *Ende des Hinterleibs, an dem die Schwanzfedern sitzen* **2** ⟨bei Bär, Dachs, Wildschwein⟩ *Schwanz;* auch: *Pürzel* [zu landsch. *borzen* „emporstehen", < ahd. *bor* „Höhe"]

Bus ⟨m.1⟩ **1** ⟨kurz für⟩ →*Omnibus* **2** *Auto mit großer Ladefläche (die für andere Zwecke, z.B. Camping, umgebaut sein kann, meist mit Schiebetür)*

Busch ⟨m.2⟩ **1** *dicht wachsende Holzpflanze mit vielen Seitentrieben ohne deutlichen Stamm;* auf den B. klopfen ⟨übertr.⟩ *versuchen, durch vorsichtiges Fragen etwas herauszubekommen;* es ist etwas im B. ⟨ugs.⟩ *etwas bereitet sich insgeheim vor;* sich in die Büsche schlagen ⟨ugs.⟩ *sich heimlich entfernen* **2** *tropischer Wald; aus dem B. kommen* ⟨ugs.⟩ *nicht informiert sein, keine Ahnung haben*

Buschbohne ⟨f.11; Sammelbez.⟩ *niedrige, strauchförmige Sorte der Bohne*

Büschel ⟨n.5⟩ *(kleine) Menge von länglichen (dünnen) Dingen (Feder~, Gras~, Haar~)* [Verkleinerungsform zu *Busch*]

Büschen ⟨m.7; österr.⟩ *Bündel (von Blumen, Zweigen u.a.)* [zu *Busch*]

Buschenschenke ⟨f.11; in Niederösterreich und im Burgenland Bez. für⟩ →*Straußwirtschaft* [nach dem Buschen (Büschel, Strauß) über der Tür]

buschig ⟨Adj.⟩ **1** *dicht wachsend;* ~e Augenbrauen **2** *buschartig wachsend (von Pflanzen)* **3** *mit Büschen bestanden;* ~e Steppe

Buschklepper ⟨m.5; †⟩ *Straßenräuber* [< frühnhd. *klepper* „Reiter"; vgl. *Strauchritter*]

Buschmann ⟨m.4⟩ *Angehöriger einer kleinwüchsigen südafrikanischen Wildbeutergruppe mit gelblicher Haut (in Botsuana, Namibia und Südangola)* [< Afrikaans *boschjesman*]

Buschmeister ⟨m.5⟩ *Giftschlange des nördlichen Südamerika*

Buschmesser ⟨n.5⟩ *großes Messer mit langer Klinge (zum Durchtrennen von Gestrüpp u.a.)*

Buschneger ⟨n.5⟩ *Nachkomme entlaufener Sklaven in Westindien (bes. Surinam)*

Buschwindröschen ⟨n.7⟩ *weiß blühendes Hahnenfußgewächs (im Frühjahr häufig in Buchenwäldern)*

Büse ⟨f.11⟩ *Fischerboot zum Heringsfang* [ndrl.]

Busen ⟨m.7⟩ **1** *weibliche Brust* **2** ⟨poet.⟩ *Brust, Inneres; etwas im B. hegen* [zu idg. *bhu-* „schwellen"]

Busenfreund ⟨m.1⟩ *enger, vertrauter Freund*

Bushel ⟨[buʃəl] m., -s, -; in den USA und in Großbritannien⟩ *Hohlmaß für Flüssigkeiten und Getreide (etwa 36 l, in Großbritannien für Getreide 54 l)* [engl., < altfrz. *boissel* „Scheffel"]

Busineß, Business ⟨[biznis] n., -, nur Sg.⟩ *Geschäft, Geschäftsleben, Geschäftemacherei;* in punkto B. ist er skrupellos [< engl. *business* „Geschäft, Arbeit, Aufgabe", zu *busy* „beschäftigt, geschäftig, emsig"]

Bussard ⟨m.1⟩ **1** ⟨Sammelbez.⟩ *Greifvogel mit runden Schwingen* **2** ⟨in Mitteleuropa meist kurz für⟩ →*Mäusebussard* [< frz. *busard* < lat. *buteo* in ders. Bed., vermutlich nach dem Ruf]

Buße ⟨f., nur Sg.⟩ **1** ⟨relig.⟩ *Wiedergutmachung einer Tat, die das Verhältnis des Menschen zu Gott gestört hat;* B. tun; jmdm. eine B. auferlegen; B. predigen **2** *Entschädigung an einen Verletzten, Schadenersatz* **3** *Geldstrafe für eine geringfügige Gesetzesübertretung*

büßen ⟨V.1, hat gebüßt⟩ **I** ⟨o.Obj.⟩ **1** *Buße tun* **2** *die Folgen für eine Tat tragen;* er muß dafür b., daß er so unvorsichtig war **II** ⟨mit Akk.⟩ **1** *etwas b. die Folgen von etwas, das man getan hat, tragen;* das soll er mir b.! ⟨Drohung⟩; du wirst deinen Leichtsinn noch b. müssen; er hat seine Tat mit dem Tod gebüßt **2** ⟨schweiz.⟩ *jmdn. b. jmdm. eine Strafe auferlegen;* er wurde mit 100 Franken gebüßt

Büßer ⟨m.5⟩ *jmd., der Buße tut*

Büßerhemd ⟨n.12⟩, **Büßerkleid** ⟨n.3⟩ *früher: rauhes, sehr härenes Gewand (als Zeichen der Buße)*

Busserl ⟨n.14; bayr.-österr.⟩ →*Bussi*

Büßerschnee ⟨m., -s, nur Sg.⟩ *spitze (meterhohe) Türme von Schnee, Firn oder Gletschereis;* Syn. *Zackenfirn* [sie ähneln den Umrissen einer Schar von Pilgern – „Büßern" im Büßergewand]

bußfertig ⟨Adj.⟩ *bereit zur Buße* **Bußfertigkeit** ⟨f., -, nur Sg.⟩

Bußgeldbescheid ⟨m.1⟩ *Bescheid über eine zu zahlende Geldbuße*

Bussi ⟨n.9; bayr.-österr.⟩ *(kurzer) Kuß;* auch: ⟨österr.⟩ *Busserl* [Verkleinerungsform zu (nicht mehr gebräuchlichem) *Buß* „Kuß"]

Bussole ⟨f.11⟩ *Meßgerät mit Magnetnadel zur Bestimmung des erdmagnetischen Feldes* [< ital. *bussola* „Kompaß"]

Bußprediger ⟨m.5⟩ *jmd., der zur Buße mahnt, aufruft*

Bußpredigt ⟨f.10⟩ *Predigt, mit der jmd. zur Buße aufruft*

Bußtag ⟨m.1; kurz für⟩ *Buß- und Bettag*

Bußübung ⟨f.10⟩ *religiöse Übung zum Zweck der Buße, z.B. Fasten, Beten*

Buß- und Bettag ⟨m.1⟩ *evangelischer Fei-*

ertag am Mittwoch vor dem letzten Sonntag des Kirchenjahres

Bü|ste ⟨f.11⟩ **1** bildhauerische Darstellung eines Menschen vom Kopf bis zur Brust oder bis zu den Schultern **2** Nachbildung des Oberkörpers (als Hilfe für den Schneider zum Probieren) **3** weibliche Brust; sie hat eine schöne B.

Bü|sten|hal|ter ⟨m.5⟩ Kleidungsstück (der Unterkleidung), das der weiblichen Brust Halt und Form geben soll

Bu|stro|phe|don ⟨n., -s, nur Sg.⟩ abwechselnd rechts- und linksläufige Schrift; Syn. Furchenschrift [< griech. *bous* „Rind, Ochse" und *strophe* „Drehung, Wendung", also eigtl. „Schrift, die so verläuft, wie man pflügt und am Ende der Furche die Ochsen wendet"]

Bu|su|ki ⟨f.9⟩ griechisches lautenähnliches Zupfinstrument

Bu|ta|di|en ⟨n., -s, nur Sg.⟩ ungesättigter gasförmiger Kohlenwasserstoff (Ausgangsstoff für synthetischen Kautschuk u.a.) [zu *Butan*]

Bu|tan ⟨n., -s, nur Sg.⟩ gesättigter, gasförmiger Kohlenwasserstoff (im Erdgas enthalten) [< lat. *butyrum* „Butter" und der Endung *...an* zur Bez. gesättigter Kohlenwasserstoffe]

Bu|ta|nol ⟨n., -s, nur Sg.⟩ → Butylalkohol

Bu|ten|land ⟨n., -es, nur Sg.; ndd.⟩ Land zwischen Deich und Meer [< mnddt. *bi* „bei" und *ut* „aus" und *Land*]

Bu|ti|ke ⟨f.11⟩ → Budike

But|ler ⟨[bat-] m.5; in Großbritannien⟩ Leiter des Hauspersonals [engl., < mengl. *buteler* < altfrz. *butuiller* „Kellermeister", zu frz. *bouteille*, engl. *bottle* „Flasche"]

Butt ⟨m.1; Sammelbez.⟩ Plattfisch (Heil~, Stein~) [< nddt. *butt* „ungegliedert", nach der Gestalt]

Bütt ⟨f.10; landsch., bes. rheinhess.⟩ Redepult (in Karnevalssitzungen) [zu *Bütte*]

But|te ⟨f.11; landsch., oberdt.⟩, **Büt|te** ⟨f.11⟩ **1** großes (hölzernes) Gefäß (Wasch~) **2** Rückentrage (bei der Weinlese) **3** Faß zum Herstellen von Papierbrei [< mlat. *butina* „Flasche, Gefäß"]

But|tel ⟨f.11⟩ → Buddel

Büt|tel ⟨m.5; †⟩ **1** am Gericht angestellter Bote **2** Polizist **3** Häscher

Büt|ten ⟨n.7⟩, **Büt|ten|pa|pier** ⟨n.1⟩ aus der Bütte (3) handgeschöpftes Papier mit gefranstem Rand

Büt|ten|re|de ⟨f.11; im rhein. Karneval⟩ lustige, von einem Teilnehmer des Karnevals gehaltene Rede [urspr. stand er dabei auf einer *Bütte*]

But|ter ⟨f., -, nur Sg.⟩ aus geschlagenem Rahm gewonnenes, gelblichweißes Fett; Syn. ⟨alemann.⟩ *Anken*; es ist alles in B. ⟨übertr., ugs.⟩ es ist alles in Ordnung; bei ihnen liegt der Kamm neben der B. ⟨übertr., ugs.⟩ bei ihnen herrscht große Unordnung; mir ist fast die B. vom Brot gefallen ⟨übertr., ugs.⟩ ich war bestürzt, enttäuscht [< griech. *boutyron* in ders. Bed., eigtl. „Kuhkäse", < *bous* „Rind" und *tyros* „Käse"]

But|ter|bir|ne ⟨f.11⟩ Birnensorte mit sehr saftigem, mild schmeckendem Fruchtfleisch

But|ter|blu|me ⟨f.11; volkstümliche Bez. für⟩ glänzend gelb blühende Pflanze, z.B. Hahnenfuß, Sumpfdotterblume

But|ter|brot ⟨n.1⟩ mit Butter bestrichene Brotscheibe; etwas für ein B. hergeben ⟨ugs.⟩ für sehr wenig Geld

But|ter|brot|pa|pier ⟨n., -(e)s, nur Sg.⟩ fettundurchlässiges Papier (bes. zum Einwickeln von belegten Broten)

But|ter|fly [batərflai] ⟨m., -, nur Sg.⟩ (wettkampfmäßig betriebenes) Schwimmen in Brustlage mit wahlweise Beintechnik des Brustschwimmens oder Delphinschwimmens, wobei beide Arme jeweils über Wasser nach vorn und unter Wasser bei zunehmendem Abbeugen seitwärts-abwärts geführt werden; Syn. Schmetterlingsstil [engl., „Schmetterling", nach der Bewegungsweise]

but|te|rig ⟨Adj.⟩ → buttrig

But|ter|milch ⟨f., -, nur Sg.⟩ bei der Herstellung von Butter zurückbleibende säuerliche, fettarme Flüssigkeit

but|tern ⟨V.1, hat gebuttert⟩ **I** ⟨o.Obj.⟩ **1** aus Milch Butter herstellen **2** helle, klare Flüssigkeit absondern; die Wunde buttert **II** ⟨mit Akk.⟩ **1** mit Butter bestreichen; gebutterter Toast **2** ⟨in der Wendung⟩ Geld, sein Vermögen in ein Unternehmen b. *es in ein Unternehmen hineinstecken, dafür hergeben*

But|ter|pilz, **But|ter|röhr|ling** ⟨m.1⟩ braunhütiger, an der Unterseite gelber Röhrenpilz [nach seiner meist schmierigen Oberfläche]

But|ter|säu|re ⟨f., -, nur Sg.⟩ gelbliche, widerlich ranzig-schweißartig riechende Flüssigkeit (u.a. in der Butter und im Schweiß enthalten)

But|ter|schmalz ⟨n., -es, nur Sg.⟩ ausgeschmolzenes, weitgehend eiweiß- und wasserfreies Butterfett (als Bratfett)

But|ter|sem|mel ⟨f.11⟩ Seite, auf der eine Scheibe Brot oder eine halbierte Semmel mit Butter bestrichen ist; die B. des Lebens ⟨übertr., ugs.⟩ die heitere, angenehme Seite des Lebens

but|ter|weich ⟨Adj., o.Steig.⟩ **1** weich wie Butter, sehr weich **2** ⟨iron.⟩ nachgiebig

Büt|tner ⟨m.5; ostfränk.-ostmdt.⟩ → Böttcher

But|ton ⟨[batən] m.9⟩ auffällige, runde Ansteckadel (mit der man z.B. eine politische Meinung kundtun kann); Syn. Sticker [engl., „Knopf"]

butt|rig ⟨Adj., Steig. nur ugs.⟩ viel Butter enthaltend, wie Butter; auch: butterig

Bu|tyl... ⟨in Zus.⟩ die chemische Gruppe C_4H_9 enthaltend [< lat. *butyrum* „Butter" und der Endung *...yl* zur Bez. einwertiger Kohlenwasserstoffradikale]

Bu|tyl|al|ko|hol ⟨m., -(e)s, nur Sg.⟩ aliphatischer Alkohol mit vier Kohlenstoffatomen; Syn. Butanol

Bu|ty|ro|me|ter ⟨n.5⟩ Gerät zum Messen des Fettgehalts der Milch [< lat. *butyrum* „Butter" und *...meter*]

But|ze|mann ⟨m.4⟩ vermummte Gestalt, Kobold (als Kinderschreck)

But|zen ⟨m.7⟩ **1** ⟨landsch., bes. schwäb.⟩ Kerngehäuse (vom Apfel, von der Birne); Syn. ⟨mdt.⟩ *Griebs*, ⟨ostmdt.⟩ *Griebsch* **2** Verdickung, Klümpchen (im Glas) **3** ⟨Bgb.⟩ unregelmäßige Erzanhäufung im Gestein

But|zen|schei|be ⟨f.11⟩ kleine, runde Fensterscheibe mit Verdickung in der Mitte [zu *Butzen* (2)]

But|zen|schei|ben|ly|rik ⟨f., -, nur Sg.; im 19.Jh.⟩ altertümelnde, leicht sentimentale, episch-lyrische Dichtungen mit Themen aus dem Mittelalter

Büx ⟨f.10⟩, **Bu|xe** ⟨f.11; norddt.⟩ → Hose [nddt., eigtl. „Hose aus Bocksleder"]

b. w. ⟨Abk. für⟩ bitte wenden!

BWV ⟨Abk. für⟩ Bach-Werke-Verzeichnis; systematisches Verzeichnis der Werke von Johann Sebastian Bach (von W. Schmieder, 1950)

bye-bye! ⟨[baibai]⟩ auf Wiedersehen! (englische Grußformel) [< *good bye*, zusammengezogen < *God be with you* „Gott sei mit dir"]

Bys|sus ⟨m., -, nur Sg.⟩ **1** von manchen Muscheln in Drüsen gebildetes, fädiges, schnell erstarrendes Sekret (dient zur Festheftung am Untergrund) **2** daraus hergestelltes feines Gewebe, Meerseide (z.B. für Mumienbinden) [< griech. *byssos* „Leinwand"]

Byte ⟨[bait] n., -(s), -(s)⟩ EDV eine Anzahl von zusammengehörigen Dualstellen (meist acht), die eine eigene Bedeutung haben (z.B. Speicheradressen) [vielleicht Kreuzung < *Bit* und engl. *bite* „Happen"]

by|zan|ti|nisch ⟨Adj., o.Steig.⟩ **1** Byzanz betreffend, zu ihm gehörig, aus ihm stammend **2** ⟨†⟩ kriecherisch

By|zan|ti|ni|stik ⟨f., -, nur Sg.⟩ Wissenschaft von der Kultur des Byzantinischen Reiches

bzw. ⟨Abk. für⟩ beziehungsweise

C

c ⟨Abk. für⟩ *Cent*
C **1** ⟨chem. Zeichen für⟩ *Kohlenstoff* [< neulat. *carboneum* „Kohlenstoff"] **2** ⟨Abk. für⟩ *Celsius* **3** ⟨Zeichen für⟩ *Coulomb* **4** ⟨röm. Zahlzeichen für⟩ *hundert* [< lat. *centum* „hundert"]
Ca ⟨chem. Zeichen für⟩ *Calcium*
ca. ⟨Abk. für⟩ *circa*; → *zirka*
c. a. ⟨Abk. für⟩ *coll'arco*
Ca|bal|le|ro ⟨[kavaljero] m.9; span. Bez. für⟩ *Ritter, Edelmann* [span., < lat. *caballarius* „Pferdeknecht", zu *caballus* „Pferd"]
Ca|bo|chon ⟨[-ʃɔ̃] m.9⟩ *oben (oder oben und unten) rundgeschliffener Edelstein* [frz., zu *caboche* „Kuppe, Kopf"]
Ca|che|nez ⟨[kaʃ(ə)ne] n., - [-nes], - [-nes]⟩ *seidenes Halstuch* [< frz. *cacher* „verstecken" und *nez* „Nase, Gesicht"]
Ca|chou ⟨[kaʃu] n.9⟩ *Hustensaft aus Lakritze, Zucker und Anis* [frz.-mal.]
Cad|die ⟨[kɛdi] m.9⟩ **1** *Junge, der den Golfspielern die Schläger trägt* **2** *kleiner, zweirädriger Wagen für Golfschläger* [engl., < schott. „arbeitsloser Junge" < frz. *cadet* „jüngster Sohn oder Bruder"]
Cad|mi|um ⟨n., -s, nur Sg.; Zeichen: Cd⟩ *chemisches Element, silberweiß glänzendes, zinkähnliches Metall; auch: Kadmium* [< griech. *kadmeia* „Zinkerz"; vgl. *Galmei*]
Cae|si|um ⟨[tsɛ-]⟩ → *Cäsium*
Ca|fé ⟨[-fe] n.9⟩ *Kaffeehaus, Konditorei; auch: Kaffee*
Ca|fe|te|ria ⟨f., -, -ri|en⟩ *Kaffeewirtschaft, Imbißstube, auch Selbstbedienungsrestaurant* [ital.]
Ca|fe|tier ⟨[-tje] m.9⟩ *Besitzer eines Cafés*
Ca|fe|tie|re ⟨[-tje-] f.11⟩ **1** *Kaffeehausbesitzerin* **2** ⟨auch⟩ *Kaffeekanne*
Cais|son ⟨[kɛsɔ̃] m.9⟩ *unten offener Senkkasten für Unterwasserarbeiten* [frz., „Kastenwagen, Proviantkiste, Senkwagen"]
Cais|son|krank|heit ⟨[kɛsɔ̃-] f.⟩ *Krankheit, die bei zu schnellem Auftauchen aus der Tiefe durch Bildung von Stickstoffbläschen in der Blutbahn entsteht;* Syn. *Druckluftkrankheit, Taucherkrankheit* [zu *Caisson*]
cal ⟨Abk. für⟩ *Kalorie*
Ca|la|mus ⟨m., -, -mi⟩ **1** *antikes Schreibrohr (aus Schilf und Bronze)* **2** ⟨bei Vogelfedern⟩ *hohler Teil des Kiels* [lat., < griech. *kalamos* „Rohr"]
ca|lan|do ⟨Mus.⟩ *an Tempo und Lautstärke abnehmend* [ital., „nachlassend, senkend"]
Cal|cit ⟨m.1⟩ *durchsichtiges, trübes Mineral (häufig auch weißlich gefärbt);* Syn. *Kalkspat* [< lat. *calx,* Gen. *calcis,* „Kalk"]
Cal|ci|um ⟨n., -s, nur Sg.; Zeichen: Ca⟩ *chemisches Element, silberweißes Leichtmetall; auch: Kalzium* [< lat. *calx,* Gen. *calcis,* „Kalk"]
Cal|ci|um|car|bo|nat ⟨n., -(e)s, nur Sg.⟩ *kohlensaurer Kalk*
Cal|ci|um|hy|dro|xid ⟨n., -(e)s, nur Sg.⟩ *gelöschter Kalk, Ätzkalk*
Cal|ci|um|oxid ⟨n., -(e)s, nur Sg.⟩ *gebrannter Kalk*
Ca|lem|bour ⟨[kalabur] m.9⟩ → *Kalauer*
Ca|li|for|ni|um ⟨n., -s, nur Sg.; Zeichen: Cf⟩ *künstliches radioaktives Element* [es wurde 1950 erstmals in Berkeley, *Kalifornien,* hergestellt]
Call|girl ⟨[kɔlgə:l] n.9⟩ *Prostituierte, die auf telefonischen Anruf hin kommt oder jmdn.*

empfängt [< engl. *call girl* in ders. Bed., < *to call* „rufen" und *girl* „Mädchen"]
Cal|va|dos ⟨m., -, -⟩ *ein französischer Apfelbranntwein* [nach dem Département *Calvados* in der westlichen Normandie]
Cal|vi|nis|mus ⟨m., -, nur Sg.⟩ *Lehre des Schweizer Reformators Calvin*
Ca|mem|bert ⟨[kamabɛ:r] m.9⟩ *vollfetter Weichkäse, innen gelblich, mit weißem, samtigem Überzug* [nach dem Ort *Camembert* in der Normandie, wo er zuerst hergestellt wurde]
Ca|me|ra ob|scu|ra ⟨f., -, -rae [-rɛ:] -rɛ: [-rɛ:]⟩ *Kamera mit Loch statt der Linse, Lochkamera, Vorläuferin des Fotoapparates* [lat., „dunkle Kammer"]
Ca|mi|on ⟨[-mjɔ̃] m.9; schweiz.⟩ → *Lastkraftwagen* [frz.]
Ca|mio|na|ge ⟨[-ʒə] f.11; schweiz.⟩ **1** *Spedition* **2** *Gebühr für die Beförderung von Frachtgut* [frz., „Rollgeld"]
Ca|mi|on|neur ⟨[-nø:r] m.1; schweiz.⟩ → *Spediteur* [frz., „Lastkraftwagenfahrer"]
Ca|mou|fla|ge ⟨[kamufla:ʒə] f.11; †⟩ *Irreführung, Täuschung, Tarnung* [mit französisierender Endung < frz. *camoufler* „verschleiern, tarnen", unter Einfluß von *camouflet* „ins Gesicht geblasene Rauchwolke", < ital. *camuffare* „verkleiden, vermummen, unkenntlich machen", weitere Herkunft unsicher]
Camp ⟨[kɛmp] n.9⟩ **1** *Feld-, Zeltlager, Wohnstätte aus Zelten oder wenigen einfachen Häusern* **2** *Gefangenenlager* [engl.]
Cam|pa|ni|le ⟨m., -(s), -⟩ *frei stehender Glockenturm (bes. bei italienischen Kirchen); auch: Kampanile* [< ital. *campanile* „Glockenturm", zu *campana* „Glocke"]
Cam|pa|ri ⟨m.9; Wz.⟩ *ein bittersüßer, meist als Aperitif getrunkener Likör* [ital., nach der Mailänder Firma D. *Campari*]
Cam|pe|che|holz ⟨[kampɛtʃə-] n., -es, nur Sg.⟩ → *Kampescheholz*
cam|pen ⟨[kɛm-] V.1, hat gecampt; o. Obj.⟩ **1** *zelten* **2** *auf dem Campingplatz übernachten* [< engl. *to camp* „sich lagern, das Lager aufschlagen"]
Cam|per ⟨[kɛm-] m.5⟩ **1** *jmd., der im Zelt oder im Wohnwagen übernachtet* **2** *motorisierter Wohnwagen;* Syn. *Wohnauto, Wohnmobil*
Cam|pher ⟨m.5; fachsprachl. Schreibung für⟩ *Kampfer*
Cam|pi|gni|en ⟨[kãpinjɛ̃] n., -(s), nur Sg.⟩ *Kulturstufe der älteren Jungsteinzeit in West- und Mitteleuropa* [nach der Fundstelle *Campigny* in Frankreich]
Cam|ping ⟨[kɛm-] n., -s, nur Sg.⟩ *Leben im Freien mit Zelt oder Wohnwagen, bes. während des Urlaubs* [< engl. *camping* „das Lagern im Freien", zu *camp* „Feldlager, Lager im Freien" < lat. *campus* „offenes, ebenes Gelände, freier Platz"]
Cam|ping|platz ⟨[kɛm-] m.2⟩ *Platz (meist mit sanitären Anlagen) zum Aufstellen von Zelten und Wohnwagen*
Camp|mee|ting ⟨[kɛmpmi:tiŋ] n., -s, nur Sg.⟩ *Gottesdienst im Freien oder im Zelt* [< engl. *camp* „Lager im Freien" (→ *Camping*) und *meeting* „das Treffen", zu *to meet* „treffen, sich begegnen"]
Cam|po|san|to ⟨m., -(s), -s oder -ti; † ital. Bez. für⟩ *Friedhof* [< ital. *campo* „Feld, Acker" und *santo* „heilig"]

Cam|pus ⟨auch [kɛmpəs] m., -, nur Sg.; in Großbritannien und den USA⟩ *Gelände einer Hochschule oder eines Colleges* [engl., < lat. *campus* „Feld"]
Ca|nail|le ⟨[kanaljə] f.11⟩ → *Kanaille*
Ca|na|sta ⟨n., -s, nur Sg.⟩ *ein Kartenspiel; auch: Kanaster* [span.]
Can|can ⟨[kãkã] m.9⟩ *lebhafter Bühnentanz mit Hochwerfen der Beine* [frz. *cancan* in ders. Bed., Herkunft nicht geklärt, vielleicht zu *cancan, quanquan* „Lärm, Entengeschnatter, Papageiengeschrei", wegen der lärmenden Wildheit des Tanzes und der dabei ausgestoßenen Schreie]
cand. ⟨Abk. für⟩ *candidatus* → *Kandidat*
Can|de|la ⟨f., -, -⟩ *Zeichen: cd⟩ Maßeinheit für die Lichtstärke;* Syn. ⟨†⟩ *Kerze* [lat., „Kerze"]
can|di|da|tus re|ve|ren|di mi|ni|ste|rii ⟨Abk.: cand. rev. min. oder c. r. m.⟩ *Kandidat des (lutherischen) Predigtamtes* [lat.]
Can|na|bis ⟨m., -, nur Sg.⟩ **1** ⟨fachsprachl. für⟩ → *Hanf* **2** ⟨ugs.⟩ → *Haschisch* [< griech. *kannabis* „Hanf"]
Can|nel|lo|ni ⟨Pl.⟩ *mit Hackfleisch (und Gemüse) gefüllte, mit Käse überbackene Röllchen aus Nudelteig* [ital., Pl. zu *cannellone* „Röhrchen"]
Ca|ñon ⟨[kɛnjən] auch [kanjən] oder [kanjɔn] m.9⟩ *tief eingeschnittenes, steilwandiges Flußtal (bes. in Amerika)* [span., „Röhre"]
Ca|no|ni|cus ⟨m., -, -ci [-tsi]; lat. Form von⟩ *Kanoniker*
Cant ⟨[kɛnt] m.9⟩ **1** *Gaunersprache* **2** *Heuchelei, Scheinheiligkeit* [< engl. *cant* „Sondersprache der Bettler", urspr. „Jammern, Klagen der Bettler", < altnordfrz. *cant* (frz. *chant*) „Gesang", < lat. *cantus* „das Singen, Gesang"]
can|ta|bi|le ⟨[-le:] Mus.⟩ *gesanglich, beseelt* [ital., „sanglich, harmonisch und melodiös", zu lat. *cantare* „singen"]
Can|ta|te ⟨o.Art.⟩ *vierter Sonntag nach Ostern;* an, zu C.; vgl. *Kantate* [lat., „singet!"]
Can|to ⟨m., -s, -s oder -ti⟩ *Gesang* [ital.]
Can|tus fir|mus ⟨m., - -, -tus -mi⟩ *Hauptmelodie eines polyphonen Chor- oder Instrumentalsatzes* [lat., eigtl. „fester, starker Gesang"]
Cape ⟨[kɛp] n.9⟩ *ärmelloser Umhang* [< engl. *cape* in ders. Bed., < altprov. *capa* „Mantel", < lat. *cappa* „kleiner Kapuzenmantel"; vgl. *Kapelle*]
Cap|puc|ci|no ⟨[kaputʃino] m., -(s), -s oder -ni⟩ *Kaffee (Espresso) mit dampferhitzter Milch und etwas Kakaopulver obenauf* [ital., „Kapuziner"]
Ca|pric|cio ⟨[kapritʃo] n.9⟩ *heiteres, launiges Musikstück* [< ital. *capriccio* „merkwürdige Laune, seltsamer Einfall oder Wunsch, Eigensinn, Trotz", < älterem *caporiccio* „Schauder, Haarestäuben", vielleicht < *capo* „Kopf" und *riccio* „krauses Haar", also „Zustand, in dem sich einem die Haare sträuben"]
ca|pric|cio|so ⟨[-tʃo-] Mus.⟩ *launig, scherzhaft*
Ca|pri|ce ⟨[kapris(ə)] f.11⟩ *Laune, Grille, schnurriger Einfall; auch: Kaprice* [< frz. *caprice* in ders. Bed., < ital. *capriccio;* vgl. *Capriccio*]
Ca|prio|le ⟨f.11; Hohe Schule⟩ *Sprung aus der Levade mit parallel nach hinten ausschlagenden Hinterbeinen, während sich der Kör-*

Captatio benevolentiae

per in der Waagerechten befindet; auch: *Kapriole* [→ *Kapriole*]

Cap|ta|tio be|ne|vo|len|tiae ⟨[-tsjo -tsje:] f., - -, nur Sg.⟩ *Werben um die Gunst des Zuhörers oder Lesers* [lat., eigtl. „Einfangen des Wohlwollens"]

Ca|pu|chon [kapyʃɔ̃] m.9⟩ **1** *Kapuze der Mönchskutte* **2** ⟨†⟩ *Damenmantel mit Kapuze* [frz. „Kapuze, Mönchskappe", < lat. *caput* „Kopf"]

Ca|put mor|tu|um ⟨n., - -, nur Sg.⟩ *rotes Eisenoxid (Fe$_2$O$_3$), Englischrot (als Malerfarbe und Poliermittel)* [lat., „Totenkopf"]

Ca|py|ba|ra ⟨n.9⟩ *Wasserschwein* [Tupi]

Ca|ra|bi|nie|re ⟨[-nje-] m., -(s), -ri⟩ *italienischer Polizist* [zu *Karabiner*]

Car al|pin ⟨[-pẽ] n., -, -s -s [karzalpɛ̃]; schweiz.⟩ *Auto für Gesellschaftsfahrten in die Berge*

Ca|ram|ba! *verdammt!* [span.]

Ca|ra|van ⟨auch [ka-] m.9⟩ **1** *kombinierter Personen- und Lastwagen* **2** *Reisewohnwagen*; vgl. *Karawane* [engl., < ital. *caravana*, < pers. *karwan*]

Car|bid ⟨n.1; Sammelbez.⟩ *Verbindung des Kohlenstoffs vor allem mit Metall*; auch: *Karbid* [< lat. *carbo* „Kohle"]

Car|bo|nat ⟨n.1⟩ *Salz der Kohlensäure*; auch: *Karbonat* [< lat. *carbo* „Kohle"]

Car|di|gan ⟨[kɑrdigan] m.9⟩ **1** *sportliche Jacke ohne Kragen und Revers für Herren* **2** *lange Strickjacke für Damen* [nach dem Earl of Cardigan (1797–1868)]

care of ⟨[kɛr ɒv] Abk.: c/o; in Anschriften⟩ *wohnhaft bei* [engl., „unter die Obhut von"]

Ca|ri|o|ca ⟨f.9⟩ *ein lateinamerikanischer Tanz* [port. < indian.]

Ca|ri|tas ⟨f., -, nur Sg.⟩ *kurz für Deutscher Caritasverband der kath. Kirche, Verband zur Wohlfahrtspflege*; vgl. *Karitas* [lat.]

Car|ma|gnole ⟨[-njɔl] auch [-njolə] f.11⟩ **1** ⟨nur Sg.⟩ *Lied und Tanz während der Französischen Revolution* **2** *kurzes Jäckchen der Jakobiner* [nach der Stadt *Carmagnola* im Piemont]

Ca|ro|tin ⟨n., -s, nur Sg.⟩ *roter Naturfarbstoff, der als Provitamin wichtig ist*; auch: *Karotin* [< lat. *carota* „Karotte", es kommt u.a. in Karotten vor]

Ca|ro|ti|no|id ⟨n.1⟩ *im Tier- und Pflanzenreich weitverbreitete Gruppe von Farbstoffen (einschließlich des Carotins, die u.a. als Provitamin wichtig ist* [zu *Carotin* und griech. ...*oid* „ähnlich"]

Car|pe di|em *pflücke (= nütze) den Tag* (Spruch aus einer Ode von Horaz)

Carte blanche ⟨[kɑrt blɑ̃ʃ] f., - -, -s -s [kɑrt blɑ̃ʃ]⟩ *unbeschränkte Vollmacht* [frz., „weiße Karte"]

Car|toon ⟨[-tʊn] m.9 oder n.9; engl. Bez. für⟩ *Karikatur 2 (oft satirische) Geschichte in Bildern* [eigtl. „Zeichnung auf starkem Papier", < frz. *carton*, → *Karton*]

Ca|sa|no|va ⟨m.9⟩ *Frauenheld, galanter Verführer* [nach dem Abenteurer und Schriftsteller Giovanni Casanova (1725–1798), der in seinen Memoiren seine zahlreichen Liebeserlebnisse beschrieb]

Cä|sa|ren|herr|schaft ⟨f.10⟩ *Alleinherrschaft, diktatorische Herrschaft*; Syn. *Cäsarismus* [nach *Cäsar*, dem Ehrennamen der röm. Kaiser, dieser nach dem röm. Staatsmann Gaius Julius *Caesar* (100–44 v.Chr.)]

cä|sa|risch ⟨Adj., o.Steig.⟩ *kaiserlich, selbstherrlich*

Cä|sa|ris|mus ⟨m., -, nur Sg.⟩ → *Cäsarenherrschaft*

Ca|se|in ⟨n., -s, nur Sg.⟩ *Milcheiweiß (Rohstoff für Kunststoffe, Bindemittel für Malerfarbe)*; auch: *Kasein*; Syn. *Käsestoff*

Cash ⟨[kɛʃ] n., -, nur Sg.⟩ **1** *Barzahlung* **2** *Bargeld* [engl., < Tamil *kasu* „kleine Münze"]

Cash and Car|ry ⟨[kæʃ ənd kæri] n., - - -, nur Sg.; Kurzform: C und C⟩ *Vertriebsform im Handel mit Selbstbedienung und Barzahlung* [engl., „zahle bar und fahr (es) weg"]

Cash-and-Car|ry-Klau|sel ⟨f.11; im Überseehandel⟩ *Vertragsklausel, nach der der Käufer die Ware selbst abholen und sofort bar bezahlen muß*

Ca|shew|nuß ⟨[kɛʃu-] f.2⟩ *nierenförmige (geröstet eßbare) Frucht des südamerikanischen Acajoubaums*; Syn. *Elefantenlaus* [< engl. *cashew nut*, < port. *acajú*, < Tupi *cajú, acajú* „Acajoubaum"]

Cash|ge|schäft ⟨[kæʃ-] n.1⟩ *Barzahlungsgeschäft*

Cä|si|um ⟨[tsɛ-] n., -s, nur Sg.; Zeichen: Cs⟩ *chemisches Element, goldglänzendes, sehr weiches Alkalimetall*; auch: *Caesium* [< lat. *caesium*, Neutr. von *caesius* „blaugrau", wegen seiner blauen Spektrallinien]

Cas|sa|ta ⟨f., -, -s oder -te⟩ *italienische Eisspezialität mit Nüssen und kandierten Früchten* [sizilian., „Eistorte", urspr. „Quarktorte", vielleicht < lat. *caseus* „Käse"]

Cas|sio|pei|um ⟨n., -s, nur Sg.; †⟩ → *Lutetium*

Cast ⟨n.9; amerik. Bez. für⟩ *alle Mitwirkenden bei einem Film* [engl., „Rollenbesetzung"]

Ca|sti|ze ⟨m.11⟩ *Mischling aus einem weißen und einem Mestizen-Elternteil* [< mexikan.-span. *castizo* in ders. Bed., < span. *castizo* „von reiner Abkunft, vollblütig", zu *casta* „Stamm, Geschlecht"]

Ca|sus ⟨m., -, -; lat. Schreibung für⟩ *Kasus*; *C. belli* *Grund zum Krieg, zum Krieg führendes Ereignis; C. foederis Ereignis, das einen aus einem anderen Staat gegenüber eingegangene Verpflichtung eines Staates auslöst; C. obliquus abhängiger Fall, jeder Beugungsfall außer dem Nominativ und Vokativ; C. rectus unabhängiger Fall, Nominativ, Vokativ* [lat., „Fall"]

Catch-as-catch-can ⟨[kɛtʃ əz kɛtʃ kɛn] n., -, nur Sg.⟩ *von Berufsringern ausgeübte Form des Freistilringens, bei der nahezu jeder Griff erlaubt ist* [engl., „greife, wie du greifen kannst"]

Cat|cher ⟨[kɛtʃər] m.5⟩ *jmd., der Catch-as-catch-can ausübt* [engl., „Greifer"]

Cau|dil|lo ⟨[-diljo] m.9; in Spanien und im spanischsprachigen Südamerika⟩ *militärischer und politischer Machthaber* [span., „Anführer, Häuptling, Führer", zu lat. *caput* „Kopf, Haupt"]

Cau|sa ⟨f., -sae [-sɛ:]⟩ **1** *Grund, Ursache* **2** *Rechtsfall* [lat.]

Cause cé|lè|bre ⟨[koz sɛlɛbrə] f., - -, -s -s [koz sɛlɛbrə]⟩ *aufsehenerregender Vorfall, berüchtigte Angelegenheit* [frz.]

Cau|se|rie ⟨[kozəri] f.11⟩ *Plauderei, leichte, heitere Unterhaltung*, < frz. *causerie* „Plauderei, Geschwätz", zu *causer* „sich vertraulich unterhalten, boshaft reden", < lat. *causari* „sich beklagen, einen (meist fingierten) Grund vorbringen", zu *causa* „Grund, Anlaß"]

Cau|seur ⟨[kozœr] m.1⟩ *Plauderer, Schwätzer*

Cau|seuse ⟨[kozœz(ə)] f.11⟩ **1** *Plauderin, Schwätzerin* **2** ⟨†⟩ *kleines Sofa*

Cay|enne|pfef|fer ⟨[-jɛn-] m., -s, nur Sg.⟩ *sehr scharfes, rotes Gewürz von pfefferähnlichem Geschmack (aus Chillies hergestellt)* [nach *Cayenne*, der Hauptstadt Französisch-Guayanas]

cbm ⟨früher Zeichen für⟩ *Kubikmeter*

CC ⟨Abk. für⟩ *Corps consulaire*

ccm ⟨früher Zeichen für⟩ *Kubikzentimeter*

cd ⟨Zeichen für⟩ *Candela*

Cd ⟨chem. Zeichen für⟩ *Cadmium*

CD ⟨Abk. für⟩ *Corps diplomatique*

c.d. ⟨Abk. für⟩ *colla destra*

CDU ⟨Abk. für⟩ *Christlich-Demokratische Union*

C-Dur ⟨n., -, nur Sg.; Mus.⟩ *auf dem Grundton C aufbauende Tonart*

Ce ⟨chem. Zeichen für⟩ *Cer*

Ce|dil|le ⟨[sødij(ə)] f.11⟩ *Häkchen unter dem c, Zeichen zur Aussprache des c wie s vor a, o, u, ç, z.B. in Curaçao* [kyrasao] [< frz. *cédille* in ders. Bed., < span. *cedilla, zedilla* „Cédille" sowie „Häkchen", eigtl. „kleines z" (wegen der Form), Verkleinerungsform von *ceda, zeda* „z"]

Ce|le|sta ⟨[tʃɛ-] f., -, -s oder -sten⟩ *zartklingendes Tasteninstrument, bei dem zur Tonerzeugung hohle Metallstäbe oder Metallplatten verwendet werden* [ital., in ders. Bed., zu *celeste*, der Bezeichnung für ein Orgelregister, dem der Ton des Glockenspiels ähnelt, eigtl. „himmlisch", < lat. *caelestis* „himmlisch", zu *caelum* „Himmel"]

Cel|la ⟨[tʃɛla] f., -, -lae [-lɛ:]⟩ **1** *Kultraum im antiken Tempel vor dem Götterbild* **2** *Mönchszelle* **3** ⟨Anat.⟩ *Zelle* [lat.]

Cel|list ⟨[tʃɛl-] m.10⟩ *Musiker, der Violoncello spielt*

Cel|lo ⟨[tʃɛlo] n., -s, -li; Kurzw. für⟩ *Violoncello*

Cel|lo|phan ⟨n., -s, nur Sg.; Wz.⟩ *ein Kunststoff, durchsichtige Folie* [< frz. *cellophane*, zu *cellulose* „Zellulose" (chem. gesehen ist C. ein Zellulosehydrat) und griech. *diaphanes* „durchscheinend, durchsichtig"]

Cel|lu|loid ⟨n., -, nur Sg.⟩ → *Zelluloid*

Cel|si|us ⟨n., -, nur Sg.; Zeichen: C⟩ *Einheit des zwischen Gefrier- und Siedepunkt des Wassers in 100 Grade eingeteilten Thermometers; 5 Grad Celsius, 5 °C* [nach dem schwed. Astronomen Anders *Celsius*]

Cem|ba|list ⟨[tʃɛm-] m.10⟩ *Musiker, der Cembalo spielt*

Cem|ba|lo ⟨[tʃɛm-] n., -s, -li⟩ *altes Tasteninstrument, bei dem die Saiten angerissen werden*; Syn. *Kielflügel* [< ital. *cembalo* in ders. Bed., < lat. *cymbalum*, → *Zymbal*]

Cent ⟨[sɛnt] m., -(s), -(s); Abk.: c oder ct, cts⟩ *kleinste Währungseinheit in rund 40 Ländern, $^1/_{100}$ Dollar, $^1/_{100}$ Gulden, $^1/_{100}$ Rand u.a.* [< lat. *centum* „hundert"]

Cen|ta|vo ⟨[sɛn-] span. [θɛn-] m., -(s), -(s)⟩ *kleinste Währungseinheit in rund 20 Ländern, $^1/_{100}$ Cruzeiro, $^1/_{100}$ Escudo, $^1/_{100}$ Peso u.a.* [span.]

Cen|ter ⟨[sɛn-] n.5⟩ *Gebäude, Raum oder Gelände, in dem etwas zusammengefaßt ist, bestimmte Dinge gekauft werden können oder bestimmte Tätigkeiten ausgeübt werden können (Einkaufs~, Garten~, Eros~, Sport~)* [amerik., „Zentrum"]

Cen|te|si|mo ⟨[tʃɛn-] m., -(s), -s oder -mi⟩ *kleinste Währungseinheit in Italien (früher) und Somalia, $^1/_{100}$ Lira, $^1/_{100}$ Schilling* [ital., „der hundertste ..."]

Cen|té|si|mo ⟨[sɛn-] m., -(s), -(s)⟩ *kleinste Währungseinheit in Panama und Uruguay, $^1/_{100}$ Balboa, $^1/_{100}$ Peso* [span.]

Cen|time ⟨[sɑ̃tim] m., -s, -(s); Abk.: ct, Ct.⟩ *kleinste Währungseinheit in mehr als 10 Ländern, $^1/_{100}$ Franc, $^1/_{100}$ Franken, $^1/_{100}$ Algerischer Dinar* [nach der Französischen Revolution wurde mit der Einführung des Dezimalsystems in der Währung die frz. Livre in 10 Décimes und der Décime in 10 *Centimes* geteilt (und der Centime ist da als „Franc" bezeichnet); das Wort ist also eine Kreuzung von frz. *cent* „hundert" (< lat. *centum* „hundert") und *décime* „Zehent, Zehnter, Zehntelfranc" (< lat. *decem* „zehn")]

Cén|ti|mo ⟨[sɛn-] span. [θɛn-] m., -(s), -(s)⟩ *kleinste Währungseinheit in Spanien, Paraguay, Venezuela u.a., $^1/_{100}$ Peseta, $^1/_{100}$ Guaraní, $^1/_{100}$ Bolívar u.a.* [span.]

Cen|to ⟨[tsɛn-] n., -s, -s oder -to|nen]⟩ *literarische Form (z.B. Hörspiel), die nur aus Zitaten (aus Dichtwerken, Briefen, Tagebüchern u.ä.) zusammengesetzt ist* [lat., „Titel eines Gedichts, das aus anderen Dichtungen zu-

sammengestoppelt ist", eigtl. ,,Flickwerk, aus Lumpen zusammengestückelter Rock"]

Cer ⟨n., -s, nur Sg.; Zeichen: Ce⟩ *chemisches Element, silberweißes Metall aus der Gruppe der Lanthanoiden* [nach dem Planetoiden *Ceres*]

Cercle ⟨[sɛrkl(ə)] m.9; †⟩ **1** *kleiner Kreis, geschlossene Gesellschaft* **2** *Empfang bei Hofe*; C. halten *Gäste beim Hofempfang ins Gespräch ziehen* [frz., ,,Kreis"]

Ce|re|a|li|en ⟨Pl.⟩ *altrömisches Fest zu Ehren der Ceres, Göttin des Feldes und des Wachstums*; vgl. *Zerealien* [lat.]

ce|re|bro..., Ce|re|bro... ⟨in Zus.⟩ *gehirn..., Gehirn..., zum Gehirn und Rückenmark gehörig* [< lat. *cerebrum* ,,Gehirn"]

Cer|ve|lat ⟨[sɛrvəla] m.9; schweiz.⟩ *Brühwurst aus Rindfleisch mit Schwarten und Speck*; vgl. *Zervelatwurst*

ces, Ces ⟨n., -, -; Mus.⟩ *das um einen halben Ton erniedrigte c bzw. C*

Ces-Dur ⟨n., -, nur Sg.; Mus.⟩ *auf dem Grundton Ces aufbauende Tonart*

ce|ses, Ce|ses ⟨n., -, -; Mus.⟩ *das um zwei halbe Töne erniedrigte c bzw. C*

C'est la guerre [sɛ: la gɛr] *das ist (= so ist) der Krieg: im Krieg gibt es keine Rücksicht* [frz.]

C'est la vie [sɛ: la vi] *das ist (= so ist nun einmal) das Leben* [frz.]

C'est le ton qui fait la mu|si|que [sɛ: lə tɔ̃ ki fɛ: la myzik] *der Ton macht die Musik: es kommt auf den Ton an, in dem etwas gesagt wird* [frz.]

ce|te|ris pa|ri|bus *(wenn) das übrige gleich (ist): unter sonst gleichen Bedingungen* [lat.]

Če|vap|či|ći ⟨[tʃɛvaptʃitʃi] Pl.⟩ *gegrillte Hackfleischröllchen aus Rind-, Schweine- und Lammfleisch* [serbokroat.]

Cey|lo|ne|se ⟨[tsai-] m.11⟩ *Einwohner von Ceylon (Sri Lanka)*

cey|lo|ne|sisch ⟨[tsai-] Adj., o.Steig.⟩ *Ceylon betreffend, zu ihm gehörig, aus ihm stammend*

cf ⟨Abk. für⟩ *cost and freight (im Seehandel Klausel, daß Verlade- und Frachtkosten im Preis eingeschlossen sind)*

Cf ⟨chem. Zeichen für⟩ *Californium*

cf. ⟨Abk. für⟩ *confer*

C-Fal|ter ⟨[tsɛ-] m.5⟩ *mittelgroßer, orangebrauner, schwarz gefleckter Tagfalter mit gezackten Flügelrändern, die wie eingerissen wirken* [wenn er die Flügel zusammenklappt, sieht man auf der dunklen Unterseite der Hinterflügel ein weißes, C-förmiges Zeichen]

cfr. ⟨Abk. für⟩ *confer*

cg ⟨Zeichen für⟩ *Zentigramm*

CGS-Sy|stem ⟨n.1⟩ *auf den Einheiten Zentimeter, Gramm, Sekunde beruhendes Maßsystem*; vgl. *MKS-System*

CH ⟨abkürzendes Länderkennzeichen für⟩ *Schweiz* [< *Confoederatio Helvetica*]

Cha|blis ⟨[ʃabli] m., - [-blis], - [-blis]⟩ *Weißwein aus Niederburgund* [nach der frz. Stadt *Chablis* im Département *Yonne*]

Cha-Cha-Cha ⟨[tʃa-] m.9⟩ *ein moderner, aus Kuba stammender Gesellschaftstanz* [lautmalend für drei schnell aufeinanderfolgende Schritte]

Cha|conne ⟨[ʃakɔn] f.9 oder f.11⟩ **1** *spanischer Reigentanz* **2** *Satz der Suite* [frz. Form von ital. *ciaccona*, < span. *chacona*, urspr. (16.Jh.) *Instrumentalstück*, dann (17.Jh.) *leidenschaftlich getanzter Tanz, oft mit vokalen Einlagen, wahrscheinlich lautmalenden Ursprungs, aus einem Wortstamm chac- im Sinne von ,,fröhlicher Lärm"]*

Cha|cun à son goût [ʃakœna sõ gu] *jeder nach seinem Geschmack* [frz.]

Cha|grin ⟨[ʃagrɛ̃] n., -s, nur Sg.⟩ **1** *Leder aus Pferde- oder Eselshaut mit charakteristischen Erhöhungen auf der Narbenseite* **2** *Spaltleder, dem maschinell die Narbenmuster anderer Ledersorten aufgeprägt sind* [frz., < türk. *saǧri* ,,gegerbte Rindshaut", < pers. *sāġarī* ,,Rückenhaut von Pferd oder Esel"]

cha|gri|nie|ren ⟨[ʃa-] V.3, hat chagriniert; mit Akk.⟩ *mit einer künstlichen Narbung versehen*; *Leder c.*

Chair|man ⟨[tʃɛrmən] m., -, -men [-mən]⟩ *engl. Bez. für Vorsitzender (z.B. eines Ausschusses im Parlament)* [< engl. *chair* ,,Sitz, Sessel; Vorsitz" und *man* ,,Mann"]

Chai|se ⟨[ʃɛzə] f.11⟩ **1** ⟨früher⟩ *Kutsche mit Halbverdeck* **2** ⟨†, noch ugs. kurz für⟩ *Chaiselongue* **3** ⟨ugs.⟩ *schlechtes, altes Fahrzeug* [frz., ,,Stuhl"]

Chai|se|longue ⟨[ʃɛ:zəlõg] f.9⟩ *Sofa ohne Rückenlehne, Liege* [< frz. *chaise longue* ,,Ruhebett", zu *chaise* ,,Stuhl, Sessel" und *long, longue* ,,lang"]

Chal|ce|don ⟨[kaltsə-] m., -s, nur Sg.⟩ → *Chalzedon*

Cha|let ⟨[ʃalɛ] m.11⟩ **1** ⟨in der Schweiz⟩ *Sennhütte oder Landhaus (meist Holzbau)* **2** ⟨i.w.S.⟩ *Ferienhaus* [frz., ,,Sennhütte, kleine hölzerne Villa"]

Chal|ko|gen ⟨[çal-] n.1⟩ *Element (Sauerstoff, Schwefel, Selen, Tellur), das mit Metallen meist Erze bildet*; Syn. *Erzbildner* [< griech. *chalkos* ,,Erz, Metall" und *gennan* ,,erzeugen, hervorbringen"]

Chal|ze|don ⟨[kal-] m., -s, nur Sg.⟩ *auch: Chalcedon* **1** ⟨i.w.S.⟩ *Vertreter einer Gruppe mikrokristalliner Quarze* **2** ⟨i.e.S.⟩ *blaue Abart dieser Steine, Schmuckstein* [wahrscheinlich nach der antiken Stadt *Chalcedon* am Bosporus]

Cha|mä|le|on ⟨[ka-] n.9⟩ *Reptil mit Greiffüßen, Wickelschwanz, unabhängig voneinander bewegbaren Augen und langer, vorschnellbarer, klebriger Zunge, bekannt für seine Fähigkeit zu starkem Farbwechsel* [< griech. *chamaileon*, zu *chamai* ,,zur Erde hin, auf der Erde" und *leon* ,,Löwe", wörtl. also ,,Erdlöwe"]

Cham|bre sé|pa|rée ⟨[ʃãbrə separe] n., - -, -s -s [ʃãbrə separe]⟩ *kleiner, abgetrennter Raum im Restaurant* [frz.]

cha|mois ⟨[ʃamoa] Adj., o.Steig., o.Dekl.⟩ *gelbbräunlich*; Syn. *gemsfarben*

Cha|mois ⟨[ʃamoa] n., -, nur Sg.⟩, **Cha|mois|le|der** ⟨n.5⟩ *sehr weiches Gemsen-, Ziegen- oder Schafleder* [< frz. *chamois* ,,Gemse, gemsfarben", < ital. *camoscio* ,,Gemse", < spätlat. *camox*, Gen. *camocis*, ,,Gemse"]

Cham|pa|gner ⟨[ʃãpanjər] auch [ʃam-] m.5⟩ *französischer Schaumwein* [eigtl. *Wein aus der Champagne*, der frz. Landschaft zwischen Marne und unterer Aube]

Cham|pi|gnon ⟨[ʃãmpinjõ] auch [-jɔn] m.9⟩ *ein Blätterpilz, meist eßbar, mit oft weißer Oberseite und rosa bis dunkelbrauner Unterseite des Hutes*; Syn. *Egerling* [frz., ,,Pilz"]

Cham|pi|on ⟨[tʃɛmpjən] m.9⟩ **1** ⟨[tʃɛmpjən] kein Pl.⟩ *Meister in einer Sportart (auch für Rennpferde)* (Box~, Schach~) [engl., < altfrz. *champion* ,,Kämpfer"] **2** ⟨[ʃampion] österr.⟩ *Aufsatz auf dem Rauchfang*

Cham|pi|o|nat ⟨[ʃam-] n.1⟩ **1** *Meisterschaft in einer Sportart* **2** *Meisterschaftskampf* [frz.]

Cham|ple|vé ⟨[ʃãləve] n., -s, nur Sg.⟩ *Art der Emailmalerei, bei der die flüssige Emailmasse in ausgestochene Vertiefungen des Metalls gegossen wird*; Syn. *Grubenschmelz* [zu *champ* ,,Feld" und *lever* ,,heben", weil dabei aus dem Metall ,,feld" kleine Gruben heraus-,,gehoben" werden]

Cham|sin ⟨[kam-] auch [xam-] m.1; in Ägypten und Arabien⟩ *heißer Wüstenwind mit driftendem Sand und Staub*; auch: *Kamsin* [arab., ,,fünfzig", da er in den 50 Tagen nach der Frühlings-Tagundnachtgleiche weht]

Chan ⟨[xan] m.1⟩ **1** ⟨im Vorderen Orient⟩ *Herberge* **2** → *Khan* [pers.]

Chan|ce ⟨[ʃã:s] f.11⟩ *günstige Gelegenheit, Möglichkeit*; jmdm. eine C. geben; ~n ha-

ben; er hat bei ihr keine ~n *sie mag ihn nicht, sie wird sich in ihn nicht verlieben* [frz., ,,möglicher Fall, Glücksfall", eigtl. ,,Wurf, Fall der Würfel", < altfrz. *cheance*, zu *cheoir* ,,fallen"]

Chan|cen|gleich|heit ⟨[ʃãsən-] f., -, nur Sg.⟩ *gleiche Möglichkeiten für alle hinsichtlich der Ausbildung und des beruflichen Fortkommens*

Change ⟨engl. [tʃɛindʒ] m., -, nur Sg. oder frz. [ʃã:ʒ] f., -, nur Sg.⟩ *Geldwechsel*

chan|geant ⟨[ʃãʒã] Adj., o.Steig., o.Dekl.⟩ *schillernd, im Farbton wechselnd (Stoff)* [zu *changieren*]

Chan|geant ⟨[ʃãʒã] m.9⟩ *changierender Stoff*

chan|gie|ren ⟨[ʃãʒi-] V.3, hat changiert; o.Obj.⟩ **1** *schillern, im Farbton wechseln*; *ein changierender Stoff* **2** ⟨Reitsport⟩ *den Galopp wechseln* **3** ⟨Jägerspr.⟩ *die Fährte wechseln*; *der Hund changiert* [< frz. *changer* ,,wechseln, sich verändern", < lat. *cambiare* ,,wechseln"]

Chan|son ⟨[ʃãsõ] n.9⟩ **1** ⟨in der altfrz. Dichtung⟩ *sangliches Gedicht* **2** ⟨heute⟩ *witzig-freches, oft zeitkritisches Lied, bes. Kabarettlied* [frz., ,,Lied, Gesang, sangliches Gedicht", < lat. *cantio*, Gen. *cantionis*, ,,das Singen, Gesang, Lied", zu *canere* ,,singen"]

Chan|so|net|te, Chan|son|net|te ⟨[ʃã-] f.11⟩ **1** *kleines, komisches oder frivoles Lied* **2** *Chansonsängerin*

Chan|son|nie|re ⟨[ʃãsɔnjɛrə] f.11⟩ *Chansonsängerin*

Cha|os ⟨[kaɔs] n., -, nur Sg.⟩ **1** *die ungeformte Masse der Welt vor der Schöpfung* **2** *Auflösung jeder Ordnung, Durcheinander, Wirrwarr* [griech., ,,unermeßlicher, gähnender, leerer Weltraum", zu *chaskein* ,,gähnen, klaffen"]

Cha|ot ⟨[kaɔt] m.10⟩, **Cha|o|te** ⟨m.11⟩ **1** *jmd., der im Chaos (2) lebt* **2** *jmd., der irrational handelt* **3** ⟨polemisch abwertende Bez. für⟩ *Anhänger linksradikaler politischer Gruppen (deren Verhalten keinen logischen Zusammenhang zwischen ihren erklärten Zielen und ihren Aktionen erkennen läßt)* [zu *Chaos*]

cha|o|tisch ⟨Adj.⟩ *wirr, ungeordnet*

Cha|par|ral ⟨[tʃa-] m., -s, nur Sg.⟩ *Landschaft mit dichtwachsenden, niedrigen Hartlaubgehölzen an der nordamerikanischen Südwestküste* [< span. *chaparro* ,,Straucheiche"]

Cha|peau ⟨[ʃapo] m.9; nur scherzh.⟩ *Hut* [frz.]

Cha|peau claque ⟨[ʃapo klak] m., - -, -x -s [ʃapo klak]⟩ *zusammenklappbarer Zylinderhut* [< frz. *chapeau* ,,Hut" und *claque* ,,Schlag mit der Hand"]

Cha|rak|ter ⟨[ka-] m., -s, -te[re]⟩ **1** *Gesamtheit der geistigen und seelischen Eigenschaften (eines Menschen)*; er hat einen guten C. **2** *Gepräge, Eigenart*; der C. einer Landschaft; unser Gespräch hat einen sehr persönlichen, freundschaftlichen C. **3** *Mensch von besonderem Gepräge, mit bestimmten Eigenschaften*; er ist ein anständiger C. **4** ⟨nur Sg.⟩ *feste, standhafte Haltung*; er hat C.; er hat keinen C.; in dieser Situation hat er C. bewiesen [< griech. *character*, urspr. ,,das Eingeprägte", dann ,,Gepräge, Abdruck, Bild; Eigenart", zu *charassein* ,,eingraben, einritzen, einschneiden"]

Cha|rak|ter|bild ⟨n.3⟩ *Beschreibung eines Charakters*

Cha|rak|ter|dar|stel|ler ⟨m.5⟩ *Schauspieler, der Charakterrollen spielt*; Syn. *Charakterspieler*

cha|rak|te|ri|sie|ren ⟨V.3, hat charakterisiert; mit Akk.⟩ **1** *etwas oder jmdn. c.* **1** *treffend in seiner Eigenart beschreiben* **2** *kennzeichnend sein*; diese Handlungsweise charakterisiert seine innere Einstellung

Charakterisierung

Cha|rak|te|ri|sie|rung ⟨f.10⟩ *treffende, kennzeichnende Beschreibung*

Cha|rak|te|ris|tik ⟨f.10⟩ **1** *treffende Schilderung, Kennzeichnung* **2** ⟨Math.⟩ *Kennziffer eines Logarithmus*

Cha|rak|te|ris|ti|kum ⟨n., -s, -ka⟩ *Kennzeichen, kennzeichnendes Merkmal, hervorstehende Eigenschaft*

cha|rak|te|ris|tisch ⟨Adj.⟩ *kennzeichnend, von andern unterscheidend;* ein ~es Merkmal; dieses Verhalten ist c. für ihn

Cha|rak|ter|kopf ⟨m.2⟩ *Kopf mit ausgeprägten Formen und markanten, ausdrucksvollen Gesichtszügen*

cha|rak|ter|lich ⟨Adj., o.Steig.; nur als Attr. und Adv.⟩ **1** *zu jmds. Charakter gehörend;* ~e Schwäche **2** *hinsichtlich des Charakters;* er ist c. einwandfrei

cha|rak|ter|los ⟨Adj.⟩ *ohne feste innere Haltung, die Gesinnung rasch wechselnd*

Cha|rak|te|ro|lo|gie ⟨f., -, nur Sg.⟩ *Wissenschaft vom Wesen und von der Entwicklung des Charakters, Persönlichkeitsforschung* [< *Charakter* und *...logie*]

cha|rak|te|ro|lo|gisch ⟨Adj., o.Steig.; nur als Attr. und Adv.⟩ *zur Charakterologie gehörend, mit ihrer Hilfe;* ~es Gutachten

Cha|rak|ter|rol|le ⟨f.11; Theat.⟩ *Rolle eines Menschen mit ausgeprägter Eigenart*

Cha|rak|ter|schwä|che ⟨f., -, nur Sg.⟩ *Mangel an innerer Haltung, an innerer Festigkeit*

Cha|rak|ter|spie|ler ⟨m.5⟩ → *Charakterdarsteller*

Cha|rak|ter|stär|ke ⟨f., -, nur Sg.⟩ *feste innere Haltung, ausgeprägte positive Einstellung*

Cha|rak|ter|stück ⟨n.1⟩ *Musikstück für ein einzelnes Instrument, bes. für Klavier, dessen Inhalt und Stimmung schon im Titel ausgedrückt ist, z.B.* „Aufschwung"

Cha|rak|ter|tra|gö|die ⟨f.11⟩ *Tragödie, die sich aus dem Charakter des Helden entwickelt*

Cha|rak|ter|zug ⟨m.2⟩ *einzelne Eigenschaft des Charakters (eines Menschen)*

Char|cu|te|rie ⟨[ʃarkytəri] f.11; †, noch schweiz.⟩ *Fleischerei,* [frz., < *charcutier* „Fleischhauer", < *chair cuite* „gekochtes Fleisch"]

Char|ge ⟨[ʃarʒə] f.11⟩ **1** *Würde, Rang* **2** ⟨Mil.⟩ **a** *Dienstgrad* **b** ⟨im österr. Bundesheer⟩ *Zugführer, Korporal, Gefreiter* **c** ⟨schweiz.⟩ *Funktion eines Vorgesetzten* **d** *Person mit Dienstgrad; die höheren, niederen* ~ **3** *kleine, aber sehr ausgeprägte Bühnenrolle* [frz., „Last, Auftrag, Verpflichtung; Übertreibung", früher auch „Dienst, Amt", zu *charger* „belasten, bepacken, beauftragen; übertreiben", über altfrz. *chargier* < spätlat. *carricare* „beladen", zu lat. *carrus* „Wagen, Karren"]

Char|gen|spie|ler ⟨[ʃarʒən-] m.5⟩ *Schauspieler, der sich bes. gut für Chargen (3) eignet*

char|gie|ren ⟨[ʃarʒi-] V.3, hat chargiert⟩ **I** ⟨mit Akk.⟩ *einen Hochofen c. beschicken, laden* **II** ⟨o.Obj.⟩ **1** ⟨Studentenspr.⟩ *in Farben oder Amtstracht erscheinen* **2** ⟨Theat.⟩ *eine Rolle überdeutlich gestalten*

Char|gier|te(r) ⟨[ʃarʒir-] m.17 oder 18⟩ *Vorstandsmitglied einer Studentenverbindung*

Cha|ris|ma ⟨[ça-] n., -s, -ris|ma|ta oder -ris|men⟩ **1** *göttliches Gnadengeschenk* **2** *Ausstrahlung (einer Persönlichkeit)* [griech. „Gnadengeschenk", zu *charis* „Gunst, Huld, Gnade"]

cha|ris|ma|tisch ⟨Adj., o.Steig.⟩ *in der Art eines Charismas*

cha|ri|ta|tiv ⟨[ka-] Adj.⟩ → *karitativ*

Cha|ri|té ⟨[ʃarite] f., -, nur Sg.; †, noch als Name von Krankenhäusern⟩ *Nächstenliebe, Barmherzigkeit* [frz., < lat. *caritas* „Liebe, Wertschätzung"]

Cha|ri|ten ⟨[ça-], **Cha|ri|tin|nen** ⟨Pl.; griech. Myth.⟩ *Göttinnen der Anmut und Schönheit*

Cha|ri|va|ri ⟨[ʃa-] n.9 oder m.9⟩ **1** ⟨†⟩ *Durcheinander, Katzenmusik* **2** ⟨in der bayr. Tracht⟩ *über dem Bauch zu tragende Kette mit verschiedenartigen Anhängern (z.B. Tierzähnen und -klauen, Münzen, Herzen)* [frz., „Wirrwarr, großer Lärm, Polterabend"]

Charles|ton ⟨[tʃarlstən] m.9⟩ *schneller Foxtrott aus den zwanziger Jahren* [nach der Stadt *Charleston* in den USA]

char|mant ⟨[ʃar-] Adj.⟩ *gewinnend, liebenswürdig* [→ *Charme*]

Charme ⟨[ʃarm] m., -s, nur Sg.⟩ *Reiz, Liebreiz, gewinnendes Wesen* [frz., „Reiz, Anmut", eigtl. „Bezauberung, Zauberei, Zaubermittel", < lat. *carmen* „Lied, Gedicht, Gesang; Zauberformel"]

Char|meur ⟨[ʃarmœr] m.1 oder m.9⟩ *betont liebenswürdiger Mensch (bes. gegenüber Frauen)*

Char|meuse ⟨[ʃarmøz] f., -, nur Sg.⟩ *maschenfeste Wirkware (vor allem für Damenunterwäsche)* [frz., „Verführerin"]

Char|ta ⟨[kar-] f.9⟩ *grundlegende rechtliche und politische Urkunde (Atlantik~)* [lat., „Papier"]

Char|te ⟨[ʃartə] f.11; Staats- und Völkerrecht⟩ *wichtige Urkunde* [frz.; vgl. *Charta*]

Char|ter ⟨[tʃartər] m.9⟩ **1** ⟨engl. Bez. für⟩ *Urkunde, Freibrief* **2** *Miete eines Verkehrsmittels oder eines Teils seiner Ladekapazität (zur Beförderung von Personen oder Gütern)* [engl., „Verfassungsurkunde, Freibrief"]

Char|te|rer ⟨[tʃar-] m.5⟩ *Mieter eines Schiffes oder Flugzeugs* [zu *Charter*]

Char|ter|ge|sell|schaft ⟨[tʃar-] f.10⟩ *Unternehmen, das Verkehrsmittel, bes. Flugzeuge, mietet, um Personen oder Güter zu befördern*

Char|ter|ma|schi|ne ⟨[tʃar-] f.11⟩ *für private Zwecke gemietetes Flugzeug*

char|tern ⟨[tʃar-] V.1, hat gechartert; mit Akk.⟩ *mieten; ein Flugzeug, ein Schiff c.* [zu *Charter*]

Char|treuse ⟨[ʃartrøz] m., -, nur Sg.; Wz.⟩ *ein grüner oder gelber Kräuterlikör* [nach dem Herstellungsort, dem Kloster Grande-Chartreuse bei Grenoble, dem Haupthaus des Kartäuserordens]

Cha|ryb|dis ⟨[ça-] f., -, nur Sg.⟩ vgl. *Scylla*

Chase ⟨[tʃeiz] n. oder f., -, nur Sg.; Jazz⟩ *ständiger Wechsel zwischen improvisierenden Solisten* [engl., „Verfolgung, Jagd"]

Chas|mo|ga|mie ⟨[ças-] f.11⟩ *Fremdbestäubung bei offener Blüte* [< griech. *chasma* „Spalt" und *gamein* „heiraten"]

Chas|si|dim ⟨[xas-] Pl.⟩ *Anhänger des Chassidismus*

Chas|si|dis|mus ⟨[xas-] m., -, nur Sg.⟩ *im 18.Jh. begründete jüdische religiöse Bewegung in Osteuropa*

Chas|sis ⟨[ʃasi] n., - [-sis], - [-sis]⟩ **1** *tragender Rahmen (des Kraftfahrzeugs) für Antriebsaggregat, Radaufhängung und Karosserie* **2** *Gestell, an dem weitere Teile eines Gerätes befestigt werden* [< frz. *châssis* „Rahmen, Einfassung, Gestell"]

Cha|teau|bri|and ⟨[ʃatobriã] n., -(s), -(s)⟩ *doppelt dicke, als Steak gebratene Rindsfiletschnitte* [nach dem frz. Schriftsteller und Staatsmann François René Vicomte de *Chateaubriand*]

Chau|deau ⟨[ʃodo] m.9⟩ *Weinschaumsoße* [frz., „Getränk aus heißer Milch, Zucker und Eiern", < altfrz. *chaudel*, Verkleinerungsform von *chaud* „warme Speise", als Adj. „heiß"]

Chauf|feur ⟨[ʃofør] m.1⟩ *jmd., der berufsmäßig andere mit dem Kraftwagen befördert* [frz., „Fahrer, Heizer", zu *chauffer* „heizen, wärmen"]

chauf|fie|ren ⟨[ʃo-] V.3, hat chauffiert; o.Obj., auch mit Akk.⟩ *einen Kraftwagen lenken;* er hat c. gelernt; er hat den Wagen chauffiert

Chaus|see ⟨[ʃo-] f.11; veraltend⟩ → *Landstraße* [< frz. *chaussée* in ders. Bed.]

Chau|vi ⟨[ʃovi] m.9; ugs. in der Frauenbewegung⟩ *jmd., der an überkommenen Männlichkeitsidealen festhält;* Syn. *Chauvinist (2)*

Chau|vi|nis|mus ⟨[ʃo-] m., -, nur Sg.⟩ *übersteigerte Vaterlandsliebe* [< frz. *chauvin* „säbelrasselnder Patriot, Hurrapatriot", nach der literarischen Figur eines napoleonischen Soldaten namens *Chauvin*, dessen überschwengliche Begeisterung für den Kaiser sprichwörtlich wurde]

Chau|vi|nist ⟨[ʃovi-] m.10⟩ **1** *jmd., der übertrieben national denkt* **2** → *Chauvi*

chau|vi|nis|tisch ⟨[ʃovi-] Adj.⟩ *in der Art eines Chauvinisten*

Check[1] ⟨[tʃɛk] m.9; Eishockey⟩ *Behinderung des Spielverlaufs* [engl., „Hindernis"]

Check[2] ⟨[tʃɛ-] m.9; schweiz.⟩ → *Scheck*

checken ⟨-k|k-; [tʃɛ-] V.1, hat gecheckt; mit Akk.⟩ **1** *prüfen, vergleichen;* Texte, Schriftstücke c.; eine Maschine vor dem Einschalten c. **2** ⟨Sport⟩ *behindern, anrempeln* **3** ⟨ugs.⟩ *begreifen, kapieren* [< engl. *to check* „behindern, hemmen; prüfen, kontrollieren"]

Check|lis|te ⟨[tʃɛk-] f.11⟩ *Kontrollliste mit allen wichtigen Punkten eines Arbeitsbereichs*

Check|point ⟨[tʃɛk-] m.9; an Grenzen⟩ *Kontrollpunkt* [< engl. *check* „Kontrolle" und *point* „Punkt"]

Ched|dar ⟨[tʃɛdər] m.5⟩ *orangefarbener, scharfer englischer Käse* [nach dem Ort *Cheddar* in der Grafschaft Somerset in Südwestengland]

chee|rio! ⟨[tʃiːriːo] ugs.⟩ **1** *auf Wiedersehen!* **2** *prost!, zum Wohl!* [< engl. *cheer* „Hurraruf, Beifallsruf; gute Laune, frohe Stimmung", eigtl. „fröhliches, freundliches Gesicht", < altfrz. *chiere* „Gesicht" (als Ausdruck der Gemütsstimmung)]

Chef ⟨[ʃɛf] m.9⟩ **1** *Vorgesetzter, Leiter* **2** *Geschäftsinhaber* **3** *Haupt..., Ober...* (~lektor) [frz., „Kopf, Oberhaupt, Vorgesetzter, Leiter", über altfrz. *chief* < lat. *caput* „Kopf"]

Che|feu|se ⟨[ʃɛføzə] f.11; ugs., scherzh.⟩ *Frau des Chefs*

Che|fin ⟨[ʃɛ-] f.10⟩ **1** *Leiterin* **2** *Geschäftsinhaberin*

Chef|lek|tor ⟨[ʃɛf-] m.13⟩ *Leiter des Lektorats (eines Verlages)*

Chef|re|dak|teur ⟨[ʃɛf- -tøːr] m.1⟩ **1** *oberster Schriftleiter (einer Zeitung oder Zeitschrift)* **2** *Leiter einer Verlagsredaktion*

Chei|ro|no|mie ⟨[çai-] f., -, nur Sg.; im Altertum und MA⟩ *Dirigierweise durch Handbewegungen, die die Tonhöhe angeben;* auch: *Chironomie* [< griech. *cheir*, Gen. *cheiros* „Hand" und *nomos* „Gesetz"]

Che|mie ⟨[çe-] oder [ke-] f., -, nur Sg.⟩ **1** *Wiss. von der Zusammensetzung, dem Aufbau und der Umwandlung der Stoffe;* anorganische *C. Wiss. von den meist nicht kohlenstoffhaltigen Stoffen aus der unbelebten Natur;* organische *C. Wiss. von den kohlenstoffhaltigen Stoffen aus der belebten Natur* **2** ⟨ugs.⟩ *Chemikalien oder chemisch hergestellte Arzneimittel; Lebensmittel ohne C.;* habe meine Grippe mit C. bekämpft [< griech. *chymeia, chemeia* „Kunst der Metallverwandlung"]

Che|mie|fa|ser ⟨[çe-] oder [ke-] f.11⟩ *chemisch hergestellte Faser (Nylon, Perlon, Dralon u.a.);* Syn. *Kunstfaser*

Che|mie|wer|ker ⟨[çe-] oder [ke-] m.5⟩ *Arbeiter (Laborant) in der chemischen Industrie*

Che|mi|gra|phie ⟨[çe-] oder [ke-] f.11⟩ *Verfahren zur Herstellung von Druckplatten auf fotomechanischem Wege* [< *Chemie* und *...graphie*]

Che|mi|ka|lie ⟨[çemikaːljə] oder [kemikaːlje] f.11; meist Pl.⟩ *auf chemischem Wege hergestellter Stoff*

Che|mi|ker ⟨[çe-] oder [ke-] m.5⟩ *Wissenschaftler auf dem Gebiet der Chemie*

Che|mi|nee ⟨[ʃəmineː] n.9; schweiz.⟩ *offener*

Kamin im Wohnraum [< frz. *cheminée* „Kamin"]

che|misch ⟨[çe-] oder [ke-] Adj., o.Steig.⟩ die Chemie betreffend, zu ihr gehörig, auf ihr beruhend; ~e Analyse Zerlegung eines Stoffes oder Stoffgemisches zur Ermittlung der Bestandteile und der Struktur; ~e Bindung Zusammenhalt der Moleküle vereinigten Atome; ~es Element Grundstoff, der sich chemisch nicht weiter trennen läßt; ~e Formel Symbolschrift für chemische Verbindungen mittels internationaler Zeichen; ~e Keule zu Demonstrationen eingesetzter Kampfstoff, der Nase, Augen oder Rachen reizt; ~e Verbindung Stoff, der aus mindestens zwei chemischen Elementen aufgebaut ist

Che|mise ⟨[ʃəmiz] f.11; um 1800⟩ hemdartiges Kleid, Überwurf [frz., „Hemd", < mlat. *camisia* „Hemd, leinener, unmittelbar auf dem Körper getragener Überwurf"]

Che|mi|sett ⟨[ʃəmizɛt] n.1 oder n.9⟩, **Che|mi|set|te** ⟨[ʃəmizɛt(ə)] f.11⟩ **1** gestärkte Hemdbrust zum Vorbinden **2** weißer Einsatz am vorderen Oberteil des Damenkleides

Che|mis|mus ⟨[çe-] oder [ke-] m., -, nur Sg.⟩ Gesamtheit der chemischen Vorgänge bei einer Reaktion (bes. Ablauf von Stoffwechselvorgängen)

che|mo|tak|tisch ⟨[çe-] oder [ke-] Adj., o.Steig.⟩ auf Chemotaxis beruhend

Che|mo|ta|xis ⟨[çe-] oder [ke-] f., -, -xen⟩ durch Einfluß von chemischen Reizen ausgelöste Bewegungen von Mikroorganismen oder Zellen (z.B. der Samenzellen durch Befruchtungsstoffe)

Che|mo|tech|ni|ker ⟨[çe-] oder [ke-] m.5; Berufsbez. für⟩ jmd., der an einer Fachschule die staatliche Prüfung für Chemie abgelegt hat

Che|mo|the|ra|pie ⟨[çe-] oder [ke-] f.11⟩ Behandlung von Infektionskrankheiten durch chemisch reine, synthetische Substanzen

Che|nil|le ⟨[ʃəniljə] oder [ʃənijə] f.11; bei Frottiertierstoffen und Flortepichen⟩ raupenähnlich hervorstehendes Schußgarn [frz., „(behaarte) Raupe"]

Cher|chez la femme ⟨[ʃɛrʃe la fam] dahinter steckt bestimmt eine Frau [frz., „sucht die Frau"]

Che|ri|mo|ya ⟨[tʃe-] f.9⟩ herzförmige, leicht säuerliche südamerikanische Baumfrucht; auch: *Chirimoya* [indian.]

Cher|ry Bran|dy ⟨[tʃɛri brɛndi] m., - -s, - -s⟩ Likör aus Kirschwasser, Kirschsirup und Aromastoffen [< engl. *cherry* „Kirsche" und *Brandy*]

Che|rub ⟨[çe-] oder [ke-] m., -s, -bim oder -bi|nen; im AT⟩ urspr. tiergestaltiges Fabelwesen, später Engel höherer Ordnung, der Gott lobpreist; auch: *Kerub* [Herkunft nicht bekannt]

che|ru|bi|nisch ⟨[çe-] oder [ke-] Adj., o.Steig.⟩ engelgleich

Che|ster ⟨[tʃɛ-] m.5⟩ gelblicher bis orangefarbener, milder englischer Hartkäse [nach der Stadt *Chester* südl. von Liverpool]

che|va|le|resk ⟨[ʃə-] Adj.⟩ ritterlich, galant, liebenswürdig (bes. gegen Damen) [< frz. *chevalier* „Ritter, Edelmann" (unterster für Adelstitel), altfrz. „Reiter, unbewaffneter, berittener Soldat", < lat. *caballarius* „Pferdeknecht", zu *caballus* „Pferd", → *Kavalier*]

Che|va|lier ⟨[ʃəvalje] m.9⟩ **1** Ritter, Edelmann **2** französischer Adelstitel

Che|vau|le|ger ⟨[ʃvolɛʒe m.9; früher⟩ Angehöriger der leichten Kavallerie (im französischen, bayrischen und österreichischen Heer) [< frz. *cheveau-léger* in ders. Bed., zu *cheval*, Pl. *chevaux*, „Pferd" und *léger* „leicht"]

Che|vi|ot ⟨[(t)ʃɛviət]m.9⟩ ein strapazierfähiges Kammgarngewebe aus Schafwolle [nach dem in den Cheviot Hills an der engl.-schott. Grenze gezüchteten, langwolligen *Cheviot*-Schaf]

Che|vreau ⟨[ʃəvro] n., -, -s⟩ feines, sehr zähes chromgegerbtes Ziegenleder (für Handschuhe u.a.) [frz., „Zicklein"]

Chi ⟨[çi] n.9; Zeichen: χ, X⟩ 22. Buchstabe des griechischen Alphabets

Chi|an|ti ⟨[kian-] m.9⟩ ein roter italienischer Tischwein [nach den Monti del *Chianti*, einer Hügellandschaft in Mittelitalien, wo dieser Wein angebaut wird]

Chi|as|ma ⟨[çi-] n., -s, -ma|ta⟩ **1** Kreuzungsstelle der beiden Sehnerven **2** Überkreuzung zweier Chromatiden homologer Chromosomen (während der Reifeteilung einer Zelle) [griech., „kreuzweise gelegtes Holz"; vgl. *Chiasmus*]

Chi|as|mus ⟨m., -, -men⟩ Stilfigur, kreuzweise Gegenüberstellung von gleichen oder gegensätzlichen Begriffen, z.B.: „Ein Dirigent soll nicht den Kopf in der Partitur, sondern die Partitur im Kopf haben" (Hans von Bülow) [nach dem griech. Buchstaben *chi*, der die Form eines liegenden Kreuzes hat: X]

chic ⟨[ʃik] Adj., o.Steig.; nur mit „sein" und als Adv.; frz. Schreibung von⟩ *schick*; das Kleid ist c. (als Attr. Schreibung vorwiegend so: das chicke Kleid, besser: das schicke Kleid)

Chi|co|rée ⟨[ʃikore:] m., -s, nur Sg. oder f., -, nur Sg.⟩ (im Dunkeln gezogene, daher bleiche) Blattrosette einer Form der Zichorie (als Gemüse und Salat) [frz., → *Zichorie*]

Chif|fon ⟨[ʃifɔ̃] m.9, österr. [-fɔn] m.1⟩ schleierartiges Gewebe aus Natur- oder Kunstseide [frz., „Fetzen, Lumpen"]

Chif|fon|nier ⟨[ʃifɔnje] m.9; †⟩ hohe, schmale Kommode mit vielen Schubladen [frz., „Lumpensammler"]

Chif|fon|nie|re ⟨[ʃifɔnjɛrə] f.11⟩ **1** ⟨†⟩ Behälter für Näh- und Putzsachen **2** ⟨schweiz.⟩ Kleiderschrank [frz., „Nähtischchen"; vgl. *Chiffon*]

Chif|fre ⟨[ʃifrə] auch [ʃifər] f.11⟩ **1** Zahlzeichen, Ziffer **2** Kennwort, Kennzahl (bes. in Zeitungsanzeigen) **3** Geheimschriftzeichen [frz., „Ziffer, Betrag, Geheimzeichen", < mlat. *cifra* „Null", < arab. *ṣifr* „null, leer"]

chif|frie|ren ⟨[ʃi-] V.3, hat chiffriert; mit Akk.⟩ in einer Chiffre, in Geheimschrift abfassen, verschlüsseln; einen Text c.

Chi|hua|hua ⟨[tʃiwawa] m.9⟩ mexikanische Hunderasse mit „Fledermaus"ohren, die als Rasse mit den kleinsten Hunden gilt [nach der Provinz *Chihuahua*]

Chi|le|ne ⟨[çi-] auch [tʃi-] m.11⟩ Einwohner von Chile

chi|le|nisch ⟨[çi-] auch [tʃi-] Adj., o.Steig.⟩ Chile betreffend, zu Chile gehörig, aus Chile stammend

Chi|le|sal|pe|ter ⟨[çi-] oder [tʃi-] m., -, nur Sg.; Herkunftsbez. für⟩ Natronsalpeter [aus der Atacama-Wüste in Nordchile]

Chi|li ⟨[tʃi-] m.9⟩ **1** rote Beeren von Nachtschattengewächsen der Gattung Capsicum, Pfefferschoten; auch: *Chilli* **2** mit Cayennepfeffer gewürzte Soße [Nahuatl]

Chi|li|a|de ⟨[çi-] f.11⟩ **1** Zahl, Reihe, Sammlung von tausend **2** Jahrtausend [< griech. *chilias*, Gen. *chiliados*, „die Zahl 1000"]

Chi|li|as|mus ⟨[çi-] m., -, nur Sg.⟩ Lehre von der Erwartung des Tausendjährigen Reiches (nach Christi Wiederkunft) [< griech. *chilias*, Gen. *chiliados*, „die Zahl 1000, Anzahl von 1000, das Tausend", zu *chilioi* „tausend"]

Chil|li ⟨[tʃi-] f., -, -ies⟩ → *Chili*

Chi|mä|ra ⟨[çi-] f., -, -ren-⟩ → *Chimäre* (1)

Chi|mä|re ⟨[çi-] f.⟩ **1** ⟨griech. Myth.⟩ Fabelwesen (vorne Löwe, in der Mitte Ziege, hinten Schlange); auch: *Chimära* **2** ⟨übertr.⟩ Phantasiegebilde, Hirngespinst; auch: *Chimära* **3** durch Pfropfen entstandene einheitliche Pflanze aus Gewebe von zwei artverschiedenen Pflanzen (z. B. aus Tomate und Kartoffel) [< griech. *chimaira*, „Ziege"]

Chi|na|kohl ⟨[çi-] auch [ki-] m., -s, nur Sg.⟩ ostasiatische Kohlart

Chi|na|rin|de ⟨[çi-] auch [ki-] f., -, nur Sg.⟩ Rinde des Fieberrindenbaums (früher zur Herstellung von Chinin verwendet); Syn. *Fieberrinde* [< span. *quina*, < Ketschua *kina* „Rinde", später mit *China* verknüpft; der aus Südamerika stammende Baum wurde vor allem in Indonesien angebaut, *China* steht hier für „Ostasien"]

Chin|chil|la ⟨[tʃinʃila] **I** ⟨n.9 oder f.9⟩ etwa rattengroßes Nagetier der südamerikanischen Anden mit silbergrauem Pelz und buschigem Schwanz **II** ⟨m.9⟩ dessen Pelz [span., vielleicht aus der Indianersprache Aimará]

Chin-chin ⟨[tʃinʃin]; ugs., geh.; beim Zutrinken⟩ *zum Wohl!* [engl., < chin. *ching-ching* „bitte, bitte"]

Chi|né ⟨[ʃine] n.9⟩ geflammtes, glattes Gewebe (Kleider-, Krawatten- und Dekorationsstoff) [< frz. *chiner* „bearbeiten, buntweben", eigtl. „auf chinesische Weise bearbeiten"]

Chi|ne|se ⟨[çi-] auch [ki-] m.11⟩ **1** Einwohner von China **2** Angehöriger einer aus China stammenden Volksgruppe

chi|ne|sisch ⟨[çi-] auch [ki-] Adj., o.Steig.⟩ China betreffend, zu China gehörig, aus China stammend; ~e Sprache

Chi|ne|si|sche Nach|ti|gall ⟨[çi-] auch [ki-] f.10⟩ farbenprächtiger Stubenvogel aus der Familie der Timalien mit melodischem Gesang, Sonnenvogel

Chi|nin ⟨[çi-] auch [ki-] n., -s, nur Sg.⟩ bitter schmeckendes, weißes, kristallines Alkaloid (das im Zentralnervensystem das Schmerz- und Wärmezentrum dämpft) [< ital. *chinina*, < span. *quina* „Chinarinde", früher daraus hergestellt; vgl. *Chinarinde*]

Chi|noi|se|rie ⟨[ʃinoazə-] f.11⟩ kunstgewerblicher Gegenstand in chinesischem Stil [frz., < *chinois* „chinesisch"]

Chi|non ⟨[çi-] n.1⟩ Vertreter einer Gruppe meist gelber aromatischer Kohlenstoffe (u.a. als Farbstoffe verwendet)

Chintz ⟨[tʃints] m.1⟩ durch Wachsüberzug glänzend gemachtes, meist gemustertes Baumwollgewebe [engl., < Hindi *chint*, < Sanskrit *citra* „buntfarbig"]

chint|zen ⟨[tʃin-] V.1, hat gechintzt; mit Akk.⟩ mit Wachs überziehen

Chip ⟨[tʃip] m.9⟩ **1** dünnes in Fett gebackenes, knuspriges Kartoffelscheibchen **2** Spielmarke (z.B. beim Roulette) **3** kleines Plättchen aus Glas oder Halbleitermaterial, auf das eine elektronische Schaltung aufgebracht ist [< engl. *chip* „Schnitzel, abgeschnittenes Stückchen"]

Chip|pen|dale ⟨[tʃipəndeil] n., -s, nur Sg.⟩ ein Möbelstil des 18. Jahrhunderts [nach dem engl. Kunsttischler Thomas *Chippendale*]

Chir|agra ⟨[çir-] n., -s, nur Sg.⟩ Gicht in den Handgelenken; vgl. *Podagra* [< griech. *cheiragra* „Handgicht", < *cheir* „Hand" und *agra* „Jagdbeute, Fang", also eigentlich „Handfessel"]

Chi|ri|mo|ya ⟨[tʃi-] f.9⟩ → *Cherimoya*

chi|ro..., Chi|ro... ⟨in Zus.⟩ hand..., Hand... [< griech. *cheir*, Gen. *cheiros*, „Hand"]

Chi|ro|gno|mie ⟨[çi-] f., -, nur Sg.⟩ → *Chirologie* [< *Chiro*... und griech. *gnoma* „Kennzeichen"]

Chi|ro|graph ⟨[çi-] n.12 oder n.10⟩, **Chi|ro|gra|phum** ⟨n., -s, -pha oder -gra|phen⟩ **1** ⟨Antike⟩ Handschreiben **2** ⟨MA⟩ eigenhändig geschriebene Urkunde [< griech. *cheir*, Gen. *cheiros*, „Hand" und *graphe* „Schriftstück", zu *graphein* „schreiben"]

Chi|ro|lo|gie ⟨[çi-] f., -, nur Sg.⟩ Erschließung von Charaktereigenschaften aus Form und Linien der Hand; Syn. *Chirognomie* [< *Chiro*... und ...*logie*]

Chi|ro|man|tie ⟨[çi-] f., -, nur Sg.⟩ Charakter- und Zukunftsdeutung aus Form und Linien der Hand, Handlesekunst [< *Chiro*... und griech. *manteia* „Weissagung"]

Chi|ro|no|mie → *Cheironomie*
Chi|ro|prak|tik ⟨f., -, nur Sg.⟩ *Methode zur Behandlung von Wirbelverrenkungen und Bandscheibenschäden mit den Händen* [< *Chiro...* und *Praktik*]
Chir|urg ⟨[çir-] auch [kir-] m.10⟩ *Facharzt der Chirurgie;* Syn. †*Chirurg*
Chir|ur|gie ⟨[çir-] auch [kir-] f., -, nur Sg.⟩ **1** *Teilgebiet der Medizin, das die manuellen Heilmethoden umfaßt* (z.B. *Operation, Einrichtung von Brüchen, Wundversorgung*) **2** ⟨ugs.⟩ *chirurgische Klinik* [< griech. *cheirourgia*, urspr. „Tätigkeit mit der Hand", dann „Ausübung einer Kunst, Wundarznei"]
Chi|tin ⟨[çi-] n., -s, nur Sg.⟩ *fester Stoff (der bes. bei Gliederfüßern die äußere Hülle bildet), stickstoffhaltiges Polysaccharid* [< griech. *chiton* „Kleid, Gewand"]
chi|ti|nös ⟨Adj., o.Steig.⟩ *aus Chitin*
Chi|ton ⟨[çi-] m.1⟩ *altgriechisches Gewand* [griech.]
Chla|mys ⟨[xla-] auch [xlamys] f., -, -⟩ *altgriechischer kurzer Überwurfmantel für Reiter und Krieger* [griech.]
Chlor ⟨[klor] n., -s, nur Sg.; Zeichen: Cl⟩ *chemisches Element, gelbgrünes, giftiges, stechend riechendes Gas* [< griech. *chloros* „gelbgrün"]
chlo|ren ⟨[klo-] V.1, hat gechlort; mit Akk.⟩ *mit Chlor versetzen und dadurch keimfrei machen*
Chlo|rid ⟨[klo-] n.1⟩ *Verbindung der Salzsäure (Chlorwasserstoffsäure) mit Metallen* (z.B. *Natrium*)
chlo|rie|ren ⟨[klo-] V.3, hat chloriert⟩ → *chloren*
Chlo|rit ⟨[klo-] n.1⟩ auch: *Klinochlor* **1** *Salz der chlorigen Säure* **2** ⟨Sammelbez.⟩ *grünliches Silicat-Mineral mit ähnlicher Zusammensetzung*
Chlor|kalk ⟨[klor-] m., -(e)s, nur Sg.⟩ *weißes, bröseliges, nach Chlor riechendes Pulver (als Bleich- und Desinfektionsmittel)* [aus *Chlor* und gelöschtem *Kalk* hergestellt]
Chlor|kau|tschuk ⟨[klor-] m.1⟩ *weiße oder gelbliche Masse, die durch Chlorieren von Naturkautschuk hergestellt wird (Grundstoff für Klebestoffe und Schutzanstriche)*
Chlo|ro|form ⟨[klo-] n., -s, nur Sg.⟩ *farblose, schwere Flüssigkeit von süßlichem Geruch (früher als Narkosemittel)* [< *Chlor* und *Formyl*]
chlo|ro|for|mie|ren ⟨V.3, hat chloroformiert; mit Akk.⟩ *mit Chloroform betäuben*
Chlo|ro|phyll ⟨[klorofyl] n., -s, nur Sg.⟩ *blau- bis gelbgrüner Farbstoff der Pflanzen für die Photosynthese;* Syn. *Blattgrün* [< griech. *chloros* „gelbgrün" und *phyllon* „Blatt"]
Chlo|ro|pla|sten ⟨[klo-] Pl.⟩ *ellipsoidisch geformte Zellbestandteile, die das Chlorophyll enthalten*
Chlo|ro|se ⟨[klo-] f.11⟩ **1** *Gelbverfärbung von Pflanzenblättern (durch Ernährungsstörungen, Eisenmangel oder Staunässe)* **2** → *Bleichsucht* [< griech. *chloros* „gelbgrün" und *...ose*]
Choke ⟨[t∫ok] m.9⟩ *Hebel am Armaturenbrett (eines Kraftfahrzeuges), der die Luftzufuhr zum Vergaser drosselt und dadurch ein stärker benzinhaltiges Gemisch für den Start erzeugt* [< engl. *to choke* „drosseln"]
Cho|le|ra ⟨[ko-] f., -, nur Sg.⟩ *(meist als Seuche auftretende) Infektionskrankheit mit Erbrechen, heftigem Durchfall und Kreislaufschwäche* [< griech. *chole* „Galle" und *rhein* „fließen"; „Galle" hier wohl im Sinne von „Körpersaft"]
Cho|le|ri|ker ⟨[ko-] m.5⟩ *reizbarer, leicht aufbrausender Mensch* [< griech. *cholerikos* „gallig"; in der Antike nahm man an, ein Überwiegen der gelben Galle in den Körpersäften sei die Ursache für diesen Temperamentstyp]

cho|le|risch ⟨[ko-] Adj.⟩ *in der Art eines Cholerikers, leicht aufbrausend*
Cho|le|ste|rin ⟨[ko-] auch [ço-] n., -, nur Sg.⟩ *fettähnliche Verbindung in allen Zellen der Wirbeltiere und des Menschen. C. kann in Gallensteinen abgelagert werden* [< griech. *chole* „Galle" und *Sterin*]
Chol|iam|bus ⟨[çoljam-] m., -, -ben⟩ *jambischer Vers mit einem Trochäus statt des letzten Jambus, Hinkjambus* [< griech. *cholos* „lahm, hinkend" und *Jambus*]
Chop|per ⟨[t∫ɔ-] m.5⟩ → *Zerhacker* [< engl. *to chop* „(zer)hacken, hauen"]
Chop-suey ⟨[t∫ɔpsui] n., -(s), -(s)⟩ *(in Amerika entstandenes) „chinesisches" Gericht mit Fleisch, Sojasprossen u.a.* [chin., „verschiedene Bissen"]
Chor ⟨[kor] m.2⟩ **1** ⟨urspr.⟩ **a** *Kulttanz, Kultgesang* **b** *dessen Ausführende* **2** ⟨Theat.⟩ **a** *Bestandteil der altgriechischen Tragödie, der die Meinung des Volks ausdrückt und die Handlung kommentiert* **b** *die Sprecher dieses Textes* **3** ⟨auch n.2⟩ *erhöhter, den Geistlichen vorbehaltener Raum am Ende des Kirchenschiffs mit dem Hochaltar* **4** *größere Gruppe von Sängern* **5** *Musikstück für diese* **6** *gemeinsamer Gesang; im C. singen* **7** ⟨16./17.Jh.⟩ *Gruppe gleicher Instrumente sowie ihr Spiel (Posaunen~); Gesamtheit der Sänger und Tänzer; Tanzplatz* [< griech. *choros* „Tanz, Reigentanz; Gesamtheit der Sänger und Tänzer; Tanzplatz"]
Cho|ral ⟨[ko-] m.2⟩ *Kirchenlied* [verkürzt < *Choralgesang*, zu *Chor*]
Cho|ral|no|ta|ti|on ⟨[ko-] f.10⟩ *nur die Tonhöhe angebende Notenschrift des 12. Jahrhunderts;* vgl. *Mensuralnotation, Modalnotation*
Chör|chen → *Chörlein*
Chor|da ⟨[kɔr-] f., -, -den⟩ *strangartiges Gebilde, Sehne; C. dorsalis gallertiger Stützstab mit Hüllen aus Bindegewebe als Vorläufer der Wirbelsäule bei Chorda-Tieren* [< griech. *chorde* „Darm, aus Darm hergestellte Saite"]
Chor|da|te ⟨[kɔr-] m.11⟩ → *Chorda-Tier*
Chor|da-Tier ⟨[kɔr-] n.1⟩ *Vertreter eines Tierstammes, der durch ein Achsenskelett, das von einer Chorda dorsalis seinen Ursprung nimmt, gekennzeichnet ist (Schädellose, Manteltiere und Wirbeltiere)*
Cho|rea ⟨[ko-] f., -, nur Sg.⟩ → *Veitstanz* [< griech. *choreia* „Tanz, Reigentanz"]
Cho|re|en ⟨[ko-] Pl. von⟩ *Choreus*
Cho|reg ⟨[ko-] m.10⟩, **Cho|re|ge** ⟨m.11⟩ → *Chorführer;* [< griech. *choros* „Chor" und *agein* „führen"]
Cho|reo|graph ⟨[ko-] m.10⟩ *Künstler, der die Schrittfolge, Bewegungen, Figuren für Ballettaufführungen entwirft*
Cho|reo|gra|phie ⟨[ko-] f.11⟩ **1** *Gestaltung eines Balletts, Entwerfen der Tanzschritte, Bewegungen und Figuren* **2** *schriftliche Aufzeichnung (in Buchstaben, Zeichen und Linien) der Tanzschritte und -figuren und Stellungen für die Tänzer;* Syn. *Tanzschrift* [< griech. *choreia* „Tanz" (zu *choros*; vgl. *Chor*) und *graphein* „schreiben"]
cho|reo|gra|phisch ⟨[ko-] Adj., o.Steig.; nur als Attr. und Adv.⟩ *zur Choreographie gehörig, mit ihrer Hilfe*
Cho|reo|lo|gie ⟨f.11⟩ *Aufzeichnung der vom Choreographen entworfenen Tanzschritte und -figuren in einer bestimmten Tanzschrift* [< griech. *choreia* „Tanz" und *logos* „Wort, Lehre"]
Cho|reus ⟨[ko-] m., -, -re|en⟩ → *Trochäus*
Cho|reut ⟨[ko-] m.10; im altgriech. Theat.⟩ *Chortänzer*
Cho|reu|tik ⟨[ko-] f.⟩ *Tanzkunst* [< griech. *choreutike techne* „Tanzkunst, Lehre vom Tanz", zu *choreia* „Tanz", zu *choros*; vgl. *Chor*]
Chor|frau ⟨[kɔr-] f.10⟩ *Angehörige einer religiösen weiblichen Gemeinschaft, auch des weiblichen Zweigs eines Mönchsordens*

Chor|füh|rer ⟨[kɔr-] m.5; im altgriech. Theat.⟩ *Anführer des Chors;* Syn. *Chorege*
Chor|ge|stühl ⟨[kɔr-] n.1⟩ *Sitzreihen für die Geistlichen im Chor (einer Kirche)*
Chor|hemd ⟨[kɔr-] n.12⟩ *langes, hemdartiges Kleidungsstück der kath. Priester und Chorknaben;* Syn. *Chorrock*
Chor|herr ⟨[kɔr-] m.10⟩ *Mitglied eines Domkapitels oder Stifts*
Cho|ri|am|bus ⟨[kor-] m., -, -ben⟩ *aus einem Choreus und einem Jambus bestehender Versfuß in einen jambischen Vers*
Cho|ri|on ⟨[ko-] n., -s, nur Sg.⟩ **1** *äußere Hülle des Embryos;* Syn. *Zottenhaut* **2** *bei Insekten: äußere Eihaut* [griech., „Haut, Leder"]
cho|risch ⟨[ko-] Adj., o.Steig.⟩ *durch einen Chor ausgeführt oder auszuführen*
Cho|rist ⟨[ko-] m.10⟩ *Sänger im Chor*
Chor|kna|be ⟨[ko-] m.11⟩ *Mitglied eines kirchlichen Knabenchors*
Chör|lein ⟨[kɔr-] n.7; an mittelalterlichen Häusern⟩ *kleiner Erker (urspr. als Kapelle verwendet);* Syn. *Chörchen*
Cho|ro|gra|phie ⟨[ko-] f., -, nur Sg.⟩ **1** *Wiss. von den Raumbeziehungen (befaßt sich z.B. mit der Verbreitung und den Standorten von Pflanzen und Tieren)* **2** ⟨Geogr.⟩ *Raum-, Länderkunde* [< griech. *choros* „Ort" und *...graphie*]
Cho|ro|lo|gie ⟨[ko-] f., -, nur Sg.⟩ *Teilgebiet der Pflanzengeographie, das sich mit den Verbreitungsgebieten der Pflanzenarten und -gesellschaften befaßt* [< griech. *chora* „Platz, freier Raum" und *...logie*]
Chor|re|gent ⟨[ko-] m.10; süddt., †⟩ *Leiter eines kath. Kirchenchors*
Chor|rock ⟨[ko-] m.2⟩ → *Chorhemd*
Chor|schran|ke ⟨[ko-] f.11⟩ *(meist künstlerisch gestaltetes) Gitter zwischen Kirchenschiff und Altarraum*
Cho|rus ⟨[ko-] m., -, nur Sg.⟩ **1** ⟨†⟩ *Chor (von Sängern)* **2** ⟨Jazz⟩ *mehrmals wiederholtes Thema*
Cho|se ⟨[∫o-] f.11⟩ *Sache, Angelegenheit;* auch: *Schose* [< frz. *chose* „Sache, Gegenstand, Angelegenheit" < lat. *causa* „Grund, Anlaß; Angelegenheit, Sache, Gegenstand"]
Chow-Chow ⟨[t∫au t∫au] m.9⟩ *chinesische Hunderasse mit dichtem, meist rötlichem Fell, von stämmiger, kurzbeiniger Gestalt mit Ringelrute und blauer Zunge* [vielleicht zu chin. *kou* „Hund"]
Chre|sto|ma|tie ⟨[kre-] f.11⟩ *Auswahl von Prosastücken für den Unterricht* [< griech. *chrestos* „brauchbar, nützlich" und *mathesis* „das Lernen, Unterricht"]
Chri|sam ⟨[kri-] n. oder m., -s, nur Sg.⟩, **Chris|ma** ⟨[kris-] n., -s, nur Sg.⟩ *kath. geweihtes Salböl* [< griech. *chrima, chrisma* „Salbe", zu *chriein* „bestreichen, salben"]
Christ ⟨[krist] m.10⟩ **1** *Angehöriger des Christentums* **2** ⟨nur Sg.; volkstüml.⟩ *Christus; der heilige C.* [< *Christus*]
Christ... vgl. *Weihnachts...*
Christ|baum ⟨m.2; landsch.⟩ → *Weihnachtsbaum*
Christ|dorn ⟨m., -s, nur Sg.⟩ auch: *Christusdorn* **1** *rot blühendes madegassisches Wolfsmilchgewächs mit langen Dornen, Zimmerpflanze* **2** ⟨ugs.; Sammelbez. für⟩ *verschiedene andere dornige Pflanzen* (z.B. *Gleditschie, Stechpalme*)
Chris|ten|ge|mein|de ⟨f., -, nur Sg.⟩ **1** ⟨i.w.S.⟩ *(die als große Gemeinschaft aufgefaßte) Gesamtheit der Christen* **2** ⟨i.e.S.⟩ *die ersten Christen im alten Rom*
Chris|ten|ge|mein|schaft ⟨f., -, nur Sg.⟩ *1922 gegründete, von der Anthroposophie Rudolf Steiners beeinflußte religiöse Gemeinschaft*
Chris|ten|heit ⟨f., -, nur Sg.⟩ *Gesamtheit der Christen*

Christenpflicht ⟨f.10⟩ *Pflicht eines Christen, Pflicht, die man als Christ zu erfüllen hat; es ist unsere C., ihm zu helfen*

Christentum ⟨n., -s, nur Sg.⟩ **1** *auf Jesus Christus und seiner Lehre beruhende Religion* **2** *praktisch durchgeführter christlicher Glaube, die verwirklichte Lehre Christi*

Christenverfolgung ⟨f.10⟩ *Verfolgung von Christen durch die römische Staatsmacht, bes. zur Zeit Neros*

Christfest ⟨n.1⟩ → *Weihnachten*

christianisieren ⟨[kri-] V.3, hat christianisiert; mit Akk.⟩ *zum Christentum bekehren*

Christian Science ⟨[krĭstjən saiəns] f., -, nur Sg.⟩ *christliche Lehre und Gemeinschaft zur Erlösung von Krankheit, Sünde und Tod durch engste Verbindung mit Gott* [engl., „christliche Wissenschaft"]

Christkatholiken ⟨Pl.; schweiz.⟩ → *Altkatholiken*

christkatholisch ⟨Adj., o.Steig.; schweiz.⟩ → *altkatholisch*

Christkind ⟨n., -(e)s, nur Sg.⟩ **1** *Jesus Christus als Säuglingsfigur (in Weihnachtskrippen u.a.)* **2** *weihnachtlicher Geschenkebringer, meist in kindlicher Engelsgestalt (der Jesus Christus als Kind mit weißem Hut)* **3** ⟨ugs., landsch.⟩ *Weihnachtsgeschenk*

christlich ⟨Adj.⟩ **1** ⟨o.Steig.⟩ *zum Christentum gehörend, auf ihm beruhend;* ~*e Kunst;* ~*e Auffassung;* ~*e Haltung* **2** ⟨o.Steig.⟩ *von Christus stammend, auf seiner Lehre beruhend* **3** *der Lehre Christi entsprechend, im Sinne Christi;* ~*e Nächstenliebe; c. denken; c. handeln*

Christlichkeit ⟨f., -, nur Sg.⟩ *christliche Gesinnung, christliche Haltung*

Christmesse ⟨f.11; kath. Kirche⟩, **Christmette** ⟨f.11; evang. Kirche⟩ *Gottesdienst in der Christnacht*

Christnacht ⟨f.2⟩ *Nacht vom 24. zum 25. Dezember*

Christogramm ⟨[kri-] n.1⟩ → *Christusmonogramm*

Christolatrie ⟨f., -, nur Sg.⟩ *Verehrung, Anbetung Christi* [< *Christus* und griech. *latreia* „Dienst, Gottesdienst"]

Christologie ⟨f., -, nur Sg.⟩ *Lehre von Person und Natur Christi* [< *Christus* und *logos* „Wort, Lehre"]

christologisch ⟨Adj., o.Steig.; nur als Attr. und Adv.⟩ *zur Christologie gehörend, auf ihr beruhend*

Christophanie ⟨f., -, nur Sg.⟩ *Erscheinung des auferstandenen Christus* [< *Christus* und griech. *phainesthai* „erscheinen, sich zeigen"]

Christrose ⟨f.11⟩ *weiß oder rötlich blühendes Hahnenfußgewächs der Alpen;* Syn. *Schneerose* [*blüht als Zimmerpflanze um Weihnachten*]

Christstolle ⟨f.11⟩, **Christstollen** ⟨m.7⟩ → *Stollen (2)*

Christus ⟨[kri-] m., -sti, nur Sg.⟩ *Ehrenname Jesu; Jesus C.; nach Christo, nach C., nach Christi Geburt* (Abk.: n.Chr.); *vor Christo, vor C., vor Christi Geburt* (Abk.: v.Chr.) [< griech. *christos* „der Gesalbte", zu *chriein* „bestreichen, salben"]

Christusdorn ⟨m., -s, nur Sg.⟩ → *Christdorn*

Christusmonogramm ⟨n.1⟩ *Zeichen für die ersten Buchstaben des Namens „Christus", aus den ineinandergeschriebenen griechischen Buchstaben X (Chi = Ch) und P (Rho = R) gebildet:* ☧

Chrom ⟨[krom] n., -s, nur Sg.; Zeichen: Cr⟩ *chemisches Element, silberglänzendes, hartes Metall* ⟨o.Pl.⟩, *nach seinen verschiedenfarbigen Verbindungen*

Chromat ⟨[kro-] n.1⟩ *Salz der Chromsäure*

Chromatid ⟨[kro-] m.10; meist Pl.⟩ *Spalthälfte der Chromosomen, die während der Teilung des Zellkerns sichtbar wird* [zu griech. *chroma* „Farbe"]

Chromatik ⟨[kro-] f., -, nur Sg.; Mus.⟩ **1** *Erhöhung oder Erniedrigung der Stufen einer Tonleiter um einen halben Ton durch Versetzungszeichen;* Ggs. *Diatonik* **2** *durch Halbtonschritte gekennzeichnete Musik* **3** ⟨Phys.⟩ *Farbenlehre* [< griech. *chromatikos* „gefärbt", zu *chroma* „Farbe", eigtl. also die „Umfärbung" von Tönen, die Veränderung der Klangfarbe]

Chromatin ⟨[kro-] n., -s, nur Sg.⟩ *mit basischen Farbstoffen färbbarer Bestandteil des Zellkerns* [zu griech. *chroma* „Farbe"]

chromatisch ⟨[kro-] Adj., o.Steig.⟩ **1** ⟨Mus.⟩ *in Halbtonschritten (fortschreitend);* Ggs. *diatonisch* **2** ⟨Optik⟩ *auf Farbenzerlegung beruhend;* ~*e Aberration,* ~*e Abweichung von Abbildungsfehler von Linsen durch Farbzerstreuung*

chromatisieren ⟨[kro-] V.3, hat chromatisiert; mit Akk.⟩ *mit einer Chromatschicht überziehen*

Chromatographie ⟨[kro-] f., -, nur Sg.⟩ *Verfahren zur Trennung von ähnlichen und schwer trennbaren chemischen Stoffen aufgrund unterschiedlicher Wanderungsgeschwindigkeiten in einem Lösungsmittel und unterschiedlicher Färbung durch bestimmte Reagenzien* [< griech. *chroma* „Farbe" und *...graphie*]

Chromatophor ⟨[kro-] n., -s, -en; meist Pl.⟩ **1** *(bei Tieren) Zelle, die Farbstoffkörnchen enthält (Grundlage für den Farbwechsel bei Chamäleon, Tintenfischen u.a.)* **2** *(bei Pflanzen) Farbstoffe enthaltender Zelleinschluß*

Chromeisenerz ⟨[krom-] n.1⟩, **Chromeisenstein** ⟨m.1⟩ → *Chromit*

Chromfarbe ⟨[krom-] f.11⟩ *Farbe, die eine Chromverbindung als Pigment enthält (z.B. Chromgelb, Chromoxidgrün)*

Chromit ⟨[kro-] **I** ⟨m.1⟩ *bräunliches bis schwarzes, metallisch glänzendes Mineral, wichtigstes Chromerz;* Syn. *Chromeisenerz, Chromeisenstein* **II** ⟨n.1⟩ *ein Chromsalz*

Chromleder ⟨[krom-] n.5⟩ *mit Chromsalzen gegerbtes, widerstandsfähiges Leder*

Chromosom ⟨[kro-] n.12⟩ *faden-, stäbchen- oder schleifenförmige Struktur im Zellkern der Pflanze, Tier und Mensch, auf der die Gene liegen (kurz vor und während der Teilung des Kerns mikroskopisch erkennbar)* [< griech. *chroma* „Farbe" und *soma* „Körper", wegen der leichten Färbbarkeit]

chromosomal ⟨[kro-] Adj., o.Steig.⟩ *die Chromosomen betreffend*

Chromosomenaberration ⟨[kro-] f.10⟩, **Chromosomenanomalie** ⟨f.11⟩ *Schädigung des Erbguts durch Veränderung in der Struktur einzelner Chromosomen oder in der Gesamtzahl eines normalen Chromosomensatzes*

Chromosphäre ⟨[kro-] f., -, nur Sg.⟩ *äußerste, rot gefärbte, höchst turbulente Schicht der Sonne* [< griech. *chroma* „Farbe" und *Sphäre*]

Chronik ⟨[kro-] f.10⟩ *Aufzeichnung geschichtlicher Vorgänge in der Reihenfolge ihres Geschehens* [< griech. *chronika* (Pl.) „Zeitangaben", zu *chronos* „Zeit"]

chronikalisch ⟨Adj., o.Steig.⟩ *in der Art einer Chronik*

Chronique scandaleuse ⟨[kronik skädaløz] f., -, -, nur Sg.⟩ *(meist übertriebene) Skandalgeschichte* [frz.]

chronisch ⟨[kro-] Adj., o.Steig.⟩ *bei Krankheiten;* Ggs. *akut* **1** *langsam verlaufend, schleichend* **2** ⟨ugs.⟩ *hartnäckig; ein* ~*es Übel; die Krankheit chronizein „die Zeit zubringen, verweilen, bleiben"*

Chronist ⟨[kro-] m.10⟩ *Verfasser einer Chronik*

Chronogramm ⟨[kro-] n.1⟩ *lateinischer Satz, in dem diejenigen Buchstaben, die den römischen Zahlen entsprechen, die Jahreszahl eines Ereignisses ergeben* [< griech. *chronos* „Zeit" und *gramma* „Schriftzeichen", zu *graphein* „schreiben"]

Chronograph ⟨m.10⟩ *Gerät zum Aufzeichnen der Zeitdauer eines Vorgangs* [< griech. *chronos* „Zeit" und *graphein* „schreiben"]

Chronographie ⟨f.11⟩ *Geschichtsschreibung in der Reihenfolge der Ereignisse* [< griech. *chronos* „Zeit" und *graphein* „schreiben"]

Chronologie ⟨f.11⟩ **1** *Lehre von der Zeitrechnung* **2** *zeitlicher Ablauf* [< griech. *chronos* „Zeit" und *logos* „Wort, Lehre"]

chronologisch ⟨Adj., o.Steig.⟩ *nach dem zeitlichen Ablauf, zeitlich geordnet*

Chronometer ⟨n.5⟩ *sehr genau gehende Uhr (bes. auf Schiffen)* [< griech. *chronos* „Zeit" und *metron* „Maß"]

Chrysantheme ⟨[krys-] f.11⟩ *ein Korbblütler, Zierpflanze mit großen, aus strahlenförmig angeordneten Einzelblüten bestehendem Blütenkopf* [< griech. *chrysanthemon* „Goldblume"]

chryselephantin ⟨[krys-] Adj., o.Steig.⟩ *in Gold-Elfenbein-Technik gearbeitet* [< griech. *chrysos* „Gold" und *elephas*, Gen. *elephantos*, „Elfenbein"]

Chrysoberyll ⟨[kry-] m.1⟩ *goldgelbes, grüngelbes oder bräunliches Mineral, Edelstein* [< griech. *chrysos* „Gold" und *Beryll*]

Chrysolith ⟨[kry-] m.12 oder m.10⟩ → *Peridot* [< griech. *chrysos* „Gold" und *lithos* „Stein"]

Chrysopras ⟨[kry-] m.1⟩ *apfelgrüner Schmuckstein, Abart des Chalzedons* [< griech. *chrysos* „Gold" und *prason* „Lauch"]

chthonisch ⟨[çto-] Adj., o.Steig.⟩ *der Erde angehörend, unterirdisch, unter der Erde lebend; die* ~*en Götter* [< griech. *chthon* „Erde, Erdboden"]

Chutney ⟨[tʃatni] n.9⟩ *indische Würzpaste aus Früchten, Essig, Gewürzen u.a. (Mango*~⟩ [< Hindi *catni* in ders. Bed., zu *catt-* „lecken"]

Chuzpe ⟨[xʊs-] f., -, nur Sg.⟩ *Dreistigkeit, Unverschämtheit* [über jidd. *chuzpe* in ders. Bed. < hebr. *chuzpā* „Unverschämtheit"]

Chylus ⟨[çy-] m., -, nur Sg.⟩ *aus dem Speisebrei aufgenommener milchiger Darmsaft (der über Lymphgefäße in die Blutbahn gelangt)* [< griech. *chylos* „Saft"]

Chymosin ⟨[çy-] n., -s, nur Sg.⟩ *ein Enzym, Bestandteil des Labs* [zu *Chymus*]

Chymus ⟨[çy-] m., -, nur Sg.⟩ *im Magen angedaute Speisebrei (der in den Dünndarm gelangt)* [< griech. *chymos*, Nebenform zu *chylos* „Saft"]

Ci ⟨Zeichen für⟩ *Curie*

CIA ⟨[siaiei] m., -, nur Sg.⟩ *amerikanischer Geheimdienst* [< engl. *Central Intelligence Agency*]

Ciacona ⟨[tʃa-] f., -, -s oder -ne; ital. Form von⟩ *Chaconne*

Ciao! ⟨[tʃaʊ] servus!, auf Wiedersehen!* [ital. < venezian. *sciao*, verkürzt < *sono vostro schiavo!* „ich bin Ihr Diener!", zu *schiavo* „Diener, Sklave"]

CIC ⟨Abk. für⟩ *Codex Iuris Canonici*

Cicerone ⟨[tʃitʃe-] m., -(s), -ni⟩ *Fremden-, Kunstführer in Italien* [nach dem röm. Staatsmann Marcus Tullius *Cicero* (106–43 v.Chr.), der für seine Beredsamkeit berühmt war]

Cicisbeo ⟨[tʃitʃis-] m., -, -s⟩ *Liebhaber, Hausfreund* [< ital. *cicisbeo*, früher „Diener und Begleiter einer Dame", heute „(verliebter) Geck, Süßholzraspler", lautmalend in Anlehnung an verliebtes Flüstern und Wispern]

Cidre ⟨[sidrə] m., -(s), nur Sg.⟩ *französischer Apfelwein* [frz.; vgl. *Zider*]

Cie. ⟨†; Abk. für⟩ *Compagnie* ⟨heute⟩ *Co.*

cif ⟨[tsif] Abk. für⟩ *cost, insurance, freight (im Überseehandel Klausel, nach der Kosten*

Cinchona

für Verladung, Versicherung und Fracht im Kaufpreis enthalten sind)

Cin|cho|na ⟨tsintʃo-] f., -, -nen⟩ *Chinarindenbaum [nach der Gemahlin des Grafen Cinchón, Vizekönig von Peru]*

Ci|ne|ast ⟨[si-] m.10⟩ **1** *Filmfachmann, Filmschaffender* **2** *Filmfan [< ital. cineasta in ders. Bed., zu cinematografo; vgl. Kinematograph]*

Ci|ne|ma|scope ⟨[sinəmaskop] n., -(s), nur Sg.; Wz.; Film⟩ *ein Breitwand- und Raumtonverfahren [engl. < griech. kinema ,,Bewegung" und skopein ,,betrachten"]*

Ci|ne|ma|thek ⟨ältere Schreibung für *Kinemathek*⟩

Ci|ne|ra|ma ⟨[si-] n., -, nur Sg.; Wz.; Film⟩ *ein Breitwand- und Raumtonverfahren [engl. < griech. kinein ,,bewegen" und Panorama]*

Cin|que|cen|tist ⟨[tʃiŋkvətʃɛn-] m.10⟩ *Künstler des Cinquecento*

Cin|que|cen|to ⟨[tʃiŋkvətʃɛn-] n., -(s), nur Sg.⟩ *die künstlerische Stilepoche des 16. Jahrhunderts in Italien [ital. ,,fünfhundert" (nach 1000)]*

cir|ca ⟨Abk.: ca.⟩ → *zirka*

Cir|ce ⟨[tsɪrtse-] f., -, nur Sg.⟩ *verführerische Frau*

Cir|cuit-Trai|ning ⟨[səkɪt trɛ: -] n., -s, nur Sg.⟩ *allgemeines Konditionstraining an verschiedenen, im Kreis aufgestellten Geräten [< engl. circuit ,,Rundgang, Um-, Kreislauf" und Training]*

Cir|cu|lus vi|tio|sus ⟨[tsɪr- -tsio-] m., -, -li -si⟩ **1** *Schlußfolgerung, bei der das zu Beweisende im Beweisgrund enthalten ist; Syn. Zirkelbeweis, Zirkelschluß* **2** *Ergebnis ohne positives Ergebnis, weil das Beheben eines Fehlers zu einem weiteren Fehler führt [< lat. circulus ,,kleiner Kreis", zu circus ,,Kreis", und vitiosus ,,fehlerhaft, mangelhaft", zu vitium ,,Fehler"]*

Cir|ro|cu|mu|lus ⟨[tsi-] m., -, -li⟩ *hohe Eiswolke mit ballenartigem Aussehen; auch: Zirrokumulus [< Cirrus und Cumulus]*

Cir|ro|stra|tus ⟨[tsi-] m., -, -ti⟩ *hohe Eiswolke von gleichmäßigem, schichtförmigem Aussehen; auch: Zirrostratus [< Cirrus und Stratus]*

Cir|rus ⟨[tsi-] m., -ri, - oder -ren⟩ *hohe Eiswolke, die wie einzelne Fasern von seidigem Glanz aussieht; auch: Zirrus; Syn. Federwolke [lat. ,,Federbüschel"]*

cis, Cis ⟨n., -, -; Mus.⟩ *das um einen halben Ton erhöhte c bzw. C*

Cis-Dur ⟨n., -, nur Sg.; Mus.⟩ *auf dem Grundton Cis aufbauende Tonart*

ci|sis, Ci|sis ⟨n., -, -; Mus.⟩ *das um zwei halbe Töne erhöhte c bzw. C*

cis-Moll ⟨n., -, nur Sg.; Mus.⟩ *auf dem Grundton cis aufbauende Tonart*

ci|tis|si|me [tsitsisime] *sehr eilig (als Aktenvermerk) [lat.]*

ci|to [tsi-] *eilig (als Aktenvermerk) [lat.]*

Ci|tral ⟨[tsi-] n., -(s), nur Sg.⟩ *nach Zitronen riechendes, gelbliches Öl (u.a. zur Herstellung von Parfüm) [lat. citrus ,,Zitrone" und Aldehyd]*

Ci|trat ⟨[tsi-] n.1⟩ *ein Salz der Zitronensäure*

Ci|trin ⟨[tsi-] m.1⟩ *hellgelbes bis goldbraunes Mineral aus der Gruppe der Quarze, Schmuckstein; auch: Zitrin [< frz. citrin ,,zitronenfarbig"]*

Ci|ty ⟨[siti] f.9⟩ *Geschäftsviertel einer Großstadt, Innenstadt, Stadtzentrum [engl. < mengl., altfrz. cite ,,Stadt", < lat. civitas ,,Gemeinde, Staat, Bürgerschaft", zu civis ,,Bürger"]*

Ci|vi|tas Dei ⟨[tsi-] f., -, nur Sg.⟩ *der (jenseitige) Gottesstaat [lat., vom Kirchenvater Augustinus geprägter Begriff]*

Cl ⟨chem. Zeichen für⟩ *Chlor*

Claim ⟨[kleɪm] n.9⟩ *Anrecht, Anteil (bes. an einer Goldmine) [< engl. claim ,,Anspruch", zu to claim ,,beanspruchen, behaupten", über* mengl., altfrz. < *lat. clamare ,,rufen, laut verkünden"]*

Clair-ob|scur ⟨[klɛːrɔbskyr] n., -s, nur Sg.⟩ *Malstil, bei dem durch den Kontrast von hell und dunkel besondere Wirkung erreicht wird [frz. ,,hell-dunkel"]*

Clai|ron ⟨[klɛrɔ̃] n.9⟩ **1** *Signalhorn* **2** *hohe Trompete, Bachtrompete [< frz. clairon ,,helltönende Trompete, zu clair ,,hell", < lat. clarus ,,hell"]*

Clan ⟨[klɛn] oder [klan] m.9 oder m.1⟩ **1** *schottischer oder irischer Verwandtschaftsverband* **2** ⟨Völkerkunde⟩ *Sozialverband, dessen Mitglieder sich von einem gemeinsamen (oft mythischen) Ahnen ableiten; auch: Klan [< gäl. clann ,,Familie, Nachkommen"]*

Claque ⟨[klak] f.9⟩ *Gruppe von Claqueuren*

Cla|queur ⟨[-kør] m.1⟩ *bezahlter Beifallklatscher [< frz. claqueur in ders. Bed., zu claquer ,,klatschen", zu claque ,,Klatsch, Schlag mit der flachen Hand", lautmalend]*

Cla|ri|no ⟨n., -s, -s oder -ni⟩ **1** ⟨ital. Form von⟩ *Clairon* **2** *ein Orgelregister*

Cla|ve|cin ⟨[-vəsɛ̃] n.9; frz. Bez. für⟩ *Clavicembalo [frz., ältere Form clavicimble, < mlat. clavicymbalum; vgl. Klavier und Zymbal]*

Cla|vi|cem|ba|lo ⟨[-tʃɛm-] n., -, -li⟩ → *Cembalo*

Cla|vi|chord ⟨n.1⟩ → *Klavichord*

Cla|vis ⟨f., -, - oder -ses⟩ **1** *Notenschlüssel* **2** ⟨an Klavier und Orgel⟩ *Taste* **3** ⟨†⟩ *Wörterbuch zur Erläuterung klassischer Schriften, bes. der Bibel [lat. ,,Schlüssel"]*

clean ⟨[kliːn] Adj., o.Steig., o.Dekl.; ugs.⟩ *nicht mehr drogenabhängig [engl., ,,sauber"]*

Clea|rance ⟨[kliːrəns] n., -, nur Sg.⟩ **1** *Menge an Blutplasma, die pro Minute von einem bestimmten Stoff (z.B. Harnstoff) befreit wird* **2** *Freigabe des Fluges für einen vom Boden überwachten Flugraum [engl., ,,Beseitigung, Räumung"]*

Clea|ring ⟨[kli-] n.9⟩ *Abrechnungsverfahren nach festen Regeln, bei dem die Beteiligten ihre Forderungen und Verbindlichkeiten gegeneinander aufrechnen und die Differenz bar bezahlen oder in einen Kredit umwandeln [< engl. clearing ,,das Klären"]*

Cle|ma|tis ⟨n., -, -⟩ **1** ⟨i.w.S.⟩ → *Waldrebe* **2** ⟨i.e.S.⟩ *eine kletternde Zierpflanze aus dieser Gattung mit meist blauvioletten Blüten; auch: Klematis [< griech. klema, Gen. klematos ,,junger Zweig, Ranke"]*

cle|ver ⟨Adj.⟩ *geschickt, geschäftstüchtig, wendig [engl., ,,klug, geschickt; geschickt, gewandt", vielleicht zu mengl. clivers ,,Klauen, Krallen", also eigtl. ,,geschickt im Zupacken, Ergreifen"]*

Cle|ver|neß ⟨f., -, nur Sg.⟩ *Schlauheit, Geschick, Geschäftstüchtigkeit*

Clinch ⟨[klɪntʃ] beim [klɪnʃ] m., -(e)s, nur Sg.⟩ **1** ⟨Boxen⟩ *Umklammerung des Gegners (um weitere Schläge zu verhindern oder Atem zu schöpfen); in den C. gehen* **2** ⟨allg.⟩ *allzu feste Verbindung* **2** ⟨allg.⟩ *Umklammerung", zu to clinch ,,vernieten"]*

Clip ⟨m.9⟩ → *Klipp*

Cli|que ⟨[klɪkə] oder [klikə] f.11⟩ **1** *Gruppe miteinander befreundeter Personen* **2** *durch gemeinsame egoistische Interessen verbundene Gruppe, Sippschaft, Klüngel [< frz. ,,Sippschaft, Gelichter, Rotte", < altfrz. cliquer, clinquer ,,lärmen", wahrscheinlich lautmalend]*

Cli|via ⟨f., -, -vi|en⟩ *südafrikanisches Narzissengewächs, Zierpflanze mit großen, orangeroten Blütendolden; auch: Klivia [nach der Herzogin von Northumberland, Lady Charlotte Clive]*

Clo|chard ⟨[klɔʃaːr] m.9; frz. Bez. für⟩ *Vagabund (in Großstädten), Pennbruder, Stadtstreicher [< frz. clochard in ders. Bed., vielleicht zu cloche ,,Glocke, Glockenschlag", weil sich früher die Clochards von Paris täg*lich beim Glockenschlag vier in den Markthallen einstellten, um beim Ausladen der Lebensmittel etwas zu ergattern, oder zu *clocher* ,,hinken"]

Clog ⟨m.9⟩ *schwerer Holzpantoffel [engl., ,,Holzklotz, Holzschuh"]*

Cloi|son|né ⟨[kloazɔne] n.9⟩ *Art der Emailmalerei, bei der das flüssige Email in kleine, durch aufgelötete Metallstege gebildete Zellen gegossen wird; Syn. Zellenschmelz [frz., ,,durch Scheidewände abgetrennt", zu cloison ,,Scheidewand"]*

Clou ⟨[klu] m.9⟩ **1** *Glanz-, Höhepunkt* **2** *Zugstück, Schlager; der C. des Abends, der C. vom Ganzen war ... [< frz. clou in ders. Bed., eigtl. ,,Nagel", < lat. clavus ,,Nagel"]*

Clown ⟨[klaun] m.1⟩ **1** ⟨urspr. im Theat.⟩ *lustige Person* **2** ⟨danach im Zirkus⟩ *Spaßmacher, dummer August [< engl. clown ,,lustige Person, Grobian, Tölpel", eigtl. ,,Bauer", weitere Herkunft nicht bekannt]*

Clow|ne|rie ⟨[klau-] f.11⟩ *Spaßmacherei, Spaß*

clow|nesk ⟨[klau-] Adj.⟩ *in der Art eines Clowns*

Club ⟨m.9⟩ → *Klub*

Clu|ster ⟨[klʌ-] m.5⟩ **1** *Menge von Einzelteilen, die als Einheit betrachtet wird* **2** ⟨Mus.⟩ *Klanggebilde, das durch Übereinanderstellen von Terzen, Sekunden und noch kleineren Intervallen entsteht [engl., ,,Traube, Büschel, Schwarm"]*

cm ⟨Zeichen für⟩ *Zentimeter*

Cm ⟨Zeichen für⟩ *Curium*

cm² ⟨Zeichen für⟩ *Quadratzentimeter*

cm³ ⟨Zeichen für⟩ *Kubikzentimeter*

c-Moll ⟨n., -, -; nur Sg.; Mus.⟩ *auf dem Grundton c aufbauende Tonart*

Co ⟨Zeichen für⟩ *Kobalt [nach der latinisierten Form Cobaltum]*

Co. ⟨Abk. für⟩ *Kompagnie; vgl. Kompanie*

c/o ⟨Abk. für⟩ *care of*

Coach ⟨[koʊtʃ] m.9⟩ *Trainer und Betreuer (eines Sportlers oder einer Mannschaft) [engl., urspr. gekürzt < coachman ,,Kutscher", also ,,der, der die Pferde leitet"]*

coa|chen ⟨[koʊtʃən] V.1, hat gecoacht; mit Akk.⟩ *als Trainer betreuen*

Cob|bler ⟨m.5⟩ *Getränk aus Wein, Sekt, Kognak oder Whisky (und Selters) mit Fruchtsaft und Eiswürfeln [< engl. to cobble ,,notdürftig zusammenfügen"]*

Co|ca ⟨f.9; ugs., vor allem norddt.⟩ ⟨Flasche⟩ *Coca-Cola*

Co|ca-Co|la ⟨n., - oder f., -; Wz.⟩ *coffeinhaltiges, alkoholfreies Erfrischungsgetränk; Syn.* ⟨kurz⟩ *Coca, Coke*

Co|ca|in ⟨n., -s, nur Sg.⟩ → *Kokain*

Co|che|nil|le → *Koschenille*

Co|chon|ne|rie ⟨[koʃɔnə-] f.11⟩ *Schweinerei, Unanständigkeit [< frz. cochonnerie ,,Schweinerei; Schweinemetzgerei; Schweinerei", zu cochon ,,Schwein, Ferkel", zu coche ,,Sau"]*

Cocker|spa|ni|el ⟨-k-k- m.9⟩ *mittelgroßer Jagdhund mit langem, etwas gewelltem Haar, langen, lockig behaarten Ohren und kupierter Rute [< engl. to cock ,,Waldschnepfen jagen", zu woodcock ,,Waldschnepfe", und Spaniel]*

Cock|ney ⟨[-ni] n., -(s), nur Sg.⟩ **1** *in London (bes. Ostlondon) gesprochene Mundart* **2** ⟨m.9⟩ *Londoner, der Cockney spricht [engl., eigtl. ,,verweichlichter, verzärtelter Junge, Muttersöhnchen"; auch ,,Städter" im Unterschied zum robusteren Dörfler oder Bauern; urspr. ,,kleines, mißgebildetes Ei, Hahnenei"]*

Cock|pit ⟨n.9⟩ **1** ⟨im Flugzeug⟩ *Kabine für den Piloten; Syn. Kanzel* **2** ⟨in Jacht und Motorboot⟩ *vertiefter Sitzraum; Syn. Plicht* **3** ⟨im Rennwagen⟩ *Sitz des Fahrers [engl., urspr. ,,Platz für Hahnenkämpfe", < cock ,,Hahn" und pit ,,Grube"]*

Cock|tail ⟨[-teɪl] m.9⟩ **1** *kaltes, alkoholi-*

sches Mischgetränk **2** *kleine kalte Speise mit verschiedenen Zutaten (als Appetitanreger* (Krabben~) [engl., „Hahnenschwanz", meist gedeutet in Sinne von „bunt gemischt"]
Cock|tail|par|ty ⟨f.9⟩ *zwanglose gesellige Zusammenkunft am frühen Abend*
cod., Cod. ⟨Abk. für⟩ *Codex, Kodex*
Co|da ⟨f.9⟩ *auch:* Koda **1** *kurzer Schlußteil (eines Musikstücks, bes. des ersten Sonatensatzes)* **2** ⟨in der ital. Dichtung⟩ *zusätzlicher Vers zum Sonett* [< vulgärlat. < lat. *cauda* „Schwanz"]
Code ⟨[kɔd] m.9⟩ → *Kode*
Code ci|vil ⟨[kɔd sivil] m., - -, nur Sg.⟩ *das französische bürgerliche Gesetzbuch*
Co|de|in ⟨n., -, nur Sg.⟩ *künstlich aus Morphin gewonnene organische Verbindung, ein Alkaloid des Opiums (gegen Schmerzen und Hustenreiz); auch:* Kodein [< griech. *kodeia* „Mohn"]
Code Na|po|lé|on ⟨[kɔd napoleɔ̃] m., - -, nur Sg.; im 1. und 2. frz. Kaiserreich Bez. für den⟩ *(auf Veranlassung Napoleons I. geschaffenen) Code civil*
Co|dex ⟨m., -, -di|ces [-tse:s]⟩ → *Kodex*
Co|dex ar|gen|te|us ⟨m., - -, nur Sg.⟩ *in gotischer Sprache, auf purpurnem Pergament mit silbernen und goldenen Buchstaben geschriebenes Evangeliar* [lat., „silberner Kodex, Silberbibel"]
Co|dex au|re|us ⟨m., - -, -di|ces -rei [-reji]⟩ *reich illuminiertes Evangeliar des MA mit goldverziertem Einband* [lat., „goldener Kodex, Goldbibel"]
Co|dex Iu|ris Ca|no|ni|ci ⟨m., - - -, nur Sg.; Abk.:* CIC⟩ *Gesetzbuch der kath. Kirche von 1918* [lat., „Kodex des kanonischen Rechts"]
Co|don ⟨n.1; Genetik⟩ *Gruppe von drei zusammengefaßten Basen eines DNA-Moleküls* [sie codieren eine Aminosäure, d.h. bestimmen deren Position]
Coe|le|stin ⟨[tsø-] m.1⟩ *meist bläuliches Mineral, Strontiumsulfat; auch:* Zölestin [< lat. *coelestinus* „himmlisch", nach der Farbe]
Coe|no|bit [tsø-] → *Zönobit*
Cœur ⟨[kœr] n., -, -(s); im frz. Kart.⟩ *Herz*
Cof|fe|in → *Koffein*
Co|gi|to, er|go sum *ich denke, also bin ich* (Grundsatz des frz. Philosophen René Descartes) [lat.]
Coif|feur ⟨[kwafœr] schweiz. [kwa-] m.1⟩ *Friseur* [< frz. *coiffeur* „Friseur", zu *coiffer* „die Haare ordnen, frisieren, den Kopf bedecken", zu *coiffe* „Haube"]
Co|i|tus ⟨m., -, nur Sg.⟩ → *Koitus*
Coke ⟨[kouk] n., -, -; abkürzendes Wz.⟩ → *Coca-Cola* [engl.]
Co|la ⟨n., -(s), -(s) oder f., -, -(s); ugs.⟩ *süßes, kohlensäurehaltiges Getränk, das Auszüge der Kolanuß enthält*
col|la de|stra ⟨Abk.: c. d.; Mus.⟩ *mit der rechten Hand (zu spielen)*
Col|la|ge ⟨[-ʒə] f.11⟩ *aus Papierstücken oder anderem Material geklebtes Bild* [< frz. *collage* „Leimen (von Papier), Ankleben (von Tapeten)", zu *colle* „Leim, Kleister"]
coll'ar|co ⟨Abk.: c. a.; Mus.⟩ *(nach vorangegangenem Pizzikato wieder) mit dem Bogen (zu spielen)* [ital.]
col|la si|ni|stra ⟨Abk.: c. s.; Mus.⟩ *mit der linken Hand (zu spielen)* [ital.]
Col|lec|ta|nea ⟨Pl.⟩ → *Kollektaneen*
Col|lege ⟨[kɔlidʒ] n., -(s), -s [-lidʒis]⟩ **1** ⟨in England⟩ *Wohnheim für Studenten und Lehrer (meist der Universität angegliedert)* **2** ⟨in den USA⟩ *höhere Lehranstalt, die zur Hochschulreife führt* [engl., < lat. *collegium* „Verbindung, Gemeinschaft von Amtsgenossen"]
Col|lège ⟨[kɔlɛʒ] n., -(s), -s [-lɛʒ] in Frankreich, Belgien und der frz. Schweiz⟩ *höhere Schule* [→ *College*]
Col|le|gi|um Ger|ma|ni|cum ⟨n., - -, nur Sg.⟩ *deutsches Priesterseminar in Rom* [lat.]
Col|le|gi|um mu|si|cum ⟨n., - -, -gia -ca⟩ *Vereinigung von Musikliebhabern, bes. Studenten* [lat.]
Col|le|gi|um pu|bli|cum ⟨n., - -, -gia -ca⟩ *öffentliche Vorlesung an einer Universität* [lat.]
Col|li|co ⟨n.9; Wz.⟩ *zusammenlegbare Transportkiste der Deutschen Bundesbahn* [Kunstwort]
Col|lie ⟨[kɔli] m.9⟩ *aus Schottland stammender Hund, urspr. Hüte- und Wachhund, langhaarig (meist weiß und rotbraun oder schwarz), Verkleinerungsform zu engl. colly,* schott. *Verkleinerungsform zu engl.* coal *„Kohle", obwohl eine „kohlschwarze" Farbe für die Hunderasse heute nicht typisch ist]
Col|lier ⟨[kɔlje] n.9⟩ *wertvolle (oft aus mehreren Reihen (von Perlen, Steinen) bestehende Halskette; auch:* Kollier [< frz. *collier* „Halskette; Kummet, Joch; Federring um den Hals (bei Vögeln)", zu *col*, < lat. *collum* „Hals"]
Co|lón ⟨m., -(s), -(s)⟩ *Währungseinheit in Costa Rica und El Salvador* [nach der span. Namensform von Christoph Kolumbus: Cristóbal *Colón*]
Co|lo|nel ⟨engl. [kənel] oder frz. [kɔlɔnɛl] oder span. [kolonel] m.9; engl., frz. und span. Bez. für⟩ *Oberst* [< ital. *colonnello* „Kolonnenführer"]
Co|lo|nia|kü|bel ⟨m.5; in Wien⟩ → *Mülltonne*
Colt ⟨m.9⟩ *Revolver mit Trommelmagazin* [nach dem amerik. Waffentechniker Samuel *Colt*]
Co|lum|bi|um ⟨n., -s, nur Sg.; †⟩ → *Niob* [zu *Columbia*, einer alten Bez. für den Erdteil Amerika]
Com|bo ⟨f.9⟩ **1** *kleine Gruppe von Jazz-Solisten* **2** ⟨in der DDR oft Bez. für⟩ *Band²* [< engl. *combination* „Verbindung"]
Come|back ⟨[kambɛk] n.9⟩ *Wiederauftreten eines bekannten Künstlers, Sportlers oder Politikers nach längerer Pause* [engl., „das Zurückkommen"]
COMECON ⟨Abk. für⟩ *Council for Mutual Economic Aid: Rat für gegenseitige Wirtschaftshilfe (Wirtschaftsorganisation der Ostblockstaaten)*
Co|mes ⟨m., -, - oder -mi|tes⟩ **1** ⟨im alten Rom⟩ *dienstl. Amtstitel* **2** ⟨MA⟩ *Graf* **3** ⟨Mus.⟩ *erstes in der zweiten Stimme auftretendes Thema der Fuge; vgl.* Dux [lat., „Begleiter"]
Co|mic ⟨[kɔmik] m.9; Kurzw. für⟩ *Comic strip*
Co|mic strip ⟨[kɔmik-] m., - -s, - -s⟩ *gezeichnete Bildergeschichte komischen oder abenteuerlichen Inhalts* [engl., „komischer Streifen"]
comme ci, comme ça [kɔm si kɔm sa] *soso, lala; nicht besonders* [frz.]
Com|me|dia dell'ar|te ⟨f., - -, nur Sg.; 16.-18. Jh.⟩ *italienische Stegreifkomödie* [ital., < *commedia* „Komödie" und *arte* „Kunst, Handwerk, Zunft" (sie wurde von wandernden Berufsschauspielern aufgeführt)]
comme il faut [kɔmilfo] *wie es sich gehört, musterhaft* [frz., „wie es sein muß"]
Com|mis ⟨[-mi] m., -, - [-mis]⟩ → *Kommis*
Com|mis vo|ya|geur ⟨[kɔmi vɔajaʒœr] m., - -, -, -3œr] nur Sg.⟩ *Geschäftsreisender* [frz.]
Com|mon sense ⟨[kɔmən sɛns] m., - -, nur Sg.⟩ *gesunder Menschenverstand, praktischer Sinn, Wirklichkeitssinn* [engl., < *common* „gewöhnlich, alltäglich, normal, üblich", zu lat. *communis* „gemeinsam" und *sense* „Sinn, Verstand", zu lat. *sensus* „Gefühl, Bewußtsein"]
Com|mon|wealth ⟨[kɔmənwɛlθ] n., -, nur Sg.⟩ *Gesamtheit der (heute meist unabhängigen) Staaten, die die britische Krone anerkennen* [< engl. *common* „gemeinsam" und *wealth* „Wohlstand", wörtl. etwa „Gemeinwohl"]

co|mo|do ⟨Mus.⟩ *ruhig, behaglich* [ital.]
Com|pact Disc ⟨[kɔmpækt disk] f., - -, - -s⟩ *Schallplatte, bei der ein Laserstrahl in die Plattenoberfläche eingestanzte Vertiefungen berührungsfrei abtastet und in Töne umsetzt (Spieldauer je Plattenseite 60 Minuten)*
Com|pa|gnie ⟨[kɔmpani] f.11; veraltete Schreibung für⟩ *Kompanie*
Com|pa|gnon ⟨[-panjɔ̃] m.9; veraltete Schreibung für⟩ *Kompagnon*
Com|pi|ler ⟨[-pai-] m.5; EDV⟩ *Programm, das die Sprache des einzugebenden Programms in eine für den Computer lesbare Maschinensprache übertragt* [< engl. *to compile* „zusammentragen, -stellen"; vgl. *Kompilation*]
Com|po|ser|satz ⟨m., -es, nur Sg.⟩ → *Schreibsatz* [< engl. *to compose* „(Schriften) zusammensetzen"]
Com|pound|ma|schi|ne ⟨[kɔmpaund-] f.11⟩ *aus zwei miteinander verbundenen Einheiten bestehende Dampfmaschine, Verbunddampfmaschine* [< engl. *compound* „zusammengesetzt, verbunden"]
Com|pur|ver|schluß ⟨m.2; Wz.⟩ *Verschluß von fotografischen Objektiven, bei dem sich Lamellen von der Mitte aus öffnen* [Kunstwort]
Com|pu|ter ⟨[kɔmpju-] m.5⟩ *vorwiegend aus elektronischen Bauteilen aufgebaute Rechenvorrichtung oder -anlage (zur Bearbeitung von Aufgaben mit hohem Rechen- oder Zahlenaufwand);* Syn. ⟨veraltend⟩ *Elektronengehirn* [engl., < lat. *computare* „berechnen"]
Com|pu|ter... ⟨[kɔmpju-] in Zus.⟩ *mit Hilfe eines Computers, z.B. Computerdiagnostik, Computerspiel*
com|pu|te|ri|sie|ren ⟨[-pju-] V.3, hat computerisiert, mit Akk.⟩ **1** *für einen Computer lesbar machen* **2** *einem Computer eingeben*
Comte ⟨[kɔ̃t] m.9; in Frankreich Titel für⟩ *Graf*
Com|tesse ⟨[kɔ̃tɛs] f.11⟩ → *Komteß*
con af|fet|to ⟨Mus.⟩ *mit Gefühl, mit Ausdruck, bewegt* [ital.]
con a|ni|ma ⟨Mus.⟩ *mit Seele, beseelt, mit Empfindung* [ital.]
con brio ⟨Mus.⟩ *mit Feuer, mit Schwung, lebhaft;* Syn. *brioso* [ital.]
Con|cen|tus ⟨[-tsɛn-] m., -, -⟩ *die gesungenen, ausgeprägt melodischen Teile des Gregorianischen Gesangs* [< lat. *concentus* „Zusammenklang, Einklang, Harmonie", < *con*... (in Zus. für *cum*) „mit, zusammen" und *canere* „singen, tönen"]
Con|cept-Art ⟨[kɔnsɛpt-] f., -, nur Sg.⟩ *Richtung der Kunst, die den Entwurf (statt des fertigen Werkes) zum Kunstobjekt macht* [< engl. *concept* „Entwurf" und *art* „Kunst"]
Con|cer|ti|no ⟨[-tʃɛr-] n., -s, -s oder -ni⟩ *kleines Konzert* [ital.]
Con|cer|to ⟨[-tʃɛr-] n., -s, -ti; ital. Bez. für⟩ *Konzert*
Con|cer|to gros|so ⟨[tʃɛr-] n., - -, -ti -si; in der Barockmusik⟩ *Konzert für Soloinstrumente und Orchester* [ital., „großes Konzert"]
Con|cierge ⟨[kɔ̃sjɛrʒ] m. oder f., -, -s [-sjɛrʒ]; frz. Bez. für⟩ **1** *Gefängniswärter(in)* **2** *Pförtner(in), Hausmeister(in)*
Con|di|tio si|ne qua non ⟨f., - - - -, nur Sg.⟩ *unerläßliche Bedingung* [lat., „Bedingung, ohne die nicht"]
con|fer! ⟨Abk.: cf. cfr., conf.⟩ *vergleiche!* [lat.]
Con|fé|rence ⟨[kɔ̃feras] f.11; im Kabarett und anderen öffentlichen Veranstaltungen⟩ *geistreich-unterhaltsame Ansage; die C. haben, machen* [→ *Conférencier*]
Con|fé|ren|cier ⟨[kɔ̃ferasje] m.9⟩ *unterhaltender Ansager* [< frz. *conférencier* „jmd., der einen Vortrag hält, Vorsitzender einer Konferenz", zu *conférence* „Besprechung, Verhandlung, Zusammenkunft"]
Con|fes|sio ⟨f., -, -sio|nes⟩ **1** *Glaubens-,*

Sündenbekenntnis 2 ⟨in der Reformationszeit⟩ Bekenntnisschrift [lat. *confessio* „Bekenntnis"]

Con|fes|sor ⟨m., -s, -so|res⟩ Bekenner (Ehrenname der verfolgten Christen während der römischen Kaiserzeit) [lat.]

Con|fi|te|or ⟨n., -, nur Sg.⟩; im christlichen Gottesdienst⟩ Sündenbekenntnis [< lat. *confiteor* „ich bekenne"]

Con|foe|de|ra|tio Hel|ve|ti|ca ⟨f., - -, nur Sg.; Abk.: CH; lat. Bez. für⟩ Schweizerische Eidgenossenschaft [lat., „Helvetischer Bund"]

con fuo|co ⟨Mus.⟩ mit Feuer [ital.]

Con|ga ⟨f.9⟩ **1** kubanischer Volkstanz **2** kubanische Handtrommel [span.]

con mo|to ⟨Mus.⟩ mit Bewegung, bewegt [ital.]

Con|nec|tion ⟨[kɔnɛkʃn] f.9⟩ Beziehung, Verbindung (bes. zum Drogenhandel) [< engl. *connection* in ders. Bed.; < lat. *conexio* „Verbindung"; vgl. Konnex]

con pas|sio|ne ⟨Mus.⟩ mit Leidenschaft, leidenschaftlich, ausdrucksvoll [ital.]

Con|sen|sus ⟨m., -, -[-sus]⟩ Übereinstimmung [lat.]

Con|si|li|um ⟨n., -s, -li|en⟩ → Konsilium

Con|si|li|um ab|eun|di ⟨n., - -, nur Sg.; †⟩ einem Schüler nahegelegter Rat, von der höheren Schule abzugehen (um dem Verweis zuvorzukommen) [lat., „Rat(schlag) abzugehen"]

con sor|di|no ⟨Mus.⟩ mit dem Dämpfer [ital.]

con spi|ri|to ⟨Mus.⟩ mit Geist, geistvoll, spritzig [ital.]

Con|tai|ner ⟨[-tɛ̜-] m.5⟩ Großbehälter (zum Gütertransport, für Müll u.a.) [engl., „Behälter"]

Con|te ⟨m., -, -ti; in Italien Titel für⟩ Graf

Con|te|nance ⟨[kõtənãs] f., -, nur Sg.⟩ Haltung, Fassung, Gelassenheit; die C. verlieren, wahren [< frz. *contenance* in ders. Bed., < lat. *continentia* „Selbstbeherrschung, Mäßigung", zu *continere* „zusammenhalten, aufrechterhalten"]

Con|ter|gan ⟨n., -s, nur Sg.; Wz.⟩ ein (aus dem Handel gezogenes) Schlafmittel, dessen Einnahme werdende Mutter zu Mißbildungen an den Gliedmaßen des Kindes führte [Kunstwort]

Con|ter|gan|kind ⟨n.3; ugs.⟩ vor der Geburt durch Contergan geschädigtes Kind

Con|tes|sa ⟨f., -, -sen oder -se; in Italien Titel für⟩ Gräfin

Con|ti|nuo ⟨m.9; Kurzw. für⟩ Basso continuo

con|tra ⟨Präp. und Adv.⟩ → kontra

Con|tra|dic|tio in ad|jec|to ⟨f., - - -, nur Sg.⟩ Widerspruch im beigefügten Eigenschaftswort, z.B. die größere Hälfte [lat.]

con|tre cœur ⟨[kɔ̃trə kœr] in der Wendung⟩ das geht mir c. c. *das widerstrebt mir* [frz., „gegen das Herz"]

Con|tre|danse ⟨[kõtrədãs] m., -, -s [-dãs]; frz. Bez. für⟩ Kontertanz

Con|trol|ler ⟨[kɔntroulər] m.5⟩ Leiter des Rechnungswesens, Prüfer [engl., „Kontrolleur"]

cool ⟨[kul] Adj.⟩ **1** kühl, ungerührt, distanziert, ohne Erregung **2** glückselig im Drogenrausch [engl., *cool* „kühl", über mengl. mndrl. zu ahd. *kuoli* „kühl"]

Cool Jazz ⟨[kul dʒæz] m., - -, nur Sg.⟩ Richtung im modernen Jazz mit „kühler" (undynamischer) Intonationstechnik [engl.]

Co|py|right ⟨[kɔpirait] n.9; Zeichen: ©⟩ Urheberrecht [< engl. *copyright* in ders. Bed., eigtl. „Recht zur Abschrift, zum Kopieren", zu *copy* „Abschrift, Kopie" (vgl. kopieren) und *right* „Recht"]

co|ram pu|bli|co *in der Öffentlichkeit, vor allen*; etwas c. p. erklären [lat.]

Cord ⟨m.1 oder m.9⟩ auch: Kord **1** längs

geripptes Gewebe (aus Wolle, Wollmischungen und Baumwolle) **2** ⟨bei Gummibereifungen⟩ Einlage aus Baumwollfasern [engl., < lat. *chorda* „Schnur"]

Cór|do|ba ⟨[kɔr-] m., -(s), -(s)⟩ Währungseinheit in Nicaragua, 100 Centavos [nach dem span. Forscher Francisco Fernández de *Córdoba*]

Cor|don bleu ⟨[kɔrdõ blø] n., - -, -s -s [-dõ blø]⟩ paniertes und gebratenes Kalbsschnitzel, mit (Schweizer) Käse und gekochtem Schinken gefüllt [< frz. *cordon bleu* „blaues Band", nach einem Orden, der u.a. auch an hervorragende Köche verliehen wurde, auf das Gericht übertragen]

Core ⟨[kɔr] n., -(s), -s⟩ Inneres (eines Reaktordruckbehälters) [engl., „Kern, Innerstes"]

Cor|nea ⟨f., -, -neae [-nɛɛ:]⟩ → Hornhaut (2) [< lat. *cornea*, Fem. von *corneus*, „aus Horn"]

Corned beef ⟨[kɔrnd bif] n., - -, nur Sg.⟩ gepökeltes Rindfleisch (in Büchsen) [< engl. *corned* „gepökelt" und *beef* „Rindfleisch"]

Cor|ner ⟨[kɔr-] I ⟨m.5 oder m.9⟩ **1** ⟨Boxen⟩ Ecke (des Rings) **2** ⟨Fußb.; †, noch österr.⟩ → Eckball **II** ⟨f.9; Börse⟩ Vereinigung von Leuten zwecks Aufkäufen von Wertpapieren u.a., um deren Kurs in eine bestimmte Richtung zu treiben und andere dadurch in Schwierigkeiten zu bringen [< engl. *corner* „Ecke, Winkel", zu *to corner* „sich an einer Ecke treffen" sowie „jmdn. in die Enge treiben, in Schwierigkeiten bringen", danach Übertragung auf Leute, die in diesem Sinne handeln]

Corn-flakes ⟨[kɔrnfleiks] Pl.⟩ aus geröstetem Mais hergestellte, knusprige Scheibchen [< amerik. *corn* „Mais" und *flake* „Flocke, dünne Schicht"]

Cor|ni|chon ⟨[-ʃõ] n.9⟩ kleine, scharf gewürzte Essiggurke [frz., Verkleinerungsform zu *corne* „Horn"]

Corps ⟨[kɔr] n., -[kɔrs], -[kɔrs]⟩ → Korps

Corps con|su|laire ⟨[kɔr kõsylɛr] n., - -, - -s [-lɛr]; Abk.: CC⟩ alle Angehörigen der ausländischen Konsulate in einem Land [frz.]

Corps de bal|let ⟨[kɔr də balɛ] n., - - -, - - -⟩ Ballettgruppe [frz.]

Corps di|plo|ma|tique ⟨[kɔr -tik] n., - -, - - [-tik]; Abk.: CD⟩ diplomatisches Korps [frz.]

Cor|pus ⟨n., -, -po|ra⟩ → Korpus [lat.]

Cor|pus de|lic|ti ⟨n., - -, -po|ra - -⟩ Gegenstand (z. B. Werkzeug) eines Verbrechens, Beweisstück [< lat. *corpus* „Körper, Substanz, Masse" und *delicti*, Gen. von *delictum*, „strafbares Vergehen, Fehltritt, Verstoß"; vgl. Delikt]

Cor|pus Iu|ris ⟨n., - -, nur Sg.⟩ Gesetzbuch, Gesetzessammlung [lat., „Sammlung (eigtl. Körper, Gesamtheit, Werk) des Rechts"]

Cor|pus Iu|ris Ca|no|ni|ci ⟨n., - - -, nur Sg.⟩ kath. Gesetzessammlung (1918 durch den → Codex Iuris Canonici ersetzt)

Cor|pus Iu|ris Ci|vi|lis ⟨n., - - -, nur Sg.⟩ im 6. Jahrhundert von Kaiser Justinian geschaffenes Gesetzbuch [lat., „Sammlung des bürgerlichen Rechts"]

Cor|ren|te ⟨f.11; ital. Form für⟩ Courente

cor|ri|ger la for|tune ⟨[kɔriʒe la fɔrtyn]⟩ falschspielen, betrügen [frz., „das Glück berichtigen"]

Cor|tes ⟨Pl; in Spanien, früher auch in Portugal⟩ Volksvertretung [span., „die Höfe", zu *corte* „(königlicher) Hof"]

Cor|ti|sches Or|gan ⟨n.1⟩ Organ des Innenohrs, das die schallempfindlichen Sinneszellen enthält [nach dem ital. Pathologen Alfonso de *Corti*]

Cor|ti|son ⟨n., -s, nur Sg.⟩ Arzneimittel gegen Unterfunktion der Nebennierenrinde, rheumatische Erkrankungen u.a. [< *Corticosteron*, Name eines Nebennierenhormons]

cos ⟨Abk. für⟩ Cosinus

Co|se|cans ⟨m., -, -; Abk.: cosec⟩ trigono-

metrische Funktion, Kehrwert des Sinus; auch: Kosekans [< lat. *complementi secans* „(Winkel der) Ergänzung des Sekans (zu 90°)"]

Co|si|nus ⟨m., -, -; Abk.: cos⟩ trigonometrische Funktion, Verhältnis der Ankathete zur Hypotenuse im rechtwinkligen Dreieck; auch: Kosinus [< lat. *complementi sinus* „(Winkel der) Ergänzung des Sinus (zu 90°)"]

Co|tan|gens ⟨m., -, -; Abk.: cot⟩ trigonometrische Funktion, Kehrwert des Tangens; auch: Kotangens [< lat. *complementi tangens* „(Winkel der) Ergänzung des Tangens (zu 90°)"; vgl. Tangens]

Cot|tage ⟨[kɔtidʒ] n., -, -s [-tidʒiz]⟩ **1** kleines Haus, Landhaus **2** Villenviertel [engl., „kleines Haus (in ländlicher Gegend)"]

Cot|tage cheese ⟨[kɔtidʒ tʃiz] m., - -, nur Sg.⟩ grobkörniger, fettarmer Frischkäse [engl., < *cottage* „Landarbeiterhäuschen" und *cheese* „Käse"]

Cot|ton ⟨[kɔt(ə)n] m., -, nur Sg. oder n., -, nur Sg.; engl. Bez. für⟩ → Baumwolle [engl., < altfrz. *coton*, < arab. *qutun*]

Couch ⟨[kautʃ] f.9 oder f.10⟩ gepolsterte Liegestatt mit niedriger Rückenlehne und Seitenlehnen [engl., < frz. *couche* „Bett, Lager", zu *coucher* „niederlegen"]

Cou|leur ⟨[kulør] f.9⟩ **1** ⟨Kart.⟩ Trumpf **2** Farbe (einer Studentenverbindung) **3** Auffassung (von etwas), innere Einstellung; ein Mensch, ganz gleich, welcher C. [< frz. *couleur* „Farbe, Färbung, Darstellungsweise, (politische) Meinung", < lat. *color* „Farbe"]

Cou|loir ⟨[kuloar] m.9⟩ **1** Flur, Verbindungs-, Wandelgang **2** ⟨Alpinistik⟩ Schlucht, Rinne **3** ⟨Reitsport⟩ ovales Geländestück für Sprungübungen [frz., „Gang"]

Cou|lomb ⟨[kulõ] n., -, -⟩ ⟨Zeichen: C⟩ elektrische Ladungseinheit, 1 C = 1 Amperesekunde [nach dem frz. Physiker Charles Augustin de *Coulomb*]

Count ⟨[kaunt] m.9; in England Titel für⟩ (nichtenglischer) Graf; vgl. Earl

Count|down ⟨[kauntdaun] m.9⟩ **1** das Rückwärtszählen bis zu einem vorbestimmten Zeitpunkt (meist bis Null) **2** die nötigen Vorbereitungen und Kontrollen für ein Vorhaben (meist für einen Raketenstart) [engl., zu *to count down* „herunterzählen"]

Coun|ter ⟨[kaun-] m.5⟩ Fahrkartenschalter (für Schiffe, Flugzeuge) [engl., „Schalter"]

Coun|tess ⟨[kauntis] f., -, -tes|ses [-tisiz]; in England⟩ Gräfin (Frau eines Counts oder Earls)

Coun|try... ⟨[kəntri] in Zus.⟩ durch die weiße Volksmusik des Südwestens der USA beeinflußt, z.B. Countrymusic, Countryrock [engl., „Landmusik"]

Coun|ty ⟨[kaunti] f.9 oder n., -, -ties⟩ **1** ⟨Großbritannien⟩ Grafschaft **2** ⟨USA⟩ Verwaltungsbezirk [engl., zu *count* „Graf"]

Coup ⟨[ku] m.9⟩ **1** Schlag, Hieb **2** Kunstgriff, Kniff **3** kühnes Unternehmen [< frz. *coup* „Stoß, Schlag; Streich, kühne Handlung", < ital. *colpo* „Schlag", über vulgärlat. *colpus* < lat. *colaphus*, griech. *kolaphos*, beides „Faustschlag"]

Cou|pé ⟨[kupe] n.9⟩ **1** ⟨†⟩ Abteil **2** sportlicher, meist zweitüriger Personenkraftwagen mit nach hinten abgeflachtem Dach [frz., „Kutsche"]

Cou|plet ⟨[kuple] n.9; im Kabarett⟩ witziges, satirisches Lied mit Kehrreim [< frz. *couplet* „Liedchen, Strophe, Reim mehrerer Strophen; eisernes Band", zu *couple* „Paar, Koppelriemen", < lat. *copula* „etwas Verknüpfendes, Band, Seil, Strick"]

Cou|pon ⟨[kupõ] m.9⟩ Abschnitt, Zinsabschnitt (an Wertpapieren); auch: Kupon [< frz. *coupon* „Stoffrest, Zinsschein", zu *couper* „abschneiden"; vgl. kupieren]

Cour ⟨[kur] f., -, nur Sg.; nur noch in der Wendung⟩ einer Dame die C. machen,

⟨auch⟩ schneiden ihr den Hof machen [< frz. cour „Hof"]

Cou|ra|ge ⟨[kuraʒə] f., -, nur Sg.⟩ Mut, Unerschrockenheit, Schneid [< frz. courage in ders. Bed. < altfrz. corage „Mut, Stimmung, Gemüt, Sinn", zu cœur (< lat. cor) „Herz", da das Herz als Sitz der Gemüts- und Seelenkräfte galt]

cou|ra|giert ⟨[kuraʒirt] Adj.⟩ mutig, beherzt, unerschrocken

Cou|rante ⟨[kurãt] f.11⟩ 1 altfranzösischer Tanz 2 schneller Satz der Suite [< frz. courante in ders. Bed., eigtl. „laufend, eilend", zu courir, < lat. currere „laufen"]

Cour|bet|te ⟨[-kur-] f.11; Hohe Schule⟩ Aufrichten des Pferdes auf die Hinterhand und mehrmaliges Vorspringen in dieser Stellung, ohne mit der Vorderhand niederzugehen, Bogensprung; auch: Kurbette [frz., zu courber < lat. curvare „krümmen, biegen"]

Cour|ma|cher, Cour|schnei|der ⟨[kur-] m.5⟩ jmd., der einer Dame die Cour macht, Liebhaber, Schmeichler

Cour|ta|ge ⟨[kurtaʒə] f.11; Börse⟩ Maklergebühr; C. berechnen, nehmen; auch: Kurtage [< frz. courtage in ders. Bed., zu courtier „Makler, Agent", über prov. corratier < lat. collectarius „Kassierer, Eintreiber von Auktionsgeldern"]

Cour|toi|sie ⟨[kurtoazi] f., -, nur Sg.⟩ ritterliches, höfliches Benehmen [< frz. courtoisie in ders. Bed., zu courtois „höflich, ritterlich" (wie es sich bei Hofe gehört), zu cour „Hof, Hofstaat"]

Cou|sin ⟨[kuzẽ] m.9⟩ Vetter [< vulgärlat. cosinus, cosina, lat. consobrinus, consobrina „Vetter bzw. Base seitens der Mutter", Kind des Bruders der Mutter", zu sobrinus, sobrina (statt sororinus, sororina) „Kind der Schwester der Mutter, zu soror „Schwester"]

Cou|si|ne ⟨[ku-] f.11⟩ →Kusine [→Cousin]

Cou|ture ⟨[kutyr] f., -, nur Sg.⟩ Schneiderkunst; vgl. Haute Couture

Cou|va|de ⟨[ku-] f.11; bei manchen Naturvölkern⟩ Sitte, daß der Mann die Rolle der Wöchnerin übernimmt, um böse Geister abzuwehren; Syn. Männerkindbett [< frz. couver „(aus)brüten"]

Co|ver ⟨[kavər] n.9⟩ 1 Titelblatt (einer Zeitschrift) 2 Hülle, Tasche (einer Schallplatte) [< engl. cover „Decke, Deckel, Überzug, Umschlag", < altfrz. covrir „bedecken"; vgl. Kuvert]

Co|ver|coat ⟨[kavərkout] m.9⟩ 1 imprägnierter Wollstoff 2 Herrenmantel aus diesem Stoff [< engl. to cover „bedecken, umhüllen" und coat „Mantel"]

Co|ver|girl ⟨[kavərgə:l] n.9⟩ auf der Titelseite einer Illustrierten abgebildetes Mädchen

Cow|boy ⟨[kauboi] m.9⟩ 1 nordamerikanischer berittener Rinderhirt 2 männliche Person (in Wildwestfilmen u.a.), die einen kämpferischen Lebensstil verkörpert [< engl. cow „Kuh" und boy „Junge"]

Co|yo|te ⟨(m.11)⟩ →Kojote

Cr ⟨chem. Zeichen für⟩ Chrom

cr. ⟨Abk. für⟩ currentis

Crack ⟨[krɛk] m.9⟩ 1 Spitzensportler 2 sehr gutes Rennpferd [< engl. ugs. crack „Prachtstück, tolle Sache, ‚Kanone' (im Sport)", eigtl. „Knall, Krach", lautmalend]

cracken ⟨-k|k-; V.1⟩ →kracken

Cracker ⟨-k|k-; [krɛ-] m.9⟩ sprödes, salziges Kleingebäck [engl., zu to crack „krachen", lautmalend]

Cra|que|lé ⟨[krakəle] m.9 oder n.9⟩ auch Krakelee 1 feine, absichtlich hervorgebrachte Risse in der Glasur (von Geschirr) 2 Kreppgewebe (aus Baum- oder Zellwolle) mit rissiger, narbiger Oberfläche [< frz. craquelé „rissig, runzlig, gefurcht"]

Créa|tion ⟨[kreasjõ] f.9; frz. Form für⟩ Kreation

Cre|do ⟨n.9⟩ Glaubensbekenntnis (Teil der kath. Messe) [< lat. credo „ich glaube", zu credere „glauben"]

Creek ⟨[krik] m.9; in Nordamerika und Australien⟩ nur zeitweilig wasserführender Bach [engl.]

creme ⟨[krɛm] oder [krẽm] Adj., o.Steig., o.Dekl.⟩ →cremefarben

Creme ⟨[krɛm] oder [krẽm] f.9⟩ auch: Krem 1 schaumige Süßspeise (Wein~) 2 dickflüssige, süße Masse 3 Salbe (zur Hautpflege) (Hand~, Tages~) [< frz. crème „Rahm, Sahne", < lat. cremor „dicker Saft, Schleim"]

creme|far|ben ⟨[krɛm-] Adj., o.Steig.⟩ blaßgelb

cre|men ⟨V.1, hat gecremt; mit Akk.⟩ mit Creme einreiben

cre|mig ⟨Adj.⟩ wie Creme; Butter und Zucker c. schlagen

Crêpe ⟨[krɛp] I ⟨m.9⟩ →Krepp II ⟨f.9⟩ sehr dünner Eierkuchen [frz., „Krepp, Flor, gekräuselte Haare, Krapfen", < lat. crispus „kraus"]

Crêpe de Chine ⟨[krɛp də ʃin] m., -, -, -s⟩ Seiden- oder Kunstseidenkrepp in Taftbindung [frz., „Krepp aus China"]

Crêpe Georgette ⟨[krɛp ʒɔrʒɛt] m., -, -s⟩ durchsichtiger Seiden- oder Kunstseidenkrepp [frz., nach Madame Georgette, der Atelierleiterin eines Pariser Modehauses]

Crêpe Sa|tin ⟨[krɛp satɛ̃] m., -, -s⟩ Krepp in Atlasbindung mit einer glänzenden und einer matten Seite [< Krepp und Satin]

Crêpe Su|zette ⟨[krɛp -] mit Weinbrand oder Likör flambierte Crêpe (II) [frz., < Crêpe und Suzette, einem Mädchennamen]

cresc. ⟨Abk. für⟩ crescendo

cre|scen|do ⟨[krɛʃɛn-] Abk.: cresc.; Zeichen: <; Mus.⟩ anschwellend, lauter werden; Syn. accrescendo; Ggs. decrescendo [ital., „wachsend", zu ital., lat. crescere „wachsen"]

Cre|tonne ⟨[krɛtɔn] m.9 oder f.9⟩ Baumwollstoff in Leinenbindung [nach dem Ort Creton in der Normandie]

Crew ⟨[kru] f.9⟩ 1 Besatzung (eines Schiffes, Flugzeugs, Ruderboots) 2 Kadettenjahrgang der Kriegsmarine 3 Gruppe, Team [engl., „Bedienungsmannschaft, Besatzung", < altfrz. crue, creue „Zuwachs, Nachwuchs, zu croistre, < lat. crescere „wachsen"]

c. r. m. ⟨Abk. für⟩ candidatus reverendi ministerii

Croi|sé ⟨[kroaze] n.9⟩ Gewebe in Köperbindung [< frz. croisé „gekreuzt"]

Crois|sant ⟨[kroasã] f.9⟩ Hörnchen aus feinem Hefe- oder Blätterteig [frz., eigtl. „Halbmond, Mondsichel"]

Cro|ma|gnon|ras|se ⟨[kromanjõ-] f., -, nur Sg.⟩ großwüchsige, grobknochige Menschenrasse der letzten Eiszeit [nach dem Fundort Cro-Magnon in Südwestfrankreich]

Crom|ar|gan ⟨n., -s, nur Sg.⟩ Handelsbez. für⟩ Chromnickelstahl

Cro|quis ⟨[kroki] n., -, - [-kis]⟩ →Kroki

Cross ⟨m., -, -⟩ 1 ⟨Tennis⟩ Schlag, bei dem der Ball diagonal ins gegnerische Feld gelangt 2 ⟨kurz für⟩ Cross-Country [engl., zu to cross „durchqueren, kreuzen"]

Cross-Coun|try ⟨[-kantri] n.9⟩ Querfeldeinrennen (als Lauf, Motorrad-, Pferde- oder Radrennen); auch ⟨kurz⟩: Cross

Cros|sing-over ⟨[krɔsiŋouvər] n., -, nur Sg.⟩ Austausch genetischer Informationen zwischen homologen Chromosomen [engl., „das Überkreuzen (der Chromosomen)"]

Crou|pa|de ⟨[kru-] f.11; frz. Schreibung von⟩ Kruppade

Crou|pier ⟨[krupje] m.9; bei Glücksspielen⟩ Bankhalter, der auch das Spiel überwacht [< frz. croupier in ders. Bed., zu croupe „Gewinnanteil", eigtl. „Kruppe, Hinterteil", also einer, der hinten aufsitzt und damit auch etwas vom Gewinn erhält]

Croû|ton ⟨[krutõ] m.9; meist Pl.⟩ in Fett gerösteter Weißbrotwürfel (z.B. als Suppeneinlage) [frz., urspr. „Brotkruste"]

Cruise-Mis|si|le ⟨[kruz misail] n.9⟩ hochentwickelter Lenkflugkörper der USA-Streitkräfte; Syn. Marschflugkörper [engl., zu to cruise „mit Reisegeschwindigkeit fahren, kreuzen" und missile „Waffe"]

Crux ⟨f., -, nur Sg.⟩ Last, Kummer, „Kreuz"; auch: Krux [lat.]

Cru|zei|ro ⟨[-zeiru] oder [-zero] m., -(s), -(s)⟩ brasilianische Währungseinheit, 100 Centavos [< port. cruz „Kreuz"]

Cs ⟨chem. Zeichen für⟩ Cäsium

c. s. ⟨Abk. für⟩ colla sinistra

Csár|dás ⟨[tʃardaʃ] m., -, -⟩ ungarischer Nationaltanz; auch: Tscherdasch [< ungar. csárdás in ders. Bed., urspr. „Wirt einer Heideschenke", zu csárda „Heideschenke"; erst im 19.Jh. ging die Bed. von „Schenkwirt" auf „Musik, die in einer Heideschenke gespielt, Tanz, der dort getanzt wird" über]

C-Schlüs|sel ⟨m.5⟩ →Altschlüssel

Csi|kós ⟨[tʃikoʃ] m., -, -⟩ ungarischer Pferdehirt; auch: Tschikosch [ungar., zu csikó „Fohlen"]

ČSSR ⟨[tʃɛ-] Abk. für⟩ Československa Socialistika Republika: Sozialistische Republik Tschechoslowakei

CSU ⟨Abk. für⟩ Christlich-Soziale Union

ct 1 ⟨Abk. für⟩ Cent 2 ⟨Abk. für⟩ Centime

Ct. ⟨schweiz. Abk. für⟩ Centime(s)

c. t. ⟨Abk. für⟩ cum tempore

Cu ⟨chem. Zeichen für⟩ Kupfer [< lat. cuprum „Kupfer"]

Cui bo|no? wem zunutze?, wer hat davon einen Vorteil? [lat., „wem zum Guten?"]

Cu|jus re|gio, ei|us re|li|gio wessen das Land, dessen die Religion (Grundsatz des Augsburger Religionsfriedens, nach dem der Herrscher die Konfession seiner Untertanen bestimmen konnte) [lat.]

Cul de Pa|ris ⟨[ky də pari] m., -, -, nur Sg.; im 18.Jh.⟩ hinten unter dem Kleid getragenes Gestell oder Polster [frz., „Pariser Hinterer"]

Cu|ma|rin ⟨n., -s, nur Sg.⟩ wohlriechende organische Verbindung (z.B. im Waldmeister enthalten); auch: Kumarin [< frz. coumaru, < Tupi cumaru „Tonkabohne", eine Pflanze, aus der C. für Duftstoffe gewonnen wird]

Cu|ma|ron ⟨n., -, nur Sg.⟩ farbloser Bestandteil des Steinkohlenteers (u.a. für Klebstoffe); auch: Kumaron

Cum|ber|land|sau|ce, Cum|ber|land|so|ße ⟨[kambərlənd-] f.11⟩ kalte Soße aus rotem Johannisbeergelee, Portwein und Zitronen- und Orangenschalen u.a. [nach der engl. Grafschaft Cumberland]

cum gra|no sa|lis mit einem Körnchen Salz: nicht ganz wörtlich, mit einer gewissen Einschränkung; das, was ich jetzt sage, muß man c. g. s. verstehen [lat.]

cum lau|de gut (drittbeste Note der Doktorprüfung) [lat., „mit Lob"]

cum tem|po|re ⟨Abk.: c. t.⟩ mit dem akademischen Viertel, eine Viertelstunde nach der angegebenen Zeit; Ggs.: sine tempore [lat., „mit Zeit"]

Cu|mu|lo|nim|bus ⟨m., -, -bus|se⟩ hochaufgetürmter Cumulus von blumenkohlähnlichem Aussehen; auch: Kumulonimbus

Cu|mu|lus ⟨m., -, -li⟩ flache bis leicht aufgetürmte Wolke bei Schönwetterlage; auch: Kumulus; Syn. Haufenwolke, Quellwolke, Schönwetterwolke [lat., „Haufen"]

C und C ⟨Kurzform für⟩ Cash and Carry

Cun|ni|lin|gus ⟨m., -, -gi⟩ Reizung der weiblichen Geschlechtsteile mit Lippen und Zunge [< lat. cunnus „weibliche Scham" und lingus „der Leckende"]

Cup ⟨[kap] m.9⟩ 1 ⟨bei sportl. Wettkämpfen⟩ Pokal (als Siegespreis) 2 Wettbewerb darum; im C. spielen 3 Körbchen (des Büstenhalters) [engl., „Schale, Becher, Pokal"]

Curaçao

Cu|ra|çao ⟨[kyrasao] m.9⟩ *unter Verwendung der Schalen unreifer Pomeranzen hergestellter Likör (meist von blauer Farbe)* [nach *Curaçao,* der wichtigsten Insel der Niederländischen Antillen]

Cu|ra po|ste|ri|or ⟨f., - -, Pl. nicht üblich⟩ *spätere, zukünftige Sorge* [lat.]

Cu|ra|re ⟨n., -, nur Sg.⟩ *indianisches Pfeilgift (das verschiedene Alkaloide enthält und medizinisch verwendet wird);* auch: *Kurare*

Cu|rie ⟨[kyri] n., -, -; Zeichen: Ci⟩ *Maßeinheit für die Stärke der Radioaktivität* [nach dem frz. Physiker-Ehepaar Pierre und Marie *Curie*]

Cu|ri|um ⟨n., -, nur Sg.; Zeichen: Cm⟩ *metallisches, silberweißes, stark radioaktives, künstlich hergestelltes Element* [→ *Curie*]

Cur|ling ⟨[kə-] n., -s, nur Sg.⟩ *schottisches Sportspiel, bei dem ,,Steine" mit einem Handgriff auf einer Eisfläche möglichst nahe an einen Zielpunkt geschossen werden* [engl., zu *to curl* ,,(sich) winden, drehen"]

cur|ren|tis ⟨Abk.: cr.; †⟩ *des laufenden (Monats, Jahres);* am 10. c. am 10. dieses Monats

cur|ri|cu|lar ⟨Adj., o.Steig.⟩ *das Curriculum betreffend, in der Art eines Curriculums*

Cur|ri|cu|lum ⟨n., -s, -la⟩ *Planung von Vorgängen des Lehrens und Lernens;* auch: *Kurrikulum* [lat., ,,Lauf, Kreislauf"]

Cur|ri|cu|lum vi|tae ⟨[-te:] n., - -, Pl. nicht üblich; †⟩ *Lebenslauf* [lat.]

Cur|ry ⟨[kœri] auch [kari]⟩ **I** ⟨m., -, nur Sg.⟩ *gelbe indische Gewürzmischung (aus Ingwer, Kurkuma, Pfeffer, Zimt u.a.)* **II** ⟨n.9⟩ *würziges indisches Mischgericht* [< Hindi *kaṛhi* ,,Soße, Würze"]

Cut 1 ⟨[kɐt] m.9; Kurzw. für⟩ *Cutaway* **2** ⟨[kɐt] m.9; Film⟩ *Schnitt* [engl., zu *to cut* ,,schneiden"]

Cut|away ⟨[kʌtəwei] m.9; früher⟩ *Herrenschoßrock mit abgerundeten Ecken* [< engl. *to cut away* ,,ab-, wegschneiden"]

cut|ten ⟨[kɐtən] V.2, hat gecuttet; mit Akk.; Film, Funk, Fernsehen⟩ *auseinanderschneiden und nach künstlerischen Gesichtspunkten wieder zusammenkleben;* den Filmstreifen, das Tonband c. [< engl. *to cut* ,,schneiden"]

Cut|ter ⟨[kɐtər] m.5; Film, Funk, Fernsehen⟩ **1** *Mitarbeiter, der den Filmstreifen bzw. das Tonband zerschneidet und nach künstlerischen Gesichtspunkten wieder zusammensetzt;* Syn. *Schnittmeister* **2** *Fleischschneidemaschine* [< engl. *cutter* in ders. Bed., zu *to cut* ,,schneiden"]

Cu|vée ⟨[kyvẹ] n.9⟩ *Verschnitt von Weinen aus blauen und hellen Trauben zur Herstellung von Schaumwein* [frz., ,,Weinmischung (um eine bestimmte Güte zu erzielen)", zu *cuve* ,,Bütte, Kufe, Faß"]

CVJM ⟨Abk. für⟩ *Christlicher Verein Junger Männer*

cwt. ⟨Abk. für⟩ → *Hundredweight* [engl. eigtl. *centweight,* zu lat. *centum* ,,hundert"]

Cy|an ⟨[tsy-] n., -s, nur Sg.⟩ *giftige Kohlenstoff-Stickstoff-Verbindung* [< griech. *kyanos* ,,blaue Farbe, Lasurstein"]

Cy|a|nid ⟨[tsya-] n.1⟩ *Salz der Blausäure (Cyanwasserstoffsäure)*

Cy|an|ka|li ⟨n., -s, nur Sg.⟩ → *Zyankali*

cy|clisch ⟨[tsy-] Adj., o.Steig.⟩ *bei chem. Verbindungen in Ringstrukturen angeordnet* [→ *zyklisch*]

Cy|clo|al|kan ⟨[tsy-] n.1⟩ *ringförmiger, gesättigter Kohlenwasserstoff;* Syn. *Naphten* [< griech. *kyklos* ,,Kreis" und *Alkan*]

Cy|ste|in ⟨[tsy-] n., -, nur Sg.⟩ *lebenswichtige schwefelhaltige Aminosäure* [zu *Cystin*]

Cy|stin ⟨[tsy-] n., -s, nur Sg.⟩ *vom Cystein abgeleitete Aminosäure* [< neulat. *cysto-* ,,Blase(n)...", weil es in Nierensteinen entdeckt wurde]

D

d 1 ⟨früher Abk. für⟩ *Penny* [< lat. *denarius* „Zehner"] **2** ⟨auf Rezepten Abk. für⟩ *detur* [lat., „man gebe"] **3** ⟨Math.; Abk. für⟩ *Differential* **4** ⟨Math.; Abk. für⟩ *Durchmesser* **5** ⟨Phys., Astron.; Abk. für⟩ *Tag* [< lat. *dies* „Tag"] **6** ⟨Math.; Zeichen für⟩ *Dezi...*; z.B. dm

♂ ⟨Zeichen für⟩ *deleatur*

D 1 ⟨abkürzendes Länderkennzeichen für⟩ *Bundesrepublik Deutschland* **2** ⟨chem. Zeichen für⟩ *Deuterium* **3** ⟨röm. Zahlzeichen für⟩ *500* **4** ⟨Abk. für⟩ *Dinar*

D. ⟨Abk. für⟩ *Doktor der evangelischen Theologie (Ehren halber)*

da I ⟨Adv.⟩ **1** ⟨örtlich⟩ **a** *dort, an jener (etwas entfernten) Stelle;* da drüben; da oben; da draußen; da und dort *an manchen Stellen;* da und da *an einer Stelle (die man nicht näher bezeichnen will)* **b** *hier, an dieser (sehr nahen) Stelle;* da sind wir!; da wohne ich; hier und da *an manchen Stellen;* da siehst du's, da hast du's! *ich habe es dir ja gleich gesagt!* **c** *dort, an der genannten Stelle;* sei er was am Bahnhof, sag ihm bitte, er soll rechtzeitig da sein; ⟨aber⟩ →*dasein* **2** ⟨zeitlich⟩ *zu diesem Zeitpunkt, in diesem Augenblick;* da sagte er ...; von da an *von diesem Zeitpunkt an* **3** *unter diesen Umständen, in diesem Fall, in dieser Sache;* da kann man nichts machen; da hat du recht; da will ich nicht stören **II** ⟨Relativadverb; †, noch poet.⟩ *auf eine genannte Stelle, einen genannten Ort, einen genannten Zeitpunkt hinweisend⟩* gerade an der Stelle, da dieses geschah, steht heute ein Holzkreuz; es wird die Zeit kommen, da du einsiehst, daß ... **III** ⟨Konj.⟩ *weil;* da du nicht schreibst, nehme ich an, daß ...; es kann nur so gewesen sein, da es keine andere Möglichkeit gibt

d. Ä. ⟨Abk. für⟩ *der Ältere,* z.B. Holbein d. Ä.

da|be|hal|ten ⟨V.61, hat dabehalten; mit Akk.⟩ *hier, bei sich behalten;* das Kind war so lieb, wir hätten es gern noch länger d.; man hat ihn in der Klinik gleich d.

da|bei ⟨auch, wenn bes. betont [da-] Adv.⟩ **1** *bei diesem, bei dieser Sache;* ich habe mir nichts d. gedacht; es ist doch nichts d. *es ist doch nicht so schlimm;* es bleibt d., wir treffen uns um 9 Uhr; ich kann nichts Böses d. finden; ⟨berlin., norddt. in getrennter Stellung⟩ da ist doch nichts bei; da kann ich nichts bei finden **2** *an der gleichen Stelle, daneben, in der Nähe;* die Sendung ist gekommen, aber eine Rechnung ist nicht d.; ein Grundstück mit einem kleinen See d.; nahe d. *gleich daneben* **3** *währenddessen, zur gleichen Zeit;* sie kann stricken und d. lesen **4** *trotzdem, außerdem;* sie ist schön und d. klug; er ist berühmt und d. bescheiden geblieben **5** *doch;* ich habe mich verfahren, und d. habe ich es so genau aufgepaßt; er redet viel von Medizin und hat d. keine Ahnung davon

da|bei|blei|ben ⟨V.17, ist dabeigeblieben; o.Obj.⟩ *bei einer Beschäftigung bleiben, einer Sache weiterhin angehören;* ich habe einmal angefangen, also will ich auch d.; er ist bis zum Schluß dabeigeblieben; ⟨aber⟩ es soll dabei bleiben, wir treffen uns um 9 Uhr

da|bei|ha|ben ⟨V.60, hat dabeigehabt; mit Akk.⟩ *bei sich haben;* hast du genügend Geld dabei?

da|bei|sein ⟨V.137, ist dabeigewesen; o.Obj.⟩ *anwesend, beteiligt sein, bei anderen sein;* er möchte bei der Besprechung gern d.; das Kind möchte d., wenn wir feiern

da|bei|sit|zen ⟨V.143, hat, oberdt. auch: ist dabeigesessen; o.Obj.⟩ *bei den anderen, in der Nähe sitzen;* er saß dabei und redete kein Wort; ⟨aber⟩ ich kann dabei (bei dieser Arbeit) sitzen

da|bei|ste|hen ⟨V.151, hat, oberdt. auch: ist dabeigestanden; o.Obj.⟩ *bei den anderen, in der Nähe stehen;* ich kann nicht nur d., ohne zu helfen; ⟨aber⟩ ich muß dabei (bei dieser Tätigkeit) stehen

da|blei|ben ⟨V.17, ist dageblieben; o.Obj.⟩ *an dieser Stelle bleiben, bei den anderen bleiben;* bleib doch noch da!; ich möchte noch eine Weile d.

da ca|po ⟨Abk.: d.c.; Mus.⟩ *noch einmal von Anfang an (spielen, singen);* d.c. al fine *noch einmal vom Anfang bis zum Ende;* d.c. al segno *noch einmal vom Anfang bis zum Zeichen* [ital., „vom Kopf (an)"]

Da-ca|po-Arie ⟨[-ariǝ] f.11⟩ *zu wiederholende Arie*

d'ac|cord ⟨[dakɔr] †⟩ *einig, der gleichen Meinung;* mit jmdm. d'a. gehen [frz., „im Einklang"]

Dach ⟨n.4⟩ **1** *oberer Abschluß eines Gebäudes* (Flach~, Giebel~, Walm~); eins aufs D. bekommen, kriegen *einen Verweis bekommen, gerügt werden;* jmdm. aufs D. steigen ⟨ugs.⟩ *jmdm. die Meinung sagen;* kein D. überm Kopf haben *keine Unterkunft;* unter einem D. mit jmdm. wohnen, leben *im selben Haus;* etwas unter D. und Fach bringen *etwas in Sicherheit bringen, erledigen* **2** ⟨übertr.⟩ **a** *oberer Abschluß (eines Autos, des Schädels u.a.)* **b** *schützende Bedeckung* (Regen~, Schiebe~) [zu idg. *teg, „schützen"; vgl. *decken*]

Dach|bin|der ⟨m.5⟩ *Tragwerk, das das Gewicht der Dachkonstruktion auf die unterstützenden Teile ableitet;* Syn. *Binder (1b)*

Dach|decker ⟨-k|k-; m.5⟩ *Handwerker, der Dächer deckt und ausbessert*

Dach|gau|be, Dach|gau|pe ⟨f.11⟩ →*Gaube*

Dach|ge|sell|schaft ⟨f.10⟩ *Gesellschaft, (meist ohne eigene Produktion), die zur Leitung eines Konzerns gebildet worden ist*

Dach|ha|se ⟨m.11; scherzh.⟩ *Katze* [weil das Fleisch ähnlich dem eines Hasen schmecken soll]

Dach|kan|del ⟨m.6; landsch.⟩, **Dach|kän|nel** ⟨m.6; schweiz.⟩ →*Dachrinne*

Dach|or|ga|ni|sa|ti|on ⟨f.10⟩ *Organisation zur einheitlichen Führung von mehreren Organisationen, Unternehmen o.ä.*

Dach|pap|pe ⟨f.11⟩ *zum Decken flacher Dächer verwendete steife Pappe*

Dach|pfan|ne ⟨f.11⟩ *Dachziegel mit Wulsten zur Fugendichtung;* Syn. *Pfanne*

Dach|rei|ter ⟨m.5⟩ *kleiner Turm auf dem Dachfirst*

Dach|rin|ne ⟨f.11⟩ *Vorrichtung an der unteren Kante der Dachfläche zum Sammeln und Ableiten des Regenwassers;* Syn. ⟨landsch.⟩ *Dachkandel,* ⟨schweiz.⟩ *Dachkännel*

Dachs ⟨daks; m.1⟩ **1** *großer, plumper, einem kleinen Bären ähnlicher Erdmarder mit schwarzweißer Gesichtszeichnung;* Syn. ⟨Fabelname⟩ *Grimbart* **2** *Vertreter einer Gattung der Marder, plumper Allesfresser, Sohlengänger* (Honig~, Sonnen~) [wörtlich vielleicht „der Bauende" (zu lat. *texere* „bauen"), dann nach seinen gegrabenen Wohnhöhlen benannt]

Dach|scha|den ⟨m.; ugs.; nur in der Wendung⟩ einen D. haben *geistig nicht ganz normal sein*

Däch|sel ⟨[dɛk-] m.5; Jägerspr.⟩ →*Dackel*

Dachs|hund ⟨[-ks-] m.1⟩ →*Dackel*

Dach|stuhl ⟨m.2⟩ *Tragwerk des Daches*

Dach|tel ⟨f.11; österr.⟩ →*Ohrfeige* [< mhd. *daht* „Gedanke", hier im Sinne von „Denkzettel"]

Dach|zie|gel ⟨m.5⟩ *aus Ton gebrannte Platte zum Decken von Dächern*

Dackel ⟨-k|k-; m.5⟩ *kurzbeinige Hunderasse mit Schlappohren* (Kurzhaar~, Langhaar~, Rauhhaar~); Syn. ⟨Jägerspr.⟩ *Dächsel, Dachshund, Teckel* [urspr. oberdt. Kurzform zu *Dachshund,* da er u.a. dazu abgerichtet wird, Dachse aus dem Bau zu treiben]

Dackel|läh|me ⟨-k|k-; f., -, nur Sg.; bei Rassen kleiner Hunde mit langem Rücken⟩ *schmerzhafter Bandscheibenvorfall mit Lähmungserscheinungen*

Da|da|is|mus ⟨m., -, nur Sg.⟩ *aus dem Expressionismus hervorgegangene literarisch-künstlerische Strömung um 1920* [das Wort *dada* wurde von Richard Huelsenbeck und Hugo Ball in einem frz. Wörterbuch entdeckt, da von an verwendeten sie es für ihre künstlerischen Bestrebungen; es ist ein kindlicher Stammellaut und bedeutet im Französischen zugleich „Holzpferdchen"; in slaw. Sprachen und im Rumänischen bedeutet es „Jaja"]

Dad|dy ⟨[dɛdi] m.9; ugs.; Koseform für⟩ *Vater* [engl., kindliches Lallwort, das in vielen Sprachen eine ähnliche Form hat]

da|durch ⟨Konj.⟩ *durch diese Sache, durch diesen Umstand,* ⟨folgt⟩ *mit Folge* d. keinen Nachteil; d., daß *weil;* er ist d. im Vorteil, daß er ein gutes Abitur gemacht hat

Daff|ke ⟨ugs.; nur in der Wendung⟩ aus D. nun gerade; etwas aus D. tun *nun gerade tun (obwohl man es nicht tun sollte)* [< jidd. *davko* „bestimmt, sicher, gewiß", wobei „aus" von Wendungen wie „aus Trotz" übernommen wurde]

da|für ⟨auch, wenn bes. betont, vor allem am Anfang des Satzes [da-] Adv.⟩ **1** *für diese Sache, für so etwas, als Entgelt, als Gegenleistung;* d. gebe ich kein Geld her; ich helfe ihm bei den Schularbeiten und flickt mir d. mein Rad **2** *für diesen Zweck;* d. sind diese Tropfen nicht geeignet; d. kann ich das Gerät nicht gebrauchen **3** *zugunsten dieser Sache, für diese Sache;* d. spricht die Tatsache, daß ...; die Voraussetzung d. ist, daß ...; ich werde d. sorgen, daß ... **4** *als Ausgleich;* er ist d. bestraft worden

da|für|hal|ten ⟨V.61, hat dafürgehalten; o.Obj.⟩ *der Meinung sein;* ich halte dafür, daß ...; nach meinem Dafürhalten *nach meiner Meinung*

da|für|kön|nen ⟨V.72, hat dafürgekonnt; o.Obj.⟩ *schuld sein;* er kann nichts dafür

da|für|spre|chen ⟨V.146, hat dafürgesprochen; o.Obj.⟩ *den Anschein haben, daß;* manches spricht dafür, daß er der Täter ist; manches spricht dafür, manches dagegen

da|für|ste|hen ⟨V.151, hat dafürgestanden; o.Obj.⟩ **1** *für etwas bürgen, für etwas einstehen;* er steht dafür, daß die Vorschriften eingehalten werden **2** *sich lohnen;* das steht nicht dafür

dag ⟨österr.; Abk. für⟩ *Dekagramm*

DAG ⟨Abk. für⟩ *Deutsche Angestellten-Gewerkschaft*

da|ge|gen I ⟨auch, wenn bes. betont [da-] Adv.⟩ **1** *gegen diese Sache, gegen etwas, zur Abwehr, Ablehnung;* ich habe Halsschmerzen, hast du, weißt du ein Mittel d.?; ich habe nichts d. einzuwenden; d. kann man nicht viel machen; ich kann nichts d. sagen **2** *auf hin, an hin;* kaum hatte ich das Fenster geschlossen, schlugen schwere Regentropfen d.; wenn die Tür nicht von allein offenbleibt, stell doch einen Stuhl d. **3** *im Vergleich dazu;* seine Prüfung war schwer, d. war die meine ein Kinderspiel **4** *zum Vergleich daneben;* wenn man die Kopie betrachtet und das Original d. hält, sieht man die Unterschiede II ⟨Konj.⟩ *hingegen, jedoch;* er ist sehr musikalisch, sie d. hat mehr praktische Talente

da|ge|gen|hal|ten ⟨V.61, hat dagegengehalten; mit Akk.⟩ *einwenden, als Einwand erwidern;* Syn. *dagegensetzen;* er hielt dagegen, daß ...; ich habe nichts dagegenzuhalten

da|ge|gen|re|den ⟨V.2, hat dagegengeredet; o.Obj.⟩ *widersprechen, gegen das reden, was ein anderer gesagt hat;* Syn. *dawiderreden;* er muß immer d.

da|ge|gen|set|zen ⟨V.1, hat dagegengesetzt; mit Akk.⟩ → *dagegenhalten*

da|ge|gen|spre|chen ⟨V.146, hat dagegengesprochen; o.Obj.⟩ *den Anschein haben, daß nicht;* es spricht alles dagegen, daß er der Täter ist

da|ge|gen|wir|ken ⟨V.1, hat dagegengewirkt; o.Obj.⟩ *gegen etwas wirken, gegen etwas einschreiten, etwas gegen etwas tun;* wir müssen unbedingt d., daß dies geschieht

Da|guer|reo|ty|pie ⟨[-gero-] f.11; früher⟩ **1** *fotografisches Abbildungsverfahren, bei dem eine versilberte Kupferplatte durch Joddämpfe lichtempfindlich gemacht wird* **2** *danach hergestelltes Bild* [nach dem frz. Erfinder Louis Jacques *Daguerre*]

da|heim ⟨Adv.⟩ *im eigenen Heim, in der eigenen Wohnung, zu Hause;* ich bin wieder d.; auf einem Gebiet d. sein *auf einem Gebiet gut Bescheid wissen, viele Kenntnisse haben*

Da|heim ⟨n., -s, nur Sg.⟩ *eigene Wohnung, eigenes Heim, Zuhause;* kein D., ein schönes D. haben

da|her I ⟨Adv.⟩ **1** *von dort her;* d. kommt es, daß ...; von d. weht der Wind! ⟨übertr.⟩ *also das ist der Grund!;* von d. bestehen keine Bedenken **2** ⟨süddt.⟩ *(hier)her, (hier)hin;* setz dich d.! II ⟨Konj.⟩ *deshalb, darum, aus diesem Grund;* d. ist er körperlich schwach, hat er auch keine Freude am Sport; er ist Mediziner und kann die Sache d. besser beurteilen als wir

da|her|kom|men ⟨V.71, ist dahergekommen; o.Obj.⟩ **1** *herbei-, herankommen, gegangen kommen;* er kam gemächlich daher **2** *auftreten;* er kommt daher wie ein Landstreicher

da|her|re|den ⟨V.2, hat dahergeredet; o.Obj. oder mit Akk.⟩ *ohne Überlegung reden;* red nicht so dumm daher!; wie kann man nur so unqualifiziert d.!; er redet viel dummes Zeug daher

da|hier ⟨Adv.; †⟩ *hier, an diesem Ort, auf dieser Welt*

da|hin ⟨auch, wenn bes. betont [da-] Adv.⟩ **1** *an diesen Ort, an diese Stelle;* bis d. ist es noch weit; auf diese Weise kommen wir nie d. **2** ⟨zeitlich immer in der Fügung⟩ *bis zu diesem Zeitpunkt;* bis d. muß noch viel geschehen; bis d. kann ich noch nicht warten; bis d. viele Grüße! **3** *zu einem bestimmten Ziel;* wir müssen ihn d. bringen, daß es von selbst eingesteht; mein Bestreben geht d., bald von hier wegzukommen **4** *so weit, bis zu einem bestimmten Zustand;* mußte es d. kommen, daß er jetzt die Hilfe anderer braucht? **5** *in bestimmter Weise, so;* wir haben uns d. geei-

nigt, daß wir ... **6** ⟨nur [-hin]⟩ *verloren, vergangen, vorbei;* all sein Reichtum ist d.; alle Schönheit ist d.; wenn du das tust, ist dein Ansehen d.

da|hin... ⟨in Zus. mit Verben⟩ *in gleichmäßiger Bewegung, in gleichmäßigem Verlauf,* z.B. dahineilen, dahinfahren, dahinfliegen, dahinschwinden

da|hin|ab ⟨Adv.⟩ *auf diesem Weg hinab, dort hinunter*

da|hin|auf ⟨Adv.⟩ *auf diesem Weg hinauf, dort hinauf*

da|hin|aus ⟨Adv.⟩ *auf diesem Weg, durch diese Tür hinaus, dort hinaus*

da|hin|däm|mern ⟨V.1, hat dahingedämmert; o.Obj.⟩ *fast ohne Bewußtsein, teilnahmslos leben* (von Kranken)

da|hin|ein ⟨Adv.⟩ *auf diesem Weg, zu dieser Tür hinein, dort hinein*

da|hin|ge|ben ⟨V.45, hat dahingegeben; mit Akk.; geh.⟩ *weggeben, opfern;* sie hat alles für ihren Sohn dahingegeben; sein Leben d.

da|hin|ge|gen ⟨Konj.; verstärkend⟩ *hingegen*

da|hin|ge|hen ⟨V.47, ist dahingegangen; o.Obj.⟩ **1** *vergehen;* die Zeit geht schnell dahin **2** *sterben;* er ist dahingegangen

da|hin|le|ben ⟨V.1, hat dahingelebt; o.Obj.⟩ **1** *im Gleichmaß leben;* so lebten sie viele Jahre dahin **2** *ohne Aufgabe leben, ohne sich Gedanken zu machen;* man kann doch nicht einfach so d.; er lebte leichtsinnig dahin

da|hin|re|den ⟨V.2, hat dahingeredet; mit Akk.⟩ *ohne Überlegung reden;* das ist nicht nur dahingeredet

da|hin|schei|den ⟨V.107, ist dahingeschieden; o.Obj.; poet.⟩ *sterben*

da|hin|sie|chen ⟨V.1, ist dahingesiecht; o.Obj.⟩ *im Siechtum leben*

da|hin|ste|hen ⟨V.151, hat dahingestanden; o.Obj.⟩ *ungewiß sein;* es steht noch dahin, ob er kommt

da|hin|stel|len ⟨V.1, hat dahingestellt; mit Akk.⟩ *etwas d. etwas unentschieden lassen, nicht näher betrachten, nicht untersuchen;* es sei dahingestellt, ob er wirklich dazu in der Lage ist; wir wollen es dahingestellt sein lassen, ob das möglich ist; ich möchte es vorläufig noch d., ob ...

da|hin|ten ⟨Adv.⟩ *dort hinten*

da|hin|ter ⟨Adv.⟩ *hinter dieser Sache;* ein Haus mit einem Garten d.; viel Gerede d. und kein Inhalt

da|hin|ter|klem|men ⟨V.1, hat dahintergeklemmt; refl.⟩ → *dahinterknien*

da|hin|ter|knien ⟨V.1, hat dahintergekniet; refl.⟩ *sich d. sich um etwas bemühen, sich anstrengen, um etwas zu erreichen;* Syn. *dahinterklemmen*

da|hin|ter|kom|men ⟨V.71, ist dahintergekommen; o.Obj.⟩ *etwas herausbekommen, herausfinden, entdecken;* ich komme nicht d., ich bin jetzt endlich dahintergekommen, wie es zusammenhängt

da|hin|ter|stecken ⟨-k·k-; V.1, hat dahintergesteckt; o.Obj.⟩ *verborgen sein, die geheime Ursache, der geheime Urheber sein;* dahinter steckt doch etwas; dahinter muß noch jemand anderes stecken; es steckt nicht viel dahinter

da|hin|über ⟨Adv.⟩ *auf diesem Weg hinüber, dort hinüber*

da|hin|un|ter ⟨Adv.⟩ *auf diesem Weg hinunter, dort hinunter*

da|hin|ve|ge|tie|ren ⟨V.3, hat dahinvegetiert; o.Obj.⟩ *elend, nahe am Tod, kaum bei Bewußtsein leben*

Dah|lie ⟨[-ljə] f.11⟩ *großblütige, im Frühherbst blühende Zierpflanze mit Wurzelknollen;* Syn. ⟨veraltend⟩ *Georgine* [nach dem schwed. Botaniker Andreas *Dahl*]

Da|ka|po ⟨n.9⟩ *Wiederholung;* vgl. *da capo*

dak|ty|lisch ⟨Adj., o.Steig.; nur als Attr. und Adv.⟩ *in der Art eines Daktylus*

Dak|ty|lo ⟨f.9; Kurzw. für⟩ *Daktylographin*

dak|ty|lo|gra|phie|ren ⟨V.3, hat daktylographiert; mit Akk.; schweiz.⟩ *mit der Maschine schreiben*

Dak|ty|lo|gra|phin ⟨f.10; schweiz.⟩ *Maschinenschreiberin* [< griech. *daktylos* „Finger" und *graphein* „schreiben"]

Dak|ty|lo|lo|gie ⟨f.11⟩ *Fingersprache der Taubstummen* [< griech. *daktylos* „Finger" und ...*logie*]

Dak|ty|lo|sko|pie ⟨f.11⟩ *Verfahren zur Identifizierung von Personen durch Fingerabdrücke* [< griech. *daktylos* „Finger" und *skopein* „betrachten"]

Dak|ty|lus ⟨m., -, -ty|len⟩ *Versfuß aus einer langen, betonten und zwei kurzen, unbetonten Silben* [< griech. *daktylos* „Finger", wegen der Dreigliedrigkeit]

Da|lai-La|ma ⟨m., -(s), -s; bis 1959⟩ *geistliches und weltliches Oberhaupt Tibets* [< mongol. *talai, dalai* „Meer, Ozean (des Wissens, der Macht)" und tibet. *bla ma* „der Höhere, Hochgestellte"]

da|las|sen ⟨V.75, hat dagelassen; mit Akk.⟩ *an dieser Stelle, an diesem Ort lassen;* deine Mappe kannst du d.

Dal|be ⟨f.11⟩, **Dal|ben** ⟨m.7; kurz für⟩ → *Duckdalbe*

Dal|be|rei ⟨f.10⟩ *das Dalbern, einfacher, kindlicher Spaß*

dal|bern ⟨V.1, hat gedalbert; o.Obj.⟩ *Unsinn treiben, einfache, kindliche Späße machen*

da|lie|gen ⟨V.80, hat dagelegen; o.Obj.⟩ **1** *an einer Stelle sichtbar liegen;* schau doch richtig hin, es liegt doch da! **2** *ausgestreckt liegen;* er lag da wie tot

Dalk ⟨m.1; bayr.-österr.⟩ *einfältiger, ungeschickter Mensch* [mundartl. „Teig", im Sinne von „Unfertiges"]

Dal|ken ⟨Pl.; österr.⟩ *Wiener Mehlspeise aus Hefeteig, der in einer Pfanne mit kleinen Vertiefungen gebacken und mit Marmelade gefüllt wird* [slowen.]

dal|kert, dal|ket ⟨Adj.; bayr.⟩ *töricht, einfältig, ungeschickt* [zu *Dalk*]

Dal|les ⟨m., -, nur Sg.; ugs.⟩ *Geldverlegenheit, Geldnot* [rotw., < hebr. *dallûth* „Armut", zu *dal* „arm, leer"]

dal|li ⟨Adv.; ugs.⟩ *rasch, schnell;* nun aber d.!; mach ein bißchen d.! [< poln. *dalej!* „vorwärts!, los!"]

Dal|ma|tik, Dal|ma|ti|ka ⟨f., -, -ken⟩ **1** *altrömisches, über der Tunika getragenes Gewand* **2** ⟨kath. Kirche⟩ *liturgisches Gewand* [< lat. *dalmaticus* „dalmatinisch", nach der Landschaft *Dalmatien* (an der Ostküste der Adria), aus der das Gewand unter Diokletian (284–305) nach Rom eingeführt wurde]

Dal|ma|ti|ner ⟨m.5⟩ **1** *Einwohner von Dalmatien* **2** *mittelgroßer, weißer Jagdhund mit auffälligen schwarzen Flecken* **3** *Wein aus Dalmatien*

dal|ma|ti|nisch, dal|ma|tisch ⟨Adj., o.Steig.⟩ *Dalmatien betreffend, zu ihm gehörig, aus ihm stammend*

dal se|gno ⟨[-njo] Abk.: d.s.; Mus.⟩ *vom Zeichen an (zu wiederholen)* [ital.]

da|ma|lig ⟨Adj., o.Steig.; nur als Attr.⟩ *damals geschehen, damals vorhanden;* der ~e Vorfall; meine ~e Wohnung

da|mals ⟨Adv.⟩ *in jener Zeit, zu jenem bestimmten Zeitpunkt;* d. war hier alles ganz anders; die Menschen, die d. lebten

Da|mast ⟨m.1⟩ *Seidengewebe mit gleichfarbigem, eingewebtem Muster* [< lat. *damascenus* „aus Damaskus stammend"]

da|ma|sten ⟨Adj., o.Steig.⟩ *aus Damast*

Da|mas|ze|ner ⟨m.5⟩ *Einwohner von Damaskus*

Da|mas|ze|ner... ⟨in Zus.⟩ *aus Damaskus stammend,* z.B. Damaszenerpflaume, Damaszenerrose, Damaszenertaube [< lat. *damascenus* in ders. Bed.]

Damaszenerklinge ⟨f.11⟩ *elastische, durch Verschweißen mehrerer Stahlplatten hergestellte Säbelklinge mit flammiger Musterung* [→ *Damaszener...*]

damaszenisch ⟨Adj., o.Steig.⟩ *Damaskus betreffend, zu ihm gehörig, aus ihm stammend*

damaszieren ⟨V.3, hat damasziert; mit Akk.⟩ *nach Art der Damaszenerklingen verschweißen und bearbeiten*

Dame ⟨f.11⟩ **1** ⟨höfl. Bez. für⟩ *Frau*; *eine D. möchte dich sprechen*; *eine alte, junge D.*; *die D. des Hauses* *die Hausherrin, die Gastgeberin* **2** *kultivierte, taktvolle, gebildete Frau* **3** ⟨bei festlichen Mahlzeiten⟩ *Nachbarin, er unterhielt sich mit seiner D.* **4** *Partnerin beim Tanzen*; *er führte seine D. zu ihrem Platz zurück* **5** ⟨Damespiel⟩ *höchster Stein* **6** ⟨Schach⟩ *Königin* **7** ⟨Kart.⟩ *dritthöchste Spielkarte* **8** ⟨nur Sg.⟩ *ein Brettspiel für zwei Personen*; Syn. *Damespiel*; *wir spielen D.* [< frz. *dame* „Frau, weibliche Person", früher auch „Edelfrau", < altfrz. *dame* neben *domme* „Herrin, Gebieterin" < lat. *domina* „Herrin, Hausherrin", zu *dominus* „Herr"]

Dämel ⟨m.5⟩ → *Dämlack*

Damenmannschaft ⟨f.10; Sport⟩ *Mannschaft aus Frauen und (oder) Mädchen*

Damensattel ⟨m.6⟩ *Sattel, der für den Damensitz eingerichtet ist*; Ggs. *Herrensattel*

Damensitz ⟨m., -es, nur Sg.⟩ *Reitsitz mit beiden Beinen auf einer Seite des Pferdes*; Ggs. *Herrensitz*; *im D. reiten*

Damenwahl ⟨f., -, nur Sg.⟩ *Aufforderung zum Tanzen durch die Damen*

Damespiel ⟨n., -s, nur Sg.⟩ → *Dame (8)*

Damhirsch ⟨m.1⟩ *Hirschart mit weiß geflecktem Sommerfell und schaufelartig verbreitertem Geweih beim erwachsenen Männchen* [< lat. *dama* „Reh, Gemse, Antilope, Gazelle"]

Damian ⟨m.1; österr.⟩ *jmd., der damisch (1) ist*

damisch ⟨Adj., o.Steig.; bayr.-österr.⟩ **1** *dumm, (harmlos) verrückt* **2** *schwindlig, verwirrt*; *mir ist ganz d.* [zu *taumeln*]

damit I ⟨auch, wenn bes. betont [da-]⟩ Adv. **1** *mit dieser Sache*; *ich möchte d. nichts zu tun haben*; *heraus d.!* *sag es endlich!*; *und d. Schluß!*; *Schluß d.!* **2** *mit diesem Tun, mit dieser Arbeit*; *ich bin gleich d. fertig*; *hör bitte d. auf!*; *d. erreichst du gar nichts* **3** *mit diesem Gegenstand*; *her d.!*; *ich nahm mein Taschentuch und wischte ihm d. das Blut ab* II ⟨nur [-mɪt] Konj.⟩ *zu dem Zweck, daß*, *in der Absicht, daß*; *ich muß mich beeilen, d. ich nicht zu spät komme*

Dämlack ⟨m.1 oder m.6⟩ *einfältiger, törichter Mensch, Dummkopf* [< ndd. *Dämel* und der sorb.-wendischen Endung ...*ak* „der etwas tut oder ist"]

dämlich ⟨Adj.⟩ *dumm, einfältig*; *dieser ~e Kerl*; *dazu ist er zu d.*; *mach kein so ~es Gesicht!* [< nddt. *dämelig* „wirr im Kopf", zu *dämisch* „benebelt", < mhd. *toum* „Dunst, Qualm"]

Dämlichkeit ⟨f., -, -en⟩

Damm ⟨m.2⟩ **1** *langgestreckte Aufschüttung (aus Erde oder Steinen)* (Eisenbahn~, Schutz~, Stau~) **2** *Bereich zwischen dem After und den äußeren Geschlechtsteilen*

Dammar ⟨n., -s, nur Sg.⟩, **Dammarharz** ⟨n., -es, nur Sg.⟩ *hellgelbes, durchsichtiges Harz südostasiatischer Bäume (technisch vielseitig verwendet)* [< mal. *damar* „Harz"]

Dammbruch ⟨m.2⟩ *Bruch eines Wasserdammes*

dämmen ⟨V.1, hat gedämmt; mit Akk.⟩ *stauen, zurückhalten, (meist) eindämmen*; *Wasser d.*; *die Flut d.*; *Wärme d.*

Dämmer ⟨m., -s, nur Sg.; poet.⟩ **1** *Halbdunkel* **2** *Halbschlaf*

dämmerig ⟨Adj.⟩ → *dämmrig*

dämmern ⟨V.1, hat gedämmert⟩ I ⟨o.Obj.⟩ **1** *langsam hell bzw. dunkel werden, Tag bzw. Nacht werden*; *es dämmert* **2** *herankommen, heraufziehen*; *der Morgen dämmert* **3** *im Halbschlaf sein*; *der Kranke dämmert, hat den Tag über nur gedämmert* II ⟨o.Obj. oder mit Dat.⟩ ⟨jmdm.⟩ *d. jmdm. klarwerden, bewußt werden*; *dämmert's? wird es dir (endlich) klar?, verstehst du es nun?*; *mir dämmert es*; *endlich dämmerte mir die Wahrheit*

Dämmerschlaf ⟨m., -(e)s, nur Sg.; bei psych. Erkrankungen⟩ *künstlich herbeigeführter Halbschlaf*

Dämmerschoppen ⟨m.7⟩ *geselliges Beisammensein im kleinen Kreis mit einem Trunk in der Abenddämmerung*; Ggs. *Frühschoppen*

Dämmerstunde ⟨f.11⟩ **1** *Zeit der Dämmerung am Abend*; *in der D.* **2** *gemütliche, geruhsame Stunde in der Abenddämmerung*; *D. halten*

Dämmerung ⟨f.10⟩ **1** *Zeit zwischen Tag und Nacht, in der die Sonne noch unter dem Horizont steht, ihr Licht aber schon schwache Helligkeit vermittelt* (Morgen~) **2** *Zeit, in der die Sonne schon unter dem Horizont steht* (Abend~)

Dämmkrone ⟨f.11⟩ *oberer Teil eines Dammes (1)*

dämmrig ⟨Adj.⟩ auch: *dämmerig* **1** *von der Nacht in den Tag, vom Tag in die Nacht übergehend*; *es wird d. der Tag, die Nacht kommt heran* **2** *von Dunkel in Hell oder von Hell in Dunkel übergehend*; *~es Licht* **3** *trüb*; *~er Tag* **4** *halbdunkel*; *~er Raum*

Dammriß ⟨m.1; Med.⟩ *Reißen des Dammes (2) beim Gebären*

Dammschnitt ⟨m.1; bei der Entbindung⟩ *vom Geburtshelfer vorgenommener Schnitt in den Damm (2), der den Dammriß verhindern soll*

Dämmstoff ⟨m.1⟩ *Stoff mit geringer Leitfähigkeit (zur Isolierung gegen Wärme, Kälte oder Schall)*

Dämmung ⟨f.10⟩ *das Dämmen, das Versehen mit Dämmstoffen*

damnatur ⟨früher⟩ *Formel der Zensur, durch die der Druck eines Buches verboten wurde* [lat., „es wird verworfen"]

Damno ⟨m.9 oder n.9⟩, **Damnum** ⟨n., -s, -na; Bankw.⟩ **1** *Einbuße, Verlust* **2** *Unterschiedsbetrag zwischen Nennbetrag und Auszahlungssumme eines Darlehens* [ital. bzw. lat.]

Damoklesschwert ⟨n.3; übertr.⟩ *ständig drohende Gefahr* [nach *Damokles*, dem Günstling des Dionys, des Tyrannen von Syrakus; Damokles nannte den Tyrannen den glücklichsten Menschen der Welt, worauf Dionys ihn in den Besitz großer Reichtümer und aller Genüsse setzte, über die er selber verfügte; als Damokles aber einmal beim Festmahl über sich blickte, sah er gerade über seinem Kopf ein an einem Pferdehaar befestigtes Schwert hängen und erkannte so die Unsicherheit alles irdischen Glücks]

Dämon ⟨m.13⟩ **1** ⟨meist böser⟩ *Geist* **2** *innere Stimme* [< griech. *daimon* „Gottheit, göttliches Wesen; Schicksal"]

Dämonie ⟨f.11⟩ *undurchschaubare, gefährliche Macht*

dämonisch ⟨Adj.⟩ **1** *von einem Dämon bewirkt* **2** *teuflisch, unheimlich*

Dämonismus ⟨m., -, nur Sg.⟩ *Glaube an Dämonen*

Dämonologie ⟨f., -, nur Sg.⟩ *Lehre von den Dämonen* [< *Dämon* und griech. *logos* „Wort, Lehre"]

Dampf ⟨m.2⟩ **1** *aus einer kochenden Flüssigkeit entweichendes Gas*; *D. ablassen* ⟨ugs.⟩ *seinem Ärger Luft machen*; *jmdm. D. machen* ⟨ugs.⟩ *jmdn. antreiben D. hinter eine Sache machen* ⟨ugs.⟩ *eine Sache beschleunigen* **2** *feinverteiltes, flüssiges Wasser in der Luft, Dunst* **3** ⟨ugs.⟩ *jedes sichtbare weiße Gas*

Dampfbad ⟨n.4⟩ *Schwitzbad durch heißen Wasserdampf*

Dampfdruck ⟨m.2⟩ **1** *Druck des Dampfes (einer Flüssigkeit)* **2** ⟨Meteor.⟩ *Druck des Wasserdampfes in der Luft (angegeben in Millibar)*

dampfen ⟨V.1; o.Obj.⟩ **1** ⟨hat gedampft⟩ *Dampf von sich geben*; *die Suppe dampft*; *das Pferd dampft das Pferd schwitzt stark* **2** ⟨ist gedampft; früher⟩ *mit Hilfe von Dampf fahren*; *der Zug dampft durch die Landschaft*

dämpfen ⟨V.1, hat gedämpft; mit Akk.⟩ **1** *mit wenig Wasser im eigenen Saft oder mit Dampf gar machen*; *Gemüse, Kartoffeln d.* **2** *feucht bügeln* **3** *mit Dampf behandeln* **4** *mildern, abschwächen*; *die Doppeltür dämpft den Schall*; *der Lärm dringt nur gedämpft bis hierher*; *die Nachricht dämpfte meine Freude*

Dampfer ⟨m.5⟩ *durch Dampfmaschine oder Dampfturbine betriebenes Schiff*; Syn. *Steamer*, ⟨veraltend⟩ *Dampfschiff* [< engl. *steamer* in ders. Bed., < to steam]

Dämpfer ⟨m.5⟩ **1** ⟨bei Musikinstrumenten⟩ *Vorrichtung zum Dämpfen (4) des Tons* **2** *mehrteiliger Topf zum Dämpfen (1) von Kartoffeln* **3** ⟨übertr.⟩ *Rüge, Enttäuschung (die ein Gefühl der Freude oder Hochstimmung dämpft)*; *einen D. bekommen*; *jmdm. einen D. aufsetzen*

Dampfhammer ⟨m.6⟩ *mit Dampf betriebener Maschinenhammer zum Schmieden großer Werkstücke*

Dampfheizung ⟨f.10⟩ *Heizung, bei der den Heizkörpern Dampf zugeführt wird*

dampfig ⟨Adj.⟩ *voller Dampf*

dämpfig ⟨Adj.⟩ **1** ⟨ugs.⟩ *schwül, stickig* **2** ⟨bei Pferden⟩ *an Dämpfigkeit leidend*

Dämpfigkeit ⟨f., -, nur Sg.; bei Pferden⟩ *unheilbare Erkrankung von Lunge oder Herz, die Atemnot bewirkt*; Syn. *Hartschlägigkeit* [< mhd. *dempfe* „Engbrüstigkeit"]

Dampfkessel ⟨m.5⟩ *Gerät zum Erzeugen von Wasserdampf*

Dampfkochtopf ⟨m.2⟩ *Kochtopf, der luftdicht verschlossen werden kann und in dem Speisen unter Dampfüberdruck gar gemacht werden*; Syn. *Schnellkocher, Schnellkochtopf*

Dampfl ⟨n., -s, -(n); österr.⟩ *Gäransatz für einen Hefe- oder Sauerteig*

Dampflokomotive ⟨f.11⟩ *mit Dampf betriebene Lokomotive*

Dampfmaschine ⟨f.11⟩ *Wärmekraftmaschine, bei der der Dampfdruck in mechanische Energie umgesetzt wird*

Dampfnudel ⟨f.11; süddt.⟩ *in Wasser oder Milch eingesetzter, gedämpfter und gebackener Kloß aus Hefeteig*

Dampfschiff ⟨n.1; veraltend⟩ → *Dampfer*

Dampfturbine ⟨f.11⟩ *Turbine, bei der die Strömungsenergie des Dampfes in mechanische Energie umgesetzt wird*

Dämpfung ⟨f.10⟩ *das Dämpfen, Abschwächung, Verringerung*; *D. der Konjunktur, eines Schwingungsvorgangs*

Damtier ⟨n.1⟩ *weiblicher Damhirsch*

Damwild ⟨n., -(e)s, nur Sg.⟩ *Damhirsch, Damtier und Junge(s)*

Dan ⟨m., -, -⟩ *durch Gürtelfarbe symbolisierter Leistungsgrad in den Budo-Sportarten*; *den 1. D. haben* [jap., „Grad, Stufe"]

danach ⟨auch, wenn bes. betont [da-]⟩ Adv. **1** *nach dieser Sache, hinterher, nachdem es geschehen ist*; *bald d.*; *kurz d.*; *hast du d. noch etwas Zeit?*; *erst kommen Sie an der Schule vorbei und d. zur Kirche* **2** *zu etwas hin, nach etwas (hin)*, *ich habe kein Verlangen d.*; *der Hund schnappte d., als ich ihm den Knochen hinhielt* **3** *entsprechend, so*; *mir ist nicht d.* (zumute) *ich möchte es nicht*; *sie hat das Kleid selbst genäht, und es sieht auch d. aus* ⟨ugs.⟩ *es sieht nicht gut aus, ist nicht ordentlich genäht*; *der Käse war sehr billig, und er schmeckt auch d. er schmeckt nicht gut* **4** ⟨in bestimmten Wendungen⟩ *bitte richte dich d.! nach der*

Danaergeschenk

Anweisung; ich habe ihn nicht d. gefragt *nach dieser Sache, deswegen*

Da|na|er|ge|schenk ⟨n.1⟩ *verdächtiges, unheilbringendes oder unwillkommenes Geschenk* [nach den *Danaern* (bei Homer Name der Griechen allgemein), die sich im hohlen Bauch des Trojanischen Pferdes in die Stadt Troja bringen ließen und dann zusammen mit den übrigen nachstürmenden Griechen eroberten]

Da|na|i|den|ar|beit ⟨f.10⟩ *ermüdende, vergebliche Arbeit* [nach den *Danaiden,* den 50 Töchtern des Danaos (des Königs von Argos in der griech. Sage), die wegen eines Vergehens von den Göttern dazu verurteilt wurden, in der Unterwelt Wasser in ein durchlöchertes Faß zu schöpfen; daher auch *Faß der Danaiden:* nie endende, vergebliche Arbeit]

Dan|dy ⟨[dɛndi] m.9⟩ *übertrieben modisch gekleideter und frisierter Mann,* Geck [< engl. *dandy* in den 1. Bed., wahrscheinlich Koseform von *Andrew;* wie es zu der Bed. kam, ist unbekannt]

Dä|ne ⟨m.11⟩ *Einwohner von Dänemark*

da|ne|ben ⟨Adv.⟩ **1** *neben dieser Sache, an der Seite dieser Sache, in unmittelbarer Nähe;* wir bewohnen dieses Zimmer und d.; d. sitzen, stehen, liegen **2** *außerdem;* wir haben in X eine Tagung, aber d. haben wir Zeit, uns die Stadt anzusehen; er ist Metzger und betreibt d. eine kleine Gastwirtschaft

da|ne|ben... ⟨in Zus. mit Verben⟩ *vorbei...*

da|ne|ben|be|neh|men ⟨V.88, hat danebenbenommen; refl.; ugs.⟩ *sich d. sich schlecht benehmen*

da|ne|ben|ge|hen ⟨V.47, ist danebengegangen; o.Obj.⟩ **1** *das Ziel verfehlen;* der Schuß ging d. **2** ⟨übertr., ugs.⟩ *mißlingen, schiefgehen;* der Versuch ist danebengegangen

da|ne|ben|ge|lin|gen ⟨V.48, ist danebengelungen; o.Obj.; ugs.⟩ *nicht gelingen, mißlingen*

da|ne|ben|grei|fen ⟨V.59, hat danebengegriffen; o.Obj.⟩ **1** (beim Spielen eines Instruments) *nicht richtig greifen* **2** *nicht das Richtige, Passende sagen;* er hat in seinem Ausdruck danebengegriffen

da|ne|ben|hau|en ⟨V.63, hat danebengehauen; o.Obj.⟩ **1** *neben das Ziel hauen, beim Hauen nicht treffen* **2** ⟨übertr., ugs.⟩ *das Falsche tun, das Falsche sagen;* er hat mit seinem Vorschlag danebengehauen

da|ne|ben|schie|ßen ⟨V.113, hat danebengeschossen; o.Obj.⟩ **1** *beim Schießen das Ziel verfehlen, nicht treffen* **2** ⟨übertr., ugs.⟩ *das Falsche sagen;* er hat mit seiner Antwort danebengeschossen

Da|ne|brog ⟨m., -s, nur Sg.⟩ *die dänische Flagge* [dän., „dänisches Tuch"]

da|nie|der|lie|gen ⟨V.80, hat daniedergelegen; o.Obj.⟩ **1** *krank im Bett liegen* **2** *brachliegen, nicht ausgeübt, nicht angewendet werden;* der Handel lag (völlig) danieder; seine Fähigkeiten lagen danieder

dä|nisch ⟨Adj., o.Steig.⟩ *Dänemark betreffend, zu ihm gehörig, aus ihm stammend*

dank ⟨Präp. mit Gen. oder Dat.⟩ *infolge (von);* d. seines Fleißes, d. seinem Fleiß

Dank ⟨m., -(e)s, nur Sg.⟩ **1** *Gefühl der Freude über Gutes, das man empfangen von;* D. erfüllt sie; ein Geschenk, eine Einladung mit D. annehmen **2** *Ausdruck dieser Freude;* jmdm. seinen D. abstatten; jmdm. D. sagen; vielen D.!; herzlichen D.!; Gott sei (Lob und) D.! *Vergeltung für Gutes, das man empfangen hat;* ist das der D. für meine Hilfe?; als D., für D. für ihre Mühe nenne ich Ihnen ...; ich bin ihm sehr zu D. verpflichtet

dank|bar ⟨Adj.⟩ **1** *von Dank erfüllt, Dank erkennen lassend;* d. bin Ihnen sehr d.; ein ~er Blick; sie schaute ihn an; sich jmdm. gegenüber d. erweisen *ihm Dank zeigen, ihm zum Dank etwas geben, schenken* **2** *aufnah-*

mebereit, zugeneigt, wohlwollend; ein ~es Publikum; ich bin d. für jeden Hinweis **3** *befriedigend, lohnend;* eine ~e Aufgabe **4** *lange und reich blühend;* diese Blumen sind sehr

Dank|bar|keit ⟨f., -, nur Sg.⟩ *Gefühl des Dankes;* jmdm. seine D. ausdrücken

dan|ke ⟨kurz für⟩ *ich danke* **1** (Ausdruck beim Annehmen oder höflichen Ablehnen von etwas) ja, d.!, nein, d.!; d. bestens! (ablehnend) *das möchte ich durchaus nicht!;* d. schön, d. sehr, d. vielmals! **2** ⟨ugs.; in der Wendung⟩ mir geht es d. *mir geht es leidlich*

dan|ken ⟨V.1, hat gedankt⟩ **I** ⟨o.Obj. oder mit Dat.⟩ **1** *(jmdm.) Dank aussprechen, (jmdm.) Dank zeigen, Dank erkennen lassen;* ich danke dir vielmals, ich danke ihm mit einem Blick; ich danke Ihnen für Ihre Freundlichkeit, für die Blumen; na, ich danke! (Antwort auf eine Frage, Bemerkung) *mir gefällt das durchaus nicht, ich will davon nichts hören!;* eine Einladung ~d annehmen, ablehnen **2** *auf einen Gruß erwidern;* er dankte freundlich, höflich; er dankte mit einem Kopfnicken **II** ⟨mit Dat. und Akk.⟩ jmdm. etwas d. **1** *verdanken, jmdm. für etwas Dank schuldig sein, zu Dank verpflichtet sein;* ich danke ihm mein Leben, meine Genesung **2** *jmdm. etwas vergelten, etwas zum Dank für jmdm. tun;* wie soll ich, kann ich Ihnen das jemals d.?; er hat mir meine Hilfe übel gedankt *er hat mir Böses, Unangenehmes angetan, obwohl ich ihm geholfen habe*

dan|kens|wert ⟨Adj.⟩ *Dank verdienend, so beschaffen, daß man dafür dankbar sein muß, sein sollte;* eine Hilfe wäre sehr d., wenn du das tun würdest; ~e Hilfe, Unterstützung; eine ~e Tat *eine Tat, für deren Verrichtung jmd. Dank verdient*

Dan|ke|schön ⟨n., -s, nur Sg.⟩ **1** *Wort des Dankes;* jmdm. ein herzliches D. sagen; ein D. hätte er mir wenigstens sagen, schreiben können **2** *zu geringer Dank;* jmdn. mit einem D. abspeisen, gehen lassen

Dan|kes|schuld ⟨f., -, nur Sg.⟩ *Pflicht, Notwendigkeit, Dank zu sagen;* ich muß ihm noch eine D. abtragen

dank|sa|gen ⟨V.1, hat danksagt; mit Dat.; geh.⟩ *jmdm. formell, feierlich danken;* aber: ich sage Ihnen Dank

Dank|sa|gung ⟨f.10⟩ *förmlicher Ausdruck des Dankes* (bes. für Beileidsbriefe nach einem Todesfall)

dann ⟨Adv.⟩ **1** *danach, darauf, hinterher;* und was geschah d.?; und was willst du d. tun?; fahren Sie bis zur Ampel und d. links **2** *darauf folgend, als nächste(r, -s);* d. komme ich an die Reihe; sie haben drei Kinder, das älteste ist ein Junge, und d. kommen zwei Mädchen **3** *in diesem Fall, unter diesen Umständen;* wenn du mitkommen willst, d. beeil dich!; d. ist es gut; wenn das so ist, d. können wir nur eines tun, nämlich ...; auch wenn das nicht klappt, selbst d. hat er noch die Möglichkeit ... **4** *außerdem, obendrein;* und d. mußt du auch bedenken; er hat eine Menge Fehler gemacht und d. auch noch den Beleidigten gespielt **5** *(in der Verbindung)* d. und wann *manchmal, in unregelmäßigen Zeitabständen* **6** ⟨abschließend⟩ da nun alles besprochen ist; also d. bis morgen!; d. also auf Wiedersehen!

dan|nen ⟨Adv., †; noch poet. in der Fügung⟩ von d. *von hier weg, von dort weg;* er ging betrübt von d., eilte beglückt von d.

Danse macabre ⟨[dɑ̃s makabrə] m., -, -s -s [dɑ̃s makabrə]⟩ *Totentanz* [< frz. *danse* „Tanz" u. *macabre* „Toten..."‚ *makaber*]

dap|peln ⟨V.1, ist gedappelt⟩ *trippeln* (bes. von kleinen Kindern)

dap|pen ⟨V.1, ist gedappt; o.Obj.⟩ **1** ⟨bayr.-österr.⟩ →*tappen* **2** ⟨schwäb.⟩ *gehen*

dar|an ⟨auch, wenn bes. betont [dar-] Adv.⟩

1 *an diese Sache, an dieser Sache;* d. denke ich gern zurück; mir liegt sehr viel d.; ich kann d. auch nichts ändern; es ist etwas Wahres d. **2** *an dieser Stelle, in diesem Gegenstand;* ein Haus mit einem Erker d.; d. anschließend; dicht d., riech mal d.! **3** (in der Wendung) nahe d. sein (etwas zu tun) *fast dabei sein, etwas zu tun;* ich bin nahe d., zu ihm hinzugehen und ihm zu sagen ...

dar|an|ge|ben ⟨V.45, hat darangegeben; mit Akk.⟩ *hingeben, opfern;* sein Vermögen d., um etwas zu erreichen

dar|an|ge|hen ⟨V.47, ist darangegangen; o.Obj.⟩ *anfangen;* ich muß endlich d., meine Bücher zu ordnen

dar|an|hal|ten ⟨V.61, hat darangehalten; refl.⟩ *sich d., sich dranhalten, sich ranhalten sich beeilen*

dar|an|ma|chen ⟨V.1, hat darangemacht; refl.⟩ *sich d., ⟨ugs.⟩ sich dranmachen anfangen, darangehen*

dar|an|set|zen ⟨V.1, hat darangesetzt⟩ **I** ⟨mit Akk.⟩ **1** *energisch, mit Kraft tun;* du mußt alles d., ihn dazu zu bringen, daß er ... **2** *wagen, einsetzen;* sein Leben d., um etwas zu erreichen **II** ⟨refl.⟩ sich d., ⟨ugs.⟩ *sich dransetzen, darangehen anfangen;* wenn wir uns gleich d., können wir in einer Stunde fertig sein

dar|auf ⟨auch, wenn bes. betont, vor allem am Anfang des Satzes [dar-] Adv.⟩ **1** *auf diese Sache, auf dieser Sache;* jmdn. d. aufmerksam machen, d.; gib mir die Hand d. *auf das, was wir gesprochen haben, versprich mir das;* wir sind d. zu sprechen gekommen; d. kann ich keine Rücksicht nehmen **2** *auf diesem, diesen Gegenstand;* ein Haus mit einem Türmchen d.; d. liegen, sitzen, stehen **3** *danach, später;* d. sagte er ...; gleich d., bald d.; am Tag d. kam er zu mir

dar|auf... ⟨in Zus. mit Verben, wenn der Ton auf „darauf" liegt⟩ *auf etwas,* z.B. *daraufliegen, daraufstehen, daraufsitzen*

dar|auf|fol|gend ⟨Adj., o.Steig.; nur als Attr.⟩ *nächst, folgend;* in der ~en Woche

dar|auf|hin ⟨Adv.⟩ *auf dieses hin, nachdem dieses geschehen, gesagt worden war;* d. drehte er sich um und ging

dar|aus ⟨auch, wenn bes. betont, vor allem am Anfang des Satzes [dar-] Adv.⟩ *aus dieser Sache;* d. folgt, daß ...; ich mache mir nichts d.; d. wird nichts

dar|ben ⟨V.1, hat gedarbt; o.Obj.⟩ *Mangel, Not leiden, vieles entbehren müssen;* wir haben gedarbt, um das Geld zusammenzubringen

dar|bie|ten ⟨V.13, hat dargeboten⟩ **I** ⟨mit Dat. und Akk.; geh.⟩ *jmdm. etwas d. zum Nehmen hinhalten, reichen;* jmdm. Speisen, Getränke d. **II** ⟨mit Akk.⟩ *vorführen, zeigen;* es wurde ein buntes Programm dargeboten **III** ⟨refl.⟩ *sich d. sich zeigen;* als wir aus dem Wald hinaustraten, bot sich uns eine weite Landschaft dar

Dar|bie|tung ⟨f.10⟩ **1** ⟨nur Sg.⟩ *das Darbieten (II), das Vorführen;* D. alter Tänze **2** *Vorführung;* musikalische, artistische ~en

dar|brin|gen ⟨V.21, hat dargebracht; mit Akk.⟩ *feierlich reichen, geben;* ein Opfer d.

dar|ein ⟨Adv.; poet.⟩ *hinein, in diese Sache;* man muß sich d. schicken, ergeben *man muß sich damit abfinden*

dar|ein|fin|den ⟨V.36, hat dareingefunden; refl.⟩ *sich d. sich damit abfinden, zufriedengeben*

dar|ein|re|den ⟨V.2, hat dareingeredet; geh.⟩ →*dreinreden*

dar|ein|set|zen ⟨V.1, hat dareingesetzt; mit Akk.⟩ *einsetzen, aufbieten;* seinen Ehrgeiz, Stolz d., etwas zu erreichen

Darg ⟨m.1; nddt.⟩ *eisenhaltige Torfschicht im Marschboden;* auch: *Dark*

dar|in ⟨auch, wenn bes. betont, vor allem am Anfang des Satzes [dar-] Adv.⟩ *auch:* ⟨†⟩

darinnen 1 *in dieser Sache, in diesem Punkt;* d. *gebe ich dir recht; ich kann* d. *nichts Unrechtes sehen;* d. *irrst du dich; er wird es* d. *noch wert bringen* 2 *in diesem Gegenstand; ein Zimmer mit einem Kamin* d.
da|rin|nen ⟨Adv.; †⟩ →*darin*
dar|in|ste|hen ⟨V.151, hat daringestanden; o.Obj.⟩ *in etwas* d. *in etwas Bescheid wissen, mit etwas vertraut sein;* wir haben uns beide damit beschäftigt, aber da er täglich mit diesen Dingen umgeht, steht er mehr darin als ich
Dark ⟨m.1⟩ →*Darg*
dar|le|gen ⟨V.1, hat dargelegt; mit Akk.⟩ *ausführlich, deutlich erklären* **Dar|le|gung** ⟨f.10⟩
Dar|le|hen, ⟨schweiz.⟩ **Dar|lei|hen** ⟨n.7⟩ *Summe, die jmdm. für eine bestimmte Zeit überlassen wird;* ein D. aufnehmen
Dar|ling ⟨m.9⟩ *Liebling* [engl.]
Darm ⟨m.2⟩ 1 *schlauchförmiger Teil des Verdauungstraktes* (Dick~, Dünn~, Mast~) 2 *Hülle einer Wurst* (Kunst~, Natur~)
Darm|bein ⟨n.1⟩ *zum Becken gehöriger Knochen*
Darm|flo|ra ⟨f., -, nur Sg.⟩ *Gesamtheit der im Darm lebenden Bakterien* [< *Darm* (1) und lat. *flora* „Pflanzenreich", weil Bakterien zu den Pflanzen gerechnet werden]
Darm|sai|te ⟨f.11⟩ *bei Streichinstrumenten, Tennisschlägern u.a. Saite aus dem Darm eines Schlachttiers*
Darm|träg|heit ⟨f., -, nur Sg.⟩ *auf ungenügender Reizung der Muskulatur des Darms beruhende Verstopfung*
Darm|ver|schlin|gung ⟨f.10; Med.⟩ *Verdrehung einer Darmschlinge oder Umschlingung durch eine andere* (die Darmverschluß verursacht)
Darm|ver|schluß ⟨m.2⟩ *(durch Darmverschlingung, Geschwülste u.a. verursachte) lebensgefährliche Undurchgängigkeit des Darms;* Syn. ⟨fachsprachl.⟩ *Ileus*
Darm|wind ⟨m.1⟩ →*Blähung* (2)
dar|nach ⟨Adv.; †⟩ →*danach*
dar|nie|der... →*danieder...*
dar|ob ⟨Adv.; †, noch geh.⟩ *darüber;* ich war d. sehr erstaunt
Dar|re ⟨f.11⟩ 1 *Vorrichtung zum Trocknen pflanzlicher Stoffe* (z.B. Obst, Getreide, Flachs) *und zur Samengewinnung* 2 →*Darrsucht* [zu *dürr*]
dar|rei|chen ⟨V.1, hat dargereicht; mit Akk.; geh.⟩ *reichen, zum Nehmen hinhalten* **Dar|rei|chung** ⟨f., -; nur Sg.⟩
dar|ren ⟨V.1, hat gedarrt; mit Akk.; Tech.⟩ *trocknen;* Malz, Hopfen d.
Darr|malz ⟨n.1⟩ *durch Erhitzen auf einer Darre* (1) *lagerfähig gemachtes Malz*
Darr|sucht ⟨f., -, nur Sg.⟩ *bei Fohlen, jungen Rindern und Schafen) hartnäckiges Belecken aller Gegenstände (infolge Unterernährung oder Wurmbefall);* Syn. *Darre, Lecksucht*
dar|stel|len ⟨V.1, hat dargestellt⟩ **I** ⟨mit Akk.⟩ 1 *etwas so wie jmdm. o. in beschreiben, schildern;* einen Sachverhalt d.; er stellt den Vorfall so dar, als ob ...; eine Sache richtig, falsch d.; er stellt sie als eine große Künstlerin dar **b** *gestalten, zeigen, zum Ausdruck bringen;* er stellt in seiner Musik den Lebenskampf eines Menschen dar; das Bild stellt Goethe als Jüngling dar **c** *verkörpern, spielen;* der Schauspieler stellt die Rolle des Vaters dar 2 *etwas* d. **a** *wiedergeben, zeichnerisch deutlich machen;* etwas graphisch d. **b** *bilden, sein;* das Feuerwerk stellte den Höhepunkt des Abends dar **c** ⟨Chem.⟩ *herstellen;* einen Stoff zum ersten Mal rein d. **II** ⟨refl.⟩ sich d. 1 *sich zeigen, sich erweisen als;* aus seiner Sicht stellt sich die Sache einfacher dar, als ich angenommen habe 2 *sich bemühen, in bestimmter Weise zu erscheinen, sich in den Vordergrund stellen;* sie sucht sich als große Sängerin darzustellen

dar|stel|le|risch ⟨Adj., o.Steig.; nur als Attr. und Adv.⟩ *hinsichtlich der Darstellung;* seine ~e Leistung war hervorragend
Dar|stel|lung ⟨f.10⟩ 1 ⟨nur Sg.⟩ *das Darstellen;* die D. des „Faust" war vorbildlich 2 *Beschreibung, Schilderung, Gestaltung;* er ist bekannt für seine lebendigen ~en von Tieren 3 *Wiedergabe;* bildliche D.; graphische D.; künstlerische D.
Darts ⟨Pl.⟩ *(meist in Gaststätten gespieltes) Werfen mit Wurfpfeilen auf eine Zielscheibe* [engl., zu *dart* „Wurfpfeil"]
dar|tun ⟨V.167, hat dargetan; mit Akk.⟩ *deutlich, ausführlich erläutern, ausdrücklich erklären, beweisen;* er hat eindeutig dargetan, daß ..., wie ...
dar|über ⟨auch, wenn bes. betont, vor allem am Anfang des Satzes [dar-]; Adv.⟩ 1 *über diese Sache;* d. möchte ich nicht sprechen; wir sind d. einer Meinung; es gibt es keinen Zweifel; d. hinaus ist zu bedenken, daß ... 2 *über diesem Gegenstand;* ein Tisch mit einer Lampe d.; ich trage die Bluse mit einem Pullover d. 3 *mehr;* so etwas kostet 50 DM und d. 4 *währenddessen;* es vergingen Jahre d.
dar|über... ⟨in Zus. mit Verben, wenn der Ton auf „darüber" liegt⟩ *über diese Sache, über diesen Gegenstand,* z.B. darüberbreiten, darüberfahren, darüberlegen, darüberliegen, darüberschreiben ⟨aber⟩ darüber (etwas) schreiben
dar|über|ste|hen ⟨V.151, hat, oberdt. auch: ist darübergestanden; o.Obj.⟩ *überlegen sein, etwas von einem überlegenen Standpunkt betrachten;* ihr solltet doch d. und euch nicht darüber ärgern
dar|um ⟨auch, wenn bes. betont, vor allem am Anfang des Satzes [dar-]⟩ **I** ⟨Adv.⟩ 1 *um diese Sache;* ich werde mich d. kümmern; es handelt sich d., daß ...; ich habe ihn d. gebeten; ich werde wohl nicht d. herumkommen; ich weiß d. *ich weiß um die Sache, von dieser Angelegenheit* 2 *um diesen Gegenstand;* ein Blumentopf mit einer Manschette d. **II** ⟨nur [dar-] Konj.⟩ *deshalb, aus diesem Grunde,* d.! ⟨als barsche Antwort, wenn man auf die Frage „warum?" nicht antworten will⟩; nur d. habe ich das getan; mein Zug hatte Verspätung, d. komme ich erst jetzt
dar|um... ⟨in Zus. mit Verben⟩ *um diesen Gegenstand (herum),* z.B. darumbinden, darumlegen
dar|un|ter ⟨Adv.⟩ 1 *unter dieser Sache;* d. kann ich mir nichts vorstellen 2 *unter ihnen;* es waren etwa 200 Personen anwesend, d. viele junge Leute 3 *weniger;* so etwas kostet etwa 50 DM und d. 4 *unter diesem Gegenstand;* ein Bücherregal mit Schubfächern d.; ich habe nur den Badeanzug d. an (unter dem Kleid)
dar|un|ter... ⟨in Zus. mit Verben⟩ *unter dieses, unter diesem,* z.B. darunterlegen, darunterliegen, darunterstellen
dar|un|ter|fal|len ⟨V.33, ist daruntergefallen; o.Obj.⟩ *zu etwas gerechnet werden;* die Vorschrift betrifft nur Erwachsene, Kinder fallen nicht darunter
Dar|wi|nis|mus ⟨m., -, nur Sg.⟩ 1 *Lehre, die in der natürlichen Zuchtwahl den entscheidenden Faktor für die Entwicklung der Arten sieht, Selektionstheorie* 2 ⟨fälschlich⟩ *Lehre von der Entstehung höherer aus niedrigen Lebensformen, Abstammungslehre* [nach dem engl. Naturforscher Charles *Darwin*]
das 1 ⟨bestimmter Art. n.⟩ *das Kind, das Haus* 2 ⟨Demonstrativpron.⟩ **a** *dieses, das jenige; das hat mir gerade noch gefehlt;* das ist das schönste von allen; zeig mir das, was du haben möchtest!; das gilt nicht; das heißt ⟨Abk.: d.h.⟩ *anders gesagt, genauer gesagt;* am 15. Mai, das heißt also vor einer Woche; das stimmt nicht, das heißt, ich weiß es nicht genau **b** *diese Person, diese(r), hier;* das ist

mein Sohn, das ist meine Tochter **c** *das und das* ⟨als Bez. für eine Sache, eine Äußerung, die man nicht nennen, nicht wiedergeben will⟩ 3 ⟨Relativpron. n.⟩ *dieses ist meiner Meinung nach das beste Buch, das er geschrieben hat* 4 ⟨ugs.; bei unpersönlich gebrauchten Verben für⟩ *es;* das regnet schon seit Tagen **das.** ⟨Abk. für⟩ *daselbst*
da|sein ⟨V.137, ist dagewesen; o.Obj.⟩ 1 *zugegen, hier, an dieser Stelle sein;* er wird gleich d.; ich bin gleich wieder da; solange du da warst; es war niemand da 2 *vorhanden sein;* es ist von allem noch genügend da; so etwas ist noch nie gegeben 3 *am Leben sein;* von unseren Klassenkameraden sind nur noch fünf da 4 *gekommen sein;* endlich war der lang ersehnte Tag d. 5 *bei Bewußtsein, bei klarem Verstand sein, ausgeschlafen sein;* ich bin noch gar nicht ganz da; der Kranke ist aus der Narkose aufgewacht, aber noch nicht ganz da
Da|sein ⟨n., -s, nur Sg.⟩ 1 *Leben;* der Kampf unseres ~s auf dieser Erde; ins D. treten 2 ⟨ugs.⟩ *Vorhandensein;* wer ist dieser junge Mann – von seinem D. habe ich bis jetzt nichts gewußt
Da|seins|be|rech|ti|gung ⟨f., -, nur Sg.⟩ *sinnvolles, nutzbringendes Dasein;* die D. einer solchen Institution sehe ich nicht recht ein
da|selbst ⟨Abk.: das.; Adv.; †⟩ *dort, am genannten Ort;* geboren in Berlin, gestorben d.
Dash ⟨[dɛʃ] m.9⟩ *Spritzer, kleine Menge (beim Mixen von Cocktails)* [engl., „das Spritzen, Schuß"]
da|sig ⟨Adj.; süddt.⟩ 1 *eingeschüchtert* 2 *benommen, verwirrt* [< mhd. *dæsic* „in sich gekehrt, dumm"]
da|sit|zen ⟨V.143, hat dagesessen; o.Obj.⟩ *auf einem Platz, auf einer Stelle sitzen;* er saß nur da und redete kein Wort; du kannst doch nicht nur d. und nichts tun; ⟨aber⟩ bleib nur da sitzen (wo du jetzt sitzt); wenn die Sache schiefgeht, sitzen wir da *sind wir ratlos*
das|je|ni|ge ⟨Demonstrativpron., desjenigen, diejenigen; verstärkend⟩ *das;* von den zehn Kindern wird d. ausgewählt, das ...
daß ⟨Konj.⟩ 1 ⟨als Einleitung eines Nebensatzes⟩ **a** ⟨Subjektsatz⟩ es ist schade, daß du nicht mitgekommen bist **b** ⟨Objektsatz⟩ er drängt darauf, daß wir einen Entschluß fassen **c** ⟨Prädikativsatz⟩ es ist wichtig, daß wir jetzt die richtige Entscheidung treffen **d** ⟨Attributsatz⟩ die Tatsache, daß er gekommen ist, spricht für sein gutes Gewissen **e** ⟨Adverbialsatz, z.B. konsekutiv⟩ wir mußten so lange auf die S-Bahn warten, daß wir zu spät kamen 2 ⟨als Einleitung von Hauptsätzen in der Stellung von Nebensätzen, die einen Wunsch, eine Drohung o.ä. ausdrücken⟩ daß dich doch der Teufel hole!; daß du mir ja pünktlich bist!
das|sel|be ⟨Demonstrativpron., desselben, dieselben⟩ *genau das, eben das;* auch: ⟨†⟩ *dasselbige;* ein und d., es ist genau d.; ich habe ich ihm auch schon gesagt; es war d. Mädchen, das gestern ...; ⟨ugs. oft falsch für⟩ *das gleiche;* „Ihr habt ja beide d. Auto!" „Nein, nicht d., sondern das gleiche!"
das|sel|bi|ge ⟨†⟩ →*dasselbe*
Das|sel|flie|ge ⟨f.11⟩ *Fliege, deren Larven sich unter der Haut u.a. von Rindern entwickeln;* Syn. *Biesfliege*
da|ste|hen ⟨V.151, hat dagestanden; o.Obj.⟩ *auf einer Stelle stehen;* ich möchte nicht nur d., sondern auch etwas tun; ⟨aber⟩ bleib da stehen (dort, wo du jetzt stehst); wenn das nicht klappt, dann stehen wir da *dann sind wir ratlos;* na, wie stehe ich da? ⟨ugs.⟩ *habe ich das gut gemacht?;* wie stehe ich nun da? ⟨ugs.⟩ *nun bin ich blamiert*
Dat. ⟨Abk. für⟩ *Dativ*
Date ⟨[deit] n.9; ugs.⟩ *(geschäftliche) Verab-*

redung; ein D. haben [amerik., „Verabredung, Rendezvous"]

Da|tei ⟨f.10⟩ *nach sachlichen Gesichtspunkten geordnete Sammlung von Daten (II)*

Da|ten I ⟨Pl. von⟩ *Datum II* ⟨Pl.⟩ *Angaben, Informationen (über eine Person, einen Vorgang usw.);* jmds. D. speichern; einige D. aus dem Leben einer berühmten Persönlichkeit [< engl. *data* in ders.Bed.]

Da|ten|bank ⟨f.10⟩ *große EDV-Anlage, an die über Terminals und Datenübertragungsleitungen zahlreiche Benutzer angeschlossen sind* [zu *Daten (II)*]

Da|ten|schutz ⟨m., -es, nur Sg.⟩ *gesetzlich geregelter Schutz des Bürgers vor dem unzulässigen Speichern und Verwenden von Daten (II) über seine Person, seine Firma usw.*

Da|ten|trä|ger ⟨m.5⟩ *Lochstreifen, Lochkarte, Magnetband u.ä. zum Speichern von Daten (II)*

Da|ten|ty|pi|stin ⟨f.10⟩ *weibliche Person, die Daten (II) auf Datenträger überträgt*

Da|ten|ver|ar|bei|tung ⟨f., -, nur Sg.⟩ *Zusammenstellung und meist auch rechnerische Verarbeitung von Daten (II) durch Maschinen*

da|tie|ren ⟨V.3, hat datiert⟩ **I** ⟨mit Akk.⟩ *mit einem Datum versehen;* einen Brief d. **II** ⟨o.Obj.⟩ *(von einem Zeitpunkt) stammen;* der Brief datiert vom 15. Mai

Da|tiv ⟨m.1⟩ *dritter Fall;* Syn. *Wemfall* [< lat. *casus dativus* „Gebefall", < *casus* „Fall" und *dativus* „zum Geben gehörig", zu *dare* „geben"]

da|to *heute;* bis d.; drei Monate d. *binnen drei Monaten* [ital., „gegeben", zu *dare* „geben"]

Da|to|wech|sel ⟨m.5⟩ *Wechsel, der zu einem bestimmten Zeitpunkt eingelöst werden muß*

Dat|scha ⟨f.9 oder f., -, -schen⟩ **Dat|sche** ⟨f.11⟩ *in der DDR) kleines Landhaus, Wochenendhaus* [russ., „kleines Landhaus", auch „Geben, Auszahlen, Anteil", urspr. „vom Fürsten verliehene Schenkung", < urslaw. **datia,* zu *dam* „geben"]

Dat|tel ⟨f.11⟩ *Frucht der Dattelpalme* [< griech. *daktylos* „Finger", das infolge volksetymolog. Umdeutung eines semit. Worts auch „Dattel" bedeutet]

Dat|tel|pal|me ⟨f.11⟩ *bis 20 Meter hohe Palme, typische Nutzpflanze der Oasen*

Dat|tel|pflau|me ⟨f.11⟩ *ein Ebenholzgewächs*

Da|tum ⟨n., -s, -ten⟩ **1** *Zeitangabe nach dem Kalender;* D. des Poststempels; welches D. haben wir heute?; bis zu welchem D. muß das fertig sein?; ein Brief unter, mit dem gestrigen D.; der Brief trägt das D. vom 15. Mai **2** *Zeitpunkt; wichtige Daten der Weltgeschichte;* der Brief ist schon älteren ~s *wurde schon vor längerer Zeit geschrieben;* eine wissenschaftliche Arbeit neueren ~s *eine Arbeit, die erst vor kurzer Zeit geschrieben wurde* [< lat. *datum* „das Gegebene", zu *dare* „geben"]

Da|tums|gren|ze ⟨f.11⟩ *festgelegte Linie, bei deren Überschreitung ein Datum (Tag) übersprungen oder wiederholt wird (folgt ungefähr dem 180. Längengrad)*

Dau ⟨f.10; in arab. und ostafrik. Gewässern⟩ *zweimastiges Segelfahrzeug;* auch: *Dhau*

Dau|be ⟨f.11⟩ **1** *gebogenes Längsbrett (eines Fasses)* **2** ⟨Eisschießen⟩ *Zielwürfel*

Dau|er ⟨f., -, nur Sg.⟩ **1** *Zeitspanne;* für die D. von drei Jahren **2** *Fortbestehen, Bestand;* das ist nicht von (langer) D.; sein Aufenthalt hier war nur von kurzer D. **3** *längere, unbestimmte Zeit;* auf die D. wird mir das langweilig

Dau|er|auf|trag ⟨m.2⟩ *Auftrag des Inhabers eines Bankkontos an die Bank, regelmäßig einen bestimmten Betrag an jmdn. zu überweisen;* die Miete über D. laufen lassen, bezahlen

Dau|er|aus|schei|der ⟨m.5⟩ *jmd., der dauernd Krankheitserreger ausscheidet, ohne selbst krank zu sein*

Dau|er|bren|ner ⟨m.5⟩ **1** *Dauerbrandofen* **2** ⟨ugs.⟩ *Dauererfolg (eines Schlagers, Theaterstücks u.a.)*

Dau|er|fe|stig|keit ⟨f., -, nur Sg.; bei Werkstoffen⟩ *Kennwert für die Festigkeit bei lang andauernder Belastung*

Dau|er|frost|bo|den ⟨m.8⟩ *Frostboden, der während des Jahres nie ganz auftaut (z.B. in Sibirien);* Syn. *Permafrost, Permafrostboden*

Dau|er|gast ⟨m.2⟩ *Gast, der für lange, unbestimmte Zeit bleibt;* in dem Hotel wohnen auch einige Dauergäste

dau|er|haft ⟨Adj.⟩ *einen langen Zeitraum überdauernd, beständig, widerstandsfähig, fest;* ~es Gewebe; ein ~er Friede **Dau|er|haf|tig|keit** ⟨f., -, nur Sg.⟩

Dau|er|kar|te ⟨f.11⟩ *Eintritts- oder Fahrkarte, die über einen längeren Zeitraum gilt und beliebig oft benutzt werden kann*

Dau|er|lauf ⟨m.2⟩ *Laufen über lange Strecken in mäßigem Tempo*

Dau|er|ma|gnet ⟨m.1 oder m.10⟩ *Magnet aus einem Material, das nach einmaliger Magnetisierung seine magnetische Eigenschaft behält;* Syn. *Permanentmagnet*

dau|ern¹ ⟨V.1, hat gedauert; o.Obj.⟩ *bestehen, bestehenbleiben, anhalten;* das heiße Wetter dauert nun schon sechs Wochen; wie lange dauert es noch, bis du fertig bist?; das dauert mir zu lange

dau|ern² ⟨V.1, hat gedauert; mit Akk.⟩ *jmdn. jmdm. leid tun;* er dauert mich

Dau|er|sel|ler ⟨m.5⟩ *Buch, das längere Zeit hindurch gut verkauft wird;* Syn. *Longseller* [in Anlehnung an *Bestseller* gebildet]

Dau|er|ver|such ⟨m.1; bei Werkstoffen⟩ *Verfahren, bei dem die Belastbarkeit ermittelt werden soll*

Dau|er|wel|le ⟨f.11⟩ **1** *Verfahren, das Kopfhaar durch elektrisch erhitzte Wickler oder Chemikalien für längere Zeit in Wellen zu legen* **2** *die nach einem dieser Verfahren geschaffene Frisur*

Dau|er|wurst ⟨f.2⟩ *durch Lufttrocknung, Räuchern u.a. haltbar gemachte Wurst,* z.B. Landjäger

Dau|las ⟨n., -, nur Sg.⟩ → *Dowlas*

Däum|chen ⟨n.7⟩ *kleiner Daumen;* D. drehen [→ *Daumen*]

Dau|men ⟨m.7⟩ **1** *(beim Menschen und vielen Affen) innen gelegener erster Finger der Hand;* den D. daraufdrücken ⟨übertr., ugs.⟩ *energisch, rücksichtslos auf etwas bestehen;* (die) D. drehen *nichts tun, nichts arbeiten;* jmdm. den D., beide D. drücken *mit ihm hoffen, daß etwas gut abläuft, was ihn betrifft;* am D. lutschen ⟨übertr., ugs.⟩ *nichts zu essen haben, Hunger leiden;* etwas über den D. peilen *etwas nur ungefähr schätzen* **2** ⟨bei vielen Wirbeltieren⟩ *(meist verkümmerte) entsprechende Gliedmaßen*

Dau|men|lut|scher ⟨m.5⟩ *Kind, das nach einer frühen Entwicklungsstufe noch am Daumen lutscht*

Dau|men|schrau|be ⟨f.11, meist Pl.; früher⟩ *Folterwerkzeug, das die Daumenspitzen zerdrückt;* jmdm. ~n anlegen ⟨übertr.⟩ *den ausgeübten Zwang noch erhöhen*

Dau|men|sprung ⟨m.2; bei der Suche eines Punkts im Gelände⟩ *helfende Angabe, bei der die Entfernung durch den Sprung nach rechts angegeben wird, den das Auge macht, wenn man ein Ziel bei ausgestrecktem Arm mit dem Daumen anpeilt und zuerst das linke und dann das rechte Auge schließt*

Däum|ling ⟨m.1⟩ **1** *Teil des Handschuhs, der den Daumen bedeckt* **2** *Schutzkappe für den Daumen* **3** *Märchengestalt, Knabe von der Größe eines Daumens*

Dau|ne ⟨f.11⟩ *kleine, weiche Feder, Flaumfeder;* Syn. ⟨fachsprachl., nddt.⟩ *Dune*

Dau|phin ⟨[dofɛ̃] m.9; 1349–1830 in Frankreich Titel für⟩ *Thronfolger* [frz., „Delphin", nach dem Delphin im Wappen]

Daus¹ ⟨n.1 oder n.4⟩ **1** ⟨Kart.⟩ *höchste Spielkarte* **2** ⟨Würfelspiel⟩ *zwei Augen* [< mhd. *dûs, tûs,* < altfrz. *doues* „zwei Augen", < lat. *duo,* Akk. *duos,* „zwei"]

Daus² ⟨m.; verhüllend für⟩ *Teufel;* ⟨nur noch in den Wendungen⟩ ei der D.!; was der D.; *(Ausrufe des Erstaunens, der Überraschung)*

Da|vid(s)|stern ⟨m.1⟩ *Stern aus zwei gekreuzten gleichseitigen Dreiecken, Symbol der Juden*

Da|vis-Cup ⟨[dɛivɪskap] m.9⟩, **Da|vis-Po|kal** ⟨[dɛivɪs-] m.1; Tennis⟩ *Wanderpreis für Nationalmannschaften* [nach dem amerik. Stifter Dwight F. *Davis*]

Da|vit ⟨[dɛvɪt] auch [da-] oder [dei-] m.9; an Deck von Schiffen⟩ *drehbare Kranvorrichtung (z.B. zum Aussetzen und Einholen von Booten)* [< anglonormann. *Daviot,* einer Koseform von *David*]

da|von ⟨auch, wenn bes. betont, vor allem am Anfang des Satzes [da-]; Adv.⟩ **1** *von dieser Sache, von diesem;* d. habe ich genug, ich hage genug d.; er hat nichts d. *er hat kein Vergnügen daran, es nutzt ihm nichts;* ich will nichts d. wissen **2** *von dieser Stelle;* dort siehst du schon das alte Stadttor, wir wohnen nicht weit d. (entfernt); auf und d. gehen *weglaufen* **3** *von diesen Gegenständen;* hast du noch mehr d.?; willst du etwas, eines d. haben?

da|von... ⟨in Zus. mit Verben⟩ *weg...,* z.B. davonlaufen, davonfahren, davonfliegen, davongehen, davonschleichen

da|von|kom|men ⟨V.71, ist davongekommen; o.Obj.⟩ *gerettet werden, unverletzt bleiben;* er ist noch einmal davongekommen; er ist mit dem Leben davongekommen *er hat gerade noch sein Leben retten können;* er ist mit dem Schrecken davongekommen *er hat außer dem Schrecken keinen Schaden davon gehabt*

da|von|lau|fen ⟨V.76, ist davongelaufen; o.Obj.⟩ *weglaufen;* es ist zum Davonlaufen ⟨ugs.⟩ *es ist unerträglich;* sie singt zum Davonlaufen *so schlecht, daß man nicht zuhören kann*

da|von|ma|chen ⟨V.1, hat davongemacht; refl.; ugs.⟩ *sich d. heimlich, unauffällig weglaufen*

da|von|tra|gen ⟨V.160, hat davongetragen; mit Akk.⟩ **1** *wegtragen* **2** *bekommen, sich zuziehen;* eine Krankheit, eine Verletzung d. **3** *gewinnen;* den ersten Preis d.

da|vor ⟨auch, wenn bes. betont, vor allem am Anfang des Satzes [da-]; Adv.⟩ **1** *vor dieser Sache;* d. habe ich keine Angst; mir graust d.; d. muß man sich in acht nehmen; ⟨berlin., norddt. in getrennter Stellung⟩ du hab keine Bange vor! **2** *vor diesem Gegenstand, vor dieser Stelle, vor diesem Platz;* eine Hütte mit einer Bank d. **3** *vorher, vor diesem Zeitpunkt;* ich muß heute zur Untersuchung, d. darf ich nichts essen

da|vor... ⟨in Zus. mit Verben⟩ *vor diesen, vor dieser Sache, vor dieser Stelle, vor dieser Stelle,* z.B. davorlegen, davorliegen, davorsitzen, davorstehen, davorstellen

da|wi|der ⟨Adv.⟩ *dagegen;* ich habe nichts d.

da|wi|der|re|den ⟨V.2, hat dawidergeredet; o.Obj.⟩ → *dagegenreden*

da|zu ⟨auch, wenn bes. betont, vor allem am Anfang des Satzes [da-]; Konj., auch als Adv.⟩ **1** *zu dieser Sache;* ich möchte d. noch etwas sagen; wie ist es d. gekommen?; d. habe ich keine Zeit; hast du Lust d.?; wie komme ich d., seine Sachen aufzuräumen? *warum soll ich ...?;* vielen Dank für das Geschenk, aber wie komme ich denn d.? *womit habe ich das verdient?, das ist doch nicht nötig!* **2** *zu diesem Zweck;* d. brauche ich einen Schraubenzieher; er ist d. sehr gut, nicht geeignet

3 zu diesem Vorgang, zu dieser Tätigkeit; sie singt, und er spielt d. Klavier; sie strickt und liest ein Buch d.; ⟨berlin., norddt. in getrennter Stellung⟩ da bin ich zu müde zu

da|zu... ⟨in Zus. mit Verben, wenn der Ton auf „dazu" liegt⟩ hinzu..., z.B. dazugeben, dazukommen, dazulegen, dazulernen, dazusetzen, dazuschreiben, ⟨aber⟩ dazu (etwas) schreiben

da|zu|ge|hö|ren ⟨V.1, hat dazugehört; o.Obj.⟩ **1** zu dieser gehören; das Service ist vielteilig, es gehören auch noch Mokkatassen dazu **2** zu ihnen, zu uns, zu euch gehören; laßt ihn doch mitmachen, er hat dann das Gefühl, daß er dazugehört

da|zu|ge|hö|rig ⟨Adj., o.Steig.; nur als Attr.⟩ zu diesem gehörend, zu diesem gehörig; das Haus und die ~e Garten; ein junges Ehepaar und die ~e Tochter

da|zu|hal|ten ⟨V.61, hat dazugehalten; refl.⟩ sich d. sich beeilen

da|zu|mal ⟨Adv., †, noch scherzh.⟩ damals; d. war ich noch jung und rüstig; anno d. einst, vor langer Zeit

da|zu|tun ⟨V.167, hat dazugetan; mit Akk.⟩ **1** hinzufügen; ich will noch ein paar Blumen d. **2** beitragen; nicht nur das Medikament, sondern auch ihr Wille hat das Seine dazugetan, daß sie so schnell gesund wurde; du mußt schon das Deine d. ((auch) dazu tun), wenn aus der Sache etwas werden soll; das ist ohne mein Dazutun geschehen

da|zwi|schen ⟨Adv.⟩ **1** zwischen diesen, zwei Häuser mit einer Garage d. **2** inmitten dieser, mitten unter diesen; es waren viele Leute da, und man sah auch Kinder d. **3** zwischen diesen Zeitpunkten, Geschehnissen; ich bin ihm nur zweimal begegnet, und d. haben wir einige Briefe gewechselt; das Stück hat fünf Akte, und man macht d. zwei Pausen

da|zwi|schen... ⟨in Zus. mit Verben⟩ **1** zwischen diese, z.B. dazwischenspringen **2** mitten unter diese, mitten unter diesen, z.B. dazwischenlegen, dazwischenliegen **3** mitten hinein, z.B. dazwischenrufen, dazwischenreden

da|zwi|schen|fah|ren ⟨V.32, ist dazwischengefahren; o.Obj.⟩ sich heftig in ein Gespräch oder einen Vorgang einmischen, energisch eingreifen, ein Gespräch oder einen Vorgang stören

da|zwi|schen|kom|men ⟨V.71, ist dazwischengekommen; o.Obj. oder mit Dat.⟩ (jmdm.) d. **1** jmdn. stören; mußt du mir immer d., wenn ich gerade beschäftigt bin? **2** jmdn. störend behindern, jmds. Vorhaben stören; ich kann leider heute doch nicht mitfahren, mir ist etwas dazwischengekommen; wenn nichts dazwischenkommt, treffen wir uns um 9 Uhr

da|zwi|schen|tre|ten ⟨V.163, ist dazwischengetreten; o.Obj.⟩ zwischen mehrere Personen treten (und schlichtend eingreifen); er konnte gerade noch d., ehe die beiden aufeinander losgingen; durch sein Dazwischentreten wurde ein Streit, eine Schlägerei verhindert

db ⟨Abk. für⟩ Dezibel
DB ⟨Abk. für⟩ Deutsche Bundesbahn
DBP ⟨Abk. für⟩ Deutsche Bundespost
d.c. ⟨Abk. für⟩ da capo
d.d. ⟨Abk. für⟩ de dato
Dd. ⟨Abk. für⟩ doctorandus, → Doktorand
DDR ⟨Abk. und abkürzendes Länderkennzeichen für⟩ Deutsche Demokratische Republik
DDR-Bür|ger ⟨m.5; offizielle Bez. in der DDR für⟩ Einwohner der DDR
DDT ⟨Wz.; Abk. für⟩ Dichlordiphenyltrichloräthan (ein Schädlingsbekämpfungsmittel)
D-Dur ⟨n., -, nur Sg.; Mus.⟩ auf dem Grundton D aufbauende Dur-Tonart

Deal ⟨[di:l] m.9; ugs.⟩ Geschäft, Handel; wir machen den D. [engl.]

dea|len ⟨[di:-] V.1, hat gedealt; o.Obj.; ugs.⟩ mit Rauschgift handeln [Ableitung zu Dealer]

Dea|ler ⟨[di:-] m.5⟩ **1** →Jobber (1) **2** Rauschgifthändler, ⟨urspr.⟩ Händler mit weichen Drogen; vgl. Pusher [< engl. to deal „handeln, Handel treiben", eigtl. „verteilen"]

Dean ⟨[di:n] m.9; in England⟩ **1** ⟨in der anglikan. Kirche⟩ Hauptgeistlicher ⟨an einer Kathedrale⟩ **2** Leiter einer Universitätsfakultät oder eines Colleges [über mengl. und altengl. < lat. decanus, →Dekan]

De|ba|kel ⟨n.5⟩ Zusammenbruch, Niederlage [< frz. débâcle „Eisbruch, Eisgang, plötzliche Verwirrung, Auflösung", zu débâcler „aufbrechen, gewaltsam öffnen, plötzlich aufgehen (von vereisten Gewässern)", eigtl. „entriegeln, aufriegeln"]

de|bar|die|ren ⟨V.3, hat debardiert; mit Akk.⟩ ausladen; ein Schiff d.

De|bat|te ⟨f.11⟩ **1** lebhafte Erörterung, Diskussion **2** parlamentarische Verhandlung [< frz. débat „Wortstreit, lebhafte Besprechung", zu débattre „streiten, erörtern, lebhaft besprechen", < dé- „auseinander" und battre „schlagen"]

de|bat|tie|ren ⟨V.3, hat debattiert; mit Akk. oder Präp.obj.⟩ etwas d., über etwas d. etwas erörtern, Meinungen über etwas austauschen

De|bet ⟨n.9⟩ **1** Soll, Schuld **2** ⟨Buchführung⟩ die zu belastende Seite (des Kontos); Ggs. Kredit (II) [< lat. debet „er schuldet"]

de|bil ⟨Adj., Steig. nur ugs.⟩ leicht schwachsinnig [< lat. debilis „gebrechlich, schwach, haltlos"]

De|bi|li|tät ⟨f., -, nur Sg.⟩ leichteste Form des Schwachsinns [→debil]

de|bi|tie|ren ⟨V.3, hat debitiert; mit Akk.⟩ belasten; ein Konto (mit einem Betrag) d.

De|bi|tor ⟨m.13⟩ Schuldner; Ggs. Kreditor [< lat. debitor „Schuldner", zu debere „schuldig sein", < de „von" und habere „haben", also eigtl. „etwas von jmdm. haben (und verpflichtet sein, es ihm wiederzugeben)"]

de|blo|ckie|ren ⟨-k|k-; V.3, hat deblockiert; mit Akk.; Buchw.⟩ eine Blockierung d. für Blockierung die richtigen Buchstaben einsetzen

De|brec|zi|ner [-bretsi-], **De|bre|zi|ner** ⟨f., -, -⟩ würziges Kochwürstchen [nach der ungar. Stadt Debrecen, dt. auch Debre(c)zin]

De|büt ⟨[deby:] n.9⟩ **1** erstes öffentliches Auftreten; das D. eines Schauspielers **2** erstes Auftreten bei Hofe [< frz. début „Anfang, erster Versuch, Wurf, Schlag, Stoß usw. (im Spiel), erstes Auftreten", < jouer de but „aufs Ziel hin (an)spielen", zu but „Ziel, Zweck"]

De|bü|tant ⟨m.10⟩ jmd., der zum ersten Mal öffentlich auftritt

de|bü|tie|ren ⟨V.3, hat debütiert; o.Obj.⟩ zum ersten Mal öffentlich auftreten; mit einer Rolle, in einem Konzert d.

De|ca|me|ro|ne ⟨n., -(s), nur Sg.⟩ →Dekameron

De|cha|nat ⟨[-ça-] n.1⟩ →Dekanat

De|cha|nei ⟨f.10⟩ →Dekanei

De|chant ⟨[-çant] österr. [de-] m.10⟩ →Dekan

De|chan|tei ⟨f.10; österr.⟩ →Dekanei

De|char|ge ⟨[-ʃarʒ(ə)] f.11; †⟩ Entlastung (von Amtspflichten) [frz.]

de|char|gie|ren ⟨[-ʃarʒi-] V.3, hat dechargiert; mit Akk.⟩ (von einer Amtspflicht) entlasten, entheben

De|cher ⟨m.5 oder n.5; früher⟩ Zählmaß für Felle (10 Stück) [< lat. decuria „Anzahl von zehn"]

de|chif|frie|ren ⟨[-ʃif-] V.3, hat dechiffriert; mit Akk.⟩ entziffern, entschlüsseln; eine Geheimschrift, einen chiffrierten Text d. [< lat. de „weg, weg von" und Chiffre]

Dech|sel ⟨[dɛksəl] f.11⟩ Beil mit querstehendem Blatt (z.B. zum Aushauen von Futtertrögen)

De|ci|dua ⟨[-tsi-] f., -, -duae⟩ oberste Schleimhautschicht der Gebärmutter in der Schwangerschaft [lat., „die Hinfällige", weil sie mit der Nachgeburt ausgestoßen wird]

Deck ⟨n.9, auch n.1⟩ **1** ⟨im Schiffsrumpf⟩ durchgehender, waagerechter Zwischenboden (Achter~, Sonnen~, Zwischen~) **2** ⟨bei Schiffen, hohen Bussen⟩ Raum zwischen zwei Decks, Stockwerk [zu (be-, ver)decken; vgl. Verdeck]

Deck|adres|se ⟨f.11⟩ andere Adresse als die eigene für Sendungen, die man nicht unter der eigenen Adresse empfangen will

Deck|an|strich ⟨m.1; bei mehreren Schichten eines Farbanstrichs⟩ letzte Schicht, Schlußstrich

Deck|bett ⟨n.12⟩ Federbett, Bettdecke

Deck|blatt ⟨n.4⟩ **1** ⟨Bot.⟩ Blatt im Bereich der Blüten **2** ⟨bei Zigarren⟩ äußeres Tabakblatt **3** ⟨bei Büchern und Schriftstücken⟩ **a** eingeklebtes Blatt mit Berichtigungen oder Ergänzungen **b** Titelblatt **c** (bedrucktes) durchsichtiges Blatt (zum Auflegen, z.B. auf eine Bildseite)

Decke ⟨-k|k-; f.11⟩ **1** oberste Schicht (Erd~, Pflanzen~) **2** oberer Abschluß (eines Raumes) (Balken~, Zimmer~); an die D. gehen ⟨ugs.⟩ sich sehr aufregen, zornig werden; sich nach der D. strecken ⟨übertr.⟩ sich bescheidenen Verhältnissen anpassen, mit weniger Mitteln auskommen **3** zusammenhängende Masse mit großer Ausdehnung, Schicht (Gesteins~, Schnee~) **4** großes Stoffstück zum Bedecken (Stepp~, Tisch~); mit jmdm. unter einer D. stecken ⟨übertr.⟩ mit jmdm. gemeinsame Sache machen, mit jmdm. gemeinsam unlautere Ziele verfolgen **5** ⟨Jägerspr.⟩ **a** ⟨beim Schalenwild⟩ Haut **b** ⟨bei Wolf und Bär⟩ Fell **6** ⟨Drucktechnik⟩ →Einband

Deckel ⟨-k|k-; m.5⟩ **1** beweglicher, plattenförmiger Verschluß (Kisten~, Topf~) **2** Einband (eines Buches) (Buch~) **3** ⟨scherzh.⟩ Hut [zu decken]

deckeln ⟨-k|k-; V.1, hat gedeckelt; mit Akk.⟩ mit einem Deckel versehen; gedeckelter Krug

decken ⟨-k|k-; V.1, hat gedeckt⟩ **I** ⟨mit Akk.⟩ **1** etwas d. **a** mit einer schützenden Schicht oder Hülle belegen; ein Dach d.; ein gedeckter Gang Gang mit Dach darüber; Schnee deckt die Felder **b** für die Bezahlung von etwas sorgen; die Kosten sind gedeckt für die Bezahlung der Kosten ist gesorgt **c** sichern; den Rückzug d.; den Bedarf d. **d** mit etwas belegen; den Tisch d. Tischdecke und Eßbesteck daraufllegen **e** etwas über etwas d. etwas schützend über etwas legen; die Hand über die Augen d.; ein Tuch über etwas d. **2** ein Tier d. →begatten **3** etwas oder jmdn. d. schützen; sie deckte das Kind mit ihrem Körper; einen Spieler, einen Spielraum d. ⟨Sport⟩; eine Figur (im Spiel) d.; einen Mittäter, einen Kollegen d. vor Verfolgung, vor Angriffen schützen, positiv für ihn aussagen **4** sich, ⟨eigtl.⟩ einander d. genau übereinstimmen; unsere Ansichten, die Aussagen der beiden d. sich; die beiden Dreiecke d. sich sind deckungsgleich **II** ⟨o.Obj.⟩ den Untergrund verdecken; die Farben d.

Deck|far|be ⟨f.11⟩ Farbe, die den Untergrund nicht durchscheinen läßt

Deck|frucht ⟨f.2⟩ Feldfrucht, die gleichzeitig mit einer anderen angebaut wird (z.B. Getreide mit Klee)

Deck|haar ⟨n., -(e)s, nur Sg.⟩ Haar, das anderes Haar bedeckt (z.B. äußere Fellhaare bei Säugetieren)

Deck|hengst ⟨m.1⟩ →Beschäler

Deck|man|tel ⟨m.6⟩ vorgetäuschte Eigenschaft, vorgetäuschtes Tun (womit ein unredli-

Deckname

cher Zweck verschleiert werden soll); er näherte sich ihr unter dem D. *der Freundschaft, Hilfsbereitschaft,* um sie auszunutzen; das geschieht alles unter dem D. *der Befreiung*
Deck|na|me ⟨m.15⟩ angenommener Name anstelle des eigenen Namens; er arbeitet unter einem D. für die Organisation
Deck|of|fi|zier ⟨m.1; in der kaiserl. Mar. und Reichsmarine⟩ Dienstgrad zwischen Unteroffizier und Offizier
Deckung ⟨-k|k-; f.10⟩ **1** *das Decken, Schützen, Abschirmen;* die Arme zur D. über den Kopf halten; die D. einer Figur (im Spiel), des Tors (im Mannschaftssport) **2** *Schutz;* D. des Rückzugs; der Graben bietet die D.; D. suchen; D. hinter einem Baum nehmen **3** ⟨Bankw.⟩ *Sicherheit (für eine Forderung), vorhandener Gegenwert;* der Scheck hat keine D. *das Guthaben auf dem Konto reicht für die Einlösung des Schecks nicht aus* **4** *das Bezahlen;* die D. der Kosten ist gewährleistet **5** *deckende Schicht* **6** ⟨Boxen⟩ *deckende Arme, Hände;* die D. wegnehmen
deckungs|gleich ⟨-k|k-; Adj., o.Steig.⟩ **1** → *kongruent* **2** *völlig übereinstimmend, sich nicht überschneidend;* ~e Vorstellungen
Deck|weiß ⟨n.1⟩ *weiße Deckfarbe*
de|co|die|ren ⟨fachsprachl. für⟩ *dekodieren*
De|co|ding ⟨n.9⟩ *Entschlüsselung (einer Nachricht);* Ggs. *Encoding* [< engl. *to decode* „entschlüsseln", < *de...* „weg..., ent..." und *code* „Kode, Schlüssel", → *Kodex*]
De|col|la|ge ⟨-ʒə-; f.11⟩ *Kunstobjekt, das aus verschiedenen zerstörten Materialien zusammengesetzt ist* [< lat. *de* „weg, weg von" und *Collage*]
de|cou|ra|gie|ren ⟨[-kuraʒi-] V.3, hat decouragiert; mit Akk.; †⟩ *entmutigen*
decr., decresc. ⟨Abk. für⟩ *decrescendo*
de|cre|scen|do ⟨[-ʃɛn-] Mus.⟩ *abnehmend, leiser werdend;* Ggs. *crescendo, accrescendo* [< ital. *de* „von weg" und *crescendo*]
de da|to ⟨Abk.: d.d.; †⟩ *vom Tag der Ausstellung (eines Wechsels) an* [lat., „vom Gegebenen (an)"; → *Datum*]
De|di|ka|ti|on ⟨f.10⟩ *Widmung, Geschenk* [zu *dedizieren*]
de|di|zie|ren ⟨V.3, hat dediziert; mit Dat. und Akk.⟩ jmdm. etwas d. *jmdm. etwas widmen, schenken* [< lat. *dedicare,* urspr. „aus der Überlieferung mitteilen, kundtun, erklären", dann in der Religionsspr. auch „weihen, feierlich zueignen, widmen", < *de* „von her" und *dicare* „feierlich verkünden"]
De|duk|ti|on ⟨f.10⟩ *Ableitung des Besonderen aus dem Allgemeinen;* Ggs. *Induktion (1)* [zu *deduzieren*]
de|duk|tiv ⟨Adj., o.Steig.⟩ *das Besondere aus dem Allgemeinen erschließend*
de|du|zie|ren ⟨V.3, hat deduziert; mit Akk.⟩ *etwas (aus etwas) d. etwas (Besonderes) aus dem Allgemeinen ableiten* [< lat. *deducere* „wegführen, ableiten", < *de* „von weg" und *ducere* „führen, leiten"]
Deern ⟨f.9; ndtl.⟩ *Mädchen* [zu *Dirne (2)*]
de|es|ka|lie|ren ⟨V.3, hat deeskaliert; o.Obj.⟩ *sich schrittweise verringern;* Ggs. *eskalieren*
Deez ⟨m.1⟩ → *Dez*
DEFA ⟨f., -, nur Sg.; DDR; Abk. für⟩ *Deutsche Film-Aktiengesellschaft (staatliche Filmgesellschaft)*
de fac|to *den Tatsachen nach, tatsächlich;* Ggs. *de jure* [lat., „vom Faktum aus oder her", < *de* „von weg" und *factum* „Tatsache"]
De|fai|tis|mus ⟨[-fɛ-] schweiz.⟩ → *Defätismus*
De|fä|ka|ti|on ⟨f.10⟩ *Entleerung des Darms, Ausscheidung von Kot* [< lat. *defaecatio,* Gen. *defaecationis,* „Reinigung von Hefe"]
De|fä|tis|mus ⟨m., -, nur Sg.⟩ *Zustand der Mutlosigkeit, Schwarzseherei* [eigtl. „Voraussehen der Niederlage, die Überzeugung, ge-

schlagen zu werden", < frz. *défaite* „Niederlage, Vernichtung", zu *défaire* „schlagen, vernichten", < *dé...* „weg..." und *faire* „machen, tun"]
de|fekt ⟨Adj.⟩ *nicht in Ordnung, mit einem Schaden* [→ *Defekt*]
De|fekt ⟨m.1⟩ **1** *Schaden, Mangel, Fehler* (Motor~) **2** *Gebrechen, Fehlen einer Körperfunktion;* ein geistiger D. [< lat. *defectus* „das Abnehmen, Schwinden, Mangeln, Fehlen"]
de|fek|tiv ⟨Adj., o.Steig.⟩ **1** *lücken-, mangelhaft* **2** ⟨Gramm.⟩ *mit fehlenden Beugungsformen;* ~es Substantiv; ~es Verb
De|fek|ti|vum ⟨n., -s, -va; Gramm.⟩ *Wort, dem Beugungsformen fehlen, z.B.* Durst *(ohne Pl.),* Leute *(ohne Sg.)*
de|fen|siv ⟨Adj.⟩ *verteidigend, abwehrend;* Ggs. *offensiv* [< lat. *defensio* „Abwehr, Verteidigung"]
De|fen|si|ve ⟨f.11⟩ *Verteidigung, Abwehr(stellung);* Ggs. *Offensive* [zu *defensiv*]
De|fi|lé ⟨[-le] österr.⟩, **De|fi|lee** ⟨n.9, auch n.14; schweiz.⟩ **1** *feierliches Vorbeimarschieren an einer hochgestellten Persönlichkeit* **2** *das Vorbeischreiten an versammelten Einheiten* [< frz. *défilé* in ders. Bed.]
de|fi|lie|ren ⟨V.3, ist defiliert; o.Obj.⟩ *feierlich vorbeimarschieren*
De|fi|lier|marsch ⟨m.2⟩ *Parademarsch*
de|fi|nie|ren ⟨V.3, hat definiert; mit Akk.⟩ *erklären, begrifflich bestimmen* [< lat. *definire,* „abgrenzen, durch Abgrenzung von anderem genau bestimmen", < *de* „von weg" und *finire* „abgrenzen, Grenzen setzen", zu *finis* „Grenze"]
de|fi|nit ⟨Adj., o.Steig.⟩ *bestimmt, festgelegt;* Ggs. *indefinit;* ~e Größen ⟨Math.⟩ *Größen mit immer gleichem Vorzeichen* [< lat. *definitus* in ders. Bed.]
De|fi|ni|ti|on ⟨f.10⟩ **1** *Begriffsbestimmung* **2** ⟨kath. Kirche⟩ *als unfehlbar geltende Entscheidung (des Papstes oder eines Konzils) in dogmatischen Fragen* [zu *definieren*]
de|fi|ni|tiv ⟨Adj., o.Steig.⟩ *endgültig, abschließend, bestimmt;* ich weiß es d. [< lat. *definitivus,* „näher bestimmend, erläuternd; bestimmt", → *definieren*]
de|fi|ni|to|risch ⟨Adj., o.Steig.⟩ *in der Art einer Definition, mit Hilfe einer Definition*
de|fi|zi|ent ⟨Adj., o.Steig.⟩ **1** *unvollständig* **2** ⟨bei Schriftsystemen⟩ *ohne Vokalzeichen* [< lat. *deficiens,* Part. Präs. zu *deficere* „abnehmen, ausbleiben, fehlen", < *de* „von weg" und *facere* „machen"]
De|fi|zi|ent ⟨m.10; †⟩ *Dienstuntauglicher* [< lat. *deficiens* „mangelnd"]
De|fi|zit ⟨auch [-ziːt] n.1⟩ *fehlender Betrag, Einbuße, Verlust* [< lat. *deficit* „es fehlt", zu *deficere* „fehlen, mangeln"; → *Defekt*]
de|fi|zi|tär ⟨Adj., o.Steig.⟩ *ein Defizit ergebend, mit einem Defizit belastet*
De|fla|ti|on ⟨f.10⟩ **1** *Verringerung des Geldumlaufs im Verhältnis zur Gütermenge;* Ggs. *Inflation* **2** *Abtragung von lockerem Gestein durch Wind* [< lat. *de* „von weg" und *flare* „blasen, wehen" sowie „(Geld aus Metall) gießen, prägen"; im Sinne von „Verringerung des Geldumlaufs" also eigtl. „das Aufhören zu prägen"]
de|fla|tio|när, de|fla|tio|nis|tisch, de|fla|to|risch ⟨Adj., o.Steig.⟩ *eine Deflation (1) bewirkend*
De|flek|tor ⟨m.13⟩ **1** *Rauch-, Luftsaugkappe, Schornsteinaufsatz* **2** *Vorrichtung in Kreisbeschleunigern zur Ablenkung von Elektronen* [< lat. *deflectere* „ablenken"]
De|flo|ra|ti|on ⟨f.10⟩ *Zerreißen des Jungfernhäutchens, Entjungferung* [zu *deflorieren*]
de|flo|rie|ren ⟨V.3, hat defloriert; mit Akk.⟩ *ein Mädchen d. einem Mädchen die Jungfernschaft, die Unberührtheit nehmen;* Syn. *entjungfern* [< lat. *deflorare* „der Blüte(n) berauben, entblättern", < *de* „von weg" und

florere „in Blüte stehen, blühen", zu *flos,* Gen. *floris,* „Blüte"]
de|form ⟨Adj., o.Steig.⟩ *entstellt, mißgestaltet*
De|for|ma|ti|on ⟨f.10⟩ **1** *Formänderung, Verformung* **2** ⟨Med.⟩ **a** → *Mißbildung* **b** *künstlich herbeigeführte Umbildung, um bestimmten Schönheitsvorstellungen zu genügen (z.B. Dehnung von Ohrläppchen)* [zu *deformieren*]
de|for|mie|ren ⟨V.3, hat deformiert; mit Akk.⟩ *verformen, verunstalten, entstellen;* er hat deformierte Füße [< lat. *deformare* „verunstalten, entstellen", eigtl. „der Form berauben", < *de* „von weg" und *formare* „formen, gestalten", zu *forma* „Form, Gestalt"]
De|for|mie|rung ⟨f.10⟩ *das Deformieren*
De|for|mi|tät ⟨f.10⟩ → *Mißbildung* [< lat. *deformitas* in ders. Bed.]
De|frau|dant ⟨m.10⟩ *jmd., der eine Defraudation begangen hat, Betrüger*
De|frau|da|ti|on ⟨f.10⟩ *Betrug, Unterschlagung, Steuer-, Zollhinterziehung* [zu *defraudieren*]
de|frau|die|ren ⟨V.3, hat defraudiert; mit Akk.⟩ *unterschlagen, hinterziehen* [< lat. *defraudare* „übervorteilen, betrügen; durch Betrug entziehen", < *de* „von weg" und *fraus,* Gen. *fraudis,* „Tücke, Täuschung, Betrug"]
De|fro|ster ⟨m.5⟩ **1** *Heizvorrichtung, die durch Warmluftstrom das Beschlagen und Vereisen der Windschutzscheibe verhindert* **2** *(bei Kühlanlagen) Vorrichtung zum Abtauen des Gefrierfachs* [engl., „Entfroster"]
def|tig ⟨Adj.⟩ **1** *stark, heftig;* eine ~e Ohrfeige; ~e Prügel **2** *derb, grob;* ein ~er Witz **3** *kräftig, gehaltvoll;* ein ~es Essen [< ndd. *deftig* „tüchtig, stark", ndrl. „gewichtig", dazu engl. *daft* „passend", zu got. *gadaban* „geeignet sein"]
De|ga|ge|ment ⟨[-gaʒmã] n.9; †⟩ **1** *Befreiung (von einer Verpflichtung)* **2** *Zwanglosigkeit* [< frz. *dégagement,* „Auslösung, Freimachen, Zwanglosigkeit", zu *dégager* „befreien, lösen", < *gage* „Pfand, Lohn", → *Gage*]
de|ga|giert ⟨[-ʒiːrt] Adj.; †⟩ *frei, zwanglos*
De|gen[1] ⟨m.7⟩ *Held, Krieger;* der tapfere D. [< ahd. *degan,* thegan „Knabe, Gefolgsmann", zu idg. *tekno* „Kind"]
De|gen[2] ⟨m.7⟩ *Hieb- und Stichwaffe mit gerader Klinge und einem die Hand schützenden Degenkorb (u.a. als Zubehör zur Offizierskleidung, als Sportwaffe)* [< frz. *dague* in ders. Bed., vielleicht zu kelt. *dag(er)* „Dolch"]
De|ge|ne|ra|ti|on ⟨f.10⟩ **1** *Niedergang, negative Entwicklung (einer Art, eines Geschlechts)* **2** ⟨Biol.⟩ *Umstände, die eine Rückbildung bewirken (z.B. Nicht-Beanspruchung);* Ggs. *Regeneration (3)* [zu *degenerieren*]
de|ge|ne|ra|tiv ⟨Adj., o.Steig.⟩ *auf Degeneration beruhend*
de|ge|ne|rie|ren ⟨V.3, ist degeneriert; o.Obj.⟩ *sich zurückbilden, entarten;* Ggs. *regenerieren (2)* [< lat. *degenerare* „entarten", < *de* „von weg" und *genus* „Art, Gattung"]
De|gout ⟨[-gu] m., -s, nur Sg.⟩ *Ekel, Widerwille, Abneigung;* einen D. vor etwas haben [< frz. *dégoût,* „Appetitlosigkeit, Ekel, Widerwille", < *dé...* „von weg" und *goût* „Geschmack, Lust, Neigung"]
de|gou|tant ⟨[-gu-] Adj.⟩ *ekelhaft, widerlich, abstoßend*
de|gou|tie|ren ⟨[-gu-] V.3, hat degoutiert; mit Akk.⟩ *anekeln, anwidern*
De|gra|da|ti|on ⟨f.10⟩ **1** ⟨Mil.⟩ *das Degradiertwerden* **2** ⟨Phys.; veraltend⟩ → *Dissipation* [< lat. *degradatio,* Gen. *degradationis,* „Herabsetzung"]
de|gra|die|ren ⟨V.3, hat degradiert; mit Akk.⟩ **1** ⟨Mil.⟩ *im Rang herabsetzen* **2** ⟨kath. Kirche⟩ *strafweise aus dem Amt ent-*

fernen; einen Geistlichen d. **3** ⟨Landwirtschaft⟩ *verschlechtern;* den Boden d. **4** ⟨allg.⟩ *herabsetzen, herabwürdigen* [< lat. *degradare* ,,herabsetzen", *< de* ,,von weg" und *gradus* ,,Stellung, Stufe, Grad"]

De|gra|die|rung ⟨f.10⟩ *das Degradieren, das Degradiertwerden*

De|gres|si|on ⟨f.10⟩ **1** ⟨Kostenrechnung⟩ *Verminderung der Stückkosten bei Vergrößerung der Auflage* **2** ⟨Steuerrecht⟩ *Verminderung des jährlichen Abschreibungsbetrags* [< lat. *degressio*, Gen. *degressionis*, ,,das Weggehen, Sichtrennen", zu *degredi* ,,herabschreiten", zu *gradus* ,,Schritt"]

de|gres|siv ⟨Adj.⟩ *nachlassend, sinkend, sich vermindernd;* Ggs. *progressiv (1)* [zu *Degression*]

De|gu|sta|ti|on ⟨f.10; bes. schweiz.⟩ → *Kostprobe* [< lat. *degustatio* ,,das Kosten"]

De gu|sti|bus non est dis|pu|tan|dum *Über den Geschmack läßt sich nicht streiten* [lat.]

de|gu|stie|ren ⟨V.3, hat degustiert; mit Akk.; bes. schweiz.⟩ *kosten, probieren;* Lebensmittel, Wein d. [zu *Gusto*]

dehn|bar ⟨Adj.⟩ **1** *so beschaffen, daß es gedehnt werden kann, nachgiebig gegenüber Zugbelastung* **2** ⟨übertr.⟩ *nicht genau festgelegt;* ~er Begriff

Dehn|bar|keit ⟨f., -, nur Sg.⟩ *dehnbare Beschaffenheit*

deh|nen ⟨V.1, hat gedehnt⟩ **I** ⟨mit Akk.⟩ **1** *durch Ziehen verlängern, verbreitern, in die Länge, in die Breite ziehen;* ein Gewebe, Gummiband d. **2** *sehr lang aussprechen,* Vokale d.; *gedehnt sehr langsam;* ,,Ja", sagte er *gedehnt;* eine Stelle in einem Musikstück allzu gedehnt spielen **3** *ganz ausstrecken;* die Glieder, die Arme, Beine d. **II** ⟨refl.⟩ *sich d.* **1** *breiter, länger werden;* die Handschuhe d. sich beim Tragen noch; der Weg dehnte sich endlos **2** *die Glieder ganz ausstrecken;* sich rekeln und d.

Deh|nung ⟨f.10⟩ **1** *das Dehnen, Verlängerung, Erweiterung durch Ziehen* **2** *lange Aussprache;* D. von Vokalen

Deh|nungs|fu|ge ⟨f.11; Bautechnik⟩ *Zwischenraum, durch den Spannungen, Längen- und Volumenänderungen vermieden werden sollen*

Deh|nungs-h ⟨n.9⟩ *zur Dehnung des vorhergehenden Vokals eingefügtes h;* ,,Lohn" schreibt man mit D.

Deh|nungs|zei|chen ⟨n.7; Zeichen: ¯ oder ⁀⟩ *Zeichen über einem Vokal zur Bezeichnung der langen Aussprache*

De|hors [deɔrs] Pl.⟩ *gesellschaftlicher Anstand, Schicklichkeit, gute Sitte;* ⟨fast nur in der Wendung⟩ die D. wahren [< frz. *dehors* ,,Äußeres, Außenseite", *< de* ,,von" und *hors,* (auch) *fors* ,,außen, außerhalb", < lat. *foris* ,,außen, außerhalb", eigtl. ,,vor der Tür", zu *foris* ,,Tür"]

De|hy|dra|ta|ti|on ⟨f.10⟩ *Wasserentzug, Trocknung (von Lebensmitteln)* [zu *dehydratisieren*]

De|hy|dra|ti|on ⟨f.10⟩ *Abspaltung von Wasserstoff* [zu *dehydrieren*]

de|hy|dra|ti|sie|ren ⟨V.3, hat dehydratisiert; mit Akk.⟩ *einen Stoff d. einem Stoff Wasser entziehen;* Lebensmittel beim Gefriertrocknen d.

de|hy|drie|ren ⟨V.3, hat dehydriert; mit Akk.⟩ **1** *eine chemische Verbindung d. aus einer chemischen Verbindung Wasserstoff abspalten* **2** *heute auch für:* dehydratisieren [< lat. *de...* ,,weg..." und griech. *hydor* ,,Wasser"]

Dei|bel ⟨m.5; norddt., mdt.⟩ → *Teufel;* pfui D.

Deich ⟨m.1⟩ *dammartiger Erdbau mit befestigter Oberfläche zum Schutz des dahinterliegenden Landes vor Überschwemmung oder Hochwasser* [nddt., wie *Teich* urspr. wohl im Sinne von ,,Ausgestochenes"]

Deich|ge|nos|sen|schaft ⟨f.10⟩ → *Deichverband*

Deich|ge|schwo|re|ne(r) ⟨m.18 oder m.17⟩ *jmd., der Mitglied eines Deichverbands ist*

Deich|graf ⟨m.10⟩ *jmd., der an der Spitze eines Deichverbands steht;* Syn. *Deichhauptmann, Deichrichter*

Deich|haupt|mann ⟨m., -(e)s, -leu|te⟩ → *Deichgraf*

Deich|kro|ne ⟨f.11⟩ *oberer Teil eines Deichs (über der Böschung)*

Deich|rich|ter ⟨m.5⟩ → *Deichgraf*

Deich|sel [ˈdaiksəl] f.11⟩ *Stange am Wagen (zum Anschirren der Zugtiere, zum Ziehen und Lenken)*

deich|seln ⟨V.1, hat gedeichselt; mit Akk.⟩ *(durch geschicktes Vorgehen) zustande bringen;* wir werden die Sache schon d.; das hat er glänzend gedeichselt

Deich|ver|band ⟨m.2⟩ *Verband, dem alle Personen angehören, die Grundbesitz im Bereich eines Deichs haben;* Syn. *Deichgenossenschaft*

Dei|fi|ka|ti|on ⟨[de:i-] f.10⟩ *Vergottung* [zu *deifizieren*]

dei|fi|zie|ren ⟨[de:i-] V.3, hat deifiziert; mit Akk.⟩ *zum Gott, zum Gott machen, vergotten* [< lat. *deificare* ,,vergöttern, vergotten", < *deus* ,,Gott" und *facere* ,,machen"]

Dei gra|tia ⟨[-tsja] Abk.: D. G.⟩ *von Gottes Gnaden (Zusatz zum Titel von Bischöfen und Fürsten)* [lat.]

deik|tisch ⟨Adj., o.Steig.⟩ *hinweisend, durch Beispiele zeigend, auf Beispiele gegründet* [< griech. *deiktikos* ,,hinweisend, zeigend"]

dein I ⟨Personalpron.⟩ → *Possessivpron.;* in Briefen Großschreibung *dir gehörig, dir zugehörig;* d. Sohn, ~e Tochter, ~e Kinder; das ist ~e Sache *damit mußt du allein fertig werden, das mußt du allein entscheiden;* wann fährt d. Zug? der Zug, mit dem du fahren willst; vergiß nicht, ~e Tabletten einzunehmen die Tabletten, die du regelmäßig nehmen mußt

dei|ne ⟨Possessivpron., als Subst.⟩ *der, die, das d.* **1** ⟨Kleinschreibung bei vorausgehendem Subst., Großschreibung nur in Briefen⟩ *der, die, das dir Gehörige;* ist dieser Wagen der d., ⟨oder⟩ deiner, ⟨oder⟩ der deinige?; dies ist meine Wohnung, nicht die d. **2** ⟨Großschreibung⟩ **a** *der, die, das zu dir Gehörige;* ich bin immer der Deine, der sich zu dir gehörig fühlt; der Deine, der Deinige ⟨ugs., scherzh.⟩ *dein Mann;* viele Grüße an den Deinen, den Deinigen **b** *das Deine, das, was dir zukommt, dein Beitrag;* du mußt das Deine, das Deinige auch dazutun *du mußt auch deinen Beitrag dazu leisten*

dei|ner ⟨Personalpron., Gen. von ,,du"⟩ wir denken d.

dei|ner|seits ⟨Adv.; in Briefen Großschreibung⟩ *von dir aus, von deiner Seite her;* du mußt d. auch etwas dazutun; du kannst ihn ja d. auch noch darauf aufmerksam machen

dei|nes|glei|chen ⟨Pron., o.Dekl.⟩ *Leute wie du;* du und d.

dei|net|hal|ben ⟨Adv.⟩ → *deinetwegen*

dei|net|we|gen ⟨Adv.⟩ *für dich, weil du es bist, weil es sich um dich handelt;* Syn. *deinethalben;* ich bin nur d. gekommen; ich habe d. viel leiden müssen; ich tue es nur d.

dei|net|wil|len ⟨Adv.; in der Fügung⟩ um d. *deinetwegen;* ich habe es um d. getan

dei|ni|ge ⟨Possessivpron., als Subst.⟩ → *deine (2)*

Deis|mus ⟨m., -, nur Sg.⟩ *religionsphilosophische Anschauung, die die Existenz Gottes zwar anerkennt, aber den Glauben an sein Einwirken auf die Welt nach der Schöpfung ablehnt;* vgl. *Theismus* [< lat. *deus* ,,Gott"]

Dei|wel ⟨norddt.⟩, **Dei|xel** ⟨m.5; mdt., oberdt.⟩ → *Teufel*

Déjà-vu-Er|leb|nis ⟨[deʒavy-] n.1⟩ *Erlebnis, bei dem man das Gefühl hat, es schon einmal durchlebt zu haben* [< frz. *déjà vu* ,,schon gesehen" und *Erlebnis*]

De|jekt ⟨n.1; Med.⟩ *Auswurfstoff (bes. Kot)* [< lat. *deiectio* ,,das Hinunterwerfen"]

De|jek|ti|on ⟨f.11⟩ *Auswurf, Entleerung (bes. von Kot)* [zu *Dejekt*]

De|jeu|ner ⟨[deʒøne] n.9; †⟩ → *Frühstück* [< frz. *déjeuner* in ders. Bed., zu *dé...* ,,von, weg" und *jeûner* ,,fasten"]

de ju|re *rechtlich, auf rechtlicher Grundlage, von Rechts wegen;* Ggs. *de facto* [< lat. *de iure* ,,vom Recht her", < *de* ,,von her" und *ius*, Gen. *iuris*, ,,Recht"]

De|ka ⟨n., -, -; österr. kurz für⟩ *Dekagramm;* 10 D. Wurst

de|ka..., De|ka... ⟨in Zus.⟩ *zehn..., Zehn...* [griech., < *zehn*"]

De|ka|de ⟨f.11⟩ **1** *Zeitraum von zehn Tagen, Wochen, Monaten, Jahren* **2** *zehn Stück* [< frz. *décade* in ders. Bed., < griech. *dekas*, Gen. *dekados*, ,,Anzahl von zehn"]

de|ka|dent ⟨Adj.⟩ *durch generationenlange Überfeinerung kraftlos, angekränkelt* [→ *Dekadenz*]

De|ka|denz ⟨f., -, nur Sg.⟩ *Niedergang, Verfall, Kraftlosigkeit* [< mlat. *decadentia* ,,Zusammenbruch, Ruin", < lat. *de* ,,von her" und *cadere* ,,fallen"]

de|ka|disch ⟨Adj., o.Steig.⟩ *auf der Zahl 10 beruhend, zehntelig;* ~er Logarithmus → *Logarithmus;* ~es System → *Dezimalsystem* [→ *Dekade*]

De|ka|eder ⟨m.5 oder n.5⟩ *von zehn regelmäßigen Flächen begrenzter Körper, Zehnflächner* [< griech. *deka* ,,zehn" und *hedra* ,,Grundlage, Grundfläche"]

De|ka|gon ⟨n.1⟩ *Zehneck* [< griech. *deka* ,,zehn" und *gonia* ,,Winkel, Ecke"]

De|ka|gramm ⟨n., -, -; Zeichen: Dg ⟨österr. dag, veraltend dkg⟩⟩ *zehn Gramm* [< *Deka...* und *Gramm*]

De|kal|kier|pa|pier ⟨n.1⟩ *Papier zum Druck von Abziehbildern* [< frz. *décalquer* ,,durchzeichnen, pausen"]

De|ka|log ⟨m.1⟩ *die Zehn Gebote* [< griech. *deka* ,,zehn" und *logos* ,,Wort, Lehre, Kunde"]

Dek|ame|ron ⟨n., -s, nur Sg.⟩ *Zehntagewerk, 100 Novellen von Giovanni Boccaccio, die zehn Tagen erzählt wurden;* auch: *Decamerone* [< griech. *deka* ,,zehn" und *hemera* ,,Tag"]

De|kan ⟨m.1⟩ **1** *Leiter einer Fakultät oder eines Fachbereichs einer Universität* **2** ⟨evang.⟩ *Kirche⟩* = *Superintendent* **3** ⟨kath. Kirche⟩ *Vorsteher eines Kirchenbezirks oder Domkapitels;* Syn. *Dechant* [< lat. *decanus* ,,Vorgesetzter von zehn Mann (Soldaten oder Mönchen)", zu *decem* ,,zehn"]

De|ka|nat ⟨n.1⟩ **1** *Amt, Amtssitz, -bezirk, -zeit eines Dekans;* auch ⟨kath. Kirche⟩: *Dechanat* **2** ⟨Universität⟩ *Verwaltung eines Fachbereichs oder einer Fakultät*

De|ka|nei ⟨f.10⟩ *Wohnung eines Dekans (2,3);* auch ⟨kath. Kirche⟩: *Dechanei*

de|kan|tie|ren ⟨V.3, hat dekantiert; mit Akk.⟩ *vom Bodensatz abgießen;* eine Flüssigkeit d. [< frz. *décanter* ,,abgießen", < neulat. *decanthare* ,,abgießen", zu lat. *canthus* ,,Schnabel eines Krugs", < griech. *kanthos* ,,Augenwinkel"]

de|ka|pie|ren ⟨V.3, hat dekapiert; mit Akk.⟩ *geglühte Metalle d. durch Beizen von Zunder reinigen* [< frz. *décaper* ,,abbeizen", < *dé...* ,,weg..." und *cape* ,,Bedeckung, Überzug, Mantel"]

De|ka|po|de ⟨m.11⟩ → *Zehnfußkrebs* [< griech. *deka* ,,zehn" und *pous*, Gen. *podos*, ,,Fuß"]

Dek|ar ⟨n., -s, -⟩, **De|ka|re** ⟨f.11; schweiz.⟩ *zehn Ar* [< *Deka...* und *Ar*]

de|kar|tel|lie|ren, de|kar|tel|li|sie|ren ⟨V.3, hat dekartelliert, hat dekartellisiert; mit Akk.⟩ *entflechten;* ein Kartell d. **De|kar|tel|**

dekatieren

lie|rung, De|kar|tel|li|sie|rung ⟨f., -, nur Sg.⟩

de|ka|tie|ren ⟨V.3, hat dekatiert; mit Akk.⟩ mit Wasserdampf behandeln (um Einlaufen nach dem Waschen zu verhindern); Stoffe d.

De|ka|tur ⟨f.10; bei Geweben, Tuchen und Stoffen⟩ Behandlung mit Wasserdampf [zu dekatieren]

De|kla|ma|ti|on ⟨f.10⟩ **1** kunstgerechter Vortrag (einer Dichtung u. ä.) **2** ⟨übertr.⟩ pathetischer, aber inhaltsarmer Vortrag **3** Einheit von musikalischer und textlicher Gestaltung [zu deklamieren]

de|kla|ma|to|risch ⟨Adj., o.Steig.⟩ in der Art einer Deklamation (1,2)

de|kla|mie|ren ⟨V.3, hat deklamiert⟩ **I** ⟨mit Akk.⟩ künstlerisch vortragen; ein Gedicht d. **II** ⟨o.Obj.; übertr.⟩ übertrieben sprechen; er deklamiert zu sehr [< lat. declamare „laut hersagen, vortragen", eigtl. „herunterrufen", < de „von her" und clamare „rufen, laut nennen"]

De|kla|rant ⟨m.10⟩ jmd., der eine Deklaration (2) abgibt

De|kla|ra|ti|on ⟨f.10⟩ **1** offizielle Erklärung **2** Zoll-, Inhalts-, Steuererklärung [zu deklarieren]

de|kla|rie|ren ⟨V.3, hat deklariert; mit Akk.⟩ **1** etwas d. angeben, den Inhalt, Wert von etwas angeben; beim Zollübertritt mitgeführte Geschenke d.; eine Warensendung beim Zoll d. **2** etwas als etwas d. etwas als etwas bezeichnen, was es in Wahrheit nicht ist; geschmuggelte Ware als Geschenk d. [< lat. declarare „deutlich bezeichnen, klar darlegen", < de „von her" und clarare „klarmachen", eigtl. „erhellen", zu clarus „klar, hell"]

de|klas|sie|ren ⟨V.3, hat deklassiert; mit Akk.⟩ jmdn. d. **1** jmdn. in eine sozial niedrigere Klasse verstoßen, herabsetzen **2** ⟨Sport⟩ einen Gegner d. ihn überlegener schlagen, als es seine Klassifizierung erwarten ließe [< frz. déclasser „in eine andere Klasse einordnen, aus einer gesellschaftlichen Klasse streichen", < lat. de „von herab" und classis „Klasse, Abteilung"]

de|kli|na|bel ⟨Adj., o.Steig.⟩ so beschaffen, daß man es deklinieren kann; Ggs. indeklinabel; deklinables Wort

De|kli|na|ti|on ⟨f.10⟩ **1** ⟨Gramm.⟩ das Bilden der vier Fälle (der Substantive, Pronomen, Adjektive und Numeralien); Syn. Beugung **2** Winkelabstand eines Gestirns vom Himmelsäquator **3** Abweichung der Magnetnadel von der geographischen Nordrichtung, Mißweisung [< lat. declinatio „Abbiegung"]

de|kli|nie|ren ⟨V.3, hat dekliniert; mit Akk.⟩ in die vier Fälle setzen; Substantive, Pronomen, Adjektive, Numeralien d. [< lat. declinare „abbiegen, abwenden, ablenken", < de „von weg" und über *clinare < griech. klinein „beugen, biegen"]

de|ko|die|ren ⟨V.3, hat dekodiert; mit Akk.⟩ mit Hilfe eines Kodes entschlüsseln; auch ⟨fachsprachl.⟩: decodieren; Ggs. enkodieren [→ Decoding] **De|ko|die|rung** ⟨f., -, nur Sg.⟩

De|kokt ⟨n.1⟩ → Abkochung [< lat. decoctum „abgekocht"]

De|kol|le|té ⟨[-koltə] n.9⟩ tiefer Halsausschnitt [< frz. décolleté „tief ausgeschnitten", < dé... „von weg" und collet „Kragen", zu col „Hals"]

de|kol|le|tiert ⟨Adj., o.Steig.⟩ tief ausgeschnitten; ein ~es Kleid

de|kom|po|nie|ren ⟨V.3, hat dekomponiert; mit Akk.⟩ in seine Bestandteile zerlegen, auflösen

De|kom|pres|si|on ⟨f.10; beim Tauchen⟩ kontrollierte Druckverminderung (zum Verhindern der Caissonkrankheit)

De|kon|ta|mi|na|ti|on ⟨f.10⟩ → Dekontaminierung

de|kon|ta|mi|nie|ren ⟨V.3, hat dekontaminiert; mit Akk.⟩ entgiften, reinigen; strahlenverseuchte Gegenstände, Personen d.

De|kon|ta|mi|nie|rung ⟨f.10⟩ **1** ⟨i.w.S.⟩ Entfernung von radioaktiv strahlenden Teilchen (aus Kleidern, Geräten, Gebieten) **2** ⟨i.e.S.⟩ Entfernung von Spaltprodukten aus dem Reaktor, die Neutronen absorbieren [< engl. decontamination „Entgiftung, Entseuchung"]

De|kon|zen|tra|ti|on ⟨f.10⟩ Zerstreuung, Zersplitterung, Verteilung, Auflösung; Ggs. Konzentration

de|kon|zen|trie|ren ⟨V.3, hat dekonzentriert; mit Akk.⟩ zerstreuen, verteilen, auflösen; Ggs. konzentrieren

De|kor ⟨n.9⟩ Verzierung, Vergoldung, Muster (auf Glas-, Porzellan- und Tonwaren) [< frz. décor „Verzierung", zu décorer „verzieren", < lat. decorare „schmücken, → dekorieren]

De|ko|ra|teur ⟨[-tør] m.1⟩ jmd., der (berufsmäßig) Auslagen, Innenräume u.a. werbewirksam und ästhetisch gestaltet [< frz. décorateur in ders. Bed., zu dekorieren]

De|ko|ra|ti|on ⟨f.10⟩ **1** Ausschmückung, Schmuck; die D. eines Schaufensters; das dient nur zur D. **2** ⟨Theat., Film, Fernsehen⟩ Ausstattung, Gesamtheit der Kulissen, Bauten usw. **3** werbewirksam ausgestellte Gegenstände (Schaufenster~) **4** schmückende Gegenstände (Tisch~) [zu dekorieren]

De|ko|ra|ti|ons|ma|ler ⟨m.5⟩ Maler für Innenräume (im Unterschied zum Kunstmaler)

de|ko|ra|tiv ⟨Adj.⟩ schmückend, wirkungsvoll

de|ko|rie|ren ⟨V.3, hat dekoriert; mit Akk.⟩ **1** etwas d. schmücken, verzieren; einen Tisch mit Blumen d. **2** jmdn. d. auszeichnen; jmdn. mit einem Orden d. [< lat. decorare „schmücken, verzieren", zu decus, Gen. decoris, „Zierde, Schmuck"]

De|ko|rie|rung ⟨f.10⟩ das Dekorieren, das Dekoriertwerden

De|kort ⟨m.1; auch [-kor] m.9⟩ **1** Zahlungsnachlaß (wegen eines Mangels der Ware, wegen schlechter Verpackung o.ä.) **2** ⟨im Exportgeschäft⟩ Preisnachlaß [unter Anlehnung an ital. corto „kurz" < lat. decurtare „abkürzen, verkürzen", < de „von weg" und curtus „kurz, verkürzt, verstümmelt"]

de|kor|tie|ren ⟨V.3, hat dekortiert; mit Akk.⟩ von der Rechnung abziehen; einen Betrag d.

De|ko|rum ⟨n., -s, nur Sg.⟩ Anstand, Schicklichkeit, gute Sitte; das D. wahren [< lat. decorum „das Schickliche, Anständige, Passende", zu decor „Schicklichkeit, Anstand", zu decere „sich schicken, sich gehören"]

De|ko|stoff ⟨m.1; Kurzw. für⟩ Dekorationsstoff

De|kre|ment ⟨n.1⟩ **1** Verminderung, Abnahme (einer Krankheit, des Fiebers) **2** Kennzahl für die Dämpfung einer Schwingung [< lat. decrementum „Verminderung, Abnahme"]

De|kre|pi|ta|ti|on ⟨f.10⟩ knisterndes Zerfallen, Zerplatzen von Kristallen (beim Erhitzen) [zu dekrepitieren]

de|kre|pi|tie|ren ⟨V.3, ist dekrepitiert; o.Obj.⟩ knisternd zerfallen, zerplatzen [< lat. de „von weg" und crepitare „knistern, knallen, krachen"]

De|kret ⟨n.1⟩ behördliche Verordnung, Verfügung, Regierungserlaß [< lat. decretum „Beschluß, Entscheidung", zu decernere „beschließen, bestimmen, entscheiden"]

De|kre|ta|le ⟨n., -s, -lien oder f.11⟩ päpstliche Entscheidung

De|kre|ta|list ⟨m.10; MA⟩ Kirchenrechtslehrer; Syn. Dekretist

de|kre|tie|ren ⟨V.3, hat dekretiert; mit Akk.⟩ anordnen, verfügen, erlassen; Maßnahmen d. [zu Dekret]

De|kre|tist ⟨m.10⟩ → Dekretalist

De|ku|bi|tus ⟨m., -, nur Sg.⟩ Entstehung von Wunden an Druckstellen bei andauernd unveränderter Körperlage im Krankenbett, Wundliegen [< lat. decubitus „krank darniedergelegen"]

de|ku|pie|ren ⟨V.3, hat dekupiert; mit Akk.⟩ aussägen [< frz. découper „ausschneiden, zerschneiden", < dé... „von weg" und couper „(ab)schneiden"]

De|ku|pier|sä|ge ⟨f.11⟩ Laubsäge für Schreinerarbeiten [zu dekupieren]

De|ku|rie ⟨[-riə] f.11; im alten Rom⟩ **1** ⟨Mil.⟩ Abteilung von zehn Mann **2** Gruppe von Senatoren u.ä. [< lat. decuria in ders. Bed., zu decem „zehn"]

De|ku|rio ⟨m., -s oder -rio|nen, -rio|nen; im alten Rom⟩ **1** Führer einer Dekurie **2** Mitglied des Senats

de|kus|siert ⟨Adj., o.Steig.⟩ bei Pflanzenblättern⟩ kreuzweise gegenständig [< lat. decussare „kreuzweise abteilen"]

de|ku|vrie|ren ⟨V.3, hat dekuvriert⟩ **I** ⟨mit Akk.⟩ aufdecken, entlarven; eine Unterschlagung, Fälschung d. **II** ⟨refl.⟩ sich d. sich zu erkennen geben, sich verraten [< frz. découvrir „enthüllen, offenbaren", eigtl. „ab-, aufdecken", < dé... „von weg" und couvrir „bedecken"]

del. 1 ⟨Abk. für⟩ deleatur **2** ⟨Abk. für⟩ delineavit

De|la|ti|on ⟨f.10; †⟩ **1** gesetzliche Übertragung (einer Erbschaft) **2** Zuschiebung (eines Eides) **3** verleumderische Anzeige [< lat. delatio „Anklage", zu deferre (Perf. delatus) „angeben, anzeigen", < de „von weg" und ferre „herumtragen, verbreiten, überall erzählen"]

de|la|to|risch ⟨Adj., o.Steig.⟩ verleumderisch [zu Delation]

de|le|a|tur ⟨Zeichen: ⌀, Abk.: del.⟩ es werde getilgt (Anweisung zum Streichen von Schriftsatz)

De|le|a|tur ⟨n., -s, -⟩, **De|le|a|tur|zei|chen** ⟨n.7; Zeichen: ⌀⟩ Tilgungszeichen

De|le|gat ⟨m.10⟩ Bevollmächtigter; Apostolischer D. Bevollmächtigter des Papstes (ohne diplomatische Rechte) zur Überwachung des kirchlichen Lebens [< lat. delegatus „beauftragt", → delegieren]

De|le|ga|ti|on ⟨f.10⟩ **1** Abordnung, Gruppe von Bevollmächtigten **2** Übertragung (einer Vollmacht oder Befugnis) [zu delegieren]

De|le|ga|tur ⟨f.10⟩ Amt oder Amtsbereich eines Apostolischen Delegaten

de|le|gie|ren ⟨V.3, hat delegiert⟩ **I** ⟨mit Akk.⟩ abordnen, als Abgesandten schicken; jmdn. zu einer Tagung d. **II** ⟨mit Dat. und Akk.⟩ jmdm. etwas d. jmdm. etwas übertragen; jmdm. eine Befugnis, Schuld d. [< lat. delegare „an einen Ort schicken, beauftragen", < de „von weg" und legare „als Gesandten schicken, abordnen"]

de|lek|tie|ren ⟨V.3, hat delektiert; refl.⟩ sich an etwas d. sich an etwas gütlich tun, sich ergötzen; er delektierte sich an dem köstlichen Wein [< lat. delectare „erfreuen", eigtl. „stark anlocken", über *delicere < de „von weg" und lacere „locken"]

De|li|be|ra|tiv|stim|me ⟨f.11; in polit. Körperschaften⟩ nur beratende Stimme; vgl. Dezisivstimme [< lat. deliberare „überlegen, erwägen"]

de|li|kat ⟨Adj.⟩ **1** lecker, köstlich, wohlschmeckend **2** heikel, behutsam zu behandeln; eine ~e Angelegenheit **3** zartfühlend; Ggs. indelikat [< frz. délicat „köstlich, wohlschmeckend; zartfühlend, gewissenhaft; heikel, mißlich, bedenklich", < lat. delicatus „fein, elegant; üppig, die Sinne reizend; zart, sanft"; < de... (verstärkend) „heftig, sehr" und lacere „locken"]

De|li|ka|tes|se ⟨f.11⟩ **1** ⟨nur Sg.⟩ delikate, heikle Beschaffenheit; ein Thema von großer D. **2** ⟨nur Sg.⟩ behutsames Vorgehen, Behutsamkeit; eine Sache mit D. behandeln **3** ungewöhnliche, besonders wohlschmeckende Speise, (teurer) Leckerbissen

De|likt ⟨n.1⟩ *Straftat, Vergehen* [< lat. *delictum* ,,strafbares Vergehen, Verstoß, Fehltritt'', zu *delinquere* ,,sich vergehen'', → *Delinquent*]

delin. ⟨Abk. für⟩ *delineavit*

de|li|ne|a|vit ⟨Abk.: del., delin.⟩ *hat (es) gezeichnet* (Vermerk unter Bildern nach dem Namen des Künstlers)

De|lin|quent ⟨m.10⟩ *Übel-, Missetäter, Angeklagter* [< spätlat. *delinquens*, Gen. *delinquentis*, ,,Sünder'', zu lat. *delinquere* ,,sich vergehen, etwas verschulden, einen Fehler machen'', < *de* ,,von weg'' und *linquere* ,,unterlassen, bleiben lassen, den Dienst versagen, im Stich lassen'', also ,,etwas nicht so machen, wie es erwartet wird'']

de|li|rie|ren ⟨V.3, hat deliriert; o.Obj.; Med.⟩ *irrereden, phantasieren*

De|li|ri|um ⟨n., -s, -ri|en⟩ *Verwirrtheitszustand mit Wahnerlebnissen, Angst und Unruhe (u.a. im Fieber, bei Hirnverletzungen)* [lat., ,,das Irresein'']

De|li|ri|um tre|mens ⟨n., - -, nur Sg.⟩ *nach Alkoholvergiftung oder -entzug auftretendes Delirium;* Syn. ⟨ugs.⟩ *Säuferwahn* [< *Delirium* und lat. *tremens* ,,zitternd'']

de|li|zi|ös ⟨Adj.⟩ *köstlich, fein, erlesen* [< frz. *délicieux* ,,köstlich, lieblich'', zu *délice* ,,Vergnügen, Lust, Wonne'', < lat. *deliciae* ,,feine, üppige Genüsse'', →*delikat*]

Del|kre|de|re ⟨n., -, -⟩ *Haftung (für den Eingang einer Forderung), Bürgschaft, Bürgschaftssumme* [< ital. *star del credere* ,,Bürgschaft'', eigtl. ,,für den Glauben, für das Vertrauen stehen'']

Del|le ⟨f.11⟩ *(durch Druck oder Schlag entstandene) Vertiefung, Wölbung nach innen;* D. in einer Blechbüchse; D. im Erdboden [< mhd. *telle* ,,Schlucht'']

de|lo|gie|ren ⟨[-ʒi-] V.3, hat delogiert; mit Akk.; bes. österr.⟩ *zum Ausziehen aus der Wohnung zwingen* [< lat. *de* ,,von weg'' und *logieren*]

Del|phin I ⟨m.1⟩ *mittelgroßer Zahnwal (oft mit schnabelartig verlängerter Schnauze), akustisch orientiertes, intelligentes Säugetier* **II** ⟨n., nur Sg., kurz für⟩ *Delphinschwimmen* [< griech. *delphis*, zu *delphys* ,,Gebärmutter'' im Sinne von ,,Tier, das lebende Junge gebiert'']

Del|phi|na|ri|um ⟨n., -s, -ri|en; in zoologischen Gärten, Schaustellerzelten⟩ *Salzwasserbecken zur Haltung von Delphinen* [< *Delphin* und lat. *...arium* zur Bez. eines Behälters]

Del|phin|schwim|men ⟨n., -s, nur Sg.⟩ *(wettkampfmäßig betriebenes) Schwimmen in Brustlage* [die Beinarbeit ähnelt der Schwanzflossenbewegung eines *Delphins*]

del|phisch ⟨Adj., o.Steig.⟩ *doppelsinnig, rätselhaft* [nach dem Orakel von *Delphi*]

Del|ta ⟨n.9⟩ **1** ⟨Zeichen: Δ, δ⟩ *vierter Buchstabe des griechischen Alphabets* **2** *Mündungsgebiet eines Flusses* [nach der Ähnlichkeit mit dem griech. Buchstaben *Delta*]

Del|ta|flug|zeug ⟨n.1⟩ *Flugzeug mit dreieckigen Tragflächen an beiden Rumpfseiten (bes. für Überschallflug)*

Del|ta|me|tall ⟨n.1; Handelsname für verschiedene Arten von⟩ *Messing und Bronze*

Del|ta|mus|kel ⟨m.14⟩ *Muskel über dem Schultergelenk, der etwa die Form eines Deltas hat*

Del|ta|strah|len, δ-Strah|len ⟨Pl.⟩ *nicht direkt von radioaktiven Substanzen ausgehende, sondern von diesen Strahlung sekundär ausgelöste Elektronen*

Del|to|id ⟨n.1⟩ *Viereck aus zwei gleichschenkligen Dreiecken* [< *Delta* und ...*oid*]

De|lu|si|on ⟨f.10⟩ **1** *Täuschung, Hintergehung* **2** *Verspottung* [< lat. *delusio*, Gen. *delusionis*, ,,das Verspotten'', zu *deludere* ,,zum besten haben, verspotten, täuschen'', < *de...* (verstärkend) ,,heftig, sehr'' und *ludere* ,,spielen'', zu *ludus* ,,Spiel'']

de|lu|so|risch ⟨Adj., o.Steig.⟩ *auf Delusion beruhend, täuschend*

...de Luxe, De-Luxe-... [də lyks] *besonders gut ausgestattet, Luxus...* (Zusatz bei den Namen von Fabrikaten) [< frz. *de luxe* ,,mit Luxus'']

dem 1 ⟨Dat. Sg. vom Art. ,,der''⟩ dem Freund die Hand geben **2** ⟨Dat. Sg. vom Demonstrativpron. ,,der, das''⟩ *diesem, demjenigen;* dem, der das behauptet, werde ich das Gegenteil beweisen; es ist nicht an dem, es ist nicht so **3** ⟨Dat. Sg. vom Relativpron. ,,der, das''⟩ er ist derjenige, dem ich am meisten zu verdanken habe; dieses Projekt, dem ich die meiste Zeit gewidmet habe **4** ⟨Dat. Sg. für das Personalpron. ,,er'', ugs.⟩ *ihm;* mit dem habe ich nicht darüber gesprochen; dem werde ich schon die Meinung sagen

De|m|ago|ge ⟨m.11⟩ *Volksverführer, politischer Hetzer* [zu *Demagogie*]

De|m|ago|gie ⟨f.11⟩ *Volksverführung, Aufwiegelung, politische Hetze* [< griech. *demos* ,,Volk'' und *agoge* ,,Führung, Leitung'', zu *agein* ,,führen'']

De|mant ⟨m.10; poet., †⟩ *Diamant*

De|man|to|id ⟨m.1⟩ *grünes Mineral mit diamantähnlichem Glanz* [< *Demant* und ...*oid*]

De|marche ⟨[-marʃ] f.11⟩ *diplomatischer Schritt (einer Regierung bei einem anderen Staat)* [< frz. *démarche* ,,Schritt, Maßregel'']

De|mar|ka|ti|on ⟨f.10⟩ *Abgrenzung* [< frz. *démarcation* ,,Abgrenzung, Bezeichnung der Grenze(n)'', < span. *demarcación*, ,,Abgrenzung'', < *de* ,,von'' und *marca* ,,Grenzbezirk, Kennzeichen, Merkmal'', < germ. *mark* ,,Kennzeichen'']

De|mar|ka|ti|ons|li|nie ⟨f.11⟩ *vorläufige Grenzlinie*

de|mas|kie|ren ⟨V.3, hat demaskiert⟩ **I** ⟨mit Akk.⟩ *jmdm. die Maske abnehmen, jmdn. entlarven* **II** ⟨refl.⟩ *sich d. sein wahres Gesicht zeigen*

De|men|ti ⟨n.9⟩ *Widerruf, Leugnung, amtliche Richtigstellung* [< frz. *démenti* in ders. Bed., →*dementieren*]

De|men|tia ⟨[-tsja] f., -, -tiae [-tsjɛ:]⟩ → *Demenz;* D. praecox *früh einsetzende Form der Schizophrenie, Jugendirresein;* D. senilis *starkes Nachlassen der geistigen Fähigkeiten im Alter;* Syn. *Altersblödsinn* [lat.]

de|men|tie|ren ⟨V.3, hat dementiert; mit Akk.⟩ *(offiziell) widerrufen, leugnen, bestreiten* [< frz. *démentir* ,,leugnen, für falsch erklären'', < *dé...* ,,von weg'' und *mentir* ,,lügen'']

dem|ent|spre|chend ⟨Adj., o.Steig.⟩ *dem eben Gesagten entsprechend, gemäß;* ich habe eine ~e Anweisung gegeben; die Kinder haben den ganzen Nachmittag draußen gespielt und sehen d. aus

De|menz ⟨f.10⟩ *(meist dauernder) Verlust früher vorhandener geistiger Fähigkeiten, erworbener Schwachsinn* [→ *Dementia*]

De|me|sti|ka ⟨m.9⟩ *trockener griechischer Wein*

dem|ge|gen|über ⟨Adv.⟩ **1** *im Vergleich dazu;* sie haben ein sehr großes Haus, d. ist das unsere winzig **2** *andererseits;* die Straße, in der wir wohnen, ist sehr eng, d. hat sie aber den Vorteil, daß sie wenig befahren ist

dem|ge|mäß ⟨Adv., o.Steig.; geh.⟩ *dementsprechend;* er hat es versprochen und hat auch d. gehandelt

De|mi|john ⟨[-dʒɔn] m.9⟩ *bauchige, umflochtene Flasche* [engl., verstümmelt < *Dame* (= Lady) *Jane*, Übersetzung von frz. *dame-jeanne* ,,Frau Johanna'', scherzh. Bez. für ,,große Flasche'']

de|mi|li|ta|ri|sie|ren ⟨V.3, hat demilitarisiert; mit Akk.⟩ → *entmilitarisieren*

De|mi|monde ⟨[dəmimɔ̃d] f., -, nur Sg.⟩ *Halbwelt* [frz., < *demi* ,,halb'' und *monde* ,,Welt'']

de|mi|nu|tiv ⟨Adj.⟩ → *diminutiv*

de|mi-sec ⟨[dəmisɛk] Adj., o.Steig., o.Dekl.; bei Schaumweinen⟩ *halbtrocken* [frz.]

De|mis|si|on ⟨f.10⟩ auch: *Dimission* **1** *Rücktritt (eines Ministers, einer Regierung), Abdankung* **2** *Entlassung* [< frz. *démission* ,,Abdankung'', < lat. *demissio*, Gen. *demissionis*, ,,das Sinkenlassen, Niederlassen'']

de|mis|sio|nie|ren ⟨V.3, hat demissioniert; o.Obj.⟩ *zurücktreten*

De|mi|urg ⟨m.10; bei Plato⟩ *Weltschöpfer, Baumeister der Welt* [< griech. *demiourgos* ,,Handwerker, Künstler, Schöpfer'', zu *demiourgein* ,,ein Gewerbe treiben, etwas anfertigen, schaffen, bilden'']

dem|nach ⟨Konj.⟩ *folglich, also, wie man danach annehmen muß;* sein Mantel hängt im Flur, d. muß er schon zu Hause sein

dem|nächst ⟨Adv.⟩ *bald, in der nächsten Zeit*

De|mo I ⟨f.9; kurz für⟩ *Demonstration;* eine politische D. in Warschau **II** ⟨n.9⟩ *Tonbandaufnahme, mit der sich Künstler um einen Plattenvertrag beim Produzenten bewerben;* schickt doch einfach ein D. ein!

de|mo|bi|li|sie|ren ⟨V.3, hat demobilisiert; mit Akk.⟩ *ein Land vom Kriegs- in den Friedenszustand zurückführen*

De|mo|du|la|ti|on ⟨f.10; Techn.⟩ *Rückgängigmachen einer Modulation, um die übertragene Nachricht zu entschlüsseln, Gleichrichtung*

de|mo|du|lie|ren ⟨V.3, hat demoduliert; mit Akk.⟩ *eine hochfrequente Schwingung d. sie in ihr Ausgangssignal zurückverwandeln, gleichrichten*

De|mo|gra|phie ⟨f.11⟩ *Beschreibung der Bevölkerung als natürliche und soziale Erscheinung* [< griech. *demos* ,,Volk'' und *graphein* ,,schreiben'']

De|moi|sel|le ⟨[dəmoazɛl] f.11; †⟩ *Fräulein* [frz.]

De|mo|krat ⟨m.10⟩ **1** *Anhänger der Demokratie* **2** ⟨in den USA⟩ *Anhänger oder Mitglied der Demokratischen Partei*

De|mo|kra|tie ⟨f.11⟩ **1** *Regierungssystem, bei dem gewählte Vertreter des Volkes die Macht ausüben, Volksherrschaft* **2** *Staat mit einer solchen Regierungsform* **3** ⟨nur Sg.⟩ *Anwendung demokratischer Prinzipien;* mehr D. in der Schule! [< griech. *demos* ,,Volk'' und *kratein* ,,herrschen'']

de|mo|kra|tisch ⟨Adj., Steig. nur ugs.⟩ *zur Demokratie (1) gehörend, auf Demokratie beruhend, den Grundsätzen der Demokratie entsprechend*

de|mo|kra|ti|sie|ren ⟨V.3, hat demokratisiert; mit Akk.⟩ *nach den Grundsätzen der Demokratie gestalten*

de|mo|lie|ren ⟨V.3, hat demoliert; mit Akk.⟩ *zerstören, zerschlagen, niederreißen; Einrichtungsgegenstände, jmds. Wohnung d.* [< frz. *démolir* < lat. *demoliri*, beides ,,einniederreißen'']

de|mo|ne|ti|sie|ren ⟨V.3, hat demonetisiert; mit Akk.⟩ *aus dem Umlauf ziehen; Münzen d.* [< lat. *de* ,,von weg'' und *moneta* ,,Monete'']

De|mon|strant ⟨m.10⟩ *Teilnehmer an einer Demonstration (1)*

De|mon|stra|ti|on ⟨f.10⟩ **1** *Willensbekundung durch eine Massenveranstaltung* **2** *anschaulich beweisende Vorführung, Darlegung* **3** *Kundgebung politischer Macht (als Warnung)* (Flotten~) [< lat. *demonstratio* ,,das Hinweisen'', zu *demonstrare* ,,genau bezeichnen'']

de|mon|stra|tiv ⟨Adj.⟩ **1** *anschaulich* **2** *betont, auffällig; d. nach der anderen Seite schauen; sich d. abwenden* **3** ⟨Gramm.⟩ *hinweisend*

Demonstrativ

De|mon|stra|tiv 〈n.1〉, **De|mon|stra|tiv|pro|no|men** 〈n., -s, - oder -mi|na〉, **De|mon|stra|ti|vum** 〈n., -s, -va〉 *Pronomen, das auf etwas oder jmdn. hinweist*, z. B. *dieser*; Syn. *hinweisendes Fürwort* [zu *demonstrieren*]

De|mon|stra|tor 〈m.13〉 *jmd., der etwas demonstriert, Vorführer*

de|mon|strie|ren 〈V.3, hat demonstriert〉 **I** 〈mit Akk.〉 *darlegen, anschaulich vor Augen führen*; einen Sachverhalt d. **II** 〈o.Obj.〉 *an einer Demonstration (1) teilnehmen* [< lat. *demonstrare* „genau zeigen, bezeichnen", < *de* „von her" und *monstrare* „zeigen, bezeichnen, hinweisen", zu *monstrum* „Wahrzeichen"]

De|mon|ta|ge 〈[-ʒə] f.11〉 *(erzwungener) Abbau (von industriellen Anlagen, sozialen Leistungen u.a.)*

de|mon|tie|ren 〈V.3, hat demontiert; mit Akk.〉 *abbauen, abbrechen*; Maschinen, technische Anlagen d.

De|mo|ra|li|sa|ti|on 〈f., -, nur Sg.〉 *Zerstörung der Moral*

de|mo|ra|li|sie|ren 〈V.3, hat demoralisiert; mit Akk.〉 *jmdn. d. jmds. Moral zerstören, jmdn. seiner Standhaftigkeit berauben*; die Truppe ist demoralisiert **De|mo|ra|li|sie|rung** 〈f., -, nur Sg.〉

De mor|tu|is nil ni|si be|ne *über die Toten nichts, wenn nicht gut: über die Toten soll man nur Gutes sprechen* [lat.]

De|mo|sko|pie 〈f.11〉 *Meinungsumfrage, Meinungsforschung* [< griech. *demos* „Volk" und *skopein* „schauen, betrachten, untersuchen"]

de|mo|sko|pisch 〈Adj., o.Steig.〉 *in der Art einer Demoskopie, auf einer Demoskopie beruhend, die Meinung erforschend*

de|mo|tisch 〈Adj.; in der Fügung〉 ~e Schrift *altägyptische Gebrauchsschrift* [< griech. *demotikos* „zum Volk gehörig, dem gemeinen Mann gemäß", zu *demos* „Volk"]

dem|un|er|ach|tet, **dem|un|ge|ach|tet** 〈Adv.; †〉 →*dessenungeachtet*

De|mut 〈f., -, nur Sg.〉 **1** *Bereitschaft, Liebe zum Dienen, zum Sichunterwerfen*; christliche Demut **2** *Ergebenheit, Unterwürfigkeit* [< mhd. *diemuot*, ahd. *diomuoti* „Demut, Milde, Bescheidenheit", < ahd. *thiomuti* „Demut, Herablassung", zu *thionon* „dienen" und *muot* „Sinn, Geist, Gemüt", also urspr. „dienende Gesinnung"]

de|mü|tig 〈Adj.〉 *voller Demut, unterwürfig*; Syn. *demutsvoll*; d. um etwas bitten

de|mü|ti|gen 〈V.1, hat gedemütigt〉 **I** 〈mit Akk.〉 *jmdn. d. jmdn. in seinem Selbstgefühl, seinem Stolz verletzen* **II** 〈refl.〉 sich (vor jmdm.) d. *sich (vor jmdm.) herabsetzen, sich selbst erniedrigen*

De|mü|ti|gung 〈f.10〉 *Verletzung von jmds. Selbstgefühl oder Stolz*

De|muts|ge|bär|de 〈f.11; beim Rivalenkampf unter Tieren〉 *Darbieten einer verwundbaren Körperstelle „um damit die Aggression des Stärkeren zu hemmen"*

de|muts|voll 〈Adj.〉 →*demütig*

dem|zu|fol|ge 〈Adv.〉 *demnach, folglich, infolgedessen*

den 1 〈Akk. Sg. vom Art. „der"〉 den Gast willkommen heißen **2** 〈Akk. Sg. vom Demonstrativpron. „der"〉 *diesen, denjenigen*; den, der das behauptet hat, werde ich zur Rechenschaft ziehen **3** 〈Akk. Sg. vom Relativpron. „der"〉 er ist derjenige, den ich am meisten schätze **4** 〈Akk. Sg. für das Personalpron. „er"; ugs.〉 *ihn*; den brauchst du gar nicht erst zu fragen; den sehe ich oft

den 〈Abk. für〉 *Denier*

De|nar 〈m.1; Abk.: d〉 **1** *altrömische Silbermünze* **2** *mittelalterliche Silbermünze* [< lat. *denarius* in ders. Bed., zu *denarius* „je zehn enthaltend", weil die Münze ursprünglich den Wert von zehn Assen hatte]

De|na|tu|ra|li|sa|ti|on 〈f.10〉 →*Ausbürgerung*; Ggs. *Naturalisation (1)*

de|na|tu|ra|li|sie|ren 〈V.3, hat denaturalisiert; mit Akk.〉 →*ausbürgern*; Ggs. *naturalisieren (2)* [< lat. *de* „von weg" und *naturalisieren*]

De|na|tu|ra|li|sie|rung 〈f.10〉 →*Ausbürgerung*

de|na|tu|rie|ren 〈V.3, hat denaturiert; mit Akk.〉 *ungenießbar machen, vergällen*; Syn. *entreinigen*; Spiritus d. [< lat. *de* „von weg" und *natura* „Natur", also „vom natürlichen Zustand wegbringen"]

de|na|zi|fi|zie|ren 〈V.3, hat denazifiziert; mit Akk.〉 →*entnazifizieren*

Den|drit 〈m.10〉 **1** *Ausläufer der Nervenzelle* **2** *moos- oder strauchartige Zeichnung (auf Schichtflächen von Gesteinen)* [< griech. *dendrites* „zu einem Baum gehörig", zu *dendros* „Baum"]

den|dri|tisch 〈Adj., o.Steig.〉 *verzweigt, verästelt* [zu *Dendrit*]

Den|dro|chro|no|lo|gie 〈[-kro-] f., -, nur Sg.〉 *Zeitbestimmung mit Hilfe der Jahresringfolge von Bäumen* [< griech. *dendron, dendros* „Baum" und *Chronologie*]

Den|dro|lo|gie 〈f., -, nur Sg.〉 *Wissenschaft von den Bäumen und Gehölzen* [< griech. *dendron, dendros* „Baum" und *...logie*]

de|nen 1 〈Dat. Pl. vom Demonstrativpron. „der, die, das"〉 *denjenigen*; allen denen, die mir geholfen haben, möchte ich herzlich danken **2** 〈Dat. Pl. vom Relativpron. „der, die, das"〉 die, denen ich am meisten verdanke, sind alle nicht mehr am Leben **3** 〈Dat. Pl. für das Personalpron. „sie"; ugs.〉 *ihnen*; denen werde ich die Meinung sagen

Den|gel 〈m.5 oder f.11〉 *Schneide (von Sense, Sichel, Pflug)*

den|geln 〈V.1, hat gedengelt; mit Akk.; süddt.〉 *schärfen*; die Sense d.

Den|gue|fie|ber 〈[dεŋɡə-] n., -s, nur Sg.〉 *durch ein Virus hervorgerufene Tropenkrankheit mit Fieber, Gelenkschwellung, Hautausschlag und Gehstörungen* [span.]

De|nier 〈[dənje] n., -(s), nur Sg.; Abk.: den〉 *Maßeinheit für die Stärke synthetischer Garne (bes. in der Damenstrumpf-Industrie)* [frz., „Denar"]

de|ni|trie|ren 〈V.3, hat denitriert; mit Akk.〉 *eine organische Verbindung d. Nitrogruppen aus ihr abspalten*

De|ni|tri|fi|ka|ti|on 〈f., -, nur Sg.〉 *Vorgang, bei dem die zur Ernährung der Pflanzen notwendigen Nitrate des Bodens durch Bakterien zu nicht verwertbarem elementarem Stickstoff reduziert werden* [< lat. *de...* „von, weg" und *Nitrifikation*]

Den|an|stoß 〈m.2〉 *Anregung, Anstoß, über eine Sache in bestimmter Weise nachzudenken*; jmdm. einen D. geben

Denk|art 〈f. *Art, wie jmd. denkt, Gesinnung*; Syn. *Denkungsart*; ein Mann von edler D.

Denk|auf|ga|be 〈f.11〉 →*Denksportaufgabe*

denk|bar 〈Adj., o.Steig.〉 *so beschaffen, daß man es sich denken kann, vorstellbar*; es ist nicht d., daß ...; es ist durchaus d., daß ...

den|ken 〈V.22, hat gedacht〉 **I** 〈mit Akk.〉 **1** *in seinen Gedanken bewegen*; Gutes, Schlechtes d. **2** *glauben, meinen, annehmen*; ich denke, daß wir in einer halben Stunde da sind; denkst du, daß du es besser kannst?; wer hätte das gedacht!; ich hätte niemals gedacht, daß ...; denkste! 〈ugs.; eigtl.〉 das hast du (dir so) gedacht (es ist aber nicht so!) **3** *sich vorstellen*; wenn ich denke, wie wir damals gehaust haben, und heute ... **4** *beabsichtigen*; ich denke morgen dort zu sein; ich denke einen langen Schlaf zu tun **II** 〈o.Obj.〉 **1** *seinen Verstand gebrauchen, mit dem Verstand arbeiten*; er kann d.; er denkt logisch, kann logisch d.; nüchtern, sachlich d.; ich habe nur laut gedacht; du hast

richtig, falsch gedacht; das gibt mir zu d. *das macht mich nachdenklich* **2** *eine bestimmte Gesinnung haben*; rechtlich, freiheitlich, edel, niedrig d. **3** *eine bestimmte Meinung haben*; ich denke (darüber) genau wie du, anders als du **III** 〈mit Präp.obj.〉 *an etwas oder jmdn. d. seine Gedanken auf etwas oder jmdn. richten*; hast du schon daran gedacht, zu ...?; bitte denk an die Theaterkarten! *vergiß die Theaterkarten nicht!* **IV** 〈mit Dat. (sich) und Akk.〉 **1** *sich etwas vorstellen*; das kann ich mir d.; kannst du dir d., was er damit gemeint hat? **2** *sich Gedanken über etwas machen*; ich denke mir nichts Böses dabei gedacht; ich möchte wissen, was der Architekt sich gedacht hat, als er dieses Haus gebaut hat

Den|ker 〈m.5〉 *jmd., der über das Leben, die Welt und die Menschen viel nachdenkt, Philosoph*

den|ke|risch 〈Adj., o.Steig.〉 *zum Denken gehörend, auf Denken beruhend*; das ist eine große ~e Leistung

Denk|er|stirn 〈f.10; scherzh.〉 *besonders hohe Stirn*

Denk|mal 〈n.4 oder n.1〉 **1** *zur Erinnerung an eine bedeutende Persönlichkeit oder ein historisches Ereignis errichtetes plastisches Bildwerk* (Reiter~) **2** *Gegenstand der Kunst, Architektur oder Literatur, der besonders charakteristisch für seine Zeit ist* (Bau~, Literatur~, Sprach~); althochdeutsche Denkmäler; jmdm. ein D. setzen *jmdn. in einem Literaturwerk schildern und ihn damit der Andenken der Nachwelt erhalten*; er hat in seinem Roman diesen großen Arzt ein D. gesetzt; sich ein D. setzen *eine große Leistung für die Menschheit vollbringen und sich dadurch im Andenken der Nachwelt erhalten* **3** *eigenartiger Gegenstand der Natur aus früherer Zeit* (Natur~)

Denk|mal(s)|pfle|ge 〈f., -, nur Sg.〉 *Pflege, Instandhaltung von künstlerisch oder kulturgeschichtlich bedeutenden Baudenkmälern*

Denk|mal(s)|schutz 〈m., -es, nur Sg.〉 *Schutz von künstlerisch oder kulturgeschichtlich bedeutenden Baudenkmälern vor Zerstörung, Abriß oder Umbau*; das Haus steht unter D.

Denk|mo|dell 〈n.1〉 *gedanklicher Entwurf, Vorstellung von Aufbau und Wirkungsweise von etwas*

Denk|psy|cho|lo|gie 〈f., -, nur Sg.〉 *experimentelle Untersuchung der Denkvorgänge*

Denk|schrift 〈f.10〉 *an eine Behörde gerichtetes Schriftstück mit der Darlegung einer wichtigen, die Öffentlichkeit angehenden Sache*

Denk|sport 〈m., -s, nur Sg.〉 *Lösen von Rätseln und Aufgaben durch Nachdenken*

Denk|sport|auf|ga|be 〈f.11〉 *Aufgabe, die durch Nachdenken zu lösen ist*; Syn. *Denkaufgabe*

Denk|spruch 〈m.2〉 *Spruch, der eine bedenkenswerte, allgemeingültige Aussage enthält*

Denk|stein 〈m.1〉 *einfaches Denkmal aus Stein*

Denk|ungs|art 〈f.10〉 →*Denkart*

Denk|wei|se 〈f.11〉 *Art und Weise zu denken*; die östlichen Völker haben eine ganz andere D. als wir

denk|wür|dig 〈Adj.〉 *wert, daß man es beachtet, es im Gedächtnis behält*; ein ~er Tag; ein ~es Ereignis

Denk|wür|dig|keit 〈f.10〉 *denkwürdige Begebenheit, denkwürdiges Ereignis*

Denk|zet|tel 〈m.5〉 **1** *Strafe, die jmdn. zum Nachdenken bringen soll*; jmdm. einen D. geben **2** *unangenehme Erfahrung, die jmdm. als Lehre dient oder dienen sollte*; einen D. bekommen

denn I 〈Konj.〉 **1** 〈leitet einen begründenden Hauptsatz ein〉 ich sagte die Einladung ab, denn bei dem Schneegestöber wollte ich nicht ausgehen 2 *als;* mehr denn je; ⟨anstelle von ,,als", wenn dieses zweimal stehen müßte⟩ er ist als Musiker viel bedeutender denn als Mensch **II** ⟨Adv.⟩ **1** *außer wenn;* er ist nicht mehr zu retten; es müßte denn ein Wunder geschehen; ich lasse dich nicht, du segnest mich denn (1. Buch Moses, 32, 27); ich kann nicht kommen, es sei denn, daß ich mit dem Auto abgeholt werde, ⟨oder⟩ *es sei denn,* ich werde ... **2** ⟨norddt.⟩ *dann;* na, denn los!; na, denn nicht!

den|noch ⟨Konj.⟩ *doch, trotzdem;* fast verließ ihn die Kraft, d. gab er nicht auf; ich will es d. versuchen

de|no|bi|li|tie|ren ⟨V.3, hat denobilitiert; mit Akk.⟩ jmdn. d. *jmdm. den Adelstitel entziehen*

De|no|mi|na|ti|on ⟨f.10⟩ **1** *Vorschlag, Benennung, Anzeige, Ernennung (zu einem Amt)* **2** *Kapitalherabsetzung einer Aktiengesellschaft durch Herabsetzung des Nennbetrags der Aktien* [zu *denominieren*]

De|no|mi|na|tiv ⟨n.1⟩, **De|no|mi|na|ti|vum** ⟨n., -s, -va⟩ *von einem Nomen (meist Substantiv oder Adjektiv) abgeleitetes Wort, z.B.* Bürger *von* Burg, kränklich *von* krank

de|no|mi|nie|ren ⟨V.3, hat denominiert; mit Akk.⟩ *ernennen, benennen* [< lat. *denominare* ,,nennen, benennen", < *de*... (verstärkend) und *nomen* ,,nennen", zu *nomen* ,,Name"]

Den|si|me|ter ⟨n.5⟩ *Gerät zum Messen des spezifischen Gewichts* [< lat. *densus* ,,dicht" und *...meter*]

Den|si|tät ⟨f.10⟩ → *Dichte (2 b, 3)* [< lat. *densitas* in ders. Bed.]

Den|si|to|me|ter ⟨n.5⟩ *Gerät zum Messen der Schwärze (Dichte) einer fotografischen Schicht* [< lat. *densitas* ,,Dichte" und *...meter*]

den|tal ⟨Adj., o.Steig.⟩ **1** ⟨Med.⟩ *die Zähne betreffend, zu ihnen gehörig, in ihnen ausgehend* **2** ⟨Sprachw.⟩ *mit den Zähnen und der Zunge gebildet;* ~er Laut [→ *Dentallaut*]

Den|tal ⟨m.1⟩ → *Dentallaut*

Den|tal|laut ⟨m.1⟩ *an den Zähnen gebildeter Laut, z.B.* d, t; Syn. Dental, Alveolar, *Zahnlaut* [< lat. *dens,* Gen. *dentis,* ,,Zahn"]

den|te|lie|ren ⟨V.3, hat denteliert; mit Akk.⟩ *zackig machen, auszacken, zähnen* [< frz. *denteler* in ders. Bed., zu lat. *dens,* Gen. *dentis,* ,,Zahn"]

Den|tin ⟨n., -s, nur Sg.⟩ **1** → *Zahnbein* **2** *Hartsubstanz der Haifischschuppen* [< lat. *dens,* Gen. *dentis,* ,,Zahn"]

Den|tist ⟨m.10; früher⟩ *Zahnarzt ohne Hochschulprüfung* [< frz. *dentiste* ,,Zahnarzt", zu lat. *dens,* Gen. *dentis,* ,,Zahn"]

Den|ti|ti|on ⟨f.10⟩ *Zahndurchbruch, das Zahnen* [< lat. *dentitio* in ders. Bed., zu *dens,* Gen. *dentis,* ,,Zahn"]

De|nu|da|ti|on ⟨f.10⟩ *flächenhafte Abtragung der Festlandsoberfläche* [< lat. *denudare* ,,nackt machen, entblößen"]

De|nun|zi|ant ⟨m.10⟩ *jmd., der einen anderen denunziert*

De|nun|zi|a|ti|on ⟨f.10⟩ *Anzeige aus niedrigen Beweggründen oder übertriebenen politischen Beweggründen* [zu *denunzieren*]

de|nun|zi|a|to|risch ⟨Adj., o.Steig.; nur als Attr. und Adv.⟩ *in der Art einer Denunziation, verleumderisch*

de|nun|zie|ren ⟨V.3, hat denunziert; mit Akk.⟩ **1** *anzeigen (aus niedrigen persönlichen oder übertriebenen politischen Beweggründen)* **2** *jmdn. oder etwas als etwas d. öffentlich brandmarken, verleumerisch als etwas hinstellen; jmds. Schriften als friedensfeindlich d.* [< lat. *denuntiare* ,,anzeigen, melden, kundtun", < *de* ,,von weg" und *nuntius* ,,Meldung, Anzeige, Mitteilung"]

Deo ⟨n.9; ugs.; Kurzw. für⟩ *Deodorant*

De|odo|rant ⟨n.1⟩ *Mittel, das Körpergeruch tilgt;* auch: *Desodorans* [engl., < lat. *de* ,,von weg" und *odorans,* Gen. *odorantis,* ,,riechend"]

De|par|te|ment ⟨[-partmā] n.9; schweiz.

[-təmənt] n.1⟩ **1** ⟨in Frankreich⟩ *Verwaltungsbezirk* **2** ⟨schweiz. auch⟩ *Verwaltungsinstanz, Ministerium* **3** *Geschäfts-, Fachbereich, Abteilung;* auch: *Department* [< frz. *département,* zu *départir* ,,verteilen", urspr. also ,,Verteilung"]

De|part|ment ⟨[di-] n.9; engl. Schreibung für⟩ → *Departement (3)*

De|pen|dance ⟨[depādās] f.11⟩ **1** *Nebengebäude (bes. eines Hotels)* **2** *Zweigstelle* [< frz. *dépandance* ,,Nebengebäude, Zusammengehörigkeit, enge Verbindung", zu *dépendre* < lat. *dependere* ,,abhängig sein"]

De|pen|denz ⟨f.10⟩ *Abhängigkeit*

De|per|so|na|li|sa|ti|on ⟨f., -, nur Sg.⟩ → *Entpersönlichung* [< lat. *de* ,,von weg" und *Person (1)*]

De|pe|sche ⟨f.11; †⟩ → *Telegramm* [< frz. *dépêche* ,,Telegramm, Funkspruch", zu *dépêcher* ,,beschleunigen"]

de|pe|schie|ren ⟨V.3, hat depeschiert; mit Akk.; †⟩ → *telegrafieren*

De|pi|la|ti|on ⟨f.10⟩ *kosmetische Entfernung von Körperhaaren (durch Rasieren oder Enthaarungsmittel)* [zu *depilieren*]

de|pi|lie|ren ⟨V.3, hat depiliert; mit Akk.⟩ *enthaaren* [< lat. *depilare* ,,enthaaren, rupfen", < *de* ,,von weg" und *pilus* ,,Haar"]

Dé|pla|ce|ment ⟨[deplasmā] n.9⟩ **1** *Verrückung, Verschiebung* **2** ⟨bei Schiffen⟩ *verdrängte Wassermenge (in Tonnen)* [< frz. *déplacement* ,,das Verrücken"]

de|pla|ciert ⟨[-sirt oder -sirt] Adj.⟩ *unangebracht, unpassend, fehl am Platze;* eine ~e Bemerkung; ~es Verhalten [< frz. *déplacé* in ders. Bed., zu *déplacer* ,,von seinem Platz wegnehmen, an eine andere Stelle setzen", < *dé...* ,,von weg" und *place* ,,Platz"]

de|plan|tie|ren ⟨V.3, hat deplantiert; mit Akk.⟩ *umpflanzen, verpflanzen* [< frz. *déplanter,* ,,einen Schößling einsetzen", < *de* ,,von weg" und *planta* ,,Setzling, Pfropf-, Pflanzreis"]

De|po|la|ri|sa|ti|on ⟨f.10⟩ **1** ⟨in galvan. Elementen⟩ *Aufhebung der Polarisation* **2** ⟨Physiol.⟩ *Veränderung der Ruhepotentiale lebender Zellen zu weniger negativen Werten hin* [< lat. *de* ,,von, weg" und *Polarisation*]

De|po|la|ri|sa|tor ⟨m.13; in galvan. Elementen⟩ *Stoff, der den Aufbau von Überspannungen (die Polarisation) verhindert (z.B. Braunstein in Taschenlampen)*

de|po|la|ri|sie|ren ⟨V.3, hat depolarisiert; mit Akk.⟩ *etwas d. die Polarisation von etwas aufheben;* Lichtwellen d.

De|po|nat ⟨n.1⟩ *etwas, das deponiert wird oder worden ist*

De|po|nent ⟨m.10⟩ *jmd., der etwas deponiert, Hinterleger*

De|po|nie ⟨f.10⟩ **1** *Lagerstätte für Abfall* **2** *das Deponieren (von Abfall)*

de|po|nie|ren ⟨V.3, hat deponiert; mit Akk.⟩ *in Verwahrung geben, hinterlegen;* Wertgegenstände bei der Bank d.; Geld beim Portier eines Hotels d. [< lat. *deponere* ,,niedersetzen, -legen, -stellen, bes. zur Aufbewahrung niederlegen, ab-, weglegen", < *de* ,,von weg" und *ponere* ,,setzen, legen, stellen"] **De|po|nie|rung** ⟨f.10⟩

De|port ⟨m.1; auch [-por] m.9⟩ *Vergütung dafür, daß eine Lieferung früher als vereinbart erfolgt;* Ggs. *Report (2)* [zu *deportieren*]

De|por|ta|ti|on ⟨f.10⟩ *Zwangsverschickung, Verbannung* [zu *deportieren*]

de|por|tie|ren ⟨V.3, hat deportiert; mit Akk.⟩ *zwangsweise verschicken, verbannen* [< lat. *deportare* ,,fortbringen, verbannen", < *de* ,,von weg" und *portare* ,,tragen, bringen"]

De|po|si|tar,De|po|si|tär ⟨m.1⟩ *jmd., der etwas Hinterlegtes verwahrt*

De|po|si|ten ⟨Pl.⟩ **1** *hinterlegte Wertgegenstände;* vgl. *Depositum* **2** *verzinslich angelegte Gelder*

De|po|si|ti|on ⟨f.10⟩ **1** *Hinterlegung* **2** *Absetzung (bes. von Geistlichen)* [< lat. *depositio,* Gen. *depositionis,* ,,das Ab-, Niederlegen, Absetzung", zu *deponere* ,,ab-, weglegen, ein Amt niederlegen, jmdn. absetzen", → *deponieren*]

De|po|si|to|ri|um ⟨n., -s, -ri|en⟩ *Aufbewahrungs-, Hinterlegungsort, Tresor*

De|po|si|tum ⟨n., -s, -ta oder -si|ten⟩ *hinterlegter Gegenstand oder Betrag* [< lat. *depositum* ,,das Niedergelegte"]

De|pot ⟨[-po] n.9⟩ **1** *Aufbewahrungsort, Magazin, Lager* **2** *Abstellplatz (für Straßenbahnen und Omnibusse)* **3** ⟨Med.⟩ **a** *Ablagerung, Ansammlung, Speicher* **b** *kurz für* → *Depotbehandlung* **4** ⟨bei Getränken⟩ *abgesetzter Trübungsstoff (bes. im Rotwein)* **5** ⟨schweiz.⟩ *Pfand (für etwas Entliehenes, z.B. Flaschen)* [< frz. *dépôt* ,,Hinterlegung, hinterlegter Gegenstand, Lage, Niederlage"]

De|pot|be|hand|lung ⟨[-po-] f.10⟩ *auch: Depot; Behandlung mit Depotpräparaten*

De|pot|fett ⟨[-po-] n., -(e)s, nur Sg.⟩ *im Unterhautfettgewebe gespeichertes Fett*

De|pot|fund ⟨[-po-] m.1⟩ *Sammelfund aus vorgeschichtlicher Zeit*

De|pot|prä|pa|rat ⟨[-po-] n.1⟩ *Arzneimittel, das aufgrund seiner chemischen Zusammensetzung im Körper nur langsam abgebaut wird und daher lange wirkt*

Depp ⟨m.10; süddt., österr.⟩ *geistig beschränkter Mensch, Dummkopf, Trottel* [vielleicht zu *täppisch*]

dep|pert ⟨Adj.; bes. oberdt.⟩ **1** *wie ein Depp, einfältig* **2** *ungelegen, mißlich;* das ist aber d.

De|pra|va|ti|on ⟨f.10⟩ **1** *Verschlechterung (eines Krankheitszustandes)* **2** *Entartung, Verderbnis (der Sitten)* **3** ⟨bei Münzen⟩ *Verringerung des Gehaltes an Edelmetall* [zu *depravieren*]

de|pra|vie|ren ⟨V.3, hat depraviert⟩ **I** ⟨mit Akk.⟩ *verringern* **II** ⟨refl.⟩ *sich d. sich verschlechtern* [< lat. *depravare* ,,verschlechtern, verderben", < *de...* (verstärkend) ,,völlig, gänzlich" und *pravus* ,,schlecht, verkehrt"]

De|pres|si|on ⟨f.10⟩ **1** ⟨Med.⟩ *starke seelische Verstimmtheit, Traurigkeit, Hoffnungslosigkeit* **2** ⟨wirtschaftlich⟩ *Niedergang, Tiefstand* **3** ⟨im Festlandsbereich⟩ *Einsenkung bis unter Meereshöhe (z.B. im Gebiet des Toten Meeres)* **4** ⟨bei Sternen⟩ *Winkelabstand unter dem Horizont* **5** ⟨Meteor.⟩ → *Tiefdruckgebiet* **6** ⟨bei nicht benetzenden Flüssigkeiten⟩ *Absinken des Oberflächenspiegels in engen Röhren (u.a. bei Quecksilber)* [< lat. *depressio,* Gen. *depressionis,* ,,das Niederdrücken", zu *deprimere,* → *deprimieren*]

de|pres|siv ⟨Adj.⟩ **1** *an einer Depression (1) leidend;* ein ~er Mensch **2** *niedergeschlagen, bedrückt;* ~ Stimmung [< frz. *dépressif,* → *Depression*]

de|pri|mie|ren ⟨V.3, hat deprimiert; mit Akk.⟩ *niederdrücken, niedergeschlagen machen, entmutigen;* diese Nachricht deprimiert mich, ist ~d; ich bin ziemlich deprimiert [< lat. *deprimere* ,,niederdrücken", < *de* ,,herunter, hinunter" und *premere* ,,drücken"]

De|pri|va|ti|on ⟨f.10⟩ **1** *Absetzung (eines kath. Geistlichen)* **2** ⟨Psych.⟩ *Entbehrung, Entzug (von etwas Notwendigem oder Erwünschtem)* [< lat. *de* ,,von weg" und *privatio,* Gen. *privationis,* ,,Befreiung (von)"]

De pro|fun|dis *aus der Tiefe (rufe ich, Herr, zu dir)* (Anfangsworte des 130. Psalms) [lat.]

De|pu|tat ⟨n.1⟩ *Naturalien als Teil des Lohns* [< lat. *deputatio* ,,Anweisung, Zuteilung", eigtl. ,,das Abgeschnittene", zu *deputare* ,,abschneiden, beschneiden"]

De|pu|ta|ti|on ⟨f.10⟩ → *Abordnung*

de|pu|tie|ren ⟨V.3, hat deputiert; mit Akk.⟩ → *abordnen* [< spätlat. *deputare* ,,einem etwas bestimmen, hingeben, zuweisen", →*Deputat*

der 1 ⟨bestimmter Art. m.⟩ der Mensch, der Vater **2** ⟨Demonstrativpron.⟩ **a** *derjenige, dieser;* der, den ich eben begrüßt habe, war ... **b** der und der *(als Bez. für eine Person, die man nicht nennen will)* **3** ⟨Relativpron.⟩ er ist der einzige Freund, der mich nicht verlassen hat **4** ⟨Gen. und Dat. vom Art. „die"⟩ die Gleichberechtigung der Frau; das Leben der Annette in Droste-Hülshoff; ich habe das Geld der Mutter gegeben **5** ⟨Gen. Pl. vom Art. „der, die, das"⟩ das Leben der Männer, der Frauen, der Kinder **6** ⟨ugs.⟩ *er, dieser;* der hat gut reden; der hat mir gut gefallen

De|ran|ge|ment ⟨[-rãʒ(ə)mã] n.9; †⟩ *Verwirrung, Unordnung, Störung* [< frz. *dérangement* in ders. Bed., →*derangiert*]

de|ran|giert ⟨[-rãʒiːrt] Adj.⟩ *verwirrt, in Unordnung, zerzaust* [zum veralteten V. *derangieren* < frz. *déranger* „in Unordnung bringen, verwirren", < *dé...,* „weg von" und *rang* „Reihe, Ordnung", →*Rang¹*]

der|art ⟨Adv.⟩ *so, in solchem Maße;* sie hat sich d. aufgeregt, daß ...; einen d. heißen Sommer haben wir lange nicht erlebt

der|ar|tig ⟨Adj., o.Steig.; nur als Attr. und Adv.⟩ es war eine ~e Anstrengung für mich, daß ich ...

derb ⟨Adj.⟩ **1** *fest, widerstandsfähig, dick;* ~e Schuhe, Strümpfe; ein ~er Stock, Stoff **2** *grob, gehaltvoll;* ~es Brot **3** *grobkörnig;* ~es Gestein **4** *kräftig, stark;* jmdn. mit ~em Griff packen; jmdn. d. anfassen **5** *naturhaft und etwas plump;* ein ~es Mädchen **6** *urwüchsig, nicht fein;* ~e Ausdrucksweise **7** *grob, unanständig;* ~er Witz [< mhd. *derp*, ahd. *derbi, derpi* „ungesäuert"; unter Einfluß von altnord. *þjarfr* „ungesäuert", daneben übertr. „niedrig, gemein", altfries. *therf* „heftig" setzt sich nhd. die übertr. Bed. durch]

Derb|holz ⟨n., -es, nur Sg.⟩ *bei Stämmen und Ästen* oberirdische Holzmasse, einschließlich der Rinde, mit über 7 Zentimeter Durchmesser

Der|by [ˈdɛrbi] auch engl. [ˈdɑːbi] oder amerik. [ˈdɜːrbi] **1** ⟨in Ländern, die Vollblutpferde züchten⟩ *bedeutendstes Zuchtrennen für Dreijährige* **2** ⟨übertr.⟩ *(aufsehenerregendes) Rennen oder Spiel*

der|einst ⟨Adv.⟩ *später, in ferner Zukunft*

de|ren 1 ⟨Gen. Sg. f. sowie Gen. Pl. vom Demonstrativpron. „die"⟩ ich kenne die Frau schon lange, d. Kind hüte ich auch (nicht die andere Kinder nicht); wir haben mit Freunden in d. Haus gefeiert (nicht in unserem Haus); ich habe meine Freunde, meine Schwester und d. Kinder eingeladen (die Kinder der Schwester, nicht die der Freunde) **2** ⟨Gen. Sg. f. sowie Gen. Pl. vom Relativpron. „die"⟩ eine Handlungsweise, deren, ⟨auch⟩ derer du dich nicht zu schämen brauchst; eine Feier für unsere Toten, deren, ⟨auch⟩ derer wir heute gedenken

de|rent|hal|ben →*derentwegen*

de|rent|we|gen ⟨Pronominaladv., Sg. f. und Pl.⟩ Syn. *derenthalben, um derentwillen* **1** ⟨demonstrativ⟩ *wegen dieser, ihretwegen;* d. sage ich die Einladung nicht ab **2** ⟨relativ⟩ es ist eine Freundin, es sind Freunde, d. ich die lange Reise gemacht habe

de|rent|wil|len ⟨Pronominaladv.; in der Fügung⟩ um d. *derentwegen*

de|rer ⟨Gen. Pl. vom Demonstrativpron.⟩ wir gedenken d., die nicht mehr unter uns sind; das ist Sache d., die dafür verantwortlich sind; man muß d. neue Grenzen setzen, innerhalb derer, ⟨auch⟩ deren man sich freier bewegen kann

der|ge|stalt ⟨Adv.; †; in der Fügung⟩ d., daß *in der Art, daß;* er ordnete die Dinge d., daß jeder zufriedengestellt war

der|glei|chen ⟨Demonstrativpron., o.Dekl.⟩ **1** ⟨als Attr.⟩ *solche;* d. Dinge habe ich schon oft erlebt; und was d. Ungereimtheiten mehr sind *und noch viele solche Ungereimtheiten* **2** ⟨alleinstehend⟩ *ähnliches, so etwas;* und d. ⟨Abk.: u. dgl.⟩; und d. mehr; d. habe ich noch nie erlebt **3** ⟨in der Wendung⟩ nicht d. tun *nicht reagieren, tun, als merke man nichts;* er winkte ihm zu, aber er tat nicht d.

De|ri|vat ⟨n.1⟩ **1** *chemische Verbindung, die sich aus einer anderen darstellen läßt* (z.B. Phenol aus Benzol); Syn. *Abkömmling* (2) **2** *abgeleitetes Wort;* z.B. „Gebäude" von „bauen"; auch: *Derivativ(um)* [zu *derivieren*]

De|ri|va|ti|on ⟨f.10; Sprachw.⟩ *Ableitung, Bildung neuer Wörter aus einem Wort durch Ableitungssilben;* z.B. bauen, Bauer, Bäude aus Bau [< lat. *derivatio*, Gen. *derivationis,* „Ableitung", zu *derivare,* →*derivieren*]

de|ri|va|tiv ⟨Adj., o.Steig.; Sprachw.⟩ *durch Ableitung entstanden*

De|ri|va|tiv ⟨n.1⟩, **De|ri|va|ti|vum** ⟨n., -s, -va⟩ →*Derivat* (2)

de|ri|vie|ren ⟨V.3, hat deriviert; mit Akk.⟩ *ableiten* [< lat. *derivare,* „ableiten", < *de* „von weg" und *rivus* „Wasserrinne"]

der|je|ni|ge ⟨Demonstrativpron.⟩ *desjenigen, diejenigen; verstärkend der;* er ist von den drei Brüdern d., der dem Vater am ähnlichsten ist

Der|ma ⟨n., -s, -ma|ta; fachsprachl.⟩ →*Haut* [griech.]

der|mal ⟨Adj., o.Steig.⟩ *die Haut betreffend, zu ihr gehörig;* auch: *dermatisch* [zu *Derma*]

der|ma|ßen ⟨Adv.⟩ *so, derart;* ich war d. verwirrt, daß ich ...

der|ma|tisch ⟨Adj., o.Steig.⟩ →*dermal*

Der|ma|ti|tis ⟨f., -, -ti|ti|den⟩ *Entzündung der Haut* [< *derma* und *...itis*]

Der|ma|to|lo|ge ⟨m.11⟩ *Facharzt für Hautkrankheiten*

Der|ma|to|lo|gie ⟨f., -, nur Sg.⟩ *Wissenschaft von den Hautkrankheiten* [< griech. *derma,* Gen. *dermatos,* „Haut" und *...logie*]

Der|ma|tom ⟨n.1⟩ **1** ⟨beim Embryo der Wirbeltiere⟩ *Teil des mittleren Keimblatts (der an der Bildung des Bindegewebes der Haut beteiligt ist)* **2** *Gerät zum Abtrennen von Hautlappen (zur Gewebeverpflanzung)* **3** *Teilstück der Haut, das von einem Rückenmarksnerv versorgt wird* **4** *Hautgeschwulst* [< griech. *derma* „Haut" und *tome* „Abschnitt"]

Der|ma|to|my|ko|se ⟨f.11⟩ *Erkrankung durch Hautpilz* [< griech. *derma,* Gen. *dermatos,* „Haut" und *Mykose*]

Der|ma|to|pla|stik ⟨f.10⟩ *Ersatz von verletzter Haut durch Verpflanzung von Gewebe;* auch: *Dermoplastik* [< griech. *derma, dermatos,* „Haut" und *Plastik* (3)]

Der|ma|to|se ⟨f.11⟩ *Hautkrankheit* [< griech. *derma,* Gen. *dermatos,* „Haut" und *...ose*]

Der|ma|to|zo|on ⟨n., -, -zo|en⟩ *tierischer Hautschmarotzer,* z.B. Milbe, Zecke [< griech. *derma,* Gen. *dermatos,* „Haut" und *zoon* „Tier"]

Der|mo|gra|phie ⟨f.11⟩, **Der|mo|gra|phis|mus** ⟨m., -, -men⟩ *Auftreten von rötlichen oder weißen erhabenen Streifen auf der Haut bei Reizung mit einem stumpfen Gegenstand (bei Übererregbarkeit der Blutgefäßnerven)* [< griech. *derma* „Haut" und *...graphie*]

Der|mo|pla|stik ⟨f.10⟩ **1** *lebensgetreue Nachbildung eines Tieres (u.a. aus Holz), die mit der Haut des betreffenden Tieres überzogen ist* **2** →*Dermatoplastik* [< griech. *derma* „Haut" und *Plastik*]

Der|nier cri [dɛrnjeˈkri] m., -, -s -s [-njeˈkri]⟩ *letzter Schrei: letzte Neuheit der Mode* [frz.]

De|ro ⟨Anrede an hochstehende Personen; †⟩ *Euer;* D. Gnaden; wie ist D. Befinden heute?

De|ro|ga|ti|on ⟨f.10⟩ **1** *Beschränkung* **2** *teilweise Aufhebung (eines Gesetzes)* [< lat. *derogatio,* Gen. *derogationis,* in ders. Bed., zu *derogare* „teilweise abschaffen, vermindern"]

de|ro|ga|tiv, de|ro|ga|to|risch ⟨Adj., o.Steig.⟩ **1** *beschränkend* **2** *teilweise aufhebend*

de|ro|hal|ben ⟨Konj.; †⟩ *deshalb*

De|route ⟨[-ˈruːt] f.11; †⟩ **1** ⟨Mil.⟩ *wilde Flucht* **2** ⟨Börse⟩ *Kurs-, Preissturz* [< frz. *déroute* „wilde Flucht, Auflösung", < *dé...,* „weg von" und *route* „Weg, Straße, Marschroute"]

der|sel|be ⟨Demonstrativpron., m., desselben, dieselben⟩ auch: ⟨†⟩ *derselbige* **1** *eben dieser, genau der;* ein und d.; wir fahren nicht denselben Wagen, sondern den gleichen **2** ⟨†⟩ *dieser, er;* der Hauseigentümer wurde aufgefordert, seinen Hund an die Kette zu legen, da d. schon mehrmals Vorübergehende angegriffen hat

der|sel|bi|ge ⟨†⟩ →*derselbe*

der|weil, der|wei|len ⟨Konj.⟩ *mittlerweile, währenddessen;* ich gehe d. spazieren

Der|wisch ⟨m.1⟩ *Angehöriger eines islamischen Ordens* [über frz. *derviche* < türk. *derviş,* pers. *darwīš* „Armer, Wanderer"]

der|zeit ⟨Adv.⟩ **1** *in der Zeit, von der die Rede ist;* ⟨entweder⟩ *augenblicklich, jetzt;* ich bin d. sehr beschäftigt; ⟨oder⟩ *damals;* das Haus ist 1936 gebaut und mit den d. neuesten Einrichtungen ausgestattet worden

der|zei|tig ⟨Adj., o.Steig.; nur als Attr. und Adv.⟩ *in der Zeit, von der die Rede ist;* ⟨entweder⟩ *augenblicklich, jetzig;* der ~e Direktor der Schule ist Dr. X; ⟨oder⟩ *damalig;* ich bin dort 1970 zur Schule gegangen, der ~e Direktor war Dr. Y

des¹ ⟨Gen. Sg. vom Art. „der" und „das"⟩ am Anfang des Urlaubs; die Tiefe des Wassers **2** ⟨†; kurz für⟩ *dessen (1);* des kannst du gewiß sein

des², Des ⟨n., -, -; Mus.⟩ *das um einen halben Ton erniedrigte d bzw. D*

des. ⟨Abk. für⟩ *designatus*

des... ⟨bei vielen, mit Vokal beginnenden Wörtern Vorsilbe⟩ *weg..., ent..., gegen, nicht* [< lat. *de* „von weg" und *s* als Gleitlaut]

des|ar|mie|ren ⟨V.3, hat desarmiert; mit Akk.⟩ **1** *entwaffnen* **2** ⟨Fechten⟩ *den Gegner d. ihm die Klinge aus der Hand schlagen* [< frz. *désarmer* „entwaffnen, abrüsten", < *dé...,* vor Vokal *dés...,* „auseinander, ent..." und *armer* „bewaffnen", zu *arme* „Waffe"]

De|sa|ster ⟨n.5⟩ *Unheil, Unglück, Zusammenbruch* [< frz. *désastre* „schweres Unglück, Unheil, Mißgeschick", unter Einfluß von ital. *disastro* in ders. Bed. < *dés...,* ital. *dis...* „weg von" und *astre,* ital. *astro* < lat. *astrum* „Stern", also „Trennung vom guten Stern, vom guten Geschick"]

des|avou|ie|ren ⟨[-avu-] V.3, hat desavouiert; mit Akk.⟩ **1** *etwas d. leugnen, abstreiten* **2** *jmdn. d. in der Öffentlichkeit, vor anderen bloßstellen, im Stich lassen* [< frz. *désavouer* „im Stich lassen, rügen, mißbilligen", < *dé...,* vor Vokal *dés...,* „von weg, nicht" und *avouer* „anerkennen, gutheißen"]

Des-Dur ⟨n., -, nur Sg.; Mus.⟩ *auf dem Grundton Des aufbauende Dur-Tonart*

Des|en|gage|ment ⟨[-ˈɡaːʒmã] n.9⟩ →*Disengagement* [frz.]

De|sen|si|bi|li|sa|ti|on ⟨f.10⟩ *Herabsetzen oder Aufheben der Empfindlichkeit*

de|sen|si|bi|li|sie|ren ⟨V.3, hat desensibilisiert; mit Akk.⟩ **1** *weniger empfindlich machen* **2** ⟨Fot.⟩ *lichtunempfindlich machen*

De|sen|si|bi|li|sie|rung ⟨f., - nur Sg.⟩

De|ser|teur ⟨[-ˈtøːr] m.1⟩ →*Fahnenflüchtiger* [< frz. *déserteur* in ders. Bed.]

de|ser|tie|ren ⟨V.3, ist desertiert; o.Obj.⟩ *von der Truppe weglaufen, fahnenflüchtig werden* [< frz. *déserter* in ders. Bed., über

vulgärlat. *desertare < lat. deserere ,,aufgeben, (treulos) verlassen, im Stich lassen"]
De|ser|ti|on ⟨f.10⟩ →*Fahnenflucht* [< frz. *désertion* in ders. Bed.]
des, Des|ses ⟨n., -, -; Mus.⟩ *das um zwei halbe Töne erniedrigte des bzw. Des*
des|falls ⟨Adv.; †⟩ *in diesem Fall, falls dies eintritt;* d. gebe ich Ihnen eine Nachricht
desgl. ⟨Abk. für⟩ desgleichen
des|glei|chen ⟨Adv.; Abk.: desgl.⟩ **1** *das gleiche,* tue d.! **2** *ebenso;* es war alles Bargeld gestohlen worden, d. Fernsehgerät und Radio
des|halb ⟨Konj., auch als Adv.⟩ *aus diesem Grund;* Syn. *deswegen,* ⟨†⟩ *dieserhalb;* der Schauspieler war erkrankt, d. mußte ein Ersatz gesucht werden; also d. bist du nicht gekommen!
De|si|de|rat ⟨n.1⟩, **De|si|de|ra|tum** ⟨n., -s, -ta; Bibl.⟩ *gewünschtes, fehlendes Buch* zur Anschaffung empfohlenes Buch [< lat. *desideratum* ,,das Gewünschte", zu *desiderare* ,,verlangen, wünschen", < *de* ,,von her" und *sidus,* Gen. *sideris,* ,,Gestirn", also eigtl. ,,von den Sternen (dem Schicksal) erwarten"]
De|sign ⟨[diza̱in] n.9⟩ **1** *Plan, Entwurf, Muster, Modell* **2** *Formgebung, künstlerische Gestaltung* [engl., zu *to design* ,,aufzeichnen, entwerfen, ausdenken, planen"; vgl. *designieren*]
De|si|gna|ti|on ⟨f.10⟩ **1** *Bezeichnung, Bestimmung* **2** *Bestimmung einer Person, die ein Amt nach Ablauf der Amtsdauer des Vorgängers antreten soll* [zu *designieren*]
de|si|gna|tus ⟨Abk.: des.⟩ *bestimmt, vorgesehen, im voraus ernannt (Zusatz z.B. zu einem Doktortitel, der rechtlich noch nicht in Kraft ist)* [lat., zu *designare,* →*designieren*]
De|si|gner ⟨[diza̱iner] m.5⟩ *jmd., der berufsmäßig das Design für Gebrauchsgüter u.a. entwirft (und gestaltet)* [engl.]
de|si|gnie|ren ⟨V.3, hat designiert; mit Akk.⟩ **1** *etwas d. bezeichnen, bestimmen* **2** *jmdn. d. im voraus ernennen, für ein Amt vorsehen;* der designierte Nachfolger [< lat. *designare* ,,bezeichnen, zu einem Amt bestimmen", eigtl. ,,abgrenzend bezeichnen", < *de* ,,von her" und *signum* ,,Zeichen"]
Des|il|lu|si|on ⟨f.10⟩ *Enttäuschung, Ernüchterung*
des|il|lu|sio|nie|ren ⟨V.3, hat desillusioniert; mit Akk.⟩ *der Illusionen berauben, ernüchtern* **Des|il|lu|sio|nie|rung** ⟨f., -, nur Sg.⟩
Des|il|lu|sio|nis|mus ⟨m., -, nur Sg.⟩ *Weltbetrachtung ohne Illusionen*
Des|in|fek|ti|on ⟨f.10⟩ *das Desinfizieren*
Des|in|fek|tor ⟨m.13⟩ *Fachmann für Desinfektion;* Syn. ⟨volkstümlich⟩ *Kammerjäger*
Des|in|fi|zi|ens ⟨n., -, -zi|en|tia [-tsja] oder -zi|en|zi|en⟩ *Mittel zur Desinfektion*
des|in|fi|zie|ren ⟨V.3, hat desinfiziert; mit Akk.⟩ *von Krankheitserregern befreien;* Syn. *entseuchen;* Gegenstände, Räume d.
Des|in|for|ma|ti|on ⟨f.10⟩ *mangelnde oder bewußt falsche Information*
Des|in|te|gra|ti|on ⟨f.10⟩ *Spaltung, Auflösung (eines Ganzen in seine Teile);* Ggs. *Integration*
des|in|te|grie|ren ⟨V.3, hat desintegriert; mit Akk.⟩ *auflösen, auffächern*
des|in|te|grie|rend ⟨Adj., o.Steig.⟩ *nicht wesentlich, nicht unbedingt notwendig*
Des|in|ter|es|se ⟨n., -s, nur Sg.⟩ *Mangel an Interesse, Gleichgültigkeit*
des|in|ter|es|siert ⟨Adj., o.Steig.⟩ *nicht interessiert*
De|sja|ti|ne ⟨f.11⟩ *russisches Flächenmaß, ein Hektar* [< russ. *desjatina,* urspr. ,,der Zehnte vom Ernteertrag", dann ,,Stück Land von 2400 Quadratfaden", zu *desjat* ,,zehn"]
De|skrip|ti|on ⟨f.10; †⟩ *Beschreibung*
de|skrip|tiv ⟨Adj., o.Steig.⟩ *beschreibend* [< frz. *descriptif, descriptive* ,,beschreibend,

schildernd", < lat. *describere* ,,abzeichnen, abschreiben, beschreiben, schildern"]
Des|odo|rans ⟨n., -, -ran|tia⟩ →*Deodorant* [< frz. *dé...,* vor Vokal *dés-...* ,,gegen, ent..." und lat. *odorans* ,,riechend"]
des|odo|rie|ren, des|odo|ri|sie|ren ⟨V.3, hat desodoriert, desodorisiert; mit Akk.⟩ *von schlechtem Geruch befreien*
de|so|lat ⟨Adj.⟩ **1** *vereinsamt* **2** *trostlos, traurig;* sich in einem ∼en Zustand befinden [< lat. *desolatus* ,,vereinsamt, verlassen", < *de* ,,von weg" (verstärkend) und *solus* ,,allein, einsam"]
Des|ord|re ⟨m.9; †⟩ *Unordnung, Verwirrung*
Des|or|ga|ni|sa|ti|on ⟨f., -, nur Sg.⟩ **1** *Auflösung, Zerrüttung* **2** *mangelhafte Organisation*
des|or|ga|ni|siert ⟨Adj., o.Steig.⟩ *mangelhaft organisiert;* der Arbeitsablauf ist (völlig) d.
des|ori|en|tiert ⟨Adj., o.Steig.⟩ *nicht oder falsch unterrichtet, nicht orientiert*
Des|oxi|da|ti|on ⟨f.10; anorgan. Chem.⟩ *Entzug von Sauerstoff* [zu *desoxidieren*]
Des|oxy|ri|bo|nu|cle|in|säu|re ⟨f.11⟩ →*DNA*
de|spek|tier|lich ⟨Adj.; †, noch scherzh.⟩ *respektlos, geringschätzig;* eine ∼e Bemerkung; sich d. benehmen [< lat. *de* ,,von weg" und *Respekt*]
Des|pe|ra|do ⟨m.9⟩ *jmd., der zu allem bereit ist, haltloser Draufgänger* [span., ,,verzweifelt", zu lat. *de* ,,von weg" und *sperare* ,,hoffen"]
des|pe|rat ⟨Adj.⟩ *verzweifelt, hoffnungslos* [< lat. *desperatus* in ders. Bed., zu *desperare* ,,keine Hoffnung mehr haben", zu *spes* ,,Hoffnung"]
Des|pot ⟨m.10⟩ **1** *Gewaltherrscher, Tyrann* **2** ⟨übertr.⟩ *herrschsüchtiger Mensch* [< griech. *despotes* ,,Herr, Hausherr, Herrscher, Gebieter"]
Des|po|tie ⟨f.11⟩ *Gewaltherrschaft*
des|po|tisch ⟨Adj.⟩ *in der Art eines Despoten, herrisch, rücksichtslos*
Des|po|tis|mus ⟨m., -, nur Sg.⟩ *System, Zustand einer Despotie*
des|sen **1** ⟨Gen. Sg. vom Demonstrativpron. ,,der" und ,,das"⟩ ich kann mich d. nicht erinnern; d. kannst du gewiß sein; d. Frau war in unserer Reisegruppe *(die Frau eben dieses Mannes);* mein Bruder, sein Freund und d. Frau *(die Frau des Freundes, nicht des Bruders)* **2** ⟨Gen. Sg. vom Relativpron. ,,der" und ,,das"⟩ das war ein Tag, d. ich mich gern erinnere; er ist ein Fachmann, auf d. Mitarbeit ich nicht gern verzichten möchte
des|sent|hal|ben →*dessentwegen*
des|sent|we|gen ⟨Pronominaladv.⟩ Syn. *dessenthalben, um dessentwillen* **1** ⟨demonstrativ⟩ *seinetwegen;* daß der Vortrag ausfiel, war schade, denn wir waren nur d. in die Stadt gekommen **2** ⟨relativ⟩ der Vortrag, d. ich gekommen war
des|sent|wil|len ⟨Pronominaladv.; in der Fügung⟩ um d. →*dessentwegen*
des|sen|un|ge|ach|tet ⟨Adv.⟩ *trotzdem, dennoch;* Syn. *desungeachtet, demungeachtet*
Des|sert ⟨[dɛsɛːɐ̯] n.9⟩ →*Nachspeise* [frz., zu *desservir* ,,die Speisen abtragen"]
Des|sert|wein ⟨[dɛsɛːɐ̯-] m.1⟩ *süßer, alkoholreicher Wein (der meist zum Dessert getrunken wird)*
Des|sin ⟨[dɛsɛ̃] n.9⟩ **1** *Muster, Musterzeichnung* **2** *Entwurf, Plan* **3** ⟨Billard⟩ *Weg des gestoßenen Balls* [frz., ,,Zeichnung, Skizze"]
Des|si|na|teur ⟨[-tøːɐ̯] m.1⟩ *jmd., der Muster entwirft* [frz., zu *Dessin*]
des|si|nie|ren ⟨V.3, hat dessiniert; mit Akk.⟩ *entwerfen, zeichnen;* Muster d.
Des|sous ⟨[dəsuː] Pl.⟩ *Unterwäsche (für Damen)* [< frz. *dessous* ,,unten, darunter,

Unterteil, Unterwäsche", < *sous* ,,unten, unterhalb"]
Dest ⟨m., -(e)s, nur Sg.⟩ *festgewordener schmieriger Schmutzfilm*
de|stig ⟨Adj.⟩ *voller Dest;* das Kabel, die Steckdose, das Schrankfach ist d.
De|stil|lat ⟨n.1⟩ *Ergebnis einer Destillation (1)*
De|stil|la|teur ⟨[-tøːɐ̯] m.1⟩ **1** *jmd., der berufsmäßig Branntwein herstellt, Brennmeister* **2** ⟨veraltend⟩ *jmd., der in einer Destille (1) Branntwein ausschenkt* [zu *destillieren*]
De|stil|la|ti|on ⟨f.10⟩ **1** *Verfahren, eine Flüssigkeit zum Verdampfen und anschließende Verflüssigung des Dampfes durch Abkühlung in reiner Form zu gewinnen* **2** ⟨veraltend⟩ →*Destille* [< lat. *destillatio,* Gen. *destillationis,* ,,das Herabträufeln"]
De|stil|le ⟨f.11; bes. berlin., veraltend⟩ auch: *Destillation* **1** *kleiner Ausschank, in dem Branntwein getrunken werden kann* **2** *Branntweinbrennerei* [gekürzt < *Destillation*]
De|stil|le|rie ⟨f.11⟩ *Unternehmen, das Trinkbranntweine (einschließlich Liköre) durch Destillation (1) von Alkohol herstellt* [< frz. *destillerie* in ders. Bed., →*Destillation*]
de|stil|lie|ren ⟨V.3, hat destilliert; mit Akk.⟩ *mittels Destillation (1) trennen;* destilliertes Wasser *chemisch reines Wasser*
De|sti|na|tar, De|sti|na|tär ⟨m.1; im Schiffsfrachtverkehr⟩ *Empfänger* [< frz. *destinataire* ,,Empfänger (von Post)"]
De|sti|na|ti|on ⟨f.10⟩ *Bestimmung, Endzweck* [< lat. *destinatio,* Gen. *destinationis,* Bestimmung, zu *destinare* ,,bestimmen, festsetzen"]
de|sto ⟨Konj.⟩ *um so;* je höher die Sonne stieg, d. wärmer wurde es; er wird mir d. lieber, je besser ich ihn kennenlerne
de|stru|ie|ren ⟨V.3, hat destruiert; mit Akk.⟩ *zerstören* [< lat. *destruere* ,,niederreißen"]
De|struk|ti|on ⟨f.10⟩ **1** *die Zerstörung* **2** ⟨Geol.⟩ *Abtragung durch Verwitterung* [< lat. *destructio,* Gen. *destructionis,* ,,das Niederreißen", zu *destruere* ,,(ein Bauwerk) niederreißen"]
de|struk|tiv ⟨Adj.⟩ *zersetzend, zerstörend;* sein gesamtes Verhalten ist sehr d.; Ggs. *konstruktiv*
des|un|ge|ach|tet ⟨Adv.⟩ →*dessenungeachtet*
des|we|gen ⟨Konj., auch als Adv.⟩ →*deshalb*
des|wil|len ⟨kurz für⟩ *dessentwillen*
De|szen|dent ⟨m.10⟩ **1** *Nachkomme, Abkömmling* **2** Ggs. *Aszendent* **a** ⟨Astron.⟩ *Untergangspunkt eines Gestirns* **b** *Gestirn im Untergang* **c** ⟨Astrol.⟩ *Tierkreisbild oder Gestirn, das im Augenblick der Geburt am Westhorizont untergeht* [zu *Deszendenz*]
De|szen|denz ⟨f.10⟩ **1** ⟨nur Sg.⟩ *Abstammung, Verwandtschaft in absteigender Linie (Kinder, Enkel)* **2** *Untergang (eines Gestirns);* Ggs. *Aszendenz* [< lat. *descendentes* ,,die Verwandten in absteigender Linie", →*deszendieren*]
De|szen|denz|theo|rie ⟨f.11⟩ →*Abstammungslehre*
de|szen|die|ren ⟨V.3, ist deszendiert; o.Obj.⟩ *sinken, absteigen;* Ggs. *aszendieren;* ein Gestirn deszendiert [< lat. *descendere* ,,herabsteigen", < *de...* ,,von her" und *scandere* ,,steigen"]
De|tache|ment ⟨[-taʃmã] n.9 oder schweiz. [-mɛnt] n.1; †⟩ *Truppenabteilung mit besonderen Aufgaben* [< frz. *détachement* ,,Losgelöstheit, Sonderkommando"]
de|ta|chie|ren ⟨[-ʃi-] V.3, hat detachiert; mit Akk.⟩ **1** *(mit besonderen Aufgaben) abkommandieren* **2** *von Flecken reinigen* **3** *auflockern;* Mahlgut d. [< frz. *détacher* ,,trennen, absondern; losreißen", mit der Vorsilbe

dé... "weg von" nach dem Muster von *attacher* "befestigen" gebildet, →*Attaché*]

De|tail ⟨n.9⟩ Einzelheit, Einzelteil; ins D. gehen *etwas sehr genau, mit allen Einzelheiten berichten* [< frz. *détail*, "einzelner Umstand, Kleinigkeit", zu *détailler* "in Stücke zerschneiden, im einzelnen darstellen, im kleinen verkaufen", < *dé*... ⟨verstärkend⟩ "zer..." und *tailler* "(zer)schneiden, (zer)stückeln"]

De|tail|han|del ⟨m., -s, nur Sg.⟩ Einzelhandel

de|tail|lie|ren [-taji-] V.3, hat detailliert; mit Akk.⟩ *im einzelnen erklären, darlegen; einen Vorschlag d.*

De|tek|tei ⟨f.10⟩ Ermittlungs-, Detektivbüro

De|tek|tiv ⟨m.1⟩ *jmd., der berufsmäßig in privatem Auftrag Ermittlungen anstellt* [< lat. *detector* "Aufdecker, Offenbarer, Enthüller", →*Detektor*]

De|tek|tor ⟨m.13⟩ **1** *Gerät zum Nachweis (u.a. von Strahlung)* **2** *Bauelement zum Aufdecken einer Mitteilung (z.B. der Nachricht, die in einer modulierten Trägerwelle enthalten ist)* [engl., < lat. *detector* "Auf-, Entdecker", zu *detegere* "aufdecken"]

Dé|tente ⟨f., -, nur Sg.⟩ veraltend *(politische) Entspannung* [frz., "Entspannung, Erholung"]

De|ter|gens ⟨n., -, -gentia [-tsja] oder -gen|zi|en, meist Pl.⟩ **1** *seifenfreier, wasserlöslicher organischer Stoff, der fettigen Schmutz binden kann (u.a. in Geschirrspül- und Waschmitteln)* **2** →*Tensid* [< lat. *detergere* "abwischen"]

De|te|rio|ra|tion ⟨f.10⟩ *Verschlechterung, Wertminderung* [zu *deteriorieren*]

de|te|rio|rie|ren ⟨V.3, hat deterioriert; mit Akk.⟩ *verschlechtern, im Wert mindern* [< frz. *détériorer* "verschlechtern", < lat. *deterior* "geringer an Wert, schlechter", zu *de* "herunter"]

De|ter|mi|nan|te ⟨f.11⟩ **1** *maßgebender Umstand; die ~n der geistigen Entwicklung* **2** ⟨Math.⟩ *Ausdruck in Form von quadratisch angeordneten Zahlen (die meist innerhalb von zwei senkrechten Strichen geschrieben werden)* [zu *determinieren*]

De|ter|mi|na|tion ⟨f.10⟩ **1** *Begriffsbestimmung durch Einengung* **2** *Festlegung der künftigen Funktion im Laufe der Frühentwicklung (der Keims, von Zellen); Syn. Praedetermination* [zu *determinieren*]

De|ter|mi|na|tiv ⟨n.1⟩ **De|ter|mi|na|ti|vum** ⟨n., -s, -va⟩ **1** *Art die Demonstrativpronomens mit herausgehobener Funktion, z.B. derjenige* **2** *zusammengesetztes Substantiv, dessen erster Teil den zweiten näher bestimmt, z.B. Handtuch* **3** *eine indogermanische Wurzel erweiterndes sprachliches Bildungselement*

de|ter|mi|nie|ren ⟨V.3, hat determiniert; mit Akk.⟩ *festlegen, bestimmen, begrenzen; ein Ziel, einen Plan d.* [< lat. *determinare* "abgrenzen, bestimmen, festsetzen", < *de*... ⟨verstärkend⟩ "gänzlich" und *terminare* "begrenzen", zu *terminus* "Grenze, Grenzzeichen"]

De|ter|mi|nis|mus ⟨m., -, nur Sg.⟩ *philosophische Lehre, daß 1. alle Vorgänge vorbestimmt seien, 2. der menschliche Wille von äußeren Ursachen abhängig und daher nicht frei sei; Ggs. Indeterminismus*

De|ter|mi|nist ⟨m.10⟩ *Anhänger des Determinismus*

de|ter|mi|ni|stisch ⟨Adj., o.Steig.⟩ *auf dem Determinismus beruhend*

De|to|na|tion ⟨f.10⟩ *von starker Gasbildung und lautem Knall begleitete chemische Umsetzung (u.a. bei der Zündung von Sprengstoffen)* [< frz. *détonation* in ders. Bed., < lat. *detonare* "herab-, losdonnern"]

De|to|na|tor ⟨m.13⟩ **1** *kleine Menge eines Sprengstoffs, die benutzt wird, um eine größere zu zünden* **2** *Hilfsmittel, mit dem aus der Entfernung eine Sprengladung gezündet werden kann* [zu *detonieren* (I)]

de|to|nie|ren ⟨V.3⟩ **I** ⟨ist detoniert; o.Obj.⟩ *sich in Form einer Detonation zersetzen* [< frz. *détoner* "knallen, zerplatzen", < lat. *detonare* "losdonnern", < *de* "von weg, von her" und *tonare* "tönen, schallen"] **II** ⟨o.Obj.; Mus.⟩ *unrein singen oder spielen, den Ton herunterziehen* [< frz. *détonner* "den Ton verfehlen", < *dé*... "von weg" und *ton*..., < lat. *tonus* "Ton"]

De|tri|tus ⟨m., -, nur Sg.⟩ **1** *aus (überwiegend) pflanzlichen und tierischen Gewebetrümmern bestehende Schwebe- und Sinkstoffe im Wasser* **2** ⟨Geol.⟩ *zerriebenes Gestein, Gesteinsschutt* **3** ⟨Med.⟩ *breiig zerfallenes Gewebe* [lat., "das Abgeriebene", zu *deterere* "abreiben"]

det|to ⟨Adv.; österr.⟩ →*dito* [ital., "gesagt"]

De|tu|mes|zenz ⟨f., -, nur Sg.⟩ *Abschwellen (einer Schwellung oder Geschwulst)* [< lat. *detumescens*, Part. Präs. von *detumescere* "aufhören zu schwellen"; vgl. *Tumor*]

Deu|bel ⟨m.5; norddt., mdt.⟩ →*Teufel*

deucht ⟨†⟩ *dünkt; mich d. es, es ist wer draußen* [→*dünken*]

De|us ex ma|chi|na ⟨[-xi-] m., - -, nur Sg.⟩ **1** *mittels einer mechanischen Vorrichtung auf der Bühne erscheinende und den Konflikt lösende Göttergestalt* **2** ⟨übertr.⟩ *unerwarteter Helfer, überraschende Lösung (eines Konflikts); er erschien als D.e.m.* [lat., "der Gott aus der Maschine"]

Deut ⟨m.; nur in den Fügungen⟩ *keinen D., nicht einen D., nicht um einen D. nicht das geringste; er weicht keinen D., nicht um einen D. von seiner Meinung ab; ich verstehe keinen, nicht einen D. davon* [urspr. eine kleine Kupfermünze]

deu|teln ⟨V.1, hat gedeutelt; o.Obj. oder mit Präp.obj.⟩ *etwas zu verstehen suchen, über etwas nachdenken, eine Lösung suchen; ich habe lange daran gedeutelt; da kannst du d., soviel du willst, es kommt nichts anderes heraus*

deu|ten ⟨V.2, hat gedeutet⟩ **I** ⟨mit Akk.⟩ *etwas d. erklären, auslegen, einen Sinn in etwas sehen; einen Text, ein Zeichen d.; jmds. Handschrift d.; jmds. Character aus seiner Handschrift zu erkennen suchen; ich kann seine Worte nur so d., daß ...; etwas falsch, richtig d.* **II** ⟨mit Präp.obj.⟩ *auf etwas, auf jmdn. d. mit dem Finger, mit der Hand auf etwas oder jmdn. zeigen* **2** *etwas deutet auf etwas (meist) hindeuten; der Vorfall deutet auf eine Verschlechterung ihrer Beziehungen; etwas in seinem Verhalten deutet darauf, daß ...*

Deu|ter|ago|nist ⟨m.10⟩ *im altgriech. Theat.⟩ zweiter Schauspieler* [< griech. *deuteros* "zweiter" und *agonistes* "Wettkämpfer", übertr. auch "Meister, Virtuose", zu *agon* "Wettkampf, Schauspiel"]

Deu|te|ri|um ⟨n., -s, nur Sg.; Zeichen: D⟩ *schwerer Wasserstoff, ein Isotop des Wasserstoffs* [< griech. *deuteros* "zweiter", weil das zweitschwerste Wasserstoffisotop ist]

Deu|te|ron ⟨n.13⟩ *Atomkern des Deuteriums* [vermutlich < *Deuterium* und dem letzten Wortteil von *Proton* und *Neutron*, seinen Bestandteilen]

deut|lich ⟨Adj.⟩ **1** *klar, genau, scharf umrissen oder herausgehoben; ich kann es d. sehen, hören; es ist d. sichtbar, hörbar; es war mir deutlich, daran in d.* **2** *gut lesbar, klar erkennbar; ~e Schrift; d. schreiben* **3** *gut hörbar, klar verständlich; ~e Aussprache; d. sprechen* **4** *unmißverständlich, eindeutig; ein ~er Hinweis, Wink; etwas d. machen; etwas d. zu verstehen geben; sich d. ausdrücken* **5** *grob; er wurde ziemlich d.; muß ich erst d. werden?*

Deut|lich|keit ⟨f.10⟩ **1** ⟨nur Sg.⟩ *deutliche Beschaffenheit, Erkennbarkeit, Genauigkeit* **2** ⟨nur Sg.⟩ *Eindeutigkeit; seine Antwort ließ an D. nichts zu wünschen übrig seine Antwort war sehr deutlich* **3** *grobe Antwort, grobe Äußerung; jmdm. ein paar ~en sagen*

deutsch ⟨Adj., o.Steig.⟩ **1** ⟨als Adj.⟩ **a** ⟨Kleinschreibung⟩ *die ~e Bundesrepublik (kein Titel! offizielle Bez.: Bundesrepublik Deutschland); ein d.-französischer Krieg, (aber) der Deutsch-Französische Krieg (von 1870/71); die ~e Schweiz; die ~e Sprache; ein d.-italienisches Wörterbuch; ~es Beefsteak* →*Fleischklößchen* **b** ⟨Großschreibung⟩ Deutsche Angestellten-Krankenkasse ⟨Abk.: DAK⟩; Deutsche Bibliothek (Frankfurt); Deutsche Bücherei (Leipzig); Deutsche Bundesbahn ⟨Abk.: DB⟩; Deutsche Bundespost ⟨Abk.: DBP⟩; Deutsche Demokratische Republik ⟨Abk.: DDR⟩; Deutscher Gewerkschaftsbund ⟨Abk.: DGB⟩; Deutsche Mark ⟨Abk.: DM⟩; der Deutsche Orden; das Deutsche Reich; Deutsches Rotes Kreuz ⟨Abk.: DRK⟩ **2** ⟨als Adv.⟩ *auf deutsche Art, in deutschem Wortlaut; ein Wort d. schreiben, aussprechen; mit jmdm. d. sprechen, reden* ⟨übertr.⟩ *jmdm. deutlich die Meinung sagen; wir haben d. gesprochen; auf d.; zu d.; auf gut d.*

Deutsch ⟨n., - oder -s, nur Sg.⟩ *die deutsche Sprache; ich kann, lehre, spreche, verstehe D.; verstehst du kein D.? ⟨übertr.⟩ verstehst du mich nicht?, der besser zu; er unterrichtet D. (als Fach), (aber) er unterrichtet deutsch in deutscher Sprache; sein D. ist sehr gut; er kann, spricht kein Wort D.; er spricht gut, schlecht D.; er spricht gutes, schlechtes D.; er hat in D. eine Eins; Unterricht in D. halten, haben; daneben steht der Text in D.; die Aussprache seines D.(s) ist sehr gut*

Deutsch|ame|ri|ka|ner ⟨m.5⟩ *Amerikaner deutscher Abstammung*

deutsch|ame|ri|ka|nisch ⟨Adj., o.Steig.⟩ *die Deutschamerikaner betreffend, zu ihnen gehörig*

deutsch-ame|ri|ka|nisch ⟨Adj., o.Steig.⟩ *Deutschland und Amerika betreffend, zwischen Deutschland und Amerika bestehend; ~er Schüleraustausch*

deutsch-deutsch ⟨Adj., o.Steig.⟩ *die BRD und die DDR betreffend, zwischen der BRD und der DDR bestehend oder stattfindend; ~e Beziehungen; ~e Verhandlungen*

Deut|sche(r) ⟨m., f.17 oder 18⟩ **1** *Bewohner(in) der BRD oder der DDR* **2** *jmd., der aus dem Deutschen Reich oder einem anderen deutschsprachigen Land stammt; ich bin Deutscher; der Deutsche ist, hat ...; ich als Deutscher; wir Deutschen, ⟨auch⟩ wir Deutsche; alle Deutschen*

Deutsch|her|ren ⟨Pl.⟩ *Angehörige des Deutschen Ordens*

Deutsch|land|lied ⟨n., -es, nur Sg.⟩ *das Lied "Deutschland, Deutschland über alles", Text von Hoffmann von Fallersleben, seit 1922 Nationalhymne des Deutschen Reiches, die dritte Strophe die Hymne der Bundesrepublik Deutschland*

Deutsch|leh|rer ⟨m.5⟩ *Lehrer, der Deutschunterricht erteilt*

Deutsch|mei|ster ⟨m.5⟩ *oberster Verwalter des Deutschen Ordens in Deutschland*

Deutsch|schwei|zer ⟨m.5⟩ *Schweizer mit Deutsch als Muttersprache; vgl. Welschschweizer*

deutsch|schwei|ze|risch ⟨Adj., o.Steig.⟩ *die Deutschschweizer betreffend, zu ihnen gehörig*

deutsch-schwei|ze|risch ⟨Adj., o.Steig.⟩ *Deutschland und die Schweiz betreffend, zwischen Deutschland und der Schweiz bestehend*

deutsch|spra|chig ⟨Adj., o.Steig.⟩ **1** *in deutscher Sprache; ~es Lehrbuch; ~er Unterricht in deutscher Sprache gehaltener Unterricht* **2** *die deutsche Sprache sprechend; die ~e Minderheit in Ungarn*

deutsch|sprach|lich ⟨Adj., o.Steig.⟩ *die*

deutsche Sprache betreffend; ~er *Unterricht Unterricht über die deutsche Sprache*

Deutsch|tum ⟨n., -s, nur Sg.⟩ **1** *Zugehörigkeit zu den Deutschen* **2** *Gesamtheit der Eigenschaften eines Deutschen* **3** *die Deutschen (bes. als Volksgruppe im Ausland)*

Deutsch|tü|me|lei ⟨f., -, nur Sg.⟩ *übertriebene Betonung alles Deutschen*

Deutsch|un|ter|richt ⟨m., -(e)s, nur Sg.⟩ *Unterricht in deutscher Sprache und Literatur*

Deutsch-Ver|zeich|nis ⟨n., -nis|ses, nur Sg.; Abk.: D.⟩ *systematisches Verzeichnis der Werke Franz Schuberts (1947)* [nach dem Verfasser, dem engl.-österr. Musikwissenschaftler Otto Erich *Deutsch*]

Deu|tung ⟨f.10⟩ **1** ⟨nur Sg.⟩ *das Deuten;* bei der D. des Textes ist ihm ein Fehler unterlaufen **2** *Erklärung, Auslegung;* von dieser Textstelle gibt es mehrere ~en

Deut|zie ⟨[-tsjə] f.11⟩ *ein Steinbrechgewächs, Zierstrauch* [nach dem ndrl. Ratsherrn und Förderer der Naturwissenschaften Johan *Deutz* (18.Jh.)]

De|va|lu|a|ti|on, De|val|va|ti|on ⟨f.10⟩ *Abwertung einer Währung* [zu devalvieren]

de|va|lu|a|to|risch, de|val|va|to|risch ⟨Adj., o.Steig.⟩ *abwertend;* ~e Maßnahmen

de|val|vie|ren ⟨V.3, hat devalviert; mit Akk.⟩ *im Wert herabsetzen;* eine Währung d. [Neubildung < lat. *de* „von weg, ent..." und mlat. *valor* „Macht, Wert, Preis"]

De|va|sta|ti|on ⟨f.10⟩ *Verwüstung, Verheerung* [zu devastieren]

de|va|stie|ren ⟨V.3, hat devastiert; mit Akk.⟩ *verwüsten* [< lat. *devastare* „gänzlich verwüsten, ausplündern", *< de...* (verstärkend) „gänzlich, völlig" und *vastare*]

de|ve|stie|ren ⟨V.3, hat devestiert; mit Akk.⟩ jmdn. d. *jmdm. die priesterliche, herrscherliche oder militärische Würde entziehen* [< lat. *devestire* „entkleiden" < *de* „von weg, ent..." und *vestis* „Kleidung"]

De|ve|sti|tur ⟨f.10⟩ *Entziehung einer Würde*

de|vi|ant ⟨Adj., o.Steig.⟩ *von der Norm abweichend (bes. im sozialen Verhalten)* [< lat. *devians*, Gen. *deviantis*, „abweichend"; → Deviation]

De|vi|a|ti|on ⟨f.10⟩ *Abweichung von der Richtung, von der Norm* [< mlat. *deviatio*, Gen. *deviationis*, „das Abweichen, Abirren", *< de* „weg von" und *via* „Weg"]

De|vi|a|ti|o|nist ⟨m.10⟩ *jmd., der von der Parteilinie abweicht* [zu Deviation]

de|vi|ie|ren ⟨V.3, ist deviiert; o.Obj.⟩ **1** *von einer Richtung abweichen* **2** ⟨übertr.⟩ *von der Parteilinie abweichen* [< lat. *deviare* „vom Weg abweichen", *< de* „weg von" und *via* „Weg"]

De|vi|se¹ ⟨[-vi̯-] f.11⟩ *Wahlspruch, Motto* [< frz. *devise* „Denk-, Sinnspruch", früher „Spruch, Wahlspruch im Wappen"]

De|vi|se² ⟨[-vi̯-] f.11, meist Pl.; ugs.⟩ *Zahlungsmittel in ausländischer Währung,* ⟨korrekt⟩ *Zahlungsanweisung in fremder Währung an einen ausländischen Platz, bes. Wechselscheck* [< mlat. *de viso* „auf Sicht" zahlbares Papier, zu lat. *videre* „sehen"]

De|vo|lu|ti|on ⟨f.10⟩ *Übergang eines Rechts oder Besitzes auf einen anderen* [zu devolvieren]

de|vol|vie|ren ⟨V.3, hat devolviert; mit Akk.⟩ *abwälzen, an eine höhere Instanz weitergeben;* eine Rechtssache d. [< lat. *devolvere* „hinabwälzen", *< de* „von her, von weg" und *volvere* „wälzen, rollen"]

De|von ⟨n., -s, nur Sg.⟩ *Abschnitt der Erdgeschichte, eine der mittleren Formationen des Paläozoikums* [nach der engl. Grafschaft *Devonshire*]

de|vot ⟨Adj.⟩ *übertrieben dienstbeflissen, allzu ergeben, unterwürfig* [< lat. *devotus* „sehr ergeben, ganz zu eigen gegeben", eigtl. „den unterirdischen Göttern geweiht", zu *devotare* „den unterirdischen Göttern als Opfer geloben, dem Tode weihen"]

De|vo|ti|on ⟨f., -, nur Sg.⟩ *Unterwürfigkeit*

De|vo|ti|o|na|li|en ⟨Pl.⟩ *Andachtsgegenstände, z.B.* Heiligenbild, Rosenkranz

Dex|trin ⟨n.1⟩ *wasserlösliches, klebriges Abbauprodukt aus Molekülen des Traubenzuckers (u.a. als Verdickungsmittel in Nahrungsmitteln verwendet)* [< lat. *dexter* „rechts", weil es optisch rechtsdrehend ist]

dex|tro|gyr ⟨Adj., o.Steig.; Zeichen: d oder +⟩ *die Ebene des polarisierten Lichts nach rechts drehend;* Ggs. lävogyr [< lat. *dexter* „rechts" und griech. *gyros* „Kreis, Windung"]

Dex|tro|kar|die ⟨f.11⟩ *angeborene Verlagerung des Herzens nach rechts* [< lat. *dexter* „rechts" und griech. *kardia* „Herz"]

Dex|tro|pur ⟨n., -, nur Sg.; Wz.⟩ *Präparat aus reinem Traubenzucker* [< *Dextrose* und *pur*]

Dex|tro|se ⟨f., -, nur Sg.⟩ → *Traubenzucker* [< lat. *dexter* „rechts", weil sie optisch rechtsdrehend ist, und dem letzten Wortteil von *Glucose*]

Dez ⟨m.1; landsch., scherzh.⟩ *Kopf;* auch: *Deez* [< frz. *tête* „Kopf"]

Dez. ⟨Abk. für⟩ Dezember

De|zem|ber ⟨m., -(s), -; Abk.: Dez.⟩ *zwölfter Monat des Jahres* [< lat. *mensis december* „zehnter Monat" (da das altröm. Jahr mit dem 1. März begann), zu *decem* „zehn" und *...ber* von unklarer Herkunft]

De|zen|ni|um ⟨n., -s, -ni|en⟩ *Zeitraum von zehn Jahren, Jahrzehnt* [< lat. *decennium* in ders. Bed., *< decem* „zehn" und *annus* „Jahr"]

de|zent ⟨Adj.⟩ **1** *anständig, schicklich, der guten Sitte entsprechend;* Ggs. indezent **2** *unauffällig, unaufdringlich;* ~e Farben **3** *gedämpft;* ~e Musik, Beleuchtung [< lat. *decens*, Gen. *decentis*, „schicklich, anständig", zu *decere* „sich schicken, sich gehören"]

de|zen|tral ⟨Adj., o.Steig.⟩ *vom Mittelpunkt entfernt*

De|zen|tra|li|sa|ti|on ⟨f., -, nur Sg.⟩ *Aufteilung der Verwaltung auf untergeordnete oder provinzielle Behörden*

de|zen|tra|li|sie|ren ⟨V.3, hat dezentralisiert; mit Akk.⟩ *aufteilen, verteilen, aufgliedern;* Verwaltungsaufgaben, die Verwaltung d.

De|zenz ⟨f., -, nur Sg.⟩ *dezentes Verhalten, Benehmen;* Ggs. Indezenz

De|zer|nat ⟨n.1⟩ *Aufgaben-, Bearbeitungs-, Geschäfts-, Sachbereich* [< lat. *decernere* „(Zweifelhaftes, Streitigkeiten) entscheiden", *< de...* „von her" (verstärkend) und *cernere* „beschließen, entscheiden"]

De|zer|nent ⟨m.10⟩ **1** *Leiter eines Dezernats, Sachbearbeiter* **2** *Berichterstatter (einer übergeordneten Dienststelle gegenüber)*

de|zi..., De|zi... ⟨in Zus.; Zeichen: d⟩ *zehntel..., Zehntel...* [< frz. *déci...* < lat. *decimus* „der zehnte"]

De|zi|bel ⟨n., -s, -; Zeichen: db⟩ *Zähleinheit, die den Grad der Dämpfung oder Verstärkung (z.B. einer Tonschwingung) angibt,* 1/10 Bel

de|zi|die|ren ⟨V.3, hat dezidiert; mit Akk.; †⟩ *entscheiden* [< lat. *decidere* „entscheiden, nicht weiter verfolgen", eigtl. „abschneiden"]

de|zi|diert ⟨Adj.; geh.⟩ *entschieden, entschlossen, unwiderruflich;* etwas d. anordnen [zu dezidieren]

de|zi|mal ⟨Adj., o.Steig.⟩ *auf der Zahl 10 beruhend* [< mlat. *decimalis* in ders. Bed., < lat. *decem* „zehn"]

De|zi|mal|bruch ⟨m.2⟩ *Bruch (5) mit dem Nenner 10, 100 usw., der (gewöhnlich) als Dezimalzahl geschrieben wird*

De|zi|ma|le ⟨f.11⟩ *rechts vom Komma einer Ziffernfolge stehende Zahl;* Syn. Dezimalstelle

de|zi|ma|li|sie|ren ⟨V.3, hat dezimalisiert; mit Akk.⟩ *auf das Dezimalsystem umstellen;* eine Währung d.

De|zi|mal|klas|si|fi|ka|ti|on ⟨f., -, nur Sg.; Abk.: DK⟩ *System für Bibliotheken zur Ordnung des gesamten Wissens in zehn Klassen, die nach dem Dezimalsystem weiter untergliedert werden*

De|zi|mal|stel|le ⟨f.11⟩ → *Dezimale*

De|zi|mal|sys|tem ⟨n.1⟩ *auf der Zahl 10 beruhendes Rechensystem;* Syn. dekadisches System

De|zi|mal|waa|ge ⟨f.11⟩ *Waage, bei der das Verhältnis von Last und Gewichtsstück 10 : 1 beträgt*

De|zi|mal|zahl ⟨f.10⟩ *Zahl, deren Bruchteile rechts vom Komma angegeben werden*

De|zi|ma|ti|on ⟨f.10⟩ **1** *(früher) Erhebung des Zehnten (der Kirche an den Staat)* **2** *(im alten Rom) Hinrichtung jedes zehnten Mannes als militärische Strafe* [zu dezimieren]

De|zi|me ⟨auch [-tsi-] f.11⟩ **1** *zehnter Ton der diatonischen Tonleiter* **2** *Intervall aus zehn Stufen* **3** *Strophenform aus zehn Zeilen* [< lat. *decima* „die zehnte"]

De|zi|me|ter ⟨auch [-me̯-] m.5 oder n.5; Zeichen: dm⟩ 1/10 Meter

de|zi|mie|ren ⟨V.3, hat dezimiert; mit Akk.⟩ **1** *(früher) durch Hinrichten jedes zehnten Mannes bestrafen;* eine Truppe d. **2** *(heute) durch Verluste schwächen, stark verringern* [< lat. *decimare* „jeden zehnten Mann zur Bestrafung herausholen, den zehnten Teil zum Opfer auswählen, mit dem Zehnten (als Abgabe) belegen", zu *decimus* „der zehnte", zu *decem* „zehn"]

de|zi|siv ⟨Adj., o.Steig.⟩ *entscheidend, bestimmt* [< lat. *decisio* „Abkommen, durch Abkommen herbeigeführte Entscheidung", zu *decidere* „ein Abkommen treffen, (ein Geschäft) abschließen"]

De|zi|siv|stim|me ⟨f.11; in polit. Körperschaften⟩ *zur Abstimmung berechtigte Stimme;* vgl. Deliberativstimme

DFB ⟨Abk. für⟩ Deutscher Fußball-Bund

Dg ⟨Abk. für⟩ Dekagramm

DGB ⟨Abk. für⟩ Deutscher Gewerkschaftsbund

dgl. ⟨Abk. für⟩ dergleichen

d.Gr. ⟨Abk. für⟩ der Große; Friedrich d. Gr.

d.h. ⟨Abk. für⟩ das heißt

Dhau ⟨f.10⟩ → *Dau*

Di ⟨Abk. für⟩ Dienstag

d.i. ⟨Abk. für⟩ das ist

Dia ⟨n.9⟩ *durchsichtige, positive Fotografie (meist zur Projektion auf eine Leinwand bestimmt)* [Kurzw. von Diapositiv]

Dia|bas ⟨m.1⟩ *grünliches Vulkanitgestein aus der Gruppe der Basalte* [meist gedeutet als Bildung zu griech. *diabasis* „Durchgang", da das Gestein viele geolog. Schichten durchdringt, oder gekürzt < *Diabase*, „Gestein mit zwei Basen"]

Dia|be|tes ⟨m., -, nur Sg.; kurz für⟩ **1** D. mellitus → *Zuckerkrankheit* **2** D. insipidus → *Wasserharnruhr* [< griech., „Zirkel", zu *diabainein* „die Beine spreizen", wegen der vermehrten Harnausscheidung]

Dia|be|ti|ker ⟨m.5⟩ *jmd., der an Diabetes mellitus leidet, Zuckerkranker*

Dia|be|ti|ker... ⟨in Zus.; bei Lebensmitteln⟩ *für den Genuß durch Diabetiker geeignet, z.B.* Diabetikerbrot, Diabetikermarmelade

dia|bo|lisch ⟨Adj.⟩ *teuflisch* [< griech. *diabolos* „Verleumder, Teufel", zu *diaballein* „verleumden, verfeinden, entzweien"]

Dia|bo|lus ⟨m., -, nur Sg.⟩ *der Teufel*

Dia|dem ⟨n.1⟩ *kostbarer Stirnreif, Stirnschmuck* [< griech., „Stirnbinde, (bes.) das blauweiße Band um die Tiara der persischen Könige", zu *diadein* „umbinden"]

Dia|do|che ⟨[-xə] m.11, meist Pl.⟩ **1** ⟨urspr.⟩ *einer der Feldherren und Nachfolger Alexanders des Großen* **2** ⟨allg.⟩ *Nachfolger eines Herrschers* [< griech. *diadochos*

Diagenese

,,etwas übernehmend, Nachfolger", < *dia* ,,von Grund auf, völlig" und *dechesthai* ,,in Empfang nehmen"]

Di|a|ge|ne|se ⟨f.11; Geol.⟩ *geringfügige Veränderung, z.B. Verfestigung von Sand zu Sandstein* [< griech. *dia* in der Nebenbedeutung ,,zwischen" und *Genese*]

Di|a|gno|se ⟨f.11⟩ *Erkennung, Feststellung einer Krankheit durch den Arzt;* eine D. stellen [< griech. *diagignoskein* ,,genau erkennen, unterscheiden"]

Di|a|gno|stik ⟨f.10⟩ *Wissenschaft vom Erkennen der Krankheiten* [zu *Diagnose*]

Di|a|gno|sti|ker ⟨m.5⟩ *jmd., der eine Diagnose stellt;* er ist ein guter D.

di|a|gno|stisch ⟨Adj., o.Steig.⟩ *auf einer Diagnose beruhend, mit Hilfe einer Diagnose;* ~e Erkenntnisse

di|a|gno|sti|zie|ren ⟨V.3, hat diagnostiziert; mit Akk.⟩ *erkennen, feststellen;* eine Krankheit (als Masern) d.

di|a|go|nal ⟨Adj., o.Steig.⟩ **1** *zwei nicht benachbarte Ecken eines Vielecks verbindend* **2** *schräg (verlaufend)* [< griech. *dia* ,,durch, hindurch" und *gonia* ,,Winkel, Ecke"]

Di|a|go|na|le ⟨f.11⟩ *diagonal verlaufende Gerade, diagonale Linie;* einen Platz in der D. überqueren

Di|a|gramm ⟨n.1⟩ *zeichnerische Darstellung der gegenseitigen Abhängigkeit von Größen in einem Koordinatensystem* (Zustands~); Syn. Schaubild [< griech. *diagramma* ,,Zeichnung, Umriß", < *dia* ,,durch, hindurch" und *gramma* ,,Schriftzeichen"]

Di|a|kon ⟨m.1 oder m.10⟩ **1** ⟨kath. Kirche⟩ *niederer Geistlicher* **2** ⟨evang. Kirche⟩ *Gemeindehelfer, Krankenpfleger, Helfer in der Inneren Mission* [< griech. *diakonos* ,,Diener, Gehilfe", < *dia* ,,auseinander" und vielleicht *enkonein* ,,eilen, sich beeilen"]

Di|a|ko|nat ⟨n.1⟩ *Amt, Wohnung eines Diakons*

Di|a|ko|nie ⟨f., -, nur Sg.; evang. Kirche⟩ *Arbeit für Hilfsbedürftige (Kranke, Arme usw.)*

Di|a|ko|nis|se ⟨f.11⟩, **Di|a|ko|nis|sin** ⟨f.10; evang. Kirche⟩ *Gemeinde-, Krankenschwester*

Di|a|ko|nus ⟨m., -, -ko|nen; evang. Kirche⟩ *Hilfsgeistlicher*

Di|a|kri|se ⟨f.11⟩, **Di|a|kri|sis** ⟨f., -, -kri|sen⟩ **1** *Trennung, Absonderung* **2** *Unterscheidung (bes. von Krankheiten)* [< griech. *diakrisis* ,,Trennung, Unterscheidung" < *dia* ,,zwischen, hindurch" und *krinein* ,,scheiden, trennen"]

di|a|kri|tisch ⟨Adj., o.Steig.⟩ *zur Unterscheidung dienend;* ~es Zeichen *Zeichen über oder unter einem Laut zur Kennzeichnung seiner Aussprache, z.B. Cedille, Akzent*

Di|a|lekt ⟨m.1⟩ → *Mundart*

di|a|lek|tal ⟨Adj., o.Steig.⟩ *einen Dialekt betreffend, zu ihm gehörig*

Di|a|lekt|dich|tung ⟨f.10⟩ → *Mundartdichtung*

Di|a|lek|tik ⟨f., -, nur Sg.⟩ **1** *Kunst des Diskutierens* **2** *Methode zur Wahrheitsfindung durch Denken in Gegensatzbegriffen, durch Aufdecken und Überwinden von Gegensätzen* [< griech. *dialektos* ,,Unterredung, Gespräch", < *dia* ,,auseinander" und *legein* ,,sagen, erklären", also ,,etwas auseinandersetzen, erklären durch Auseinanderlegen"]

Di|a|lek|ti|ker ⟨m.5⟩ **1** *Meister der Dialektik (1)* **2** *Vertreter der Dialektik (2)*

di|a|lek|tisch ⟨Adj., o.Steig.⟩ **1** *in der Art eines Dialekts,* → *mundartlich* **2** *auf Dialektik beruhend;* ~ er Materialismus ⟨Kurzw.: Diamat⟩ *marxistische Lehre, daß jede Entwicklung in der Natur und Gesellschaft auf den sich ständig durch Gegensätze und Wechselbeziehungen verwandelnden Formen der Materie beruhe*

Di|a|lek|to|lo|gie ⟨f., -, nur Sg.⟩ *Wissenschaft von den Dialekten, Mundartforschung*

Di|al|lag ⟨m.1⟩ *graue, bräunliche oder bronzeartige Abart des Minerals Diopsid* [< griech. *diallage* ,,das Vertauschte"]

Di|a|log ⟨m.1⟩ *Zwiegespräch, Wechselrede* [< griech. *dialogos* ,,Unterredung, Gespräch", < *dia* ,,auseinander" und *legesthai* ,,sich unterreden, sich unterhalten", zu *legein* ,,sagen, sprechen", also im Sinne von ,,auseinandersetzen"]

di|a|lo|gisch ⟨Adj., o.Steig.⟩ *in Form eines Dialogs*

dia|lo|gi|sie|ren ⟨V.3, hat dialogisiert; mit Akk.⟩ *in die Form eines Dialogs bringen*

Di|a|ly|se ⟨f.11⟩ *Trennung von Stoffen nach der Größe ihrer Moleküle mittels einer halbdurchlässigen Scheidewand* [< griech. *dialysis* ,,Auflösung, Trennung"]

di|a|ly|sie|ren ⟨V.3, hat dialysiert; mit Akk.⟩ *mittels Dialyse trennen*

Di|a|mant ⟨m.10⟩ *das (meist farblose) härteste Mineral (das u.a. als Edelstein verschliffen wird);* auch ⟨poet., †⟩: *Demant* [frz., über das Vulgärlatein < griech. *diaphainein* ,,durchscheinen" und *adamas*, Gen. *adamantos*, ,,härtestes Eisen, Stahl"]

di|a|man|ten ⟨Adj., o.Steig.⟩ *aus einem Diamanten, aus Diamanten;* ~ er Ring; ~ e Geschmeide; ~ e Hochzeit ⟨übertr.⟩ *sechzigster Hochzeitstag*

Di|a|mant|me|tall ⟨n.1⟩ *aus Metallpulver und Diamantsplittern oder -staub zusammengesinterter Werkstoff*

Di|a|mat ⟨m., -, nur Sg.; Kurzw. für⟩ *dialektischer Materialismus*

Di|a|me|ter ⟨m.5⟩ → *Durchmesser* [< griech. *diametros* in ders. Bed., < *dia* ,,durch, hindurch" und *metron* ,,Maß"]

di|a|me|tral ⟨Adj., o.Steig.⟩ *(auf dem Kreisumfang) genau gegenüberliegend* [zu *Diameter*]

di|a|me|trisch ⟨Adj., o.Steig.⟩ *dem Durchmesser entsprechend* [zu *Diameter*]

Di|a|pa|son ⟨m., -s, oder -so|nen⟩ **1** *altgriechische Oktave* **2** *Kammerton, Normalstimmton* **3** → *Stimmgabel* **4** *ein Orgelregister* [< griech. *dia pason* ,,durch alle", d.h. ,,durch alle acht Töne", < *dia* ,,durch, hindurch" und *pason*, Gen. Pl. von *pas* ,,all, gesamt"]

Di|a|pau|se ⟨f.11; Biol.⟩ *Ruhestadium mit herabgesetztem Stoffwechsel und Einstellung fast aller Lebensäußerungen (z.B. bei der Entwicklung von Schmetterlingen),* Syn. Latenzperiode [< griech. *diapauesthai* ,,ganz aufhören"]

di|a|phan ⟨Adj., o.Steig.⟩ **1** *durchscheinend* **2** *stark durchlichtet (bes. von Kirchenräumen)* [< griech. *diaphainesthai* ,,durchscheinen"]

Di|a|pho|ra ⟨f., -, nur Sg.⟩ **1** *Betonung des Unterschieds zweier Dinge* **2** *Wiederholung eines Wortes, aber mit abgewandelter Bedeutung* [< griech. *diaphora* ,,Unterschied, Zwist, Uneinigkeit", zu *diapherein* ,,auseinandertragen, verschieden sein, sich unterscheiden"]

Di|a|pho|re|se ⟨f., -, nur Sg.⟩ *das Schwitzen* [< griech. *diaphoresis* ,,Zerstreuung, Verdunstung (der Körpersäfte)"]

Di|a|pho|re|ti|kum ⟨n., -s, -ka⟩ *schweißtreibendes Mittel* [zu *Diaphorese*]

Di|a|phrag|ma ⟨n., -s, -men⟩ **1** → *Zwerchfell* **2** *Scheidewand (u.a. an den Knoten hohler Stengel, in der Leibeshöhle von Insekten, bei chemischen Trennverfahren)* **3** ⟨†⟩ → *Blende (1a)* [griech., ,,Scheidewand"]

Di|a|po|si|tiv ⟨n.1; veraltende Bez. für⟩ → *Dia* [< griech. *dia* ,,durch, hindurch" und *Positiv (3)*]

Di|a|pro|jek|tor ⟨m.13⟩ *Projektor zur vergrößernden Abbildung von Dias*

Di|ä|re|se, **Di|ä|re|sis** ⟨f., -, -äre|sen⟩ **1** ⟨Sprachw.⟩ *getrennte Aussprache zweier aufeinanderfolgender Vokale, z.B. in naiv* **2** ⟨Metrik⟩ *Einschnitt durch Zusammenfall von Versfuß- und Wortende* **3** ⟨Philos.⟩ *Zerlegung eines Oberbegriffs in die ihm untergeordneten Begriffe* [< griech. *diairesis* ,,Trennung", zu *diairein* ,,trennen, auseinandernehmen, zerlegen"]

Di|a|ri|um ⟨n., -s, -ri|en⟩ *Notizbuch, Tagebuch, Schreibheft* [< lat. *diarium* ,,Tagebuch; täglich zugeteilte Menge (an Kost, z.B. für Soldaten)", zu *dies* ,,Tag"]

Di|ar|rhö ⟨f.10⟩, **Di|ar|rhoe** ⟨[-rø] f.11⟩ → *Durchfall* [< griech. *diarrhoia* ,,Durchfließen, Durchfall"]

Di|a|spo|ra ⟨f., -, nur Sg.⟩ **1** *Mitglieder und Gemeinden einer Kirche im Land einer andersgläubigen Bevölkerung* **2** *Gebiet, in dem diese Minderheit lebt* [< griech. *diaspora* ,,Zerstreuung, die in der Zerstreuung Lebenden", < *dia* ,,auseinander" und *speirein* ,,ausstreuen, zerstreuen"]

Di|a|ste|ma ⟨n., -s, -ma|ta⟩ *Zwischenraum zwischen den Zähnen, angeborene Zahnlücke* [griech., ,,Lücke"]

Di|a|sto|le ⟨[-le:] f.11⟩ *Erweiterung des Herzens (die mit der Zusammenziehung regelmäßig wechselt);* Ggs. Systole [griech., ,,Ausdehnung"]

di|ät ⟨Adv.⟩ *mittels einer Diät, eine Diät einhaltend;* d. leben

Di|ät ⟨f.10⟩ *auf den Gesundheitszustand zugeschnittene Ernährungsweise;* D. halten [< griech. *diaita* ,,Lebensweise, Lebensunterhalt"]

Di|ä|ten ⟨nur Pl.⟩ *Tagegelder (für Abgeordnete), Aufwandsentschädigung* [< griech. *diaita* ,,Lebensweise, Lebensunterhalt", zu *diaitasthai* ,,ein Leben führen, sein Leben zubringen, leben"]

Di|ä|te|tik ⟨f., -, nur Sg.⟩ *Teilgebiet der Medizin, das sich mit der Krankheitsvorbeugung und -heilung durch natürliche Ernährungs- und Lebensweise befaßt*

di|ä|te|tisch ⟨Adj., o.Steig.⟩ *auf Diät beruhend, mittels einer Diät*

di|a|ther|man ⟨Adj., o.Steig.⟩ *für Wärmestrahlen durchlässig;* Ggs. atherman; ~es Glas [zu *Diathermie*]

Di|a|ther|mie ⟨f., -, nur Sg.; früher⟩ *Wärmebehandlung mit Kurzwellen (für Heilzwecke)* [< griech. *dia* ,,durch, hindurch" und *therme* ,,Wärme"]

Di|a|the|se ⟨f.11⟩ *Empfänglichkeit, anlagebedingte Bereitschaft des Körpers für bestimmte Krankheiten* [< griech. *diathesis* ,,Beschaffenheit, Zustand"]

Di|a|to|mee ⟨f.11, meist Pl.⟩ *Vertreter einer Ordnung der Algen mit einer Schale aus Kieselsäure;* Syn. Kieselalge [< griech. *diatomos* ,,zerschneidbar, trennbar", wegen der beiden Hälften der Kieselsäureschalen]

Di|a|to|me|en|er|de ⟨f., -, nur Sg.⟩ → *Kieselgur*

Di|a|to|me|en|schlamm ⟨m., -(e)s, nur Sg.⟩ *Ablagerung im Meer, die aus den Schalen von Diatomeen besteht*

Di|a|to|nik ⟨f., -, nur Sg.⟩ *Tonleitersystem mit sieben überwiegend Ganztonstufen, das europäische Dur-Moll-System;* Ggs. Chromatik (1) [< griech. *dia* ,,durch, hindurch" und *tonos* ,,Ton", also ,,durch die Tonfolge hindurch"]

di|a|to|nisch ⟨Adj., o.Steig.⟩ *in überwiegend Ganztonstufen (fortschreitend);* Ggs. chromatisch (1)

dib|beln ⟨V.1, hat gedibbelt; mit Akk.⟩ *in regelmäßigen Abständen säen*

Dib|bel|saat ⟨f.10⟩ *in vorgegebenen, regelmäßigen Abständen einzeln ausgebrachte Samenkörner* [zu *dibbeln*]

di|cho|tom ⟨Adj., o.Steig.⟩ *in der Art einer Dichotomie,* auch: *dichotomisch*

Di|cho|to|mie ⟨f.11⟩ **1** ⟨Philos., Sprachw.⟩ **a** *Zweigliederung* **b** *Einteilung in zwei einander ergänzende Begriffe (z.B. Diachronie und Synchronie)* **2** ⟨bei Pflanzensprossen⟩ Verzweigung, bei der sich die Hauptachse in zwei gleich starke Seitenachsen gabelt, die sich ebenso weiterverzweigen [< griech. *dichotomia* „Zweiteilung", zu *dicha* „zweifach, doppelt" und *tome* „Schnitt"]

di|cho|to|misch ⟨Adj., o.Steig.⟩ → *dichotom*

Di|chro|is|mus [-kro-] ⟨m., -, nur Sg.; bei vielen Mineralien⟩ *Eigenschaft, bei durchfallendem Licht in verschiedenen Richtungen zwei verschiedene Farben zu zeigen (z.B. bei Turmalin)* [< griech. *di...* „zweifach, doppelt" und *chroa*, *chroma* „Farbe"]

Di|chro|mie [-kro-] ⟨f., -, nur Sg.⟩, **Di|chro|mis|mus** ⟨m., -, nur Sg.; Biol.⟩ *Vorkommen von zwei verschiedenen Färbungen (bei derselben Art, z.B. schwarze und rote Eichhörnchen* [< griech. *di...* „zweifach, doppelt" und *chroma* „Farbe"]

dicht ⟨Adj.⟩ **1** *ohne oder mit wenig Zwischenraum oder Zwischenräumen;* ~es *Gewebe;* ~er *Wald;* ~es *Laub; d. beieinander stehende Häuser; der Schrank steht d. daneben; sie standen d. bei d.* ⟨verstärkend⟩ **2** ⟨für den Blick⟩ *undurchdringlich;* ~er *Nebel;* ~e *Finsternis;* ~er *Verkehr sehr starker Verkehr* **3** *undurchlässig für Wasser, Luft, Licht; die Vorhänge schließen d.; du bist wohl nicht ganz d.?* ⟨ugs.⟩ *du bist wohl verrückt*

Dich|te ⟨f., -, nur Sg.⟩ **1** *das Dichtsein;* Syn. *Dichtheit, Dichtigkeit* **a** *dichtes Nebeneinander (von Einzelheiten eines Ganzen);* D. *des Gewebes, des Verkehrs;* U*ndurchlässigkeit;* D. *des Nebels* **2** ⟨Phys.⟩ **a** *auf eine Einheit des Volumens entfallende Masse* **b** *auf eine (Längen-, Flächen-, Raum-)Einheit entfallender Betrag einer Größe (Energie~, Stern~, Strom~);* Syn. *Densität* **3** *Zahlenangabe über die Schwärzung eines Films;* Syn. *Densität* [zu *dicht*]

dich|ten[1] ⟨V.2, hat gedichtet; mit Akk.⟩ *dicht machen, undurchlässig machen; ein Leck im Boot, Fugen, Ritzen d.*

dich|ten[2] ⟨V.2, hat gedichtet⟩ **I** ⟨o.Obj.⟩ *sich etwas ausdenken und sprachlich gestaltet (in Reimen, Rhythmus usw.) niederschreiben oder ausdrücken; er dichtet; er kann d.; sein Dichten und Trachten war darauf gerichtet, zu ... d.; sein eigenstes Gedanken und Wünsche* **II** ⟨mit Akk.⟩ *sprachlich gestaltet (in Reimen, Rhythmus usw.) verfassen; ein Gedicht, Verse, ein Epos d.* [< mhd. *tichten*, ahd. *dihton*, *tihton* „schriftlich abfassen, schreiben", < lat. *dictare*, → *diktieren*]

Dich|ter ⟨m.5⟩ *jmd., der sprachliche Kunstwerke schafft (Dramen~, Lieder~)*

Dich|ter|aka|de|mie ⟨f.11⟩ *Vereinigung von Dichtern und Literaturforschern zur Pflege der Dichtkunst*

dich|te|risch ⟨Adj.⟩ *in der Art einer Dichtung*[2]*; etwas d. ausdrücken, gestalten; ein* ~er *Einfall;* ~e *Freiheit Freiheit eines Dichters, um der Schönheit und Wirkung willen (innerhalb gewisser Grenzen) vom Herkömmlichen (auch von den Tatbeständen) abzuweichen*

Dich|ter|ling ⟨m.1; scherzh.⟩ *unbegabter, unbedeutender Dichter*

Dich|ter|roß ⟨n., -ros|ses, nur Sg.; scherzh.⟩ *Pegasus; das D. besteigen dichten*[2]

dicht|hal|ten ⟨V.62, hat dichtgehalten; o.Obj.; ugs.⟩ *etwas, das geheim bleiben soll, nicht verraten, für sich behalten; er hält bestimmt dicht*

Dicht|heit, Dich|tig|keit ⟨f., -, nur Sg.⟩ → *Dichte (1)*

Dicht|kunst ⟨f., -, nur Sg.⟩ *Kunst des Dichtens, Schöpfung von sprachlichen Kunstwerken*

Dich|tung[1] ⟨f.10⟩ **1** ⟨nur Sg.⟩ *das Dichtmachen, Abdichten* **2** *Gegenstand, der genügend zusammenpassende Teile nach außen dicht macht (z.B. gegen den Austritt von Wasser, gegen das Eindringen von Gas* [zu *dicht*]

Dich|tung[2] ⟨f.10⟩ **1** *Sprachkunstwerk; epische, lyrische D.* **2** *Gesamtheit der Sprachkunstwerke (eines Volkes, einer Epoche); die D. des Mittelalters* **3** ⟨auch⟩ *etwas Erfundenes; was er erzählt, ist reine D.* [zu *dichten*[2]]

Dich|tungs|ring ⟨m.1; bei Wasserhähnen, Zylinderköpfen u.a.⟩ *ringförmige Dichtung*[1] *(aus Gummi, Leichtmetall u.a.)*

dick ⟨Adj.⟩ **1** *von großem, beträchtlichem Umfang; einen* ~en *Kopf, Schädel haben* ⟨übertr.⟩ *ein hartes Stück Arbeit, eine unangenehme Sache; das ist ein* ~es *Ding* ⟨ugs.⟩ *eine unangenehme Sache, eine Unverschämtheit; ein* ~er *Mercedes* ⟨ugs.⟩ *ein großer, teurer Mercedes* **2** *eine gewisse Stärke im Querschnitt habend; eine* ~e *Schicht; das Brett ist 3 cm d.* **3** *dicht gewebt, mit starken Fäden gewebt, dicht mit Haar besetzt;* ~er *Stoff;* ~er *Mantel;* ~er *Pelz; ein* ~es *Fell haben* ⟨übertr.⟩ *unempfänglich für Andeutungen, Mahnungen sein* **4** *geschwollen; einen* ~en *Finger haben; der Knöchel ist d.* **5** *stark, sehr; der Knöchel ist d. geschwollen; die Farben sind d. aufgetragen; d. auftragen* ⟨übertr.⟩ *übertreiben* **6** *schwer, undurchdringlich;* ~er *Nebel; mitten im* ~sten *Verkehr; im* ~sten *Schneegestöber; mit jmdm. durch d. und dünn gehen mit jmdm. alle guten und bösen Erlebnisse mitleben, alle Gefahren mit ihm teilen* **7** *dickflüssig;* ~er *Brei;* ~e *Soße; die Milch ist d. geworden ist geronnen, sauer geworden* **8** *vertraut, eng; sie sind* ~e *Freunde; sie sind d. befreundet* **9** ⟨ugs.; in Verbindung mit bestimmten Verben⟩ *etwas d. haben, d. kriegen etwas satt haben, satt kriegen, einer Sache überdrüssig sein*

dick|bau|chig ⟨Adj.⟩ *stark nach außen gewölbt;* ~e *Flasche*

dick|bäu|chig ⟨Adj.⟩ *mit einem dicken Bauch;* ~er *Mann*

Dick|bein ⟨n.1; mdt.⟩ → *Oberschenkel*

Dick|blatt|ge|wächs ⟨n.1⟩ *eine Pflanze mit fleischigen, Wasser speichernden Blättern, z.B. Fetthenne, Hauswurz*

Dick|darm ⟨m.2⟩ *dickerer Teil des Darms, der an den Dünndarm anschließt*

dicke ⟨-k|k-; Adv.; ugs.⟩ *reichlich, vollauf; ich bin d. satt; wir haben davon d. genug*

Dicke ⟨-k|k-; f., -, nur Sg.⟩ **1** *dicke Beschaffenheit; die D. des Baumstamms* **2** *Querschnitt von bestimmter Stärke; auch: Dickte ein Brett von 3 cm D.*

dicken ⟨-k|k-; V.1, hat gedickt; mit Akk.⟩ *dickflüssig machen; eine Soße mit Mehl d.*

dicke|tun ⟨-k|k-; V.167, hat dickegetan; refl.; ugs.⟩ *sich d. prahlen, großsprecherisch reden; auch: dicktun; er tut sich mit seinen Erfolgen dicke; tu dich nicht so dicke*

dick|fel|lig ⟨Adj.⟩ *unempfänglich für Andeutungen, Mahnungen u.ä.* **Dick|fel|lig|keit** ⟨f., -, nur Sg.⟩

dick|flüs|sig ⟨Adj.⟩ *breiig, wenig Flüssigkeit enthaltend;* Ggs. *dünnflüssig*

Dick|häu|ter ⟨m.5; † als systemat. Einheit, noch ugs., meist scherzh.⟩ *plumpes Säugetier mit dicker Haut (Elefant, Nashorn, Flußpferd; auch Schwein, Tapir)*

Dickicht ⟨-k|k-; n.1⟩ *undurchdringliches Gestrüpp* [zu *dick*]

Dick|kopf ⟨m.2⟩ Syn. *Dickschädel* **1** *Eigensinn; einen D. haben eigensinnig sein; seinen D. aufsetzen eigensinnig Widerstand leisten, trotzen* **2** *eigensinniger Mensch; er ist ein D.*

Dick|kopf|fal|ter ⟨m.5⟩ *ein kleiner, am Tag fliegender (meist bräunlicher oder gelblicher) Falter mit dickem Kopf*

dick|köp|fig ⟨Adj.⟩ *eigensinnig, trotzig, nicht nachgebend* **Dick|köp|fig|keit** ⟨f., -, nur Sg.⟩

dick|lei|big ⟨Adj.⟩ → *korpulent* **Dick|lei|big|keit** ⟨f., -, nur Sg.⟩

dick|lich ⟨Adj.⟩ **1** *ein wenig dick (1);* ~er *Mensch* **2** *dickflüssig; die Soße wird schon d.*

Dick|milch ⟨f., -, nur Sg.⟩ *Erzeugnis aus Milch, die geronnen ist und Milchsäure enthält, saure Milch, gestandene Milch;* Syn. *Sauermilch*

Dick|schä|del ⟨m.5⟩ → *Dickkopf*

Dick|te ⟨f.11; Tech.⟩ → *Dicke*

Dick|tu|er ⟨m.5⟩ *jmd., der sich dick(e)tut*

dick|tun ⟨V.167, hat dickgetan; refl.; ugs.⟩ → *dicketun*

Dick|ung ⟨-k|k-; f.10; Jägerspr.⟩ *noch nicht durchforsteter, sehr dichter Jungwald*

Dick|wanst ⟨m.2; scherzh., abwertend⟩ *jmd., der dick ist, Mensch mit dickem Bauch*

Dick|wurz ⟨f.10; landsch.⟩ → *Runkelrübe*

Dic|tion|naire ⟨diksjonɛːr⟩ m.1 oder n.1; frz. Schreibung von *Diktionär*

Di|dak|tik ⟨f.10⟩ **1** ⟨i.w.S.⟩ *Wissenschaft des Lehrens* **2** ⟨i.e.S.⟩ *Theorie des Unterrichts, unter Berücksichtigung der pädagogischen Absichten, Mittel und Ziele* [< griech. *didaktike techne* „belehrende Kunst, Kunst zu lehren", zu *didaskein* „lehren, unterrichten"]

Di|dak|ti|ker ⟨m.5⟩ **1** *jmd., der sich wissenschaftlich mit der Didaktik befaßt* **2** *jmd., der die Fähigkeit hat, Lerninhalte zu vermitteln; er ist ein guter D.*

di|dak|tisch ⟨Adj., o.Steig.⟩ **1** *auf Didaktik beruhend, hinsichtlich der Didaktik* **2** *lehrhaft*

die **1** ⟨bestimmter Art. f.⟩ *die Frau, die Tochter* **2** ⟨Demonstrativpron.⟩ *a diese, diejenige, das ist die, welche ich mir ausgesucht habe* **b** *die und die (als Bez. für eine Person, die man nicht nennen will)* **3** ⟨Relativpron.⟩ **a** ⟨Sg. f.⟩ *das war dieselbe Frau, die ich vorhin gefragt habe* **b** ⟨Pl. von „der, die, das"⟩ *diese zwei Bücher sind meiner Meinung nach die besten, die je geschrieben habe; die beiden sind die einzigen Freunde, die mir beigestanden haben* **4** ⟨Nom. und Akk. Pl. vom bestimmten Art. „der, die, das"⟩ *die Männer, die Frauen, die Kinder*

Dieb ⟨m.1⟩ *jmd., der fremdes Eigentum stiehlt oder gestohlen hat*

Die|be|rei ⟨f.10⟩ *(geringfügiger) Diebstahl; er hat kleine* ~en *verübt*

Die|bes|ban|de ⟨f.11⟩ *Bande von Dieben*

Die|bes|gut ⟨n., -es, nur Sg.⟩ *gestohlenes Gut, gestohlene Dinge*

Die|bes|nest ⟨n.3⟩ *Schlupfwinkel von Dieben*

die|bes|si|cher ⟨Adj.⟩ *sicher vor Dieben; Schmuck d. aufbewahren*

die|bisch ⟨Adj.⟩ **1** ⟨nur als Attr. und mit „sein"⟩ *oft stehend, zum Stehlen neigend;* ~e *Person* **2** ⟨auch Adv.⟩ *sehr, mit leichter Schadenfreude oder Triumph gemischt; etwas mit* ~er *Freude beobachten; es macht mir ein* ~es *Vergnügen; ich habe mich d. gefreut, daß dieser Angeber sich auch einmal belehren lassen mußte*

Diebs|ge|sin|del ⟨n., -s, nur Sg.⟩ *stehlendes Gesindel, Diebe*

Diebs|ha|ken ⟨m.7⟩ → *Dietrich*

Diebs|kä|fer ⟨m.5⟩ *kleiner Käfer, bes. als Haushalts- u. Vorratsschädling bekannt*

Diebs|sprung ⟨m.2⟩ *Turnübung, bei der man mit nach vorn gestreckten Beinen über ein Gerät springt, auf dem man sich nur kurz mit beiden Händen abstützt;* vgl. *Fechtersprung*

Dieb|stahl ⟨m.2⟩ *unrechtmäßiges Wegnehmen fremden Eigentums; einen D. begehen, verüben; D. geistigen Eigentums* → *Plagiat*

die|je|ni|ge ⟨Demonstrativpron., derjenigen, diejenigen; verstärkend⟩ *die; ich habe D. Sorte gewählt, die ...*

Die|le ⟨f.11⟩ **1** *starkes Brett (für Verschalungen, als Fußbodenbelag)* **2** *Hausflur, von dem aus ein Teil der übrigen Wohnräume zugänglich ist* **3** *(in norddt. Bauern- und Bürgerhäusern) wichtigster Raum (u.a. als Küche und Wohnraum)*

Di|elek|tri|kum ⟨n., -s, -ka⟩ *nichtleitendes Material, das in seinem Innern ein elektrisches Gegenfeld gegen ein äußeres Feld aufbaut*

[< griech. *dia* „auseinander, entzwei" und *elektrisch*]

Di|e|lek|tri|zi|täts|kon|stan|te 〈f.11; Zeichen: ε〉 von den Isolationseigenschaften eines Stoffes abhängige Größe zur Beschreibung des elektrischen Feldes, das unter Einfluß eines äußeren Feldes in einem Material aufgebaut ist

die|len 〈V.1, hat gedielt; mit Akk.〉 *mit Dielen belegen*; den Fußboden d.; gedielter Fußboden

Die|me 〈f.11〉, **Die|men** 〈m.7; norddt.〉 *großer Haufen (aus Getreide, Heu o.ä.)*

Di|en 〈n.1, meist Pl.〉 *ungesättigter aliphatischer Kohlenwasserstoff mit zwei Doppelbindungen* (z.B. Butadien) [< griech. *di...* „zweifach, doppelt" und *-en*, eine griech. Ableitungsendung, in der Chem. verwendet zur Bez. ungesättigter Verbindungen, die Doppelbindungen enthalten]

die|nen 〈V.1, hat gedient〉 **I** 〈mit Dat.〉 **1** jmdm. d. **a** *für jmdn. längere Zeit gegen Lohn arbeiten;* dem König, dem Staat, seinem Herrn d. **b** *jmdm. behilflich sein;* womit kann ich (Ihnen) d.? 〈Frage des Verkäufers, veraltend〉 **2** einer Sache d. *für eine Sache wirken, sich einsetzen;* dem Wohl anderer d.; der Kunst d. **3** jmdm. oder einer Sache d. *nützlich sein, vorteilhaft sein;* diese Einrichtung dient der Bequemlichkeit; ist Ihnen damit gedient, wenn ich ...? nutzt es Ihnen etwas?; damit ist mir nicht gedient **II** 〈o.Obj.〉 **1** *im Dienst (bei einer Institution) sein;* bei der Armee d. **2** 〈auch mit Dat.〉 *als oder zu etwas d. als etwas, für etwas gebraucht werden;* der Teewagen dient (mir) als Schreibmaschinentisch; die alte Mütze kann noch zum Schuheputzen d.; die Samen d. den Vögeln zur Nahrung; wozu soll das d.?

Die|ner 〈m.5〉 **1** *Hausangestellter für persönliche Dienste;* stummer D. *kleines Gestell zum Aufhängen von Jacke, Hose, Krawatte* **2** (in Hotels) *Angestellter für schwere Arbeiten* (Haus~) **3** (in öffentlichen Einrichtungen) *Angestellter zur Aufsicht und für leichte Arbeiten* (Museums~, Kirchen~) **4** (f.; bes. bei Knaben und Subalternen) *Verbeugung;* einen D. machen

die|nern 〈V.1, hat gedienert; o.Obj.〉 *eifrig mehrere Diener (4) machen*

Die|ner|schaft 〈f.-, nur Sg.〉 *Gesamtheit der Diener (1) eines Haushalts*

dien|lich 〈Adj.〉 *nützlich, hilfreich, gut brauchbar;* das Gerät ist mir sehr d.; seine Vorschläge sind uns, der Sache wenig d.; sagen Sie mir, wenn ich Ihnen d. sein kann

Dienst 〈m.1〉 **1** *das Dienen;* im D. einer guten Sache, für die Allgemeinheit; D. am Menschen **2** *regelmäßige Arbeit für Lohn oder Gehalt, Berufsarbeit, Amtspflichten;* seinen D. antreten; von acht bis fünf Uhr D. haben; nachts D. tun; außerhalb, während des ~es; danke; ich trinke jetzt nicht, ich bin im D. **3** *Arbeitsverhältnis;* jmdn. des ~es entheben; jmdn. in D. nehmen; bei jmdm. in D. stehen; außer D. 〈Abk.: a.D.〉 *im Ruhestand;* öffentlicher D. *Arbeitsverhältnis bei einem öffentlichen Arbeitgeber,* ~ im öffentlichen D. **4** *Beistand, Hilfe;* das Gerät tut mir gute ~e; die Schuhe tun immer noch ihren D.; jmdm. seine ~ anbieten; die Füße versagten ihm den D. er stürzte, brach zusammen; D. am Kunden *zusätzliche Leistung eines Geschäftsmanns oder einer Firma für den Kunden* **5** *Betrieb;* ein Schiff in D. stellen **6** *Gesamtheit von Personen, die für dieselbe Sache arbeiten, sowie ihr Tätigkeitsbereich* (Bergungs~, Kunden~) **7** 〈fig.〉 *dünne Säule* (eines Bündel- oder Wandpfeilers) **8** 〈nur Pl.; †〉 ~e *Gesinde*

Diens|tag 〈m.1; Abk.: Di〉 *zweiter Tag der Woche* [< mhd. *dinstac*, < mnddt. *dingesdach*, dem germ. Gott Ziu, dem Beschützer des *Things*, geweihter Tag]

diens|tags 〈Adv.〉 *jeden Dienstag*

Dienst|al|ter 〈n., -s, nur Sg.〉 *Zeit, die jmd. im Dienst (3) (bes. als Soldat oder Beamter) zugebracht hat;* sein D. beträgt 25 Jahre; er hat im D. von 25 Jahren

Dienst|äl|tes|te(r) 〈m., f.17 bzw. 18〉 *jmd., der (im Vergleich zu anderen, im gleichen Dienst stehenden Personen) die längste Zeit im Dienst (3) verbracht hat*

dienst|bar 〈Adj., o.Steig.〉 **1** *zum Dienst (2) verpflichtet, zum Dienst angestellt;* ~e Geister *Dienstboten;* sich jmdn. d. machen **2** *zum Dienst (1) benutzbar;* eine neue Erfindung der Allgemeinheit d. machen **3** 〈in Wendungen wie〉 jmdm. gern d. sein *jmdm. behilflich sein wollen;* sich jmdm. d. erzeigen *jmdm. einen Dienst tun (wollen)*

dienst|be|reit 〈Adj.〉 *bereit zum Dienst (4), zur Hilfe;* diese Apotheke ist nachts d.

Dienst|be|reit|schaft 〈f., -, nur Sg.〉

Dienst|bol|zen 〈m.7; abwertend〉 *Dienstbote, primitives Dienstmädchen*

Dienst|bo|te 〈m.11〉 *Hausangestellte(r)*

Diens|te, Diens|ten 〈nur Pl.; †〉 *Gesinde*

Dienst|ei|fer 〈m., -s, nur Sg.〉 *Eifer, seinen Dienst (2) zu tun, jmdm. zu Diensten zu sein*

dienst|eif|rig 〈Adj.〉 *voller Diensteifer, übertrieben gefällig, übertrieben dienstbereit*

Dienst|ge|spräch 〈n.1〉 *im Dienst (2) und für den Dienst geführtes Telefongespräch* (im Unterschied zum Privatgespräch)

Dienst|grad 〈m.1〉 *militärische Rangstufe*

Dienst|jahr 〈n.1〉 *im Dienst (2) verbrachtes Jahr;* nach 20 ~en; er hat 20 ~e hinter sich

Dienst|klei|dung 〈f.10〉 *Kleidung für einen bestimmten Dienst (2), Uniform, Livree*

Dienst|leis|tung 〈f.10〉 *Leistung, die unmittelbar an die Nachfrager abgegeben wird und nicht auf Vorrat hergestellt werden kann* (in Unternehmen wie Banken, Versicherungen, in freien Berufen u.a.)

Dienst|mäd|chen 〈n.7〉 *Hausangestellte, Hausehilfin*

Dienst|mann 〈m.4, Pl. auch -leu|te〉 *Gepäckträger, Botengänger*

Dienst|rei|se 〈f.11〉 *Reise in Ausübung eines Dienstes (2), Reise im dienstlichen Auftrag*

Dienst|stel|le 〈f.11〉 *Arbeitsstelle einer Behörde, Organisation o.ä.*

Dienst|stra|fe 〈f.11〉 → *Disziplinarstrafe*

Dienst|stun|den 〈f.11, Pl.〉 **1** *im Dienst (2) verbrachte Arbeitsstunden, Arbeitszeit* **2** *Zeit, in der eine Behörde o.ä. für Publikumsverkehr geöffnet ist;* die D. sind von acht bis ein Uhr

Dienst|ver|hält|nis 〈n.1〉 *gesetzlich geregeltes Verhältnis zwischen Beamten oder Angestellten des öffentlichen Dienstes und der betreffenden Behörde*

Dienst|weg 〈m.1〉 *vorgeschriebene Reihenfolge für die Erledigung bestimmter Arbeiten im öffentlichen Dienst;* Syn. *Amtsweg;* den D. einhalten; das läßt sich nur auf dem D. erledigen

Dienst|woh|nung 〈f.10〉 *kostenfreie (als Teil des Gehalts berechnete) Wohnung jmds., der im öffentlichen Dienst steht, für die Dauer seines Dienstverhältnisses*

dies 〈Demonstrativpron.〉 *dieser, diese, dieses;* d. ist mein Mann, meine Frau, mein Sohn; wir sprachen über d. und jenes *über allerlei*

Di|es ater 〈m., --, nur Sg.〉 *schwarzer Tag; Unglückstag* [lat.]

dies|be|züg|lich 〈Adj., o.Steig.; nur als Attr. und Adv.〉 *auf das eben Gesagte bezüglich, das eben Gesagte betreffend;* haben Sie d. noch Fragen, Wünsche?; die ~en Anweisungen gebe ich Ihnen schriftlich

die|se → *dieser(, -s)*

Die|sel 〈m.5〉 **1** 〈kurz für〉 *Dieselmotor* **2** 〈nur Sg.〉 *ölhaltiger Treibstoff (für Dieselmotoren);* auch: *Dieselkraftstoff* **3** *Kraftfahrzeug mit Dieselmotor;* die Autofirma hat jetzt auch einen D. herausgebracht [nach dem Ingenieur Rudolf *Diesel*]

die|sel|be 〈Demonstrativpron., f., derselben, dieselben〉 *genau die, eben die;* auch: 〈†〉 *dieselbige;* ein und d.; es war d. Frau, die ich schon gestern getroffen hatte; vgl. *derselbe*

die|sel|bi|ge 〈†〉 → *dieselbe*

Die|sel|kraft|stoff 〈m.1〉 → *Diesel (2)*

Die|sel|mo|tor 〈m.12〉 *Verbrennungsmotor, bei dem sich der eingespritzte Kraftstoff durch die im Zylinder verdichtete Verbrennungsluft von selbst entzündet;* Syn. 〈†〉 *Ölmotor*

die|seln 〈V.1, hat gedieselt; o.Obj.〉 *bei Verbrennungsmotoren unregelmäßig, klingelnd laufen* (weil sich das Benzin-Luft-Gemisch an Zylinderrückständen selbst entzündet, z.B. bei sehr untertouriger Fahrweise)

die|se(r, -s) 〈Demonstrativpron.; bezieht sich auf die in der Nähe befindliche oder zuletzt erwähnte Personen oder Sachen〉 **1** 〈adjektivisch〉 dieser Mann, diese Frau, dieses Kind; dieses Mal; Anfang dieser Woche; am 10. 5. dieses Jahres 〈Abk.: d.J.〉; am 1. dieses Monats 〈Abk.: d.M.〉; dieser Tage *in diesen Tagen;* er muß dieser Tage kommen; ich habe ihn erst dieser Tage gesehen *vor wenigen Tagen* **2** 〈substantivisch〉 dieser ist es!; dieses ist mir lieber; dieser oder jener *irgendeiner;* ich habe diesen und jenen gefragt *verschiedene Leute;* ich habe ihn mit seiner Schwester eingeladen, diese deshalb, weil ...

die|ser|art 〈Demonstrativpron.; o.Dekl.〉 *solch;* ich habe für d. Filme nichts übrig

die|ser|halb 〈Adv.; †〉 → *deshalb*

die|sig 〈Adj.〉 *regnerisch, trüb und etwas neblig;* ~es Wetter; es ist d. **Die|sig|keit** 〈f., -, nur Sg.〉

Di|es irae [-rɛː] 〈m., --, nur Sg.〉 *Tag des Zorns* (Anfang eines lateinischen Hymnus auf das Weltgericht)

dies|jäh|rig 〈Adj., o.Steig.〉 *in diesem Jahr stattfindend;* Syn. 〈österr.〉 *heurig;* die ~en Festspiele

dies|mal 〈Adv.〉 *dieses Mal, dieses eine Mal*

dies|ma|lig 〈Adj., o.Steig.; nur als Attr.〉 *dieses Mal stattfindend, geschehend;* bei meinem ~en Besuch

dies|sei|tig 〈Adj., o.Steig.; nur als Attr. und Adv.〉 Ggs. *jenseitig* **1** *auf dieser Seite (liegend, verlaufend);* der ~e Stadtteil; der ~e Weg **2** *im Diesseits, irdisch*

dies|seits 〈Präp. mit Gen.〉 *auf dieser Seite;* Ggs. *jenseits;* der Stadtteil d. des Flusses; der d. verlaufende Weg

Dies|seits 〈n., -, nur Sg.〉 *die Erde als unser Lebensraum, diese unsere Welt;* Ggs. *Jenseits;* im D.

Diet|rich 〈m.1〉 *einfacher, hakenförmig gebogener Draht* (zum Öffnen von Türschlössern); Syn. *Diebshaken* [scherzh. zum gleichlautenden Vornamen]

die|weil I 〈Adv.; †〉 *währenddessen, während* **II** 〈Konj.; †〉 *weil*

dif|fa|ma|to|risch 〈Adj., o.Steig.〉 *diffamierend, beschimpfend, verleumderisch*

Dif|fa|mie 〈f.11〉 *verleumderische Behauptung* [zu *diffamieren*]

dif|fa|mie|ren 〈V.3, hat diffamiert; mit Akk.〉 *verleumden, herabsetzen* [< lat. *diffamare* „unter die Leute bringen, überall erzählen, ausschreien", zu *fama* „Rede, Gerede, Gerücht"] **Dif|fa|mie|rung** 〈f.10〉

dif|fe|rent 〈Adj., o.Steig.〉 *unterschiedlich, ungleich*

dif|fe|ren|ti|al [-tsjal] 〈Adj.〉 → *differentiell*

Dif|fe|ren|ti|al [-tsjal] 〈n.1〉 **1** 〈Math.; Zeichen: d〉 *sehr kleine Größe, die die Änderung einer Funktion bei einer kleinen Veränderung einer Variablen bezeichnet* **2** 〈beim Kfz〉 *Ausgleichsgetriebe, welches das Drehmoment einer Antriebswelle auf zwei Abtriebswellen verteilt* [< lat. *differentia* „Verschiedenheit"]

Dif|fe|ren|ti|al|dia|gno|se [-tsjal-] 〈f.11〉 gegen andere Krankheiten abgrenzende, sehr genaue Diagnose

Dif|fe|ren|ti|al|ge|trie|be ⟨[-tsjal-] n.5; kurz für⟩ Differential (2)

Dif|fe|ren|ti|al|glei|chung ⟨[-tsjal-] f.10; Math.⟩ Gleichung, die neben der gesuchten Funktion auch deren Differentialquotienten oder Ableitung enthält

Dif|fe|ren|ti|al|quo|ti|ent ⟨[-tsjal-] m.10⟩ Quotient zweier Differentiale (1)

Dif|fe|ren|ti|al|rech|nung ⟨[-tsjal-] f.10⟩ Rechnen mit Differentialen (1)

Dif|fe|ren|ti|al|schutz ⟨[-tsjal-] m.⟩, -es, nur Sg.; bes. in Kraftwerken⟩ Verfahren, das mittels geometrischer Differenz zweier Ströme elektrische Einrichtungen schützt

Dif|fe|ren|ti|a|ti|on ⟨f.10⟩ **1** ⟨allg.⟩ Aus-, Absonderung **2** ⟨Sprachw.⟩ Entwicklung mehrerer Sprachen aus einer Sprache, z.B. der romanischen Sprachen aus dem Lateinischen **3** ⟨Math.⟩ Anwendung der Differentialrechnung **4** ⟨Geol.⟩ Zerfall von Magma in verschiedene Gesteine [zu Differenz]

dif|fe|ren|ti|ell ⟨[-tsjal] Adj., o.Steig.⟩ unterscheidend; auch: differential

Dif|fe|renz ⟨f.10⟩ **1** Unterschied **2** ⟨meist Pl.⟩ Meinungsverschiedenheit; ~en mit jmdm. haben **3** ⟨Math.⟩ Ergebnis einer Subtraktion [< lat. differentia „Unterschied, Verschiedenheit", zu differre, →different]

dif|fe|ren|zie|ren ⟨V.3, hat differenziert; mit Akk.⟩ **1** unterscheiden, trennen **2** ⟨Math.⟩ mittels Differentialrechnung berechnen [zu Differenz]

Dif|fe|ren|zie|rung ⟨f.10⟩ **1** das Differenzieren, genaueres Unterscheiden von anderem; D. eines Begriffs **2** ⟨bei mehrzelligen Lebewesen⟩ Bildung unterschiedlich gestalteter Zellen **3** ⟨Math.⟩ Bildung eines Differentialquotienten

dif|fe|rie|ren ⟨V.3, hat differiert; o.Obj.⟩ voneinander abweichen; die Angaben d. in einigen Punkten; ~ lat. differre „sich unterscheiden, verschieden sein", eigtl. „auseinandertragen, verbreiten", < dif... (in Zus. vor f für dis...) „auseinander" und ferre „tragen"]

dif|fi|zil ⟨Adj.⟩ **1** schwierig, schwer zu behandeln, schwer zu bewältigen; eine ~e Angelegenheit **2** große Genauigkeit erfordernd; eine ~e Arbeit, Aufgabe [< lat. difficilis „schwer, schwierig, mühsam", < dif... (in Zus. vor f für dis...) „un..." und facilis „leicht"]

dif|form ⟨Adj.⟩ mißgestaltet [eigtl. „von der normalen Form abweichend", < mlat. difformare „abweichen, anders sein"]

Dif|for|mi|tät ⟨f., -, nur Sg.⟩ difforme Beschaffenheit, difforme Gestalt

dif|frakt ⟨Adj., o.Steig.⟩ **1** zerbrochen **2** ⟨bei Lichtstrahlen⟩ gebeugt [< lat. diffractus „zerbrochen"]

Dif|frak|ti|on ⟨f.10⟩ →Beugung (3) [zu diffrakt]

dif|fun|die|ren ⟨V.3, hat diffundiert; o.Obj.⟩ ineinander eindringen, sich vermischen, in etwas anderes eindringen, sich mit etwas anderem vermischen; ein Stoff diffundiert in einen anderen, in einem Lösungsmittel [< lat. diffundere „ausbreiten, zerstreuen"]

dif|fus ⟨Adj.⟩ **1** zerstreut, nicht in eine bestimmte Richtung gerichtet; ~es Licht **2** verschwommen, nicht abgegrenzt, unklar; seine Vorstellungen und Ziele sind reichlich d. [< lat. diffusus „ausgebreitet, zerstreut", zu diffundere, →diffundieren]

Dif|fu|si|on ⟨f.10⟩ **1** ⟨Phys.⟩ von selbst eintretende Vermischung (z.B. unter Gasen) **2** Durchgang von Flüssigkeit durch poröse Massen (z.B. Wasser durch Ton) **3** ⟨Sozialgeographie⟩ räumliche Ausbreitung (von Neuerungen) [< lat. diffusio, Gen. diffusionis, „das Ausbreiten, Auseinanderfließen"]

Dif|fu|sor ⟨m.13⟩ sich erweiternder Strömungskanal [zu diffus]

di|gen ⟨Adj., o.Steig.⟩ zweigeschlechtig gezeugt [< griech. di... „zweifach, doppelt" und gennan „hervorbringen, erzeugen"]

di|ge|rie|ren ⟨V.3, hat digeriert; mit Akk.⟩ **1** ⟨Chem.⟩ auslaugen **2** ⟨Med.⟩ verdauen [< lat. digerere „trennen, teilen, verteilen; verdauen", eigtl. „auseinandertragen", < di... (in Zus. vor g für dis...) „auseinander" und gerere „tragen"]

Di|gest ⟨[daidʒəst] n.9⟩ Auswahl, Zusammenstellung von Artikeln aus Zeitschriften, Auszügen aus Büchern usw. [engl., „Auszug, Sammlung", < lat. digesta „geordnete, in Paragraphen, Abschnitte usw. gegliederte Sammlung", zu digerere „verteilen", →digerieren]

Di|ge|sti|on ⟨f.10⟩ **1** Herstellung von Pflanzenauszügen **2** ⟨Med.⟩ →Verdauung [< lat. digestio, Gen. digestionis, „Verteilung, Verdauung", zu digerere „verteilen", →digerieren]

di|ge|stiv ⟨Adj., o.Steig.⟩ zur Digestion (2) gehörig, verdauungsfördernd

Di|ge|stor ⟨m.13⟩ **1** Dampfkochtopf **2** ⟨in Laboratorien⟩ →Abzug (4)

Dig|ger ⟨m.9⟩ →Goldgräber [engl., zu to dig „graben"]

Di|git ⟨[didʒit] n.9; bei elektron. Rechnern⟩ Anzeigeneinheit [engl., „einstellige Zahl"; vgl. Bit (2)]

di|gi|tal ⟨Adj., o.Steig.⟩ **1** ⟨Med.⟩ mit dem Finger; ~e Untersuchung **2** zahlen- oder ziffernmäßig darstellbar, in Stufen darstellbar; ~e Wiedergabe Wiedergabe einer veränderlichen Größe (z.B. der Temperatur, der Zeit) in Einzelschritten, bes. in Zahlen [< lat. digitalis „zum Finger gehörig", da man beim Rechnen gern die Finger benutzt]

Di|gi|ta|lis ⟨f., -, nur Sg.; Bot.⟩ **1** →Fingerhut **2** daraus gewonnenes Herzmittel [< lat. digitalis „wie ein Finger", nach der Blütenform]

Di|gi|tal|rech|ner ⟨m.5⟩ eine Rechenmaschine, die durch Aneinanderreihen von Elementarentscheidungen (ja/nein-Entscheidungen) beliebig exakte Ergebnisse liefert [zu digital (2)]

Di|gi|tal|uhr ⟨f.10⟩ Uhr, bei der die Zeit nicht durch Zeiger, sondern durch vierstellige Ziffern angezeigt wird (z.B. 17.45) [zu digital (2)]

Di|glyph ⟨m.1⟩ besonders in der italienischen Renaissance beliebte Abart des Triglyphs, Platte mit nur zwei senkrechten Rinnen am Fries [< griech. di... „zweifach, doppelt" und glyphis „Einschnitt, Kerbe"]

Di|gni|tar, Di|gni|tär ⟨m.1; kath. Kirche⟩ Würdenträger [< mlat. dignitarius, zu dignitas, →Dignität]

Di|gni|tät ⟨f., -, nur Sg.; kath. Kirche⟩ hohes Amt, hohe Würde [< lat. dignitas, Gen. dignitatis, „Würde", zu dignus „würdig, wert"]

Di|gres|si|on ⟨f.10⟩ **1** Abweichung, Abschweifung **2** ⟨Astron.⟩ Winkel zwischen dem Vertikalkreis eines polnahen Gestirns und dem Meridian des Beobachters [< lat. digressio, Gen. digressionis, „das Auseinandergehen, Trennung, Scheidung", < di... „auseinander" und gredi (in Zus. für gradi) „gehen, schreiten"]

di|klin ⟨Adj., o.Steig.; bei Blüten⟩ →eingeschlechtig [< griech. di... „zweifach, doppelt" und kline „Bett, Lager"]

Dik|ta|phon ⟨n.1⟩ als Diktiergerät benutztes Tonbandgerät [< lat. dictare „vorsagen, diktieren" und griech. phone „Klang, Stimme"]

Dik|tat ⟨n.1⟩ **1** Ansage zum Nachschreiben; nach D. schreiben; ein D. aufnehmen **2** Nachschrift nach Ansage; (in der Schule) ein D. schreiben **3** aufgezwungene Verpflichtung; unter einem D. stehen; sich dem D. beugen müssen [< lat. dictatum „das Vorgesagte, Befohlene", zu dictare, →diktieren]

Dik|ta|tor ⟨m.13⟩ **1** jmd., der als Herrscher ohne wirkungsvolle Kontrolle (z.B. durch ein gewähltes Parlament) regieren kann **2** jmd., der durch Ausübung von Gewalt unumschränkt regiert [< lat. dictator „höchster, in Notzeiten oder für besondere Geschäfte vom Senat ernannter Beamter"; vgl. diktieren]

dik|ta|to|risch ⟨Adj., selten gesteigert⟩ wie ein Diktator, herrisch, keinen Widerspruch duldend

Dik|ta|tur ⟨f.10⟩ Staatsform, die auf der unbeschränkten Machtausübung eines Diktators (oder einer Gruppe von Diktatoren) beruht

dik|tie|ren ⟨V.3, hat diktiert; mit Dat. und Akk.⟩ **1** ⟨zum Nachschreiben⟩ ansagen; jmdm. etwas d. **2** auferlegen, aufzwingen; jmdm. einen Vertrag, Bedingungen d. [< lat. dictare „wiederholt sagen, zum Nachschreiben oder Auswendiglernen vorsagen; befehlen", Frequentativum zu dicere „sagen, sprechen"]

Dik|tier|ge|rät ⟨n.1⟩ Gerät zur elektromagnetischen Signalaufzeichnung von gesprochenen Texten (bes. für Diktat und Niederschrift im Bürobetrieb)

Dik|ti|on ⟨f.10⟩ Ausdrucksweise, Schreibart [< lat. dictio, Gen. dictionis, „das Sprechen, Vortrag, Redeweise", zu dictare, →diktieren]

Dik|tio|när ⟨n.1 oder m.1; †⟩ Wörterbuch [< frz. dictionnaire „Wörterbuch, Lexikon", zu dictio, „Vortrag, Sprache, Schreibweise", →Diktion]

Dik|tum ⟨n., -s, -ta⟩ (bedeutsamer) Ausspruch [< lat. dictum „das Gesagte", zu dicere „sagen, sprechen"]

di|la|ta|bel ⟨Adj.⟩ dehnbar; dilatabler Buchstabe → Dilatabilis [zu dilatieren]

Di|la|ta|bi|lis ⟨m., -, -les [-le:s]⟩ zum Ausfüllen der Zeile in die Breite ziehbarer Buchstabe

Di|la|ta|ti|on ⟨f.10⟩ Dehnung, Ausdehnung, Erweiterung [< lat. dilatatio, Gen. dilatationis, in ders. Bed., zu dilatare →dilatieren]

di|la|tie|ren ⟨V.3, hat dilatiert; mit Akk.⟩ ausdehnen, erweitern [< lat. dilatare „breiter machen"]

Di|la|ti|on ⟨f.10⟩ Aufschub, Verzögerung [< lat. dilatio, Gen. dilationis, in ders. Bed., zu dilatus „aufgeschoben, verzögert", zu differre „aufschieben, verzögern"]

di|la|to|risch ⟨Adj., o.Steig.⟩ aufschiebend; Ggs. peremptorisch; ~e Einrede (vor Gericht) [< lat. dilatorius „aufschiebend, verzögernd", →Dilation]

Dil|do ⟨m.9⟩ →Godemiché [engl., Herkunft unsicher]

Di|lem|ma ⟨n., -s, -s oder -ma|ta⟩ Zwangslage, Wahl zwischen zwei gleich schwierigen Dingen; das ist ein D.; vor einem D. stehen [eigtl. „Schwanken zwischen zwei richtigen, entgegengesetzten Annahmen", < griech. di... „zweifach" und lemma „Voraussetzung, Annahme"]

Di|let|tant ⟨m.10⟩ **1** Nichtfachmann, jmd., der eine Sache nur aus Liebhaberei, nicht beruflich, betreibt **2** ⟨abwertend⟩ jmd., der etwas ohne Sachkenntnis ausführt, betreibt, Stümper [< ital. dilettante in ders. Bed., Part. Präs. von dilettarsi „sich erfreuen, Gefallen finden", < lat. delectare „erfreuen", →delektieren]

di|let|tan|tisch ⟨Adj.⟩ **1** als Dilettant, aus Liebhaberei; eine Tätigkeit, Kunst (nur) d. betreiben, ausüben **2** ⟨abwertend⟩ in der Art eines Dilettanten (2), unsachgemäß; eine ~e Arbeit

Di|let|tan|tis|mus ⟨m., -, nur Sg.⟩ **1** Betätigung aus Liebhaberei; künstlerischer D. **2** Pfuscherei

di|let|tie|ren ⟨V.3, hat dilettiert; o.Obj.⟩ sich als Dilettant betätigen; im Klavierspiel d.

Di|li|gence ⟨[-ʒãs] f.11; früher⟩ Eilpostwagen [frz., „Schnelligkeit, Emsigkeit"]

Dill ⟨m.1⟩, ⟨österr. auch⟩ **Dil|le** ⟨f.11⟩ gelb blühendes Doldengewächs (dessen Blätter als Gewürz verwendet werden)

di|lu|ie|ren 〈V.3, hat diluiert; mit Akk.; Med.〉 verdünnen [< lat. *diluere* „auflösen, verdünnen", < *di...* (in Zus. vor l für *dis...*) „auseinander" und *luere* „lösen"]

di|lu|vi|al 〈Adj., o.Steig.〉 zum Diluvium gehörig, aus ihm stammend

Di|lu|vi|um 〈n., -s, -vi|en; †〉 → *Pleistozän* [lat., „Überschwemmung, Wasserflut", zu *diluere* „zerweichen, verdünnen"]

dim. 〈Abk. für〉 *diminuendo*

Dime 〈[daim] m., -s, -(s)〉 nordamerikanische Münze, 10 Cent, ¹/₁₀ Dollar [< altfrz. *disme* < lat. *decimus* „der zehnte"]

Di|men|si|on 〈f.10〉 **1** Abmessung (eines Körpers) in Breite, Höhe, Tiefe, Länge **2** 〈Phys.〉 Kennzeichnung der Art physikalischer Größen durch Grundeinheiten ohne Betragsangabe **3** Ausmaß, Bereich; in anderen ~en denken [< lat. *dimensio*, Gen. *dimensionis*, „das Ausmessen, Vermessen", zu *dimetiri* „ausmessen"]

di|men|si|o|nal 〈Adj., o.Steig.〉 auf eine Dimension bezüglich, bestimmtes Ausmaß besitzend

di|men|si|o|nie|ren 〈V.3, hat dimensioniert; mit Akk.〉 etwas d. *in seinen Dimensionen, Abmessungen festlegen, bestimmen;* ein Bauwerk, einen Sportplatz d.

di|mer 〈Adj., o.Steig.〉 **1** 〈Biol.〉 zweigliedrig, zweiteilig **2** 〈Chem.〉 aus zwei gleichen Molekülen aufgebaut [< griech. *di...* „zweifach" und *meros* „Teil"]

Di|me|ter 〈m.5〉 Versform aus zwei gleichen, doppelten Versfüßen [< griech. *di...* „zweifach" und *metron* „Maß"]

di|mi|nu|en|do 〈Abk.: dim.; Mus.〉 abnehmend, leiser, schwächer werdend [ital.]

di|mi|nu|ie|ren 〈V.3, hat diminuiert; mit Akk.〉 verkleinern, verringern [< lat. *deminuere* in ders. Bed.]

Di|mi|nu|ti|on 〈f.10〉 Verkleinerung, Verkürzung, Verminderung

di|mi|nu|tiv 〈Adj., o.Steig.〉 verkleinernd; Syn. *deminutiv*

Di|mi|nu|tiv 〈n.1〉, **Di|mi|nu|ti|vum** 〈n., -s, -va〉 Verkleinerungsform, z.B. Kindchen, Männlein

Di|mis|si|on 〈f.10, †〉 → *Demission*

di|mit|tie|ren 〈V.3, hat dimittiert; mit Akk.; †〉 entlassen, verabschieden [< lat. *dimittere* „entsenden, weggehen lassen, entlassen", < *di...* (in Zus. vor m für *dis...*) „auseinander" und *mittere* „schicken, gehen lassen, entlassen"]

Dim|mer 〈m.5〉 Schalter zur stufenlosen Veränderung des elektrischen Lichts [engl., zu *to dim* „verdunkeln, abblenden"]

di|morph 〈Adj., o. Steig.〉 *in zwei Formen auftretend, zweigestaltig* [< griech. *di...* „zweifach" und *morphe* „Gestalt"]

Di|mor|phie 〈f.11〉 bei chem. Verbindungen) Auftreten von zwei verschiedenen Kristallformen (z.B. Calciumcarbonat in rhombischer und trigonaler Kristallform)

Di|mor|phis|mus 〈m., -, -men〉 Auftreten von zwei sehr verschiedenen Gestaltformen innerhalb einer Tierart (z.B. beim männlichen und weiblichen Hirschkäfer)

DIN 〈Abk. für〉 *Deutsche Industrie-Norm*: Name und Kennzeichen für die Arbeitsergebnisse des Deutschen Normenausschusses, im Zusammenhang mit Zahl und Buchstaben Bezeichnung für eine Norm; DIN A 4

Di|nar 〈m.1; Abk.: D〉 Währungseinheit in Jugoslawien, Algerien, Tunesien u.a. [zu *Denar*]

Di|na|ri|de 〈m.11〉 Angehöriger einer Untergruppe der Europiden (gekennzeichnet u.a. durch große Hakennase und hohen Kurzkopf mit flachem Hinterhaupt) [nach den *Dinarischen Alpen* in Jugoslawien, einem seiner Hauptverbreitungsgebiete]

di|na|risch 〈Adj., o.Steig.〉 *zu den Dinariden gehörig*

Di|ner 〈[dine] n.9〉 **1** festliche Mittags- oder Abendmahlzeit **2** 〈in Frankreich〉 mittags oder abends eingenommene Hauptmahlzeit [< frz. *dîner* in der Bed. (2), verkürzte Form von *Dejeuner*]

DIN-For|mat 〈n.1〉 nach DIN festgelegtes Papierformat

Ding¹ 〈n.1〉 **1** Sache, Gegenstand; das und andere ~e; nützliche, schöne ~e; was ist denn das für ein D.?; jmdm. ein D. verpassen 〈derb〉 *jmdm. einen heftigen Schlag versetzen* **2** Angelegenheit; das ist ein D.! *das ist eine unangenehme, erstaunliche Sache, das ist erstaunlich;* vgl. *dick;* das ist ein D. der Unmöglichkeit; ein D. drehen 〈Gaunerspr.〉 *eine Straftat begehen, etwas Unrechtmäßiges tun;* so wie die ~e liegen, wie ich die ~e sehe; das D. beim rechten Namen nennen *offen über eine Sache reden;* das geht nicht mit rechten ~en zu *das ist nicht auf natürliche Weise geschehen, vor allem, zuerst, besonders* **3** 〈Pl.〉 ~e **a** *Themen, Gesprächsgegenstände;* wir haben über viele ~e gesprochen **b** *Pflichten, Arbeiten, Vorhaben, Pläne;* ich habe andere ~e zu tun; er hat immer andere ~e im Kopf als seine Schularbeiten; ich habe noch tausend ~e zu erledigen, an tausend ~e zu denken; unverrichteter ~e wieder umkehren *ohne ausgeführt zu haben, was man wollte oder sollte* **c** *Vorgänge, Ereignisse;* die ~e des Lebens; über den ~en stehen *überlegen sein, sich von den Ereignissen des Alltags nicht entmutigen oder aufregen lassen* **II** 〈n.3〉 **1** wertloser, lästiger oder unwillkommener Gegenstand; *was soll ich mit diesem* ~*ern?* **2** *junges Mädchen, kleines Mädchen;* sie ist ein hübsches D.; so ein junges D.; die armen ~er; du bist ein dummes D.!

Ding² 〈n.1〉 → *Thing*

Din|gel|chen 〈n.7〉 **1** *kleines (hübsches) Ding* **2** *kleines (niedliches) Mädchen*

din|gen 〈V.23, hat gedungen; mit Akk.〉 **1** 〈†〉 *in Dienst nehmen;* einen Knecht d. **2** *gegen Lohn (für eine unrechte Sache) gewinnen;* einen Mörder d. [< mhd. *dingen* in ders. Bed., < ahd. *dingon* „vor Gericht verhandeln", zu *Thing*]

ding|fest 〈Adj., o.Steig.〉; nur in der Wendung) jmdn. d. machen *jmdn. verhaften, in Gewahrsam bringen* [eigtl. „für die Gerichtsverhandlung festnehmen", zu *Thing*]

Din|ghi 〈n.9〉 → *Dingi*

Din|gi 〈n.9〉 auch: *Dinghi* **1** *kleines Beiboot auf Kriegsschiffen* **2** *kleines Sportsegelboot* [Hindi, „kleines Boot"]

ding|lich 〈Adj., o.Steig.〉 **1** gegenständlich, konkret **2** Dinge, Sachen betreffend; ~es Recht *Recht an (bestimmten) Dingen*

Din|go 〈m.9〉 verwilderter Haushund Australiens (mit gelbbraunem Fell) [austral.]

DIN-Grad 〈m.1〉 Maßeinheit für die Lichtempfindlichkeit von Filmen; vgl. *ASA* [→ *DIN*]

Dings 〈n., -, Din|ger; ugs.〉 *Ding (II,1);* gib mir mal das D. dort **II** 〈m. oder f., -, nur Sg.〉 ugs.〉 *jmd., dessen Name einem nicht einfällt;* gestern traf ich den D., die D. *(wie heißt er, sie doch nur?)*

Dings|bums 〈m. oder n., -, nur Sg.〉 *Person oder Sache, deren Name oder Bezeichnung einem nicht einfällt;* ich brauche dazu ein D.; vorhin hat dieser D. angerufen

Dings|da I 〈m. oder n., -, nur Sg.〉 *jmd. oder Gegenstand, dessen Name oder Bezeichnung einem nicht einfällt;* gestern traf ich den D.; dieser Herr D.; gib mir doch mal dieses D. **II** 〈o.Art.〉 *Ort, dessen Name oder Bezeichnung einem nicht einfällt;* wir steigen doch wieder in D. um?

Dings|kir|chen 〈o.Art.〉 *Ort, dessen Name einem nicht einfällt oder nicht wichtig ist;* er wohnt noch immer weit draußen in D

Ding|wort 〈n.4〉 → *Substantiv*

di|nie|ren 〈V.3, hat diniert; o.Obj.〉 **1** *die Hauptmahlzeit einnehmen* **2** *festlich speisen* [zu *Diner*]

Din|kel 〈m.5〉 Art des Weizens, deren Ähre zweizeilig ist (d.h. die Körner wachsen in zwei Reihen, beim normalen Weizen in vier); Syn. *Spelz, Spelt*

Din|ner 〈n.9; in England〉 mittags oder abends eingenommene Hauptmahlzeit [engl., → *Diner*]

DIN-Norm 〈f.10〉 vom Deutschen Institut für Normung e.V. erarbeitete Norm [→ *DIN*]

Di|no|sau|ri|er 〈[-rior] m.5〉 Vertreter einer (ausgestorbenen) Gruppe der Reptilien (echsen- bis vogelähnlich, zum Teil Riesenformen) [< griech. *deinos* „schrecklich" und *sauros* „Eidechse"]

Di|o|de 〈f.11〉 elektrisches Bauelement mit zwei Elektroden (zum Sperren oder Gleichrichten von Strömen) [< griech. *di...* „zweifach" und *hodos* „Weg"]

Di|o|len 〈n., -s, nur Sg.; Wz.〉 synthetische Polyesterfaser (u.a. für Kleidungsstücke, die nicht leicht reißen dürfen) [Kunstwort]

Di|o|ny|si|en 〈Pl.〉 altgriechisches Fest zu Ehren des Gottes Dionysos

di|o|ny|sisch 〈Adj., o.Steig.〉 **1** *in der Art des griechischen Weingottes Dionysos* **2** 〈übertr.〉 *rauschhaft, wild;* Ggs. *apollinisch*

Di|op|ter 〈n.5; an Instrumenten〉 Vorrichtung, mit der ein Ziel angevisiert werden kann (z.B. Blende, Fadenkreuz, Kimme, Korn) [< griech. *dioptra* „Augenglas"]

Di|op|trie 〈f.11; Abk.: dpt., früher dptr.〉 Maßeinheit für die Brechkraft (von Linsen) [zu *Diopter*]

Di|o|ra|ma 〈n., -s, -men〉 **1** 〈in Museen〉 (meist großflächiges) in die Tiefe gebautes Schaubild (z.B. von Schlachten, von Tieren in ihrer natürlichen Umgebung) **2** mit der Durchleuchtung wechselndes, scheinbar bewegtes Bild [< griech. *di...* „durch, hindurch" und *horama* „Anblick, Schauspiel"]

Di|o|rit 〈m.1〉 schwarzes, körniges Plutonitgestein (das als Baustein verwendet wird) [< griech. *diorizein* „trennen, unterscheiden", weil sich die beiden Hauptbestandteile, Feldspat und Hornblende, unterscheiden]

Di|os|ku|ren 〈Pl.〉 **1** Zwillingssöhne des Zeus, Kastor und Pollux **2** 〈übertr.〉 *untrennliche Freunde* [< griech. *dioskoroi, dioskouroi* „Söhne des Zeus, göttliche Söhne", < *dios* „göttlich" und *koros, kouros* „Jüngling, Knabe", auch „Sohn"]

Di|o|xid 〈n.1〉 Oxid mit zwei Sauerstoffatomen [< griech. *di...* „zweifach" und *Oxid*]

Di|o|xin 〈n., -s, nur Sg.〉 giftiger, Mißbildungen hervorrufender Kohlenwasserstoff (z.B. das Seveso-Gift)

di|ö|ze|san 〈Adj., o.Steig.; nur als Attr. und Adv.〉 *zu einer Diözese gehörend*

Di|ö|ze|se 〈f.11〉 → *Bistum* [< griech. *dioikesis* „Haushalt, Wirtschaft, Verwaltung", < *di..., dia* „gänzlich" und *oikein* „haushalten, wirtschaften, wohnen", zu *oikos* „Haus"]

di|ö|zisch 〈Adj., o.Steig.〉 *zweihäusig* [< griech. *dioikizein* „getrennt wohnen lassen, zerstreuen"]

Dip 〈m.9〉 dickliche, würzige Soße (meist kalt), in die ein anderes Nahrungsmittel eingetaucht wird [engl., zu *to dip* „(ein)tauchen"]

Diph|the|rie 〈f.11〉 Infektionskrankheit des Hals- und Rachenraums [< griech. *diphthera* „Tierhaut, Fell", wegen des hautartigen Belags auf den Mandeln]

Di|phthong 〈m.1〉 zwei ineinander übergehende, vokalische Laute, z.B. ei, au; Syn. *Zwielaut;* vgl. *Monophthong, Triphthong* [< griech. *di...* „zweifach" und *phthoggos* „Ton, Laut"]

Dipl. 〈Abk. für〉 *Diplom*

di|plo|id 〈Adj., o.Steig.〉 *mit normalem (doppeltem) Chromosomensatz;* Ggs. *haploid;* vgl. *polyploid* [< spätgriech. *diplois*, Gen. *diploidos*, „doppelt gelegt, zweimal gefaltet"]

Di|plom ⟨n.1; Abk.: Dipl.⟩ **1** *Urkunde, durch die eine Auszeichnung verliehen oder eine abgelegte Prüfung bescheinigt wird* **2** *die Auszeichnung oder Prüfung selbst;* sein D. machen [< lat. *diploma* „Urkunde, Beglaubigungs-, Bestätigungsschreiben", < griech. *diploma* „gefaltetes Schreiben"]

Di|plom... ⟨in Zus.⟩ **1** *jmd., der eine Universitätsausbildung mit Diplom (2) beendet hat,* z.B. Diplomingenieur **2** *jmd., der ein nichtakademisches Diplom (2) besitzt,* z.B. Diplomkosmetikerin

Di|plo|mand ⟨m.10⟩ *jmd., der sich auf ein Diplom (2) vorbereitet*

Di|plo|mat ⟨m.10⟩ **1** *Beamter im auswärtigen Dienst* **2** ⟨übertr.⟩ *klug und vorsichtig berechnender und verhandelnder Mensch* [< frz. *diplomate* in ders. Bed., Rückbildung < *diplomatique* „durch Urkunde bestätigt", →*Diplom*]

Di|plo|ma|tie ⟨f., -, nur Sg.⟩ **1** *Kunst des Verhandelns, kluge Berechnung* **2** *Gesamtheit der Diplomaten* **3** ⟨auch⟩ *Wahrnehmen der Interessen eines Staates (bei anderen Staaten) durch dessen Vertreter;* die europäische D.

Di|plo|ma|tik ⟨f., -, nur Sg.⟩ *historische Hilfswissenschaft, die mittels Quellenkunde für eine kritische Aufarbeitung des Quellenmaterials sorgt* [zu *Diplom (1)*]

Di|plo|ma|ti|ker ⟨m.5⟩ *Kenner der Diplomatik*

di|plo|ma|tisch ⟨Adj.⟩ **1** ⟨o.Steig.⟩ *auf Diplomaten (1) beruhend, Diplomaten einsetzend, mit Diplomaten arbeitend;* ~e Beziehungen zu einem Staat einrichten; eine ~e Vertretung in einem Staat einrichten; Diplomatisches Korps ⟨Abk.: CD⟩ *Gesamtheit der bei einer Regierung beglaubigten Diplomaten* **2** ⟨o.Steig.⟩ *auf Diplomatik beruhend, mit ihrer Hilfe, zu ihr gehörig* **3** *auf Diplomatie (1) beruhend, mit ihrer Hilfe, klug, geschickt und vorsichtig;* er geht sehr d. vor; sie ist sehr d., wenn sie etwas erreichen will

di|plo|mie|ren ⟨V.3, hat diplomiert; mit Akk.⟩ *jmdn. d. jmdm. ein Diplom (1) verleihen*

Di|plo|pie ⟨f., -, nur Sg.⟩ →*Doppeltsehen* [< griech. *diplóos* „zweifach, doppelt" und *ops, opos* „Auge"]

Di|po|die ⟨f.11⟩ *metrische Einheit aus zwei gleichen Versfüßen* [< griech. *di...* „zweifach" und *pous,* Gen. *podos,* „Fuß"]

di|po|disch ⟨Adj., o.Steig.⟩ *nur als Attr. und Adv.⟩ in der Art einer Dipodie*

Di|pol ⟨m.1⟩ *Anordnung zweier gleich starker, entgegengesetzt geladener elektrischer oder magnetischer Pole* [< griech. *di...* „zweifach" und *Pol*]

Dip|pel ⟨m.5; oberdt.⟩ →*Dübel (1)*

dip|pen ⟨V.1, hat gedippt; mit Akk.⟩ **1** *ein wenig eintauchen;* ein Stück Brot in die Soße d. **2** ⟨Mar.⟩ *die Flagge d. niederholen und wieder hissen (als Gruß)* [< engl. *to dip* „(ein)tauchen"]

Dip|so|ma|nie ⟨f.11⟩ *periodisch auftretende Trunksucht, Quartaltrunksucht* [< griech. *dipsos,* *dipsa* „Durst" und *Manie*]

Dip|tam ⟨m.9⟩ *rötlichweiß blühende Kalkpflanze, die an heißen Tagen ätherische Öle in entzündbarer Menge ausscheidet* [< mlat. *diptamnum* < griech. *diktamnon* „vom Berg Dikte" (auf Kreta)]

Dip|te|ros ⟨m., -, -roi⟩ *altgriechischer Tempel mit doppeltem Säulenumgang* [< griech. *dipteros* „zweiflügelig", < *di...* „zweifach, doppelt" und *pteron* „Flügel"]

Dip|ty|chon ⟨[-çɔn] n., -s, -chen oder -cha⟩ **1** ⟨im Altertum⟩ *zusammenklappbare Schreibtafel* **2** ⟨im MA⟩ *zweiteiliges Altarbild* [< griech. *di...* „zweifach" und *ptychon* „Gefaltetes"]

Di|py|lon|kul|tur ⟨f., -, nur Sg.⟩ *eisenzeitliche Kultur Griechenlands* [nach dem *Dipylon,* dem „Doppeltor" im Nordwesten des alten Athen]

Di|rec|toire ⟨[direktoar] n., -s, nur Sg.⟩ **1** →*Direktorium (2)* **2** *Kunststil zur Zeit der Französischen Revolution* [< frz. *directoire* „Vorstand", höchste Behörde der ersten frz. Republik]

di|rekt ⟨Adj.⟩ **1** *gerade, geradewegs, ohne Umweg;* Ggs. *indirekt;* eine ~e Verbindung zwischen München und Paris *eine Zugverbindung, bei der man nicht umzusteigen braucht;* ich bin vom Theater d. nach Hause gegangen **2** *unmittelbar, ganz nahe;* das Haus liegt d. am Bahnhof; d. über, unter, neben etwas **3** *ohne Vermittlung;* ich habe mich d. an den Chef gewendet **4** *ohne Umschweife, deutlich;* Ggs. *indirekt;* eine ~e Frage; ich würde das nicht so d. zum Ausdruck bringen **5** ⟨auch [di-] als Adv.⟩ *geradezu, ausgesprochen, wirklich;* es ist mir d. peinlich [über frz. *direct* „geradlinig, geradeaus, unmittelbar" < lat. *directus* „gerade, waagerecht, senkrecht, aufrecht", übertr. „geradezu, ohne Umschweife", eigtl. „gerade gerichtet", zu *dirigere,* →*dirigieren*]

Di|rek|ti|on ⟨f.10⟩ **1** ⟨†⟩ *Richtung* **2** *Geschäftsleitung, Verwaltung*

Di|rek|ti|ve ⟨f.11⟩ *Anweisung, Verhaltensmaßregel;* ~n bekommen; ich habe genaue, keine ~

Di|rekt|man|dat ⟨n.1; bei der Wahl zum Bundestag der BRD⟩ *Wahl eines Abgeordneten mit einfacher Mehrheit der Erststimmen*

Di|rek|tor ⟨m.13⟩ *Leiter, Vorsteher* [< lat. *director* „Lenker, Leiter", zu *dirigere,* →*dirigieren*]

Di|rek|to|rat ⟨n.1⟩ *Amt, Amtszimmer des Direktors*

Di|rek|to|rin ⟨auch [-rɛk-] f.10⟩ *weiblicher Direktor*

Di|rek|to|ri|um ⟨n., -s, -ri|en⟩ *aus mehreren Personen bestehender Vorstand* **2** ⟨1795–1799⟩ *oberste französische Staatsbehörde;* Syn. *Directoire*

Di|rek|tri|ce ⟨[-sə] f.11⟩ *leitende Angestellte (bes. in Geschäften für Oberbekleidung)* [< frz. *directrice* „Leiterin"]

Di|rek|trix ⟨f., -, nur Sg.; Geom.⟩ *festgelegte Bezugslinie mit aus gewöhlten Seite einer gekrümmten Linie (z.B. zur Berechnung der Exzentrizität von Kegelschnitten)*

Di|rekt|um|wand|ler ⟨m.5⟩ *Einrichtung zur direkten Umwandlung einer Energieform in eine andere (ohne verlustbringende Zwischenstufe, z.B. in der Solarzelle)*

Di|ret|tis|si|ma ⟨f.9; Bergsport⟩ *Kletterroute, die ohne Berücksichtigung der natürlichen Wandstruktur in gerader Linie vom Einstieg zum Gipfel führt* [ital., < „die direkteste"]

Di|rex ⟨m.1; Schülerspr.⟩ *Direktor* [< *Direktor,* angelehnt an lat. *rex* „König"]

Dir|ham ⟨m., -(s), -(s)⟩ *Währungseinheit in Marokko, Kuwait, den Vereinigten Arabischen Emiraten u.a.* [arab. < griech. *drachme* „Drachme"]

Dir|hem ⟨m., -(s), -(s)⟩ **1** *altes arabisches und türkisches Gewicht, etwa 3,2 g, heute in der Türkei 1 g* **2** *alte arabische Silbermünze* [→*Dirham*]

Di|ri|gat ⟨n.1⟩ *(einmaliges) Dirigieren (eines Orchesters, eines Konzerts);* das D. hatte XY; unter dem D. von XY

Di|ri|gent ⟨m.10⟩ *Leiter eines Orchesters oder Chores* [zu *dirigieren*]

di|ri|gie|ren ⟨V.3, hat dirigiert⟩ **I** ⟨o.Obj.⟩ *durch Angabe von Takt, Tempo, Einsätzen u.a. die Aufführung eines musikalischen Werkes leiten;* heute abend dirigiert XY **II** ⟨mit Akk.⟩ **1** *musikalisch leiten;* ein Konzert, eine Oper d. **2** ⟨ugs.⟩ *lenken, führen, weisen;* Fremde, eine Reisegruppe durch den Verkehr d. **3** *in eine bestimmte Richtung bringen, geradrichten, nach einem Ziel richten* [< *di...* (in Zus. vor r für *dis...*) „nach allen Seiten" und *regere* „(gerade)richten"]

Di|ri|gis|mus ⟨m., -, nur Sg.⟩ *Anwendung staatlicher Kontrollen in Teilbereichen der Wirtschaft* [zu *dirigieren*]

di|ri|gi|stisch ⟨Adj., o.Steig.⟩ *in der Art des Dirigismus, auf Dirigismus beruhend*

Dirn ⟨f.10; bayr.-österr., veraltend⟩ *auf einem Bauernhof dienende Magd;* auch: *Dirne*

Dirndl ⟨n.14⟩ **1** ⟨bayr.-österr.⟩ *kleines oder junges Mädchen* **2** ⟨kurz für⟩ *Dirndlkleid*

Dirndl|kleid ⟨n.3⟩ *bayrisches oder österreichisches Trachtenkleid;* Syn. *Dirndl*

Dir|ne ⟨f.11⟩ **1** →*Dirn* **2** *Prostituierte*

Dir|nen|haus ⟨n.4⟩ →*Bordell*

dis, Dis ⟨n., -, -; Mus.⟩ *das um einen halben Ton erhöhte d bzw. D*

dis... ⟨bei vielen Wörtern Vorsilbe⟩ *weg..., auseinander..., anders* [lat. *dis...* „auseinander"]

Dis|agio ⟨[-adʒo] n., -s, nur Sg.⟩ *Betrag, um den der Kurs eines Wertpapiers unter dem Nennwert steht;* Ggs. *Agio* [< ital. *disagio* „Unbequemlichkeit, Beschwerlichkeit", < *dis...* „von weg" und *Agio*]

Dis|coun|ter ⟨[-kaun-] m.5⟩ *Inhaber eines Discountgeschäfts*

Dis|count|ge|schäft ⟨[-kaunt-] n.1⟩ *Einzelhandelsgeschäft, das bei Verzicht auf Geschäftsausstattung, Beratung, Kundendienst usw. Waren mit hohen Rabatten an Endverbraucher verkauft* [< engl. *discount* „Preisnachlaß", < engl. *dis...* „weg" und *to count* „zählen, rechnen, berechnen"]

Dis-Dur ⟨n., -, nur Sg.; Mus.⟩ *auf dem Grundton Dis aufbauende Dur-Tonart*

Dis|en|ga|ge|ment ⟨[disingeidʒmənt] n., -s, nur Sg.⟩ *Auseinanderrücken der Machtblöcke in Europa durch atomwaffenfreie oder militärisch verdünnte Zonen* [engl.]

Di|seur ⟨[-sør] m.1⟩ *Vortragskünstler im Kabarett* [< frz. *diseur* „Erzähler, Sprecher", zu *dire* „sagen, sprechen, reden"]

Di|seu|se ⟨[-søzə] f.11⟩ *weiblicher Diseur*

Dis|har|mo|nie ⟨f.11⟩ Ggs. *Harmonie* **1** *Mißklang* **2** *Mißstimmung, Uneinigkeit*

dis|har|mo|nie|ren ⟨V.3, hat disharmoniert; o.Obj.⟩ **1** *einen Mißklang bilden* **2** *uneinig sein*

di|sis, Di|sis ⟨n., -, -; Mus.⟩ *das um zwei halbe Töne erhöhte d bzw. D*

dis|junkt ⟨Adj., o.Steig.⟩ *getrennt, gesondert;* ~e Begriffe

Dis|junk|ti|on ⟨f.10⟩ **1** *Trennung, Sonderung* **2** *Gegenüberstellung zweier gegensätzlicher, aber zusammengehöriger Begriffe,* z.B. Tag-Nacht **3** ⟨Logik⟩ *Einheit zweier durch „oder" verbundener Begriffe oder Aussagen;* Ggs. *Konjunktion* [< lat. *disiunctio,* Gen. *disiunctionis,* „Trennung, Verschiedenheit, Ungleichheit, Entgegenstellung, Gegensatz", < *dis...* „auseinander" und *iungere* „verbinden, vereinigen"]

dis|junk|tiv ⟨Adj., o.Steig.⟩ *trennend, gegensätzlich und doch zusammengehörig;* Ggs. *konjunktiv;* ~e Konjunktion *ausschließlich Bindewort*

Dis|kant ⟨m.1⟩ **1** *höchste Stimmlage, Sopran* **2** *höchste Tonlage eines Instruments* (~gambe) **3** *Gegenstimme zum Cantus firmus* **4** *oberste Stimme eines mehrstimmigen Satzes* [< mlat. *discantus* „Gegengesang", eigtl. „Auseinandergesang", < *dis...* „auseinander" und *cantus* „Gesang"]

Dis|ket|te ⟨f.11⟩ *Floppy-disk* [< engl. *disk* „Scheibe" mit weibl. Verkleinerungssuffix *...ette*]

Disk|jockey ⟨-kdʒ-; [-dʒɔki] m.9⟩ *jmd., der Schallplatten auflegt und dazu unterhaltende Ansagen macht (bes. in Radiosendungen und Diskotheken* [engl., < *disk* „Scheibe, Schallplatte" und *to jockey* in seiner amerik. Nebenbedeutung „geschickt handhaben", →*Jockey*]

Dis|ko ⟨f.9; kurz für⟩ *Diskothek*

Dis|ko... ⟨in Zus.⟩ in Diskotheken üblich, z.B. Diskomode, Diskosound

Dis|ko|gra|phie ⟨f.11⟩ Verzeichnis über Schallplatten eines bestimmten Themenkreises mit technischen Angaben sowie Angaben über Besetzung, Interpretation u.a. [< engl. *disk* „Scheibe, Schallplatte" und griech. *graphein* „schreiben"]

Dis|ko|lo|gie ⟨f.11⟩ Lehre von der Interpretation und Aufzeichnung von Musik auf Tonträgern sowie von deren Vertrieb durch Schallplattengesellschaften [< engl. *disk* „Schallplatte" und griech *logos* „Wort, Lehre"]

Dis|kont ⟨m.1⟩ Zinsvergütung bei Zahlung einer noch nicht fälligen Forderung (beim Kauf von Wechseln); auch: *Diskonto* [< ital. *disconto* „Abzug", < *dis...* „weg von" und *conto* „Rechnung", → *Konto*]

Dis|kont|ge|schäft ⟨n.1⟩ Wechselgeschäft

dis|kon|tie|ren ⟨V.3, hat diskontiert; mit Akk.⟩ einen Wechsel d. vor Fälligkeit mit Zinsvergütung kaufen **Dis|kon|tie|rung** ⟨f.10⟩

dis|kon|ti|nu|ier|lich ⟨Adj., o.Steig.⟩ mit Unterbrechungen, nicht in fortlaufender Folge; Ggs. kontinuierlich

Dis|kon|ti|nui|tät ⟨f., -, nur Sg.⟩ Fehlen von Stetigkeit, unterbrochener Zusammenhang; Ggs. Kontinuität

Dis|kon|to ⟨m., -s, -s oder -ti⟩ → *Diskont*

Dis|kont|satz ⟨m.2⟩ Zinssatz

Dis|ko|phi|le ⟨m.11⟩ Liebhaber und Sammler von Schallplatten [< engl. *disk* „Scheibe, Schallplatte" und griech. *philos* „Freund"]

dis|kor|dant ⟨Adj., o.Steig.⟩ **1** nicht übereinstimmend, uneinig; Ggs. konkordant (1) **2** ⟨Mus.⟩ auf Dissonanz aufgebaut, nicht Dur und nicht Moll **3** ⟨Geol.⟩ ungleichförmig gelagert; Ggs. konkordant (2); ∼es Gestein [< lat. *discordans*, Part. Präs. zu *discordare* „nicht übereinstimmen, uneinig sein", zu *discors*, Gen. *discordis*, „uneinig, unverträglich", < *dis...* „auseinander" und *cor*, Gen. *cordis*, „Herz, Seele"]

Dis|kor|danz ⟨f.10⟩ **1** Mangel an Übereinstimmung; Ggs. Konkordanz (1) **2** ⟨Mus.⟩ dissonanter Aufbau (eines Akkords) **3** ⟨Geol.⟩ ungleichmäßige Lagerung (von Gesteinsschichten); Ggs. Konkordanz (4)

Dis|ko|thek ⟨f.10⟩ **1** Lokal, in dem Tanzmusik von Schallplatten und Tonbandgeräten der wichtigste Unterhaltungsfaktor ist **2** ⟨veraltend⟩ → *Schallarchiv*

dis|kre|di|tie|ren ⟨V.3, hat diskreditiert; mit Akk.⟩ in Mißkredit, in Verruf bringen, verleumden [< lat. *discredere* „nicht glauben, nicht trauen", < *dis...* „nicht, miß..." und *credere* „glauben, trauen, vertrauen"]

dis|kre|pant ⟨Adj., o.Steig.⟩ widersprüchlich, zwiespältig

Dis|kre|panz ⟨f.10⟩ Unstimmigkeit, Widerspruch, Mißverhältnis [< lat. *discrepantia* „Nichtübereinstimmung, Widerspruch", < *dis...* „auseinander, miß..." und *crepare* „tönen, schallen"]

dis|kret ⟨Adj.⟩ Ggs. indiskret **1** verschwiegen, taktvoll; er ist sehr d. **2** vertraulich, unauffällig; eine Sache d. behandeln [< frz. *discret* „besonnen, taktvoll, zurückhaltend" < mlat. *discretus* „abgesondert, getrennt", auch „weise, klug" zu lat. *discernere* „absondern, trennen, unterscheiden, beurteilen"]

Dis|kre|ti|on ⟨f., -, nur Sg.⟩ Ggs. Indiskretion **1** Verschwiegenheit, Takt **2** Unauffälligkeit, Vertraulichkeit; eine Angelegenheit mit D. behandeln

Dis|kri|mi|nan|te ⟨f.11; Math.⟩ Ausdruck, von dessen Wert oder Vorzeichen das Rechenergebnis abhängt [< lat. *discriminans*, Gen. *-antis*, „trennend, scheidend", → *diskriminieren*]

Dis|kri|mi|na|ti|on ⟨f.10⟩ **1** unterschiedliche Behandlung **2** Herabsetzung [zu *diskriminieren*]

dis|kri|mi|na|to|risch ⟨Adj., o.Steig.⟩ in der Art einer Diskrimination, herabsetzend

dis|kri|mi|nie|ren ⟨V.3, hat diskriminiert; mit Akk.⟩ anders behandeln (als die übrigen), herabsetzen, herabwürdigen [< lat. *discriminare* „trennen, scheiden", zu *discrimen* „Scheidelinie, Scheidewand", eigtl. „das Trennende, Scheidende", zu *discernere* „absondern, trennen, unterscheiden"]

dis|kur|rie|ren ⟨V.3, hat diskurriert; o.Obj.⟩ sich eifrig über etwas unterhalten, lebhaft etwas erörtern [< frz. *discourir* < altfrz. *discorre* „ausführlich reden, sich unterhalten, schwatzen", < lat. *discurrere* „hin und her laufen", übertr. „sich in Worten über etwas auslassen, mitteilen"]

Dis|kurs ⟨m.1⟩ lebhafte Erörterung, eifrige Unterhaltung [< lat. *discursus* „Mitteilung", zu *discurrere*, → *diskurrieren*]

dis|kur|siv ⟨Adj., o.Steig.⟩ von Begriff zu Begriff fortschreitend, logisch folgernd

Dis|kus ⟨m., -, -kus|se oder -ken⟩ **1** ⟨Sport⟩ **a** Holzscheibe mit Metallkern und Metallreifen zum Werfen **b** ⟨kurz für⟩ *Diskuswurf* **2** ⟨Bot.⟩ scheibenförmige Verdickung des Blütenbodens (z.B. bei Doldenblütlern) [< griech. *diskos* „Wurfscheibe"]

Dis|kus|si|on ⟨f.10⟩ Erörterung, Meinungsaustausch; ich lasse mich auf keine ∼en über diese Sache ein [< lat. *discussio*, Gen. *-onis*, „Untersuchung, Prüfung", zu *discutere*, → *diskutieren*]

Dis|kus|wurf ⟨m., -(e)s, nur Sg.⟩ ⟨wettkampfmäßig betriebenes⟩ Werfen eines Diskus (1a) aus einem Wurfkreis

dis|ku|ta|bel ⟨Adj.⟩ erwägenswert, annehmbar; Ggs. indiskutabel; ein diskutabler Vorschlag [zu *diskutieren*]

dis|ku|tie|ren ⟨V.3, hat diskutiert; mit Akk. oder Präp.obj.⟩ etwas d., über etwas d. über etwas Meinungen austauschen, etwas erörtern [< lat. *discutere* „auseinandertreiben, -teilen, zerteilen", übertr. „untersuchen, erörtern"]

Dis|lo|ka|ti|on ⟨f.10⟩ Veränderung der Lage, Verschiebung; Syn. Dislozierung; D. der Bruchstücke bei Knochenbrüchen; D. von Truppen, von Beamten [zu *dislozieren*]

dis|loy|al ⟨[-loaja:l] Adj.⟩ nicht loyal, unloyal

dis|lo|zie|ren ⟨V.3, hat disloziert; mit Akk.⟩ verschieben, verlagern; Truppen d. verteilen [< mlat. *dislocare* „verlegen, verrücken", < lat. *dis...* „auseinander" und *locare* „setzen, legen, stellen", zu *locus* „Ort, Platz, Stelle"]

Dis|lo|zie|rung ⟨f.10⟩ → *Dislokation*

dis-Moll ⟨n., -, nur Sg.; Mus.⟩ auf dem Grundton dis aufbauende Moll-Tonart

Dis|pa|che ⟨[-paʃ] f.11⟩ Schadensverteilung bei durch Havarie verursachten Verlusten [frz.] < ital. *dispaccio* „Erledigung"]

Dis|pa|cheur ⟨[-ʃør] m.1⟩ Sachverständiger für Dispachen

dis|pa|chie|ren ⟨[-ʃi-] V.3, hat dispachiert; mit Akk.⟩ etwas d. eine Schadensberechnung über etwas aufstellen

dis|pa|rat ⟨Adj.⟩ ungleichartig, abweichend, nicht zueinander passend [< lat. *disparatus* „getrennt, abgesondert", < *dis...* „un..." und *par* „gleich, gleich groß"]

Dis|pa|ri|tät ⟨f., -, nur Sg.⟩ Ungleichartigkeit

Dis|pat|cher ⟨[-pætʃər] m.5; in Großbetrieben⟩ leitender Angestellter, der den Produktionsablauf plant, lenkt und überwacht [< engl. *to dispatch* „befördern, erledigen"]

Dis|pens ⟨m.1⟩ Befreiung von einer Verpflichtung oder Vorschrift, Genehmigung einer Ausnahme [< kirchenlat. *dispensa* „Erteilung einer Gunst", zu *dispensare*, → *dispensieren*]

Dis|pen|sa|ti|on ⟨f.10⟩ das Dispensieren

dis|pen|sie|ren ⟨V.3, hat dispensiert; mit Akk.⟩ **1** befreien, freistellen (von einer Verpflichtung o.ä.); er ist für ein halbes Jahr vom Turnen dispensiert **2** zubereiten und abgeben; Arzneien d. [< lat. *dispensare* „zuteilen, zumessen, gleichmäßig verteilen", d.h. „abwägen und verteilen", < *dis...* „auseinander" und *pendere* „wägen, abwägen"] **Dis|pen|sie|rung** ⟨f.10⟩

di|sper|gie|ren ⟨V.3, hat dispergiert; mit Akk.⟩ fein verteilen [< lat. *dispergere* „zerstreuen, verteilen", < *dis...* vor sp für *dis...*) „auseinander" und *spargere* (in Zus. *...spergere*) „streuen, ausbreiten"]

di|spers ⟨Adj., o.Steig.; Chem.⟩ feinst verteilt [< lat. *dispersum* „zerstreut"]

Di|sper|si|on ⟨f.10⟩ **1** ⟨Phys.⟩ Zerlegung des Lichts in seine Farben (durch Brechung im Prisma) **2** ⟨Chem.⟩ feinste Verteilung eines Stoffes in einem anderen (Gas oder Flüssigkeit) **3** ⟨Ökol.⟩ Verteilungsmuster der Lebewesen im Raum

Di|sper|si|ons|far|be ⟨f.11⟩ wasserfeste, besonders gut deckende Anstrichfarbe, bei der die Farbstoffe von dem verteilenden Mittel eine Dispersion (2) bilden

Di|sper|si|ons|kle|ber ⟨m.5⟩ zum Kleben bestimmte Dispersion (2) von wasserunlöslichen, organischen Grundstoffen oder Kleblacken in Wasser (z.B. für schwarze Tapeten)

Dis|play ⟨[-plei] n.9⟩ **1** Zurschaustellung (von Waren) im Schaufenster **2** ⟨bei Geräten zur Datenverarbeitung, Meßgeräten u.a.⟩ Vorrichtung zur Umwandlung digitaler elektrischer Signale in sichtbare Zeichen (zum Ablesen) [< engl. *to display* „ausbreiten, entfalten, zeigen"]

Dis|play|er ⟨[-pleiər] m.5⟩ jmd., der Dekorationen und Verpackungen entwirft

Dis|po|nen|den ⟨Pl.⟩ vom Sortimenter nicht verkaufte Bücher, die er über den mit dem Verleger vereinbarten Abrechnungstermin hinaus weiter bei sich lagern kann [< lat. *disponendum* „das zu Verteilende", → *disponieren*]

Dis|po|nent ⟨m.10⟩ leitender Angestellter mit besonderen Vollmachten

dis|po|ni|bel ⟨Adj., o.Steig.⟩ verfügbar; disponible Geldmittel; Ggs. indisponibel

dis|po|nie|ren ⟨V.3, hat disponiert⟩ **I** ⟨mit Präp.obj.⟩ über etwas d. verfügen, etwas einteilen, verbrauchen können; über Gelder, Arbeitskräfte d. **II** ⟨o.Obj.⟩ planen, im voraus Mittel und Zeit berechnen; ich brauche Vollmachten, damit ich disponieren kann [< lat. *disponere* „in Ordnung aufstellen, zweckmäßig verteilen", eigtl. „auseinanderstellen", < *dis...* „auseinander" und *ponere* „setzen, stellen, legen"]

dis|po|niert ⟨Adj., o.Steig.⟩ **1** in einer bestimmten körperlichen Verfassung sein; vgl. indisponiert; der Sänger ist gut, schlecht d., ist heute nicht d. **2** ⟨auch⟩ gestimmt, aufgelegt **3** (für eine Krankheit) besonders empfänglich; für, zu Erkältungen d. sein

Dis|po|si|ti|on ⟨f.10⟩ **1** Planung, Vorbereitung; seine ∼en ändern **2** Gliederung; für eine Abhandlung eine D. machen **3** freie Verwendung, Verfügung; jmdm. Gelder zur D. überlassen; jmdn. zur D. ⟨Abk.: z.D.⟩ stellen einstweilen in den Ruhestand versetzen **4** Empfänglichkeit (für eine Krankheit), Veranlagung, (innere) Bereitschaft; er hat eine D. für Erkältungen; ein solcher Vorschlag muß auf eine innere D. des anderen treffen [< lat. *dispositio*, Gen. *-onis*, „Bereitstellung, Anordnung, Verteilung", zu *disponere*, → *disponieren*]

dis|po|si|ti|ons|fä|hig ⟨Adj., o.Steig.⟩ geschäftsfähig

Dis|pro|por|ti|on ⟨f.10⟩ Mißverhältnis; vgl. *Proportion*; die D. zwischen Breite und Höhe

dis|pro|por|tio|niert ⟨Adj., o.Steig.⟩ ungleich, schlecht proportioniert

Dis|put ⟨m.1⟩ *Wortwechsel, Erörterung, Streitgespräch* [zu *disputieren*]
Dis|pu|ta|ti|on ⟨f.10⟩ *wissenschaftliches Streitgespräch*
dis|pu|tie|ren ⟨V.3, hat disputiert; o.Obj. oder mit Präp.obj.⟩ *(über etwas) d. etwas wissenschaftlich erörtern, seine Meinung gegenüber anderen vertreten* [< lat. *disputare* ,,wissenschaftlich erörtern, sich unterreden", eigtl. ,,gänzlich ins reine bringen, nach allen Seiten hin betrachten", < *dis...* ,,auseinander, nach allen Seiten, gänzlich" und *putare* ,,überlegen, ins reine bringen, ordnen", zu *putus, purus* ,,rein, lauter"]
Dis|qua|li|fi|ka|ti|on ⟨f.10⟩ **1** ⟨Sport⟩ *Ausschluß aus einem Wettkampf (bei Verstoß gegen die Regeln)* **2** ⟨nur Sg.⟩ *das Untauglichsein* [zu *disqualifizieren*]
dis|qua|li|fi|zie|ren ⟨V.3, hat disqualifiziert; mit Akk.⟩ **1** *für untauglich erklären* **2** *vom sportlichen Wettkampf ausschließen* **Dis|qua|li|fi|zie|rung** ⟨f.10⟩
Dis|sens ⟨m.1⟩ *Meinungsverschiedenheit (z.B. bei Vertragsabschlüssen), Abweichung (einer Willenserklärung vom Willen)* [< lat. *dissensio* ,,Meinungsverschiedenheit, Uneinigkeit, Streit", < *dis...* ,,auseinander" und *sensus* ,,Sinn, Meinung, Denkweise"]
Dis|sen|ters ⟨Pl.; in England⟩ *die nicht der anglikanischen Kirche angehörenden Protestanten;* Syn. *Nonkonformisten;* [< engl. *dissenter* in ders. Bed. sowie allg. ,,Andersdenkender", zu *to dissent* ,,anderer Meinung sein, abweichen", →*dissidieren*]
dis|sen|tie|ren ⟨V.3, hat dissentiert; o.Obj.⟩ **1** *anderer Meinung sein* **2** *sich von einer Kirche trennen* [< lat. *dissentire* ,,uneinig sein", < *dis...* ,,auseinander" und *sentire* ,,empfinden, denken"]
Dis|ser|ta|ti|on ⟨f.10⟩ *wissenschaftliche Arbeit zur Erlangung eines Doktorgrades;* Syn. *Doktorarbeit* [< lat. *dissertatio*, Gen. *-onis*, ,,Erörterung"]
dis|ser|tie|ren ⟨V.3, hat dissertiert; o.Obj. oder mit Präp.obj.⟩ *die Dissertation schreiben; er dissertiert über Hermann Hesse; er hat vor einem halben Jahr dissertiert*
Dis|si|dent ⟨m.10⟩ **1** *jmd., der keiner staatlich anerkannten Religionsgemeinschaft angehört* **2** ⟨im kommunist. Sprachgebrauch⟩ *jmd., der von der herrschenden Ideologie abweicht* [< lat. *dissidens*, Gen. *-entis*, Part. Präs. von *dissidere* ,,nicht übereinstimmen, uneinig sein", →*dissidieren*]
Dis|si|di|en ⟨Pl.; †⟩ *Streitpunkte* [< lat. *dissidium* ,,Trennung, Scheidung", zu *dissidere*, →*dissidieren*]
dis|si|die|ren ⟨V.3; o.Obj.⟩ **1** ⟨hat dissidiert⟩ *anders denken* **2** ⟨ist dissidiert⟩ *aus der Kirche austreten* [< lat. *dissidere* ,,getrennt, uneinig sein, sich getrennt halten", eigtl. ,,auseinandersitzen", < *dis...* ,,auseinander" und *sedere* ,,sitzen"]
Dis|si|mi|la|ti|on ⟨f.10⟩ Ggs. *Assimilation, Simulation* **1** ⟨allg.⟩ *Unähnlichmachen, Veränderung* **2** ⟨Sprachw.⟩ *Unähnlichwerden zweier benachbarter Laute oder Ausfall eines von zwei ähnlichen Lauten, z.B. in ,,fünf" aus mhd. ,,fimf"; ,,Pfennig" statt ,,pfenning"* **3** *Abbau energiereicher und chemisch kompliziert aufgebauter Verbindungen in energieärmere und einfachere Stoffe (als Stoffwechselvorgang aller Lebewesen)* [< lat. *dissimilis* ,,unähnlich, ungleich"]
dis|si|mi|lie|ren ⟨V.3, hat dissimiliert; mit Akk.⟩ **1** *unähnlich machen* **2** *(in der Umgebung von Ähnlichem) ausstoßen;* in einem Wort wird im Laufe der Sprachgeschichte ein Laut dissimiliert, z.B. r in ,,fodern" statt ,,fordern" [< lat. *dissimilis* ,,ungleich, unähnlich", < *dis...* ,,auseinander" und *similis* ,,ähnlich"]
Dis|si|mu|la|ti|on ⟨f.10⟩ *bewußtes Verheimlichen von Krankheitszeichen;* Ggs. *Simula-*

tion [< lat. *dissimulatio*, Gen. *-onis* ,,das Unkenntlichmachen"]
dis|si|mu|lie|ren ⟨V.3, hat dissimuliert; mit Akk.⟩ *verheimlichen, verbergen;* Ggs. *simulieren (2); Krankheitserscheinungen d.* [< lat. *dissimulare* ,,unkenntlich machen, verstecken, sich verstellen", < *dis...* ,,nicht, un..." und *simulare* ,,ähnlich machen", zu *similis* ,,ähnlich"]
Dis|si|pa|ti|on ⟨f.10⟩ *Zerstreuung der Energie (z.B. bei der Verwandlung von Wärme in Arbeit);* Syn. *Degradation (2)* [< lat. *dissipatio*, Gen. *-onis*, ,,Zersplitterung"]
dis|si|pie|ren ⟨V.3, hat dissipiert; o.Obj.⟩ *sich in verschiedene Energiearten aufteilen*
dis|so|lu|bel ⟨Adj., o.Steig.; Chem.⟩ *auflösbar, löslich, schmelzbar, zerlegbar* [< lat. *dissolubilis* in ders. Bed., zu *dissolvere* ,,auflösen, zerlegen"]
dis|sol|vie|ren ⟨V.3, hat dissolviert; mit Akk.⟩ *auflösen, zerteilen, schmelzen* [< lat. *dissolvere* ,,auflösen", < *dis...* ,,auseinander" und *solvere* ,,lösen"]
dis|so|nant ⟨Adj.⟩ *mißtönend, nicht zusammenstimmend, auseinanderstrebend;* Ggs. *konsonant*
Dis|so|nanz ⟨f.10⟩ **1** ⟨Mus.⟩ *Mißklang, nach Auflösung verlangender Akkord;* Ggs. *Konsonanz* **2** ⟨allg.⟩ *Uneinigkeit, Meinungsverschiedenheit, Streit* [< lat. *dissonantia* ,,Mißklang", zu *dissonare*, →*dissonieren*]
dis|so|nie|ren ⟨V.3, hat dissoniert; o.Obj.; Mus.⟩ *schlecht zusammenklingen, nach Auflösung verlangen* [< lat. *dissonare* ,,schlecht klingen, nicht übereinstimmen", < *dis...* ,,nicht, miß..." und *sonare* ,,tönen"]
Dis|so|zia|ti|on ⟨f.10⟩ **1** *Zerfall von Molekülen in einfachere Teilchen (z.B. Ionen)* **2** *Abspaltung von Vorstellungen (z.B. bei psychischen Störungen)* [< lat. *dissociatio*, Gen. *-onis*, ,,Trennung"; vgl. *Assoziation (2)*]
dis|so|zia|tiv ⟨Adj.⟩ *auflösend, trennend;* Ggs. *assoziativ*
dis|so|zi|ie|ren ⟨V.3, hat dissoziiert⟩ **I** ⟨o.Obj.⟩ **1** *sich in seine Bestandteile auflösen; ein Stoff dissoziiert* **2** *sich in Ionen aufspalten* **II** ⟨mit Akk.⟩ *trennen, auflösen;* Ggs. *assoziieren*
di|stal ⟨Adj.⟩ *von einem Zentrum des Körpers weiter entfernt als entsprechende andere Teile* [< lat. *distare* ,,getrennt stehen"]
Di|stanz ⟨f.10⟩ **1** *Abstand, Entfernung; ich kann das aus dieser D. nicht erkennen; einen Vogel über eine D. von 50 m erkennen* **2** *zurückzulegende Strecke; das Rennen geht über eine D. von 1000 m* **3** *Zurückhaltung (gegenüber anderen Menschen); die D. jmdm. gegenüber wahren; jmdm. gegenüber D. halten* **4** ⟨Boxen⟩ *Zeit der angesetzten Runden; der Kampf geht über eine D. von 8 Runden* [< lat. *distantia* ,,Abstand, Entfernung"]
Di|stanz|ge|schäft ⟨n.1⟩ *Geschäft zwischen Partnern an verschiedenen Orten*
di|stan|zie|ren ⟨V.3, hat distanziert; refl.⟩ **1** *sich von etwas oder jmdm. d. abrücken, nichts mit einer Sache oder Person zu tun haben wollen; distanziert zurückhaltend, auf Abstand bedacht* **2** *sich d. (beim sportlichen Wettkampf) den Gegner hinter sich lassen, überholen* [zu *Distanz*]
Di|stanz|ritt ⟨m.1⟩ *Reitwettbewerb über große Entfernungen im freien Gelände (bis zu 100 km)*
Di|stanz|wech|sel ⟨m.5⟩ *Wechsel mit unterschiedlichen Ausstellungs- und Zahlungsort*
Di|stel ⟨f.11⟩ **1** ⟨i.w.S.⟩ *stachelige Pflanze (meist aus der Familie der Korbblütler)* **2** ⟨i.e.S.⟩ *aus den Korbblütlern mit stacheligen Blatträndern und Stengel und großem, rötlich-violettem Blütenkopf*
Di|stel|fal|ter ⟨m.5⟩ *(weltweit verbreiteter) oberseits orangefarbener Tagfalter mit schwarzen und weißen Flecken (bes. an den Flügelspitzen)* [die Raupe frißt an *Disteln*]

Di|stel|fink ⟨m.10⟩ →*Stieglitz* [der Vogel frißt gern *Distelsamen*]
Di|sthen ⟨m.1⟩ *meist bläuliches Mineral, Aluminiumsilicat* [vermutlich < lat. *dis...* ,,gegensätzlich" und griech. *sthenos* ,,Kraft", nach der in Längs- und Querrichtung unterschiedlichen Härte]
Di|sti|chon ⟨[-çon] n., -s, -chen⟩ *Verspaar aus Hexameter und Pentameter* [< griech. *distichos* ,,zweizeilig", < *di...* ,,zweifach" und *stichos* ,,Reihe, Linie"]
di|stin|guiert ⟨[-girt] Adj.⟩ *vornehm* [über frz. *distingué* ,,vornehm" < lat. *distinguere* ,,absondern, unterscheiden"]
di|stinkt ⟨Adj.⟩ *deutlich, verständlich*
Di|stink|ti|on ⟨f.10⟩ **1** ⟨nur Sg.⟩ *(hoher) Rang, Würde; ein Mann von höchster, größter D.* **2** ⟨nur Sg.⟩ *Hochachtung, Respekt; mit großer D. von jmdm. sprechen* **3** ⟨österr.⟩ *Rangabzeichen* [< lat. *distinctio*, Gen. *-onis*, ,,Unterscheidung, Unterschied", zu *distinguere* ,,unterscheiden"]
di|stink|tiv ⟨Adj., o.Steig.⟩ *auszeichnend, unterscheidend*
Di|tor|si|on ⟨f.10⟩ →*Verstauchung* [< lat. *distorsio*, Gen. *-onis*, ,,Verdrehung, Verrenkung", zu *distorquere* ,,verdrehen, verrenken"]
di|stra|hie|ren ⟨V.3, hat distrahiert; mit Akk.⟩ *auseinanderziehen, trennen* [< lat. *distrahere* ,,auseinanderziehen", < *dis...* ,,auseinander" und *trahere* ,,ziehen"]
Di|strak|ti|on ⟨f.10⟩ **1** *Auseinanderziehen, Trennung* **2** *Behandlung eines Knochenbruchs mittels Streckverband* **3** *seitliche Zerrung von Teilen der Erdkruste* [< lat. *distractio*, Gen. *-onis*, ,,das Auseinanderziehen" zu *distrahere*, →*distrahieren*]
Di|streß ⟨m.1⟩ *Maß an Streß, das von einer Person nicht mehr ertragen wird* [< engl. *distress* ,,Qual, Notlage", →*Streß*]
Di|stri|bu|ent ⟨m.10; veraltend⟩ *Verteiler* [zu *Distribution*]
Di|stri|bu|ti|on ⟨f.10⟩ **1** *Verteilung, Auflösung* **2** ⟨Sprachw.⟩ **a** *Vorkommen, Verteilung eines sprachlichen Elements in einer größeren sprachlichen Einheit* **b** *Umgebung, in der ein sprachliches Element vorkommen kann* [< lat. *distributio*, Gen. *-onis*, ,,Verteilung, Auflösung", zu *distribuere* ,,verteilen, logisch einteilen"]
di|stri|bu|tiv ⟨Adj., o.Steig.⟩ **1** *verteilend;* ~*es Gesetz Gesetz, das die Multiplikation einer Summe mit einem Faktor regelt* **2** ⟨Sprachw.⟩ *in einer bestimmten Umgebung vorkommend*
Di|stri|bu|ti|vum ⟨n., -s, -va⟩, **Di|stri|bu|tiv|zahl** ⟨f.10⟩ *Einteilungszahl, z.B. je zwei*
Di|strikt ⟨m.1⟩ **1** *Bereich, Bezirk* **2** *Verwaltungsbezirk* [< lat. *districtus* ,,das Land um eine Stadt, Umgebung", als Adj. ,,zerstreut"]
Dis|zi|plin ⟨f.10⟩ **1** ⟨nur Sg.⟩ *Zucht, straffe Ordnung, Einordnung;* Ggs. *Indiszipin; D. haben; D. halten; keine D. haben* **2** *Fach-, Wissensgebiet, Fachrichtung* [< lat. *disciplina* ,,Erziehung, Zucht; Unterricht, Wissen, einzelne Wissenschaft", zu *discipulus* ,,Schüler, Lehrling"]
dis|zi|pli|när ⟨Adj., o.Steig.⟩ **1** →*disziplinell* **2** ⟨österr.⟩ **a** *die Dienstordnung betreffend, auf ihr beruhend;* ~*e Verantwortung* **b** ⟨auch⟩ *disziplinarisch; d. gegen jmdn. vorgehen*
Dis|zi|pli|nar|ge|walt ⟨f.10⟩ *Befugnis, Disziplinarstrafen zu verhängen, Dienststrafgewalt*
dis|zi|pli|na|risch ⟨Adj.⟩ *auf Disziplinargewalt beruhend, mit Hilfe einer Disziplinarstrafe; d. gegen jmdn. vorgehen*
Dis|zi|pli|nar|stra|fe ⟨f.11⟩ *Strafe für ein Dienstvergehen;* Syn. *Dienststrafe*
Dis|zi|pli|nar|ver|ge|hen ⟨n.7⟩ *Vergehen gegen die Dienstvorschriften*
dis|zi|pli|nell ⟨Adj., o.Steig.⟩ *die Disziplin (1) betreffend, auf ihr beruhend;* Syn. *diszipli-*

disziplinert

när; jmdn. aus ~en Gründen von der Schule verweisen

dis|zi|pli|niert ⟨Adj.⟩ straffe Ordnung haltend, sich gut einordnend; Ggs. indiszipliniert, ⟨auch⟩ undiszipliniert; er ist sehr d.; er verhielt sich d.

Di|thy|ram|be ⟨f.11⟩ **1** ⟨urspr.⟩ Chorlied zu Ehren des griechischen Gottes Dionysos **2** ⟨dann⟩ begeistertes Lob-, Festlied [< griech. Dithyrambos, Beiname des Gottes Dionysos (Bacchus)]

di|to ⟨Adv.; Abk.: do., dto.⟩ ebenso, gleichfalls, desgleichen; auch ⟨österr.⟩: detto [< ital. ditto, detto „gesagt", hier im Sinne von „wie schon gesagt" zu dire „sagen, sprechen"]

Dit|to|gra|phie ⟨f.11⟩ **1** fehlerhafte Doppelschreibung von Buchstaben; Ggs. Haplographie **2** ⟨bei antiken Schriftstellern⟩ zweierlei Lesart von Stellen [< griech. ditto...„zweifach, doppelt" und graphein „schreiben"]

Di|ure|se ⟨f.11⟩ Harnausscheidung durch die Nieren [< griech. di... „durch" und ouresis „das Harnen"]

Di|ure|ti|kum ⟨n., -s, -ka⟩ harntreibendes Mittel [zu Diurese]

di|ure|tisch ⟨Adj., o.Steig.⟩ harntreibend

Di|ur|nal ⟨n.1⟩ **Di|ur|na|le** ⟨n., -s, -lia; kath. Kirche⟩ Gebetbuch der Geistlichen mit den Stundengebeten [< lat. diurnus „zum Tag, zu einem Tag gehörig", zu dies „Tag"]

Di|va ⟨f., -, -s oder -ven⟩ gefeierte Bühnen- oder Filmkünstlerin [< ital. diva „Göttin"]

Di|van ⟨m.1⟩ → Diwan

di|ver|gent ⟨Adj.⟩ auseinanderstrebend, abweichend, in entgegengesetzter Richtung verlaufend; Ggs. konvergent [zu divergieren]

Di|ver|genz ⟨f.10⟩ Auseinanderstreben, Abweichung, Meinungsverschiedenheit; Ggs. Konvergenz

di|ver|gie|ren ⟨V.3, hat divergiert; o.Obj.⟩ abweichen, auseinandergehen; Ggs. konvergieren [< frz. diverger < lat. di... (in Zus. vor v für dis...) „auseinander" und vergere „sich erstrecken, liegen"]

di|vers ⟨[-vɛrs] Adj., o.Steig.⟩ verschieden; ~e Papiere, Sorten; Diverses Verschiedenes (was man nicht einordnen kann) [< lat. diversus „entgegengesetzt, verschieden", < di... (in Zus. vor v für dis...) „auseinander" und vertere „wenden, drehen"]

Di|ver|sant ⟨m.10; im kommunist. Sprachgebrauch⟩ Saboteur

Di|ver|si|fi|ka|ti|on ⟨f.10⟩ Erweiterung des Tätigkeitsbereichs eines Unternehmens auf neue Produkte, Märkte, Branchen usw. [< mlat. diversificare „verteilen", < lat. diversus (→ divers) und ...ficare (in Zus. für facere) „machen"]

Di|ver|si|on ⟨f.10⟩ **1** Ablenkung, Richtungsänderung **2** ⟨im kommunist. Sprachgebrauch⟩ Sabotage [< lat. diversio „Ablenkung", zu divertere „auseinandergehen"]

Di|ver|ti|kel ⟨n.5⟩ bauchige Ausstülpung eines Hohlorgans (z.B. am Darm) [< lat. diverticulum „Abweichung, Seitenweg"]

Di|ver|ti|men|to ⟨n., -s, -s oder -ti⟩, **Di|ver|tisse|ment** ⟨[-tis(ə)mã] n., -s⟩ unterhaltendes, der Suite ähnliches Musikstück in mehreren Sätzen [< ital. divertimento „heiteres, leichtes Musikstück", zu divertire „unterhalten, zerstreuen, auf andere Gedanken bringen"]

Di|vi|dend ⟨m.10⟩ Zahl, die geteilt werden soll; Ggs. Divisor [< lat. dividendum „etwas, das geteilt werden soll", zu dividere „teilen"]

Di|vi|den|de ⟨f.11⟩ auf eine Aktie entfallender Gewinnanteil [zu dividere, → dividieren]

di|vi|die|ren ⟨V.3, hat dividiert; mit Akk.⟩ teilen; eine Zahl durch eine andere d. [< lat. dividere „trennen, teilen, zerteilen"]

Di|vi|na|ti|on ⟨f., -, nur Sg.⟩ Ahnungsvermögen, Sehertum, Wahrsagekunst [< lat. divina-

tio in ders. Bed., zu divinus „göttlich, vom Gott inspiriert", zu divus „Gott"]

di|vi|na|to|risch ⟨Adj., o.Steig.⟩ seherisch

Di|vi|ni|tät ⟨f., -, nur Sg.⟩ Göttlichkeit [< lat. divinitas, Gen. -atis, „Göttlichkeit", zu divinus „göttlich", zu divus, deus „Gott"]

Di|vis ⟨n.1⟩ Bindestrich, Abteilungszeichen [< lat. divisor, „Abteiler, Abschneider"]

di|vi|si|bel ⟨Adj., o.Steig.⟩ teilbar; divisible Zahl Zahl, die geteilt werden kann [zu dividieren]

Di|vi|si|on ⟨f.10⟩ **1** Teilung, Grundrechenart, durch die bestimmt wird, wie oft eine Größe in einer gleichartigen zweiten Größe enthalten ist **2** ⟨Mil.⟩ **a** aus Teilen aller wesentlichen Waffengattungen gebildeter Großverband (zur selbständigen Gefechtsführung) **b** ⟨Luftwaffe⟩ Großverband aus mehreren Geschwadern **c** ⟨Mar.⟩ Teil eines Geschwaders [< lat. divisio, Gen. -onis, „Teilung", zu dividere „teilen"]

Di|vi|sio|när ⟨m.1; schweiz.⟩ Befehlshaber einer Division

Di|vi|sor ⟨m.13⟩ Zahl, durch die eine andere Zahl geteilt werden soll; Ggs. Dividend [lat., „Teiler"]

Di|wan ⟨m.1⟩ auch: Divan **1** ⟨früher⟩ türkische Regierung oder Amtsstelle **2** ⟨veraltend⟩ Ruhebett ohne Rückenlehne **3** ⟨österr.⟩ Sofa **4** Gedichtsammlung eines einzelnen islamischen Verfassers; Westöstlicher D. (Dichtwerk von Goethe) [< frz. divan < pers. diwan „Amtszimmer sowie Sitz des Beamten, Rat, Staatsrat, Gerichtshof"]

di|xi ich habe (es) gesagt, basti! [lat.]

Di|xie|land ⟨[-lænd] **I** ⟨-, -(s), nur Sg.⟩ ⟨amerik. Bez. für⟩ die Südstaaten der USA **II** ⟨m., -(s), nur Sg.; kurz für⟩ Dixieland-Jazz

Di|xie|land-Jazz ⟨[-lænddʒæz] m., -, nur Sg.⟩ durch weiße Musiker entwickelte Abart des nordamerikanischen Jazz

d.J. **1** ⟨Abk. für⟩ dieses Jahres, z.B. am 3.Mai d.J. **2** ⟨Abk. für⟩ der Jüngere, z.B. Holbein d.J.

DK 1 ⟨abkürzendes Länderkennzeichen für⟩ Dänemark **2** ⟨Abk. für⟩ Dezimalklassifikation

dkg ⟨österr., veraltend; Abk. für⟩ Dekagramm

DKP ⟨Abk. für⟩ Deutsche Kommunistische Partei

dkr ⟨Abk. für die Währungseinheit⟩ dänische Krone

DLRG ⟨Abk. für⟩ Deutsche Lebens-Rettungs-Gesellschaft (Rettungsdienst an Badeplätzen)

dm ⟨Zeichen für⟩ Dezimeter

DM ⟨Abk. für⟩ Deutsche Mark

d.m. ⟨Abk. für⟩ destra mano: rechte Hand

d.M. ⟨Abk. für⟩ dieses Monats

d-Moll ⟨n., -, nur Sg.; Mus.⟩ auf dem Grundton d aufbauende Moll-Tonart

DNA ⟨f., -, nur Sg.⟩ hochmolekulare organische Verbindung, die als Träger der genetischen Information wichtigster Bestandteil lebender Zellen ist; Syn. Desoxyribonucleinsäure, DNS [Abk. für engl. Desoxyribonucleic acid, → Desoxyribonucleinsäure]

DNS ⟨f., -, nur Sg.; Abk. für⟩ Desoxyribonucleinsäure, → DNA

do. ⟨Abk. für⟩ dito

d.O. ⟨Abk. für⟩ der, die Obige (unter Nachschriften in Briefen, anstelle einer nochmaligen Unterschrift)

Do ⟨Abk. für⟩ Donnerstag

Dö|bel[1] ⟨m.5; bes. norddt.⟩ → Aitel [vielleicht zu Dübel, nach der drehrunden Form des Fisches]

Dö|bel[2] ⟨m.5; norddt.⟩ → Dübel (1)

Do|ber|mann ⟨m.4⟩ glatthaariger mittelgroßer Hund, glänzend schwarz (stellenweise dunkelbraun, bes. unterseits), mit gestutzten Stehohren und kupierter Rute (u.a. als Schutzhund) [nach dem Züchter Karl Dobermann]

doch I ⟨Adv.⟩ **1** ⟨als gegensätzlich-bejahende Antwort⟩ „Bitte tu das nicht!" „Doch!" „Hat er nicht angerufen?" „Doch!" **2** ⟨verstärkend⟩ ja d.!; nein d.!; o d.!; paß d. auf!; komm d.! **3** dennoch, trotzdem; und nun gehe d. hin!; alle haben d. gewarnt, und er hat es d. getan; das Wetter war heiß und d. nicht drückend **4** ⟨im Sinne von⟩ obwohl es nicht so schien; er kommt also d. **5** ⟨zum Ausdruck der Hoffnung oder des Sichvergewisserns⟩ du wirst d. kommen? bald?; das hast du d. gewußt? **6** ⟨im Sinne von⟩ es ist ja bekannt, wir wissen es beide oder alle; das habe ich dir d. schon vorher gesagt; ich kann d. nicht fort; ich muß d. bei dem Kind bleiben **II** ⟨Konj.⟩ zur Einleitung eines entgegenstellenden Hauptsatzes⟩ dennoch, trotzdem; er war ärgerlich, d. er bezwang seinen Unmut; eine Stunde war vergangen, d. hatte sich noch niemand blicken lassen

doch|misch ⟨Adj., o.Steig.⟩ in der Art eines Dochmius

Doch|mi|us ⟨m., -, -mi|en⟩ fünfteiliger Vers aus Jambus und Kretikus, der durch Verlängerung der Kürzen und Auflösung der Längen die verschiedensten Formen annehmen kann [latinisiert < griech. dochmios „in die Quere gehend, schief, schräg"]

Docht ⟨m.1; in Kerzen und Lampen⟩ Baumwollschnur, in der Brennstoff hochsteigt und am oberen Ende durch die Wärme vergast und verbrennt

Dock ⟨n.9⟩ **1** Anlage zum Trockensetzen und Reparieren von Schiffen; ein Schiff liegt im D., geht in(s) D. **2** durch Tore abgeschlossenes, vom Außenwasserstand unabhängiges Hafenbecken [< ndrl. dok, mndrl. docke in ders. Bed.]

Docke ⟨-k|k-; f.11; veraltend⟩ **1** Garnmaß **2** gedrehte Garnsträhne **3** Bündel aus Getreide, Getreidepuppe **4** kleiner, walzenförmiger Gegenstand (Säule, Stummel, Zapfen u.a.) [< mhd. tocke „Puppe"]

docken[1] ⟨-k|k-; V.1, hat gedockt⟩ **I** ⟨mit Akk.⟩ **1** ins Dock legen; ein Schiff d. **2** ankoppeln; ein Raumfahrzeug d. **II** ⟨o.Obj.⟩ im Dock liegen

docken[2] ⟨-k|k-; V.1, hat gedockt; mit Akk.⟩ zu Docken (2) bündeln; Garn d.

Docker ⟨-k|k-; m.5⟩ Arbeiter in einem Dock

Docking ⟨-k|k-; n.9; Weltraumfahrt⟩ das Aneinanderkoppeln zweier Raumfahrzeuge [engl., zu to dock „in ein Dock bringen; in einem Dock festmachen, vertäuen"]

Do|de|ka|dik ⟨f., -, nur Sg.⟩ Duodezimalsystem [< griech. dodeka „zwölf"]

do|de|ka|disch ⟨Adj., o.Steig.⟩ → duodezimal

Do|de|ka|eder ⟨m.5 oder n.5⟩ von zwölf Flächen begrenzter Körper; Syn. Zwölfflach, Zwölfflächner [< griech. dodeka „zwölf" und hedra „Grundlage, Grundfläche"]

Do|de|ka|pho|nie ⟨f., -, nur Sg.⟩ → Zwölftonmusik [< griech. dodeka „zwölf" und phone „Ton, Klang, Stimme"]

do|de|ka|pho|nisch ⟨Adj., o.Steig.⟩ auf der Zwölftonreihe beruhend, atonal

Do|el|len|stü|cke ⟨-k|k-; (-p) Pl.⟩ Gemälde niederländischer Maler des 16./17.Jahrhunderts mit Darstellungen von Schützengilden und -gesellschaften [< ndrl. doel, zu mndrl. doel „Sandhaufen als Zielscheibe", auch „Schießbahn"]

Doe|skin ⟨[do-] oder [dou-] m., -, -(s), nur Sg.; Wz.⟩ kräftiger Wollstoff (für Herrenmäntel) [engl., < doe „weibliches Tier" (beim Reh, Damwild u.a.) und skin „Haut, Fell"]

Do|ga|res|sa ⟨f., -, -res|sen⟩ Gemahlin des Dogen [ital.]

Dog|cart ⟨m.9⟩ leichter, einspänniger Jagd- und Sportwagen mit zwei Rädern [engl., „Hundewagen"]

Do|ge ⟨[doʒə] oder [doʒə] m.11; früher⟩ Oberhaupt der Republiken Venedig und Ge-

nua [venezianische Weiterbildung zu lat. *dux*, Gen. *ducis*, „Führer"]

Dog|ge ⟨f.11⟩ *Vertreter einer Gruppe von Hunden (verschiedener Rasse) von großer, kräftiger Gestalt und kurzem, glatten Haar* [< engl. *dog* „Hund"]

Dog|ger[1] ⟨m.5⟩ *niederländisches, zweimastiges Fischereiboot* [vermutlich zu mndrl. *dogge* „Boot mit Schleppnetz"]

Dog|ger[2] ⟨m., -s, nur Sg.⟩ *Abschnitt der Erdgeschichte, mittlere Abteilung des Juras* [engl.]

Dög|ling ⟨m.1⟩ → *Entenwal* [schwed.]

Dog|ma ⟨n., -s, -men⟩ **1** *Glaubenssatz, kirchlicher Lehrsatz mit dem Anspruch unbedingter Gültigkeit* **2** ⟨übertr.⟩ *starre Lehrmeinung* [< griech. *dogma* „Meinung, Grundsatz, Lehrsatz", zu *dokein* „glauben, meinen"]

Dog|ma|tik ⟨f.10⟩ *systematische Darstellung von Dogmen, Glaubenslehre*

Dog|ma|ti|ker ⟨m.5⟩ **1** *Verfechter eines Dogmas* **2** *Lehrer der Dogmatik*

dog|ma|tisch ⟨Adj.⟩ **1** *auf einem Dogma beruhend* **2** ⟨übertr.⟩ *starr an ein Dogma gebunden*

dog|ma|ti|sie|ren ⟨V.3, hat dogmatisiert; mit Akk.⟩ *von Dogma machen*

Dog|ma|tis|mus ⟨m., -, nur Sg.⟩ **1** *starres Festhalten an einem Dogma* **2** ⟨übertr.⟩ *unkritisches, von Lehrmeinungen abhängiges Denken*

Doh|le ⟨f.11⟩ *taubengroßer, schwarzer Rabenvogel mit grauem Nacken* [vermutlich zu (landsch.) *dalen* „schwatzen", nach den vielfältigen Lautäußerungen]

Doh|ne ⟨f.11; früher⟩ *Schlinge zum Vogelfang* [< ahd. *dona* „Zweig", vermutlich biegsamer Weidenzweig zur Herstellung von Schlingen]

Do it yourself [du ɪt jɔːˈsɛlf] *Schlagwort für) handwerkliche Selbsthilfe* [engl., „tu es selbst"]

Do|ki|ma|sie ⟨f., -, nur Sg.⟩ **1** ⟨im alten Griechenland⟩ *Prüfung, Untersuchung der Anwärter für staatliche Wahlämter* **2** ⟨Met.⟩ *Schmelzverfahren zur Prüfung eines Stoffes auf seinen Metallgehalt; auch: Dokimastik* [< griech. *dokimasia* „Prüfung, Untersuchung"]

Do|ki|ma|stik ⟨f., -, nur Sg.⟩ → *Dokimasie (2)*

dok|tern ⟨V.1, hat gedoktert; kurz für⟩ *herumdoktern*

Dok|tor ⟨m.13; Abk.: Dr., Pl. Dres., evang. Theol.: D⟩ **1** *akademischer Grad, der durch eine wissenschaftliche Arbeit und mündliche Prüfung erworben wird; den D. machen; den D. bauen* ⟨ugs.⟩; *zum D. promovieren* **2** *jmd., der einen Doktortitel besitzt; er ist D.* **3** ⟨volkstümlich⟩ → *Arzt; zum D. gehen; den D. holen* [< lat. *doctor* „wissenschaftlich gebildeter Lehrer", zu *docere* „lehren, Unterricht geben"]

Dok|to|rand ⟨m.10⟩ *jmd., der sich auf die Doktorprüfung vorbereitet*

Dok|tor|ar|beit ⟨f.10⟩ → *Dissertation*

Dok|to|rat ⟨n.1⟩ **1** *Doktorgrad* **2** ⟨österr.⟩ *Prüfung zur Erlangung eines Doktorgrades*

Dok|tor|fisch ⟨m.1⟩ *ein farbenprächtiger, tropischer Knochenfisch (bes. in Korallenriffen)* [trägt an der Schwanzwurzel einen messerscharfen Dorn, der an das Skalpell eines Arztes (eines „Doktors") erinnert]

Dok|tor|hut ⟨m.2⟩ *schwarze Kappe mit plattenförmigem Aufsatz und herabhängender Quaste (früher bei der Verleihung eines Doktortitels getragen, heute noch gelegentlich bei feierlichen Anlässen an den Universitäten)*

dok|to|rie|ren ⟨V.3, hat doktoriert; o.Obj.⟩ → *promovieren (I)*

Dok|tor|va|ter ⟨m.2⟩ *Universitätsprofessor, der einen Doktoranden betreut*

Dok|trin ⟨f.10⟩ **1** *Lehrsatz* **2** ⟨übertr.⟩ *starre Lehrmeinung* [< lat. *doctrina* „Belehrung, Unterricht, Wissenschaft", zu *docere* „lehren, Unterricht geben"]

dok|tri|när ⟨Adj.⟩ **1** *in der Art einer Doktrin* **2** ⟨übertr.⟩ *starr an einer Doktrin festhaltend, engstirnig*

Dok|tri|när ⟨m.1⟩ **1** *Verfechter einer Doktrin* **2** ⟨übertr.⟩ *jmd., der starr an einer Doktrin festhält*

Dok|tri|na|ris|mus ⟨m., -, nur Sg.⟩ *starres, einseitiges Festhalten an einer Doktrin*

Do|ku|ment ⟨n.1⟩ *Urkunde, amtliches Schriftstück, als Beweis dienendes Schriftstück* [< lat. *documentum* „Lehre, Belehrung, Beweis, der zum Beispiel dienen kann", zu *docere* „lehren, Unterricht geben"]

Do|ku|men|ta|list ⟨m.10⟩ *jmd., der nach fachlicher Ausbildung auf dem Gebiet der Information und Dokumentation tätig ist;* Syn. *Dokumentar*

Do|ku|men|tar ⟨m.1⟩ → *Dokumentalist*

Do|ku|men|tar|film ⟨m.1⟩ *Film, der Begebenheiten aufgrund von Dokumenten der Wirklichkeit entsprechend darstellt*

do|ku|men|ta|risch ⟨Adj., o.Steig.⟩ *mit Hilfe von Dokumenten, urkundlich*

Do|ku|men|ta|rist ⟨m.10⟩ *Verfasser von Dokumentarfilmen oder -berichten*

Do|ku|men|ta|ti|on ⟨f.10⟩ **1** *Beweisführung aufgrund von Dokumenten* **2** *Sammlung und Nutzbarmachung von Dokumenten (z.B. Zeitschriftenartikeln, Büchern, Urkunden)*

do|ku|men|tie|ren ⟨V.3, hat dokumentiert; mit Akk.⟩ *durch Dokumente belegen, urkundlich beweisen*

Dol ⟨n., -, nur Sg.⟩ *Maß der Schmerzintensität (gemessen in einer Skala von 1 bis 10, bei mehr als 10 Dol Ohnmacht)* [gekürzt < lat. *dolor* „Schmerz"]

Dol|by-Sy|stem ⟨n.1; Wz.⟩ *bei Kassettenrecordern u.a.) System zur Unterdrückung von Störgeräuschen* [nach dem amerik. Elektrotechniker R.M. Dolby]

dol|ce ⟨[-tʃe] Mus.⟩ *sanft, süß* [ital.]

Dol|ce far ni|en|te ⟨[-tʃə-] n., -, nur Sg.⟩ *süßes Nichtstun* [< ital. *dolce far niente* „(es ist) süß, nichts (zu) tun"]

Dol|ce vi|ta ⟨[- tʃə] n., - -, nur Sg.⟩ *das moderne ausschweifende Müßiggängertum* [ital., „süßes Leben"]

Dolch ⟨m.1⟩ *kurze, meist doppelschneidige Stoßwaffe*

Dol|ci|an ⟨n.1⟩ **1** ⟨im 16./17.Jh. Bez. für⟩ *Fagott; auch: Dulzian* **2** *eine Orgelstimme* [< ital. *dolce* „süß"]

Dol|de ⟨f.11⟩ *Blütenstand, bei dem aus einem Punkt der pflanzlichen Hauptachse mehrere gleich lange Seitenachsen entspringen*

Dol|den|blüt|ler ⟨m.5⟩ *Vertreter einer Pflanzenordnung, deren Blüten in Dolden wachsen*

Dol|den|ge|wächs ⟨n.1⟩ *ein Doldenblütler (meist in den außertropischen Gebieten der nördlichen Erdhälfte verbreitet (z.B. Anis, Dill, Fenchel, Kümmel, Möhre, Schierling)*

Dol|drums ⟨Pl.⟩ *äquatoriale Gebiete mit veränderlichen Winden und Windstillen* [< engl. *doldrums* in ders. Bed., auch „Kummer, Niedergeschlagenheit", vielleicht zu *dull* „trübe, matt, flau", die Endung *-drum* nach dem Muster *tantrum* (†) „schlechte Laune" gebildet]

Do|le ⟨f.11⟩ *verdeckte Sickergrube* [wie *Tülle* urspr. < mhd. *dole* „Röhre, Rinne"]

do|len|te ⟨Mus.⟩ → *doloroso*

Do|le|rit ⟨m.1⟩ *grobkörnige Abart des Basalts* [< griech. *doleros* „trügerisch", wegen seiner Ähnlichkeit mit Diorit]

do|li|cho|ke|phal ⟨[-ço-] Adj., o.Steig.⟩ *langköpfig;* Ggs. *brachykephal* [< griech. *dolichos* „lang" und *kephale* „Kopf"]

Do|li|cho|ke|pha|lie ⟨[-ço-] f., -, nur Sg.⟩ *lange Kopfform;* Ggs. *Brachykephalie*

Do|li|ne ⟨f.11; in Karstgebieten⟩ *trichter- oder schüsselförmige Vertiefung im Boden* [< slowen. *dolina* „Tal"]

doll ⟨Adj.; norddt.⟩ → *toll*

Dol|lar ⟨m., -s, -(s); Zeichen: $⟩ *Währungseinheit (u.a. in den USA, Kanada, Australien, Neuseeland, Simbabwe, Liberia, Hongkong, Singapur)* [< nddt. *daler* „Taler"]

Doll|bord ⟨n.1⟩ *verstärkte oberste Seitenplanke des Ruderboots, in der die Dolle angebracht ist* [...*bord* hier im Sinne von „Brett"]

Dol|le ⟨f.11⟩ *gabelförmige, bewegliche Vorrichtung am Dollbord zum Festhalten des Riemens*

dol|lie|ren ⟨V.3, hat dolliert; mit Akk.⟩ *vom Fleisch befreien, innen abschaben; Felle d.* [< frz. *doler* „hobeln, schaben", < lat. *dolare* „bearbeiten"]

Dol|ly ⟨m.9⟩ *fahrbares Stativ (für eine Film- oder Fernsehkamera)* [engl., zu *doll* „Puppe"]

Dol|man ⟨m.1; früher⟩ **1** *Leibrock der altürkischen Nationaltracht* **2** → *Dolmany* [< türk. *dolaman* „das Umwinden, Umwickeln"]

Dol|many ⟨m.1⟩ *auch: Dolman (2)* **1** *kurze, reichverschnürte Jacke der ungarischen Nationaltracht* **2** *(bis 1850) Uniformrock der ungarischen Husaren*

Dol|men ⟨m.7⟩ *vorgeschichtliches Steingrab in Tischform (ein bis drei Decksteine und wenige Tragsteine)* [vermutlich < altbreton. *tol* „Tisch" und breton. *men* „Stein"]

Dol|metsch ⟨m.1⟩ ⟨österr.⟩ *Dolmetscher* **2** ⟨übertr.⟩ → *Fürsprecher*

dol|met|schen ⟨V.1, hat gedolmetscht⟩ **I** ⟨o.Obj.⟩ *als Dolmetscher tätig sein; bei einem Gespräch d.* **II** ⟨mit Akk.⟩ *mündlich übersetzen; eine Unterhaltung, Diskussion d.* [→ *Dolmetscher*]

Dol|met|scher ⟨m.5⟩ *jmd., der (meist beruflich) beim Gespräch zwischen Personen verschiedener Sprachen übersetzt* [< türk. *tilmaç* „Erklärer, Ausleger", < *dil* „Zunge, Sprache" und Nachsilbe *...maç*, also etwa „einer, der mit der Sprache umgeht"]

Do|lo|mit ⟨m.1⟩ **1** *(weißliches, gelbliches bis bräunliches) Mineral, Calciummagnesiumcarbonat* **2** *(körniges bis dichtes) Sedimentgestein, das im wesentlichen aus diesem Mineral aufgebaut ist* [nach dem frz. Mineralogen Déodat de Dolomieu]

do|lo|ro|so ⟨Mus.⟩ *klagend, schmerzlich; auch: dolente*

do|los ⟨Adj., o.Steig.; Rechtsw.⟩ *heimtückisch, vorsätzlich;* ~e *Täuschung* [< lat. *dolosus* „betrügerisch, arglistig, heimtückisch", zu *dolus* „Trug, Betrug, Arglist"]

Do|lus ⟨m., -, nur Sg.⟩ *Heimtücke, böser Vorsatz* [< lat. *dolus* „Betrug, Arglist"]

Dom[1] ⟨m.1⟩ *Bischofskirche, Hauptkirche (einer Stadt)* [< lat. *domus* „Haus, Wohnung", zu idg. **dem-* „bauen"]

Dom[2] ⟨m.1⟩ *gewölbter Aufsatz auf Dampfkesseln, in dem sich der entstehende Dampf sammelt* [< frz. *dôme* in ders. Bed., < lat. *doma* „Dach"]

Dom[3] ⟨m., -, nur Sg.⟩ *in Verbindung mit dem Vornamen port. Titel für) Herr* [< lat. *dominus* „Herr"]

Dom[4] ⟨Pl.⟩ *niedere indische Kaste* [Hindi]

Do|mä|ne ⟨f.11⟩ **1** *Landgut im Besitz eines Herrscherhauses oder Staates* **2** *Arbeitsgebiet, auf dem man besonders gute Kenntnisse hat; die Kunst des Mittelalters ist seine D.* [< frz. *domaine* „Eigentum, Besitztum, Gut", < lat. *dominium* „Eigentum, Besitz, Herrschaft, Gewalt (über etwas)", zu *dominus* „Herr"]

do|ma|ni|al ⟨Adj., o.Steig.⟩ *zu einer Domäne (1) gehörend*

Do|me|stik ⟨m.10; heute meist abwertend⟩ *Dienstbote; auch: Domestike* [< frz. *domestique* „zum Haus gehörig, häuslich; Diener", < lat. *domesticus* „zum Haus, zur Familie gehörig", zu *domus* „Haus"]

Do|me|sti|ka|ti|on ⟨f.10⟩ *Entwicklung oder Züchtung von Haustieren oder Kulturpflan-*

Domestike

zen aus ihren wildlebenden Stammformen [zu *domestizieren*]

Do|mes|ti|ke ⟨m.11⟩ → *Domestik*

do|me|sti|zie|ren ⟨V.3, hat domestiziert; mit Akk.⟩ *zu Haustieren zähmen, zu Kulturpflanzen züchten, heimisch machen* [< frz. *domestiquer* „zum Haustier machen", < lat. *domesticus* „zum Haus gehörig", zu *domus* „Haus"]

Dom|herr ⟨m., -n oder -her|ren, -her|ren⟩ → *Domkapitular*

Do|mi|na ⟨f., -, -nä⟩ **1** *Hausherrin* **2** *Stiftsvorsteherin* [lat., „Herrin"]

do|mi|nant ⟨Adj., o.Steig.⟩ **1** *eine auf körperlicher oder geistiger Überlegenheit beruhende Vorrangstellung (in Tiergesellschaften, menschlichen Gemeinschaften) besitzend* **2** ⟨bei Genen⟩ *einen homologen Erbfaktor ganz oder teilweise überdeckend*; Ggs. *rezessiv* [zu *dominieren*]

Do|mi|nant|ak|kord ⟨m.1⟩ → *Dominante (3)*

Do|mi|nan|te 1 *vorherrschendes Merkmal* **2** *fünfte Stufe der diatonischen Tonleiter* **3** *Dreiklang auf diesem Ton*; auch: *Dominantakkord* [zu *dominant*]

Do|mi|nant|sept|ak|kord ⟨m.1⟩ *Dominantakkord und Septime*

Do|mi|nanz ⟨f.10⟩ **1** ⟨Psych.⟩ *Tendenz zu bestimmtem Verhalten in sozialen Situationen* **2** ⟨Ethologie⟩ *überlegene Stellung*

do|mi|nie|ren ⟨V.3, hat dominiert⟩ **I** ⟨o.Obj.⟩ **1** *vorherrschen, überwiegen; eine bestimmte Farbe dominiert in einem Raum* **2** *herrschen, überlegen sein, den Ton angeben; er dominiert in seiner Familie* **II** ⟨auch mit Akk.⟩ *beherrschen; die politische Szene d.* [< lat. *dominari* „herrschen, den Herrn spielen", zu *dominus* „Herr, Hausherr", zu *domus* „Haus"]

Do|mi|ni|ka|ner ⟨m.5⟩ *Angehöriger des vom heiligen Dominikus gegründeten Bettel- und Predigerordens*

Do|mi|ni|on ⟨[-minjən].9⟩ *sich selbst regierender Teil des britischen Commonwealth* [engl.]

Do|mi|ni|um ⟨n., -s, -ni|en; im alten Rom⟩ *Domäne, Herrschaftsgebiet*

Do|mi|no I ⟨m.9⟩ **1** *Maskenkostüm, weiter Mantel mit Kapuze* **2** *Person in diesem Kostüm* **II** ⟨n.9⟩ *Spiel mit rechteckigen Steinen, die je nach Augenzahl aneinandergelegt werden* [< frz. *domino*, Bez. im 16.Jh. für den winterlichen schwarzen Chormantel der kath. Geistlichen, wahrscheinlich scherzh. nach der liturgischen Formel *benedicamus Domino* „laßt uns den Herrn loben", die von den Geistlichen häufig gesprochen wird; warum der Name dann auf das Spiel überging, ist nicht geklärt]

Do|mi|nus ⟨m., -, -ni⟩ *Herr, Gebieter; D. vobiscum!* ⟨kath. Kirche⟩ *der Herr (sei) mit euch!* (Gruß des Priesters an die Gemeinde)

Do|mi|zel|lar ⟨m.1; †⟩ *studierender Kleriker, Domschüler* [< mlat. *domicellus* „junger Edelmann, der noch nicht zum Ritter geschlagen ist", Verkleinerungsform zu lat. *dominus* „Herr, Hausherr"]

Do|mi|zil ⟨n.1⟩ **1** *Wohnsitz* **2** ⟨bei Wechseln⟩ *Zahlungsort* [< lat. *domicilium* „Wohnung, Wohnsitz", zu **domicula*, Verkleinerungsform zu *domus* „Haus"]

do|mi|zi|lie|ren ⟨V.3, hat domiziliert⟩ **I** ⟨o.Obj.⟩ *seinen Wohnsitz haben* **II** ⟨mit Akk.⟩ *einen Wechsel d. an einem anderen Ort als dem Wohnsitz des Bezogenen zur Zahlung anweisen*

Do|mi|zil|wech|sel ⟨m.5⟩ *Wechsel mit anderem Zahlungsort als dem Wohnort des Bezogenen*

Dom|ka|pi|tel ⟨n.5⟩ *die Geistlichen eines Doms¹ als Berater des Bischofs*

Dom|ka|pi|tu|lar ⟨m.1⟩ *Mitglied des Domkapitels*; Syn. *Domherr*

Dom|mel ⟨f.11; kurz für⟩ → *Rohrdommel*

do|mo → *pro domo*

Dom|pfaff ⟨m.10⟩ → *Gimpel* [nach der schwarzen Kopfplatte und dem rosa Gefieder des Männchens, die mit einer kirchlichen Amtstracht verglichen wurden]

Dom|propst ⟨m.2⟩ *erster Würdenträger des Domkapitels*

Domp|teur ⟨[-tør] m.1⟩ *jmd., der berufsmäßig Tiere dressiert und öffentlich Dressurakte vorführt*; Syn. ⟨veraltend⟩ *Tierbändiger* [frz., zu *dompter* „bezwingen, zähmen"]

Domp|teu|se ⟨[-tøzə] f.11⟩ *weiblicher Dompteur*

Dom|ra ⟨f., -, -s oder -ren⟩ *lautenähnliches russisches Zupfinstrument* [< russ. *domra*, *dombra* in ders. Bed.]

Dom|schu|le ⟨f.11⟩ *von einem Domkapitel unterhaltene Schule (bes. zur Ausbildung von Geistlichen)*

Don ⟨o.Art.⟩ *Herr (in Spanien als Anrede in Verbindung mit dem Namen, in Italien Titel von Geistlichen und Adligen)* [< lat. *dominus* „Herr, Hausherr"]

Do|ña ⟨[dɔnja] o.Art.⟩ *Frau (in Spanien als Anrede in Verbindung mit dem Namen)* [< lat. *domina* „Herrin"]

Do|na|ti|on ⟨f.10; †⟩ *Schenkung* [< lat. *donatio* in ders. Bed., zu *donare* „schenken"]

Do|na|tor ⟨m.13⟩ **1** ⟨†⟩ *jmd., der eine Schenkung macht, Schenker* **2** ⟨Chem.⟩ *elektronenabgebender Stoff* [lat.]

Don|ja ⟨f.9; ugs., scherzh.⟩ **1** *Dienstmädchen* **2** *Geliebte, Freundin* [< span. *doña* „Herrin", < lat. *domina* „Herrin"]

Don|jon ⟨[dōʒõ] m.9; in Frankreich⟩ *Hauptturm einer mittelalterlichen Burg, Wohn- und Wehrturm* [über mlat. Formen wie *dongio, domgio, donjo, domnio, dominionus* wahrscheinlich < lat. *dominus* „Herr", also „beherrschender Turm", oder aus dem Fränkischen]

Don Ju|an ⟨[xu-] m., - -s, - -s⟩ *Verführer, Frauenheld* [nach einer Gestalt der span. Literatur]

Don|na ⟨o.Art.⟩ *Frau, Fräulein (früher in Italien als Anrede in Verbindung mit dem Namen)* [< lat. *domina* „Herrin"]

Don|ner ⟨m.5⟩ *rollendes, krachendes Geräusch beim plötzlichen Ausdehnen der durch einen Blitz erwärmten Luft*

Don|ner|büch|se ⟨f.11⟩ *Gewehr* [vor allem Indianern in den Mund gelegt, um ihre Ehrfurcht vor der Technik der Weißen zu zeigen]

Don|ner|ge|pol|ter ⟨n., -s, nur Sg.⟩ *großes Gepolter*

Don|ner|gott ⟨m., -(e)s, nur Sg.; germ. Myth.⟩ *der Gott Donar (Thor), der mit seinem Hammer den Donner erzeugt*

Don|ner|keil ⟨m.1; volkstümlich⟩ **1** → *Belemnit* **2** *vorgeschichtliches Werkzeug oder Versteinerung* [wohl nach einer älteren Bed. „Weg, den der Blitz hinterlassen hat", auch andere Deutungen, z.B. gilt er als Mittel gegen Blitzschlag]

don|nern ⟨V.1, hat gedonnert; o.Obj.⟩ **1** ⟨nur mit „es"⟩ *es donnert der Donner tönt* **2** ⟨ugs.⟩ *laut, brüllend schelten* **3** ⟨ugs.⟩ *laut (mit der Faust oder den Füßen) klopfen, schlagen; an die Tür d.; ~der Applaus lauter, stürmischer Applaus*

Don|ners|tag ⟨m.1; Abk.: Do⟩ *vierter Tag der Woche*; vgl. *Dienstag*

Don|ner|stim|me ⟨f., -, nur Sg.⟩ *sehr laute, volltönende Stimme; mit D. sprechen*

Don|ner|wet|ter ⟨n.5⟩ **1** *laute Schelte*; *wenn du das tust, gibt's ein D.!* **2** *D.!* ⟨Ausruf des Zorns oder der überraschten Anerkennung⟩; *zum D.!* ⟨Ausruf des Zorns, der Ungeduld⟩

Don|qui|chot|te|rie ⟨[-kiʃɔtə-] f.11⟩ *törichte, aus weltfremdem Idealismus unternommene Handlung* [nach *Don Quijote*, dem Helden eines Romans von Cervantes]

Dont|ge|schäft ⟨[dɔ̃-] n.1⟩ *Börsengeschäft,*

dessen Vertrag zum Kurs des Abschlußtages, aber zu einem späteren Termin erfüllt wird und von dem jeder Partner gegen Zahlung einer Prämie (Dontprämie) zurücktreten kann [< frz. *für de qui, duquel usw.* „von diesem, davon", nach der Wendung *dont 100 Francs* oder *dont 50 Francs* o.ä. „davon (d.h. von der Gesamtsumme) 100 Francs"]

Do|num ⟨n., -s, -na⟩ *Schenkung, Geschenk* [lat.]

doof ⟨Adj.; ugs.⟩ **1** *dumm, töricht, geistig beschränkt; ein ~er Kerl* **2** *langweilig, uninteressant; immer diese ~en Fernsehserien!* **3** *unangenehm, mißlich; das ist wirklich ein D.* [urspr. nddt. Form zu *taub*, vermutlich durch die Berliner Mundart allgemein verbreitet]

Doo|fi ⟨m.9; ugs.⟩ *jmd., der harmlos (liebenswert) doof (1) ist; er ist ein kleiner D.*

Dope ⟨[dop] n., -(s), nur Sg.; ugs.⟩ *Rauschmittel (bes. Haschisch, Marihuana)* [engl., → *Doping*]

do|pen ⟨V.1, hat gedopt; mit Akk.; Sport⟩ *durch verbotene Anregungsmittel zu Höchstleistungen treiben* [< engl. Slang *dope* „Rauschgift, Narkotikum, (bes.) Opium", eigtl. „Lack, dicke Flüssigkeit"]

Do|ping ⟨n., -s, nur Sg.; Sport⟩ *Anwendung unerlaubter Anregungsmittel (um Höchstleistungen zu erreichen)* [engl., zu *to dope* „Aufputschmittel anwenden", zu *dope* „dicke Flüssigkeit, Schmiere", < ndrl. *doop* „dicke Sauce", zu *doopen* „eintauchen"]

Dop|pel ⟨n.5⟩ **1** *Abschrift, Zweitschrift, Durchschlag, Duplikat* **2** ⟨Tennis, Badminton, Tischtennis⟩ *Spiel von je zwei Spielern gegeneinander (Damen~, Herren~); gemischtes D. Spiel zweier gemischter Paare gegeneinander*; vgl. *Einzel 3* ⟨schweiz.⟩ *Einsatz beim Schießen auf dem Schützenfest*

Dop|pel|ad|ler ⟨m.5⟩ *Adler mit zwei (nach den Seiten gewendeten) Köpfen (als Wappentier oder auf Münzen)*

Dop|pel-b ⟨n.9; Zeichen: bb; Mus.⟩ *Zeichen zur Erniedrigung eines Tons um zwei halbe Töne*

Dop|pel|be|lich|tung ⟨f.10⟩ *fotografische Aufnahme, bei der das Negativ zweimal belichtet worden ist*

Dop|pel|bin|dung ⟨f.10⟩ *chemische Bindung von zwei Atomen durch zwei Elektronenpaare*

Dop|pel|bock ⟨m., -(e)s, nur Sg.⟩ *besonders starkes Bockbier*

Dop|pel|bo|den ⟨m.8; bei Schiffen⟩ *Raum zwischen Außenhaut und unterstem Deck*

dop|pel|bö|dig ⟨Adj., o.Steig.⟩ **1** *einen zweiten, versteckten Sinn erkennen lassend, hintergründig; ~er Humor; ~er Witz* **2** *auf zweierlei Weise (je nach Sachlage) anwendbar; ~e Moral* **Dop|pel|bö|dig|keit** ⟨f., -, nur Sg.⟩

Dop|pel|bre|chung ⟨f.10; bei Lichtwellen in nichtkubischen Kristallen⟩ *Aufspaltung in je zwei Wellen von verschiedener Geschwindigkeit und senkrecht zueinander stehenden Polarisationsebenen*

Dop|pel|bruch ⟨m.2; Math.⟩ *Bruch, der im Nenner oder Zähler mindestens einen weiteren Bruch enthält*

Dop|pel|büch|se ⟨[-ks-] f.11⟩ *Kugelgewehr mit zwei Läufen nebeneinander*

Dop|pel|decker ⟨[-k|k-] m.5⟩ **1** *Flugzeug mit zwei Paar übereinander angebrachten Tragflächen*; vgl. *Eindecker* **2** ⟨ugs.⟩ *doppelstöckiger Bus*

dop|pel|deu|tig ⟨Adj., o.Steig.⟩ *zwei Deutungen zulassend; ~er Ausdruck* **Dop|pel|deu|tig|keit** ⟨f., -, nur Sg.⟩

Dop|pel|ehe ⟨f.11⟩ *Bigamie*

Dop|pel|end-Ball ⟨m.2; Boxen⟩ *an Boden und Decke elastisch befestigter Ball (als Übungsgerät)*

Dop|pel|fu|ge ⟨f.11⟩ *Fuge mit zwei Themen*

Dop|pel|fü|ßer ⟨m.5⟩ *Vertreter einer Unterklasse der Tausendfüßler, deren Rumpf aus* zahlreichen gleichartigen Segmenten zusammengesetzt ist, von denen meist je zwei zu einem Doppelsegment mit zwei Beinpaaren verschmolzen sind

Dop|pel|gän|ger ⟨m.5⟩ jmd., der einem anderen zum Verwechseln ähnlich sieht

Dop|pel|griff ⟨m.1; Mus.⟩ gleichzeitiges Greifen oder Streichen zweier Saiten

Dop|pel|heit ⟨f., -, nur Sg.⟩ das Doppelsein, doppeltes Vorhandensein

Dop|pel|he|lix ⟨f., -, nur Sg.⟩ Art und Weise, wie sich die Moleküle der Desoxyribonucleinsäure in der Zelle zu einer wendeltreppenartigen Struktur zusammenlagern

Dop|pel|hoch|zeit ⟨f.10⟩ zwei zugleich gefeierte Hochzeiten (z.B. von Geschwistern)

Dop|pel|kinn ⟨n.1⟩ Fettwulst mit Falte unter dem Kinn

Dop|pel|kol|ben|mo|tor ⟨m.12⟩ Zweitaktmotor mit zwei Zylindern, die in einem Verbrennungsraum arbeiten

Dop|pel|kon|so|nant ⟨m.10⟩ doppelt stehender Konsonant, z.B. mm, ss; Syn. Geminate

Dop|pel|kopf ⟨m., -(e)s, nur Sg.⟩ Kartenspiel für vier oder sechs Personen

dop|pel|köp|fig ⟨Adj., o.Steig.⟩ mit zwei (gleichen) Köpfen versehen; ~er Adler

Dop|pel|kreuz ⟨n.1; Zeichen: ×; Mus.⟩ Zeichen zur Erhöhung eines Tons um zwei halbe Töne

dop|pel|läu|fig ⟨Adj., o.Steig.⟩ mit zwei Läufen; ~es Gewehr

Dop|pel|laut ⟨m.1⟩ Doppelkonsonant oder Doppelvokal

Dop|pel|le|ben ⟨n., -s, nur Sg.⟩ zwei verschiedene Lebensweisen oder Lebensstile gleichzeitig: ein D. führen

Dop|pel|li|nie ⟨f.11⟩ zwei parallele Linien nebeneinander

Dop|pel|mord ⟨m.1⟩ Ermordung zweier Menschen zugleich

dop|peln ⟨V.1, hat gedoppelt; mit Akk.⟩ etwas d. **1** doppelt machen, verdoppeln, ein zweites Exemplar, ein Duplikat von etwas herstellen **2** ⟨österr.⟩ besohlen; Schuhe d.

Dop|pel|naht ⟨f.2⟩ Naht, die einmal auf der rechten und dann auf der linken Seite genäht wird

Dop|pel|nel|son ⟨m.9; Ringen⟩ doppelter Hebelgriff, der im Nacken angesetzt wird [→ Nelson]

Dop|pel|paß ⟨m.2; Fußball⟩ Paß, den ein vorwärtsstürmender Spieler zu einem ebenfalls vorwärtsstürmenden Mannschaftskameraden gibt, der sofort wieder zu ihm zurückpaßt, um einen Gegenspieler auszuspielen

Dop|pel|po|sten ⟨m.7⟩ Wachtposten von zwei Mann

Dop|pel|punkt ⟨m.1; Zeichen: :⟩ Zeichen zur Ankündigung der direkten Rede, eines vollständigen Satzes, einer Aufzählung

Dop|pel|quar|tett ⟨n.1⟩ Musikstück für vier Streichinstrumente oder Singstimmen, bei dem jede Stimme doppelt besetzt ist

Dop|pel|salz ⟨n.1⟩ Salz, das aus zwei (oder mehr) verschiedenen Salzen auskristallisiert (und in Lösungen meist wieder in seine Einzelsalze zerfällt)

Dop|pel|schlag ⟨m.2; Mus.⟩ Verzierung eines Tons durch Umspielen mit dem nächsthöheren oder nächsttieferen halben oder ganzen Ton

Dop|pel|schritt ⟨m.1⟩ zwei Schritte (als Längenmaß); drei ~

Dop|pel|sei|te ⟨f.11⟩ zwei nebeneinanderliegende Seiten (eines Buches, einer Zeitung)

dop|pel|sei|tig ⟨Adj., o.Steig.⟩ auf beiden Seiten; ~e Lungenentzündung; d. gerauhter Stoff

Dop|pel|sinn ⟨m., -es, nur Sg.⟩ zweifacher Sinn, zweifache Bedeutung; der D. eines Wortes, einer Bemerkung

dop|pel|sin|nig ⟨Adj., o.Steig.⟩ einen Doppelsinn aufweisend; ~e Äußerung; das Wort ist d.

Dop|pel|spat ⟨m.1⟩ farblos klare Abart des Minerals Calcit mit ausgeprägter Doppelbrechung

Dop|pel|spiel ⟨n.1⟩ unterschiedliche Verhaltensweise nach zwei Seiten hin, Verhalten, bei dem man etwas vortäuscht, in Wirklichkeit aber anders handelt; ein D. treiben

Dop|pel|strich ⟨m.1⟩ zwei parallele Striche dicht nebeneinander

dop|pelt ⟨Adj., o.Steig.⟩ **1** einmal und noch einmal, zweimal genauso, zweimal in gleicher Art; das ist ~e Arbeit; die ~e Länge, Breite; einen Stoff d. legen; ein Blatt Papier d. falten; der Stoff, das Papier liegt d.; d. sehen Gegenstände, Personen zweimal nebeneinander sehen (z.B. bei Trunkenheit); vgl. Doppeltsehen; d. gemoppelt ⟨ugs.⟩ überflüssigerweise zweimal; d. so groß; d. so breit **2** noch größer, viel mehr, eine Arbeit mit ~em Eifer fortsetzen

dop|pelt|koh|len|sau|er ⟨Adj., o.Steig.; in chem. Verbindungen⟩ den Säurerest HCO₃ enthaltend; doppeltkohlensaures Natron

Dop|pel|tril|ler ⟨m.5⟩ Triller mit zwei Tönen zugleich

Dop|pelt|se|hen ⟨n., -s, nur Sg.; Med.⟩ Wahrnehmung zweier Bilder bei nur einem Objekt; Syn. Diplopie

Dop|pel-T-Trä|ger ⟨m.5⟩ gewalzter Stahlträger, dessen Profil die Form eines doppelten T (liegendes H) zeigt

Dop|pe|lung ⟨f.10⟩ das Doppeln, das Doppeltnehmen

Dop|pel|vo|kal ⟨m.1⟩ zwei gleiche Vokale nebeneinander, z.B. oo, ee

Dop|pel|wäh|rung ⟨f.10⟩ →Bimetallismus

Dop|pel|wai|se ⟨f.11⟩ →Vollwaise

Dop|pel|zent|ner ⟨m.5; Zeichen: dz; veraltend⟩ Gewichtseinheit von 100 kg, 2 Zentner

dop|pel|zün|gig ⟨Adj., o.Steig.⟩ sich je nach Bedarf die dieselbe Sache gegenteilig äußernd (um sich einen Vorteil zu verschaffen)

Dop|pel|zün|gig|keit ⟨f., -, nur Sg.⟩ doppelzüngiges Verhalten

Döp|per ⟨m.5⟩ Nietwerkzeug mit kugeliger Aushöhlung zum Formen des Nietkopfes; Syn. Schellhammer

Dop|pik ⟨f., -, nur Sg.⟩ doppelte Buchführung

Dopp|ler ⟨m.5; österr.⟩ **1** 2-Liter-Weinflasche **2** neu besohlte Schuhe

Dopp|ler|ef|fekt ⟨m., -(e)s, nur Sg.⟩ **1** Zunahme der Tonhöhe bei Annäherung an eine ruhende Schallquelle, Abnahme bei Entfernung **2** Verschiebung der Spektrallinien nach Rot bei Entfernen einer Lichtquelle von einem Beobachtungsort, Blauverschiebung bei Annähern [nach dem Physiker Christian Doppler]

Dorf ⟨n.4⟩ **1** überwiegend bäuerliche Siedlung auf dem Lande **2** Gesamtheit ihrer Bewohner; das ganze D. war versammelt

Dörf|ler ⟨m.5⟩ jmd., der in einem Dorf (1) aufgewachsen ist und durch das dortige Leben geprägt wurde

dörf|lich ⟨Adj.⟩ **1** ein Dorf (1) betreffend, zu ihm gehörig; ~es Leben; ~e Neuigkeiten **2** wie ein Dorf (1); ~er Vorort; hier außerhalb der Stadt wird es schon recht d.

Dorf|sa|me ⟨f., -, nur Sg.⟩ ⟨schweiz.⟩ Dorfgenossenschaft

Dorf|schö|ne ⟨f.11⟩, **Dorf|schön|heit** ⟨f.10; leicht abwertend⟩ Mädchen, das nur innerhalb eines Dorfes durch sein Äußeres von den übrigen Mädchen abhebt (in der Stadt aber unbeachtet bliebe)

do|risch ⟨Adj., o.Steig.⟩ zu den Dorern gehörig, von ihnen stammend, von ihnen angewandt; ~e Säule mit wulstförmigem Kapitell; ~e Tonart altgriechische Tonart, eine Kirchentonart

Dor|meu|se [-mø-] ⟨f.11⟩ bequemer Schlafstuhl [frz., „Schlafstuhl, bequemer Reisewagen", zu dormir „schlafen"]

Dor|mi|to|ri|um ⟨n., -s, -rien; in Klöstern und Internaten⟩ Schlafsaal [lat., zu dormire „schlafen"]

Dorn I ⟨m.10⟩ **1** ⟨i.w.S.⟩ jeder kurze, dickliche Pflanzenteil, der hart und holzig ist und sticht **2** ⟨i.e.S.⟩ starres, stechendes pflanzliches Gebilde, das aus Blättern, Blatteilen, Sprossen oder Wurzeln entstanden ist; vgl. Stachel **3** ⟨nur Sg.; poet.⟩ dorniges Dickicht II ⟨m.1 oder m.10⟩ spitzer Stahlstift (zum Ausweiten von Löchern, zum Einhaken in ein Loch u.a.)

Dor|nen|kro|ne ⟨f.11⟩ aus dornigen Zweigen geflochtene Krone, die man Jesus zur Marterung aufsetze

Dorn|fort|satz ⟨m.2⟩ nach hinten ragender Fortsatz eines Wirbels

Dorn|hai ⟨m.1⟩ kleiner Hai mit einem Stachel (Dorn) vor jeder seiner Rückenflossen

Dorn|icht ⟨n.1; †⟩ dorniges Gestrüpp

dor|nig ⟨Adj.⟩ **1** mit Dornen besetzt, voller Dornen **2** ⟨übertr.⟩ mühsam, schwierig; bei dieser Arbeit haben wir noch eine ~e Strecke vor uns

Dorn|rös|chen ⟨n., -s, nur Sg.⟩ eine Märchengestalt, Königstochter, die hundert Jahre in ihrem von einer Dornenhecke umwachsenen Schloß schläft, bis ein Königssohn sie befreit

Dorn|rös|chen|schlaf ⟨m., -(e)s, nur Sg.; übertr.⟩ anhaltende Untätigkeit, Uninteressiertheit hinsichtlich bestimmter Vorgänge; eine Behörde aus ihrem D. wecken

Dörr... ⟨in Zus.⟩ durch Dörren haltbar gemacht, z.B. Dörrfisch, Dörrfleisch, Dörrpflaume

dor|ren ⟨V.1, ist gedorrt; o.Obj.⟩ trocken werden, verdorren

dör|ren ⟨V.1, hat gedörrt; mit Akk.⟩ trocken machen, trocknen; gedörrtes Obst; die Hitze dörrt das Gras

Dörr|obst ⟨n., -es, nur Sg.⟩ durch Dörren haltbar gemachtes Obst (z.B. Apfelringe); Syn. Backobst

dor|sal ⟨Adj., o.Steig.⟩ **1** auf der Rückseite befindlich, dem Rücken zugewandt; Ggs. ventral **2** ⟨Sprachw.⟩ mit dem Zungenrücken gebildet; ~er Laut → Dorsallaut [< lat. dorsualis „zum Rücken gehörig", zu dorsum „Rücken"]

Dor|sal ⟨m.1⟩ → Dorsallaut

Dor|sa|le ⟨n.5⟩ Rückwand des Chorgestühls [→ dorsal]

Dor|sal|laut ⟨m.1⟩ mit dem Zungenrücken gebildeter Laut; Syn. Dorsal

Dorsch ⟨m.1⟩ **1** ⟨i.w.S.⟩ ein Knochenfisch (meist mit einem Bartfaden am Kinn, z.B. Kabeljau) **2** ⟨als Jungfisch der Ostseeform⟩ → Kabeljau

dor|si|ven|tral ⟨Adj., o.Steig.; bei Blüten⟩ aus zwei spiegelbildlich gleichen Hälften bestehend, deren Ober- und Unterseite verschieden gestaltet sind (z.B. die Blüte der Schmetterlingsblütler) [< dorsal und ventral]

dor|so|ven|tral ⟨Adj., o.Steig.; Biol.⟩ vom Rücken zum Bauch hin (verlaufend) [< dorsal und ventral]

dort ⟨Adv.⟩ da, an jener (etwas entfernten) Stelle; Ggs. hier; d. oben, unten, drüben; von d. ist es nicht weit bis hierher

dort... ⟨in Zus. mit Ortsadverbien⟩ an jene Stelle, an jenen Ort, in dieser Richtung, z.B. dorthinab, dorthinunter, dorthinauf

dor|ten ⟨Adv.; †⟩ dort

dort|her ⟨auch [-hér] Adv.⟩ von d. von der erwähnten Stelle her

dort|hin ⟨auch [-hín] Adv.⟩ an die erwähnte Stelle hin; ich will auch d.

dor|tig ⟨Adj., o.Steig.; nur als Attr.⟩ **1** dort befindlich, dort vorhanden; die ~e Behörde wird den Fall bearbeiten; die ~en Verhältnisse sind mir (nicht) bekannt **2** dort ablaufend, *dort geschehend;* die ~en Ereignisse, Vorgänge

dort|selbst ⟨Adv.; †⟩ *an dem erwähnten Ort*
dort|zu|lan|de ⟨Adv.⟩ *dort, in dem erwähnten Land;* Ggs. *hierzulande*
Dos ⟨f., -, Do̱|ten⟩ Rechtsw.⟩ *Mitgift* [< lat. *dos* „Gabe", zu *dare* „geben"]
dos à dos [dozadó] ⟨Ballett⟩ *Rücken an Rücken* [zu frz. *dos* < lat. *dorsum* „Rücken"]
Dös|chen ⟨n.7⟩ **1** *kleine Dose* **2** ⟨vulg.⟩ *Vulva*
Do̱|se ⟨f.11⟩ *kleiner, meist runder Behälter (aus Holz, Metall, Plastik, Porzellan u.a.)* [zu *Dosis*, da früher in den Apotheken jede Dosis ihren eigenen Behälter hatte]
dö̱|sen ⟨V.1, hat gedöst; o.Obj.⟩ *sich im Halbschlaf befinden, leicht schlafen, geistesabwesend vor sich hinschauen, nicht aufpassen*
Do̱|sen|bier ⟨n.1⟩ *in Aluminiumdosen abgefülltes Bier*
Do̱|sen|milch ⟨f., -, nur Sg.⟩ →*Kondensmilch*
do|sie̱|ren ⟨V.3, hat dosiert; mit Akk.⟩ *in einer bestimmten Dosis abmessen;* die Menge eines Heilmittels d. [zu *Dosis*]
dö̱|sig ⟨Adj.⟩ *nicht ganz wach, schlaftrunken, benommen, schwindlig* **Dö̱|sig|keit** ⟨f., -, nur Sg.⟩
Do|si|me|ter ⟨n.5⟩ *Gerät zum Bestimmen der Menge ionisierender Strahlung (Röntgenstrahlung, radioaktive Strahlung)* [< *Dosis* und …*meter*]
Do̱|sis ⟨f., -, -sen⟩ **1** *(bei Arzneimitteln) genau abgemessene Menge (Einzel~, Tages~); tödliche D.* **2** *(bei ionisierender Strahlung) in verschiedenen Einheiten, z.B. Röntgen) meßbare Menge* [griech., „Gabe", zu *didonai* „geben"]
Dös|kopf ⟨m.2; ugs.⟩ **1** *unaufmerksamer, dösender Mensch* **2** *Dummkopf*
Dos|sier ⟨dosje̱ m.9 od n.9⟩ *gesammelte schriftliche Unterlagen zu einem Vorgang, Aktenbündel* [frz., „Umschlag um ein Aktenbündel, Aktenstoß"]
dos|sie̱|ren ⟨V.3, hat dossiert; mit Akk.⟩ *abschrägen* [< frz. *dossier* „Rückenlehne", zu *dos* „Rücken"]
Dos|sie̱|rung ⟨f.10⟩ *flache Böschung*
Dost ⟨m.1⟩ *rosapurpurn blühendes, stark aromatisch riechendes Lippenblütlergewächs, Wilder Majoran;* Syn. *Origano* [< ahd. *dost(o)* „Büschel, Strauß", zu den büschelartig zusammenstehenden Blüten]
Do|ta̱|ti|on ⟨f.10⟩ *Schenkung, Zuwendung, Ausstattung mit Heiratsgut, Belohnung für Verdienste* [zu *dotieren*]
do|tie̱|ren ⟨V.3, hat dotiert; mit Akk.⟩ **1** *etwas d. stiften, schenken, einen Preis d.* **2** *jmdn. d. mit Einkünften versehen* [< lat. *dotare* „ausstatten", zu *dos*, Gen. *dotis*, „Gabe", zu *dare* (1. Pers. Präs. *do*) „geben"]
Do|tie̱|rung ⟨f.10⟩
do|tiert ⟨Adj., o.Steig.; nur als Attr. und mit „sein"⟩ *mit Bezahlung verbunden;* der Preis ist mit 5000 Mark d.
Dot|ter ⟨m.5⟩ **1** *(bei weibl. Geschlechtszellen) der Ernährung des Embryos dienende Substanz* **2** *(auch n.5; bei Vogeleiern) gelbe, kugelige Masse im Inneren (die vom Eiklar oder Eiweiß umgeben ist);* Syn. *Eigelb, Eidotter*
Dot|ter|blu|me ⟨f.11; volkstümlich⟩ *dottergelb blühende Pflanze (Sumpf~)*
Dot|ter|sack ⟨m.2; bei Embryonen von Fischen, Reptilien, Vögeln und Säugetieren⟩ *Anhangsorgan, das den zur Ernährung dienenden Dotter (D) enthält*
Dou|a|ne [duanə] ⟨f.11⟩ *Zoll, Zollamt* [frz., ältere Form *douwaine*, < arab., pers. *dīwān* „Amtszimmer, Empfangszimmer, Behörde"]
Dou|a|nier [duanje̱] ⟨m.9⟩ *Zollbeamter* [frz.]
dou|beln [du-] ⟨V.1, hat gedoubelt⟩ **I** ⟨o.Obj.⟩ *als Double spielen;* er doubelt in dieser Szene für den Piloten **II** ⟨mit Akk.⟩ **1** *etwas d.* **a** *synchronisieren* **b** *mit einem Double besetzen;* diese Szene wird gedoubelt **2** *jmdn. d. als Double vertreten;* einen Schauspieler d. *er wird gedoubelt ein anderer spielt als Double für ihn*
Dou|bla|ge [dubla̱ʒ] ⟨f.11⟩ **1** *Synchronisation* **2** *synchronisierter Film* [frz., „Verdoppelung", zu *double*, →*Double*]
Dou|ble [du̱bl] ⟨n.9⟩ **1** ⟨Film⟩ *Ersatzmann, der für den Schauspieler Rollenpartien spielt, die dieser nicht ausführen kann oder soll (z.B. artistische Übungen)* **2** ⟨Mus.⟩ *Variation eines Suitensatzes durch Verdoppelung der Notenwerte* [< frz. *double* „doppelt", im Theat. „Stellvertreter", < lat. *duplus, duplex* „zweifach, doppelt"]
Dou|blé ⟨n.9⟩ **1** *Kupferlegierung mit Edelmetallauflage (z.B. aufgewalztes Gold);* auch: *Dublee* **2** ⟨Degenfechten⟩ *Doppeltreffer* [< frz. *double* „verdoppelt"]
Double fea|ture ⟨dabl fi̱ːtʃə⟩ ⟨n., - -s, - -s⟩ *Kinovorstellung, die zwei Filme in voller Länge umfaßt* [engl., < *double* „doppelt" und *feature*]
dou|blie̱|ren ⟨[du-] V.3, hat doubliert, veraltete Schreibung von⟩ *dublieren*
Dou|blu̱|re ⟨[dublyrə] f.11⟩ →*Dublüre*
Dou|glas|fich|te ⟨[du-] f.11⟩, **Dou|gla|sie** ⟨[duglasiə] f.11⟩, **Dou|glas|tan|ne** ⟨[du-] f.11⟩ *nordamerikanisches Kieferngewächs mit langen, weichen Nadeln (in Mitteleuropa als Waldbaum angepflanzt)* [nach dem schott. Botaniker David *Douglas*]
Dou|ri̱|ne ⟨[duri̱n] f.11⟩ →*Beschälseuche* [frz., wahrscheinlich aus dem Arabischen]
Dow|las ⟨[daulǝs] n., -, -⟩ *leinwandbindiges, kräftiges Baumwollgewebe;* auch: *Daulas* [engl., nach der Stadt *Daoulas* in der Bretagne]
down ⟨[daun] in der Wendung⟩ *d. sein niedergeschlagen, erschöpft, erledigt sein* [engl., „unten, herunter, hinunter"]
Do|xa̱|le ⟨n.9; in Barockkirchen⟩ **1** *Gitter zwischen Hauptschiff und Chor* **2** *Empore für Orgel und Chor* [vermutlich von *Doxologie* abgeleitet, dem Lobgesang in der christl. Liturgie, der vom Sängerchor auf der Empore gesungen wurde]
Do|xo|lo|gie ⟨f.11; im christl. Gottesdienst⟩ *Lobpreisungsformel (z.B. die letzten Worte des Vaterunsers)* [< griech. *doxa* „Ruhm, Herrlichkeit, Ehre" und *logos* „Wort"]
Doy|en ⟨[doaʒɛ̃] m.9⟩ *Rang- und Dienstältester sowie Wortführer eines diplomatischen Korps* [frz. *doyen* „Dekan, Dienstältester, Alterspräsident", < lat. *decanus* „Vorgesetzter von zehn Mann", zu *decem* „zehn"]
Do|zent ⟨m.10⟩ **1** ⟨i.w.S.⟩ *Lehrer an einer Hochschule* **2** ⟨i.e.S.⟩ *jmd., der durch Lehrerlaubnis oder Anstellung zur Lehrtätigkeit an einer Hochschule berechtigt ist* [< lat. *docens*, Gen. *-entis*, „lehrend", zu *docere* „lehren, unterrichten"]
Do|zen|tur ⟨f.10⟩ **1** *Lehrauftrag für einen Dozenten* **2** *Stelle für einen Dozenten*
do|zie̱|ren ⟨V.3, hat doziert; o.Obj.⟩ **1** *Vorlesungen halten;* über deutsche Literatur d. **2** *in lehrhaftem Ton etwas darlegen;* er doziert ständig
dpt., ⟨früher⟩ **dptr.** ⟨Abk. für⟩ *Dioptrie*
Dr ⟨Abk. für⟩ *Drachme*
Dr. ⟨Abk. für⟩ *doctor*, →*Doktor;* die einzelnen Fachtitel vgl. bei ihren eigenen Abkürzungen; →Dr. agr., Dr. disc. pol., Dr. E.h., Dr. forest., Dr. habil., Dr. h.c., Dr.-Ing., Dr. j.u., Dr. jur., Dr. jur. utr., Dr. med., Dr. med. dent., Dr. med. univ., Dr. med. vet., Dr. nat. techn., Dr. oec., Dr. oec. publ., Dr. oec. troph., Dr. paed., Dr. pharm., Dr. phil., Dr. phil. nat., Dr. rer. camer., Dr. rer. comm., Dr. rer. hort., Dr. rer. mont., Dr. rer. nat., Dr. rer. oec., Dr. rer. pol., Dr. rer. publ., Dr. rer. soc. oec., Dr. rer. techn., Dr. sc.,
Dr. sc. agr., Dr. sc. math., Dr. sc. nat., Dr. sc. pol., Dr. techn., Dr. theol., D. theol.
Dra̱|che ⟨m.11⟩ *einer großen Echse ähnelndes, feuerspeiendes Fabeltier (meist mit fledermausartigen Stummelflügeln);* Syn. ⟨in der germ. Sage⟩ *Lindwurm* [< lat. *draco*, griech. *drakon* „Schlange", zu *derkesthai* „sehen, blicken", als *dieser, der scharf Blickende*]
Dra̱|chen ⟨m.7⟩ **1** *einfaches Fluggerät aus leichtem, papier- oder folienbespanntem Holz- oder Plastikgerüst;* einen D. steigen lassen **2** →*Hängegleiter* **3** ⟨übertr.⟩ *böse, ständig schimpfende Frau (Haus~);* sie ist ein D. [Nebenform von *Drache*]
Dra̱|chen|baum ⟨m.2⟩ *Baum aus der Familie der Liliengewächse mit Büscheln von schwertförmigen Blättern an den Zweigspitzen (auf den Kanarischen Inseln beheimatet)* [gekürzt < *Drachenblutbaum*]
Dra̱|chen|blut ⟨n., -(e)s, nur Sg.⟩ *aus dem roten Harz des Drachenbaums gewonnener Naturlack*
Dra̱|chen|brut ⟨f., -n, nur Sg.⟩ *böse, heimtückische Menschen, Gesindel*
Dra̱|chen|flie|gen ⟨n., -s, nur Sg.⟩ *antriebsloses Fliegen mit einem Hängegleiter (von Geländeerhebungen aus)*
Dra̱|chen|kopf ⟨m.2⟩ *ein großköpfiger Knochenfisch (oft farbenprächtig mit stachligen Flossenstrahlen, die mit Giftdrüsen verbunden sind)*
Dra̱|chen|punkt ⟨m.1; Astron.⟩ *Schnittpunkt der Mondbahn mit der Ebene der Erdbahn um die Sonne* [nach der antiken Vorstellung, daß die Sonne bei Sonnenfinsternis von einem Drachen verschlungen werde]
Dra̱|chen|saat ⟨f., nur Sg.; geh.⟩ *Sache, die Zwietracht bewirkt* [antike Schriftsteller dichteten der griech. Sagengestalt des Kadmos an, aus den ausgesäten Zähnen des von ihm erschlagenen *Drachen* wüchsen Krieger, die sich gegenseitig erschlügen]
Drach|me ⟨f.11⟩ **1** *im alten Griechenland Gewichts- und Währungseinheit* **2** *früher in Apotheken verwendete Gewichtseinheit, 3,75 g* **3** *im heutigen Griechenland Währungseinheit* [griech., eigtl. „eine Handvoll Münzen", zu *drassesthai* „greifen, erfassen"]
Dra|gée ⟨[-ʒe] n.9⟩ *mit Zuckerguß überzogene Süßigkeit oder Pille* [frz., „Zuckermandel, -erbse, Stück Zuckerwerk", wahrscheinlich < griech. *tragemata* „Naschwerk"]
Dragg ⟨f.11⟩, **Drag|gen** ⟨m.7⟩ *kleiner, mehrarmiger Anker;* Syn. *Dregganker, Dregge* [vielleicht zu mndtl. *trekken* „ziehen"]
dra|gie̱|ren ⟨[-ʒi-] V.3, hat dragiert; mit Akk.⟩ *mit Zucker oder Zuckermasse überziehen* [zu *Dragée*]
Dra̱|go|man ⟨m.1; früher im Vorderen Orient⟩ *Dolmetscher* [< arab. *turǧumān* „Erklärer, Dolmetscher", aus dem Babylonischen]
Dra|go|na|de ⟨f.11⟩ **1** *(unter Ludwig XIV.) zwangsweise Bekehrung von Protestanten zum katholischen Glauben durch Einquartierung von Dragonern* **2** ⟨übertr.⟩ *gewaltsame Maßnahme* [frz., zu *dragon* „Dragoner"]
Dra|go̱|ner ⟨m.5⟩ **1** *(früher) leichter Reiter* **2** ⟨übertr., veraltend⟩ *derbe, entschlossen auftretende Person (bes. Frau)* [< frz. *dragon* „Dragoner, Drache", altfrz. auch „Feldzeichen", also eigtl. „Reiter unter dem Feldzeichen des Drachen"]
Dr. agr. ⟨Abk. für⟩ *doctor agronomiae: Doktor der Landwirtschaft*
Draht ⟨m.2⟩ **1** *Strang aus Metall, der gegenüber seiner Länge geringen Durchmesser hat* **2** ⟨veraltend⟩ *Verbindung über im Drahtleitungsnetz (z.B. das Fernsprechnetz);* Nachricht per D.; über D. antworten [zu *drehen*]
Draht|an|schrift ⟨f.10; bei Firmen⟩ *Anschrift für Telegramme*
Draht|ant|wort ⟨f.10⟩ *Antwort durch Telegramm*

drah|ten ⟨V.2, hat gedrahtet; mit Akk.; früher eindeutschend für⟩ *telegraphieren*

Draht|esel ⟨m.5; scherzh., veraltend⟩ *Fahrrad*

Draht|funk ⟨m., -(e)s, nur Sg.⟩ *Rundfunk über ein Drahtleitungsnetz (statt durch freie Wellenabstrahlung, z.B. über das Fernsprechnetz)*

Draht|haar ⟨n., -(e)s, nur Sg.⟩ **1** ⟨bei Hunden⟩ *hartes, steifes Haar* **2** *Hund oder Hunderasse mit solchem Haar;* Deutsch D.

drah|tig ⟨Adj.; übertr.⟩ *sportlich durchtrainiert, hager, aber muskulös* [vermutlich nach den sich unter der Haut wie *Draht* abzeichnenden Sehnen]

Draht|kom|mo|de ⟨f.11; veraltend, scherzh.⟩ *Klavier*

draht|los ⟨Adj., o.Steig.⟩ *ohne Draht (2), über Wellen;* ~e *Nachrichten*

Draht|nach|richt ⟨f.10⟩ *telegrafisch übermittelte Nachricht* [zu *Draht* (2)]

Draht|seil ⟨n.1⟩ *aus Stahldrähten geflochtenes Seil*

Draht|seil|bahn ⟨f.10; volkstümlich⟩ →*Seilbahn*

Draht|seil|künst|ler ⟨m.5⟩ →*Seiltänzer*

Draht|stift ⟨m.1⟩ *nagelartiger Stift mit kleinem Kopf (zum Nageln dünner Holzteile)*

Draht|ver|hau ⟨m.1; Mil.⟩ *Sperre aus kreuz und quer verspanntem Stahldraht, Drahtwalzen oder spanischen Reitern*

Draht|wurm ⟨m.4⟩ *als Wurzelfresser schädliche Larve des Schnellkäfers*

Draht|zie|her ⟨m.5⟩ **1** ⟨urspr.⟩ *jmd., der Drähte herstellt* **2** ⟨übertr.⟩ *jmd., der andere für seine (egoistischen oder politischen) Zwecke arbeiten läßt und dabei selbst im Hintergrund bleibt* [in der zweiten Bed. nach den Marionettenspielern]

Drain ⟨[drɛn] auch [drɛ] m.9; Med.⟩ *Gazestreifen oder Gummiröhrchen mit seitlichen Öffnungen zur Durchführung einer Dränage;* auch: *Drän* [frz., < engl. *drain* in ders. Bed., auch „Entwässerungsrohr", zu *dry* „trocken"]

Drai|na|ge ⟨[drɛnaʒə] f.11⟩ →*Dränage*

drai|nie|ren ⟨[drɛ-] V.3, hat drainiert; mit Akk.⟩ *mittels Drain ableiten;* auch ⟨österr., schweiz.⟩: *dränieren;* Wundflüssigkeit, Eiter d. [< engl. *to drain* „abfließen lassen, entwässern"]

Drai|si|ne ⟨[drai-] ugs. auch [drɛ-] f.11⟩ **1** *Laufrad (Vorläufer des Fahrrads)* **2** ⟨Eisenbahn⟩ *kleines, schienengebundenes Fahrzeug mit Motor (zur Kontrolle der Strecke)* [nach dem badischen Forstmeister Karl Freiherr von *Drais*]

dra|ko|nisch ⟨Adj.⟩ **1** *sehr streng;* ~e *Maßnahmen, Gesetze; diese Gesetze sind so d., daß ...* **2** *hart, unnachsichtig;* ~e *Strenge;* d. *durchgreifen* [nach *Drakon*, dem altgriech. Verfasser eines wegen seiner Härte berüchtigten Gesetzbuchs (um 621 v.Chr.)]

drall ⟨Adj.⟩ *fest im Fleisch und ein wenig dick; ein* ~es *Mädchen* **Drall|heit** ⟨f., -, nur Sg.⟩

Drall ⟨m.1⟩ **1** *Drehung, Drehbewegung* **2** ⟨bei Geschossen⟩ *zur Stabilisierung der Flugbewegung notwendige Drehung um die eigene Längsachse (erzielt durch Züge, d.h. Windungen im Rohr, aus denen sie verschossen werden)* **3** ⟨bei Fäden, Garnen, Zwirnen⟩ *Anzahl der Drehungen auf eine bestimmte Fadenlänge* **4** ⟨übertr.⟩ *Neigung, Hang (zu etwas)* **5** *Neigung, beim Fortbewegen von der geraden Richtung abzuweichen* (Rechts~, Links~)

Dra|lon ⟨n., -s, nur Sg.; Wz.⟩ *vollsynthetische Chemiefaser mit wollähnlichem Charakter* [Kunstwort]

Dra|ma ⟨n., -s, -men⟩ **1** *Schauspiel, Bühnendichtung* **2** ⟨nur Sg.⟩ *Gesamtheit der Bühnendichtungen eines Landes* **3** ⟨übertr.⟩ *trauriger, schrecklicher Vorgang* [< griech. *drama* „Handlung, Schauspiel", zu *dran* „tun, handeln"]

Dra|ma|tik ⟨f., -, nur Sg.⟩ **1** *dramatische Dichtkunst* **2** ⟨übertr.⟩ *mit Spannung geladener, bewegter Ablauf;* die D. dieses Geschehens

Dra|ma|ti|ker ⟨m.5⟩ *Verfasser von Dramen*

dra|ma|tisch ⟨Adj.⟩ **1** *in Form eines Dramas;* einen Stoff d. gestalten **2** ⟨übertr.⟩ *lebendig, bewegt;* das Stück, Musikstück ist sehr d.; sie kann sehr d. erzählen **3** ⟨übertr.⟩ *aufregend, übertrieben;* mach's doch bitte nicht so d.!

dra|ma|ti|sie|ren ⟨V.3, hat dramatisiert; mit Akk.⟩ **1** *zu einem Drama umschreiben, als Drama gestalten;* einen Stoff d. **2** ⟨übertr.⟩ *übertrieben spannend oder aufregend darstellen, schildern;* einen Vorfall d. **Dra|ma|ti|sie|rung** ⟨f.10⟩

Dra|ma|tis per|so|nae ⟨[-nɛ] Pl.⟩ *die in einem Drama oder dramatischen Ereignis auftretenden Personen* [lat.]

Dra|ma|turg ⟨m.10⟩ *Berater eines Theaterleiters, der Stücke für die Bühne bearbeitet* [→*Dramaturgie*]

Dra|ma|tur|gie ⟨f.11⟩ **1** *Wissenschaft vom Drama und seiner Bearbeitung für die Bühne* **2** *Sammlung von Theaterkritiken* **3** ⟨Theat., Funk, Fernsehen⟩ *Gesamtheit der beschäftigten Dramaturgen sowie ihre Arbeitsräume* [< griech. *dramatourgein* „dramatisch darstellen", zu *drama,* Gen. *dramatos,* „Handlung, Schauspiel" und *ergon* „Werk"]

dran ⟨Adv.; ugs., häufig für⟩ *daran*

dran... ⟨in Zus.; ugs., häufig für⟩ *daran...*

Drän ⟨m.9 oder m.1⟩ **1** *Entwässerungsrohr, -graben* **2** →*Drain*

Drä|na|ge ⟨[-ʒə] f.11⟩ auch: *Drainage* **1** *Entwässerung des Bodens durch Dräns (1);* auch: *Dränierung, Dränung* **2** *Erleichterung des Abflusses von Sekreten (aus Wunden oder Körperhöhlen über Drains)*

Drang ⟨m.2⟩ **1** *das Drängen, Druck;* im D. der Ereignisse habe ich nicht mehr daran gedacht **2** *starkes körperliches Bedürfnis;* D. zum Wasserlassen **3** *starker innerer Antrieb, starkes Bedürfnis;* der D. zum Höheren, nach oben, nach Freiheit

Drän|ge|lei ⟨f., -, nur Sg.; ugs.⟩ *lästiges Drängeln*

drän|geln ⟨V.1, hat gedrängelt; o.Obj. oder refl.⟩ **1** *andere wegschieben, um vorwärts zu kommen;* drängle doch nicht so!; sich nach vorn d. **2** *drängen, immer wieder dringend bitten;* der Junge hat so lange gedrängelt, bis ich ihn mitgenommen habe

drän|gen ⟨V.1, hat gedrängt⟩ **I** ⟨o.Obj. oder refl.⟩ *andere wegschieben, um selbst vorwärts zu kommen;* die Besucher drängten (sich) durch die Tür, drängten (sich) ins Freie; sich zu etwas d. *sich um etwas bemühen, etwas unbedingt tun wollen* **II** ⟨mit Akk.⟩ *dringend bitten oder mahnen;* jmdn. d., etwas zu tun; jmdn. zur Eile d.; bitte dränge mich nicht, ich werde es schon tun **III** ⟨o.Obj.⟩ *eilig sein, eilen;* die Sache drängt; die Zeit drängt *es ist nur noch wenig Zeit* **IV** ⟨mit Präp.obj.⟩ *auf etwas* d. *sich darum bemühen, mahnen, dringend bitten, daß etwas getan wird;* er drängt darauf, einen Beschluß zu fassen; auf eine Entscheidung d.

Drang|sal ⟨f.1⟩ *Bedrückung, Not, Leiden;* die ~e der Gefangenschaft

drang|sa|lie|ren ⟨V.3, hat drangsaliert; mit Akk.⟩ *quälen, peinigen*

drä|nie|ren ⟨V.3, hat dräniert; mit Akk.⟩ **1** *entwässern;* den Boden d. **2** →*drainieren*

Drä|nie|rung ⟨f.10⟩ →*Dränage (1)*

Drank ⟨m., -s, nur Sg.; nddt.⟩ **1** *Spülwasser, flüssige Abfälle* **2** *flüssiges Schweinefutter* [zu *Trank*]

Drä|nung ⟨f.10⟩ →*Dränage (1)*

Drap ⟨auch [dra] m., -, nur Sg.⟩ *tuch- oder lederartiges Gewebe* [frz., „Tuch, Laken"]

Dra|pé ⟨[drape] m.9⟩ *köperbindiger Wollstoff (für Gesellschaftsanzüge)* [zu *Drap*]

Dra|peau ⟨[po] n.9; †⟩ *Fahne, Banner* [frz., „Fahne", urspr. „Stück Tuch", →*Drap*]

Dra|pe|rie ⟨f.11⟩ *Anordnung von Falten, Faltenwurf* [frz., „Faltenwurf, Vorhänge", zu *draper,* →*drapieren*]

dra|pie|ren ⟨V.3, hat drapiert; mit Akk.⟩ **1** *kunstvoll in Falten anordnen;* Stoff d. **2** *behängen, schmücken;* eine Tür mit Girlanden d. [< frz. *draper* „mit Tuch ausschlagen, behängen, in Falten legen, schön ordnen", zu *drap* „Tuch"] **Dra|pie|rung** ⟨f.10⟩

Drasch ⟨m., -(e)s, nur Sg.; sächs.⟩ *unruhige Geschäftigkeit;* ich habe meinen D. *ich habe es eilig* [zu *dreschen,* nach der Betriebsamkeit früher an den Dreschplätzen]

Dra|stik ⟨f., -, nur Sg.⟩ **1** *gründliche Wirksamkeit;* die D. von Maßnahmen **2** *Derbheit, unverblümte Deutlichkeit;* die D. eines Ausdrucks

Dra|sti|kum ⟨n., -s, -ka⟩ *starkes Abführmittel* [zu *drastisch*]

dra|stisch ⟨Adj.⟩ **1** *stark, schnell (wirkend);* ein ~es Heilmittel; die Tabletten wirken d. **2** *sehr wirksam, energisch;* ~e *Maßnahmen* **3** *derb, deutlich;* etwas d. schildern, ausdrücken [< griech. *drastikos* „wirksam", zu *dran* „tätig sein, tun, handeln"]

dräu|en ⟨V.1, hat gedräut; o.Obj.; †, poet.⟩ *drohen*

drauf ⟨ugs., häufig für⟩ *darauf*

drauf... ⟨in Zus.; ugs., häufig für⟩ *darauf...*

Drauf|ga|be ⟨f.11⟩ →*Handgeld*

Drauf|gän|ger ⟨m.5⟩ *jmd., der etwas wagt, ohne zu zögern*

drauf|gän|ge|risch ⟨Adj.⟩ *in der Art eines Draufgängers*

drauf|ge|ben ⟨V.45, hat draufgegeben⟩ **I** ⟨mit Akk.⟩ *zusätzlich geben, zusätzlich bezahlen;* noch fünf Mark d. **II** ⟨mit Dat. und Akk.⟩ jmdm. eins d. *jmdm. einen Schlag (als Züchtigung) versetzen, jmdn. energisch zurechtweisen*

drauf|ge|hen ⟨V.47, ist draufgegangen; o.Obj., ugs.⟩ **1** *zugrunde gehen, umkommen;* bei dieser psychischen Belastung geht er drauf; bei dem Marsch durch die Eiswüste sind Menschen und Hunde draufgegangen **2** *verbraucht werden;* meine Ersparnisse sind dabei draufgegangen **3** *kaputtgehen;* bei der Wanderung sind meine Schuhe draufgegangen

Drauf|geld ⟨n.3⟩ →*Handgeld*

drauf|ha|ben ⟨V.60, hat draufgehabt; mit Akk.; ugs.⟩ *im Repertoire haben, können;* er hat alle Klavierkonzerte von Mozart drauf

drauf|los ⟨Adv.⟩ *rasch, mit Kraft auf etwas zu*

drauf|los... ⟨in Zus.⟩ *energisch, stürmisch und ohne Überlegung auf ein Ziel hin ...,* z.B. drauflosarbeiten, draufloslaufen

draus ⟨Adv.; ugs.⟩ *daraus;* da wird nichts d. *daraus wird nichts*

draus|brin|gen ⟨V.21, hat drausgebracht; mit Akk.; süddt.⟩ *aus dem Takt bringen, verwirren;* laß dich nicht d.!

draus|kom|men ⟨V.71, ist drausgekommen; o.Obj.; süddt.⟩ *aus dem Takt kommen*

drau|ßen ⟨Adv.⟩ **1** *außerhalb (eines Raumes, Gebietes);* wer ist d.?; geht er d.? **2** *auf dem Meer, auf dem See;* die Fischer, Segelboote sind noch d.; weit d. sieht man noch einen Schwimmer **3** ⟨übertr.⟩ *an der Front;* unsere Männer, Söhne, Brüder d.

dra|wi|disch ⟨Adj., o.Steig.⟩ *zur südindischen Völkergruppe der Drawida gehörig, von ihnen stammend,* ~e *Sprachen zur Gruppe der Drawida-Sprachen gehörige Sprachen (z.B. Tamil, Telugu, Malajalam)*

Dr. disc. pol. ⟨Abk. für⟩ *doctor disciplinarum politicarum: Doktor der Sozialwissenschaften*

Dread|nought ⟨[drɛdnɔːt] m.9; von 1905 bis

zum 2. Weltkrieg) englisches Großkampfschiff [engl., „fürchte nichts"]

drech|seln ⟨[-ks-] V.1, hat gedrechselt; mit Akk.⟩ **1** *auf der Drechselbank herstellen* **2** ⟨übertr.⟩ *kunstvoll und etwas unnatürlich formen;* ein Gedicht, Sätze d.; gedrechselte Sprache, gedrechselter Stil

Drechs|ler ⟨[-ks-] m.5⟩ *Handwerker, der mittels Drechselbank und Schneidwerkzeugen Gegenstände herstellt*

Drechs|le|rei ⟨[-ks-] f.10⟩ **1** ⟨nur Sg.⟩ *Handwerk des Drechslers* **2** *Handwerksbetrieb eines Drechslers*

Dreck ⟨m., -s, nur Sg.; derb⟩ **1** *Schmutz, Schlamm* (Straßen~); das geht dich einen D. an *das geht dich gar nichts an;* das kümmert ihn einen D. *gar nicht;* jmdm. seinen D. nachräumen *die Unordnung, die jmd. verursacht hat, beseitigen;* die Karre aus dem D. ziehen *Schwierigkeiten, Hindernisse überwinden;* im D. stecken *in großen Schwierigkeiten, in Not sein;* jmdn. wie den letzten D. behandeln *sehr schlecht, verächtlich;* er hat selber D. am Stecken *er hat selbst Fehler gemacht, unrecht gehandelt (und soll deshalb nicht andere verurteilen)* **2** *Angelegenheiten, Arbeiten,* ⟨nur in der Wendung⟩ mach deinen D. alleine! **3** *Kot, Exkremente* (Hunde~)

Dreck|ar|beit ⟨f.10⟩ *schmutzige Arbeit*

dreckig ⟨-k|k-; Adj.; derb⟩ *schmutzig, schlammig*

Dreck|nest ⟨n.3; derb⟩ *kleine, schmutzige, abgelegene Ortschaft*

Drecks|ar|beit ⟨f.10; derb⟩ *sehr unangenehme Arbeit*

Dreck|sau ⟨f.2⟩, **Dreck|schwein** ⟨n.1; derb⟩ *sehr schmutziger Mensch*

Drecks|kerl ⟨m.1; derb⟩ *gemeiner Mensch*

Dredge [drɛdʒ], **Dred|sche** ⟨f.11⟩ *Schleppnetz zum Fangen von Tieren auf dem Meeresgrund* [engl., „Schleppnetz", < altengl. dragan „ziehen"]

Dreesch ⟨m.5; landsch.⟩ *unbebautes Land, Grünland;* auch: Driesch [vermutlich zu drei; er war in der Dreifelderwirtschaft der als Weide genutzte Teil der Feldflur]

Dregg|an|ker ⟨m.5⟩, **Dreg|ge** ⟨f.11⟩ → Dragge

dreg|gen ⟨V.1, hat gedreggt; mit Akk.⟩ *mit der Dregge fischen*

Dreh ⟨m., -s, nur Sg.⟩ *Art und Weise, wie etwas zu machen ist, Kunstgriff;* den D. heraushaben; den (richtigen) D. finden; den richtigen D. kriegen

Dr. E. h. ⟨†; Abk. für⟩ Doktor Ehren halber; vgl. Dr. h. c.

Dreh|ar|beit ⟨f.10⟩ *Arbeit beim Drehen eines Films;* die ~en beginnen morgen, sind beendet

Dreh|bank ⟨f.2⟩ → Drehmaschine

Dreh|buch ⟨n.4; Film⟩ *in kleine Abschnitte (Einstellungen) gegliedertes Text- und Regiebuch mit Angaben zur optischen und akustischen Gestaltung*

Dreh|büh|ne ⟨f.11; Theat.⟩ *drehbare Bühne, auf deren Abschnitten die einzelnen Bühnenbilder zur raschen Verwandlung bereits aufgebaut werden können*

Dre|he ⟨f., -, nur Sg.; ugs.; nur in der Wendung⟩ so um die D. *so ungefähr, etwa;* „Du kommst also um drei?"; „Ja, so um die D."; „Wann ist er geboren?"; „Ich glaube, 1750 oder so um die D."; „Wo wohnt er denn?" „Am Goetheplatz oder so um die D."

dre|hen ⟨V.1, hat gedreht⟩ **I** ⟨mit Akk.⟩ **1** *auf der Drehbank herstellen* **2** *rund formen;* eine Zigarette, Pillen d. **3** *um seine Achse bewegen;* ein Rad d.; einen Hebel, Handgriff d. **4** *in eine andere Richtung bringen;* den Tisch noch etwas d.; man kann es d. und wenden, wie man will, es wird doch nicht anders; man kann es von allen Seiten betrachten **5** *Fasern umeinanderschlingen und so herstellen;* ein Seil, einen Faden d. **6** ⟨Film⟩ *aufnehmen;*

herstellen; einen Film d. **7** *durch Betätigen einer Kurbel durch eine Maschine befördern und dabei zerkleinern;* Fleisch durch den Wolf d. **8** *durch Betätigen eines Schalters verändern,* das Gas, das Licht klein d.; die Herdplatte auf 3 d.; das Radio leiser, lauter d. **9** ⟨übertr.⟩ *beeinflussen, lenken;* das hast du ja sehr geschickt gedreht; ein Ding d. ⟨Gaunerspr.⟩ *einen Diebstahl, Einbruch o.ä. begehen* **II** ⟨refl.⟩ **1** sich d. **a** *eine Kreisbewegung ausführen, sich um die eigene Achse bewegen;* das Rad dreht sich; sich im Kreis, im Tanz d.; alles dreht sich um sie ⟨übertr.⟩ *alle kümmern sich nur um sie und allein die Aufmerksamkeit zu* **b** *eine andere Richtung nehmen;* der Wind hat sich gedreht **2** sich um etwas d. ⟨ugs.⟩ *sich um etwas handeln;* es dreht sich darum, daß ... **III** ⟨o.Obj.⟩ *umkehren;* am Ende der Straße kannst du (mit dem Auto) d. **IV** ⟨mit Präp.obj.⟩ *an etwas d.* einen Schalter, an einer Schraube etwas betätigen; am Radio d.; da muß doch einer dran gedreht haben ⟨übertr., ugs.⟩ *da muß jmd. einen Fehler gemacht haben, da stimmt doch etwas nicht*

Dre|her ⟨m.5⟩ **1** *jmd., der berufsmäßig an der Drehmaschine Metallarbeiten ausführt* **2** *zweiter Halswirbel* **3** *dem Ländler ähnlicher Volkstanz im Dreivierteltakt*

Dreh|feld ⟨n.3⟩ *gleichförmig rotierendes Magnetfeld konstanten Flusses*

Dreh|krank|heit ⟨f., -, nur Sg.⟩ **1** ⟨bei Schafen⟩ *Gehirnkrankheit, die zu kreisenden Zwangsbewegungen der befallenen Tiere führt;* vgl. Drehwurm **2** ⟨bei Forellen⟩ *durch ein Sporentierchen hervorgerufene Krankheit, bei der das Gleichgewichtsorgan zerstört wird*

Dreh|kreuz ⟨n.1; bei Durchgängen⟩ *um eine senkrechte Achse drehbare Sperre in Kreuzform, die sich nur in einer Richtung drehen läßt und so das Hineingehen erlaubt, das Hinausgehen verhindert oder umgekehrt*

Dreh|lei|er ⟨f.11⟩ *altes, einfaches Saiteninstrument, bei dem durch eine Kurbel eine Scheibe gedreht wird, die die Saiten anstreicht;* Syn. Bettelleier, Lyra

Dreh|ma|schi|ne ⟨f.11⟩ *Werkzeugmaschine zur Bearbeitung von Werkstücken aus Metall;* Syn. Drehbank

Dreh|mei|ßel ⟨m.5⟩ *Schneidwerkzeug zur Bearbeitung von Metallen, Holz u.a. auf der Drehmaschine*

Dreh|mo|ment ⟨n.1; Phys.⟩ *Kraft, die versucht, einen Körper zu drehen*

Dreh|or|gel ⟨f.11⟩ *kleine, fahr- oder tragbare Orgel, die durch eine Handkurbel mit Wind versorgt und gespielt wird, wobei auf einer Walze angebrachte Stifte (oder in eine Scheibe gestanzte Löcher) die Ventile der Pfeifen öffnen;* Syn. Leierkasten

Dreh|schei|be ⟨f.11⟩ **1** *(meist fußbetriebene) drehbare Scheibe (zum Rundformen von Tonwaren mit der Hand)* **2** *auf einer Scheibe drehbar montierte Gleisteile (zum Drehen und Versetzen von Schienenfahrzeugen auf andere Gleise)*

Dreh|sinn ⟨m., -(e)s, nur Sg.⟩ *Richtung einer Drehung*

Dreh|strom ⟨m.2⟩ *aus drei überlagerten Wechselströmen bestehender Strom;* Syn. Dreiphasenstrom

Dre|hung ⟨f.10⟩ *das Drehen, das Sichdrehen;* zwei ~en nach rechts, nach links; D. um sich selbst

Dreh|wurm ⟨m.4⟩ **1** *Finne des Hundebandwurms, die die Drehkrankheit verursacht;* Syn. Quese **2** ⟨ugs.⟩ *Schwindelgefühl;* ich habe den D. *mir ist schwindlig*

Dreh|zahl ⟨f.10⟩ *Anzahl der Umdrehungen eines rotierenden Körpers, bezogen auf eine Zeiteinheit;* Syn. Tourenzahl, Umdrehungszahl

Dreh|zahl|mes|ser ⟨m.5; bei Kraftmaschinen, Kfz. u.a.⟩ *Vorrichtung zum Bestimmen*

der Drehzahl eines Maschinenteils; Syn. Tourenzähler

drei ⟨Num.; Schreibung in Buchstaben für⟩ *3;* Ableitungen und Zus. vgl. acht

Drei ⟨f.10⟩ **1** *die Ziffer 3* **2** ⟨als Schulnote⟩ *befriedigend;* eine D. schreiben; in Deutsch eine D. haben, bekommen; vgl. Acht

Drei|bein ⟨n.1⟩ *Gegenstand mit drei Beinen* (z.B. Schemel, Stativ); Syn. Dreifuß

Drei-D-Film ⟨m.1⟩ *Film mit dreidimensional wirkender Bildwiedergabe* [Kurzwort zu dreidimensional]

drei|di|men|sio|nal ⟨Adj., o.Steig.⟩ *in drei Dimensionen (gestaltet), räumlich (wiedergeben);* ~er Film

Drei|eck ⟨n.1⟩ *Figur, die durch drei sich nicht in einem Punkt schneidende Linien gebildet wird;* Syn. Trigon; spitzwinkliges D.; stumpfwinkliges D.; rechtwinkliges D.; gleichseitiges D.; gleichschenkliges D.

drei|eckig ⟨-k|k-; Adj., o.Steig.⟩ *in Form eines Dreiecks, mit drei Ecken;* Syn. ⟨geh.⟩ triangulär, trigonal; ~es Tuch

drei|ei|nig ⟨Adj.; nur in der Fügung⟩ *der ~e Gott* Gott als Vater, Sohn und Heiliger Geist

Drei|ei|nig|keit ⟨f., -, nur Sg.; in der Fügung⟩ *die Heilige D.* die Einheit von Gott Vater, Gott Sohn und Heiligem Geist; Syn. Dreifaltigkeit, Trinität

Drei|er ⟨m.1⟩ **1** ⟨süddt.⟩ **a** *die Ziffer 3* **b** ⟨als Schulnote⟩ → Drei (2) **2** ⟨16.–18. Jh. in Norddeutschland⟩ *Dreipfennigstück;* vgl. Achter

Drei|er|rei|he ⟨f.11⟩ *drei Reihen hinter- oder nebeneinander;* in D. antreten; in ~n marschieren

Drei|fal|tig|keit ⟨f., -, nur Sg.⟩ → Dreieinigkeit

Drei|fel|der|wirt|schaft ⟨f., -, nur Sg.⟩ *landwirtschaftliche Betriebsweise, bei der die Flur im dreijährigen Wechsel bewirtschaftet wird* (meist Wintergetreide, Sommergetreide und Brache)

Drei|fin|ger|re|gel ⟨f., -, nur Sg.⟩ *Regel zur Veranschaulichung des Zusammenwirkens von Magnetfeld und Strom bei Induktion und Elektromagnetismus;* Syn. Rechte-Hand-Regel

Drei|fuß ⟨m.2⟩ → Dreibein

drei|ge|stri|chen ⟨Adj., o.Steig.; nur als Attr.⟩ *vom eingestrichenen Ton aus* (z.B. ⟨f.10⟩) *nach dem in der dritten Oktave liegend;* das ~e C (c''')

drei|ge|teilt ⟨Adj., o.Steig.⟩ *in drei Teile gegliedert, aus drei Teilen bestehend;* eine ~e Fläche

Drei|heit ⟨f.10⟩ *aus drei Teilen bestehende Gesamtheit*

Drei|kampf ⟨m.2⟩ *sportlicher Mehrkampf, bestehend aus 100-m-Lauf, Weitsprung und Kugelstoßen*

Drei|kä|se|hoch ⟨m.9; scherzh.⟩ *kleiner Junge, Knirps* [eigtl. „Junge von der Größe, wie drei runde Käse hoch sind"]

Drei|klang ⟨m.2⟩ *Klang aus drei Tönen*

Drei|kö|ni|ge ⟨o.Art.⟩ → Dreikönigsfest; an, zu D.

Drei|kö|nigs|fest ⟨n.1⟩ *Fest der Heiligen Drei Könige, 6. Januar;* Syn. Epiphanias

Drei|laut ⟨m.1⟩ *Triphthong*

drei|mäh|dig ⟨Adj., o.Steig.⟩ → dreischürig

Drei|ma|ster ⟨m.5⟩ *Segelschiff mit drei Masten*

Drei|mei|len|zo|ne ⟨f.11⟩ *staatliche Hoheitsgrenze im Meer, Zone innerhalb von 3 Seemeilen (5,6 km) von der Niedrigwassergrenze an*

drein ⟨ugs., häufig für⟩ *darein*

drein|fah|ren ⟨V.32, ist dreingefahren; o.Obj.⟩ *energisch eingreifen;* so geht das nicht, da muß man einmal d.

Drein|ga|be ⟨f.11⟩ *Zugabe*

drein|re|den ⟨V.2, hat dreingeredet; mit Dat.⟩ *jmdm. d.* sich in jmds. Angelegenheiten

mischen; ich will dir nicht d.; ich lasse mir von dir nicht d.
drein|schau|en ⟨V.1, hat dreingeschaut; o.Obj.⟩ *auf bestimmte Weise schauen;* freundlich, skeptisch d.; er schaut drein wie drei Tage Regenwetter
drein|schla|gen ⟨V.116, hat dreingeschlagen; o.Obj.⟩ *ohne Überlegung hierhin und dorthin schlagen;* bei einem Streit (blindlings, wütend) d.
Drei|paß ⟨m.2; im gotischen Maßwerk⟩ *kleeblattähnliche Schmuckform aus drei zur Mitte hin geöffneten Dreiviertelkreisen*
Drei|pha|sen|strom ⟨m.2⟩ → *Drehstrom*
Drei|rad ⟨n.4⟩ **1** *dreirädriges Fahrrad für Kleinkinder* **2** *dreirädriges Fahrzeug, Dreiradwagen*
Drei|satz ⟨m., -es, nur Sg.⟩ *Verfahren, bei dem aus drei bekannten Größen eines Verhältnisses die vierte Größe bestimmt wird;* Syn. *Schlußrechnung*
Drei|schlitz ⟨m.1; am dorischen Fries⟩ *senkrecht durch Schlitze dreigeteiltes Feld, das mit Metopen abwechselt*
Drei|schneuß ⟨m.1; im gotischen Maßwerk⟩ *Schmuckform aus drei aneinander geschmiegten Fischblasen*
drei|schü|rig ⟨Adj., o.Steig.⟩ *so beschaffen, daß dreimal im Jahr gemäht werden kann;* Syn. *dreimähdig;* ~e Wiese [zu *Schur* (2)]
drei|spal|tig ⟨Adj., o.Steig.⟩ *in drei Spalten (gedruckt);* das Buch ist d. gedruckt
Drei|spitz ⟨m.1⟩ *dreieckiger Uniformhut*
drei|spra|chig ⟨Adj., o.Steig.⟩ **1** *in drei Sprachen (abgefaßt);* ~es Wörterbuch **2** *drei Sprachen als gleichberechtigte Verkehrssprachen aufweisend;* ~es Land
Drei|sprung ⟨m., -(e)s, nur Sg.⟩ *Leichtathletik⟩ Sprungwettbewerb, bestehend aus drei aufeinanderfolgenden Sprüngen*
drei|ßig ⟨Num.; Schreibung in Buchstaben für⟩ *30;* vgl. *achtzig*
drei|ßig|jäh|rig ⟨Adj., o.Steig.⟩ **1** *30 Jahre alt;* ein ~er Mann **2** *30 Jahre dauernd;* während seiner ~en Verbannung; ⟨aber⟩ *der Dreißigjährige Krieg*
dreist ⟨Adj.⟩ *ohne Hemmungen, frech*
Dreis|tig|keit ⟨f., -, nur Sg.⟩ *dreistes Verhalten, Frechheit;* das ist eine D.
Drei|ta|ge|fie|ber ⟨n., -s, nur Sg.⟩ **1** ⟨bei Kleinkindern⟩ *eine Viruserkrankung mit Fieber und Hautausschlag* **2** ⟨in Osteuropa und im Mittelmeerraum⟩ *durch eine Sandfliege übertragene Viruserkrankung mit drei- bis fünftägigem Fieber und maserähnlichem Ausschlag;* Syn. *Pappatacifieber*
drei|tei|len ⟨V.1, hat dreigeteilt; mit Akk.⟩ *in drei Teile teilen*
drei|tei|lig ⟨Adj., o.Steig.⟩ *aus drei Teilen bestehend;* eine ~e Fernsehfolge
Drei|tei|lung ⟨f., -, nur Sg.⟩ *Teilung, Geteiltsein in drei Teile*
drei|vier|tel ⟨Num.⟩ *drei Teile eines in Viertel geteilten Ganzen umfassend;* das Glas ist noch d. voll, ⟨oder⟩ zu drei Vierteln voll; d. fünf Uhr *ein Viertel vor fünf Uhr, 4.45 Uhr*
drei|vier|tel|lang ⟨Adj., o.Steig.⟩ *drei Viertel der gesamten Länge messend;* ~er Ärmel, Mantel
Drei|vier|tel|stun|de ⟨f.11⟩ *drei Viertel einer Stunde, 45 Minuten;* eine D.
Drei|vier|tel|takt ⟨m.1⟩ *Takt, der aus Notenwerten von drei Vierteln besteht,* ³/₄-Takt
Drei|zack ⟨m.1⟩ *in drei Zinken auslaufender Speer*
drei|zehn ⟨Num.; Schreibung in Buchstaben für⟩ *13;* vgl. *achtzehn*
Drell ⟨m.1; norddt.⟩ → *Drillich*
Drem|pel ⟨m.5⟩ **1** ⟨bei Schleusen⟩ *Schwelle, an die das geschlossene Schleusentor stößt* **2** ⟨bei Dachräumen⟩ *Vergrößerung bildende Aufmauerung als Träger des Dachstuhls, die über die Decke des obersten Geschosses hinausreicht* [nddt.]

Dres. ⟨Abk. für⟩ *doctores: Doktoren;* die D. X und Y
Dre|sche ⟨f., -, nur Sg.; ugs.⟩ → *Prügel (2)*
dre|schen ⟨V.1, hat gedroschen⟩ **I** ⟨mit Akk.⟩ **1** *etwas d. durch Schlagen die Körner aus etwas herauslösen;* Getreide d. **2** *jmdn. d. prügeln,* ⟨meist⟩ *verdreschen;* sich, ⟨eigtl.⟩ *einander d. einander verprügeln* **II** ⟨o.Obj.⟩ *heftig schlagen;* mit den Fäusten an die Tür, auf den Tisch d.
Dresch|fle|gel ⟨m.5⟩ *Schlagholz, das mit Riemen an einem Stiel beweglich befestigt ist, zum Dreschen des Getreides;* Syn. ⟨oberdt.⟩ *Drischel*
Dresch|ma|schi|ne ⟨f.11⟩ *Maschine zum Dreschen und zur nachfolgenden Trennung von Körnern, Stroh und Verunreinigungen*
Dreß ⟨m.1, österr. auch f.10⟩ *Kleidung für eine bestimmte Gelegenheit (bes. für den Sport)* ⟨Sport~⟩; er ist schon im D. *er ist schon fertig angekleidet* [< engl. *dress* „Kleidung, Kleid, Anzug"]
Dreß|man ⟨m.5⟩ *jmd., der für jmds. Kleidung sorgt und verantwortlich ist* [zu *Dreß*]
Dres|seur ⟨[-sør] m.1⟩ *jmd., der Tiere dressiert;* Syn. *Abrichter, Tierlehrer* [frz.]
dres|sie|ren ⟨V.3, hat dressiert; mit Akk.⟩ **1** *ein Tier d. ein Tier lehren, auf Kommando bestimmte Handlungen auszuführen;* einen Hund so d. *einen Hund lehren, auf Kommando jmdn. anzugreifen* **2** ⟨übertr.⟩ *ein Kind d. ihm übertrieben höfliches Benehmen beibringen* **3** *Speisen d. hübsch anrichten, verzieren* **4** *in eine Form pressen;* Filzhüte d. **5** *nach dem Warmwalzen strecken;* Bleche d. [< frz. *dresser* „errichten, aufstellen, abrichten (Tier), anrichten, zubereiten", über *direct* < lat. *directus* „gerade"]
Dres|sing ⟨n.9⟩ **1** *Salatsoße* **2** *Füllung für gebratenes Geflügel* [engl., zu *to dress* „herrichten"]
Dress|man ⟨[-mən] m., -s, -men [-mən]⟩ **1** *jmd., der auf Modenschauen Herrenkleidung vorführt* **2** *männliches Fotomodell* [< engl. *dress* „Kleidung" und *man* „Mann"]
Dres|sur ⟨f.10⟩ **1** *das Dressieren, Abrichtung* **2** *Ergebnis des Dressiertwerdens;* eine D. vorführen
Dres|sur|fah|ren ⟨n., -s, nur Sg.⟩ *Wettbewerb, in dem die dressurmäßige Ausbildung von Wagenpferden bewertet wird*
Dres|sur|prü|fung ⟨f.10; Reitsport⟩ *Wettbewerb, in dem die dressurmäßige Ausbildung eines Pferdes bewertet wird*
Dr. forest. ⟨Abk. für⟩ *doctor scientiae rerum forestalium:* Doktor der Forstwissenschaft
Dr. habil. ⟨in Verbindungen wie⟩ Dr. phil. habil. ⟨Abk. für⟩ *doctor (philosophiae) habilitatus:* habilitierter Doktor (der Philosophie)
Dr. h. c. ⟨Abk. für⟩ *doctor honoris causa:* Doktor Ehren halber (ohne Prüfung als Ehrung verliehener Titel)
drib|beln ⟨V.1, hat gedribbelt; o.Obj.; Fußb.⟩ *den Ball in kurzen Stößen vor sich her treiben* [< engl. *to dribble* in ders. Bed. sowie „tröpfeln", zu *drop* „Tropfen"]
Drib|bling ⟨n.9⟩ *Umspielen eines oder mehrerer Gegner durch Dribbeln*
Driesch ⟨m.1⟩ → *Dreesch*
Drift ⟨f.10⟩ **1** ⟨Seew.⟩ auch: *Trift* **a** *durch den Wind hervorgerufene, oberflächliche Meeresströmung* **b** *Bewegung eines Schiffes ohne eigene Kraft* **2** ⟨Phys.⟩ *langsame Änderung oder Wanderung einer Größe* [nddt., zu *treiben*]
Drift|eis ⟨n., -es, nur Sg.⟩ → *Treibeis*
drif|ten ⟨V.2, ist gedriftet; o.Obj.⟩ *auf dem Wasser treiben, in der Luft vom Wind getrieben werden;* das Schiff, der Ballon driftet nach Süden
Drilch ⟨m.1; landsch.⟩ → *Drillich*
Drill¹ ⟨m., -(e)s, nur Sg.⟩ **1** (i.w.S.) *mechanisches Einüben von Fertigkeiten;* harter, scharfer D. **2** ⟨Mil.⟩ **a** *Einüben der Hand-*griffe zur Bedienung von Geräten und Waffen **b** *Üben von Gefechtsbewegungen* **3** ⟨Angeln⟩ *das Drillen (3)*
Drill² ⟨m.1; landsch.⟩ → *Drillich*
Drill³ ⟨m.1⟩ *westafrikanischer Affe (ähnlich dem Mandrill, aber weniger bunt)* [afrik.]
Drill|boh|rer ⟨m.5⟩ *Handbohrgerät, bei dem der Bohrer durch Hin- und Herbewegung einer Hülse auf einer Spindel mit steilem Gewinde in wechselnde Drehung versetzt wird* [zu *drillen* (2)]
dril|len ⟨V.1, hat gedrillt; mit Akk.⟩ **1** *mit der Drillmaschine in Reihen säen;* Rüben d. **2** *mit dem Drillbohrer bohren* **3** *durch mehrmaliges Einziehen und Auswerfen der Angel ermüden;* einen Fisch d. **4** *durch harte, wiederholte Übungen ausbilden, leistungsfähig machen;* Soldaten d.; seinen Geist d.; auf etwas gedrillt sein *durch häufiges strenges Wiederholen gewöhnt sein, etwas zu tun;* die Kinder sind darauf gedrillt, auf Ruf sofort zu kommen
Dril|lich ⟨m.1⟩ *kräftiger, köper- oder atlasbindiger Stoff (bes. für Arbeitskleidung);* Syn. ⟨norddt.⟩ *Drell,* ⟨landsch.⟩ *Drilch, Drill* [< ahd. *drilich* „dreifach", im Sinne von „mit dreifachem Faden gewebt"]
Dril|ling ⟨m.1⟩ **1** *mit zwei anderen gleichzeitig im Mutterleib entstandenes und ausgetragenes Kind* **2** *dreiläufiges Jagdgewehr* [zu *drei;* vgl. *Zwilling*]
Drill|ma|schi|ne ⟨f.11⟩ *(vom Schlepper gezogene) Maschine zur Aussaat in Reihen und zum Verstreuen von Dünger* [zu *drillen (1)*]
drin ⟨Adv.; ugs., häufig für⟩ *darin;* das ist nicht d.; *das ist nicht zu erreichen, das läßt sich nicht machen*
Dr.-Ing. ⟨Abk. für⟩ *Doktor der Ingenieurwissenschaften*
drin|gen ⟨V.25, ist gedrungen⟩ **I** ⟨o.Obj.⟩ **1** *in eine Richtung streben, in etwas, durch etwas gelangen;* Licht dringt durch die Fensterläden; Regen dringt durch die Kleidung; der Lärm dringt bis in mein Zimmer, bis auf die Straße **2** *in jmdn. d. jmdm. dringlich, inständig fragen* **II** ⟨hat Präp.-obj.⟩ *auf etwas d. auf etwas bestehen, unbedingt etwas durchsetzen wollen;* auf eine sofortige Entscheidung d.; er dringt darauf, daß ...; in jmdn. d. *jmdm. drängend, inständig nach etwas fragen* **III** ⟨mit Akk.; nur im Perf. Passiv⟩ *ich fühle mich gedrungen, es zu tun ich habe das Gefühl, ich muß es unbedingt tun*
drin|gend ⟨Adj.⟩ **1** *keinen Aufschub duldend, eilig;* eine ~e Verabredung; die Sache ist d.; ich kann heute nur die ~sten Arbeiten, nur das Dringendste erledigen **2** *inständig;* jmdn. d. bitten, ermahnen, etwas zu tun **3** *unbedingt;* ich brauche d. hundert Mark; es ist d. notwendig; er ist der Tat d. verdächtig *man glaubt unbedingt, daß er die Tat began*
dring|lich ⟨Adj.⟩ **1** *dringend;* die Sache ist d.; eine Sache d. machen **2** *eindringlich, inständig;* jmdn. d. bitten, fragen
Dring|lich|keit ⟨f., -, nur Sg.⟩ *dringliche Beschaffenheit;* die D. der Angelegenheit betonen
Drink ⟨m.9⟩ *(meist alkoholisches) Getränk* [engl., „Trank", zu *to drink* „trinken"]
drin|nen ⟨Adv.⟩ *im Raum, im Zimmer, nicht draußen;* „Wo ist der Vater?" „Er ist d.!"
Dri|schel ⟨m.5 oder m.14; oberdt.⟩ → *Dreschflegel*
dritt ⟨Num.; nur in der Fügung⟩ zu d. *zu dreien*
dritt... ⟨in Zus.⟩ *an dritter Stelle,* z.B. *drittgrößter*
drit|te|halb ⟨Num.; †⟩ *zweieinhalb* [eigtl. „das dritte nur halb"]
Dritt|teil ⟨n.5⟩ † → *Drittel*
Drit|tel ⟨n.5⟩ **1** *jeder Teil eines in drei gleiche Teile geteilten Ganzen;* auch: ⟨†⟩ *Dritteil;* ein D.; zwei D.; der Saal war nur zu zwei ~n voll

dritteln

2 ⟨Eishockey⟩ **a** *Einteilung des Spielfelds* **b** *Einteilung der Spielzeit*
dritteln ⟨V.1, hat gedrittelt; mit Akk.⟩ *in drei Teile teilen*
dritte(r, -s) ⟨Num.⟩ *der, die, das dem zweiten folgende; der eine sagt dies, der andere das, der dritte wieder etwas anderes; zum ersten, zum zweiten, zum dritten; der dritte Stand der Bürgerstand;* vgl. *achte, erste*
Dritte(r) ⟨m., f.17 bzw. 18⟩ *der, die dem Zweiten Folgende; ein Dritter in Unbeteiligter, Außenstehender;* sprich bitte nicht mit Dritten darüber; wenn zwei sich streiten, freut sich der Dritte; der lachende Dritte; die Dritte von Beethoven *die dritte Sinfonie*
drittklassig ⟨Adj., o.Steig.⟩ *ziemlich schlecht;* ein ~es Hotel; ~e Leistungen
Dr. i. u. → *Dr. j. u.*
Dr. iur. → *Dr. jur.*
Drive ⟨[draɪv] m.9⟩ **1** ⟨Jazz⟩ *drängender, treibender Rhythmus* **2** ⟨Golf, Tennis, Polo⟩ *auf große Entfernung berechneter Schlag, Treibschlag* **3** *Schwung, starker Antrieb;* keinen D. haben [< engl. *drive* in ders. Bed., allg. „Triebkraft, Schwung", zu *to drive* „treiben, antreiben"]
Drive-in-... ⟨[draɪv-] in Zus.⟩ *so angelegt, daß man das Auto nicht zu verlassen braucht,* z.B. Drive-in-Kino, Drive-in-Restaurant [engl., „fahre hinein"]
Driver ⟨[draɪvər] m.5⟩ **1** ⟨Golf⟩ *Schläger zum Treibschlag und Abschlag* **2** *Fahrer, Rennfahrer (z.B. beim Trab- und Autorennen)*
Dr. j. u. ⟨Abk. für⟩ *doctor juris utriusque: Doktor beider Rechte (des weltlichen und kanonischen Rechts);* auch: *Dr. i. u., Dr. jur. utr.*
Dr. jur. ⟨Abk. für⟩ *doctor juris: Doktor der Rechtswissenschaft*
Dr. jur. utr. → *Dr. j. u.*
DRK ⟨Abk. für⟩ *Deutsches Rotes Kreuz*
Dr. med. ⟨Abk. für⟩ *doctor medicinae: Doktor der Medizin*
Dr. med. dent. ⟨Abk. für⟩ *doctor medicinae dentariae: Doktor der Zahnmedizin*
Dr. med. univ. ⟨Abk. für⟩ *doctor medicinae universae:* ⟨österr.⟩ *Doktor der gesamten Medizin*
Dr. med. vet. ⟨Abk. für⟩ *doctor medicinae veterinariae: Doktor der Tiermedizin*
Dr. nat. techn. ⟨Abk. für⟩ *doctor rerum naturalium technicarum:* ⟨österr.⟩ *Doktor der Bodenkultur*
drob ⟨Adv., häufig für⟩ *darob*
droben ⟨Adv.⟩ *dort oben, da oben, oben im Zimmer;* er ist d.
Dr. oec. ⟨Abk. für⟩ *doctor oeconomiae: Doktor der Betriebswirtschaft*
Dr. oec. publ. ⟨Abk. für⟩ *doctor oeconomiae publicae: Doktor der Volkswirtschaft*
Dr. oec. troph. ⟨Abk. für⟩ *doctor oeconomiae oecotrophologiae: Doktor der Ökotrophologie*
Droge ⟨f.11⟩ **1** *pflanzlicher oder tierischer Rohstoff für Arzneimittel (aus der Natur stammend oder künstlich hergestellt)* **2** *Mittel, das Wohlbefinden oder Rauschzustände hervorruft;* ein ~ nehmen [< frz. *drogue* < mndrl. *droge* „trocken", < der Fügung *droge-fate* „Trockenfässer", was irrtümlich als „Fässer mit Trockenware" verstanden wurde, so daß die Bez. von der Verpackung auf den Inhalt überging]
Drogerie ⟨f.11⟩ *Geschäft zum Verkauf von Drogen, Körperpflegemitteln, Farben, chemisch-technischen Artikeln u.a.* [< frz. *droguerie* in ders. Bed., zu *Droge*]
Drogist ⟨m.10⟩ **1** *Inhaber einer Drogerie* **2** *ausgebildeter Angestellter in einer solchen*
drohen ⟨V.1, hat gedroht⟩ **I** ⟨o.Obj.⟩ *möglicherweise bevorstehen, möglicherweise eintreten;* ein Gewitter droht; Unheil droht **II** ⟨mit Dat.⟩ jmdm. d. **1** *jmdm. ankündigen, daß man etwas (für ihn Unangenehmes, Unheilvolles) tun wird;* er hat mir gedroht, er wolle ...; jmdm. mit einer Anzeige d. **2** *eine warnende, einschüchternde Gebärde machen;* jmdm. mit dem Finger, mit der Faust d. **III** ⟨mit Infinitiv und „zu"⟩ *nahe daran sein, etwas zu tun;* das Dach droht einzustürzen; es droht zu regnen; sie drohte in Ohnmacht zu fallen

Drohn ⟨m.12; Fachspr. der Imker⟩ → *Drohne (1)*
Drohne ⟨f.11⟩ **1** *männliche Honigbiene (deren einzige Aufgabe im Bienenstaat ist, die Königin zu befruchten);* Syn. ⟨fachsprachl.⟩ *Drohn* **2** ⟨übertr.⟩ *jmd., der, ohne selbst zu arbeiten, die Vorteile der Arbeit anderer genießt* [< mhd. *tren, trien* „Honigbiene, Drohne, Hummel", zusammengefallen mit mnddt. *drone, drane* „Drohne" sowie übertr. „fauler, träger Mensch, Müßiggänger"]
dröhnen ⟨V.1, hat gedröhnt; o.Obj.⟩ **1** *laut und dumpf tönen;* der Donner dröhnt; der Fußboden dröhnte unter seinen Schritten; der Lärm dröhnt bis hierher; ~der Applaus **2** *von lautem Schall erfüllt sein;* der Saal dröhnte vom Gelächter der Zuschauer; mir dröhnt der Kopf von der lauten Musik
Drohnendasein ⟨n., -s, nur Sg.⟩ *Dasein eines Nichtstuers* (→ *Drohne [2]*); ein D. führen
Drohung ⟨f.10⟩ *Ankündigung von etwas Unangenehmem, Unheilvollem;* ~en ausstoßen; ich fürchte, daß er seine D. wahrmacht; das sind (leere) ~en
Drollerie ⟨f.11⟩ **1** ⟨nur Sg.⟩ *Drolligkeit, Schnurrigkeit, Komik* **2** *kurze, komische Erzählung, Schnurre* **3** *bildhauerische oder geschnitzte, kleine, drollige Darstellung von Menschen, Tieren oder Fabelwesen (bes. am Chorgestühl)* [< frz. *drôlerie* „komischer Einfall, Schnurre", zu *drôle* „drollig, lustig, possierlich, Schlingel"; ~ prov. *drolo* „Kind"]
drollig ⟨Adj.⟩ **1** *lustig, spaßig (und ein wenig rührend)* **2** *niedlich und ein wenig erheiternd;* ein ~er Kerl **3** *seltsam;* ein ~er Kauz; du bist d.! *das könnte dir so passen!,* was denkst du dir denn? **Drolligkeit** ⟨f., -, nur Sg.⟩
Dromedar ⟨auch [drɔ-] n.1⟩ *vorderasiatisch-nordafrikanische Art der Kamele mit nur einem Höcker, Einhöckeriges Kamel* [< lat. *dromedarius* < griech. *dromedarios* in ders. Bed., zu *dromaios* „laufend, schnell"; es ist ein ausdauerndes Tier]
Drommete ⟨f.11; †⟩ *Trompete* [< mhd. *trumbe, trumme* „Posaune, Trompete, Trommel", auf *trumba* „Trompete"]
Dronte ⟨f.11⟩ *(ausgestorbener) großer, flugunfähiger Taubenvogel (der Insel Mauritius)* [vermutlich holländisch]
Drop-out [-aʊt] **I** ⟨m.9⟩ *jmd., der die gewohnten Verhaltensmuster ablehnt und außerhalb der gesellschaftlichen Norm lebt, Aussteiger* **II** ⟨n.9⟩ **1** ⟨EDV⟩ *Signalausfall* **2** ⟨bei Tonbandgeräten⟩ *kurzes Aussetzen der Tonaufzeichnung* [< engl. *to drop out* „ausscheiden, sich zurückziehen", eigtl. „herausrutschen", zu *to drop* „tropfen" und *out* „aus, heraus"]
Drops ⟨m., -, -⟩ *ungefülltes Fruchtbonbon* [engl., „Zuckerplätzchen, Bonbons", eigtl. „Tropfen" (Pl.) wegen der runden Form]
Droschke ⟨f.11; †⟩ **1** *Pferdekutsche, die man zu Spazier-, Hochzeitsfahrten u.a. mieten kann* (Pferde~) **2** → *Taxi* [< russ. *drožki* „leichter Wagen"]
dröseln ⟨V.1, hat gedröselt; mit Akk.⟩ *drehen;* nur im Sinne von *Fäden d.*
Drosophila ⟨f.9 oder f., -, -lae [-lɛ]⟩ *Vertreter einer Gattung der Taufliegen, wichtiges Versuchstier der Vererbungsforschung;* Syn. *Essigfliege* [< griech. *drosos* „Tau" und *phila* „Freundin, Liebhaberin"]
Drossel¹ ⟨f.11⟩ *Vertreter einer Familie der Singvögel (als Grundform amselgroßer, brauner Vogel mit heller, gefleckter Unterseite;* Sing~, Wacholder~) [vermutlich zu *Drossel²*]
Drossel² ⟨f.11⟩ **1** ⟨Jägerspr.⟩ *beim Schalenwild⟩ Luftröhre* **2** *Vorrichtung, die etwas drosselt, vermindert* [< mhd. *drozze,* ahd. *drozza* „Kehle, Schlund"]
Drosselader ⟨f.11⟩ *paarige große Halsvene;* Syn. *Drosselvene* [zu *Drossel²*]
Drosselbart ⟨m., -(e)s, nur Sg.⟩ *Gestalt des deutschen Märchens, König mit einem Kinnbart* [eigtl. einem Bart an der *Drossel²*]
Drosselklappe ⟨f.11⟩ *in eine Rohrleitung eingebaute, schwenkbare Klappe zum Verändern des Rohrquerschnitts (z.B. beim Kfz-Vergaser)*
drosseln ⟨V.1, hat gedrosselt; mit Akk.⟩ **1** jmdn. d. ⟨†⟩ *jmdm. die Kehle (Drossel) zudrücken, jmdn. würgen* **2** etwas d. **a** *vermindern;* die Zufuhr (von Wasser, Gas usw.) d. **b** *die Leistung von etwas herabsetzen;* einen Motor d.
Drosselrohrsänger ⟨m.5⟩ *drosselgroße Art der Rohrsänger (der Vogel fällt z.B. in Mitteleuropa in großen Schilfbeständen durch seinen knarrenden Gesang auf)*
Drosselspule ⟨f.11⟩ *Spule, die einen Wechselstrom drosselt*
Drosselung ⟨f.10⟩ *das Drosseln, das Gedrosseltwerden;* auch: *Droßlung*
Drosselvene ⟨f.11⟩ → *Drosselader*
Droßlung ⟨f.10⟩ → *Drosselung*
Drost ⟨m.10; im MA in Niedersachsen⟩ *(vom Landesherrn eingesetzter) Verwaltungsbeamter mit richterlichen Befugnissen* [< mnddt. *droste, drossete* „Truchseß", dann auch „erster Beamter", → *Truchseß*]
Drostei ⟨f.10⟩ *Verwaltungsbezirk eines Drosten*
Dr. paed. ⟨Abk. für⟩ *doctor paedagogiae: Doktor der Pädagogik*
Dr. pharm. ⟨Abk. für⟩ *doctor pharmaciae: Doktor der Pharmazie*
Dr. phil. ⟨Abk. für⟩ *doctor philosophiae: Doktor der Philosophie*
Dr. phil. nat. ⟨Abk. für⟩ *doctor philosophiae naturalis: Doktor der Naturwissenschaften;* vgl. *Dr. rer. nat., Dr. sc. nat.*
Dr. rer. camer. ⟨Abk. für⟩ *doctor rerum cameralium:* ⟨schweiz.⟩ *Doktor der Staatswissenschaften*
Dr. rer. comm. ⟨Abk. für⟩ *doctor rerum commercialium:* ⟨österr.⟩ *Doktor der Handelswissenschaft*
Dr. rer. hort. ⟨Abk. für⟩ *doctor rerum hortensium: Doktor der Gartenbauwissenschaft*
Dr. rer. mont. ⟨Abk. für⟩ *doctor rerum montanarum: Doktor der Bergbauwissenschaften*
Dr. rer. nat. ⟨Abk. für⟩ *doctor rerum naturalium: Doktor der Naturwissenschaften;* vgl. *Dr. phil. nat., Dr. sc. nat.*
Dr. rer. oec. ⟨Abk. für⟩ *doctor rerum oeconomicarum: Doktor der Wirtschaftswissenschaften*
Dr. rer. pol. ⟨Abk. für⟩ *doctor rerum politicarum: Doktor der Staatswissenschaften;* vgl. *Dr. sc. pol.*
Dr. rer. publ. ⟨Abk. für⟩ *doctor rerum publicarum: Doktor der Zeitungswissenschaft*
Dr. rer. soc. oec. ⟨Abk. für⟩ *doctor rerum socialium oeconomicarumque:* ⟨österr.⟩ *Doktor der Sozial- und Wirtschaftswissenschaften*
Dr. rer. techn. ⟨Abk. für⟩ *doctor rerum technicarum: Doktor der technischen Wissenschaften;* vgl. *Dr. techn.*
Dr. sc. ⟨Abk. für⟩ *doctor scientiarum:* ⟨DDR⟩ *Doktor der Wissenschaften (entspricht dem Dr. habil.)*
Dr. sc. agr. ⟨Abk. für⟩ *doctor scientiarum agrariarum: Doktor der Landwirtschaftswissenschaften*
Dr. sc. math. ⟨Abk. für⟩ *doctor scientiarum mathematicarum: Doktor der mathematischen Wissenschaften*

Dr. sc. nat. ⟨Abk. für⟩ *doctor scientiarum naturalium: Doktor der Naturwissenschaften;* vgl. *Dr. phil. nat., Dr. rer. nat.*

Dr. sc. pol. ⟨Abk. für⟩ *doctor scientiarum politicarum: Doktor der Staatswissenschaften;* vgl. *Dr. rer. pol.*

Dr. techn. ⟨Abk. für⟩ *doctor technicarum:* ⟨österr.⟩ *Doktor der technischen Wissenschaften;* vgl. *Dr. rer. techn.*

Dr. theol. ⟨Abk. für⟩ *doctor theologiae: Doktor der Theologie;* vgl. *D., D. theol.*

drü|ben ⟨Adv.⟩ **1** *dort auf der anderen Seite* **2** ⟨ugs.; von der BRD aus gesehen⟩ *in der DDR,* von der DDR aus gesehen *in der BRD;* unsere Verwandten sind alle d.; ich bin kürzlich wieder d. gewesen

drü|ber ⟨Adv.; ugs. häufig für⟩ *darüber*

Druck I ⟨m.2⟩ **1** *senkrecht auf eine Fläche wirkende Kraft;* einen D. ausüben; durch D. auf einen Knopf ein Signal geben **2** *Gefühl der Schwere, einer Last;* einen D. im Kopf, im Magen verspüren **3** *sich äußernde Unzufriedenheit;* dem D. der öffentlichen Meinung nachgeben **4** *(seelische) Belastung;* der D. der Verantwortung; unter D. stehen; unter dem D. der Verhältnisse **5** *Eile, Drängen;* D. hinter eine Sache machen *eine Sache beschleunigen* **6** *Eile, Bedrängnis,* in D. sein **7** ⟨ugs.⟩ *Einspritzen von Rauschgift;* jmdm. oder sich einen D. setzen **II** ⟨m.1⟩ **1** *Vorgang des Druckens;* etwas in D. geben; das Buch ist kürzlich im D. erschienen **2** *Erzeugnis des Druckens;* in zwei Zimmer hingen mehrere ∼e von Bildern von Raffael **3** *Art des Druckens;* ein halbfetter D.

Druck|an|zug ⟨m.2⟩ *Anzug, der in großen Höhen den für den Menschen nötigen Luftdruck wahrt (z. B. für den Weltraum- oder Überschallflug)*

Drück|bank ⟨f.2⟩ *Werkzeugmaschine zum Einspannen der Blechscheiben*

Druck|bo|gen ⟨m.1; Buchdruck⟩ *Papierbogen, der zweiseitig bedruckt, gefaltet und geheftet oder gebunden wird (meist 16 Buchseiten umfassend)*

Druck|buch|sta|be ⟨m.15⟩ **1** *Buchstabe einer Druckschrift (1)* **2** *geschriebener Buchstabe in Form eines gedruckten Buchstabens;* in ∼n schreiben

Drücke|ber|ger ⟨-k|k-; m.5⟩ *jmd., der sich vor Aufgaben, Arbeiten drückt* [nach Einwohnernamen wie ,,Heidelberger" zu fiktiven Städtenamen *Drückeberg*]

drucken ⟨-k|k-; V.1, hat gedruckt; mit Akk.⟩ **1** *durch Druck (II,1) vervielfältigen;* Bücher, Zeitungen d.; er lügt wie gedruckt ⟨ugs.⟩ *er lügt unverschämt, er lügt stark;* eine Schrift wie gedruckt *eine klare, exakte, gut leserliche Schrift* **2** *durch Druck (II,1) herstellen, (auf etwas) aufbringen und haften machen;* Muster auf Stoff d.

drücken ⟨-k|k-; V.1, hat gedrückt⟩ **I** ⟨mit Akk.⟩ **1** *etwas oder jmdn. d.* **a** *fest umschließen oder fest berühren und Druck (I,1) ausüben;* einen Hebel, Knopf d.; jmdn. d. *jmdn. herzlich umarmen;* jmdm. die Hand d.; jmdn. an sich d. **b** ⟨Jägerspr.⟩ Wild d. *Wild in der Dickung ohne Lärm treiben* **c** *durch Druck (I,1) an eine Stelle bringen;* das Taschentuch auf eine Wunde, an die Augen d.; jmdn. zu Boden, an die Wand d. **2** *etwas d.* **a** ⟨Jargon⟩ *einspritzen;* Rauschgift d. **b** *etwas an, auf, in etwas d. etwas mit Druck (I,1) etwas einwirken lassen;* einen Stempel auf ein Papier d.; jmdm. einen Kuß auf die Stirn d. **c** *etwas aus etwas d. etwas durch Druck aus etwas herauslösen;* Saft aus einer Zitrone d.; einen Splitter aus einer Wunde d.; sich das Wasser aus den Haaren d. **3** jmdn. d. *auf jmdn. Druck ausüben, jmdn. sich nicht frei entfalten, nicht frei arbeiten lassen;* jmdn. im Gehalt d. *jmdm. weniger Gehalt zahlen als man ihm zahlen müßte* **II** ⟨o.Obj.⟩ **1** *schwer lasten;* die Schwüle drückt **2** *einen Druck ausüben;* mein rechter Schuh drückt; fest, kräftig d.; eine Speise drückt im Magen; die Stimmung dort drückt aufs Gemüt ⟨ugs.⟩ **3** *beengen, beklemmen;* der Schuh drückt an der Ferse **III** ⟨refl.⟩ *sich d., sich vor, von, um etwas d. einer Aufgabe, Arbeit aus dem Weg gehen,* sich ihr entziehen

Drucker ⟨-k|k-; m.5⟩ **1** *Handwerker im Buch- und Zeitungsdruck* **2** *Gerät, das an einen Computer, an ein Schreibsystem o. ä. angeschlossen ist und gespeicherte Daten, errechnete Ergebnisse oder einfache Graphiken druckt*

Drücker ⟨-k|k-; m.5⟩ *Vorrichtung, mit der auf Druck (I,1) etwas betätigt, ausgelöst oder geöffnet werden kann (z. B. an einer Maschine, an Gewehr, am Türgriff);* am D. sitzen ⟨ugs.⟩ *die Entscheidung über etwas haben, etwas veranlassen können;* er kommt immer auf den letzten D. ⟨ugs.⟩ *er kommt immer gerade noch rechtzeitig*

Drucke|rei ⟨-k|k-; f.10⟩ *Betrieb des graphischen Gewerbes, der den Druckvorgang ausführt;* Syn. ⟨†⟩ *Offizin*

Drücker|fisch ⟨-k|k-; m.1⟩ *ein Korallenfisch, der sich mit Hilfe eines Drückermechanismus an seinen Rückenflossenstrahl in Spalten von Riffen verkeilen kann*

Drucker|schwär|ze ⟨-k|k-; f., -, nur Sg.⟩ *schwarze Druckfarbe (aus Gasruß und Leinölfirnis oder Kunstharzbindemittel)*

Drucker|zei|chen ⟨-k|k-; n.7; früher⟩ *von den Druckern (1) als Firmenzeichen verwendetes Symbol*

Druck|er|zeug|nis ⟨n.1⟩ *Erzeugnis des Druckens, gedrucktes Schriftwerk, z. B. Buch, Zeitung*

Druck|feh|ler ⟨m.5⟩ *Fehler (falscher Buchstabe, falsches Wort) in einem gedruckten Text*

Druck|fe|stig|keit ⟨f.10; bei Werkstoffen⟩ *Kennwert für die Festigkeit bei Druckbelastung*

Druck|form ⟨f.10; bei Druckmaschinen⟩ *Teil, der das zu übertragende Druckbild trägt*

Drück|jagd ⟨f.10⟩ *Treibjagd in der Dickung ohne Lärm* (→ drücken (I, 1b))

Druck|ka|bi|ne ⟨f.11⟩ *luftdicht abgeschlossener Raum, in dem ein gegenüber dem äußeren Druck (I, 1) verminderter oder vergrößerter Druck aufrechterhalten wird*

Druck|läh|mung ⟨f.10⟩ *Lähmung eines Gliedes durch längeren Druck auf die entsprechenden Nerven (z. B. durch einen Gipsverband)*

Druck|le|gung ⟨f., -, nur Sg.⟩ *Beginn des Druckens (1)*

Druck|lei|tung ⟨f.10⟩ *Schlauch- oder Rohrleitung für Flüssigkeiten oder Gase, die unter Überdruck stehen*

Druck|luft ⟨f., -, nur Sg.⟩ *mit Kompressoren verdichtete Luft (z. B. zum Füllen von Luftreifen);* Syn. *Preßluft*

Druck|luft|krank|heit ⟨f., -, nur Sg.⟩ → *Caissonkrankheit*

Druck|mit|tel ⟨n.5⟩ *Mittel, um auf jmdn. Druck auszuüben, um jmdn. zu etwas zu zwingen*

Druck|po|sten ⟨m.7; ugs.⟩ *bequemer, sicherer Posten (bes. im Krieg)* [zu *drücken (III)*]

Druck|punkt ⟨m.1⟩ **1** ⟨bei Feuerwaffen⟩ *Einrichtung am Abzug, die kurz vor Auslösen des Schusses einen schwachen Widerstand spüren läßt* **2** ⟨bei Flugzeugen⟩ *Punkt, an dem die Luftkraft auf die Tragfläche angreift*

druck|reif ⟨Adj.⟩ *inhaltlich und stilistisch einwandfrei und daher für den Druck (II,1) geeignet;* das Manuskript ist (noch nicht) d.; d. sprechen *sehr klar und einwandfrei formuliert sprechen (so daß man das Gesagte sofort drucken könnte)*

Druck|sa|che ⟨f.11⟩ *Postsendung, deren Inhalt aus mechanisch vervielfältigten Schreiben oder Vordrucken besteht (und die mit geringerer Gebühr als ein Brief befördert wird)*

Druck|schrift ⟨f.10⟩ **1** *für den Druck geschaffene Schrift (in verschiedenen Typen und Schriftgraden);* Ggs. *Schreibschrift* **2** *Schreibschrift in Form von gedruckten Buchstaben;* ein Formular in ∼ ausfüllen **3** *zur öffentlichen Verbreitung bestimmter, gedruckter Text*

druck|sen ⟨V.1, hat gedruckst; o.Obj.; ugs.⟩ *sich zögernd oder nur widerwillig äußern (weil man etwas nicht sagen will)*

Druck|stock ⟨f.10⟩ *mittels der Reproduktionstechnik erzeugte Vorlage für Druckverfahren*

Druck|tech|nik ⟨f.10⟩ *(handwerkliches, mechanisch-physikalisches oder chemisches) Verfahren zur Herstellung von Druckerzeugnissen*

druck|tech|nisch ⟨Adj., o.Steig.⟩ *die Drucktechnik betreffend, mit ihrer Hilfe*

Druck|ver|band ⟨m.2⟩ *straffer Verband, der bei einer stark blutenden Wunde angelegt wird und die verletzten Blutgefäße zudrückt*

Druck|ver|fah|ren ⟨n.7⟩ *durch die Art der Druckform gekennzeichnetes Verfahren, durch Drucken Vervielfältigungen herzustellen (Flach∼, Hoch∼, Offset∼, Tief∼)*

Druck|wel|le ⟨f.11⟩ *Zone verdichteter Luft, die sich von einer Stelle plötzlicher Druckerhöhung mit Schallgeschwindigkeit ausbreitet*

Druck|werk ⟨n.1⟩ *Druckerzeugnis (von großem Umfang)*

Dru|de ⟨f.11; germ. Myth.⟩ *Nachtgeist, Gespenst* [< mhd. *trut* ,,männlicher oder weiblicher Alp", zu got. *truden* ,,treten"]

Dru|del ⟨m.5⟩ *Rätsel, bei dem aus einer Zeichnung der Sinn herausgelesen werden muß, auf den nur ein einziges und stark übertriebenes Merkmal oder die ungewöhnliche Perspektive hinweist* [Herkunft unbekannt]

Dru|den|fuß ⟨m.2; im Volksglauben⟩ *magisches Zeichen in Form eines Pentagramms, das vor Druden schützen soll*

Drug|store ⟨[drʌgstɔːr] m.9⟩ **1** ⟨bes. in den USA⟩ *Laden für die verschiedensten Bedarfsartikel (meist mit Imbißraum)* **2** *Lokal mit Imbiß- und Einkaufsmöglichkeiten (in kleinen Fachgeschäften)* [engl., < *drug* ,,Droge, Arzneimittel" (→ *Droge*) und amerik. *store* ,,Laden"]

Dru|i|de ⟨m.11⟩ *keltischer Priester* [kelt.]

Dru|i|den|stein ⟨m.1⟩ *keltischer Opferaltar*

drum ⟨Adv.; ugs.⟩ *darum;* d.! *ah, deshalb also!;* sei's d.! *wenn es nun einmal so ist, nehmen wir's in Kauf;* mit allem Drum und Dran *mit allem, was dazugehört*

Drum|lin ⟨auch [drʌm]⟩ *m.9⟩ ovaler, gerundeter Hügel aus Grundmoränenmaterial (bis 2 km lang und 40 m hoch; z. B. im bayrischen Alpenvorland)* [< irisch-gäl. *druim* ,,Bergkamm, Grat, Rücken" und der engl. Verkleinerungsendung ...*ling*, Nebenform von ...*ling*]

Drum|mer ⟨[drʌmər] m.5; Jazz⟩ *Musiker, der die Drums schlägt*

Drums ⟨[drʌmz] Pl.; Jazz⟩ *Schlagzeug* [engl., ,,Trommeln"]

drun|ten ⟨Adv.⟩ *dort unten, unten im Tal*

drun|ter ⟨Adv.; ugs., häufig für⟩ *darunter;* es geht alles d. und drüber *es geht alles durcheinander;* in seinem Zimmer liegt alles d. und drüber

Drusch ⟨m.1⟩ **1** *das Dreschen (I,1)* **2** *Ergebnis des Dreschens (I,1)*

Dru|se[1] ⟨f.11⟩ **1** *fieberhafte, durch Streptokokken verursachte Infektionskrankheit der Pferde (bes. als eitriger Katarrh der oberen Luftwege)* **2** ⟨in Magmatitgesteinen⟩ *Hohlraum, dessen Wände mit Kristallen ausgekleidet sind (z. B. mit Amethyst)* [< mhd., ahd. *druos* ,,Schwellung, Drüse"]

Dru|se[2] ⟨m.11⟩ *Angehöriger einer islamischen Sekte im Libanon, in Syrien und Israel* [nach dem Begründer ihrer Lehre, *ad-Darasi*]

Drü|se ⟨f.11⟩ *Organ, das ein Sekret ins Körperinnere oder nach außen abgibt (Bauchspei-*

druseln

chel~, Brust~, Speichel~, Talg~); Syn. *Glandula* [zu *Druse¹ (2)*]
dru|seln ⟨V.1, hat gedruselt; o.Obj.; norddt.⟩ *leicht schlafen, schlummern*
Dru|sen ⟨Pl.⟩ *Rückstände beim Auspressen von Trauben und Ölfrüchten, Trester* [< mhd. *drusene* = ahd. *trusena* „Bodensatz"]
dru|sig ⟨Adj., o.Steig.⟩ *an einer Druse¹ (1) leidend*
drü|sig ⟨Adj., o.Steig.⟩ **1** *wie eine Drüse;* ~es *Organ* **2** *voller Drüsen;* ~es *Fleisch*
dry ⟨[drai] Adj., o.Steig.⟩ *trocken (vom Wein, Whisky)* [engl.]
Dry|a|de ⟨f.11; griech. Myth.⟩ *Wald-, Baumnymphe* [< griech. *dryas*, Gen. *dryados*, in ders. Bed., zu *drys*, Gen. *dryos*, „Baum"]
d. s. ⟨Abk. für⟩ *dal segno*
Dschai|na ⟨m.9⟩ *Anhänger des Dschainismus;* auch: *Jaina;* Syn. *Dschainist*
Dschai|nis|mus ⟨m., -, nur Sg.⟩ *streng asketische indische Religion;* auch: *Jainismus, Jinismus* [< Sanskrit *jina-* „Sieger"]
Dschai|nist ⟨m.10⟩ → *Dschaina*
Dsche|bel ⟨m.5; in arab. geograph. Namen⟩ *Berg, Gebirge* [arab.]
Dschinn ⟨m.9; im islam. Volksglauben⟩ *böser Geist, Dämon* [arab.]
Dschiu-Dschit|su ⟨n., -, nur Sg.; eindeutschende Schreibung für⟩ *Jiu-Jitsu*
Dschun|gel ⟨m.5⟩ **1** *feuchtheißer, sumpfiger Buschwald in tropischen Tiefländern* **2** ⟨übertr.⟩ *etwas Unüberschaubares;* im D. *der Großstadt, der Paragraphen* [über engl. *jungle* < Hindi *jaṅgala*, Sanskrit *jaṅgala* „Wildnis"]
Dschun|ke ⟨f.11⟩ *flaches chinesisches Segelschiff mit rechteckigen Segeln (für Fluß- und Küstenschiffahrt)* [< mal. *djung, jung* „großes Boot, seetüchtiges Schiff"; vermutlich aus dem Chinesischen]
D. theol. ⟨Abk. für⟩ *doctor theologiae: Doktor der Theologie Ehren halber;* vgl. *Dr. theol.*
dto. ⟨Abk. für⟩ *dito*
Dtzd. ⟨Abk. für⟩ *Dutzend*
du ⟨Pers.pron., 2. Pers. Sg.⟩ **1** *(Anrede für Verwandte, Freunde, Kinder, Tiere; Großschreibung in Briefen, auch in der Werbung, auf Plakaten u.ä.);* jmdn. du *nennen;* zu jmdm. du *sagen;* mit jmdm. auf du und du *stehen* **2** ⟨bes. süddt.⟩ *man;* da kannst du dich noch so ärgern, du kannst doch nichts ändern; in manchen Ausrufen⟩ ach du liebe Zeit!; du mein Schreck!
Du ⟨n., -, nur Sg.⟩ **1** *die Anrede „du";* jmdm. das Du anbieten; zum Du übergehen; das freundschaftliche Du gebrauchen **2** *eine Person, die in vertrauter Beziehung zu einem steht;* ihm, ihr fehlt ein Du; er braucht das Du
du|al ⟨Adj., o.Steig.⟩ *in der Zweizahl auftretend, eine Zweiheit bildend* [< lat. *dualis* „zwei enthaltend"]
Du|al ⟨m.1⟩ *grammatische Form für zwei Dinge oder Lebewesen, noch in den baltischen und slawischen Sprachen sowie im bayrischen* „*enk"* = *euch beiden;* auch: *Dualis*
Du|a|lis ⟨m., -, -le⟩ → *Dual*
Du|a|lis|mus ⟨m., -, nur Sg.⟩ **1** *Widerstreit zweier rivalisierender Mächte oder entgegengesetzter Kräfte, z.B. Kaiser und Papst im Mittelalter* **2** *jede Lehre, nach der es zwei gegensätzliche Grundprinzipien im Leben gibt, z.B. Licht–Finsternis, Geist–Materie* [< lat. *dualis* „zwei enthaltend", zu *duo* „zwei"]
Du|a|list ⟨m.10⟩ *Vertreter des Dualismus (1)*
du|a|li|stisch ⟨Adj., o.Steig.⟩ *auf Dualismus beruhend*
Du|a|li|tät ⟨f.10⟩ *Zweiheit, Zweiförmigkeit, Wechselseitigkeit*
Du|al|sy|stem ⟨n.1⟩ **1** *Zahlensystem, bei dem alle Zahlen als Summe von Potenzen der Grundzahl 2 dargestellt werden ($2^0=1$, $2^1=2$, $2^2=4$ usw.), binäres Zahlensystem;* Syn. ⟨veraltend⟩ *Dyadik* **2** ⟨Soziologie, Völ-

kerk.⟩ *Aufgliederung einer Einheit in zwei gegensätzliche Hälften*
Dü|bel ⟨m.5⟩ **1** *in ein Bohrloch (in Wand oder Decke) eingesetztes Werkstück (Pflock, Zapfen, Kunststoffhülse), in das eine Schraube oder ein Nagel eingelassen wird zum Verankern von Bauteilen und Einrichtungsgegenständen;* auch: ⟨oberdt.⟩ *Dippel,* ⟨norddt.⟩ *Döbel* **2** *Pflock aus Hartholz, mit dem Holzteile verbunden werden können (z.B. beim Zusammenbau von Möbeln)*
dü|beln ⟨V.1, hat gedübelt; mit Akk.⟩ *mit einem Dübel (1) befestigen*
du|bi|os, du|bi|ös ⟨Adj.⟩ *zweifelhaft, unsicher* [< lat. *dubiosus* „zweifelhaft", zu *dubius* „zwischen zweien schwankend, zweifelnd, ungewiß"; zu *duo* „zwei"]
Du|bio|sa, Du|bio|sen ⟨Pl., Sg.: -sum⟩ *zweifelhafte Dinge, unsichere Forderungen*
du|bi|ta|tiv ⟨Adj.⟩ *zweifelausdrückend;* ~e *Äußerung* [< lat. *dubitare* „zweifeln"]
Du|bi|um ⟨n., -s, -bia oder -bi|en⟩ *Zweifelsfall* [lat.]
Du|blee ⟨n.9⟩ → *Doublé (1)*
Du|blet|te ⟨f.11⟩ **1** *zweimal vorhandener Gegenstand, Doppelstück* **2** *Doppeltreffer* **3** *aus zwei Einzelstücken zusammengesetzter Edelstein* [< frz. *doublet* „falscher Edelstein, zwei gleiche Karten", zu *double* „doppelt"]
du|blie|ren ⟨V.3, hat dubliert; mit Akk.⟩ **1** *mit Edelmetall überziehen;* unedles Metall d. **2** *aus mehreren Fäden zusammendrehen;* Garn d. **3** ⟨Billard⟩ *einen Ball d. so stoßen, daß er von der Bande abprallt* [< frz. *doubler* „verdoppeln", zu *double*, → *Double*]
Du|blo|ne ⟨f.11⟩ *ehem. alte spanische Goldmünze* [< frz. *doublon* < span. *doblón* in ders. Bed., eigtl. „Doppelstück", zu span. *doble* „doppelt"]
Dubl|ü|re ⟨f.11⟩ auch: *Doublure* **1** *Unterfutter* **2** *(an Uniformen) Aufschlag* **3** *(bei bibliophilen Ausgaben) verzierte Innenseite des Buchdeckels* [< frz. *doublure* „Futter", zu *doubler* „verdoppeln"]
Duc ⟨[dyk] m.9; in Frankreich⟩ *Herzog* [< altfrz. *duc* < lat. *dux*, Gen. *ducis* „Führer"]
Du|ca ⟨m.9; in Italien⟩ *Herzog* [< lat. *dux*, Gen. *ducis*, „Führer"]
Du|cen|tist ⟨[-tʃɛn-] m.10⟩ *Künstler des Ducento*
Du|cen|to ⟨[-tʃɛn-] n., -(s), nur Sg.⟩ *die künstlerische Stilepoche des 13. Jahrhunderts in Italien;* auch: *Duecento* [ital., „zweihundert" (nach 1000)]
Du|chesse ⟨[dyʃɛs] f.11⟩ **1** ⟨in Frankreich⟩ *Herzogin* **2** *atlasbindiges, sehr dichtes, glänzendes, steifes, einfädiges Gewebe (für Kleider- und Futterstoff)* [frz., weibl. Form zu *duc* „Herzog"]
Ducht ⟨f.10; im Ruder- und offenen Segelboot⟩ *Sitzbank, die gleichzeitig der seitlichen Abstützung der Bordwände dient* [nddt.]
Duck|dal|be, Dück|dal|be ⟨f.11⟩, **Duck|dal|ben, Dück|dal|ben** ⟨m.7⟩ *Pfahlgruppe im Hafen zum Festmachen von Schiffen;* auch: *Dalbe, Dalben* [vielleicht zu nddt. *ducken* „tauchen" und *Dolle* = *Pfahl*]
Ducker ⟨-k|k-; m.5⟩ *eine kleine afrikanische Antilope*
Duck|mäu|ser ⟨m.5⟩ *sich sofort fügender, allzu demütiger, eilfertiger Mensch, Schleicher, Heuchler* [< frühnhd. *duckelmûser*, mhd. *tockelmûser* „Heimlichkeit treiben, unter dem Schein der Demut seinen Vorteil suchen"; der erste Wortteil mundartl. erhalten in *duckeln* „sich oft ein wenig ducken, demütig sein oder tun", der zweite gehört zu mhd. *mûsen* „mausen, Mäuse fangen, stehlend schleichen, betrügen", zu *mûs* „Maus"]
Duck|mäu|se|rei ⟨f., -, nur Sg.⟩ *Verhalten eines Duckmäusers*
Duc|tus ⟨m., -, -⟩ → *Duktus (2)*

Du|del|dei ⟨n., -, nur Sg.⟩ *einfache, anspruchslose Musik* [eigtl. „Musik mit dem Dudelsack"]
du|deln ⟨V.1, hat gedudelt; o.Obj. oder mit Akk.⟩ **1** *auf dem Dudelsack blasen; ein Lied* d. **2** *auf einem Blasinstrument vor sich hin blasen* **3** *anspruchslose Musik machen;* das Radio dudelt den ganzen Tag
Du|del|sack ⟨m.2⟩ *altes, in ganz Europa und über den Vorderen Orient verbreitetes Blasinstrument mit mehreren Pfeifen und einem Windsack, der mittels Blasebalg oder Blasrohr mit Luft gefüllt und durch Druck mit dem Arm betätigt wird und die Luft an die Pfeifen weitergibt;* Syn. *Sackpfeife*
Du|del|sack|pfei|fer ⟨m.5⟩ *Musiker, der Dudelsack spielt;* Syn. *Sackpfeifer*
Due|cen|to ⟨[-tʃɛn-] n., -(s), nur Sg.⟩ → *Ducento*
Du|ell ⟨n.1⟩ *Zweikampf (meist mit Pistolen oder Säbeln)* [< mlat. *duellum* „Zweikampf", < lat. *bellum*, altlat. *dvellum* „Krieg", wahrscheinlich mit volksetymologischer Anlehnung an *duo* „zwei"]
Du|el|lant ⟨m.10⟩ *Kämpfer im Duell*
du|el|lie|ren ⟨V.3, hat duelliert; mit Akk.⟩ sich, ⟨eigtl.⟩ einander d. *im Duell miteinander kämpfen*
Du|ett ⟨n.1⟩ *Musikstück für zwei Singstimmen oder zwei gleiche Instrumente;* vgl. *Duo* [< ital. *duetto* in ders. Bed., Verkleinerungsform von *duo* „Musikstück für zwei verschiedene Instrumente", zu *due* „zwei"]
Du|et|ti|no ⟨n., -(s), -s oder -ni⟩ *ein kleines Duett*
duff ⟨Adj.; norddt.⟩ *matt, glanzlos* [nddt., zu *taub;* verwandt mit *doof*]
Düf|fel ⟨m.5⟩ *schweres, stark angerauhtes Baumwoll- oder Halbwollgewebe zum Füttern* [nach der belg. Stadt Duffel]
Duff|le|coat ⟨[dʌfəlkout] m.9⟩ *knielanger Mantel mit Schlingen und Knebeln zum Schließen (meist mit Kapuze)* [engl., < *Düffel* und *coat* „Mantel"]
Duft ⟨m.2⟩ **1** *leichter (angenehmer) Geruch;* ein D. von Rosen [poet.] *leichter Nebel;* ein feiner D. lag über den Wiesen
Duft|drü|se ⟨f.11⟩ → *Duftorgan*
duf|te ⟨Adj.; ugs., bes. berlin.⟩ *großartig, prächtig;* eine D. Sache; ein ~s Mädchen; der Film ist d. [urspr. Rotwelsch, zu jidd. *tow* „gut"]
duf|ten ⟨V.2, hat geduftet; o.Obj.⟩ *leicht (und meist angenehm) riechen;* es duftet nach Rosen, nach frischgebackenem Kuchen; die Blume duftet süß
duf|tig ⟨Adj.⟩ *leicht und fein, zart und dünn;* ~es Gewebe; ein ~es Kleid
Duft|or|gan ⟨n.1; bei vielen Tieren⟩ *Drüse zum Erzeugen von Duftstoffen (z.B. zum Anlocken des Geschlechtspartners);* Syn. *Duftdrüse*
Duft|stoff ⟨m.1⟩ *(tierischer, pflanzlicher oder synthetischer) Stoff, der einen Geruch ausströmt (z.B. in der Parfümherstellung verwendet)*
Du|gong ⟨m.9⟩ *in den Küstengebieten des Indischen Ozeans vorkommende Seekuh, Gabelschwanzseekuh* [mal.]
duhn ⟨Adj., o.Steig.; norddt.⟩ *erschöpft, benommen;* auch: *dun;* ich bin heute ganz d. [vielleicht nddt. „herunter"; vgl. *down*]
Du|ka|ten ⟨m.7⟩ *früher in ganz Europa verbreitete Goldmünze* [nach dem im 13. Jh. geprägten Goldmünzen mit der Inschrift *Sit tibi Christe datus quem tu regis iste ducatus* „Dir, Christus, sei der Dukat gegeben, den du regierst"; zu lat. *ducatus* (urspr.) „Feldherrnwürde, Amt eines Anführers, Kommando"]
Du|ka|ten|fal|ter ⟨m.5⟩ *leuchtend rotgolden gefärbter Tagfalter Mitteleuropas*
Du|ka|ten|gold ⟨n., -(e)s, nur Sg.⟩ *fast reines Gold, 23,5–23,66 Karat*
Duke ⟨[djuk] m.9; in England⟩ *Herzog*

[< mengl. *duk, duc* < altfrz. *duc* < lat. *dux*, Gen. *ducis*, „Führer"]

Dü|ker ⟨m.5⟩ *Unterführung von Wasserläufen, Wasser- und Gasleitungen unter Hindernissen (z.B. unter Straßen, Kanälen)* [nddt., „Taucher"]

duk|til ⟨Adj.; Tech.⟩ *gut dehn-, streck- oder verformbar* [< lat. *ductilis* „dehnbar"]

Duk|ti|li|tät ⟨f., -, nur Sg.⟩ *duktile Beschaffenheit*

Duk|tus ⟨m., -, nur Sg.⟩ **1** *Art des Schreibens, Linienführung der Schrift, einer Zeichnung oder eines Gemäldes* **2** ⟨Med.⟩ *Verbindungsgang, Kanal (z.B. der Gallengang)*; auch: *Ductus* [< lat. *ductus* „Zug (Schrift-, Gesichtszug)", eigtl. „das Gezogene", zu *ducere* „führen, ziehen, leiten"]

dul|den ⟨V.2, hat geduldet⟩ **I** ⟨mit Akk.⟩ **1** *ertragen, aushalten;* Schmerzen d. **2** *zulassen, erlauben;* er duldet keinen Widerspruch; er duldet (nicht), daß die Kinder in seinem Zimmer spielen; der Hund duldet es, daß die Katze aus seinem Napf frißt **II** ⟨o.Obj.⟩ *leiden;* er duldet schweigend, standhaft

duld|sam ⟨Adj.⟩ *vieles duldend, nachsichtig, andere Meinungen gelten lassend;* Syn. *tolerant;* d. gegen Andersdenkende sein **Duld|sam|keit** ⟨f., -, nur Sg.⟩

Dul|dung ⟨f., -, nur Sg.⟩ *das Dulden, Erlauben, Zulassen*

Dult ⟨f.10; bayr.-österr.⟩ *Jahrmarkt* [< ahd. *tuld* „Ruhezeit"]

Dul|zi|an ⟨n.1⟩ → *Dolcian (1)*

Dul|zi|nea ⟨f., -, -s oder -ne|en; ugs., abwertend⟩ *Geliebte, Freundin* [nach *Dulcinea*, der Geliebten des Don Quijote (Titelheld des Romans von Miguel de Cervantes Saavedra)]

dun ⟨Adj.⟩ → *duhn*

Du|ne ⟨f.11; nddt.⟩ → *Daune*

Dü|ne ⟨f.11⟩ *durch Wind aufgeschütteter Hügel oder Wall aus lockerem Flugsand*

Dung ⟨m., -(e)s, nur Sg.⟩ *als Dünger verwendeter Stallmist*

Dün|ge|mit|tel ⟨n.5⟩ *mineralischer Stoff, der dem Boden als Dünger zugesetzt wird;* Syn. ⟨veraltend⟩ *Kunstdünger*

dün|gen ⟨V.1, hat gedüngt; mit Akk.⟩ **1** *mit Dünger vermischen;* die Erde, den Boden d. **2** *mit Dünger versorgen;* Pflanzen d.

Dün|ger ⟨m.5⟩ *Nährstoff für Pflanzen, der dem Boden zugeführt wird (um fehlende oder verbrauchte Nährstoffe zu ergänzen);* flüssiger, mineralischer, organischer D.

Dün|gung ⟨f.10⟩ *das Düngen*

dun|kel ⟨Adj., dunkler, am dunkelsten⟩ **1** *ohne Licht, lichtlos, finster;* Ggs. *hell (1);* eine dunkle Nacht; draußen ist es (schon) d.; es wird schon d. *es wird Abend;* sich im Dunkeln zurechtfinden; jmdn. im dunkeln lassen *jmdn. im unklaren lassen, ihn nicht aufklären;* im dunkeln tappen *keine Möglichkeit der Aufklärung (einer Angelegenheit) sehen, im unklaren sein* **2** *von sehr satter, dem Schwarz nahekommender Farbe;* Ggs. *hell (3);* ein dunkles Rot; dunkles Bier; dunkles Brot; dunkle Wolken; die Farben in diesem Raum sind d. gehalten; sich d. kleiden; es wurde mir d. vor den Augen **3** *tief, gedämpft;* Ggs. *hell (5);* ein dunkler Ton; dunkle Stimme; den Plattenspieler auf d. stellen **4** *unklar, undeutlich, unbestimmt;* eine dunkle Ahnung; eine dunkle Andeutung; ein dunkles Gefühl; in dunkler Vorzeit; ich habe es nur noch d. in Erinnerung; der Sinn dieses Ausdrucks ist mir d. geblieben; die Sache liegt noch im dunkeln *ist noch nicht geklärt;* die Anfänge dieser Entwicklung liegen im dunkeln **5** *anrüchig, verdächtig;* eine dunkle Sache, Geschichte; einen dunklen Punkt berühren *eine verdächtige Sache;* eine dunkle Vergangenheit haben

Dun|kel ⟨n., -s, nur Sg.⟩ **1** *Dunkelheit;* seine Augen suchten das D. zu durchdringen **2** *Unbestimmtheit, Unklarheit;* im D. der Vergangenheit

dun|kel... ⟨in Zus.⟩ *dem Schwarz sich nähernd,* z.B. dunkelrot, dunkelblau

Dün|kel ⟨m., -s, nur Sg.⟩ *Hochmut, Eingebildetheit aufgrund vornehmer Abstammung (Adels~) oder einer gewissen Überlegenheit (Bildungs~)*

Dun|kel|feld|be|leuch|tung ⟨f.10; bei Mikroskopen⟩ *Beleuchtungsart, durch die das Objekt hell auf dunklem Grund erscheint*

dün|kel|haft ⟨Adj.⟩ **1** *voller Dünkel;* ~e Person **2** *auf Dünkel beruhend;* ~es Benehmen

Dun|kel|heit ⟨f., -, nur Sg.⟩ *dunkle Beschaffenheit, Lichtlosigkeit, Finsternis;* Ggs. *Helligkeit;* die D. der Nacht; in tiefster D.; bei Einbruch der D.

Dun|kel|kam|mer ⟨f.11⟩ *verdunkelter Raum mit besonderem Licht zur Bearbeitung lichtempfindlicher Stoffe (bes. Fotoplatten und Filme)*

Dun|kel|mann ⟨m.4⟩ *jmd., von dem so gut wie keine Lebensumstände bekannt sind; jemand der in dunkle Geschäfte, dunkle Machenschaften verwickelt ist*

dun|keln ⟨V.1, unpersönl., mit „es"⟩ *hat gedunkelt, sonst: ist gedunkelt;* o.Obj.⟩ **1** *dunkel werden;* es dunkelt; die Schatten d. ⟨poet.⟩; das Bild ist im Lauf der Zeit gedunkelt **2** *Dunkelheit verbreiten;* der Abend dunkelt

Dun|kel|ne|bel ⟨m.5⟩ → *Dunkelwolke*

Dun|kel|wol|ke ⟨f.11⟩ *Ansammlung interstellarer Materie riesigen Ausmaßes, die wegen geringer Dichte, die das Licht dahinterliegender Sterne schwächt, rötlich färbt oder auslöscht;* Syn. *Dunkelnebel*

Dun|kel|zif|fer ⟨f.11⟩ *unbestimmte Zahl von Tatsachen, Vorkommnissen, die nicht erfaßbar sind, oder von Vergehen, die nicht angezeigt werden und daher nicht verfolgt werden können;* Abtreibung ist ein Vergehen mit hoher D.

Dun|kel|zif|fer|de|likt ⟨n.1⟩ *Delikt mit hoher Dunkelziffer (z.B. Kindesmißhandlung)*

dün|ken ⟨V.1, hat gedünkt⟩ **I** ⟨mit Akk. oder Dat.⟩ *veraltend;* jmdn. oder jmdm. d. *jmdm. scheinen, vorkommen;* der Vortrag dünkt mich gut; mich, mir dünkt, es könnte besser sein; es dünkt mich, mir, daß ...; mich deucht, daß ... (†) **II** ⟨refl.⟩ *sich. sich für etwas halten, sich vorkommen, als ob ...;* er dünkt sich wer weiß wie klug; du dünkst dich ein Held zu sein

dünn ⟨Adj.⟩ **1** *von geringer Stärke;* ein ~es Brett; das Brett bohren, wo es am ~sten ist ⟨übertr.⟩ *sich eine Sache leichtmachen, den Weg des geringsten Widerstandes gehen;* eine ~e Stelle im Gewebe **2** *von geringem Umfang;* ein ~er Baum **3** *schlank, mager;* sie ist sehr d. geworden; sich d. machen *(im Auto, auf einer Bank) möglichst wenig Platz einnehmen;* ⟨aber⟩ → *dünnmachen;* **4** *in geringer Menge;* Farbe, Salbe d. auftragen **5** *mit viel Flüssigkeit vermischt;* ~e Suppe; ~er Teig **6** *durchscheinend;* ~er Stoff; ~es Papier **7** *schwach;* mit ~er Stimme sprechen; sie lächelte d. **8** *wenig gehaltvoll, wenig informativ, nicht gut durchdacht;* der Vortrag war ziemlich d.; das, was du da geschrieben hast, ist reichlich d.

Dünn|darm ⟨m.2⟩ *Teil des Darms, an den der Dickdarm anschließt*

Dünn|druck|pa|pier ⟨n.1⟩ *besonders dünnes, aber strapazierfähiges Papier (für umfangreiche Schriftwerke)*

Dün|ne ⟨f., -, nur Sg.⟩ *dünne Beschaffenheit, geringe Stärke, geringer Umfang*

dün|ne|ma|chen ⟨V.1, hat dünnegemacht; refl.⟩ *mdt.⟩ sich d. rasch oder heimlich weggehen;* auch ⟨hochdt.⟩: *dünnmachen;* jetzt muß ich mich schleunigst d.

dünn|flüs|sig ⟨Adj.⟩ *viel Flüssigkeit enthaltend;* Ggs. *dickflüssig;* ~er Teig

Dünn|heit ⟨f., -, nur Sg.⟩ *dünne Beschaffenheit, Schlankheit, Magerkeit*

dünn|ma|chen → *dünnemachen*

Dünn|pfiff ⟨m., -(e)s, nur Sg.; ugs.⟩, **Dünn-**

schiß ⟨m., -schis|ses, nur Sg.; derb⟩ →*Durchfall*

Dünn|schliff ⟨m.1⟩ *dünnes (0,01 bis 0,03 mm), auf beiden Seiten geschliffenes und poliertes Plättchen eines Gesteins oder Minerals (zur Bestimmung unter dem Mikroskop)*

Dünn|schnitt ⟨m.1⟩ *(meist mit dem Mikrotom durch ein biologisches Objekt geschnittene) wenige μm starke und daher durchsichtige Schicht (zur Beobachtung mit dem Mikroskop)*

Dü|nung ⟨f.10; beim Schalenwild⟩ →*Flanke (1)*

Dunst ⟨m.2⟩ **1** ⟨nur Sg.; Meteor.⟩ *Trübung der Atmosphäre, leichter Nebel;* die Berge liegen im D. **2** *von starken Gerüchen erfüllte, abgestandene (feuchte) Luft* (z.B. in Wirtsstuben) **3** *von starkem Geruch erfüllte Wärme;* die Tiere strömen einen scharfen D. aus **4** *Ahnung, Vorstellung;* ich habe keinen (blassen) D. davon; jmdm. blauen D. vormachen *jmdm. etwas vortäuschen, vorschwindeln;* das hat sich alles in (blauen) D. aufgelöst *es ist nichts daraus geworden, es ist nichts davon geblieben* **5** ⟨nur Sg.⟩ *feinster Schrot*

dun|sten ⟨V.2, hat gedunstet; o.Obj.⟩ *Dunst, schwülen Geruch ausströmen;* die Erde dunstet nach dem Regen; seine Haut dunstet (nach Schweiß)

dün|sten ⟨V.2, hat gedünstet; mit Akk.⟩ *mit Dampf in wenig Fett und wenig Flüssigkeit gar machen;* Fleisch, Gemüse d.

Dunst|glocke ⟨-k|k-⟩, **Dunst|hau|be** ⟨f.11⟩ *durch Luftverschmutzung hervorgerufene, aus der Ferne sichtbare Ansammlung von Dunst (1) (bes. über Großstädten)*

duns|tig ⟨Adj.⟩ **1** *durch Dunst (1) getrübt;* ~es Wetter **2** *von Dunst (2) erfüllt;* ~er Raum

Dunst|kreis ⟨m.1⟩ *Bereich, in dem etwas (dumpf) ausstrahlt, wirkt, geistige Umgebung;* aus dem D. des Elternhauses herauswollen; dem D. einer Person entfliehen

Dü|nung ⟨f.10⟩ *Meereswellen (Seegang), die nicht mehr der unmittelbaren Einwirkung des Windes unterliegen und daher gleichmäßige, abgerundete Formen angenommen haben*

Duo ⟨n.9⟩ **1** *Musikstück für zwei verschiedene Instrumente* **2** *die ausführenden Musiker* [ital., < lat. *duo* „zwei"]

duo|de|nal ⟨Adj., o.Steig.⟩ *zum Duodenum gehörig, von ihm ausgehend*

Duo|de|num ⟨n., -s, -na⟩ *Zwölffingerdarm* [< lat. *duodeni* „je zwölf, zusammen zwölf"]

Duo|dez ⟨n., -(es), nur Sg.; Zeichen: 12°⟩,

Duo|dez|for|mat ⟨n.1⟩ *altes Buchformat in der Größe eines Zwölftelbogens* [< lat. *duodecim* „zwölf", < *duo* „zwei" und *decem* „zehn"]

Duo|dez|fürst ⟨m.10⟩ *Fürst eines Duodezstaates*

duo|de|zi|mal ⟨Adj., o.Steig.⟩ *auf dem Duodezimalsystem beruhend;* Syn. *dodekadisch*

Duo|de|zi|mal|sys|tem ⟨n.1⟩ *altes, auf der Zahl 12 beruhendes Zahlensystem;* Syn. *Dodekadik* [zu lat. *duodecim* „zwölf"]

Duo|de|zi|me ⟨f.11⟩ *zwölfter Ton der diatonischen Tonleiter* [< lat. *duodecimo* „zwölf"]

Duo|dez|staat ⟨m.12⟩ *sehr kleiner Staat, Zwergstaat*

Duo|le ⟨f.11; Mus.⟩ *zwei aufeinanderfolgende gleichwertige Noten, die im Taktwert von drei Noten zu spielen sind* [< lat. *duo* „zwei"]

dü|pie|ren ⟨V.3, hat düpiert; mit Akk.⟩ *täuschen, betrügen, zum besten haben* [< frz. *duper*, ⟨zu frz. *dupe* „Narr"⟩]

Du|plet ⟨[-ple] n.9⟩ *aus zwei Linsen zusammengesetzte Lupe* [< lat. *duplex* „doppelt"]

Du|plex|be|trieb ⟨m., -(e)s, nur Sg.⟩ *über nur einen Verbindungsweg in beiden Richtungen gleichzeitige Telegrafie (ohne gegenseitige Störung)* [< lat. *duplex* „doppelt" und *Betrieb*]

du|plie|ren ⟨V.3, hat dupliert; mit Akk.⟩ *verdoppeln* [< lat. *duplex* „doppelt"]

Du|plik ⟨f.10⟩ *Antwort auf eine* →*Replik, Gegenantwort* [< lat. *duplicare* „verdoppeln"]

Du|pli|kat ⟨n.1⟩ *Doppel (eines Schriftstücks), Abschrift, Durchschlag, Kopie* [< lat. *duplicatus* „verdoppelt", zu *duplicare* „verdoppeln", zu *duplex* „doppelt"]

Du|pli|ka|ti|on ⟨f.10⟩ *Verdoppelung*

Du|pli|ka|tur ⟨f.10⟩ *Verdoppelung, Doppelbildung*

du|pli|zie|ren ⟨V.3, hat dupliziert; mit Akk.⟩ *verdoppeln* [< lat. *duplicare* in ders. Bed.]

Du|pli|zi|tät ⟨f.10⟩ *doppeltes Vorkommen oder Auftreten;* D. der Fälle *fast gleichzeitiges Auftreten zweier ähnlicher Ereignisse* [< lat. *duplicité* „Doppelheit", < lat. *duplex* „doppelt"]

Du|plum ⟨n., -s, -pla⟩ *Doppel, Duplikat* [lat.]

Dur ⟨n., -, nur Sg.⟩ *eines der beiden Tongeschlechter, mit großer Terz im Dreiklang der Tonika;* Ggs. *Moll* [< lat. *durus* „hart", wegen des härteren Klangs der großen Terz]

Du|ra ⟨f., -, nur Sg.⟩ *die harte, äußere Hirnhaut;* auch: *Dura mater* [lat., „die Harte"]

du|ra|bel ⟨Adj.⟩ *dauerhaft, beständig;* ein durables Material [< lat. *durabilis* „dauerhaft, ausdauernd", zu *durus* „hart"]

Du|ra|bi|li|tät ⟨f., -, nur Sg.⟩ *Dauerhaftigkeit, Beständigkeit*

Du|ral ⟨n., -s, nur Sg.; Wz.⟩, **Dur|alu|min** ⟨n., -s, nur Sg.; Wz.⟩ *sehr harte Aluminiumlegierung* [< lat. *durus* „hart" und *Aluminium*]

Du|ra ma|ter ⟨f., - -, nur Sg.⟩ ↪ *Dura* [lat., „harte Mutter"]

du|ra|tiv ⟨auch [dy-]⟩ *dauernd*

Du|ra|ti|vum ⟨n., -s, -va⟩ *die Dauer eines Vorgangs ausdrückendes Verb,* z.B. schlafen, wohnen, blühen [< lat. *durare* „dauern"]

durch **I** ⟨Präp. mit Akk.⟩ **1** ⟨räumlich⟩ **a** *auf einer Seite hinein und auf der anderen hinaus, von einer Seite auf die andere;* einen Nagel d. ein Brett bohren; angestrengt d. ein Loch schauen; ⟨einen Raum gehen⟩; d. die Nase sprechen ⟨übertr.⟩ **b** *in (etwas) umher, hierhin und dorthin;* d. die Straßen gehen; ein Land reisen **2** ⟨zeitlich⟩ *während, von Anfang bis Ende;* im Kalender als Wegweiser, Führer d. das Jahr; seine Freundschaft begleitete mich d. meine ganze Jugend **3** *mittels, mit Hilfe von;* einen Brief d. Eilboten schicken; jmdm. etwas durchs Telefon sagen; wir haben das Haus d. Vermittlung eines Freundes bekommen **4** ⟨ugs.⟩ *infolge von;* d. einen dummen Fehler hat er sich seine Arbeit verdorben; der Fluß ist d. den Regen angeschwollen **II** ⟨Adv.⟩ **1** ⟨nachgestellt⟩ *hindurch, während;* den Sommer d. *während des Sommers* **2** ⟨ugs.; bei Zeitangaben⟩ *kurz nach;* es ist vier d.; es ist halb vier d. **3** ⟨in der Wendung⟩ d. und d. **a** *ganz und gar, völlig;* ich war d. und d. naß **b** *bis ins Innerste;* der Schreck fuhr mir d. und d.

durch|ackern ⟨-k|k-; V.1, hat durchgeackert; mit Akk.⟩ *gründlich, mit Mühe durcharbeiten*

durch|ar|bei|ten ⟨V.2, hat durchgearbeitet⟩ **I** ⟨mit Akk.⟩ *etwas d. sich eingehend mit etwas beschäftigen, gründlich lesen und mit anderem vergleichen;* ein Lehrbuch d. **II** ⟨o.Obj.⟩ *ohne Pause arbeiten;* bis zum Morgen d. **III** ⟨refl.⟩ sich d. **1** *mit Anstrengung durch etwas hindurchringen, sich einen Weg bahnen;* sich durchs Gestrüpp d. **2** *etwas gründlich lesen, verstehen und sich einprägen;* sich durch ein Buch, durch einen schwierigen Stoff d.

durch|at|men ⟨V.2, hat durchgeatmet; o.Obj.⟩ *tief einatmen;* ich kann nicht d.

durch|aus ⟨auch [durç-] Adv.⟩ **1** *unbedingt, auf jeden Fall;* er will d. mitkommen; d. nicht *auf keinen Fall;* er will d. nicht mitkommen **2** ⟨verstärkend, aber mit gewisser Einschränkung⟩ *grundsätzlich;* ich bin d. deiner Meinung (möchte allerdings dazu sagen ...); ich habe d. nichts dagegen (wenn nicht ...)

durch|backen ⟨-k|k-; V.4, hat durchgebacken; mit Akk.⟩ *bis zu Ende, bis zum richtigen Zeitpunkt backen;* einen Kuchen gut d.; der Kuchen ist nicht ganz durchgebacken

durch|bei|ßen ⟨V.8, hat durchgebissen⟩ **I** ⟨mit Akk.⟩ *durch Beißen zerteilen oder zerstören;* ein Stück Brot d.; der Hund hat dem Vogel die Kehle durchgebissen; ⟨auch⟩ er hat ihm die Kehle durchbissen *er ist mit seinen Zähnen ganz durch die Kehle des Vogels durchgedrungen* **II** ⟨refl.; übertr.⟩ *etwas mit Mühe bewältigen, etwas überwinden;* er hat sich im Leben oft d. müssen; ich habe mich bei dieser Arbeit tüchtig d. müssen

durch|be|kom|men ⟨V.71, hat durchbekommen; ugs.⟩ →*durchbringen (1a,c)*

durch|blät|tern ⟨V.1, hat durchgeblättert; mit Akk.⟩ *ein Buch d. die Blätter eines Buches rasch umschlagen und flüchtig ansehen*

durch|bleu|en ⟨V.1, hat durchgebleut; mit Akk.⟩ *verprügeln*

Durch|blick ⟨m.1⟩ **1** *Blick durch etwas hindurch in die Weite* **2** ⟨ugs.⟩ *das Verstehen von Zusammenhängen*

durch|blicken ⟨-k|k-; V.1, hat durchgeblickt; o.Obj.⟩ **1** *hindurchschauen;* etwas d. lassen *etwas andeuten;* er ließ d., daß er bald abreisen werde **2** ⟨ugs.⟩ *etwas durchschauen, verstehen;* Syn. *durchsteigen;* ich blicke nicht durch; blickst du da durch?

durch|blu|ten ⟨V.2, hat durchblutet; mit Akk.⟩ *mit Blut versorgen;* ⟨meist im Passiv⟩ schlecht durchblutete Füße, Hände **durch|blu|ten** ⟨V.2, o.Obj.⟩; *in bestimmten Wendungen⟩ die Wunde hat durchgeblutet *hat den Verband mit Blut durchtränkt;* der Verband ist durchgeblutet *ist mit Blut getränkt*

Durch|blu|tung ⟨f., -, nur Sg.⟩ *durch Nerven geregelte Blutversorgung (des lebenden Organismus)*

durch|boh|ren ⟨V.1, hat durchgebohrt; mit Akk.⟩ *bohrend durch etwas dringen;* ein Brett ganz d.; ein Loch d. **durch|boh|ren** ⟨V.1, hat durchbohrt; mit Akk.⟩ *mit einem spitzen Gegenstand durchdringen;* ein Brett mit einem Nagel d.; jmdn. mit dem Blick d. ⟨übertr.⟩ *scharf, böse, mit stechenden Blicken ansehen* **Durch|boh|rung** ⟨f., -, nur Sg.⟩

durch|bo|xen ⟨V.1, hat durchgeboxt; ugs.⟩ **I** ⟨mit Akk.⟩ *etwas d. mit Energie durchsetzen;* einen Antrag, eine Sache d. **II** ⟨refl.⟩ sich d. **1** *sich mit den Fäusten nach vorn drängen* **2** *mit Energie Schwierigkeiten überwinden*

durch|bra|ten ⟨V.18, hat durchgebraten; mit Akk.⟩ *bis zu Ende, bis zum richtigen Zeitpunkt braten;* ein Stück Fleisch gut d.; das Fleisch ist gut, ist nicht durchgebraten

durch|bre|chen ⟨V.19⟩ **I** ⟨mit Akk.; hat durchgebrochen⟩ *ganz brechen, durch Brechen teilen;* einen Zweig, eine Semmel d. **II** ⟨o.Obj.; ist durchgebrochen⟩ *brechend entzweigehen;* die Brücke ist durchgebrochen **2** *sich mit Gewalt einen Weg bahnen;* die Truppen sind auf der ganzen Front durchgebrochen; das Geschwür ist durchgebrochen; der erste Zahn bricht durch **3** ⟨übertr.⟩ *sich plötzlich zeigen;* sein ganzer angestauter Haß brach durch **durch|bre|chen** ⟨V.19, hat durchbrochen; mit Akk.⟩ **1** *gewaltsam einen Weg durch etwas schaffen;* eine Sperre, Absperrung d.; das Wasser durchbricht den Damm; ein Tier durchbricht das Gatter; das Flugzeug durchbricht die Schallmauer *steigert seine Geschwindigkeit über die Schallgeschwindigkeit hinaus* **2** *sich über etwas hinwegsetzen, etwas nicht beachten, nicht einhalten;* eine Anordnung d.; eine Gewohnheit d.

durch|bren|nen ⟨V.20, ist durchgebrannt;

Durchgang

o.Obj.⟩ **1** *infolge zu starker Belastung durch Strom entzweigehen;* eine Sicherung, Glühbirne brennt durch **2** *glühend werden;* die Kohlen sind (noch nicht) durchgebrannt **3** ⟨übertr.⟩ *heimlich davongehen, ausreißen;* der Junge ist plötzlich von zu Hause durchgebrannt

durch|brin|gen ⟨V.21, hat durchgebracht; mit Akk.⟩ **1** *etwas d.* **a** *gegen den Widerstand anderer durchsetzen;* Syn. ⟨ugs.⟩ *durchbekommen, durchkriegen;* einen Antrag im Parlament d. **b** *verschwenden, leichtsinnig ausgeben;* er hat all sein Geld, sein ganzes Vermögen durchgebracht **c** ⟨ugs.⟩ *durch eine enge Öffnung bringen;* Syn. ⟨ugs.⟩ *durchbekommen, durchkriegen;* ich bringe die Nadel nicht durch (durch den Stoff); wir bringen den Tisch hier nicht durch **2** *jmdn. d.* **a** *jmds. Lebensunterhalt bestreiten;* sie brachte ihre Kinder nur mühsam durch **b** *jmdn. pflegen, behandeln, so daß er wieder gesund wird;* einen Kranken d. **c** *jmdm. helfen, eine Prüfung zu bestehen*

durch|bro|chen ⟨Adj., o.Steig.; nur als Attr.⟩ ~e Arbeit [→ *Durchbruch(s)arbeit*]

Durch|bruch ⟨m.2⟩ **1** *das Durchbrechen;* D. durch die Front des Gegners; einer Idee zum D. verhelfen; dann gelang ihm der D. *dann hatte er Erfolg* **2** *durchgebrochene Öffnung* (Mauer~)

Durch|bruch(s)|ar|beit ⟨f.10⟩ Syn. *durchbrochene Arbeit* **1** *Gegenstand aus Metall oder Holz, aus dem Muster herausgearbeitet oder -gesägt sind* **2** *Gegenstand aus Stoff, aus dem Muster herausgeschnitten wurden, die mit Nähstichen gesäumt sind* **3** *das Herstellen solcher Gegenstände*

durch|checken ⟨-kǀk-⟩ ⟨-tʃɛkn⟩ ⟨V.1⟩ *verstärkend für* checken

durch|den|ken ⟨V.22, hat durchdacht; mit Akk.⟩, ⟨auch⟩ **durch|den|ken** ⟨V.22, hat durchgedacht; mit Akk.⟩ *gründlich, bis zu Ende, bis zum Ergebnis denken;* ein Problem, einen Vorschlag durchdenken, ⟨auch⟩ durchdenken; der Plan ist gut durchdacht *er berücksichtigt alle Möglichkeiten;* ich habe den Plan einmal durchgedacht *in all seinen Möglichkeiten bedacht*

durch|dre|hen ⟨V.1, hat durchgedreht⟩ **I** ⟨mit Akk.⟩ *durch eine sich drehende Maschine befördern und so zerkleinern;* Fleisch d. **II** ⟨o.Obj.; ugs.⟩ **1** *die Nerven, die Fassung verlieren, unbesonnen handeln;* ich fürchte, er dreht durch; ich bin völlig durchgedreht *ich weiß nicht mehr, was ich denken und tun soll* **2** *sich auf der Stelle drehen, nicht greifen;* die Räder (des Autos) drehen (im Sand, im Schnee) durch

durch|drin|gen ⟨V.25, ist durchgedrungen; o.Obj.⟩ **1** *durch etwas dringen;* der Regen dringt durch (durch die Kleider); es dringt kein Licht durch (durch die Läden oder Vorhänge) **2** *mit Mühe, über Hindernisse an einen Ort gelangen;* die Nachricht ist (nicht) bis zu uns durchgedrungen **3** *Lärm übertönen;* seine Stimme dringt nicht durch **4** *sich durchsetzen, Erfolg haben;* er ist mit seinem Vorschlag nicht durchgedrungen, doch durchgedrungen **durch|drin|gen** ⟨V.25, hat durchdrungen; mit Akk.⟩ **1** *etwas d. durch etwas dringen;* der Regen durchdringt die Kleider; seine Augen suchten die Dunkelheit zu d.; einen Stoff geistig d. *ihn geistig verarbeiten, ihn begreifen und entsprechend gestalten* **2** *jmdn. d. jmdn. stark beschäftigen, jmdn. ergreifen;* die Idee, er könnte ..., durchdrang mich bis ins Innerste, der Gedanke durchdrungen, er müsse ... *der Gedanke beschäftigte ihn stark;* **durch|drin|gend** ⟨Adj.⟩ *alles andere übertönend, überdeckend;* ~es Geschrei; ein~er Geruch

Durch|drin|gung ⟨f., -, nur Sg.⟩ *das Durchdringen;* geistige D. eines Stoffes (in einer Abhandlung, einem Roman) *geistige Verarbeitung, das Begreifen und die entsprechende Gestaltung eines Stoffes*

durch|drücken ⟨-kǀk-⟩ ⟨V.1, hat durchdrückt⟩ **I** ⟨mit Akk.⟩ *etwas d.* **1** *bis zum Anschlag drücken;* einen Hebel d. **2** → *durchpressen* **3** *ganz strecken;* die Knie, den Rücken, das Kreuz d. **4** ⟨übertr.⟩ *gegen den Widerstand anderer durchsetzen;* seine Absicht d.; er hat (es) durchgedrückt, daß ... **II** ⟨o.Obj.⟩ *von unten her störend drücken;* Unebenheiten auf dem Tisch drücken durch (durch das Schreibpapier)

durch|ein|an|der ⟨Adv.⟩ **1** *in großer Unordnung;* hier ist alles d.; er ist d. ⟨übertr.⟩ *ganz verwirrt, erregt* **2** *wahllos dies und jenes;* er ißt, trinkt alles d.

durch|ein|an|der ⟨n., -s, nur Sg.⟩ *große Unordnung, Verwirrung;* in diesem D. findet sich niemand zurecht; es entstand ein großes D.

durch|ein|an|der... ⟨in Zus.⟩ *in Verwirrung, in Unordnung,* z.B. durcheinanderbringen, durcheinanderkommen, durcheinanderliegen, durcheinanderwerfen

durch|ein|an|der|ge|hen ⟨V.47, ist durcheinandergegangen; o.Obj.⟩ *ungeordnet ablaufen, regellos, unkontrolliert vor sich gehen;* heute geht alles durcheinander

durch|ein|an|der|re|den ⟨V.2, hat durcheinandergeredet; o.Obj.⟩ *gleichzeitig Verschiedenes reden, ohne auf den anderen zu hören;* sie redeten alle durcheinander

durch|ein|an|der|schrei|en ⟨V.128, hat durcheinandergeschrien; o.Obj.⟩ *gleichzeitig schreien, gleichzeitig schreiend reden*

durch|ex|er|zie|ren ⟨V.1, hat durchexerziert; mit Akk.⟩ **1** *gründlich und wiederholt lernen;* Aufgaben d. **2** *ausprobieren, (probeweise) durchführen, ablaufen lassen;* wir haben wir doch nun schon alles mehrmals durchexerziert und wissen, daß es zu nichts führt

durch|fah|ren ⟨V.32, ist durchgefahren; o.Obj.⟩ **1** *durch etwas fahren, sich fahrend hindurchbewegen* **2** *fahren, ohne anzuhalten;* der Zug fährt hier nicht durch; wir sind die ganze Nacht durchgefahren **durch|fah|ren** ⟨V.32, hat durchfahren; mit Akk.⟩ *etwas d. vom einen Ende bis zum anderen, von einer Seite bis zur anderen fahren;* er hat die Strecke in einem Tag d.; ein Land im Auto d.

Durch|fahrt ⟨f.10⟩ **1** *das Durchfahren, Fahrt durch etwas hindurch;* bei der D. durch einen Tunnel; wir sind auf der D. *wir bleiben nicht lang* **2** *Tor zum Durchfahren;* D. freihalten!

Durch|fahrts|stra|ße ⟨f.11⟩ *Straße, die dem raschen Verkehrsfluß und weniger dem innerörtlichen Verkehr dient*

Durch|fall ⟨m.2⟩ **1** ⟨häufige⟩ *Ausscheidung dünnflüssigen Kots bei Krankheiten oder nervösen Erregungszuständen;* Syn. *Diarrhö,* ⟨ugs.⟩ *Dünnpfiff, Durchmarsch,* ⟨derb⟩ *Dünnschiß*

durch|fal|len ⟨V.33, ist durchgefallen; o.Obj.⟩ **1** *sich im Fallen durch etwas hindurchbewegen;* der Sand fällt durch (durch das Sieb) **2** ⟨übertr.⟩ *einen Mißerfolg haben;* das Theaterstück ist durchgefallen **3** ⟨übertr.⟩ *eine Prüfung nicht bestehen;* Syn. ⟨ugs.⟩ *durchrasseln, durchsausen, durchsegeln;* er ist durchgefallen

durch|fech|ten ⟨V.35, hat durchgefochten; mit Akk.⟩ *mit Energie und Ausdauer zum Ende bringen;* ich habe die Sache angefangen und muß sie nun auch d.

durch|fin|den ⟨V.36, hat durchgefunden; refl.⟩ *sich d. den richtigen Weg durch etwas finden, sich zurechtfinden, etwas begreifen und ordnen;* in diesem Durcheinander findet sich niemand durch; das ist eine schwierige Arbeit, aber Sie werden sich schon d.

durch|flie|gen ⟨V.38, ist durchgeflogen; o.Obj.⟩ **1** *sich fliegend durch etwas hindurchbewegen;* das Fenster war offen, so ist der Ball durchgeflogen, ohne Schaden anzurichten **2** ⟨ugs.⟩ → *durchfallen (3)* **durch|flie|gen** ⟨V.38, hat durchflogen; mit Akk.⟩ *etwas d. sich fliegend durch etwas hindurchbewegen;* wir haben soeben die Wolkenschicht durchflogen

durch|flie|ßen ⟨V.40, ist durchgeflossen; o.Obj.⟩ *durch etwas hindurchfließen, sich fließend durch etwas hindurchbewegen;* hier kann das Wasser d. **durch|flie|ßen** ⟨V.40, hat durchflossen; mit Akk.⟩ *etwas d. sich fließend durch etwas hindurchbewegen;* ein Bach durchfließt die Wiesen; von vielen Strömen durchflossenes Land

Durch|fluß ⟨m.2⟩ **1** ⟨nur Sg.⟩ *das Durchfließen;* beim D. **2** *Öffnung zum Durchfließen;* der D. ist verstopft

durch|flu|ten ⟨V.2, hat durchflutet; mit Akk.⟩ **1** *sich stark fließend (und in großer Breite) durch etwas hindurchbewegen;* Ströme d. das Land **2** ⟨übertr.⟩ *erfüllen;* Sonnenlicht durchflutet den Raum

durch|for|men ⟨V.1, hat durchgeformt; mit Akk.⟩ *in allen Einzelheiten sorgfältig formen;* eine gut durchgeformte Statue

durch|for|sten ⟨V.2, hat durchforstet; mit Akk.⟩ **1** *von minderwertigen Bäumen befreien;* einen Baumbestand d. **2** ⟨übertr.⟩ *systematisch und kritisch durchsehen (um etwas auszuwählen, zu finden);* Material, Literatur d.

Durch|for|stung ⟨f.10⟩ *planmäßiges Herausnehmen minderwertiger Bäume aus einem Waldbestand*

durch|fra|gen ⟨V.1, hat durchgefragt⟩ **I** ⟨o.Obj.⟩ *alle der Reihe nach fragen;* frag doch rasch durch, ob alle mitkommen wollen **II** ⟨refl.⟩ *sich d. mit Hilfe von Fragen zurechtfinden und an ein Ziel gelangen;* ich habe mich bis zum Theater durchgefragt

durch|fres|sen ⟨V.41, hat durchgefressen⟩ **I** ⟨mit Akk.⟩ *fressend zerstören;* der Rost hat den Eisenstab durchgefressen **II** ⟨refl.; ugs.⟩ *sich d. sich auf Kosten anderer satt essen*

durch|frie|ren ⟨V.42, ist durchgefroren; o.Obj.⟩ **1** *bis auf den Grund gefrieren;* der Teich ist durchgefroren **2** ⟨nur im Perf.⟩ durchgefroren, durchfroren *bis ins Innerste kalt sein, bis ins Innerste frieren*

Durch|fuhr ⟨f.10⟩ *Beförderung von Waren in ein anderes Land durch ein drittes hindurch*

durch|führ|bar ⟨Adj., o.Steig.⟩ *so beschaffen, daß man es durchführen kann;* das ist nicht d.; das ist leicht d. **Durch|führ|bar|keit** ⟨f., -, nur Sg.⟩

durch|füh|ren ⟨V.1, hat durchgeführt; mit Akk.⟩ **1** *jmdn. d. als Führer durch etwas begleiten;* „Kommen Sie, ich führe Sie rasch durch" (durch Räume, durch eine Ausstellung u.ä.) **2** *etwas d.* **a** *veranstalten;* wir führen diese Konzerte jeden Monat einmal durch **b** *machen, tun, ausführen;* eine Arbeit, einen Versuch d.

Durch|füh|rung ⟨f.10⟩ **1** *das Durchführen (2);* D. einer Arbeit, eines Versuchs **2** ⟨Mus.⟩ **a** ⟨in der Fuge⟩ *Erscheinen des Themas als Dux oder Comes* **b** ⟨in größeren Instrumentalwerken⟩ *freie Bearbeitung der in der Exposition auftretenden Themen*

Durch|füh|rungs|be|stim|mung ⟨f.10⟩ *Bestimmung, wie ein Gesetz im praktischen Fall durchgeführt werden soll*

Durch|gang ⟨m.2⟩ **1** ⟨nur Sg.⟩ *das Hindurchgehen;* D. verboten! **2** *Gang, der durch etwas hindurchführt;* den D. freihalten, versperren **3** *einer von mehreren gleichartigen Abläufen (z.B. in einer Prüfung);* im ersten D. schieden fünf Kandidaten aus **4** ⟨Astron.⟩ **a** *Zeitpunkt, zu dem ein Stern in seiner täglichen, scheinbaren Bewegung um die Erde den Meridian überschreitet* **b** *von der Erde aus beobachtbarer Vorübergang eines Planeten vor der Sonnenscheibe*

Durchgänger

Durch|gän|ger ⟨m.5⟩ **1** *Pferd, das zum Durchgehen neigt* **2** ⟨†⟩ *jmd., der durchgegangen ist, Ausreißer*

durch|gän|gig ⟨Adj., o.Steig.⟩ *allgemein, überall;* das wird d. so gehandhabt

Durch|gangs|bahn|hof ⟨m.2⟩ *Bahnhof mit durchlaufenden Gleisen;* Ggs. *Kopfbahnhof, Sackbahnhof*

Durch|gangs|stra|ße ⟨f.11⟩ *große Straße, die den Verkehr schnell durch einen Ort führen soll*

Durch|gangs|zug ⟨m.2⟩ → *D-Zug*

durch|ge|ben ⟨V.45, hat durchgegeben⟩ **I** ⟨mit Akk.⟩ *an alle weitergeben, allen mitteilen;* eine Anordnung d. **II** ⟨mit Dat. und Akk.⟩ *jmdm. etwas d. jmdm. etwas durchs Telefon mitteilen;* ich gebe Ihnen die Ergebnisse noch durch

durch|ge|hen ⟨V.47, ist durchgegangen⟩ **I** *an einer Stelle gehend durch etwas hindurchbewegen;* wir können gleich hier d.; bitte d.! **2** *erregt davonlaufen, ohne auf Hilfen des Reiters oder Kutschers zu achten;* das Pferd ist durchgegangen; sein Temperament ist mit ihm durchgegangen ⟨übertr.⟩ *sein Temperament hat ihn mitgerissen, er hat die Beherrschung verloren* **3** ⟨ugs.⟩ *davonlaufen;* sie ist (mit ihrem Liebhaber) durchgegangen **4** *durch etwas hindurchgeschoben werden können;* die Tür ist zu schmal, der Tisch geht nicht durch **5** *angenommen, bewilligt werden;* der Antrag ging ohne Widerspruch durch **6** *weiterbefördert werden;* die Nachricht, der Brief ist unbeanstandet durchgegangen **7** *ohne Unterbrechung bis auf die andere Seite führen;* die Straße, der Weg geht durch; der Pfeiler geht bis zum obersten Stockwerk durch **8** *jmdm. etwas d. lassen jmdm. für etwas, das er getan hat (aber nicht tun sollte), nicht bestrafen;* ich will es dir noch einmal d. lassen, aber das nächste Mal wirst du bestraft; jmdm. etwas nicht d. lassen *jmdn. für etwas, das er getan hat, strafen oder es ihm verbieten;* diese Unart lasse ich dem Kind nicht d. **II** ⟨mit Akk.⟩ *von Anfang bis Ende ansehen und besprechen oder lernen;* wir wollen die Listen noch einmal d.; geh deine Aufgaben noch einmal durch!

durch|ge|hends ⟨Adv., ugs.⟩ **1** *ohne Unterbrechung, durchgehend;* das Geschäft hat d. von 9 bis 18 Uhr geöffnet **2** *überall, immer, allgemein;* das wird d. so gehandhabt; er hat in seiner Arbeit d. diesen Ausdruck verwendet

durch|gei|stigt ⟨Adj.⟩ *Geist ausdrückend, ausstrahlend, durch geistige Beschäftigung verfeinert, veredelt;* ~es Gesicht

durch|glie|dern ⟨V.1, hat durchgegliedert; mit Akk.⟩ *sorgfältig, konsequent gliedern;* ein gut durchgegliederter Aufsatz

durch|glü|hen ⟨V.1⟩ **I** ⟨mit Akk.; hat durchgeglüht⟩ *so lange erhitzen, bis es ganz glüht;* Eisen d. **II** ⟨o.Obj.; ist durchgeglüht⟩ *ganz, durch und durch glühen;* die Kohlen müssen erst d.; die Kohlen sind durchgeglüht

durch|glü|hen ⟨V.1, hat durchglüht; mit Akk.⟩ *mit Glut erfüllen;* ⟨meist im Passiv⟩ er ist von Leidenschaft, Eifer durchglüht

durch|grei|fen ⟨V.59, hat durchgegriffen; o.Obj.⟩ **1** *die Hand durch etwas strecken, um etwas (anderes) zu ergreifen;* kannst du d. (durch die Lücke)? **2** ⟨übertr.⟩ *Ordnung schaffen, andere zur Ordnung rufen, veranlassen, etwas pünktlich, ordentlich zu tun;* ich muß energisch d.

durch|hal|ten ⟨V.61, hat durchgehalten⟩ **I** ⟨mit Akk.⟩ *etwas d. bis zu Ende, bis zu einem Zeitpunkt aushalten, mitmachen können;* ob er das Tempo durchhält? eine Anstrengung d. **II** ⟨o.Obj.⟩ *etwas (Schmerzen, Anstrengung u.a.) bis zu Ende ertragen, aushalten, mitmachen;* er hat beim Zahnarzt, bei der Wanderung tapfer durchgehalten

Durch|hang ⟨m., -(e)s, nur Sg.; bei Seilen, Ketten u.a.⟩ *das Durchhängen*

durch|hän|gen ⟨V.62, hat durchgehangen; o.Obj.⟩ **1** *in der Mitte nach unten biegen, in der Mitte nach unten hängen;* das Brett, das Seil hängt durch **2** ⟨übertr., ugs.⟩ *erschöpft sein;* nach so einer Wanderung hänge ich durch

durch|hau|en ⟨V.63, hat durchgehauen⟩ **I** ⟨mit Akk.⟩ **1** *etwas d. mit einem Hieb spalten;* er hat den Ast durchgehauen; ⟨auch, bes. poet.⟩ hat durchhauen; er hat den gordischen Knoten durchhauen **2** ⟨Imperfekt (selten): haute durch⟩ *jmdn. d. verprügeln* **II** ⟨refl.⟩ *sich d. sich mit Hieben gewaltsam einen Weg bahnen*

Durch|haus ⟨n.4; österr.⟩ *Haus mit Durchgang zwischen zwei Straßen*

durch|hei|zen ⟨V.1, hat durchgeheizt⟩ **I** ⟨mit Akk.⟩ *stark, gut heizen;* die Wohnung d. **II** ⟨o.Obj.⟩ *ohne Unterbrechung heizen, die Heizung nicht ausgehen lassen;* nachts, am Wochenende d.

Durch|hieb ⟨m.1⟩ *durchgehauener Streifen im Wald, Schneise*

durch|hö|ren ⟨V.1, hat durchgehört; mit Akk.⟩ *etwas d.* **1** *etwas durch etwas hindurch hören;* die Tür war geschlossen, aber man konnte den Lärm d. **2** *aufgrund von Andeutungen begreifen;* ich konnte bei dem Gespräch d., daß ... **3** *von Anfang bis Ende (prüfend, zur Kontrolle) hören;* ich habe die Aufnahme, die Schallplatte noch einmal durchgehört und keinen Fehler gefunden

durch|hun|gern ⟨V.1, hat durchgehungert; refl.⟩ *sich d. dürftig und häufig hungernd leben;* sie haben sich durch den Krieg durchgehungert *sie haben den Krieg mit viel Hunger und Entbehrungen überstanden*

durch|ixen ⟨V.1, hat durchgeixt; mit Akk.; ugs.⟩ *durch Tippen des Buchstaben x (auf der Schreibmaschine) unleserlich machen;* einen Satz d.

durch|käl|ten ⟨V.2, hat durchgekältet; mit Akk.⟩ *bis ins Innerste auskühlen, kalt machen;* der eisige Wind hat mich ganz durchkältet; ich bin ganz durchkältet

durch|käm|men ⟨V.1, hat durchgekämmt; mit Akk.⟩ **1** *gründlich, von oben bis unten kämmen;* das Haar d. **2** ⟨übertr.⟩ *kontrollieren, untersuchen;* alle Insassen eines Fahrzeugs d.

durch|kämp|fen ⟨V.1, hat durchgekämpft⟩ **I** ⟨mit Akk.⟩ *mit Kraft und Ausdauer zum Ende bringen;* er muß die Sache d. **II** ⟨refl.⟩ *sich d. mit Kraft und Ausdauer Hindernisse überwinden;* sich durch Gebüsch und Schlingpflanzen d.; er hat sich im Leben oft d. müssen

durch|kau|en ⟨V.1, hat durchgekaut; mit Akk.⟩ **1** *gründlich kauen;* Nahrung gut d. **2** ⟨übertr.⟩ *gründlich erörtern, besprechen;* wir haben das Thema nun oft genug durchgekaut

durch|kom|men ⟨V.71, ist durchgekommen; o.Obj.⟩ **1** *sich durch etwas hindurchbewegen können;* die Tür ist zu schmal, wir kommen mit dem Schrank nicht durch; der Verkehr war so dicht – es gab kein Durchkommen **2** *hindurchfahren;* der D-Zug kommt hier durch **3** *hindurchdringen;* der Regen kommt durch (durchs Dach) **4** *eine Krankheit überwinden;* er wird; er ist durchgekommen **5** *eine Arbeit bewältigen, sich in ihr zurechtfinden;* es ist schwierig, aber ich komme schon durch **6** *eine telefonische Verbindung nach einem anderen Ort bekommen;* ich wollte dich anrufen, aber ich kam nicht durch **7** *seinen Lebensunterhalt bestreiten können;* ich komme mit meinem Gehalt gut, nicht durch **8** *bei jmdm. mit etwas d. bei jmdm. Erfolg haben, etwas von jmdm. erreichen;* mit Frechheit kommst du bei ihm am besten durch **9** *mit etwas d. sich mit etwas verständ-*
lich machen können; mit Englisch kommst du dort gut durch

durch|kom|po|nie|ren ⟨V.3, hat durchkomponiert; mit Akk.⟩ **1** *von Anfang bis Ende in Musik setzen (ohne gesprochene Dialoge stehenzulassen);* die Oper ist durchkomponiert **2** *ein Gedicht d. jede Strophe eines Gedichts anders vertonen*

durch|kön|nen ⟨V.72, hat durchgekonnt; o.Obj.⟩ *durchgehen, durchfahren können;* der Weg ist zu schmal, man kann (mit dem Wagen) nicht durch

durch|kreu|zen ⟨V.1, hat durchkreuzt; mit Akk.⟩ **1** ⟨selten⟩ *zu Schiff kreuzen, durchqueren;* einen See, den Ozean d. **2** ⟨übertr.⟩ *vereiteln, verhindern, zunichte machen;* jmds. Plan, Vorhaben d.

durch|krie|gen ⟨V.1, hat durchgekriegt; ugs.⟩ → *durchbringen (1a,c)*

durch|la|den ⟨V.74, hat durchgeladen; mit Akk., auch o.Obj.; bei mehrschüssigen Handfeuerwaffen⟩ *durch Hebeldruck eine Patrone vom Magazin in den Lauf bringen;* ein Gewehr, eine Pistole d.; er lud durch

Durch|laß ⟨m.2⟩ **1** *enger Durchgang (z.B. kleine Tür in einem größeren Tor)* **2** *Führung eines Wasserlaufs unter einer Eisenbahnlinie oder Straße hindurch* **3** *Verhalten eines elektrischen Filters gegenüber einer bestimmten Bandbreite*

durch|las|sen ⟨V.75, hat durchgelassen; mit Akk.⟩ **1** *etwas d. a hindurchdringen lassen;* die Decke läßt keine Feuchtigkeit durch **b** ⟨ugs.⟩ *durch ein Sieb rühren;* Quark d. **2** *etwas oder jmdn. d. über eine Grenze, durch einen Eingang gehen, fahren, befördern lassen;* sie haben den Wagen, das Paket unbeanstandet durchgelassen; der Zöllner ließ mich nicht durch

durch|läs|sig ⟨Adj.⟩ *etwas (z.B. Licht, Luft, Feuchtigkeit) durchlassend;* der Stoff ist d. geworden

Durch|laucht ⟨auch [dʊrç-] f., -, nur Sg.; Titel und Anrede für⟩ *Fürst;* Euer D.; Seine D. [< spätmhd. *durchluht*, mhd. *durchliuht(ic)* „berühmt, erhaben", eigtl. „durchleuchtet, erleuchtet"]

durch|lauch|tig ⟨Adj., Steig. nur im Superlativ; nur als Attr.⟩ *fürstlich, erhaben;* ~e, ~ste Prinzessin!

durch|lau|fen ⟨V.76⟩ **I** ⟨o.Obj.; ist durchgelaufen⟩ **1** *sich laufend durch etwas hindurchbewegen;* durch ein Museum o.ä. nur rasch d. **2** *hindurchfließen;* das Dach ist undicht, das Wasser läuft durch **3** *ohne Unterbrechung laufen;* wir sind zwei Stunden durchgelaufen **II** ⟨mit Akk.; hat durchgelaufen⟩ *durch Laufen abnutzen;* Sohlen d.

durch|lau|fen ⟨V.76, hat durchlaufen; mit Akk.⟩ **1** *etwas d. a im Laufschritt oder in gleichmäßiger Bewegung zurücklegen;* eine Strecke, eine Bahn d. **b** *hinter sich bringen, an etwas teilnehmen;* Syn. ⟨ugs.⟩ *durchmachen;* eine Lehrgang, die Schule d. **2** *durch etwas oder jmdn. hindurchgehen;* ein Stromstoß durchläuft einen Körper; ein Gruseln, Schauder durchlief mich

Durch|lauf|er|hit|zer ⟨m.5⟩ *Gerät zur Warmwasserbereitung, bei dem das Wasser während des Durchlaufs durch ein Röhrensystem erhitzt wird (u.a. als Badeofen)*

durch|le|ben ⟨V.1, hat durchlebt; mit Akk.⟩ *intensiv, stark erleben;* eine schöne, glückliche Zeit d.; große Angst d.

durch|leuch|ten ⟨V.2, hat durchgeleuchtet; o.Obj.⟩ *durch etwas leuchten;* das Licht leuchtete durch (durch die Vorhänge, Rolläden) **durch|leuch|ten** ⟨V.2, hat durchleuchtet; mit Akk.⟩ **1** *mit Licht und Röntgenstrahlen durchdringen und untersuchen;* Eier d.; jmdm. die Lunge d. **2** ⟨übertr.⟩ *genau betrachten und untersuchen;* einen Fall, ein Problem (kritisch) d.

Durch|leuch|tung ⟨f.10⟩ *das Durchleuchten; D. der Lunge*

Durch|licht|ver|fah|ren ⟨n.7; beim Mikroskop⟩ *Durchleuchtung des Objekts mit Licht von unten*

durch|lie|gen ⟨V.80, hat durchgelegen; mit Akk.⟩ *durch langes Daraufliegen abnutzen, niederdrücken;* die Matratze d.; die Matratze ist schon ganz durchgelegen

durch|lö|chern ⟨V.1, hat durchlöchert; mit Akk.⟩ **1** *mit vielen Löchern versehen;* (meist im Part. Perf.) die Fensterscheibe ist von Kugeln, Steinen durchlöchert; durchlöchertes Kleidungsstück **2** ⟨übertr.⟩ *an vielen Punkten schwächen, an vielen Stellen seiner Wirksamkeit berauben;* das Verteidigungssystem ist vielfach durchlöchert

durch|lüf|ten, durch|lüf|ten ⟨V.2, hat durchgelüftet bzw. durchlüftet; mit Akk.⟩ *etwas d. etwas mit frischer Luft versorgen, frische Luft durch etwas ziehen lassen;* gut durchgelüftete oder durchlüftete Räume; Erdreich durchlüften

durch|ma|chen ⟨V.1, hat durchgemacht⟩ **I** ⟨mit Akk.⟩ **1** *erleiden, erdulden;* Schweres d.; er hat viel durchgemacht **2** ⟨ugs.⟩ →*durchlaufen (1b);* die Schule d. **II** ⟨o.Obj.; ugs.⟩ *ohne Unterbrechung feiern oder arbeiten;* bis zum Morgen, die Nacht d.

Durch|marsch ⟨m., -(e)s, nur Sg.⟩ **1** *das Durchmarschieren* **2** ⟨ugs., scherzh.⟩ *Durchfall*

durch|mes|sen ⟨V.84, hat durchgemessen; mit Akk.⟩ *vom Anfang bis Ende messen, genau, mit allen Einzelheiten messen;* ich habe alles noch einmal durchgemessen **durch|mes|sen** ⟨V.84, hat durchmessen; mit Akk.⟩ *durchqueren, hinter sich bringen;* er durchmaß das Zimmer in großen Schritten; das Flugzeug durchmaß die Strecke in zehn Stunden

Durch|mes|ser ⟨m.5; Zeichen: d oder ⌀⟩ *Strecke durch den Mittelpunkt (einer ebenen Figur oder eines Körpers),* Syn. *Diameter*

durch|müs|sen ⟨V.87, hat durchgemußt; o.Obj.; ugs.⟩ *durchgehen, durchfahren müssen;* wir müssen hier durch

Durch|mu|ste|rung ⟨f.10⟩ *Verzeichnis, das alle Sterne oberhalb einer bestimmten Größenklasse enthält*

durch|näs|sen ⟨V.1, hat durchnäßt; mit Akk.⟩ *ganz naß machen;* ich bin (völlig) durchnäßt; durchnäßte Kleider

durch|neh|men ⟨V.88, hat durchgenommen; mit Akk.⟩ *der Reihe nach, von Anfang bis Ende besprechen;* einen Lehrstoff d.

durch|nu|me|rie|ren ⟨V.3, hat durchnumeriert; mit Akk.⟩ *vom ersten bis zum letzten Stück, Teil fortlaufend numerieren;* Namen auf einer Liste d.

durch|or|ga|ni|sie|ren ⟨V.3, hat durchorganisiert; mit Akk.⟩ *bis in alle Einzelheiten organisieren;* ein gut durchorganisierter Betrieb; eine gut durchorganisierte Veranstaltung

durch|pas|sie|ren ⟨V.3, hat durchpassiert; mit Akk.⟩ *mit dem Quirl durch ein Sieb rühren;* Syn. *durchschlagen;* Quark d.

durch|pau|sen ⟨V.1, hat durchgepaust; mit Akk.⟩ *mit Stift durch durchscheinendes Papier hindurch nachzeichnen;* Syn. *durchzeichnen;* eine Zeichnung d.

durch|peit|schen ⟨V.1, hat durchgepeitscht; mit Akk.⟩ **1** *jmdn. mit der Peitsche wiederholt schlagen (als Strafe)* **2** ⟨übertr.⟩ *etwas d. mit Energie gegen Widerstand durchsetzen;* ein Gesetz d.

durch|pres|sen ⟨V.1, hat durchgepreßt; mit Akk.⟩ *durch ein Sieb oder Tuch pressen;* Beeren, Quark d.; Syn. *durchdrücken*

durch|pul|sen ⟨V.1, hat durchpulst; mit Akk.⟩ *stoßweise, rhythmisch durchströmen;* von Leben, von lebhaftem Verkehr durchpulste Straßen

durch|que|ren ⟨V.1, hat durchquert; mit Akk.⟩ *etwas d. quer, von der einen Seite zur anderen durch etwas hindurchgehen oder -fahren;* einen Raum, See, Fluß, ein Land d.

Durch|que|rung ⟨f.10⟩

durch|ras|seln ⟨V.1, ist durchgerasselt; ugs.⟩ →*durchfallen (3)*

durch|rech|nen ⟨V.1, hat durchgerechnet; mit Akk.⟩ *gründlich, von Anfang bis Ende rechnen, in allen Einzelheiten berechnen*

Durch|rei|che ⟨f.11⟩ *Öffnung in der Wand zwischen Küche und Eßzimmer (zum Durchreichen der Speisen)*

durch|rei|chen ⟨V.1, hat durchgereicht; mit Akk.⟩ *etwas d. etwas durch eine Öffnung hindurch (jmdm.) reichen;* Speisen, Schüsseln d.

Durch|rei|se ⟨f.11⟩ *Reise ohne oder mit kurzem Aufenthalt durch ein Land, eine Stadt;* wir sind auf der D.

durch|rei|sen ⟨V.1, ist durchgereist; o.Obj.⟩ *auf der Durchreise sein;* wir reisen (nur) durch; der Präsident ist gestern hier durchgereist **durch|rei|sen** ⟨V.1, hat durchreist; mit Akk.⟩ *ein Land d. durch ein Land reisen, in einem Land hierhin und dorthin reisen*

durch|rei|ßen ⟨V.96⟩ **I** ⟨mit Akk.; hat durchgerissen⟩ *durch Reißen zerteilen;* ein Blatt Papier, einen Faden d. **II** ⟨o.Obj.; ist durchgerissen⟩ *durch Reißen entzweigehen;* bei Belastung reißt der Faden sofort durch; der Faden ist durchgerissen

durch|rie|seln ⟨V.1, ist durchgerieselt; o.Obj.⟩ *rieselnd hindurchfließen;* durch die Dachrinne ist es undicht, das Wasser rieselt durch **durch|rie|seln** ⟨V.1, hat durchrieselt; mit Akk.⟩ *etwas durchrieselt jmdn. durchläuft jmdn. mit feinem Reiz;* ein Schauer, ein Glücksgefühl durchrieselte mich

durch|rin|gen ⟨V.100, hat durchgerungen; refl.⟩ *sich (zu etwas) d. sich nach innerem Kampf (zu etwas) imstande fühlen, sich nach innerem Kampf (zu etwas) entschließen, zu einem Entschluß d.;* ich habe mich dazu durchgerungen, es zu tun

durch|ro|sten ⟨V.2, ist durchgerostet; o.Obj.⟩ *durch und durch rosten;* die Stange ist an mehreren Stellen durchgerostet

durch|ru|fen ⟨V.102, hat durchgerufen; mit Akk. od. mit Dat. und Akk.; ugs.⟩ *etwas d. telefonisch mitteilen;* ich rufe Ihnen die Zahlen noch durch; ich rufe kurz durch, ob ...

durchs ⟨Präp. und Art.⟩ *durch das;* d. Fenster schauen

durch|sacken ⟨-k·k-; V.1, ist durchgesackt; o.Obj.⟩ *plötzlich nach unten sinken*

Durch|sa|ge ⟨f.11⟩ *Mitteilung (durchs Telefon, per Lautsprecher, Rundfunk usw.) an alle, Mitteilung von einem anderen zum anderen (zur Information)*

durch|sau|sen ⟨V.1, ist durchgesaust; o.Obj.⟩ **1** *sausend hindurchfahren;* der Zug sauste durch **2** ⟨ugs.⟩ →*durchfallen (3)*

durch|schal|len ⟨V.1, hat durchschallt; Imperfekt auch: scholl durch; o.Obj.⟩ *hindurchdringen;* die Wände sind ziemlich dünn, der Lärm schallt durch **durch|schal|len** ⟨V.1, hat durchschallt; mit Akk.⟩ *mit Ultraschallwellen durchdringen* **Durch|schal|lung** ⟨f., -, nur Sg.⟩

durch|schau|en ⟨V.1, ist durchgeschaut; o.Obj.⟩ *durch etwas schauen;* Syn. *durchsehen;* laß mich mal d. (durchs Fernrohr)! **durch|schau|en** ⟨V.1, hat durchschaut; mit Akk.⟩ **1** *etwas d. erkennen, verstehen;* einen Zusammenhang d.; jmds. Intrigenspiel d. **2** *etwas d. jmds. Absichten, Gedankengänge erkennen*

durch|schau|ern ⟨V.1, hat durchschauert; mit Akk.⟩ *etwas durchschauert jmdn., jmd. spürt etwas wie einen Schauer;* es durchschauerte mich, als ich das hörte; Angst durchschauerte mich

durch|schei|nen ⟨V.108, hat durchgeschienen; o.Obj.⟩ *durch etwas scheinen;* die Rolläden sind nicht ganz geschlossen, das Licht scheint durch

durch|schei|nend ⟨Adj., o.Steig.⟩ *Licht durchscheinen lassend, Licht schwach durchdringen lassend;* ~es Papier, Porzellan

durch|schie|ßen ⟨V.113, hat durchgeschossen; mit Akk.⟩ **1** *mit einem Schuß durchdringen;* jmdm. den Arm d.; ein durchschossener Hut **2** *ein Buch d. leere Blätter (für Korrekturen) zwischen die bedruckten Blätter eines Buches heften;* durchschossenes Exemplar **3** *eine Seite d. die Zeilenabstände auf einer Seite gleichmäßig vergrößern*

durch|schla|fen ⟨V.115, hat durchgeschlafen; o.Obj.⟩ *ohne Unterbrechung schlafen;* bis zum Morgen d.; ich habe fünf Stunden durchgeschlafen **durch|schla|fen** ⟨V.115, hat durchschlafen; mit Akk.; fast nur als Adj.⟩ *schlafend verbringen;* eine gut durchschlafene Nacht

Durch|schlag ⟨m.2⟩ **1** *mit Kohlepapier, das zwischen zwei Blätter gelegt wird, auf der Schreibmaschine hergestelltes Doppel (eines Schriftstücks);* Syn. *Zweitschrift;* einen Brief mit D., mit zwei Durchschlägen schreiben **2** ⟨Bgb., Tunnelbau⟩ *Herstellen einer Verbindung zwischen zwei aufeinander zugetriebenen Strecken* **3** *schlankes Stahlwerkzeug mit sich verjüngendem, aber stumpf abgeschliffenem Ende (zum Lochen von Blechen, Herausschlagen von Stiften)* **4** *elektrische Funkenentladung durch ein nichtleitendes Medium bei hoher Spannung* **5** *Küchengerät mit Sieb zum Durchschlagen*

durch|schla|gen ⟨V.116, hat durchgeschlagen⟩ **I** ⟨mit Akk.⟩ **1** *durch Schlagen zerteilen;* einen Ast mit dem Beil d. **2** →*durchpassieren* **II** ⟨o.Obj.⟩ **1** *stark, kräftig wirken;* das Abführmittel schlägt durch; ein ~des Mittel **2** *durch zu starke Strombelastung entzweimachen;* eine Sicherung d.; es hat die Sicherung durchgeschlagen **3** *(durch etwas) hindurchdringen;* die Tinte schlägt durch das Papier durch; Feuchtigkeit schlägt durch die Tünche durch **III** ⟨refl.⟩ **1** *sich einen Weg durch Schlagen bahnen;* sich durch dichten Buschwald d. **2** *Hindernisse überwinden oder umgehen;* sich durch besetztes Gebiet d. **3** *Schwierigkeiten überwinden;* sich im Leben d. **durch|schla|gen** ⟨V.116, hat durchschlagen; mit Akk.⟩ *mit einem Schlag durchdringen;* der Stein hat die Fensterscheibe durchschlagen

durch|schla|gend ⟨Adj., o.Steig.; nur als Attr. und mit „sein") *nachhaltig, stark, verblüffend;* ein ~er Erfolg; die Bemerkung war von ~er Wirkung

Durch|schlags|kraft ⟨f., -, nur Sg.⟩ **1** *Kraft (eines Geschosses), etwas zu durchschlagen;* dieser Sprengkörper hat eine starke D. **2** ⟨übertr.⟩ *Kraft zu überzeugen, zu wirken, Eindruck zu machen;* seine Argumente haben eine große, haben keine D.

Durch|schlag|tuch ⟨n.4⟩ *Tuch zum Durchschlagen, Durchpassieren, Filtertuch*

durch|schlän|geln ⟨V.1, hat durchgeschlängelt; refl.⟩ *sich d. sich in Schlangenlinien, in Windungen hindurchbewegen, sich gewandt, mit vielen Drehungen hindurchbewegen*

durch|schlep|pen ⟨V.1, hat durchgeschleppt⟩ **I** ⟨mit Akk.⟩ *jmdn. (mit) d. mit Mühe für jmds. Lebensunterhalt sorgen* **II** ⟨refl.⟩ *sich d.* **1** *mühsam, schwer seinen Lebensunterhalt verdienen* **2** ⟨auch⟩ *mühsam (wegen Krankheit oder Schwäche) seinen Alltag leben*

durch|schleu|sen ⟨V.1, hat durchgeschleust; mit Akk.⟩ **1** *durch eine Schleuse bringen;* ein Schiff d. **2** ⟨übertr.⟩ *heimlich durch eine Kontrolle bringen;* jmdn. d., Schmuggelware d.

Durch|schlupf ⟨m.1⟩ *Öffnung zum Hindurchschlüpfen*

durch|schlüp|fen ⟨V.1, ist durchgeschlüpft; o.Obj.⟩ **1** *behende, gewandt hindurchkriechen;* durch eine Zaunlücke d. **2** *unbemerkt hinein- oder hinausgelangen;* er ist bei der Kontrolle durchgeschlüpft

durch|schnei|den ⟨V.125, hat durchgeschnitten; mit Akk.⟩ **1** *durch Schneiden zerteilen;* ein Blatt Papier, ein Stück Stoff d. **2** ⟨Jägerspr.⟩ *durchbeißen* (vom Raubwild)

durch|schnei|den ⟨V.125, hat durchschnitten; mit Akk.⟩ **1** *auf schmalem Raum hindurchfließen;* ein Bach durchschneidet die Wiesen **2** ⟨poet.⟩ *gewandt hindurchfahren;* das Schiff durchschneidet die Wellen **3** *scharf durchdringen;* ein Schrei durchschnitt die Stille

Durch|schnitt ⟨m.1⟩ **1** *das Durchschneiden* **2** *mittlerer Wert einer Anzahl von gleichartigen Größen;* ⟨kurz⟩ *Schnitt;* wir sind im Urlaub in D. fünf Stunden pro Tag gewandert **3** *Mittelmaß, übliche Beschaffenheit;* er ist nur D.; seine Leistungen sind guter D.

durch|schnitt|lich ⟨Adj., o.Steig.⟩ **1** *im Durchschnitt;* er kommt so zweimal in der Woche **2** *mittelmäßig;* er ist ein ~er Schüler; seine Leistungen sind d.

Durch|schnitts... ⟨in Zus.⟩ *etwas oder jmd. ohne hervorstechende Eigenschaften oder Leistungen,* z.B. Durchschnittsschüler **2** *als Mittelwert errechnet,* z.B. Durchschnittsleistung (einer Maschine)

Durch|schnitts|mensch ⟨m.10⟩ *Mensch mit durchschnittlichen Fähigkeiten und Eigenschaften*

Durch|schrei|be|block ⟨m.9⟩ *Block (mit Kohlepapier), auf dem gleichzeitig mit dem Original eine Durchschrift gemacht werden kann*

durch|schrei|ben ⟨V.127, hat durchgeschrieben; mit Akk.⟩ *mittels Kohlepapiers, das zwischen zwei Blätter gelegt wird, oder mittels Beschichtung auf der Rückseite des zuoberst liegenden Blattes auf beide Blätter zugleich schreiben;* einen Text d.

Durch|schrift ⟨f.10⟩ *mittels Durchschreibens hergestelltes Schriftstück;* Syn. *Zweitschrift*

Durch|schuß ⟨m.2⟩ **1** *Schußverletzung, bei der das Geschoß durch den Körper hindurchgegangen ist;* Ggs. *Steckschuß* **2** *Zwischenraum zwischen den Zeilen (eines gedruckten Schriftwerks)*

durch|schwim|men ⟨V.132, ist durchgeschwommen; o.Obj.⟩ *sich schwimmend hindurchbewegen;* zwischen den Brückenpfeilern d. *ohne Unterbrechung schwimmen;* ich bin zwei Stunden durchgeschwommen **durch|schwim|men** ⟨V.132, hat durchschwommen; mit Akk.⟩ *schwimmend durchqueren;* den Fluß, den Ärmelkanal d.

durch|schwin|deln ⟨V.1, hat durchgeschwindelt; refl.⟩ *sich d. durch Schwindeln ein Ziel erreichen;* sich durchs Examen d.

durch|schwit|zen ⟨V.1, hat durchgeschwitzt; mit Akk.⟩ *durch Schwitzen naß machen;* das Hemd d.

durch|se|geln ⟨V.1, ist durchgesegelt; o.Obj.⟩ **1** *sich im Segelboot hindurchbewegen;* zwischen Bojen d. **2** ⟨ugs.⟩ → *durchfallen* (3)

durch|se|hen ⟨V.136, hat durchgesehen⟩ I ⟨o.Obj.⟩ → *durchschauen* II ⟨mit Akk.⟩ *von Anfang bis Ende prüfend ansehen;* jmds. Arbeit d.; einem Kind die Aufgaben d.

durch|sein ⟨V.137, ist durchgewesen; o.Obj.⟩ *kurz für durchgefahren, durchgekommen sein;* der Zug ist durch, müßte schon d. **2** *Schwierigkeiten, eine Krankheit überwunden haben, eine Prüfung bestanden haben;* er ist durch

durch|set|zen ⟨V.1, hat durchgesetzt⟩ I ⟨mit Akk.⟩ *etwas d. gegen den Widerstand anderer dafür sorgen, daß etwas durchgeführt, verwirklicht wird;* seinen Willen d.; seinen Kopf d.; eine Idee d.; er hat durchgesetzt, daß ... II ⟨refl.⟩ *sich d. gegen Widerstände sein Ziel erreichen, sich behaupten, anerkannt werden;* sich im Beruf d.; das Theaterstück hat sich doch noch durchgesetzt **durch|set|zen** ⟨V.1, hat durchsetzt; mit Akk.⟩ *etwas mit etwas d. etwas in etwas anderem verteilen;* ⟨meist im Part. Perf.⟩ der Wein ist mit Fusel durchsetzt; der Rasen ist mit Klee durchsetzt

Durch|sicht ⟨f., -, nur Sg.⟩ *das Durchsehen (II);* bei der D. des Manuskripts, der Papiere

durch|sich|tig ⟨Adj.⟩ **1** *so beschaffen, daß man hindurchsehen kann;* Syn. *transparent;* ~es Papier; ~es Gewebe **2** ⟨übertr.⟩ *gut verständlich;* diese Erläuterungen sind mir nicht sehr d. **3** ⟨übertr.⟩ *leicht zu erkennen, leicht durchschaubar;* seine Ausrede ist allzu d. **4** ⟨übertr.⟩ *blaß und zart;* sie sieht nach ihrer Krankheit noch ein bißchen d. aus

Durch|sich|tig|keit ⟨f., -, nur Sg.⟩ *durchsichtige Beschaffenheit;* Syn. *Transparenz*

durch|sickern ⟨-k·k-; V.1, ist durchgesickert; o.Obj.⟩ **1** *langsam, in Tropfen hindurchfließen;* die Wand, der Damm ist undicht, es sickert Wasser durch **2** ⟨übertr.⟩ *langsam und andeutungsweise bekanntwerden;* die Nachricht ist durchgesickert; es ist bereits durchgesickert, daß ...

durch|sit|zen ⟨V.143, hat durchgesessen; mit Akk.⟩ *durch vieles Sitzen abnutzen, niederdrücken;* er hat die Hose durchgesessen; durchgesessene Polster

durch|spie|len ⟨V.1, hat durchgespielt; mit Akk.⟩ **1** *von Anfang bis Ende spielen;* ein Musikstück noch einmal d. **2** ⟨übertr.⟩ *im Geist oder im Gespräch sich im einzelnen vorstellen;* ich habe den Plan einmal durchgespielt; wir wollen einmal alle Möglichkeiten d.

durch|spre|chen ⟨V.146, hat durchgesprochen; mit Akk.⟩ *von Anfang bis Ende besprechen;* eine Frage, ein Vorhaben, einen Konflikt d.

durch|star|ten ⟨V.2, ist durchgestartet; o.Obj.; Flugw.⟩ *nach mißglücktem Landeversuch oder unbeabsichtigtem Höhenverlust die Geschwindigkeit wieder steigern und Höhe gewinnen*

durch|ste|chen ⟨V.149, hat durchgestochen⟩ I ⟨o.Obj.⟩ *stechend hindurchdringen* II ⟨mit Akk.⟩ *auf der einen Seite hineinstechen und auf der anderen Seite wieder hinauskommen lassen;* die Nadel kann d. **durch|ste|chen** ⟨V.149, hat durchstochen; mit Akk.⟩ *mit einem spitzen Gegenstand durchdringen, durchbohren;* einen Damm d.; jmdm. das Trommelfell d.

Durch|ste|che|rei ⟨f.10⟩ *Täuschung, Betrug*
Durch|ste|chung ⟨f., -, nur Sg.⟩ *das Durchstechen, Durchstich*

durch|ste|hen, durch|ste|hen ⟨V.151, hat durchgestanden bzw. durchstanden; mit Akk.⟩ *bis zu Ende aushalten; ertragen, überwinden;* er hat diese schlimme Zeit, diese Probe gut, tapfer durchgestanden, ⟨oder⟩ durchstanden

durch|stei|gen ⟨V.153, ist durchgestiegen; o.Obj.⟩ **1** *sich steigend hindurchbewegen;* das Fenster war offen, der Dieb muß durchgestiegen sein **2** ⟨ugs.⟩ → *durchblicken* (2) **durch|stei|gen** ⟨V.153, hat durchstiegen; mit Akk.⟩ *etwas d. durch etwas steigen, sich steigend durch etwas hindurchbewegen, kletternd überwinden;* einen Kamin d.

Durch|stich ⟨m.1⟩ **1** *das Durchstechen;* D. des Deiches; D. des Trommelfells **2** *Herstellen einer Verbindung (durch Graben oder Sprengen)* **3** *so hergestellte Verbindung*

durch|stö|bern ⟨V.1, hat durchstöbert; mit Akk.⟩ *gründlich durchsuchen (und dabei in Unordnung bringen);* das Zimmer, alle Schubladen nach einem verlegten Gegenstand d.

Durch|stoß ⟨m.2⟩ *das Durchstoßen*
durch|sto|ßen ⟨V.157⟩ I ⟨mit Akk.; hat durchgestoßen⟩ *etwas d.* **1** *stoßend auf der einen Seite hinein- und auf der anderen hinausdringen lassen;* einen Stock ganz (durch eine Erdschicht, eine Lücke) d. **2** *durch häufigen Gebrauch abnutzen;* die Ärmel an den Ellbogen d. II ⟨o.Obj.; ist durchgestoßen⟩ *mit Energie (bis zu einem Ziel) durch etwas hindurch vordringen;* der Trupp stieß (durch die feindlichen Stellungen) bis zum Fluß durch **durch|sto|ßen** ⟨V.157, hat durchstoßen; mit Akk.⟩ *mit einem spitzen, starken Gegenstand durchdringen;* eine Mauer d.

durch|strei|chen, durch|strei|chen ⟨V.158, hat durchgestrichen bzw. durchstrichen; mit Akk.⟩ *etwas d. einen Strich durch etwas machen, mit einem Strich ungültig machen;* ein Wort, einen Satz d.

durch|strei|fen ⟨V.1, hat durchstreift; mit Akk.⟩ *etwas d. unbeschwert in etwas hierhin und dorthin wandern;* den Wald, die Felder d.

durch|strö|men ⟨V.1, ist durchgeströmt; o.Obj.⟩ *durch etwas strömen;* das Rohr ist defekt, es strömt Wasser durch **durch|strö|men** ⟨V.1, hat durchströmt; mit Akk.⟩ **1** *etwas d. durch etwas strömen;* große Flüsse d. das Land **2** *jmdn. d. durch jmdn. wie ein Strom hindurchgehen;* ein Glücksgefühl durchströmte mich

durch|su|chen ⟨V.1, hat durchsucht; mit Akk.⟩ **1** *etwas d.,* ⟨ugs. auch⟩ *durchsuchen gründlich in etwas suchen, um etwas zu finden;* ich habe alles, alle Schränke durchsucht, ⟨auch⟩ durchgesucht ⟨ugs.⟩; sie haben sein Gepäck, seine Wohnung nach Waffen durchsucht **2** *jmdn. d. in jmds. Kleidung, Taschen, Gepäck nach etwas suchen* **Durch|su|chung** ⟨f.10⟩

durch|trai|nie|ren ⟨[-tre-] V.3, hat durchtrainiert; mit Akk., o.Obj.⟩ *gründlich trainieren;* ein durchtrainierter Körper; ein gut durchtrainierter Sportler *Sportler, der viel trainiert* hat

durch|trän|ken ⟨V.1, hat durchtränkt; mit Akk.⟩ **1** *völlig feucht, naß machen;* Gebäck mit Rum d. **2** ⟨übertr., poet.⟩ *ganz erfüllen;* von Freude, Glück durchtränkt **Durch|trän|kung** ⟨f., -, nur Sg.⟩

durch|tren|nen ⟨V.1, hat durchtrennt; mit Akk.⟩ *zerteilen, zerschneiden;* eine Sehne d. **Durch|tren|nung** ⟨f., -, nur Sg.⟩

durch|tre|ten ⟨V.163⟩ I ⟨mit Akk.; hat durchgetreten⟩ **1** *bis zum Anschlag niedertreten;* die Bremse, den Gashebel d.; Schuhe, Sohlen d. II ⟨o.Obj.; ist durchgetreten⟩ *nach und nach hindurchdringen;* der Verband muß gewechselt werden, sonst tritt Blut durch; bitte d.! bitte nachrücken, weiter ins Innere treten!

durch|trie|ben ⟨Adj.⟩ *schlau, listig, gewitzt;* ein ~er Bursche **Durch|trie|ben|heit** ⟨f., -, nur Sg.⟩

durch|wa|chen ⟨V.1, hat durchwacht; mit Akk.⟩ *ohne Unterbrechung wachen;* die Nacht d.; durchwachte Nächte

durch|wach|sen ⟨V.172, ist durchgewachsen; o.Obj.⟩ *beim Wachsen hindurchdringen;* die Pflanzen sind durchgewachsen (durch den Zaun, durch das Gitter) **durch|wach|sen** ⟨Adj.⟩ *von andersartigem Gewebe durchzogen;* ~es Fleisch von Fett-, Knorpelgewebe durchzogenes Fleisch; von Baumwurzeln ~er Boden

durch|wäh|len ⟨V.1, hat durchgewählt; o.Obj.⟩ *im Fernsprechverkehr die Nummer des gewünschten Teilnehmers wählen, ohne das Fernsprechamt oder die Telefonzentrale in Anspruch nehmen zu müssen;* man kann von hier nach Paris d.; wenn Sie den Sachbearbeiter sprechen wollen, können Sie gleich d.

durch|wal|ken ⟨V.1, hat durchgewalkt; mit Akk.⟩ *jmdn. d.* ⟨ugs.⟩ *kräftig durchhauen, verprügeln*

durch|wan|dern ⟨V.1, hat durchwandert;

mit Akk.⟩ etwas d. *in etwas hierhin und dorthin wandern, wandernd durchqueren;* einen Wald, die Umgebung d.; ein Land d.

durch|wär|men, durch|wär|men ⟨V.1, hat durchgewärmt bzw. durchwärmt⟩ **I** ⟨mit Akk.⟩ *ganz warm machen;* der heiße Kaffee hat mich durchgewärmt, ⟨oder⟩ durchwärmt; die Wohnung ist angenehm durchwärmt; **II** ⟨nur⟩ durchwärmen ⟨refl.⟩ sich d. *sich ganz erwärmen;* sich in einem warmen Raum, am Ofen d.

durch|wa|schen ⟨V.174, hat durchgewaschen; mit Akk; verstärkend⟩ *waschen;* eine Bluse rasch d.

durch|we|ben ⟨V.1, hat durchgewebt; mit Akk.⟩ ein Muster d. *so einweben, daß es auf beiden Seiten erscheint;* ein durchgewebter Teppich *ein Teppich mit durchgewebtem Muster* **durch|we|ben** ⟨V.175, hat durchwoben; mit Akk.⟩ etwas mit etwas d. *in etwas hineinweben;* einen Stoff mit Gold-, Silberfäden d.; der Wald ist von Nebelschleiern durchwoben ⟨übertr.⟩

durch|weg, ⟨österr., schweiz.⟩ **durch|wegs** ⟨Adv.⟩ *in allen Fällen, ohne Ausnahme, immer, überall;* das wird d. so gemacht; es waren d. junge Leute da

durch|wei|chen ⟨V.1, ist durchweicht; o.Obj.⟩ *durch Feuchtigkeit weich werden;* das Papier weicht durch, ist durchgeweicht **durch|wei|chen** ⟨V.1, hat durchweicht; mit Akk.⟩ **1** *durch Feuchtigkeit weich machen;* der Regen hat die Wege durchweicht **2** ⟨ugs.⟩ *völlig naß machen;* ich bin vom Regen ganz durchweicht

durch|win|den ⟨V.183, hat durchgewunden; refl.⟩ sich (durch etwas) d. **1** *sich in Windungen durch etwas hindurchbewegen;* der Bach muß sich durch die Schluchten d.; *sich drehend hindurchbewegen;* die Zaunlücke war eng, aber er konnte sich d.; sich durch Schwierigkeiten d. ⟨übertr.⟩ *sie geschickt umgehen*

durch|wir|ken ⟨V.1, hat durchwirkt; mit Akk.⟩ etwas mit etwas d. *durch Wirken etwas in etwas befestigen;* einen Stoff mit Goldfäden d.

durch|wol|len ⟨V.1, hat durchgewollt; o.Obj.; ugs.⟩ *kurz für⟩ hindurchgehen, -fahren wollen;* wir wollen hier durch

durch|wüh|len ⟨V.1, hat durchwühlt; mit Akk.⟩ *wühlend durchsuchen;* die Polizei hat die Wohnung nach Waffen durchwühlt, ⟨ugs. auch⟩ durchgewühlt **durch|wüh|len** ⟨V.1, hat durchgewühlt; mit Akk.⟩ sich d. *wühlend hindurchgelangen;* sich durch die Erde d.

durch|wur|steln ⟨V.1, hat durchgewurstelt; refl.; ugs.⟩ sich d. *die vielen kleinen Schwierigkeiten des Alltags überwinden* [< ndrl. *worstelen* „ringen, kämpfen"; weitere Herkunft unsicher, vielleicht < idg. **wer-* „winden, beugen"]

durch|wur|zeln ⟨V.1, hat durchwurzelt; mit Akk.⟩ *mit den Wurzeln durchdringen;* die Pflanze hat die Erde im Topf gut durchwurzelt

durch|zäh|len ⟨V.1, hat durchgezählt⟩ **I** ⟨mit Akk.⟩ *von Anfang bis Ende, jedes einzelne Stück (einer Menge) zählen;* Wäschestücke d. **II** ⟨o.Obj.⟩ *die Personen einer Reihe zählen, indem jeder in der Reihe seine Zahl nennt* **Durch|zäh|lung** ⟨f., -, nur Sg.⟩

durch|ze|chen ⟨V.1, hat durchgezecht; o.Obj.⟩ *ohne Unterbrechung zechen;* bis zum Morgen d. **durch|ze|chen** ⟨V.1, hat durchzecht; mit Akk.⟩ *mit Zechen verbringen;* durchzechte Nächte

durch|zeich|nen ⟨V.2, hat durchgezeichnet; mit Akk.⟩ **1** → *durchpausen* **2** *in den wichtigen Einzelheiten sorgfältig zeichnen;* eine gut durchgezeichnete Figur **Durch|zeich|nung** ⟨f.10⟩

durch|zie|hen ⟨V.187⟩ **I** ⟨mit Akk.; hat durchgezogen⟩ **1** *ziehend hindurchbefördern;* einen Faden d. (durchs Öhr, durch Gewebe) **2** *bis zum Anschlag ziehen;* die Ruder, die Säge d. **3** ⟨trotz Hindernissen, Schwierigkeiten, Einbußen zu Ende bringen;⟩ eine Arbeit d. **II** ⟨o.Obj.; ist durchgezogen⟩ **1** *in großer Zahl hindurchgehen, -marschieren;* Truppen, Flüchtlinge ziehen durch (durch eine Stadt); in einer Schar vorbeifliegen; die Wildgänse sind schon durchgezogen **3** *hindurchwehen;* Luft d. lassen (durch Räume) **4** ⟨Kochkunst⟩ *ruhen, damit sich die einzelnen Zutaten besser verbinden;* der Salat muß einige Zeit d. **durch|zie|hen** ⟨V.187, hat durchzogen; mit Akk.⟩ etwas d. **1** *in etwas umherziehen, hierhin und dorthin ziehen;* plündernde Truppen durchzogen das Land **2** *hindurchfließen, hindurchführen;* mehrere Flüsse, zahlreiche Straßen, Bahnlinien d. das Land **3** *als Linien, Fäden erscheinen;* feine Adern d. den Marmor **4** *in etwas immer wieder erscheinen, auftreten;* dieses Motiv durchzieht die ganze Dichtung, das gesamte musikalische Werk

Durch|zie|her ⟨m.5⟩ **1** ⟨Mensurfechten⟩ *durchgezogener Fechthieb* **2** *daraus entstandene Narbe*

durch|zucken ⟨-k|k-; V.1, hat durchzuckt; mit Akk.⟩ **1** etwas d. *kurz in etwas aufleuchten;* ein Blitz durchzuckte die Finsternis **2** jmdn. d. **a** *blitzartig in jmdm. fühlbar werden;* der Schmerz durchzuckte mich **b** *blitzartig in jmds. Bewußtsein erscheinen;* ein Gedanke durchzuckte mich

Durch|zug ⟨m.2⟩ **1** *das Durchziehen (II);* D. von Truppen, von Zugvögeln; Truppen D. gewähren **2** *Luftbewegung durch Räume;* D. machen; im D. sitzen **3** ⟨an Kleidungsstücken⟩ *breiter Saum zum Durchziehen eines Gummi- oder Stoffbandes*

Durch|züg|ler ⟨m.5⟩ *Vogel, der auf dem Zug ist und sich nur kurze Zeit in einem Gebiet aufhält*

Durch|zugs|ar|beit ⟨f.10⟩ **1** *gewebter Gegenstand, bei dem man einzelne Fäden herausgezogen und an ihre Stelle andersfarbige durchgezogen hat* **2** *das Herstellen eines solchen Gegenstandes*

durch|zwän|gen ⟨V.1, hat durchgezwängt; refl.⟩ sich d. *sich drehend und drängend durch etwas schieben;* die Lücke war eng, er mußte sich d.

dür|fen ⟨V.26⟩ **I** ⟨als Hilfsverb mit Inf.; hat gedurft oder hat dürfen; o.Obj.⟩ **1** *die Erlaubnis, das Recht haben, etwas zu tun;* der Kranke darf heute aufstehen; der Hund darf hier nicht mit hereinkommen; darf ich noch ein Stück Kuchen haben?; wir d. ihn nicht stören; das hättest du nicht tun d.; er hätte nicht kommen d.; das darf doch nicht wahr sein! ⟨ugs.⟩ *das wäre ja schrecklich* **2** *Grund haben, etwas zu tun;* du darfst dich nicht wundern, wenn er so reagiert; ich darf wohl annehmen, daß ... **3** ⟨zum Ausdruck einer Vermutung⟩ *das dürfte wohl richtig sein das ist sicher richtig;* es dürfte jetzt vier Uhr sein *es ist jetzt sicher vier Uhr* **4** *brauchen;* du darfst es nur sagen, wenn ich dir helfen soll *du brauchst es nur zu sagen* **II** ⟨als Vollverb mit Akk.; hat gedurft oder hat dürfen⟩ etwas d. *die Erlaubnis zu etwas haben;* er darf (es) nicht, er darf es nicht gedurft; das darf man nicht; so etwas habe ich früher nie gedurft; er ist krank und darf nicht in die Schule; er hat drei Tage nicht in die Schule gedurft, ⟨auch⟩ er hat drei Tage nicht in die Schule (erg.: gehen) dürfen

dürf|tig ⟨Adj.⟩ **1** *ärmlich, äußerst einfach;* eine d. Kammer; ein d. ausgestatteter Raum; ~e Kleidung **2** *kaum ausreichend, kärglich;* eine ~e Mahlzeit **3** *unzulänglich, wenig befriedigend;* ein d. Ergebnis; ein ~er Aufsatz **Dürf|tig|keit** ⟨f., -, nur Sg.⟩

dürr ⟨Adj.⟩ **1** *ohne Feuchtigkeit, ohne Saft, trocken, ausgetrocknet;* ~e Äste **2** *ohne Nährstoffe;* ~er Boden **3** *fast ohne Regen;* ein ~es Jahr **4** *sehr mager;* ein ~er Körper, ~er Hals; er ist sehr d. **5** *geistig unergiebig;* nach dem Studium begannen für ihn ~e Zeiten **6** *sehr knapp, kurz;* in ~en Worten etwas mitteilen

Dur|ra ⟨f., -, nur Sg.⟩ *Art der Hirse (wichtigstes Brotgetreide Afrikas);* Syn. Mohrenhirse [< arab. *dhurah* „Korn"]

Dür|re ⟨f., -, nur Sg.⟩ **1** *dürre Beschaffenheit, Trockenheit, Unfruchtbarkeit;* die D. des Bodens **2** *lange Zeit ohne Regen, Zeit der Trockenheit;* anhaltende D.; das Land litt unter der D.

Durst ⟨m., -es, nur Sg.⟩ **1** *Trieb zur Aufnahme von Flüssigkeit, Bedürfnis zu trinken;* D. haben; den D. löschen; D. auf ein Glas Bier haben; einen über den D. trinken ⟨ugs.⟩ *etwas zuviel Alkohol trinken* **2** ⟨übertr.⟩ *heftiges Verlangen;* D. nach Abenteuern [Intensivbildung zu *dürr*]

dur|sten ⟨V.2, hat gedurstet; o.Obj.⟩ **1** *Durst leiden;* ich durste *ich kein Wasser bekommen;* die Blumen haben lange d. müssen

dür|sten ⟨V.2, hat gedürstet⟩ **I** ⟨o.Obj.; unpersönl.⟩ *es dürstet mich, mich dürstet ich habe, leide Durst* **II** ⟨mit Präp.obj.⟩ nach etwas d. *großes Verlangen nach etwas haben;* nach Liebe, Rache d.

dur|stig ⟨Adj.⟩ *Durst verspürend;* eine ~e Seele ⟨scherzh.⟩ *jmd., der Durst hat;* d. sein *Durst haben*

Durst|strecke ⟨-k|k-; f.11⟩ *Zeit voller Entbehrungen, Zeit, in der man kaum sein Auskommen hat, wenig verdient*

Dusch|bad ⟨n.4⟩ *Bad unter der Dusche;* Syn. Brausebad

Du|sche ⟨f.11⟩ **1** *Vorrichtung zum Baden, bei der der Wasserstrahl aus einem Sieb in vielen einzelnen Strahlen austritt;* Syn. Brause (3); unter die D. gehen; sich unter die D. stellen **2** *kleiner Raum mit dieser Vorrichtung;* Zimmer mit Bad oder D.; Bad mit D. **3** *Duschbad;* eine D. nehmen; kalte D. ⟨übertr., ugs.⟩ *Ernüchterung, Enttäuschung* **4** ⟨auch⟩ *kurzer Regenschauer* [< frz. *douche* „Wasserrinne, Gießbad", < ital. *doccia* „Dusche, Brause"]

du|schen ⟨V.1, hat geduscht⟩ **I** ⟨o.Obj. oder refl.⟩ (sich) d. *sich unter der Dusche waschen, abkühlen, erwärmen;* Syn. *sich brausen* **II** ⟨o.Obj.; übertr., unpersönl.⟩ *es duscht es regnet stark*

Dü|se ⟨f.11⟩ *Verengung eines Strömungskanals, in der ein strömendes Medium unter Erniedrigung des inneren Drucks seine Strömungsgeschwindigkeit erhöht (z.B. an der Austrittsöffnung eines Rohres zur Strahlbildung)* [vermutlich zu tschech. *duše* „Höhlung eines Rohres"]

Du|sel ⟨m., -s, nur Sg.⟩ **1** *Benommenheit, Schlaftrunkenheit;* ⟨noch⟩ im D. sein **2** ⟨ugs.⟩ *Glück;* er hat D. gehabt

du|se|lig ⟨Adj.⟩ *benommen, schlaftrunken*

du|seln ⟨V.1, hat geduselt; o.Obj.⟩ *halb schlafen, halbwach träumen*

Dü|sen|flug|zeug ⟨n.1⟩ *Flugzeug mit Strahltriebwerk;* Syn. Jet

Dü|sen|trieb|werk ⟨n.1; volkstümlich⟩ → *Strahltriebwerk*

Dus|sel ⟨m.5 oder m.9; ugs.⟩ *Dummkopf*

dus|se|lig ⟨Adj.; ugs.⟩ auch: *dußlig* **1** *unaufmerksam, nicht aufpassend* **2** *dumm, töricht, unüberlegt;* es war d. von mir, das zu sagen **3** *benommen, nicht ganz wach, nicht ganz bei Sinnen;* ich bin von dem Schlafmittel noch ganz d.

Dus|se|lig|keit ⟨f., -, nur Sg.⟩ *dusseliges Verhalten, Torheit, Dummheit;* er kann nichts dafür, es war meine eigene D. (daß das passiert ist)

dus|seln ⟨V.1, hat geduselt; o.Obj.; ugs.⟩ **1** *unaufmerksam gehen oder arbeiten, nicht aufpassen;* dussele nicht so!; paß auf!; da hat er wieder einmal gedusselt **2** *gehen, ohne aufzupassen; über die Straße, durch den Verkehr d.*

duß|lig ⟨Adj.; ugs.⟩ → *dusselig*

Dust ⟨m., -(e)s, nur Sg.; nddt.⟩ *Dunst, Staub*

du|ster ⟨Adj.; ugs.⟩ *dunkel, finster*

dü|ster ⟨Adj.⟩ **1** *dunkel und unfreundlich;* ~e *Räume;* ~e *Farben* **2** *niedergeschlagen, ohne Hoffnung, Böses ahnend; etwas d. sagen* **3** *bedrückt und etwas unheimlich; jmdm. einen* ~en *Blick zuwerfen; ein* ~es *Schweigen* **4** *bedrückend, hoffnungslos; das ist eine* ~e *Sache, Angelegenheit; die Zukunft sieht d. aus*

Du|ster|nis ⟨f., -, nur Sg.; ugs.⟩ *Finsternis, Dunkelheit*

Dü|ster|nis ⟨f., -, nur Sg.⟩ *düstere Beschaffenheit; die D. dieser Räume*

Dutch|man ⟨[dʌtʃmən] m., -s, -men [-mən]⟩ **1** ⟨Bez. für⟩ *Niederländer* [engl.] **2** ⟨Schimpfwort englischsprechender Matrosen für⟩ *deutscher Matrose*

Dutt ⟨m.1 oder m.9⟩ *auf dem Scheitel oder am Hinterkopf zu einem Knoten geflochtenes oder gewundenes Haar*

Dut|te ⟨f.11; bayr.-österr.⟩ **1** ⟨Pl.⟩ ~n *Gesäuge* **2** *weibliche Brust* [< mhd. *dutte* ,,Brustwarze, weibliche Brust"; vgl. *Titte*]

Du|ty-free-Shop ⟨[dju:tifri:ʃɔp] m.9⟩ *Laden für zollfreie Waren (z.B. auf Flughäfen, Schiffen)* [< engl. *duty-free* ,,abgabenfrei, zollfrei" und *shop* ,,Laden"]

Dut|zend ⟨n.1, nach Zahlenangaben Pl.; Abk.: Dtzd.⟩ **1** *zwölf Stück* **2** ⟨Pl.⟩ *unbestimmte Menge, viele;* ~e *von Menschen* [< frz. *douzaine* in ders. Bed., zu *douze* ,,zwölf"]

Dut|zend|mensch ⟨m.10⟩ *Mensch ohne Eigenart, alltäglicher Mensch*

Dut|zend|wa|re ⟨f.11⟩ *billige, in großen Mengen verfügbare Ware*

Du|um|vir ⟨m., -n, -n, meist Pl.; im alten Rom⟩ **1** *jeder der beiden höchsten Verwaltungsbeamten (in verschiedenen Behörden und Ämtern)* **2** ⟨Pl.⟩ ~n *aus zwei Beamten bestehende Verwaltungsbehörde* [< lat., → *Duumvirat*]

Du|um|vi|rat ⟨n.1⟩ *Amt und Würde der Duumvirn* [< lat. *duumviratus* < *duo* ,,zwei" und *vir* ,,Mann"]

Du|vet ⟨[dyvɛ] n.9; schweiz.⟩ *Daunendecke, Federbett* [frz., ,,Daune"]

Du|ve|tine ⟨[dyti:n] m.9⟩ *köper- oder atlasbindiger, samtiger Kleider- oder Blusenstoff* [frz., < *duvet* ,,Daune"]

Du|wock ⟨m.9; nddt.⟩ → *Schachtelhalm*

Dux ⟨m., -, *duces*⟩ **1** ⟨im alten Rom⟩ *Truppenführer* **2** ⟨Mus.⟩ *erstes Thema der Fuge auf der Grundstufe; vgl. Comes* [lat., ,,Führer"]

Duz|bru|der ⟨m.6⟩ → *Duzfreund*

du|zen ⟨V.1, hat geduzt; mit Akk.⟩ *jmdm. d. zu jmdm. du sagen; wir d. uns, ich duze mich mit ihm wir sagen du zueinander*

Duz|freund ⟨m.1⟩ *Freund, mit dem man sich duzt;* Syn. *Duzbruder*

Duz|fuß ⟨m.; nur in der Wendung⟩ *mit jmdm. auf D. stehen sich mit jmdm. duzen*

dwars ⟨Adv.; Seew.⟩ *quer, querab*

Dwars|li|nie ⟨f.11; bei Kriegsschiffen; in der Fügung⟩ *in D. in einer Linie mit gleichem Kurs*

Dweil ⟨m.1; Seew.⟩ *mopähnliches Gerät zum Aufwischen des Decks* [nddt., → *Zwehle*]

Dy ⟨chem. Zeichen für⟩ *Dysprosium*

Dya|de ⟨f.11; Vektorrechnung⟩ *Verknüpfung zweier Einheiten* [< griech. *dyas*, Gen. *dyados*, ,,Zweiheit, die Zahl 2"]

Dya|dik ⟨f., -, nur Sg.; veraltend⟩ → *Dualsystem* [zu *Dyade*]

dya|disch ⟨Adj., o.Steig.⟩ **1** *auf die Dyadik beruhend* **2** *zur Dyas gehörig, aus ihr stammend*

Dy|as ⟨f., -, nur Sg.; †⟩ → *Perm* [zu *Dyade*]

Dyn ⟨n., -, -; Zeichen: dyn.⟩ *Maßeinheit der Kraft* (10^5 dyn *entspricht 1 Newton*) [Kurzw. < griech. *dynamos* ,,Kraft"]

Dy|na|mik ⟨f., -, nur Sg.⟩ **1** ⟨Phys.⟩ *Lehre von der Bewegung der Körper unter dem Einfluß von Kräften;* Ggs. *Statik* **2** ⟨Mus.⟩ *Verschiedenheit der Tonstärkegrade; ein Musikstück mit starker D.* **3** ⟨Nachrichtentechnik⟩ *Amplitudenbereich (z.B. Lautstärkebereich eines elektroakustischen Übertragungssystems)* **4** ⟨übertr.⟩ *Schwung, Kraftentfaltung, lebendige Bewegtheit; die D. eines Theaterstücks, eines Ablaufs* [< griech. *dynamos* ,,Kraft, Leistungsfähigkeit"]

dy|na|misch ⟨Adj.⟩ **1** *auf Dynamik beruhend, zu ihr gehörig;* Ggs. *statisch (1)* **2** *schwungvoll, lebhaft bewegt;* Ggs. *statisch (2); die Aufführung hätte etwas* ~er *sein können* **3** *aufgeschlossen und beweglich, wach und anpassungsfähig; er ist eine* ~e *Führungskraft; wir suchen eine* ~e *Führungskraft*

dy|na|mi|sie|ren ⟨V.3, hat dynamisiert; mit Akk.⟩ *dynamisch gestalten; einen Ablauf, Arbeitsgänge d.*

Dy|na|mis|mus ⟨m., -, nur Sg.⟩ **1** *Lehre, daß alles Sein auf der Wirkung von Kräften beruht* **2** ⟨bei Naturvölkern⟩ *Vorstellung von einer übernatürlichen, allgegenwärtigen Kraft (die an verschiedenen Orten oder in bestimmten Personen u.a. besonders wirksam ist)*

Dy|na|mit ⟨n., -s, nur Sg.⟩ *Sprengstoff auf der Basis von Nitroglycerin oder Nitroglykol*

Dy|na|mo ⟨m.9⟩ *kleiner Wechselstromgenerator (z.B. zur Fahrradbeleuchtung)* [engl., zu griech. *dynamos* ,,Kraft"]

Dy|na|mo|me|ter ⟨n.5⟩ *Gerät zum Messen von Kräften und mechanischer Leistung* [< griech. *dynamos* ,,Kraft" und ...*meter*]

Dy|nast ⟨m.10⟩ **1** *regierender Angehöriger einer Dynastie* **2** *Herrscher, Fürst*

Dy|na|stie ⟨f.11⟩ *Herrscherhaus, Herrscherfamilie* [< griech. *dynasteia* ,,Herrschaft", zu *dynastes* ,,Herrscher", zu *dynasthai* ,,können, vermögen" und *dynamos* ,,Vermögen, Macht, Kraft"]

dy|na|stisch ⟨Adj., o.Steig.⟩ *die Dynastie betreffend, zur Dynastie gehörend, im Sinne der Dynastie;* ~e *Politik treiben; seine Politik ist von* ~en *Erwägungen, Interessen geprägt*

dys..., Dys... ⟨in Zus.⟩ *abweichend, krankhaft, übel* [< griech. *dys*... ,,un..., nicht, miß..., widrig"]

Dys|en|te|rie ⟨f.11⟩ → *Ruhr* [< griech. *dysenteria* ,,Durchfall", < *dys*... ,,widrig, un..." und *enteros* ,,Darm"]

Dys|kra|sie ⟨f.11; antike Med.⟩ *fehlerhafte Zusammensetzung der Körperflüssigkeit (bes. des Blutes);* Ggs. *Eukrasie* [< *Dys*... und griech. *krasis* ,,Mischung"]

Dys|me|lie ⟨f.11⟩ *angeborene Mißbildung (von Gliedmaßen)* [< *Dys*... und griech. *melos* ,,Glied"]

Dys|me|nor|rhö ⟨f.10⟩, **Dys|me|nor|rhoe** ⟨[-rø] f.11⟩ *schmerzhafte Regelblutung* [< *Dys*... und *Menorrhö*]

Dys|pep|sie ⟨f.11⟩ → *Verdauungsstörung* [< *Dys*... und griech. *pepsis* ,,das Kochen", übertr. ,,Verdauung"]

Dys|pho|rie ⟨f.11⟩ *krankhafte Mißstimmung (bei Gehirnkrankheiten, Rauschgiftsucht, Psychosen)* [< griech. *dysphoros* ,,schwer zu ertragen, lästig, schwierig", < *dys*... ,,un..., nicht" und *phorein* ,,tragen"]

Dys|pla|sie ⟨f.11⟩ *körperliche Mißbildung, Fehlentwicklung* [< *Dys*... und griech. *plasis* ,,Form, Gebilde, Bildung"]

Dys|pnoe ⟨f.11⟩ → *Atemnot* [< *Dys*... und griech. *pnoe* ,,Atem"]

Dys|pro|si|um ⟨n., -s, nur Sg.; Zeichen: Dy⟩ *ein weiches, silberweißes Metall (u.a. in der Lasertechnik genutzt)* [< griech. *dysprositos* ,,schwer zu erlangen", weil es ursprünglich mühsam aus seltenen Erden isoliert wurde]

Dys|to|nie ⟨f.11⟩ *Störung des normalen Spannungszustands (von Muskeln, Gefäßen, Nerven)* [< *Dys*... und griech. *tonos* ,,Spannung"]

dys|troph ⟨Adj., o.Steig.⟩ *auf Dystrophie beruhend*

Dys|tro|phie ⟨f.11⟩ **1** *Ernährungsstörung (Gewichtsstillstand, Abmagerung)* **2** ⟨Ökol.; bei Seen⟩ *Zustand zu hohen Säure- und geringen Sauerstoffgehalts (wegen Überdüngung mit Humusstoffen)* [< *Dys*... und griech. *trophe* ,,Ernährung, Nahrung"]

Dys|urie ⟨f., -, nur Sg.⟩ → *Harnzwang* [< *Dys*... und griech. *ouron* ,,Harn"]

dz ⟨Zeichen für⟩ *Doppelzentner*

D-Zug ⟨m.2; Kurzw. für⟩ *Durchgangszug, besonders schneller Zug für große Entfernungen (mit nur wenigen Zwischenstationen);* Syn. *Schnellzug*

E

e 1 ⟨Phys.⟩ **a** ⟨Zeichen für⟩ *elektrische Elementarladung* **b** ⟨Zeichen für⟩ *Elektron (e^-) und Positron (e^+)* **2** ⟨Buchstabenzeichen für⟩ *Eulersche Zahl, irrationale, transzendente Zahl (u.a. Basis der natürlichen Logarithmen, 2,71828 ...)*

E 1 ⟨abkürzendes Länderkennzeichen für⟩ *Spanien* [< span. *España* ,,Spanien"] **2** ⟨Abk. für⟩ *Eilzug* **3** ⟨Phys.; Zeichen für⟩ **a** *Elastizitätsmodul* **b** *elektrische Feldstärke* **c** *Energie* **4** ⟨Abk. für⟩ *Osten* [< engl. *east* oder frz. *est* ,,Osten"]

E 605 ⟨n., -, nur Sg.⟩ *hochgiftige organische Verbindung (zur Bekämpfung von Insekten)*

Earl [ə:l] m.9; engl. Bez. für⟩ *Graf* [< mengl. *erl* < altengl. *eorl* ,,Mann, Krieger, Held, Anführer"]

Earl Grey [ə:l grei] m., - -, nur Sg.⟩ *schwarzer China-Tee, der mit Bergamotte-Öl parfümiert ist* [engl.]

Ear|ly-Bird [ə:libəd] m.9⟩ *Anreiz für den Empfänger einer Werbebotschaft (z.B. Geschenk, zeitlich befristeter Preisnachlaß), seine Bestellung möglichst schnell abzusenden* [engl., ,,früher Vogel"]

Ea|sy Ri|der [izi raidər] m.5⟩ **1** *Motorrad mit hohem Lenker und hoher Rückenlehne* **2** *junger Mann, der ein solches Motorrad fährt* [engl., wörtlich etwa ,,bequemes Fahrzeug", übertr. ,,unbekümmerter Fahrer"]

Eau de Co|logne ⟨[o:dəkolɔnjə] n., - - -, Eaux - - [o:dəkolɔnjə]⟩ *Kölnischwasser* [frz., wörtlich ,,Wasser aus Köln"]

Eau de Ja|vel ⟨[o:dəʒavεl] n., - - -, Eaux - - [o:dəʒavεl]⟩ *wäßrige Lösung von Kaliumhypochlorit, die kräftig oxidierend, bleichend und desinfizierend wirkt* [frz., ,,Wasser von Javelle", nach dem Ort *Javel* bei Paris]

Eau de La|bar|raque ⟨[o:dələbarak] n., - - -, Eaux - - [o:dəlabarak]⟩ *wäßrige Lösung von Wasserstoffperoxid und Natriumhypochlorit (heute meist anstelle von Eau de Javelle verwendet)* [frz., ,,Wasser von Labarraque", nach dem Erfinder *Labarraque*]

Eau de toi|lette ⟨[o:dətoalεt] n., - - -, Eaux - - [o:dətoalεt]⟩ *ein Duftwasser (das weniger Duftstoffe als ein Parfüm enthält)* [frz., ,,Wasser zur Toilette"]

Eb|be ⟨f.11⟩ *(regelmäßig wiederkehrendes) Sinken des Meeresspiegels*; es ist E.; E. und Flut; in meinem Geldbeutel ist E. ⟨fig., ugs.⟩ *ich habe kein Geld mehr* [ndt., zu *ab*]

ebd. ⟨Abk. für⟩ *ebenda*

eben I ⟨Adj., o. Steig.⟩ **1** *gleichmäßig flach, waagerecht*; ~es Gelände; der Weg verläuft ganz e.; eine Wohnung zu ~er Erde *auf dem Niveau des Erdbodens* II ⟨Adv.⟩ **1** *in diesem Augenblick, jetzt, gerade*; e. fällt mir ein, daß ... **2** *vor ganz kurzer Zeit, vor wenigen Augenblicken*; er war doch e. noch da; das habe ich gerade e. gesagt **3** ⟨ugs.⟩ *jetzt und nur für kurze Zeit, schnell einmal*; kann ich e. (mal) deinen Kugelschreiber haben?; ich muß e. noch mal weg **4** *knapp, mit einiger Mühe*; das Geld reicht so e. (hin); mit zehn Mark komme ich e. noch, gerade e. aus; ich konnte e. noch ausrechnen **5** ⟨verstärkend und bestätigend⟩ *gerade, genau*; e.!, na e.! *genau das meine ich ja!*; das ist ja e.; e. das wollte ich zum Ausdruck bringen; das wäre mir e. recht **6** ⟨mit Verneinung⟩ *nicht e. nicht gerade, man kann nicht sagen, daß ...*; sie ist nicht e. schön, aber anziehend; er ist nicht e. der Stärkste **7** *nun einmal*; Syn. ⟨süddt.⟩ *halt*; wie es im Leben e. geht; das ist nun e. so; dann e. nicht!

Eben|bild ⟨n.3⟩ *sehr ähnliches Abbild (eines anderen Menschen)*; jmd. ist jmds. E. *jmd. sieht jmdm. sehr ähnlich*; Hans ist das E. seines Vaters; er ist genau dein E.

eben|bür|tig ⟨Adj., o.Steig.; nur als Attr. und mit ,,sein"⟩ **1** *von gleich edler Herkunft, von gleichhohem gesellschaftlichem Stand*; sie ist nicht e. **2** *jmdm. e. jmdm. geistig (auch körperlich) gewachsen sein, ebenso intelligent wie jmd. sein* **3** *einer Sache e. sein, einer Sache gleichwertig sein*; ihre Leistung ist der seinen e.

eben|da ⟨Adv.; Abk.: ebd.⟩ Syn. *ebendaselbst* **1** *am selben Ort*; geboren in Berlin, gestorben e. **2** ⟨in wissenschaftlichen Texten bei Zitaten⟩ *am bereits angeführten Ort, in der bereits zitierten Schrift*

eben|da|her ⟨Adv.⟩ **1** [-her] *genau von dort, von dem Ort, von dem die Rede ist*; ich komme von e. **2** [-da-] → *ebendeshalb*

eben|da|hin ⟨Adv.⟩ *genau dorthin, an den Ort, von dem die Rede ist*; e. will ich ja auch

eben|dann ⟨Adv.⟩ *gerade dann, zu dem Zeitpunkt, von dem die Rede ist*; e. will ich auch dorthin

eben|da|rum ⟨Adv.⟩ → *ebendeshalb*
eben|da|selbst ⟨Adv.⟩ → *ebenda*
eben|der, eben|der|sel|be ⟨Demonstrativpron.⟩ *genau der, derjenige, von dem die Rede ist*; Syn. *ebendieser*; e. war es

eben|des|halb ⟨Adv.⟩ *genau deshalb, aus dem Grund, von dem die Rede ist*; Syn. *ebendaher, ebendarum, ebendeswegen*; e. will ich ja mit ihm sprechen

eben|des|we|gen ⟨Adv.⟩ → *ebendeshalb*
eben|dies ⟨Demonstrativpron.⟩ *genau dies*; e. wollte ich ja sagen
eben|die|ser ⟨Demonstrativpron.⟩ → *ebender*

eben|dort ⟨Adv.⟩ *genau dort, an dem Ort, von dem die Rede ist*; e. ist der Unfall geschehen

Ebe|ne ⟨f.11⟩ **1** *ausgedehntes Gebiet ohne große Höhenunterschiede* (Hoch~, Tief~); auf die schiefe E. geraten ⟨übertr., ugs.⟩ *auf Abwege geraten, sozial absteigen* **2** ⟨räuml. Geom.⟩ *Grundgebilde, dessen Lage im Raum durch drei nicht auf einer Geraden liegende Punkte bestimmt ist, unbegrenzte, nicht gekrümmte Fläche*

eben|er|dig ⟨Adj., o.Steig.; nur als Attr. und mit ,,sein"⟩ *zu ebener Erde liegend, auf demselben Niveau wie der Erdboden*; eine ~e Wohnung

eben|falls ⟨Adv.⟩ *auch, gleichfalls*; er war e. anwesend; danke, e.! *ich wünsche Ihnen, dir dasselbe!*

Eben|heit ⟨f., -, nur Sg.⟩ *das Ebensein, ebene Beschaffenheit*

Eben|holz ⟨n.4⟩ *dunkelbraunes bis schwarzes, schweres, hartes Holz verschiedener tropischer Laubbäume* [< lat. *ebenum, hebenum* < altägypt. *hbnj* ,,Ebenholz"]

Eben|maß ⟨n., -es, nur Sg.⟩ *Gleichmaß, (schöne, angenehme) Regelmäßigkeit*; Syn. *Ebenmäßigkeit*; ihre Gestalt ist von schönem E.; das E. der Linien, Formen

eben|mä|ßig ⟨Adj.⟩ *gleichmäßig, angenehm regelmäßig*; sie hat ein ~es Gesicht; sie ist von ~em Wuchs; Bäume e. zuschneiden

Eben|mä|ßig|keit ⟨f., -, nur Sg.⟩ → *Ebenmaß*

eben|so ⟨Konj., auch als Adv.⟩ *genauso, in derselben Weise*; es hat keinen Sinn, ihm immer wieder Geld zu geben, e. könntest du es zum Fenster hinauswerfen; wir machen es e.; ⟨im Zusammenhang mit Adjektiven und Adverbien⟩ **1** *Zusammenschreibung, wenn der Ton auf ,,ebenso" liegt*, z.B. ebensogern, ebensogut, ebensohäufig, ebensoviel **2** *Getrenntschreibung, wenn der Ton gleichermaßen auf ,,ebenso" und dem folgenden Adj. und Adv. liegt und wenn das Adj. flektiert ist*; ich gehe ebenso gern ins Theater wie ins Konzert; ⟨aber⟩ → *ebensogern*; er spielt Klavier ebenso gut wie Cello; das ist eine ebenso gute Leistung wie die deine; ⟨aber⟩ → *ebensogut*; diese Erscheinung ist ebenso unangenehm; das ist eine ebenso häufige Erscheinung; ⟨aber⟩ → *ebensohäufig*; der Tisch ist ausziehbar und dann ebenso lang wie breit; er hat ebenso lange Haare wie sie; ⟨aber⟩ → *ebensolang*; ich mußte heute ebenso lange warten wie gestern; ⟨aber⟩ → *ebensolange*; er fragt ebenso oft wie unnötig; ⟨aber⟩ → *ebensooft*; bei ihnen wird ebenso viel wie gut gegessen; er hat ebenso viele Fehler gemacht wie ich; ⟨aber⟩ → *ebensoviel*; der Weg ist ebenso weit wie beschwerlich; durch den Wald führt ein ebenso weiter Weg; ⟨aber⟩ → *ebensoweit*; wir haben dieses Jahr leider ebenso wenige Birnen geerntet wie voriges Jahr; ⟨aber⟩ → *ebensowenig*

eben|so|gern ⟨Adv.⟩ *im gleichen Maße gern*; das tue ich e.; vgl. *ebenso*

eben|so|gut ⟨Adv.⟩ *genausogut, ebenso*; Syn. *ebensowohl, genausogut, geradesogut*; wir hätten es e. auch anders machen können; das kannst du e. bleibenlassen; vgl. *ebenso*

eben|so|häu|fig ⟨Adv.⟩ *im gleichen Maße häufig*; X kommt oft zu uns, Y etwa e.; vgl. *ebenso*

eben|so|lang ⟨Adv.⟩ *im gleichen Maße lang*; das Kleid reicht bis über die Knie, der Mantel ist e.; vgl. *ebenso*

eben|so|lan|ge ⟨Adv.⟩ *im gleichen Maße lange*; du sparst mit dieser Methode keine Zeit, es dauert e.; vgl. *ebenso*

eben|solch(e, -er, -es) ⟨Pron.⟩ *genau solch(e, -er, -es)*; unser Junge ist ebensolch ein Draufgänger wie der eure; er hat ebensolche Angst vor dir wie du vor ihm

eben|so|oft ⟨Adv.⟩ *im gleichen Maße oft*; ich gehe viel ins Kino, aber ins Theater e.; vgl. *ebenso*

eben|so|sehr ⟨Adv.⟩ *im gleichen Maße*; ich höre Barockmusik gern und liebe Mozart e.

eben|so|viel ⟨Adv.⟩ *im gleichen Maße viel*; er versteht davon e. wie ich; vgl. *ebenso*

eben|so|weit ⟨Adv.⟩ *im gleichen Maße weit*; bis nach X braucht man eine halbe Stunde, nach Y ist es e.; vgl. *ebenso*

eben|so|we|nig ⟨Adv.⟩ *im gleichen Maße wenig*; du verstehst davon e.; ich weiß das e. wie du; vgl. *ebenso*

eben|so|wohl ⟨Adv.; veraltend⟩ → *ebensogut*

Eber ⟨m.5⟩ *männliches Schwein*

Eber|esche ⟨f.11⟩ *Baum aus der Familie der Rosengewächse mit gefiederten Blättern und im Herbst leuchtend roten Früchten*; Syn. *Vogelbeerbaum*

Eber|rau|te ⟨f.11⟩ *blaßgelb blühender Korbblütler, von dessen aufrechten Stengeln rippenartig schmale, fein gefiederte Blättchen abzweigen (wegen ihres intensiven Zitronendufts* *als Gewürzpflanze angebaut); auch:* Aberraute [volksetymol. Umbildung des lat. Namens *abrotonum*]

Eber|wurz ⟨f.10⟩ →*Silberdistel*

eb|nen ⟨V.2, hat geebnet; mit Akk.⟩ *eben machen;* die Gartenwege e.; jmdm. den Weg e. ⟨übertr.⟩ jmdm. alle Schwierigkeiten aus dem Weg räumen

Ebo|nit ⟨n.1; Wz.⟩ *durch Vulkanisation mit viel Schwefel aus Kautschuk gewonnener Hartgummi* [< engl. *ebonite* in ders. Bed., zu *ebony* „Ebenholz"]

e.c. ⟨Abk. für⟩ *exempli causa*

Ecar|té ⟨-[te] n.9⟩ →*Ekarté*

Ec|ce ⟨[εktsə] n., -, -; früher⟩ *jährliche Totengedenkfeier* [→*Ecce-Homo*]

Ec|ce-Ho|mo ⟨[εktsə-] n., -(s), -(s)⟩ *Darstellung Christi mit der Dornenkrone* [nach dem Ausspruch des Pilatus *Ecce homo!* „Seht, welch ein Mensch!" (Johannes 19,5); < lat. *ecce* „da, sieh, seht da" und *homo* „Mensch"]

Ec|cle|sia ⟨f., -, nur Sg.⟩ *Kirche; auch: Ekklesia; die kämpfende Kirche* [lat.]

Ec|cle|sio|lo|gie ⟨f.11⟩ →*Ekklesiologie*

Echap|pe|ment ⟨[eʃapmɑ̃] n.9⟩ **1** ⟨†⟩ *Flucht* **2** ⟨bei mechan. Uhren⟩ *Hemmvorrichtung der Unruhe* [< frz. *échappement* „Entweichung"]

echauf|fie|ren ⟨[eʃɔf-] V.3, hat echauffiert; refl.⟩ *sich erhitzen; sich erregen;* echauffiert *erregt und bestürzt* [< frz. *échauffer* „erwärmen", übertr. „erhitzen, erregen", < é-... ⟨verstärkend⟩ „sehr, heftig" und *chauffer* „erwärmen", →*Chauffeur*]

Eche|ve|ria, Eche|ve|rie ⟨[etʃe-] f., -, -ri|en⟩ *amerikanisches Dickblattgewächs mit orangeroten, glockigen Blüten, Zimmerpflanze* [nach dem mexikan. Pflanzenmaler M. *Echeverría*]

Echi|nit ⟨m.12 oder m.10⟩ *versteinerter Seeigel* [< griech. *echinos* „Seeigel"]

Echi|no|kok|ko|se ⟨f.11; bei Menschen⟩ *durch die Finne des Hundebandwurms hervorgerufene Krankheit* [zu *Echinokokkus*, die blasenförmige Finne des Hundebandwurms, < griech. *echinos* „Seeigel" und *kokkos* „Kern, Beere"]

Echo ⟨n.9⟩ **1** ⟨Phys.⟩ *mit hörbarer Verspätung eintreffende Reflexionswellen einer Schallquelle;* Syn. *Widerhall* **2** ⟨Elektr.⟩ *(fehlerhaftes) Signal, das durch Reflexion mindestens einmal zur Signalquelle zurückkehrt* **3** ⟨Mus.⟩ *genaue Wiederholung einer Phrase in geringerer Lautstärke* **4** ⟨übertr.⟩ *Anklang, Zustimmung;* das Theaterstück fand bei den Zuschauern kaum, ein begeistertes E. **5** ⟨übertr.⟩ *jmd., der nur nachredet, was ein anderer sagt;* in Wendungen wie⟩ sie ist sein getreues E. [griech., „Schall, Widerhall", zu *eche* „Ton, Geräusch, Ruf"]

echo|en ⟨V.1, Perf. nicht üblich; ugs.⟩ *ohne Nachdenken nachsagen, wiederholen;* ⟨nur in der Wendung⟩ „..", echote er

Echo|gra|phie ⟨f.11; Med.⟩ *Untersuchung mittels Ultraschallwellen* [< *Echo* und *...graphie*]

Echo|lot ⟨n.1⟩ *Gerät zum Messen von Entfernungen (bes. Höhen und Tiefen) mittels Schallwellen*

Ech|se ⟨[εk-] f.11⟩ *Schuppenreptil mit eidechsen- bis schlangenförmigem Körper, der mit Hornschuppen bedeckt ist, meist mit sichtbaren Gliedmaßen* [durch falsche Worttrennung aus *Eidechse* entstanden]

echt ⟨Adj.⟩ **1** ⟨o.Steig.⟩ *nicht nachgemacht, nicht gefälscht, nicht kopiert;* ein ~er Pelz; ~es Gold; sie besitzen einen ~en Spitzweg; der Brief ist e. **2** *wahr, wirklich, aufrichtig;* er ist ein ~er Freund; sie empfindet ~e Liebe für ihn **3** *typisch;* er ist ein ~er Bayer; das war wieder einmal e. Christa! *so verhält sie sich immer, so redet sie oft* **4** ⟨ugs.⟩ *tatsächlich, wirklich;* das ist e. gut; ich habe mir e. Sorgen gemacht **5** ⟨nur als Attr. und mit „sein"; Math.⟩ ~er Bruch *Bruch, dessen Zähler kleiner ist als der Nenner* **6** ⟨nur als Attr. und mit „sein"⟩ *beständig, widerstandsfähig* (licht~); ~e Farben **Echt|heit** ⟨f., -, nur Sg.⟩

Eck ⟨n.1, österr. n.12; Nebenform von *Ekke;* ich warte am E. auf dich; ich begleite dich bis zum E.; eine Decke über(s) E. legen *schräg, diagonal legen*

...eck ⟨n.1; in Zus.⟩ *geometrische Figur mit einer bestimmten oder unbestimmten Zahl von Ecken, z.B. Dreieck, Vieleck*

Eck|ball ⟨m.2; Fußb., Handb., Hockey, Wasserball⟩ *am Schnittpunkt von Seitenlinie und Torlinie ausgeführtes Abspielen des Balls* (nachdem ein gegnerischer Spieler, außerhalb des Tors, den Ball über seine eigene Torlinie gespielt hat); Syn. ⟨österr.⟩ *Corner,* ⟨kurz⟩ *Ecke,* ⟨Hockey⟩ *Eckschlag, Eckstoß,* ⟨Handb., Wasserball⟩ *Eckwurf*

Ecke ⟨-k|k-; f.11⟩ **1** *Punkt, an dem zwei Linien oder Kanten im Winkel zusammenstoßen* (Tisch~); er fehlt an allen ~n und Enden ⟨übertr.⟩ *überall* **2** *der von diesem Winkel gebildete Teil einer Fläche oder eines Raumes* (Zimmer~); den Besen in die E. stellen; das Kind saß in einer E. und weinte **3** *vorspringendes Stück, Spitze* (Felsen~); sich an einer E. stoßen **4** *Stelle, an der zwei Häuser oder Straßen im Winkel zusammenstoßen* (Straßen~); ich bringe dich bis an die E.; wir treffen uns an der E.; um die E. biegen, schauen; er wohnt gleich um die E.; wir sind ums Eck ~n miteinander verwandt ⟨übertr., ugs.⟩ *wir sind entfernt verwandt;* jmdn. um die E. bringen ⟨übertr., ugs.⟩ *jmdn. umbringen, töten* **5** ⟨ugs.⟩ *Gegend, Landstrich;* das ist eine hübsche E. **6** ⟨ugs.⟩ *Strecke;* es ist noch eine ganze E. bis dorthin ziemlich weit **7** ⟨Sport⟩ **a** kurz für *Eckball* **b** *Winkel des Boxrings*

Ecken|ste|her ⟨-k|k-; m.5⟩ **1** (früher in Berlin) *Dienstmann (der an einer Straßenecke auf Aufträge wartete)* **2** ⟨†⟩ *Nichtstuer, Müßiggänger*

Ecker ⟨-k|k-; f.11; kurz für⟩ *Buchecker*

Eckern ⟨-k|k-; Pl.⟩ →*Eichel (3)*

Eck|fah|ne ⟨f.11; Sport⟩ *kleine Stange mit einer dreieckigen Fahne, am Schnittpunkt von Seitenlinie und Torlinie eines Spielfeldes*

eckig ⟨-k|k-; Adj.⟩ **1** ⟨o.Steig.⟩ *mit Ecken versehen, nicht rund;* eine ~e Tischdecke **2** ⟨o.Steig.⟩ *mit Ecken und Kanten versehen* **3** ⟨übertr.⟩ *ungelenk, nicht geschmeidig;* ~e Bewegungen

...eckig ⟨-k|k-; Adj., o.Steig.; in Zus.⟩ *mit einer bestimmten oder unbestimmten Zahl von Ecken versehen, z.B. dreieckig, vieleckig*

Eck|lohn ⟨m.2⟩ *im Tarifvertrag festgesetzter Stundenlohn für einen Facharbeiter, nach dem sich die Entlohnung anderer Qualifikations- und Berufsgruppen richtet*

Eck|platz ⟨m.2⟩ *äußerer Platz (in einer Reihe)*

Eck|schlag ⟨m.2; Hockey⟩ →*Eckball*

Eck|stein ⟨m.1⟩ **1** *einen Abschluß oder eine Ecke bildender Stein* (z.B. an Gehsteigen, Gebäuden) **2** ⟨nur Sg.⟩ →*Karo*

Eck|stoß ⟨m.2⟩ →*Eckball*

Eck|wert ⟨m.1⟩ *Wert, der sich aus den Annahmen über bestimmte Entwicklungen ergibt* (nur in der Finanz- und Wirtschaftspolitik gebräuchlich)

Eck|wurf ⟨m.2⟩ →*Eckball*

Eck|zahn ⟨m.2; beim Menschen und Menschenaffen⟩ *einer von vier, meist etwas zugespitzten Zähnen, die im Ober- und Unterkiefer zwischen Schneide- und Backenzähnen liegen;* vgl. *Reißzahn*

Eclair ⟨[eklεr] n.9⟩ *glasiertes und mit Sahne gefülltes, längliches Gebäck aus Brandteig,* Syn. ⟨bes. berlin.⟩ *Liebesknochen* [< frz. *éclair* „Blitz", vielleicht nach der geflammten Form des gespritzten Teiges]

Eclat ⟨[ekla] m.9⟩ →*Eklat*

Eco|no|mi|ser ⟨[ikɔnɔmaisər] m.5⟩ *Vorwärmer für das Wasser von Dampfkesselanlagen* [< engl. *economizer* „Vorwärmer, Sparanlage", zu *to economize* „sparsam wirtschaften"]

Eco|no|my|klas|se ⟨[ikɔnəmi-] f., -, nur Sg.⟩ *Flugverkehr⟩ billigste Klasse für Touristen* [< engl. *economy* „Sparsamkeit", →*Ökonomie*]

Ecos|sai|se ⟨[ekɔsεz(ə)] f.11⟩ →*Ekossaise*

Ecra|sé|le|der ⟨n.5⟩ *Leder mit narbenartiger Kräuselung* [zu frz. *écraser* „zerdrücken"]

ecru ⟨[εkry] Adj.⟩ →*ekrü*

ed. ⟨in bibliograph. Angaben Abk. für⟩ *edidit: herausgegeben, ediert (von)*

Ed. ⟨Abk. für⟩ *Edition*

Eda|mer ⟨m.5⟩ *gelber, fester Schnittkäse mit roter Rinde aus Paraffin* [nach der ndrl. Stadt *Edam*]

eda|phisch ⟨Adj., o.Steig.⟩ *von den Eigenschaften des Bodens abhängig, bodenbedingt* [→*Edaphon*]

Eda|phon ⟨n., -s, nur Sg.⟩ *die Welt der Kleinlebewesen im und auf dem Erdboden* [< griech. *edaphos* „Boden, Erdboden"]

edd. ⟨in bibliograph. Angaben bei mehreren Herausgebern⟩ *ediderunt: herausgegeben, ediert (von)*

edel ⟨Adj., edler, am ~sten⟩ **1** ⟨†⟩ *adlig;* er ist aus edlem Geschlecht **2** *reinrassig, von guter Rasse, als guter Zucht;* ein edles Pferd; eine edle Rose; ein edler Wein **3** *kostbar, hochwertig;* edles Holz, Metall **4** *hochherzig, großzügig, selbstlos;* ein edler Charakter, Mensch; edle Gesinnung; e. denken

Edel|da|me ⟨f.11⟩ *adlige Dame, Hofdame*

Edel|fäu|le ⟨f.11⟩ *(an hellen Beeren erwünschte) Pilzkrankheit, die den Zuckergehalt in den schrumpfenden Beeren steigen läßt*

Edel|frau ⟨f.10⟩ *verheiratete adlige Frau*

Edel|fräu|lein ⟨n.7⟩ *adliges Fräulein*

Edel|gas ⟨n.1; Sammelbez. für⟩ *jedes der Elemente Helium, Neon, Argon, Krypton, Xenon und Radon* [man nahm früher an, sie würden keine Verbindung mit anderen Elementen eingehen, und bezeichnete sie deshalb als *edel*]

edel|ge|bo|ren ⟨Adj., o.Steig.; nur als Attr. und mit „;" ⟩ *adlig*

Edel|hirsch ⟨m.1⟩ →*Rothirsch*

Edel|holz ⟨n.4⟩ *wertvolles Nutzholz*

Edel|ka|sta|nie ⟨[-njə] f.11⟩ *Laubbaum mit großen, länglichen, gezähnten Blättern und eßbaren Früchten*

Edel|kitsch ⟨m., -(e)s, nur Sg.⟩ *Qualität vortäuschender Kitsch*

Edel|kna|be ⟨m.11; bes. MA⟩ *jugendlicher Adliger im Dienst eines Fürsten, Ritters oder einer Dame des hohen Adels;* Syn. *Page*

Edel|knecht ⟨m.1⟩ *adliger junger Mann (im Kriegsgefolge eines Fürsten)*

Edel|kom|mu|nist ⟨m.10⟩ *Kommunist, der nur theoretisiert und die Realität nicht kennt oder nicht beachtet*

Edel|ko|ral|le ⟨f.11⟩ *rote Hornkoralle des Mittelmeeres*

Edel|krebs ⟨m.1⟩ →*Flußkrebs* [*edel* hier im Vergleich zu den anderen bei uns eingeführten Krebsarten, die widerstandsfähiger gegen Gewässerverschmutzung sind]

Edel|leu|te ⟨Pl. von⟩ *Edelmann (I)*

Edel|mann ⟨m., -(e)s, -leu|te⟩ *Adliger* **II** ⟨m.4⟩ *edler Mann*

edel|män|nisch ⟨Adj., o.Steig.⟩ *in der Art eines Edelmannes*

Edel|mar|der ⟨m.5⟩ →*Baummarder* [sein Fell gilt als edelstes der Steinmarders]

Edel|me|tall ⟨n.1; Sammelbez.⟩ *Metall, das an der Luft nicht wesentlich oxidiert, nur schwer chemische Verbindungen eingeht und u.a. als Schmuck verwendet wird* (z.B. Gold, Platin, Silber)

Edel|mut ⟨m., -(e)s, nur Sg.⟩ *Hochherzigkeit, Großzügigkeit, edle Nachsicht*

edel|mü|tig ⟨Adj.⟩ *hochherzig, großzügig, auf edle Weise nachsichtig*

Edel|nut|te ⟨f.11; ugs.⟩ *Nutte mit wohlhabendem Kundenkreis*

Edel|pilz|kä|se ⟨m.5⟩ *halbfester Schnittkäse, der mit Kulturen des Schimmelpilzes Penicillium roqueforti hergestellt wird*

Edel|rau|te ⟨f.11⟩ *gelb blühender, stark weißfilzig behaarter Korbblütler der Alpen*

Edel|rei|fe ⟨f., -, nur Sg.⟩ *Zustand überreifer Trauben mit reichem Zuckergehalt (für Spätlese-Weine)*

Edel|reis ⟨n.3⟩ *Sproßteil, der zur Veredelung von Obstbäumen durch Pfropfen dient*

Edel|rost ⟨m., -es, nur Sg.⟩ → *Patina*

Edel|schnul|ze ⟨f.11; ugs.⟩ *Schnulze, die künstlerischen Wert vorspiegelt*

Edel|stahl ⟨m.2⟩ *Stahlsorte mit weniger als 0,035% Phosphor- und Schwefelgehalt, die durch Legierung mit anderen Metallen besonders hart und rostfrei ist*

Edel|stein ⟨m.1⟩ *Mineral, das sich durch Härte, Farbe, Glanz u. a. auszeichnet und deshalb als Schmuck getragen wird*

Edel|tan|ne ⟨f.11⟩ → *Tanne* [der Zusatz *edel* hier im Vergleich zur Fichte]

Edel|weiß ⟨n.⟩ *kleine Hochgebirgsstaude aus der Familie der Korbblütler, deren Scheinblüte aus gelblichen Blütenköpfchen und weißfilzigen Hohlblättern zusammengesetzt ist*

Edel|wild ⟨n., -(e)s, nur Sg.⟩ → *Rotwild*

Edel|zwicker ⟨-k|k-; m.5⟩ *elsässischer Weißwein, Verschnitt aus Qualitätsweinen verschiedener Rebsorten*

Eden ⟨n., -s, nur Sg.; AT⟩ *Paradies;* der Garten E. [hebr., „Wonne, Lust"]

edie|ren ⟨V.3, hat ediert; mit Akk.⟩ *herausgeben;* ein wissenschaftliches Werk e.; ediert ⟨Abk. für: ed.⟩ in bibliograph. Angaben] *herausgegeben* [< lat. *edere* „herausgeben", → *Edition*]

Edikt ⟨n.1⟩ *Erlaß, Verordnung (von Kaisern oder Königen)* [< lat. *edictum* „amtlicher Befehl, Verordnung, Bekanntmachung", zu *edicere* „aussagen, verkünden, öffentlich ankündigen"]

Edi|ti|on ⟨f.10; Abk.: Ed.⟩ *Ausgabe, Herausgabe (von Büchern und Musikalien)* [< lat. *editio*, Gen. *-onis*, „Herausgabe, Ausgabe", zu *edere* „herausgeben"]

Edi|tio prin|ceps ⟨f., -, -tio|nes -ci|pes⟩ *Erstausgabe (eines Buches)* [< lat. *editio* „Ausgabe" und *princeps* „der erste"]

Edi|tor ⟨auch [-di-] m.13⟩ *Herausgeber* [lat.]

Edi|to|ri|al ⟨n.9⟩ **1** *Vorwort (in einer Fachzeitschrift)* **2** *Leitartikel (einer Zeitung)* **3** → *Impressum* [zu *Editor*]

edi|to|risch ⟨Adj., o.Steig.⟩ *die Herausgabe (eines Buches) betreffend*

Ed|le(r) ⟨m.17 bzw. m.18; bayr.-österr., †, noch in Namen⟩ *Adliger;* Nikolaus, Edler von Strehlenau

Edu|ka|ti|on ⟨f., -, nur Sg.; †⟩ → *Erziehung* [< lat. *educatio*, Gen. *-onis*, in ders. Bed.]

Edukt ⟨n.1⟩ *Auszug aus Rohstoffen (z. B. Zucker aus Zuckerrohr)* [< lat. *eductus* „herausgezogen"]

E-Dur ⟨n., -, nur Sg.; Mus.⟩ *auf dem Grundton E aufbauende Dur-Tonart*

EDV ⟨Abk. für⟩ *elektronische Datenverarbeitung*

EEG ⟨Abk. für⟩ *Elektroenzephalogramm*

Efen|di ⟨m.9⟩ auch: **Effendi** **1** *früher türk. Titel für* ⟨ranghohe Person⟩ **2** *(bis 1934 als Anrede in der Türkei)* ⟨*Herr*⟩ [< griech. *au̇thenti̇*, Vokativ zu *authentis* „Herrscher, Gewaltherrscher", < *autoentis* „der selbst Vollendende"; → *authentisch*]

Efeu ⟨m., -s, nur Sg.⟩ *immergrüne, an Bäumen, Mauern u. a. aufwachsende Pflanze mit drei- bis fünflappigen Blättern* [< ahd. *ebihouwi*, *ebewe*, *ebah* in ders. Bed.]

Ef|feff ⟨n.; nur in der Fügung⟩ *aus dem E. sehr gut, vorzüglich;* etwas aus dem E. kennen, können [ausgeschriebene Aussprache der kaufmannsspachl. Abk. *ff* für „sehr fein, feinste(r, -s)"]

Ef|fekt ⟨m.1⟩ *Wirkung, Erfolg, Ergebnis;* das macht (keinen) E. *das ist (nicht) wirkungsvoll;* im E. *ist beides dasselbe* [< lat. *effectus* „Verwirklichung, Wirkung, Erfolg", zu *efficere* „hervorbringen, bewirken"]

Ef|fek|ten ⟨Pl.⟩ *Wertpapiere*

Ef|fekt|ha|sche|rei ⟨f., -, nur Sg.⟩ *auf Wirkung angelegtes Verhalten*

ef|fek|tiv ⟨Adj.⟩ Ggs. *ineffektiv* **1** *wirklich, tatsächlich;* der ~e Gewinn; die ~e Leistung einer Maschine *die nutzbare Leistung;* ich weiß e. nicht, wie ich es machen soll **2** *lohnend;* das ist nicht e. *das lohnt nicht, bringt nichts* **3** *wirtschaftlich, wirksam;* er arbeitet sehr e.

Ef|fek|tiv|be|stand ⟨m.2⟩ *tatsächlicher Bestand, Ist-Bestand*

Ef|fek|ti|vi|tät ⟨f., -, nur Sg.⟩ *Wirksamkeit, Wirkungskraft;* Ggs. *Ineffektivität*

Ef|fek|tiv|lohn ⟨m.2⟩ *Tariflohn einschließlich aller Zulagen*

Ef|fek|tiv|wert ⟨m.1; Phys., Tech.⟩ *Wert veränderlicher Größen, der dieselbe Leistung erbringt wie eine gleichbleibende Größe (verwendet für Leistung, Spannung und Stromstärke)*

ef|fek|tu|ie|ren ⟨V.3, hat effektuiert⟩ **I** ⟨mit Akk.; †⟩ **1** *ausführen;* einen Auftrag e. **2** *zahlen;* eine Leistung e. **II** ⟨refl.⟩ *sich lohnen* [< frz. *effectuer* „ausführen, leisten", < lat. *efficere*, → *Effekt*]

ef|fekt|voll ⟨Adj.⟩ *wirkungsvoll*

Ef|fe|mi|na|ti|on ⟨f., -, nur Sg.⟩ *schwerster Grad entgegengesetzter geschlechtlicher Empfindung, bei der sich der Mann ganz als Frau fühlt* [zu *effeminieren*]

ef|fe|mi|nie|ren ⟨V.3, hat effeminiert; o.Obj.⟩ *weichlich, weibisch werden* [zu lat. *femina* „Frau"]

Ef|fen|di ⟨m.9⟩ → *Efendi*

Ef|fet ⟨[ɛfɛ] m.9⟩ *durch seitlichen Anstoß entstehende Drehbewegung eines Balles oder einer Billardkugel* [frz., „Wirkung"; → *Effekt*]

ef|fet|tuo|so ⟨Mus.⟩ *wirkungsvoll* [ital.]

Ef|fi|cien|cy ⟨[ɪfɪʃənsɪ] f., -, nur Sg.⟩ *Wirtschaftlichkeit, größtmögliche Wirkung* [engl.]

ef|fi|lie|ren ⟨V.3, hat effiliert; mit Akk.⟩ *Haare e. beim Schneiden gleichmäßig dünner machen* [< frz. *effiler* „ausfransen, dünner schneiden, zu *fil* < lat. *filum* „Faden"]

ef|fi|zi|ent ⟨Adj.⟩ *wirksam, wirkungsvoll, wirtschaftlich;* Ggs. *ineffizient* [über engl. *efficient* < lat. *efficiens*, Part. Präs. von *efficere* „bewirken", → *Effekt*]

Ef|fi|zi|enz ⟨f.10⟩ *Wirkkraft, Wirksamkeit, Wirtschaftlichkeit;* Ggs. *Ineffizienz* [über engl. *efficiency* < lat. *efficientia* „Wirksamkeit", zu *efficere*, → *Effekt*]

ef|fi|zie|ren ⟨V.3, hat effiziert; mit Akk.⟩ *bewirken* [< lat. *efficere* „bewirken", → *Effekt*]

Ef|flo|res|zenz ⟨f.10⟩ **1** ⟨Med.⟩ *Hautblüte (z. B. Pustel)* **2** ⟨Geol.⟩ *Salzbezug auf Böden und Gesteinen* [zu *effloreszieren*]

ef|flo|res|zie|ren ⟨V.3, hat effloresziert; o.Obj.⟩ **1** *krankhafte Hautveränderungen zeigen* **2** *einen Salzüberzug bilden* [< lat. *efflorescere* „erblühen, hervorsprießen", zu *florere* „aufblühen, erblühen", zu *florere* „blühen"]

EFTA ⟨Abk. für⟩ *European Free Trade Association: Europäische Freihandelszone*

EG ⟨Abk. für⟩ *Europäische Gemeinschaft*

egal ⟨Adj., o.Steig.⟩ *nur als Adv. und mit „sein"*⟩ **1** *gleichartig, gleichmäßig, gleich in der Form;* Ggs. *inegal;* die Stücke sind nicht e.; Äste, Stiele e. zuschneiden **2** *gleichgültig, einerlei;* das ist mir (ganz) e.; es ist e., wann du kommst, ich bin zu Hause **3** ⟨[ega:l] ostmdt.⟩ *fortwährend, ständig, dauernd, immer wieder;* sie erzählt e. dasselbe; es hat e. geregnet [über frz. *égal* in ders. Bed. < lat. *aequalis*, *aequus* „gleich beschaffen"]

ega|li|sie|ren ⟨V.3, hat egalisiert; mit Akk.⟩ **1** *egal machen, ausgleichen, gleichmäßig machen* **2** ⟨Sport⟩ *nochmals erreichen;* einen Rekord e.

ega|li|tär ⟨Adj., o.Steig.⟩ *(politische, soziale usw.) Gleichheit anstrebend, bezweckend;* ~es Prinzip [zu *egal*]

Ega|li|ta|ris|mus ⟨m., -, nur Sg.⟩ *Lehre von der größtmöglichen Gleichheit aller Menschen und das Streben nach ihrer Verwirklichung*

Ega|li|tät ⟨f., -, nur Sg.⟩ *Gleichheit* [zu *egal*]

Éga|li|té ⟨[-te] f., -, nur Sg.⟩ *Gleichheit (eines der drei Schlagwörter der Französischen Revolution);* vgl. *Liberté; Fraternité*

Egart ⟨f., -, nur Sg.; südt.; †⟩ *Grasland*

Egar|ten|wirt|schaft ⟨f., -, nur Sg.⟩ *Feldgraswirtschaft mit abwechselnd Getreide- und (meist längerem) Grünfutteranbau*

Egel ⟨m.5⟩ *Wurm mit Saugnäpfen (Blut~, Leber~, Pferde~)* [vermutlich, wie *Igel*, zu einer Wurzel, die „stechen" bedeutet, hier im Sinne von „beißen"]

Egel|schnecke ⟨-k|k-; f.11⟩ *große Nacktschnecke*

Eger|ling ⟨m.1⟩ → *Champignon* [zu *Egart*, nach dem Vorkommen, z. B. auf ungepflügten Viehweiden]

EGG ⟨Abk. für⟩ *Elektrogastrogramm*

Eg|ge[1] ⟨f.11⟩ *Ackergerät, das aus einem Rahmengestell mit zahlreichen Zinken besteht (u. a. zum Lockern und Zerkrümeln des Bodens)* [zu *eggen*]

Eg|ge[2] ⟨f.11⟩ *Webkante, Stoffrand* [nddt., zu *Ecke*]

eg|gen ⟨V.1, hat geeggt; mit Akk.⟩ *mit der Egge bearbeiten;* den Acker e.

Egg|head ⟨[-hɛd] m.9; bes. amerik.⟩ → *Eierkopf (2)* [engl.]

E-Gi|tar|re ⟨kurz für⟩ → *Elektrogitarre*

Eg|li ⟨m., -(s), -; schweiz.⟩ → *Barsch* [vermutlich, wie *Igel* und *Egel*, zu einer Wurzel, die „stechen" bedeutet; der Barsch hat stechende Rückenflossen]

eGmbH, EGmbH ⟨Abk. für⟩ *eingetragene (bzw.) Eingetragene Genossenschaft mit beschränkter Haftpflicht*

eGmuH, EGmuH ⟨Abk. für⟩ *eingetragene (bzw.) Eingetragene Genossenschaft mit unbeschränkter Haftpflicht*

Ego ⟨n., -s, nur Sg.⟩ *das E. das Ich;* vgl. *Alter ego* [lat.]

Ego|is|mus ⟨m., -, nur Sg.⟩ *Streben nach Erfüllung der eigenen Wünsche und Ziele ohne Rücksicht auf andere;* Syn. *Ichsucht, Selbstsucht, Eigensucht;* Ggs. *Altruismus* [zu lat. *ego* „ich"]

Ego|ist ⟨m.10⟩ *vom Egoismus bestimmter Mensch;* Ggs. *Altruist;* er ist ein krasser E.

ego|i|stisch ⟨Adj.⟩ *in der Art des Egoismus, eines Egoisten;* Syn. *ichsüchtig, selbstsüchtig, eigensüchtig;* Ggs. *altruistisch*

Ego|tis|mus ⟨m., -, nur Sg.⟩ *Neigung, sich selbst in den Vordergrund zu stellen, Eigenliebe* [< engl. *egotism* „Selbstgefälligkeit, Geltungsbedürfnis", zu lat. *ego* „ich"]

Ego-Trip ⟨m.9; ugs.⟩ *stark egozentrische Lebensführung;* er ist zur Zeit auf dem E. [< lat. *ego* „ich" und engl. *trip* „Reise, Ausflug"]

Egout|teur ⟨[egutø:r] m.1⟩ *mit einem Sieb überzogene Hohlwalze zum Auspressen der Papierstoffbahn* [frz., zu *égoutter* „abtropfen lassen"]

Ego|zen|trik ⟨f., -, nur Sg.⟩ *egozentrisches Verhalten;* Syn. *Egozentrizität, Ichbezogenheit*

Ego|zen|tri|ker ⟨m.5⟩ *ein egozentrischer Mensch*

ego|zen|trisch ⟨Adj.⟩ *alles auf sich selbst beziehend, nur vom eigenen Standpunkt aus denkend und handelnd;* Syn. *ichbezogen* [< lat. *ego* „ich" und *centrum* „Mittelpunkt"]

Egozentrizität

Ego|zen|tri|zi|tät ⟨f., -, nur Sg.⟩ →*Egozentrik*

egre|nie|ren ⟨V.3, hat egreniert; mit Akk.⟩ *von den Samen trennen;* Baumwollfasern e.

eh ⟨Adv.⟩ **1** ⟨süddt.⟩ *sowieso, ohnehin; das nützt eh nichts; ich kann dir das besorgen, ich muß eh in die Stadt* **2** ⟨in den Wendungen⟩ *seit eh und je schon immer, schon seit langer Zeit, von Anfang an; wie eh und je wie schon immer*

e.h., E.h. ⟨Abk. für⟩ *ehrenhalber, Ehren halber;* vgl. *Dr. E.h.*

ehe ⟨Konj.⟩ **1** *bevor;* e. ich weggehe, rufe ich dich an **2** ⟨mit verstärkender Verneinung⟩ *wenn;* e. das Kind eingeschlafen ist, können wir nicht weggehen

Ehe ⟨f.11⟩ *Lebensgemeinschaft zwischen Mann und Frau, sofern sie gesetzlich (und kirchlich) anerkannt ist;* die E. mit jmdm. eingehen, schließen; die E. brechen *Ehebruch begehen;* eine (gute, glückliche) E. führen; in wilder E. leben *zusammenleben, ohne standesamtlich (und kirchlich) getraut zu sein;* er ist in zweiter E. verheiratet; sie hat zwei Kinder aus erster E.; einen Mann, eine Frau zur E. nehmen ⟨†⟩ *heiraten*

Ehe|bett ⟨n.10⟩ *Doppelbett für ein Ehepaar*

Ehe|bre|cher ⟨m.5⟩ *jmd., der Ehebruch begeht oder begangen hat*

ehe|bre|che|risch ⟨Adj., o.Steig.⟩ *auf Ehebruch beruhend;* ~es Treiben

Ehe|bruch ⟨m.2⟩ *Verletzung der Ehe, Bruch der ehelichen Treue durch außerehelichen Geschlechtsverkehr;* E. begehen

ehe|dem ⟨Adv.⟩ *einst, einstmals, damals;* es ist alles noch wie e.; da war alles ganz anders; er war e. ein guter Reiter

ehe|fä|hig ⟨Adj., o.Steig.⟩ *zu rechtswirksamer Ehe fähig*

Ehe|frau ⟨f.10⟩ *weiblicher Partner in einer Ehe, verheiratete Frau;* Syn. Ehegattin, Eheweib; seit sie E. ist

Ehe|gat|te ⟨m.11⟩ →*Ehemann*

Ehe|gat|tin ⟨f.10⟩ →*Ehefrau*

Ehe|ge|mahl I ⟨m.1; †⟩ *Ehemann* **II** ⟨n.1; †⟩ *Ehefrau*

Ehe|ge|mein|schaft ⟨f.10⟩ *auf Ehe beruhende Gemeinschaft*

Ehe|ge|spons ⟨m.1; †, noch scherzh.⟩ →*Ehepartner*

ehe|ge|stern ⟨Adv.; †⟩ *vorgestern*

Ehe|hälf|te ⟨f.11; scherzh.⟩ *Ehefrau, Ehemann;* das ist meine (bessere) E.

Ehe|herr ⟨m., -(e)n, -(e)n; †, noch scherzh.⟩ *Ehemann*

Ehe|joch ⟨n., -s, nur Sg.; ugs., scherzh.⟩ *die als Bürde betrachtete Ehe;* sich ins E. begeben *heiraten*

Ehe|krüp|pel ⟨m.5; ugs., scherzh.⟩ *erfahrener, langjähriger Ehemann (der die Leiden der Ehe kennt);* so ein alter E. wie ich

Ehe|le|ben ⟨n., -s, nur Sg.⟩ *das Leben in der Ehe,* ⟨bes.⟩ *geschlechtliches Leben in der Ehe;* ein glückliches E.; kein E. mehr führen

Ehe|leu|te ⟨nur Pl.⟩ *Ehepaar, Ehemann und Ehefrau;* sie sind jetzt E.; die jungen E.

ehe|lich ⟨Adj., o.Steig.⟩ **1** *aus einer Ehe stammend;* ~e Kinder **2** *zur Ehe gehörend;* ~e Rechte, Pflichten **3** *die Ehe betreffend;* ~e Harmonie; ~ Schwierigkeiten, Probleme **4** ⟨als Adv.⟩ **a** *innerhalb einer Ehe;* er ist (nicht) e. geboren **b** *zu einer Ehe;* sich mit jmdm. e. verbinden *jmdm. heiraten*

ehe|li|chen ⟨V.1, hat geehelicht; mit Akk.⟩ *zur Ehe nehmen, heiraten;* er hat eine geborene X geehelicht

Ehe|lich|keit ⟨f., -, nur Sg.⟩ *Abstammung aus einer Ehe;* die E. eines Kindes anzweifeln

Ehe|lieb|ste(r) ⟨m. bzw. f.17 oder 18; scherzh.⟩ *Ehemann bzw. Ehefrau*

ehe|los ⟨Adj., o.Steig.⟩ *unverheiratet;* er ist e. geblieben, gestorben

Ehe|lo|sig|keit ⟨f., -, nur Sg.⟩ *Zustand des Unverheiratetseins*

ehe|ma|lig ⟨Adj., o.Steig.; nur als Attr.⟩ *früher, einstig;* die ~en Schüler des Gymnasiums; meine Ehemalige ⟨scherzh.⟩ *meine frühere Frau*

ehe|mals ⟨Adv.⟩ *früher, einst;* e. gab es dort noch keine U-Bahn; die e. bewaldeten Berge sind heute kahl

Ehe|mann ⟨m.4⟩ *männlicher Partner in einer Ehe, verheirateter Mann;* Syn. Ehegatte; seit er E. ist; junger E.; erfahrener E.

ehe|mün|dig ⟨Adj., o.Steig.; nur als Attr. und mit „sein"⟩ *das gesetzlich vorgeschriebene Alter für die Eheschließung habend* **Ehe|mün|dig|keit** ⟨f., -, nur Sg.⟩

Ehe|paar ⟨n.1⟩ *durch Ehe verbundenes Paar, Ehemann und Ehefrau*

Ehe|part|ner ⟨m.5⟩ *jeder der beiden Partner in einer Ehe;* Syn. ⟨†⟩ *Ehegespons;* männlicher, weiblicher E.

eher ⟨Adv.⟩ **1** *früher;* ich komme eine Viertelstunde e., desto besser **2** *besser;* am Nachmittag paßt es mir e.; das ist e. möglich; man sollte e. sagen „gar nicht" **3** *lieber;* e. verzichte ich auf die Reise, als daß ich ...; wenn er dabei etwas verdienen kann, wird er e. bereit dazu sein **4** *mehr (als etwas anderes), eher* sie führen ein e. bescheidenes Leben

Ehe|ring ⟨m.1⟩ *goldener Ring (meist glatt und ohne Stein) als Zeichen des Verheiratetseins;* Syn. Trauring

ehern ⟨Adj., o.Steig.; †, poet.⟩ **1** *eisern, erzen* **2** ⟨übertr.⟩ *unbeugsam, unzerstörbar;* ein ~es Gesetz; ~er Wille

Ehe|sa|che ⟨f.11⟩ *eine Ehe betreffender Rechtsstreit*

Ehe|schei|dung ⟨f.10⟩ *gerichtliche Trennung einer Ehe*

Ehe|schlie|ßung ⟨f.10⟩ *das Schließen, Eingehen der Ehe, Heirat*

Ehe|se|gen ⟨m., -s, nur Sg.; †, poet.⟩ →*Kindersegen;* es war ihnen kein E. beschieden

ehest ⟨Adj.; nur Komparativ; nur als Attr. und Adv.⟩ **1** *erst, frühest;* die ~e Gelegenheit benutzen **2** ⟨†⟩ *so bald wie möglich; das wird e. erledigt werden* **3** am ~en *noch am besten;* es geht am e. wenn wir ...; am Abend habe ich am ~en Zeit **4** ⟨in der kaufmannsprachl. Fügung⟩ mit ~em *so bald wie möglich;* wir werden es Ihnen mit ~em zuschicken

Ehe|stand ⟨m., -(e)s, nur Sg.⟩ *gesellschaftlicher Stand der Ehe;* in den E. treten

ehe|stens ⟨Adv.⟩ *frühestens;* ich kann e. um vier Uhr dasein; ich kann Ihnen das Buch e. bis zum Wochenende besorgen

Ehe|weib ⟨n.3; †, noch scherzh.⟩ →*Ehefrau*

Ehr|ab|schnei|der ⟨m.5; jmd., der einen anderen verleumdet, der ehrenrührige Äußerungen über einen anderen macht*

ehr|bar ⟨Adj.⟩ **1** *ehrenhaft (und ein wenig bieder), achtenswert;* ein ~er Mann **2** *der Sitte entsprechend;* ~es Verhalten **Ehr|bar|keit** ⟨f., -, nur Sg.⟩

Eh|re ⟨f.11⟩ **1** ⟨nur Sg.⟩ *Ansehen, Achtung, Wertschätzung (die jmd. bei seinen Mitmenschen genießt);* mit einer Arbeit, Leistung E. einlegen *sein Ansehen fördern, hochhalten machen;* damit kannst du keine, nicht viel E. einlegen; sein Verhalten macht ihm E. fördert, bestätigt sein Ansehen; jmds. E. verletzen; seine E. verlieren; auf E.!, bei meiner E.! ⟨Beteuerungsformeln⟩; (ich) habe die E.! ⟨österr. Grußformel⟩ **2** ⟨nur Sg.⟩ *Selbstachtung, Gefühl für den eigenen Wert, für die eigene Würde;* das geht mir gegen die E.; jmdm. auf E. und Gewissen fragen *eindringlich fragen;* jmdm. auf E. und Gewissen beteuern *beteuern, daß etwas ganz bestimmt wahr sei;* er ist ein Mann von E. *ein ehrenhafter Mann* **3** *Zeichen der Wertschätzung, der Achtung;* jmdm. militärische ~n erweisen; jmdm. die letzte E. erweisen *an jmds. Beerdigung teilnehmen;* wollen Sie mir die E. erweisen, die E. geben, an meinem Tisch Platz zu nehmen? ⟨veraltende Höflichkeitsformel⟩; der Wahrheit die E. geben *lieber die Wahrheit sagen;* sein Mut ist aller ~n wert *sein Mut verdient Anerkennung;* es war mir eine E., Sie kennenzulernen ⟨veraltend⟩; mit wem habe ich die E.? ⟨veraltend⟩ *wie ist Ihr Name?;* hatte ich schon die E. (Ihnen vorgestellt zu werden)? ⟨veraltend⟩ *kennen wir uns schon?;* was verschafft mir die E. Ihres Besuches? **4** ⟨†⟩ *Jungfräulichkeit;* sie hat ihre E. verloren; einem Mädchen die E. nehmen

eh|ren ⟨V.1, hat geehrt; mit Akk.⟩ **1** *jmdn. oder etwas* **a** ⟨veraltend⟩ *jmdn. oder etwas achten;* wir e. Ihren Schmerz; ich ehre seine Anständigkeit, seinen Fleiß durchaus, aber ...; einem Toten ein ~des Andenken bewahren **b** *jmdm. oder einer Sache Ehre erweisen;* jmdn., jmds. Verdienste durch eine Rede, einen Nachruf e. **2** *jmdn. stolz machen;* Ihr Vertrauen ehrt mich; ich fühle mich sehr geehrt

Eh|ren|amt ⟨n.4⟩ *Amt, das man ohne Bezahlung ausübt*

eh|ren|amt|lich ⟨Adj., o.Steig.⟩ *als Ehrenamt, ohne Bezahlung;* ~er Helfer; eine Arbeit e. ausführen; einen Dienst e. ausüben

Eh|ren|be|zei|gung ⟨f.10⟩ *militärischer Gruß (gegenüber Vorgesetzten)*

Eh|ren|bür|ger ⟨m.5; Titel⟩ *jmd., der sich um eine Stadt oder Hochschule besondere Verdienste erworben hat*

Eh|ren|dok|tor ⟨m.13; Abk.: Dr. h.c., Dr. E.h.⟩ *Doktor ehrenhalber (Ehren halber), von einer Hochschule aufgrund besonderer Verdienste verliehener Titel sowie dessen Träger;* den E. verliehen bekommen; er ist E.

Eh|ren|er|klä|rung ⟨f.10⟩ *öffentliches Zurücknehmen einer Beleidigung*

Eh|ren|for|ma|tion ⟨f.10⟩ *militärische Formation, durch deren Antreten und Begleitung jmd. geehrt werden soll*

Eh|ren|gast ⟨m.2⟩ *mit besonderen Ehren bedachter Gast*

Eh|ren|ge|richt ⟨n.1⟩ *Gericht einer Berufsgruppe oder eines gesellschaftlichen Standes zur Beilegung von Ehrenhändeln*

eh|ren|haft ⟨Adj.⟩ *rechtschaffen, sittlich einwandfrei, anständig;* er ist ein ~er Mann; sein Verhalten ist nicht e. **Eh|ren|haf|tig|keit** ⟨f., -, nur Sg.⟩

eh|ren|hal|ber ⟨Adv.⟩ *als Ehrung;* Doktor e.; er hat den Doktortitel e. bekommen

Eh|ren|han|del ⟨m.6⟩ *Streit, Kampf aufgrund einer Beleidigung*

Eh|ren|jung|frau ⟨f.10; †⟩ *junges Mädchen, das (zusammen mit anderen) bei der feierlichen Begrüßung eines hohen Gastes mitwirkt*

Eh|ren|le|gi|on ⟨f., -, nur Sg.⟩ *Orden der E. höchster französischer Orden (für militärische und zivile Verdienste);* Ritter der E. Träger des Ordens der E.

Eh|ren|mal ⟨n.1⟩ *Denkmal zur Erinnerung an die Gefallenen eines Krieges oder eine bedeutende Persönlichkeit*

Eh|ren|mann ⟨m.4⟩ *ehrenhafter, rechtschaffener Mann*

Eh|ren|mit|glied|schaft ⟨f., -, nur Sg.⟩ *Würde eines Ehrenmitglieds;* jmdm. die E. verleihen

Eh|ren|platz ⟨m.2⟩ *Platz für einen Ehrengast*

Eh|ren|preis ⟨m.1 oder n.1⟩ *ein Rachenblütler, meist niedrig wachsende Wiesenpflanze mit vielen kleinen, himmelblauen Blüten*

Eh|ren|rech|te ⟨n.1, Pl.⟩ *bürgerliche E. bestimmte Rechte eines Bürgers, z.B. aktives und passives Wahlrecht, das Recht, öffentliche Ämter auszuüben*

Eh|ren|ret|tung ⟨f., -, nur Sg.⟩ *Verteidigung von jmds. Ehre;* zu seiner E. muß man sagen, daß ...

eh|ren|rüh|rig ⟨Adj.⟩ *jmds. Ehre verletzend, beleidigend;* eine ~e Behauptung

Eh|ren|run|de ⟨f.11⟩ *Runde, die ein siegreicher Sportler um das Stadion läuft, um den Beifall entgegenzunehmen*

Eh|ren|sa|che ⟨f.11⟩ **1** *jmds. Ehre betreffende Angelegenheit; Streit wegen einer E.* **2** *Pflicht, die selbstverständlich und gern erfüllt, zugesagt wird;* Pünktlichkeit ist E. **3** ⟨als Beteuerung⟩ „Wirst du auch schweigen?", „E.!" *ganz bestimmt, selbstverständlich!*

Eh|ren|schuld ⟨f.10⟩ *Schuld, deren Begleichung die Ehre gebietet, z.B. Spielschuld*

Eh|ren|stra|fe ⟨f.11⟩ **1** *entehrende Strafe* **2** *Bestrafung durch Aberkennung der bürgerlichen Ehrenrechte*

Eh|ren|tor ⟨n.1; Sport⟩ *einziges Tor einer verlierenden Mannschaft*

Eh|ren|ur|kun|de ⟨f.11⟩ **1** *ehrende Urkunde* **2** *(bei den Bundesjugendspielen) höhere der beiden verliehenen Urkunden*

eh|ren|voll ⟨Adj.⟩ *Ehre einbringend;* ein ~es Amt; ein ~er Auftrag

Eh|ren|vor|sit|zen|de(r) ⟨m.17 bzw. 18⟩ *ehrenhalber gewählter Vorsitzender (ohne Pflichten)*

Eh|ren|wa|che ⟨f.11⟩ *ehrende Wache (für einen berühmten Toten, an einem Ehrenmal u.a.)*

eh|ren|wert ⟨Adj.⟩ *rechtschaffen, achtenswert;* ein ~er Mann; ⟨aber⟩ sein Verhalten ist aller Ehren wert

Eh|ren|wort ⟨n.4⟩ *Bestätigung, Bekräftigung eines Versprechens, einer Aussage;* ich gebe dir mein E., daß es so ist (wie ich sage), daß ich es tun werde; E.! *ganz bestimmt!,* du kannst dich darauf verlassen

Eh|ren|zei|chen ⟨n.5⟩ *sichtbar zu tragendes Abzeichen, das für besondere Verdienste verliehen wurde, aber kein Orden ist*

ehr|er|bie|tig ⟨Adj., o.Steig.⟩ *voller Achtung, voller Respekt;* jmdn. e. grüßen

Ehr|er|bie|tung ⟨f., -, nur Sg.⟩ *Achtung, Wertschätzung;* jmdn. mit großer E. behandeln

Ehr|furcht ⟨f., -, nur Sg.⟩ *mit Scheu und Demut gemischte Achtung;* E. vor Gott, vor einem heiligen Wesen, vor einer erhabenen Person

ehr|fürch|tig, ehr|furchts|voll ⟨Adj.⟩ *voller Ehrfurcht;* e. zu jmdm. aufblicken

Ehr|ge|fühl ⟨n., -s, nur Sg.⟩ *Gefühl für Ehre, für ehrenhaftes Handeln*

Ehr|geiz ⟨m., -es, nur Sg.⟩ *Streben, vorwärtszukommen, aufzusteigen, Ansehen, eine hohe Stellung zu erringen*

ehr|gei|zig ⟨Adj.⟩ *vom Willen beseelt, vorwärtszukommen, Ansehen, eine hohe Stellung zu erringen;* ~es Streben; er ist schon immer sehr e. gewesen

Ehr|geiz|ling ⟨m.1; ugs.⟩ *Mensch mit unangenehm auffallendem Ehrgeiz*

ehr|lich ⟨Adj.⟩ **1** *wahrheitsliebend, die Wahrheit sprechend, ohne Falschheit, ohne Verstellung;* ein ~er Mensch; ein ~er Freund; der ~e Finder; er ist e. **2** *der Wahrheit entsprechend;* eine ~e Antwort; e. antworten; ich muß e. zugeben, daß ... **3** *ohne Hintergedanken, ohne böse Absicht, ohne Täuschung;* er treibt kein ~e Spiel; er meint es e. **4** *freundschaftlich, aus freundlicher, aufrichtiger Gesinnung;* ~e Besorgnis; ~e Absichten haben **5** *redlich, ehrenhaft;* das ist e. verdientes Geld **6** ⟨†⟩ *angesehen, anständig;* mein ~er Name steht auf dem Spiel; ein ~es Handwerk betreiben **7** ⟨ugs.⟩ *bestimmt, wirklich;* e.?; ich habe mir e. Sorgen gemacht

Ehr|lich|keit ⟨f., -, nur Sg.⟩ **1** *ehrliche Beschaffenheit;* die E. seiner Antwort, seiner Bemühungen **2** *Wahrheitsliebe, Offenheit;* an jmds. E. zweifeln; ich bin von seiner E. überzeugt

Ehr|lie|be ⟨f., -, nur Sg.⟩ *Bestreben, als ehrenhaft, angesehen zu gelten, mit Eitelkeit gemischter Ehrgeiz*

ehr|lie|bend ⟨Adj., o.Steig.⟩ *voller Ehrliebe, von Ehrliebe beseelt*

ehr|los ⟨Adj., o.Steig.⟩ **1** ⟨MA⟩ *bestimmte Rechte nicht mehr besitzend (aufgrund einer Strafe)* **2** *ohne Ehrgefühl, nicht anständig;* e. handeln

Ehr|lo|sig|keit ⟨f., -, nur Sg.⟩ **1** ⟨MA⟩ *Verlust bestimmter Rechte (als Strafe)* **2** *Mangel an Ehrgefühl*

ehr|pus|se|lig ⟨Adj., o.Steig.; ugs.; †⟩ *übertrieben auf seine Ehre bedacht, übertrieben sittsam, übertrieben darauf bedacht, alles recht und schön zu machen* **Ehr|pus|se|lig|keit** ⟨f., -, nur Sg.⟩

ehr|sam ⟨Adj., o.Steig.; †⟩ *ehrbar, sittsam (bes. von Frauen)* **Ehr|sam|keit** ⟨f., -, nur Sg.⟩

Ehr|sucht ⟨f., -, nur Sg.⟩ *übertriebene Ehrliebe*

ehr|süch|tig ⟨Adj.⟩ *übertrieben ehrliebend*

Eh|rung ⟨f.10⟩ **1** ⟨nur Sg.⟩ *das Ehren, das Geehrtwerden* **2** *Zeichen der Achtung, der Wertschätzung;* zu seinem 70. Geburtstag wurden ihm zahlreiche ~en zuteil

ehr|ver|ges|sen ⟨Adj., o.Steig.; †⟩ *ohne Ehrgefühl, verachtenswert*

Ehr|ver|lust ⟨m., -(e)s, nur Sg.⟩ **1** *Verlust der Ehre* **2** *(kurz für) Verlust der bürgerlichen Ehrenrechte*

Ehr|wür|den ⟨o.Art.; Anrede für⟩ *Ordensbruder, Ordensschwester;* Euer, Eure E.

ehr|wür|dig ⟨Adj.⟩ *Ehrerbietung einflößend, durch Alter und Weisheit verehrungswürdig* **Ehr|wür|dig|keit** ⟨f., -, nur Sg.⟩

Ei ⟨n.3⟩ **1** *(bei höheren Pflanzen, mehrzelligen Tieren und beim Menschen) weibliche Geschlechtszelle;* Syn. *Eizelle* **2** *(beim Schnabeltier, bei manchen Reptilien, Amphibien, Fischen, Insekten u.a.) der von einer festen Hülle umgebene Embryo einschließlich der ihn umgebenden Nährstoffe, der von einem weiblichen Tier gelegt wurde* **3** *(bei Vögeln)* **a** *der von einer harten Kalkschicht umgebene Embryo einschließlich der ihn umgebenden Nährstoffe (Dotter und Eiweiß)* **b** *die ausgeblasene Kalkschale allein (z.B. als Präparat)* **4** (i.e.S.) *Hühnerei (als Nahrungsmittel);* hart-, weichgekochtes Ei; das hat seine Eier ⟨ugs.⟩ *das hat seine Zeit gedauert, das ist schwierig;* das Ei will klüger sein als die Henne *ein unerfahrener junger Mensch glaubt es besser zu wissen als ein älterer Mensch mit Lebenserfahrung;* sich um ungelegte Eier kümmern *sich um Dinge Sorgen machen, die noch in der Zukunft liegen;* wie auf Eiern gehen *sehr vorsichtig gehen;* wie aus dem Ei gepellt *gepflegt und sorgfältig angezogen und frisiert;* jmdn. wie ein rohes Ei behandeln *äußerst rücksichtsvoll, sehr vorsichtig;* ach du dickes Ei! ⟨ugs.⟩ *ach du liebe Zeit!;* das ist ein dickes Ei *das ist eine bedenkliche, unangenehme Sache;* das Ei des Kolumbus *die (verblüffend einfache) Lösung des Problems* **5** ⟨Pl.⟩ *Eier* ⟨ugs.⟩ *Mark;* das kostet glatt seine tausend Eier **6** ⟨derb⟩ *Hoden*

Ei|be ⟨f.11⟩ *europäischer Baum mit flachen, weichen, dunkelgrünen Nadeln und roten Beerenzapfen;* Syn. *Taxus*

Ei|bisch ⟨m.1⟩ **1** (i.w.S. Sammelbez. für) *verschiedene Malvengewächse* **2** (i.e.S.) *hellviolett blühendes Malvengewächs, hohe, großblütige Staude, die schleimlösende Stoffe enthält;* Syn. *Hibiskus* [< ahd. *ibisca* < lat. *hibiscus* → *Hibiskus*]

Eich|amt ⟨n.4⟩ *Behörde zur amtlichen Prüfung und Stempelung von Meßgeräten* [zu *eichen*²]

Ei|che¹ **1** *ein Buchengewächs, Baum mit gelappten Blättern und Eicheln als Früchten* (Kork~, Stein~) **2** *dessen Holz;* ein Schrank in E.

Ei|che² ⟨f.11⟩ **1** *Eichung* **2** *Maischmaß* [zu *eichen*²]

Ei|chel ⟨f.11⟩ **1** *länglich-eiförmige, glatte Nußfrucht der Eiche, die am Grund von einem holzigen Fruchtbecher umschlossen ist* **2** *(von der Vorhaut mehr oder weniger umschlossenes) verdicktes Ende des Schwellkörpers am Penis* **3** ⟨nur Sg.; bei dt. Spielkarten⟩ *eine der vier Farben;* Syn. *Eckern;* E. ist Trumpf

Ei|chel|hä|her ⟨m.5⟩ *taubengroßer, rötlichgrauer Rabenvogel mit auffallend blau-weißschwarz gebänderten Federn am Flügelrand* [er frißt gern *Eicheln*]

Ei|chel|kaf|fee ⟨m., -s, nur Sg.⟩ *aus Eicheln hergestelltes Getränk mit kaffeeähnlichem Geschmack*

Ei|chel|mast ⟨f., -, nur Sg.; früher⟩ *Hinaustreiben der Schweine zur Zeit des Eichelfalls*

ei|chen¹ ⟨Adj., o.Steig.⟩ *aus Eichenholz;* ein ~er Tisch

ei|chen² ⟨V.1, hat geeicht; mit Akk.⟩ *auf das richtige Maß hin prüfen und kennzeichnen;* Meßgefäße, Gewichte e. [< spätmhd. *eichen, ichen* < altfränk. **iken*, zu lat. *aequus* „gleich", also „gleichmachen"]

Eich|horn ⟨n.4; veraltend⟩, **Eich|hörn|chen** ⟨n.7⟩, **Eich|kätz|chen** ⟨n.7; landsch.⟩, **Eich|kat|ze** ⟨f.11; landsch.⟩ *rot- oder schwarzbraunes eurasisches Hörnchen mit Ohrpinseln und langem, buschigem Schwanz* [erster Wortbestandteil zu *Eiche*]

Eich|maß ⟨n.1⟩ *bei der Eichung verwendetes Maß*

Eich|strich ⟨m.1⟩ *Strich, der den durch das Eichmaß festgesetzten Wert angibt (z.B. auf Gläsern)*

Ei|chung ⟨f.10⟩ *das Eichen*

Eid ⟨m.1⟩ *in einer festen Formel ausgedrückte Versicherung, die Wahrheit zu sagen oder gesagt zu haben;* Syn. *Schwur;* einen E. ablegen, leisten; ich schwöre drei heilige ~e, daß es wahr ist; unter E. aussagen; Erklärung an ~es Statt *Erklärung, daß die folgende Aussage auf Verlangen beeidet werden kann*

Ei|dam ⟨m.1; †⟩ *Schwiegersohn* [< mhd., ahd. *eidum*, angelsächs. *āðum*, zu griech. *aisa* „Anteil", also „der am Erbe Anteil hat"]

eid|brü|chig ⟨Adj., o.Steig.; nur als Attr. und mit „sein" und „werden"⟩ *seinen Eid gebrochen habend;* ein ~er Zeuge *ein Zeuge, der seinen Eid gebrochen hat;* e. sein, werden *seinen Eid brechen*

Ei|dech|se ⟨f. [-ks-] f.11⟩ *lebhafte, flinke Echse mit langem, abwerfbarem Schwanz und ausgebildeten Beinen* (Mauer~, Smaragd~, Zaun~) [vielleicht < germ. **agi*, **awi* „Schlange" und ahd. *dehse* „Spindel"]

Ei|der|dau|ne ⟨f.11⟩ *die (wertvolle) Daune der Eiderente*

Ei|der|en|te ⟨f.11⟩ *hauptsächlich nördliche Küsten bewohnende große Ente (Männchen weiß mit schwarzer Unterseite und moosgrünem Hinterkopf)* [erster Wortbestandteil < isländ. *aeður* „Eiderente"]

Ei|des|be|leh|rung ⟨f.10⟩ *Hinweis vor der Vereidigung über die Bedeutung und Konsequenzen des Eides und Meineids*

Ei|des|fä|hig|keit ⟨f., -, nur Sg.⟩ *vorgeschriebenes Alter für das Schwören eines Eides;* Syn. *Eidesmündigkeit*

Ei|des|for|mel ⟨f.11⟩ *Formel, in der ein Eid zu sprechen ist und die die Wörter „ich schwöre" enthält;* jmdm. die E. vorsprechen; die E. nachsprechen

Ei|des|hel|fer ⟨m.5⟩ *jmd., der die Glaubwürdigkeit dessen bezeugt, der einen Eid zu leisten hat;* auch: *Eidhelfer*

Ei|des|mün|dig|keit ⟨f., -, nur Sg.⟩ → *Eidesfähigkeit*

ei|des|statt|lich ⟨Adj., o.Steig.⟩ *an Eides Statt, anstelle eines Eides;* ~e Erklärung; etwas e. versichern

Ei|de|tik ⟨f., -, nur Sg.⟩ *Fähigkeit, früher Geschehenes als anschauliches Bild wieder vor sich zu sehen* [zu griech. *eidos* „das Sehen, Schauen; Form, Bild"]

ei|de|tisch 〈Adj., o.Steig.〉 *auf Eidetik beruhend, anschaulich, bildhaft*
Eid|ge|nos|se 〈m.11〉 **1** *jmd., der mit einem anderen, mit anderen durch Eid verbunden ist* **2** *Mitglied einer Eidgenossenschaft* **3** *Bürger der Schweiz*
Eid|ge|nos|sen|schaft 〈f.10〉 *religiöse oder politische Vereinigung;* Schweizerische E. (amtl. Bez. für den Schweizer Bundesstaat)
eid|ge|nös|sisch 〈Adj., o.Steig.; nur als Attr.〉 *zu einer Eidgenossenschaft gehörend, zur Schweizerischen Eidgenossenschaft gehörend, auf ihr beruhend*
Eid|hel|fer 〈m.5〉 → *Eideshelfer*
eid|lich 〈Adj., o.Steig.; nur als Attr. und Adv.〉 *auf einem Eid beruhend, mit einem Eid;* er hat seine Aussage vor Gericht e. erhärtet
Ei|do|phor 〈n.1; veraltend〉 *Fernsehgerät für Großbilder* [< griech. *eidos* „Bild" und *phorein* „tragen"]
Ei|dos 〈n., -, nur Sg.〉 **1** *Gestalt, Form* **2** 〈bei Platon〉 *Idee* **3** 〈Logik〉 *Art, Spezies* [< griech. *eidos* „Form, Bild"]
Ei|dot|ter 〈n.5〉 → *Dotter (2)*
Ei|er|be|cher 〈m.5〉 *kleines, becherförmiges Gefäß, in das man ein weichgekochtes Ei stellt, um es auszulöffeln*
Ei|er|bri|kett 〈n.9〉 *eiförmig gepreßtes Brikett;* Syn. Eierkohle
Ei|er|frucht 〈f.2〉 → *Aubergine*
Ei|er|hand|gra|na|te 〈f.11〉 *eiförmige Handgranate*
Ei|er|koh|le 〈f.11〉 → *Eierbrikett*
Ei|er|kopf 〈m.2〉 **1** *eiförmiger Kopf;* einen E. haben **2** 〈ugs., meist abwertend〉 *Intellektueller;* Syn. (bes. amerik.) Egghead
Ei|er|ku|chen 〈m.7〉 *in der Pfanne gebackene Speise aus Eiern, Mehl, Milch und Zucker;* Syn. Omlett, Omelette, 〈ostmdt.〉 Plinse
Ei|er|li|kör 〈m.1〉 *Likör aus Alkohol, Eigelb und Zucker*
ei|ern 〈V.1, hat geeiert〉 o.Obj.〉 *sich ungleichmäßig drehen;* das Rad eiert
Ei|er|sche|cke 〈-k·k-; f.11; sächs.〉 *Kuchen mit Auflage aus Quark, Eiern, Zucker*
Ei|er|schlan|ge 〈f.11〉 *tropische Natter, die Vogeleier frißt*
Ei|er|schnee 〈m., -s, nur Sg.〉 *schaumig geschlagenes Eiklar;* auch: Eischnee, (kurz) Schnee
Ei|er|schwamm 〈m.2; bayr.-österr.〉 → *Pfifferling* [nach der gelben Farbe]
Ei|er|spei|se 〈f.11; österr.〉 → *Rührei*
Ei|er|stab 〈m.2; antike Baukunst〉 *Zierleiste mit abwechselnd ei- und pfeilspitzenförmigen Ornamenten*
Ei|er|stich 〈m.1〉 *aus Milch, Salz und Muskat bestehende, im Wasserbad verfestigte Masse, die als Suppeneinlage in Stücke geschnitten (gestochen) wird*
Ei|er|stock 〈m.2〉 **1** *paarige, pflaumengroße weibliche Keimdrüse, in der die Eier (1) angelegt sind;* Syn. Ovarium **2** 〈bei Tieren〉 *entsprechendes Organ (verschieden gestaltet)*
Ei|er|tanz 〈m.2; ugs.〉 *geschicktes, vorsichtiges Vorgehen in einer heiklen Lage;* einen E. aufführen (um etwas zu erreichen) [eigtl. „Tanz zwischen auf dem Boden liegenden Eiern"]
Ei|er|uhr 〈f.10〉 *kleine Sanduhr oder Wecker zum Ablesen oder Einstellen der Kochzeit für Eier*
Ei|fer 〈m., -s, nur Sg.〉 **1** *ernstes, fleißiges Streben;* eine Sache mit E. betreiben; sich mit E. dem Studium widmen **2** *energisches, schwungvolles Handeln, leidenschaftliches Streben;* sich mit E. an eine Arbeit machen; sich mit E. für etwas einsetzen; blinder E. schadet nur 〈Sprichwort〉; im E. des Gefechts ihn ... in Schwung des Handelns
Ei|fe|rer 〈m.5〉 *jmd., der mit zu großem Eifer, mit zu großer Leidenschaft (für oder gegen etwas) spricht oder schreibt;* religiöser,

politischer E.; er ist ein großer E. gegen die Fristenlösung
ei|fern 〈V.1, hat geeifert〉 **I** 〈mit Präp.obj.; †〉 *nach etwas e. mit Eifer, mit Ehrgeiz nach etwas streben* **II** 〈o.Obj. oder mit Präp.obj.〉 *zornig, leidenschaftlich reden, schreiben, sich (über etwas) erregen, sich heftig einsetzen;* für oder gegen etwas
Ei|fer|sucht 〈f., -, nur Sg.〉 **1** *leidenschaftliche, erregte Furcht, jmds. Liebe zu verlieren oder mit einem anderen teilen zu müssen;* jmds. E. erregen; jmdn. mit seiner E. verfolgen, quälen **2** *Furcht, etwas (Vorteil, Recht o.ä.) einzubüßen;* mit E. über seinem Recht wachen
Ei|fer|süch|te|lei 〈f.10, meist Pl.〉 ~en *Äußerungen von Eifersucht;* ständige ~en; ~en zwischen Rivalen
ei|fer|süch|tig 〈Adj.〉 *Eifersucht empfindend, an Eifersucht leidend, voller Eifersucht;* e. sein; über seinen Rechten wachen
eif|rig 〈Adj.〉 *voller Eifer, schwungvoll-fleißig, leidenschaftlich bemüht;* e. arbeiten, lernen; er war e. dabei, seine Schuhe zu putzen
Ei|gelb 〈n., -s, -(e)〉 → *Dotter (2)*
Ei|gel|stein 〈m.1; bes. rom. Rheinland〉 *römisches Grabdenkmal oder Obelisk* [wahrscheinlich zu lat. *aquila* „Adler", weil sie oft mit Adlern geschmückt waren]
ei|gen 〈Adj., o.Steig.〉 **1** *jmdm. gehörend, zu jmdm. gehörend, zu einer Sache gehörig; eng mit jmdm. oder einer Sache verbunden;* sie sind ihr ~es Haus; sie haben beide ihre ~en Freunde; sein ~er Herr sein *selbständig, unabhängig sein;* mit ihren ~en Kindern ist sie weniger streng; auf ~en Füßen stehen *selbständig sein, selbst Geld verdienen;* in ~er Person *selbst;* etwas aus ~er Tasche bezahlen *selbst bezahlen;* sich um die e. Achse drehen; das Haus ist mein e. *das Haus gehört mir;* 〈oft nur verstärkend〉 ich habe es mit (meinen) ~en Augen gesehen *ich habe es selbst gesehen;* ich habe darüber meine ~e Meinung; das sind seine ~en Worte; jmdm. etwas zu e. geben *jmdm. etwas schenken;* sich etwas zu e. machen *sich etwas aneignen, etwas übernehmen, lernen;* ich habe mir die Gewohnheit zu e. gemacht, zu ...; der Junge hat sich die Verhaltensweise seines Vaters zu e. gemacht; etwas sein e. nennen *etwas haben, besitzen* **2** *charakteristisch, besondere(r, -s);* diese Landschaft hat einen ~en Reiz; er hat eine ~e Art, einen anzusehen; mit dem ihm ~en feinen Humor sagte er ... *mit dem für ihn charakteristischen feinen Humor* **3** *wunderlich, seltsam;* er ist ein ~er Charakter; er wird allmählich etwas e. **4** *genau, gewissenhaft;* er ist darin sehr e. **5** *getrennt, für sich;* sein Zimmer hat einen ~en Eingang
Ei|gen|art 〈f.10〉 **1** *Gesamtheit der Eigenschaften;* jeder Mensch in seiner E.; eines Menschen erkennen, verstehen **2** *besondere Eigenschaft, besonderer Wesenszug, Wesensmerkmal;* jeder hat seine ~en; das ist so eine E. von ihm
ei|gen|ar|tig 〈Adj.〉 **1** *anders als die Übrigen;* er ist ein ~er Mensch **2** *merkwürdig, seltsam, ungewöhnlich;* ich hatte dabei ein ~es Gefühl; das ist wirklich e.; das schmeckt e.
Ei|gen|ar|tig|keit 〈f., -, nur Sg.〉
Ei|gen|bau 〈m., -(e)s, nur Sg.〉 *etwas Selbstgebautes;* das Auto ist (Marke) E.
Ei|gen|be|we|gung 〈f.10〉 *(von der Erde aus gesehen) senkrechter Anteil der Sternbewegung (der z.B. im Laufe langer Zeitabschnitte die Figuren der Sternbilder verändert)*
Ei|gen|blut|be|hand|lung 〈f.10〉 *Einspritzung des aus der Armvene (desselben Menschen) entnommenen Bluts in die Muskulatur (zur Anregung der Abwehrkräfte des Organismus)*
Ei|gen|bröt|te|lei 〈f., -, nur Sg.〉 *Art, Verhalten eines Eigenbrötlers*
Ei|gen|bröt|ler 〈m.5〉 *jmd., der gern allein

ist, der seine eigenen Wege geht* [eigtl. „jmd., der sein eigenes Brot ißt"]
ei|gen|bröt|le|risch 〈Adj., o.Steig.〉 *in der Art eines Eigenbrötlers*
Ei|gen|fi|nan|zie|rung 〈f.10〉 *Finanzierung aus eigenen Mitteln*
ei|gen|ge|setz|lich 〈Adj., o.Steig.〉 *eigenen Gesetzen folgend, nach eigenen Gesetzen (lebend)*
Ei|gen|ge|wicht 〈n.1〉 **1** *eigenes Gewicht* **2** 〈bei tragenden oder stützenden Bauteilen〉 *eigenes Gewicht und die aufliegenden oder daran befestigten Bauteile* **3** *Gewicht ohne Verpackung, netto*
Ei|gen|han|del 〈m., -s, nur Sg.〉 *Handel auf eigene Rechnung und Gefahr (nicht im Auftrag eines Kunden)*
ei|gen|hän|dig 〈Adj., o.Steig.〉 **1** *mit eigener Hand, mit den eigenen Händen;* ~e Unterschrift **2** 〈als Adv.〉 *selbst;* das hat er e. gemacht
Ei|gen|heim 〈n.1〉 *Einfamilienhaus, das vom Eigentümer selbst bewohnt wird*
Ei|gen|heit 〈f.10〉 *Eigenart, besondere Verhaltensweise, besonderer Geschmack;* auf jmds. ~en Rücksicht nehmen; er hat seine ~en
Ei|gen|kir|che 〈f.11; MA〉 *Kirche im Besitz eines weltlichen Grundherrn, der auch die Geistlichen ernannte*
Ei|gen|le|ben 〈n., -s, nur Sg.〉 *Leben für sich, von anderen unabhängiges Leben, Leben nach eigenen Gesetzen;* die Katze führt in unserem Haushalt ein E.
Ei|gen|lie|be 〈f., -, nur Sg.〉 *allzu positive Einstellung zur eigenen Person, zu den eigenen Charaktereigenschaften;* jmds. E. schmeicheln; jmds. E. verletzen; er ist in seiner E. gekränkt
Ei|gen|lob 〈n., -(e)s, nur Sg.〉 *Lob der eigenen Fähigkeiten, des eigenen Könnens oder Tuns;* Syn. Selbstlob
ei|gen|mäch|tig 〈Adj.〉 *ohne um Erlaubnis zu fragen, ohne einen Auftrag zu haben;* e. handeln; er hat es e. getan
Ei|gen|mäch|tig|keit 〈f., -, nur Sg.〉 *eigenmächtiges Handeln*
Ei|gen|na|me 〈m.15〉 *Name eines Einzelwesens, eines Landes, einer Gruppe;* vgl. Gattungsname
Ei|gen|nutz 〈m., -es, nur Sg.〉 **1** *eigener Nutzen, eigener Vorteil;* nur auf E. bedacht **2** *Streben danach;* aus E. handeln
ei|gen|nüt|zig 〈Adj.〉 *auf den eigenen Nutzen bedacht, nach dem eigenen Vorteil strebend;* e. handeln; er ist e.
ei|gens 〈Adv.〉 *nur, ausschließlich;* ich bin e. hierhergekommen, um ...
Ei|gen|schaft 〈f.10〉 **1** *besonderes, kennzeichnendes Merkmal, besonderer Wesenszug;* gute, schlechte ~en; er besitzt alle ~en, die zu einem guten Arzt gehören; dieses Gerät hat folgende ~en **2** *Stellung, Funktion;* in seiner E. als Vorsitzender ordnete er an, daß ...; ich bin in amtlicher E. hier
Ei|gen|schafts|wort 〈n.4〉 → *Adjektiv*
ei|gen|schafts|wört|lich 〈Adj., o.Steig.〉 → *adjektivisch*
Ei|gen|schwin|gung 〈f.10〉 *freie, im allgemeinen durch Dämpfung abklingende Schwingung eines in sich abgeschlossenen Systems nach einmaliger Anregung (z.B. bei Klaviersaiten)*
Ei|gen|sinn 〈m., -(e)s, nur Sg.〉 *unduldsames Beharren (auf der eigenen Meinung, auf einem Vorhaben), zähes Festhalten (am eigenen Willen)*
ei|gen|sin|nig 〈Adj.〉 *unduldsam, uneinsichtig, von unduldsamer Willensstärke, unzugänglich für gutes Zureden und Vernunftgründe;* er ist e.; er beharrt e. auf seinem Recht, seiner Meinung, seinem Vorhaben
Ei|gen|span|nung 〈f.10; in Werkstücken〉 *innere Kräfte, die vor allem durch ungleich-*

mäßige Volumenänderung (z.B. durch Wärme) hervorgerufen werden

ei|gen|stän|dig ⟨Adj.⟩ *auf eigener Kraft beruhend, mit eigener Kraft, selbständig;* eine ~e gedankliche Leistung; sich e. entwickeln

Ei|gen|stän|dig|keit ⟨f., -, nur Sg.⟩

Ei|gen|sucht ⟨f., -, nur Sg.⟩ → *Egoismus*

ei|gen|süch|tig ⟨Adj.⟩ → *selbstsüchtig*

ei|gent|lich I ⟨Adj., o.Steig.; nur als Attr. und Adv.⟩ **1** *ursprünglich;* die ~e Bedeutung eines Wortes; das Wort „Frauenzimmer" bedeutet er „Raum für die Frauen"; er arbeitet als Taxifahrer, aber sein ~er Beruf ist Kaufmann **2** *wirklich;* ~es Wesen läßt er nur selten spüren; er schreibt unter einem Pseudonym, sein ~er Name ist ...; der er ist, ist ein ganz anderer II ⟨Adv.⟩ **1** *im Grunde, wenn man es genau betrachtet;* er hat e. recht; e. müßte ich jetzt gehen **2** ⟨verstärkend⟩ was ist e. los?; was fällt dir e. ein?

Ei|gen|tor ⟨n.1⟩ *versehentlich gegen die eigene Mannschaft geschossenes Tor;* Syn. *Selbsttor*

Ei|gen|tum ⟨n., -s, nur Sg.⟩ *Sache, über die jmd. die rechtliche Verfügungs- und Nutzungsgewalt hat;* das Haus ist unser E.; das Grundstück ist E. des Staates

Ei|gen|tü|mer ⟨m.5⟩ *jmd., der die rechtliche Verfügungs- und Nutzungsgewalt über eine Sache hat* (Grund~, Haus~); vgl. *Besitzer*

ei|gen|tüm|lich ⟨Adj.⟩ **1** ⟨mit Dat.⟩ *jmdm. oder einer Sache e. für jmdn. oder eine Sache kennzeichnend;* eine ihm ~e Sprechweise; mit dem ihm ~en Lächeln sagte er **2** *eigenartig, merkwürdig, verwunderlich, sonderbar;* eine ~e Angewohnheit; eine ~e Naturbildung; es ist e., daß er ...

Ei|gen|tüm|lich|keit ⟨f., -, nur Sg.⟩ *eigentümliche Beschaffenheit, Eigenart*

Ei|gen|tums|woh|nung ⟨f.10⟩ *Wohnung, die jmds. Eigentum ist*

Ei|gen|wech|sel ⟨m.5⟩ *Wechsel, auf sich der Aussteller selbst zur Zahlung einer Summe verpflichtet;* Syn. *Solawechsel*

Ei|gen|wert ⟨m., -(e)s, nur Sg.⟩ *Wert, den etwas von sich selbst hat, der ihm nicht von außen gegeben worden ist*

Ei|gen|wil|le ⟨m., -ns, nur Sg.⟩ *Wille zum selbständigen Denken und Handeln;* er hat einen starken ~n

ei|gen|wil|lig ⟨Adj.⟩ **1** *nach dem eigenen Willen, selbständig* (denkend und handelnd); er ist eine ~e Persönlichkeit; das Kind ist e. **2** *auf eigenem Willen, auf eigenem Denken beruhend (und anders als üblich);* eine ~e Gestaltung dieses Themas; das Werk ist e. gestaltet **Ei|gen|wil|lig|keit** ⟨f., nur Sg.⟩

eig|nen ⟨V.2, hat geeignet⟩ I ⟨mit Dat.; †, noch poet.⟩ *jmdm. e. zu jmdm. gehörend, jmdm. eigentümlich sein;* ihm eignet eine gewisse steife Zurückhaltung II ⟨refl.⟩ *sich als, für, zu etwas e. fähig, brauchbar, passend als, für, zu etwas sein;* er eignet sich gut zum Arzt; dafür eignet er mich nicht; der Schemel eignet sich auch als Blumenständer; das ist als Geschenk gut, nicht geeignet; eine geeignete Vase in einem Blumenstrauß suchen

Eig|ner ⟨m.5; †⟩ *Eigentümer* (nur noch in der Zus.) Schiffs~)

Eig|nung ⟨f.2⟩ *das Sicheignen, das Geeignetsein;* seine E. zum Astronauten muß noch getestet werden

Ei|haut ⟨f.2⟩ *das Ei (1) umgebende, schützende Hülle*

Ei|klar ⟨n., -s, -⟩ *flüssiges Eiweiß des Hühnereies*

Ei|land ⟨n.1; geh.⟩ → *Insel* [altfries., < altnord. *ey* „Insel" und *Land*]

Ei|lbo|te ⟨m.11⟩ *Postbote, der Eilsendungen zustellt*

Eil|brief ⟨m.1⟩ *als Eilsendung zuzustellender Brief;* Syn. ⟨†, noch österr.⟩ *Expreßbrief*

Ei|le ⟨f., -, nur Sg.⟩ **1** *Mangel an Zeit;* ich habe E.; die Sache hat E. *die Sache eilt, ist eilig* **2** *Bestreben, etwas schnell zu tun, zu erledigen;* ich bin in E.; in aller E. eine Nachricht schreiben; das habe ich in der E. vergessen

Ei|lei|ter ⟨m.5⟩ *trichterförmig an den Eierstock anschließender Kanal, der zur Gebärmutter führt;* Syn. *Muttertrompete, Ovidukt, Tube*

Ei|lei|ter|schwan|ger|schaft ⟨f.10⟩ *Verbleiben des befruchteten Eies im Eileiter statt Wanderung in die Gebärmutter;* Syn. *Tubenschwangerschaft, Tubargravidität*

ei|len ⟨V.1⟩ I ⟨o.Obj.⟩ **1** ⟨ist geeilt⟩ *sich rasch fortbewegen, rasch laufen;* er eilte, um rechtzeitig dort zu sein **2** ⟨ist geeilt⟩ *rasch hinlaufen, rasch kommen;* nach Hause e.; zu einem Kranken e. **3** ⟨hat geeilt⟩ *Eile erfordern, eilig, dringend sein;* der Brief eilt; es eilt mir nicht mehr als eilig II ⟨refl.; hat geeilt⟩ *sich beeilen;* ich muß mich e., nach Hause zu kommen; du brauchst dich nicht zu e.

ei|lends ⟨Adv.⟩ *eilig, rasch, schnell, sofort;* er machte sich e. auf den Weg

eil|fer|tig ⟨Adj., o.Steig.⟩ **1** *bereit, sich zu beeilen, diensteifrig* **2** *allzu eilig, überstürzt* **Eil|fer|tig|keit** ⟨f., -, nur Sg.⟩

Eil|gut ⟨n.4; Eisenbahn⟩ *bevorzugt zu beförderndes Frachtgut*

ei|lig ⟨Adj.⟩ **1** *Eile erfordernd;* eine ~e Sendung; die Sache ist e. *die Sache erfordert Eile* **2** *rasch, schnell;* ~e Schritte näherten sich; e. weglaufen; nicht so e.! **3** *es haben in Eile sein, etwas schnell erledigen müssen*

Eil|marsch ⟨m.2⟩ *schneller, eiliger Marsch;* sie erreichten in Eilmärschen nach wenigen Tagen das Ziel

Eil|schrift ⟨f., -, nur Sg.⟩ *sehr stark verkürzte Kurzschrift*

Eil|schritt ⟨m.; nur in der Fügung⟩ im E. *mit raschen, eiligen Schritten*

Eil|sen|dung ⟨f.10⟩ *Postsendung, die nach ihrem Eintreffen am Bestimmungsort sofort durch Eilboten zugestellt wird*

Eil|tem|po ⟨n.; nur in der Fügung⟩ im E. *in raschem, eiligem Tempo, sehr schnell*

Eil|zug ⟨m.2; Eisenbahn; Zeichen: E⟩ *Zug, der Personen befördert, jedoch nur an wichtigen Stationen hält, aber langsamer als ein D-Zug ist*

Ei|mer ⟨m.5⟩ **1** *großes, etwa zylindrisches, oben offenes Gefäß mit beweglichem Tragebügel;* unser schöner Plan ist im E. ⟨ugs.⟩ *ist gescheitert;* der Fotoapparat ist im E. *ist kaputt* **2** *altes Flüssigkeitsmaß, etwa 70 l* [< ahd. *eimbar* zu *ein* und *beran* „tragen", also etwa „an einem (Bügel) zu tragendes Gefäß", urspr. Umdeutung von → *Amphora*]

ei|mer|wei|se ⟨Adv.⟩ *in Eimern;* Abfall, Unrat e. wegschaffen; er trinkt Wein e. ⟨ugs., scherzh.⟩ *in großen Mengen*

Ei|mer|werk ⟨n.1⟩ → *Becherwerk*

ein¹ ⟨Adv.⟩ *hinein, herein;* bei jmdm. ein und aus gehen *jmdn. häufig und zwanglos besuchen;* ⟨aber mit Bindestrich⟩ ein- und aussteigen; ich weiß nicht mehr ein noch aus ich weiß nicht mehr, was ich tun soll, ich finde keinen Ausweg

ein² I ⟨unbestimmter Art.⟩ ein Mann, eine Frau, ein Kind, ein Tier; ein anderer, ein jeder; wollen wir einen (erg.: Schnaps) trinken?; jmdm. eine (erg.: Ohrfeige) hauen II ⟨Num.⟩ *ein(e) einzige(r, -s)* **1** ⟨adjektivisch⟩ in einem Stück; eine Mark; ich habe nur noch ein Paar Schuhe mit; ich sage es dir ein für allemal *nur ein einziges Mal, nur dieses Mal;* das ist ein und dasselbe; es dauert einen bis zwei Tage; ich habe nicht einen von ihnen gesehen; ⟨mit Art. oder Demonstrativpron. schwach dekliniert⟩ der, dieser eine Mann; den einen Mannes; dem, diesem einen Mann; dem, diesem einen Mann(e); den, diesen einen Mann; ⟨o.Art. stark dekliniert⟩ die Leistung (nur) eines Mannes; ich konnte nur einem Mann etwas geben; ich habe nur einen Mann gesehen **2** ⟨substantivisch⟩ es war nur einer dabei; ich habe nur einen gesehen; danke, eines reicht mir; es waren mehr als einer; einer von beiden; eines (eins) seiner Kinder; das kommt auf eines (eins) heraus *das ist dasselbe, das hat dieselbe Wirkung* III ⟨unbestimmtes Pron.⟩ → *eine(r, -s)*

ein|ach|sig ⟨Adj., o.Steig.⟩ *mit (nur) einer Achse versehen;* ~er Anhänger

Ein|ak|ter ⟨m.5⟩ *aus nur einem Akt bestehendes Theaterstück*

ein|an|der ⟨Pron.⟩ *einer dem anderen, einer den, ⟨ugs.⟩ sich gegenseitig;* e. helfen; e. ärgern; e. begegnen

ein|ar|bei|ten ⟨V.2, hat eingearbeitet; mit Akk.⟩ **1** *etwas e. a sinnvoll hineinfügen, eingliedern;* neue Erkenntnisse in einen Text e.; Goldfäden in ein Gewebe e. **b** *durch längeres Arbeiten an einigen Tagen versäumte Arbeit an anderen Tagen einholen, ausgleichen* **2** *jmdn. oder sich e. mit einer neuen Arbeit vertraut machen;* einen neuen Mitarbeiter e.; ich habe mich in diese Materie erst e. müssen

Ein|ar|bei|tung ⟨f., -, nur Sg.⟩

ein|ar|mig ⟨Adj., o.Steig.⟩ **1** *nur einen Arm besitzend;* ~er Kriegsversehrter **2** *mit nur einem Arm ausgestattet;* ~e Hebelmaschine **3** *nur mit einem Arm ausgeführt;* ~er Liegestütz

ein|äschern ⟨V.1, hat eingeäschert; mit Akk.⟩ **1** *etwas e. bis zu Asche verbrennen;* bei dem Brand wurden mehrere Häuser eingeäschert **2** *jmdn. e. jmds. Leichnam verbrennen und seine Asche in einer Urne begraben*

Ein|äsche|rung ⟨f.10⟩ *das Einäschern (2);* Syn. *Feuerbestattung*

ein|at|men ⟨V.2, hat eingeatmet⟩ I ⟨o.Obj.⟩ *Luft in die Lunge einsaugen;* Ggs. *ausatmen* II ⟨mit Akk.⟩ *mit der Luft zusammen in die Lunge einsaugen;* Staub e.

Ein|at|mung ⟨f., -, nur Sg.⟩ *das Einatmen;* Ggs. *Ausatmung*

ein|äu|gig ⟨Adj., o.Steig.⟩ **1** *nur ein Auge besitzend;* ~er Riese **2** *mit nur einem Okular ausgestattet;* ~es Fernrohr

Ein|back ⟨m.1 oder m.2⟩ *Hefegebäck in Form eines langen, eingekerbten Kuchens, Vorstufe des Zwiebacks*

Ein|bahn|stra|ße ⟨f.11⟩ *Straße, die nur in einer Richtung befahren werden darf*

ein|bal|sa|mie|ren ⟨V.3, hat einbalsamiert; mit Akk.⟩ *einen Toten e. nach Entfernung der Eingeweide mit fäulnishemmenden Stoffen behandeln und damit vor Verwesung schützen* **Ein|bal|sa|mie|rung** ⟨f.10⟩

Ein|band ⟨m.2⟩ *Rücken und Deckel (eines Buches);* Syn. *Decke (6)*

ein|bän|dig ⟨Adj., o.Steig.; bei Druckwerken⟩ *nur einen Band umfassend, in nur einem Band;* ~e Ausgabe

Ein|bau 1 ⟨m., -s, nur Sg.⟩ *das Einbauen;* der E. einer Küche **2** ⟨m., -s, -bau|ten⟩ *das Eingebaute; Einbauten in einer Küche*

ein|bau|en ⟨V.1, hat eingebaut; mit Akk.⟩ *etwas (in etwas) e. genau passend einfügen;* Ggs. *ausbauen (3);* Schränke in die Wohnung e.; eine Ergänzung in einen Text e.; Kamera mit eingebautem Belichtungsmesser

Ein|bau|kü|che ⟨f.11⟩ *passend in einen Raum eingebaute Küche (mit allen nötigen elektrischen Geräten)*

Ein|baum ⟨m.2; bei Naturvölkern⟩ *aus einem ausgehöhlten Baumstamm hergestelltes Boot*

Ein|bee|re ⟨f.11⟩ *kleines, staudiges Liliengewächs in Laubwäldern mit vier quirlständigen Blättern und im Sommer mit einer kirschgroßen, blauschwarzen, giftigen Beere*

ein|be|grei|fen ⟨V.59, hat einbegriffen; mit Akk.⟩ *(mit) einschließen, in sich schließen, mit meinen;* die Verfolgung des Ziels begreift auch den Weg mit ein; in der Einladung an die Mitarbeiter sind auch die Ehepartner einbegriffen

ein|bei|nig ⟨Adj., o.Steig.⟩ **1** *nur ein Bein besitzend;* ~*er Kriegsversehrter* **2** *mit nur einem Bein ausgestattet;* ~*er Melkschemel* **3** *nur mit einem Bein ausgeführt;* ~*e Kniebeuge*

ein|be|ken|nen ⟨V.67, hat einbekannt; mit Akk.⟩ *österr., sonst* † *bekennen, eingestehen*

ein|be|ru|fen ⟨V.102, hat einberufen; mit Akk.⟩ **1** *etwas e. mitteilen, daß etwas stattfinden soll;* eine Sitzung e. **2** *jmdn. e. zum Wehrdienst berufen* **Ein|be|ru|fung** ⟨f.10⟩

ein|be|to|nie|ren ⟨V.3, hat einbetoniert; mit Akk.⟩ *mit Beton umgeben, in Beton einmauern*

ein|bet|ten ⟨V.2, hat eingebettet; mit Akk.⟩ *weich einhüllen, weich umschließen, in etwas Umschließendes, Umhüllendes legen;* ein Rohr in die Erde e.; die Seen sind in Wälder und sanfte Hügel eingebettet; sie ist in Liebe eingebettet aufgewachsen

ein|be|zie|hen ⟨V.187, hat einbezogen; mit Akk.⟩ *mit hineinnehmen, mit berücksichtigen;* wir sollten in unsere Pläne auch Rückschläge mit e. **Ein|be|zie|hung** ⟨f., -, nur Sg.⟩

ein|bil|den ⟨V.3, hat eingebildet; mit Akk. (sich) und Akk.⟩ **1** *sich etwas e. glauben, daß etwas sei, irrtümlich glauben;* ich bilde mir ein, so etwas schon gesehen zu haben; bilde dir nicht ein, daß ich mir das gefallen lasse; was bildest du dir eigentlich ein? was denkst du dir denn?, was ist denn nicht! **2** *sich auf etwas e. unbegründet oder allzu stolz auf etwas sein;* er bildet sich viel auf seine Menschenkenntnis ein

Ein|bil|dung ⟨f.10⟩ **1** ⟨nur Sg.⟩ *geistige Vorstellung, Gedankenwelt;* das, was er dir erzählt hat, existiert nur in seiner E. **2** ⟨nur Sg.; selten⟩ *Einbildungskraft, Einbildungsvermögen;* seine E. ist so stark, daß er selbst an das glaubt, was er sagt **3** *trügerische Vorstellung, irrige Vorstellung;* das sind bloße E. **4** ⟨nur Sg.⟩ *zu großes, unangemessenes Selbstwertgefühl, Hochmut, Dünkel;* Syn. Eingebildetheit

Ein|bil|dungs|kraft ⟨f.2⟩ *Fähigkeit, sich etwas im Geiste vorzustellen, sich etwas auszudenken, Phantasie;* Syn. Einbildungsvermögen

Ein|bil|dungs|ver|mö|gen ⟨n., -s, nur Sg.⟩ →Einbildungskraft

ein|bin|den ⟨V.14, hat eingebunden⟩ **I** ⟨mit Akk.⟩ **1** *durch Binden einhüllen;* einen verletzten Finger e. **2** *mit einer Hülle umgeben und mit dieser fest verbinden;* ein Buch (in Leinen, in Papier) e.; meine Hoffnung ist eingebunden in das Vertrauen zu ihm; in eine Tradition eingebunden sein **II** ⟨mit Dat. und Akk.⟩ *schweiz.* **1** *einem Kind etwas e.* **einem Kind ein Taufgeschenk machen* [früher wurde das Taufgeschenk unter das Wickelband geschoben; vgl. *Einbund*]

Ein|biß ⟨m.1⟩ **1** (beim Pferd) *Kerbe an der Reibfläche der oberen Eckzähne (zur Altersbestimmung)* **2** *Bißstelle*

ein|bla|sen ⟨V.16, hat eingeblasen⟩ **I** ⟨mit Akk.⟩ *durch Blasen (Spielen) zum besseren Tönen bringen;* ein Blasinstrument vor dem Konzert e.; eine neue Blockflöte e. **II** ⟨mit Dat. und Akk.⟩ *jmdm. etwas e. jmdm. etwas mitteilen, um ihn zu beeinflussen;* jmdm. Klatsch, Gerüchte e. **III** ⟨mit Dat.⟩ *Schülerspr.* *jmdm. e. jmdm. die Antwort zuflüstern, vorsagen*

Ein|blatt|druck ⟨m.1⟩ *aus nur einem Blatt bestehendes Druckwerk (z.B. Kunstblatt, Plakat)*

ein|bläu|en ⟨unrichtig für⟩ *einbleuen*

ein|blen|den ⟨V.2, hat eingeblendet; mit Akk.; Film, Fernsehen⟩ *etwas in etwas e. in etwas einschalten, einfügen;* Ggs. *ausblenden;* eine Werbung in eine Sendung e. **Ein|blen|dung** ⟨f.10⟩

ein|bleu|en ⟨V.1, hat eingebleut; mit Akk.⟩ *eindringlich, nachdrücklich beibringen;* ich habe dem Kind eingebleut, nie mit einem Fremden mitzugehen [zu *bleuen*, also eigtl. „durch Prügel beibringen"]

Ein|blick ⟨m.1⟩ *Möglichkeit, in etwas hineinzuschauen, etwas kennenzulernen, etwas zu durchschauen, Kenntnis, Überblick durch eigenes Anschauen;* sich E. in etwas (in schriftliches Material) verschaffen; jmdm. (keinen) E. gewähren; ich habe in diese Dinge keinen E.

ein|bre|chen ⟨V.19⟩ **I** ⟨o.Obj.⟩; ist eingebrochen⟩ **1** *brechen und einstürzen;* die Brücke ist eingebrochen **2** *infolge Brechens des Untergrunds hinunterstürzen;* im Eis e. **3** *mit Kraft, Druck hereinströmen;* Wassermassen brachen durch die geborstene Mauer ein; das Licht brach durch die geöffneten Fenster ein **4** *gewaltsam eindringen, um zu stehlen;* in ein Geschäft, ein Haus e. **II** ⟨o.Obj.; hat eingebrochen⟩ *einen Einbruch verüben;* er hat schon mehrmals eingebrochen; bei uns ist eingebrochen worden **III** ⟨mit Akk.; hat eingebrochen⟩ *gewaltsam zerbrechen;* ein Fenster, eine Wand e.

Ein|bre|cher ⟨m.5⟩ *jmd., der einen Einbruch begeht oder begangen hat*

Ein|brenn ⟨f.10; österr.⟩, **Ein|bren|ne** ⟨f.11⟩ *in heißem Fett geröstetes Mehl zum Eindicken von flüssigen oder halbflüssigen Speisen;* Syn. ⟨norddt.⟩ *Mehlschwitze, Schwitze*

ein|bren|nen ⟨V.20, hat eingebrannt⟩ **I** ⟨mit Dat. und Akk.; früher⟩ *jmdm., einem Tier etwas e. mit glühendem Eisen in die Haut brennen;* einem Tier, einem Menschen ein Zeichen e. **II** ⟨mit Akk.⟩ *rösten, bräunen;* Mehl in Fett e. **III** ⟨refl.; poet.⟩ *sich jmdm. e. sich jmdm. stark einprägen;* dieses Erlebnis hat sich mir unauslöschlich eingebrannt

Ein|brenn|lack ⟨m.1⟩ *durch Einwirkung von Hitze beständig gemachter Lack (bes. bei Autos)*

ein|brin|gen ⟨V.21, hat eingebracht; mit Akk.⟩ **1** *hereinbringen, von draußen hereinschaffen;* die Ernte e. **2** *als Nutzen, als Ertrag bringen;* diese Arbeit bringt nichts ein; sein Buch hat ihm viel Geld eingebracht; seine Bemühungen haben ihm nur Ärger eingebracht ⟨übertr.⟩ **3** *hineinbringen, hineinfließen lassen;* ein Medikament in die Haut, in den Körper e. **4** *vorlegen;* ein Gesetz, einen Antrag e. **5** ⟨Typ.⟩ *durch Streichen wegnehmen;* Ggs. *ausbringen (4);* eine Zeile e. **6** *als Mitgift mitbringen;* sie hat ein großes Vermögen in die Ehe eingebracht

ein|brocken ⟨-k·k-; V.1, hat eingebrockt⟩ **I** ⟨mit Akk.⟩ *in Brocken in eine flüssige Speise tun;* Brot (in die Suppe, in die Milch) e. **II** ⟨mit Dat. und Akk.⟩ *jmdm. oder sich etwas e. Unannehmlichkeiten verursachen;* da habe ich mir, was Schönes eingebrockt; auslöffeln, was man sich eingebrockt hat *die Folgen für Unannehmlichkeiten, die man verursacht hat, tragen*

Ein|bruch ⟨m.2⟩ **1** *widerrechtliches, gewaltsames Eindringen in fremde Räume (mit der Absicht zu stehlen);* einen E. begehen, verüben **2** *kriegerisches Eindringen in fremdes Gebiet* **3** *das Einbrechen (I,1,2,3), Hereindringen, Einstürzen, Hinabstürzen;* E. von Wasser in ein Gebäude; E. ins Eis **4** *plötzliche, unerwartete Veränderung;* seine Ankunft war ein E. in mein Leben **5** *Beginn;* E. der Dämmerung, der Nacht

Ein|bruchs|dieb|stahl ⟨m.2⟩ *mit Einbruch (1) verbundener Diebstahl*

ein|bruchs|si|cher ⟨Adj., o.Steig.⟩ *gesichert gegen Einbruch;* ~e Schränke, Räume; Geld e. aufbewahren

ein|buch|ten ⟨V.2, hat eingebuchtet; mit Akk.⟩ **1** *etwas e. mit einer Bucht, mit einer Wölbung nach innen versehen* **2** *jmdn. e.* ⟨ugs.⟩ *einsperren, ins Gefängnis bringen*

Ein|buch|tung ⟨f.10⟩ *Wölbung nach innen*

Ein|bund ⟨m.2; schweiz.⟩ *Geschenk des Paten für den Täufling;* Syn. *Eingebinde* [weil man früher das Geschenk dem Täufling ins Wickelband einband]

ein|bür|gern ⟨V.1, hat eingebürgert⟩ **I** ⟨mit Akk.⟩ *jmdn. e. zum Staatsbürger machen;* Ausländer e. **II** ⟨refl.⟩ *sich e. heimisch, üblich werden, in Gebrauch kommen;* Fremdwörter bürgern sich in einer Sprache ein; diese Sitte hat sich bei uns eingebürgert

Ein|bür|ge|rung ⟨f.10⟩ *das Einbürgern, das Sicheinbürgern*

Ein|bu|ße ⟨f.11⟩ *Verlust, Beeinträchtigung, Minderung;* eine E. erleiden; finanzielle ~n; eine empfindliche E. an Ansehen

ein|bü|ßen ⟨V.1, hat eingebüßt; mit Akk.⟩ *verlieren;* bei einem Unternehmen Geld e.; er hat dabei sein Ansehen, seinen guten Ruf eingebüßt; er hat bei dem Unfall ein Auge eingebüßt

ein|däm|men ⟨V.1, hat eingedämmt; mit Akk.⟩ **1** *einen Damm stauen ofr in eine Richtung lenken;* einen Fluß e. **2** *einschränken, an der Ausbreitung hindern;* eine Epidemie e. **Ein|däm|mung** ⟨f., -, nur Sg.⟩

ein|damp|fen ⟨V.1, hat eingedampft; mit Akk.⟩ *durch Dampfenlassen verringern;* Wasser, Milch e. **Ein|damp|fung** ⟨f., -, nur Sg.⟩

ein|decken ⟨-k·k-; V.1, hat eingedeckt; mit Akk.⟩ *jmdn. oder sich (mit etwas) e. mit einem Vorrat von etwas versorgen;* jmdn., sich mit Lebensmitteln, Proviant e.; ich bin mit Arbeit reichlich eingedeckt ⟨übertr.⟩ *ich habe reichlich Arbeit*

Ein|decker ⟨-k·k-; m.5⟩ *Flugzeug mit einer Tragfläche auf jeder Seite;* vgl. *Doppeldecker (1)*

ein|dei|chen ⟨V.1, hat eingedeicht; mit Akk.⟩ *mit einem Deich umgeben;* eingedeichtes Land **Ein|dei|chung** ⟨f., -, nur Sg.⟩

ein|deu|tig ⟨Adj.⟩ *nur eine einzige Deutung zulassend, klar, unmißverständlich;* ein ~er Begriff; eine ~e Definition; seine Absage war e.; ich habe e. klargemacht, daß ...

Ein|deu|tig|keit ⟨f., -, nur Sg.⟩

ein|deut|schen ⟨V.1, hat eingedeutscht; mit Akk.⟩ *den deutschen Sprachformen angleichen;* ein Fremdwort e. **Ein|deut|schung** ⟨f.10⟩

ein|dicken ⟨-k·k-; V.1, hat eingedickt; mit Akk.⟩ *dick, sämig machen;* Soße, Fruchtsaft e.

ein|do|sen ⟨V.1, hat eingedost; mit Akk.⟩ *in Dosen füllen und haltbar machen;* Gemüse, Fleisch e.

ein|drän|gen ⟨V.1, hat eingedrängt; refl.⟩ *sich e. in eine Gemeinschaft eindringen, sich in etwas ungebeten einmischen;* ich möchte mich nicht e.

ein|drin|gen ⟨V.25, ist eingedrungen; mit Präp.obj.⟩ **1** *in etwas e.* **a** *sich zu etwas Zugang verschaffen, zielstrebig hineingelangen;* (unbefugt) in ein Gebäude e. **b** *hineingelangen, hineingeschoben, -gestoßen werden;* ein Splitter ist in die Haut eingedrungen; das Messer drang ihm tief ins Fleisch ein **c** *sich mit etwas intensiv beschäftigen, etwas durch Studium kennenlernen;* in ein Wissensgebiet e. **2** *ein. a jmdn. tätlich angreifen* **b** ⟨mit Worten⟩ *jmdn. bedrängen, unter Druck setzen;* mit Fragen, Drohungen auf jmdn. e.

ein|dring|lich ⟨Adj.⟩ *mit Nachdruck, dringend;* eine ~e Warnung; jmdn. e. ermahnen; er sprach so e., daß ...

Ein|dring|ling ⟨m.1⟩ *jmd. (auch Tier), der in einen Raum, ein umschlossenes Gebiet eingedrungen ist, jmd., der sich in eine Gemeinschaft hineindrängt oder -gedrängt hat*

Ein|druck ⟨m.2⟩ **1** *durch Druck entstandene Vertiefung;* E. eines Fußes im Erdreich **2** *Einwirkung auf das Bewußtsein, Gefühl, Denken;* das Erlebnis hat einen tiefen E. in mir hinterlassen; auf einer Reise starke Eindrücke aufnehmen; neue Eindrücke gewinnen, sammeln; die Ausstellung hat mir großen, keinen E. gemacht **3** *auf bestimmte Weise ausgeübte Wirkung;* was hast du für einen E. von ihm? *wie hat er auf dich gewirkt?;* er macht einen guten, zuverlässigen E.; E. auf jmdn. machen *auf jmdn. wirken, jmds. Aufmerksamkeit erregen* **4** *Gefühl (das durch etwas ausgelöst wird);* ich habe den E., als verberge er etwas

ein|drucken ⟨-k|k-; V.1, hat eingedruckt; mit Akk.⟩ *so aufdrucken, daß es unverwischbar haftenbleibt;* Postkarte mit eingedrucktem Wertzeichen; Stoff mit eingedrucktem Muster

ein|drücken ⟨-k|k-; V.1, hat eingedrückt⟩ I ⟨mit Akk.⟩ **1** *hineindrücken;* Muster, Formen in eine weiche Masse e. **2** *nach innen drücken und dadurch beschädigen;* ein Fenster e.; der Lastwagen hat bei dem Unfall die Hauswand eingedrückt II ⟨refl.⟩ sich e. *durch Druck eine Spur in etwas hinterlassen;* seine Fußtapfen haben sich im Schnee eingedrückt

ein|drück|lich ⟨Adj., o.Steig.⟩ *einen (starken) Eindruck hinterlassend, machend;* dieser Vorfall hat mir e. klargemacht, daß ...

ein|drucks|fä|hig ⟨Adj., o.Steig.⟩ *fähig, Eindrücke aufzunehmen;* ein ~er Mensch **Ein|drucks|fä|hig|keit** ⟨f., -, nur Sg.⟩

ein|drucks|voll ⟨Adj.⟩ *einen (starken) Eindruck machend, stark wirkend;* eine ~e Aufführung; ein ~es Bauwerk; ihre gestrige Rede war e.

ei|ne → *ein*²

ein|eb|nen ⟨V.2, hat eingeebnet; mit Akk.⟩ *mit der umgebenden Fläche auf gleiche Höhe bringen, ganz eben, glatt machen;* Erdhügel e.; Unterschiede e. ⟨übertr.⟩ *beseitigen* **Ein|eb|nung** ⟨f., -, nur Sg.⟩

Ein|ehe ⟨f.11⟩ → *Monogamie;* in E. leben

ein|ei|ig ⟨Adj., o.Steig.⟩ *durch Teilung der einzigen von einer Samenzelle befruchteten Eizelle entstanden;* vgl. *zweieiig;* ~e Zwillinge

ein|ein|deu|tig ⟨Adj., o.Steig.; Math.⟩ *umkehrbar eindeutig;* ~e Funktion

ein|ein|halb ⟨Num.⟩ *1½, eine(r, -s) und ein(e) halbe(r, -s);* Syn. *einundeinhalb;* e. Stunden *eine und eine halbe Stunde;* es hat e. Tage gedauert *einen und einen halben Tag*

ein|ein|halb|mal ⟨Adv.⟩ *einmal und noch die Hälfte dazu;* e. soviel *genauso viel und noch die Hälfte mehr;* das Grundstück ist e. so groß

ei|nen ⟨V.1, hat geeint; mit Akk.⟩ *einig machen;* Syn. *einigen;* ein Volk e.; ein geeintes Volk

ein|en|gen ⟨V.1, hat eingeengt; mit Akk.⟩ **1** jmdn. e. *in der Bewegungsfreiheit behindern;* sich in einem Kleidungsstück eingeengt fühlen; jmdn. durch Verbote, zu große Ansprüche e.; ich fühle mich in dieser Gemeinschaft eingeengt **2** *etwas* e. *enger begrenzen;* einen Begriff auf einen bestimmten Bereich e.; man sollte diesen Künstler nicht auf die Unterhaltungsliteratur eingeengt betrachten **Ein|en|gung** ⟨f., -, nur Sg.⟩

ei|ne(r, -s) ⟨unbestimmtes Pron.⟩ *jemand, man, etwas;* da kann einer sagen, was er will; das ist die Ansicht eines, der so etwas noch nie erlebt hat; ich will dir eines (eins) sagen; das macht einem keine Freude; so eine bist du also!; es kann einen jammern, wenn man das sieht

Ei|ner ⟨m.5⟩ **1** *eine der Zahlen von 0 bis 9, wenn sie bei einer mehrstelligen Zahl die letzte Stelle einnimmt* **2** *schmales, sehr leicht gebautes Rennruderboot, das von einer Person gerudert und gesteuert wird;* Syn. *Skiff*

ei|ner|lei ⟨Adj., o.Steig., o.Dekl.; nur als Attr. und mit „sein"⟩ **1** *gleichförmig, ohne Abwechslung;* es gibt dort immer nur e. Essen **2** *gleich(artig);* diese Taschen gibt es nur in e. Farbe; Jacke und Hose aus e. Stoff **3** *unwichtig, gleichgültig;* das ist mir e.

Ei|ner|lei ⟨n., -s, nur Sg.⟩ *Eintönigkeit, immer gleicher Ablauf;* der Krankenhausaufenthalt in seinem täglichen E.

ei|ner|seits ⟨Adv.⟩ *wenn man die eine Seite der Angelegenheit betrachtet, auf der einen Seite;* Syn. *einesteils;* e. interessiert mich der Film, und ich möchte ihn gern sehen, andererseits habe ich zu wenig Zeit dazu

ei|nes ⟨Adv.⟩ → *eins* (II,4)

ei|nes|teils ⟨Adv.⟩ → *einerseits;* e. – andernteils

ein|fach ⟨Adj.⟩ **1** *nur einmal, nicht doppelt, nicht mehrfach;* ~er Knoten; ~e Fahrkarte *Fahrkarte ohne Rückfahrt;* der Stoff, das Papier liegt e. **2** *beschränklich, leicht auszuführen;* eine ~e Aufgabe, Frage; das ist ganz e. **3** *bescheiden, schlicht;* er ist ein ganz ~er Mensch; ein ~es Bauernhaus; ~es Essen; e. leben *sehr e. gekleidet sein* **4** *aus einer niederen Gesellschaftsschicht;* ~e Leute; von ~er Herkunft **5** ⟨nur als Adv.; verstärkend⟩ **a** *ohne weiteres, ohne zu fragen oder etwas zu sagen, ohne Vorbereitung;* ich bin e. weggegangen; fang doch e. an!; ich probiere das e. einmal **b** *geradezu, wirklich;* das ist e. unmöglich; ich habe e. keine Zeit; es ist e. so, daß ...

Ein|fach|heit ⟨f., nur Sg.⟩ **1** *einfache Beschaffenheit, leichte Ausführbarkeit, Verständlichkeit;* die E. der Aufgabe, seines Vortrags; der E. halber *weil es so einfach ist* **2** *Bescheidenheit, Schlichtheit;* die E. ihrer Lebensweise

ein|fä|deln ⟨V.1, hat eingefädelt⟩ I ⟨mit Akk.⟩ **1** *durchs Nadelöhr schieben;* einen Faden e. **2** *in den Spalt einer Spule schieben;* ein Tonband e. **3** *mit einem Faden versehen, indem man diesen durchs Öhr zieht;* eine Nadel e.; die Nähmaschine e. **4** ⟨übertr.⟩ *vorbereiten, ins Werk setzen;* einen Plan (geschickt) e.; eine Intrige e.; das hast du klug, raffiniert eingefädelt II ⟨refl.⟩ sich e. **1** *sich von der Seite in eine Autoschlange einordnen* III ⟨o.Obj.; Sportspr.; beim Slalom⟩ *an einer Torstange hängenbleiben*

ein|fah|ren ⟨V.32⟩ I ⟨o.Obj.; ist eingefahren⟩ **1** *hereinkommen;* der Zug ist eingefahren **2** ⟨Bgb.⟩ *zur Arbeit in die Grube hinunterfahren;* die Kumpels sind eingefahren **3** ⟨Jägerspr.⟩ *in den Bau kriechen;* der Dachs, Fuchs fährt ein II ⟨mit Akk.; hat eingefahren⟩ **1** *mit dem Wagen in die Scheune bringen;* Heu, Getreide e. **2** *in die Garage fahren;* ich muß den Wagen noch e. **3** *durch Fahren nach innen drücken und beschädigen;* eine Tür, eine Hauswand e. **4** *durch Fahren voll leistungsfähig machen;* ein Auto e.; sich in eingefahrenen Gleisen bewegen ⟨übertr.⟩ *in immer gleicher Weise arbeiten und handeln, ohne neue Wege zu suchen* **5** ⟨ugs.⟩ *große Mengen essen* III ⟨refl.; hat eingefahren⟩ sich e. **1** *sich langsam an das Lenken eines Fahrzeugs gewöhnen;* der große Wagen ist mir ungewohnt, ich muß mich erst e. **2** *allmählich immer besser, leichter funktionieren;* der Arbeitsablauf hat sich eingefahren *die Sache hat sich eingefahren die Sache läuft jetzt reibungslos*

Ein|fahrt ⟨f.10⟩ **1** ⟨nur Sg.⟩ *das Ein-, Hereinfahren;* Ggs. *Ausfahrt* (1) **2** *Fahrt (des Zuges) in den Bahnhof;* Ggs. *Ausfahrt* (3); die E. ist nicht freigegeben **3** *Straße, über die man auf die Autobahn gelangt;* Ggs. *Ausfahrt* (4) **4** *Tor, durch das man ein- und ausfahren kann*

Ein|fall ⟨m.2⟩ **1** *das Ein-, Hereinfallen* (Licht~) **2** *gewaltsames Eindringen;* E. von Truppen; feindlicher E. **3** *plötzlicher Beginn;* E. des Winters; E. von Kälte **4** *plötzlicher Gedanke;* das war von dir ein E. von mir; ein guter, origineller E.; er hat manchmal verrückte Einfälle; er hat Einfälle ihm fallen originelle Dinge ein, er hat Phantasie

ein|fal|len ⟨V.33, ist eingefallen⟩ I ⟨o.Obj.⟩ **1** *einstürzen, in sich zusammenfallen;* die alte Hütte ist eingefallen **2** *hereinströmen;* durch die Fenster fällt Licht ein **3** *einsinken;* eingefallene Wangen, Schläfen haben **4** *sich in ein Gespräch mischen;* „,..."; fiel er ein **5** ⟨Jägerspr.⟩ *sich niedersetzen;* Federwild fällt ein **6** *in ein Land e. ein Land überfallen, mit Gewalt in ein Land eindringen* II ⟨mit Dat.⟩ *jmdm. e. jmdm. in den Sinn kommen, in Erinnerung kommen;* mir ist eben eingefallen, daß ich noch etwas besorgen muß; was fällt dir ein? *was denkst du dir denn?, das geht doch nicht!;* fällt mir ja gar nicht ein! ⟨ugs.⟩ *ich denke nicht daran, das tu ich nicht!*

ein|falls|los ⟨Adj.⟩ *ohne (gute) Einfälle;* ein ~es Theaterstück **Ein|falls|lo|sig|keit** ⟨f., -, nur Sg.⟩

ein|falls|reich ⟨Adj.⟩ **1** *voller (guter) Einfälle;* ein ~er Mitarbeiter **2** *reich an (guten) Einfällen;* ein ~es Theater-, Musikstück **Ein|falls|reich|tum** ⟨m., -s, nur Sg.⟩

Ein|falls|tor ⟨n.1⟩ *Stelle im Gelände, die sich für den Einfall in ein benachbartes Land besonders gut eignet*

Ein|falls|win|kel ⟨m.5; Optik⟩ *Winkel, unter dem ein Strahl in ein Medium eintritt*

Ein|falt ⟨f., -, nur Sg.⟩ *Syn. Einfältigkeit* **1** ⟨urspr.⟩ *Reinheit des Herzens, aufrichtige Gläubigkeit* **2** ⟨heute meist⟩ *leichte geistige Beschränktheit sowie darauf beruhende Arglosigkeit und Vertrauensseligkeit, Mangel an Lebenserfahrung* **3** ⟨veraltend⟩ *einfältige Person;* ach, du liebe E.!

ein|fäl|tig ⟨Adj.⟩ *geistig etwas beschränkt, gutmütig und arglos, vertrauensselig, lebensunerfahren*

Ein|fäl|tig|keit ⟨f., -, nur Sg.⟩ → *Einfalt*

Ein|falts|pin|sel ⟨m.5⟩ *leicht beschränkter, zu vertrauensseliger Mensch*

ein|fan|gen ⟨V.34, hat eingefangen; mit Akk.⟩ **1** *fangen und in Gewahrsam nehmen;* einen geflohenen Dieb e.; ein Tier e. **2** *beobachten und schildern;* der Maler, Dichter hat die Abendstimmung gut eingefangen

Ein|fang|pro|zeß ⟨m.1⟩ *Prozeß, bei dem ein Elektron der (meist) innersten Schale vom Atomkern eingefangen wird (dessen Stelle wird von einem äußeren Elektron aufgefüllt, wobei die charakteristische Röntgenstrahlung auftritt)*

ein|far|big, ⟨österr.⟩ **ein|fär|big** ⟨Adj., o.Steig.⟩ *in nur einer Farbe gehalten, nur eine Farbe aufweisend*

ein|fas|sen ⟨V.1, hat eingefaßt; mit Akk.⟩ *mit einem Rand versehen, umgeben;* eine Naht mit einem Band e.; Blumenbeete mit Buchsbaum e.

Ein|fas|sung ⟨f.10⟩ **1** ⟨nur Sg.⟩ *das Einfassen* **2** *Rand, Umrandung*

ein|fin|den ⟨V.36, hat eingefunden; refl.⟩ sich e. *kommen;* ich werde mich pünktlich um vier Uhr e.; sie hatten sich vollzählig eingefunden

ein|flech|ten ⟨V.37, hat eingeflochten; mit Akk.⟩ **1** *in etwas flechten;* ein Band in den Zopf e. **2** *dazwischen erzählen, mitteilen;* eine Bemerkung, eine Beobachtung e.; wenn ich das eben kurz e. darf

ein|flie|gen ⟨V.38⟩ I ⟨o.Obj.; ist eingeflogen⟩ *hereingeflogen kommen, hineinfliegen;* feindliche Flugzeuge sind in den Raum Braunschweig eingeflogen II ⟨mit Akk.; hat eingeflogen⟩ **1** *durch Fliegen voll leistungsfähig machen;* ein Flugzeug e. **2** *mit Flugzeugen hereinbringen;* Truppen, Lebensmittel (in ein Gebiet) e.

ein|flie|ßen ⟨V.40, ist eingeflossen; o.Obj.⟩ **1** *hinein-, hereinfließen* **2** *etwas e. lassen beim Sprechen zwanglos, nebenbei dazwischen bemerken;* er ließ in seiner Rede die Bemerkung, Beobachtung e., daß ...

ein|flö|ßen ⟨V.1, hat eingeflößt; mit Dat. und Akk.⟩ jmdm. etwas e. **1** *jmdm. etwas schluckweise zu trinken geben* **2** *in jmdm. etwas (Empfindung) erregen;* jmdm. Furcht, Abneigung e.
Ein|flug ⟨m.2⟩ *das Einfliegen*
Ein|flug|schnei|se ⟨f.11⟩ *Geländestreifen vor der Landebahn eines Flughafens, der von Bauwerken über eine bestimmte Höhe freigehalten wird und über dem ein Flugzeug einfliegt, bevor es auf dem Boden aufsetzt*
Ein|fluß ⟨m.2⟩ **1** ⟨selten⟩ *das Einfließen, das Münden* **2** *bestimmende, richtungweisende Wirkung;* (einen) E. auf jmdn. oder etwas ausüben, haben; das hat auf meine Entscheidung, Meinung keinen E.; guter, schlechter E.; ein Mann von großem, weitreichendem E.; viele Einflüsse von außen; unter jmds. E. stehen
ein|fluß|reich ⟨Adj.⟩ **1** *viel Einfluß besitzend;* ein ~er Mann; ~e Gönner haben **2** *Einfluß ermöglichend;* eine ~e Stellung haben
ein|flü|stern ⟨V.1, hat eingeflüstert; mit Dat. und Akk.⟩ jmdm. etwas e. **1** *jmdm. etwas heimlich mitteilen mit dem Zweck, ihn zu beeinflussen* **2** ⟨Schule; selten⟩ *jmdm. die Antwort zuflüstern, vorsagen*
Ein|flü|ste|rung ⟨f.10⟩ *das Einflüstern, eingeflüsterte Mitteilung;* jmds. ~en erliegen; ich gebe auf solche ~en nichts
ein|för|mig ⟨Adj.⟩ *immer gleich, sich ständig wiederholend, ohne Abwechslung;* die Tage fließen e. dahin; sein Leben ist e.; eine ~e Landschaft **Ein|för|mig|keit** ⟨f., -, nur Sg.⟩
ein|frie|den ⟨V.2, hat eingefriedet⟩, **ein|frie|di|gen** ⟨V.1, hat eingefriedigt; mit Akk.⟩ *mit einer Hecke, einem Zaun, ⟨auch⟩ einer Mauer umgeben*
Ein|frie|di|gung, Ein|frie|dung ⟨f.10⟩ *Hecke, Zaun, ⟨auch⟩ Mauer;* innerhalb, außerhalb der E.
ein|frie|ren ⟨V.3⟩ **I** ⟨o.Obj.; ist eingefroren⟩ **1** *im gefrierenden Wasser steckenbleiben;* die Pflanzen am Ufer sind eingefroren **2** *infolge gefrorenen Wassers unbenutzbar werden;* die Wasserleitung ist eingefroren **II** ⟨mit Akk.; hat eingefroren⟩ **1** *durch Gefrieren bei sehr niedriger Temperatur haltbar machen;* Lebensmittel, Speisen e. **2** *für unbestimmte Zeit ruhenlassen;* Beziehungen, ein Vorhaben e.
ein|fü|gen ⟨V.1, hat eingefügt⟩ **I** ⟨mit Akk.⟩ *dazwischensetzen, -stellen, -legen, -schreiben;* einige Sätze in einen Text e.; neue Teile in einen Gegenstand e. **II** ⟨refl.⟩ sich e. **1** *sich (in etwas) einordnen, sich (einer Sache) anpassen;* er hat sich in die Gemeinschaft, in die neue Umgebung rasch, gut eingefügt **2** *gut (zu etwas) passen;* die Häuser fügen sich gut in die Landschaft ein
Ein|fü|gung ⟨f.10⟩ **1** ⟨nur Sg.⟩ *das Einfügen* **2** *das Eingefügte;* eine E. machen, wieder streichen
ein|füh|len ⟨V.1, hat eingefühlt; refl.⟩ *sich in etwas oder jmdn. e. sich in etwas (Lage) oder jmdn. hineinversetzen, ein Gefühl nachempfinden;* ich kann mich gut in deine Lage, Stimmung, in dich e.
ein|fühl|sam ⟨Adj.⟩ *sich gut (in jmdn., in eine Situation) einfühlen könnend, voller Einfühlungsgabe;* ein ~er Mensch; der Aufsatz ist e. geschrieben **Ein|fühl|sam|keit** ⟨f., -, nur Sg.⟩
Ein|füh|lung ⟨f., -, nur Sg.⟩ *das Sicheinfühlen*
Ein|fuhr ⟨f.10⟩ *das Einführen (von Waren aus dem Ausland zum Verkauf im Inland);* Syn. *Import;* Ggs. *Ausfuhr*
ein|füh|ren ⟨V.1, hat eingeführt⟩ **I** ⟨mit Akk.⟩ **1** *etwas e. a hineinschieben;* ein Röhrchen in eine Körperhöhle e. **b** *(aus dem Ausland) hinein-, hereinbringen;* Syn. *importieren;* Ggs. *ausführen (1c);* Waren (in ein Land) e. **c** *in Gebrauch bringen;* einen neuen Brauch e.; eine neue Mode e.; das wollen wir gar nicht erst anfangen e.! ⟨ugs.⟩ so etwas wollen wir gar nicht erst einführen **d** *bekannt und beliebt machen, zum Blühen bringen;* ein Geschäft e.; ein gut eingeführtes Geschäft **2** *jmdn. e.* **a** *jmdn. bekannt machen, vorstellen;* jmdn. in eine Gemeinschaft, einen Kreis, bei Freunden e.; eine neue Figur (im Roman, Drama) e. **b** *jmdn. einarbeiten, (mit etwas) vertraut machen;* einen neuen Mitarbeiter (in seine Arbeit) e. **II** ⟨refl.⟩ sich e. **1** *zum ersten Mal auftreten und einen bestimmten Eindruck machen;* er hat sich in diese Gesellschaft gut, schlecht eingeführt **2** *bekannt und beliebt werden;* dieser Artikel, diese Ware hat sich gut eingeführt
Ein|füh|rung ⟨f.10⟩ **1** ⟨nur Sg.⟩ *das Ein-, Hineinführen;* E. eines Schlauchs in eine Körperhöhle **2** ⟨nur Sg.⟩ *das In-Gebrauch-Bringen;* E. einer neuen Mode, einer neuen Ware **3** *das Bekanntmachen (mit etwas);* ein Vortrag zur E. in ein Wissensgebiet; eine E. zu einem Buch schreiben; E. in ein Amt, in eine neue Arbeit **4** ⟨nur Sg.⟩ *das Vorstellen, Bekanntmachen;* E. eines Gasts in eine Gesellschaft
Ein|füh|rungs|preis ⟨m.1⟩ *günstiger Preis (für eine Ware, solange sie noch nicht bekannt ist)*
Ein|ga|be ⟨f.11⟩ **1** *das Eingeben;* E. eines Medikaments; E. von Daten in einen Computer **2** *Gesuch, Bittschrift;* eine E. bei einer Behörde machen
Ein|ga|be|ge|rät ⟨n.1⟩ **1** *Gerät, das Daten von einem Lochstreifen oder Magnetband abliest und auf einen Computer überträgt* **2** *Gerät, mit dem Daten vor der Speicherung aufbereitet werden*
Ein|gang ⟨m.2⟩ **1** *Öffnung, Tür zum Eintreten;* Ggs. *Ausgang (4);* das Haus hat einen zweiten E. **2** *Stelle, an der etwas beginnt, an der ein Weg hineinführt;* am E. des Dorfes, der Schlucht **3** *Ankunft, Eintreffen (Post~);* Syn. *Einlauf;* nach E. des Geldes **4** ⟨Pl.⟩ *Eingänge eintreffende Briefe;* viele Eingänge **5** *Beginn;* ich habe am E. meines Vortrags gesagt, daß ... **6** ⟨nur Sg.⟩ *Möglichkeit, in etwas hineinzugelangen, etwas zu verstehen;* den E. in ein Wissensgebiet finden, keinen E. in eine, zu einer Gemeinschaft finden
ein|gän|gig ⟨Adj.⟩ *leicht verständlich, Verständnis ermöglichend;* ~e Ausdrucksweise; ein ~er Vortrag
ein|gangs ⟨Adv. und Präp.⟩ *am Anfang,* Ggs. *ausgangs;* wie ich e. schon erwähnte; e. Ihres Schreibens ⟨Kanzleispr.⟩
ein|ge|ben ⟨V.45, hat eingegeben⟩ **I** ⟨mit Akk.; †⟩ *einreichen;* ein Gesuch e. **II** ⟨mit Dat. und Akk.⟩ **1** *jmdm. etwas e.* **a** *schluckweise, löffelweise zu essen, zu trinken geben;* einem Kranken Arznei, Suppe e. **b** *in den Sinn, ins Bewußtsein bringen;* jmdm. einen (guten) Gedanken e. **2** *einem Computer etwas e. etwas in einem Computer speichern;* einem Computer Daten, ein Programm e.
ein|ge|bil|det ⟨Adj.⟩ *vom eigenen Wert, von den eigenen Fähigkeiten allzu sehr überzeugt* **Ein|ge|bil|det|heit** ⟨f., -, nur Sg.⟩
Ein|ge|bin|de ⟨n.5⟩ *→ Einbund*
ein|ge|bo|ren ⟨Adj., o.Steig.⟩ **1** *einzig,* ⟨nur in der Wendung⟩ Gottes ~er Sohn [Lehnübersetzung von lat. *ingenitus* „ungezeugt", < *in...* „nicht" und *gignere* „zeugen"] **2** ⟨nur als Attr. und mit „sein"⟩ **a** *einheimisch;* die ~e Bevölkerung ⟨poet.⟩ angeboren, ererbt; diese Fähigkeit ist ihm e. [Lehnübersetzung von lat. *ingenuus* „einheimisch, angeboren, natürlich", < *in* „in" und *gignere* „zeugen, hervorbringen"]
Ein|ge|bo|re|nen|spra|che ⟨f.11⟩ *Sprache der Eingeborenen (eines Landes)*
Ein|ge|bo|re|ne(r) ⟨m. bzw. f.17 oder 18; bes. von Naturvölkern⟩ *jmd., der in dem Land (von dem die Rede ist) geboren ist und dort lebt, Ureinwohner;* die Eingeborenen von Haiti
Ein|ge|bung ⟨f.10⟩ **1** *plötzlich auftauchender, wichtiger Gedanke (der eine Lösung bringt);* eine E. haben **2** *Anstoß, plötzlicher Antrieb;* seinen ~en folgen
ein|ge|denk ⟨Adj.; nur in den Wendungen⟩ einer Sache e. *im Gedanken, in Erinnerung an eine Sache;* e. seiner bösen Erfahrung lehnte er das Angebot ab; einer Sache e. sein, e. bleiben *sich einer Sache immer bewußt sein, immer an eine Sache denken;* sei dessen immer e.!; sei immer e., daß ...!
ein|ge|fleischt ⟨Adj., o.Steig.; nur als Attr.⟩ **1** *in Fleisch und Blut übergegangen;* eine ~e Gewohnheit **2** *unverbesserlich, überzeugt;* ~er Junggeselle
ein|ge|fuchst ⟨Adj., o.Steig.; nur als Attr. und mit „sein"⟩ *geübt, erfahren, sich gut auskennend;* ein ~er Redakteur; er ist (noch) nicht) e.
ein|ge|hen ⟨V.47, ist eingegangen⟩ **I** ⟨mit Akk.⟩ *etwas e. etwas (durch persönlichen Einsatz) gültig machen;* eine Ehe, die Ehe mit jmdm. e. *eine Ehe schließen, jmdn. heiraten;* eine Verpflichtung e. *eine Verpflichtung übernehmen;* einen Vertrag e. *einen Vertrag schließen;* eine Wette e. *eine Wette abschließen;* ich gehe jede Wette ein, daß ... **II** ⟨mit Dat.⟩ jmdm. e. **1** *jmdm. verständlich sein;* das geht mir nicht ein, will mir nicht eingehen; es geht mir nicht ein, daß ... **2** *mit Wohlgefallen, mit Genugtuung gehört, aufgenommen werden;* das Lob ging ihm glatt ein; das geht mir ein wie Milch und Honig ⟨ugs.⟩ *das (= das Lob, Kompliment, die Anerkennung) freut mich zu hören* **III** ⟨o.Obj.⟩ **1** *zugrunde gehen, sterben;* die Pflanzen sind (aus Mangel an Nahrung, Licht, durch falsche Behandlung) eingegangen; der Hund ist eingegangen **2** *Schaden, Nachteile haben* ⟨ugs.⟩ wenn ich das tue, gehe ich ein **3** *ankommen, eintreffen;* Syn. *einlaufen;* heute ist ein Brief eingegangen, der ...; die eingegangene Post durchsehen **4** *in etwas e. in einen Zustand gelangen;* in die ewige Ruhe e. ⟨übertr.⟩ *sterben* **5** *enger, kleiner werden;* Syn. *einlaufen;* die Bluse geht beim Waschen noch ein, ist beim Waschen eingegangen **IV** ⟨mit Präp.obj.⟩ **1** *auf etwas e.* **a** *einer Sache zustimmen;* auf einen Vorschlag e. **b** *im einzelnen darüber sprechen;* ich kann jetzt nicht (näher) darauf e.; darauf werde ich noch e. **2** *auf jmdn. e. sich mit jmdm. verständnisvoll beschäftigen, seine Interessen, Wünsche beachten;* er geht sehr auf das Kind ein
ein|ge|hend ⟨Adj.⟩ *ins einzelne gehend, gründlich;* eine ~e Beschreibung; sich e. mit etwas beschäftigen
ein|ge|keilt ⟨Adj.; nur mit „sein"⟩ *zwischen etwas e. sein sich so eng zwischen Fahrzeugen oder Gegenständen befinden, daß man sich nicht fortbewegen kann;* zwischen Autos, Gepäckstücken e. sein
ein|ge|mein|den ⟨V.2, hat eingemeindet; mit Akk.⟩ *in eine Gemeinde aufnehmen, verwaltungsmäßig einer Gemeinde eingliedern;* ein Dorf, eine kleine Stadt e. **Ein|ge|mein|dung** ⟨f.10⟩
Ein|ge|richt ⟨n.1⟩ *von Bastlern oder Heimarbeitern hergestellte Schnitzerei oder Klebearbeit, die an der Pinzette in eine Flasche zusammengesetzt oder als Ganzes eingeführt und mittels Fäden aufgeklappt wird (meist als Flaschenschiff)*
Ein|ge|rich|te ⟨n.5; bei Türschlössern⟩ *innerer Bau*
ein|ge|schlech|tig ⟨Adj., o.Steig.; bei Blüten⟩ *nur weibliches oder männliches Geschlecht aufweisend;* Syn. *diklin*
ein|ge|schwo|ren ⟨Adj., o.Steig.; nur als Attr.⟩ *überzeugt, unerbittlich;* er ist ein ~er

Feind aller Halb- und Schwachheiten; →*einschwören (3)*

ein|ge|ses|sen ⟨Adj., o.Steig.; nur mit Attr. und mit „sein"⟩ *(seit langer Zeit) ansässig, einheimisch;* die ~e Landbevölkerung

Ein|ge|ständ|nis ⟨verstärkend⟩ →*Geständnis*

ein|ge|ste|hen ⟨verstärkend⟩ →*gestehen*

Ein|ge|wei|de ⟨n.5, meist Pl.⟩ 1 ⟨beim Menschen und bei Wirbeltieren⟩ *die in der Bauchhöhle liegenden Organe* 2 ⟨poet., †⟩ *Herz, Inneres (als Sitz der Gefühle)* [< mhd. *ingeweide* Weide, hier in der Bed. „Futter", da das Eingeweide von Tieren den Hunden als Futter gegeben wurde]

Ein|ge|wei|de|bruch ⟨m.2⟩ →*Hernie*

Ein|ge|wei|de|wurm ⟨m.4; volkstüml.⟩ *in den Eingeweiden von Mensch oder Tier schmarotzender Wurm (z. B. Bandwurm, Fadenwürmer)*

Ein|ge|weih|te(r) ⟨m. bzw. f.17 oder 18⟩ *jmd., der (in eine Sache) eingeweiht ist, der ins Vertrauen gezogen worden ist;* das wissen nur Eingeweihte

ein|ge|wöh|nen ⟨V.1, hat eingewöhnt; refl.⟩ *sich e. sich an die neue Umgebung gewöhnen, sich der neuen Umgebung anpassen;* er ist jetzt im Kindergarten und hat sich schnell, gut eingewöhnt, hat sich bis jetzt nicht e. können; du wirst dich schon noch e.; sich an einem neuen Arbeitsplatz e.

Ein|ge|wöh|nung ⟨f., -, nur Sg.⟩ *das Sicheingewöhnen;* man braucht immer eine Zeit der E.

ein|ge|wur|zelt ⟨Adj., o.Steig.; nur als Attr. und mit „sein"⟩ *tief, fest sitzend, seit langer Zeit vorhanden, seit langer Zeit geübt;* ~e Feindschaft; eine ~e Gewohnheit; ein ~er Brauch

ein|ge|zo|gen ⟨Adj., o.Steig.; nur als Attr. und mit „sein"⟩ *zurückgezogen, ohne geselligen Verkehr;* ein ~es Leben führen; (sehr) e. leben

ein|gip|sen ⟨V.1, hat eingegipst; mit Akk.⟩ *mit einem Gipsverband versehen, in Gips legen;* ein gebrochenes Bein e.

Ein|glas ⟨n.4⟩ →*Monokel*

ein|glei|sig ⟨Adj., o.Steig.⟩ *mit nur einem Gleis versehen und daher nur in einer bzw. in beiden Richtungen befahrbar;* Syn. *einspurig;* ~e Strecke; der Zug fährt hier e. verkehrt hier nur auf einem Gleis

ein|glie|dern ⟨V.1, hat eingegliedert; mit Akk.⟩ *etwas oder jmdn. (in etwas) e. sinnvoll, ordnungsgemäß einfügen, eine Sache oder jmdn. den richtigen Platz (in etwas) anweisen;* neue Teile in ein vorhandenes System e.; jmdn. in eine Gemeinschaft e. **Ein|gliede|rung** ⟨f., -, nur Sg.⟩

ein|gra|ben ⟨V.58, hat eingegraben⟩ **I** ⟨mit Akk.⟩ **1** *in ein gegrabenes Loch setzen, legen und mit Erde bedecken;* der Hund hat seinen Knochen eingegraben **2** *eingravieren, einmeißeln;* eine Inschrift in Stein e. **II** ⟨refl.⟩ sich e. **1** ⟨Mil.⟩ *ein Loch graben und sich zum Schutz darin niederlassen* **2** *sich einprägen;* in seinem Gesicht haben sich tiefe Falten eingegraben; diese Worte haben sich mir tief ins Herz, ins Gedächtnis eingegraben

ein|gra|vie|ren ⟨V.3, hat eingraviert; †⟩ ⟨mit Akk.⟩ *etwas in etwas e. einmeißeln, einritzen, gravieren;* einen Namen, ein Datum in einen Ring e.

Ein|gra|vie|rung ⟨f.10⟩ **1** ⟨nur Sg.⟩ *das Eingravieren* **2** *das Eingravierte*

ein|grei|fen ⟨V.59, hat eingegriffen; o.Obj.⟩ *sich (energisch, helfend) einmischen, dazwischentreten;* jetzt, hier muß ich e., ich will, kann hier nicht e.; durch sein Eingreifen ist ein Unfall vermieden worden; der Lehrer greift sofort ein, wenn ...; in etwas e. *etwas unterbrechen,* in einen Streit e., in eine Debatte e.

Ein|griff ⟨m.1⟩ **1** *das (ungebetene, widerrechtliche) Eingreifen;* E. in jmds. Rechte; ich verbitte mir jeden E. in meine Angelegenheiten! **2** *Operation;* ein ärztlicher E.

Ein|guß ⟨m.2⟩ *Öffnung, durch die das geschmolzene Metall in die Form gegossen wird*

ein|ha|ken ⟨V.1, hat eingehakt⟩ **I** ⟨mit Akk.⟩ **1** *etwas e. (mittels Öse) in einen Haken hängen, schieben;* eine Öse e.; einen Riemen, ein Seil e. **2** *jmdn. e. sich bei jmdm. einhängen* **II** ⟨o.Obj.⟩ *eingreifen, ein Gespräch unterbrechen, ein* Gespräch unterbrechen, bei dieser Bemerkung hakte er ein **III** ⟨refl.⟩ sich (bei jmdm.) e. →*einhängen (III);* hak dich ein!

ein|halb|mal ⟨Adv.⟩ *mit der Hälfte malgenommen;* e. soviel *halb soviel;* e. so groß *halb so groß*

Ein|halt ⟨m.; nur in der Wendung⟩ *jmdm., einer Sache E. gebieten jmdn. hindern, etwas weiterhin zu tun, eine Sache hindern, sich auszubreiten, weiter zu wirken*

ein|hal|ten ⟨V.61, hat eingehalten⟩ **I** ⟨mit Akk.⟩ *etwas e.* **1** *sich nach etwas richten;* eine Vereinbarung, einen Vertrag e. **2** *pünktlich zu etwas kommen;* eine Verabredung, einen Termin e. **3** *unbeirrt an etwas festhalten, etwas beibehalten;* die Dienstzeit, den Kurs, die Richtung e. **4** *in kleine Fältchen legen (um die Breite zu verringern);* eine Stoffkante e. **II** ⟨o.Obj.⟩ *innehalten, vorübergehend aufhören (etwas zu tun);* halt ein! *hör auf!;* im Sprechen, Arbeiten e.

Ein|hal|tung ⟨f., -, nur Sg.⟩ *das Einhalten;* auf E. der Dienststunden dringen

ein|häm|mern ⟨V.1, hat eingehämmert⟩ **I** ⟨mit Akk.⟩ *durch Hämmern im Untergrund befestigen;* Pflastersteine e. **II** ⟨meist mit Dat. und Akk.; übertr.⟩ *jmdm. etwas e. immer wieder nachdrücklich sagen, vor Augen halten;* täglich wurde uns eingehämmert, daß ...

Ein|hand|boot ⟨n.1⟩ *Segelboot, das nur von einer Person gesegelt wird (z.B. Finn-Dingi)*

ein|han|deln ⟨V.1, hat eingehandelt⟩ **I** ⟨mit Akk.⟩ *kaufen, eintauschen;* Brot gegen Zigaretten e. **II** ⟨mit Dat. (sich) und Akk.; übertr.⟩ *sich etwas e. (als Folge seines Tuns) sich etwas zuziehen, etwas (Unangenehmes) bekommen;* sich beim Baden einen Pilz, eine Erkältung e.

ein|hän|dig ⟨Adj., o.Steig.⟩ *nur mit einer Hand;* ~ Klavier spielen, radfahren

ein|hän|di|gen ⟨V.1, hat eingehändigt; mit Dat. und Akk.; verstärkend⟩ *jmdm. etwas e. (bes. im Auftrag) in die Hand geben, geben, überreichen;* jmdm. Geld, Papiere e.

Ein|hän|di|gung ⟨f., -, nur Sg.⟩

ein|hän|gen ⟨V.1, hat eingehängt⟩ **I** ⟨mit Akk.⟩ **1** *mittels Öse oder Scharnier befestigen, aufhängen;* Ggs. *aushängen (I,2);* die Tür, ein Fenster e.; den Telefonhörer e. ⟨früher; vgl. II⟩ **2** ⟨o.Obj.⟩ *den Telefonhörer auf die Gabel legen, das Gespräch durch Auflegen des Hörers abrupt, unhöflich beenden;* er hat einfach eingehängt [früher war der Telefonhörer zum Aufhängen eingerichtet] **III** ⟨refl.⟩ sich (bei jmdm.) e. *den Arm in jmds. angewinkelten Arm legen;* Syn. *einhaken, einhenkeln;* komm, häng dich ein!; sie hängte sich bei ihm ein

ein|hau|en ⟨V.63, hat eingehauen⟩ **I** ⟨mit Präp.obj.⟩ *auf etwas oder jmdn. e. heftig, brutal auf etwas oder jmdn. schlagen;* er hieb auf den anderen ein **II** ⟨o.Obj.; haute ein; ugs.⟩ *viel und schnell, gierig essen*

ein|häu|sig ⟨Adj., o.Steig.⟩ *auf ein und derselben Samenpflanze männliche und weibliche Blüten hervorbringend;* Syn. *monözisch*

Ein|häu|sig|keit ⟨f., -, nur Sg.⟩ *das Einhäusigsein;* Syn. *Monözie*

ein|he|ben ⟨V.64, hat eingehoben; bayr.-österr.⟩ *kassieren;* Geld, Beiträge e.

ein|he|gen ⟨V.1, hat eingehegt; mit Akk.⟩ *mit Hecke oder Zaun umgeben;* ein Stück Wald, Garten e.

ein|hei|misch ⟨Adj., o.Steig.; nur als Attr. und mit „sein"⟩ **1** *in dem Land, Gebiet, Ort (von dem die Rede ist) geboren und dort lebend;* die ~e Bevölkerung **2** *in dem Land (von dem die Rede ist) vorkommend, lebend, hergestellt;* ~e Pflanzen, Tiere; ~er Wein; ~e Produkte; die Einheimischen; einen Einheimischen nach dem Weg fragen

ein|heim|sen ⟨V.1, hat eingeheimst; mit Akk.⟩ *für sich erlangen, gewinnen;* Lob, Lorbeeren e.; Gewinne e. [eigtl. „heimbringen"]

Ein|hei|rat ⟨f.10⟩ *das Einheiraten*

ein|hei|ra|ten ⟨V.2, hat eingeheiratet; mit Präp.obj.⟩ *in etwas e. durch Heirat in etwas aufgenommen werden, hineingelangen;* Syn. *hineinheiraten;* in eine große Familie e.; in eine Firma e.

Ein|heit ⟨f.10⟩ **1** ⟨nur Sg.⟩ *Zusammengehörigkeit, Ganzheit, Geschlossenheit;* die E. eines Volkes; Hinzufügungen würden die E. des Werks gefährden; die wirtschaftliche, politische E. eines Staates; die künstlerische E. von Musik und Text in einer Oper **2** *ein geschlossenes Ganzes;* zu einer untrennbaren E. verschmelzen; zwei Begriffe zu einer höheren E. verbinden **3** *Zahl, Größe, die als Maß gilt* (Maß~, Rechen~, Währungs~) **4** *Truppenverband; militärische E.;* zu einer anderen E. versetzt werden

ein|heit|lich ⟨Adj.⟩ **1** *eine Einheit bildend;* ein ~es Werk **2** *in der Art einer Einheit, in eine Einheit passend;* mehrere Dinge e. gestalten; eine Methode e. anwenden **3** *gleichartig, gleichförmig;* ~e Kleidung **Ein|heitlich|keit** ⟨f., -, nur Sg.⟩

Ein|heits|front ⟨f.10⟩ *Zusammenschluß mehrerer politischer Gruppierungen, um gemeinsame Ziele zu erreichen*

Ein|heits|kurz|schrift ⟨f.10⟩ *auf mehreren Systemen beruhende, allgemein verbindliche Kurzschrift*

Ein|heits|preis ⟨m.1⟩ *einheitlicher, für alle Artikel, alle Plätze geltender Preis;* in der Nachmittagsvorstellung gibt es nur den E. von 5,– DM

Ein|heits|staat ⟨m.12⟩ *Staat mit einheitlicher Gesetzgebung, Verwaltung und Rechtspflege*

ein|hei|zen ⟨V.1, hat eingeheizt⟩ **I** ⟨mit Akk.⟩ *etwas e. in etwas Feuer machen;* den Ofen, den Herd e. **II** ⟨o.Obj.⟩ *Feuer machen, die Heizung einschalten;* ich habe schon, noch nicht eingeheizt **III** ⟨mit Dat.⟩ *jmdm. e.* ⟨ugs.⟩ *jmdm. energisch die Meinung sagen*

ein|hel|fen ⟨V.66, hat eingeholfen; mit Dat.⟩ *jmdm. e. jmdm. das Stichwort, die Antwort zuflüstern, soufflieren, vorsagen;* einem Schauspieler e.; einem Mitschüler e.

ein|hel|lig ⟨Adj., o.Steig.⟩ **1** *von allen gleichermaßen vertreten;* die ~e Auffassung, Meinung **2** *übereinstimmend;* sie erklärten e., sie waren e. der Meinung, daß ...

ein|hen|keln ⟨V.1, hat eingehenkelt; mit Akk.⟩ *jmdn. e. sich bei jmdm.* →*einhängen (III)*

ein|her... ⟨in Zus. mit Verben⟩ *(meist in bestimmter Weise) dahin..., umher...,* z.B. *(stolz, gemessen) einherstolzieren*

ein|her|ge|hen ⟨V.47, ist einhergegangen⟩ **I** ⟨o.Obj.; †⟩ *auf bestimmte Weise gehen, umhergehen;* aufrecht, stolz e. **II** ⟨mit Präp.obj.⟩ *mit etwas e. zusammen mit etwas auftreten;* mit Fieber ~de Erkrankung

Ein|he|ri|er ⟨m.5; germ. Myth.⟩ *gefallener Kämpfer in Walhall* [< altnord. *einheri* Name für den Gott Thor, auch „Toter in Walhalla", eigtl. „der allein kämpft", zu *herja* „Krieg führen"]

Ein|hil|fe ⟨f.11⟩ *das Einhelfen, Vorsagen*

ein|ho|len ⟨V.1, hat eingeholt⟩ **I** ⟨mit Akk.⟩ **1** *etwas e.* **a** *erbitten, sich geben lassen;* jmds. Rat, Zustimmung e. **b** *herunterziehen und abnehmen;* die Fahne e.; Segel e. **c** *herein-, heraufziehen;* ein Boot e.; die Netze

e. d durch vermehrte Schnelligkeit ausgleichen; verlorene Zeit e.; jmds. Vorsprung e. 2 jmdn. e. a jmdn., der einen Vorsprung hat, erreichen; Syn. ⟨ugs.⟩ einkriegen b formell abholen und empfangen; prominente Gäste e. II ⟨o.Obj.; mdt.⟩ →einkaufen (II); ich will noch e.; e. gehen

Ein|ho|lung ⟨f., -, nur Sg.⟩ das Einholen (I); E. der Fahne, der Gäste

ein|hö|ren ⟨V.1, hat eingehört; refl.⟩ sich in etwas e. durch mehrmaliges Hören Geschmack an etwas finden; sich in die neue Musik, in eine Komposition e.

Ein|horn ⟨n.4⟩ Fabeltier mit Pferde- oder Ziegenkörper und einem langen Horn auf der Stirn

Ein|hu|fer ⟨m.5⟩ Unpaarhufer, dessen Huf nur aus einer Zehe, der mittleren, besteht, z.B. Esel, Pferd, Zebra

ein|hül|len ⟨V.1, hat eingehüllt; mit Akk.⟩ in etwas hüllen; jmdn. warm e.

ein|hun|dert ⟨verdeutlichend⟩ →hundert

ei|nig ⟨Adj., o.Steig.; nur als Attr. und mit „sein" und „werden"⟩ **1** ⟨poet.⟩ geeint; ein e. (~es) Volk **2** der gleichen Meinung, gleichen Sinnes; wir sind uns (darüber) e., daß ...; sich ⟨über etwas⟩ e. werden

ei|ni|ge I ⟨unbestimmtes Pron.; Sg.⟩ Syn. etliche **1** ein wenig, etwas; es bleibt noch e. Hoffnung; ich habe ~s Geld gespart; ~r gesunder Menschenverstand; er besitzt ~n gesunden Menschenverstand; mit ~m guten, ⟨auch⟩ gutem Willen geht es schon **2** ziemlich viel, eine ganze Menge; er hat ~s dazu getan; dazu gehört schon e. Erfahrung; das wird ~n Ärger geben; er weiß e. Gute(s) getan; er wußte ~es Kluge(s) dazu zu sagen II ⟨unbestimmtes Num.; Pl.⟩ mehrere, mehr als zwei; Syn. etliche **e.** Leute; ich war e. Male dort; e. Tage. e. (von ihnen) sind anderer Meinung; die Aussagen ~r (von ihnen) weichen davon ab; ich habe ~n etwas Geld gegeben

ein|igeln ⟨V.1, hat eingeigelt; refl.⟩ sich e. **1** ⟨Mil.⟩ eine Stellung beziehen, die eine Verteidigung nach allen Seiten erlaubt **2** sich von seiner Umgebung absondern, ganz für sich bleiben [eigtl. „sich wie ein Igel zusammenrollen"]

ei|ni|ge|mal ⟨Adv.⟩ einige Male

ei|ni|gen ⟨V.1, hat geeinigt⟩ I ⟨mit Akk.⟩ →einen I ⟨refl.⟩ sich ⟨mit jmdm.⟩ e. mit jmdm. einig werden, eine Vereinbarung treffen; wir haben uns geeinigt, daß wir ...; ich habe mich mit ihm endlich über den Preis geeinigt

ei|ni|ger|ma|ßen ⟨Adv.⟩ ziemlich (gut), leidlich; „Wie geht es dir?" „Einigermaßen!"; es geht mir e. gut; ich weiß hier e. Bescheid

ei|ni|ges →einige

Ei|nig|keit ⟨f., -, nur Sg.⟩ das Einigsein, Sicheinigsein, Zusammengehörigkeitsgefühl, Übereinstimmung; es herrscht unter ihnen volle, keine E.; in dieser Frage war keine E. zu erzielen

Ei|ni|gung ⟨f.10⟩ das Einigen, das Sicheinigen; E. eines Volkes; eine, keine E. erzielen

ein|imp|fen ⟨V.1, hat eingeimpft; mit Dat. und Akk.⟩ jmdm. etwas e. **1** jmdm. etwas als Impfstoff einspritzen **2** ⟨meist übertr.⟩ über lange Zeit hinweg jmdm. etwas einprägen, beibringen, etwas in jmdm. erzeugen; jmdm. Haß gegen jmdn. e.; mir ist von Jugend an eingeimpft worden, daß ... **Ein|imp|fung** ⟨f., -, Sg.⟩

ein|jäh|rig ⟨Adj., o.Steig.; nur als Attr. und mit „sein"⟩ **1** ein Jahr alt; ein ~es Kind, Tier **2** ein Jahr dauernd; ein ~er Lehrgang **3** nur eine Vegetationsperiode lebend oder blühend, nicht überwinternd; Syn. annuell; ~e Pflanzen

Ein|jäh|ri|ge(r) ⟨m.18 oder 17; bis 1918⟩ jmd., der sich freiwillig als Soldat meldet und beim Nachweis einer bestimmten Schulbildung nur ein Jahr zu dienen braucht; Syn. Einjährig-Freiwillige(r)

Ein|jäh|ri|ge(s) ⟨n.18 oder 17; †⟩ mittlere Reife [zu Einjährige(r)]

Ein|jäh|rig-Frei|wil|li|ge(r) ⟨m.18 oder 17⟩ →Einjährige(r)

ein|kal|ku|lie|ren ⟨V.3, hat einkalkuliert; mit Akk.⟩ mit berechnen, in eine Rechnung, Schätzung, einen Plan einbeziehen; man muß auch Rückschläge e.; wir müssen e., daß manches e. wird

Ein|kam|mer|sys|tem ⟨n.1⟩ Regierungssystem, bei dem die gesetzgebende Körperschaft aus nur einer Kammer besteht

ein|kap|seln ⟨V.1, hat eingekapselt; refl.⟩ sich e. **1** sich wie eine Kapsel einschließen, sich mit einer festen Hülle umgeben; Krankheitserreger können sich e. **2** ⟨übertr.⟩ sich in seine vier Wände zurückziehen und von der Umgebung absondern **Ein|kap|se|lung** ⟨f., -, nur Sg.⟩

Ein|kauf ⟨m.2⟩ **1** das Einkaufen, Erwerb durch Kauf; E. von Waren; Einkäufe machen; ein guter, schlechter E. **2** das Sicheinkaufen; E. in ein Altersheim **3** Abteilung eines Betriebes, die sich mit dem Einkauf der Waren befaßt; er arbeitet im E. **4** eingekaufte Waren; sie breitete ihre Einkäufe aus

ein|kau|fen ⟨V.1, hat eingekauft⟩ I ⟨mit Akk.⟩ ⟨für den täglichen Bedarf oder auf Vorrat⟩ kaufen; Lebensmittel, Ware e. II ⟨o.Obj.⟩ den täglichen Bedarf an Lebensmitteln kaufen; Syn. einkaufen; ich muß noch e.; e. gehen III ⟨refl.⟩ sich e. sich durch eine größere Zahlung ein Recht auf Aufenthalt, Teilhaberschaft u.ä. erwerben; sich in ein Altersheim, in eine Firma e.

Ein|käu|fer ⟨m.5⟩ Angestellter eines Betriebes, dem der Einkauf der Waren oder des Materials obliegt

Ein|kaufs|preis ⟨m.1⟩ Preis, den eine Ware im Einkauf kostet; etwas zum E. bekommen

Ein|kaufs|zen|trum ⟨n., -s, -tren⟩ Stadtviertel (meist ohne Autoverkehr), das hauptsächlich aus Kaufhäusern, Einzelhandelsgeschäften und Gaststätten besteht

Ein|kehr ⟨f., -, nur Sg.⟩ **1** das Einkehren (in einer Gaststätte) **2** innere Sammlung, Nachdenken über die eigenen Gedanken, Handlungen, Gefühle; E. halten

ein|keh|ren ⟨V.1, ist eingekehrt⟩ ⟨o.Obj.⟩ **1** eine Rast (im Gasthaus) machen; bei einer Wanderung (im Gasthaus) e. **2** ⟨übertr.⟩ eintreten, wiederhergestellt werden; endlich kehrte wieder Ruhe, Ordnung, Friede ein

ein|kei|len ⟨V.1; nur in der Wendung⟩ eingekeilt sein; →eingekeilt

ein|keim|blätt|rig ⟨Adj., o.Steig.⟩ nur ein Keimblatt ausbildend; Ggs. zweikeimblättrig; ~e Pflanze

ein|kel|lern ⟨V.1, hat eingekellert; mit Akk.⟩ in den Keller bringen und dort aufbewahren, im Keller lagern; Kartoffeln (für den Winter) e. **Ein|kel|le|rung** ⟨f., -, nur Sg.⟩

ein|ker|ben ⟨V.1, hat eingekerbt; mit Akk.⟩ **1** etwas e. tief und deutlich sichtbar einschneiden; Zeichen in einen Stock, Baum e. **2** mit Kerbe(n) versehen; einen Stock, ein Stück Holz e.

Ein|ker|bung ⟨f.10⟩ **1** ⟨nur Sg.⟩ das Einkerben **2** Kerbe

ein|ker|kern ⟨V.1, hat eingekerkert; mit Akk.; †⟩ in einen Kerker einsperren **Ein|ker|ke|rung** ⟨f., -, nur Sg.⟩

ein|kes|seln ⟨V.1, hat eingekesselt; mit Akk.⟩ von allen Seiten (wie in einem Kessel) einschließen, umzingeln; den Gegner e.

Ein|kind|schaft ⟨f., -, nur Sg.; österr. Rechtsw.⟩ Gleichberechtigung der Kinder aus erster und zweiter Ehe

ein|klag|bar ⟨Adj., o.Steig.; nur als Attr. und mit „sein"⟩ so beschaffen, daß man es einklagen kann; ~e, nicht ~e Schulden

ein|kla|gen ⟨V.1, hat eingeklagt; mit Akk.⟩ durch Klage vor Gericht eintreiben, erlangen; eine Schuld e.

ein|klam|mern ⟨V.1, hat eingeklammert; mit Akk.⟩ in Klammern einschließen; ein Wort, einen Satz e. **Ein|klam|me|rung** ⟨f., -, nur Sg.⟩

Ein|klang ⟨m., -(e)s, nur Sg.⟩ **1** Zusammenklingen zweier oder mehrerer Töne auf derselben Höhe oder in der Oktave **2** Übereinstimmung; mehrere Forderungen, Wünsche in E. bringen; bei ihm stehen Wesen und Werk in harmonischem E.; seine Worte und Taten stehen nicht in E.

ein|klei|den ⟨V.2, hat eingekleidet; mit Akk.⟩ jmdn. e. **a** mit Kleidung ausstatten; ein Kind neu e. **b** mit Uniform, Tracht ausstatten; einen Rekruten e., eine Nonne e. **2** etwas e. mit anderen Worten ausdrücken, umschreiben; einen Sachverhalt märchenhaft, symbolisch e.; eingekleidete Aufgabe mit Text, in Worten (nicht nur in Zahlen oder Buchstaben) formulierte Rechenaufgabe **Ein|klei|dung** ⟨f., -, nur Sg.⟩

ein|klin|ken ⟨V.1, hat eingeklinkt; mit Akk.⟩ **1** mit der Klinke schließen; die Tür e. (nicht zuschlagen) **2** in einer Halterung befestigen; Ggs. ausklinken (II)

ein|knöp|fen ⟨V.1, hat eingeknöpft; mit Akk.⟩ mit Knöpfen innen befestigen; Mantelfutter zum Einknöpfen

ein|ko|chen ⟨V.1, hat eingekocht; mit Akk.⟩ kochen und luftdicht verschließen und damit haltbar machen; Syn. einmachen; Obst, Fleisch e.

ein|kom|men ⟨V.71, ist eingekommen⟩ I ⟨o.Obj.⟩ verdient werden; dabei kommt eine Menge Geld ein II ⟨mit Präp.-obj.; †⟩ um etwas e. sich um etwas bemühen, etwas beantragen; er ist um seine Versetzung, Entlassung eingekommen

Ein|kom|men ⟨n.7⟩ Einnahmen, Honorare, Verdienst in einem bestimmten Zeitraum; monatliches, jährliches E.; er hat kein regelmäßiges E.

ein|kom|mens|schwach ⟨Adj.; nur als Attr. und mit „sein"⟩ mit geringem Einkommen; ~e Bevölkerungsschichten

ein|kom|mens|stark ⟨Adj.; nur als Attr. und mit „sein"⟩ mit hohem Einkommen; ~e Bevölkerungsschichten

Ein|kom|men|steu|er ⟨f.11⟩ Steuer, die auf das Einkommen erhoben und nach dessen Höhe bemessen wird

ein|krat|zen ⟨V.1, hat eingekratzt⟩ I ⟨mit Akk.⟩ hineinkratzen, durch Kratzen anbringen; Zeichen, Schrift (in einen Stein) e. II ⟨refl.; ugs.⟩ sich e. sich einschmeicheln; sich bei jmdm. e.; sie will sich nur e.

ein|krei|sen ⟨V.1, hat eingekreist; mit Akk.⟩ **1** mit einem Kreis umgeben; Namen auf der Landkarte e. **2** im Kreis umschließen, einschließen, umzingeln; eine Truppe, einen flüchtigen Verbrecher, Wild e. **3** immer genauer definieren, eingrenzen; einen Begriff, ein Problem e. **4** in einen Landkreis einbeziehen; eine kreisfreie Stadt e. **Ein|krei|sung** ⟨f., -, nur Sg.⟩

Ein|krei|sungs|po|li|tik ⟨f., -, nur Sg.⟩ Politik, die darauf gerichtet ist, einen Gegner durch Verträge mit anderen Staaten zu isolieren

ein|krie|gen ⟨V.1, hat eingekriegt; mit Akk.; ugs.⟩ →einholen (I,2a)

Ein|künf|te ⟨nur Pl.⟩ aufgrund von geleisteter Arbeit, Besitz, Rente u.ä. eingehende Geldmittel; E. aus selbständiger, nichtselbständiger Arbeit; regelmäßige E.; E. aus Mieten, aus Grundbesitz

Ein|lad ⟨m., -(e)s, nur Sg.; schweiz.⟩ das Einladen (von Gütern), das Verladen

ein|la|den[1] ⟨V.74, hat eingeladen; mit Akk.⟩ in ein Fahrzeug laden; Ggs. ausladen[1]; Gepäck, Güter e. [zu laden[1]]

ein|la|den[2] ⟨V.74, hat eingeladen; mit

Akk.⟩ **1** *auffordern zu kommen, als Gast zu sich bitten;* Ggs. *ausladen²*; *ich habe ihn für morgen eingeladen* **2** *auffordern, mitzukommen, und die Kosten für ihn übernehmen;* Ggs. *ausladen²; jmdn. ins Theater, zum Essen e.* **3** *auffordern; jmdn. zum Sitzen, zum Nähertreten, Hereinkommen e.; jmdn. e., sich zu setzen, einzutreten* [zu *laden²*]

ein|la|dend ⟨Adj.⟩ **1** *verlockend, verführerisch;* sie lächelte ihn e. an **2** *sauber und freundlich;* das Zimmer sieht e. aus **3** *appetitlich, lecker;* ~e *Speisen* **4** *sonnig, zum Spazierengehen reizend;* das Wetter ist nicht gerade e.

Ein|la|dung ⟨f.10⟩ **1** *das Einladen (2);* E. zum Geburtstag, ins Theater; eine E. aussprechen, annehmen, ablehnen **2** *schriftliche Aufforderung, zu kommen;* ~en verschicken; eine E. bekommen

Ein|la|ge ⟨f.11⟩ **1** *etwas, das hineingelegt, hinzugefügt, beigefügt, eingeschoben ist;* eine Rechnung als E. im Brief; ein Musikstück als E. in einer Veranstaltung; Grießklößchen als E. in der Suppe **2** *dünne, dem Fuß sich anpassende Sohle (im Schuh);* ~n *tragen* **3** *weicher oder steifer Stoff als Zwischenfutter (in einem Kleidungsstück)* (Watte~) **4** *Beitrag (eines Teilhabers) zum Kapital (eines Unternehmens)* (Kapital~) **5** *Guthaben auf einem Bankkonto* (Spar~)

ein|la|gern ⟨V.1, hat eingelagert; mit Akk.⟩ *ins Lager bringen und dort aufbewahren, zum Lagern in einen Raum stellen;* Kartoffeln, Obst e. **Ein|la|ge|rung** ⟨f., -, nur Sg.⟩

Ein|laß ⟨m.2⟩ **1** *das Einlassen, Hereinlassen,* ab 19 Uhr ist E. (im Theater, Kino) **2** *Öffnung, Tür*

ein|las|sen ⟨V.75, hat eingelassen⟩ **I** ⟨mit Akk.⟩ **1** *hereinlassen, hereinkommen lassen;* einen Besucher e.; Sonnenlicht e. **2** *einlaufen, hineinströmen lassen;* Wasser (in die Wanne) e. **3** *etwas in etwas e. fest in etwas befestigen;* einen Haken in eine Mauer e.; eine Tafel in Stein e.; einen Edelstein in Gold e. **II** ⟨refl.⟩ **1** *sich auf etwas e. sich zu etwas überreden, verführen, verlocken lassen, etwas anfangen;* sich auf eine waghalsige Unternehmung e.; laß dich auf keine Erörterung mit ihm ein!; darauf lasse ich mich gar nicht erst ein; er läßt sich auf nichts ein **2** *sich in etwas e. bei etwas mitmachen;* sich in ein Gespräch e.; sich in dunkle Geschäfte e. **3** *sich mit jmdm. e. eine Beziehung zu jmdm. eingehen, eine Liebesbeziehung zu jmdm. beginnen;* sich mit einem Mann, einem Mädchen e.

Ein|laß|mit|tel ⟨n.5⟩ *Anstrichmittel für besonders saugfähige Oberflächen, das vor dem Schlußanstrich aufgetragen wird und den Saugfähigkeit herabsetzt*

Ein|las|sung ⟨f.10⟩ *Stellungnahme (einer Partei, des Beklagten) vor Gericht*

Ein|laß|ven|til ⟨n.1; bei Viertaktmotoren⟩ *Ventil, das den Eintritt des Gemisches in den Verbrennungsraum steuert*

Ein|lauf ⟨m.2⟩ **1** *das Einlaufen, Hereinlaufen;* E. der Mannschaft ins Stadion **2** ⟨bei Lauf- und Fahrwettbewerben⟩ *das Passieren der Ziellinie* in Ziel, Ziellinie; am E. stehen **3** ⟨Jagd⟩ *Öffnung in einem Gatter, durch die das Wild herein-, aber nicht wieder hinauslaufen kann* **4** ⟨selten⟩ ~ *Eingang (3);* E. von Post, von Briefen **5** *das Einbringen einer größeren Flüssigkeitsmenge in den Dickdarm (zum Abführen oder um ihn vor einer Untersuchung vollständig zu entleeren);* jmdn. einen E. machen; einen E. bekommen

ein|lau|fen ⟨V.76⟩ **I** ⟨o.Obj.; ist eingelaufen⟩ **1** *im Laufschritt hereinkommen;* die Mannschaft läuft ein **2** *hineinlaufen, -fließen, -strömen;* Wasser läuft ein (in die Wanne); ein Ei in die Suppe e. lassen **3** → *eingehen (III,3);* die ersten Antworten, Beschwerden sind eingelaufen; die eingelaufene Post durchsehen **4** ⟨Reiten⟩ *durchs Ziel laufen;* die Pferde sind in folgender Reihenfolge eingelaufen **5** → *eingehen (III,5);* der Pullover ist beim Waschen eingelaufen; dieser Stoff läuft nicht ein **6** *in den Hafen einfahren;* Ggs. *auslaufen (I,4);* das Schiff ist eingelaufen **II** ⟨mit Akk.; hat eingelaufen⟩ *Schuhe e. durch Laufen der Fußform besser anpassen* **III** ⟨mit Dat. und Akk.; hat eingelaufen; in der Wendung⟩ *jmdn. das Haus,* ⟨ugs.⟩ *die Bude e. jmdn. immer wieder aufsuchen, um etwas von ihm zu erlangen* **IV** ⟨refl.; hat eingelaufen⟩ *sich e.* **1** *einige Zeit laufen und dabei in Schwung kommen;* nach einer halben Stunde hatte sich das Pferd eingelaufen **2** *durch Laufen (Arbeiten) die volle Leistungsfähigkeit erreichen;* die Maschine muß sich erst e. **3** *nach und nach reibungslos funktionieren;* die Sache hat sich eingelaufen

Ein|lauf|sup|pe ⟨f.11⟩ *Suppe, in die man ein verquirltes Ei einlaufen läßt*

Ein|lauf|wet|te ⟨f.11; Reitsport⟩ *Wette auf die Reihenfolge, in der die ersten drei Pferde durchs Ziel gehen*

ein|läu|ten ⟨V.2, hat eingeläutet; mit Akk.⟩ *etwas e. durch Läuten den Beginn von etwas anzeigen, verkünden;* die Glocken läuten das neue Jahr ein

ein|le|ben ⟨V.1, hat eingelebt; refl.⟩ *sich in einer Umgebung e. nach und nach (in einer Umgebung) vertraut, heimisch werden;* sich in einer Gemeinschaft, in einem neuen Haus, in einer anderen Stadt e.

Ein|le|ge|ar|beit ⟨f.10⟩ **1** ⟨nur Sg.⟩ *das Einlegen von kleinen, flachen Stückchen Holz, Elfenbein, Perlmutt oder anderem Material in die Oberfläche von Holz* **2** *der so verzierte Gegenstand;* Syn. *eingelegte Arbeit*

ein|le|gen ⟨V.1, hat eingelegt; mit Akk.⟩ **1** *hineinlegen;* ein Buchzeichen (in ein Buch) e.; Sohlen (in die Schuhe) e.; einen Film in die Kamera e.; Geld e. *bei der Bank auf das eigene Konto einzahlen* **2** *in eine gewürzte Brühe legen und dadurch haltbar machen;* Syn. *einmachen;* Gurken, Heringe e. **3** *durch Einarbeiten von andersartigem Material verzieren;* Holz mit andersfarbigem Holz, Elfenbein, Perlmutt e.; eingelegte Arbeit → *Einlegearbeit;* eingelegter Schrank *Schrank, der auf diese Weise verziert ist* **4** *mit Nachdruck vorbringen;* Berufung e.; Beschwerde, Protest e. **5** *einschieben, dazwischenschieben;* eine Pause e.; in einem Vortrag eine Pause e.; in einem Lied e.; im Weihnachtsverkehr einen Zug e. **6** *in Wellen legen;* sich, jmdm. das Haar e.

ein|lei|ten ⟨V.2, hat eingeleitet; mit Akk.⟩ **1** *beginnen, in Gang bringen;* eine Untersuchung, Maßnahmen e.; die Geburt künstlich e. *dafür sorgen, daß sie beginnt;* ein Strafverfahren gegen jmdn. e. **2** *eröffnen, beginnen;* eine Feier mit einer Ansprache e.; ~ den Worte sprach Herr X **3** *mit einem Vorwort, einer Einführung versehen;* ein Buch e.

Ein|lei|tung ⟨f.10⟩ **1** ⟨nur Sg.⟩ *das Einleiten, Einführen;* zur E. in den Lehrgang gab Dr. X einige Erläuterungen **2** *einleitender, einführender, vorbereitender Teil;* die E. zu einem Buch schreiben

ein|len|ken ⟨V.1; o.Obj.⟩ **1** ⟨ist eingelenkt; selten⟩ *einbiegen;* in einen Seitenweg e. **2** ⟨hat eingelenkt⟩ *seinen Zorn, Unmut dämpfen, zügeln, ruhiger werden;* als ich ihn erstaunt ansah, lenkte er ein; „...", sagte er ~

ein|le|sen ⟨V.79, hat eingelesen; refl.⟩ *sich in etwas e. sich durch Lesen mit etwas vertraut machen, sich daran gewöhnen;* sich in die antike Literatur e. müssen; er hat sich in die alte Druckschrift eingelesen

ein|leuch|ten ⟨V.2, hat eingeleuchtet; mit Dat. oder o.Obj.⟩ *jmdn. e. jmdn. klar-, verständlich werden, jmdn. überzeugen;* seine Argumente, Erklärungen leuchten mir ein; das leuchtet mir nicht ein; dieser Satz leuchtet unmittelbar ein *dieser Satz ist ohne Erklärung sofort verständlich*

ein|lie|fern ⟨V.1, hat eingeliefert; mit Akk.⟩ **1** *zur Behandlung, zur Bewachung hinbringen;* jmdn. ins Krankenhaus, ins Gefängnis e. **2** *abliefern, abgeben;* Pakete auf der Post e. **Ein|lie|fe|rung** ⟨f., -, nur Sg.⟩

Ein|lie|ger ⟨m.5⟩ **1** ⟨früher⟩ *jmd., der bei einem Bauern für eine Arbeitsleistung freie Kost und Wohnung bekommt* **2** *Mieter einer Einliegerwohnung*

Ein|lie|ger|woh|nung ⟨f.10; in Privathäusern, bes. Einfamilienhäusern⟩ *kleine, abgeschlossene Wohnung, die vermietet werden kann*

ein|lo|chen ⟨V.1, hat eingelocht; mit Akk.; ugs.⟩ *ins Gefängnis sperren* [zu ugs. *Loch* „Gefängnis"]

ein|lo|gie|ren ⟨[-ʒi:-] V.3, hat einlogiert⟩ **I** ⟨mit Akk.⟩ *jmdn. e. jmdn. eine Unterkunft verschaffen, geben;* jmdn. im Hotel, bei Freunden, bei sich e. **II** ⟨refl.⟩ *sich bei jmdm. e. zu jmdm. (zu Besuch) in die Wohnung ziehen* [zu *Logis*]

ein|lö|sen ⟨V.1, hat eingelöst; mit Akk.⟩ **1** *zurückkaufen, durch eine Zahlung wiedererwerben;* einen verpfändeten Gegenstand e. **2** *abgeben und sich den angegebenen Betrag auszahlen lassen;* einen Scheck, einen Wechsel e. **Ein|lö|sung** ⟨f.10⟩

ein|lul|len ⟨V.1, hat eingelullt; mit Akk.⟩ **1** *in Schlaf singen;* ein Kind e.; eine ~ de Musik *einschläfernde Musik* **2** ⟨übertr.⟩ *durch Versprechungen, Täuschung, Vorspiegelung in Sicherheit wiegen*

ein|ma|chen ⟨V.1, hat eingemacht; mit Akk.⟩ → *einlegen (2),* → *einkochen;* Gemüse, Gurken, Obst, Fleisch e.

Ein|mach|glas ⟨n.4⟩ *Glasgefäß mit Deckel, das mit einem Gummiring luftdicht abgeschlossen werden kann (zum Einmachen von Früchten u.a.);* Syn. ⟨österr.⟩ *Einsiedeglas, Einsiedlglas*

ein|mä|dig ⟨Adj., o.Steig.⟩ → *einschürig*

ein|mal ⟨Adv.⟩ **1** *zu einem einzigen Zeitpunkt;* nur e. und nie wieder; auf e. *gleichzeitig, plötzlich;* alle kamen auf e.; auf e. wurde es dunkel; e. hinauf u. e. hinunter; noch e. *ein weiteres Mal* **2** *zu einem vergangenen oder künftigen Zeitpunkt, einst;* es war e.; e. wird es so sein; irgendwann e. **3** ⟨verstärkend⟩ hör erst e. zu weinen auf!; er hat sich nicht e. bedankt; er hat wieder e. recht behalten

Ein|mal|eins ⟨n., -, nur Sg.⟩ **1** *Vervielfachen von Zahlen;* kleines E. *Vervielfachen der Zahlen von 1 bis 10 miteinander;* großes E. *Vervielfachen der Zahlen von 1 bis 20 miteinander* **2** ⟨übertr.⟩ *Grundwissen (über etwas);* das E. der Liebe

ein|ma|lig ⟨Adj., o.Steig.; nur als Attr. und mit „sein"⟩ **1** *nur einmal vorkommend, geschehend, sich nicht wiederholend;* ein ~er Besuch; eine ~e Gelegenheit; eine ~e Zahlung **2** ⟨übertr.⟩ *großartig, unübertrefflich;* eine ~e Leistung; der Film ist e.; es war e. schön **Ein|ma|lig|keit** ⟨f., -, nur Sg.⟩

Ein|mann|be|trieb ⟨m.1⟩ **1** *Betrieb, in dem alle Arbeiten von nur einer Person ausgeführt werden* **2** *das Betreiben von nur einer Person;* die Busse werden auf E. umgestellt

Ein|mark|stück ⟨n.1⟩ *Münze im Wert von einer Mark*

Ein|marsch ⟨m.2⟩ *das Einmarschieren*

ein|mar|schie|ren ⟨V.3, ist einmarschiert; o.Obj.⟩ *in geschlossener Formation hineinmarschieren;* Truppen marschieren in die Stadt ein; die Mannschaft marschierte ins Stadion ein

Ein|ma|ster ⟨m.5⟩ *Schiff mit (nur) einem Mast*

ein|mau|ern ⟨V.1, hat eingemauert; mit Akk.⟩ **1** *in eine Mauer einschließen;* Doku-

einmeißeln

mente (in die Grundmauer) e. **2** *beim Bau einer Mauer darin befestigen;* einen Haken, eine Metalltafel e. **Ein|maue|rung** ⟨f., -, nur Sg.⟩

ein|mei|ßeln ⟨V.1, hat eingemeißelt; mit Akk.⟩ *mit dem Meißel eingraben, einkerben;* eine Inschrift (in Stein) e.

ein|men|gen ⟨V.1, hat eingemengt; refl.⟩ sich e. *sich →einmischen (II)*

ein|mie|ten ⟨V.2, hat eingemietet⟩ **I** ⟨mit Akk.⟩ *in eine Miete eingraben;* Äpfel, Rüben e. **II** ⟨refl.⟩ sich e. *sich eine Wohnung, ein Zimmer mieten;* sich bei jmdm., in einer Pension e.

ein|mi|schen ⟨V.1, hat eingemischt⟩ **I** ⟨mit Akk.⟩ *hineinmischen* **II** ⟨refl.⟩ sich e. **1** *dazwischenreden;* sich in ein Gespräch e. **2** *sich mit etwas beschäftigen, was einen eigentlich nichts angeht;* Syn. *sich einmengen;* sich in jmds. Angelegenheiten e.; ich möchte mich nicht e.; er mischt sich in alles ein

Ein|mi|schung ⟨f.10⟩ *das Sicheinmischen;* ich verbitte mir jede E.!

ein|mot|ten ⟨V.2, hat eingemottet; mit Akk.⟩ *früher: sicher vor Motten aufbewahren;* Kleidung e.

ein|mum|meln ⟨V.1, volkstümlich⟩ →*einmummen*

ein|mum|men ⟨V.1, hat eingemummt; mit Akk.⟩ *warm einhüllen;* jmdn., sich in Decken e.

ein|mün|den ⟨verstärkend⟩ *münden* **Ein|mün|dung** ⟨f., -, nur Sg.⟩

ein|mü|tig ⟨Adj., o.Steig.⟩ **1** *sich auf die Meinung aller gründend;* e. Zustimmung, Ablehnung **2** *in der Meinung übereinstimmend;* wir haben e. beschlossen, daß ...; sie haben sich e. hinter ihren Mitarbeiter gestellt **Ein|mü|tig|keit** ⟨f., -, nur Sg.⟩

ein|nach|ten ⟨V.2, hat eingenachtet; o.Obj.; schweiz.⟩ *Nacht werden;* es nachtet ein

Ein|nah|me ⟨f.11⟩ **1** *das Einnehmen (1a), Verdienst aufgrund von geleisteter Arbeit, von Besitz oder Abgaben (Arbeits~, Steuer~);* Ggs. *Ausgabe (3);* ~n aus Grundbesitz, aus Kapitalvermögen **2** ⟨nur Sg.⟩ *das Einnehmen (1b), Eroberung;* E. einer Stadt **3** ⟨nur Sg.⟩ *das Zusichnehmen, Essen und Trinken;* die E. des Abendessens; E. von Medikamenten **4** *Gewinn, Ertrag (in einem bestimmten Zeitraum (Tages~)*

Ein|nah|me|quel|le ⟨f.11⟩ *Möglichkeit, etwas zu verdienen;* er hat noch andere ~n; eine begehrte E.

ein|näs|sen ⟨V.1, hat eingenäßt; mit Akk.⟩ *mit Harn naß machen;* das Bett, die Hose e.; sich e.

ein|ne|beln ⟨V.1, hat eingenebelt; mit Akk.⟩ **1** *durch künstlichen Nebel unsichtbar machen;* eine militärische Stellung, Ort e. **2** *mit Rauch, Qualm verhüllen;* die ganze Umgebung ist eingenebelt **Ein|ne|be|lung** ⟨f., -, nur Sg.⟩

ein|neh|men ⟨V.88, hat eingenommen; mit Akk.⟩ **1** *etwas e.* **a** *als Verdienst, als Abgabe erhalten;* Geld e.; Steuern e. **b** *erobern, in Besitz nehmen;* eine Festung, eine Stadt e. **c** (†) *als Ladung aufnehmen;* das Schiff nimmt Kohle, Holz ein **d** *zu sich nehmen, essen oder/und trinken;* eine Mahlzeit, das Frühstück e.; ein Medikament e. **e** *beanspruchen, ausfüllen;* der Tisch nimmt zuviel Platz, Raum ein **f** *sich niederlassen, zeigen;* auf etwas setzen; die Zuschauer nahmen ihre Plätze ein **g** *innehaben;* einen Posten e. **h** *den anderen gegenüber vertreten;* eine anderen Standpunkt ein als wir; eine bestimmte (innere) Haltung e. **2** jmdn. oder etwas e. *beschäftigen, ausfüllen;* dieser Vorfall nimmt meine Gedanken ein; diese Arbeit nimmt mich völlig ein **3** jmdn. für, für jmdn. e. *jmdm. gefallen, jmdm. anziehend, sympathisch sein;* dieser junge

Mensch hat mich sofort für sich eingenommen; seine aufrechte Gesinnung nimmt alle für ihn ein; ein Mann von ~dem Äußeren *von anziehendem, angenehmem Äußeren;* ein ~des Wesen haben *ein gewinnendes, anziehendes Wesen haben,* ⟨übertr., ugs., scherzh.⟩ *gern überall Geld herausschlagen;* für jmdn. eingenommen sein *jmdn. schätzen, mögen, ihm wohlwollend gesinnt sein*

ein|nicken ⟨-k|k-; V.1, ist eingenickt; o.Obj.⟩ →*einschlummern*

ein|ni|sten ⟨V.2, hat eingenistet; refl.⟩ e. **1** *sich (an einer Stelle) ein Nest bauen, ansiedeln;* unter unserem Dach haben sich Spatzen eingenistet; in den Ecken hat sich Ungeziefer eingenistet; ein befruchtetes Ei nistet sich in der Gebärmutterschleimhaut ein ⟨übertr.⟩ **2** *einen Platz einnehmen und sich nicht mehr vertreiben lassen;* er hat sich in der Wohnung seiner Freundin eingenistet; der Argwohn hat sich in ihr, in ihrem Herzen eingenistet **Ein|ni|stung** ⟨f., -, nur Sg.⟩

Ein|öd ⟨f.10⟩ ⟨bayr.-österr.⟩ →*Einöde*

Ein|öde ⟨f.11⟩

Ein|öd|hof ⟨m.2⟩ *außerhalb eines Dorfverbandes liegender Hof mit geschlossener Wirtschaftsfläche;* Syn. ⟨österr.⟩ *Einschicht* [< ahd. *einoti* „Einsamkeit, einsamer Ort"]

ein|ord|nen ⟨V.2, hat eingeordnet; mit Akk.⟩ *in eine bestehende, geordnete Menge, Gesamtheit einfügen;* Papiere e.; sich in eine Gemeinschaft e.; er kann sich nicht e. **Ein|ord|nung** ⟨f., -, nur Sg.⟩

ein|packen ⟨-k|k-; V.1, hat eingepackt⟩ **I** ⟨mit Akk.⟩ **1** *etwas e.* **a** *in den Koffer packen;* Kleider, Schuhe e. **b** *einhüllen, einwickeln;* ein Geschenk (in buntes Papier) e.; eine hübsch eingepackte Ware **2** jmdn. e. ⟨ugs.⟩ *einhüllen;* ein Kind, einen Kranken warm e. **II** ⟨o.Obj.; ugs.; in Wendungen wie⟩ dann kannst du e., dann kann ich e. *dann bist du, dann bin ich der Unterlegene, dann mußt du, muß ich aufgeben;* damit kannst du e.! *damit wirst du keinen Erfolg haben*

ein|pa|pie|ren ⟨V.3, hat einpapiert; mit Akk.; ugs.⟩ *in Papier einwickeln*

ein|par|ken ⟨V.1, hat eingeparkt; o.Obj.⟩ *in eine Parklücke fahren;* hier kannst du noch e.; er hat Schwierigkeiten mit dem Einparken

ein|pas|sen ⟨V.1, hat eingepaßt; mit Akk.⟩ *etwas (in etwas) e. etwas genau passend (in etwas) einfügen*

ein|pau|ken ⟨V.1, hat eingepaukt⟩ **I** ⟨mit Akk.⟩ jmdn. e. *jmdn. für die Prüfung vorbereiten, jmdm. den für die Prüfung nötigen Wissensstoff beibringen (bes. bei Juristen üblich)* **II** ⟨mit Dat. und Akk.⟩ jmdm. etwas e. *intensiv beibringen, jmdm. etwas erklären und es ihn nicht lassen;* die englische Grammatik, mathematische Ansätze e. **III** ⟨mit Dat. (sich) und Akk.⟩ sich etwas e. *etwas intensiv lernen*

Ein|pau|ker ⟨m.5⟩ →*Repetitor*

Ein|peit|scher ⟨m.5⟩ **1** *jmd., der andere zu etwas antreibt (z.B. Sprechchöre beim Sport)* **2** *(im engl. Parlament) Parlamentarier, der bei sehr wichtigen Abstimmungen für die Anwesenheit sämtlicher Parteimitglieder zu sorgen hat* [Lehnübersetzung von engl. *whipper-in*, zu *whip* „Peitsche"; urspr. derjenige, der die Hunde auf die Fährte des gejagten Wildes setzt]

ein|pen|deln ⟨V.1, hat eingependelt; refl.⟩ sich e. *in die gewünschte Ordnung kommen, zur Gewohnheit werden;* Unterricht und Freizeit müssen sich noch e.; das pendelt sich noch ein

Ein|per|so|nen|stück ⟨n.1⟩ *Theaterstück, in dem nur eine Person auftritt*

ein|pfer|chen ⟨V.1, hat eingepfercht; mit Akk.⟩ **1** *in einen Pferch sperren* **2** ⟨meist übertr.⟩ *in großer Zahl zusammendrängen;* wir fuhren in ein kleines Zugabteil eingepfercht, mehrere Stunden

ein|pflan|zen ⟨V.1, hat eingepflanzt⟩ **I** ⟨mit Akk.; verstärkend⟩ *pflanzen* **II** ⟨mit Dat. und Akk.⟩ jmdm. etwas e. **1** *etwas in jmds. Körper übertragen und dort befestigen;* jmdm. eine fremde Niere e. **2** *jmdm. mit Nachdruck zu etwas erziehen;* einem Kind Verantwortungsgefühl e. **Ein|pflan|zung** ⟨f., -, nur Sg.⟩

Ein|pha|sen|strom ⟨m.2⟩ *Wechselstrom mit nur einer Phase*

ein|pla|nen ⟨V.1, hat eingeplant; mit Akk.⟩ *in einen Plan hineinnehmen, bei einem Plan mit berechnen;* bestimmte Ausgaben, Kosten e.; eine Verspätung, Verzögerung e. **Ein|pla|nung** ⟨f., -, nur Sg.⟩

ein|prä|gen ⟨V.1, hat eingeprägt⟩ **I** ⟨mit Akk.⟩ *in etwas prägen, kerbend, schneidend hineindrücken;* Zeichen (in Leder) e.; ein Einband mit eingeprägtem Muster **II** ⟨mit Dat. und Akk.⟩ jmdm. etwas e. *jmdm. mit Nachdruck immer wieder sagen;* wir haben den Kindern eingeprägt, anzurufen, wenn sie später heimkommen wollen **III** ⟨mit Dat. (sich) und Akk.⟩ sich etwas e. *sich durch Wiederholen oder genaues Hinsehen merken, ins Gedächtnis aufnehmen;* sich den Weg e.; sich Wörter, Namen e.

ein|präg|sam ⟨Adj.⟩ *so beschaffen, daß man es sich gut einprägen kann;* ein ~er Spruch; eine ~e Tonfolge

Ein|prä|gung ⟨f.10⟩ *das Einprägen (I)*

ein|pup|pen ⟨V.1, hat eingepuppt; refl.⟩ Biol.: sich e. *sich mit Fäden umgeben und zu einer Puppe verwandeln;* die Raupe puppt sich ein

ein|quar|tie|ren ⟨V.3, hat einquartiert⟩ **I** ⟨mit Akk.⟩ jmdn. e. *jmdn. in ein Quartier bringen, jmdm. ein Quartier verschaffen;* Ggs. *ausquartieren;* wir quartieren die Kinder während des Umzugs bei Freunden ein **II** ⟨refl.⟩ sich e. *(meist vorübergehend) bei jmdm. ziehen, in jmds. Wohnung ziehen;* sich bei Verwandten e.

Ein|quar|tie|rung ⟨f., -, nur Sg.⟩ **1** *das Einquartieren* **2** *Personen, die man bei sich aufgenommen hat oder aufnehmen muß;* wir haben, bekommen E.

ein|rah|men ⟨V.1, hat eingerahmt; mit Akk.⟩ **1** *in einem Rahmen befestigen, mit einem Rahmen umgeben;* ein Bild e. **2** ⟨übertr.⟩ *wie mit einem Rahmen umgeben, in die Mitte nehmen;* er saß auf der Bank, eingerahmt von zwei hübschen Mädchen **Ein|rah|mung** ⟨f.10⟩

ein|ra|sten ⟨V.2, ist eingerastet; o.Obj.⟩ **1** *in eine dafür bestimmte Lücke, Kerbe greifen und dadurch festsitzen;* ein Hebel, der Zahn eines Zahnrads rastet ein; Ggs. *ausrasten (1)* **2** ⟨übertr., ugs.⟩ *beleidigt sein* er ist eingerastet; Ggs. *ausrasten (3)*

ein|räu|men ⟨V.1, hat eingeräumt; mit Akk.⟩ **1** *ordentlich (in etwas) hineinlegen, hineinstellen;* Gläser, Wäsche, Bücher e. **2** *nach einer Ordnung, sinnvoll mit Gegenständen füllen;* ein Zimmer, eine Wohnung, einen Schrank e. **3** *zugeben;* ich muß e., daß er ...; „Das schon", räumte er ein

Ein|räu|mung ⟨f.10⟩ *das Einräumen (3), Zugeständnis*

Ein|räu|mungs|satz ⟨m.2⟩ →*Konzessivsatz*

ein|re|den ⟨V.1, hat eingeredet⟩ **I** ⟨mit Dat. und Akk.⟩ jmdm. etwas e. *durch ständiges, nachdrückliches Reden jmdn. bewegen, daß er etwas glaubt;* Ggs. *ausreden (II);* jmdm. eine Idee e.; jmdm. Unsinn e.; er hat ihr eingeredet, sie müsse ...; wer hat ihr denn das eingeredet? **II** ⟨mit Dat. (sich) und Akk.⟩ sich etwas e. *sich in Gedanken so stark mit etwas beschäftigen, daß man es fest glaubt, daß man nicht mehr davon loskommt;* sie hat sich eingeredet, sie leide an einer schweren Krankheit; rede dir doch nicht immer ein, du müßtest ...! **III** ⟨mit Präp.obj.⟩ auf jmdn. e. *lange und eindringlich zu jmdm. reden*

ein|reg|nen ⟨V.2⟩ **I** ⟨o.Obj.; ist eingeregnet⟩ **1** *in anhaltenden Regen kommen und* völig durchnäßt werden 2 *durch anhaltenden Regen (an einem Ort) festgehalten werden* II ⟨refl.; hat eingeregnet; unpersönl.⟩ *es regnet sich ein; es hört nicht auf zu regnen, es regnet anhaltend*

ein|rei|ben ⟨V.95, hat eingerieben; mit Akk.⟩ **1** *durch Reiben in die Haut eindringen lassen;* Salbe e. **2** *etwas mit etwas e.; etwas reibend auf etwas streichen;* die Haut mit Öl e.; Gegenstände mit einem Rostschutzmittel e.

Ein|rei|bung ⟨f.10⟩ *das Einreiben (1);* ~en mit einem Medikament

ein|rei|chen ⟨V.1, hat eingereicht; mit Akk.⟩ *etwas e.* **1** *formell abgeben, übergeben;* ein Gesuch, einen Antrag e. **2** *formell schriftlich einreichen um etwas;* Urlaub e.

ein|rei|hen ⟨V.1, hat eingereiht; mit Akk.⟩ *in eine Reihe einfügen*

Ein|rei|her ⟨m.5⟩ *Anzug mit nur einer Reihe Knöpfe an der Jacke*

ein|rei|hig ⟨Adj., o.Steig.⟩ **1** *in einer Reihe (angeordnet);* ~e Anpflanzung, Büsche e. pflanzen **2** *mit nur einer Knopfreihe;* ~er Anzug

Ein|rei|se ⟨f.11⟩ *Reise, Grenzübertritt in ein anderes Land;* Ggs. Ausreise

ein|rei|sen ⟨V.1, ist eingereist; o.Obj.⟩ *auf der Einreise begriffen sein, die Grenze in ein Land überschreiten;* Ggs. ausreisen; in die DDR, nach Italien e.

ein|rei|ßen ⟨V.96⟩ **I** ⟨mit Akk.⟩ *etwas einreißen* **1** *einen Riß in etwas machen, ein Stück weit auseinanderreißen;* ein Papier, eine Eintrittskarte e. **2** *niederreißen, zerstören;* ein Gebäude, eine Mauer e. **II** ⟨o.Obj.; ist eingerissen⟩ **1** *einen Riß bekommen;* der Geldschein ist eingerissen **2** ⟨übertr.⟩ *zur (schlechten) Angewohnheit werden;* hier ist ja eine unverantwortliche Bummelei eingerissen

ein|ren|ken ⟨V.1, hat eingerenkt; mit Akk.⟩ **1** *wieder in die richtige Lage bringen;* Ggs. ausrenken; ein ausgerenktes Gelenk, einen ausgerenkten Arm e. **2** ⟨übertr., ugs.⟩ *wieder in Ordnung bringen;* eine Angelegenheit (wieder) e.

Ein|ren|kung ⟨f.10⟩ *das Einrenken (1)*

ein|ren|nen ⟨V.98, hat eingerannt⟩ **I** ⟨mit Akk.⟩ **1** *durch Rennen einreißen, umwerfen;* einen Zaun e. **2** *mit Gewalt, durch starkes Stoßen öffnen;* die Tür e. **II** ⟨mit Dat. Akk.⟩ jmdm. das Haus, ⟨ugs.⟩ die Bude e. *jmdm. immer wieder in kurzen Abständen aufsuchen (um etwas von ihm zu erreichen)* **III** ⟨mit Dat. (sich) und Akk.⟩ *sich etwas e. beim Rennen heftig an etwas stoßen;* sich den Kopf (an einer Kante, an einem offenen Fenster) e.

ein|rich|ten ⟨V.2, hat eingerichtet⟩ **I** ⟨mit Akk.⟩ **1** *in die richtige Lage, Stellung bringen;* einen gebrochenen Knochen e.; ein Gerät, eine Maschine e. **2** *mit Möbeln, Geräten ausstatten;* ein Zimmer, eine Wohnung e. **3** *mit allem Zubehör ausstatten und eröffnen;* ein Geschäft e.; eine Beratungsstelle, eine Schule e. **4** *bewerkstelligen, möglich machen;* kannst du es so e., daß du um vier Uhr bei mir bist? **5** *in eine bestimmte Form bringen, für einen Zweck gestalten;* ein Musikstück für Klavier e. **6** ⟨Math.⟩ *in einen Bruch verwandeln;* eine gemischte Zahl e. **II** ⟨refl.⟩ sich e. **1** *sich anpassen, sich nach jmdm. oder etwas richten;* schlag dir eine Zeitpunkt vor, ich kann mich dann schon e. **2** *sparsam sein, sparsam wirtschaften;* wir werden uns e. müssen **3** *sich gedanklich auf etwas vorbereiten, mit etwas rechnen;* ich muß mich darauf e., daß er heute noch kommt **4** ⟨ugs. kurz für⟩ *sich eine Wohnung einrichten, sich eine Wohnung nehmen und sie mit Möbeln ausstatten;* sie hat sich hübsch, praktisch eingerichtet

Ein|rich|ter ⟨m.5⟩ *jmd., der Maschinen u.ä.*

für den Gebrauch einrichtet, vorbereitet, einstellt

Ein|rich|tung ⟨f.10⟩ **1** *das Einrichten;* E. einer Wohnung, einer Praxis **2** *die Gegenstände, mit denen ein Raum eingerichtet ist* (Wohnungs~); er hat im Rausch die halbe E. zertrümmert **3** *öffentliche Anstalt, der Allgemeinheit dienendes Unternehmen (z.B. Behörde);* staatliche ~en; eine gemeinnützige E.

Ein|riß ⟨m.1⟩ *eingerissene Stelle, kleiner Riß*

ein|ro|sten ⟨V.2, ist eingerostet; o.Obj.⟩ **1** *rosten und dadurch unbeweglich werden;* das Türschloß ist eingerostet **2** ⟨übertr.⟩ *durch Alter oder mangelnde Bewegung unbeweglich werden;* meine Knochen sind eingerostet; er ist schon etwas eingerostet

ein|rücken ⟨V.1, hat/ist eingerückt⟩ **I** ⟨o.Obj.; ist eingerückt⟩ **1** *zum Kriegsdienst in die Armee eintreten;* er ist gestern eingerückt **2** *einmarschieren;* Ggs. ausrücken (I,1); die Truppen rückten in die Stadt ein **II** ⟨mit Akk.; hat eingerückt; Buchw.⟩ *(auf der Seite) links nach der üblichen Zeilenanfang beginnen lassen;* Syn. einziehen; Ggs. ausrücken (II); eine Zeile um fünf Anschläge e.

Ein|rückung ⟨-k|k-; f.10⟩ **1** ⟨nur Sg.⟩ *das Einrücken (I);* Syn. Einzug **2** *eingerückte Zeile*

ein|rü|sten ⟨V.2, hat eingerüstet; mit Akk.⟩ *mit einem Gerüst umgeben;* Ggs. abrüsten (II); ein Gebäude e. (um es zu verputzen)

eins **I** ⟨Num.; Schreibung in Buchstaben für⟩ *1, erste Zahl der Zahlenreihe;* das geht e., zwei, drei ⟨übertr.⟩ *das geht sehr schnell;* es schlägt e. *ein Uhr;* vgl. acht; das Spiel steht zwei zu e. (2:1); e. a *Qualität ausgezeichneter Qualität* **II** ⟨Adv.⟩ **1** *eine Einheit, ein Ganzes;* das geht alles in e. *das wird alles zusammengerechnet, kommt alles zusammen;* auf e. springen und davonlaufen der der Schauspieler ist mit seiner Rolle e. geworden **2** *gleichgültig, einerlei;* das ist alles e.; das ist mir e., eines Sinnes, einer Meinung; Ggs. uneins; wir sind uns e. in dem Bestreben; wir können uns nicht e. werden; er ist sich selbst nicht e.; er weiß nicht ob mir **4** *etwas, eine bestimmte Sache;* jmdm. e. auswischen *jmdm. etwas Böses antun;* ich will dir e. (eines) sagen; e. (eines) ist dabei wichtig **5** ⟨in der Fügung⟩ mit e. *mit einem Mal, auf einmal, plötzlich*

Eins ⟨f.10⟩ **1** *die Ziffer 1* **2** ⟨als Schulnote⟩ *sehr gut;* vgl. Drei, Acht¹; sie hat eine E. in Deutsch

ein|sacken ⟨-k|k-; V.1, hat eingesackt; mit Akk.⟩ **1** *in Säcke füllen;* Mehl, Zucker e. **2** ⟨übertr., ugs.⟩ *(rasch) nehmen und einstecken;* die Diebe haben eingesackt, was sie nur schleppen konnten

ein|sa|gen ⟨V.1, hat eingesagt; mit Dat.⟩ →soufflieren; →vorsagen

ein|sal|zen ⟨V.102a, hat eingesalzen; mit Akk.⟩ *in Salz einlegen (und dadurch haltbar machen);* Fleisch e.; laß dich e.!, damit kannst du dich e. lassen! ⟨ugs.⟩ *damit wirst du keinen Erfolg haben!*

ein|sam ⟨Adj.⟩ **1** *allein, ohne Beziehung zu anderen Menschen;* ein ~er Mensch; sich e. fühlen; e. leben; er ist sehr e. **2** *weit entfernt von Ansiedlungen, abgelegen;* eine ~e Gegend; der Hof liegt e. **3** *menschenleer;* der Platz war e. (und verlassen) **4** *als einziges Lebewesen, Exemplar, als einziger (an einem Ort) anwesend;* ein ~er Wanderer; in der Gaststätte saß noch ein ~er Gast; am Himmel blinkte ein ~er Stern

Ein|sam|keit ⟨f., -, nur Sg.⟩ **1** *das Einsamsein, Mangel an Beziehungen zu anderen Menschen; etwas Abwechslung, Leben in* jmds. E. bringen *einsame Gegend;* in die E. ziehen; er lebt dort in der E.; es kommt kaum jmd. in meine E.

ein|sam|meln ⟨V.1, hat eingesammelt; mit Akk.⟩ *(innerhalb eines Bereichs in einer ge-*

wissen Anzahl) sammeln und aufbewahren; die Hefte, Notenbücher e.; herabgefallene Äpfel e.

ein|sar|gen ⟨V.1, hat eingesargt; mit Akk.⟩ *in den Sarg legen*

Ein|satz ⟨m.2⟩ **1** *das Einsetzen (I,1b);* E. von Arbeitskräften, von Maschinen; E. stärkerer Mittel; unter E. seines Lebens **2** *das Sicheinsetzen;* sein E. war vorbildlich, wurde lobend hervorgehoben **3** *das Eingesetztwerden, Kampf;* die Truppe war drei Tage pausenlos im E.; er hat schon mehrere Einsätze geflogen *er war mit seiner Maschine schon mehrmals in Luftkampf* **4** *das Einsetzen (III);* E. der ersten, zweiten Stimme; auf den E. achten; die Einsätze klappen noch nicht; der Dirigent gab das Zeichen zum E. **5** *Teil, das eingesetzt ist und herausgenommen werden kann* (Spitzen~ an einer Bluse); E. im Koffer; den E. herausnehmen **6** *Summe, die eingesetzt wird oder werden muß;* im Lotto den E. gewinnen; für eine Flasche E. bezahlen; beim Spiel einen hohen E. zahlen

Ein|satz|wa|gen ⟨m.7⟩ **1** *Wagen für den Einsatz (der Polizei)* **2** *zusätzlich eingesetzter Wagen (der Straßenbahn u.a.)*

ein|sau|en ⟨V.1, hat eingesaut; mit Akk.; derb⟩ *stark beschmutzen;* das frische Tischtuch e.

ein|sau|gen ⟨V.104, hat eingesogen, auch: hat eingesaugt; mit Akk.⟩ *saugend in sich ziehen, in sich aufnehmen;* er sog genießerisch die frische Luft ein; der Schwamm hat das Wasser völlig eingesaugt

ein|schal|ten ⟨V.2, hat eingeschaltet⟩ **I** ⟨mit Akk.⟩ **1** *etwas e.* **a** *durch Betätigung des Schalters in Betrieb setzen;* Ggs. ausschalten (1) Licht e.; das Radio e. **b** *einfügen;* eine Ruhepause e.; eine Bemerkung (während eines Gesprächs) e. **2** *jmdn. um Hilfe, um seine Beteiligung bitten;* Ggs. ausschalten (2) die Polizei e. **II** ⟨refl.⟩ sich e. **1** *eingreifen, sich einmischen;* hier muß ich mich e. **2** *ein Telefongespräch übernehmen;* Herr X ist am Apparat, wollen Sie sich e.? **Ein|schal|tung** ⟨f.10⟩

Ein|schalt|quo|te ⟨f.11⟩ *Zahl der Rundfunkhörer bzw. Fernsehteilnehmer, die zu einer bestimmten Sendung ihr Gerät eingeschaltet haben (im Verhältnis zur Gesamtzahl der Inhaber eines Rundfunk- oder Fernsehgeräts);* die E. betrug 17 Prozent

ein|schär|fen ⟨V.1, hat eingeschärft; mit Dat. und Akk.⟩ *jmdm. etwas e. jmdm. etwas eindringlich sagen, ihm mit Nachdruck ermahnen;* ich habe dem Kind eingeschärft, bei Rot (an der Ampel) unbedingt stehenzubleiben

ein|schät|zen ⟨V.1, hat eingeschätzt; mit Akk.⟩ *auf bestimmte Weise bewerten, aufgrund einer Vermutung beurteilen;* jmdn., einen Wert falsch, richtig e.; ich habe seine Fähigkeiten höher eingeschätzt als sie sind **Ein|schät|zung** ⟨f.10⟩

ein|schen|ken ⟨V.1, hat eingeschenkt; mit Dat. und Akk.⟩ *in ein Gefäß schenken, gießen;* jmdm. Wein, Kaffee e.; darf ich Ihnen noch einmal (erg.: etwas davon) e.?

ein|sche|ren ⟨V.1, ist eingeschert; o.Obj.⟩ *sich wieder in die Reihe der hintereinander fahrenden Autos einordnen;* Ggs. ausscheren (1)

Ein|schicht ⟨f., -, nur Sg.⟩ österr.⟩ **1** *Einsamkeit;* in der E. leben **2** →Einöd; auf einer E. leben

ein|schich|tig ⟨Adj., o.Steig.⟩ **1** ⟨österr.⟩ *abseits, weit draußen gelegen;* ~er Hof **2** *aus nur einer Schicht bestehend;* ~es Zellgewebe **3** *nur in einer Schicht e. arbeiten*

ein|schicken ⟨-k|k-; V.1, hat eingeschickt; mit Akk.⟩ *an die zuständige Stelle oder Institution schicken;* Syn. einsenden; die Lösung eines Preisausschreibens e.; einer Zeitung ein Manuskript e.; ein defektes Gerät (der Herstellerfirma) e.

ein|schie|ben ⟨V.112, hat eingeschoben; mit Akk.⟩ *hineinschieben, dazwischenschieben;* Brot, ein Backblech (in den Ofen) e.; einen Satz in einen Text e.; vielleicht kann ich Sie noch e. (in die Reihe der Wartenden)

Ein|schieb|sel ⟨n.5⟩ *etwas (in einen Text) Eingeschobenes, eingeschobener Satz oder Abschnitt*

Ein|schie|bung ⟨f.10⟩ *das Einschieben*

Ein|schie|nen|bahn ⟨f.10⟩ *Bahn, bei der das Laufwerk auf nur einer Schiene geführt wird*

ein|schie|ßen ⟨V.113⟩ **I** ⟨mit Akk.; hat eingeschossen⟩ **1** *durch Schießen zertrümmern;* ein Fenster e. **2** *durch mehrmaliges Schießen treffsicher machen;* ein Gewehr e. **3** ⟨Fußb.⟩ *ins Tor schießen;* den Ball e. **4** ⟨Buchw.⟩ *zwischen die Druckbogen heften;* leere, dünnere Seiten e. **5** ⟨Weberei⟩ *durch die Kettfäden ziehen;* den Faden e. **6** ⟨Bäckerei⟩ *in den Ofen schieben;* Brot e. **7** *als Beitrag (zum Kapital) geben, beisteuern;* Geld, eine Summe e. **II** ⟨refl., hat eingeschossen⟩ *sich* **1** *sich im Schießen üben* **2** *sich auf ein Ziel e. durch mehrmaliges Schießen ein Ziel genauer treffen;* die Artillerie hat sich auf die feindliche Stellung eingeschossen; *sich auf jmdn. e.* ⟨übertr.⟩ *jmdn. immer wieder öffentlich (mit Worten) angreifen* **III** ⟨o.Obj.; ist eingeschossen⟩ *hineinströmen;* Wasser schießt ein (wenn die Schleuse geöffnet wird); die Milch schießt ein *bildet sich in den Milchdrüsen* (bei der Wöchnerin)

ein|schif|fen ⟨V.1, hat eingeschifft⟩ **I** ⟨mit Akk.⟩ *aufs Schiff bringen;* Ggs. *ausschiffen;* Waren, Passagiere e. **II** ⟨refl.⟩ *sich e. mit dem Schiff abreisen;* sich nach Australien e.

Ein|schif|fung ⟨f., -, nur Sg.⟩

einschl. ⟨Abk. für⟩ *einschließlich*

ein|schla|fen ⟨V.115, ist eingeschlafen; o.Obj.⟩ **1** *in Schlaf fallen, sinken, zu schlafen beginnen;* ein Kind kann nicht e.; er ist eingeschlafen *er schläft jetzt* **2** ⟨verhüllend⟩ *sterben;* Großvater ist heute morgen eingeschlafen **3** *gefühllos, taub werden;* mir sind die Füße eingeschlafen; mir ist das Gesicht eingeschlafen ⟨ugs., scherzh.⟩ *es war sehr langweilig*

ein|schlä|fern ⟨V.1, hat eingeschläfert; mit Akk.⟩ **1** *jmdn. in Schlaf versetzen;* das Rauschen des Regens schläferte mich ein **2** *ein Tier e. durch ein Medikament schmerzlos töten*

Ein|schlag ⟨m.2⟩ **1** *das Einschlagen (II,2,3);* der E. des Blitzes **2** *Stelle, an der ein Geschoß eingeschlagen hat;* man sieht hier noch die Einschläge vom letzten Krieg **3** ⟨beim Kraftfahrzeug⟩ *Drehung der Vorderräder;* voller E. **4** *Eigentümlichkeit im Wesen oder Aussehen, die an etwas anderes erinnert;* ein südländischer E.

ein|schla|gen ⟨V.116, hat eingeschlagen⟩ **I** ⟨mit Akk.⟩ **1** *durch Schlag oder Schläge zertrümmern;* ein Fenster e. **2** *durch Schlagen hineinbohren, hineintreiben;* einen Nagel (in die Wand) e. **3** *durch Schlag, Schläge verletzen oder abbrechen;* jmdm. den Schädel, die Zähne e. **4** *einwickeln;* einen Gegenstand in ein Tuch, in Papier e. **5** *zum Schutz mit Erde bedecken;* Pflanzen, Wintergemüse e. **6** *nach innen drehen;* einen Saum e. **7** *wählen und gehen, wählen und sich danach richten;* einen Weg e.; eine andere Richtung e.; eine Laufbahn e. **II** ⟨o.Obj.⟩ **1** *zur Bekräftigung jmdm. die Hand geben und eine Sache damit zustimmen;* schlag ein!; er war einverstanden und schlug ein **2** *etwas treffen und beschädigen;* der Blitz hat in einen Baum, in ein Haus eingeschlagen; eine Bombe hat neben uns eingeschlagen; das wird e. wie eine Bombe ⟨übertr.⟩ *das wird großen Erfolg haben* **3** *das Steuerrad einschlagen;* rechts, links e. **III** ⟨mit Präp.obj.⟩ *auf jmdn. oder etwas e. heftig und anhaltend, blindlings schlagen*

ein|schlä|gig ⟨Adj., o.Steig.⟩ *zu etwas gehörig, für etwas geeignet, passend;* die ~e Literatur durcharbeiten *die zu einer Aufgabe, Arbeit gehörige Literatur;* in den ~en Geschäften nachfragen *in den Geschäften, die den betreffenden Artikel vorrätig haben;* e. vorbestraft sein *wegen der gleichen Straftat vorbestraft sein*

ein|schlei|chen ⟨V.117, hat eingeschlichen; refl.⟩ *sich e.* **1** *heimlich und vorsichtig hineingehen, hineingelangen;* wie leicht kann sich hier ein Dieb e. **2** *sich langsam bemerkbar machen, allmählich auftreten;* in letzter Zeit hat sich bei uns eine Unsitte eingeschlichen; es schleicht sich der Gedanke ein, der Verdacht ein, daß ... **3** *unbemerkt hineingeraten;* hier hat sich ein Fehler eingeschlichen

ein|schlei|fen ⟨V.118, hat eingeschliffen⟩ **I** ⟨mit Akk.⟩ *hineinschleifen, schleifend hineinschneiden;* Muster in Glas e. **II** ⟨refl.⟩ *sich e.* **1** *sich schleifend einkerben;* im Eis hat sich die Spur der Schlittenkufen eingeschliffen **2** ⟨übertr.⟩ *durch häufiges Wiederholtwerden im Gedächtnis haftenbleiben oder zur Gewohnheit werden;* die grammatischen Formen müssen sich allmählich e.; diese Verhaltensweisen haben sich längst eingeschliffen

ein|schlep|pen ⟨V.1, hat eingeschleppt; mit Akk.⟩ **1** *mit einem Schleppdampfer in den Hafen ziehen* **2** ⟨übertr.⟩ *unbemerkt und unerwünscht hereinbringen;* die Krankheit ist erst im vorigen Jahrhundert aus Asien eingeschleppt worden; Ungeziefer e.

ein|schleu|sen ⟨V.1, hat eingeschleust; mit Akk.⟩ **1** *durch eine Schleuse hereinfahren lassen;* ein Schiff e. **2** ⟨übertr.⟩ *unbemerkt herein-, hineinbringen;* Agenten in ein Land e.; verbotene Waren e.

ein|schlie|ßen ⟨V.120, hat eingeschlossen; mit Akk.⟩ **1** *etwas e. hineinlegen, hineinstellen und durch Zuschließen für andere unzugänglich machen;* Weinflaschen in den Schrank e. **2** *jmdn. e.* **a** *in ein Schreibnis e.* **b** *von allen Seiten umgeben;* eine Mauer schließt den Park ein **2** *jmdn. e.* **a** *hineinbringen und durch Zuschließen einsperren;* Kinder in ihr oder in ihrem Zimmer e.; Gefangene in ihre(n) Zellen e. **b** *umzingeln;* eine feindliche Truppe, Flüchtlinge e. **Einschlie|ßung** ⟨f., -, nur Sg.⟩

ein|schließ|lich ⟨Präp. mit Gen.; Abk.: einschl.⟩ *mitsamt, eingeschlossen, mitgerechnet, mitberücksichtigt;* Ggs. *ausschließlich (III);* 500 DM e. der Unkosten; alle Mitarbeiter e. der Angehörigen, e. aller Angehöriger; e. des Trinkgelds; e. der Kinder; ⟨wenn der Art. vor dem Subst. fehlt, steht statt Gen. der Akk. oder Dat.⟩ e. Trinkgeld; e. Kinder(n)

ein|schlum|mern ⟨V.1, ist eingeschlummert; o.Obj.⟩ *in leichten Schlaf, in Schlummer sinken;* Syn. *einnicken*

Ein|schluß ⟨m.2⟩ **1** ⟨nur Sg.⟩ *das Einschließen, das Einbeziehen, Einbegreifen;* unter E., mit E. aller Kosten **2** *Fremdkörper in einem Mineral oder Gestein;* der E. eines Insekts im Bernstein

ein|schmei|cheln ⟨V.1, hat eingeschmeichelt; refl.⟩ *sich bei jmdm. e.* *durch Schmeicheleien jmds. Wohlwollen erringen;* sich bei seinen Vorgesetzten e.; er will sich nur e.; eine ~de Musik *eine Musik, die angenehm zu hören ist, die leicht ins Ohr geht*

ein|schmel|zen ⟨V.123, hat eingeschmolzen; mit Akk.⟩ *Metallgegenstände e. erhitzen und wieder zum Schmelzen bringen (um sie neu zu bearbeiten)* **Ein|schmel|zung** ⟨f., -, nur Sg.⟩

ein|schnap|pen ⟨V.1, ist eingeschnappt; o.Obj.⟩ **1** *sich (durch Einhaken eines Hebels) schließen;* der Verschluß, die Tür ist eingeschnappt **2** ⟨übertr., ugs.⟩ *beleidigt sein;* er ist eingeschnappt schnappt leicht ein; er ist rasch eingeschnappt

ein|schnei|den ⟨V.125, hat eingeschnitten⟩ **I** ⟨mit Akk.⟩ *etwas e.* **1** *(in eine Oberfläche) hineinschneiden, schneidend hineinbringen;* ein Zeichen, einen Namen (in die Baumrinde) e. **2** *einen Schnitt in etwas machen;* einen Stoffrand e.; ein Stück Papier einen Zentimeter e. **II** ⟨o.Obj.⟩ *mit schneidendem Schmerz beengen;* der Rockbund, der Armausschnitt schneidet ein; ~de Veränderungen, Maßnahmen *stark spürbare, tiefgreifende Veränderungen, Maßnahmen*

ein|schnei|en ⟨V.1, ist eingeschneit; o.Obj.⟩ **1** *mit Schnee bedeckt werden;* die Hütte ist (völlig) eingeschneit **2** *durch starken Schneefall (an einem Ort) festgehalten werden;* wir waren eine Woche in der Hütte eingeschneit

Ein|schnitt ⟨m.1⟩ **1** *Schnitt;* ein kleiner E. in die Haut **2** *Kerbe;* e. in der Rinde, ins Holz machen **3** *schmale Vertiefung;* E. im Gelände **4** *Abschluß und zugleich Neubeginn;* ein E. im Leben, in einer Entwicklung

ein|schnü|ren ⟨V.1, hat eingeschnürt; mit Akk.⟩ **1** *mit Schnüren fest umwickeln;* sich die Taille e. **2** *durch eine Schnur oder einen festen Rand beengen;* der Kragen schnürt mich, schnürt mir den Hals ein

Ein|schnü|rung ⟨f.10⟩ *sehr enge (wie mit einer Schnur zusammengezogene) Stelle;* E. im Leib von Wespen; E. im Flußlauf

ein|schrän|ken ⟨V.1, hat eingeschränkt⟩ **I** ⟨mit Akk.⟩ *verringern, vermindern, herabsetzen;* die Ausgabe, Lebenshaltungskosten e.; jmds. Handlungs-, Bewegungsfreiheit e.; in eingeschränkten Verhältnissen leben *sparsam, bescheiden leben* **II** ⟨refl.⟩ *sich e. sparsam leben, sparsam wirtschaften, wenig Geld ausgeben;* wir müssen uns jetzt sehr e.

Ein|schrän|kung ⟨f.10⟩ **1** *das Einschränken, Verringerung, Verminderung;* die E. seiner Rechte; sich ~en auferlegen müssen *sich einschränken müssen* **2** *Abstrich, Vorbehalt;* etwas ohne E., mit einer gewissen E. gutheißen; ich stimme dem zu, mit der E., daß ...

Ein|schreib|brief, Ein|schrei|be|brief ⟨m.1⟩ *eingeschriebener Brief, Brief, der gegen Quittung auf der Post in ein Buch eingetragen wird und damit versichert ist und dem Empfänger nur gegen Unterschrift ausgehändigt wird;* Syn. *eingeschriebener Brief*

ein|schrei|ben ⟨V.127, hat eingeschrieben; mit Akk.⟩ *(in eine Liste) hineinschreiben, eintragen;* Ausgaben e.; Teilnehmer (für einen Lehrgang) e.; einen Brief zur Vorlesung e.; einen Brief e. lassen *auf der Post in ein Buch schreiben lassen und damit versichern;* eingeschriebener Brief → *Einschreibbrief*

Ein|schrei|ben ⟨n.7⟩ *eingeschriebene Postsendung, Einschreibbrief, Einschreibpäckchen, Einschreibsendung*

Ein|schrei|ber ⟨m.5⟩ *kurz für Einschreibbrief, Einschreibpäckchen, Einschreibsendung*

Ein|schreib|päck|chen ⟨n.7⟩ *wie ein Einschreibbrief behandeltes Päckchen*

Ein|schreib|sen|dung ⟨f.10⟩ *jede wie ein Einschreibbrief behandelte Postsendung;* Syn. ⟨schweiz.⟩ *Einschrieb*

Ein|schrei|bung ⟨f.10⟩ *das Einschreiben, Hineinschreiben;* E. in eine Liste

ein|schrei|ten ⟨V.129, hat eingeschritten; mit Präp.obj.⟩ *gegen etwas oder jmdn. e. Maßnahmen treffen gegen etwas oder jmdn.; etwas gegen etwas oder jmdn. unternehmen;* gegen Übergriffe, Gesetzesübertretungen e.; gegen randalierende Jugendliche e.; dagegen wird man sich gerichtlich e.

Ein|schrieb ⟨m.1; schweiz.⟩ *eingeschriebene Postsendung*

ein|schrum|peln ⟨volkstümlich⟩, **ein|schrump|fen** ⟨V.1, ist eingeschrumpelt, ist eingeschrumpft; o.Obj.⟩ *Feuchtigkeit verlieren und dadurch kleiner und faltig werden;* Haut schrumpft ein; ein eingeschrumpelter Apfel

Ein|schub ⟨m.2⟩ **1** ⟨nur Sg.; selten⟩ *das*

Einschieben **2** *eingeschobener Satz oder Abschnitt*
ein|schüch|tern ⟨V.1, hat eingeschüchtert; mit Akk.⟩ *schüchtern, unsicher, ängstlich machen* **Ein|schüch|te|rung** ⟨f., -, nur Sg.⟩
ein|schu|len ⟨V.1, hat eingeschult; mit Akk.⟩ *zum ersten Mal in der Schule anmelden und zum Unterricht schicken;* Ggs. *ausschulen* **Ein|schu|lung** ⟨f., -, nur Sg.⟩
ein|schü|rig ⟨Adj., o.Steig.⟩ *so beschaffen, daß nur einmal in der Jahr gemäht werden kann;* Syn. *einmähdig;* ~*e Wiese* [zu *Schur* (2)]
Ein|schuß ⟨m.2⟩ **1** *Stelle, an der ein Geschoß in den Körper eingedrungen ist;* Ggs. *Ausschuß* (1) **2** *das Hineinschießen (einer Rakete) in eine Flugbahn* **3** ⟨Weberei⟩ → *Schuß* (8b) **4** ⟨Bankw.⟩ *Betrag, der als Anzahlung bei Termingeschäften an Börsen oder bei Außenhandelsgeschäften zu leisten ist* **5** *plötzlich auftretende, infektiöse Haut- und Unterhautentzündung der Pferde mit starker Schwellung an den Hintergliedmaßen*
ein|schüt|ten ⟨V.2, hat eingeschüttet; mit Akk.⟩ *hineinschütten;* Ggs. *ausschütten* (I,2); *Körner e.*
ein|schwär|zen ⟨V.1, hat eingeschwärzt; mit Akk.⟩ *schwarz machen, schwarz färben* **Ein|schwär|zung** ⟨f., -, nur Sg.⟩
ein|schwe|ben ⟨V.1, ist eingeschwebt; o.Obj.⟩ *im Gleitflug auf den Flughafen herabschweben; die Maschine schwebte zur Landung ein*
ein|schwen|ken ⟨V.1, ist eingeschwenkt; o.Obj.⟩ *die Richtung ändern, einbiegen; die Kolonne schwenkte in eine Seitenstraße ein; rechts, links e.; er ist einen Kurs eingeschwenkt, der ... er hat einen (neuen) Kurs eingeschlagen, der ...*
ein|schwö|ren ⟨V.135, hat eingeschworen; mit Akk.⟩ **1** *jmdn. e. schwören lassen und dadurch an sich binden; Soldaten e.* **2** *jmdn. auf etwas e. bindend, zu etwas verpflichten; jmdn. auf absolutes Stillschweigen e.* **3** *auf etwas eingeschworen sein* **a** *etwas mit Nachdruck vertreten; auf eine Politik eingeschworen sein* **b** *etwas besonders bevorzugen; auf eine bestimmte Sorte, Marke eingeschworen sein;* vgl. *eingeschworen*
ein|seg|nen ⟨V.2, hat eingesegnet; mit Akk.⟩ *etwas oder jmdn. e.* **1** *den kirchlichen Segen über etwas oder jmdn. sprechen; eine Kirche, eine Ehe e.* **2** → *konfirmieren* **Ein|seg|nung** ⟨f.10⟩ **1** *das Einsegnen* **2** → *Konfirmation*
ein|se|hen ⟨V.136, hat eingesehen; mit Akk.⟩ *etwas e.* **1** *in etwas hineinsehen; man kann von der Straße diese Stelle nicht e.; an diesem Platz kann man von der Straße nicht eingesehen werden kann man nicht gesehen werden* **2** *sich einen Einblick in etwas verschaffen; Akten, Unterlagen e.* **3** *erkennen, (durch Erfahrung, Überlegung) begreifen; einen Irrtum e.; ich habe eingesehen, daß es so nicht geht, daß du recht hast; ich sehe nicht ein, warum gerade ich gehen soll; ein Einsehen haben etwas einsehen und nachgeben*
ein|sei|fen[1] ⟨V.1, hat eingeseift; mit Akk.⟩ *mit Seifenschaum einreiben*
ein|sei|fen[2] ⟨V.1, hat eingeseift; mit Akk.⟩ **1** *betrügen* **2** *mit vielen schönen Worten überreden (wahrscheinlich aus dem Rotwelschen)*
ein|sei|tig ⟨Adj., o.Steig.⟩ **1** *auf nur einer Seite (stattfindend), nur eine Seite betreffend;* ~*e Lähmung* **2** *nur von einer Seite kommend;* ~*e Willenserklärung Willenserklärung von nur einem Partner; seine Liebe ist e. seine Liebe wird nicht erwidert;* ~*bedrucktes Papier; Blätter e. beschriften* **3** *nur einen oder einige Gesichtspunkte berücksichtigend; eine ~e Auffassung, Betrachtungsweise; du beurteilst das zu e.*
Ein|sei|tig|keit ⟨f., -, nur Sg.⟩ *einseitige Beschaffenheit; die E. seiner Auffassung, seiner Darstellung*

ein|sen|den ⟨V.138, hat eingesandt; mit Akk.⟩ → *einschicken*
Ein|sen|der ⟨m.5⟩ *jmd., der etwas eingesandt hat*
Ein|sen|dung ⟨f.10⟩ **1** ⟨nur Sg.⟩ *das Einsenden* **2** *eingesandter Brief, eingesandte Karte*
Ein|ser ⟨m.5; süddt.⟩ **1** *die Ziffer 1* **2** ⟨als Schulnote⟩ → *Eins* (2); vgl. *Dreier, Achter*
ein|set|zen ⟨V.1, hat eingesetzt⟩ **I** ⟨mit Akk.⟩ **1** *etwas e. etwas in etwas hineinsetzen, einfügen; ein Ersatzteil e.; eine Fensterscheibe e.; ein anderes Wort e.; Pflanzen e. einpflanzen* **b** *wirken lassen, arbeiten lassen, andere Mittel e.; Maschinen e.; seine ganze Kraft, seinen Willen e., um etwas zu erreichen* **2** *jmdn. e. ein Amt übertragen; jmdn. als Aufseher, als Helfer e.; jmdn. als Bürgermeister e.; jmdn. in ein Amt e.; jmdm. ein Amt übertragen* **II** ⟨refl.⟩ *sich e. sich anstrengen, seine Kraft, seinen Einfluß verwenden; er hat sich wirklich eingesetzt, aber ...; sich für jmdn. oder etwas e.* **III** ⟨o.Obj.⟩ *anfangen, beginnen; als die Musik einsetzte; die Flöte setzt drei Takte nach den Streichern ein; der Winter hat dieses Jahr früh eingesetzt*
Ein|set|zung ⟨f.10⟩ *das Einsetzen (I,2); E. eines Königs*
Ein|sicht ⟨f.10⟩ **1** *das Hineinsehen, Einblick; jmdm. die E. in Akten gewähren, verweigern* **2** *das Einsehen (von etwas), das Verstehen, Verständnis; er hat keine E., ist nicht zur E. fähig; ich bin zu der E. gekommen, daß ...; er kommt nicht zur E.*
ein|sich|tig ⟨Adj.⟩ **1** *fähig, etwas einzusehen, verständnisvoll, vernünftig; er war e. und gab nach* **2** *verständlich, klar; diese Überlegung ist (mir) e.*
Ein|sicht|nah|me ⟨f., -, nur Sg.⟩ *das Einsichtnehmen; nach E. in die Akten, in die Unterlagen*
Ein|sie|de|glas, Ein|sied|glas ⟨österr.⟩ → *Einmachglas*
Ein|sie|de|lei ⟨f.10⟩ *Wohnstätte eines Einsiedlers;* Syn. *Eremitage*
Ein|sied|ler ⟨m.5⟩ *Mönch, der in der Einsamkeit lebt;* Syn. *Eremit; er lebt wie ein E.*
ein|sied|le|risch ⟨Adj., o.Steig.⟩ *in der Art eines Einsiedlers*
Ein|sied|ler|krebs ⟨m.1⟩ *Meereskrebs, der seinen weichhäutigen Hinterleib zum Schutz in einem Schneckenhaus birgt*
Ein|sil|ber ⟨m.5⟩ *einsilbiges Wort;* auch: *Einsilbler*
ein|sil|big ⟨Adj.⟩ **1** ⟨o.Steig.⟩ *aus nur einer Silbe bestehend;* ~*es Wort,* ~*er Reim* **2** *aus nur einer oder wenigen Silben bestehend;* ~*e Antwort* **3** *wortkarg, wenig sprechend; er ist heute sehr e.* **Ein|sil|big|keit** ⟨f., -, nur Sg.⟩
Ein|silb|ler ⟨m.5⟩ → *Einsilber*
ein|sin|gen ⟨V.140, hat eingesungen⟩ **I** ⟨mit Akk.⟩ **1** *singen und auf Schallplatte aufnehmen; einen Liederzyklus (neu) e.* **2** ⟨poet.⟩ *durch Singen zum Einschlafen bringen; ein Kind e.* **II** ⟨refl.⟩ *sich e. durch Singen die Stimme warm und geschmeidig machen*
ein|sin|ken ⟨V.141, ist eingesunken; o.Obj.⟩ **1** *hineinsinken; im Schnee e. beim Gehen in den Schnee einsinken; er sank bis zu den Knien ein* **2** *sich nach innen, hinten oder unten wölben; eingesunkene Wangen; eingesunkener Brustkorb; eingesunkene Treppenstufen*
ein|sit|zen ⟨V.143, hat eingesessen; o.Obj.⟩ *im Gefängnis sitzen; er hat dort drei Jahre eingesessen*
Ein|sit|zer ⟨m.5⟩ *einsitziges Fahr-, Flugzeug oder Ruderboot*
ein|sit|zig ⟨Adj., o.Steig.⟩ *nur mit einem Sitzplatz ausgestattet;* ~*e Rennmaschine*
ein|söm|me|rig ⟨Adj., o.Steig.; bei Fischen⟩ *einen Sommer alt*

ein|sor|tie|ren ⟨V.3, hat einsortiert; mit Akk.⟩ *etwas (in etwas) e. etwas (in eine gegebene Ordnung) nach einem bestimmten System einfügen;* Ggs. *aussortieren; Karteikarten e.*
ein|span|nen ⟨V.1, hat eingespannt; mit Akk.⟩ **1** *etwas e.* **a** *vor den Wagen, ins Geschirr spannen;* Ggs. *ausspannen* (I,1); *Pferde e.* **b** *in etwas befestigen, so daß es straff eingespannt ist;* Ggs. *ausspannen* (I,3); *einen neuen Bogen (in die Maschine) e.; einen Film (in die Kamera) e.; ein Werkstück (in den Schraubstock) e.* **2** *jmdn. für, zu etwas e. jmdn. veranlassen, etwas für jmdn. zu tun; etwas heranziehen; jmdn. zur Gartenarbeit e.; kannst du dafür nicht jmd. anderen e.?; er ist zur Zeit sehr eingespannt er hat sehr viel zu tun*
Ein|spän|ner ⟨m.5⟩ **1** *Wagen für nur ein Zugpferd* **2** ⟨früher⟩ *Bauer, der mit einem Gespann fronpflichtig ist* **3** ⟨ugs.⟩ *jmd., der gern allein lebt* **4** ⟨österr.⟩ *schwarzer Kaffee mit Schlagsahne* **5** ⟨österr.⟩ *einzelnes Würstchen*
ein|spän|nig ⟨Adj., o.Steig.⟩ *nur mit einem Zugpferd;* ~*er Wagen; e. fahren*
ein|spa|ren ⟨V.1, hat eingespart; mit Akk.⟩ *aus Sparsamkeit nicht verwenden, nicht einsetzen; Geld e.; Arbeitskräfte e.* **Ein|spa|rung** ⟨f.10⟩
ein|spei|cheln ⟨V.1, hat eingespeichelt; mit Akk.⟩ *beim Kauen mit Speichel vermischen; Nahrung gut e.*
ein|spei|chern ⟨V.1, hat eingespeichert; mit Akk.⟩ **1** *einem Computer eingeben; Daten e.* **2** *ins Gedächtnis aufnehmen, einprägen; Erlebnisse, Erfahrungen e.* **Ein|spei|che|rung** ⟨f., -, nur Sg.⟩
ein|sper|ren ⟨V.1, hat eingesperrt; mit Akk.⟩ **1** *hineinbringen und durch Zusperren der Tür am Hinausgehen hindern; ein Kind, einen Hund (im Zimmer, in ein Zimmer) e.* **2** *ins Gefängnis bringen; jmdn. wegen Betrugs e.*
ein|spie|len ⟨V.1, hat eingespielt⟩ **I** ⟨mit Akk.⟩ **1** *(auf Musikinstrumenten) spielen und auf Schallplatte(n) aufnehmen; eine Sinfonie e.* **2** *durch Spielen zum besseren Tönen bringen; ein neues Musikinstrument e.* **3** *durch Spielen ersetzen, einbringen; das Theater hat die Ausstattungskosten längst eingespielt; der Film hat große Gewinne eingespielt* **II** ⟨refl.⟩ *sich e.* **1** *durch Spielen sicherer werden; ein Musiker spielt sich ein* **2** *durch Übung, mit der Zeit ein gutes Zusammenspiel, eine gute Zusammenarbeit erreichen, sich aufeinander einstimmen; das erste Stück eines Konzerts dient (den Ausführenden) meist zum Einspielen; das Team hat sich gut eingespielt; wir sind gut eingespielt wir spielen, arbeiten gut miteinander* **3** *nach und nach in Gang kommen, reibungslos ablaufen; die neuen Arbeitsgänge haben sich eingespielt*
Ein|spie|lung ⟨f.10⟩ **1** ⟨nur Sg.⟩ *das Einspielen (I,1)* **2** *das eingespielte Musikstück, Schallplattenaufnahme; zwei neue* ~*en des Violinkonzerts von Beethoven*
Ein|spra|che ⟨f.11, österr., schweiz.⟩ → *Einspruch*
ein|spra|chig ⟨Adj., o.Steig.⟩ **1** *(nur) eine Sprache sprechend, mit (nur) einer Sprache; er ist e. aufgewachsen* **2** *in (nur) einer Sprache abgefaßt;* ~*es Wörterbuch*
ein|spren|gen ⟨V.1, hat eingesprengt; mit Akk.⟩ *mit Wasserspritzern befeuchten;* Syn. *einspritzen; Wäsche vor dem Bügeln e.*
Ein|spreng|ling ⟨m.1⟩ *relativ großer Einzelkristall in einem Gestein, das sonst feinkristallin oder nicht kristallin aufgebaut ist*
Ein|spreng|sel ⟨n.5⟩ **1** *zusätzlich in etwas hineingekommenes Teilchen* **2** *vereinzelt vorkommender Bestandteil*
ein|sprin|gen ⟨V.148⟩ **I** ⟨o.Obj. oder mit

einspritzen Präp.obj.; ist eingesprungen⟩ helfend etwas tun, was man eigentlich nicht zu tun brauchte; er springt immer ein, wenn Hilfe nötig ist; für jmdn. e. *als Ersatz für jmdn. etwas tun;* für einen erkrankten Schauspieler, Pianisten e. II ⟨refl.; hat eingesprungen⟩ sich e. *sich durch probeweises Springen auf einen Wettbewerb vorbereiten, die Glieder geschmeidig machen;* Schiläufer springen sich ein

ein|sprit|zen ⟨V.1, hat eingespritzt⟩ I ⟨mit Dat. und Akk.⟩ jmdm. etwas e. *jmdm. etwas in den Körper spritzen, mittels Hohlnadel in den Körper einbringen;* Syn. injizieren; einem Kranken ein Medikament e. II ⟨mit Akk.⟩ 1 → einsprengen 2 *mittels Düse in einen Motor spritzen;* Treibstoff e.

Ein|spritz|mo|tor ⟨m. 13⟩ *Verbrennungsmotor mit Kraftstoffeinspritzung statt Vergaser*

Ein|sprit|zung ⟨f.10⟩ *das Einspritzen (I), Spritze;* Syn. Injektion; er bekommt wöchentlich zwei ~en

Ein|spruch ⟨m.2⟩ *Widerspruch, Beschwerde;* Syn. ⟨österr., schweiz.⟩ Einsprache; E. (gegen etwas) erheben

Ein|spruchs|frist ⟨f.10⟩ *Zeitraum, in dem ein Einspruch (bei einer Behörde) erhoben werden kann*

ein|spu|rig ⟨Adj., o.Steig.⟩ 1 *mit nur einer Fahrspur;* nur e. befahrbarer Straßenabschnitt 2 ⟨bei Gleisstrecken⟩ → eingleisig

einst ⟨Adv.⟩ Syn. einstmals, ⟨†⟩ einstens 1 *vor sehr langer Zeit, in ferner Vergangenheit;* er stand hier noch Wald 2 *zu einem künftigen Zeitpunkt, in der Zukunft;* e. wird das besser sein; e. wird das anders werden

Einst ⟨n.; fast nur in der Wendung⟩ das E. und das Jetzt *die Vergangenheit und die Gegenwart*

ein|stamp|fen ⟨V.1, hat eingestampft; mit Akk.⟩ 1 ⟨selten⟩ *durch Stampfen hineinpressen* 2 *durch Stampfen zerkleinern, vernichten;* eine fehlerhafte Auflage (eines Buches, einer Zeitung) e.

Ein|stand ⟨m.2⟩ 1 *Dienstantritt, Beginn eines neuen Arbeitsverhältnisses;* Ggs. Ausstand (2); seinen E. geben 2 *kleine Feier zum Dienstantritt (wobei man den neuen Mitarbeitern etwas spendiert);* seinen E. geben 3 ⟨nur Sg.; Sport⟩ *erstes Spiel eines neuen Spielers* 4 ⟨nur Sg.; Tennis⟩ *gleiche Punktzahl für beide Partner* 5 *bevorzugter Aufenthaltsort von Wild im Revier*

ein|ste|chen ⟨V.149, hat eingestochen⟩ I ⟨mit Akk.⟩ etwas e. 1 *etwas (Spitzes) in etwas eindringen lassen;* eine Nadel e. 2 *durch Stechen etwas hervorbringen;* Löcher e. 3 *Stiche in etwas machen;* den Kuchenteig e. II ⟨o.Obj.⟩ *stechend in etwas eindringen;* tief, flach (mit der Nadel in die Haut, in Stoff) e. III ⟨mit Präp.obj.⟩ auf jmdn. oder etwas e. *mit einem spitzen Gegenstand blindlings jmdn. oder etwas versetzen*

ein|stecken ⟨-k·k-; V.1, hat eingesteckt; mit Akk.⟩ 1 etwas e. a *in die Tasche stecken (und mitnehmen);* genügend Geld e. b *an sich bringen, für sich behalten;* er hat die gesamten Einnahmen eingesteckt; er steckt den meisten Profit ein c *in die dafür vorgesehene Öffnung stecken;* den Stecker (des Radios) e. d *in den Briefkasten werfen;* Briefe e. e *widerspruchslos anhören, hinnehmen;* Demütigungen, Vorwürfe e.; eine Rüge e. müssen 2 jmdn. e. ⟨ugs.⟩ *ins Gefängnis sperren*

ein|ste|hen ⟨V.151, hat eingestanden; mit Präp.obj.⟩ 1 *für etwas oder jmdn. e.* für etwas oder jmdn. bürgen, haften, *die Verantwortung dafür übernehmen, daß jmd. sich richtig verhält, daß eine Sache wie erwartet verläuft;* ich stehe dafür für ihn, für die Sache ein, daß er zurückkommt, daß er pünktlich zahlt 2 *für etwas e. etwas öffentlich vertreten, gegen Angriffe verteidigen;* er steht für seine Überzeugung ein

ein|stei|gen ⟨V.153, ist eingestiegen; o.Obj.⟩ 1 *in ein Fahrzeug steigen;* Ggs. aussteigen (1); steig ein!; kaum war ich eingestiegen, als der Zug auch schon abfuhr 2 *durchs Fenster in ein Haus steigen;* bei uns ist gestern jmd., ein Einbrecher eingestiegen; hier kann man leicht e. 3 *sich daran beteiligen;* Ggs. aussteigen (2); er hat eine Firma eröffnet und mir angeboten, mit einzusteigen

Ein|stei|ni|um ⟨n., -s, nur Sg.; Zeichen: Es⟩ *künstliches radioaktives Element* [nach dem Physiker Albert *Einstein*]

ein|stel|len ⟨V.1, hat eingestellt⟩ I ⟨mit Akk.⟩ 1 etwas e. a *(zum Aufbewahren) hineinstellen;* das Auto e. (in die Garage); Bücher e. (in den Schrank, ins Regal) b *beenden, damit aufhören;* die Zahlungen, die Arbeit, das Rauchen e.; das Verfahren wurde eingestellt c *in eine bestimmte Stellung bringen;* das Fernrohr e.; eine Skala e.; den Kompaß e. d *so einrichten, daß etwas Bestimmtes erreicht wird;* das Radio laut, leise e.; das Fernglas scharf e. e *etwas auf etwas od. etwas auf etwas richten;* das Fernglas auf ein Ziel, einen Punkt e. f ⟨Sport⟩ *noch einmal erreichen;* einen Rekord e. 2 jmdn. e. *in Dienst nehmen;* Arbeitskräfte e.; noch einen Gehilfen e. II ⟨refl.⟩ sich e. 1 *kommen, zur Stelle sein;* er stellte sich pünktlich um vier Uhr ein; der Winter hat sich dieses Jahr früh eingestellt 2 *sich auf etwas e. mit etwas rechnen;* ich stelle mich darauf ein, daß er vielleicht gar nicht kommt 3 *sich auf etwas od. jmdn. e. sich einer Sache oder jmdn. anpassen;* ich habe mich auf seine Eigenart eingestellt und ihn in Ruhe gelassen; sie stellt sich ganz auf ihn ein 4 eingestellt sein *eine bestimmte Gesinnung haben, eine Haltung einnehmen;* er ist so eingestellt, daß er alles zurück ablehnt, was er nicht kennt; gegen etwas oder jmdn. eingestellt sein *etwas gegen etwas oder jmdn. haben, etwas oder jmdn. ablehnen, nicht mögen*

ein|stel|lig ⟨Adj., o.Steig.⟩ *nur aus einer Ziffer bestehend;* eine ~e Summe

Ein|stel|lung ⟨f.10⟩ 1 *das Einstellen;* E. der Arbeit; E. eines Geräts; E. von Arbeitskräften; E. der Zahlungen 2 *innere Haltung, Gesinnung;* du wirst nur dann vorwärtskommen, wenn du deine E. änderst; ich habe dazu eine andere E. als du

ein|stens ⟨Adv.; †⟩ → einst

Ein|stich ⟨m.1⟩ 1 *das Einstechen;* beim E. darf kein roter Saft aus dem Braten austreten 2 *Stelle, in die eingestochen wurde;* der E. in der Armbeuge hat sich verfärbt

Ein|stieg ⟨m.1⟩ 1 *das Einsteigen;* beim E. in die Schlucht 2 *Öffnung zum Hineinsteigen* 3 *Tür zum Einsteigen (z.B. im Bus);* Ggs. Ausstieg 4 *Möglichkeit zum Kennenlernen, Zugang;* der E. in ein neues Wissensgebiet finden; diese Sinfonie eignet sich zum E. in Mahlers Musik

Ein|stiegs|dro|ge ⟨f.11⟩ *harmlose Droge, die aber zum Genuß von gefährlichen Drogen verleiten kann (z. B. Marihuana)*

ein|stim|men ⟨V.1, hat eingestimmt⟩ I ⟨mit Akk.⟩ 1 *in Einklang (mit anderen) bringen;* Musikinstrumente e., aufeinander e. II ⟨o.Obj.⟩ *anfangen, mitzusingen, mitzuspielen, mitzusprechen, mitzuschreien usw.;* eines der Kinder begann zu singen, zu lachen, und die übrigen stimmten ein; alle stimmten in unsere Bitten ein III ⟨refl.⟩ sich (auf etwas) e. *sich in die Stimmung (auf etwas) vorbereiten;* sich auf ein Konzert e.

ein|stim|mig ⟨Adj., o.Steig.⟩ 1 ⟨Mus.⟩ *aus nur einer Stimme bestehend;* ~es Lied; ~er Chor 2 *mit nur einer Stimme;* ein Lied e. singen 3 *ohne Gegenstimme;* einen Vorschlag e. annehmen, ablehnen

Ein|stim|mig|keit ⟨f., -, nur Sg.⟩ *Übereinstimmung aller Beteiligten;* zu diesem Beschluß ist E. nötig; es wurde keine E. erzielt

Ein|stim|mung ⟨f., -, nur Sg.⟩ *das Einstimmen, das Sicheinstimmen*

einst|mals → einst

ein|stöckig ⟨-k·k-; Adj., o.Steig.⟩ *mit nur einem Stockwerk;* ~es Haus

ein|strah|len ⟨V.1, hat eingestrahlt; o.Obj.⟩ *herein-, herabstrahlen;* Sonnenlicht, Sonnenwärme strahlt (auf die Erde) ein

Ein|strah|lung ⟨f., -, nur Sg.⟩ *das Einstrahlen;* Ggs. Ausstrahlung (1)

ein|strei|chen ⟨V.158, hat eingestrichen; mit Akk.⟩ 1 *ganz bestreichen;* die Tapeten e. 2 *mit der Hand vom Tisch ins Portemonnaie oder in die andere Hand wischen;* Münzen, Geld e. 3 ⟨übertr.⟩ *selbstverständlich, ohne zu fragen, ohne Dank nehmen;* er hat die gesamten Einnahmen eingestrichen; ein hohes Trinkgeld e.; den Gewinn streicht er allein ein

ein|stro|phig ⟨Adj., o.Steig.⟩ *aus (nur) einer Strophe bestehend;* ~es Lied

ein|stu|die|ren ⟨V.3, hat einstudiert⟩ I ⟨mit Akk.⟩ *durch Üben lernen;* in Musikstücke, eine Rolle e. II ⟨mit Dat. und Akk.⟩ jmdm. etwas e. *jmdm. etwas durch Erklären und Üben lernen;* jmdm. einen Kantate e. **Ein|stu|die|rung** ⟨f.10⟩

ein|stu|fen ⟨V.1, hat eingestuft; mit Akk.⟩ *in ein System mit verschiedenen Stufen einordnen;* jmdn. tariflich, steuerlich höher, niedriger, anders e. **Ein|stu|fung** ⟨f.10⟩

ein|stür|men ⟨V.1, ist eingestürmt; mit Präp.obj.⟩ jmdn. e. 1 *schnell und mit Kraft sich jmdm. nähern;* sie stürmten mit geschwungenen Stöcken, Knüppeln auf die Angreifer ein 2 *jmdn. stürmisch, ungeduldig, leidenschaftlich bedrängen;* die Kinder stürmten mit Fragen, Bitten auf mich ein

Ein|sturz ⟨m., -es, nur Sg.⟩ *das Einstürzen* **Ein|sturz|be|ben** ⟨n.7⟩ *Erdbeben, das durch Einsturz eines Hohlraums in der Erdkruste verursacht worden ist*

ein|stür|zen ⟨V.1, ist eingestürzt; o.Obj.⟩ *zusammenstürzen, in sich zusammenfallen, umfallen;* das Gebäude, die Mauer ist eingestürzt

einst|wei|len ⟨Adv.⟩ 1 *vorläufig, bis zu einem unbestimmten Zeitpunkt;* wir wollen es e. so lassen 2 *inzwischen, in der Zwischenzeit;* den Wagen kannst du e. hier unterstellen

einst|wei|lig ⟨Adj., o.Steig.; nur als Attr.⟩ *vorübergehend, bis endgültig entschieden wird;* ~e Verfügung

ein|tä|gig ⟨Adj., o.Steig.⟩ *nur einen Tag dauernd;* eine ~e Veranstaltung; ein ~er Lehrgang

Ein|tags|fie|ber ⟨n., -s, nur Sg.⟩ *ansteckendes, kurzdauerndes Erkältungsfieber*

Ein|tags|flie|ge ⟨f.11⟩ 1 *zartes, weichhäutiges Insekt mit drei langen Schwanzborsten, das im erwachsenen Zustand nur wenige Tage oder Stunden lebt* 2 ⟨übertr.⟩ *etwas, das nur kurzfristig in Mode ist oder Bedeutung hat;* dieser Ausdruck, diese Redensart ist nur eine E.

ein|tan|zen ⟨V.1, hat eingetanzt; refl.⟩ sich e. 1 *zu tanzen anfangen und darin sicherer werden* 2 *sich mit jmdn.; durch Üben nach und nach mit jmdn. gut tanzen;* wir sind gut miteinander eingetanzt

Ein|tän|zer ⟨m.5⟩ *in einem Lokal angestellter Tanzpartner*

ein|tau|chen ⟨V.1⟩ I ⟨mit Akk.; hat eingetaucht⟩ *(in eine Flüssigkeit) hineintauchen;* den Federhalter e. (in die Tinte); den Pinsel e. (in die Farbe); die Arme, den Kopf e. (ins Wasser) II ⟨o.Obj.; ist eingetaucht⟩ *tauchen, untertauchen;* er taucht bei diesem Sprung ganz ein

ein|tau|schen ⟨V.1, hat eingetauscht; mit Präp.obj.⟩ etwas gegen oder für etwas anderes e. *tauschen, etwas hingeben und etwas anderes dafür bekommen*

ein|tei|len ⟨V.1, hat eingeteilt; mit Akk.⟩

einweisen

1 *planmäßig, sinnvoll, zweckmäßig teilen;* einen Lehrstoff (in Abschnitte) e.; er kann sein Geld nicht e. *er gibt sein Geld zu schnell aus;* Vorräte e. **2** *zusammenfassen;* Personen in Gruppen e. **3** *(für eine bestimmte Arbeit) auswählen;* Gefangene zur Arbeit e.; Mitarbeiter zum Nachtdienst e. **Ein|tei|lung** ⟨f.10⟩
ein|tei|lig ⟨Adj., o.Steig.⟩ *aus nur einem Teil bestehend;* ~er Badeanzug
Ein|tel ⟨n.5, schweiz. auch m.5⟩ *Ganzes, 1/1;* ein E.
ein|tö|nig ⟨Adj.⟩ *gleichförmig und langweilig, immer gleich, ohne Abwechslung;* ~e Arbeit; ~e Landschaft **Ein|tö|nig|keit** ⟨f., -, nur Sg.⟩
Ein|topf ⟨m.2⟩, **Ein|topf|ge|richt** ⟨n.1⟩ *Gericht, bei dem Kartoffeln, verschiedene Gemüsesorten, Fleisch u. a. zusammen in einem Topf gekocht werden* (z.B. Pichelsteiner)
Ein|tracht ⟨f., -, nur Sg.⟩ *Einigkeit, gutes Einvernehmen;* in Frieden und E. miteinander leben
ein|träch|tig ⟨Adj., o.Steig.⟩ *einig, in Eintracht;* e. beieinandersitzen
Ein|trag ⟨m.2⟩ **1** ⟨nur Sg.⟩ *das Eintragen (1);* Syn. *Eintragung;* E. in eine Liste, ins Ausgabenbuch **2** *etwas, das eingetragen, eingeschrieben worden ist;* Syn. *Eintragung;* einen E. wieder streichen; der E. vom 10.11. **3** *schriftlich (im Klassenbuch) festgehaltene Rüge;* einen E. bekommen **4** ⟨nur Sg.⟩ *Beeinträchtigung, Schaden;* das tut der Sache keinen E.
ein|tra|gen ⟨V.160, hat eingetragen; mit Akk.⟩ **1** *in etwas (Liste, Buch) einschreiben;* Ggs. *austragen;* Adressen in ein Notizbuch e.; die Namen der Teilnehmer in eine Liste e.; wer hat sich noch nicht eingetragen?; eingetragener Verein, Eingetragener Verein ⟨Abk.: e. V., E.V.⟩ *bei einer Behörde registrierter Verein* **2** *bringen, einbringen;* sein Roman hat ihm viel Geld und Ruhm eingetragen; seine Hilfe hat ihm nur Undank eingetragen
ein|träg|lich ⟨Adj.⟩ *gewinnbringend, lohnend;* eine ~e Beschäftigung **Ein|träg|lich|keit** ⟨f., -, nur Sg.⟩
Ein|tra|gung ⟨f.10⟩ → *Eintrag (1,2)*
ein|trän|ken ⟨V.1, hat eingetränkt; mit Dat. und Akk.⟩ jmdm. etwas e., es jmdm. e. *jmdm. etwas heimzahlen, Rache an jmdm. nehmen, jmdn. etwas büßen lassen;* das werde ich dir e.!; dir werde ich es e.!; [vielleicht nach dem → *Schwedentrunk*]
ein|tref|fen ⟨V.161, ist eingetroffen; o.Obj.⟩ **1** *ankommen;* wir treffen am Montag um vier Uhr bei euch ein; sie sind pünktlich eingetroffen; heute sind die bestellten Bücher eingetroffen **2** *(gemäß einer Voraussage, Vermutung) Wirklichkeit werden;* was ich befürchtet hatte, traf ein; seine Prophezeiung ist eingetroffen
ein|trei|ben ⟨V.162, hat eingetrieben; mit Akk.⟩ **1** *in den Stall treiben, heimwärts treiben;* Vieh, Hühner e. **2** *kassieren, sich von den Schuldnern geben lassen;* Steuern, Zinsen, Außenstände e.
ein|tre|ten ⟨V.163⟩ **I** ⟨mit Akk.; hat eingetreten⟩ **1** *mit einem Tritt, mit Tritten nach innen drücken oder öffnen;* die Tür, eine Glasscheibe e. **2** *durch Laufen passend, bequemer machen;* Ggs. *austreten (I,3);* Schuhe e. **II** ⟨o.Obj.; ist eingetreten⟩ **1** *hineingehen, hereinkommen;* darf ich e.?; bitte treten Sie ein! **2** *geschehen, sich ereignen, Wirklichkeit werden;* was ich befürchtet habe, ist eingetreten; es ist noch keine Besserung eingetreten **III** ⟨mit Präp.obj.⟩ **1** ⟨ist eingetreten⟩ *für etwas od. jmdn.* ~ *für etwas oder jmdn. sprechen, sich für etwas od. jmdn. einsetzen, etwas oder jmdn. verteidigen, in Schutz nehmen;* er ist für die Abschaffung der Sklaverei eingetreten; als mich alle angriffen, ist er nachdrücklich für mich eingetreten **2** ⟨ist eingetreten⟩ in

etwas e. **a** *Mitglied von etwas werden;* Ggs. *austreten (II,1);* in eine Partei, einen Verein e. **b** *etwas, mit etwas beginnen;* in die Diskussion e.; er tritt heute in sein 70. Lebensjahr ein **3** ⟨hat eingetreten⟩ auf jmdn. ⟨selten⟩ *jmdm. blindlings Fußtritte versetzen* **4** ⟨ist eingetreten⟩ auf etwas e. ⟨schweiz.⟩ *sich mit etwas befassen, auf etwas eingehen;* wir werden darauf noch e. **IV** ⟨mit Dat. (sich) und Akk.; hat eingetreten⟩ sich etwas e. *sich durch Darauftreten in den Fuß treten;* sich einen Dorn e.
ein|trich|tern ⟨V.1, hat eingetrichtert; mit Akk.⟩ jmdm. etwas e. ⟨umg.⟩ *mühsam etwas lehren; jmdm. mit Nachdruck etwas beibringen;* jmdm. einen Wissensstoff e.; ich habe ihm eingetrichtert, wie er sich verhalten soll [nach dem Nürnberger → *Trichter*]
Ein|tritt ⟨m.1⟩ **1** ⟨nur Sg.⟩ *das Eintreten, Hineingehen, Hineinfliegen;* Ggs. *Austritt (1)* E. in einen Raum; beim E. in die Erdatmosphäre **2** *das Eintreten in eine Gemeinschaft;* E. in einen Verein; Ggs. *Austritt (2)* **3** *Beginn;* bei E. der Dunkelheit **4** ⟨kurz für⟩ *Eintrittsgeld;* (den) E., keinen E. bezahlen; es kostet keinen E.
Ein|tritts|geld ⟨n.3⟩ *Gebühr für den Besuch einer Veranstaltung, für den Eintritt in bestimmte öffentliche Gebäude* (z. B. Museen)
Ein|tritts|kar|te ⟨f.11⟩ *Karte, die zum Besuch einer Veranstaltung, zum Eintritt in bestimmte öffentliche Gebäude (z.B. Museen) berechtigt*
ein|trock|nen ⟨V.2, ist eingetrocknet; o.Obj.⟩ **1** *durch Verdunsten verschwinden;* die Wasserlache ist eingetrocknet **2** *Feuchtigkeit verlieren, trocken werden;* das Blut, die Farbe ist eingetrocknet **3** *Feuchtigkeit verlieren und kleiner werden, einschrumpfen;* die Beeren sind eingetrocknet; eine Blase e. lassen
ein|trü|ben ⟨V.1, hat eingetrübt; refl.; meist unpersönl.⟩ sich e. *trüb werden;* es trübt sich ein *der Himmel bedeckt sich mit Wolken, das Wetter wird trüb;* der Himmel trübt sich ein *der Himmel wird dunstig* **Ein|trü|bung** ⟨f., -, nur Sg.⟩
ein|tru|deln ⟨V.1, ist eingetrudelt; o.Obj.⟩ *endlich kommen, endlich eintreffen;* er ist als letzter eingetrudelt; der angekündigte Brief trudelte nach einer Woche ein
ein|tun|ken ⟨V.1, hat eingetunkt; mit Akk.⟩ *in eine Flüssigkeit tunken, hineinstecken* (fast nur bei Lebensmitteln); Brot (in den Kaffee, die Suppe, Milch) e.
ein|tü|ten ⟨V.1, hat eingetütet; mit Akk.⟩ *in Tüten verpacken, abpacken;* Bonbons, Zucker e.
ein|üben ⟨V.1, hat eingeübt⟩ **I** ⟨mit Akk.⟩ *etwas e. üben, bis man es sicher beherrscht;* grammatikalische Formen e.; einen Tanz, ein Musikstück e. **II** ⟨mit Dat. und Akk.⟩ jmdm. etwas e. *jmdm. durch Üben etwas beibringen*
Ein|übung ⟨f., -, nur Sg.⟩
ein|und|ein|halb ⟨Num.⟩ → *eineinhalb*
Ei|nung ⟨f., -, nur Sg.⟩ *das Einen;* E. eines Volkes
ein|ver|lei|ben ⟨V.1, hat einverleibt⟩ **I** ⟨mit Dat. (sich) und Akk.⟩ sich etwas e. **1** *etwas essen, verzehren* **2** *sich etwas aneignen, sich etwas zu eigen machen;* der Staat verleibt sich einen kleineren Staat ein **II** ⟨mit Dat. und Akk.; selten⟩ einer Sache etwas e. *einer Sache in nicht korrekter Weise etwas hinzufügen;* er pflegt sich Bücher zu leihen und sie dann seiner eigenen Bibliothek einzuverleiben **Ein|ver|lei|bung** ⟨f., -, nur Sg.⟩
Ein|ver|nah|me ⟨f.11; österr., schweiz.⟩ *das Einvernehmen, Verhör, Vernehmung*
ein|ver|neh|men ⟨V.88, hat einvernommen; mit Akk.; österr., schweiz.⟩ *verhören, vernehmen*
Ein|ver|neh|men ⟨n., -s, nur Sg.⟩ *Übereinstimmung, Einigkeit, Einigung;* mit jmdm. im

E. handeln; sich mit jmdm. ins E. setzen; mit jmdm. in gutem E. leben, stehen
ein|ver|stan|den ⟨Adj., o.Steig.⟩ *einwilligend, zustimmend;* die damit nicht ~en Teilnehmer; ⟨meist in der Wendung⟩ mit etwas (nicht) e. sein *in eine Sache (nicht) einwilligen, einer Sache (nicht) zustimmen;* sich mit etwas e. erklären
ein|ver|ständ|lich ⟨Adj., o.Steig.; nur als Attr. und Adv.; †⟩ *im Einverständnis (mit etwas oder jmdm.);* eine Sache e. regeln
Ein|ver|ständ|nis ⟨n.1⟩ *das Einverstandensein, Einwilligung, Zustimmung;* das ist mit meinem, ohne mein E. geschehen; jmds. E. erbitten; im E. mit jmdm. handeln *handeln, nachdem man jmds. Zustimmung erhalten hat*
Ein|waa|ge ⟨f.11⟩ **1** *Gewichtsverlust beim Wiegen kleiner Mengen oder Portionen* **2** ⟨bei Konserven⟩ *reines Gewicht ohne Flüssigkeit und Verpackung* **3** *Gewicht einer Textilprobe vor der chemischen Untersuchung*
ein|wach|sen[1] ⟨V.172, ist eingewachsen; o.Obj.⟩ *in etwas hineinwachsen;* der Nagel einer Zehe ist eingewachsen (ins Fleisch)
ein|wach|sen[2] ⟨V.1, hat eingewachst; mit Akk.; verstärkend⟩ *wachsen, mit Wachs einreiben;* Parkett e.
Ein|wand ⟨m.2⟩ *geäußertes Bedenken, Widerspruch, Gegenargument;* alle meine Einwände blieben erfolglos; Einwände machen, erheben
Ein|wan|de|rer ⟨m.5⟩ *jmd., der einwandert, der sich in einem fremden Staat für dauernd ansiedelt, niederläßt;* Syn. *Immigrant;* Ggs. *Auswanderer*
ein|wan|dern ⟨V.1, ist eingewandert; o.Obj.⟩ *sich für dauernd in einem fremden Staat ansiedeln, niederlassen;* Syn. *immigrieren;* Ggs. *auswandern*
Ein|wan|de|rung ⟨f., -, nur Sg.⟩ *das Einwandern;* Syn. *Immigration;* Ggs. *Auswanderung*
ein|wand|frei ⟨Adj., o.Steig.⟩ *keinen Anlaß zum Tadel, zur Beanstandung gebend, keinen Mangel aufweisend, tadellos;* sein Verhalten war e.; die Ware ist e., ist e. verpackt; der Wagen ist in ~em Zustand
ein|wärts ⟨Adv.⟩ Ggs. *auswärts* **1** *nach innen* **2** *ins Innere, ins Zentrum* (stadt~)
ein|wecken ⟨-k·k-; V.1, hat eingeweckt; mit Akk.⟩ *kochen und in Einweckgläsern luftdicht verschließen (und damit haltbar machen)* [nach dem Erfinder des Verfahrens, Johannes Weck (1841–1914)]
Ein|weck|glas ⟨n.4⟩ *besonders geformtes Glas mit Deckel zum Einwecken*
Ein|weg|fla|sche ⟨f.11⟩ *Behälter aus Glas oder Kunststoff, der nach einmaliger Verwendung weggeworfen wird*
Ein|weg|hahn ⟨m.2⟩ *Leitungshahn, der einen Flüssigkeits- oder Gasstrom nur in einer Richtung durchläßt*
ein|wei|chen ⟨V.1, hat eingeweicht; mit Akk.⟩ **1** *in Flüssigkeit weich und wieder saftig machen;* getrocknete Früchte e. **2** *in Seifenlauge tun, um den Schmutz zu lösen;* Wäsche e. **3** ⟨ugs.⟩ *durchnässen;* der Regen hat mich (völlig) eingeweicht
ein|wei|hen ⟨V.1, hat eingeweiht; mit Akk.⟩ **1** etwas e. **a** *feierlich in Gebrauch nehmen, der Öffentlichkeit übergeben;* ein Gebäude e. **b** ⟨ugs.⟩ *zum ersten Mal benutzen, anziehen;* ein neues Kleid e.; ein neues Gerät e. **2** jmdn. (in etwas) e. *jmdm. (etwas Geheimes) mitteilen, anvertrauen;* wollen wir ihn e.?; er ist (in unser Vorhaben) eingeweiht; diese Ausdrucksweise ist nur für Eingeweihte, ist nur Eingeweihten verständlich
Ein|wei|hung ⟨f.10⟩ *das Einweihen, das Eingeweihtwerden*
ein|wei|sen ⟨V.177, hat eingewiesen; mit Akk.⟩ jmdn. in etwas e. **1** *jmdn. mit etwas bekannt machen und ihm erklären, was er zu tun hat;* jmdn. in eine neue Arbeit, Tätigkeit e.; jmdn. in ein Amt e.; Herr X wird Sie e.

2 veranlassen, daß jmd. an eine Stelle gebracht wird, jmdn. an einem Ort unterbringen; jmdn. in ein Krankenhaus, in eine Heilanstalt e.; Flüchtlinge in ein Lager e. **3** jmdn. durch Zeichen veranlassen, an eine Stelle zu fahren; jmdn. in einen Parkplatz, in eine Parklücke e.

Ein|wei|sung ⟨f.10⟩ *das Einweisen, das Eingewiesenwerden*; jmds. E. in eine Heilanstalt veranlassen

ein|wen|den ⟨V.178, hat eingewendet oder hat eingewandt; mit Akk.⟩ *etwas (gegen etwas) e.* *etwas gegen etwas sagen, vorbringen*; haben Sie etwas (dagegen) einzuwenden, wenn ich …?; ich habe nichts (dagegen) einzuwenden

Ein|wen|dung ⟨f.10⟩ *das Einwenden, Einwand*; ~en machen

ein|wer|fen ⟨V.181, hat eingeworfen; mit Akk.⟩ **1** *durch Wurf zertrümmern*; eine Fensterscheibe (mit dem Ball, mit einem Stein) e. **2** *hineinwerfen, aus dem Aus ins Spielfeld werfen*; den Ball e. **3** *in den Briefkasten werfen*; Briefe, Post e. **4** *dazwischen bemerken, dazu sagen*; „,…", warf er ein

ein|wer|tig ⟨Adj., o.Steig.⟩ **2** ⟨Sprachw.⟩ *nur eine Ergänzung fordernd*; ~e Verben **2** ⟨bei Atomen⟩ *nur ein Elektron aufnehmend oder abgebend*

ein|wickeln ⟨-k|k-; V.1, hat eingewickelt; mit Akk.⟩ **1** *etwas in etwas wickeln, einhüllen*; ein Geschenk, eine Ware in Papier e.; jmdn. in eine Decke e. **2** jmdn. e. ⟨übertr.⟩ *jmdn. mit schönen Worten überreden*

ein|wie|gen¹ ⟨V.182, hat eingewogen; mit Akk.⟩ *portionsweise wiegen und verpacken*; Nahrungsmittel e.

ein|wie|gen² ⟨V.1, hat eingewiegt; mit Akk.⟩ *durch Wiegen zum Einschlafen bringen*; ein Kind e.

ein|wil|li|gen ⟨V.1, hat eingewilligt; o.Obj.⟩ (in etwas) e. *seine Zustimmung (zu etwas) geben*; er wird gern, erfreut, zögernd eingewilligt; in einen Plan e.

Ein|wil|li|gung ⟨f., -, nur Sg.⟩ *das Einwilligen, Zustimmung*; wir brauchen dazu seine E.; seine E. zu etwas geben, verweigern

ein|win|ken ⟨V.1, hat eingewinkt; mit Akk.⟩ *durch Winken führen*; jmdn. (im Auto) in eine Parklücke, in die Garage e.

ein|win|tern ⟨V.1, hat eingewintert; mit Akk.⟩ *gegen Frost schützen und für den Winter aufbewahren*; Kartoffeln, Rüben e. **Ein|win|te|rung** ⟨f., -, nur Sg.⟩

ein|wir|ken ⟨V.1, hat eingewirkt; o.Obj. oder mit Präp.obj.⟩ *Wirkung ausüben*; die Salbe muß erst e.; auf etwas e. *eine Wirkung ausüben*; auf jmdn. e. *versuchen, jmdn. zu etwas zu veranlassen, jmdn. zureden*; kannst du nicht auf ihn e., daß er …? **Ein|wir|kung** ⟨f.10⟩

Ein|woh|ner ⟨m.5⟩ **1** *jmd., der in einem Land, in einer Gemeinde ständig wohnt*; eine Stadt mit 100000 ~n **2** *Bewohner (eines Hauses)*

Ein|woh|ner|schaft ⟨f., -, nur Sg.⟩ *Gesamtheit der Einwohner (eines Landes, einer Gemeinde)*

Ein|wurf ⟨m.2⟩ **1** *das Hineinwerfen*; E. des über die Seitenlinie gespielten Balls im Spielfeld **2** *eingeworfene Bemerkung*; ein notwendiger, überflüssiger, interessanter E. **3** *Öffnung zum Einwerfen (Brief~, Paket~, Münz~)*

ein|wur|zeln ⟨V.1⟩ **I** ⟨o.Obj.; ist eingewurzelt⟩ **1** *Wurzeln schlagen*; die Pflanzen sind jetzt fest eingewurzelt **2** ⟨übertr.⟩ *heimisch werden*; ich bin hier jetzt eingewurzelt **II** ⟨refl.; hat eingewurzelt; übertr.⟩ *sich festsetzen*; in ihm hat sich Mißtrauen eingewurzelt; eingewurzelte Übelstände

Ein|zahl ⟨f., -, nur Sg.⟩ → *Singular*; Ggs. *Mehrzahl*

ein|zah|len ⟨V.1, hat eingezahlt; mit Akk.⟩ *(an der zuständigen Stelle) zahlen und gutschreiben lassen*; Geld (auf der Bank, Post) e.; eine Summe auf ein Konto e. *zahlen und einem Konto gutschreiben lassen* **Ein|zah|lung** ⟨f.10⟩

Ein|zah|lungs|schein ⟨m.1⟩ *Beleg über eine Einzahlung* **2** ⟨schweiz.⟩ → *Zahlkarte*

ein|zäu|nen ⟨V.1, hat eingezäunt; mit Akk.⟩ *mit einem Zaun umgeben*

Ein|zäu|nung ⟨f.10⟩ **1** ⟨nur Sg.⟩ *das Einzäunen* **2** *Zaun*

ein|zeich|nen ⟨V.2, hat eingezeichnet⟩ **I** ⟨mit Akk.⟩ *hineinzeichnen*; einen Ort, Treffpunkt, einen Weg (in eine Karte) e. **II** ⟨refl.⟩ sich e. *seinen Namen in eine Liste, ein Buch einschreiben*; sich als Spender, Teilnehmer e. **Ein|zeich|nung** ⟨f., -, nur Sg.⟩

Ein|zel ⟨n.5; Tennis, Badminton, Tischtennis⟩ *Spiel zweier einzelner Spieler gegeneinander*; vgl. *Doppel (2)*

Ein|zel|achs|an|trieb ⟨m.1⟩ *Antrieb sämtlicher Treibachsen eines Motorfahrzeugs durch jeweils einen Motor je Achse (z.B. bei elektrischen Lokomotiven)*

Ein|zel|aus|ga|be ⟨f.11⟩ *Ausgabe (4) eines Teils des Gesamtwerks*; die Erzählungen Gottfried Kellers in ~n

Ein|zel|fall ⟨m.2⟩ **1** *einzelner Fall, gesondert zu behandelnder Fall*; im E. kann anders entschieden werden **2** *selten vorkommender Fall*; das ist ein E.

Ein|zel|gän|ger ⟨m.5⟩ *jmd., der für sich lebt, der gern für sich allein ist, der die Beziehungen zu anderen Menschen wenig pflegt*

Ein|zel|ge|neh|mi|gung ⟨f.10, österr.⟩ → *Kraftfahrzeugbrief*

Ein|zel|haft ⟨f., -, nur Sg.⟩ *Haft, bei der der Häftling in einer Zelle für sich allein eingeschlossen ist*

Ein|zel|han|del ⟨m., -s, nur Sg.⟩ *Verkauf von Waren vom Erzeuger oder vom Zwischen- oder Großhandel bezogen werden) direkt an den Verbraucher*; Ggs. *Großhandel*

Ein|zel|händ|ler ⟨m.5⟩ *Kaufmann im Einzelhandel*; Ggs. *Großhändler*

Ein|zel|heit ⟨f.10⟩ **1** *kleines Teil (eines größeren Ganzen)*; man kann aus dieser Entfernung nicht alle ~en erkennen **2** *einzelner Umstand oder Vorgang (eines größeren Zusammenhangs oder Geschehens)*; etwas bis in alle ~en erzählen, kennen; ich will mich nicht mit ~en aufhalten

Ein|zel|kind ⟨n.3⟩ *einziges Kind (eines Elternpaars)*; er, sie ist ein E.; als E. aufwachsen

Ein|zel|ler ⟨m.5⟩ *(tierisches oder pflanzliches) Lebewesen, das nur aus einer Zelle besteht (z.B. Bakterien, Urtierchen)*; Syn. *Protist*

ein|zel|lig ⟨Adj., o.Steig.; Biol.⟩ *nur aus einer Zelle bestehend*; ~e Lebewesen

ein|zeln ⟨Adj., o.Steig.⟩ **1** ⟨substantivisch⟩ *der, die, das ~e eine, eins, jedes für sich allein*; ich als ~er; auf den ~en kommt es an; ein ~er; ins ~e gehen *über Einzelheiten sprechen, Einzelheiten berichten*; alles bis ins ~e erzählen *ganz genau erzählen*; ⟨aber Großschreibung⟩ etwas vom Einzelnen bis zum Ganzen betrachten **2** ⟨adjektivisch und adverbial⟩ *getrennt von übrigen betrachtet, für sich allein*; ein ~es Haus, der ~e Schüler; jeder ~e Schüler ⟨verstärkend⟩ *jeder Schüler für sich*; ich kenne alle ~ beim Namen; er begrüßte jeden ~; die Bäume stehen hier ~; ⟨aber⟩ mehrere einzelnstehende Bäume

Ein|zel|preis ⟨m.1⟩ *Preis für ein einzelnes Stück*

Ein|zel|rad|an|trieb ⟨m.1⟩ *Antrieb von Rädern eines Fahrzeugs durch jeweils einen für jedes Rad bestimmten Motor*

Ein|zel|rad|auf|hän|gung ⟨f.10; beim Kfz⟩ *Federung, bei der die einzelnen Räder unabhängig voneinander gefedert, das einzelne aufgehängt sind*

Ein|zel|stück ⟨n.1⟩ *einzelnes Stück*

Ein|zel|we|sen ⟨n.7⟩ *einzelnes Lebewesen, für sich allein betrachtetes Wesen*; der Mensch als E.

Ein|zel|zim|mer ⟨n.5; im Krankenhaus, Hotel⟩ *Zimmer nur für eine Person*

ein|zie|hen ⟨V.187⟩ **I** ⟨mit Akk.; hat eingezogen⟩ **1** *etwas e.* **a** *hinein-, hindurchziehen*; einen Faden in ein Gummiband e. **b** *einsaugen, kräftig einatmen*; Luft e. **c** *eng an den Körper heranziehen*; die Katze zieht die Krallen ein; der Hund zieht den Schwanz ein; den Bauch e. **d** *herunterholen, herunterlassen*; die Fahne, das Segel e. **e** *kassieren, sich von den Schuldnern, den Mitgliedern geben lassen*; Steuern, Beiträge e. **f** *aus dem Verkehr, aus dem Umlauf, aus dem Handel nehmen*; bestimmte Banknoten, Münzen e.; eine Nummer einer Zeitschrift e. **g** *beschlagnahmen*; das Vermögen eines Verurteilten e. **h** *dazwischenbauen, einbauen*; eine Wand e. **i** →*einrücken (II)* **k** ⟨in den Wendungen⟩ *Erkundigungen, Auskünfte (über etwas, jmdn.) e.* *sich (nach etwas, jmdn.) erkundigen, sich (über etwas, jmdn.) Auskunft geben lassen* **2** *jmdn. e. zum Wehrdienst einberufen*; Rekruten, den nächsten Jahrgang e. **II** ⟨mit Dat. (sich) und Akk.⟩ *etwas e.* *versehentlich in die Haut eindringen lassen*; sich einen Splitter, einen Dorn e. **III** ⟨o.Obj.; ist eingezogen⟩ **1** *sich für dauernd (in einer Wohnung) niederlassen*; die neuen Mieter sind gestern eingezogen **2** *einmarschieren, hineingelangen, hineingehen, -kommen*; Truppen ziehen in die Stadt ein; die Partei ist ins Parlament eingezogen *die Partei ist zum ersten Mal durch Abgeordnete im Parlament vertreten* **3** *kommen, beginnen*; der Winter ist eingezogen

Ein|zie|hung ⟨f., -, nur Sg.⟩ *das Einziehen (I,1 e-g, k, 2)*; E. von Steuern, von Banknoten

ein|zig ⟨Adj., o.Steig.⟩ **1** *nur einmal vorhanden, ausschließlich vorhanden*; du bist der ~e, der das weiß; er ist das ~e Kind zu Hause; das ist sein ~es Vergnügen **2** *nur einmal geschehend*; das war das ~e Mal ⟨verstärkend⟩ es ist nur ein ~es Stück übriggeblieben; ein ~es Mal; kein ~es Mal **4** ⟨als Adv. in Fügungen wie⟩ das ~e Gute, Tröstliche dabei ist, daß … *das, was allein gut, tröstlich ist*; das ist das ~e Richtige *das, was allein richtig ist*; der e. mögliche Ausweg

ein|zig|ar|tig ⟨Adj., o.Steig.⟩ *nur einmal in seiner Art vorhanden, einmalig, unvergleichlich*; eine ~e Aufführung; der Flug über den Pol war e.; es war ein schön **Ein|zig|ar|tig|keit** ⟨f., -, nur Sg.⟩

Ein|zug ⟨m.2⟩ **1** *das Einziehen (III)*; E. in unsere Wohnung; seit unserem E. sind drei Wochen vergangen; E. von Truppen in eine Stadt; E. von Steuern, Banknoten **2** →*Einrückung (1)*; eine Zeile mit drei Anschlägen E. beginnen

Ein|zü|ger ⟨m.5; schweiz.⟩ →*Kassierer*

Ein|zugs|be|reich ⟨m.1⟩ **1** *Einzugsgebiet (1)* *gesamter Bereich eines Sees oder Meeres mit allen Gewässern, die ihm zuströmen*

Ein|zugs|ge|biet ⟨n.1⟩ **1** *Gebiet, aus dem eine Stadt oder eine Industrieregion sich versorgt und für das sie kulturelles und wirtschaftliches Zentrum ist*; Syn. *Einzugsbereich* **2** *gesamtes Gebiet eines Flusses mit allen Gewässern, die ihm zuströmen*

Ei|pul|ver ⟨n., -s, nur Sg.⟩ *zu Pulver getrocknetes Hühnerei*

Ei|ru|he ⟨f., -, nur Sg.⟩ →*Keimruhe*

eis, Eis ⟨n., -, -; Mus.⟩ *das um einen halben Ton erhöhte e bzw. E*

Eis ⟨n., -es, -⟩ **1** ⟨nur Sg.⟩ *gefrorenes Wasser*; eine Sache auf E. legen *sie vorläufig nicht weiter betreiben oder bearbeiten*; ein Herz von E. haben *kaltherzig, unbarmherzig, mitleidlos sein*; zu E. erstarren ⟨übertr.⟩ *plötzlich sehr zurückhaltend, ablehnend werden*; wenn dem Esel zu wohl wird, geht er aufs E. *wenn es jmdm. zu gut geht, wird er leichtsinnig; das E. ist gebrochen* ⟨übertr.⟩ *die Stimmung hat sich verbessert* **2** ⟨kurz für⟩ →*Speiseeis;* drei Eis bestellen

Eis|bahn ⟨f.10⟩ *Eisfläche zum Schlittschuhlaufen, Eisschießen u. a.*

Eis|bär ⟨m.10⟩ *gelblichweißer arktischer Bär (der Pack- und Treibeisgürtel)*

Eis|beil ⟨n.1⟩ *kurzer Eispickel*

Eis|bein ⟨n.1⟩ *gekochtes und gepökeltes Beinstück vom Schwein;* Syn. ⟨bayr.⟩ *Surhaxl* [urspr. „zum Eislaufen geeignetes Bein", weil man aus den Knochen früher Schlittschuhe herstellte]

Eis|berg ⟨m.1⟩ *große, im Meer schwimmende Eismasse, die durch Abbrechen eines ins Meer reichenden Gletschers entstanden ist*

Eis|beu|tel ⟨m.5⟩ *mit kaltem Wasser oder Eisstückchen gefüllter Gummibeutel, der die Durchblutung mindert und (z.B. bei Kopfschmerzen) schmerzstillend wirken kann*

eis|blau ⟨Adj., o.Steig.⟩ *hell grünlich-blau* [wie *Eis* in dicken Schichten]

Eis|blink ⟨m.1⟩ *weiß schimmernder Widerschein des Polareises an niedrigen Wolken des Horizonts*

Eis|blu|me ⟨f.11, meist Pl.⟩ *pflanzenähnliche Kristallisation des Eises an Flächen (bes. gefrorener Wasserdampf an Fensterscheiben)*

Eis|bom|be ⟨f.11⟩ *Speiseeis in Tortenform*

Eis|bre|cher ⟨m.5⟩ **1** *Schiff mit starker Antriebsmaschine und schwerem Bug zum Aufbrechen oder Offenhalten vereister Fahrrinnen* **2** ⟨an Brückenpfeilern⟩ *keilförmiger Vorbau, an dem heranschwimmende Eisschollen zerbrechen*

Eis|creme ⟨[-krem] f.9⟩ →*Speiseeis* [Lehnübersetzung nach engl. *icecream*]

Eis|decke ⟨-k|k-; f.11⟩ *Fläche aus Eis über einem Gewässer*

Eis|die|le ⟨f.11⟩ *kleines Lokal, in dem vor allem verschiedene Spezialitäten aus Speiseeis serviert werden*

ei|sen ⟨V.1, hat geeist; mit Akk.⟩ *mit Eis* (1) *versetzen, leicht gefrieren lassen;* geeiste Creme, geeiste Früchte

Ei|sen ⟨n.7; Zeichen: Fe⟩ **1** *silberweiß glänzendes, mittelweiches Metall (das in feuchter Luft rostet)* **2** ⟨kurz für⟩ *Gegenstand, der in seiner Bezeichnung „...eisen" hat (z.B. Brech~, Huf~, Steig~);* zum alten E. gehören *nicht mehr gebraucht werden;* ein heißes E. *eine unangenehme Sache, mit der man sich möglichst nicht beschäftigt;* das E. schmieden, solange es heiß ist *eine Sache beginnen, angreifen, solange die Gelegenheit günstig ist* **3** *Arzneimittel, das Eisen enthält;* E. verordnet bekommen

Ei|sen|bahn ⟨f.10⟩ **1** *auf Schienen fahrendes Verkehrsmittel;* es ist höchste E. ⟨ugs.⟩ *es ist höchste Zeit, die Zeit drängt* **2** *Organisation des Zugverkehrs;* er ist bei der E.

Ei|sen|bah|ner ⟨m.5⟩ *jmd., der bei der Eisenbahn* (2) *arbeitet*

Ei|sen|bahn|netz ⟨n.1⟩ *Gesamtheit der Eisenbahnlinien (in einem Gebiet);* das E. des Landes ist sehr dicht

Ei|sen|bart ⟨m.2; scherzh.⟩ *energisch, mit derben Kuren behandelnder Arzt* [nach dem werbetüchtigen Star-, Stein- und Bruchoperateur Johann Andreas *Eisenbart,* dem „Doktor Eisenbart" im Lied]

Ei|sen|baum ⟨m.2⟩ *afrikanischer Baum der Eisenkrautgewächse mit sehr hartem Holz*

Ei|sen|blü|te ⟨f.-, nur Sg.⟩ *ästig verzweigte Abart des Minerals Aragonit, die sich auf Eisenspat bildet*

Ei|sen|erz ⟨n.1⟩ *eisenhaltiges Erz*

Ei|sen|far|be ⟨f.11⟩ *Farbe, die Eisenoxid als Hauptbestandteil enthält*

Ei|sen|fleckig|keit ⟨-k|k-; f.-, nur Sg.⟩ *Kartoffelkrankheit, bei der die Knollen im Inneren rostbraune Flecken aufweisen*

Ei|sen|fres|ser ⟨m.5⟩ *jmd., der übertrieben forsch auftritt und Schwächere übel behandelt*

Ei|sen|glanz ⟨m., -es, nur Sg.⟩ *gut auskristallisierte Abart des Minerals Hämatit*

Ei|sen|ham|mer ⟨m.6⟩ **1** *Hammer zum Bearbeiten von Eisen* **2** ⟨†⟩ *Anlage, in der Eisen bearbeitet wird*

ei|sen|hart ⟨Adj., o.Steig.⟩ *hart wie Eisen;* das Material ist e.; er hat einen ~en Willen ⟨übertr.⟩

Ei|sen|hut ⟨m.2⟩ *Hahnenfußgewächs mit blauvioletten oder gelben Blüten und helmartigem oberem Kronblatt;* Syn. *Sturmhut;* Blauer E. *wichtige Heilpflanze*

Ei|sen|hüt|te ⟨f.11⟩ *industrielle Anlage, in der Eisen aus Erzen gewonnen und weiterverarbeitet wird;* Syn. *Eisenwerk*

Ei|sen|kern ⟨m.1; in Spulen⟩ *Einschub aus Eisen oder anderem magnetischen Material*

Ei|sen|kies ⟨m., -es, nur Sg.⟩ →*Pyrit*

Ei|sen|kitt ⟨m.1⟩ *Dichtungskitt aus Eisenfeilspänen, Quarzsand, Schwefel und Salmiak (für gesprungene und poröse Gußstücke)*

Ei|sen|kraut ⟨n.4⟩ **1** ⟨i.w.S.⟩ *ein Eisenkrautgewächs* **2** ⟨i.e.S.⟩ *verbreitete Pflanze mit vierkantigem Stengel und blaßvioletten, kleinen Blüten in endständigen Ähren (einziges mitteleuropäisches Eisenkrautgewächs)*

Ei|sen|lack ⟨m.1⟩ *Anstrichmittel für Stahl und Eisen (zum Rostschutz)*

Ei|sen|prä|pa|rat ⟨n.1⟩ *Arzneimittel, das zum Aufbau des Blutfarbstoffs notwendige Eisen enthält*

Ei|sen|säu|er|ling ⟨m.1⟩ *Quelle mit über 10 mg Eisen je Liter Wasser;* Syn. *Eisenwasser, Stahlquelle*

ei|sen|schüs|sig ⟨Adj., o.Steig.; bei Gesteinen und Böden⟩ *größere Mengen von Eisenverbindungen enthaltend (und deshalb braun, rot oder gelb gefärbt)*

Ei|sen|schwamm ⟨m., -(e)s, nur Sg.; bei der Eisenverhüttung⟩ *poröses Reduktionsprodukt*

Ei|sen|spat ⟨n.1⟩ →*Siderit*

Eis|en|te ⟨f.11⟩ *nordeurasiatisch-nordamerikanische Meeresstauchente, deren Erpel durch lange, spitze Schwanzfedern und weißen Körper mit dunklen Flügeln auffällt*

ei|sen|ver|ar|bei|tend ⟨Adj., o.Steig.⟩ *mit der Verarbeitung von Eisen beschäftigt;* ~e Industrie

Ei|sen|wa|ren ⟨Pl.⟩ *Gebrauchsgegenstände aus Eisen und anderem Metall sowie Zubehör für Metallgegenstände*

Ei|sen|was|ser ⟨n.6⟩ →*Eisensäuerling*

Ei|sen|werk ⟨n.1⟩ →*Eisenhütte*

Ei|sen|wich|ser ⟨m.5⟩ *jmd., der berufsmäßig Metalle lackiert*

Ei|sen|zeit ⟨f., -, nur Sg.⟩ *vorgeschichtliche Periode, in der Eisen der wichtigste Werkstoff war*

ei|sern ⟨Adj., o.Steig.⟩ **1** *aus Eisen;* Eisernes Kreuz ⟨Abk.: EK; seit 1813⟩ *militärische Auszeichnung in zwei Klassen;* ~e Hochzeit 65. *Hochzeitstag;* ~e Lunge →*Lunge;* ~er Vorhang ⟨Theat.⟩ *gegen Feuer gesicherter Vorhang zwischen Bühne und Zuschauerraum;* der Eiserne Vorhang ⟨übertr.⟩ *Grenze zwischen dem sowjetrussischen Machtbereich und den übrigen Staaten* **2** ⟨übertr.⟩ *wie Eisen, sehr hart, sehr fest;* ~er Wille **3** ⟨übertr.⟩ *unnachgiebig, unerbittlich, streng;* e. bleiben; eine Diät e. durchführen; mit dem ~en Besen auskehren *energisch eingreifen, Ordnung schaffen* **4** ⟨übertr.⟩ *für den Notfall zurückgelegt;* ~er Bestand; ~e Ration; ~e Reserve

Eis|es|sig ⟨m., -s, nur Sg.⟩ →*Essigsäure* [weil er bei etwa 16 °C zu eisähnlichen Kristallen erstarrt]

Eis|fach ⟨n.4⟩ *Fach im Kühlschrank mit einer Temperatur unter 0 Grad Celsius (zum Herstellen von Eiswürfeln)*

Eis|far|be ⟨f.11⟩ *Azofarbstoff, mit dem Textilien in eisgekühlter Färbelösung gefärbt werden*

Eis|feld ⟨n.3⟩ *große vereiste Fläche*

Eis|fi|sche|rei ⟨f., -, nur Sg.⟩ *Winterfischerei in Seen und Flüssen, wobei Netze unter dem aufgehackten Eis durchgezogen werden*

Eis|fuchs ⟨m.2⟩ →*Polarfuchs*

Eis|gang ⟨m.2; bei Fließgewässern⟩ *das Zerbrechen und Abschwimmen der Eisdecke (im Frühjahr);* Syn. *Eisstoß*

Eis|glas ⟨n.4⟩ *Glas mit einem Netz feiner Risse (als gewollter Effekt)*

eis|grau ⟨Adj., o.Steig.⟩ *grau mit viel Weiß durchmischt;* ~es Haar

Eis|ha|ken ⟨m.7; Bergsteigen⟩ *im Eis verwendeter Haken*

Eis|hei|li|ge ⟨Pl.⟩ *häufiger Kälterückfall in der Zeit vom 11. bis 13. Mai (mancherorts noch der 14. und 15. Mai);* Syn. ⟨österr.⟩ *Eismänner* [nach den Heiligen Mamertus, Pankratius, Servatius (Bonifatius und der „kalten Sophie")]

Eis|hockey ⟨-k|k-; [-ke] n., -s, nur Sg.⟩ *Kampfspiel auf Schlittschuhen, bei dem 2 Mannschaften zu je 6 Spielern und 13 Auswechselspielern auf einer Eisfläche versuchen, eine Hartgummischeibe mit Schlägern ins gegnerische Tor zu befördern*

Eis|höh|le ⟨f.11⟩ *Höhle, die den größten Teil des Jahres Eis enthält*

ei|sig ⟨Adj.⟩ **1** *wie Eis, sehr kalt;* ~e Kälte *große Kälte;* ~er Wind; meine Hände sind e. (kalt) **2** ⟨übertr.⟩ *unnahbar, abweisend;* eine ~e Antwort; ein ~es Schweigen

ei|sis, Ei|sis ⟨n., -, -; Mus.⟩ *das um zwei halbe Töne erhöhte e bzw. E*

Eis|kaf|fee ⟨m.9⟩ *Kaffee mit Vanilleeis und Milch oder Sahne*

eis|kalt ⟨Adj., o.Steig.⟩ **1** *kalt wie Eis, sehr kalt;* ~e Hände; ~es Wasser; ein Getränk e. servieren **2** ⟨übertr.⟩ *gefühlskalt, ohne Wärme;* ein ~er Mensch; er blieb e. **3** *ohne Berücksichtigung der Gefühle anderer;* ~e Berechnungen

Eis|keim ⟨m.1⟩ *unter 0 °C gehaltener Wurzelstock des Maiglöckchens (der zu jeder Jahreszeit zur Blüte zu bringen ist)*

Eis|kel|ler ⟨m.5⟩ **1** ⟨früher⟩ *Keller, in dem mit Eisblöcken gekühlt wird (z.B. der Lagerraum von Bierkellern)* **2** ⟨übertr., ugs.⟩ *sehr kalter Raum;* die Wohnung, das Zimmer ist ein E.

Eis|kraut ⟨n., -(e)s, nur Sg.⟩, **Eis|kraut|ge|wächs** ⟨n.1⟩ *(meist südafrikanische) Pflanze mit fleischigen Blättern und prachtvollen strahlenförmigen Blüten, Zierpflanze;* Syn. *Mittagsblume* [vermutlich weil es bei uns im Winter blüht]

Eis|kri|stall ⟨m.1⟩ *symmetrische Form gefrorenen Wassers (Schneekristall oder Eisblume)*

Eis|kunst|lauf ⟨m.2⟩ *künstlerische Gestaltung sportlicher Bewegungsabläufe auf Schlittschuhen (Einzel-, Paarlaufen und Eistanz)*

Eis|lauf ⟨m.2⟩ *das Eislaufen*

eis|lau|fen ⟨V.76, ist eisgelaufen⟩ →*Schlittschuh laufen;* er läuft gut eis

Eis|män|ner ⟨Pl.⟩ →*Eisheilige*

Eis|meer ⟨n.1⟩ →*Polarmeer*

Eis|mo|nat ⟨m.1; †⟩ *Januar*

Eis|na|del ⟨f.11; meist Pl.⟩ *~n bei strenger Kälte und heiterem, windstillem Wetter in der Atmosphäre entstehende kleine Eiskristalle (die in der Sonne wie Diamantstaub glitzern)*

Eis|ne|bel ⟨m.5⟩ *Nebel aus feinen Eisteilchen (z.B. über offenen Stellen des Polarmeeres)*

Eis|pickel ⟨-k|k-; m.5; Bergsteigen⟩ *lange Stahlhaue mit Kunststoff- oder Metallschaft (zum Stufenschlagen und Sichern in Eis und Firn)*

Eis|sprung ⟨m.2⟩ *monatlicher Austritt eines reifen Eies aus dem Eierstock;* Syn. *Ovulation*

Eis|punkt ⟨m.1⟩ *Gefrierpunkt des Wassers*

Eis|re|gen ⟨m., -s, nur Sg.⟩ **1** *fester Niederschlag aus gefrorenen Tropfen (Eiskörnchen)* **2** *flüssiger Niederschlag mit Temperaturen unter 0 °C (unterkühltes Wasser), der alle Gegenstände beim Auftreffen mit einem klaren Eispanzer überzieht*

Eis|re|vue ⟨[-vy:] f.11⟩ *Revue mit Schlittschuhen auf einer Eisfläche*

Eiß ⟨m.1; schweiz.-alemann.⟩ *Eiterschwür;* auch: *Eiße*

Eis|sa|lat ⟨m., -(e)s, nur Sg.⟩ *Form des Kopfsalats mit harten, spröden Blättern*

Eis|schie|ßen ⟨n., -s, nur Sg.⟩ *auf einer Eisfläche betriebenes Spiel, bei dem ein Eisstock so geworfen wird, daß er möglichst nahe an ein Ziel (Daube) über das Eis gleitet;* Syn. Eisstockschießen

Eis|schnel|lauf ⟨-ll|l-; m.2⟩ *Eislaufen auf Bahnen als Schnelligkeitswettbewerb mit besonderen Schlittschuhen*

Ei|ße ⟨f.11⟩ → *Eiß*

Eis|se|geln ⟨n., -s, nur Sg.⟩ *Segeln auf dem Eis mit einem Gleitfahrzeug auf Kufen oder auf Schlittschuhen mit einem Handsegel*

Eis|sproß ⟨m.1⟩, **Eis|spros|se** ⟨f.11⟩ *beim Geweih) zweite Sprosse (von unten nach oben gezählt)*

Eis|stock ⟨m.2⟩ *(zum Eisschießen verwendeter) scheibenförmiger Holz- oder Kunststoffkörper mit senkrechtem Stiel*

Eis|stock|schie|ßen ⟨n., -s, nur Sg.⟩ → *Eisschießen*

Eis|stoß ⟨m.2; bes. österr.⟩ → *Eisgang*

Eis|sturm|vo|gel ⟨m.2⟩ *möwenähnlicher grauer Meeresvogel mit röhrenförmigen Nasenlöchern;* Syn. Fulmar

Eis|tag ⟨m.1; Meteor.⟩ *Tag, an dem die Lufttemperatur ständig unter 0 °C liegt*

Eis|tanz ⟨m., -es, nur Sg.⟩ *tänzerischer Wettbewerb im Eiskunstlauf*

Eis|vo|gel ⟨m.6⟩ **1** ⟨i.w.S.⟩ *Vertreter einer Familie weltweit verbreiteter (oft bunter) Rakkenvögel mit kräftigem, geradem Schnabel* **2** ⟨i.e.S.⟩ *oberseits metallisch blaugrüner, unterseits rostroter europäischer Vertreter dieser Familie* [zu ahd. *isan* „Eisen", nach der metallischen Gefiederfarbe] **3** *ein Fleckenfalter*

Eis|wein ⟨m.1⟩ *Wein aus Trauben, die bei Lese und Keltern gefroren sind*

Eis|wol|ke ⟨f.11⟩ *aus Eisteilchen gebildete Wolke*

Eis|wol|le ⟨f., -, nur Sg.⟩ *glänzendes Strick- und Häkelgarn aus Wolle mit Mohaircharakter*

Eis|wü|ste ⟨f.11⟩ *von Schnee und Eis überzogenes Gebiet ohne Pflanzenwuchs*

Eis|zap|fen ⟨m.5⟩ *Zapfen, der sich aus gefrierendem Tropfwasser gebildet hat*

Eis|zeit ⟨f.10⟩ *Abschnitt der Erdgeschichte, in dem große Massen des Festlands von Gletschern oder Inlandeis bedeckt waren;* Syn. Glazial

Eis|zeit|al|ter ⟨n., -s, nur Sg.⟩ → *Pleistozän*

eis|zeit|lich ⟨Adj., o.Steig.⟩ *eine der Eiszeiten betreffend, zu ihr gehörig, aus ihr stammend;* Syn. glazial

ei|tel ⟨Adj.⟩ **1** *viel Wert auf die eigene äußere Erscheinung legend, bestrebt, als schön (und klug) zu gelten* **2** ⟨poet.⟩ *nichtig, inhaltslos;* alles ist e.; eitles Gerede **3** ⟨o.Dekl.; †⟩ *rein, unvermischt;* e. Gold; ⟨noch scherzh.⟩ es herrschte e. Freude

Ei|tel|keit ⟨f., -, nur Sg.⟩ **1** *eitles Wesen oder Verhalten* **2** ⟨selten⟩ *Nichtigkeit, innere Leere*

Ei|ter ⟨m., -s, nur Sg.⟩ *gelbe, rahmige Gewebeabsonderung (vorwiegend aus zerfallenen weißen Blutkörperchen)*

ei|te|rig ⟨Adj., o.Steig.⟩ → *eitrig*

ei|tern ⟨V.1, hat geeitert; o.Obj.⟩ *Eiter absondern;* die Wunde eitert

Ei|te|rung ⟨f.10⟩ *das Eitern;* Syn. Purulenz

eit|rig ⟨Adj.⟩ *mit Absonderung von Eiter, voller Eiter;* auch: *eiterig;* Syn. purulent

Ei|weiß ⟨n.1⟩ **1** ⟨i.w.S.⟩ → *Protein;* wer Sport treibt, braucht viel E. **2** ⟨i.e.S.; Pl. selten⟩ *den Dotter des Hühnereies umgebende, klare, zähe Flüssigkeit;* das E. zu Schnee schlagen

Ei|weiß|har|nen ⟨n., -s, nur Sg.⟩ → *Albuminurie*

Ei|zahn ⟨m.2; bei schlüpfenden Reptilien und Vögeln⟩ *Horngebilde auf dem Schnabel bzw. Maul zum Durchbrechen der Eischale*

Ei|zel|le ⟨f.11⟩ → *Ei (1)*

Eja|cu|la|tio prae|cox ⟨f., - -, nur Sg.⟩ *vorzeitiger Samenerguß* [zu *Ejakulation* und lat. *praecox* „vorzeitig"]

Eja|ku|lat ⟨n.1⟩ *ausgespritzte Samenflüssigkeit* [zu *Ejakulation*]

Eja|ku|la|ti|on ⟨f.10⟩ *das Ausspritzen des Samens bei der Begattung;* Syn. Samenerguß [< lat. *eiaculari* „herausschleudern"]

eja|ku|lie|ren ⟨V.3, hat ejakuliert; o.Obj.⟩ *eine Ejakulation haben*

Ejek|tor ⟨m.13⟩ **1** *als Saugpumpe arbeitende Strahlpumpe* **2** *Einrichtung zum Auswerfen der Patronenhülse aus dem Gewehrlauf nach Abschuß der Kugel*

eji|zie|ren ⟨V.3, hat ejiziert; mit Akk.⟩ *herausschleudern;* der Vulkan ejiziert Lava [< lat. *eicere* in ders. Bed., < *e...* (für *ex*) „hinaus" und *iacere* (in Zus. *-icere*) „werfen"]

EK ⟨Abk. für⟩ *Eisernes Kreuz;* EK I *Eisernes Kreuz erster Klasse*

Ekart ⟨[ekar] m.9; Börse⟩ *Unterschied zwischen zwei Kursen im Terminhandel* [< frz. *écart* „Unterschied", zu *écarter* „auseinandertreiben, abweichen"]

Ekar|té ⟨[-te] n.9⟩ auch: *Ecarté* **1** *ein französisches Kartenspiel* **2** ⟨Ballett⟩ *Abspreizen des gestreckten Beins* [< frz. *écarté* „entfernt, entlegen, abgelegt"]

Ek|chy|mo|se ⟨f.11⟩ *flächenhaft blutunterlaufene Stelle (in der Haut oder Schleimhaut)* [< griech. *ek...* „heraus, hinaus" und *chymos* „Saft"]

EKD ⟨Abk. für⟩ *Evangelische Kirche in Deutschland*

ek|de|misch ⟨Adj., o.Steig.⟩ *auswärts befindlich, abwesend;* Ggs. endemisch (1) [< griech. *ekdemos* „auswärtig, fern", < *ek...* „heraus, hinaus" und *demos* „Land"]

ekel ⟨Adj.; †⟩ *ekelhaft, eklig;* ekles Gewürm

Ekel I ⟨m., -s, nur Sg.⟩ **1** *heftiger, Übelkeit erregender Widerwille, Abscheu;* E. empfinden; das erregt mir E.; das wird mir allmählich zum E. **2** *Überdruß;* E. vor dem Leben **II** ⟨n.5; ugs.⟩ **1** *unangenehmer, widerwärtiger Mensch;* dieses alte E. **2** ⟨scherzh.⟩ *boshafter, gern neckender Mensch;* du E.!

ekel|haft ⟨Adj.⟩ **1** *Ekel hervorrufend* **2** ⟨ugs.⟩ *unangenehm;* eine ~e Arbeit; es ist e. kalt **3** *sehr unfreundlich, abweisend;* er ist sehr e. zu ihr; sei nicht so e.!

eke|lig ⟨Adj.⟩ → *eklig*

ekeln ⟨V.1, hat geekelt⟩ **I** ⟨mit Akk. oder Dat.⟩ *Ekel hervorrufen;* die Speise, dieser Schmutz ekelt mich; es ekelt mich davor; mich, ⟨oder⟩ mir ekelt davor; es ekelt mich, mir davor **II** ⟨refl.⟩ *sich (vor etwas) e. Ekel (vor etwas) empfinden;* ich ekle mich davor

Ekel|na|me ⟨m.15⟩ *Spitzname, Beiname* [< nddt. *Ökelname,* mnddt. *okelname* „Beiname", zu ahd. *ouchon* „ein Stück ansetzen", < got. *aukan* „vermehren"]

EKG, Ekg ⟨Abk. für⟩ *Elektrokardiogramm*

Ek|kle|sia ⟨f., -, nur Sg.⟩ → *Ecclesia*

Ek|kle|sia|stik ⟨f., -, nur Sg.⟩, **Ek|kle|sio|lo|gie** ⟨f., -, nur Sg.⟩ *Lehre von der Kirche* [< griech. *ekklesia* (urspr.) „Volksversammlung, Versammlungsplatz", (dann auch) „Kirche, Gemeinde" und *...logie*]

Ek|lamp|sie ⟨f.11⟩ *Krampfanfall während der Spätschwangerschaft, der Entbindung oder des Wochenbetts infolge Stoffwechselversagens* [< griech. *eklampsis* „Aufleuchten, Aufblitzen"; der Anfall tritt oft unerwartet und blitzartig auf]

Eklat ⟨[ekla] m.9⟩ *aufsehenerregendes Ereignis, Skandal;* auch: *Eclat* [< frz. *éclat* „Knall, Getöse, Krachen (beim Zersplittern)", übertr. „Aufsehen, Skandal", zu *éclater* „zersplittern, zerbersten, knallen, krachen"]

ekla|tant ⟨Adj.⟩ **1** *aufsehenerregend;* ein ~er Fall von Bestechung **2** *offenkundig;* es ist e., daß ... [zu *Eklat*]

Ek|lek|ti|ker ⟨m.5⟩ *jmd., der verschiedene Anschauungen oder verschiedene Stile (besonders in der Baukunst) miteinander verbindet, ohne eigene schöpferische oder einen eigenen Stil zu entwickeln* [→ *Eklektizismus*]

ek|lek|tisch ⟨Adj., o.Steig.⟩ *unschöpferisch, nachahmend*

Ek|lek|ti|zis|mus ⟨m., -, nur Sg.⟩ *Übernahme fremden Gedankenguts oder fremder Stile ohne eigene schöpferische Leistung* [< griech. *eklektikos* „jemand, der auswählt", zu *eklegein* „auswählen"]

ek|lig ⟨Adj.⟩ *ekelhaft;* auch: *ekelig*

Ek|lip|se ⟨f.11⟩ *Sonnen- oder Mondfinsternis* [< griech. *ekleipsis* „Ausbleiben, Verschwinden"]

Ek|lip|tik ⟨f., -, nur Sg.⟩ *die Ebene der Erdbahn um die Sonne, die sich am Himmel als scheinbare jährliche Bahn der Sonne unter den Sternen abzeichnet* [zu *Eklipse*, weil Sonnen- und Mondfinsternisse nur dann eintreten, wenn der Mond auf diesem Kreis steht]

ek|lip|tisch ⟨Adj., o.Steig.⟩ *zur Eklipse gehörig*

Ek|lo|ge ⟨f.11⟩ *altrömisches Hirten-, Schäfergedicht* [< griech. *ekloge* „Auswahl, ausgewähltes Stück", in der altröm. Literatur „auserwähltes, auserlesenes Gedicht", später auf die Hirtengedichte beschränkt]

Ek|lo|git ⟨m.1⟩ *in der Tiefe der Erdkruste entstandenes, sehr zähes und hartes Metamorphitgestein, das je etwa zur Hälfte aus grünem Pyroxen und rotem Granat besteht* [< griech. *ekloge* „Auswahl", weil die Gemengteile ungewöhnlich sind, sie einander also gewissermaßen „ausgewählt" haben]

Ekos|sai|se ⟨[-sɛzə] f.11⟩ *schottischer Volkstanz;* auch: *Ecossaise* [< frz. *écossaise* „Schottin, schottischer Tanz", zu *Écosse* < lat. *Scotia* „Schottland"]

Ek|pho|rie ⟨f.11⟩ *Vorgang des Sicherinnerns* [< griech. *ek...* „heraus, hinaus" und *phorein* „tragen"]

Ekra|sit ⟨n., -s, nur Sg.⟩ *hauptsächlich aus Pikrinsäure bestehender Sprengstoff*

ekrü ⟨Adj., o.Steig., o.Dekl.⟩ *naturfarben;* auch: *ecru* [< frz. *écru* „ungebleicht", zu *cru* „roh, unbearbeitet"]

Ekrü|sei|de ⟨f.11⟩ → *Rohseide*

Ek|sta|se ⟨f.11⟩ **1** *rauschhafte Verzückung, Entrückung* **2** *übersteigerte Begeisterung* [< griech. *ekstasis* „Verwunderung, Entsetzen; Verzückung", eigtl. „das Außersichgeraten", < *ek...* „heraus" und *stasis* „das Stehen, Stand, Stellung"]

Ek|sta|tik ⟨f., -, nur Sg.⟩ *ekstatisches Verhalten*

Ek|sta|ti|ker ⟨m.5⟩ *rasch in übersteigerte Begeisterung geratender Mensch*

ek|sta|tisch ⟨Adj.⟩ *rauschhaft, verzückt*

Ek|ta|sie ⟨f.11⟩ *Ausdehnung, Erweiterung (eines Hohlorgans)* [< griech. *ektasis* „Ausdehnung"]

Ek|to|derm ⟨n.1⟩ **1** *äußere Zellschicht (Keimblatt) des vorerst zweischichtigen Embryos* **2** ⟨bei Hohltieren⟩ *äußere Zellschicht* [< griech. *ektos* „außerhalb, der äußere" und *derma* „Haut"]

Ek|to|mie ⟨f.11⟩ *operative Entfernung (eines Organs)* [< griech. *ektome* „das Ausschneiden", < *ek...* „heraus" und *tome* „Schnitt"]

Ek|to|pa|ra|sit ⟨m.10⟩ *Parasit auf der Körperoberfläche* [< griech. *ektos* „außerhalb, der äußere" und *Parasit*]

Ek|to|pie ⟨f.11⟩ *Verlagerung (eines Organs) (z.B. bei der Wanderniere)* [< griech. *ektopos* „entfernt"]

Ek|to|plas|ma ⟨n.9; bei Einzellern⟩ *äußere Plasmaschicht* [< griech. *ektos* „außerhalb, der äußere" und *Plasma*]

Ek|zem ⟨n.1⟩ *nicht ansteckene, juckende Hautentzündung* [< griech. *ekzema* „etwas durch Hitze Herausgebrachtes, Herausgeworfenes", sozusagen ein „Ausbruch" der Haut, der als „Überkochen der Körpersäfte" betrachtet wurde, bes. bei Fieber]

Ek|ze|ma|ti|ker ⟨m.5⟩ *jmd., der an Ekzemen leidet*

ek|ze|ma|tisch, ek|ze|ma|tös ⟨Adj., o.Steig.⟩ *von einem Ekzem hervorgerufen, in der Art eines Ekzems*

Ela|bo|rat ⟨n.11⟩ **1** ⟨urspr.⟩ *Ausarbeitung, ausführliche schriftliche Darstellung* **2** ⟨heute fast nur noch abwertend⟩ *schnell zusammengeschriebene, unsorgfältige Arbeit, Machwerk* [< lat. *elaboratio* „eifrige Tätigkeit, Bemühung, Anstrengung", zu *elaborare* „sich eifrig bemühen, anstrengen, ausarbeiten", zu *elaboratus* „sorgfältig ausgearbeitet", zu *labor* „Arbeit, Mühe, Anstrengung"]

Elan ⟨[elã] m., -s [elã], nur Sg.⟩ *Schwung, Begeisterung* [< frz. *élan* „Anlauf, Sprung, Satz", übertr. „plötzliche Erregung, Begeisterung", zu *élancer* „vorwärtsschnellen"]

Elan vi|tal ⟨[elã-] m., - -, nur Sg.⟩ *Lebensschwung, Lebenskraft* [< *Elan* und frz. *vital* „Lebens..."]

Ela|stik ⟨f.10 oder n.9⟩ *ein dehnbares Gewebe* [< frz. *élastique* „elastisch"]

ela|stisch ⟨Adj.⟩ **1** ⟨bei Gegenständen und Stoffen⟩ *bestrebt, alle durch äußere Krafteinwirkung erfahrenen Veränderungen rückgängig zu machen, dehnbar, biegsam* **2** ⟨bei Körperteilen und Personen⟩ *beweglich, spannkräftig; er ist für sein Alter noch sehr e.* [< frz. *élastique* „elastisch, federnd", < griech. *elastes, elastor* „Treiber"]

Ela|sti|zi|tät ⟨f., -, nur Sg.⟩ *elastische Beschaffenheit;* Syn. *Federkraft, Schnellkraft*

Ela|sti|zi|täts|gren|ze ⟨f.11; bei Werkstoffen⟩ *Grenzwert der Belastung, bis zu dem nur eine elastische Verformung eintritt*

Ela|sti|zi|täts|mo|dul ⟨m.14; Abk.: E⟩ *Kennwert für elastische Dehnung eines Werkstoffs*

Ela|sto|mer ⟨n.1⟩ *Polymerwerkstoff, der sich elastisch wie Gummi verhält*

Ela|tiv ⟨m.1⟩ *Form des Superlativs, der nicht den höchsten, aber einen sehr hohen Grad ausdrückt, z.B. schönstens „sehr schön", eiligst „sehr eilig", zu meiner größten Freude „zu meiner sehr großen Freude";* Syn. *absoluter Superlativ* [< lat. *elatio* „das Hervorragen, Hebung, Überordnung", zu *elatus* „hoch, erhaben"]

el|bisch ⟨Adj.⟩ →*elfisch;* *ein ~es Wesen* [zu mhd. *elbe* „Elfe"]

Elch ⟨m.1⟩ *pferdegroßer nordischer Hirsch mit plumpem Schädel und einem mächtigen, schaufel- oder stangenförmigen Geweih (beim Bullen);* Syn. *Elen*

El|do|ra|do ⟨n.9⟩ **1** *Land von großem Reichtum, Paradies* **2** *ergiebiges Gebiet; dieser See ist ein E. für Sportangler* [unter Einbeziehung des Artikels < span. *El Dorado* „das goldene (Land)", als Bez. für ein angeblich märchenhaft reiches Land in Südamerika]

Ele|fant ⟨m.10⟩ *sehr großes Rüsseltier mit grauer, fast unbehaarter, dicker Haut, einer Rüsselnase, die auch als Greiforgan dient, und mächtigen Stoßzähnen; er benimmt sich wie ein E. im Porzellanladen* (übertr., ugs.) *er benimmt sich ungeschickt, taktlos* [< griech. *elephas,* Gen. *elephantos,* „Elefant, Elfenbein"]

Ele|fan|ten|laus ⟨f.2⟩ →*Cashewnuß*

Ele|fan|ten|schild|krö|te ⟨f.11⟩ *besonders große Landschildkröte der Galápagosinseln oder Seschellen;* Syn. *Riesenschildkröte*

Ele|fan|ten|zahn ⟨m.2⟩ *Vertreter einer Gattung der Kahnfüßer, Weichtier, dessen Schale an eine kleine Stoßzähne von Elefanten erinnert*

Ele|fan|tia|sis ⟨f., -, -tia,sen⟩ *durch Verengung der Lymphgefäße und Lymphstauung hervorgerufene, unförmige Verdickung von Haut und Unterhautbindegewebe (bes. in den Beinen); auch: Elephantiasis;* Syn. *Pachydermie* [zu *Elefant*]

ele|gant ⟨Adj.⟩ **1** *modisch und geschmackvoll; ~e Kleidung; e. gekleidet sein* **2** *modisch und elegant eingerichtet, gekleidet; ein ~es Geschäft; eine ~e Frau* **3** *geschickt, gewandt; eine ~e Formulierung; mit einem ~en Schwung* [< frz. *élégant* „fein, zierlich, schick, reizvoll", < lat. *elegans,* Gen. *-tis,* „wählerisch, geschmackvoll, fein gebildet", eigtl. *eligens,* Part. Präs. von *eligere* „auswählen"]

Ele|gant ⟨[-gã] m.9⟩ *stets nach der letzten Mode gekleideter Mann*

Ele|ganz ⟨f., -, nur Sg.⟩ *elegante Beschaffenheit*

Ele|gie ⟨f.11⟩ **1** ⟨urspr.⟩ *Gedicht in Distichen* **2** ⟨danach⟩ *wehmütiges, klagendes Gedicht oder Musikstück* [< griech. *elegeia* „Gedicht in Distichen", zu *elegos* „Klagelied, Trauergesang", weitere Herkunft unbekannt]

Ele|gi|ker ⟨m.5⟩ *Dichter von Elegien*

ele|gisch ⟨Adj.⟩ **1** *in der Art einer Elegie* **2** (übertr.) *klagend, wehmütig, traurig*

Elei|son ⟨auch [eleï-] n.9⟩ *gottesdienstlicher Gesang* [griech., „erbarme dich"]

Elek|ti|on ⟨f.10⟩ *Auswahl* [< lat. *electio* „Auswahl, Wahl", zu *eligere* „auswählen, aussuchen, auslesen"]

elek|tiv ⟨Adj., o.Steig.⟩ *auswählend* [→*Elektion*]

Elek|to|rat ⟨n.1⟩ *Kurfürstenwürde* [→*Elektion*]

Elek|tra|kom|plex ⟨m.1; Psych.⟩ *zu starke Bindung (einer weiblichen Person) an den Vater;* vgl. *Ödipuskomplex* [nach der griech. Sagengestalt *Elektra*]

Elek|tri|fi|ka|ti|on ⟨f., -, nur Sg.⟩ *das Elektrifizieren, Einrichtung für, Umstellung auf elektrischen Betrieb*

elek|tri|fi|zie|ren ⟨V.3, hat elektrifiziert; mit Akk.⟩ **1** *für elektrischen Betrieb einrichten, mit elektrischen Geräten ausstatten* **2** *auf elektrischen Betrieb umstellen; die Eisenbahn e.* [Neubildung < *elektrisch* und lat. *-ficere* in Zus. für *facere*) „machen"] **Elek|tri|fi|zie|rung** ⟨f., -, nur Sg.⟩

Elek|trik ⟨f., -, nur Sg.⟩ **1** *elektrotechnische Ausstattung; die gesamte E. am Auto* **2** ⟨ugs.⟩ →*Elektrotechnik*

Elek|tri|ker ⟨m.5; ugs.⟩ **1** *Elektroinstallateur* **2** *Elektrotechniker*

elek|trisch ⟨Adj., o.Steig.⟩ **1** *auf das Wirken eines Überschusses von negativen oder positiven Elementarteilchen zurückzuführen; ~e Ladung Überschuß an negativen oder positiven Elementarteilchen; ~er Strom Bewegung von Ladungsträgern in einer Vorzugsrichtung; ~er Widerstand Widerstand, den ein elektrischer Leiter, an den eine elektrische Spannung angelegt ist, dem Durchgang des elektrischen Stroms entgegenbringt; ~es Feld Bereich der Kraftwirkungen, die in der Umgebung von elektrischen Ladungen entstehen; ~e Vereinigungsbestreben ungleichnamiger Ladungen* **2** *auf Elektrizität beruhend; ~e Energie* **3** *Elektrizität besitzend, erzeugend, speichernd; ~er Fisch Fisch, der mit besonderen Organen Elektrizität erzeugt; ~er Stuhl Vorrichtung zur Hinrichtung durch Starkstrom; ~er Zaun unter Spannung stehender Drahtzaun, der bewirkt, daß Tiere die Weide nicht verlassen können, weil sie bei Berührung einen kurzen elektrischen Schlag erhalten* **4** *mit Elektrizität betrieben; ~es Licht* [< lat. *electrum* < griech. *elektron* „Bernstein"; bei diesem wurde zuerst Reibungselektrizität beobachtet]

Elek|tri|sche ⟨f.17 oder 18; ugs.; †⟩ →*Straßenbahn*

elek|tri|sie|ren ⟨V.3, hat elektrisiert; mit Akk.⟩ **1** *etwas e. elektrische Ladung in etwas erzeugen oder auf etwas übertragen; Bernstein durch Reiben e.; er sprang auf wie elektrisiert überrascht und erfreut,* ⟨oder⟩ *sehr erschrocken; sie war wie elektrisiert sehr gespannt, (freudig) erregt* **2** *jmdn. e. mit elektrischem Strom behandeln; einen Kranken e.*

Elek|tri|sier|ma|schi|ne ⟨f.11⟩ *mechanische Vorrichtung zum Erzeugen sehr hoher Spannungen;* Syn. *Influenzmaschine*

Elek|tri|sie|rung ⟨f.10⟩ *das Elektrisieren*

Elek|tri|zi|tät ⟨f., -, nur Sg.⟩ **1** *das Elektrischsein* **2** →*Elektroenergie; die Deckung des Bedarfs an E.* [< frz. *électrique* in ders. Bed., zu *électrique* „elektrisch"]

Elek|tri|zi|täts|werk ⟨n.1⟩ *Anlage, die Elektroenergie zur Deckung des Bedarfs der Verbraucher erzeugt und verteilt*

Elek|tri|zi|täts|zäh|ler ⟨m.5⟩ *Meßgerät für den Verbrauch elektrischer Energie als Grundlage für die Energieverrechnung der Kraftwerke an den Abnehmer; auch:* ⟨kurz, ugs.⟩ *Zähler*

Elek|tro|aku|stik ⟨f., -, nur Sg.⟩ *Teilgebiet der technischen Physik, in dem akustische Probleme mit Hilfe der Elektrotechnik und Elektronik gelöst werden (z.B. die Wiedergabe von Schall durch Geräte)*

Elek|tro|che|mie ⟨f., -, nur Sg.⟩ *Wissenschaft, die sich mit gegenseitigen Umwandlungen von chemischer und elektrischer Energie befaßt*

Elek|tro|chir|ur|gie ⟨f., -, nur Sg.⟩ *Chirurgie mit Hilfe elektrischen Stroms*

Elek|tro|de ⟨f.11⟩ *Leitungsstück, das einen elektrischen Strom auslöst, zuführt oder beeinflußt (z.B. Anode, Kathode, Steuergitter)* ⟨Zünd~⟩ [< *elektrisch* und griech. *hodos* „Weg"]

Elek|tro|dia|gno|stik ⟨f., -, nur Sg.⟩ *Diagnostik durch Beobachten der Änderung der elektrischen Spannung bei lebenden Zellen*

Elek|tro|dy|na|mik ⟨f., -, nur Sg.⟩ **1** (i.w.S.) *Wissenschaft von den mechanischen Wirkungen des elektrischen Stroms;* Ggs. *Elektrostatik* **2** (i.e.S.) *Wissenschaft von den zeitlich veränderlichen magnetischen Feldern und den entsprechenden Anwendungen*

Elek|tro|en|er|gie ⟨f.11⟩ *alle Formen der Energie, die aus elektrischer Ladung entstammt;* Syn. *Elektrizität*

Elek|tro|en|ze|pha|lo|gramm ⟨n.1; Abk.: EEG⟩ *Aufzeichnung der durch Elektroenzephalographie gemessenen Werte in einer Kurve*

Elek|tro|en|ze|pha|lo|gra|phie ⟨f., -, nur Sg.⟩ *diagnostische Messung der Aktionsströme des Gehirns durch Anlegen von Elektroden an die Kopfhaut*

Elek|tro|fahr|zeug ⟨n.1⟩ *nicht schienengebundenes Fahrzeug mit Antrieb durch Elektromotor;* Syn. *Elektromobil*

Elek|tro|ga|stro|gramm ⟨n.1; Abk.: EGG⟩ *Aufzeichnung der Aktionsströme des Magens*

Elek|tro|ge|rät ⟨n.1⟩ *Haushaltgerät mit Antrieb durch elektrischen Strom*

Elek|tro|gi|tar|re ⟨f.11⟩ *Gitarre, die an einen elektrischen Verstärker angeschlossen werden kann; auch:* ⟨kurz⟩ *E-Gitarre*

Elek|tro|in|du|strie ⟨f., -, nur Sg.⟩ *Industrie, die Elektrogeräte und/oder den Bedarf der Elektrotechnik herstellt*

Elek|tro|in|ge|nieur ⟨m.1⟩ *an einer technischen Hochschule ausgebildeter Elektrotechniker*

Elek|tro|in|stal|la|teur ⟨m.1⟩ *jmd., der berufsmäßig elektrische Einrichtungen installiert und instand hält;* Syn. ⟨ugs.⟩ *Elektriker*

Elektroinstallateur

317

Elek|tro|kar|dio|gramm ⟨n.1; Abk.: EKG, Ekg⟩ *Aufzeichnung der durch Elektrokardiographie gefundenen Werte in einer Kurve*
Elek|tro|kar|dio|gra|phie ⟨f.11⟩ *diagnostische Messung der Aktionsströme des Herzens durch Anlegen von Elektroden an den Körper*
Elek|tro|kar|ren ⟨m.7⟩ *Elektrofahrzeug zum Transport von Lasten über kurze Strecken*
Elek|tro|kau|stik ⟨f., -, nur Sg.⟩ *operative Entfernung kranken Gewebes mit Hochfrequenzströmen*
Elek|tro|kau|ter ⟨m.5⟩ *elektrischer Schneidbrenner zur Elektrokaustik*
Elek|tro|ly|se ⟨f.11⟩ *durch elektrische Ströme bewirkte stoffliche Umsetzung in Elektrolyten, Wanderung der Ionen zu ihren gegenpoligen Elektroden, wo sie sich entladen und stofflich abscheiden* [< *elektrisch* und griech. *lysis* „Auflösung"]
Elek|tro|lyt ⟨m.1 oder m.10⟩ *Stoff, der bewegliche Ionen enthält, so daß er elektrisch leitend wird und durch Elektrolyse zersetzt werden kann*
Elek|tro|lyt|ei|sen ⟨n., -s, nur Sg.⟩ *durch Elektrolyse gewonnenes, technisch reines Eisen*
elek|tro|ly|tisch ⟨Adj., o.Steig.⟩ **1** *auf Elektrolyse beruhend, mit ihrer Hilfe* **2** *mit Hilfe eines Elektrolyten*
Elek|tro|ma|gnet ⟨m.10⟩ *stromführende Drahtspule, die einen Weicheisenkern umgibt, der den Fluß ihres Magnetfelds verstärkt*
elek|tro|ma|gne|tisch ⟨Adj., o.Steig.⟩ *auf Elektromagnetismus beruhend, zu ihm gehörig;* ~es *Feld Feld, das elektrische und magnetische Energie untrennbar miteinander verkettet enthält;* ~e *Wellen periodische Änderung eines elektromagnetischen Felds in Raum und Zeit*
Elek|tro|ma|gne|tis|mus ⟨m., -, nur Sg.⟩ *Gesamtheit der Erscheinungen, die auf der Verkettung von Elektrizität und Magnetismus beruhen*
Elek|tro|me|cha|nik ⟨f., -, nur Sg.⟩ *mechanischer Bereich der Elektrotechnik*
Elek|tro|me|cha|ni|ker ⟨m.5⟩ *jmd., der beruflich auf dem Gebiet der Elektromechanik arbeitet*
elek|tro|me|cha|nisch ⟨Adj., o.Steig.⟩ **1** *auf Elektromechanik beruhend, mit ihrer Hilfe* **2** *von Elektromagneten betätigt*
Elek|tro|me|ter ⟨n.5⟩ *Gerät zum Messen elektrischer Ladung und Spannung* [< *elektrisch* und *...meter*]
elek|tro|me|trisch ⟨Adj., o.Steig.⟩ *unter Anwendung elektrischer Meßgrößen*
Elek|tro|mo|bil ⟨n.1⟩ → *Elektrofahrzeug*
Elek|tro|mo|tor ⟨m.13⟩ *Motor zur Umsetzung elektrischer in mechanische Energie*
Elek|tron ⟨n.13⟩ **1** ⟨Zeichen: e⟩ *Elementarteilchen, Träger negativer elektrischer Elementarladung* **2** *natürlich vorkommende Gold-Silber-Legierung* **3** ⟨Wz.⟩ *Magnesiumlegierung (mit je nach Verwendung verschiedenen Zusätzen)* [griech., „Silbergold"; zu *elektor(os)* „strahlend; strahlende Sonne"]
Elek|tro|nen|bahn ⟨f.10⟩ *festgelegte Kurve, auf der das Elektron den Atomkern umkreist*
Elek|tro|nen|blitz ⟨m.1; Fot.⟩ *elektronisches Blitzgerät*
Elek|tro|nen|ge|hirn ⟨n.1; ugs., veraltend⟩ → *Computer*
Elek|tro|nen|mi|kro|skop ⟨n.1⟩ *Mikroskop höchsten Auflösungsvermögens, das mit Elektronenstrahlen statt Lichtwellen arbeitet*
Elek|tro|nen|op|tik ⟨f., -, nur Sg.⟩ *optische Technik zur Erzielung von sichtbaren Abbildungen mittels Elektronen statt Lichtwellen*
Elek|tro|nen|or|gel ⟨f.11⟩ *elektronisch betriebenes, orgelähnliches Musikinstrument*
Elek|tro|nen|rech|ner ⟨m.5⟩ *überwiegend aus elektronischen Elementen aufgebauter Computer*
Elek|tro|nen|röh|re ⟨f.11⟩ *(meist) Glaskolben, in dem Stromleitung durch Elektronen im Vakuum oder in Gas stattfindet;* auch: ⟨kurz⟩ *Röhre*
Elek|tro|nen|schleu|der ⟨f.11⟩ → *Betatron*
Elek|tro|nen|strahl ⟨m.12⟩ *gerichtete Bewegung energiereicher Elektronen im Hochvakuum*
Elek|tro|nen|volt ⟨n., -(s), -; Abk.: eV; Kernphysik⟩ *Maßeinheit für Arbeit oder Energie*
Elek|tro|nik ⟨f., -, nur Sg.⟩ **1** *Technik, die sich mit den Eigenschaften der Elektronen befaßt* **2** *deren Anwendung* **3** *Ausstattung mit elektronischen Einrichtungen; die moderne E. eines Kraftfahrzeugs*
elek|tro|nisch ⟨Adj., o.Steig.⟩ *auf Elektronik beruhend;* ~e *Musik Musik, die mit elektronischen Klangmitteln erzeugt und durch Lautsprecher übertragen wird*
elek|tro|phil ⟨Adj.⟩ *zur Anlagerung von Elektronen neigend* [< *elektrisch* und *...phil*]
elek|tro|phob ⟨Adj.⟩ *der Anlagerung von Elektronen abgeneigt* [< *elektrisch* und *...phob*]
Elek|tro|pho|re|se ⟨f., -, nur Sg.⟩ **1** ⟨Phys.⟩ *Erscheinung, daß in einer Flüssigkeit fein verteilte Stoffe im elektrischen Feld zweier Elektroden wandern* **2** ⟨Med.⟩ *Untersuchungsmethode mit Hilfe von Elektroden zur Trennung und mengenmäßigen Bestimmung der Eiweißkörper in Flüssigkeiten (bes. im Serum des Blutes)* [< *elektrisch* und griech. *phoresis* „das Tragen"]
Elek|tro|schock ⟨m.9⟩ *Schock durch elektrischen Strom zu Heilzwecken*
Elek|tro|skop ⟨n.1⟩ *Gerät zum Nachweis geringer elektrischer Ladungen* [< *elektrisch* und *...skop*]
Elek|tro|sta|tik ⟨f., -, nur Sg.⟩ *Wissenschaft von den ruhenden elektrischen Ladungen; Ggs. Elektrodynamik*
Elek|tro|tech|nik ⟨f., -, nur Sg.⟩ *Gesamtgebiet der technischen Erzeugung und Anwendung von Elektrizität; Syn.* ⟨ugs.⟩ *Elektrik*
Elek|tro|tech|ni|ker ⟨m.5⟩ **1** *jmd., der nach dem Studium an einer technischen Hochschule oder Fachhochschule auf dem Gebiet der Elektrotechnik arbeitet* **2** *Facharbeiter der Elektrotechnik*
Elek|tro|the|ra|pie ⟨f.11⟩ *Therapie mittels elektrischer Ströme*
Elek|tro|to|mie ⟨f.11⟩ *Herausschneiden von Gewebswucherungen mittels elektrisch beheizter Schneidschlinge* [< *elektrisch* und *...tomie*]
Ele|ment ⟨n.1⟩ **1** *Grundbestandteil; wesentliches E.* **2** *Stoff, der chemisch nicht weiter zerlegt werden kann (ohne seine ihn kennzeichnenden Eigenschaften zu verändern); Syn. Grundstoff* **3** ⟨antike Naturphilosophie⟩ *jeder der vier Urstoffe Feuer, Wasser, Erde, Luft; das nasse, feuchte E.* ⟨scherzh.⟩ *das Wasser* **4** ⟨Mengenlehre⟩ *Exemplar aus einer Menge* **5** ⟨Kybernetik⟩ *Bestandteil eines Systems, der nicht weiter zerlegt werden kann oder soll* **6** *kennzeichnender Bestandteil; Pflanzenornamente sind ein wichtiges E. des Jugendstils; die Kirche enthält noch romanische* ~e **7** ⟨abwertend⟩ *Mensch, Person; ein minderwertiges E.; üble, gefährliche* ~e **8** *das jmdm. Angemessene, Gemäße, das, was jmd. beherrscht und gern tut; hier ist er in seinem E.* [< lat. *elementum* „Ur-, Grundstoff, Anfangsgründe (in Kunst und Wissenschaft)"]
ele|men|tar ⟨Adj., o.Steig.⟩ **1** *grundlegend, die Grundbegriffe darlegend;* ~e *Grammatik;* ~e *Regeln* **2** *als Element (2) vorliegend, nicht chemisch gebunden;* ~er *Schwefel* **3** *wichtig, auch Anfängern vertraut; ihm fehlen die* ~sten *Kenntnisse* **4** *naturhaft, Natur...;* ~e *Gewalten* **5** *lebensnotwendig;* ~e *Bedürfnisse*
Ele|men|tar|be|reich ⟨m.1⟩ *Gesamtheit der Einrichtungen für Erziehung und Bildung von Kindern vor dem Schuleintritt* [zu *elementar* (1)]
Ele|men|tar|geist ⟨m.3; im Volksglauben⟩ *Naturgeist, z.B. Wassermann, Zwerg, Elfe*
Ele|men|tar|la|dung ⟨f.10⟩ *kleinste in der Natur vorkommende elektrische Ladung,* $1{,}602 \cdot 10^{-19}$ *Coulomb*
Ele|men|tar|län|ge ⟨f.11; Phys.⟩ *angenommene kleinste Länge,* $1{,}4 \cdot 10^{-13}$ cm
Ele|men|tar|ma|gnet ⟨m.1⟩ *angenommene kleinste magnetische Einheit, die in gleichmäßiger Anordnung mit anderen in einem Stoff Magnetismus hervorruft*
Ele|men|tar|schu|le ⟨f.11; †⟩ *Grundschule*
Ele|men|tar|teil|chen ⟨n.7⟩ *kleinstes Teilchen, aus dem Atome aufgebaut sind, z.B. Proton, Neutron, Elektron*
Ele|men|tar|werk ⟨n.1⟩ *Lehrbuch der Anfangsgründe (eines Wissensgebiets)*
Ele|mi ⟨n., -s, nur Sg.⟩ *verschiedenfarbiges Harz tropischer Bäume* [< span. *elimí* in ders. Bed., aus dem Arabischen]
Elen ⟨n.7 oder m.7⟩ → *Elch* [< litauisch *elnis* „Hirsch"]
Elen|an|ti|lo|pe ⟨f.11⟩ *rindergroße afrikanische Antilope mit Kehlwamme und schraubenförmigen Hörnern*
elend ⟨Adj.⟩ **1** *sehr unglücklich, jammervoll, jämmerlich; mir ist e. zumute; er ist e. dran; er ist e. zugrunde gegangen* **2** *krank und schwach, abgemagert; er ist noch sehr e.; e. aussehen; sich e. fühlen* **3** *kümmerlich, armselig, baufällig; eine* ~e *Hütte, Wohnung* **4** *erbärmlich, gemein; ein* ~er *Kerl; das ist eine* ~e *Verleumdung* **5** ⟨ugs.⟩ *sehr groß; ich habe* ~en *Hunger; eine* ~e *Hitze* **6** ⟨ugs.⟩ *sehr; es ist e. kalt; ich habe e. gefroren; er muß e. schuften*
Elend ⟨n., -s, nur Sg.⟩ **1** *Not, schlimme Notlage, bittere Armut; ins E. geraten; jmdn. ins E. bringen, stoßen; im E. leben* **2** *Unglück, Jammer, Trostlosigkeit; das ist ein großes E.; er ist nur noch ein Häufchen E.; da kann man das heulende E. kriegen* ⟨ugs.⟩ *da kann man nur noch unglücklich sein und heulen*
elen|dig(lich) ⟨Adj.; nur als Attr. und Adv.⟩ **1** *elend; (meist in der Wendung) e. zugrunde gehen* **2** ⟨ugs.⟩ *sehr; er hat ihn e. verprügelt*
Elends|quar|tier ⟨n.1⟩ *schlechte, armselige, baufällige Behausung*
Elends|vier|tel ⟨n.5⟩ *Stadtviertel mit elenden Häusern und Wegen*
Ele|phan|ti|a|sis ⟨f., -, -tia|sen⟩ → *Elefantiasis*
Eleu|si|ni|en ⟨Pl.; im alten Griechenland⟩ *Mysterienspiele der Stadt Eleusis zu Ehren der Göttin Demeter*
Ele|va|tion ⟨f.10⟩ **1** *Erhöhung, Empor-, Aufheben* **2** ⟨kath. Messe⟩ *Emporheben von Hostie und Kelch durch den Priester (bei der Wandlung und am Schluß des Kanons)* **3** *Höhe eines Gestirns über dem Horizont* **4** *Neigungswinkel eines Geschützrohres zur Horizontalebene* [zu lat. *elevare* „hochheben"]
Ele|va|tor ⟨m.13⟩ *Fördereinrichtung zum senkrechten oder geneigten Gütertransport* [zu *Elevation*]
Ele|ve ⟨m.11⟩ **1** ⟨†⟩ *Schüler, Lehrling* **2** *Land- oder Forstwirt (während der praktischen Ausbildung)* **3** *Anfänger in einer Ballett- oder Schauspielschule* [< frz. *élève* „Schüler, Zögling", zu *élever* „großziehen"]
Ele|vin ⟨f.10⟩ *weiblicher Eleve*
elf ⟨Num.; Schreibung in Buchstaben für⟩ *11*
Elf[1] ⟨f.10⟩ **1** ⟨Num.⟩ *die Zahl 11* **2** ⟨Sport⟩ *aus elf Spielern bestehende Mannschaft (Fußball~)*
Elf[2] ⟨m.10; Myth.⟩ *in Wald und Wiese lebender, anmutiger, zarter Geist (Blumen~)*
Elfe ⟨f.11; Myth.⟩ *zarter weiblicher Naturgeist* [< engl. *elf* „Elfe, Kobold, Zwerg", urspr. niederer Naturgeist, zu mhd., ahd. *alb, alp* „gespenstisches Wesen"]

Elfenbein ⟨n., -(e)s, nur Sg.⟩ **1** Zahnbein der Stoßzähne (des Elefanten und Mammuts) **2** Zähne (von Flußpferd, Narwal und Walroß) [< ahd. *helfantbein* „Elefantenknochen"]

elfenbeinern ⟨Adj., o.Steig.⟩ aus Elfenbein

Elfenbeinschwarz ⟨n., -es, nur Sg.⟩ → *Beinschwarz*

Elfenbeinturm ⟨m., -s, nur Sg.⟩ Symbol für das Sichabschließen von der Umwelt und ihren Problemen zum Zweck ungestörter geistiger oder künstlerischer Arbeit; im E. sitzen

Elfenring ⟨m.1⟩ → *Hexenring*

Elfer ⟨m.5⟩ **1** ⟨süddt.⟩ *die Zahl* 11 **2** ⟨ugs.⟩ → *Elfmeter*

Elferrat ⟨m.2⟩ aus elf Mitgliedern bestehender Rat einer Karnevalsgesellschaft

elfisch ⟨Adj., o.Steig.⟩ wie ein Elf, wie eine Elfe; auch: elbisch; ein ~es Wesen

Elfmeter ⟨m.5; Fußb.⟩ bei groben Regelverstößen verhängte Strafe, bei der der Ball von einem 11 Meter von der Torlinie entfernten Punkt durch einen Spieler der gegnerischen Mannschaft auf das nur vom Torwart verteidigte Tor geschossen werden darf; auch: ⟨ugs.⟩ *Elfer*; Syn. *Strafstoß*

elidieren ⟨V.3; hat elidiert; mit Akk.; Sprachw.⟩ auslassen, ausstoßen; einen Laut e. [< lat. *elidere* „herausschlagen, -stoßen", < e... (in Zus. für ex) „aus, heraus" und *laedere* „schlagen, stoßen"]

Elimination ⟨f.10⟩ Entfernung, Beseitigung [zu *eliminieren*]

eliminieren ⟨V.3, hat eliminiert; mit Akk.⟩ ausscheiden, entfernen [< lat. *eliminare* „ausstoßen, entfernen, aus dem Haus treiben", eigtl. „über die Schwelle treiben", < e... (in Zus. für ex) „aus, heraus" und *limen*, Gen. *liminis*, „Schwelle"]

elisabethanisch ⟨Adj., o.Steig.⟩ nur als Attr.⟩ aus der Zeit der Königin Elisabeth I. von England stammend, dazu gehörig; das ~e Drama; ⟨aber als historischer Begriff⟩ das Elisabethanische England

Elision ⟨f.10⟩ Weglassen, Ausstoßen eines Vokals, z.B. das hör(e) ich gern, Freud(e) und Leid, Besied(e)lung [zu *elidieren*]

elitär ⟨Adj., o.Steig.⟩ zu einer Elite gehörend; sie gebärdet sich e. *sie tut, als gehöre sie zu einer (geistigen) Elite*

Elite ⟨österr. [elit] f.11⟩ Auslese, die Besten [< frz. *élite* „Auswahl, Auserlesenes", zu *élire* „auswählen", < lat. *eligere* „auswählen"]

Elixier ⟨n.1⟩ **1** Zaubertrank, Heiltrank (Lebens~) **2** alkoholischer Auszug aus Heilpflanzen mit verschiedenen Zusätzen [< frz. *élixir* < ital. *elisir* < arab. *al-iksīr* „der Stein der Weisen", < griech. *xerion* „Pulver, trockene Masse"]

Ellbogen ⟨m.7⟩ auch: Ellenbogen **1** äußerer Knochenfortsatz an der Stelle, wo Elle und Oberarmknochen ein Gelenk bilden **2** ⟨Pl.; übertr.⟩ Fähigkeit, sich durchzusetzen; er hat E.

Ellbogenfreiheit ⟨f., -, nur Sg.; ugs.⟩ Bewegungsfreiheit (bes. zur Durchsetzung der eigenen Ziele ohne Rücksicht auf andere)

Elle ⟨f.11⟩ **1** Unterarmknochen an der Seite des kleinen Fingers; E. und Speiche **2** (früher) davon abgeleitete Längeneinheit, 85–87 cm; fünf ~n Tuch

Ellenbogen ⟨m.7⟩ → *Ellbogen*

ellenlang ⟨Adj., o.Steig.; ugs.⟩ sehr lang, quälend lang; eine ~e Stichwortliste

Eller ⟨f.11; norddt.⟩ → *Erle*

Ellipse ⟨f.11⟩ **1** ⟨Math.⟩ geschlossene ebene Kurve, die kegelschnitt mit zwei Brennpunkten **2** ⟨Sprachw.⟩ Satz, in dem die zum Verständnis nicht nötigen Teile weggelassen sind, z.B. (was) frisch gewagt (ist), ist (schon) halb gewonnen; Syn. *Auslassungssatz* [< griech. *elleipsis* „das Zuwenig, Mangel", zu *elleipein* „fehlen lassen, aus-, weglassen"]

Ellipsoid ⟨n.1⟩ durch Drehung einer Ellipse (1) um eine ihrer Achsen entstehender Körper

elliptisch ⟨Adj., o.Steig.⟩ in der Form, Art einer Ellipse (1)

Elmsfeuer ⟨n.5⟩ schwach leuchtende, von leisem Knistern begleitete Funkenbüschel, die während Gewittern an hervorragenden Punkten der Erdoberfläche (Kirchtürmen, Schiffsmasten) auftreten [gekürzt < *Sankt-Elms-Feuer*, vermutlich nach dem heiligen *Erasmus*, dem Schutzpatron der Seeleute]

Eloge ⟨[-ʒə] f.11⟩ Lob, Lobrede, Schmeichelei; jmdm. ~n machen [< frz. *éloge* „Lobrede, Lobeserhebung", über mlat. < griech. *eulogia* „Lobpreis", zu *eulogos* „schönklingend, leicht begrifflich"]

E-Lok ⟨f.9; kurz für⟩ elektrische Lokomotive

Elongation ⟨f.10⟩ **1** ⟨Phys.⟩ Abstand, um den ein schwingender Körper sich aus seiner Ruhelage entfernt **2** ⟨Astron.⟩ **a** Winkelabstand eines Planeten von der Sonne **b** Winkelabstand eines Satelliten von einem Planeten [Neubildung zu lat. *elongare* „(sich) entfernen, fernhalten"]

eloquent ⟨Adj.⟩ beredt, beredsam [< lat. *eloquens*, Gen. *-entis*, „mit Sprache begabt, redend, beredt", zu *eloqui* „aussprechen, vortragen"]

Eloquenz ⟨f., -, nur Sg.⟩ Beredsamkeit [→ *eloquent*]

Eloxal ⟨n., -s, nur Sg.; Wz.⟩ Schutzüberzug aus Aluminiumoxid (auf Aluminiumteilen) [Abk. von *elektrisch oxidiertes Aluminium*]

eloxieren ⟨V.3, hat eloxiert; mit Akk.⟩ mit *Eloxal* überziehen

Elritze ⟨f.11⟩ kleiner, leicht gestreifter, braun-rötlichgelber Karpfenfisch; Syn. *Pfrille* [nach Kluge eine thüring.-sächs. Bildung zu *Eller* „Erle"; vielleicht auch zu ahd. *elo* „gelb"]

Elsbeere ⟨f.11⟩ **1** Baum aus der Familie der Rosengewächse mit ahornähnlich gelappten Blättern **2** dessen braune, säuerlich schmeckende Frucht [zu mndrl. *else* „Erle"]

Elster ⟨f.11⟩ schwarzweißer Rabenvogel mit langem Schwanz

Elter ⟨m.14; naturwissenschaftl. und statist. Bez. für⟩ → *Elternteil*

elterlich ⟨Adj., o.Steig.; nur als Attr. und Adv.⟩ die Eltern betreffend, zu ihnen gehörig, von ihnen ausgehend, ihnen zustehend; ~e Liebe; ~e Gewalt Pflicht und Recht der Eltern, für ihre Kinder zu sorgen; er wohnt noch in der ~en Wohnung

Eltern ⟨nur Pl.⟩ Vater und Mutter; die E.; meine E.; er hat keine E. mehr

Elternabend ⟨m.1⟩ Abend, an dem die Eltern gemeinsam mit den Lehrern ihrer Kinder sprechen

Elternbeirat ⟨m.2; in Schulen⟩ gewählte Vertretung der Eltern

Elternhaus ⟨n.4⟩ **1** Haus, Wohnung der Eltern (in dem man aufwächst); er lebt noch in E.; ich kenne das nicht aus meinem E. **2** Eltern und Familie als prägende Umgebung, in der man aufwächst; aus einem gutbürgerlichen E. stammen

Elternteil ⟨m.1⟩ jeder der beiden Eltern; Syn. ⟨fachsprachl.⟩ *Elter*; er ist ein Mischling aus einem indianischen und einem europäischen E.

eluieren ⟨V.3, hat eluiert; mit Akk.⟩ einen adsorbierten Stoff e. *aus einem festen Adsorbens herauslösen* [< lat. *eluere* „auswaschen, herausspülen, reinigen"]

Elution ⟨f.10⟩ das Eluieren

eluvial ⟨Adj., o.Steig.⟩ am Entstehungsort liegengeblieben; ~es Gestein; ~e Metalle [< lat. *eluere* „auswaschen"]

Eluvium ⟨n., -s, nur Sg.⟩ am Entstehungsort liegengebliebene Rückstände von Abtragungsvorgängen [zu *eluvial*]

elysäisch ⟨Adj., o.Steig.⟩ Syn. *elysäisch*

1 zum Elysium gehörig; ~e Gefilde → *Elysium* **2** ⟨übertr.⟩ paradiesisch, himmlisch, wonnevoll

elysisch ⟨Adj., o.Steig.⟩ → *elysäisch*

Elysium ⟨n., -s, nur Sg.; griech. Myth.⟩ Aufenthaltsort der Seligen, Paradies

Elzeviriana ⟨Pl.⟩ Drucke der (durch ihre schönen und korrekten Buchausgaben berühmten) niederländischen Buchdruckerfamilie Elzevir (17. Jahrhundert)

em. ⟨Abk. für⟩ *emeritiert*

Email ⟨auch [emaj] n.9⟩, **Emaille** ⟨[emaljə] oder [emajə] f.11⟩ (meist) farbiger Glasfluß, der auf Metall aufgetragen wird (zum Schutz oder als Schmuck); Syn. *Schmalt* [< frz. *émail* < altfrz. *esmail* „Schmelzglas, Schmelz", zu fränk. *smalt* „Schmelz"]

Emailleur ⟨[emaljør] oder [emajør] m.1⟩ jmd., der berufsmäßig Metallgegenstände mit *Email* überzieht

emaillieren ⟨[emalji-] oder [emaji-] V.3, hat emailliert; mit Akk.⟩ mit *Email* überziehen; Syn. *schmalten*

Emanation ⟨f.10⟩ **1** Ausströmen, Ausstrahlung **2** ⟨Philos.⟩ Entstehung aller Dinge aus dem vollkommenen, unveränderlichen Einen (Gott) **3** ⟨Psych.⟩ persönliche Ausstrahlung **4** ⟨Zeichen: Em; früher Bez. für⟩ *Radon* [zu *emanieren*]

emanieren ⟨V.3, hat emaniert; mit Akk.⟩ ausströmen, ausstrahlen [< lat. *emanare* „herausfließen, entspringen, entstehen", zu *manare* „fließen, strömen"]

Emanze ⟨f.11; abwertend⟩ emanzipierte Frau

Emanzipation ⟨f.10⟩ Befreiung aus Abhängigkeit, Gleichstellung, Gleichberechtigung [zu *emanzipieren*]

emanzipatorisch ⟨Adj., o.Steig.⟩ auf Emanzipation zielend; ~e Bestrebungen

emanzipieren ⟨V.3, hat emanzipiert; mit Akk.⟩ jmdn. oder sich e. *selbständig machen, aus Abhängigkeit befreien* [< lat. *emancipare* „aus der Hand = Obhut (in die Selbständigkeit) entlassen", zu *manus* „Hand"]

emanzipiert ⟨Adj.⟩ betont selbständig und vorurteilslos

Emaskulator ⟨m.13⟩ Gerät zum Kastrieren männlicher Haustiere [< lat. *emasculare* „entmannen", < e... (in Zus. für ex) „aus, heraus" und *masculus* „männlich", → *maskulin*]

Emballage ⟨[ãbalaʒə] f.11⟩ Verpackung (einer Ware) [< frz. *emballage* „das Einpacken, Verpacken", zu *emballer* „ein-, verpacken", zu *balle* „Ballen"]

Embargo ⟨n.9⟩ **1** Beschlagnahme (eines Schiffes oder seiner Ladung durch einen Staat) **2** Verbot, in einen Staat Waren zu liefern und von diesem Waren zu kaufen; einen Staat mit einem E. belegen [< span. *embargo* „Beschlagnahme, Sperre", weitere Herkunft unsicher]

Emblem ⟨auch [ãblεm] n.1⟩ Kenn-, Abzeichen, Hoheitszeichen, Sinnbild [< frz. *emblème*, urspr. „eingelegte Arbeit", dann übertr. „symbolische Figur mit Sinnspruch, Sinnbild", < griech. *emblema* „Eingesetztes, eingelegte Arbeit", zu *emballein* „hineinwerfen, hineintun"]

Embolie ⟨f.11⟩ Verstopfung eines Blutgefäßes durch ein Blutgerinnsel, Fetttröpfchen o.ä. [< griech. *embolon*, *embolos* „etwas Hineingeschobenes, Keil"]

Embolus ⟨m., -, -li⟩ Fremdkörper in der Blutbahn, der Embolie verursacht [neulat., → *Embolie*]

Embonpoint ⟨[ãbõpoε̃] m.9 oder n.9⟩ Wohlbeleibtheit, Leibesfülle, Spitzbauch [< frz. *embonpoint* „Beleibtheit", frühere Bed. und Schreibung: *en bon point* „gesund", eigtl. „in gutem Zustand"]

Embryo ⟨m., -s, -s oder -bryo|nen, österr. auch n.9⟩ werdender Organismus, der sich aus der befruchteten Eizelle entwickelt

Embryologie

Em|bry|o|lo|gie ⟨f., -, nur Sg.⟩ Wissenschaft von der Entwicklung des Embryos [< griech. *embryon* „ungeborene Leibesfrucht", zu *em...* „in, darin" und *bryein* „sprießen, wachsen"]

em|bry|o|nal, em|bry|o|nisch ⟨Adj., o.Steig.⟩ zum Embryo gehörig, im Zustand des Embryos, unentwickelt

Em|bryo|pa|thie ⟨f.11; Med.⟩ Schädigung des Embryos (bis zu Beginn des 4. Monats) [< *Embryo* und *...pathie*]

Emd ⟨n., -(e)s, nur Sg.; schweiz.⟩ → *Grummet;* auch: *Emdet* [→ *Öhmd*]

em|den ⟨V.2, hat geemdet; schweiz.⟩ → *öhmen*

Em|det ⟨m., -s, nur Sg.⟩ → *Emd*

Emen|da|ti|on ⟨f.10⟩ Verbesserung, Berichtigung (bes. von Texten) [zu *emendieren*]

emen|die|ren ⟨V.3, hat emendiert; mit Akk.⟩ berichtigen, verbessern [< lat. *emendare* „von Fehlern befreien"]

Emer|genz ⟨f.10⟩ Entwicklung, Auftauchen einer neuen Seinsstufe aus einer niedereren mit einer neuen Qualität [< engl. *emergence* „das Sichtbarwerden, Hervortreten", zu *to emerge* „sichtbar werden, hervortreten", < lat. *emergere*, → *Emersion*]

Eme|rit ⟨m.10⟩ jmd., der emeritiert ist; auch: *Emeritus* [→ *emeritieren*]

eme|ri|tie|ren ⟨V.3, hat emeritiert; mit Akk.⟩ in den Ruhestand versetzen; einen Geistlichen, Universitätsprofessor e. [< lat. *emerere* „ausdienen, zu Ende dienen; sich Verdienste erwerben, sich ein Recht, einen Anspruch erwerben"]

eme|ri|tiert ⟨Abk.: em.⟩ im Ruhestand

Eme|ri|tus ⟨m., -, -ti⟩ → *Emerit*

emers ⟨Adj., o.Steig.; bei Wasserpflanzen⟩ über den Wasserspiegel hinausragend; Ggs. *submers*

Emer|si|on ⟨f.10⟩ **1** Heraustreten eines Mondes aus dem Schatten des Planeten, den er umkreist **2** ⟨Geol.⟩ Auftauchen von Festland durch Zurückweichen des Meeres [< lat. *emersus* „das Auftauchen, Sichtbarwerden", zu *emergere* „auftauchen, zum Vorschein kommen"]

Eme|ti|kum ⟨n., -s, -ka⟩ → *Brechmittel* [→ *emetisch*]

eme|tisch ⟨Adj., o.Steig.⟩ Brechreiz auslösend [< griech. *emetikos* in ders. Bed.]

Emi|grant ⟨m.10⟩ → *Auswanderer;* Ggs. *Immigrant*

Emi|gra|ti|on ⟨f.10⟩ → *Auswanderung;* Ggs. *Immigration* [zu *emigrieren*]

emi|grie|ren ⟨V.3, ist emigriert; o.Obj.⟩ → *auswandern;* Ggs. *immigrieren* [< lat. *emigrare* „auswandern", < *e...* (in Zus. für *ex*) „aus, heraus" und *migrare* „migrieren"]

emi|nent ⟨Adj., o.Steig.⟩ hervorragend, außerordentlich [< lat. *eminens,* Gen. *-entis,* Part. Präs. von *eminere* „heraus-, hervorragen, sich auszeichnen"; weitere Herkunft nicht bekannt]

Emi|nenz ⟨f.10⟩ Titel und Anrede für⟩ Kardinal, Großmeister des Malteserordens; Euer E.

Emir ⟨auch [emir] m.1; Titel für⟩ *arabischer Fürst* [< arab. *amīr* „Befehlshaber, Fürst", zu *amara* „befehlen"]

Emi|rat ⟨n.1⟩ arabisches Fürstentum

Emis|sär ⟨m.1⟩ Abgesandter mit geheimem Auftrag, Kundschafter, Agent [über frz. *émissaire* < lat. *emissarius,* „Bote, Späher", zu *emittere,* → *emittieren*]

Emis|si|on ⟨f.10⟩ **1** Aussendung **2** Ausgabe (von Wertpapieren, Geld, Briefmarken) **3** Wertpapiere **4** Ausströmen (von verunreinigenden Stoffen in die Luft) **5** Ausstrahlung (von elektromagnetischen Wellen oder Teilchen) **6** ⟨Med.⟩ Entleerung **7** ⟨ungs.⟩ Rundfunksendung [< lat. *emissio,* Gen. *-onis* „das Ausschicken, Entsenden", zu *emittere* „aussenden, loslassen"]

Emis|si|ons|kurs ⟨m.1⟩ Ausgabekurs (von Wertpapieren)

Emit|tent ⟨m.10⟩ jmd., der Wertpapiere ausgibt

emit|tie|ren ⟨V.3, hat emittiert; mit Akk.⟩ aussenden, in Umlauf bringen [< lat. *emittere* „aussenden"]

Emm|chen ⟨n.7; scherzh.⟩ Mark (DM); hundert E.

Em|men|ta|ler ⟨m.5⟩ milder Hartkäse mit Löchern und an Walnüsse erinnerndem Geschmack, Syn. ⟨Handelsbez.⟩ Schweizer Käse [nach dem *Emmental* im Kanton Bern, wo er zuerst hergestellt wurde]

Em|mer ⟨m., -s, nur Sg.⟩ Art des Weizens, ein Gras mit bespelzten Ähren und nur wenigen Früchten am Halm; Syn. *Amelkorn, Ammer, Zweikorn*

e-Moll ⟨n., -, nur Sg.; Mus.⟩ auf dem Grundton e aufbauende Moll-Tonart

Emo|ti|on ⟨f.10⟩ Gefühls-, Gemütsbewegung [< lat. *emotio,* Gen. *-onis,* „das Fortbewegen", zu *emovere* „herausbewegen, um und um bewegen, erschüttern, aufwühlen", < *e...* (in Zus. für *ex*) „aus, heraus" und *movere* „bewegen"]

emo|tio|nal ⟨Adj.⟩ auch: *emotionell* **1** auf Gefühl(en) beruhend, mit Gefühlen verbunden; ~e Reaktion **2** mit Gefühlen; er reagiert nur e.

Emo|tio|na|li|tät ⟨f., -, nur Sg.⟩ Gefühlserregbarkeit, gefühlsmäßige Ansprechbarkeit

emo|tio|nell ⟨Adj.⟩ emotional

Em|pa|thie ⟨f., -, nur Sg.⟩ **1** urspr.⟩ das Verstehen von Kunstwerken **2** ⟨Psych.⟩ Fähigkeit, sich in andere Menschen hineinzuversetzen [< griech. *em...* „in, darin" und *...pathie*]

Emp|fang ⟨m.2⟩ **1** das Annehmen, Entgegennehmen (einer Sendung); etwas in E. nehmen **2** Begrüßung (der Gäste); feierlicher, herzlicher, kühler E.; jmdn. auf dem Bahnhof in E. nehmen begrüßen und weiterbegleiten **3** festliche Veranstaltung zur Begrüßung von hohen Gästen; einen E. geben **4** ⟨in Hotels⟩ Raum im Eingang des Portiers zum Empfangen und Weiterleiten der Gäste; Syn. *Rezeption*

Emp|fän|ger ⟨m.5⟩ **1** jmd., der eine Sendung erhält oder erhalten soll; Geld dem E. nur gegen Quittung aushändigen **2** Element eines Übertragungssystems (zur Aufnahme von Signalen des Senders) (Fernseh~, Rundfunk~)

emp|fäng|lich ⟨Adj.⟩ bereit, etwas zu empfangen, anzunehmen, aufzunehmen; er ist für ein gutes Trinkgeld sehr e.; e. für neue Eindrücke sein **Emp|fäng|lich|keit** ⟨f., -, nur Sg.⟩

Emp|fäng|nis ⟨f.1⟩ Vereinigung von Samen- und Eizelle, die zur Schwangerschaft führt; Syn. *Konzeption*

Emp|fäng|nis|ver|hü|tung ⟨f., -, nur Sg.⟩ Maßnahme zur Verhinderung der Empfängnis; Syn. *Kontrazeption*

emp|fangs|be|rech|tigt ⟨Adj., o.Steig.⟩ berechtigt, etwas in Empfang zu nehmen

Emp|fangs|chef ⟨m.9; in großen Betrieben und Hotels⟩ Angestellter, der Kunden und Gäste empfängt und weiterleitet

Emp|fangs|da|me ⟨f.11⟩ weiblicher Empfangschef

emp|feh|len ⟨V.27, hat empfohlen⟩ **I** ⟨mit (Dat. und) Akk.⟩ ⟨jmdm.⟩ etwas oder jmdn. e. ⟨jmdm.⟩ etwas oder jmdn. als geeignet, gut, brauchbar vorschlagen, etwas oder jmdn. anderen gegenüber loben; der Küchenchef empfiehlt heute Kalbsmedaillon; jeder Händler empfiehlt seine Ware; ⟨jmdm.⟩ jmdn. als Arzt, als Mitarbeiter e.; ⟨jmdm.⟩ ein Buch zum Lesen e.; bitte e. Sie mich Ihrer Frau Gemahlin ⟨veraltend⟩ *grüßen Sie Ihre Frau von mir;* ich empfehle mich Ihnen als Rechtsberater; gute Ware empfiehlt sich selbst; Ihr Geschäft ist mir empfohlen worden **II** ⟨refl.⟩ sich e. **1** *sich verabschieden, weggehen;* nach einer Stunde empfahl ich mich wieder; ich werde mich jetzt e.; sich auf englisch, französisch e. ⟨ugs.⟩ *heimlich weggehen* **2** ⟨unpersönl., mit „es"⟩ es empfiehlt sich *es ist vorteilhaft, besser,* es empfiehlt sich, sofort hinzugehen

emp|feh|lens|wert ⟨Adj.⟩ wert, geeignet, daß man es empfiehlt; ein ~es Buch

Emp|feh|lung ⟨f.10⟩ **1** das Empfehlen, Rat, Hinweis, Vorschlag; ich komme auf E. von Herrn X **2** günstige Beurteilung, lobende Fürsprache; jmdm. eine E. schreiben **3** ⟨veraltend⟩ höflicher Gruß; eine E. an Ihre Frau Gemahlin! grüßen Sie Ihre Frau von mir!; mit freundlichen ~en ⟨als Schluß in Geschäftsbriefen⟩

Emp|feh|lungs|brief ⟨m.1⟩, **Emp|feh|lungs|schrei|ben** ⟨n.7⟩ schriftliche Empfehlung, Brief mit lobender Beurteilung, mit einer Fürsprache

Emp|fin|de|lei ⟨f., -, nur Sg.⟩ übermäßiger, nicht echter Gefühlsausdruck, übermäßige Empfindsamkeit

emp|fin|den ⟨V.36, hat empfunden; mit Akk.⟩ etwas e. **1** *mit den Sinnen wahrnehmen;* Hunger, Kälte, Schmerz e. **2** *als geistigen, seelischen Reiz wahrnehmen;* bei dieser Musik empfinde ich gar nichts; etwas als Wohltat, als Kränkung e.; ich habe es als schmerzlich empfunden, daß ...; ein fein ~der Mensch **3** *von etwas erfüllt sein, im Gemüt, im Herzen bewegen;* Liebe, Haß e.; für jmdn. nichts e. *jmdn. nicht lieben;* Zorn, Freude, Trauer (über etwas) e.

Emp|fin|den ⟨n., -s, nur Sg.⟩ **1** *Wahrnehmungsvermögen* (bes. für geistige, seelische Reize); er hat ein feines E. für künstlerische Qualität **2** *auf Gefühl, Instinkt beruhendes Urteil;* für mein E. sind die Farben zu grell

emp|find|lich ⟨Adj.⟩ **1** *fähig, sinnliche Reize wahrzunehmen;* sehr, nicht e. sein; e. gegen Kälte, Wärme, Licht sein **2** *auf physikalische, chemische Reize reagierend, sie anzeigend;* ein sehr ~es Gerät **3** *auf seelische Reize leicht reagierend, leicht verletzbar;* sei nicht so e.; er ist allzu e. **4** *stark spürbar;* eine ~e Strafe; es ist e. kalt

Emp|find|lich|keit ⟨f.10, Pl. nur ugs.⟩ **1** *Fähigkeit zur Wahrnehmung von sinnlichen und seelischen Reizen* **2** *Fähigkeit, auf physikalische oder chemische Reize zu reagieren, sie anzuzeigen;* die E. eines Geräts, eines Films **3** ⟨ugs.⟩ *empfindliches Verhalten, empfindliche Reaktion;* solche ~en können wir uns hierbei nicht leisten

emp|find|sam ⟨Adj.⟩ **1** *fein empfindend, leicht auf Eindrücke (bes. seelische) Reize reagierend* **2** ⟨poet.⟩ *gefühlvoll;* eine ~e Geschichte [Übersetzung von engl. *sentimental* „gefühlvoll"]

Emp|find|sam|keit ⟨f., -, nur Sg.⟩ **1** *feines Empfindungsvermögen* **2** *durch Gefühlsüberschwang und religiöses Naturgefühl gekennzeichnete literarische Strömung in der zweiten Hälfte des 18. Jahrhunderts*

Emp|fin|dung ⟨f.10⟩ *Wahrnehmung eines sinnlichen oder seelischen Reizes;* E. von Wärme, Kälte, Schmerz, Druck

emp|fin|dungs|los ⟨Adj., o.Steig.⟩ **1** *keinen Schmerz empfindend, gefühllos;* meine Finger sind e. **2** *unfähig, seelisch etwas zu empfinden;* er schaute ihr e. zu **Emp|fin|dungs|lo|sig|keit** ⟨f., -, nur Sg.⟩

Emp|fin|dungs|wort ⟨n.4⟩ → *Interjektion*

Em|pha|se ⟨f., -, nur Sg.⟩ *Nachdruck, leidenschaftliche Betonung, schwungvoller Ausdruck;* etwas mit E. ausdrücken, aussprechen [< griech. *emphasis* „Kraft des Ausdrucks, Nachdruck", zu *emphainein* „darin sichtbar machen"]

em|pha|tisch ⟨Adj.⟩ mit Emphase

Em|phy|sem ⟨n.1⟩ *Luft- oder Gasansamm-*

lung im Gewebe (bes. in der Lunge) [< griech. *em...* „in, darin, hinein" und *physan* „blasen, hauchen"]

Em|pire ⟨n., -(s), nur Sg.⟩ **1** [ãpịr] **a** *das Kaiserreich Napoleons I. und III.* **b** *Kunststil in Frankreich zur Zeit Napoleons I.* **2** [ɛmpaiə] *das britische Weltreich* [frz., engl., „Reich, Herrschaft, Gewalt", beides < altfrz. *emperie, empirie* < lat. *imperium* „Macht, Staatsgewalt; Verwaltungsgebiet, Reich, Staat (bes. der römische), zu *imperare* „befehlen, gebieten, herrschen"]

Em|pi|rem ⟨n.1⟩ *Erfahrungstatsache* [→ *Empirie*]

Em|pi|rie ⟨f., -, nur Sg.⟩ *Erfahrung, auf Erfahrung beruhende Erkenntnis* [< griech. *empeiria* „Erfahrung, Kenntnis, Übung", zu *peira* „der Versuch, Probe"]

Em|pi|ri|ker ⟨m.5⟩ *jmd., der nur die Erfahrung als Erkenntnisgrundlage gelten läßt*

Em|pi|rio|kri|ti|zịs|mus ⟨m., -, nur Sg.⟩ *Richtung der Philosophie, die die Erkenntnis nur auf kritische Erfahrung gründet*

em|pi|risch ⟨Adj., o.Steig.⟩ *auf Erfahrung beruhend* [zu *Empirie*]

Em|pi|rịs|mus ⟨m., -, nur Sg.⟩ *Lehre, daß alle Erkenntnis nur auf Erfahrung beruhe* [zu *Empirie*]

Em|pi|rịst ⟨m.10⟩ *Vertreter des Empirismus*

em|pi|rị|stisch ⟨Adj., o.Steig.⟩ *auf dem Empirismus beruhend*

Em|ploy|é ⟨[ãploaje] m.9; †⟩ *Angestellter* [frz.]

em|por ⟨Adv.; nur in Zus. mit Verben, außer in Ausrufesätzen⟩ *hinauf, in die Höhe; e. zu den Sternen!; e. die Herzen!*

em|por... ⟨in Zus. mit Verben⟩ *hinauf..., hoch..., in die Höhe, z.B.* emporbringen, emporschweben, emporstehen, emporwachsen

Em|po|re ⟨f.11⟩ *nach innen offenes Obergeschoß (bes. in Kirchen)*

em|pö|ren ⟨V.1, hat empört⟩ **I** ⟨mit Akk.⟩ *jmdn. e. jmdn. in Zorn versetzen, heftigen Widerstand in jmdm. hervorrufen, (bes.) jmds. Gerechtigkeitsgefühl, Wahrheitsliebe verletzen; seine Ungerechtigkeit, seine Lüge empört mich* **II** ⟨refl.⟩ *sich e.* **1** *sich gegen etwas e. sich gegen etwas auflehnen, heftigen Widerstand gegen etwas leisten* **2** *sich über etwas e. in Zorn über etwas geraten*

em|pö|rend ⟨Adj.⟩ *so, daß man sich darüber empören muß; sein Verhalten ist e.; ich finde es e., daß ...*

Em|por|kir|che ⟨f.11⟩ **1** *Teil der Kirche auf der Empore* **2** *Kirche mit Emporen*

Em|por|kömm|ling ⟨m.1⟩ *jmd., der sich aus niederem gesellschaftlichem Stand schnell (und rücksichtslos) nach oben gearbeitet hat*

Em|pö|rung ⟨f.10⟩ **1** ⟨nur Sg.⟩ *Zorn, heftiger Widerstand (bes. gegen Ungerechtigkeit oder Lügen)* **2** *Aufstand, Aufruhr*

Em|py|em ⟨n.1⟩ *Eiteransammlung in einer natürlichen Körperhöhle* [< griech. *empyos* „eitrig", < *em...* „in, darin" und *pyon* „Eiter"]

em|py|re|isch ⟨Adj., o.Steig.⟩ *zum Empyreum gehörend, feurig, hell, strahlend*

Em|py|re|um ⟨n., -s, nur Sg.⟩ **1** ⟨antike Philos.⟩ *Feuerhimmel, oberste Weltgegend* **2** ⟨scholast. Philos.⟩ *Himmel, Lichtreich* **3** ⟨bei Dante⟩ *Ort der Seligen* [< griech. *empyros* „in Feuer stehend, feurig, brennend", < *em...*, *en* „in, darin" und *pyr* „Feuer"]

Ẹm|ser Sạlz ⟨n., - -es, nur Sg.⟩ *durch Eindampfen des Thermalwassers von Bad Ems gewonnenes Salz*

ẹm|sig ⟨Adj.⟩ *flink und fleißig, rasch und unermüdlich; e. arbeiten, sammeln, pflücken;* ~*e Geschäftigkeit* **Em|sig|keit** ⟨f., -, nur Sg.⟩

Emu ⟨m.9⟩ *straußenähnlicher großer Laufvogel Australiens mit graubraunem Gefieder und bläulichem, nacktem Halshaut* [port.]

Emul|ga|tor ⟨m.13⟩ *die Bildung einer Emulsion fördernder Stoff*

emul|gie|ren ⟨V.3, hat emulgiert; mit Akk.⟩ *einen Stoff e. mit einem anderen zu einer Emulsion mischen* [< lat. *emulgere* „ausmelken"]

Emul|si|on ⟨f.10⟩ **1** *feinste Verteilung zweier nicht miteinander mischbarer Flüssigkeiten ineinander* **2** *lichtempfindliche Schicht fotografischen Materials* [< lat. *emulsum* „das Gemolkene", zu *emulgere* „ausmelken, ausschöpfen"]

E-Mu|sik ⟨f., -, nur Sg.; ugs.; Kurzw. für⟩ *ernste Musik;* Ggs. *U-Musik*

En|al|la|ge ⟨f.11⟩ *das Setzen eines Adjektivs vor ein Substantiv, zu dem es logisch nicht gehört, z.B.* fünfköpfiger Familienvater [< griech. *en* „in, darin" und *allage* „Wechsel, Tausch, Vertauschung", zu *allos* „anders"]

En|ạn|them ⟨n.1⟩ *ein Ausschlag der Schleimhaut* [< griech. *en* „in, darin" und *anthein* „blühen"]

En|an|tio|tro|pie ⟨f.11⟩ *Erscheinung, daß ein Stoff in verschiedenen Druck- und Temperaturbereichen unterschiedliche Zustandsformen annehmen kann (z.B. als rhombischer oder monokliner Schwefel)* [< griech. *enantios* „gegenüber, entgegen" und *trope* „Wendung, Wechsel"]

en avant! ⟨ãnavã⟩ *vorwärts!, los!* [frz.]

en bloc ⟨ãblɔk⟩ *im ganzen; etwas e. b. verkaufen* [frz.]

En|chan|te|ment ⟨[ãʃãt(ə)mã] n., -s, nur Sg.; †⟩ *Bezauberung, Entzückheit* [frz., zu *enchanter* „bezaubern, entzücken", < lat. *incantare* „durch Zaubersprüche weihen, Zaubersprüche gegen jmdn. murmeln, singen", zu *cantare* „singen"]

en|chan|tiert ⟨[ãʃã-] Adj., o.Steig.; †⟩ *bezaubert, entzückt*

en|co|die|ren ⟨V.3, hat encodiert; mit Akk.; fachsprachl. für⟩ *enkodieren*

En|co|ding ⟨n.9⟩ *Verschlüsselung (einer Nachricht);* Ggs. *Decoding* [< engl. *to encode* „verschlüsseln", < *en...* „in hinein" und *code* „Kode, Schlüssel", → *Kodex*]

En|coun|ter ⟨[enkaunte] m., -s, nur Sg.; Psych.⟩ *regelmäßiges Treffen in einer Gruppe, um durch spontanes Äußern von Sympathien und Aggressionen den Prozeß der individuellen Selbstverwirklichung wechselseitig zu fördern* [< engl. *encounter* „Begegnung", zu *to encounter* „begegnen, treffen", < altfrz. *encontrer* „treffen", < vulgärlat. *incontrare* „treffen", zu lat. *incontra* „gegenüber"]

Ẹnd|bahn|hof ⟨m.2⟩ *Bahnhof, der am Endpunkt einer Strecke liegt*

Ẹnd|be|scheid ⟨m.1⟩ *endgültiger Bescheid*

Ẹnd|buch|sta|be ⟨m.15⟩ *letzter Buchstabe;* Ggs. *Anfangsbuchstabe*

Ẹnd|chen ⟨n.7⟩ *kleines Stück; ein E. Schnur* [zu *Ende* (II,1)]

Ẹn|de ⟨n.11⟩ **1** ⟨nur Sg.⟩ *Stelle, Ort, wo etwas aufhört, Abschluß; am E. der Straße, des Briefes; das ist eine Schraube ohne E. das hört nie auf* **2** *das Aufhören, Schluß, Abschluß (einer Angelegenheit); das E. einer Verhandlung; das E. vom Lied wird sein, daß ... ;* ⟨übertr.⟩ *das Ergebnis; das dicke E. kommt noch* ⟨ugs.⟩ *der unangenehme Abschluß; lieber ein E. mit Schrecken als ein Schrecken ohne E.* ⟨sprichwörtl.⟩ *; er findet kein E. im Erzählen; die Sache kam doch noch zu einem guten E.; die Sache nahm ein schlimmes E.; die Fahrt will kein E. nehmen; die Sache nimmt ein E. machen, setzen, bereiten; er hat seinem Leben ein E. gesetzt er hat Selbstmord begangen; am E. wird gar nichts daraus schließlich, vielleicht; Ärger ohne E.; zu E. gehen aufhören; es geht zu E. er, sie wird sehr bald sterben; die Sache ist zu E. die Sache hat aufgehört; er hat den Brief noch zu E. schreiben* **3** *Zeitpunkt, an dem etwas aufhört (Jahres~); am E. des Monats, der Woche* **4** ⟨verhüllend⟩ *Tod; bis an sein (seliges) E.; kurz vor seinem E.* **5** *letzter Abschnitt (eines Zeitraums); er ist zwischen 57 und 59 Jahre alt; E. 1980 im letzten Viertel von 1980* **6** ⟨in bestimmten Fügungen⟩ *Stück, Strecke; es ist noch ein ganzes, gutes, ziemliches E. zu laufen* **7** ⟨†⟩ *Zweck; zu welchem E.?; zu diesem E.* **II** ⟨mit Pl.⟩ **1** *letztes Stück, letzter Teil (Wurst~, Tau~); vgl. Ecke (1)* **2** *kleines Stück; ein E. Draht, Bindfaden* **3** ⟨Seemannsspr.⟩ *Tau* **4** ⟨Jägerspr.⟩ *Sprosse (am Geweih)*

Ẹnd|ef|fekt ⟨m., -(e)s, nur Sg.⟩ *letzter, endgültiger Effekt, letzte Wirkung;* ⟨meist in der Fügung⟩ *im E. schließlich, letztlich; im E. ist beides doch das gleiche*

Ẹn|del ⟨n.5; österr.⟩ *verstärkte Stoffkante*

En|de|mie ⟨f.11⟩ *nur in einem bestimmten Gebiet auftretende Krankheit (z.B. der Kropf in manchen Gebirgstälern)* [zu *endemisch*]

en|de|misch ⟨Adj., o.Steig.⟩ **1** *einheimisch;* Ggs. *ekdemisch* **2** ⟨bei Tier- und Pflanzenarten⟩ *nur in einem bestimmten Gebiet vorkommend* **3** ⟨bei Krankheiten⟩ *nur in einem bestimmten Gebiet auftretend* [< griech. *endemos* „einheimisch", < *en* „in, darin" und *demos* „Land, Gebiet"]

En|de|mịs|mus ⟨m., -, nur Sg.; bei Tier- und Pflanzenarten⟩ *Vorkommen nur in einem bestimmten Gebiet* [zu *endemisch*]

En|de|mịt ⟨m.10⟩ *Lebewesen, das nur in einem bestimmten Gebiet vorkommt* [zu *endemisch*]

ẹn|den ⟨V.2, hat geendet; o.Obj.⟩ *aufhören, seinen Abschluß haben; die Straße endet hier; der Roman endet gut, glücklich, traurig; wie soll das e.?*

...en|der ⟨m.5⟩ *Hirsch mit einer bestimmten Anzahl von Geweihenden, z.B.* Zwölfender

Ẹnd|er|geb|nis ⟨n.1⟩ *endgültiges Ergebnis*

en détail ⟨ãdetaj⟩ *im kleinen, in kleinen Mengen, in Einzelstücken;* Ggs. *en gros;* Waren e. d. verkaufen [frz.]

ẹnd|gül|tig ⟨Adj., o.Steig.⟩ *ohne weitere Veränderung gültig, unwiderruflich, unumstößlich; meine Entscheidung ist e.; das ist e. vorbei; ich habe noch nichts Endgültiges erfahren* **Ẹnd|gül|tig|keit** ⟨f., -, nur Sg.⟩

ẹn|di|gen ⟨V.1, hat geendigt; o.Obj.; †⟩ *enden*

En|di|vie ⟨[-viə] f.11⟩ *leicht bitter schmeckende Salatpflanze aus der Familie der Korbblütler mit gekrausten, hellgrünen Blättern* [< mlat. *endivia* in ders. Bed.]

Ẹnd|kampf ⟨m.2⟩ **1** *letzter, entscheidender Kampf,* ⟨im Sport⟩ *Finish* **2** *letzter, entscheidender Wettbewerb,* ⟨im Sport⟩ *Finale*

Ẹnd|la|ge|rung ⟨f.10⟩ *endgültige Lagerung (radioaktiver Abfälle)*

Ẹnd|lauf ⟨m.2; Sport⟩ *letzter, entscheidender Lauf*

ẹnd|lich **I** ⟨Adj., o.Steig.⟩ **1** *ein Ende habend, begrenzt;* Ggs. *unendlich; eine* ~e *mathematische Größe; eine* ~e *Strecke* **2** *vergänglich, mit dem Tod endend;* Ggs. *ewig; unser* ~*es Leben* **3** ⟨Adj.⟩ *nach langer Zeit erfolgend; seine* ~*e Rückkehr, Zustimmung* **II** ⟨Adv.⟩ *nach langer Zeit, nach langem Warten, nach langem Zögern, nach langer Verzögerung, schließlich; e. kam er. es war es soweit; hör doch e. auf!; bist du e. fertig?; schließlich und e.* ⟨verstärkend⟩

Ẹnd|lich|keit ⟨f., -, nur Sg.⟩ **1** *endliche Beschaffenheit, begrenzte Dauer;* Ggs. *Unendlichkeit* **2** *Vergänglichkeit*

ẹnd|los ⟨Adj., o.Steig.⟩ **1** *ohne Ende;* ~*e Schleife* **2** *sehr lang;* ~*e Papierbahn* **3** *sehr lang(e), ermüdend lang(e); dieses* ~ *Warten; ein* ~*er Weg; es dauerte e.* **Ẹnd|lo|sig|keit** ⟨f., -, nur Sg.⟩

Ẹnd|lö|sung ⟨f.10⟩ **1** *endgültige Lösung* **2** ⟨1933–1945⟩ *Vernichtung der Juden und anderer, dem Nationalsozialismus mißliebiger Personen*

End|mo|rä|ne ⟨f.11⟩ *am Ende einer Gletscherzunge abgelagerte, wallartige Moräne*

en|do..., **End|o...** ⟨in Zus.⟩ *darin, innen, innerhalb* [< griech. *endon* in ders. Bed.]

En|do|der|mis ⟨f., -, -men⟩ *innerste Schicht (der Pflanzenwurzelrinde)* [< *Endo...* und griech. *derma* ,,Haut"]

En|do|ga|mie ⟨f.11; Völkerk.⟩ *Heiratsordnung mit der Vorschrift, den Ehepartner innerhalb der eigenen Gruppe zu suchen;* Ggs. Exogamie [< *Endo...* und griech. *gamein* ,,heiraten"]

en|do|gen ⟨Adj., o.Steig.⟩ **1** *von innen kommend, im Innern entstanden;* Ggs. exogen (1) **2** ⟨bei Vorgängen in einem Organismus⟩ *durch Anlage bestimmt, sich ohne äußeren Anlaß vollziehend* **3** ⟨Geol.⟩ *aus dem Erdinnern stammend;* Syn. innenbürtig [< *endo...* und griech. *gennan* ,,erzeugen, hervorbringen"]

En|do|kard ⟨n.1⟩ *Herzinnenhaut* [< *Endo...* und griech. *kardia* ,,Herz"]

En|do|karp ⟨n.1⟩ *Innenschicht der Fruchtwand;* Ggs. Exokarp [< *Endo...* und griech. *karpos* ,,Frucht"]

en|do|krin ⟨Adj., o.Steig.; bei Drüsen⟩ *nach innen absondernd, mit innerer Sekretion* [< *endo...* und griech. *krinein* ,,scheiden, sondern, trennen"]

En|do|phyt ⟨m.10⟩ *in anderen Pflanzen oder Tieren schmarotzende Pflanze* [< *Endo...* und griech. *phyton* ,,Pflanze"]

En|do|skop ⟨n.1⟩ *Instrument mit Spiegel und Lichtquelle zur Untersuchung von Körperhöhlen* [< *Endo...* und *...skop*]

En|do|sko|pie ⟨f.11⟩ *Untersuchung mit dem Endoskop*

En|do|sperm ⟨n.1⟩ *Nährgewebe im Pflanzensamen* [< *Endo...* und griech. *sperma* ,,Same"]

En|do|thel ⟨n.1⟩ *Zellschicht an der Innenfläche der Blut- und Lymphgefäße, des Herzens, des Rippen- und Bauchfells* [< *Endo...* und griech. *thele* ,,Warze, Zitze", wegen der Form der einzelnen Zellen]

en|do|therm ⟨Adj., o.Steig.; bei chem. Reaktionen⟩ *Wärme aufnehmend, Wärme bindend;* Ggs. exotherm [< *endo...* und griech. *therme* ,,Wärme"]

End|punkt ⟨m.1⟩ *äußerster Punkt, Ende einer Strecke*

End|reim ⟨m.1⟩ *Reim am Ende der Zeile;* Ggs. Binnenreim; vgl. Stabreim

End|see ⟨m.11⟩ *abflußloser See*

End|sil|be ⟨f.11⟩ *letzte Silbe*

End|spiel ⟨n.1⟩ *letztes Spiel eines aus mehreren Spielen bestehenden Wettbewerbs, in dem der Sieger ermittelt wird*

End|spurt ⟨m.1 oder m.9⟩ **1** ⟨Sport⟩ *letzter, entscheidender Spurt* **2** ⟨ugs.⟩ *letzter Abschnitt in der Vorbereitung auf ein Ziel*

end|stän|dig ⟨Adj., o.Steig.⟩ **1** ⟨bei Blüten⟩ *an der Spitze des Sprosses stehend* **2** ⟨bei Fischen⟩ *mit gleich langem Ober- und Unterkiefer*

End|sum|me ⟨f.11⟩ *letzte Summe einer Addition, Summe von Zwischensummen*

En|dung ⟨f.10⟩ *letzter Buchstabe, letzte Buchstaben eines Wortes* (Deklinations~, Konjugations~)

End|ver|brau|cher ⟨m.5⟩ *Verbraucher, der die Ware vom Einzelhändler kauft und selbst verbraucht (also nicht weiterverkauft)*

End|ziel ⟨n.1⟩ *letztes, endgültiges Ziel*

End|zweck ⟨m.1⟩ *letzter, endgültiger Zweck*

Ener|ge|tik ⟨f.10⟩ **1** ⟨Phys.⟩ *Lehre von der Energie und ihrer Umwandlung* **2** ⟨Philos.⟩ *Lehre, daß die Energie die Grundkraft allen Seins und Geschehens sei*

ener|ge|tisch ⟨Adj.⟩ **1** *auf Energetik beruhend, zu ihr gehörig* **2** *auf Energie beruhend, zu ihr gehörend*

Ener|gie ⟨f.11⟩ **1** *Kraft, Wille, Tatkraft;* sich mit E. für etwas einsetzen; mit aller E. etwas durchsetzen; E. haben **2** ⟨Phys.⟩ *Fähigkeit (eines Stoffes, Teilchens, Systems), Arbeit zu leisten;* potentielle E.; kinetische E.; ~n freisetzen, speichern [< griech. *energeia* ,,Tätigkeit, Wirksamkeit, Wirkung, Kraft", < *en* ,,in" und *ergon* ,,Werk, Arbeit"]

Ener|gie|haus|halt ⟨m., -(e)s, nur Sg.⟩ *Wechselwirkung von Energieerzeugung und Energiebedarf;* der E. des menschlichen Körpers

ener|gisch ⟨Adj.⟩ **1** *tatkräftig, willensstark;* eine ~e Person **2** *nachdrücklich;* e. auftreten; e. durchgreifen; jetzt muß ich e. werden *jetzt muß ich nachdrücklich eingreifen;* etwas e. anpacken; e. protestieren

ener|vie|ren ⟨V.3, hat enerviert; mit Akk.⟩ **1** *entnerven, entkräften, sehr nervös machen;* sein Verhalten ist ~d **2** *ein Organ e. operativ von einem Nerv befreien, die Verbindung eines Nervs mit dem dazugehörigen Organ ausschalten* [< lat. *enervare* ,,entnerven, entkräften, schwächen", < *e...* (in Zus. für *ex*) ,,heraus" und *nervus* ,,Nerv"]

en face [ɑ̃fas] *von vorn (gesehen), gegenüber* [frz., ,,von vorn, ins Gesicht"]

en fa|mille [ɑ̃famij] *in der Familie, im engsten Kreis* [frz.]

En|fant ter|rible ([ɑ̃fɑ̃ teribl(ə)] n., - -, -s -s [ɑ̃fɑ̃ teribl(ə)]) *jmd., der durch allzu große Offenheit andere in Verlegenheit bringt* [frz., ,,schreckliches Kind"]

En|fi|la|de ⟨[ɑ̃-] f.11⟩ *Zimmerflucht, durch deren geöffnete Türen man vom ersten bis zum letzten Zimmer sehen kann* [zu enfilieren (1a)]

en|fi|lie|ren ⟨[ɑ̃-] V.3, hat enfiliert; mit Akk.; †⟩ **1 a** *auffädeln, aneinanderreihen* **b** *mit Geschützfeuer bestreichen* **2** *jmdn. e. in etwas verwickeln* [< frz. *enfiler* ,,einfädeln, aufreihen (Perlen)", zu *fil* < lat. *filum* ,,Faden, Faser, Garn"]

En|fleu|rage ⟨[ɑ̃flœʀaʒ(ə)] f., -, nur Sg.⟩ *Gewinnung von Duftstoffen und -ölen aus Blüten* [frz., < *en...* ,,ein..." und *fleurer* ,,duften"]

eng ⟨Adj., enger, am ~sten⟩ **1** *wenig Raum lassend, schmal;* eine ~e Straße **2** *klein;* auf ~em Raum miteinander leben; die Wohnung ist zu e. für uns alle; diese drei Stücke kommen in die ~ere Wahl *in die kleinere Menge von Stücken, die bei der ersten Wahl bereits ausgewählt worden sind und aus denen nochmals gewählt wird;* die ~ere Heimat *die nächste Umgebung, in der man aufgewachsen ist;* wir haben das nur im ~sten Kreis besprochen **3** *dicht;* sie saßen e. aneinandergedrückt **4** *wenig Spielraum, wenig Bewegungsfreiheit lassend;* das Kleid ist zu e.; sich in ~en Grenzen bewegen **5** ⟨übertr.⟩ *vertraut, nah;* ein ~er Freund von mir; in ~er Beziehung zu jmdm. stehen; wir sind e. befreundet **6** ⟨übertr.⟩ *beschränkt;* in ~en Verhältnissen leben; er ist geistig e.; du denkst zu e. **7** *eingeschränkt, sehr genau;* die Definition eines Begriffes ~er fassen; im ~eren Sinne des Wortes

En|gage|ment ⟨[ɑ̃gaʒmɑ̃] n.9⟩ **1** ⟨nur Sg.⟩ *Verpflichtung, innere Bindung, Wille zum Einsatz;* er zeigt viel E.; mir fehlt bei ihm das E. **2** ⟨nur Sg.⟩ *persönlicher Einsatz;* seinem E. war es zu danken, daß ... **3** ⟨Börse⟩ *Verpflichtung, zu einem bestimmten Zeitpunkt zu bezahlen oder zu liefern* **4** *Anstellung (von Künstlern);* er ist zur Zeit ohne E. [frz., ,,Verpflichtung, Dienstzeit", zu *engager*, → engagieren]

en|ga|gie|ren ⟨[ɑ̃gaʒi-] V.3, hat engagiert⟩ **I** ⟨mit Akk.⟩ **1** *anstellen, verpflichten;* einen Künstler e. **2** *zum Tanz auffordern* **II** ⟨refl.⟩ *sich e. sich auf etwas einlassen, sich für etwas einsetzen* [< frz. *engager* ,,verpflichten, binden, in Dienst nehmen", < *en...* ,,in" und *gage* ,,Lohn, Gehalt", → Gage]

eng|brü|stig ⟨Adj.⟩ **1** *mit schmalem Brustkasten, schwächlich gebaut* **2** *mit engem Brustkasten, kurzatmig* **Eng|brü|stig|keit** ⟨f., -, nur Sg.⟩

En|ge ⟨f., -, nur Sg.⟩ **1** *enge Beschaffenheit, Begrenztheit des Raums;* Syn. Engigkeit; in großer E. leben; geistige E. ⟨übertr.⟩; in die E. treiben *jmdm. alle Fluchtwege abschneiden,* ⟨übertr.⟩ *jmdn. mit Fragen bedrängen, so daß er die Wahrheit bekennen muß* **2** *schmale Stelle* (Land~)

En|gel ⟨m.5⟩ **1** ⟨christl. Religion⟩ (*meist mit Flügeln gedacht*) *Schutzgeist des Menschen* (Schutz~), *Bote Gottes;* sie erschien als rettender E.; dabei habe ich die E. singen hören ⟨ugs.⟩ *hatte ich fürchterliche Schmerzen* [wahrscheinlich nach der Vorstellung, daß ein Todkranker auf seinem Schmerzenslager schon den Himmel offen sieht und die Engel musizieren hört] **2** ⟨übertr.⟩ **a** *reiner Mensch;* o du ahnungsloser E.!; du bist auch nicht gerade ein E. *du hast auch deine Fehler* **b** *selbstloser, hilfsbereiter Mensch;* du bist ein E.! [< ahd. *engil, angil* in ders. Bed., < lat. *angelus* ,,Engel, Bote Gottes", < griech. *aggelos* ,,Bote"]

En|gel|laut ⟨m.1⟩ → Frikativlaut

En|ge|lein ⟨n.7⟩ → Englein

En|gel|ma|che|rin ⟨f.10⟩ **1** (*früher*) *Frau, die uneheliche Kinder angeblich in Pflege nahm, sie aber sterben ließ (zu Engeln machte) und das Pflegegeld kassierte* **2** ⟨danach⟩ *Frau, die heimlich Abtreibungen vornimmt*

En|gels|ge|duld ⟨f., -, nur Sg.⟩ *sehr große Geduld*

En|gels|gruß ⟨m.2; selten⟩ *Englischer Gruß* (→ englisch[2])

En|gels|gü|te ⟨f., -, nur Sg.⟩ *sehr große, selbstlose Güte*

En|gels|süß ⟨n., -es, nur Sg.⟩ → Tüpfelfarn [nach den süßlich schmeckenden Bruchstellen der Wurzel]

En|gels|zun|ge ⟨f.; nur in den Wendungen⟩ mit ~n reden, mit Menschen- und mit ~n reden *mit großer Beredsamkeit, Dringlichkeit reden*

En|gel|wurz ⟨f.10⟩ *rötlich- oder grünlichweiß blühendes Doldengewächs mit Fiederblättern, Heilpflanze;* Syn. Angelika

En|ger|ling ⟨m.1⟩ *unterirdisch lebende, große, weißlichgelbe Larve der Blatthornkäfer (bes. des Maikäfers)*

eng|her|zig ⟨Adj.⟩ *in engen Grenzen denkend, kleinlich, nicht großzügig* **Eng|her|zig|keit** ⟨f., -, nur Sg.⟩

En|gig|keit ⟨f., -, nur Sg.⟩ → Enge (1)

En|gi|nee|ring ⟨[ɛndʒiniː-] n., -s, nur Sg.⟩ *Wissenschaft und Technik der Vereinfachung von (industriellen) Arbeitsabläufen* [< engl. *engineering* ,,Maschinenbau", zu *engine* ,,Maschine", < altfrz. *engin* ,,Geschicklichkeit, Erfindung", < lat. *ingenium* ,,Begabung, Erfindungsgeist"]

Eng|län|der ⟨m.5⟩ **1** *Bewohner von England* **2** *Schraubenschlüssel mit verstellbarem Backenabstand*

Eng|lein ⟨n.7⟩ *kleiner Engel;* auch: Engelein

eng|lisch[1] ⟨Adj., o.Steig.⟩ *England betreffend, zu England gehörig, von dort stammend;* ~e Broschur *am Rücken nicht geleimte Broschur mit unbeschnittenen Druckbogen;* die Englischen Fräulein *aus der von der Engländerin Maria Ward gestiftete Kongregation (1609–1631) hervorgegangene Frauenvereinigung für Erziehung und Unterricht von Mädchen* (urspr. mit der früher in England üblichen Witwentracht); ~er Garten *in Großbritannien und vielen Teilen der Welt gesprochene, westgermanische Sprache;* vgl. deutsch, Deutsch; ~er Walzer *langsamer Walzer;* ~e traben *traben, indem man sich bei jedem zweiten Tritt des Pferdes leicht aus dem Sattel hebt*

eng|lisch[2] ⟨Adj., o.Steig.; †⟩ *in der Art der*

entblättern

Engel, von den Engeln stammend; ⟨nur noch in der Fügung⟩ Englischer Gruß *Gruß des Engels bei der Verkündigung Mariä;* ⟨danach in der kath. Kirche⟩ *mit den Worten „Gegrüßt seist du, Maria" oder (lat.) „Ave Maria" beginnendes Gebet;* Syn. *Avemaria*

Eng|lisch|horn ⟨n.4⟩ *Holzblasinstrument, Oboe in Altlage*

Eng|lisch|le|der ⟨n., -s, nur Sg.⟩ *kräftiger, einseitig gerauhter Baumwollstoff von lederähnlichem Aussehen*

Eng|lisch|rot ⟨n., -(s), nur Sg.⟩ *eine rote Farbe aus Eisenoxid*

English spoken ⟨[iŋliʃ spoukən]⟩ Hinweis in Geschäften, Hotels u.ä.⟩ *(hier wird) Englisch gesprochen*

eng|li|sie|ren ⟨V.3, hat englisiert⟩ →*anglisieren*

eng|ma|schig ⟨Adj.⟩ *aus eng beieinanderliegenden Maschen;* ein ~es Netz

En|gobe ⟨[ãgob] f.11⟩ *farbige Überzugsmasse (für Keramiken)* [frz., zu *engober* „den Mund vollstopfen", < *en...* „in hinein" und *gober* „verschlingen, hinunterschlucken"]

en|go|bie|ren ⟨V.3, hat engobiert; mit Akk.⟩ *mit Engobe überziehen*

Eng|paß ⟨m.2⟩ **1** *schmale Stelle (eines Weges, einer Straße)* **2** *augenblickliche wirtschaftliche Schwierigkeit (weil Material oder eine Ware knapp geworden ist oder eine Leistung nicht voll erbracht werden kann)* **3** *knapp gewordene, nicht ausreichend vorrätige Ware*

En|gramm ⟨n.1⟩ *bleibende Veränderung der Gehirnsubstanz durch Reize als Grundlage des Gedächtnisses, Erinnerungsbild* [< griech. *en...* „in, darin" und *...gramm*, eigtl. „Eingegrabenes, Eingeritztes"]

en gros [ãgro] *in größeren Mengen;* Ggs. *en détail;* Waren e. g. einkaufen [frz., „im großen"]

En|gros|han|del ⟨[ãgro-] m., -s, nur Sg.⟩ *Großhandel*

En|gros|preis ⟨[ãgro-] m.1⟩ *Großhandelspreis*

En|gros|sist ⟨m.10; österr. für⟩ *Grossist*

eng|stir|nig ⟨Adj.⟩ *einen begrenzten geistigen Horizont habend, nur das Nächstliegende berücksichtigend, einseitig;* ein ~er Mensch; e. denken **Eng|stir|nig|keit** ⟨f., -, nur Sg.⟩

eng|zei|lig ⟨Adj., o.Steig.⟩ *mit engem Zeilenabstand, ohne Leerzeile dazwischen;* e. geschriebenes Manuskript; e. tippen

En|har|mo|nik ⟨f., -, nur Sg.⟩ *unterschiedliche Bezeichnung und Notierung desselben Tons (z.B. cis für des)* [< griech. *en...* „in, innerhalb" und *Harmonik*]

en|har|mo|nisch ⟨Adj., o.Steig.⟩ *auf Enharmonik beruhend;* ~e Verwechslung *Verwandlung eines Tones oder Akkords durch andere Schreibung und Bezeichnung (z.B. cis für des)*

En|jam|be|ment ⟨[ãʒãbmã] n.9⟩ *Übergreifen eines Satzes in die nächste Verszeile* [< frz. *enjambement* in ders. Bed., zu *enjamber* „überschreiten, überspringen", ältere Bed. „mit den Beinen überspannen", < *en...* „mittels" und *jambe* „Bein"]

enk ⟨Pron.; bayr.⟩ *euch beide(n)*

en|kaus|tie|ren ⟨V.3, hat enkaustiert; mit Akk.⟩ *mit enkaustischen Farben bemalen*

En|kaus|tik ⟨f., -, nur Sg.⟩ *antike Maltechnik mit enkaustischen Farben* [< griech. *en...* „in, darin, hinein" und *kausis* „das Brennen"]

en|kaus|ti|sche Farben ⟨Pl.⟩ *mit Wachs verschmolzene und dadurch feuchtigkeitsbeständige Farben*

En|kel¹ ⟨m.5⟩ *Sohn des Sohnes oder der Tochter;* Syn. *Enkelsohn* [< mhd. *eninkel, enenkel* < ahd. *eninclin, enicli*, mit der Verkleinerungsendung *...i(n)cli(n)* < *ano* „Ahn", also *„der kleine (= wiedergekehrte) Ahn"*]

En|kel² ⟨m.5; landsch.⟩ *Fußknöchel* [< mhd. *enkel*, ahd. *enkil, ancala* „Fußknöchel", zu mhd. *anka* „Gelenk (am Fuß), Genick", < ahd. *anca* „Hinterkopf"]

En|ke|lin ⟨f.10⟩ *Tochter des Sohnes oder der Tochter;* Syn. *Enkeltochter*

En|kel|sohn ⟨m.2⟩ →*Enkel¹*

En|kel|toch|ter ⟨f.6⟩ →*Enkelin*

En|kla|ve ⟨f.11⟩ *fremdes Staatsgebiet, das vom eigenen Staatsgebiet eingeschlossen ist;* Ggs. *Exklave (1)* [< frz. *enclave* in ders. Bed., zu *enclaver* „einschließen", über vulgärlat. **inclavare* < lat. *in...* „in" und *clavis* „Schlüssel"]

En|kli|se, En|kli|sis ⟨f., -, -sen⟩ *Verkürzung eines unbetonten Wortes durch Anlehnung an das vorhergehende, betonte Wort, z.B. „gib's mir" statt „gib es mir";* Ggs. *Proklise* [< griech. *enklisis* „Beugung, Neigung", zu *enklinein* „sich neigen, sich hinneigen"]

En|kli|ti|kon ⟨n., -s, -ka⟩ *unbetontes, sich an ein betontes Wort anlehnendes Wort, z.B. „es" in „gib's mir";* Ggs. *Proklitikon* [→*Enklise*]

en|kli|tisch ⟨Adj., o.Steig.⟩ *in der Art einer Enklise, einer Enklitikons;* Ggs. *proklitisch*

en|ko|die|ren ⟨V.3, hat enkodiert; mit Akk.⟩ *mit Hilfe eines Kodes verschlüsseln;* auch (fachspr.): *encodieren;* Ggs. *dekodieren* [→*Encoding*] **En|ko|die|rung** ⟨f., -, nur Sg.⟩

En|ko|mi|on, En|ko|mi|um ⟨n., -s, mi|en⟩ *Lobrede, Lobschrift* [< griech. *enkomion* „Lobgedicht, Lobrede", zu *enkomios* „festlich", eigtl. „wie beim komos üblich", zu *komos* „Festlied, Festzug", →*Komödie*]

en masse [ãmas] *in Masse(n), in großer Zahl* [frz.]

en mi|nia|ture [ãminjatyr] *im kleinen (Maßstab)* [frz.]

en|net ⟨Präp. mit Dat.; schweiz., mundartl.⟩ *hinter, jenseits;* e. dem Fluß [< mhd. *ennen, ennent* „drüben, jenseits"]

en|net|bir|gisch ⟨Adj., o.Steig.; schweiz., mundartl.⟩ *hinter dem Gebirge gelegen* [zu *ennet*]

en|nu|yant ⟨[ãnyjã] Adj., o.Steig.; †⟩ *langweilig, lästig* [zu *ennuyieren*]

en|nu|yie|ren ⟨[ãnyji-] V.3, hat ennuyiert; mit Akk.; †⟩ *lästig sein, langweilen* [< frz. *ennuyer* „langweilen, ermüden", zu *ennui* „Langeweile"]

enorm ⟨Adj., o.Steig.⟩ **1** *außerordentlich (groß), riesig;* in Bauwerk von ~en Ausmaßen **2** ⟨übertr.⟩ *großartig, herrlich;* der Film war e.; das ist ja e. [über frz. *énorme* „unermeßlich, ungeheuer" < lat. *enormis* „unverhältnismäßig groß, übermäßig", eigtl. „von der Regel abweichend", < *e...* (in Zus. für *ex*) „aus, heraus" und *norma* „Regel, Richtschnur"]

en pas|sant ⟨[ãpasã]⟩ *nebenbei, beiläufig* [frz., „im Vorbeigehen", zu *passer* „vorbeigehen", zu *pas* < lat. *passus* „Schritt"]

en pro|fil [ã-] *im Profil, von der Seite* [frz.]

En|quete ⟨[ãkɛt] f.11; †, noch Amtsdeutsch⟩ *amtliche Untersuchung, Rundfrage, Umfrage* [< frz. *enquête* „Untersuchung, Verhör", zu *enquérir* „untersuchen, sich erkundigen", < lat. *inquirere* →*inquirieren*]

en|ra|gie|ren ⟨[ãraʒi-] V.3, hat enragiert; refl.; †⟩ sich. **1** *sich aufregen* **2** *sich begeistern;* ⟨noch im Part.Perf.⟩ enragiert *begeistert* [< frz. *enrager* „toll, rasend werden, sich scheußlich ärgern", < *en...* „in" und *rage* „Wut, Raserei", →*Rage*]

En|semble ⟨[ãsãbl] n.9⟩ **1** *Gesamtheit der Mitwirkenden in einem Theaterstück, einer Tanz- oder Musikaufführung* **2** *kleines Orchester in der Unterhaltungsmusik* **3** *Spiel des ganzen Orchesters (im Unterschied zu dem des Solisten)* **4** *Rock, Jacke und Bluse oder Hose, Bluse und Jacke, die aufeinander abgestimmt sind* [frz., „Ganzes, Summe; Zusammenspiel; zusammen", < lat. *insimul* „zugleich, < *in...* „in" und *semel* „einmal"]

En|semble|spiel ⟨[ãsãbl(ə)-] n., -s, nur Sg.⟩ *Spiel gut zusammenarbeitender Schauspieler*

en suite [ãsyit] **1** *nach-, hintereinander, unmittelbar aufeinander folgend* **2** *im folgenden* [frz., „zufolge"]

ent|ar|ten ⟨V.2, ist entartet; o.Obj.⟩ *aus der Art schlagen, sich nicht normal entwickeln, sich stark ins Negative verändern;* entartete Pflanzentriebe; entartete Kunst ⟨1933–1945 Bez. für⟩ *moderne Kunst, die nicht den nat.-soz. Vorstellungen entsprach;* zu etwas e. *sich zu etwas Negativem verändern;* der Hund ist zu einem Beißer entartet **Ent|ar|tung** ⟨f.10⟩

En|ta|se, En|ta|sis ⟨f., -, -ta|sen; Architektur⟩ *Anschwellung des Säulenschafts nach der Mitte zu* [< griech. *entasis* „Anspannung"; die Schwellung vermittelt den Eindruck der Spannung der gespannten Kraft der Säule gegen den Druck von oben]

ent|äu|ßern ⟨V.1, hat entäußert; refl.; mit Gen.⟩ *von einer Sache e. eine Sache weggeben, hergeben, auf eine Sache verzichten;* sich seines Vermögens e.; sich seiner angestammten Rechte e. **Ent|äu|ße|rung** ⟨f., -, nur Sg.⟩

Ent|bal|lung ⟨f., -, nur Sg.⟩ *Auflösung, Entlastung (eines Ballungszentrums);* E. eines Industriegebiets

ent|beh|ren ⟨V.1, hat entbehrt⟩ **I** ⟨mit Akk.⟩ **1** *etwas oder jmdn. e. nicht haben, obwohl man etwas oder jmdn. gern haben würde, brauchen, was oder jmdn. man nicht hat;* sie entbehrt in der neuen Wohnung ihren Garten sehr; ich entbehre hier einen Helfer oder Berater **2** *etwas oder jmdn. e. können auf etwas oder jmdn. verzichten können;* kannst du das Buch ein paar Tage e.?; ich brauche die Schreibmaschine täglich und kann sie nicht e.; ich kann meinen Fahrer, meine Sekretärin keinen Tag e. **II** ⟨mit Gen.; geh.⟩ *einer Sache e.* **1** *eine Sache nicht haben, ohne etwas sein;* dieser Vorwurf entbehrt jeder Grundlage; der Vorfall entbehrte nicht einer gewissen Komik *der Vorfall war nicht ohne Komik, war etwas komisch;* seine Behauptung entbehrt jeder Logik **2** *eine Sache brauchen und nicht haben, eine Sache vermissen;* sie entbehrt des Zuspruchs, der Ermutigung

ent|behr|lich ⟨Adj.⟩ *so beschaffen, daß man es entbehren kann, nicht notwendig;* alle ~en Möbelstücke verkaufen

Ent|beh|rung ⟨f.10⟩ *Mangel, Not;* ~en leiden; als sie das Haus bauten, mußten sie sich viele ~en auferlegen *auf vieles Nötige verzichten*

ent|bie|ten ⟨V.13, hat entboten⟩ **I** ⟨mit Dat. und Akk.; geh.; in der Wendung⟩ jmdm. seinen Gruß e. *jmdn. grüßen;* er ließ ihr seinen Gruß e. **II** ⟨mit Akk.; †⟩ jmdn. zu sich e. *zu sich rufen, auffordern, zu kommen;* jmdn. an einen Ort e. *auffordern, an einen Ort zu kommen;* der Kaiser entbot die Fürsten nach Worms

ent|bin|den ⟨V.14, hat entbunden⟩ **I** ⟨mit Akk. und Gen. oder Präp.obj.⟩ **1** *jmdn. einer Sache oder von einer Sache befreien, jmdm. etwas erlassen;* jmdn. einer Pflicht, eines Versprechens, von einer Pflicht, von einem Versprechen e. **2** *eine Frau von einem Kind e. einer Frau bei der Geburt ihres Kindes helfen;* sie wurde von einem Jungen entbunden *man hat ihr zur Geburt eines Jungen verholfen* **II** ⟨o.Obj.⟩ *ein Kind zur Welt bringen;* sie hat gestern entbunden; sie hat in der Klinik entbunden

Ent|bin|dung ⟨f.10⟩ **1** *das Entbinden, Befreien (von etwas);* E. von einer Pflicht **2** *Geburt, Niederkunft;* zur E. in die Klinik gehen; der Arzt ist zu einer E. gerufen worden; eine leichte, schwere E.

Ent|bin|dungs|pfle|ger ⟨m.5⟩ *jmd., der berufsmäßig entbindet, männliche Hebamme*

ent|blät|tern ⟨V.1, hat entblättert⟩ **I** ⟨mit Akk.⟩ *etwas e. von etwas die Blätter wegneh-*

men; der Wind hat die Bäume, Sträucher, Rosen entblättert II ⟨refl.⟩ **1** *Blätter verlieren, abwerfen;* die Bäume haben sich in diesem Jahr schon früh entblättert **2** ⟨übertr., ugs., scherzh.⟩ *sich ausziehen*

ent|blö|den ⟨V.2, hat entblödet⟩ refl.; nur in verneinenden Sätzen⟩ sich nicht e. (etwas zu tun, zu sagen) *nicht zu blöde sein, sich nicht scheuen, sich erkühnen, sich erfrechen;* er entblödete sich nicht, mir zu sagen, daß ... [zu *blöde* in der alten Bed. „schüchtern"]

ent|blö|ßen ⟨V.1, hat entblößt⟩ **I** ⟨mit Akk.⟩ etwas e. *die Hülle, Bedeckung, die Kleidungsstücke von etwas wegnehmen, etwas bloß machen;* sein Haupt (in der Kirche) e.; die Arme e.; der Patient stand mit entblößtem Oberkörper bereit; sie lächelte und entblößte dabei eine Reihe ebenmäßiger Zähne **II** ⟨mit Akk. und Gen.; geh.⟩ jmdn. einer Sache e. *jmdn. einer Sache berauben, jmdm. eine Sache wegnehmen;* der Bankrott hat ihn aller Mittel entblößt **III** ⟨refl.⟩ sich e. *sich entkleiden, sich ausziehen* Ent|blö|ßung ⟨f., -, nur Sg.⟩

ent|bre|chen ⟨V.19; ref.; †; nur noch in der Wendung⟩ sich nicht e. können *nicht umhinkönnen, nicht anders können;* er konnte sich nicht e. zuzugeben, daß ...

ent|bren|nen ⟨V.20, ist entbrannt; o.Obj.⟩ **1** *zu brennen anfangen;* der Holzstoß entbrannte lichterloh **2** ⟨übertr.⟩ *gewaltsam, mit Kraft beginnen;* es entbrannte ein wilder Kampf; im Nu war ein heftiger Streit entbrannt **3** ⟨übertr.⟩ *leidenschaftlich erregt werden;* in Liebe, Haß, Zorn e.

ent|bü|ro|kra|ti|sie|ren ⟨V.3, hat entbürokratisiert⟩ *von Bürokratismus, von bürokratischen Fesseln, Bindungen befreien;* Arbeitsabläufe e. Ent|bü|ro|kra|ti|sie|rung ⟨f., -, nur Sg.⟩

ent|de|cken ⟨-k|k-; V.1, hat entdeckt⟩ **I** ⟨mit Akk.⟩ **1** etwas e. **a** *als erster finden;* ein Land, ein chemisches Element e. **b** *herausfinden, ausfindig machen, unvermutet oder nach Suchen finden;* eine Möglichkeit e., etwas anders zu machen; er hat sein Herz für Kinder entdeckt *er hat plötzlich gemerkt, daß er Kinder gern hat;* in einem Gebüsch ein Tier e. **c** *aufdecken, bemerken;* einen Diebstahl e. **2** jmdn. e. *finden;* einen Bekannten unter den Gästen e. **b** *jmds. Begabung erkennen;* eine Geigerin e.; er hat sie für den Film entdeckt **II** ⟨mit Dat. und Akk.⟩ jmdm. etwas e. *jmdm. etwas anvertrauen, offenbaren;* jmdm. ein Geheimnis, eine Missetat e. **III** ⟨refl.; mit Dat.⟩ sich jmdm. e. *einem Geheimes über sich selbst anvertrauen;* er hat sich ihr entdeckt *er hat ihr seine Liebe erklärt*

Ent|deckung ⟨-k|k-; f.10⟩ *das Entdecken, Finden, Herausfinden;* eine E. machen; die E. eines Krankheitserregers, eines neuen Sterns **2** ⟨ugs.⟩ *jmd., dessen Begabung eben entdeckt worden ist;* lahme E.

Ent|deckungs|rei|se ⟨-k|k-; f.11⟩ *Reise, bei der ein noch unbekanntes Gebiet der Erde entdeckt werden soll;* auf ~n gehen ⟨scherzh.⟩ *die nähere Umgebung erforschen*

En|te ⟨f.11⟩ **1** *Entenvogel mit farbigem Flügelspiegel und buntem Prachtkleid bei den Männchen* ⟨Knäk~, Krick~, Stock~⟩; sie schwimmt wie eine bleierne E. ⟨scherzh.⟩ *er schwimmt schlecht, unbeholfen;* lahme E. ⟨ugs.⟩ *Mensch ohne Schwung, ohne Initiative,* ⟨auch⟩ *Fahrzeug, das nur geringe Geschwindigkeit erreicht;* kalte E. *Getränk aus Wein, Sekt und Zitronenscheiben* **2** ⟨in Krankenhäusern⟩ *langhalsiges, entfernt an eine Ente erinnerndes Gefäß zum Wasserlassen (für bettlägrige Männer)* **3** *unverbürgte Nachricht (Zeitungs~)* [wohl nach frz. *canard* „Ente", übertr. auch „Extraausgabe (einer Zeitung)"]

ent|eh|ren ⟨V.1, hat entehrt; mit Akk.⟩ jmdn. e. *jmdm. seine Ehre nehmen, jmdn. der öffentlichen Schande preisgeben;* ein Mädchen e. ⟨früher⟩ *ein Mädchen verführen, es entjungfern;* eine ~de Strafe Ent|eh|rung ⟨f., -, nur Sg.⟩

ent|eig|nen ⟨V.2, hat enteignet; mit Akk.⟩ **1** jmdn. e. *jmdm. staatlicherseits sein Eigentum entziehen, beschlagnahmen* **2** eine Sache e. *in Staatseigentum überführen;* einen Betrieb e. Ent|eig|nung ⟨f.10⟩

ent|ei|len ⟨V.1, ist enteilt; o.Obj.; geh.⟩ **1** *davoneilen, eilig weggehen* **2** ⟨übertr.⟩ *rasch vergehen;* die Jahre e.

ent|ei|sen ⟨V.1, hat enteist; mit Akk.⟩ *von Eis befreien, auftauen, abtauen;* den Kühlschrank e.

ent|ei|se|nen ⟨V.1, hat enteisent; nicht im Imperfekt; mit Akk.⟩ *von Eisen befreien;* Mineralwasser e. Ent|ei|se|nung ⟨f., -, nur Sg.⟩

Ent|ei|ser ⟨m.5⟩ *Mittel zum Auftauen vereister Autoschlösser*

Ent|ei|sung ⟨f., -, nur Sg.⟩ *das Enteisen*

En|te|le|chie ⟨f.11; Philos.⟩ *zielstrebige Kraft eines Lebewesens, sich seinen Anlagen gemäß zu entwickeln* [< griech. *entelecheia* „ununterbrochene Tätigkeit oder Wirksamkeit", < *en telei echein* „in Verwirklichung sein"]

En|ten|flott ⟨n., -(e)s, nur Sg.; norddt.⟩ *grüne Decke von Wasserlinsen (auf stehenden Gewässern);* Syn. Entengrütze [→ *Flott*]

En|ten|gang ⟨m.1; nur Sg.⟩ *Turnübung, bei der eine bestimmte Strecke in der Hocke laufend zurückgelegt wird* [erinnert an das Watscheln einer Ente]

En|ten|grü|tze ⟨f., -, nur Sg.⟩ → *Entenflott*

En|ten|mu|schel ⟨f.11⟩ *Rankenfüßer mit muschelähnlicher, kalkiger Schale und einem Stiel (z.B. an schwimmendem Holz festgewachsen)*

En|tente [ãtãt] ⟨f.11⟩ *freundschaftliches Staatenbündnis* [frz., „Einverständnis, Einvernehmen"]

En|ten|vo|gel ⟨m.6⟩ *Schwimmvogel mit breitem, von Hornleisten durchzogenem Schnabel, langem Hals und Vorderzehen, die mit Schwimmhäuten verbunden sind, z.B. Ente, Gans, Säger, Schwan*

En|ten|wal ⟨m.1⟩ *Schnabelwal mit blasenförmig aufgetriebenem ölhaltigem Kopf und entenschnabelähnlicher Schnauze;* Syn. *Dögling*

En|ter ⟨m.5 oder n.5; norddt.⟩ **1** *einjähriges Fohlen* **2** *einjähriges Kalb* [zusammengen. < ndd. *en Winter* „einen Winter (alt)"]

en|te|ral ⟨Adj., o.Steig.⟩ **1** *auf den Darm bezogen, von ihm ausgehend* **2** *auf die Eingeweide bezogen, von ihnen ausgehend* [< griech. *entera* „Eingeweide"]

En|ter|beil ⟨n.1; früher⟩ *beim Entern zum Kappen der Taue und als Waffe verwendetes Beil*

ent|er|ben ⟨V.1, hat enterbt; mit Akk.⟩ jmdn. e. *jmdm. das Erbe entziehen, jmdn. vom Erbe ausschließen* Ent|er|bung ⟨f.10⟩

En|ter|ha|ken ⟨m.7; früher⟩ *Haken zum Heranziehen und Erobern eines Schiffes*

En|te|rich ⟨m.1⟩ → *Erpel*

En|te|ri|tis ⟨f., -, -ti|den⟩ *Entzündung des Dünndarms, Darmkatarrh* [< griech. *enteron* „Darm" und *...itis*]

en|tern ⟨V.1⟩ **I** ⟨o.Obj.; ist geentert; Seew.⟩ *klettern;* ins Takelwerk e. **II** ⟨mit Akk.; hat geentert⟩ *ein Schiff auf dem Meer ein Schiff erklettern und erobern;* eine Mauer e. ⟨übertr.⟩ *auf eine Mauer klettern* [< ndrl. *enteren* in ders. Bed., < span. *entrar* „hineingehen; überfallen", < lat. *intrare* „hineingehen"]

En|te|ro|skop ⟨n.1⟩ *Gerät mit Spiegel und elektrischer Lichtquelle zur Untersuchung des Dickdarms* [< griech. *enteron* „Darm" und *...skop*]

En|te|ro|sko|pie ⟨f.11⟩ *Untersuchung mit dem Enteroskop*

En|te|ro|sto|mie ⟨f.11⟩ *Anlegen eines künstlichen Afters* [< griech. *enteron* „Darm" und *stoma* „Öffnung"]

En|ter|tai|ner [-tei-] ⟨m.5⟩ *Unterhalter (z.B. Conférencier, Diskjockey, Sänger)* [engl., < frz. *entretenir* „unterhalten"]

ent|fa|chen ⟨V.1, hat entfacht; mit Akk.⟩ **1** *anzünden, zum Brennen bringen;* ein Feuer e. **2** ⟨übertr.⟩ *erregen;* einen Streit e.; ihr Anblick entfachte seine Begierde

ent|fah|ren ⟨V.32, ist entfahren; mit Dat.⟩ jmdm. e. *jmdm. unbedacht entschlüpfen, unkontrolliert von jmdm. ausgesprochen, ausgestoßen werden;* ein Schrei entfuhr ihr; kaum war ihm das Wort e., bereute er es schon

ent|fal|len ⟨V.33, ist entfallen⟩ **I** ⟨o.Obj.⟩ *wegfallen, unberücksichtigt, außer Betracht bleiben;* Punkt 2 kann e.; dieser Vorwurf entfällt also **II** ⟨mit Dat.⟩ **1** jmdm. e. *jmdm. aus der Hand fallen;* das Messer entfiel ihm **b** *jmdm. aus dem Gedächtnis entschwinden;* der Name ist mir e.; ich habe den Namen vergessen **2** einer Sache e. *aus einer Sache herausfallen;* das Messer entfiel seiner Hand; ihren Augen entfielen dicke Tränen **III** ⟨mit Präp.obj.⟩ auf jmdn. e. *jmdm. als Anteil zufallen, als Anteil auf jmdn. kommen;* auf jeden Gewinner e. 50 DM

ent|fal|ten ⟨V.2, hat entfaltet⟩ **I** ⟨mit Akk.⟩ **1** etwas e. *auseinanderfallen;* einen Brief e.; eine Tischdecke e. **2** etwas oder sich e. *entwickeln, mehr und mehr zeigen, beginnen;* er entfaltete eine rege Tätigkeit; große Pracht, Prunk e.; hier kann sich seine Begabung frei, voll e. **II** ⟨refl.⟩ sich e. *sich öffnen;* die Blüte entfaltet sich schon Ent|fal|tung ⟨f., -, nur Sg.⟩

ent|fär|ben ⟨V.1, hat entfärbt⟩ **I** ⟨mit Akk.⟩ etwas e. *die Farbe aus etwas entfernen;* verfärbte Wäsche e. **II** ⟨refl.⟩ sich e. *die Farbe verlieren;* die Blüte entfärbt sich; sein Gesicht entfärbte sich *wurde blaß*

Ent|fär|ber ⟨m.5⟩ *chemisches Mittel zum Entfärben (I)*

Ent|fär|bung ⟨f., -, nur Sg.⟩ *das Entfärben*

ent|fer|nen ⟨V.1, hat entfernt⟩ **I** ⟨mit Akk.⟩ **1** etwas e. *beiseite tun, weglegen, -stellen, -tun, wegnehmen, beseitigen;* einen Gegenstand e.; einen Flecken im Kleid e. **2** jmdn. e. *entlassen, verdrängen, ausschließen;* jmdn. aus seinem Amt e.; einen Schüler aus der Schule e.; jmdn. aus einer Gemeinschaft e. **b** *weggehen, (von etwas) abbringen;* diese Frage entfernt uns zu weit vom Thema **II** ⟨refl.⟩ sich e. **1** *weggehen; sich rasch, heimlich, eilig e.;* er entfernt sich in seinem Roman zu weit von der Realität; sich von der Wahrheit e. *nicht die ganze Wahrheit sagen* **2** *leiser werden, in der Ferne verklingen;* die Schritte entfernten sich wieder

ent|fernt ⟨Adj.⟩ **1** *in einiger Entfernung, abseits liegend, fern;* das Haus ist (nicht) weit von dem unseren e.; der Lichtstrahl drang bis in die ~esten Winkel; ich bin weit davon e., zu glauben, daß ...; ich glaube es ganz und gar nicht; *bei weitem nicht;* nicht e. so intelligent wie sein Bruder; nicht im ~esten *nicht im geringsten, ganz und gar nicht;* nicht im ~esten daran gedacht, zu ... **2** ⟨o.Steig.: nur als Attr. und Adv.⟩ **a** *weitläufig, nicht nah;* ~e Verwandte; wir sind nur e. miteinander verwandt **b** *gering, schwach;* das Bild hat nur eine ~e Ähnlichkeit mit dem Original; er erinnert mich e. an meinen Bruder

Ent|fer|nung ⟨f.10⟩ **1** ⟨nur Sg.⟩ **a** *das Entfernen;* E. eines Gegenstands, einer Person; operative E. eines Gewebstücks **b** *Sichentfernen;* wegen unerlaubter E. von der Truppe bestraft werden **2** *Abstand, Zwischenraum, dazwischenliegende Strecke;* die E. ist (nicht) groß; in einer E. von hundert Metern; große ~en überwinden

ent|fes|seln ⟨V.1, hat entfesselt; mit Akk.⟩

zum Ausbruch bringen; einen Aufruhr, Streit e. **Ent|fes|se|lung** ⟨f., -, nur Sg.⟩

ent|fet|ten ⟨V.2, hat entfettet; mit Akk.⟩ von Fett befreien **Ent|fet|tung** ⟨f., -, nur Sg.⟩

ent|flam|men ⟨V.1, hat entflammt; mit Akk.⟩ **1** etwas e. **a** zum Brennen, zum Flammen, Lodern bringen; ein Feuer e. **b** ⟨übertr.⟩ erregen; jmds. Begeisterung, Haß, Begierde e. **2** jmdn. e. in Begeisterung versetzen; er hat mich für die alte Musik entflammt; jmdn. für eine gute Sache e.; entflammt sein sehr begeistert sein, erregt sein; ich bin ganz entflammt für diese Art von Kunst; in Liebe (zu jmdn.) entflammt sein

ent|flech|ten ⟨V.37, hat entflochten, auch: hat entflechtet⟩ **1** auflösen; einen Konzern e. **2** entwirren, klären; Besitzverhältnisse e. **Ent|flech|tung** ⟨f.10⟩

ent|fleu|chen ⟨V.1, ist entfleucht; o.Obj.; †, noch scherzh.⟩ entfliegen, entfliehen, weggehen; der Vogel ist entfleucht; ich möchte nicht bleiben, sondern bin so bald wie möglich entfleucht; ich entfleuche jetzt

ent|flie|gen ⟨V.38, ist entflogen; o.Obj.⟩ wegfliegen, fliegend entkommen; unser Kanarienvogel ist entflogen

ent|flie|hen ⟨V.39, ist entflohen⟩ **I** ⟨o.Obj.⟩ **1** fliehen; der Gefangene ist entflohen **2** ⟨übertr.⟩ rasch vergehen; die Jahre e. **II** ⟨mit Dat.⟩ entfliehen einem Zustand e. sich durch Flucht von jmdm. oder einem Zustand befreien, aus einem Zustand lösen; er ist seinem Aufpasser entflohen; sie ist der Tyrannei ihres Mannes entflohen; dem Lärm der Stadt e.

ent|frem|den ⟨V.2, hat entfremdet; mit Dat. und Akk.⟩ e. jmdn. e. jmdn. aus der Beziehung zu jmdm. lösen, jmdn. für jmdn. fremd machen, jmds. Zuneigung zu jmdm. verringern; sie hat ihn seiner Frau entfremdet; die lange Trennung hat ihn ihr entfremdet; er hat sich mir durch seinen Beruf, seine lange Abwesenheit entfremdet **Ent|frem|dung** ⟨f., -, nur Sg.⟩

ent|fro|sten ⟨V.2, hat entfrostet; mit Akk.⟩ von Frost befreien oder freihalten, auftauen; die Windschutzscheibe e.

ent|füh|ren ⟨V.1, hat entführt⟩ **I** ⟨mit Akk.⟩ mit Gewalt oder heimlich an einen anderen Ort bringen; ein Kind e.; ein Flugzeug e. **II** ⟨mit Dat. und Akk.; übertr., scherzh.⟩ **1** jmdn. jmdm. e. jmdn. von jmdm. wegführen; darf ich Ihnen für zwei Minuten Ihre Frau e.? **2** jmdn. etwas e. wegnehmen; jmd. hat mir meinen besten Kugelschreiber entführt; darf ich Ihnen den Aschenbecher e.?

Ent|füh|rer ⟨m.5⟩ jmd., der jmdn. oder etwas (z.B. ein Flugzeug) entführt hat

Ent|füh|rung ⟨f.10⟩ das Entführen, das Entführtwerden

ent|ga|sen ⟨V.1, hat entgast; mit Akk.⟩ von Gasen befreien; chemische Stoffe (z.B. Brennstoff) e. **Ent|ga|sung** ⟨f., -, nur Sg.⟩

ent|ge|gen **I** ⟨Präp. mit Dat.⟩ **1** in Richtung auf, auf ... zu, hin zu; dem Schnee, dem Regen, dem Wind e.! **2** im Gegensatz zu, im Unterschied zu; e. meinen Anweisungen, meinem Wunsch her er u. **II** ⟨Adv.⟩ einer Sache e. sein einer Sache entgegengesetzt sein, zuwiderlaufen; dieser Plan ist meinem eigenen Vorhaben völlig e.

ent|ge|gen... (in Zus. mit Verben) **1** in Richtung auf, hin zu, z.B. entgegenfahren, entgegenlaufen, entgegenschallen, entgegenstrecken **2** zuwider..., entgegengesetzt, z.B. (einer Anordnung) entgegenhandeln, (jmdm.) entgegenarbeiten

ent|ge|gen|brin|gen ⟨V.21, hat entgegengebracht; mit Dat. und Akk.⟩ jmdm. etwas e. zeigen, erweisen; jmdm. Achtung, Liebe, Ehrfurcht e.

ent|ge|gen|ge|setzt ⟨Adj., o.Steig.⟩ **1** um 180 Grad gedreht, umgekehrt; die Straße verläuft in ~er Richtung; Sie müssen e. fahren; gehen **2** gegensätzlich, gegenteilig; ich bin ~er Ansicht; unsere Pläne sind genau e.

ent|ge|gen|hal|ten ⟨V.61, hat entgegengehalten; mit Dat. und Akk.⟩ jmdm. oder einer Sache etwas e. **1** etwas in Richtung auf jmdn. oder etwas zu halten; jmdm. die Hände e.; sein Gesicht dem Regen e. **2** jmdm. oder einer Sache etwas erwidern, gegenüberstellen; dem muß man e., daß ...; einem Vorwurf die Tatsache e., daß ...

ent|ge|gen|kom|men ⟨V.71, ist entgegengekommen; mit Dat.⟩ **1** jmdm. e. auf jmdn., der kommt, zugehen, zufahren; er kam mir ein Stück entgegen; er kam mir auf halbem Wege mit dem Auto entgegen **2** jmdm. e. auf jmds. Wünsche eingehen, jmdm. zum Teil nachgeben; er ist mir sehr, nicht entgegengekommen **3** einer Sache e. einer Sache passen, eine Sache fördern; Ihr Angebot kommt meinen Wünschen, Absichten entgegen; diese Tätigkeit kommt seinen Neigungen sehr entgegen

Ent|ge|gen|kom|men ⟨n., -s, nur Sg.⟩ Nachgiebigkeit, Gefälligkeit, bereitwillige Haltung; ich danke Ihnen für Ihr freundliches E.; etwas E. kann ich wohl erwarten

ent|ge|gen|neh|men ⟨V.88, hat entgegengenommen; mit Akk.⟩ in Empfang nehmen, annehmen; ein Geschenk e.; jmds. Glückwünsche e.

ent|ge|gen|se|hen ⟨V.136, hat entgegengesehen; mit Dat.⟩ einer Sache e. eine Sache erwarten; einem Ereignis mit Fassung e.; wir sehen Ihrer Antwort gern entgegen und verbleiben ... (als Briefschluß)

ent|ge|gen|sein ⟨V.137, ist entgegengewesen; mit Dat.⟩ einer Sache e. einer Sache im Widerspruch stehen, zu einer Sache durchaus nicht passen; seine Auffassung ist der meinen völlig entgegen; das ist meinen Absichten ganz und gar entgegen

ent|ge|gen|set|zen ⟨V.1, hat entgegengesetzt; mit Dat. und Akk.⟩ **1** jmdm. oder einer Sache etwas e. etwas als Hindernis vor jmdn. oder eine Sache stellen; jmdm., einer Anordnung Widerstand e. **2** e. einer Sache etwas gegenüberstellen; vgl. entgegengesetzt; seinen hochfliegenden Plänen muß man die nackten Tatsachen e.

ent|ge|gen|ste|hen ⟨V.151, hat entgegengestanden; mit Dat.⟩ einer Sache e. einer Sache im Wege stehen, hinderlich sein, eine Sache erschweren; plötzlich Wunsch steht entgegen, daß wir nicht rechtzeitig da sein können; dem steht nichts entgegen

ent|ge|gen|stel|len ⟨V.1, hat entgegengestellt; mit Dat. und Akk.⟩ jmdm. oder einer Sache etwas e. einer Sache etwas als Gegenbeweis, als Argument gegenüberstellen, jmdm. oder einer Sache etwas hindernd, hemmend in den Weg stellen; dieser Behauptung kann ich die Tatsache e., daß ...; ich werde mich seinem Vorhaben mit Nachdruck e.; dabei werden sich uns manche Schwierigkeiten e. **Ent|ge|gen|stel|lung** ⟨f., -, nur Sg.⟩

ent|ge|gen|tre|ten ⟨V.163, ist entgegengetreten; mit Dat.⟩ **1** jmdm. e. jmdm. in den Weg treten; einem Angreifer gelassen e. **2** jmdm. oder einer Sache e. jmdm. oder einer Sache Widerstand leisten

ent|ge|gen|wir|ken ⟨V.1, hat entgegengewirkt; mit Dat.⟩ jmdm. oder einer Sache e. gegen jmdn. oder eine Sache wirken, arbeiten; man muß seinen Machenschaften e.

ent|geg|nen ⟨V.1, hat entgegnet; mit Akk.⟩ antworten, erwidern; „Ja", entgegnete er

Ent|geg|nung ⟨f.10⟩ Antwort, Erwiderung; er wußte darauf keine E.

ent|ge|hen ⟨V.47, ist entgangen; mit Dat.⟩ **1** jmdm. oder einer Sache e. jmdm. oder einer Sache entkommen, entfliehen, aus dem Wege gehen; ich weiß nicht, wie ich dieser Verpflichtung e. kann; ich konnte ihm gerade noch e., ehe er mich sah; er entgeht mir nicht er bekommt seine Strafe schon noch, ich werde schon noch mit ihm abrechnen **2** einer Sache e. von einer Sache verschont bleiben; einer Gefahr, der Entdeckung e. **3** jmdm. e. **a** von jmdm. versäumt werden, nicht ergriffen, nicht erreicht werden; diese Gelegenheit ist mir leider entgangen ich habe sie leider versäumt; der erste Preis ist ihm entgangen er hat ihn nicht erreicht; sich etwas e. lassen **b** von jmdm. nicht bemerkt werden, übersehen werden; mir ist kein Fehler in meiner Arbeit entgangen; ihm entgeht nicht der kleinste Fehler er bemerkt den kleinsten Fehler; ihm entging nicht die leiseste Bewegung; ist dir entgangen, daß ...?; du merkst aber auch nichts!; ⟨auch iron.⟩ du merkst aber auch alles!

ent|gei|stert ⟨Adj., o.Steig.⟩ überrascht und erschrocken, bestürzt; Ggs. begeistert

Ent|gelt ⟨n.1⟩ Lohn, Vergütung; E. für eine Leistung, einen Dienst erhalten; eine Arbeit gegen geringes E. verrichten

ent|gel|ten ⟨V.49, hat entgolten; mit Dat. und Akk.⟩ jmdm. etwas e. jmdm. etwas zahlen, vergüten, jmdm. für etwas belohnen; ich werde Ihnen Ihre Hilfe reichlich e.; wie kann ich dir jemals e., was du für mich getan hast?; jmdn. etwas e. lassen jmdn. nicht für etwas büßen lassen

ent|gelt|lich ⟨Adj., o.Steig.; selten⟩ gegen Entgelt; Ggs. unentgeltlich

ent|gif|ten ⟨V.2, hat entgiftet; mit Akk.⟩ von Gift befreien; Ggs. vergiften **Ent|gif|tung** ⟨f., -, nur Sg.⟩

ent|glei|sen ⟨V.1, ist entgleist; o.Obj.⟩ **1** aus dem Gleis springen, rutschen; der Zug ist entgleist **2** ⟨übertr.⟩ eine unpassende, für andere peinliche Bemerkung machen, sich unpassend verhalten

Ent|glei|sung ⟨f.10⟩ **1** ⟨nur Sg.⟩ das Entgleisen (1) **2** unpassende Bemerkung, unpassendes Verhalten

ent|glei|ten ⟨V.56, ist entglitten; mit Dat.⟩ **1** jmdm. e. aus der Hand gleiten, ⟨übertr.⟩ aus dem Gedächtnis entschwinden, aus einer Sache herausgleiten; das Glas entglitt ihr, ihren Händen und fiel zu Boden; der Traum, die Erinnerung daran ist mir entglitten **2** jmdm. e. sich jmds. Fürsorge, Aufsicht, Einfluß entziehen; ich will nicht, daß das Kind mir entgleitet

ent|göt|tern ⟨V.1, hat entgöttert; mit Akk.⟩ vom Glauben an Götter lösen; eine entgötterte Welt **Ent|göt|te|rung** ⟨f., -, nur Sg.⟩

ent|grä|ten ⟨V.2, hat entgrätet; mit Akk.⟩ von Gräten befreien

ent|haa|ren ⟨V.1, hat enthaart; mit Akk.⟩ von Haaren befreien; sich die Beine e. **Ent|haa|rung** ⟨f., -, nur Sg.⟩

Ent|hal|pie ⟨f., -, nur Sg.⟩ Gesamtwärmemenge (eines physikalischen oder chemischen Systems) bei konstantem Druck [< griech. en..., „in, darin" und thalpein, „erwärmen"]

ent|hal|ten ⟨V.61, hat enthalten⟩ **I** ⟨mit Akk.⟩ etwas e. in sich schließen, fassen, haben, zum Inhalt haben; der Brief enthält eine gute Nachricht; der Wein enthält 8% Alkohol [< mhd. en... „in" und halten] **II** ⟨refl.; mit Gen.⟩ sich einer Sache e. auf eine Sache verzichten; sich des Alkohols, aller Süßigkeiten e.; ich enthielt mich einer Bemerkung, jeder Äußerung; sich der Stimme e. weder mit Ja noch mit Nein stimmen, seine Stimme nicht abgeben [< ent... „weg von" und halten]

ent|halt|sam ⟨Adj.⟩ sich bestimmter Genüsse enthaltend, bestimmte Dinge nicht tuend, nicht zu sich nehmend; Syn. abstinent; e. leben mäßig essen und trinken, ⟨bes.⟩ ohne Geschlechtsverkehr leben

Ent|halt|sam|keit ⟨f., -, nur Sg.⟩ Mäßigkeit, Zurückhaltung (bezüglich des Essens und Trinkens, bes. des Alkoholgenusses sowie des Geschlechtsverkehrs); Syn. Abstinenz; E. üben

Ent|hal|tung ⟨f.10⟩ **1** ⟨nur Sg.⟩ das Sichent-

enthärten

halten; E. von Alkohol **2** *Verzicht auf die Abgabe der Stimme;* soundso viele Ja- und Nein-Stimmen und drei ~en

ent|här|ten ⟨V.2, hat enthärtet; mit Akk.⟩ etwas e. *weicher machen, die Härte von etwas verringern;* Wasser, Stahl e. **Ent|här|tung** ⟨f., -, nur Sg.⟩

ent|haup|ten ⟨V.2, hat enthauptet; mit Akk.⟩ jmdn. e. *jmdm. das Haupt vom Rumpf trennen, jmdm. den Kopf abschlagen;* Syn. köpfen **Ent|haup|tung** ⟨f.10⟩

ent|häu|ten ⟨V.2, hat enthäutet; mit Akk.⟩ etwas e. *die Haut von etwas abziehen, ablösen* **Ent|häu|tung** ⟨f., -, nur Sg.⟩

ent|he|ben ⟨V.64, hat enthoben; mit Akk. und Gen.⟩ jmdn. einer Sache e. **1** *jmdn. von einer Sache befreien, jmdn. eine Sache erlassen;* jmdn. einer Verpflichtung, der Verantwortung e.; ich bin froh, daß die Eltern mitfahren, so bin ich der Verantwortung für das Kind enthoben **2** *eine Sache (Amt) entziehen;* jmdm. seines Amtes, seines Postens e. **Ent|he|bung** ⟨f., -, nur Sg.⟩

ent|hei|li|gen ⟨V.1, hat entheiligt; mit Akk.⟩ etwas e. *die Heiligkeit von etwas verletzen, einer Sache die Heiligkeit rauben;* eine geweihte Stätte e.; den Sonntag e. **Ent|hei|li|gung** ⟨f., -, nur Sg.⟩

ent|hem|men ⟨V.1, hat enthemmt; mit Akk.⟩ jmdn. e. *jmdm. alle Hemmungen nehmen;* der Alkohol enthemmt ihn; er war völlig enthemmt **Ent|hem|mung** ⟨f., -, nur Sg.⟩

ent|hül|len ⟨V.1, hat enthüllt; mit Akk.⟩ etwas e. **1** *etwas von seiner Hülle befreien, die Hülle von etwas wegnehmen;* Ggs. verhüllen **2** *die Bedeckung von etwas wegnehmen und es damit feierlich der Öffentlichkeit übergeben;* ein Denkmal e. **3** *aufdecken, offenbar machen;* ein Verbrechen e.; Mißstände e.; jmdm. ein Geheimnis e. **4** sich als etwas zeigen, herausstellen; der Brief enthüllte sich als Fälschung **Ent|hül|lung** ⟨f.10⟩ *das Enthüllen;* peinliche, grausige ~en

ent|hu|ma|ni|sie|ren ⟨V.3, hat enthumanisiert; mit Akk.⟩ *eine Sache e. einer Sache das Humane, den humanen Gehalt nehmen;* das Leben, die Welt wird immer stärker enthumanisiert **Ent|hu|ma|ni|sie|rung** ⟨f., -, nur Sg.⟩

en|thu|si|as|mie|ren ⟨V.3, hat enthusiasmiert; mit Akk.⟩ *in Begeisterung versetzen, begeistern;* er ist von der Ausstellung ganz enthusiasmiert

En|thu|si|as|mus ⟨m., -, nur Sg.⟩ *Begeisterung* [< griech. enthousiasmos „göttliche Begeisterung, Verzückung; Erregung", zu *en-theos, enthous* „der Gottheit, des Göttlichen voll", < *en...* „in" und *theos* „Gott"]

En|thu|si|ast ⟨m.10⟩ *leicht zu begeisternder Mensch, Schwärmer*

en|thu|si|as|tisch ⟨Adj.⟩ *begeistert, überschwenglich;* jmdn. e. begrüßen; jmdm. e. Beifall klatschen

ent|ideo|lo|gi|sie|ren ⟨V.3, hat entideologisiert; mit Akk.⟩ *von Ideologie befreien, einer Ideologie herauslösen;* sein Denken, jmds. Denken e. **Ent|ideo|lo|gi|sie|rung** ⟨f., -, nur Sg.⟩

En|ti|tät ⟨f.10⟩ *das Dasein (eines Dinges ohne Rücksicht darauf, „was" es ist)* [< lat. *ens*, Gen. *entis*, „Ding", eigtl. „das Seiende", < griech. *on* „seiend"]

ent|jung|fern ⟨V.1, hat entjungfert; mit Akk.⟩ *deflorieren*

Ent|jung|fe|rung ⟨f.10⟩ → Defloration

ent|kal|ken ⟨V.1, hat entkalkt; mit Akk.⟩ *von Kalk oder Kalkablagerungen befreien;* Wasser, die Waschmaschine e. **Ent|kal|kung** ⟨f., -, nur Sg.⟩

ent|kei|men ⟨V.1, hat entkeimt⟩ **I** ⟨mit Akk.⟩ *von Krankheitskeimen befreien, keimfrei machen;* Trinkwasser, Lebensmittel e. **II** ⟨mit Dat.⟩ ist entkeimt⟩ *einer Sache e. als*

Keim aus einer Sache hervorkommen, hervorwachsen;* den Rosen e. schon junge Triebe; ihrem Herzen entkeimte eine neue Liebe (poet.)

Ent|kei|mung ⟨f., -, nur Sg.⟩ *das Entkeimen (I)*

ent|ker|nen ⟨V.1, hat entkernt; mit Akk.⟩ etwas e. *die Kerne aus etwas herauslösen;* Äpfel e.

Ent|ker|ner ⟨m.5⟩ *Gerät zum Entkernen*

ent|klei|den ⟨V.2, hat entkleidet⟩ **I** ⟨mit Akk.⟩ jmdn. oder sich e. *jmdm. oder sich die Kleider ausziehen* **II** ⟨mit Akk. und Gen.⟩ jmdn. oder etwas einer Sache e. *jmdm. oder einer Sache etwas nehmen;* jmdm. seine Würde e. *jmdm. lächerlich machen;* am Morgen nach dem Unwetter war der Baum seines Blätterschmucks entkleidet

ent|kof|fe|i|ni|sie|ren ⟨[-feǀini-] V.3, hat entkoffeinisiert; mit Akk.⟩ Kaffee e. *den Koffeingehalt stark vermindern* **Ent|kof|fe|i|ni|sie|rung** ⟨[-feǀini-] f., -, nur Sg.⟩

ent|kom|men ⟨V.71, ist entkommen⟩ **I** ⟨o.Obj.⟩ *es sich ermöglichen zu fliehen, entfliehen;* aus dem Gefängnis e.; er ist ins Ausland e.; das Tier ist durch eine Lücke im Zaun, durchs offene Fenster e.; einen Dieb, ein Tier e. lassen; ein Entkommen war unmöglich **II** ⟨mit Dat.⟩ jmdm. oder einer Sache e. *sich durch Flucht jmds. Zugriff oder einer Sache entziehen, einer Sache aus dem Weg gehen;* er konnte seinen Verfolgern e.; er entkam im letzten Augenblick seiner Verurteilung, dem Tode

ent|kor|ken ⟨V.1, hat entkorkt; mit Akk.⟩ *eine Flasche e. den Korken aus einer Flasche ziehen*

ent|kräf|ten ⟨V.2, hat entkräftet; mit Akk.⟩ *jmdn. seiner Kraft berauben, jmdm. seine Kraft nehmen;* die lange Krankheit hat ihn entkräftet; er ist völlig entkräftet

Ent|kräf|tung ⟨f., -, nur Sg.⟩ *das Entkräftetwerden, Verlust der Kraft;* er ist an E. gestorben

ent|kramp|fen ⟨V.1, hat entkrampft; mit Akk.⟩ etwas oder sich e. *etwas oder sich aus einem Krampf lösen, etwas, sich aus einem Krampf befreien;* Ggs. verkrampfen; die Muskeln e.; das Mittel entkrampft die Gallenblase; ein gespanntes Verhältnis e. **Ent|kramp|fung** ⟨f., -, nur Sg.⟩

ent|la|den ⟨V.74, hat entladen⟩ **I** ⟨mit Akk.⟩ etwas e. **1** *die Ladung etwas herunternehmen;* Ggs. beladen (I); ein Schiff, einen Lastwagen e. **2** *das Geschoß, die Munition aus etwas herausnehmen;* eine Waffe e. **II** ⟨refl.⟩ sich e. **1** *elektrische Ladung abgeben;* die Batterie entlädt sich **2** *heftig, schlagartig aus einem Ausbruch kommen;* das Gewitter entlud sich gerade über uns; sein Zorn entlud sich in einem großen Donnerwetter über uns beide **3** ⟨ugs.⟩ *einen Wutanfall bekommen;* wehe, wenn er sich entlädt!

Ent|la|dung ⟨f.10⟩ *das Entladen, das Sichentladen;* die Spannung löste sich in einer heftigen E.; das gespannte Verhältnis zwischen beiden drängt nach einer E.

ent|lang ⟨Präp. oder Adv.⟩ *in der Längsrichtung neben, an, auf etwas* **I** ⟨Präp.⟩ **1** ⟨nachgestellt mit Akk., selten mit Dat., schweiz. meist mit Dat.⟩ der Weg verläuft das Ufer e. ⟨schweiz.⟩ dem Ufer e.; man konnte den Festzug die ganze Straße e. verfolgen **2** ⟨vorangestellt mit Dat., auch mit Gen.⟩ e. dem Zaun blühen Sonnenblumen; e. des Zauns, e. dem Fluß verläuft ein Pfad; der Ärmel ist e. der Naht eingerissen **II** ⟨Adv.⟩ er schlich sich an der Mauer e. ums Haus; der Hund rannte bellend am Zaun e.

ent|lang... ⟨in Zus. mit Verben⟩ *in der Längsrichtung neben etwas her, auf etwas,* z.B. eine Straße entlanggehen, entlangfahren, am Ufer entlanglaufen, auf einem Ast entlanghüpfen

ent|lar|ven ⟨V.1, hat entlarvt; mit Akk.⟩ **1** *jmds. wahren Charakter, jmds. geheime Absichten aufdecken;* jmdn. als etwas e. zeigen, offenbar machen, was jmd. eigentlich ist; jmdn. als Spion e. **2** *etwas offenbar machen, aufdecken;* jmds. Machenschaften e. [zu Larve „Maske", eigtl. also „jmdm., einer Sache die Larve abnehmen"]

Ent|lar|vung ⟨f., -, nur Sg.⟩

ent|las|sen ⟨V.75, hat entlassen; mit Akk.⟩ jmdn. e. **1** *jmdm. erlauben, sich zu entfernen, zu gehen, etwas zu verlassen;* jmdn. aus dem Krankenhaus, aus dem Gefängnis e.; er entließ ihn mit der Mahnung, sich zu schonen **2** *aus dem Amt, Dienst schicken, aus dem Arbeitsverhältnis lösen;* Angestellte, Arbeiter e.; jmdn. fristlos e.

Ent|las|sung ⟨f.10⟩ *das Entlassen, das Entlassenwerden*

ent|las|ten ⟨V.2, hat entlastet; mit Akk.⟩ Ggs. belasten **1** etwas *die Belastung von etwas verringern;* ein Fahrzeug e.; den Verkehr durch eine Umgehungsstraße e. *verringern;* er wollte mit dem Geständnis sein Gewissen e. **2** jmdn. e. **a** *jmdm. Arbeit abnehmen* **b** *zu jmds. Gunsten aussagen, jmdn. von einem Verdacht befreien;* einen Angeklagten, Verdächtigen e. **Ent|la|stung** ⟨f., -, nur Sg.⟩

Ent|la|stungs|zeu|ge ⟨m.11⟩ *Zeuge, der durch seine Aussage den Angeklagten entlastet oder entlasten kann*

ent|lau|ben ⟨V.1, hat entlaubt⟩ **I** ⟨mit Akk.⟩ Bäume e. *Bäumen das Laub nehmen, abreißen;* der Sturm hat die Bäume, Sträucher entlaubt **II** ⟨refl.⟩ sich e. *das Laub verlieren, abwerfen;* Ggs. sich belauben; der Wald hat sich entlaubt

Ent|lau|bung ⟨f., -, nur Sg.⟩ *das Entlauben, das Sichentlauben*

ent|lau|fen ⟨V.76, ist entlaufen; o.Obj.⟩ *weglaufen, davonlaufen, entfliehen;* der Hund ist (seinem Herrn, uns) e.

ent|le|di|gen ⟨V.1, hat entledigt; refl.; mit Gen.⟩ **1** sich jmds. e. *sich von jmdm. befreien, lösen, jmdn. loswerden;* sich eines unbequemen Aufpassers e.; sich eines Mitwissers e. *einen Mitwisser töten* **2** sich einer Sache e. **a** *eine Sache ausführen, durchführen (und damit frei davon werden);* sich eines Auftrags, einer Aufgabe e.; ich möchte mich dieser Pflicht möglichst bald e. **b** ⟨bei Kleidungsstücken⟩ *eine Sache ausziehen, ablegen;* sich seiner Handschuhe, seines dicken Mantels e.

ent|lee|ren ⟨V.1, hat entleert; mit Akk.⟩ *leer machen;* ein Gefäß e.; die Blase, den Darm e. *Harn, Kot ausscheiden* **Ent|lee|rung** ⟨f., -, nur Sg.⟩

ent|le|gen ⟨Adj.⟩ **1** *weit entfernt von Ansiedlungen, abgelegen;* ein ~er Ort; sie wohnen sehr e. **2** *wenig bekannt, weit entfernt vom Üblichen;* ein ~es Wissensgebiet

ent|leh|nen ⟨V.1, hat entlehnt; mit Akk. und Präp.obj. oder mit Akk. und Dat.⟩ **1** *sich leihen;* ein Buch aus einer Bibliothek e. **2** *entnehmen und an den eigenen Sprachformen angleichen oder (in der Bedeutung) dem Bedarf anpassen;* das Wort „Meister" ist dem Lateinischen entlehnt; der Ausdruck „jmdm. durch die Lappen gehen" ist der Jägersprache entlehnt; das Wort „rasant" ist dem Bereich der Technik entlehnt

Ent|leh|nung ⟨f.10⟩ *das Entlehnen, Übernahme;* in der modernen Sprache gibt es zahlreiche ~en aus der Technik

ent|lei|ben ⟨V.1, hat entleibt; refl.⟩ *sich das Leben nehmen*

Ent|lei|bung ⟨f.10; nur in der Form⟩ Selbstentleibung *Selbstmord*

ent|lei|hen ⟨V.78, hat entliehen; mit Akk.⟩ *sich leihen, sich leihweise geben lassen;* ein Buch aus der Bibliothek, von jmdm. e.

ent|lo|ben ⟨V.1, hat entlobt; refl.⟩ sich e. *die Verlobung lösen, rückgängig machen;* Ggs. sich verloben **Ent|lo|bung** ⟨f.10⟩

ent|locken ⟨-k|k-; V.1, hat entlockt; mit Dat. und Akk.⟩ **1** einer Sache etwas e. *etwas aus einer Sache herausholen; hervorbringen;* einem Musikinstrument wunderbare Weisen e. **2** jmdm. etwas e. *jmdn. mit Geschick veranlassen, etwas zu sagen oder zu tun;* jmdm. ein Geheimnis, Geständnis e.; jmdm. ein Lächeln e.

ent|loh|nen ⟨V.1, hat entlohnt; mit Akk.⟩ jmdn. e. *jmdm. Lohn zahlen* **Ent|loh|nung** ⟨f., -, nur Sg.⟩

ent|lüf|ten ⟨V.2, hat entlüftet; mit Akk.⟩ *von verbrauchter Luft, von Gasen, Dämpfen befreien;* Räume e.; Bremsen e.

Ent|lüf|ter ⟨m.5⟩ *Gerät zum Entlüften;* Syn. *Exhaustor*

Ent|lüf|tung ⟨f., -, nur Sg.⟩ *das Entlüften*

ent|mach|ten ⟨V.2, hat entmachtet; mit Akk.⟩ jmdn. e. *jmdm. seine Macht nehmen* **Ent|mach|tung** ⟨f., -, nur Sg.⟩ *das Entmachten, das Entmachtetwerden*

ent|ma|gne|ti|sie|ren ⟨V.3, hat entmagnetisiert; mit Akk.⟩ etwas e. *einer Sache die magnetische Kraft entziehen* **Ent|ma|gne|ti|sie|rung** ⟨f., -, nur Sg.⟩

ent|man|nen ⟨V.1, hat entmannt; mit Akk.⟩ →*kastrieren* **Ent|man|nung** ⟨f., -, nur Sg.⟩

ent|men|schen ⟨V.1, hat entmenscht; mit Akk.⟩ *unmenschlich, grausam, roh machen;* solches Vorgehen muß mit der Zeit ~d wirken; entmenscht *roh, verroht, grausam*

ent|mi|li|ta|ri|sie|ren ⟨V.3, hat entmilitarisiert; mit Akk.⟩ ein Land e. *in einem Land die Streitkräfte und militärischen Anlagen beseitigen;* Syn. *demilitarisieren* **Ent|mi|li|ta|ri|sie|rung** ⟨f., -, nur Sg.⟩

ent|mi|nen ⟨V.1, hat entmint; mit Akk.⟩ *von Minen säubern, befreien;* Ggs. *verminen;* ein Gewässer e.

ent|mün|di|gen ⟨V.1, hat entmündigt; mit Akk.⟩ jmdn. e. *jmdm. die Mündigkeit aberkennen und ihn unter Vormundschaft stellen* **Ent|mün|di|gung** ⟨f.10⟩ *das Entmündigen, das Entmündigtwerden*

ent|mu|ti|gen ⟨V.1, hat entmutigt; mit Akk.⟩ jmdn. e. *jmdm. den Mut (zu etwas) nehmen;* Ggs. *ermutigen;* laß dich nicht e.! **Ent|mu|ti|gung** ⟨f., -, nur Sg.⟩

ent|my|tho|lo|gi|sie|ren ⟨V.3, hat entmythologisiert; mit Akk.⟩ e. *von mythologischen Vorstellungen lösen, von mythischem Ballast befreien;* die Bibel, ein Weltbild e. **Ent|my|tho|lo|gi|sie|rung** ⟨f., -, nur Sg.⟩

Ent|nah|me ⟨f.11⟩ *das Entnehmen (II)* (Blut~)

ent|na|tio|na|li|sie|ren ⟨V.3, hat entnationalisiert; mit Akk.⟩ **1** *aus einem Staat ausbürgern* **2** *aus Staatseigentum wieder in Privateigentum zurückführen* **Ent|na|tio|na|li|sie|rung** ⟨f.10⟩

ent|na|zi|fi|zie|ren ⟨V.3, hat entnazifiziert; mit Akk.⟩ **1** Syn. *denazifizieren* **1** jmdn. e. *jmdn., der Nationalsozialist war, bezüglich seiner politischen Tätigkeit überprüfen und bestrafen oder entlassen* **2** etwas e. *von nat.-soz. Einflüssen befreien, ehemals nat.-soz. Mitarbeiter aus etwas entfernen;* einen Betrieb e. [< *ent...* „weg von" und *Nazi* und *-fizieren* < lat. *-ficere*, in Zus. für *facere* „machen"]

Ent|na|zi|fi|zie|rung ⟨f.10⟩ *das Entnazifizieren, das Entnazifiziertwerden*

ent|neh|men ⟨V.88, hat entnommen⟩ **I** ⟨mit Akk. und Dat. oder mit Akk. und Präp.obj.⟩ etwas einer Sache, ⟨oder⟩ etwas aus einer Sache e. *aus etwas herausnehmen;* ich entnahm seiner Geldbörse zehn Mark; ich entnahm ihrem Brief, daß sie morgen kommen will; aus seiner Erklärung konnte ich nicht e., ob er ... **II** ⟨mit Dat. und Akk.⟩ jmdm. etwas e. *jmdm. etwas aus dem Körper ziehen, abzapfen;* jmdm. Blut, Gehirnflüssigkeit e.

ent|ner|ven ⟨V.1, hat entnervt; mit Akk.⟩ *der Nervenkraft berauben, nervös, ungeduldig machen;* dieser Lärm, das lange Warten entnervt mich; seine viele Fragerei hat mich schon ganz entnervt

ent|ni|ko|ti|ni|sie|ren ⟨V.3, hat entnikotinisiert; mit Akk.⟩ Tabak e. *Nikotin aus ihm entfernen*

En|to|derm ⟨n.1⟩ **1** *inneres Keimblatt des vorerst zweischichtigen Embryos* **2** *innere Zellschicht der Hohltiere* [< griech. *entos* „innen, darin" und *derma* „Haut"]

ent|ölen ⟨V.1, hat entölt; mit Akk.⟩ etwas e. *Öl aus etwas entnehmen, den Ölgehalt von etwas verringern;* Kakao e. **Ent|ölung** ⟨f., -, nur Sg.⟩

En|to|mo|lo|gie ⟨f., -, nur Sg.⟩ *Wissenschaft von den Insekten* [< griech. *entomos* „eingeschnitten" (vgl. den dt. Namen Kerbtier) und *...logie*]

en|to|mo|lo|gisch ⟨Adj., o.Steig.⟩ *die Entomologie betreffend, zu ihr gehörig*

en|to|pisch ⟨Adj., o.Steig.⟩ *einheimisch, örtlich* [< griech. *entopos* in ders. Bed., < *en-* „in, darin" und *topos* „Ort, Stelle"]

en|top|tisch ⟨Adj., o.Steig.⟩ *im Inneren des Auges gelegen, dort entstanden;* ~e *Wahrnehmung durch Trübung in der Augenlinse entstandene Wahrnehmung* [< griech. *entos* „innen, darin" und *optisch*]

en|to|tisch ⟨Adj., o.Steig.⟩ *im Inneren des Ohres gelegen, dort entstanden;* ~es Geräusch *Geräusch, das im Gehörgang entstanden ist* [< griech. *entos* „innen, darin" und *otikos* „das Ohr betreffend"]

ent|per|sön|li|chen ⟨V.1, hat entpersönlicht; mit Akk.⟩ **1** etwas e. *die Persönlichkeit bei etwas ausschalten;* Arbeitsabläufe durch Maschinen e. **2** jmdn. e. *jmdm. der Persönlichkeit berauben, jmdm. das Persönlichkeitsbewußtsein nehmen*

Ent|per|sön|li|chung ⟨f., -, nur Sg.⟩ **1** ⟨allg.⟩ *das Entpersönlichen* **2** ⟨bei psych. Störungen⟩ *Herabsetzung oder Verlust des Persönlichkeitsgefühls;* Syn. *Depersonalisation*

ent|pflich|ten ⟨V.2, hat entpflichtet; mit Akk.⟩ *von Dienstpflichten befreien;* Geistliche, Beamte e. **Ent|pflich|tung** ⟨f., -, nur Sg.⟩

ent|po|li|ti|sie|ren ⟨V.3, hat entpolitisiert; mit Akk.⟩ etwas e. *das Politische, die Politik aus etwas ausschalten;* eine Diskussion e. **Ent|po|li|ti|sie|rung** ⟨f., -, nur Sg.⟩

ent|pup|pen ⟨V.1, hat entpuppt; refl.⟩ sich e. **1** ⟨urspr.⟩ *sich aus der Puppe entwickeln;* Ggs. *sich verpuppen* **2** sich als etwas e. ⟨übertr.⟩ *sich als etwas herausstellen, erweisen, als etwas erkannt werden;* der freundliche Helfer hat sich als Betrüger entpuppt **3** sich zu etwas e. ⟨übertr.⟩ *sich zu etwas entwickeln;* das unansehnliche Kind hat sich zu einem hübschen jungen Mädchen entpuppt

ent|quel|len ⟨V.93, ist entquollen; mit Dat.⟩ einer Sache e. *aus einer Sache herausquellen;* dem Krater entquoll eine gelbe Wolke; ihrem Herzen entquoll eine tiefe Dankbarkeit; Tränen entquollen ihren Augen

En|tra|da ⟨f., -, -den⟩ →*Intrada*

ent|rah|men ⟨V.1, hat entrahmt; mit Akk.⟩ Milch e. *den Rahm von der Milch abschöpfen* **Ent|rah|mung** ⟨f., -, nur Sg.⟩

ent|ra|ten ⟨V.94, hat entraten; mit Gen.⟩ *geh.; meist in verneinenden Sätzen⟩ einer Sache e. können *ohne eine Sache auskommen, auf eine Sache verzichten können;* ich kann seines Zuspruchs nicht e.

ent|rät|seln ⟨V.1, hat enträtselt; mit Akk.⟩ etwas e. *das in etwas liegende Rätsel lösen, etwas (Unverständliches) begreifen, durchschauen;* eine Geheimschrift, einen Text e.; jmds. merkwürdiges Verhalten, Wesen e.

Ent|rät|se|lung ⟨f., -, nur Sg.⟩

En|tre|akt ⟨[ãtrǝakt] auch [ãtrakt] m.1⟩ *Zwischenakt, Zwischenspiel, Zwischenaktmusik* [< frz. *entr'acte*, eigtl. *entre acte* in ders. Bed., < *entre* „zwischen" und *acte* „Handlung"]

En|tre|chat ⟨[ãtrǝʃa] m., -s [-ʃa], -s [-ʃa]; Ballett⟩ *Kreuzsprung, Sprung in die Höhe, wobei die gestreckten Füße mehrmals schnell übereinandergeschlagen werden* [frz., „Kreuzsprung, Luftsprung", < ital. *salto intrecciato* „verflochtener Sprung, Sprung mit verflochtenen Füßen", zu *intrecciare* „verflechten, verschlingen"]

ent|rech|ten ⟨V.2, hat entrechtet; mit Akk.⟩ jmdn. e. *jmdm. seine Rechte nehmen* **Ent|rech|tung** ⟨f., -, nur Sg.⟩

En|tre|cote ⟨[ãtrǝkot] n.9⟩ *Rippenstück (vom Rind)* [< frz. *entrecôte* „Mittelrippenstück", < *entre* „zwischen" und *côte* „Rippe"]

En|tree ⟨[ãtre] n.9⟩ **1** *Eingang* **2** *Vorzimmer, Diele* **3** *Vorspiel zum Ballett* **4** *selbständiger Auftritt im Zirkus* **5** ⟨auch f.9⟩ *Vorspeise* [< frz. *entrée* „Eingang, Eintritt", zu *entrer* < lat. *intrare* „hineingehen, eintreten"]

En|tre|filet ⟨[ãtrǝfilɛ] n.1⟩ **1** ⟨urspr.⟩ *eingeschobene, kurze Notiz im Textteil der Zeitung* **2** ⟨dann⟩ *Leitartikel, Kommentar* [frz., < *entre* „zwischen" und *filet* „Linie", zu *fil* „Faden"]

ent|rei|ni|gen ⟨V.1, hat entreinigt⟩ →*denaturieren*

ent|rei|ßen ⟨V.96, hat entrissen⟩ **I** ⟨mit Dat. und Akk.⟩ jmdm. etwas e. *jmdm. etwas aus den Händen, Armen reißen;* jmdm. eine Waffe, die Handtasche e.; er versuchte, ihr das Kind zu e. **II** ⟨mit Akk. und Dat.⟩ jmdn. einer Sache e. *jmdn. aus etwas mit Kraft herausholen, von etwas wegreißen;* dem Tod e.; wir konnten ihn gerade noch den Fluten e.

En|tre|lacs ⟨[ãtrǝla] n., -, -; Baukunst, Kunstgewerbe⟩ *Zierform aus verschlungenen Linien oder Bändern* [frz., „Geflecht, Verschlingung", < *entre* „zwischen" und *lacs* „Schnur, Schlinge, Schleife"]

En|tre|mets ⟨[ãtrǝmɛ] n., -, -⟩ **1** ⟨†⟩ *leichtes Zwischengericht* **2** *Süßspeise* [frz., < *entre* „zwischen" und *mets* „Speise, Gericht"]

en|tre nous ⟨[ãtrǝ nu] *unter uns, vertraulich* [frz.]

En|tre|pot ⟨[ãtrǝpo] n.9⟩ *Speicher, Lagerraum (für Waren beim Zoll)* [frz., „Lagerhaus, Speicher, Warenniederlage", in Anlehnung an *dépôt* = *Depot*) zu *entreposer* „vorübergehend lagern, zwischenlagern, deponieren"]

En|tre|sol ⟨[ãtrǝsɔl] n.9; †⟩ *Zwischengeschoß* [frz., < span. *entresuelo* „Zwischenstock", zu *suelo* „Fußboden", < lat. *solum* „Boden, Grundfläche"]

En|tre|vue ⟨[ãtrǝvy] f.11; †⟩ *Zusammenkunft (bes. von Monarchen)* [frz., „Zusammenkunft, Treffen"]

ent|rich|ten ⟨V.2, hat entrichtet; mit Akk.⟩ *bezahlen;* den Mitgliedsbeitrag e. **Ent|rich|tung** ⟨f., -, nur Sg.⟩

ent|rie|geln ⟨V.1, hat entriegelt; mit Akk.⟩ etwas e. *den Riegel von etwas zurückschieben;* Ggs. *verriegeln;* eine Tür e. **Ent|rie|ge|lung** ⟨f., -, nur Sg.⟩

ent|rin|den ⟨V.2, hat entrindet; mit Akk.⟩ etwas e. *von der Rinde befreien, die Rinde von etwas abschälen, abschneiden;* gefällte Bäume, Brotscheiben e. **Ent|rin|dung** ⟨f., -, nur Sg.⟩

ent|rin|gen ⟨V.100, hat entrungen⟩ **I** ⟨mit Dat. und Akk.⟩ jmdm. etwas e. *jmdm. etwas mit Mühe aus den Händen winden, mit Mühe etwas von jmdm. erhalten;* jmdm. die Waffe e.; jmdm. ein Geständnis, eine Zusage e. **II** ⟨refl.; mit Dat.⟩ sich jmdm. oder einer Sache e. *mühsam aus etwas herauskommen, sich mühsam von etwas befreien;* ein Seufzer entrang sich ihr; ein Schrei entrang sich ihrer Brust; er entrang sich der Umklammerung

ent|rin|nen ⟨V.101, ist entronnen⟩ **I** ⟨o.Obj.⟩ *vergehen;* die Jahre e. **II** ⟨mit Dat.⟩ **1** einer Sache e. ⟨poet.⟩ *aus etwas her-*

ausrinnen; Tränen entrannen ihren Augen; dem Felsspalt entrann eine Quelle **2** jmdm. oder einer Sache e. *mit Mühe, gerade noch entkommen;* einem Angreifer, Verfolger e.; er ist dem Tode entronnen; einem unerwünschten Begleiter e.

ent|rol|len ⟨V.1, hat entrollt⟩ **I** ⟨mit Akk.⟩ *auseinanderrollen;* eine Fahne e.; ein (zusammengerolltes) Schriftstück e. **II** ⟨mit Dat.; selten⟩ einer Sache e. *aus etwas herausrollen;* dem Kasten entrollten bunte Kugeln, bunte Bälle

En|tro|pie ⟨f.11⟩ **1** ⟨Thermodynamik⟩ *Maß für den Grad der Unordnung eines abgeschlossenen Systems (z. B. von Gasmolekülen)* **2** ⟨Kommunikationstheorie⟩ *durchschnittlicher Informationsgehalt (einer Zeichenmenge)*

ent|rücken ⟨-k|k-; V.1, hat entrückt⟩ **I** ⟨mit Akk.; meist im Passiv; poet.⟩ *(bes. mittels überirdischer Macht) wegführen, wegbringen;* er wurde zu den Göttern, auf eine ferne Insel entrückt **II** ⟨mit Akk. und Dat.⟩ jmdn. einer Sache e. *jmdn. einer Sache entziehen; jmdn. aus einer Sache wegnehmen;* dort war von dem Zugriff der Menschen entrückt; er ist dem Leben, allem Irdischen entrückt *er ist in Ekstase,* ⟨oder⟩ *er ist tot*

Ent|rückung ⟨-k|k-, f., -, nur Sg.⟩ *das Entrücken, das Entrücktsein, Ekstase*

ent|rüm|peln ⟨V.1, hat entrümpelt; mit Akk.⟩ *von Gerümpel befreien;* den Speicher, Keller e. **Ent|rüm|pe|lung** ⟨f., -, nur Sg.⟩

ent|rüs|ten ⟨V.2, hat entrüstet⟩ **I** ⟨mit Akk.⟩ jmdn. e. *empören, zornig, sehr unwillig machen;* diese Bemerkung hat ihn sehr entrüstet; (meist im Part. Perf.) entrüstet *zornig, empört, sehr unwillig;* entrüstet über etwas sein **II** ⟨refl.; meist mit Präp.obj.⟩ sich ⟨über etwas⟩ e. *sich empören, sich moralisch erregen;* sich über jmds. Worte, Verhalten e.

Ent|rüs|tung ⟨f., -, nur Sg.⟩ *Zorn, großer Unwille, (moralische) Erregung;* „....!" antwortete er voller E.; unter den Zuhörern erhob sich ein Sturm der E.

ent|saf|ten ⟨V.2, hat entsaftet; mit Akk.⟩ *Früchte e. den Saft aus Früchten pressen*

Ent|saf|ter ⟨m.5⟩ *Gerät zum Entsaften* (Dampf~)

ent|sa|gen ⟨V.1, hat entsagt; mit Dat.⟩ **1** einer Sache e. *mit Mühe oder mit Schmerzen für immer auf eine Sache verzichten;* dem Alkohol, dem Rauchen e.; dem Thron e.; einer Liebe e.; mit diesem Entschluß hat sie der Ehe, dem Familienleben entsagt **2** jmdm. oder einer Sache e. *sich für immer von jmdm. oder einer Sache loslösen, trennen;* jmdm., einem Geliebten e.; der Welt e. **Ent|sa|gung** ⟨f., -, nur Sg.⟩

ent|sa|gungs|voll ⟨Adj.⟩ *Entsagung fordernd;* eine ~e Tätigkeit; ein ~er Entschluß

ent|sal|zen ⟨V.1, hat entsalzt; mit Akk.⟩ *von Salz befreien;* Meerwasser e. **Ent|sal|zung** ⟨f., -, nur Sg.⟩

Ent|satz ⟨m., -es, nur Sg.; Mil.⟩ *Ersatz, Entlastung durch zusätzliche Truppen* [zu *entsetzen (1,1)*]

ent|schä|di|gen ⟨V.1, hat entschädigt; mit Akk.⟩ jmdn. e. *jmdm. einen Ersatz geben, einen Ausgleich verschaffen;* jmdn. für einen Verlust reichlich e.; jmdm. mit Geld e.; wir wurden für den Theaterbesuch mit einem Besuch im Museum entschädigt

Ent|schä|di|gung ⟨f., -, nur Sg.⟩ **1** *das Entschädigen, das Entschädigtwerden;* als, zur E. erhalten Sie ... **2** *Ersatz, Ausgleich;* jmdm. eine E. zahlen; eine E. verlangen

ent|schär|fen ⟨V.1, hat entschärft; mit Akk.⟩ **1** ein Geschoß e. *aus einem Geschoß die Zündeinrichtung entfernen;* eine Bombe, Mine e. **2** einer Sache e. *aus einer Sache Teile herausnehmen, die Ärgernis, Anstoß erregen könnten;* einen Zeitungsartikel e. **b** ei-

ner Sache die Schärfe nehmen, vermittelnd in eine Sache eingreifen; ein Problem e.; eine Diskussion, Auseinandersetzung e. **Ent|schär|fung** ⟨f., -, nur Sg.⟩

Ent|scheid ⟨m.1⟩ *Entscheidung;* richterlicher, behördlicher E.; der E. steht noch aus

ent|schei|den ⟨V.107, hat entschieden⟩ **I** ⟨mit Akk. oder Präp.obj.⟩ etwas e. *bestimmen, ob, daß, wie etwas gemacht werden soll, etwas anordnen;* das kann ich nicht e.; eine Angelegenheit e.; er soll e., was getan werden soll; das, darüber muß nur der Chef e.; er hat den Kampf für sich entschieden *er hat den Kampf gewonnen;* er hat nicht nicht frei e. (erg.: was ich tun will) **II** ⟨mit Präp.obj.⟩ über etwas e. *ein Urteil über etwas fällen;* ich will darüber nicht e. **III** ⟨o.Obj. oder mit Präp.obj.⟩ *eine Wahl treffen, etwas oder jmdn. auswählen;* bei mehreren gleichen eingesandten Lösungen entscheidet das Los; darüber wird das Los e. **IV** ⟨refl.⟩ sich e. **1** *einen Entschluß fassen, sich klarwerden, was man tun will;* ich kann mich heute noch nicht e.; ich kann mich nur schwer e. **2** sich für jmdn. oder etwas e. *jmdm. oder einer Sache den Vorzug geben, jmdn. oder eine Sache wählen*

Ent|schei|dung ⟨f.10⟩ *das Entscheiden, das Sichentscheiden, das Fällen eines Urteils;* ich muß eine E. treffen; meine E. ist getroffen; einer E. ausweichen; ich kann dir die E. nicht abnehmen; er steht vor der E., ob er ...

ent|schie|den ⟨Adj.⟩ **1** *fest, klar (in der Haltung, in der Meinung);* e. auftreten; „....", sagte er; ein ~er Gegner der Prügelstrafe **2** *kurz und nachdrücklich;* etwas e. ablehnen, bestreiten **3** *zweifellos, eindeutig, deutlich;* das geht mir e. zu weit

Ent|schie|den|heit ⟨f., -, nur Sg.⟩ *Festigkeit, Klarheit (in der Haltung, Meinung), Nachdruck;* er bestritt, erklärte mit aller E., daß ...; seine E. machte Eindruck

ent|schlacken ⟨-k|k-; V.1, hat entschlackt; mit Akk.⟩ *von Schlacken (1,2) reinigen, befreien;* den Ofen e.; den Körper e. **Ent|schlackung** ⟨-k|k-; f., -, nur Sg.⟩

ent|schla|fen ⟨V.115, ist entschlafen; o.Obj.⟩ **1** *einschlafen* **2** ⟨meist verhüllend⟩ *sterben;* er ist gestern sanft e.

ent|schla|gen ⟨V.116, hat entschlagen; refl.; mit Gen.; geh.⟩ sich einer Sache e. **1** *auf eine Sache verzichten;* er hat sich eines Vorteils, eines Rechts e. **2** *sich von etwas frei machen;* sich der Furcht, einer Sorge e.

ent|schlei|ern ⟨V.1, hat entschleiert; mit Akk.⟩ **1** etwas oder sich e. *den Schleier von etwas, vom Gesicht wegnehmen;* Ggs. *verschleiern;* **2** etwas e. *enthüllen, sichtbar, erkennbar machen;* ein Geheimnis e. **Ent|schlei|e|rung** ⟨f., -, nur Sg.⟩

ent|schlie|ßen ⟨V.120, hat entschlossen; refl.; mit Infinitiv oder Präp.obj.⟩ sich e. *(etwas zu tun), sich zu etwas e. einen Entschluß fassen;* entschließ dich!; ⟨ugs.⟩ zögere nicht länger!; ich kann mich noch nicht e. (erg.: es zu tun, es zu kaufen o.ä.); ich bin fest entschlossen, abzureisen; ich habe mich zum Bleiben entschlossen; ich bin zu allem entschlossen, wenn mir nur geholfen wird *ich will alles tun, wenn ...;* kurz entschlossen sagte er zu; vgl. *entschlossen*

Ent|schlie|ßung ⟨f.10⟩ *Entschluß, Beschluß (z. B. um eine politische Forderung durchzusetzen);* Syn. *Resolution;* eine E. einbringen

ent|schlos|sen ⟨Adj.⟩ *zielstrebig, energisch, nicht zögernd;* ~es Handeln; nur seinem ~en Eingreifen war es zu danken, daß ...; e. auftreten; er ist stets sehr e. **Ent|schlos|sen|heit** ⟨f., -, nur Sg.⟩

ent|schlum|mern ⟨V.1, ist entschlummert; o.Obj.⟩ *entschlummern*

ent|schlüp|fen ⟨V.1, ist entschlüpft; o.Obj. oder mit Dat.⟩ **1** *(jmdm. oder einer Sache) geschickt, wendig, leise entkommen;* der Vo-

gel ist (mir) entschlüpft; der Dieb ist (uns) entschlüpft; der Eidechse ist meiner Hand entschlüpft **2** jmdm. e. *unkontrolliert, unbedacht von jmdm. ausgesprochen werden;* kaum war mir das Wort e., da bereute ich es schon; sich eine anzügliche Bemerkung, ein Geständnis e. lassen

Ent|schluß ⟨m.2⟩ *durch Nachdenken, Überlegen erreichte Festlegung des Willens, (feste) Absicht;* einen E. fassen; ich bin nicht Herr meiner Entschlüsse *ich kann nicht frei entscheiden;* es ist mein fester E., morgen abzureisen; er ist schwer, schnell von E. *er kann sich schwer, kann sich schnell zu etwas entschließen*

ent|schlüs|seln ⟨V.1, hat entschlüsselt; mit Akk.⟩ *mit Hilfe eines Schlüssels verständlich machen;* Syn. *entziffern;* Ggs. *verschlüsseln;* einen (verschlüsselten) Text, Funkspruch e.; einen Roman (einen Schlüsselroman) e. *die Personen eines Romans als Personen, die leben oder gelebt haben, erkennen* **Ent|schlüs|se|lung** ⟨f., -, nur Sg.⟩

ent|schul|bar ⟨Adj., o.Steig.⟩ *so, daß man es entschuldigen kann;* dieses Verhalten ist (nicht) e.

ent|schul|den ⟨V.2, hat entschuldet; mit Akk.⟩ *von Schulden befreien*

ent|schul|di|gen ⟨V.1, hat entschuldigt⟩ **I** ⟨mit Akk.⟩ **1** etwas e. *als nicht wesentlich, nicht schlimm betrachten (und damit für zulässig, für gerade noch erlaubt erklären);* jmds. Ausdrucksweise, Verhalten e.; das ist nicht zu e. **2** jmdn. e. **a** *jmds. Verhalten, Handlungsweise erklären (und als verständlich betrachten)* **b** *jmds. Fernbleiben erklären (und damit Entschuldigung dafür erwirken);* ich möchte meine Tochter e.; mein Sohn läßt sich e., er kann morgen nicht kommen; drei Schüler fehlen entschuldigt, zwei nicht entschuldigt **II** ⟨refl.⟩ sich (bei jmdm.) e. **1** *(jmdn.) darum bitten, daß man einen Verstoß nicht übelnimmt;* er hat sich (nicht einmal) entschuldigt; ich muß mich (sehr, vielmals) e., daß ich nicht angerufen habe; du mußt dich bei ihm e. **2** *erklären, daß man nicht kommen kann;* sich wegen Krankheit e. **III** ⟨o.Obj.; in den Wendungen⟩ entschuldige!, (bitte) entschuldigen Sie! nimm es, nehmen Sie es nicht übel!

Ent|schul|di|gung ⟨f.10⟩ **1** *das Entschuldigen, das Sichentschuldigen, Bitte um Nachsicht;* er stammelte eine E.; er hat für alles eine E., tausend ~en; dafür gibt es keine E. *das kann man nicht entschuldigen* **2** *Erklärung des Fernbleibens;* einem Kind eine E. (für die Schule, für den Lehrer) schreiben; er hat zweimal ohne E. gefehlt

Ent|schul|dung ⟨f., -, nur Sg.⟩ *das Entschulden, Befreiung von Schulden, Erlassen von Schulden*

ent|schwe|ben ⟨V.1, ist entschwebt; o.Obj.⟩ *davonschweben, sich schwebend entfernen*

ent|schwin|den ⟨V.133, ist entschwunden⟩ **I** ⟨o. Obj.⟩ **1** *sich entfernen, aus dem Blickfeld verschwinden;* der Wagen entschwand in der Ferne; das Flugzeug entschwand in den Wolken **2** *vergehen;* die Jahre e.; die Zeit entschwindet wie im Flug **3** ⟨ugs., scherzh.⟩ *sich entfernen, weggehen;* ich entschwinde jetzt **II** ⟨mit Dat.⟩ jmdm. oder einer Sache e. *aus jmds. Gedächtnis verschwinden, sich aus der Reichweite von etwas entfernen;* sein Name ist mir entschwunden; der Vogel entschwand unseren Blicken

ent|seelt ⟨Adj., o.Steig.; poet.⟩ *von der Seele verlassen, tot;* er sank e. zu Boden

ent|sen|den ⟨V.138, hat entsandt; mit Akk.⟩ jmdn. e. *(mit einem Auftrag) schicken, wegschicken;* einen Abgeordneten, Delegierten (zu einer Tagung) e.; einen Vertreter, Unterhändler e. **Ent|sen|dung** ⟨f., -, nur Sg.⟩

ent|set|zen ⟨V.1, hat entsetzt⟩ I ⟨mit Akk.⟩ **1** *etwas e. von Belagerern, aus der Belagerung befreien;* eine Festung, Stadt e. **2** *jmdn. e. jmdm. Grauen einflößen, jmdn. empören;* der Anblick, die Nachricht hat mich entsetzt; ich war ganz entsetzt, als ich das hörte *ungemein erschrocken, empört;* sie sah ihn entsetzt an *voller Grauen;* sie schrie entsetzt auf II ⟨refl.⟩ sich e. *Grauen, Abscheu empfinden;* sich über eine Nachricht e.; sich vor einem Anblick e.

Ent|set|zen ⟨n., -s, nur Sg.⟩ *Grauen, Schrecken, Abscheu;* E. empfinden; von E. ergriffen werden; zu meinem (größten) E. hörte ich, daß ...

ent|setz|lich ⟨Adj.⟩ **1** *grausig, schrecklich, abscheulich;* das ist ja e.!; ein ~es Verbrechen **2** *schlimm, stark, groß;* eine ~e Kälte, Hungersnot **3** ⟨als Adv.⟩ *sehr;* e. frieren; es ist e. kalt

ent|seu|chen ⟨V.1, hat entseucht; mit Akk.⟩ **1** → *desinfizieren* **2** *von atomaren oder chemischen Kampfstoffen, von Giften befreien (und dadurch wieder bewohnbar machen);* Ggs. *verseuchen;* ein Gebiet e. **Ent|seu|chung** ⟨f., -, nur Sg.⟩

ent|si|chern ⟨V.1, hat entsichert; mit Akk.⟩ *eine Waffe e. die Sicherung einer Waffe entfernen (und diese damit schußbereit machen);* die Pistole e. **Ent|si|che|rung** ⟨f., -, nur Sg.⟩

ent|sin|nen ⟨V.142, hat entsonnen; refl.⟩ sich e. **1** *sich erinnern;* ich kann mich nicht e., kann mich noch gut e., wie wir ...; kannst du dich noch e., daß wir ...? **2** *sich einer Sache, sich an eine Sache erinnern;* ich entsinne mich noch des Tages, an dem wir ... **3** *sich an etwas e., sich an etwas erinnern;* sich an jmdn., an ein Ereignis e.

ent|sor|gen ⟨V.1, hat entsorgt; mit Akk.⟩ *von Abfall, Müll befreien;* Haushalte e., eine Stadt e.

Ent|sor|gung ⟨f., -, nur Sg.⟩ **1** *das Entsorgen* **2** *Wiederaufarbeitung und Endlagerung (von Kernbrennstoffen)*

ent|span|nen ⟨V.1, hat entspannt; mit Akk.⟩ *etwas oder sich e. lockern, aus einer Spannung lösen, von Spannung befreien, ausruhen, ruhen lassen;* die Glieder e.; sich im Urlaub e.; die politische Lage hat sich entspannt

Ent|span|nung ⟨f., -, nur Sg.⟩ *das Entspannen, das Sichentspannen*

ent|spin|nen ⟨V.145, hat entsponnen; refl.⟩ sich e. *sich entwickeln;* zwischen beiden entspann sich ein heftiger Streit; aus der Bemerkung entspann sich ein Gespräch; so entspann sich eine Liebe, eine Freundschaft

ent|spre|chen ⟨V.146, hat entsprochen; mit Dat.⟩ **1** *einer Sache e.* **a** *einer Sache ähnlich sein, gleichkommen;* sein Einkommen entspricht dem eines mittleren Beamten **b** *einer Sache angemessen sein, ihr genügen, zu einer Sache passen;* seine Fähigkeiten e. (nicht) unseren Anforderungen; das Kleid entspricht (nicht) meinen Erwartungen **c** *eine Sache bewilligen, erfüllen;* er hat meiner Bitte entsprochen; seinem Antrag ist (nicht) entsprochen worden **2** *jmdm. e.* ⟨geh.⟩ *jmds. Erwartung erfüllen;* ich kann ihm leider nicht e.

ent|spre|chend I ⟨Adj., o.Steig.⟩ **1** *ähnlich;* er hat die Ausbildung eines Erziehers und erwartet natürlich ein ~es Gehalt; ein dem Leder ~er Kunststoff **2** ⟨als Adv.⟩ *angemessen, gemäß, dazu passend;* er ist entzogen und benimmt sich e. II ⟨Präp. mit Dat.⟩ *gemäß, übereinstimmend mit;* e. seiner Anordnung, seiner Anordnung e. wird das Tor um 18 Uhr geschlossen

Ent|spre|chung ⟨f.10⟩ **1** *das Ähnlichsein, Ähnlichkeit;* ich kann zwischen beiden keine E. feststellen **2** *entsprechende, ähnliche Sache;* für das Wort „gemütlich" gibt es in anderen Sprachen keine E.

ent|sprie|ßen ⟨V.147, ist entsprossen; mit Dat.⟩ *einer Sache e.* **1** *aus einer Sache hervorwachsen;* dem Strauch sind viele neue Triebe entsprossen **2** *einer Sache entstammen, einer Sache hervorgehen;* seiner Ehe mit dieser Frau sind sechs Kinder entsprossen

ent|sprin|gen ⟨V.148, ist entsprungen⟩ I ⟨o.Obj.⟩ **1** *als Quelle aus dem Boden kommen;* die Elbe entspringt im Riesengebirge **2** *entfliehen;* der Häftling ist (aus dem Gefängnis) entsprungen II ⟨mit Dat. oder Präp.obj.⟩ *einer Sache e., aus einer Sache e. aus einer Sache entstehen, hervorgehen;* einer solchen Erziehung entspringt dann die Meinung, alles haben zu müssen, was man will; aus dieser Debatte entsprang eine ganze Kette von Fragen, Problemen

ent|staat|li|chen ⟨V.1, hat entstaatlicht; mit Akk.⟩ *aus staatlichem in privaten Besitz überführen;* Ggs. *verstaatlichen;* einen Betrieb e. **Ent|staat|li|chung** ⟨f., -, nur Sg.⟩ *das Entstaatlichen, das Entstaatlichtwerden;* Ggs. *Verstaatlichung*

ent|stam|men ⟨V.1, hat entstammt⟩ ⟨Perf. nicht üblich⟩ ⟨mit Dat.⟩ *einer Sache e. aus einer Sache stammen, aus einer Sache hervorgegangen sein;* er entstammt einer reichen Bürgerfamilie; er entstammt einem bescheidenen Milieu; diese Auffassung entstammt einer längst vergangenen Zeit

ent|ste|hen ⟨V.151, ist entstanden⟩ I ⟨o.Obj. oder mit Präp.obj.⟩ *(aus etwas) e. sich (aus etwas) entwickeln, aus etwas hervorgehen;* es entstand ein großes Gedränge; hier entsteht eine neue Siedlung; es könnte der Eindruck e., als wolltest du ...; daraus ist großes e.; durch den Dorf ist im Lauf der Zeit eine Stadt entstanden II ⟨mit Dat.⟩ *jmdm. e. sich für jmdn. ergeben;* es e. Ihnen dadurch keine weiteren Kosten *Sie werden dadurch keine weiteren Kosten haben;* mir ist daraus großer Schaden entstanden *ich habe davon großen Schaden gehabt*

Ent|ste|hen ⟨n., -s, nur Sg.⟩ *das Entstehen;* die E. des Lebens; ich war bei der E. dieses Theaterstücks dabei, ich habe seine E. miterlebt

ent|stei|gen ⟨V.153, ist entstiegen; mit Dat.⟩ *einer Sache e. aus einer Sache heraussteigen;* dem Bett, dem Bad e.; dem Wagen entstieg ein alter Herr

ent|stei|nen ⟨V.1, hat entsteint; mit Akk.⟩ *Früchte e. die Steine aus Früchten entfernen;* Kirschen e.

ent|stei|ßen ⟨V.1, hat entsteißt; mit Dat. und Akk.⟩ *jmdm. etwas e. durch Zureden, List o.ä. etwas von jmdm. erlangen, erhalten;* ich habe ihm 1000 Mark entsteißt; den Fotoapparat habe ich meinem Vater entsteißt [wohl zu *Steißfeder*, die man einem Hahn ausreißt]

ent|stel|len ⟨V.1, hat entstellt; mit Akk.⟩ **1** *häßlich machen, (im Aussehen) zum Schlechten verändern, verunstalten;* sein Gesicht ist mit Narben entstellt **2** *verfälschen, falsch darstellen;* den Sinn eines Textes (durch falsche Übersetzung) e.; einen Vorfall e., entstellt wiedergeben; eine Äußerung ~d, entstellt wiedergeben

Ent|stel|lung ⟨f.10⟩ **1** *das Entstellen, falsche Wiedergabe, Verfälschung;* in dem Bericht sind einige ~en enthalten **2** *das Entstelltsein, Verunstaltung;* die E. ihres Gesichts durch eine große Narbe

ent|stie|len ⟨V.1, hat entstielt; mit Akk.⟩ *Früchte e. die Stiele von Früchten entfernen;* Johannisbeeren e.

ent|stö|ren ⟨V.1, hat entstört; mit Akk.⟩ **1** *elektrische Geräte e. durch bestimmte Veränderungen elektrische Geräte so einrichten, daß sie den Rundfunkempfang nicht mehr stören* **2** ⟨übertr.⟩ *von einer Störung befreien;* das Verhältnis zwischen Personen, zwischen Staaten e. **Ent|stö|rung** ⟨f., -, nur Sg.⟩

ent|strö|men ⟨V.1, ist entströmt; mit Dat.⟩ *einer Sache e. aus einer Sache herausströmen, von einer Sache ausgehen;* der defekten Leitung entströmte das Wasser in einem armdicken Strahl; den Blumen entströmt ein betäubender Duft

ent|süh|nen ⟨V.1, hat entsühnt; mit Akk.; nicht korrekte Bildung⟩ *durch Sühne von Schuld befreien;* Christ ist erschienen, uns zu e. **Ent|süh|nung** ⟨f., -, nur Sg.⟩

ent|ta|bu|ie|ren, ent|ta|bu|i|sie|ren ⟨V.3, hat enttabuiert, hat enttabuisiert; mit Akk.⟩ *von einem Tabu befreien*

ent|tar|nen ⟨V.1, hat enttarnt; mit Akk.⟩ *jmdn. e. jmdn. durchschauen, jmdn. entlarven;* einen Spion e.; *jmdn. als etwas e. jmdn. unter seiner Tarnung als etwas erkennen;* jmdn. als Spion e. **Ent|tar|nung** ⟨f., -, nur Sg.⟩

ent|täu|schen ⟨V.1, hat enttäuscht; mit Akk.⟩ **1** *jmdn. e. jmds. Erwartung, Hoffnung nicht erfüllen (und ihn dadurch traurig, niedergeschlagen, unwillig machen);* er hat mich sehr enttäuscht; es hat mich (tief) enttäuscht, daß er sich so verhalten hat; das Theaterstück, Fußballspiel enttäuschte (erg.: die Zuschauer) **2** *etwas e. nicht erfüllen, zunichte machen;* jmds. Vertrauen, Hoffnungen e. **3** enttäuscht sein *sich in seinen Hoffnungen, Erwartungen betrogen fühlen, niedergeschlagen, traurig sein (weil sich die Hoffnungen, Erwartungen nicht erfüllt haben);* von jmdm. enttäuscht sein; über jmds. Verhalten enttäuscht sein; angenehm enttäuscht sein *erfreut sein (weil sich Befürchtungen nicht bewahrheitet haben)* [eigtl. „von einer Täuschung befreien"]

Ent|täu|schung ⟨f.10⟩ **1** *das Enttäuschen, Nichterfüllen von Hoffnungen, Erwartungen;* das Theaterstück war eine (große) E.; sie hat schon manche E. erlebt; jmdm. eine (bittere) E. bereiten **2** *das Enttäuschtsein, Traurigkeit, Niedergeschlagenheit (weil sich Hoffnungen, Erwartungen nicht erfüllt haben);* die E. stand ihr im Gesicht geschrieben; eine E. überwinden; er ließ sich seine E. nicht anmerken

ent|thro|nen ⟨V.1, hat entthront; mit Akk.⟩ **1** *jmdn. vom Thron absetzen oder verdrängen;* einen König e. **2** ⟨übertr.⟩ *jmdn. aus einem hohen Amt, einer einflußreichen Stellung verdrängen*

Ent|thro|nung ⟨f., -, nur Sg.⟩ *das Entthronen, das Entthrontwerden*

ent|trüm|mern ⟨V.1, hat enttrümmert; mit Akk.; nach 1945⟩ *von Trümmern befreien;* ein zerbombtes Grundstück, Stadtviertel e. **Ent|trüm|me|rung** ⟨f., -, nur Sg.⟩

ent|völ|kern ⟨V.1, hat entvölkert; mit Akk.⟩ *etwas e. die Bevölkerung aus etwas vertreiben;* Ggs. *bevölkern (1);* ein Land, Gebiet e.; die anhaltende Dürre hat ganze Landstriche entvölkert **Ent|völ|ke|rung** ⟨f., -, nur Sg.⟩

ent|wach|sen ⟨V.172, ist entwachsen; mit Dat.⟩ *einer Sache e. aus einer Sache heraus-, über eine Sache hinauswachsen, sie nicht mehr brauchen;* der Fürsorge der Eltern e.; er war den Kinderschuhen längst e. *er war längst kein Kind mehr, er war längst erwachsen*

ent|waff|nen ⟨V.2, hat entwaffnet; mit Akk.⟩ *jmdn. e. jmdm. die Waffe(n) abnehmen;* Ggs. *bewaffnen (1)* **Ent|waff|nung** ⟨f., -, nur Sg.⟩

ent|wal|den ⟨V.2, hat entwaldet; mit Akk.⟩ *etwas e. den Wald von etwas wegnehmen, vernichten;* die Erosion hat die Hügel, Berge entwaldet; saurer Regen droht ganze Landstriche zu e.

Ent|wal|dung ⟨f., -, nur Sg.⟩ *das Entwalden, das Entwaldetwerden*

ent|war|nen ⟨V.1, hat entwarnt; o.Obj.; meist im Passiv und unpersönl.; im 2. Weltkrieg⟩ *die (vor dem Fliegeralarm gegebene) Warnung wieder aufheben, den Fliegeralarm beenden;* es ist entwarnt worden

Ent|war|nung ⟨f., -, nur Sg.; im 2. Weltkrieg⟩ **1** *das Entwarnen* **2** *hoher Sirenenton (als Signal für das Ende des Fliegeralarms)*

ent|wäs|sern ⟨V.1, hat entwässert; mit Akk.⟩ *von zuviel Wasser befreien;* Ggs. *bewässern;* den Boden e.; den Körper e. *ihn durch Medikamente von Wasseransammlungen befreien* **Ent|wäs|se|rung** ⟨f., -, nur Sg.⟩

ent|we|der ⟨Konj.; nur in der Fügung⟩ e.- oder *(drückt aus, daß nur eine von zwei oder mehreren Möglichkeiten eintritt oder in Frage kommt);* e. ist es das eine oder das andere; e. kommt er selbst, oder er schickt jemanden; e. sind sie verheiratet oder verwandt oder befreundet; e. *oder!* *entscheide dich!*

Ent|we|der-Oder ⟨n., -, nur Sg.⟩ *Entscheidung zwischen zwei Dingen;* hier gibt es nur ein E.

ent|wei|chen ⟨V.176, ist entwichen; o.Obj.⟩ **1** *fliehen, ausreißen;* der Häftling ist entwichen; er ist aus dem Gefängnis entwichen; er ist durchs Fenster entwichen; er konnte in einem unbeobachteten Augenblick e. **2** *ausströmen;* an dieser Stelle können Gase, Dämpfe e.; dem Rohr, aus dem Rohr entweicht Gas

Ent|weich|ge|schwin|dig|keit ⟨f.10⟩ *Geschwindigkeit, die ein Körper besitzen muß, um aus dem Anziehungsbereich eines Himmelskörpers ins All entweichen zu können;* Syn. *Fluchtgeschwindigkeit*

ent|wei|hen ⟨V.1, hat entweiht; mit Akk.⟩ *eine Sache e. einer Sache die Weihe nehmen, die Weihe einer Sache verletzen, zerstören;* eine Kirche durch Kampfhandlungen e. **Ent|wei|hung** ⟨f., -, nur Sg.⟩

ent|wen|den ⟨V.2, hat entwendet; mit Akk.⟩ *(jmdm.) etwas e. widerrechtlich wegnehmen, stehlen;* er hat (im Betrieb) Geld entwendet; er hat mir einen Ring entwendet **Ent|wen|dung** ⟨f., -, nur Sg.⟩

ent|wer|fen ⟨V.181, hat entworfen; mit Akk.⟩ **1** *in großen Zügen, vorbereitend gestalten;* einen Plan e. **2** *in Umrissen vorbereitend zeichnen;* ein Gemälde e. **3** *in den wichtigsten Punkten schriftlich aufzeichnen;* eine Dichtung, einen Vertrag e.

ent|wer|ten ⟨V.2, hat entwertet; mit Akk.⟩ *eine Sache e.* **1** *einer Sache den Wert nehmen, ihren Wert verringern;* Geld e.; mit dem, was du sagst, entwertest du meine Arbeit **2** *wertlos machen, einer Sache den Geldwert nehmen, sie für weiteren Gebrauch ungültig machen, sie unverkäuflich machen;* einen Fahrschein (durch Lochen, Stempeln) e.; eine Eintrittskarte durch Einreißen e.

Ent|wer|ter ⟨m.5⟩ *Automat zum Entwerten von Fahrscheinen*

Ent|wer|tung ⟨f., -, nur Sg.⟩ *das Entwerten*

ent|we|sen ⟨V.1, hat entwest; mit Akk.⟩ *von Ungeziefer, Schädlingen befreien;* Räume e. [zu *Unwesen* in der alten Bed. „häßliches, verderbliches Wesen, Wesen, wie es nicht sein soll"] **Ent|we|sung** ⟨f., -, nur Sg.⟩

ent|wi|ckeln ⟨-k|k-; V., hat entwickelt⟩ **I** ⟨mit Akk.⟩ **1** *etwas e.* **a** *erscheinen lassen, sichtbar, spürbar werden lassen;* seine Kräfte, Fähigkeiten e. **b** *entstehen lassen;* Dampf, Hitze e. **c** *wirksam werden lassen;* Scharfsinn, Phantasie e. **d** *darlegen, Punkt für Punkt zeigen;* seine Gedanken, einen Plan e. **e** *erarbeiten, nach und nach finden;* Möglichkeiten für etwas e.; ein neues Verfahren, eine Methode e. **f** einen Film e. *mittels Chemikalien die Bilder auf einem Film sichtbar werden lassen* **2** *jmdn. e. jmds. Fähigkeiten wecken und wirksam werden lassen;* jmdn. zum großen Schauspieler e. **II** ⟨refl.⟩ sich e. **1** *wachsen, heranwachsen, größer, reifer werden;* das Kind entwickelt sich gut, rasch **2** *entstehen;* es entwickelt sich Dampf, Rauch **3** *sich aus etwas, etwas aus etwas entstehen;* aus der Knolle hat sich die Pflanze entwickelt **4** *sich zu etwas e. nach und nach zu etwas werden;* der Junge hat sich inzwischen zum jungen Mann entwickelt

Ent|wick|ler ⟨m.5; Fot.⟩ *chemisches Mittel, das das durch die Belichtung entstandene Bild sichtbar macht (entwickelt)*

Ent|wick|ler|bad ⟨n.4⟩ *Bad in der Flüssigkeit des Entwicklers (zum Einlegen des belichteten Films)*

Ent|wick|lung ⟨f.10⟩ **1** *das Entwickeln;* E. eines Films **2** *das Sichentwickeln;* seine E. macht rasche Fortschritte; jmds. E. beobachten; seine E. zum Politiker **3** ⟨Biol.⟩ → *Ontogenese*

Ent|wick|lungs|dienst ⟨m., -es, nur Sg.⟩ *praktische Arbeit in der Entwicklungshilfe*

ent|wick|lungs|fä|hig ⟨Adj.⟩ **1** *fähig, sich zu entwickeln;* das Kind ist (nicht) e. **2** *fähig gemacht zu werden;* die Erfindung, die Stellung ist e. **Ent|wick|lungs|fä|hig|keit** ⟨f., -, nur Sg.⟩

Ent|wick|lungs|ge|schich|te ⟨f., -, nur Sg.⟩ *Wissenschaft von der fortschreitenden Veränderung der Lebewesen hinsichtlich Form und Anpassungsfähigkeit;* Syn. *Biogenese*

Ent|wick|lungs|hel|fer ⟨m.5⟩ *jmd., der im Entwicklungsdienst arbeitet*

Ent|wick|lungs|hil|fe ⟨f., -, nur Sg.⟩ *helfende Maßnahmen der industrialisierten Länder für die Entwicklungsländer (z.B. Beratungs-, Kapitalhilfe)*

Ent|wick|lungs|land ⟨n.4⟩ *Land außerhalb der durch wirtschaftlichen Wohlstand gekennzeichneten Ländergruppe (das von dieser als entwicklungsfähig bezeichnet wird)*

Ent|wick|lungs|ro|man ⟨m.1⟩ *Roman, in dem die innere Entwicklung eines Menschen und seine Auseinandersetzung mit der Umwelt geschildert wird*

ent|wid|men ⟨V.2, hat entwidmet; mit Akk.⟩ *der öffentlichen Benutzung entziehen, in Privatbesitz überführen;* ein (bisher öffentliches) Grundstück e. **Ent|wid|mung** ⟨f.10⟩

ent|win|den ⟨V.183, hat entwunden⟩ **I** ⟨mit Dat. und Akk.⟩ *jmdm. (oder sich) etwas e. jmdm. durch Drehungen mit Kraft etwas aus den Händen nehmen, (sich) von jmds. Griff frei machen;* jmdm. die Waffe e.; das Kind, die Katze entwand sich seinen Armen

ent|wir|ren ⟨V.1, hat entwirrt; mit Akk.⟩ **1** *auseinanderschlingen, auseinanderziehen;* Ggs. *verwirren;* (verwirrte) Fäden e. **2** *durchschaubar machen, klären;* verwickelte Verhältnisse e. **Ent|wir|rung** ⟨f., -, nur Sg.⟩

ent|wi|schen ⟨V.1, ist entwischt; o.Obj.⟩ *entfliehen, ausreißen;* der Vogel ist (mir) entwischt; der Vogel ist durchs Fenster entwischt; sie haben den Dieb e. lassen

ent|wöh|nen ⟨V.1, hat entwöhnt⟩ **I** ⟨mit Akk.⟩ → *abstillen* **II** ⟨mit Akk. und Gen.⟩ jmdn. (oder sich) einer Sache e. *jmdm. oder sich etwas abgewöhnen;* jmdn., sich des Alkohols, des Trinkens e.; ich habe mich der Süßigkeiten entwöhnt; ich bin des späten Zubettgehens schon ganz entwöhnt

Ent|wöh|nung ⟨f., -, nur Sg.⟩ *das Entwöhnen, das Sichentwöhnen*

ent|wöl|ken ⟨V.1, hat entwölkt; refl.⟩ sich e. *von Wolken frei werden;* Ggs. *sich bewölken;* der Himmel hat sich entwölkt; seine Stirn entwölkte sich ⟨übertr.⟩ *sein Gesicht wurde wieder freundlicher*

ent|wür|di|gen ⟨V.1, hat entwürdigt; mit Akk.⟩ *jmdn. e. jmds. menschliche Würde verletzen, vernichten, jmdn. demütigen;* es ist ~d, wie die Leute hier behandelt werden **Ent|wür|di|gung** ⟨f., -, nur Sg.⟩

Ent|wurf ⟨m.2⟩ **1** *Zeichnung in großen, einfachen Umrissen, vorbereitende, andeutende Zeichnung;* ein E. für ein Reihenhaus, für ein Gemälde; jmdm. seine Entwürfe vorlegen **2** *Niederschrift in den wichtigsten Punkten;* E. zu einem Roman

ent|wur|zeln ⟨V.1, hat entwurzelt; mit Akk.⟩ **1** *eine Pflanze e. mit den Wurzeln aus der Erde reißen;* der Sturm hat viele Bäume entwurzelt **2** jmdn. e. ⟨übertr.⟩ *jmdn. aus der heimischen, gewohnten Umgebung nehmen;* einen alten Menschen soll man nicht e. **Ent|wur|ze|lung** ⟨f., -, nur Sg.⟩

ent|zau|bern ⟨V.1, hat entzaubert; mit Akk.⟩ Ggs. *verzaubern* **1** *jmdn. e. von einem Zauber, aus einer Verzauberung befreien* **2** *eine Sache e. einer Sache den Zauber, den besonderen Reiz nehmen* **Ent|zau|be|rung** ⟨f., -, nur Sg.⟩

ent|zer|ren ⟨V.1, hat entzerrt; mit Akk.⟩ *von einer Verzerrung befreien;* fotografische Aufnahmen e.

Ent|zer|rer ⟨m.5⟩ **1** *optisches Gerät, das verzerrte Bilder wieder entzerrt* **2** *Gerät, das bei der Übertragung verzerrte Signale wieder entzerrt*

Ent|zer|rung ⟨f., -, nur Sg.⟩ *das Entzerren*

ent|zie|hen ⟨V.187, hat entzogen⟩ **I** ⟨mit Dat. und Akk.⟩ **1** *jmdm. etwas e. jmdm. jmdn. oder etwas wegnehmen;* jmdm. den Führerschein, die Fahrerlaubnis e.; jmdm. den Alkohol e.; sie entzog ihm ihre Hand; jmdm. in der Diskussion das Wort e.; jmdm. nach der Scheidung die Kinder e. **2** *jmdm. etwas e. a jmdm. etwas nicht mehr gewähren, nicht mehr geben;* jmdm. die Erlaubnis zu etwas, das Vertrauen e.; jmdm. die Unterstützung e. **3** *eine Sache etwas e. etwas aus einer Sache herausziehen;* das kalte Wasser entzieht dem Körper Wärme; dem Kaffee das Koffein e. **II** ⟨mit Akk. und Dat.⟩ *jmdn. oder etwas einer Sache e. jmdn. oder etwas von einer Sache fernhalten, etwas nicht zu einer Sache gelangen lassen;* hier bin ich seinem Zugriff entzogen; Briefe der Zensur e. **III** ⟨refl.; mit Dat.⟩ *sich einer Sache oder jmdm. e.* **1** *einer Sache oder jmdm. aus dem Weg gehen, sich von einer Sache oder jmdm. entfernen;* warum entziehst du dich mir?; sich der Polizei, der Verhaftung durch die Flucht e. **2** *nicht bis zu etwas gelangen;* dies entzieht sich meiner Kenntnis *das weiß ich nicht, das habe ich noch nicht erfahren;* diese Vorgänge e. sich der möglichen Beobachtung

Ent|zie|hung ⟨f., -, nur Sg.⟩ *das Entziehen,* ⟨meist⟩ *Entzug*

Ent|zie|hungs|kur ⟨f.10⟩ *bei Rausch- und Genußmittelsucht durch Ärzte überwachte Entziehung des Suchtmittels in einer besonderen Anstalt*

ent|zif|fern ⟨V.1, hat entziffert; mit Akk.⟩ *etwas e.* **1** *etwas (das schlecht oder sehr klein geschrieben ist) lesen;* ich kann diese winzige Schrift kaum e.; nachdem ich den Brief endlich entziffert hatte **2** → *entschlüsseln;* eine Geheimschrift e. **3** *aus etwas (unbekannten Schriftzeichen) den Sinn herausfinden;* die Schrift der Maya, die Hieroglyphen e. **Ent|zif|fe|rung** ⟨f.10⟩

ent|zücken ⟨-k|k-; V.1, hat entzückt; mit Akk.⟩ *jmdn. e. in jmdm. heitere, strahlende Freude erregen, jmdn. begeistern;* der Anblick, das Buch hat mich entzückt; ich bin von dem Kind ganz entzückt; zu meinem Entzücken schlug er vor ...; in helles Entzücken geraten

ent|zückend ⟨-k|k-; Adj.⟩ *heitere Freude hervorrufend, reizend, reizvoll;* sie hat zwei ~e Kinder; sie sieht e. aus; sie haben eine ~e Wohnung

Ent|zückung ⟨-k|k-; f., -, nur Sg.⟩ *das Entzücken, das Entzücktsein*

Ent|zug ⟨m.; -(e)s, nur Sg.⟩ *das Entziehen;* nach dem E. von Alkohol bekam er Abstinenzerscheinungen; der E. von Liebe ist für das Kind die schlimmste Strafe

ent|zünd|bar ⟨Adj., o.Steig.⟩ *so beschaffen, daß es entzündet werden kann;* Syn. *inflammabel* **Ent|zünd|bar|keit** ⟨f., -, nur Sg.⟩

ent|zün|den ⟨V.2, hat entzündet⟩ **I** ⟨mit Akk.⟩ **1** *etwas e.* **a** *anbrennen, zum Brennen bringen;* ein Feuer, ein Streichholz e.

Epilepsie

b ⟨übertr.⟩ *entfachen, erregen, entstehen lassen;* in jmdm. Begeisterung, Liebe e.; jmds. Leidenschaft, Haß e. **2** jmdn. e. ⟨poet.⟩ *in Begeisterung, Entzücken versetzen* **II** ⟨refl.⟩ sich e. **1** *sich röten und anschwellen;* der verletzte Finger hat sich entzündet; seine Mandeln sind entzündet **2** ⟨übertr.⟩ *entstehen;* zwischen beiden entzündete sich ein Streit; an der Bemerkung entzündete sich ein heftiger Wortwechsel

ent|zünd|lich ⟨Adj., o.Steig.⟩ *durch eine Entzündung gekennzeichnet oder hervorgerufen*

Ent|zün|dung ⟨f.10⟩ **1** *Abwehrreaktion des Körpers, die u.a. durch Rötung, Schwellung und ein örtlich begrenztes Hitzegefühl gekennzeichnet ist* **2** ⟨Chem.⟩ *Beginn einer Verbrennung, nachdem der Stoff eine bestimmte Temperatur erreicht hat*

ent|zwei ⟨Adv.⟩ *kaputt, in Stücke auseinandergefallen, -gebrochen, zerrissen, zerschlagen, nicht mehr funktionsfähig;* das Glas, der Stuhl ist e.; die Uhr, das Gerät ist e.

entzwei... ⟨in Zus. mit Verben⟩ *auseinander..., in Stücke, kaputt...,* z.B. entzweibrechen, entzweigehen, entzweischlagen

ent|zwei|en ⟨V.1, hat entzweit⟩ **I** ⟨mit Akk.⟩ *zwei (oder mehrere) Personen e. ihre Eintracht stören, Streit zwischen ihnen entfachen, Unfrieden zwischen ihnen stiften* **II** ⟨refl.⟩ sich e. *uneins werden, in Unfrieden miteinander geraten, im Streit auseinandergehen;* sie hat sich mit ihrem Freund entzweit

Ent|zwei|ung ⟨f., -, nur Sg.⟩

Enu|me|ra|ti|on ⟨f.10; †⟩ *Aufzählung* [< lat. *enumeratio* „Ausrechnung", zu *numerare* „rechnen"]

Enun|zia|ti|on ⟨f.10; †⟩ *Aussage, Erklärung* [< lat. *enuntiare* „aussagen, berichten, ausdrücken", < e... (in Zus. für *ex*) „aus" und *nuntiare* „melden, verkünden"]

En|ure|sis ⟨f., -, -sen⟩ →*Bettnässen* [< griech. *en...* „in, hinein" und *ouresis* „das Harnen"]

En|ve|lop|pe ⟨[ãvəlɔp(ə)] f.11⟩ **1** ⟨†⟩ *Briefumschlag, Hülle* **2** ⟨Math.⟩ *Kurve, die eine Vielzahl gleichartiger Kurven einhüllt, d. h. in je einem Punkt berührt;* Syn. *Hüllkurve* [frz. „Hülle, Umhüllung"]

En|vi|ron|ment ⟨[-vaiɐn-] n.9⟩ *Arrangement aus Gegenständen der alltäglichen Umgebung (oft mit Lichteffekten, Geräuschen, Bewegung), das den Betrachter zur geistigen Auseinandersetzung herausfordern soll* [engl., „Umgebung, Umwelt"]

en vogue ⟨[ãvog] *beliebt, im Schwange, in Mode* [frz., wörtlich „in Beliebtheit, in Ansehen", urspr. „beim Schwimmen, beim Aufdem-Wasser-Fahren", zu *voguer* „rudern, schwimmen (vom Schiff), auf dem Wasser fahren"]

En|ze|pha|li|tis ⟨f., -, ti|den⟩ →*Gehirnentzündung* [< griech. *enkephalos* „Gehirn" und *...itis*]

En|ze|pha|lo|gra|phie ⟨f.11⟩ *diagnostische Methode, bei der nach Punktion und Ablassen der Gehirnflüssigkeit Luft eingeblasen wird, die im Röntgenbild sichtbar ist* [< griech. *enkephalos* „Gehirn" und *...graphie*]

En|zi|an ⟨m.1⟩ **1** *meist blau, aber auch gelb, lila oder weiß blühende, niedrig wachsende Gebirgspflanze* **2** *Branntwein aus der Wurzel des Gelben Enzians* [< lat. *Gentiana*]

En|zy|kli|ka ⟨f., -, -ken⟩ *päpstliches Rundschreiben* [latinisiert < griech. *enkyklios* „kreisförmig, sich im Kreis bewegend", übertr. „im Kreis umlaufend, bei allen herumgehend", < *en...* „in" und *kyklos* „Kreis"]

en|zy|klisch ⟨Adj., o.Steig.⟩ *einen Kreis durchlaufend* [→ *Enzyklika*]

En|zy|klo|pä|die ⟨f.11⟩ **1** *Gesamtheit des Wissens* **2** *Nachschlagewerk über alle Wissensgebiete* [< griech. *enkyklios* „kreisförmig, im Kreis verlaufend", hier im Sinne von „umfassend"; und *paideia* „Erziehung, Unterricht, Lehre"]

En|zy|klo|pä|di|ker ⟨m.5⟩ *Verfasser einer Enzyklopädie*

en|zy|klo|pä|disch ⟨Adj., o.Steig.⟩ *in der Art einer Enzyklopädie, das gesamte Wissen umfassend;* er hat eine ~e Bildung

En|zym ⟨n.1⟩ *in der lebenden Zelle gebildetes Protein oder Proteid, das die Stoffwechselvorgänge steuert;* Syn. *Ferment* [< mittelgriech. *enzymos* „gesäuert", < griech. *en...* „in" und *zyme* „Sauerteig"]

en|zy|ma|tisch ⟨Adj., o.Steig.⟩ *durch Enzyme bewirkt;* Syn. *fermentativ*

En|zy|mo|pa|thie ⟨f.11⟩ *durch Mangel an einem Enzym entstandene Krankheit*

en|zy|stie|ren ⟨V.3, hat enzystiert; o.Obj.⟩ *sich in einer Zyste einkapseln (von Kleinstlebewesen)*

eo ip|so *von selbst, gerade dadurch* [lat., „durch sich selbst"; Ablativ des Mittels von *is ipse*, „er selbst"]

Eo|lith ⟨m.10⟩ *Stein, bei dem man erste Spuren der Bearbeitung durch den Frühmenschen zu erkennen glaubt* [< griech. *eos* „Morgenröte" und *lithos* „Stein"]

Eo|sin ⟨n.⟩ *ein roter Farbstoff (u.a. als Färbemittel für Tinte, Lippenstifte und mikroskopische Präparate)* [zu griech. *eos* „Morgenröte"]

eo|si|nie|ren ⟨V.3, hat eosiniert; mit Akk.⟩ *mit Eosin färben*

eo|zän ⟨Adj., o.Steig.⟩ *das Eozän betreffend, zu ihm gehörig, aus ihm stammend*

Eo|zän ⟨n., -s, nur Sg.⟩ *Abschnitt der Erdgeschichte, zweitälteste Abteilung des Tertiärs* [< griech. *eos* „Morgenröte" und *kainos* „neu"]

Eo|zo|i|kum ⟨n., -s, nur Sg.; †⟩ →*Archäozoikum* [< griech. *eos* „Morgenröte" und *zoon* „Lebewesen"]

Ep|ago|ge ⟨f.11⟩ →*Induktion (1)* [griech., „das Herbeiführen, Herbeischaffen; das Schließen vom Besonderen aufs Allgemeine", < *epi...* „heran, herbei" und *agein* „führen"]

ep|ago|gisch ⟨Adj., o.Steig.⟩ →*induktiv*

Ep|arch ⟨m.10⟩ **1** ⟨griech.-orthodoxe Kirche⟩ *Bischof* **2** ⟨im Oström. Reich⟩ *Statthalter* [< griech. *eparchos* „Vorsteher, Statthalter", < *epi...* „über" und *archein* „herrschen"]

Ep|ar|chie ⟨f.11⟩ **1** *Diözese eines Eparchen (1)* **2** *oströmische Provinz*

Epau|lett ⟨[epo-] n.9⟩, **Epau|let|te** ⟨[epo-] f.11, meist Pl.⟩ →*Achselklappe* [< frz. *épaulette* „Achselstück, Achselschnur", zu *épaule* „Schulter, Achsel"]

Ephe|be ⟨m.11; im alten Athen⟩ *Jüngling im wehrfähigen Alter (zwischen 18 und 20 Jahren)* [< griech. *ephebos* in ders. Bed., < *eph...*, *epi...* „auf" und *hebe* „Jünglingsalter, Eintritt der Mannbarkeit, Jugend"]

Ephe|drin ⟨n., -s, nur Sg.⟩ *ein dem Adrenalien verwandtes Alkaloid (u.a. als Mittel gegen Kreislaufschwäche), von Ephedra, einer Pflanze, aus der es gewonnen werden kann*

ephe|mer ⟨Adj., o.Steig.⟩ *nur einen Tag lebend oder dauernd, kurzlebig, vergänglich* [< griech. *ephemeros* „für den Tag, auf einen Tag beschränkt", < *eph...*, *epi...* „auf" und *hemera* „Tag"]

Ephe|me|ri|de ⟨f.11⟩ **1** *Eintagsfliege* **2** ⟨Astron.⟩ *Buch mit Tabellen über den Stand der Gestirne für einen gewissen Zeitraum* **3** *kurzlebige Erscheinung* **4** ⟨†⟩ *periodische Veröffentlichung mit den Tagesereignissen* [zu *ephemer*]

Ephor ⟨m.10; im alten Sparta⟩ *einer der fünf jährlich gewählten höchsten Beamten* [→ *Ephorus*]

Ephorus ⟨m., -, -ren⟩ **1** ⟨reformierte Kirche⟩ *Dekan* **2** *Leiter eines evangelischen Predigerseminars oder Wohnheims* [< griech. *ephoros* „Aufseher", < *epi...* „nach hin, auf" und *horan* „sehen, hinsehen, besichtigen"]

Epi|deik|tik ⟨f., -, nur Sg.⟩ *schwülstige Redeweise (wie in Lob- und Festreden)* [< griech. *epideiktikos* „prunkend, zur Schau stellend", < *epi...* „auf" und *deiktikos* „zeigend, hinweisend", → *deiktisch*]

epi|deik|tisch ⟨Adj., o.Steig.⟩ *prunkend, auf Wirkung berechnet*

Epi|de|mie ⟨f.11⟩ *gehäuftes Auftreten einer Infektionskrankheit mit zeitlicher und örtlicher Begrenzung* [< griech. *epidemios* „im Land, über das Land verbreitet"]

Epi|de|mio|lo|gie ⟨f., -, nur Sg.⟩ *Wissenschaft von den Epidemien*

epi|de|misch ⟨Adj., o.Steig.⟩ *in der Art einer Epidemie*

Epi|der|mis ⟨f., -, -men⟩ **1** *äußerste Hautschicht;* Syn. *Oberhaut* **2** ⟨bei Pflanzen und Wirbellosen⟩ *äußerste Zellschicht* [< griech. *epi...* „auf" und *derma* „Haut"]

Epi|dia|skop ⟨n.1⟩ *Bildwerfer für durchsichtige und undurchsichtige Bilder* [< griech. *epi...* „auf", *dia* „durch" und *...skop*]

Epi|dot ⟨m.1⟩ *gelblich- bis schwarzgrünes Mineral, das vor allem in Metamorphitgestein vorkommt;* Syn. *Pistazit* [< griech. *epididonai* „anwachsen, zunehmen", vermutlich nach der gestreckten Kristallform]

Epi|ge|ne|se ⟨f.11⟩ *Entwicklung eines Organismus über eine Kette von Neubildungen* [< griech. *epi...* „danach" und *Genese*]

epi|ge|ne|tisch ⟨Adj., o.Steig.; Geol.⟩ *jünger als die umgebenden Bildungen (z.B. Erzlagerstätten im Nebengestein* [→ *Epigenese*]

epi|go|nal ⟨Adj., o.Steig.⟩ *in der Art eines Epigonen, nachgeahmt, nachahmend*

Epi|go|ne ⟨m.11⟩ *Künstler, der einen Stil unschöpferisch nachahmt* [< griech. *epigonos* „nachgeboren", Nachkomme", < *epi...* „nach" und „Geburt, Abstammung"]

Epi|gramm ⟨n.1⟩ *kurzes Sinn- oder Spottgedicht, meist in Distichen* [< griech. *epigramma* „Aufschrift, Inschrift", < *epi...* „auf, darauf" und *...gramm*]

Epi|gram|ma|ti|ker ⟨m.5⟩ *Verfasser von Epigrammen*

epi|gram|ma|tisch ⟨Adj., o.Steig.⟩ *in der Art eines Epigramms, kurz und treffend*

Epi|graph ⟨n.10⟩ *(bes. antike) Inschrift* [< griech. *epi...* „auf, darauf" und *...graph*]

Epi|gra|phik ⟨f., -, nur Sg.⟩ *Inschriftenkunde*

Epik ⟨f.11⟩ *erzählende Dichtkunst in Versen (Vers~) und Prosa;* vgl. *Epos*

Epi|kan|thus ⟨m., -, nur Sg.⟩ →*Mongolenfalte* [< griech. *epi...* „auf, über" und *kanthos* „Augenwinkel"]

Epi|karp ⟨n.1⟩ *äußerste Schicht der Fruchtschale* [< griech. *epi...* „darauf, darüber" und *karpos* „Frucht"]

Epi|ker ⟨m.5⟩ *Dichter epischer Werke* [zu *Epos*]

Epi|kle|se ⟨f.11; griech.-orthodoxe und kath. Kirche⟩ *Anrufung des Heiligen Geistes* [< griech. *epiklesis* „Benennung, Berufung", < *epi...* „herbei" und *klesis* „Ruf, Berufung, Einladung"]

Epi|kri|se ⟨f.11⟩ *abschließende Beurteilung eines Krankheitsfalles (durch den Arzt)* [< griech. *epikrisis* „letzte Entscheidung, Endurteil"]

Epi|ku|re|er ⟨m.5⟩ **1** *Anhänger der Lehre des altgriechischen Philosophen Epikur* **2** ⟨übertr. fälschlich⟩ *Genußmensch*

epi|ku|re|isch ⟨Adj., o.Steig.⟩ **1** *von Epikur stammend* **2** ⟨übertr. fälschlich⟩ *auf Genuß gerichtet*

Epi|ku|re|is|mus ⟨m., -, nur Sg.⟩ **1** *Lehre des Epikur* **2** ⟨übertr., fälschlich⟩ *Lebensprinzip, das den Genuß an erste Stelle setzt*

Epi|la|ti|on ⟨f., -, nur Sg.⟩ *kosmetische Entfernung von Körperhaaren durch Elektrochirurgie* [zu *epilieren*]

Epi|lep|sie ⟨f., -, nur Sg.⟩ *Gehirnerkrankung*

Epileptiker mit anfallsweise auftretenden Krampfanfällen und Zuckungen des ganzen Körpers; Syn. ⟨†⟩ *Fallsucht* [< griech. *epilepsis* ,,das Ergreifen, Anfall"]

Epi|lep|ti|ker ⟨m.5⟩ jmd., der an Epilepsie leidet

epi|lep|tisch ⟨Adj., o.Steig.⟩ auf Epilepsie beruhend, daran leidend

epi|lie|ren ⟨V.3, hat epiliert; mit Akk.⟩ enthaaren [Neubildung < lat. *e...* (in Zus. für *ex*) ,,aus, heraus" und *pilum* ,,Haar"]

Epi|lim|ni|on ⟨n., -s, -ni|en; bei Seen⟩ wärmere, durchleuchtete Oberschicht des Wassers [< griech. *epi...* ,,auf" und *limne* ,,See, Teich, Sumpf"]

Epi|log ⟨m.1⟩ Nachwort, Schlußwort, Nachspiel (eines Buches oder Theaterstücks); Ggs. *Prolog* [< griech. *epilogos* ,,Schluß einer Rede; Nachwort", zu *epilegein* ,,hinzufügen", < *epi...* ,,nach" und *legein* ,,sagen, sprechen, reden"]

Epin|glé ⟨epɛ̃gle⟩ m.9⟩ 1 gerippter Kleiderstoff mit abwechselnd starken und schwachen Rippen 2 gerippter Möbelbezugsstoff

Epi|pha|nia ⟨f., -, -ni|en⟩ → *Epiphanie*

Epi|pha|ni|as ⟨n., -, -ni|en⟩ Fest der Erscheinung Christi, 6. Januar, urspr. sein Geburtsfest, dann sein Tauffest, zugleich → *Dreikönigsfest* [→ *Epiphanie*]

Epi|pha|nie ⟨f.11⟩ das Erscheinen einer Gottheit (bes. Christi); auch: *Epiphania* [< griech. *epiphaneia* ,,Erscheinung", < *epi...* ,,in Gegenwart, vor" und *phainesthai* ,,sichtbar werden, erscheinen, sich zeigen"]

Epi|phä|no|men ⟨n.1⟩ Begleiterscheinung [< griech. *epi...* ,,dazu" und *Phänomen*]

Epi|pho|ra ⟨f., -, nur Sg.⟩ 1 Wiederholung eines oder mehrerer Wörter am Ende mehrerer aufeinanderfolgender Sätze; Ggs. *Anapher* 2 krankhafter Tränenfluß [griech., ,,das Hinzutragen", in der Bed. (2) sinngemäß ,,das Überfließen"]

Epi|phy|se ⟨f.11⟩ 1 Endstück eines langen Röhrenknochens in Gelenknähe 2 → *Zirbeldrüse* [< griech. *epiphyesthai* ,,an oder auf etwas wachsen, noch mehr wachsen", in der Bed. (1) weil die Epiphyse erst nach abgeschlossenem Wachstum verknöchert, in der Bed. (2) weil die Zirbeldrüse Einfluß auf das Wachstum hat]

Epi|phyt ⟨m.10⟩ auf anderen Pflanzen (Bäumen) lebende, aber sich selbst ernährende Pflanze, Lichtschmarotzer [< griech. *epi...* ,,auf" und *phyton* ,,Pflanze"]

Epi|ro|ge|ne|se ⟨f.11⟩ langsame, weiträumige Hebung oder Senkung größerer Teile der Erdkruste (ohne Bruch oder Faltung); Ggs. *Orogenese* [< griech. *epeiros* ,,Festland, Kontinent" und *Genese*]

episch ⟨Adj., o.Steig.⟩ in der Art eines Epos, erzählend; in ~er Breite ⟨ugs., scherzh.⟩ sehr ausführlich, bis ins einzelne

Epi|skop ⟨n.1⟩ Projektor für undurchsichtige Bilder [< griech. *epi...* ,,auf" und *...skop*]

epi|sko|pal ⟨Adj., o.Steig.⟩ bischöflich

Epi|sko|pa|lis|mus ⟨m., -, nur Sg.⟩ kirchliches System, bei dem die Kirche von der Gesamtheit der Bischöfe geleitet wird; Syn. *Episkopalsystem*; Ggs. *Papalsystem*

Epi|sko|pal|kir|che ⟨f.11⟩ nichtkatholische Kirche mit bischöflicher Leitung

Epi|sko|pal|sy|stem ⟨n.1⟩ → *Episkopalismus*

Epi|sko|pat ⟨m.1⟩ 1 Gesamtheit der Bischöfe 2 Amt, Würde eines Bischofs [zu *Episkopus*]

Epi|sko|pus ⟨m., -, -pi⟩ Bischof [< griech. *episkopos* ,,Aufseher, Leiter, Beschützer", zu *episkopein* ,,auf etwas achten, sich um etwas kümmern", < *epi...* ,,auf, über, an der Spitze" und *skopein* ,,schauen, betrachten"]

Epi|so|de ⟨f.11⟩ 1 eingeschobenes Zwischenstück im Theaterstück oder Roman 2 Zwischenspiel in der Fuge 3 nebensächliches Ereignis oder Erlebnis [< frz. *épisode* in ders. Bed., < griech. *epeisodion* ,,eingeschobener Abschnitt, (bes.) dialogischer Teil zwischen zwei Chorliedern", zu *epeisodos* ,,Dazwischentreten, Eintreten", < *epi...* ,,darauf, dazu" und *eis...* ,,in ... hinein, nach ... hin" und *hodos* ,,Weg"]

Epi|stel ⟨f.11⟩ 1 längerer Brief 2 Apostelbrief des NT 3 vorgeschriebene Lesung aus den Apostelbriefen oder der Apostelgeschichte im Gottesdienst 4 ⟨ugs.; †⟩ Strafpredigt [< lat. *epistula* ,,Brief", < griech. *epistole* ,,Brief, Sendung", zu *epistellein* ,,schicken, senden"]

Epi|ste|mo|lo|gie ⟨f., -, nur Sg.⟩ Erkenntnistheorie, Wissenschaftstheorie [< *Epistel* und *...logie*]

Epi|sto|lar ⟨n.1⟩, **Epi|sto|la|ri|um** ⟨n., -s, -ri|en⟩ Handbuch mit den gottesdienstlichen Episteln [< *Epistel* und lat. Endung *...arium* zur Bez. eines Behälters]

Epi|sto|lo|gra|phie ⟨f., -, nur Sg.⟩ Kunst des Briefschreibens [< *Epistel* und *...graphie*]

Epi|styl ⟨n.1⟩, **Epi|sty|li|on** ⟨n., -s, -li|en⟩ → *Architrav* [< griech. *epistylion* ,,das auf den Säulen Ruhende", < *epi...* ,,auf, darauf" und *stylos* ,,Säule"]

Epi|taph ⟨n.1⟩ 1 Grabinschrift 2 Grabmal mit Inschrift 3 Totengedenktafel [< griech. *epitaphios* ,,zum Begräbnis gehörig, Grab...", < *epi...* ,,auf, darauf" und *taphos* ,,Grab"]

Epi|tha|la|mi|um ⟨n., -s, -mi|en; Antike⟩ Hochzeitslied [< griech. *epi...* ,,auf, darauf" und *thalamos* ,,Wohnung, Lager"]

Epi|thel ⟨n.1; beim Menschen und bei Tieren⟩ die äußere Körperfläche und innere Hohlräume begrenzende Zellschicht [< griech. *epi...* ,,auf, darauf" und *thele* ,,Warze, Zitze", wegen der Form der einzelnen Zellen]

Epi|the|se ⟨f.11⟩ Einfügung eines Lautes in ein Wort zur leichteren Sprechbarkeit, z.B. das *t* in *namentlich*, das *d* in *morgendlich* in *Liebesabenteuer* [< griech. *epi...* ,,dazu" und *thesis* ,,das Setzen, Stellen"]

Epi|the|ton ⟨n., -s, -ta⟩ Beiwort, Attribut; E. *ornans* schmückendes Beiwort [< griech. *epitheton* ,,hinzugefügt; das Hinzugefügte, Beiwort", < *epi...* ,,dazu" und *tithenai* ,,setzen, legen, stellen"]

Epi|zen|trum ⟨n., -s, -tren⟩ Stelle auf der Erdoberfläche senkrecht über dem Erdbebenherd [< griech. *epi...* ,,auf, darauf" und *Zentrum*]

Epi|zo|on ⟨n., -, -zo|en⟩ tierischer Ektoparasit [< griech. *epi...* ,,auf, darauf" und *zoon* ,,Tier"]

Epi|zoo|tie ⟨[-tsoːɔ-] f.11⟩ in größerem Bereich auftretende Tierseuche [< griech. *epi...* ,,auf, über" und *zoon* ,,Tier"]

Epi|zy|kel ⟨n.5; †⟩ → *Epizykloide* [< lat. *epicyclus*, griech. *epikyklos* ,,Nebenkreis", < griech. *epi...* ,,auf, daneben" und *kyklos* ,,Kreis"]

Epi|zy|klo|ide ⟨f.11⟩ Kurve, die dadurch entsteht, daß ein Punkt eines Kreises auf dem Umgang eines anderen, festen Kreises abrollt; auch: *Epizykel* [< griech. *epi...* ,,neben" und *kyklos* ,,Kreis" und *eidos* ,,Gestalt"]

epo|chal ⟨Adj., o.Steig.⟩ 1 für einen großen Zeitabschnitt geltend 2 ⟨übertr.⟩ aufsehenerregend; eine ~e Entdeckung [zu *Epoche*]

Epo|che I ⟨[ɛpɔxə] f.11⟩ 1 bedeutungsvoller Zeitabschnitt; E. machen einen neuen Zeitabschnitt einleiten, in einem Zeitabschnitt großen Einfluß haben; dieses Ereignis, dieses Buch hat E. gemacht 2 Zeitpunkt des Standorts eines Gestirns II ⟨[-xɛ] f., nur Sg.; Philos.⟩ Enthaltung des Beifalls oder Urteils [< griech. *epoche* ,,Anhalten, Haltepunkt, Unterbrechung", zu *epechein* ,,anhalten, zögern, einen Raum einnehmen, sich über etwas erstrecken"]

Ep|ode ⟨f.11⟩ 1 ⟨im altgriech. Chorlied⟩ die auf Strophe und Antistrophe folgende dritte Strophe 2 ⟨in der altgriech. und altröm. Dichtung⟩ auf einen längeren Vers folgender kurzer Vers 3 ⟨danach⟩ aus langen und kurzen Versen bestehende Strophe [< griech. *epodos* ,,Schlußgesang"]

Epo|pöe ⟨f.11⟩ ⟨†⟩ *Epos* 2 kurzes, komisches Heldengedicht [< griech. *epopoiia* ,,Abfassung eines epischen Gedichts; episches Gedicht", < *epos* ,,Lied, Gedicht" und *poiein* ,,schaffen, anfertigen"]

Epos ⟨auch [ɛpɔs] n., -, Epen⟩ lange erzählende Dichtung in rhythmisch oder metrisch gebundener Sprache [< griech. *epos* ,,Wort, Rede; Lied, Gedicht", zu *eipein* ,,sagen, sprechen, vortragen"]

Ep|oxid ⟨n.1⟩ cyclischer Äther, bei dem ein Sauerstoffatom mit zwei Kohlenstoffatomen einen dreigliedrigen Ring bildet

Ep|pich ⟨m.1; volkstümliche Sammelbez. für⟩ verschiedene Pflanzen (bes. Sellerie, auch Petersilie, Efeu) [< lat. *apium* ,,Sellerie", zu *apis* ,,Biene", also ,,von Bienen bevorzugte Pflanze"]

Eprou|vet|te ⟨[epruvɛt(ə)] f.11; österr.⟩ *Probierröhrchen (für chemische Versuche)* [< frz. *éprouvette* ,,Probier-, Reagenzglas", < *éprouver* ,,ausprobieren, versuchen" und dem Verkleinerungssuffix *...ette*]

Ep|si|lon ⟨n.9; Zeichen: ε, E⟩ fünfter Buchstabe des griechischen Alphabets

Ep|som|salz ⟨[ɛpsəm-] n., -es, nur Sg.⟩ → *Bittersalz* [nach den Bittersalzquellen der engl. Stadt *Epsom*]

Equa|li|zer ⟨[ikwəlaizər] m.5⟩ Bauteil in Hi-Fi-Verstärkern zur Verbesserung des Klangbildes [< engl. *equalizer* ,,Ausgleicher, Stabilisator", zu *equal* ,,gleich"]

Eque|strik ⟨f., -, nur Sg.⟩ Schulreiten (bes. im Zirkus), Reitkunst [< lat. *equester*, Gen. *equestris*, ,,zum Reiter gehörig", zu *eques* ,,Reiter" und *equus* ,,Pferd"]

Equi|li|brist ⟨m.10⟩ → *Äquilibrist*

Equi|pa|ge ⟨[-ʒə] f.11; früher⟩ 1 elegante Kutsche 2 Mannschaft (eines Schiffes) 3 Ausrüstung (eines Offiziers) [< frz. *équipage* ,,Kutsche mit Pferden, Reisezug, Troß, Schiffsmannschaft", zu *équiper* < altfrz. *esquiper* ,,ausrüsten, bemannen", zu altnord. *skipa* ,,(ein Schiff) ausrüsten"]

Equipe ⟨[ekip] f.11⟩ für einen bestimmten Zweck ausgewählte Mannschaft (bes. im Reitsport) [< frz. *équipe* ,,Mannschaft, Team", zu *équiper* ,,ausrüsten"]

equi|pie|ren ⟨V.3, hat equipiert; mit Akk.; †⟩ ausrüsten

er ⟨Pers.pron., 3. Pers. Sg. m.⟩ er ist mein Bruder; ein Er und eine Sie ⟨scherzh.⟩ *ein Mann und eine Frau*

Er[1] ⟨†; Anrede für einen Untergebenen⟩ geh Er und seh Er nach!

Er[2] ⟨chem. Zeichen für⟩ *Erbium*

er|ach|ten ⟨V.2, hat erachtet; mit Akk.⟩ *etwas als etwas e.* etwas für etwas halten; ich erachte es als meine Pflicht, zu ...; ich erachte das für richtig, für falsch; meines Erachtens ⟨Abk.: m.E.⟩ *meiner Ansicht nach*

er|ah|nen ⟨V.1, hat erahnt; verstärkend⟩ *ahnen*; das kann man nur e.

er|ar|bei|ten ⟨V.2, hat erarbeitet; mit Akk.⟩ durch geistiges Arbeiten herstellen, anfertigen; ein Wörterbuch e. **Er|ar|bei|tung** ⟨f., -, nur Sg.⟩

Erb|an|la|ge ⟨f.11⟩ erbliche angeborene Fähigkeit oder Eigenschaft, erbliche Veranlagung

Erb|an|spruch ⟨m.2⟩ Anspruch auf ein Erbe, Anspruch aufgrund eines Erbes; Erbansprüche auf ein Grundstück geltend machen

Erb|ärm|de|bild ⟨n.3⟩ → *Erbärmdechristus*

Erb|ärm|de|chri|stus, **Erb|arm|e|chri|stus** ⟨m., -, nur Sg.⟩ Darstellung Christi mit der Dornenkrone

er|bar|men ⟨V.1, hat erbarmt⟩ **I** ⟨mit Akk.⟩ jmdn. e. *jmdm. leid tun, Mitleid (und Hilfe) bei jmdm. hervorrufen;* er erbarmt mich; sein Schicksal, sein Unglück erbarmt mich; es erbarmt einen, wenn man sieht ... *es tut einem leid, und man möchte helfen* **II** ⟨refl.⟩ sich jmds. e. *jmdm. aus Mitleid helfen*

Er|bar|men ⟨n., -s, nur Sg.⟩ *Mitleid (und Hilfe);* mit jmdm. E. haben; er sah zum E. aus; der Hund heulte zum E.

er|bar|mens|wert, er|bar|mens|wür|dig ⟨Adj.⟩ *so beschaffen, daß man Erbarmen haben muß;* in einem ~en Zustand

er|bärm|lich ⟨Adj.⟩ **1** *so beschaffen, daß man Erbarmen haben muß;* Syn. *erbarmungswürdig;* er war in einem ~en Zustand **2** *dürftig, armselig;* eine ~e Hütte **3** *viel zu gering;* er arbeitet für einen ~en Lohn **4** *sehr böse, gemein;* eine ~e Tat; ein ~er Kerl; er hat sich e. verhalten **5** *sehr stark, sehr groß;* eine ~e Kälte; ich habe einen ~en Hunger **6** ⟨nur als Adv.⟩ *sehr;* ich friere e.; es tut e. weh

Er|bärm|lich|keit ⟨f., -, nur Sg.⟩

Er|bar|mung ⟨f., -, nur Sg.⟩ *das Sicherbarmen*

er|bar|mungs|los ⟨Adj.⟩ **1** *ohne Erbarmen, sehr hart, grausam;* e. auf jmdn. oder ein Tier einschlagen **2** *sehr groß, kaum erträglich;* eine ~e Kälte **Er|bar|mungs|lo|sig|keit** ⟨f., -, nur Sg.⟩

er|bar|mungs|wür|dig ⟨Adj.⟩ → *erbärmlich (1)*

er|bau|en ⟨V.1, hat erbaut⟩ **I** ⟨mit Akk.⟩ **1** *bauen, aufbauen, errichten;* eine Kirche, ein Schloß e. **2** *in friedvolle, fromme Stimmung versetzen;* ~de Bücher; von etwas nicht erbaut sein *nicht sehr erfreut über etwas sein* **II** ⟨refl.⟩ sich (an etwas) e. *sich (an etwas) erfreuen, sich (von etwas) in friedliche, fromme Stimmung versetzen lassen;* sich an Büchern, an Musik e.

er|bau|lich ⟨Adj.⟩ *in friedvolle, fromme Stimmung versetzend;* ~e Bücher

Er|bau|ung ⟨f., -, nur Sg.⟩ **1** *das Erbauen;* E. einer Kirche **2** *das Sicherbauen;* bestimmte Bücher zur E. lesen

Erb|be|gräb|nis ⟨n.1⟩ *große Grabstätte für eine Familie (in der begraben zu werden jedes Familienmitglied das Recht hat)*

erb|be|rech|tigt ⟨Adj., o.Steig.⟩ *berechtigt, ein Erbe anzunehmen;* Syn. *erbfähig* **Erb|be|rech|ti|gung** ⟨f., -, nur Sg.⟩

Er|be I ⟨n.11⟩ *Vermögen, Eigentum, das jmd. bei seinem Tod hinterläßt und das in den Besitz einer oder mehrerer dazu berechtigter Personen übergeht;* Syn. *Erbschaft;* ein E. annehmen, ausschlagen; ein E. antreten **II** ⟨m.11⟩ *Person, die berechtigt ist, das Vermögen eines Verstorbenen (ganz oder zum Teil) zu übernehmen*

er|be|ben ⟨V.1, ist erbebt; o.Obj.⟩ *plötzlich beben*

erb|ei|gen ⟨Adj., o.Steig.⟩ *durch Erbschaft zum Eigentum geworden, ererbt*

Erb|ei|gen|tum ⟨n., -s, nur Sg.⟩ *Eigentum durch Erbschaft*

er|ben ⟨V.1, hat geerbt; mit Akk.⟩ *als Erbe erhalten;* Geld; ein Haus e.; sie haben geerbt ⟨ugs.⟩ *sie haben eine Erbschaft gemacht*

er|bet|teln ⟨V.1, hat erbettelt; mit Akk.⟩ *oft auch mit Dat. (sich) und Akk.⟩ (sich) etwas e. etwas durch Betteln erlangen*

er|beu|ten ⟨V.2, hat erbeutet; mit Akk.⟩ *als Beute erlangen, sich als Beute aneignen*

erb|fä|hig ⟨Adj.⟩ → *erbberechtigt* **Erb|fä|hig|keit** ⟨f., -, nur Sg.⟩

Erb|fak|tor ⟨m.13⟩ → *Gen*

Erb|fall ⟨m.2⟩ *eine Erbschaft betreffende Angelegenheit*

erb|fäl|lig ⟨Adj., o.Steig.; nur als Attr. und mit „sein"⟩ *als Erbe zufallend oder zugefallen*

Erb|feind ⟨m.1⟩ **1** *jmd., der seit Generationen als Feind gilt* **2** *der E. der Teufel*

Erb|fol|ge ⟨f.11⟩ *Reihenfolge der Personen, die das Erbe eines verstorbenen Familienmitglieds anzutreten berechtigt sind;* Syn. *Erbgang;* männliche, weibliche E. *Reihenfolge nur innerhalb der männlichen bzw. weiblichen Nachkommen*

Erb|gang ⟨m.2⟩ **1** → *Erbfolge* **2** *Art der Vererbung eines Merkmals*

Erb|grind ⟨m.1⟩ *ansteckende Hautpilzkrankung am Kopf, bei der kleine, gelbe Punkte zu Grinden vereinigt sind;* Syn. *Favus* [volkstümlich als erbliche Krankheit angesehen]

Erb|gut ⟨n.4⟩ **1** ⟨nur Sg.⟩ *Gesamtheit der Erbanlagen* **2** → *Erbhof*

Erb|hof ⟨m.2⟩ *Bauernhof, der im ganzen an einen Erben übergeben wird;* Syn. *Erbgut*

er|bie|ten ⟨V.13, hat erboten; refl.⟩ sich e. (etwas zu tun) *sich bereit erklären;* er erbot sich, den Koffer zum Bahnhof zu bringen

Er|bin ⟨f.10⟩ *weiblicher Erbe*

er|bit|ten ⟨V.15, hat erbeten; mit Dat. (sich) und Akk.⟩ **1** sich etwas von jmdm. e. *jmdn. um etwas bitten, etwas von jmdm. erlangen oder zu erlangen, zu erhalten suchen;* ich erbitte mir einen Rat von Ihnen; ich habe mir das Buch erbeten **2** *sich e. lassen eine Bitte erfüllen;* er ließ sich endlich e., sich nicht e., das Geld dafür zu geben

er|bit|tern ⟨V.1, hat erbittert; mit Akk.⟩ *in bittern Zorn, Groll versetzen;* seine Ungerechtigkeit erbittert den Sohn; er ist über die Ungerechtigkeit des Vaters erbittert

Er|bit|te|rung ⟨f., -, nur Sg.⟩ *bitterer Zorn, starker Groll*

Er|bi|um ⟨n., -s, nur Sg.; Zeichen: Er⟩ *weiches, silberweißes Metall der seltenen Erden* [neulat.; nach dem schwed. Ort *Ytterby,* wo es entdeckt wurde]

Erb|kai|ser|tum ⟨n., -s, nur Sg.⟩ *erbliches Kaisertum*

Erb|kö|nig|tum ⟨n., -s, nur Sg.⟩ *erbliches Königtum*

Erb|krank|heit ⟨f.10⟩ *angeborenes Leiden, dessen Ursache in veränderten Erbanlagen (oder auch in Schäden ganzer Chromosomen) der Eltern liegt*

Erb|land ⟨n.1⟩ *Land, das durch Erbe seit Generationen im Besitz einer fürstlichen Familie ist*

er|blas|sen ⟨V.1, ist erblaßt; o.Obj.⟩ *blaß werden* (nur von Personen)

Erb|las|sen|schaft ⟨f.10⟩ *Hinterlassenschaft, auf die ein Anspruch von Erben besteht;* Syn. *Erbtum*

Erb|las|ser ⟨m.5⟩ *jmd., der ein Erbe hinterläßt*

er|blei|chen ⟨V.1, ist erbleicht; o.Obj.⟩ *bleich werden* (nur von Personen)

erb|lich ⟨Adj., o.Steig.⟩ **1** *auf der Erbfolge beruhend, zu ihr gehörig;* ~e Rechte; ~er Adel **2** *von den Eltern oder Vorfahren herrührend;* e. belastet sein **3** *auf genetischer Vererbung beruhend, zu ihr gehörig;* ~es Leiden **Erb|lich|keit** ⟨f., -, nur Sg.⟩

er|blicken ⟨-k·k-; V.1, hat erblickt; mit Akk.⟩ *plötzlich sehen, entdecken, wahrnehmen;* das Licht der Welt e. ⟨geh.⟩ *zur Welt kommen, geboren werden*

er|blin|den ⟨V.2, ist erblindet; o.Obj.⟩ *blind werden* **Er|blin|dung** ⟨f., -, nur Sg.⟩

er|blü|hen ⟨V.1, ist erblüht; o.Obj.⟩ *aufblühen, zu blühen beginnen;* die Knospen sind erblüht; sie ist zu voller Schönheit erblüht ⟨poet.⟩ *ist erwachsen und schön geworden*

Erb|mas|se ⟨f.11⟩ **1** *Gesamtheit des Erbes* **2** *Gesamtheit der genetischen Anlagen*

Erb|on|kel ⟨m.5; scherzh.⟩ *(reicher) Onkel, den man einmal beerben kann*

er|bo|sen ⟨V.1, hat erbost⟩ **I** ⟨mit Akk.⟩ *zornig machen, leicht empören;* sein ständiger Widerspruch erbost mich; erbost leicht empört **II** ⟨refl.⟩ sich e. *zornig werden, sich leicht empören;* darüber kann ich mich oft e.

er|bö|tig ⟨Adj., o.Steig.⟩ *bereit, gewillt;* ich bin e., das zu klären; er machte sich e., das Nötige herbeizuschaffen er erklärte sich bereit

Erb|pacht ⟨f.10⟩ *erbliche Pacht, erbliches Nutzungsrecht gegen Entgelt;* ein Grundstück in E. haben

Erb|prinz ⟨m.10⟩ *zur Erbfolge berechtigter Prinz, Thronerbe*

er|bre|chen ⟨V.19, hat erbrochen⟩ **I** ⟨mit Akk.⟩ **1** *mit Gewalt öffnen;* ein Schloß, einen verschlossenen Kasten e.; einen Brief e. *durch Verletzen des Siegels öffnen* **2** *aus dem Magen durch den Mund wieder von sich geben;* den Mageninhalt, das Mittagessen e.; ⟨auch o.Obj.⟩ er muß e. *er muß sich übergeben* **II** ⟨refl.⟩ sich e. *den Mageninhalt wieder von sich geben, sich übergeben*

Erb|recht ⟨n., -(e)s, nur Sg.⟩ *alle rechtlichen Vorschriften zur Regelung von Erbfällen*

er|brin|gen ⟨V.21, hat erbracht; mit Akk.⟩ **1** *bringen, herbeischaffen;* den Nachweis e., daß ... **2** *einbringen, abwerfen;* gute Erträge e.; der Hof erbringt einen Gewinn von jährlich ...

Erb|schaft ⟨f.10⟩ → *Erbe (I)*

Erb|schein ⟨m.1⟩ *Urkunde, die das Recht eines Erben auf eine oder an einer Erbschaft bestätigt*

Erb|schlei|cher ⟨m.5⟩ *jmd., der Erbschleicherei begeht oder begangen hat*

Erb|schlei|che|rei ⟨f., -, nur Sg.⟩ *widerrechtliches Sichaneignen eines Erbes oder Erbteils*

Erb|se ⟨f.11⟩ **1** *rankender, krautiger Schmetterlingsblütler mit bunten Blüten und Schotenfrüchten* **2** *deren eiweiß- und stärkehaltiger Samen* **3** ⟨Sammelbez. für⟩ *verschiedene andere Schmetterlingsblütler (Kicher~, Platt~)*

Erb|sen|stein ⟨m.1⟩ *Gestein aus kleinen, schalenförmig aufgebauten Kügelchen von Aragonit;* Syn. *Pisolith*

Erb|stück ⟨n.1⟩ *geerbter Gegenstand;* ein wertvolles E.; das ist ein E. meines Großvaters

Erb|sün|de ⟨f., -, nur Sg.⟩ *kath. Kirche) durch den Sündenfall Adams und Evas dem Menschen angeborene Sündhaftigkeit*

Erbs|wurst ⟨f.2⟩ *in Wurstform verpackte Stücke einer Trockenmasse aus Erbsmehl, Gewürzen u.a. (zur Zubereitung von Erbsensuppe)*

Erb|tan|te ⟨f.11; scherzh.⟩ *(reiche) Tante, die man einmal beerben kann*

Erb|teil ⟨n.1⟩ **1** *einem Erben zufallendes Teil einer Erbschaft* **2** *ererbte Fähigkeit oder Eigenschaft;* das technische Geschick ist ein E. seines Vaters

Erb|toch|ter ⟨f.7; bei männlicher Erbfolge⟩ *Tochter des letzten Erben*

Erb|tum ⟨n.4⟩ **1** *ererbter Besitz* **2** → *Erblassenschaft*

erb|un|ter|tä|nig ⟨Adj., o.Steig.; früher⟩ *erblich abhängig vom Grundherrn;* ~e Bauern **Erb|un|ter|tä|nig|keit** ⟨f., -, nur Sg.⟩

erb|un|wür|dig ⟨Adj., o.Steig.⟩ *aufgrund von Verfehlungen gegen den Erblasser nicht würdig, das Erbe anzutreten* **Erb|un|wür|dig|keit** ⟨f., -, nur Sg.⟩

Erd|ach|se ⟨f.11⟩ *gedachte Gerade zwischen Nord- und Südpol, um die sich die Erde dreht*

Erd|al|ka|li|me|tall ⟨n.1⟩ *Leichtmetall mit hohem Reaktionsvermögen aus der zweiten Hauptgruppe des Periodensystems (Beryllium, Magnesium, Calcium, Strontium, Barium, Radium)*

Erd|al|ter|tum ⟨n., -s, nur Sg.⟩ → *Paläozoikum*

Erd|ap|fel ⟨m.6; landsch., bes. österr.⟩ → *Kartoffel*

Erd|äp|fel|koch ⟨n., -s, nur Sg.; österr.⟩ *Kartoffelbrei*

Erdbahn

Erd|bahn ⟨f.10⟩ Umlaufbahn der Erde um die Sonne

Erd|ball ⟨m., -(e)s, nur Sg.⟩ die Erde; diese Tierart ist über den ganzen E. verbreitet

Erd|be|ben ⟨n.7⟩ Erschütterung an der Erdoberfläche, die durch plötzlich ablaufende Vorgänge in der Erdkruste oder im Erdmantel ausgelöst wird

Erd|be|ben|herd ⟨m.1⟩ →Hypozentrum

Erd|be|ben|war|te ⟨f.11⟩ Institut, in dem Erdbeben nach Lage und Stärke erfaßt und erforscht werden

Erd|beer|baum ⟨m.2⟩ immergrüner Strauch oder Baum des Mittelmeergebiets mit erdbeerähnlichen, scharlachroten Früchten

Erd|bee|re ⟨f.11⟩ **1** niedrig in einer Rosette wachsendes Rosengewächs mit ovalen, gesägten Laubblättern und weißen Blüten **2** deren karminrote Sammelfrucht, auf der viele kleine Nüßchen sitzen

Erd|bir|ne ⟨f.11⟩ **1** ⟨mdt.⟩ →Kartoffel **2** Knolle des Topinamburs

Erd|bo|den ⟨m., -s, nur Sg.⟩ **1** aus Erde (2) bestehender Boden; ein Haus dem E. gleichmachen es völlig zerstören **2** ⟨ugs.⟩ Fußboden

Er|de ⟨f.11⟩ **1** ⟨nur Sg.⟩ belebter Himmelskörper mit Lufthülle, der Sonne drittnächster Planet; die E. dreht sich um die Sonne **2** ⟨nur Sg.⟩ trockene Landmasse der Erdoberfläche als Lebensraum der Menschen; die E. hat mich wieder ⟨übertr.⟩ ich kann jetzt wieder real denken, lebe wieder in der Wirklichkeit; bleib auf der E.! gib du keinen Illusionen hin!, denk real!; sie steht mit beiden Beinen auf der E. sie hat Wirklichkeitssinn, denkt nüchtern und real **3** ⟨nur Sg.⟩ fester Untergrund, auf dem man gerade steht; mir ist etwas auf die E. gefallen; auf Erde liegen; etwas von der E. aufheben **4** lockerer Bestandteil des Bodens; Syn. Erdreich; feuchte, krümelige E.; ihn deckt schon die kühle E. ⟨poet.⟩ er ist schon tot; er liegt schon lange unter der E. er ist schon lange tot; jmdn. unter die E. bringen jmdm. so viel Kummer machen, daß er daran stirbt **5** ⟨Elektr.⟩ leitende Verbindung zur Erde (4); Syn. Erdleitung; ein Kabel als E. **6** ⟨chem.⟩ tonerdeähnliches Mineral; seltene ~n **a** Metalle der seltenen Erden **b** Oxide der Metalle der seltenen Erden **7** ⟨Religion⟩ Diesseits; auf ~n im Diesseits, in diesem Leben; im Himmel und auf E. bei ihm den Himmel auf ~n es geht ihr bei ihm sehr gut, sie ist mit ihm sehr glücklich

er|den ⟨V.2, hat geerdet; mit Akk.⟩ durch eine elektrische Leitung mit der Erde verbinden; das Radio, die Antenne e.

Er|den|bür|ger ⟨m.5⟩ Mensch als Bewohner der Erde

Er|den|glück ⟨n., -s, nur Sg.⟩ irdisches Glück, Glück im Diesseits, im Leben

Er|den|gü|ter ⟨Pl.⟩ irdische Güter; er ist mit allen ~n gesegnet

er|den|ken ⟨V.22, hat erdacht; mit Akk.⟩ durch Nachdenken erschaffen, sich ausdenken, erfinden; Syn. ersinnen

er|denk|lich ⟨Adj., o.Steig.⟩ soweit man denken kann, soviel man sich ausdenken kann, soviel wie möglich ist; ich wünsche dir alles ~e Gute; er hat sich alle ~e Mühe gegeben

Er|den|kloß ⟨m.2; volkstümlich⟩ der Mensch als aus Erde geschaffenes und wieder zu Erde werdendes, ohnmächtiges Wesen; ich armer E.

Er|den|le|ben ⟨n., -s, nur Sg.⟩ Leben auf der Erde, im Diesseits; in unserem E.

er|den|nah ⟨Adj.⟩ →erdnah

Er|den|rund ⟨n., -(e)s, nur Sg.; poet.⟩ die Erde als Lebensraum, die bewohnte Erde; auf dem ganzen E.

Er|den|wal|len ⟨n., -s, nur Sg.; poet.⟩ Lebensweg der Erde; während unseres ~s

Er|den|wurm ⟨m.4; volkstümlich⟩ der Mensch als ohnmächtiges Wesen

Erd|fall ⟨m.2⟩ trichterförmige Vertiefung in der Erdoberfläche (entstanden durch Einsturz eines Hohlraums in leicht löslichem Gestein)

Erd|far|be ⟨f.11⟩ natürliche, aus einem anorganischen Stoff bestehende Farbe (z.B. Ocker, Rötel, Siena)

Erd|fer|kel ⟨n.5⟩ afrikanisches Säugetier, langohrig, mit röhrenförmiger Schnauze, langer, klebriger Zunge, hufartigen Krallen und wurzellosen Zähnen [Lehnübersetzung zu (älterem) Afrikaans aardvark, < aarde ,,Erde" und varken ,,Schwein"; das Tier bewohnt tagsüber Erdbaue und mag mit seiner langen Schnauze an ein Schwein erinnern]

Erd|fer|ne ⟨f., -, nur Sg.⟩ →Apogäum

Erd|floh ⟨m.2⟩ kleiner, hüpfender Blattkäfer

Erd|früh|zeit ⟨f., -, nur Sg.⟩ →Algonkium

Erd|gas ⟨n., -es, nur Sg.⟩ in Hohlräumen der Erdkruste enthaltenes, natürliches Gas, das überwiegend aus Methan besteht und brennbar ist; Syn. † Naturgas

Erd|geist ⟨m.3; Myth.⟩ unter der Erde oder in Höhlen lebender Geist, Gnom, Zwerg

Erd|ge|schich|te ⟨f., -, nur Sg.⟩ Entwicklungsgeschichte der Erde (1)

Erd|ge|schoß ⟨n.1⟩ unterstes Geschoß, unterstes Stockwerk; Syn. Parterre

erd|haft ⟨Adj.⟩ wie Erde auf der Erde, der Natur, der Wirklichkeit eng verbunden, urwüchsig

er|dich|ten ⟨V.2, hat erdichtet; mit Akk.⟩ sich in seiner Phantasie ausdenken; er hat Märchen und Geschichten erdichtet; alles, was er erzählt, ist nur erdichtet

er|dig ⟨Adj.⟩ **1** wie Erde; es fühlt sich e. an **2** nach Erde (riechend, schmeckend), würzig; ~er Wein; es riecht, schmeckt e.

Erd|kern ⟨m., -(e)s, nur Sg.⟩ innerster Teil der Erde

Erd|kreis ⟨m., -es, nur Sg.; poet.⟩ die Erde; auf dem ganzen E. auf der ganzen Erde

Erd|krö|te ⟨f.11⟩ braune Kröte mit goldenen Augen (in Mitteleuropa die größte und häufigste Art, die u. a. Erdhöhlen als Tagesversteck aufsucht)

Erd|kru|ste ⟨f., -, nur Sg.⟩ erstarrte, aus Gesteinen aufgebaute oberste Schale der Erde; Syn. Erdrinde

Erd|ku|gel ⟨f., -, nur Sg.⟩ →Globus

Erd|kun|de ⟨f., -, nur Sg.⟩ →Geographie

Erd|kund|ler ⟨m.5⟩ →Geograph

erd|kund|lich ⟨Adj., o.Steig.⟩ →geographisch

Erd|lei|tung ⟨f.10⟩ →Erde (5)

Erd|licht ⟨n., -(e)s, nur Sg.⟩ sichtbare Aufhellung der Nachtseite des Mondes, die durch Reflexion des Sonnenlichts an der Erde entsteht

erd|ma|gne|tisch ⟨Adj., o.Steig.⟩ auf Erdmagnetismus beruhend

Erd|ma|gne|tis|mus ⟨m., -, nur Sg.⟩ überall auf der Erde wirksames magnetisches Kraftfeld

Erd|männ|chen ⟨n.7⟩ **1** (im Volksglauben) unter der Erde lebendes Männchen, Zwerg, Kobold **2** kleine südafrikanische Schleichkatze (die koloniewiese in selbstgegrabenen Wohnbauten lebt)

Erd|man|tel ⟨m., -, nur Sg.⟩ Kugelschale der Erde unterhalb der Erdkruste

Erd|me|tall ⟨n.1⟩ nicht mehr zulässige Bez. für Metalle der Seltenen Erden (→Metall)

Erd|mit|tel|al|ter ⟨n., -s, nur Sg.⟩ →Mesozoikum

erd|nah ⟨Adj., o.Steig.⟩ auch: erdennah **1** ⟨Astron.⟩ der Erde nah **2** erdverbunden

Erd|nä|he ⟨f., -, nur Sg.⟩ →Perigäum

Erd|neu|zeit ⟨f., -, nur Sg.⟩ →Neozoikum

Erd|nuß ⟨f.2⟩ **1** in den Tropen und Subtropen angebauter, aus Brasilien stammender Schmetterlingsblütler **2** dessen Hülsenfrucht, die zwei ölhaltige Samen enthält; Syn. ⟨österr.⟩ Aschantinuß [die Hülse dringt zum Reifen in die Erde]

Erd|nuß|but|ter ⟨f., -, nur Sg.⟩ Brotaufstrich aus gemahlenen Erdnüssen

Erd|öl ⟨n.1⟩ hellgelbes bis schwarzbraunes, mehr oder weniger zähflüssiges Gemisch verschiedener Kohlenwasserstoffe, das im allgemeinen durch Bohrung aus der Erde gewonnen wird

er|dol|chen ⟨V.1, hat erdolcht; mit Akk.⟩ mit dem Dolch töten, erstechen

Erd|pech ⟨n.1⟩ →Bitumen

Erd|py|ra|mi|de ⟨f.11⟩ steiler Turm aus wenig festem Gesteinsmaterial, der von einem größeren Gesteinsblock gekrönt wird

Erd|rauch ⟨m., -s, nur Sg.⟩ Vertreter einer Gattung der Erdrauchgewächse, u.a. an Äckern und Schuttplätzen wachsende zierliche Rankenpflanze mit gefiederten Blättern und traubigen Blütenständen [sein Saft brennt wie Rauch in den Augen]

Erd|reich ⟨n., -(e)s, nur Sg.⟩ →Erde (4)

er|drei|sten ⟨V.2, hat erdreistet; refl.⟩ sich e. (etwas zu tun, zu behaupten) so dreist sein; Syn. erfrechen; wie können Sie sich e., zu behaupten, ich hätte ..?

Erd|rin|de ⟨f., -, nur Sg.⟩ →Erdkruste

er|dröh|nen ⟨V.1, hat erdröhnt; o.Obj.⟩ plötzlich dröhnen

er|dros|seln ⟨V.1, hat erdrosselt; mit Akk.⟩ →erwürgen [zu Drossel ,,Kehle"]

er|drücken ⟨-k·k-; V.1, hat erdrückt; mit Akk.⟩ **1** durch Drücken, dem Druck töten **2** stark belasten; die Arbeit erdrückt mich; ~des Beweismaterial; ~de Übermacht **3** durch unverhältnismäßige Größe in der Wirkung beeinträchtigen; er stand immer im ~den Schatten seines Vaters; die riesigen Bilder e. die kleine, zierlichen Möbel

Erd|rutsch ⟨m.1⟩ →Bergrutsch

Erd|sa|tel|lit ⟨m.10⟩ unbemannter, künstlicher Satellit, der auf eine Umlaufbahn zur Erde gebracht worden ist; Syn. Erdtrabant

Erd|schat|ten ⟨m.7⟩ Schatten, den die von der Sonne beschienene Erde (auf den Mond) wirft

Erd|schluß ⟨m.2; Elektr.⟩ unerwünschte leitende Verbindung mit der Erde

Erd|stern ⟨m.1⟩ Bauchpilz, der sich im reifen Zustand sternförmig aufspaltet

Erd|stoß ⟨m.2⟩ stoßartiges Erdbeben

Erd|strah|len ⟨Pl.⟩ schmale, sich kreuzende Bereiche auf dem Erdboden, durch die bei manchen Menschen körperliche Reaktionen ausgelöst werden (die u.a. zum Ausschlag der Wünschelrute führen)

Erd|strö|me ⟨Pl.⟩ elektrische Ströme in der Erdrinde

Erd|teil ⟨m.1⟩ →Kontinent

Erd|tra|bant ⟨m.10⟩ **1** →Erdsatellit **2** ⟨nur Sg.⟩ →Mond

er|dul|den ⟨V.2, hat erduldet; mit Akk.⟩ duldend aushalten, ertragen; er hat viel Leid, große Schmerzen erduldet **Er|dul|dung** ⟨f., -, nur Sg.⟩

Er|dung ⟨f.10⟩ das Erden, das Geerdetsein

erd|ver|bun|den ⟨Adj., o.Steig.⟩ der Erde, dem Leben mit der Erde verbunden; Syn. erdnah

Erd|wachs ⟨n.1⟩ →Bitumen

Erd|zeit|al|ter ⟨n.5⟩ Hauptabschnitt der Erdgeschichte

Ere|bos Ere|bus ⟨m., -, nur Sg.; griech. Myth.⟩ Unterwelt, Totenreich [griech.]

er|ei|fern ⟨V.1, hat eifert; refl.⟩ sich e. in heftigen, zornigen Eifer geraten, sich aufregen, heftig werden; du brauchst dich nicht gleich zu e.; sich über jmds. Verhalten e.

er|eig|nen ⟨V.2, hat ereignet; refl.⟩ sich e. geschehen, vor sich gehen, sich abspielen, stattfinden; gestern hat sich etwas Erstaunliches ereignet; wenn sich nichts Besonderes ereignet, komme ich morgen; dort, wo sich der Unfall ereignet hat

Er|eig|nis ⟨n.1⟩ 1 *etwas, was sich ereignet, was den gewohnten Ablauf des Lebens, des Alltags unterbricht, Vorfall, Vorkommnis, Begebenheit,* ⟨bei Goethe⟩ *etwas, was wirklich geschieht, (nicht nur gedacht, vorgestellt ist);* ein merkwürdiges, trauriges E.; ein freudiges E. ⟨veraltend⟩ *die Geburt eines Kindes;* keine besonderen ~se; ein E. von großer Tragweite 2 *eindrucksvolles Geschehen;* das Gastspiel des XY war wirklich ein E.
er|eig|nis|reich ⟨Adj.⟩ *reich an (interessanten) Ereignissen*
er|ei|len ⟨V.1, hat ereilt; mit Akk.⟩ *erreichen, einholen;* dort hat ihn sein Schicksal, hat ihn der Tod ereilt
erek|til ⟨Adj., o.Steig.⟩ *zur Erektion fähig, anschwellbar;* Syn. erigibel
Erek|ti|on ⟨f.10⟩ *Anschwellen und Aufrichten durch Blutfüllung der Schwellkörper (bes. vom männlichen Glied)* [< lat. *erectio*, Gen. *-onis*, „Aufrichtung, kräftige Haltung"]
Ere|mit ⟨m.10⟩ 1 → *Einsiedler* 2 *Einsiedlerkrebs* [< griech. *eremites* „in der Einsamkeit lebend; Einsiedler", zu *eremia* „Einsamkeit" und *eremos* „einsam, verlassen"]
Ere|mi|ta|ge ⟨[-ʒə] f.11⟩ 1 → *Einsiedelei* 2 *einer Einsiedelei nachgebildete Grotte o.ä. (in Parks)* 3 ⟨nur Sg.⟩ *Kunstsammlung in Leningrad;* auch: Ermitage [zu *Eremit*]
Eren ⟨m., -, -; beim mittel- und südt. Bauernhaus⟩ *Eingangsflur, Hausgang;* auch: Ern [< mhd. *eren, ern* „Fußboden, Grund"]
Erep|sin ⟨n., -s, nur Sg.⟩ *Gemisch eiweißspaltender Enzyme (im Sekret des Dünndarms und der Bauchspeicheldrüse)* [< griech. *ereptesthai* „fressen"]
er|er|ben ⟨V.1, hat ererbt; mit Akk.⟩ *erben, als Erbe erhalten;* eine ererbte Fähigkeit, Eigenschaft
ere|thisch ⟨Adj., o.Steig.⟩ *leicht erregbar, leicht reizbar* [zu *Erethismus*]
Ere|this|mus ⟨m., -, nur Sg.⟩ *krankhaft gesteigerte Erregbarkeit, Reizbarkeit* [< griech. *eris*, Gen. *eridos*, „Streit(lust)"]
er|fah|ren I ⟨V.32, hat erfahren; mit Akk.⟩ *etwas e.* 1 *etwas mitgeteilt bekommen, von etwas Kenntnis erhalten;* eine Neuigkeit e.; wo kann ich Näheres darüber e.? 2 *erleben;* viel Leid, Freude e.; gute, schlechte Behandlung e. *gut, schlecht behandelt werden;* eine Entwicklung e. *sich entwickeln, entwickelt werden* **II** ⟨Adj.⟩ *Erfahrungen besitzend, geübt;* ein ~er Fachmann
Er|fah|rung ⟨f.10⟩ *Erleben, Erlebnis, durch das man Kenntnisse erwirbt, aus dem man lernt;* ~en sammeln, speichern; viel, wenig E. haben; ein Fachmann mit großer E.; etwas in E. bringen *etwas durch Mühe, Geschick erfahren, Kenntnis von etwas erhalten*
er|fah|rungs|ge|mäß ⟨Adj., o.Steig.; nur als Attr. und Adv.⟩ *der Erfahrung entsprechend, aufgrund von Erfahrung;* e. wird davon wenig Gebrauch gemacht
Er|fah|rungs|tat|sa|che ⟨f.11⟩ *Tatsache, die jeder durch Erfahrung kennenlernt*
Er|fah|rungs|wert ⟨m.1⟩ *Wert, den man durch Erfahrung (nicht durch Messen oder Errechnen) gewinnt*
er|fas|sen ⟨V.1, hat erfaßt; mit Akk.⟩ 1 *fassen, ergreifen* 2 *berühren und mit sich reißen;* der Wagen erfaßte den Radfahrer 3 *berühren und zu erfüllen beginnen;* Angst, Entsetzen erfaßte mich 4 *begreifen, verstehen;* er erfaßt sofort die Lage; du hast's erfaßt! ⟨auch iron., wenn jmd. etwas Selbstverständliches noch bestätigt⟩ 5 *ermitteln und in Listen, Statistiken u.ä. festhalten;* wir haben alle diesjährigen Schulabgänger erfaßt
Er|fas|sung ⟨f., -, nur Sg.⟩ *das Erfassen (5)*
er|fin|den ⟨V.36, hat erfunden; mit Akk.⟩ 1 *durch Nachdenken, Rechnen, Experimentieren erschaffen;* eine Maschine e. 2 *sich ausdenken;* eine Geschichte, eine Ausrede e.; was er dir erzählt hat, ist alles nur erfunden

Er|fin|der ⟨m.5⟩ *jmd., der etwas (Neues), noch nicht Vorhandenes) erfunden hat*
er|fin|de|risch ⟨Adj.⟩ *praktisch und schöpferisch, fähig, schnell eine Lösung für eine technische Schwierigkeit zu finden*
Er|fin|dung ⟨f.10⟩ 1 ⟨nur Sg.⟩ *das Erfinden (1);* die E. des Kraftfahrzeugs 2 *etwas, das erfunden worden ist;* eine segensreiche E. 3 *Ausgedachtes, Lüge;* das, was er uns sagt, ist reine E.
er|fin|dungs|reich ⟨Adj.⟩ 1 *reich an Erfindungen;* ein ~es Zeitalter 2 *reich an schöpferischen Einfällen, erfinderisch;* ein ~er Mann
er|fle|hen ⟨V.1, hat erfleht; mit Akk.⟩ *um etwas flehen, durch Flehen etwas erlangen oder zu erlangen suchen*
Er|folg ⟨m.1⟩ 1 *befriedigendes Ergebnis, befriedigende Wirkung (von Bestrebungen);* er hatte mit seinem Vortrag großen E.; der E. gab ihm recht; das neue Verfahren verspricht viel E.; mit dem E., daß ...; eine Methode mit E. anwenden; sein Versuch blieb ohne E. 2 *Erreichen von Erstrebtem und Anerkennung;* E. im Leben haben; E. bei Frauen haben
er|fol|gen ⟨V.1, ist erfolgt; o.Obj.⟩ *als Folge, Wirkung geschehen, eintreten;* auf meinen Brief hin ist keine Antwort erfolgt; darauf erfolgte zunächst gar nichts
er|folg|los ⟨Adj., o.Steig.⟩ *ohne Erfolg;* ~es Bemühen
Er|folg|lo|sig|keit ⟨f., -, nur Sg.⟩ *erfolglose Beschaffenheit;* er sah die E. seiner Versuche ein
er|folg|reich ⟨Adj.⟩ *viel Erfolg habend;* ein ~er Künstler; ein ~es Theaterstück
Er|folgs|er|leb|nis ⟨n.1⟩ *Erlebnis, das den Erfolg einer eigenen Bemühung, Handlung zeigt;* er braucht ~se, um Selbstvertrauen zu gewinnen
Er|folgs|mensch ⟨m.10⟩ *jmd., der viel Erfolg im Beruf hat*
Er|folgs|zwang ⟨m., -(e)s, nur Sg.⟩ *Gefühl, unbedingt Erfolg haben zu müssen;* unter E. stehen
er|for|der|lich ⟨Adj., o.Steig.⟩ *(für einen bestimmten Zweck) notwendig;* die ~e Menge; weitere Angaben sind e.; ein Nachweis ist unbedingt e.
er|for|der|li|chen|falls ⟨Adv.⟩ *falls es erforderlich ist, falls es gefordert wird;* e. schicke ich die Unterlagen noch nach
er|for|dern ⟨V.1, hat erfordert; mit Akk.⟩ *fordern, nötig machen, nötig haben;* diese Aufgabe erfordert viel Kraft, viel Geistesgegenwart
Er|for|der|nis ⟨n.1⟩ *etwas, das erforderlich ist, Voraussetzung, Bedingung;* das erste E. ist etwas guter Wille
er|for|schen ⟨V.1, hat erforscht; mit Akk.⟩ *versuchen kennenzulernen, herauszufinden;* ein (bisher unbekanntes) Land e.; jmds. Gedanken e. **Er|for|schung** ⟨f., -, nur Sg.⟩
er|fra|gen ⟨V.1, hat erfragt; mit Akk.⟩ *durch Fragen etwas oder etwas herauszufinden suchen;* ich muß die Fahrzeiten noch e.
er|fre|chen ⟨V.1, hat erfrecht; refl.⟩ → *erdreisten*
er|freu|en ⟨V.1, hat erfreut; mit Akk.⟩ *jmdn. e. jmdm. Freude machen;* dein Brief hat uns sehr erfreut; sehr erfreut! ⟨Höflichkeitsformel, wenn man mit jmdm. bekannt gemacht wird⟩
er|freu|lich ⟨Adj.⟩ *so beschaffen, daß man sich darüber freuen kann;* eine ~e Tatsache; ~e Fortschritte machen; das ist ja sehr, ist ja wenig e.
er|freu|li|cher|wei|se ⟨Adv.⟩ *zu meiner, zu unser aller Freude;* er hat e. zugesagt
er|frie|ren ⟨V.42, ist erfroren; o.Obj.⟩ *durch Kälte sterben, zugrunde gehen, absterben;* die Rosen sind heute nacht erfroren; ihm sind zwei Finger erfroren; man fand ihn erfroren im Wald

Er|frie|rung ⟨f.10⟩ *Schädigung des ganzen Körpers oder einzelner Teile durch Unterkühlung;* E. ersten, zweiten Grades
er|fri|schen ⟨V.1, hat erfrischt; mit Akk.⟩ 1 *jmdn. oder sich e. frisch machen, beleben, jmdm. oder sich neue Kräfte geben;* jmdn. oder sich mit Obst, Saft e. 2 ⟨i.e.S.⟩ *sich e. sich durch Waschen, Kämmen usw. frisch machen;* sich nach einer Reise etwas e.
er|fri|schend ⟨Adj.⟩ *frisch machend, belebend;* eine ~e Kühle; das Wasser ist se kalt; die Energie der jungen Leute in dieser Gemeinschaft wirkt ausgesprochen e.
Er|fri|schung ⟨f.10⟩ 1 ⟨nur Sg.⟩ *das Erfrischen, das Sicherfrischen* 2 *kleiner Imbiß;* ~en reichen; jmdm. eine E. anbieten
er|fül|len ⟨V.1, hat erfüllt⟩ **I** ⟨mit Akk.⟩ 1 *ganz ausfüllen;* Qualm erfüllte die Küche; Lärm und Geschrei erfüllten den Schulhof 2 *(durch Tätigkeit) voll befriedigen, zufrieden und glücklich machen;* ihr Beruf erfüllt sie; ein erfülltes Leben 3 *jmdn. mit etwas e. etwas in jmdm. hervorrufen;* seine Tat erfüllt mich mit Bewunderung, Freude, Abscheu 4 *ausführen, durchführen;* eine Aufgabe, Pflicht e. 5 *verwirklichen;* ein Versprechen, eine Zusage e.; einen Wunsch e.; jmds. Bitte e.; das Gerät erfüllt seinen Zweck **II** ⟨refl.⟩ *sich e. wahr werden, Wirklichkeit werden;* meine Hoffnung hat sich (nicht) erfüllt
Er|fül|lung ⟨f., -, nur Sg.⟩ *das Erfüllen (1,2,4,5), das Sicherfüllen, das Erfülltwerden, Erfülltsein, Verwirklichung;* die E. eines Versprechens fiel ihm schwer; die E. seiner Hoffnungen, sie hat in ihrem Leben, in ihrem Beruf E. gefunden; in E. gehen *Wirklichkeit werden;* sein Wunsch ging (nicht) in E.
Er|fül|lungs|ort ⟨m.1⟩ *zwischen Gläubiger und Schuldner vereinbarter Ort, an dem eine Leistung erbracht werden soll*
erg ⟨Zeichen für⟩ *Erg*[1]
Erg[1] ⟨n., -s, -⟩ *Maßeinheit der Arbeit (Energie),* 10^{-7} *Joule* [< griech. *ergon* „Werk"]
Erg[2] ⟨m.9; in der Sahara⟩ *Staub- oder Sandwüste mit großen Dünenfeldern* [arab.]
erg. ⟨Abk. für⟩ *ergänze*
er|gän|zen ⟨V.1, hat ergänzt; mit Akk.⟩ 1 *etwas e. vollständig machen, Fehlendes zu etwas hinzufügen;* einen Text, eine Liste e.; jmds. Bericht e.; Vorräte e. 2 *einander e. gut miteinander auskommen, weil jeder Eigenschaften und Fähigkeiten hat, die dem anderen fehlen*
Er|gän|zung ⟨f.10⟩ 1 ⟨nur Sg.⟩ *das Ergänzen;* zur E. möchte ich folgendes sagen 2 *ergänzender Zusatz;* ~en an etwas anbringen
Er|gän|zungs|ab|ga|be ⟨f.11⟩ *(vom Fiskus) zusätzlich zur Einkommensteuer erhobene öffentlich-rechtliche Abgabe, meist zeitlich beschränkt*
Er|gän|zungs|band ⟨m.2⟩ *zusätzlicher Band mit Ergänzungen zu einem mehrbändigen Werk (bes. Lexikon)*
Er|gän|zungs|satz ⟨m.2⟩ → *Objektsatz*
Er|gän|zungs|win|kel ⟨m.5⟩ → *Supplementwinkel*
er|gat|tern ⟨V.1, hat ergattert; mit Akk.⟩ *flink und mit Geschick erlangen, gerade noch bekommen;* das letzte Exemplar eines Buches e.
er|gau|nern ⟨V.1, hat ergaunert; mit Akk. oder mit Dat. (sich) und Akk.⟩ *(sich) etwas e. sich auf nicht korrekte Weise verschaffen*
er|ge|ben I ⟨V.1, hat ergeben; mit Akk.⟩ *etwas e. eine Erkenntnis über etwas bringen, ein Ergebnis von etwas bringen;* die Untersuchung hat ergeben, er vier mal fünf ergibt zwanzig **II** ⟨V.45, hat ergeben; refl.⟩ 1 *sich e. den Kampf aufgeben, sich dem Gegner unterwerfen* 2 *sich als Ergebnis zeigen;* bei der Untersuchung ergab sich, daß ... 3 ⟨unpersönl., mit „es"⟩ *es hat sich so e. es ist eben so gekommen, geworden, es hat sich (zwanglos)*

Ergebenheit

so entwickelt **4** *sich jmdm. oder einer Sache e. sich jmdm. oder einer Sache ganz widmen, ganz hingeben, jmdm. oder einer Sache verfallen; er hat sich dem Trunk e.* **5** *sich aus etwas die Folge von etwas sein; daraus ergibt sich die Frage, ob …* **6** *sich einer Sache e.,* ⟨oder⟩ *sich in etwas e. sich einer Sache fügen, den Widerstand gegen etwas aufgeben; sich jmds. Willen, jmds. Gebot e.; er hat sich in sein Schicksal e.* **III** ⟨Adj., o.Steig.⟩ **1** *fügsam, nach gebrochenem Widerstand, mit gebrochenem Willen;* „Ja", *sagte er e.* **2** ⟨veraltend als höfliche Schlußformel in Briefen⟩ *dienstbereit, achtungsvoll;* Ihr (sehr) ∼er XY

Er|ge|ben|heit ⟨f., -, nur Sg.⟩ **1** *hingebungsvolle Treue, Demut* **2** *Fügsamkeit*

Er|geb|nis ⟨n.1⟩ *etwas, das errechnet, erforscht, ermittelt worden ist; das E. einer Untersuchung, Befragung; die Verhandlungen sind ohne E. verlaufen; das E. der Rechnung ist 350; ich bin nach langem Überlegen zu dem E. gekommen, daß …*

er|geb|nis|los ⟨Adj., o.Steig.⟩ *ohne Ergebnis; die Untersuchung ist e. verlaufen* **Er|geb|nis|lo|sig|keit** ⟨f., -, nur Sg.⟩

Er|ge|bung ⟨f., -, nur Sg.⟩ *das Sichergeben (1,6);* E. in sein Schicksal

er|ge|hen ⟨V.47, ist ergangen; o.Obj.⟩ **1** ⟨veraltend⟩ *erlassen oder verkündet werden; ein Gebot erging in alle Gemeinden; ich will noch einmal Gnade für Recht e. lassen Gnade walten, wirken lassen anstelle von Recht, ich will dich nicht bestrafen, obwohl du es verdient hast* **2** *etwas widerspruchslos ertragen, sich gefallen lassen* **3** ⟨unpersönl., mit „es"⟩ *es ergeht jmdm. gut, schlecht jmd. befindet sich gut, schlecht, es geht jmd. gut, schlecht; wenn du das tust, wird es dir übel e.; wie ist es dir in der Zwischenzeit ergangen?; laß es dir gut e.!; sich nach jmds. Ergehen erkundigen nach jmds. Befinden fragen, sich erkundigen, wie es jmdm. geht*

er|gie|big ⟨Adj.⟩ *Ertrag, Gewinn, Nutzen, Ergebnisse bringend, viel hergebend; eine* ∼*e Erzlagerstätte; die Befragung war nicht sehr e.* **Er|gie|big|keit** ⟨f., -, nur Sg.⟩

er|gie|ßen ⟨V.54, hat ergossen⟩ **I** ⟨mit Akk.; poet.⟩ *strömen lassen, aus-, verströmen lassen; der Brunnen ergießt sein Wasser in mehrere Becken; jmdm. sein Herz e.* ⟨übertr.⟩ *sich jmdm. rückhaltlos mitteilen* **II** ⟨refl.⟩ *e. strömen, rasch fließen; das Wasser ergießt sich in ein steinernes Becken; eine Flut von Schimpfworten ergoß sich über ihn*

er|glän|zen ⟨V.1, ist erglänzt; o.Obj.⟩ *(plötzlich) glänzen; der See erglänzte im Licht des Mondes*

er|glü|hen ⟨V.1, ist erglüht; o.Obj.⟩ *plötzlich glühen, in Glut geraten; das Licht erglühte und erlosch wieder; ihr Gesicht erglühte* ⟨übertr.⟩ *sie errötete heftig*

er|go ⟨immer vorangestellt⟩ *folglich, also; sie hat mir gesagt, sie sei krank, e. habe ich sie nicht erst eingeladen; e. bibamus! also laßt uns trinken! (Trinkspruch, Kehrreim in Trinkliedern)* [lat., eigtl. *e-rego* „ich leite daraus (her, ab)"]

Er|go|lo|gie ⟨f., -, nur Sg.⟩ *Wissenschaft von den Werkzeugen und Geräten sowie den Arbeitsgebräuchen* [< griech. *ergon* „Werk" und *...logie*]

Er|go|me|ter ⟨n.5⟩ *fahrradähnliche Vorrichtung, mit der ein Dynamo betrieben wird (zum Messen des körperlichen Leistungsvermögens in Watt)* [< griech. *ergon* „Werk" und *...meter*]

Er|go|no|mie ⟨f., -, nur Sg.⟩ *Zweig der Arbeitswissenschaft, der sich mit der Anpassung der Technik an den Menschen befaßt (zur Erleichterung der Arbeit)* [über engl. *ergonomics* in ders. Bed. < griech. *ergon* „Werk, Arbeit" und *nomos* „Gesetz"]

Er|go|ste|rin ⟨n., -s, nur Sg.⟩ *Provitamin, das durch Ultraviolettbestrahlung in Vitamin D_2 übergeht* [< frz. *ergot* „Mutterkorn" und *Cholesterin*]

Er|got|amin ⟨n., -s, nur Sg.⟩ *ein Alkaloid des Mutterkornpilzes* [< frz. *ergot* „Mutterkorn" und *Ammonium*]

Er|go|tis|mus ⟨m., -, nur Sg.⟩ *Vergiftung durch Alkaloide des Mutterkornpilzes;* Syn. *Kribbelkrankheit* [zu frz. *ergot* „Mutterkorn"]

er|göt|zen ⟨V.1, hat ergötzt⟩ **I** ⟨mit Akk.⟩ *jmdn. e. jmdm. Spaß, Vergnügen machen, jmdn. erheitern; seine Erzählung hat uns sehr ergötzt; zu meinem Ergötzen erwiderte er …* **II** ⟨refl.⟩ *sich an etwas e. Vergnügen, Spaß an etwas finden*

er|götz|lich ⟨Adj.⟩ *Spaß, Vergnügen bereitend, erheiternd; es war ein* ∼*er Anblick*

er|grau|en ⟨V.1, ist ergraut; o.Obj.⟩ *grau werden; sein Haar ist ergraut; er ist im Dienst ergraut* ⟨übertr.⟩ *er ist im Dienst als geworden*

er|grei|fen ⟨V.59, hat ergriffen; mit Akk.⟩ **1** *etwas e. nach etwas greifen und es in die Hand nehmen; einen Gegenstand e.; jmds. Hand e.* **2** *jmdn. e.* **a** *einen Dieb e.* **b** *jmds. Gemüt bewegen, jmdn. innerlich stark berühren; sein Schicksal ergreift mich; der Bericht hat mich tief ergriffen; ein Bild mit einer* ∼*den Aussage;* vgl. *ergriffen* **c** *berühren und erfüllen; Furcht ergriff mich; eine tiefe Freude ergriff mich*

Er|grei|fung ⟨f., -, nur Sg.⟩ *das Ergreifen (2a); eine Belohnung für die E. eines Diebes aussetzen*

er|grif|fen ⟨Adj.⟩ *innerlich stark bewegt; die Zuhörer lauschten e.* **Er|grif|fen|heit** ⟨f., -, nur Sg.⟩

er|grim|men ⟨V.1, ist ergrimmt; o.Obj.⟩ *in Grimm geraten, grimmig, sehr böse werden; er ergrimmt über etwas,* ⟨auch, veraltend⟩ *ob dieser Ungerechtigkeit*

er|grün|den ⟨V.2, hat ergründet; mit Akk.⟩ *eine Sache e. einer Sache auf den Grund kommen, eine Sache erforschen; die Ursache von jmds. Verhalten e.* **Er|grün|dung** ⟨f., -, nur Sg.⟩

Er|guß ⟨m.2⟩ **1** *das Sichergießen, Ausfließen (von Lava, Samen)* **2** *die dadurch entstandene Ansammlung (von flüssigem Stoff)* **3** ⟨übertr.⟩ *überschwenglicher Rede-, gefühlsbetonter Ausbruch von Worten; einen E. über sich ergehen lassen*

Er|guß|ge|stein ⟨n.1⟩ → *Vulkanitgestein*

er|ha|ben ⟨Adj.⟩ **1** *über den Untergrund hinausragend, erhöht; e. aus dem Stein herausgearbeitetes Ornament* **2** *feierlich, in ehrfürchtige Stimmung versetzend; ein* ∼*er Anblick* **3** *über anderen stehend, in sehr gehobener Stellung befindlich; der* ∼*e Kaiser; der Erhabene Gott* **4** *über etwas e. sein (moralisch) so hoch stehen, daß etwas nicht an einen herankommt; er ist über jeden Verdacht e.; über solchen Klatsch ist er e.; seine Arbeit ist über jedes Lob e. seine Arbeit ist so ausgezeichnet, daß jedes Lob zu gering ist; darüber muß man e. sein darüber darf man sich nicht aufregen, darüber muß man hinwegsehen*

Er|ha|ben|heit ⟨f., -, nur Sg.⟩ *das Erhabensein (→ erhaben 2,3), feierliche Würde, ehrfurchtgebietende Großartigkeit*

Er|halt ⟨m., -s, nur Sg.⟩ *das Erhalten (I,1a), das Erhaltennehmen, Empfang; Zahlung bei, nach E. der Ware*

er|hal|ten ⟨V.61, hat erhalten⟩ **I** ⟨mit Akk.⟩ **1** *etwas e.* **a** *von jmdm. etwas jetzt zu haben, zu bekommen; einen Brief, Geld e.; ein Geschenk e.* **b** *mitgeteilt bekommen; eine Nachricht, einen Befehl e.; eine gute Note e.; eine keine Antwort e.* **c** *gewinnen; durch dieses Verfahren erhält man Salz aus Meerwasser* **d** *für die Fortdauer von etwas sorgen, etwas bewahren; ein Bauwerk e.; jmds. Andenken e.; erhalte dir deine Fröhlichkeit!; das Bild ist noch gut e. ist noch in gutem Zustand* **2** *jmdn. oder sich e. für jmds. Unterhalt, Weiterleben sorgen; er muß seine Familie e.; wir hoffen, Ihnen Ihre Mutter durch diese Behandlung e. zu können; von fünf Kindern sind ihnen drei e. geblieben am Leben geblieben* **II** ⟨refl.⟩ *sich e. in einem Zustand bleiben, am Leben bleiben; die Blumen e. sich in der Vase noch lange frisch*

er|hält|lich ⟨Adj., o.Steig.⟩ *nur als Attr. und mit „sein"⟩ käuflich, lieferbar; ein nicht mehr* ∼*es Medikament; diese Schuhe sind nicht mehr e.*

Er|hal|tung ⟨f., -, nur Sg.⟩ *das Erhalten (I,1d,2); die E. von Kunstwerken; zur E. der Arbeitskraft; die E. einer so großen Familie*

Er|hal|tungs|satz ⟨m.2; Phys.⟩ *Grundgesetz, das besagt, daß in einem abgeschlossenen System bestimmte Größen in ihrem Gesamtwert erhalten bleiben (z. B. Energie)*

Er|hal|tungs|zu|stand ⟨m., -(e)s, nur Sg.⟩ *Zustand, in dem etwas erhalten ist; der E. des Bildes ist gut, schlecht*

er|hän|gen ⟨V.1, hat erhängt, mit Akk.⟩ *durch Aufhängen töten; jmdn. zum Tod durch Erhängen verurteilen; er hat sich erhängt*

er|här|ten ⟨V.2⟩ **I** ⟨mit Akk.; hat erhärtet⟩ **1** *hart machen, härten* **2** *bestätigen, bekräftigen; der Verdacht wurde durch Aussagen von Mitarbeitern erhärtet; eine Behauptung durch Beweise e.* **II** ⟨o.Obj.; ist erhärtet⟩ *hart werden; das Fett erhärtet beim Abkühlen* **Er|här|tung** ⟨f., -, nur Sg.⟩

er|ha|schen ⟨V.1, hat erhascht; mit Akk.⟩ *rasch und geschickt ergreifen, rasch auffangen; einen Blick von jmdm. e.* ⟨übertr.⟩*; aus dem fahrenden Zug einen flüchtigen Eindruck von etwas e.* ⟨übertr.⟩

er|he|ben ⟨V.64, hat erhoben⟩ **I** ⟨mit Akk.⟩ **1** *etwas e.* **a** *in die Höhe heben, anheben; das Glas zu einem Trinken e.; die Hand gegen jmdn. e. handgreiflich, tätlich werden; die Stimme e. lauter sprechen; mit erhobener Stimme sprechen; mit erhobenen Fäusten auf jmdn. losgehen* **b** *geltend machen, vorbringen, zum Ausdruck bringen; Anklage, Klage (gegen jmdn.) e.; Ansprüche (auf etwas) e.; lauten Protest e.; Forderungen e.; Steuern, Gebühren e.* **d** *feststellen, ermitteln; Schäden e.* **2** *jmdn. oder etwas e. in feierliche Stimmung versetzen; diese Musik erhebt mich, erhebt das Gemüt; es war ein* ∼*des Gefühl, als …; die Feier war nicht* ∼*d* ⟨ugs.⟩*; dein Aufsatz ist nicht gerade* ∼*d nicht besonders gut* **3** *jmdn. e.* **a** *(im Rang) erhöhen; jmdn. in den Adelsstand e.; einen Fürsten zum König e.* **b** ⟨†; poet.⟩ *rühmen, preisen; meine Seele erhebt den Herrn* **II** ⟨refl.⟩ *sich e.* **1** *aufstehen; er erhob sich und grüßte höflich; auch ihn erhob sich vom der Couch e.* **2** *in die Höhe steigen; der Vogel erhob sich in die Luft; die Sonne erhob sich über den Horizont* **3** *beginnen, eintreten, entstehen; ein lauter Wind erhob sich; es erhob sich lauter Widerspruch; es erhebt sich die Frage, ob …* **4** *sich über jmdn. e. sich überlegen fühlen, sich besser als jmd. fühlen*

er|heb|lich ⟨Adj.⟩ *ziemlich viel, ziemlich groß; das macht* ∼*e Schwierigkeiten; die Kosten sind (nicht) e.; der Schaden ist e. höher als angenommen*

Er|he|bung ⟨f.10⟩ **1** ⟨nur Sg.⟩ *das Erheben (I,3); seine E. in den Adelsstand* **2** *kleine Anhöhe (Boden*∼*)* **3** *erhöhte Stelle, Ausbuchtung, Buckel; kleine* ∼ *auf der Haut* **4** *Forderung (Steuer*∼*)* **5** *Feststellung, Ermittlung; polizeiliche, statistische* ∼*en* **6** *das Sicherheben, Aufstand, Aufruhr*

er|hei|tern ⟨V.1, hat erheitert; mit Akk.⟩ *heiter machen, belustigen; der Vorfall hat uns sehr erheitert* **Er|hei|te|rung** ⟨f., -, nur Sg.⟩

er|hel|len ⟨V.1, hat erhellt⟩ **I** ⟨mit Akk.⟩ *hell(er) machen;* den Weg mit Laternen e.; ein Blitz erhellte die Nacht **II** ⟨mit Präp.-obj.⟩ aus etwas e. *aus etwas hervorgehen, sich aus etwas erklären;* daraus erhellt, daß er alles längst gewußt hat **III** ⟨refl.⟩ sich e. *hell(er) werden;* sein Gesicht erhellte sich

er|heu|cheln ⟨V.1, hat erheuchelt; mit Akk.⟩ *heucheln;* seine Freundlichkeit ist nur erheuchelt

er|hit|zen ⟨V.1, hat erhitzt⟩ **I** ⟨mit Akk.⟩ *heiß machen;* eine Flüssigkeit e. **II** ⟨refl.⟩ sich e. ⟨übertr.⟩ *in Zorn, in zornigen Eifer geraten, heftig werden* **Er|hit|zung** ⟨f., -, nur Sg.⟩

er|hof|fen ⟨V.1, hat erhofft; mit Akk. oder mit Dat. (sich) und Akk.⟩ (sich) etwas e. *hoffen, daß etwas eintritt;* ich erhoffe mir eine Besserung unserer Lage; die erhoffte Wirkung trat (nicht) ein

er|hö|hen ⟨V.1, hat erhöht⟩ **I** ⟨mit Akk.⟩ Ggs. erniedrigen **1** etwas e. **a** *höher machen, höher stellen;* eine Mauer e.; einen Ton um einen halben Ton e. ⟨Mus.⟩ **b** *steigern, heraufsetzen;* Preise, Steuern e.; die Geschwindigkeit e.; jmds. Gehalt e.; eine solche Maßnahme erhöht nicht gerade den Arbeitseifer; erhöhte Temperatur *leichtes Fieber* **2** jmdn. e. ⟨†⟩ *auf eine höhere Stufe stellen, im Rang erheben* **II** ⟨refl.⟩ sich e. *höher werden;* sein Blutdruck hat sich erhöht; die Zahl der Todesopfer hat sich auf 30 erhöht **Er|hö|hung** ⟨f.10⟩

er|ho|len ⟨V.1, hat erholt, refl.⟩ sich e. **1** *ausruhen, sich entspannen und wieder Kraft gewinnen;* sich am Meer, im Gebirge e.; sie hat sich nach ihrer Krankheit schnell, gut erholt; sie kamen erholt aus dem Urlaub zurück **2** *wieder fruchtbar werden;* der Boden muß sich, die Wiesen müssen sich wieder e. **3** sich von etwas e. *etwas überwinden, die Fassung wiedergewinnen;* ich muß mich von dem Schrecken erst wieder e.

er|hol|sam ⟨Adj.⟩ *so beschaffen, daß man sich dabei erholen kann oder erholt hat;* ein Aufenthalt an der See im Winter ist sehr e.; es war ein ~er Urlaub; diese drei Wochen waren sehr e.

Er|ho|lung ⟨f., -, nur Sg.⟩ *das Sicherholen, Kräftigung, Gewinn neuer Kraft*

Er|ho|lungs|ur|laub ⟨m.1⟩ *Urlaub zum Zweck der Erholung*

er|hö|ren ⟨V.1, hat erhört; mit Akk.⟩ **1** jmdn. e. *jmds. Bitte erfüllen;* der Himmel hat ihr Flehen erhört **2** ⟨geh.; †⟩ *einer Werbung nachgeben;* sie hat ihn endlich erhört **Er|hö|rung** ⟨f., -, nur Sg.⟩

er|gi|bel ⟨Adj., o.Steig.⟩ → erektil [zu erigieren]

er|gie|ren ⟨V.3, ist erigiert; o.Obj.⟩ *sich aufrichten, anschwellen (von Organen, bes. vom männlichen Glied)* [< lat. erigere „sich aufrichten", → Erektion]

Eri|ka ⟨f., -, -ken⟩ *ein Heidekrautgewächs (z. B. Heidekraut, Glockenheide)* [< griech. ereikein „zerbrechen", wörtlich etwa „Pflanze mit brüchigem Holz"]

er|in|ner|lich ⟨Adj., o.Steig.⟩ *nur mit „sein", in der Erinnerung, im Gedächtnis (vorhanden);* das ist mir nicht e.; es ist mir nur noch e., daß ...

er|in|nern ⟨V.1, hat erinnert⟩ **I** ⟨mit Akk.⟩ **1** jmdn. e. *jmdn. mahnen oder aufmerksam machen (daß er etwas tun muß);* bitte e. Sie mich morgen, daß ich Herrn X anrufen muß **2** etwas e. ⟨landsch.⟩ *sich an etwas erinnern;* ja, ich erinnere es **II** ⟨mit Akk. und Präp.-obj.⟩ jmdn. an etwas e. *jmdm. etwas oder jmdn. ins Gedächtnis rufen;* diese Geschichte erinnert mich an ein Erlebnis; du erinnerst mich an meine Schwester *sie hat Ähnlichkeit mit meiner Schwester* **III** ⟨refl.⟩ sich (an etwas) e. *etwas noch wissen, etwas noch im Gedächtnis haben;* ich erinnere mich noch gut, ganz genau; ich kann mich (nicht); diesen Film schon gesehen zu haben; ich kann mich noch gut (daran) e., wie wir damals ...; wenn ich mich recht erinnere, waren wir damals zu dritt; daran kann ich mich nicht mehr e.; sich an jmdn. e. *jmdn. noch im Geist vor sich sehen;* an meine Großeltern erinnere ich mich noch ganz deutlich

Er|in|ne|rung ⟨f.10⟩ **1** *das Sicherinnern;* behalten Sie mich in freundlicher E.!; behalt das Buch zur E. an mich; ich habe daran noch eine deutliche, nur noch eine undeutliche E. *ich kann mich daran noch deutlich, nur noch undeutlich erinnern* **2** *Gesamtheit dessen, an das man sich erinnern kann, Gedächtnis;* wenn mich meine E. nicht täuscht **3** *Sache, Begebenheit, an die man sich erinnern kann, die im Gedächtnis haftengeblieben ist;* alte ~en auffrischen; seinen ~en nachhängen; schöne ~en an eine Zeit, einen Ort haben; seine ~en aufschreiben **4** *Gegenstand, der an etwas erinnern soll;* das schenke ich dir als E. an unsere Begegnung **5** ⟨selten⟩ *erinnerndes Schreiben, Mahnbrief;* jmdm. eine E. an eine Zahlung schicken

Er|in|ne|rungs|ver|mö|gen ⟨n., -s, nur Sg.⟩ *Fähigkeit, sich zu erinnern;* ein gutes, schlechtes E. haben

Er|in|ne|rungs|wert ⟨m.1⟩ *nur für die Erinnerung wichtiger Wert (eines Gegenstandes);* das Bild hat nur E. (keinen Marktwert)

Erin|nye ⟨f.11⟩, **Erin|nys** ⟨f., -, -nyen⟩ griech. Myth. *Rachegöttin* [< griech. *erinys* „Rachegöttin, Rachegeist"; übertr. „Rache, Flucht, Verderben; die Erinnyen wurden jedoch nicht mit diesem, ihrem wirklichen Namen bezeichnet, sondern verhüllend → *Eumeniden* genannt, um sie nicht zu erzürnen]

Eris|ap|fel ⟨m.6⟩ *Streitobjekt, Zankapfel* [nach *Eris*, der griech. Göttin der Zwietracht; da sie zur Hochzeit von Peleus und Thetis als einzige von den Göttern nicht eingeladen worden war, warf sie aus Rache einen goldenen Apfel unter die Gäste, der die Aufschrift trug „der Schönsten"; darauf entbrannte ein Streit zwischen Hera, Athene und Aphrodite, der erst durch das Urteil des Paris zugunsten Aphrodites entschieden wurde]

Eri|stik ⟨f., -, nur Sg.⟩ *Kunst des wissenschaftlichen Redestreits* [< griech. *eris*, Gen. *eridos*, „Streit, Hader, Streitlust", nach *Eris*, der griech. Göttin der Zwietracht]

er|ja|gen ⟨V.1, hat erjagt; mit Akk.; meist poet.⟩ **1** *durch Jagen erlangen* **2** ⟨übertr.⟩ *durch eilige, allzu eifrige Anstrengung erlangen;* wenn ihr's nicht fühlt, ihr werdet's nicht e. (Goethe, Urfaust)

er|kal|ten ⟨V.2, ist erkaltet; o.Obj.⟩ *kalt werden;* der Körper des Toten war schon erkaltet; eine Speise e. lassen

er|käl|ten ⟨V.2, hat erkältet⟩ **I** ⟨refl.⟩ sich e. *eine Erkältung zuziehen* **II** ⟨mit Dat. (sich) und Akk.⟩ *sich eine Erkältung an einem Körperorgan zuziehen;* sich die Blase, ⟨ugs.⟩ den Bauch e.

Er|käl|tung ⟨f.10⟩ *mit Schleimhautentzündung verbundene Erkrankung der oberen Luftwege (aufgrund einer durch Kälte hervorgerufenen Durchblutungsänderung);* Syn. *Refrigeration*

er|kämp|fen ⟨V.1, hat erkämpft; mit Akk.; meist mit Dat. (sich) und Akk.⟩ *durch Kampf erreichen, erlangen;* den Sieg e.; sich eine höhere Stellung e.; ich mußte mir die Theaterkarten geradezu e.

er|kau|fen ⟨V.1, hat erkauft; mit Dat. (sich) und Akk.⟩ sich etwas e. **1** *durch Geld (Bestechung) erlangen;* sich ein Amt, eine hohe Stellung e.; sich jmds. Verschwiegenheit e. **2** *durch große Anstrengung oder Opfer erlangen;* sie hat sich ihre Unabhängigkeit teuer erkauft

er|ken|nen ⟨V.67, hat erkannt⟩ **I** ⟨mit Akk.⟩ **1** ⟨†⟩ *einen Mann e. mit einem Mann Geschlechtsverkehr haben;* sie hatte noch keinen Mann erkannt **2** *wahrnehmen, deutlich sehen;* ich konnte das Nummernschild nicht e.; ich konnte die Schrift in der Dunkelheit kaum, gerade noch e. **3** *durch Nachdenken, Untersuchen, Ansehen, Anhören herausfinden;* ich erkannte ihn sofort; man hat die Krankheit zu spät erkannt; eine Melodie e.; ich habe erkannt, daß es falsch war, was ich getan hatte; etwas als gut, richtig e. **4** ⟨in der Fügung⟩ sich zu e. geben *zeigen, sagen, wer man ist;* er gab sich als XY zu e. **5** ⟨mit Präp.obj.⟩ auf etwas e. *ein Urteil, einen Schiedsspruch fällen;* der Richter erkannte auf Freispruch, ein Jahr Gefängnis [< mhd. *erkennen* „kennen, wissen, erkennen; (jmdm.) etwas zuerkennen; rechtlich entscheiden"; sich erkennen „sich zurechtfinden", (etwas) richtig beurteilen"]

er|kennt|lich ⟨Adj.; nur in den Wendungen⟩ sich jmdm. e. zeigen *jmdm. gegenüber Dank ausdrücken, jmdm. etwas (z. B. Hilfe) vergelten;* ich möchte mich ihm gern e. zeigen; sich e. zeigen *sich durch eine Gegengabe ausgleichen, vergelten;* ich möchte mich für Ihre Freundlichkeit, Ihre Hilfe gern e. zeigen

Er|kennt|nis ⟨f.1⟩ **1** *das Erkennen, geistig verarbeitete Einsicht;* ich bin zu der E. gelangt, daß ...; ~se gewinnen **2** *richterliches Urteil, Urteilsspruch*

Er|kennt|nis|leh|re ⟨f.11⟩ *philosophische Lehre von der Erkenntnis, ihren Möglichkeiten und Grenzen;* Syn. *Erkenntnistheorie*

Er|kennt|nis|theo|rie ⟨f.11⟩ → *Erkenntnislehre*

Er|ken|nung ⟨f., -, nur Sg.⟩ *das Erkennen*

Er|ken|nungs|dienst ⟨m., -es, nur Sg.⟩ *Dienststelle der Kriminalpolizei zur Identifizierung von Personen und Sachen*

Er|ken|nungs|mar|ke ⟨f.11; bei Soldaten⟩ *(im Kriegseinsatz) am Körper zu tragende Metallmarke mit Angabe von Namen, Truppenteil, Kennziffer u.a.*

Er|ken|nungs|zei|chen ⟨n.7⟩ *Zeichen, an dem man etwas oder jmdn. erkennt;* ich werde als E. einen Blumenstrauß in der Hand haben

Er|ker ⟨m.5⟩ *schmaler, vorspringender Gebäudeteil (als Sitzplatz oder Auslug)* [vermutlich zu nordfrz. *arquière* „Schießscharte"]

er|kie|sen ⟨V., erkor, hat erkoren; mit Akk.; †; noch poet. oder scherzh. im Perf.⟩ *erwählen;* auch: *erküren;* wer die Musik sich erkiest, hat im himmlisch Gut bekommen (Mörike); ich habe mir dieses Gerät zum täglichen Gebrauch erkoren

er|klär|bar ⟨Adj., o.Steig.⟩ *so beschaffen, daß man es (durch Erfahrungen, Erkenntnisse, Naturgesetze) erklären kann;* diese Erscheinung ist (noch) nicht e.; sein Verhalten ist nur aus seiner Erziehung e.; eine schwer ~e Furcht

er|klä|ren ⟨V.1, hat erklärt⟩ **I** ⟨mit Akk. oder mit Dat. und Akk.⟩ **1** *mit Worten deutlich, verständlich machen, klarmachen;* Syn. *erläutern;* (jmdm.) einen Begriff, einen Zusammenhang e.; du brauchst mir das nicht zu e.; wie soll ich das e.?; ich kann es nicht anders e.; einen Sachverhalt an einem Beispiel, durch ein Beispiel e.; eine Liebe e. ⟨veraltend⟩; mit einigen ~den Worten **2** *klar und bestimmt, verbindlich mitteilen;* „...", erklärte er; ich erkläre hiermit, daß ich ...; einem anderen Staat den Krieg e. **3** jmdn. oder etwas als oder für etwas e. *bezeichnen;* er erklärte ihn für einen Betrüger; er erklärte den Vorschlag für richtig, falsch; etwas für ungültig e. **II** ⟨mit Dat. (sich) und Akk.⟩ sich etwas e. *etwas verstehen, begreifen;* ich kann mir nicht e., warum ...; es ist mir nur so e., daß ... **III** ⟨refl.⟩ sich e. **1** *seine Liebe gestehen, einem Mädchen einen Heiratsantrag machen;* er hat sich ihr erklärt **2** *deutlich, verständlich werden;* das erklärt sich von selbst **3** *die Folge von etwas*

erklärlich

sein, durch etwas bewirkt werden; sein Verhalten erklärt sich aus seiner Erziehung; der Knall beim Durchbrechen der Schallmauer durch ein Flugzeug erklärt sich daraus, daß ... **4** *sich äußern, mitteilen (daß man eine bestimmte Haltung einnimmt, daß man etwas tun oder nicht tun kann);* er erklärte sich damit einverstanden; ich erkläre mich dazu bereit; ich erklärte mich für außerstande, das zu tun

er|klär|lich ⟨Adj., o.Steig.; nur als Attr. und mit „sein"⟩ *verständlich, einleuchtend;* es ist e., daß er dazu keine Lust hat, wenn man weiß ...; das ist doch ganz e., leicht e.; es ist mir nicht e., warum er ...

er|klär|ter|ma|ßen ⟨Adv.⟩ *wie man bereits erklärt hat;* er ist e. bereit dazu; ich erhebe e. keinen Anspruch darauf

Er|klä|rung ⟨f.10⟩ **1** ⟨nur Sg.⟩ *das Erklären (I,1);* Syn. *Erläuterung;* das bedarf keiner E. **2** ⟨nur Sg.⟩ *Mitteilung;* durch E. seiner Unkenntnis der Vorgänge konnte er den Verdacht von sich abwenden **3** *erklärende Worte;* Syn. *Erläuterung;* seine ~en sind immer einleuchtend; mit einigen kurzen ~en **4** *Begründung, Ursache;* ich weiß dafür, ich habe dafür keine E. **5** *ausdrückliche Mitteilung, bestimmte Aussage, Stellungnahme* (Regierungs~); eine E. abgeben

er|kleck|lich ⟨Adj., o.Steig.⟩ *ziemlich viel, ziemlich groß;* eine ~e Anzahl; die Summe ist um ein Erkleckliches höher als ich dachte [zu mhd. *klecken* „tönen, schlagen, treffen", übertr. „ausreichen, genügen, wirksam sein" (Übertragung ähnlich wie bei *klappen*)]

er|klet|tern ⟨V.1, hat erklettert; mit Akk.⟩ *etwas e. kletternd auf etwas gelangen;* Syn. *erklimmen,* einen Baum, einen Berg e.

er|klim|men ⟨V.68, hat erklommen; mit Akk.⟩ **1** →*erklettern* **2** ⟨übertr.⟩ *durch Mühe, Einsatz nach oben, zu etwas gelangen;* die Leiter des Erfolgs e.; er hat den höchsten Punkt, den höchsten Posten seiner Laufbahn erklommen

er|klin|gen ⟨V.69, ist erklungen; o.Obj.⟩ *zu klingen beginnen, plötzlich klingen;* eine Glocke, ein Lied erklang

er|kran|ken ⟨V.1, ist erkrankt⟩ **I** ⟨o.Obj.⟩ *krank werden;* Herr X ist leider erkrankt **II** ⟨mit Präp.obj.⟩ *an etwas e. eine (bestimmte) Krankheit bekommen;* er ist an Grippe erkrankt

Er|kran|kung ⟨f.10⟩ **1** *das Kranksein;* im Falle einer E. **2** *Krankheit;* E. des Verdauungstraktes

er|küh|nen ⟨V.1, hat erkühnt; refl.⟩ *so kühn sein (etwas zu tun oder zu sagen);* ich erkühnte sich, zu behaupten, daß ...

er|kun|den ⟨V.2, hat erkundet; mit Akk.⟩ *zu erfahren suchen, festzustellen suchen, auskundschaften;* die Lage eines Grundstücks e.

er|kun|di|gen ⟨V.1, hat erkundigt; refl.⟩ *sich e. fragen;* er erkundigte sich, ob ...; sich nach jmdm., nach jmds. Befinden e.

Er|kun|di|gung ⟨f.10⟩ **1** *Frage, Bitte um Auskunft* **2** *Auskunft;* ~en (über jmdn. oder etwas) einziehen

Er|kun|dung ⟨f., -, nur Sg.⟩ *das Erkunden*

er|kü|ren ⟨V., erkor, hat erkoren⟩ →*erkiesen*

Er|lag ⟨m.2; österr.⟩ *Einzahlung*

Er|lag|schein ⟨m.1; österr.⟩ →*Zahlkarte*

er|lah|men ⟨V.1, ist erlahmt; o.Obj.⟩ **1** *müde werden, an Kraft verlieren;* meine Arme erlahmten **2** *im Eifer, Fleiß nachlassen;* ich bin (in meinen Bemühungen) etwas erlahmt **3** *nachlassen;* sein Eifer erlahmte rasch; seine Kräfte erlahmten

er|lan|gen ⟨V.1, hat erlangt; mit Akk.⟩ *durch Anstrengung, Mühe, Einsatz erreichen, gewinnen;* großen Reichtum e.; die Unabhängigkeit e.; er hat als Schriftsteller großen Einfluß erlangt

Er|laß ⟨m.2⟩ **1** ⟨nur Sg.⟩ *das Erlassen;* E. von Schulden, von Strafe; der E. einer Ver-

ordnung **2** *(behördliche, amtliche) Verordnung, Bekanntmachung;* kaiserlicher E.

er|las|sen ⟨V.75, hat erlassen⟩ **I** ⟨mit Akk.⟩ *(offiziell, von amtlicher Seite) verkünden, veröffentlichen, in Kraft treten lassen;* eine Verfügung, Verordnung e.; ein Gesetz e. **II** ⟨mit Dat. und Akk.⟩ *jmdm. etwas e. jmdn. von etwas befreien, entbinden;* jmdm. eine Pflicht, Strafe e.

Er|laß|jahr ⟨n.1⟩ →*Jubeljahr*

er|lau|ben ⟨V.1, hat erlaubt⟩ **I** ⟨mit Akk.⟩ *etwas e.* **1** (von Personen) *seine Einwilligung zu etwas geben, etwas zulassen, gestatten;* das erlaube ich nicht; erlaubst du, daß ich mitgehe?; erlaube, daß ich dich unterbreche, daß ich dir widerspreche; erlaube mal! (als Protest gegen eine Äußerung oder Handlung), eigtl.: erlaube, daß ich widerspreche, eingreife; e. Sie? ⟨Höflichkeitsformel⟩ *darf ich?* (z.B. darf ich vorbei?, darf ich das wegnehmen?); wer hat dir erlaubt, das wegzunehmen?; der Arzt hat mir das Spazierengehen erlaubt; erlaubt sein *zugelassen, gestattet sein;* das Rauchen ist hier (nicht) erlaubt **2** (von Sachen) *möglich machen, zulassen;* seine gesellschaftliche Stellung erlaubt ihm ein großzügiges Leben; meine Zeit erlaubt es jedem nicht, mitzukommen; seine labile Gesundheit erlaubt ihm keine großen Reisen **II** ⟨mit Dat. (sich) und Akk.⟩ *sich etwas e.* **1** *sich die Freiheit nehmen, den Mut, die Möglichkeit haben (etwas zu tun, zu sagen);* ich kann es mir, ihm die Meinung zu sagen; ich kann es mir zeitlich, finanziell (nicht) e., jedes Jahr eine große Reise zu machen **2** (in Höflichkeitsformeln) *darf ich mir e., zu ...? darf ich ...?;* ich werde mir e., Sie einmal anzurufen; wenn ich mir die Bemerkung e. darf

Er|laub|nis ⟨f.1⟩ *Bestätigung, etwas tun zu dürfen, Einwilligung, Einverständnis;* jmdm. die E. geben, verweigern (etwas zu tun); um E. bitten; da bitte ich gar nicht erst lange um E. das tue ich einfach

er|laucht ⟨Adj.; nur als Attr.⟩ **1** *durch hohe Stellung ausgezeichnet, erhaben;* der ~e Kaiser **2** ⟨übertr., iron.⟩ *durch Berühmtheit glänzend;* es war eine Versammlung ~er Geister [< mhd. *erlühtec* „leuchtend, erleuchtet", zu *erliuhten* „erleuchten"]

Er|laucht ⟨f., -, nur Sg.; Titel und Anrede für⟩ *Graf;* Seine E.; Eure E.

er|lau|schen ⟨V.1, hat erlauscht; mit Akk.⟩ *durch Lauschen erfahren, hören*

er|läu|tern ⟨V.1, hat erläutert; mit Akk.⟩ →*erklären (I,1)*

Er|läu|te|rung ⟨f.10⟩ →*Erklärung (1,3)*

Er|le ⟨f.11⟩ *Birkengewächs mit holzigen Fruchtständen (z.B. an feuchten Stellen wachsender Baum mit hellgrauer Rinde)*

er|le|ben ⟨V.1, hat erlebt⟩ **1** *etwas e.* **a** (von Personen) *denkend und empfindend bei etwas dabeisein, etwas denkend und empfindend kennenlernen, etwas durchleben;* ich habe etwas Schönes, Aufregendes erlebt; eine große Freude, eine Enttäuschung e.; er hat diese Zeit noch bewußt erlebt; ich erlebe das anders als du; diese Zeit werden wir nicht mehr e.; er hat seinen 90. Geburtstag noch erlebt; wenn du das tust, dann kannst du was e.! ⟨übertr., ugs.⟩ *dann wirst du böse Erfahrungen machen* **b** (von Sachen) (in Wendungen wie) das Theaterstück hat hundert Aufführungen erlebt *ist hundertmal aufgeführt worden* **2** *jmdn. e.* ⟨übertr.⟩ *jmdn. als lebende Person kennenlernen, jmdn. selbst sehen, hören, beobachten;* ich habe diesen großen Schauspieler noch (auf der Bühne, als Hamlet) erlebt; sich selbst e. *sich (auf bestimmte Weise) empfinden, feststellen, daß man so und so ist;* sie hat sich in ihrer Ehe immer als die Unterlegene erlebt

Er|le|bens|fall ⟨m.2; bei Versicherungen⟩ *Zeitpunkt, zu dem man noch lebt;* Versicherung auf den E. *Versicherung für den Fall,*

daß man einen festgesetzten Zeitpunkt noch erlebt; im E. erhalten Sie die Summe selbst ausgezahlt *falls Sie diesen Zeitpunkt erleben*

Er|leb|nis ⟨n.1⟩ **1** *Ereignis, Geschehen, das jmd. erlebt;* schönes, aufregendes, trauriges E.; ~se von der Reise erzählen **2** *Ereignis, das einen starken Eindruck hinterläßt;* die Aufführung war ein E. **3** *Liebschaft, Liebelei* (Liebes~); erstes E.; sie hat schon einige ~se gehabt

er|le|di|gen ⟨V.1, hat erledigt⟩ **I** ⟨mit Akk.⟩ **1** *tun, ausführen, durchführen (mit dem Blick auf das Ende, auf ein ordnungsgemäßes, befriedigendes Ergebnis);* einen Auftrag, eine Aufgabe e.; eine Bestellung e.; Besorgungen e.; er erledigt die verschiedensten Arbeiten; die Sache ist erledigt ⟨übertr.⟩ *die Sache ist vorbei, wir wollen von ihr nicht mehr sprechen* **2** *beantworten;* Briefe, Post e. **II** ⟨refl.⟩ *sich e. von selbst in Ordnung kommen;* das hat sich erledigt; die Sache hat sich (von selbst) erledigt

er|le|digt ⟨Adj., o.Steig.; nur als Attr. und mit „sein"⟩ **1** *erschöpft;* ich bin völlig e. **2** *geschäftlich, im Ansehen zugrunde gerichtet;* damit ist er e.; wenn er das tut, ist er e.; eine ~e Stelle ⟨veraltend⟩ *eine nicht wieder besetzte Stelle*

er|le|gen ⟨V.1, hat erlegt; mit Akk.⟩ **1** (bei der Jagd) *töten;* Wild e. **2** *hinterlegen, als Pfand zurücklassen;* einen Betrag e. **Er|le|gung** ⟨f., -, nur Sg.⟩

er|leich|tern ⟨V.1, hat erleichtert⟩ **I** ⟨mit Akk.⟩ **1** *leichter machen, von einer Last, von Lasten befreien;* einen zu stark beladenen Wagen e.; jmds. Lage, Schicksal e.; jmdm. die Arbeit e.; jmdn. um sein Geld e. ⟨übertr., ugs.⟩ *jmdm. sein Geld stehlen;* jmdn. um hundert Mark e. *sich von jmdm. hundert Mark leihen* **2** *von einer seelischen Last, Bedrückung befreien;* sein Gewissen e.; etwas eingestehen; die Nachricht hat mich sehr erleichtert; ich bin sehr erleichtert, daß sich eine Lösung gefunden hat **3** *verringern, mildern;* jmds. Schmerzen, jmdm. seine Schmerzen e. **II** ⟨refl.⟩ *sich e.* **1** *es sich bequemer machen (indem man ein beengendes oder zu warmes Kleidungsstück ablegt)* **2** ⟨verhüllend⟩ *seine Notdurft verrichten*

Er|leich|te|rung ⟨f.10⟩ **1** ⟨nur Sg.⟩ *das Erleichtern;* ein Hilfsmittel zur E. einer Arbeit benutzen **2** ⟨nur Sg.⟩ *das Erleichtertsein;* zu meiner großen E. sagte er. **3** *Sache, die etwas erleichtert;* einem Kranken ~en verschaffen

er|lei|den ⟨V.77, hat erlitten; mit Akk.⟩ **1** *ertragen, aushalten;* er hat große Schmerzen, viel Ungerechtigkeit e. müssen **2** *zugefügt bekommen;* eine Niederlage, einen Verlust e.; Schaden e.

Er|len|zei|sig ⟨m.1; verdeutlichend⟩ →*Zeisig* [Zeisigtrupps haben eine Vorliebe für *Erlen*]

er|ler|nen ⟨V.1, hat erlernt; mit Akk.⟩ *etwas s. lernend mit etwas beschäftigen, bis man es beherrscht;* ein Handwerk, eine Sprache e.; sein erlernter Beruf ist Tischler

er|le|sen ⟨Adj.⟩ **1** *ausgesucht, ausgewählt (und daher vom Besten);* ~e Weine, Speisen **2** *sehr fein;* sie kleidet sich mit ~em Geschmack **Er|le|sen|heit** ⟨f., -, nur Sg.⟩

er|leuch|ten ⟨V.1, hat erleuchtet; mit Akk.⟩ **1** *etwas e. hell machen, mit Licht erfüllen;* einen Raum e. **2** ⟨geh.⟩ *mit metaphysischer Erkenntnis erfüllen;* der Erleuchtete Beiname Buddhas

Er|leuch|tung ⟨f.10⟩ **1** *Erleuchten* **2** *plötzliche, blitzartige Erkenntnis;* eine E. haben; endlich kam mir die E., daß ...

er|lie|gen ⟨V.80, ist erlegen⟩ **I** ⟨mit Dat.⟩ **1** *jmdm. e.* ⟨†⟩ *von jmdm. besiegt werden;* dem Gegner, dem Feind e. **2** *einer Sache e. von einer Sache übermannt, besiegt werden, den Widerstand gegen etwas aufgeben;* einer

Krankheit e. *an einer Krankheit sterben;* einer Versuchung, Verlockung e.; jmds. Einfluß e.; einem Irrtum e. *sich irren;* etwas zum Erliegen bringen *zum Stillstand bringen;* diese Ereignisse brachten den Handel fast ganz zum Erliegen; zum Erliegen kommen *zum Stillstand kommen, aufhören, nicht mehr betrieben werden;* unsere Hausmusiken sind zum Erliegen gekommen II ⟨o.Obj.; österr.⟩ **1** *hinterlegt worden sein, abgegeben worden sein;* für Sie erliegt eine Nachricht, ein Brief im Büro **2** *zur Einsicht öffentlich daliegen;* das Verzeichnis erliegt im Sekretariat

Er|l<u>ö</u>|nig ⟨m.1⟩ **1** *Elfenkönig* **2** ⟨übertr. ugs.⟩ *getarntes Modell eines neuen Autotyps (für Probefahrten)* [< dän. ellerkonge, (älter) elverkonge, „Elfenkönig", von Johann Gottfried Herder in Anlehnung an nddt. eller „Erle" falsch übersetzt; das Automodell bekam die Bez. wahrscheinlich in Anlehnung an Goethes Ballade, die mit der Frage nach einer im Dunkeln rasch dahinreitenden Gestalt beginnt]

Er|l<u>ö</u>s ⟨m.1⟩ *Betrag, den man erlöst hat, Gewinn;* sich vom E. aus dem Verkauf eines Hauses ein neues Grundstück kaufen; der E. aus dem Konzert fließt einem SOS-Kinderdorf zu

er|l<u>ö</u>|schen ⟨V.30, ist erloschen; o.Obj.⟩ **1** *zu brennen, zu leuchten aufhören;* das Licht erlosch; ihre Augen waren ganz erloschen *waren ohne Glanz, ohne Ausdruck* **2** ⟨übertr.⟩ *aufhören, enden;* ihr Leben erlosch so still wie eine Kerze; seine Liebe zu ihr ist erloschen; die Epidemie ist erloschen **3** *aufhören zu bestehen;* die Firma ist erloschen; der Anspruch erlischt dieses Jahr; Ihre Mitgliedschaft ist hiermit erloschen **4** *aussterben;* das Geschlecht, der Name ist erloschen

er|l<u>ö</u>|sen ⟨V.1, hat erlöst; mit Akk.⟩ **1** *etwas e. (durch Verkauf u.a.) gewinnen;* aus dem Verkauf eines Hauses, aus einer Veranstaltung eine bestimmte Summe e. **2** *jmdn. befreien;* jmdn. aus einer mißlichen Lage e.; die Prinzessin e. *von einem Zauber* e.⟩ ⟨im Märchen⟩; der Tod hat ihn von seinem Leiden erlöst; er ist erlöst worden *er ist (nach schwerem Leiden) gestorben,* ⟨geh.⟩; nun bin ich erlöst, seit ich weiß, daß ...; erlöst aufatmen; ein ~des Wort sprechen

Er|l<u>ö</u>|ser ⟨m.5⟩ **1** *jmd., der jmdn. erlöst, Befreier, Retter* **2** *Beiname Christi*

Er|l<u>ö</u>|sung ⟨f., -, nur Sg.⟩ **1** *das Erlösen (2);* E. aus Gefangenschaft, von einem Leiden; sein Tod war eine E. (für ihn) **2** ⟨christl. Religion⟩ *Befreiung von Schuld (durch Gott bzw. Christus)*

er|l<u>ü</u>|gen ⟨V.81, hat erlogen; mit Akk.⟩ *erfinden und als wahr erzählen, erfinden, um zu täuschen;* eine erlogene Meldung; das ist alles erstunken und erlogen ⟨volkstüml.⟩

er|mäch|ti|gen ⟨V.1, hat ermächtigt; mit Akk.⟩ *jmdn. e. (etwas zu tun) jmdn. die Macht, Vollmacht, Erlaubnis geben,* jmdn. zum Verkauf eines Hauses e.; dazu bin ich nicht ermächtigt **Er|mäch|ti|gung** ⟨f., -, nur Sg.⟩

er|mah|nen ⟨V.1, hat ermahnt; mit Akk.; verstärkend⟩ *mahnen, eindringlich erinnern (etwas zu tun)*

Er|mah|nung ⟨f.10⟩ *das Ermahnen, Mahnung, ermahnende Worte;* alle ~en fruchteten nichts

er|man|geln ⟨V.1, hat ermangelt⟩ I ⟨mit Gen.⟩ *einer Sache e. eine Sache nicht haben;* sein Klavierspiel ermangelt jeglichen Ausdrucks *sein Klavierspiel hat keinen Ausdruck, ihm fehlt jeglicher Ausdruck;* ich ermangele der Übung ⟨selten⟩ *mir fehlt die Übung* II ⟨mit Dat.⟩ *jmdm. oder einer Sache fehlen;* mir ermangelt die Übung; ihm ermangelt jeglicher Ehrgeiz

Er|man|ge|lung ⟨f., -, nur Sg.⟩ *nur in den Fügungen*) in E. von ..., in E. eines, einer ... *weil etwas fehlt, weil etwas nicht da, nicht greifbar ist;* in E. von etwas Besserem; in E. einer Gabel benutzte er die Finger

er|man|nen ⟨V.1, hat ermannt; refl.⟩ *sich e. sich aufraffen, sich zusammenreißen, seine Kraft, Energie zusammennehmen;* ermanne dich!; er mannte sich und nicht e., zu ...

er|mä|ßi|gen ⟨V.1, hat ermäßigt; mit Akk.⟩ *verringern, herabsetzen;* die Preise e.; der Eintritt ist für Kinder ermäßigt

Er|mä|ßi|gung ⟨f.10⟩ **1** ⟨nur Sg.⟩ *das Ermäßigen;* durch die E. der Fahrpreise **2** *ermäßigter Preis;* für Jugendliche gibt es eine E. von 3 DM *Betrag, um den ein Preis ermäßigt wird oder ist;* wir geben auf diesen Preis 20% E.

er|mat|ten ⟨V.2, ist ermattet; o.Obj.⟩ *matt werden, die Kraft verlieren;* ich bin ziemlich ermattet *ziemlich matt, kraftlos* **Er|mat|tung** ⟨f., -, nur Sg.⟩

er|mes|sen ⟨V.84, hat ermessen; mit Akk.⟩ *(im Ausmaß, in der Bedeutung) schätzen, sich vorstellen;* ich kann den Umfang der Arbeit noch nicht e.; man kann die Tragweite des Vorfalls kaum e.; kannst du e., wieviel ...?; daraus kannst du e., wie sehr er sich bemüht hat

Er|mes|sen ⟨n., -s, nur Sg.⟩ *Einschätzung, Gutdünken, Beurteilung;* nach meinem E. sollte man ...; wir stellen es in Ihr E., ob Sie es tun wollen oder nicht *wir stellen es Ihnen frei, wir überlassen es Ihnen;* wir haben nach bestem E. entschieden

Er|mes|sens|fra|ge ⟨f.11⟩ *Frage, die nur nach Ermessen (nicht nach Gesetz, Norm oder Vorschrift) entschieden, beurteilt werden kann;* das ist eine E.

Er|mi|ta|ge ⟨[-ʒə] f.11⟩ → *Eremitage (3)*

er|mit|teln ⟨V.1, hat ermittelt; I mit Akk.⟩ *(durch Nachforschung oder Berechnung) feststellen;* bestimmte Daten, Zahlen e.; die Wahrheit e.; den Sieger im Wettkampf e.; ich habe nicht e. können, ob ...; ich habe folgendes ermittelt II ⟨o.Obj.⟩ *nach Beweismaterial, nach einem Verbrecher suchen;* die Polizei ermittelt seit mehreren Monaten

Er|mitt|lung ⟨f.10⟩ *das Ermitteln, Suche, Nachforschung, Berechnung;* ~en anstellen

Er|mitt|lungs|ver|fah|ren ⟨n.7⟩ *(bei Verdacht auf eine strafbare Handlung von der Staatsanwaltschaft durchgeführtes) Verfahren, um festzustellen, wer der Täter ist und ob Grund zur Anklage besteht*

er|mög|li|chen ⟨V.1, hat ermöglicht; mit Akk.⟩ *möglich machen;* jmdm. eine Auslandsreise e.; kannst du es e., morgen zu kommen? **Er|mög|li|chung** ⟨f., -, nur Sg.⟩

er|mor|den ⟨V.1, hat ermordet; mit Akk.⟩ *jmdn. vorsätzlich töten*

Er|mor|dung ⟨f.10⟩ *das Ermorden, das Ermordetwerden*

er|mü|den ⟨V.2⟩ I ⟨mit Akk.; hat ermüdet⟩ *müde machen;* die Wanderung hat mich ermüdet; du ermüdest das Kind zu sehr II ⟨o.Obj.; ist ermüdet⟩ *müde werden;* er ermüdet schnell **Er|mü|dung** ⟨f., -, nur Sg.⟩

er|mun|tern ⟨V.1, hat ermuntert; mit Akk.⟩ **1** *munter machen;* er konnte ihn nach dem kurzen Schlaf kaum e.; ich ermuntere mich morgens mit einer kalten Dusche **2** *jmdm. freundlich Mut machen, anfeuernd zureden;* jmdn. zum Mitmachen e.; jmdm. einige ~de Worte sagen **3** *jmdn. beleben, jmdm. wieder Kraft, Beweglichkeit verleihen;* der Kaffee hat mich ermuntert **Er|mun|te|rung** ⟨f., -, nur Sg.⟩

er|mu|ti|gen ⟨V.1, hat ermutigt; mit Akk.⟩ *jmdm. Mut machen;* ich habe ihn ermutigt, die Prüfung noch zu machen; jmdn. zu etwas e.; das klingt ja recht, nicht gerade ~d **Er|mu|ti|gung** ⟨f., -, nur Sg.⟩

Ern ⟨m., -, -⟩ → *Eren*

er|näh|ren ⟨V.1, hat ernährt⟩ I ⟨mit Akk.⟩ **1** *jmdn. oder etwas (z.B. Organ) e. jmdn. oder etwas mit Nahrung versorgen;* durch seine einseitige Lebensweise wurden seine Knochen, Organe nicht genügend ernährt **2** *jmdn. oder sich e. für jmds., den eigenen Lebensunterhalt sorgen;* er muß von dem kleinen Gehalt fünf Kinder e.; ich kann mich selbst e. II ⟨refl.⟩ *sich (von etwas) e. etwas als Nahrung zu sich nehmen;* er ernährt sich überwiegend von Fleisch; diese Vögel e. sich von Insekten

Er|näh|rer ⟨m.5⟩ *jmd., der unmündige Kinder ernährt (meist der Vater)*

Er|näh|rung ⟨f., -, nur Sg.⟩ **1** *das Ernähren, das Sichernähren, das Ernährtwerden,* Syn. ⟨Med.⟩ *Nutrition;* falsche, richtige, gesunde E. **2** *Nahrung;* seine E. umstellen **3** *wirtschaftliche Unterstützung, Unterhalt;* er sorgt für ihre E.

er|nen|nen ⟨V.89, hat ernannt; mit Akk.⟩ **1** *jmdn. e. bestimmen, bindend ernennen;* einen Nachfolger, Vertreter e.; den Kanzler e. **2** *jmdn. zu etwas e. jmdn. für ein Amt bestimmen, jmdm. ein Amt geben;* er ernannte ihn zu seinem Nachfolger, Vertreter; er wurde zum Oberstudiendirektor ernannt

Er|nen|nung ⟨f.10⟩ *das Ernennen, das Ernanntwerden;* nach seiner E. zum Abteilungsleiter

er|neu|en ⟨V.1, hat erneut; geh.⟩ → *erneuern (3)*

Er|neu|er ⟨m.5⟩ *jmd., der etwas erneuert*

er|neu|ern ⟨V.1, hat erneuert⟩ I ⟨mit Akk.⟩ **1** *wiederherstellen, ausbessern (so daß es wieder wie neu aussieht);* ein Gebäude e. **2** *auswechseln, durch etwas neues Gleiches ersetzen;* den Tonabnehmer e.; die Reifen müssen erneuert werden; den Paß e. lassen **3** *neu beleben;* auch: ⟨geh.⟩ *erneuen;* eine alte Freundschaft, Beziehung e. II ⟨refl.⟩ *(aus sich selbst) neu werden;* Körperzellen erneuern sich ständig

Er|neue|rung ⟨f., -, nur Sg.⟩ *das Erneuern, das Erneuertwerden*

er|neut ⟨Adj., o.Steig.; nur als Attr. und Adv.⟩ **1** ⟨Adj.⟩ *wiederholt, nochmalig;* ein ~er Versuch, Vorstoß **2** ⟨Adv.⟩ *wieder, nochmals;* e. nachfragen; e. angreifen

er|nied|ri|gen ⟨V.1, hat erniedrigt; mit Akk.⟩ Ggs. *erhöhen* **1** *etwas e. a niedriger machen;* eine Stufe e.; einen Ton um einen halben Ton e. ⟨Mus.⟩ **b** *verringern, herabsetzen;* den Dampfdruck e. **2** *jmdn. (oder sich) e. jmds. (oder die eigene) Menschenwürde verletzen, jmdn. (oder sich) demütigen, herabsetzen;* wir wollen nicht mit e. und so etwas tun; eine ~de Behandlung **Er|nied|ri|gung** ⟨f.10⟩

ernst ⟨Adj.⟩ **1** *nicht heiter, nicht fröhlich, fast traurig;* ein ~er Mensch; ein ~es Gesicht machen; ~e Musik (Abk.: E-Musik) *künstlerisch wertvolle Musik;* er sah e. aus **2** *ohne zu lachen;* „...", sagte er *und wurde wieder e. er hörte auf zu lachen* **3** *bedrohlich, gefährlich;* eine ~e Krankheit, Krise; die Lage ist e. **4** *streng, aber nicht hart, sehr sachlich;* ich muß einmal e. mit dir reden **5** *stark, groß;* ~e Befürchtungen, Besorgnisse **6** *aufrichtig, ehrlich, wie es gesagt wird;* er hat ~e Absichten; er meint e.; jmdn. e. nehmen *jmdn. so behandeln, wie er es möchte, aufmerksam auf ihn eingehen;* etwas e. nehmen *sich aufmerksam einer Sache widmen;* er nimmt seine Arbeit sehr e.; jmds. Klagen, Worte e. nehmen *ihm glauben*

Ernst ⟨m., -(e)s, nur Sg.⟩ **1** *ernste Wesensart* **2** *sachliche, aufrichtige Einstellung, sachliche Haltung;* mit (großem) E. an eine Sache herangehen; es ist mir E. damit; es ist mein E., wenn ich das sage *ich meine es wirklich so; meinst du das im E.?;* im E.! *Spaß beiseite!* **3** *Strenge ohne Härte,* mit dem E. des Lehrers sagte **4** *Entschiedenheit;* E. machen *entschieden durchgreifen;* E. mit einem Vorhaben

Ernstfall

machen *es entschieden, energisch beginnen* **5** *Bedrohlichkeit, Gefährlichkeit;* der E. der Lage; der E. des Lebens *die rauhen, schwierigen Seiten des Lebens*

Ernst|fall ⟨m.2⟩ *Eintreten eines bedrohlichen, gefährlichen Ereignisses (mit dem man rechnen muß);* etwas für den E. vorbereiten; im E. muß das klappen; im E. müssen Sie ihn sofort ins Krankenhaus bringen

ernst|ge|meint ⟨Adj., ernster, am ernstesten gemeint; nur als Attr.⟩ *aufrichtig, sachlich gemeint;* ~e Angebote, Zuschriften; ⟨aber⟩ die Angebote sind ernst gemeint

ernst|haft ⟨Adj.⟩ **1** *ernst, aber nicht streng, nicht allzu gewichtig;* den Ernst sah mich e. an; „...", sagte er e. **2** *wirklich, im Ernst;* hast du e. daran gedacht, wegzuziehen? **3** *ernstgemeint;* ein ~es Angebot

Ernst|haf|tig|keit ⟨f., -, nur Sg.⟩ *ernsthafte Haltung;* die E., mit der das Kind das sagte

ernst|lich ⟨Adj., o.Steig.; nur als Attr. und Adv.⟩ **1** *ernst, ernstzunehmend;* ~e Bedenken; jmdn. e. ermahnen **2** *wirklich, im Ernst;* wir müssen e. daran denken, für den Winter vorzusorgen; wenn du das tust, werde ich e. böse

Ern|te ⟨f.11⟩ **1** *das Ernten* **2** *Gesamtheit der geernteten Früchte oder Pflanzen;* die E. einbringen; es war eine gute, schlechte E.; der Tod hielt furchtbare E. ⟨übertr., poet.⟩ *es starben sehr viele Menschen (z.B. bei einem Unglück, an einer Epidemie);* du siehst aus, als hätte es dir die E. verhagelt *du siehst niedergeschlagen, mutlos aus*

Ern|te|dank|fest ⟨n.1⟩ *kirchliches Fest zum Dank für die eingebrachte Ernte (Ende September/Anfang Oktober)*

Ern|te|mil|be ⟨f.11⟩ *weißlich behaarte Milbe, deren orangerote Larven besonders Menschen bei der Ernte befallen und Hautrötung mit Juckreiz verursachen*

Ern|te|mo|nat ⟨m.1⟩ → *Ernting*

ern|ten ⟨V.2, hat geerntet; mit Akk.⟩ **1** *mähen oder pflücken und einbringen;* Getreide, Obst e. **2** ⟨übertr.⟩ *bekommen, erhalten;* Anerkennung, Dank e.; damit wirst du nur Spott, Undank e.

Ern|ting ⟨m.1; alter Name für⟩ *August;* Syn. *Erntemonat*

er|nüch|tern ⟨V.1, hat ernüchtert; mit Akk.⟩ jmdn. e. **1** *jmdn. nüchtern machen, dafür sorgen, daß er seinen Rausch überwindet* **2** *jmdm. eine Illusion rauben, seine Begeisterung dämpfen oder zerstören;* eine ~de Erfahrung **Er|nüch|te|rung** ⟨f., -, nur Sg.⟩

Er|obe|rer ⟨m.2⟩ *jmd., der etwas erobert hat*

er|obern ⟨V.1, hat erobert; mit Akk.⟩ **1** *sich mit Gewalt, durch Kampf aneignen;* ein Land, eine Stadt e.; sich ein Mädchens Herz, Liebe e. ⟨poet.; †⟩ *sein Herz, seine Liebe gewinnen;* sich Theaterkarten e. ⟨übertr., ugs.⟩ *trotz Schwierigkeiten erhalten*

Er|obe|rung ⟨f.10⟩ **1** *das Erobern;* eine E. machen ⟨übertr., ugs.⟩ *jmds. Zuneigung gewinnen* **2** *erobertes Gebiet;* nach dem Friedensschluß alle ~en wieder herausgeben

Er|obe|rungs|lust ⟨f., -, nur Sg.⟩ *Bestreben, Eroberungen zu machen*

er|obe|rungs|lu|stig ⟨Adj.⟩ *von Eroberungslust erfüllt, bestrebt, Eroberungen zu machen*

ero|die|ren ⟨V.3, hat erodiert; mit Akk.⟩ *auswaschen, wegschwemmen, abtragen;* Wasser erodiert Land; der Fluß hat das Ufer erodiert [< lat. *erodere* „abnagen, anfressen", → *Erosion*]

er|öff|nen ⟨V.1, hat eröffnet⟩ **I** ⟨mit Akk.⟩ **1** ⟨*zum ersten Mal*⟩ *dem Publikum zugänglich machen;* ein Geschäft, Lokal, Theater, eine Ausstellung e. **2** ⟨Med.⟩ *durch Schnitt öffnen;* ein Geschwür e. **3** *formell öffnen;* ein Testament e. **4** ⟨*formell*⟩ *beginnen, einleiten;* eine Gerichtsverhandlung, eine Sitzung, eine Diskussion e.; eine Schachpartie e. *die ersten Züge in einer Schachpartie machen;* die Geburt e. **II** ⟨mit Dat. und Akk.⟩ jmdm. etwas e. *jmdm. etwas (Überraschendes, Unerwartetes, meist Unangenehmes) mitteilen*

Er|öff|nung ⟨f.10⟩ **1** ⟨nur Sg.⟩ *das Eröffnen, das Eröffnetwerden* **2** *das, was jmdm. eröffnet wird, Mitteilung;* seine ~en kamen im unpassendsten Augenblick

Er|öff|nungs|pe|ri|ode ⟨f.11; Med.⟩ *erster Abschnitt des Geburtsvorgangs*

ero|gen ⟨Adj.⟩ *sexuelle Lust erregend;* ~e Zone *Körperregion, deren Reizung zu sexueller Lust führt* [< *Eros* und griech. *gennan* „erzeugen, hervorbringen"]

er|ör|tern ⟨V.1, hat erörtert; mit Akk.⟩ *etwas e. in Einzelheiten besprechen;* sie erörterten die Frage, ob ...

Er|ör|te|rung ⟨f.10⟩ **1** *das Erörtern;* bei der E. der Frage **2** *sachliches Gespräch;* um diese Sache gibt es immer wieder neue ~en

Eros ⟨auch [erɔs]⟩ **1** ⟨m., -, nur Sg.; Philos.⟩ *schöpferischer Trieb* **2** ⟨m., -, nur Sg.⟩ *geschlechtliche Liebe* **3** ⟨m., -, Ero|ten, nur Pl.; bildende Kunst⟩ *geflügelter Liebesgott mit Pfeil und Bogen, meist in Kindergestalt, Amorette* [< griech. *éros*, Gen. *érotos*, „Liebe, Verlangen", zu *eran* „lieben"]

Eros-Cen|ter ⟨[-sen-] n.5⟩ *größeres Bordell* [< *Eros* und engl. *center, centre* „Zentrum"]

Ero|si|on ⟨f.10⟩ *Abtragung und Furchung der Erdoberfläche (durch Wind, fließendes Wasser oder Gletscher)* [< lat. *erosio*, Gen. *-onis*, „das Zerfressenwerden", zu *erodere* „abnagen"]

ero|siv ⟨Adj., o.Steig.⟩ *durch Erosion entstanden*

Ero|ten ⟨Pl. von⟩ → *Eros (3)*

Ero|tesse ⟨f.11; scherzh.⟩ *Angestellte in einem Eros-Center*

Ero|tik ⟨f., -, nur Sg.⟩ *Liebeskunst, vergeistigtes Liebes-, Geschlechtsleben* [< griech. *erotikós* „zur Liebe gehörig", zu *Eros*]

Ero|ti|ka ⟨Pl. von⟩ → *Erotikon*

Ero|ti|ker ⟨m.5⟩ **1** *Liebeskünstler* **2** *Verfasser von Liebesliedern oder Erotika*

Ero|ti|kon ⟨n., -s, -ka⟩ *Buch über die Liebe und das Geschlechtsleben, Werk, Dichtung mit erotischem Inhalt;* er sammelt Erotika

ero|tisch ⟨Adj.⟩ *die Erotik betreffend, darauf beruhend*

ero|ti|sie|ren ⟨V.3, hat erotisiert; mit Akk.⟩ **1** jmdn. e. *sinnliche Reize erotisches Verlangen in jmdm. hervorrufen; jmdn. durch bestimmte Musik, durch Liebkosungen e.* **2** *etwas e. mit Erotik erfüllen, erotisch machen;* eine Beziehung e.

Ero|to|lo|gie ⟨f., -, nur Sg.⟩ *Wissenschaft von der Erotik* [< *Erotik* und *...logie*]

Ero|to|ma|nie ⟨f.10⟩ *übersteigerte sexuelle Triebhaftigkeit* [< *Erotik* und *Manie*]

Er|pel ⟨m.5⟩ *männliche Ente;* Syn. *Enterich*

er|picht ⟨Adj.; nur in der Wendung⟩ auf etwas e. sein *etwas heftig erstreben, unbedingt haben wollen, auf etwas scharf, versessen sein*

er|pres|sen ⟨V.1, hat erpreßt; mit Akk.⟩ **1** etwas e. *mit Drohung oder Gewalt verlangen oder erhalten;* von jmdm. Geld e.; ein Geständnis von jmdm. e. **2** jmdn. e. *mit Drohung oder Gewalt etwas von jmdm. verlangen oder erhalten;* er versuchte sie damit zu e., daß er drohte, ihre Briefe weiterzugeben

er|pres|se|risch ⟨Adj., o.Steig.⟩ *in der Art eines Erpressers*

Er|pres|sung ⟨f.10⟩ *das Erpressen*

er|pro|ben ⟨V.1, hat erprobt; mit Akk.⟩ *etwas e. versuchen, ob etwas möglich ist oder klappt, standhält, auf die Probe stellen, prüfen;* ein neues Automodell e.; jmds. Fähigkeiten e.; unsere Zusammenarbeit ist schon oft e. worden; ein erprobter Mitarbeiter *ein tüchtiger Mitarbeiter, der sich bewährt hat* **Er|pro|bung** ⟨f.10⟩

er|quicken ⟨-k|k-; V.1, hat erquickt; mit Akk.⟩ *erfrischen, beleben;* jmdn. mit einem Imbiß e.; ~der Schlaf; die Luft ist ~d kühl; erquickt erwachen; sich erquickt fühlen

er|quick|lich ⟨Adj.⟩ *angenehm, erfreulich*

Er|quickung ⟨-k|k-; f., -, nur Sg.⟩ *das Erquicken, das Sicherquicken, Erfrischung, Belebung;* jmdm. etwas zur E. anbieten

er|raf|fen ⟨V.1, hat errafft; mit Akk.⟩ *eilig an sich raffen, hastig und gierig ergreifen;* er nahm, was es nur e. konnte

Er|ra|re hu|ma|num est *Irren ist menschlich* [lat.]

Er|ra|ta ⟨Pl. von⟩ → *Erratum*

er|ra|ten ⟨V.94, hat erraten; mit Akk.⟩ *durch Raten herausbekommen, herausfinden, aus Andeutungen schließen;* jmds. Gedanken e.

er|ra|tisch ⟨Adj., o.Steig.⟩ *verstreut, vereinzelt, verirrt;* ~er Block → *Findling (2)* [< lat. *erraticus* „umherirrend"]

Er|ra|tum ⟨n., -s, -ta⟩ *Druckfehler, Irrtum* [lat., „Irrtum", zu *errare* „sich irren"]

er|rech|nen ⟨V.2, hat errechnet; mit Akk.⟩ *durch Rechnen herausfinden* **Er|rech|nung** ⟨f., -, nur Sg.⟩

er|reg|bar ⟨Adj.⟩ *so beschaffen, daß man ihn, sie erregen kann;* ein leicht, schwer ~er Mensch **Er|reg|bar|keit** ⟨f., -, nur Sg.⟩

er|re|gen ⟨V.1, hat erregt⟩ **I** ⟨mit Akk.⟩ **1** jmdn. e. *innerlich heftig bewegen, in heftige Unruhe versetzen, aufregen;* der Vorfall hat mich sehr erregt; „...!" sagte er erregt **2** *etwas e. hervorrufen,* Ärgernis, Aufsehen e.; jmds. Neugierde e. **II** ⟨refl.⟩ sich e. *in heftige innere Unruhe geraten, sich aufregen;* sich über etwas e.

Er|re|ger ⟨m.5⟩ *Kleinstlebewesen, das in einem Organismus eine Infektionskrankheit erregt*

Er|regt|heit ⟨f., -, nur Sg.⟩ → *Erregung (2)*

Er|re|gung ⟨f., -, nur Sg.⟩ **1** *das Erregen* **2** *Zustand des Erregtseins;* Syn. *Erregtheit;* in seiner E. verlor er die Nerven

er|reich|bar ⟨Adj., o.Steig.⟩ *zu erreichen;* ich bin vormittags im Büro; ich bin telefonisch (nicht) e.; leicht, schwer e. sein

er|rei|chen ⟨V.1, hat erreicht; mit Akk.⟩ **1** etwas e. **a** *mit der Hand fassen, hinlangen, hinfassen können;* er kann vom Bett aus das Telefon e.; er kann den Haken gerade e. **b** *zu etwas gelangen, zu etwas hinkommen;* den Zug noch e. **c** *bewirken, durchsetzen;* er hat erreicht, was er wollte; er hat tatsächlich erreicht, daß ...; er hat in seinem Leben viel erreicht; das Kind erreicht bei ihm alles **2** jmdn. e. **a** *treffen, sprechen können;* wann und wo erreiche ich Sie am besten?; Sie können mich vormittags telefonisch e. **b** *jmds. Aufmerksamkeit erregen, Zuwendung hervorrufen;* er erreicht sie mit seinen Bitten nicht mehr

er|ret|ten ⟨verstärkend⟩ → *retten* **Er|ret|tung** ⟨f., -, nur Sg.⟩

er|rich|ten ⟨V.2, hat errichtet; mit Akk.⟩ **1** *bauen;* ein Gebäude e. **2** *aufstellen, aufrecht hinstellen;* einen Gedenkstein (an einer Stelle) e.; eine Gerade der Senkrechte e. ⟨Geom.⟩ **3** *gründen, einrichten;* ein Geschäft, eine Zweigstelle e.; eine Diktatur e. **Er|rich|tung** ⟨f., -, nur Sg.⟩

er|rin|gen ⟨V.100, hat errungen; mit Akk.⟩ *durch Mühe, Arbeit, Anstrengung, Fleiß erreichen, erlangen;* einen Preis e.; den Sieg e.

er|rö|ten ⟨V.2, ist errötet; o.Obj.; nur von Personen⟩ *rot werden;* vor Stolz, Scham, Verlegenheit e.

Er|run|gen|schaft ⟨f.10⟩ **1** *etwas durch Anstrengung Erreichtes;* die ~en der Technik **2** ⟨ugs.⟩ *etwas, das angeschafft, gekauft worden ist;* die Geschirrspülmaschine ist meine neueste E.

Er|satz ⟨m., -es, nur Sg.⟩ *etwas, das etwas*

anderes ersetzt, jmd., der jmdn. ersetzt; für einen verlorengegangenen, kaputten Gegenstand einen E. brauchen; für einen erkrankten Mitarbeiter einen E. suchen; die Kofferschreibmaschine kann als E. dienen

Er|satz|be|frie|di|gung ⟨f.10; Psych.⟩ *Befriedigung eines Triebs durch Ersatzhandlung*

Er|satz|dienst ⟨m., -(e)s, nur Sg.⟩ → *Zivildienst*

er|satz|ge|schwächt ⟨Adj., o.Steig.; bei Sportmannschaften⟩ *durch Ersatzspieler geschwächt*

Er|satz|hand|lung ⟨f.10; Psych.⟩ *Handlung anstelle einer urspr. beabsichtigten Handlung, wenn diese nicht möglich ist*

Er|satz|kas|se ⟨f.11⟩ *Krankenkasse, die ein Versicherungspflichtiger anstelle der Orts- oder Innungskrankenkasse wählen kann oder bei der jmd. freiwillig versichert ist, wenn er die Grenze der Pflichtversicherung überschritten hat*

Er|satz|mann ⟨m.4, Pl. auch -leu|te⟩ *jmd., der als Ersatz für einen anderen einspringt*

Er|satz|ob|jekt ⟨n.1; Psych.⟩ *Objekt als Ersatz für ein Objekt, das ursprünglich Ziel der Wünsche war*

Er|satz|per|son ⟨f.10; Psych.⟩ *Person als Ersatz für die Bezugsperson*

Er|satz|re|ser|ve ⟨f., -, nur Sg.; BRD⟩ *Personalreserve von Wehrpflichtigen, die noch nicht eingezogen worden sind*

Er|satz|spie|ler ⟨m.5; Sport⟩ *weniger guter Spieler, der nur beim Ausfall eines anderen Spielers eingesetzt wird*

Er|satz|teil ⟨n.1 oder m.1⟩ *Teil, das anstelle eines unbrauchbar gewordenen Teils (in einem Gerät, einer Maschine) eingesetzt werden kann;* dafür bekommt man keine ∼e mehr

Er|satz|wahl ⟨f.10⟩ *nochmalige Wahl, wenn ein Kandidat ausgefallen ist*

er|satz|wei|se ⟨Adv.⟩ *als Ersatz*

er|sau|fen ⟨V.103, ist ersoffen; o.Obj.; derb⟩ *ertrinken*

er|säu|fen ⟨V.1, hat ersäuft; mit Akk.; derb⟩ *ertränken*

er|schaf|fen ⟨V.105, hat erschaffen; mit Akk.⟩ *schaffen, hervorbringen, entstehen lassen*

Er|schaf|fung ⟨f., -, nur Sg.⟩ *das Erschaffen, das Erschaffenwerden;* die E. der Welt; die E. Adams

er|schal|len ⟨V.106, ist erschallt oder erschollen⟩ ⟨plötzlich⟩ *schallen;* ein Lied erschallte; ein Ruf erscholl

er|schau|en ⟨V.1, hat erschaut; mit Akk.; poet.⟩ *erblicken*

er|schau|ern ⟨V.1, ist erschauert; o.Obj.⟩ *von einem Schauer überlaufen werden;* sie erschauerte vor Kälte, vor Furcht

er|schei|nen ⟨V.108, ist erschienen⟩ I ⟨o.Obj.⟩ 1 *sich zeigen, sich sehen lassen, auftreten;* er erschien erst spät am Nachmittag; sie erschien im Abendkleid; er ist heute bei uns im Büro erschienen; der Mond erschien am Himmel 2 *einen bestimmten Eindruck machen;* er erscheint sehr ruhig, ist es aber nicht; er bemüht sich, geistreich zu e. 3 *veröffentlicht werden;* das Buch erscheint im Herbst; der Vortrag erscheint demnächst als Taschenbuch; diese Zeitung erscheint täglich II ⟨mit Dat.⟩ jmdm. e. 1 *sich jmdm. zeigen;* sie ist mir im Traum erschienen 2 *sich jmdm. darstellen, einen (bestimmten) Eindruck auf jmdn. machen;* das erscheint mir falsch, richtig, merkwürdig; das erscheint mir jetzt in einem ganz anderen Licht *ich sehe das jetzt ganz anders;* die Landschaft erscheint mir bei dieser Beleuchtung ganz fremd

Er|schei|nung ⟨f.10⟩ 1 ⟨nur Sg.⟩ *das Sichzeigen, das Sichtbarwerden, Auftreten;* in E. treten *sichtbar werden, sich zeigen;* das Fest der E. Christi *Epiphanias* 2 *Äußeres, Außenseite, das, was sichtbar ist;* seine (äußere) E. ist immer sehr gepflegt 3 *(auf bestimmte Weise wirkende) Person;* er ist eine gute, elegante, stattliche E.; die jüngste Tochter, eine liebliche E., kam später herein 4 *Traumbild, Vision;* er hatte eine E. 5 *Geist (eines Toten), Gespenst;* sie glaubte eine E. zu sehen; sie starrte mich an wie eine E.

Er|schei|nungs|bild ⟨n.3⟩ *die Art, wie etwas erscheint, auftritt, sich zeigt, Gesamtheit der äußeren Merkmale;* das E. einer Krankheit; die Stadt hat heute ein ganz anderes E. als vor 20 Jahren

Er|schei|nungs|fest ⟨n.1⟩ → *Epiphanias*

Er|schei|nungs|form ⟨f.10⟩ *Form, in der eine Sache erscheint, sich zeigt;* diese Krankheit hat verschiedene ∼en

Er|schei|nungs|jahr ⟨n.1⟩ *Jahr, in dem ein Buch erschienen ist*

Er|schei|nungs|ort ⟨m.1⟩ *Ort, in dem ein Buch erschienen ist*

er|schie|ßen ⟨V.113, hat erschossen; mit Akk.⟩ 1 *mit einer Schußwaffe töten; jmdn. zum Tod durch Erschießen verurteilen,* erschossen sein ⟨übertr., ugs.⟩ *erschöpft sein*

Er|schie|ßung ⟨f.10⟩

er|schlaf|fen ⟨V.1, ist erschlafft; o.Obj.⟩ *schlaff werden*

Er|schlaf|fung ⟨f., -, nur Sg.⟩

er|schla|gen ⟨V.116, hat erschlagen; mit Akk.⟩ *durch Schlagen, durch Schläge töten;* erschlagen sein ⟨übertr., ugs.⟩ *erschöpft sein, verblüfft, sprachlos sein*

Er|schla|gung ⟨f., -, nur Sg.⟩

er|schlei|chen ⟨V.117, hat erschlichen; mit Dat. (sich) und Akk.⟩ *sich etwas e. durch Intrige, Täuschung, Betrug o.ä. erlangen;* sich ein Amt, ein Erbe e.; sich jmds. Gunst, sich einen Vorteil e.

Er|schlei|chung ⟨f., -, nur Sg.⟩

er|schlie|ßen ⟨V.120, hat erschlossen⟩ I ⟨mit Akk.⟩ 1 *der Allgemeinheit zugänglich machen, nutzbar machen;* Bodenschätze, Rohstoffquellen e.; die Bestände einer Bibliothek (dem Publikum) e. 2 *aus Andeutungen folgern;* aus jmds. Bemerkungen den wahren Sachverhalt e. 3 ⟨Sprachw.⟩ *aufgrund von Vergleichen festlegen, darstellen;* ein (nicht schriftlich belegtes) Wort e.; eine grammatische Form nicht erschlossen (nicht belegt) II ⟨refl.⟩ sich e. 1 *sich öffnen;* die Knospe erschließt sich (der Sonne) ⟨poet.⟩ 2 *sich zeigen, sich offenbaren;* die Schönheit dieser Dichtung erschließt sich erst nach und nach; sich jmdm. e. *jmdm. seine Gedanken, Empfindungen anvertrauen*

Er|schlie|ßung ⟨f., -, nur Sg.⟩ *das Erschließen, das Erschlossenwerden;* die E. von Rohstoffquellen

er|schöp|fen ⟨V.1, hat erschöpft⟩ I ⟨mit Akk.⟩ 1 *etwas e.* a *bis zum letzten Stück verbrauchen;* unsere Vorräte e., nutzbar machen; b *bis in die letzten Einzelheiten untersuchen, erörtern;* ein Thema e.; einen Sachverhalt ∼d darstellen 2 *etwas oder jmdn. e. an die Grenze des Möglichen, der Leistungsfähigkeit in Anspruch nehmen, anstrengen, ermüden;* seine Kräfte, die Kräfte eines Tieres e.; diese Arbeit erschöpft mich; ich bin (völlig) erschöpft; er macht einen erschöpften Eindruck II ⟨refl.⟩ sich e. 1 *aufhören, zu Ende gehen;* unser Gesprächsstoff hat sich, unsere Austauschmöglichkeiten haben sich erschöpft 2 *sich verausgaben;* er redet viel über seinen Beruf, aber damit erschöpft er sich, weiß er nichts zu sagen 3 *sich in etwas e. etwas (ausschließlich) bestehen;* seine Tätigkeit erschöpft sich darin, daß er die Aufträge der anderen ausführt

Er|schöp|fung ⟨f., -, nur Sg.⟩ *Zustand des Erschöpftseins;* an völliger E. leiden; vor E. zusammenbrechen

er|schrecken ⟨-k·k-⟩ I ⟨V.126, ist erschrocken; o.Obj.⟩ *in Schrecken bekommen, plötzlich in Furcht geraten;* sie erschrak bei dem Geräusch; vor etwas e.; über jmds. Aussehen, Worte e.; er sieht zum Erschrecken elend aus; er war tief, zu Tode erschrocken; erschrocken sprang er auf; ⟨ugs. auch refl.⟩; hat erschreckt⟩ sich e.; hab ich mich jetzt erschrocken!; das Kind, der Hund hat sich vor der schnellen Bewegung erschrocken II ⟨V.1, hat erschreckt; mit Akk.⟩ *jmdn. oder ein Tier e. in Schrecken versetzen, jmdm., einem Tier Schrecken einjagen;* hast du mich jetzt erschreckt!; die Nachricht hat mich sehr erschreckt; das Tier floh erschreckt; er sieht ∼d elend aus

er|schreck|lich ⟨Adj., †⟩ *schrecklich*

Er|schrocken|heit ⟨-k·k-, f., -, nur Sg.⟩ *Zustand des Erschrockenseins*

er|schüt|tern ⟨V.1, hat erschüttert; mit Akk.⟩ 1 *etwas e.* a *zum Zittern, Wanken bringen;* die Detonation erschütterte das Haus; sein Verhalten hat mein Vertrauen zu ihm erschüttert b *angreifen;* seine Gesundheit ist erschüttert 2 *jmdn. e. innerlich stark bewegen;* die Nachricht hat mich erschüttert; das kann mich nicht e. ⟨ugs.⟩ *das berührt mich kaum, das beunruhigt mich nicht;* er ist durch nichts zu e. *er ist durch nichts aus seiner Ruhe zu bringen;* erschüttert an jmds. Grab stehen; der Film ist ∼d

Er|schüt|te|rung ⟨f.10⟩ 1 *das Erschüttern, das Erschüttertwerden;* das Haus hat durch die Erschütterung gelitten 2 ⟨nur Sg.⟩ *das Erschüttertsein;* zu meiner E. erfuhr ich vom Tod seines Vaters

Er|schüt|te|rungs|frei ⟨Adj., o.Steig.⟩ *ohne Erschütterung;* das Gerät läuft e.; die neuen Züge fahren fast e.

er|schwe|ren ⟨V.1, hat erschwert; mit Akk.⟩ *schwer(er), schwierig(er) machen, behindern;* das Gelände erschwerte das Suchen; jmdm. die Arbeit e.; dieser Umstand tritt ∼d hinzu *belastend;* unter erschwerten Bedingungen arbeiten

Er|schwer|nis ⟨f.1⟩ *etwas, was eine Sache schwerer, schwieriger macht, zusätzliche Schwierigkeit*

Er|schwe|rung ⟨f., -, nur Sg.⟩ *das Erschweren*

er|schwin|deln ⟨V.1, hat erschwindelt; mit Dat. (sich) und Akk.⟩ *sich etwas e. durch Schwindeln erlangen;* er hat sich einen Titel, ein Vermögen erschwindelt

er|schwin|gen ⟨V.134, hat erschwungen; mit Akk.⟩ *bezahlen (können), aufbringen;* das ist viel zu teuer, das kann ich nicht e.

er|schwing|lich ⟨Adj.⟩ *so beschaffen, daß man es erschwingen kann;* ∼e Preise; die Wohnung ist für uns gerade noch, nicht e.

er|se|hen ⟨V.136, hat ersehen; mit Akk.⟩ 1 *erkennen, wahrnehmen;* er ersah sofort seinen Vorteil; etwas, jmdn. nicht mehr e. können ⟨ugs.⟩ *nicht mehr leiden, nicht mehr ausstehen können;* ich kann diesen Menschen nicht mehr e.; ich kann diese Farbe nicht mehr e. 2 *etwas aus etwas e. erkennen, schließen;* wie Sie aus diesem Brief e. können; daraus kannst du e., daß ...

er|se|hnen ⟨V.1, hat ersehnt; mit Akk.⟩ *etwas e. sich nach etwas sehnen, etwas sehnlich wünschen;* sie ersehnt den Augenblick, in dem ...; er hat zu Weihnachten das ersehnte Fahrrad bekommen; endlich kam der ersehnte Zeitpunkt

er|set|zen ⟨V.1, hat ersetzt; mit Akk.⟩ 1 *etwas e.* a *für etwas (verloren-, kaputtgegangen ist) etwas anderes geben, einen Ersatz für etwas geben;* ich muß das beschädigte Buch (der Bibliothek) e. b *ausgleichen, gutmachen;* (jmdm.) den Schaden e. c *wiedergeben;* sich Auslagen e. lassen 2 *jmdn. e. an jmds. Stelle treten oder treten lassen;* er ersetzt seinen Kollegen während dessen Krankheit; einen Mitarbeiter durch einen anderen e.; einen Toten kann man nicht e.

Er|set|zung ⟨f., -, nur Sg.⟩

er|sicht|lich ⟨Adj., o.Steig.⟩ *einzusehen, deutlich, klar;* aus dem Brief ist, wird (nicht) e., ob ...; es ist klar e., daß ...; er ließ ohne ~en Grund nichts mehr von sich hören

er|sin|nen ⟨V.142, hat ersonnen; mit Akk.⟩ →erdenken

er|sit|zen ⟨V.143, hat ersessen; mit Dat. (sich) und Akk.⟩ sich etwas e. *durch langen Gebrauch, durch lange Nutzung erlangen;* er hat sich das Grundstück ersessen **Er|sit|zung** ⟨f.,-, nur Sg.⟩

er|spä|hen ⟨V.1, hat erspäht; mit Akk.⟩ *durch Spähen erblicken, erkennen;* einen Vogel im Baum e.; er hat sofort einen Vorteil für sich erspäht

er|spa|ren ⟨V.1, hat erspart⟩ **I** ⟨mit Dat. (sich) und Akk.⟩ sich etwas e. **1** *durch Sparen etwas zusammentragen, anhäufen;* auch: *sparen;* sich Geld für eine Filmkamera e. **2** *nach längerem Sparen erwerben;* sich ein Haus e. **3** *etwas nicht tun, nicht aufwenden;* auch: *sparen;* diese Arbeit, die Mühe hättest du dir e. können; erspar dir weitere Worte, du überzeugst mich doch nicht! **II** ⟨mit Dat. und Akk.⟩ jmdm. etwas e. *dafür sorgen, daß jmd. etwas nicht zu tun braucht, nicht hört, erlebt;* ich will dir weitere Einzelheiten dieser unangenehmen Sache e.; jmdm. einen Anblick e.; mir bleibt aber auch nichts erspart! ⟨ugs.⟩ *ich muß alles durchleben, durchleiden*

Er|spar|nis ⟨f.1, österr. auch n.1⟩ **1** *geringerer Aufwand, geringerer Verbrauch;* es ist keine E., wenn wir den Bus nehmen *es dauert genauso lange;* dieser Weg bedeutet eine E. von einer Stunde **2** *erspartes Geld;* er hat seine gesamten ~se verbraucht, verloren

er|spie|len ⟨V.1, hat erspielt; mit Akk.⟩ *durch Spielen erlangen;* die Mannschaft hat den Sieg erspielt; einen Preis e.; sich (beim Glücksspiel) ein Vermögen e.

er|sprieß|lich ⟨Adj.⟩ *vorteilhaft, günstig, angenehm, erfreulich;* die Zusammenarbeit mit ihm ist (nicht) sehr e.

erst ⟨Adv.⟩ **1** *zuerst, als erstes;* ich gehe e. zum Arzt und dann ins Büro **2** *vorher;* hör es dir e. an, ehe du urteilst; ich will mir die Wohnung e. einmal ⟨ugs.⟩ e. mal anschauen **3** *nicht mehr als, nicht länger als, nicht eher als;* das Kind ist e. zwei Jahre alt; wir haben e. die Hälfte des Weges hinter uns; ich bin e. seit einer Stunde hier; ich bin eben e. nach Hause gekommen; er kam e., als ... **4** ⟨in Wunschsätzen⟩ *schon;* wenn er nur e. Frühling wäre! **5** ⟨verstärkend, meist in der Fügung⟩ wenn e., dann ...; wenn ich e. fort bin, dann ...; wenn du e. groß bist, dann ...; wenn du e. weißt, was geschehen ist, dann ...

erst..., Erst... ⟨in Zus.⟩ *der, die, das erste,* z.B. das erstgenannte Beispiel, die Erstausgabe dieses Buches

er|star|ken ⟨V.1, ist erstarkt; o.Obj.⟩ *stark werden;* der Widerstand erstarkte

er|star|ren ⟨V.1, ist erstarrt; o.Obj.⟩ **1** *starr, steif werden;* meine Finger sind vor Kälte ganz erstarrt; das Blut erstarrte mir in den Adern, als ich das sah ⟨übertr.⟩ *ich erschrak furchtbar;* erstarrte Lava **2** ⟨übertr.⟩ *unlebendig werden, den Schwung verlieren;* sein Können, sein Spiel ist in Routine erstarrt; eine in ihren eigenen Normen erstarrte Gesellschaft

Er|star|rung ⟨f., -, nur Sg.⟩ **1** *das Erstarren* **2** *Zustand des Erstarrtseins;* sich, jmdn. aus seiner E. lösen

er|stat|ten ⟨V.2, hat erstattet⟩ **I** ⟨mit Dat. und Akk.⟩ jmdm. etwas e. ⟨was er ausgelegt hat⟩ *zurückgeben;* jmdm. seine Auslagen, die Fahrtkosten e. **II** ⟨als Funktionsverb in Verbindung mit Substantiven, zur Verstärkung⟩ Anzeige e. *etwas, jmdn. anzeigen;* über etwas Bericht e. *etwas berichten;* Meldung e. *etwas melden* **Er|stat|tung** ⟨f., -, nur Sg.⟩

erst|auf|füh|ren ⟨V.1, hat erstaufgeführt; mit Akk.; nur im Infinitiv, Perf. und Passiv⟩ zum ersten Mal (in einer Stadt in einem Land) *aufführen;* vgl. *uraufführen;* das Stück wurde in Berlin erstaufgeführt

Erst|auf|füh|rung ⟨f.10⟩ *erste Aufführung (in einer Stadt, in einem Land);* vgl. *Uraufführung;* deutsche E.

er|stau|nen ⟨V.1, ist erstaunt; o.Obj.⟩ *in Staunen geraten, das verstehen, als ich das sah;* ich erstaunte über sein Können

Er|stau|nen ⟨n., -s, nur Sg.⟩ *das Erstauntsein, Staunen;* zu meinem (größten) E. erschien er doch

er|staun|lich ⟨Adj.⟩ *Erstaunen hervorrufend;* eine ~e Leistung; es ist e., wie er ...; er hat das e. schnell gelernt

Erst|aus|ga|be ⟨f.11⟩ *erste Ausgabe (eines Buches);* er sammelt ~n von Gerhart Hauptmann

Erst|aus|stat|tung ⟨f.10⟩ *erste Ausstattung (einer Neubauwohnung)*

Erst|be|stei|gung ⟨f.10⟩ *erste Besteigung (eines Berges);* E. eines Achttausenders

erst|be|ste(r, -s) ⟨Adj., o.Steig.; nur als Attr. und mit „sein"⟩ *der, die, das erste, was sich einem bietet;* er nahm den erstbesten Zug

er|ste|chen ⟨V.149, hat erstochen; mit Akk.⟩ *durch Stich töten*

er|ste|hen ⟨V.151⟩ **I** ⟨o.Obj.; ist erstanden⟩ **1** ⟨geh.⟩ *entstehen, gebaut werden;* hier ist ein großes Einkaufszentrum erstanden **2** *(von neuem) entstehen, erwachen;* seit dem Krieg ist die Stadt zu neuem Leben erstanden; der alte Brauch ist wieder erstanden **II** ⟨mit Akk.; hat erstanden⟩ *(durch Mühe, mit viel Geld) erwerben, kaufen;* ich habe mir ein Paar Schuhe erstanden; er hat noch zwei Theaterkarten erstanden

Er|ste Hil|fe ⟨f., -n -, nur Sg.⟩ *helfende Sofortmaßnahme (eines Laien), bevor der Arzt kommt*

er|stei|gen ⟨V.153, hat erstiegen; mit Akk.⟩ *etwas e. auf etwas steigen;* einen Berg, einen Aussichtsturm e.

er|stei|gern ⟨V.1, hat ersteigert; mit Akk.⟩ *auf einer Versteigerung erwerben*

Er|stei|gung ⟨f.10⟩ *das Ersteigen*

er|stel|len ⟨V.1, hat erstellt; mit Akk.⟩ **1** *herstellen, bauen (im Hinblick auf den Zeitpunkt der Fertigstellung);* neue Wohnungen e.; die neuen S-Bahn-Züge sollen bis zum 1. Januar nächsten Jahres erstellt werden **2** *anfertigen;* ein Gutachten, einen Kostenanschlag, eine Rechnung e. **Er|stel|lung** ⟨f.10⟩

er|stens ⟨Adv.⟩ *als erstes, zum ersten;* Syn. ⟨†⟩ *erstlich;* ich möchte das Bild hier aufhängen, denn e. ist es gut gemalt, und zweitens ist der Maler ein Verwandter von mir

er|ste(r, -s) ⟨Num.⟩ **1** *in einer Reihe am Anfang stehend* **a** ⟨Kleinschreibung⟩ er war der erste, der mich sah; das ist das erste, was ich höre; die beiden ersten Tage; sie war meine erste Liebe; das erste Haus am Platze ⟨veraltend⟩ *das beste Hotel am Ort;* der erste Mai, der erste Juni, ⟨aber⟩ der erste Mai (als Feiertag), das erste Mal, ⟨oder⟩ das erstemal; ich fahre erster Klasse; fürs erste *vorläufig, zunächst;* das genügt fürs erste; zum ersten, zum zweiten, zum dritten ⟨Ansage des Versteigerers⟩ **b** ⟨Großschreibung⟩ am Ersten des Monats; er hat zum Ersten (des Monats) gekündigt; das Erste und das Letzte *Anfang und Ende* **2** ⟨Großschreibung⟩ jmd., etwas in einer Rangfolge; er ist Erster, der Erste (in seiner Klasse); der beste Schüler; er ist der Erste beim Wettlauf *Sieger* **3** ⟨in festen Fügungen⟩ Wilhelm der Erste (Wilhelm I.); Erste Hilfe leisten; Erster Schlesischer Krieg; Erster Offizier; Erster Staatsanwalt

er|ster|ben ⟨V.154, ist erstorben; o.Obj.⟩ **1** *sterben, zugrunde gehen, verschwinden (meist aus Trauer, Enttäuschung o.ä.);* alle Freude, Lebenslust war in ihr erstorben; das Lächeln erstarb auf ihren Lippen; das Wort erstarb ihr auf der Zunge *sie sprach es gar nicht aus* **2** *verklingen;* der Ton erstarb in der Ferne

er|ste|re(r, -s) ⟨Pron.⟩ *der, die, das zuerst genannte, erwähnte;* Ggs. *letztere(r, -s);* die beiden berühmtesten Maler dieser Zeit sind X und Y, ersterer hat vor allem Landschaften, letzterer Porträts gemalt

erst|er|wähnt ⟨Adj., o.Steig.; nur als Attr.⟩ *zuerst erwähnt*

Erst|ge|bä|ren|de ⟨f.17 oder f.18⟩ *Schwangere, die ihr erstes Kind bekommt;* Syn. *Primipara*

erst|ge|bo|ren ⟨Adj., o.Steig.; nur als Attr.⟩ *zuerst geboren;* der ~e Sohn; sein Erstgeborener

Erst|ge|burt ⟨f.10⟩ **1** *erstgeborenes Kind* **2** ⟨kurz für⟩ *Erstgeburtsrecht*

Erst|ge|burts|recht ⟨n.1⟩ *Vorrecht des erstgeborenen Kindes in der Erbfolge*

erst|ge|nannt ⟨Adj., o.Steig.; nur als Attr.⟩ *zuerst genannt*

er|sti|cken ⟨-k|k-; V.1⟩ **I** ⟨o.Obj.; ist erstickt⟩ *aus Mangel an Sauerstoff, an Luft sterben;* ich bin in dieser schlechten Luft fast erstickt; er ist erstorben, im Reichtum, im Geld ⟨übertr., ugs.⟩ *er ist ungeheuer reich;* es ist zum Ersticken heiß **II** ⟨mit Akk.; hat erstickt⟩ *jmdn. oder etwas durch Wegnehmen von Atemluft, von Sauerstoff töten;* das Feuer mit Decken e. **2** *etwas e.* ⟨übertr.⟩ *am Entstehen, an der Ausbreitung hindern, unterdrücken;* einen Aufruhr e.; eine Seuche (im Keim) e.; Tränen erstickten ihre Stimme

Er|stickung ⟨-k|k-; f.10⟩ *das Ersticken (I)*

erst|klas|sig ⟨Adj., o.Steig.⟩ *von bester Güte, ausgezeichnet;* Syn. *erstrangig;* ein ~es Hotel; wir sind dort e. untergebracht

Erst|käß|ler ⟨m.5⟩ *Schulkind, das in die erste Klasse geht*

Erst|klaß|wa|gen ⟨m.7; schweiz.⟩ *Wagen erster Klasse*

Erst|kom|mu|ni|kant ⟨m.10⟩ *jmd., der zum ersten Mal zur Kommunion geht*

Erst|kom|mu|ni|on ⟨f.10⟩ *Empfang der Kommunion zum ersten Mal*

erst|lich ⟨Adv., †⟩ →erstens

Erst|ling ⟨m.1⟩ **1** *erste Frucht (des Jahres);* die ~e unserer Äpfel **2** *erstes Kind (eines Ehepaares)* **3** *erstes Werk (eines Künstlers)*

Erst|lings|ar|beit ⟨f.10⟩ *erste Arbeit, erstes Werk;* ~en von Lehrlingen ausstellen

Erst|lings|aus|stat|tung ⟨f.10⟩, **Erst|lings|wä|sche** ⟨f., -, nur Sg.⟩ *Wäscheausstattung für ein Neugeborenes*

erst|ma|lig ⟨Adj., o.Steig.⟩ *zum ersten Mal (geschehend, stattfindend);* beim ~en Aufstieg

erst|mals ⟨Adv.⟩ *zum ersten Mal;* ich bin e. dort gewesen

Erst|milch ⟨f., -, nur Sg.⟩ *bei Frauen klebrige, gelbliche Flüssigkeit der Brustdrüsen (bis etwa zum 4. Tag nach der Entbindung);* Syn. *Kolostralmilch*

er|strah|len ⟨V.1, ist erstrahlt; o.Obj.⟩ *(plötzlich) strahlen;* die renovierte Wohnung erstrahlte in neuem Glanz

erst|ran|gig ⟨Adj., o.Steig.⟩ →erstklassig

er|stre|ben ⟨V.1, hat erstrebt; mit Akk.⟩ *etwas e. nach etwas streben;* eine hohe Stellung e.

er|stre|bens|wert ⟨Adj.⟩ *so beschaffen, daß man es erstreben kann oder sollte;* eine ~e Stellung, Aufgabe; das scheint mir e.

er|strecken ⟨-k|k-; V.1, hat erstreckt; refl.⟩ sich e. **1** *sich ausdehnen, Raum einnehmen;* sein Grundstück erstreckt sich bis zum Wald **2** *Wirkung ausüben;* der Einfluß dieses Malers erstreckte sich bis ins nächste Jahrhundert **3** *betreffen;* dieses Verbot erstreckt sich nur auf Mitarbeiter

Er|streckung ⟨-k|k-; f., -, nur Sg.⟩ *das Sicherstrecken, Ausdehnung*

er|strei|ten ⟨V.159, hat erstritten; mit Akk.⟩ *durch Kampf, durch einen Prozeß erreichen;* der Sohn soll bewahren, was der Vater erstritt ⟨poet.⟩; dieser Anwalt hat kürzlich in einem ähnlichen Fall ein günstiges Urteil erstritten

erst|stel|lig ⟨Adj., o.Steig.; bei Hypotheken⟩ *an erster Stelle stehend*

Erst|stim|me ⟨f.11⟩ *diejenige von zwei Stimmen (eines Wählers), die einem Kandidaten in seinem Wahlkreis direkt zugute kommt*

Erst|tags|stem|pel ⟨m.5⟩ *besonderer Stempel, der am ersten Tag des Erscheinens einer neuen Briefmarke(nserie) für Sammler ausgegeben wird*

er|stun|ken ⟨Part. zum nicht üblichen V. „erstinken"; nur in der Wendung⟩ e. und erlogen

er|stür|men ⟨V.1, hat erstürmt; mit Akk.⟩ *im Sturm einnehmen, erobern;* eine Festung e.

Er|stür|mung ⟨f., -, nur Sg.⟩

Erst|wäh|ler ⟨m.5⟩ *jmd., der zum ersten Mal wählt, nachdem er das vorgeschriebene Wahlalter erreicht hat*

er|su|chen ⟨V.1, hat ersucht; mit Akk.⟩ *formell bitten;* jmdn. e., etwas zu tun oder zu unterlassen; jmdn. um Hilfe, Ruhe e.; eine Behörde um etwas e.

Er|su|chen ⟨n., -s, nur Sg.⟩ *formelle Bitte;* seinem E. wurde stattgegeben

er|tap|pen ⟨V.1, hat ertappt; mit Akk.⟩ *(bei heimlichen Tun) überraschen, erwischen;* jmdn. beim Stehlen, beim Naschen e.; jmdn. auf frischer Tat e.

er|ta|sten ⟨V.2, hat ertastet; mit Akk.⟩ *durch Tasten fühlen, finden;* die Geschwulst läßt sich e.

er|tau|ben ⟨V.1, ist ertaubt; o.Obj.⟩ *taub werden;* er ist im Alter ertaubt

er|tei|len ⟨V.1, hat erteilt; mit (Dat. und) Akk.⟩ *(jmdm.) etwas e.* **1** *geben;* jmdm. einen Auftrag e.; jmdm. ein Lob, eine Rüge e.; er erteilt Unterricht in Englisch und Latein **2** *gewähren;* jmdm. Auskunft e.; die Genehmigung für etwas e. **Er|tei|lung** ⟨f., -, nur Sg.⟩

er|tö|nen ⟨V.1, ist ertönt; o.Obj.⟩ *(plötzlich) tönen;* ein Ruf, ein Klingelzeichen ertönte

er|tö|ten ⟨V.2, hat ertötet; mit Akk.⟩ *töten, abtöten;* Begierden in sich e.; du hast alle Freude in mir ertötet ⟨geh.⟩ *vernichtet, zerstört*

Er|trag ⟨m.2⟩ **1** ⟨Landwirtschaft⟩ *Gesamtheit der Erzeugnisse;* den E., die Erträge steigern; E. aus Getreide-, Obstanbau; die Bäume bringen guten, reichen E.; gute, reiche Erträge **2** *finanzieller Gewinn (aus Vermögen, Grundbesitz, Unternehmen, geistigen Produkten);* er kann vom E. seiner Häuser, seiner Bücher leben

er|trag|bar ⟨Adj., o.Steig.⟩ *so beschaffen, daß man es ertragen kann;* ~e Schmerzen; der Zustand ist nicht mehr e.

er|tra|gen ⟨V.160, hat ertragen; mit Akk.⟩ **1** *etwas e. aushalten, erdulden;* er erträgt sein Leiden mit Geduld; ich kann es nicht länger e.; jmds. Launen e. **2** *jmdn. e. jmds. Wesensart aushalten*

er|träg|lich ⟨Adj.⟩ *so beschaffen, daß man es ertragen kann;* die Schmerzen sind e.; es geht mir ganz e. *leidlich, einigermaßen gut*

Er|träg|nis ⟨n.1; selten⟩ *Ertrag*

Er|trag(s)|steu|er ⟨f.11⟩ *auf Erträge aus Grundbesitz, Kapital, Gewerbe erhobene Steuer*

er|trän|ken ⟨V.1, hat ertränkt; mit Akk.⟩ *durch Ins-Wasser-Werfen oder Untertauchen im Wasser zu Tode ertrinken bringen;* junge Katzen e.; seine Sorgen in Alkohol e. ⟨übertr., ugs.⟩ *durch Trinken von Alkohol seine Sorgen vergessen*

er|träu|men ⟨V.1, hat erträumt; mit Dat. (sich) und Akk.⟩ *sich etwas e. sich in Wachträumen, in der Phantasie etwas herbeiwünschen, sehnlich wünschen;* jetzt hat sie die Wohnung, die sie sich erträumt hat

er|trin|ken ⟨V.165, ist ertrunken; o.Obj.⟩ *im Wasser ums Leben kommen;* er ist beim Baden ertrunken

er|trot|zen ⟨V.1, hat ertrotzt; mit Akk.⟩ *durch Trotz erreichen;* (sich) die Erlaubnis zu etwas e.

er|tüch|ti|gen ⟨V.1, hat ertüchtigt; mit Akk.⟩ *durch ständige Übung leistungsfähig machen;* seinen Körper e. **Er|tüch|ti|gung** ⟨f., -, nur Sg.⟩

er|üb|ri|gen ⟨V.1, hat erübrigt⟩ **I** ⟨mit Akk.⟩ *übriglassen, durch Sparsamkeit übrigbehalten, gewinnen;* Geld, Zeit für etwas e. **II** ⟨refl.⟩ *sich e. überflüssig, nicht nötig sein;* weitere Nachforschungen e. sich

eru|ie|ren ⟨V.3, hat eruiert; mit Akk.⟩ *ergründen, ermitteln, herausfinden;* e., wer der Urheber gewesen sein könnte; könnten Sie e., ob weitere Unterlagen vorhanden sind? [< lat. *eruere* „ausgraben, ausfindig machen, zutage fördern"]

erup|tie|ren ⟨V.3, ist eruptiert; o.Obj.⟩ *herausgeschleudert werden;* Lava eruptiert

Erup|ti|on ⟨f.10⟩ **1** *Ausbruch (eines Vulkans);* E. von Lava, Asche; eine neue E. des Ätna **2** *Ausbruch von Gas auf der Sonne* **3** *plötzliches Auftreten (eines Hautausschlags)* **4** ⟨geh.⟩ *plötzliches Erbrechen* [< lat. *eruptio*, Gen. *-onis*, „das Hervorbrechen, Ausbruch"]

erup|tiv ⟨Adj., o.Steig.⟩ **1** *auf einer Eruption beruhend, durch Eruption entstanden* **2** *in der Art einer Eruption*

Erup|tiv|ge|stein ⟨n.1⟩ → *Magmatitgestein*

er|wa|chen ⟨V.1, ist erwacht; o.Obj.⟩ **1** *wach werden, aufwachen;* erfrischt e. aus dem Schlaf, aus einer Ohnmacht e. **2** *plötzlich entstehen, sich regen;* Argwohn, Mißtrauen erwachte in ihm; seine Begierde erwachte; sein Gewissen ist erwacht; alte Erinnerungen erwachten, als ich die Fotos sah

er|wach|sen I ⟨V.172, ist erwachsen, mit Präp.obj.⟩ *aus etwas e. aus etwas entstehen, hervorgehen;* daraus ist uns viel Freude e.; daraus erwuchs mir nur Ärger **II** ⟨Adj., Steig. nur ugs.⟩ *über das Jugendalter hinausgewachsen, volljährig;* sie haben zwei ~e Kinder e.? ⟨ugs.⟩ *wann wirst du endlich mal e.?* ⟨ugs.⟩ *wann wirst du endlich vernünftig?;* er wird jetzt langsam e. *er wird jetzt langsam ein junger Mann*

Er|wach|se|nen|bil|dung ⟨f., -, nur Sg.⟩ *organisierte Bildungsmaßnahmen nach abgeschlossener Schul- und Berufsausbildung (zur Weiterbildung, Umschulung usw.)*

Er|wach|se|ne(r) ⟨m., f.17 oder 18⟩ *jmd., der erwachsen ist;* die Erwachsenen *die ältere Generation;* als Erwachsener beurteilt man das anders

er|wä|gen ⟨V.173, hat erwogen; mit Akk.⟩ *prüfend durchdenken, abwägend überlegen;* wir haben lange erwogen, ob wir ...; der Vorschlag ist, wäre zu e.

er|wä|gens|wert ⟨Adj.⟩ *so beschaffen, daß man es erwägen kann oder sollte;* ein ~es Angebot

Er|wä|gung ⟨f.10⟩ *abwägende Überlegung;* ~en anstellen, ob ...; aus dieser E. heraus sind wir zu dem Schluß gekommen; etwas in E. ziehen *etwas erwägen*

er|wäh|len ⟨V.1, hat erwählt; mit Akk.; verstärkend mit Blick auf die bes. sorgfältige Wahl⟩ *wählen;* er hat den richtigen Beruf erwählt; er hat sie zu seiner Frau, er hat sie sich zur Frau erwählt

er|wäh|nen ⟨V.1, hat erwähnt; mit Akk.⟩ *etwas oder jmdn. e. flüchtig, kurz von etwas oder jmdm. sprechen, nebenbei nennen;* eine Person, einen Namen, einen Vorfall e.; ich habe schon erwähnt, daß ...

er|wäh|nens|wert ⟨Adj.⟩ *so beschaffen, daß man es erwähnen sollte;* das ist nicht e.; e. wäre noch e., daß ...

Er|wäh|nung ⟨f.10⟩ *das Erwähnen;* einer Sache E. tun *eine Sache erwähnen*

er|wan|dern ⟨V.1, hat erwandert; mit Dat. (sich) und Akk.⟩ *durch Wandern kennenlernen, erforschen;* ein Land, ein Gebiet e.

er|war|men ⟨V.1, ist erwarmt⟩ → *erwärmen*

er|wär|men ⟨V.1, hat erwärmt⟩ **I** ⟨mit Akk.⟩ **1** *(wieder) warm machen* **2** *jmdn. für etwas e.* ⟨übertr.⟩ *jmds. Neigung, Interesse für etwas wecken;* wir wollen versuchen, ihn für unser Vorhaben zu e. **II** ⟨refl.⟩ **1** *(wieder) warm werden* **2** *sich für etwas e.* ⟨übertr.⟩ *für etwas Interesse gewinnen, Neigung zu etwas fassen;* für diese Musik kann ich mich nicht e. **Er|wär|mung** ⟨f., -, nur Sg.⟩

er|war|ten ⟨V.2, hat erwartet; mit Akk.⟩ *etwas oder jmdn. e.* **1** *auf etwas oder jmdn. warten;* jmdn. an einem Treffpunkt e.; erwarte dich um sieben Uhr **2** *mit etwas oder jmdm. rechnen, bestimmt annehmen, daß etwas eintritt oder jmd. kommt;* das habe ich (nicht) erwartet; die Kinder können es kaum e., daß ...; einen Gast e.; ich erwarte ein Telefongespräch; für morgen wird Schnee erwartet; ich erwarte von dir, daß du dich bei ihr entschuldigst; er ist wider Erwarten schon heute zurückgekommen

Er|war|tung ⟨f.10⟩ **1** *das Erwarten (2);* in E. aufregender Ereignisse; wir sahen seinem Besuch in froher, gespannter E. entgegen **2** *bestimmte Annahme, Hoffnung;* er sah sich in seinen ~en getäuscht

Er|war|tungs|hal|tung ⟨f., -, nur Sg.⟩ *innere Einstellung, in der man etwas erwartet, die auf die Erwartung von etwas gerichtet ist*

er|war|tungs|voll ⟨Adj.⟩ *voller Erwartung;* er sah mich e. an; der Hund wedelte e. mit dem Schwanz

er|wec|ken ⟨-k|k-; V.1, hat erweckt; mit Akk.⟩ **1** *wecken, aufwecken;* jmdn. wieder zum Leben e. **2** *hervorrufen;* jmds. Argwohn, Neid e.; er erweckt den Anschein, als wolle er ...; in jmdm. Hoffnungen e.

Er|wec|kung ⟨-k|k-; f.10⟩ **1** *das Erwecken;* E. zu neuem Leben **2** *religiöse Erneuerung*

er|weh|ren ⟨V.1, hat erwehrt; refl.; mit Gen.⟩ *sich jmds. oder einer Sache e. sich gegen jmdn. oder etwas wehren, jmdm. oder einer Sache Widerstand leisten;* ich konnte mich der Zärtlichkeiten des Kindes, des Hundes kaum e.; sie konnte sich eines Lächelns nicht e. *sie mußte wider Willen lächeln;* ich kann mich des Eindrucks nicht e., daß ... *ich habe den Eindruck*

er|wei|chen ⟨V.1, hat erweicht; mit Akk.⟩ **1** *etwas e. weich machen* **2** *jmdn. e.* ⟨übertr.⟩ *in jmdm. e. weiche Gefühle in etwas oder jmdn. hervorrufen, etwas oder jmdn. rühren;* jmds. Herz e.; vielleicht läßt sich e. und gibt uns das Geld

Er|wei|chung ⟨f., -, nur Sg.⟩ *das Erweichen (1)*

Er|weis ⟨m.1; veraltend⟩ *Beweis, Nachweis;* zum E. dessen habe ich folgendes vorzubringen

er|wei|sen ⟨V.177, hat erwiesen⟩ **I** ⟨mit Akk.⟩ *etwas e. etwas zeigen, den Beweis für etwas liefern;* die Untersuchung hat (klar) erwiesen, daß ... **II** ⟨mit Dat. und Akk.⟩ *jmdm. etwas e. jmdm. etwas zuteil werden lassen, etwas für jmdn. leisten, tun;* jmdm. einen Dienst e.; jmdm. Gutes e.; jmdm. Achtung, Respekt e. **III** ⟨refl.⟩ *sich e. sich zeigen, sich herausstellen;* es hat sich erwiesen, daß ...; er hat sich als sehr tüchtig, zuverlässig erwiesen; seine Behauptung hat sich als Irrtum, als falsch, richtig erwiesen

er|weis|lich ⟨Adj., o.Steig.⟩ *nachweisbar*

er|wei|tern ⟨V.1, hat erweitert; mit Akk.⟩ *weiter, größer machen, ausdehnen;* eine Öffnung e.; seinen Horizont, seine Kenntnisse e.; seinen Bekannten-, Kundenkreis e.

Er|wei|te|rung ⟨f.10⟩

Er|werb ⟨m., -s, nur Sg.⟩ **1** *das Erwerben,*

erwerben

Kauf; E. eines Autos, eines Grundstücks **2** *berufliche Tätigkeit;* einem E. nachgehen; er lebt nicht bloß von seinem E.

er|wer|ben ⟨V.179, hat erworben; mit Akk.⟩ **1** *kaufen, durch Kauf erlangen;* ein Grundstück e.; die Rechte an einem Buch e. (zur Veröffentlichung); etwas käuflich e. ⟨verstärkend⟩ **2** *durch Bemühungen, Arbeit erlangen;* sich Kenntnisse, Bildung e.; sich jmds. Vertrauen e. **3** *allmählich bekommen, sich allmählich herausbilden;* erworbener Gehfehler; erworbener Reflex; vgl. *angeboren*

er|werbs|be|schränkt ⟨Adj., o.Steig.; nur als Attr. und mit „sein"⟩ *infolge eines körperlichen oder geistigen Schadens in der Erwerbsfähigkeit beschränkt;* Syn. erwerbsgemindert
Er|werbs|be|schrän|kung ⟨f., -, nur Sg.⟩
er|werbs|fä|hig ⟨Adj., o.Steig.; nur als Attr. und mit „sein"⟩ *fähig, einem Erwerb nachzugehen* **Er|werbs|fä|hig|keit** ⟨f., -, nur Sg.⟩
er|werbs|ge|min|dert ⟨Adj., o.Steig.⟩ → *erwerbsbeschränkt*
er|werbs|los ⟨Adj., o.Steig.; nur als Attr. und mit „sein"⟩ *ohne Erwerb, arbeitslos* **Er|werbs|lo|sig|keit** ⟨f., -, nur Sg.⟩
er|werbs|un|fä|hig ⟨Adj., o.Steig.; nur als Attr. und mit „sein"⟩ *unfähig, einem Erwerb nachzugehen, arbeitsunfähig* **Er|werbs|un|fä|hig|keit** ⟨f., -, nur Sg.⟩
Er|wer|bung ⟨f.10⟩ **1** ⟨nur Sg.⟩ *das Erwerben* **2** *etwas Erworbenes, gekaufter Gegenstand;* das Auto ist meine neueste E.
er|wi|dern ⟨V.1, hat erwidert; mit Akk.⟩ *etwas e.* **1** *als Antwort geben;* „Ja", erwiderte er; etwas mit einem Blick e. **2** *auf gleiche Weise ausdrücken;* jmds. Liebe, Gruß e.; das Feuer e. *zurückschießen*
Er|wi|de|rung ⟨f.10⟩ *das Erwidern, Antwort*
er|wie|se|ner|ma|ßen ⟨Adv.⟩ *wie sich erwiesen hat;* der Vorfall hat sich e. so zugetragen
er|wir|ken ⟨V.1, hat erwirkt; mit Akk.⟩ *durch Bitten, Einsatz o.ä. erlangen, erreichen;* jmds. Freilassung e. **Er|wir|kung** ⟨f., -, nur Sg.⟩
er|wirt|schaf|ten ⟨V.2, hat erwirtschaftet; mit Akk.⟩ *durch gutes Wirtschaften erlangen, erhalten;* Gewinn e.
er|wi|schen ⟨V.1, hat erwischt; mit Akk.⟩ **1** *etwas e. durch Glück, Geschicklichkeit, Zufall o.ä. bekommen* **2** *jmdn. e.* **a** *gerade noch packen, ergreifen* **b** *(bei einer verbotenen Tätigkeit, heimlichen Tun) überraschen;* jmdn. beim Stehlen, Naschen e.
er|wünscht ⟨Adj.⟩ *wie man es sich gewünscht hat, willkommen;* ein ~es Angebot; sein Besuch ist mir sehr, nicht e.
er|wür|gen ⟨V.1, hat erwürgt; mit Akk.⟩ *durch Zudrücken der Kehle töten;* Syn. erdrosseln
Ery|si|pel ⟨n., -s, nur Sg.⟩ *scharf begrenzte Schwellung, Rötung und Entzündung der Haut und des Unterhautzellgewebes (bes. im Gesicht);* Syn. Rose, Wundrose [< griech. *erysipelas* „eine Hautkrankheit", wahrscheinlich < *erysibe* „Rost (bei Pflanzen)" und *pella* „Haut"]
Ery|them ⟨n.1⟩ *entzündliche Hautrötung infolge starker Durchblutung (z.B. nach Sonnenbestrahlung, Reizung durch Chemikalien)* [< griech. *erythema* „Röte"]
Ery|thrin ⟨m., -s, nur Sg.⟩ → *Kobaltblüte* [< griech. *erythros* „rot", nach der Farbe]
Ery|thro|blast ⟨m.10⟩ *unreife, kernhaltige Vorstufe der roten Blutkörperchen* [< griech. *erythros* „rot" und *blaste, blastos* „Keim, Sproß"]
Ery|thro|bla|sto|se ⟨f., -, nur Sg.⟩ *krankhaft gehäuftes Auftreten von Erythroblasten im Blut*
Ery|thro|zyt ⟨m.10⟩ *rotes Blutkörperchen* [< griech. *erythros* „rot" und *kytos* „Höhle, Gefäß, Zelle"]

Erz ⟨n.1⟩ *Mineral oder Mineralgemenge, aus dem durch Verhütten Metall gewonnen werden kann*
erz... ⟨auch [ɛrts...] in Zus. mit Adj.⟩ *sehr, höchst;* z.B. erzdumm, erzkonservativ
Erz... ⟨auch [ɛrts...] in Zus. mit Subst.⟩ **1** *sehr groß,* z.B. Erzgauner, Erzübel **2** *durch und durch,* z.B. Erzkatholik **3** *Erster, Oberster,* z.B. Erzbischof **4** *Inhaber eines Erzamtes,* z.B. Erzkämmerer, Erzmundschenk [über kirchenlat. *arci...* < griech. *archi...* „der Erste, Oberste"]
er|zäh|len ⟨V.1, hat erzählt; mit (Dat. und) Akk.⟩ ⟨jmdm.⟩ *etwas e.* **1** *etwas in Worten darstellen, jmdm. etwas anschaulich mitteilen;* eine Geschichte, einen Vorgang e. **2** ⟨übertr.⟩ *jmdm. etwas vorschwindeln;* das kannst du mir nicht e.!
Er|zäh|ler ⟨m.5⟩ **1** *jmd., der etwas erzählt;* ein guter E. sein **2** *Schriftsteller, der hauptsächlich Erzählungen schreibt*
er|zäh|le|risch ⟨Adj., o.Steig.⟩ **1** *in der Art eines Erzählers, einer (guten) Erzählung;* ~es Talent **2** *aus Erzählungen bestehend;* sein ~es Werk ist umfangreich
Er|zäh|lung ⟨f.10⟩ **1** *etwas, das erzählt wird, Schilderung, Darstellung in Worten* **2** *Dichtung in Prosa von lockerem Aufbau und weniger umfangreich als der Roman*
Erz|amt ⟨n.4; im alten Deutschen Reich⟩ *höchstes Amt, das den Kurfürsten vorbehalten war und urspr. bei der Krönung eines Königs ausgeübt wurde (später nur noch Titel)*
Erz|bild|ner ⟨m.5⟩ → *Chalkogen*
Erz|bi|schof ⟨m.2; kath., orthodoxe, anglikan. Kirche⟩ *oberster Bischof einer Kirchenprovinz* [< ahd. *erzbischof;* über kirchenlat. *arci...* < griech. *archi...* „der Erste, Oberste" und *Bischof*]
Erz|bis|tum ⟨n.4⟩ *Amtsbezirk eines Erzbischofs;* Syn. Erzdiözese
Erz|dia|kon ⟨m.1 oder m.10⟩ → *Archidiakon*
Erz|di|öze|se ⟨f.11⟩ → *Erzbistum*
er|zei|gen ⟨V.1, hat erzeigt⟩ **I** ⟨mit Dat. und Akk.⟩ *jmdm. etwas e. jmdm. etwas zeigen, spüren lassen, zuteil werden lassen;* jmdm. Achtung, Vertrauen e. **II** ⟨refl.⟩ *sich jmdm. e. jmdm. sein Gefühl zeigen, jmdm. gegenüber ein Gefühl ausdrücken;* sich jmdm. dankbar e.
er|zen[1] ⟨Adj., o.Steig.⟩ *aus Erz*
er|zen[2] ⟨V.1, hat geerzt; mit Akk.; früher⟩ *mit Erz anreden*
Erz|en|gel ⟨m.5; christl. Religion⟩ *auf einer höheren Rangstufe stehender Engel*
er|zeu|gen ⟨V.1, hat erzeugt; mit Akk.⟩ **1** *hervorbringen, schaffen;* Waren e.; elektrischen Strom e. **2** *hervorrufen, bewirken;* Spannung e. **3** ⟨†⟩ *zeugen;* ein Kind e.
Er|zeu|ger ⟨m.5⟩ **1** *jmd., der etwas erzeugt, Hersteller* **2** ⟨oft abwertend⟩ *Vater;* mein, sein E.
Er|zeu|ger|land ⟨n.4⟩ *Land, in dem ein bestimmtes Erzeugnis gewonnen, hergestellt wird;* das E. für die Äpfel ist Südtirol
Er|zeu|ger|preis ⟨m.1⟩ *Preis, den der Erzeuger einer Ware für diese verlangt*
Er|zeug|nis ⟨n.1⟩ *etwas, was erzeugt worden ist, Produkt;* landwirtschaftliche ~se; geistige ~se
Er|zeu|gung ⟨f., -, nur Sg.⟩ *das Erzeugen*
Erz|feind ⟨m.1⟩ **1** *langjähriger Feind, Feind durch Generationen hindurch, größter, ärgster Feind* **2** *der E.* ⟨christl. Religion⟩ *der Teufel*
Erz|gang ⟨m.2⟩ *mit Erz gefüllter Gang* ⟨13⟩
Erz|her|zog ⟨m.2; Titel für⟩ *Prinz des Hauses Habsburg*
er|zie|hen ⟨V.187, hat erzogen; mit Akk.⟩ *jmdn. (bes. ein Kind, auch ein Tier) e. jmds. geistige und charakterliche Anlagen entwickeln, ausbilden, fördern;* ein Kind zu einem anständigen Menschen e.; sie haben drei gut erzogene Kinder; ein falsch, schlecht erzogener Hund

Er|zie|her ⟨m.5⟩ **1** *jmd., der ein Kind, Kinder erzieht;* ein guter, schlechter E. sein **2** *jmd., der nach Besuch der Fachakademie für Sozialpädagogik berufsmäßig erzieherisch tätig ist*
er|zie|he|risch ⟨Adj., o.Steig.⟩ *die Erziehung betreffend, zu ihr gehörig, ihr dienend;* ~e Maßnahme
er|zieh|lich ⟨Adj., o.Steig.; fachsprachl.⟩ *erzieherisch,* ⟨Verdeutschung von⟩ *pädagogisch*
Er|zie|hung ⟨f., -, nur Sg.⟩ Syn. ⟨†⟩ *Edukation* **1** *das Erziehen;* autoritäre, antiautoritäre E.; geistige, körperliche E.; E. zur Rücksichtnahme **2** *Ergebnis des Erziehens;* eine gute E. haben
Er|zie|hungs|be|ra|tung ⟨f.10⟩ **1** *Unterstützung der elterlichen Erziehungsarbeit durch wissenschaftlich geschulte Kräfte* **2** *dazu dienende öffentliche Einrichtung*
Er|zie|hungs|be|rech|tig|te(r) ⟨m., f.17 oder 18⟩ **1** *jmd., der zur Erziehung (von Kindern) berechtigt ist, der die elterliche Gewalt ausübt (Vater, Mutter oder beide Eltern)* **2** *jmd., dem die Ausübung der elterlichen Gewalt übertragen worden ist*
Er|zie|hungs|ro|man ⟨m.1⟩ *Roman, in dem die Erziehung eines jungen Menschen (bes. durch das Leben) geschildert wird*
Er|zie|hungs|wis|sen|schaft ⟨f.10⟩ *Wissenschaft vom erzieherischen Handeln (bes. die theoretische Pädagogik);* Syn. Pädagogik
er|zie|len ⟨V.1, hat erzielt; mit Akk.⟩ *erreichen, herbeiführen;* einen Erfolg, Gewinn e.; eine Wirkung e.; er hat gerade das Gegenteil von dem erzielt, was er wollte
er|zit|tern ⟨V.1, hat erzittert; o.Obj.⟩ *plötzlich zittern;* das Haus erzitterte bei der Detonation
Erz|kanz|ler ⟨m.5; im alten Deutschen Reich⟩ *Leiter der königlichen Kanzlei*
er|zür|nen ⟨V.1, hat erzürnt⟩ **I** ⟨mit Akk.⟩ *zornig machen* **II** ⟨refl.⟩ *sich über etwas e. über etwas zornig werden*
Erz|va|ter ⟨m.6⟩ → *Patriarch*
Erz|wä|sche ⟨f.11⟩ *nasse Aufbereitung von Erzen*
Erz|wes|pe ⟨f.11⟩ *Schlupfwespe (mit metallischer Färbung)*
er|zwin|gen ⟨V.188, hat erzwungen; mit Akk.⟩ *durch Zwang, Gewalt, Drohung erreichen, erlangen;* eine Entscheidung e.; eine Zusage von jmdm. e.; ein erzwungenes Geständnis
es[1] ⟨Pers.pron., 3. Pers. Sg. n.⟩ ⟨persönl.⟩ **1** ⟨als Subjekt oder Akk.obj.⟩ **a** ⟨für ein einzelnes Wort⟩ es (das Baby) schreit; es (das Haus) gehört uns; ich habe es (das Buch) verliehen **b** ⟨für einen Sachverhalt⟩ er hat es mir zu berichten, aber es kann auch anders gewesen sein; jetzt ist es genug; ich halte es nicht mehr aus **2** ⟨als unbestimmtes Akk.obj.⟩ mit dem nehme ich es auf; er meint es gut mit dir **3** ⟨als Gen.obj., statt „dessen"⟩ ich bin es leid; ich bin es müde **4** ⟨als Prädikativ⟩ er war immer ein guter Sportler und ist es auch heute noch; er ist sehr zufrieden damit, und ich bin es auch; die Arbeit scheint leicht, ist es aber nicht **5** ⟨als Hervorhebung des folgenden Subjekts⟩ es hat sich folgendes abgespielt; es finden jedes Jahr Festspiele statt; es herrschte reger Betrieb **6** ⟨für einen Nebensatz, mit „daß" oder Infinitiv mit „zu"⟩ es ist mir ein Bedürfnis, Ihnen zu sagen ...; es freut mich, daß Sie gekommen sind **II** ⟨unpersönl.⟩ **1** ⟨statt eines unbekannten Subjekts⟩ es klopft; es klingelt; innen drin klappert es; es grünt schon überall **2** ⟨bei unpersönl. Verben⟩ es regnet; es schneit **3** ⟨bei unpersönl. Aussage mit persönl. Verb⟩ es hungert mich; es friert mich **4** ⟨in passivischen Sätzen, wenn das Subjekt nicht genannt werden soll⟩ es ist nicht viel gegessen worden; es wurde schon lebhaft dis-

kutiert, als ich kam **5** ⟨in unpersönl. Wendungen⟩ es gibt Tage, an denen alles schiefgeht; es gibt nichts Schöneres als ...; ich bin um vier Uhr da, es sei denn, daß ... *außer wenn* ... **6** ⟨in aktivischen Sätzen mit „sich", statt „man"⟩ es geht sich gut in diesen Schuhen; es arbeitet sich gut mit ihr zusammen

es² ⟨n., -, -; Mus.⟩ *das um einen halben Ton erniedrigte e*

Es ⟨chem. Zeichen für⟩ *Einsteinium*

Es **1** ⟨n., -, -; Mus.⟩ *das um einen halben Ton erniedrigte Es* **2** ⟨Abk. für⟩ *Escudo*

Esc ⟨Abk. für⟩ *Escudo*

Es|car|pins ⟨[-pɛ̃s] Pl.; 18.Jh.⟩ **1** *leichte, zu Kniehosen getragene Schnallenschuhe* **2** ⟨fälschlich⟩ *seidene Kniehosen* [frz. „leichte Schuhe, Tanzschuhe" < ital. *scarpino* „Schnallenschuh", zu *scarpa* „Schuh"]

Es|cha|to|lo|gie ⟨[-ça-] f., -, nur Sg.⟩ *Lehre vom Weltende und Anbruch einer neuen Welt, von Tod und Auferstehung* [< griech. *eschatos* „äußerster, letzter" und *...logie*]

es|cha|to|lo|gisch ⟨Adj., o.Steig.; nur als Attr.⟩ *zur Eschatologie gehörend, in der Art der Eschatologie*; *diese Zeit hat ~en Charakter*

Esche ⟨f.11⟩ **1** *Ölbaumgewächs, Baum mit gefiederten Blättern und Blüten in einer Rispe* **2** *dessen Holz; ein Schrank aus E.*

eschen ⟨Adj., o.Steig.⟩ *aus Esche*

Es|cu|do ⟨m., -(s), -(s); Abk.: Es, Esc⟩ *Währungseinheit in Portugal und Mosambik* [port., „Schild"]

Es-Dur ⟨n., -, nur Sg.; Mus.⟩ *auf dem Grundton Es aufbauende Dur-Tonart*

Esel ⟨m.5⟩ **1** *Unpaarhufer mit Quastenschwanz und langen Ohren* **2** ⟨übertr., ugs.⟩ *Dummkopf; er ist ein E.* [< lat. *asinus* „Esel"]

Ese|lei ⟨f.10⟩ *unüberlegte, törichte Handlung*

Esels|brücke ⟨-k|k-; f.11⟩ *einfaches Hilfsmittel zum Gedächtnisstütze für Dinge, die man sich schwer merken kann*

Esels|ohr ⟨n.12⟩ *umgeknickte Ecke (einer Buch- oder Heftseite)*

eses, Eses ⟨n., -, -; Mus.⟩ *das um zwei halbe Töne erniedrigte es bzw. Es*

Es|ka|dron ⟨f.10⟩ *Schwadron* [< frz. *escadron* < ital. *squadrone* „größere Kavallerieeinheit"]

Es|ka|la|de ⟨f.11⟩ *früher⟩ Ersteigung einer Festungsmauer mit Leitern* [< frz. *escalade* „das Erklettern", zu *escalader*, →*eskaladieren*]

es|ka|la|die|ren ⟨V.3, hat eskaladiert⟩ **I** ⟨mit Akk.⟩ *mit Leitern erstürmen* **II** ⟨o.Obj.⟩ *an der Eskaladierwand turnen* [< frz. *escalader* in ders. Bed., zu *escalade* „das Ersteigen", < lat. *scalae* „Leiter, Treppe"]

Es|ka|la|dier|wand ⟨f.2⟩ *hölzerne Hinderniswand für Kletterübungen* [zu *eskaladieren*]

Es|ka|la|ti|on ⟨f.10⟩ *schrittweise Steigerung (bes. militärischer und politischer Mittel); E. der Gewalt, der Preise* [< engl. *escalator* „Rolltreppe" < ital. *scalata* „Ersteigung", < lat. *scalae* „Treppe"]

Es|ka|la|tor|klau|sel ⟨f.11⟩ *in den USA⟩ Klausel in Verträgen zwischen Unternehmern und Gewerkschaften, die steigende Löhne entsprechend den steigenden Lebenshaltungskosten garantiert*

es|ka|lie|ren ⟨V.3, hat eskaliert; o.Obj.⟩ *(in einem Wettbewerb o.ä.) stufenweise anwachsen, steigen, sich steigern*; Ggs. *deeskalieren* [zu *Eskalation*]

Es|ka|mo|ta|ge ⟨[-ʒə] f.11⟩ *Taschenspielerkunststück* [< frz. *escamotage* „das Verschwindenlassen", über das Spanische < lat. *commutare* „verändern, vertauschen"]

Es|ka|mo|teur ⟨[-tør] m.1⟩ *Taschenspieler, Zauberkünstler*

es|ka|mo|tie|ren ⟨V.3, hat eskamotiert; mit Akk.⟩ *(durch Taschenspielertrick) verschwinden lassen*; *Gegenstände e.* [zu *Eskamotage*]

Es|ka|pa|de ⟨f.11⟩ **1** *falscher Sprung (eines Schulpferds)* **2** *Seitensprung, mutwilliger Streich* [< frz. *escapade* „leichtsinniger Streich, unüberlegte Handlung", < ital. *scappata* „das Durchgehen, Ausreißen", →*Echappement*]

Es|ka|pis|mus ⟨m., -, nur Sg.; Psych.⟩ *Neigung zur Flucht vor den Anforderungen des Lebens* [< engl. *escapism*, zu *to escape* „fliehen"]

Es|kar|pins ⟨Pl.; eindeutsche Schreibung für⟩ *Escarpins*

Es|ki|mo ⟨m.9⟩ **1** *Angehöriger eines mongolischen Volks der arktischen Küsten und Tundra (von der Tschuktschenhalbinsel bis Ostgrönland)* **2** *schwerer Mantelstoff aus Streichgarn* [< frz. *Esquimau*; der Name soll aus einer nordamerik. Indianersprache stammen und wörtlich „Rohfleischesser" bedeuten]

es|ki|mo|isch ⟨Adj., o.Steig.⟩ *die Eskimos betreffend, zu ihnen gehörig, von ihnen stammend*

Es|kor|te ⟨f.11⟩ *Personen, die jmdn. zum Schutz oder als Ehrung begleiten, Begleitmannschaft (Polizei~)* [< frz. *escorte* „Geleit, Gefolge"]

es|kor|tie|ren ⟨V.3, hat eskortiert; mit Akk.⟩ *schützend begleiten*

es-Moll ⟨n., -, nur Sg.; Mus.⟩ *auf dem Grundton es aufbauende Moll-Tonart*

Eso|te|rik ⟨f.10⟩ *Geheimlehre, Geheimwissenschaft* [zu *esoterisch*]

Eso|te|ri|ker ⟨m.5⟩ *jmd., der in eine Geheimlehre eingeweiht ist*; Ggs. *Exoteriker*

eso|te|risch ⟨Adj., o.Steig.⟩ *nur für Eingeweihte bestimmt oder zugänglich, geheim*; Ggs. *exoterisch* [< griech. *esoteros* „innerer, innerhalb", zu *eso* „hinein, innen"]

Es|pa|gno|le ⟨[-njɔlə] f.11⟩ *ein spanischer Tanz* [< frz. *espagnol* „spanisch", < span. *española* „Spanierin"]

Es|pa|gno|let|te ⟨f.11⟩, **Es|pa|gno|let|te|ver|schluß** ⟨m.2⟩ *Drehstangenverschluß (für Fenster)* [< frz. *espagnol* „spanisch" und Verkleinerungssuffix *-ette*]

Es|par|set|te ⟨f.11⟩ *staudiger Schmetterlingsblütler mit rötlichweißen Blüten (Futterpflanze)* [frz.]

Es|par|to ⟨m., -s, nur Sg.; Handelsbez. für⟩ *verschiedene Gräser, die für Papierherstellung und Flechtarbeiten verwendet werden, bes. Halfagras* [span., < lat. *spartum* „Pfriemengras", < griech. *sparton* „Strick"]

Es|pe ⟨f.11⟩ → *Zitterpappel*

Es|pen|laub ⟨n., -(e)s, nur Sg.⟩ *Laub der Espe; zittern wie E. heftig zittern*

Es|pe|ran|tist ⟨m.10⟩ *Kenner, Anhänger des Esperanto*

Es|pe|ran|to ⟨n., -(s), nur Sg.⟩ *eine künstliche Welthilfssprache* [nach dem Pseudonym des Erfinders, Doktoro Esperanto „der Hoffende", mit ital. Endung gekreuzt < frz. *espérance* „Hoffnung" < lat. *sperans*, Gen. *sperantis*, hoffend; der Hoffende, zu lat. *spes* „Hoffnung"]

espi|ran|do ⟨Mus.⟩ *verhauchend, ersterbend* [ital.]

Es|pla|na|de ⟨f.11⟩ **1** *früher⟩ eingeebnete Fläche vor einer Festungsanlage* **2** *freier Platz, breite Straße* [frz. „ebener Platz", < lat. *ex* „aus, heraus" und *planus* „eben, flach"]

es|pres|si|vo ⟨Mus.⟩ *ausdrucksvoll* [ital., zu *esprimère* „ausdrücken, zum Ausdruck bringen", →*Espresso*]

Es|pres|so I ⟨m.9⟩ *in Spezialmaschinen zubereiteter, sehr starker Kaffee nach italienischer Art* **II** ⟨n.9⟩ *kleines Lokal, in dem u.a. Espresso ausgeschenkt wird* [ital., verkürzt < *caffè espresso*, zu *espresso* „eigens, besonders", also „eigens für den Gast zubereiteter Kaffee"]

Es|prit ⟨[ɛspri] m., -s, [ɛspri] nur Sg.⟩ *Geist und Witz* E. *haben* [frz., „Geist, Witz, Verstand, Scharfsinn; Seele", < lat. *spiritus* „Geist, Seele", eigtl. „Hauch, Luftzug, Lebenshauch", zu *spirare* „atmen", eigtl. „wehen, blasen"]

Esq. ⟨Abk. für⟩ *Esquire*

Es|quire ⟨eskwaiə⟩ **1** ⟨früher⟩ *(englischer Adelstitel)* **2** ⟨heute⟩ *Wohlgeboren (Höflichkeitstitel in Anschriften, hinter dem Namen)* [engl.]

Es|say ⟨[ɛsɛ] m.9 oder n.9⟩ *literarische Abhandlung in allgemeinverständlicher geistvoller Form* [< frz. *essai* „literarischer Versuch, kurze Abhandlung", eigtl. „Probe, Versuch", < lat. *exagium* „das Wägen", zu *exigere* „genau abwägen, prüfen, untersuchen"]

Es|say|ist ⟨m.10⟩ *Verfasser von Essays*

Es|say|i|stik ⟨f., -, nur Sg.⟩ *Kunstform des Essays*

eß|bar ⟨Adj., o.Steig.⟩ *so beschaffen, daß man es ohne Schaden zu nehmen essen kann; ~e Wildfrüchte* **Eß|bar|keit** ⟨f., -, nur Sg.⟩

Es|se ⟨f.11⟩ **1** ⟨österr.⟩ *offene Feuerstelle mit Abzug und Kamin* **2** ⟨bes. ostmdt.⟩ → *Schornstein*

es|sen ⟨V.31, hat gegessen⟩ **I** ⟨mit Akk.⟩ **1** *als (feste) Nahrung zu sich nehmen; zum Frühstück ein Ei e.; er ißt kein Fleisch; das esse ich (nicht) gern; es wird nichts so heiß gegessen, wie es gekocht wird* ⟨sprichwörtl.⟩ *es ist alles weniger schlimm, wenn es verwirklicht werden soll* **2** *eine bestimmte Menge Nahrung zu sich nehmen; ß noch einen Löffel voll!; der Kranke hat einen Teller voll gegessen* **3** ⟨mit Adjektiven⟩ *durch Nahrungsaufnahme einen bestimmten Zustand erreichen; den Teller leer e.; sich satt e.; sich dick und rund e.* **II** ⟨o.Obj.⟩ *eine Mahlzeit einnehmen; wir e. mittags um ein Uhr; ich esse gerade; wir sind beim Essen; er ißt viel, wenig; dort kann man gut, preiswert e.; wir e. abends warm, kalt; was gibt es heute zu e., zum Essen?* **III** ⟨refl., statt „man"⟩ *sich auf bestimmte Weise als Nahrung aufgenommen werden können; das ißt sich besser mit dem Löffel; das ißt sich leichter mit den Fingern*

Es|sen ⟨n.7⟩ **1** *Nahrung; fürs E. sorgen* **2** *Mahlzeit, das Zusichnehmen der Nahrung; ein E. vorbereiten; jmdm. zu Ehren ein E. geben; jmdn. zum Essen rufen; zum E. kommen; ich bin zum E. eingeladen* **3** *zur Mahlzeit zubereitete Speise; kaltes, warmes E.*

Es|se|ner ⟨m.5⟩ *im 2. Jahrhundert v.Chr. entstandene jüdische Sekte in Palästina* [über das Syrische < hebr. *chassid* „fromm"]

Es|sen|keh|rer ⟨m.5; bes. ostmdt.⟩ → *Schornsteinfeger*

Es|sen|tia ⟨f., -, nur Sg.; Philos.⟩ *Wesen einer Sache*; Ggs. *Existentia* [lat.]

es|sen|ti|al ⟨Adj.⟩ → *essentiell* (1)

Es|sen|ti|a|li|en ⟨Pl.⟩ *Hauptpunkte (bei Rechtsgeschäften)*; Ggs. *Akzidentalien* [zu *Essentia*]

es|sen|ti|ell ⟨Adj.⟩ **1** *wesentlich; auch: essential*; Ggs. *inessentiell; die ~e Bedeutung dieser Sache* **2** ⟨Biol.⟩ *lebensnotwendig; ~e Fettsäuren, Aminosäuren*

Es|senz ⟨f.10⟩ **1** ⟨nur Sg.; Philos.⟩ *Wesen (einer Sache), das Wesentliche, Kern* **2** *konzentrierter Auszug von Stoffen, der im wesentlichen nur die wirksamen Bestandteile enthält; E. eines Duftstoffes, Nahrungsmittels, einer Heilpflanze*

Es|ser ⟨m.5⟩ **1** *jmd., der ißt; er ist ein guter, schlechter E.* **2** *jmd., der Essen beansprucht; viele E. zu versorgen haben; auf einen E. mehr oder weniger kommt es nicht an*

Es|se|rei ⟨f., -, nur Sg.; ugs.⟩ **1** *bestimmte, unangenehme Art des Essens; was ist denn das für eine E.!* **2** *vieles, unmäßiges Essen; das Fest war eine einzige E.* **3** *Nahrung; für die E. sorgen*

Essig ⟨m., -s, nur Sg.⟩ wäßrige Lösung von Essigsäure, Farb- und Aromastoffen (als Würz- oder Konservierungsmittel); damit ist es E. ⟨übertr., ugs.⟩ daraus wird nichts

Essigbaum ⟨m.2⟩ nordamerikanischer Baum mit filzig behaarten Zweigen und im Herbst leuchtend roten Fiederblättern (bei uns Ziergehölz) [die Blätter enthalten essigähnlich schmeckende Gerbstoffe]

Essigessenz ⟨f., -, nur Sg.⟩ nur verdünnt genießbare Flüssigkeit mit hohem Gehalt an Essigsäure

Essigester ⟨m.5⟩ Essigsäureester des Äthylalkohols, farblose, betäubend riechende Flüssigkeit (u.a. als aromatischer Zusatz zu Fruchtsäften, Bonbons und Likören)

Essigfliege ⟨f.11⟩ → *Drosophila* [sie ernährt sich gern von (nach *Essig* riechenden) gärenden Fruchtsäften]

Essiggurke ⟨f.11⟩ in Essig und Gewürze eingelegte Gurke

Essigmutter ⟨f., -, nur Sg.⟩ Bakterienkultur, die sich u.a. in Essigfässern bildet

Essigrose ⟨f.11⟩ sehr winterharte Strauchrose

essigsauer ⟨Adj., o.Steig.⟩ Essigsäure enthaltend; essigsaure Tonerde basisches Aluminiumacetat in verdünnter, wäßriger Lösung von Essigsäure (u.a. für Umschläge bei Blutergüssen)

Essigsäure ⟨f., -, nur Sg.⟩ farblose, klare, stechend riechende organische Säure (die u.a. bei der Gärung entsteht und im Speiseessig zu höchstens 10% enthalten ist); Syn. *Eisessig*

Eßkastanie ⟨[-njə] f.11⟩ → *Marone*

Eßkohle ⟨f.11⟩ Steinkohle mit hohem Heizwert [findet bes. für Schmiedearbeiten an der *Esse (1)* verwendet]

Eßlöffel ⟨m.5⟩ großer Löffel (bes. für Suppen)

Establishment ⟨[istæblɪʃmənt] n.9⟩ Gesamtheit der in einer Gesellschaft herrschenden, die Erhaltung der bestehenden Ordnung anstrebenden Gruppen [engl., „Errichtung, Einrichtung, Gründung", zu *to establish* „ein-, errichten, schaffen", über altfrz. *establir* „befestigen" < lat. *stabilire* „befestigen", zu *stare* „stehen"]

Estampe ⟨[əstãp] f.11⟩ Abdruck (eines Kupfer-, Stahl- oder Holzstichs bzw. Holzschnitts) [frz., zu dt. *stampfen*]

Estanzia ⟨f.9⟩ im spanischsprechenden Amerika: Landgut mit Viehzucht [< span. *estancia* „das Wohnen, Wohnung"]

Este ⟨m.11⟩ Einwohner von Estland

Ester ⟨m.5⟩ organisch-chemische Verbindung von Säure und Alkohol (unter Wasseraustritt) [Kunstwort < *Essig* und *Äther*]

estinguendo ⟨Mus.⟩ verlöschend [ital.]

estinto ⟨Mus.⟩ äußerst leise [ital., „ausgelöscht"]

estnisch ⟨Adj., o.Steig.⟩ Estland betreffend, zu ihm gehörig, aus ihm stammend; ~e Sprache eine ostseefinnische Sprache

Estomihi ⟨o.Art.⟩ siebenter Sonntag vor Ostern [lat., „sei mir (ein starker Fels)", nach den Eingangsworten der Messe dieses Tages, Psalm 31,3]

Estrade ⟨f.11⟩ 1 erhöhter Teil (eines Raums), Podium 2 ⟨DDR; kurz für⟩ *Estradenkonzert* [frz., < prov. *estrata* „Straße"]

Estradenkonzert ⟨n.1; DDR⟩ volkstümliche Veranstaltung mit gemischtem Programm

Estragon ⟨m., -s, nur Sg.⟩ 1 stark duftender Korbblütler mit buschig verzweigten Stengeln und unscheinbaren, gelbgrünen Blütenköpfen 2 dessen als Gewürz verwendete Blätter und Triebspitzen [frz., aus dem Arabischen]

Estremadura ⟨f., -(s), nur Sg.⟩ weiches, sechsfach gezwirntes Baumwollgarn [nach der span. Landschaft *Estremadura*]

Estrich ⟨m.1⟩ 1 fugenlose Fläche als Fußboden (aus Asphalt, Gips, Lehm, Zement u.a.) 2 ⟨schweiz.⟩ Dachboden [< ahd. *aste-rih* „Boden, Fußboden", < mlat. *astricus* „Pflaster", < griech. *ostrakon* „gebrannter Ton, Scherbe"]

et ⟨Zeichen: &; in Firmennamen⟩ und; vgl. *Et-Zeichen*

Eta ⟨neugriech. [ita] n.9; Zeichen: η, H⟩ sechster Buchstabe des griechischen Alphabets

etablieren ⟨V.3, hat etabliert⟩ I ⟨mit Akk.⟩ gründen, begründen, errichten II ⟨refl.⟩ sich e. sich selbständig machen, sich niederlassen, sich einrichten [< frz. *établir* „befestigen, gründen, einrichten", *s'établir* „sich niederlassen, sich ansässig machen", < lat. *stabilire* „befestigen; aufrechterhalten", zu *stare* „stehen"]

Etablissement ⟨[-mã] n.9, schweiz. [-mənt] n.1⟩ 1 Niederlassung, Geschäft, Unternehmen 2 Vergnügungslokal, Bordell [< frz. *établissement* „Gründung, Einrichtung, Geschäft, Firma", zu *établir*, → *etablieren*]

Etage ⟨[-ʒə] f.11⟩ (oberes) Stockwerk [< frz. *étage* „Stockwerk, Stufe"]

Etagenbett ⟨[-ʒən-] n.12⟩ zwei Betten, die in einem Gestell übereinander angebracht sind

Etagenheizung ⟨[-ʒən-] f.10⟩ zentrale Heizanlage für eine Etage

Etagère ⟨[-ʒɛ] f.11; veraltend⟩ 1 Stufengestell, Bücherbrett, Wandbrett 2 Tischaufsatz (für Gebäck u.a.) 3 aufhängbare Tasche mit Fächern (für Kosmetika u.a.) [< frz. *étagère* „Regal, Bücherbrett"]

Etalage ⟨[-ʒə] f.11; †⟩ Schaufensterauslage, Schau-, Ausstellung [< frz. *étalage* in ders. Bed.]

Etalon ⟨[-lõ] m.9⟩ Eichmaß, Normalmaßstab [< frz. *étalon* in ders. Bed.]

Etamin ⟨n., -s, nur Sg.⟩ feiner, gitterartiger Baumwollstoff für Vorhänge [< frz. *étamine* in ders. Bed.]

Etappe ⟨f.11⟩ 1 zu bewältigender Strecken- oder Zeitabschnitt 2 zurückgelegte Teilstrecke 3 ⟨Mil.⟩ Raum zwischen Kampffront und Heimat (für Nachschub, Depots, Lazarette u.a.) [< frz. *étape* „Rastplatz, Quartier auf dem Marsch; Tagesmarsch" < mndrl. *stapel* „Stapelplatz"]

Etappenflug ⟨m.2⟩ Flug mit Zwischenlandungen

Etappenhengst ⟨m.1; ugs.⟩, **Etappenschwein** ⟨n.1; derb⟩ Soldat, der in der Etappe (3) Dienst tut

Etappensieg ⟨m.1⟩ Sieg in einem Rennen, das in Etappen (1) abgehalten wird

Etat ⟨[eta] m.9⟩ 1 Haushaltsplan 2 die Gelder dafür [< frz. *état* „Lage, Stand, Zustand; Hausstand; Kostenberechnung" < lat. *status* „Stand, Stellung", zu *stare* „stehen"]

etatisieren ⟨V.3, hat etatisiert; mit Akk.⟩ in den Etat aufnehmen

etc. ⟨Abk. für⟩ *et cetera*

et cetera *und so weiter* [lat., „und das übrige"]

et cetera pp. und so weiter [lat., eigtl. *et cetera, perge, perge!* „und die übrigen (Dinge), fahre fort, fahre fort!", zu *ceterum* „das übrige" und *pergere* „weitergehen, fortfahren"]

etepetete ⟨Adj., o.Steig.; nur mit „sein"⟩ übertrieben empfindsam, zimperlich, übertrieben auf Formen haltend [im Niederdeutschen in vielen ähnlichen Formen gebräuchlich, zu *öt* „geziert, zimperlich"; wahrscheinlich lautmalende Wortspielerei für zimperliches Gerede mit hoher Stimme]

eternisieren ⟨V.3, hat eternisiert; mit Akk.⟩ verewigen, in die Länge ziehen [< frz. *éterniser* „verewigen", zu lat. *aeternus* „ewig"]

Eternit ⟨n., -s, nur Sg.; Wz.⟩ gewalzter oder in Formen gepreßter Asbestzement (als Wetterschutz für Hauswände u.a.) [zu lat. *aeternus* „unvergänglich"]

Etesien ⟨Pl.⟩ regelmäßig auftretende, trockene Nordwest-Winde vom April bis Oktober im östlichen Mittelmeer [< griech. *etesiai* „jährlich, alle Jahre wiederkehrend", zu *etesios* „jährlich, alle Jahre wiederkehrend"]

Etesienklima ⟨n., -s, nur Sg.⟩ → *Mittelmeerklima*

Ethik ⟨f.10⟩ Lehre vom sittlichen Verhalten, Sittenlehre [zu *Ethos*]

Ethiker ⟨m.5⟩ Vertreter der Ethik, Schöpfer einer Ethik

ethisch ⟨Adj., o.Steig.⟩ zur Ethik gehörend, auf (einer) Ethik beruhend, hinsichtlich der Ethik; ~e Werte; aus ~en Gründen etwas nicht tun; sein Verhalten ist e. (nicht) einwandfrei

ethnisch ⟨Adj., o.Steig.⟩ zu einem bestimmten Volk gehörig, ihm eigentümlich [< griech. *ethnos* „Volk"]

Ethnographie ⟨f., -, nur Sg.⟩ Beschreibung der Völker und Kulturen (als Voraussetzung für die Ethnologie), beschreibende Völkerkunde

Ethnologie ⟨f., -, nur Sg.⟩ → *Völkerkunde* [< griech. *ethnos* „Volk" und ...*logie*]

Ethologie ⟨f., -, nur Sg.⟩ Wissenschaft vom menschlichen und tierischen Verhalten aus biologischer Sicht; Syn. *Verhaltensforschung* [< griech. *ethos* „Sitte, Brauch, Herkommen" und ...*logie*]

Ethos ⟨n., -, nur Sg.⟩ sittliche Gesinnung [< griech. *ethos* „Sitte, Brauch, Herkommen", zu *etho* „ich bin gewöhnt"]

Etikett ⟨n.1 oder n.9⟩ (aufgeklebter oder angesteckter) Zettel mit Aufschrift (z.B. mit dem Namen, Preis u.a.) [< frz. *étiquette* in ders. Bed., urspr. zu fläm. *steeken* „stecken"]

Etikette ⟨f.11⟩ 1 ⟨†, noch schweiz., österr.⟩ *Etikett* 2 ⟨nur Sg.⟩ herkömmliche, feine Umgangsformen; auf E. achten; sich nach der E. richten

etikettieren ⟨V.3, hat etikettiert; mit Akk.⟩ mit einem Etikett versehen, bezeichnen

etiolieren ⟨V.3, hat etioliert; o.Obj.⟩ im Dunkeln bleichen und treiben; Spargel etioliert [< frz. *étioler* „bleichsüchtig machen, dahinsiechen lassen", *s'étioler* „bleichsüchtig werden", weitere Herkunft unsicher]

etliche ⟨unbestimmtes Pron. und Num.⟩ → *einige*

etlichemal ⟨Adv.⟩ etliche Male

Etmal ⟨n.1⟩ Strecke, die von einem Schiff von Mittag bis Mittag zurückgelegt wird, Schiffstagereise [< mndd. *et* „wiederum" und *mal* „Zeitpunkt", also „wiederkehrende Zeit" (bes. wiederkehrende Flutzeit von 12 Stunden oder Tagesperiode von 24 Stunden)]

Etrusker ⟨m.5⟩ Einwohner der antiken Landschaft Etrurien

etruskisch ⟨Adj., o.Steig.⟩ zu den Etruskern gehörig, von ihnen stammend

Etter ⟨m.5 oder n.5; oberdt.⟩ bebauter Teil (des Ortsgebiets) [< ahd. *etar* „Zaun"]

Etüde ⟨f.11⟩ 1 Musikstück zum Üben der Fingerfertigkeit 2 virtuoses Musikstück; Studium, Streben", über altfrz. *estuide, estudie* < lat. *studium*, Streben, Eifer, wissenschaftliche Beschäftigung"]

Etui ⟨[etyi] n.9⟩ kleiner, verschließbarer, länglich-flacher Behälter (Brillen~) [< frz. *étui* „Hülse, Behälter"]

etwa ⟨Adv.⟩ 1 ungefähr; e. drei Wochen; e. um vier Uhr; e. einen Meter höher 2 vielleicht, am Ende, wohl; oder e. nicht?; du glaubst doch nicht e., daß ...? 3 ⟨ugs.⟩ zum Beispiel; das wäre in früherer Zeit, e. im 19. Jahrhundert, nicht möglich gewesen; denk doch nur an die großen Musiker, e. Mozart 4 ⟨ugs.; in der Fügung⟩ in e. ungefähr, ganz grob geschätzt; das Grundstück ist in e. so groß wie ...

etwaig ⟨Adj., o.Steig.; nur als Attr.⟩ möglicherweise (geschehend, auftretend); ~e Mängel

etwas ⟨unbestimmtes Pron.⟩ **1** *eine Sache (über die zu sprechen sich lohnt), Nennenswertes;* daß er die Prüfung gemacht hat, ist doch schon e.; das ist nicht viel, aber wenigstens e.; wenn du e. darüber erfährst, sag es mir bitte!; ich will Ihnen e. sagen; ich weiß e.! **2** *irgendeine Sache;* ist e. passiert?; da stimmt doch e. nicht; braucht du e.?; ich möchte ihm e. schenken; ich brauche e. zum Schreiben; er hat sich gefreut wie nur e. ⟨ugs.⟩ *so gefreut, daß man es gar nicht beschreiben kann* **3** *eine bestimmte Sache;* suchst du e.?; ich habe e. verloren, vergessen; sie hat e. mit ihm ⟨ugs.⟩ *sie hat ein Liebesverhältnis mit ihm* **4** *kleine Menge, ein bißchen, ein wenig;* e. Brot; hab noch e. Geduld!; er spricht e. Deutsch; ich habe e. Hunger; jetzt ist es e. besser; ich habe e. gespart; nimm dir e. davon **5** *(vor substantivierten Adjektiven) eine bestimmte Sache, die soundso ist;* e. Neues; e. Schönes; e. Ähnliches; e. anderes **6** *(in Verbindung mit „so") solches, derartiges;* so e. Schönes; ausgerechnet so e. muß mir passieren; e. das!

Etwas ⟨n., -s, nur Sg.⟩ **1** *unbestimmte Sache oder Eigenschaft;* ich sah nur ein dunkles E. vor der Tür liegen; er hat ein gewisses E., das die Frauen anzieht **2** *(kleines) Lebewesen;* ein kleines, jaulendes E.

etwelche ⟨unbestimmtes Pron.; poet., veraltend⟩ **1** *einige* **2** *irgendwelche* **3** *etwaige* [< *etliche* und *welche*]

Etymologe ⟨m.11⟩ *Kenner auf dem Gebiet der Etymologie*

Etymologie ⟨f.11⟩ **1** *Herkunft (eines Wortes);* die E. eines Begriffs ermitteln, untersuchen **2** *Wissenschaft von der Herkunft der Wörter* [< griech. *etymologia* in ders. Bed., < *etymos, eteos* „wirklich, wahr" und *...logie*]

etymologisch ⟨Adj., o.Steig.⟩ *nur als Attr. und Adv.) die Etymologie betreffend, zu ihr gehörig, auf ihr beruhend*

etymologisiert ⟨V.3, hat etymologisiert; mit Akk.⟩ *ein Wort e. die Etymologie eines Wortes ermitteln oder beschreiben*

Etymon ⟨n., -s, -ma⟩ *Stammwort, Wurzelwort* [griech.]

Et-Zeichen ⟨n.7⟩ *das Zeichen für „et" in Firmennamen, & [< lat. et „und", das in den Tironischen Noten mit dem Zeichen & geschrieben wurde, gebildet < e (ε) und einem nahezu umgekehrten t]*

etzliche ⟨†, noch scherzh.⟩ *etliche*

Eu ⟨chem. Zeichen für⟩ *Europium*

Eubiotik ⟨f., -, nur Sg.⟩ *Lehre von der gesunden Lebensweise* [< griech. *eu* „gut, recht" und *bios, biote* „Leben"]

Eubulie ⟨f., -, nur Sg.; †⟩ *Vernunft, Einsicht* [< griech. *eu* „gut, recht" und *boule* „Rat, Wille, Wunsch"]

euch ⟨Pers.pron., Dat. und Akk. von „ihr"; Reflexivpron. zu „ihr"⟩ ich habe es e. ja schon erzählt; wir haben e. lange nicht mehr gesehen; beeilt e.!; ⟨Großschreibung in Briefen und in der veralteten Anrede⟩ wir grüßen Euch herzlich; ich dank Euch, lieber Herr!

Eucharistie ⟨[-ça-] f.11⟩ *kath. Kirche* **1** *Dankgebet vor dem Abendmahl* **2** *Abendmahl* **3** *Altarsakrament* [< griech. *eu* „gut, recht" und *charisterion* „Zeichen des Dankes, Dankopfer", zu *charis* „Gunst, Huld, Gnade"]

eucharistisch ⟨Adj., o.Steig.⟩ *zur Eucharistie gehörig;* Eucharistischer Kongreß *internationaler kath. Kongreß zur Erneuerung und Verehrung des Altarsakraments*

Eudämonie ⟨f., -, nur Sg.⟩ *Philos.) Glückseligkeit* [< griech. *eudaimonia* „Glück, Glückseligkeit, Wohlergehen", < *eu* „gut, recht" und *daimon* „Schicksal"]

Eudämonismus ⟨m., -, nur Sg.⟩ *Lehre, daß das Ziel alles Handelns die Glückseligkeit und diese nur durch sittliches Verhalten zu verwirklichen sei*

euer I ⟨Pers.pron., Gen. von „ihr"⟩ *wir gedenken e., eurer;* ihr wart e. drei; es sind nur wenige II ⟨Possessivpron. im Gen.⟩ *euch gehörig, euch zugehörig;* e. Vater, eure Mutter, eure Kinder; vgl. *dein (II);* ⟨Großschreibung in Briefen und Titeln⟩ es grüßt Euch Eure Gisela; Euer, Eure Exzellenz

euerseits ⟨Adv.; in Briefen Großschreibung⟩ *von euch aus, von eurer Seite her;* auch: *eurerseits;* ihr müßt e. auch etwas dazu tun; ihr könnt ihn ja e. auch noch darauf aufmerksam machen

euersgleichen ⟨Pron., o.Dekl.⟩ *Leute wie ihr;* auch: *euresgleichen;* ihr und e.

euerthalben ⟨Adv.⟩ →*euertwegen;* auch: *euretwegen*

euertwegen ⟨Adv.⟩ *für euch, weil ihr es seid, weil es sich um euch handelt;* auch: *euretwegen;* Syn. *euerthalben;* ich bin nur e. gekommen

euertwillen ⟨Adv.; in der Fügung⟩ um e. *euertwegen;* auch: *euretwillen;* ich habe es nur um e. getan

Eugenik ⟨f., -, nur Sg.⟩ *Forschungszweig der Anthropologie, der sich mit der Erbgesundheit befaßt* [< griech. *eugenes* „von edler Abstammung", < *eu* „gut" und *genesis* „Werden, Entstehen"]

eugenisch ⟨Adj., o.Steig.⟩ *zur Eugenik gehörend, auf ihr beruhend*

Eukalyptus ⟨m., -, -ten⟩ *urspr. in Australien und Polynesien verbreiteter schnellwüchsiger Baum oder Strauch mit ledrigen, immergrünen Blättern, die reich an ätherischen Ölen sind* [< griech. *eu* „gut" und *kalyptein* „bedeckt, verborgen"; die Blütenblätter sind zu einem Deckel verwachsen (der dann abgeworfen wird)]

euklidisch ⟨Adj., o.Steig.⟩ *zur Lehre des Euklid gehörig, auf ihr beruhend;* ~e Geometrie *die klassische Geometrie*

Eukolie ⟨f., -, nur Sg.⟩ *heitere, unbeschwerte Zufriedenheit* [< griech. *eukolia* „Zufriedenheit, Genügsamkeit", zu *eukolos* „heiter, vergnügt"]

Eukrasie ⟨f., -, nur Sg.⟩ **1** ⟨antike Med.⟩ *gute Mischung, aller Körpersäfte;* Ggs. *Dyskrasie* **2** ⟨übertr.⟩ *glückliche Veranlagung* [< griech. *eukrasia* „richtige Mischung"]

Eule ⟨f.11⟩ **1** *Vogel mit großem, rundem Kopf, krummem Schnabel, großen, nach vorn gerichteten Augen und weichem Gefieder (z.B. Uhu, Waldkauz)* **2** *Nachtfalter mit dickem Leib und rindenähnlicher, graubrauner Zeichnung auf den Vorderflügeln* **3** ⟨norddt.⟩ **a** *Handfeger* **b** *Staubwedel*

Eulenflucht ⟨f., -, nur Sg.; norddt.⟩ *Zeit der Abenddämmerung* [eigtl. „Zeit des Eulenflugs"]

Eulenspiegel ⟨m.5⟩ *jmd., der oft Schelmenstreiche begeht, Schelm, Schalk* [nach dem Helden eines nddt. Volksbuches, Till Eulenspiegel, der wirklich gelebt hat; < nddt. *Ulenspegel,* weitere Herkunft unsicher, vielleicht < nddt. *ulen* „wischen, reinigen" (zu *ule* „runder Besen aus Borsten") und *spegel* „Spiegel", in der Jägerspr. „weißer Fleck um den After des Rehs und Hirsches", also etwa „(ihr könnt mir) den Hintern wischen!"]

Eulenspiegelei ⟨f.10⟩ *Schelmenstreich*

Eumel ⟨m.5; Jugendspr.⟩ *etwas Absonderliches (Mensch, Ding oder Sache)* [vermutlich aus der Werbung übernommen, wo die Eumel als Schmutzverursacher (die ein bestimmtes Produkt beseitigt) erfunden wurden]

Eumenide ⟨f.11, meist Pl.⟩ *verhüllende Bez. für) Erinnye* [griech., „die Wohlmeinende, Gnädige", < *eumenes* „wohlgesinnt, wohlwollend, gnädig, freundlich"]

Eunuch ⟨m.10⟩ *kastrierter Mann (bes. als Haremswächter)* [< griech. *eunouchos* in ders. Bed., eigtl. „Bettbüter", < *eune* „Bett" und *echein* „beaufsichtigen"]

Euphemismus ⟨m., -, -men⟩ *verhüllende, beschönigende Bezeichnung, z.B. „heimgehen" statt „sterben";* Syn. *Hüllwort* [< griech. *euphemia* „gutes Reden, Sprechen glückbedeutender Worte", < *eu* „gut" und *pheme* „Rede, Sprache, Sprechen"]

euphemistisch ⟨Adj.⟩ *beschönigend, verhüllend;* ein ~er Ausdruck; eine ~e Bezeichnung; etwas e. ausdrücken

Euphonie ⟨f.11⟩ *Wohlklang;* Ggs. *Kakophonie* [< griech. *euphonos* „wohltönend, mit schöner Stimme", < *eu* „gut" und *phone* „Ton, Klang, Stimme"]

euphonisch ⟨Adj.⟩ *wohlklingend*

Euphonium ⟨n., -s, -nien⟩ **1** *Kornett in Baritonlage, Baritonhorn* **2** *ein Orgelregister* [zu *Euphonie*]

Euphorie ⟨f.11⟩ **1** *abnorme Heiterkeit (z.B. nach Genuß von Rauschmitteln oder bei Schwerkranken kurz vor dem Tod)* **2** *Hochstimmung, nicht begründbares Glücksgefühl* [< griech. *euphoros* „leicht dahintragend"]

euphorisch ⟨Adj.⟩ **1** *auf Euphorie beruhend;* ~e Stimmung **2** *in Hochstimmung*

euphorisieren ⟨V.3, mit Akk.⟩ *in Euphorie versetzen*

euphotisch ⟨Adj., o.Steig.⟩ *lichtreich (von Schichten des Wassers)* [< griech. *eu* „gut, reichlich" und *phos,* Gen. *photos,* „Licht, Helligkeit"]

eurasiatisch ⟨Adj., o.Steig.⟩ *zu Europa und Asien zusammen gehörig, dort lebend (von Tieren und Pflanzen)*

Eurasier ⟨m.5⟩ **1** *Bewohner Eurasiens* **2** *Mischling aus einem europäischen und einem asiatischen Elternteil* [zu *eurasisch*]

eurasisch ⟨Adj., o.Steig.⟩ *Europa und Asien betreffend, dazu gehörig*

eure ⟨Possessivpron.⟩ **1** (Kleinschreibung, wenn es sich auf ein vorhergehendes Subst. bezieht; Großschreibung nur in Briefen) *der, die, das euch gehörige;* ist dieser Wagen der e., (oder) euerer, (oder) der eurige; **2** (Großschreibung) *der, die, das zu euch Gehörige;* ich bin immer der Eure, (oder) der Eurige *der sich zu euch gehörig fühlt;* ihr müßt das Eure dazu tun *ihr müßt das, was euch zukommt, euren Beitrag dazu leisten*

eurerseits ⟨Adv.⟩ →*euerseits*

euresgleichen ⟨Pron.⟩ →*euersgleichen*

euresthalben ⟨Adv.⟩ →*euertwegen*

euretwegen ⟨Adv.⟩ →*euertwegen*

euretwillen ⟨Adv.⟩ →*euertwillen*

Eurhythmie ⟨f., -, nur Sg.⟩ **1** *Gleich-, Ebenmaß von Bewegung und Ausdruck* **2** ⟨Med.⟩ *Regelmäßigkeit von Herz- und Pulsschlag* **3** ⟨Anthroposophie⟩ *Vereinigung von tänzerischer Bewegung und Sprache, wobei den Bewegungen eine bestimmte Bedeutung gegeben wird;* auch: ⟨fachsprachl.⟩ *Eurythmie* [< griech. *eu* „gut" und *Rhythmus*]

Eurhythmik ⟨f., -, nur Sg.⟩ →*Eurhythmie (1)*

eurige ⟨Possessivpron.⟩ →*eure*

Eurocheque ⟨[-ʃɛk] m.9; internationale Schreibung für⟩ *Euroscheck*

Eurokommunismus ⟨m., -, nur Sg.⟩ *Richtung des Kommunismus, die den sowjetischen Führungsanspruch zugunsten der nationalen Formen des Kommunismus ablehnt*

Europäer ⟨m.5⟩ **1** *Bewohner Europas* **2** *jmd., der für den Zusammenschluß der Staaten Europas ist*

europäisch ⟨Adj., o.Steig.⟩ **1** *Europa betreffend, zu ihm gehörig, aus ihm stammend* **2** *Europa als Einheit betreffend oder betrachtend;* der ~e Gedanke

europäisieren ⟨V.3, hat europäisiert; mit Akk.⟩ *nach europäischem Muster gestalten, der europäischen Lebensart angleichen*

Europameister ⟨m.5⟩ *jmd., der bei einer Europameisterschaft gewonnen hat*

Europameisterschaft ⟨f.10⟩ *Meister-*

europid

schaftswettbewerb, an dem Sportler oder Mannschaften aller europäischen Staaten (einschließlich der Sowjetunion und Türkei) teilnehmen dürfen

eu|ro|pid ⟨Adj., o.Steig.⟩ *zu den Europiden gehörig*

Eu|ro|pi|de ⟨m.18⟩ *Angehöriger einer Menschenrasse mit großer Formenvielfalt in der Pigmentierung von Haut, Haar und Augen (im typischen Fall hellhäutig, mit vorspringender Nase und starker Körperbehaarung)* [zu *Europa,* dem wichtigsten Teil des ursprünglichen Verbreitungsgebiets]

Eu|ro|pi|um ⟨n., -s, nur Sg; chem. Zeichen: Eu⟩ *weiches, silberweißes Metall der seltenen Erden* [zu *Europa*]

Eu|ro|scheck ⟨m.9⟩ *Barscheck, der in Verbindung mit einer Scheckkarte von den meisten europäischen und nordamerikanischen Kreditinstituten bis zu einem bestimmten Betrag eingelöst wird*

eu|ry|ök ⟨Adj., o.Steig.; Biol.⟩ *fähig, sich größeren Schwankungen in den Lebensbedingungen der Umwelt anzupassen;* Ggs. *stenök* [< griech. *eurys* „breit, weit" und *oikos* „Haus"]

eu|ry|phag ⟨Adj., o.Steig.⟩ *nicht auf bestimmte Nahrung angewiesen;* Ggs. *stenophag* [< griech. *eurys* „breit, weit" und *phagein* „essen"]

eu|ry|therm ⟨Adj., o.Steig.; Biol.⟩ *widerstandsfähig gegen größere Temperaturschwankungen;* Ggs. *stenotherm* [< griech. *eurys* „breit, weit" und *therme* „Wärme"]

Eu|ryth|mie (in der Anthroposophie Schreibung für) Eurhythmie (3)

eu|ry|top ⟨Adj., o.Steig.⟩ *weit verbreitet (von Tieren und Pflanzen);* Ggs. *stenotop*

...euse *französisierende Endung zur Bez. der weiblichen Form eines auf ...eur endenden männl. Substantivs (meist bei Berufsbezeichnungen),* z.B. *Friseuse* zu *Friseur*

Eu|se|bie ⟨f., -, nur Sg.⟩ *Frömmigkeit;* Ggs. *Asebie* [< griech. *eusebeia* „Frömmigkeit, Gottesfurcht", < *eu* „gut, gehörig, recht" und *sebas* „Ehrfurcht, Scheu"]

Eu|sta|chi|sche Röh|re ⟨f., -n, -, nur Sg.⟩ *Verbindungsgang zwischen Mittelohr und Nasen-Rachen-Raum;* Syn. *Ohrtrompete* [nach dem ital. Anatomen Bartolomeo *Eustachio*]

Eu|sta|sie ⟨f.11⟩ *Schwankung der Höhe des Meeresspiegels infolge Veränderungen im Wasserhaushalt der Erde* [< *eu* „gut, gehörig, recht" und *stasis* „Stehen, Stand"]

Eu|tek|ti|kum ⟨n., -s, -ka⟩ *Gemenge aus zwei oder mehreren Stoffen, die miteinander eine homogene Flüssigkeit bilden, im festen Zustand jedoch unmischbar sind* [< griech. *eutektos* „leicht schmelzend"]

Eu|ter ⟨n.5⟩ *Milchdrüse der weiblichen Huftiere (bes. der Wiederkäuer);* Syn. ⟨beim Hund, Schwein, Haarwild⟩ *Gesäuge*

Eu|tha|na|sie ⟨f., -, nur Sg.⟩ *Verfahren, mit dem der Arzt das Sterben eines Menschen zu erleichtern sucht (z.B. durch schmerzstillende Mittel)* [< griech. *eu* „gut" und *thanatos* „Tod"]

Eu|thy|mie ⟨f., -, nur Sg.; †⟩ *innere Heiterkeit, Seelenfrieden* [< griech. *euthymia* „Freude, Frohsinn, Heiterkeit, Seelenruhe"; < *eu* „gut" und *thymos* „Gemüt, Gefühl, Seele"]

eu|troph ⟨Adj.⟩ *bei Pflanzenstandorten und Gewässern) überreich an organischen Stoffen, nährstoffreich;* Ggs. *oligotroph* [zu *Eutrophie*]

Eu|tro|phie ⟨f., -, nur Sg.⟩ *Wohlgenährtheit (bes. bei Säuglingen)* [< griech. *eutrophia* in ders. Bed., < *eu* „gut" und *trophe* „Nahrung"]

Eu|tro|phie|rung ⟨f., -, nur Sg.⟩ *bei Gewässern) übermäßige Zunahme von organischen Stoffen;* Syn. *Überdüngung* [zu *eutroph*]

eV ⟨Abk. für⟩ *Elektronenvolt*

ev. ⟨Abk. für⟩ *evangelisch*

e.V. ⟨Abk. für⟩ *eingetragener Verein*

Eva|ku|a|ti|on ⟨f.10⟩ *das Herstellen eines Vakuums* [zu *evakuieren*]

eva|ku|ie|ren ⟨V.3, hat evakuiert; mit Akk.⟩ 1 *luftleer machen* 2 *von Bewohnern räumen; ein Gebiet e.* 3 *in ein anderes Wohngebiet bringen, aussiedeln; Einwohner e.* [< lat. *evacuatio,* Gen. *-onis,* „Ausleerung", zu *vacuus* „leer"]

Eva|ku|ie|rung ⟨f.10⟩ *das Evakuieren (2,3)*

Eva|lu|ie|rung ⟨f.10; Werbung⟩ *Bewertung* [< frz. *évaluer* „berechnen, schätzen", zu *valeur* „Wert"]

Evan|ge|li|ar ⟨n., -s, -e oder -ri|en⟩ *Buch mit den vier Evangelien*

Evan|ge|li|en|har|mo|nie ⟨f.11⟩ *Darstellung des Lebens Jesu aus den vier Evangelien*

evan|ge|li|kal ⟨Adj., o.Steig.⟩ 1 *dem Evangelium entsprechend* 2 *die Autorität der Evangelien (ohne Bibelkritik) vertretend*

Evan|ge|li|mann ⟨m.4; früher⟩ *jmd., der umherzog und gegen Almosen Texte aus den Evangelien vortrug und Kirchenlieder sang*

Evan|ge|li|sa|ti|on ⟨f.10⟩ *Bekehrung zum Evangelium*

evan|ge|lisch ⟨Adj., o.Steig.; Abk.: ev.⟩ *auf dem Evangelium beruhend;* vgl. *protestantisch*

evan|ge|li|sie|ren ⟨V.3, hat evangelisiert; mit Akk.⟩ *zum Evangelium bekehren*

Evan|ge|list ⟨m.10⟩ 1 *Verfasser eines der vier Evangelien* 2 *Wanderprediger*

Evan|ge|li|star ⟨n., -s, -e oder -ri|en⟩ *Buch mit Abschnitten aus den Evangelien für Lesungen während der Messe*

Evan|ge|li|um ⟨n., -s, -li|en⟩ 1 *die Botschaft Christi* 2 *jede der vier Schriften des NT über das Leben und den Tod Jesu sowie ihre Gesamtheit* 3 *Lesung aus den Evangelien im Gottesdienst* 4 ⟨ugs.⟩ *etwas, woran man blindlings glaubt, Wort oder Werk, das einem heilig ist* [über lat. *euangelium* < griech. *euaggelion* „gute Botschaft, Freudenbotschaft", zu *euaggelos* „gute Botschaft bringend" sowie „der eine gute Botschaft bringt"; < *eu* „gut" und *aggelos* „Bote, Gesandter"]

Eva|po|ra|ti|on ⟨f.10⟩ →*Verdunstung* [zu *evaporieren*]

Eva|po|ra|tor ⟨m.13; auf Schiffen⟩ *Anlage zum Erzeugen von Kesselspeisewasser aus Seewasser* [zu *evaporieren*]

eva|po|rie|ren ⟨V.3, hat evaporiert; mit Akk.⟩ *durch Verdampfenlassen des Wassers dickflüssiger machen; evaporierte Milch* [< lat. *evaporare* „ausdünsten", zu *vapor* „Dunst, Dampf"]

Eva|po|ri|me|ter ⟨n.5⟩ →*Atmometer* [zu *evaporieren*]

Eva|si|on ⟨f.10⟩ *Flucht (einer großen Menge);* Ggs. *Invasion,* [< lat. *evasio,* Gen. *-onis,* „das Entkommen", zu *evadere* „hinausgehen, entkommen"]

Evas|ko|stüm ⟨n.1; ugs., scherzh.; in der Fügung⟩ *im E. nackt*

Evas|toch|ter ⟨f.6; ugs.⟩ *hübsches, eitles, kokettes Mädchen*

Even|tu|al|fall ⟨m.2⟩ *möglicherweise eintretender Fall*

Even|tu|a|li|tät ⟨f.10⟩ *möglicher Fall, Möglichkeit*

even|tu|ell ⟨Adj., o.Steig.; Abk.: evtl.⟩ *möglicherweise, vielleicht, unter Umständen; ∼e Einwände, Forderungen; das kann ich ihr e. besorgen* [über frz. *éventuel* „möglich, zufällig" < lat. *eventus* „Ereignis", eigtl. „Ausgang, Ergebnis, Erfolg"]

Ever|green ⟨[ɛvərgriːn] m.9 oder n.9⟩ *Schlager, der lange beliebt bleibt* [engl., „Immergrün" (Pflanze)]

evi|dent ⟨Adj., o.Steig.⟩ *offenkundig, völlig klar, augenscheinlich, einleuchtend* [< lat. *evidens,* Gen. *-entis,* „sichtbar, einleuchtend", eigtl. „hervorscheinend"; < *e...* (in Zus. für *ex*) „aus, heraus, hervor" und *videri* „scheinen, sichtbar werden"]

Evi|denz ⟨f., -, nur Sg.⟩ *Augenschein, einleuchtende Klarheit, Offenkundigkeit; etwas in E. halten* ⟨österr.⟩ *etwas im Auge behalten, vormerken*

Evik|ti|on ⟨f.10⟩ *gerichtliche Entziehung von Besitz zugunsten einer anderen Person, die größeres Recht darauf hat* [< lat. *evictio,* Gen. *-onis,* „gerichtliche Wiedererlangung eines Eigentums vom bisherigen Besitzer", zu *evincere* „gänzlich besiegen", →*evinzieren*]

evin|zie|ren ⟨V.3, hat evinziert; mit Akk.⟩ *jmdn. e. jmdm. (auf dem Rechtsweg) Besitz entziehen* [< lat. *evincere* „gänzlich besiegen, die Oberhand (über jmdn.) gewinnen", zu *vincere* „siegen, besiegen"]

ev.-luth. ⟨Abk. für⟩ *evangelisch-lutherisch*

Evo|ka|ti|on ⟨f.10⟩ 1 *früher) Recht des Königs, einen Prozeß vor sein Hofgericht zu ziehen* 2 ⟨†⟩ *Vorladung (eines Beklagten)* 3 *Hervortreten von Vorstellungen oder Erlebnissen beim Betrachten eines Kunstwerks* [< lat. *evocatio,* Gen. *-onis,* „das Heraus-, Hervorrufen, Aufruf, Vorladung", zu *evocare,* →*evozieren*]

evo|ka|to|risch ⟨Adj., o.Steig.⟩ *eine Evokation (3) bewirkend*

Evo|lu|te ⟨f.11; Math.⟩ *geometrischer Ort der Krümmungsmittelpunkte einer ebenen Kurve* [< lat. *(linea) evoluta* „abgewickelte (Linie)"; vgl. *Evolvente*]

Evo|lu|ti|on ⟨f.10⟩ 1 *allmählich fortschreitende Entwicklung (bes. der menschlichen Gesellschaft)* 2 *Entwicklung der Lebewesen aus einfachen Formen zu ihrer heutigen Gestalt* [< lat. *evolvere* „auseinanderrollen, entwickeln, entfalten"]

evo|lu|tio|när ⟨Adj., o.Steig.⟩ 1 *in der Art einer Evolution* 2 *die politische Evolution befürwortend*

Evol|ven|te ⟨f.11; Math.⟩ *ebene Kurve, die ein Punkt auf einer Geraden beschreibt, die auf einer anderen Kurve abrollt* [< lat. *(linea) evolvens* „abwickelnde (Linie)"; vgl. *Evolute*]

evol|vie|ren ⟨[evɔlvi-] V.3, hat evolviert; mit Akk.⟩ *entwickeln, entfalten* [< lat. *evolvere* „herauswickeln, ab-, entwickeln", zu *volvere* „rollen, wälzen"]

evo|zie|ren ⟨V.3, hat evoziert; mit Akk.⟩ 1 *hervorrufen, bewirken; Vorstellungen, Erinnerungen e.* 2 ⟨Rechtsw.⟩ *vorladen* [< lat. *evocare* „heraus-, hervorrufen, zu sich rufen", zu *vox,* Gen. *vocis,* „Stimme"]

ev.-ref. ⟨Abk. für⟩ *evangelisch-reformiert*

evtl. ⟨Abk. für⟩ *eventuell*

ev|vi|va! ⟨eviva⟩ *er, sie lebe (hoch)!* [ital.]

Ev|zo|ne ⟨m.11⟩ 1 ⟨im 19. Jh.⟩ *Jäger der griechischen Armee* 2 ⟨heute⟩ *Angehöriger der Nationalgarde in Athen* [< griech. *euzonos* „hochgegürtet, leichtgeschürzt, beweglich", eigtl. „unbepackt, ohne Rüstung", zu *zone* „Gürtel"]

Ew. ⟨früher Abk. für⟩ *Euer, Eure,* z.B. *Ew. Majestät* [Abk. für veraltetes *Ewer* < mhd. *iuwer* „euer"]

Ewer ⟨m.5⟩ *Küstensegelboot mit flachem Boden und Seitenschwertern* [< mnddt. *evar, einvar,* wörtlich etwa „Schiff, das nur einer führt"]

EWG ⟨Abk. für⟩ *Europäische Wirtschaftsgemeinschaft*

ewig ⟨Adj., o.Steig.⟩ 1 *immerwährend, nie endend; das ∼e Leben; das Ewige Licht; in kath. Kirchen) immer brennendes Licht; in die ∼e Ruhe eingehen* ⟨poet.⟩ *sterben; die ∼e Seligkeit; der Ewige Gott* 2 *unvergänglich, unveränderlich;* Ggs. *endlich (2); einander ∼e Liebe, Treue schwören* 3 *ständig wiederkehrend, unaufhörlich; diese ∼en Klagen* 4 ⟨ugs.⟩ *sehr lange; wir haben uns ja e., seit ∼en Zeiten nicht mehr gesehen; das dauert ja e.; das ist e. schade sehr schade*

Ewig|ge|stri|ge ⟨m.17 oder f.17⟩ *jmd., der rückständige Ansichten hat und immer haben wird*

Ewigkeit ⟨f.10⟩ **1** *unendliche Zeit, unendliche Dauer;* von nun an in E.; bis in alle E. ⟨ugs.⟩ *sehr lange, unabsehbar lange;* von E. zu E. **2** *das ewige Leben nach dem Tod;* in die E. abberufen werden, in die E. eingehen ⟨poet.⟩ *sterben* **3** ⟨ugs.⟩ *sehr lange Zeit;* das dauert ja eine E.; ich warte schon seit einer E.

ewiglich ⟨Adj., o.Steig.; poet.⟩ *ewig*

ex *aus;* ex trinken ⟨Studentenspr.⟩ *das Glas (auf ein Zug) leeren* [lat.]

Ex ⟨f.10; ugs. kurz für⟩ *Extemporale*

Ex... ⟨in Zus.; ugs.⟩ *ehemalig,* z.B. Exfreund, Exminister

ex aequo ⟨†⟩ *in derselben Weise, genauso, auf gleicher Stufe* [lat.]

Ex|ag|ge|ra|ti|on ⟨f.10⟩ *übertreibende Darstellung (von Krankheitserscheinungen)* [zu *exaggerieren*]

ex|ag|ge|rie|ren ⟨V.3, hat exaggeriert; mit Akk.⟩ *übertreiben, übertrieben darstellen* [< lat. *exaggerare* „aufschütten, aufhäufen"; übertr. „vergrößern, hervorheben", zu *agger* „Material zum Aufschütten, Erde"]

ex|akt ⟨Adj.⟩ *genau, sorgfältig;* die ∼en Wissenschaften *die Naturwissenschaften und Mathematik;* er ist in allem, was er tut, sehr e.; e. arbeiten; etwas e. formulieren [< lat. *exactus* „genau, pünktlich, vollkommen"]

Ex|al|ta|ti|on ⟨f., -, nur Sg.⟩ *hysterische Erregtheit, übertriebene Aufregung* [zu *exaltieren*]

ex|al|tie|ren ⟨V.3, hat exaltiert; refl.⟩ *sich e. sich übermäßig erregen* [< lat. *exaltare* „erhöhen", < *ex...* „aus der Tiefe heraus", und *altare* „erhöhen", zu *altus* „hoch"]

Ex|amen ⟨n., -s, - oder -amina⟩ *Abschlußprüfung (einer höheren Schule, Fachschule, Fachhochschule oder Hochschule)* [< lat. „Untersuchung, Prüfung", eigtl. „das Hinausgeführte, Hinausgetriebene", zu *ex* „heraus" und *agere* „führen, treiben"]

Ex|ami|nand ⟨m.10⟩ *jmd., der ein Examen ablegt*

Ex|ami|na|tor ⟨m.13⟩ *Prüfer beim Examen*

ex|ami|nie|ren ⟨V.3, hat examiniert; mit Akk.⟩ *jmdn. e. prüfen* [zu *Examen*]

Ex|an|them ⟨n.1⟩ → *Ausschlag* (2) [< griech. *exanthein* „hervorblühen", < *ex, ek* „hinaus" und *anthemion* „Blüte"]

Ex|arch ⟨m.10⟩ **1** *byzantinischer Statthalter in Italien und Afrika* **2** ⟨Ostkirche⟩ *kirchlicher Würdenträger, Leiter eines Kirchengebiets in der Diaspora* [< griech. *exarchos* „Vorsänger, Chorführer, Befehlshaber", zu *exarchein* „Anführer sein", zu *archon* „Herrscher, Anführer"]

Ex|ar|chat ⟨[-çat] n.1⟩ *Amt und Verwaltungsbezirk eines Exarchen*

Ex|ar|ti|ku|la|ti|on ⟨f.10⟩ *Abtrennung eines Glieds im Gelenk ohne Durchtrennung des Knochens* [< lat. *ex...* „aus, heraus" und *articulus* „kleines Gelenk"]

Ex|au|di ⟨o.Art.⟩ *sechster Sonntag nach Ostern* [lat., „(Herr), höre (meine Stimme)", nach den Eingangsworten der Messe dieses Tages, Psalm 27,7]

exc. ⟨Abk. für⟩ *excudit*

ex ca|the|dra 1 ⟨in Wendungen wie⟩ e.c. gesprochen *vom Papst als (unfehlbarem) Kirchenlehrer verkündet* **2** ⟨übertr.⟩ *maßgeblich, verbindlich, unanfechtbar;* etwas e. c. erklären [lat., eigtl. „vom Bischofssitz aus", d.h. vom Sitz des Papstes aus (dessen Entscheidung unfehlbar ist), < *ex* „aus, von her" und *cathedra* „Lehrstuhl, Bischofsitz", eigtl. „Lehnstuhl, Armsessel", → *Katheder*]

Ex|cep|tio ⟨[-tseptsjo] f., -, -tio|nes [-tsjo:nes]; Rechtsw.⟩ *Einrede* [lat.]

Ex|change ⟨[ikstʃeindʒ] f.11⟩ **1** ⟨Börse⟩ *Tausch, Kurs* **2** *Geldwechsel* **3** *Wechselstube* [< engl., < *ex...* „aus" und *change* „Tausch, Wechsel", zu *to change* „tauschen, wechseln", < lat. *cambiare* „wechseln"]

excud. ⟨Abk. für⟩ *excudit*

ex|cu|dit ⟨Abk.: exc., excud.⟩ *hat (es) gedruckt* ⟨Vermerk hinter dem Namen des Druckers auf Kupferstichen⟩ [lat.]

Exe|cu|tive ⟨[-kjutiv] m.9⟩ *Führungskraft* (z.B. Einkaufs-, Finanz-, Personalleiter) [engl., „ausübende Gewalt; Geschäftsführer", → *Exekution*]

Ex|edra ⟨f., -, -edren⟩ **1** ⟨im griech.-röm. Haus⟩ *Wohnraum* **2** *halbrunder oder eckiger Raum mit Bank als Abschluß eines Säulengangs* **3** ⟨in mittelalterl. Kirchen⟩ → *Apsis* [< griech. *exedros* „außerhalb sitzend", zu *hedra* „Sitz, Thron, Ehrensessel"]

Ex|ege|se ⟨f.11⟩ *Ausdeutung, Erklärung (bes. von Rechtsquellen sowie der Bibel)* [< griech. *exegesis* „Auseinandersetzung, Deutung, Erklärung"]

Ex|eget ⟨m.10⟩ *Ausdeuter, Erklärer*

Ex|ege|tik ⟨f., -, nur Sg.⟩ *Wissenschaft von der Exegese*

exe|ku|tie|ren ⟨V.3, hat exekutiert; mit Akk.⟩ **1** *vollziehen, vollstrecken;* ein Urteil e. **2** *hinrichten;* einen Verbrecher e. **3** ⟨österr.⟩ *pfänden* [zu *Exekution*]

Exe|ku|ti|on ⟨f.10⟩ **1** *Vollstreckung, Vollzug* **2** *Hinrichtung* [< lat. *executio*, Gen. *-onis*, „Vollziehung, Gerichtsbarkeit", zu *exsequi* „verfolgen, ausführen, vollziehen"]

exe|ku|tiv ⟨Adj., o.Steig.⟩ *ausführend, vollziehend, vollstreckend;* ∼e Gewalt → *Exekutive*

Exe|ku|ti|ve ⟨[-və] f.18⟩ *die vollziehende, ausführende Gewalt (im Staat)* (z.B. die Polizei)

Exe|ku|tor ⟨m.13⟩ **1** *Vollstrecker (einer Strafe)* **2** ⟨österr.⟩ *Gerichtsvollzieher*

Ex|em|pel ⟨n.5⟩ **1** ⟨†⟩ *Aufgabe, bes. Rechenaufgabe* **2** ⟨veraltend⟩ *(lehrhaftes) Beispiel;* zum E. ein abschreckendes Beispiel geben [< lat. *exemplum* „Beispiel"]

Ex|em|plar ⟨n.1; Abk.: Expl.⟩ *Stück, Einzelstück, einzelnes Individuum (Tier, Pflanze);* 5000 ∼e dieses Buches sind schon verkauft; dieser Vogel ist ein besonders schönes E. seiner Art [< lat. *exemplar* „Abbild, Vorbild, Modell", zu *exemplum*, → *Exempel*]

ex|em|pla|risch ⟨Adj., o.Steig.⟩ **1** *musterhaft, vorbildlich* **2** *warnend, abschreckend;* jmdn. e. bestrafen [< lat. *exemplaris* „musterhaft", → *Exemplar*]

ex|em|pli cau|sa ⟨Abk.: e.c.⟩ *beispielsweise, zum Beispiel* [lat., „wegen eines Beispiels"]

Ex|em|pli|fi|ka|ti|on ⟨f.10⟩ *Erläuterung durch Beispiele* [zu *exemplifizieren*]

ex|em|pli|fi|zie|ren ⟨V.3, hat exemplifiziert; mit Akk.⟩ *durch ein Beispiel erläutern* [über mlat. *exemplificare* in ders. Bed. < lat. *exemplum* „Beispiel" (→ *Exempel*) und *facere* in Zus. *-ficare*, Intensivum zu *-ficere* „machen"]

ex|empt ⟨Adj., o.Steig.; nur als Attr. und mit „sein"⟩ *von bestimmten gesetzlichen Pflichten befreit* [lat.]

Ex|emp|ti|on ⟨f.10⟩ *Befreiung von bestimmten gesetzlichen Lasten und Pflichten* [< lat. *exemtio*, Gen. *-onis*, „das Herausnehmen", zu *eximere*, → *exemieren*]

Exe|qua|tur ⟨n., -s, -tu|ren⟩ **1** *Bestätigung, Zulassung (eines ausländischen Konsuls)* **2** *staatliche Erlaubnis, kirchliche Akte zu verkünden* **3** *Vollstreckungswirkung eines im Ausland ergangenen Gerichtsurteils im Inland* [lat., „er möge ausführen"]

Exe|qui|en ⟨Pl.; kath. Kirche⟩ *Begräbnisfeier, Totenmesse;* Syn. *Obsequien* [< lat. *exsequiae* „Leichenbegängnis", zu *exsequi* „zum Grab geleiten", zu *sequi* „folgen"]

Exer|ci|ti|um ⟨n., -s, -ti|en⟩ → *Exerzitium*

exer|zie|ren ⟨V.3, hat exerziert⟩ **I** ⟨mit Akk.⟩ *üben, ausbilden;* Truppen e. **II** ⟨o.Obj.⟩ *militärische Übungen machen;* sie haben zwei Stunden (scharf) exerziert [< lat. *exercere* „in anhaltender Tätigkeit beschäftigen, ausbilden, üben", nicht ruhen und rasten lassen", < *ex...* „aus, heraus" und *arcere* „in Ruhe halten"]

Ex|er|zi|ti|en ⟨[-un] Pl.; kath. Kirche⟩ *religiöse Übungen* [→ *Exerzitium*]

Ex|er|zi|ti|um ⟨n., -s, -ti|en [-tsjən]⟩ *schriftliche Hausarbeit* [< lat. *exercitium* „Übung", zu *exercere*, → *exerzieren*]

ex|eunt ⟨[-eunt] Theat., als Regieanweisung⟩ *sie gehen ab, treten ab, gehen hinaus* [lat.]

Ex|ha|la|ti|on ⟨f.10⟩ **1** *Ausatmung, Ausdünstung* **2** *Ausströmen (von vulkanischen Gasen und Dämpfen)* [zu *exhalieren*]

ex|ha|lie|ren ⟨V.3, hat exhaliert⟩ **I** ⟨o.Obj.⟩ *ausatmen* **II** ⟨mit Akk.⟩ *ausströmen; Gase, Dämpfe e.* [< lat. *exhalare* „ausdünsten, aushauchen"]

Ex|hau|stor ⟨m.13⟩ → *Entlüfter* [lat., eigtl. „Ausschöpfer, Ausleerer", zu *exhaurire* „ausschöpfen, ausleeren"]

ex|hi|bie|ren ⟨V.3, hat exhibiert; mit Akk.⟩ **1** *vorzeigen, zur Schau stellen* **2** *aushändigen; Papiere e.* [< lat. *exhibere* „darbieten, darstellen", eigtl. „heraushalten", zu *habere* „halten"]

Ex|hi|bit ⟨n.1⟩ *Eingabe*

Ex|hi|bi|ti|on ⟨f.10⟩ *Zurschaustellung* [zu *exhibieren*]

Ex|hi|bi|tio|nis|mus ⟨m., -, nur Sg.⟩ **1** *krankhafte Neigung zum öffentlichen Entblößen der Geschlechtsteile* **2** *unangenehme Offenbarung intimer Einzelheiten über die eigene Person; geistiger E. auffallendes Verhalten, um die Aufmerksamkeit auf sich zu lenken* [< lat. *exhibitio*, Gen. *-onis*, „das Vorzeigen, Darbieten", zu *exhibere*, → *exhibieren*]

Ex|hi|bi|tio|nist ⟨m.10⟩ *jmd., der an Exhibitionismus (1) leidet*

Ex|hu|ma|ti|on ⟨f.10⟩ *Wiederausgrabung (einer Leiche)* [zu *exhumieren*]

ex|hu|mie|ren ⟨V.3, hat exhumiert; mit Akk.⟩ *eine Leiche wieder ausgraben (für gerichtliche Untersuchungen)* [< lat. *exhumare* „wieder ausgraben", eigtl. „mit Erde bedecken", zu *humus* „Erde"]

Exil ⟨n.1⟩ **1** *Verbannung;* ins E. gehen; im E. leben **2** *Verbannungs-, Zufluchtsort* [< lat. *exsilium* „Aufenthalt im Ausland, Verbannung", zu *exsul* „der im Ausland Lebende, Verbannte, Vertriebene", < *ex...* „aus, heraus" und *solus* „allein, einsam, verlassen"]

exi|lie|ren ⟨V.3, hat exiliert; mit Akk.⟩ *ins Exil schicken*

Exil|li|te|ra|tur ⟨f., -, nur Sg.⟩ *die von deutschen Schriftstellern während des Nationalsozialismus im Ausland geschriebenen literarischen Werke*

Exil|re|gie|rung ⟨f.10⟩ *Regierung eines Staates, die sich im Ausland gebildet hat oder ihren Sitz ins Ausland verlegen mußte*

ex|imie|ren ⟨V.3, hat eximiert; mit Akk.⟩ *von einer gesetzlichen Pflicht befreien* [< lat. *eximere*, „heraus-, wegnehmen, befreien"]

exi|stent ⟨Adj., o.Steig.⟩ *existierend, vorhanden;* Ggs. *inexistent*

Exi|sten|tia ⟨[-tsja] f., -, nur Sg.; Philos.⟩ *Dasein, Vorhandensein (einer Sache);* Ggs. *Essentia* [lat.]

exi|sten|ti|al ⟨[-tsjal] Adj., o.Steig.⟩ → *existentiell*

Exi|sten|tia|lis|mus ⟨m., -, nur Sg.⟩ → *Existenzphilosophie*

Exi|sten|tia|list ⟨m.10⟩ *Vertreter, Anhänger der Existenzphilosophie*

Exi|sten|ti|al|phi|lo|so|phie ⟨f.11⟩ → *Existenzphilosophie*

exi|sten|ti|ell ⟨[-tsjɛl] Adj., o.Steig.⟩ *die Existenz, das Dasein betreffend, darauf beruhend;* oV *existential*

Exi|stenz ⟨f.10⟩ **1** ⟨nur Sg.⟩ *Leben, Dasein, Vorhandensein;* die E. dieser Tierarten ist ge-

Existenzangst

fährdet 2 *Lebensunterhalt, Lebensgrundlage;* jmdm. eine E. geben, ermöglichen; jmdm. E. vernichten; eine sichere E. haben 3 ⟨ugs.⟩ *Mensch, Person;* er ist eine gescheiterte E.; zweifelhafte ~en [< neulat. *existentia,* zu lat. *exsistere,* → *existieren*]

Exi|stenz|angst ⟨f., -, nur Sg.⟩ *Angst, die Existenz (2) zu verlieren*

Exi|stenz|mi|ni|mum ⟨n., -s, -ma⟩ *Mindestmaß dessen, was man für den Lebensunterhalt braucht*

Exi|stenz|phi|lo|so|phie ⟨f.11⟩ *Richtung der modernen Philosophie, die den Menschen im Hinblick auf seine Existenz (1) betrachtet;* Syn. *Existentialismus, Existentialphilosophie*

exi|stie|ren ⟨V.3, hat existiert; o.Obj.⟩ 1 *vorhanden sein, dasein;* das Haus existiert nicht mehr; von diesem ehemals großen Volk e. heute nur noch mehrere tausend Menschen 2 *seinen Lebensunterhalt bestreiten;* davon kann man kaum, nicht e. [< lat. *exsistere* ,,heraustreten, ins Leben treten", zu *sistere* ,,stellen, bringen, führen"]

exit ⟨Theat., als Regieanweisung⟩ *geht ab, tritt ab, geht hinaus* [lat.]

Exit ⟨m.9⟩ *Ausgang (in Gebäuden)* [engl., < lat. *exitus* ,,Ausgang, Hinausgehen"]

Ex|itus ⟨m., -, - oder -tus|se⟩ *tödlicher Ausgang (eines Krankheitsfalles), Tod, Todesfall* [lat., ,,Ausgang, Herausgehen"]

Ex|kar|di|na|ti|on ⟨f.10; kath. Kirche⟩ *Entlassung eines Geistlichen aus einem Diözesanverband (mit nachfolgender Aufnahme in eine andere Diözese oder in ein Kloster)* [< lat. *ex...* ,,aus, heraus" und *cardo,* Gen. *cardinis,* ,,Türangel, Türzapfen"]

Ex|ka|va|ti|on ⟨f.10⟩ 1 *Aushöhlung, Ausbuchtung (eines Organs)* 2 *Ausgrabung, Ausbaggerung, Ausbohrung* [< lat. *excavatio,* Gen. *-onis,* ,,Aushöhlung"]

ex|ka|vie|ren ⟨V.3, hat exkaviert; mit Akk.⟩ *aushöhlen, ausgraben*

exkl. ⟨Abk. für⟩ *exklusive*

Ex|kla|ma|ti|on ⟨f.10; †⟩ *Ausruf* [< lat. *exclamatio,* Gen. *-onis,* ,,Ausruf, Aufschrei", zu *clamare* ,,rufen, schreien"]

Ex|kla|ve ⟨f.11⟩ 1 *von fremdem Staatsgebiet umgebener Teil des eigenen Staates;* Ggs. *Enklave* 2 *Vorkommen einer Pflanzen- oder Tierart außerhalb ihres eigentlichen Verbreitungsgebietes* [nach dem Muster von → *Enklave* gebildet < lat. *ex...* ,,aus, heraus" und *clavis* ,,Schlüssel"]

ex|klu|die|ren ⟨V.3, hat exkludiert; mit Akk.; †⟩ *ausschließen* [→ *exklusiv*]

Ex|klu|si|on ⟨f.10⟩ *Ausschließung*

ex|klu|siv ⟨Adj.⟩ 1 *ausschließend, nicht allen zugänglich* 2 *gesellschaftlich abgesondert, Außenstehende fernhaltend;* eine ~e Gesellschaft 3 *vornehm und außergewöhnlich;* ein ~es Restaurant [über engl. *exclusive* < lat. *excludere* ,,ausschließen", < *ex...* ,,aus, heraus" und *claudere* (in Zus. *-cludere*) ,,schließen", zu *clavis* ,,Schlüssel"]

ex|klu|si|ve ⟨Präp., Dekl. vgl. ausschließlich; Abk.: exkl.⟩ *mit Ausschluß von ..., ausgenommen;* Ggs. *inklusive*

Ex|klu|si|vi|tät ⟨f., -, nur Sg.⟩ 1 *Ausschließlichkeit* 2 *gesellschaftliche Abgeschlossenheit* 3 *Vornehmheit und Ungewöhnlichkeit*

Ex|kom|mu|ni|ka|ti|on ⟨f.10; kath. Kirche⟩ *Ausschluß aus der Kirchengemeinschaft*

ex|kom|mu|ni|zie|ren ⟨V.3, hat exkommuniziert; mit Akk.⟩ *aus der Kirchengemeinschaft ausschließen* [< kirchenlat. *excommunicare* ,,in den Bann tun" < *ex...* ,,aus, heraus" und *kommunizieren*]

Ex|kre|ment ⟨n.1⟩ *Ausscheidung des Körpers;* Syn. *Kot.* [< lat. *excrementum* ,,Auswurf, Kot"]

Ex|kret ⟨n.1⟩ *für den Organismus nicht weiter verwertbares, ausgeschiedenes Endprodukt (z.B. Harn, Kot, Kohlendioxid)* [< lat. *excretum* ,,das Ausgeschiedene"]

Ex|kre|ti|on ⟨f., -, nur Sg.⟩ → *Ausscheidung (1)*

ex|kre|to|risch ⟨Adj., o.Steig.⟩ *Exkretion bewirkend;* ~e Drüsen

Ex|kul|pa|ti|on ⟨f.10; Rechtsw.⟩ *Rechtfertigung, Befreiung von Schuld* [zu *exkulpieren*]

ex|kul|pie|ren ⟨V.3, hat exkulpiert; mit Akk.⟩ *von Schuld freisprechen* [< lat. *ex...* ,,weg von" und *culpa* ,,Schuld"]

Ex|kurs ⟨m.1⟩ 1 *Abschweifung* 2 *kurze Ausarbeitung* 3 *Anhang* [< lat. *excursus* ,,das Herauslaufen, Auslaufen", < *ex...* ,,aus, heraus" und *cursus* ,,Lauf", zu *currere* ,,laufen"]

Ex|kur|si|on ⟨f.10⟩ *Ausflug (unter wissenschaftlicher Leitung), Lehrfahrt, Fernausflug* [< lat. *excursio,* Gen. *-onis,* eigtl. ,,das Herauslaufen", → *Exkurs*]

ex|lex (früher) *gesetzlos, außerhalb des Gesetzes stehend, geächtet, vogelfrei* [lat.]

Ex|li|bris ⟨n., -, nur Sg.⟩ *(meist künstlerisch gestalteter) in ein Buch eingeklebter Zettel mit Namen und Zeichen des Eigentümers* [lat., ,,aus den Büchern"]

Ex|ma|tri|kel ⟨f.11⟩ *Bescheinigung über den Abgang von einer Hochschule* [< lat. *ex...* ,,aus, heraus" und *Matrikel*]

Ex|ma|tri|ku|la|ti|on ⟨f.10⟩ *Streichung aus der Matrikel beim Abgang von einer Hochschule;* Ggs. *Immatrikulation* [zu *Exmatrikel*]

ex|ma|tri|ku|lie|ren ⟨V.3, hat exmatrikuliert; mit Akk.⟩ *aus der Matrikel streichen;* Ggs. *immatrikulieren;* einen Studenten e. [< lat. *ex...* ,,aus, heraus" und *Matrikel*]

Ex|mis|si|on ⟨f.10⟩ 1 *gerichtliche Ausweisung* 2 *Zwangsräumung (einer Wohnung)* [zu *exmittieren*]

ex|mit|tie|ren ⟨V.3, hat exmittiert; mit Akk.⟩ *gerichtlich ausweisen* [< lat. *ex...* ,,aus, heraus" und *mittere* ,,schicken"]

exo..., Exo... (in Zus.) *außen, draußen, außerhalb* [griech.]

Exo|bio|lo|gie ⟨f., -, nur Sg.⟩ *Wissenschaft vom außerirdischen Leben*

Exo|der|mis ⟨f., -⟩ *äußeres, verkorktes Gewebe der Pflanzenwurzel* [< *Exo...* und griech. *derma* ,,Haut"]

Ex|odus ⟨m., -⟩ *Auszug (der Juden aus Ägypten), Titel des Zweiten Buches Mosis* [lat., < griech. *exodos* ,,Ausgang, Auszug, Aufbruch", < *ex* ,,hinaus, heraus" und *hodos* ,,Weg, Marsch, Reise"]

ex officio ⟨Rechtsw.⟩ *von Amts wegen, amtlich* [lat.]

Exo|ga|mie ⟨f.11; Völkerk.⟩ *Heiratsordnung mit der Vorschrift, den Ehepartner außerhalb der eigenen Gruppe zu suchen;* Ggs. *Endogamie* [< *Exo...* und griech. *gamein* ,,heiraten"]

exo|gen ⟨Adj., o.Steig.⟩ 1 *von außen kommend, außen entstehend;* Ggs. *endogen (1)* 2 ⟨bei Vorgängen in einem Organismus⟩ *von außen her verursacht, an der Körperoberfläche entstanden* 3 ⟨Geol.⟩ *von außen auf die Erdoberfläche einwirkend;* Syn. *außenbürtig;* die Sonne ist die wesentliche ~e Energiequelle [< *exo...* und griech. *gennan* ,,erzeugen, hervorbringen"]

Exo|karp ⟨n.1⟩ *äußerste Schicht der Fruchtwand;* Ggs. *Endokarp* [< *Exo...* und griech. *karpos* ,,Frucht"]

exo|krin ⟨Adj., o.Steig.⟩ *nach außen absondernd, mit äußerer Sekretion;* ~e Drüsen [< *exo...* und griech. *krinein* ,,scheiden, sondern, trennen"]

ex|or|bi|tant ⟨Adj., o.Steig.⟩ 1 *übertrieben, übermäßig* 2 *gewaltig, außerordentlich* [< lat. *exorbitans,* Gen. *-antis,* Part. Präs. von *exorbitare* ,,von der Bahn abweichen", übertr. ,,von der Wahrheit abweichen", zu *orbita* ,,Wagen-, Radspur, Bahn", zu *orbis* ,,Kreis, Kreisbahn"]

ex oriente lux *aus dem Osten (kommt) das Licht* (urspr. vom Sonnenaufgang gesagt, dann von Christentum und Kultur) [lat.]

ex|or|zie|ren ⟨V.3, hat exorziert; mit Akk.⟩ *beschwören, austreiben;* böse Geister e. [→ *Exorzismus*]

Ex|or|zis|mus ⟨m., -, nur Sg.⟩ *Geisterbeschwörung, Austreibung von Geistern* [< griech. *exorkizein* ,,beschwören", < *ex,* *ex...* ,,hinaus, heraus" und *horkos, horkion* ,,Eid, Schwur"]

Ex|or|zist ⟨m.10⟩ 1 *Geisterbeschwörer* 2 ⟨kath. Kirche⟩ *Träger des dritten Grades der vier niederen Weihen*

Exo|sphä|re ⟨f.11⟩ *oberste Schicht der Atmosphäre* [< *Exo...* und *Sphäre*]

Exot ⟨m.10⟩, **Exo|te** ⟨m.11⟩ *jmd., der bzw. etwas, das aus einem fernen Land stammt* [zu *exotisch*]

Exo|te|ri|ker ⟨m.5⟩ *Nichteingeweihter, Außenstehender;* Ggs. *Esoteriker*

exo|te|risch ⟨Adj., o.Steig.⟩ *für die Öffentlichkeit, die Allgemeinheit, nicht nur für Eingeweihte bestimmt;* Ggs. *esoterisch* [< griech. *exoterikos* ,,äußerlich; verständlich; für Laien bestimmt", zu *exoteros* ,,äußerer, außerhalb"]

exo|therm ⟨Adj., o.Steig.; bei chem. Reaktionen⟩ *Wärme abgebend;* Ggs. *endotherm* [< *exo...* und griech. *therme* ,,Wärme"]

Exo|tik ⟨f., -, nur Sg.⟩ *das Exotischsein*

Exo|ti|ka ⟨Pl.⟩ *fremdländische Kunstwerke*

exo|tisch ⟨Adj.⟩ 1 *aus fernen, tropischen Ländern stammend, fremdartig;* ~e Früchte; ~e Schönheit 2 *ungewöhnlich, seltsam;* ~e Ansichten [< lat. *exoticus* < griech. *exotikos* ,,ausländisch", zu *exoteros* ,,äußerer, außen befindlich"]

ex ovo → *ab ovo*

Ex|pan|der ⟨m.5⟩ *Trainingsgerät aus elastischen Seilen oder Metallspiralen, die auseinandergezogen werden müssen (zur Kräftigung der Arm-, Schulter- und Brustmuskulatur)* [engl., zu to *expand* ,,auseinanderziehen, strecken", → *expandieren*]

ex|pan|die|ren ⟨V.3, hat expandiert; mit Akk.⟩ *ausdehnen, auseinanderziehen* [< lat. *expandere* ,,auseinanderbreiten, -spannen", zu *pandere* ,,ausbreiten, ausspannen"]

ex|pan|si|bel ⟨Adj., expansibler, am ~sten⟩ *ausdehnbar* [zu *expandieren*]

Ex|pan|si|on ⟨f.10⟩ 1 *Ausdehnung, Ausbreitung* 2 ⟨Phys.⟩ *Ausdehnung von gasförmigen Stoffen im Bestreben, den vorhandenen Raum gleichmäßig auszufüllen* [< lat. *expansio,* Gen. *-onis,* ,,Ausdehnung", zu *expandere,* → *expandieren*]

ex|pan|siv ⟨Adj.⟩ *sich ausbreitend, sich ausdehnend*

Ex|pa|tria|ti|on ⟨f.10⟩ → *Ausbürgerung* [zu *expatriieren*]

ex|pa|tri|ie|ren ⟨V.3, hat expatriiert; mit Akk.⟩ → *ausbürgern* [< frz. *expatrier* in ders. Bed., zu *patrie* < lat. *patria* ,,Vaterland"]

Ex|pe|di|ent ⟨m.10⟩ *Angestellter, der Waren zum Versand fertig macht;* Syn. ⟨österr.⟩ *Expeditor* [< lat. *expediens,* Gen. *-entis,* ,,erledigend", zu *expedire,* → *expedieren*]

ex|pe|die|ren ⟨V.3, hat expediert; mit Akk.⟩ *zum Versand fertig machen und verschicken;* Waren e. [< lat. *expedire* ,,losbinden, frei machen, befreien", zu *pedica* ,,Fußfessel", zu *pes,* Gen. *pedis,* ,,Fuß"]

Ex|pe|dit ⟨n.1; österr.⟩ *Versandabteilung (einer Firma)* [zu *Expedition (1)*]

Ex|pe|di|teur ⟨[-tør] m.1; österr.⟩ → *Spediteur*

Ex|pe|di|ti|on ⟨f.10⟩ 1 *das Verschicken, Absendung* 2 *Versandabteilung (einer Firma)* 3 *Entdeckungsreise in unerforschtes Gebiet* 4 *die eine solche Reise unternehmenden Personen* [< lat. *expeditio,* Gen. *-onis,* ,,Erledigung, Abfertigung; Feldzug", zu *expedire* ,,losbinden, frei machen"]

Ex|pe|di|tor ⟨m.13; österr.⟩ → *Expedient*

Ex|pek|to|rans ⟨n., -, -ran|tia [-tsja] oder -ran|zi|en⟩ *schleimlösendes Arzneimittel, das*

bei Erkältungskrankheiten das Aushusten fördert [zu *expektorieren*]
Ex|pek|to|ra|ti|on ⟨f.10⟩ *das Aushusten (von Schleim)* [zu *Expektorans*]
ex|pek|to|rie|ren ⟨V.3, hat expektoriert; mit Akk.⟩ *aushusten;* Schleim e. [< lat. *expectorare* „aus der Brust scheuchen", zu *pectus* „Brust"]
Ex|pen|sa|ri|um ⟨n., -s, -ri|en⟩ *Kostenaufstellung* [< lat. *expensa* „Ausgabe, Aufwand"]
Ex|pen|sen ⟨Pl.⟩ *Kosten (bes. Gerichtskosten)*
ex|pen|siv ⟨Adj.⟩ *teuer, kostspielig* [< lat. *expensa* „Ausgabe, Aufwand", zu *expendere* „ausgeben, auszahlen", eigtl. „abwägen, auf der Waage ausgleichen", zu *pendere* „wägen, zahlen"; früher wurden Geldmittel auf der Waage abgewogen]
Ex|pe|ri|ment ⟨n.1⟩ 1 *(bes. wissenschaftlicher) Versuch* 2 *(gewagtes) Unternehmen* [< lat. *experimentum* „Versuch, Probe, Beweis (infolge Erfahrung)"]
ex|pe|ri|men|tal ⟨Adj., o.Steig.⟩ →*experimentell*
Ex|pe|ri|men|tal|phy|sik ⟨f., -, nur Sg.⟩ *Zweig der Physik, der vom Experimentieren ausgeht und die Grundlagen dazu behandelt*
Ex|pe|ri|men|ta|tor ⟨m.13⟩ *jmd., der Experimente vorführt oder durchführt*
ex|pe|ri|men|tell ⟨Adj., o.Steig.⟩ *mit Hilfe von Experimenten;* auch: *experimental*
ex|pe|ri|men|tie|ren ⟨V.3, hat experimentiert; o.Obj.⟩ *Experimente durchführen, Versuche machen*
ex|pert ⟨Adj., o.Steig.⟩ *sachverständig, sachkundig, fachmännisch*
Ex|per|te ⟨m.11⟩ *Sachverständiger, erfahrener Fachmann* [< lat. *expertus* „erfahren, erprobt, bewährt", zu *experiri,* →*Experiment*]
Ex|per|ti|se ⟨f.11⟩ *Gutachten durch einen Experten*
Expl. (Abk. für) *Exemplar*
Ex|pla|na|ti|on ⟨f.10⟩ *Erklärung (von literarischen Texten)* [zu *explanieren*]
ex|pla|na|tiv ⟨Adj., o.Steig.⟩ *erläuternd, auslegend*
ex|pla|nie|ren ⟨V.3, hat explaniert; mit Akk.⟩ *erklären, erläutern, auslegen;* einen literarischen Text e. [< lat. *explanare* „erklären, deutlich machen", zu *planus* „gerade, eben", übertr. „deutlich, verständlich"]
Ex|plan|ta|ti|on ⟨f.10⟩ *Verpflanzung von Gewebe auf einen Nährboden (z.B. zum Nachweis von Krebszellen)* [< lat. *explantare* „aus der Erde herausheben", < *ex...* „aus, heraus" und *plantare* „pflanzen"]
ex|pli|cit ⟨Vermerk am Schluß von Frühdrucken und Handschriften⟩ *es ist zu Ende;* Ggs. *incipit* [lat.]
Ex|pli|ka|ti|on ⟨f.10⟩ *Erklärung, Erläuterung* [zu *explizieren*]
ex|pli|zie|ren ⟨V.3, hat expliziert; mit Akk.⟩ *erklären, erläutern, auseinandersetzen* [< lat. *explicare* „auseinanderfalten, auseinandersetzen, erklären", zu *plicare* „falten"]
ex|pli|zit ⟨Adj., o.Steig.⟩ 1 *ausdrücklich, ausführlich;* Ggs. *implizit;* dieser Vorgang ist in dem Protokoll e. enthalten 2 *differenziert, genau erläuternd;* etwas e. darstellen
ex|pli|zi|te ⟨[-te:] Adv.⟩ *ausdrücklich, in aller Deutlichkeit;* etwas e. feststellen
ex|plo|die|ren ⟨V.3, ist explodiert; o.Obj.⟩ 1 *infolge Überdrucks von innen zerplatzen, knallend bersten;* Ggs. *implodieren* 2 ⟨übertr.⟩ *zornig werden, einen Zornausbruch haben;* er explodiert schnell einmal [< lat. *explodere* „klatschend, schlagend hinaustreiben"]
Ex|ploi|ta|ti|on ⟨f.10⟩ *Ausbeutung, Ausnutzung* [zu *exploitieren*]
ex|ploi|tie|ren ⟨V.3, hat exploitiert; mit Akk.⟩ *ausbeuten, nutzbar machen;* Bodenschätze e.; Personen, Arbeitskräfte e.

⟨übertr.⟩ [< frz. *exploiter* „ausnutzen, ausbeuten", < lat. *explicare* „bis ins letzte, restlos ausführen", eigtl. „auseinanderfalten, zu *plicare* „falten"]
Ex|plo|ra|ti|on ⟨f.10⟩ 1 *Erforschung* 2 *ärztliche Untersuchung und Befragung* 3 *Informationsgespräch mit gezielter Befragung* [zu *explorieren*]
ex|plo|rie|ren ⟨V.3, hat exploriert; mit Akk.⟩ 1 *etwas e. erforschen;* ein unbekanntes Gebiet e. 2 *jmdn. e. ärztlich untersuchen und befragen* [< lat. *explorare* „erkunden, erforschen", urspr. Ausdruck der Jägerspr. „durch Geschrei herausjagen, aufstöbern", nämlich das Wild aus seinem Versteck, zu *plorare* „heulen, schreien"]
ex|plo|si|bel ⟨Adj.⟩ →*explosiv (1)*
Ex|plo|si|on ⟨f.10⟩ 1 *sehr schnelles Abbrennen eines Sprengstoffs* 2 *knallendes Bersten, Zerplatzen eines Hohlkörpers durch Druck von innen;* Ggs. *Implosion* 3 ⟨übertr.⟩ *Zornausbruch* 4 ⟨übertr.⟩ *sehr rasches Wachstum (einer Menge)* [< lat. *explosio,* Gen. *-onis,* „das Auszischen, Auspfeifen (eines Schauspielers)"]
ex|plo|siv ⟨Adj.⟩ 1 *leicht explodierend;* Syn. *explosibel* 2 ⟨übertr., ugs.⟩ *leicht erregbar, zu Wutausbrüchen neigend*
Ex|plo|siv|laut ⟨m.1⟩ *Laut, der durch Öffnen der geschlossenen Mundhöhle und plötzliches Entweichen der Atemluft entsteht (z.B. b, d, g, p, t, k);* Syn. *Verschlußlaut*
Ex|po|nat ⟨n.1⟩ *Ausstellungsstück* [zu *exponieren*]
Ex|po|nent ⟨m.10⟩ 1 *(bei Potenzen und Wurzeln) hochgestellte Zahl, die angibt, wie oft die Basis mit sich selbst oder in wie viele gleiche Faktoren der Radikand zerlegt werden kann;* Syn. *Hochzahl* 2 *in der Öffentlichkeit bekannter Vertreter (einer Denkrichtung, Partei u.a.)*
Ex|po|nen|ti|al|funk|ti|on ⟨f.10⟩ *mathematische Funktion, bei der die Veränderliche als Exponent (1) auftritt*
Ex|po|nen|ti|al|glei|chung ⟨f.10⟩ *Gleichung, bei der die Unbekannte im Exponenten einer Potenz auftritt*
Ex|po|nen|ti|al|röh|re ⟨f.11; bei Funkempfängern⟩ *den Schwund ausgleichende Elektronenröhre, Regelröhre* [ihre Kennlinie ähnelt einer Exponentialfunktion]
ex|po|nie|ren ⟨V.3, hat exponiert⟩ I ⟨mit Akk.⟩ *in eine ungeschützte, preisgegebene Lage bringen;* jmdn. einer Gefahr e.; die Truppe ist dort allzu exponiert; einen Film dem Licht e. *einen Film belichten* II ⟨refl.⟩ *sich e. sich Angriffen aussetzen;* ich will mich nicht e.; sich in exponierter Stellung befinden *öffentlichen Angriffen, öffentlicher Kritik ausgesetzt sein* [< lat. *exponere* „herausstellen, offen hinstellen", zu *ponere* „stellen, setzen, legen"]
Ex|port ⟨m.1⟩ →*Ausfuhr;* Ggs. *Import*
Ex|por|ten ⟨Pl.⟩ *Ausfuhrwaren*
Ex|por|teur ⟨[-tør] m.1⟩ Ggs. *Importeur* 1 *Kaufmann im Exporthandel* 2 *Firma im Exporthandel*
Ex|port|han|del ⟨m., -s, nur Sg.⟩ *Verkauf von Waren ins Ausland*
ex|por|tie|ren ⟨V.3, hat exportiert; mit Akk.⟩ →*ausführen (1b);* Ggs. *importieren* [< lat. *exportare* „hinaus-, fortschaffen", < *ex...* „aus, hinaus" und *portare* „tragen, bringen, schaffen"]
Ex|po|sé ⟨[-se] n.9⟩ 1 *Bericht, Darlegung* 2 *ausgearbeiteter Entwurf, Handlungsskizze zu einem literarischen Werk oder Film* [frz., zu *exposer* „auseinandersetzen, darlegen, erklären", < lat. *exponere* (Perf. *expositus*) „herausstellen, offen hinstellen", zu *ponere* „setzen, stellen, legen"]
Ex|po|si|ti|on ⟨f.10⟩ 1 *Ausstellung* 2 *Darlegung* 3 *Einführung (im 1. Akt eines Dramas) in die vor Beginn des Stückes abgelaufene Handlung* 4 ⟨Mus.⟩ *erster Teil des Sonatensatzes, in dem die Themen dargestellt werden* [< lat. *expositio,* Gen. *-onis,* „Auseinandersetzung, Darlegung", zu *exponere,* →*exponieren*]
Ex|po|si|tur ⟨f.10⟩ 1 *Seelsorgebezirk, Nebenkirche ohne eigenen Pfarrer* 2 ⟨österr.⟩ *auswärtiges Zweiggeschäft* 3 ⟨österr.⟩ *in einem anderen Gebäude untergebrachter Teil einer Schule* [< lat. *ex...* „aus, heraus" und *positus* „gestellt, gelegt"]
Ex|po|si|tus ⟨m., -, -ti⟩ *Pfarrer auf einer Nebenstelle*
ex|preß ⟨Adv.⟩ *eilig, mit Eilpost;* eine Sendung e. schicken [< lat. *expressus* „ausdrücklich, nachdrücklich", zu *exprimere* „hervorstoßen, herauspressen"]
Ex|preß ⟨m.1; †, noch in Zus.⟩ →*Fernschnellzug* (Orient~); Trans-Europa-E.
Ex|preß|brief ⟨m.1; †, noch österr.⟩ →*Eilbrief*
Ex|pres|si|on ⟨f.10⟩ 1 ⟨†⟩ *Ausdruck* 2 ⟨Med.⟩ *Herauspressen (z.B. der Nachgeburt)*
Ex|pres|sio|nis|mus ⟨m., -, nur Sg.⟩ *Kunstrichtung Anfang des 20. Jahrhunderts, die den unmittelbaren Ausdruck von Leidenschaft, innerer Bewegung usw. erstrebte, Ausdruckskunst* [< lat. *expressio,* Gen. *-onis,* eigtl. „das Auspressen, Ausdrücken", übertr. „Ausdruck, genaue Darlegung", zu *exprimere* „deutlich aussprechen, ausdrücken, genau darlegen"]
ex|pres|sis ver|bis *mit ausdrücklichen Worten, ausdrücklich* [lat.]
ex|pres|siv ⟨Adj.⟩ *ausdrucksvoll, mit betontem Ausdruck*
Ex|pres|si|vi|tät ⟨f., -, nur Sg.⟩ 1 *Ausdruckskraft* 2 *Ausgeprägtheit (einer Erbanlage)*
ex pro|fes|so 1 *von Berufs wegen, von Amts wegen* 2 *absichtlich* [lat., zu *profiteri* „öffentlich bekennen"]
Ex|pro|mis|si|on ⟨f.10⟩ *Übernahme einer Schuld durch einen Dritten* [zu lat. *expromittere* „etwas für sich oder einen anderen zusagen", zu *promittere* „in Aussicht stellen"]
Ex|pro|pri|a|ti|on ⟨f.10; Marxismus⟩ *Enteignung* [zu *exproprieren*]
ex|pro|pri|ie|ren ⟨V.3, hat expropriiert; mit Akk.⟩ *enteignen* [< frz. *exproprier* „enteignen", zu *propre* < lat. *proprius* „allein gehörig, eigen"]
Ex|pul|si|on ⟨f.10⟩ *Aus-, Vertreibung* [< lat. *expulsio,* Gen. *-onis,* „Vertreibung", zu *pellere* „in Bewegung setzen, vertreiben"]
ex|pul|siv ⟨Adj.; Med.⟩ *abführend, austreibend*
ex|qui|sit ⟨Adj., o.Steig.⟩ *erlesen, ausgezeichnet, vorzüglich* [< lat. *exquisitus* „ausgewählt, vorzüglich", zu *quaerere* (in Zus. *-quirere*) „suchen"]
Ex|se|kra|ti|on ⟨f.10⟩ *Verwünschung, Verfluchung* [< lat. *exsecratio,* Gen. *-onis,* „Verfluchung"]
ex|se|krie|ren ⟨V.3, hat exsekriert; mit Akk.⟩ *verfluchen* [< lat. *exsecrari* „verfluchen", eigtl. „erklären, daß jmd. der Rache der Götter ausgeliefert, also dem Wohlwollen der Götter entzogen sei", < *ex...* „aus, weg von" und *sacer* „heilig"]
Ex|sik|kans ⟨n., -, -kan|tia [-tsja] oder -kan|zi|en; Chem.⟩ *austrocknendes Mittel, Trocknungsmittel (z.B. Ätzkali)* [zu *Exsikkation*]
Ex|sik|ka|ti|on ⟨f., -, nur Sg.; Chem.⟩ *Austrocknung* [< lat. *exsiccatio,* Gen. *-onis,* in ders. Bed.]
ex|sik|ka|tiv ⟨Adj.; Chem.⟩ *austrocknend* [zu *Exsikkation*]
Ex|sik|ka|tor ⟨m.13⟩ *Behälter aus Glas zum Austrocknen wasserhaltiger und zum Aufbewahren trockener Chemikalien*
Ex|spek|tant ⟨m.10; †⟩ *Anwärter (auf eine Stelle im Staats- oder Kirchendienst)* [< lat.

Exspektanz

exspectans, Gen. *-antis*, „erwartend", →*exspektativ*

Ex|spek|tanz ⟨f.10; †⟩ *Anwartschaft*

ex|spek|ta|tiv ⟨Adj., o.Steig.⟩ **1** *eine Anwartschaft gewährend, in Aussicht stellend* **2** ⟨bei med. Behandlungen⟩ *abwartend* [zu lat. *expectatio*, Gen. *-onis*, „Erwartung, Spannung, Sehnsucht"]

Ex|spi|ra|ti|on ⟨f., -, nur Sg.⟩ *Ausatmung*; Ggs. *Inspiration* (2) [zu *exspirieren*]

ex|spi|ra|to|risch ⟨Adj., o.Steig.⟩ **1** *auf Ausatmung beruhend, mit Ausatmung einhergehend* **2** *mit starker Betonung* [zu *exspirieren*]

ex|spi|rie|ren ⟨V.3, hat exspiriert; o.Obj.⟩ *ausatmen* [< lat. *exspirare* „aushauchen, ausatmen", zu *spirare* „hauchen, blasen, atmen"]

Ex|stir|pa|ti|on ⟨f.10⟩ *vollständige operative Entfernung eines erkrankten Organs* [zu *exstirpieren*]

ex|stir|pie|ren ⟨V.3, hat exstirpiert; mit Akk.⟩ *völlig entfernen; ein Organ e.* [< lat. *exstirpare* „mit Stumpf und Wurzel ausreißen, ausrotten", zu *stirps*, Gen. *-pis*, „Wurzel, Stamm"]

Ex|su|dat ⟨n.1⟩ *eiweißhaltige Flüssigkeit, die bei Entzündungen aus Kapillaren austritt* [< lat. *exsudare* „ausschwitzen"]

Ex|tem|po|ra|le ⟨f.11, auch n., -, li|en⟩ *ohne Ankündigung erfolgende schriftliche Klassenarbeit* [< lat. *extemporalis* „unvorbereitet", zu *ex tempore* „aus dem Augenblick"]

ex tem|po|re [-re:] *aus dem Stegreif, unvorbereitet* [lat., „aus der Gelegenheit (heraus)", zu *tempus*, Gen. *-oris*, „(rechte) Zeit, Gelegenheit"]

ex|tem|po|rie|ren ⟨V.3, hat extemporiert; o.Obj.⟩ *aus dem Stegreif sprechen oder spielen* [zu *ex tempore*]

ex|ten|die|ren ⟨V.3, hat extendiert; mit Akk.⟩ *ausdehnen, erweitern* [< lat. *extendere* „ausdehnen"]

ex|ten|si|bel ⟨Adj., extensibler, am ~sten⟩ *ausdehnbar* [zu *extendieren*]

Ex|ten|si|bi|li|tät ⟨f., -, nur Sg.⟩ *Ausdehnbarkeit*

Ex|ten|si|on ⟨f.10⟩ **1** *Ausdehnung* **2** *Streckung (eines Glieds bei Verrenkung oder Knochenbruch)* [< lat. *extensio*, Gen. *-onis*, „Ausdehnung, das Ausstrecken", zu *extendere* „ausdehnen, ausstrecken, ausbreiten"]

Ex|ten|si|tät ⟨f., -, nur Sg.⟩ *Ausdehnung, Umfang*; auch: *Extensivität*

ex|ten|siv ⟨Adj.⟩ **1** *der Ausdehnung nach, räumlich*; *e. Wirtschaft der auf großer Fläche betriebene, vor allem den Boden ausnutzende Wirtschaft* **2** *umfassend* **3** *ausdehnend, erweiternd (beim Auslegen eines Gesetzes)*; Ggs. *restriktiv*

ex|ten|si|vie|ren ⟨V.3, hat extensiviert; mit Akk.⟩ *in die Breite wirken lassen* [zu *Extension*]

Ex|ten|si|vi|tät ⟨f., -, nur Sg.⟩ →*Extensität*

Ex|ten|sor ⟨m.13⟩ →*Streckmuskel* [zu *extendieren*]

Ex|te|ri|eur [-ri̯ør] n.9⟩ *Äußeres, äußere Erscheinung, Außenseite* [< frz. *extérieur* „Äußeres, Außenseite", < lat. *exterior*, Komparativ von *exter*, „außen, äußerlich"]

Ex|ter|mi|na|ti|on ⟨f., -, nur Sg.⟩ **1** *Ausweisung (aus einem Land)*, *Vertreibung* **2** *Ausrottung* [< lat. *exterminatio*, Gen. *-onis*, „Vertreibung", zu *exterminare* „fortjagen, vertreiben", eigtl. „über die Grenze treiben", zu *terminus* „Grenze"]

ex|ter|mi|nie|ren ⟨V.3, hat exterminiert; mit Akk.⟩ **1** *des Landes verweisen* **2** *ausrotten*

ex|tern ⟨Adj., o.Steig.⟩ Ggs. *intern* **1** *draußen befindlich, auswärtig* **2** *außerhalb des Internats wohnend* [< lat. *externus* „äußerlich, auswärtig, fremdländisch"; → *exter(us)*, „außen befindlich, auswärtig"]

Ex|ter|nat ⟨n.1⟩ *Schule, deren Schüler nicht im Schulgebäude wohnen*; Ggs. *Internat* [zu *extern*, als Entsprechung zu *Internat*]

Ex|ter|ne(r) ⟨m., f.17 oder 18⟩ ⟨m.10; österr.⟩ **1** *jmd., der ein Internat besucht, jedoch außerhalb wohnt* **2** *jmd., der eine staatlich nicht anerkannte Privatschule besucht hat und das Abitur an einer öffentlichen Schule ablegen muß*

ex|ter|ri|to|ri|al ⟨Adj., o.Steig.⟩ *der Staatsgewalt des Gastlands nicht unterstellt* [< lat. *ex...* „aus" und *Territorial*]

ex|ter|ri|to|ria|li|sie|ren ⟨V.3, hat exterritorialisiert; mit Akk.⟩ *jmdn. e. jmdm. Exterritorialität gewähren*

Ex|ter|ri|to|ria|li|tät ⟨f., -, nur Sg.⟩ *Unabhängigkeit von der Staatsgewalt des Gastlands (bes. bei Botschaftern)*

Ex|tink|ti|on ⟨f.10⟩ **1** ⟨Astron.⟩ *Verminderung der Helligkeit einer Strahlung beim Durchgang durch ein Medium (z.B. des Lichts eines Sterns beim Eintritt in die Erdatmosphäre)* **2** ⟨Psych.⟩ *Löschung eines erlernten Verhaltens (durch Vergessen, Ausbleiben der Bekräftigung u.a.)* [< lat. *ex(s)tinctio*, Gen. *-onis*, „Auslöschung", zu *ex(s)tinguere* „auslöschen"]

ex|tor|quie|ren ⟨V.3, hat extorquiert; mit Akk.; †⟩ *erpressen, erzwingen* [< lat. *extorquere* „erpressen", eigtl. „herauswinden"]

Ex|tor|si|on ⟨f.10; †⟩ *Erpressung* [zu *extorquieren*]

ex|tra ⟨Adj., o.Steig., o.Dekl.⟩ **1** *zusätzlich, über das Vereinbarte, Übliche hinaus*; *jmdm. etwas e. geben*; *ein Trinkgeld* **2** *besonders, für sich*; *das wird e. berechnet* **3** *eigens*; *das habe ich e. für dich gemacht* **4** *außergewöhnlich, besonders*; *e. feingemahlener Kaffee*; *etwas e. Feines* **5** ⟨ugs.; in der Fügung⟩ *mir ist nicht ganz e. mir geht es nicht besonders gut, mir ist etwas schlecht* [< lat. *extra* (eigtl. *extera*) „außen, außerhalb", zu *exter(us)* „außen befindlich, außerhalb"]

Ex|tra ⟨n.9, meist Pl.⟩ **1** *Sonderzubehör, das für sich zu bezahlen ist* **2** *Sonderleistung, die nicht im Pauschalpreis inbegriffen ist (z.B. Getränke)*

Ex|tra|aus|ga|be ⟨f.11⟩, **Ex|tra|blatt** ⟨n.4⟩ *Sondernummer (einer Zeitung)*

ex|tra dry [-draɪ] ⟨Adj., o.Steig., o.Dekl.; bei alkohol. Getränken⟩ *besonders trocken, herb* [engl.]

ex|tra|ga|lak|tisch ⟨Adj., o.Steig.⟩ *außerhalb unseres Milchstraßensystems gelegen*; *~er Nebel*

Ex|tra|hent ⟨m.10; †⟩ **1** *jmd., der einen Auszug aus einem Buch macht oder gemacht hat* **2** *jmd., auf dessen Antrag eine Verfügung erlassen wird* [zu *extrahieren*]

ex|tra|hie|ren ⟨V.3, hat extrahiert; mit Akk.⟩ **1** ⟨†⟩ *herausschreiben (aus einem Schriftwerk); bestimmte Stellen, Sentenzen (aus einem Buch, einem Drama) e.* **2** *herausziehen; einen Zahn e.* **3** *mit Lösungsmittel herauslösen; Bestandteile aus einem Stoff e.* **4** ⟨†⟩ *durch Antrag erwirken; eine Verfügung e.* [< lat. *extrahere* „herausziehen"]

Ex|trakt ⟨m.1⟩ **1** →*Auszug* (3) **2** *Zusammenfassung des Wesentlichen, kurzgefaßte Inhaltsangabe*; *E. aus einem Buch*; *E. einer Theorie* [< lat. *extractum* „Herausgezogenes", zu *extrahere*, →*extrahieren*]

Ex|trak|ti|on ⟨f.10⟩ **1** *das Herausziehen*; *E. eines Zahns*; *E. eines Kindes (bei der Geburt)* **2** ⟨Chem.⟩ *Trennung eines Gemisches durch ein geeignetes Lösungsmittel* [zu *extrahieren*]

ex|trak|tiv ⟨Adj., o.Steig.⟩ **1** *mittels Extraktion* **2** *auslaugend, herauslösend*

ex|tra|mun|dan ⟨Adj., o.Steig.⟩ *außerweltlich*; *intramundan* [< lat. *extra* „außerhalb" und *mundanus* „zur Welt gehörig", zu *mundus* „Welt(all)"]

ex|tra|mu|ral, ex|tra mu|ros [-roːs] *außerhalb der Stadtmauern (gelegen)* [lat.]

ex|tran ⟨Adj., o.Steig.; †⟩ *ausländisch, fremd* [< lat. *extraneus* „nicht zum Wesen gehörig, außerhalb liegend"]

ex|tra|or|di|när ⟨Adj., o.Steig.; †⟩ *außergewöhnlich* [→*Extraordinarius*]

Ex|tra|or|di|na|ri|um ⟨n., -s, -ri|en⟩ *außerordentlicher (d.h. einmalige Einnahmen und Ausgaben umfassender) Staatshaushaltplan*

Ex|tra|or|di|na|ri|us ⟨m., -, -ri|en⟩ *außerordentlicher Professor* [< lat. *extraordinarius* „außergewöhnlich, außerordentlich", < *extra* „außerhalb" und *ordinarius* „gewöhnlich, ordentlich", zu *ordo*, Gen. *ordinis*, „Ordnung"]

Ex|tra|po|la|ti|on ⟨f.10⟩ *Schluß von Funktionswerten eines innerhalb eines mathematischen Bereichs auf solche außerhalb dieses Bereichs*; Ggs. *Interpolation* [mit lat. *extra* „außerhalb" nach dem Muster von →*Interpolation* gebildet]

ex|tra|po|lie|ren ⟨V.3, hat extrapoliert; mit Akk.⟩ *durch Extrapolation berechnen*

ex|tra|ter|re|strisch ⟨Adj., o.Steig.⟩ *außerhalb der Erde und Erdatmosphäre befindlich* [< lat. *extra* „außerhalb" und *terrestrisch*]

Ex|tra|tour ⟨[-tuːr] f.10; ugs.⟩ *eigenwilliges Verhalten oder Handeln innerhalb einer Gemeinschaft*; *~en machen*

ex|tra|ute|rin ⟨Adj., o.Steig.⟩ *außerhalb der Gebärmutter*; *~e Schwangerschaft* [< lat. *extra* „außerhalb" und *uterus* „Gebärmutter"]

ex|tra|va|gant ⟨Adj.⟩ *ausgefallen, ungewöhnlich, aus dem Rahmen fallend*; *~e Neigungen*; *sich e. kleiden* [frz., „überspannt, närrisch, ungereimt", zu *extravaguer*, „unsinnige Dinge tun oder sagen, faseln, schwärmen", eigtl. „abschweifen", < lat. *extra* „außen, außerhalb" und *vagari* „umherschweifen, -irren"]

Ex|tra|va|ganz ⟨f.10⟩ **1** ⟨nur Sg.⟩ *extravagantes Aussehen oder Benehmen* **2** *extravagante Handlung*; *sie kann sich solche ~en leisten*

Ex|tra|ver|si|on ⟨f., -, nur Sg.⟩ *extravertiertes Verhalten oder Wesen*; Ggs. *Introversion*

ex|tra|ver|tiert ⟨auch [eks-] Adj., o.Steig.⟩ *der Außenwelt zugewandt, an äußeren Objekten interessiert*; *extrovertiert*; Ggs. *introvertiert* [< lat. *extra* „außen, außerhalb" und *vertere* „wenden"]

Ex|tra|wurst ⟨f.2; ugs.; in Wendungen wie⟩ *er will sich immer eine E. braten lassen er hat immer Sonderwünsche, verlangt besondere Rechte, stellt besondere Ansprüche*; *wir braten keine Extrawürste wir berücksichtigen keine Sonderwünsche*

ex|trem ⟨Adj.⟩ **1** *äußerst, höchst bzw. niedrigst*; *~e Werte Maximum und Minimum*; *~e Gegensätze* **2** *übertrieben*; *~e Ansichten* **3** *radikal*; *die ~e Linke, Rechte* [< lat. *extremus*, „äußerster, am weitesten entfernter, letzter", zu *exter(us)*, „außen befindlich"]

Ex|trem ⟨n.1⟩ *äußerste Grenze, höchster Grad oder Wert, äußerster möglicher Standpunkt, äußerster Gegensatz*; *von einem E. ins andere fallen erst eine und dann eine andere, gegensätzliche Ansicht vertreten, äußern*

Ex|tre|mis|mus ⟨m., -, nur Sg.⟩ *übersteigerte radikale Einstellung*

Ex|tre|mi|tät ⟨f.10⟩ **1** *äußerstes Ende* **2** *Gliedmaße, Arm, Bein*; *die oberen, unteren ~en* **3** ⟨nur Sg.⟩ *das Extremsein, extreme Beschaffenheit*; *die E. einer Idee*

Ex|trem|wert ⟨m.1⟩ *äußerster Wert, Maximum bzw. Minimum*

ex|trin|sisch ⟨Adj., o.Steig.⟩ *von außen her (bewirkt)*; Ggs. *intrinsisch*; *~e Motivation Motivation infolge von Strafen, Zwängen usw.* [< lat. *extrinsecus* „von außen"]

ex|tro|ver|tiert ⟨Adj.⟩ →*extravertiert*

Ex|tru|der ⟨m.5⟩ *Maschine, mit der thermoplastische Formstücke hergestellt werden*; Syn. *Strangpresse* [< engl. *to extrude* „herauspressen, strangpressen"; < lat. *extrudere* „herausstoßen, herausdrängen, -pressen"]

exu|be|rant ⟨Adj., o.Steig.; †⟩ **1** *üppig* **2** *überschwenglich* [→ *Exuberanz*]
Ex|ube|ranz ⟨f., -, nur Sg.⟩ **1** *Üppigkeit* **2** *Überschwenglichkeit, Schwulst* [< lat. *exuberantia* „Überfluß", zu *exuberare* „reichlich hervorkommen, sich in Fülle zeigen", zu *uber* „ergiebig, fruchtbar, reichhaltig"]
Exu|lant ⟨m.10; †⟩ *Verbannter, Vertriebener (bes. um seines Glaubens willen)* [zu *exulieren*]
exu|lie|ren ⟨V.3, hat exuliert; mit Akk.; †⟩ *verbannen, vertreiben* [< lat. *exsulare* „als Verbannter leben", zu *exsul* „Verbannter", zu *solum* „allein"]
Ex|ul|ze|ra|ti|on ⟨f.10⟩ *Bildung von Geschwüren* [zu *exulzerieren*]
ex|ul|ze|rie|ren ⟨V.3, hat exulzeriert; o.Obj.⟩ *ein Geschwür bilden, schwären* [< lat. *exulcerare* „zum Herauseitern bringen", zu *ulcus* „Geschwür"]
ex usu *durch Gebrauch, durch Übung* [lat.]
Ex|uvie ⟨[-viə] f.11; bei Insekten, Krebsen, Schlangen⟩ *bei der Häutung abgestoßene alte Haut* [< lat. *exuviae* (Pl.) „das, was man sich oder jmdm. ab-, ausgezogen hat", zu *exuere* „ablegen, ausziehen"]
ex vo|to *aufgrund eines Gelübdes* (Inschrift auf Votivgaben) [lat., „aus einem Gelübde heraus"]
Ex|vo|to ⟨n., -s, -s oder -ten⟩ *Weihgeschenk, Votivgabe*
Exz. ⟨Abk. für⟩ *Exzellenz*
ex|zel|lent ⟨Adj.⟩ *ausgezeichnet, vortrefflich;* ein ~es Essen; eine ~e Rede; er hat e. gesprochen [< lat. *excellens*, Gen. *-entis*, „hervorragend, ausgezeichnet", zu *excellere* „hervorragen, sich auszeichnen"]

Ex|zel|lenz ⟨f.10; Abk.: Exz.⟩ **1** ⟨Titel und Anrede früher für⟩ *hoher Beamter* **2** ⟨Titel und Anrede heute für⟩ *Botschafter, Gesandter;* Euer E.
ex|zel|lie|ren ⟨V.3, hat exzelliert; o.Obj.⟩ *hervorragen, glänzen;* er exzelliert als geistreicher Unterhalter [→ *exzellent*]
Ex|zen|ter ⟨m.5⟩, **Ex|zen|ter|schei|be** ⟨f.11⟩ *Steuerungsscheibe, deren Drehpunkt nicht in ihrem Mittelpunkt liegt* [zu *exzentrisch (1)*]
Ex|zen|trik ⟨f., -, nur Sg.⟩ **1** *Form der Artistik, die mit grotesker Komik dargeboten wird* **2** *überspanntes, verschrobenes Benehmen* [→ *exzentrisch*]
Ex|zen|tri|ker ⟨m.5⟩ **1** *Artist der Exzentrik (1)* **2** *jmd., der sich exzentrisch benimmt*
ex|zen|trisch ⟨Adj.⟩ **1** *außerhalb des Mittelpunkts liegend;* Syn. *ausmittig;* ~e Kreise *Kreise, die keinen gemeinsamen Mittelpunkt haben* **2** *überspannt, verschroben, sehr merkwürdig;* ein ~er Mensch, Charakter [< lat. *ex...* „aus, heraus" und *centrum*, → *Zentrum*]
Ex|zen|tri|zi|tät ⟨f., -, nur Sg.⟩ **1** *Abweichung, Abstand vom Mittelpunkt* **2** *exzentrisches Verhalten, Überspanntheit*
Ex|zep|ti|on ⟨f.10; †⟩ **1** *Ausnahme* **2** *Einrede;* vgl. *Exceptio*
ex|zep|tio|nell ⟨Adj., Steig. selten⟩ *ausnahmsweise (eintretend), außergewöhnlich* [< lat. *exceptio*, Gen. *-onis*, „Ausnahme, Einschränkung", zu *excipere* „herausnehmen, eine Ausnahme machen"]
ex|zep|tiv ⟨Adj., o.Steig.; †⟩ *ausschließend*
ex|zer|pie|ren ⟨V.3, hat exzerpiert; mit Akk.⟩ *(aus einem Buch) herausschreiben;* bestimmte Stellen e. [< lat. *excerpere* „herausklauben, auslesen, einen Auszug machen", zu *carpere* (in Zus. *-cerpere*) „zupfen, rupfen, pflücken"]
Ex|zerpt ⟨n.1⟩ → *Auszug (4)*
Ex|zeß ⟨m.1⟩ *Ausschreitung, Überschreitung gesellschaftlicher Grenzen, Ausschweifung* [< lat. *excessus* „das Hinausgehen (über die Grenze), Ausschweifung", zu *excedere* „über eine Grenze, über ein gewisses Maß hinausgehen"]
ex|zes|siv ⟨Adj.⟩ *das normale Maß überschreitend, maßlos, ausschweifend;* er führte schon immer ein ~es Leben; ~es Klima *Kontinentalklima mit großen Temperaturschwankungen*
ex|zi|die|ren ⟨V.3, hat exzidiert; mit Akk.; Med.⟩ *herausschneiden* [< lat. *excidere* „herausschneiden"]
ex|zi|pie|ren ⟨V.3, hat exzipiert; mit Akk.⟩ *als Ausnahme darstellen, ausnehmen* [< lat. *excipere* „herausnehmen"]
Ex|zi|si|on ⟨f.10⟩ *das Herausschneiden (z.B. von krankem Gewebe)* [zu *exzidieren*]
Ex|zi|tans ⟨n., -, -tan|tia [-tsja] oder -tan|zi|en⟩ *erregendes, anregendes, belebendes Mittel (z.B. Kaffee)* [< lat. *excitans* „ermunternd"]
Eye|cat|cher ⟨[aikætʃər] m.9; Werbung⟩ *Blickfang* [< engl. *eye* „Auge" und *to catch* „fangen"]
Eye|li|ner ⟨[ailainər] m.5⟩ *Stift oder Pinsel sowie Farbe zum Betonen der Augenlidränder* [< engl. *eye* „Auge" und *line* „Linie"]
Ey|rir ⟨m. oder n., -(s), Aurar⟩ *isländische Währungseinheit (^{1}/$_{100}$ Krona)* [< altnord. *eyrir* „Unze", < lat. *aureus* „golden", zu *aurum* „Gold"]

F

f 1 ⟨Mus.; Abk. für⟩ *forte* 2 ⟨Phys.; Abk. für⟩ *Femto...*

F 1 ⟨abkürzendes Länderkennzeichen für⟩ *Frankreich* 2 ⟨Abk. für⟩ *französischer Franc* 3 ⟨Phys.; Zeichen für⟩ *Farad* 4 ⟨Phys.; Zeichen für⟩ *Fahrenheit* 5 ⟨Chem.; Zeichen für⟩ *Fluor*

f. ⟨Abk. für⟩ *(und) folgende (Seite)*

Fa. ⟨Abk. für⟩ *Firma*

Fa|bel ⟨f.11⟩ 1 *kurze, lehrhafte, oft satirische Erzählung, in der Tiere sprechen und menschlich handeln und in der eine allgemeine Wahrheit zum Ausdruck gebracht wird* 2 *Grundzüge der Handlung (einer Dichtung)* 3 *erfundene Geschichte* [< lat. *fabula* „Geschichte, Erzählung"]

Fa|be|lei ⟨f.10⟩ *das Fabeln, etwas Erdichtetes, Erfundenes;* das ist doch nur F., reine F., was er erzählt

fa|bel|haft ⟨Adj., ~er, am fabelhaftesten⟩ *großartig, herrlich, wunderbar;* im Urlaub war es f.; er kann f. tanzen [eigtl. „wie in einer Fabel", also „phantastisch"]

fa|beln ⟨V.1, hat gefabelt; o.Obj. oder mit Akk.⟩ *erfundene Geschichten erzählen, Unsinn reden;* was fabelst du da?

Fa|bel|tier ⟨n.1⟩ *in der Wirklichkeit nicht vorhandenes, in Märchen und Mythen vorkommendes Lebewesen (Tier oder Tiermensch) von seltsamer, oft erschreckender Gestalt (z.B. Drache, Kentaur)*

Fa|brik ⟨auch [-brɪk] f.10⟩ *Betrieb, der mit Maschinen Waren herstellt* [< lat. *fabrica* „Handwerk, Kunst, Werkstatt"]

Fa|bri|kant ⟨m.10⟩ *jmd., der eine Fabrik besitzt*

Fa|bri|kat ⟨n.1⟩ *in einer Fabrik hergestellte Ware*

Fa|bri|ka|ti|on ⟨f.10⟩ *Herstellung (von Waren) in einer Fabrik*

fa|brik|neu ⟨Adj., o.Steig.⟩ *neu aus der Fabrik geliefert und noch nicht gebraucht;* das Auto ist f.

fa|bri|zie|ren ⟨V.3, hat fabriziert; mit Akk.⟩ 1 ⟨urspr.⟩ *in einer Fabrik herstellen* 2 ⟨meist scherzh.⟩ ⟨laienhaft⟩ *herstellen, anfertigen, zusammenbasteln* [< lat. *fabricari* „anfertigen, (bes.) zimmern, bauen, schmieden", zu *faber* „Handwerker, Künstler"]

fa|bu|la do|cet *die Moral von der Geschichte ist ...* [lat., „die Fabel lehrt"]

Fa|bu|lant ⟨m.10⟩ 1 *jmd., der amüsant erfundene Geschichten erzählt* 2 *jmd., der erfundene Geschichten als wahr erzählt, Schwätzer* [zu *fabulieren*]

fa|bu|lie|ren ⟨V.3, hat fabuliert; o.Obj. oder mit Akk.⟩ 1 *phantasievoll erfundene Geschichten erzählen;* er kann amüsant f. 2 *Erfundenes als wahr erzählen;* was er alles fabuliert! [< lat. *fabulari* „reden, schwatzen, plaudern", zu *fabula*, → *Fabel*]

Fa|bu|list ⟨m.10; †⟩ *Dichter von Fabeln*

fa|bu|lös ⟨Adj., ~er, am fabulösesten⟩ *phantastisch, unwahrscheinlich;* ~e Geschichten erzählen; es klingt etwas f., was er da erzählt

Fa|cet|te ⟨[-sɛtə] f.11⟩ 1 ⟨bei Edelsteinen, deren Ersatzstoffen und Glas⟩ *kleine, angeschliffene, ebene Fläche (zur Erzielung von Brechungs- und Reflexionseffekten)* 2 ⟨bei Klischees⟩ *schräge Kante (zum Befestigen an der Druckunterlage)* [frz., urspr. „kleine Oberfläche", < *face* „Oberfläche, Gesicht" und Verkleinerungssuffix *...ette*]

Fa|cet|ten|au|ge ⟨[-sɛt-] n.14; bei manchen Gliedertieren, z.B. Libellen⟩ *aus zahlreichen Einzelaugen zusammengesetztes Auge*

fa|cet|tie|ren ⟨[-sɛ-] V.3, hat facettiert; mit Akk.⟩ *mit Facetten versehen, schräg schleifen*

Fach ⟨n.4⟩ 1 *Abteilung in einem Schrank (Schrank~), Schublade einer Kommode (Schub~), Abteilung einer Aktentasche u.ä.* 2 *kleiner, offener Behälter, offener Kasten (Brief~);* ein Brief für Sie liegt im F. 3 ⟨Weberei⟩ *Zwischenraum zwischen den Kettfäden zum Hindurchziehen des Schußfadens* 4 *Gebiet, Bereich, auf dem jmd. besondere Kenntnisse, eine besondere Ausbildung hat, Wissensgebiet, Berufszweig (Studien~);* er ist ein Meister seines ~s; welche Fächer hat er studiert?; er ist vom F. *er ist Fachmann auf diesem Gebiet* 5 ⟨Theat.⟩ *Bereich von Rollen mit bestimmter Note (Rollen~, Charakter~);* er beschäftigt sich damals vom F. des jugendlichen Liebhabers ins dramatische F.

Fach|ar|bei|ter ⟨m.5⟩ *Arbeiter mit mehrjähriger Ausbildung in einem anerkannten industriellen Ausbildungsberuf und vor der Industrie- und Handelskammer abgelegter Prüfung*

Fach|arzt ⟨m.2⟩ *Arzt, der sich einer mehrjährigen Weiterbildung in einem besonderen Gebiet unterzogen und die entsprechende Anerkennung von der Ärztekammer erhalten hat;* F. für innere Erkrankungen

Fach|be|reich ⟨m.1⟩ 1 → *Fachgebiet* 2 ⟨an wissenschaftlichen Hochschulen⟩ *verwaltungsmäßig zusammengefaßter Bereich für mehrere ähnliche Studienfächer*

Fach|bi|blio|thek ⟨f.10⟩ *Bibliothek, die Bücher für ein bestimmtes Fach (Wissensgebiet) enthält;* Syn. Fachbücherei

Fach|bü|che|rei ⟨f.10⟩ → *Fachbibliothek*

Fä|chel ⟨m.5⟩ *fächerförmiger Blütenstand* [urspr. Verkleinerungsform zu *Fächer*]

fä|cheln ⟨V.1, hat gefächelt; mit Akk.⟩ jmdn. f. *jmdm. mit dem Fächer oder mit einem Tuch o.ä. Luft ins Gesicht wehen*

fa|chen ⟨V.1, hat gefacht; mit Akk.⟩ *anfachen, schüren;* Glut zur lodernden Flamme f. [< mhd. *fochen* „fauchen, blasen", < mlat. *focare* „entflammen", zu lat. *focus*, → *Fokus*]

Fä|cher ⟨m.5⟩ 1 *flaches, zusammenfaltbares, in ausgefaltetem Zustand etwa halbkreisförmiges Handgerät, das bei entsprechenden Bewegungen einen Luftzug erzeugt* 2 *Gebilde in dieser Form (z.B. Spalierobstform, Schwanz des Pfaus, Palmwedel)*

fä|che|rig ⟨Adj., o.Steig.⟩ *in Form eines Fächers, fächerförmig*

fä|chern ⟨V.1, hat gefächert; mit Akk.⟩ *in Fächer aufteilen, in Abschnitte (wie ein Fächer sie hat) aufteilen;* das Angebot ist breit gefächert *das Angebot ist vielseitig, reichhaltig;* ⟨aber⟩ ein breitgefächertes Angebot

Fach|ge|biet ⟨n.1⟩ *Gebiet, auf dem man mehr Kenntnisse besitzt als auf anderen, Gebiet, mit dem man sich besonders beschäftigt hat;* Syn. Fachbereich

Fach|ge|schäft ⟨n.1⟩ *Geschäft, das nur Waren einer bestimmten Art führt*

Fach|han|del ⟨m., -s, nur Sg.⟩ *Handel mit bestimmten, zu einem Fachgebiet gehörenden Waren;* so etwas bekommt man nur im F. (nicht im Kaufhaus)

Fach|hoch|schu|le ⟨f.11⟩ *Hochschule mit wissenschaftlicher, aber auf die Praxis bestimmter Berufe gerichteter Lehre (ohne Promotions- und Habilitationsrecht)*

Fach|idi|ot ⟨m.10⟩ *jmd., der sich nur mit seinem Fachgebiet beschäftigt und kein Verständnis für Probleme anderer Art aufbringt*

Fach|jar|gon ⟨[-ʒargɔ̃] m.9⟩ *in einem Fachgebiet üblicher Jargon*

fach|lich ⟨Adj., o.Steig.⟩ *ein bestimmtes Fach (4) betreffend, zu ihm gehörig;* ~e Qualifikation; ~e Kenntnisse

Fach|mann ⟨m., -(e)s, -leu|te, auch m.4⟩ *jmd., der auf einem Fachgebiet besonders ausgebildet und erfahren ist*

fach|män|nisch ⟨Adj.⟩ *wie ein Fachmann, von einem Fachmann stammend, sachgerecht;* einen ~en Rat einholen; eine Arbeit f. ausführen

Fach|ober|schu|le ⟨f.11⟩ *(mindestens zweijährige) berufsbildende Schule, nach deren Abschluß man die Fachhochschule besuchen kann*

Fach|schaft ⟨f.10⟩ 1 *Gesamtheit der Vertreter einer Berufsgruppe* 2 *Gesamtheit der Studierenden eines Fachbereichs*

Fach|schu|le ⟨f.11⟩ *Tages- oder Abendschule, die der beruflichen Weiterbildung dient (nach einer beruflichen Ausbildung oder einem mittleren Schulabschluß)*

Fach|sim|pe|lei ⟨f., -, nur Sg.⟩ *das Fachsimpeln*

fach|sim|peln ⟨V.1, hat gefachsimpelt; o.Obj.⟩ *sich mit Kollegen desselben Fachgebiets über fachliche Dinge unterhalten* [< *Fach* „begrenztes Wissensgebiet" und *simpel* „einfältig", *Simpel* „Trottel"; urspr. abwertende Bez. Außenstehender für Leute, die nur über ihren begrenzten beruflichen Bereich und nichts anderes reden können]

Fach|spra|che ⟨f.11⟩ *in einem Fachgebiet übliche Ausdrucksweise;* F. des Technikers, des Mediziners

Fach|welt ⟨f., -, nur Sg.⟩ *Gesamtheit der Fachleute*

Fach|werk ⟨n.1⟩ 1 *tragendes Rahmenwerk für ein Gebäude (Holz-, Stahl- oder Leichtmetallgerippe, das meist mit wärmedämmenden Baustoffen gefüllt wird)* 2 ⟨nur Sg.⟩ *Bauweise, die durch ein solches Rahmenwerk gekennzeichnet ist* 3 *umfassendes Buch über ein Fachgebiet*

Fach|wis|sen|schaft ⟨f.10⟩ *Wissenschaft von einem eindeutig gegen andere Bereiche abgrenzbaren Wissensgebiet, wissenschaftliche Disziplin*

Fach|wör|ter|buch ⟨n.4⟩ *Wörterbuch zu einem Fachgebiet*

Fach|wort|schatz ⟨m.2⟩ *Wortschatz eines Fachgebiets*

Fach|zeit|schrift ⟨f.10⟩ *Zeitschrift, die Gegenstände und Vorgänge eines Fachgebiets behandelt;* medizinische F.

Fackel ⟨-k|k- f.11⟩ *stabförmiger, tragbarer Gegenstand, der am oberen Ende mit einer Schicht umgeben ist, die – angezündet – mit großer Flamme brennt (als Beleuchtungskörper)* [< lat. *facula*, Verkleinerungsform zu *fax* „Fackel"]

fackeln ⟨-k|k- V.1, hat gefackelt; o.Obj.⟩ *zögern;* ich fackle nicht lange; da wird nicht lange gefackelt! [< mhd. *vackeln* „flackernd brennen wie eine Fackel, sich unstet bewegen", also „unsicher, unentschlossen warten"]

Fackel|zug ⟨-k|k- m.2⟩ *feierlicher, nächtlicher Umzug mit Fackeln;* jmdm. einen F. bringen

Fa|çon ⟨[fasɔ̃] f.9; frz. Schreibung für⟩ *Fasson;* F. *de parler* [fasɔ̃ də parle] *die Art zu reden,* ⟨auch⟩ *leere Redensart*

Fac|to|ring ⟨[fɛktə-] n., -s, nur Sg.⟩ *eine Form der Absatzfinanzierung und Sicherung des Kreditrisikos* [engl., zu *factor* „Vertreter, Agent"]

fad ⟨Adj., ~er, am fadesten⟩ auch: **fade** **1** *ohne Geschmack, nicht genügend gewürzt; das Essen ist, schmeckt f.* **2** *ohne Spannung, langweilig, geistlos, ohne Witz; der Film ist f.; ein ~er Kerl; eine ~e Geschichte* [< frz. *fade,* in ders. Bed., über vulgärlat. *fatidus* < lat. *fatuus* „geschmacklos, albern, einfältig"]

Fäd|chen ⟨n.7⟩ *dünner, feiner Faden; ihr Leben hing an einem (seidenen) F. sie war in Lebensgefahr*

fa|de ⟨Adj.⟩ →*fad*

fä|deln ⟨V.1, hat gefädelt; mit Akk.⟩ **1** *durch ein Öhr ziehen;* den Faden in die Nadel f. **2** *aneinanderreihen;* Perlen auf eine Schnur f.

Fa|den I ⟨m.8⟩ **1** *sehr dünnes, langes Gebilde aus mehreren zusammengedrehten Fasern aus Metall, Natur- oder Kunststoff* (Plastik~, Seiden~, Woll~); *den F. verlieren in der Rede steckenbleiben, vergessen, wo man stehengeblieben ist; den F. des Gesprächs wieder aufnehmen das Gespräch fortsetzen, wo man es unterbrochen hat; da bleibt die Maus keinen F. ab das ist nicht zu ändern; ihr Leben hing an einem (seidenen) F. sie war in Lebensgefahr; den abgeschnittenen, zerrissenen F. wieder anknüpfen eine alte Beziehung wieder anknüpfen; keinen guten F. an jmdm. lassen jmdn. hart kritisieren; sie spinnen einen (keinen) guten F. miteinander sie verstehen sich (nicht) gut; ich habe keinen trockenen F. mehr am Leib ich bin völlig durchnäßt; das Motiv zieht sich wie ein roter F. durch die ganze Erzählung* **2** *sehr dünnes, langes, einem Faden (1) ähnliches Gebilde* (Speichel~); *der Käse zieht Fäden der Käse ist beim Erhitzen dickflüssig und zäh geworden* **3** *Pflanzenfaser;* Bohnen von Fäden befreien II ⟨m.7⟩ **1** ⟨Seew.; früher⟩ *Längenmaß (hauptsächlich für Tiefenmessung; etwa 1,80 m)* **2** ⟨Textilindustrie⟩ *Einheit für die Garnlänge*

Fa|den|glas ⟨n., -es, nur Sg.⟩ *durchsichtiges Kunstglas, in das farbige Glasfäden eingeschmolzen sind*

Fa|den|heftung ⟨f., -, nur Sg.; Buchbinderei⟩ *Heftung mit Fäden*

Fa|den|kreuz ⟨n.1; bei Visiereinrichtungen⟩ *auf der optischen Achse des Bildebene angebrachtes Kreuz aus Spinn- oder Quarzfäden (z.B. bei Zielfernrohren) zur genauen Ausrichtung auf einen Punkt*

Fa|den|mo|le|kül ⟨n.1⟩ *sehr großes Molekül mit tausend- bis millionenfach aneinandergereihten oder vernetzten Atomen*

Fa|den|nu|del ⟨f.11⟩ *fadenförmige Nudel (als Suppeneinlage)*

fa|den|schei|nig ⟨Adj.; nur als Attr. und mit „sein"⟩ **1** *abgetragen (so daß die einzelnen Fäden des Gewebes zum Vorschein kommen); der Mantel ist an vielen Stellen f.* **2** ⟨übertr.⟩ *leicht zu durchschauen, nicht überzeugend;* eine ~e Ausrede

Fa|den|schlag ⟨m.2; schweiz.⟩ **1** *lockere, geheftete Naht* **2** ⟨übertr.⟩ *Vorbereitung*

Fa|den|wurm ⟨m.4⟩ *ein Schlauchwurm, dessen fadenförmiger Körper nicht in Ringe gegliedert ist;* Syn. Nematode

Fa|den|zäh|ler ⟨m.5⟩ *Lupe mit Bildbegrenzung zur Feststellung der Fadenzahl oder Maschendichte von Geweben;* Syn. Weberglas

Fad|heit ⟨f., -, nur Sg.⟩ *fade Beschaffenheit*

Fa|ding ⟨[fei-] n., -s, nur Sg.⟩ **1** ⟨bei Rundfunksendungen⟩ *Schwankung der Empfangsfeldstärke* **2** ⟨beim Kfz.⟩ *Nachlassen der Bremskraft* [engl., zu *fade* „dahinschwinden, verblassen"]

Fa|gott ⟨n.1⟩ *tiefstes Holzblasinstrument* [< ital. *fagotto* in ders. Bed. sowie „Bündel", da das Instrument in seiner Frühform mit einem Blasebalg ausgestattet war]

Fa|got|tist ⟨m.10⟩ *Musiker, der das Fagott spielt*

Fä|he ⟨f.11; Jägerspr.⟩ *weibliches Tier (bei Dachs, Fischotter, Fuchs, Iltis, Marder und Wiesel)*

fä|hig ⟨Adj.⟩ **1** *begabt, tüchtig;* er ist ein ~er Arzt, Politiker **2** ⟨meist in verneinenden Sätzen in der Wendung⟩ *zu etwas f. sein etwas tun können, die Kraft, das Geschick haben, etwas zu tun, in der Lage, imstande sein;* er ist zu allem f. *er kennt keine Rücksicht;* ich war so erschrocken, daß ich nicht f. war, etwas zu antworten; ich bin heute zu keiner Arbeit, zu einem vernünftigen Gedanken mehr f.; sie ist nicht f., eine Nadel einzufädeln

Fä|hig|keit ⟨f.10⟩ *Begabung, Tüchtigkeit, Können, Kraft, Geschick; er ist ein Mensch von großen ~en;* du mit deinen ~en solltest …; er hat nicht die F., die Sache selbst in die Hand zu nehmen; die F., logisch zu denken

fahl ⟨Adj.⟩ *farblos, weißlich, bleich;* ~es Licht; er ist f. im Gesicht

Fahl|band ⟨n.4⟩ *mit sulfidischen Erzen angereicherte, bandartige Zone im Metamorphitgestein*

Fahl|erz ⟨n.1; Sammelbez. für⟩ *graue Kupfermineralien (z.B. Tetraedrit)*

fahl|gelb ⟨Adj., o.Steig.⟩ *bleichgelb, graugelb*

Fahl|heit ⟨f., -, nur Sg.⟩ *fahles Aussehen*

Fahl|le|der ⟨n.5⟩ *gelbbräunliches, stark gefettetes und glattgestoßenes Rindsleder (für Arbeitsschuhe)*

Fahl|wild ⟨n., -(e)s, nur Sg.⟩ →*Steinwild* [nach der *fahlen,* d.h. gelbbraunen Fellfarbe]

Fähn|chen ⟨n.7⟩ **1** *kleine Fahne* **2** ⟨übertr., ugs.⟩ *einfaches, billiges, leichtes Kleid*

fahn|den ⟨V.2, hat gefahndet; mit Präp.obj.⟩ *nach jmdm. f. etwas oder jmdn. suchen;* die Polizei fahndet nach einem Verbrecher; nach diesem Buch habe ich lange gefahndet, bis ich es gefunden habe [< mnddt. *vanden* „aufsuchen" (bes. der Kranken), zu *finden*]

Fahn|dung ⟨f.10⟩ *das Fahnden, Suche;* eine F. (nach jmdm.) einleiten

Fahn|dungs|buch ⟨n.4⟩ *Fahndungsliste in Buchform*

Fahn|dungs|li|ste ⟨f.11⟩ *Liste mit den Namen von Personen, die von der Polizei gesucht werden*

Fah|ne ⟨f.11⟩ **1** *an einer Stange befestigtes Stück Stoff (meist rechteckig, ein- oder mehrfarbig) mit den Zeichen eines Landes, eines Vereins o.ä.* (Vereins~) *oder als Symbol für etwas;* Syn. Flagge; *weiße F. weißes Stück Stoff als Zeichen der Kapitulation;* die F. nach dem Wind drehen, hängen *seine Meinung wechseln, so wie es gerade günstig ist;* einen Jahrgang zu den ~n rufen (†) *zum Kriegsdienst einberufen;* mit fliegenden ~n zu jmdm. übergehen *sich von heute auf morgen auf jmds. Seite stellen* **2** ⟨Buchw.; kurz für⟩ *Korrekturfahne* **3** ⟨bei Schmetterlingsblütlern⟩ *oberes Blütenkronblatt* **4** ⟨bei Federn⟩ *die Hornstrahlen oberseits und beiderseits des Kiels* **5** ⟨bei Hunden⟩ *langer Haarbehang an der Rute* **6** ⟨ugs.⟩ *nach Alkohol riechender Atem;* eine F. haben

Fah|nen|eid ⟨m.1⟩ *der vom Soldaten bei Diensteintritt auf die Fahne (1) zu leistende feierliche Treueid;* Syn. ⟨österr.⟩ Angelobung

Fah|nen|flucht ⟨f., -, nur Sg.⟩ *Verlassen oder Fernbleiben von der Truppe, um sich dem Wehrdienst dauernd zu entziehen;* Syn.

fah|nen|flüch|tig ⟨Adj., o.Steig.⟩ *Fahnenflucht begangen habend;* ~er Soldat; f. werden *Fahnenflucht begehen*

Fah|nen|flüch|ti|ge(r) ⟨m.17 oder 18⟩ *jmd., der Fahnenflucht begangen hat;* Syn. Deserteur

Fah|nen|jun|ker ⟨m.5⟩ *Offiziersanwärter im Unteroffiziersrang* [urspr. „Edelmann, der die Fahne trägt"]

Fah|nen|kor|rek|tur ⟨f.10⟩ *Korrektur der Fahnen (2)*

Fah|nen|schwin|gen ⟨n., -s, nur Sg.⟩ *Geschicklichkeits- und Kraftübung, bei der eine Fahne (1) an einer Stange durch die Luft gewirbelt und wieder aufgefangen wird (vor allem bei Umzügen)*

Fah|nen|wei|he ⟨f.11⟩ *das mit einer Feier verbundene Weihen einer kirchlichen oder Vereinsfahne*

Fähn|lein ⟨n.7⟩ **1** ⟨früher⟩ *die um eine Fahne geschärte Truppeneinheit der Landsknechte* **2** *kleine Pfadfindergruppe*

Fähn|rich ⟨m.1⟩ **1** ⟨urspr.⟩ *Fahnenträger* **2** ⟨in der Bundeswehr und im österr. Bundesheer⟩ *Offiziersanwärter im Feldwebelrang (bei Heer und Luftwaffe);* Syn. ⟨schweiz.⟩ Venner

Fahr|aus|weis ⟨m.1⟩ **1** ⟨schweiz.⟩ →*Führerschein* **2** ⟨Amtsspr.⟩ →*Fahrkarte (1)*

Fahr|bahn ⟨f.10⟩ *Teil der Straße, der für das Befahren bestimmt ist;* Syn. ⟨berlin.⟩ Fahrdamm

fahr|be|reit ⟨Adj., o.Steig.⟩ **1** ⟨bei Personen⟩ *bereit loszufahren* **2** ⟨bei Fahrzeugen⟩ *technisch instand*

Fähr|boot ⟨n.1⟩ →*Fähre*

Fahr|damm ⟨m.2; berlin.⟩ →*Fahrbahn*

Fähr|de ⟨f.11; †⟩ →*Fährnis*

Fahr|dienst|lei|ter ⟨m.5; Eisenbahn⟩ *Beamter, der den Zugfolge regelt*

Fäh|re ⟨f.11⟩ *Wasserfahrzeug zum regelmäßigen Transport von Personen, Fahrzeugen u.a. zwischen zwei festen Punkten über ein Gewässer;* Syn. Fährboot, Fährschiff, ⟨österr.⟩ Überfuhr [zu *fahren*]

fah|ren ⟨V.32⟩ I ⟨o.Obj.; ist gefahren⟩ **1** *sich auf Rädern oder durch Triebkraft fortbewegen;* das Auto, der Zug, das Schiff fährt; bis dorthin fährt die S-Bahn; dort fährt eine Seilbahn **2** *sich auf, in einem Fahrzeug fortbewegen;* mit dem Auto, Fahrrad, Zug f.; Rollschuh f.; Karussell f.; ich bin gefahren (nicht zu Fuß gegangen); wir sind die ganze Nacht hindurch gefahren; langsam, schnell f.; mit dieser Methode sind wir immer gut gefahren *die Methode hat sich immer bewährt* **3** *ein Fahrzeug lenken;* er fährt ausgezeichnet (Auto); kannst du schon f.?; f. lernen **4** ⟨übertr.⟩ *sich gleitend, sanft oder schnell bewegen;* einen f. lassen ⟨derb⟩ *eine Blähung abgehen lassen;* gen Himmel f.; in die Grube f. ⟨ugs.⟩ *sterben;* sich (mit der Hand) ins Gesicht, über den Mund f. *sich leicht mit der Hand übers Gesicht, über den Mund streichen;* jmdm. über den Mund f. ⟨übertr.⟩ *jmdn. barsch, unhöflich antworten, jmdn. barsch, unhöflich unterbrechen;* in seine Kleider f. *sich rasch anziehen;* aus dem Bett f. *eilig aufstehen;* in die Höhe f. *erschrocken aufstehen;* der Schreck fuhr mir in die Glieder; was ist denn in dich gefahren? *was ist denn mit dir?, was denkst du dir dabei?* **5** *mit einem Fahrzeug reisen;* ans Meer, ins Gebirge, zu Verwandten f. **6** *umherziehen;* ~de Leute, ~des Volk →*Fahrende(r);* ~der Schüler ⟨früher⟩ *wandernder Student* II ⟨mit Akk.; hat gefahren⟩ **1** *etwas f.* **a** *ein Fahrzeug f., benutzen, führen;* er fährt einen schweren Mercedes; den Wagen in die Garage f.; die Kamera f. (Film) *die Kamera bewegen* **b** *mit einem Fahrzeug hinter sich bringen, bewältigen;* zehn Runden f. **c** *mit einem Fahrzeug ausführen;* ein Rennen f. **2** *jmdn. oder etwas f. mit einem Fahrzeug transportieren, bringen;* einen Kranken ins Krankenhaus f.; Kohlen, Sand, Steine f. III ⟨refl.; hat gefah-

Fahrende(r)

ren; in Wendungen wie› der Wagen fährt sich leicht, angenehm er läßt sich leicht, angenehm lenken, bedienen; auf dieser Straße fährt es sich gut *man kann auf dieser Straße gut fahren*

Fah|ren|de(r) ⟨m.17 oder 18, meist Pl.; früher⟩ *jmd., der nicht seßhaft ist, sondern von Ort zu Ort zieht*; Fahrende *umherziehende Schausteller oder Artisten*; Syn. *fahrendes Volk, fahrende Leute*

Fah|ren|heit ⟨n., -, -; Zeichen: F; in englischsprachigen Ländern⟩ *Maßeinheit einer 180teiligen Temperaturskala (die den Gefrierpunkt des Wassers mit 32°F und den Siedepunkt mit 212°F angibt)* [nach dem Physiker Daniel Gabriel *Fahrenheit*]

fah|ren|las|sen ⟨V.75, hat fahrengelassen oder hat fahrenlassen; mit Akk.⟩ *etwas f. auf etwas verzichten, etwas aufgeben*; einen Plan f.; eine Hoffnung f.

Fah|rens|mann ⟨m.4 oder m., -(e)s, -leu|te; Seemannsspr.⟩ → *Seemann*

Fah|rer ⟨m.5⟩ **1** *jmd., der ein Kraftfahrzeug lenkt* **2** *jmd., der berufsmäßig ein Kraftfahrzeug fährt*

Fah|rer|flucht ⟨f., -, nur Sg.⟩ *Flucht des Fahrers eines Kraftfahrzeuges, der nach einem Unfall verursacht hat und der Feststellung seiner Person (und damit der Bestrafung) zu entgehen sucht*

Fahr|er|laub|nis ⟨f.1; Amtsspr.⟩ → *Führerschein*

Fahr|gast ⟨m.2⟩ *jmd., der in einem öffentlichen Verkehrsmittel fährt*

Fahr|geld ⟨n.3⟩ *Geld für die Fahrt mit einem öffentlichen Verkehrsmittel*

Fähr|geld ⟨n.3; früher⟩ *Geld für die Überfahrt mit einer Fähre*

Fahr|ge|le|gen|heit ⟨f.10⟩ *Gelegenheit mitzufahren (weil jmd. an den gleichen Ort fahren muß)*

Fahr|ge|stell ⟨n.1⟩ **1** *Gestell zur Aufnahme und Führung der Achse eines Fahrzeugs und Grundlage für Aufbauten des Fahrzeugs, des Motors und der kraftübertragenden Teile* **2** ⟨übertr., ugs., derb⟩ *Beine, Unterkörper*

Fähr|ha|be ⟨f.11; schweiz.⟩ → *Fahrnis*

Fahr|hau|er ⟨m.5; Bgb.⟩ *Gehilfe des Steigers*

fah|rig ⟨Adj.⟩ **1** *hastig und unkontrolliert*; ~e Bewegungen **2** *unruhig und zerstreut*; ~e Person **Fah|rig|keit** ⟨f., -, nur Sg.⟩

Fahr|kar|te ⟨f.11⟩ **1** *kleine Karte, die zur Fahrt mit einem öffentlichen Verkehrsmittel berechtigt*; Syn. *Fahrschein*, ⟨Amtsspr.⟩ *Fahrausweis, Fahrtausweis* **2** ⟨Soldatenspr.⟩ *Fehlschuß*; eine F. schießen *einen Fehlschuß tun*

Fahr|kos|ten ⟨nur Pl.⟩ *Kosten für eine Fahrt mit einem öffentlichen Verkehrsmittel*

fahr|läs|sig ⟨Adj.⟩ *aus Leichtsinn unaufmerksam, unbesonnen und unvorsichtig*; f. handeln; jmdn. f. töten **Fahr|läs|sig|keit** ⟨f., -, nur Sg.⟩

Fahr|leh|rer ⟨m.5⟩ *jmd., der Unterricht im Fahren eines Kraftfahrzeugs gibt*

Fähr|mann ⟨m.4 oder m., -(e)s, -leu|te⟩ *jmd., der eine Fähre in Betrieb hält*; Syn. ⟨poet., †⟩ *Ferge*

Fahr|nis ⟨f.1⟩ *bewegliches Vermögen, bewegliche Habe*; Syn. *fahrende Habe*, ⟨schweiz.⟩ *Fahrhabe*

Fähr|nis ⟨f.1; poet.⟩ *Gefahr, Gefährlichkeit*; Syn. ⟨†⟩ *Fährde*

Fahr|plan ⟨m.2⟩ **1** *Gesamtheit der Abfahrts- und Ankunftszeiten eines öffentlichen Verkehrsmittels* **2** *Buch mit den Fahrzeiten von Zügen, Bussen, Straßenbahnen usw.* **3** ⟨übertr., ugs.⟩ *Plan für bestimmte Vorhaben, Absichten*; mir ist heute mein ganzer F. durcheinandergeraten

Fahr|prü|fung ⟨f.10⟩ *Prüfung, durch die ein Fahrschüler (1) die Erlaubnis erwirbt, ein Kraftfahrzeug auf öffentlichen Straßen zu führen, Führerscheinprüfung*

Fahr|rad ⟨n.4⟩ *leichtes, zweirädriges Straßenfahrzeug aus verschweißten Stahlrohren, die einen Rahmen bilden, und zwei hintereinanderlaufenden Speichenrädern (Damen~, Herren~)*; auch: ⟨kurz⟩ *Rad*; Syn. ⟨schweiz.⟩ *Velo*, ⟨†⟩ *Veloziped*

Fahr|rin|ne ⟨f.11⟩ → *Fahrwasser*

Fahr|schein ⟨m.1⟩ → *Fahrkarte (1)*

Fähr|schiff ⟨n.1⟩ → *Fähre*

Fahr|schu|le ⟨f.11⟩ *Betrieb, in dem Personen auf die Fahrprüfung vorbereitet werden*

Fahr|schü|ler ⟨m.5⟩ **1** *jmd., der eine Fahrschule besucht* **2** *Schüler, der täglich mit der Eisenbahn zur Schule fährt*

Fahr|sport ⟨m., -(e)s, nur Sg.⟩ *sportlich betriebenes Fahren mit Wagen und Pferd(en)*

Fahr|spur ⟨f.10⟩ *durch Markierungen gekennzeichneter Teil der Fahrbahn, der in einer Richtung befahren wird*

Fahr|stei|ger ⟨m.5; Bgb.⟩ *Vorgesetzter mehrerer Steiger*

Fahr|stuhl ⟨m.2⟩ → *Aufzug*

Fahrt ⟨f.10⟩ **1** *das Fahren (I,1,2,5, II,1,2)*; bei der F. durch die Stadt **2** *Geschwindigkeit beim Fahren*; die F. beschleunigen, verlangsamen; in voller F.; mit halber F. **3** ⟨übertr.⟩ *Schwung, lebhafte Bewegung, fröhliche, lebhafte Stimmung*; in F. geraten, kommen, sein; jmdn. in F. bringen **4** *das Fahren zu einem bestimmten Zweck, Reise, Ausflug*; F. mit dem Auto, mit dem Zug; auf F. nach Hamburg; auf F. gehen *eine Reise machen, bei der man teils fährt, teils wandert* (meist) zeltet **5** ⟨Seew.⟩ *Strecke, die ein Schiff zurücklegt*; große F.; kleine F. **6** ⟨Bgb.⟩ **a** *Leiter zum Ein- und Aussteigen in den Grubenbau* **b** *mit Seil betriebene Förderanlage*

Fahrt|aus|weis ⟨m.1; Amtsspr.⟩ → *Fahrkarte (1)*

Fähr|te ⟨f.11⟩ **1** *Abdruck, den Füße von Wildtieren (bes. des Schalenwildes) auf weichem Untergrund hinterlassen; vgl. Geläuf, Spur*; der Hund folgt einer F.; einen Hund auf eine F. setzen **2** *Gesamtheit von Zeichen, aus denen auf ein Verbrechen geschlossen werden kann, Spur*; die Polizei verfolgt eine F.; auf der falschen, richtigen F. sein

Fahr|ten|buch ⟨n.4⟩ **1** *Kontrollbuch, in das Einzelheiten über Fahrten eingetragen werden* **2** *Tagebuch über eine Wanderfahrt*

Fahr|ten|mes|ser ⟨n.5⟩ *Dolch (mit Scheide, der auf Wanderfahrten mitgenommen wird)*

Fahr|ten|schrei|ber ⟨m.5⟩ *Gerät, das auf einem laufenden Papierstreifen die jeweilige Fahrgeschwindigkeit, abhängig von Fahrzeit oder Fahrweg, aufzeichnet (zur nachträglichen Kontrolle)*

Fahrt|en|schwim|mer ⟨m.5⟩ *Schwimmer, der eine Prüfung (30 Minuten ununterbrochenes Schwimmen und Sprung vom Dreimeterbrett) abgelegt hat*

Fahrt|rich|tungs|an|zei|ger ⟨m.5; Amtssprache⟩ → *Blinker*

fahr|tüch|tig ⟨Adj.⟩ **1** *so beschaffen, daß man damit (gefahrlos) fahren kann*; ~er Wagen **2** *(körperlich und geistig) fähig, ein Fahrzeug zu lenken*; er ist nicht mehr f. **Fahr|tüch|tig|keit** ⟨f., -, nur Sg.⟩

Fahrt|tur|nier ⟨n.1⟩ *Leistungsschau im Fahrsport*

fahr|un|tüch|tig ⟨Adj.⟩ **1** *so beschaffen, daß man nicht mehr (gefahrlos) damit fahren kann*; ~er Wagen **2** *(körperlich und geistig) nicht fähig, ein Fahrzeug zu lenken* **Fahr|un|tüch|tig|keit** ⟨f., -, nur Sg.⟩

Fahr|ver|bot ⟨n.1⟩ *Verbot, ein Kraftfahrzeug zu fahren*

Fahr|was|ser ⟨n.5⟩ *durch Markierungen gekennzeichneter Schiffahrtsweg (in engen, flachen Gewässern)*; Syn. *Fahrrinne*; die Diskussion bewegte sich in neutralem, politischem F. ⟨übertr., ugs.⟩ *in neutralem, politischem Bereich*

Fahr|werk ⟨n.1⟩ **1** ⟨beim Kfz.⟩ *zur Federung, Lenkung, Spurhaltung und Fortbewegung dienende Teile einschließlich des Fahrgestells (ohne Triebwerk und Aufbauten)* **2** ⟨bei Flugzeugen⟩ *die (meist einziehbaren) Räder mit Montierung*

Fahr|zeug ⟨n.1⟩ *zur Beförderung von Personen oder Lasten dienendes Verkehrsmittel (z.B. Automobil)*

Fai|ble ⟨[fɛbl] n.9⟩ *Vorliebe, Neigung, Schwäche*; ein F. für etwas haben [frz., ,,schwache Stelle, schwache Seite, Schwäche", über altfrz. *foible*, *flebe* < lat. *flebilis* ,,kläglich, weinerlich, rührend"]

fair ⟨Adj.⟩ **1** *den geltenden Verhaltensregeln entsprechend*; ~e Verhandlung **2** *den geltenden Wettkampfregeln entsprechend*; ~es Spiel [engl., ,,anständig, redlich, gerecht" sowie (eigtl.) ,,schön, hübsch, hell, günstig"]

Fair|neß ⟨[fɛr-] f., -, nur Sg.⟩ *faires Verhalten* [engl.]

Fair play ⟨[fɛːrpleɪ] n., - -, nur Sg.⟩ **1** *faires Spiel* **2** ⟨übertr.⟩ *faires Verhalten* [engl.]

Fai|seur ⟨[fɛzœr] m.1; †⟩ *Anstifter, jmd., der eine üble Sache ins Werk setzt* [frz., ,,Macher", zu *faire* ,,machen"]

Fait ac|com|pli ⟨[fɛtakɔ̃pli] n., - -, -s [fɛːzakɔ̃pli]⟩ *vollendete Tatsache* [frz.]

fä|kal ⟨Adj., o.Steig.⟩ *aus Fäkalien bestehend, kotig*

Fä|ka|li|en ⟨Pl.⟩ *Ausscheidungen (bes. Kot, auch Harn)*; auch: *Fäzes* [< lat. *faeces*, Plural zu *faex* ,,Bodensatz, Niederschlag (in einer Flüssigkeit)"]

Fä|kal|spra|che ⟨f., -, nur Sg.⟩ *Ausdrucksweise, in der häufig Wörter verwendet werden, die die Fäkalien bezeichnen oder mit ihnen zusammenhängen*; Syn. *Koprolalie, Skatologie*

Fa|kir ⟨österr. [-kir] m.1⟩ *indischer Asket* [< arab. *faqīr* ,,arm"]

Fak|si|mi|le ⟨n.9⟩ *originalgetreue Nachbildung (eines Drucks, einer Handschrift)* [< lat. *fac simile* ,,mach (es) ähnlich"]

Fak|si|mi|le|aus|ga|be ⟨f.11⟩ *Ausgabe (eines Buches) als Faksimiledruck*

Fak|si|mi|le|druck ⟨m.1⟩ *fotomechanischer originalgetreuer Nachdruck (eines wertvollen Buches oder einer Handschrift)*

fak|si|mi|lie|ren ⟨V.3, hat faksimiliert; mit Akk.⟩ *originalgetreu nachahmen*

Fakt ⟨m.12⟩ → *Faktum*

Fak|ten ⟨Pl. von Fakt⟩ → *Faktum*

Fak|ti|on ⟨f.10; †⟩ **1** *parteiähnliche, politisch besonders aktive Gruppe* **2** *Gruppierung innerhalb einer Partei* [< lat. *factio*, Gen. *-onis*, ,,politischer Umbruch, Parteiwesen", eigtl. ,,das Tun, Machen", zu *facere* ,,machen"]

fak|ti|ös ⟨[-tsjøs] Adj., o.Steig.⟩ *Partei ergreifend, aufrührerisch* [< frz. *factieux* in ders. Bed., < lat. *factiosus* ,,zum Handeln aufgelegt, herrschsüchtig", zu *facere* ,,machen"]

fak|tisch ⟨Adj., o.Steig.⟩ *in Wirklichkeit, im Grunde, tatsächlich*; das ist f. dasselbe; das ist f. nicht möglich [zu *Faktum*]

fak|ti|tiv ⟨Adj., o.Steig.⟩ *bewirkend*; Syn. *kausativ*; ~es Verb *Verb, das das Bewirken einer Handlung ausdrückt, z.B.* tränken = trinken machen

Fak|ti|tiv ⟨n.1⟩, **Fak|ti|ti|vum** ⟨n., -s, -va⟩ *faktitives Verb*; Syn. *Kausativum*

Fak|ti|zi|tät ⟨f., -, nur Sg.⟩ *Tatsächlichkeit, Gegebenheit*; Ggs. *Logizität*

Fak|tor ⟨m.13⟩ **1** *Leiter einer Faktorei* **2** *Werkmeister (in einer Druckerei)* **3** *Zahl, die mit einer anderen multipliziert wird, Multiplikand, Multiplikator* **4** *mitwirkender Umstand, bestimmendes Element*; dafür sind verschiedene ~en maßgebend; der wesentliche F. ist folgender [< lat. *factor* ,,Schöpfer, Urheber, jmd., der etwas tut", zu *facere* ,,tun, machen"]

Fak|to|rei ⟨f.10⟩ *überseeische Handelsnie-*

falsch

derlassung [urspr. „Wohnung und Geschäft eines Faktors", zu *Faktor (1)*]

Fak|to|tum ⟨n., -s, -ta oder -ten⟩ *jmd., der die verschiedensten Arbeiten verrichtet* [< lat. *fac totum* „mach alles!"]

Fak|tum ⟨n., -s, -ten oder -ta⟩ *Tatsache (an der nicht zu rütteln ist); es ist ein F., daß ...; es kommen dabei verschiedene Fakten zusammen; die Fakten sprechen gegen diese Annahme* [< lat. *factum* „das Geschehene, Tat, Handlung", zu *tun, machen*"]

Fak|tur ⟨f.10⟩ **1** *Rechnung (für eine Ware)* **2** *Lieferschein* [< lat. *factura* „Bearbeitung", zu *facere* „machen"]

fak|tu|rie|ren ⟨V.3, hat fakturiert; Kaufmannsspr.⟩ **I** ⟨o.Obj.⟩ *Rechnungen schreiben* **II** ⟨mit Akk.⟩ *etwas f. etwas berechnen, die Rechnung für etwas schreiben;* Waren f. [zu *Faktur*]

Fak|tu|rier|ma|schi|ne ⟨f.11⟩ *Büromaschine mit Rechenwerk, das Ergebnisse automatisch ausweist* [zu *fakturieren*]

Fak|tu|rist ⟨m.10⟩ *jemand, der Fakturen schreibt*

Fa|kul|tät ⟨f.10⟩ **1** *Gesamtheit der Lehrenden (und der Studenten) einer Fächergruppe an einer Hochschule* **2** *fachlich begrenzte Abteilung einer Hochschule* **3** *Gebäude einer Hochschulabteilung* **4** ⟨Zeichen: !; Math.⟩ *Produkt der Glieder der natürlichen Zahlenreihe bis zu einer bestimmten Zahl, z.B. 4!* (sprich „vier Fakultät") = 1·2·3·4 [< mlat. *facultas*, Gen. *-tatis*, „Wissens-, Forschungs-, Wissenschaftszweig", < lat. *facultas* „Fähigkeit, Geschicklichkeit, Talent"]

fa|kul|ta|tiv ⟨Adj., o.Steig.⟩ *nach freiem Ermessen, wahlfrei;* Ggs. *obligatorisch;* ~es *Lehrfach* [< frz. *facultatif* „beliebig"]

Fal|be(r) ⟨m.17 oder 18⟩ *Pferd mit gelber bis mausgrauer Fellfarbe, schwarzer Mähne und schwarzem Schweif*

Fal|ke ⟨m.11⟩ *ein Greifvogel mit einem Hornzahn am Oberschnabel und langen, spitzen Flügeln (Baum~, Turm~, Wander~)*

Fal|ken|au|ge ⟨n.14⟩ *feinfaseriges, blaugrau bis blaugrün schillerndes Quarzaggregat mit Einlagerungen von Krokydolith, Schmuckstein*

Fal|ke|nier ⟨m.1⟩ → *Falkner*

Falk|ner ⟨m.5⟩ *jmd., der Falknerei betreibt;* auch: *Falkenier*

Falk|ne|rei ⟨f.10⟩ ⟨nur Sg.⟩ *das Halten und Abrichten von Falken und anderen Greifvögeln;* vgl. *Beize* **2** *Anlage dazu*

Fall **I** ⟨m.2⟩ **1** ⟨nur Sg.⟩ *das Fallen, Sturz; bei meinem F. von der Leiter; der freie F.* ⟨Phys.⟩ *die gleichmäßig beschleunigte Bewegung (eines Körpers) in Richtung auf den Erdmittelpunkt aufgrund der Anziehungskraft der Erde; zu F. kommen fallen;* jmdn., *eine Unternehmung zu F. bringen scheitern lassen* **2** ⟨nur Sg.⟩ *das Sinken; der F. des Wasserstands* **3** *Niedergang, Untergang; Aufstieg und F. einer Familie* **4** *Ereignis, Vorgang, Geschehen, Sache* (Todes~); *es ist ein schwieriger, hoffnungsloser, interessanter F.; in diesem F. hat er recht in dieser Sache; das muß man von F. zu F. entscheiden jedesmal neu, jedesmal so, wie es angemessen ist; das ist von F. zu F. verschieden jedesmal anders* **5** *etwas, mit dem man rechnen muß, das eintreten kann; das ist der F., wenn das eintritt; das ist (noch) nicht der F. das ist nicht so, das ist (noch) nicht eingetreten;* für den F., daß ..., *falls, wenn;* für alle Fälle *vorsichtshalber* **6** ⟨Med.⟩ **a** *Vorhandensein, Auftreten (einer Krankheit);* in diesem Winter gibt es viele Fälle von Virusgrippe **b** *Patient (der an einer bestimmten Krankheit leidet);* ich hatte heute zwei Fälle mit Diphtherie in der Sprechstunde; die schweren Fälle überweisen wir ins Krankenhaus *die schwerkranken Patienten;* er ist ein hoffnungsloser F. *er ist hoffnungslos krank*

7 ⟨Rechtsw.⟩ *Gegenstand einer Verhandlung, Untersuchung* (Rechts~); *im F. X gegen Y; einen F. zur Bearbeitung, Untersuchung bekommen* **8** ⟨Gramm.⟩ *Form der Deklination (eines Substantivs, Pronomens, Adjektivs, Numerales); erster, zweiter F.; die vier Fälle eines Substantivs bilden* **II** ⟨n. 12; Seew.⟩ *Tau zum Hissen der Rahen oder Segel*

Fall|beil ⟨n.1⟩ → *Guillotine*

Fall|brücke ⟨-k|k-; f.11; früher⟩ *bewegliche Brücke zum Überwinden von Gräben, Erstürmen von Mauern u.a.*

Fal|le ⟨f.11⟩ **1** *Vorrichtung zum Fangen von Tieren* (Kasten~, Schlag~) **2** *Hinterhalt;* jmdm. eine F. stellen; jmdn. in eine F. locken **3** *Erdgas- oder Erdöllagerstätte* **4** ⟨scherzh.⟩ *Bett;* in die F. kriechen, steigen; noch in der F. liegen

fal|len ⟨V.33, ist gefallen; o.Obj.⟩ **1** *sich (infolge der Schwerkraft) von selbst nach unten bewegen, stürzen;* Schnee, Regen fällt; einen Gegenstand f. lassen (aber) → *fallenlassen;* auf den Boden f.; ich bin vor Schreck fast auf den Rücken gefallen ⟨ugs.⟩ **2** *sinken, niedriger werden;* die Temperatur, der Wasserstand ist gefallen; das Barometer ist gefallen *niedriger geworden;* ~e *Preise, Kurse* **3** *sich schnell aus aufrechter in liegende oder sitzende Stellung bewegen;* in eine Grube f.; ich fiel vor Müdigkeit ins Bett; der Baum fiel zu Boden **4** (in bestimmter Weise) hängen; sein Haar fällt bis auf die Schultern, in die Stirn, fällt lockig; der Rock fällt gut; die Gardinen f. in leichten Falten **5** *an der Front getötet werden;* er ist (im Krieg) gefallen **6** *zugrunde gehen, verenden;* durch die unbekannte Krankheit ist viel Wild gefallen **7** *(früher von Mädchen) Geschlechtsverkehr haben, ohne verheiratet zu sein (und dadurch in der Achtung der Gesellschaft absinken);* gefallenes Mädchen **8** *erobert werden, sich ergeben;* die Festung ist gefallen **9** *sich mit dem Körper in eine Richtung, an eine Stelle bewegen;* jmdm. in den Arm f. jmdn. hindern, zu schlagen, zu schießen; jmdm. um den Hals f. jmdn. umarmen; einem Pferd in die Zügel f. *es am Zügel ergreifen und zum Stehen bringen* **10** *durch etwas hindurch, an eine Stelle gelangen;* ein Lichtstrahl fiel ins Zimmer, durch die Rolläden; mein Blick fiel auf ein Foto an der Wand; die Wahl fiel auf ihn ⟨übertr.⟩ **11** *zu einem Zeitpunkt, in einer Zeitspanne stattfinden, geschehen;* Ostern fällt in diesem Jahr früh, spät, in den April; mein Geburtstag fällt dieses Jahr auf einen Dienstag **12** *zu hören sein;* ein Schuß fiel; es fiel kein lautes Wort; es fielen böse Worte **13** *in etwas f.* ⟨übertr.⟩ *in etwas geraten;* er fiel in seinen heimatlichen Dialekt; das Pferd fiel in Trab, in Schritt

fäl|len ⟨V.1, hat gefällt; mit Akk.⟩ **1** *(durch Sägen, Hauen) zum Fallen, Umstürzen bringen;* Bäume f. **2** *zum Angriff von oben nach vorn richten;* das Bajonett f. **3** *als gültig, endgültig aussprechen;* ein Urteil, einen Schiedsspruch f.

fal|len|las|sen ⟨V.75, hat fallenlassen oder hat fallengelassen⟩ **I** ⟨mit Akk.⟩ **1** *etwas f.* **a** *auf etwas verzichten, etwas nicht weiter verfolgen;* eine Absicht, einen Plan f. **b** *nebenbei äußern;* eine Bemerkung f. **2** *jmdn. f. nicht weiter begünstigen, nicht weiter beachten, sich um jmdn. nicht mehr kümmern;* einen Günstling f. **II** ⟨refl.⟩ *sich f. seiner Müdigkeit nachgeben, sich entspannen*

Fall|en|stel|ler ⟨m.5⟩ *jmd., der Fallen (1) auslegt*

Fall|gru|be ⟨f.11⟩ *mit Zweigen überdeckte Grube (als Falle zum Lebendfang großer Tiere)*

Fall|ham|mer ⟨m.6⟩ *Maschinenhammer, bei dem die Wucht des frei herabfallenden Fallgewichts genutzt wird;* Syn. *Fallwerk*

fal|li|bel ⟨Adj., o.Steig.⟩ *trügerisch, dem Irrtum unterworfen;* Ggs. *infallibel* [zu *fallieren*]

Fal|li|bi|li|tät ⟨f., -, nur Sg.⟩ *fallible Beschaffenheit;* Ggs. *Infallibilität*

fal|lie|ren ⟨V.3, hat falliert; o.Obj.⟩ *zahlungsunfähig werden, in Konkurs gehen* [über ital. *fallire* in ders. Bed. sowie „fehlschlagen, mißlingen" < lat. *fallere* „nicht leisten, unerfüllt lassen, versagen"]

fäl|lig ⟨Adj., o.Steig.⟩ **1** *(zu einem Zeitpunkt) zu bezahlen;* der Wechsel wird nächste Woche f.; die Miete ist am Monatsersten f. **2** *zu einem Zeitpunkt oder in einem Zeitraum zu erledigen;* es ist wieder einmal eine Schulaufgabe, ein Hausputz f. **3** *zu einem Zeitpunkt zu erwarten;* der Zug ist um 5.10 Uhr f.

Fäl|lig|keit ⟨f., -, nur Sg.⟩ *das Fälligsein*

Fal|li|ment ⟨n.1⟩, **Fal|lis|se|ment** ⟨[-mã] n.9⟩ *Zahlungsunfähigkeit, Konkurs* [zu *fallieren*]

fal|lit ⟨Adj., o.Steig.; †⟩ *zahlungsunfähig* [< ital. *fallito* „gescheitert, bankrott", → *fallieren*]

Fall|mei|ster ⟨m.5; landsch.⟩ → *Abdecker*

Fall|obst ⟨n., -(e)s, nur Sg.⟩ *Obst, das von selbst vom Baum gefallen ist (und deshalb weniger haltbar ist)*

Fal|lott ⟨m.10; österr.⟩ *durchtriebener Mensch, betrügerischer Kerl;* auch: *Falott* [aus der österr. Gaunersprache, wo das Wort „Glücksspieler" bedeutet, wohl < ital. *fa lotto*, *er macht das Spiel*"]

Fall|out ⟨[fɔːlaut] m.9⟩ *radioaktiver Niederschlag nach Kernwaffenexplosionen* [< engl. *fall-out* in ders. Bed., zu *to fall out* „herausfallen"]

Fall|reep ⟨n.1; bei Schiffen⟩ *außenbords niedergelassene Leiter oder Treppe* [urspr. Seil, mit dem man sich über die Bordwand fallen ließ, → *Reep*]

Fall|rück|zie|her ⟨m.5; Fußb.⟩ *Rückzieher mit dem Ball während des Rückwärtsfallens*

falls ⟨Konj.⟩ *für den Fall, daß ..., wenn;* f. es schneit; f. er morgen kommt; f. ich keine Rosen bekomme, nehme ich Nelken

Fall|schirm ⟨m.1⟩ *Gerät zur Verminderung der Fallgeschwindigkeit beim Absetzen von Menschen oder Material aus der Luft, eine schirmartige Kappe mit darunterhängenden Befestigungsgurten*

Fall|schirm|jä|ger ⟨m.5⟩ *für den Absprung mit Fallschirm ausgerüsteter und ausgebildeter Soldat*

Fall|schirm|sprin|gen ⟨n., -s, nur Sg.⟩ *(auch als Sport betriebenes) Abspringen mit dem Fallschirm aus einem Flugzeug*

Fall|strick ⟨m.1⟩ *Hindernis, das jmdn. zu Fall bringen soll, Hinterhalt, Falle;* jmdm. einen F., ~e legen *jmdm. ein Hindernis aufbauen, jmdn. in eine Falle locken;* eine Prüfungsaufgabe voller ~e

Fall|stu|die ⟨f.11⟩ *Studie über einen besonders interessanten Fall (der beispielgebend werden kann)*

Fall|sucht ⟨f., -, nur Sg.; †⟩ → *Epilepsie*

fall|süch|tig ⟨Adj., o.Steig.; †⟩ *an Fallsucht leidend*

Fall|tür ⟨f.10⟩ **1** *aufklappbare Tür im Boden (als Zugang zu einem Raum, der unter dem Fußboden oder über der Decke liegt)* **2** *Falle in Form einer Klappe im Fußboden*

Fäl|lung ⟨f.10⟩ *das Fällen*

fall|wei|se ⟨Adv.⟩ *einzeln, Fall für Fall; Vorgänge, Geschehnisse f. beurteilen, behandeln*

Fall|werk ⟨n.1⟩ → *Fallhammer*

Fall|wild ⟨n., -(e)s, nur Sg.⟩ *Wild, das zugrunde gegangen ist (z.B. durch Krankheit, Kälte, Hunger)*

Fall|wind ⟨m.1⟩ *vom Gebirge aus abwärts wehender (fallender) Wind*

Fall|wurf ⟨m.2; Handb.⟩ *Wurf, bei dem man sich in den Wurfkreis hineinfallen läßt (um den Abstand zum Tor zu verkürzen)*

Fa|lott ⟨m.10⟩ → *Fallott*

Fal|sa ⟨Pl. von⟩ → *Falsum*

falsch ⟨Adj., ~er, am falschesten⟩ **1** *nicht*

Falsch

richtig, nicht der Wirklichkeit entsprechend; ~e Lösung einer Aufgabe; eine ~e Auffassung von etwas haben; f. singen; ein Wort f. schreiben; etwas f. verstehen **2** *nicht der Wahrheit entsprechend, unwahr;* eine ~e Aussage, Behauptung; f. schwören **3** *nicht dem entsprechend, was man eigentlich will oder soll;* in den ~en Zug steigen; die ~e Sorte kaufen; wie man's macht, macht man's f. ⟨ugs.⟩ man kann es ihm, ihr nie recht machen; an den Falschen geraten eine Abfuhr bekommen, eine Reaktion bei jmdm. hervorrufen, die man nicht erwartet hat **4** *nachgeahmt, unecht;* ~e Edelsteine; ~e Zähne **5** *gefälscht;* ~e Unterschrift; unter ~em Namen auftreten **6** *betrügerisch;* ~es Spiel; ~e Versprechungen machen **7** *nicht ehrlich, nicht aufrichtig, nicht redlich;* ein ~er Freund; er ist f.

Falsch ⟨n.; nur in den Wendungen⟩ er ist ohne f., an ihm ist kein F. *er ist ehrlich, aufrichtig, redlich*

fäl|schen ⟨V.1, hat gefälscht; mit Akk.⟩ *in betrügerischer Absicht nachahmen;* Banknoten f.; eine Unterschrift f.

Falsch|heit ⟨f., -, nur Sg.⟩ **1** *falsche Beschaffenheit, Unrichtigkeit;* die F. einer Aussage beweisen **2** *Unehrlichkeit, Unaufrichtigkeit*

fälsch|lich ⟨Adj., o.Steig.; nur als Attr. und Adv.⟩ *falsch, auf einem Irrtum, Fehler beruhend, aufgrund eines Irrtums, Fehlers;* ~e Beschuldigung; man hat ihn f. des Diebstahls beschuldigt

Falsch|mün|zer ⟨m.5⟩ *jmd., der Falschmünzerei begeht oder begangen hat*

Falsch|mün|ze|rei ⟨f.10⟩ *Herstellen von nachgeahmtem Geld (Münzen oder Papiergeld)*

falsch|spie|len ⟨V.1, hat falschgespielt; o.Obj.⟩ *beim Spiel (bes. Kartenspiel) die anderen betrügen*

Fäl|schung ⟨f.10⟩ **1** *das Fälschen;* F. von Banknoten; eine F. begehen **2** *etwas Gefälschtes, gefälschter Gegenstand;* der Schmuck, die Unterschrift ist eine F.

Fal|sett ⟨n., -s, nur Sg.⟩ *durch Brustresonanz verstärkte Kopfstimme des Mannes* [< ital. *falsetto* in ders. Bed., Verkleinerungsform von *falso* < lat. *falsus* „unecht, vermeintlich, falsch"; durch das Falsett wird mit Männerstimme die Frauenstimme sozusagen vorgetäuscht]

fal|set|tie|ren ⟨V.3, hat falsettiert; o.Obj.⟩ *Falsett singen*

Fal|set|tist ⟨m.10⟩ *Sänger für Sopran- und Altpartien, der Falsett singt*

Fal|sett|stim|me ⟨f.11⟩ *Falsett*

Fal|si|fi|kat ⟨n.1⟩ *gefälschtes, gefälschter Gegenstand* [< lat. *falsificatus* „verfälscht", < *falsus* „falsch" und *...ficare* (in Zus. für *facere*) „machen"]

Fal|si|fi|ka|ti|on ⟨f.10; †⟩ *Fälschung*

fal|si|fi|zie|ren ⟨V.3, hat falsifiziert; mit Akk.; †⟩ *fälschen* [→ *Falsifikat*]

Fal|sum ⟨n., -s, -sa; †⟩ *etwas Falsches, Fälschung* [lat.]

Falt|boot ⟨n.1⟩ *zerlegbarer Kajak mit Holz- oder Metallgerüst und wasserdichter Außenhaut*

Fal|te ⟨f.11⟩ **1** *schmale, längliche Vertiefung (im Stoff, Papier u.a.)* **2** *länglicher Streifen (der dadurch entsteht, daß man zwei Stoffstücke übereinanderlegt und auf bestimmte Weise festmacht, z.B. durch Bügeln oder Darüberstreichen)* **3** *durch Altern entstandene bleibende oder durch Mimik entstehende vorübergehende, rinnenförmige Vertiefung der Haut;* von ~n durchzogenes Gesicht; die Stirn in ~n ziehen **4** ⟨Geol.⟩ *durch Faltung (2) gebogene Gesteinsschicht*

fäl|teln ⟨V.1, hat gefältelt; mit Akk.⟩ *in kleine Falten legen;* Stoff f.

fal|ten ⟨V.2, hat gefaltet⟩ **I** ⟨mit Akk.⟩ **1** *zusammenlegen, so daß eine oder mehrere Falten entstehen;* Papier (zweimal) f. **2** *die Hände f. die Finger beider Hände ineinander verschränken;* mit gefalteten Händen dasitzen **3** *in Falten ziehen;* die Stirn f. **II** ⟨refl.⟩ sich f. *Falten bilden;* das Gebirge hat sich vor Jahrmillionen gefaltet

Fal|ten|ge|bir|ge ⟨n.5⟩ *durch Faltung (2) entstandenes Gebirge*

Fal|ten|rock ⟨m.2⟩ *in Falten gelegter Rock*

Fal|ten|wurf ⟨m.2⟩ *Art, wie ein Stoff, Gewand in Falten fällt*

Fal|ter ⟨m.5; meist fachsprachl.⟩ → *Schmetterling (1)* [< ahd. *fifaltra* „Schmetterling", wohl zu *flattern*]

fal|tig ⟨Adj.⟩ *voller Falten;* ~e Haut; ~es Gesicht

...fäl|tig ⟨Adj., in Zus.⟩ *in bestimmter oder unbestimmter Zahl vorhanden,* z.B. tausendfältig, vielfältig [eigtl. „in einer bestimmten oder unbestimmten Zahl von Falten"]

Fal|tung ⟨f.10⟩ **1** *das Falten (I,II)* **2** ⟨bei Gesteinen⟩ *durch seitlichen Druck verursachte Verbiegung*

Falz ⟨m.1⟩ **1** ⟨Holztechnik⟩ *geradlinig eingeschnittene Vertiefung oder Aussparung (meist zum schlüssigen Übereinandergreifen zweier Teile)* **2** ⟨Maschinenbau⟩ *Verbindungsstelle von Blechen, deren Ränder umgebogen sind und dadurch aneinandergreifen* **3** ⟨Buchbinderei⟩ **a** *Stelle, an der der Papierbogen gefaltet (gefalzt) wird* **b** *rinnenförmige Vertiefung zu beiden Seiten des Buchrückens* **4** *schmaler Papier- oder Leinwandstreifen (z.B. früher zum Ankleben von Briefmarken in Alben mit Vordruck)*

fal|zen ⟨V.1, hat gefalzt; mit Akk.⟩ *mit einem Falz (3) versehen*

Fa|ma ⟨f., -, nur Sg.⟩ *Gerücht;* es geht die F., daß ... man erzählt, daß ... [< lat. *fama* „Gerede der Leute, Gerücht, Sage", < griech. *phama, pheme* in ders. Bed., zu *phanai* „sagen, sprechen, erzählen"]

fa|mi|li|är ⟨Adj.⟩ **1** ⟨o.Steig.⟩ *die Familie betreffend;* ~e Angelegenheiten **2** *vertraut, ungezwungen;* mit jmdm. f. verkehren

Fa|mi|lia|re ⟨m.11⟩ **1** *Angehöriger des Gesindes eines Klosters* **2** *Angehöriger eines kirchenfürstlichen Hofstaates*

Fa|mi|lia|ri|tät ⟨f., -, nur Sg.⟩ *familiäres Verhalten, Vertrautheit, Ungezwungenheit*

Fa|mi|lie ⟨f.11⟩ **1** *Eltern und Kinder;* er hat F. *er ist verheiratet und hat Kinder;* eine F. gründen *heiraten und Kinder zeugen;* ein Fest nur in der F. feiern **2** *Gruppe aller Verwandten, Geschlecht, Sippe;* aus einer alten, adeligen, guten F. stammen; das kommt in den besten ~n vor ⟨ugs.⟩ *das kann jedem passieren,* das ist noch so schlimm **3** ⟨Biol.⟩ *Gruppe, die nahe verwandte Gattungen umfaßt;* die F. der Entenvögel [< lat. *familia* „alle zu einem Hauserrn untenstehenden Personen, einschließlich Dienerschaft", zu *famulus* „Diener"]

Fa|mi|li|en|be|trieb ⟨m.1⟩ *im Besitz einer Familie befindliches und von ihr geleitetes Unternehmen*

Fa|mi|li|en|buch ⟨n.4⟩ *Buch, in dem die Namen und Geburtsdaten der Eheleute und Kinder, die Eheschließungen, Sterbedaten u.a. eingetragen werden;* Syn. Familienstammbuch

Fa|mi|li|en|fei|er ⟨f.11⟩ *Feier innerhalb einer oder zweier Familien (z.B. zum Geburtstag, zur Hochzeit)*

Fa|mi|li|en|for|schung ⟨f., -, nur Sg.⟩ → *Genealogie*

Fa|mi|li|en|kun|de ⟨f., -, nur Sg.⟩ → *Genealogie*

Fa|mi|li|en|le|ben ⟨n., -s, nur Sg.⟩ *Leben innerhalb einer Familie;* ein glückliches, harmonisches F. führen

Fa|mi|li|en|na|me ⟨m.15⟩ *vererblicher Name der Familie, den jmd. außer seinem Vornamen trägt;* Syn. Nachname

Fa|mi|li|en|pla|nung ⟨f., -, nur Sg.⟩ *alle Maßnahmen eines Elternpaars, die Größe der Familie den eigenen wirtschaftlichen Verhältnissen anzupassen*

Fa|mi|li|en|po|li|tik ⟨f., -, nur Sg.⟩ *Politik (eines Staates) zur Sicherung und Unterstützung der Familien*

Fa|mi|li|en|ro|man ⟨m.1⟩ *die Geschichte einer Familie (durch mehrere Generationen hindurch) schildernder Roman*

Fa|mi|li|en|sinn ⟨m., -, nur Sg.⟩ *Sinn für den Zusammenhalt und die Zusammengehörigkeit der eigenen Familie*

Fa|mi|li|en|stamm|buch ⟨n.4⟩ → *Familienbuch*

Fa|mi|li|en|stand ⟨m., -(e)s, nur Sg.⟩ → *Personenstand*

Fa|mi|li|en|va|ter ⟨m.6⟩ *Vater als derjenige, der für seine Familie zu sorgen hat;* glücklicher F.; mehrfacher F. ⟨ugs.⟩ *Vater mehrerer, in der Familie lebender (ehelicher) Kinder*

Fa|mi|li|en|zu|wachs ⟨m., -es, nur Sg.⟩ *Kind, das in einer Familie geboren werden wird, neugeborenes Kind in einer Familie;* wir erwarten F.; wir haben F. bekommen

Fa|mi|lis|mus ⟨m., -, nur Sg.⟩ *Überbetonung der Familie als Quelle für Sozialkontakte (in niederen sozialen Schichten)*

fa|mos ⟨Adj., ~er, am famosesten⟩ *großartig, prächtig* [< lat. *famosus* „berühmt", eigtl. „viel besprochen", zu *fama* „Fama"]

Fa|mu|la ⟨f., -, -lä⟩ *weiblicher Famulus* [lat., „Dienerin"]

Fa|mu|la|tur ⟨f.10⟩ *Praktikum im Krankenhaus während des Medizinstudiums* [zu *Famulus*]

fa|mu|lie|ren ⟨V.3, hat famuliert; o.Obj.⟩ *während des Medizinstudiums in einem Krankenhaus praktisch arbeiten* [< lat. *famulari* „dienen", zu *famulus* „Diener"]

Fa|mu|lus ⟨m., -, -li⟩ **1** *Medizinstudent, der sein Praktikum im Krankenhaus ableistet* **2** ⟨scherzh.⟩ *Assistent, Gehilfe eines Wissenschaftlers* [lat., „Diener"]

Fan ⟨[fɛn] m.9⟩ *begeisterter Liebhaber, Anhänger (von etwas) (Film~, Fußball~)* [engl., verkürzt < *fanatic* „Fanatiker"]

Fa|nal ⟨n.1⟩ *Feuerzeichen, eine Wende ankündigendes Zeichen* [< frz. *fanal* „große Laterne, Leuchtfeuer", < griech. *phanos* „Laterne, Fackel"]

Fa|na|ti|ker ⟨m.5⟩ *jmd., der leidenschaftlich und unduldsam etwas vertritt, Eiferer*

fa|na|tisch ⟨Adj.⟩ *unduldsam eifernd, sich übertrieben und rücksichtslos einsetzend* [< lat. *fanaticus* „von einer Gottheit in Begeisterung, Raserei versetzt", zu *fanum* „einer Gottheit geweihter Ort, Heiligtum, Tempel"]

fa|na|ti|sie|ren ⟨V.3, hat fanatisiert; mit Akk.⟩ *zum Fanatismus anstacheln, aufhetzen*

Fa|na|tis|mus ⟨m., -, nur Sg.⟩ *leidenschaftlicher, blinder, unduldsamer Eifer und Einsatz (für eine Sache oder Überzeugung)*

Fan|dan|go ⟨m.9⟩ *ursprünglich gesungener, feuriger spanischer Tanz* [span., vielleicht über *fadango* < port. *fado* „volkstümliches, schwermütiges Liebeslied"]

Fan|da|ro|le ⟨f.11⟩ *schneller provenzalischer Paartanz;* auch: Farandole

Fan|fa|re ⟨f.11⟩ **1** *Dreiklangtrompete ohne Ventile* **2** *Trompetensignal in gebrochenem Dreiklang* **3** *kurzer, signalähnlicher Satz der Suite* [< ital. *fanfara*, frz. *fanfare* in ders. Bed., wahrscheinlich lautmalend]

Fang ⟨m.2⟩ **1** *das Fangen (I,1)* **2** *dabei gemachte Beute;* einen guten F. machen *etwas Gutes erlangen* **3** ⟨beim Hund und Raubwild⟩ → *Maul* **4** (kurz für) *Fangzahn* **5** ⟨bei Greifvögeln⟩ → *Kralle;* jmdm. in die Fänge geraten ⟨übertr., ugs.⟩ *in jmds. Gewalt, Herrschaft geraten;* was er einmal hat, läßt er nicht mehr aus den Fängen läßt er nicht mehr los, gibt er nicht wieder her **6** *Falle für großes*

Faschismus

Wild (z.B. Grube) **7** ⟨kurz für⟩ *Fangstoß; Wild den F. geben*

Fang|arm ⟨m.1; bei Wassertieren, bes. Kopffüßern⟩ *armähnliches Greiforgan;* Syn. *Tentakel*

Fang|ei|sen ⟨n.7⟩ →*Schlageisen*

fan|gen ⟨V.34, hat gefangen⟩ **I** ⟨mit Akk.⟩ **1** *ein Tier oder jmdn. verfolgen und es oder ihn fassen, ergreifen und festhalten; fang mich!; einen Vogel, einen Dieb f.; Fangen spielen ein Spiel spielen, bei dem ein Kind davonläuft und ein anderes es zu fassen versucht;* sich gefangen geben *sich gefangennehmen lassen;* von einer Erzählung ganz ergriffen sein *sehr beeindruckt sein* **2** *etwas f.* **a** *aus der Luft ergreifen; einen Ball f.* **b** *unerwartet, wider Willen erhalten, bekommen, aufnehmen; Feuer f. zu brennen beginnen,* ⟨übertr.⟩ *in Begeisterung geraten;* eine (Ohrfeige) f. *eine Ohrfeige bekommen* **3** jmdn. f. ⟨übertr.⟩ *durch geschickte Fragen zum Geständnis zwingen* **II** ⟨refl.⟩ sich f. **1** *an, in ein Hindernis geraten und nicht weiterkönnen; der Fisch hat sich im Netz gefangen; der Wind fängt sich in dieser Ecke* **2** *die Fassung, Selbstbeherrschung, das innere Gleichgewicht wiedergewinnen; nach dem Schrecken, der Enttäuschung hat sich wieder gefangen*

Fän|ger ⟨m.5⟩ *jmd., der etwas fängt*

Fang|fra|ge ⟨f.11⟩ *geschickte Frage, durch deren Beantwortung der Befragte sich verraten oder etwas preisgeben soll*

Fang|heu|schrecke ⟨-k|k-; f.11⟩ →*Gottesanbeterin*

fän|gisch ⟨Adj., o.Steig.⟩ *Jägerspr.⟩ gespannt und entsichert;* die Falle ist f.

Fang|lei|ne ⟨f.11⟩ *Leine, die vom Schiff einem Boot zum Festmachen zugeworfen wird*

Fan|go ⟨m., -s⟩ *von heißen Quellen abgelagerter Mineralschlamm (zu Heilzwecken verwendet)* [ital., ,,Schlamm", < germ. *fanga ,,Sumpf, Schlamm"]

Fang|rie|men ⟨m.7⟩ *Riemen an der Schibindung (der verhindert, daß der Schi den Hang hinunterrutscht, wenn sich die Bindung öffnet)*

Fang|schnur ⟨f.2; an Uniformen⟩ *Zierschnur von der Schulter zur Knopfleiste;* Syn. *Achselband, Achselschnur*

Fang|schuß ⟨m.2⟩ *Schuß aus kurzer Entfernung, mit dem ein angeschossenes, noch nicht verendetes Wild getötet wird*

Fang|stoß ⟨m.2⟩ *Todesstoß für ein angeschossenes, aber noch nicht verendetes Wild*

Fang|zahn ⟨m.2; beim Hund und Raubwild⟩ →*Reißzahn*

Fant ⟨m.1⟩ *unreifer junger Bursche* [< mnddt. *vant ,,Knabe", zu mhd. vanz ,,Schelm", wahrscheinlich < germ. *vant, das etwas ,,Lockeres" bezeichnet]

Fan|ta|sia ⟨f.9⟩ **1** *nordafrikanisches Reiterkampfspiel* **2** ⟨ital. Bez. für⟩ *Fantasie*

Fan|ta|sie ⟨f.11⟩ **1** *Musikstück in ungebundener Form* **2** ⟨eindeutschende Schreibung für⟩ *Phantasie*

Fa|rad ⟨n., -s, -; Zeichen: F⟩ *Maßeinheit der Kapazität* [nach dem engl. Physiker Michael Faraday]

Fa|ra|day|kä|fig ⟨m.1; bei Meßinstrumenten und beim Blitzschutz⟩ *käfigartige, geerdete Vorrichtung aus Drahtgeflecht zum Abschirmen gegen elektrische Felder oder Ströme* [nach dem engl. Physiker Michael Faraday]

fa|ra|disch ⟨Adj., o.Steig.; nur als Attr.⟩ *~er Strom häufig unterbrochener Gleichstrom*

fa|ra|di|sie|ren ⟨V.3, hat faradisiert; mit Akk.⟩ *mit faradischem Strom behandeln*

Fa|ran|do|le ⟨f.11⟩ *Fandarole*

Farb|band ⟨n.4; bei Schreibmaschinen⟩ *mit Farbe durchtränktes Band, das die Buchstaben auf das Papier überträgt*

Farb|buch ⟨n.4⟩ *amtliche Veröffentlichung (eines Staates), meist zur Außenpolitik) in farbigem Umschlag;* vgl. *Blaubuch, Gelbbuch, Grünbuch, Rotbuch, Weißbuch*

Far|be ⟨f.11⟩ **1** *(durch das Auge vermittelte) Sinnesempfindung für elektromagnetische Wellen bestimmter Länge;* du redest wie der Blinde von der F. ⟨ugs.⟩ *du redest darüber, obwohl du nichts davon verstehst* **2** *stark farbig erscheinender, pulveriger Stoff (der, in einem Bindemittel gelöst, zum Malen und Anstreichen verwendet wird)* **3** ⟨Kart.⟩ *jede der vier verschiedenen Kartenreihen (z.B. Eichel, Herz) sowie eine einzelne Karte dieser Reihe;* welche F. ist Trumpf?; eine F. ausspielen; F. bekennen ⟨Kart.⟩ *die gleiche Farbe wie der erste Spieler ausspielen,* ⟨allg.⟩ *die eigene Überzeugung eingestehen, die Wahrheit sagen* **4** *Farbe (1) als Symbol (eines Landes);* die *~n seines Landes vertreten* ⟨allg.⟩ *sein Land vertreten;* die italienischen *~n*

farb|echt ⟨Adj., o.Steig.; bei gefärbten Materialien⟩ *widerstandsfähig gegen die Einwirkung von Wasser, Reinigungsmitteln und Licht* **Farb|echt|heit** ⟨f., -, nur Sg.⟩

fär|ben ⟨V.1, hat gefärbt⟩ **I** ⟨mit Akk.⟩ *etwas f. auf etwas Farbe auftragen, etwas farbig machen; einen Stoff, ein Kleidungsstück f.; sich die Lippen f.* **II** ⟨refl.⟩ *sich f. farbig werden, eine andere Farbe annehmen; der Stoff färbt sich allmählich; sich gelb, rot f. gelbe, rote Farbe annehmen;* die Blätter, die Kirschen f. sich schon (gelb, rot) **III** ⟨o.Obj.⟩ *Farbe abgeben; der Stoff, der Pullover färbt*

far|ben|blind ⟨Adj., o.Steig.⟩ *an Farbenblindheit leidend*

Far|ben|blind|heit ⟨f., -, nur Sg.⟩ *krankhafte Unempfindlichkeit für bestimmte Farben (z.B. Rot-Grün-Blindheit)*

Far|ben|druck ⟨m.1⟩ *Herstellung von Drukken in allen erforderlichen Farben*

far|ben|freu|dig ⟨Adj.⟩ *abwechslungsreich, lebhaft in den Farben*

Far|ben|leh|re ⟨f., -, nur Sg.⟩ *Wissenschaft von der Natur der Farbe (I), den Zusammenhängen der Farben untereinander und ihren Wirkungen auf den Menschen;* Syn. *Chromatik*

Far|ben|pracht ⟨f., -, nur Sg.⟩ *Abwechslungsreichtum lebhafter, leuchtender Farben, Vorhandensein vieler leuchtender Farben*

far|ben|präch|tig ⟨Adj.⟩ *in vielen Farben leuchtend, viele leuchtende Farben aufweisend*

Far|ben|spiel ⟨n.1⟩ *reizvoller Wechsel mehrerer Farben; das F. des Sonnenunterganges*

Far|ben|sym|bo|lik ⟨f., -, nur Sg.⟩ **1** *symbolische Bedeutung von Farben (z.B. Grün als die Farbe der Hoffnung)* **2** *Anwendung von bestimmten Farben, um etwas durch sie auszudrücken (z.B. Blau als Farbe des Geistes, der Geistigkeit bei Franz Marc)*

Fär|ber ⟨m.5⟩ *Handwerker, der Textilien und Textilfasern färbt*

Fär|ber|di|stel ⟨f.11⟩ *subtropischer Korbblütler, der Safflorgelb und Safflorrot liefert;* Syn. *Safflor*

Fär|be|rei ⟨f.10⟩ **1** *Verfahren zum Färben von Textilien und Textilfasern* **2** *Betrieb dafür*

Fär|ber|rö|te ⟨f., -, nur Sg.⟩ →*Krapp*

Farb|fil|ter ⟨m.5; Fot.⟩ *optisches Glas, das, vor das Objektiv gesetzt, bestimmte Farbtöne nicht durchläßt*

Farb|fo|to|gra|fie ⟨f.11⟩ **1** ⟨nur Sg.⟩ *fotografisches Aufnahmeverfahren mit natürlicher Farbwiedergabe* **2** *damit hergestellte Aufnahme*

Farb|ge|bung ⟨f., -, nur Sg.⟩ *Art und Weise, wie Farben angewendet und zusammengestellt werden*

Farb|hö|ren ⟨n., -s, nur Sg.⟩ *Eindruck von Farben beim Hören von Tönen*

far|big ⟨Adj.⟩ **1** *eine Farbe,* ⟨oder⟩ *verschiedene Farben aufweisend;* auch: ⟨österr.⟩ *färbig; ~e Stoffe* **2** *nicht die für bestimmte Unterrassen der Europiden typische Hautfarbe besitzend,* ⟨bes.⟩ *eine dunkle Hautfarbe besitzend;* die *~e Bevölkerung Amerikas* [Lehnübersetzung von engl. *coloured ,,farbig"*] **3** ⟨übertr.⟩ *vielgestaltig, anschaulich; eine ~e Schilderung; er erzählt, beschreibt sehr f.*

fär|big ⟨Adj.; österr.⟩ →*farbig (1)*

Far|bi|ge(r) ⟨m., f.17 oder 18⟩ *jmd., der farbig (2) ist*

Far|big|keit ⟨f., -, nur Sg.⟩ *das Farbigsein*

Farb|ka|sten ⟨m.8⟩ →*Malkasten*

farb|los ⟨Adj., -, am farblosesten⟩ **1** ⟨o.Steig.⟩ *ohne Farbe(n); ~e Flüssigkeit* **2** ⟨übertr.⟩ *blaß, fad, unlebendig; eine ~e Darstellung, Schilderung* **3** *ohne Eigenart, ohne Profil; eine ~e Person* **Farb|lo|sig|keit** ⟨f., -, nur Sg.⟩

Farb|ton ⟨m.2⟩ *Farbe (1) bestimmter Wellenlänge, Farbe in einer bestimmten Abstufung; heller, dunkler F.; grünlicher F.*

Fär|bung ⟨f.10⟩ **1** *das Färben (I,II)* **2** *das Farbigsein; die herbstliche F. der Blätter*

Farb|wech|sel ⟨m.5; bei Tieren⟩ *Fähigkeit, die Farbe zu verändern (besonders, um sich der Umgebung anzupassen)*

Far|ce ⟨[fársə] f.11⟩ **1** ⟨14.–16. Jh.⟩ *kurzes, derb-komisches Lustspiel, Posse (oft als Zwischenspiel)* **2** *lächerliche, als wichtig hingestellte Angelegenheit* **3** *Füllung für Geflügel und Pasteten* [< frz. *farce*, urspr. ,,Fleischfüllung", dann übertr. ,,Posse, Schwank" (als ,,füllendes" Zwischenspiel im Theater), zu *farcir* ,,füllen, spicken"]

Far|ceur ⟨[-søʀ] m.1⟩ *Possenreißer*

far|cie|ren ⟨[-śi-] V.3, hat farciert; mit Akk.⟩ *mit Farce (3) füllen*

Fa|rin ⟨m., -s, nur Sg.⟩ *ungereinigter, gelblichbrauner Zucker* [frz. *farina ,,Mehl"*]

Farm ⟨f.10⟩ **1** *(in englischsprachigen Ländern) landwirtschaftlicher Betrieb* **2** ⟨bes. BRD⟩ *einseitig erwerbswirtschaftlich orientiertes Unternehmen (Geflügel~)* [engl., zu frz. *ferme ,,gepachtetes Land"*]

Far|mer ⟨m.5⟩ *jmd., der eine Farm (1) besitzt oder bewirtschaftet* [engl.]

Farn ⟨m.1⟩ *eine blütenlose, sporentragende Pflanze (meist krautig mit stark zerteilten Blättern)*

fä|rö|isch ⟨Adj., o.Steig.⟩ *die Inselgruppe der Färöer betreffend, zu ihr gehörig, von ihr stammend*

Far|re ⟨m.11; landsch.⟩ *junger Stier*

Fär|se ⟨f.11⟩ *Kuh vor dem ersten Kalben;* Syn. *Kalbe,* ⟨bayr.-österr.⟩ *Kalbin,* ⟨nddt.⟩ *Sterke*

fas, f.a.s. ⟨Abk. für⟩ *free alongside ship*

Fa|san ⟨m.1⟩ *ein langschwänziger Hühnervogel (Männchen mit ausgeprägtem Prachtgefieder)* [< griech. *phasianos ,,Fasan"*, nach der Stadt *Phasis* und dem gleichnamigen, ins Schwarze Meer mündenden Fluß]

Fa|sa|ne|rie ⟨f.11⟩ *Gehege, in dem Fasanen gehalten werden* [< frz. *faisanderie* in ders. Bed.]

Fas|ces ⟨[-tse:s] Pl.⟩ →*Faszes*

Fa|sche ⟨f.11; österr.⟩ *stützende Binde (z.B. bei Bänderdehnung)* [< ital. *fascia ,,Binde"*]

fa|schen ⟨V.1, hat gefascht; mit Akk.; österr.⟩ *umwickeln, bandagieren* [zu *Fasche*]

fa|schie|ren ⟨V.3, hat faschiert; mit Akk.; österr.⟩ *durch den Fleischwolf drehen* [zu *farcieren*]

Fa|schier|ma|schi|ne ⟨f.11⟩ →*Fleischwolf* [zu *faschieren*]

Fa|schier|te(s) ⟨n.17 oder 18, nur Sg.; österr.⟩ →*Hackfleisch*

Fa|schi|ne ⟨f.11⟩ *Reisiggeflecht für Uferbefestigungen* [< ital. *fascina ,,Reisigbündel"*, < lat. *fascis ,,Bündel, Rutenbündel"*]

Fa|sching ⟨m.1; bayr.-österr.⟩ →*Fastnacht* [wahrscheinlich zu *faseln ,,fruchtbar sein, gedeihen"*, im Sinne eines ursprünglichen Vorfrühlingsfestes]

Fa|schis|mus ⟨m., -, nur Sg.⟩ **1** *die von Mussolini begründete nationalistische Bewe-*

Faschist

gung in Italien (bis 1945) **2** ⟨danach allg. Bez. für⟩ *nationalistisches totalitäres Herrschaftssystem* [< ital. *fascismo* in ders. Bed., zu *fascio* ,,politische Vereinigung", eigtl. ,,Bündel", < lat. *fascis* ,,Bündel"; ein Rutenbündel mit einem Beil in der Mitte war im alten Rom das Zeichen der Herrschergewalt]

Fa|schist ⟨m.10⟩ *Anhänger, Vertreter des Faschismus*

fa|schi|stisch ⟨Adj., o.Steig.⟩ *den Faschismus betreffend, zu ihm gehörig, aus ihm stammend, in der Art des Faschismus*

fa|schi|sto|id ⟨Adj., o.Steig.⟩ *dem Faschismus ähnlich*

Fa|se ⟨f.11⟩ *abgeschrägte Kante (z.B. an Balken, Möbelteilen)* [< frz. *face* ,,Oberfläche, Vorderseite"]

Fa|sel ⟨m.5; landsch.⟩ *junges Zuchttier (meist männlich)*

Fa|sel|feh|ler ⟨m.5⟩ *durch Faseln (I) entstandener Fehler*

fa|se|lig ⟨Adj.⟩ *seine Gedanken nicht zusammenhaltend, zerstreut, unkonzentriert*

fa|seln ⟨V.1, hat gefaselt⟩ **I** ⟨o.Obj.⟩ *seine Gedanken nicht beisammenhaben, unkonzentriert sein* **II** ⟨mit Akk.⟩ *ohne Überlegung behaupten, erzählen;* was faselst du da?; er faselt lauter dummes Zeug

fa|sen ⟨V.1, hat gefast; mit Akk.⟩ *etwas f. eine Fase an etwas anbringen, etwas mit einer Fase versehen*

Fa|ser ⟨f.11⟩ *fadenförmiges Gebilde (organischer, mineralischer Herkunft oder auf chemischem Wege erzeugt);* Asbest~, Baumwoll~, Muskel~, Kunst~; Syn. *Fiber*

Fa|ser|ge|schwulst ⟨f.2⟩ *gutartige Geschwulst des Bindegewebes;* Syn. *Fibrom*

fa|se|rig ⟨Adj.⟩ **1** *aus vielen Fasern bestehend, sich leicht in Fasern auflösend;* ~es Fleisch **2** *leicht Fasern abgebend;* ~e Wolle

fa|sern ⟨V.1, hat gefasert; o.Obj.⟩ *Fasern abgeben, Fasern verlieren;* die Wolle fasert

fa|ser|nackt ⟨Adj., o.Steig.⟩ *ganz nackt* [vielleicht zu *Faser*, also ,,nackt wie einer, der nicht einmal mehr Lumpen, sondern nur noch aus Fäden oder Fasern bestehendes Zeug am Leib hat"]

Fa|ser|pflan|ze ⟨f.11⟩ *Pflanze, die Fasern liefert (z.B. Baumwolle, Flachs, Hanf, Jute)*

Fa|se|rung ⟨f.10⟩ *das Fasern*

Fa|shion ⟨[fæʃən] f., -, nur Sg.⟩ **1** *Mode* **2** *feiner Lebensstil, feine Sitte* [engl., → *Fasson*]

fa|shio|na|bel ⟨[feʃə-] Adj., fashionabler, am ~sten⟩ **1** *modisch, modern* **2** *fein* [zu *Fashion*]

Fas|nacht ⟨f., -, nur Sg.⟩ → *Fastnacht*

Faß ⟨n.4; als Maßbezeichnung Pl. -⟩ *trommelartiges, geschlossenes Gefäß aus Dauben, die durch Rundreifen zusammengehalten werden, oder aus Aluminium;* zehn F. Bier; ein F. anstechen, anzapfen; das ist ein F. ohne Boden ⟨übertr.⟩ *das ist eine Sache, die immer neue Kosten verursacht, immer neue Mühe macht;* das schlägt dem Faß den Boden aus ⟨übertr.⟩ *das ist unerhört, das geht zu weit*

Fas|sa|de ⟨f.11⟩ **1** ⟨bei Gebäuden⟩ *gestaltete, hervorgehobene Außenseite* **2** ⟨übertr.⟩ *schöne Außenseite, die über etwas hinwegtäuscht;* seine Heiterkeit ist nur F. [< frz. *façade* ,,Oberfläche, Außenseite"]

Fas|sa|den|klet|te|rer ⟨m.5⟩ *Einbrecher, der an Hauswänden hochklettert und durchs Fenster einsteigt*

faß|bar ⟨Adj., o.Steig.⟩ *so beschaffen, daß man es fassen, erfassen, begreifen kann;* es ist kaum f., daß er so etwas hat tun können

Faß|bin|der ⟨m.5; landsch.⟩ *Böttcher*

fas|sen ⟨V.1, hat gefaßt⟩ **I** ⟨mit Akk.⟩ **1** *etwas oder jmdn. f. mit der Hand oder einem Gegenstand ergreifen, nehmen, festhalten;* einen Gegenstand am Henkel f., mit einem Werkzeug f.; jmdn. am Arm, beim Arm f.; jmdn. zu f. kriegen *ergreifen, fangen;* ich bekam den Hund am Halsband zu f. **2** *jmdn. f. fangen und verhaften;* einen Dieb f.; man hat den Flüchtling gefaßt **3** *etwas f.* **a** *mit einer Fassung versehen, einrahmen;* einen Edelstein (in Gold) f.; eine Quelle (in Stein) f. **b** *in sich aufnehmen können;* der Wagen, Lift faßt fünf Personen **c** ⟨Mil.⟩ *in Empfang nehmen, sich geben lassen;* Essen f. **d** *erfassen, begreifen;* es ist nicht zu f.!; ich fasse das nicht **e** *formulieren, ausdrücken;* das muß man anders fassen, einfacher, genauer f.; ein Gefühl in Worte f. *in Worten ausdrücken* **f** *in sich wachsen lassen;* Mut f.; Vertrauen zu jmdm. f. **II** ⟨o.Obj.⟩ **1** *sich einhaken, greifen;* die Schraube faßt nicht **2** *in, an etwas f. mit der Hand, an etwas geraten, etwas berühren;* ich faßte in etwas Weiches, Nasses; ans heiße Bügeleisen f. **III** ⟨refl.⟩ *sich f. sich in seelisches Gleichgewicht, seine Haltung, Selbstbeherrschung wiedergewinnen;* er wurde zornig, faßte sich aber wieder; er konnte sich kaum f. vor Freude

fäs|ser|wei|se ⟨Adv.⟩ auch: *faßweise* **1** *in (einzelnen) Fässern;* das Bier wurde f. geliefert **2** ⟨übertr.⟩ *in großen Mengen;* diesen Saft könnte ich f. trinken

faß|lich ⟨Adj.⟩ *so beschaffen, daß man es fassen (begreifen) kann, verständlich;* eine leicht ~e Geschichte; der Artikel ist leicht, gut f. geschrieben

Faß|lich|keit ⟨f., -, nur Sg.⟩

Fas|son ⟨[-sɔ̃], ugs. ⟨-sɔn⟩ f.9, österr. und schweiz. auch [-son] f.10⟩ **1** *Zuschnitt, Form (eines Kleidungsstücks);* die F. eines Mantels; seine F. behalten, verlieren; aus der F. geraten *seine Form verlieren, zu weit werden (von Kleidungsstücken), unförmig werden (von Personen)* **2** *Art und Weise;* Haar nach F. schneiden *nach einer besonderen, modischen Art schneiden;* jeder soll nach seiner F. selig werden *jeder soll so leben, wie er es für richtig hält* [< frz. *façon* ,,Form, Gestalt, Art und Weise", < lat. *factio,* Gen. *-onis,* ,,das Tun, Machen", zu *facere* ,,machen"]

fas|so|nie|ren ⟨V.3, hat fassoniert; mit Akk.⟩ *in eine bestimmte Form bringen*

Fas|son|schnitt ⟨[-sɔ̃-] m.1⟩ *Haarschnitt in üblicher, modischer Form*

Fas|sung ⟨f.10⟩ **1** *Einfassung, Umrahmung;* F. eines Edelsteins; F. der Brillengläser; F. einer Quelle **2** *Zylinder aus Metall (in den eine Glühbirne geschraubt wird)* **3** *Bemalung eines Bildwerks aus Holz oder Stein* **4** *Form (eines Textes, Films, Musikstücks);* erste, zweite, endgültige F.; deutsche F. eines amerikanischen Films **5** ⟨nur Sg.⟩ *inneres Gleichgewicht, innere Haltung, Selbstbeherrschung;* die F. verlieren; nach F. ringen

Fas|sungs|kraft ⟨f., -, nur Sg.⟩ *Fähigkeit, etwas zu fassen (zu begreifen);* dazu reicht seine F. nicht aus

fas|sungs|los ⟨Adj., o.Steig.⟩ *ohne Fassung, bestürzt, erschrocken und verblüfft*

Fas|sungs|lo|sig|keit ⟨f., -, nur Sg.⟩

Fas|sungs|ver|mö|gen ⟨n., -s, nur Sg.⟩ *Größe (eines Behälters, Hohlraums);* das Glas hat ein F. von einem Liter

faß|wei|se ⟨Adv.⟩ → *fässerweise*

fast ⟨Adv.⟩ *nicht ganz, nahezu, beinahe;* die Arbeit ist f. fertig; der Mantel ist f. neu; ich wäre f. gestürzt; das findet man f. überall, f. nirgends

Fa|sta|ge ⟨[-ʒə] f.11⟩ → *Fustage*

Fast|ebe|ne ⟨f.11⟩ → *Rumpffläche*

Fast|el|abend ⟨m.1; landsch., bes. rhein.⟩ → *Fastnacht*

fa|sten ⟨V.2, hat gefastet; o.Obj.⟩ *(aus gesundheitlichen oder religiösen Gründen) nichts oder nur bestimmte Dinge essen;* drei Tage, Wochen f.

Fa|sten ⟨Pl.⟩ *kirchliche Fastenzeit;* die F. einhalten, unterbrechen

Fa|sten|kur ⟨f.10⟩ *Kur zur Abmagerung, bei der gefastet wird*

Fa|sten|sonn|tag ⟨m.1⟩ *Sonntag in der Fastenzeit vor Ostern*

Fa|sten|spei|se ⟨f.11⟩ *während der (kirchlichen) Fastenzeit erlaubte Speise*

Fa|sten|zeit ⟨f.10⟩ *(in verschiedenen Religionen) festgesetzte Zeit des Fastens (in der kath. Kirche von Aschermittwoch bis Ostern)*

fa|sti|di|ös ⟨Adj., ~er, am fastidiösesten⟩ *widerwärtig, ekelhaft* [über frz. *fastidieux* < lat. *fastidius* in ders. Bed., zu *fastidium* ,,Ekel, Überdruß", zu *fastus* ,,Hochmut, Sprödigkeit"]

Fast|nacht ⟨f., -, nur Sg.⟩ *die Zeit zwischen Dreikönige (6.1.) und Aschermittwoch, in der an vielen Orten Maskentreiben stattfindet;* auch: *Fasnacht;* Syn. ⟨bayr.-österr.⟩ *Fasching,* ⟨landsch., bes. rhein.⟩ *Fastelabend,* ⟨rhein.⟩ *Karneval* [Erstbestandteil vgl. *Fasching,* Zweitbestandteil hier im Sinne von ,,Vorabend"]

Fast|nachts|spiel ⟨n.1; 15.–17. Jh.⟩ *weltliches, derb-komisches, zur Fastnachtszeit von Handwerkern gespieltes Theaterstück*

Fas|zes ⟨[-tse:s] Pl.⟩ *Rutenbündel mit einem zweischneidigen Beil (Amtszeichen der altrömischen Liktoren);* Syn. *Liktorenbündel* [lat.]

fas|zi|al ⟨Adj., o.Steig.⟩ *bündelweise* [zu *Faszes*]

Fas|zie ⟨[-tsiə] f.11⟩ *bindegewebige Hülle um Muskeln und Muskelgruppen* [< lat. *fascia* ,,Band, Binde"]

Fas|zi|kel ⟨m.5⟩ **1** *zusammengeheftetes Aktenbündel, Bündel (von Manuskriptseiten u.ä.)* **2** *Heft, Band (eines in Fortsetzung erscheinenden, meist wissenschaftlichen Werks)* [< lat. *fasciculus* ,,kleines Bündel, Päckchen", Verkleinerungsform von *fascis* ,,Bündel, Paket"]

fas|zi|ku|lie|ren ⟨V.3, hat faszikuliert; mit Akk.⟩ *bündeln, heften* [zu *Faszikel*]

Fas|zi|na|ti|on ⟨f.10⟩ *Bezauberung, Anziehungskraft, fesselnde Wirkung;* F. ausüben

fas|zi|nie|ren ⟨V.3, hat fasziniert; mit Akk.⟩ *fesseln, bezaubern, stark anziehen;* ein ~des Buch [< lat. *fascinare* ,,behexen, verzaubern" (durch böse Worte, Zauberformeln u.a.), zu *fari* ,,prophetisch sprechen, verkünden"]

Fa|ta ⟨Pl. von⟩ *Fatum*

fa|tal ⟨Adj.⟩ **1** *unangenehm, peinlich;* eine ~e Situation; die Sache ist mir sehr f. **2** *verhängnisvoll, folgenschwer;* er hat eine ~e Neigung zum Alkohol [< lat. *fatalis* ,,vom Schicksal bestimmt, verhängnisvoll", zu *Fatum*]

Fa|ta|lis|mus ⟨m., -, nur Sg.⟩ *Glaube an ein vorherbestimmtes Schicksal, das man hinzunehmen hat;* Syn. *Schicksalsglaube* [zu *Fatum*]

Fa|ta|list ⟨m.10⟩ *jmd., der sein Schicksal als unabänderlich hinnimmt*

fa|ta|li|stisch ⟨Adj.⟩ *in der Art eines Fatalisten*

Fa|ta|li|tät ⟨f., -, nur Sg.⟩ **1** *Verhängnis, Mißgeschick* **2** *Peinlichkeit*

Fa|ta Mor|ga|na ⟨f., -, -, -nen oder -s⟩ **1** *durch starken Temperaturunterschied in bodennahen Luftschichten hervorgerufene Spiegelung weit entfernter Gegenstände und Landschaften in der Luft (bes. über Wüsten)* **2** *Sinnestäuschung, Wahngebilde* [der Volksglaube schrieb die Erscheinung einer wundertätigen *Fee Morgana* zu; < ital. vulgärlat. *fata* ,,Fee", Fem. zu lat. *fatum* ,,Schicksal", also eigtl. ,,Schicksalsgöttin" oder ,,Schicksalsfee", und *Morgana,* ein Frauenname, dessen Herkunft nicht geklärt ist]

fa|tie|ren ⟨V.3, hat fatiert; mit Akk.; †⟩ **1** *bekennen, angeben* **2** ⟨österr.⟩ *dem Finanzamt bekanntgeben;* sein Einkommen f. [< lat. *fateri* ,,bekennen"]

fa|ti|gant ⟨Adj., ~er, am fatigantesten; †⟩ *ermüdend, lästig* [frz., zu lat. *fatigare* ,,ermüden, abhetzen"]

Fa|tum ⟨n., -s, -ta⟩ *Schicksal* [lat., ,,Götter-

spruch, Weissagung, Schicksal", zu *fari* „prophetisch sprechen"]
Fatz|ke ⟨m.11 oder m.9⟩ *eitler, eingebildeter Mann*
fau|chen ⟨V.1, hat gefaucht⟩ **I** ⟨o.Obj.⟩ **1** *den Atem dumpf zischend ausstoßen;* die Katze faucht **2** *dumpf zischend Dampf ausstoßen;* die Dampfmaschine faucht **3** *dumpf zischend wehen, blasen;* der Wind faucht **II** ⟨mit Akk.; übertr.⟩ *wütend sagen, herausstoßen;* „Laß mich in Ruhe!" fauchte er
faul ⟨Adj.⟩ **1** *verdorben, zersetzt, in Verwesung, Fäulnis übergegangen,* ~es Fleisch, Obst; der Apfel ist f.; das Wasser riecht, schmeckt f. *riecht, schmeckt nach verwesten Stoffen* **2** ⟨übertr.⟩ *bedenklich, moralisch nicht einwandfrei;* die Sache ist f.; das ist etwas f.; das ist doch ~er Zauber *das stimmt doch alles nicht;* eine ~e Ausrede *nicht überzeugende Ausrede* **3** ⟨übertr.⟩ *fad, geistlos, abgeschmackt;* ein ~er Witz **4** *nicht gewillt zu arbeiten, unlustig zur Arbeit, unlustig,* etwas Bestimmtes zu tun; ein ~er Kerl; er ist f.; ich bin zu f., aufzustehen und nachzusehen; und er, nicht f., griff sofort zu *er griff flink, rasch zu;* er ist stinkend f. ⟨derb⟩ **5** ⟨Kaufmannsspr.⟩ *säumig;* ein ~er Schuldner
Faul|baum ⟨m.2⟩ *kleiner Laubbaum mit eiförmig-elliptischen Blättern, der oft zugleich rote und schwarze Beeren trägt* [die Rinde riecht süßlich-faulig]
Faul|brut ⟨f.10⟩ *Bienenseuche, bei der die Brut abstirbt und verfault*
Fäu|le ⟨f., -, nur Sg.; geh.⟩ → *Fäulnis*
Faul|ecke ⟨-k|k-, f.11⟩ *nach der Wange ausstrahlender, blutender und nässender Einriß der Mundwinkelhaut (als Folge von Vitaminmangel u.a.)*
fau|len ⟨V.1, ist gefault; o.Obj.⟩ *faul werden, in Verwesung, in Fäulnis übergehen*
fau|len|zen ⟨V.1, hat gefaulenzt; o.Obj.⟩ *faul (4) sein, nichts tun, nicht arbeiten, sich nicht anstrengen;* im Urlaub f. [< mhd. *vulezen* „faul schmecken, riechen"]
Fau|len|zer ⟨m.5⟩ *jmd., der faulenzt*
Faul|heit ⟨f., -, nur Sg.⟩ *das Faulsein, faule Wesensart;* er stinkt vor F. ⟨derb⟩
fau|lig ⟨Adj.⟩ *faul werdend, leicht faul, etwas faul;* f. riechen, schmecken
Fäul|nis ⟨f., -, nur Sg.; bei abgestorbenen organischen Stoffen⟩ *Zersetzung durch Bakterien;* Syn. ⟨geh.⟩ *Fäule*
Faul|pelz ⟨m.1⟩ *fauler Mensch*
Faul|schlamm ⟨m., -(e)s, nur Sg.⟩ Syn. *Sapropel* **1** ⟨in Seen und Meeren⟩ *Bodenschlamm aus abgestorbenen organischen Stoffen, die sich zersetzen* **2** *Bodensatz bei der Abwässerreinigung*
Faul|tier ⟨n.1⟩ **1** *südamerikanisches Säugetier, das sich mit langen Sichelkrallen äußerst langsam, an Bäumen hängend, fortbewegt* (Dreizehen~, Zweizehen~) **2** ⟨übertr.⟩ *jmd., der (liebenswert) faul ist*
Faun ⟨m.1; röm. Myth.⟩ *halbtierischer Waldgeist mit Gehörn und Bocksfüßen;* lüstern wie ein F. [< lat. *Faunus,* dem Namen eines sagenhaften Königs von Latium]
Fau|na ⟨f., -, -nen⟩ *Gesamtheit der Tiere oder Tierarten eines bestimmten Gebiets* (Gebirgs~); einheimische F. [nach der röm. Fruchtbarkeitsgöttin *Fauna*]
Fau|nen|reich ⟨n.1⟩ *Großgebiet der Erde mit eigener, in bestimmten Zügen mehr oder weniger einheitlichen Fauna*
fau|nisch ⟨Adj., o.Steig.⟩ *in der Art eines Fauns*
Fau|ni|stik ⟨f., -, nur Sg.⟩ *Wissenschaft von der Fauna*
Fausse ⟨[fos] frz. Schreibung für⟩ *Foße*
Faust ⟨f.2⟩ *Hand mit zur Innenfläche gekrümmten Fingern, geballte Hand;* die F. ballen; die Hand zur F. ballen; eine F. machen; die F. in der Tasche ballen *seinen Zorn nicht zeigen;* etwas auf eigene F. unternehmen *allein und aus eigenem Antrieb, ohne zu fragen;* jmds. F. im Nacken spüren *die Macht, die jmd. über einen hat, spüren, unter jmds. Zwang stehen;* mit der F. auf den Tisch schlagen *seinen Zorn, seine Unzufriedenheit offen und mit Nachdruck zeigen;* das paßt wie die F. aufs Auge *das paßt überhaupt nicht*
Faust|ball ⟨m.2⟩ **1** ⟨nur Sg.⟩ *Mannschaftsspiel, bei dem ein Hohlball über eine Leine hin und her geschlagen wird* **2** *dazu verwendeter Ball*
Fäust|chen ⟨n.7⟩ *kleine Faust;* sich ins F. lachen *still für sich, schadenfroh lachen (besonders wenn man selbst den Vorteil dabei hat)*
faust|dick ⟨Adj., o.Steig.⟩ *so dick wie eine Faust;* ein ~er Ast; eine ~e Geschwulst; eine ~e Lüge ⟨übertr.⟩ *eine dreiste, plumpe Lüge;* er trägt f. auf *er übertreibt sehr;* er hat es f. hinter den Ohren *er ist sehr pfiffig, schlau, raffiniert (ohne es merken zu lassen)*
Fäu|stel ⟨m.5; Bgb.⟩ *Hammer mit kurzem Stiel*
fau|sten ⟨V.2, hat gefaustet; mit Akk.⟩ *mit der Faust wegschlagen, wegstoßen;* den Ball f.
Faust|hand|schuh ⟨m.11⟩ → *Fäustling*
fau|stisch ⟨Adj., o.Steig.⟩ *rastlos nach neuen Erkenntnissen strebend;* ~er Drang; ein ~er Mensch [nach der Titelgestalt von Goethes „Faust"]
Faust|kampf ⟨m.2⟩ *Boxen ohne feste Regeln, Kampf ausschließlich mit den Fäusten (Vorstufe des heutigen Boxens)*
Faust|keil ⟨m.1⟩ *keilförmiges Steinwerkzeug des Paläolithikums*
Fäust|ling ⟨m.1⟩ *Handschuh, bei dem nur der Daumen gesondert herausgearbeitet ist;* Syn. *Fausthandschuh*
Faust|pfand ⟨n.4⟩ *Gegenstand als Pfand;* jmdm. ein F. geben, überlassen
Faust|recht ⟨m., -(e)s, nur Sg.⟩ **1** *gewaltsames Durchsetzen einer (privaten) Forderung;* vom F. Gebrauch machen **2** *gewaltsame Selbstverteidigung*
Faust|re|gel ⟨f.11⟩ *einfache, nur in unkomplizierten Fällen geltende Regel*
Faust|waf|fe ⟨f.11⟩ *Schußwaffe für einhändigen Gebrauch (z.B. Pistole, Revolver)*
faute de mieux ⟨[fo:t də mjø] frz.⟩ *in Ermangelung eines Besseren* [frz.]
Fau|teuil ⟨[fotœj] m.9⟩ **1** ⟨†⟩ *Polstersessel mit Armlehnen* **2** ⟨österr.⟩ → *Sessel* [frz., < altfrz. *faldestoel* < fränk. *faldstôl* „Faltstuhl"]
Fau|vis|mus ⟨[fovis-] m., -, nur Sg.⟩ *als Absage an den Impressionismus entstandene, von einer Künstlergruppe mit dem Spottnamen les fauves „die Wilden" vertretene Richtung der Malerei Anfang des 20. Jahrhunderts*
Faux|pas ⟨[fo:pa] m., -, -⟩ *Verstoß gegen die gesellschaftlichen Formen, Taktlosigkeit* [< frz. *faux pas* „Fehltritt", eigtl. „falscher Schritt bzw. Tritt"]
Fa|ve|la ⟨f.9; in brasilian. Städten⟩ *Elendsviertel* [port.]
fa|vo|ra|bel ⟨Adj., favorabler, am ~sten⟩ *günstig, vorteilhaft*
fa|vo|ri|sie|ren ⟨V.3, hat favorisiert; mit Akk.⟩ **1** *begünstigen, bevorzugen* **2** ⟨Sport⟩ *als Favoriten nennen, in den Vordergrund rücken*
Fa|vo|rit ⟨m.10⟩ **1** *Günstling, Liebling* **2** ⟨Sport⟩ *voraussichtlicher Sieger* [< frz. *favori* (m.), *favorite* (f.) „Günstling, Liebling", < ital. *favorito* „begünstigt", zu *favorire* „begünstigen"]
Fa|vus ⟨m., -, nur Sg.⟩ → *Erbgrind* [lat., „Wachsscheibe im Bienenstock"]
Fa|xen ⟨Pl.⟩ **1** *spaßige Grimassen und Bewegungen;* F. machen **2** *alberne Späße* **3** *Ausflüchte, Ausreden;* mach keine F., sondern fang an! [< volkstümlich *fackes, facks,* eigtl. *fickesfackes* „Possen, dumme Streiche", zu *Fickfack* „Hin- und Herziehen, Winkelzug, Ausflucht"]
Fa|yence ⟨[fajãs] f.11⟩ *Feinkeramik mit Zinnglasur* [nach *Fayence,* der frz. Bez. für die ital. Stadt *Faenza* bei Ravenna, einen der Orte, in denen die Keramiken zuerst hergestellt wurden]
Fä|zes ⟨Pl.⟩ → *Fäkalien*
Fa|ze|tie ⟨[-tsjə] f.11⟩ **1** *kurze, witzige, oft satirische oder erotische Erzählung, Schnurre, Schwank* **2** *witziger Einfall, Spaß* [< lat. *facetiae* (Pl.) „launiger Witz, Humor (des Weltmanns)", zu *facetus* „fein, elegant, witzig, heiter"]
fa|zi|al ⟨Adj., o.Steig.⟩ *zum Gesicht gehörig* [< mlat. *facialis* in ders. Bed., → *Fazies*]
Fa|zia|lis ⟨m., -, ...les⟩ *Nerv, der vor allem als Bewegungsnerv die mimische Muskulatur versorgt* [zu *fazial*]
Fa|zi|es ⟨f., -,-⟩ **1** *Gesamtheit der Merkmale eines Sedimentgesteins* **2** *unterschiedliche Beschaffenheit von gleichaltrigen Sedimentgesteinen* [< lat. *facies* „Gesicht", eigtl. „Gestaltung, Beschaffenheit", zu *facere* „bilden, tun, machen"]
Fa|zi|li|tät ⟨f., -, nur Sg.; †⟩ **1** *Leichtigkeit, Gewandtheit* **2** *Umgänglichkeit, Willfährigkeit* [< lat. *facilitas* „Leichtigkeit"]
Fa|zit ⟨n.9⟩ *Endsumme, Ergebnis, Schlußfolgerung;* das F. (aus einem Vorfall usw.) ziehen [< lat. *facit* „es macht", zu *facere* „machen"]
FBI ⟨[ɛfbi:aɪ] n., -, nur Sg.; Abk. für⟩ *Federal Bureau of Investigation: Bundeskriminalamt der USA* [< federal „Bundes-...", bureau „Büro, Behörde", of „von, der" und investigation „Ermittlung"]
FDGB ⟨DDR; Abk. für⟩ *Freier Deutscher Gewerkschaftsbund*
FDJ ⟨DDR; Abk. für⟩ *Freie Deutsche Jugend*
F.D.P. ⟨Abk. für⟩ *Freie Demokratische Partei*
F-Dur ⟨n., -, nur Sg.; Mus.⟩ *auf dem Grundton F aufbauende Dur-Tonart*
Fe ⟨Zeichen für⟩ *Eisen* [< lat. *ferrum* „Eisen"]
Fea|ture ⟨[fi:tʃər] n.9⟩ *dramaturgisch gestalteter Dokumentarbericht für Funk und Fernsehen* ⟨engl., „Spielfilm, Hörfolge", < lat. *factura* „das Gemachte"⟩
Fe|ber ⟨m., -(s), -; österr.⟩ *Februar*
Febr. ⟨Abk. für⟩ *Februar*
fe|bril ⟨Adj., o.Steig.⟩ *fieberhaft (1)* [zu lat. *febris* „Fieber"]
Fe|bru|ar ⟨m., -(s), -e⟩ *zweiter Monat des Jahres;* Syn. ⟨österr.⟩ *Feber* [< lat. *mensis februarius* „Reinigungsmonat", zu *februa* (Pl.) „Reinigungs-, Sühnefest am Ende des Jahres" (der Februar war bei den Römern der letzte Monat des Jahres)]
fec. ⟨Abk. für⟩ *fecit*
fech|sen ⟨V.1, hat gefechst; mit Akk.; österr.⟩ *ernten;* Wein f. [< mhd. *vehsen, vehsenen* „fangen, nehmen, einheimsen"]
Fech|ser ⟨m.5; süddt.⟩ *Ableger, Setzling* [< mhd. *vahs* „Haupthaar"]
Fech|sung ⟨[fεk-] f., -, nur Sg.; österr., veraltend⟩ *Getreide, das noch auf dem Acker steht* [zu *fechsen*]
Fecht|bo|den ⟨m.8; bei schlagenden student. Verbindungen⟩ *Raum zum Fechten;* Syn. *Paukboden*
Fecht|bru|der ⟨m.6; veraltend⟩ *herumziehender Bettler, Landstreicher* [zu *fechten (2)*]
fech|ten ⟨V.35, hat gefochten⟩ **I** ⟨o.Obj.⟩ **1** *mit der Stoß- oder Hiebwaffe kämpfen;* auf Stoß, auf Hieb f.; mit dem Degen, Florett, Säbel f.; einen Gang f. **2** ⟨ugs.⟩ *betteln;* f. gehen **II** ⟨mit Akk.⟩ *erbetteln;* Zigaretten f. [früher bestanden in einigen Städten Fechtschulen für Handwerker, die ihre Kunst dann oft für Geld vorführten]
Fech|ter ⟨m.5⟩ *jmd., der ficht*

Fech|ter|sprung ⟨m.2; Gerätturnen⟩ Sprung mit Unterstützung eines Armes (z.B. über Pferd oder Kasten); vgl. Diebsprung [vermutlich zu *Fechtbruder*]

Fecht|korb ⟨m.2⟩, **Fecht|mas|ke** ⟨f.11⟩ korbartiger Gesichtsschutz für Fechter

fe|cit ⟨Abk.: fec.⟩ *hat (es) gemacht* (Vermerk auf Kunstwerken, bes. Kupferstichen, hinter dem Namen des Künstlers) [lat.]

Fecker ⟨-k|k-; m.5; schweiz.⟩ **1** *jmd., der von Amts wegen Maße oder die Milch prüft* **2** *Landstreicher*

Fe|der ⟨f.11⟩ **1** ⟨bei Vögeln⟩ *aus Kiel und Fahne bestehendes Horngebilde der Oberhaut* (Deck~, Schwung~, Flaum~); *die ~n* ⟨ugs.⟩ *das Bett; in die ~n kriechen; früh nicht aus den ~n finden; ~n lassen müssen bittere Erfahrungen machen, Enttäuschungen erleben; sich mit fremden ~n schmücken die Gedanken oder Taten eines anderen als die eigenen ausgeben* **2** *früher* ⟨aus einer Vogelfeder hergestelltes Schreibgerät⟩ **3** ⟨bei Schreib- und Zeichengeräten⟩ *(herausnehmbare) aus Metall gearbeitete elastische Spitze (die die Schreib- oder Zeichenflüssigkeit auf die Unterlage überträgt)* **4** *Federhalter;* in Mann der F. *jmd., der viel (produktiv) schreibt, Schriftsteller, Journalist;* zur F. greifen *zu schreiben beginnen;* ein Werk aus seiner F. *ein von ihm geschriebenes Werk* **5** *schriftliche Ausdrucksweise, Stil;* er führt, schreibt eine gewandte F. *er kann sich gewandt schriftlich ausdrücken;* eine scharfe, spitze F. führen *scharf kritische, boshafte Bücher, Artikel schreiben;* er verfügt über eine lockere, flüssige F. *er schreibt einen lockeren, spitzigen Stil* **6** ⟨Tech.⟩ *Maschinenteil, das sich bei Belastung verformt und danach wieder in die Ausgangslage zurückkehrt* (Spiral~) **7** *dünne, an ein Brett angearbeitete Holzleiste, die in die Nut des Nachbarbretts paßt* (Nut~)

Fe|der|ball ⟨m.2⟩ **1** ⟨nur Sg.⟩ *Spiel, bei dem ein Federball (2) mit saitenbespanntem Schläger hin- und hergeschlagen wird, Badminton ohne feste Regeln* **2** *Hartgummiball, ursprünglich gefiedert, heute in eine mehrfach gegliederte Plastikkappe auslaufend*

Fe|der|bein ⟨n.1⟩ *federnde Aufhängung eines Laufrads in Form einer Stange aus teleskopartig ineinander verschiebbaren Gliedern mit innenliegender Feder (z.B. für Flugzeug-Fahrwerke)*

Fe|der|bett ⟨n.12⟩ *mit Federn gefülltes Inlett;* ⟨österr.⟩ *Tuchent*

Fe|der|busch ⟨m.2⟩ *Büschel aus Federn (z.B. als Helmzierde aus Straußenfedern)*

Fe|der|fuch|ser ⟨m.5⟩ **1** ⟨abwertend⟩ *Schreiber* **2** *sich übergenau an Vorschriften haltender Mensch* [zu *fuchsen* (†) „Füchse jagen", übertr. „sich pedantisch ärgern"]

fe|der|füh|rend ⟨Adj., o.Steig.⟩ *den Schriftverkehr (in einem Bereich) ausführend, (für einen Bereich) zuständig*

fe|der|ge|wandt ⟨Adj., ~er, am federgewandtesten⟩ *gewandt im Schreiben, im schriftlichen Ausdruck*

Fe|der|ge|wicht ⟨n.1⟩ **1** ⟨nur Sg.; Boxen, Gewichtheben, Ringen⟩ *eine Gewichtsklasse (bis 57, 60 oder 62 kg)* **2** *Sportler dieser Gewichtsklasse;* auch: *Federgewichtler*

Fe|der|ge|wicht|ler ⟨m.5⟩ → Federgewicht (2)

Fe|der|gras ⟨n.4⟩ *ein Süßgras mit langen, dicht behaarten Grannen (die ihm federartiges Aussehen verleihen);* Syn. *Pfriemengras*

Fe|der|hal|ter ⟨m.5⟩ *Schreibgerät mit Feder (3);* Syn. ⟨österr.⟩ *Federstiel*

Fe|der|held ⟨m.10; abwertend⟩ *Schriftsteller*

fe|de|rig ⟨Adj.⟩ → *fedrig*

Fe|der|kern|ma|trat|ze ⟨f.11⟩ *Matratze, die Sprungfedern im Inneren hat*

Fe|der|kleid ⟨n., -(e)s; nur Sg.; geh.⟩ → *Gefieder*

Fe|der|kraft ⟨f., -, nur Sg.⟩ → *Elastizität*

Fe|der|krieg ⟨m.1⟩ *literarischer Streit, literarische Fehde*

fe|der|leicht ⟨Adj., o.Steig.⟩ *leicht wie eine Feder, sehr leicht*

Fe|der|le|sens ⟨nur noch in den Wendungen⟩ *nicht viel F. machen keine Umstände machen, entschlossen handeln;* ohne viel F. *ohne Umstände, energisch* [wahrscheinlich zu *Federn (vom Mantel, Anzug) ablesen*, bes. bei höhergestellten Personen, was als schmeichlerisch, dann als Zeitverschwendung galt]

Fe|der|ling ⟨m.1⟩ *eine auf Vögeln schmarotzende Laus*

Fe|der|mes|ser ⟨n.5⟩ *feines, scharfes Taschenmesser*

Fe|der|mot|te ⟨f.11⟩ *ein Kleinschmetterling mit tief eingeschnittenen Flügeln, die an winzige Federn erinnern (z.B. das Federgeistchen);* Syn. *Geistchen*

fe|dern ⟨V.1, hat gefedert⟩ **I** ⟨o.Obj.⟩ **1** *bei Druck elastisch nachgeben und beim Loslassen hochschnellen;* die Sprungbrett federt **2** *stehend in den Fuß- oder Kniegelenken wippen;* kurz f. und losspringen; ~der Gang **II** ⟨mit Akk.⟩ **1** *rupfen;* Geflügel f. **2** *mit Federn, Federung ausstatten;* gut gefedertes Auto **3** ⟨früher als Strafe⟩ *mit Teer bestreichen und in Federn wälzen (und so der Lächerlichkeit preisgeben)*

Fe|der|schmuck ⟨m., -(e)s, nur Sg.⟩ **1** *aus Federn bestehender Schmuck* **2** ⟨bei nordamerik. Indianern⟩ *an einem langen Band befestigte große Federn (als Kopfschmuck und Zeichen der Häuptlingswürde)*

Fe|der|spiel ⟨n.1; Falknerei⟩ *zwei Taubenflügel, die in der Luft geschwenkt werden, um einen entflogenen Jagdfalken zurückzulocken*

Fe|der|stiel ⟨m.1; österr.⟩ → *Federhalter*

Fe|der|strich ⟨m.1⟩ *Strich mit der Feder;* etwas mit wenigen ~en zeichnen, andeuten; keinen F. tun *nichts (schriftlich, geistig) arbeiten;* mit einem F. etwas beseitigen *mit einer rücksichtslosen, durchgreifenden Maßnahme*

Fe|de|rung ⟨f.10⟩ *bei Straßen- und Schienenfahrzeugen⟩ Vorrichtung, die Stöße von der Fahrbahn her auffängt*

Fe|der|vieh ⟨n., -s, nur Sg.⟩ → *Geflügel*

Fe|der|waa|ge ⟨f.11⟩ *Vorrichtung, die angreifende Zugkräfte durch entsprechende Dehnung einer Spiralfeder anzeigt*

Fe|der|weiß ⟨n., -(es), nur Sg.⟩ → *Schneiderkreide*

Fe|der|wei|ße(r) ⟨m. 17 oder 18⟩ *noch unvollkommen vergorener, berauschender Weinmost;* Syn. *Krätzer, Most (3), Rauscher,* ⟨landsch.⟩ *Sauser,* ⟨österr.⟩ *Sturm* [zu *Federweiß*, vermutlich weil dieses früher als Konservierungsmittel beigegeben wurde]

Fe|der|wild ⟨n., -(e)s, nur Sg.; Sammelbez. für⟩ *jagdbare Vögel (z.B. Fasanen, Rebhühner);* Syn. *Flugwild*

Fe|der|wisch ⟨m.1⟩ → *Flederwisch*

Fe|der|wol|ke ⟨f.11⟩ → *Cirrus*

Fe|der|zeich|nung ⟨f.10⟩ *Zeichnung mit der Feder (3)*

fed|rig ⟨Adj., o.Steig.⟩ auch: *federig* **1** *wie eine Feder aussehend;* ein ~es Gebilde **2** *voller Federn;* deine Jacke ist ganz f.

Fee ⟨f.11⟩ *zarte, schöne weibliche Märchengestalt;* gute, böse F.

Feed|back [fi:dbɛk] ⟨n.9⟩ **1** ⟨Kybernetik⟩ *zurückkehrende Reaktion, Rückmeldung von Arbeitsergebnissen (z.B. in Steuerungssystemen), so daß der neue Arbeitstakt von den Ergebnissen des vorhergehenden beeinflußt wird;* Syn. *Rückkopplung* **2** *Reaktion auf eine bestimmte Anregung oder ein bestimmtes Verhalten;* ein F. auf etwas bekommen [engl., „Rückkopplung, Rückbeeinflussung", < to feed „füttern, beschicken" und back „zurück"]

Fee|ling ⟨[fi-] n.9⟩ *Gefühl, Gespür, Sinn (für etwas, bes. etwas Künstlerisches), Einfühlungsvermögen;* ein, kein F. für den Stil, die Aussage eines Bildes haben

Feen|stück ⟨n.1⟩ → *Feerie*

Fee|rie ⟨f.11⟩ *Theaterstück um eine Fee mit großer Ausstattung;* Syn. *Feenstück* [frz.]

Fe|ge ⟨f.11⟩ *Gerät, das durch einen Luftstrom die Spreu vom Getreide trennt*

Fe|ge|feu|er ⟨n., -s, nur Sg.; kath. Kirche⟩ *Ort der Läuterung, in dem die Toten ihre kleineren Sünden büßen*

fe|gen ⟨V.1⟩ **I** ⟨mit Akk.; hat gefegt⟩ **1** → *kehren* **2** *grob und rasch schieben, grob wischen;* er fegte mit einer Handbewegung die Papiere, Gläser vom Tisch **3** ⟨Jägerspr.⟩ *vom Bast befreien;* der Hirsch fegt das Geweih (indem er es an Baumstämmen und Ästen reibt) **4** ⟨früher⟩ *blank machen;* das Schwert f. **5** *abreißen, wegwehen;* der Wind fegt die Blätter von den Bäumen, den Staub durch die Straße, den Schnee von den Dächern **II** ⟨o.Obj.⟩ **1** ⟨ist gefegt⟩ *brausend wehen;* der Wind fegt ums Haus **2** ⟨ist gefegt⟩ *schnell laufen, eilig rennen;* durchs Zimmer f.; über die Straße f. **3** ⟨hat gefegt; vulg.⟩ *Geschlechtsverkehr ausüben*

Fe|ger ⟨m.5⟩ **1** *Besen zum Fegen* (Hand~) **2** ⟨bayr.⟩ *jmd., der sich herausfordernd verhält, draufgängerischer Mann (bes. in bezug auf Frauen)* **3** *lebhafte, unternehmungslustige Frau* **4** *rasch zum Geschlechtsverkehr bereite Frau* **5** ⟨schweiz.⟩ → *Wirbelwind*

Feg|nest ⟨n.3; schweiz.⟩ *unruhiges Kind*

feg|ne|sten ⟨V.2, hat gefegnestet; o.Obj.⟩; schweiz.⟩ *unruhig sein (von Kindern)*

Feg|sel ⟨n., -s, nur Sg.; landsch.⟩ → *Kehricht* [zu *fegen*]

Feh ⟨n.1⟩ *graues, dichtes Fell der sibirischen Rasse des Eichhörnchens (als Pelz);* Syn. *Grauwerk* [< mhd. *vech* „mehrfarbig, bunt" (bes. von Pelzwerk)]

Feh|de ⟨f.11⟩ **1** ⟨MA⟩ *Kampf (zur Durchsetzung von privaten Forderungen oder Ansprüchen), Selbsthilfe gegen Straftaten;* jmdm. F. ansagen, schwören **2** ⟨allg.⟩ *Streit;* literarische F. [< mhd. *vehe, vehede, fede* „Haß, Feindschaft, Streit", zu ahd. *fehen* „hassen"]

Feh|de|hand|schuh ⟨m.1⟩ *(dem Gegner vor die Füße geworfener) Handschuh zum Zeichen der Fehde;* jmdm. den F. hinwerfen *jmdn. zum Kampf herausfordern;* den F. aufheben *die Herausforderung annehmen*

fehl ⟨Adv.; nur in den Wendungen⟩ f. am Platze, f. am Ort *falsch am Platz, falsch am Ort, unangebracht;* ein solches Verhalten ist hier f. am Platze

Fehl ⟨m., -s, nur Sg.⟩ *Makel, Fehler;* ohne F. *makellos, einwandfrei, ohne Fehler*

Fehl... (in Zus.) **1** *falsch, z.B. Fehlbesetzung, Fehlentscheidung, Fehlinformation* **2** *fehlend, z.B. Fehlbetrag*

Fehl|an|zei|ge ⟨f.11⟩ **1** *Meldung, daß ein Schuß nicht getroffen hat* **2** *Mitteilung, daß etwas nicht stimmt, nicht klappt*

fehl|bar ⟨Adj., †⟩ *geneigt, in der Lage, etwas Unrechtes, Falsches zu tun;* Ggs. *unfehlbar;* jeder Mensch ist f.

Fehl|bit|te ⟨f.11⟩ *vergebliche Bitte*

Fehl|druck ⟨m.1⟩ *fehlerhafter Druck (als Sammlerstück);* F. einer Briefmarke, Banknote

feh|len ⟨V.1, hat gefehlt⟩ **I** ⟨o.Obj.⟩ **1** *nicht anwesend sein, nicht dasein;* fehlt noch jemand?; es fehlt niemand mehr; einer fehlt noch; er hat zweimal unentschuldigt gefehlt **2** *mangeln, zu wenig sein, knapp sein;* wo fehlt's denn? was wird gebraucht?, was hast du, was habt ihr für Sorgen?; (meist in der Wendung) es fehlt an ...; es fehlt ihnen an warmer Kleidung; es fehlt ihm an Weitblick; an mir soll's nicht f. *ich will das Meinige dazu tun* **3** *abhanden gekommen sein;* mir fehlt mein Kugelschreiber; in meinem Portemonnaie f. zwei Mark **4** *erforderlich sein;* es f. noch fünf Minuten bis zur Ankunft des Zuges

5 gegen ein sittliches Gebot verstoßen, Unrecht tun, sündigen **6** etwas Falsches vermuten; weit gefehlt! ganz falsch! **II** ⟨mit Dat.⟩ jmdm. f. **1** von jmdm. vermißt werden; das Kind wird mir sehr; mir fehlt hier mein täglicher Spaziergang **2** jmdm. fehlt etwas jmd. ist krank; was fehlt dir denn?; ihm fehlt gar nichts

Feh|ler ⟨m.5⟩ **1** etwas Falsches, vom Richtigen Abweichendes; jeder macht einmal einen F.; ich habe in der Mathematikarbeit drei F.; einen F. berichtigen **2** Stelle mit einem Mangel, Stelle, die von der Umgebung störend abweicht; ein F. im Material, im Gewebe; ein Stoff mit kleinen ~n **3** falsche Handlung, falsche Entscheidung; einen F. begehen; diese Entscheidung war ein F.; das ist (nicht) mein F. daran bin ich (nicht) schuld **4** charakterliche oder körperliche Schwäche (Charakter~, Geh~, Sprach~); jeder Mensch hat seine F.

feh|ler|frei ⟨Adj., o.Steig.⟩ ohne Fehler, ohne Mangel; ~es Material; eine Sprache f. sprechen

Feh|ler|gren|ze ⟨f.11⟩ zugelassene Grenze (für Abweichungen von einem Maß); die F. liegt bei 1 mm, 1 mg

feh|ler|haft ⟨Adj.⟩ Fehler aufweisend; ~es Material

feh|ler|los ⟨Adj., o.Steig.⟩ ohne Fehler; eine ~e Arbeit; f. schreiben, lesen

Feh|ler|quel|le ⟨f.11⟩ Ursprung eines Fehlers, einer Störung; die F. suchen, finden

Fehl|far|be ⟨f.11; bei Zigarren⟩ **1** fehlerhafte Farbe des Deckblatts **2** mit einem solchen Deckblatt versehene Zigarre; im Preis herabgesetzte ~n **3** ⟨Kart.⟩ Farbe, die einem Spieler fehlt

Fehl|ge|burt ⟨f.10; Med.⟩ **1** Ausstoßung einer Leibesfrucht, an der kein Lebenszeichen erkennbar ist; Syn. Abort², Abortus; eine F. haben **2** die Leibesfrucht selbst; das Kind war eine F.

fehl|ge|hen ⟨V.47, ist fehlgegangen; o.Obj.⟩ **1** in die falsche Richtung gehen; wenn Sie immer dem Bachlauf folgen, können Sie nicht f.; wir sind fehlgegangen; der Schuß ging fehl **2** sich irren; ich gehe wohl nicht fehl, wenn ich annehme, daß ...

fehl|grei|fen ⟨V.59, hat fehlgegriffen; o.Obj.⟩ **1** danebengreifen, falsch greifen **2** etwas Falsches tun, sagen, vermuten, eine falsche Wahl treffen

Fehl|griff ⟨m.1⟩ **1** falscher Griff, Griff daneben; infolge eines ~s stürzte er ab **2** falsches Tun; diese Auswahl, Maßnahme war ein F.

Fehl|hand|lung ⟨f.10⟩ →Fehlleistung

Fehl|lei|stung ⟨f.10; Psych.⟩ häufige und scheinbar zufällige Störung des Handlungsablaufs durch verdrängte Vorstellungen (z.B. Versprechen, Verschreiben); Syn. Fehlhandlung

fehl|lei|ten ⟨V.2, hat fehlgeleitet; mit Akk.⟩ in die falsche Richtung, auf die falsche Bahn leiten

Fehl|paß ⟨m.2; Fußb., Hockey u.a.⟩ mißglückter Paß (5)

fehl|schie|ßen ⟨V.113, hat fehlgeschossen; o.Obj.⟩ **1** danebenschießen, vorbeischießen **2** etwas Falsches vermuten, raten; fehlgeschossen! das hast du falsch geraten!

Fehl|schlag ⟨m.2⟩ **1** Schlag vorbei, Schlag daneben **2** falsche Handlung, Mißerfolg; Unternehmen, der Versuch war ein F.

fehl|schla|gen ⟨V.116, ist fehlgeschlagen; o.Obj.⟩ nicht gelingen, mißlingen; der Versuch, das Unternehmen ist fehlgeschlagen

Fehl|sich|tig|keit ⟨f., -, nur Sg.⟩ Störung des Sehvermögens (z.B. Kurz-, Weitsichtigkeit)

Fehl|start ⟨m.9⟩ **1** ⟨Sport⟩ regelwidriger Start vor dem Startsignal oder Startkommando **2** mißglückter Start; F. haben

fehl|tre|ten ⟨V.163, ist fehlgetreten; o.Obj.⟩ danebentreten, einen falschen Tritt tun

Fehl|tritt ⟨m.1⟩ **1** falscher Tritt, Tritt daneben; einen F. tun **2** Verstoß gegen ein sittliches Gebot, gegen eine gesellschaftliche Norm; einen F. begehen

Fehl|zün|dung ⟨f.10; beim Kfz.⟩ explosionsartige Verbrennung von Frischgasresten in der Auspuffanlage

Fehn ⟨n.1⟩ →Fenn

Fei ⟨f.10; †, poet.⟩ Fee

fei|en ⟨V.1, hat gefeit; mit Akk.; nur noch in der Wendung⟩ gefeit gegen etwas sein, →gefeit

Fei|er ⟨f.11⟩ festliche Veranstaltung (zu einem bestimmten Anlaß) (Hochzeits~, Examens~); seines Geburtstags, des 50. Jubiläums; zur F. des Tages wollen wir ... anläßlich dieses Gedenktags, dieses Ereignisses

Fei|er|abend ⟨m.1⟩ **1** Schluß, Beendigung der Arbeit am Abend; F. machen; nach F. **2** Zeitspanne, Abend nach Arbeitsschluß; seinen F. genießen; seinen F. mit Lesen verbringen

Fei|er|abend|heim ⟨n.1; DDR⟩ Altersheim

fei|er|lich ⟨Adj.⟩ **1** ernst, spannungsvoll und festlich; ein ~er Augenblick; das ist ja nicht mehr f.! ⟨ugs.⟩ das ist unerhört, das geht zu weit **2** ernst und voll gehobener Stimmung; jmdn. f. begrüßen; mir ist f. zumute; er hat es mir f. versprochen

Fei|er|lich|keit ⟨f.10⟩ **1** ⟨nur Sg.⟩ feierliche Beschaffenheit **2** feierliche Handlung, Feier; die ~en waren vorüber

fei|ern ⟨V.1, hat gefeiert⟩ **I** ⟨mit Akk.⟩ **1** etwas f. festlich begehen, ein Fest aus einem Anlaß veranstalten; jmds. Geburtstag, Dienstjubiläum f. **2** jmdn. f. ein Fest für jmdn. veranstalten, jmdn. bei festlicher Gelegenheit loben, preisen; der Jubilar wurde gebührend gefeiert; jmdn. in einer Rede f.; in gefeierter Künstler ein Künstler, der öffentlich viel gelobt und beklatscht wird **II** ⟨o.Obj.⟩ **1** ausruhen, die Arbeit ruhen lassen **2** ⟨Bgb.⟩ eine Feierschicht einlegen

Fei|er|schicht ⟨f.10; bes. Bgb.⟩ ausgefallene Schicht; eine F. einlegen, eine Schicht ausfallen lassen

Fei|er|stun|de ⟨f.11⟩ **1** feierliche Stunde **2** kleine, kurze Feier **3** ⟨poet.⟩ Feierabend (2)

Fei|er|tag ⟨m.1⟩ Syn. Festtag **1** Tag, an dem allgemein die Arbeit ruht (Weihnachts~); Ggs. Werktag; die ~e bei Freunden verbringen; kirchlicher, staatlicher F. **2** Tag mit einem besonderen Ereignis, Tag, den man festlich begehen will; heute ist ein F.!

fei|er|täg|lich ⟨Adj., o.Steig.⟩ wie an einem Feiertag; Syn. festtäglich; ~e Stimmung; f. gekleidet sein

feig, fei|ge ⟨Adj., feiger, am feigsten⟩ **1** vor jeder Gefahr zurückweichend, mögliche Folgen oder Bestrafung scheuend; er ist zu f., seine Tat einzugestehen, seine Meinung zu sagen **2** heimtückisch; ein feiger Mord

Fei|ge ⟨f.11⟩ etwa birnenförmige, in ausgereifter Zustand blauviolette Frucht des Feigenbaums [< lat. ficus „Feige"]

Fei|gen|baum ⟨m.2⟩ kleiner Baum des Mittelmeergebiets mit großen, stumpflappigen Blättern

Fei|gen|blatt ⟨n.4⟩ **1** Blatt des Feigenbaums **2** etwas, zur Verhüllung eine Stelle dient, die man verbergen möchte, schamhafte Verhüllung; jmdn. unter dem F. der Hilfeleistung ausnutzen [nach dem Feigenblatt, mit dem früher auf Gemälden bei Statuen die Geschlechtsteile verborgen wurden]

Fei|gen|kaf|fee ⟨m., -s, nur Sg.⟩ aus gerösteten Feigen hergestelltes Genußmittel (als Zusatz zu Bohnenkaffee oder zur Herstellung eines kaffeeähnlichen Getränks)

Fei|gen|kak|tus ⟨m., -, -teen⟩ eine Kaktee mit roten, fleischigen Früchten (Kaktusfeigen); Syn. Opuntie

Feig|heit ⟨f., -, nur Sg.⟩ feiges Verhalten

Feig|ling ⟨m.1⟩ jmd., der feige ist

Feig|war|ze ⟨f.11⟩ (hahnenkamm- bis blumenkohlförmige) Wucherung der Haut (bes. an feuchten Körperstellen, z.B. am After); Syn. Kondylom [ähnelt manchmal einer getrockneten Feige]

feil ⟨Adj., o.Steig.⟩ käuflich, verkäuflich; das Bild ist mir nicht f.; ich verkaufe das Bild um keinen Preis; ~e Dirne Hure

feil|bie|ten ⟨V.13, hat feilgeboten; mit Akk.⟩ zum Kauf anbieten; Syn. feilhalten

Fei|le ⟨f.11⟩ Werkzeug aus gehärtetem Stahl mit vielen kleinen Zähnen zum Bearbeiten und Glätten von Oberflächen

fei|len ⟨V.1, hat gefeilt⟩ **I** ⟨mit Akk.⟩ mit der Feile glätten **II** ⟨mit Präp.obj.⟩ an etwas f. **1** mit der Feile etwas bearbeiten; an einem Werkstück f. **2** etwas überarbeiten, die letzten feinen Verbesserungen an etwas anbringen; an einem Aufsatz, einem Gedicht f.

Fei|len|hau|er ⟨m.5⟩ jmd., der berufsmäßig Feilen herstellt

feil|hal|ten ⟨V.61, hat feilgehalten⟩ →feilbieten

Feil|licht ⟨n., -(e)s, nur Sg.; veraltend⟩ beim Feilen entstehender Staub

Feil|klo|ben ⟨m.7⟩ zangenförmiges Spannwerkzeug mit Schraubspindel (zum Einspannen von kleinen zu bearbeitenden Werkstücken)

feil|schen ⟨V.1, hat gefeilscht; o.Obj. oder mit Präp.obj.⟩ handeln, versuchen, den Preis herabzusetzen; um eine Ware f.; um den Preis f.; ich mag, kann nicht f.

Feim¹ ⟨m.1; landsch.⟩ →Schaum [vgl. abgefeimt]

Feim² ⟨m.1⟩, **Fei|me** ⟨f.11⟩, **Fei|men** ⟨m.7; norddt., mdt.⟩ aufgeschichteter Haufen (aus Heu, Getreide, Stroh) [nddt.]

fei|men¹ ⟨V.1, hat gefeimt; o.Obj.⟩ schäumen [zu Feim¹]

fei|men² ⟨V.1, hat gefeimt; mit Akk.⟩ zu einem Feim² aufschichten

fein ⟨Adj.⟩ **1** zart, dünn, durchscheinend; ~es Gewebe; ~es Porzellan **2** zart, schlank, edel in den Formen; ein ~es Gesicht; ~e Hände **3** sehr kleinteilig, sehr kleinkörnig; ~es Mehl; ~er Sand; ~er Regen; das Fleisch ist f. geschnitten **4** mit engen Zwischenräumen; ~es Sieb; ~er Kamm; ~es Netz **5** sehr gut, zart und edel im Geschmack, Geruch; ~e Speisen; sie beherrscht die ~e Küche; ~e Seife **6** elegant, geschmackvoll; f. gekleidet **7** sonntäglich, feiertäglich; sich f. anziehen; hast du dich aber f. gemacht! **8** vornehm, von guter Abstammung, mit guter Lebensart, mit gutem Benehmen; ein ~er Mensch; ein ~er Herr **9** anständig, kameradschaftlich; ein ~er Kerl **10** scharf, genau unterscheidend, Eindrücke genau aufnehmend; ein ~es Empfinden, Gefühl (für etwas) haben; eine ~e Nase haben auch Gerüche wahrnehmen, unterscheiden können; ein ~es Gehör haben; ein Gerät f. einstellen **11** erfreulich; das ist eine ~e Sache; f., daß es geklappt hat; f., da bist du ja f. raus! ⟨ugs.⟩ da hast du ja Glück, das ist ja sehr erfreulich für dich! **12** klug, schlau; das hast du dir ja f. ausgedacht! **13** ⟨iron.⟩ nicht angenehm, nicht erfreulich; der und seine ~e Verwandtschaft **14** ⟨verstärkend⟩ sei f. brav!; bleib f. liegen

Fein|ab|stim|mung ⟨f.10⟩ sehr genaue Abstimmung (z.B. eines Rundfunkgeräts); Syn. Feineinstellung

Fein|ar|beit ⟨f.10⟩ sehr genaue (abschließende) Arbeit

Fein|bäcker ⟨-k·k-; m.5⟩ →Konditor

Fein|bäcke|rei ⟨-k·k-; f.10⟩ →Konditorei

Fein|blech ⟨n.1⟩ sehr dünnes Blech

Fein|brand ⟨m.2; Weinbrand-Destillation⟩ zweiter, edlerer Abzug; vgl. Rauhbrand

feind ⟨Adj.; nur in der Wendung⟩ jmdm. oder einer Sache f. sein feindlich gesinnt, sehr abgeneigt sein, feindlich gegenüberstehen

Feind ⟨m.1⟩ **1** jmd., der gegen einen anderen Haß, starke Abneigung empfindet, der jmdn. mit böser Absicht verfolgt; jmds. F. sein; er hat viele, wenige ~e; sich jmdn. (durch unkluges Verhalten) zum F. machen; der böse F. ⟨christl. Religion; poet.⟩ der Teufel **2** Tier, das einem anderen nachstellt (um es als Beute zu fangen); der Fuchs ist des Hasen F. **3** Gegner im Krieg, Streitmacht des Gegners; den F. angreifen, einschließen; ran an den F.! ⟨ugs.⟩ vorwärts!, los!, fangen wir an! **4** Gegner, ⟨von etwas⟩, Kämpfer ⟨gegen etwas⟩, jmd., der etwas ablehnt; ein F. der künstlichen Befruchtung; ein F. des Alkohols

Feind|bild ⟨n.3⟩ Vorstellung, die man sich von einem Gegner macht; ein F. von jmdm. in sich, in jmdm. erzeugen; sein F. berichtigen

Fein|des|hand ⟨f.; poet.⟩ nur in der Fügung⟩ in F. in der Hand des Feindes (im Krieg)

feind|lich ⟨Adj.⟩ in der Art eines Feindes, von Abneigung gegen jmdn. erfüllt; zwei ~e Brüder; jmdm. f. gesinnt sein; sie stehen sich f. gegenüber **Feind|lich|keit** ⟨f., -, nur Sg.⟩

...feind|lich ⟨Adj., in Zus.⟩ **1** nachteilig für..., ungünstig für..., z.B. umweltfeindlich, familienfeindlich **2** feindselig gesinnt, ablehnend gegenüber..., z.B. kinderfeindlich, hundefeindlich

Feind|schaft ⟨f., -, nur Sg.⟩ feindliche Einstellung, feindliche Haltung, feindliche Beziehung; zwischen beiden besteht eine alte F.

feind|se|lig ⟨Adj.⟩ feindlich gesinnt, voller Abneigung, voll Haß; ~e Gefühle gegen jmdn. hegen; jmdn. f. ansehen

Feind|se|lig|keit ⟨f.10⟩ **1** ⟨nur Sg.⟩ feindselige Haltung, Gesinnung **2** kriegerische Handlung; die ~en eröffnen, einstellen

Fei|ne ⟨f., -, nur Sg.⟩ feine Beschaffenheit, Feinheit; die F. des Mehls

Fein|ein|stel|lung ⟨f.10⟩ → Feinabstimmung

fei|nen ⟨V.1, hat gefeint; mit Akk.⟩ von unedlen Bestandteilen befreien; Edelmetall f.

fein|füh|lig ⟨Adj.⟩ mit feinem Gefühl begabt, Eindrücke leicht und genau aufnehmend und unterscheidend; ein ~er Mensch; f. sein

Fein|füh|lig|keit ⟨f., -, nur Sg.⟩ Fähigkeit, Eindrücke leicht aufzunehmen und genau zu unterscheiden; Syn. Feingefühl

Fein|ge|fühl ⟨n., -s, nur Sg.⟩ → Feinfühligkeit; er hat kein F.; er hat ein großes F.

Fein|ge|halt ⟨m.1; bei Gold- und Silberlegierungen⟩ Verhältnis der Gewichtsanteile eines Edelmetalls zum unedlen Metall (in Tausendteilen, bezogen auf 1000 g Legierung); vgl. Rauhgewicht

fein|glie|de|rig, fein|glied|rig ⟨Adj.⟩ mit feinen, zarten Gliedern ausgestattet; ~er Körper; ~e Hände

Fein|gold ⟨n., -(e)s, nur Sg.⟩ Gold mit hohem Feingehalt

Fein|heit ⟨f.10⟩ **1** ⟨nur Sg.⟩ feine Beschaffenheit **2** winzige Einzelheit; die ~en des Bildes erkennt man erst in der Nähe; etwas mit allen ~en nachzeichnen

fein|kör|nig ⟨Adj.⟩ **1** aus feinen Körnern bestehend; ~er Sand, Grieß **2** ⟨bei Filmen⟩ eine feine Beschichtung aus Bromsilberkristallen aufweisend, die bei Vergrößerungen nicht ins Auge fällt **Fein|kör|nig|keit** ⟨f., -, nur Sg.⟩

Fein|kost ⟨f., -, nur Sg.; Handelsbez. für⟩ **1** Lebensmittel für den verfeinerten Geschmack, die nicht zu den Grundnahrungsmitteln gehören **2** Lebensmittel von besonders guter Qualität (z.B. bestimmte Wurstwaren) **3** würzende Zutaten für den gehobenen Bedarf (z.B. Mayonnaise)

Fein|me|cha|nik ⟨f., -, nur Sg.⟩ Zweig der Technik, der sich mit der Herstellung feiner und präziser mechanischer Geräte befaßt (z.B. von optischen Geräten und Schreibmaschinen)

Fein|me|cha|ni|ker ⟨m.5⟩ jmd., der berufsmäßig in der Feinmechanik tätig ist

Fein|meß|ge|rät ⟨n.1⟩ Gerät der Feinmechanik zur genauen Längen- und Winkelmessung (auf mechanischem oder optisch-elektrischem Wege)

fein|ner|vig ⟨Adj.⟩ sehr stark auf Umweltreize ansprechend; ein ~er Beobachter **Fein|ner|vig|keit** ⟨f., -, nur Sg.⟩

fein|schlei|fen ⟨V.118, hat feingeschliffen; mit Akk.⟩ etwas f. durch sorgfältiges, behutsames Schleifen die Oberfläche von etwas noch besser glätten

Fein|schmecker ⟨-k|k-; m.5⟩ jmd., der großen Wert auf gutes Essen legt und fein zubereitete Speisen würdigen kann; Syn. Gourmet

Fein|schnitt ⟨m., -(e)s, nur Sg.⟩ **1** feingeschnittener Tabak **2** ⟨Film⟩ letztes, feines Schneiden

Fein|sil|ber ⟨n., -s, nur Sg.⟩ Silber mit hohem Feingehalt

fein|sin|nig ⟨Adj.⟩ **1** mit Sinn für Feines, Zartes, Künstlerisches begabt; ~er Mensch; ~er Künstler **2** mit Sinn für Feines, Zartes geschrieben, fein empfunden; ~e Erzählung; das Buch ist f. geschrieben **Fein|sin|nig|keit** ⟨f., -, nur Sg.⟩

Feins|lieb|chen ⟨n.7; poet.⟩ Liebste, Geliebte

Fein|spitz ⟨m.1; österr.⟩ jmd., der Dinge schnell durchschaut (und daraus seine Vorteile zieht); nur für mich ist das kein Rätsel nur für unsere ~e

Fein|struk|tur ⟨f.10⟩ Unterteilung der Struktur (z.B. der Linien eines Spektrums)

Fein|wä|sche ⟨f., -, nur Sg.⟩ Wäsche, die besonders schonend gewaschen werden muß (z.B. Synthetics)

Fein|wasch|mit|tel ⟨n.5⟩ Waschmittel für Feinwäsche

Fein|werk|tech|nik ⟨f., -, nur Sg.⟩ Fach, das Feinmechanik, Optik und Elektronik umfaßt

feiß ⟨Adj., ~er, am feißesten; alemann.⟩ feist

feist ⟨Adj., ~er, am feistesten⟩ **1** dick und fest; ein ~es Gesicht; ein ~er Kerl **2** ⟨Jägerspr.; beim Hirsch⟩ in der Feiste stehend

Feist ⟨n., -es, nur Sg.; beim Hirsch⟩ → Fett (2)

Fei|ste ⟨f., -, nur Sg.⟩ Zeit vor der Brunft, in der der Hirsch besonders viel Fett angelagert hat (etwa im September); Syn. Feistzeit

fei|sten ⟨V.2, hat gefeistet; mit Akk.⟩ mästen

Feist|heit ⟨f., -, nur Sg.⟩ feiste Beschaffenheit

Feist|zeit ⟨f., -, nur Sg.⟩ → Feiste

Fei|tel ⟨m.5; österr.⟩ einfaches Taschenmesser

fei|xen ⟨V.1, hat gefeixt; o.Obj.; ugs.⟩ breit lachen, dreist, frech lachen, schadenfroh lachen

Fel|bel ⟨m.5⟩ Seidenplüsch (für Zylinderhüte) [port.]

Fel|ber ⟨m.5⟩, **Fel|ber|baum** ⟨m.2; österr.⟩ → Weide

Fel|chen ⟨m.7⟩ ein Süßwasserfisch der nördlichen Halbkugel, mit Fettflosse und silberfarbig mose grauer Zeichnung; Syn. ⟨norddt.⟩ Maräne, ⟨bayr.⟩ Renke

Feld ⟨n.3⟩ **1** Grundstück mit landwirtschaftlich bearbeitetem Boden **2** weiträumige, unbebaute Fläche ohne hohen, dichten Pflanzenwuchs (Brach~); auf freiem F.; das ist ein weites F. darüber könnte man vieles sagen **3** Schlachtfeld, Kriegsschauplatz, Front; im F. stehen; ins F. ziehen; gegen etwas zu ~e ziehen gegen etwas zu kämpfen beginnen **4** ⟨übertr.⟩ Bereich, in dem sich etwas abspielt; jmdm. das F. überlassen sich zurückziehen und dadurch jmdn. den Weg frei machen; das F. räumen weichen, sich zurückziehen; jmdn. aus dem ~e schlagen jmdn. übertreffen; etwas ins F. führen vorbringen, zum Gegenstand des Streites ansprechen, angeben; gewichtige Gründe ins F. führen **5** ⟨Sport⟩ **a** ⟨kurz für⟩ Spielfeld; ein schwer bespielbares F. **b** geschlossene Gruppe von Teilnehmern eines Wettkampfs oder -spiels; das F. schloß zur Spitzengruppe auf; das F. der Langläufer **6** Teilstück des Schachbretts; ein schwarzes, weißes F. **7** ⟨Phys.⟩ räumlicher Bereich, in dem jedem Punkt ein bestimmter Wert einer physikalischen Größe zugeordnet ist (z.B. die Werte Feldstärke und Feldrichtung jedem Punkt eines elektrischen Felds) **8** abgrenzbares Wissensgebiet; auf dem F. der Mathematik **9** ⟨kurz für⟩ Wortfeld; semantisches F. **10** ⟨Bgb.⟩ ,,praktische Nutzung verliehenes unterirdisches Gebiet

Feld|ahorn ⟨m.1⟩ meist strauchig wachsender Ahorn mit stumpflappigen Blättern (oft an Feldrainen); Syn. Maßholder

Feld|ar|beit ⟨f.10⟩ **1** Arbeit auf dem Feld, auf den Feldern **2** Forschung an Ort und Stelle, praktische Arbeit zum Sammeln von auswertbaren Daten oder Erkenntnissen [< engl. fieldwork, eigtl. ,,Feldarbeit"]

Feld|ar|til|le|rie ⟨f.11; bis 1918⟩ reitende und fahrende leichte Artillerie

Feld|bahn ⟨f.10⟩ einfache Schmalspur-Eisenbahn (zum Einsatz auf Großbaustellen, in der Forstwirtschaft, in Steinbrüchen)

Feld|bau ⟨m., -(e)s, nur Sg.⟩ → Ackerbau

Feld|be|fe|sti|gung ⟨f.10; Mil.⟩ für eine begrenzte Zeit angelegte Befestigung von Gelände (die gegen feindliche Sicht und Waffenwirkung schützen soll)

Feld|bett ⟨n.12⟩ tragbare Liege, zusammenklappbares Gestell mit Stoffbezug

Feld|dieb|stahl ⟨m.2⟩ Diebstahl von Feldfrüchten

Feld|emis|si|on ⟨f.10⟩ Austreten von Elektronen aus der Oberfläche von Metallen unter der Wirkung einer hohen angelegten Spannung (und damit einer hohen elektrischen Feldstärke)

Feld|fie|ber ⟨n., -s, nur Sg.⟩ (durch grippe- oder typhusähnliche Erreger verursachte) Infektionskrankheit, die bei Feldarbeiten oder in Überschwemmungsgebieten auftritt

Feld|fla|sche ⟨f.11⟩ verschraubbare, feste Flasche (zum Mitführen auf Wanderungen oder als Teil der militärischen Ausrüstung)

Feld|for|schung ⟨f., -, nur Sg.⟩ Forschung durch unmittelbare Teilnahme an Vorgängen und durch Sammeln von Informationen an Ort und Stelle (z.B. in der Soziologie und Völkerkunde)

Feld|fre|vel ⟨m.5; †⟩ mutwillige Beschädigung von Feldern oder ihrer Grenzmarkierung und/oder Diebstahl von Feldfrüchten

Feld|frie|dens|bruch ⟨m.2; †⟩ unbefugtes Betreten (und Beschädigen) von Feldern

Feld|geist|li|che(r) ⟨m.17 oder 18⟩ Geistlicher für die im Feld stehende Truppe; Syn. Feldprediger

Feld|ge|schütz ⟨n.1⟩ Geschütz der Feldartillerie (im Unterschied zum Panzer)

Feld|gras|wirt|schaft ⟨f., -, nur Sg.⟩ landwirtschaftliches Betriebssystem, bei dem auf derselben Fläche mehrjährige Grasnutzung mit mehrjährigem Getreideanbau wechselt

feld|grau ⟨Adj., o.Steig.⟩ die Farbe Feldgrau aufweisend; ~e Uniform

Feld|grau ⟨n., -s, nur Sg.; im 1. und 2. Weltkrieg⟩ gelbliches Grau (Farbe der deutschen Wehrmachtsuniform für die Front); Soldaten in F.

Feld|ha|se ⟨m.11; verdeutlichend für⟩ → Hase (2)

Feld|heer ⟨n.1⟩ das mobile Heer (im Unterschied zum Ersatzheer)

Feld|herr ⟨m., -(e)n, -en; geh.⟩ jmd., der den Oberbefehl über ein Heer hat

Feld|huhn ⟨n.4⟩ in offenen Landschaften lebender Hühnervogel (bes. Rebhuhn und Wachtel)

Feld|hü|ter ⟨m.5⟩ Beamter (einer Gemeinde) zum Schutz der Felder; Syn. Flurhüter, Flurschütz, ⟨landsch.⟩ Feldschütz

Feld|jä|ger ⟨m.5; Bundeswehr⟩ **1** jmd., der polizeiähnliche Ordnungsaufgaben hat **2** ⟨Pl.⟩ entsprechende Waffengattung

Feld|kü|che ⟨f.11⟩ fahrbarer Kochkessel oder Feldkochherd auf einem Fahrzeug zur Versorgung der Truppe mit warmem Essen; Syn. (volkstümlich) Gulaschkanone

Feld|la|za|rett ⟨n.1⟩ bewegliches Lazarett (zur ersten stationären Behandlung der von den Verbandplätzen zugeführten Verwundeten und Kranken)

Feld|li|nie ⟨[-njə] f.11⟩ gedachte Linie, die der Richtung eines Feldes (7) folgt; Syn. Kraftlinie

Feld|mark ⟨f., -, nur Sg.⟩ zur Gemarkung eines Dorfes oder zu einem landwirtschaftlichen Betrieb gehörendes Land

Feld|mar|schall ⟨m.2; im dt. und vielen ausländischen Heeren⟩ höchster Generalsrang

feld|marsch|mä|ßig ⟨Adj., o.Steig.⟩ so, wie es für den Einsatz an der Front verlangt wird; ~e Ausrüstung

Feld|maß ⟨n.1⟩ Flächenmaß für land- und forstwirtschaftlichen Boden (z.B. Hektar, Morgen, Tagwerk)

Feld|maus ⟨f.2⟩ Wühlmaus, die ihre Gänge dicht unter der Oberfläche freier Felder anlegt

Feld|po|li|zei ⟨f., -, nur Sg.⟩ **1** ⟨von einer Gemeinde bestellte⟩ Polizei zum Schutz der Felder vor Beschädigungen, Diebstahl usw. **2** ⟨Mil.⟩ Polizei im Kriegsgebiet

Feld|post ⟨f., -, nur Sg.⟩ Einrichtung zur Postverbindung zwischen Heimat und Streitkräften während eines Kriegs

Feld|pre|di|ger ⟨m.5⟩ → Feldgeistlicher

Feld|sa|lat ⟨m., -(e)s, nur Sg.⟩ Salatpflanze mit länglich-ovalen, dunkelgrünen Blättern, die rosettenartig wachsen; Syn. Rapunzchen, Rapunzel, ⟨schwäb.⟩ Ackersalat, ⟨bayr.⟩ Nisselsalat, ⟨schweiz.⟩ Nüsslisalat, ⟨österr.⟩ Vogelsalat

Feld|scher ⟨m.5; früher⟩ Militärarzt ohne medizinische Ausbildung [gekürzt < *Feldscherer*, *Scherer* im Sinne von „Bartscherer, Bader"; der Bader führte früher auch kleine medizinische Eingriffe aus]

Feld|schlan|ge ⟨f.11; früher⟩ kleinkalibriges Feldgeschütz mit langem Rohr

Feld|schütz ⟨m.10; landsch.⟩ → Feldhüter

Feld|spat ⟨m.2⟩ Vertreter einer Gruppe gut spaltbarer Mineralien mit hohem Siliciumgehalt (meist helles Alkali-Erdalkali-Aluminiumsilicat)

Feld|stär|ke ⟨f.11; Phys.⟩ in einem Magnetoder elektrischen Feld wirkende Kraft

Feld|ste|cher ⟨m.5⟩ kleines, handliches Fernglas

Feld|stein ⟨m.1⟩ großer, in einem bebauten Feld störender Stein (der häufig, zusammen mit anderen, am Feldrand zu Mauern u.a. aufgeschichtet wird)

Feld|stern ⟨m.1⟩ Fixstern, der nicht zu einem Sternhaufen gehört

Feld|waa|ge ⟨f.11⟩ Meßgerät, bei dem ein Magnet als Waagebalken um eine waagerechte Achse schwingt und dessen vom Erdmagnetismus abhängige Neigung Rückschlüsse auf Eisenerzlagerstätten zuläßt

Feld-Wald-und-Wie|sen-... ⟨ugs.; in Zus.⟩ Durchschnitts..., Allerwelts..., nicht besonders gut und nicht besonders schlecht

Feld|we|bel ⟨m.5⟩ **1** ⟨bis 1918⟩ ranghöchster Unteroffizier der Kompanie **2** ⟨Bundeswehr⟩ unterster Dienstgrad der Portepee-Unteroffiziere; Syn. ⟨Mar.⟩ Bootsmann; vgl. Feldweibel

Feld|weg ⟨m.1⟩ (unbefestigter) Weg durch offenes Gelände (bes. Felder)

Feld|wei|bel ⟨m.5⟩ **1** ⟨früher⟩ Mittelsmann zwischen Hauptmann und Landsknecht **2** ⟨schweiz.⟩ höherer Unteroffizier, den inneren Dienst leitet [zu mhd. *weibel* „Gerichtsbote, -diener", zu *weiben, weibeln* „sich hin und her bewegen"]

Feld|zei|chen ⟨n.7; früher⟩ Kennzeichen (z.B. Fahne), das an der Spitze einer Truppe mitgeführt wird

Feld|zeug|mei|ster ⟨m.5; im Deutschen Reich bis 1918⟩ Offizier, der für die Beschaffung und Verwaltung von Kriegsgerät zuständig ist

Feld|zug ⟨m.2⟩ zeitlich, räumlich und nach Verlauf abgrenzbarer Teilabschnitt eines Kriegs

Fel|ge|auf|schwung ⟨m.2⟩ Aufschwung in Form einer Felge¹ (2) zum Stütz auf dem Gerät

Fel|ge¹ ⟨f.11⟩ **1** die Bereifung tragender Teil des Rads **2** Turnübung, bei der der Körper mit Griff am Gerät (Reck, Barren, Ringe) eine 360°-Drehung um seine Breitenachse ausführt [vom Turnvater Jahn benannt nach der einer Felge ähnlichen Bahn, die hierbei zurückgelegt wird]

Fel|ge² ⟨f.11⟩ Brachland nach dem Umpflügen

fel|gen¹ ⟨V.1, hat gefelgt; mit Akk.⟩ mit Felge(n)¹ (1) versehen; ein Rad f.

fel|gen² ⟨V.1, hat gefelgt; mit Akk.⟩ auflockern, pflügen; einen Acker f. [zu *Felge²*]

Felg|um|schwung ⟨m.2⟩ Umschwung in Form einer Felge¹ (2)

Fell ⟨n.1⟩ **1** behaarte Haut (eines lebenden Säugetiers); dich juckt wohl die F.? du willst wohl Ohrfeigen, willst wohl bestraft, zurechtgewiesen werden (weil du so frech bist)?; jmdm. das F. über die Ohren ziehen jmdn. betrügen; ein dickes F. haben nicht empfindlich, nicht feinfühlig sein; sich ein dickes F. anschaffen lernen, Püffe hinzunehmen **2** abgezogene behaarte Haut (eines getöteten Tiers); jmdm. das F. gerben jmdn. verprügeln; er sieht seine ~e davonschwimmen er sieht sich in seinen Erwartungen, Hoffnungen enttäuscht, betrogen

Fel|la|che ⟨m.11⟩ ägyptischer Bauer [< arab. *fallāḥ* „Ackerbauer", zu *falaḥa* „pflügen"]

Fel|la|tio ⟨[-tsjo] f., -, nur Sg.⟩ in sexualkundlichen Büchern Bez. für⟩ Reizung des männlichen Geschlechtsteils mit Lippen und Zunge [zu lat. *fellare* „saugen"]

Fell|ei|sen ⟨n.7; früher⟩ lederner Reisesack, Ranzen (der wandernden Handwerksburschen) [< frz. *valise* „Handkoffer"]

Fel|low ⟨n.1 [-lou] m.9; in England⟩ Mitglied einer gelehrten Körperschaft oder eines Colleges [engl., „Bursche"]

Fe|lo|nie ⟨f.11⟩ Treubruch gegenüber dem Lehnsherrn [< frz. *félonie* „Bruch der Lehnstreue, militärischer Verrat", zu *félon* „treubrüchig, Verräter", wohl < lat. *fel*, Gen. *fellis*, „Galle", übertr. „Gehässigkeit, Bosheit, Zorn"]

Fels ⟨m.10⟩ große, zusammenhängende Gesteinsmasse; auch: Felsen

Fels|bild ⟨n.3⟩ → Felszeichnung

Fel|sen ⟨m.7⟩ → Fels

Fel|sen|bein ⟨n.1⟩ Teil des Schläfenbeins, der das Innenohr umschließt [Lehnübersetzung von lat. *os petrosum* „felsiger Knochen", wegen seiner Härte]

Fel|sen|bir|ne ⟨f.11⟩ weiß blühendes Rosengewächs auf Kalkfelsen mit schwarzen, birnenähnlichen Früchten

fel|sen|fest ⟨Adj., o.Steig.⟩ ganz fest, sehr fest; f. von etwas überzeugt sein; f. an etwas, an jmdn. glauben

Fel|sen|grab ⟨n.4⟩ Grab in einer Felsenhöhle

Fel|sen|kir|che ⟨f.11⟩ gottesdienstlicher Raum in einer (natürlichen oder künstlichen) Felsenhöhle

Fel|sen|nest ⟨n.3⟩ Burg, Schlupfwinkel hoch in den Felsen

Fel|sen|tau|be ⟨f.11⟩ Wildform der Haustaube (die in weiten Teilen Eurasiens in Felshöhlen nistet)

fel|sig ⟨Adj.⟩ mit offen zutage tretendem Fels durchsetzt, voller Felsen

Fels|in|schrift ⟨f.10⟩ (bes. vorgeschichtliche) in einen Felsen geritzte Inschrift

fel|sisch ⟨Adj., o.Steig.⟩ in der Art heller Mineralien; Ggs. *mafisch* [< Feldspat und Silicat]

Fels|ma|le|rei ⟨f.10⟩ → Felszeichnung

Fels|zeich|nung ⟨f.10⟩ vorgeschichtliche, in einen Felsen geritzte Zeichnung; Syn. Felsbild, Felsmalerei

Fe|lu|ke ⟨f.11⟩ zweimastiges Küstenfahrzeug der Mittelmeerländer [< frz. *felouque* „kleines Ruderschiff", < span. *falua* „Wachtschiff, Zollschiff, Feluke" und *falucho* „kleine Feluke", aus dem Arabischen]

Fe|me ⟨f.11⟩ **1** im MA in dt. Landschaften, bes. in Westfalen⟩ Sondergericht für besonders schwere Straftaten; Syn. Freigericht **2** (14.-18. Jh.⟩ Gericht, zu dem nur Eingeweihte Zutritt haben, zur Verurteilung von Verrätern und politischen Gegnern **3** ⟨allg.⟩ heimliches Gericht zur Selbsthilfe [< mhd. *veime*, mndrl. *veime*, *veme*, verm. in ders. Bed., wahrscheinlich zusammenhängend mit *veem* „Bund, Verband"]

Fe|mel ⟨m.5⟩ männliche Hanf- oder Hopfenpflanze; auch: Femmel, Fimmel [< lat. *femella*, poet. Verkleinerungsform von *femina* „Frau"; da die männliche Pflanze kleiner und zarter ist als die weibliche, wurde sie oft für die weibliche gehalten]

Fe|mel|wald ⟨m.4⟩ Mischwald aus Laub- und Nadelhölzern, bei dem nur die stärksten und die geringwertigen Stämme geschlagen werden und die entstandenen Lücken sich durch natürliche Verjüngung füllen; Syn. Plenterwald

Fe|me|mord ⟨m.1⟩ auf das Urteil einer Feme (2,3) hin ausgeführter Mord

fe|mi|nie|ren ⟨V.3, hat feminiert; mit Akk.⟩ durch Eingriff in den Hormonhaushalt oder durch Einpflanzen eines Eierstocks (in ein kastriertes männliches Tier) verweiblichen [zu *feminin*] **Fe|mi|nie|rung** ⟨f., -, nur Sg.⟩

fe|mi|nin ⟨Adj.⟩ **1** ⟨o.Steig.⟩ weiblich; ~es Substantiv **2** zart und frauenhaft; ~er Mann; er hat ~e Hände

Fe|mi|ni|num ⟨n., -s, -na; Gramm.⟩ weibliches Geschlecht, weibliches Substantiv

fe|mi|ni|sie|ren ⟨V.3; hat feminisiert⟩ → feminieren

Fe|mi|nis|mus ⟨m., -, -men⟩ **1** weibische, weibliche Art (bei Männern), Verweiblichung **2** Bewegung unter Frauen, die die Gleichstellung der Frau in der Gesellschaft gegenüber dem Mann anstrebt

Fe|mi|ni|stin ⟨f.10⟩ Vertreterin des Feminismus (2)

fe|mi|ni|stisch ⟨Adj., o.Steig.⟩ in der Art der Feministinnen

Femme fa|tale ⟨[fam fatal] f., - -, -s -s [fam fatal]⟩ verführerische Frau [frz., „verhängnisvolle Frau"]

Fem|mel ⟨m.5⟩ → Femel

Fem|to... ⟨Zeichen: f.; Phys.⟩ das 10^{-15}fache einer Grundeinheit, der 10^{15}te Teil (z.B. 1fm = 10^{-15}m) [< dän., norweg. *femten* „fünfzehn"]

Fen|chel ⟨m.5⟩ **1** gelb blühender Doldenblütler mit gerillten, bläulichen Stengeln; vgl. Finocchio **2** dessen braune, runde Samen (als Gewürz oder gebrüht als Tee) [< lat. *feniculum* „Fenchel", zu *fenum* „Heu", wegen des Dufts]

Fen|der ⟨m.5; bei Schiffen und Booten⟩ Puffer zum Abfangen der Stöße (aus geflochtenem Tauwerk mit Korkfüllung, alten Autoreifen u.a.) [engl., „Schutzblech, Puffer, Kotflügel", zu lat. *defendere* „abwehren"]

Fe|nek ⟨m.9⟩ → Fennek

Fenn ⟨n.1; norddt.⟩ Moor, Sumpf oder Marschland; auch: Fehn

Fen|nek ⟨m.9⟩ winziger, gelbrötlicher Fuchs

Fennkultur

mit großen Ohren (in nordafrikanischen Wüsten); Syn. *Wüstenfuchs* [arab.]

Fenn|kul|tur ⟨f.10⟩ *Form der Moorkultivierung durch Anlage von Entwässerungskanälen* (die u.a. dem Schiffstransport des abgebauten Torfs dienen)

fen|no|skan|disch ⟨Adj., o.Steig.⟩ *Finnland und Skandinavien betreffend, dazu gehörend* [neulat.]

Fens|ter ⟨n.5⟩ **1** *verglaste Wandöffnung* (zur Belichtung und Belüftung von Räumen); *Geld zum F. hinauswerfen Geld sinnlos ausgeben, verschwenderisch mit Geld umgehen; weg vom F. sein in der Öffentlichkeit nicht mehr beachtet werden; nur weg vom F.! weg von der Öffentlichkeit!* **2** ⟨Phys.⟩ *Öffnung, die nur für bestimmte Teilchen oder Strahlungen durchlässig ist* (z.B. ein Loch in Zählrohren für Betastrahlen) **3** ⟨Geol.⟩ *durch Erosion entstandene Öffnung in einer Deckschicht, die einen Durchblick auf die Unterlage einer Decke gestattet* [< lat. *fenestra* „Fenster"]

Fens|ter|bank ⟨f.2⟩, **Fens|ter|brett** ⟨n.3⟩ *waagerecht an der inneren unteren Begrenzung eines Fensters (1) angebrachte Holz-, Metall- oder Steinplatte*

Fens|ter|kreuz ⟨n.1⟩ *sich kreuzende Stützhölzer, die das Glas eines Fensters in vier Einzelflächen teilen*

Fens|ter|la|den ⟨m.8⟩ *(meist hölzerne) Vorrichtung in Form von zwei zusammen fenstergroßen Brettern, die von außen vor das Fenster geklappt werden können*

Fens|ter|le|der ⟨n.5⟩ *Lappen aus Leder (heute meist aus Kunststoff) zum Putzen, Polieren der Fenster*

fens|terln ⟨V.1, hat gefensterlt; Imperfekt nicht üblich; bayr.⟩ *nachts bei der Geliebten durchs Fenster einsteigen*

Fens|ter|sturz ⟨m.2⟩ **1** *Sturz aus einem Fenster* **2** *Sturz (2) des Fensters*

Fe|ra|li|en ⟨Pl.; im alten Rom⟩ *jährliches Totenfest* [< lat. *feralia* „zu den Toten gehörig, Toten..."]

Fer|ge ⟨m.11; poet., †⟩ →*Fährmann*

fer|gen ⟨V.1, hat gefergt; mit Akk.; schweiz.⟩ **1** *fortschaffen, spedieren; Möbel f.* **2** *(unfreundlich) abfertigen, fertigmachen; morgens und abends die Kinder f.* [< mhd. *vertigen* „zur Fahrt, zur Reise fertigmachen, fortschaffen, absenden"]

Fer|ger ⟨m.5; schweiz.⟩ →*Spediteur* [zu *fergen*]

Fe|ri|al|tag ⟨m.1; österr.⟩ *arbeitsfreier Tag* [zu *Ferien*]

Fe|ri|en ⟨nur Pl.⟩ *arbeitsfreie Tage* [< lat. *feriae* „Fest-, Feiertage, an denen die gottesdienstlichen Handlungen vorgenommen werden", zu *fanum* „Heiligtum, Tempel"]

Fer|kel ⟨n.5⟩ **1** *junges Schwein während der Säugezeit* **2** ⟨übertr., ugs.⟩ *schmutziger Mensch* **3** ⟨übertr., ugs.⟩ *jmd., der (gern) schmutzige Witze erzählt*

Fer|ke|lei ⟨f.10⟩ →*Schweinerei*

fer|keln ⟨V.1, hat geferkelt; o.Obj.⟩ **1** *Junge (Ferkel) werfen* **2** ⟨übertr., ugs.⟩ *(beim Essen) Flecke aufs Tischtuch, auf die Kleidung machen*

ferm ⟨österr.⟩ →*firm*

Fer|man ⟨m.1; in islam. Ländern⟩ *Erlaß des Herrschers* [pers.]

Fer|ma|te ⟨f.11; Zeichen:⁀; Mus.⟩ *Zeichen zum Aushalten des Tons oder zur Verlängerung der Pause* [< ital. *fermata* „Ruhepunkt, Haltestelle", zu *fermare* „anhalten, zum Stillstand bringen"]

Fer|me ⟨f.11; in Frankreich und Belgien⟩ *Pachthof, kleines Landgut* [frz., vgl. *Farm*]

Fer|ment ⟨n.1; veraltend⟩ →*Enzym* [< lat. *fermentum* „Sauerteig", übertr. „Gärungsmittel, Gegorenes"]

Fer|men|ta|ti|on ⟨f.10⟩ *Behandlung durch längeres Lagern in Wärme, wodurch Mikroorganismen und Enzyme (Fermente) chemische Veränderungen hervorrufen* (bes. zur Veredlung von Genußmitteln wie Tee, Tabak, Kaffee, Kakao)

fer|men|ta|tiv ⟨Adj., o.Steig.⟩ →*enzymatisch* [zu *Ferment*]

fer|men|tie|ren ⟨V.3, hat fermentiert; mit Akk.⟩ *durch Fermentation veredeln*

Fer|mi ⟨n., -(s), -; Kernphysik; †⟩ *Maßeinheit der Länge, 10^{-15} m* [nach dem ital. Physiker Enrico *Fermi*]

Fer|mi|on ⟨n.13⟩ *Elementarteilchen mit halbzahligem Spin* [< *Fermi* und *Ion*]

Fer|mi|um ⟨n., -s, nur Sg.; Zeichen: Fm⟩ *ein künstliches, radioaktives Element* [nach dem ital. Physiker Enrico *Fermi*]

fern **I** ⟨Adj.⟩ auch: *ferne* **1** *weit weg, weit entfernt;* die ~en Berggipfel; in der ~e ist ein Geräusch **2** *weit zurückliegend, lange vergangen;* in ~er Vergangenheit; sie gedachte ihrer ~en Jugend **II** ⟨Präp. mit Dat.⟩ auch: *ferne weit entfernt von;* sie leben f. aller Zivilisation; f. von allem Verkehr; das sei f. von mir! *das werde ich bestimmt nicht tun!;* es sei f. von mir, zu behaupten … *ich will keineswegs behaupten*

fern|ab ⟨Adv.⟩ *weit entfernt;* f. von jeder Straße

Fern|amt ⟨n.4; früher⟩ →*Fernvermittlungsstelle*

Fern|be|die|nung ⟨f.10⟩ *Vorrichtung, mit der ein Gerät oder eine Maschine aus einer gewissen Entfernung bedient werden kann*

fern|blei|ben ⟨V.17, ist ferngeblieben⟩ **I** ⟨o.Obj.; veraltend⟩ *nicht in Betracht kommen, ausscheiden;* diese Möglichkeit bleibt fern **II** ⟨mit Dat.⟩ *einer Sache f. nicht zu einer Sache kommen;* dem Unterricht f.

Fern|blick ⟨m.1⟩ *Aussicht, Blick in die Ferne;* Syn. *Fernsicht;* ein Aussichtsturm, eine Stelle auf einem Berg mit herrlichem F.

Fern|bril|le ⟨f.11⟩ *Brille für das Sehen auf größere Entfernungen;* Ggs. *Nahbrille*

fer|ne ⟨Adj.⟩ →*fern*

Fer|ne ⟨f.11⟩ *räumlicher oder zeitlicher Abstand, (weite) Entfernung;* ein Ruf aus der F., aus weiter F.; in die F. blicken; in die F. sehen ⟨ugs., scherzh.⟩ *fernsehen;* das liegt noch in weiter F.

fer|ner **I** ⟨Konj.⟩ *außerdem;* f. erklärte er …; f. liefen … (beim Pferderennen); das kommt erst unter „f. liefen" ⟨ugs.⟩ *das steht an den letzten Stellen, das ist nicht wichtig* **II** ⟨Adj., Komparativ; geh.⟩ *weiter, weiterhin möglich;* sein ~es Verweilen im Ausland; des ~en ist dazu zu sagen **III** ⟨Adv.; geh.⟩ *künftig, in Zukunft, weiterhin;* Syn. *fernerhin;* wir hoffen, daß wir auch f. vereint bleiben werden

Fer|ner ⟨m.5; bayr.-österr.⟩ →*Gletscher;* auch: *Firner* [zu *Firn*]

fer|ner|hin ⟨Adv.⟩ →*ferner (III)*

Fern|fah|rer ⟨m.5⟩ *jmd., der berufsmäßig Güter mit einem Lastkraftwagen über weite Strecken transportiert*

Fern|gas ⟨n., -es, nur Sg.⟩ *Gas, das über Rohrleitungen zum Verbraucher transportiert wird*

Fern|ge|spräch ⟨n.1⟩ *Telefongespräch mit einem Teilnehmer außerhalb des eigenen Ortsnetzes*

fern|ge|steu|ert ⟨Adj., o.Steig.⟩ →*fernsteuern*

Fern|glas ⟨n.4⟩ *Doppelfernrohr in handlicher Bauweise*

fern|hal|ten ⟨V.61, hat ferngehalten⟩ **I** ⟨mit Akk.⟩ *etwas oder jmdn. von etwas oder jmdm. f. in Abstand, in einiger Entfernung halten, nicht herankommen lassen;* unangenehme Dinge, Störungen von jmdm. f.; Fliegen vom Käse, Fleisch f.; ein Kind vom Bach, von einem Kranken f. **II** ⟨refl.⟩ *sich von etwas oder jmdm. f. in einiger Entfernung von jmdm. oder etwas bleiben, sich einer Sache oder jmdm. nicht nähern*

Fern|hei|zung ⟨f.10⟩ **1** *Versorgung von Gebäuden, Häuserblocks und Stadtteilen mit Heizwärme von einem Fernheizwerk über Rohrleitungen* **2** *die Anlage dafür im Haus*

Fern|heiz|werk ⟨n.1⟩ *Heizwerk, das alle Verbraucher einer Stadt oder eines Stadtteils über Rohrleitungen mit Wärmeenergie versorgt*

fern|her ⟨Adv.⟩ →*weither*

fern|hin ⟨Adv.⟩ →*weithin*

Fern|kurs ⟨m.1⟩ *Kurs, der einem Lernenden Kenntnisse ohne Kontakt zu einer Lehrperson vermittelt* (u.a. durch Zusendung von Informationsmaterial oder des Fernsehens)

Fern|las|ter ⟨m.5; Kurzw.⟩, **Fern|last|wa|gen** ⟨m.7⟩ *Lastkraftwagen für weite Strecken*

Fern|last|zug ⟨m.2⟩ *Fernlastwagen mit Anhänger*

Fern|lei|he ⟨f.11⟩ **1** *kurz für Fernleihverkehr;* ein Buch über die F. bestellen **2** *die dafür zuständige Stelle* (in einer Bibliothek)

Fern|leih|ver|kehr ⟨m., -s, nur Sg.⟩ *Leihverkehr (einer Bibliothek) mit auswärtigen Bibliotheken*

fern|len|ken ⟨V.1, hat ferngelenkt⟩ →*fernsteuern*

Fern|len|kung ⟨f.10⟩ →*Fernsteuerung (1)*

Fern|licht ⟨n.3; beim Kfz⟩ *in die Ferne gerichtetes Lichtbündel der Scheinwerfer;* Ggs. *Abblendlicht*

fern|lie|gen ⟨V.80, hat ferngelegen⟩ **I** ⟨o.Obj.⟩ *nicht in Betracht kommen, abwegig sein;* eine solche Möglichkeit liegt fern **II** ⟨mit Dat.⟩ *jmdm. f. für jmdn. nicht in Betracht kommen, nicht in jmds. Absicht liegen;* es liegt mir fern, zu behaupten …; ein solcher Gedanke liegt mir völlig fern

fern|lie|gend ⟨Adj., fernerliegend, Superlativ nicht üblich; nur als Attr.⟩ *weit entfernt liegend, abseits liegend;* ein ~es Gehöft; ein ~er Gedanke

Fern|mel|de|amt ⟨n.4⟩ *Dienststelle der Post für das Fernmeldewesen*

Fern|mel|de|an|la|ge ⟨f.11⟩, **Fern|mel|der** ⟨m.5; Sammelbez. für⟩ *Fernsprech-, Telegrafen- und Funkanlage*

Fern|mel|de|tech|nik ⟨f., -, nur Sg.; Sammelbez. für⟩ *alle technischen Verfahren zur Übermittlung von Nachrichten* (z.B. durch Fernsprecher, Fernschreiber, Funk)

Fern|mel|de|trup|pe ⟨f.11⟩ *Waffengattung, die vorwiegend über Draht und Funk Fernmeldeverbindungen herstellt;* Syn. *Nachrichtentruppe*

Fern|mel|de|we|sen ⟨n., -s, nur Sg.⟩ *alle Einrichtungen und Vorgänge, die mit der Vermittlung von Nachrichten* (über Draht oder drahtlos) *zusammenhängen*

fern|münd|lich ⟨Adj., o.Steig.⟩ →*telefonisch*

fern|öst|lich ⟨Adj., o.Steig.⟩ *den Fernen Osten betreffend, die meeresnahen Randgebiete Ostasiens betreffend, dazu gehörend, von dort stammend*

Fern|rohr ⟨n.1⟩ *optisches Gerät zur Betrachtung ferner Gegenstände* (meist fest montiert mit nur einem Okular); Syn. *Teleskop*

Fern|ruf ⟨m.1⟩ **1** *Telefongespräch aus einem anderen Ortsnetz* **2** (auf Vordrucken u.a.) *Telefonnummer, Rufnummer*

Fern|schach ⟨n., -s, nur Sg.⟩ *Schachpartie, bei der die Züge durch die Post übermittelt werden*

Fern|schnell|zug ⟨m.2⟩ *über weite Strecken fahrender Zug mit Aufenthalt nur an wichtigen Orten;* Syn. ⟨†, noch in Zus.⟩ *Expreß,* ⟨kurz⟩ *F-Zug*

Fern|schrei|ber ⟨m.5⟩ *Gerät zur Übermittlung schriftlicher Nachrichten durch Stromimpulse über Draht oder drahtlos*

Fern|seh|ap|pa|rat ⟨m.1⟩ →*Fernsehgerät*

fern|se|hen ⟨V.136, hat ferngesehen; o.Obj.⟩ *sich Fernsehsendungen anschauen;* wir sehen selten fern

Fern|se|hen ⟨n., -s, nur Sg.⟩ **1** Übertragung bewegter Bilder durch elektrische Impulse über Funk oder Kabel auf den Bildschirm eines Empfangsgeräts; Syn. Television; den Film haben wir im F. gesehen; heute abend kommt eine Sendung im F., die ... **2** Institution, die solche Übertragungen produziert; sie ist, arbeitet beim F.

Fern|se|her ⟨m.5⟩ **1** Zuschauer beim Fernsehen (1) **2** ⟨ugs.⟩ Fernsehgerät

Fern|seh|film ⟨m.1⟩ für das Fernsehen gedrehter Film (im Unterschied zum Kinofilm)

Fern|seh|ge|rät ⟨n.1⟩ elektrisches Gerät mit Bildschirm zum Empfang des Fernsehens (1); Syn. Fernsehapparat, ⟨ugs.⟩ Fernseher

Fern|seh|stu|dio ⟨n.9⟩ Studio, in dem Fernsehsendungen hergestellt werden

Fern|seh|teil|neh|mer ⟨m.5; Amtsspr.⟩ Inhaber eines Fernsehgeräts

Fern|sicht ⟨f.10⟩ **1** ⟨nur Sg.⟩ Sicht in die Ferne, Möglichkeit, in die Ferne zu schauen; heute ist keine, ist gute F. **2** → Fernblick

fern|sich|tig ⟨Adj., o.Steig.⟩ → weitsichtig

Fern|sich|tig|keit ⟨f., -, nur Sg.⟩

Fern|sprech|buch ⟨n.4; Amtsspr.⟩ → Telefonbuch

fern|spre|chen ⟨V.146, hat ferngesprochen; o.Obj.; fast nur im Infinitiv; eindeutschend für⟩ telefonieren

Fern|spre|cher ⟨m.5; Amtsspr.⟩ → Telefon

Fern|sprech|säu|le ⟨f.11⟩ Anlage, von der aus in Notfällen telefoniert werden kann (an Autobahnen, Fernverkehrsstraßen und in Städten)

Fern|sprech|teil|neh|mer ⟨m.5; Amtsspr.⟩ Inhaber eines Telefons

Fern|sprech|zel|le ⟨f.11; Amtsspr.⟩ → Telefonzelle

Fern|spruch ⟨m.2⟩ → Telegramm

fern|ste|hen ⟨V.151, hat ferngestanden; mit Dat.⟩ jmdm. oder einer Sache f. keine Bindung, keine Beziehung zu jmdm. oder einer Sache haben, wenig oder nichts mit jmdm. oder einer Sache zu tun haben; er steht diesen Problemen, diesen Gesellschaftskreisen ziemlich fern

fern|steu|ern ⟨V.1, hat ferngesteuert; mit Akk.⟩ drahtlos steuern; Syn. fernlenken; ferngesteuertes Flugmodell; er steuert das Modell fern

Fern|steue|rung ⟨f.10⟩ **1** Steuerung entfernt gelegener technischer Einrichtungen, Systeme, Geräte; Syn. Fernlenkung **2** Vorrichtung dazu

Fern|stra|ße ⟨f.11⟩ → Fernverkehrsstraße

Fern|stu|di|um ⟨n., -s, -di|en [-diən]⟩ Studium durch Informationsmaterial, Unterrichtsbriefe u. a. ohne den Besuch von Vorlesungen und Übungen an der Universität

Fern|trau|ung ⟨f.10; bes. im 1. Weltkrieg in Dtld.⟩ Trauung bei räumlicher Trennung der Brautleute

Fern|un|ter|richt ⟨m., -(e)s, nur Sg.⟩ Unterricht ohne Kontakt zwischen Lehrer und Lernendem durch Fernkurs o.ä.

Fern|ver|kehr ⟨m., -s, nur Sg.⟩ Verkehr über große Entfernungen mittels Eisenbahnen und Kraftfahrzeugen

Fern|ver|kehrs|stra|ße ⟨f.11⟩ gut ausgebaute Straße für den Kraftfahrzeugverkehr über große Entfernungen (auch kurz): Fernstraße

Fern|ver|mitt|lungs|stel|le ⟨f.11⟩ Vermittlungsstelle für telefonische Fern- und Auslandsgespräche; Syn. ⟨früher⟩ Fernamt

Fern|weh ⟨n., -s, nur Sg.⟩ Sehnsucht in die Ferne, nach der Ferne, Sehnsucht nach Reisen in ferne Länder

Fern|wirk|tech|nik ⟨f., -, nur Sg.⟩ Bereich der Informationstechnik, dem die Überwachung und Führung entfernt gelegener technischer Einrichtungen obliegt (z. B. durch Fernsteuerung)

Fern|ziel ⟨n.1⟩ weit in der Zukunft liegendes Ziel

Fer|r|ago|sto ⟨m., -, nur Sg.; in Italien⟩ **1** der 15. August, Mariä Himmelfahrt **2** Sommerferien Mitte August [ital., < lat. feriae Augusti „Feste des Augustus"]

Fer|rit ⟨m.1⟩ **1** reines, kristallisiertes Eisen (in Eisenlegierungen, auch in Meteoren und Ergußsteinen) **2** Vertreter einer Gruppe von Verbindungen aus Eisenoxid und zweiwertigen Metalloxiden [zu lat. ferrum „Eisen"]

Fer|rit|an|ten|ne ⟨f.11⟩ Stab aus Ferrit (2) mit Drahtwicklung (als richtungsempfindliche Antenne)

fer|ro|ma|gne|tisch ⟨Adj.⟩ Ferromagnetismus besitzend, auf ihm beruhend

Fer|ro|ma|gne|tis|mus ⟨m., -, nur Sg.; bei Eisen, Nickel, Kobalt u. a.⟩ Eigenschaft, eine etwa tausendfach höhere Magnetisierbarkeit als andere Stoffe zu besitzen [zu lat. ferrum „Eisen"]

Fer|se ⟨f.11⟩ Syn. Hacke **1** hinterer Teil des Fußes, der durch das Fersenbein gebildet wird **2** hinterer Teil des Schuhs

Fer|sen|bein ⟨n.1⟩ hinterster Knochen der Fußwurzel

Fer|sen|geld ⟨n.; nur in der Wendung⟩ F. geben davonlaufen [eigtl. „mit der Ferse (statt mit der Hand) gegebenes Geld", wenn man nämlich ein Gasthaus verläßt, ohne die Zeche bezahlt zu haben]

fer|tig ⟨Adj., o.Steig.⟩ **1** beendet, vollendet; die Arbeit ist f.; ich bin mit der Arbeit f. ich habe sie beendet; ich bin f. mit ihm ⟨übertr.⟩ ich will mit ihm nichts mehr zu tun haben; ein Kleid f. kaufen; der Aufsatz muß bis morgen f. sein, f. werden; ich werde damit allein f. ich kann es allein vollenden; mit jmdm. f. werden die Oberhand über jmdn. gewinnen, bei einer Auseinandersetzung mit jmdm. der Stärkere bleiben **2** bereit, vorbereitet; der Wagen ist f. zur Abfahrt **3** zur Reife gelangt; er war mit 25 Jahren schon ein ~er Künstler **4** erschöpft, am Ende der Kraft; ich bin f.; ich bin fix und f. ⟨ugs.⟩ [< mhd. vertec, vertic „zur Fahrt bereit", zu vart „Fahrt"]

Fer|tig|bau|wei|se ⟨f.11⟩ Bauweise, bei der die Bauteile in der Fabrik vorgefertigt und auf dem Bauplatz nur noch zusammengesetzt werden

fer|tig|be|kom|men ⟨V.71, hat fertigbekommen; mit Akk.⟩ → fertigbringen (1)

fer|tig|brin|gen ⟨V.21, hat fertiggebracht; mit Akk.⟩ **1** zustande bringen, können; ⟨eigtl.⟩ in einen fertigen Zustand bringen; Syn. fertigbekommen, ⟨ugs.⟩ fertigkriegen; er bringt es nicht fertig, ihm die Zeile ehrlos zu schreiben **2** sich überwinden, sich durchringen, so mutig, so dreist sein (etwas zu tun); ich bringe es nicht fertig, ihm abzuweisen; er hat es fertiggebracht, mir ins Gesicht zu sagen ...

fer|ti|gen ⟨V.1, hat gefertigt; mit Akk.⟩ anfertigen, herstellen; mit der Hand, maschinell gefertigter Gegenstand

Fer|tig|er|zeug|nis ⟨n.1⟩, **Fer|tig|fa|bri|kat** ⟨n.1⟩ Erzeugnis, das keiner weiteren Bearbeitung bedarf; Syn. Fertigprodukt, Fertigware

Fer|tig|keit ⟨f.10⟩ Geschicklichkeit, Gewandtheit, Können; er besitzt eine große F. im Herstellen von Scherenschnitten; sich besondere ~en erwerben; ~en im Klavierspielen, Basteln haben

fer|tig|krie|gen ⟨V.1, hat fertiggekriegt; mit Akk.; ugs.⟩ → fertigbringen (1)

fer|tig|ma|chen ⟨V.1, hat fertiggemacht⟩ **I** ⟨mit Akk.⟩ **1** etwas f. **a** zu Ende bringen, beenden; eine Arbeit f.; die Post f. **b** vorbereiten, herrichten; das Zimmer (für einen Gast) f. **2** jmdn. f. ⟨ugs.⟩ **a** jmdn. körperlich erschöpfen; diese Tätigkeit macht mich fertig **b** jmdn. scharf und demütigend zurechtweisen, jmdn. seelisch peinigen **II** ⟨refl.⟩ sich f. sich bereit machen, sich anziehen, kämmen usw.; sich fürs Theater f.

Fer|tig|pro|dukt ⟨n.1⟩ → Fertigerzeugnis

fer|tig|stel|len ⟨V.1, hat fertiggestellt; mit Akk.⟩ etwas f. die Arbeit an etwas beenden; ein Gebäude f.; die Statistik ist noch nicht fertiggestellt

Fer|tig|stel|lung ⟨f., -, nur Sg.⟩

Fer|ti|gung ⟨f.10⟩ Erzeugung von Gütern (bes. von gleichen Gütern in hoher Stückzahl), z.B. Massen~, Serien~

Fer|tig|wa|re ⟨f.11⟩ → Fertigerzeugnis

fer|til ⟨Adj.⟩ → fruchtbar (2); Ggs. infertil [< lat. fertilis in ders. Bed., zu ferre „tragen"]

Fer|ti|li|tät ⟨f., -, nur Sg.⟩ → Fruchtbarkeit; Ggs. Infertilität [zu fertil]

fes, Fes ⟨n. -, -; Mus.⟩ das um einen halben Ton erniedrigte f bzw. F

Fes ⟨m.1; früher im Orient und Südosteuropa, heute noch in Nordafrika⟩ rote, kegelstumpfförmige Kopfbedeckung aus Wollfilz; auch: Fez [nach der marokkan. Stadt Fes]

fesch ⟨Adj., ~er, am feschesten; bes. österr.⟩ **1** sportlich und modisch, flott; ein ~es Hütchen; hübsch und modisch gekleidet; ein ~es Mädchen; ein ~er Kerl **3** freundlich, nett, lieb; ⟨meist in der Wendung⟩ sei f.! [< engl. fashionable, → Fashion]

fe|ses, Fe|ses ⟨n., -, -; Mus.⟩ das um zwei halbe Töne erniedrigte f bzw. F

Fes|sel[1] ⟨f.11⟩ **1** etwas zum Festbinden (Seil, Strick, Kette), womit man jmdn. an der Bewegungsfreiheit hindern kann; jmdm. ~n anlegen; jmdm. die ~n abnehmen; jmdn. in ~n legen **2** ⟨übertr.⟩ Einschränkung, Einengung, Zwang; die ~n der Ehe; einen Zustand, eine Pflicht als F. empfinden; seine ~n sprengen sich von einem Zwang, aus einer Zwangslage befreien

Fes|sel[2] ⟨f.11⟩ **1** ⟨beim Menschen⟩ schmalste Stelle des Beins ober dem Knöchel **2** ⟨beim Pferd⟩ eingeschnürter Teil zwischen unterem Ende des Mittelfußes und oberem Hufrand; Syn. Fesselgelenk [zu Fuß]

Fes|sel|bal|lon ⟨[-lɔŋ] m.9⟩ mit Seilen am Erdboden befestigter Ballon (zur militärischen Beobachtung, zur Sicherung des Luftraums u.a.)

Fes|sel|ge|lenk ⟨n.1⟩ → Fessel[2] (2)

fes|seln ⟨V.1, hat gefesselt; mit Akk.⟩ **1** jmdn. f. jmdm. Fesseln anlegen, jmdm. die Hände (und Füße) mit Stricken zusammenbinden; er war an Händen und Füßen gefesselt; jmdn. an einen Baum f. jmdn. an einem Baum festbinden; ans Bett gefesselt sein ⟨übertr.⟩ wegen Krankheit (längere Zeit) im Bett liegen müssen **2** jmdn. oder etwas f. stark anziehen, festhalten, interessieren; sie fesselt ihn durch ihre Liebenswürdigkeit; der Anblick fesselte meine Aufmerksamkeit; der Film fesselte sie sehr ~d

Fes|se|lung, Feß|lung ⟨f., -, nur Sg.⟩ **1** das Fesseln **2** das Gefesseltwerden

fest I ⟨Adj., ~er, am festesten⟩ **1** hart, steif, bei Druck nicht oder kaum nachgebend; ~es Papier; ~e Nahrung; das Eis ist f. **2** widerstandsfähig, haltbar, derb; ~es Gewebe; ein ~er Strick; ~e Schuhe; ein ~er Stock; ein ~er Verband **3** nicht wankend, bei Stoß nicht nachgebend; der Tisch steht f.; ich kann nicht mehr f. auf den Beinen stehen **4** kraftvoll, mit Kraft; ein ~er Schlag; mit ~en Schritten; etwas f. zubinden; einen Strick f. anziehen; die Leitung einer Sache f. in der Hand haben **5** sicher, durch Vertrag geregelt; ein ~es Einkommen, eine ~e Stellung haben; er ist f. angestellt **6** gleichbleibend, unveränderlich; ~e Preise; jmdm. ein ~es Angebot machen **7** unerschütterlich, nicht anfällig gegen Störungen; ~e Grundsätze haben; uns verbindet eine ~e Freundschaft; ~es Vertrauen zu jmdm. haben; ich schläft f.; ich bin f. entschlossen; jmdm. etwas f. versprechen **II** ⟨Adv.⟩ tüchtig, kräftig; du mußt f. essen; jmdn. f. verhauen; immer ~e! (aufmunternder Zuruf)

Fest ⟨n.1⟩ **1** Feier mit großem Aufwand (Hochzeits~, Geburtstags~); ein F. geben, feiern, veranstalten; man muß die ~e feiern,

Festangebot

wie sie fallen ⟨ugs.⟩ man muß jede Gelegenheit zum Feiern ausnutzen; sei mir in F. ⟨ugs.⟩ ich hatte große Freude, großes Vergnügen daran 2 einzelner oder mehrere zusammenhängende kirchliche Feiertage (Oster~, Weihnachts~); das F. Allerheiligen

Fest|an|ge|bot ⟨n.1⟩ → Festgebot

fest|ba|cken ⟨-k|k-; V.1, ist, auch: hat festgebacken; o.Obj.⟩ festkleben; der Schnee backt (an den Schiern) fest

fest|bei|ßen ⟨V.8, hat festgebissen; refl.⟩ sich (an, in etwas) f. 1 so fest in etwas beißen, daß man kaum mehr loslassen kann; der Hund hat sich am Arm des Einbrechers festgebissen 2 ⟨übertr.⟩ sich in etwas so vertiefen, daß man kaum davon loskommt; sich an einem Problem f.

Fest|be|leuch|tung ⟨f.10⟩ festliche, strahlende Beleuchtung

fest|bin|den ⟨V.14, hat festgebunden; mit Akk.⟩ so anbinden, daß ein Lösen von allein nicht möglich ist; einen jungen Baum f.; ein Boot am Ufer f.

fest|blei|ben ⟨V.17, ist festgeblieben; o.Obj.⟩ sich von einem Entschluß nicht abbringen lassen, auf einem Entschluß beharren, nicht nachgeben

Fe|ste ⟨f.11; poet.⟩ 1 Festung 2 Himmelsgewölbe, Firmament

fe|sten ⟨V.2, hat gefestet; o.Obj.⟩ ein Fest veranstalten, feiern; wir haben damals gern, viel gefestet

Fes|tes|freu|de ⟨f., -, nur Sg.; geh.⟩ → Festfreude

Fest|es|sen ⟨n.7⟩ festliches Essen, gute Mahlzeit mit vielen Gängen

fest|fah|ren ⟨V.32; ⟨o.Obj.⟩; ist festgefahren⟩ 1 beim Fahren auf oder in etwas geraten und nicht weiterkommen, der Wagen ist (im Schnee) festgefahren; das Schiff ist (auf Grund, auf einem Riff) festgefahren 2 ⟨übertr., ugs.⟩ in eine Situation geraten, aus der es kaum einen Ausweg gibt; das Unternehmen, die Sache ist festgefahren II ⟨refl.; hat festgefahren; ugs.⟩ sich f. sich stark mit etwas beschäftigen und nicht weiterkommen; ich habe mich in dieser Frage, mit meiner Arbeit festgefahren

fest|fres|sen ⟨V.41, hat festgefressen; refl.⟩ sich (in etwas) f. oberflächlich in etwas eindringen und sich nicht mehr ablösen lassen; die Farb-, Wachstropfen haben sich im Stoff festgefressen

Fest|freu|de ⟨f., -, nur Sg.⟩ Freude an einem Fest; auch: ⟨geh.⟩ Festesfreude; laß dir die F. nicht nehmen, nicht verderben lassen

fest|frie|ren ⟨V.42, ist festgefroren; o.Obj.⟩ durch Gefrieren haftenbleiben; der Handschuh ist auf dem Eis festgefroren

Fest|ge|bot ⟨n.1⟩ Angebot mit festem Preis, um den nicht gehandelt werden kann; Syn. Festangebot, Festofferte

fest|hal|ten ⟨V.61, hat festgehalten⟩ I ⟨mit Akk.⟩ 1 etwas f. a fest in der Hand, in den Händen, im Maul halten; die Handtasche f.; der Hund hält den Knochen fest; er hält sein Geld fest er gibt nichts her, er ist geizig b aufzeichnen, bewahren; einen Vorgang in einer Geschichte f.; etwas im Bild f. fotografieren, zeichnen, malen c noch einmal sagen, betonend wiederholen; ich möchte f., daß ... 2 jmdn. f. ⟨mit der Hand, mit den Händen, mit Worten⟩ zurückhalten; jmdn. am Arm f.; versuche ihn noch einige Minuten festzuhalten, bis ich fertig bin II ⟨mit Präp.obj.⟩ an etwas f. etwas beibehalten, etwas nicht aufgeben; an seiner Meinung f.; wir wollen an diesem Brauch f. III ⟨refl.⟩ sich f. mit der Hand, mit den Händen etwas greifen und nicht loslassen; sich am Geländer, an einem Ast f.; halt dich in der Kurve gut fest!

fe|sti|gen ⟨V.1, hat gefestigt; mit Akk.⟩ fester, beständiger machen, stärken; eine Bindung f.; seine Stellung f.; einen Eindruck durch Niederschreiben f.; ein in sich gefestigter Charakter, Mensch; für einen solchen Beruf ist er noch nicht gefestigt genug

Fe|sti|ger ⟨m.5⟩ Flüssigkeit, die nach dem Waschen ins Haar gerieben wird, um der Frisur festeren Halt zu geben (Haar~)

Fe|stig|keit ⟨f., -, nur Sg.⟩ 1 das Festsein 2 Standhaftigkeit, feste innere Haltung

Fe|sti|gung ⟨f., -, nur Sg.⟩ das Festigen

Fe|sti|val ⟨auch [-val] n.9⟩ große festliche Veranstaltung

fest|kei|len ⟨V.1, hat festgekeilt⟩ I ⟨mit Akk.⟩ mittels Keils befestigen II ⟨refl.⟩ sich f. → festklemmen (II)

fest|klam|mern ⟨V.1, hat festgeklammert⟩ I ⟨mit Akk.⟩ mit Klammer(n) befestigen II ⟨refl.⟩ sich f. sich anklammern

fest|kle|ben ⟨V.1⟩ I ⟨mit Akk.; hat festgeklebt⟩ mit Klebstoff befestigen II ⟨o.Obj.; ist festgeklebt⟩ an etwas kleben, infolge klebriger Beschaffenheit haftenbleiben

Fest|kleid ⟨n.3⟩ festliches Kleid

fest|klem|men ⟨V.1, hat festgeklemmt⟩ I ⟨mit Akk.⟩ durch Klemmen befestigen, mittels Klemme befestigen II ⟨refl.⟩ sich f. aus der Bahn geraten und sich einklemmen; Syn. festkeilen; das Zahnrad hat sich festgeklemmt

Fest|kör|per ⟨m.5⟩ Körper, der große Beständigkeit gegenüber verformenden Kräften besitzt (meist aus Kristallen aufgebaut)

Fest|land ⟨n.4⟩ 1 ⟨nur Sg.⟩ fester Teil der Erdoberfläche (im Unterschied zum Meer) 2 Erdteil, Kontinent; eine Verbindung von einer Insel zum F. herstellen

fest|län|disch ⟨Adj., o.Steig.⟩ zum Festland gehörig

Fest|land|sockel, Fest|lands|sockel ⟨-k|k-; m.5⟩ → Schelf

fest|lau|fen ⟨V.76, hat festgelaufen; refl.⟩ sich f. an ein Hindernis geraten und nicht weiterkönnen, steckenbleiben; das Schiff hat sich (auf Grund, im Sand) festgelaufen; die Truppen haben sich im Dschungel festgelaufen

fest|le|gen ⟨V.1, hat festgelegt⟩ I ⟨mit Akk.⟩ 1 etwas f. a als verbindlich, gültig erklären, bestimmen; einen Zeitpunkt, Treffpunkt f.; die Reihenfolge f. b gewinnbringend langfristig anlegen; Geld auf drei Jahre f. 2 jmdn. f. bindend verpflichten; jmdn. auf eine Aussage, Zusage f.; ihn zu einer Handlung aufgrund einer Aussage, Zusage verpflichten; ich lasse mich nicht f., ich will mich nicht entscheiden können II ⟨refl.⟩ sich f. sich verpflichten, sich binden; sich durch eine Unterschrift f.; ich kann mich noch nicht f.; ich habe mich durch die Zusage bereits festgelegt **Fest|le|gung** ⟨f.10⟩

fest|lich ⟨Adj.⟩ 1 in der Art eines Festes; einen Tag f. begehen 2 wie bei einem Fest, wie zu einem Fest; ~e Beleuchtung; ~e Stimmung; f. gekleidet 3 durch ein Fest zu feiern; ~er Anlaß; zu ~en Gelegenheiten

Fest|lich|keit ⟨f.10⟩ 1 ⟨nur Sg.⟩ festliche Beschaffenheit; das erhöhte noch die F. der Stimmung 2 festliche Veranstaltung; die ~en waren vorüber

Fest|lied ⟨n.3⟩ Lied zu einem Fest, zu einem festlichen Anlaß

fest|lie|gen ⟨V.80, hat festgelegen; o.Obj.⟩ 1 festgelegt sein, bestimmt sein; Syn. feststehen; der Termin liegt schon fest 2 fest angelegt sein; das Geld liegt (für drei Jahre) fest 3 auf Grund gelaufen sein; das Schiff liegt fest

fest|ma|chen ⟨V.1, hat festgemacht; mit Akk.⟩ 1 befestigen; das Boot am Ufer f.; eine lose Gardine f. 2 ⟨Jägerspr.⟩ a stellen; der Hund hat ein Wildschwein festgemacht b ausfindig machen; einen Marder, Iltis f. 3 fest vereinbaren, festlegen; einen Termin f.

Fest|mahl ⟨n.5⟩ festliches Mahl

Fest|me|ter ⟨m.5; Zeichen: fm⟩ Maßeinheit für Holz (Langholz und Schnittholz), entspricht 1m^3 fester Holzmasse (ohne Zwischenräume); Ggs. Raummeter

fest|na|geln ⟨V.1, hat festgenagelt; mit Akk.⟩ 1 etwas f. mit Nagel oder Nägeln befestigen; er saß da wie festgenagelt ohne sich zu rühren 2 jmdn. f. ⟨ugs.⟩ jmdn. auf eine Aussage hin zu etwas verpflichten; ich lasse mich nicht f., nur weil ich das nebenbei bemerkt habe

Fest|nah|me ⟨f.11⟩ das Festnehmen, Verhaftung

fest|neh|men ⟨V.88, hat festgenommen; mit Akk.⟩ verhaften, in Gewahrsam nehmen, ins Gefängnis bringen

Fest|of|fer|te ⟨f.11⟩ → Festgebot

Fe|ston ⟨[-stõ] n.9⟩ Girlande aus Blumen, Blättern und Früchten (meist als Schmuckform in der Baukunst, Buchillustration und Stickerei) [frz., < ital. festone in ders. Bed., zu festa „Fest"]

fe|sto|nie|ren ⟨V.3, hat festoniert; mit Akk.⟩ 1 mit einem Feston versehen 2 mit Festonstich umranden

Fe|ston|stich ⟨[-stõ-] m.1⟩ Knopflochstich [→ Feston]

Fest|preis ⟨m.1⟩ fester Preis (um den nicht gehandelt werden der, der nicht verändert werden kann)

Fest|punkt ⟨m.1⟩ nach seiner Lage, nach Entfernung und Höhe festgelegter Punkt; Syn. Fixpunkt

Fest|re|de ⟨f.11⟩ Rede anläßlich eines Festes; er soll die F. halten

Fest|saal ⟨m., -(e)s, -sä|le⟩ 1 großer, für Feste geeigneter Saal 2 Saal, in dem ein Fest stattfindet

fest|schrau|ben ⟨V.1, hat festgeschraubt; mit Akk.⟩ mittels Schraube(n) befestigen

fest|schrei|ben ⟨V.127, hat festgeschrieben; mit Akk.⟩ 1 ⟨selten⟩ schriftlich festlegen; eine Vereinbarung f. 2 als endgültig betrachten, behandeln, fixieren; es ist zu befürchten, daß diese Zwischenlösung von den zuständigen Leuten festgeschrieben wird

Fest|schrift ⟨f.10⟩ Schriftwerk mit Beiträgen mehrerer Autoren zu Ehren einer Persönlichkeit oder anläßlich eines Jubiläums

fest|set|zen ⟨V.1, hat festgesetzt⟩ I ⟨mit Akk.⟩ 1 etwas f. als verbindlich, gültig erklären, bestimmen; einen Preis, Termin, Zeitpunkt f. 2 jmdn. f. gefangennehmen, verhaften II ⟨refl.⟩ sich f. 1 an eine Stelle geraten und haftenbleiben; hier hat sich Rost, Schmutz festgesetzt 2 an einem Ort wohnen, mit Beschlag belegen und dort bleiben; hier haben sich damals fremde Völkerschaften festgesetzt

Fest|set|zung ⟨f., -, nur Sg.⟩ das Festsetzen (I,1)

fest|sit|zen ⟨V.143, hat festgesessen; o.Obj.⟩ 1 auf, in ein Hindernis geraten und steckengeblieben sein; das Auto sitzt im Schnee fest 2 eine Panne haben und nicht weiterkönnen, aufgehalten, festgehalten werden; wir saßen drei Tage in X fest

Fest|spiel ⟨n.1⟩ 1 zu einem festlichen Anlaß geschriebenes Bühnenstück 2 ⟨Pl.⟩ regelmäßig veranstaltete Aufführungen mit besonderem Aufwand; Bayreuther ~e

Fest|spiel|haus ⟨n.4⟩ repräsentatives Theater für Festspiele

fest|stecken ⟨-k|k-⟩ I ⟨V.1, hat festgesteckt; mit Akk.⟩ mit Nadel(n) befestigen II ⟨V.1 oder V.150, hat festgesteckt; o.Obj.⟩ 1 fest (in etwas) eingegraben, befestigt sein; der Pfahl steckt fest; daß ... 2 nicht weiterkommen, am Weiterfahren gehindert werden; wir steckten eine Stunde in der Autoschlange fest

fest|ste|hen ⟨V.151, hat festgestanden; o.Obj.⟩ 1 → festliegen (1) 2 beschlossen, ausgearbeitet sein; unser Plan, Vorhaben steht fest; das Programm steht schon fest 3 Tatsache sein, wahr sein, erwiesen sein; es steht fest, daß ...; fest steht, daß er morgen kommt, aber nicht, wie lange er bleibt

fest|stel|len ⟨V.1, hat festgestellt; mit Akk.⟩ **1** *durch Hebel, Riegel o.ä. unbeweglich machen;* eine Taste (auf der Schreibmaschine) f. **2** *in Erfahrung bringen, herausfinden, ermitteln;* ich habe festgestellt, daß ...; stellen Sie bitte fest, ob ... **3** *durch Untersuchen erkennen;* Fehler, Mängel f.; man hat bei ihm einen Tumor festgestellt **4** *aufgrund einer Wahrnehmung aussprechen, sagen, erklären;* ich stelle fest, muß leider f., daß ...; ,,Es fehlen fünf Stück", stellte er fest

Fest|stel|lung ⟨f.10⟩ **1** *das Feststellen, Ermittlung* **2** *Erklärung (aufgrund einer Wahrnehmung, Beobachtung);* interessante ~en machen

Fest|stim|mung ⟨f., -, nur Sg.⟩ *festliche Stimmung, gute, fröhliche Stimmung auf einem Fest*

Fest|stof|fe ⟨Pl.⟩ *von einem Fluß mitgeführte Gesteins- und Bodenteilchen (z. B. Sand, Geröll)*

Fest|ta|fel ⟨f.11⟩ *festlich geschmückte, für ein Festessen gedeckte Tafel*

Fest|tag ⟨m.1⟩ → *Feiertag*

fest|täg|lich ⟨Adj.⟩ → *feiertäglich*

fest|tre|ten ⟨V.163, hat festgetreten⟩ **I** ⟨mit Akk.⟩ *durch Treten fest machen;* Erdreich f. **II** ⟨refl.⟩ sich f. **1** *durch Getretenwerden fest werden;* die Erde hat sich festgetreten **2** ⟨ugs.; in der Wendung⟩ das,tritt sich fest *das gibt sich mit der Zeit, das ist bald nicht mehr so schlimm*

Fe|stung ⟨f.10⟩ **1** *durch Befestigungen gesicherter militärischer Stützpunkt (als Rückhalt für eigene Truppen, als Sperre für den Gegner)* **2** ⟨kurz für⟩ → *Festungshaft;* er hat drei Jahre F. bekommen

Fe|stungs|haft ⟨f., -, nur Sg.⟩ *früher bei militär. und polit. Vergehen)* ⟨nicht entehrende⟩ *Haftstrafe auf einer Festung*

Fest|ver|samm|lung ⟨f.10⟩ *Gesamtheit der bei einem Fest anwesenden Gäste*

fest|ver|zins|lich ⟨Adj., o.Steig.⟩ *während eines längeren (vertraglich vereinbarten) Zeitraums regelmäßig gleichbleibende Zinsen bringend;* ~e Papiere; Geld f. anlegen

Fest|wo|che ⟨f.11⟩ *Woche, in der festliche Veranstaltungen, Festspiele stattfinden (Film~, Ballet~)*

fest|wur|zeln ⟨V.1, ist festgewurzelt; o.Obj.⟩ *Wurzeln schlagen und sich dadurch mit dem Erdreich fest verbinden;* die jungen Pflanzen sind festgewurzelt; festgewurzeltes Mißtrauen ⟨übertr.⟩ *Mißtrauen, das sich immer mehr gefestigt hat*

Fest|zug ⟨m.2⟩ *anläßlich eines Festes sich durch die Straßen bewegender, prächtiger Zug;* sich den F. anschauen; im F. mitgehen, mitfahren

fe|tal ⟨Adj., o.Steig.⟩ *zum Fetus gehörig;* auch: *fötal*

Fe|te ⟨[fɛ-] f.11; ugs., scherzh.⟩ *Fest* [< frz. *fête* < lat. *festum* ,,Fest, Feiertag"]

Fe|tisch ⟨m.1; bei Naturvölkern⟩ *Gegenstand, dem magische Kraft zugeschrieben wird (und der für Abwehr- oder Schadenzauber eingesetzt wird)* [< port. *feitiço* ,,unecht, künstlich, nachgemacht; Hexerei, Zauberei"]

Fe|ti|schis|mus ⟨m., -, nur Sg.⟩ **1** *Verehrung von Fetischen* **2** ⟨Psych.⟩ *sexuelle Erregung durch einen Gegenstand (der einem geliebten oder begehrten Menschen gehört)*

Fe|ti|schist ⟨m.10⟩ **1** *Anhänger des Fetischismus (1)* **2** *jmd., der Fetischismus (2) ausübt*

fett ⟨Adj., ~er, am fettesten⟩ **1** *viel Fett enthaltend;* ~es Fleisch; ~er Käse **2** *mit viel Fett zubereitet;* ~e Speisen; ein ~er Bissen, Brokken ⟨übertr.⟩ *großer Gewinn, einträgliches Geschäft* **3** *fruchtbar;* ~er Boden **4** *sehr dick;* ~er Mensch; ~er Bauch; er ist dick ~ geworden **5** *gewinnbringend, ertragreich;* eine ~e Pfründe **6** *breit, dick;* ~e Druckschrift

Fett ⟨n.1⟩ **1** *natürlich vorkommender Stoff,* der bei Zimmertemperatur in festem Zustand vorliegt, sich schmierig anfühlt und wasserabstoßend ist (Glycerinester höherer gesättigter und ungesättigter Fettsäuren); er schöpft sich nur das F. ab *er nimmt sich nur das Beste von allem;* der hat sein F. weg ⟨ugs.⟩ *er hat eine Rüge bekommen, ist zurechtgewiesen worden;* er bekommt, kriegt noch sein F. ⟨ugs.⟩ *er bekommt seine Rüge, seine Strafe noch* **2** *Ablagerung von Fettgewebe im Körper;* Syn. Feist; F. ansetzen *dick werden* ⟨beim Hirsch⟩

Fett|au|ge ⟨f.14⟩ *Tropfen aus verflüssigtem Fett (1) auf einer heißen Flüssigkeit (bes. klarer Suppe)*

Fet|te ⟨f., -, nur Sg.; ugs.⟩ → *Fettheit*

Fet|te|hen|ne ⟨f., -ten|hen|ne, -ten|hen|nen; landsch.⟩ → *Fetthenne*

Fett|em|bo|lie ⟨f.11⟩ *Embolie durch Fetttröpfchen, die nach einem Knochenbruch aus der Markhöhle in die Blutbahn gelangt sind*

fet|ten ⟨V.2, hat gefettet⟩ **I** ⟨mit Akk.⟩ *einfetten* **II** ⟨o.Obj.⟩ *Fett absondern, Fettflecke machen*

Fett|gas ⟨n.1⟩ *durch Erhitzen fettiger Rückstände gewonnenes Leuchtgas (z. B. Ölgas)*

Fett|ge|schwulst ⟨f.2⟩ *aus Fettgewebe bestehende, gutartige Geschwulst;* Syn. Lipom

Fett|ge|we|be ⟨n.5⟩ *lockeres Bindegewebe aus Fettzellen und Fasern (zur Polsterung und als Fettspeicher des Organismus)*

Fett|här|tung ⟨f., -, nur Sg.⟩ *Verfahren zur Herstellung harter, geruchloser Fette (oft aus übelriechendem Wal- und Fischtran)*

Fett|heit ⟨f., -, nur Sg.⟩ *das Fettsein;* Syn. Fette; seine F. ist krankhaft

Fett|hen|ne ⟨f.11⟩ *Dickblattgewächs mit fleischigen Blättern (im typischen Fall meist krautige, dicht am Boden sitzende Mauerpflanze, z. B. Mauerpfeffer); auch:* ⟨landsch.⟩ Fettehenne; Syn. Sedum

Fett|herz ⟨n.16⟩ **1** *fettige Entartung der Herzmuskulatur* **2** *Fettauflagerung am Herzen*

fet|tig ⟨Adj.⟩ **1** *Fett enthaltend;* ~e Creme **2** *mit Fett überzogen;* ~e Hände **Fet|tig|keit** ⟨f., -, nur Sg.⟩

Fett|kloß ⟨m.2; ugs.⟩ *fetter Mensch*

Fett|koh|le ⟨f.11⟩ *eine Steinkohlenart (mit 88% Kohlenstoffgehalt, zur Herstellung von Koks)*

Fett|kraut ⟨n.4⟩ *ein Wasserschlauchgewächs mit von Drüsen ausgeschiedenem Schleim an der Blattoberfläche, an dem Insekten kleben bleiben*

Fett|le|be ⟨f.; nur in der Wendung⟩ F. machen *gut essen und trinken, gut leben*

Fett|le|ber ⟨f.11⟩ *Ablagerung von Fett in den Leberzellen (bei Stoffwechselkrankheiten, Alkoholismus u.a.)*

fett|lei|big ⟨Adj.⟩ *an Fettleibigkeit leidend*

Fett|lei|big|keit ⟨f., -, nur Sg.⟩ *starke Vermehrung des Körperfetts (durch Überernährung oder hormonelle Störungen);* Syn. Fettsucht

fett|lös|lich ⟨Adj.⟩ *in Fett löslich;* ~e Vitamine

Fett|näpf|chen ⟨n.; nur in der Wendung⟩ ins F. treten *etwas Unpassendes sagen oder tun, etwas sagen oder tun, was für die Anwesenden peinlich ist*

Fett|pflan|ze ⟨f.11⟩ → *Sukkulente*

Fett|säu|re ⟨f.11⟩ *höhere gesättigte oder ungesättigte einbasische Carbonsäure (z. B. Butter-, Öl-, Stearinsäure)*

Fett|schwanz|schaf ⟨n.1⟩ *ein Hausschaf mit großen Ablagerungen von Fettgewebe im Schwanz (als Fettreserve in Trockenzeiten)*

Fett|steiß ⟨m.1⟩ *ungewöhnliche Vergrößerung des Gesäßes durch starke Entwicklung des Unterhautfettgewebes (bes. als Rassemerkmal bei den Frauen der Khoisaniden);* Syn. Steatopygie

Fett|stift ⟨m.1⟩ *Farbstift mit wachshaltiger Mine (zum Schreiben auf Glas, Plastik u.a.)*

Fett|sucht ⟨f., -, nur Sg.⟩ → *Fettleibigkeit*

Fett|wanst ⟨m.2; derb⟩ **1** *fetter Wanst, fetter Bauch* **2** *fetter Kerl*

Fett|zel|le ⟨f.11⟩ *Zelle im Bindegewebe, die Fetttröpfchen speichert*

Fe|tus ⟨m., -, -ten oder m.1⟩ *die Leibesfrucht ab dem vierten Monat der Schwangerschaft; auch: Fötus* [lat. ,,Junges, Leibesfrucht, Frucht"]

Fet|zen ⟨m.7⟩ **1** *unregelmäßig geformtes flaches Stück (bes. herausgerissenes Papier- oder Stoffstück)* **2** *zusammenhangloser Teil (Wolken~, Wort~)* **3** *schlechtes oder zerrissenes Kleidungsstück* **4** ⟨österr.⟩ *Scheuerlappen* [vermutlich zu mhd. *vazzen* ,,(sich) kleiden"]

Fet|zen|fisch ⟨m.1⟩ *dem Seepferdchen ähnlicher Fisch, dessen Gestalt in Fetzen aufgelöst zu sein scheint*

Fet|zer ⟨m.5; ugs.⟩ *etwas, das fetzig ist (bes. Musiktitel)*

fet|zig ⟨Adj.; ugs.⟩ *mitreißend, nicht langweilig*

feucht ⟨Adj., ~er, am feuchtesten⟩ *geringfügig, aber spürbar mit Flüssigkeit durchsetzt, leicht naß;* ~e Augen; ~e Kleidung; ~e Luft

Feucht|blatt ⟨n.4; Jägerspr.; bei weibl. Hirschen⟩ *äußeres Geschlechtsteil* [zu *feuchten (III)*]

Feuch|te ⟨f., -, nur Sg.; geh.⟩ → *Feuchtigkeit;* die F. der Luft

feuch|ten ⟨V.2, hat gefeuchtet⟩ **I** ⟨mit Akk.⟩ *feucht machen;* Tränen feuchteten ihre Augen **II** ⟨refl.; poet.⟩ sich f. *feucht werden;* ihre Augen feuchteten sich von Tränen **III** ⟨o.Obj.⟩ Jägerspr. *Harn lassen (vom Wild und Hund)*

feucht|fröh|lich ⟨Adj.⟩ **1** *fröhlich und mit viel Alkohol;* ein ~er Abend **2** *fröhlich und viel Alkohol trinkend;* eine ~e Runde

Feucht|glied ⟨n.3; Jägerspr.; bei Jagdhunden⟩ *männliches Glied* [zu *feuchten (III)*]

feucht|heiß ⟨Adj., o.Steig.⟩ *feucht und heiß zugleich;* ~es Klima; ~e Luft

Feuch|tig|keit ⟨f., -, nur Sg.⟩ *das Feuchtsein;* Syn. ⟨geh.⟩ Feuchte

feucht|kalt ⟨Adj., o.Steig.⟩ *feucht und kalt zugleich;* ~es Klima; ~e Luft

feucht|warm ⟨Adj., o.Steig.⟩ *feucht und warm zugleich;* ~es Klima; ~e Luft

feu|dal ⟨Adj.⟩ **1** o.Steig. *zum Lehnswesen gehörend, Lehns...* **2** *vornehm, prunkvoll* [< mlat. *feodale* ,,Lehen", zu *feodum*, *feudum* ,,Lehen"; bewegliches Eigentum"; die Verschiebung der Bed. zu ,,vornehm" ist vielleicht über ,,zum Feudalherrn gehörig, in der Art eines Herrn" zustande gekommen]

Feu|da|lis|mus ⟨m., -, nur Sg.⟩ *Gesellschaftsform auf agrarwirtschaftlicher Grundlage, bei der Pflichten und Leistungen ursprünglich auf einem Treueverhältnis zwischen Lehnsherrn und Lehnsmann beruhten und die sehr bald zur Abhängigkeit des Bauern vom Grundherrn führte;* Syn. Feudalsystem

Feu|da|li|tät ⟨f., -, nur Sg.⟩ **1** *Lehnsverhältnis* **2** *Vornehmheit, Prunk*

Feu|dal|sy|stem ⟨n.1⟩ → *Feudalismus*

Feu|del ⟨m.5; norddt.⟩ *Scheuerlappen* [< ndrl. *feil* ,,grober Seidenstoff"]

Feu|er ⟨n.5⟩ **1** *lodernde Flammen;* F. machen; das F. schüren; etwas ins F. werfen; die Wunde brennt wie F.; F. fangen *anfangen zu brennen,* ⟨übertr.⟩ *in Begeisterung geraten, anfangen, sich für etwas zu interessieren;* jmdn. um F. (für die Zigarette) bitten; hast du F.? *hast du Streichhölzer (für die Zigarette)?;* für jmdn. durchs F. gehen *bereit sein, alles für ihn zu tun;* F. hinter etwas machen *etwas beschleunigen;* jmdm. F. unterm Hintern machen ⟨derb⟩ *jmdn. in Schwung bringen, antreiben;* für jmdn. die Hand ins F. legen *zu jmdm. volles Vertrauen haben, für jmdn. ohne Vorbehalt bürgen;* die beiden sind wie F. und Wasser *die beiden sind sehr gegen-*

Feuerball

sätzlich **2** *Stelle, an der Flammen lodern (die vom Menschen unter Kontrolle gehalten werden; Herd~); einen Topf aufs F. setzen, übers F. hängen; offenes F.* **3** *Brand, das Brennen; das ist F. ausgebrochen; das F. löschen* **4** ⟨Mil.⟩ *das Schießen mit Feuerwaffen, Beschuß; F. geben schießen; eine feindliche Stellung unter F. nehmen beschießen; zwischen zwei F. geraten von zwei Seiten bedrängt werden* **5** *Funkeln, Blitzen; der Brillant hat ein schönes F.; ihre Augen sprühten F.* **6** *Schwung, Begeisterung; F. und Flamme für etwas sein begeistert für etwas (bes. für ein Vorhaben, einen Plan) sein; F. seiner Rede; in F. geraten; sich in F. reden* **7** *lebhaftes Temperament; das F. des Südländers; sie hat F.* **8** *Heftigkeit; das F. seines Hasses, Zorns*
Feu|er|ball ⟨m., -(e)s, nur Sg.⟩ **1** ⟨poet.⟩ *die Sonne mit ihrer Leucht- und Wärmekraft* **2** *als leuchtende Kugel erscheinende Gase einer Atomwaffenexplosion*
feu|er|be|stän|dig ⟨Adj.; bei Baustoffen und Bauteilen⟩ *einem Feuer mindestens 90 Minuten widerstehend und den Löscharbeiten standhaltend; vgl. feuerhemmend, feuerfest*
Feu|er|be|stat|tung ⟨f.10⟩ → *Einäscherung*
Feu|er|boh|ne ⟨f.11⟩ *rot blühender Vertreter der Bohnen (1), Gemüse-, Heil- und Zierpflanze*
Feu|er|brand ⟨m., -(e)s, nur Sg.⟩ *bakteriell verursachte Krankheit an Obstbäumen mit Schwarzwerden von Blüten, Blättern, Trieben und Zweigen*
Feu|er|ei|fer ⟨m., -s, nur Sg.⟩ *Begeisterung und Eifer; sich mit F. an eine Arbeit machen*
Feu|er|fal|ter ⟨m.5⟩ *kleiner Schmetterling auf warmen, blütenreichen Stellen mit orangeroten, schwarz gesäumten und gefleckten Vorderflügeln*
feu|er|far|ben ⟨Adj., o.Steig.⟩ *von der Farbe des Feuers, leuchtend rot oder gelbrot*
feu|er|fest ⟨Adj., o.Steig.; bei Baustoffen⟩ *Temperaturen von mindestens 1780 °C ertragend, ohne zu entflammen oder zu erweichen; vgl. feuerbeständig, feuerhemmend*
Feu|er|fres|ser ⟨m.5⟩ → *Feuerschlucker*
Feu|er|ge|fahr ⟨f., -, nur Sg.⟩ *Gefahr, Möglichkeit, daß Feuer ausbricht, daß Feuer entsteht; auch: Feuersgefahr*
feu|er|ge|fähr|lich ⟨Adj.⟩ *leicht entflammbar und dadurch Feuer bildend; ~ es Putzmittel* **Feu|er|ge|fähr|lich|keit** ⟨f., -, nur Sg.⟩
Feu|er|geist ⟨m.3⟩ **1** ⟨Myth.⟩ *im Feuer lebender Geist* **2** *temperamentvoller, geistsprühender Mensch, der mit glühender Begeisterung für seine Ideale vertritt*
Feu|er|gott ⟨m.4; Myth.⟩ *Gott, dem das Feuer heilig ist, der das Feuer lenkt und bewahrt*
Feu|er|hal|le ⟨f.11; österr.⟩ *Krematorium*
feu|er|hem|mend ⟨Adj.; bei Baustoffen und Bauteilen⟩ *im Normbrandversuch nicht entflammbar und einen Feuerdurchgang verhindernd; vgl. feuerbeständig, feuerfest*
feu|er|jo! ⟨†⟩ *Alarmruf bei einem Brand*
Feu|er|kopf ⟨m.2⟩ *temperamentvoller (meist auch geistvoller), leicht aufbrausender Mensch*
Feu|er|ku|gel ⟨f.11⟩ → *Bolid (1)*
Feu|er|lei|ter ⟨f.11⟩ **1** *Metalleiter an der Außenwand von Gebäuden (als Fluchtmöglichkeit bei Feuer)* **2** *lange Leiter, mit der hoch gelegene Brände erreicht werden können*
Feu|er|lösch|boot ⟨n.1⟩ *mit Feuerlöschern ausgestattetes Boot, das Schiffsbrände bekämpft*
Feu|er|lö|scher ⟨m.5⟩ **1** (i.w.S.) *Gerät zur Bekämpfung von Bränden* **2** (i.e.S.) *Gerät, das mit Schaum aus einem Hochdruckschlauch Feuer erstickt*
Feu|er|mal ⟨n.1⟩ *angeborener, bläulichroter Hautfleck, eine Blutgefäßgeschwulst (meist im Gesicht)*

Feu|er|mel|der ⟨m.5⟩ **1** *öffentlich angebrachter, mit Glasscheibe gesicherter elektrischer Alarmknopf, der bei Betätigung in der Feuerwache einen Alarm auslöst und einen Standort anzeigt* **2** ⟨in Lagern, Betrieben u.a.⟩ *temperaturabhängiger oder auf Rauchgas reagierender elektrischer Kontakt, der Alarm auslöst*
feu|ern ⟨V.1, hat gefeuert⟩ **I** ⟨o.Obj.⟩ *Feuer machen, heizen* **II** ⟨o.Obj. oder mit Präp.obj.⟩ *schießen; gegen etwas f.* **III** ⟨mit Akk.; ugs.⟩ **1** *etwas f. heftig werfen, schleudern; einen Gegenstand wütend in die Ecke f.* **2** *jmdn. f. fristlos entlassen*
Feu|er|opal ⟨m.1⟩ *gelbrote Abart des Opals*
Feu|er|pro|be ⟨f.11⟩ **1** ⟨MA⟩ *Prüfung eines Menschen mittels eines glühenden Gegenstands, der ihn, wenn er unschuldig war, (angeblich) nicht verletzte (galt als Gottesurteil)* **2** *Bewährungsprobe; die F. (nicht) bestehen*
Feu|er|qual|le ⟨f.11⟩ *Qualle, die mit ihren Nesselfäden bei Berührung brennende Hautverletzungen hervorruft*
Feu|er|rad ⟨n.4⟩ *bei Frühlings- und Sonnwendbräuchen mit Stroh umwundenes Rad, das brennend ins Tal gerollt wird*
feu|er|rot ⟨Adj., o.Steig.⟩ **1** (leuchtend) *gelbrot; ~ es Haar* **2** *intensiv rot; ~ es Gesicht*
Feu|er|sa|la|man|der ⟨m.5⟩ *europäischer Salamander mit auffällig schwarzgelber Zeichnung [er wurde, wegen seiner Farbe und seines ätzenden Hautsekrets, im Volksglauben mit dem Feuer in Verbindung gebracht]*
Feu|ers|brunst ⟨f.2⟩ *heftiger, ausgedehnter Brand*
Feu|er|schiff ⟨n.1⟩ *mit Signaleinrichtungen (wie Leuchtfeuer u.a.) ausgerüstetes, bemanntes Schiff in festgelegter Position vor Häfen und Strommündungen (als Ansteuerungspunkt)*
Feu|er|schlu|cker ⟨-k|k-; m.5⟩ *Artist, der brennende Gegenstände in den Mund nimmt; Syn. Feuerfresser*
Feu|er|schutz ⟨m., -es, nur Sg.⟩ **1** *Schutz vor Feuer* **2** *Schutz durch Feuerwaffen; jmdm. F. geben*
Feu|er|schwamm ⟨m.2⟩ → *Zunderschwamm*
Feu|ers|ge|fahr ⟨f., -, nur Sg.⟩ → *Feuergefahr*
Feu|ers|not ⟨f.2; †⟩ *Notlage durch ausgebrochenes Feuer*
feu|er|spei|end ⟨Adj., o.Steig.⟩ **1** *Feuer auswerfend; ~ er Drache* **2** *glutflüssige Lava auswerfend; ~ er Berg*
Feu|er|sprit|ze ⟨f.11⟩ *(durch Motor angetriebene) Spritze der Feuerwehr*
Feu|er|stät|te ⟨f.11⟩ → *Feuerstelle*
Feu|er|stein ⟨m.1⟩ **1** *dichtes, muschelig brechendes Gestein (von schwarzer, grauer oder bräunlicher Farbe); Syn. Flint* **2** ⟨bei Feuerzeugen⟩ *Metallstift aus Cereisen, der beim Reiben Funken erzeugt*
Feu|er|stel|le ⟨f.11⟩ *Syn. Feuerstätte* **1** *Stelle, an der Feuer zum Kochen gemacht werden kann, einfacher Herd* **2** *Stelle im Freien, an der Reste von Menschen entfachten Feuers zu sehen sind*
Feu|er|stel|lung ⟨f.10⟩ *Platz im Gelände, von dem aus schwere Waffen feuern*
Feu|er|stuhl ⟨m.2; scherzh.⟩ *schweres Motorrad*
Feu|er|sturm ⟨m.2; beim Zusammenwachsen von mehreren Flächenbränden⟩ *durch Feuersbrunst hervorgerufener, sehr starker Wind mit Sogwirkung*
Feu|er|tau|fe ⟨f.11⟩ **1** *erste Teilnahme (eines Soldaten) an einem Gefecht; seine F. erhalten* **2** *Bewährungsprobe*
Feu|er|tod ⟨m.1⟩ *früher: Tod durch Verbrennen auf dem Scheiterhaufen; den F. erleiden; den F. sterben*
Feu|er|ton ⟨m., -(e)s, nur Sg.⟩ *(bei sehr hohen Temperaturen gebranntes) doppelseitig glasiertes, widerstandsfähiges Steinzeug (bes. für sanitäre Ausrüstung)*
Feu|e|rung ⟨f.10⟩ *Vorrichtung zum Verbrennen von Brennstoffen (Gas~, Kohlen~, Öl~)*
Feu|er|ver|gol|dung ⟨f.10⟩ *Vergoldung durch Auftragen einer Gold-Quecksilber-Verbindung und Verdampfen des Quecksilbers durch Erhitzen*
Feu|er|ver|si|che|rung ⟨f.10⟩ *Versicherung gegen Schäden durch Feuer, durch Brand*
Feu|er|wa|che ⟨f.11⟩ *Gebäude der Feuerwehr, in dem eine Mannschaft Wachdienst hat und die Gerätschaften für einen Feueralarm bereitliegen*
Feu|er|waf|fe ⟨f.11⟩ *Waffe, deren Geschosse durch den Gasdruck einer schnell verbrennenden Treibladung in Bewegung gesetzt werden (z.B. Pistole, Geschütz, Rakete)*
Feu|er|wan|ze ⟨f.11⟩ *eine auffällig schwarz und rot gefärbte Landwanze (z.B. Franzose)*
Feu|er|was|ser ⟨n.6; in der Wildwestliteratur Bez. der Indianer für⟩ *starker Branntwein (bes. Whisky)*
Feu|er|wehr ⟨f.10⟩ *kommunale Einrichtung zur Bekämpfung von Bränden und Brandgefahren (auch zur Hilfe in Notlagen von Menschen und Tieren)*
Feu|er|wehr|mann ⟨m.4 oder m., -(e)s, -leute⟩ *Angehöriger der Feuerwehr*
Feu|er|werk ⟨n.1⟩ *bunte Folge von Lichterscheinungen am Nachthimmel, die durch Abbrennen von Feuerwerkskörpern hervorgerufen werden*
Feu|er|wer|ker ⟨m.5⟩ **1** *jmd., der berufsmäßig Feuerwerkskörper herstellt, Fachmann in der Munitions- und Sprengstofftechnik; Syn. Pyrotechniker* **2** ⟨Mil.⟩ **a** ⟨bis 1945⟩ *Unteroffizier im Feldwebelrang, der Waffen, Geräte und Munition zu verwalten hat* **b** ⟨österr. Bundesheer⟩ *unterster Unteroffiziersgrad in Verbänden der Artillerie*
Feu|er|werks|kör|per ⟨m.5⟩ *leicht entzündbaren chemischen Stoff enthaltender Gegenstand, der beim Abbrennen Knall oder/und Farb- und Leuchteffekte hervorruft*
Feu|er|zan|ge ⟨f.11⟩ *Zange zum Ergreifen brennender oder glühender Gegenstände*
Feu|er|zan|gen|bow|le ⟨[-bo-] f.11⟩ *heißes Getränk aus (gewürztem) Rotwein, bei dessen feierlicher Zubereitung Zucker aus einem mit Rum getränkten Zuckerhut von einer feuerzangenähnlichen Unterlage in einen Metallkessel tropft*
Feu|er|zeug ⟨n.1⟩ *mit einer Hand bedienbares Gerät zum Entzünden von Feuer (Benzin~, Gas~)*
Feuil|la|ge ⟨[fœjaʒə] f., -, nur Sg.⟩ *Laubwerk (als Ornament in Baukunst, Plastik und Malerei) [frz., zu feuille „Blatt"]*
Feuil|le|ton ⟨[fœjətõ] n.9⟩ **1** *kultureller Teil der Zeitung* **2** *allgemeinverständlich und ansprechend geschriebener Beitrag (Geschichte, Betrachtung, Kritik u.ä.) für die Zeitung [< frz. feuilleton „dünnes Heft; literarischer Artikel, Kritiken u.ä. in der Zeitung" (diese Artikel wurden früher der Zeitung als Beiheft oder Beiblatt mitgegeben), zu feuille „Blatt"]*
Feuil|le|to|nis|mus ⟨m., -, nur Sg.⟩ *Kunstform des Feuilletons (2)*
Feuil|le|to|nist ⟨m.10⟩ *Mitarbeiter beim Feuilleton (1)*
feuil|le|to|nis|tisch ⟨Adj.⟩ **1** *in der Art von Feuilletons (2)* **2** ⟨abwertend⟩ *ansprechend, aber oberflächlich*
feu|rig ⟨Adj.⟩ **1** ⟨o.Steig.⟩ *glühend; ~ e Kohlen auf jmds. Haupt sammeln* ⟨übertr.⟩ *jmdn. tief beschämen* **2** *wie Feuer gefärbt; ~ er Himmel* **3** *temperamentvoll, leidenschaftlich; ein ~ er Charakter; ein ~ es Pferd; eine ~ e Rede halten* **4** *berauschend, alkoholreich; ~ er Wein*
feu|rio! ⟨†⟩ *Alarmruf bei einem Brand*

Fex¹ ⟨m.1, österr. m.10; veraltend⟩ jmd., der für etwas begeistert ist (Berg~, Wasser~) [vielleicht zu *Faxen*]
Fez¹ ⟨[fɛs] oder [fɛts] m.1⟩ →*Fes*
Fez² ⟨m., -es, nur Sg.; ugs.⟩ anspruchsloser Spaß, lustiger Unsinn; F. machen; das gibt F.
ff ⟨Abk. für⟩ *fortissimo*
FF ⟨Abk. für⟩ *französischer Franc*
ff. ⟨Abk. für⟩ *(und folgende) Seiten*
fff ⟨Abk. für⟩ *fortefortissimo, fortississimo*
Fi|a|ker ⟨m.5; österr.⟩ **1** *Pferdedroschke, Mietkutsche* **2** *jmd., der eine solche Kutsche berufsmäßig fährt* [< frz. *fiacre* in ders. Bed., nach dem *Hôtel Saint-Fiacre* in Paris, vor dem 1640 die ersten Pferdedroschken ihren Standplatz hatten]
Fi|a|le ⟨f.11; got. Baukunst⟩ *schlankes, spitzes Türmchen über Strebepfeilern* [< lat. *fiala, phiala* „Trinkgefäß für Wein"]
fi|an|chet|tie|ren ⟨[-ke-] V.3, hat fianchettiert; o.Obj.; Schach⟩ *das Spiel mit einem Fianchetto eröffnen*
Fi|an|chet|to ⟨[-kɛ-] n.15; -s, -ti; Schach⟩ *Vorbereitung eines Seitenangriffs durch die Läufer* [ital., Verkleinerungsform von *fianco* „Seite, Flanke"]
Fi|as|ko ⟨n.9⟩ *Mißerfolg* [< ital. *fiasco* „Flasche" sowie „Mißerfolg", verkürzt < der Redensart *far fiasco*, wörtlich „eine Flasche machen"]
Fi|bel¹ ⟨f.11⟩ **1** ⟨veraltend⟩ *Buch zum Lesenlernen* **2** *Buch, das in die Anfangsgründe eines Wissensgebiets einführt* (Angel~) [vermutlich wegen der leichteren Sprechbarkeit in der Kindersprache aus *Bibel* gebildet, da die Kinder früher nach der Bibel das Lesen lernten]
Fi|bel² ⟨f.11⟩ *germanische Gewandnadel*; Syn. Fibula [lat.]
Fi|ber ⟨f.11; bei Muskeln, Pflanzen⟩ →*Faser* [< lat. *fibra* „Faser", zu *findere* „spalten"]
Fi|bril|le ⟨f.11⟩ **1** *bei Muskeln, Nerven* **2** *(beim Bindegewebe) feine Faser* [zu lat. *fibra* „Faser" gebildete Verkleinerungsform]
Fi|brin ⟨n., -s, nur Sg.⟩ *bei der Blutgerinnung entstehender faseriger Eiweißstoff* [< lat. *fibra* „Faser"]
Fi|bri|no|gen ⟨n., -s, nur Sg.⟩ *lösliche Vorstufe des Fibrins* [< *Fibrin* und griech. *gennan* „erzeugen"]
fi|bri|nös ⟨Adj., o.Steig.⟩ *fibrinhaltig, faserig gerinnend*
Fi|bro|in ⟨n., -s, nur Sg.⟩ *fadenförmiger Eiweißkörper, Bestandteil der Naturseide* [< lat. *fibra* „Faser"]
Fi|brom ⟨n.1⟩ →*Fasergeschwulst* [< lat. *fibra* „Faser"]
fi|brös ⟨Adj., o.Steig.⟩ *aus grobem Bindegewebe bestehend, faserig*
Fi|bu|la ⟨f., -, -lä⟩ **1** *Wadenbein* **2** *Schloß (an Büchern)* **3** →*Fibel*²
Fich|te ⟨f.11⟩ **1** ⟨i.w.S.⟩ *Kieferngewächs mit vierkantigen Nadeln und hängenden Zapfen* **2** ⟨i.e.S.⟩ *mittel- und nordeuropäischer Nadelbaum mit diesen Merkmalen*; Syn. Rottanne **3** *dessen Holz*
Fich|ten|na|del ⟨f.11⟩ **1** *Nadel der Fichte* **2** ⟨nur Sg.⟩ *aus deren Öl hergestellter Riechstoff*
Fich|ten|spar|gel ⟨m.5⟩ *spargelähnliches, wachsgelbes Wintergrüngewächs ohne Blattgrün, von bleichen Schuppen bedeckt, auf den Wurzeln von Holzpflanzen schmarotzend* (bes. auffällig in eintönigen Fichtenanpflanzungen)
Fi|chu ⟨[-ʃy] n.9; Ende des 18. Jh.⟩ *dreieckiges, auf der Brust gekreuztes und auf dem Rücken zusammengebundenes Schultertuch* [frz., zu *ficher* „befestigen"]
ficken ⟨-k·k- ; V.1, hat gefickt; vulg.⟩ **I** ⟨o.Obj.⟩ *Geschlechtsverkehr ausüben* **II** ⟨mit Akk.⟩ *jmdn. f. mit jmdm. Geschlechtsverkehr ausüben* [urspr. „reiben"]

ficke|rig ⟨-k·k-; Adj.⟩ **1** ⟨bes. norddt.⟩ *sehr unruhig, nervös* **2** ⟨vulg.⟩ *geschlechtlich erregt* [zu *ficken*]
Fick|fack ⟨m.1; landsch.⟩ *Ausrede, Ausflucht* [eigtl. „Hin- und Herziehen, Hin- und Herbewegen", dann „Winkelzug, Ausflucht"]
fick|facken, fick|fackern ⟨-k·k-; V., hat gefickfackt, hat gefickfackert; o.Obj.⟩ *Ausreden gebrauchen, Ausflüchte machen*
Fi|dei|kom|miß ⟨[fide|i-] n.1; früher⟩ *unverkäufliches, unbelastbares und nur im Ganzen vererbliches Landgut* [< lat. *fideicommissum* „auf Treu und Glauben anvertrauter Vermögensteil*, < lat. *fides*, Gen. *fidei*, „Vertrauen, Glaube" und *committere* „übergeben, trauen"]
Fi|de|is|mus ⟨m., -, nur Sg.⟩ **1** *Lehre, daß die religiösen Wahrheiten nur mit dem Glauben, nicht mit der Vernunft faßbar seien*; Ggs. Szientismus (1) **2** *evangelisch-reformierte Lehre, daß das Wichtigste der Glaube, nicht die Glaubensinhalt sei*
fi|del ⟨Adj.⟩ *lustig, vergnügt* [im 18./19. Jh. „treuherzig, burschikos", < lat. *fidelis* „treu, tüchtig"]
Fi|del ⟨f.11; 8.–14. Jh.⟩ *kleines Streichinstrument, Vorform der Geige*
Fi|de|li|tas, Fi|de|li|tät ⟨f., -, nur Sg.⟩ *Lustigkeit, Munterkeit*
Fi|di|bus ⟨m.1; veraltend⟩ *Holzspan oder mehrmals gefalteter Papierstreifen zum Anzünden der Pfeife* [vielleicht < lat. *fidibus*, Ablativ des Mittels zu *fides* „Darmsaite, Saitenspiel"; wahrscheinlich durch eine studentensprachliche Verdrehung entstanden]
Fi|du|li|tät ⟨f.10⟩ *inoffizieller (fideler) Teil eines studentischen Kommerses*
Fi|duz ⟨n., -, nur Sg.⟩ *Vertrauen, Zutrauen; kein F. zu etwas haben* [< lat. *fiducia* in ders. Bed., zu *fidere* „trauen, vertrauen"]
Fi|du|zi|ant ⟨m.10⟩ *Treugeber (bei einem fiduziarischen Geschäft)*
Fi|du|zi|ar ⟨m.1⟩ *Treuhänder (bei einem fiduziarischen Geschäft)*
fi|du|zi|a|risch ⟨Adj., o.Steig.⟩ *zu treuen Händen (übergeben); ~es Geschäft Treuhandgeschäft* [< lat. *fiducia* „Vertrauen"]
fi|du|zit! ⟨Studentenspr.⟩ *vertraue darauf! (Zuruf beim Trinken, Antwort auf: schmollis!)* [lat.]
Fie|ber ⟨n.5⟩ **1** *Abwehrreaktion des Körpers auf Entzündungen und Infektionen mit Erhöhung der Körpertemperatur auf über 37 °C; F. haben* **2** *mit Fieber verbundene Erkrankung* (Nerven~, Schnupfen~) **3** ⟨übertr.⟩ *Zustand heftiger seelischer Erregung; im F. der Vorbereitung; F. der Ungeduld*
fie|ber|haft ⟨Adj., ~er, am fieberhaftesten⟩ **1** ⟨o.Steig.⟩ *mit Fieber (1) einhergehend*; Syn. febril **2** *angestrengt, eilig, erregt; in ~er Eile, sie arbeiten f. an der Fertigstellung*
Fie|ber|klee ⟨m., -s, nur Sg.⟩ *Sumpfpflanze mit rötlichweißen, bärtigen Blüten und kleeähnlichen Blättern, Heilpflanze*; Syn. Bitterklee
Fie|ber|kur|ve ⟨f.11⟩ *graphische Darstellung der Körpertemperatur bei fieberhaften Erkrankungen*
Fie|ber|mit|tel ⟨n.5⟩ **1** *fiebersenkendes Mittel* **2** *Heilfieber erzeugendes Mittel*
Fie|ber|mü|cke ⟨-k·k-; f.11⟩ →*Anopheles*
fie|bern ⟨V.1, hat gefiebert; o.Obj.⟩ **1** *Fieber haben; hoch f.* **2** ⟨übertr.⟩ *sehr ungeduldig sein, etwas nicht erwarten können; sie fiebert schon, daß sie endlich wieder weggehen kann*
Fie|ber|rin|de ⟨f., -, nur Sg.⟩ →*Chinarinde*
Fie|ber|ther|mo|me|ter ⟨n.5⟩ *Thermometer mit einer Meßskala von 35 °–42 °C zum Messen der Körpertemperatur*
fieb|rig ⟨Adj.⟩ **1** *fieberhaft; ~e Erkältung* **2** *fiebernd; sich f. fühlen*
Fie|del ⟨f.11; volkstümlich⟩ *Geige*

fie|deln ⟨V.1, hat gefiedelt; o.Obj. oder mit Akk.; volkstümlich⟩ *geigen; ein Liedchen f.*
Fie|der ⟨f.11⟩ **1** ⟨†⟩ *kleine Feder* **2** *Teil eines gefiederten Blatts*
fie|dern ⟨V.1, hat gefiedert⟩ **I** ⟨mit Akk.⟩ *mit Federn besetzen; gefiederter Pfeil* **II** ⟨refl.; Jägerspr.⟩ *sich f. neue Federn bekommen*
...fied|rig ⟨in Zus.⟩ *mit einer bestimmten Art von Gefieder, z.B. buntfiedrig, glanzfiedrig, mauserfiedrig*
Field-Re|search ⟨[-risə:tʃ] n., -, nur Sg.; Markt-, Meinungsforschung⟩ *Befragung durch persönliches Gespräch oder Fragebogen* [engl., „Feldforschung"]
Field|work ⟨[-wə:k] n., -s, nur Sg.; Markt-, Meinungsforschung⟩ *persönliche Befragung (nicht durch Fragebogen) [engl., „praktische Arbeit, Einsatz im Außendienst", eigtl. „Feldarbeit"]*
Field|wor|ker ⟨[-wə:kər] m.5⟩ *jmd., der persönliche Befragungen durchführt*
Fie|pe ⟨f.11⟩ *feine, hohe Pfeife (zum Anlocken von Rehwild)*
fie|pen ⟨V.1, hat gefiept; o.Obj.⟩ **1** *leise, feine, hohe Töne von sich geben* **2** ⟨Jägerspr.⟩ *mit feinem, hohem Ton klagen, rufen; das Reh fiept*
Fie|rant ⟨[fiǝ-] m.10; †, bayr.-österr.⟩ *umherziehender Händler, Markthändler* [< ital. *fiera* „Jahrmarkt"]
fie|ren ⟨V.1, hat gefiert; mit Akk.; Seemannsspr.⟩ **1** *aus der Takelung herunterholen; ein Segel f.* **2** *abrollen, ablaufen lassen; ein Tau f.*
fies ⟨Adj., ~er, am fiesesten⟩ **1** *widerlich, unsympathisch; er ist f.* **2** *gemein, hinterhältig; er hat sich f. benommen*
Fies|ling ⟨m.1; ugs.⟩ *fieser Kerl*
Fi|fa, FI|FA ⟨f., -, nur Sg.; Kurzw. für⟩ *Fédération Internationale de Football Association; internationaler Fußballverband*
fif|ty-fif|ty ⟨Adv.⟩ *halbpart, zu gleichen Teilen* [engl., „fünfzig-fünfzig"]
Fi|ga|ro ⟨m.9; scherzhafte ital. Bez. für⟩ *Frisör* [nach dem Helden in Rossinis Oper „Der Barbier von Sevilla"]
Fight ⟨[fait] m.9; bes. Boxen⟩ *mit viel Einsatz geführter sportlicher Wettkampf* [engl., „Kampf"]
fight|en ⟨[fai-] V.2, hat gefightet; o.Obj.; Boxen⟩ *hart kämpfen* [< engl. *to fight* „kämpfen"]
Fight|er ⟨[fai-] m.5⟩ **1** *Boxer, der stets den Schlagwechsel sucht* **2** *jmd., der sich heftig einsetzt, um ein Ziel zu erreichen*
Fi|gur ⟨f.10⟩ **1** *Gesamtheit des menschlichen Körpers, Wuchs; eine gute, zierliche, schlechte F. haben; er macht in dem Anzug eine gute F. er sieht in dem Anzug gut aus; er macht eine komische F. in diesem Aufzug er sieht komisch aus* **2** ⟨abwertend⟩ *Mensch, Person; er ist eine komische, merkwürdige, zwielichtige F.* **3** *künstlerische Nachbildung eines menschlichen oder tierischen Körpers* **4** *Person in einem literarischen Werk* **5** *aus Holz o.ä. geformter Gegenstand* **6** ⟨bei Brettspielen⟩ *aus Holz (oder Elfenbein o.ä.) geformter Gegenstand, der am Brett bewegt wird* **7** ⟨Abk.: Fig.⟩ *gezeichnete erläuternde Abbildung* **8** ⟨Geom.⟩ *in einer Ebene liegendes Gebilde aus Linien oder Flächen (z.B. Dreieck, Kegelschnitt, Kreis, Vieleck)* **9** ⟨Tanz, Eiskunstlauf u.ä.⟩ *in sich geschlossener Ablauf von Bewegungen; ~e laufen, tanzen* **10** *melodisch oder rhythmisch zusammengehörende Gruppe von Tönen* **11** *gut geformter sprachlicher Ausdruck, z.B. Metapher (Stil~, Rede~)* [< lat. *figura* „Gestalt, Form, Aussehen", zu *fingere* „formen, gestalten"]
Fi|gu|ra ⟨f.; nur in der Wendung⟩ *wie F. zeigt wie das Beispiel, wie der Vorfall zeigt* [lat.]
fi|gu|ral ⟨Adj., o.Steig.⟩ *mit Figuren, aus Figuren; die Tür ist f. verziert; ~e Ornamentik*

Figuralmusik

Fi|gu|ral|mu|sik ⟨f., -, nur Sg.⟩ kunstvoll verzierte mehrstimmige Musik des MA (im Unterschied zum einstimmigen Choral)

Fi|gu|rant ⟨m.10⟩ **1** Gruppentänzer (im Unterschied zum Solotänzer) **2** ⟨Theat., Film⟩ Darsteller ohne Sprechrolle

Fi|gu|ra|ti|on ⟨f.10; Mus.⟩ das Umspielen, Verzieren einer Melodie

fi|gu|ra|tiv ⟨Adj., o.Steig.⟩ **1** → figürlich (2) **2** als Beispiel dienend

fi|gu|rie|ren ⟨V.3, hat figuriert⟩ **I** ⟨o.Obj.⟩ erscheinen, auftreten, eine Rolle spielen; sie figuriert als Gesellschafterin **II** ⟨mit Akk.; Mus.⟩ verzieren, ausschmücken; eine Melodie f.

Fi|gu|rie|rung ⟨f., -, nur Sg.⟩

Fi|gu|ri|ne ⟨f.11⟩ **1** kleine (bes. antike) Statue **2** ⟨Mal.⟩ kleine Gestalt im Hintergrund von Landschaftsbildern **3** ⟨Theat.⟩ gezeichnete kleine Figur als Kostümentwurf

fi|gür|lich ⟨Adj., o.Steig.⟩ **1** im Hinblick auf die Figur; wir sind uns f. ähnlich **2** durch eine Figur, durch Figuren, in Form einer Figur oder von Figuren; Syn. figurativ; ~e Darstellung; ~e Ornamentik; die Tür ist f. verziert **3** bildlich, übertragen, im übertragenen Sinne; die ~e Bedeutung eines Wortes

Fik|ti|on ⟨f.10⟩ **1** Erdichtung, Ausgedachtes, Erfindung; das ist alles F.; das ist reine F. **2** ⟨Philos.⟩ Unterstellung, bewußt falsche Annahme, um daraus Erkenntnisse zu gewinnen **3** ⟨Rechtsw.⟩ rechtlich zulässige Anwendung eines Rechtssatzes auf einen Sachverhalt, auf den er eigentlich nicht anzuwenden ist (z.B. kann jmd. zu einem bestimmten Zeitpunkt als schon geboren gelten, obwohl er nur gezeugt ist) [< lat. fictio, Gen. -onis, „Gestaltung, Wortbildung, Erdichtung", zu fingere „bilden, formen, gestalten"]

Fik|tio|na|lis|mus ⟨m., -, nur Sg.⟩ auf Fiktionen aufgebaute Philosophie, Als-ob-Philosophie

fik|tiv ⟨Adj., o.Steig.⟩ auf Fiktion beruhend, nur angenommen, erdichtet

Fi|la|ment ⟨n.1⟩ **1** ⟨Astron.⟩ **a** schmaler, langgestreckter, faseriger Nebelfetzen in der Milchstraße **b** als dunkles, fadenförmiges Gebilde sichtbare Materialansammlung meist oberhalb der Sonnenoberfläche **2** ⟨Bot.⟩ Stiel des Staubblatts; Syn. Staubfaden **3** ⟨in Muskelzellen⟩ winziges, aus Eiweiß bestehendes, fadenförmiges Gebilde, das bei der Zusammenziehung der Fibrillen eine Rolle spielt [< lat. filamentum „Fadenwerk", zu filum „Faden"]

Fi|let ⟨[-le] n.9⟩ **1** ⟨bei Schlachttieren und beim Wild⟩ zartes Fleischstück, das unter dem hinteren Rückenstück liegt; Syn. Lende (2), ⟨österr.⟩ Lungenbraten **2** ⟨beim Fisch⟩ ausgelöstes Rückenstück **3** ⟨beim Geflügel⟩ Bruststück **4** ⟨kurz für⟩ Filetarbeit [< frz. filet in ders. Bed., eigtl. „Faden, Garn", auf das Fleischstück wahrscheinlich deshalb übertragen, weil es ein schmaler Streifen längs des Rückgrats ist]

Fi|let|ar|beit ⟨[-le-] f.10⟩ Handarbeit, bei der mit einer besonderen Nadel verschiedene Muster in einen Netzgrund gestickt werden

fi|le|tie|ren ⟨V.3, hat filetiert; mit Akk.⟩ in Filets, in Scheiben schneiden; Syn. filieren; Fleisch f.

Fi|lia ho|spi|ta|lis ⟨f., -, -liä -les; †; Studentenspr.⟩ Tochter der Wirtsleute [lat.]

Fi|lia|le ⟨f.11⟩ Zweigniederlassung, Zweiggeschäft [< mlat. filialis „das Verhältnis zwischen Mutter- und Tochterkirche betreffend", zu filia „Tochterkirche", < lat. filia „Tochter"]

Fi|li|al|ge|ne|ra|ti|on ⟨f.10; Genetik⟩ eine der Nachkommenfolgen eines Elternpaars; Syn. Tochtergeneration [< spätlat. filialis „als Kind abstammend von" und Generation]

Fi|li|al|kir|che ⟨f.11⟩ Tochter-, Nebenkirche ohne eigenen Pfarrer

Fi|lia|ti|on ⟨f.10⟩ **1** Einrichtung einer Filialkirche **2** Kindschaft, rechtmäßige Abstammung von einer Person sowie der Nachweis darüber **3** Abhängigkeit und Gehorsamspflicht von Ordensmitgliedern [zu lat. filia „Tochter"]

Fi|li|bus|ter I ⟨m.5⟩ → Flibustier **II** ⟨auch [-bastər] m.9 oder m.5; im US-amerik. Parlament⟩ jmd., der durch Dauerrede die Verabschiedung eines Gesetzes zu verzögern sucht **III** ⟨auch [-bastər] n., -s, nur Sg.⟩ Verschleppungs-, Verzögerungstaktik

fi|li|bus|tern ⟨auch [-ba-] V.1, hat filibustert; o.Obj.⟩ durch endlose Reden die Verabschiedung eines Gesetzes verzögern [engl., < älterem flibutor „Freibeuter, Seeräuber", → Flibustier; die Übertragung der Bed. „Seeräuber" auf den Verschleppungstaktiker ist so zu verstehen, daß er durch Dauerreden Zeit vergeudet, sie dem anderen abnimmt, sozusagen „plündert, sich aneignet"]

fi|lie|ren ⟨V.3, hat filiert; mit Akk.⟩ **1** in Filetarbeit anfertigen; eine Decke f. **2** → filetieren

Fi|li|gran ⟨n.1⟩ Geflecht aus feinen, miteinander verlöteten Fäden aus Edelmetall (Gold~, Silber~) [< ital. filigrana „Filigran", zusammengezogen < filo e grano „Faden und Korn"]

Fi|li|pi|no ⟨m.9⟩ Bewohner der Philippinen

Fi|li|us ⟨m., -, -lii, ugs. m., -, -us|se; scherzh.⟩ Sohn [lat.]

Fil|lér ⟨[-le:r] m., -(s), -⟩ ungarische Währungseinheit, 1/100 Forint

Film ⟨m.1⟩ **1** dünne, zusammenhängende Schicht (Lack~, Öl~, Staub~) **2** ⟨Fot.⟩ glasklarer, sehr dünner, biegsamer Streifen als Träger der lichtempfindlichen Schicht (Farb~, Roll~, Schmal~); einen F. belichten, entwickeln **3** auf einem solchen Streifen fotografisch aufgenommene, künstlerisch gestaltete, in sich geschlossene Folge von Szenen (Dokumentar~, Spiel~, Kurz~); Syn. ⟨†⟩ Lichtspiel; einen F. drehen; hier läuft ein F. über ...; das Drehbuch zu einem F. schreiben **4** ⟨kurz für⟩ Filmbranche; sie ist beim F.; sie will zum F. gehen [< engl. film „Film", eigtl. „Häutchen, Membran, dünner Überzug"]

Film|bran|che ⟨[-brãʃə] f.11⟩ Wirtschafts- und Berufszweig, in dem Filme (3) gedreht werden

Film|büh|ne ⟨f.11⟩ → Kino

Film|di|va ⟨f., -, -ven⟩ gefeierte Filmschauspielerin

Film|e|ma|cher ⟨m.5⟩ jmd., der zu einem Film das Drehbuch schreibt und der auch selbst Regie führt

fil|men ⟨V.1, hat gefilmt⟩ **I** ⟨o.Obj.⟩ einen Film drehen; er filmt zur Zeit in Afrika **II** ⟨mit Akk.⟩ **1** etwas oder jmdn. f. etwas oder jmdn. mit der Filmkamera aufnehmen **2** jmdn. f. ⟨übertr.⟩ jmdn. hereinlegen, betrügen

Film|grö|ße ⟨f.11⟩ berühmte(r) Filmschauspieler(in)

fil|misch ⟨Adj., o.Steig.⟩ **1** mit Hilfe des Films (3), der Filmtechnik; etwas f. darstellen **2** im Hinblick auf die Filmtechnik; der Film ist (rein) f. gut, geschickt gemacht

Film|kunst ⟨f., -, nur Sg.⟩ Kunst des Films (3), Kunst, gute, wertvolle Filme zu machen

Film|künst|ler ⟨m.5⟩ Künstler beim Film (4), Filmschauspieler

Film|mu|sik ⟨f.10⟩ Musik für einen, in einem Film; ~ schreiben

Film|o|thek ⟨f.10⟩ Syn. Kinemathek **1** Sammlung von Filmen (3) **2** Raum, Gebäude dafür

Film|re|por|ta|ge ⟨[-ʒə] f.11⟩ als Film gestaltete Reportage, Reportage, die durch Filmaufnahmen ergänzt wird

Film|schaf|fen|de(r) ⟨m., f.17 oder 18⟩ jmd., der beim Film (4) tätig ist

Film|schau|spie|ler ⟨m.5⟩ Schauspieler beim Film (4)

Film|star ⟨m.9⟩ berühmte(r) Filmschauspieler(in); Syn. Filmstern

Film|stern ⟨m.1⟩ → Filmstar

Film|stern|chen ⟨n.7⟩ sehr junge Filmschauspielerin; Syn. Starlet

Film|thea|ter ⟨n.5⟩ → Kino

Film|ver|leih ⟨m.1⟩ Unternehmen, das Filme (3) kauft und Kopien davon an Filmtheater verleiht

Film|wis|sen|schaft ⟨f., -, nur Sg.⟩ Wissenschaft vom Film (3), seiner Geschichte, Technik und künstlerischen Gestaltung

Film|wo|che ⟨f.11⟩ Woche, in der in bestimmten Filmtheatern besondere Filme gezeigt werden

Fi|lou ⟨[-lu] m.9⟩ Spitzbube, Schlaukopf, gerissener Bursche [frz., „Gauner", < engl. fellow „Bursche, Kerl, Genosse", im Slang „Komplize"]

Fils ⟨m., -, - oder m., -, Fulus⟩ Währungseinheit u.a. im Irak und in Jordanien, 1/1000 Dinar [arab., „Geld"]

Fil|ter ⟨m.5 oder n.5⟩ **1** Vorrichtung zum Ausscheiden bestimmter Stoffe (fester Stoffe aus Flüssigkeiten, Staub aus Gasen u.a.) (Kaffee~, Zigaretten~) **2** ⟨Optik⟩ **a** Scheibe aus Glas, Folie u.a., die bestimmte Farben nicht durchläßt **b** mit Rastern versehenes Glas zum Herausfiltern von Licht bestimmter Polarisation **3** ⟨Elektr.⟩ Schaltung zur Auswahl eines bestimmten Frequenzbereichs [< mlat. filtrum „Seihgerät aus Filz"]

fil|tern ⟨V.1, hat gefiltert; mit Akk.⟩ durch einen Filter gehen lassen; Syn. filtrieren; eine Flüssigkeit f.; Licht f.

Fil|te|rung ⟨f.10⟩ auch: Filtration, Filtrierung **1** das Filtern **2** das Gefiltertwerden

Fil|ter|zi|ga|ret|te ⟨f.11⟩ Zigarette mit einem Mundstück als Filter (1), der im Rauch gelöste Stoffe teilweise zurückhält

Fil|trat ⟨n.1⟩ filtrierte Flüssigkeit

Fil|tra|ti|on ⟨f.10⟩ → Filterung

fil|trie|ren ⟨V.3, hat filtriert; mit Akk.⟩ → filtern

Fil|trie|rung ⟨f.10⟩ → Filterung

Fi|lü|re ⟨f.11; †⟩ Gewebe, Gespinst [< frz. filure „Gespinst"]

Filz ⟨m.1⟩ **1** Produkt aus ungeordneten, durch Walken unter Feuchtigkeit stark miteinander verschlungenen Haaren, Fasern oder Gewebeschichten **2** ⟨ugs.⟩ → Geizhals **3** ⟨ugs.⟩ unausgeschmolzenes Fett (Speck~)

fil|zen ⟨V.1, hat gefilzt⟩ **I** ⟨o.Obj.⟩ dicht, filzig werden; die Wolle filzt **II** ⟨mit Akk.⟩ **1** auf Ungeziefer hin untersuchen; Kleidung f. **2** ⟨ugs.⟩ gründlich auf verbotene Ware hin untersuchen, kontrollieren; Reisende, Gepäck f.

fil|zig ⟨Adj.⟩ **1** ⟨o.Steig.⟩ wie Filz (1); ~er Moorboden **2** ⟨ugs.⟩ wie ein Filz (2), geizig

Fil|zig|keit ⟨f., -, nur Sg.⟩

Filz|laus ⟨f.2⟩ Laus, die die Scham- und Achselhaare des Menschen befällt

Filz|schrei|ber Stift mit einer Spitze aus Filz, die die Schreib- oder Malflüssigkeit überträgt

Fim|mel[1] ⟨m.5; ugs.⟩ **1** kleine Verrücktheit, Klaps; der hat ja einen F. der ist ein bißchen verrückt **2** verrückte, für andere nicht nachvollziehbare Idee; er hat den F., er müsse ...

Fim|mel[2] ⟨m.5⟩ → Femel

fim|me|lig ⟨Adj.⟩ ein bißchen verrückt

fi|nal ⟨Adj., o.Steig.⟩ **1** eine Absicht, einen Zweck bestimmt **2** beendend, abschließend [< lat. finalis „zum Ende, zur Grenze gehörig", zu finis „Ende, Ziel, Endzweck, Zweck"]

Fi|na|le ⟨n.5⟩ **1** ⟨Mus.⟩ letzter Satz (eines Musikstücks) **2** ⟨Sport⟩ **a** letzter, entscheidender Durchgang in einem Wettkampf, Endkampf [< ital. finale „Endkampf, Endspiel, Schlußsatz, -szene", zu fine < lat. finis „Ende"]

Fi|na|lis|mus ⟨m., -, nur Sg.⟩ Lehre, daß alles Geschehen in der Natur zweckbestimmt und zielstrebig sei
Fi|na|list ⟨m.10⟩ **1** Anhänger des Finalismus **2** ⟨Sport⟩ Teilnehmer am Finale (2a)
Fi|na|li|tät ⟨f., -, nur Sg.⟩ Zweckbestimmtheit
Fi|nal|satz ⟨m.2; Gramm.⟩ Nebensatz, der einen Zweck, eine Absicht ausdrückt, Absichtssatz
Fi|nan|cier [-nāsje] →Finanzier
Fi|nanz ⟨f.10⟩ **1** ⟨nur Sg.⟩ **a** Geldwesen **b** Gesamtheit der Finanzleute **2** ⟨Pl.⟩ ~en **a** Geld, Geldmittel; mit meinen ~en steht es schlecht **b** Staatshaushalt [< frz. *finance* ,,Barschaft, bares Geld", < mlat. *financia* ,,Steuer, geldliche Leistung oder Bürgschaft"]
Fi|nanz|amt ⟨n.4⟩ **1** für die Festsetzung, Einziehung und Verwaltung der Steuern zuständige Behörde **2** Gebäude, in dem diese untergebracht ist
Fi|nanz|ari|sto|kra|tie ⟨f., -, nur Sg.⟩ die Vermögen besitzende, wirtschaftlich führende Schicht einer Gesellschaft; Syn. Hochfinanz, Geldaristokratie
Fi|nan|zer ⟨m.5; österr.⟩ Zollbeamter
Fi|nanz|ge|ba|ren ⟨n., -s, nur Sg.⟩ Art, wie mit öffentlichen Geldern umgegangen wird
Fi|nanz|ho|heit ⟨f., -, nur Sg.⟩ Recht (des Staates), von den Bürgern Steuern einzuziehen und diese zu verteilen
fi|nan|zi|ell ⟨Adj., o.Steig.⟩ die Geldmittel betreffend, hinsichtlich der Geldmittel, geldlich; seine ~en Verhältnisse sind geordnet; seine ~e Lage ist gut, schlecht; ihm geht es f. (nicht) gut
Fi|nan|zier ([-tsje] m.5) auch: *Financier* **1** jmd., der große Geldmittel besitzt **2** Geldgeber
fi|nan|zie|ren ⟨V.3, hat finanziert; mit Akk.⟩ etwas f. **1** die Geldmittel für etwas zur Verfügung stellen, durch Geld ermöglichen; einen Film f.; jmdm. das Studium f. **2** mit Hilfe eines Kredits kaufen; eine Eigentumswohnung f. **Fi|nan|zie|rung** ⟨f., -, nur Sg.⟩
Fi|nanz|mann ⟨m., -(e)s, -leu|te⟩ Angehöriger der Finanzaristokratie
Fi|nanz|wirt|schaft ⟨f., -, nur Sg.⟩ alle Vorgänge, die zum Beschaffen und Verteilen öffentlicher Gelder gehören
Fin|del|haus ⟨n.4; früher⟩ Heim, in dem Findelkinder aufgenommen wurden
Fin|del|kind ⟨n.3⟩ von der Mutter bzw. den Eltern ausgesetztes Kind, das von anderen Menschen gefunden worden ist; Syn. Findling
fin|den ⟨V.36, hat gefunden⟩ **I** ⟨mit Akk.⟩ **1** etwas oder jmdn. f. **a** zufällig oder durch Suchen gewahr werden, entdecken, sehen; er hat meine verlorene Brieftasche gefunden; wir haben das Kind endlich gefunden; einen Ausweg f.; die richtigen Worte für etwas f.; ich kann daran keinen Gefallen f. **b** der Meinung sein, daß etwas ist jmd. so und so ist; ich finde, er hat recht; ich finde das schön, gut, falsch, richtig; ich finde ihn lustig; wie findest du das?; ich finde daran, dabei nichts Schlimmes **c** auf bestimmte Weise antreffen; wir fanden das Haus unversehrt; wir fanden ihn krank im Bett **d** ⟨o.Obj., wobei das Obj. ,,den Weg" in Gedanken zu ergänzen ist⟩ nach Hause f.; du findest leicht zu uns; er fand erst spät ins Bett; er hat endlich zu sich selbst gefunden **e** ⟨als Funktionsverb in Wendungen wie⟩ Anwendung f. *angewendet werden;* Verwendung f. *verwendet werden* **2** etwas f. erlangen, erwerben, bekommen; er findet keine Ruhe; eine Stellung, Arbeit f.; sein Vortrag fand allgemein (keinen) Beifall **II** ⟨refl.⟩ sich f. **1** wieder auftauchen, wieder entdeckt werden; mein Schlüssel hat sich gefunden **2** sich gefunden lassen, in Ordnung gebracht werden; sich herausstellen; das wird sich alles f.; wo wir wohnen werden, wird noch f. **3** den richtigen Weg entdecken; du

brauchst nicht mitzukommen, ich finde mich allein zurecht **4** sich in etwas f. *sich mit etwas zufriedengeben;* sich in eine neue Lage f.
Fin|der ⟨m.5⟩ jmd., der etwas gefunden hat; der ehrliche F. wird gebeten ...
Fin|der|lohn ⟨m.2⟩ Lohn für jmdn., der etwas gefunden und (auf dem Fundbüro oder bei dem Verlierer) abgegeben hat
Fin de siècle ([fɛ̃dəsjɛkl] n., - - -, nur Sg.⟩ **1** das Ende des 19. Jahrhunderts **2** ⟨bildl. Bez. für⟩ die Verfeinerung und die Verfallserscheinungen dieser Zeit [frz., ,,Ende des Jahrhunderts"]
fin|dig ⟨Adj.⟩ geistig beweglich und rasch eine Lösung, einen Ausweg findend **Fin|dig|keit** ⟨f., -, nur Sg.⟩
Find|ling ⟨m.1⟩ **1** →Findelkind **2** Gesteinsblock, der während der Eiszeit von Gletschern weit transportiert wurde und deshalb heute in einer ihm geologisch fremden Umgebung liegt; Syn. erratischer Block
Fines herbes ([fi:nzɛrb] Pl.⟩ feingehackte, in Fett gedünstete Kräuter und Pilze [frz., ,,feine Kräuter"]
Fi|nes|se ⟨f.11⟩ **1** Feinheit **2** Schlauheit, Geschick **3** Kniff, Trick, Kunstgriff; er beherrscht alle ~n des Taschenspielers **4** technische Neuheit, technische Besonderheit, das Letzte, Feinste (an Ausstattung, Zubehör); ein Auto, eine Wohnung mit allen ~n; eine besondere F. dieses Geräts ist ... [< frz. *finesse* in ders. Bed., zu *fin* ,,fein"]
Fin|ger ⟨m.5⟩ **1** jedes der fünf Glieder der Hand (Mittel-, Ring-, Zeige~); sich die F., sich alle F. nach etwas ablecken ⟨ugs.⟩ gern etwas haben wollen; keinen F. rühren, krumm machen ⟨ugs.⟩ *nicht helfen, nichts tun, um zu helfen;* sich die F. verbrennen *etwas tun, was einem Schaden bringt;* er hat an jedem F. eine ⟨ugs.⟩ er hat viele Geliebte, viele Liebschaften; er hat im kleinen F., worum andere sich mühen müssen *er ist begabt und arbeitet leicht und qu;* wenn man ihm den kleinen F. gibt, nimmt er gleich die ganze Hand *wenn man ihm ein kleines Zugeständnis macht, will er gleich alles;* lange F. machen ⟨ugs.⟩ *stehlen;* das kann man sich an den (fünf) ~n abzählen, daß das nicht stimmt ⟨ugs.⟩ *das ist doch völlig klar;* jmdm. auf die F. sehen *jmdn. bei der Arbeit streng beaufsichtigen;* jmdm. auf die F. klopfen ⟨ugs.⟩ *jmdn. zurechtweisen;* ich habe mir das nicht aus den ~ gesogen ⟨ugs.⟩ *ich habe das nicht aus der Luft gegriffen, es ist wirklich wahr;* er hat dabei die F. im Spiel *er ist daran beteiligt;* davon laß die F. ⟨ugs.⟩ *damit willst du nichts zu tun haben;* wenn man es richtig anfängt, kann man ihn um den F. wickeln ⟨ugs.⟩ *ist er nachgiebig, tut er alles* **2** etwas, das einem Finger ähnelt; F. eines Handschuhs; F. einer Halbinsel
Fin|ger|ab|druck ⟨m.2⟩ Abdruck der Hautleisten der Fingerbeeren (zur Identifizierung)
Fin|ger|bee|re ⟨f.11⟩ Unterseite des äußersten Fingerglieds
fin|ger|breit ⟨Adj., o.Steig.⟩ so breit wie ein Finger; ein ~er Spalt; der Riß klafft f. auseinander
Fin|ger|breit ⟨m., -; als Maßangabe⟩ Breite eines Fingers; der Ärmel muß um zwei F. gekürzt werden; er wich keinen F., um keinen F. zurück
fin|ger|dick ⟨Adj., o.Steig.⟩ so dick wie ein Finger; ein ~er Zweig, Strick; der Schmutz liegt f.
Fin|ger|ent|zün|dung ⟨f.10⟩ eitrige Entzündung eines Fingers (bes. am Nagelbett); Syn. Panaritium, Umlauf
fin|ger|fer|tig ⟨Adj., o.Steig.⟩ geschickt, behende mit den Fingern; er spielt sehr f. Klavier **Fin|ger|fer|tig|keit** ⟨f., -, nur Sg.⟩
Fin|ger|ha|keln ⟨n., -s, nur Sg.⟩ alpenländisches Kraftspiel, bei dem zwei an einem Tisch einander gegenübersitzende Gegner die Mittelfinger ineinander oder in eine Lederschlaufe

haken und versuchen, den anderen zu sich zu ziehen
Fin|ger|hut ⟨m.2⟩ **1** kleine Kappe aus Metall zum Schutz des Mittelfingers beim Nähen **2** ein Rachenblütler, hochwüchsige Pflanze mit Blüten, die einem glockigen Fingerhut ähneln; Syn. Digitalis
Fin|ger|kraut ⟨n.4⟩ ein Rosengewächs (weiß bis gelb, auch rosa blühend, meist polsterartig wachsend); Syn. ⟨Pharm.⟩ Potentilla
Fin|ger|kup|pe ⟨f.11⟩ →Fingerspitze
fin|ger|lang ⟨Adj., o.Steig.⟩ so lang wie ein Finger; ein ~er Riß; der Riß ist etwa f.
Fin|ger|ling ⟨m.1⟩ Schutzhülle für einen verletzten Finger
fin|gern ⟨V.1, hat gefingert⟩ **I** ⟨mit Präp.-obj.⟩ an etwas f. *an etwas mit den Fingern spielen, tasten, etwas mehrmals mit den Fingern greifen* **II** ⟨mit Akk.; ugs.⟩ eine Sache f. *eine Sache zuwege bringen;* wir werden das schon f.
Fin|ger|na|gel ⟨m.6⟩ →Nagel (2)
Fin|ger|ring ⟨m.1⟩ Ring (als Schmuck) für einen Finger
Fin|ger|satz ⟨m.2⟩ durch Zahlen bezeichnete Anweisung für das zweckmäßigste Benutzen bestimmter Finger (beim Spielen eines Instruments); Syn. Applikatur
Fin|ger|spit|ze ⟨f.11⟩ Ende des äußersten Fingerglieds; Syn. Fingerkuppe
Fin|ger|spit|zen|ge|fühl ⟨n., -s, nur Sg.⟩ Feingefühl, Geschick (mit dem eine Sache behandelt werden muß); dafür braucht man F.; ihm fehlt dafür das nötige F.
Fin|ger|spra|che ⟨f., -, nur Sg.⟩ →Gebärdensprache
Fin|ger|tier ⟨n.1⟩ →Aye-Aye
Fin|ger|übung ⟨f.10⟩ Übung (auf einem Musikinstrument) zum Erlangen der nötigen Geläufigkeit
Fin|ger|zeig ⟨m.1⟩ Hinweis, Wink (der jmdn. auf etwas aufmerksam machen soll); jmdm. einen F. geben; einen F. bekommen; dieses Erlebnis war ein F., daß ich das lieber nicht tun soll
fin|gie|ren ⟨V.3; hat fingiert; mit Akk.⟩ vortäuschen, erdichten; fingierter Brief [< lat. *fingere* ,,gestalten, ersinnen, erdichten"]
Fi|nis ⟨n., -, nur Sg.⟩ Ende (veralteter Vermerk am Schluß eines Buches) [lat.]
Fi|nish ([-niʃ] n.9⟩ **1** letzter Schliff, Vollendung **2** harter Endkampf, Entscheidung **3** Verarbeitung, Ausstattung und Oberflächengestaltung eines Gegenstands (z.B. eines Kfz) [engl., ,,Ende, Endkampf, Vollendung", < lat. *finis* ,,Ende"]
fi|ni|shen ([-ʃən] V.1, hat gefinisht; o.Obj.⟩ beim Pferderennen⟩ am Schluß das Äußerste aus dem Pferd herausholen
Fi|ni|sher ⟨m.5⟩ Pferd, das im Finish besonders gut ist
fi|nit ⟨Adj., o.Steig.; Gramm.⟩ bestimmt, festgelegt; Ggs. infinit; ~e Verbform *durch Person und Zahl bestimmte Form des Verbs* [< lat. *finitus* ,,bestimmt", zu *finire* ,,durch Grenzen festlegen, durch Erklärungen bestimmen"]
Fink ⟨m.10⟩ körnerfressender Singvogel mit kurzem, kegelförmigem Schnabel (Buch~, Grün~) [nach dem Lockruf *pink* des Buchfinken]
Fin|ken ⟨m.7; schweiz.⟩ →Hausschuh
Fin|ken|sa|men ⟨m., -s, nur Sg.⟩ goldgelb blühender Kreuzblütler mit kugeligen Schötchen (in Getreidefeldern)
Fin|ken|schlag ⟨m., -(e)s, nur Sg.⟩ Gesang des männlichen Buchfinken
Finn-Din|gi ⟨m.9; Segeln⟩ Einmannjolle [engl., ,,finnisches Dingi", < *finnish* und →*Dingi*, weil es für die Olympischen Spiele in Helsinki zugelassen wurde]
Fin|ne¹ ⟨m.11⟩ Einwohner von Finnland
Fin|ne² ⟨f.11⟩ **1** Knötchen, Pustel (auf der Haut) **2** ⟨bei vielen Bandwürmern⟩ verkap-

finnig

selte, blasenförmige Jugendform 3 ⟨bei Walen und Haien⟩ *hohe Rückenflosse* **4** ⟨beim Hammer⟩ *abgeschrägte Seite* [vermutlich in der Grundbedeutung „Auswuchs", vgl. *Pinne*]

fin|nig ⟨Adj.⟩ **1** *mit Finnen² (1) bedeckt* ~e Haut; ~es Gesicht **2** *von Finnen² (2) befallen;* ~es Fleisch

fin|nisch ⟨Adj., o.Steig.⟩ *Finnland betreffend, zu ihm gehörig, aus ihm stammend;* ~e Sprache *eine finno-ugrische Sprache*

Finn|mark ⟨f., -, -⟩ → *Markka*

Finn|wal ⟨m.1⟩ *grauer Bartenwal mit weißem Bauch und ausgeprägter Finne² (3)*

Fi|noc|chio ([-nɔkjo] m., -(s), -chi[-ki]⟩ *Fenchelsorte mit zwiebelartig verdickten Blattscheiden (als Gemüse und Salat)* [ital., „Fenchel"]

fin|ster ⟨Adj.⟩ **1** *dunkel;* draußen ist ~e Nacht; es wird f.; im Finstern die Treppe hinuntergehen; ⟨aber⟩ im finstern tappen → *dunkel (1);* das ~e Mittelalter ⟨übertr.⟩ *das Mittelalter mit seiner noch weitverbreiteten Unwissenheit und mangelnden Aufgeklärtheit* **2** *dunkel und unheimlich;* im ~en Wald; ein ~er Torweg **3** *sehr ernst, fast böse oder drohend;* ein ~es Gesicht machen; jmdm. einen ~en Blick zuwerfen **4** *anrüchig, verdächtig;* eine ~e Sache; eine ~e Kneipe **5** *ungünstig, Schaden vermuten lassend;* das sieht ja f. aus

Fin|ster|keit ⟨f., -, nur Sg.⟩ *finstere Beschaffenheit (→finster 3);* die F., mit der er mich ansah

Fin|ster|ling ⟨m.1⟩ *finsterer Mensch, den man nicht verstehen kann*

fin|stern ⟨V.1, hat gefinstert; o.Obj.; †⟩ *finster werden, dunkeln*

Fin|ster|nis ⟨f.1⟩ **1** ⟨nur Sg.⟩ *Dunkelheit;* es herrschte tiefe, völlige F. **2** *(völlige oder teilweise) Verdeckung eines Himmelskörpers durch einen anderen (Sonnen~, Mond~)*

Fin|te ⟨f.11⟩ **1** *Scheinangriff* **2** *Täuschung, Vorwand* [< ital. *finta* „Verstellung", zu *fingere* „heucheln, vorgeben"]

fin|ze|lig, finz|lig ⟨Adj.⟩ **1** *mühselig, viel Sorgfalt verlangend;* eine ~e Arbeit **2** *sehr klein, die Augen anstrengend;* eine ~e Schrift; ein ~er Druck

Fio|ret|te ⟨f.11⟩, **Fio|ri|tur** ⟨f.10; beim Kunstgesang⟩ *Verzierung (z.B. Triller, Koloratur)* [< ital. *fioritura* in ders. Bed., eigtl. „Blüte, das Blühen", zu *fiorire* „blühen", zu *fiore* „Blume"]

Fips ⟨m.1⟩ *kleiner, unbedeutender oder unscheinbarer Mensch*

fip|se|lig ⟨Adj.⟩ → *fispelig*

fip|sig ⟨Adj.⟩ *klein und unbedeutend oder unscheinbar*

Fir|le|fanz ⟨m., -es, nur Sg.⟩ *albernes, unnötiges Gehabe, unnötige Dinge* [ältere Bed. „fröhlicher Tanz, Springtanz", komische, alberne Person", < mhd. *firlifanz* „Springtanz, fröhlicher, rascher Tanz", < *firlei, firlifei* in ders. Bed., < frz. *virelai* „Springtanz"]

firm ⟨Adj.⟩ *bewandert, kenntnisreich;* auch: ⟨österr.⟩ *ferm;* f. in einem Fachgebiet sein [< lat. *firmus* „fest, stark, sicher, tüchtig"]

Fir|ma ⟨f., -, -men⟩ **1** *Name eines Geschäfts oder Unternehmens* **2** ⟨Abk.: Fa.⟩ *Geschäft, Betrieb, Unternehmen* [< ital. *firma* „Unterschrift, Unterschriftsvollmacht, Prokura", auch „Name einer Person (sowie diese selbst); der einen guten Ruf genießt", zu *firmare* „unterschreiben (und damit gewährleisten)"]

Fir|ma|ment ⟨n.1⟩ *Himmelsgewölbe* [< lat. *firmamentum* „Befestigungsmittel, Stütze; der über der Erde befestigte Himmel" (daher die altertümliche poet. Bez. „Himmelsfeste"), zu *firmare* „befestigen"]

fir|meln ⟨volkstümlich⟩ → *firmen*

fir|men ⟨V.1, hat gefirmt; mit Akk.⟩ jmdm. f. *jmdm. die Firmung erteilen*

Fir|men|schild ⟨n.3⟩ *Schild (über einem Laden) mit dem Namen der Firma*

fir|mie|ren ⟨V.3, hat firmiert; o.Obj.⟩ **1** *einen Geschäftsnamen führen;* das Geschäft firmiert als, unter (dem Namen) Müller, Schulze und Co. **2** *mit einem Geschäftsnamen unterzeichnen*

Firm|ling ⟨m.1⟩ *jmd., der gefirmt wird oder eben gefirmt worden ist*

Firm|pa|te ⟨m.11⟩ *Pate des Firmlings*

Fir|mung ⟨f.10⟩ *ein kath. Sakrament zur Stärkung im Glauben* [< lat. *firmare* „befestigen", zu *firmus* „fest"]

firn ⟨Adj., o.Steig.; bei sehr altem Wein⟩ *den Höhepunkt der Entwicklung überschritten habend, dunkelfarbig mit stark entwickeltem Bukett, aber mattem Geschmack* [< ahd. *firni* „alt"]

Firn ⟨m.1⟩ *mehrjähriger, durch häufiges Schmelzen und Wiedergefrieren körnig gewordener Schnee,* Syn. *Firnschnee* [zu *firn*]

Fir|ne ⟨f., nur Sg.⟩ *das Firnsein*

fir|nen ⟨V.1, hat gefirnt; o.Obj.⟩ *alt werden, ablagern;* der Wein firnt

Fir|ner ⟨m.5⟩ → *Ferner*

Firn|wein ⟨m.1⟩ *firner Wein*

Firn|glet|scher ⟨m.5, Pl.⟩ *kurze Schier zum Befahren von Firnhängen (bes. beim Bergsteigen im Frühsommer)*

Fir|nis ⟨m.1⟩ **1** *(meist durchsichtiges) an der Luft rasch trocknendes, schützendes Anstreichmittel* **2** *Anstrich damit* [< frz. *vernis* „Firnis"]

fir|nis|sen ⟨V.1, hat gefirnißt; mit Akk.⟩ *mit Firnis überziehen*

Firn|schnee ⟨m., -s, nur Sg.⟩ → *Firn*

First ⟨m.1⟩ **1** *oberste, waagerechte Kante des Daches* **2** *oberster Teil (z.B. Decke beim Grubenbau, Kamm eines Gebirges)*

First La|dy ⟨[fə:st leidi] f., - -, - -dies; Bez. für⟩ *Ehefrau eines Staatsoberhaupts* [engl., „erste Dame"]

fis, Fis ⟨n., -, -; Mus.⟩ *das um einen halben Ton erhöhte f bzw. F*

FIS ⟨f., -, nur Sg.; Kurzw. für⟩ *Fédération Internationale de Ski: internationaler Schiverband*

Fisch ⟨m.1⟩ *wasserbewohnendes, wechselwarmes Wirbeltier mit Flossen (meist spindelförmig und mit Schuppen bedeckt) (Knochen~, Knorpel~, Salzwasser~, Süßwasser~)*

Fisch|ad|ler ⟨m.5⟩ *weltweit verbreiteter Greifvogel mit schwärzlichem Gefieder, weißer Kopfplatte und Unterseite* [ernährt sich überwiegend von Fischen]

Fisch|au|ge ⟨n.14⟩ **1** ⟨ugs.⟩ ~n *kalte, wasserblaue Augen* **2** *fotografisches Objektiv mit extrem weitem Bildwinkel*

Fisch|band ⟨n.4⟩ *(gebräuchlichstes) Scharnier für Türen und Fenster, das außer dem Schwenken auch das Ausheben der Flügel ermöglicht;* Syn. ⟨landsch.⟩ *Fitschband, Fitsche*

Fisch|bein ⟨n., -(e)s, nur Sg.⟩ *Horn aus den Barten von Bartenwalen (früher für Miederstäbe verwendet)*

Fisch|bla|se ⟨f.11⟩ **1** *Schwimmblase der Fische* **2** ⟨got. Baukunst⟩ *Ornament in Form eines runden Kopfes mit geschwungenem, schwanzartigem, spitzem Ende*

Fisch|blut ⟨n., -(e)s, nur Sg.⟩ *Blut eines Fisches;* F. haben ⟨übertr.⟩ *kühl und temperamentlos sein*

fi|schen ⟨V.1, hat gefischt⟩ **I** ⟨o.Obj.⟩ **1** *(mit Netz oder Angel) Fische fangen;* f. gehen **2** ⟨Jägerspr.⟩ *Fische als Nahrung fangen (vom fischfressenden Wild)* **II** ⟨mit Dat. (sich) und Akk.⟩ *sich etwas f. suchen und (für sich) nehmen;* ich fischte mir ein paar geeignete Nägel aus dem Kasten; er fischt sich die besten Stücke aus der Suppe ⟨übertr.⟩ *er nimmt sich das Beste von der Sache* **III** ⟨mit Akk.⟩ *mit Mühe oder Geschick herausziehen;* jmdn. oder etwas aus dem Wasser f. **IV** ⟨mit Präp.obj.⟩ *nach etwas f. mit den Fingern nach etwas suchen;* er fischte in der Tasche nach ein paar Münzen; er fischt nach Komplimenten *er drückt sich so aus, daß die anderen ihm höflicherweise ein Kompliment machen müssen*

Fi|scher ⟨m.5⟩ *jmd., der (berufsmäßig) fischt*

Fi|sche|rei ⟨f., -, nur Sg.⟩ *gewerbsmäßiger Fang von Fischen und anderen Wassertieren (Binnen~, Küsten~, Hochsee~)*

Fi|scher|ste|chen ⟨n., -s, nur Sg.⟩ *Spiel, bei dem die Gegner, in Kähnen stehend, einander mit langen Stangen ins Wasser zu stoßen versuchen*

Fisch|grät ⟨n., -s, nur Sg.⟩, **Fisch|grä|ten|mu|ster** ⟨n.5⟩ *Muster, bei dem die Gewebefäden ähnlich wie die Gräten eines Fisches angeordnet sind*

Fisch|grat|ge|we|be ⟨n., -s, nur Sg.⟩ *Gewebe mit Fischgrätenmuster*

Fisch|grund ⟨m.2⟩ *Gewässer, das reich an Fischen ist*

fi|schig ⟨Adj.⟩ *wie Fisch, nach Fisch;* ~er Geruch, Geschmack; f. riechen, schmecken

Fisch|kör|ner ⟨Pl.⟩ *Früchte eines südasiatischen Mondsamengewächses, die lähmende Wirkung haben und deshalb mancherorts zum Fisch- und Vogelfang verwendet werden;* Syn. *Kokkelskörner*

Fisch|laus ⟨f.2⟩ *ein Krebstier, das an Fischen Blut saugt (z.B. Karpfenlaus)* [erinnert in ihrer Gestalt an Läuse]

Fisch|leim ⟨m.1⟩ *aus Fischabfällen oder Hausenblase gewonnener Leim (z.B. für Porzellan, Papier)*

Fisch|lei|ter ⟨f.11⟩ → *Fischtreppe*

Fisch|lu|pe ⟨f.11; Hochseefischerei⟩ *auf dem Prinzip des Echolots beruhendes Gerät zum Orten von Fischschwärmen*

Fisch|mehl ⟨n., -(e)s, nur Sg.⟩ *eiweißhaltiges Futtermittel aus wirtschaftlich minderwertigen Fischen oder Fischabfällen, die entfettet, getrocknet und gemahlen werden*

Fisch|ot|ter ⟨m.5⟩ *eurasiatischer Otter mit dichtem, braunem Fell* [ernährt sich überwiegend von Fischen]

Fisch|paß ⟨m.2⟩ → *Fischtreppe*

Fisch|rei|her ⟨m.5⟩ *großer, oberseits grauer Reiher mit gelblichem Schnabel und schwarzem Federstreif, der hinter dem Auge beginnend, zu einer Scheitelfeder ausläuft;* Syn. ⟨bei Naturschützern bevorzugt⟩ *Graureiher*

Fisch|schup|pen|krank|heit ⟨f., -, nur Sg.⟩ *durch Verdickung der Hornschicht rauhe und trockene Haut, die mit schuppigen Platten bedeckt ist;* Syn. *Ichthyose, Ichthyosis*

Fisch|ster|ben ⟨n.7⟩ *massenhaftes Verenden von Fischen (bes. durch Schädigung des Gewässers mit Umweltgiften)*

Fisch|trep|pe ⟨f.11⟩ *(meist) treppenartig abgestuft ineinander übergehende kleine Wasserbecken, über die stromaufwärts wandernde Fische Hindernisse überwinden können;* Syn. *Fischleiter, Fischpaß*

Fisch|zug ⟨m.2⟩ *Auswerfen und Einholen des Fischernetzes;* einen guten F. tun ⟨übertr.⟩ *bei einer Unternehmung reichen Gewinn erzielen*

Fis-Dur ⟨n., -, nur Sg.; Mus.⟩ *auf dem Grundton Fis aufbauende Dur-Tonart*

Fi|sett|holz ⟨n., -es, nur Sg.⟩ *orangegelben Farbstoff lieferndes Holz des Perückenstrauchs;* Syn. *Gelbholz*

Fi|si|ma|ten|ten ⟨nur Pl.; ugs.⟩ *Ausflüchte, Vorwände, Faxen* [urspr. (18. Jh.) „überflüssige Schwierigkeiten, trügerische Vorspiegelungen, Vorwände, mit etwas zu verweigern", < *visipatenten* (16. Jh.) in ders. Bed., < lat. *visae patentes (litterae)* „geprüfte öffentliche (Urkunden, Schriftstücke)", deren Ausfertigung und Prüfung mit Mühen und bürokratischen Schwierigkeiten verbunden war]

fi|sis, Fi|sis ⟨n., -, -; Mus.⟩ *das um zwei halbe Töne erhöhte f bzw. F*

Fiskal ⟨m.1; früher⟩ Beamter der Staatskasse

fis|ka|lisch ⟨Adj., o.Steig.; nur als Attr. und Adv.⟩ zum Fiskus gehörig, den Fiskus betreffend

Fis|kal|jahr ⟨n.1⟩ Zeitraum, über den der Staatshaushalt läuft

Fis|kus ⟨m., -, nur Sg.⟩ **1** Staatskasse, Staatsvermögen **2** der Staat als Vermögensträger [< lat. *fiscus*, urspr. „geflochtener Korb" (für Früchte sowie für Geld), dann „Kasse", bes. „Staatskasse"]

fis-Moll ⟨n., -, nur Sg.; Mus.⟩ auf dem Grundton fis aufbauende Moll-Tonart

Fi|so|le ⟨f.11⟩ österr. grüne Gartenbohne [< lat. *phaseolus* „Bohne"]

fis|pe|lig, fisp|lig ⟨Adj.⟩ aufgeregt, nervös; auch: *fipselig*; f. vor Ungeduld, vor Erwartung sein

fis|sil ⟨Adj., o.Steig.⟩ spaltbar [< lat. *fissilis* in ders. Bed.]

Fis|si|li|tät ⟨f., -, nur Sg.⟩ fissile Beschaffenheit, Spaltbarkeit

Fis|si|on ⟨f.10⟩ **1** ⟨Biol.⟩ **a** Teilung einzelliger Organismen in zwei gleiche Teile **b** mehrmalige Teilung eines Zellkerns innerhalb der Zelle **2** → *Kernspaltung* [< lat. *fissio, fission-onis*, „Spaltung, Zerteilung", zu *findere* „spalten"]

Fis|sur ⟨f.10⟩ **1** Riß im Knochen (durch Gewalteinwirkung) **2** Einriß in der Schleimhaut (am After, Damm, an den Lippen u.a.) [< lat. *fissura* „Ritze"]

Fi|stel ⟨f.11⟩ abnormer, röhrenförmiger Kanal, der aus einer Körperhöhle nach außen führt oder zwischen sonst nicht verbundenen Organen besteht (Darm~, Zahn~); Syn. *Fistula* [< lat. *fistula* „Rohr", bes. „Wasserrohr"]

fi|steln ⟨V.1, hat gefistelt; o.Obj.⟩ mit Fistelstimme singen; Syn. *fistulieren*

Fi|stel|stim|me ⟨f.11⟩ **1** die nicht durch Brustresonanz verstärkte, hauchige Kopfstimme des Mannes **2** hohe, feine Stimme [zu *Fistel* „Hirtenflöte, -pfeife"]

Fi|stu|la ⟨f., -, -lä⟩ **1** Hirtenflöte, Panflöte **2** ein Orgelregister **3** → *Fistel*

fi|stu|lie|ren ⟨V.3, hat fistuliert; o.Obj.⟩ → *fisteln*

fit ⟨Adj., Steig. (fitter, am fittesten) nur ugs.⟩ **1** leistungsfähig, in guter Verfassung; f. für eine Prüfung **2** gut trainiert, in Form (für sportliche Leistung) [engl., „passend, geeignet, tauglich, fähig", zu *to fit* „einordnen"]

Fi|tis ⟨m., oder -tis|se, -tis ⟨öfter⟩⟩ olivgrünlicher eurasiatischer Laubsänger [vermutlich lautnachahmend wegen seines weichen, zarten Rufs *füt, hüit*]

Fit|neß ⟨f., -, nur Sg.⟩ das Fitsein [engl., zu *fit*]

Fitsch|band ⟨n.4⟩, **Fitsche** ⟨f.11⟩ landsch. → *Fischband*

Fit|tich ⟨m.1; poet.⟩ Flügel; jmdn. unter seine ~e nehmen ⟨übertr.⟩ für jmdn. sorgen, sich um jmdn. kümmern

Fit|ting ⟨n.9; bei Rohrleitungen⟩ Verbindungs- und Anschlußstück [engl., zu *fit*]

Fitz¹ ⟨m.1⟩ verwirrte Fäden, verwirrtes Knäuel [zu *Fitze*]

Fitz² ⟨m., -es, nur Sg.; ugs.⟩ Aufregung, Nervosität; F. kriegen aufgeregt werden [zu *Fickfack*]

Fitz... ⟨vor irischen Namen⟩ Sohn des, z.B. *Fitzgerald*

Fitz|boh|ne ⟨f.11; landsch.⟩ grüne Gartenbohne, die mit einem Messer geschnitten wird [zu *fitzen*¹]

Fitz|chen ⟨n.7⟩ → *Fitzelchen*

Fit|ze ⟨f.11⟩ **1** Garnstrang **2** ⟨schweiz.⟩ Gerte, Rute

Fit|zel|band ⟨n.4⟩ → *Fitzfaden*

Fit|zel|chen ⟨n.7⟩ kleines Stückchen; auch: *Fitzchen*; ein F. Papier, Fleisch; es ist kein F. nicht ein F. übriggeblieben

fit|zen¹ ⟨V.1, hat gefitzt⟩ **I** ⟨o.Obj.⟩ sich leicht verwirren, leicht Schlingen bilden; das Garn fitzt **II** ⟨mit Akk.⟩ **1** Bohnen f. die Fäden von den Bohnen abziehen **2** mit einer Gerte schlagen [zu *Fitze*]

fit|zen² ⟨V.1, hat gefitzt; o.Obj.; ugs.⟩ aufgeregt sein, vor Aufregung manches falsch machen [zu *fickfacken*]

Fitz|fa|den ⟨m.8⟩ Faden zum Bündeln einer Fitze (1)

Fiu|ma|ra, Fiu|ma|re ⟨f., -, -ren⟩ Fluß, der nicht immer Wasser führt [< ital. *fiumara*, zu *fiume* „Fluß"]

Five o'clock tea ⟨[faiv ɔklɔk ti:] m., - - -, - - -s⟩ Fünfuhrtee [engl.]

fix ⟨Adj., ~er, am fixesten⟩ **1** ⟨o.Steig.⟩ fest, feststehend, unveränderlich; ~e Kosten; ~e Idee Wahnvorstellung, unvernünftige Einbildung; es ist alles f. und fertig völlig fertig; vgl. *fertig* **2** ⟨ugs.⟩ flink, schnell; mach f.!; ich will f. noch etwas besorgen **3** ⟨ugs.⟩ aufgeweckt und behende; ein ~es Kerlchen [< lat. *fixus* „fest, unveränderlich", zu *figere* „befestigen"]

Fi|xa|teur ⟨[-tøːr] m.1⟩ Gerät zum Mischen von Stoffen mit Fixativ **2** Gerät zum Auftragen von Fixativ [frz.]

Fi|xa|ti|on ⟨f.10⟩ **1** Ruhigstellung (eines gebrochenen Gliedes durch Schienenverband) **2** Einstellung des Auges auf den Punkt des schärfsten Sehens (der in der Zentralgrube der Netzhaut liegt) [frz., „Festsetzung, Fixierung", zu *fix*]

Fi|xa|tiv ⟨n.1⟩ Lösung von Bindemitteln zum Fixieren (u. a. leicht verwischbare Zeichnungen und Pastellbilder)

Fi|xa|tor ⟨m.13⟩ Mittel zum Beständigmachen des Dufts von Parfümeren

fi|xen ⟨V.1, hat gefixt⟩ **I** ⟨o.Obj.⟩ Wertpapiere in Erwartung einer Baisse auf Zeit verkaufen **II** ⟨mit Akk.; ugs.⟩ jmdn. oder sich f. Rauschgift einspritzen [< engl. *to fix* „festlegen, bestimmen; festmachen, montieren, bereiten, präparieren", im amerik. Slang „eine Dosis Rauschgift einspritzen", zu lat. *fixus* „fest"]

Fi|xer ⟨m.5⟩ **1** Börsenspekulant, der fixt (1) **2** ⟨ugs.⟩ jmd., der sich regelmäßig fixt (2)

Fix|ge|schäft ⟨n.1⟩ an einen bestimmten Termin gebundenes Geschäft

Fi|xier|bad ⟨n.4⟩ wäßrige Lösung bestimmter Salze zum Lichtbeständigmachen fotografischer Filme

fi|xie|ren ⟨V.3, hat fixiert; mit Akk.⟩ **1** etwas f. **a** härten, festigen, haltbar machen; fotografische Bilder f.; Haar (nach der Dauerwelle) f. **b** auf etwas fixiert sein *starr auf etwas gerichtet sein, eine einzige Sache beharrlich verfolgen, etwas unbedingt erstreben*; auf jmdn. fixiert sein *sich in allem nach jmdm. richten*, b *verbindlich festlegen*; ein Recht f. **2** jmdn. f. jmdn. starr ansehen [< frz. *fixer* „befestigen", zu *fixe* < lat. *fixus* „fest, unbeweglich, unveränderlich"]

Fi|xie|rung ⟨f., -, nur Sg.⟩ das Fixieren (1), das Fixiertsein (auf etwas)

Fix|punkt ⟨m.1⟩ **1** Festpunkt **2** fester Bezugspunkt (z.B. Gefrier-, Siedepunkt) [zu *fix*]

Fix|stern ⟨m.1⟩ scheinbar feststehender Stern [zu *fix*]

Fi|xum ⟨n., -s, -xa⟩ festes Einkommen, Gehalt

Fizz ⟨[fɪs] m., -, -es [-ɪs]⟩ alkoholisches Mixgetränk mit Sodawasser; Gin-F. [< engl. *fizz* „Sekt", eigtl. lautmalend, „das Zischen, Sprudeln"]

Fjäll ⟨m.9; schwed.⟩, **Fjell** ⟨m.9; norweg.⟩ weite, baumlose Hochfläche (in Skandinavien) [schwed. bzw. norweg., „Fels"]

Fjord ⟨m.1; bes. in kühlen Gebieten⟩ langgestreckter, schmaler Meeresarm [norweg., schwed., vgl. *Förde*]

Fjord|pferd ⟨n.1⟩ kleinwüchsiges, robustes Pferd aus Norwegen, ockergelb mit Stehmähne und schwarzem Strich auf dem Rücken

FKK ⟨Abk. für⟩ Freikörperkultur

fl., Fl. ⟨Abk. für⟩ *Gulden* [< *Florin*]

FL ⟨abkürzendes Länderkennzeichen für⟩ Fürstentum Liechtenstein

Flab ⟨f., -, nur Sg.⟩ österr., schweiz.; Kurzw. für⟩ *Fliegerabwehrtruppe*

Flab|be ⟨f.11⟩ → *Flappe*

flach ⟨Adj.⟩ **1** ohne Erhebung oder Vertiefung, eben; ~es Gelände; auf die ~en Hand auf der offen ausgestreckten Hand **2** wenig gekrümmt, wenig gerundet; ~e Schale, Schüssel; ~er Teller; ~er Kopf **3** niedrig; Schuhe mit ~en Absätzen; ~e Stirn **4** nicht tief, seicht; im ~en Wasser **5** ⟨übertr.⟩ geistlos, uninteressant, nichtssagend; der Artikel, das Buch ist f. (geschrieben)

Flach ⟨n.1⟩ → *Untiefe*

Flach|bau ⟨m.1⟩ Hausbau mit höchstens zwei Geschossen

Flach|bo|gen ⟨m.8; Baukunst⟩ wenig gewölbter Bogen

Flach|brust|vo|gel ⟨m.6; Sammelbez. für⟩ Emu, Kasuar, Strauß, Nandu

Flach|druck ⟨m.1⟩ Druckverfahren, bei dem die druckenden und nichtdruckenden Teile einer Druckform in einer Ebene liegen (z.B. Offsetdruck); Hochdruck², Tiefdruck

Flä|che ⟨f.11⟩ **1** flaches, ebenes Gebiet; die gesamte F. war mit Gras bewachsen **2** flacher, ebener Bereich (Boden~, Spiel~) **3** zweidimensionales Gebilde; ebene F.; gekrümmte F. **4** flache Außenseite (Vorder~, Seiten~) [zu *flach*]

flä|chen|haft ⟨Adj., o.Steig.⟩ → *flächig* (2)

Flä|chen|nut|zungs|plan ⟨m.2⟩ vorbereitender Plan für die Nutzung von Flächen durch Gemeinden

flä|chen|treu ⟨Adj., o.Steig.; bei Landkarten⟩ eine Fläche dem Maßstab entsprechend wiedergebend

flach|fal|len ⟨V.33, ist flachgefallen; o.Obj.; ugs.⟩ **1** ausgefallen, weggefallen; die Einladung, das geplante Treffen fällt flach; dieser Punkt fällt flach, kann f. **2** nicht in Frage kommen; dieser Vorschlag fällt flach; das will ich dir gleich sagen: Daß du dort hingehst, das fällt flach! (leicht drohend, warnend)

Flach|heit ⟨f.10⟩ **1** ⟨nur Sg.⟩ das Flachsein, flache Beschaffenheit **2** flache, geistlose Bemerkung; dies und andere ~en

flä|chig ⟨Adj.⟩ **1** wie eine Fläche; ein ~es Gesicht **2** ⟨o.Steig.⟩ über eine große Fläche; Syn. *flächenhaft*; ~er Brand

Flach|kopf ⟨m.2; ugs.⟩ geistloser Mensch

Flach|kü|ste ⟨f.11⟩ Küste, an der das Land flach zum Meer abfällt und nur langsam unter das Meer taucht

Flach|land ⟨n., -(e)s, nur Sg.⟩ Gebiet mit geringen Höhenunterschieden, ohne Berge und mit nur wenigen Hügeln

flach|ma|chen ⟨V.1, hat flachgemacht; derb⟩ ermorden, umbringen

Flach|mann ⟨m.4; scherzh.⟩ kleine Schnapsflasche, die man in die Tasche stecken kann

Flach|moor ⟨n.1⟩ ebene Moorlandschaft

Flach|re|li|ef ⟨n.1 oder n.9⟩ Relief mit flach herausgearbeiteter Darstellung; Syn. *Basrelief*; Ggs. *Hochrelief*

Flach|ren|nen ⟨n.7⟩ Pferderennen ohne Hindernisse

Flachs ⟨[flaks] m.1⟩ **1** blau blühendes Leingewächs, das als Öl- und Faserpflanze angebaut wird; Syn. *Lein* **2** daraus gewonnene Faser [zu *flechten*] **3** ⟨nur Sg.; ugs.⟩ Neckerei, Spaß; das war doch nur F., reiner F. (kein Ernst) [zu *flachsen*]

flachs|blond ⟨[flaks-] Adj., o.Steig.⟩ hellblond [nach der hell leuchtenden Flachsfaser]

Flachs|bre|che ⟨[flaks-] f.11⟩ Gerät zum Säubern (Brechen) des Flachses von Holzteilen

Flach|se ⟨[flak-] f.11; bayr.-österr.⟩ → *Flechse*

flach|sen ⟨V.1, hat geflachst; o.Obj.; ugs.⟩ neckend miteinander reden, lustigen Unsinn miteinander reden

fläch|sen, fläch|sern ⟨Adj., o.Steig.; nur als Attr.⟩ **1** *aus Flachs* **2** (selten) *flachsfarben*

Flachs|haar ⟨[flaks-] n.1⟩ *flachsblondes Haar*

Flachs|kopf ⟨[flaks-] m.2⟩ *flachsblonder Mensch (bes. Kind)*

Flachs|rö|ste ⟨[flaks-] f., -, nur Sg.⟩ *eine Art Fäulnisvorgang, durch den die Faserbündel des Flachses aus den Stengeln herausgelöst werden*

Flach|stahl ⟨m.2⟩ *gewalzter oder gezogener Stahl mit rechteckigem Querschnitt*

flacken ⟨-k|k-; V.1, hat geflackt; bayr.; derb⟩ **I** ⟨o.Obj.⟩ *lässig und faul daliegen oder in halb liegender Stellung dasitzen;* wie er da im Sessel flackte **II** ⟨refl.⟩ *sich f. sich breit hinlegen, sich (hin)lümmeln;* er flackte sich aufs Sofa, in den Sessel [Herkunft nicht bekannt]

Flacker|feu|er ⟨-k|k-; n.5⟩ *Lichtsignal mit Fackeln auf See*

flackern ⟨-k|k-; V.1, hat geflackert; o.Obj.⟩ **1** *zuckend brennen, lodern;* das Feuer flackert im Kamin **2** *unruhig brennen;* die Kerze flackert **3** *in sehr kurzen Abständen brennen und verlöschen;* das Licht flackert **4** ⟨übertr.⟩ *unruhig schweifen, immer wieder abweichen;* ~der Blick **5** *zittern, beben;* mit ~der Stimme sprechen

Flacker|stern ⟨-k|k-; m.1⟩ *Stern mit großen, unregelmäßig innerhalb weniger Minuten auftretenden Helligkeitsunterschieden*

Fla|con ⟨[-kõ] n.9⟩ → *Flakon*

Fla|den ⟨m.7⟩ **1** *großes, flaches, rundes Backwerk* (z.B. Brot, einfacher Kuchen) **2** *flacher, runder, breiiger Haufen* (Kuh~, Lava~)

Fla|der ⟨f.11⟩ **1** → *Maser* **2** → *Jahresring*

fla|de|rig ⟨Adj., o.Steig.⟩ → *maserig*

Fla|de|rung ⟨f.10⟩ → *Maserung*

Fläd|le|sup|pe ⟨f.11; schwäb.⟩ *Fleischbrühe mit einer Einlage aus streifig geschnittenen, ungesüßten Eierkuchen* [zu *Fladen* (1)]

flad|rig ⟨Adj., o.Steig.⟩ → *maserig*

Fla|du|se ⟨f.11; nddt.⟩ → *Schmeichelei* [< nddt. *fladdern* „flattern", beeinflußt von frz. *flatter* „schmeicheln"]

Fla|gel|lant ⟨m.10⟩ **1** *Angehöriger einer Bruderschaft im späten MA, die sich zur Buße selbst geißelte;* Syn. *Geißler, Geißelbruder* **2** ⟨Med.⟩ *jmd., der sich durch Flagellantismus sexuell betätigt* [< lat. *flagellans*, Gen. *-antis*, Part. Präs. von *flagellare* „peitschen", zu *flagellum* „kleine Peitsche, Geißel"]

Fla|gel|lan|tis|mus ⟨m., -, nur Sg.⟩ *geschlechtliche Erregung oder Befriedigung durch Peitschenhiebe oder Schläge* [zu *Flagellant* (2)]

Fla|gel|lat ⟨m.10⟩, **Fla|gel|la|te** ⟨f.11⟩ → *Geißeltierchen* [zu *Flagellum*]

Fla|gel|la|ti|on ⟨f.10⟩ *Peitschen oder Gepeitschtwerden zur geschlechtlichen Erregung oder Befriedigung* [zu *Flagellant* (2)]

Fla|gel|lum ⟨n., -s, -len⟩ → *Geißel* (3) [lat., „Geißel, Peitsche"]

Fla|geo|lett ⟨[-ʒɔ-] n.9⟩ **1** *kleine Flöte* **2** *Flötenregister der Orgel* [< frz. *flageolet* „Flötchen", < altfrz. *flageol, flageul* „Flöte", zu lat. *flare* „blasen"]

Fla|geo|lett|ton ⟨-lett|ton; [-ʒɔ-] m.2; bei Streichinstrumenten und Harfe⟩ *hoher, feiner, pfeifender Ton*

Flag|ge ⟨f.11⟩ *Fahne (als Hoheitszeichen), zur Kennzeichnung der Zugehörigkeit zu einem Staat oder zum Signalisieren* (Handels~, Kriegs~, National~); die F. hissen, aufziehen, einholen; die F. streichen ⟨übertr.⟩ *nachgeben, sich geschlagen geben;* unter falscher F. segeln ⟨übertr.⟩ *unter fal-*

schem Namen leben [< engl. *flag* „Fahne, Flagge"]

flag|gen ⟨V.1, hat geflaggt; o.Obj.⟩ **1** *die Flagge(n) aufziehen, hissen;* das Schiff hat geflaggt **2** *mit Flaggen geschmückt werden;* die Häuser haben geflaggt

Flag|gen|al|pha|bet ⟨n.1⟩ *die durch Winkzeichen mit Flaggen dargestellten Buchstaben des Alphabets*

Flag|gen|pa|ra|de ⟨f.11⟩ *Hissen der Flagge seines ganzen Landes am Morgen und ihr Niederholen bei Sonnenuntergang*

Flag|gen|stock ⟨m.2; Seew.⟩ *Stock am Heck, an dem die Flagge befestigt ist*

Flagg|of|fi|zier ⟨m.1; Nebenbez. für⟩ *Offizier in der Rangklasse eines Admirals, der als Kommandozeichen seinem Dienstgrad entsprechende Flagge führen darf*

Flagg|schiff ⟨n.1⟩ *Kommandoschiff des im Rang eines Flaggoffiziers stehenden Führers eines Kriegsschiffverbandes*

fla|grant ⟨Adj., ~er, am flagrantesten⟩ *offenkundig, ins Auge springend, brennend;* vgl. *in flagranti* [< lat. *flagrans*, Gen. *-antis*, „brennend", zu *flagrare* „brennen"]

Flair ⟨[flɛr] n., -s, nur Sg.⟩ **1** *Spürsinn, Instinkt, Ahnungsvermögen* **2** *persönliche Note, Ausstrahlung, Hauch* [frz., „Witterung, Spürsinn", zu *flairer* „wittern, riechen"]

Flak ⟨f., -, -, oder -s⟩ **1** *Flieger- oder Flugzeugabwehrkanone* **2** *Flugabwehrartillerie* [Kurzw. für *Flugzeugabwehrkanone*]

Fla|kon ⟨[-kõ] n.9 oder m.9⟩ *Fläschchen (für Parfüm);* auch: *Flacon* [< frz. *flacon* in ders. Bed., über altfrz. *flascon* < mlat. *flasco* „Flasche", kleines Faß"]

Flam|beau ⟨[flãbo] m.9⟩ **1** ⟨†⟩ *Fackel* **2** *hoher, mehrarmiger Leuchter* [frz., „Fackel, große Kerze, Leuchter"]

Flam|berg ⟨m.1; MA⟩ *mit zwei Händen zu führendes Schwert mit gerader oder wellenförmiger Klinge* [< frz. *flamberge* in ders. Bed.; *Flamberge* war der Name des Schwerts eines altfrz. Sagenhelden und ist in Anlehnung an *flamme* „Flamme" < *floberge, froberge* „Schutz des Herrn" umgebildet worden, < ahd. *frô* „Herr" und *bergan* „schützen, bewahren"]

flam|bie|ren ⟨V.3, hat flambiert; mit Akk.⟩ **1** → *flämmen* **2** *mit Alkohol übergießen, anzünden und brennend auf den Tisch bringen;* flambierter Pudding [< frz. *flamber* in ders. Bed. sowie „brennen", zu *flamme* „Flamme"]

Flam|boy|ant ⟨[flãboajã] n.9⟩ *eine Zierpflanze der Tropen und Mittelmeerländer;* Syn. *Flammenbaum* [frz., „geflammt, flammend", zu *flamme* „Flamme"]

Flam|boy|ant|stil ⟨[flãboajã-] m., -s, nur Sg.; Baukunst⟩ *französischer spätgotischer Stil mit flammenartigem Maßwerk*

Fla|me ⟨m.11⟩ *Bewohner von Flandern*

Fla|men|co ⟨m.9⟩ *Tanz und Tanzlied der andalusischen Zigeuner* [span., 1. „Tanz, Tanzlied", 2. „Flame", 3. „andalusischer Zigeuner"; vielleicht geht der Name auf die europäischen Zigeuner zurück, die im 15.Jh. vom Norden her über die Pyrenäen nach Spanien einwanderten und fälschlich mit den Flamen in Verbindung gebracht wurden, oder auf den Gesang der im 16.Jh. nach Flandern zurückkehrenden spanischen Soldaten]

Fla|min|go ⟨m.9⟩ *ein rosa- bis scharlachrot gefärbter, langhalsiger und langbeiniger Wasservogel mit gebogenem Schnabel* [< frz. *flamant* „Flamingo", wahrscheinlich zu lat. *flamma* „Flamme", nach der Farbe des Gefieders]

flä|misch ⟨Adj., o.Steig.⟩ *Flandern betreffend, zu ihm gehörig, aus ihm stammend;* Syn. *flandrisch*

Fla|mi|sol ⟨m., -s, nur Sg.⟩ *krepppartiges Kunstseidengewebe* [Kunstwort]

Flam|me ⟨f.11⟩ **1** *Lichterscheinung beim Verbrennen von Gasen (oder beim Übertritt von Farbstoffen in den gasförmigen Zustand);* mit hoher, ruhiger F. brennen; in ~n stehen lichterloh brennen; ⟨übertr.⟩ *heftig verliebt sein* **2** *heftige Erregung;* die F. des Hasses, des Zorns, der Begeisterung; Feuer und F. für etwas sein → *Feuer* (6) **3** *Geliebte, Freundin;* er kam mit seiner neuen F.

flam|men ⟨V.1, hat geflammt; o.Obj.⟩ **1** *in Flammen, lodernd brennen* **2** *glühen, funkeln;* mit Augen flammten (vor Zorn); mit ~dem Blick; mit ~der Begeisterung *mit glühender, leidenschaftlicher Begeisterung;* eine ~de Rede *leidenschaftliche Rede*

fläm|men ⟨V.1, hat geflämmt; mit Akk.⟩ *Geflügel f. die Federkiele des gerupften Geflügels über der Flamme absengen;* Syn. *flambieren*

Flam|men|baum ⟨m.2⟩ → *Flamboyant*

Flam|men|meer ⟨n.1; geh.⟩ *in Flammen stehende große Fläche*

Flam|men|tod ⟨m.1; geh.⟩ *Tod durch Verbrennen*

Flam|men|wer|fer ⟨m.5⟩ *Nahkampfwaffe, die aus einem trag- oder fahrbaren Behälter flüssige Brandstoffe in kurzen Flammenstößen verspritzt*

Flam|me|ri ⟨m.9 oder n.9⟩ *kurz aufgekochte, nach dem Erkalten gestürzte Süßspeise aus Stärkeprodukten und Fruchtsaft* [< engl. *flummery*, „Sülze oder Gallert aus Hafermehl", < walis. *llymru* „Haferspelzenbrei"]

Flamm|garn ⟨n.1⟩ *Garn mit andersfarbigen dickeren Stellen*

flam|mie|ren ⟨V.3, hat flammiert; mit Akk.⟩ *mit flammenartigem Muster versehen*

flam|mig ⟨Adj., o.Steig.⟩ *in der Art von Flammen, wie Flammen;* f. gemustert

Flamm|koh|le ⟨f.11⟩ *eine Steinkohlenart (mit 80% Kohlenstoffgehalt, die mit langer Flamme brennt)*

Flamm|ofen ⟨m.8⟩ *Schmelzofen, bei dem die heißen Feuerungsgase in einem langgestreckten Feuerraum über das Metallbad streichen*

Flamm|punkt ⟨m.1⟩ *niedrigste Temperatur, bei der die durch Verdampfung entstehenden Gase an der Oberfläche flüssiger Stoffe entzündbar sind*

flan|drisch ⟨Adj., o.Steig.⟩ → *flämisch*

Fla|nell ⟨m.1⟩ *weicher, ein- oder beidseitig gerauhter Baumwollstoff* [< frz. *flanelle*, < engl. *flannel*, < walis. *gwlanen* in ders. Bed., zu *gwlân* „Wolle"]

Fla|neur ⟨[-nør] m.1⟩ *jmd., der flaniert*

fla|nie|ren ⟨V.3, hat flaniert oder ist flaniert; o.Obj.⟩ *müßig einherschlendern, hin und her spazieren;* vor jmds. Haus, Fenstern, auf der Promenade f. [< frz. *flâner* in ders. Bed.]

Flan|ke ⟨f.11⟩ **1** *seitlicher Abschnitt des Rumpfes (bes. der Raum zwischen Brustkorb und Beckenkamm);* Syn. *die Schalenwild) Dünnung* **2** ⟨Sport⟩ **a** ⟨Fußb., Handb., Hockey⟩ *von einem Flügelspieler zur Spielfeldmitte erfolgendes Zuspiel* **b** ⟨Geräteturnen⟩ *Überqueren eines Geräts, wobei diesem eine Seite des Körpers zugewendet wird* **3** ⟨Maschinenbau⟩ *Seitenfläche an den Zähnen von Zahnrädern oder Gewindegängen* **4** ⟨Mil.⟩ *Seite einer Truppe;* dem Gegner in die F. fallen *den Gegner von der Seite her angreifen* [< frz. *flanc* „Flanke", < ahd. *hlancha* „Seite"]

flan|ken ⟨V.1, hat geflankt; o.Obj.⟩ **1** ⟨Geräteturnen⟩ *eine Flanke machen, seitlich (vom Gerät) abspringen* **2** ⟨Fußb.⟩ *den Ball von der Seite her zur Mitte spielen*

flan|kie|ren ⟨V.3, hat flankiert; mit Akk.⟩ *jmdn. oder etwas f. zu beiden Seiten von jmdm. oder etwas stehen oder gehen;* zwei Soldaten flankierten den Minister; zwei steinerne Löwen f. den Eingang

Flansch ⟨m.1⟩ *scheibenförmiger Rand am Ende eines Rohrs, an dem es mit einem anderen verschraubt ist* [< mhd. *vlansch* „Zipfel"]

flan|schen ⟨V.1, hat geflanscht; mit Akk.⟩ mit einem Flansch versehen

Flap|pe ⟨f.11; mdt., norddt.⟩ Mund mit hängender oder vorgeschobener Unterlippe, Schmollmund; auch: *Flabbe;* eine F. ziehen

Flaps ⟨m.1⟩ *junger, noch unreifer, etwas oberflächlicher Mensch, junger Mensch mit lässigem, etwas anmaßendem Benehmen*

flap|sig ⟨Adj.⟩ *jung und unreif, lässig und etwas anmaßend;* ~er Bursche; sich f. benehmen

Fla|sche ⟨f.11⟩ **1** *Hohlgefäß (aus Glas, Ton, Metall, Kunststoff) mit halsartiger Verengung und mit Verschluß;* Syn. (†) *Bouteille,* ⟨nddt.⟩ *Buddel* **2** *Rolle oder Rollenverband (des Flaschenzugs)* **3** ⟨ugs.⟩ *jmd., der eine von ihm erwartete geistige oder körperliche Leistung nicht bringt*

Fla|schen|baum ⟨m.2; Sammelbez.⟩ *tropischer Baum mit flaschenförmigen Früchten (z.B. Affenbrotbaum)*

fla|schen|grün ⟨Adj., o.Steig.⟩ *kräftig dunkelgrün, schwarzgrün*

Fla|schen|hals ⟨m.2⟩ **1** *obere Verengung einer Flasche* **2** ⟨ugs.⟩ *sehr enge Fahrbahn, Engpaß*

Fla|schen|kind ⟨n.3⟩ *mit künstlicher Nahrung aus der Flasche statt mit Muttermilch ernährtes Kind;* Ggs. *Brustkind*

Fla|schen|kür|bis ⟨m.1⟩ *tropisches Kürbisgewächs mit flaschenförmigen Früchten (zur Herstellung von Kalebassen)*

Fla|schen|post ⟨f., -, nur Sg.⟩ *Übermittlung einer Nachricht in einer wasserdicht verschlossenen Flasche, die in ein strömendes Gewässer geworfen wird (bei Schiffbruch oder als Spiel)*

Fla|schen|zug ⟨m.2⟩ *Vorrichtung zum Heben von Lasten mittels eines über eine Rolle laufenden Seils [nach dem flaschenförmigen Gehäuse der Rolle]*

Flasch|ner ⟨m.5; südwestdt.⟩ → *Klempner* [er stellte ursprünglich auch Flaschen aus Blech und Zinn her]

Fla|ser ⟨f.11⟩ *Ader (im Gestein)*

fla|se|rig ⟨Adj., o.Steig.; bei Gestein, meist Gneis⟩ *mit linsenförmig ausgebildeten Mineralien, die versetzt gleichgerichtet sind*

Flash ⟨[flɛʃ] m.9⟩ **1** ⟨Film⟩ *kurze Einblendung in eine Bildfolge* **2** *Eintreten des Rauschzustands mit Aufhören der Entzugsschmerzen* [engl., „Blitz"]

Flash|back ⟨[flɛʃbɛk] m.9⟩ *plötzlich wiederkehrender Rauschzustand einige Wochen nach dem eigentlichen Rausch durch verzögerte Reaktion des Gehirns auf ein Rauschmittel* [engl., „Rückschlag der Flamme"]

flat ⟨[flæt] Mus.; Bez. für⟩ *die Erniedrigung eines Tons um einen halben Ton, z.B.* E flat = Es; Ggs. *sharp* [engl.]

Flatsch ⟨m.1; sächs.⟩ *breiiger Haufen, großer, störender oder unschöner Fleck*

Flat|ter|geist ⟨m.3⟩ *unruhiger, unsteter Mensch, jmd., der sich schlecht auf eine Sache konzentrieren kann*

Flat|ter|gras ⟨n.4⟩ *hohes Gras schattiger, saurer Waldböden mit überhängender Rispe*

flat|ter|haft ⟨Adj., ~er, am flatterhaftesten⟩ *unstet und oberflächlich, wankelmütig, nicht bei einer Sache (Arbeit, Aufgabe) bleiben können* **Flat|ter|haf|tig|keit** ⟨f., -, nur Sg.⟩

Flat|te|rie ⟨f.11; †⟩ *Schmeichelei* [zu *flattieren*]

flat|te|rig ⟨Adj.⟩ *aufgeregt, zitternd;* zu viel Kaffee macht sie f. verursacht ihr Herzklopfen

Flat|ter|mann ⟨m.; ugs.; nur in der Wendung⟩ einen F. haben *aufgeregt, flatterig sein, Lampenfieber haben*

Flat|ter|mar|ke ⟨f.11⟩ *auf den Rücken des gefalzten Druckbogens gedruckte, fette, kurze Linie, von einem Druckbogen zu Druckbogen verschiebt, so daß sich Vollständigkeit und richtige Reihenfolge der Bogen überprüfen lassen*

flat|tern ⟨V.1⟩ **I** ⟨o.Obj.; ist geflattert⟩ **1** *mit raschen Flügelschlägen fliegen;* der junge Vogel flatterte von einem Ast zum anderen **2** *vom Wind getragen, geweht werden;* ihre Haare flatterten (im Wind); die Blätter flatterten auf den Boden; ein Brief flatterte mir auf den Tisch ⟨übertr.⟩ kam unerwartet, unvermutet **II** ⟨o.Obj.; hat geflattert⟩ **1** *heftig mit den Flügeln schlagen;* das Huhn flatterte aufgeregt, als ich es einfing **2** *(vom Wind) heftig bewegt werden;* die Fahnen f. (im Wind) **3** *aufgeregt zittern;* er nahm mit ~den Händen den Brief in Empfang; ihr Herz flatterte klopfte aufgeregt

Flat|ter|sinn ⟨m., -(e)s, nur Sg.; poet.⟩ *oberflächliche, wankelmütige Wesensart*

Flat|ter|tier ⟨n.1⟩ → *Fledertier*

Flat|ter|zun|ge ⟨f., -, nur Sg.; beim Blasen mancher Blasinstrumente⟩ *durch Artikulation eines r bewirktes Tremolo*

Flat|teur ⟨[-tør] m.1⟩ *Schmeichler*

flat|tie|ren ⟨V.3, hat flattiert; o.Obj. oder mit Dat.⟩ *schmeicheln;* er flattiert gern; jmdm. f. *jmdm. schmeicheln, jmdm. Schmeicheleien sagen* [< frz. *flatter* „schmeicheln"]

Fla|tu|lenz ⟨f.10⟩ → *Blähung (2)* [< mlat. *flatulentus, -windig*", zu *Flatus*]

Fla|tus ⟨m., -, -⟩ → *Blähung (2)* [lat., „Blasen des Windes"]

flau ⟨Adj., am flau(e)sten⟩ **1** *kraftlos, schwach, matt;* eine ~e Brise; ~e Farben; ~es Negativ *nicht kontrastreiches, wenig belichtetes Negativ;* mir ist, wird f. *jmd. fühlt sich schwach, matt (vor Hunger oder bei einer beginnenden Krankheit)* **2** ⟨Kaufmannsspr.⟩ *mit wenig Nachfrage, schleppend;* das Geschäft geht f.; die Börse ist f. **3** *fad, wenig gewürzt;* die Suppe schmeckt f. **Flau|heit** ⟨f., -, nur Sg.⟩

Flaum¹ ⟨m., -(e)s, nur Sg.⟩ → *Flom*

Flaum² ⟨m., -(e)s, nur Sg.⟩ **1** *kleine, weiche Federn* **2** *kurze, weiche Haare, (bes.) erster Bartwuchs* [< lat. *pluma* „Feder"]

flau|mig ⟨Adj.⟩ **1** *wie Flaum², locker und weich* **2** *mit Flaum² bedeckt;* ~e Küken

Flaus ⟨m.; veraltend⟩ *Flausch* ⟨m.1⟩ *weiches Wollgewebe* [< mndd. *vlus* „Büschel, Wolle"]

flau|schig ⟨Adj.⟩ *sich wie Flausch anfühlend, warm, weich und locker*

Flau|sen ⟨Pl.⟩ **1** *Ausreden, Ausflüchte;* mach keine F.! **2** *lustiger Unsinn, dumme Gedanken;* er hat nichts als F. im Kopf; ich werde ihm die F. schon austreiben!

Flau|te ⟨f.11⟩ **1** ⟨Seew.⟩ *Windstille* **2** ⟨Kaufmannsspr.⟩ *Geschäftsstille, schleppender Geschäftsgang* **3** *Lustlosigkeit, Stimmung ohne Schwung*

Flau|to ⟨m., -(s), -ti⟩ *Flöte;* F. traverso *Querflöte;* F. dolce *Blockflöte* [ital.]

Fläz ⟨m.1; ugs.⟩ *plump flegelhafter Mensch*

flä|zen ⟨V.1, hat geflätzt; mdt.⟩ → *flegeln (I)*

flä|zig ⟨Adj.; mdt., norddt.⟩ *wie ein Fläz, plump flegelhaft;* sich f. benehmen

Fleb|be ⟨f.11; Gaunerspr.⟩ **1** *Ausweis, Papiere* **2** *Geldschein*

Flech|se ⟨[flɛk-] f.11⟩ *Sehne (im Fleisch);* auch: ⟨bayr.-österr.⟩ *Flachse* [vermutlich gekürzt < *Flechtsehne*]

flech|sig ⟨[flɛk-] Adj.⟩ *voller Flechsen*

Flech|te ⟨f.11⟩ **1** *schuppen- oder borkenbildender Hautausschlag (Bart~, Schuppen~)* **2** *aus Algen und Pilzen zu einem strauchigen oder blattartigen Überzug zusammengewachsenes Lebewesen (Rentier~);* Syn. *Lichen* **3** ⟨meist Pl.; poet.⟩ ~n *Zöpfe* [zu *flechten,* hier im Sinne von „Verflochtenes"]

flech|ten ⟨V.37, hat geflochten; mit Akk.⟩ **1** *regelmäßig verschränken, verschlingen und dadurch verknüpfen;* Haar zu Zöpfen f.; Blumen, Zweige zum Kranz f. **2** *durch Verschlingen, Verschränken (von biegsamem, fädigem Material) herstellen;* sich, jmdm. die Zöpfe f.; einen Kranz (aus Blumen) f.

Fleck ⟨m.1⟩ auch: *Flecken* **1** *durch etwas Andersfarbiges beschmutzte Stelle;* F. auf der Tischdecke; seine weiße Weste hat ~e bekommen ⟨übertr.⟩ er steht nicht da tadellos, so ehrenhaft da wie bisher **2** *andersfarbige Stelle;* F. auf der Haut, im Fell **3** *Stelle, Platz;* ein schöner F. Erde; das Herz auf dem rechten F. haben *rechtschaffen und beherzt, redlich und mutig sein;* wir kamen nicht vom F. wir kamen nicht vorwärts; ich komme mit meiner Arbeit nicht vom F.; jmdn. vom F. weg engagieren *sofort* **4** ⟨Pl.; berlin., ostmdt.⟩ ~e → *Kutteln;* saure ~e

flecken ⟨-k·k-⟩ ⟨V.1, hat geflecket; o.Obj.⟩ **1** *(leicht) Flecke bekommen;* der Stoff fleckt (leicht) **2** *zügig vorangehen;* die Arbeit fleckt

Flecken ⟨-k·k-; m.7⟩ → *Fleck* **2** *größeres Dorf mit bestimmten Rechten (z.B. Marktrecht) (Markt~)*

Fleckerl ⟨-k·k-; n.14; österr.⟩ **1** *kleiner Fleck (1–3)* **2** *breites Stück Nudelteig (z.B. als Suppeneinlage)*

Flecker|lteplpich ⟨-k·k-; m.1; bayr.-österr.⟩ **1** *aus farbigen Stoffstücken zusammengesetzter Teppich* **2** ⟨übertr.⟩ *bunte Mischung* [zu *Flicken*]

Fleck|fie|ber ⟨n., -s, nur Sg.⟩ *(epidemisch auftretende) Infektionskrankheit, die durch Läuse übertragen wird und u.a. durch hohes Fieber und Hautausschlag gekennzeichnet ist*

fleckig ⟨-k·k-; Adj.⟩ *Flecke aufweisend, voller Flecke;* f. sein *Flecke haben*

Fleck|vieh ⟨n., -s, nur Sg.⟩ *Rinderrasse, die auf hellem Grund in Abstufungen von Rotbraun bis Gelb plattenförmig gefleckt ist (bes. in Süddeutschland, Österreich und der Schweiz verbreitet)*

Fled|de|rer ⟨m.5; kurz für⟩ → *Leichenfledderer*

fled|dern ⟨V.1, hat gefleddert; mit Akk.⟩ *berauben;* Leichen f. [< rotw. *fleddern,* „bestehlen, berauben", zu *flattern, fladern,* „waschen" von *Flader, Flatter,* „Wäsche"]

Fle|der|maus ⟨f.2⟩ *ein Fledertier (im typischen Fall klein und insektenfressend)* [< ahd. *fledarmus,* „fledaron „flattern" und *mus* „Maus", nach der flatternden Flugweise und der einer großohrigen Maus ähnlichen Körpergestalt mancher Arten]

Fle|der|tier ⟨n.1⟩ *flugfähiges Säugetier mit Flughaut zwischen den stark verlängerten Fingern, dem Rumpf und den Hinterbeinen, Dämmerungs- oder Nachttier (Fledermäuse, Flughunde);* Syn. *Flattertier* [neuere Bez., in der die ungenaue Wortbestandteil -maus- vermieden wird]

Fle|der|wisch ⟨m.1⟩ *Holzstab, an dessen oberem Ende Federn angebracht sind (zum Staubwischen);* Syn. *Federwisch*

Fleet ⟨n.1; bes. in Hamburg⟩ *Kanal innerhalb einer Stadt* [nddt., zu *fließen*]

Fle|gel ⟨m.5⟩ **1** ⟨kurz für⟩ *Dreschflegel* **2** *unhöflicher, grober, rücksichtsloser Mensch*

Fle|ge|lei ⟨f.10⟩ *unhöfliches, grobes, rücksichtsloses Benehmen*

fle|gel|haft ⟨Adj., ~er, am flegelhaftesten⟩ *in der Art eines Flegels (2)*

Fle|gel|haf|tig|keit ⟨f., -, nur Sg.⟩ *flegelhaftes Benehmen*

Fle|gel|jah|re ⟨Pl.⟩ *Periode in der Entwicklung eines Jugendlichen, die durch aufsässiges, grobes Verhalten gekennzeichnet ist*

fle|geln ⟨V.1, hat geflegelt⟩ **I** ⟨o.Obj.⟩ *lässig daliegen oder dasitzen, lümmeln* ⟨mdt.⟩ *fläzen;* in einem Sessel f. **II** ⟨refl.⟩ sich f. *sich lässig, breit, in halb liegende Stellung setzen;* sich in einem Sessel f.

fle|hen ⟨V.1, hat gefleht; o.Obj.⟩ *inständig (und demütig) bitten;* „,...!" flehte sie; zu Gott f.

fle|hent|lich ⟨Adj.⟩ *inständig (und demütig);* jmdn. f. bitten

fleh|men ⟨V.1, hat geflehmt; o.Obj.; bei großen Säugetieren, bes. Pferden, in der Paa-

Fleisch

rungszeit⟩ *den Kopf hochwerfen und die Oberlippe hochziehen* [Herkunft nicht bekannt]

Fleisch ⟨n., -(e)s, nur Sg.⟩ **1** ⟨bei Mensch und Tier⟩ *Weichteile (Muskulatur, Bindegewebe, Fett und innere Organe, bes. im Unterschied zu Knochen und Horngebilden)*; *eine Wunde, die bis ins F. geht; sich eigene F. schneiden sich selber schaden; er ist fest im ~e er hat einen festen, straffen Körper; vom F. fallen abmagern; er ist von meinem ~e er ist mit mir blutsverwandt*, ⟨übertr.⟩ *wir sind uns wesensähnlich; mein eigenes F. und Blut mein Kind, meine Kinder; das ist mir schon in F. und Blut übergegangen das tue ich jetzt ganz selbstverständlich, ohne zu überlegen* **2** ⟨bei Warmblütern, zur menschlichen Ernährung dienend⟩ *die Muskulatur (im Unterschied zu Fett, inneren Organen u.a.); gebratenes F.* **3** *der menschliche Körper (im Gegensatz zum Geist); F. werden Menschengestalt annehmen; das F. ist willig, doch der Geist ist schwach* (Matth. 26,41) **4** ⟨kurz für⟩ → *Fruchtfleisch*

Fleisch|be|schau ⟨f., -, nur Sg.⟩ *gesetzlich vorgeschriebene Untersuchung des Fleisches nach der Schlachtung*; Syn. ⟨schweiz.⟩ *Fleischschau*

Fleisch|be|schau|er ⟨m.5⟩ *jmd., dem die Fleischbeschau obliegt (Tierarzt oder ausgebildeter Prüfer)*; Syn. ⟨schweiz.⟩ *Fleischschauer*

Fleisch|brü|he ⟨f.11⟩ *durch Auskochen von Rindfleisch gewonnene Brühe*; Syn. *Bouillon*

Flei|scher ⟨m.5⟩ *jmd., der berufsmäßig Schlachttiere tötet und deren Fleisch verarbeitet und verkauft*; Syn. ⟨ostösterr.⟩ *Fleischhacker*, ⟨österr.⟩ *Fleischhauer*, ⟨norddt., veraltend⟩ *Knochenhauer*, ⟨bayr.⟩ *Metzger*, ⟨norddt.⟩ *Schlachter, Schlächter*, ⟨rhein.⟩ *Metzler*

Flei|sche|rei ⟨f.10⟩ *Verkaufsladen eines Fleischers*; Syn. ⟨†, noch schweiz.⟩ *Charcuterie*

fleisch|far|ben, fleisch|far|big ⟨Adj., o.Steig.⟩ *von der Farbe der Haut, rosabräunlich*

Fleisch|flie|ge ⟨f.11⟩ *große, schwarzgraue Fliege, die gern rohes Fleisch in Küchen umschwirrt, um darin ihre Eier abzulegen*

fleisch|fres|send ⟨Adj.; bei Pflanzen und Tieren⟩ *sich von Tieren ernährend; ~e Pflanze Pflanze, die ihren Stoffhaushalt durch gefangene kleine Tiere ergänzt*

Fleisch|fres|ser ⟨m.5⟩ **1** *Tier, dessen Nahrung überwiegend oder zum Teil aus Fleisch besteht* **2** ⟨scherzh.⟩ *jmd., der gern viel Fleisch ißt*

Fleisch|hacker ⟨-k|k-; m.5; ostösterr.⟩ → *Fleischer*

Fleisch|hau|er ⟨m.5; österr.⟩ → *Fleischer*

flei|schig ⟨Adj.⟩ **1** *mit viel Fleisch; ~e Schweine* **2** ⟨bei menschlichen Körperteilen⟩ *dick, prall; ~e Ohrläppchen* **3** ⟨bei Pflanzen⟩ *mit dickem Wasserspeichergewebe; ~e Blätter*

Fleisch|klöß|chen ⟨n.7⟩ *gebratenes Klößchen aus Hackfleisch, eingeweichter, ausgedrückter Semmel, Eiu und Gewürzen*; Syn. *Frikadelle, deutsches Beefsteak, Boulette*, ⟨berlin.⟩ *Bulette*, ⟨bayr.⟩ *Fleischpflanzerl*, ⟨österr.⟩ *Fleischlaibchen*

Fleisch|laib|chen ⟨n.7; österr.⟩ → *Fleischklößchen*

fleisch|lich ⟨Adj., o.Steig.⟩ **1** *körperlich, leiblich* **2** *sinnlich,* ⟨bes.⟩ *geschlechtlich; ~e Begierden; ~e Genüsse*

fleisch|los ⟨Adj., o.Steig.⟩ *ohne Fleisch; f. essen; sich f. ernähren*

Fleisch|ma|schi|ne ⟨f.11; österreichisch⟩ → *Fleischwolf*

Fleisch|pflan|zerl, Fleisch|pflanzl ⟨n.14; bayr.⟩ → *Fleischklößchen* [eigtl. *Fleischpfanzele*, *Fleischpfänzling*, zu *Pfanne*]

Fleisch|sa|lat ⟨m.1⟩ *aus streifig geschnittener Fleischwurst, Mayonnaise und Gewürzen hergestellter Salat*

Fleisch|schau ⟨f., -, nur Sg.; schweiz.⟩ → *Fleischbeschau*

Fleisch|schau|er ⟨m.5; schweiz.⟩ → *Fleischbeschauer*

Fleisch|ton ⟨m.2; Mal.⟩ *Farbton der menschlichen Haut, weißrosa Farbton*

Fleisch|topf ⟨m.2⟩ **1** ⟨eigtl.⟩ *Topf zum Zubereiten von Fleisch* **2** ⟨Pl.; übertr.⟩ *Fleischtöpfe gute Verpflegung, Wohlleben; zu den Fleischtöpfen seiner Mutter zurückkehren sich wieder von seiner Mutter verpflegen lassen; sich nach den Fleischtöpfen Ägyptens zurücksehnen sich nach den vergangenen Tagen des Wohllebens zurücksehnen* (nach 2. Buch Mose, 16,3)

Fleisch|vo|gel ⟨m.6; schweiz.⟩ → *Roulade*

Fleisch|wer|dung ⟨f., -, nur Sg.⟩ *Verkörperung in menschlicher Gestalt, Menschwerdung; die F. Christi*

Fleisch|wolf ⟨m.2⟩ *kleine Maschine, mit der man rohe Fleischbrocken zerkleinern kann*; Syn. ⟨österr.⟩ *Faschiermaschine, Fleischmaschine*

Fleisch|wun|de ⟨f.11⟩ *tiefe, bis ins Fleisch (1) gehende Wunde*

Fleisch|wurst ⟨f.2⟩ *Brühwurst aus fein zerkleinertem, meist gepökeltem Fleisch*; Syn. *Lyoner*

Fleiß ⟨m., -es, nur Sg.⟩ *eifriges, unermüdliches Arbeiten, eifriges Streben; etwas mit F. tun* ⟨bayr.-österr.⟩ *mit Absicht*

flei|ßig ⟨Adj.⟩ **1** *eifrig, unermüdlich (arbeitend, strebend); ein ~er Schüler, Arbeiter; er ist sehr f.; f. arbeiten; f. lernen* **2** *häufig (zu einem bestimmten Zweck); sich f. Bewegung machen; f. Mineralwasser trinken*

flek|tie|ren ⟨V.3, hat flektiert⟩ *Oberbegriff für* → *deklinieren, konjugieren*; Syn. *beugen* [< lat. *flectere* „biegen, beugen, in eine Richtung bringen"]

flen|nen ⟨V.1, hat geflennt; o.Obj.; abwertend⟩ *weinen, heulen*

Fle|sche ⟨f.11; im Festungsbau⟩ *pfeilförmige Schanze* [frz.]

flet|schen ⟨V.1, hat gefletscht; mit Akk.; nur in der Wendung⟩ *die Zähne f. die Zähne entblößen, zeigen (bei Tieren als Zeichen der Abwehr, des Angriffs)*

flet|schern ⟨V.1, hat gefletschert; o.Obj. oder mit Akk.⟩ *lange und sorgfältig kauen* [nach dem Amerikaner H. *Fletcher*]

Flett ⟨n.; im niedersächs. Bauernhaus⟩ *Wohnraum mit Herd* [< mnddt. *vlet(te)* „Fußboden"]

fleugt ⟨†⟩ *fliegt;* (in der poet. Wendung) *alles, was da kreucht und f. kriecht und fliegt*

Fleu|rette ⟨[flørɛt] f., -, nur Sg.⟩ *chiffonartiges, bedrucktes Kunstseidengewebe* [frz., zu *fleur* „Blume" und dem Verkleinerungssuffix *...ette*]

Fleu|rist ⟨[flø-] m.10⟩ *jmd., der sich mit Blumen beschäftigt (als Händler, Maler, Züchter u.a.)* [< frz. *fleuriste* in ders. Bed., zu *fleur* „Blume"]

Fleu|ron ⟨[flørõ] m.9; Baukunst, Buchw.⟩ *Blumenornament* [frz.]

Fleu|rop ⟨[floi-] oder [flø-] n., -, nur Sg.⟩ *Vereinigung von Blumenhändlern zur Vermittlung von Blumengeschenken* [Kurzw. < lat. *flores Europae* „Blumen Europas"]

fle|xi|bel ⟨Adj., flexibler, am ~sten⟩ **1** *biegbar, biegsam, nachgebend, elastisch; flexibler Bucheinband* **2** ⟨o.Steig.; Gramm.⟩ *beugbar; flexibles Substantiv* **3** ⟨übertr.⟩ *beweglich, anpassungsfähig, nicht starr (in den Plänen); man muß f. bleiben; er ist sehr f.* [< lat. *flexibilis* „biegsam, geschmeidig", zu *flectere* „biegen"]

Fle|xi|bi|li|tät ⟨f., -, nur Sg.⟩

Fle|xi|on ⟨f.10⟩ **1** ⟨Oberbegriff für⟩ *Deklination, Konjugation*; Syn. *Beugung* **2** ⟨Med.⟩ *Beugung, Knickung von Körperorganen* [< lat. *flexio*, Gen. *-onis*, „Biegung", zu *flectere* „biegen, beugen"]

Fle|xi|ons|en|dung ⟨f.10⟩ *an den Wortstamm angehängte Endung zur Kennzeichnung einer Form der Flexion, z.B. (des Mann)es, (des Bauer)n*

fle|xi|visch ⟨Adj.; o.Steig.; nur als Attr. und mit „sein"⟩ *Flexion aufweisend*

Fle|xo|druck ⟨m.1⟩ *Druckverfahren mit Druckformen aus Gummi*; Syn. *Gummidruck* [zu *Flexion*]

Fle|xor ⟨m.13⟩ → *Beugemuskel* [neulat., zu *Flexion*]

Fle|xur ⟨f.10⟩ **1** *Verbiegung einer Gesteinsschicht durch Heben oder Senken eines Teils (ohne Zerreißen);* vgl. *Verwerfung* **2** *natürliche Verbiegung eines Organs (z.B. des Dickdarms)* [< lat. *flexura* „Biegung, Krümmung"]

Fli|bu|stier ⟨[-stjər] m.5; 17.Jh.⟩ *Seeräuber, Freibeuter* [frz., über ältere Formen *fribustier, frybuiter* < ndrl. *vrijbuiter* „Freibeuter"]

flicken ⟨-k|k-; V.1, hat geflickt; mit Akk.⟩ *ausbessern; eine Hose, ein Bettuch f.; einen Fahrradschlauch f.;* vgl. *Zeug*

Flicken ⟨-k|k-; m.7⟩ *Stoffstückchen, mit dem schadhafte Stellen eines Kleidungsstücks ausgebessert werden; einen F. aufsetzen*

Flick|flack, Flick-flack ⟨m.9; Bodenturnen⟩ *Überschlag rückwärts, der über einen flüchtigen Handstütz wieder zum Stand führt* [< frz. *flic flac* „klipp, klapp", lautmalend]

Flick|schnei|der ⟨m.5; veraltend⟩ *Schneider nur für Ausbesserungsarbeiten*

Flick|schu|ster ⟨m.5; veraltend⟩ *Schuster nur für Ausbesserungsarbeiten*

Flick|vers ⟨m.1⟩ *Vers, der nur zum Füllen einer Strophe eingefügt wird, inhaltlich aber nicht nötig ist*

Flick|werk ⟨n., -s, nur Sg.⟩ *aus vielen Teilen nicht gut zusammengesetzte Arbeit, stümperhafte Arbeit*

Flick|wort ⟨n.4⟩ → *Füllwort*

Flick|zeug ⟨n., -s, nur Sg.⟩ *Material zum Flicken (von Textilien sowie von Fahrradschläuchen)*

Flie|boot ⟨n.1⟩ **1** *kleines, schnelles Fischerboot* **2** *Beiboot* [< engl. *flyboat* „kleines, schnelles Fischerboot"]

Flie|der ⟨m.5⟩ *violett bis weiß blühender, stark duftender Strauch* [urspr. eine Bez. für den Holunder]

flie|der|far|ben, flie|der|far|big ⟨Adj., o.Steig.⟩ *hell violett (wie wilder Flieder)*

Flie|ge ⟨f.11⟩ **1** *Zweiflügler mit kurzen Fühlern und gedrungenem Körper (Fleisch~, Schmeiß~, Schweb~, Pferde~); er tut keiner F. was zuleide er tut niemandem was zuleide, er ist gutartig, gutmütig; zwei ~n mit einer Klappe schlagen zwei Dinge mit einer einzigen Handlung erledigen, erreichen; ihn ärgert, stört die F. an der Wand ihn ärgert, stört die geringste Kleinigkeit* **2** *als kurze, querstehende Schleife gebundene Krawatte* **3** *Bart, der so ausrasiert wird, daß nur ein schmaler Haarstreifen stehenbleibt (auf der Oberlippe oder zwischen Unterlippe und Kinn)* **4** *einer Fliege (1) nachgebildeter Angelköder*

flie|gen ⟨V.38⟩ **I** ⟨o.Obj.; ist geflogen⟩ **1** *sich aus eigener Kraft mit Flügeln durch die Luft bewegen; der Vogel, der Käfer fliegt; er wird stark angezogen von schnellen Autos, er ist begeistert für schnelle Autos; Fliegender Fisch Vertreter einer Familie meist hochseebewohnender Knochenfische, der fähig ist, sich aus dem Wasser zu schnellen und seine großen, abgespreizten Brustflossen im Gleitflug als Segel einzusetzen; ~der Händler Händler ohne festen Stand, wandernder Händler* **2** *geworfen oder geweht werden; die Papiere flogen vom Tisch auf den Boden; der Ball flog* über die Mauer; ihr Haar flog im Wind, flog ihr um die Ohren; ~der Sommer *Altweibersommer* 3 *sich durch mechanische Auftriebskraft durch die Luft bewegen;* das Flugzeug fliegt über den Wolken 4 *sich mit einem Luftfahrzeug fortbewegen, mit dem Flugzeug reisen;* ich fliege morgen nach Berlin; er fliegt nicht gern; man fliegt bis Rom zwei Stunden; ~des Personal *Personal an Bord eines Flugzeugs* 5 *ein Flugzeug lenken, bedienen; Flieger, Pilot sein;* er lernt f.; er fliegt schon seit Jahren 6 *sich rasch bewegen;* die Tür flog ins Schloß; in die Luft f. *explodieren;* ~de Hitze *plötzlich heiße Wallung im Körper* 7 〈meist poet. oder scherzh.〉 *eilen;* ich eile, ich fliege!; als er die Nachricht erhielt, flog er zu ihr 8 〈geh.〉 *heftig zittern;* sie flog an allen Gliedern; sie öffnete mit ~den Händen die Tür 9 〈ugs.〉 *hinausgeworfen werden;* er ist von der Schule, aus seiner Stellung geflogen 10 〈ugs.〉 *fallen;* die Vase ist auf den Boden geflogen; durch die Prüfung f. *bei der Prüfung durchfallen;* jmdm. um den Hals f. *jmdn. stürmisch umarmen* II 〈mit Akk.; hat geflogen〉 1 *etwas f. in der Luft führen, lenken;* eine Maschine f. 2 *etwas oder jmdn. f. mit dem Flugzeug befördern;* Waren, Passagiere nach Amerika f.; der Verletzte wurde mit dem Hubschrauber ins Krankenhaus geflogen III 〈refl.; hat geflogen〉 *sich f.* 1 *sich auf bestimmte Weise in der Luft bewegen;* bei dieser Sicht fliegt es sich schlecht 2 *sich auf bestimmte Weise in der Luft lenken lassen;* die Maschine fliegt sich leicht, schwer

Flie|gen|fän|ger 〈m.5〉 *von der Decke herabhängender Papierstreifen, der mit Fliegenleim bestrichen ist und an dem Fliegen hängenbleiben*

Flie|gen|ge|wicht 〈n.1〉 1 〈nur Sg.; Boxen, Gewichtheben, Ringen〉 *eine Gewichtsklasse (im Boxen bis 51, sonst bis 52 kg)* 2 *Sportler dieser Gewichtsklasse;* auch: *Fliegengewichtler* [Lehnübersetzung von engl. *flyweight*]

Flie|gen|ge|wicht|ler 〈m.5〉 → *Fliegengewicht (2)*

Flie|gen|git|ter 〈n.5〉 *sehr feinmaschiges Gitter am geöffneten Fenster, das Fliegen am Eindringen hindert*

Flie|gen|gott 〈m., -es, nur Sg.〉 → *Beelzebub*

Flie|gen|klap|pe, Flie|gen|klat|sche 〈f.11〉 *an einem Stiel beweglich angebrachtes (meist durchlöchertes) Blatt, mit dem Fliegen totgeschlagen werden*

Flie|gen|kopf 〈m.2; Buchw.〉 *auf dem Kopf stehender Buchstabe*

Flie|gen|leim 〈m.1〉 *sehr langsam trocknender Leim zum Bestreichen von Fliegenfängern*

Flie|gen|pilz 〈m.1〉 *giftiger Blätterpilz mit leuchtendrotem Hut, auf dem die weißen Hüllreste als warzige Flecken abheben* [früher legte man den Pilz in Milch ein und vergiftete mit dieser Fliegen]

Flie|gen|schnäp|per 〈m.5〉 *Vertreter einer Singvogelfamilie mit langen Borsten um den Oberschnabel, der im Stoßflug nach Insekten schnappt;* auch: 〈kurz〉 *Schnäpper*

Flie|gen|stein 〈m.1〉 → *Scherbenkobalt* [das darin enthaltene Arsenik dient als Fliegengift]

Flie|ger 〈m.5〉 1 → *Pilot (1)* 2 *Soldat der Fliegertruppe* 3 *Radrennfahrer für Kurzstrecken auf Bahnen* 4 *nur für kurze Strecken geeignetes Rennpferd* 5 〈ugs., bes. Kinderspr.〉 → *Flugzeug*

Flie|ger|ab|wehr 〈f., -, nur Sg.; Mil., bes. schweiz.〉 *Selbstschutz der Truppen gegen Luftangriff*

Flie|ger|horst 〈m.1〉 *Militärflugplatz mit allen Einrichtungen für Unterbringung und Einsatz fliegender Verbände*

flie|hen 〈V.39〉 I 〈o.Obj.; ist geflohen〉 *sich rasch und heimlich entfernen;* der Häftling ist geflohen; ins Ausland f.; vor seinen Verfolgern f.; ~des Kinn *zurückweichendes Kinn* II 〈mit Akk.; hat oder ist geflohen〉 *etwas oder jmdn. f. meiden, sich von etwas oder jmdm. fernhalten;* die Menschen f.; den Lärm der Großstadt f.

Flieh|kraft 〈f., -, nur Sg.〉 → *Zentrifugalkraft*

Flie|se 〈f.11〉 *dünne, glasierte, abwaschbare und abnutzungsfeste Platte zur Verkleidung von Fußböden oder Wänden (aus Steingut, Fayence, Klinker, Glas oder Kunststoff)* [nddt.]

flie|sen 〈V.1, hat gefliest; mit Akk.〉 *mit Fliesen belegen;* die Wände, den Fußboden f.; das Bad f.

Flie|sen|le|ger 〈m.5〉 *jmd., der berufsmäßig Fliesen verlegt*

Fließ|ar|beit 〈f.10〉 *Arbeit am Fließband*

Fließ|band 〈n.4; bei der Massenfertigung oder -bearbeitung〉 *endloses, laufendes Band zur Weiterbeförderung von Werkstücken oder Erzeugnissen von einem Arbeitsplatz zum nächsten;* Syn. *Band¹ (I,4)*

flie|ßen 〈V.40, ist geflossen; o.Obj.〉 1 *sich fortbewegen (von Flüssigkeiten, bes. Wasser);* der Fluß fließt durch das Tal; bei dem Kampf ist viel Blut geflossen *bei dem Kampf hat es viele Verwundete und Tote gegeben;* der Wein floß in Strömen *es wurde viel Wein ausgeschenkt;* ~des Wasser *Wasser aus der Wasserleitung* 2 *gleichmäßig, ohne Stocken in Bewegung sein;* der Verkehr fließt zügig; die Worte flossen ihm leicht aus der Feder *er schrieb leicht, mühelos;* diese Gelder f. durch dunkle Kanäle *diese Gelder geraten in die falschen Hände;* er spricht drei Sprachen ~d *er spricht drei Sprachen geläufig, mühelos und ohne Fehler;* die Grenzen zwischen beiden Begriffen sind ~d *sind nicht klar, beide Begriffe sind nicht genau voneinander abzugrenzen* 3 *weich fallen;* ihr Haar floß in Wellen bis auf die Schultern; ~de Seide

Fließ|heck 〈n.9 oder n.1; beim Kfz〉 *schräg abfallendes Heck, das den Luftwiderstand verringert*

Fließ|laut 〈m.1〉 → *Liquida*

Fließ|pa|pier 〈n.1〉 → *Löschpapier*

Flim|mer 〈m., -s, nur Sg.〉 *flimmernder Lichtschein*

Flim|mer|epi|thel 〈[-te:l] n.1〉 *mit feinen Härchen besetzte Zellschicht (z.B. in Nase, Luftröhre, Eileiter)*

Flim|mer|ki|ste 〈f.11; scherzh.〉 *Fernsehgerät*

flim|mern 〈V.1, hat geflimmert〉 I 〈o.Obj.〉 1 *in vielen Funken leuchten, glänzen;* die Sterne f. am Himmel; das Wasser flimmert in der Sonne 2 *sich unruhig hin und her bewegen;* die Luft flimmert vor Hitze; der Film flimmert *der Film ist abgespielt und zeigt beim Vorführen viele winzige, sich bewegende Punkte und Striche;* es flimmert mir vor Augen *ich sehe viele sich bewegende Punkte vor den Augen* II 〈mit Akk.; landsch.〉 *blank reiben;* die Fenster, den Boden f.

Flim|mer|sko|tom 〈n.1〉 *beweglicher, dunkler Fleck im Gesichtsfeld mit flimmerndem, gezacktem Rand (u.a. bei Durchblutungsstörungen der Sehbahn)*

flink 〈V.1〉 1 *rasch, schnell;* mach f.!; ein bißchen f.! *rasch und gewandt, rasch und geschickt;* f. den Tisch decken; sie bewegt sich, arbeitet f. 3 *rasch und gewandt, beweglich;* sie hat ~e Hände

Flint 〈m.1〉 → *Feuerstein (1)* [< nddt. *vlint,* < engl. *flint* in ders. Bed.]

Flin|te 〈f.11〉 1 〈früher〉 *Gewehr mit Schloß aus Feuerstein* 2 *Jagd- und Sportgewehr mit glattem Lauf für Schrotschuß* [zu *Flint* „Feuerstein"]

Flint|glas 〈n.4〉 *Bleiglas mit hohem Brechungsindex (für optische Zwecke)* [zu engl. *flint* „Feuerstein"]

Flip 〈m.9〉 *Mischgetränk, das ein Ei enthält* [engl., „Getränk aus Bier, Ei und Zucker", zu *flip* „kurze, ruckartige Bewegung", zu *flip* „aufschlagen, rucken, schnellen, schnipsen", weil das Ei hineingeschlagen und das Getränk geschüttelt wird]

Flip|flop 〈n.9〉 *elektrische Kippschaltung (z.B. für Zählgeräte, Computer, Speicher)* [< engl. *flip-flop* in ders. Bed., lautmalend]

Flip|per 〈m.5〉 *Spielgerät, bei dem nach Münzeinwurf 3 bis 5 Kugeln freigegeben werden, die man nacheinander über ein schräges Spielfeld mit elektrischen und mechanischen Kontakten rollen läßt, wobei man versucht, mit Hebeln den Lauf der Kugel zu steuern* [< engl. *to flip* „schnipsen", vgl. *Flip*]

flip|pern 〈V.1, hat geflippert; o.Obj.〉 *an einem Flipper spielen*

Flip|pie 〈m.9; ugs.〉 *jmd., der ausgeflippt ist*

flir|ren 〈V.1, hat geflirrt; o.Obj.〉 1 *blendend leuchten, hell glänzen, funkeln;* ~des Licht 2 *flimmern;* die Luft flirrt vor Hitze

Flirt 〈[flɐt] m.1〉 *durch Blicke und Worte ausgedrückte Neigung, eine Liebesbeziehung zu beginnen, Liebelei* [< engl. *to flirt* „kokettieren, liebäugeln", < frz. *fleureter* „schöntun", zu *fleurette* „Schmeichelei", eigtl. „Blümchen"]

flir|ten 〈[flə-] V.2, hat geflirtet; o.Obj. oder mit Präp.obj.〉 *durch Blicke und Worte spielerisch jmdm. zu verstehen geben, daß man mit ihm eine Liebelei beginnen möchte;* sie flirtet gern; mit ihm f.

Flit|scherl 〈n.14; bayr.-österr.〉 → *Flittchen*

Flitt|chen 〈n.7〉 *leichtlebiges Mädchen, das häufig wechselnden sexuellen Umgang mit Männern pflegt;* Syn. 〈bayr.-österr.〉 *Flitscherl*

Flit|ter 〈m., -s, nur Sg.〉 1 *kleine, glitzernde Metallstückchen zum Aufnähen auf Kleider* 2 *minderwertiger Schmuck*

flit|tern¹ 〈V.1, hat geflittert; o.Obj.; †〉 *flimmern*

flit|tern² 〈V.1, hat geflittert; o.Obj.; ugs.〉 *die Flitterwochen verbringen;* sie f. auf den Bahamas

Flit|ter|wo|chen 〈Pl.〉 *die ersten Wochen nach der Hochzeit* [< mhd. *vlittern* „flüstern, kichern", also „Wochen, in denen man flüstert, kichert und kost"]

Flitz|bo|gen, Flit|ze|bo|gen 〈m.7〉 *Bogen und Pfeile (als Kinderspielzeug)*

flit|zen 〈V.1, ist geflitzt; o.Obj.〉 1 *schnell, leichtfüßig rennen, sehr schnell fahren;* durch die Straßen f.; eine Eidechse flitzte über den Weg 2 *eilfertig laufen;* wenn er nur ruft, dann flitzt sie schon

Flit|zer 〈m.5〉 1 *kleines, schnelles Fahrzeug* 2 〈bes. in den 70er Jahren〉 *jmd., der überraschend splitternackt an einer Menschenmenge vorbeirennt;* Syn. *Blitzer*

floa|ten 〈[flou-] V.2, hat gefloatet; o.Obj.〉 *schwanken (je nach Angebot und Nachfrage);* der Währungskurs floatet [< engl. *to float* „schwimmen, treiben; in Umlauf sein"]

Floa|ting 〈[flou-] n.9〉 *freies Schwanken des Wechselkurses einer Währung nach Angebot und Nachfrage*

Flo|bert|ge|wehr 〈auch [flobɛr-] n.1〉 *wegen ihrer geringen Schußweite vor allem für Ausbildungszwecke geeignete Handfeuerwaffe* [nach dem frz. Waffentechniker N. *Flobert*]

Flocke 〈-k|k-; f.11〉 *kleines, dünnes, lockeres Teilchen (mit zerfasertem Rand, meist so leicht, daß es schwebend zu Boden fällt) (Schaum~, Schnee~, Woll~)*

flocken 〈-k|k-; V.1, hat geflockt; o.Obj.〉 *Flocken bilden;* die sauergewordene Milch flockt beim Erhitzen

Flocken|blu|me 〈-k|k-; f.11〉 *ein Korbblütler mit strahlig verlängerten, an der Spitze gefransten Randblüten (meist blauviolett, die Samen mit flockigen Härchen)*

flockig 〈-k|k-; Adj.〉 *wie Flocken, in Form von Flocken*

Flockung 〈-k|k-; f.10〉 *das Flocken*

Flo|con|né 〈[-ne] m., -s, nur Sg.〉 *weicher*

Floh

Mantelstoff mit flockiger Oberseite [frz., ,,geflockt", zu flocon ,,Flocke"]
Floh ⟨m.2⟩ *ein kleines, flügelloses Insekt, Blutsauger, dessen Hinterbeine zu kräftigen Sprungbeinen ausgebildet sind (Hunde~, Menschen~); jmdm. einen F. ins Ohr setzen* ⟨ugs.⟩ *jmdm. einen Gedanken eingeben, der ihm keine Ruhe mehr läßt; er hört die Flöhe husten* ⟨ugs.⟩ *er hält sich für sehr schlau*
flö|hen ⟨V.1, hat geflöht; mit Akk.⟩ *jmdn. oder ein Tier f. jmdm. oder einem Tier die Flöhe aus den Kleidern, aus dem Fell suchen*
Floh|kraut ⟨n., -(e)s, nur Sg.⟩ *gelb blühender Korbblütler, an Bächen wachsende Staude, die wegen ihres eigenartigen Geruchs gegen Flöhe verwendet wurde*
Floh|krebs ⟨m.1⟩ *kleines Krebstier mit seitlich zusammengedrücktem Körper;* Syn. *Amphipode*
Floh|markt ⟨m.2⟩ *Markt für gebrauchte Waren, Trödelmarkt*
Floh|zirkus ⟨m.1⟩ *Schaubude, in der Menschenflöhe gezeigt werden, die u.a. vor winzige Wagen gespannt sind oder deren natürliche Sprungfähigkeit als scheinbare Dressur vorgeführt wird*
Flom ⟨m.1⟩, **Flo|men** ⟨m.7⟩ auch: *Flaum* **1** *Nierenfett des Schweins* **2** *Bauch- und Nierenfett der Gans*
Flop ⟨m.9⟩ *Tun oder Verhalten, das sich nachteilig für den Betreffenden selbst auswirkt, Mißerfolg* [engl., ,,Mißerfolg", eigtl. ,,Plumps", lautmalend]
Flop|py-disk ⟨f.9⟩ *Speicher für Datenverarbeitungsanlagen in Form einer runden, dünnen, schallplattenähnlichen Kunststoffscheibe (faßt ungefähr 100000 Zeichen bei sehr kurzen Zugriffszeiten);* Syn. *Diskette* [< engl. *floppy* ,,locker" und *disk* ,,Scheibe"]
Flor[1] ⟨m.1⟩ **1** *feinfädiges, durchsichtiges Gewebe* **2** *Band, Binde aus diesem Gewebe (Trauer~)* **3** *(bei Teppichen und Plüschstoffen) hochstehende Fadenschlaufen, die dem Gewebe Weichheit und Wärme verleihen* [< ndrl. *floers*, zu *velours*, → *Velours*]
Flor[2] ⟨m.1⟩ *alle Blüten einer Pflanze;* in vollem F. stehen [< lat. *flos*, Gen. *floris*, ,,Blüte, Blume"]
Flo|ra ⟨f., -, -ren⟩ **1** *Pflanzenwelt eines bestimmten Gebietes* **2** *Bestimmungsbuch für Pflanzen* [nach der röm. Blumengöttin *Flora*, zu lat. *flos*, Gen. *floris*, ,,Blüte"]
Flo|ren|reich ⟨n.1⟩ *Großgebiet der Erde mit einer in bestimmten Zügen mehr oder weniger einheitlichen Pflanzenwelt* [zu *Flora* (1)]
Flo|ren|ti|ner ⟨m.5⟩ **1** *Einwohner von Florenz* **2** *oblatenförmiges Mandelgebäck mit Schokoladenüberzug auf einer Seite* **3** ⟨kurz für⟩ *Florentinerhut*
Flo|ren|ti|ner|hut ⟨m.2⟩ *Damenstrohhut mit breiter, biegsamer Krempe*
Flo|res|zenz ⟨f.10⟩ **1** → *Blütenstand* **2** *Gesamtheit der Blüten einer Pflanze* **3** *Blütezeit* [< lat. *florescere* ,,zu blühen anfangen, auf-, erblühen", zu *florere* ,,blühen, in Blüte stehen"]
Flo|rett ⟨n.1; Fechten⟩ *leichte Stoßwaffe, deren Klinge im Querschnitt viereckig ist* [< frz. *fleuret* in der Bed. < ital. *fioretto* ,,Knopf, Kugel an der Spitze der Klinge des Degens" sowie ,,Degen", eigtl. ,,Blümchen", da der Knopf wie eine Knospe aussieht]
Flo|rett|sei|de ⟨f., -, nur Sg.⟩ *hochwertiger, nach Kammgarnart gesponnener Faden aus spinnfähigem Fasergut der Seidenraupe* [< ital. *fioretto di seta* ,,Auswahlseide"]
Flor|flie|ge ⟨f.11⟩ *in Netzflügler, zierliches, helles Insekt mit großen, zarten Flügeln, die wie Flor* (1) *aussehen;* Syn. *Goldauge*
flo|rid ⟨Adj., o.Steig.; bei Krankheiten⟩ *rasch fortschreitend* [< lat. *floridus* ,,blühend, in Blüte stehend"]
flo|rie|ren ⟨V.3, hat floriert; o.Obj.⟩ *sich gut entwickeln, gut vorangehen, gedeihen, blühen;*

das Geschäft, der Handel, die Wirtschaft floriert [< lat. *florere* ,,blühen", zu *flos*, Gen. *floris*, ,,Blüte"]
Flo|ri|le|gium ⟨n., -s, gi|en⟩ → *Anthologie* [< lat. *florilegus* ,,Blumen sammelnd", < *flos*, Gen. *floris*, ,,Blume" und *legere* ,,sammeln, lesen"]
Flo|rin ⟨m.1 oder m.9⟩ **1** → *Gulden* **2** *(früher) englische Goldmünze* [< ital. *Fiorino*, Bez. einer Goldmünze, die im 13.Jh. zuerst in Florenz geprägt und von vielen Staaten nachgeahmt wurde, mit einer Lilienblüte, dem Stadtsymbol von Florenz, und der Inschrift *Florentia*, zu *fiore* ,,Blume, Blüte", < lat. *flos*, Gen. *floris*, ,,Blume"]
Flo|rist ⟨m.10⟩ **1** *jmd., der berufsmäßig Blumen verkauft und sich mit ihrer Anordnung in Pflanzenschalen u.ä. beschäftigt;* Syn. *Blumenbinder* **2** *Kenner, Erforscher der Pflanzen* [< frz. *fleuriste* ,,Blumenhändler", zu *Flora* (1)]
Flo|ris|tik ⟨f., -, nur Sg.⟩ *Wissenschaft von den Floren der Erde, Zweig der Pflanzengeographie* [zu *Flora* (1)]
flo|ris|tisch ⟨Adj., o.Steig.⟩ **1** *die Floristik betreffend* **2** *das Arbeitsgebiet eines Floristen* (1) *betreffend*
Flor|post ⟨f., -, nur Sg.⟩, **Flor|post|pa|pier** ⟨n.1⟩ *sehr dünnes, aber festes Papier (bes. für Luftpostbriefe)* [wahrscheinlich zu *Flor*[1] (1)]
Flos|kel ⟨f.11⟩ *(bloße) Redensart, Formel (Höflichkeits~)* [< lat. *flosculus* ,,Blümchen", übertr. ,,Zierde, Denkspruch", Verkleinerungsform von *flos* ,,Blume"]
Floß ⟨n.2⟩ **1** *aus mehreren Schwimmkörpern zusammengefügtes Wasserfahrzeug (aus Holz, Luftkissen u.a.)* **2** *aus mehreren Baumstämmen zusammengefügtes Wasserfahrzeug (zum Transport von Holz)*
Flos|se ⟨f.11⟩ *bei Fischen und Meeressäugetieren*: **1** *(meist) von Skelettstrahlen gestütztes Gebilde zur Fortbewegung im Wasser* **2** ⟨kurz für⟩ → *Schwimmflosse* **3** ⟨ugs., scherzh.⟩ *Hand*
flö|ßen ⟨V.1, hat geflößt⟩ **I** ⟨o.Obj.⟩ *mit einem Floß fahren* **II** ⟨mit Akk.⟩ Syn. *triften* **1** *als Floß transportieren;* Baumstämme f. **2** *mit einem Floß transportieren;* Waren f.
Flö|ßer ⟨m.5⟩ *jmd., der berufsmäßig flößt*
Flö|ße|rei ⟨f.10⟩ *das Flößen*
Flo|ta|ti|on ⟨f.10⟩ *Verfahren zum Aufbereiten von Erzen, bei dem das fein pulverisierte Gut schwimmfähig gemacht und auf der Oberfläche von Flüssigkeiten abgezogen wird* [< engl. *floatation, floatage* ,,das Schwimmen, Treiben auf dem Wasser", zu *to float* ,,schwimmen, dahintreiben", → *floaten*]
Flö|te ⟨f.11⟩ **1** *rohrförmiges Blasinstrument aus Holz oder einer Gold- und Silberlegierung mit Klappen oder Grifflöchern, das längs (Block~) oder quer (Quer~) gehalten wird* **2** *Blasinstrument aus mehreren, ungleich langen, nebeneinanderliegenden Holzrohren (Pan~, Hirten~)* **3** *ein Orgelregister* **4** ⟨ugs.⟩ *Zigarette*
flö|ten ⟨V.2, hat geflötet⟩ **I** ⟨o.Obj. oder mit Akk.⟩ **1** *Flöte spielen, auf der Flöte spielen; er flötet gut; ein Lied f.* **2** *in schönen Tönen singen, rufen; die Amsel flötet (ihr Morgenlied)* **3** ⟨norddt.⟩ *pfeifen* **II** ⟨o.Obj.⟩ *mit hoher Stimme süß, geziert sprechen; ,,...!" flötete sie*
flö|ten|ge|hen ⟨V.47, ist flötengegangen; o.Obj.⟩ *kaputt-, verlorengehen* [wahrscheinlich < jidd. *plete gehen* ,,fliehen", zu *Pleite*]
Flö|ten|ton ⟨m.2⟩ *Ton einer Flöte; ein sanfter F. drang an unser Ohr; jmdm. die Flötentöne beibringen* ⟨ugs.⟩ *jmdn. zurechtweisen, jmdm. die Meinung sagen*
flo|tie|ren ⟨V.3, hat flotiert; mit Akk.⟩ *mittels Flotation aufbereiten*
Flö|tist ⟨m.10⟩ *Musiker, der die Flöte spielt*
flott ⟨Adj., ~er, am flottesten⟩ **1** ⟨o.Steig.⟩ *schwimmfähig, fahrbereit, funktionsbereit;*

das Schiff ist f.; das Gerät ist wieder f. **2** *rasch, zügig, ohne Aufenthalt, ohne Verzögerung; die Arbeit geht f. voran; f. arbeiten; das Lesen geht bei dem Jungen schon ganz f.; wir wurden f. bedient; mach ein bißchen f.!* **3** *modisch, elegant und jugendlich; ein ~es Hütchen; f. aussehen* **4** *modern, hübsch und lebensvoll; ein ~es Mädchen; ein ~es Lied* **5** *leichtsinnig, unbeschwert; ein ~es Leben führen*
Flott ⟨n., -(e)s, nur Sg.⟩ *etwas, das oben schwimmt (z.B. Milchrahm, Schicht kleiner Wasserpflanzen)* [< nddt., mnddt. *vlot* in ders. Bed., zu *fleiten* ,,fließen"]
Flot|te ⟨f.11⟩ **1** *Gesamtheit der Schiffe (eines Staates) (Handels~, Kriegs~)* **2** *größer Verband von Kriegsschiffen (Schlacht~)* **3** *chemische Flüssigkeit, mit der Textilien ausgerüstet werden* [nddt., zu *fließen;* vgl. *Flott*]
Flot|ten|sta|ti|on ⟨f.10⟩ *Platz an der Küste mit Einrichtungen zur Aufnahme und Versorgung von Kriegsschiffen*
flot|tie|ren ⟨V.3; hat flottiert; o.Obj.⟩ *schwimmen, schweben; ~de Schuld schwebende, nicht fundierte Schuld* [< frz. *flotter* ,,schwimmen, schwanken", zu *flot* ,,Welle, Woge"]
Flot|til|le ⟨auch [-tiljǝ] f.11⟩ **1** *(früher) Verband kleiner Kriegsschiffe* **2** *Gesamtheit aller Schiffe eines Typs* **3** *Verband aus mehreren Fangschiffen und einem verarbeitenden Schiff, die gemeinsam fischen* [< span. *flotilla* ,,kleine Flotte", zu *flota* ,,Flotte", < mnddt. *vlote* ,,Floß", zu *fließen*; das tt entstand durch Anlehnung an *Flotte*]
Flot|til|len|arzt ⟨auch [-tiljǝn-]m.2; Mar.⟩ → *Oberfeldarzt*
flott|ma|chen ⟨V.1, hat flottgemacht; mit Akk.⟩ **1** *wieder schwimmfähig, fahrtüchtig, funktionsfähig machen;* ein Schiff f.; ein Fahrzeug, ein Gerät f.
Flotz|maul ⟨n.4; bes. bei Rindern⟩ *breite, haarlose, feuchtglänzende Stelle zwischen Nasenlöchern und Oberlippe* [wahrscheinlich zu mhd. *vloz* ,,Katarrh" im Sinne von ,,Fließendes"]
Flöz ⟨n.1⟩ *waagerecht liegende, ausgedehnte Schicht von Gestein, die den Abbau lohnt (Kohlen~)* [< mhd. *vlez* ,,Lagerstatt"]
Flu|at ⟨n.1⟩ *ein Härtemittel für Baumaterialien* [Kurzw. < *Fluorsilicat*]
Fluch ⟨m.1⟩ **1** *Wunsch für Böses, für Unheil, Verwünschung; Flüche ausstoßen; über jmdn. einen F. aussprechen* **2** *böse, wütende, derbe, unflätige Äußerung über ein Mißgeschick; mit einem F. einen Gegenstand hinwerfen* **3** *Strafe Gottes; auf dem Land lag ein F.* **4** *etwas Unheilbringendes; diese Erfindung kann ein F. für die Menschheit werden*
flu|chen ⟨V.1, hat geflucht; o.Obj.⟩ *einen Fluch, Flüche ausstoßen*
Flucht[1] ⟨f.10⟩ **1** *das Fliehen, Davonlaufen; die F. ergreifen; auf der F. sein* im *Fliehen begriffen sein; jmdn. in die F. schlagen* zum *Fliehen zwingen; F. aus der Gefangenschaft; F. ins Ausland* **2** *große Eile, sich zu entfernen, einer Sache oder jmdn. zu entgehen; in wilder, kopfloser F. davonlaufen* **3** *Ausweichen, Suchen eines Auswegs aus einer Lage;* F. in die Arbeit, in die Krankheit; die F. nach vorn antreten *einer Sache sich zu bewältigen suchen, indem man sie angreift*
Flucht[2] ⟨f.10⟩ **1** *gerade Linie (bes. von Häusern, Mauern)* **2** *mehrere ineinandergehende Zimmer (Zimmer~)*
flucht|ar|tig ⟨Adj., o.Steig.⟩ *wie auf der Flucht, eilig; f. das Lokal, den Raum verlassen*
fluch|ten ⟨V.2, hat gefluchtet⟩ **I** ⟨mit Akk.⟩ *in der Fluchtlinie bringen, nach der Fluchtlinie ausrichten; eine Häuserreihe (beim Bau) f.* **II** ⟨o.Obj.⟩ *in der Fluchtlinie, in gerader Reihe liegen, stehen; die letzten Häuser f. nicht*

flüch|ten ⟨V.2, ist geflüchtet⟩ **I** ⟨o.Obj.⟩ *fliehen;* er flüchtete ins Ausland vor seinen Verfolgern **II** ⟨refl.; weniger stark als „fliehen"⟩ *sich f. davonlaufen und an einem Ort, bei jmdm. Schutz suchen;* das Kind flüchtete sich in meine Arme; der Hund flüchtete sich unter den Tisch

Flucht|ge|schwin|dig|keit ⟨f.10⟩ →*Entweichgeschwindigkeit*

Flucht|hel|fer ⟨m.5⟩ *jmd., der einem anderen zur Flucht (bes. über die Staatsgrenze) verhilft*

Flucht|hil|fe ⟨f., -, nur Sg.⟩ *Hilfe bei der Flucht (bes. über die Staatsgrenze);* jmdm. F. leisten

fluch|tig ⟨Adj., o.Steig.; veraltend⟩ *perspektivisch* [zu *Flucht²*]

flüch|tig ⟨Adj.⟩ **1** ⟨o.Steig.⟩ *auf der Flucht begriffen;* den ~en Häftling wieder einfangen; der Gefangene ist seit gestern f. **2** *oberflächlich, nicht sorgfältig, nicht genau;* eine ~e Arbeit; er ist sehr f. (im Arbeiten); etwas nur f. ansehen **3** *kurz und nicht intensiv;* einen ~n Blick auf etwas werfen; eine ~e Bekanntschaft; eine ~e Erscheinung; ich kenne ihn nur f. **4** ⟨nur als Attr. und mit „sein"; poet.⟩ *vorübergehend, vergänglich;* der ~e Augenblick; wie f. ist das Leben

Flüch|tig|keit ⟨f., -, nur Sg.⟩ *flüchtige Beschaffenheit* [~*flüchtig 2,3*]

Flüch|tig|keits|feh|ler ⟨m.5⟩ *infolge flüchtigen Arbeitens entstandener Fehler*

Flücht|ling ⟨m.1⟩ *jmd., der geflohen ist, der auf der Flucht ist; politische* ~

Flücht|lings|la|ger ⟨n.5⟩ *Lager, in dem Flüchtlinge vorübergehend aufgenommen werden*

Flucht|li|nie ⟨[-njə] f.11⟩ **1** *Grenze, über die hinaus (nach dem Bebauungsplan) nicht gebaut werden darf* **2** *auf einen Fluchtpunkt zulaufende Linie* [zu *Flucht²*]

Flucht|punkt ⟨m.1⟩ *Punkt in einer perspektivischen Darstellung, in dem sich alle in Wirklichkeit parallelen Linien schneiden* [zu *Flucht²*]

Flucht|weg ⟨m.1⟩ **1** *Weg, den jmd. bei seiner Flucht eingeschlagen hat;* jmds. F. verfolgen **2** *Weg, den ein Flüchtling wahrscheinlich einschlagen wird;* jmdm. den F. abschneiden

fluch|wür|dig ⟨Adj.; poet.⟩ *so beschaffen, daß man es verfluchen muß;* ein ~es Verbrechen

Flug ⟨m.2⟩ **1** *das Fliegen (I,1–4);* F. eines Flugzeugs, Vogels **2** *Reise im Flugzeug;* wir wünschen einen angenehmen F.; F. über die Alpen, über den Wolken; auf dem F. nach Berlin; (wie) im ~e *sehr schnell;* die Zeit verging (wie) im ~e; einen Gegenstand, ein Beutelier im F. fangen, erhaschen **3** ⟨Jägerspr.⟩ *Anzahl von Vögeln, die zusammen fliegen;* ein F. Rebhühner **4** ⟨Schispringen⟩ *Gleiten durch die Luft nach dem Absprung*

Flug|asche ⟨f., -, nur Sg.⟩ *durch Rauch (aus Verbrennung) mitgeführte Asche*

Flug|bahn ⟨f.11⟩ *Bahn, die ein fliegender Körper (bes. Geschoß oder geworfener Körper) beschreibt*

Flug|bild ⟨n.3⟩ *sich gegen den Himmel dunkel abzeichnende Gestalt (eines über dem Beobachter segelnden Vogels, bes. Greifvogels);* ein Habicht mit im F. abgerundeten Schwingen

Flug|blatt ⟨n.4⟩ *Blatt, das eine Information oder einen Aufruf enthält und unter der Bevölkerung verbreitet wird;* Flugblätter verteilen, vom Flugzeug abwerfen

Flug|boot ⟨n.1⟩ *Flugzeug mit bootförmigem Rumpf und an den Tragflächen angebrachten Stummelflügeln oder Stützschwimmern (zur Stabilisierung im Wasser)*

Flug|brand ⟨m., -(e)s, nur Sg.⟩ *Pilz, der Getreide befällt, so daß die Ähren dunkel werden und zerstäuben;* Syn. *Staubbrand*

Flü|gel ⟨m.5⟩ **1** ⟨bei Tieren⟩ *dem Fliegen dienender Körperteil* **a** ⟨bei Insekten⟩ *(häutige) Ausstülpung des Brustabschnitts* **b** ⟨bei Vögeln⟩ *befiederte Vordergliedmaße;* jmdm. die F. beschneiden *ihn in seiner Bewegungsfreiheit einengen;* die F. hängen lassen *mutlos, niedergeschlagen sein;* sich die F. verbrennen *in seinen Plänen scheitern und Schaden erleiden;* etwas verleiht jmdm. F. *gibt jmdm. Schwung;* auf ~n des Gesangs, der Phantasie **c** ⟨bei Fledertieren⟩ *Flughaut zwischen Fingern, Rumpf und Hinterbeinen* **2** ⟨bei Pflanzensamen und Früchten⟩ *Anhangsorgan, das der Verbreitung durch Wind dient (z.B. bei den Nüßchen des Ahorns)* **3** *einer von mehreren sternförmig um einen drehbaren Mittelpunkt angeordneten, flachen Teile (eines Geräts) zur Bewegung durch Wind (Windmühlen~)* **4** *dem Vogelflügel nachgeahmtes Gebilde zur leichteren Bedienung (z.B. bei Flügelmuttern)* **5** *Tragfläche (eines Flugzeugs)* **6** *beweglicher, flächiger Teil eines mehrteiligen Gegenstands (Altar~, Fenster~, Tür~)* **7** *erbauter Teil, Seitenteil (eines Gebäudes)* **8** *großes Klavier in Form eines Vogelflügels mit waagerecht in Richtung der Tasten gespannten Saiten* **9** *seitlicher äußerer Teil (einer Personengruppe);* rechter, linker F. einer Truppe, Mannschaft, einer Partei

Flü|gel|ad|ju|tant ⟨m.10; früher⟩ *hoher, für sten für repräsentative und militärische Dienste persönlich zugeteilter Offizier* [urspr. Befehlsübermittler für die *Flügel* einer Truppe]

Flü|gel|al|tar ⟨m.2⟩ *Altar mit zwei oder vier beweglichen Seitenteilen (Flügeln)*

Flü|gel|decken ⟨-k·k-; Pl.⟩ *bei Vögeln kleine Federn im oberen Randbereich des Flügels*

Flü|gel|hau|be ⟨f.11⟩ *Haube mit flügelartig sich verbreiternden Seitenteilen*

flü|gel|lahm ⟨Adj., o.Steig.⟩ **1** ⟨bei Vögeln⟩ *durch Verletzung der Flügel flugunfähig* **2** *des Schwungs, der Initiative beraubt;* nach dem Scheitern seiner Pläne ist er f. geworden

Flü|gel|mann ⟨m.4, Pl. auch -leute; Mil.⟩ *erster oder letzter Mann einer angetretenen Reihe*

Flü|gel|mut|ter ⟨f.11⟩, **Flü|gel|schrau|be** ⟨f.11⟩ *Mutter oder Schraube mit flügelförmigen Ansätzen zum Anziehen und Lösen mit der Hand*

flü|geln ⟨V.1⟩ **I** ⟨mit Akk.; hat geflügelt; Jägerspr.⟩ *in den Flügel schießen* **II** ⟨o.Obj.; ist geflügelt; poet.⟩ *schwankend, aber anmutig fliegen*

Flü|gel|stür|mer ⟨m.5; Sport⟩ *jmd., der als Rechts- oder Linksaußen stürmt*

Flü|gel|tür ⟨f.10⟩ *Tür mit zwei oder mehr Flügeln*

Flug|gast ⟨m.2⟩ *jmd., der in einem Flugzeug reist*

flüg|ge ⟨Adj., o.Steig.⟩ **1** ⟨bei Jungvögeln⟩ *fähig zu fliegen* **2** ⟨übertr., meist scherzh.⟩ *aus der Sicht der Eltern⟩ allmählich erwachsen, selbständig werden;* die Kinder werden f. [nddt., ~*flüchtig 2,3*]

Flug|ge|sell|schaft ⟨f.10⟩ *Wirtschaftsunternehmen, das den zivilen Luftverkehr betreibt*

Flug|ha|fen ⟨m.8⟩ *Anlage mit Start- und Landebahnen für Flugzeuge, Abfertigungsgebäuden und Anlagen zur Flugzeugwartung und Flugsicherung als Knotenpunkt für den öffentlichen Luftverkehr;* vgl. *Flugplatz*

Flug|haut ⟨f.2⟩ *bei einigen Säugetieren, Fröschen und Reptilien Körperhaut, die Vorder- und Hinterbeine oder die Finger flügelartig miteinander verbindet und damit Flug oder Gleitflug ermöglicht*

Flug|hörn|chen ⟨n.7⟩ *ein Hörnchen mit Flughaut zwischen Hinterkopf, Vorder-, Hinterbeinen und dem Schwanzansatz (z.B. in Nordeuropa vorkommend)*

Flug|huhn ⟨n.4⟩ *ein bodenbewohnender Steppen- oder Wüstenvogel, der Rebhühnern ähnelt und ein guter Flieger ist*

Flug|hund ⟨m.1⟩ *ein Fledertier, großer, flugfähiger Säuger der Tropen mit hundeähnlichem Kopf*

Flug|ka|pi|tän ⟨m.1; bei großen Luftverkehrsmaschinen⟩ *verantwortlicher Pilot*

Flug|kör|per ⟨m.5⟩ *unbemanntes Objekt, das sich mit Eigenantrieb fortbewegt (z.B. eine Rakete, sofern sie nicht als Geschoß benutzt wird)*

Flug|lärm ⟨m., -(e)s, nur Sg.⟩ *durch Flugzeuge verursachter Lärm*

Flug|loch ⟨n.4⟩ *Öffnung, durch die Tiere ein- und ausfliegen (z.B. an Taubenschlägen)*

Flug|lot|se ⟨m.11⟩ *jmd., der berufsmäßig im Rahmen der Flugsicherung Flugzeuge auf ihrem Weg führt (ohne an Bord zu gehen)*

Flug|platz ⟨m.2⟩ *kleiner Start- und Landeplatz für Flugzeuge (der nicht dem öffentlichen Luftverkehr dient, bes. für Sportflug)*

flugs ⟨Adv.⟩ *flink, eilends und behende, ohne zu zögern, schnell entschlossen;* f. ließ er das Geldstück in seiner Tasche verschwinden

Flug|sand ⟨m., -(e)s, nur Sg.⟩ *vom Wind mitgeführter und abgelagerter feiner Sand*

Flug|sau|ri|er ⟨m.5⟩ *durch eine Flughaut zum Fliegen befähigter Saurier*

Flug|schrei|ber ⟨m.5⟩ *Gerät zur fortlaufenden Aufzeichnung von Fluggeschwindigkeit und Flughöhe (für die nachträgliche Kontrolle)*

Flug|si|che|rung ⟨f., -, nur Sg.⟩ *Kontroll- und Leitsystem für den zivilen und militärischen Luftverkehr*

Flug|sport ⟨m., -(e)s, nur Sg.; Sammelbez. für⟩ *Fallschirm-, Modellflug-, Motorflug- und Segelflugsport sowie Freiballonfahren;* Syn. *Luftsport*

Flug|steig ⟨m.1⟩ *Gang, der vom Flughafengebäude auf das Rollfeld führt*

Flug|stun|de ⟨f.11⟩ **1** *praktische Unterrichtsstunde für einen Flugschüler* **2** *Strecke, die ein Flugzeug in einer Stunde zurücklegt;* Israel ist nur eine F. von hier entfernt

Flug|ver|kehr ⟨m., -s, nur Sg.⟩ →*Luftverkehr*

Flug|wet|ter ⟨n., -s, nur Sg.⟩ *günstiges Wetter zum Fliegen (mit dem Flugzeug)*

Flug|wild ⟨n., -(e)s, nur Sg.⟩ →*Federwild*

Flug|zeug ⟨n.1⟩ *Fahrzeug, das bei rascher Vorwärtsbewegung durch Luftströmung an Tragflächen freiwerdenden Kräfte zum Fliegen benutzt (Düsen~, Segel~);* Syn. ⟨ugs.⟩ *Flieger*

Flug|zeug|füh|rer ⟨m.5; Amtsspr.⟩ →*Pilot (1)*

Flug|zeug|trä|ger ⟨m.5⟩ *Kriegsschiff mit verlängertem und verbreitertem Deck als Lande- und Startfläche für Kampfflugzeuge*

Fluh ⟨f.2⟩, **Flüh** ⟨f.1⟩, **Flü|he** ⟨f.11; schweiz.⟩ *steile Felswand, Felsen* [< ahd. *fluoh* „Fels"]

flu|id ⟨Adj., o.Steig.; Chem.⟩ *flüssig* [< lat. *fluidus* in ders. Bed.]

Flu|i|dum ⟨n., -s, -da⟩ *von einer Person oder Sache ausgehende, eigentümliche Wirkung* [< lat. *fluidum* „das Fließende", zu *fluere* „fließen, strömen", allg. „sich verbreiten"]

Flu|ke ⟨f.11; bei Walen⟩ →*Schwanzflosse* [engl.]

Fluk|tu|a|ti|on ⟨f.10⟩ *das Fluktuieren, Schwankung, Wechsel*

fluk|tu|ie|ren ⟨V.3, hat fluktuiert; o.Obj.⟩ *sich hin und her, auf und ab bewegen, in Fluß sein, wechseln;* die Zahl der Besucher fluktuiert sehr stark; ~de Preise; ~der Verkehr [< lat. *fluctuare* „wogen, wallen", zu *fluctus* „Woge, Flut"]

Flun|der ⟨f.11⟩ *gelbbräunlicher, ovaler Plattfisch des Nordostatlantiks* [nddt., aus dem Skandinavischen mit der Grundbed. „flach"]

flun|kern ⟨V.1, hat geflunkert; o.Obj.⟩ *schwindeln, nicht ganz die Wahrheit sagen, (spaßhaft) übertreiben*

Flunsch ⟨m.1; norddt., mdt.⟩ *vorgeschobene*

Fluor

Unterlippe (bes. bei mürrischer, weinerlicher Stimmung); einen F. ziehen

Flu|or ⟨n., -s, nur Sg.⟩ **1** ⟨Zeichen: F⟩ *leicht grünliches, stechend riechendes, sehr giftiges Gas* [lat., „das Fließen", weil das meistverbreitete Fluormineral, der Flußspat, als Flußmittel verwendet wird] **2** *Ausfluß aus der Scheide und Gebärmutter* [lat., „das Fließen", Strömen, Fluß"]

Fluo|res|ce|in ⟨n., -s, nur Sg.⟩ *gelbroter Teerfarbstoff, dessen Lösung hellgrün fluoresziert*

Fluo|res|zenz ⟨f., -, nur Sg.⟩ *farbiges Aufleuchten nach Einwirkung andersfarbiger Bestrahlung* [zu *Fluorit*, fachsprachl. für *Flußspat*, bei diesem wurde Fluoreszenz zuerst beobachtet]

fluo|res|zie|ren ⟨V.3, hat fluoresziert; o.Obj.⟩ *bei Bestrahlung aufleuchten* [zu *Fluor (1)*, da am Flußspat diese Erscheinung zuerst beobachtet wurde]

Fluo|rid ⟨n.1⟩ *Salz der Flußsäure* [zu *Fluor (1)*]

Fluo|rit ⟨m.1⟩ → *Flußspat* [zu *Fluor (1)*]

Flur **I** ⟨f.10⟩ **1** *freie, landwirtschaftlich nutzbare Teile der Kulturlandschaft*; durch Feld und F., durch Wald und F. streifen; allein auf weiter F. stehen *ganz allein, verlassen sein, der einzige (bei einer Sache) sein* **2** *zu einer Gemeinde rechtlich und wirtschaftlich gehörige Flächen*; bereinigte F. **II** ⟨m.1⟩ **1** *Vorraum im Haus* **2** *langgestreckter, schmaler Seitenraum, Gang* [< mhd. *vluor* „Feldflur, Bodenfläche"]

Flur|be|rei|ni|gung ⟨f.10⟩ *Neugestaltung der Flur (I,2) u.a. durch Zusammenlegen kleiner Grundstücke und Anpassen der Landschaft an maschinelle Bearbeitungsweisen*

Flur|buch ⟨n.4⟩ *Verzeichnis der zu einer Gemeinde gehörigen Grundstücke mit Angabe der Lage, Nutzungsart und Flächengröße*

Flur|gar|de|ro|be ⟨f.11⟩ *Garderobe im Flur (II,1)*

Flur|hü|ter ⟨m.5⟩ → *Feldhüter*

Flur|na|me ⟨m.15⟩ *Eigenname einer Flur (1,2)*

Flur|scha|den ⟨m.8⟩ *(durch Wild oder Personen entstandener) Schaden an Feldern und Feldfrüchten*

Flur|schütz ⟨m.10⟩ → *Feldhüter*

Flur|um|gang ⟨m.2⟩ *brauchtümliches Umschreiten oder Umreiten der Flur (I,2) im Frühjahr und Frühsommer mit der Bitte um gute Ernte*

Flur|zwang ⟨m., -(e)s, nur Sg.⟩ *Zwang zur Einhaltung bestimmter Regeln (z.B. Wegerecht, Anbau bestimmter Feldfrüchte) innerhalb der Flur (I,2)*

Flu|se ⟨f.11; norddt.⟩ → *Fussel* [nddt., zu *Flausch*]

flu|sen ⟨V.1, hat geflust⟩ → *fusseln*

Flush ⟨[flaʃ] m., -s, nur Sg.⟩ **1** ⟨beim Tee⟩ *neuer Blattaustrieb*; First F. *erste Pflückung, die milder im Aroma ist*; Second F. *zweite Pflückung, die kräftiger im Aroma ist* **2** ⟨Med.⟩ *heftiges Erröten, Hitzewallung (bes. nach dem Orgasmus)* **3** ⟨Pokern⟩ *Kombination von fünf Karten der gleichen Farbe* [engl., „das Sprießen; Erröten, Aufwallung, Glut; Überfluß"]

flu|sig ⟨Adj.; norddt.⟩ → *fusselig*

Fluß ⟨m.2⟩ **1** ⟨nur Sg.⟩ *das Fließen, fließende Bewegung*; die Sache ist im F. *die Sache läuft, entwickelt sich*; eine Sache in F. bringen *in Bewegung bringen*; etwas kommt in F. *kommt in Bewegung, beginnt sich zu entwickeln* **2** *großer, natürlicher, fließender Wasserlauf* **3** ⟨bei Gesteinen, Mineralien, Metallen⟩ *flüssiger Zustand, Schmelzzustand* **4** ⟨Phys.⟩ *Produkt aus Feldstärke und der Fläche, die davon durchsetzt wird;* magnetischer F.

Fluß|bett ⟨n.13⟩ *breite, rinnenförmige Vertiefung der Erdoberfläche, in der ein Fluß*

fließt oder die von einem Fluß gegraben worden ist; ausgetrocknetes F.

Fluß|fisch ⟨m.1⟩ → *Süßwasserfisch*

flüs|sig ⟨Adj.⟩ **1** *in einem Zustand, daß es fließen kann, ohne feste Form*; ~e Metall; ~e Nahrung; der Teig ist zu f. **2** *geläufig, ohne Stocken, ohne Unebenheiten*; er schreibt einen ~en Stil; wenn die Rede f. spricht **3** *sofort verfügbar, greifbar, bar*; ~es Geld *Bargeld*; ich habe augenblicklich kein Geld f.

Flüs|sig|gas ⟨n.1⟩ *durch Druck verflüssigtes Gas*

Flüs|sig|keit ⟨f.10⟩ **1** *Stoff in flüssigem Zustand* **2** ⟨nur Sg.; selten⟩ *das Flüssigsein* (→ *flüssig 2);* sie spricht Spanisch mit großer F.

flüs|sig|ma|chen ⟨V.1, hat flüssiggemacht; mit Akk.⟩ *in Bargeld umwandeln, verfügbar machen*; Aktien f.; kannst du 10000 DM f.?

Fluß|krebs ⟨m.1⟩ *zehnfüßiger, graubräunlicher Krebs mit Scheren, der Süßwasser bewohnt (der heute seltene, mitteleuropäische Krebs schlechthin)*; Syn. *Edelkrebs*

Fluß|mit|tel ⟨n.5⟩ *Stoff, der bei Schmelzprozessen zugesetzt wird, um dünnflüssige Schlacke zu erzielen (z.B. Flußspat)*

Fluß|per|lmu|schel ⟨f.11⟩ *Muschel eurasiatischer und nordamerikanischer Gebirgsbäche, die Perlen bilden kann*

Fluß|pferd ⟨n.1⟩ *sehr großer und schwerer, fast unbehaarter, brauner Pflanzenfresser afrikanischer Binnengewässer, kurzbeiniger Dickhäuter, der mit den Schweinen verwandt ist*; Syn. *Nilpferd*

Fluß|säu|re ⟨f.11⟩ *giftige und ätzende wäßrige Lösung von Fluorwasserstoff* [Fluorwasserstoff wird aus Flußspat und Schwefelsäure gewonnen]

Fluß|spat ⟨m., -(e)s, nur Sg.⟩ *(in allen Farben auftretendes) weiches Mineral, das häufig in Erzgängen vorkommt und aus kubischen Kristallen von Calciumfluorid besteht*; Syn. *Fluorit* [zu *Fluor (1)* und *Spat*]

Fluß|stahl ⟨m.2 oder m.1; Sammelbez. für⟩ *aus Schmelzen gewonnene Stahlsorten*

Fluß|trü|be ⟨f., -, nur Sg.⟩ *feine, im Wasser schwebende Feststoffe*; Syn. *Schweb*

Fluß|ufer|läu|fer ⟨m.5⟩ *bräunlicher, unterseits weißer, lerchengroßer Schnepfenvogel (u.a. an Ufern von Flüssen)*

Flü|ster|ge|wöl|be ⟨n.5⟩ *Gewölbe, das so gebaut ist, daß geflüsterte Worte an bestimmten entfernten Stellen (bes. unter der Kuppel) gehört werden können*

flü|stern ⟨V.1, hat geflüstert⟩ **I** ⟨o.Obj.⟩ **1** *ohne Ton sprechen*; er ist so erkältet, daß er nur f. kann **2** ⟨poet.⟩ *ein leises, raschelndes Geräusch verursachen oder sich geben*; der Wind flüstert im Laub; die Blätter f. im Wind **II** ⟨mit Akk.⟩ *ohne Ton, ohne Stimme sagen*; einige Worte f.; jmdm. etwas ins Ohr f.; dem werde ich die Meinung f.! ⟨ugs.⟩ *das ist ganz bestimmt so, dessen kannst du sicher sein!*

Flü|ster|pro|pa|gan|da ⟨f., -, nur Sg.; in totalitären Staaten⟩ *heimlich, im Gespräch von einem zum anderen betriebene Propaganda*

Flü|ster|stim|me ⟨f., -, nur Sg.⟩ *Stimme ohne Ton*; mit F. sprechen

Flü|ster|ton ⟨m.; nur in den Fügungen⟩, mit F. mit *Flüsterstimme, flüsternd*

Flü|ster|tü|te ⟨f.11; scherzh.⟩ *Megaphon*

Flut ⟨f.10⟩ **1** *Ansteigen des Meeresspiegels im Wechsel der Gezeiten*; Ebbe und F. **2** *große, strömende Wassermenge*; ein Bad in den ~en *kühlen* **3** *große, strömende Menge*; eine F. von Zuschriften, Beschwerden

flu|ten ⟨V.2⟩ **I** ⟨o.Obj.; ist geflutet⟩ *in großer Menge strömen*; Wasser flutet über den Deich; Licht flutet ins Zimmer; die Besucher fluteten aus dem Saal **II** ⟨mit Akk.; hat geflutet⟩ *unter Wasser setzen, vollaufen lassen*; die Tanks (im U-Boot) f.

Flut|licht ⟨n., -(e)s, nur Sg.⟩ *gleichmäßige, starke Beleuchtung einer Fläche (bes. einer Sportfläche)*

flut|schen ⟨V.1; o.Obj.⟩ **1** ⟨ist geflutscht; norddt.⟩ *schlüpfen, gleiten*; der Fisch flutschte mir aus der Hand **2** ⟨hat geflutscht; mdt.⟩ *zügig vorangehen, gut vonstatten gehen*; die Arbeit flutscht, es flutscht

flu|vi|al, flu|vi|a|til ⟨Adj., o.Steig.⟩ **1** *durch einen Fluß bewirkt, zum Fluß gehörig* **2** *von einem Fluß abgetragen und abgesetzt* [< lat. *fluvialis, fluviatilis* „im oder am Fluß befindlich", zu *fluvius* „fließendes Wasser, Fluß", zu *fluere* „fließen"]

Flu|xi|on ⟨f.10⟩ *Wallung, Blutandrang* [< lat. *fluxio*, Gen. *-onis*, „das Fließen", zu *fluere* „fließen"]

Flu|xus ⟨m., -, nur Sg.; Med.⟩ *starke Absonderung (von Blut, Eiter)* [lat., „das Fließen"]

Fly|ing Dutch|man ⟨[flaɪɪŋ datʃmən] m., - -, - Dutch|men; Segeln⟩ *besonders schnelle und sportliche Zweimannjolle, olympische Bootsklasse* [engl., „fliegender Holländer"]

Flysch ⟨[fliʃ] [fliʃ] n.1 oder m.1⟩ **1** ⟨i.e.S.⟩ *fossilarme Sandsteine, Mergel, Kalksteine und Schiefertone aus der Kreide und dem Tertiär (in den Alpenraum)* **2** ⟨i.w.S.⟩ *Gestein, das am Rand eines sich bildenden Gebirges aus dessen Abtragungsschutt entsteht*

fm ⟨Zeichen für⟩ *Festmeter*

Fm ⟨chem. Zeichen für⟩ *Fermium*

FM ⟨Abk. für⟩ *Frequenzmodulation*

f-Moll ⟨n., -, nur Sg.; Mus.⟩ *auf dem Grundton f aufbauende Moll-Tonart*

fob ⟨Abk. für⟩ *free on board*

Fock ⟨f.10⟩ **1** *voll getakelten Segelschiffen⟩ unterstes Rahsegel* **2** ⟨bei Segelbooten⟩ *vor dem Mast gesetztes Stagsegel* [nddt., zu *focken* „die Segel hissen"]

Fock|mast ⟨m.12; bei Segelschiffen mit mehreren Masten⟩ *vorderster Mast*

fö|de|ral ⟨Adj.⟩ → *föderativ*

fö|de|ra|li|sie|ren ⟨V.3, hat föderalisiert; mit Akk.⟩ *zu einer Föderation vereinigen*

Fö|de|ra|lis|mus ⟨m., -, nur Sg.⟩ *Streben nach einem Bundesstaat mit weitgehender Selbständigkeit der Einzelstaaten*; Ggs. *Unitarismus*

Fö|de|ra|ti|on ⟨f.10⟩ *Bündnis, Staatenbund, Bundesstaat* [zu *föderieren*]

fö|de|ra|tiv ⟨Adj., o.Steig.⟩ *auf Föderation beruhend, in der Art einer Föderation*; Syn. *föderal*

fö|de|rie|ren ⟨V.3, hat föderiert; refl.⟩ sich f. *sich verbünden, sich zu einem Bund, Bündnis zusammenschließen* [< lat. *foederare* „(sich) verbünden", zu *foedus*, Gen. *foederis*, „Bündnis, Vertrag"]

Fog ⟨m., -s, nur Sg.; norddt.⟩ *dichter Nebel* [engl., „Nebel"]

Fog|horn ⟨n.4⟩ → *Nebelhorn* [zu *Fog*]

foh|len ⟨V.1, hat gefohlt; o.Obj.⟩ *ein Junges (Fohlen) werfen*; die Stute hat gefohlt

Foh|len ⟨n.7⟩ **1** ⟨i.e.S.⟩ *junges Pferd*; Syn. *Füllen* **2** ⟨i.w.S.⟩ **a** *junger Einhufer (Esel, Pferd, Zebra)* **b** *junges Kamel* [< mhd. *vol, vole,* ahd. *folo,* got. *fula,* verwandt mit lat. *pullus* „Junges" sowie griech. *polos* „Junges", auch allg. „junges Tier"]

Foh|len|mann|schaft ⟨f.10⟩ *aus jungen Spielern bestehende Mannschaft (bes. die vom Verein selbst herangebildeten Spieler)*

Föhn ⟨m., -(e)s, nur Sg.⟩ *warmer, trockener Fallwind nördlich der Alpen* [über vulgärlat. *faonius* < lat. *favonius* „lauer Westwind", der Mitte Februar den Frühling ankündigt, zu *fovere* „wärmen, warm halten"]

föh|nen ⟨V.1, hat geföhnt; o.Obj.; unpersönl.⟩ es föhnt *der Föhn weht*

föh|nig ⟨Adj.⟩ *vom Föhn bestimmt, vom Föhn beeinflußt*; Licht flutet ins Zimmer; es ist f.

Föh|re ⟨f.11; landsch.⟩ → *Kiefer²*

fo|kal ⟨Adj., o.Steig.⟩ *einen Fokus betreffend, davon ausgehend*

Förderschnecke

Fo|kus ⟨m.1⟩ 1 → *Brennpunkt (1)* 2 ⟨Med.⟩ *kleiner, eng umgrenzter Körperbezirk, der mit Bakterien infiziert ist, Herd* [< lat. *focus* „Feuerstätte, Herd"]

fo|kus|sie|ren ⟨V.3, hat fokussiert; mit Akk.⟩ 1 *in einem Fokus (1) vereinigen;* Lichtstrahlen f. 2 *scharf einstellen;* eine Linse, ein Objektiv f.

fol. ⟨Abk. für⟩ *folio;* fol. 5c *auf dem Blatt 5c*

Fol. ⟨Abk. für⟩ *Folio*

Fol|ge ⟨f.11⟩ 1 *etwas, was sich aus etwas anderem ergibt, Auswirkung;* die F. davon war, daß ...; die Sache hatte keine, hatte schlimme, weitreichende, unabsehbare ~n; das hatte zur F., daß ...; du wirst die ~n deines Verhaltens selbst tragen müssen; er leidet noch heute an den ~n des Unfalls 2 *Reihe, Nacheinander;* die Darbietungen schlossen sich in rascher F. aneinander; eine F. von Tönen; Bilder in bunter F. 3 *Gesamtheit der aufeinanderfolgenden Exemplare (einer Zeitschrift) in einem bestimmten Zeitraum oder in einem bestimmten Umfang;* erste F.; letzte F.; neue F. 4 *Fortsetzung (eines Romans), Lieferung, Einzelteil (eines größeren, nach und nach erscheinenden Werks)* 5 ⟨nur Sg.⟩ *einem Ereignis folgender Zeitraum;* in der F. zeigte sich dies noch öfter 6 ⟨nur Sg.⟩ *das Befolgen (einer Aufforderung);* einem Befehl, einer Einladung F. leisten

fol|gen ⟨V.1⟩ I ⟨mit Dat.; ist gefolgt⟩ jmdm. oder einer Sache f. 1 *jmdm. oder einer Sache hinterhergehen, hinterherkommen;* jmdm. unauffällig f.; dem ersten Brief folgten noch zwei weitere 2 *sich nach jmdm. oder einer Sache richten;* wenn ich ihm gefolgt wäre, hätte ich einen großen Fehler gemacht; jmds. Ratschlag, Beispiel f. 3 *jmdn., jmds. Worte verstehen, begreifen;* können Sie mir f.?; ich konnte seinen Erklärungen nicht mehr f. II ⟨o.Obj. oder mit Dat.; hat gefolgt⟩ ⟨jmdm.⟩ *gehorchen;* das Kind folgt ihm nicht; der Hund folgt gut, schlecht; der Hund hat noch nicht gefolgt

fol|gen|der|ma|ßen ⟨Adv.⟩ *auf folgende Weise;* die Sache verhält sich f.; es hat sich f. zugetragen

fol|ge|rich|tig ⟨Adj., o.Steig.⟩ Ggs. *folgewidrig* 1 *wie es den Tatsachen entspricht, wie es den Tatsachen nach sein muß;* es war in ganz ~er Ablauf 2 *aufgrund der richtigen Erkenntnis, Beurteilung der Tatsachen;* f. denken, handeln **Fol|ge|rich|tig|keit** ⟨f., -, nur Sg.⟩

fol|gern ⟨V.1, hat gefolgert; mit Akk.⟩ *etwas aus etwas f. etwas aus etwas schließen, einen Schluß, eine Erkenntnis aus etwas ziehen;* daraus kann man f., daß ...

Fol|ge|rung ⟨f.10⟩ *Schluß, Erkenntnis (aus etwas);* ~en aus etwas ziehen

Fol|ge|satz ⟨m.2⟩ 1 *folgender Satz* 2 → *Konsekutivsatz*

fol|ge|wid|rig ⟨Adj., o.Steig.⟩ Ggs. *folgerichtig* 1 *entgegen den Tatsachen, anders als es den Tatsachen gemäß ist;* ein ~er Ablauf 2 *aufgrund der Verkennung der Tatsachen;* f. handeln **Fol|ge|wid|rig|keit** ⟨f., -, nur Sg.⟩

folg|lich ⟨Adv., Konj.⟩ *wie daraus folgt, infolgedessen, also;* ich habe seine Adresse nicht, f. konnte ich ihn nicht einladen

folg|sam ⟨Adj.⟩ *sofort gehorchend, gehorsam, sich Anordnungen fügend;* ~es Kind; ein ~er Hund **Folg|sam|keit** ⟨f., -, nur Sg.⟩

Fo|li|ant ⟨m.10⟩ 1 *Buch in Folioformat* 2 *großes, schweres (altes) Buch* [Ableitung von *Folio*, einem alten, sehr großen Buchformat, < lat. *in folio* „auf dem Blatt"]

Fo|lie ⟨[-ljə] f.11⟩ 1 *dünnes Blatt (Gold~, Plastik~)* 2 *aufgeprägte Farbschicht (auf einem Bucheinband)* 3 ⟨übertr.⟩ *Hintergrund (vor dem etwas hervortritt)* [< lat. *folium* „Blatt"]

Fol|lie ⟨f.11⟩ *törichte Handlung, Torheit, Narrheit* [frz.]

fo|li|ie|ren ⟨V.3, hat foliiert; mit Akk.⟩ 1 *mit einer Folie (1) unterlegen* 2 ⟨†⟩ *mit Seitenzahlen versehen;* ein Manuskript f.

fol|io ⟨Abk.: fol.; in alten Handschriften⟩ *auf dem Blatt* (als Verweis)

Fo|lio ⟨n.9; Zeichen: 2°; Abk.: Fol.⟩ 1 *altes Papier- und Buchformat in der Größe eines halben Druckbogens (etwa 21 × 33 cm);* Syn. *Folioformat* 2 *Doppelseite (im Geschäftsbuch)* [< lat. *in folio* „in Blatt(größe)", zu *folium* „Blatt"]

Fo|lio|for|mat ⟨n.1⟩ → *Folio (1)*

Fo|li|um ⟨n., -s, -lia oder -li|en⟩ → *Blatt (1)* [lat.]

Fol|ke|vi|se ⟨f., -, -ser; 12.-14.Jh.⟩ *dänisches Tanzlied* [dän., „Volksweise"]

Folk|lo|re ⟨f., -, nur Sg.⟩ 1 ⟨i.w.S.⟩ *Gesamtheit der Überlieferungen eines Volkes (Musik, Tracht, Bräuche, Dichtung usw.)* 2 ⟨i.e.S.⟩ *Volksmusik (Volkslieder und -tänze)* [< engl. *folklore* in ders. Bed. sowie „Volkskunde", < *folk* „Volk" und *lore* „Überlieferung, Lehre, Kunde"]

Folk|lo|rist ⟨m.10⟩ *Wissenschaftler auf dem Gebiet der Folkloristik*

Folk|lo|ri|stik ⟨f., -, nur Sg.⟩ *Wissenschaft von der Folklore (1)*

folk|lo|ri|stisch ⟨Adj., o.Steig.⟩ *zur Folklore (1) gehörend, in der Art der Folklore (2)*

Fol|li|kel ⟨m.5⟩ 1 *Säckchen, Knötchen, Bläschen* 2 *Hülle des ausgereiften Eies im Eierstock* [< lat. *folliculus* „kleiner, lederner Sack, Schlauch", als medizin. Fachausdruck auch „Harnblase, Hodensack", Verkleinerungsform von *follis* „lederner Sack, Schlauch"]

Fol|li|kel|hor|mon ⟨n.1⟩ *(in den Follikeln (2) produziertes) weibliches Geschlechtshormon*

fol|li|ku|lar, fol|li|ku|lär ⟨Adj., o.Steig.⟩ *zum Follikel gehörig, in der Art eines Follikels*

Fol|säu|re ⟨f., -, nur Sg.⟩ *zur Vitamin-B-Gruppe gehörendes Vitamin* [zu lat. *folium* „Blatt", nach dem Vorkommen in Blättern]

Fol|ter ⟨f.11⟩ 1 *das Zufügen von körperlichen oder seelischen Schmerzen, Mißhandlung (zum Erzwingen eines Geständnisses);* die F. anwenden; jmdn. auf die F. spannen ⟨übertr.⟩ *jmdn. sehr neugierig machen, in Spannung versetzen* 2 *Qual, Pein;* das lange Warten, die Ungewißheit war eine F. für mich

Fol|ter|bank ⟨f.2; früher⟩ *Gestell, auf das jmd. gespannt wird, um ihn zu foltern*

Fol|ter|kam|mer ⟨f.11; früher⟩ *Kammer mit Folterwerkzeugen, in der Verurteilte gefoltert wurden*

Fol|ter|knecht ⟨m.1; früher⟩ *jmd., der Verurteilte foltert*

fol|tern ⟨V.1, hat gefoltert; mit Akk.⟩ jmdn. f. 1 *jmdm. körperliche oder seelische Schmerzen zufügen (um ihn zu einem Geständnis zu zwingen)* 2 ⟨übertr.⟩ *quälen, peinigen;* die Angst folterte mich

Fol|ter|qual ⟨f.10⟩ 1 *Qual bei der Folter (1)* 2 ⟨übertr.⟩ *Qual der Erwartung, Ungewißheit;* ich leide ~en

Fol|te|rung ⟨f.10⟩ *das Foltern (1)*

Fo|ment ⟨n.1⟩, **Fo|men|ta|ti|on** ⟨f.10⟩ *warmer Umschlag* [< lat. *fomentum*, eigtl. *fovementum* „warmer Umschlag", zu *fovere* „wärmen"]

Fön ⟨m.1; Wz.⟩ *elektrisches Heißluftgerät zum Trocknen gewaschener Haare* [zu *Föhn*]

Fond ⟨[fɔ̃] m.9⟩ 1 *Hintergrund (z.B. eines Gemäldes)* 2 *Rücksitz (im Auto)* 3 *beim Braten in der Pfanne sich ansetzender Fleischsaft sowie daraus hergestellte Brühe* [frz., „Grund, Boden, Hintergrund, Bodensatz, Rücksitz"; < lat. *fundus* „Grund, Boden"]

Fon|dant ⟨[fɔ̃dã] m.9, österr. n.9⟩ 1 *gekochte Zuckermasse zum Überziehen oder Füllen von Pralinen* 2 *daraus hergestellte Praline* [< frz. *fondant* „im Munde zergehend", zu *fondre* „schmelzen"]

Fonds ⟨[fɔ̃] m., -, -[fɔ̃s]⟩ *Geldvorrat (für bestimmte Zwecke)* [frz., „Grundstück, Vorrat, Kapital", < lat. *fundus* „Grund, Boden"]

Fon|due ⟨[-dy] auch [fɔ̃dy] n.9⟩ *Gericht, bei dem Stücke einer Speise an langstieligen Gabeln in heiße Flüssigkeit getaucht werden (z.B. Weißbrotstückchen in geschmolzenen Käse, Fleisch in siedendes Öl, Gemüse in Brühe)* [frz., „Rührei mit Käse", zu *fondre* „schmelzen, zergehen lassen"]

fö|nen ⟨V.1, hat gefönt; mit Akk.⟩ *mit dem Fön trocknen;* (jmdm., sich) das Haar f.

Fon|tä|ne ⟨f.11⟩ → *Springbrunnen* [< frz. *fontaine* „Quelle, Brunnen, Springbrunnen"]

Fon|ta|nel|le ⟨f.11⟩ *mehrere Knochenlücken am Schädel des Neugeborenen (bes. die große auf dem Scheitel)* [< ital. *fontanella* in dieser Bed. sowie „Quelle, kleiner Springbrunnen" (wahrscheinlich wegen des Pulsschlags, der an dieser Stelle zu sehen und zu fühlen ist), zu *fontana* „Brunnenbecken, Springbrunnen"]

Foot ⟨[fut] m., -, Feet [fi:t]; Zeichen: ft⟩ *englisches Längenmaß, rund 0,3 m;* vgl. *Fuß (5)* [engl., „Fuß"]

fop ⟨Abk. für⟩ *free on plane*

fop|pen ⟨V.1, hat gefoppt; mit Akk.⟩ *zum besten haben, necken, veralbern*

Fo|ra ⟨Pl. von⟩ *Forum*

Fo|ra|mi|ni|fe|re ⟨f.11⟩ *ein meeresbewohnender, einzelliger Wurzelfüßer mit zierlichem Gehäuse (das sich am Meeresgrund in riesigen Mengen ansammelt und im Lauf der Erdgeschichte Kalkfelsen bilden kann);* Syn. *Kammerling* [< lat. *foramen* „Loch" und *ferre* „tragen", wegen des aus einer oder mehreren Kammern bestehenden Gehäuses]

for|cie|ren ⟨[-si-] V.3, hat forciert⟩ I ⟨mit Akk.⟩ *heftig, mit Gewalt vorantreiben, beschleunigen;* einen Ablauf, eine Entwicklung f.; das Tempo f.; forciert *gewaltsam, unnatürlich;* eine forcierte Lustigkeit II ⟨o.Obj.⟩ *sich zu sehr anstrengen;* beim Singen f. *zu laut, zu ausdrucksstark singen* [< frz. *forcer* „sprengen, gewaltsam öffnen; zwingen, übermäßig anstrengen", zu *force* „Kraft, Macht, Gewalt"]

För|de ⟨f.11; an der Ostseeküste Schleswig-Holsteins⟩ *langgestreckte, tief ins Landesinnere reichende Meeresbucht* [nddt., vgl. *Fjord*]

För|der|band ⟨n.4⟩ *über Rollen geführtes, endloses Band zum Befördern von Schüttgut und Stückgut*

För|der|klas|se ⟨f.11⟩ *Schulklasse, in der benachteiligte Schüler unterrichtet werden (z.B. ausländische Kinder)*

För|der|korb ⟨m.2⟩ *korbähnliche Vorrichtung zur Beförderung der Bergleute und des geförderten Guts im Schacht*

för|der|lich ⟨Adj.⟩ *fördernd, vorantreibend, günstig;* eine solche Maßnahme ist der Sache nicht gerade f. *eine solche Maßnahme fördert die Sache nicht gerade*

För|der|ma|schi|ne ⟨f.11⟩ *Antriebsmaschine für den Förderkorb*

for|dern ⟨V.1, hat gefordert; mit Akk.⟩ 1 *etwas f. verlangen, haben wollen;* von jmdm. Geld f.; einen hohen Preis f.; sein Recht f. 2 ⟨a.b. früher⟩ *jmdn. erklären, daß man mit ihm einen Zweikampf kämpfen wolle;* jmdn. auf Pistolen, Säbel f. b *von jmdm. Leistung, Anstrengung, Mühe verlangen;* man muß ihn mehr f., sonst läßt er nach; er wird zu wenig gefordert

för|dern ⟨V.1, hat gefördert; mit Akk.⟩ 1 *etwas f.* a ⟨Bgb.⟩ *aus der Erde ans Tageslicht bringen;* Erz, Kohle f. b *erleichtern, beschleunigen, begünstigen;* die Entwicklung f. c *besser zur Entfaltung bringen, unterstützen;* jmds. Begabung f. 2 *jmdn. f. jmdm. helfen, vorwärtszukommen;* einen Künstler f.

För|der|schnecke ⟨f.11⟩ *Förderanlage in Form eines Rohrs mit einer darin umlaufenden Schnecke (3), die das kleinkörnige Massengut vorwärts schiebt*

För|der|turm 〈m.2〉 turmartiger Aufbau über dem Förderschacht, der die Seilscheiben für die Förderseile trägt, an denen die Förderkörbe hängen

För|de|rung 〈f.10〉 **1** ausdrückliches, strenges Verlangen, strenger Wunsch, Anspruch; ~en stellen, geltend machen; an jmdn. hohe F. stellen; jmds. F. anerkennen, ablehnen **2** Erklärung, daß man mit jmdm. einen Zweikampf kämpfen wolle; jmdm. jmds. F. überbringen **3** etwas Notwendiges, etwas, was getan werden muß; die F. des Tages ist ...; politische F. **4** finanzieller Anspruch, Rechnung; meine F. beträgt 5000 DM

För|de|rung 〈f., -, nur Sg.〉 das Fördern; F. von Erzen; F. begabter Schüler

Fö|re 〈f., -, nur Sg.〉 → Gefühigkeit [schwed.]

Fore|hand 〈[fɔrhend] f.9〉 → Vorhand; Ggs. Backhand [engl.]

Fo|reign-Talk 〈[fɔrintɔ:k] m.5 oder m.9〉 gegenüber nicht Deutsch sprechenden Ausländern häufig gebrauchte Primitivsprache (im wesentlichen Infinitive und Anrede Du) [< engl. foreign „fremd" und talk „das Reden"]

Fo|rel|le 〈f.11〉 Vertreter einer Gruppe der Salmoniden, die im Unterschied zu den Lachsen getüpfelt sind und zur Laichzeit keinen hakenartig verlängerten Kiefer haben (Bach~, Regenbogen~); [< mhd. forhel, forhen, ahd. forhana, wohl zu idg. *perk-, *prek- „gesprenkelt, bunt", wegen der roten Tupfen der Bachforelle]

Fo|ren 〈Pl. von〉 Forum

fo|ren|sisch 〈Adj., o.Steig.〉 **1** 〈†〉 gewandt (in der Rede); ~e Beredsamkeit **2** gerichtlich; ~e Medizin; ~e Chemie; ~e Psychiatrie; ~e Pädagogik im Jugendstrafvollzug angewandte Pädagogik [zu Forum (2)]

Fo|rint 〈auch [-rint] m., -(s), -(s), österr. auch m.1〉 ungarische Währungseinheit, 100 Fillér [ungar., zu → Florin]

For|ke 〈f.11; norddt.〉 Heu- oder Mistgabel [< lat. furca „Gabel"]

for|keln 〈V.1, hat geforkelt; Jägerspr.〉 **I** 〈o.Obj.〉 mit dem Geweih kämpfen **II** 〈mit Akk.〉 mit dem Geweih aufspießen [zu Forke]

For|la|na 〈f., -, -nen〉 rascher italienischer Volkstanz slawischen Ursprungs

For|le 〈f.11; süddt.〉 → Kiefer²

Form 〈f.10〉 **1** Gestalt, Umriss, äußere Erscheinung; das Grundstück hat die F. eines Hammers; unser Vorhaben nimmt allmählich ~en an; etwas in eine F. bringen; aus der F. gehen, geraten zu dick werden (von Personen), zu weit werden (von Gegenständen); Lebkuchen in F. eines Herzens, in F. von Herzen **2** Gegenstand, (bes.) Behälter, der einer weichen Masse beim Erkalten oder beim Backen die gewünschte Gestalt gibt (Kuchen~, Gieß~) **3** äußere Art der Darstellung; Schilderung in F. eines Romans, Gedichts; das Musikstück hat die F. einer Sonate; Huldigung in F. einer kleinen Rede **4** körperlicher und/oder geistiger Zustand; gut, schlecht in F. sein; ich bin heute nicht in F. in keinem guten Zustand **5** festgelegte Art des Umgangs mit anderen Menschen, Norm des Verhaltens innerhalb einer Gesellschaft (Umgangs~); die F. wahren; er hat das nur der F. halber gesagt; gegen die F. verstoßen; jmdn. in aller F. um Entschuldigung bitten **6** 〈allg.〉 Art und Weise (Lebens~)

for|mal 〈Adj., o.Steig.〉 die Form betreffend, hinsichtlich der Form; das Buch ist f. gut geschrieben, befriedigt aber inhaltlich nicht; er ist f. im Recht, aber er sollte nicht darauf bestehen; er ist nach dem Buchstaben des Gesetzes im Recht

For|mal|aus|bil|dung 〈f., -, nur Sg.; Bundeswehr〉 Einüben bestimmter Formen wie Haltung, Gruß, Wendungen u.a.

Form|al|de|hyd 〈m., -s, nur Sg.〉 ein farbloses, stechend riechendes, zur Desinfektion verwendetes Gas [Kurzw. < neulat. acidum formicum „Ameisensäure" und Aldehyd]

For|ma|li|en 〈Pl.〉 Formalitäten, Formvorschriften

For|ma|lin 〈n., -s, nur Sg.; Wz.〉 wäßrige Lösung von Formaldehyd, ein Desinfektionsmittel; auch: 〈Wz.〉 Formol

for|ma|li|sie|ren 〈V.3, hat formalisiert; mit Akk.〉 in eine strenge Form bringen, einer Formvorschrift unterwerfen; wir wollen diese Entwicklung nicht zu sehr f.

For|ma|lis|mus 〈m., -, nur Sg.〉 übertriebene Betonung der Form, des Formalen, der Äußerlichkeiten

For|ma|list 〈m.10〉 jmd., der auf die Form zu großen Wert legt (auf Kosten des Inhalts)

For|ma|li|tät 〈f.10〉 **1** notwendige, erforderliche Handlung nach einer bestimmten Vorschrift; die ~en (auf dem Zoll u.a.) erledigen; beim Grenzübertritt, bei der Amtsübergabe die ~en beachten, einhalten **2** Sache, die der Form wegen, der Vorschrift wegen erledigt werden muß; das sind nur ~en [< lat. formalis 〈Adv. formáliter〉 „an eine Form gebunden, förmlich", zu forma „Form"]

for|ma|li|ter 〈Adv.〉 förmlich

for|mal|recht|lich 〈Adj., o.Steig.〉 nach dem genauen Wortlaut des Gesetzes

For|mans 〈n., -, -mantia [-tsja] oder -manzien〉 Ableitungssilbe; Präfix, Infix, Suffix [< lat. formans „bildend, gestaltend"]

For|mat 〈n.1〉 **1** Maß, Ausmaß, Größe in Höhe und Breite (Hoch~, Breit~); das Buch hat ein hohes, ein anderes F.; ein F. von 7 × 10 cm **2** 〈fig.; übertr.〉 Charakterstärke, Überlegenheit; er hat F.; er hat kein F. [< lat. formatus „gestaltet, geformt", zu formare „bilden, formen, gestalten"]

For|ma|teur 〈[-tør] m.1; urspr. in den Niederlanden und Belgien〉 dem Staatsoberhaupt allein verantwortliche Person, die in Krisenzeiten ernannt wird, um ein scheinbar auswegloses Problem zu lösen

For|ma|ti|on 〈f.10〉 **1** das Formieren, das Sichformieren, Herausbildung, Bildung, Gestaltung; die F. sozialer Gruppen **2** Gruppe mit bestimmter Zielsetzung, Eigenart; eine F. innerhalb einer Partei **3** 〈Mil.〉 Verband, Gliederung, Aufstellung **4** durch bestimmte Schichten der Erdkruste gekennzeichneter Abschnitt der Erdgeschichte **5** Pflanzengesellschaft mit gleicher Wuchsform (z.B. Steppe, Laubwald) [< lat. formatio, Gen. -onis, „Bildung, Gestaltung"]

for|ma|tiv 〈Adj., o.Steig.〉 auf Gestaltung beruhend, gestaltend

Form|blatt 〈n.4〉 → Formular

For|mel 〈f.11〉 **1** feststehender Ausdruck (Gruß~) **2** kurze, treffende Zusammenfassung; einen Sachverhalt auf eine (kurze, einfache) F. bringen **3** 〈Chem., Math., Phys.〉 durch Buchstaben, Buchstabenfolgen, Zeichen oder Worte gekürzt wiedergegebener Sachverhalt; eine chemische F. **4** festgelegte Konstruktionsbedingungen für Formel-Rennwagen (z.B. Formel-1) [< lat. formula, Verkleinerungsform zu forma „Form"]

for|mell 〈Adj.〉 **1** förmlich, die gesellschaftlichen Formen beachtend; Ggs. informell; jmdn. f. begrüßen **2** der Form Genüge tun, um der Form halber, um die Vorschrift zu erfüllen; sie haben die Pässe nur f. kontrolliert

For|mel-Renn|wa|gen 〈m.7〉 Spezial-Kraftfahrzeug für höchste Geschwindigkeiten und beste Straßenlage mit nicht abgedeckten Rädern, das einer Formel (4) entspricht

for|men 〈V.1, hat geformt; mit Akk.〉 **1** eine Sache f. einer Sache eine Form, Gestalt geben; Wachs, Ton f.; eine Figur in Wachs, Ton f. **2** jmdn. f. prägen, bilden; Elternhaus und Erziehung f. weitgehend einen Menschen

For|men|leh|re 〈f.11〉 **1** 〈Gramm., Biol.〉 → Morphologie (3a) **2** Lehre von den musikalischen Formen (Fuge, Rondo, Sinfonie usw.)

For|men|sinn 〈m., -(e)s, nur Sg.〉 Sinn für (schöne, ausgewogene) Formen; (keinen) F. haben

Form|feh|ler 〈m.5〉 Fehler bezüglich der festgelegten Formen innerhalb eines Bereichs

for|mi|da|bel 〈Adj., formidabler, am ~sten; †〉 **1** furchtbar, schrecklich, riesig **2** ungewöhnlich, erstaunlich [< frz. formidable < lat. formidabilis „grausig, schrecklich", zu formido „Grausen, Furcht"]

for|mie|ren 〈V.3, hat formiert; mit Akk.〉 **1** formen, bilden; eine Organisation f. **2** in bestimmter Weise, Reihenfolge aufstellen, ordnen; die Schiffe f. sich zum Geleitzug

...för|mig 〈Adj., o.Steig.; in Zus. mit Substantiven〉 eine bestimmte Form aufweisend; z.B. herzförmig, ringförmig

förm|lich 〈Adj.〉 **1** in der gesellschaftlich üblichen Form; eine ~ Aufforderung, Einladung **2** steif, überkorrekt; er verbeugte sich f.; er dankte f. **3** wirklich, wahr; ich geriet in eine ~e Panik ich geriet geradezu in Panik **4** 〈als Adv.〉 geradezu; er schüttelte mir bei der Begrüßung f. die Hand aus dem Gelenk

Förm|lich|keit 〈f.10〉 **1** 〈nur Sg.〉 förmliches, steifes Verhalten **2** ~en festgelegte Form für bestimmte Vorgänge, Abläufe; wir können diese ~en wohl beiseite lassen

Form|ling 〈m.1〉 einer in bestimmter vorgefertigten Form hergestelltes Gebilde

form|los 〈Adj., ~er, am formlosesten〉 **1** 〈o.Steig.〉 ohne offiziell festgelegte Form, nicht mittels Formular; einen ~en Antrag stellen **2** ohne gesellschaftliche Umgangsformen; ~es Benehmen

Form|lo|sig|keit 〈f., -, nur Sg.〉 formloses Benehmen; seine F. geht manchmal zu weit

Form|obst 〈n., -es, nur Sg.〉 → Spalierobst

For|mol 〈n., -s, nur Sg.; Wz.〉 → Formalin

Form|sa|che 〈f.11〉 etwas, was nur der Form wegen, der Vorschrift wegen getan wird; die An- und Abmeldung ist nur eine F.

Form|sand 〈m., -(e)s, nur Sg.〉 mit klebendem Ton und Kohlenstaub gebundener Sand zur Herstellung von Gießformen

Form|ste|cher 〈m.5〉 jmd., der berufsmäßig Formen und Walzen zum Druck auf Geweben, Papier, Kunststoff u.a. herstellt

Form|stein 〈m.1〉 Mauerstein, der eine besondere Form hat

For|mu|lar 〈n.1〉 Blatt oder Blätter mit vorgedruckten Fragen zum Ausfüllen, dient dem schnellen Erfassen und Auswerten schriftlicher Mitteilungen; Syn. Formblatt [< neulat. formularius „das zu den Rechtsformeln Gehörige", zu Formel]

for|mu|lie|ren 〈V.3, hat formuliert; mit Akk.〉 in eine sprachliche Form bringen, in Worte fassen; ich weiß nicht, wie ich das f. soll; eine Ablehnung geschickt f.; das kann man auch anders, kann man noch besser f. [< frz. formuler „rechtsgültig in Worte fassen", zu formule < lat. formula, → Formel]

For|mu|lie|rung 〈f.10〉 **1** das Formulieren **2** sprachliche Form, sprachlicher Ausdruck; eine geschickte, ungeschickte, knappe F.

For|mung 〈f., -, nur Sg.〉 das Formen

form|voll|en|det 〈Adj., o.Steig.〉 vollendet, untadelig in der gesellschaftlichen Umgangsform; mit ~er Höflichkeit

For|myl 〈n., -s, nur Sg.〉 Säurerest der Ameisensäure [< lat. formica „Ameise" und griech. hyle „Stoff, Materie, Material"]

forsch 〈Adj., ~er, am forschesten〉 **1** beherzt, wagemutig, unerschrocken **2** energisch, tatkräftig, ohne zu zögern; eine Sache, Arbeit f. anpacken **3** betont sicher; f. auftreten; „,...!" sagte er f. **4** hübsch und sportlich, fröhlich und energisch; ein ~er Kerl; ein ~es Mädchen

For|sche ⟨f., -, nur Sg.⟩ *forsches Auftreten*

för|scheln ⟨V.1, hat geförschelt; o.Obj. oder mit Präp.obj.; schweiz.⟩ *vorsichtig forschen, vorsichtig fragen, jmdn. aushorchen;* nach den Ursachen f.; kannst du einmal f. ob ...?

for|schen ⟨V.1, hat geforscht⟩ I ⟨o.Obj.⟩ **1** *Erkenntnisse zu gewinnen suchen;* er hat jahrelang auf diesem Gebiet geforscht; er forschte in ihrem Gesicht, ob etwas ihre Erregung verriete **2** *fragen, wissen wollen;* „....?" forschte er II ⟨mit Präp.obj.⟩ *nach etwas oder jmdm. f. etwas festzustellen suchen, jmdn. suchen;* nach jmds. Aufenthaltsort, jmds. Verbleib f.; nach den Ursachen eines Ereignisses f.

For|schung ⟨f.10⟩ *das Forschen (I,1)*

Forst ⟨m.1⟩ *abgegrenztes Waldgebiet, das forstwirtschaftlich genutzt wird*

Forst|amt ⟨n.4⟩ **1** *Dienststelle der Forstverwaltung* **2** *Gebäude dafür*

for|sten ⟨V.2, hat geforstet; mit Akk.⟩ *forstwirtschaftlich verwalten;* einen Wald f.

För|ster ⟨m.5⟩ *jmd., dem (nach Fachschulausbildung und praktischer Tätigkeit) die Pflege des Wald- und Wildbestands in einem Forst obliegt*

För|ste|rei ⟨f.10⟩ **1** *Dienststelle eines Försters* **2** *Gebäude dafür*

Forst|fre|vel ⟨m.5⟩ *mutwilliges Übertreten der Vorschriften zum Schutz des Forstes;* Syn. *Forstvergehen, Waldfrevel*

forst|lich ⟨Adj., o.Steig.⟩ *einen Forst betreffend, zu ihm gehörig;* ~e Maßnahmen

Forst|schäd|ling ⟨m.1⟩ *Insektenart, die bei massenhaftem Auftreten in einem Forst Totalschaden verursachen kann*

Forst|ver|ge|hen ⟨n.7⟩ → *Forstfrevel*

Forst|wirt ⟨m.1⟩ **1** *Beamter der Forstverwaltung mit abgeschlossenem Studium der Forstwissenschaft* **2** *wirtschaftlich arbeitender Waldbesitzer*

Forst|wirt|schaft ⟨f., -, nur Sg.⟩ *Nutzbarmachung und Pflege der Kulturwälder*

Forst|wis|sen|schaft ⟨f., -, nur Sg.⟩ *Wissenschaft vom Wald, seinem Wachstum, seiner Pflege und Nutzung*

For|sy|thie ⟨[-tsjə] f.11⟩ *Zierstrauch, dessen gelbe Blüten zeitig im Frühjahr noch vor den Blättern erscheinen* [nach dem engl. Botaniker William A. *Forsyth*]

fort ⟨Adv.⟩ **1** *nicht da, nicht hier, abwesend;* er ist f. **2** *weggegangen, weggefahren;* er ist schon f. **3** *verschwunden, nicht zu finden;* mein Schlüssel ist f. **4** *weg (von hier, von dort);* nur f., nichts als f.!; f. mit dir!; f. mit Schaden! **5** *ununterbrochen weiter;* ⟨in bestimmten Wendungen⟩ in einem f. *immerzu, ständig;* er jammert in einem f.; so f. *und so weiter;* so geht es f. und f. *immerzu*

Fort ⟨[fɔːr] n.9⟩ **1** *kleine, selbständige Befestigungsanlage zur Beherrschung wichtiger Geländepunkte* **2** ⟨in den USA⟩ *Truppenlager und Sitz hoher Behörden der Streitkräfte* [frz., zu lat. *fortis* „stark"]

fort... ⟨in Zus. mit Verben⟩ **1** *weg (von hier, von dort), an einen anderen Ort, z.B. fortgehen, fortziehen* **2** *entfernt (von hier), z.B. fortbleiben, weiter, weiterhin, z.B. fortbestehen, fortdauern, sich fortentwickeln, jmdm. forthelfen*

fort|ab, fort|an ⟨Adv.⟩ *von da an, von nun an*

fort|be|we|gen ⟨V.1, hat fortbewegt⟩ I ⟨mit Akk.⟩ *an eine andere Stelle setzen, bringen;* er allein kann den Wagen nicht f. II ⟨refl.⟩ sich f. *den Standort verändern, sich vorwärts bewegen;* sich f. schwimmend, kriechend, auf Rädern f.; sich f. mittels Flossen f.; er kann sich allein nicht f.; der Zug bewegte sich nur langsam fort

Fort|be|we|gung ⟨f., -, nur Sg.⟩ *das Sichfortbewegen;* die Flügel dienen den Vögeln zur F.

Fort|bil|dung ⟨f., -, nur Sg.⟩ *freiwillige Vertiefung der beruflichen Ausbildung während der Berufstätigkeit (im Unterschied zur Weiterbildung ohne zusätzliche Höherqualifizierung)*

Fort|druck ⟨m., -(e)s, nur Sg.; Buchw.⟩ *Beginn des Drucks der Auflage nach Beendigung der Vorarbeiten*

for|te ⟨Abk.: f; Mus.⟩ *laut, stark* [ital.]

for|te|for|tis|si|mo ⟨Abk.; fff; Mus.⟩ *ganz besonders laut;* auch: *fortissimo*

For|te|pia|no ⟨n., -s, -s oder -ni; †⟩ *Pianoforte*

fort|fah|ren ⟨V.32⟩ I ⟨o.Obj.; ist fortgefahren⟩ **1** *wegfahren, an einen anderen Ort fahren;* sie wird vor einer Stunde fortgefahren **2** *etwas weiterhin tun, wieder beginnen, etwas zu tun;* er fuhr fort zu arbeiten; er fuhr fort im Lesen fort, wo wir gestern stehengeblieben sind; fahr fort! mach weiter! II ⟨mit Akk.; hat fortgefahren⟩ *mit einem Fahrzeug wegbringen, fortschaffen*

Fort|fall ⟨m., -s, nur Sg.⟩ → *Wegfall*

fort|fal|len ⟨V.33, ist fortgefallen⟩ → *wegfallen*

fort|füh|ren ⟨V.1, hat fortgeführt; mit Akk.⟩ **1** *etwas oder jmdn. f. weg-, an einen anderen Ort führen* **2** *etwas f. weiterführen, weiterhin tun, fortsetzen;* jmds. Arbeit nach seinem Tode f.; ein Geschäft f.; ein literarisches Werk f.

Fort|füh|rung ⟨f., -, nur Sg.⟩

Fort|gang ⟨m., -(e)s, nur Sg.⟩ **1** → *Weggang* **2** *das Weitergehen, Weiterentwicklung;* die Sache nahm ihren F. ging weiter, nahm ihren Lauf

fort|ge|setzt ⟨Adj., o.Steig.⟩ → *fortwährend*

For|ti|fi|ka|ti|on ⟨f.10; †⟩ → *Befestigung*

for|ti|fi|zie|ren ⟨V.3, hat fortifiziert; mit Akk.; †⟩ *befestigen, mit Festungsbauten versehen* [< lat. *fortificare* „stark machen", < *fortis* „stark" und *-ficare* (in Zus. für *facere* „tun, machen"]

for|tis|si|mo ⟨Abk.: ff; Mus.⟩ *sehr laut, stark* [ital.]

for|tis|sis|si|mo → *fortefortissimo*

fort|kom|men ⟨V.71, ist fortgekommen; o.Obj.⟩ **1** ⟨umg.⟩ *nicht mehr wegkommen, weggehen;* sieh zu, daß du fortkommst (ehe man dich findet)!; mach, daß du fortkommst! **2** *weiter-, vorankommen;* jmdm. bei seinem Fortkommen helfen *bei seinem beruflichen Aufstieg* **3** *gedeihen, wachsen;* die Pflanzen kommen hier im Schatten nicht, nicht gut hier f.

fort|le|ben ⟨V.1, hat fortgelebt; o.Obj.⟩ *weiterleben;* sein Werk wird nach seinem Tod f.; er lebt in seinen Kindern fort; an ein Fortleben nach dem Tode glauben

fort|pflan|zen ⟨V.1, hat fortgepflanzt⟩ I ⟨mit Akk.⟩ *etwas f. für das Weiterbestehen von etwas sorgen;* sein Geschlecht f.; der Instinkt treibt die Tiere dazu, ihre eigene Art fortzupflanzen II ⟨refl.⟩ sich f. **1** *Nachkommen hervorbringen, sich vermehren;* sich geschlechtlich, ungeschlechtlich f.; sich durch Knollen f. **2** *sich ausbreiten;* Licht, Schall pflanzt sich mit einer bestimmten Geschwindigkeit fort

Fort|pflan|zung ⟨f., -, nur Sg.⟩ *das Fortpflanzen, das Sichfortpflanzen*

Fort|satz ⟨m.2⟩ *Verlängerung eines Organs oder Körperteils (Knochen~)*

fort|schrei|ben ⟨V.127, hat fortgeschrieben; mit Akk.⟩ *etwas f. die wechselnden Daten von etwas ständig erfassen und aufschreiben;* die Geburtenziffer f. **Fort|schrei|bung** ⟨f., -, nur Sg.⟩

fort|schrei|ten ⟨V.129, ist fortgeschritten; o.Obj.⟩ **1** *weitergehen, vorangehen;* die Arbeit schreitet schnell, langsam fort **2** *sich weiterentwickeln, sich ausbreiten;* der Verfall schreitet fort

Fort|schritt ⟨m.1⟩ *das Fortschreiten, Weitergehen zum Besseren, zur Vollendung, zur Fertigstellung, Entwicklung zum Besseren, Höherem, Komplizierteren;* Ggs. *Rückschritt;* ~e in der medizinischen Forschung, in der Kultur, Technik; ~e machen *weiterkommen, vorankommen* (von Personen und Sachen), *sein Können entwickeln* (von Personen); die Arbeit macht ~e; er macht in der Schule, im Klavierspielen (gute) ~e; diese Erfindung, Entdeckung war ein (großer) F.

fort|schritt|lich ⟨Adj.⟩ *Ggs. rückschrittlich* **1** *an den Fortschritt glaubend, sich für den Fortschritt einsetzend, den Fortschritt begünstigend, vorantreibend;* ein ~er Mensch; eine ~e Gesetzgebung **2** *im Sinne des Fortschritts;* er denkt f.

fort|set|zen ⟨V.1, hat fortgesetzt⟩ I ⟨mit Akk.⟩ *etwas f. weiterführen, mit etwas weitermachen, mit etwas wieder beginnen;* eine Arbeit, ein Spiel f.; die Reise nach zwei Tagen f.; die Sendereihe wird fortgesetzt; vgl. *fortgesetzt* II ⟨refl.⟩ sich f. **1** *weitergehen, sich in der gleichen Richtung weiter ausdehnen, ausbreiten;* der Garten setzt sich hinter dem Wäldchen fort; der Weg setzt sich jenseits des Baches fort **2** *weitergeführt werden;* das Muster setzt sich auf der anderen Seite fort; dieses Motiv setzt sich durch alle Kapitel des Buches hindurch fort

Fort|set|zung ⟨f.10⟩ **1** ⟨nur Sg.⟩ *das Fortsetzen, Weiterführen;* eine F. des Gesprächs wurde nicht gewünscht **2** *Teil eines nach und nach erscheinenden Schriftwerks;* Roman in ~en (in der Zeitung); ich habe zwei ~en nicht gelesen; morgen erscheint die letzte F.

For|tu|na ⟨f., -, nur Sg.⟩ ⟨*als weibliche Person gedacht*⟩ *Glück;* F. lächelte ihm war ihm hold *er hatte Glück;* ein Kind Fortunens *ein Glückskind* [nach *Fortuna*, der röm. Göttin des Glücks]

fort|wäh|rend ⟨Adj., o.Steig.; nur als Attr. und Adv.⟩ *ununterbrochen, ständig, ohne Aufhören;* Syn. *fortgesetzt;* dieser ~e Lärm; er stört mich f.

fort|zah|len ⟨V.1, hat fortgezahlt; mit Akk.⟩ *weiterhin zahlen;* der Lohn wird fortgezahlt **Fort|zah|lung** ⟨f.10⟩

Fo|rum ⟨n., -s, -ren oder -ra⟩ **1** (im alten Rom) *Markt- und Gerichtsplatz* **2** ⟨übertr.⟩ *Gericht, Richterstuhl;* das F. der Öffentlichkeit **3** ⟨übertr.⟩ *Gruppe von Personen, bei denen eine sachgemäße Diskussion gewährleistet ist;* eine Frage vor ein F. von Juristen, Fachleuten bringen [lat.]

For|ward ⟨[fɔːwəd] m.9; schweiz.⟩ → *Stürmer* [engl., zu *forward* „vorwärts"]

Forz ⟨m.1; vulg.; Nebenform von⟩ *Furz*

for|zan|do → *sforzando*

for|za|to → *sforzato*

Fos|bu|ry-Flop ⟨[-bəri-] m.9⟩ *Hochsprungtechnik, bei der der Körper mit dem Kopf voraus nach rückwärts über die Latte geführt wird* [nach dem amerik. Hochspringer Dick *Fosbury*, der bei den Olympischen Spielen in Mexiko-Stadt damit die Goldmedaille gewann und engl. *flop* „Hinfallen, Plumps"]

Fo|ße ⟨f.11; Kart.⟩ **1** *leere Karte* **2** *Fehlfarbe* [< frz. *faux, fausse* „falsch, fehl, blind", < lat. *falsus* „falsch"]

fos|sil ⟨Adj., o.Steig.⟩ *versteinert, als Fossil aus der Urzeit erhalten;* Ggs. *rezent* [< lat. *fossilis* „ausgegraben", zu *fossa* „Graben, Grube"]

Fos|sil ⟨n., -s, -li|en⟩ *Überrest, Abdruck oder Versteinerung eines Tiers oder einer Pflanze aus früheren Zeiten der Erdgeschichte* [zu *fossil*]

fos|si|lie|ren ⟨V.3, ist fossiliert; o.Obj.⟩ *zum Fossil werden, versteinern*

fot ⟨Abk. für⟩ *free on truck*

fö|tal ⟨Adj., o.Steig.⟩ → *fetal*

Fo|to ⟨n.9; kurz für⟩ *Fotografie (2)*

foto..., Foto... ⟨in Zus.⟩ *auf Licht beruhend, mit Licht hergestellt, mit Licht..., Licht...* (da sich die Schreibung mit f, F in der Schriftsprache außerhalb der Fachsprachen immer mehr durchsetzt, sind hier die gängigen Begriffe unter f, F angegeben; Fachwörter schlage man unter ph, Ph nach)

Fo|to|al|bum ⟨n., -s, -ben⟩ Album mit eingeklebten Fotografien

Fo|to|ap|pa|rat ⟨m.1⟩ Apparat zur Herstellung fotografischer Aufnahmen als Einzelbilder

fo|to|gen ⟨Adj.⟩ gut zum Fotografiertwerden geeignet, bildwirksam [< Photo (→Photographie) und griech. gennan „erzeugen, hervorbringen"; also eigentlich „ein (gutes) Bild erzeugend"]

Fo|to|graf ⟨m.10⟩ 1 jmd., der berufsmäßig Fotografie betreibt 2 jmd., der fotografiert oder ein Bild fotografiert hat; der F. dieses Schnappschusses ist mein Bruder

Fo|to|gra|fie ⟨f.11⟩ 1 ⟨nur Sg.⟩ Erzeugung von Bildern durch Licht auf Filmen oder Glasplatten, die mit einer lichtempfindlichen Schicht versehen sind 2 nach diesem Verfahren hergestelltes und auf Papier übertragenes Bild; Syn. Lichtbild; eine F. von jmdm. oder etwas machen

fo|to|gra|fie|ren ⟨V.3, hat fotografiert⟩ I ⟨mit Akk.⟩ etwas oder jmdn. f. eine Fotografie (2) von etwas oder jmdm. herstellen II ⟨o.Obj.⟩ Fotografien herstellen; er fotografiert gut; er fotografiert seit vielen Jahren

fo|to|gra|fisch ⟨Adj., o.Steig.⟩ die Fotografie betreffend, zu ihr gehörig, mit ihrer Hilfe; ~e Aufnahme mit Hilfe der Fotografie hergestelltes Lichtbild

Fo|to|gramm ⟨n.1⟩ fotografisches Bild (für Meßzwecke) [< Foto... und ...gramm]

Fo|to|ko|pie ⟨f.11⟩ mit Hilfe der fotografischen Technik gemachte Kopie; Syn. Ablichtung

fo|to|ko|pie|ren ⟨V.3, hat fotokopiert; mit Akk.⟩ etwas f. eine Fotokopie von etwas herstellen; Syn. ablichten

Fo|to|mo|dell ⟨n.1⟩ 1 attraktive Frau, die sich als Modell für fotografische Modeaufnahmen, Nacktaufnahmen u.a. zur Verfügung stellt 2 ⟨in Zeitungsanzeigen verhüllend für⟩ Prostituierte

Fo|to|mon|ta|ge ⟨[-ʒə] f.11⟩ 1 ⟨nur Sg.⟩ Zusammensetzung von Lichtbildausschnitten zu einem Bild, um besondere Wirkung zu erzielen, und deren nochmalige Fotografie 2 ein so entstandenes Lichtbild

Fo|to|pa|pier ⟨n., -s, nur Sg.⟩ Papier mit einer lichtempfindlichen Schicht zur Herstellung von Fotografien

Fo|to|sa|fa|ri ⟨f.9⟩ Gesellschaftsreise (bes. nach Afrika), bei der Tiere fotografiert werden können

Fo|to|satz ⟨m., -es, nur Sg.⟩ Schriftsatz mittels Lichts auf Film oder Papier

Fo|to|set|ter ⟨m.5⟩ →Intertype-Fotosetter

Fo|to|thek ⟨f.10⟩ geordnete Sammlung von Fotografien [< Photo (→Photographie) und griech. theke „Behältnis, Kiste, Kasten"]

Fö|tus ⟨m.1, Pl. auch -ten⟩ →Fetus

Fot|ze ⟨f.11⟩ auch: ⟨bayr.-österr.⟩ Fotzen 1 ⟨vulg.⟩ weibliches Geschlechtsteil 2 ⟨vulg.⟩ Hure 3 a ⟨derb⟩ Mund b →Ohrfeige

Fot|zel ⟨m.5; schweiz.⟩ Taugenichts, Lump

fot|zen ⟨f., -, -; bayr.-österr.⟩ →Fotze

foul ⟨[faul] Adj., o.Steig.; Sport⟩ regelwidrig, unfair [engl., „schmutzig, widerwärtig, anrüchig", übertr. „regelwidrig, unehrlich", < altengl. ful „faul, verdorben"]

Foul ⟨[faul] n.9; Sport⟩ Verstoß gegen die Spielregeln [→foul]

Fou|lard ⟨[fular] m.9⟩ beidseitig bedruckter, leichter Seiden- oder Kunstseidenstoff [frz., vielleicht zu Foulé]

Fou|lar|di|ne ⟨[fu-] f., -, nur Sg.⟩ bedruckter Baumwollstoff [frz., zu Foulard]

Fou|lé ⟨[fule] m.9⟩ weicher, gerauhter Wollstoff [< frz. foulé „gewalkt"]

fou|len ⟨[fau-] V.1, hat gefoult; Sport⟩ I ⟨o.Obj.⟩ regelwidrig spielen II ⟨mit Akk.⟩ regelwidrig angreifen; den Gegner f.

Fou|ra|ge ⟨[furaʒə] → Furage

Four|gon ⟨[furgõ] m.9; †, noch schweiz.⟩ Militärlastwagen [frz., „Packwagen"]

Fou|rier [fu-] → Furier

fow ⟨Abk. für⟩ free on waggon

Fox ⟨m.1⟩ 1 ⟨Kurzw. für⟩ Foxterrier 2 ⟨Kurzw. für⟩ Foxtrott

Fox|hound ⟨[-haund] m.9⟩ kurzhaariger, dreifarbiger Jagdhund mit Hängeohren und langer Rute [< engl. fox „Fuchs" und hound „Jagdhund"; wird besonders für die Hetzjagd auf den Fuchs verwendet]

Fox|ter|ri|er ⟨m.5⟩ kleine Hunderasse mit weißem Fell, auf dem sich einige große dunkle Flecken abheben, mit Knickohren und kupierter Rute [< engl. fox „Fuchs" und Terrier; er wurde ursprünglich dazu gebraucht, den Fuchs aus dem Bau zu treiben]

Fox|trott ⟨m.1 oder m.9⟩ aus Nordamerika stammender Gesellschaftstanz im 4/4-Takt [< engl. foxtrott in ders. Bed., im Amerikanischen urspr. „leichter, weicher Trab des Pferdes", eigtl. „Fuchstrab"]

Foy|er ⟨[foaje] n.9⟩ Wandelgang, Wandelhalle (im Theater) [frz., < lat. focarium „das zum Herd Gehörige", < focus „Herd, Feuerstätte"]

fr ⟨Abk. für⟩ Franc

Fr ⟨chem. Zeichen für⟩ Francium

Fr. 1 ⟨Abk. für⟩ Franken 2 ⟨Abk. für⟩ Frater

Fra ⟨nur vor Eigennamen; Abk. für⟩ frate; Fra Angelico Kloster-, Ordensbruder Angelico [ital., „Bruder"]

Fracht ⟨f.10⟩ Ware, die befördert wird oder werden soll (Bahn-, Schiffs-

Fracht|brief ⟨m.1⟩ formgebundenes Begleitschreiben zu einer Fracht

Fracht|car|rier ⟨[-kɛriɐ] m.9⟩ gewerbliches Unternehmen, das Luftfracht befördert [engl.]

Fräch|ter ⟨m.5⟩ →Frachtschiff

Fracht|füh|rer ⟨m.5; österr.⟩, **Fracht|füh|rer** ⟨m.5⟩ jmd., der gewerbsmäßig Frachtgut transportiert

Fracht|gut ⟨n.4⟩ Waren, die gegen Entgelt befördert werden

Fracht|schiff ⟨n.1⟩ zur Beförderung von Ladung gebautes Handelsschiff; Syn. Frachter

Frack ⟨m.2, ugs. auch m.9⟩ festlicher Herrenrock, vorn in der Taille abgeschnitten, hinten knielang [entstand aus dem langen, vorn durchgeknöpften Männer- und Reitrock, von dem zum besseren Gehen und Reiten die vorderen Ecken zurückgeschlagen und in der Taille angeknöpft wurden; < engl. frock „Kittel, Mönchskutte"]

Frack|hemd ⟨n.12⟩ zum Frack gehöriges, weißes Hemd mit gestärkter Brust und steifem Stehkragen mit umgeknickten Ecken

Fra|ge ⟨f.11⟩ 1 Äußerung, auf die eine Antwort erwartet wird, Bitte um Auskunft oder Erklärung; eine F. beantworten, auf eine F. antworten; eine F. bejahen, verneinen; jmdm. eine F. stellen, vorlegen; eine F. an jmdn. richten; das ist gar keine F.! das ist ganz klar; das steht außer F.! das ist klar, darüber braucht man gar nicht zu sprechen; das kommt nicht in F.! das wird nicht gemacht!, keinesfalls!; etwas in F. stellen Zweifel an etwas äußern; das steht noch in F. das ist noch zweifelhaft, noch nicht sicher, noch nicht geklärt; das ist ohne F. richtig ganz bestimmt richtig 2 Sache, die geklärt werden soll, Problem; eine offene, schwierige F.; eine F. diskutieren; dies ist eine politische, höchst aktuelle F.; das ist nur eine F. der Zeit das wird auf jeden Fall eintreten, es ist nur ungewiß, wann; das ist eine F. des Geschmacks darüber kann man je nach Geschmack verschiedener Meinung sein

Fra|ge|bo|gen ⟨m.7⟩ Vordruck mit Fragen, die zum Zweck amtlicher Feststellungen beantwortet werden sollen; einen F. ausfüllen

Fra|ge|für|wort ⟨n.4⟩ Fürwort, das eine Frage zum Ausdruck bringt oder einleitet, z.B. wer?, was?, wann?; Syn. Interrogativpronomen, Fragewort

frä|geln ⟨V.1, hat gefrägelt; o.Obj.; schweiz.⟩ vorsichtig fragen, jmdn. aushorchen

fra|gen ⟨V.1, hat gefragt⟩ I ⟨mit Akk.⟩ jmdn. f. jmdm. eine Frage stellen, jmdn. um eine Auskunft, Erklärung bitten; darf ich Sie etwas f.?; jmdn. um Rat f. II ⟨mit Präp.obj.⟩ nach jmdm. oder etwas f. sich nach jmdm. oder etwas erkundigen, jmdn. sprechen wollen, Auskunft über jmdn. oder etwas haben wollen; er hat schon dreimal nach dir gefragt; danach frage ich nicht das ist mir gleich, das interessiert mich nicht; nach dem Preis einer Ware f.; jmdn. nach dem Weg, nach seinem Namen f.; vgl. gefragt III ⟨o.Obj.⟩ eine Frage stellen, Fragen stellen, auf bestimmte Weise Fragen stellen; gezielt, geschickt f.; frag nicht soviel, so dumm!; das Kind fragt ununterbrochen IV ⟨refl.⟩ sich f. (sich) überlegen; ich frage mich, ob er das wirklich weiß; das habe ich mich auch schon gefragt

Fra|ge|satz ⟨m.2⟩ Haupt- oder Nebensatz, der eine Frage enthält; Syn. Interrogativsatz

Fra|ge|stel|ler ⟨m.5⟩ jmd., der eine Frage stellt oder gestellt hat

Fra|ge|stel|lung ⟨f.10⟩ das Stellen einer Frage, Art, wie eine Frage gestellt wird; die F. ist falsch man muß anders fragen

Fra|ge|wort ⟨n.4⟩ →Fragefürwort

Fra|ge|zei|chen ⟨n.7; Zeichen: ?⟩ Satzzeichen, das nach einem direkten Fragesatz steht sowie nach einem indirekten, alleinstehenden Fragesatz, der mit „ob" beginnt; eine Sache mit einem F. versehen (übertr.); daß eine Sache noch unsicher, ungeklärt ist; dahinter steht ein großes F. (übertr.) die Sache ist noch völlig ungeklärt

fra|gil ⟨Adj.⟩ zart, zerbrechlich [< lat. fragilis „zerbrechlich, gebrechlich", zu frangere „(zer)brechen, schwächen, entkräften"]

Fra|gi|li|tät ⟨f., -, nur Sg.⟩ fragile Beschaffenheit, Zartheit, Zerbrechlichkeit

frag|lich ⟨Adj.; nur als Attr. und mit „sein"⟩ 1 ungewiß, unsicher, unklar; es ist f., ob er das schafft; es wird immer ~er, ob wir die Wanderung machen können 2 betreffend, (eben) erwähnt; zu ~er Zeit war er nicht zu Hause zu dem Zeitpunkt, von dem die Rede ist

frag|los ⟨Adj., o.Steig.; nur als Adv.⟩ ohne Zweifel, ganz bestimmt; das ist f. richtig; er ist f. der größere Dichter von beiden

Frag|ment ⟨n.1⟩ Bruchstück, unvollendetes Werk, übriggebliebener Rest eines Werks [< lat. fragmentum „Bruchstück, Splitter", zu frangere „brechen, zerbrechen"]

frag|men|ta|risch ⟨Adj., o.Steig.⟩ in der Art eines Fragments, bruchstückhaft

frag|men|tie|ren ⟨V.3, hat fragmentiert; mit Akk.⟩ in Bruchstücke zerlegen

frag|wür|dig ⟨Adj.⟩ 1 ⟨urspr., heute selten⟩ so beschaffen, daß es sich lohnt, danach zu fragen 2 bedenklich, nicht ernstzunehmen; das ist eine (sehr) ~e Sache; diese Lösung, dieser Vorschlag erscheint mir äußerst f. 3 verdächtig, anrüchig; ein ~es Lokal **Frag|würdigkeit** ⟨f., -, nur Sg.⟩

frais [frɛz] →fraise

Frais ⟨m.12, meist Pl.; bayr.-österr.⟩ Krämpfe (bes. bei kleinen Kindern) [< ahd. freisig „gefährlich, schrecklich", zu freisa „Unglück, Bedrängnis, Schrecken"]

fraise [frɛz] Adj., o.Steig., o.Dekl.⟩ erdbeerfarben [frz.]

Frai|se ⟨[frɛzə] f.11⟩ auch: Fräse 1 ⟨früher⟩ Halskrause 2 ⟨früher⟩ Bartkranz um Wangen und Kinn bei rasierter Oberlippe [< frz. fraise „Halskrause", < altfrz. fresel, fresele „Borte"]

Frak|ti|on ⟨f.10⟩ 1 Vertretung einer Partei im Parlament 2 Zusammenschluß einer Gruppe innerhalb einer Organisation; sozialistische F. im Europaparlament 3 ein durch

Verdampfung aus einem Gemisch isolierter Stoff [< frz. *fraction* „Vertretung einer Partei im Parlament" sowie „Truppenabteilung; Bruchteil, Bruchstück", < lat. *fractio*, Gen. *-onis*, „das Brechen, Zerbrechen"]

frak|tio|nie|ren ⟨V.3, hat fraktioniert; mit Akk.⟩ *in Fraktionen trennen*

Frak|ti|ons|zwang ⟨m., -(e)s, nur Sg.⟩ *Verpflichtung, sich bei Abstimmungen der Mehrheit innerhalb der Fraktion (1) anzuschließen*

Frak|tur ⟨f.10⟩ **1** *eine Druckschrift mit nicht gerundeten Linien*; mit jmdm. F. reden *ihm energisch die Meinung sagen* [eigtl. „ihm etwas mit geraden, deutlichen Buchstaben mitteilen"] **2** ⟨Med.⟩ *Knochenbruch* [< lat. *fractura* „das Brechen, Zerbrechen, Bruch", zu *frangere* „brechen, zerbrechen"]

Fram|bö|sie ⟨f.11⟩ *tropische, der Syphilis ähnliche Hautkrankheit*; Syn. *Himbeerpocken* [< frz. *framboise* „Himbeere", wegen des himbeerähnlichen Hautausschlags]

Frame ⟨[freim] m.11⟩ *Rahmen, Träger (der Eisenbahnfahrzeuge)* [engl., „Rahmen"]

Franc ⟨[frã] m., -, -(s), -(s); Abk.: fr⟩ *Währungseinheit u.a. in Frankreich* (Abk.: F oder FF), *in Belgien* (Abk.: bfr) *und Luxemburg* (Abk.: lfr) [frz., nach der Inschrift *Francorum rex* „König der Franken", einer Goldmünze des 14. Jh.]

Fran|çaise ⟨[frãsɛːz] f.11⟩ *französischer Kontertanz* [frz.]

Fran|chise ⟨[frãʃiːz] f.11⟩ **1** *Abgaben-, Zollfreiheit* **2** ⟨Transport- und Güterversicherung⟩ *ein Prozentsatz des Wertes des Versicherungsguts, der nicht versichert wird* [< frz. *franchise* „Abgabenfreiheit", zu *franc* „frei"]

Fran|ci|um ⟨[-tsi-] n., -s, nur Sg.; Zeichen: Fr⟩ *radioaktives Alkalimetall* [neulat., zu frz. *France* „Frankreich", nach der Heimatland der Chemikerin M. Perey, die es entdeckte]

fran|co ⟨Adv.⟩ → franko

Fran|ka|tur ⟨f.10⟩ **1** *das Freimachen von Postsendungen* **2** ⟨†⟩ *Bezahlung der Transportkosten vor der Beförderung* [zu *frankieren*]

Fran|ke ⟨m.11⟩ **1** *Angehöriger eines germanischen Volksstammes* **2** *jmd., der ostfränkische Mundart spricht und/oder in Franken lebt* [meist gedeutet als „die Freien"]

Fran|ken ⟨m.7; Abk.: Fr, sfr⟩ *schweizerische Währungseinheit, 100 Rappen* [eingedeutscht < *Franc*]

Frank|fur|ter I ⟨m.5⟩ **1** *Einwohner von Frankfurt* **II** ⟨f., -, -⟩ *leicht geräucherte Brühwurst aus Schweinefleisch* (in Neu-Isenburg südlich von Frankfurt a.M. hergestellt)

fran|kie|ren ⟨V.3, hat frankiert; mit Akk.⟩ *mit Briefmarke(n) versehen oder mit der Frankiermaschine stempeln*; Syn. *freimachen* [< ital. *francare* „freimachen", zu *franco* „frei"]

Fran|kier|ma|schi|ne ⟨f.11⟩ *Büromaschine zum Frankieren von Postsendungen*; Syn. *Freistempler*

Fran|kie|rung ⟨f.10⟩ *das Frankieren, das Frankiertsein*; Syn. *Freimachung*

frän|kisch ⟨Adj., o.Steig.⟩ **1** *die Franken betreffend, zu ihnen gehörig* **2** *das Land Franken betreffend, zu ihm gehörig, aus ihm stammend*

Fränk|li ⟨n., -s, -; schweiz. oder scherzh.⟩ *Franken*

fran|ko ⟨Adv.⟩ *porto-, kostenfrei*; ein Paket f. schicken [< ital. *franco* „frei"]

Fran|ko|ma|nie ⟨f., -, nur Sg.⟩ *übertriebene Vorliebe für alles Französische*; Syn. *Gallomanie* [< *Franke(1)* und *Manie*]

fran|ko|phil ⟨Adj.⟩ *französenfreundlich*; Syn. *gallophil*

Fran|ko|phi|lie ⟨f., -, nur Sg.⟩ *Vorliebe für alles Französische*; Syn. *Gallophilie* [< *Franke(1)* und *...philie*]

fran|ko|phob ⟨Adj.⟩ *französenfeindlich*; Syn. *gallophob*

Fran|ko|pho|bie ⟨f., -, nur Sg.⟩ *Abneigung gegen alles Französische*; Syn. *Gallophobie* [< *Franke (1)* und *Phobie*]

Fran|ko|stem|pel ⟨m.5⟩ *Portostempel mittels Frankiermaschine*

Frank|ti|reur ⟨[-røːr] m.1; früher⟩ *Freischärler in Frankreich* [< frz. *franctireur* „Freischärler" < *franc-tireur*, < *franc* „frei" und *tireur* „Schütze", zu *tirer* „schießen"]

Fran|se ⟨f.11⟩ **1** *Faden oder Bündel von Fäden, der/das neben vielen anderen am Rand einer Decke, eines Tuchs o.ä. zur Zierde angebracht ist* **2** *Faden, der sich mit vielen anderen an einem Gewebeende gelöst hat*; die Hosenbeine gehen ja schon in ~n; an den Jackenärmeln hängen ja schon die ~n

Fran|sen|füg|ler ⟨m.5⟩ → *Blasenfüßer*

fran|sig ⟨Adj.⟩ **1** *Fransen aufweisend, voller Fransen*; die Ärmel sind schon f. **2** *wie Fransen*; das Haar hängt ihr f. in die Stirn, über die Ohren

Franz|band ⟨m.2⟩ *lederner Bucheinband mit tiefem Falz* [eigtl. nach französischer Art gebundenes Buch]

Franz|brannt|wein ⟨m., -(e)s, nur Sg.⟩ *verdünnter, aromatischer Weingeist* (bes. für Einreibungen, z.B. bei Rheuma) [gekürzt < *französischer Branntwein*]

Franz|bröt|chen ⟨n.7⟩ → *Kaiserbrötchen*

Fran|zis|ka|ner ⟨m.5⟩ *Angehöriger eines von Franz von Assisi (1181 oder 1182 bis 1226) gegründeten Bettelordens*

Franz|mann ⟨m.4; veraltend; abwertend⟩ *Franzose (1)*

Fran|zo|se ⟨m.11⟩ **1** *Einwohner von Frankreich* **2** *doppelmäuliger Schraubenschlüssel mit verstellbarem Backenabstand* **3** ⟨volkstümliche Bez. für⟩ *verschiedene Insekten* (z.B. eine Feuerwanze, eine Schabe)

fran|zö|seln ⟨V.1, hat französelt; o.Obj.; volkstümlich⟩ *überflüssigerweise oder auf etwas lächerliche Art viele französische Ausdrücke gebrauchen*

Fran|zo|sen|krank|heit ⟨f., -, nur Sg.; †⟩ → *Syphilis*

Fran|zo|sen|kraut ⟨n., -(e)s, nur Sg.⟩ → *Knopfkraut*

fran|zö|sie|ren ⟨V.3, hat französiert⟩ → *französisieren*

fran|zö|sisch ⟨Adj., o.Steig.⟩ *Frankreich betreffend, zu ihm gehörig, aus ihm stammend*; ~e Sprache *eine romanische Sprache*

fran|zö|si|sie|ren ⟨V.3, hat französisiert; mit Akk.⟩ *nach französischer Art gestalten, französisch machen*; auch: *französieren*

frap|pant ⟨Adj., ~er, am frappantesten⟩ *auffallend, überraschend, ins Auge springend*; eine ~e Ähnlichkeit

Frap|pé ⟨-pe⟩ **I** ⟨m.9⟩ *Stoff mit eingepreßtem Muster* **II** ⟨n.9⟩ *mit Eisstücken gekühltes (alkoholisches) Getränk* [< frz. *frappé* „geschlagen"]

frap|pie|ren ⟨V.3, hat frappiert; mit Akk.⟩ **1** *überraschen, verblüffen* **2** *in Eis kühlen*; Wein, Sekt f. [< frz. *frapper* „überraschen, Eindruck machen", eigtl. „schlagen, treffen"]

Fräs|dorn ⟨m.1⟩ *dornförmiges Stück, mit dem der Fräser in die Frässpindel eingesetzt wird*

Frä|se¹ ⟨f.11⟩ *Vorrichtung zur spanabhebenden Formgebung von Werkstücken mit einem Fräser* (bes. bei Metall, Holz oder Kunststoffen); Syn. *Fräsmaschine* [< frz. *fraise* in ders. Bed.; < altfrz. *fraser* „schroten"]

Frä|se² ⟨f.11⟩ → *Fraise*

frä|sen ⟨V.1, hat gefräst; mit Akk.⟩ *mit der Fräse¹ bearbeiten*

Frä|ser ⟨m.5⟩ **1** *rotierendes Werkzeug aus Hartmetall mit Schneiden an seiner äußeren Begrenzung oder an der Stirnseite* (zum Erzeugen ebener oder gekrümmter Flächen) **2** *jmd., der berufsmäßig fräst*

Fräs|ma|schi|ne ⟨f.11⟩ → *Fräse¹*

Fraß ⟨m., -es, nur Sg.⟩ **1** *das Fressen* (bes. bei Raubtieren, Raubvögeln); Aas dient den Geiern zum F.; Löwen (im Zoo) Fleisch zum F. vorwerfen **2** *Fleisch, das manchen Tieren zur Nahrung dient* (bes. Raubtieren, Geiern, Hunden); sich um den F. raufen **3** ⟨derb⟩ *schlechtes, kaum genießbares Essen* **4** *durch Fressen verursachter Schaden* (Kahl~); durch F. vernichtete Ernte

Fra|te ⟨m., -, -ti; in Italien Bez. und Anrede für⟩ *Klosterbruder* [ital., < lat. *frater* „Bruder"]

Fra|ter ⟨m., -s, -/*tres* [-treːs]; Abk.: Fr.⟩ *Ordens-, Klosterbruder vor der Priesterweihe* [lat., „Bruder"]

Fra|ter|ni|sa|ti|on ⟨f., -, nur Sg.⟩ *das Fraternisieren, Verbrüderung*

fra|ter|ni|sie|ren ⟨V.3, hat fraternisiert; o.Obj.⟩ *sich verbrüdern* [< frz. *fraterniser* „brüderlich verkehren, sich verbrüdern", zu lat. *fraternus* „brüderlich", zu *frater* „Bruder"]

Fra|ter|ni|tät ⟨f.10⟩ **1** ⟨nur Sg.⟩ *Brüderlichkeit* **2** *Bruderschaft*

Fra|ter|ni|té ⟨[-te] f., -, nur Sg.⟩ *Brüderlichkeit (eines der drei Schlagwörter der Französischen Revolution)*; vgl. *Liberté, Egalité*

Fra|tres ⟨[-treːs] Pl. von⟩ *Frater*; F. *minores Franziskaner, Minoriten, Minderbrüder*

Fratz ⟨m.10 oder m.12⟩ *(liebenswert) freches, keckes Kind*; vgl. *Fratze*

Frat|ze ⟨f.11⟩ **1** *verzerrtes Gesicht*; eine F. ziehen; das Gesicht zu einer F. verziehen; ~n schneiden **2** *häßliches, entstelltes Gesicht* **3** ⟨auch abwertend⟩ *Gesicht*; dämliche F. [< frühnhd. „Posse, albernes Gerede" (fratzen reißen), wohl < ital. *frasche* (Pl.) „Grillen, Schrullen, dummes Gerede"]

Frau ⟨f.10⟩ **1** *erwachsener Mensch weiblichen Geschlechts*; Ggs. *Mann* **2** ⟨kurz für⟩ *Ehefrau*; (sich) eine F. nehmen; meine F. läßt grüßen; seine F. ist älter als er; er hat eine Schauspielerin zur F. **3** ⟨veraltend⟩ *Hausherrin*; die F. des Hauses; fragen Sie die F.! **4** ⟨Anrede für⟩ *verheiratete oder berufstätige sowie dem Mädchenalter entwachsene weibliche Person* **a** *mit dem Namen oder Titel* F. Müller; F. Doktor **b** ⟨o.Namen mit Attr.⟩ gnädige F.; verehrte gnädige F.; Unsere Liebe F. *(Beiname Marias)* **c** ⟨veraltend vor Verwandtschaftsbez.⟩ grüßen Sie Ihre F. Mutter, Ihre F. Schwester, Ihre F. Gemahlin!

Frau|en|arzt ⟨m.2⟩ → *Gynäkologe*

Frau|en|be|we|gung ⟨f.10⟩ *organisierte Bestrebungen von Frauen, die Gleichberechtigung zu erkämpfen*

Frau|en|eis ⟨n., -es, nur Sg.⟩ → *Marienglas*

Frau|en|eman|zi|pa|ti|on ⟨f., -, nur Sg.⟩ *Kampf um die Gleichberechtigung der Frau*

Frau|en|farn ⟨m.1⟩ *ein zartblättriger Tüpfelfarn*

Frau|en|haar ⟨n., -(e)s, nur Sg.⟩ **1** *Kopfhaar einer Frau* **2** ⟨volkstümliche Bez. für⟩ *verschiedene Pflanzen* (z.B. ein Gras, ein Haarfarn, ein Moos)

Frau|en|haus ⟨n.4⟩ **1** ⟨MA⟩ *Bordell* **2** ⟨heute⟩ *Heim für verheiratete, von ihren Männern mißhandelte Frauen*

Frau|en|heil|kun|de ⟨f., -, nur Sg.⟩ → *Gynäkologie*

Frau|en|kli|nik ⟨f.10⟩ *Klinik für Frauenkrankheiten und Geburtshilfe*

Frau|en|krank|heit ⟨f.10⟩, **Frau|en|lei|den** ⟨n.7⟩ *Erkrankung der weiblichen Geschlechts- oder Geburtsorgane sowie der Brust oder Störung im weiblichen Hormonhaushalt*

Frau|en|man|tel ⟨m., -s, nur Sg.⟩ *ein Rosengewächs mit mantelähnlichen Blättern und unscheinbaren, gelblichgrünen Blüten* [die Blätter werden in Aufgüssen gegen Frauenkrankheiten angewandt]

Frau|en|milch ⟨f., -, nur Sg.⟩ → *Muttermilch*

Frau|en|recht|le|rin ⟨f.10⟩ *Frau, die für die Gleichberechtigung der Frauen kämpft*

Frau|en|schuh ⟨m., -(e)s, nur Sg.⟩ *nord-*

und mitteleuropäische Orchidee mit einer Blüte, die sich aus langen, braunroten Hüllenblättern und einer bauchig schuhförmigen, gelben Lippe zusammensetzt

Frau|ens|leu|te ⟨nur Pl.; volkstümlich⟩ *Frauen*

Frau|ens|per|son ⟨f.10; †; oft abwertend⟩ *Frau;* solche ~en haben hier keinen Zutritt

Frau|en|spie|gel ⟨m., -s, nur Sg.⟩ *(meist am Rand von Getreidefeldern) violett blühendes Glockenblumengewächs mit einer radförmigen Blütenkrone*

Frau|en|täub|ling ⟨m.1⟩ *mild schmeckender Täubling der Laubwälder mit violettem Hut, weißer Unterseite und weißem Stiel*

Frau|en|tum ⟨n., -s, nur Sg.⟩ *das Frausein, Wesensart der Frauen*

Frau|en|zim|mer ⟨n.5⟩ **1** ⟨abwertend⟩ *(unangenehme) Frau; boshaftes, intrigantes F.* **2** ⟨scherzh.⟩ *Mädchen, das bewunderndes Erstaunen oder heitere Bewunderung hervorruft; das ist ein F.!; ein schlaues F.*

Fräu|lein ⟨n.7, ugs. n.9, österr. auch f.7; Abk.: Frl.⟩ **1** ⟨urspr.⟩ *unverheiratetes adliges Mädchen* **2** ⟨veraltend⟩ *unverheiratete Frau; ein älteres F.* **3** *junges Mädchen* **4** ⟨Anrede mit dem Namen, selten noch mit Titel für⟩ *junges Mädchen; F. Müller, F. Doktor* **5** ⟨Anrede für⟩ *weibliche Person, deren Namen man nicht weiß (bes. Kellnerin, Verkäuferin, Lehrerin, Kindergärtnerin); F., wir möchten zahlen!; unser F. hat gesagt …*

frau|lich ⟨Adj.⟩ *in der Art einer (gereiften, mütterlichen) Frau; ~es Wesen; ihr Gesicht hat schon ~e Züge; sie ist sehr f.* **Frau|lich|keit** ⟨f., -, nur Sg.⟩

Fraun|ho|fer|sche Li|ni|en ⟨Pl.⟩ *dunkle Linien im Spektrum des Sonnenlichts, die durch Absorption entstehen* [nach dem Physiker Joseph von *Fraunhofer*]

Freak ⟨[frik] m.9⟩ **1** *jmd., der die Normen der Gesellschaft nicht anerkennt und seinen eigenen, häufig extremen Neigungen lebt* **2** *jmd., der übersteigertes Interesse an etwas zeigt (Auto~, Party~)* [< engl. *freak* „wunderlicher Einfall, Laune, etwas Ungewöhnliches"]

frech ⟨Adj.⟩ **1** *übermütig, keck; ein ~es Kerlchen; ein Hütchen f. auf dem Ohr* **2** *dreist, vorlaut; sei nicht so f.!* **3** *anmaßend, unverschämt; ~es Benehmen; ein ~er Kerl; das ist eine ~e Lüge*

Frech|dachs ⟨m.1⟩ *übermütiges, keckes Kind, kecker Bursche, der gern andere neckt*

Frech|heit ⟨f.10⟩ *freches, dreistes, unverschämtes Benehmen, dreiste, unverschämte Handlung; das ist eine F.; solche ~en lasse ich mir nicht gefallen*

Frech|ling ⟨m.1⟩ **1** *frecher, dreister Mensch* **2** *Frechdachs*

free along|side ship ⟨[fri ǝlɔŋsaid ʃip] Abk.: fas⟩ *frei (bis) längsseits Schiff: Kosten und Risiko des Transports der Ware bis zum Schiff werden vom Verkäufer getragen* [engl.]

free on board ⟨[fri ɔn bɔrd] Abk.: fob⟩ *frei an Bord: Kosten und Risiko des Transports der Ware bis aufs Schiff werden vom Verkäufer getragen* [engl.]

free on plane ⟨[fri ɔn plein] Abk.: fop⟩ *frei an Bord (des Flugzeugs): Kosten und Risiko des Transports der Ware bis ins Flugzeug werden vom Verkäufer getragen* [engl.]

free on truck ⟨[fri ɔn trʌk] Abk.: fot⟩ *frei auf dem Lastwagen: Kosten und Risiko des Transports der Ware bis auf den Lastwagen werden vom Verkäufer getragen* [engl.]

free on wag|gon ⟨[fri ɔn wægɔn] Abk.: fow⟩ *frei auf den Eisenbahnwagen: Kosten und Risiko des Transports der Ware bis auf den Eisenbahnwagen werden vom Verkäufer getragen* [engl.]

Free|sie ⟨[-zjǝ] f.11⟩ *ein südafrikanisches Schwertliliengewächs, Zierpflanze* [nach dem Arzt Friedrich Heinrich Theodor *Freese*]

Fre|gat|te ⟨f.11⟩ **1** ⟨früher⟩ *schnelles, dreimastiges Segelschiff* **2** *zum Geleitschutz eingesetztes Schiff* [< frz. *frégate* < ital. *fregata* „Fregatte"]

Fre|gat|ten|ka|pi|tän ⟨m.1⟩ *Seeoffizier im Rang eines Oberstleutnants*

Fre|gatt|vo|gel ⟨m.6⟩ *ein tropischer Seevogel mit langem, an der Spitze hakenförmig gekrümmtem Schnabel, dessen Männchen bei der Balz ballonähnliche, rote Kehlsäcke aufbläst* [benannt nach den *früher* von Seeräubern benutzten Fregatten, wegen seiner Gewohnheit, anderen Vögeln in der Luft das Futter abzujagen]

frei ⟨Adj., ~er, am frei(e)sten⟩ **1** *ungebunden, ohne Fesseln, nicht gefangen; wieder f. sein; sich f. bewegen können; jmdn. wieder auf ~en Fuß setzen; jmdn. aus der Gefangenschaft entlassen* **2** *unabhängig, nicht beeinträchtigt, nicht behindert, nicht gebunden; ein ~er Mensch; der ~e Wille; die Sieben Freien Künste (im MA) die von den freien Bürgern gepflegten Künste Grammatik, Dialektik, Rhetorik, Arithmetik, Geometrie, Astronomie, Musik; f. von Sorgen, Verpflichtungen, Schmerzen; ich bin so f.! (veraltende Formel, wenn man etwas Angebotenes annimmt) sich f. fühlen; einen ~en Blick aus dem Fenster haben* **3** *offen, von allen Seiten zugänglich; ~es Gelände; ein ~er Platz; ein ~er Platz in der Stadt); im Freien nicht im Haus, draußen* **4** *benutzbar, zur Verfügung stehend; ein ~er Sitzplatz; eine ~e Stelle in einem Betrieb; in meiner ~en Zeit; wir haben keinen Platz mehr f. (im Auto); ich habe keine Hand f.* **5** *nicht bedeckt, unbekleidet, nackt; mit ~em Oberkörper; den Oberkörper f. machen (zur ärztlichen Untersuchung)* **6** *ohne Hilfsmittel, ohne Stütze; das Kind kann schon f. stehen; ein ~ hängendes Pendel; ~ sprechen, ohne auf ein Konzept zu schauen; etwas aus der ~en Hand zeichnen* **7** *unabhängig von Bindungen, von bestimmten (bes. beruflichen) Beschränkungen; ~er Mitarbeiter; ~e Berufe Berufe ohne Arbeitgeber; er lebt als ~er Schriftsteller; f. praktizierender Arzt selbständiger Arzt, Arzt mit eigener Praxis; ein Film f. nach einem Roman von XY mit Abweichungen gestaltet nach einem Roman von XY; ~e Liebe durch keine (staatlichen oder kirchlichen) Gesetze gebundenes Liebesverhältnis; hier herrscht ein ~er Ton ein ungezwungener, etwas gewagter Umgangston; den Kopf f. für eine Arbeit haben; sich von einem Zwang f. machen* **8** *ohne besondere Kosten; eine Ware f. Haus, f. Schiff liefern; der Eintritt ist f.; er hat dort ~e Wohnung und Verpflegung*

Frei|bad ⟨n.4⟩ *öffentliche Badeanstalt, deren Schwimmbecken im Freien liegen*

Frei|bal|lon ⟨[-lɔŋ] oder [-lɔ̃] m.9 oder [-lo:n] m.1⟩ *frei fliegender Ballon (im Unterschied zum Fesselballon)*

Frei|bank ⟨f.2⟩ *Verkaufsstelle von bedingt tauglichem oder minderwertigem Fleisch (z. B. von Tieren, die beim Transport zum Schlachthaus verunglückt sind)* [urspr. „steuerfreie Fleischbank"]

frei|be|kom|men ⟨V.71, hat freibekommen; ugs.⟩ **I** ⟨o.Obj.⟩ *Urlaub, freie Tage, einen freien Tag bekommen; ich habe fünf Tage f.* **II** ⟨mit Akk.⟩ **1** *etwas f. etwas aus einer Bindung befreien und verfügbar, beweglich machen; Geld f.; ein Auto (aus dem Schnee) f.; beschlagnahmte Gegenstände f.* **2** *jmdn. f. jmdn. (durch Lösegeld, Verhandlungen) aus der Gefangenschaft befreien*

Frei|be|ruf|ler ⟨m.5; ugs.⟩ *jmd., der freiberuflich tätig ist*

frei|be|ruf|lich ⟨Adj., o.Steig.⟩ *in einem freien Beruf, ohne feste und ständige Bindung an einen Arbeitgeber; ~e Tätigkeit*

Frei|be|trag ⟨m.2⟩ *Betrag, der vom zu versteuernden Einkommen abgezogen wird*

Frei|beu|ter ⟨m.5⟩ **1** *Seeräuber* **2** ⟨übertr.⟩ *jmd., der durch rücksichtslose Geschäfte Gewinne erzielt*

Frei|bier ⟨n., -(e)s, nur Sg.⟩ *kostenlos ausgeschenktes Bier (z. B. bei der Neueröffnung von Geschäften)*

frei|blei|bend ⟨Adj., o.Steig.; Kaufmannsspr.⟩ *unverbindlich, ohne Verpflichtung zum Kauf und ohne Reservierung; wir bieten f. folgende Artikel an*

Frei|bord ⟨m., -(e)s, nur Sg.; bei Handelsschiffen⟩ *auf halber Schiffslänge beidseitig am Rumpf angebrachte Markierung, die den höchstzulässigen Tiefgang angibt*

Frei|brief ⟨m.1⟩ **1** ⟨früher⟩ *Urkunde über die Entlassung aus der Leibeigenschaft* **2** *Urkunde über ein Vorrecht, über die Befreiung von einer Pflicht* **3** *weitreichende Erlaubnis; er betrachtet mein Entgegenkommen als F., sich nun alle Freiheiten herausnehmen zu dürfen*

Frei|den|ker ⟨m.5; †⟩ *jmd., der in religiösen Fragen seine eigene Meinung hat und zu keiner Religionsgemeinschaft gehört*

frei|en ⟨V.1, hat gefreit⟩ **I** ⟨mit Akk. oder o.Obj.⟩ *heiraten; ein Mädchen f.; jung gefreit hat nie gereut* (Sprichwort) **II** ⟨mit Präp.obj.⟩ *um ein Mädchen f. um ein Mädchen werben, ihm einen Heiratsantrag machen*

Frei|er ⟨m.5⟩ *jmd., der um ein Mädchen wirbt; sie hat viele F. viele Männer bemühen sich um sie, wollen sie heiraten*

Frei|ers|fü|ße ⟨Pl.; †; nur in der Wendung⟩ *auf ~n gehen um ein Mädchen werben, ein Mädchen heiraten wollen*

Frei|ex|em|plar ⟨n.1⟩ *unentgeltliches Exemplar*

Frei|frau ⟨f.10⟩ → *Baronin*

Frei|fräu|lein ⟨n.7⟩ → *Baroness*

Frei|ga|be ⟨f.11⟩ *das Freigeben (von etwas)*

frei|ge|ben ⟨V.45, hat freigegeben⟩ **I** ⟨mit Akk.⟩ **1** *etwas f. die Sperre, Beschränkung für etwas aufheben; eine Straße für den Verkehr f.; einen Film für Jugendliche f.* **2** *jmdn. f.* **a** *aus der Gefangenschaft entlassen* **b** *aus einer Bindung entlassen; sie gibt ihren Mann nicht frei; sein Arbeitgeber gibt ihn nicht frei* **II** ⟨mit Dat.⟩ *jmdm. f. jmdm. arbeitsfreie Zeit, Arbeitsruhe gewähren; ich habe mir drei Tage f. lassen; er gibt mir nicht frei*

frei|ge|big ⟨Adj.⟩ *gern gebend, gern schenkend; f. Lob verteilen alle ausdrücklich loben; sie ist sehr f. mit ihren Reizen sie zeigt ihre körperlichen Vorzüge ohne Hemmungen* **Frei|ge|big|keit** ⟨f., -, nur Sg.⟩

Frei|geist ⟨m.3⟩ *jmd., der sich seine eigene Meinung und Weltanschauung bildet und sich keiner der herrschenden Meinungen anschließt*

Frei|geis|te|rei ⟨f., -, nur Sg.; leicht abwertend⟩ *Denken, Verhalten eines Freigeistes*

Frei|ge|päck ⟨n., -(e)s, nur Sg.⟩ *Gepäck, dessen Mitnahme bei einem Flug ohne zusätzliche Gebühren erlaubt ist*

Frei|ge|richt ⟨n.1⟩ → *Feme (1)*

Frei|graf ⟨m.10⟩ *Vorsitzender eines Freigerichts*

Frei|gren|ze ⟨f.11⟩ *Grenze, bis zu der ein Einkommen steuerfrei ist*

Frei|gut ⟨n.4⟩ **1** ⟨früher⟩ *von Abgaben freies Bauerngut* **2** *zollfreie Ware*

frei|ha|ben ⟨V.60, hat freigehabt; o.Obj.⟩ *arbeitsfreie, schulfreie Tage, Stunden haben; wir haben morgen frei; ich möchte einen Tag f.*

Frei|ha|fen ⟨m.8⟩ *Hafengebiet, das staatsrechtlich zum Inland gehört, zollrechtlich aber außerhalb der Zollgrenzen liegt*

frei|hal|ten ⟨V.61, hat freigehalten; mit Akk.⟩ **1** ⟨jmdm.⟩ *etwas f. unbesetzt benutzbar halten; ich habe dir einen Platz f.* **2** *jmdn. f. für jmdn. die Zeche bezahlen*

Frei|hand|bi|blio|thek ⟨f.10⟩, **Frei|hand|bü|che|rei** ⟨f.10⟩ *Bibliothek, Bücherei, in*

der man sich die Bücher selbst aus den Regalen nehmen kann
Frei|han|del ⟨m., -s, nur Sg.⟩ Handel zwischen Staaten ohne Beschränkung durch Zoll o.ä.
frei|hän|dig ⟨Adj., o.Steig.; nur als Attr. und Adv.⟩ ohne die Hände zu benutzen, ohne sich mit den Händen, Armen aufzustützen; f. radfahren; f. schießen, zeichnen
Frei|heit ⟨f.10⟩ **1** ⟨nur Sg.⟩ Zustand des Freiseins, des Ungebundenseins, der Unabhängigkeit; die F., etwas zu tun oder nicht zu tun; F. zur Entscheidung; F. von Pflichten; persönliche, politische **2** ⟨nur Sg.⟩ Möglichkeit, sich frei zu bewegen; jmdm., einem gefangenen Vogel die F. schenken, wiedergeben; ich gebe dir völlige F., zu tun, was du für richtig hältst **3** bestimmtes Recht, Vorrecht; sich ~en herausnehmen etwas tun, was nicht üblich ist, was von der gesellschaftlichen Norm abweicht
frei|heit|lich ⟨Adj.⟩ die Freiheit erstrebend, die Freiheit liebend
Frei|heits|stra|fe ⟨f.11⟩ Strafe, bei der jmdm. die Freiheit entzogen wird (z.B. Gefängnisstrafe)
frei|her|aus ⟨Adv.⟩ offen, ohne zu zögern; etwas f. sagen, zugeben
Frei|herr ⟨m., -(e)n, -(e)n⟩ → Baron
frei|herr|lich ⟨Adj., o.Steig.; nur als Attr.⟩ einem Freiherrn gehörend, ihm zustehend
Frei|in ⟨f.10⟩ → Baronesse
Frei|kar|te ⟨f.11⟩ kostenlose Eintrittskarte
frei|kau|fen ⟨V.1, hat freigekauft; mit Akk.⟩ durch Lösegeld aus einer Gefangenschaft befreien
Frei|kir|che ⟨f.11⟩ von Staats- und Landeskirchen unabhängige kirchliche Gemeinschaft
frei|kom|men ⟨V.71, ist freigekommen; o.Obj.⟩ die Freiheit erlangen, sich befreien
Frei|kör|per|kul|tur ⟨f., -, nur Sg.; Abk.: FKK⟩ (weltanschaulich begründetes) Baden, Sonnen, Sichbewegen in unbekleidetem Zustand; Syn. Nudismus, Nacktkultur
Frei|korps ⟨[-ko:r] n., - [-ko:rs], - [-ko:rs]; früher⟩ aus Feldtruppen hervorgegangener Verband von Freiwilligen im Heimat- und Grenzschutz
Frei|kugel ⟨f.11; früher im Volksglauben⟩ Kugel, die immer trifft
Frei|la|de|bahn|hof ⟨m.2⟩ Bahnhof mit Gleisanlagen, die ein Umladen der Güter von den Güterwagen auf nicht schienengebundene Fahrzeuge ermöglichen
Frei|land ⟨n., -(e)s, nur Sg.⟩ Fläche im Freien (zur Haltung von Tieren oder zum Anbau von Pflanzen, im Unterschied zum Stall oder Gewächshaus)
frei|las|sen ⟨V.75, hat freigelassen; mit Akk.⟩ jmdn. oder ein Tier f. jmdm. oder einem Tier die Freiheit wiedergeben, ein Tier von der Leine, vom Halteseil loslassen **Frei|las|sung** ⟨f., -, nur Sg.⟩
Frei|lauf ⟨m.2⟩ **1** (bei Fahrradnaben, im Maschinenbau u.a.) Vorrichtung, bei der die treibenden vom angetriebenen Teil trennt, sobald dieser schneller umläuft als der treibende **2** Hühnerhaltung im Freien (im Unterschied zu Legebatterien)
frei|le|bend ⟨Adj., o.Steig.; bei Tieren⟩ in der Natur lebend, nicht in Behältnissen oder Räumen gefangengehalten
frei|le|gen ⟨V.1, hat freigelegt; mit Akk.⟩ von der Bedeckung, der bedeckenden Schicht befreien, ans Tageslicht bringen; die Wurzel eines Baums f.; bei einer Operation den Knochen f. **Frei|le|gung** ⟨f., -, nur Sg.⟩
Frei|lei|tung ⟨f.10⟩ bei elektr. und Nachrichtenleitungen⟩ oberirdische, von Masten getragene Leitung
frei|lich ⟨Adv.⟩ **1** selbstverständlich, natürlich; sicher, f.!; ja f.!; f. hat er mir das gesagt **2** allerdings, jedoch, man muß zugeben, daß …; er hat f. etwas zu lange gezögert; das

war f. richtig, aber man hätte es behutsamer ausdrücken können
Frei|licht|büh|ne ⟨f.11⟩ → Freilichttheater
Frei|licht|ki|no ⟨n.9⟩ Kino unter freiem Himmel
Frei|licht|ma|le|rei ⟨f., -, nur Sg.⟩ Malerei im Freien (nicht im Atelier); Syn. Pleinairmalerei
Frei|licht|mu|se|um ⟨n., -s, -se|en⟩ Museum, bei dem die Ausstellungsgegenstände im Freien aufgebaut oder erhalten worden sind (z.B. Bauernhof mit Ställen, Wohngebäude)
Frei|licht|thea|ter ⟨n.5⟩ Theater unter freiem Himmel, bei dem die Landschaft als Kulisse einbezogen ist; Syn. Freilichtbühne
Frei|los ⟨n.1⟩ **1** (Lotterie) unentgeltliches Los; ein F. gewinnen **2** ⟨Sport⟩ Los, durch das ein Spieler oder eine Mannschaft kampflos eine Runde weiterkommt
Frei|luft ⟨in Zus.⟩ im Freien, nicht in Räumen, z.B. Freiluftbehandlung, Freiluftunterricht
frei|ma|chen ⟨V.1, hat freigemacht⟩ **I** ⟨mit Akk.⟩ **1** einen Brief f. **II** ⟨refl.⟩ sich f. die Arbeit liegenlassen, sich freinehmen, sich freigeben lassen; sich für einige Tage, Stunden f. **III** ⟨o.Obj.; ugs.⟩ sich freigeben lassen, sich freinehmen; ich mache morgen frei
Frei|ma|chung ⟨f.10⟩ → Frankierung
Frei|mar|ke ⟨f.11; auf Vordrucken u.a.⟩ → Briefmarke [zu freimachen (I)]
Frei|mau|rer ⟨m.5⟩ Mitglied eines weltweit verbreiteten, am Deismus orientierten, in voneinander unabhängigen Organisationen (Logen) gegliederten Männerbundes mit humanitärer Zielsetzung und von den mittelalterlichen Bauhütten übernommenen, nur den Eingeweihten bekannten Ritualen
Frei|mau|re|rei ⟨f., -, nur Sg.⟩ Bewegung der Freimaurer
Frei|mut ⟨m., -(e)s, nur Sg.⟩ Mut, frei zu sagen, was man denkt, unbefangene Offenheit; Syn. Freimütigkeit
frei|mü|tig ⟨Adj.⟩ voller Freimut, unbefangen, offen; etwas f. bekennen
Frei|mü|tig|keit ⟨f., m.5⟩ → Freimut
frei|neh|men ⟨V.88, hat freigenommen; mit Akk.⟩ sich freigeben lassen, die Arbeit liegenlassen; ich nehme (mir) morgen frei; ich nehme (mir) drei Tage frei
frei|pres|sen ⟨V.1, hat freigepreßt; mit Akk.⟩ durch Erpressung befreien; einen Terroristen f.
Frei|raum ⟨m.2⟩ **1** freier, unbebauter, unbesetzter Raum; zwischen Häusern, Möbeln, einen F. lassen **2** innerer Abstand von der Umwelt, Möglichkeit zum Eigenleben; er braucht einen gewissen F. um sich
Frei|saß ⟨m.10⟩, **Frei|sas|se** ⟨m.11⟩ Eigentümer eines Freiguts (1)
Frei|schar ⟨f.10; †⟩ Verband von Freiwilligen, die sich an Kriegshandlungen beteiligen, ohne den regulären Streitkräften anzugehören
Frei|schär|ler ⟨m.5⟩ Mitglied einer Freischar
Frei|schlag ⟨m.2; Hockey⟩ einer Mannschaft bei regelwidrigem Spiel ihres Gegners zugesprochener, unbehinderter Schlag
frei|schrei|ben ⟨V.127, hat freigeschrieben; refl.⟩ sich f. sich durch (dichterisches) Schreiben von etwas (z.B. Schuldgefühl) befreien
Frei|schür|fe ⟨f.11; österr. Bergrecht⟩ Bewilligung zum Bergbau
Frei|schütz ⟨m.10⟩, **Frei|schüt|ze** ⟨m.11⟩ sagenhafter Schütze, der mit Freikugeln schießt
frei|schwim|men ⟨V.132, hat freigeschwommen; refl.⟩ sich f. **1** eine Prüfung im Schwimmen ablegen, indem man 15 Minuten ohne Hilfsmittel ununterbrochen schwimmt **2** ⟨übertr.⟩ selbständig werden, selbständig denken und handeln lernen
Frei|schwim|mer ⟨m.5⟩ **1** jmd., der sich freigeschwommen hat **2** ⟨ugs.⟩ Nachweis

darüber, daß man sich freigeschwommen hat; den F. haben
frei|set|zen ⟨V.1, hat freigesetzt; mit Akk.⟩ **1** aus einer Bindung, Hemmung lösen; Energie f.; Fähigkeiten f. **2** aus einem Arbeitsverhältnis lösen und für andere Arbeiten frei machen; Arbeitskräfte f. **Frei|set|zung** ⟨f., -, nur Sg.⟩
frei|sin|gen ⟨V.140, hat freigesungen; refl.⟩ sich f. zu singen beginnen und das Lampenfieber allmählich überwinden
Frei|sinn ⟨m., -(e)s, nur Sg.; †⟩ → Liberalismus
frei|sin|nig ⟨Adj., o.Steig.⟩ **1** ⟨†⟩ → liberal **2** freiheitlich gesinnt
frei|spie|len ⟨V.1, hat freigespielt; refl.⟩ sich f. **1** ⟨Sport⟩ sich von der Deckung durch den Gegner befreien **2** ⟨Theat., Mus.⟩ zu spielen beginnen und das Lampenfieber allmählich überwinden
frei|spre|chen ⟨V.146, hat freigesprochen; mit Akk.⟩ **1** durch Gerichtsurteil von einer Anklage befreien; einen Angeklagten f. **2** ⟨Handwerk⟩ (nach einer Prüfung) zum Gesellen oder Facharbeiter erklären; einen Lehrling f. **3** jmdn. von etwas f. erklären, daß jmdn. keine Schuld trifft oder daß jmd. eine bestimmte (negative) Eigenschaft nicht hat; von Habgier muß man ihn unbedingt f.; ich kann ihn von dem Vorwurf der Faulheit nicht f. **Frei|spre|chung** ⟨f., -, nur Sg.⟩
Frei|spruch ⟨m.2⟩ gerichtliches Urteil, durch das jmd. freigesprochen wird
Frei|staat ⟨m.10; veraltend⟩ → Republik
Frei|statt ⟨f., -stät|ten⟩, **Frei|stät|te** ⟨f.11⟩ Zufluchtsort, Ort, an dem man frei ist (etwas zu tun, was man woanders nicht tun könnte); jmdm. eine F. bieten
frei|ste|hen ⟨V.151, hat freigestanden⟩ **I** ⟨mit Dat.⟩ jmdm. f. jmds. Entscheidung überlassen sein, es steht Ihnen frei, das zu tun **II** ⟨o.Obj.⟩ leer stehen, frei, nicht bewohnt sein; die Wohnungen stehen schon lange frei; ein ~des Zimmer
frei|stel|len ⟨V.1, hat freigestellt⟩ **I** ⟨mit Akk.⟩ für einen Zweck zur Verfügung stellen; Arbeitskräfte f. **II** ⟨mit Dat. und Akk.⟩ jmdm. etwas f. etwas jmds. Entscheidung überlassen; ich stelle es Ihnen frei, zu gehen oder zu bleiben **Frei|stel|lung** ⟨f., -, nur Sg.⟩
Frei|stemp|ler ⟨m.5⟩ → Frankiermaschine
Frei|stil|rin|gen ⟨n., -s, nur Sg.⟩ Wettbewerb im Ringen, bei dem Griffe am ganzen Körper angesetzt werden können und Beinstellen erlaubt ist
Frei|stil|schwim|men ⟨n., -s, nur Sg.⟩ Wettbewerb im Schwimmen mit freier Wahl der Schwimmart
Frei|stoß ⟨m.2; Fußb.⟩ einer Mannschaft bei regelwidrigem Spiel ihres Gegners zugesprochener, unbehinderter Stoß des Balls; direkter F. Freistoß, der als Freistoß verwendet werden kann; indirekter F. Freistoß, der vor dem Versuch des Torschusses an einen Mitspieler gegeben werden muß
Frei|stun|de ⟨f.11⟩ freie Stunde zwischen den Unterrichtsstunden
Frei|tag ⟨m.1⟩ fünfter Tag der Woche
Frei|te ⟨f.; †; nur in der Wendung⟩ auf die F. gehen um ein Mädchen werben
Frei|tisch ⟨m.1; früher⟩ kostenlose warme Mahlzeit (in einer Familie), die jmdm. die Verpflegung auf eigene Kosten erleichtern soll; F. für Studenten
Frei|tod ⟨m.1; verhüllend⟩ → Selbstmord
Frei|trep|pe ⟨f.11⟩ an der Außenwand (Vorderseite) eines Gebäudes angebaute, breite Treppe
Frei|tritt ⟨m.1; Rugby⟩ einer Mannschaft bei regelwidrigem Spiel ihres Gegners zugesprochener, unbehinderter Tritt des Balls
Frei|übung ⟨f.10⟩ körperbildende Übung ohne Turngerät (oft mit Handgeräten, z.B. Keulen); ~en machen

Frei|um|schlag ⟨m.2⟩ frankierter Briefumschlag (mit dem einem Empfänger die Kosten für das Antwortschreiben erspart werden sollen)

Frei|ver|kehr ⟨m., -s, nur Sg.⟩ **1** Teil des Warenverkehrs, der außerhalb der Zollüberwachung abgewickelt wird **2** ⟨Börse⟩ Handel mit nichtamtlichen Wertpapieren

frei|weg ⟨Adv.⟩ unbekümmert, ohne zu zögern, ohne zu fragen; er erklärte f., er habe ...; er hat die Bücher f. mitgenommen

Frei|wer|ber ⟨m.5; früher⟩ jmd., der im Auftrag eines anderen um ein Mädchen wirbt [zu *freien*]

Frei|wild ⟨n., -(e)s, nur Sg.⟩ der Willkür anderer, Stärkerer preisgegebene Menschen

frei|wil|lig ⟨Adj., o.Steig.⟩ aus eigenem Antrieb, ohne gezwungen oder aufgefordert zu sein; es werden ∼e Helfer gesucht; f. kommen, gehen; sich f. für eine Arbeit melden

Frei|wil|li|ge(r) ⟨m., f.17 oder 18⟩ **1** jmd., der sich freiwillig zum Militärdienst verpflichtet hat **2** jmd., der etwas (meist Unangenehmes) freiwillig tut; Freiwillige sollen sich melden; Freiwillige vor!

Frei|wil|lig|keit ⟨f., -, nur Sg.⟩ freiwillige Beschaffenheit; die F. seines Handelns, Tuns

Frei|wurf ⟨m.2; Basket-, Hand-, Korb-, Wasserball⟩ einer Mannschaft bei regelwidrigem Spiel ihres Gegners zugesprochener, unbehinderter Wurf

Frei|zei|chen ⟨n.7; Tel.⟩ in regelmäßigen Abständen ertönender Summton, der angibt, daß der erreichte Anschluß frei ist und gerufen wird; Syn. Rufzeichen

Frei|zeit ⟨f.10⟩ **1** ⟨nur Sg.⟩ arbeitsfreie Zeit; seine F. mit Lesen, mit Sport verbringen; seine F. sinnvoll gestalten **2** (meist mehrtägiges) Zusammensein von Angehörigen bestimmter Gruppen zum Gedankenaustausch, zur Besinnung usw.; eine F. für Schüler, Studenten veranstalten

Frei|zeit|ge|sell|schaft ⟨f.10; Schlagwort für⟩ Form der Gesellschaft, in der das Verhalten in der Freizeit durch zwanghafte Aktivitäten gekennzeichnet ist; in der F. wird in den Parks nicht mehr spazierengegangen, sondern nur noch gerannt

Frei|zeit|wert ⟨m., -(e)s, nur Sg.⟩ Wert hinsichtlich des Angebots zur Gestaltung der Freizeit; eine Stadt mit hohem F.

frei|zü|gig ⟨Adj.⟩ **1** den Wohnort oft wechselnd; f. leben **2** seine Freiheit nutzend, viel Freiheit habend, nicht streng an Vorschriften gebunden; die Kinder sind f. erzogen; Geld f. ausgeben; allzu ∼en Gebrauch von Vorrechten machen **3** anderen viel Freiheit lassend; Kinder f. erziehen **Frei|zü|gig|keit** ⟨f., -, nur Sg.⟩

fremd ⟨Adj., ∼er, am fremdesten⟩ **1** unbekannt, nicht zum eigenen Land, zur eigenen Lebensgemeinschaft gehörend; ∼e Länder, ∼e Menschen, Völker kennenlernen; in ein ∼es Land reisen, aus einem ∼en Land kommen; ∼e Sitten, ∼e Sprachen; in einer ∼en Familie aufgenommen werden **2** aus einem anderen Land, einer anderen Lebensgemeinschaft stammend; ∼e Arbeitskräfte; der Junge bringt oft ∼e Kinder mit heim **3** unbekannt, unvertraut; er ist mißtrauisch gegen alles Fremde; das ist mir alles sehr f.; Neid ist ihr f. *sie kennt keinen Neid*; sich an einem Ort, in einer Umgebung f. fühlen *sich nicht heimisch fühlen*; *ich kenne mich hier nicht aus*; das Kind tut f. *es tut, als kenne es einen nicht, es ist zurückhaltend* **4** einem anderen gehörig; ∼ Eigentum; sich in ∼en Namen leben; sich in ∼e Angelegenheiten mischen

Fremd|ar|bei|ter ⟨m.5⟩ →Gastarbeiter

fremd|ar|tig ⟨Adj.⟩ fremd aussehend, fremd wirkend, andersartig **Fremd|ar|tig|keit** ⟨f., -, nur Sg.⟩

Fremd|be|stäu|bung ⟨f.10⟩ Bestäubung, die zwischen verschiedenen Blüten erfolgt (und den Normalfall darstellt); Syn. *Xenogamie*; Ggs. *Selbstbestäubung*

Frem|de ⟨f., -, nur Sg.; poet.⟩ fremdes Land, Ausland; in die F. gehen, wandern; in der F. leben; aus der F. heimkehren

frem|deln ⟨V.1, hat gefremdelt; o.Obj.⟩ zurückhaltend, ängstlich gegenüber Fremden sein; das Kind fremdelt

Frem|den|füh|rer ⟨m.5⟩ jmd., der auswärtigen Besuchern die Sehenswürdigkeiten einer Stadt zeigt

Frem|den|heim ⟨n.1⟩ kleines Gasthaus, kleines Hotel, in dem Gäste längere Zeit beherbergt werden können

Frem|den|le|gi|on ⟨f., -, nur Sg.⟩ aus fremden (ausländischen), für eine bestimmte Zeit verpflichteten Soldaten gebildete Truppe

Frem|den|le|gio|när ⟨m.1⟩ Angehöriger der Fremdenlegion

Frem|den|ver|kehr ⟨m., -s, nur Sg.⟩ Gesamtheit der Beziehungen und Erscheinungen, die sich aus der Reise und dem Aufenthalt von Personen ergeben, für die der Aufenthaltsort weder Hauptwohnort noch Arbeitsort ist; Syn. *Tourismus*

Frem|den|zim|mer ⟨n.5⟩ →Gästezimmer

Frem|de(r) ⟨m., f.17 oder 18⟩ jmd., der einem fremd ist, Unbekannter, fremder Mensch, Ausländer; mißtraisch gegen Fremde sein; in der Stadt halten sich zur Zeit viele Fremde auf

Fremd|er|re|gung ⟨f., -, nur Sg.; beim Generator⟩ Erzeugung eines elektromagnetischen Felds durch eine fremde Stromquelle

Fremd|fi|nan|zie|rung ⟨f., -, nur Sg.⟩ Finanzierung mit fremden (nicht betriebseigenen) Mitteln (z.B. Krediten)

fremd|ge|hen ⟨V.47, ist fremdgegangen; o.Obj.; ugs.⟩ Ehebruch begehen, Seitensprünge machen

Fremd|heit ⟨f., -, nur Sg.⟩ das Fremdsein, Unbekanntsein, Unvertrautheit

Fremd|herr|schaft ⟨f., -, nur Sg.⟩ durch einen fremden Staat ausgeübte Herrschaft (über einen Staat, ein Volk); unter F. stehen; sich gegen die F. auflehnen

Fremd|kör|per ⟨m.5⟩ **1** fester, einem Organismus fremder Körper, der in ihn eingedrungen ist; ein F. im Magen **2** jmd., der von einer Gruppe als störend empfunden wird; er fühlte sich in dieser Gesellschaft als F. **3** Sache, die in einem Zusammenhang als störend empfunden wird; (unpassender) Ausdruck als F. in einem Text

fremd|län|disch ⟨Adj., o.Steig.⟩ **1** aus einem fremden Land stammend, in einem fremden Land wohnend, zu einem fremden Land gehörend, ausländisch; ∼e Besucher; ∼e Früchte **2** fremd, fremdartig, unvertraut; jmd. wirkt f., sieht f. aus, spricht f.

Fremd|ling ⟨m.1; geh.⟩ fremder, unbekannter, nicht aus dem gleichen Ort stammender Mann

Fremd|re|flex ⟨m.1⟩ Reflex, bei dem die für den Empfang eines Reizes bestimmte Zelle und das Organ, in dem die Reaktion erfolgt, räumlich getrennt sind (z.B. Bewegung der großen Zehe nach oben bei Bestreichen des Fußsohlenrands von Säuglingen)

Fremd|spra|che ⟨f.11⟩ in einem fremden Land gesprochene Sprache, Sprache, die nicht die Muttersprache ist; ∼n lernen; er beherrscht drei ∼n

Fremd|spra|chen|kor|re|spon|dent ⟨m.10⟩ Angestellter (eines Betriebs), der die Korrespondenz mit dem Ausland in den betreffenden Fremdsprachen führt

fremd|spra|chig ⟨Adj., o.Steig.⟩ **1** in einer fremden Sprache (gehalten, geschrieben); ∼er Unterricht; ∼e Bücher; ∼e Korrespondenz **2** eine fremde Sprache sprechend; ∼e Bevölkerung

fremd|sprach|lich ⟨Adj., o.Steig.⟩ **1** über eine fremde Sprache; ∼er Unterricht **2** zu einer fremden Sprache gehörend, aus ihr stammend; ∼e Ausdrücke, Wörter

fremd|stäm|mig ⟨Adj., o.Steig.⟩ nicht zur gleichen Rasse gehörend, von fremder Herkunft **Fremd|stäm|mig|keit** ⟨f., -, nur Sg.⟩

Fremd|tü|me|lei ⟨f., -, nur Sg.; †⟩ übertriebene, lächerliche Nachahmung von Fremdem

Fremd|ver|si|che|rung ⟨f.10⟩ für einen anderen abgeschlossene Versicherung

Fremd|wäh|rung ⟨f.10⟩ ausländische Währung

Fremd|wort ⟨n.4⟩ aus einer fremden Sprache stammendes, in der eigenen Sprachformen nicht (völlig) angeglichenes oder in den eigenen Sprachformen nicht übliches Wort (z.B. Walkman, Frisör, Computer)

Fremd|wör|ter|buch ⟨n.4⟩ alphabetisch angeordnetes, Fremdwörter erklärendes Wörterbuch

Fremd|wör|te|rei ⟨f., -, nur Sg.⟩ überflüssiger oder übertriebener Gebrauch von Fremdwörtern

fre|ne|tisch ⟨Adj.⟩ stürmisch, rasend; ∼er Applaus; vgl. *phrenetisch* [< frz. *frénétique* „tobsüchtig, verrückt", zu *frénésie* „Tobsucht, Raserei, Wahnsinn"; → *Phrenesie*]

Fre|nu|lum ⟨n., -s, -la⟩ kleines Hautband, kleine Falte der Haut- oder Schleimhaut [Verkleinerungsform von lat. *frenum* „Band"]

fre|quent ⟨Adj., ∼er, am frequentesten⟩ **1** häufig, zahlreich **2** ⟨Med.⟩ beschleunigt; ∼er Puls [< lat. *frequens*, Gen. *-entis*, „häufig, zahlreich"]

Fre|quen|tant ⟨m.10; †⟩ häufiger Besucher

Fre|quen|ta|ti|on ⟨f.10⟩ häufiges Besuchen

Fre|quen|ta|tiv ⟨n.1⟩ Verb, das eine wiederholte Tätigkeit ausdrückt, z.B. hüsteln „oft ein wenig husten"; Syn. *Iterativ(um)* [< lat. *frequentativus* „ein häufiges Tun anzeigend", → *Frequenz*]

fre|quen|tie|ren ⟨V.3, hat frequentiert; mit Akk.⟩ häufig besuchen, benutzen; ein Lokal, eine Bibliothek f. [< lat. *frequentare* „häufig besuchen, bevölkern"]

Fre|quenz ⟨f.10⟩ **1** Anzahl von Vorgängen in einer bestimmten Zeit (z.B. Höhe der Besucherzahl, Dichte des Verkehrs, Schläge des Herzens) **2** ⟨Phys.⟩ Schwingungen einer Welle pro Sekunde (Hoch∼, Nieder∼) [< lat. *frequentia* „Gegenwart zahlreicher Wesen, zahlreicher Besuch, große Zahl, Häufigkeit"]

Fre|quenz|be|reich ⟨m.1⟩ Gruppe von elektromagnetischen Schwingungen

Fre|quenz|mo|du|la|ti|on ⟨f., -, nur Sg.; Abk.: FM⟩ Verfahren der Modulation, wobei die Frequenz der Trägerschwingung entsprechend der zu übertragenden Schwingung bei gleichbleibender Amplitude verändert wird (bes. im UKW-Bereich)

Fres|ke ⟨f.11⟩ →Fresko (1)

Fres|ko ⟨n., -s, -ken⟩ **1** auf die frisch verputzte, feuchte Wand gemaltes Bild; auch: *Freske* **2** ⟨nur Sg.⟩ poröser, harter Wollstoff in Leinenbindung [< ital. *fresco* „frisch"]

Fres|ko|ma|le|rei ⟨f.10⟩ Malerei auf den noch feuchten Putz [→ *Fresko*]

Fres|sa|li|en ⟨Pl.; scherzh.⟩ Eßwaren [< *fressen* und der Nachsilbe *...alien* wie in *Naturalien*]

Fres|se ⟨f.11; vulg.⟩ Mund; halt die F.!; meine F.! ⟨Ausruf des Erstaunens⟩; jmdm. eins in die F. hauen *jmdn. ins Gesicht schlagen*

fres|sen ⟨V.41, hat gefressen⟩ **I** ⟨o.Obj.⟩ **1** Nahrung zu sich nehmen (von Tieren); einem Tier zu f. geben *ihm Futter geben* **2** ⟨derb⟩ sehr viel essen; er ißt nicht, er frißt **3** ⟨derb⟩ unmanierlich, unappetitlich essen **II** ⟨mit Akk.⟩ **1** als Nahrung zu sich nehmen (von Tieren); der Wolf frißt Schafe, frißt Fleisch; der Gorilla frißt Pflanzen **2** ⟨derb⟩ essen (von Menschen); er hat den ganzen Kuchen gefressen; ich habe das Kind zum Fressen gern ⟨ugs.⟩ *sehr gern;* den, das habe ich gefressen! ⟨ugs.⟩ *den, das kann ich nicht leiden* 3 ⟨übertr.⟩ *verbrauchen;* diese Heizung frißt viel Öl 4 ⟨derb⟩ *verstehen, begreifen;* jetzt hat er es endlich gefressen 5 *durch Nahrungsaufnahme verursachen;* die Motten haben Löcher in das Polster gefressen; das Haus hat ein großes Loch in unser Konto gefressen 6 *durch Nahrungsaufnahme in einen Zustand bringen;* ich freß mich ja noch satt!; den Napf leer f. III ⟨mit Präp.obj.⟩ 1 an etwas f. *etwas langsam verletzen, zerstören;* der Kummer, die Reue frißt an ihr, an ihrem Herzen 2 um sich f. *sich zerstörerisch ausbreiten;* das Geschwür frißt weiter um sich IV ⟨refl.⟩ 1 sich in etwas f. *zerstörend in etwas eindringen;* die Säure frißt sich in den Stoff 2 ⟨ugs.⟩ *sich durch Essen in einen Zustand bringen;* sich dick und rund f.

Fres|sen ⟨n., -s, nur Sg.⟩ 1 *Nahrung, Futter (für Tiere);* dem Hund sein F. geben; das ist ein gefundenes F. für ihn ⟨ugs.⟩ *das ist ihm sehr willkommen, kommt ihm sehr gelegen* 2 ⟨vulg., abwertend⟩ *Essen;* die sollen ihr F. selber behalten (so schlecht es, so ungern laden sie jmdn. ein)

Fres|se|rei ⟨f., -, nur Sg.; derb⟩ 1 *Nahrung, Essen;* für die F. sorgen; die F. bringe ich mit 2 *vieles, unmäßiges Essen;* das Fest war eine einzige F.

Freß|korb ⟨m.2; scherzh.⟩ *Korb, der mit Eßwaren angefüllt ist (für Ausflüge oder als Geschenk)*

Freß|sack ⟨m.2; ugs.⟩ *jmd., der zuviel ißt* [nach dem Reisesack oder der Reisetasche mit Verpflegung]

Freß|wel|le ⟨f.11; ugs.; scherzh.⟩ *Zeit nach der Währungsreform 1948 in Deutschland, als allgemein viel und gut gegessen und viel Geld für Essen ausgegeben wurde*

Freß|zel|le ⟨f.11, meist Pl.⟩ *Zelle, die Fremdkörper, z.B. Bakterien, vertilgt;* Syn. Phagozyt

Frett ⟨n.1⟩, **Frett|chen** ⟨n.7⟩ ⟨*meist weiße*⟩ *Zuchtrasse des Iltis (häufig zur Kaninchenjagd abgerichtet)* [< ital. *furetto*, < spätlat. *furo* „Iltis", *furetus* „Frettchen" < lat. *fur*, Gen. *furis*, „Dieb" (schon in röm. Zeit auch Bez. für das Tier)]

fret|ten ⟨V.2, hat gefrettet; refl.; süddt., österr.⟩ *sich f. sich mühen, sich plagen, schwer arbeiten* [eigtl. „sich wundreiben", < mhd. *vreten, vraten* „wundreiben, quälen, plagen", zu *vrat* „wundgerieben"]

fret|tie|ren ⟨V.3, hat frettiert; mit Akk.⟩ *mit dem Frettchen jagen*

Freu|de ⟨f.11⟩ 1 *Gefühl des Frohseins, des Beglücktseins, der frohen Befriedigung;* sein Beruf macht ihm viel, wenig, keine F.; an etwas F. haben; F. über etwas empfinden; einen Vorschlag mit ~n annehmen 2 *etwas, das jmdn. freut;* jmdm. eine F. machen; dein Brief war mir eine große F.; das Kind ist seine ganze F.; die ~n des Lebens; Freud und Leid miteinander teilen

Freu|den|haus ⟨n.4⟩ → Bordell

Freu|den|mäd|chen ⟨n.7⟩ → Prostituierte

Freu|dia|ner ⟨m.5⟩ *Anhänger der Lehre Sigmund Freuds, des Begründers der Psychoanalyse*

freu|dig ⟨Adj.⟩ 1 *voller Freude, hochgestimmt, froh;* einem Vorschlag f. zustimmen 2 *Freude bringend, Freude machend;* ein ~es Ereignis ⟨übertr.⟩ *die Geburt eines Kindes*

...freu|dig ⟨Adj.; in Zus.⟩ *gern etwas tuend, gern bereit zu etwas,* z.B. arbeitsfreudig, schenkfreudig, wanderfreudig, kontaktfreudig

freud|los ⟨Adj., ~er, am freudlosesten⟩ *ohne Freude(n);* ein ~es Leben **Freud|lo|sig|keit** ⟨f., -, nur Sg.⟩

freu|en ⟨V.1, hat gefreut⟩ I ⟨mit Akk.⟩ jmdn. f. *jmdm. Freude machen;* das freut mich (sehr); dein Brief hat ihn gefreut; es hat mich sehr gefreut (Höflichkeitsfloskel beim Verabschieden, nachdem man jmdn. kennengelernt hat) II ⟨refl.⟩ sich f. *Freude empfinden;* ich freue mich, daß du gekommen bist; er freut sich seines Lebens; sich an etwas f. *Freude an etwas haben, Freude beim Anblick von etwas empfinden;* sich auf etwas f. *Freude beim Gedanken an etwas Bevorstehendes empfinden;* sich über etwas f.

freund ⟨Adj., o.Steig.; mit Dat. und nur in „sein"⟩ jmdm. f. sein *jmdm. freundlich gesinnt sein*

Freund ⟨m.1⟩ 1 *jmd., der sich einem herzlich, in Zuneigung verbunden fühlt;* er ist mein F.; er hat viele ~e; ein alter, guter, väterlicher F.; die beiden sind dicke ~e; das kostet unter ~en 200 DM ⟨scherzh.⟩ *das überlasse ich dir für nur 200 DM, weil ich dir entgegenkommen will;* jmdn. zum F. haben 2 *jmd., mit dem man in gutem Einvernehmen bestimmte Dinge erlebt oder erlebt hat* (Schul~, Studien~, Geschäfts~, Wander~) 3 ⟨als Anrede mit leicht warnendem Unterton⟩ alter F.!; mein lieber F.! 4 ⟨früher als Anrede, wenn man den Namen des Angeredeten nicht mehr sagen will, mag, ob ...?⟩ 5 *Liebhaber (eines Mädchens, einer Frau);* sie hat einen (neuen) F. 6 *Liebhaber (einer Sache), jmd., der etwas besonders schätzt* (Blumen~, Kunst~); er ist ein großer F. der alten Musik; ich bin kein F. von vielen Worten

Freund|chen ⟨n.7; nur als warnende Anrede⟩ na warte, F., wenn ich dich noch einmal erwische

Freun|des|hand ⟨f.2; nur in Wendungen wie⟩ jmdm. die F. reichen *mit jmdm. Freundschaft schließen, sich mit ihm versöhnen*

Freun|des|kreis ⟨m.1⟩ *Kreis, lockere Gruppe von Freunden;* einen großen F. haben

Freund-Feind-Sche|ma ⟨n., -s, nur Sg.⟩ *Schema, nach dem Menschen nur danach beurteilt werden, ob sie einem freundlich oder feindlich gesinnt sind (ohne Berücksichtigung ihrer sonstigen Eigenschaften)*

freund|lich ⟨Adj.⟩ 1 *anderen Menschen gegenüber aufgeschlossen und aufmerksam, wohlwollend;* ~e Gesinnung; ein ~er Mensch 2 *solche Gesinnung zeigend;* ~er Empfang; vielen Dank für Ihren ~en Brief, Ihre ~e Einladung; ein ~es Gesicht machen; jmdn. f. ansehen, grüßen 3 *hilfreich, entgegenkommend;* ich danke Ihnen für Ihr ~es Angebot; wir wurden bei ihnen sehr f. aufgenommen; es ist sehr f. von Ihnen 4 *anziehend, angenehm, heiter, hübsch und hell;* eine ~e Landschaft; ein ~es Zimmer; ~e Farben 5 *sonnig und warm;* ~es Klima, Wetter 6 *zutraulich;* ein ~es Kind; ein ~er Hund

...freund|lich ⟨Adj.; in Zus.⟩ 1 *angenehm für ..., günstig für ...,* z.B. abgasbegünstigend, fahrgastfreundlich, familienfreundlich, umweltfreundlich 2 *wohlwollend gesinnt,* z.B. regierungsfreundlich

Freund|lich|keit ⟨f.10⟩ 1 ⟨nur Sg.⟩ *freundliche Wesensart, freundliches Verhalten, freundliche Beschaffenheit;* ich danke Ihnen für Ihre F. 2 *freundliche Äußerung;* ⟨auch iron.⟩ er sagte mir noch ein paar ~en

freund|nach|bar|lich ⟨Adj., o.Steig.⟩ *wie zwischen guten, freundlichen Nachbarn üblich ist;* wir haben zu ihnen ein ~es Verhältnis; wir verkehren f. miteinander

Freund|schaft ⟨f.10⟩ 1 *auf Zuneigung, Wohlwollen und Vertrauen beruhendes Verhältnis;* F. mit jmdm. pflegen; gute F. halten; er hat viele F. in aller F. ich sage es dir ohne Vorwurf 2 ⟨ugs., leicht abwertend⟩ *Gruppe von Freunden;* er brachte seine ganze F. mit

freund|schaft|lich ⟨Adj.⟩ 1 *auf Freundschaft beruhend;* ein ~er Rat; ein ~es Verhältnis zu jmdm. haben; ich grüße dich in ~er Verbundenheit 2 *in der Art eines Freundes, in Freundschaft;* jmdm. f. auf die Schulter klopfen

Freund|schafts|dienst ⟨m.1⟩ *Dienst als Freund, freundschaftliche Hilfe;* jmdm. einen F. leisten

Freund|schafts|spiel ⟨n.1⟩ *Spiel zwischen zwei Mannschaften außerhalb jedes Wettbewerbs, bei dem vor allem das eigene Team getestet wird (bes. bei Nationalmannschaften)*

fre|vel ⟨Adj., o.Steig.; nur als Attr.⟩ 1 *böse, verbrecherisch;* frevle Tat; frevles Tun 2 *dem Menschen gesetzte Grenzen überschreitend, tollkühn;* frevler Mut

Fre|vel ⟨m.5⟩ 1 *gegen Heiliges, Göttliches gerichtetes Verbrechen, Sünde;* einen F. begehen; das ist ein F. am Menschen 2 *Übertretung landwirtschaftlicher Vorschriften* (Forst~)

fre|vel|haft ⟨Adj., o.Steig.⟩ *auf Frevel beruhend;* verwegen bis zur F.; ein ~er Leichtsinn

fre|veln ⟨V.1, hat gefrevelt; o.Obj. oder mit Präp.obj.⟩ *einen Frevel begehen;* an jmdm. f.; gegen die Gesetze, gegen die menschliche Ordnung f.

Fre|vel|tat ⟨f.10; verstärkend⟩ *Frevel*

fre|vent|lich ⟨Adj., o.Steig.; nur mit Attr. und Adv.⟩ *durch Frevel;* er hat f. gehandelt *er hat gefrevelt;* eine Kirche f. entweihen, zerstören

Frhr. ⟨Abk. für⟩ *Freiherr*

Fri|dat|te ⟨f.11; österr.⟩ → Frittate (2)

fri|de|ri|zia|nisch ⟨Adj., o.Steig.⟩ *in die Zeit Friedrichs des Großen gehörend, aus ihr stammend, zur Zeit Friedrichs des Großen* [zu *Fridericus*, der lat. Form von *Friedrich*]

Frie|de ⟨m.15; Gen. (früher von)⟩ *Frieden;* F. seiner Asche!; F. sei mit dir!

Frie|den ⟨m.7⟩ 1 ⟨nur Sg.⟩ *Zustand der Ordnung, Ruhe und Sicherheit (im Staat und zwischen Staaten);* Ggs. *Krieg (1);* es herrscht (wieder) F. im Land; F. schließen 2 ⟨nur Sg.⟩ *Zustand innerer Ruhe und Ausgeglichenheit (des Menschen und zwischen Menschen), Eintracht;* Ggs. *Krieg (2);* häuslicher F.; gib endlich F.! *hör endlich auf zu bitten, zu betteln, zu nörgeln!;* F. stiften einen Streit schlichten; ich traue dem F. nicht *die Ruhe scheint mir trügerisch;* in F. leben; im F. mit sich und der Welt leben; laß mich in F.! *laß mich in Ruhe!;* seinen F. mit jmdm. machen *sich mit jmdm. versöhnen* 3 ⟨nur Sg.⟩ *beruhigende Stille;* der F. dieser Landschaft 4 *Friedensschluß, Friedensvertrag;* F. schließen; der F. von Utrecht; Westfälischer F.

Frie|dens|be|we|gung ⟨f.10⟩ 1 *organisierte Bestrebung, den Frieden der Welt zu erhalten* 2 *organisierte Gruppe, die für den Frieden der Welt eintritt*

Frie|dens|en|gel ⟨m.5⟩ 1 *Frieden verkündender Engel mit Palmzweig (als Symbol des Friedens)* 2 ⟨übertr.⟩ *jmd., der zwischen Streitenden vermittelt;* er erschien als F.

Frie|dens|füh|ler ⟨Pl.; nur in der Wendung⟩ die F. ausstrecken *den ersten Schritt tun, um Frieden zu schließen, Bereitschaft zur Versöhnung zeigen*

Frie|dens|kuß ⟨m.2⟩ 1 *angedeutete Umarmung katholischer Geistlicher (bei bestimmten gottesdienstlichen Handlungen)* 2 *Kuß als Zeichen der Versöhnung*

Frie|dens|no|bel|preis ⟨m.1⟩ *Nobelpreis, der für besondere Verdienste um die Erhaltung des Weltfriedens verliehen wird*

Frie|dens|pfei|fe ⟨f.11; bei den nordamerik. Indianern⟩ *Tabakspfeife, die beim Friedensschluß reihum geraucht wird;* Syn. *Kalumet;* die F. rauchen ⟨übertr.⟩ *Frieden schließen*

Frie|dens|rich|ter ⟨m.5⟩ 1 ⟨in angelsächs. Ländern⟩ *Richter für geringfügige Straf- und Zivilsachen* 2 ⟨früher in Dtld., heute noch in der Schweiz⟩ *jmd., der bei geringfügigen Streitsachen vor Prozeßbeginn eine gütliche Einigung herzustellen sucht*

Frie|dens|schluß ⟨m.2⟩ Abschluß eines Friedens (4)
Frie|dens|tau|be ⟨f.11⟩ weiße Taube mit einem Ölzweig im Schnabel (als Symbol für den Frieden)
Frie|dens|trup|pe ⟨f.11⟩ (aus verschiedenen Ländern zusammengestellte und von den UN eingesetzte) militärische Einheit in Spannungsgebieten zur Verhinderung von Kampftätigkeiten
Frie|dens|ver|hand|lung ⟨f.10⟩ Verhandlung, die einem Friedensvertrag vorausgeht
Frie|dens|ver|trag ⟨m.2⟩ Vertrag, der nach einem Krieg den Zustand des Friedens (1) wiederherstellt
Frie|dens|zeit ⟨f.10⟩ Zeit, in der Frieden (1) herrscht; in ~en
fried|fer|tig ⟨Adj.⟩ Frieden liebend, Streit vermeidend, verträglich; Syn. friedlich, friedsam; **Fried|fer|tig|keit** ⟨f., -, nur Sg.⟩
Fried|fisch ⟨m.1⟩ Fisch, der sich von Pflanzen und Kleintieren ernährt (z.B. der Karpfen); Ggs. Raubfisch
Fried|hof ⟨m.2⟩ **1** (bes. in der christl. Kirche) ummauertes Gelände, auf dem Tote bestattet werden; Syn. Gottesacker; vgl. Kirchhof **2** ⟨ugs., in Zus.⟩ Platz, an dem unbrauchbar gewordene Gegenstände abgeladen werden (Auto~)
fried|lich ⟨Adj.⟩ **1** in Frieden, ohne Krieg, ohne Gewalt; ~e Koexistenz; ~es Zusammenleben; ~e Zeiten; einen Streit f. beilegen **2** →friedfertig; ein ~er Charakter, Mensch **3** still, ohne Aufregung; er ist f. eingeschlafen (verhüllend) er ist ruhig, still gestorben **4** ruhig, freundlich; sei nur f.!; sei wieder f.! **5** in Ruhe, ungestört; laß mich ~ seine Zeitung lesen **6** beruhigend still; eine ~e Landschaft
fried|lie|bend ⟨Adj., o.Steig.⟩ den Frieden (1,2) liebend
fried|los ⟨Adj., o.Steig.⟩ **1** (früher) vogelfrei, geächtet **2** ohne inneren Frieden, ruhelos, unstet **Fried|lo|sig|keit** ⟨f., -, nur Sg.⟩
Fried|richs|dor ⟨m.1; 1740–1850⟩ preußische Goldmünze [nach dem Vorbild von →Louisdor gebildet]
fried|sam ⟨Adj.; geh.⟩ →friedfertig; ein ~es Volk **Fried|sam|keit** ⟨f., -, nur Sg.⟩
frie|ren ⟨V.42, hat gefroren⟩ **I** ⟨o.Obj. oder mit Akk. oder mit Präp.obj.⟩ Kälte empfinden, kalt sein; ich friere, mich friert, es friert mich mir ist kalt; ich friere am Kopf, an den Füßen, ich friere in den Kopf, an die Füße, mich friert am Kopf, an den Füßen **II** ⟨o.Obj.; mit ,,es''⟩ es friert es herrscht Frost, herrscht sehr niedrige Temperatur unter dem Nullpunkt; es hat heute nacht gefroren
Fries ⟨m.1⟩ **1** ⟨Baukunst⟩ mit gemalten oder gemeißelten Ornamenten versehener Streifen zum Schmuck oder zur Gliederung einer Wand **2** flauschiges Wollgewebe
Frie|se ⟨m.11⟩ Einwohner von Friesland
Frie|sel ⟨m.14 oder n.14, meist Pl.⟩ ~n harmloser Ausschlag in Form wassergefüllter Bläschen auf der Haut bei starkem Schwitzen [wahrscheinlich zu altslaw. proso ,,Hirse'', nach ihrer Ähnlichkeit mit Hirsekörnern]
frie|sisch ⟨Adj., o.Steig.⟩ Friesland betreffend, zu ihm gehörig, aus ihm stammend; ~e Sprache eine westgermanische Sprache
fri|gid ⟨Adj., Steig. nur ugs.⟩ kühl, geschlechtlich schwer oder nicht erregbar; auch: frigide [< lat. frigidus ,,kalt, kühl, frostig; untätig, schlaff, matt'', zu frigere ,,kalt oder erstarrt sein, gleichgültig, untätig sein'']
Fri|gi|da|ri|um ⟨n., -s, -rien⟩ **1** (im alten Rom) kaltes Bad **2** kaltes Gewächshaus [< frigid und lat. Endsilbe ...arium zur Bez. eines Behälters]
fri|gi|de ⟨Adj.⟩ →frigid
Fri|gi|di|tät ⟨f., -, nur Sg.⟩ das Frigidsein
Fri|ka|del|le ⟨f.11⟩ →Fleischklößchen; auch: (landsch.) Frikandelle [< frz. fricadelle ,,Fleischklößchen'', zu lat. frigere ,,rösten'']

Fri|kan|deau ⟨[-kãdo] f.9⟩ zarter, innerer Teil der Kalbskeule; Syn. Kalbsnuß [< frz. fricandeau in ders. Bed., zu Frikadelle]
Fri|kan|del|le ⟨f.11; landsch.⟩ →Frikadelle
Fri|kas|see ⟨n.9⟩ kleingeschnittenes, helles Fleisch in heller Soße (Hühner~, Kalbs~) [< frz. fricassée in ders. Bed., < prov. fricasso, fricassi ,,Braten, Ragout'', zu lat. frigere ,,rösten'']
fri|kas|sie|ren ⟨V.3, hat frikassiert; mit Akk.⟩ als Frikassee zubereiten
fri|ka|tiv ⟨Adj., o.Steig.⟩ auf Reibung beruhend; ~er Laut →Frikativlaut
Fri|ka|tiv ⟨m.1⟩ →Frikativlaut
Fri|ka|tiv|laut ⟨m.1⟩ Laut, der durch Verengung der Mundhöhle oder des Rachens und sich daran reibende Atemluft entsteht (z.B. f, ch, s, v, w); Syn. Frikativ, Spirans, Spirant, Reibelaut, Engelaut [< lat. fricatus ,,gerieben'', zu fricare ,,reiben'']
Frik|ti|on ⟨f.10⟩ **1** ⟨Phonetik u.a.⟩ →Reibung **2** ⟨übertr.⟩ Zwist, Reiberei **3** ⟨Med.⟩ Einreibung (von Salben), Reibmassage [< lat. frictio, Gen. -onis, zu fricare ,,reiben, abreiben'']
Fris|bee ⟨[frɪsbi:] n.9⟩ Wurfscheibe aus Plastik mit etwas aufgewölbtem Rand von etwa 20 cm Durchmesser [nach der amerik. Firma Frisbee, die den Studenten der Yale University in Connecticut Pasteten, Pizzen usw. lieferte; nach dem Essen vergnügten sich die Studenten dann gern damit, die leeren Pappteller einander zuzuwerfen, und ein Kunststoff-Fabrikant stellte diese Wurfgeschosse sehr bald in Plastik her]
frisch ⟨Adj., ~er, am frischesten⟩ **1** eben vom Erzeuger, Hersteller gekommen, nicht gelagert, nicht konserviert; Ggs. alt (3) ~es Brot; ~es Fleisch; ~es Gemüse, Obst; ~es Wasser Wasser aus der Quelle oder aus der Leitung **2** eben entstanden; eine ~e Wunde **3** sauber, gewaschen; ~e Wäsche; das Bett f. beziehen mit sauberer Wäsche beziehen; sich f. machen sich waschen und kämmen **4** neu, erneuert; ~e Luft; ~e Truppen; mit ~en Kräften; mit ~em Mut; f. gebackenes Brot; f. gefallener Schnee; Bier f. vom Faß; die Bank ist f. gestrichen **5** gesund (und hübsch), mit gesunder Gesichtsfarbe; ein ~es Mädchen; er ist wieder f. und munter **6** hell, freundlich; er hat ~e Farben rote Wangen, leuchtende Augen **7** kühl, kalt; ein ~er Morgen; die Luft ist f.; es ist f. draußen; ein ~er Wind ⟨übertr.⟩ neuer Schwung, neuer Antrieb
frisch|backen ⟨-k·k-; Adj., o.Steig.; nur als Attr. und mit ,,sein''⟩ frisch gebacken; ~es Brot; das Brot ist f.
Fri|sche ⟨f., -, nur Sg.⟩ frisches Aussehen, frische Beschaffenheit; die F. des Morgens; in jugendlicher F.; er hat seine alte F. wiedergewonnen
fri|schen ⟨V.1, hat gefrischt; mit Akk.⟩ durch Einblasen von Sauerstoff von unedlen Bestandteilen befreien; Eisenschmelze f.
frisch-fröh|lich ⟨Adj., o.Steig.⟩ unbekümmert, sorglos und unbefangen
frisch|ge|backen ⟨-k·k-; Adj., o.Steig.; nur als Attr. in den Wendungen⟩ ~er Ehemann jung verheirateter Ehemann; ~er Doktor jmd., der kürzlich die Doktorprüfung gemacht hat
Frisch|kä|se ⟨m.5⟩ Käse in nicht gereiftem Zustand, der für raschen Verzehr bestimmt ist (z.B. Gervais, Hüttenkäse)
Frisch|ling ⟨m.1⟩ **1** junges Wildschwein (bis zum Verlust der Streifenzeichnung) **2** ⟨Gaunerspr., auch scherzh.⟩ Neuling [< mhd. vrischlinc ,,junges Tier'', < ahd. frisching ,,Opfertier'']
Frisch|was|ser ⟨n., -s, nur Sg.⟩ **1** Wasser, das aus einem Gewässer zur Kühlung entnommen und nicht in einem inneren Kreislauf geführt wird **2** mitgeführtes Süßwasser (bes. auf Schiffen) [Lehnübersetzung von engl. fresh water ,,Süßwasser'']

frisch|weg ⟨Adv.⟩ munter und offen, ohne Scheu
Frisch|zel|len|the|ra|pie ⟨f.11⟩ Stoffwechselanreiz durch Einspritzen von lebenden Zellen
Fri|seur ⟨[-zø:r] m.1⟩ jmd., der gewerbsmäßig anderen Haar und Bart schneidet und pflegt; Syn. (†) Haarschneider [mit französisierender Endung zu frisieren]
Fri|seu|rin ⟨[-zø-] f.10; österr.⟩ →Friseuse
Fri|seu|se ⟨[-zø-] f.11⟩ weiblicher Friseur; Syn. (österr.) Friseurin
fri|sie|ren ⟨V.3, hat frisiert; mit (Dat. und) Akk.⟩ **1** (jmdm. oder sich) das Haar f. (jmdm. oder sich) das Haar kämmen und hübsch zurechtmachen **2** etwas f. ⟨ugs.⟩ beschönigen, zum Positiven verändern; frisierter Bericht, frisierte Nachrichten [< frz. friser ,,kräuseln, mit der Brennschere brennen'', auch ,,das Haar ordnen'']
Fri|sier|sa|lon ⟨[-lõ] m.9⟩ Geschäft eines Friseurs
Fri|sier|toi|let|te ⟨[-toa-] f.11; veraltend⟩ kleine Kommode mit ein- oder mehrteiligem Spiegel
Fri|sör ⟨m.1; eindeutschend für⟩ Friseur
Frist ⟨f.10⟩ **1** festgelegter Zeitraum (in dem etwas geschieht oder zu geschehen hat); kurze, lange F.; die F. ist abgelaufen; jmdm. noch eine F. geben; eine F. verlängern; in kürzester F. in sehr kurzer Zeit; ich habe noch eine F. von drei Tagen **2** ⟨geh.⟩ Zeitpunkt; zu dieser F.
fri|sten ⟨V.2, hat gefristet; mit Akk.⟩ etwas f. **1** mühselig verbringen; er fristet sein Leben mit einer winzigen Rente; er muß sein Leben kümmerlich f. **2** die Frist (1) von etwas hinausschieben; einen Wechsel, einen Kredit f.
Fri|sten|lö|sung, Fri|sten|re|ge|lung ⟨f., -, nur Sg.⟩ gesetzliche Freigabe des Schwangerschaftsabbruchs in den ersten drei Monaten der Schwangerschaft
frist|ge|recht ⟨Adj., o.Steig.⟩ zum vereinbarten Zeitpunkt; eine Arbeit f. abliefern
frist|los ⟨Adj., o.Steig.; nur als Attr. und Adv.⟩ ohne Frist (1); ~e Entlassung; jmdn. f. entlassen
Fri|sur ⟨f.10⟩ Art, wie das Haar geschnitten und zurechtgemacht ist; Syn. Haartracht [zu frisieren]
Fri|teu|se ⟨[-tø-] f.11⟩ Gerät zum Fritieren; Syn. Friture
Frit|flie|ge ⟨f.11⟩ bis 3 mm lange, schwarze Halmfliege, die bei Massenvorkommen an Getreide schädlich ist [vermutlich zu schwed. frit ,,leichte Ware'', wegen der bei Befall leeren Getreidehülsen]
fri|tie|ren ⟨V.3, hat fritiert; mit Akk.⟩ in Fett backen, braten; Syn. fritten[2] [Ableitung von frz. frit ,,geröstet'', zu frire < lat. frigere ,,rösten'']
Frit|ta|te ⟨f.11⟩ **1** Omelette, Eierkuchen **2** ⟨österr.⟩ in Streifen geschnittene Pfannkuchen (als Suppeneinlage); auch: Fridatte [< ital. frittata ,,Eierkuchen'', zu fritto ,,gebacken, gebraten'', zu friggere ,,backen, braten'']
Frit|te ⟨f.11⟩ **1** Schmelzmasse zur Herstellung von Glasuren **2** ⟨Pl.; norddt., ugs.⟩ →Pommes frites [< frz. fritte (Fem.) ,,gebraten'', zu fritieren]
frit|ten[1] ⟨V.1, hat gefrittet; mit Akk.⟩ erhitzen und zusammenbacken lassen; körniges, pulveriges Material f. [< frz. fritter in ders. Bed., zu frire ,,backen, braten'']
frit|ten[2] ⟨V.2, hat gefrittet; ugs.⟩ →fritieren
Frit|tung ⟨f., -, nur Sg.⟩ das Fritten[1]
Fri|tü|re ⟨f.11⟩ **1** heißes Fett zum Backen, Braten **2** das im Fett Gebackene **3** →Friteuse [< frz. friture ,,das Braten; Bratfett'']
fri|vol ⟨Adj.⟩ schlüpfrig, zweideutig, frech; ein ~es Liedchen [< frz. frivole ,,leichtfertig, schlüpfrig'', auch ,,nichtig'', < lat. frivolus ,,wertlos, bedeutungslos'', zu friare ,,zerreiben, zerbröckeln'']

Fri|vo|li|tät ⟨f.10⟩ **1** *Schlüpfrigkeit, Zweideutigkeit* **2** ⟨Pl.⟩ *~en mit Schiffchen hergestellte Handarbeit, Okkispitze* [< frz. *frivolités* in ders. Bed., eigtl. „Kleinigkeiten, Nichtigkeiten"]

Frl. ⟨Abk. für⟩ *Fräulein*

froh ⟨Adj., ~er, am froh(e)sten⟩ **1** *ausgeglichen und lebensbejahend, innerlich heiter;* ~*er Mensch* **2** *beschwingt, heiter gestimmt* **3** *erleichtert, erfreut; ich bin f., daß es so gekommen ist; du kannst f. sein, daß ...; ich bin f. über, um jede Hilfe* **4** *Freude bringend; die Frohe Botschaft das Evangelium* **5** ⟨mit Gen.⟩ *einer Sache f. sein, f. werden sich über eine Sache freuen, sie genießen; ich bin dessen sehr f.; er wird seines Lebens nicht mehr f., seit er den Unfall gehabt hat*

Froh|heit ⟨f., -, nur Sg.⟩ *frohe Stimmung, Frohsinn*

froh|ge|mut ⟨Adj., ~er, am frohgemutesten⟩ *froh und zuversichtlich*

fröh|lich ⟨Adj.⟩ **1** *von Freude, Lebensfreude erfüllt;* ein ~*er Mensch; f. singen* **2** *gut gelaunt, lustig, unbeschwert; eine* ~*e Gesellschaft*

Fröh|lich|keit ⟨f., -, nur Sg.⟩ *fröhliche Wesensart, fröhliche Stimmung*

froh|locken ⟨-k|k-; V.1, hat frohlockt; o.Obj.⟩ **1** *sich freudig äußern, jubeln; die Engel h. ~; er frohlockte über, bei seinem Erfolg* **2** *Schadenfreude empfinden, äußern; er frohlockte innerlich; „...!" frohlockte er*

Froh|mut ⟨m., -(e)s, nur Sg.⟩ *froher Mut, frohe, zuversichtliche Stimmung*

Froh|sinn ⟨m., -s, nur Sg.⟩ *von innen kommende Heiterkeit, frohe Grundstimmung, heitere Ausgeglichenheit; erhalte dir deinen F.!*

Fro|mage de Brie ⟨-maʒ də-⟩ m., - - -, nur Sg.⟩ → *Brie* [< frz. *fromage* „Käse", *de* „von" und *Brie*]

fromm ⟨Adj., frömmer, am frömmsten, auch: ~er, am ~sten⟩ **1** *an Gott glaubend, gläubig* **2** *Gott wohlgefällig; ein* ~*es Leben führen; ~e Werke* **3** *gehorsam, fügsam, leicht lenkbar; das Pferd ist f.; du brauchst dich nicht so f. an die Vorschrift zu halten* **4** *in gutem Glauben (gesagt, getan); eine* ~*e Lüge; ein* ~*er Wunsch Wunsch, der aller Voraussicht nach nicht erfüllt wird* **5** *scheinheilig; mit* ~*em Augenaufschlag* **6** ⟨†⟩ *tüchtig, wacker*

from|men ⟨V.1, hat gefrommt; mit Dat.⟩ *jmdm. f. jmdm. nutzen; zu seinem Nutz und Frommen* ⟨†⟩ *zu seinem Nutzen*

Fröm|mig|keit ⟨f., -, nur Sg.⟩ *das Frommsein, frommes Verhalten*

Fron ⟨f., -, nur Sg.⟩ **1** ⟨Antike, MA⟩ *Zwangsarbeit (des Bauern) für den Grundherrn;* auch: ⟨Pl.⟩ *Fronde* **2** ⟨übertr.⟩ *harte, mühselige Arbeit* **3** ⟨schweiz.⟩ → *Frondienst (3)* [< mhd. *vrone, vron* „Herrschaft, Gewaltherrschaft, Dienst für den Herrn" zu *vro,* ahd. *fro* „Herr"]

Fron|ar|beit ⟨f.10; verstärkend⟩ *Fron*

Fron|bo|te ⟨m.11; MA⟩ *Gerichtsdiener, Büttel*

Fron|de[1] ⟨f.11; †⟩ → *Fron (1)*

Fron|de[2] ⟨[frɔ̃d] f., -, nur Sg.⟩ **1** *politische Bewegung in Frankreich gegen den Absolutismus* **2** *regierungsfeindliche Partei* [frz., eigtl. „Schleuder"; urspr. Spottname, nach den Pariser Straßenjungen, die sich mit Schleudern gegenseitig bekriegten]

Fron|deur ⟨[frɔ̃dœr] m.1⟩ *Anhänger der Fronde*

Fron|dienst ⟨m.1⟩ **1** ⟨Antike, MA⟩ *zwangsweise Dienstleistung des Bauern für den Grundherrn* **2** ⟨übertr.⟩ *harte, aufgezwungene Arbeit* **3** ⟨schweiz.⟩ *freiwillige, unbezahlte Arbeit (z.B. für die Gemeinde),* auch: *Fron*

fron|die|ren ⟨[frɔ̃-] V.3, hat frondiert; o.Obj.⟩ *Widerspruch gegen die Regierung erheben, Opposition treiben* [zu *Fronde*[2]]

fro|nen ⟨V.1, hat gefront; o.Obj.⟩ **1** *Fronarbeit, Frondienst leisten* **2** ⟨übertr., ugs.⟩ *hart arbeiten*

frö|nen ⟨V.1, hat gefrönt; mit Dat.⟩ *einer Sache f. sich einer Sache hingeben, eine Sache gern und oft tun; dem Rauchen, Trinken f.* [zu *Fron,* eigtl. „wie einem Herrn dienen"]

Fron|leich|nam ⟨o.Art.⟩ *kath. Fest zur Verherrlichung des Abendmahlswunders,* o. F. [eigtl. „Leib des Herrn", < mhd. *vrôn* „zum Herrn gehörig, heilig, göttlich" (→ *Fron*) und *Leichnam*]

Front ⟨f.10⟩ **1** *Vorderseite; die F. eines Hauses; F. machen sich jmdm. zuwenden und ihn formell grüßen; gegen etwas F. machen* ⟨übertr.⟩ *sich gegen etwas zur Wehr setzen* **2** *vorderste Reihe einer geordnet aufgestellten Truppe; vor der F. stehen; die F. abschreiten* **3** *Kampfgebiet, Linie, an der zwei kämpfende Truppen einander berühren; an der F. stehen; in vorderster F.; die* ⟨übertr.⟩ *die gegensätzlichen Standpunkte werden immer unduldsamer vertreten* **4** *vorderste Linie, Spitze; in F. liegen an der Spitze, vorn laufen, fahren* **5** *geschlossene Gruppe von Personen mit gleichem Ziel (Einheits~, Volks~)* **6** *Grenzfläche einer Luftmasse (Kalt~, Warm~)* [< frz. *front* „Stirn, Vorderseite"]

fron|tal ⟨Adj., o.Steig.⟩ *vorn befindlich, von vorn; f. zusammenstoßen*

Fron|tal|un|ter|richt ⟨m., -(e)s, nur Sg.; kritisch für⟩ *herkömmliche Art des Unterrichts, bei dem der Lehrer sich gegenüber den in Reihen sitzenden Schülern befindet*

Front|an|trieb ⟨m., -(e)s, nur Sg.; beim Kfz⟩ *Kraftübertragung über die Vorderräder;* Syn. *Vorderradantrieb*

Fron|ti|spiz ⟨n.1⟩ **1** *dem Titelblatt gegenüberstehendes Bild* **2** *Vordergiebel* [< frz. *frontispice* „Vorderseite, Vordergiebel, Titelblatt", < lat. *frons,* Gen. *frontis,* „Stirn" und *specere* „sehen"]

Front|la|der ⟨m.5⟩ *Fahrzeug mit einer hydraulisch betriebenen Ladeeinrichtung an der Vorderseite*

Fron|vogt ⟨m.2; Antike, MA⟩ *Aufseher bei der Fron (I)*

Frosch ⟨m.2⟩ **1** ⟨i.e.S.⟩ *Froschlurch mit Zunge und Zähnen im Oberkiefer, Männchen mit paarigen seitlichen Schallblasen (Gras~, Wasser~)* **2** ⟨i.w.S.⟩ *Froschlurch ohne Hautwarzen (im Unterschied zur Kröte) (Flug~, Laub~)* **3** ⟨ugs.⟩ *Schleimansammlung auf den Stimmbändern, die vorübergehend die Stimme beeinflußt; einen F. im Hals haben*

Frosch|biß ⟨m.1⟩ *weiß blühendes Froschbißgewächs mit langstieligen Ausläufern und schwimmenden, herzförmigen Blättern* [wächst an Aufenthaltsorten von Fröschen, dient ihnen aber nicht als Nahrung. *-biß* vielleicht deswegen, weil die Einbuchtung am Grund des Blatts an einen „zahnlosen" Biß erinnert]

Frosch|biß|ge|wächs ⟨n.1⟩ *eine einkeimblättrige Wasserpflanze (z.B. Froschbiß, Wasserpest)*

Frosch|ge|schwulst ⟨f.2⟩ *kleine, halbkugelige Geschwulst der Speicheldrüse unter der Zunge*

Frosch|go|scherl ⟨n.14; österr.⟩ → *Pantoffelblume*

Frosch|löf|fel ⟨m.5⟩ *rötlich oder weiß in einer quirlförmigen Rispe blühende Pflanze, deren löffelförmige Blätter unterschiedlich gestaltet sind, je nachdem, ob sie über oder unter Wasser wachsen*

Frosch|lurch ⟨m.1⟩ *eine Amphibie mit nacktem Haut, gedrungenem, schwanzlosem Körper und Schwimmhäuten (z.B. Frosch, Kröte, Unke)*

Frosch|mann ⟨m.4⟩ *frei beweglicher Taucher mit Gummianzug und Atmungsgerät*

Frosch|per|spek|ti|ve ⟨f.11; in der Wendung⟩ *etwas aus der F. sehen aus dem Blickwinkel von unten her, der eigenen begrenzten, engen Welt*

Frosch|schen|kel ⟨m.5⟩ *enthäuteter, eßbarer Hinterschenkel eines Frosches*

Frosch|test ⟨m.1; früher⟩ *Test zur Feststellung der Schwangerschaft, bei dem einem männlichen Frosch Urin oder Blutserum der betreffenden Frau eingespritzt wird, worauf sich nach einiger Zeit in seinem Urin Samenzellen finden, wenn eine Schwangerschaft besteht*

Frost ⟨m.2⟩ **1** *Temperatur unter 0°C; strenger, milder F.* **2** ⟨bes. vor Fieber⟩ *Empfindung von Kälte; von F. geschüttelt werden* **3** *örtliche Erfrierung; F. in die Finger bekommen*

Frost|auf|bruch ⟨m.2⟩ *durch Frost verursachtes Aufbrechen einer Straßendecke*

Frost|beu|le ⟨f.11⟩ *empfindliche, juckende Anschwellung und Rötung der Haut infolge Kälteeinwirkung (bes. an Fingern und Zehen);* Syn. *Pernio*

Frost|bo|den ⟨m.8⟩ *Boden, der dauernd, langanhaltend oder häufig kurze Zeit gefroren ist*

Frost|brand ⟨m., -(e)s, nur Sg.⟩ **1** *Absterben des Körpergewebes bei starken Erfrierungen* **2** *Schaden an der Baumrinde infolge hoher Sonnenbestrahlung bei Tag und wiederholtem Gefrieren bei Nacht*

frö|ste|lig ⟨Adj.⟩ *leicht, schnell frierend;* auch: *fröstlig; ich bin f. ich friere schnell; mir ist f. ich friere ein wenig*

frö|steln ⟨V.1, hat gefröstelt; o.Obj. oder mit Akk.⟩ *mit leichtem Schauer ein wenig frieren; ich fröstele; mich fröstelt; es fröstelt mich*

fro|sten ⟨V.2, hat gefrostet⟩ **I** ⟨mit Akk.⟩ *zum Gefrieren bringen, einfrieren; Gemüse f.; gefrostetes Gemüse* **II** ⟨o.Obj.; unpersönl., mit „es"⟩ *es frostet es herrscht leichter Frost*

Fro|ster ⟨m.5⟩ *Tiefkühlfach*

fro|stig ⟨Adj.⟩ **1** *Kälte empfindend, frierend; ich bin f. mir ist kalt, ich friere ein wenig,* ⟨auch⟩ *ich friere schnell, oft; mir ist f. ich friere ein wenig* **2** *kühl, betont zurückhaltend, abweisend; ein* ~*er Empfang; jmdn. f. begrüßen*

fröst|lig ⟨Adj.⟩ → *fröstelig*

Fröst|ling ⟨m.1; ugs.⟩ *jmd., der schnell, oft friert*

Frost|schutt ⟨m., -(e)s, nur Sg.⟩ *durch Frostsprengung gebildeter Gesteinsschutt*

Frost|schutz ⟨m., -(e)s, nur Sg.⟩ *das Anwenden chemischer Zusätze, die den Gefrierpunkt herabsetzen (bes. um das Kühlwassersystem eines Verbrennungsmotors zu schützen); F. machen lassen*

Frost|span|ner ⟨m.5; Bez. für⟩ *verschiedene Schmetterlinge aus der Familie der Spanner, deren Männchen noch im Spätherbst und Winter fliegen und deren Weibchen flugunfähig sind*

Frost|spren|gung ⟨f.10⟩ *Bildung von Klüften durch eindringendes Wasser, das sich beim Gefrieren ausdehnt und das Gestein sprengt*

Frost|tag ⟨m.1; Meteor.⟩ *Tag, an dem die Lufttemperatur zeitweise unter 0°C sinkt*

Frot|té ⟨m.9 oder n.9; österr., schweiz.⟩ *Baumwollgewebe aus Kräuselzwirn* [zu *frottieren*]

Frot|teur ⟨[-tør] m.1⟩ *jmd., der sich durch Reiben an einer bekleideten Person sexuell erregt* [frz., „Reiber", zu *frottieren*]

frot|tie|ren ⟨V.3, hat frottiert; mit (Dat. und) Akk.⟩ *jmdn., sich f. mit einem rauhen Tuch abreiben; jmdm., sich den Leib f.* [< frz. *frotter* „(ab)reiben"]

Frot|to|la ⟨f., -, -s oder -to|len; im 15./16. Jh.⟩ *heiteres norditalienisches Lied* [ital., vielleicht < frotta „Schwarm, Ansammlung von unterschiedlichen, auch sonderbaren Dingen"]

Frot|ze|lei ⟨f.10; ugs.⟩ *Neckerei*

frot|zeln ⟨V.1, hat gefrotzelt; mit Akk.; ugs.⟩ jmdn., einander f. *necken* [zu *Fratze* „Posse"]

Frou|frou ⟨[frufru] n. oder m., -, nur Sg.⟩ *um 1900*⟩ *das Rascheln und Knistern seidener Unterröcke* [frz., lautmalend]

Frucht ⟨f.2⟩ **1** *Pflanzenorgan, das die Samen bis zur Reife schützend umschließt* (Sammel~, Schließ~, Stein~); *Früchte essen, sammeln; der Baum trägt reiche F.; eine F. der Liebe* ⟨poet.⟩ *ein uneheliches Kind* **2** *Getreide; die F. auf dem Halm verkaufen das Getreide vor der Ernte verkaufen* **3** *ungeborenes Lebewesen* (Leibes~); *die F. im Mutterleib; die F. ihres Leibes* [< lat. *frux*, Gen. *frugis*, „Feldfrucht, Getreide, Baumfrucht"] **4** ⟨übertr.⟩ *Ertrag, Ergebnis; die F. seiner Bemühungen; die Früchte seiner Tat ernten; seine Arbeit hat reiche Früchte getragen* [< lat. *fructus* „Frucht", übertr. „Ertrag, Nutzen"]

frucht|bar ⟨Adj.⟩ **1** ⟨bei Böden⟩ *viele Früchte, Pflanzen hervorbringend* **2** ⟨bei Lebewesen⟩ *viele Nachkommen hervorbringend*; Syn. *fertil* **3** *gute Ergebnisse, guten Ertrag, Nutzen bringend*; *ein ~es Gespräch; eine ~e Zeit*

Frucht|bar|keit ⟨f., nur Sg.⟩ *das Fruchtbarsein*; Syn. ⟨bei Lebewesen⟩ *Fertilität*

Frucht|be|cher ⟨m.5; bei Buchengewächsen⟩ *Teil einer Becherfrucht*

Frucht|bla|se ⟨f.11⟩ *sackartige Umhüllung des Embryos, die als zusätzlichen Schutz das Fruchtwasser enthält*

Frucht|blatt ⟨n.4⟩ *Teil der Blüte, der die Samenanlagen trägt*; Syn. *Karpell*

Frücht|chen ⟨n.7; ugs.⟩ *junger Mensch, der kleine Straftaten begeht, Tunichtgut, Taugenichts; ein nettes, sauberes F.!*

Früch|te|brot ⟨n.1⟩ *Brot mit eingebackenen getrockneten Früchten*; auch: ⟨österr.⟩ *Früchtenbrot*; Syn. ⟨südwestdt.⟩ *Hutzelbrot*, ⟨bayr.-österr.⟩ *Kletzenbrot*

Früch|ten|brot ⟨n.1; österr.⟩ → *Früchtebrot*

Frucht|es|senz ⟨f.10⟩ *Mischung von aromatischen Estern, die u.a. Bonbons, Eis, Fruchtsäften und Parfümen zugesetzt wird*

Früch|te|wür|fel ⟨m.5⟩ *würfelförmige Masse aus abführenden Früchten*

Frucht|fleisch ⟨n., -(e)s, nur Sg.⟩ *eine Frucht umgebendes Speichergewebe*; auch: ⟨kurz⟩ *Fleisch*

Frucht|fol|ge ⟨f.11⟩ *planmäßige Folge beim Anbau von Feldfrüchten*

Frucht|gum|mi ⟨m.9⟩ *mit Gelatine eingedickter Fruchtsaft, der gefärbt und aromatisiert wurde*

Frucht|holz ⟨n., -es, nur Sg.⟩ *Triebe an Obstbäumen, die Blütenknospen tragen*; Ggs. *Bauholz* (2)

fruch|tig ⟨Adj.⟩ *im Duft oder Geschmack an eßbare Früchte erinnernd*; *~er Wein*

Frucht|kno|ten ⟨m.7⟩ *die Samenanlage enthaltendes Organ der Blüte*

Frucht|kör|per ⟨m.5⟩ *der Sporen erzeugende Teil eines Pilzes*

frucht|los ⟨Adj., o.Steig.⟩ *keine Früchte (keinen Nutzen) bringend, nutzlos; ~e Bemühungen; es ist f., darüber weiter nachzudenken*; **Frucht|lo|sig|keit** ⟨f., nur Sg.⟩

Frucht|saft|ge|tränk ⟨n.1; vorgeschriebene Handelsbez.⟩ *Getränk, das nur einen Zusatz von Fruchtsaft enthält*

Frucht|säu|re ⟨f.11⟩ *in Früchten vorkommende organische Säure* (z.B. Apfel-, Wein-, Zitronensäure)

Frucht|stand ⟨m.2⟩ *Gesamtheit von Früchten, die aus einem ganzen Blütenstand entstanden sind und eine Einheit bilden* (z.B. die Ananasfrucht)

Frucht|was|ser ⟨n., -s, nur Sg.⟩ *wäßriggraue Flüssigkeit in der Fruchtblase*

Frucht|wech|sel ⟨m.5⟩ *Wechsel der Fruchtfolge*

Frucht|zucker ⟨-k·k-; m., -s, nur Sg.⟩ *in Honig und süßen Früchten vorkommende Zuckerart, die vom Körper langsamer verwertet wird als Traubenzucker*; Syn. *Fructose, Lävulose*

Fruc|to|se ⟨f., -, nur Sg.⟩ → *Fruchtzucker*; auch: *Fruktose*

fru|gal ⟨Adj.⟩ *mäßig, einfach, bescheiden*; Ggs. *opulent*; *eine ~e Mahlzeit* [< lat. *frugalis* „Früchte, Nutzen bringend", übertr. „sparsam, haushälterisch", zu *frux*, Gen. *frugis*, „Frucht"]

Fru|ga|li|tät ⟨f., -, nur Sg.⟩ *Einfachheit, Bescheidenheit*; Ggs. *Opulenz*

früh ⟨Adj., ~er, am früh(e)sten⟩ **1** *am Anfang (eines Zeitabschnitts), zeitig; am ~en Morgen; seit meiner ~en Jugend; die ~en Kulturen die Kulturen am Anfang der Menschheitsgeschichte; die ~en Werke eines Künstlers; der ~e Beethoven Beethoven am Anfang seiner Schaffenszeit; mit einem ~en Zug fahren; komm möglichst f.!; es ist noch f. am Tag; es ist noch f.; er hat schon f. angefangen zu malen in jugendlichem Alter; hättest du ~er aufstehen müssen!* ⟨ugs.⟩ *da hättest du besser aufpassen müssen, schneller sein müssen!; um so ~er wird er es desto erfahren; meine ~esten Erinnerungen* **2** *vor dem erwarteten, üblichen Zeitpunkt eintretend, liegend, reifend; eine ~er Tod; ein ~er Winter; eine ~e Apfelsorte; er ist f. gestorben*; **3** ⟨als Adv.⟩ *am Morgen, morgens; heute f. kann ich am besten arbeiten; von f. bis spät*; vgl. *früher*

Früh ⟨f., -, nur Sg.⟩ → *Frühe*

früh|auf ⟨Adv.⟩ *von der Kindheit an*

Früh|auf|ste|her ⟨m.5⟩ *jmd., der gern früh am Morgen aufsteht*

Früh|beet ⟨n.1⟩ *durch einen erhöhten Rahmen abgegrenztes und mit Glasfenstern bedecktes Beet, mit dem der Anbau junger Pflanzen früher im Jahr erfolgen kann*

früh|christ|lich ⟨Adj.⟩ *in den ersten Jahrhunderten des Christentums liegend, geschehen, aus ihnen stammend*; Syn. *altchristlich; die ~e Kunst*

Früh|druck ⟨m.1⟩ *Buch aus der Frühzeit der Buchdruckerkunst, i.w.S. von 1450 bis 1550, i.e.S. von 1500 bis 1550*; vgl. *Inkunabel*

Frü|he ⟨f., -, nur Sg.⟩ **1** *Anfang (eines Zeitabschnitts), Frühzeit; in der F. seines Lebens* **2** *Anfang des Tages, Morgen*; (morgens) *in der F.; in aller F. aufstehen*

frü|her ⟨Adj., Komparativ von *früh*; nur als Attr. und Adv.⟩ **1** *ehemalig, einstig; der ~e Besitzer; ihr ~er Mann* **2** *vergangen; in einer ~en Auflage des Buches; in ~en Jahrhunderten* **3** ⟨als Adv.⟩ *vor längerer Zeit, ehemals; f. bin ich oft dort gewesen; er hat f. in Berlin gelebt; ich kenne ihn von f. her*

Früh|er|ken|nung ⟨f., -, nur Sg.⟩ *frühes Erkennen* (bes. von Krankheiten wie Krebs)

frü|he|stens ⟨Adv.⟩ *nicht früher als; er kann f. um vier Uhr hier sein*

Früh|ge|burt ⟨f.10⟩ **1** *Geburt eines nicht voll ausgetragenen Kindes* (meist lebensfähig, zwischen der 28. und der 38. Schwangerschaftswoche); *sie hatte eine F.* **2** *das Kind selbst; er war eine F.*

Früh|ge|schich|te ⟨f., -, nur Sg.⟩ *auf die Vorgeschichte folgender Zeitabschnitt*

Früh|jahr ⟨n.1⟩ *Abschnitt des Jahres vom 21. März bis 21. Juni* (im Unterschied zu "Frühling" im Sinne des jahreszeitlichen Ablaufs gebraucht); *es gibt heuer ein zeitiges F.*

Früh|kul|tur ⟨f.10⟩ *Anfang einer Kultur; die ägyptische F.*

Früh|ling ⟨m.1⟩ **1** *Frühjahr, Zeit des Wachstums, des Blühens* **2** *erster Abschnitt, Zeit des Aufschwungs, Blütezeit; zweiter F. nochmaliger Aufschwung, Zeit einer zweiten Blüte, neue Liebe im vorgerückten Alter*

Früh|lings|ge|fühl ⟨Pl.; ugs.⟩ *Liebesgefühle*

Früh|lings|punkt ⟨m.1⟩ *Schnittpunkt des Himmelsäquators mit der Ekliptik, der von der Sonne bei Frühlingsanfang, am 21. März, überschritten wird*; Syn. *Widderpunkt*

früh|mor|gens ⟨Adv.⟩ *morgens, früh am Morgen*

früh|reif ⟨Adj., o.Steig.⟩ **1** *körperlich oder geistig weiter entwickelt als üblich; ein ~es Kind* **2** *vorzeitig gereift; ~es Obst*

Früh|reif ⟨m., -(e)s, nur Sg.⟩ *nur frühmorgens auftretender Reif* (1)

Früh|rei|fe ⟨f., -, nur Sg.⟩ *das Frühreifsein*; Syn. *Prämaturität; geistige, sexuelle F.*

Früh|schop|pen ⟨m.7⟩ *geselliges Bier- oder Weintrinken vor dem Mittagessen*; Ggs. *Dämmerschoppen*

Früh|stück ⟨n.1⟩ *Mahlzeit am Morgen oder Vormittag*; Syn. ⟨†⟩ *Dejeuner; erstes, zweites F.; ein Ei zum F. essen; das F. bestellen*

früh|stücken ⟨-k·k-; hat gefrühstückt; o.Obj.⟩ *das Frühstück einnehmen*

Früh|warn|sy|stem ⟨n.1⟩ *großräumiges Netz von Radarstellen, mit dem angreifende Flugzeuge oder Flugkörper früh geortet werden können*

Früh|werk ⟨n.1⟩ *Werk aus dem Beginn der Schaffenszeit* (eines Künstlers); *ein F. Beethovens*

Früh|zeit ⟨f., -, nur Sg.⟩ *Anfang (eines geschichtlichen Zeitabschnitts); die F. einer Kultur, einer Kunst*

früh|zei|tig ⟨Adj., o.Steig.⟩ *sehr früh, sehr zeitig; wir müssen f. dort sein; f. aufstehen*

Fruk|ti|fi|ka|ti|on ⟨f., -, nur Sg.⟩ **1** *Bildung von Früchten* **2** ⟨†⟩ *Nutzbarmachung* [zu *fruktifizieren*]

fruk|ti|fi|zie|ren ⟨V.3, hat fruktifiziert⟩ **I** ⟨o.Obj.⟩ *Früchte bilden, Frucht ansetzen* **II** ⟨mit Akk.; †⟩ *nutzbar machen* [< lat. *fructificare* „Früchte treiben oder tragen, Nutzen bringen", < *fructus* „Früchte, Einkünfte, Ertrag, Nutzen" und *facere* (in Zus. *-ficare*) „machen"]

Fruk|to|se ⟨f., -, nur Sg.⟩ → *Fructose*

Frust ⟨m.1; ugs.⟩ *Frustration;* einen F. haben

Fru|stra|ti|on ⟨f.10⟩ *Enttäuschung durch erzwungenen Verzicht* [zu *frustrieren*]

fru|strie|ren ⟨V.3, hat frustriert; mit Akk.⟩ *enttäuschen, zum Verzicht zwingen; frustriert sein in seinen Erwartungen enttäuscht sein* [< lat. *frustrare* „in der Erwartung täuschen, betrügen", zu *frustra* „irrtümlich, betrügerisch, täuschend; erfolglos, vergeblich"]

Frut|ti di Ma|re ⟨Pl.⟩ *kleine Meerestiere* (z.B. Muscheln, Krabben), *die roh oder gekocht gegessen werden* [ital., „Früchte des Meeres"]

F-Schlüs|sel ⟨m.5⟩ → *Baßschlüssel*

ft ⟨Zeichen für⟩ *Foot*

Ft ⟨Abk. für⟩ *Forint*

Fuchs ⟨[fuks] m.2⟩ **1** *hundeartiges Raubtier mit spitzer Schnauze, orangebraunem* („rotem") *Fell oder behaartem Schwanz mit weißer Spitze*; Syn. ⟨verdeutlichend⟩ *Rotfuchs; dort, wo sich die Füchse,* ⟨oder⟩ *wo sich F. und Hase gute Nacht sagen* ⟨übertr.⟩ *an einem verlassenen, einsamen Ort* **2** *dessen (verarbeiteter) Pelz* **3** ⟨übertr.⟩ *schlauer, gewiegter Kerl; er ist ein F., ein schlauer F.* **4** *junger Student einer Verbindung in den ersten und zweiten Semester* **5** ⟨Bez. für⟩ *zwei Arten überwiegend rötlicher Fleckenfalter mit dunkler Zeichnung; Großer F.; Kleiner F.* **6** *Pferd mit rotbraunem Deckhaar und ebenso oder heller gefärbten Schweif* **7** ⟨bei Heizanlagen⟩ *Rauchabzugskanal, der Feuerungsraum und Schornstein verbindet*

fuchs|sen ⟨V.1, hat gefuchst; mit Akk.; meist unpersönl., mit „es"; ugs.⟩ *ärgern; es fuchst mich, daß ...* [wohl zu mundartl. *fucken* „hin und her fahren"]

Fuch|sie ⟨[fuksjə] f.11⟩ *Zierstrauch aus der Gattung der Nachtkerzengewächse mit rot-violetten und rot-weißen, hängenden Blüten* [nach dem Arzt und Botaniker L. Fuchs]

fuch|sig ⟨Adj.⟩ **1** ⟨o.Steig.⟩ →*fuchsrot* **2** ⟨ugs.⟩ *sehr erbost*

Fuch|sin ([fuk-] n., -s, nur Sg.⟩ *basischer Teerfarbstoff von leuchtend roter Farbe* [zu *Fuchsie*, nach dem ähnlichen Farbton]

Fuchs|jagd ⟨f.10⟩ **1** ⟨bes. im Reitsport⟩ *Jagdspiel, bei dem ein „Fuchs" genannter Teilnehmer mit Vorsprung vor seinen ihn verfolgenden Mitbewerbern auf die Strecke geht* **2** ⟨bei Funkamateuren⟩ *Wettbewerb zum Orten von Funksignalen, bei dem ein im Gelände versteckter kleiner Sender von den Teilnehmern mit Peilempfängern aufgespürt wird*

Fuchs|ma|jor ⟨m.1; in studentischen Verbindungen⟩ *älterer Student, der die Füchse (4) in ihre Aufgaben einweist*

Fuchs|rot ⟨Adj., o.Steig.⟩ *rot wie die Fellfarben des Fuchses*; auch: *fuchsig*; ∼es Haar

Fuchs|schwanz ⟨m.2⟩ **1** *Schwanz des Fuchses* **2** *(einhändig zu benutzende) Holzsäge ohne Spannbogen mit kurzem, breitem Band, das nach vorn zu schmaler wird* **3** ⟨Bez. für⟩ *verschiedene Pflanzen (z.B. ein Gras, dessen Ähre an einen Fuchsschwanz erinnert)*

fuchs|teu|fels|wild ⟨Adj., o.Steig.; nur mit „sein" und „werden"⟩ *sehr wütend*

Fuch|tel ⟨f.11⟩ **1** *Degen mit breiter Klinge* **2** ⟨übertr.⟩ *strenge Herrschaft, strenge Aufsicht;* unter jmds. F. stehen

fuch|teln ⟨V.1, hat gefuchtelt; selten für⟩ *herumfuchteln*

fuch|tig ⟨Adj.; nur mit „sein" und „werden"⟩ *wütend*

fud. ⟨Abk. für⟩ *fudit*

Fu|der ⟨n.5⟩ **1** *Ladung (Fuhre) meist landwirtschaftlicher Güter (z.B. Heu, Getreide, Mist)* **2** *altes deutsches Flüssigkeitsmaß, 960 bis 1811 Liter*

fu|dit ⟨Abk.: fud⟩ *hat (es) gegossen (Vermerk auf Glocken usw. hinter dem Namen des Gießers)* [lat.]

Fuff|zi|ger ⟨m.5; berlin.⟩ *Fünfzigpfennigstück*; ein falscher F. *ein falscher, betrügerischer Kerl*

Fug ⟨m.; nur noch in der Wendung⟩ mit F. und Recht *mit Recht* [< mhd. vuoc „Schicklichkeit, Angemessenheit", zu *fügen*]

fu|gal ⟨Adj., o.Steig.⟩ *in der Art einer Fuge¹*

fu|ga|to ⟨Adj., o.Steig., o.Dekl.⟩ *in der Art einer Fuge¹ komponiert* [ital.]

Fu|ga|to ⟨n., -s, -s oder -ti⟩ *fugenartiges Musikstück*

Fu|ge¹ ⟨f.11⟩ *streng aufgebautes Musikstück, dessen erstes Thema durch alle Stimmen führt* [< mlat. *fuga* „Verfolgung, Jagd", < lat. *fuga* „Flucht, das Dahineilen"]

Fu|ge² ⟨f.11⟩ **1** *schmaler Zwischenraum (bes. zwischen Mauersteinen, Fliesen)*; die ∼n mit Mörtel verschmieren; ∼n abdichten **2** ⟨Sprachw.⟩ *Stelle, an der die Bestandteile einer Zusammensetzung oder Ableitung aneinanderstoßen, z.B. Ferien-wohnung, lieblich*; vgl. *Fugen-n, Fugen-s*

fu|gen ⟨V.1, hat gefugt; mit Akk.⟩ *miteinander verbinden*; Balken f.; Mauersteine f. *nach dem Bau die Zwischenräume zwischen den Mauersteinen mit Mörtel füllen*

fü|gen ⟨V.1, hat gefügt⟩ **I** ⟨mit Akk.⟩ **1** *zusammensetzen, bauen*; eine Mauer f.; aus Balken fest gefügte Hütte **2** *fest zusammen, fest verbinden*; einen Stein auf einen anderen f. **3** *bewirken, machen, daß etwas geschieht*; das Schicksal hat es so gefügt **II** ⟨refl.⟩ sich f. **1** *gehorchen, nachgeben*; sich jmdm., sich einer Anordnung f.; sich in etwas f. *sich einer Lage anpassen, sich mit einer Lage zufriedengeben*; sich in sein Schicksal f.; sich in das Unvermeidliche f. **2** ⟨unpersönl., mit „es"⟩ *sich ergeben, geschehen*; es hat sich so gefügt, daß ...; es fügte sich so, daß ...

Fu|gen|zei|chen ⟨n., -, -; Sprachw.⟩ *Zeichen (ein oder zwei Buchstaben), das zwei Wörter zu einem einzigen Wort zusammenschließt*, z.B. e (Mauseloch), n (Meilenstein), en (Christentum), es (Tageszeit), *auch wenn es den Deklinationsregeln nach nicht dort gehört*, z.B. s (Liebesgeschichte, Nahrungsmittel)

Fu|get|te ⟨f.11⟩, **Fu|ghet|ta** ⟨f., -, -ten; Mus.⟩ *kleine Fuge¹* [ital.]

fu|gie|ren ⟨V.3, hat fugiert; mit Akk.; Mus.⟩ *in der Art einer Fuge¹ durchführen, abwandeln*; ein Thema f.

füg|lich ⟨Adj., o.Steig.; nur als Adv.⟩ *mit Recht, mit Grund, begründeterweise*; man darf wohl f. annehmen, behaupten, daß ...

füg|sam ⟨Adj.⟩ *sich leicht fügend, willig gehorchend* **Füg|sam|keit** ⟨f., -, nur Sg.⟩

Fu|gung ⟨f.10⟩ **1** *das Fugen* **2** *das Gefügte*

Fü|gung ⟨f.10⟩ **1** *Geschehen, das sich in passender Weise fügt, schicksalhaftes Geschehen*; durch eine glückliche F. war es möglich, daß ...; es war eine F. des Himmels **2** *Gruppe von Wörtern, die nur in dieser Zusammenstellung gebraucht werden, z.B. von frühauf*

füh|len ⟨V.1, hat gefühlt⟩ **I** ⟨mit Akk.⟩ **1** *mit dem Tastsinn wahrnehmen, körperlich spüren*; eine Berührung, einen Schmerz f.; Hunger, Durst f. **2** *seelisch empfinden*; ich fühle, auch wenn ich die Wahrheit sagt; das kann man nicht erklären, das muß man f.; Mitleid, Liebe, Haß f. **3** *tastend feststellen*; ich fühlte einen Widerstand, eine Verdickung **II** ⟨mit Präp.obj.⟩ mit jmdm. f. *verstehen, wie jmdm. zumute ist*; nach etwas f. *tasten, um das Vorhandensein von etwas festzustellen*; er fühlte nach dem Geldschein: Er war noch da **III** ⟨refl.⟩ sich f. **1** *eine bestimmte Empfindung haben, einen bestimmten Zustand in sich wahrnehmen*; er fühlt sich krank, gesund, glücklich; ich fühle mich schon besser; er fühlt sich schuldig; er fühlt sich betrogen; er fühlt mich nicht berufen, hier einzugreifen; er fühlt sich für so verantwortlich **2** ⟨ugs.⟩ *stolz sein, sich wichtig vorkommen*; er fühlt sich (weil er ...)

Füh|ler ⟨m.5; bei Insekten, Krebsen, Hundert- und Tausendfüßlern⟩ *Anhang am Kopf, der Sinnesorgane trägt (meist zwei, auch vier)*; Syn. *Antenne*

fühl|los ⟨Adj., o.Steig.⟩ *ohne Gefühl, gefühllos* **Fühl|lo|sig|keit** ⟨f., -, nur Sg.⟩

Füh|lung ⟨f., -, nur Sg.⟩ *Berührung (Tuch∼), Verbindung, Beziehung*; mit jmdm. F. aufnehmen; mit jmdm. in F. bleiben

Füh|lung|nah|me ⟨f., -, nur Sg.⟩ *das Aufnehmen einer Beziehung, einer Verbindung*

Fuh|re ⟨f.11⟩ *etwas, das fahrend transportiert wird*; eine F. Heu **2** *die Fahrt selbst*; eine F. machen; bei der zweiten F.

Füh|re ⟨f.11; Bergsteigen⟩ *durch Zeichen kenntlich gemachter Kletterweg*

füh|ren ⟨V.1, hat geführt⟩ **I** ⟨mit Akk.⟩ **1** *jmdn. oder ein Tier f.* **a** *jmdm. den Weg zeigen, indem man ihn mit sich nimmt, jmdn., ein Tier leiten, auf einem Weg mit sich nehmen*; jmdn. an einen Ort, über die Straße f.; einen Hund an der Leine, ein Pferd am Zügel f.; jmdn. durch eine Ausstellung, eine Stadt f.; jmdm. die Gegenstände einer Ausstellung, die Sehenswürdigkeiten einer Stadt zeigen und erklären **b** *lenken, leiten*; ein Fahrzeug f.; ein Geschäft, ein Hotel f.; mich führt ein Anliegen zu Ihnen, was möchten Sie von mir?; weshalb kommen Sie, was möchten Sie von mir?; eine ∼de Persönlichkeit; die ∼de Schicht einer Gesellschaft **c** *den Befehl, die Aufsicht (über Personen) haben, Anführer (von Personen, Tieren) sein*; ein Regiment f.; der Leitwolf führt das Rudel; die Sau führt Junge *hat Junge bei sich*; sie führt eine sechste Klasse *ist Klassenlehrer einer sechsten Klasse* **2** *etwas f.* **a** *als Kennzeichen haben*; die Familie führt einen Vogel im Wappen **b** *zum Verkauf haben, anbieten*; das Geschäft führt nur Herrenkleidung; diesen Artikel f. wir nicht **c** *fortbewegen, befördern, bei sich haben*; der Fluß führt Hochwasser, führt Gold; das Schiff führt Kohle; der Fluß führt Sand, Geröll mit sich; stets einen Ausweis mit sich f.; f. Sie zu verzollende Waren mit sich? **d** *ausführen, durchführen*; einen Prozeß f.; Verhandlungen f.; die Regie f.; das Wort f. *leitend, lenkend sprechen* **e** *bauen*; eine Straße um einen See f.; eine Mauer um einen Park f. **f** *regelmäßig etwas in etwas einschreiben*; ein Konto, eine Liste f.; Buch über etwas f. **II** ⟨o.Obj.⟩ **1** *die Führung haben, Anführer sein*; er führte an der fünften Runde an *er lief, fuhr von der fünften Runde an ganz vorn* **2** *seinen Weg verlaufen*; die Straße führt zum Schloß, führt steil nach oben; die Reise führte bis ans Meer; alles zu erklären, würde jetzt zu weit f.; dein Verhalten wird noch dazu f., daß ...; das führt zu nichts *hat keinen Erfolg*; wohin soll das f.? **III** ⟨refl.⟩ sich f. *sich längere Zeit (auf bestimmte Weise) benehmen, verhalten, betragen*; er hat sich gut, einwandfrei, schlecht geführt

Füh|rer ⟨m.5⟩ **1** *jmd., der jmdn. oder etwas führt* (Fremden-, Geschäfts∼); beim Bergsteigen einen F. nehmen **2** *Buch mit Beschreibungen der Sehenswürdigkeiten (einer Stadt, eines Landes* (Reise∼); F. durch London, durch das Museum **3** *(1933-1945 Bez. für) Adolf Hitler*; der F.

Füh|rer|schein ⟨m.1⟩ *Ausweis, der bescheinigt, daß jmd. berechtigt ist, ein Kraftfahrzeug zu fahren*; Syn. ⟨Amtsspr.⟩ *Fahrerlaubnis*, ⟨schweiz.⟩ *Fahrausweis*

Füh|rer|stand ⟨m.2; bei Lastkraftwagen, Lokomotiven, Straßenbahnen⟩ *Platz, von dem aus gelenkt bzw. geführt wird*

Fuhr|mann ⟨m.4, Pl. auch -leu|te⟩ *jmd., der ein Fuhrwerk lenkt*

Fuhr|park ⟨m.9⟩ *Gesamtheit der Transportfahrzeuge (z.B. eines Fuhrunternehmens, einer militärischen Einheit)*

Füh|rung ⟨f.10⟩ **1** ⟨nur Sg.⟩ *das Führen*; die F. (über eine Personengruppe) übernehmen; jmdm. die F. überlassen; wir besichtigten unter seiner F., unter F. eines Kunsthistorikers die Stadt; in F. liegen ⟨Sport⟩ *an der Spitze, ganz vorn laufen oder fahren* **2** ⟨nur Sg.⟩ *Gesamtheit der führenden Personen (eines Betriebs)* **3** ⟨nur Sg.⟩ *das Sichführen, Betragen, Benehmen*; er wurde wegen guter F. vorzeitig entlassen; seine F. war einwandfrei **4** *Besichtigung von Sehenswürdigkeiten, die von einem Führer erklärt werden*; sich einer F. anschließen; eine F. mitmachen; die letzte F. ist um 18 Uhr

Füh|rungs|kraft ⟨f.2⟩ *jmd., der geeignet ist, Untergebene zu leiten, Angestellter in einer leitenden Stellung*

Füh|rungs|stil ⟨m., -s, nur Sg.⟩ *Art, wie jmd. Untergebene führt, einsetzt, behandelt*; guter, schlechter F.

Füh|rungs|trup|pe ⟨f.11⟩ *Waffengattung als Mittel der Führung, die die Voraussetzungen für einen erfolgreichen Kampf schaffen soll (z.B. Feldjäger, Fernmelde- und Heeresfliegertruppe)*

Füh|rungs|zeug|nis ⟨n.1⟩ *polizeiliche Bescheinigung über verbüßte Strafen oder darüber, daß keine Strafen vorliegen*

Fuhr|un|ter|neh|men ⟨n.7⟩ *Unternehmen, das Transporte mit Fahrzeugen ausführt*

Fuhr|un|ter|neh|mer ⟨m.5⟩ *Inhaber eines Fuhrunternehmens*

Fuhr|werk ⟨n.1⟩ *einfaches, langsames Fahrzeug, mit dem etwas transportiert wird (bes. ein offener Wagen mit Zugtier)*

Ful|gu|ra|ti|on ⟨f.10⟩ *Evolutionssprung, der mit einfacher Mutation nicht zu erklären ist* [< lat. *fulgur* „Blitz"]

Ful|gu|rit ⟨m.1⟩ **1** →*Blitzröhre* **2** ⟨Wz.⟩ *gegen Rauchgase beständiges Baumaterial aus Zement und Asbest* [< lat. *fulguritus* „vom Blitz getroffen", zu *fulgur* „Blitz"]

Full|dreß ⟨m., -, nur Sg.⟩ *Gesellschaftsanzug,*

Fülle

Abendkleid [< engl. *full dress* „voller Anzug"]

Fül|le ⟨f.11⟩ 1 ⟨nur Sg.⟩ *volles Maß, Reichtum* (Klang~, Licht~); das Leben in seiner ganzen F. genießen; er steht in der F. seiner Kraft 2 ⟨nur Sg.⟩ *große Menge, Vielfalt;* eine F. neuer Eindrücke; Speisen, Getränke in Hülle und F. *in großer Menge, im Überfluß* 3 ⟨nur Sg.⟩ *Leibesumfang, Beleibtheit, Dicksein* (Leibes~); zur F. neigen; er hat in seiner F. kaum in einem Sessel Platz 4 *Masse, mit der eine Speise (z.B. Geflügel, Pastete) gefüllt wird*

fül|len ⟨V.1, hat gefüllt⟩ I ⟨mit Akk.⟩ 1 *etwas f. etwas voll machen;* ein Gefäß f.; seine Schallplattensammlung füllt mehrere Schränke; eine Dose halb, zur Hälfte mit Gebäck f.; eine gut gefüllte Brieftasche haben *viel Geld haben* 2 *etwas in etwas f. etwas in etwas hineintun;* Kartoffeln in Säcke f. 3 *mit einer Fülle (4) versehen;* ein Huhn, eine Pastete f. II ⟨refl.⟩ *sich f. voll werden;* der Saal füllt sich allmählich; das Becken füllt sich mit Wasser

Fül|len ⟨n.7; geh.⟩ → *Fohlen*

Fül|ler ⟨m.5; kurz für⟩ *Füllfederhalter*

Füll|fe|der|hal|ter ⟨m.5⟩ *Schreibgerät mit Verschlußkappe und Tintenraum, der über einen feinen Kanal mit der Feder verbunden ist*

Füll|horn ⟨n.4; poet.⟩ *mit Blumen und Früchten gefülltes Horn,* ⟨Sinnbild für⟩ *Fülle (2);* das Schicksal schüttete das F. des Glücks über ihn aus *schenkte ihm eine Fülle von Glück*

fül|lig ⟨Adj.⟩ *dicklich, etwas dick;* eine ~e Dame; er wirkt allmählich f.

Füll|ort ⟨m.4; Bgb.⟩ *Stelle unmittelbar am Schacht, wo das Fördergut umgeladen wird*

Füll|sel ⟨n.5⟩ *etwas, das nur zum Füllen dient und für sich nicht wichtig ist;* ein Wort als F. in eine Zeile einschieben; Bonbons als F. in einem Päckchen

Full-time-Job ⟨[fultaimdʒɔb] m.9⟩ *Ganztagsarbeit* [engl.]

Fül|lung ⟨f.10⟩ 1 *das Füllen;* eine F. machen 2 *Flüssigkeit oder Masse, mit der etwas Bares gefüllt ist;* F. einer Praline 3 *dünne Platten oder Bretter, die in einen aus stärkeren Hölzern gezimmerten Türrahmen eingesetzt werden* (Tür~) 4 → *Plombe;* sich eine F. aus Gold machen lassen

Füll|wort ⟨n.4⟩ *Wort, das nur zum Füllen, zum Ausgleich der Satzmelodie, zum Glätten des Stils dient oder dazu, eine Aufforderung freundlicher zu machen, z.B.* komm „mal" her!, schau „nur"!

ful|ly fa|shioned [-fæʃnd] *nach Fasson gestrickt* [engl., „voll angepaßt, ganz nach Schnitt"]

Ful|mar ⟨m.1⟩ → *Eissturmvogel* [engl., < altnord. *full* „stinkend" und *mar* „Möwe"]

ful|mi|nant ⟨Adj., ~er, am fulminantesten⟩ *großartig, prächtig, glänzend* [< lat. *fulminans*, Gen. *-antis*, Part. Präs. von *fulminare* „blitzen, donnern", zu *fulmen*, Gen. *fulminis*, „Blitz, zerschmetternder Schlag"]

Ful|mi|nat ⟨n.1⟩ *Salz der Knallsäure* (als Initialsprengstoff) [zu *fulminant*]

Fu|ma|ro|le ⟨f.11⟩ *vulkanische Ausströmung von Gas und Wasserdampf* [< ital. *fumarola* in ders. Bed., neapolitan. Ableitung von *fumare* „rauchen"]

Fu|mé ⟨[fyme] m.9⟩ 1 ⟨beim Stempelschneiden⟩ *Rußabdruck* 2 ⟨bei Holzschichten⟩ *Probeabzug mit Rußfarbe* [< frz. *fumé* „berußt, geraucht"]

fum|meln ⟨V.1, hat gefummelt; ugs.⟩ I ⟨o.Obj.⟩ 1 *herumsuchen, nach etwas tasten;* mit der Hand in der Tasche f. 2 ⟨Fußb.⟩ *zu lange dribbeln* II ⟨mit Präp.obj.⟩ *an etwas f. etwas befühlen, betasten;* an seiner Krawatte f. III ⟨mit Akk.⟩ *jmdn. f. liebkosen, streicheln (um ihn sexuell zu reizen)*

Fund ⟨m.1⟩ 1 ⟨nur Sg.⟩ *das Finden, Entdecken (von etwas);* einen F. machen; einen F. melden 2 *Gegenstand, der gefunden worden ist;* archäologische ~e

Fun|da|ment ⟨n.1⟩ 1 *Grundmauer (eines Baus)* 2 *Grundlage (für eine Entwicklung);* ein F. (für etwas) legen [< lat. *fundamentum* „Grund, Grundlage, Unterbau", zu *fundus* „Grund und Boden"]

fun|da|men|tal ⟨Adj., o.Steig.⟩ *grundlegend;* ein ~er Unterschied

Fun|da|men|ta|lis|mus ⟨m., -, nur Sg.⟩ 1 ⟨in den USA⟩ *strenggläubige Richtung der evangelischen Kirche, die Bibelkritik und moderne Naturwissenschaft ablehnt* 2 ⟨übertr.⟩ *Rückbesinnung auf die Grundlagen einer Idee oder Religion*

Fun|da|men|tal|ka|ta|log ⟨m.1; Astron.⟩ *Katalog der Örter von Fixsternen*

fun|da|men|tie|ren ⟨V.3, hat fundamentiert; mit Akk.⟩ *mit einem Fundament versehen*

Fun|da|men|tie|rung ⟨f., -, nur Sg.⟩

Fun|da|tion ⟨f., -, nur Sg.⟩ 1 ⟨schweiz.⟩ *das Fundamentieren* 2 → *Stiftung (2)* [< lat. *fundatio*, Gen. *-onis*, „Gründung"]

Fund|bü|ro ⟨n.9⟩ *behördliche Stelle, bei der Fundsachen abgegeben werden können*

Fund|ge|gen|stand ⟨m.2⟩ → *Fundsache*

Fund|gru|be ⟨f.11⟩ *etwas, das für jmds. Interesse sehr ergiebig ist, viel Neues bietet;* diese Landschaft ist eine F. für Sammler seltener Kräuter [eigtl. „Grubenbau, in dem viel Erz gefunden worden ıst"]

fun|die|ren ⟨V.3, hat fundiert; mit Akk.⟩ 1 *begründen, untermauern;* gut fundiertes Wissen 2 *mit den nötigen Mitteln ausstatten, sichern;* fundierte Schuld *langfristige Schuld*

fün|dig ⟨Adj., o.Steig.⟩ *nur als Attr. und mit „sein" und „werden"⟩ *erfolgreich beim Suchen (urspr. von Lagerstätten),* ⟨übertr.⟩ *beim Suchen von etwas, das einem wichtig ist;* ich bin f. geworden *ich habe etwas Gesuchtes gefunden*

Fund|ort ⟨m.1⟩ *Ort, an dem etwas gefunden worden ist*

Fund|sa|che ⟨f.11⟩ *Gegenstand, der von einer anderen Person als der Verlierer gefunden worden ist;* Syn. Fundgegenstand

Fun|dus ⟨m., -, -⟩ 1 *Grundlage, Grundstock* 2 *Bestand, Vorrat* [lat., „Boden, Grundlage"]

fu|ne|bre ⟨[fynɛbrə] Mus.⟩ *traurig, düster* [frz.]

Fu|ne|ra|li|en ⟨Pl.; †⟩ *Feierlichkeiten bei einem Leichenbegängnis* [< mlat. *funeralia* „zur Bestattung gehörige Dinge", zu lat. *funus*, Gen. *funeris*, „Bestattung, Beerdigung"]

fünf ⟨Num.; Schreibung in Buchstaben für⟩ *5;* Ableitungen und Zus. vgl. *acht*

Fünf ⟨f.10; Num.⟩ 1 *die Ziffer 5;* vgl. *Drei, Acht* 2 ⟨als Schulnote⟩ *ungenügend, mangelhaft*

Fünf|eck ⟨n.1⟩ *Vieleck mit fünf Ecken und Seiten;* Syn. Pentagon

Fün|fer ⟨m.5⟩ 1 ⟨ugs.⟩ *Fünfpfennigstück* 2 ⟨süddt.⟩ a *die Ziffer 5;* vgl. *Achter* b ⟨als Schulnote⟩ *ungenügend, mangelhaft;* vgl. *Dreier*

Fünf|flach ⟨n.1⟩, **Fünf|fläch|ner** ⟨m.5⟩ → *Pentaeder*

fünf|hun|dert ⟨Num.; Schreibung in Buchstaben für⟩ *500;* vgl. *achthundert*

Fünf|kampf ⟨m.2; Leichtathletik⟩ *sportlicher Wettkampf, der sich aus fünf Disziplinen zusammensetzt, z.B. Weitsprung, Speerwerfen, 200- und 1500-m-Lauf, Diskuswerfen*

Fünf|pro|zent|klau|sel ⟨f., -, nur Sg.; BRD⟩ *Grundsatz, daß eine Partei nur dann Anspruch auf ein Mandat hat, wenn sie mindestens 5 % der gültigen Stimmen erhält*

Fünf|ta|ge|fie|ber ⟨n., -s, nur Sg.⟩ *durch Rickettsien verursachte Krankheit mit Fieberschüben, die alle 5 Tage erfolgen;* Syn. Wolynisches Fieber, Quintana, Quintanafieber

Fünf|ta|ge|wo|che ⟨f.11⟩ *Woche mit fünf Arbeitstagen*

fünf|tau|send ⟨Num.; Schreibung in Buchstaben für⟩ *5000;* vgl. *achttausend*

Fünf|tel ⟨n.5⟩ *der fünfte Teil;* vgl. *Achtel*

Fünf|ton|mu|sik ⟨f., -, nur Sg.⟩ → *Pentatonik*

fünf|zehn ⟨Num.; Schreibung in Buchstaben für⟩ *15;* vgl. *achtzehn*

fünf|zig ⟨Num.; Schreibung in Buchstaben für⟩ *50;* vgl. *achtzig*

Fünf|zi|ger ⟨m.5, ugs.⟩ *Fünfzigpfennigstück;* vgl. *Fuffziger, Achtziger*

fun|gi|bel ⟨Adj., o.Steig.⟩ *vertretbar;* fungible Sache *bewegliche Sache, die im Verkehr nach Maß, Zahl oder Gewicht bestimmt wird und daher austauschbar ist* [zu *fungieren*]

Fun|gi|bi|li|en ⟨Pl; Rechtsw.⟩ *fungible Sachen*

fun|gie|ren ⟨V.3, hat fungiert; o.Obj.⟩ *tätig, wirksam sein, ein Amt verrichten;* er fungiert als mein Vertreter [< lat. *fungi* „vollbringen, leisten, verrichten"]

Fun|gi|zid¹ ⟨Adj., o.Steig.⟩ *Krankheiten verursachende Pilze abtötend* [< lat. *fungus*, Gen. *fungi,* „Pilz" und *caedere* (in Zus. *-cidere*) „töten"]

Fun|gi|zid² ⟨n.1⟩ *fungizides Mittel (bes. im Pflanzenschutz)*

fun|gös ⟨Adj.; ~er, am fungösesten⟩ *in der Art eines Fungus*

Fun|go|si|tät ⟨f., -, nur Sg.⟩ *fungöse Beschaffenheit*

Fun|gus ⟨m., -, -gi; Med.⟩ *schwammige Geschwulst an Gelenken* [lat., „Pilz"]

Funk¹ ⟨m.1; Sammelbez. für⟩ *alle Verfahren drahtloser Nachrichten- und Impulsübermittlung* (Fernseh~, Fernsprech~, Rund~)

Funk² ⟨[fʌŋk] m., -s, nur Sg.⟩ *rhythmische Musikrichtung der amerikanischen Farbigen, die meist durch begleitendes Händeklatschen und kurze, ständig wiederholte Textpassagen gekennzeichnet ist und die gute Stimmung bewirken soll;* wir spielen heute nur Soul und F. [vermutlich zu engl. *funk* in der amerik. Nebenbed. „stickige Luft"]

Funk|ama|teur ⟨[-tør] m.1⟩ *jmd., der den Funkverkehr aus persönlichem technischem Interesse betreibt (und dafür eine nach einer technischen Fähigkeitsprüfung erteilte Lizenz mit internationalem Rufzeichen besitzt)*

Funk|ba|ke ⟨f.11⟩ → *Funkfeuer*

Funk|dienst ⟨m.1⟩ *der von bestimmten, mit Funk ausgerüsteten Stellen untereinander betriebene Funkverkehr auf einer zugewiesenen Frequenz*

Fun|ke ⟨m.11⟩ *auch:* Funken 1 *durch Verbrennung oder Reibung glühend gewordenes Teilchen, das sich von einem Stoff gelöst hat und durch die Luft fliegt; es springt zwischen uns kein F. über wir finden keinen inneren Kontakt zueinander;* ihre Augen sprühten ~n; das ist der F. im Pulverfaß *das wird den Konflikt, die Aufregung auslösen* 2 *Kleinigkeit, Spur;* ich habe keinen ~n Anstandsgefühl; ich habe keinen ~n Hoffnung mehr; er hat keinen ~n Verstand 3 ⟨im rhein. Karneval⟩ *jmd., der in der historischen Uniform der Kölner Stadtsoldaten auftritt und von den Funkenmariechen begleitet wird*

fun|keln ⟨V.1, hat gefunkelt; o.Obj.⟩ *unruhig, rasch wechselnd leuchten, Funken aussendend leuchten;* Sterne. am Himmel; die Augen der Katze funkelten

fun|kel|na|gel|neu ⟨Adj., o.Steig.⟩ *ganz neu, völlig neu, ungebraucht*

fun|ken ⟨V.1, hat gefunkt⟩ I ⟨o.Obj.⟩ 1 *Funken von sich geben;* die elektrische Oberleitung (an der Straßenbahn) funkt 2 ⟨ugs.⟩ *funktionieren;* die Sache funkt nicht; der Apparat funkt jetzt wieder 3 ⟨unpersönl., mit „es"; ugs.⟩ a *es funkt (bei ihm) er hat es verstanden, begriffen* b *es funkt es gibt Streit, es kommt zu einer Auseinandersetzung* II ⟨mit Akk.⟩ *durch Funk¹ übermitteln;* eine Nachricht f.

Fun|ken ⟨m.7⟩ → *Funke*

Fun|ken|ent|la|dung 〈f.10〉 *rasch erlöschende elektrische Entladung*
Fun|ken|in|duk|tor 〈m.13〉 *Gerät zur Erzeugung künstlicher Blitze, bei dem eine induzierte Hochspannung über die verstellbare Funkenstrecke als Lichtbogen entladen wird;* Syn. *Induktionsapparat*
Fun|ken|kam|mer 〈f.11〉 *Gerät zum Nachweis geladener Elementarteilchen durch Bestimmung ihrer Bahn anhand der von ihnen in einer Edelgasatmosphäre erzeugten Ionen*
Fun|ken|spek|trum 〈n., -s, -tren〉 *Spektrum einer durch elektrische Funken hervorgerufenen Lichterscheinung*
Fun|ken|strecke 〈-k|k-; f.11〉 *Strecke, die eine Funkenentladung zurücklegt*
Funk|ent|stö|rung 〈f., -, -en〉 *Maßnahme gegen Störungen beim Empfang von Bildern oder Tönen, die durch Funk übertragen werden*
Fun|ker 〈m.5〉 *jmd., der in der Nachrichtenübermittlung durch Funk tätig ist*
Funk|er|zäh|lung 〈f.10〉 *für den Funk¹ bearbeitete, nur auf das Hören zugeschnittene Erzählung;* Syn. *Funknovelle*
Funk|feu|er 〈m.5〉 *unbemannte Funksendestelle für die Funknavigation;* Syn. *Funkbake*
Fun|kie 〈[-kjə] f.11〉 *ostasiatisches Liliengewächs mit großen, weißen oder blauen Blütentrauben (nach dem Apotheker H. Chr. Funk)*
Funk|kol|leg 〈n.9〉 *Fernstudium über Rundfunk*
Funk|meß|tech|nik 〈f., -, nur Sg.〉 →*Radar*
Funk|na|vi|ga|ti|on 〈f., -, nur Sg.〉 *Navigation mittels elektromagnetischer Wellen, mit denen Funksendestellen angepeilt werden*
Funk|no|vel|le 〈f.11〉 →*Funkerzählung*
Funk|or|tung 〈f.10〉 *das Orten mittels Peilung durch Funk*
Funk|re|por|ta|ge 〈[-ʒə] f.11〉 *durch Funk übermittelte, nur auf das Hören zugeschnittene Reportage*
Funk|sprech|ge|rät 〈n.1〉 *trag- oder fahrbare Kombination von Sender und Empfänger für drahtloses Telefonieren über kurze Strecken (z.B. in Taxis);* vgl. *Walkie-Talkie*
Funk|spruch 〈m.2〉 *(oft verschlüsselte) Nachricht über Funk*
Funk|stil|le 〈f., -, nur Sg.〉 **1** *Einstellung des Funkverkehrs (um den Empfang von Notsignalen sicherzustellen oder um Funkortung durch den Feind zu vermeiden)* **2** 〈übertr.〉 *Zustand, in dem nicht mehr miteinander geredet wird; zwischen beiden Parteien herrscht F.*
Funk|strei|fe 〈f.11〉 *Polizeistreife in einem Auto mit Funksprechgerät*
Funk|ta|xi 〈n.9〉 *Taxi, das über eine Vermittlung durch Funk herbeigerufen werden kann*
Funk|ti|on 〈f.10〉 **1** *Amt, Aufgabe;* eine F. haben, ausüben, erfüllen; er hat die F. eines Abteilungsleiters **2** *Tätigkeit, Wirksamkeit;* in F., außer F. sein; in F. treten **3** *Zweck;* was hat dieses Gerät für eine F.? **4** *Zweck, Leistung (eines sprachlichen Elements);* dieses Adjektiv hat in dem Satz die F. eines Attributs **5** 〈Math.〉 *von einer veränderlichen Größe gesetzmäßig abhängige Größe (z.B. in einem Koordinatensystem als ununterbrochene Kurve dargestellt)* [< lat. *functio*, Gen. *-onis*, ,,Verrichtung, Besorgung; Geltung, Wert'', zu *fungi*, →*fungieren*]
funk|tio|nal 〈Adj.〉 →*funktionell (2)*
Funk|tio|na|lis|mus 〈m., -, nur Sg.〉 **1** *Auffassung, daß bei der Gestaltung eines Gebäudes oder Gebrauchsgegenstands nur dessen Zweck maßgebend sei* **2** 〈Philos.〉 *Lehre, nach der die Welt nur eine Funktion des Ich ist*
Funk|tio|nar 〈m.1; schweiz.〉 →*Funktionär*
Funk|tio|när 〈m.9〉 *jmd., der von einer Organisation beauftragt ist, ihre Interessen zu vertreten (Partei~, Sport~);* auch: 〈schweiz.〉 *Funktionar* [< frz. *fonctionnaire* ,,Beamter'', zu *Funktion*]

funk|tio|nell 〈Adj., o.Steig.〉 **1** *wirksam, zweckbestimmt;* ~e Einrichtung **2** *eine Funktion betreffend, zu ihr gehörig, sie mit einschließend;* auch: *funktional;* ~e Gruppe *Atomgruppe, die in verschiedenen Verbindungen wiederkehrt und diesen gemeinsame Eigenschaften gibt;* ~e Krankheit *Krankheit, die auf Störung der Funktion eines Organs beruht*
funk|tio|nie|ren 〈V.3, hat funktioniert; o.Obj.〉 *ordnungsgemäß, richtig ablaufen, richtig arbeiten;* das Gerät funktioniert nicht, funktioniert wieder [zu *Funktion*]
Funk|ti|ons|verb 〈n.12〉 *Verb, das in Verbindung mit einem Substantiv einen Vollzug ausdrückt, in seiner eigentlichen Bedeutung aber verblaßt ist,* z.B. (zur Anwendung) bringen, (zur Darstellung) kommen
Funk|turm 〈m.2〉 **1** *Turm, der Sende- und Empfangsantennen trägt* **2** *Turm, der als isoliert stehende Stahlkonstruktion selbst als Stabantenne wirkt*
Funk|ver|kehr 〈m., -s, nur Sg.〉 *Gesamtheit der Maßnahmen zur Übermittlung von Nachrichten über Funk*
Funk|wer|bung 〈f.10〉 *Werbung durch Fernseh- oder Rundfunk*
Fun|zel 〈f.11; ugs.〉 *schlecht oder schwach brennende Lampe* [vermutlich mit der alten Endung *...sel,* zur Bez. der Gesamtheit von Tätigkeiten, zu *Funke* gebildet]
für I 〈Präp. mit Akk.〉 **1** *an Stelle des ..., der ..., von ...;* ich werde das für ihn erledigen; etwas für jmdn. entscheiden; er arbeitet, ißt für drei *so viel wie drei Personen* **2** *zugunsten von, zum Nutzen von;* er tut alles für sie; sich für jmdn. einsetzen; für jmdn. sprechen; für dich habe ich immer Zeit; dieses Stück ist für ihn bestimmt; das Mittel ist gut für den Magen; soll das für alle reichen? **3** *gegen, zur Linderung von;* ein Mittel für den Husten; Wasser ist das Beste für den Durst **4** *zum Zweck der ..., des ...;* für die Prüfung arbeiten; die Fahrkarte gilt für die Hin- und Rückfahrt **5** *zum Dank, zum Ausgleich, zur Bezahlung;* jmdn. für etwas belohnen; er hat mir 100 DM für das Bild geboten **6** *im Verhältnis zu;* der Koffer ist für dich viel zu schwer; er ist noch sehr rüstig für sein Alter; für diesen Preis ist das Gerät nicht gut genug **7** *auf die Dauer von, im Hinblick auf den Zeitraum;* wir haben die Wohnung für fünf Jahre gemietet; das genügt für heute **8** *zu dem Zeitpunkt;* ich bin für vier Uhr zum Arzt bestellt **9** *im Hinblick auf etwas, auf jmdn.;* das ist vorteilhaft, nachteilig für uns; für mich kommt das nicht in Frage; der Film ist für Kinder nicht geeignet; das ist nicht gut für deine Gesundheit **10** *wegen;* sich für etwas entschuldigen; jmdn. für etwas rügen; das freut mich für dich *deinetwegen* **11** 〈zwischen zwei gleichen Substantiven〉 *ein Tag für Tag dasselbe jeden Tag;* Mann für Mann kontrollieren *jeden einzelnen Mann;* wir haben die bayerische Wort für Wort mit dem Original verglichen **12** 〈in der Fügung〉 für sich *allein;* er ist gern für sich; 〈als Regieanweisung〉 *zu sich selbst sprechend;* das ist eine Sache für sich *eine besondere, anders geartete Sache;* an und für sich *grundsätzlich;* an und für sich hat er das schon richtig gemacht, aber der Zeitpunkt war falsch gewählt **13** 〈in der Fügung〉 was für ein(e) *welche(r, -s);* was für ein Vogel ist das? **II** 〈Adv.; in der Fügung〉 für und für *immer, künftig*
Fu|ra|ge 〈[-ʒə] f., -, nur Sg.; †〉 *auch: Fourage* **1** *Verpflegung für eine Truppe* **2** *Futter für Militärpferde* [< frz. *fourrage* ,,Viehfutter, Mannschaft zum Futterholen'', urspr. über das Fränkische < altnord. *fodr* ,,Futter'']
fu|ra|gie|ren 〈V.3, hat furagiert; o.Obj.〉 *Furage empfangen oder beschaffen*
für|baß 〈Adv., †, noch poet.〉 *vorwärts, weiter;* rüstig, munter f. schreiten, wandern

fürliebnehmen

Für|bit|te 〈f.11〉 *Bitte für jmdn.;* (bei jmdm.) eine F. tun
Fur|che 〈f.11〉 *linienförmige Vertiefung in einer Oberfläche (des Bodens, Gehirns, der Haut u.a.);* ~n in der Stirn; ~n im Acker ziehen
fur|chen 〈V.1, hat gefurcht; mit Akk.〉 etwas f. **1** *Furchen in etwas ziehen;* der Pflug furcht den Acker; kleine Wasserläufe f. den Boden **2** *in Furchen ziehen;* die Stirn f.; mit gefurchter Stirn
Fur|chen|schmelz 〈m., -es, nur Sg.〉 *Art der Emailmalerei, bei der Furchen in Metall geritzt und mit Emailmasse ausgefüllt werden;* vgl. *Champlevé, Zellenschmelz*
Fur|chen|schrift 〈f., -, nur Sg.〉 →*Bustrophedon*
fur|chig 〈Adj.〉 *voller Furchen*
Furcht 〈f., -, nur Sg.〉 *Gefühl des Bedrohtseins (durch etwas Bestimmtes);* F. haben; jmdn. F. einflößen; F. vor jmdm., vor Strafe, vor der Dunkelheit haben; Ritter ohne F. und Tadel *(Ideal des mittelalterlichen Ritters)*
furcht|bar 〈Adj.〉 **1** *so beschaffen, daß man sich davor fürchten muß;* die Unfallstelle bot einen ~en Anblick; eine ~e Gefahr; ~e Schmerzen haben; er hat aus **2** *sehr groß;* eine ~e Kälte **3** *sehr unangenehm, schrecklich;* das ist eine ~e Sache; er hat eine ~e Dummheit gemacht **4** 〈als Adv.〉 *sehr, äußerst;* wir haben f. gelacht; er hat ihn f. verhauen; es war f. komisch; das ist mir f. peinlich; ich bin f. erschrocken
Furcht|bar|keit 〈f., -, nur Sg.〉 *furchtbare (1) Beschaffenheit*
fürch|ten 〈V.2, hat gefürchtet〉 **I** 〈mit Akk.〉 *jmdn. oder etwas f.* **1** *Furcht vor jmdm. oder etwas haben;* wir f. seinen Zorn; sie fürchtet die Ansteckung; er ist ein gefürchteter Gegner *man fürchtet ihn als Gegner* **2** *Ehrfurcht vor jmdm. haben;* Gott f. **II** 〈mit Präp.obj.〉 *für jmdn. oder etwas f. Furcht haben, daß jmdm. etwas geschieht, Sorge wegen etwas haben;* wir fürchte für ihn; ich fürchte für seine Gesundheit **III** 〈refl.; mundartl. noch forcht 〈Präs., Imperfekt〉, hat geforchten〉 sich f. *Furcht haben;* das Kind fürchtet sich allein, in der Nacht; sich vor etwas oder jmdn. f. *Furcht vor etwas oder jmdn. haben*
fürch|ter|lich 〈Adj.〉 →*furchtbar*
furcht|los 〈Adj., o.Steig.〉 *ohne Furcht;* jmdm. f. entgegentreten; er ist völlig f.
Furcht|lo|sig|keit 〈f., -, nur Sg.〉
furcht|sam 〈Adj.〉 **1** *leicht, oft Furcht empfindend;* ein ~es Kind *furchtend, voller Furcht;* f. zurückweichen **Furcht|sam|keit** 〈f., -, nur Sg.〉
Fur|chung 〈f.10〉 *erste Phase der Keimesentwicklung, bei der sich das befruchtete Ei durch Längs- und Querteilung in immer kleiner werdende Zellen zerlegt*
Fur|chungs|zel|le 〈f.11〉 →*Blastomere*
für|der|(hin) 〈Adv.〉 *weiter(hin), künftig*
für|ein|an|der 〈Adv.〉 *einer für den anderen;* sie sind beide immer f. da; Liebe f. empfinden
Fu|ri|ant 〈m.9〉 *schneller böhmischer Tanz* [< lat. *furians*, Gen. *-antis*, Part. Präs. von *furiare* ,,in Raserei versetzen, begeistern'']
Fu|rie 〈[-riə] f.11, meist Pl.〉 *röm. Myth.〉 Rachegöttin, Rache-, Plagegeist, der einen Übeltäter in ständige Unruhe versetzt und dadurch rasend macht;* wie von ~n gehetzt davonlaufen; sie ging wie eine F. auf ihn los [< lat. *Furia* in ders. Bed.]
Fu|rier 〈m.1〉 *für die Furage verantwortlicher Unteroffizier;* auch: *Fourier*
fu|ri|os 〈Adj., ~er am furiosesten〉 *wütend, hitzig, leidenschaftlich* [über ital. *furioso* < lat. *furiosus* ,,rasend, wütend'', zu *furia* ,,Raserei'']
fu|ri|o|so 〈Mus.〉 *leidenschaftlich* [ital.]
für|lieb|neh|men 〈V.88, hat fürliebgenommen〉 →*vorliebnehmen*

397

Fur|nier ⟨n.1⟩ dünnes Blatt aus Holz als Deckblatt auf einfacherem Holz; auch; *Furnierung* [< frz. *fournir*, ital. *fornire* „liefern, versehen mit, ausstatten", in Anlehnung an frz. *garnir* „ausstatten, versehen mit"]

fur|nie|ren ⟨V.3, hat furniert; mit Akk.⟩ *mit Furnier versehen;* furnierte Möbel; mit Nußbaum furnierter Schrank

Fur|nie|rung ⟨f.10⟩ **1** *das Furnieren* **2** → *Furnier*

Fu|ror ⟨m., -s, nur Sg.⟩ *Wut, Raserei* [→ *Furore*]

Fu|ro|re ⟨f., nur Sg. oder n., -s, nur Sg.⟩ *rasender Beifall, großes Aufsehen;* (fast nur noch in der Wendung) F. machen *Aufsehen erregen, großen Erfolg haben* [über ital. *furore* < lat. *furor* „Wut, Raserei, Begeisterung"]

fürs ⟨Präp. mit Art.⟩ *für das;* fürs Kind; fürs Haus; fürs erste *vorläufig, zunächst*

Für|sor|ge ⟨f., -, nur Sg.⟩ **1** *Sorge, liebevolles Tun für jmdn. Wohl;* jmdn. mit F. umgeben; dank ihrer F. wurde er rasch gesund **2** *organisierte Hilfstätigkeit für Notleidende, Bedürftige;* staatliche F. anheimfallen **3** *finanzielle staatliche Unterstützung für Bedürftige;* F. beziehen, beantragen

Für|sor|ger ⟨m.3⟩ *fachlich ausgebildeter Angestellter in der Fürsorge* (2)

für|sor|ge|risch ⟨Adj., o.Steig.; nur als Attr. und Adv.⟩ *zur Fürsorge* (2) *gehörend, von ihr ausgehend;* ~e Maßnahmen; jmdn. f. betreuen

für|sorg|lich ⟨Adj.⟩ *auf jmds. Wohl bedacht, liebevoll für jmdn. sorgend, um jmdn. bemüht;* jmdn. f. zudecken; sie ist sehr f. **Für|sorg|lich|keit** ⟨f., -, nur Sg.⟩

Für|spra|che ⟨f.11⟩ *das Sprechen zu jmds. Gunsten, um etwas für jmdn. zu erreichen;* F. für jmdn. einlegen *sich mit Worten für jmdn. einsetzen, für jmdn. bitten;* sie hat es seiner F. zu verdanken, daß …

Für|sprech ⟨m.1⟩ **1** ⟨poet.⟩ *Fürsprecher* **2** ⟨schweiz.⟩ *Rechtsbeistand*

Für|spre|cher ⟨m.5⟩ *jmd., der zu jmds. Gunsten spricht, der sich mit Worten für jmdn. einsetzt;* Syn. Dolmetsch

Fürst ⟨m.10⟩ **1** (bis 16. Jh.) *Angehöriger des hohen Adels (im Rang nach dem Kaiser oder König stehend);* geistliche, weltliche ~en; er lebt wie ein F. *er lebt sehr üppig;* der F. der Finsternis ⟨poet.⟩ *der Teufel* **2** (danach) *Landesherr (im Rang zwischen Graf und Herzog)*

Fürst|bi|schof ⟨m.2⟩ *Bischof im Rang eines Fürsten*

für|sten ⟨V.2, hat gefürstet; mit Akk.⟩ *in den Stand eines Fürsten erheben*

Für|sten|schu|le ⟨f.11⟩ *von einem Fürsten gestiftetes humanistisches Gymnasium* (urspr. für den Nachwuchs an Geistlichen und Beamten)

Für|sten|tum ⟨n.4⟩ *Herrschaftsbezirk eines Fürsten*

fürst|lich ⟨Adj.⟩ **1** ⟨o.Steig.⟩ *zu einem Fürsten gehörig;* die ~e Familie; ~es Schloß **2** ⟨übertr.⟩ *reich, reichhaltig, üppig;* ein ~es Essen; ein ~es Trinkgeld; jmdn. f. belohnen **Fürst|lich|keit** ⟨f.10⟩ **1** ⟨nur Sg.⟩ *fürstliche Beschaffenheit* **2** *fürstliche Person;* Prinz X und andere ~en

Furt ⟨f.10⟩ *befahrbare, seichte Stelle in einem Gewässer, die den Übergang ermöglicht* [zu *fahren*]

Fůr|tuch ⟨n.4; †, noch schweiz.⟩ *Schürze* [zu *für* in der alten Bed. „vor"]

Fu|run|kel ⟨m.5 oder n.5⟩ *eitrige Entzündung eines Haarbalgs und seiner Talgdrüse* [< lat. *furunculus* „kleiner Dieb, Spitzbube", übertr. „Nebentrieb am Weinstock", Verkleinerungsform von *fur* „Dieb"; der *furunculus* „stiehlt" am Weinstock die Kraft und zehrt an den Körpersäften]

Fu|run|ku|lo|se ⟨f.11⟩ *ausgedehntes Auftreten von Furunkeln*

für|wahr ⟨Adv.; poet.; †⟩ *wirklich, wahrhaftig;* das ist f. ein kluger Mann

Für|witz ⟨m., -es, nur Sg.⟩ → *Vorwitz*

für|wit|zig ⟨Adj.⟩ → *vorwitzig*

Für|wort ⟨n.4⟩ → *Pronomen*

für|wört|lich ⟨Adj.⟩ → *pronominal*

Furz ⟨m.2; vulg.⟩ *hörbar abgehende Blähung;* auch: *Forz;* Syn. Blähung, Darmwind

fur|zen ⟨V.1, hat gefurzt; o.Obj.; vulg.⟩ *einen Furz lassen*

Fu|sel ⟨m.5⟩ *schlechter, billiger Branntwein* [< lat. *fusilis* „fließend, flüssig", zu *fundere* „gießen", vielleicht weil man nach der Herstellung des echten Branntweins die Rückstände nochmals ausprägte und abtropfen ließ, wodurch ein weniger guter Schnaps entstand]

Fu|sel|öl ⟨n.1⟩ *unangenehm riechendes Nebenprodukt der alkoholischen Gärung, das in höheren Konzentrationen Kopfschmerzen verursacht*

Fü|si|lier ⟨m.1; †, noch schweiz.⟩ *Infanterist* [< frz. *fusilier*, zu *fusil* „Gewehr, Flinte, Feuerzeug"]

fü|si|lie|ren ⟨V.3, hat füsiliert; mit Akk.⟩ *standrechtlich erschießen*

Fü|sil|la|de ⟨f.11; †⟩ *massenweise standrechtliche Erschießung* [zu *füsilieren*]

Fu|si|on ⟨f.10⟩ **1** ⟨Wirtsch.⟩ *Vereinigung, Verschmelzung* **2** ⟨kurz für⟩ *Kernfusion* [< lat. *fusio*, Gen. *-onis*, „das Gießen, Schmelzen, Guß", zu *fundere* „gießen"]

fu|sio|nie|ren ⟨V.3, hat fusioniert; o.Obj.⟩ *sich vereinigen, sich verbinden;* die beiden Firmen haben fusioniert; der Konzern X hat mit Y fusioniert

Fuß ⟨m.2; beim Menschen und bei Wirbeltieren⟩ **1** *unterer Teil des Beins, der während des Stehens und Laufens mit dem Boden in Berührung ist* (Vorder~, Hinter~); in einem Land F. fassen *heimisch werden, eine Existenz gründen;* kalte Füße bekommen ⟨übertr.⟩ *Bedenken bekommen, in eine unangenehme Lage geraten;* stehenden ~es *umkehren sofort;* trockenen ~es *ohne naß zu werden;* auf die Füße fallen *eine unangenehme Lage ohne Schaden durchleben;* jmdm. auf dem ~e folgen *unmittelbar, dicht folgen;* jmdm. auf die Füße treten *jmdn. ärgern, kränken;* auf gutem, vertrautem F. mit jmdm. stehen *in gutem, vertrautem Einvernehmen mit jmdm. stehen;* auf großem F. leben *viel Geld ausgeben;* jmds. Gefühle mit Füßen treten *abwertend, häßlich darüber reden, jmds. Gefühle verletzen;* jmdm. vor den Füßen herumlaufen *jmdm. im Weg stehen, jmdn. beim Gehen, Hantieren behindern;* jmdm. Geld, ein Geschenk vor die Füße werfen *es ihm zornig, verletzt zurückgeben;* zu F. gehen ⟨verstärkend⟩ *gehen, nicht fahren* **2** (bei Weichtieren) *Teil der Fortbewegungsorgane, der mit dem Boden in Berührung ist (z.B. bei der Schnecke)* **3** ⟨übertr.⟩ **a** *fußähnlicher Gegenstand, Standfläche* (Lampen~); F. eines Glases, Strumpfs; einen F. anstricken **b** *unterer Teil;* am F. des Berges **4** ⟨oberdt.; ugs.⟩ → *Bein;* sich den F. brechen **5** ⟨Pl. -⟩ *altes, vom menschlichen Fuß abgeleitetes Längenmaß, 25 bis 35 cm;* vgl. Foot

Fuß|ab|strei|fer, Fuß|ab|tre|ter ⟨m.5⟩ *Gegenstand, an dem man vor Betreten einer Wohnung den Schmutz von den Schuhsohlen abstreift* (z.B. Lappen, Matte, Rost)

Fuß|an|gel ⟨f.11⟩ *Eisengerät mit langen Stacheln, das mit den Spitzen nach oben in den Boden gesteckt wird (zum Schutz von Grundstücken)*

Fuß|bad ⟨n.4⟩ **1** *das Baden der Füße;* ein F. nehmen **2** *das Bad selbst;* jmdm. ein F. herrichten; warmes, kaltes F. **3** ⟨scherzh.⟩ *verschüttete Flüssigkeit auf einer Untertasse;* Fleischbrühe mit F.

Fuß|ball ⟨m.2⟩ **1** *Ball zum Fußballspielen* **2** ⟨nur Sg.⟩ *Sportspiel, bei dem zwei aus je 11 Spielern bestehende Mannschaften versuchen, einen Ball mit den Füßen, dem Kopf, den Beinen oder auch dem Rumpf ins gegnerische Tor zu treiben* [Lehnübersetzung von engl. *football* „Fußball"]

Fuß|bal|ler ⟨m.5; ugs.⟩ *jmd., der Fußball spielt*

Fuß|bank ⟨f.2⟩ *kleine, niedrige Bank zum Stützen der Füße beim Sitzen*

Fuß|bo|den ⟨m.8; in Räumen⟩ *begehbare Fläche, Boden;* auf dem F. spielen; sich auf den F. setzen

Fuß|breit ⟨m., -, -⟩ *als Maßangabe Breite eines Fußes;* er wich keinen F. zurück; er gab keinen F. Land von seinem Besitz ab; er weicht um keinen F. von seiner Überzeugung ab

Fus|sel ⟨f.11⟩ *feines Fädchen oder Flöckchen (von Gewebe);* Syn. Fluse; ~n am Mantel haben

fus|se|lig ⟨Adj.⟩ *voller Fusseln, sich in Fusseln lösend, Fusseln absondernd;* Syn. flusig; ~er Lappen, ich kann mir den Mund f. reden ⟨ugs.⟩ *ich kann sagen, was ich will, mahnen, soviel ich will (es nutzt nichts)*

fus|seln ⟨V.1, hat gefusselt; o.Obj.⟩ *Fusseln absondern;* der Stoff fusselt

fu|ßeln, füßeln ⟨V.1, hat gefußelt, hat gefüßelt; o.Obj.⟩ *einander mit dem Fuß unter dem Tisch berühren (als Zeichen der Annäherung);* mit jmdm. f.

fu|ßen ⟨V.1, hat gefußt; mit Präp.obj.⟩ *auf etwas f. etwas zur Grundlage haben;* seine Überzeugung fußt auf Erfahrungen, auf eigenen Erkenntnissen; das Buch fußt auf der Lehre Hegels

Fuß|en|de ⟨n.11⟩ *unteres Ende (eines Liegemöbels)*

Fuß|fall ⟨m.2; früher⟩ *das Sichniederlassen auf die Knie vor jmdm. (als Zeichen der Unterwerfung, des Flehens, der Demut);* deswegen mache ich keinen F. vor ihm ⟨übertr.⟩ *deswegen bitte ich ihn nicht untertänig, demütig ich mich nicht vor ihm*

fuß|fäl|lig ⟨Adj.; nur in der Wendung⟩ jmdn. f. bitten (urspr.) *mit einem Fußfall bitten,* ⟨übertr.⟩ *inständig bitten*

fuß|frei ⟨Adj., o.Steig.⟩ *die Füße frei, unbedeckt lassend;* ~es Kleid

Fuß|gän|ger ⟨m.5⟩ *jmd., der zu Fuß geht (aus der Sicht von Fahrzeugbesitzern);* Syn. ⟨österr.⟩ *Fußgeher;* Unterführung für F.

Fuß|gän|ger|zo|ne ⟨f.11; in größeren Städten⟩ *Bereich, der nur von Fußgängern benutzt werden darf*

Fuß|ge|her ⟨m.5; österr.⟩ → *Fußgänger*

fuß|hoch ⟨Adj., o.Steig.⟩ *so hoch wie ein Fuß lang ist;* der Schnee liegt f.

...fü|ßig ⟨Adj.; in Zus.⟩ **1** *aus einer bestimmten Anzahl von Versfüßen bestehend,* z.B. fünffüßiger Jambus **2** *mit einer bestimmten Art von Füßen versehen,* z.B. großfüßig, plattfüßig, rosenfüßig (poet.); vgl. ...*beinig*

fuß|lang ⟨Adj., o.Steig.⟩ **1** *so lang wie ein Fuß* **2** *bis zu den Füßen reichend;* ~es Kleid

Fuß|lap|pen ⟨m.7⟩ *als Notbehelf zum Schutz vor Kälte und zum Verhindern der Reibung im Stiefel um den Fuß gewickelter Lappen*

Fuß|mat|te ⟨f.11⟩ *Matte, auf man vor Betreten einer Wohnung den Schmutz von den Schuhsohlen abstreift*

Fuß|na|gel ⟨m.6⟩ → *Nagel* (2)

Fuß|no|te ⟨f.11⟩ *Anmerkung zum Text am Fuß der Seite (unten auf der Seite)*

Fuß|pilz ⟨m.1⟩ **1** *Hautpilz, der den Fuß befällt (bes. zwischen den Zehen)* **2** ⟨nur Sg.⟩ *Erkrankung daran;* F. haben

Fuß|sack ⟨m.2⟩ *sackartige Hülle zum Warmhalten der Füße (z.B. bei Fahrten im Pferdeschlitten)*

Fuß|schweiß ⟨m., -es, nur Sg.⟩ *übermäßige Schweißabsonderung der Füße*

Fuß|soh|le ⟨f.11⟩ *untere Seite des Fußes ohne die Zehen*

Fuß|sol|dat ⟨m.10⟩ →*Infanterist*
Fuß|sprung ⟨m.2⟩ *Sprung, bei dem die Füße zuerst ins Wasser tauchen;* Ggs. *Kopfsprung*
Fuß|stap|fe ⟨f.11⟩, **Fuß|stap|fen** ⟨m.7⟩, **Fuß|tap|fe** ⟨f.11⟩, **Fuß|tap|fen** ⟨m.7⟩ →*Stapfe;* in jmds. Fußstapfen treten *eine Sache, die jmd. schon zuvor betrieben hat, weiterführen* [die Form *Fußtapfe(n)* beruht auf falscher Worttrennung]
fuß|tief ⟨Adj., o.Steig.⟩ *so tief wie ein Fuß lang ist;* der Schnee ist f.; er sank f. ein
Fuß|tritt ⟨m.1⟩ *Tritt mit dem Fuß*
Fuß|trup|pe ⟨f.11⟩ →*Infanterie*
Fuß|volk ⟨n., -(e)s, nur Sg.⟩ **1** ⟨volkstümlich; veraltend⟩ →*Infanterie* **2** *bedeutungslose Gruppe von Personen (im Unterschied zur Führungsspitze);* das F. einer Partei
Fuß|wur|zel ⟨f.11⟩ *aus Sprung-, Fersen-, Kahn- und Würfelbein sowie aus drei Keilbeinen bestehender mittlerer Teil des Fußes;* Syn. *Tarsus*
Fu|sta|ge ⟨[-ʒə] f.11⟩ auch: *Fastage* **1** *Versandmaterial wie Fässer, Kisten u.a., hölzernes Leergut* **2** *Preis dafür* [mit französisierender Endung < frz. *fust*, der älteren Form von *fût* ,,Faß, Baumstamm", < lat. *fustis* ,,längliches Stück Holz, Stock, Knüppel"]
Fu|sta|nel|la ⟨f., -, -len⟩ *weißer, knielanger Männerrock der Südalbaner und Neugriechen* [ital., < neugriech. *phoustani* ,,Wollstoff"]
Fu|sti ⟨Pl.⟩ **1** *unbrauchbare Teile (einer Ware)* **2** *Preisnachlaß für Unreinheiten (einer Ware)* [ital., Pl. von *fusto* ,,Stiel, Stengel"]
Fu|stik|holz ⟨n.4⟩ *tropisches, zur Farbstoffgewinnung geeignetes Holz* [< frz. *fustoc* < arab. *fustug* < griech. *pistake* ,,Pistazienbaum"]
Fu|thark ⟨[-θark] n., -s, nur Sg.⟩ *das älteste (gemeingermanische) Runenalphabet* [nach den ersten 6 der insgesamt 24 Zeichen: *f, u, d (th), a, r, k*]
futsch ⟨Adj., o.Steig.; nur mit ,,sein"; ugs.⟩ **1** *nicht mehr da, verloren;* alles, was er erreicht zu haben glaubte, war f.; sein Geld ist f. **2** *kaputt;* das Auto ist f.
fut|schi|ka|to ⟨Adj., o.Steig.; nur mit ,,sein"; italienisierende Bildung von⟩ *futsch*

Fut|ter¹ ⟨n., -s, nur Sg.⟩ **1** *Nahrung für Tiere (bes. für solche in der Obhut des Menschen)* (Grün~, Körner~, Weich~); einem Tier (sein) F. geben; gut im F. sein, ⟨oder⟩ stehen ⟨scherzh. auch von Personen⟩ *gut genährt sein* **2** ⟨ugs.⟩ **a** *Bedarf* (Lese~) **b** *etwas, das verschwendet wird;* solche Werbeprospekte sind nur F. für den Papierkorb [< mhd. *vuoter*, ahd. *fuotar* ,,Nahrung, Speise", < altnord. *foðr* ,,Nahrung"]
Fut|ter² ⟨n., -s, nur Sg.⟩ **1** *Gewebe, das an die Innenseite von Textilien (bes. Kleidungsstücken) genäht wird* (Jacken~, Mantel~, Seiden~, Woll~); auch: *Fütterung;* warmes F. **2** ⟨bei Schmelzöfen⟩ *Auskleidung mit feuerfesten Steinen* **3** *Vorrichtung zum Einspannen von Werkstücken oder Werkzeugen* (Bohr~) [< mhd. *vuoter* ,,Unterfutter, Scheide, Futteral", über ahd. *fuotar* < altnord. *foðr* ,,Scheide, Futteral"]
Fut|te|ral ⟨n.1⟩ *formgerechter Behälter (z.B. aus Leder oder Kunststoff)* (Brillen~, Schirm~) [< mlat. *fotrale, futrale* ,,Scheide", Ableitung von *futrus, fodrus* ,,Scheide", < altnord. *foðr* ,,Scheide"]
Fut|te|ra|li|en ⟨Pl.; ugs., scherzh.⟩ *Eßwaren, Proviant;* F. mit auf die Reise nehmen; für die F. sorgen
Fut|ter|ge|trei|de ⟨n., -s, nur Sg.⟩ *Getreide, das nur zur Verwendung als Futter¹ (1) angebaut wird (häufig Mais)*
Fut|ter|häus|chen ⟨n.7⟩ *kleines Holzhäuschen mit Futter für Vögel im Winter;* Syn. *Vogelhäuschen*
Fut|ter|krip|pe ⟨f.11⟩ *Krippe zur Fütterung (bes. von Reh- und Rotwild, auch für Kälber u.a.)*
Fut|ter|mau|er ⟨f.11⟩ **1** ⟨an Böschungen⟩ *stützende Mauer, die den Druck des Bodens aufnimmt* **2** ⟨an Felsen⟩ *Verkleidungsmauer zum Schutz vor Verwitterung und Steinschlag*
Fut|ter|mit|tel ⟨n.5⟩ *pflanzlicher, tierischer oder mineralischer Stoff als Nahrung (Futter) für Tiere*
fut|tern ⟨V.1, hat gefuttert; o.Obj. oder mit Akk.; ugs.⟩ **1** *kräftig, mit Appetit essen* **2** *fressen (von Tieren)*

füt|tern¹ ⟨V.1, hat gefüttert; mit Akk.⟩ **1** *ein Tier f. einem Tier Futter geben;* die Pferde f. **2** *jmdn. f. jmdm. das Essen eingeben;* ein Kind, einen Kranken f.
füt|tern² ⟨V.1, hat gefüttert; mit Akk.⟩ *mit Futter² (1) versehen;* einen Mantel f.; das Kleid ist mit Seide gefüttert
Fut|ter|neid ⟨m., -(e)s, nur Sg.⟩ **1** *Neid (eines Tieres) auf das Futter¹ (eines anderen Tieres)* **2** ⟨übertr.⟩ *Neid auf den größeren Wohlstand eines anderen*
fut|ter|nei|disch ⟨Adj., o.Steig.⟩ *voller Futterneid, Futterneid empfindend*
Fut|ter|rü|be ⟨f.11⟩ →*Runkelrübe*
Füt|te|rung¹ ⟨f.10⟩ *das Füttern¹, das Gefüttertwerden;* die F. der Raubtiere im Zoo
Füt|te|rung² ⟨f.10⟩ **1** ⟨nur Sg.⟩ *das Füttern²* **2** →*Futter² (1)*
Fut|ter|ver|wer|ter ⟨m.5⟩ **1** *landwirtschaftliches Nutztier, das Futter¹ (1) in eine gewünschte Leistung umsetzen soll (bes. bei der Mast)* **2** ⟨scherzh.⟩ *Mensch, der Nahrung in viel oder wenig Körperfett umsetzt;* guter, schlechter F.
Fu|tur ⟨n.1⟩ →*Futurum*
fu|tu|risch ⟨Adj., o.Steig.⟩ *im Futur auftretend*
Fu|tu|ris|mus ⟨m., -, nur Sg.⟩ *von Italien ausgehende Kunstrichtung vor dem 1. Weltkrieg, die die Darstellung des räumlich und zeitlich Getrennten nebeneinander erstrebt und die moderne Technik in ihrer Dynamik verherrlicht*
Fu|tu|rist ⟨m.10⟩ *Anhänger des Futurismus*
Fu|tu|ro|lo|ge ⟨m.11⟩ *Vertreter der Futurologie*
Fu|tu|ro|lo|gie ⟨f., -, nur Sg.⟩ *systematische und kritische wissenschaftliche Untersuchung von Fragen möglicher zukünftiger Entwicklungen, Zukunftsforschung, Zukunftsdeutung* [< lat. *futurum* ,,das Künftige, Zukunft" und *...logie*]
Fu|tu|rum ⟨n., -s, -ra⟩ *Zukunftsform des Verbs,* z.B. ich werde schlafen; auch: *Futur;* F. exactum *zweites Futur, vollendete Zukunft;* z.B. ich werde geschlafen haben
F-Zug ⟨m.2, kurz für⟩ *Fernschnellzug*

G

g 1 ⟨österr.; Abk. für⟩ *Groschen* 2 ⟨hochgestellt Zeichen für⟩ *Neugrad* [→ *Gon*] 3 ⟨Zeichen für⟩ *Gramm*

G ⟨Phys.⟩ 1 ⟨Zeichen für⟩ *Gauß* 2 ⟨Zeichen für⟩ *Giga...*

Ga ⟨Zeichen für⟩ *Gallium*

Ga|bar|di|ne ⟨[-di:n(ə)], auch [-dinə] m., -s, nur Sg.⟩ schräg gerippter Mantel- und Anzugstoff [< span. *gabardina* „Bauernjacke mit engen Ärmeln", gekreuzt aus *gabán* „Mantel" und *tabardina* Verkleinerungsform von *tabardo* „Bauernmantel"]

Gab|bro ⟨m., -s, nur Sg.⟩ quarzfreies basisches Plutonitgestein von dunkler Farbe [ital., nach dem Hügelland von *Gabbro* bei Livorno]

Ga|be ⟨f.11⟩ 1 etwas, das man jmdm. gibt, Geschenk (Weihnachts~); milde ~n *Almosen*; meine letzte G. 2 das Eingeben einer gewissen Menge (eines Arzneimittels); nach zweimaliger G. dieser Tropfen 3 Begabung, angeborene Fähigkeit; er hat reiche ~n; er ist eine ~ n könnte mehr erreichen

Ga|bel ⟨f.11⟩ 1 Eß- oder Vorlegegerät mit zwei oder mehr Zinken (Fleisch~, Kuchen~); mit Messer und G. essen 2 langstieliges Handgerät mit gebogenen Zinken zum Auf- und Abladen (Heu~, Mist~) 3 etwas, das sich gabelt (z.B. Teil des Fahrrades, in den das Rädern eingehakt werden, Teil des Telefons, auf den der Hörer gelegt wird; Ast~, Geweih~, Schwanz~); den Hörer auf die G. legen

Ga|bel|an|ti|lo|pe ⟨f.11⟩ antilopenähnliches nordamerikanisches Horntier, dessen Männchen gegabelte Hörner tragen; Syn. *Pronghorn*

Ga|bel|bein ⟨n.1; bei Vögeln⟩ die zu einem gabelförmigen Knochen verwachsenen Schlüsselbeine (z.B. der Wünschelknochen beim Huhn)

Ga|bel|bis|sen ⟨m.7⟩ kleine, pikante Delikatesse

Ga|bel|bock ⟨m.2⟩ → *Gabler*

Ga|bel|früh|stück ⟨n.1⟩ (warme) Zwischenmahlzeit am Vormittag, zweites Frühstück [es wurde früher im Stehen und nur mit der *Gabel* gegessen]

Ga|bel|hirsch ⟨m.1⟩ 1 südamerikanischer Hirsch mit gegabeltem Geweih 2 → *Gabler*

ga|be|lig ⟨Adj., o.Steig.⟩ → *gegabelt*

Ga|bel|kreuz ⟨n.1⟩ Y-förmiges Kreuz; Syn. *Schächerkreuz*

ga|beln ⟨V.1, hat gegabelt⟩ I ⟨refl.⟩ sich g. *sich wie eine (zweizinkige) Gabel teilen;* der Weg gabelt sich hier II ⟨mit Akk.⟩ mit einer *Gabel auf-, abladen, befördern;* Getreidegarben auf den Wagen g. III ⟨mit Präp.obj.⟩ nach etwas g. ⟨landsch.⟩ mit der *Gabel etwas zu greifen suchen*

Ga|bel|schwanz ⟨m.2⟩ *Nachtfalter aus der Familie der Zahnspinner, dessen Raupe in der Schreckstellung zwei rote Fäden aus den Gabelenden hervorstreckt*

Ga|bel|stap|ler ⟨m.5⟩ *Fahrzeug mit hydraulischer, an einer senkrechten Gleitbahn beweglicher Gabel, die sich unter das Stückgut schiebt und dieses zum Verladen oder Stapeln hochhebt*

Ga|be|lung ⟨f.10⟩ 1 *das Sichgabeln* 2 *Stelle, an der sich etwas gabelt* (Weg~), *an der G. der Straße*

Ga|bel|wei|he ⟨f.11⟩ → *Rotmilan* [nach dem stark gegabelten Schwanz]

Gab|ler ⟨m.5⟩ *Hirsch oder Rehbock mit nur je zwei Enden am Geweih;* Syn. ⟨beim Rehbock⟩ *Gabelbock,* ⟨beim Hirsch⟩ *Gabelhirsch*

gab|lig ⟨Adj., o.Steig.⟩ → *gegabelt*

Gack|ei ⟨n.3; scherzh.⟩ *Hühnerei*

Gackel ⟨-k|k-; m.5⟩ *(alter) eitler Mann;* der alte G.

gackeln ⟨-k|k-; V.1, hat gegackelt; o.Obj.⟩ 1 *gackern* 2 ⟨übertr.⟩ *viel und aufgeregt reden*

gackern ⟨-k|k-; V.1, hat gegackert; o.Obj.⟩ 1 *hohe, kehlige, kurze Laute von sich geben;* Hühner g. 2 ⟨übertr.⟩ *albern reden und kichern;* ~de junge Mädchen 3 ⟨übertr.⟩ *viel und überflüssig reden;* was sie gegackert hat!

gack|sen ⟨V.1, hat gegackst; o.Obj.⟩ *kurz gackern*

Ga|den ⟨m.7⟩ 1 ⟨oberdt.⟩ *Haus mit nur einem Raum oder Stockwerk* 2 ⟨schweiz.⟩ a *Nebengebäude* b *Vorrats-, Schlafkammer* 3 ⟨Kirchenbau⟩ *Fensterbereich im oberen, die Seitenschiffe überragenden Teil des Mittelschiffs einer Basilika* [< mhd. *gadem, gaden* „Haus mit nur einem Raum, (allg.) Raum, Stockwerk"; < ahd. *gadam, gadum* „Raum, Gemach; Scheune"]

Ga|do|li|nit ⟨m., -s, nur Sg.⟩ *berylliumhaltiges, dunkelglänzendes Mineral* [nach seinem Entdecker, dem finn. Chemiker Johann *Gadolin*]

Ga|do|li|ni|um ⟨n., -s, nur Sg.; Zeichen: Gd⟩ *schwach gelbliches Metall aus der Gruppe der Seltenen Erden* [von seinem Entdecker Marignac zu Ehren des finn. Chemikers Johann *Gadolin* benannt]

Gaf|fel ⟨f.11; an Schiffsmasten⟩ *schräg nach oben und hinten gerichtete Spiere zur Befestigung des Gaffelsegels*

Gaf|fel|se|gel ⟨n.5⟩ *trapezförmiges Segel, das oben an der Gaffel und unten an einem Rundholz befestigt ist*

gaf|fen ⟨V.1, hat gegafft; o.Obj.⟩ *starr und staunend (bes. mit offenem Mund) schauen;* die Leute standen nur da und gafften (ohne zu helfen)

Gaf|fer ⟨m.5⟩ *jmd., der gafft, lästiger Zuschauer;* die G. versperrten der Polizei den Zugang zur Unfallstelle

Gag [gɛg] 1 ⟨m.9; Theater, Film, Fernsehen⟩ *überraschender, wirkungsvoller, witziger, dramaturgisch nicht notwendiger Einfall* 2 ⟨ugs.⟩ *besonderer Einfall, Besonderheit* [engl., „Improvisation, Ulk, Schwindel"]

Ga|gat ⟨m.1⟩ → *Jett* [< grch. *gagates,* nach der Stadt *Gagas* und dem gleichnamigen Fluß in Lykien (Kleinasien)]

Ga|ge ⟨[-ʒə] f.11; bei Künstlern⟩ *Gehalt* [frz., „Lohn, Gehalt; Pfand, Bürgschaft"; < germ. *wadja* „Handgeld, Pfand"]

Ga|gel ⟨m.6⟩ *aromatisch riechender Strauch, der u.a. in den Heidemooren Nordwestdeutschlands vorkommt*

Gag|ger ⟨[gægər] m.5; Film, Fernsehen⟩ *jmd., der Gags erfindet und wirkungsvoll einsetzt, Gagman*

Gagli|ar|de ⟨[galjardə] f.11⟩ → *Gaillarde*

Gag|man ⟨[gægmən] m., -, -men [-mən]⟩ → *Gagger*

gäh|nen ⟨V.1, hat gegähnt; o.Obj.⟩ 1 *den Mund weit öffnen und die Luft tief ein- und ausatmen;* er gähnte vor Müdigkeit, vor Langeweile 2 ⟨übertr.⟩ *weit und tief offen stehen;* vor uns gähnte ein Abgrund; im Saal war eine ~de Leere *der Saal war fast völlig leer*

Gail|lar|de ⟨[gajardə] f.11⟩ 1 *altitalienischer Springtanz* 2 *(daraus hervorgegangener) Satz der Suite* [frz., zu *gaillard* „lustig, munter", eigtl. „kräftig", < galloroman. *gallia* „Kraft"]

Ga|ke ⟨f.11; mdt.⟩ *unreifes, lautstark-aufdringliches Mädchen* [zu *gaken* „schnattern" (von Gänsen)]

ga|ke|lig ⟨Adj., mdt.⟩ *lang und dünn;* ~e *Triebe, Zweige lange, dünne Triebe oder Zweige mit wenigen Blättern*

gal ⟨Zeichen für⟩ *Gallone*

Gal ⟨n., -, -⟩ *Maßeinheit für die Erdbeschleunigung (1 cm/s²)* [nach dem ital. Naturforscher Galileo *Galilei*]

Ga|la ⟨f., -, nur Sg.⟩ *Festkleidung;* in G. erscheinen [< ital. *gala* „Prunk, Pracht; großer Empfang"; < span. *gala* „Festkleid, festliche Ausschmückung; Hoffest", wahrscheinl. aus dem Arab.]

Ga|la... ⟨in Zus.⟩ *Fest..., festlich,* z.B. Galavorstellung, Galauniform, Galadiner

ga|lak|tisch ⟨Adj., o.Steig.⟩ *zur Galaxis gehörend*

Ga|lak|to|me|ter ⟨n.5⟩ *Gerät zum Messen des Fettgehalts der Milch* [< grch. *gala,* Gen. *galaktos,* „Milch" und ...*meter*]

Ga|lak|tor|rhö ⟨f.10⟩, **Ga|lak|tor|rhoe** ⟨[-rø] f.11⟩ *Milchabsonderung nach dem Stillen;* Syn. *Milchfluß* [< grch. *gala,* Gen. *galaktos,* „Milch" und *rhoos, rhous* „Fließen, Strömen", zu *rhein* „fließen"]

Ga|lak|to|se ⟨f.11⟩ *einfacher Zucker, Bestandteil des Milchzuckers* [< grch. *gala,* Gen. *galaktos,* „Milch"]

Ga|la|lith ⟨m., -s, nur Sg.; Wz.⟩ *aus Casein und Formaldehyd erzeugte hornartige Masse (z.B. zur Herstellung von Knöpfen)* [< grch. *gala,* Gen. *galaktos,* „Milch" und ...*lithos* „Stein"]

Ga|lan ⟨m.1⟩ *(vornehmer) Liebhaber* [< span. *galán* „hübscher, stattlicher Mann, Liebhaber"]

ga|lant ⟨Adj.⟩ *liebenswürdig-höflich (vom Mann einer Frau gegenüber), ritterlich;* einer Frau g. den Arm reichen; „...", erwiderte er g. [frz., „geschmackvoll, elegant, liebenswürdig, lebhaft", ältere Bedeutung auch „Liebhaber", zu altfrz. *galer* „sich erfreuen"]

Ga|lan|te|rie ⟨f.11⟩ 1 ⟨nur Sg.⟩ *galantes Benehmen, liebenswürdige Höflichkeit, Ritterlichkeit* 2 *galante Äußerung;* einer Frau ~n sagen

Ga|lan|te|rie|wa|ren ⟨Pl., veraltend⟩ *modisches Zubehör zur Kleidung (Gürtel, Modeschmuck usw.)*

Ga|la|xie ⟨f.11⟩ → *Sternsystem* [< mlat. *galaxia,* zu *Galaxis*]

Ga|la|xis ⟨f., -, nur Sg.⟩ → *Milchstraße* [< grch. *galaxias* in ders. Bed., zu *gala,* Gen. *galaktos,* „Milch"]

Gal|ba|num ⟨n., -s, nur Sg.⟩ *braungelbes Gummiharz aus den Stengelsekreten eines Doldengewächses des Mittelmeergebiets (z.B. bei Katarrhen verwendet)* [< lat. < grch. *khalbane* < hebr. *helbenah* in ders. Bed.]

Gä|le ⟨m.11⟩ *keltischer Bewohner von Irland, Schottland, Wales und der Insel Man,* ⟨bes.⟩ *Bewohner des schottischen Hochlandes und Südirlands*

Ga|le|as|se ⟨f.11⟩ *kleines Küstensegelschiff der Ostsee mit Groß- und Besanmast* [über frz. *galéace, galéasse,* < ital. *galeazza,* Vergrößerungsform von *galea* ,,leichtes, schnelles Ruderschiff mit Segeln", < mittelgriech. *galea,* griech. *galee* oder *gale* ,,Wiesel", wegen der Flinkheit und leichten Beweglichkeit]

Ga|lee|re ⟨f.11⟩ bei den Mittelmeermächten vom Altertum bis ins 18. Jh.⟩ *Ruderkriegsschiff, auch mit Segeln (dessen bis zu 50 Ruder von Sklaven, später von Sträflingen bedient wurden)* [< lat. *galera,* das identisch ist mit *galea,* →*Galeasse*]

Ga|le|ni|kum ⟨n., -s, -ka⟩ *vom Apotheker selbst aus Drogen zubereitetes Arzneimittel (im Unterschied zu den fertigen Fabrikerzeugnissen)* [nach dem altröm. Arzt Galen]

Ga|le|nit ⟨m.1⟩ →*Bleiglanz* [< lat. *galena* in ders. Bed.]

Ga|le|o|ne ⟨f.11; 16–18. Jh. vor allem in Spanien und Portugal⟩ *hochbordiges Kriegs- und Handelsschiff mit mehreren Masten und Decks;* auch *Galione* [ital., Vergrößerungsform von *galea* ,,Ruderschiff", →*Galeasse*]

Ga|le|o|te ⟨f.11; früher in der Nord- und Ostsee⟩ *kleines, einmastiges Küstensegelschiff* [ital.]

Ga|le|rie ⟨f.11⟩ 1 *im oberen Teil eines großen Raumes an der Wand entlangführender, an einer Seite offener Gang* 2 ⟨Theater⟩ *oberster Rang* 3 *mit Schießscharten versehener Gang in der Mauer einer Befestigung* 4 *balkonartiger Aufbau auf dem Heck von älteren Kriegsschiffen* 5 ⟨österr.⟩ *an einer Seite offener Tunnel* 6 *Saal oder Gebäude mit Gemäldesammlung* 7 *Gemäldehandlung* 8 ⟨wiener.⟩ *Gesamtheit der Gauner, der Stadtstreicher* 9 ⟨scherzh.⟩ *Reihe, größere Anzahl;* eine G. schöner Mädchen; eine G. von Büchern [< frz. *galerie,* ital. *galleria* in ders. Bed., < mlat. *galeria,* ,,Galerie", vielleicht aus *galilaea* ,,vorgebaute Eingangshalle einer Basilika", wo die Leichen niedergelegt und gesegnet wurden, ehe man sie in die Kirche brachte; in dieser Vorhalle durften sich auch die Heiden aufhalten, die man *Galiläer* nannte, nach dem biblischen Land *Galiläa*]

Ga|le|rie|wald ⟨m.4⟩ *Waldformation der Savannen, welche die Täler und feuchten Schluchten durchzieht*

Ga|le|rist ⟨m.10⟩ 1 *Inhaber einer Galerie* (6,7) 2 ⟨wiener.⟩ *Gauner, Stadtstreicher*

Gal|gant ⟨m.1⟩, **Gal|gant|wur|zel** ⟨f.11⟩ *heilkräftige Wurzel eines südostasiatischen Ingwergewächses* [< mlat. *galanga* < griech. *galagka* < arab. *ḫalangān,* dem Namen der Pflanze]

Gal|gen ⟨m.7⟩ 1 *Balkengerüst zur Hinrichtung durch den Strang;* an den G. bringen ⟨†⟩ *jmdn. der Gerichtsbarkeit ausliefern* 2 *Vorrichtung zum Aufhängen für Geräte (z.B. Mikrophone);* 3 → *Giraffe* (2)

Gal|gen|frist ⟨f.10⟩ 1 ⟨urspr.⟩ *Zeitraum, der einem zum Tode Verurteilten bis zu seiner Hinrichtung noch bleibt* 2 ⟨übertr.⟩ *Zeitraum bis zu einem unangenehmen oder entscheidenden Ereignis;* Syn. *Henkersfrist;* er hat noch eine kurze G.; jmdm. eine G. gewähren

Gal|gen|ge|sicht ⟨n.3⟩ 1 *Gesicht eines Gauners, Gesicht, das Mißtrauen oder Abneigung einflößt* 2 *Mensch mit einem solchen Gesicht*

Gal|gen|hu|mor ⟨m., -, nur Sg.⟩ *Humor vor einem gefürchteten Ereignis oder in einer unangenehmen Lage*

Gal|gen|strick ⟨m.1⟩ 1 *Strolch, Gauner, Spitzbube* 2 *durchtriebener Bursche, Schlingel*

Gal|gen|vo|gel ⟨m.6⟩ *Gauner, Landstreicher* [nach den Vögeln (bes. Raben, Krähen), die sich in der Nähe von Galgen aufhalten]

Ga|li|ma|thi|as ⟨m., -, nur Sg.⟩ *verworrenes Zeug, unverständliches Gerede* [wahrscheinlich hängt das Wort mit den Disputationen der Doktoranden der Pariser Universität zu-

sammen; die Doktoranden wurden *galli* ,,Hähne" genannt; das lat. Wort *gallus* bedeutet sowohl ,,Hahn" als auch ,,Gallier"; der zweite Wortteil ergibt sich aus griech. *mathesis* ,,das Gelernte, Wissen, Kenntnis", das ganze Wort würde demnach ,,Wissen der Hähne = der gallischen Doktoranden" bedeuten]

Ga|li|on ⟨n.9; bei alten Schiffen⟩ *Vorbau am Bug,* →*Galeone*]

Ga|li|o|ne ⟨f.11⟩ →*Galeone*

Ga|li|ons|fi|gur ⟨f.10⟩ 1 *schmückende Figur auf dem Galion (die oft auf den Namen des Schiffes hinweist);* 2 ⟨übertr., ugs.⟩ *zugkräftige, werbewirksame Persönlichkeit;* er ist die G. seiner Partei

Gal|li|pot [-pɔ] ⟨m., -s, nur Sg.⟩ *Harz einheimischer Nadelbäume* [frz.]

gä|lisch ⟨Adj., o.Steig.⟩ *die Gälen betreffend, zu ihnen gehörig, von ihnen stammend;* ~e Sprache ⟨i.e.S.⟩ *keltische Sprache der schottischen Hochlandbewohner;* ⟨i.w.S. Sammelbez. für⟩ *Irisch, Schottisch und Manx*

Gall|ap|fel ⟨m.6⟩ *einem kleinen, runden Apfel ähnliche, an Gerbstoffen reiche Galle² (1) an Eichenblättern*

gall|bit|ter ⟨Adj., o.Steig.; österr.⟩ →*gallebitter*

Gal|le¹ ⟨f.11⟩ 1 ⟨nur Sg.⟩ *bittere, grünlichgelbe Absonderung der Leber, die in der Gallenblase gespeichert und eingedickt wird und vor allem der Verdauung von Fetten dient;* Syn. *Bilis* ⟨übertr.⟩ *Ärger, Groll;* da steigt einem ja die G. hoch; Gift und G. spucken, speien *seinem Ärger in bissigen Reden freien Lauf lassen;* da läuft einem die G. über *das muß man seinem Ärger Ausdruck verleihen* 2 ⟨ugs. kurz für⟩ *Gallenblase* [< ahd. *galla,* zu *gelo* ,,gelb"]

Gal|le² ⟨f.11⟩ 1 ⟨an Pflanzen⟩ *durch tierische oder pflanzliche Schmarotzer hervorgerufene Wucherung (Fichten~, Rosen~)* 2 ⟨Tiermed.; bei Pferden und Rindern⟩ *mit Flüssigkeit gefüllte Anschwellung (am Gelenk oder Gliedmaße)* [< lat. *galla,* ,,Gallapfel"]

gal|le|bit|ter ⟨Adj., o.Steig.⟩ *bitter wie Galle, sehr bitter;* auch: ⟨österr.⟩ *gallbitter*

Gal|len|bla|se ⟨f.11⟩ *birnenförmiges Hohlorgan an der Unterseite der Leber, in dem die Galle¹ (1) gespeichert wird;* auch: ⟨ugs.⟩ *Galle*

Gal|len|ko|lik ⟨f.10⟩ *Kolik beim Versuch der Gallenblase, größere Gallensteine auszutreiben*

Gal|len|röhr|ling ⟨m.1⟩ *dem Steinpilz ähnlicher Röhrling mit bitterem Geschmack und leicht rosa getönten Röhren;* Syn. *Bitterpilz*

Gal|len|säu|re ⟨f.11⟩ *in der Leber gebildete, aus Cholesterin entstehende Säure, die als Bestandteil der Galle das Nahrungsfett im Darm zerlegt*

Gal|len|stein ⟨m.1; Med.⟩ *(grieß- bis walnußgroßer) hauptsächlich aus Cholesterin gebildeter Stein in der Gallenblase*

Gal|lert ⟨n.1⟩, **Gal|ler|te** ⟨f.11⟩ *elastische, wasserhaltige, durchsichtige Masse (z.B. eingedickte Brühe aus gekochten Kalbs- oder Schweinefußknorpeln, Gelatine, Pektin; u.a. für Aspik, Gelee, Sülze)* [< lat. *gelare* ,,gefrieren", nach dem sich eindickende Brühe mit dem Gefrieren des Wassers verglich]

gal|le|trei|bend ⟨Adj.⟩ *die Entleerung der Gallenblase fördernd*

Gal|li|er ⟨m.5⟩ *Einwohner Galliens, noch nicht romanisierter Kelte im späteren Frankreich*

gal|lig ⟨Adj.⟩ *bitter und beißend;* ~er Spott; ~e Bemerkung

gal|li|ka|nisch ⟨Adj., o.Steig.⟩ *zum Gallikanismus gehörig;* die kath. Kirche in Frankreich vor der Frz. Revolution; ~e Liturgie *Form des Gregorianischen Chorals im merowingischen Frankreich* [nach dem lat. Namen *Gallia* für Frankreich]

Gal|li|ka|nis|mus ⟨m., -, nur Sg.⟩ *das Streben nach Selbständigkeit der französischen kath. Kirche vor 1789*

Gal|li|ma|thi|as ⟨m., -, nur Sg.⟩ →*Galimathias*

gal|lisch ⟨Adj., o.Steig.⟩ 1 *Gallien betreffend, zu Gallien gehörig* 2 *typisch französisch;* ~er Hahn *Wahrzeichen Frankreichs*

gal|li|sie|ren ⟨V.3, hat gallisiert; mit Akk.⟩ *mit Zuckerlösung mischen;* Most g. [nach dem Erfinder des Verfahrens, dem Chemiker L. Gall]

Gal|li|um ⟨n., -s, nur Sg.; Zeichen: Ga⟩ *glänzend weißes, weiches Metall* [neulat., zu lat. *Gallia* ,,Gallien; Frankreich"]

Gal|li|zis|mus ⟨m., -, -men⟩ *in eine andere Sprache übernommene französische Spracheigentümlichkeit* [< lat. *gallus* ,,Gallier" = Einwohner Galliens, des heutigen Frankreich]

Gall|mil|be ⟨f.11⟩ *winzige, wurmförmige Milbe, die häufig Gallen² (1) an Blättern hervorruft*

Gall|mücke ⟨-k|k-; f.11⟩ *Zweiflügler, dessen Larven das Entstehen von Gallen² (1) bewirken*

Gal|lo|ma|nie ⟨f., -, nur Sg.⟩ →*Frankomanie*

Gal|lo|ne ⟨f.11; Zeichen: gal⟩ *englisches und amerikanisches Hohlmaß, 4,55 l oder 3,79 l* [< engl. *gallon* ,,Gallone"]

gal|lo|phil ⟨Adj.⟩ →*frankophil*

Gal|lo|phi|lie ⟨f., -, nur Sg.⟩ →*Frankophilie*

gal|lo|phob ⟨Adj.⟩ →*frankophob*

Gal|lo|pho|bie ⟨f., -, nur Sg.⟩ →*Frankophobie*

gal|lo|ro|ma|nisch ⟨Adj., o.Steig.⟩ ~e Sprache *aus dem Gallischen und Vulgärlatein entstandene Sprache, Vorstufe des Altfranzösischen*

Gal|lus|säu|re ⟨f., -, nur Sg.⟩ *organische Säure, die u.a. in Galläpfeln vorkommt*

Gall|wes|pe ⟨f.11⟩ *Wespe, deren Larven Gallen² (1) an Pflanzen verursachen (Eichen~)*

Gal|mei ⟨auch [gal-] m.1; Sammelbez. für⟩ *carbonatische oder silicatische Zinkerze* [< mlat. *lapis calaminaris,* < lat. *cadmea,* < griech. *kadmeia* ,,Zinkerz"]

Ga|lon ⟨[-lɔ̃] m.9⟩, **Ga|lo|ne** ⟨f.11⟩ *glänzende Borte an den Seitennähten der Hose eines festlichen Anzugs* [< frz. *galon* ,,Tresse, Spitze, Borte"]

ga|lo|nie|ren ⟨V.3, hat galoniert; mit Akk.⟩ *mit Galons besetzen*

Ga|lopp ⟨m.1 oder m.9⟩ 1 *schnellste Gangart des Pferdes, Lauf in Sprüngen* 2 *Springtanz im ²⁄₄-Takt* 3 *große Geschwindigkeit, schneller Lauf;* im G. die Straße hinunterlaufen; aber nun ein bißchen G.! ⟨ugs.⟩ *ein bißchen schnell!* [< frz. *galop* in ders. Bed., zu *galoper, galoppieren,* < altfrz. *galoper, waloper,* < fränk. **wala hlaupan* ,,gut (wohl) laufen, gut springen"]

ga|lop|pie|ren ⟨V.3, ist galoppiert; o.Obj.⟩ 1 *im Galopp laufen;* das Pferd galoppiert 2 *im Galopp reiten* 3 ⟨übertr.⟩ *schnell verlaufen;* ~de Schwindsucht *Schwindsucht im letzten, schnell fortschreitenden Stadium*

Ga|lo|sche ⟨f.11; früher⟩ *Gummiüberschuh* [< frz. *galoche* ,,Überschuh", auch ,,Schuh mit Holzsohle", < lat. *gallicula* ,,kleiner gallischer Holzschuh"]

galt ⟨Adj., o.Steig.; oberdt.⟩ →*gelt¹*

Galt ⟨m., -(e)s, nur Sg.⟩ *bei Kühen und Ziegen⟩ durch Streptokokken hervorgerufene Entzündung des Euters* [zu *gelt*]

Gal|va|ni|sa|ti|on ⟨f.10⟩ 1 *das Überziehen von Werkstücken mit Metall durch Elektrolyse* 2 *Anwendung von Gleichstrom zu Heilzwecken* [nach dem ital. Arzt und Naturforscher Luigi Galvani]

gal|va|nisch ⟨Adj., o.Steig.⟩ *auf Galvanisation beruhend, mit ihrer Hilfe;* ~es Bad *Bad*

Galvaniseur

zum Galvanisieren; ~es Element *elektrische Stromquelle, in der elektrische Energie aus chemischer Energie entsteht;* ~e *Elektrizität,* ~er *Strom aus galvanischen Elementen gewonnene Elektrizität*

Gal|va|ni|seur ⟨[-zør] m.1⟩ *Facharbeiter in der Galvanotechnik*

gal|va|ni|sie|ren ⟨V.3, hat galvanisiert; mit Akk.⟩ *durch Elektrolyse mit Metall überziehen* [nach dem ital. Naturforscher Luigi Galvani (1737–1798), der bei Tierversuchen die Elektrizität entdeckte]

Gal|va|nis|mus ⟨m., -, nur Sg.⟩ *Lehre vom galvanischen Strom*

Gal|va|no ⟨n.9⟩ *im galvanischen Bad hergestellter Druckstock*

Gal|va|no|kau|stik ⟨f.10⟩ *Durchtrennung oder Zerstörung von erkranktem Gewebe mit dem Galvanokauter*

Gal|va|no|kau|ter ⟨m.5⟩ *chirurgisches Instrument, das mit galvanischem Strom zum Glühen gebracht wird* [zu *Kauter*]

Gal|va|no|me|ter ⟨n.5⟩ *Gerät zum Messen der Stromstärke;* Syn. *Galvanoskop* [< *galvanisch* und *...meter*]

Gal|va|no|pla|stik ⟨f.10⟩ *plastische Nachformung von Gegenständen durch Galvanisieren*

Gal|va|no|skop ⟨n.1⟩ → *Galvanometer* [< *galvanisch* und ...*skop*]

Gal|va|no|tech|nik ⟨f.10⟩ *Technik des Galvanisierens*

Ga|man|der ⟨m.5⟩ *Lippenblütler, stark riechendes Kraut oder kleiner Strauch* [< griech. *chamaidrys* „Gamander", zu *chamai* „auf der Erde, niedrig" und *drys* „..., Baum, bes. Eiche"]

Ga|ma|sche ⟨f.11; früher⟩ *über Schuh und Strumpf getragene Beinbekleidung vom Fuß bis zur Wade oder zum Knie* [< frz. *gamache* in ders. Bed., < span. *guadamaci* „weiches, gepunztes Leder" aus der Stadt Gadames in Libyen]

Gam|be ⟨f.11⟩ *Streichinstrument des 16./18. Jh., Vorläufer des Violoncellos;* Syn. *Kniegeige* [< ital. *viola da gamba* „Kniegeige", wörtlich „Geige für das Bein", weil die Gambe zwischen den Knien gehalten wird]

Gam|bist ⟨m.10⟩ *Musiker, der Gambe spielt*

Gam|bit ⟨n.9; Schach⟩ *Eröffnung des Spiels, bei der eine oder mehrere Figuren geopfert werden, um den Angriff rasch vorzutragen* [< span. *gambito*, < ital. *gambetto* in der Fügung *dare il gambetto* oder auch *far gambetto* „jmdm. ein Bein stellen, jmdn. zu Fall bringen", zu *gambetta* „Beinchen", zu *gamba* „Bein"]

Ga|me|lan, Ga|me|lang ⟨n.9⟩ *Orchester aus Schlag-, Blas- und Streichinstrumenten auf Java und Bali* [mal.]

Ga|mel|le ⟨f.11; schweiz.⟩ *Kochgeschirr (des Soldaten)* [< frz. *gamelle* „Eßschüssel des Soldaten", < lat. *camella* „bauchiges Gefäß, Schale", Verkleinerungsform von *camera* „Wölbung"]

Ga|met ⟨m.1⟩ *der geschlechtlichen Fortpflanzung dienende, reife Keimzelle;* Syn. *Geschlechtszelle* [< griech. *gametes* „Ehemann" und *gamete* „Ehefrau", zu *gamein* „heiraten"]

Ga|me|to|phyt ⟨m.10⟩ *Gameten erzeugende Generation bei Pflanzen mit Generationswechsel* [< *Gamet* und griech. *phyton* „Pflanze"]

Gam|ma ⟨n.9; Zeichen: Γ, γ⟩ *dritter Buchstabe des griechischen Alphabets*

Gam|ma|eu|le ⟨f.11⟩ *Wanderfalter aus der Familie der Eulen mit einer dem griechischen Buchstaben γ ähnlichen Zeichnung auf den Vorderflügeln*

Gam|ma|glo|bu|lin ⟨n.1⟩ *zu den Globulinen zählender Eiweißstoff im Blutserum, der hauptsächlich an der Bildung von Antikörpern beteiligt ist*

Gam|ma|quant, γ-**Quant** ⟨n.12⟩ *energiereiches Photon der Gammastrahlen*

Gam|ma|strah|len, γ-**Strah|len** ⟨m.12, Pl.⟩ *elektromagnetische Strahlung der Wellenlänge 10^{-5} bis 10^{-10} μm*

Gam|mel ⟨m., -s, nur Sg.⟩ *nord- und mdt. wertloser Kram* [zu *gamm(e)lig*]

gam|me|lig ⟨Adj.⟩ auch: *gammlig* 1 ⟨nord- und mdt.⟩ 1 *abgenutzt, (halb) verdorben, nicht mehr oder nur noch schlecht brauchbar bzw. genießbar* 2 ⟨von Personen⟩ *wie ein Gammler, mit vernachlässigtem Äußeren;* g. *gekleidet sein;* g. *herumlaufen* [über das Nddt. < altnord. *gamla* „alt"]

gam|meln ⟨V.1, hat gegammelt; o.Obj.; ugs.⟩ 1 *nichts arbeiten, ein faules, träges Leben führen* 2 *nichts zu tun haben, herumsitzen, herumstehen*

Gạmm|ler ⟨m.5⟩ *jmd., der gammelt*

gạmm|lig ⟨Adj.⟩ → *gammelig*

Gams ⟨f.10; bayr.-österr.⟩ → *Gemse*

Gạms|bart ⟨m.2⟩ *Büschel aus den längeren Haaren der hinteren Rückenpartie des Gamsbocks (als Hutschmuck)*

Gạms|bock ⟨m.2⟩ *männliche Gemse*

Gạms|geiß ⟨f.10⟩ *weibliche Gemse*

Gạms|kitz ⟨n.10⟩ *junge Gemse*

Gạms|wild ⟨n., -(e)s, nur Sg.; Jägerspr., zusammenfassende Bez. für⟩ *Gemsen (Geiß, Bock, Kitz);* Syn. *Krickelwild*

Gạms|wurz ⟨f.10⟩ → *Gemswurz*

Ga|na|sche ⟨f.11⟩ *oberer, muskulöser Seitenteil des Unterkiefers des Pferdes (mit dem sich dieses gegen das Zaumzeug stemmen kann)* [< frz. *ganache*, ital. *ganascia* in ders. Bed., < spätlat. *ganathus*, lat. *gena* „Kinnbacke"]

Ga|nef(f) ⟨m.1⟩ → *Ganove*

gang ⟨in der Wendung⟩ *das ist* g. *und gäbe das ist so üblich* [< mhd. *genge* „verbreitet, üblich, gewöhnlich", zu mhd. „Art des Gehens" und mhd. *gaebe* „annehmbar, willkommen", zu *geben*, also „so, wie es immer geht und gegeben wird"]

Gang[1] ⟨m.2⟩ 1 ⟨nur Sg.⟩ *das Gehen, Art zu gehen; einen aufrechten, lockeren, leichten, schweren* G. *haben* 2 *Weg, den jmd. geht oder etwas geht (Spazier~); es geht alles seinen* G.; *einen* G. *vorhaben; einen schweren* G. *gehen müssen* 3 *Weg, den man geht, um etwas zu erledigen (Bitt~); für jmdn. Gänge erledigen, besorgen* 4 *Abschnitt in einem Ablauf, einem Vorgang (Arbeits~)* 5 *schmaler Weg (Durch-, Bogen~)* 6 *schmaler Vorraum (einer Wohnung oder eines Zuges, der in die Zimmer oder Abteile führt)* 7 *schmaler Hohlraum (im Körper) als Verbindung (Gallen~, Gehör~)* 8 *Teil einer Speisenfolge (Haupt~, Fleisch~); als ersten* G. *gab es eine Suppe* 9 *Betrieb, Tätigkeit, Bewegung; eine Maschine in* G. *setzen, in* G. *halten; die Maschine ist in* G.; *eine Sache in* G. *bringen* 10 *Ablauf, Verlauf; den* G. *der Ereignisse schildern; die Sache ist im* ~e *die Sache läuft* 11 ⟨bei Landfahrzeugen⟩ *durch Schalten verändertes Übersetzungsverhältnis des Getriebes; im dritten Gang fahren* 12 ⟨im Gewinde⟩ *ein voller Umlauf der Schraubenlinie* 13 ⟨in Gesteinsspalten⟩ *Auffüllung mit anderem Gestein, Mineral oder Erz (Gesteins~, Mineral~, Erz~)* 14 *Gruppe von Hafenarbeitern oder Seeleuten, die zusammenarbeiten* [zu *gehen*]

Gang[2] ⟨[gɛŋ] f.9⟩ → *Bande; eine* G. *von Jugendlichen, Verbrechern* [engl., zu altengl. *gang* „das Gehen, Reise"]

Gạng|art ⟨f.10⟩ 1 ⟨beim Menschen⟩ (meist sonderbare) *Art und Weise des Gehens; rasche, schleppende, steife* G. 2 ⟨bei Tieren, bes. beim Pferd⟩ *Art und Weise der Fortbewegung (z.B. Paßgang, Trab)* 3 ⟨Sport⟩ *Art und Weise, wie ein Spiel, ein Wettkampf geführt wird; rauhe, saloppe Gangart* 4 ⟨Bgb.⟩ *nichtmetallisches Begleitgestein von Erzen*

gạng|bar ⟨Adj.⟩ *so beschaffen, daß man es gehen kann;* Syn. *gängig; das ist ein* ~er *Weg* ⟨auch übertr.⟩ *das ist eine vernünftige Möglichkeit*

Gän|gel|band ⟨n.4; früher⟩ *um die Brust und über die Schultern geschlungenes Band, an dem man ein Kind, das laufen lernt, führt und hält; jmdn. am* G. *führen* ⟨übertr.⟩ *jmdn. bevormunden, ihn nicht allein arbeiten, entscheiden lassen*

gän|geln ⟨V.1, hat gegängelt; mit Akk.⟩ *jmdn.* g. *jmdn. bevormunden, ihm ständig sagen, was er tun und lassen soll*

Gạng|ge|stein ⟨n.1⟩ *in einem Gang (13) auftretendes Magmatitgestein*

gạn|gig ⟨Adj.⟩ 1 → *gangbar* 2 *üblich, allgemein verbreitet, allgemein in Gebrauch; das ist die* ~e *Auffassung; ein* ~er *Ausdruck* 3 *in Umlauf, gültig; eine damals* ~e *Münze* 4 *gut verkäuflich, begehrt, viel verlangt; Schuhe in* ~en *Größen* 5 *brauchbar; ein eingerostetes Türschloß wieder* g. *machen*

Gan|gli|en|blo|cka|de ⟨-k|k-; f., -, nur Sg.⟩ *Unterbrechung oder Abschwächung der Reizübertragung in den Ganglien durch Arzneimittel*

Gan|gli|on ⟨n., -s, -li|en⟩ 1 *knotenartige Anhäufung von Nervenzellen;* Syn. *Nervenknoten* 2 → *Überbein* [< griech. *gagglion* „Anschwellung, Geschwulst"; urspr. (bei Hippokrates) Bez. für eine kleine Anschwellung unter der Haut]

Gan|grän ⟨n.1 oder f.10⟩ *mit Farbveränderung einhergehendes Absterben von Körpergewebe;* Syn. ⟨ugs.⟩ *Brand* [< griech. *gaggraina* „Geschwür", vielleicht zur idg. Wurzel **ger-* „fressen, nagen"]

gan|grä|nös ⟨Adj., o.Steig.⟩ *von Gangrän befallen;* Syn. ⟨ugs.⟩ *brandig*

Gạng|schal|tung ⟨f.10⟩ *Vorrichtung, mit der ein Gang (11) geschaltet wird*

Gạng|spill ⟨n.1⟩ *Trommelwinde mit vertikaler Achse zum Hieven des Ankers von Hand* [< ndrl. *gangspil, Gang (14)* und *Spill*]

Gạng|ster ⟨[gɛŋ-] m.5⟩ *Mitglied einer Gang, Verbrecher*

Gạng|way ⟨[gɛŋwei] f.9⟩ *bei Schiffen und Flugzeugen fahrbare Treppe oder Laufsteg zum Ein- und Aussteigen* [< engl. *gangway* „Durchgang, Laufgang, Laufplanke", mundartlich auch „das Gehen", < *to gang* „gehen" und *way* „Weg"]

Ga|no|ve ⟨m.11⟩ *Gauner, Verbrecher;* Syn. *Ganef(f)* [< rotw. *Gannew*, jidd. *ganew* „Dieb", < hebr. *gannāb* „Dieb"]

Gans ⟨f.2⟩ 1 *Entenvogel mit kräftigen, zum Schwimmen und Gehen geeigneten Beinen, gedrungenem Leib, langem Hals und starkem Schnabel mit Hornleisten (Grau~, Haus~, Saat~, Wild~)* 2 ⟨übertr.⟩ *dumme weibliche Person; alberne, unerfahrene Person*

Gạns|bra|ten ⟨m.7; bayr.-österr.⟩ → *Gänsebraten*

Gän|se|blüm|chen ⟨n.7⟩ *kleiner Korbblütler mit innen gelben Blütenköpfen, deren weiße Hüllblätter außen meist rosa angehaucht sind;* Syn. *Maßliebchen, Tausendschön*

Gän|se|bra|ten ⟨m.7⟩ *gebratene Gans;* auch: ⟨bayr.-österr.⟩ *Gansbraten*

Gän|se|brust ⟨f.2⟩ *gebratenes oder gepökeltes und geräuchertes, kalt zu essendes Bruststück der Gans*

Gän|se|di|stel ⟨f.11⟩ *gelb blühender Korbblütler mit gezähntem Blattrand (z.B. an Ackerrändern wachsend)*

Gän|se|fuß ⟨m., -es, nur Sg.⟩ *unscheinbare knäuelig gelblichgrün blühende Pflanze auf Schutt und an Wegrändern (z.B. Guter Heinrich, Weißer G.)*

Gän|se|füß|chen ⟨Pl.⟩ *Anführungszeichen*

Gän|se|gei|er ⟨m.5⟩ *(u.a. in Südeuropa vorkommender) Geier mit gänseähnlichem, hell befiedertem Hals*

Gän|se|haut ⟨f., -, nur Sg.⟩ *durch äußere Reize verursachte, unwillkürliche Zusammenziehung der Haarbalgmuskeln, wodurch es* zur Vorwölbung der Haut des Haarbalgs und Aufrichtung der Härchen kommt (z.B. bei Kälte); er bekam vor Schreck eine G. [die Haut ähnelt in diesem Zustand der einer gerupften Gans]

Gän|se|klein ⟨n., -s, nur Sg.⟩ ragoutähnliche Speise aus Kopf, Hals, Magen, Herz, Flügeln und Füßen der Gans; Syn. ⟨bayr.-österr.⟩ Gansjung, Gansljunges

Gän|se|kres|se ⟨f., -, nur Sg.⟩ meist weiß blühendes Kraut auf Geröll und steinigen Hängen

Gän|se|le|ber|pa|ste|te ⟨f., -, nur Sg.⟩ Pastete aus der Leber gemästeter Gänse (bes. mit Trüffeln)

Gän|se|marsch ⟨m., -(e)s, nur Sg.⟩ im G. einzeln hintereinander; im G. gehen

Gan|ser ⟨m.5; oberdt., bes. österr.⟩, **Gän|se|rich** ⟨m.1⟩ männliche Gans; auch: ⟨norddt.⟩ Ganter

Gän|se|säger ⟨m.5⟩ (u.a. in Mitteleuropa vorkommender) gänsegroßer Entenvogel aus der Gattung der Säger (die Männchen überwiegend weiß mit schwarzgrünem Kopf)

Gän|se|wein ⟨m., -s, nur Sg.; scherzh.⟩ Wasser (als Getränk)

Gans|jung ⟨n., -s, nur Sg.⟩ **Gansl|jun|ge(s)** ⟨n., -gen, nur Sg.; oberdt.⟩ → Gänseklein

Gant ⟨f.10; oberdt., †, noch schweiz.⟩ öffentliche Zwangsversteigerung; auf die G. kommen [mhd. gant „gerichtliche Versteigerung" ← ital. incanto in ders. Bed. ← mlat. in quantum? „zu wieviel?", nach der Frage des Versteigers]

gan|ten ⟨V.2, hat gegantet; mit Akk.; †, noch schweiz.⟩ versteigern

Gan|ter ⟨m.5; norddt.⟩ → Ganser, Gänserich

ganz I ⟨Adj., o.Steig.⟩ **1** vollständig, ungeteilt, ohne Abzug; ein ~es Brot; eine ~e Flasche Wein; ein ~es Jahr; eine ~e Drehung nach rechts **2** ⟨ugs.⟩ heil, unversehrt; er hat kein ~es Paar Schuhe mehr; laß doch die Kuchen noch g.!; ein Gerät wieder g. machen instand setzen, reparieren; das Fahrrad ist wieder g. **3** ⟨präd.⟩ er hat die ~e Arbeit allein gemacht; das ~e Haus durchsuchen; die ~e Klasse lachte; die ~e Wahrheit sagen; er hat die ~e Zeit geschlafen **4** erheblich, ziemlich groß; eine ~e Menge; eine ~e Reihe ziemlich viele **5** ⟨ugs.⟩ nicht mehr als; ~ zehn Mark; ~ zwei Stunden II ⟨Adv.⟩ **1** völlig; sie haben das Haus g. durchsucht; er hat die Flasche g. ausgetrunken; das ist etwas g. anderes; das Kind war g. allein; er ist wieder g. gesund; du hast g. recht **2** ziemlich, einigermaßen; es war g. schön; das tue ich g. gern; das kann ich g. gut **3** ⟨verstärkend⟩ g. besonders schön; g. und gar völlig; voll und g. völlig

Gän|ze ⟨f.; Papierdeutsch; nur in bestimmten Fügungen⟩ Ganzheit; das Werk Mozarts in seiner G. das ganze Werk Mozarts, Werk insgesamt; zur G. ganz; ich habe das Buch zur G.

Gan|ze(s) ⟨n.17 oder 18⟩ **1** das Ganze alles; mir hat das Ganze gut, nicht gefallen; das große Ganze die Sache insgesamt; als Ganze gehen entschlossen auf das Ziel zugehen; eine Sache energisch, ohne Rücksicht anpacken **2** ein Ganzes Einheit, Gesamtheit; das Bauwerk als Ganzes; im Ganzen betrachtet finde ich das Werk gut das Werk als Einheit, als Gesamtheit; das ist nichts Ganzes und nichts Halbes

ganz|gar ⟨Adj., o.Steig.⟩ fertig gegerbt

Ganz|heit ⟨f., -, nur Sg.⟩ **1** das Ganzsein, Geschlossenheit **2** Einheit als Lebensäußerungen in ihrer G.; eine Erscheinung in ihrer G. betrachten

ganz|heit|lich ⟨Adj., o.Steig.⟩ im Hinblick auf die Ganzheit; eine ~e Betrachtungsweise; eine Sache g. beurteilen

Ganz|heits|me|tho|de ⟨f., -, nur Sg.⟩ → Ganzwortmethode

Ganz|heits|psy|cho|lo|gie ⟨f., -, nur Sg.⟩ Richtung der Psychologie, die besagt, daß jedes Erlebnis nur ganzheitlich im gesamtseelischen Zusammenhang zu verstehen ist

ganz|jäh|rig ⟨Adj., o.Steig.; nur als Attr. und Adv.⟩ das ganze Jahr über; ~e Bewirtschaftung; das Lokal ist g. geöffnet

Ganz|le|der ⟨n., -s, nur Sg.⟩ Einband aus Leder; ein Buch in G.; vgl. Halbleder

Ganz|lei|nen ⟨n., -s, nur Sg.⟩ Einband aus Leinen; ein Buch in G.; vgl. Halbleinen

gänz|lich ⟨Adj., o.Steig.; meist als Adv.⟩ ganz, völlig; das zeugt von einem ~en Mangel an Mitgefühl; das ist mir g. aus dem Gedächtnis entschwunden; einen Vorrat g. verbrauchen

Ganz|packung ⟨-k|k-; f.10⟩ Umschlag um den ganzen Körper

ganz|tä|gig ⟨Adj., o.Steig.; nur als Attr. und Adv.⟩ das Geschäft ist g. geöffnet den ganzen Tag über, ohne Mittagspause

Ganz|tags|schu|le ⟨f.11⟩ Schule, in der vormittags und nachmittags Unterricht erteilt wird (häufig mit gemeinsamem Mittagessen der Schüler)

Ganz|ton ⟨m.2; Mus.⟩ ganzer Ton

Ganz|wort|me|tho|de ⟨f., -, nur Sg.⟩ Methode im Leseunterricht, bei der das ganze Wort erfaßt wird (im Unterschied zum Buchstabieren); Syn. Ganzheitsmethode

gar I ⟨Adj.⟩ **1** fertig gekocht oder gebraten; ~es Fleisch, Gemüse; das Gemüse ist g. (noch nicht). **2** in einem für die Bearbeitung günstigen Zustand; ~er Ackerboden **3** ⟨südd., österr.⟩ verbraucht; der Vorrat ist g. II ⟨Adv.⟩ **1** sogar; und wenn er es nicht zugibt und g. noch behauptet, er habe ..., dann ... **2** durchaus, überhaupt, wirklich; ich glaube g., er hat ...; ich habe g. nichts gesagt; das ist g. nicht schlecht; es hat mir g. kein Vergnügen gemacht; ich habe ihn g. nirgends gesehen; warum nicht g.! ⟨volkstüml.⟩ das fehlte gerade noch, das kommt nicht in Frage! **3** etwa, wohl, am Ende; bist du g. schon fertig? **4** ⟨poet.⟩ sehr, recht; ein g. schönes Mädchen; g. oft; g. viel **5** ⟨poet.; verstärkend⟩ g. manches Mal **6** ⟨in den Fügungen⟩ gar zu allzu; g. zu so gern; sei nicht g. so unfreundlich!

Ga|ra|ge ⟨[-ʒə] f.11⟩ **1** Raum zum Unterstellen von Kraftfahrzeugen **2** ⟨veraltend⟩ Autoreparaturwerkstatt [frz., zu garer „abstellen"]

ga|ra|gie|ren ⟨[-ʒi-] V.3, hat garagiert; mit Akk.; österr., schweiz.⟩ in der Garage unterbringen; ein Fahrzeug, den Wagen g.

Ga|ra|mond ⟨[-mõ] f., -, nur Sg.⟩ häufig verwendete Antiquadruckschrift [nach dem frz. Stempelschneider C. Garamond]

Ga|rant ⟨m.10⟩ Bürge, Gewährsmann

Ga|ran|tie ⟨f.11⟩ **1** Bürgschaft, Sicherheit, Gewähr; die G. für etwas übernehmen; dafür übernehme ich keine G. **2** schriftliche Zusicherung, ein bestimmter Zeitraums (ohne Verschulden des Käufers entstandene) Schäden an einem Gerät kostenlos beheben werden; wir geben ein Jahr G. auf das Gerät; das Gerät hat ein Jahr G. das Gerät muß mindestens ein Jahr lang funktionieren, andernfalls wird es kostenlos repariert [frz. garantir „bürgen", über das Altfrz., ← fränk. *warjan „verteidigen, beschützen"]

ga|ran|tie|ren ⟨V.3, hat garantiert⟩ **I** ⟨mit Akk. und Präp.obj.⟩ etwas g. die Garantie für etwas übernehmen, für etwas bürgen; jmds. Rechte g.; ich garantiere dafür, daß nichts passiert **II** ⟨mit Dat. u. Akk.⟩ jmdm. etwas g. jmdm. etwas fest versprechen, verbindlich zusichern; wir g. Ihnen vollen Ersatz, wenn ...

ga|ran|tiert ⟨Adj., nur als Adv.⟩ wirklich, bestimmt, ganz sicher; der Schmuck ist g. echt; g. reiner Bienenhonig; er kommt g. nicht; das hat er g. gewußt und nur nichts gesagt

Ga|ran|tie|schein ⟨m.1⟩ einem Gerät beim Verkauf beigegebener Schein, gegen dessen Vorlage innerhalb eines bestimmten Zeitraums Reparaturen kostenlos vom Hersteller erledigt werden

Gar|aus ⟨m., nur in der Wendung⟩ jmdm., einem Tier den G. machen jmdn., ein Tier töten [< gar aus! (Ruf, mit dem früher in Süddtschl. die Polizeistunde verkündet wurde)]

Gar|be ⟨f.11⟩ **1** gebündelte Getreidehalme oder gebündeltes Stroh **2** ⟨übertr.⟩ Serie schnell hintereinander abgefeuerter Schüsse (Maschinengewehr~) [< ahd. garba in Bed. 1]

Gar|çon ⟨[-sõ] m.9⟩ Kellner [frz.]

Gar|de ⟨f.11⟩ **1** Leibwache (eines Fürsten) **2** Truppe zum Ehrenwachdienst **3** ⟨veraltend⟩ Elitetruppe im Felde **4** ⟨übertr., scherzh.⟩ bunt uniformierte Gruppe eines Karnevalsvereins **5** ⟨übertr.⟩ Gruppe von Menschen, die etwas gemeinsam haben; eine G. von Mitarbeitern, Helfern; alte G. Gruppe von bewährten, langjährigen Mitgliedern, Freunden, Arbeitskräften [< frz. garde „Wache", < gardar „schützen, bewachen, erhalten", < fränk. *wardōn „bewachen, beobachten"]

Gar|de|du|corps ⟨[-dykor] n., -, [-dykors]⟩ **1** ⟨früher⟩ preußisches Gardekavallerieregiment **2** → Leibwache [< frz. garde du corps „Leibwache"]

Gar|de|korps ⟨[-ko:r] n., -, [-ko:rs]⟩ Gesamtheit mehrerer Garden (3)

Garde|manger ⟨[gardmãʒe] m.9; in großen Restaurants⟩ für die kalten Speisen zuständiger Koch [frz., „Speisekammer, Fliegenschrank", < garde „Bewahrung, Obhut" und manger „das Essen"]

Gar|de|nie ⟨[-njə] f.11⟩ tropisches Rötegewächs mit ledrigen Blättern und großen, wohlriechenden Blüten, Zierstrauch [nach dem engl. Arzt Alexander Garden]

Gar|de|ro|be ⟨f.11⟩ **1** Kleidung **2** Gestell oder Raum zum Ablegen und Aufhängen von Kleidung [frz., „Kleiderschrank, -kammer, -vorrat", < garder „bewahren, aufbewahren" und robe „Kleidung, (langes) Kleid, Gewand"]

Gar|de|ro|bier ⟨[-bje] m.9; Theater⟩ Verwalter der Garderobe, Gewandmeister

Gar|de|ro|bie|re ⟨[-bjɛrə] f.11⟩ **1** ⟨Theater⟩ weibliche Garderobier **2** Frau, die bei Veranstaltungen die abgegebenen Mäntel usw. der Teilnehmer verwahrt

Gar|di|ne ⟨f.11⟩ Vorhang (vor dem Fenster); hinter schwedischen ~n sitzen ⟨übertr.⟩ im Gefängnis sitzen [< ndrl. gordijn, < frz. courtine „Bettvorhang"; schwedisch wahrscheinlich nach dem aus Schweden eingeführten, als bes. widerstandsfähig geltenden Stahl]

Gar|di|nen|pre|digt ⟨f.10⟩ Strafpredigt [nach der Strafpredigt, die früher die Ehefrau hinter den zugezogenen Bettgardinen dem zu spät heimgekommenen Ehemann hielt]

Gar|dist ⟨m.10⟩ Soldat der Garde

Ga|re ⟨f., -, nur Sg.⟩ **1** (bei der Glacélederngerbung) in Wasser gelöstes Gemisch aus Kochsalz, Alaun, Eigelb und Weizenmehl **2** ⟨kurz für⟩ → Bodengare [zu gar]

ga|ren ⟨V.1, hat gegart; mit Akk.⟩ gar machen; Fleisch, Gemüse g.

gä|ren I ⟨V.43, hat gegoren; o.Obj.⟩ sich unter Bildung von Alkohol zersetzen; Most, Bier gärt II ⟨V.1, hat gegärt; unpersönl., mit „es"⟩ es gärt es zeigt sich bedrohliche Unruhe, Unzufriedenheit; im Volk, in der Bevölkerung gärt es

Gär|fut|ter ⟨n., -s, nur Sg.⟩ → Silage (2)

Ga|ri|gue ⟨[-rig] f., -, nur Sg.⟩ Pflanzengesellschaft des Mittelmeergebietes mit immergrünen Zwergsträuchern, Felsheide [< provenzal. garoulia „Kermeseiche", nach der vorherrschenden Baumart]

Gar|koch ⟨m.2⟩ jmd., der in einer Garküche arbeitet

Gar|kü|che ⟨f.11; †⟩ einfache Speisewirtschaft

Garn ⟨n.1⟩ gezwirnter oder ungezwirnter Faden aus Fasern, Haaren oder Endlosfäden; jmdm. ins G. gehen ⟨übertr.⟩ sich von jmdm. in eine Falle locken lassen

Gar|ne|le ⟨f.11⟩ meeresbewohnender Zehnfußkrebs mit schlankem, seitlich abgeflachtem Körper, langen Fühlern und dünnen Schreitbeinen (z.B. der Granat¹); Syn. ⟨Handelsbez.⟩ Krabbe, Krevette, Scampi, Shrimp [über mhd. grane, < mlat. grano „Barthaar"]

gar|nie|ren ⟨V.3, hat garniert; mit Akk.⟩ mit Zubehör versehen, verzieren; eine Aufschnittplatte mit Feder und Band g.; eine Aufschnittplatte mit Petersilie, Tomaten u.a. g. [< frz. garnir „mit dem Nötigen versehen, ausrüsten"]

Gar|nie|rung ⟨f., -, nur Sg.⟩ **1** das Garnieren; ich brauche noch etwas zur G. der belegten Brote **2** zum Garnieren verwendete Dinge; die G. mitessen

Gar|ni|son ⟨f.10⟩ **1** Standort eines Truppenteiles im Frieden; Syn. ⟨schweiz.⟩ Waffenplatz **2** der Truppenteil selbst [frz., zu garnir „(zur Verteidigung) ausrüsten", →garnieren]

gar|ni|so|nie|ren ⟨V.3, hat garnisoniert; o.Obj.⟩ in Garnison liegen

Gar|ni|tur ⟨f.10⟩ **1** Verzierung; Federn als G. am Hut **2** mehrere zusammengehörige Gegenstände, z.B. Couch und Sessel (Polster~), bestimmte Wäschestücke (Wäsche~) **3** ⟨übertr., ugs.⟩ die besten, beliebtesten bzw. minder guten oder weniger beliebten Personen einer Gruppe; er gehören zur ersten bzw. zweiten G. seiner Freunde, ⟨in den Fügungen⟩ erste, zweite G. [< frz. garniture „Ausrüstung, Einrichtung, Zubehör; Besatz", zu garnir, →garnieren]

Ga|rot|te ⟨f.11⟩ → Garrotte

Gar|rot|te ⟨f.11⟩ Würgeschraube (zur Hinrichtung durch Erdrosseln); auch: Garotte [< span. garrota in ders. Bed.; die G. wird in Spanien heute noch verwendet]

gar|rot|tie|ren ⟨V.3, hat garrottiert; mit Akk.⟩ mit der Garrotte erdrosseln

gar|stig ⟨Adj.⟩ **1** häßlich, abstoßend; ein ~es Gesicht; ein ~er Kerl **2** ⟨volkstüml.⟩ unfreundlich, ungezogen; g. zu jmdm. sein **3** ⟨volkstüml.⟩ regnerisch, windig, kalt; ~es Wetter; draußen ist es heute g. **Gar|stig|keit** ⟨f., -, nur Sg.⟩

gär|teln ⟨V.1, hat gärtelt; bayr.⟩ → gärtnern

Gar|ten ⟨m.8⟩ (bearbeitetes) umfriedetes Stück Land, das mit verschiedenen Pflanzen besetzt ist (meist bei einem Haus); (Nutz~, Zier~)

Gar|ten|ar|chi|tekt ⟨m.10⟩ Syn. Gartengestalter **1** diplomierter Gärtner **2** graduierter Gartenbauingenieur der Fachrichtung Landespflege

Gar|ten|bau ⟨m., -(e)s, nur Sg.⟩ Anbau von Nutzpflanzen in Gärten (als Wirtschaftsform oder aus Liebhaberei)

Gar|ten|bau|in|ge|ni|eur ⟨[-ʒənjøːr] m.1⟩ jmd., der ein abgeschlossenes Studium der Fachrichtungen Gartenbau oder Landespflege hat

Gar|ten|bau|tech|ni|ker ⟨m.5⟩ jmd., der ein abgeschlossenes Studium an einer Fachschule für Gartenbau hat

Gar|ten|ge|stal|ter ⟨m.5⟩ → Gartenarchitekt

Gar|ten|haus ⟨n.4⟩ kleines, einfaches Haus (meist ohne Kanalisation) in einem Garten

Gar|ten|kres|se ⟨f., -, nur Sg.⟩ in Gärten als Salatpflanze angebaute Art der Kresse

Gar|ten|rot|schwanz ⟨m.2⟩ (u.a. in Mitteleuropa vorkommender) Singvogel, bei dem das Männchen durch seine weiße Stirn, die schwarze Kehle, orangerote Brust und rostroten Schwanz auffällt [er liebt, im Unterschied zum Hausrotschwanz, eher Gärten]

Gar|ten|schlä|fer ⟨m.5⟩ eine Schlafmaus mit schwarzer Gesichtsmaske, die u.a. in Obstgärten vorkommt

Gar|ten|schlauch ⟨m.2⟩ Schlauch, mit dem man den Garten bewässert

Gar|ten|stadt ⟨f.2⟩ Stadt in lockerer Bauweise bei hohem Anteil von Grünflächen (in der Nachbarschaft einer Großstadt)

Gar|ten|zwerg ⟨m.1⟩ kleine Zwergenfigur aus Keramik als Zierat für den Garten **2** ⟨abwertend⟩ kleiner, unbedeutender Mensch

Gärt|ner ⟨m.5⟩ jmd., der berufsmäßig Gärten pflegt oder in einer Gärtnerei arbeitet

Gärt|ne|rei ⟨f.10⟩ Betrieb, der auf die Kultivierung und Verwertung von Nutz-, Zier- und Nahrungspflanzen spezialisiert ist (Gemüse~, Blumen~)

gärt|ne|risch ⟨Adj.⟩ **1** die Gärtnerei betreffend, zu ihr gehörend, auf ihr beruhend **2** in der Art eines Gärtners; sich g. betätigen

gärt|nern ⟨V.1, hat gegärtnert; o.Obj.⟩ aus Liebhaberei Gartenarbeit tun; Syn. ⟨bayr.⟩ gärteln

Gä|rung ⟨f.10⟩ Abbau organischer Verbindungen unter Ausschluß von Luftsauerstoff durch Mikroorganismen, insbes. G. Abbau von Zucker zu Äthylalkohol und Kohlendioxid durch Hefen [zu gären]

Gas ⟨n.1⟩ **1** Stoff im luftförmigen Aggregatzustand (Erd~, Knall~, Leucht~, Wasser~) **2** ⟨ugs.⟩ Gasflamme; die Milch aufs Gas setzen, vom Gas nehmen **3** ⟨ugs.⟩ Gashahn; das Gas auf-, zudrehen **4** ⟨ugs.⟩ **a** Treibstoff, der einem Fahrzeug bei der Beschleunigung zugeführt wird; Gas geben durch Betätigen des Gashebels die Fahrt beschleunigen; das Gas wegnehmen durch Loslassen des Gashebels die Fahrt verlangsamen **b** Vorrichtung dazu, Gashebel; vom Gas heruntergehen [ndrl., zu griech. chaos „leerer Weltraum, Luftraum"]

Gas|ana|ly|se ⟨f.11⟩ chemische Analyse der Zusammensetzung von Gasen nach Art und Menge; Syn. Gasometrie

Gas|an|stalt ⟨f.10; veraltend⟩ → Gaswerk

Gas|an|zün|der ⟨m.5⟩ Vorrichtung zum Entzünden brennbarer Gas-Luft-Gemische (z.B. ein Reibzünder)

Gas|au|to|mat ⟨m.10⟩ Gerät, das eine bestimmte Menge Gas nach Einwurf einer Münze zum Verbrauch freigibt

Gas|bad ⟨n.4; Med.⟩ Aufenthalt in einem mit Gas gefüllten Raum (meist ein Kasten, der den Kopf frei läßt; z.B. zur Behandlung von Hautkrankheiten)

Gas|be|häl|ter ⟨m.5⟩ → Gasspeicher

Gas|be|ton ⟨[-tɔŋ] m., -s, nur Sg.⟩ Leichtbeton, der durch gasentwickelnde Zugaben aufgetrieben wird und porig erstarrt (bes. zur Wärmedämmung)

Gas|brand ⟨m., -(e)s, nur Sg.⟩ schwere Wundinfektion durch Erreger, die sich bei Luftabschluß in tiefen, gequetschten Wunden entwickeln; Syn. Gasödem

Ga|sel ⟨n.1⟩, **Ga|se|le** ⟨f.11⟩ orientalisches Gedicht aus beliebig vielen Versparen, bei dem der Reim des ersten Paares in allen geraden Zeilen wiederkehrt, während die ungeraden reimlos bleiben [< arab. ḡazal „Liebe, Liebesworte, Unterhaltung zwischen Verliebten, Liebesgedicht"]

ga|sen ⟨V.1; o.Obj.; ugs.⟩ **1** ⟨hat gegast⟩ nach Gas riechen **2** ⟨hat gegast⟩ Gas ausströmen **3** ⟨ist gegast; übertr.⟩ sehr schnell fahren; durch die Stadt g.

Gas|flam|me ⟨f.11⟩ Flamme, die entsteht, wenn das aus dem Brenner des Gasherdes strömende Gas entzündet wird

Gas|fla|sche ⟨f.11⟩ nahtlos gezogener Druckbehälter aus Stahl zum Transport unter Druck stehender oder verflüssigter technischer Gase

Gas|glüh|licht ⟨n.1⟩ Lampe, bei der ein Gas beim Verbrennen einen Glühstrumpf erhitzt und zur hellen Weißglut bringt (bes. als Campinglicht)

Gas|hahn ⟨m.2⟩ Hebel am Gasherd, der die Zufuhr des Gases zum Brennen regelt; den G. aufdrehen ⟨übertr., ugs.⟩ Selbstmord durch Einatmen von Gas aus der Gasleitung begehen

Gas|herd ⟨m.1⟩ Herd, der mit Gas betrieben wird

ga|sig ⟨Adj., o.Steig.⟩ wie Gas; ~er Geruch

Gas|kam|mer ⟨f.11⟩ luftdicht abgeschlossener Raum, in den giftiges Gas zur Tötung von Menschen eingelassen wird; die ~n der Konzentrations- und Vernichtungslager

Gas|kes|sel ⟨m.5⟩ → Gasspeicher

Gas|koh|le ⟨f., -, nur Sg.⟩ zur Gaserzeugung geeignete Steinkohle mit rund 85% Kohlenstoff

Gas|ko|na|de ⟨f.11; †⟩ Prahlerei, Aufschneiderei [nach der frz. Landschaft Gascogne]

Gas|krieg ⟨m.1⟩ mit Giftgas geführter Krieg

Gas|mann ⟨m.4; ugs.⟩ jmd., der berufsmäßig Gasmesser abliest

Gas|mas|ke ⟨f.11⟩ Gesichtsmaske aus gummiertem Baumwollstoff mit beschlagfreien Augenfenstern und Filtereinsätzen gegen Gas, Rauch u.a.

Gas|mes|ser ⟨m.5⟩ Gerät mit Zählwerk zur Messung verbrauchter Gasmengen; Syn. Gasuhr, Gaszähler

Gas|ödem ⟨n.1⟩ → Gasbrand

Ga|so|lin ⟨n., -s, nur Sg.⟩ sehr leicht siedendes Benzin, das als erstes Produkt bei der Destillation des Erdöls gewonnen wird [< engl. gas „Treibstoff" und lat. oleum „Öl"]

Ga|so|me|ter ⟨m.5⟩ → Gasspeicher [in Anlehnung an frz. gazomètre < Gas und ...meter]

Ga|so|me|trie ⟨f., -, nur Sg.⟩ → Gasanalyse

Gas|se ⟨f.11⟩ **1** kleine, schmale Straße zwischen zwei Häuserreihen **2** ⟨österr.⟩ Straße (in einem Ort) **3** ⟨übertr.⟩ schmaler Zwischenraum; eine G. zwischen zwei Verteidigern spielen; eine G. bilden

Gas|sel|schlit|ten ⟨m.7; österr.⟩ kleiner, einspänniger Pferdeschlitten

Gas|sen|hau|er ⟨m.5⟩ dem Schlager ähnliches, viel gesungenes Lied [< Gasse und frühnhd. hauen in der übertr. Bedeutung „schlendern, stampfend gehen"; also „Lied, das beim müßigen Gehen durch die Straßen gesungen wird"]

Gas|sen|jun|ge ⟨m.11⟩ Junge, der sich viel auf den Straßen herumtreibt und sich entsprechend ungezogen benimmt; Syn. Straßenjunge

Gas|si ⟨o.Art.; nur in den Wendungen⟩ G. gehen, den Hund G. führen den Hund auf der Straße spazierenführen [süddt. Bildung zu Gasse]

Gas|si|che|rung ⟨f.10⟩ Vorrichtung bei Gasgeräten, welche die Gaszufuhr bei ungenügendem Gasdruck oder beim Verlöschen der Flamme automatisch schließt

Gas|spei|cher ⟨m.5⟩ großer Behälter zum Speichern technischer Gase; Syn. Gaskessel, Gasometer

Gast I ⟨m.2⟩ **1** jmd., der bei jmdm. eingeladen oder vorübergehend zum Wohnen aufgenommen worden ist (Tisch~); Gäste bewirten; ungebetene Gäste Besucher, die nicht eingeladen wurden und daher lästig sind; ⟨scherzh.⟩ Ungeziefer, Vorratsschädlinge; jmdm. zu ~e sein; jmdn. zu ~e bitten jmdn. einladen; jmdn. zu ~e haben **2** Besucher einer Gaststätte, eines Hotels; die Pension kann 120 Gäste aufnehmen **3** Bühnenkünstler, der nur einmal oder wenige Male in einem Theater auftritt; es singt XY als G. ⟨Abk.: a.G.⟩ **4** jmd., der sich vorübergehend an einem Ort aufhält; als G. in einer Stadt weilen; der Bürgermeister begrüßte die ausländischen Gäste **II** ⟨m.12; Seew.⟩ für eine bestimmte Aufgabe vorgesehener Matrose (Signal~)

Gas|tan|ker ⟨m.5⟩ Schiff zum Transport verflüssigten Erdgases

Gast|ar|bei|ter ⟨m.5⟩ ausländischer, nicht eingebürgerter Arbeiter; Syn. Fremdarbeiter
Gä|ste|buch ⟨n.4⟩ Buch, in das sich Gäste eintragen
Gä|ste|rei ⟨f.10⟩ üppige Mahlzeit mit Gästen
Gä|ste|zim|mer ⟨n.5⟩ → Gastzimmer
gast|frei ⟨Adj.⟩ gern Gäste bewirtend oder aufnehmend; Syn. gastfreundlich; sie sind sehr g.
Gast|frei|heit ⟨f., -, nur Sg.⟩ Bereitwilligkeit, Gäste zu bewirten oder aufzunehmen; Syn. Gastfreundlichkeit
Gast|freund ⟨m.1; †⟩ **1** Gast **2** Gastgeber
gast|freund|lich ⟨Adj.⟩ → gastfrei
Gast|freund|lich|keit ⟨f., -, nur Sg.⟩ → Gastfreiheit
Gast|freund|schaft ⟨f., -, nur Sg.⟩ Bereitwilligkeit, jmdn. als Gast aufzunehmen; jmds. G. in Anspruch nehmen; jmdm. für seine G. danken
Gast|ge|ber ⟨m.5⟩ jmd., der einen Gast bewirtet oder beherbergt
Gast|ge|schenk ⟨n.1⟩ Geschenk, das der Gast dem Gastgeber mitbringt
Gast|haus ⟨n.4⟩ **1** Haus, in dem man gegen Entgelt Unterkunft und Verpflegung bekommt **2** ⟨ugs. auch⟩ Gaststätte; täglich im G. sitzen; nur im G. essen
Gast|hof ⟨m.2⟩ einfaches, ländliches Gasthaus
Gast|hö|rer ⟨m.5; an Universitäten⟩ Teilnehmer an Lehrveranstaltungen, der nicht berechtigt ist, akademische Prüfungen abzulegen
ga|stie|ren ⟨V.3, hat gastiert; o.Obj.⟩ als Gast (auf einer fremden Bühne) auftreten; die Truppe gastiert in vielen Städten
Gast|land ⟨n.4⟩ Land, das Gäste aufnimmt, das Gastarbeiter beschäftigt
gast|lich ⟨Adj.⟩ freundlich Gästen gegenüber, anheimelnd für Gäste; ein ~es Haus; ~e Aufnahme finden; jmdn. g. aufnehmen
Gast|lich|keit ⟨f., -, nur Sg.⟩
Gast|mahl ⟨n.4, auch n.1⟩ festliche Mahlzeit mit Gästen
Gas|tod ⟨m.1⟩ durch giftiges Gas bewirkter Tod
Ga|sträa ⟨f., -, nur Sg.⟩ von Haeckel angenommene Stammform aller mehrzelligen Tiere, Urdarmtier [< griech. gaster, Gen. gastros, ,,Bauch, Magen, Unterleib'']
ga|stral ⟨Adj., o.Steig.⟩ zum Magen und Darm gehörig, von ihnen ausgehend [< griech. gaster, Gen. gastros, ,,Bauch, Magen, Unterleib'']
Ga|stral|gie ⟨f.11⟩ → Magenkrampf [< griech. gaster ,,Magen'' und algos ,,Schmerz'']
Gast|recht ⟨n., -(e)s, nur Sg.⟩ Recht, bei jmdm. als Gast zu sein; er hat bei uns (jederzeit) G.; G. genießen; das G. verletzen sich ungebührlich gegen den Gastgeber oder andere Gäste verhalten
Ga|strek|to|mie ⟨f.11⟩ operative Entfernung des Magens [< griech. gaster ,,Magen'' und Ektomie]
ga|strisch ⟨Adj., o.Steig.⟩ zum Magen gehörend, von ihm ausgehend [< griech. gaster ,,Magen'']
Ga|stri|tis ⟨f., -, -ti|den⟩ Entzündung der Magenschleimhaut [< griech. gaster ,,Magen'' und ...itis]
ga|stro..., Ga|stro... ⟨in Zus.⟩ magen..., Magen..., darm..., Darm... [< griech. gaster, Gen. gastros, ,,Bauch, Magen, Darm'']
ga|stro|duo|de|nal ⟨Adj., o.Steig.⟩ zum Magen und Zwölffingerdarm gehörend, von ihnen ausgehend [< gastro... und duodenal]
ga|stro|en|te|risch ⟨Adj., o.Steig.⟩ Magen und Darm betreffend [< gastro... und griech. enteron ,,Darm'']
Ga|stro|en|te|ri|tis ⟨f., -, -ti|den⟩ Magen-Darm-Entzündung [< gastro... und Enteritis]
ga|stro|gen ⟨Adj., o.Steig.⟩ vom Magen ausgehend [< gastro... und griech. gennan ,,erzeugen, hervorbringen'']

Gast|rol|le ⟨f.11⟩ **1** ⟨urspr.; selten⟩ Rolle, die ein Bühnenkünstler als Gast (3) verkörpert **2** ⟨übertr.⟩ vorübergehender Besuch, vorübergehender Aufenthalt (an einem Ort, bei jmdm.); er hat dort nur eine G. gegeben
Ga|stro|nom ⟨m.10⟩ **1** Gastwirt, der sich auf feine Küche versteht **2** Fachmann für feine Küche, Kochkünstler [→ Gastronomie]
Ga|stro|no|mie ⟨f., -, nur Sg.⟩ **1** Gaststättengewerbe **2** Kochkunst [< gastro... und griech. nomos ,,Brauch, Sitte, Gesetz'']
ga|stro|no|misch ⟨Adj., o.Steig.⟩ die Gastronomie betreffend, zu ihr gehörig, auf ihr beruhend
Ga|stro|po|de ⟨m.11⟩ Schnecke (1) [< gastro..., und griech. pous, Gen. podos, ,,Fuß'']
Ga|stro|skop ⟨n.1⟩ mit Spiegel und Lichtquelle versehenes Gerät, das durch Mund und Speiseröhre eingeführt wird und mit dessen Hilfe man das Mageninnere untersuchen kann; Syn. Magenspiegel [< gastro... und ...skop]
Ga|stro|sko|pie ⟨f.11⟩ Untersuchung des Magens mit dem Gastroskop
Ga|stro|sto|mie ⟨f.11⟩ Anlegen einer Magenfistel zum Einbringen von Nahrung direkt in den Magen [< gastro... und griech. stoma ,,Mund'']
Ga|stro|to|mie ⟨f.11⟩ operative Öffnung des Magens; Syn. Magenschnitt [< gastro... und griech. tome ,,Schnitt'']
Ga|stru|la ⟨f., -, nur Sg.⟩ Entwicklungsstadium des Embryos, in dem der Urmund entsteht [latinisierende Verkleinerungsform zu griech. gaster, Gen. gastros, ,,Bauch, Magen, Unterleib'']
Ga|stru|la|ti|on ⟨f., -, nur Sg.⟩ Entstehung der Gastrula durch Einstülpung der Blastula
Gast|spiel ⟨n.1⟩ **1** Auftreten einer Schauspielertruppe als Gast; ein G. geben **2** ⟨Sport⟩ Spiel auf dem Platz des Gegners
Gast|spiel|rei|se ⟨f.11⟩ Reise einer Schauspieler- oder Sporttruppe zum Auftreten in mehreren Städten
Gast|stät|te ⟨f.11⟩ Betrieb, in dem man gegen Entgelt Mahlzeiten und Getränke erhält
Gast|stät|ten|ge|wer|be ⟨n., -s, nur Sg.⟩ Gewerbe der Gaststätten- und Hotelinhaber; Syn. Hotelgewerbe, Hotellerie
Gast|stu|be ⟨f.11; in einfachen Gasthäusern und Gaststätten⟩ Raum zum Bewirten der Gäste
Gast|wirt ⟨m.1⟩ Inhaber einer Gaststätte; Syn. ⟨†⟩ Restaurateur
Gast|wirt|schaft ⟨f.10⟩ einfache Gaststätte
Gast|zim|mer ⟨n.5⟩ Zimmer für einen Gast, für Gäste; Syn. Fremdenzimmer auch: Gästezimmer
Gas|uhr ⟨f.10⟩ → Gasmesser
Gas|werk ⟨n.1⟩ Anlage zur Erzeugung von Leuchtgas; Syn. ⟨veraltend⟩ Gasanstalt
Gas|zäh|ler ⟨m.5⟩ → Gasmesser
Gatt ⟨n.12 oder n.9; Seew.⟩ **1** Loch, Öffnung (Spei~) **2** kleiner Aufbewahrungsort an Bord (Kabel~) **3** enge Durchfahrt in Gewässern [< mndt. gat ,,Öffnung'']
GATT ⟨Kurzw. für⟩ General Agreement on Tariffs and Trade (allgemeines Zoll- und Handelsabkommen)
Gat|te ⟨m.11⟩ Ehemann; die ~n die beiden Eheleute, das Ehepaar
gat|ten ⟨V.2, hat gegattet; refl.; †⟩ sich g. **1** sich paaren, sich geschlechtlich vereinigen **2** ⟨noch gelegentlich geh.⟩ sich verheiraten
Gat|ten|mord ⟨m.1⟩ Ermordung des Ehepartners
Gat|ter ⟨n.5⟩ **1** ⟨in Forsten⟩ **a** eingezäunte Fläche zum Halten von Wild; Syn. Wildgatter **b** Zaun, der das Wild aus Jungkulturen fernhält **2** ⟨Reitsport⟩ zaunartiges Hindernis **3** ⟨Elektronik⟩ einfache Schaltung mit mehreren Eingängen und einem Ausgang; Syn. Torschaltung
Gat|ter|sä|ge ⟨f.11⟩ Säge zum Zerlegen von

Gaukler

Baumstämmen und Holzblöcken zu Brettern und Bohlen [Gatter hier im Sinne von ,,Gestell, Rahmen'']
Gat|tin ⟨f.10⟩ Ehefrau
Gat|tung ⟨f.10⟩ **1** Gesamtheit von Dingen oder Begriffen, die in wesentlichen Merkmalen übereinstimmen (Truppen~, Waffen~, Literatur~); die ~en der Kunst, Musik **2** ⟨Biol.⟩ Einheit, die nah verwandte Arten umfaßt, zwischen Art und Familie stehend; Syn. Genus [zu gatten]
Gat|tungs|be|griff ⟨m.1⟩ Begriff, der mehrere Begriffe zu einer höheren Einheit zusammenfaßt, z.B. ,,Krankheit'' für viele besondere Erkrankungen und krankhafte Erscheinungen
Gat|tungs|be|zeich|nung ⟨f.10⟩ → Gattungsname
Gat|tungs|na|me ⟨m.15⟩ Wort, das mehrere Lebewesen oder Dinge bezeichnet, die in bestimmten Merkmalen übereinstimmen, z.B. Mensch, Tier, Pflanze; Syn. Gattungsbezeichnung; vgl. Eigenname
Gau ⟨m.1⟩ **1** ⟨meist aus geschichtl. Sicht oder poet.⟩ räumlich-politische Untergliederung eines Gebietes (Reichs~); auch: ⟨österr., schweiz.⟩ Gäu **2** ⟨19./20. Jh.⟩ regionale Untergliederung eines Verbandes oder einer Vereinigung; ADAC-Gau Südbayern **3** organisatorische Einheit der NSDAP [< mhd. gou ,,Landschaft, Gegend'']
GAU ⟨Tech.; Abk. für⟩ größter anzunehmender Unfall, ⟨Bez. für ein⟩ ⟨gedachtes⟩ unabwendbares, unerwartetes Ereignis
Gäu ⟨n.1⟩ **1** ⟨österr., schweiz.⟩ → Gau (1) **2** ⟨österr.⟩ Bereich, für den jmd. zuständig ist; jmdm. ins Gäu gehen jmdm. ins Gehege kommen
Gau|be ⟨f.11⟩ Aufbau für in der Dachschräge senkrecht stehende Fenster; auch: Gaupe; Syn. Dachgaube, Dachgaupe
Gauch ⟨m.1 oder m.2; †⟩ **1** Narr, Betrogener armer G. **2** → Kuckuck [< mhd. gouh, mnddt. gok, goch ,,Narr, Tölpel'', dazu altnord. gaukr ,,Narr, Tölpel, Kuckuck'']
Gauch|heil ⟨m.1⟩ Primelgewächs, ein zartes, rot oder blau blühendes Kraut am Ackerrand [zu Gauch (2), die Pflanze galt als Mittel gegen Geisteskrankheiten]
Gau|cho ⟨[-tʃo] m.9⟩ berittener Viehhirt der argentinischen Pampas [span., vermutl. aus einer Indianersprache]
Gau|de|amus igi|tur Drum laßt uns fröhlich sein [lat., Anfang eines student. Trinkliedes]
Gau|di ⟨f. oder n., -, nur Sg.; bes. bayr.-österr.⟩ ausgelassenes Fröhlichsein, Spaß, Vergnügen; es war eine große G.; wir haben viel G. gehabt, gemacht; etwas aus G. tun [zu Gaudium]
gau|die|ren ⟨V.3, hat gaudiert; mit Akk.⟩ belustigen, erheitern [< lat. gaudere ,,sich freuen'']
Gau|di|um ⟨n., -s, nur Sg.⟩ Belustigung, Erheiterung [lat., ,,Freude, Vergnügen'', zu gaudere ,,sich freuen'']
Gau|fra|ge ⟨[goˈfraːʒə] f.11⟩ geprägte Musterung (auf Papier und Gewebe) [zu gaufrieren]
Gau|fré ⟨[goˈfre] n., -s, nur Sg.⟩ Gewebe mit eingeprägtem Muster [zu gaufrieren]
gau|frie|ren ⟨[go-] V.3, hat gaufriert; mit Akk.⟩ mit dem Gaufrierkalander mustern [< frz. gaufrer in ders. Bed., zu gaufre ,,Stoffpressung'', eigtl. ,,Waffel'']
Gauge ⟨[geɪdʒ] n., -, nur Sg.; Abk.: gg; Strumpfwirkerei⟩ Maß zur Angabe der Maschenzahl auf 1,5 engl. Zoll (= 38,1 mm) und damit der Feinheit [engl.]
gau|keln ⟨V.1, ist gegaukelt; o.Obj.⟩ **1** schwankend fliegen **2** ⟨hat gegaukelt; selten⟩ als Gaukler etwas vorspielen
Gauk|ler ⟨m.5⟩ jmd., der auf Jahrmärkten akrobatische Künste, Geschicklichkeitsspiele oder Zaubertricks vorführt [< mhd. goukelære, gougelære in ders. Bed., zu goukeln,

405

Gaul

gougeln ,,zaubern, Taschenspielereien vorführen", zu ahd. goukel ,,Zauberei"]
Gaul ⟨m.2⟩ **1** Pferd **2** kräftiges, einfaches Arbeitspferd; ein treuer G. **3** schlechtes Pferd; ein alter G.
Gaul|lis|mus ⟨[go-] m., -, nur Sg.⟩ von dem ehemaligen französischen Staatspräsidenten Charles de Gaulle geschaffene politische Bewegung, die Frankreichs Vorrangstellung in Europa anstrebt
Gaul|list ⟨m.10⟩ Anhänger de Gaulles, des Gaullismus
Gault ⟨[golt] m., -s, nur Sg.; Geol.⟩ jüngste Stufe der Unterkreide [engl., landsch. für ,,Kalkmergel"]
Gau|men ⟨m.7⟩ **1** Decke der Mundhöhle (die diese von der Nasenhöhle trennt); Syn. Palatum; harter G. weiter vorn gelegener, knöcherner Teil des Gaumens; weicher G. → Gaumensegel **2** ⟨übertr.⟩ Geschmackssinn; den G. kitzeln durch etwas Wohlschmeckendes die Eßlust anregen; einen feinen G. haben wissen, was gut schmeckt
Gau|men|bo|gen ⟨m.2⟩ Schleimhautfalte beiderseits des Zäpfchens (in die der Gaumen nach hinten ausläuft)
Gau|men|laut ⟨m.1⟩ → Guttural
Gau|men|man|del ⟨f.11⟩ → Mandel (2)
Gau|men|se|gel ⟨n.5⟩ aus Muskeln bestehender Teil des Gaumens, weicher Gaumen; Syn. Velum
Gau|men|spal|te ⟨f.11⟩ angeborene Spalte im harten Gaumen
Gau|ner ⟨m.5⟩ Betrüger, Spitzbube **2** pfiffiger, gerissener Kerl; ein feiner G.!
Gau|ne|rei ⟨f.10⟩ Betrügerei; ~en verüben, begehen
gau|nern ⟨V.1, hat gegaunert; o.Obj.; selten⟩ Gaunereien begehen
Gau|ner|spra|che ⟨f.11⟩ Sondersprache der Landstreicher und Gauner, z.B. Rotwelsch
Gau|ner|zin|ken ⟨m.7⟩ Zeichen der Landstreicher und Gauner (das sie an Haustüren anbringen, um sich gegenseitig über die Bewohner des Hauses zu unterrichten)
Gau|pe ⟨f.11⟩ → Gaube
Gaur ⟨[-ər].5 oder m.9⟩ hochrückiges südostasiatisches Wildrind [Hindi]
Gautsch|brief ⟨m.1⟩ schriftliche Bestätigung über das erfolgte Gautschen (2)
Gaut|sche ⟨f.11; Papierherstellung⟩ **1** Maschine mit zwei Walzen, zwischen denen die nasse Papierbahn ausgepreßt wird **2** ⟨südwestdt.⟩ Schaukel [zu gautschen]
gaut|schen ⟨V.1, hat gegautscht; mit Akk.⟩ **1** ⟨Papierherstellung⟩ zwischen zwei Walzen auspressen; die nasse Papierbahn g. **2** ⟨übertr.⟩ einen Lehrling g. einen Lehrling in einer Wanne mit Wasser untertauchen, wodurch er zünftig wird [nach Brauch bei Druckern und Setzern] **3** ⟨schwäb.⟩ schaukeln
Gaut|scher ⟨m.5⟩ Facharbeiter an der Gautsche (1)
Ga|vot|te ⟨[-vɔt(ə)]. f.11⟩ **1** heiterer Tanz **2** (daraus hervorgegangener) Satz der Suite [frz., in ders. Bed., < prov. gavot ,,Lümmel, Grobian", Spottname für die provenzalischen Alpenbewohner]
Gay ⟨[gɛi] m.9; ugs.⟩ → Homosexuelle(r) [engl., in ders. Bed., < zu gay ,,sorglos und fröhlich"]
Ga|ze ⟨[-zə] f., -, nur Sg.⟩ durchsichtiger, sehr lockerer Stoff (im Verbandmull) [< frz. gaze, span. gasa ,,Flor, Schleier", < arab. qazz, pers. qaz ,,Rohseide, Flockenseide"]
Ga|zel|le ⟨f.11⟩ kleine, zierliche Antilope (Giraffen-) [< span. gacela, < arab. ǧazāla, in ders. Bed.]
Ga|zet|te ⟨[gazɛtə] f.11; †⟩ Zeitung [< ital. gazzetta, urspr. ,,Zeitung, die man für eine gazeta (oder gazzetta), eine venezian. Scheidemünze, bekam"]
Gbl. ⟨Abk. für⟩ Gesetzblatt

Gd ⟨Zeichen für⟩ Gadolinium
G-Dur ⟨n., -, nur Sg.; Mus.⟩ auf dem Grundton G aufbauende Dur-Tonart
Ge ⟨Zeichen für⟩ Germanium
Ge|äder ⟨n., -s, nur Sg.⟩ Netz von Adern
Ge|äfter ⟨n., -s, nur Sg.; Jägerspr., bei Hunden und Paarhufern⟩ → Afterklaue
Ge|äse ⟨n.5⟩ **1** ⟨nur Sg.⟩ → Äsung **2** → Äser²
Ge|äst ⟨n., -(e)s, nur Sg.⟩ Gesamtheit der Äste
geb. 1 ⟨bei der Angabe von Lebensdaten Abk. für⟩ geboren **2** ⟨in bibliograph. Angaben Abk. für⟩ gebunden
Ge|bäck ⟨n.1⟩ **1** Gebackenes in kleinen Einzelstücken (Käse-, Salz-, Tee-) **2** ⟨österr.⟩ Gebackenes als Beilage (z.B. Semmeln, Striezeln); hatten Sie G. zum Gulasch?
Ge|bälk ⟨n.1⟩ **1** Gesamtheit der Balken (von Zwischendecken und Dachstühlen); morsches G.; es knistert im G. die bestehende Ordnung wird brüchig **2** ⟨Antike⟩ zwischen Kapitalen und Dach des Tempels liegender, waagerechter Aufbau
Ge|bän|de ⟨n.5⟩ → Gebende²
Ge|bär|de ⟨f.11⟩ **1** Bewegung (eines Körperteils, bes. der Hand), die etwas ausdrücken soll; beschwichtigende, zornige G. **2** Haltung, Verhalten; er tritt mit der G. eines Weltmannes auf
ge|bär|den ⟨V.2, hat gebärdet; refl.⟩ sich g. (auf bestimmte Weise) verhalten, benehmen; er gebärdete sich wie ein Verrückter; er gebärdet sich, als wäre er etwas ganz Besonderes
Ge|bär|den|spra|che ⟨f.11⟩ Verständigung durch Gebärden; Syn. Fingersprache
Ge|ba|ren ⟨n., -s, nur Sg.⟩ Benehmen, Verhalten (bes. im Geschäftsverkehr; Geschäfts~); das ist ein merkwürdiges, unhöfliches G.
ge|bä|ren ⟨V.44, hat geboren; mit Akk.⟩ zur Welt bringen; ein Kind g.; geboren sein zur Welt gekommen sein; ich bin am 15. Mai, ich bin in Berlin geboren; geboren werden zur Welt kommen; er wurde als Sohn einer Waschfrau geboren; Maria Müller, geborene ⟨Abk.: geb.⟩ Schneider; XY, geboren ⟨Abk.: geb., Zeichen: *⟩ 15. 5. 1950; was ist sie für eine Geborene? ⟨ugs.⟩ wie ist ihr Mädchenname?; vgl. geboren
Ge|bä|re|rin ⟨f.10⟩ **1** Frau, die im Begriff ist, ein Kind zu gebären **2** ⟨abwertend, als Entsprechung zu ,,Erzeuger"⟩ Frau, die jmdm. geboren hat; sie ist neue G., aber Mutter ist sie ihm nicht gewesen
Ge|bär|mut|ter ⟨f.6; bei der Frau und weiblichen Säugetieren⟩ muskulöses, innen mit Schleimhaut ausgekleidetes Hohlorgan, in dem sich das befruchtete Ei entwickelt; Syn. Uterus
Ge|bär|mut|ter|vor|fall ⟨m.2⟩ Vortreten der Gebärmutter bis vor den Scheideneingang (als Folge einer Eingeweidesenkung oder nach Schädigung des Beckenbodens); Syn. Hysteroptose
Ge|bär|pa|re|se ⟨f.11⟩ **1** (meist vorübergehende, unvollständige) Lähmung des Hüftnervs bei der Geburt **2** ⟨Tiermed.⟩ Erkrankung nach dem Gebären aufgrund von Störungen im Mineralstoffwechsel (bes. bei jungen Milchkühen); Syn. Geburtslähmung, Kalbefieber
ge|bauch|pin|selt ⟨Adv.; ugs.; nur in der Wendung⟩ sich g. fühlen sich geschmeichelt fühlen
Ge|bäu|de ⟨n.5⟩ **1** (großes) Haus, hausartiges Bauwerk **2** etwas gedanklich Zusammengefügtes (Gedanken~, Lügen~) [zu bauen]
Ge|bein ⟨n.1⟩ **1** Gerippe (eines lebenden Menschen); der Schreck fuhr mir ins G.; ~e Gesamtheit der Knochen (eines Toten), sterbliche Reste; jmds. ~e in ein anderes Grab legen [zu Bein ,,Knochen"]

Ge|bel|fer ⟨n., -s, nur Sg.⟩ **1** (andauerndes, wütendes) Gebell **2** ⟨übertr.⟩ wütender Redeschwall [zu belfern]
Ge|bell ⟨n., -s, nur Sg.⟩ das Bellen
ge|ben ⟨V.45, hat gegeben⟩ **I** ⟨mit Dat. u. Akk.⟩ **1** jmdm. etwas g. **a** etwas in jmds. Hand g.; die Hand g.; einen Gegenstand g. **b** jmdm. etwas zuteil werden lassen, jmdn. in den Genuß von etwas bringen; jmdm. einen Kuß g.; jmdm. die Gelegenheit g., etwas zu tun; jmdm. die Erlaubnis zu etwas g.; einem Kind eine gute Schulbildung g.; jmdm. ... es ist ihm nicht gegeben, humorvoll zu reagieren er kann nicht humorvoll reagieren **c** etwas in jmds. Besitz gelangen lassen; jmdm. Geld g. **d** jmdm. etwas vermitteln, übermitteln; jmdm. eine Nachricht, ein Zeichen, einen Rat g. **e** jmdm. etwas (einen Zweck) überlassen, leihen; er gibt mir das Auto für diese Fahrt **f** jmdm. etwas gewähren; jmdm. für etwas Zeit g.; der Arzt gibt dem Kranken noch zwei Monate ⟨übertr., ugs.⟩ der Arzt vermutet, daß der Kranke noch zwei Monate leben wird **g** ⟨als Part.⟩ etwas als gegeben nehmen etwas unabänderlich hinnehmen, sich damit abfinden; (auch) so tun, als habe man etwas schon bekommen; ein vergessenes Geschenk, einen vergessenen Glückwunsch als gegeben nehmen; das ist das Gegebene das ist das Richtige, Passende; unter den gegebenen Umständen unter den Umständen, wie sie gerade sind **2** jmdm. jmdn. g. jmdm. jmdn. (zu einem Zweck) überlassen; ich gebe Ihnen den Jungen als Begleiter; bitte g. Sie mir Herrn X bitte lassen Sie mich (am Telefon) mit Herrn X sprechen, rufen Sie Herrn X ans Telefon **II** ⟨mit Akk.⟩ **1** etwas g. **a** anbieten; wir g. heute abend nur kalte Speisen **b** veranstalten; ein Fest g.; ein Konzert g.; sie g. heute (im Theater) Hamlet **c** an einen Ort, an eine Stelle bringen; in Paket zur Post g.; einen Artikel in Druck g. **d** hervorbringen; die Kuh gibt täglich 10 Liter Milch **e** als Ergebnis bringen; zwei mal zwei gibt vier **2** ⟨unpersönl., ,,es"⟩ **a** es gibt etwas etwas existiert, ist vorhanden, ist möglich; es gibt keine Gespenster; gibt es etwas Neues?; es gab viel, nichts zu essen; ja, sowas gibt's ⟨ugs.⟩ sowas kommt vor; das gibt's nicht! das dulde ich, dulden wir nicht, das darf nicht getan werden!; da gibt's nichts! ⟨ugs.⟩ dagegen kann man nichts sagen, dagegen ist kein Einwand möglich **b** es tritt etwas ein, es ereignet sich etwas; es wird Regen, Schnee g.; wenn du das tust, gibt es ein Unglück; tu das nicht, sonst gibt's Prügel sonst bekommst du Prügel **3** jmdn. (an eine Stelle, zu einem Zweck) g. schicken, geben lassen, wegbringen; ein Kind in eine Schule g.; einen Jugendlichen in die Lehre g.; ein Kind in Pflege g. **III** ⟨mit Präp.obj.⟩ **1** auf etwas g. Wert auf etwas legen; ich gebe viel auf seinen Rat, sein Urteil; er gibt viel, gibt nichts auf gutes Essen **b** etwas gut beurteilen; auf solche Äußerungen gebe ich nichts **2** etwas von sich g. **a** etwas äußern; er gab keinen Laut von sich; er gibt nur Plattheiten von sich **b** erbrechen; das Kind hat das Essen wieder von sich gegeben **3** etwas um etwas g. etwas auf etwas verzichten, um etwas anderes zu erhalten; ich würde etwas, würde viel darum g., wenn ... **IV** ⟨refl.⟩ sich g. **1** sich benehmen, sich verhalten; sie gibts sich ganz natürlich; er gibt sich als großen Herrn **2** nachlassen; die Schmerzen haben sich (wieder) gegeben **3** zeigen, zugeben, daß man etwas ist; er ist besiegt, geschlagen, gefangen g. **V** ⟨o.Obj.⟩ **1** ⟨Kart.⟩ die Karten austeilen; wer gibt? **2** ⟨Tennis, Tischtennis⟩ den Ball ins Spiel bringen, g. du gibst
Ge|ben|de ⟨n.5; 12.–15. Jh.⟩ zur Frauentracht gehörende Wangen- und Kinnbinde aus weißem Leinen; auch: Gebände
Ge|bet ⟨n.1⟩ Ruf, Bitte an Gott, Dank an

Gott; jmdn. ins G. nehmen *jmdm. eindringlich die Meinung sagen*

Ge|bets|man|tel ⟨m.6⟩ *Schal (früher Mantel), den sich der Jude beim Gebet über die Schultern legt*

Ge|bets|müh|le ⟨f.11; im tibet. Lamaismus⟩ *Behälter, in dem sich auf Papierstreifen geschriebene Gebete befinden und der durch eine Kurbel in Drehung versetzt werden kann, wobei jede Umdrehung als einmaliges Aufsagen eines Gebetes gilt*

Ge|bets|tep|pich ⟨m.1⟩ *kleiner Teppich, den der Moslem mit sich trägt und auf dem er beim Gebet niederkniet*

ge|beut ⟨veraltete Form von⟩ *gebietet*

Ge|biet ⟨n.1⟩ **1** *Teil einer Landschaft, eines Landes, ungefähr begrenzte Fläche* (Wald~); *bebautes, besiedeltes* G.; *in diesem* G. *wachsen bestimmte Pflanzen, wird eine andere Mundart gesprochen* **2** *Bereich, in dem jmd. oder ein Staat Macht ausübt* (Hoheits~, Staats~) **3** *Bereich* (Wissens~); *auf dem* G. *der Technik; auf politischem* G.; *er weiß auf vielen* ~en *Bescheid*

ge|bie|ten ⟨V.13, hat geboten⟩ **I** ⟨mit (Dat.u.) Akk.⟩ ⟨jmdm.⟩ *etwas* g. *befehlen, anordnen;* Ruhe g.; jmdm. Schweigen g.; *die Pflicht gebietet (mir), zu ...; hier ist Vorsicht geboten hier ist Vorsicht ratsam, hier muß man vorsichtig vorgehen; es scheint geboten, daß ... man sollte ...; jmdm., jmds. Tun Einhalt* g. *jmdn. hindern, etwas weiterhin zu tun* **II** ⟨mit Präp.obj.⟩ *über etwas oder jmdn.* g. *die Herrschaft, Befehlsgewalt über etwas oder jmdn. ausüben;* über ein Land, eine zahlreiche Dienerschaft g. **III** ⟨mit Dat., poet.⟩ *einem Gefühl* g. *ein Gefühl zurückdrängen, es beherrschen;* gebiete deinem Zorn!

Ge|bie|ter ⟨m.5⟩ *jmd., der über etwas oder jmdn. gebietet, Herr, Herrscher*

ge|bie|te|risch ⟨Adj., o.Steig.⟩ *in der Art eines Gebieters, herrisch, befehlend*

Ge|biets|kör|per|schaft ⟨f.10⟩ *Körperschaft des öffentlichen Rechts mit bestimmten Hoheitsgebiet, z.B. Gemeinde, Landkreis*

Ge|bild|brot ⟨n.1⟩ *figürlich gestaltetes, zu Festtagen hergestelltes Gebäck (mit dem bestimmte volkstümliche Glaubensvorstellungen verbunden sind)*

Ge|bil|de ⟨n.5⟩ *Gegenstand in nicht genau beschreibbarer Form, Geformtes, Gestaltetes* (Wolken~); *ein* G. *aus Ton, Eis; ein seltsames* G.

ge|bil|det ⟨Adj.⟩ *Kenntnisse auf vielen Gebieten und dazu Lebensart besitzend, viel kennend, wissend und kultiviert; ein* ~er *Mensch; sie ist sehr* g.

Ge|bin|de ⟨n.5⟩ **1** *etwas (kunstvoll) Zusammengebundenes* (Blumen~) **2** ⟨Bauw.⟩ **a** *ein Paar Dachsparren einschließlich der Verbundhölzer* **b** *Reihe aus Flachziegeln* **3** ⟨Garnhandel⟩ *Maßeinheit für eine Anzahl von Garnfäden* **4** *großes Faß*

Ge|bir|ge ⟨n.5⟩ **1** *zusammenhängende Gruppe von Bergen* (Falten~, Hoch~, Mittel~) **2** ⟨Bgb., Geol.⟩ *großer Gesteinsverband* (Steinkohlen~)

ge|bir|gig ⟨Adj.⟩ *mit vielen Bergen, wie ein Gebirge;* ~e *Landschaft*

Ge|birg|ler ⟨m.5⟩ *jmd., der im Gebirge lebt*

Ge|birgs|bahn ⟨f.10⟩ *Bergbahn mit besonderen Anlagen und Einrichtungen zur Überwindung großer Höhenunterschiede*

Ge|birgs|jä|ger ⟨m.5⟩ **1** ⟨Pl.⟩ *Sondertruppe des Heeres für den Einsatz im Gebirge* **2** *Soldat dieser Truppe*

Ge|birgs|stel|ze ⟨f.11⟩ *gelbbrüstiger Singvogel mit sehr langem, schwarzem Schwanz (der im Unterschied zur Bachstelze eher an schnellfließenden Gewässern, u.a. im Gebirge vorkommt)*

Ge|birgs|stock ⟨m.2⟩ *massiger Gebirgsteil*

Ge|birgs|zug ⟨m.2⟩ *langgestreckter Gebirgsteil*

Ge|biß ⟨n.1⟩ **1** *(beim Menschen und bei Wirbeltieren) Gesamtheit der Zähne* **2** ⟨ugs.⟩ *alle Zähne ersetzende Zahnprothese;* ein G. haben, tragen; künstliches G. **3** *(bei Pferden) Mundstück der Trense* [zu *beißen*]

Ge|blä|se ⟨n.5⟩ *mechanische Vorrichtung zum Erzeugen von Wind, zum Verdichten oder Bewegen von Gasen, zum Befördern von Heu u.ä.*

Ge|blök ⟨n., -(e)s, nur Sg.⟩ *das Blöken*

ge|blumt ⟨österr.⟩, **ge|blümt** ⟨Adj., o.Steig.⟩ *mit Blumenmuster geschmückt;* ein ~er *Stoff;* eine ~e *Tapete*

ge|bo|ren ⟨Adj., o.Steig.; nur als Attr.⟩ **1** *gebürtig;* er ist ~er *Deutscher, Berliner* er ist als Deutscher, als Berliner zur Welt gekommen **2** *von der Veranlagung her für etwas bes. geeignet;* er ist der ~e *Lehrer*

Ge|bor|gen|heit ⟨f., -, nur Sg.⟩ *das Geborgensein;* ein Gefühl der G. haben; G. bei jmdm. suchen, finden

Ge|bot ⟨n.1⟩ **1** *verpflichtende Anordnung, Anweisung;* die Zehn ~e; *es ist ein* G. *der Stunde, jetzt so zu handeln es ist eine Verpflichtung, die aus der augenblicklichen Lage erwächst;* ein G. erlassen; ein G. übertreten; gegen ein G. handeln; einem G. zuwiderhandeln; etwas steht jmdm. zu ~e *etwas steht jmdm. zur Verfügung, ist für ihn verwendbar;* ich habe die benötigten Arbeitskräfte zu ~e; *die Sprache steht ihm zu* ~e *er kann sich gut ausdrücken*

Ge|bots|zei|chen ⟨n.7⟩ *Verkehrszeichen (weiß auf blauem Grund), das bestimmte Verkehrsbewegungen oder Verkehrsarten vorschreibt (z.B. Rechtsabbiegen, Kfz.-Verkehr)*

Gebr. ⟨in Firmennamen Abk. für⟩ *Gebrüder*

Ge|bräch ⟨n.1⟩, **Ge|brä|che** ⟨n.5⟩ **1** ⟨Bgb.⟩ *leicht brechendes Gestein* **2** ⟨Jägerspr.⟩ *durch Wildschweine aufgebrochener Boden*

Ge|bräu ⟨n.1⟩ *etwas Zusammengebrautes;* ein seltsames G.

Ge|brauch ⟨m., -(e)s, nur Sg.⟩ **1** ⟨veraltend⟩ *Brauch, Gewohnheit;* Sitten und Gebräuche; das ist hier so der G. **2** *das Gebrauchen, Benutzung;* ein Gerät in G. nehmen; eine Flasche vor G. schütteln; nach G. verschließen; jmdm. etwas zum G. überlassen; bitte machen Sie keinen G. von unserem Gespräch teilen Sie niemandem etwas davon mit; von einer Einrichtung regen G. machen sie oft benutzen

ge|brau|chen ⟨V.1, hat gebraucht; mit Akk.⟩ *benutzen, verwenden;* das ist nicht zu g.; er ist zu nichts zu g. *er kann nichts, macht alles falsch;* gebrauchte Wäsche, Kleidung *schon benutzte, nicht mehr neue Wäsche, Kleidung;* ein Gerät gebraucht kaufen

ge|bräuch|lich ⟨Adj.; nur als Attr. und mit "sein"⟩ *viel gebraucht, viel verwendet, üblich;* eine ~e *Redensart;* das Wort ist nicht mehr g., ist nur noch in der Schweiz g.

Ge|brauchs|ge|gen|stand ⟨m.2⟩ *Gegenstand für den täglichen Gebrauch*

Ge|brauchs|gra|phik ⟨f., -, nur Sg.⟩ *Graphik für den Gebrauch im Alltag (z.B. für Plakate, Glückwunschkarten, Bucheinbände)*

Ge|brauchs|gut ⟨n.4⟩ *Gegenstand, Ware für den (täglichen) Gebrauch*

Ge|brauchs|mu|sik ⟨f., -, nur Sg.⟩ *Musik für den Gebrauch im Alltag (z.B. für Filme, früher für Festessen)*

Ge|brauchs|mu|ster ⟨n.5⟩ *gesetzlich geschütztes, aber nicht patentfähiges Muster (eines Gebrauchsgegenstandes)*

Ge|brauchs|wert ⟨m., -(e)s, nur Sg.⟩ *Wert, den ein Gegenstand hinsichtlich seines Gebrauchs hat;* der künstlerische Wert der Uhr ist hoch, einen G. hat sie aber nicht mehr

Ge|braucht|wa|gen ⟨m.7⟩ *Auto, das schon von einem Besitzer gefahren wurde und weiterverkauft wird*

Ge|brech ⟨n.1; beim Wildschwein⟩ → *Rüssel* [< mhd. *braehen* "riechen"; vgl. *Bracke*]

ge|bre|chen ⟨V.19, hat gebrochen; unpersönl., mit "es"⟩ *mangeln, fehlen;* es gebricht ihm an Tatkraft, an der nötigen Disziplin

Ge|bre|chen ⟨n.7; geh.⟩ *organischer Fehler, der die körperlichen oder geistigen Fähigkeiten dauernd beeinträchtigt; körperliches, geistiges* G.; Syn. † *Gebresten* [zu *gebrechen*]

ge|brech|lich ⟨Adj.⟩ *körperlich stark geschwächt (bes. durch im Alter auftretende Gebrechen);* ein ~er *alter Mann; er ist schon sehr* g.

Ge|brech|lich|keit ⟨f., -, nur Sg.⟩ *Zustand des Gebrechlichseins;* Syn. *Infirmität*

Ge|breit ⟨n.1⟩, **Ge|brei|te** ⟨n.5; †⟩ *Acker, Feld* [zu *breiten*]

Ge|bre|sten ⟨n.7; †⟩ → *Gebrechen* [zu mhd. *brest* "Mangel, Schaden", zu *bresten* "brechen, reißen, bersten"]

Ge|brü|der ⟨Pl.⟩ **1** ⟨†⟩ *alle Brüder (einer Familie)* **2** *(in Firmennamen) Brüder (als Inhaber)*

Ge|brüll ⟨n., -s, nur Sg.⟩ *das Brüllen*

Ge|brumm ⟨n., -s, nur Sg.⟩ *das Brummen*

Ge|bück ⟨n.1; früher⟩ *Schutz von Siedlungen des Rheingaus aus künstlichen Hecken, Astgeflecht, Verhau (heute nur noch in Namen)* [zu *bücken*]

Ge|bühr ⟨f.10⟩ **1** ⟨nur Sg.⟩ *Angemessenheit; beim Reden, etwas über* G. *beanspruchen* **2** *festgelegte Zahlung* (Telefon~, Post~) **3** *Kosten (für eine Leistung);* G. für die notarielle Beglaubigung

ge|büh|ren ⟨V.1, hat gebührt⟩ **I** ⟨mit Dat.⟩ jmdm. g. *jmdm. nach Recht oder Sitte zustehen;* ihm gebührt Respekt, Rücksicht, Lob, Anerkennung; jmdm. mit der ihm ~den *Achtung begegnen;* etwas ~d bewundern *etwas ausdrücklich bewundern* **II** ⟨refl., unpersönl., mit "es"⟩ es gebührt sich *es gehört sich, es ist moralisch notwendig, gerecht;* es gebührt sich, alten und gebrechlichen Leuten einen Platz frei zu machen; er stand auf, wie es sich gebührte

Ge|büh|ren|ein|heit ⟨f.10⟩ *bei Telefongesprächen Zeiteinheit, die in einen bestimmten Geldbetrag umgerechnet wird*

ge|büh|ren|frei ⟨Adj., o.Steig.⟩ *ohne Gebühr, frei von Gebühren;* die Auskunft ist g.

ge|büh|ren|pflich|tig ⟨Adj., o.Steig.⟩ *mit der Verpflichtung verbunden, eine Gebühr zu zahlen;* ~e *(polizeiliche) Verwarnung; ein Fahrzeug* g. *abschleppen*

ge|bühr|lich ⟨Adj., o.Steig.⟩ *gebührend*

Ge|bun|den|heit ⟨f., -, nur Sg.⟩ *das Gebundensein;* G. an eine Tradition

Ge|burt ⟨f.10; beim Menschen und bei Säugetieren⟩ **1** *das Gebären, Gesamtheit der Vorgänge, die zur Ausstoßung der reifen Frucht aus den mütterlichen Fortpflanzungsorganen führen;* die G. eines Kindes; die G. einleiten; leichte, schwere G.; *das war eine schwere* G. ⟨ugs.⟩ *eine schwere, mühselige Arbeit* **2** *das Geborenwerden;* seit meiner G.; 500 Jahre nach Christi G.; er ist von G. an blind **3** *Abstammung, Herkunft;* von edler, hoher, niedriger G. sein; er ist Deutscher von G. *er ist als Deutscher zur Welt gekommen* **4** *Entstehung;* die G. der griechischen Tragödie; die G. einer Idee

Ge|bur|ten|kon|trol|le ⟨f., -, nur Sg.⟩, **Ge|bur|ten|re|ge|lung** ⟨f., -, nur Sg.⟩ *Bestreben, die Zahl der Kinder und die Aufeinanderfolge der Geburten aus persönlichen, gesundheitlichen, sozialen oder bevölkerungspolitischen Überlegungen planmäßig zu regeln*

Ge|bur|ten|rück|gang ⟨m., -(e)s, nur Sg.⟩ *(bei einigen Industrienationen beobachteter) Rückgang der Geburtenziffer*

ge|bur|ten|schwach ⟨Adj.⟩ *eine niedrige Geburtenziffer aufweisend;* Ggs. *geburtenstark;* ~er *Jahrgang*

ge|bur|ten|stark ⟨Adj.⟩ *eine hohe Geburtenziffer aufweisend;* Ggs. *geburtenschwach;* ~er *Jahrgang*

Ge|bur|ten|über|schuß ⟨m.2⟩ höhere Zahl von Geburten als von Sterbefällen (in einem Zeitraum)

Ge|bur|ten|zif|fer ⟨f.11⟩ Zahl der Geburten auf 1000 Einwohner

ge|bür|tig ⟨Adj., o.Steig.; nur als Attr. und mit „sein"⟩ *(in einem Ort, Land) geboren, (aus einem Ort, Land) stammend;* er ist ~er Deutscher, Berliner *er ist geborener Deutscher, Berliner;* er ist aus Berlin g. *er stammt aus Berlin*

Ge|burts|adel ⟨m., -s, nur Sg.⟩ *Adel von Geburt her, erblicher Adel;* Ggs. *Verdienstadel*

Ge|burts|feh|ler ⟨m.5⟩ *angeborener körperlicher Mangel*

Ge|burts|haus ⟨n.4⟩ *Haus, in dem jmd. geboren ist*

Ge|burts|hel|fer ⟨m.5⟩ *jmd., der (berufsmäßig) Geburtshilfe leistet*

Ge|burts|hel|fer|krö|te ⟨f.11⟩ *(u.a. in Mitteleuropa vorkommender) Froschlurch, dessen Männchen die Laichschnüre bis zur Entwicklung der Kaulquappen um die Hinterbeine gewickelt trägt und sie regelmäßig in Pfützen befeuchtet*

Ge|burts|hil|fe ⟨f., -, nur Sg.⟩ **1** *Hilfsmaßnahmen von Arzt oder Hebamme während der Geburt;* einer Frau G. leisten **2** *Teilgebiet der Frauenheilkunde, das sich mit diesen Maßnahmen befaßt, sowie die Betreuung von Mutter und Kind vor und nach der Schwangerschaft*

Ge|burts|jahr ⟨n.1⟩ *Jahr, in dem jmd. geboren ist*

Ge|burts|läh|me ⟨f., -, nur Sg.⟩ → *Gebärparese* (2)

Ge|burts|land ⟨n.4⟩ *Land, in dem jmd. geboren ist*

Ge|burts|ort ⟨m.1⟩ *Ort, in dem jmd. geboren ist*

Ge|burts|tag ⟨m.1⟩ *Tag, an dem jmd. geboren ist;* er hat heute G.; jmds. G. feiern; jmdm. zum G. gratulieren

Ge|burts|tags|kind ⟨n.3⟩ *jmd., der Geburtstag hat;* dem G. gratulieren

Ge|burts|trau|ma ⟨n., -s, -men oder -ma|ta; Psychoanalyse⟩ *(angenommenes) erstes entscheidendes Trauma im Erlebnis des Geborenwerdens*

Ge|burts|ur|kun|de ⟨f.11⟩ *Urkunde über jmds. Geburt (mit Angaben der Namen der Eltern, des Geburtstages und -ortes)*

Ge|burts|zan|ge ⟨f.11⟩ *zangenähnliches Gerät, mit dem der Kopf des Kindes erfaßt und aus dem Mutterleib gezogen wird (z.B. bei zu langer Geburtsdauer)*

Ge|büsch ⟨n.1⟩ *Ansammlung von Büschen*

geck ⟨Adj.; meist mit „sein"; nordwestdt.⟩ → *jeck*

Geck ⟨m.10⟩ **1** *eitler, übertrieben modisch gekleideter und frisierter Mann, Modenarr;* Syn. ⟨österr.⟩ *Gigerl* **2** ⟨rhein.⟩ *Fastnachtsnarr* [mnddt. *geck*, als Subst. „Narr, Tor", als Adj. „närrisch, töricht, flatterhaft", urspr. Bedeutung wahrscheinlich „drehbar", da mnddt. *geck* auch „verdrehtes, gestörtes Gehirn" (bei einer Kälberkrankheit) sowie „drehbarer Deckel" bedeutet]

Gecke ⟨-k|k-; f.11; sächs.⟩ *Frosch, Kröte* [lautmalend]

Gecko ⟨-k|k-; m.9⟩ *eidechsenähnliches Reptil warmer Länder, das mit Hilfe seiner mit Lamellen besetzten Finger auch an senkrechten Wänden und an Fensterscheiben laufen kann* [< mal. *gekok, gokek, tokek* oder *tekek*, lautmalend nach dem Ruf des Tokey-Gekkos]

Ge|dächt|nis ⟨n.1⟩ **1** *Fähigkeit, sich etwas Gesehenes, Gehörtes, Gelerntes, Empfundenes zu merken, Erinnerungsvermögen;* ein gutes, schlechtes G. haben; das G. verlieren **2** *Teil des Gehirns, in dem solche Informationen gespeichert werden;* etwas aus dem G. aufsagen; etwas aus dem G. verlieren; etwas im G. behalten; sich etwas wieder ins G. rufen **3** *Andenken, Gedenken (an einen Toten);* eine Feier zu seinem G.

Ge|dächt|nis|hil|fe ⟨f.11⟩ → *Gedächtnisstütze*

Ge|dächt|nis|lücke ⟨-k|k-; f.11⟩ *teilweise fehlende Erinnerung an etwas*

Ge|dächt|nis|stüt|ze ⟨f.11⟩ *Hilfsmittel, durch das man sich etwas besser merkt*

ge|dackt ⟨Adj., o.Steig.; bei Orgelpfeifen⟩ *oben verschlossen (gedeckt) und dadurch (je nach der Form) eine Oktave oder Quinte tiefer klingend*

Ge|dan|ke ⟨m.15⟩ *etwas, das gedacht wird oder worden ist, Inhalt, Vorgang, Ergebnis des Denkens, Einfall, Idee;* in guter G. ich kann bei dem Lärm keinen klaren ~n fassen; kein G.! *nein, ganz bestimmt nicht!;* sich ~n über etwas machen; jmdn. auf einen ~n bringen; jmdn. auf andere ~n bringen *jmdn. ablenken;* das habe ich ganz in ~n getan *ohne nachzudenken, ohne Aufmerksamkeit;* in ~n versunken; in ~n ein Ereignis noch einmal erleben; ich trage mich mit dem ~n, spiele mit dem ~n, umzuziehen **2** *Vorstellung;* schon der G. daran jagt mir Angst ein **3** *Vorstellung als Ziel;* der G. der Friedensbewegung

Ge|dan|ken|akro|ba|tik ⟨f., -, nur Sg.; scherzh.⟩ *sehr kompliziertes Denken;* Syn. *Gehirnakrobatik*

Ge|dan|ken|blitz ⟨m.1; ugs.⟩ *plötzlicher (guter) Gedanke, plötzlicher Einfall;* einen G. haben

Ge|dan|ken|flucht ⟨f., -, nur Sg.⟩ → *Ideenflucht*

Ge|dan|ken|frei|heit ⟨f., -, nur Sg.; poet.⟩ *Meinungsfreiheit*

Ge|dan|ken|gang ⟨m.2⟩ *(logische) Folge von Gedanken;* mein G. war folgender; er bewegt sich in ganz anderen Gedankengängen

Ge|dan|ken|gut ⟨n., -(e)s, nur Sg.⟩ *Gesamtheit der Ergebnisse des Denkens (z.B. einer Epoche)*

ge|dan|ken|los ⟨Adj., o.Steig.⟩ *ohne zu denken, unaufmerksam, unachtsam;* ich habe das ganz g. getan; ich war völlig g.

Ge|dan|ken|lo|sig|keit ⟨f., -, nur Sg.⟩ *Unaufmerksamkeit, Unachtsamkeit;* etwas aus (reiner) G. tun

Ge|dan|ken|ly|rik ⟨f., -, nur Sg.⟩ *Lyrik, die weltanschauliche, philosophische Gedanken zum Inhalt hat*

Ge|dan|ken|sprung ⟨m.2⟩ *Übergang, Sprung von einem Gedanken zu einem anderen, der mit dem ersten nicht in Zusammenhang steht;* einen G., Gedankensprünge machen

Ge|dan|ken|strich ⟨m.1; Zeichen: –⟩ *Satzzeichen, das eine Pause ausdrücken oder einen eingeschalteten Gedanken einschließen soll*

Ge|dan|ken|über|tra|gung ⟨f.10⟩ → *Telepathie*

ge|dan|ken|ver|lo|ren ⟨Adj., o.Steig.⟩ *tief in Gedanken versunken*

ge|dank|lich ⟨Adj., o.Steig.⟩ *auf Gedanken, auf Denken beruhend;* der Affe ist imstande, ~e Leistungen zu vollbringen; etwas g. erfassen, verarbeiten; und worin besteht der ~e Zusammenhang?

Ge|därm ⟨n.1⟩ **1** (i.e.S.) *Gesamtheit der Därme* **2** (i.w.S.) *Eingeweide*

Ge|deck ⟨n.1⟩ **1** *Eßbesteck und Serviette;* noch ein G. auflegen **2** *(in Bars u.a.) Zusammenstellung von Getränken, die bestellt werden müssen (z.B. Bier mit Schnaps);* kein Gedeckzwang! **3** → *Menü* [zu *decken*]

Ge|deih ⟨m.; nur in der Wendung⟩ auf G. und Verderb *bedingungslos, was auch geschehen mag;* jmdm. auf G. und Verderb ausgeliefert sein; auf G. und Verderb an jmdn. gebunden sein

ge|dei|hen ⟨V.46, ist gediehen; o.Obj.⟩ **1** *wachsen und kräftig werden, sich (gut) entwickeln;* die Pflanze, das Tier, das Kind gedeiht gut, will nicht recht g. **2** *fortschreiten;* unser Plan ist jetzt so weit gediehen, daß ...

ge|deih|lich ⟨Adj.⟩ *förderlich, fruchtbar, vorteilhaft;* eine ~e Entwicklung, Zusammenarbeit

Ge|denk... ⟨in Zus.⟩ *zum Gedenken (an jmdn.)* z.B. Gedenkfeier, Gedenktafel, Gedenkstunde

ge|den|ken ⟨V.22, hat gedacht⟩ **I** ⟨mit Gen.; geh.⟩ *jmds. oder einer Sache g. an jmdn. oder etwas denken;* wir g. des Toten in Dankbarkeit; ich gedenke morgen abzureisen; ich gedenke nicht, mich zu rechtfertigen **II** ⟨mit Akk. und Infinitiv und „zu"⟩ *etwas zu tun g. die Absicht haben, etwas zu tun;* ich gedenke morgen abzureisen; ich gedenke nicht, mich zu rechtfertigen

Ge|den|ken ⟨n., -s, nur Sg.; geh.⟩ *das Denken an jmdn. (oder etwas);* freundliche Worte des ~s sagen, schreiben; eine Tafel zum G. an den Dichter, der hier gewohnt hat, am Haus anbringen; eine Feier zum G. an einen (bestimmten) Tag

Ge|denk|stät|te ⟨f.11⟩ *Ort mit Denkmal zum Gedenken an jmdn. oder Raum mit Gebrauchsgegenständen, Briefen, Bildern eines Toten zum Gedenken an ihn*

Ge|dicht ⟨n.1⟩ **1** *Dichtung in gebundener Sprache (Versen, bestimmten Rhythmus);* episches, lyrisches G.; ~e vortragen, rezitieren **2** ⟨ugs., scherzh.⟩ *bes. schöner oder wohlschmeckender Gegenstand;* das Kleid, die Torte ist ein G.!

ge|die|gen ⟨Adj.⟩ **1** ⟨o.Steig.; bei Metallen⟩ *ohne Beimischung, in elementarem Zustand vorkommend;* ~es Gold, Silber **2** *sorgfältig;* eine ~e handwerkliche Arbeit **3** *haltbar, dauerhaft;* ~e Wanderschuhe **4** *rechtschaffen, redlich, anständig;* ein ~er Charakter **5** ⟨scherzh.⟩ *naiv, drollig, zum Lachen;* das ist wirklich g.!; du bist aber g.! **Ge|die|gen|heit** ⟨f., -, nur Sg.⟩

ge|dient ⟨Adj., o.Steig.; nur als Attr.⟩ *den Wehrdienst abgeleistet habend;* ~er Soldat

Ge|din|ge ⟨n.5; Bgb.⟩ **1** *Vereinbarung über Arbeit im Akkord;* ein gutes G. haben **2** *Akkordarbeit;* im G. arbeiten **3** *Akkordlohn* [zu *dingen*]

Ge|din|ge|lohn ⟨m.2⟩ *Akkordlohn, Stücklohn*

Ge|döns ⟨n., -(es), nur Sg.; norddt., mdt.⟩ *Aufhebens (um Nichtigkeiten);* viel G. um etwas machen [< mhd. *gedense* „das Hin- und Herziehen", zu ahd. *dinsan* „ziehen"]

Ge|drän|ge ⟨n., -s, nur Sg.⟩ **1** *dichte, sich hin- und herschiebende Menschenmenge;* im G. stehen **2** *das Sichdrängen, im elementaren Hinundherschieben;* es gab ein großes G. vor der Theaterkasse **3** *Schwierigkeiten, Zeitnot;* ins G. geraten; im ~ sein

Ge|dröhn ⟨n., -s, nur Sg.⟩ *das Dröhnen*

ge|drückt ⟨Adj.⟩ *niedergeschlagen, schweigsam und sorgenvoll oder ängstlich;* sie macht einen ~en Eindruck **Ge|drückt|heit** ⟨f., -, nur Sg.⟩

ge|drun|gen ⟨Adj.⟩ *im Verhältnis zur Körperlänge breit gebaut;* ~er Wuchs [zu *dringen* im Sinne von „drängen"] **Ge|drun|gen|heit** ⟨f., -, nur Sg.⟩

Ge|duld ⟨f., -, nur Sg.⟩ *Fähigkeit, zu warten, sich beherrschen;* die G. verlieren; jetzt reißt mir die G. jetzt werde ich ungeduldig; G. üben geduldig sein; viel, keine G. haben; sich in G. fassen; etwas mit G. erklären, ertragen

ge|dul|den ⟨V.2, hat geduldet; refl.⟩ *sich g. Geduld haben, (mit Geduld) warten;* bitte Sie sich noch einige Minuten

ge|dul|dig ⟨Adj.⟩ **1** *Geduld habend;* g. sein Geduld haben **2** *voller Geduld, mit Geduld;* etwas g. erklären, ertragen; g. warten; Papier ist g. ⟨übertr., ugs.⟩ *man kann eine Menge Unsinn zu Papier bringen*

Ge|dulds|fa|den ⟨m.8; sinnbildl. für⟩ *Geduld;* sie hat einen langen G. *sie hat viel Ge-*

duld; jetzt reißt mir der G. jetzt werde ich ungeduldig

Ge|dulds|pro|be ⟨f.11⟩ Probe für jmds. Geduld; das war eine harte G. für mich; jmdn. auf eine G. stellen *jmdn. lange warten lassen*

Ge|dulds|spiel ⟨n.1⟩ Spiel (für eine Person), das Geduld und Geschicklichkeit der Hände erfordert **2** ⟨übertr., ugs.⟩ langwierige, mühsame Arbeit; das ist ein G.!

ge|dun|sen ⟨Adj.⟩ *aufgedunsen*

ge|eist ⟨Adj., o.Steig.⟩ *leicht gefroren*; ∼e Sahne; ∼e Früchte

Geest ⟨f.⟩ hochgelegenes, die Marsch überragendes Gebiet nahe der Küste (das aus eiszeitlichen Lehmen und Sanden aufgebaut und daher unfruchtbar ist) [nddt., zu *güst* „unfruchtbar"]

gef. ⟨Zeichen: ⚔; Abk. für⟩ *gefallen*

Ge|fach ⟨n.4⟩ **1** Gefüge von Fächern **2** ⟨Fachwerkbau⟩ durch Balken eingefaßtes Feld

Ge|fahr ⟨f.10⟩ drohendes Unheil, Möglichkeit, daß etwas Schlimmes eintritt; jmdn. sich einer G. aussetzen; es besteht die G., daß ...; es hat keine G. *es ist nicht gefährlich*; wenn du das tust, läufst du G., daß ... *kann es geschehen, daß ...*; ich will nicht G. laufen, mich zu erkälten; auf die G. hin, daß ... *selbst wenn man damit rechnen muß, daß ...*; Betreten der Brücke auf eigene G. *wer die Brücke betritt, muß die Verantwortung selbst tragen, wenn ihm etwas geschieht*; jmdn. ist in G. bringen

ge|fähr|den ⟨V. 2, hat gefährdet; mit Akk.⟩ *in Gefahr bringen*; jmdn. g.; seine Gesundheit g.; gefährdete Jugendliche *Jugendliche, die einer Gefahr ausgesetzt sind (z.B. der Rauschgiftsucht)*

Ge|fähr|dung ⟨f.10⟩ das Gefährden, das Gefährdetsein

Ge|fah|ren|zo|ne ⟨f.11⟩ Bereich, in dem eine Gefahr droht; jmdn. aus der G. bringen

ge|fähr|lich ⟨Adj.⟩ **1** eine Gefahr in sich bergend, mit Gefahr verbunden; ein ∼es Unternehmen; ein ∼er Verbrecher; es ist g., so etwas zu tun; das ist nicht so g. ⟨ugs.⟩ *das ist nicht so schlimm*; das kann (dir) g. werden *daraus kann (dir) eine Gefahr entstehen*

Ge|fähr|lich|keit ⟨f., -, nur Sg.⟩

Ge|fährt ⟨n.1; geh., heute meist scherzh.⟩ *Fahrzeug*

Ge|fähr|te ⟨m.11⟩ jmd., mit dem jmd. viel zusammen ist, jmd., der jmdn. begleitet und mit dem jmd. sich verbunden fühlt (Spiel∼, Wander∼); er hat in ihm einen guten ∼n [zu *Fahrt, fahren, eigtl. „der, der mit einem zusammen eine Fahrt macht"*]

Ge|fäl|le ⟨n.5⟩ **1** ⟨in Steigungen⟩ Höhenunterschied zwischen zwei Punkten; die Straße hat ein starkes G.; ein G. von 7% **2** *das Abnehmen, Sichverringern* (Leistungs∼, Lohn∼) **3** ⟨Phys.⟩ Änderung einer Größe je Längeneinheit (Wärme∼)

ge|fal|len ⟨V.33, hat gefallen; mit Dat.⟩ jmdm. g. *jmdm. zusagen, jmdn. anziehen, jmds. Neigung, Sympathie erregen*; er, sie, das Bild gefällt mir (nicht); sich etwas g. lassen *etwas dulden, leiden*; laß dir das doch nicht g.!; das brauchst du dir nicht g. zu lassen; er läßt sich von den andern Kindern nichts g. *er duldet von ihnen keinen Spott, keine Übergriffe*

Ge|fal|len I ⟨n., -s, nur Sg.⟩ *Freude, angenehme Empfindung*; jmds. G. erregen; daran kann ich keinen G. finden; jmdm. etwas zu G. tun; jmdm. zu G. reden *so reden, wie jmd. es gern hört* **II** ⟨m.7⟩ *freundliche, hilfreiche Handlung*; kannst du mir einen (großen) G. tun?; er tut mir jeden G.

Ge|fal|le|ne(r) ⟨m.17 oder 18⟩ *gefallener Soldat*; ein Denkmal für die Gefallenen

ge|fäl|lig ⟨Adj.⟩ **1** ⟨Abk.: gefl.; †⟩ *freundlich*; zur ∼en Beachtung **2** *freundlich und hilfreich*; er ist g.; er ist mir gern g. was ist g.?, womit kann ich Ihnen g. sein? *was wünschen Sie? (Frage des Verkäufers)* **3** *Gefallen erregend, angenehm anzuschauen*, anzuhören; etwas in eine ∼e Form bringen; ∼e Musik

Ge|fäl|lig|keit ⟨f.10⟩ **1** ⟨nur Sg.⟩ *freundliches, hilfreiches Verhalten* **2** *freundliche, hilfreiche Handlung*; jmdm. eine G., ∼en erweisen

ge|fäl|ligst ⟨Adv.⟩ **1** ⟨Abk.: gefl.; †⟩ *freundlicherweise*; wir bitten Sie, g. zur Kenntnis zu nehmen, daß ... **2** ⟨als Ausdruck des ungeduldigen, unwilligen Verlangens⟩ ich bitte energisch darum; steh g. auf!; laß das g. bleiben!

Ge|fall|sucht ⟨f., -, nur Sg.⟩ *übertriebenes Bestreben, andern zu gefallen*

ge|fall|süch|tig ⟨Adj.⟩ *übertrieben bestrebt, andern zu gefallen*

Ge|fan|ge|nen|be|frei|ung ⟨f., -, nur Sg.⟩ *strafbare Befreiung von Gefangenen*

Ge|fan|ge|nen|la|ger ⟨n.5⟩ *Lager für Kriegsgefangene*

Ge|fan|ge|nen|wär|ter ⟨m.5⟩ *Wärter im Gefängnis*; Syn. *Gefängniswärter*

Ge|fan|ge|ne(r) ⟨m., f.17 oder 18⟩ *jmd., der gefangengenommen worden ist* (Kriegs∼); sie haben viele Gefangene gemacht *sie haben viele Soldaten gefangengenommen*

ge|fan|gen|hal|ten ⟨V.61, hat gefangengehalten; mit Akk.⟩ *in Gefangenschaft festhalten*; Menschen, Tiere g.

Ge|fan|gen|nah|me ⟨f., -, nur Sg.⟩ *das Gefangennehmen*

ge|fan|gen|neh|men ⟨V.88, hat gefangengenommen; mit Akk.⟩ jmdn. g. *in Gewahrsam und in Gewahrsam bringen, jmdm. die Freiheit nehmen*; Soldaten g. **2** ⟨übertr.⟩ *jmds. Aufmerksamkeit stark fesseln, jmdn. stark beeindrucken*; das Bild, das Schauspiel nahm mich ganz gefangen

Ge|fan|gen|schaft ⟨f., -, nur Sg.⟩ *das Gefangensein* (bes. als Kriegsgefangener); in G. geraten

ge|fan|gen|set|zen ⟨V.1, hat gefangengesetzt; mit Akk.⟩ *ins Gefängnis bringen*

Ge|fäng|nis ⟨n.1⟩ *Anstalt zum Aufenthalt von Gefangenen, Häftlingen*; Syn. *Haftanstalt*

Ge|fäng|nis|stra|fe ⟨f.11⟩ *Freiheitsstrafe, die im Gefängnis verbüßt werden muß*

Ge|fäng|nis|wär|ter ⟨m.5⟩ → *Gefangenenwärter*

Ge|fäß ⟨n.1⟩ **1** *Behälter* (bes. für Flüssigkeiten **2** *röhrenförmiges Gebilde, das den Körper durchzieht und Flüssigkeiten leitet* (Blut∼, Lymph∼) **3** → *Trachee* [zu *(um)fassen*]

Ge|fäß|bün|del ⟨n.5; bei Blüten- und Farnpflanzen⟩ *Strang aus Zellen (als Teil des Leitgewebes, der Stoffe weiterleitet)*; Syn. *Leitbündel, Leitgewebe*

Ge|fäß|chir|ur|gie ⟨f., -, nur Sg.⟩ *Teilgebiet der Chirurgie, das die operativen Eingriffe an Blutgefäßen umfaßt*

Ge|fäß|er|wei|te|rung ⟨f.10⟩ *Erweiterung von Blut- oder Lymphgefäßen (z.B. infolge einer Hautentzündung oder seelischer Vorgänge, wie Zornröte)*

Ge|fäß|krampf ⟨m.2⟩ *Verengung der Blutgefäße (z.B. bei Reizung durch Schreck, Kälte oder Gift)*; Syn. *Gefäßverengung*

Ge|fäß|pflan|ze ⟨f.11⟩ → *Kormophyt*

ge|faßt ⟨Adj.⟩ *ruhig geworden, nicht mehr erregt, voller Fassung*; sie war nach diesem Todesfall, diesem Schrecken sehr g.; einem Ereignis g. entgegensehen; sich auf etwas g. machen, auf etwas g. sein *mit etwas rechnen*; er kann sich auf etwas g. machen *er wird große Unannehmlichkeiten haben*

Ge|faßt|heit ⟨f., -, nur Sg.⟩ *das Gefaßtsein, (wiedergewonnene) Fassung*

Ge|fäß|ver|en|gung ⟨f.10⟩ → *Gefäßkrampf*

Ge|fecht ⟨n.1⟩ **1** *zeitlich und räumlich zusammenhängende Auseinandersetzung zwischen bewaffneten Kräften* **2** *Wettkampf zwischen zwei Fechtern*

Ge|fechts|stand ⟨m.2⟩ *Befehlsstelle, von der aus ein Kommandeur mit seinem Stab ein Gefecht leitet*

Ge|fe|ge ⟨n.5; Jägerspr.⟩ *vom Geweih abgefegter Bast*

ge|feit ⟨Adj., o.Steig.; nur als Attr. und mit „sein"⟩ *geschützt, sicher*; gegen etwas g. sein [Part. Perf. zum untergegangenen Verb *feien* „(wie eine Fee) durch Zauber schützen", zu *Fei, veraltet für "Fee"*]

Ge|fie|der ⟨n.5⟩ *Gesamtheit der Federn (eines Vogels)*; Syn. ⟨geh.⟩ *Federkleid*

ge|fie|dert ⟨Adj., o.Steig.⟩ **1** *ein Gefieder besitzend*; ∼er Freund ⟨scherzh.⟩ *Vogel* **2** ⟨bei Pfeilen⟩ *mit Federn am Schaftende ausgestattet* **3** ⟨bei zusammengesetzten Pflanzenblättern⟩ *bis zur Mittelachse in einzelne Teile aufgespalten* (z.B. bei der Esche)

Ge|fil|de ⟨n.5⟩ *Landschaft, Gegend*; die G. der Seligen *das Paradies*; sich den heimatlichen ∼n nähern ⟨scherzh.⟩

ge|fin|gert ⟨Adj., o.Steig.; Bot.⟩ *bei Blättern*) *strahlenförmig am Ende des Blattstiels stehend*

ge|fitzt ⟨Adj.; schweiz.⟩ *mit regem Geist, mit bestimmten Kniffen vertraut* [zu *Fitze*]

gefl. ⟨†; Abk. für⟩ *gefällig* (1), *gefälligst* (1)

ge|flammt ⟨Adj., o.Steig.⟩ *flammenartig gemustert*

Ge|flecht ⟨n.1⟩ **1** *etwas Geflochtenes* (Weiden∼) **2** *etwas, das Geflochtenem ähnelt* (Nerven∼)

ge|fleckt ⟨Adj., o.Steig.⟩ *mit Flecken versehen oder gemustert*; ∼es Fell; ∼es Vieh

ge|flim|mert ⟨n., -s, nur Sg.⟩ *das Flimmern*

ge|flis|sent|lich ⟨Adj., o.Steig.; nur als Attr. und mit „sein"⟩ **1** ⟨†⟩ *freundlich*; zur ∼en Kenntnisnahme **2** *absichtlich*; jmdn. g. nicht beachten, jmdn. g. übersehen

Ge|flu|der ⟨n.5⟩ → *Gerinne* [< ahd. *floder* „Regenguß"]

Ge|flü|gel ⟨n., -s, nur Sg.⟩ *Gesamtheit der Vögel, die als Haus- und Nutztiere gehalten werden, bes. Hühner, Enten, Gänse, Tauben und Truthühner; Pelz Federvieh* [unter Anlehnung an *Flügel* < ahd. *gifugili* in ders. Bed., zu *fogal* „Vogel"]

Ge|flü|gel|farm ⟨f.10⟩ *Betrieb mit Geflügelhaltung, der von der Brut bis zur Endverwertung alle Produktionsstufen durchführt*

Ge|flü|gel|pest ⟨f., -, nur Sg.⟩ *seuchenartig auftretende Geflügelkrankheit*; Syn. *Hühnerpest*

ge|flü|gelt ⟨Adj., o.Steig.⟩ **1** *mit Flügeln ausgestattet*; ∼e Insekten; ∼e Kindergestalt (in der Kunst) **2** *mit Organen ausgestattet, die die Funktion von Flügeln haben*; ∼e Samen **3** ⟨Jägerspr.⟩ *flügellahm geschossen* **4** (in der Fügung) ∼es Wort *weiterverbreiteter, allgemein bekannter Ausspruch (einer bekannten Persönlichkeit), Zitat*

Ge|flun|ker ⟨n., -s, nur Sg.⟩ *das Flunkern*

Ge|flü|ster ⟨n., -s, nur Sg.⟩ *das Flüstern*

Ge|fol|ge ⟨n.5⟩ **1** *Gesamtheit der Begleiter (einer hochgestellten Persönlichkeit)*; der Fürst mit seinem G. **2** *Gesamtheit der Personen, die jmdn.* (bes. einem Toten) *das Geleit geben* (Trauer∼) **3** ⟨nur Sg.; in der Fügung⟩ im G. *als Folge*; kritische Artikel im G. unpopulärer Maßnahmen; etwas im G. haben *etwas zur Folge haben, etwas nach sich ziehen*

Ge|folg|schaft ⟨f.10⟩ **1** ⟨nur Sg.; früher⟩ *Treue und Gehorsam eines Gefolgsherrn gegenüber sowie die Verpflichtung, für ihn zu kämpfen*; jmdm. G. leisten, schwören **2** *Gesamtheit des Gefolges* (bes. einem Toten) *das Geleit geben* **3** ⟨übertr.⟩ *Gesamtheit der Anhänger*; er hat eine große, starke G. **4** ⟨1933–45⟩ *alle Angehörigen eines Betriebes, Belegschaft*

Ge|folgs|herr ⟨m., -(e)n, -(e)n; früher⟩ *jmd., dem andere zur Gefolgschaft verpflichtet sind (meist Fürst oder König)*

Ge|folgs|leu|te ⟨Pl. von⟩ *Gefolgsmann*

Ge|folgs|mann ⟨m.4, Pl. auch -leu|te; frü-

ge|fragt 〈Adj.; nur als Attr. und mit ,,sein"〉 viel verlangt, begehrt; ein ~er Artikel; das Buch ist sehr g., ist zur Zeit nicht g.

ge|frä|ßig 〈Adj.〉 vielfressend oder -essend; ~es Schadinsekt; ~er Mensch

Ge|frä|ßig|keit 〈f., -, nur Sg.〉 Maßlosigkeit im Fressen bzw. Essen

Ge|frei|te(r) 〈m.17 oder 18〉 **1** 〈nur Sg.; Mil.〉 zweitunterster Rang der Mannschaften **2** Soldat in diesem Rang; der böhmische Gefreite (iron. Bez. für) Hitler

Ge|frett 〈hochdt. für〉 → Gfrett

ge|frie|ren 〈V.42, ist gefroren; o.Obj.〉 **1** in festen Zustand übergehen; Wasser gefriert bei 0 °C; Wasser gefriert zu Eis **2** 〈übertr., ugs.〉 sehr abweisend, sehr zurückhaltend werden; ich gefror, als er das sagte

ge|frier|ge|trock|net 〈Adj., o.Steig.〉 durch Gefriertrocknung getrocknet

Ge|frier|punkt 〈m.1〉 Temperatur, bei der eine Flüssigkeit unter Normaldruck in den festen Zustand übergeht (gefriert); vgl. Eispunkt

Ge|frier|trock|nung 〈f., -, nur Sg.〉 Verfahren zum Haltbarmachen von Lebensmitteln durch Trocknen bei tiefen Temperaturen im Vakuum

Ge|frier|tru|he 〈f.11〉 truhenförmiger Kühlschrank zum Einfrieren von Lebensmitteln; Syn. Kühltruhe

Ge|frieß 〈hochdt. für〉 → Gfrieß

Ge|fro|re|ne(s) 〈n.17 oder 18〉 gefrorene Süßspeise, Speiseeis

Ge|fü|ge 〈n.5〉 **1** etwas Zusammengefügtes, Gesamtheit vieler, sinnvoll zusammengesetzter, fester Teile; ein G. aus Ästen, Stäben **2** Ordnung, in der etwas zusammengefügt ist, Aufbau; das wirtschaftliche G. eines Landes

ge|fü|gig 〈Adj.〉 sich fügend, sich leicht fügend; jmdn. g. machen ihn zwingen, sich zu fügen

Ge|fü|gig|keit 〈f., -, nur Sg.〉 Bereitschaft, sich zu fügen

Ge|fühl 〈n.1〉 **1** durch Nerven oder durch den Tastsinn vermittelte Regung, Empfindung; ein G. der Kälte, Wärme, des Druckes, der Härte, des Schmerzes; brennendes, kratzendes G. **2** seelische Regung, innere Bewegung; ein G. der Freude, Trauer, des Mitleids; herzliche, innige, warme, zärtliche ~e (jmdm. gegenüber); ein Gedicht mit G. vortragen **3** Fähigkeit, zu fühlen, innere Regungen zu haben; er hat kein G. **4** unerklärbare Stimmung, unbestimmter Eindruck, Ahnung; ich habe das G., daß er nicht wiederkommt; ich habe das dumme G., etwas falsch gemacht zu haben; diese Sache verursacht mir ein unangenehmes G.; das habe ich im G., das kann ich nicht erklären; gemischte ~e → mischen **5** 〈nur Sg.〉 Fähigkeit, einen einzuschätzen, den Wert von etwas zu erkennen; er hat ein G. für Musik, für Feinheiten des Stils

ge|fühl|los 〈Adj., o.Steig.〉 **1** ohne Gefühl; meine Finger sind ~ (vor Kälte) **2** nicht fähig, etwas zu fühlen, zu empfinden; ein ~er Mensch **Ge|fühl|lo|sig|keit** 〈f., -, nur Sg.〉

Ge|fühls|du|se|lei 〈f.10〉 übertriebener Ausdruck von Gefühl

ge|fühls|mä|ßig 〈Adj., o.Steig.〉 mit Hilfe des Gefühls, aufgrund des Gefühls; das mache ich ganz g. (ohne darüber nachzudenken)

Ge|fühls|mensch 〈m.10〉 Mensch, der überwiegend aufgrund seiner Gefühle handelt und urteilt; Ggs. Verstandesmensch

Ge|fühls|sa|che 〈f.11〉 Sache, die das Gefühl betrifft, die mit dem Gefühl erkannt werden kann; das ist G. das muß man fühlen, mit dem Gefühl erkennen

ge|fühl|voll 〈Adj.〉 voller Gefühl; g. singen; das Buch ist mir zu g.

ge|füh|rig 〈Adj.; nur als Attr. und mit ,,sein"〉 gut geeignet zum Befahren; ~er Schnee

her〉 jmd., der jmdm. Gefolgschaft zu leisten hat

Ge|füh|rig|keit 〈f., -, nur Sg.〉 das Geführigsein; Syn. Före

ge|ga|belt 〈Adj., o.Steig.〉 von einem Punkt an in zwei Teilen verlaufend; Syn. gabelig, gablig; ~er Schwanz; ~er Weg

ge|ge|ben|falls 〈Adv.〉 wenn der Fall (von dem die Rede ist) eintritt; g. werde ich Sie anrufen

Ge|ge|ben|heit 〈f.10〉 meist Pl.〉 ~en bestehender Zustand, vorhandene Umstände; man muß sich mit den ~en abfinden, muß rechnen, sich mit den ~en auseinandersetzen; es kommt auf die örtlichen ~en an auf die Umstände, die wir am Ort vorfinden werden

ge|gen I 〈Präp. mit Akk.〉 **1** in feindlicher Absicht auf... zu, auf... hin, entgegenwirkend, bekämpfend; g. jmdn. arbeiten, vorgehen; g. jmdn. oder etwas kämpfen; g. etwas protestieren; sich g. jmdn. oder etwas wenden; ein Mittel g. Kopfschmerzen; der Kampf g. den Hunger **2** mißachtend, nicht beachtend, nicht entsprechend, zuwiderlaufend; g. ein Gebot handeln; das ist g. die Abmachung **3** in Richtung auf... zu, zu... hin; g. Süden fahren; sich g. die Wand lehnen; g. etwas das Licht halten; g. die Strömung schwimmen; g. den Wind laufen **5** an ... hin, an; die Wellen schlagen g. die Felsen **6** in Beziehung auf, in der Haltung zu; freundlich, höflich, hart, streng g. jmdn. sein; eine Abneigung g. etwas, g. jmdn. haben; er stellt sich taub g. alle Ermahnungen **7** verglichen mit; g. gestern ist das Wetter heute gut; g. dich ist er ein Riese **8** im Austausch für; wir liefern nur g. Barzahlung; er hat seine Ration Zigaretten g. Brot eingetauscht **II** 〈Adv.〉 **1** ungefähr zu einem Zeitpunkt; g. Abend, g. Morgen; g. vier Uhr **2** ungefähr (als Mengen-, Maßangabe); es waren g. 20 Personen anwesend; man braucht dazu g. zwei Stunden, g. zehn Pfund

ge|gen..., Ge|gen... 〈in Zus.〉 **1** Erwiderung, Reaktion (auf etwas), z.B. Gegenbehauptung **2** bekämpfendes Mittel, z.B. Gegengift, Gegenbewegung, Gegenrevolution **3** zur Kontrolle, z.B. gegenrechnen

Ge|gen|an|ge|bot 〈n.1〉 Angebot als Erwiderung auf ein (nicht angenommenes) Angebot; machen Sie mir ein G.!

Ge|gen|an|zei|ge 〈f.11〉 → Kontraindikation

Ge|gen|be|such 〈m.1〉 Besuch als Erwiderung eines Besuches; jmdm. einen G. machen

Ge|gen|be|weis 〈m.1〉 Beweis als Erwiderung auf einen (nicht anerkannten) Beweis

Ge|gen|bu|chung 〈f.11〉 doppelte Buchführung; die der Soll-Buchung entsprechende Haben-Buchung und umgekehrt

Ge|gend 〈f.10〉 **1** nicht genau begrenztes Gebiet, Teil eines Landes, Landschaft, Teil einer Stadt; eine hübsche, liebliche G.; wir kamen in unbekannte ~en; in der G. um München; in welcher G. von München wohnt ihr? 〈ugs.〉 durch die G. laufen, fahren planlos umherlaufen, -fahren 〈ugs.〉 **2** Teil des Körpers, Umgebung, Bereich (eines Organs, Gliedes; Körper~); in der G. des Magens G. in der Nähe gelegenes, bekanntes Gebiet, Nachbarschaft; in unserer G. ... das weiß schon jeder in der G. [urspr. ,,Gegenüberliegendes"]

Ge|gen|dienst 〈m.1〉 Dienst als Dank für einen geleisteten Dienst; jmdm. einen G. leisten; zu G. en bereit sein

ge|gen|ein|an|der 〈Adv.〉 einer gegen den andern, eins gegen das andere; g. kämpfen

ge|gen|ein|an|der|hal|ten 〈V.61, hat gegeneinandergehalten; mit Akk.〉 zwei Dinge g. (zum Vergleich) eins neben das andere halten

Ge|gen|feu|er 〈n.5〉 Feuer, das einem Feuerherd entgegengetrieben wird, um eine Weiterverbreitung des Brandes zu verhindern (als Notmaßnahme bei Waldbränden)

Ge|gen|fra|ge 〈f.11〉 Frage als Erwiderung auf eine Frage; eine G. stellen; mit einer G. antworten

Ge|gen|fu|ge 〈f.11〉 〈Mus.〉 zweite Fuge, die als Umkehrung der ersten durchgeführt wird

Ge|gen|füß|ler 〈m.5; †, noch scherzh.〉 → Antipode

Ge|gen|ge|ra|de 〈f.11〉 in Sportstadien dem geraden Teil der Bahn, auf der Laufwettbewerbe stattfinden, gegenüberliegender, gerader Abschnitt (z.B. dem Start oder der Zielgeraden gegenüber)

Ge|gen|ge|wicht 〈n.1〉 **1** Gewicht als Ausgleich für ein anderes Gewicht **2** 〈übertr.〉 Ausgleich; ihre Heiterkeit ist das G. für seinen Ernst

Ge|gen|gift 〈n.1〉 Stoff, der (nach Aufnahme eines Giftes) vor Vergiftung schützt oder nach Vergiftung Heilung bringt

Ge|gen|grund 〈m.2〉 gegen eine Begründung vorgebrachter Grund; Gegengründe anführen

Ge|gen|kan|di|dat 〈m.10〉 Kandidat, der einem anderen Kandidaten als Mitbewerber gegenübergestellt wird oder worden ist; einen ~en aufstellen

Ge|gen|kla|ge 〈f.11〉 Klage des Beklagten gegen den Kläger; Syn. Widerklage

ge|gen|läu|fig 〈Adj., o.Steig.〉 in entgegengesetzter Richtung verlaufend; g. Bewegung, Entwicklung; g. rotierende Maschinenteile

Ge|gen|lei|stung 〈f.10〉 Leistung als Dank für eine Leistung

ge|gen|le|sen 〈V.79, hat gegengelesen; mit Akk.〉 etwas g. etwas zur Kontrolle noch einmal lesen (nachdem es ein anderer schon prüfend gelesen hat)

Ge|gen|licht 〈n., -(e)s, nur Sg.〉 Licht, das der Blickrichtung entgegengesetzt fällt

Ge|gen|lie|be 〈f., -, nur Sg.〉 **1** Liebe erwidernde Liebe **2** Anklang, positive Aufnahme; er fand mit seinem Vorschlag keine G.; sein Plan stieß auf wenig G.

Ge|gen|maß|nah|me 〈f.11〉 gegen eine Maßnahme gerichtete Maßnahme

Ge|gen|pro|be 〈f.11〉 **1** Überprüfung eines Ergebnisses durch eine andere Rechnungsart (z.B. einer Division durch eine Multiplikation) **2** Überprüfung einer Abstimmung durch Zählung der Gegenstimmen

Ge|gen|re|de 〈f.11〉 Antwort; man muß darüber in Rede und G. sprechen

Ge|gen|satz 〈m.2〉 **1** das Entgegengesetzte, Gegenüberstehende; der Tag als G. zur Nacht; die beiden Begriffe bilden einen G. **2** Unterschied; im G. zu seiner gestern vertretenen Meinung erklärte er heute ...; **3** Widerspruch; beides steht in (krassem) G. zueinander **4** 〈meist Pl.〉 Meinungsverschiedenheit; die Gegensätze prallten hart aufeinander

ge|gen|sätz|lich 〈Adj., o.Steig.〉 einen Gegensatz (zu etwas, zu jmdm.) bildend, Gegensätze zueinander bildend, sehr unterschiedlich; ~e Meinungen; über das Theaterstück hört man ~e Urteile; die beiden Geschwister sind sehr g. (veranlagt) **Ge|gen|sätz|lich|keit** 〈f., -, nur Sg.〉

Ge|gen|schein 〈m., -(e)s, nur Sg.〉 schwache Aufhellung des Nachthimmels an dem der Sonne gegenüberliegenden Ort

Ge|gen|schlag 〈m.2〉 **1** Schlag als Reaktion auf einen Schlag; zum G. ausholen **2** Maßnahme zur Vergeltung; Syn. Gegenstoß

Ge|gen|sei|te 〈f.11〉 **1** entgegengesetzte, gegenüberliegende Seite; auf der G. **2** Gesamtheit der Gegner; die G. behauptet, ...

ge|gen|sei|tig 〈Adj., o.Steig.〉 wechselseitig; ~e Zuneigung, Abneigung; unsere Sympathie ist g.; sich g. helfen einander helfen

Ge|gen|sei|tig|keit 〈f., -, nur Sg.〉 gegenseitige Beschaffenheit, gegenseitiges Verhältnis; die G. ihrer Beziehungen; unsere Sympathie beruht auf G.; Vertrag auf G. Vertrag, aufgrund dessen jeder Partner die gleichen Rechte und Pflichten hat

Ge|gen|sinn ⟨m., in der Fügung⟩ im G. *in entgegengesetzter Richtung;* die Schraube muß in G. zur Mutter gedreht werden
ge|gen|sin|nig ⟨Adj., o.Steig.⟩ *im Gegensinn, in entgegengesetzter Richtung;* beide Muttern müssen g. gedreht werden
Ge|gen|son|ne ⟨f., -, nur Sg.⟩ *heller Lichtfleck am Himmel in Höhe der Sonne, aber in entgegengesetzter Himmelsrichtung*
Ge|gen|spie|ler ⟨m.5⟩ **1** *Person, die dem Handeln einer anderen Person entgegenwirkt* (z.B. im Drama, in der Politik, im Sport) **2** → *Antagonist* (2)
Ge|gen|sprech|an|la|ge ⟨f.11⟩ *Einrichtung, die eine einzige doppeladrige Leitung zum Senden und Empfangen von Gesprächen in beiden Richtungen benutzt*
Ge|gen|stand ⟨m.2⟩ **1** *greifbarer Körper;* harter, runder G. **2** *Thema, Stoff;* der G. eines Gesprächs; ein G. von weitreichender Bedeutung; unsere Diskussion hatte das neue Theaterstück zum G. **3** *etwas, worauf sich ein Gefühl richtet;* der G. seines Zorns befand sich bereits außerhalb seiner Reichweite
ge|gen|stän|dig ⟨Adj., o.Steig.; Bot.⟩ *einander auf gleicher Höhe des Stengels gegenüberstehend;* ~e Blätter
ge|gen|ständ|lich ⟨Adj., o.Steig.⟩ *in der Art eines Gegenstandes, sachlich, dinglich;* Ggs. *begrifflich;* ~e Malerei *Malerei, die Gegenstände (erkennbar) darstellt;* einen Begriff g. darstellen **Ge|gen|ständ|lich|keit** ⟨f., -, nur Sg.⟩
Ge|gen|stand|punkt ⟨m.1⟩ *gegensätzlicher Standpunkt;* sich auf den G. stellen
ge|gen|stands|los ⟨Adj., o.Steig.⟩ **1** ⟨selten für⟩ *ungegenständlich* **2** *hinfällig, nicht mehr nötig;* damit ist der Vorschlag g. geworden **3** *unbegründet;* ~e Beschuldigungen
Ge|gen|stands|satz ⟨m.2⟩ → *Subjektsatz*
Ge|gen|stim|me ⟨f.11⟩ *Stimme, die (bei einer Abstimmung) gegen jmdn. oder etwas abgegeben wird*
Ge|gen|stoß ⟨m.2⟩ **1** *Stoß als Reaktion auf einen Stoß;* einen G. führen **2** → *Gegenschlag* (2)
Ge|gen|stück ⟨n.1⟩ *zu einem Gegenstand den Gegensatz bildender oder ein Gegenstand ähnlicher, entsprechender Gegenstand;* dieses Bild ist das G. zu jenem
Ge|gen|teil ⟨n.1⟩ *etwas Entgegengesetztes, Gegensatz, das Umgekehrte;* „warm" ist das G. von „kalt"; das G. ist richtig; er ist das G. seines Bruders; mit deinem Vorwurf erreichst du nur das G.; im G.! *ganz und gar nicht!;* ich lehne das durchaus nicht ab, ich bin im G. sehr erfreut darüber ⟨verstärkend⟩; ich habe das für richtig gehalten, habe mich aber vom G. überzeugen müssen
ge|gen|über ⟨Präp. mit Dat.⟩ **1** *auf der anderen Seite, jenseits (einer Trennlinie);* unserem Haus g. steht eine Schule; sie wohnen schräg g. **2** *in bezug auf, wenn es sich um ... handelt;* er ist mir g. immer sehr höflich; er hat Ausländern g. keine Vorurteile **3** *im Vergleich zu;* g. meiner vorigen Dienststelle herrscht hier ein freierer Ton
Ge|gen|über ⟨n.5⟩ **1** *auf der anderen Seite (der Straße) befindliches Gebäude;* wir haben dort, wo wir jetzt wohnen, kein G. **2** *Person, die (einer anderen Person zugewandt) auf der anderen Seite sitzt oder steht;* mein G. bei Tisch, im Zugabteil
ge|gen|über|lie|gen ⟨V.80, hat gegenübergelegen; mit Dat.⟩ *auf der anderen Seite, jenseits (einer Trennlinie) liegen;* das Grundstück, das unserem Haus gegenüberliegt
ge|gen|über|se|hen ⟨V.136, hat gegenübergesehen; refl. mit Dat.⟩ *sich jmdm. oder einer Sache gegenüberstehen;* plötzlich sah ich mich einer dunklen Gestalt, einem hohen Gebäude gegenüber; wir sehen uns auf einmal neuen Schwierigkeiten gegenüber

ge|gen|über|sit|zen ⟨V.143, hat gegenübergesessen; mit Dat.⟩ *jmdm. oder einer Sache g. so sitzen, daß man jmdn. oder eine Sache ansehen kann;* ich saß ihm bei Tisch gegenüber; ich saß gerade dem Spiegel gegenüber
ge|gen|über|ste|hen ⟨V.151, hat gegenübergestanden; mit Dat.⟩ *jmdm. oder einer Sache* **1** *so stehen, daß man jmdn. oder eine Sache ansehen kann;* plötzlich stand ich einem Fremden gegenüber; einer Gefahr g.; hier stehen sich zwei gegensätzliche Meinungen gegenüber ⟨übertr.⟩ **2** *eine bestimmte Meinung von jmdm. oder etwas haben;* er steht uns, unseren Plänen wohlwollend gegenüber
ge|gen|über|stel|len ⟨V.1, hat gegenübergestellt; mit Dat. u. Akk.⟩ **1** *etwas etwas anderem g.* **a** *zwei Gegenstände so stellen, daß sie sich die Vorderseite zuwenden;* wir stellen den Schrank dem Spiegel gegenüber **b** *eine Sache mit einer anderen vergleichen;* wenn du seine Begabung der seines Bruders überstellst **2** *jmdn. jmdm. jmdn. vor einen andern hintreten lassen;* man stellte den Täter dem Zeugen gegenüber **Ge|gen|über|stel|lung** ⟨f.10⟩
ge|gen|über|tre|ten ⟨V.163, ist gegenübergetreten; mit Dat.⟩ *jmdm. g. vor jmdn. treten, so daß man ihn ansehen kann;* wenn ich das tue, kann ich ihm nie wieder frei g.
Ge|gen|wart ⟨f., -, nur Sg.⟩ **1** *Zeit, in der man gerade lebt, Jetztzeit;* die Kunst der G. **2** *Anwesenheit, Dabeisein;* ist meine G. dazu nötig?; in meiner G. wurde davon nicht gesprochen **3** ⟨Gramm.⟩ → *Präsens*
ge|gen|wär|tig ⟨Adj., o.Steig.⟩ **1** *in der Gegenwart (vorhanden, stattfindend, befindlich), augenblicklich, jetzig;* der ~e Zeitpunkt ist dafür nicht günstig; die ~e Situation ist schwierig; ich habe g. anderes zu tun **2** *im Gedächtnis, im Bewußtsein;* es ist mir nicht g., ob ... ich weiß im Augenblick nicht, ob ...; ich habe die Zahlen nicht g. *ich kann die Zahlen nicht aus dem Kopf nennen;* das wird uns immer g. bleiben; wir sollten uns immer g. halten, daß ...
Ge|gen|warts|form ⟨f.10⟩ → *Präsens*
ge|gen|warts|nah, ge|gen|warts|na|he ⟨Adj.⟩ *der Gegenwart nahe, zeitnah, die Gegenwart einbeziehend, berücksichtigend;* gegenwartsnahe Literatur; gegenwartsnaher Unterricht **Ge|gen|warts|nä|he** ⟨f., -, nur Sg.⟩
Ge|gen|wehr ⟨f., -, nur Sg.⟩ *Sichwehren gegen einen Angriff, Abwehr eines Angriffs*
Ge|gen|wert ⟨m.1⟩ *einem Wert entsprechender anderer Wert, Wert als Ausgleich;* er verlangt als Ersatz den vollen G.
Ge|gen|wind ⟨m., -(e)s, nur Sg.⟩ *Wind, der entgegen ihrms. Bewegungsrichtung weht;* Ggs. *Rückenwind*
ge|gen|zeich|nen ⟨V.2, hat gegengezeichnet; mit Akk. od.Obj.⟩ *als zweiter unterschreiben;* einen Brief, Vertrag; wollen Sie bitte g. **Ge|gen|zeich|nung** ⟨f.10⟩
Geg|ner ⟨m.5⟩ **1** *jmd., der jmdm. feindlich gegenübersteht, der jmdn. bekämpft, Feind, feindliche Truppe* (Kriegs~); den G. besiegen, schlagen, umzingeln **2** *jmd., der eine andere Meinung (als jmd.) vertritt;* politischer G. **3** *jmd., der eine gegen etwas (Bestimmtes) gerichtete Meinung vertritt;* ein G. der Todesstrafe sein **4** *jmd., der im Wettkampf gegen einen andern, gegen andere antritt*
geg|ne|risch ⟨Adj., o.Steig.; nur als Attr.⟩ **1** *vom Gegner ausgehend, zum Gegner gehörig;* der ~e Angriff **2** *als Gegner auftretend;* die ~e Mannschaft
Geg|ner|schaft ⟨f., -, nur Sg.⟩ *Einstellung, Haltung eines Gegners*
gegr. ⟨Abk. für⟩ *gegründet*
geh. **1** ⟨in bibliograph. Angaben Abk. für⟩ *geheftet*

Ge|ha|be ⟨n., -s, nur Sg.; abwertend⟩ *Benehmen, Getue;* albernes, zimperliches G.
Ge|ha|ben ⟨V. refl.; nur im Infinitiv und Imperativ; veraltend⟩ **1** *sich benehmen;* so sollte man sich (in diesem Alter) nicht g. **2** ⟨in der Wendung⟩ gehab dich wohl, gehabt euch wohl! *laß es dir, laßt es euch gut gehen!, leb(t) wohl!*
Ge|ha|ben ⟨n., -s, nur Sg.⟩ *Benehmen;* er hat ein merkwürdiges G.; eitles, ängstliches G.; er legt ein seltsames G. an den Tag *er benimmt sich seltsam*
Ge|hack|te(s) ⟨n.17 oder 18⟩ → *Hackfleisch*
Ge|halt I ⟨m.1⟩ **1** *Inhalt;* der geistige G. einer Dichtung **2** *wertvoller, wichtiger Inhalt;* dieser Roman hat nicht viel G. **3** *Anteil eines Stoffes an einer Mischung;* Fett~) **II** ⟨n.4⟩ *regelmäßige Vergütung für die Arbeit (von Angestellten);* ein festes G.; er bezieht ein G. von 3000 DM; die Gehälter auszahlen
ge|hal|ten ⟨Part. Perf., nur in der Fügung⟩ g. sein (etwas zu tun) *sollen, verpflichtet sein;* Sie sind g., über diese Angelegenheit zu schweigen [zu halten in der veralteten Bedeutung „zu etwas anhalten"]
ge|halt|los ⟨Adj., o.Steig.⟩ *ohne (wertvollen, wichtigen) Gehalt;* ein ~er Roman; ~e Nahrungsmittel **Ge|halt|lo|sig|keit** ⟨f., -, nur Sg.⟩
ge|halt|voll ⟨Adj.⟩ *reich an (wertvollem, wichtigem) Gehalt;* dieser Roman ist nicht sehr g.; ~e Nahrungsmittel
ge|han|di|kapt [gəhˈændikəpt] ⟨Adj.; nur als Adv. und mit „sein"⟩ *benachteiligt, behindert;* g. sein; sich g. fühlen; ~g. handikapen
Ge|hän|ge ⟨n.5⟩ **1** *etwas Hängendes (bes. Ohrschmuck;* Ohr~) **2** ⟨Militär⟩ → *Wehrgehänge, Wehrgehenk* **3** ⟨Bgb.⟩ *steil abfallende, zusammenhängende Gesteinsmasse* **4** ⟨Flußbau⟩ *Vorrichtung aus hängenden Reisigbündeln, welche die Fließgeschwindigkeit herabsetzen soll* **5** ⟨scherzh.⟩ *hängender Körperteil (bes. Geschlechtsteil)*
ge|har|nischt ⟨Adj., o.Steig.⟩ *energisch, empört;* ~er Protest; eine ~e Zurechtweisung [eigtl. „mit einem Harnisch angetan"]
ge|häs|sig ⟨Adj.⟩ *von Haß erfüllt, feindselig, boshaft-böse*
Ge|häs|sig|keit ⟨f.10⟩ **1** ⟨nur Sg.⟩ *gehässiges Verhalten* **2** *gehässige Äußerung*
Ge|häu|se ⟨n.⟩ *feste, schützende Hülle* (Kern~, Radio~, Schnecken~) [zu *Haus*]
ge|häu|selt ⟨Adj., o.Steig.⟩ landsch.⟩ *gewürfelt* [zu *Haus*]
Ge|heck ⟨n.1; beim Haarraubwild, auch bei Entenvögeln und Mäusen⟩ *alle Jungen aus einem Wurf* [zu *hecken*]
Ge|he|ge ⟨n.5; in Tiergärten, Wildparks u.a.⟩ *abgegrenzter, großer Bereich, in dem Tiere gehalten werden* (Frei~, Wild~); jmdm. ins G. kommen *jmdn. in seinem Bereich stören*
ge|heim ⟨Adj., o.Steig.⟩ **1** *nicht für die Öffentlichkeit bestimmt, verborgen gehalten;* ~e Wünsche; eine ~e Nachricht; der Vorfall muß g. bleiben; Geheimer Rat ⟨in absolutist. Monarchien⟩ *oberste Regierungsbehörde sowie deren Mitglied,* ⟨im 19.Jh.⟩ *Angehöriger eines Ministeriums,* ⟨bis 1918 Titel⟩ *hoher Beamter;* im ~en, *im heimlichen, ohne etwas zu sagen;* etwas tun, vorbereiten; im ~en wünschte sie, daß ...
Ge|heim|bund ⟨m.2⟩ *Bund, der seine Ziele, Mitglieder usw. geheimhält*
Ge|heim|bün|de|lei ⟨f., -, nur Sg.⟩ *das Organisieren von Geheimbünden, Zugehörigkeit zu einem Geheimbund*
Ge|heim|dienst ⟨m.1⟩ *Gesamtheit der Behörden und Organisationen, die unter Abschirmung gegen öffentliches Einblick den Staat vor möglichen Gegnern schützen und ihm dienliche Nachrichten beschaffen sollen*
ge|heim|hal|ten ⟨V.61, hat geheimgehalten; mit Akk.⟩ *nicht an die Öffentlichkeit dringen*

Geheimlehre

lassen, verschweigen **Ge|heim|hal|tung** ⟨f., -, nur Sg.⟩

Ge|heim|leh|re ⟨f.11⟩ *nicht für die Öffentlichkeit bestimmte, nur Eingeweihten bekannte Lehre;* Syn. *Geheimwissenschaft*

Ge|heim|nis ⟨n.1⟩ *etwas, was nicht für die Öffentlichkeit, nicht für die andern bestimmt ist, was nur Eingeweihten, Beteiligten bekannt ist* (Amts~, Berufs~, Beicht~); *jmdm. ein G. anvertrauen; in ein G. einweihen; sie hat keine ~se vor mir; militärische ~se; ein offenes, öffentliches G. etwas, was geheimgehalten werden sollte, aber bereits allgemein bekannt ist*

Ge|heim|nis|krä|mer ⟨m.5⟩ *jmd., der gern geheimnisvoll tut, so tut, als wisse er Geheimnisse;* Syn. *Geheimnistuer*

Ge|heim|nis|krä|me|rei ⟨f., -, nur Sg.⟩ *geheimnisvolles Gehaben;* Syn. *Geheimnistuerei*

Ge|heim|nis|trä|ger ⟨m.5⟩ *jmd., der beruflich oder politisch Einblick in Dinge bekommt, die er geheimhalten muß*

Ge|heim|nis|tue|rei ⟨f., -, nur Sg.⟩ → *Geheimniskrämerei*

Ge|heim|nis|voll ⟨Adj.⟩ **1** *merkwürdig und unerklärlich;* ~e *Kräfte; etwas verschwindet auf* ~e *Weise* **2** *ein Geheimnis andeutend;* „...", *flüsterte er g.; g. mit den Augen zwinkern* **3** *ein Geheimnis in sich bergend; ein* ~er *Ort*

Ge|heim|num|mer ⟨f.11⟩ **1** *geheime, nicht im Telefonbuch enthaltene Telefonnummer* **2** *geheimgehaltene Nummer eines Schlosses mit Zahlenkombination*

Ge|heim|po|li|zei ⟨f., -, nur Sg.⟩ *nicht uniformierte, vor allem auf politische Delikte spezialisierte Abteilung des Staatsschutzes*

Ge|heim|rat ⟨m.2; kurz für⟩ *Geheimer Rat* (→ *geheim*)

Ge|heim|rats|ecke ⟨-k|k-; f.11; meist Pl.; ugs., scherzh.⟩ ~n *zurückweichender Haaransatz beiderseits der Stirn (bei älteren Männern)*

Ge|heim|schrift ⟨f.10⟩ *verschlüsselte, nur für Eingeweihte entzifferbare Schrift*

Ge|heim|spra|che ⟨f.11⟩ *nur für Eingeweihte verständliche, künstliche Sprache*

Ge|heim|tin|te ⟨f.11⟩ *Tinte, die erst nach besonderer Behandlung sichtbar wird*

Ge|heim|tip ⟨m.9⟩ **1** *vertraulicher Hinweis eines Eingeweihten* **2** ⟨übertr., ugs.⟩ *jmd., der unter Eingeweihten als aussichtsreich gilt; er ist der G. in diesem Wettbewerb*

Ge|heim|waf|fe ⟨f.11⟩ **1** *geheime Waffe* **2** ⟨übertr.⟩ *(letztes) geheimes Mittel, das man einsetzt, um einen Erfolg zu erreichen*

Ge|heim|wis|sen|schaft ⟨f.10⟩ → *Geheimlehre*

Ge|heiß ⟨n., -es, nur Sg.⟩ *mündlicher Befehl, mündliche Anweisung; er hat es auf mein G., auf G. des Vaters getan; auf wessen G. kommst du hierher?* [zu *heißen* „befehlen"]

ge|hen ⟨V.47, ist gegangen⟩ **I** ⟨o.Obj.⟩ **1** ⟨von Personen⟩ **a** *sich aufrecht zu Fuß fortbewegen; auf der Straße, durch Zimmer g.; barfuß g.; geradeaus g.; hintereinander g.; an Krücken g.* **b** *zu einem Zweck an einen Ort, zu jmdm. begeben; in die Stadt g., in die Schule, zur Schule g.; ins Bett, zu Bett g.; zum Arzt g.; schwimmen, tanzen g.* **c** *sich umherbewegen; sie geht gut gekleidet; er geht zum Fasching als Domino* **d** *sich kleiden; sie geht gern in Rot* **e** *regelmäßig etwas besuchen; sie geht in den Kindergarten g.; in die Schule, zur Schule g.; auf eine Fachschule* **f** *sich entfernen; ich muß jetzt g.; er ist schon um ein Uhr gegangen; ach geh!* ⟨süddt., österr.⟩ *wirklich?, das kann ich nicht glauben!; geh mir doch mit deinen Ermahnungen!; laß mich in Ruhe mit deinen Ermahnungen!; du kannst doch nicht ohne ein freundliches Wort g. lassen* ⟨aber⟩ → *gehenlassen* **g** *sich beruflich bei einer Institution zur Arbeit verpflichten; er geht zur Bundeswehr; er will zur Universität, in die Schule g.* **2** ⟨von Sachen⟩ **a** *abfahren; der Zug, Bus geht um 9.15 Uhr* **b** *führen, verlaufen; der Weg geht durch den Wald* **c** *in Tätigkeit sein; die Maschine geht nicht, geht wieder; es geht ein leichter Wind; das Geschäft geht gut* **d** *verkäuflich sein, verkauft werden; diese Artikel g. gut, nicht gut* **e** *weitergegeben werden; es geht das Gerücht, daß ...; die Nachricht ist durch alle Zeitungen gegangen* **f** *sich erstrecken, reichen; das Wasser geht mir bis an die Knie; der Mantel geht bis zu den Knöcheln; von hier geht der Blick bis zu den Bergen g. passen; die Schuhe g. nicht mehr in den Koffer* **h** *(auf etwas, jmdn.) gerichtet sein; diese Bemerkung geht auf dich* **3** ⟨unpersönl. mit „es", in verschiedenen Wendungen⟩ *wie geht es dir?* wie ist dein Befinden?; *es geht 1. es ist erträglich, 2. es ist mittelmäßig, 3. es ist möglich; es geht nicht es ist nicht möglich; das wird kaum möglich sein; das wird kaum möglich sein; es geht schon auf Mitternacht es ist bald Mitternacht; um geht darum, daß ... es handelt sich darum, daß ...; wenn es nach mir ginge wenn ich zu bestimmen hätte* **II** ⟨mit Präp.obj.⟩ **an etwas g. 1** *etwas beginnen; ich muß jetzt daran g., die Bücher zu ordnen* **2** *in sich g. über sich selbst nachdenken, sein Verhalten überprüfen (um es gegebenenfalls zu ändern)* **3** *mit jmdm. g.* ⟨ugs.⟩ *ein Liebesverhältnis mit jmdm. haben; er geht mit einem Mädchen; sie gehen schon zwei Jahre mit einander* **4** *nach etwas g. nach etwas urteilen; er geht nur nach dem Äußeren, nach der Leistung* **5** *vor sich g. sich ereignen* **III** ⟨mit Akk.⟩ *zurücklegen; einen Weg g.; einen schweren Gang g.*

Ge|hen ⟨n., -s, nur Sg.⟩ *das Gehen als sportlicher Wettbewerb mit angewinkelten, mitschwingenden Armen, bei dem (in Unterschied zum Lauf) immer ein Fuß den Boden berühren muß*

Ge|henk ⟨n.1⟩ *Gürtel zum Anhängen einer Waffe* [zu *henken* „hängen machen"]

ge|hen|las|sen ⟨V.75, hat gehenlassen⟩ **I** ⟨mit Akk.⟩ *jmdn., ein Tier g. in Ruhe lassen* **II** ⟨refl.⟩ *sich g. sich nicht beherrschen, sich aus Bequemlichkeit allzu lässig benehmen*

Ge|her ⟨m.5⟩ *jmd., der Gehen als Sport betreibt* (→ *Gehen*)

ge|heu|er ⟨Adj.; nur noch in der Fügung⟩ *nicht g.* **1** *unheimlich, beängstigend; diese Stadtviertel sind nachts nicht g.* **2** *unbehaglich, ängstlich; mir ist es hier nicht ganz g.* **3** *verdächtig; die Sache kommt mir nicht (ganz) g. vor* [< mhd. *gehiure* „sanft, angenehm", < ahd. *hiuri* „freundlich, lieblich"]

Ge|heul ⟨n., -s, nur Sg.⟩ *das Heulen*

Ge|hil|fe ⟨m.11⟩ **1** ⟨in manchen, bes. kaufmänn. Berufen⟩ *jmd., der nach der Lehrzeit eine Prüfung (Gehilfenprüfung) abgelegt hat* **2** *jmd., der einem andern bei der Arbeit hilft, Helfer*

Ge|hirn ⟨n.1⟩ **1** ⟨bei Menschen und Wirbeltieren⟩ *von Schädelknochen umgebener Teil des Zentralnervensystems* **2** ⟨bei einigen Wirbellosen⟩ *entsprechender Ansatz zur Bildung von Nervenzentren* **3** → *Hirn* **4** ⟨ugs.⟩ *Denkvermögen, Verstand; Dinge nur mit dem G. erfassen; sein G. anstrengen*

Ge|hirn|akro|ba|tik ⟨f., -, nur Sg.⟩ → *Gedankenakrobatik*

Ge|hirn|blu|tung ⟨f.10⟩ *durch eine Blutung verursachte Gehirnstörung (z. B. nach Schlaganfall oder durch Schädelverletzung)*

Ge|hirn|ent|zün|dung ⟨f.10⟩ *durch Bakterien oder Viren hervorgerufene Erkrankung des Gehirns;* Syn. *Enzephalitis*

Ge|hirn|er|schüt|te|rung ⟨f.10⟩ *vorübergehende Schädigung des Gehirns nach Einwirkung von Gewalt auf den Schädel (mit Bewußtlosigkeit, Erbrechen u.a. verbunden)*

Ge|hirn|er|wei|chung ⟨f.10; volkstüml. für⟩ *fortschreitende Paralyse (2) mit verflüssigten Gehirnteilen*

Ge|hirn|haut|ent|zün|dung ⟨f.10⟩ **1** *Entzündung der weichen Gehirn- und Rückenmarkhaut (bes. im Kindesalter);* Syn. *Meningitis* **2** *Entzündung der harten Gehirnhaut (bei Syphilis und Alkoholismus)*

Ge|hirn|ka|sten ⟨m.8; ugs., scherzh.⟩ *Verstand; streng deinen G. gefälligst an!*

Ge|hirn|schlag ⟨m.2⟩ *plötzliches Aussetzen der Gehirntätigkeit (infolge von Durchblutungsstörungen)*

Ge|hirn|schmalz ⟨n., -, nur Sg.; ugs., scherzh.⟩ *Denkaufwand, Denkanstrengung; das kostet eine Menge G.*

Ge|hirn|wä|sche ⟨f.11⟩ *gewaltsame Veränderung der Persönlichkeit und Brechung des Willens durch physische und psychische Folgen*

gehl ⟨Adj., o.Steig.; †, noch landsch.⟩ → *gelb*

Gehl|chen ⟨n.7; mdt.⟩ → *Pfifferling* [zu *gehl*]

ge|ho|ben ⟨Adj.⟩ **1** *über den andern stehend, höherstehend; er hat eine ~e Stellung in seinem Betrieb* **2** *verfeinert, anspruchsvoll; Kleidung, Bücher für den ~en Geschmack* **3** *über die Alltagssprache hinausgehend, in gut gewählten Worten und einwandfreier Grammatik;* ~e *Ausdrucksweise, Sprache; in* ~en *Worten; g. ausdrücken*

Ge|höft ⟨auch [-hœft] n.1⟩ *großer Bauernhof* [nddt., zu *Hof*, eigtl. „Gesamtheit von Höfen"]

Ge|hölz ⟨n.1⟩ **1** *kleiner Wald; ein G. im Feld* **2** *Teil eines Waldes (aus niedrigen Bäumen); im Erlen-* ~ *im Fichtenwald* **3** *holzbildende, ausdauernde Pflanze (Baum, Strauch)*

Ge|höl|ze ⟨n., -s, nur Sg.; Fußball⟩ *andauerndes Holzen*

Ge|hör ⟨n., -(e)s, nur Sg.⟩ **1** *Fähigkeit, Schallwellen in Luft oder Wasser durch geeignete Sinnesorgane aufzunehmen; Gehörsinn* **2** ⟨Mus.⟩ *Fähigkeit, Töne zu unterscheiden und Intervalle zu bestimmen; absolutes G.* → *absolut* **3** *das Hören, das Anhören; er fand mit seiner Bitte kein G.; jmdm. G. schenken jmdn. anhören, jmdm. zuhören; sich G. verschaffen die andern zwingen, zuzuhören; ein Musikstück zu G.*

ge|hor|chen ⟨V.1, hat gehorcht; mit Dat. oder o.Obj.⟩ **1** *jmdm. g. jmds. Verlangen erfüllen, jmds. Befehl ausführen; das Kind, der Hund gehorcht nicht, gehorcht sofort, gehorcht aufs Wort* **2** *sich lenken lassen, sich gebrauchen lassen; das Gerät gehorcht bei Zug und Druck; meine Stimme, meine Hand gehorchte mir nicht*

ge|hö|ren ⟨V.1, hat gehört⟩ **I** ⟨mit Dat.⟩ *jmdm. g. jmds. Eigentum, Besitz sein; das Haus gehört uns; seine ganze Liebe gehört der Musik; seine Freizeit gehört seiner Familie er widmet seine Freizeit seiner Familie* **2** *jmdm. innig verbunden sein; ich gehöre ganz dir* **II** ⟨mit Präp.obj.⟩ **1** *zu jmdm. g. mit jmdm. verbunden sein; er gehört zu mir; gehört das Kind zu Ihnen?* **2** *zu etwas oder jmdm. g. Bestandteil von etwas, Glied einer Gruppe sein; dieser Gürtel gehört zu meinem Anzug; er gehört zu den besten Schülern seiner Klasse* **3** *zu etwas g. nötig, erforderlich sein; es gehört Liebe dazu, diese Kinder zu erziehen* **III** ⟨o.Obj.⟩ *seinen Platz (an einem Ort) haben; der Kranke gehört ins Bett; die Bücher g. in dieses Fach* **IV** ⟨refl.⟩ *sich g.* **1** *der gesellschaftlichen Norm, den Regeln des Anstands entsprechen, richtig, korrekt sein; es gehört sich nicht, vor andern in der Nase zu bohren; mach es so, wie es sich gehört*

Ge|hör|gang ⟨m.2⟩ *Verbindungsgang zwischen Ohrmuschel und Trommelfell*

ge|hö|rig ⟨Adj., o.Steig.⟩ **1** *angemessen, wie es sich gehört; er hat* ~en *Respekt vor ihm; jmdn. g. entlohnen* **2** *tüchtig, ordentlich, gründlich; eine* ~e *Standpauke; dazu gehört* schon eine ~e Portion Frechheit; jmdn. g. verprügeln 3 jmdm. g. *in jmds. Besitz befindlich;* die ihm ~en Bücher; das Grundstück ist seinen Eltern g. (selten) 4 zu, in etwas g. *einen Teil von etwas, ein Zubehör zu etwas bildend;* in zum Haus ~en Garten; die zu unserer Gruppe ~en Teilnehmer; alle in diesen Zusammenhang ~en Fragen

Ge|hör|knö|chel|chen ⟨n.7⟩ *kleiner Knochen, der die vom Trommelfell übernommenen Schwingungen der Schallwellen an das Innenohr weiterleitet;* die drei G. Hammer, Amboß und Steigbügel

ge|hör|los ⟨Adj., o.Steig.⟩ →*taub*

Ge|hörn ⟨n.1⟩ 1 ⟨bei Horntieren⟩ *Hörnerpaar* 2 ⟨beim Rehbock⟩ →*Geweih*

ge|hörnt ⟨Adj., o.Steig.⟩ *Hörner tragend;* ~er Ehemann ⟨übertr.⟩ *durch die Ehefrau, die Geschlechtsverkehr mit anderen Männern betreibt, betrogener Ehemann* [nach der früheren Sitte, den Kapaunen ihre eigenen Sporen in den Kamm einzupflanzen, um sie kenntlich zu machen]

Ge|hör|or|gan ⟨n.1⟩ →*Ohr*

ge|hor|sam ⟨Adj.⟩ *sich einem Verlangen, Befehl fügend, sich unterordnend;* ein ~er Hund; dieser Weg ist gefährlich und kann nur mit unbedingt ~en Kindern begangen werden

Ge|hor|sam ⟨m., -s, nur Sg.⟩ *das Gehorchen, das Gehorsamsein; das Sichfügen;* unbedingten G. verlangen

Ge|hör(s)|sinn ⟨m., -(e)s, nur Sg.⟩ →*Gehör*

Geh|re ⟨f.11⟩ 1 →*Gehrung* 2 →*Gehren* 3 *Fischspieß* [zu *Ger*]

geh|ren ⟨V.1, hat gegehrt; mit Akk.⟩ *schräg abschneiden;* Bretter g. [zu *Gehrung*]

Geh|ren ⟨m.7⟩ auch: Gehre 1 *keilförmiger Einsatz, Zwickel* 2 *dreieckiges Grundstück* [zu *Ger*]

Geh|rock ⟨m.2; früher⟩ *bis zu den Knien reichender, dunkler Männerrock;* Syn. ⟨scherzh.⟩ *Bratenrock* [eigtl. *Ausgehrock*]

Geh|rung ⟨f.10; bei Holz- und Metallwerkstücken⟩ *Abschrägung, die zwei im rechten Winkel aneinanderzufügende Teile zusammenstoßen (meist 45°);* auch: Gehre

Geh|steig ⟨m.1⟩ →*Bürgersteig*

Geh|weg ⟨m.1⟩ 1 →*Bürgersteig* 2 *Weg für Fußgänger*

Geh|werk ⟨n.1⟩ *Teil einer Vorrichtung, der für gleichmäßigen Lauf des Räderwerks sorgt (z. B. bei der Uhr)*

Gei *Tau zum Befestigen von Segeln;* Syn. Geitau [ndrl.]

gei|en ⟨V.1, hat gegeit; mit Akk.⟩ *zusammenziehen;* ein Segel g.

Gei|er ⟨m.5; Sammelbez.⟩ *großer, aasfressender Greifvogel mit nacktem Kopf* (Altwelt~, Bart~, Gänse~, Neuwelt~) [< ahd. *gir,* zu giri „Gier"]

Gei|fer ⟨m., -s, nur Sg.⟩ 1 ⟨bes. bei Tieren und Kranken⟩ *aus dem offenen Mund fließender* (schaumiger, zäher) *Speichel* 2 ⟨übertr.⟩ *haßerfülltes Gerede;* G. aus dem Mund eines Politikers [zu mundartl. *geifen* „klaffen"]

gei|fern ⟨V.1, hat gegeifert; o.Obj.⟩ *Geifer aus dem Mund, Maul fließen lassen* 2 ⟨übertr.⟩ *aufgeregt, schrill beschimpfen*

Gei|ge ⟨f.11⟩ *ein Streichinstrument mit vier Saiten;* Syn. *Violine;* die erste G. spielen (im Orchester) (auch übertr.) *führend sein, den Ton angeben;* die zweite G. spielen (auch übertr.) *(in einer Gruppe) nicht viel zu sagen haben;* der Himmel hängt ihm voller ~n *er ist sehr glücklich*

gei|gen ⟨V.1⟩ I ⟨o.Obj. oder mit Akk.⟩ *auf der Geige spielen;* ein Lied g.; er geigt sehr gut II ⟨mit Dat. u. Akk. (es)⟩ *es jmdm. g. jmdm. energisch die Meinung sagen;* dem werde ich es g.!

Gei|ger ⟨m.5⟩ *Musiker, der Geige spielt;* Syn. *Violinist*

Gei|ger|zäh|ler ⟨m.5⟩ *Zählrohr zum Nachweis radioaktiver Strahlen* [nach dem Physiker Hans *Geiger*]

geil ⟨Adj.⟩ 1 ⟨meist abwertend⟩ a *geschlechtlich erregt;* ~er Blick b *vom Geschlechtstrieb beherrscht;* ~er Bock ⟨derb⟩ 2 ⟨ugs.; bes. bei Jugendlichen⟩ *gut;* eine ~e Skiabfahrt; ~er wär's schon, wenn wir mehr Geld hätten 3 ⟨bei Pflanzen⟩ *starkes Längenwachstum zeigend* (infolge Lichtmangels) [< ahd. *geil* „übermütig"]

Gei|le ⟨f., -, nur Sg.; †⟩ →*Geilheit*

gei|len ⟨V.1, hat gegeilt; o.Obj.⟩ *üppig wachsen, wuchern;* Pflanzen g.

Gei|len ⟨Pl.; beim Hund und Wild⟩ →*Hoden* [zu *geil* (1)]

Geil|heit ⟨f., -, nur Sg.⟩ *das Geilsein;* auch: ⟨†⟩ *Geile*

Gei|sa ⟨Pl. von⟩ *Geison*

Gei|sel ⟨f.11⟩ *jmd., der mit seinem Leben oder seiner Freiheit dafür haften muß, daß die Forderungen anderer erfüllt werden;* Syn. ⟨†⟩ *Leibbürge*

Gei|sel|dra|ma ⟨n., -s, -men⟩ *dramatischer Verlauf einer Geiselnahme*

Gei|sel|nah|me ⟨f.11⟩ *das Gefangennehmen als Geisel*

Gei|ser ⟨m.5; eindeutschend für⟩ →*Geysir*

Gei|sha ⟨[geʃa] f.9⟩ *Tänzerin, Sängerin und Unterhalterin in japanischen Teehäusern, Hotels, bei Festlichkeiten usw.* [< japan. *gei* „Kunst, Geschicklichkeit, Gewandtheit" und *sha* „Person", also „Frau, die in den verschiedensten unterhaltenden Künsten erfahren ist"]

Gei|son ⟨m., -s, -s oder -sa; am griech. Tempel⟩ *Kranzgesims* [< griech. *geison* in ders. Bed.; wahrscheinlich aus einer kleinasiatischen Sprache]

Geiß ⟨f.10; bei Ziege, Gemse, Reh und Steinbock⟩ *weibliches Tier*

Geiß|bart ⟨m., -(e)s, nur Sg.⟩ *staudiges Rosengewächs mit weißen, fedrigen Blütenständen (in Bergwäldern)*

Geiß|blatt ⟨n., -(e)s, nur Sg.⟩ *Strauch aus der Familie der Geißblattgewächse mit zweilippig-röhrigen, gelblichweißen Blüten und ungenießbaren Beeren* (z.B. Jelängerjelieber, Wald~) [vielleicht weil die Blätter gern von Ziegen („Geißen") gefressen werden]

Geiß|blatt|ge|wächs ⟨n.1⟩ *Strauch- oder Kletterpflanze mit gegenständigen Blättern und strahligen oder zweilippigen Blüten*

Geiß|bock ⟨m.2; bes. oberdt.⟩ →*Ziegenbock*

Gei|ßel ⟨f.11⟩ 1 *Stab mit mehreren Stricken oder Riemen* (zum Selbstzüchtigen) 2 ⟨süddt.⟩ *Peitsche* 3 ⟨bei Geißeltierchen u.a. Einzellern⟩ *der Fortbewegung dienender, langer, fadenförmiger Zellfortsatz;* Syn. *Flagellum* 4 ⟨übertr.⟩ *Strafe, Plage großen Ausmaßes;* Seuchen sind eine G. der Menschheit

Gei|ßel|bru|der ⟨m.6⟩ →*Flagellant*

gei|ßeln ⟨V.1, hat gegeißelt; mit Akk.⟩ 1 *mit der Geißel schlagen* 2 ⟨übertr.⟩ *hart kritisieren, anprangern*

Gei|ßel|tier|chen ⟨n.7⟩, **Gei|ßel|trä|ger** ⟨m.5⟩ *einzelliges Lebewesen, das mit einer Geißel ausgestattet ist;* Syn. *Flagellat, Flagellate*

Gei|ße|lung ⟨f.10⟩ *das Geißeln, das Sichgeißeln*

Geiß|fuß ⟨m.2⟩ 1 *Werkzeug mit V-förmiger Schneide zum Ausheben von winkligen Nuten (für Holz- und Linolschnitte)* 2 *Werkzeug mit abgeflachtem, gegabeltem Ende zum Ausziehen von Nägeln* 3 ⟨nur Sg.⟩ *weißblühendes Doldengewächs mit gezähnten, eiförmig-länglichen Fiederblättern;* Syn. *Giersch*

Geiß|kitz ⟨n.1⟩ *weibliches Kitz;* Ggs. *Bockkitz*

Geiß|klee ⟨m., -s, nur Sg.⟩ *kleiner, strauchiger, gelb blühender Schmetterlingsblütler (an trocken-felsigen Standorten)*

Geiß|ler ⟨m.5⟩ →*Flagellant*

Geist ⟨m.3⟩ 1 ⟨nur Sg.⟩ *Bewußtsein (des Menschen), Denkkraft, Verstand;* sein G. hat sich verwirrt, ist gestört; ein Mensch mit wachem, regem G.; er ist regen, langsamen ~es; den G. aufgeben, aushauchen *sterben* 2 ⟨nur Sg.⟩ *Klugheit und Witz;* er hat G.; das Buch ist mit G. geschrieben 3 ⟨nur Sg.⟩ *Gesamtheit der Gedanken, Vorstellungen;* im ~e ein Ereignis noch einmal erleben; er sah es im ~e vor sich 4 ⟨nur Sg.⟩ *Einstellung, Gesinnung;* ich will wissen, wes ~es Kind er ist *was er über bestimmte Dinge denkt* 5 ⟨nur Sg.⟩ *Gesamtheit der geäußerten Gedanken, der Lebensäußerungen;* der G. einer Zeit, einer Epoche 6 ⟨nur Sg.⟩ *Branntwein aus ungegorenen Früchten* (Himbeer~) 7 *Mensch im Hinblick auf seine Denkkraft, seinen Verstand, seine Klugheit;* er und andere große ~er; er ist kein großer G.; hier scheiden sich die ~er *hier gehen die Meinungen auseinander* 8 *Person im Hinblick auf bestimmte Eigenschaften und Fähigkeiten, auf die Wirkung, die sie ausübt;* sie ist der gute G. unseres Hauses; du bist aber ein unruhiger G.!; dienstbarer G. *Hausangestellte(r), Diener(in)* 9 ⟨angeblich⟩ *wiederkehrender Verstorbener, Gestalt, Erscheinungsbild eines Toten;* bist du's, oder ist es dein G.? ⟨scherzh.⟩ *bist du's wirklich?* 10 ⟨in manchen Religionen und im Volksglauben⟩ a *Naturwesen in Menschengestalt* (Erd~, Luft~) b *überirdisches Wesen, Gespenst, Dämon;* der Heilige G.; der G. der Finsternis *der Teufel;* an ~er glauben; böser, guter G.; bist du von allen guten ~ern verlassen? *was denkst du dir eigentlich?*

Geist|chen ⟨n.7⟩ →*Federmotte*

Gei|ster|bahn ⟨f.10; auf Jahrmärkten, Volksfesten u.a.⟩ *Bahn, die durch dunkle Räume führt, in denen beleuchtete Schreckgestalten stehen, die Gruselgefühl erregen sollen*

Gei|ster|bild ⟨n.3⟩ *störende mehrfache Wiedergabe eines Fernsehbildes* (entsteht z.B. durch Reflexion bei der Übertragung)

Gei|ster|fah|rer ⟨m.5; eindeutschend für⟩ *jmd., der in der falschen Fahrtrichtung fährt*

Gei|ster|ge|schich|te ⟨f.11⟩ *Geschichte, in der Geister (10) eine Rolle spielen*

gei|stern ⟨V.1, ist gegeistert; o.Obj.⟩ 1 *als Geist (9) umhergehen, sich wie ein Geist (9,10), sich lautlos bewegen;* es geistert nachts durchs Haus 2 *tätig, wirksam sein;* diese Vorstellung geistert immer noch in ihren Köpfen

Gei|ster|schrei|ber ⟨m.5; eindeutschend für⟩ *Ghostwriter*

Gei|ster|stun|de ⟨f.11⟩ *die Stunde von zwölf Uhr nachts bis ein Uhr morgens* [im Volksglauben gehen in dieser Zeit die Geister um]

gei|stes|ab|we|send ⟨Adj., o.Steig.⟩ *in Gedanken versunken, nicht zur Sache gehörenden Dingen beschäftigt, nicht aufmerksam*

Gei|stes|ab|we|sen|heit ⟨f., -, nur Sg.⟩

Gei|stes|ar|beit ⟨f.10⟩ *geistige Arbeit*

Gei|stes|blitz ⟨m.1; oft iron.⟩ *plötzlicher, geistvoller Gedanke, Erleuchtung*

Gei|stes|ga|be ⟨f.11⟩ *geistige Fähigkeit;* er ist nicht mit großen ~n gesegnet

Gei|stes|ge|gen|wart ⟨f., -, nur Sg.⟩ *schnelles, richtiges Handeln;* es war ihrer G. zu verdanken, daß ein Unfall verhütet wurde

gei|stes|ge|gen|wär|tig ⟨Adj., o.Steig.⟩ *eine Sachlage richtig erkennend und schnell entschlossen (handelnd)*

Gei|stes|ge|schich|te ⟨f., -, nur Sg.⟩ *Geschichte der geistigen Bewegungen und Strömungen (einer Epoche)*

gei|stes|ge|stört ⟨Adj., o.Steig.; ugs.⟩ *leicht geisteskrank* **Gei|stes|ge|stört|heit** ⟨f., -, nur Sg.⟩

gei|stes|krank ⟨Adj., o.Steig.⟩ *an einer Geisteskrankheit leidend*

Gei|stes|krank|heit ⟨f.10; veraltend, noch ugs.⟩ *seelische Erkrankung*

geistes|ver|wandt ⟨Adj., o.Steig.⟩ *im Denken, in den geistigen Interessen und in der Auffassung ähnlich;* wir sind uns g. **Gei|stes|ver|wandt|schaft** ⟨f., -, nur Sg.⟩

Gei|stes|wis|sen|schaft ⟨f.10⟩ *Wissenschaft, die sich mit einem Gebiet der Kultur, des geistigen Lebens befaßt, z.B. Sprachwissenschaft;* Ggs. *Naturwissenschaft*

gei|stes|wis|sen|schaft|lich ⟨Adj., o.Steig.⟩ *die Geisteswissenschaften betreffend, zu ihnen gehörend*

gei|stig ⟨Adj., o.Steig.⟩ **1** *zum Geist (1) gehörig, auf ihm beruhend, ihn gebrauchend, hinsichtlich des Geistes;* sich mit ∼en Dingen beschäftigen; ein ∼er Mensch *Mensch, der sich mit den Dingen des Geistes (1) beschäftigt, der Geist (2) besitzt;* er ist g. rege, träge **2** ⟨in manchen Religionen und im Volksglauben⟩ *überirdisch;* ∼e Wesen **3** *alkoholisch;* ∼e Getränke

Gei|stig|keit ⟨f., -, nur Sg.⟩ *von Geist (1,2) bestimmte, auf Geist beruhende Wesensart*

geist|lich ⟨Adj., o.Steig.⟩ **1** *zum Gottesdienst, zur Religion gehörig, darauf beruhend;* ∼e Lieder; ∼er Beistand **2** *zum Klerus gehörend;* ein ∼er Herr

Geist|li|che(r) ⟨m.17 oder 18⟩ *Pfarrer, Priester, Kleriker*

Geist|lich|keit ⟨f., -, nur Sg.⟩ *Gesamtheit der Geistlichen, Klerus*

geist|los ⟨Adj.⟩ **1** *ohne Geist (1,2);* ein ∼es Buch; ein ∼er Mensch **2** *keinen Geist (1) erfordernd;* eine ∼e Beschäftigung **Geist|lo|sig|keit** ⟨f., -, nur Sg.⟩

geist|reich ⟨Adj.⟩ *reich an Geist (2), klug und witzig;* ein ∼er Mensch, Ausspruch; eine ∼e Abhandlung; der Witz ist nicht gerade g.

Geist|rei|che|lei ⟨f., -, nur Sg.⟩ *Bemühen, geistreich zu erscheinen, das Äußern von geistreichen Bemerkungen*

geist|rei|cheln ⟨V.1, hat gegeistreichelt, o.Obj.⟩ *sich bemühen, geistreich zu wirken, geistreiche oder geistreich sein sollende Bemerkungen machen*

geist|tö|tend ⟨Adj.⟩ *besonders langweilig und eintönig;* das ist eine ∼e Tätigkeit

geist|voll ⟨Adj.⟩ *voller Geist (2), voller gedanklicher Tiefe, klug und fähig, seine Gedanken auszudrücken;* ein ∼er Mensch; ein g. geschriebenes Buch

Gei|tau ⟨n.1⟩ → *Gei*

Geiz ⟨m.1⟩ **1** ⟨nur Sg.⟩ *übertriebene, unangenehme Sparsamkeit* **2** ⟨bei Pflanzen⟩ *Nebentrieb, der dem Haupttrieb Kraft nimmt*

gei|zen ⟨V.1, hat gegeizt; mit Präp.obj.⟩ *mit etwas g. übertrieben sparsam mit etwas sein;* er geizt mit Worten er ist wortkarg; nicht mit Lob *er lobte ihn, sie ausdrücklich*

Geiz|hals ⟨m.2⟩ *geiziger Mensch;* Syn. *Geizkragen, Filz*

gei|zig ⟨Adj.⟩ *übertrieben, unangenehm sparsam*

Geiz|kra|gen ⟨m.7⟩ → *Geizhals*

Geiz|trieb ⟨m.1⟩ *Nebentrieb, der aus der Blattachsel entspringt und die Haupttriebe schwächt (z.B. bei der Weinrebe)*

Ge|jam|mer ⟨n., -s, nur Sg.⟩ *das Jammern*

Ge|kläff ⟨n., -(e)s, nur Sg.⟩ *das Kläffen*

Ge|klap|per ⟨n., -s, nur Sg.⟩ *das Klappern*

Ge|klüft ⟨n.1; poet.⟩ *zerklüftete Gegend* [zu *Kluft*]

ge|konnt ⟨Adj.; ugs.⟩ *technisch, handwerklich sehr gut;* ihr habt das Stück g. gespielt; das Theaterstück ist g. gemacht [zu *können*]

ge|kö|pert ⟨Adj., o.Steig.⟩ *in Köperbindung gewebt*

Ge|krätz ⟨n., -es, nur Sg.⟩ *Metall-Schlacken-Gemisch, das beim Abziehen der Oxidschicht von der Oberfläche entsteht (z.B. bei Metallschmelzen, als Rückstand in Gießpfannen)*

Ge|krit|zel ⟨n., -s, nur Sg.⟩ *gekritzelte, schwer lesbare Schrift(zeichen)*

Ge|krö|se ⟨n., -s, nur Sg.⟩ **1** *den Dünndarm umschließender, faltenartiger Teil des Bauchfells* **2** ⟨bes. beim Kalb und Lamm⟩ → *Kutteln* [zu *kraus*]

ge|kün|stelt ⟨Adj.⟩ *unnatürlich, unecht, mit Absicht, mit Anstrengung hervorgebracht;* ∼es Benehmen; seine Liebenswürdigkeit wirkt g.

Gel ⟨n.1⟩ *gallertartige kolloidale Lösung (z.B. ein Gelatine-Wasser-Gemisch)* [Kurzw. aus *Gelatine*]

Ge|lab|ber ⟨n., -s, nur Sg.⟩ *norddt. fades, dünnes, lauwarmes Getränk* [zu *labbern*]

Ge|la|ber ⟨n., -s, nur Sg.⟩ *norddt. langweiliges, belangloses, dummes Gerede* [zu *labern*]

Ge|läch|ter ⟨n., -s, nur Sg.⟩ *(lautes) Lachen;* in G. ausbrechen; schallendes G.

ge|lack|mei|ert ⟨Adj., o.Steig.; nur als Attr. und mit "sein"; ugs.⟩ *betrogen, angeführt, hereingefallen;* g. sein

Ge|la|ge ⟨n.5⟩ *üppiges gemeinsames Essen mit viel Alkohol, Zusammensein mit viel Alkohol (Trink∼);* Syn. ⟨mdt.⟩ *Quas*

Ge|lä|ger ⟨n.5⟩ *bei der Gärung entstehender Niederschlag* [zu *lagern*]

ge|lahrt ⟨Adj., †, noch scherzh.⟩ *gelehrt* **Ge|lahrt|heit** ⟨f., -, nur Sg.⟩

Ge|län|de ⟨n.5⟩ **1** *unbebautes Gebiet, Teil der Landschaft; freies, unwegsames G.;* das G. ist gut einzusehen; ein Ritt durchs G. **2** *begrenztes Gebiet (Bau∼)* **3** *zu einer Anlage gehörendes Gebiet (Fabrik∼, Flughafen∼)*

Ge|län|de|auf|nah|me ⟨f., -, nur Sg.⟩ *Festlegung der Lage und Höhe aller wichtigen Elemente der Erdoberfläche, topographische Vermessung*

Ge|län|de|fah|ren ⟨n., -s, nur Sg.; Fahrsport⟩ *Querfeldeinfahren mit oder ohne Hindernisse*

Ge|län|de|fahr|zeug ⟨n.1⟩ *geländegängiges Kraftfahrzeug (mit großer Bodenfreiheit, Allradantrieb u.a.)*

ge|län|de|gän|gig ⟨Adj.⟩ *zur Überwindung schlechter Wege und unwegsamen Geländes geeignet;* ∼es Fahrzeug

Ge|län|de|lauf ⟨m.2⟩ *Laufwettbewerb über lange Strecken im freien Gelände (z.B. der letzte Wettbewerb im Modernen Fünfkampf)*

Ge|län|der ⟨n.5⟩ *von senkrechten Pfosten gestützte Stange (zum Abstützen, Festhalten oder als Schutz an der freien Seite von Treppen, Vorbauten u.a.)* [zu mhd. *lander* "Stangenzaun"]

Ge|län|de|ritt ⟨m.1⟩ **1** *Ritt durchs Gelände* **2** ⟨Reitsport⟩ *Wettbewerb im Gelände (z.B. als Teil der Military)*

ge|lan|gen ⟨V.1, ist gelangt⟩ **I** ⟨o.Obj.⟩ *an einen Ort g. an einen Ort kommen, einen Ort erreichen;* die Nachricht ist (nicht) bis zu mir gelangt; der Brief ist (nicht) in meine Hände gelangt; an ein Ziel g.; ich weiß nicht, wie ich dorthin g. soll **II** ⟨mit Präp.obj.⟩ **1** *zu etwas g. etwas erreichen, einen Zustand erreichen;* zu Ansehen, Reichtum, Ruhm g.; zur Ruhe g. **2** ⟨schweiz.⟩ *an jmdn. g. sich an jmdn. wenden*

ge|lappt ⟨Adj., o.Steig.⟩ *durch rundliche Einschnitte gegliedert;* ∼e Blätter; ∼er Rand

Ge|laß ⟨n.1⟩ *(kleiner) einfacher Raum; ein enges, dunkles G.*

ge|las|sen ⟨Adj.⟩ *ruhig, gleichmütig, ohne sich aufzuregen;* er ist sehr g.; einen Vorwurf g. hinnehmen **Ge|las|sen|heit** ⟨f., -, nur Sg.⟩

Ge|la|ti|ne ⟨[ʒe-] f., -, nur Sg.⟩ *quellbarer Leim aus frischen Knochen (für Speisen u.a.)* [< neulat. (Sprache der Alchimisten) *gelatina* "Stoff zum Eindicken", zu lat. *gelare* "gefrieren", → *Gallert*]

ge|la|ti|nös ⟨Adj., o.Steig.⟩ *wie Gelatine*

Ge|läuf ⟨n.1⟩ **1** *Boden (der Pferderennbahn)* **2** ⟨Jägerspr.⟩ *Spur (des Federwildes);* vgl. *Fährte* [zu *laufen*]

ge|läu|fig ⟨Adj.⟩ **1** *rasch und geschickt, fingerfertig;* g. Klavier spielen **2** *rasch und gut, fließend;* eine Fremdsprache g. sprechen **3** *bekannt, vertraut;* das Wort ist mir (nicht) g.

Ge|läu|fig|keit ⟨f., -, nur Sg.⟩ *geläufige (1,2) Beschaffenheit, Raschheit und Geschicklichkeit;* die G. ihres Klavierspiels

ge|launt ⟨Adj., o.Steig.⟩ *in (besonderer) Stimmung;* gut, schlecht g.; ich bin nicht g., dorthin zu gehen

Ge|läut ⟨n., -(e)s, nur Sg.⟩ **1** *das Läuten (von Glocken)* **2** ⟨Jägerspr.⟩ *Gebell (der Jagdhunde)*

gelb ⟨Adj.⟩ *in der Farbe der Schlüsselblume, des Eidotters;* Syn. ⟨†, noch landsch.⟩ *gehl;* ∼e Rübe → *Möhre;* g. werden vor Neid ⟨übertr.⟩

Gelb ⟨n., -s, -(s)⟩ **1** *gelbe Farbe* **2** ⟨kurz für⟩ *Eigelb;* das ist das ∼e vom Ei ⟨übertr.⟩ *das Beste, Vorteilhafteste*

Gelb|bauch|un|ke ⟨f.11⟩ *(u.a. in Süd- und Mitteldeutschland vorkommende) Unke mit schwarz-gelb gefärbtem Bauch*

Gelb|bee|re ⟨f.11⟩ *getrocknete unreife Beere des Purgierkreuzdorns (u.a. zur Farbstoffgewinnung)*

Gelb|blei|erz ⟨n., -es, nur Sg.⟩ → *Wulfenit*

gelb|braun ⟨Adj., o.Steig.⟩ *braun mit gelbem Schimmer*

Gelb|buch ⟨n.4⟩ *mit gelbem Umschlag versehenes* → *Farbbuch (Frankreichs, Chinas)*

Gel|be(r) ⟨m.17 oder 18; meist abwertend⟩ *Angehöriger der mongoliden Rasse* [nach der gelblichen Hautfarbe]

Gelb|fie|ber ⟨n., -s, nur Sg.⟩ *von der Gelbfiebermücke übertragene, mit Gelbsucht einhergehende, fieberhafte Infektionskrankheit in tropischen Ländern*

Gelb|fie|ber|mücke ⟨-k|k-; f.11⟩ *Stechmücke, die Gelbfieber überträgt*

Gelb|fil|ter ⟨m.5 oder n.5; Fot.⟩ *Farbfilter, der im gelben Spektralbereich durchlässig ist und dadurch blaue Farbtöne dämpft (dient z.B. dazu, Wolken gegen blauen Himmel stärker abzuheben)*

gelb|grün ⟨Adj., o.Steig.⟩ *grün mit gelbem Schimmer*

Gelb|guß ⟨m.2; bes. in den Hochkulturen Westafrikas⟩ *Legierung, die Kupfer und ein anderes Metall enthält (Zink, Zinn oder Blei, in verschiedenen Mischungsverhältnissen)*

Gelb|holz ⟨n.4⟩ → *Fisettholz*

Gelb|kör|per ⟨m.5⟩ *im Eierstock nach dem Eisprung gebildete Drüse der inneren Sekretion, die einen gelben Farbstoff einlagert und weibliche Sexualhormone (Gestagene) bildet*

Gelb|kreuz ⟨n., -es, nur Sg.⟩ → *Senfgas* [die Behälter sind durch ein gelbes Kreuz gekennzeichnet]

gelb|lich ⟨Adj., o.Steig.⟩ *leicht gelb, mit gelbem Schimmer*

Gelb|rand|kä|fer ⟨m.5⟩ *(u.a. in Mitteleuropa vorkommender) großer Schwimmkäfer mit gelbem Rand, der Tiere bis zur Größe kleiner Fische frißt*

Gelb|rost ⟨m., -es, nur Sg.⟩ *auf Getreide schmarotzender Rostpilz mit streifenförmigen, gelben Sporenlagern*

gelb|rot ⟨Adj., o.Steig.⟩ *rot mit gelbem Schimmer*

Gelb|spöt|ter ⟨m.5⟩ *oberseits grünlich, unten gelb gefärbter Singvogel aus der Familie der Grasmücken (u.a. in großen Gärten vorkommend)*

Gelb|stern ⟨m.1⟩ *(im Frühjahr am Rand von Auwäldern) gelb blühendes Liliengewächs mit schmalen Blättern*

Gelb|sucht ⟨f., -, nur Sg.; bei bestimmten Leber- und Blutkrankheiten⟩ *auf Vermehrung des Gallenfarbstoffs im Blut beruhende Gelbfärbung der Haut;* Syn. *Ikterus*

gelb|süch|tig ⟨Adj., o.Steig.⟩ *an Gelbsucht leidend*

Gelb|vieh ⟨n., -s, nur Sg.⟩ *einfarbig gelbe Rinderrasse (z.B. in Franken, Hessen und Thüringen gehalten)*

Gelb|wurst ⟨f.2⟩ *Hirn enthaltende, geräucherte Kochwurst in gelbem Darm*

Gelb|wur|zel ⟨f., -, nur Sg.⟩ →*Kurkuma*
Geld ⟨n.3⟩ **1** *Zahlungsmittel, Münzen (Hart~) oder Banknoten (Papier~); ich habe nur großes G. bei mir nur Geldscheine; kleines G. Münzen; G. ausgeben, verdienen; das ist hinausgeworfenes G. eine unnötige Ausgabe* **2** *Vermögen, Vorrat an Zahlungsmitteln; er hat viel G.; er lebt von seinem G.; G. machen* ⟨ugs.⟩ *rasch und viel verdienen; er schwimmt in G. er ist sehr reich* **3** ⟨meist Pl.⟩ *für einen Zweck bestimmte, von einer Institution oder Person stammende, größere Summe; staatliche, öffentliche ~er; er hat ~(er) unterschlagen* **4** ⟨Börse⟩ *kurz für* Geldkurs
Geld|adel ⟨m., -s, nur Sg.⟩ **1** *erkaufter Adel* **2** *Gesamtheit der Personen, die sich ihren Adelstitel erkauft haben*
Geld|ari|sto|kra|tie ⟨f., -, nur Sg.⟩ →*Finanzaristokratie*
Geld|au|to|mat ⟨m.10⟩ *Automat, der nach Eingabe einer Codenummer und Scheckkarte sowie der gewünschten Summe Bargeld auswirft*
Geld|beu|tel ⟨m.5⟩, **Geld|bör|se** ⟨f.11⟩ *kleiner Behälter, in dem man Geld bei sich trägt;* Syn. *Portemonnaie*
Geld|brief|trä|ger ⟨m.5; früher⟩ *jmd., der berufsmäßig Geldsendungen, Nachnahmen u.a. zustellt*
Geld|des|wert ⟨m.1⟩ *etwas, was den Wert von Geld hat (z.B. Fahrkarte); Geld und G.*
Geld|hahn ⟨m.2; übertr., nur in der Wendung⟩ *jmdm. den G. zudrehen, abdrehen jmdm. kein Geld mehr geben*
Geld|hei|rat ⟨f.10⟩ *Heirat um des Geldes (des Partners) willen*
Geld|herr|schaft ⟨f., -, nur Sg.⟩ →*Plutokratie*
Geld|in|sti|tut ⟨n.1⟩ *Bank oder Sparkasse*
Geld|kat|ze ⟨f.11; früher⟩ *(am Gürtel getragener) Geldbeutel aus einem an beiden Enden geschlossenen Lederschlauch*
Geld|kurs ⟨m.1⟩ *Kurs, zu dem ein Wertpapier zu kaufen gesucht wird;* Ggs. *Briefkurs*
Geld|leu|te ⟨Pl.⟩ *reiche Unternehmer, sehr reiche Leute*
geld|lich ⟨Adj., o.Steig.; nur als Attr. und Adv.⟩ *hinsichtlich des Geldes; ~e Schwierigkeiten; es geht ihm g. gut, schlecht*
Geld|sa|che ⟨f.11⟩ *Sache, die mit Geld zu tun hat; in ~n genau, vorsichtig sein*
Geld|schein ⟨m.1⟩ →*Banknote*
Geld|schnei|de|rei ⟨f., -, nur Sg.⟩ *unverschämte Forderung eines zu hohen Preises, Wucher; das ist (die reine) G.!*
Geld|schrank ⟨m.2⟩ *Schrank aus Stahlplatten mit Zwischenschichten aus schlecht wärmeleitenden Stoffen großer Härte, der auch gewaltsamen Öffnungsversuchen längere Zeit widersteht;* Syn. *Panzerschrank*
Geld|sor|te ⟨f.11⟩ **1** *Sorte von Geld (z.B. Münzen, Geldscheine)* **2** *Geld einer bestimmten Währung (z.B. Mark, Franc)*
Geld|stra|fe ⟨f.11⟩ *Strafe in Form einer Zahlung; zu einer G. von 1000 DM verurteilt werden*
Geld|stück ⟨n.1⟩ →*Münze (1)*
Geld|ver|kehr ⟨m., -s, nur Sg.⟩ *Gesamtheit der Zahlungen von Geld (innerhalb eines Staates oder zwischen den Staaten)*
Geld|ver|le|gen|heit ⟨f.10⟩ *Mangel an Bargeld; ich bin in G. ich habe augenblicklich kein Bargeld; jmdm. aus einer G. helfen*
Geld|wech|sel ⟨m., -s, nur Sg.⟩ *Umtausch von Geld aus einer Währung in eine andere*
Geld|wert ⟨m.1⟩ *in Geld berechenbarer Wert, Wert, den ein Gegenstand hinsichtlich des Geldes hat, das man beim Verkauf für ihn erhalten würde; das Bild hat einen G. von etwa 1000 DM (aber der Erinnerungswert für mich ist größer)*
Ge|lee ⟨[ʒə-] n.9, auch m.9⟩ **1** *(mit Zucker oder Gelierstoffen) eingekochter und beim Erkalten starrter Fruchtsaft* **2** *gallertartig erstarrte Kochbrühe von Fleisch und Knochen* [< frz. *gelée* „Frost; Gallert", zu lat. *gelare* „gefrieren"; vgl. *Gallert*]
Ge|lee ro|yal ⟨[ʒəle roajal] n., - -, nur Sg.⟩ *von den Arbeitsbienen abgesonderter Fruchtsaft, mit dem sie die Larve füttern, die zur Königin werden soll (als Kräftigungsmittel im Handel)* [zu frz. *royal* „königlich"]
Ge|le|ge ⟨n.5; bei Vögeln, Reptilien, Insekten u.a.⟩ *in einer Brutperiode an einem dafür bestimmten Ort gelegte Eier*
ge|le|gen ⟨Adj.⟩ **1** *liegend, befindlich; der Ort ist malerisch, am Berg, im Wald g.; die Hütte ist sehr hoch g.* **2** *passend, angenehm; Ihr Vorschlag kommt mir sehr g.* **3** ⟨in Wendungen wie⟩ *mir ist daran viel, nichts g. mir liegt viel, nichts daran*
Ge|le|gen|heit ⟨f.10⟩ **1** *(günstiger) Zeitpunkt; eine günstige, passende G. abwarten; die G. ergreifen, beim Schopf packen; bei (nächster) G. komme ich bei Ihnen vorbei* **2** *Möglichkeit, etwas zu tun; bei der man etwas tun kann; Schlaf~, Wasch~); dazu hatte ich keine G.* **3** *Anlaß; bei festlichen ~en*
Ge|le|gen|heits|ar|beit ⟨f.10⟩ *Arbeit, die sich gerade bietet, vorübergehende Arbeit*
Ge|le|gen|heits|ge|dicht ⟨n.1⟩ *Gedicht für eine bestimmte Gelegenheit, für einen Anlaß*
ge|le|gent|lich **I** ⟨Adj., o.Steig.; nur als Attr. und Adv.⟩ *wenn es sich gerade ergibt, wenn sich eine Gelegenheit bietet; ~e Spaziergänge; er kommt g. zu uns; wir können g. darüber sprechen* **II** ⟨Präp. mit Gen.⟩ *bei Gelegenheit, beim Anlaß; g. eines Besuches bat er darum*
ge|leh|rig ⟨Adj.⟩ *schnell (von andern) etwas lernend; der Hund ist sehr g.* **Ge|leh|rig|keit** ⟨f., -, nur Sg.⟩
Ge|lehr|sam|keit ⟨f., -, nur Sg.⟩ *großes Wissen, reiche wissenschaftliche Kenntnisse*
ge|lehrt ⟨Adj.⟩ *viel wissend, reiche wissenschaftliche Kenntnisse besitzend*
Ge|lehr|te(r) ⟨m.17 oder 18⟩ *jmd., der sich aufgrund wissenschaftlicher Studien großes Wissen erworben hat; darüber sind sich die ~n noch nicht einig das ist wissenschaftlich noch nicht erwiesen*
ge|leimt ⟨Adj., o.Steig.; ugs.⟩ *betrogen, hereingelegt*
Ge|lei|se ⟨n.5; österr.⟩ →*Gleis*
Ge|leit ⟨n.1⟩ **1** *das Mitgehen, Begleiten, Begleitung (zum Schutz oder aus Freundlichkeit); jmdm. eine Strecke weit das G. geben; jmdm. bis zum Tor das G. geben; jmdm. freies G. zusichern jmdm. zusichern, daß er sich frei bewegen darf (ohne die Gefahr, gefangengenommen zu werden); jmdm. das letzte G. geben jmdn. zu Grabe tragen; sie fuhren unter dem G. von berittener Polizei* **2** *Gesamtheit der Begleiter, Schutzmannschaft; ein G. von mehreren Flugzeugen, Schiffen, Kraftwagen*
ge|lei|ten ⟨V.2, hat geleitet⟩ *mit Akk.⟩ schützend begleiten; jmdn. über einen belebten Platz g.; jmdn. sicher nach Hause g.*
Ge|leit|schiff ⟨n.1⟩ *Kriegsschiff, das ein anderes Schiff zur Sicherung gegen feindliche Angriffe begleitet*
Ge|leit|schutz ⟨m., -es, nur Sg.⟩ *Schutz durch Begleitung; jmdm. G. geben; unter G. fahren, fliegen*
Ge|leit|wort ⟨n.1⟩ *(einem Buch vorangestellte) Einführung, Vorwort*
Ge|leit|zug ⟨m.2⟩ *Gruppe von Schiffen zur gemeinsamen, von See- und Luftstreitkräften geschützten Fahrt durch gefährdetes Seegebiet*
ge|lenk ⟨Adj.; †⟩ →*gelenkig (1)*
Ge|lenk ⟨n.1⟩ **1** *bewegliche Verbindung zweier oder mehrerer Knochen (Hüft~, Knie~);* Syn. *Junktur* **2** *bewegliche Verbindung von Bau- oder Maschinenteilen (Dreh~, Kugel~)* **3** ⟨bei manchen Pflanzen⟩ *polsterförmige Anschwellung am Blattstiel,*
die dem Blatt eine gewisse Beweglichkeit verleiht (z.B. bei Mimosen) [< ahd. *hlanca, lanca* „Lende, Seite, Weiche"]
Ge|lenk|ent|zün|dung ⟨f.10⟩ →*Arthritis*
ge|len|kig ⟨Adj.⟩ **1** *mit bes. gut beweglichen Gelenken (1);* auch: ⟨†⟩ *gelenk;* ⟨Person⟩ *sie ist (noch) sehr g.* **2** *durch ein Gelenk (2) beweglich; g. miteinander verbundene Teile*
Ge|len|kig|keit ⟨f., -, nur Sg.⟩ *gelenkige Beschaffenheit, das Gelenkigsein (von Personen)*
Ge|lenk|maus ⟨f.2⟩ *(meist durch Verletzung abgesprengtes) Knorpel- oder Knochenteilchen, das durch Veränderung seiner Lage im Inneren eines Gelenkes Schmerzen verursacht*
Ge|lenk|pup|pe ⟨f.11⟩ →*Gliederpuppe*
Ge|lenk|rheu|ma|tis|mus ⟨m., -, -men⟩ *Form des Rheumatismus, die auf einer Überempfindlichkeit der Innenhaut der Gelenke beruht*
Ge|lenk|schmie|re ⟨f., -, nur Sg.⟩ *von der inneren Schicht der Gelenkkapsel abgesonderte Flüssigkeit, welche die Reibung mindert*
Ge|lenk|wa|gen ⟨m.7⟩ *aus mehreren gelenkig verbundenen Wagenteilen bestehendes Fahrzeug (bei Omnibussen, Sattelschleppern, Straßenbahnen u.a.)*
Ge|lenk|wel|le ⟨f.11⟩ *Welle mit einem oder mehreren Kardangelenken oder elastischen Kupplungen zur Übertragung von Drehkräften über Abwinkelungen*
Ge|leucht ⟨n.1; Bgb.⟩ **1** *Einrichtung zur Beleuchtung (in Gruben)* **2** →*Grubenlampe*
Ge|lich|ter ⟨n., -s, nur Sg.⟩ *Personen, die unredliche, dunkle Geschäfte betreiben* [eigtl. „Leute von gleicher Art"; < ahd. *gilîho* „gleich"]
Ge|lieb|te ⟨f.17 oder 18⟩ **1** *geliebte Frau, geliebtes Mädchen* **2** *Frau, mit der ein verheirateter Mann ein Liebesverhältnis hat*
Ge|lieb|te(r) ⟨m.17 oder 18⟩ **1** *geliebter Mann* **2** *Mann, mit der verheiratete Frau ein Liebesverhältnis hat*
ge|lie|ren ⟨[ʒə-] V.3, hat geliert; o.Obj.⟩ *zu Gelee werden, steif, fest werden* **Ge|lie|rung** ⟨f., -, nur Sg.⟩
ge|lind ⟨Adj.⟩ →*gelinde (1)*
ge|lin|de ⟨Adj.⟩ **1** *lind, mild, sanft;* auch: *gelind; ein ~s Lüftchen; g. mit der Hand über etwas streichen; es regnete g.* **2** *leicht; mich packte es g. vor Zorn* **3** *vorsichtig, schonend; das ist ein sehr ~r Ausdruck für sein unmögliches Verhalten; ich war, g. gesagt, ärgerlich*
ge|lin|gen ⟨V.48, ist gelungen; o.Obj.⟩ ⟨jmdm.⟩ *g. (mit Erfolg) zustande kommen, geraten, glücken; die Arbeit ist (gut, nicht) gelungen; es ist mir gelungen, ihn davon zu überzeugen, daß ...; das war eine gelungene Überraschung;* vgl. *gelungen*
gell[1] ⟨Adj.; †; nur als Attr.⟩ *durchdringend, gellend; ein ~er Schrei*
gell[2] ⟨Int.; oberdt.⟩, **gel|le** ⟨Int.; mdt.⟩ →*gelt[2]*
gel|len ⟨V.1, hat gegellt; o.Obj.⟩ *hell und laut, durchdringend tönen; der Schrei, die Glocke gellte; einen ~den Schrei ausstoßen; ~d schreien*
ge|lo|ben ⟨V.1, hat gelobt; mit Dat. u. Akk.⟩ *jmdm. etwas g. (feierlich) versprechen*
Ge|löb|nis ⟨n.1⟩ *das Geloben, feierliches Versprechen; ein G. ablegen*
Ge|lock ⟨n., -s, nur Sg.⟩ *Gesamtheit von Locken, lockiges Haar*
Gel|se ⟨f.11; österr.⟩ →*Stechmücke* [< Rückbildung zu mhd. *gelsen* „gellen", im Sinne von „summen"]
gelt[1] ⟨Adj., o.Steig. auch oberdt.⟩ *galt* **1** ⟨von weibl. Wild⟩ *beschlagen, aber nicht tragend* **2** ⟨von weibl. Haustieren⟩ **a** *nicht tragend* **b** *unfruchtbar* **c** *keine Milch gebend;* Syn. **b** *(norddt.) güst* [< ahd. *galan* „besprechen", im Sinne von „durch Zauberspruch beeinflussen"]
gelt[2] ⟨Int.⟩ *nicht wahr?, ja?* ⟨häufig nur Füll-

wort, auf das keine Antwort erwartet wird); auch: ⟨oberdt.⟩ gell, ⟨mdt.⟩ gelle [zu gelten, wörtl. „gilt es?"]

gel|ten ⟨V.49, hat gegolten⟩ **I** ⟨o.Obj.⟩ **1** gültig sein, Geltung haben, in Kraft sein; hier gilt das Gesetz, nach dem ...; die Fahrkarte gilt noch, gilt nicht mehr; die Vorschrift gilt bis zum 1. Dezember; etwas ~d machen etwas als Anspruch zum Ausdruck bringen; seine Wünsche, ein Recht ~d machen; sich ~d machen sich bemerkbar machen; jetzt macht es sich ~d, daß er so lange nicht auf seine Gesundheit geachtet hat **2** den Regeln, Spielregeln entsprechen, nach den Regeln, Spielregeln richtig sein; das gilt nicht!; etwas g. lassen etwas als richtig anerkennen; diese Antwort lasse ich (nicht) g. **3** anerkannt sein; er gilt etwas unter Kollegen; sein Name gilt dort viel **II** ⟨mit Dat.⟩ **1** jmdm. wert sein; seine Unabhängigkeit gilt ihm mehr als alles andere **2** für jmdn. bestimmt sein; das Lob gilt dir; seine ganze Fürsorge, Liebe gilt den Kindern **III** ⟨mit Akk.⟩ unpersönl., mit „es"⟩ jetzt gilt es, wachsam zu sein jetzt muß man wachsam sein; es gilt sein Leben sein Leben steht auf dem Spiel

Gelts|tag ⟨m.1; schweiz., †⟩ Konkurs, Bankrott [vermutl. zu mhd. gelten „zurückzahlen"]

Gelt|tier ⟨n.1⟩ geltes Tier [zu gelt[1] (1)]

Gel|tung ⟨f., -, nur Sg.⟩ **1** das Gelten, Gültigkeit; solche Ehrbegriffe haben heute keine G. mehr **2** Ansehen, Anerkennung; sich G. verschaffen **3** ⟨in der Wendung⟩ zur G. kommen besser aussehen, besser zu sehen sein; die Blumen kommen an dieser Stelle besser, mehr zur G.

Gel|tungs|be|dürf|nis ⟨n., -ses, nur Sg.⟩ Bedürfnis, bei andern etwas zu gelten, Ansehen zu genießen, beachtet zu werden

gel|tungs|be|dürf|tig ⟨Adj.⟩ bestrebt, bei andern Ansehen zu gewinnen, von andern beachtet zu werden

Gelt|vieh ⟨n., -s, nur Sg.⟩ geltes Vieh [zu gelt[1] (2)]

Ge|lüb|de ⟨n.5⟩ Versprechen (bes. an Gott, etwas Bestimmtes zu tun); G. der Armut; ein G. ablegen

Ge|lump ⟨n., -s, nur Sg.; süddt.⟩ → Glump

Ge|lum|pe ⟨n., -s, nur Sg.; sächs.⟩ Zeug, alter Kram, lästige oder im Wege liegende Sachen; was soll ich mit all dem G.?; nimm dein G. hier weg!

Ge|lün|ge ⟨n., -s, nur Sg.⟩ → Geräusch[2]

ge|lun|gen ⟨Adj.; bayr., schwäb.⟩ drollig, lustig, ulkig; das ist wirklich g.!

Ge|lüst ⟨n.1⟩, **Ge|lü|ste** ⟨n.5⟩ Verlangen (bes. nach einer Speise), Appetit; ein G. auf etwas haben

ge|lü|sten ⟨V.2, hat gelüstet; mit Akk.; unpersön., mit „es"⟩ es gelüstet mich ich habe ein Verlangen, mich gelüstet nach Kuchen; gelüstet es dich nicht, davon zu kosten?

Gel|ze ⟨f.11; †, noch landsch.⟩ verschnittene Sau [zu gelzen]

gel|zen ⟨V.1, hat gelzt; mit Akk.⟩ kastrieren, verschneiden; eine Sau g. **Gel|zung** ⟨f., -, nur Sg.⟩

ge|mach ⟨Adj., o.Steig.; meist poet.⟩ langsam, bedächtig, besonnen, mit Muße; g.! langsam!, laß dir Zeit!; g. erhob er sich der Stadt

Ge|mach ⟨n.4; †⟩ **1** ⟨nur noch poet.⟩ in der Fügung⟩ mit G. langsam, bedächtig **2** Raum, Zimmer ⟨Wohn~, Schlaf~, Frauen~⟩; sich in seine Gemächer zurückziehen ⟨noch scherzh.⟩ sich in sein Zimmer zurückziehen (um ungestört zu sein oder schlafen zu gehen)

ge|mäch|lich ⟨auch [-mɛç-] Adj.⟩ langsam, behaglich, mit Muße; ein ~es Leben führen; g. durch die Straßen wandern **Ge|mäch|lich|keit** ⟨f., -, nur Sg.⟩

Ge|mächt ⟨n.1⟩, **Ge|mäch|te** ⟨n.5; †⟩ männliche Geschlechtsteile [zu ahd. maht „Vermögen, Fähigkeit", im Sinne von „Potenz"]

Ge|mahl **I** ⟨n.1; †; poet.⟩ Gemahlin **II** ⟨m.1; veraltend, geh.⟩ Ehemann; grüßen Sie Ihren Herrn G.!

Ge|mah|lin ⟨f.10; veraltend, geh.⟩ Ehefrau; die G. des Kaisers; grüßen Sie Ihre Frau G.!

ge|mah|nen ⟨V.1, hat gemahnt; mit Akk.; †⟩ mahnen, erinnern; ⟨nur noch in Wendungen wie⟩ das gemahnt mich an eine alte Schuld

Ge|mäl|de ⟨n.5⟩ **1** gemaltes Bild; G. auf Holz; G. in Öl **2** ⟨übertr.⟩ lebensvolle Darstellung (Sitten~, Kultur~); der Roman ist ein G. des Lebens am Hofe Ludwigs XIV.

Ge|mar|kung ⟨f.10⟩ umgrenztes Gebiet (einer Gemeinde), Gemeindebezirk, Gemeindeflur [zu Mark „Grenze"]

ge|ma|sert ⟨Adj., o.Steig.; nur als Attr. und mit „sein"⟩ mit Maser(n), mit Maserung versehen; ~es Holz; ~er Marmor

ge|mäß ⟨Präp.; mit Dat.⟩ jmdm. oder einer Sache entsprechend, angemessen, zu jmdm. oder einer Sache passend; den Anordnungen; Ihrem Wunsch g. haben wir ...; eine seinen Fähigkeiten ~e Stellung, Bezahlung; ein solches Verhalten wäre ihm nicht g.

...ge|mäß ⟨Adj., in Zus.⟩ (einer Sache) entsprechend, z.B. ordnungs~, termin~; vgl. ...mäßig

ge|mä|ßigt ⟨Adj.⟩ maßvoll, ein gewisses Maß einhaltend, ausgeglichen; ~es Klima; die ~e Richtung einer Partei; in ~em Ton fuhr er fort

Ge|mäu|er ⟨n.5⟩ **1** Mauerwerk, Gesamtheit der Mauern **2** altes, zerfallenes Gebäude, Ruine

ge|mein ⟨Adj.⟩ **1** üblich, ohne besondere Kennzeichen, häufig vorkommend; der ~e Mann der Mann aus dem Volk; ⟨bes. in Pflanzennamen⟩ Gemeines Heidekraut **2** allgemein; das ~e Wohl **3** gemeinsam; wir haben miteinander g. wir haben keine gemeinsamen Interessen, Auffassungen; sich mit jmdm. g. machen sich mit jmdm. (der moralisch oder sozial tiefer steht) auf eine Stufe stellen, freundschaftlich mit ihm verkehren **4** böse, niederträchtig, heimtückisch; ein ~es Verbrechen; ein ~er Kerl; ~e Handlungsweise **5** ärgerlich, unangenehm; daß es nicht geklappt hat, ist wirklich g. **6** ⟨ugs.⟩ unfreundlich, boshaft; das ist g. von dir; sei nicht so g.! **7** abstoßend, brutal, gewöhnlich; er hat ein ~es Gesicht; ~e Ausdrucksweise **8** unanständig; ein ~er Witz **9** ⟨ugs.⟩ sehr (groß), kaum erträglich; es ist g. kalt; vgl. Gemeine(r)

Ge|mein|de ⟨f.11⟩ **1** kleinste (staatliche oder kirchliche) Verwaltungseinheit ⟨Dorf~, Kirchen~⟩ **2** Gesamtheit ihrer Bewohner **3** Gesamtheit der Besucher eines Gottesdienstes **4** Personengruppe mit gleichen Interessen ⟨Theater~, Sing~⟩ **5** Gesamtheit der Anhänger, Verehrer (eines Künstlers); er hat eine G.

Ge|mein|de|am|mann ⟨m.5; schweiz.⟩ **1** ⟨in einigen Kantonen⟩ Oberhaupt der Gemeinde und Vorsitzender des Gemeinderates **2** ⟨Ostschweiz⟩ Vollzugsbeamter für kommunale Aufgaben und in Beitreibungssachen

Ge|mein|de|haus ⟨n.4⟩ Gebäude mit den Amtsräumen (einer Kirchengemeinde)

Ge|mein|de|hel|fer ⟨m.5; früher in der evang. Kirche⟩ → Diakon

Ge|mein|de|rat ⟨m.2⟩ von einer Gemeinde gewählte Gruppe von Gemeindemitgliedern für die Aufgaben der Verwaltung; Syn. Gemeindevertretung

ge|mein|deutsch ⟨Adj., o.Steig.⟩ in allen Regionen des deutschen Sprachraums von allen Deutschen gebraucht; ~e Sprache; ein ~es Wort

Ge|mein|de|ver|tre|tung ⟨f.10⟩ → Gemeinderat

ge|meind|lich ⟨Adj., o.Steig.; nur als Attr. und Adv.⟩ zu einer Gemeinde gehörig, sie betreffend; ~e Angelegenheiten

Ge|mei|ne ⟨†⟩ → Gemeinde

Ge|mein|ei|gen|tum ⟨n., -s, nur Sg.⟩ Eigentum einer Gemeinde oder Gemeinschaft, das gemeinsam genutzt wird

Ge|mei|ne(r) ⟨m.17 oder 18⟩ **1** Soldat ohne Dienstrang **2** kleiner Druckbuchstabe, Versal; Ggs. Großbuchstabe, Versal [< gemein „gewöhnlich, ohne besonderes Merkmal"]

ge|mein|ge|fähr|lich ⟨Adj., o.Steig.⟩ für die Allgemeinheit gefährlich; ~er Verbrecher

Ge|mein|gut ⟨n.4⟩ **1** allen gehöriger Besitz; Spielplätze als G. einer Siedlung **2** allen gehöriger geistiger Besitz; Lieder als G. eines Volkes

Ge|mein|heit ⟨f.10⟩ gemeine (4,6) Handlung, gemeines Verhalten

ge|mein|hin ⟨Adv.⟩ im allgemeinen, meistens; das ist g. nicht der Fall

Ge|mein|jahr ⟨n.1⟩ Jahr mit 365 Tagen; Ggs. Schaltjahr

Ge|mein|ko|sten ⟨nur Pl.⟩ Kosten, die nicht einem einzelnen Produkt zugerechnet werden können (z.B. Lager-, Verwaltungskosten)

Ge|mein|nutz ⟨m., -es, nur Sg.⟩ Nutzen für die Allgemeinheit

ge|mein|nüt|zig ⟨Adj.⟩ dem Nutzen, dem Wohl der Allgemeinheit dienend; ~e Abgaben, Arbeiten; der Ertrag der Veranstaltung fließt ~en Zwecken zu

Ge|mein|platz ⟨m.2⟩ seit langem allgemein bekannter (und daher nichtssagender) Ausspruch, z.B. „Wir müssen alle Opfer bringen"; jmdn. mit Gemeinplätzen abspeisen

ge|mein|sam ⟨Adj., o.Steig.⟩ **1** mehreren gehörend, mehrere gemeinsam habend; ~er Besitz; unser ~er Freund; sie haben viele Interessen **2** (alle) zusammen, mit allen andern zusammen; ~e Mahlzeiten; g. kommen, gehen; ein Lied g. singen; etwas mit einem andern g. haben in etwas mit einem andern übereinstimmen; die zwei Kinder haben eines g.: sie sind beide technisch begabt

Ge|mein|sam|keit ⟨f.10⟩ **1** ⟨nur Sg.⟩ das Zusammensein, gemeinsames Leben; jmds. G. stören **2** ⟨nur Sg.⟩ Übereinstimmung, Verbundenheit; in inniger G. leben **3** gemeinsame Handlung, gemeinsames Tun; ich wünsche euch noch viele schöne ~en

Ge|mein|schaft ⟨f.10⟩ **1** durch etwas Gemeinsames verbundene Gruppe von Personen (Arbeits~, Sport~, Wohn~, Interessen~); in einer G. leben; sich einer G. einfügen **2** Verbindung, Beziehung; eheliche G.; wir haben keine G. mehr miteinander

ge|mein|schaft|lich ⟨Adj., o.Steig.⟩ in Gemeinschaft (mit jmdm.), gemeinsam; ~e Bemühungen; einen Betrieb g. verwalten

Ge|mein|schafts|an|ten|ne ⟨f.11⟩ Antenne, an die über Leitungen und Verteiler mehrere Empfangsgeräte angeschlossen sind (bes. die Rundfunk- und Fernsehgeräte einer Hausgemeinschaft)

Ge|mein|schafts|geist ⟨m., -(e)s, nur Sg.⟩ → Gemeinschaftssinn

Ge|mein|schafts|schu|le ⟨f.11⟩ Schule, in der Kinder verschiedener religiöser Bekenntnisse in allen Fächern außer Religion gemeinsam unterrichtet werden; Syn. Simultanschule; Ggs. Bekenntnisschule

Ge|mein|schafts|sinn ⟨m., -(e)s, nur Sg.⟩ Sinn, Verständnis für das Leben in einer Gemeinschaft, Freude daran; Syn. Gemeinschaftsgeist

Ge|mein|schuld|ner ⟨m.5⟩ zahlungsunfähiger Schuldner, aus dessen Vermögen mittels Konkursverfahrens alle Gläubiger gleichmäßig befriedigt werden

Ge|mein|sinn ⟨m., -(e)s, nur Sg.⟩ Verständnis für andere und Bereitschaft, sich für andere einzusetzen

Ge|mein|spra|che ⟨f.11⟩ einem Volk gemeinsame, allen verständliche Sprache, Sprache ohne Mundarten, Fach- und Sondersprachen

Generalkommando

ge|mein|ver|ständ|lich ⟨Adj., o.Steig.⟩ allgemein, jedem verständlich

Ge|mein|we|sen ⟨n.7⟩ **1** Gemeinde, Verband von Gemeinden **2** Staat (als öffentlich-rechtliche Einrichtung)

Ge|mein|wirt|schaft ⟨f., -, nur Sg.⟩ Wirtschaftsform, die den Nutzen der Gemeinschaft, nicht des einzelnen zum Ziel hat

Ge|mein|wohl ⟨n., -s, nur Sg.⟩ Wohl der Allgemeinheit, Wohl aller; für das G. arbeiten

Ge|men|ge ⟨n.5⟩ **1** etwas Gemischtes, ineinander Vermengtes; buntes G. **2** ⟨fachsprachl.⟩ Gemisch verschieden fester Stoffe, die chemisch nicht verbunden und daher mit physikalischen Mitteln trennbar sind (z.B. durch ein Sieb)

Ge|men|ge|la|ge ⟨f., -, nur Sg.⟩ zerstreute Lage der zu einem Hof gehörenden, landwirtschaftlich genutzten Grundstücke

Ge|meng|saat ⟨f.10⟩ Anbau verschiedener Pflanzen auf einem Ackerstück zur gleichen Zeit

Ge|meng|sel ⟨n.5⟩ Mischung, Mischmasch

ge|mes|sen ⟨Adj.⟩ **1** langsam, ruhig; ~en Schrittes einhergehen, daherkommen **2** maßvoll, gelassen; seiner Meinung in ~en Worten Ausdruck verleihen **Ge|mes|sen|heit** ⟨f., -, nur Sg.⟩

Ge|met|zel ⟨n.5⟩ Tötung in großem Ausmaß, blutiger, mörderischer Kampf

Ge|mi|na|te ⟨f.11⟩ → Doppelkonsonant [< lat. littera geminata ,,verdoppelter Buchstabe, Doppel-, Zwillingsbuchstabe", zu geminus ,,doppelt; Zwilling"]

Ge|mi|na|ti|on ⟨f.10⟩ Konsonantenverdopp(e)lung

ge|mi|nie|ren ⟨V.3, hat geminiert; mit Akk.⟩ verdoppeln; Buchstaben g. [→ Geminate]

Ge|misch ⟨n.1⟩ Mischung

Ge|mischt|wa|ren|hand|lung ⟨f.10; veraltend⟩ Einzelhandelsbetrieb mit Lebensmitteln und breit gefächertem Warensortiment

ge|mischt|wirt|schaft|lich ⟨Adj., o.Steig.⟩ ~e Betriebe, die mit privatem und staatlichem Kapital arbeiten

Gem|me ⟨f.11⟩ Edel- oder (meist) Halbedelstein mit vertieft eingeschnittener Verzierung, Syn. Intaglio; Ggs. Kamee [< lat. gemma ,,Siegel(ring)"; diese Steine wurden meist zum Siegeln verwendet]

Gem|mo|glyp|tik ⟨f., -, nur Sg.⟩ Steinschneidekunst [< Gemme und Glyptik]

Gem|mo|lo|gie ⟨f., -, nur Sg.⟩ Wissenschaft von den Edelsteinen [< Gemme und ...logie]

Gem|se ⟨f.11⟩ Paarhufer europäisch-kleinasiatischer Hochgebirge mit schwarzen, spitzen, gebogenen Hörnern, auch: ⟨bayr.-österr.⟩ Gams

gems|far|ben ⟨Adj., o.Steig.⟩ ~chamois

Gems|wurz ⟨f.10⟩ staudiger, gelb blühender Korbblütler der Alpen; auch: Gamswurz

Ge|mun|kel ⟨n., -s, nur Sg.⟩ das Munkeln

Ge|mur|mel ⟨n., -s, nur Sg.⟩ das Murmeln

Ge|mü|se ⟨n.5⟩ krautige Pflanze oder deren Teile, die der menschlichen Ernährung dienen; junges G. ⟨fig., ugs.⟩ junge, unerfahrene Menschen [urspr. Mus aus gekochten Nutzpflanzen]

Ge|müt ⟨n.3⟩ **1** ⟨nur Sg.⟩ Gesamtheit der seelischen Empfindungen und Vorgänge, der Gefühle; krank im G. sein; etwas schlägt jmdm. aufs G., legt sich jmdm. aufs G. etwas macht jmdn. niedergeschlagen, deprimiert ihn; sich etwas zu ~e führen ⟨ugs.⟩ etwas zu sich nehmen (essen, trinken), etwas in Muße lesen **2** ⟨nur Sg.⟩ Sinn für Gefühlswerte, für die Gefühle anderer, Herzenswärme; G. haben; er hat kein G. **3** ⟨nur Sg.⟩ seelische Haltung, innere Gestimmtheit; ein heiteres, frohes, sonniges, ausgeglichenes G. haben **4** Mensch im Hinblick auf sein Seelen- und Gefühlsleben; er ist ein kindliches G.; der Vorfall erregte die ~er; die erregten ~er beruhigen

ge|müt|haft ⟨Adj.⟩ durch das Gemüt (1) bestimmt, auf Gemüt beruhend; eine ~e Bindung

ge|müt|lich ⟨Adj.⟩ **1** anheimelnd, Wohlbehagen hervorrufend, freundlich und warm; ein ~er Raum; eine ~e Wohnung; mach's dir g.! **2** ungezwungen, voll Herzlichkeit, heiterer, warmer Stimmung; ein ~er Abend; es war gestern sehr g. **3** freundlich und nicht aus der Ruhe zu bringen, freundlich und gelassen; ein ~er Mensch; ,,...", sagte er g.

Ge|müt|lich|keit ⟨f., -, nur Sg.⟩ gemütliche Stimmung, gemütliche Beschaffenheit

ge|müts|arm ⟨Adj.⟩ wenig Gemüt (2) habend

Ge|müts|ar|mut ⟨f., -, nur Sg.⟩ Mangel an Gemüt (2)

Ge|müts|art ⟨f.10⟩ Art, Beschaffenheit des Gemüts (3); er ist von heiterer, sorgloser G.

ge|müts|krank ⟨Adj., o.Steig.⟩ an einer seelischen Krankheit leidend (bes. manisch-depressiv)

Ge|müts|krank|heit ⟨f.10⟩ seelische Krankheit

Ge|müts|mensch ⟨m.10⟩ **1** Mensch mit Gemüt (2) **2** ⟨iron.⟩ naiv-taktloser Mensch, jmd., der die Gefühle anderer verletzt, ohne sich Gedanken darüber zu machen

Ge|müts|ru|he ⟨f., -, nur Sg.⟩ unerschütterliche Ruhe, Gleichmut; in aller G. frühstücken

ge|müt|voll ⟨Adj.⟩ **1** Gemüt (2) habend **2** ⟨iron.⟩ naiv-taktlos; na!

gen ⟨Präp. mit Akk.; †, noch poet.; kurz für⟩ gegen; gen Norden, Süden wandern, fahren, fliegen

Gen ⟨n.1⟩ Teil der in den Chromosomen kettenartig angeordneten Information, der die Ausbildung eines bestimmten Merkmales bewirkt; Syn. Erbfaktor [< griech. gennan ,,erzeugen, hervorbringen"]

...gen ⟨in Zus.⟩ **1** hervorbringend, erzeugend, z.B. autogen, pathogen **2** günstig, begünstigend, z.B. fotogen, kriminogen [< griech. gennan ,,erzeugen, hervorbringen"]

gen. ⟨Abk. für⟩ genannt (→ nennen)

ge|nant ⟨[ʒə-] Adj.⟩ Syn. ⟨ugs.⟩ genierlich **1** peinlich, derart, daß man sich genieren muß; die Sache ist mir zu g. **2** sich leicht genierend, übertrieben schamhaft; sie ist sehr g.; sei nicht so g.!

ge|nä|schig ⟨Adj.⟩ → naschhaft

ge|nau ⟨Adj.⟩ **1** einem Vorbild, Muster, Maß entsprechend, damit übereinstimmend; eine ~e Nachbildung; hast du ~e Zeit (Uhrzeit)?; etwas g. abmessen, abzeichnen; die Uhr geht g.; die Stücke passen g. aneinander; die Angabe stimmt g. **2** in allen Einzelheiten, gründlich, sorgfältig; etwas g. ausrechnen, nachmessen; sie nimmt alles sehr g.; etwas g. erzählen, wiedergeben **3** sorgfältig arbeitend; ein ~es Instrument; sie ist sehr g. **4** pünktlich; es ist g. drei Uhr **5** sorgfältig gerechnet, nicht geschätzt; es macht g. fünf Mark; mit ~er Not gerade noch, im letzten Augenblick **6** völlig, vollkommen; g.! ⟨ugs.⟩ gerade so ist es!, ganz richtig!; er hat g. das Richtige getroffen; das ist g. meine Meinung; ich weiß es g.; g. gleich; g. das wollte ich sagen; g. entgegengesetzt **7** ⟨verstärkend⟩ eben, gerade; g. das wollte ich sagen

ge|nau|ge|nom|men ⟨Adv.⟩ wenn man es genau betrachtet; g. stimmt das nicht ganz

Ge|nau|ig|keit ⟨f., -, nur Sg.⟩ das Genausein, genaues Arbeiten, Sorgfalt, Gründlichkeit; die G. eines Instruments; seine G. in allen technischen Dingen; etwas mit größter G. ausrechnen, darstellen

ge|nau|so ⟨Adv.⟩ in der gleichen Weise, ebenso; wir machen es g.; mir ist es g. gegangen; das eine ist g. schön wie das andere

ge|nau|so|gut → ebensogut

Gen|darm ⟨[ʒã-] oder [ʒan-] m.10; veraltend, noch österr., schweiz.⟩ Polizist auf dem Lande [< frz. gendarme ,,Polizist", gens ,,Leute" und arme ,,Waffe"]

Gen|dar|me|rie ⟨[ʒã-] oder [ʒan-] f.11⟩ **1** Gesamtheit der Gendarmen **2** ⟨österr.⟩ Polizeidienststelle

Gene ⟨[ʒɛn] f., -, nur Sg.⟩ Schamhaftigkeit, Schüchternheit [frz., → genieren]

Ge|nea|lo|gie ⟨f.11⟩ **1** Wissenschaft von Herkunfts- und Verwandtschaftsverhältnissen bestimmter (meist adliger) Personen; Syn. Familienforschung, Familienkunde, Geschlechterkunde **2** (nachweisbare) Herkunft, Abstammung; die G. der Familie reicht mehrere Jahrhunderte zurück [< griech. genealogia ,,Stammbaum, Stammtafel", < genea ,,Geburt, Abstammung" und logos ,,Wort, Lehre, Kunde"]

ge|nehm ⟨Adj.; geh.⟩ angenehm, passend, willkommen; das ist mir (nicht) g.; ist es Ihnen, um 7 Uhr g.?

ge|neh|mi|gen ⟨V.1, hat genehmigt⟩ **I** ⟨mit Akk.⟩ etwas g. erlauben, seine Einwilligung, Zustimmung zu etwas geben; einen Antrag, Plan, Vorschlag g.; jmdm. Urlaub g. **II** ⟨mit Dat. (sich) und Akk.⟩ sich einen g. ⟨ugs.⟩ einen Schnaps trinken

Ge|neh|mi|gung ⟨f.10⟩ Erlaubnis, Einwilligung, Zustimmung; die G. für etwas erteilen; etwas ohne jmds. G. tun

ge|neigt ⟨Adj.⟩ **1** ⟨†⟩ wohlwollend, freundlich (gesinnt); ~er Leser!; leihen Sie mir Ihr ~es Ohr! hören Sie mich an!; ich will versuchen, ihn unserem Plan g. zu machen **2** ⟨in der Fügung⟩ g. sein willens, bereit sein; ich bin nicht g., hier nachzugeben **Ge|neigt|heit** ⟨f., -, nur Sg.⟩

Ge|ne|ra ⟨Pl. von⟩ Genus

Ge|ne|ral ⟨m.1 oder m.2⟩ **1** höchster Rang der Offiziere **2** Offizier in diesem Rang **3** Leiter eines kath. Ordens oder einer Kongregation [< frz. général, verkürzt aus capitaine général ,,Befehlshaber einer militärischen Truppe, eigtl. ,,Befehlshaber der ganzen Truppe, Oberbefehlshaber", zu général ,,allgemein, Haupt-, Ober-"]

Ge|ne|ral... **1** Haupt-, Ober-..., ranghöchst, z.B. Generalkonsul **2** allgemein, umfassend, z.B. Generalbeichte, Generalvollmacht

Ge|ne|ral|arzt ⟨m.2⟩ Arzt im Generalsrang

Ge|ne|ra|lat ⟨n.1⟩ **1** Rang, Würde eines Generals **2** Amtsbereich, Amtssitz eines Ordensgenerals

Ge|ne|ral|baß ⟨m.2⟩ → Basso continuo

Ge|ne|ral|di|rek|tor ⟨m.13⟩ Leiter eines großen Unternehmens

Ge|ne|ral|feld|mar|schall ⟨m.2⟩ höchster Generalsrang (im Deutschen Reich bis 1945 bei Heer und Marine)

Ge|ne|ral|gou|ver|ne|ment ⟨[guvɛrnəmã] n.9⟩ großes Gouvernement

Ge|ne|ral|gou|ver|neur ⟨[-guvɛrnø:r] m.1⟩ **1** oberster Beamter eines Gebietes, der dort die Staatsgewalt eines anderen Staates repräsentiert (bes. in beherrschten Gebieten oder Kolonien) **2** (in den Ländern des Commonwealth) Vertreter der englischen Krone

Ge|ne|ral|in|spek|teur ⟨[-tø:r] m.1⟩ ranghöchster Offizier in der Bundeswehr

Ge|ne|ral|in|ten|dant ⟨m.10⟩ Leiter eines großen Theaters oder mehrerer Theater

Ge|ne|ra|li|sa|ti|on ⟨f.10⟩ das Generalisieren, Verallgemeinerung

ge|ne|ra|li|sie|ren ⟨V.3, hat generalisiert; mit Akk.⟩ verallgemeinern

Ge|ne|ra|lis|si|mus ⟨m., -, -mi oder -musse⟩ oberster Befehlshaber [< ital. generalissimo, eigtl. Steigerungsform zu generale ,,General"]

Ge|ne|ra|li|tät ⟨f.10⟩ Gesamtheit der Generäle

Ge|ne|ral|ka|pi|tel ⟨n.5⟩ Gesamtheit der Oberen eines katholischen Ordens

Ge|ne|ral|kom|man|do ⟨n.9⟩ Stab eines kommandierenden Generals

Ge|ne|ral|li|nie ⟨f.11⟩ allgemeine Richtlinie; sich an eine G. halten

Ge|ne|ral|mu|sik|di|rek|tor ⟨m.13; Abk.: GMD⟩ Leiter eines Opernorchesters oder Konzerthauses

Ge|ne|ral|nen|ner ⟨m.5⟩ **1** ⟨Math.⟩ kleinstes gemeinsames Vielfaches zweier Brüche; Syn. Hauptnenner **2** ⟨übertr.⟩ Hauptgedanke, Grundgedanke; mehrere Aussagen, Behauptungen auf einen G. bringen

Ge|ne|ral|pau|se ⟨f.11⟩ Pause für alle Orchesterinstrumente (und Singstimmen) zugleich

Ge|ne|ral|pro|be ⟨f.11⟩ letzte Probe vor der ersten Aufführung, Hauptprobe

Ge|ne|ral|rat ⟨m., -(e)s, nur Sg.⟩ **1** Aufsichtsrat der österreichischen Nationalbank **2** Selbstverwaltungsorgan in den französischen Départements

Ge|ne|ral|se|kre|tär ⟨m.1⟩ Hauptgeschäftsführer (eines Verbandes, einer Partei, einer internationalen Organisation)

Ge|ne|ral|staa|ten ⟨m.12, Pl.⟩ **1** ⟨früher⟩ die Vertreter der 7 niederländischen Provinzialstaaten **2** niederländisches Parlament

Ge|ne|ral|stab ⟨m.2⟩ Gruppe von Offizieren zur Unterstützung hoher militärischer Führer

Ge|ne|ral|stäb|ler ⟨m.5⟩ jmd., der dem Generalstab angehört

Ge|ne|ral|stabs|kar|te ⟨f.11⟩ erste, für den Generalstab bearbeitete, einheitliche Karte des Deutschen Reiches (im Maßstab 1:100000); Syn. Reichskarte

Ge|ne|ral|stän|de ⟨Pl.⟩ früher in Frankreich⟩ die drei Reichsstände (Adel, Geistlichkeit, Bürgertum)

Ge|ne|ral|streik ⟨m.9⟩ Streik in allen Zweigen einer Volkswirtschaft gleichzeitig

Ge|ne|ral|su|per|in|ten|dent ⟨m.10⟩ Leiter einer evangelischen Landeskirche

Ge|ne|ral|über|ho|len ⟨V.1, nur im Infinitiv und Part. Perf.⟩ gründlich überholen; einen Wagen g. lassen; der Wagen wurde erst kürzlich generalüberholt

Ge|ne|ral|vi|kar ⟨m.1; kath. Kirche⟩ Vertreter des Bischofs in der Verwaltung

Ge|ne|ral|vi|ka|ri|at ⟨n.1⟩ **1** Amt des Generalvikars **2** Verwaltungsbehörde einer katholischen Diözese

Ge|ne|ra|ti|on ⟨f.10⟩ **1** Menschenalter, Zeitraum von etwa 30 Jahren; diese Einrichtung besteht schon seit ~en; durch ~en hindurch **2** Stufe der Geschlechterfolge; die G. meiner Eltern, Großeltern **3** Gesamtheit der auf dieser Stufe stehenden Lebewesen; die ältere, jüngere, junge G.; unsere G. ist anderer Auffassung **4** ⟨Sammelbez. für⟩ Geräte, die sich in ihren Konstruktionsmerkmalen deutlich von früheren oder weiterentwickelten Geräten für denselben Zweck unterscheiden; das ist die dritte G. von Fahrscheinautomaten [< lat. generatio, Gen. -onis, in der Bed. 2 und 3, eigtl. „Zeugung", zu generare „zeugen"]

Ge|ne|ra|ti|ons|kon|flikt ⟨m.1⟩ Konflikt zwischen Angehörigen verschiedener Generationen infolge unterschiedlicher, altersbedingter Auffassungen

Ge|ne|ra|ti|ons|wech|sel ⟨m.5⟩ **1** Wechsel zwischen geschlechtlicher und ungeschlechtlicher Fortpflanzung (bei vielen Pflanzen und einigen Tieren) **2** Übergang von den älteren auf die jüngere Generation

ge|ne|ra|tiv ⟨Adj., o.Steig.⟩ **1** erzeugend, hervorbringend **2** auf geschlechtlicher Fortpflanzung beruhend

Ge|ne|ra|tor ⟨m.13⟩ **1** Maschine zur Umwandlung von mechanischer in elektrische Energie **2** Schachtofen zum Erzeugen von Gas aus festen Brennstoffen **3** ⟨Datenverarbeitung⟩ Programm, das in einer übergeordneten Programmiersprache abgefaßte Programme oder Folgen von Anweisungen generiert [lat., „Erzeuger"]

Ge|ne|ra|tor|gas ⟨n.1⟩ beim Durchleiten von Luft und Wasserdampf durch dicke Schichten von Kohle in Schachtöfen gebildetes Gas (dient u.a. als Heizgas) [zu Generator (2)]

ge|ne|rell ⟨Adj., o.Steig.⟩ allgemein, im allgemeinen [französisierende Bildung zu lat. generalis „allgemein, die ganze Gattung betreffend", zu genus „Geschlecht, Gattung"]

ge|ne|rie|ren ⟨V.3, hat generiert; mit Akk.⟩ erzeugen, hervorbringen [< lat. generare „zeugen"]

ge|ne|risch ⟨Adj., o.Steig.⟩ das Geschlecht betreffend [zu Genus]

ge|ne|rös ⟨Adj.⟩ freigebig, großzügig [< frz. généreux „freigebig, großmütig, edel" < lat. generosus „edel, edelmütig", eigtl. „von edler (= adliger) Abstammung", zu genus „Geschlecht, Abstammung"]

Ge|ne|ro|si|tät ⟨f., -, nur Sg.⟩ Freigebigkeit, Großzügigkeit

Ge|ne|se ⟨f.11⟩ Entstehung, Entwicklung [zu Genesis]

ge|ne|sen ⟨V.50, ist genesen⟩ **I** ⟨o.Obj.⟩ gesund werden; er ist sehr rasch g.; von seiner langen Krankheit g. **II** ⟨mit Gen.; poet.⟩ gebären, zur Welt bringen; sie genas eines gesunden Knaben

Ge|ne|sis ⟨f., -, nur Sg.⟩ **1** Schöpfungsgeschichte **2** das erste Buch Mosis **3** Herkunft, Entstehung, die G. dieser Erscheinung ist noch nicht geklärt [< griech. genesis „Werden, Entstehen", zu gennan „erzeugen, hervorbringen"]

Ge|ne|sung ⟨f., -, nur Sg.⟩ das Gesundwerden, Gesundung; ich wünsche Ihnen baldige G.; nach seiner G.

Ge|ne|tik ⟨f., -, nur Sg.⟩ Wiss. von den Vorgängen der Vererbung; Syn. Vererbungslehre [zu Genese]

ge|ne|tisch ⟨Adj., o.Steig.⟩ **1** die Entstehung, die Erbanlagen betreffend; ~e Information in chemischen Strukturen verschlüsselte Anweisung zur Ausprägung typischer Eigenschaften von Lebewesen; ~es Geschlecht durch den Besitz männlicher oder weiblicher Geschlechtshormone bestimmtes Geschlecht **2** die Genetik betreffend; ~e Forschung

Ge|ne|tiv ⟨m.1⟩ → Genitiv

Ge|net|te ⟨[ʒə-] f.11⟩ → Ginsterkatze [frz., < arab.]

Ge|ne|ver ⟨auch [ʒe-] m.5⟩ ⟨bes. niederländischer⟩ Branntwein, der oft ein wenig mit Wacholder aromatisiert ist [< frz. genièvre „Wacholderbeere"]

ge|ni|al ⟨Adj.⟩ schöpferisch (begabt); ein ~er Mensch, Künstler; er ist g. begabt **2** hervorragend, bahnbrechend; eine ~e Erfindung; **3** verblüffend geschickt; das hat er g. gelöst; du bist g.! ⟨ugs.⟩

ge|nia|lisch ⟨Adj.⟩ **1** in der Art eines Genies **2** überschwenglich

Ge|nia|li|tät ⟨f., -, nur Sg.⟩ schöpferische Begabung

Ge|nick ⟨n.1⟩ Gelenk, das die ersten beiden Halswirbel verbindet [zu Nacken]

Ge|nick|fang ⟨m.2; Jägerspr.⟩ Stich mit dem Genickfänger ins Genick; auch: Nickfang

Ge|nick|fän|ger ⟨m.5⟩ Jagdmesser, mit dem angeschossenes Wild getötet wird; auch: Nickfänger; Syn. Knicker [< Genick und Fang „Todesstoß"]

Ge|nick|star|re ⟨f., -, nur Sg.⟩ Steifheit im Nacken (bes. als Symptom bei Gehirnhautentzündung)

Ge|nie ⟨[ʒə-] n.9⟩ **1** ⟨nur Sg.⟩ schöpferische Begabung; er hat G.; es ist seinem G. zuzuschreiben, daß ... **2** hochbegabter und schöpferischer Mensch; er ist ein G. **3** ⟨nur Sg.; schweiz.⟩ militärisches Ingenieurwesen [< frz. génie „Geist, außerirdisches Wesen; schöpferischer Mensch"; hervorragende Veranlagung", < lat. genius „Schutzgeist", eigtl. „der Leben Erzeugende", zu genere „zeugen, erzeugen, hervorbringen"]

Ge|nie|korps ⟨[ʒəniko:r] n., -, - [-ko:rs]; schweiz.⟩ → Pioniertruppe [< frz. génie „Ingenieur-, Kriegsbauwesen" und Korps]

Ge|nie|of|fi|zier ⟨m.1⟩ Offizier des Geniekorps

ge|nie|ren ⟨[ʒə-] V.3, hat geniert⟩ **I** ⟨mit Akk.⟩ stören, belästigen; geniert Sie der Rauch?; das geniert mich nicht **II** ⟨refl.⟩ sich g. sich gehemmt, unfrei fühlen, sich schämen; sich vor andern g.; bitte g. Sie sich nicht! bitte langen Sie zu, nehmen Sie sich, was Ihnen gefällt! [< frz. gêner „bedrücken, quälen, hemmen, hindern"]

ge|nier|lich ⟨Adj.⟩ nur als Attr. und mit „sein"; ugs.⟩ → genant

ge|nieß|bar ⟨Adj., o.Steig.⟩ so beschaffen, daß man es ohne gesundheitlichen Schaden essen kann; ~e Pilze; nicht g. sein ⟨übertr., ugs.⟩ schlechte Laune haben und es andere fühlen lassen

Ge|nieß|bar|keit ⟨f., -, nur Sg.⟩

ge|nie|ßen ⟨V.3, hat genossen; mit Akk.⟩ **1** essen, trinken; wollen wir (im Lokal) etwas g.? **2** mit Wohlbehagen zu sich nehmen, mit Freude sehen, hören, fühlen, erleben; Speisen, den Wein g.; den schönen Ausblick, die Sonne g.; er genießt seinen Ruhestand; er ist heute nicht zu g. ⟨ugs.⟩ er ist heute unausstehlich, sehr schlecht gelaunt **3** erhalten, bekommen; er hat eine gute Schulbildung, gute Erziehung genossen **4** ⟨in Wendungen wie⟩ er genießt bei seinen Kollegen hohes Ansehen, großes Vertrauen er steht bei seinen Kollegen in hohem Ansehen, er hat das Vertrauen seiner Kollegen

Ge|nie|ßer ⟨m.5⟩ jmd., der fähig ist, etwas (bes. Essen und Trinken) zu genießen, der Freude an den (sinnlichen) Genüssen des Lebens hat

ge|nie|ße|risch ⟨Adj., o.Steig.⟩ genießend, mit Genuß; g. den Wein über die Zunge rollen lassen

Ge|nie|streich ⟨[ʒə-] m.1⟩ **1** wagemutiger, gut ausgedachter Streich **2** hervorragende Leistung, die man anerkennen muß

Ge|nie|trup|pe ⟨[ʒəni-] f.11; schweiz.⟩ → Pioniertruppe / Geniekorps

Ge|nie|zeit ⟨f., -, nur Sg.⟩ Sturm-und-Drang-Zeit (in der deutschen Literaturgeschichte)

ge|ni|tal ⟨Adj., o.Steig.⟩ zu den Genitalien gehörig

Ge|ni|tal, Ge|ni|ta|le ⟨n., -s, -li|en⟩ → Geschlechtsteil [< lat. genitalis „zur Zeugung gehörig"]

Ge|ni|tiv ⟨m.1⟩ zweiter Fall der Deklination; Syn. Wesfall [< lat. casus genitivus „die Herkunft, Abstammung bezeichnender Fall", < griech. genike ptosis in ders. Bed. zu genos „Geburt, Abstammung"]

Ge|ni|us ⟨m., -, nur Sg.⟩ Schöpferkraft, schöpferischer Geist **2** ⟨m., -s, -ni|en⟩ **a** Schutzgeist; G. loci Schutzgeist (eines Ortes), ⟨übertr.⟩ besondere Atmosphäre (eines Ortes); den G. loci spüren, auf sich wirken lassen **b** ⟨bildende Kunst und Mal.⟩ geflügelte Gottheit [lat., „Schutzgeist"]

Ge|nom ⟨n.1⟩ **1** ⟨i.w.S.⟩ Gesamtheit aller in einer Zelle vorhandenen Erbanlagen **2** ⟨i.e.S.⟩ nur die des Zellkerns [< Gen und griech. Endung ...om zur Bezeichnung eines Gebildes, einer Erscheinung]

Ge|nos|se ⟨m.11⟩ **1** Gefährte, Kamerad (Spiel~, Schlaf~) **2** ⟨veraltend⟩ Amtsbruder, Kollege (Amts~) **3** jmd., der die gleiche innere Einstellung hat (Gesinnungs~); ⟨auch abwertend⟩ er und seine ~n **4** jmd., der der gleichen Partei, bes. einer marxistischen, angehört (auch als Anrede der Mitglieder untereinander) G. Direktor; G. Müller

Ge|nos|sen|schaft ⟨f.10⟩ Zusammenschluß von Personen mit gleichen Interessen zur Erreichung eines gemeinsamen wirtschaftlichen Zieles mittels gemeinsamen Geschäftsbetriebes (Bau~, Handwerks~, Produktions~); Syn. ⟨schweiz.⟩ Genoßsame

Ge|nos|sen|schaf|ter, Ge|nos|sen|schaft-ler ⟨m.5⟩ Mitglied einer Genossenschaft
ge|nos|sen|schaft|lich ⟨Adj., o.Steig.⟩ eine Genossenschaft betreffend, zu ihr gehörig, auf ihr beruhend
Ge|noß|sa|me ⟨f.11; schweiz.⟩ →Genossenschaft
Ge|no|typ ⟨m.12⟩ Gesamtheit der in den Chromosomen liegenden Erbanlagen; auch: Genotypus; Ggs. Phänotyp [< griech. genos „Abstammung, Herkunft" und Typ]
ge|no|ty|pisch ⟨Adj., o.Steig.⟩ den Genotyp betreffend
Ge|no|ty|pus ⟨m., -, -pen⟩ 1 →Genotyp 2 ⟨bei Tieren und Pflanzen⟩ Art, die als typisch für eine Gattung betrachtet wird
Ge|no|zid ⟨m., -(e)s, -e oder -di|en⟩ Mord oder Schädigung von nationalen, rassischen oder religiösen Gruppen, Völkermord, Gruppenmord [< lat. genus „Geschlecht, Stamm, Volk, und caedere (in Zus. -cidere) „hauen, schlagen, töten"]
Gen|pool ⟨[-pu:l] m., -s, nur Sg.⟩ gemeinsamer Gesamtbestand einer zusammengehörigen Population an Genen [< Gen und engl. pool „Teich", hier etwa „Reservoir"]
Gen|re ⟨[ʒɑ̃rə] n.,9⟩ 1 Gattung; ein künstlerisches G.; das G. der Porträtmalerei 2 Art, Wesen, Wesensart; er ist nicht in meinem G. er paßt im Wesen nicht zu mir; er hat ein anderes G. als sie er ist anders im Wesen als sie, ist ihr nicht wesensverwandt; sie sind vom gleichen G. [frz. genre „Gattung, Geschlecht, Art; Szene aus dem täglichen Leben", < lat. genus, Gen. generis, „Geschlecht, Volksstamm, Gattung, Art und Weise"]
Gen|re|bild ⟨[ʒɑ̃rə-] n.3⟩ Darstellung, Schilderung des Alltagslebens; Syn. Genrestück, Sittenbild
Gen|re|ma|ler ⟨[ʒɑ̃rə-] m.5⟩ Maler von Genrebildern
Gen|re|stück ⟨[ʒɑ̃rə-] n.1⟩ →Genrebild
Gens ⟨f., -, Gɛn̩tes [-te:s]⟩ 1 Stamm, Sippe 2 ⟨im alten Rom⟩ Verband von Familien gleicher Abstammung und gleichen Namens [lat.]
Gent ⟨[dʒɛnt] m.9⟩ 1 ⟨engl. Kurzw. für⟩ Gentleman 2 Stutzer, Geck
Gen|tech|no|lo|gie ⟨f., -, nur Sg.⟩ biotechnisches Verfahren, das sich mit der künstlichen Veränderung der Chromosomen lebender Zellen durch Einbau zusätzlicher oder Entfernung vorhandener Gene befaßt
gen|til ⟨[ʒɛn- oder ʒã-] Adj.; †⟩ fein, gut erzogen [frz.]
Gen|til|hom|me ⟨[ʒɑ̃tijɔm] m.9⟩ Mann mit vornehmer Lebensart, Edelmann [frz., „gebildeter Mann, Edelmann, Hofkavalier", < gentil „adelig" (zu lat. gens., Gen. gentis, „Geschlecht, Stamm") und homme „Mensch" (< lat. homo „Mensch")]
Gentle|man ⟨[dʒɛntlmən, engl.] m., -s, -men [-mən]⟩ 1 ⟨engl. Bez. für⟩ Herr 2 Mann von vornehmer Gesinnung [< engl. gentle „vornehm" (zu lat. gens, Gen. gentis, „Stamm, Geschlecht") und man „Mann"]
gentle|man|like ⟨[dʒɛntlmənlaɪk] Adj., o.Steig.; nur als Adv. und mit „sein"⟩ in der Art eines Gentlemans, vornehm, anständig, ritterlich; sich's g. benehmen [engl.]
Gentle|men's Agree|ment ⟨[dʒɛntlmənz əgriːmənt] n., -s, -s⟩ Vereinbarung ohne Vertrag, auf Treu und Glauben [engl., „Vereinbarung unter Gentlemen"]
Gen|try ⟨[dʒɛntri] f., -, nur Sg.; in England⟩ niederer Adel
ge|nug ⟨Adv.⟩ in ausreichender Menge (vorhanden), in befriedigendem Maße; g. Brot; g. zu essen; er schläft nicht g.; wir haben g. gesehen; es ist g.!; jetzt ist es g.! jetzt habe ich es satt, jetzt reißt mir die Geduld!; groß g., schön g.; g. davon! reden wir nicht mehr darüber!; er ist sich selbst g. er braucht den Umgang mit anderen nicht

Ge|nü|ge ⟨f., -, nur Sg.⟩ 1 genügende Menge, genügendes Maß; das kenne ich zur G. in genügendem Maß, sehr genau 2 ⟨in bestimmten Wendungen⟩ jmdm. G. tun jmds. Forderungen, Verlangen erfüllen; jmds. Ansprüchen G. tun sie erfüllen; es ist Ihnen G. geschehen Ihre Forderungen sind erfüllt worden
ge|nü|gen ⟨V.1, hat genügt; o.Obj. oder mit Dat.⟩ ausreichend, in befriedigendem Maß vorhanden sein; danke, das genügt!; jmdm. oder einer Sache g. für jmdn. oder eine Sache ausreichen; er braucht g. mir; seine Leistungen g. den Ansprüchen seines Vaters nicht; sein Genügen an etwas finden sich mit etwas zufrieden geben; ~d ⟨als Schulnote⟩ ausreichend; ~d groß, ~d hoch
ge|nug|sam ⟨Adv.⟩ genügend, ausreichend, zur Genüge; er hat g. bewiesen, daß er es kann
ge|nüg|sam ⟨Adj.⟩ sich mit wenigem begnügend, bescheiden, ohne hohe Ansprüche; ein ~er Mensch; g. sein; g. leben **Ge|nüg|sam|keit** ⟨f., -, nur Sg.⟩
ge|nug|tun ⟨V.167, hat genuggetan; mit Dat.⟩ jmdm. g. jmdn. zufriedenstellen; ich konnte mir gar nicht g., ihr zu danken er konnte gar nicht aufhören
Ge|nug|tu|ung ⟨f.10⟩ 1 Befriedigung; zu meiner G. erfuhr ich, daß ich doch recht gehabt hatte; es war mir eine G., zu hören, daß ... 2 Wiedergutmachung, Entschädigung; jmdm. G. geben, leisten ⟨früher⟩ sich jmdm. zum Duell stellen, ⟨heute⟩ ein Unrecht, eine Beleidigung o.ä. wiedergutmachen
ge|nu|in ⟨Adj., o.Steig.⟩ 1 ⟨nur als Attr. und mit „sein"⟩ angeboren; eine ~e Sehschwäche 2 echt, unverfälscht; ein ~es Kunstwerk [< lat. genuinus „angeboren"]
Ge|nus ⟨n., -, -ne|ra⟩ 1 →Geschlecht (7) 2 →Gattung (2) [lat., „Abstammung, Herkunft; Geschlecht; Familie", zu genere „zeugen, erzeugen, hervorbringen"]
Ge|nuß ⟨m.2⟩ 1 ⟨nur Sg.⟩ das Genießen (1), das Zusichnehmen; er ist nach dem G. einer verdorbenen Speise erkrankt 2 bewußt erlebtes Vergnügen, bewußt erlebte Freude; ihm ist das Essen ein G.; dieses Konzert war ein G. für mich; leibliche, geistige Genüsse 3 Nutzen; in den G. von etwas kommen etwas (Günstiges) erhalten; er kam noch spät in den G. eines Stipendiums, einer Rente
ge|nüß|lich ⟨Adj.⟩ einen (feinen) Genuß (in kleiner Menge) auskostend; g. seinen Wein schlürfen
Ge|nüß|ling ⟨m.1⟩ jmd., der die (leiblichen) Genüsse des Lebens (auf feine Weise oder etwas übertrieben) auskostet
Ge|nuß|mensch ⟨m.10⟩ jmd., der die Freuden des Daseins genießt
Ge|nuß|mit|tel ⟨n.5⟩ Stoff, der zur Steigerung des Wohlbefindens und zur Anregung dient (z.B. Kaffee, Tee, Alkohol, Tabak)
Ge|nuß|sucht ⟨f., -, nur Sg.⟩ übersteigertes Streben nach Genüssen
ge|nuß|süch|tig ⟨Adj.⟩ übertrieben nach Genüssen strebend
Ge|nus ver|bi ⟨n., -, nur Sg.⟩ Aktionsform
geo..., Geo... ⟨in Zus.⟩ Erd(en)..., Land..., Feld... [< griech. ge in denselben Bed.]
Geo|bo|ta|nik ⟨f., -, nur Sg.⟩ Wiss. von der Verbreitung der Pflanzen auf der Erde; Syn. Pflanzengeographie, Phytogeographie
Geo|che|mie ⟨f., -, nur Sg.⟩ Wiss. von der chemischen Zusammensetzung der Erde
Geo|chro|no|lo|gie ⟨f., -, nur Sg.⟩ Wiss. von der geologischen Zeitrechnung
Geo|dä|sie ⟨f., -, nur Sg.⟩ Wiss. und Technik der Messung und Berechnung der Erdgestalt und von Teilen der Erdoberfläche sowie ihrer Darstellung; Syn. Vermessungskunde [< geo... und griech. daizein „teilen"]
Geo|dät ⟨m.10⟩ Fachmann auf dem Gebiet

geothermisch

der Geodäsie; Syn. Landvermesser, ⟨†⟩ Geometer
Geo|de ⟨f.11⟩ kleiner, kugeliger, knolliger Gesteinskörper (z.B. durch Ausfüllung eines Hohlraumes entstanden) [< griech. geodes „erdähnlich"]
Geo|gno|sie ⟨f., -, nur Sg.; †⟩ →Geologie [< geo... und griech. gnosis „Erkenntnis"]
Geo|graph ⟨m.10⟩ Wissenschaftler auf dem Gebiet der Geographie; Syn. Erdkundler
Geo|gra|phie ⟨f., -, nur Sg.⟩ Wiss. von der Erdoberfläche im ganzen wie in ihren Teilen; Syn. Erdkunde, ⟨im MA⟩ Kosmographie [< geo... und ...graphie]
geo|gra|phisch ⟨Adj., o.Steig.⟩ die Geographie betreffend, zu ihr gehörig; Syn. erdkundlich
Geo|id ⟨n.1⟩ Figur der Erdkugel in ihrer tatsächlichen, durch Vermessung bestimmten Form [< geo... und griech. eidos „Bild, Form, Gestalt"]
geo|karp ⟨Adj., o.Steig.⟩ unter der Erde reifend; ~e Früchte [< geo... und griech. karpos „Frucht"]
Geo|lo|ge ⟨m.11⟩ Wissenschaftler auf dem Gebiet der Geologie
Geo|lo|gie ⟨f., -, nur Sg.⟩ Wiss. vom Aufbau und der Geschichte der Erde; Syn. ⟨†⟩ Geognosie [< geo... und ...logie]
geo|lo|gisch ⟨Adj., o.Steig.⟩ die Geologie betreffend, zu ihr gehörig
Geo|man|tie ⟨f., -, nur Sg.⟩, **Geo|man|tik** ⟨f., -, nur Sg.⟩ bes. in China und Arabien Kunst, aus willkürlich gezogenen Figuren im Sand wahrzusagen [< geo... und griech. manteia „Weissagung"]
Geo|me|di|zin ⟨f., -, nur Sg.⟩ Teilgebiet der Medizin, das sich mit der zeitlichen und räumlichen Bindung von Krankheiten an das Erdgeschehen befaßt
Geo|me|ter ⟨m.5; †⟩ →Geodät
Geo|me|trie ⟨f., -, nur Sg.⟩ Teilgebiet der Mathematik, Wiss. von den ebenen und räumlichen Gebilden; Syn. Raumlehre [< geo... und ...metrie]
geo|me|trisch ⟨Adj., o.Steig.⟩ die Geometrie betreffend, zu ihr gehörig, mit ihrer Hilfe; ~er Ort Gesamtheit aller Punkte, die eine bestimmte Bedingung erfüllen (z.B. die Punkte auf einem Kreis, die alle den gleichen Abstand vom Kreismittelpunkt haben)
Geo|mor|pho|lo|gie ⟨f., -, nur Sg.⟩ Teilgebiet der Geographie, Wiss. von den Oberflächenformen der Erde und ihrer Entstehung; auch: ⟨kurz⟩ Morphologie
Geo|pha|gie ⟨f., -, nur Sg.⟩ bei Naturvölkern Sitte rituell Erde zu essen [< geo... und griech. phagein „essen"]
Geo|phy|sik ⟨f., -, nur Sg.⟩ Wiss. von den physikalischen Erscheinungen auf und in der Erde
Geo|phyt ⟨m.10⟩ Pflanze mit Organen, die den Winter im Erdboden überdauern können (z.B. mit Knollen oder Zwiebeln) [< geo... und griech. phyton „Pflanze"]
Geo|po|li|tik ⟨f., -, nur Sg.⟩ Wiss. von der Einwirkung geographischer Gegebenheiten auf die Politik
Geor|gette ⟨[ʒɔrʒɛt] f.9; kurz für⟩ →Crêpe Georgette
Geor|gi|er ⟨m.5⟩ Einwohner von Georgien; Syn. Grusinier
Geor|gi|ne ⟨f.11; veraltend⟩ →Dahlie [nach dem russischen Ethnographen deutscher Herkunft Johann Gottlieb Georgi]
ge|or|gisch ⟨Adj., o.Steig.⟩ Georgien betreffend, zu ihm gehörig, aus ihm stammend; Syn. grusinisch; ~e Schrift; ~e Sprache eine kaukasische Sprache
Geo|tek|to|nik ⟨f., -, nur Sg.⟩ Zweig der Geologie, der Krustenbewegungen und Massenverlagerungen der Erde untersucht
geo|ther|misch ⟨Adj., o.Steig.⟩ auf Erdwärme beruhend

419

geo|trop, geo|tro|pisch ⟨Adj., o.Steig.⟩ *von der Schwerkraft der Erde beeinflußbar* [< *geo...* und griech. *trope* "Wendung, Wandlung, Verwandlung"]

Geo|tro|pis|mus ⟨m., -, nur Sg.⟩ *bei Pflanzen* *Fähigkeit, sich im Wachstum nach der Schwerkraft der Erde zu orientieren*

Geo|wis|sen|schaft ⟨f.10⟩ *Wissenschaft von der Erde (bes. Geographie, Geologie, Geophysik, Paläontologie und Petrographie)*

geo|zen|trisch ⟨Adj., o.Steig.⟩ **1** *die Erde als Mittelpunkt der Welt annehmend;* ~es *Weltsystem* **2** *auf den Erdmittelpunkt bezogen;* ~er *Ort Ort, den ein Himmelskörper von der Erde aus gesehen einnimmt*

geo|zy|klisch ⟨Adj., o.Steig.⟩ **1** *den Umlauf der Erde um die Sonne betreffend* **2** *die Erdumdrehung betreffend*

Ge|päck ⟨n., -(e)s, nur Sg.⟩ *Gesamtheit der Behälter und Gegenstände, die auf eine Reise u.a. mitgenommen werden* [eigtl. "Gesamtheit der Packen"]

Ge|päcks|trä|ger ⟨m.5; österr.⟩, **Ge|päck|trä|ger** ⟨m.5⟩ **1** *jmd., der berufsmäßig Gepäck trägt* **2** *Vorrichtung, auf der Gepäck u.a. befördert werden kann (bes. ein Metallgestänge mit Klemmbügel über dem hinteren Schutzblech beim Fahrrad)*

Ge|pard ⟨auch [ge-] m.1⟩ *leopardenähnliche Großkatze mit hohen Beinen, kleinem Kopf und zwei kennzeichnenden schwarzen Streifen, die vom Unterrand der Augen bis zum Maul verlaufen* [< ital. *gattopardo* "Katzenparder, Parderkatze, Leopard"]

ge|pfef|fert ⟨Adj., o.Steig.; nur als Attr. und mit „sein"; ugs.⟩ **1** *unanständig, derb;* ein ~er *Witz* **2** *sehr hoch;* eine ~e *Rechnung;* ~e *Preise*

Ge|pflo|gen|heit ⟨f.10⟩ *Brauch, Sitte, Gewohnheit;* sich nach den örtlichen ~en richten; ich meinte nur meinen sonstigen G.

Ge|plän|kel ⟨n.5⟩ **1** *leichtes Gefecht, leichter Kampf* **2** *Neckerei, leichte Auseinandersetzung* (Wort~)

ge|plät|tet ⟨Adj., o.Steig.; nur mit „sein"; ugs.⟩ *verblüfft, platt;* ich bin e (völlig) g. [scherzh. zu *plätten* „platt machen"]

Ge|plau|der ⟨n., -s, nur Sg.⟩ *das Plaudern*

Ge|prä|ge ⟨n., -s, nur Sg.⟩ **1** *Gesamtheit der eingeprägten Zeichen (von Münzen)* **2** ⟨übertr.⟩ *besonderer Eigenart, kennzeichnende Merkmale;* Bauwerke geben einer Stadt ihr G.; Künstler geben ihrer Zeit ihr G.

Ge|prän|ge ⟨n., -s, nur Sg.⟩ *prächtiger Aufwand, Entfaltung von Prunk;* die Krönung fand mit großem G. statt

Ger ⟨m.1⟩ *germanische Wurf- und Stoßwaffe (ein Holzschaft mit Metallspitze)*

ge|rade¹ auch: **grade** I ⟨Adj., o.Steig.⟩ **1** *immer in der gleichen Richtung (verlaufend);* Ggs. *krumm (1);* eine g. *Linie, der Weg führt g. auf den Wald zu; der Baum ist g.* gewachsen **2** *aufrecht;* in ~r *Haltung* **3** *unmittelbar, ohne Umwege, ohne auszuweichen;* in ~r *Linie von jmdm. abstammen; ich komme auf ~m Weg von zu Hause;* jmdn. g. ansehen **4** ⟨übertr.⟩ *aufrichtig, offen;* ein ~r *Mensch, Charakter* **5** ⟨übertr.⟩ *genau, das g. Gegenteil ist richtig* II ⟨Adv.⟩ **1** *in diesem Augenblick, soeben, vor ganz kurzer Zeit;* ich bin g. *fertig; er ist g. fortgegangen* **2** *unmittelbar, genau;* das Wasser spritzte mir g. ins Gesicht **3** *wie abgemessen, genau;* es reicht g. für vier Personen; g. vor drei Tagen war er hier **4** *rasch, schnell;* ich will nur g. noch den Brief unterschreiben **5** *niemand anders als, nirgendwo anders als;* g. er müßte das wissen; warum muß g. ich gehen?; g. deshalb; g. heute; g.

ge|rade² ⟨Adj.; bei Zahlen⟩ *durch zwei teilbar;* Ggs. *ungerade*

Ge|ra|de ⟨f.11⟩ **1** ⟨Math.⟩ *nach beiden Richtungen unbegrenzte Linie ohne Krümmung;* sich schneidende ~n **2** *gerader Teil einer Bahn (bes. für Lauf-, Rennwettbewerbe)* (Ziel~); in die G. gehen **3** ⟨Boxen⟩ *gerade und schnell ausgeführter Stoß;* eine harte rechte G.

ge|rade... ⟨in Zus. mit Verben⟩ **1** *aufrecht, z.B.* geradesitzen, geradehalten **2** *in die richtige, ursprüngliche Richtung, z.B.* geradebiegen, geraderichten

ge|rade|aus ⟨Adv.⟩ *in gerader Richtung weiter;* g. gehen, fahren; immer g.!

ge|rade|her|aus ⟨Adv.⟩ *aufrichtig, freimütig;* g. gesagt: ich will nicht; g. fragen

ge|ra|de|wegs ⟨Adv.⟩ → *geradewegs*

ge|ra|de|so ⟨Adv.⟩ *genauso, ebenso;* er macht es g. wie du

ge|ra|de|so|gut ⟨Adv.⟩ → *ebensogut*

ge|ra|de|ste|hen ⟨V.151, hat geradegestanden⟩ I ⟨o.Obj.⟩ *in aufrechter Haltung stehen, (auch: nicht betrunken ist)* II ⟨mit Präp.obj.⟩ **1** *für etwas g. die Verantwortung für etwas, die Folgen von etwas tragen* **2** *für jmdn. g. für jmdn. bürgen*

ge|ra|des|wegs ⟨Adv.⟩ *ohne Umweg;* auch: geradeswegs, geradeswegs; sie liefen g. auf uns zu; ich komme g. von zu Hause

ge|ra|de|zu ⟨Adv.⟩ **1** *fast, man könnte fast sagen;* es ist g. *lächerlich;* er hat ihn g. hinausgeworfen **2** ⟨süddt.⟩ *offen, freimütig;* er ist sehr g.; frag ihn nicht so g.!

Ge|rad|flüg|ler ⟨m.5⟩ *Insekt mit kauenden Mundwerkzeugen, derben Vorderflügeln und weichhäutigen, längs faltbaren Hinterflügeln (z.B. Schabe, Heuschrecke, Grille)*

Ge|rad|füh|rung ⟨f.10; bei Maschinenteilen u.a.⟩ *Einrichtung zur Führung auf einer Geraden*

Ge|rad|heit ⟨f., -, nur Sg.⟩ **1** *gerade Beschaffenheit, gerade Richtung* **2** *gerade innere Haltung, Aufrichtigkeit*

ge|rad|li|nig ⟨Adj., o.Steig.⟩ *in gerader Linie (verlaufend);* ~e *Abstammung; die Straße führt g. durch die Stadt*

Ge|räff ⟨n., -(e)s, nur Sg.⟩ → *Geräusch²*

Ge|raf|fel ⟨n., -s, nur Sg.⟩ *hochdt. für* Graffl

Ge|ran|gel ⟨n., -, nur Sg.⟩ **1** *das Rangeln* **2** ⟨übertr.⟩ *Wetteifer, Kampf (um etwas);* das G. um die besten Positionen, Ämter

Ge|ra|nie [-njə] ⟨f.11⟩ **1** *staudiges Storchschnabelgewächs mit breitlappigen Blättern (und großen rosa bis violetten Blüten), Zierpflanze* **2** ⟨volkstüml. für⟩ → *Pelargonie* [< griech. *geranos* „Kranich"; die Früchte ähneln einem Vogelkopf mit langem Schnabel]

Ge|ra|ni|ol ⟨n., -s, nur Sg.⟩ *farbloser oder gelblicher Terpenalkohol von rosenartigem Duft (der in der Parfümerie verwendet wird)* [< *Geranie* und *Alkohol*]

Ge|rank ⟨n., -(e)s, nur Sg.⟩ *Gesamtheit von zahlreichen, sich umeinanderschlingenden Ranken;* G. von Efeu; G. von Verzierungen

Ge|rant ⟨m.10; †, noch schweiz.⟩ → *Geschäftsführer* [< frz. *gérant* in ders. Bed., zu *gérer* „besorgen, verwalten"]

Ge|ras|sel ⟨n., -s, nur Sg.⟩ *das Rasseln*

Ge|rät ⟨n.1⟩ **1** *aus mehreren Teilen bestehende Vorrichtung für einen bestimmten Zweck* (Angel~, Haushalts~) **2** *Gesamtheit dieser Vorrichtungen oder der Werkzeuge;* sein handwerkliches G. **3** *Vorrichtung, die Signale empfängt, verstärkt, weiterleitet oder ausstrahlt (Empfangs~, Hör~, Stereo~)* **4** ⟨kurz für⟩ → *Turngerät;* Übungen am G. [zu *Rat*, eigtl. „Gesamtheit der Beratungen, Überlegungen"]

ge|ra|ten I ⟨V.94, ist geraten; o.Obj.⟩ **1** *gelingen, zustande kommen;* der Kuchen ist gut, ist nicht g. **2** *sich entwickeln;* die Kinder scheinen gut zu g.; der Sohn ist nach dem Vater g. **3** *zufällig (an einen Ort, in einen Zustand) gelangen;* an den Falschen, an den Richtigen g. sich an die falsche, richtige Person wenden; auf Abwege g.!; er geriet außer sich vor Freude, vor Zorn; sie gerieten immer tiefer in den Wald; in jmds. Abhängigkeit g.; in Schulden g.; in Zorn g.; die Katze ist über mein Nähzeug g. *die Katze hat mein Nähzeug entdeckt und es in Unordnung gebracht;* die Kinder sind über den Kuchen g. *die Kinder haben den Kuchen entdeckt und ihn aufgegessen* II ⟨Adj., o.Steig.⟩ *nur als Adv. und mit „sein" und „scheinen"⟩ *ratsam, empfehlenswert;* es scheint mir g., sofort abzureisen; ich halte es für g., vorher anzufragen; es ist nicht g., noch länger zu warten

Ge|rä|te|tur|nen ⟨n., -s, nur Sg.⟩ *körperliche Übung an einem Turngerät;* auch: *Gerätturnen;* vgl. *Kunstturnen*

Ge|rä|te|wohl ⟨n.⟩ *nur in der Fügung⟩ aufs G. *ohne nachzudenken, auf gut Glück;* ich schlug aufs G. eine Seite auf

Ge|rät|schaf|ten ⟨nur Pl.⟩ **1** *verschiedenerlei Geräte* **2** *mehrere zusammengehörige Geräte*

Ge|rat|ter ⟨n., -s, nur Sg.⟩ *das Rattern*

Ge|rät|tur|nen ⟨n., -s, nur Sg.⟩ → *Gerätetunen*

Ge|räu|cher|te(s) ⟨n.17 oder 18⟩ *geräuchertes Stück Schweinefleisch (bes. Speck oder Schinken);* Syn. *Rauchfleisch, (bayr.-österr.) Geselchte(s);* ein Geräuchertes zum Abendbrot aufschneiden

ge|raum ⟨Adj.; nur noch in den Fügungen⟩ ~e *Weile,* ~e *Zeit längere Weile, längere Zeit;* es dauerte eine ~e *Weile, Zeit, bis er kam;* ich warte schon eine ~e *Weile,* ~e *Zeit;* seit ~er *Zeit*

Ge|räum|de ⟨n.14⟩ → *Geräumt*

ge|räu|mig ⟨Adj.⟩ *ziemlich viel Platz bietend;* eine ~e *Wohnung;* das Haus ist (sehr) g. **Ge|räu|mig|keit** ⟨f., -, nur Sg.⟩

Ge|räumt ⟨n.14⟩ *abgeholztes Waldstück, Schneise;* auch: *Geräumde*

Ge|räusch¹ ⟨n.1⟩ *Hörempfindung, die auf der Wahrnehmung nicht periodischer Bewegung der Schallwellen beruht;* ein G., kein G. machen; leises, dumpfes, knisterndes, rasselndes, seltsames, störendes G.; er machte sich viel G. in der Küche zu schaffen *ein wenig wichtigtuerisch, so daß man aufmerksam werden mußte* [zu *rauschen*]

Ge|räusch² ⟨n., -(e)s, nur Sg.; Jägerspr.⟩ *Herz, Lunge, Leber und Nieren vom Schalenwild;* Syn. *Gelünge, Geräff*

Ge|räusch|ar|chiv ⟨n.1; Film, Funk, Fernsehen⟩ *Archiv mit Tonbändern, auf denen Geräusche gespeichert sind*

Ge|räusch|ku|lis|se ⟨f.11⟩ **1** ⟨Film, Funk, Fernsehen, Theat.⟩ *Geräusche, die während einer Szene als Untermalung zu hören sind;* Meeresrauschen, Straßenverkehr als G. **2** *ständig hörbare Geräusche;* Musik als G. bei Gesprächen

ge|räusch|los ⟨Adj., o.Steig.⟩ *ohne Geräusch, ohne störende Nebengeräusche;* g. verschwinden; der Wagen fährt fast g. **Ge|räusch|lo|sig|keit** ⟨f., -, nur Sg.⟩

ge|räusch|voll ⟨Adj.⟩ *mit viel Geräusch*

Ger|be ⟨f., -, nur Sg.; süddt.⟩ → *Bierhefe* [zu *gerben* „zubereiten, gar machen"]

ger|ben ⟨V.1, hat gerbt; mit Akk.⟩ **1** *zu Leder verarbeiten;* Häute g.; jmdm. das Fell g. ⟨übertr.⟩ *jmdn. verprügeln*

Ger|ber ⟨m.5⟩ *Handwerker, der Felle gerbt;* Syn. *(†) Lederer*

Ger|be|ra ⟨f., -, -(s)⟩ *Korbblütler mit blattlosem Stengel (und großen, gelb bis rot gefärbten Blütenständen)* [nach dem Arzt T. *Gerber*]

Ger|be|rei ⟨f.10⟩ *Betrieb, in dem gegerbt wird*

Ger|ber|lo|he ⟨f.11⟩ → *Lohe²*

Gerb|säu|re ⟨f.11⟩ → *Tannin*

Gerb|stoff ⟨m.1⟩ *wasserlöslicher, zusammenziehend wirkender Stoff aus Pflanzen, der Fäulnis verhindert und deshalb u.a. zum Gerben verwendet werden kann*

Ger|bung ⟨f., -, nur Sg.⟩ **1** *das Gerben* **2** *Gegerbtwerden*

ge|recht ⟨Adj.⟩ **1** *dem geltenden Recht, dem Gesetz entsprechend;* ein ~es Urteil; einen Verbrecher seiner ~en Strafe zuführen **2** *dem Gefühl für Recht und Gerechtigkeit entsprechend;* ein ~er Ausgleich; es ist nur g., daß er auch etwas bekommt; etwas g. verteilen **3** *rechtlich denkend, dem Recht gemäß handelnd;* ein ~er Herrscher, Richter; er ist sehr g. **4** *bestimmten Regeln, Vorschriften entsprechend, passend* ⟨fach~, ...⟩; jmdm. oder einer Sache g. werden *jmdn. oder eine Sache richtig beurteilen;* er ist in seiner Kritik am Künstler, der Leistung des Künstlers nicht g. geworden; einer Sache g. werden *eine Sache richtig ausführen;* er ist seiner Aufgabe (gut) g. geworden
ge|recht|fer|tigt ⟨Adj., o.Steig.; nur als Attr. und mit „sein"⟩ *zu Recht bestehend, als richtig begründet;* seine Handlungsweise ist dadurch g., daß ...
Ge|rech|tig|keit ⟨f., -, nur Sg.⟩ **1** *das Gerechtsein, Prinzip, daß jedem Recht zugestanden und verschafft werden muß;* die G. verlangt, daß ...; für G. sorgen **2** *gerechte Behandlung, gerechte Beurteilung;* jmdm., jmds. Handlungsweise G. widerfahren lassen **3** *Recht, ein Gewerbe zu betreiben* ⟨Schank~, Fischerei~⟩
Ge|recht|sa|me ⟨f.11; †⟩ *Recht, Vorrecht*
Ge|re|de ⟨n., -s, nur Sg.⟩ **1** *vieles, nichtssagendes Reden;* unnötiges G. **2** *Klatsch;* das ist alles nur G.; ins G. kommen *Anlaß dazu geben, daß über einen geklatscht wird;* jmdn. ins G. bringen *Klatsch über jmdn. hervorrufen*
ge|rei|chen ⟨V.1, hat gereicht; mit Dat. und Präp.obj.⟩ jmdm. zu etwas g. *jmdm. etwas einbringen;* sein Handeln gereicht ihm zur Ehre; das wird dir zum Nachteil, zum Schaden g.; möge es dir zum Guten g.!
Ge|reizt|heit ⟨f., -, nur Sg.⟩ *Zustand des Gereiztseins*
Ge|re|nuk ⟨n.9⟩ →*Giraffengazelle* [Somali]
ge|reu|en ⟨V.1, hat gereut; mit Akk.; meist unpersönl. mit „es"⟩ *reuen;* es gereut mich, daß ich das gesagt habe; laß es nur in der Wendung⟩ laß es dich nicht g.! *möge es gut, schön für dich werden, so daß du es nicht zu bereuen, zu bedauern brauchst!*
Ger|fal|ke ⟨m.11⟩ *großer nordischer Falke (der in einer weißen und grauen Farbvariante vorkommt)* [< altnord. *geirfalki*, zu *geiri* „keilförmiges Stück", wegen der Flecken auf dem Gefieder, die wie Pfeilspitzen aussehen]
Ge|ria|trie ⟨f., -, nur Sg.⟩ *Wiss. von den Krankheiten des alternden Menschen;* Syn. *Altersheilkunde;* vgl. *Gerontologie* [< griech. *geron* „alt, bejahrt; Greis" und *iatreia* „ärztliche Behandlung, Heilung"]
Ge|richt[1] ⟨n.1⟩ **1** *zur Mahlzeit zubereitete Nahrungsmittel, Speise* ⟨Fleisch~, Fisch~⟩; ein G. Pilze; kaltes, warme ~e; ein schmackhaftes G. **2** *Teil einer Speisenfolge, Gang* ⟨Haupt~, Vor~⟩ [zu *richten* „zubereiten"]
Ge|richt[2] ⟨n.1⟩ **1** *mit der Rechtsprechung beauftragte Behörde* ⟨Land~, Amts~⟩ **2** *das Gebäude für diese;* aufs G., ins G. gehen **3** *Gruppe der rechtsprechenden Personen* ⟨Schwur~, Schöffen~⟩; hohes G.! ⟨Anrede⟩; vor G. aussagen; das kann ich vor G. bezeugen; jmdn. vors G. bringen *jmdn. anzeigen;* das G. zog sich zur Beratung zurück **4** *Rechtsprechung, Aburteilung;* mit jmdm. ins G. gehen (hart) *zurechtweisen,* jmdn. bestrafen; geh nicht zu scharf mit ihm ins G.!; über jmdn. G. halten, über jmdn. zu sitzen *über jmds. Tat verhandeln, über jmdn. urteilen;* das Jüngste G. ⟨Christentum⟩ *göttliche Rechtsprechung über die Menschen nach dem Weltuntergang* [zu *Recht*]
ge|richt|lich ⟨Adj., o.Steig.; nur als Attr. und Adv.⟩ *zum Gericht (1,3) gehörig, auf ihm beruhend, mit Hilfe des Gerichts;* ~e Entscheidung; ~e Medizin *Teilgebiet der Medizin, das die Erkenntnisse der Medizin bei ge-* richtlichen Untersuchungen anwendet; Syn. *forensische Medizin, Gerichtsmedizin;* ~e *Psychiatrie Teilgebiet der Psychiatrie, das sich mit der Geschäfts- und Schuldfähigkeit von Personen befaßt;* Syn. *forensische Psychiatrie, Gerichtspsychiatrie;* jmdn. g. belangen, verklagen; g. gegen etwas einschreiten; g. gegen jmdn. vorgehen
Ge|richts|bar|keit ⟨f., -, nur Sg.⟩ *Verwirklichung der Rechtsordnung durch Rechtsprechung und Rechtspflege;* staatliche G.; die G. ausüben
Ge|richts|die|ner ⟨m.5; †⟩ *niederer Angestellter, Diener am Gericht*
Ge|richts|hof ⟨m.2⟩ *Gericht höherer Instanz*
ge|richts|me|di|zin ⟨f., -, nur Sg.⟩ →*gerichtliche Medizin*
ge|richts|no|to|risch ⟨Adj., o.Steig.⟩ *vom Gericht zur Kenntnis genommen, beim Gericht bekannt;* eine ~e Person; ~e Straftaten
Ge|richts|psych|ia|trie ⟨f., -, nur Sg.⟩ →*gerichtliche Psychiatrie*
Ge|richts|stand ⟨m.2⟩ *Ort, dessen Gericht bei einer Straf- oder Zivilsache zuständig ist oder sein soll;* vertraglich vereinbarter G.
Ge|richts|tag ⟨m.1⟩ *Tag, an dem Gericht gehalten wird, an dem Gerichtsverhandlungen stattfinden;* G. halten
Ge|richts|ver|fah|ren ⟨n.7⟩ *Verfahren zur Rechtsprechung über eine Straftat*
Ge|richts|ver|hand|lung ⟨f.10⟩ *Verhandlung über eine Straf- oder Zivilsache vor Gericht*
Ge|richts|voll|zie|her ⟨m.5⟩ *Angestellter eines Gerichts, der Vorladungen zustellt und Pfändungen vornimmt*
ge|rie|ben ⟨Adj.⟩ *alle Tricks und Kniffe kennend, schlau;* ein ~er Geschäftsmann **Ge|rie|ben|heit** ⟨f., -, nur Sg.⟩
ge|ring ⟨Adj.⟩ **1** *klein, als wenig zu betrachten;* ~e Höhe, Breite; eine ~e Menge; von ~em Umfang; die Anforderungen sind nicht g.; der Unterschied ist nur g.; das ist meine ~ste Sorge; beim ~sten Geräusch **2** *wenig;* um ein ~es größer, kleiner ⟨~er größer, kleiner⟩; es besteht nur ~e Aussicht; eine Sache von ~em Wert **3** *wenig gut, nicht sehr gut;* ein Produkt von ~er Güte, von ~er Qualität; ~er Boden *wenig fruchtbarer Boden* **4** ⟨Jägerspr.⟩ *klein, jung, schwach;* ein ~er Hirsch **5** ⟨im Komparativ⟩ *kein Geringerer als Goethe, sogar Goethe* **6** ⟨im verneinenden Superlativ⟩ *nicht das ~ste gar nichts;* ich habe nicht die ~ste Lust *gar keine Lust;* das stört mich nicht im ~sten *gar nicht* **7** *von niederem sozialem Rang;* das ~e Volk
ge|ring|ach|ten ⟨V.2, hat geringgeachtet; mit Akk.⟩ *wenig achten, für wenig wichtig halten;* eine Gefahr g.
ge|ring|fü|gig ⟨Adj.⟩ *klein, unbedeutend;* ~e Veränderungen, Mängel; der Schaden ist g.
Ge|ring|fü|gig|keit ⟨f.10⟩ **1** ⟨nur Sg.⟩ *geringfügige Beschaffenheit* **2** *geringfügige Sache, Kleinigkeit;* es ist nur eine G. *der Schaden ist nicht groß;* wegen solcher ~en gehe ich noch zum Arzt
ge|ring|schät|zen ⟨V.1, hat geringgeschätzt; mit Akk.⟩ *jmdn. oder etwas g. wenig von jmdm. oder etwas halten, keine hohe Meinung von jmdm. oder etwas haben*
ge|ring|schät|zig ⟨Adj.⟩ *voller Geringschätzung, von oben herab;* jmdn. g. ansehen, behandeln; etwas g. sagen
Ge|ring|schät|zung ⟨f., -, nur Sg.⟩ *Mangel an Achtung, an Wertschätzung;* seine G. ist verletzend
ge|ring|wer|tig ⟨Adj., o.Steig.⟩ *von geringem Wert, wenig Wert habend;* ~e Schmuckstücke
Ge|rin|ne ⟨n.5⟩ **1** →*Rinnsal* **2** *künstlicher Wasserlauf, Wasserabfluß;* Syn. *Gefluder*
ge|rin|nen ⟨V.101, ist geronnen; o.Obj.⟩ **1** *Flocken, Klümpchen bilden;* saure Milch, Eiweiß gerinnt beim Erhitzen; die Milch ist geronnen **2** *dickflüssig, fest werden;* geronnenes Blut
Ge|rinn|sel ⟨n.5⟩ **1** →*Rinnsal* **2** *kleiner Pfropf geronnenen Blutes innerhalb eines Blutgefäßes* ⟨Blut~⟩; Syn. *Thrombus*
Ge|rip|pe ⟨n.5⟩ **1** →*Skelett* **2** ⟨ugs.⟩ *jmd., der so dünn ist, daß sich die Rippen deutlich abzeichnen;* er ist nur noch ein G.
ge|rippt ⟨Adj., o.Steig.⟩ *mit Rippen versehen;* ~er Stoff
ge|ris|sen ⟨Adj.⟩ *alle Schliche und Kniffe kennend, schlau;* ein ~er Kerl, Geschäftsmann; ein ~er Hund ⟨ugs.⟩ **Ge|ris|sen|heit** ⟨f., -, nur Sg.⟩
Germ ⟨f., -; österr.⟩ *Hefe* [zu *ger-ben* „zubereiten, gar machen"]
Ger|ma|ne ⟨m.11⟩ *Angehöriger einer indogermanischen Völkergruppe*
Ger|ma|nin ⟨f., -, nur Sg.; Wz.⟩ *synthetisches Mittel gegen Schlafkrankheit* [zu lat. *Germania* „Deutschland", dem Heimatland von O. Dressel, der das Germanin erstmals herstellte]
ger|ma|nisch ⟨Adj., o.Steig.⟩ *die Germanen betreffend, zu ihnen gehörig, von ihnen stammend;* ~e Sprachen *Gruppe der indogermanischen Sprachen*
ger|ma|ni|sie|ren ⟨V.3, hat germanisiert; mit Akk.⟩ *nach deutschem Muster gestalten, eindeutschen;* ein Wort g.
Ger|ma|nis|mus ⟨m., -, -men⟩ *in eine andere Sprache übernommene deutsche Spracheigentümlichkeit*
Ger|ma|nist ⟨m.10⟩ *Wissenschaftler auf dem Gebiet der Germanistik*
Ger|ma|ni|stik ⟨f., -, nur Sg.⟩ *Wiss. von den germanischen Sprachen und Literaturen* (i.e.S.) *von der deutschen Sprache und Literatur*
Ger|ma|ni|um ⟨n., -s, nur Sg.; Zeichen: Ge⟩ *sprödes, grauweißes Metall* [zu lat. *Germania* „Deutschland", der Heimat des Entdeckers C. Winkler]
ger|ma|no|phil ⟨Adj., o.Steig.⟩ *alles Germanische, Deutsche liebend* [< *germanisch* und *...phil*]
Ger|ma|no|phi|lie ⟨f., -, nur Sg.⟩ *Vorliebe für alles Germanische, Deutsche* [< *Germane* und *...philie*]
ger|ma|no|phob ⟨Adj., o.Steig.⟩ *allem Germanischen, Deutschen abgeneigt* [< *germanisch* und *...phob*]
Ger|ma|no|pho|bie ⟨f., -, nur Sg.⟩ *Abneigung, Haß gegen alles Germanische, Deutsche* [< *Germane* und *Phobie*]
Ger|mer ⟨m.5⟩ *staudiges Liliengewächs eurasiatischer Gebirge*
ger|mi|nal ⟨Adj., o.Steig.⟩ *zum Keim gehörig* [< lat. *germen,* Gen. *germinis,* „Keim, Sproß"]
Ger|mi|na|ti|on ⟨f., -, nur Sg.⟩ ⟨bei Pflanzen⟩ *Keimungsperiode* [< lat. *germinatio,* Gen. *-onis,* „das Hervorsprießen", vgl. *germinal*]
Germ|knö|del ⟨m.5; österr.⟩ *(mit Pflaumenmus gefüllter) Hefekloß, der mit Zucker und Mohn bestreut und mit heißer Butter übergossen wird*
gern ⟨Adv.⟩ **1** *mit Freude, mit Vergnügen, mit Genuß;* etwas g. tun, essen, hören **2** *bereitwillig;* ich helfe Ihnen g.; das glaube ich g.; das glaube ich ohne weiteres **3** *mit Wohlgefallen;* ich sehe es g., habe es g., wenn die Besucher pünktlich sind **4** ⟨in der Wendung⟩ jmdn. g. haben *für jmdn. Zuneigung, Liebe empfinden;* du kannst mich g. haben! ⟨übertr., ugs.⟩ *laß mich in Ruhe (damit)!, mach es doch allein!, ich will dir nichts mehr zu tun haben!*
Gern|groß ⟨m.n1⟩ *jmd., der vorgibt, mehr zu sein als er ist, der gern mehr sein möchte als er ist*
Ge|röll ⟨n., -(e)s, nur Sg.⟩ *von Flüssen mitgeführte und abgelagerte (und dabei rundge-*

Geront

schliffene) Gesteinsbrocken; vgl. *Geschiebe* [zu *rollen*]

Ge|ront ⟨m.10⟩ Mitglied der →*Gerusia*

Ge|ron|to|lo|gie ⟨f., -, nur Sg.⟩ *Wiss., die sich medizinisch, psychologisch und soziologisch mit den Vorgängen des Alterns befaßt;* Syn. *Alternsforschung;* vgl. *Geriatrie* [< griech. *geron*, Gen. *gerontos*, „alt, bejahrt; Greis" und ...*logie*]

Ger|ste ⟨f.11⟩ **1** *Getreidepflanze, die an ihren langen Grannen erkennbar ist* **2** *deren Korn*

Ger|stel I ⟨n.14; österr.⟩ **1** →*Graupe* **2** *mit einem Reibeisen zu kleinen, gleichmäßigen Teigklümpchen geriebener Nudelteig (z. B. als Suppeneinlage)* **II** ⟨n.5; landsch.⟩ →*Malzbier*

Ger|sten|korn ⟨n.4⟩ **1** *Frucht der Gerste* **2** *eitrige Entzündung einer Drüse am Augenlid (die getreidekornähnlich anschwillt)*

Ger|sten|saft ⟨m.2; scherzh.⟩ *Bier*

Ger|te ⟨f.11⟩ **1** *dünner, biegsamer, abgeschnittener Zweig (mit dem man meist schlagen will;* Weiden~) **2** *dünner, biegsamer Stock (*Reit~) [< ahd. *gerta* „Rute, Zweig; Strafe"]

Ge|ruch ⟨m.2⟩ **1** *mit der Nase wahrnehmbarer, in Luft gelöster Stoff (der etwas von sich gibt)* (Blut~, Körper~, Mund~, Schwefel~) **2** *Art, wie etwas riecht;* angenehmer, süßlicher, stechender, übler G. **3** →*Geruchssinn;* ein Hund mit feinem G. **4** ⟨übertr.⟩ *Ruf;* im G. der Heiligkeit, im G. eines Verschwenders stehen; in einen schlechten, üblen G. kommen

Ge|ruchs|sinn ⟨m., -(e)s, nur Sg.⟩ *Fähigkeit, Geruch (1) wahrzunehmen;* auch: ⟨kurz⟩ *Geruch*

Ge|ruch(s)|ver|schluß ⟨m.2⟩ →*Siphon*

Ge|rücht ⟨n.1⟩ *unverbürgte Nachricht (die überall erzählt wird);* es geht das G., daß ...; ein G. in Umlauf setzen [< mnddt. *geruchte* „Rufen, Lärm, Hilfegeschrei", zu *ruchen* „lärmen", verwandt mit mhd. *geruofte, geruofte* „das Rufen, Geschrei"]

ge|ru|hen ⟨V.1, hat geruht; o.Obj.; †⟩ *die Güte haben, (etwas zu tun);* wann g. Eure Majestät zu speisen?; ⟨noch scherzh.⟩ er geruht morgens um 11 Uhr aufzustehen

ge|ru|hig ⟨Adj.; †⟩ *geruhsam;* ein ~es Leben

ge|ruh|sam ⟨Adj.⟩ *ruhig und behaglich, in aller Ruhe;* g. spazierengehen; g. frühstücken; einen ~en Sonntag verbringen **Ge|ruh|sam|keit** ⟨f., -, nur Sg.⟩

Ge|rum|pel ⟨n., -s, nur Sg.⟩ *das Rumpeln*

Ge|rüm|pel ⟨n., -s, nur Sg.⟩ *alte, unbrauchbare Dinge (bes. Möbel, Hausrat)*

Ge|run|di|um ⟨n., -s, -di|en⟩ *deklinierte Form des Infinitivs, z.B. die Kunst „des Tanzens"* [lat., „das Auszuführende, zu Verrichtende", zu *gerere* „ausführen, verrichten, vollziehen"]

Ge|run|div ⟨n.1⟩, **Ge|run|di|vum** ⟨n., -s, -va⟩ *Partizip der Zukunft des Passivs, bes. im Lateinischen, z.B.* Examinand: einer, der geprüft werden soll, ein zu Prüfender

Ge|ru|sia, Ge|ru|sie ⟨f., -, nur Sg.; im alten Sparta⟩ *Rat der Ältesten* [< griech. *gerousia* in ders. Bed., zu *geron* „alt, bejahrt; Greis"]

Ge|rüst ⟨n.1⟩ **1** *vorübergehend errichtete Hilfskonstruktion (meist aus Holz oder Metall, bes. zum Errichten und Ausbessern von Bauwerken)* **2** ⟨übertr.⟩ *Plan, Entwurf, Aufbau, erste Ausführung grundlegend vorbereitet* (Gedanken~); mein Aufsatz ist im G. fertig [zu *rüsten* „vorbereiten"]

Ge|rüt|tel ⟨n., -s, nur Sg.⟩ *das Rütteln;* G. des alten Wagens

ge|rüt|telt ⟨Adj., o.Steig.; nur als Attr. und Adv.⟩ *ein gehen hin, bis zum Rand;* ein ~es Maß an Arbeit; die Büchse ist g. voll [eigtl. „so (voll), daß auch beim Rütteln nichts mehr in sich zusammenfällt"]

Ger|vais ⟨ʒɛrvɛ⟩ auch ⟨ʒɛrvɛː⟩ m., - [-vɛs] auch [ʒɛrvɛs]⟩ *streichfähiger Frischkäse* [nach dem frz. Hersteller Charles Gervais]

Ges, Ges ⟨n., -, -; Mus.⟩ *das um einen halben Ton erniedrigte g bzw. G*

ge|sal|zen ⟨Adj., o.Steig.; nur als Attr. und mit „sein"; ugs.⟩ *ziemlich hoch;* eine ~e Rechnung; ~e Preise

ge|samt ⟨Adj., o.Steig.; nur als Attr.⟩ *alle Teile, Mitglieder, Angehörigen usw. umfassend, ganz, vollständig;* seine ~en Ersparnisse; die ~e Familie

Ge|samt|an|sicht ⟨f.10⟩ *Ansicht des ganzen Gegenstandes, aller Teile;* G. des Ortes, des Schlosses

Ge|samt|aus|ga|be ⟨f.11⟩ *Ausgabe aller Werke (eines Dichters, Komponisten);* G. von Goethes Werken; G. von Beethovens Werken auf Platten

ge|samt|deutsch ⟨Adj., o. Steig.; nur als Attr.⟩ **1** *ganz Deutschland, beide Teile Deutschlands betreffend;* ~e Fragen **2** *aus Vertretern beider Teile Deutschlands bestehend;* ~e Mannschaft

Ge|samt|heit ⟨f., -, nur Sg.⟩ **1** *alle Teile, alle (zu einer Gruppe, Gemeinschaft gehörigen) Personen;* die G. aller Schüler; ein Volk in seiner G. *das ganze Volk* **2** *alle, Allgemeinheit, Volk;* sich für die G. einsetzen

Ge|samt|hoch|schu|le ⟨f.11; BRD⟩ *Vereinigung bisher getrennt bestehender Hochschultypen zu neuen Ausbildungsstätten und Forschungseinrichtungen*

Ge|samt|kunst|werk ⟨n.1; von Richard Wagner geprägte Bez. für⟩ *Einheit von Musik, Dichtung und Bild in der Oper*

Ge|samt|schuld|ner ⟨m.5⟩ *mehrere Schuldner, die gemeinsam einem Gläubiger gegenüber Verpflichtungen haben und von denen jeder einzelne für die Gesamtschuld haftbar ist*

Ge|samt|schu|le ⟨f.11⟩ *Schulform, die Hauptschule, Realschule und Gymnasium zu einem Schulzentrum zusammenfaßt*

Ge|samt|un|ter|richt ⟨m., -(e)s, nur Sg.⟩ *Unterricht ohne Aufteilung in Fächer*

Ge|samt|werk ⟨n.1⟩ *Gesamtheit der Werke (eines Künstlers);* das G. Goethes, Mozarts

Ge|sand|te(r) ⟨m.5⟩ *diplomatischer Vertreter (eines Staates bei einem anderen Staat, im Rang nach dem Botschafter);* päpstlicher G. *Nuntius*

Ge|sand|tin ⟨f.10⟩ *weiblicher Gesandter*

Ge|sandt|schaft ⟨f.10⟩ **1** *Gesamtheit der diplomatischen Vertreter (eines Staates) bei einem anderen Staat*

Ge|sang ⟨m.2⟩ **1** ⟨nur Sg.⟩ *das Singen, Vortrag eines Liedes, einer Arie;* jmds. G. lauschen; jmds. G. bewundern **2** ⟨nur Sg.⟩ *Singen als Unterrichtsfach* **3** *Lied* (Lob~); vier ernste Gesänge (von Brahms) **4** *Abschnitt, Kapitel (eines Versepos);* erster, zweiter G. der Ilias **5** ⟨nur Sg.; übertr.⟩ *Zwitschern, Singen (der Vögel)* **6** ⟨nur Sg.; übertr.⟩ *wohllautendes Tönen, Klingen;* der G. der Geige

Ge|sang|buch ⟨n.4⟩ *Buch mit Kirchenliedern;* er hat das falsche G. ⟨übertr., ugs., scherzh.⟩ *er hat eine politische Einstellung, die sein berufliches Fortkommen behindert*

Ge|sang|buch|vers ⟨m.1⟩ *Vers (Strophe) eines Liedes aus dem Gesangbuch;* ~e lernen

ge|sang|lich ⟨Adj.⟩ **1** →*sanglich* **2** *den Gesang betreffend, hinsichtlich des Gesanges;* ihre ~e und schauspielerische Leistung war hervorragend

Ge|sangs|kunst ⟨f.2⟩ *Kunst des Gesangs;* kultivierte G.; ihre Gesangskünste sind nicht gerade überwältigend ⟨ugs.⟩

Ge|sang(s)|leh|rer ⟨m.5⟩ *Lehrer für Gesang*

Ge|sang|ver|ein ⟨m.1⟩ *Verein zur Ausübung von Chorgesang*

Ge|säß ⟨n.1⟩ *Körperteil aus zwei rundlichen fleischig-muskulösen Gebilden zwischen dem Rücken und dem hinteren Teil der Oberschenkel;* Syn. *Hintere(r), Hintern, Hinterste(r), Hinterteil, Hinterviertel, Popo,* ⟨vulg.⟩ *Arsch*

Ge|säß|backe ⟨-k·k-; f.11⟩ *jede der beiden Hälften des Gesäßes;* Syn. *Hinterbacke*

Ge|säß|schwie|le ⟨f.11; bei manchen Affen⟩ *verdickte und verhärtete Stellen in der Haut am Gesäß*

Ge|säß|ta|sche ⟨f.11⟩ *Hosentasche über dem Gesäß*

Ge|säu|ge ⟨n.5; bes. beim Haarwild, Hund und Schwein⟩ →*Euter*

gesch. ⟨Abk. für⟩ *geschieden*

Ge|schab|te(s) ⟨n.17 oder 18; bes. ostmdt.⟩ →*Schabefleisch*

ge|schafft →*schaffen*

Ge|schäft ⟨n.1⟩ **1** *auf finanziellen Gewinn gerichtete, meist mit Handel verbundene Tätigkeit;* ein G. betreiben; das G., die ~e führen; das G. geht gut, schlecht; mit jmdm. ins G. kommen **2** *(berufliche) Tätigkeit, Pflicht, Obliegenheit, Arbeit, Aufgabe;* seinen ~en nachgehen; das ist ein mühsames, langweiliges G. **3** *Vertrag über Kauf bzw. Verkauf einer Sache;* ein G. abschließen; ~e machen; das G. ist perfekt **4** *Gewinn aus einem Geschäft (1);* ein gutes, schlechtes G. gemacht **5** *Notdurft;* ein, sein G. verrichten; großes G. *Ausscheidung von Kot;* kleines G. **6** *Unternehmen, Laden für den Kauf und Verkauf (von Waren);* ein G. haben; die ~e haben mittags geschlossen; G. für Lederwaren **7** *Büro zur Verwaltung von Geschäften (1);* morgens um 8 Uhr ins G. gehen

Ge|schäft|chen ⟨n.7; bes. bei Kindern⟩ *Notdurft,* →*Geschäft (5)*

Ge|schäf|te|ma|cher ⟨m.5⟩ *jmd., der aus allem ein (gewinnbringendes) Geschäft zu machen sucht*

ge|schäf|tig ⟨Adj.⟩ **1** *sich viel zu schaffen machend, sich mit viel Bewegung beschäftigend;* g. hin und her laufen; g. in der Küche hantieren; sie ist immer sehr g. **2** *lebhaft bewegt (zur Erledigung von Geschäften, Aufgaben);* im Haus, in den Straßen herrschte im ~es Treiben **Ge|schäf|tig|keit** ⟨f., -, nur Sg.⟩

ge|schäft|lich ⟨Adj., o.Steig.⟩ **1** *das Geschäft, Geschäfte (1,3) betreffend, zum Geschäft gehörend, auf Geschäften beruhend;* ~e Angelegenheiten; ~er Ärger; der ~e Leiter eines Unternehmens; unsere Unterredung war rein g. **2** *in Geschäften, aufgrund von Geschäften (1,3);* g. unterwegs sein; g. verreist; er ist g. verhindert zu kommen **3** *ganz aufs Geschäft (1,3) gerichtet, sachlich; mit diesem Scherz wurde er wieder g.*

ge|schäfts|fä|hig ⟨Adj., o.Steig.; nur als Attr. und mit „sein"⟩ *fähig, Rechtsgeschäfte abzuschließen;* Ggs. *geschäftsunfähig* **Ge|schäfts|fä|hig|keit** ⟨f., -, nur Sg.⟩

Ge|schäfts|freund ⟨m.1⟩ *jmd., mit dem man oft gute Geschäfte abschließt, mit dem man oft geschäftlich (in gutem Einvernehmen) zu tun hat*

Ge|schäfts|füh|rer ⟨m.5⟩ *jmd., der ein (nicht ihm gehöriges) Geschäft führt, leitet;* Syn. ⟨†, noch schweiz.⟩ *Gerant*

Ge|schäfts|gang ⟨m., -(e)s, nur Sg.⟩ *Folge, Verlauf von Geschäften;* flotter, schleppender G.

Ge|schäfts|ge|ba|ren ⟨n., -s, nur Sg.⟩ *Verhalten, Benehmen beim Abschluß von Geschäften;* das ist kein G.! *so behandelt man Kunden, Geschäftspartner nicht!*

Ge|schäfts|ge|gend ⟨f.10⟩ **1** *für Geschäfte (7) günstig gelegene Gegend (einer Stadt);* das ist eine gute, keine gute G. **2** →*Geschäftsviertel*

Ge|schäfts|haus ⟨n.4⟩ *Haus, in dem Geschäfte und Büros untergebracht sind*

Ge|schäfts|kar|te ⟨f.11⟩ *kleine Karte mit dem aufgedruckten Namen der Firma (und evtl. des Vertreters)*

Ge|schäfts|mann ⟨m., -(e)s, -leu|te⟩ *jmd.,*

der beruflich Geschäfte abschließt; er ist G.; ein guter, schlechter G. sein *geschickt, ungeschickt im Einleiten und Abschließen, im Führen von Geschäften sein*

ge|schäfts|mä|ßig ⟨Adj.⟩ *in der Art der Abwicklung eines Geschäfts, sachlich, unpersönlich*

Ge|schäfts|schluß ⟨m.2⟩ *Schluß der Dienststunden (von Geschäften, Büros);* um 18 Uhr ist G.; vor, nach G.

Ge|schäfts|stel|le ⟨f.11⟩ *Stelle (Büro, Gebäude), wo die Geschäfte einer Behörde, Partei o.ä. geführt werden*

Ge|schäfts|stun|den ⟨Pl.⟩ *Zeitraum, in dem in Geschäften, Behörden, Büros gearbeitet wird, Dienststunden*

Ge|schäfts|trä|ger ⟨m.5⟩ *diplomatischer Vertreter (eines Staates in einem anderen Staat) auf der untersten Rangstufe*

ge|schäfts|tüch|tig ⟨Adj.⟩ *geschickt beim Einleiten und Abschließen von Geschäften*

Ge|schäfts|tüch|tig|keit ⟨f., -, nur Sg.⟩

ge|schäfts|un|fä|hig ⟨Adj., o.Steig.; nur als Attr. und mit „sein"⟩ *unfähig, Rechtsgeschäfte abzuschließen;* Ggs. *geschäftsfähig* **Ge|schäfts|un|fä|hig|keit** ⟨f., -, nur Sg.⟩

Ge|schäfts|ver|kehr ⟨m., -s, nur Sg.⟩ **1** *das Einleiten und Abschließen von Geschäften, Verkehr zwischen Geschäftspartnern;* ist im G. so üblich **2** *Straßenverkehr zu Beginn und Ende der Geschäftsstunden*

Ge|schäfts|vier|tel ⟨n.5⟩ *Stadtviertel mit vielen Geschäften;* Syn. *Geschäftsgegend*

ge|scha|mig ⟨hochdt. für⟩ →*gschamig*

ge|scheckt ⟨Adj., o.Steig.⟩ →*scheckig*

ge|sche|hen ⟨V.52, ist geschehen⟩ I ⟨o.Obj.⟩ **1** *sich ereignen, stattfinden, ablaufen;* was ist g.?; es ist etwas Schreckliches, ist ein Unglück g.; er tat, als wäre nichts g.; er ließ es g. *er tat nichts dagegen* **2** *ausgeführt werden, getan, gemacht werden;* es wird alles so g., wie du es wünschst; der Diebstahl geschah während unseres Urlaubs; gern g.! ⟨als Antwort auf Dank für Hilfe⟩; es muß etwas zu seiner Rettung g.; was soll mit den Büchern g.? II ⟨mit Dat.⟩ *jmdm. g. jmdm. zustoßen, passieren;* ist dir etwas g.?; ihm sei beim Unfall nichts g.; das geschieht ihm recht; es ging alles so schnell, und er wußte kaum, wie ihm geschah *er konnte gar nicht alles wahrnehmen, nichts dagegen sagen oder tun* III ⟨unpersönl., mit „es"⟩ *es ist um ihn g. es gibt keinen Ausweg mehr für ihn, er ist verloren, ruiniert;* ⟨auch⟩ *er hat sich heftig verliebt;* damit war es um meine Ruhe g. *damit war es mit meiner Ruhe vorbei*

Ge|sche|hen ⟨n.7⟩ **1** *etwas, was geschieht, Ereignis, Vorfall;* ein trauriges, schreckliches G. **2** *Folge, Ablauf von Ereignissen;* das politische G.; das Kind verfolgte atemlos das G. auf der Bühne, auf dem Bildschirm

Ge|scheh|nis ⟨n.1⟩ *Ereignis, Vorfall*

Ge|schei|de ⟨n.5; beim Wild⟩ *Gedärme und Magen [zu scheiden „trennen" zu den wertvolleren Innereien beim Ausweiden]*

Ge|schein ⟨n.1⟩ *Blütenstand der Weinrebe*

ge|scheit ⟨Adj.⟩ **1** *mit Verstand, Urteilsvermögen begabt, intelligent;* ein ~er Kerl **2** *geschickt, klug;* das hast du g. gemacht; etwas g. anfangen **3** *vernünftig, einsichtig;* sei g.!; er wird nie g. werden; du bist wohl nicht (ganz) g.? was denkst du dir nur? **4** *von Verstand, Witz, Klugheit zeugend;* eine ~e Kritik; das Buch ist g. geschrieben **5** ⟨ugs.⟩ *sinnvoll, vernünftig;* es wäre ~er, wenn wir ... **6** ⟨süddt.⟩ *ordentlich, gut;* hoffentlich gibt's was Gescheites zu essen; jetzt endlich hat er eine ~e Stelle, Arbeit gefunden **Ge|scheit|heit** ⟨f., -, nur Sg.⟩

Ge|schenk ⟨n.1⟩ *etwas, was jmd. (jmdm.) schenkt oder geschenkt hat, Gabe, für die nichts bezahlt zu werden braucht* (Geburtstags~, Weihnachts~); ein G. erhalten, bekommen; jmdm. ein G. machen; jmdm. etwas zum G. machen; das ist als G. gedacht; ein G. des Himmels *etwas sehr Schönes und Unerwartetes*

ge|schert ⟨hochdt. für⟩ →*gschert*

Ge|schich|te ⟨f.11⟩ **1** *Schilderung eines Geschehens, Erzählung;* ~n ausdenken **2** ⟨ugs.⟩ *Dummheit, unbesonnene Handlung;* mach keine ~n!; du machst ja schöne ~n! **3** *Sache, Angelegenheit;* das ist eine dumme, fatale, traurige G.; nun erzähl mal die ganze G.! **4** ⟨ugs.⟩ *Liebesverhältnis;* er hat eine G. mit einer Kollegin **5** *Entwicklung (eines bestimmten Bereiches;* Kunst~, Musik~, Wirtschafts~, Kirchen~) **6** ⟨nur Sg.⟩ *Ablauf sowie Gesamtheit dessen, was in der Welt geschehen und schriftlich überliefert ist, Vergangenheit;* ⟨i.e.S.⟩ *die politischen Ereignisse;* dieses Ereignis ist schon längst G. *ist schon lange vergangen (und in der Überlieferung aufbewahrt);* man kann das Rad der G. nicht zurückdrehen; er ist in die G. eingegangen **7** *Wiss. von der Vergangenheit (als Unterrichts-, Studienfach);* er studiert G.; Professor für G.; Alte G., Mittlere G., Neuere G. **8** *Wiss. von den politischen Ereignissen des Altertums, des Mittelalters, der Neuzeit*

Ge|schich|ten|buch ⟨n.4⟩ *Buch mit Geschichten;* vgl. *Geschichtsbuch*

ge|schicht|lich ⟨Adj., o.Steig.⟩ Syn. *historisch* **1** *die Geschichte betreffend, auf ihr beruhend;* ~e Tatsachen; ~e Kenntnisse **2** ⟨als Adv.⟩ *durch alte schriftliche Zeugnisse;* dieses Wort, dieser Vorfall ist g. belegt, bezeugt

Ge|schichts|be|wußt|sein ⟨n., -s, nur Sg.⟩ *Bewußtsein dessen, daß der Mensch an die Geschichte gebunden und durch sie geprägt ist*

Ge|schichts|buch ⟨n.4⟩ *Buch mit der Darstellung der Geschichte (6);* vgl. *Geschichtenbuch*

Ge|schichts|fäl|schung ⟨f.10⟩ *bewußt verfälschende Darstellung geschichtlicher Ereignisse*

Ge|schichts|kli|te|rung ⟨f.10⟩ ⟨im Hinblick auf bestimmte Zwecke⟩ *umdeutende Darstellung der Geschichte [aus dem Titel eines Buches von Johann Fischart (1546–1590)]*

Ge|schichts|phi|lo|so|phie ⟨f., -, nur Sg.⟩ *philosophische Betrachtung und Deutung des Sinnes der Geschichte*

Ge|schichts|schrei|bung ⟨f., -, nur Sg.⟩ *schriftliche Darstellung der Geschichte (6)*

Ge|schichts|werk ⟨n.1⟩ *umfangreiche wissenschaftliche Darstellung der Geschichte (6)*

Ge|schick ⟨n.1⟩ **1** ⟨nur Sg.⟩ *das Geschicktsein, Geschicklichkeit, Eignung;* (kein) G. für eine Tätigkeit haben; viel G. etwas basteln; sie hat großes G. mit Kindern; er hat dabei großes G. bewiesen; ihm fehlt dafür das nötige G. **2** ⟨nur Sg.⟩ *Ordnung;* so hat das kein G.; eine Sache wieder ins G. bringen **3** *Schicksal, Los, Fügung;* ein gütiges G. hat ihn davor bewahrt; ein trauriges G. entriß uns unseren Sohn

Ge|schick|lich|keit ⟨f., -, nur Sg.⟩ *Fähigkeit zum raschen und gewandten Arbeiten oder Handeln;* ein Gerät mit großer G. handhaben

ge|schickt ⟨Adj.⟩ **1** *die richtigen, passenden Bewegungen, Griffe, Worte anwendend, rasch und gewandt;* sie hat ~e Finger; sie ist eine ~e Schneiderin; mit ein paar ~en Griffen; g. ausweichen; er ist technisch sehr g.; etwas g. formulieren; wenn man den Stoff g. verarbeitet, reicht er für ein Kleid **2** *sich einfühlend und gewandt, umsichtig und vorausschauend;* g. mit Menschen umgehen; er hat die Verhandlungen g. geführt; durch ~e Fragen etwas herausbekommen **3** *geeignet, passend;* das Messer ist für diesen Zweck nicht sehr g.; der Zeitpunkt ist recht g., ist nicht g. für unser Vorhaben

Ge|schie|be ⟨n., -s, nur Sg.⟩ **1** *andauerndes, lästiges Schieben* **2** *von Gletschern mitgeführ-* *te und abgelagerte, vielfach geritzte Gesteinsbrocken;* vgl. *Geröll*

Ge|schie|be|lehm ⟨m., -(e)s, nur Sg.⟩ *im Geschiebe (2) enthaltener Lehm*

Ge|schirr ⟨n.1⟩ **1** *Gesamtheit der Gegenstände, aus denen gegessen und getrunken und in denen gekocht und zubereitet wird* (Eß~, Speise~, Kaffee~, Küchen~); G. spülen; gebrauchtes, schmutziges G. **2** *Seil- und Riemenzeug, das der Verbindung zwischen Zugtier und Wagen herstellt* (Kumt~, Sielen~); ein Pferd ins G. spannen; der Hund geht gut im G. [< ahd. *gsceran* „scheren, schneiden", wörtl. etwa „Zurechtgeschnittenes"]

Ge|schlecht ⟨n.3⟩ **1** *Gesamtheit der Geschlechtsmerkmale;* männliches, weibliches G. **2** *alle Lebewesen, die bestimmte Geschlechtsmerkmale aufweisen;* das männliche G. *die Männer,* das weibliche G. *die Frauen;* das andere G. *die Männer (von den Frauen her gesehen), die Frauen (von den Männern her gesehen);* das schöne, schwache G. ⟨veraltend⟩ *die Frauen* **3** *Familie (mit allen Vorfahren);* das G. derer von Hohenzollern **4** *Generation, Nachkommenschaft bzw. Vorfahren;* die kommenden, früheren ~er **5** *Gattung, Art;* das menschliche G. **6** ⟨nur Sg.; kurz für⟩ →*Geschlechtsteil;* entblößtes G. **7** ⟨Gramm.⟩ *jede der Klassen, nach denen die Substantive und Pronomen eingeteilt werden;* Syn. *Genus;* männliches, weibliches, sächliches G.

Ge|schlech|ter|kun|de ⟨f., -, nur Sg.⟩ →*Genealogie*

ge|schlecht|lich ⟨Adj., o.Steig.⟩ **1** *das Geschlecht (1) betreffend;* ~e Fortpflanzung *Fortpflanzung durch nach dem Geschlecht unterschiedene Zellen, die bei der Befruchtung paarweise verschmelzen;* Ggs. *ungeschlechtliche Fortpflanzung* **2** *auf dem Geschlechtstrieb beruhend;* ~e Liebe *sexuelle Hingezogenheit und/oder sexueller Verkehr (im Unterschied zur platonischen Liebe);* ~er Verkehr →*Geschlechtsverkehr*

Ge|schlechts|akt ⟨m.1⟩ →*Koitus;* Syn. *Akt*

Ge|schlechts|chro|mo|som ⟨[-kro-] n.12⟩ *Chromosom, das über das Geschlecht (1) entscheidet;* Syn. *Gonosom*

Ge|schlechts|di|mor|phis|mus ⟨m., -, -men; Biol.⟩ *sehr unterschiedliches Aussehen der beiden Geschlechter einer Art (z.B. beim Frostspanner, Kampfläufer)*

Ge|schlechts|drü|se ⟨f.11⟩ *Drüse, die für Bildung und Abgabe der Geschlechtszellen sorgt und die Geschlechtshormone produziert (der Eierstock bei der Frau, die Hoden beim Mann);* Syn. *Gonade, Keimdrüse*

Ge|schlechts|hor|mon ⟨n.1⟩ *Hormon der Geschlechtsdrüsen (auch der Nebennierenrinde; z.B. Östrogen, Testosteron);* Syn. *Sexualhormon*

ge|schlechts|krank ⟨Adj., o.Steig.⟩ *an einer Geschlechtskrankheit leidend*

Ge|schlechts|krank|heit ⟨f.10⟩ *Infektionskrankheit, deren Übertragung fast ausschließlich durch den Koitus erfolgt und die vorwiegend die Geschlechtsorgane befällt;* Syn. ⟨veraltend⟩ *venerische Krankheit*

Ge|schlechts|le|ben ⟨n., -s, nur Sg.⟩ *Gesamtheit der sexuellen Vorgänge und Empfindungen (eines Menschen);* Syn. *Sexualleben;* ein normales, gesundes G. führen

Ge|schlechts|merk|mal ⟨n.1⟩ *körperliches Merkmal, durch das sich die beiden Geschlechter (1) unterscheiden;* primäres G. *unmittelbar der Fortpflanzung dienendes, von Geburt an vorhandenes Geschlechtsmerkmal;* sekundäres G. *sich erst während der Pubertät entwickelndes Geschlechtsmerkmal (z.B. Adamsapfel, Brustdrüse)*

Ge|schlechts|na|me ⟨m.15⟩ *Familienname*

Ge|schlechts|or|gan ⟨n.1⟩ *Körperteil oder Organ, das der Fortpflanzung dient;* Syn. *Sexualorgan;* äußeres G.; inneres G.

423

Geschlechtsregister

Ge|schlechts|re|gi|ster ⟨n.5⟩ *Stammbaum*

ge|schlechts|reif ⟨Adj., o.Steig.⟩ *zur Fortpflanzung fähig*

Ge|schlechts|rei|fe ⟨f., -, nur Sg.⟩ *das Geschlechtsreifsein, Fähigkeit zur Fortpflanzung*

Ge|schlechts|teil ⟨n.1⟩ *äußeres Geschlechtsorgan (Penis und Hodensack beim Mann, Klitoris und Schamlippen bei der Frau); auch:* ⟨kurz⟩ *Geschlecht;* Syn. *Genital, Genitale*

Ge|schlechts|trieb ⟨m., -(e)s, nur Sg.⟩ *Trieb, der darauf gerichtet ist, einen sowohl durch die Geschlechtsdrüsen bedingten als auch geistig-seelischen Anreiz zu befriedigen*

Ge|schlechts|ver|kehr ⟨m., -s, nur Sg.⟩ *ein- oder mehrmalige körperliche Vereinigung von Mann und Frau; vgl.* Koitus; *regelmäßig, keinen G. haben*

Ge|schlechts|wort ⟨n.4⟩ → *Artikel (1)*

Ge|schlechts|zel|le ⟨f.11⟩ → *Gamet*

ge|schlif|fen ⟨Adj., übertr.⟩ *gut formuliert, gewandt und treffend;* ~e *Sprache;* ~er *Stil*

Ge|schling ⟨n., -(e)s, nur Sg.⟩, **Ge|schlin|ge** ⟨n., -s, nur Sg.⟩ **1** *Gewirr von Schlingen* **2** ⟨bei Schlachttieren⟩ *Hals, Lunge, Leber und Herz*

ge|schlos|sen ⟨Adj.⟩ **1** *vollkommen, gut gefügt, ohne Lücken und ohne unnötige Zutat;* ~er *Aufbau (eines Kunstwerkes)* **2** *eine Einheit bildend, ohne störende Eigenarten; eine in sich* ~e *Arbeit, Persönlichkeit* **3** *gemeinsam, alle zusammen, sie lehnten den Vorschlag g. ab; die Mitarbeiter standen g. hinter ihm*

Ge|schlos|sen|heit ⟨f., -, nur Sg.⟩ *geschlossene Beschaffenheit; die G. des Aufbaus (dieses Werkes)*

Ge|schmack ⟨m.2 oder m.4⟩ **1** ⟨nur Sg.⟩ *Art, wie etwas Eß- oder Trinkbares schmeckt; herber, süßer, saurer, bitterer G.; einen schlechten G. im Mund haben* **2** ⟨nur Sg.⟩ *Fähigkeit, wahrzunehmen, wie etwas Eß- oder Trinkbares schmeckt, Geschmackssinn; infolge meiner Erkältung habe ich gar keinen G.; er hat einen feinen G.* **3** *Fähigkeit, Schönes und Häßliches, künstlerisch Wertvolles und Wertloses zu unterscheiden, Sinn für Stil, für gutes, überlegenes Benehmen; er hat G.; er hat viel, wenig, keinen G.; ihm auf seine Grobheit ebenso zu antworten, dazu hatte sie zuviel G.; ihre Wohnung zeugt von G.* **4** *individuelles Empfinden für die Art, wie etwas schmeckt, Empfinden (einer Person, einer Epoche) für Schönes und Häßliches; für meinen G. ist das Essen zu stark gewürzt, sind die Farben zu grell; er malt im G. seiner Zeit; über Geschmack läßt sich (nicht) streiten; die Geschmäcker sind verschieden*

ge|schmäck|le|risch ⟨Adj.⟩ *übertrieben fein oder anspruchsvoll in Fragen des Geschmacks*

ge|schmack|lich ⟨Adj., o.Steig.; nur als Attr. und Adv.⟩ *hinsichtlich des Geschmacks; das Essen war g. gut, aber nicht hübsch angerichtet; ihre Bemerkung war zwar richtig, aber g. eine Entgleisung*

ge|schmack|los ⟨Adj.⟩ *ohne Geschmack; das Essen ist völlig g.; sie kleidet sich g.; seine Bemerkung war g.*

Ge|schmack|lo|sig|keit ⟨f.10⟩ **1** ⟨nur Sg.⟩ *geschmacklose Beschaffenheit* **2** *geschmacklose Bemerkung, geschmackloses Benehmen; er hat sich noch andere* ~en *geleistet*

Ge|schmacks|knos|pe ⟨f.11⟩ *auf der Zunge von Mensch und Wirbeltieren knospenähnliche Vereinigung von Sinneszellen als Organ des Geschmackssinnes*

Ge|schmack(s)|sa|che ⟨f.11⟩ *Sache, die dem Geschmack des einzelnen überlassen werden muß; es ist G., ob man das schön findet oder nicht*

Ge|schmack(s)|sinn ⟨m., -(e)s, nur Sg.⟩ → *Geschmack (2)*

ge|schmack|voll ⟨Adj.⟩ *voller Geschmack,* *von Geschmack zeugend; sich g. kleiden; die Wohnung ist g. eingerichtet*

Ge|schmei|de ⟨n.5⟩ *kostbarer Schmuck (bes. Halsketten, Armbänder);* [< mhd. *gesmide* „Metall, Metall-, Schmiedearbeit, Metallschmuck", zu *schmieden*]

ge|schmei|dig ⟨Adj.⟩ **1** *biegsam, nachgebend und doch fest;* ~e *Zweige;* ~es *Leder* **2** *gelenkig, gewandt und weich;* ~e *Bewegungen; sich g. durch eine Lücke hindurchschlängeln* **3** *geschickt und liebenswürdig; g. einer Antwort aus dem Wege gehen* [eigtl. „leicht zu schmieden, zu bearbeiten"] **Ge|schmei|dig|keit** ⟨f., -, nur Sg.⟩

Ge|schmeiß ⟨n., -es, nur Sg.⟩ **1** *ekelhaftes Ungeziefer* **2** *verabscheuungswürdige Menschen, Pack* **3** ⟨Jägerspr.; bei Greifvögeln⟩ → *Losung*

ge|schmerzt ⟨Adj., o.Steig.; nur mit „sein", ugs., scherzh.⟩ *g. sein seelische Schmerzen empfinden; ich bin g. (über sein Verhalten)*

Ge|schmier ⟨n., -s, nur Sg.⟩ **1** *unsauber, unsachgemäß Geschriebenes oder Gemaltes* **2** *moralisch abstoßendes Geschriebenes; G. auf Hauswänden*

Ge|schnat|ter ⟨n., -s, nur Sg.⟩ **1** *das Schnattern* **2** ⟨übertr.⟩ *lautes Durcheinanderreden (bes. von Frauen)*

Ge|schnet|zel|te(s) ⟨n.17 oder 18⟩ *Speise aus streifig geschnittenem Fleisch mit Soße (Kalbs-, Truthahn-)*

ge|schnie|gelt ⟨Adj.⟩ *übermäßig gepflegt, sehr fein gekleidet und frisiert;* ~es *Äußeres; ein* ~er *Kerl; g. und gebügelt*

Ge|schöpf ⟨n.1⟩ **1** ⟨urspr.⟩ *Lebewesen (im Hinblick auf das Wirken eines übernatürlichen Schöpfers betrachtet); G. Gottes; alle* ~e *der Natur* **2** *Wesen, Lebewesen; das arme G.; ein elendes, bedauernswertes G.; du undankbares G.!* **3** *junges Mädchen, Kind; ein reizendes G.* **4** *bevorzugter, aber abhängiger Mensch; sie ist sein G.; er ist ein G. des Fürsten*

Ge|schoß ⟨n.1⟩ **1** *Gegenstand, der aus oder mittels einer Waffe verschossen wird und dessen Bewegung während des Fluges nicht mehr willkürlich geändert werden kann (im Unterschied zur Rakete);* Syn. *Projektil* **2** *Gesamtheit der in einer Ebene liegenden, gleich hohen Gebäudeteile;* Syn. *Stockwerk* [zu *schießen,* in der Bed. 2 im Sinne von „in die Höhe gehen"]

...ge|schos|sig ⟨in Zus.⟩ *mit einer bestimmten oder unbestimmten Anzahl von Geschossen (2) versehen, z.B. zweigeschossig, mehrgeschossig*

ge|schraubt ⟨Adj.⟩ *unnatürlich, gekünstelt, geziert;* ~er *Stil;* ~e *Ausdrucksweise* **Ge|schraubt|heit** ⟨f., -, nur Sg.⟩

Ge|schrei ⟨n., -s, nur Sg.⟩ **1** *das Schreien* **2** *großes Aufhebens; viel G. um etwas machen*

Ge|schreib|sel ⟨n., -s, nur Sg.⟩ **1** *schwer leserlich Geschriebenes* **2** *wenig gehaltvoller Brief, inhaltlich wertloses Schriftwerk*

Ge|schütz ⟨n.1⟩ *zum Handgebrauch nicht verwendbare, große Feuerwaffe (z.B. Haubitze, Kanone, Mörser); schweres G. auffahren* ⟨übertr.⟩ *jmdm. deutlich, sogar grob die Meinung sagen* [urspr. „Gesamtheit der Schußwaffen"]

Ge|schütz|stand ⟨m.2; Mil.⟩ *Stellung eines Geschützes*

Ge|schwa|der ⟨n.5⟩ **1** ⟨früher⟩ *starke Reiterformation* **2** *Verband gleichartiger Kriegsschiffe* **3** *Verband von Flugzeugen* [< mhd. *swader* „Reiter, Flottenteil", < ital. *squadrone,* → *Schwadron*]

Ge|schwa|fel ⟨n., -s, nur Sg.⟩ *das Schwafeln*

ge|schwänzt ⟨Adj.⟩ *mit Schwanz versehen; der dreifach* ~e *Heidelberger Wappenlöwe;* ~e *Musiknote*

Ge|schwätz ⟨n., -es, nur Sg.⟩ **1** *das Schwätzen* **2** *leeres Gerede*

ge|schwät|zig ⟨Adj.⟩ **1** *gern und viel redend* **2** *leicht ausplaudernd (was man für sich behalten sollte)* **Ge|schwät|zig|keit** ⟨f., -, nur Sg.⟩

ge|schweift ⟨Adj., o.Steig.⟩ *mit einem Schweif versehen; geschweifter Stern Komet* **2** *gebogen, geschwungen;* ~e *Stuhlbeine;* ~e *Klammer doppelt gebogene Klammer* ⟨Zeichen: { }⟩

ge|schwei|ge ⟨Konj.⟩ *nach verneinenden Aussagen, meist in der Fügung g. denn noch viel weniger; ich habe ihn nicht angerufen, g. eingeladen; er hat mit seinem Roman keine Anerkennung gefunden, g. einen Preis bekommen* [zum veralteten Verb *geschweigen* „schweigen"]

ge|schwei|gen ⟨V., †, nur noch in der Fügung⟩ *ganz zu g. von ... ganz zu schweigen von ..., ich will schweigen von ..., ich will gar nicht reden von ...; der Garten macht viel Arbeit, ganz zu g. von dem Geld, das er kostet*

ge|schwind ⟨Adj.⟩ *rasch, schnell; ich will g. noch etwas einkaufen*

Ge|schwin|dig|keit ⟨f.10⟩ **1** *in einer Zeiteinheit zurückgelegter Weg (Licht~, Sink~, Umlauf~)* **2** *Schnelligkeit; mit großer G.; mit einer G. von 100 Stundenkilometern*

Ge|schwin|dig|keits|mes|ser ⟨m.5⟩ → *Tachometer*

Ge|schwi|ster ⟨n.5⟩ **1** ⟨nur Sg., Biol., Statistik⟩ *eines von mehreren Kindern, Bruder, Schwester* **2** ⟨nur Pl.⟩ *Bruder und Schwester, Brüder und Schwestern; die beiden sind G.; sie sind zu Hause drei G.; hast du noch G.?*

Ge|schwi|ster|chen ⟨n.7⟩ *kleine Schwester, kleiner Bruder; er hat ein G. bekommen*

Ge|schwi|ster|kind ⟨n.3; †⟩ *Kind der Schwester oder des Bruders; er, sie ist mein G.*

ge|schwi|ster|lich ⟨Adj., o.Steig.⟩ *(guten) Geschwistern eigen, zu (guten) Geschwistern gehörig, wie unter (guten) Geschwistern üblich;* ~e *Liebe, etwas g. teilen* **2** *wie Geschwister; g. zusammenleben*

Ge|schwi|ster|paar ⟨n.1⟩ *Bruder und Schwester*

ge|schwol|len ⟨Adj., übertr.⟩ *wichtigtuerisch, angeberisch; g. daherreden;* ~e *Ausdrucksweise*

Ge|schwor|nen|ge|richt ⟨n.1; in Österreich⟩ *Gericht aus drei Richtern und acht Geschwornen; vgl. Schwurgericht*

Ge|schwor|ne(r) ⟨m.17 oder 18; in Österreich⟩ *ehrenamtlicher Beisitzer (Laienrichter) des Geschwornengerichts* **2** ⟨in der BRD⟩ *Schöffe*

Ge|schwulst ⟨f.2⟩ **1** *Anschwellung durch Stauung von Blut oder entzündlicher Flüssigkeit im Gewebe* **2** *Gewebewucherung mit fortschreitendem Wachstum ohne erkennbare Ursache;* Syn. *Tumor; bösartige G.; gutartige G. [→ schwellen]*

Ge|schwür ⟨n.1⟩ *tiefgehende, langsame Zerstörung eines Oberflächengewebes mit Absonderung von eitrigem, wäßrigem oder blutigem Sekret;* Syn. *Ulkus, Ulcus, ⟨†⟩ Schwäre* [→ *schwären*]

Ges-Dur ⟨n., -, nur Sg.; Mus.⟩ *auf dem Grundton Ges aufbauende Dur-Tonart*

ge|seg|nen ⟨V.1, hat gesegnet; mit Dat. u. Akk.; †⟩ *segnen; gesegne es dir Gott!*

Ge|sei|er ⟨n., -s, nur Sg.⟩, **Ge|sei|res** ⟨n., nur Sg.; ugs.⟩ *weitläufiges, blödes, klagendes Gerede* [< jidd. *geseires* „böses Verhängnis"]

Ge|sel|ch|te(s) ⟨n.17 oder 18; bayr.-österr.⟩ → *Geräucherte(s)*

Ge|sell ⟨m.10; geh.⟩ → *Geselle (2)*

Ge|sel|le ⟨m.11⟩ **1** *Handwerker, der nach Beendigung seiner Lehrzeit eine Prüfung (Gesellenprüfung) abgelegt hat* **2** ⟨veraltend⟩ *Bursche, Kerl; auch:* ⟨geh.⟩ *Gesell; ein lustiger, wilder G.* [< mhd. *geselle* „Hausgenosse", eigtl. „jmd., der mit einem den Speise- oder Schlafraum teilt", zu *sal* „Wohnsitz, Haus, Speise-, Schlafraum"]

ge|sel|len ⟨V.1, hat gesellt; refl.⟩ sich jmdm. oder zu jmdm. g. **1** *(von Personen) sich jmdm. anschließen, mitjmdm. gehen;* auf dem Heimweg gesellte er sich zu uns **2** *(von Sachen) dazukommen;* zu meiner Erkältung gesellten sich auch noch Ohrenschmerzen

Ge|sel|len|brief ⟨n.1⟩ *Nachweis über die abgelegte Gesellenprüfung*

Ge|sel|len|prü|fung ⟨f.10⟩ *(vor der Handwerkskammer oder Innung abzulegende) Prüfung, deren Bestehen zur Ausübung eines Handwerkes im Angestelltenverhältnis berechtigt*

Ge|sel|len|stück ⟨n.1⟩ *handwerkliche Arbeit, die bei der Gesellenprüfung ausgeführt werden muß;* sein G. machen

ge|sel|lig ⟨Adj.⟩ **1** *im Rudel, in der Gruppe (lebend);* ~e Tiere; g. lebende Tiere **2** *gern in Gesellschaft, gern mit andern zusammen;* er ist sehr g. **3** *zwanglos mit mehreren Personen;* ~es Beisammensein

Ge|sel|lig|keit ⟨f.10⟩ **1** ⟨nur Sg.⟩ *gesellige Wesensart* **2** ⟨nur Sg.⟩ *zwanglose Beisammensein mit andern Menschen;* er liebt die G.; die G. pflegen **3** *zwanglose Veranstaltung für mehrere Personen, geselliger Abend;* jmdn. zu einer kleinen G. einladen

Ge|sell|schaft ⟨f.10⟩ **1** *in sich gegliederte Gruppe von Menschen, die unter bestimmten Bedingungen und nach einer bestimmten Ordnung zusammenleben* (Klassen~) **2** *Vereinigung von Personen zu einem bestimmten Zweck mit gemeinsamem Ziel* (Handels~); literarische G.; eine G. gründen **3** *gesellige Gruppe von Menschen* (Tisch~, Reise~); eine lustige G.; ihr seid ja eine langweilige G.! **4** *Veranstaltung zum geselligen Beisammensein;* eine G. geben; sie gehen viel zu ~en **5** *maßgebende, führende (reiche) Schicht (der Bevölkerung);* eine Dame der G. **6** *Möglichkeit des Zusammenseins, des gemeinsamen Tuns;* bringt eure Tochter mit, dann hat unsere Kleine ein bißchen G.; jmdm. G. leisten mit jmdm. zusammen sein, damit er nicht allein ist; ich trinke (dir) zur G. ein Glas Wein mit damit du nicht allein trinkst

Ge|sell|schaf|ter ⟨m.5⟩ **1** *Teilhaber (einer Handelsgesellschaft)* **2** ⟨in den Fügungen⟩ guter, schlechter G. *jmd., der sich gut, nicht gut mit andern unterhalten kann*

Ge|sell|schaf|te|rin ⟨f.10⟩ **1** *weiblicher Gesellschafter (1)* **2** *(früher) Angestellte zur Unterhaltung und Begleitung einer Frau der höheren Gesellschaftsschichten*

ge|sell|schaft|lich ⟨Adj., o.Steig.⟩ **1** *die Gesellschaft (eines Volkes) betreffend;* ~e Struktur; ~ **2** *zur höheren Gesellschaft (5) gehörend; dort üblich;* ~e Umgangsformen; ~er Verkehr **3** *im Hinblick auf die Gesellschaft, innerhalb der Gesellschaft;* seine ~e Stellung **4** ⟨DDR⟩ *zum Nutzen der Gesellschaft;* ~e Leistungen; sich g. betätigen

Ge|sell|schafts|kri|tik ⟨f., -, nur Sg.⟩ *Kritik an bestimmten Zuständen einer Gesellschaft (1);* Syn. Sozialkritik

ge|sell|schafts|kri|tisch ⟨Adj.⟩ *in der Art einer Gesellschaftskritik;* ~es Theaterstück

Ge|sell|schafts|ord|nung ⟨f.10⟩ *Art, wie eine Gesellschaft (1) aufgebaut, geordnet ist;* feudale, kapitalistische, sozialistische G.

Ge|sell|schafts|rei|se ⟨f.11⟩ *von einem Unternehmen veranstaltete Reise für eine Gruppe von Personen*

Ge|sell|schafts|spiel ⟨n.1⟩ *unterhaltendes Spiel für mehrere Personen*

Ge|sell|schafts|tanz ⟨m.2⟩ *Tanz, wie er von den Angehörigen der oberen Gesellschaftsschichten getanzt wird*

Ge|sell|schafts|wis|sen|schaft ⟨f., -, nur Sg.⟩ →Soziologie

Ge|senk ⟨n.1⟩ **1** *Hohlform zum Schmieden* **2** ⟨Bgb.⟩ *blind endender Schacht* **3** ⟨Fischerei⟩ *Gewicht zum Beschweren des Netzes*

ges, Ges ⟨n., -, -; Mus.⟩ *das um zwei halbe Töne erniedrigte ges bzw. Ges*

Ge|setz ⟨n.1⟩ **1** *Regel, nach der etwas abläuft* (Natur~) **2** *vom Menschen, von der Erfahrung und Beobachtung erkannt worden ist, allen Nachprüfungen standgehalten hat und sich als Formel darstellen läßt;* physikalische, mathematische ~e **3** *vom Staat festgelegte Regel, durch die bestimmt wird, daß und wie etwas zu geschehen hat* (Staats~); ein G. erlassen, aufheben; ein G. übertreten **4** *Richtschnur, Richtlinie;* die ~e der Dichtkunst, des Dramas; musikalische ~e; sich etwas zum G. machen; G. des Handelns

Ge|set|zes|kraft ⟨f., -, nur Sg.⟩ *Gültigkeit eines Gesetzes;* die Bestimmung hat G. erlangt

ge|setz|lich ⟨Adj., o.Steig.⟩ *durch Gesetz(e), aufgrund eines Gesetzes oder von Gesetzen;* ~e Bestimmungen; das ist g. geregelt

ge|setz|mä|ßig ⟨Adj., o.Steig.⟩ *in der Art eines Gesetzes (1);* ~er Ablauf

Ge|setz|mä|ßig|keit ⟨f., -, nur Sg.⟩ *gesetzmäßige Beschaffenheit, gesetzmäßiger Ablauf;* die G. dieser Erscheinungen; die G., mit der dieser Vorgang immer wieder abläuft

ge|setzt ⟨Adj.⟩ *ruhig und würdevoll, ernst und gelassen;* Mann von ~em Charakter, von ~em Wesen, von ~em Auftreten

Ge|setzt|heit ⟨f., -, nur Sg.⟩

ges. gesch. ⟨Abk. für⟩ *gesetzlich geschützt*

Ge|sicht I ⟨n.3⟩ **1** *vorderer Teil des Kopfes, vom Haaransatz bis zur Kinnspitze;* Syn. ⟨geh.⟩ Angesicht, Antlitz, ⟨abwertend⟩ Visage; ein ebenmäßiges, gut geschnittenes, schönes, häßliches G. **2** *Gesichtssinn, Sehvermögen;* sein G. läßt nach **3** *Gesichtsausdruck, Miene;* ein dummes G. machen; ein G. ziehen enttäuscht, unmutig dreinschauen; bekannte ~er bekannte Personen; ich sah viele neue ~er viele mir noch nicht bekannte Personen; ein langes G. machen *eine enttäuschte Miene machen;* er sieht seinem Vater sehr ähnlich g. geschnitten *er sieht seinem Vater sehr ähnlich;* jmdm. ins G. lügen *jmdn. dreist, ohne Hemmungen anlügen;* jmdm. etwas ins G. sehen *sich mit einer Gefahr auseinandersetzen;* man kann es ihm vom G. ablesen, daß er lügt; das steht ihr gut zu G. *das steht ihr, das kleidet sie gut* **4** ⟨nur Sg.⟩ *Ansehen, äußerer Schein;* das G. verlieren; sein G. wahren **5** *Aussehen, Äußeres, Gepräge;* das G. einer Landschaft; jetzt bekommt die Sache ein G., das richtige G. *jetzt sieht die Sache allmählich aus, wie sie aussehen soll;* ein paar Blumen geben dem Raum ein ganz anderes G. **6** *Gesichtskreis;* das springt einem doch ins G. *das sieht man doch sofort;* ich habe ihn noch nicht zu G. bekommen *ich habe ihn noch nicht gesehen*
II ⟨n.1⟩ **1** *Ahnungsvermögen; das Zweite haben* **2** *übersinnliche Erscheinung, Vision;* sie hat ~e

Ge|sichts|aus|druck ⟨m., -s, nur Sg.⟩ *(auf einer bestimmten seelischen Verfassung beruhender) Ausdruck des Gesichts, Miene;* sein G. wechselse ständig; trauriger, gespannter G.

Ge|sichts|feld ⟨n.3⟩ *Raum, der bei ruhiger Kopfhaltung ohne Augenbewegung ausreichend klar übersehen werden kann;* vgl. Blickfeld

Ge|sichts|kreis ⟨m.1⟩ **1** →Horizont (1,4) **2** ⟨übertragen⟩ *Bereich, den man geistig überblickt, Kenntnisse, Erfahrungen;* seinen G. erweitern; einen großen, engen, begrenzten G. haben

Ge|sichts|punkt ⟨m.1⟩ *Möglichkeit, Art der Betrachtung;* etwas von einem anderen G. aus betrachten; einen neuen G. zu einem Thema ins Gespräch bringen; das ist ein G. *das ist eine vernünftige Betrachtungsweise*

Ge|sichts|sinn ⟨m., -(e)s, nur Sg.⟩ *Fähigkeit zu sehen;* auch: ⟨kurz⟩ Gesicht

Ge|sichts|ver|lust ⟨m., -(e)s, nur Sg.⟩ *Verlust an Ansehen;* vgl. Gesicht (I,4)

Ge|sichts|was|ser ⟨n.6⟩ *wasserklare kosmetische Flüssigkeit zur Reinigung des Gesichts*

Ge|sichts|win|kel ⟨m.5⟩ **1** *Winkel, den die von den äußersten Begrenzungspunkten eines Gegenstandes ausgehenden Strahlen an ihrem Schnittpunkt im Auge bilden;* Syn. Sehwinkel **2** *Standpunkt, Betrachtungsweise;* eine Sache unter einem anderen G. betrachten (als jmd., als bisher) *von einem anderen Standpunkt aus, auf andere Weise*

Ge|sichts|zug ⟨m.2; meist Pl.⟩, **Ge|sichts|zü|ge** *kennzeichnende Prägung eines Gesichtes (bes. um Augen, Mund und Nase);* auch: ⟨kurz⟩ Züge; verhärmte, strenge, weiche, edle, feine Gesichtszüge

Ge|sims ⟨n.1⟩ *waagerecht aus der Mauer hervortretender Streifen (zur Gliederung einer Wandfläche);* auch: Sims

Ge|sin|de ⟨n., -, nur Sg.⟩ *alle Knechte und Mägde (eines Haushalts), Dienerschaft* (Hof~)

Ge|sin|del ⟨n., -s, nur Sg.⟩ *arbeitsscheue, betrügerische, verbrecherische Menschen;* dort treibt sich allerlei G. herum; lichtscheues G.

ge|sinnt ⟨Adj., o.Steig.⟩ *innerlich eingestellt, (eine bestimmte) Gesinnung habend;* alle ihm freundlich ~en Kollegen; jmdm. freundlich, wohlwollend g. sein *ihm freundlich, wohlwollend gegenüberstehen*

Ge|sin|nung ⟨f.10⟩ *innere Einstellung, Haltung, Denkweise;* anständige, ehrliche, gute, niedrige ~; politische ~; liberale, fortschrittliche G.; seine G. wechseln

Ge|sin|nungs|ge|nos|se ⟨m.11⟩ *jmd., der die gleiche Gesinnung hat*

Ge|sin|nungs|lum|pe|rei ⟨f., -, nur Sg.⟩ *rücksichtsloser Wechsel der Gesinnung je nach der politischen Lage*

Ge|sin|nungs|schnüf|fe|lei ⟨f.10⟩ *heimlich angestellte Nachforschungen, mit denen man jmds. (politische) Gesinnung herauszufinden sucht*

Ge|sin|nungs|tä|ter ⟨m.5⟩ *jmd., der aus weltanschaulicher oder politischer Überzeugung eine strafbare Handlung begeht*

ge|sit|tet ⟨Adj.⟩ **1** *der Sitte, den Regeln des Anstands entsprechend;* ~es Benehmen **2** *sittsam, sehr wohlerzogen, sehr brav*

Ge|sit|tung ⟨f., -, nur Sg.⟩ *gesittetes Benehmen, kultiviertes Verhalten*

ges-Moll ⟨n., -, nur Sg.; Mus.⟩ *auf dem Grundton ges aufbauende Moll-Tonart*

Ge|socks ⟨n., -, nur Sg.; ugs.⟩ *undurchschaubare, unangepaßte, fragwürdige Leute, Leute, denen man nicht trauen kann*

Ge|söff ⟨n.1; ugs.⟩ **1** *schlechtes Getränk* **2** ⟨scherzh.⟩ *Getränk;* das ist ein herrliches, köstliches G. [zu *saufen*]

ge|son|nen →sinnen

Ge|span¹ ⟨m.1 oder m.10; †⟩ *Genosse, Gefährte* [< mhd. gespan „Gefährte", wohl zu spannen „ziehen", also „jmd., der mit einem die gleiche Arbeit des Ziehens verrichtet"]

Ge|span² ⟨m.1, früher⟩ *ungarischer Verwaltungsbeamter* [ung.]

Ge|spann ⟨n.1⟩ **1** *zusammengespannte Zugtiere* (Vierer~) **2** *Zugtier(e) und Wagen* (Ochsen~) **3** ⟨übertr.⟩ *zwei zusammengehörige Personen* (Führungs~); die beiden bilden ein gutes S., sind ein lustiges G.

ge|spannt ⟨Adj.⟩ *voller Spannung;* in ~er Erwartung; mit ~er Aufmerksamkeit; ich bin sehr g., wie es weitergeht; du machst mich g.!

Ge|spannt|heit ⟨f., -, nur Sg.⟩ *das Gespanntsein, Spannung*

Ge|spann|schaft ⟨f.10; früher⟩ *Amtsbezirk eines Gespans²*

Ge|sparr ⟨n., -(e)s, nur Sg.⟩ *Gesamtheit der Sparren eines Daches*

Ge|spär|re ⟨n., -s, nur Sg.⟩ *zwei einander gegenüberliegende Sparren (eines Daches)*

ge|spa|ßig ⟨hochdt. für⟩ →gspaßig

Ge|spenst ⟨n.3⟩ **1** *furchterregende Erschei-*

nung (in menschenähnlicher Gestalt), Geist (eines Toten); ein G. geht hier um **2** ⟨übertr.⟩ *Gefahr;* das G. einer Epidemie; du siehst ~er *du siehst Gefahren, wo keine sind*

Ge|spens|ter|bal|la|de ⟨f.11⟩ Ballade, in der ein Gespenst eine Rolle spielt

ge|spens|tern ⟨V.1, hat gespenstert; o.Obj.⟩ als Gespenst umgehen, spuken, sich wie ein Gespenst umherbewegen

Ge|spenst|heu|schre|cke ⟨-k|k-; f.11⟩ bizarr gestalteter Vertreter einer Ordnung der Geradflügler (in warmen Ländern; z.B. Stabheuschrecke, Wandelndes Blatt)

ge|spens|tig ⟨†⟩ →*gespenstisch*

ge|spens|tisch ⟨Adj.⟩ **1** *wie ein Gespenst;* ~e Erscheinung **2** *wie von einem Gespenst verursacht, unheimlich;* das ist ja g.!

ge|sper|bert ⟨Adj., o.Steig.⟩ *in hellen und dunklen Wellenlinien gezeichnet wie die Unterseite eines Sperbers (bes. bei Farbvarianten vom Ziergeflügel*

Ge|sperr ⟨n., -(e)s, nur Sg.⟩; **Ge|sper|re** ⟨n., -s, nur Sg.⟩ **1** *Vorrichtung zum Sperren, Hemmen* **2** ⟨Jägerspr.; beim Auer-, Birkhuhn und Fasan⟩ *Küken und die sie führende Henne*

Ge|spie|le ⟨m.11⟩ *Spielkamerad, Spielgefährte*

Ge|spie|lin ⟨f.10⟩ **1** *Spielgefährtin* **2** ⟨übertr.⟩ *Geliebte*

Ge|spinst ⟨n.1⟩ *etwas Gesponnenes, zartes, feines Gewebe*

Ge|spinst|fa|ser ⟨f.11⟩ *pflanzliche, tierische oder synthetische Faser, die sich zu Fäden verzwirnen läßt*

Ge|spinst|mot|te ⟨f.11⟩ *Vertreter einer Familie der Kleinschmetterlinge mit gefransten Flügeln, deren Raupen leben in großen, grauen Gespinsten, die ganze Bäume einhüllen können*

Ge|spons **I** ⟨m.1; †⟩ *Gefährte, Kamerad* **2** *Ehemann* (Ehe~) **II** ⟨n.1; †⟩ *Ehefrau*

Ge|spött ⟨n., -s, nur Sg.⟩ **1** *das Spotten, Spott* **2** *Gegenstand des Spotts;* du machst dich ja zum G. der Leute; ich will nicht zum G. der Leute werden

Ge|spräch ⟨n.1⟩ **1** *das Sprechen miteinander, Wechsel von Rede und Gegenrede, Unterhaltung;* ein G. führen; sich auf ein (kein) G. einlassen; G. auf etwas bringen; mit jmdm. im G. bleiben *in Verbindung bleiben;* mit jmdm. ins G. kommen; Ihr Vorschlag ist schon im G. *Ihr Vorschlag wird schon besprochen* **2** *das Sprechen am Telefon* (mit jmdm.; Telefon~, Fern~, Orts~); ein G. abnehmen, übernehmen **3** *Gegenstand des Geredes der Leute;* der Vorfall wurde zum G. im ganzen Dorf

ge|sprä|chig ⟨Adj.⟩ *zum Sprechen, Erzählen geneigt, bereit zu reden, zu erzählen;* er ist (nicht) sehr g.; allmählich wurde er g.

Ge|sprächs|ein|heit ⟨f.10⟩ *bei Telefongesprächen) Zeiteinheit, die in einen bestimmten Geldbetrag umgerechnet wird*

Ge|sprächs|ge|gen|stand ⟨m.2⟩ *etwas, worüber ein Gespräch geführt wird, Gegenstand, Thema eines Gesprächs*

Ge|sprächs|stoff ⟨m.1⟩ *etwas, worüber man Gespräche führen kann, worüber man sich unterhalten, Gedanken austauschen kann;* wir haben immer G.; uns geht der G. nie aus

Ge|sprächs|zäh|ler ⟨m.5; im Selbstwählferndienst⟩ *Schrittzählwerk, durch das die Gebühren für ein Gespräch ermittelt werden*

ge|spreizt ⟨Adj.⟩ *unnatürlich, geziert, gekünstelt;* sich g. benehmen

Ge|spreizt|heit ⟨f., -, nur Sg.⟩

Ge|spren|ge ⟨n.5⟩ **1** ⟨auf got. Flügelaltären⟩ *geschnitzter, reich gegliederter Aufbau* **2** ⟨Bgb.⟩ *steil aufsteigendes Gesteinsmassiv* [zu (hinauf)springen]

Ge|spritz|te(r) ⟨m.17 oder 18; österr.⟩ *mit Mineralwasser oder Wasser verdünnter Wein*

Ge|spür ⟨n., -s, nur Sg.⟩ *feines Gefühl (für etwas);* er hat ein G. für den Wert alter Möbel

Gest ⟨f., -, nur Sg. oder m., -(e)s, nur Sg.; nddt.⟩ →*Hefe* [< mhd. *gesen* „durch Gären bereiten, hervortreten"]

gest. ⟨bei der Angabe von Lebensdaten⟩ Abk. für *gestorben*

Ge|sta|de ⟨n.5; geh.⟩ *an das Wasser grenzende Seite, Küste, Ufer* [< mhd. *stade* „Ufer", eigtl. „Gesamtheit der Ufer"]

Ge|sta|gen ⟨n.1⟩ *im Gelbkörper gebildetes, weibliches Sexualhormon* [< lat. *gestatio* „das Tragen" und griech. *gennan* „erzeugen, hervorbringen"]

Ge|stalt ⟨f.10⟩ **1** *Form, Umrisse;* einem Gedanken G. geben *ihn in Worten ausdrücken;* das Werk hat jetzt seine endgültige G. bekommen; der Plan nimmt allmählich G. an; eine Vase in G. einer Kugel; Lohn in G. von Naturalien; endlich erschien in Retter in G. des Hausmeisters **2** *Wuchs, Körperbau;* große, kleine, schmächtige G.; sie hat eine zierliche G. **3** *Person im Hinblick auf ihren Wuchs, ihre Wesensart;* sie ist eine zierliche G.; eine dunkle, verdächtige G. kam auf uns zu; zwielichtige ~en **4** *Person (im Schauspiel, Roman, Film usw.);* die G. des Wilhelm Tell **5** *bedeutende Person (der Geschichte);* die großen ~en einer Epoche **6** ⟨Psych.⟩ *organisierte, sinnvolle Einheit oder Ganzheit, die mehr ist als die Summe ihrer Teile;* den Menschen in seiner G. erkennen, analysieren **7** *Wesen* (Engels~, Traum~)

ge|stal|ten ⟨V.2, hat gestaltet⟩ **I** ⟨mit Akk.⟩ *einer Sache* **1** *einer Sache Form geben;* eine Vase aus Ton g.; einen Gedanken, ein Erlebnis als Gedicht g., zum Gedicht g. **2** *eine Sache, den Ablauf einer Sache sich ausdenken und verwirklichen;* einen geselligen Abend, eine Feier g.; eine Rolle (auf der Bühne) g. **II** ⟨refl.⟩ sich g. *sich entwickeln, werden;* die Sache hat sich anders, günstiger, weniger günstig gestaltet als wir dachten; sein Erfolg gestaltete sich zum Triumph

ge|stal|te|risch ⟨Adj., o.Steig.⟩ *im Hinblick auf die Gestaltung;* der „Wilhelm Tell" war eine große ~e Leistung

Ge|stalt|psy|cho|lo|gie ⟨f., -, nur Sg.⟩ *Richtung der Psychologie, die alle geistigen Vorgänge als Wahrnehmung von gegliedertem Ganzen (Gestalten) und nicht bloß als Summe von Teilen auffaßt*

Ge|stalt|the|ra|pie ⟨f., -, nur Sg.; Psych.⟩ *Therapie, die den Menschen als Ganzheit behandelt*

Ge|stal|tung ⟨f., -, nur Sg.⟩ *das Gestalten;* die G. einer Feier, einer Rolle (auf der Bühne)

Ge|stam|mel ⟨n., -s, nur Sg.⟩ *das Stammeln*

Ge|stän|de ⟨n.5; Jägerspr.⟩ →*Horst (1)* [zu *Stand*]

ge|stan|den ⟨Adj., o.Steig.; nur als Attr.⟩ **1** ⟨bayr.-österr.⟩ *von kräftigem Wuchs, gesetztem Wesen, real denkend und in mittlerem Alter;* ein ~es Mannsbild **2** *(nach Überwindung von Schwierigkeiten) gesellschaftlich anerkannt und wirtschaftlich gesichert;* ein ~er Mann, eine ~e Frau **3** *mit fundiertem Wissen (und allgemein anerkannt);* ein ~er Kunsthistoriker

ge|stän|dig ⟨Adj., o.Steig., nur als Attr. und mit „sein"⟩ *(ein Vergehen, eine Tat) gestehend;* ein ~er Angeklagter; der Angeklagte war g. *der Angeklagte gestand seine Tat*

Ge|ständ|nis ⟨n.1⟩ *das Gestehen, Mitteilung (einer Tat, Schuld, eines Gefühls);* Syn. *Eingeständnis;* jmdm. das G. seiner Liebe, ein G. ablegen; jmdm. ein G. machen

Ge|stän|ge ⟨n.5⟩ **1** ⟨Bgb.⟩ →*Gleis* **2** *in Achsrichtung miteinander verbundene, meist bewegliche Stangen oder Rohre zur Kraftübertragung*

Ge|stank ⟨m., -s, nur Sg.⟩ *sehr schlechter, übler Geruch*

Ge|sta|po ⟨f., -, nur Sg.; 1933–45 Kurzw. für⟩ *Geheime Staatspolizei*

ge|stat|ten ⟨V.2, hat gestattet⟩ **I** ⟨mit Akk.⟩ *etwas g. erlauben, seine Zustimmung zu etwas geben;* g. Sie? *darf ich (es nehmen, sehen, darf ich vorbeigehen)?* ⟨Höflichkeitsformel⟩ **II** ⟨mit Dat. (sich) und Akk.⟩ *sich etwas g. sich etwas erlauben, sich die Freiheit nehmen, etwas zu tun;* darf ich mir eine Frage g.?; darf ich mir es morgen anzurufen?

Ge|ste ⟨auch [ge-] f.11⟩ *Gebärde, sprechende Bewegung* [< lat. *gestus* „Bewegung der Hände, des Körpers"]

Ge|steck ⟨n.1⟩ **1** *lose angeordneter Blumenschmuck (im Unterschied zum Gebinde)* **2** *Hutschmuck (z.B. Gamsbart oder verschiedene Vogelfedern)*

ge|ste|hen ⟨V.151, hat gestanden; mit Akk.⟩ *mitteilen (was bisher verborgen war);* eine Missetat, ein Unrecht, ein Verbrechen g.; die Wahrheit g.; jmdm. seine Liebe g.; ich muß g., daß ich es vergessen habe

Ge|ste|hungs|ko|sten ⟨nur Pl.⟩ *Herstellungskosten* [zu gestehen in der frühnhd. Bedeutung „zu stehen kommen, kosten"]

Ge|stein ⟨n.1⟩ **1** *aus Mineralien zusammengesetzter, harter Stoff (als Baumaterial der Erdkruste)* (Magmatit~, Sediment~) **2** *Anhäufung von Steinen, Fels;* überhängendes G., des Körpers"

Ge|steins|boh|rer ⟨m.5⟩ **1** *Werkzeug zum Bohren von Löchern in Gestein* **2** *Vorrichtung für Tiefbohrungen durch geologische Schichten*

Ge|steins|fa|ser ⟨f.11⟩ →*Steinwolle*

Ge|stell ⟨n.1⟩ **1** *Rahmen, der verschiedene Teile trägt und in richtiger Position zueinander hält* (Bücher~, Fahrrad~, Flaschen~, Maschinen~) **2** *unterer Teil des Hochofens, in dem sich flüssiges Roheisen und Schlacke ansammeln* **3** ⟨scherzh.⟩ **a** *Beine;* zieh dein G. ein! **b** *Person mit einer bestimmten Gestalt;* langes, dürres G. [zu *(zusammen)stellen*]

Ge|stel|lung ⟨f.10; Amtsspr., veraltend⟩ *das Zur-Verfügung-Stellen, das Bereitstellen;* G. zum Militärdienst

Ge|stel|lungs|be|fehl ⟨m.1; früher⟩ *schriftliche Aufforderung zur Gestellung für das Militär*

ge|stern ⟨Adv.⟩ *am Tag vor heute, vor dem heutigen Tag;* g. abend, g. morgen; g. vor 14 Tagen; das Brot ist von g.; der ist noch von g. ⟨ugs.⟩ *der weiß nicht Bescheid, der in alten Anschauungen befangen*

ge|stie|felt ⟨Adj., o.Steig.⟩ *mit Stiefeln angetan;* ⟨nur in den Wendungen⟩ der ~e Kater *eine Märchengestalt;* er ist schon g. und gespornt ⟨eigtl.⟩ *er hat schon Stiefel mit Sporen an,* ⟨übertr.⟩ *er ist schon reisefertig*

ge|stielt ⟨Adj., o.Steig.⟩ *mit einem Stiel versehen;* ~e Bürste

Ge|stik ⟨auch [ge-] f., -, nur Sg.⟩ *Gesamtheit der Gesten, Gebärdensprache*

Ge|sti|ku|la|ti|on ⟨f., -, nur Sg.⟩ *das Gestikulieren*

ge|sti|ku|lie|ren ⟨V.3, hat gestikuliert; o.Obj.⟩ *sich durch Gesten verständlich machen, mit Gesten etwas ausdrücken* [< lat. *gesticulari* in ders. Bed., zu *gestus,* →*Geste*]

Ge|stirn ⟨n.1; geh.⟩ **1** *großer Stern* **2** *Ansammlung von Sternen, Sternbild*

ge|stirnt ⟨Adj., o.Steig., geh.⟩ *voller Sterne;* der ~e Himmel

ge|stisch ⟨Adj., o.Steig.; nur als Attr. und Adv.⟩ **1** *mit Hilfe von Gesten;* etwas g. andeuten, verständlich machen **2** *hinsichtlich der Gestik;* g. ausdrucksvolles Spiel

Ge|stö|ber ⟨n.1⟩ *das Durcheinanderwirbeln von Schneeflocken;* auch: *Schneegestöber* [zu *stöbern*]

ge|stockt ⟨Adj., o.Steig.; oberdt.⟩ *durch Gerinnung dickflüssig geworden;* ~e Milch

Ge|stör ⟨n.1⟩ *Verbindung mehrerer Stämme (eines Floßes)* [vielleicht zu mhd. *storre* „Baumstumpf"]

Ge|sto|se ⟨f.11⟩ Erkrankung, die durch die Schwangerschaft ursächlich bedingt ist und nur bei Schwangerschaft auftritt (z.B. Eklampsie) [< lat. *gestatio* „das Tragen" und *...ose*]

Ge|stot|ter ⟨n., -s, nur Sg.⟩ *das Stottern*

Ge|sträuch ⟨n.7⟩ *dicht nebeneinander wachsende Sträucher*

ge|streift ⟨Adj., o.Steig.⟩ *mit Streifen; ~es Fell; ~er Stoff*

ge|streng ⟨Adj.; †⟩ *streng; die drei Gestrengen Herren die Eisheiligen*

gest|rig ⟨Adj., o.Steig.; nur als Attr.⟩ **1** *von gestern (stammend); die ~e Zeitung; die ewig Gestrigen die Leute mit veralteten Anschauungen* **2** *gestern stattgefunden habend; unser ~es Gespräch* **3** *gestern verlaufen, abgelaufen, gewesen; der ~e Abend*

ge|stromt ⟨Adj., o.Steig.; bei Hunden⟩ *eine leichte, ineinanderfließende Fellstreifung aufweisend; eine ~e Dogge* [< mhd. *strom* „Streifen; Lichtströmung"]

Ge|strüpp ⟨n.1⟩ **1** *(undurchdringlicher) dichter Pflanzenwuchs* **2** *(übertr.) etwas Undurchdringliches, dicht Wachsendes (Bart~; Paragraphen~)* [zu *struppig*]

Ge|stübbe, Ge|stübe ⟨n., -s, nur Sg.⟩ *Gemisch aus zerkleinertem Koks, Lehm und Schiefer (zum Ausfüttern von Herden, Abflußrinnen und metallurgischen Öfen)* [< mhd. *gestüppe* „Staub, Staubähnliches"]

Ge|stüber ⟨n., -s, nur Sg.; beim Federwild⟩ → *Losung* [zu *stäuben*]

Ge|stühl ⟨n.1⟩ **1** *Gesamtheit der Stühle (in einem Raum)* **2** *in Reihen zusammengebaute Stühle (Chor~)*

Ge|stus ⟨auch [ge-] m., -, nur Sg.⟩ *Gesamtheit der (Worte und) Bewegungen die etwas ausdrücken; Gebärdenspiel, Ausdrucksweise; mit dem G. des Eingeweihten* [lat.]

Ge|stüt ⟨n.1⟩ *Betrieb, in dem Pferde gezüchtet werden* [mhd., ahd. *stuot* „Herde von Zuchtpferden"; als das Wort sich auf das „weibliche einzelne Pferd" einengte, bildete man als Ersatzwort „Gestüt"]

Ge|stüts|brand ⟨m.2⟩ *eingebranntes Zeichen der Pferde eines Gestüts*

Ge|such ⟨n.1⟩ *förmliche schriftliche Bitte (an eine Behörde); ein G. einreichen*

ge|sucht ⟨Adj.⟩ **1** *unnatürlich, bemüht, originell zu erscheinen; ~e Ausdrucksweise; ~er Stil* **2** *begehrt, häufig aufgesucht, häufig verlangt; ein ~er Anwalt; ein ~er Artikel*

Ge|sucht|heit ⟨f., -, nur Sg.⟩ *Unnatürlichkeit, Bemühtheit; G. des Ausdrucks*

Ge|sül|ze ⟨n., -s, nur Sg.; ugs.⟩ *inhaltloses, unsinniges Gerede*

ge|sund ⟨Adj.⟩ **1** *sich eines Zustandes körperlichen und geistigen Wohlbefindens erfreuend, frei von Krankheit und Gebrechen; Organe ~; die Gesundheit erhaltend und fördernd; ~e Nahrung, Lebensweise; frische Luft g.; das ist dir ganz g.* ⟨iron.⟩ *das geschieht dir ganz recht, das wird dir eine heilsame Lehre sein* **3** *normal, angemessen, ohne Störung; eine ~e Entwicklung; eine ~e Wirtschaft; ein ~es Selbstbewußtsein haben* ⟨auch iron.⟩ *ein reichlich großes Selbstbewußtsein*

ge|sund|be|ten ⟨V.2, hat gesundgebetet; mit Akk.⟩ *durch Beten (angeblich) gesund machen*

Ge|sund|brun|nen ⟨m.7⟩ *etwas, das zur Gesundheit beiträgt; Privatspaziergänge als G.; Privatinitiative als G. für die Wirtschaft* [urspr. „Heilquelle"]

ge|sun|den ⟨V.2, ist gesundet; o.Obj.⟩ **1** *gesund werden; er ist nach langer Krankheit endlich wieder gesundet* **2** *sich erholen, den früheren guten Zustand wiedererlangen; die Wirtschaft ist gesundet; einen Betrieb g. lassen*

Ge|sund|heit ⟨f., -, nur Sg.⟩ **1** *das Gesundsein, gesunde Beschaffenheit; er befindet sich, ist bei guter G.* **2** *G.! bleib gesund! (als Zuruf, nachdem jmd. geniest hat); Syn.* ⟨österr., schles.⟩ *Helfgott!*

ge|sund|heit|lich ⟨Adj.⟩ *die Gesundheit betreffend, im Hinblick auf die Gesundheit; wie geht es dir g.?; g. nicht auf der Höhe sein; eine g. fragwürdige Lebensweise*

Ge|sund|heits|amt ⟨n.4; in Stadt- und Landkreisen⟩ *staatliche Einrichtung mit der Aufgabe, die Gesundheit der Bevölkerung zu fördern und zu erhalten*

Ge|sund|heits|apo|stel ⟨m.5; ugs.⟩ *jmd., der übertrieben auf seine Gesundheit bedacht ist*

ge|sund|ma|chen ⟨V.1, hat gesundgemacht; refl.; ugs.⟩ *sich g. durch geschickte Manöver reich werden; sich bereichern; Syn.* ⟨ugs.⟩ *gesundstoßen*

ge|sund|schrump|fen ⟨V.1, hat gesundgeschrumpft⟩ **I** ⟨mit Akk.⟩ *durch Einschränkung in gewissen Bereichen wieder rentabel machen, sich erholen lassen; eine Wirtschaft, einen Betrieb g.* **II** ⟨refl.⟩ *sich g. durch Verkleinerung, Einschränkung wieder rentabel werden, sich erholen*

ge|sund|sto|ßen ⟨V.157, hat gesundgestoßen; refl., ugs.⟩ → *gesundmachen*

Ge|sun|dung ⟨f., -, nur Sg.⟩ *das Gesundwerden*

get. ⟨Abk. für⟩ *getauft*

Ge|tä|fel, Ge|tä|fer ⟨n., -s, nur Sg.⟩ → *Täfelung*

Ge|tier ⟨n., -(e)s, nur Sg.⟩ **1** *nicht näher bestimmbares Tier; ein exotisches G.* **2** *Gesamtheit von Tieren; er hält sich allerlei G. in der Wohnung*

ge|ti|gert ⟨Adj., o.Steig.⟩ *Längsstreifen wie ein Tiger aufweisend (bes. bei Hauskatzen)*

Ge|tö|se ⟨n., -s, nur Sg.⟩ *metallisch, blechern klingender Lärm*

ge|tra|gen ⟨Adj.⟩ *langsam, sehr ruhig; eine ~e Melodie; ein Musikstück g. spielen*

Ge|tra|gen|heit ⟨f., -, nur Sg.⟩

Ge|tränk ⟨n.1⟩ *trinkbare Flüssigkeit (meist mit Ausnahme von Wasser); alkoholische ~e; erfrischende G.*

Ge|tränke|kar|te ⟨f.11; in Bars, Gaststätten u.a.⟩ *Verzeichnis der Getränke, die bestellt werden können*

Ge|trap|pel ⟨n., -s, nur Sg.⟩ *das Trappeln (Pferde~, Huf~)*

ge|trau|en ⟨V.1, hat getraut; refl. mit Akk. oder mit Dat. (sich) u. Akk.⟩ *sich etwas g. wagen, etwas zu tun, sich etwas zutrauen; getraust du dich, (oder) dir, hinüberzuschwimmen?; das getraue ich mich, (oder) mir nicht*

Ge|trei|de ⟨n.5⟩ **1** *Kulturpflanze aus der Familie der Gräser, die wegen ihrer stärkereichen Früchte angebaut wird (z.B. Gerste, Hafer, Hirse, Mais, Roggen, Weizen); Syn. Halmfrucht* **2** *Gesamtheit dieser Pflanzen; Syn.* ⟨für die im jeweiligen Gebiet wichtigste Art⟩ *Korn; das G. steht gut* [< ahd. *gitregidi* „Ertrag"]

Ge|trei|de|hähn|chen ⟨n.7⟩ *auf Getreide vorkommender Blattkäfer mit grünen oder blauen Flügeldecken und rotem Halsschild*

Ge|trei|de|rost ⟨m.2, nur Sg.⟩ *Rostpilz (bes. Gelb- oder Schwarzrost), der vor allem Getreide befällt*

ge|treu ⟨Adj.⟩ **1** *aufopfernd treu; ein ~er Diener, Freund; g. bis an den Tod* **2** *genau entsprechend, genau gleichend; ein ~es Abbild* ⟨mit Dat.⟩ *g. seiner Sache sich an eine Sache haltend, eine Sache einhaltend; g. seinem Vorsatz, nicht mehr zu rauchen*

ge|treu|lich ⟨Adj., o.Steig.⟩ *treu und beharrlich, treu und anhänglich; g. ausharren, warten; jmdn. g. überallhin begleiten*

Ge|trie|be ⟨n.5⟩ **1** *Vorrichtung zur Übertragung und Umformung mechanischer Kräfte und Bewegungen (Wechsel~, Zahnrad~); synchronisiertes G.* **2** ⟨nur Sg.⟩ *unruhiges Leben, lebhaftes Treiben; die Großstadt mit ihrem G.; im G. des Alltags*

Ge|trip|pel ⟨n., -s, nur Sg.⟩ *das Trippeln*

ge|trost ⟨Adj., o.Steig.⟩ **1** *vertrauensvoll, zuversichtlich; sei g.!; einer Sache g. entgegensehen* **2** *unbesorgt; du kannst g. hingehen, anrufen*

ge|trö|sten ⟨V.2, hat getröstet; refl.; †⟩ **1** *sich g. sich trösten; getröste dich der Barmherzigkeit Gottes* **2** ⟨mit Gen.⟩ *sich einer Sache g. auf eine Sache vertrauen; getröste dich der Barmherzigkeit Gottes*

Get|ter ⟨m.5⟩ *Metall, das Reste von Gasen bindet (bes. bei der Herstellung von hochevakuierten Röhren)* [engl., „Fänger"]

Get|to ⟨n.9⟩ *abgetrenntes Wohnviertel für Juden, auch für andere religiöse oder rassische Minderheiten* [wahrscheinlich < venezian. *ghetto* „Gießerei"; 1516 wurde den Juden in Venedig ein Stadtviertel als Wohnort zugewiesen, in dem sich mehrere Gießereien befanden und das als *Ghetto Nuovo* „Neue Gießerei" bezeichnet wurde]

Ge|tue ⟨n., -s, nur Sg.⟩ **1** *wichtigtuerisches, umständliches, geziertes Gehaben; laß doch das G.!* **2** *Aufhebens; sie macht um alles so ein G., ein großes G.*

Ge|tüm|mel ⟨n., -s, nur Sg.⟩ *lärmende, hin und her wogende Bewegung, lärmendes Durcheinander (Schlacht~, Jahrmarkts~); sich ins G. des Faschings stürzen*

Ge|vat|ter ⟨m.5; †⟩ **1** *Pate; jmdn. zu G. bitten jmdn. bitten, Pate zu stehen* **2** *Freund, Nachbar,* ⟨auch als Anrede⟩

Ge|viert ⟨auch [-firt] n.1⟩ **1** *ebene, viereckige (meist quadratische) Fläche; drei Meter im G.* **2** ⟨Bgb. und Tunnelbau⟩ *geschlossener Rahmen aus Rundhölzern oder Stahlprofilen (zum Ausbau von Strecken unter starkem Gebirgsdruck oder Schächten)* **3** *Sonderbauart des Türstockes* **4** *nicht mitdruckendes Ausschlußstück mit quadratischer Grundfläche aus Schriftmetall*

Ge|wächs ⟨[-vǝks] n.1⟩ **1** → *Pflanze (1)* **2** *etwas Gewachsenes; ein edles G. ein wohlschmeckender Wein; ein seltsames G. ein nicht genau bestimmbarer Auswuchs (z.B. auf der Haut); sie ist ein G. der Großstadt* ⟨ugs.⟩ *man merkt ihr an, daß sie in der Großstadt aufgewachsen ist*

Ge|wächs|haus ⟨[-vǝks-] n.4⟩ *zur Zucht von Pflanzen bestimmter Raum mit lichtdurchlässigen Wänden aus Glas oder Kunststoff*

Ge|waff ⟨n., -(e)s, nur Sg.; beim männl. Schwarzwild⟩ *die vier Eckzähne (Hauer); auch: Waffen* [zu *Waffe*]

Ge|waf|fen ⟨n., -s, nur Sg.; poet.⟩ *alle Waffen (z.B. des Jägers)*

ge|wagt ⟨Adj.⟩ **1** *ein Risiko in sich schließend und daher kühn; ein ~es Unterfangen, Unternehmen* **2** *nicht den herrschenden moralischen Vorstellungen entsprechend, in guter Gesellschaft nicht üblich; ein ~er Witz; eine solche Kleidung ist in dieser Umgebung g.*

ge|wählt ⟨Adj.⟩ *nicht alltäglich, sorgfältig überlegt; ~e Sprache, Ausdrucksweise; sich g. ausdrücken; er drückt sich nicht gerade sehr g. aus*

ge|wahr ⟨Adj.; nur in der Wendung⟩ *jmds.,* ⟨oder⟩ *jmdn. g. werden, einer Sache,* ⟨oder⟩ *eine Sache g. werden jmdn., etwas wahrnehmen, sehen, erblicken; ich wurde seiner erst g., als ...*

Ge|währ ⟨f., -, nur Sg.⟩ *Sicherheit, Garantie; können Sie mir die G. bieten, daß ...?; ich kann Ihnen dafür keine G. leisten, daß ...; die Angaben erfolgen ohne G. ohne absolute Sicherheit, daß sie richtig sind*

ge|wah|ren ⟨V.1, hat gewahrt; mit Akk.⟩ *(infolge Suchens, Beobachtens) erblicken, sehen, wahrnehmen; ich gewahrte eine kleine Wolke am Horizont*

ge|wäh|ren ⟨V.1, hat gewährt⟩ **I** ⟨mit Dat. u. Akk.⟩ *(jmdm.) etwas g. bewilligen, erlauben; jmdm. Unterkunft, Urlaub, einen Zu-*

gewährleisten

schuß g.; wir g. (unseren Kunden) auf diese Waren einen Rabatt von 3 % [< mhd. *gewern* „zugestehen, leisten (was jmd. fordert)"] **II** ⟨o.Obj.; in der Wendung⟩ jmdn. g. lassen *jmdn. nicht hindern (etwas zu tun)* [Herkunft nicht sicher, wahrscheinl. urspr. verstärkend im Sinne von *währen lassen* „dauern lassen", übertr. „ruhen, in Ruhe lassen"]

Ge|währ|lei|sten ⟨V.2, hat gewährleistet; mit Akk.⟩ *etwas g. sichern, für etwas bürgen, für etwas einstehen;* können Sie g., daß …?; ein reibungsloser Ablauf ist gewährleistet *ist gesichert, für einen reibungslosen Ablauf wird gesorgt* **Ge|währ|lei|stung** ⟨f., -, nur Sg.⟩

Ge|wahr|sam I ⟨m., -s, nur Sg.⟩ *Obhut, Beaufsichtigung, Verwahrung, Aufbewahrung (an einem sicheren Ort), sichere Stelle, sicherer Ort;* etwas, jmdn. in G. bringen, nehmen; etwas, jmdn. in (sicherem) G. halten; sich in G. befinden **II** ⟨n.1; †⟩ *Gefängnis;* jmdn. in ein anderes, sicheres G. bringen

Ge|währs|mann ⟨m.4, Pl. auch -leute⟩ *jmd., auf dessen Mitteilungen, Nachrichten man sich verlassen kann, von dem man bestimmte sichere Informationen bekommt;* sich auf jmdn. als G. berufen, stützen; ich habe dort einen G.

Ge|wäh|rung ⟨f., -, nur Sg.⟩ *das Gewähren*

Ge|walt ⟨f.10⟩ **1** ⟨nur Sg.⟩ *rücksichtslos eingesetzte, große Körperkraft;* G. anwenden; eine Tür mit G. öffnen; sich mit G. Zutritt verschaffen; hier hilft keine Geschicklichkeit, sondern nur Kraft ⟨ugs.⟩ **2** ⟨nur Sg.⟩ *rechtswidriges Vorgehen (eines Stärkeren), bei dem jmd. gezwungen wird, etwas zu tun oder zu erleiden;* jmdm. G. antun; einer Frau G. antun *sie vergewaltigen;* etwas mit aller G. durchsetzen wollen *mit Einsatz der ganzen Kraft, rücksichtslos, eigensinnig* **3** *Macht, Recht, die Herrschaft auszuüben, über jmdn. zu bestimmen;* elterliche G.; höhere G. *Ereignis, auf das man keinen Einfluß hat, das man hinnehmen muß;* gesetzgebende, richterliche, vollziehende (ausführende) G.; vgl. *Gewaltenteilung;* jmdn. mit sanfter G. mit sich ziehen; sich in der G. haben *sich beherrschen;* sie haben ihn in ihre G. gebracht; das steht nicht in meiner G. *das kann ich nicht bestimmen oder veranlassen;* die G. über ein Fahrzeug verlieren *es nicht mehr beherrschen können* **4** *große, elementare Kraft* (Natur~); das Unwetter brach mit G. los; die G. des Sturmes legte sich allmählich

Ge|wal|ten|tei|lung ⟨f., -, nur Sg.⟩ *Teilung der Macht im Staat in Gesetzgebung, Rechtsprechung und Verwaltung*

Ge|walt|herr|schaft ⟨f.10⟩ *Herrschaft, die sich auf Gewalt stützt*

ge|wal|tig ⟨Adj.⟩ *außerordentlich stark oder groß, sehr heftig, sehr viel;* mit ~er Anstrengung; er hat ~e Kraft; eine ~e Menge; diese Leistung ist g.; es hat g. geschneit; hier muß man g. aufpassen ⟨ugs.⟩

Ge|walt|kur ⟨f.10⟩ *radikale Heilmaßnahme*

Ge|walt|marsch ⟨m.2⟩ **1** *anstrengender Marsch* **2** ⟨scherzh.⟩ *anstrengender Spaziergang*

Ge|walt|mensch ⟨m.10⟩ *jmd., der sofort Gewalt anwendet, wenn er sich nicht anders durchsetzen kann, brutaler, roher Mensch*

ge|walt|sam ⟨Adj.⟩ *mit Gewalt, durch Gewalt (herbeigeführt);* eines ~en Todes sterben; eine ~e Entwicklung zur rasche, zu heftige Entwicklung; ein Schloß g. öffnen

Ge|walt|streich ⟨m.1⟩ *den Gegner überraschender, kurzer Gewaltakt*

Ge|walt|tat ⟨f.10⟩ *mit Gewalt ausgeführte Tat*

ge|walt|tä|tig ⟨Adj.⟩ *Gewalt anwendend, mit Gewalt seinen Willen durchsetzend;* er wird schnell g. *er wendet sofort Gewalt an*

Ge|walt|tä|tig|keit ⟨f., -, nur Sg.⟩ *gewalttätige Wesensart, Anwendung von Gewalt*

Ge|wand ⟨n.4⟩ **1** ⟨†⟩ *Tuch* **2** *bei bestimmten Anlässen oder bei der Berufsausübung getragene Kleidung* (Meß~); das grüne G. des Jägers; das lange G. des Richters **3** ⟨geh.⟩ *nicht näher bestimmbares Kleidungsstück;* sie trug ein langes, weißes, in der Taille gegürtetes G. **4** ⟨bayr.⟩ *großes Kleidungsstück; Gesamtheit der Kleidung;* wo kann ich mein G. aufhängen?

ge|wandt ⟨Adj.⟩ **1** *rasch und geschickt;* ~e Bewegungen; g. durch eine Lücke schlüpfen **2** *sicher und (durch Übung) geschickt;* g. auftreten **3** *treffend und geschickt in der Wahl der Worte;* eine ~ Formulierung; sie drückt sich g. aus **Ge|wandt|heit** ⟨f., -, nur Sg.⟩

Ge|wan|dung ⟨f.10⟩ **1** *Kleidung;* er erschien in einer merkwürdigen G. **2** *Art zu kleiden;* ärmliche, prächtige G. **3** ⟨Kunst⟩ *Anordnung der Falten (eines Gewandes)*

Ge|wann ⟨n.1⟩, **Ge|wan|ne** ⟨n.11⟩ **1** *Unterteilung der Dorfflur in Ackerstreifen von möglichst gleicher Breite und Länge;* Syn. *Gewannflur* **2** *(Dreifelderwirtschaft) im Gemeineigentum eines Dorfes stehender Ackerboden, der dem Flurzwang unterliegt* [< mhd. *gewande* „Acker, Ackerlänge, Grenze", eigtl. „Stelle, an der Pflug gewendet wird"]

Ge|wann|flur ⟨f.10⟩ → Gewann (1)

ge|wär|tig ⟨Adj., o.Steig.; nur mit „sein"⟩ *einer Sache g. sein etwas erwarten können, auf eine Sache gefaßt sein;* sie war seines Zornes, einer Strafe g.; du mußt g. sein, daß …

ge|wär|ti|gen ⟨V.1, hat gewärtigt; mit Akk.⟩ *etwas g. etwas erwarten, auf etwas gefaßt sein;* ich muß ja g., daß er plötzlich vor meiner Tür steht; wenn du das tust, hast du Unannehmlichkeiten, eine Strafe zu g.; da haben wir ja allerhand zu g. *allerlei (Unangenehmes, Schwieriges) zu erwarten*

Ge|wäsch ⟨n., -(e)s, nur Sg.⟩ *leeres, dummes Gerede* [zu mhd. *waschen* „spülen, reinigen", übertr. „schwatzen"]

Ge|wäs|ser ⟨n.5⟩ *große, natürliche Ansammlung von Wasser;* Syn. *Wasser;* fließendes, stehendes G.

Ge|wäs|ser|kun|de ⟨f., -, nur Sg.⟩ → Hydrographie

Ge|we|be ⟨n.5⟩ **1** *(bei mehrzelligen Lebewesen) aus annähernd gleichartigen Zellen bestehender Zellverband, der, in bestimmter Weise zusammengefügt, die Organe aufbaut* (Binde~, Leit~, Muskel~) **2** *Erzeugnis aus sich kreuzenden, über- und untereinander geführten Fäden, die eine Fläche bilden* (Baumwoll~, Kunstfaser~)

Ge|webs|hor|mon ⟨n.1⟩ *Stoff des Körpers, der wie ein Hormon wirkt, aber nicht in Drüsen gebildet wird*

ge|weckt → aufgeweckt

Ge|wehr ⟨n.1⟩ **1** *mit beiden Händen zu bedienende Handfeuerwaffe mit langem Lauf;* G. bei Fuß stehen ⟨ugs.⟩ *bereit sein, einzugreifen* **2** ⟨Pl.⟩ ~e ⟨Jägerspr.⟩ → Hauer [zu *Wehr*]

Ge|wehr|kol|ben ⟨m.7⟩ *verdickter, hinterer, aus Holz bestehender Teil eines Gewehres, der beim Schießen an die Schulter gedrückt wird*

Ge|weih ⟨n.1; bei Hirschen, Wiederkäuern⟩ *paariger, knöcherner Auswuchs an Stirnbeinen;* Syn. ⟨beim Rehbock⟩ *Gehörn, Gewicht,* ⟨bayr.-österr.⟩ *Gewichtel*

ge|weiht ⟨Adj., o.Steig.⟩ ⟨Jägerspr.⟩ *ein Geweih tragend*

Ge|wen|de ⟨n.5⟩ **1** *Ackergrenze* **2** *Ackerfläche* [eigtl. „Stelle, an der Pflug gewendet wird"]

Ge|wer|be ⟨n.5⟩ *selbständige, auf Erwerb von Geld gerichtete berufliche Tätigkeit, bes. rohstoffbearbeitende und -verarbeitende Tätigkeit (außer Land- und Forstwirtschaft);* ein G. ausüben; einem G. nachgehen; das horizontale G., das älteste G. der Welt ⟨ugs., scherzh.⟩ *die Prostitution*

Ge|wer|be|krank|heit ⟨f.10⟩ → Berufskrankheit

Ge|wer|be|leh|rer ⟨m.5; früher⟩ *Lehrer in einer gewerblichen oder hauswirtschaftlichen Berufsschule*

Ge|wer|be|ord|nung ⟨f., -, nur Sg.; Abk.: GewO⟩ *alle Vorschriften, die das Ausüben eines Gewerbes regeln*

ge|werb|lich ⟨Adj., o.Steig.⟩ *zu einem Gewerbe gehörend, auf ihm beruhend;* ~e Tätigkeit; ~e Nutzung von Räumen

ge|werbs|mä|ßig ⟨Adj., o.Steig.⟩ *in der Art eines Gewerbes, als Gewerbe;* eine Tätigkeit g. betreiben

Ge|werk ⟨n.1⟩ **1** *Räderwerk* **2** ⟨†⟩ **a** *Gewerbe, Handwerk* **b** *Zunft* [zu *werken*]

Ge|wer|ke ⟨m.11; Bgb.⟩ **1** *Mitglied einer Bergbau-Genossenschaft* **2** *jmd., der Anteil an einer Gewerkschaft (2) hat*

Ge|werk|schaft ⟨f.10⟩ **1** *Vereinigung von Arbeitnehmern mit dem Ziel, durch Zusammenschluß ihre Stellung gegenüber den Arbeitgebern zu stärken* **2** ⟨Bgb.⟩ *Form einer Kapitalgesellschaft* [zu *Gewerk*]

Ge|werk|schaf|ter, **Ge|werk|schaft|ler** ⟨m.5⟩ *jmd., der einer Gewerkschaft (1) angehört*

ge|werk|schaft|lich ⟨Adj., o.Steig.⟩ **1** *eine Gewerkschaft betreffend, zu ihr gehörig;* ~e Vereinbarung **2** *in einer Gewerkschaft;* g. organisiert sein

Ge|we|se ⟨n., -s, nur Sg.⟩ *Aufhebens, umständliches Getue;* sie macht um alles viel G.

ge|wichst ⟨Adj.⟩ **1** ⟨†⟩ *fein geputzt, herausgeputzt* **2** *schlau, pfiffig;* ein ~er Kerl; er ist sehr g.

Ge|wicht[1] ⟨n.1⟩ **1** *(durch Wiegen feststellbare) Schwere (von etwas);* G. des eigenen Körpers, einer Ladung **2** ⟨Phys.⟩ *diejenige Kraft, die eine Masse im Schwerefeld eines Körpers auf ihre Unterlage ausübt (und die ihm eine Fallbeschleunigung erteilt);* spezifisches G. **3** *Körper von bestimmter Schwere und bestimmter Form, der zum Wiegen dient;* zwei ~e von zehn Gramm; ein G. auf die Waage legen **4** *Wichtigkeit, Bedeutung;* einer Sache viel, wenig G. beilegen; sein ganzes G. in die Waagschale werfen *seinen ganzen Einfluß geltend machen;* die Sache hat zuviel G., als daß man sie einfach übergehen könnte *die Sache ist zu wichtig;* dieser Umstand fällt besonders ins G. *ist besonders wichtig, schwerwiegend;* das fällt erschwerend ins G. *das macht die Sache schwieriger, wirkt als Belastung*

Ge|wicht[2] ⟨n.1; beim Rehbock⟩, **Ge|wich|tel** ⟨n.14; bayr.-österr.⟩ → Geweih [Lautvariante zu *Geweih,* volkstüml. aber von *wiegen* abgeleitet, weil die Rehgehörne nach Gewicht bezahlt werden]

ge|wich|ten ⟨V.2, hat gewichtet; mit Akk.⟩ *eine Größe g. berechnen, welche Bedeutung eine Größe im Hinblick auf eine bestimmte Erscheinung hat;* den Einfluß von saisonalen Faktoren auf die Arbeitslosigkeit g.; einen Plan g. *die Schwerpunkte eines Planes festlegen*

Ge|wicht|he|ben ⟨n., -s, nur Sg.⟩ *wettkampfmäßig betriebenes Heben von Hanteln bis zur Hochstrecke (durch beidarmiges Reißen oder Stoßen)*

Ge|wicht|he|ber ⟨m.5⟩ *jmd., der Gewichtheben als Sport betreibt;* Syn. *Heber*

ge|wich|tig ⟨Adj.⟩ **1** ⟨†⟩ *das volle Gewicht aufweisend, vollwichtig;* ~e Dukaten; ~e Brote **2** *ins Gewicht fallend, wichtig, bedeutend;* er hat ~e Gründe; eine ~e Persönlichkeit **Ge|wich|tig|keit** ⟨f., -, nur Sg.⟩

Ge|wichts|ana|ly|se ⟨f.11⟩ *auf Wägen beruhendes Teilgebiet der chemischen Analyse;* Syn. *Gravimetrie*

Ge|wichts|klas|se ⟨f.11⟩ *Boxen, Gewichtheben, Ringen, Judo und Rasenkraftsport nach dem Körpergewicht festgelegte Einstufung der Wettkämpfer (z.B. Fliegen-, Bantam-, Federgewicht)*

Ge|wich|tung ⟨f., -, nur Sg.⟩ das Gewichten
ge|wieft ⟨Adj.⟩ sehr erfahren, alle Möglichkeiten und Tricks kennend; ein ~er Geschäftsmann [vielleicht zu mhd. *wif* „Schwung, schnelle Bewegung" und *wifen* „schwingen" oder zu mundartl. *wiebeln, wiefeln* „sich lebhaft bewegen"]
ge|wiegt ⟨Adj.⟩ erfahren, alle Möglichkeiten und Feinheiten kennend; ein ~er Geschäftsmann, Kriminalist [wohl zu *wiegen* „in der Wiege schaukeln", also „von der Wiege an erfahren, mit vielem vertraut"]
Ge|wie|her ⟨n., -s, nur Sg.⟩ **1** das Wiehern **2** ⟨ugs.⟩ durchdringendes, lautes, albernes Gelächter
ge|willt ⟨Adj., o.Steig.; nur mit „sein") g. sein, etwas zu tun etwas tun wollen, geneigt, bereit sein, etwas zu tun; sind Sie g., darauf einzugehen?; ich bin nicht g., nachzugeben
Ge|wim|mel ⟨n., -s, nur Sg.⟩ das Wimmeln; ein G. von Menschen, von Ameisen
Ge|win|de ⟨n.5⟩ **1** etwas Gewundenes; G. von Tannenzweigen **2** schraubenförmig in gleichem Abstand eingeschnittene Nuten, zwischen denen Stege stehenbleiben (an der Außenfläche zylindrischer Rundkörper oder der Innenwandung zylindrischer Löcher; Außen~, Innen~)
Ge|winn ⟨m.1⟩ **1** Ertrag (über die eingesetzten Kosten hinaus), Nutzen; der Hof bringt reichen G., wirft einen bescheidenen G. ab; einen G. erzielen; G. aus etwas (z.B. Verkauf) schlagen **2** geistiger, seelischer Nutzen, innere Bereicherung; die Freundschaft mit ihm ist ein großer G. für mich **3** etwas, das man beim Spiel, beim Wetten gewinnen kann oder gewonnen hat (Lotterie~); ~e auszahlen
ge|win|nen ⟨V.53, hat gewonnen⟩ **I** ⟨mit Akk.⟩ **1** etwas g. *a* (durch Mühe, Einsatz) erlangen, bekommen; Bodenschätze g.; neue Eindrücke g.; Einfluß auf etwas g.; einen Preis g.; jmds. Liebe g.; mit seinem launigen Vortrag gewann er die Herzen der Zuhörer *b* durch ein Verfahren erzeugen; Leim aus Knochen, Heilmittel aus Pflanzen g. *c* durch Anstrengung zu den eigenen Gunsten, für sich entscheiden; einen Kampf, eine Wette, einen Prozeß g. *d* erreichen; das Ufer g. (beim Schwimmen); das Freie g. *ins Freie gelangen* **e** etwas über sich g. *etwas fertigbringen, sich zu etwas überwinden; ich kann es nicht über mich g., ihm das zu sagen* **2** jmdn. für etwas g. *jmdn. dazu bringen, veranlassen, sich für etwas einzusetzen; jmdn. für einen Plan, eine Arbeit g.; jmdn. für sich g. jmdn. auf seine Seite ziehen* **II** ⟨mit Dat. und Akk.⟩ jmdm. etwas g. *jmdm. etwas einbringen, zuteil werden lassen, verschaffen*; sein Verhalten gewann ihm viel Sympathie **III** ⟨o.Obj.⟩ **1** Sieger werden; im Wettkampf g., beim Spiel g.; in der Lotterie g. **2** angenehmer, anziehender werden; sie gewinnt, wenn man sie näher kennenlernt **3** zunehmen, besser werden; das Bühnenbild hat an Reiz, an Schönheit, an Klarheit gewonnen *die Sache ist reizvoller, schöner, klarer geworden*
ge|win|nend ⟨Adj.⟩ anziehend, liebenswürdig; sie hat ein ~es Wesen; er lächelte g.
Ge|win|ner ⟨m.5⟩ jmd., der (beim Spiel, bei einer Wette) gewonnen hat, der etwas gewonnen hat; die G. im Lotto ermitteln
Ge|win|nung ⟨f., -, nur Sg.⟩ das Gewinnen (1b), Herstellen, Erzeugen; die G. von Stahl
Ge|winn|zahl ⟨f.10⟩ Zahl, auf die (z.B. im Lotto) ein Gewinn entfällt
Ge|win|sel ⟨n., -s, nur Sg.⟩ **1** das Winseln **2** ⟨übertr., ugs.⟩ unterwürfiges, flehendes Gerede
Ge|winst ⟨m.1; †⟩ Gewinn
Ge|wirk ⟨n.1⟩, **Ge|wir|ke** ⟨n.5⟩ durch Verschlingung eines oder mehrerer fortlaufender Fäden ähnlich dem Stricken entstehendes Textilerzeugnis, das eine Fläche bildet

Ge|wirr ⟨n., -s, nur Sg.⟩ **1** Durcheinander; ein G. von Fäden **2** unübersichtliche Anlage oder Anordnung; ein G. von Straßen und Gassen
ge|wiß **I** ⟨Adj., o.Steig.⟩ **1** ohne Zweifel, sicher; er hat die gewisse Zuversicht, daß …; daß er kommt, ist g., nur der Zeitpunkt steht noch nicht fest; das weiß ich g. **2** nicht genau bestimmbar; in gewisser Beziehung, Hinsicht hat er recht; er hat so ein gewisses Etwas, das ihn anziehend macht **3** klein, gering, aber unbedingt nötig; ein gewisses Maß an Höflichkeit kann man wohl erwarten; eine gewisse Ordnung einhalten **4** ⟨in der verhüllenden Fügung⟩ ein gewisser Ort, das gewisse Örtchen *die Toilette* **II** ⟨Adv.⟩ *mit Sicherheit, bestimmt*; er hat es g. sehr gefreut; das werde ich g. nicht tun; ganz g.!
Ge|wis|sen ⟨n., -s, nur Sg.⟩ **1** Bewußtsein von Gut und Böse (des eigenen Tuns); er hat kein G.; er hat ein zartes G. ⟨meist iron.⟩ er nimmt es in rechtlichen Dingen äußerst genau; jmds. G. prüfen; sein G. plagt mich *ich weiß, daß ich nicht gehandelt habe*; ein gutes, schlechtes, böses G. haben *wissen, daß man recht, unrecht, böse gehandelt hat*; er macht sich kein G. daraus, daß er unrecht gehandelt hat *er macht sich keine Gedanken darüber, hat ihn auf dem Gewissen* *er ist an seiner Handlungsweise zu seinem Tod, seinem Ruin beigetragen*; jmdm. ins G. reden *jmdm. eindringlich seine unrechte Handlungsweise klarmachen*
Ge|wis|sens|haft ⟨Adj.⟩ ernst und genau, sorgfältig in allen Einzelheiten; eine ~e Arbeit; er ist ein ~er Arbeiter; sie arbeitet g.; ~e Prüfung eines Sachverhalts **Ge|wis|sen|haf|tig|keit** ⟨f., -, nur Sg.⟩
ge|wis|sen|los ⟨Adj.⟩ nicht über Gut und Böse (des eigenen Tuns) nachdenkend, gleichgültig gegenüber dem Unrecht (des eigenen Tuns); er ist g.; g. handeln **Ge|wis|sen|lo|sig|keit** ⟨f., -, nur Sg.⟩
Ge|wis|sens|bis|se ⟨Pl.⟩ Bewußtsein, unrecht gehandelt zu haben; mich plagen G.
Ge|wis|sens|fra|ge ⟨f.11⟩ Frage, die nur nach dem eigenen (guten) Gewissen beantwortet werden kann, Frage, die das Bekenntnis der inneren Einstellung verlangt
Ge|wis|sens|frei|heit ⟨f., -, nur Sg.⟩ Freiheit, nur nach seinem eigenen Gewissen zu handeln (ohne Zwang von außen)
Ge|wis|sens|kon|flikt ⟨m.1⟩ Konflikt zwischen dem eigenen Gewissen und einer Forderung, die man aus Rücksicht anderen gegenüber nicht erfüllen kann; in einen G. geraten; jmdn. in ~e stürzen
Ge|wis|sens|not ⟨f.2⟩ starker Gewissenskonflikt
Ge|wis|sens|wurm ⟨m., -s, nur Sg.; volkstüml.⟩ schlechtes Gewissen; der G. nagt an ihm
Ge|wis|sens|zwang ⟨m.2⟩ Zwang zur Entscheidung gegen das eigene Gewissen
ge|wis|ser|ma|ßen ⟨Adv.⟩ sozusagen, man könnte fast sagen
Ge|wiß|heit ⟨f., -, nur Sg.⟩ Zustand des Gewißseins, Bewußtsein der Wahrheit, Sicherheit; ich habe die G., daß …; jmdm. die G. geben, daß …; man kann mit G. sagen, daß …
ge|wiß|lich ⟨Adv.⟩ verstärkend, poet.⟩ gewiß
Ge|wit|ter ⟨n.5⟩ **1** von Donner, Blitz und (meist) schauerartigen Regenfällen begleitetes Wetter **2** heftige Auseinandersetzung, heftiger Streit; ein die Atmosphäre reinigendes G. [zu *Witterung*]
ge|wit|te|rig ⟨Adj.⟩ →gewittrig
ge|wit|tern ⟨V.1, hat gewittert; o.Obj.; unpersönl., mit „es") es gewittert *ein Gewitter zieht auf, nähert sich, in der Ferne geht ein G. nieder*

ge|witt|rig ⟨Adj., o.Steig.⟩ auch: *gewitterig* **1** in der Art eines Gewitters; ~er Schauer **2** ein bevorstehendes Gewitter erkennen lassend; ~e Stimmung
ge|wit|zigt ⟨Adj.; mit „sein" oder als Part. Perf.⟩ klug, vorsichtig geworden; ich bin durch Schaden g. und tue das nicht noch einmal; durch Erfahrung g., vermied er ein Zusammentreffen [zu mhd. *witzegen* „klug machen", zu *witz* „Klugheit, Verstand"]
ge|witzt ⟨Adj.⟩ eine Sachlage schnell erfassend, schnell begreifend, aufgeweckt, schlau, pfiffig; ein ~er Bursche [zu *Witz* in der älteren Bed. „Klugheit, Verstand"]
GewO ⟨Abk. für⟩ Gewerbeordnung
ge|wo|gen ⟨Adj., o.Steig.; nur als Attr. und mit „sein"⟩ freundlich, wohlwollend gesinnt, zugeneigt; er ist mir sehr, nicht g.; ein mir ~er Kollege
ge|wöh|nen ⟨V.1, hat gewöhnt; mit Akk.⟩ jmdn., ein Tier, sich an etwas oder jmdn. g. *jmdn., ein Tier, sich mit etwas oder jmdm. vertraut machen, jmdn. oder sich allmählich dazu bringen oder dazu erziehen, etwas immer zu tun, sich zu eigen zu machen, etwas zu ertragen; jmdm. auszukommen*; Der Hund muß sich erst an mich g.; einen Hund ans Haus g.; Kinder daran g., ihre Spielsachen aufzuräumen; Kinder, sich an Pünktlichkeit g.; ich habe mich an das frühe Aufstehen nur schwer gewöhnt; sich an Lärm g.; sie haben sich aneinander gewöhnt
Ge|wohn|heit ⟨f.10⟩ häufig wiederholte und dadurch selbstverständlich gewordene Handlung; eine G. annehmen, ablegen; gute, schlechte G.; er ging nach seiner G. mittags an unserem Haus vorbei; das geht gegen meine G.; etwas aus G. tun *ohne darüber nachzudenken, etwas tun, weil man es immer tut*; sich etwas zur G. machen
ge|wohn|heits|ge|mäß ⟨Adj., o.Steig.; nur als Attr. und mit „sein"⟩ ⟨einer (bestimmten) Gewohnheit entsprechend; er ging g. morgens als erstes in den Garten
ge|wohn|heits|mä|ßig ⟨Adj., o.Steig.⟩ aus Gewohnheit, ohne nachzudenken; das tue ich ganz g.
Ge|wohn|heits|mensch ⟨m.10⟩ jmd., der bestimmte Gewohnheiten hat und an ihnen festhält
Ge|wohn|heits|recht ⟨n.1⟩ nicht schriftlich festgelegtes Recht, das sich jmd. durch lange Gewohnheit erworben hat
Ge|wohn|heits|tier ⟨n.; nur in der Wendung⟩ der Mensch ist ein G. *man kann sich von Gewohnheiten nur schwer frei machen, man tut vieles nur aus Gewohnheit, ohne darüber nachzudenken*
ge|wöhn|lich **I** ⟨Adj.⟩ **1** üblich, alltäglich; ich erledigte erst meine ~en morgendlichen Arbeiten **2** nicht auffallend, nicht hervorstechend, durch nichts Besonderes gekennzeichnet; auch er ist ein ganz ~er Mensch; ein ganz ~es Fahrrad; es war an einem ~en Wochentag **3** ordinär, unfein; ~e Ausdrücke; er benimmt sich sehr g. **II** ⟨Adv.⟩ *meistens, in der Regel, im allgemeinen*; ich stehe g. um sieben Uhr auf; ist er für g. schon da, wenn ich komme; wir trafen uns wie g. am Bahnhof
Ge|wöhn|lich|keit ⟨f., -, nur Sg.⟩ gewöhnliches (I,3) Benehmen oder Aussehen
ge|wohnt ⟨Adj., o.Steig.; nur als Attr. und mit „sein"⟩ **1** durch Gewohnheit üblich, vertraut; er machte seine ~e Runde durch alle Räume; er ist wieder in seiner ~en Umgebung; etwas in ~er Weise erledigen; wir treffen uns zur ~en Zeit **2** etwas g. sein *durch Gewohnheit mit etwas vertraut sein, etwas immer tun, gelernt haben, etwas zu ertragen*; das viele Stehen bin ich (nicht) g.; sein ewiges Nörgeln bin ich schon g.
ge|wöhnt ⟨Adj., o.Steig.; nur in der Wendung⟩ an etwas oder jmdn. g. sein *mit etwas oder jmdm. durch Gewohnheit vertraut sein,*

gewohntermaßen

gelernt haben, etwas zu ertragen; ich bin an das frühe Aufstehen g.; der Hund ist an ihn g.; an den Lärm ich ich g.

ge|wohn|ter|ma|ßen ⟨Adv.⟩ wie gewöhnlich, wie gewohnt, aus Gewohnheit; er ging morgens g. durch den Park zur Arbeit

Ge|wöh|nung ⟨f., -, nur Sg.⟩ das Gewöhntwerden, das Sichgewöhnen (an etwas); durch lange G., durch allmähliche G. an kalte Duschen hat er sich abgehärtet

Ge|wöl|be ⟨n.5⟩ **1** bogenförmiges Tragwerk aus geschichteten Steinen (Kreuz~, Kuppel~) **2** (unterirdischer) überwölbter Raum; dämmriges, feuchtes G. **3** ⟨oberdt.⟩ Laden, Warenlager (Kräuter~)

Ge|wölk ⟨n., -s, nur Sg.⟩ Ansammlung von Wolken; dunkles G.

Ge|wöl|le ⟨n.5; bei Eulen und Greifvögeln⟩ als Ballen ausgewürgter, unverdauter Nahrungsrest (aus Haaren, Federn und Knochen) [zu mhd. willen, wüllen „Brechreiz haben"]

ge|wollt ⟨Adj.⟩ nicht natürlich, die Bemühung verratend; diese Ausdrucksweise ist, klingt g.

Ge|wühl ⟨n., -s, nur Sg.⟩ dichtes, lebhaftes Gedränge (von Menschen); ich suchte einen Weg durch das G. bahnen; ich verlor ihn im G. aus den Augen

ge|wür|felt ⟨Adj., o.Steig.⟩ in Vierecken gemustert, kariert; ~er Stoff

Ge|würm ⟨n., -(e)s, nur Sg.; veraltend⟩ Ansammlung von kleinen, kriechenden Tieren; ekles G. [zu Wurm, im älteren Sinne für „jedes kleine (kriechende, gliederlose) Tier"]

Ge|würz ⟨n.1⟩ **1** Pflanzenteil mit Inhaltsstoffen von kennzeichnendem Geruch oder Geschmack, der in kleinen Mengen Speisen oder Getränken zugegeben wird (bes. um deren Geschmack zu verbessern); Syn. ⟨veraltend⟩ Spezerei **2** ⟨ugs., auch⟩ Salz, Essig, Zucker u.a. [zu Wurz]

Ge|würz|nel|ke ⟨f.11⟩ getrocknete, ätherisches Öl enthaltende Frucht eines tropischen Myrtengewächses; auch: ⟨kurz⟩ Nelke

Ge|würz|tra|mi|ner ⟨m.3⟩ **1** Traubensorte mit rosafarbenen, blaubereiften Beeren, Spielart des Traminers **2** daraus hergestellter würziger, edler, alkoholreicher Wein

Gey|sir [ˈgai-] ⟨m.1⟩ heiße Springquelle, die in meist regelmäßigen Zeitabständen ihr Wasser auswirft; auch: ⟨eindeutschend⟩ Geiser [isländ., zu geysa „quellen, hervorströmen"]

gez. ⟨Abk. für⟩ gezeichnet (unterschrieben; → gezeichnet)

ge|zackt ⟨Adj., o.Steig.⟩ →zackig (1)

Ge|zä|he ⟨n., -s, nur Sg.⟩ Handwerkszeug des Bergmanns [< mhd. gezawe „Gerät, Werkzeug", zu ahd. zawen „glücken, gelingen"]

ge|zäh|nelt, ge|zahnt, ge|zähnt ⟨Adj., o.Steig.⟩ mit gezähnlichen Gebilden versehen; ~er Rand einer Briefmarke

Ge|zänk ⟨n., -s, nur Sg.⟩ das Zanken (miteinander)

Ge|zei|ten ⟨Pl.⟩ (regelmäßiger Wechsel von) Ebbe und Flut; Syn. Tide

Ge|zei|ten|kraft|werk ⟨n.1⟩ Kraftwerk, das die Gezeiten zur Stromerzeugung nutzt

Ge|zelt ⟨n.1; †; poet.⟩ großes Zelt (Himmels~)

Ge|zer|re ⟨n.⟩ **1** (andauerndes, lästiges) Zerren **2** ⟨landsch.⟩ zähe, sehnige Teile (vom Fleisch); der Braten war nur G.

Ge|ze|ter ⟨n., -s, nur Sg.⟩ das Zetern

Ge|zie|fer ⟨n., -s, nur Sg.⟩ **1** ⟨†, noch landsch.⟩ kleine Haustiere **2** ⟨nicht scherzh.⟩ kleine, unnütze, krabbelnde Tiere [< ahd. zebar „Opfer, Opfertier"]

ge|zie|men ⟨V.1, hat geziemt⟩ →ziemen

ge|ziert ⟨Adj.⟩ unnatürlich, übertrieben fein, übertrieben zierlich; ~e Bewegungen; ~es Benehmen; ~e Ausdrucksweise; g. antworten **Ge|ziert|heit** ⟨f., -, nur Sg.⟩

Ge|zirp ⟨n., -(e)s, nur Sg., nur Sg.⟩ das Zirpen; das G. der Grillen, Zikaden

Ge|zücht ⟨n., -s, nur Sg.⟩ ekelhafte Kriechtiere, (bes.) Schlangen (Schlangen~, Ottern~)

Ge|zün|gel ⟨n., -s, nur Sg.⟩ das Züngeln; G. der Flammen; G. von Schlangen

Ge|zweig ⟨n., -(e)s, nur Sg.; geh.⟩ Gesamtheit der Zweige

ge|zwun|gen ⟨Adj.⟩ nicht natürlich, nicht frei, starr, steif; ~e Ausdrucksweise; er lachte g.; ihr Benehmen ist g. **Ge|zwun|gen|heit** ⟨f., -, -⟩

Gfrett ⟨n., -s, nur Sg.; bayr.-österr.⟩ (andauernder) Ärger; das tägliche G. mit der Straßenbahn [zu fretten]

Gfrieß ⟨n.3; bayr.-österr.; vulg.⟩ Gesicht [zu fressen]

gg ⟨Abk. für⟩ Gauge

GG ⟨Abk. für⟩ Grundgesetz

ggf. ⟨Abk. für⟩ gegebenenfalls

Gha|na|er ⟨m.3⟩ → Ghanese

gha|na|isch ⟨Adj., o.Steig.⟩ →ghanesisch

Gha|ne|se ⟨m.11⟩ Einwohner von Ghana; auch: Ghanaer

gha|ne|sisch ⟨Adj., o.Steig.⟩ Ghana betreffend, zu ihm gehörig, aus ihm stammend; auch: ghanaisch

Gha|sel ⟨f.1⟩ → Gasel

Ghet|to ⟨n.9⟩ →Getto

Ghi|bli ⟨m.9⟩ → Gibli

Ghost|wri|ter ⟨[ˈgoustraitər] m.5⟩ jmd., der Reden, Bücher u.ä. für einen andern (Mummy) schreibt und selbst als Autor nicht in Erscheinung tritt [engl., < ghost „Geist" und writer „Schreiber, Verfasser", zu to write „schreiben"]

G.I., GI ⟨[dʒiːai] m.-(s), -(s)⟩ amerikanischer Wehrpflichtsoldat [eigtl. Abk. für engl. Government Issue „die vom Staat gelieferte Kleidung und Ausrüstung des Soldaten", government „Staat" und issue „das Ausgeben"]

Gi|aur ⟨m.9, Schimpfwort des Mohammedaners für⟩ Nichtmohammedaner

Gib|bon ⟨m.9⟩ baumbewohnender südostasiatischer Menschenaffe mit sehr langen Armen [frz., aus einer indischen Sprache]

Gi|bli ⟨m.9⟩ heißer Sandsturm (bes. in Libyen); auch: Ghibli [< arab. gibliy „Südwind"]

Gicht[1] ⟨f., -, nur Sg.⟩ Stoffwechselkrankheit mit vermehrter Bildung von Harnsäure und deren Ablagerung bes. an Gelenken

Gicht[2] ⟨f.10⟩ **1** oberster Teil des Hochofens **2** Beschickungsgut des Hochofens

Gicht|bee|re ⟨f.11; landsch.⟩ →Johannisbeere

gicht|brü|chig ⟨Adj., o.Steig.; †⟩ an Gicht[1] leidend

Gicht|gas ⟨n.1⟩ Gas, das bei der Verhüttung von Eisenerzen an der Gicht[2] austritt; Syn. Hochofengas

gich|tig, gich|tisch ⟨Adj., o.Steig.⟩ an Gicht leidend

Gicht|kno|ten ⟨m.7⟩ durch Gicht[1] verursachter Knoten an den Gelenken (bes. der Finger)

Gickel ⟨-k|k-; m.5; mdt.⟩ →Hahn [lautmalend, →Gockel]

gickern ⟨-k|k-; V.1, hat gickert; o.Obj.; ugs.⟩ kichern, albern lachen [eigtl. „in hohen Tönen gackern"]

gicks (in den Wendungen) g. und gacks allerlei Unbedeutendes; es wurde nur g. und gacks geredet; er sagte weder g. noch gacks er sagte gar nichts; dort trifft sich g. und gacks jeder, alle Welt, alle möglichen Leute

gick|sen ⟨V.1, hat gickst⟩ **I** ⟨o.Obj.⟩ einen kurzen, hohen Ton von sich geben (z.B. wenn die Stimme überschnappt) **II** ⟨mit Akk.⟩ stechen; auch: ⟨mdt.⟩ giksen; ⟨norddt.⟩ kieksen, kicksen

Gie|bel[1] ⟨m.5⟩ dreieckiger Wandteil an der Schmalseite des Hauses zwischen den beiden Schrägen des Daches

Gie|bel[2] ⟨m.5⟩ der Karausche ähnlicher Karpfenfisch, Stammform des Goldfisches

Gie|bel|feld ⟨n.1⟩ (von Gesimsen und) vom Dach umschlossene Fläche des Giebels[1]

gie|be|lig, gieb|lig ⟨Adj., o.Steig.⟩ mit einem Giebel[1] versehen

giek|sen ⟨mdt.⟩ →gicksen

Gie|men ⟨n., -s, nur Sg.; bei Pferden⟩ krankhaftes Atmungsgeräusch [zu landsch. giemen „gähnen, röcheln"]

Gien ⟨n.1; Seew.⟩ starker Flaschenzug [< engl. gin „Hebewerk, Winde"]

gie|nen ⟨V.1, hat gegient; mit Akk.; Seew.⟩ mit dem Gien heben

Gie|per ⟨m., -s, nur Sg.; bes. norddt.⟩ Begierde, großes Verlangen, großer Appetit; einen G. auf etwas haben

gie|pe|rig ⟨Adj.⟩ voller Verlangen, großen Appetit verspürend, gierig, lüstern; auch: giepprig; sei nicht so g.!; g. nach etwas sein

gie|pern ⟨V.1, hat giepert; mit Präp.obj.; ugs.⟩ nach etwas g. großen Appetit auf etwas haben [nddt. giepern „nach etwas verlangen", dazu giepen „Luft schnappen"]

giep|rig ⟨Adj.⟩ →gieperig

Gier ⟨f., -, nur Sg.⟩ heftiges, übersteigertes Verlangen; G. nach einer Speise; G. nach Macht; seine G. kaum bezwingen können

gie|ren[1] ⟨V.1, hat gegiert; mit Präp.obj.⟩ nach etwas g. voller Gier etwas haben wollen, heftig, leidenschaftlich nach etwas verlangen; nach Macht g.

gie|ren[2] ⟨V.1, hat gegiert; o.Obj.; Seew.⟩ infolge Seegangs keinen geraden Kurs halten; das Boot giert [nddt., „schaukeln"]

Gier|fäh|re ⟨f.11⟩ an einem Seil geführte Fähre, die durch die Strömung in Bewegung versetzt wird [zu gieren]

gie|rig ⟨Adj.⟩ voller Gier, heftig nach etwas verlangend; ~e Blicke; g. essen, trinken; g. nach etwas greifen; g. nach jmdm. sein sexuelles Verlangen nach jmdm. haben

Giersch ⟨m., -(e)s, nur Sg.⟩ → Geißfuß (3)

Gier|schlund ⟨m.1; scherzh.⟩ gieriger, unersättlicher Esser

Gieß|bach ⟨m.2⟩ steil herabstürzender Bach, der viel Wasser führt (bes. im Gebirge)

Gieß|blech ⟨n.1; Hüttentech.⟩ Kupferblech zur Aufnahme von Metallproben

gie|ßen ⟨V.54, hat gegossen⟩ **I** (mit Akk.) **1** fließen lassen, herauslaufen lassen; Wasser in ein Becken g.; Kaffee in Tassen g.; Wasser über etwas g. **2** flüssig machen und in eine Form füllen; Metall g.; die Wachen stehen so wie aus Erz gegossen völlig unbeweglich **3** durch Gießen (2) herstellen; eine Glocke g. **4** mit Wasser versorgen, tränken; Blumen g. **II** ⟨o.Obj., mit „es"⟩ stark regnen; es gießt (in Strömen)

Gie|ße|rei ⟨f.10⟩ Betrieb zur Herstellung von Gegenständen aus verflüssigtem Material in Gußformen

Gieß|harz ⟨n.1⟩ Kunstharz, das in offene Formen gegossen wird und erhärtet (z.B. um damit tierische oder pflanzliche Präparate luftdicht und von allen Seiten sichtbar abzuschließen)

Gieß|kan|ne ⟨f.11⟩ Gefäß mit einem Rohr, das einen siebartigen Aufsatz trägt, und Handgriff (zum Gießen von Pflanzen)

Gieß|kan|nen|prin|zip ⟨n., -s, nur Sg.; ugs.⟩ etwas nach dem G. verteilen etwas gleichmäßig und ohne Rücksicht auf Besonderheiten, auf Unterschiede verteilen

Gift ⟨n.1⟩ Stoff, der durch chemische Wirkung Krankheit und Tod verursachen kann; Syn. Toxikum; sein G. verspritzen seinen Ärger mit bösen, boshaften Worten Ausdruck geben; G. und Galle spucken seine Wut, Enttäuschung mit bösen Worten zum Ausdruck bringen; darauf kannst du G. nehmen damit mußt du ganz bestimmt rechnen, das ist ganz sicher; Vorsicht, das Messer schneidet wie G. das Messer ist äußerst scharf [zu geben]

giften ⟨V.2, hat gegiftet; mit Akk.⟩ *ärgern; es giftet ihn, daß ...; diese Ungerechtigkeit giftet mich; sie giftet sich darüber, daß ...*

Gift|gas ⟨n.1⟩ *gasförmiger, giftiger Kampfstoff (z.B. Senfgas)*

gift|grün ⟨Adj., o.Steig.⟩ *grell hellgrün*

Gift|hüt|te ⟨f.11⟩ *Anlage zur Verhüttung von Arsenerzen*

gif|tig ⟨Adj.⟩ **1** *ein Gift enthaltend;* ~*er Pilz* **2** *als Gift wirkend; dieser Stoff ist in hoher Dosis g.* **3** ⟨übertr.⟩ *boshaft-böse, sehr mißgünstig; eine* ~*e Person;* ~*e Bemerkungen; sei doch nicht gleich so g.!*

Gift|mi|scher ⟨m.5⟩ **1** *jemand, der bereit ist, Giftmorde zu begehen, Giftmörder* **2** ⟨übertr.⟩ *Ränkeschmied, Intrigant*

Gift|mord ⟨m.1⟩ *Ermordung durch Vergiften*

Gift|mör|der ⟨m.5⟩ *jmd., der einen Giftmord begangen hat*

Gift|müll ⟨m., -(e)s, nur Sg.⟩ *die Umwelt besonders gefährdender Abfall (z.B. radioaktive Abfälle aus Kernreaktoren)*

Gift|nu|del ⟨f.11; ugs.⟩ **1** *Zigarre, Zigarette* **2** *boshafte Person, die oft giftige Bemerkungen macht*

Gift|pfeil ⟨m.1⟩ **1** *Pfeil mit vergifteter Spitze* **2** ⟨übertr.⟩ *bissige, giftige Bemerkung; seine* ~*e abschießen*

Gift|schlan|ge ⟨f.11⟩ *für den Menschen gefährliche Schlange, mit einem oder zwei Paar Giftzähnen im Oberkiefer, die mit Giftdrüsen verbunden sind*

Gift|schrank ⟨m.2; in Apotheken und Krankenhäusern⟩ *Schrank, in dem gefährliche Medikamente aufbewahrt werden*

Gift|sprit|ze ⟨f.11; ugs.⟩ *boshaft-böse Person, die bei jeder Gelegenheit giftige Bemerkungen macht*

Gift|tier ⟨n.1⟩ **1** *Tier, das Giftdrüsen besitzt (z.B. Biene, Kreuzotter)* **2** *Tier, das in seinem Körper Giftstoffe enthält und dessen Genuß Vergiftungserscheinungen hervorruft (bestimmte Fische)*

Gift|wei|zen ⟨m., -s, nur Sg.⟩ *mit Gift präparierte, rot gefärbte Weizenkörner (zur Bekämpfung von Ratten und Mäusen)*

Gift|zahn ⟨m.2; bei manchen Schlangen⟩ *mit einer Rinne oder einem Kanal versehener Zahn, aus dem Gift ausgespritzt werden kann; einem Text die Giftzähne ausbrechen* ⟨übertr., scherzh.⟩ *aus einem Text die aggressiven Stellen herausstreichen*

Gift|zwerg ⟨m.1; ugs.⟩ *kleiner, gehässiger und boshafter Mensch*

Gig I ⟨f.9⟩ **1** *leichtes, schnelles Segelboot, das auch zum Rudern eingerichtet ist* **2** *Verkehrsboot auf Kriegsschiffen (Kommandanten~)* **II** ⟨f.9⟩ *zweirädriger, offener, einspänniger Wagen mit Gabeldeichsel* **III** ⟨m.9; ugs.; bei Jazzmusikern⟩ *Nebenverdienst durch einen zusätzlichen Auftritt* [engl.]

Gi|ga... (in Zus.; bei Maßangaben; Zeichen: G) *das Milliardenfache (10⁹fache) der Grundeinheit, z.B. Gigawatt* [zu *Gigant*]

gi|gam|pfen ⟨V.1, hat gigampft; o.Obj.; schweiz.⟩ *schaukeln; in der Politik zwischen zwei Parteien, zwei Lagern g.* [mit verstärkender Vorsilbe *+* alemann. *gampfen, gampen* "schaukeln"]

Gi|gant ⟨m.10⟩ **1** ⟨Myth.⟩ *Riese* **2** ⟨übertr.⟩ *Person od. Sache, die durch Größe, Macht, Bedeutung gekennzeichnet ist; die* ~*en der Weltpolitik; die Großmächte; der Konzern XY ist einer der* ~*en des Buchmarktes* [< griech. *gigas*, Gen. *gigantos*, "Angehöriger eines Geschlechts von Riesen"; wahrscheinlich aus einer nicht mehr vorgeb. Sprache]

gi|gan|tisch ⟨Adj.⟩ *riesenhaft; ein* ~*er Aufwand; ein Bauwerk von* ~*en Ausmaßen*

Gi|gan|tis|mus ⟨m., -, nur Sg.⟩ → *Riesenwuchs* [zu *Gigant*]

Gi|gan|to|ma|chie ⟨[-xi] f.11; griech.Myth.⟩ *Kampf der Giganten gegen Zeus* [< *Gigant* und griech. *mache* "Kampf"]

Gi|gan|to|ma|nie ⟨f., -, nur Sg.; bes. in der Baukunst⟩ *Vorliebe für riesige Ausmaße* [< *Gigant* und *Manie*]

Gi|gerl ⟨n.14; österr.⟩ → *Geck* [wörtl. "Hähnchen"]

Gi|go|lo [-ʒi-] ⟨m.9⟩ **1** *Eintänzer* **2** ⟨auch⟩ *Geck* [frz. *gigolo* "junger Mann, der öffentliche Tanzveranstaltungen aufsucht", zu *giguer* "hüpfen", → *Gigue*]

Gigue ⟨[ʒig] f.11⟩ **1** *Hüpftanz* **2** ⟨daraus hervorgegangener⟩ *Satz der Suite, der Sonate* [frz. *gigue*, < engl. *jig* in ders. Bed. und *to jig* "eine Gigue tanzen", aus altfrz. *giguer* "tanzen, hüpfen", wohl zu *gigue* "Geige", also "zum Spiel der Geige tanzen, hüpfen"]

Gilb|hard, Gilb|hart ⟨m.1; alter Name für⟩ *Oktober* [< *gilb* "gelb" (wegen des Herbstlaubes) und *-hard, -hart* (als Bestandteil von Personennamen) "kühn, stark"]

Gilb|wei|de|rich ⟨m., -(e)s, nur Sg.⟩ *hohes, staudiges Primelgewächs an feuchten Standorten mit gelben Blüten in kurzen, gestielten Trauben*

Gil|de ⟨f.11⟩ **1** ⟨MA⟩ *Zusammenschluß von Berufsständen (bes. von Händlern in Kaufmannsgilden oder von Handwerkern)* **2** *Zusammenschluß zur Wahrung gemeinsamer Interessen (Bücher~, Hochschul~)* [nddt., zu *gelten*]

Gil|de|mei|ster ⟨m.5⟩ *Vorsteher einer Gilde (1)*

Gil|den|schaft ⟨f.10⟩ *alle Mitglieder einer Gilde (1)*

Gi|let ⟨[ʒilɛ] n.9; österr., schweiz.⟩ *Weste* [< frz., < span. *chaleco* in ders.Bed., von über die arab. Zwischenstufe *ǧalīka*, < türk. *yelek* "Weste"]

Gil|ling, Gil|lung ⟨f.10 oder f.9⟩ *nach innen gebogener Teil (des Schiffshecks)* [< ndrl. *gilling*, zu *gillen* "schräg zuschneiden"]

gil|tig ⟨Adj., o.Steig.; †, noch österr.⟩ → *gültig*

Gim|pe ⟨f.11⟩ *Schnur (als Kleiderbesatz), umsponnener Faden (zum Sticken oder für Spitzen)*

Gim|pel ⟨m.5⟩ **1** *Finkenvogel mit schwarzer Kopfplatte (Männchen mit rosaroter Unterseite);* Syn. *Dompfaff* **2** *einfältiger Mensch* [< mhd. *gümpel*, zu mhd. *gumpen* "hüpfen, springen", vielleicht nach den unbeholfen wirkenden Bewegungen des Vogels auf der Erde]

Gin ⟨[dʒin] m.9⟩ *Branntwein aus Mais, Roggen, Malz mit Wacholderzusatz* [engl., verkürzt aus *geneva* < ndrl. *genever, jenever*, → *Genever*]

Gin-Fizz ⟨[dʒinfɪz] m., -, -⟩ *Mixgetränk aus Gin, Sodawasser und gesüßter Zitrone*

Gin|gan, Gin|gang ⟨m.9⟩ *gestreiftes oder kariertes Baumwollgewebe* [< mal. *ginggang*, "gestreift"]

Gin|gi|vi|tis ⟨f., -, -ti|den⟩ *Zahnfleischzündung* [< lat. *gingiva* "Zahnfleisch" und *-itis*]

Gink|go ⟨[giŋko] m.9⟩ *ostasiatischer Baum mit fächerförmigen Blättern, der als Nacktsamer mit den Nadelhölzern verwandt ist, Gink-baum* [< jap. *ginkyo*, < chines. *ngien hang* "Silberaprikose", vermutl. nach den aprikosenähnl. Samen]

Gin|seng ⟨m.9⟩ *ostasiatisches Efeugewächs, dessen Wurzel als Stärkungsmittel gilt* [< chin. *jen-sen, jen-shen,* "Menschenpflanze", da ihre Wurzel einer menschl. Gestalt ähnelt]

Gin|ster ⟨m.5⟩ *Schmetterlingsblütler mit grünen Stengeln, kleinen Blättern, strauchigem Wuchs und gelben Blüten* [< lat. *genista* in ders. Bed.]

Gin|ster|kat|ze ⟨f.11⟩ ⟨u.a. im Mittelmeergebiet vorkommende⟩ *etwa hauskatzengroße Schleichkatze mit gelblichem, schwarz gefleckten Fell;* Syn. *Genette*

gio|co|so ⟨[dʒɔ-] Mus.⟩ *spielerisch, lustig, scherzend* [ital. *giocoso* "heiter, lustig", < lat. *iocosus* "scherzhaft, spaßig, neckisch", zu *iocus* "Scherz, Spaß, Schäkerei"]

Gip|fel¹ ⟨m.5⟩ **1** *(höchste) Spitze; auf dem G. des Berges; die G. der Bäume* **2** *Höhepunkt; den G. des Ruhms erreicht haben; das ist der G.! das ist unerhört!* **3** ⟨kurz für⟩ *Gipfelkonferenz*

Gip|fel² ⟨m.5; schweiz.⟩ → *Hörnchen*

Gip|fel|buch ⟨n.4⟩ *auf dem Gipfel eines Berges wettergeschützt ausliegendes Buch, in das man sich eintragen kann*

Gip|fel|flur ⟨f.10⟩ *Gleichheit des Niveaus der höchsten Gipfel (bei vielen Gebirgen)*

...gip|fe|lig (in Zus.) → ...*gipflig*

Gip|fel|kon|fe|renz ⟨f.10⟩ *Konferenz der obersten Staatsmänner bes. einflußreicher Staaten;* Syn. *Gipfeltreffen*

Gip|fel|kreuz ⟨n.1⟩ *auf dem höchsten Punkt eines Gipfels errichtetes Kreuz*

Gip|fel|lei|stung ⟨f.10⟩ *beste Leistung, hervorragende Leistung*

gip|feln ⟨V.1, hat gegipfelt; mit Präp.obj.⟩ *in etwas g. in etwas seinen Gipfel erreichen*

Gip|fel|punkt ⟨m.1⟩ **1** *höchster Punkt (z.B. einer Geschoßbahn)* **2** *Höhepunkt; seine schauspielerische Karriere erreichte ihren G. in der Darstellung des "Wallenstein"*

Gip|fel|tref|fen ⟨n.7⟩ → *Gipfelkonferenz*

...gip|flig (in Zus.) *nach einer bestimmten oder unbestimmten Anzahl von Gipfeln oder mit einer bestimmten Art von Gipfeln, z.B. zwei~, mehr~, doppel~, spitz~; auch: gipfelig*

Gips ⟨m.1⟩ **1** *(meist farbloses oder weißes) weiches Mineral, Calciumsulfat;* Syn. *Gipsspat* **2** *aus diesem Mineral aufgebautes Gestein, das in pulvriger Form für verschiedene Zwecke verwendet wird (z.B. für Putz, Stuck);* Syn. *Gipsstein* **3** ⟨kurz für⟩ → *Gipsverband; ein Bein in G. haben* [< lat. *gypsum*, < griech. *gypsos*, < akkad. *gaṣṣ(u)* in Bed. 1]

Gips|bein ⟨n.1; ugs.⟩ *Bein im Gipsverband*

Gips|bett ⟨n.12⟩ *gepolsterte Gipsschale zur Ruhigstellung des Rumpfes*

Gips|die|le ⟨f.11⟩ *brettartige Bauplatte aus Gips mit faserigen Beimengungen (z.B. für unbelastete Trennwände)*

gip|sen ⟨V.1, hat gegipst; mit Akk.⟩ **1** *mit Gips ausbessern oder überziehen* **2** *einen Gipsverband versehen, eingipsen; das Bein muß gegipst werden*

Gip|ser ⟨m.5⟩ *jmd., der berufsmäßig mit Gips arbeitet (stuckiert, verputzt)*

gip|sern ⟨Adj. o.Steig.⟩ *aus Gips;* ~*es Modell*

Gips|kopf ⟨m.2; ugs.⟩ *Dummkopf*

Gips|kraut ⟨n., -(e)s, nur Sg.⟩ *ein Nelkengewächs, zartes Kraut mit rötlichweißen Blüten und grauweißen Blättern;* Syn. *Schleierkraut*

Gips|kra|wat|te ⟨f.11⟩ *Gipsverband für den Hals*

Gips|spat ⟨m.1⟩ → *Gips (1)*

Gips|stein ⟨m.1⟩ → *Gips (2)*

Gips|ver|band ⟨m.2⟩ *starrer, zum Schienen dienender Verband aus Mullbinden, die mit Gips gestärkt wurden (zur Ruhigstellung von Knochenbrüchen)*

Gi|püre ⟨f.11⟩ *Geflecht aus seidenumsponnenen Fäden* [< frz. *guiper* "mit Seide umspinnen", < fränk. *wīpan* "winden"]

Gi|raf|fe ⟨österr. auch [ʃi-] f.11⟩ *(netzartig gezeichneter oder auf hellem Grund dunkel gefleckter) Paarzeher mit sehr langem Hals und mehreren fellüberzogenen Knochenzapfen auf der Stirn* **2** ⟨Film⟩ *Gerät mit langem, schwenkbarem Arm, an dem die Kamera angebracht ist;* Syn. *Galgen* [< frz. *girafe*, < ital. *giraffa*, < arab. *zurāfa, zarāfa* "Giraffe"]

Gi|raf|fen|ga|zel|le ⟨f.11⟩ *afrikanische Gazelle mit sehr langem Hals;* Syn. *Gerenuk*

Gi|ran|do|la, Gi|ran|do|le ⟨[ʒiran-] oder [ʒirã-] f.11⟩ **1** ⟨beim Feuerwerk⟩ *Feuerrad* **2** ⟨†⟩ *mehrarmiger Leuchter* **3** *Ohrgehänge aus Edelsteinen* [ital. oder frz., zu ital. *girare* "drehen"]

Gi|rant ⟨ʒi-⟩ m.10⟩ jmd., der einen Wechsel oder Scheck durch Übertragungsvermerk (Indossament) weitergibt; Syn. Indossant, Indossent [zu girieren]

Gi|rat ⟨m.10⟩, **Gi|ra|tar** ⟨m.1⟩ jmd., auf den ein Wechsel oder Scheck übertragen ist [zu girieren]

gi|rie|ren ⟨ʒi-⟩ V.3, hat giriert; mit Akk.⟩ in Umlauf setzen; einen Scheck, Wechsel g. [< lat. girare in ders. Bed. sowie „drehen, durchwandern", < spätlat. gyrare „im Kreis drehen", zu gyrus „Kreis"]

Girl ⟨gɔl] n.9⟩ **1** ⟨engl.Bez. für⟩ Mädchen **2** Mitglied einer Mädchen-Tanzgruppe [< mengl. gurle, gurl, gerle, gerl „Kind, junger Mensch", verwandt mit nddt. Gör, Göre „Kind"]

Gir|lan|de ⟨f.11⟩ langes Blumen- oder Blättergewinde, bunte Papierkette [< frz. guirlande in ders. Bed., < altfrz. garlande „Reif, Kranz", wahrscheinlich aus dem Fränk.]

Gir|litz ⟨m.1⟩ kleiner, gelblicher Finkenvogel mit graubrauner Streifung [ältere Form: Girlin, Girle, vielleicht lautnachahmend mit der Endung -itz nach dem Vorbild von Stieglitz]

Gi|ro ⟨ʒi-] n.9, österr. Pl. auch -ri⟩ **1** Überweisung (im bargeldlosen Zahlungsverkehr) **2** Übertragungsvermerk auf Wechsel oder Scheck [< ital. giro in ders. Bed. sowie „Drehung, Umdrehung, Rundgang", < spätlat. gyrus „Kreis"]

Gi|ro d'Ita|lia ⟨[dʒi-] m., -, -, -⟩ Straßen-Radrennen von Berufsradfahrern in Italien [ital., zu Giro]

Gi|ro|kon|to ⟨ʒi-⟩ n., -s, -s oder -ten⟩ Bankkonto, das in erster Linie dem bargeldlosen Zahlungsverkehr dient; Ggs. Sparkonto

Gi|ron|de ⟨ʒirõ⟩ f.11⟩ gemäßigter Flügel der Republikaner während der Frz. Revolution [nach dem frz. Departement Gironde]

Gi|ron|dist ⟨m.10⟩ Mitglied, Anhänger der Gironde

Gi|ro|ver|kehr ⟨[ʒi-] m., -s, nur Sg.⟩ bargeldloser Zahlungsverkehr

gir|ren ⟨V.1, hat gegirrt; o.Obj.⟩ **1** ⟨von Vögeln⟩ hohe, glucksende Laute ausstoßen; vgl. gurren **2** ⟨übertr.⟩ kokett lachen und reden

gis, Gis ⟨n., -, -; Mus.⟩ das um einen halben Ton erhöhte g bzw. G

gi|schen ⟨V.1, hat gegischt; o.Obj.; poet.⟩ Gischt versprühen, schäumen; ~de Wogen

Gischt ⟨f.10 oder m.1⟩ Schaum, der beim Brechen von Meereswellen entsteht oder bei starkem Wind von den Wellenkämmen abgeblasen wird

Gis-Dur ⟨n., -, nur Sg.; Mus.⟩ auf dem Grundton Gis aufbauende Dur-Tonart

gi|sis, Gi|sis ⟨n., -, -; Mus.⟩ das um zwei halbe Töne erhöhte g bzw. G

gis-Moll ⟨n., -, nur Sg.; Mus.⟩ auf dem Grundton gis aufbauende Moll-Tonart

Giß ⟨m.1 oder f.10; bei Schiffen und Flugzeugen⟩ Mutmaßung (des Schiffers oder Fliegers) über den Standort [zu gissen]

gis|sen ⟨V.1, hat gegißt; o.Obj.⟩ den Standort eines Schiffes oder Flugzeuges schätzen, mutmaßen [verwandt mit engl. to guess „glauben, meinen", vielleicht aus dem Skandinav.]

Gis|sung ⟨f., -, nur Sg.⟩

Gi|tar|re ⟨f.11⟩ ein Zupfinstrument mit sechs Saiten und flachem Resonanzkörper in Form einer 8; Syn. Klampfe, Zupfgeige [< span. guitarra, < arab. qīṭāra, < griech. kithara „große Leier, Zither"]

Gi|tar|rist ⟨m.10⟩ Musiker, der Gitarre spielt

Git|ter ⟨n.5⟩ **1** Bauteil aus gekreuzten Stäben, Drahtgeflecht oder durchlochtem Blech, hinter ~n sitzen im Gefängnis sitzen; jmdn. hinter ~ bringen dafür sorgen, daß jmd. ins Gefängnis kommt **2** ⟨Phys.⟩ auf Glasplatten geritzte parallele Linien, die Licht und andere elektromagnetischen Wellen beugen **3** ⟨Math.⟩ Schnittpunkt eines Netzes sich schneidender Scharen von parallelen Geraden in gleichen Abständen **4** → Kristallgitter [urspr. Lautvariante zu Gatter]

Git|ter|bett ⟨n.12⟩ Bett für Kleinkinder, das von einem gitterartigen Geländer umgeben ist

Git|ter|brücke ⟨-k|k-; f.11⟩ ⟨veraltete⟩ Brückenkonstruktion, deren Hauptträger aus Gurten bestehen, die durch Gitterträger verbunden sind

Git|ter|fal|ter ⟨m.5⟩ → Landkärtchen

Git|ter|lei|nen ⟨n.7⟩ → Stramin

Git|ter|mast ⟨m.12⟩ Mast aus gitterartig verbundenen Eisenstreben (für elektrische Freileitungen)

Git|ter|netz ⟨n.1; auf Landkarten⟩ aus sich schneidenden Geraden gebildetes Quadratnetz (zur Bestimmung von Geländepunkten)

Git|ter|rost ⟨m.1⟩ **1** aus parallelen Eisen- oder Holzstäben gebildete, begehbare Abdeckung (von Kellerräumen, Schächten, Gräben), auch Zwischenboden **2** parallel geführte, hochkant gestellte Stäbe zum Teilen von Räumen (in Kellern, Maschinenräumen)

Git|ter|span|nung ⟨f.10; in Elektronenröhren⟩ Spannung zwischen dem Elektronengitter und der Kathode

Git|ter|stoff ⟨m.1⟩ → Stramin

Git|ter|strom ⟨m.2; in Elektronenröhren⟩ von der Kathode zum Elektronengitter fließender Strom

Git|ter|trä|ger ⟨m.5⟩ engmaschiges Flachstuhlgitter als tragende Vorrichtung (z.B. für Brücken)

Glace ⟨[glas] **I** ⟨f.9⟩ aus Puderzucker hergestellte Glasur **II** ⟨f.11; schweiz.⟩ → Speiseeis [frz., „Eis"]

Gla|cé ⟨[-se] n., -(s), -s⟩ **1** kurz für Glacéleder **2** Hochglanzgewebe [frz., „Glanz"]

Gla|cé|hand|schuh ⟨[-se-] m.1⟩ Handschuh aus Glacéleder; jmdn. mit ~en anfassen ⟨ugs.⟩ jmdn. sehr vorsichtig behandeln, auf seine Empfindlichkeit große Rücksicht nehmen

Gla|cé|le|der ⟨[-se-] n.5⟩ weiches, glänzendes Leder (von Ziege oder Lamm); auch: ⟨kurz⟩ Glacé

gla|cie|ren ⟨[-si-] V.3, hat glaciert; mit Akk.⟩ mit Glasur überziehen [< frz. glacer „zu Eis machen, gefrieren, mit Zuckerguß, mit Glasur überziehen", zu glace „Eis, Zuckerguß, Spiegelglas"]

Gla|cis ⟨[-si] n., [-sis], - [sis]⟩ **1** Vorfeld einer Befestigungsanlage **2** Sicherungszone um ein Schutzobjekt **3** ⟨übertragen⟩ von einem Staat politisch beherrschter fremdstaatlicher Nachbarraum [frz., „Abhang"]

Gla|di|a|tor ⟨m.13; im alten Rom⟩ Schwertkämpfer (bei den Zirkusspielen) [lat., zu gladius „Schwert"]

Gla|dio|le ⟨f.11⟩ Schwertliliengewächs mit trichterförmigen, leuchtend gefärbten Blüten; Syn. Siegwurz [< lat. gladiolus „kleines Schwert", nach den schwertförmigen Blättern]

Gla|go|li|za ⟨f., -, nur Sg.⟩ aus der griechischen Minuskel entstandene, älteste slawische Schrift, glagolitische Schrift [< russ. glagol „Verbum" (als grammatischer Terminus), poet. auch „Wort, Rede"]

Gla|mour ⟨[glæməʳ] m., -(s), nur Sg.⟩ Glanz, glänzende, raffinierte Aufmachung [engl. glamour „Zauber, bezaubernder Glanz, bezaubernde Schönheit", entstellt < gramarye „Zauberkunst", < altfrz. (frz.) grammaire „Grammatik"; ein Grammatikbuch, insbes. eine lat. Grammatik, wurde im Volksmund im Sinne von „unverständlichem Buch, Buch mit Zauberzeichen" verstanden, daher der Bedeutungswandel zu „Zauberkunst"]

Gla|mour|girl ⟨[glæməgəːl] n.9⟩ strahlend schöne Frau, Reklameschönheit

Glan|du|la ⟨f., -, -lae [lɛː]⟩ → Drüse [lat., „Mandel, Drüse im Hals", Verkleinerungsform zu Glans]

glan|du|lär ⟨Adj., o.Steig.⟩ zu einer Glandula gehörig, von ihr ausgehend

Glans ⟨f., -, Glan|des [-deːs]⟩ → Eichel (2) [lat., „Kernfrucht, Eichel, Kugel"]

Glanz ⟨m., -es, nur Sg.⟩ **1** Widerschein von Licht (auf glatten Oberflächen), glänzende Beschaffenheit; ihre Augen hatten keinen G. mehr; das Holz auf G. polieren; einem Gegenstand G. geben **2** das Glänzen, Leuchten; Syn. ⟨poet.⟩ Glast; im G. der Sonne; der G. seiner Stimme **3** Pracht, prächtiger Aufwand; die Hochzeit wurde mit großem G. gefeiert; mit G. und Gloria (verstärkend) mit Pracht und Ruhm bzw. mit rühmenden Reden; einen Tag mit G. und Gloria begehen; er ist mit G. und Gloria durch die Prüfung gefallen (iron.) **4** ⟨in der Fügung⟩ mit G. überlegen, hervorragend und hat die Prüfung mit G. bestanden **5** vorteilhaftes, schönes Aussehen; einer Sache den richtigen G. geben; trügerischer G. **6** Vertreter einer Gruppe metallisch glänzender sulfidischer Mineralien (Blei~, Kupfer~)

Glanz|au|ge ⟨n.14⟩ groß wirkendes, feuchtglänzendes Auge (bei beginnender Basedowscher Krankheit)

glän|zen ⟨V.1, hat geglänzt⟩ **I** ⟨o.Obj.⟩ **1** Glanz ausstrahlen, auffallend Licht zurückwerfen; Schuhe bürsten, bis sie g.; das Wasser glänzt in der Sonne; ihre Augen glänzten vor Freude; ~des Papier; ~de Seide; mit ~den Augen **2** Bewunderung erregen, auffallen; er glänzt mit seinem Wissen; er will nur g.; er glänzte durch Abwesenheit (übertr., ugs.) es fiel auf, daß er nicht da war, er machte von sich reden, weil er nicht da war

glän|zend ⟨Adj.⟩ hervorragend, auffallend gut; eine ~e Leistung; das ist eine ~e Idee; er ist ein ~er Lehrer; er hat die Prüfung g. bestanden; die Überraschung ist g. gelungen; mir geht es g.; er macht das g.

Glanz|ko|balt ⟨m., -(e)s, nur Sg.⟩ → Kobaltglanz

Glanz|koh|le ⟨f., -, nur Sg.⟩ glänzende, durch starke Inkohlung entstandene Kohle

Glanz|lei|stung ⟨f.10⟩ hervorragende, auffallend gute Leistung

Glanz|licht ⟨n.3⟩ **1** Lichtreflex (auf einer blanken Oberfläche) **2** ⟨Mal.⟩ lichtvolle Stelle **3** wirkungsvolle Formulierung; ein paar ~er in einer Rede, einem Text anbringen; noch ein paar ~er aufsetzen, um den Text ansprechender zu gestalten

Glanz|num|mer ⟨f.11⟩ bes. wirkungsvolle Darbietung in einem Programm (z.B. im Zirkus)

Glanz|pa|pier ⟨n.1⟩ mit glänzender, farbiger Folie beschichtetes Papier (z.B. zum Basteln)

Glanz|punkt ⟨m.1⟩ Höhepunkt; der G. des Festes, des Programms war ...

Glanz|ruß ⟨m., -es, nur Sg.⟩ bei Verwendung sehr feuchter oder teerhaltiger Brennstoffe im Rauchabzugskanal niedergeschlagener, glänzender Ruß

Glanz|stück ⟨n.1; ugs.⟩ bes. gut gelungenes Stück, bes. schönes Stück; das ist das G. seiner Arbeiten, seiner Sammlung

glanz|voll ⟨Adj.⟩ **1** glänzend, hervorragend; eine Prüfung g. bestehen **2** prunkvoll, prachtvoll; sein Geburtstag wurde g. gefeiert

Glanz|zeit ⟨f.10⟩ bes. gute, fruchtbare, schöpferische Zeit; dieser Roman stammt aus der G. des Dichters

gla|rig ⟨Adj., o.Steig.; schweiz.⟩ **1** gefroren **2** glasartig [zu glaren]

Glas I ⟨n.4⟩ **1** ⟨nur Sg.⟩ durchsichtiger, fester, spröder Stoff aus Siliciumoxid, Metall-, Alkali- oder Erdalkalioxiden, der als Werkstoff dient (Fenster~); ein Bild hinter, unter G. setzen **2** Gefäß aus Glas (1) zum Trinken oder zum Konservieren von Lebensmitteln (Trink~, Wein~, Bier~, Marmeladen~); ein G. Wasser, Wein; ein G. Marmelade, Kompott aufmachen; ich habe drei Gläser Wein getrunken; wir haben 20 Gläser Kompott im

Keller; ⟨auch Sg., wenn die Maßangabe betont werden soll⟩ ich habe vier G. Wein zu zahlen; zu tief ins G. schauen ⟨ugs.⟩ *zuviel Alkohol trinken* **3** *geschliffenes Glas (1) zum Korrigieren von Sehfehlern* (Brillen~); sie muß scharfe Gläser tragen *eine scharfe Brille* **4** ⟨kurz für⟩ *Fernglas*; die Landschaft durchs G. betrachten; die Hütte ist nur mit dem G. zu erkennen **4** ⟨Geol.⟩ *nichtkristallisiertes Vulkanitgestein*; vulkanisches G. **II** ⟨n.12; Seew.⟩ *halbe Stunde* [urspr. auf das Glas der Sanduhr bezogen]

Glas|aal ⟨m.1⟩ *durchsichtige Lebensform der Aale (wenn sie sich im Stadium des Heranwachsens der Küste nähernn)*

Glas|ät|zung ⟨f.10⟩ *Mattieren oder Einätzen von Vertiefungen in Glas durch Behandlung mit Flußsäure*

Glas|au|ge ⟨n.14⟩ *dem Auge nachgebildetes Glasgebilde (das die Augenhöhle nach Verlust eines Auges ausfüllen soll, um dem Gesicht annähernd die frühere Aussehen zu geben)*

Glas|ba|tist ⟨m.1⟩ *feiner Taft, der durch chemische Behandlung ein durchsichtig glasiges Aussehen und einen harten Griff erhalten hat*

Glas|bau|stein ⟨m.1⟩ *lichtdurchlässiger Baustein aus Glas für tragende Wandteile*

Glas|blä|ser ⟨m.5⟩ *jmd., der berufsmäßig Glasgegenstände mit der Glasbläserpfeife herstellt*

Glas|blä|se|rei ⟨f.10⟩ **1** ⟨nur Sg.⟩ *das Herstellen von Glasgegenständen aus zähflüssiger Glasmasse mit der Glasbläserpfeife* **2** *Betrieb, in dem nach diesem Verfahren Gegenstände hergestellt werden* **3** *Gewerbe des Glasbläsers*

Glas|blä|ser|pfei|fe ⟨f.10⟩ *langes Metallrohr mit Mundstück (als Arbeitsgerät des Glasbläsers)*

Gläs|chen ⟨n.7⟩ *kleines Gefäß aus Glas;* ein G. trinken *ein wenig Alkohol trinken*

gla|sen ⟨V.1, hat geglast; o.Obj.; Seew.⟩ *durch Anschlagen der Schiffsglocke anzeigen, wie viele halbe Stunden seit Beginn der Wache vergangen sind;* es glast *die Schiffsglocke wird angeschlagen*

Gla|ser ⟨m.5⟩ *jmd., der berufsmäßig Tafelglas verarbeitet (z.B. Fensterglas einsetzt)*

Gla|ser|dia|mant ⟨m.10⟩ → *Glasschneider*

Gla|se|rei ⟨f.10⟩ **1** ⟨nur Sg.⟩ *Handwerk eines Glasers* **2** *Handwerksbetrieb eines Glasers*

Gla|ser|kitt ⟨m.1⟩ *Kitt, der bes. zur Befestigung von Fensterscheiben geeignet ist*

glä|sern ⟨Adj., o.Steig.⟩ **1** *aus Glas;* ~e Schüssel **2** ⟨poet.⟩ *durchsichtig, klar wie Glas, zart, hell, wie ein angeschlagenes Trinkglas;* ein ~er Klang; der ~e Gesang der Zikaden

Glas|fa|ser ⟨f.11⟩ *fadenförmig ausgezogenes Glas von hoher Zugfestigkeit*

Glas|fa|ser|op|tik ⟨f., -, nur Sg.⟩ *optisches Verfahren, bei dem biegsame Glas- oder Kunststoffasern zur Lichtleitung und Nachrichtenübermittlung eingesetzt werden*

Glas|flüg|ler ⟨m.5⟩ *Schmetterling mit fast unbeschuppten Flügeln (z.B. der Hornissenschwärmer)*

Glas|fluß ⟨m., -es, nur Sg.⟩ Syn. *Glaspaste* **1** *Bleiglas zur Herstellung unechter Edelsteine* **2** *Glasur aus Email*

Glas|ge|mäl|de ⟨n.5⟩ → *Glasmalerei (2)*

Glas|har|fe ⟨f.11⟩, **Glas|har|mo|ni|ka** ⟨f.9, Pl. auch -ken⟩ *Musikinstrument, bei dem dicke, runde Glasscheiben gedreht und mit feuchten Fingern gestrichen werden, wobei ein zarter, langgezogener Klang entsteht*

glas|hart ⟨Adj., o.Steig.⟩ **1** *hart und spröde wie Glas;* ~e Eisschicht **2** *sehr hart, unangreifbar, unbeugsam, unerbittlich;* ~er Fußballspieler; ~e Forderungen; er blieb g.

Glas|haus ⟨n.4⟩ *Haus überwiegend aus Glas, Treibhaus, Gewächshaus;* man soll nicht mit Steinen werfen, wenn man im G. sitzt *man soll keinem andern einen Vorwurf machen, wenn man selbst Ähnliches tut wie er*

Glas|hüt|te ⟨f.11⟩ *Betrieb zur Herstellung und Verarbeitung von Glas*

gla|sie|ren ⟨V.3, hat glasiert; mit Akk.⟩ *mit einer Glasur überziehen;* keramische Gegenstände g.; einen Kuchen mit Zuckerguß g.

gla|sig ⟨Adj., o.Steig.⟩ *(matt durchscheinend) wie trübes Glas;* ~er Blick, g. angedünstete Zwiebeln

glas|klar ⟨Adj., o.Steig.⟩ *besonders klar, völlig ungetrübt;* ~er Sachverhalt; ~er Tag

Glas|kopf ⟨m., -(e)s, nur Sg.⟩ *nierigtraubiges Mineralaggregat mit glatter und glänzender Oberfläche (z.B. Hämatit)* [eigtl. „Glatzkopf"]

Glas|kör|per ⟨m.5⟩ *gallertiges, durchsichtiges Bindegewebe, das das Innere des Augapfels ausfüllt*

Glas|kraut ⟨n., -(e)s, nur Sg.⟩ *an Mauern wachsendes, staudiges Brennesselgewächs Frankreichs und der Mittelmeerländer mit glasartig glänzenden Blättern*

Glas|ma|cher|sei|fe ⟨f., -, nur Sg.⟩ *Läuterungsmittel bei der Herstellung von Glas (z.B. Arsenik, Glaubersalz)*

Glas|ma|ler ⟨m.5⟩ *Künstler, der Glasmalereien herstellt*

Glas|ma|le|rei ⟨f.10⟩ **1** ⟨nur Sg.⟩ *Kunst, auf Glas zu malen* **2** *Gemälde auf Glas;* Syn. *Glasgemälde*; Kirchenfenster mit ~en

Glas|mehl ⟨n., -(e)s, nur Sg.⟩ → *Glaspulver*

Glas|nu|del ⟨f.11⟩ *chinesische, sehr dünne, glasige Nudel aus Reismehl*

Glas|opal ⟨m.1⟩ → *Hyalit*

Glas|pa|ste ⟨f., -, nur Sg.⟩ → *Glasfluß*

Glas|pul|ver ⟨n., -s, nur Sg.⟩ *feinkörniges, scharfkantiges Glas für Sandpapier;* Syn. *Glasmehl*

Glas|schlei|fer ⟨m.5⟩ *jmd., der berufsmäßig die Oberfläche von Gläsern behandelt (z.B. durch Schleifen, Gravieren)*

Glas|schnecke ⟨-k·k-; f.11⟩ *Landlungenschnecke mit kleinem, glasartig durchsichtigem Gehäuse*

Glas|schnei|der ⟨m.5⟩ *Gerät mit Diamantspitze oder Hartmetallrädchen zum Anritzen von Glas, das dann entlang dem Riß gebrochen werden kann;* Syn. *Glaserdiamant*

Glas|sturz ⟨m.2, landsch.⟩ *Gehäuse, Glocke (3) aus Glas*

Glast ⟨m.1; poet.⟩ → *Glanz* (Sonnen~)

gla|stig ⟨Adj.; poet.⟩ *glänzend, leuchtend*

Gla|sur ⟨f.10⟩ **1** *(auf Keramiken) glasartiger Überzug, der die Oberfläche glätten, dichten und ihr Glanz verleihen soll* **2** *(auf Speisen) glänzender, durchsichtiger Überzug* (Zucker~) **3** *(in Lacken) Farbstoffpigment* [Kreuzung aus *Glas* und *Lasur*]

glas|wei|se ⟨Adj., o.Steig.⟩ *meist als Adv. in (einzelnen) Gläsern;* wir schenken Wein, Bier nur aus

glatt ⟨Adj.; glatter, am ~esten, ugs.: glätter, am glättesten⟩ **1** *ohne Unebenheiten;* eine ~e Oberfläche; ~es Haar *Haar ohne Wellen oder Locken;* er schreibt einen ~en Stil; die Formulierung könnte noch glatter sein **2** ⟨beim Stricken⟩ **a** *ohne Muster;* einen Pullover g. stricken **b** *ohne Knötchen;* Ggs. verkehrt; ~e Masche *rechte Masche;* zwei Maschen g., zwei Maschen verkehrt **3** *ohne Hervorhebungen, nur in einer einzigen Schriftart;* ~er (Schrift-) Satz **4** *keine Reibung oder Haftung bietend, zum Rutschen verleitend;* auf ~er Bahn; die Straße ist g., draußen ist es g. *der Boden ist regennaß oder vereist* **5** *nicht haftend, leicht rutschend;* ~e Sohlen **6** *ohne Schwierigkeiten, ohne Hindernisse, reibungslos, mühelos;* es ist alles g. gegangen; das Geschäft wurde g. abgewickelt **7** *allzu höflich, keine Angriffspunkte bietend;* ~es Benehmen; es ist mir zu g. **8** *offenkundig, leicht durchschaubar;* das ist ~er Betrug; eine ~e Lüge; das hat er g. erfunden **9** ⟨nur Adv.⟩ *ohne weiteres, ohne Hemmungen, ohne Mühe;* er hat meine Bitte g. abgelehnt; das hat er mir g. ins Gesicht gesagt; das ißt er g. allein auf **10** ⟨nur als Adv.⟩ *völlig;* das habe ich g. vergessen **11** ⟨schwäb.⟩ *belustigend, spaßig;* es ist wirklich g.

Glät|te ⟨f., -, nur Sg.⟩ *glatte Beschaffenheit, Zustand des Glattseins;* Syn. *Glattheit;* die G. der Straße, des Weges g. muß man vorsichtig fahren; die G. seines Stils

Glatt|eis ⟨n., -(e)s, nur Sg.⟩ *dünne, glatte Schicht aus Eis (auf Straßen);* jmdn. aufs G. führen *jmdn. bewußt irreführen, um ihn auf die Probe zu stellen;* sich aufs G. begeben *über etwas reden, obwohl man nicht die nötigen Kenntnisse dafür hat*

Glätt|ei|sen ⟨n.7; schweiz.⟩ → *Bügeleisen*

glät|ten ⟨V.2, hat geglättet⟩ **I** ⟨mit Akk.⟩ **1** *glatt machen, eben machen, von Unebenheiten, Falten befreien;* Papier, einen Stoff g. **2** *flüssig lesbar, leicht lesbar, angenehm lesbar machen;* einen Stil g.; einen Text, eine Formulierung g. **3** ⟨schweiz.⟩ *bügeln* **II** ⟨refl.⟩ *sich g. glatt werden;* die Wogen (der Empörung) glätteten sich wieder *der Aufruhr, die Empörung legte sich;* seine Stirn glättete sich *die Unmutsfalten auf seiner Stirn verschwanden*

glat|ter|dings ⟨Adv.⟩ *ganz und gar;* das ist g. unmöglich

Glät|te|rin ⟨f.10; schweiz.⟩ *Frau, die berufsmäßig bügelt*

glatt|ge|hen ⟨V.47, ist glattgegangen; o.Obj.⟩ *ohne Schwierigkeiten, ohne Hindernisse verlaufen, ablaufen, hoffentlich geht alles glatt;* es ist alles glattgegangen

Glatt|ha|fer ⟨m., -s, nur Sg.⟩ *haferähnliches Futtergras*

Glatt|heit ⟨f., -, nur Sg.⟩ → *Glätte*

glatt|ma|chen ⟨V.1, hat glattgemacht; mit Akk.⟩ *ausgleichen, bezahlen;* eine Rechnung g.

Glatt|na|se ⟨f.11⟩ *Fledermaus ohne Nasenaufsatz (z.B. in Mitteleuropa das Mausohr)*

Glatt|nat|ter ⟨f.11⟩ → *Schlingnatter*

glatt|stel|len ⟨V.1, hat glattgestellt; mit Akk., Kaufmannsspr.⟩ *glattmachen*

Glät|tung ⟨f.⟩ *das Glätten*

Glatt|wal ⟨m.1⟩ *Bartenwal ohne Hautfurchen (z.B. der Grönlandwal)*

glatt|weg ⟨Adv.⟩ *ohne weiteres, ohne Hemmungen, ohne Bedenken;* er hat mir meine Bitte g. abgeschlagen; er hat mich g. angelogen

glatt|zün|gig ⟨Adj.⟩ *so redend, wie es der andere hören möchte, schmeichlerisch, heuchlerisch;* **Glatt|zün|gig|keit** ⟨f., -, nur Sg.⟩

Glat|ze ⟨f.11⟩ **1** *große Stelle (meist auf dem Scheitel) ohne Kopfhaar* (Stirn~); Syn. *Platte* **2** *völlig fehlendes Kopfhaar* (Voll~) [zu *glatt*]

Glatz|kopf ⟨m.2; abwertend⟩ *jmd., der eine Glatze hat;* Syn. *Kahlkopf*

glatz|köp|fig ⟨Adj.⟩ *mit einer Glatze (2) versehen;* Syn. *kahlköpfig;* ~er Mann; er ist g. *er hat eine Glatze*

Glau|be ⟨m., -ns, nur Sg.⟩ **1** *Zuversicht, gefühlsmäßige Gewißheit, die nicht bewiesen werden kann und (für den Glaubenden) nicht bewiesen zu werden braucht;* G. an Gott, Götter, Geister *Gewißheit, daß Gott, Götter, Geister vorhanden sind und wirken;* G. an jmdn. *Gewißheit, daß jmd. etwas kann, etwas tun wird;* G. an etwas *Gewißheit, daß etwas vorhanden ist;* er fand mit seinen Angaben keinen ~n *man glaubte ihm nicht;* jmdm. seinen G. lassen, nehmen; in gutem ~n, im guten ~n, daß ...; er lebt in dem ~n, daß ... **2** *Religion; christlicher, katholischer, jüdischer G.*

glau|ben ⟨V.1, hat geglaubt⟩ **I** ⟨mit Akk.⟩ *etwas g.* **1** *etwas für wahr, für richtig halten;* ich glaube das nicht; ich glaube ihm kein Wort; das will ich g.! das ist bestimmt so, das ist bestimmt richtig **2** *vermuten;* ich glaube nicht, ich glaube wohl (erg.: es); ich glaube, er wird es schaffen; ich glaubte ihn schon fort *ich vermutete, daß er schon fort sei;* ich glaubte mich im Recht *ich vermutete, nahm an, daß ich im Recht sei;* er will mich g. machen, daß ... *er will mir einreden, daß ...;* es ist nicht zu g.! *es ist unerhört!* **II** ⟨mit Präp.obj.⟩ an etwas g. *vom Vorhandensein von etwas, von der Richtigkeit von etwas überzeugt sein;* an Gott g.; *ich glaube an eine Aufrichtigkeit,* an seine Begabung; sie glaubt an ihn *sie ist gewiß, daß er etwas kann, etwas erreichen wird; er hat dran g. müssen* (ugs.) 1. *er ist gestorben;* 2. *er hat sich in das Unvermeidliche fügen müssen* **III** ⟨mit Dat. oder mit Dat. und Akk.⟩ *jmdm. (etwas) g. (etwas) für wahr halten, was jmd. sagt;* ich glaube dir (nicht), ich glaube es dir (nicht)

Glau|bens|be|kennt|nis ⟨n.1⟩ **1** *Bekenntnis des Glaubens an eine Religion, Bekenntnis der Überzeugung, der Weltanschauung;* ein G. ablegen **2** *Überzeugung, Weltanschauung;* das ist sein politisches G. **3** *Zusammenfassung der wichtigsten Grundsätze, mit denen man sich zu einer Religion bekennt;* das G. sprechen

Glau|bens|frei|heit ⟨f., -, nur Sg.⟩ → *Religionsfreiheit*

Glau|bens|ge|mein|schaft ⟨f.10⟩ → *Religionsgemeinschaft;* christliche G.

Glau|bens|krieg ⟨m.1⟩ → *Religionskrieg*

Glau|ber|salz ⟨n., -es, nur Sg.⟩ *bitter schmeckendes Abführmittel, Natriumsulfat* [nach dem Alchimisten J. R. Glauber]

glaub|haft ⟨Adj.⟩ *so beschaffen, daß man es glauben kann;* eine ~e Aussage; etwas g. machen; er kann g. nachweisen, daß ... **Glaub|haf|tig|keit** ⟨f., -, nur Sg.⟩

Glaub|haft|ma|chung ⟨f., -, nur Sg.⟩ *das Glaubhaftmachen*

gläu|big ⟨Adj.⟩ **1** *vom Glauben an eine religiöse Lehre, vom Glauben an Gott erfüllt, an Gott glaubend;* ein ~er Christ, Moslem, Jude **2** *(blind) vertrauensvoll;* er nimmt alles g. hin, was sein Lehrer sagt

Gläu|bi|ge(r) ⟨f., m.17 oder 18⟩ *jmd., der fest an eine religiöse Lehre glaubt, Mitglied einer Religionsgemeinschaft*

Gläu|bi|ger ⟨m.5⟩ *jmd., der eine Schuld von jmdm. zu fordern berechtigt ist;* seine G. befriedigen

Gläu|big|keit ⟨f., -, nur Sg.⟩ *das Gläubigsein;* seine (kindliche) G. rührt mich

glaub|lich ⟨Adj., o.Steig.⟩ *so beschaffen; meist in verneinendem Satz) so beschaffen, daß man es glauben kann;* es ist kaum g., daß ... *es ist nicht wahrscheinlich*

glaub|wür|dig ⟨Adj.⟩ *so, daß man es, daß man ihm, ihr glauben kann;* eine ~e Aussage; ein ~er Zeuge; sie ist (nicht) g.

Glaub|wür|dig|keit ⟨f., -, nur Sg.⟩ *glaubwürdige Beschaffenheit;* wenn du das tust, verlierst du die G.

Glau|kom ⟨n.1⟩ *eine Augenkrankheit, grüner Star* [< griech. *glaukos* „bläulich, grünlich", wegen der bläulichen Haut über der Linse]

Glau|ko|nit ⟨m.1⟩ *grünes, rundliche kleine Körner bildendes Mineral aus der Gruppe der Glimmer* [< griech. *glaukos* „bläulich, grünlich"]

Glau|ko|phan ⟨m.1⟩ *(blaugraues bis schwarzblaues) Mineral der Hornblendegruppe* [< griech. *glaukos* „bläulich, grünlich" und *diaphanes* „durchscheinend"]

gla|zi|al ⟨Adj., o.Steig.⟩ **1** → *eiszeitlich* **2** *mit dem Eis in Zusammenhang stehend, vom Eis hervorgerufen, zu einem Gletscher gehörig, von ihm hervorgerufen* [< lat. *glacialis* „voll Eis, mit Eis verbunden", zu *glacies* „Eis"]

Gla|zi|al ⟨n.1⟩ → *Eiszeit*

Gla|zi|al|re|likt ⟨n.1⟩ **1** *Überrest aus der Eiszeit (bes. während der Eiszeit in kaltere Zonen eingewandertes Lebewesen; z.B. die Zwergbirke in Torfmooren* **2** *Zeuge der Vereisung (z.B. ein Findling oder Gletscherschliff)*

Gla|zio|lo|gie ⟨f., -, nur Sg.⟩ → *Gletscherkunde* [< *glazial* und *...logie*]

Gle|dit|schie ⟨[-ʃiə] f.11⟩ *ein robinienähnlicher Hülsenfrüchtler Nordamerikas und Ostasiens, Parkbaum* [nach dem Botaniker J. G. Gleditsch]

Glei|bo|den ⟨m.8⟩ → *Gley*

gleich I ⟨Adj., o.Steig.⟩ **1** *genau übereinstimmend, ebenso beschaffen;* zwei ~e Stühle; die ~en Interessen haben; unter ~en Bedingungen; sie fahren beide den ~en Wagen (nicht: denselben); das kommt aufs ~e heraus *das hat dieselbe Wirkung, dasselbe Ergebnis* **2** *gleichbleibend;* mit immer ~er Freundlichkeit; er ist immer g. (in der Stimmung usw.) **3** ⟨als Adv.⟩ *ebenso, genauso, gleichermaßen;* sie sind beide g. groß; sie spricht Englisch und Französisch g. gut **4** ⟨nur mit „sein"⟩ *gleichgültig, einerlei;* das ist mir g., es ist ganz g., ob ich heute fahre oder morgen **5** ⟨mit Dat.⟩ *ebenso wie;* der Drachen schwebte einem Vogel g. in der Luft; g. seinem Vater braust er auf **II** ⟨Adv.⟩ **1** *sofort, sehr bald;* ich komme g.; kannst du es nicht g. machen? **2** *schon, bereits;* g. zu Beginn; g. am Morgen; ich esse den Kuchen g. hier **3** *unmittelbar (neben), dicht;* g. neben der Tür; g. am Eingang **4** *überraschenderweise;* sie kamen g. zu zweit; **5** ⟨als Füllwort⟩ *obendrein;* ich bekam einen Schnupfen und noch eine Halsentzündung dazu; du bringst sogar noch die Kinder mit, und g. so ein großes! **III** ⟨Konj.: in Verbindung mit „ob" oder „wenn"; geh., bibl.⟩ *auch;* und ob er g. stürbe *und wenn er auch stürbe;* und wenn ich g. mit Engelszungen redete

gleich|al|te|rig, **gleich|alt|rig** ⟨Adj., o.Steig.: nur als Attr. und mit „sein"⟩ *im gleichen Alter;* ~e Kinder; sie sang

gleich|ar|tig ⟨Adj., o.Steig.⟩ *von gleicher Art, sehr ähnlich* **Gleich|ar|tig|keit** ⟨f., -, nur Sg.⟩

gleich|be|rech|tigt ⟨Adj., o.Steig.⟩ *die gleichen Rechte besitzend, rechtlich gleichgestellt*

Gleich|be|rech|ti|gung ⟨f., -, nur Sg.⟩ *rechtliche Gleichstellung*

gleich|blei|ben ⟨V.17, ist gleichgeblieben; o.Obj.⟩ *unverändert bleiben;* mit ~der Freundlichkeit

Glei|che ⟨f., -, nur Sg.⟩ *gleiche Stellung, Lage usw., richtige Ordnung;* etwas in die G. bringen

glei|chen ⟨V.55, hat geglichen; mit Dat.⟩ *jmdm. oder einer Sache g. jmdm. oder einer Sache sehr ähnlich sein, viele gleiche Merkmale aufweisen wie jmd. oder etwas;* sie gleicht ihrer Mutter; die beiden Bilder g. einander. ⟨ugs.⟩ sich

Glei|chen|fei|er ⟨f.11; österr.⟩ → *Richtfest*

glei|chen|tags ⟨Adv.⟩ *am gleichen Tag*

gleich|er|big ⟨Adj., o.Steig.⟩ *bei diploiden oder polyploiden Lebewesen) genetisch gleichen Eltern abstammend*

glei|cher|ma|ßen, **glei|cher|wei|se** ⟨Adv.⟩ *ebenso;* sie ist in Musik und Malerei g. begabt

gleich|falls ⟨Adv.⟩ *ebenfalls, auch;* er war g. eingeladen worden; danke, g.! ⟨als Antwort auf einen Wunsch⟩ *danke, das wünsche ich dir/Ihnen auch!*

Gleich|flüg|ler ⟨m.5⟩ *Insekt, dessen weichhäutige Flügel weitgehend gleich gebaut sind (z.B. Blattlaus, Schildlaus, Zikade)*

gleich|för|mig ⟨Adj.⟩ **1** *von gleicher Form, die gleiche Form aufweisend* **2** *eintönig, immer gleich;* ~er Ablauf; die Tage vergehen g.

Gleich|för|mig|keit ⟨f., -, nur Sg.⟩

gleich|ge|schlecht|lich ⟨Adj., o.Steig.⟩ → *homosexuell*

gleich|ge|sinnt ⟨Adj., o.Steig.⟩ *von gleicher Gesinnung, die gleiche Gesinnung habend;* ~e Kollegen; er ist am liebsten mit Gleichgesinnten zusammen

gleich|ge|stimmt ⟨Adj., o.Steig.⟩ *in der gleichen seelischen Stimmungslage*

Gleich|ge|wicht ⟨n.1⟩ **1** *Zustand, in dem entgegengesetzt wirkende Kräfte einander aufheben, ausgeglichen sind;* (bei Lebewesen) *Fähigkeit, aufrecht, in normaler Haltung zu stehen, zu gehen, zu sitzen;* politisches, ökologisches G.; das G. halten, ins G. bringen, das G. verlieren; eine Waage ins G. bringen **2** *(innere) Ausgeglichenheit, Sicherheit, Ruhe;* seelisches G.; sein inneres G. wiederfinden; jmdn. aus dem G. bringen

gleich|ge|wich|tig ⟨Adj., o.Steig.⟩ *im Gleichgewicht befindlich;* ~e Verhältnisse

Gleich|ge|wichts|kunst ⟨f., -, nur Sg.⟩ *eindeutschend für* → *Äquilibristik*

Gleich|ge|wichts|sinn ⟨m.1⟩ *Fähigkeit, mit besonderen Sinnesorganen die Schwerkraft wahrzunehmen und zur Orientierung im Raum zu benutzen;* Syn. Schweresinn

gleich|gül|tig ⟨Adj.⟩ **1** *ohne Interesse, ohne Anteilnahme, weder positive noch negative Gefühle zeigend;* g. zuschauen, zuhören; g. die Achseln zucken; es ist mir g. *es interessiert mich nicht, erregt weder positive noch negative Gefühle in mir* **2** *bedeutungslos;* eine ~e Sache; es ist ganz g., ob er kommt oder nicht

Gleich|gül|tig|keit ⟨f., -, nur Sg.⟩ *Mangel an Interesse, an Teilnahme*

Gleich|heit ⟨f., -, nur Sg.⟩ *das Gleichsein*

Gleich|heits|zei|chen ⟨n.7; Zeichen: =⟩ *Zeichen dafür, daß zwei Größen gleich sind*

gleich|kom|men ⟨V.71, ist gleichgekommen; mit Dat.⟩ *jmdm. oder einer Sache g. jmdm. oder einer Sache im Können, Rang, Wert u.ä. gleichen, nahe kommen;* im Kopfrechnen kommt ihm niemand gleich; dieses Gerät kommt an Schnelligkeit kein anderes gleich

gleich|lauf ⟨m., -(e)s, nur Sg.⟩ *synchroner Umlauf (bes. bei Maschinenteilen)*

gleich|lau|fen ⟨V.76, ist gleichgelaufen; o.Obj.⟩ **1** *in der gleichen Richtung, parallel laufen;* ~de Tendenzen, Strömungen **2** *im gleichen Zeitmaß laufen;* ~de Maschinen

gleich|läu|fig ⟨Adj., o.Steig.⟩ → *synchron*

Gleich|läu|fig|keit ⟨f., -, nur Sg.⟩

gleich|lau|tend ⟨Adj., o.Steig.⟩ *in der Lautung, in der Lautfolge gleich;* ~de Wörter, Namen

gleich|ma|chen ⟨V.1, hat gleichgemacht; mit Akk.⟩ *etwas g. die Unterschiede von etwas, von zwei oder mehreren Dingen beseitigen;* die Bomben haben die Stadt dem Erdboden gleichgemacht *haben die Stadt völlig zerstört*

Gleich|ma|che|rei ⟨f., -, nur Sg.⟩ *Beseitigung von Unterschieden ohne Rücksicht auf (wichtige) Besonderheiten*

Gleich|maß ⟨n., -es, nur Sg.⟩ *Gleichmäßigkeit, gleicher Ablauf, Einheitlichkeit;* das G. von Bewegungen; die Tage verlaufen in angenehmen G.; das ewige G. des Alltags

gleich|mä|ßig ⟨Adj.⟩ **1** *im Gleichmaß (verlaufend), ohne Abweichungen, ohne Unterschiede, immer gleich;* die Maschine arbeitet g.; etwas g. verteilen; in ~em Tempo laufen

Gleich|mä|ßig|keit ⟨f., -, nur Sg.⟩

Gleich|mut ⟨m., -es, nur Sg.⟩ *gleichbleibende, ruhige Gemütsstimmung, Unerschütterlichkeit, Ruhe, Gelassenheit;* etwas mit G. ertragen

gleich|mü|tig ⟨Adj.⟩ *gleichbleibend ruhig, ohne Erregung, unerschütterlich, gelassen;* etwas g. anhören

gleich|na|mig ⟨Adj., o.Steig.⟩ **1** *den gleichen Namen tragend;* ~e, aber verschiedenartige Pflanzen **2** ⟨Math.⟩ *den gleichen Nenner habend;* ~e Brüche **Gleich|na|mig|keit** ⟨f., -, nur Sg.⟩

Gleich|nis ⟨n.1⟩ *bildhafte, anschauliche Schilderung und Erzählung, die ein Geschehen, einen Gedanken verändert, aber in wesentlichen Punkten gleich wiedergibt und dadurch verständlich machen will;* einen Sachverhalt durch ein G. erläutern

gleich|nis|haft ⟨Adj., o.Steig.⟩ *in der Art eines Gleichnisses*

gleich|ran|gig ⟨Adj., o.Steig.⟩ *im Rang gleich*

gleich|rich|ten ⟨V.2, hat gleichgerichtet; mit Akk.⟩ *in Gleichstrom umwandeln; Wechselstrom o.*

Gleich|rich|ter ⟨m.5⟩ *Gerät zum Gleichrichten*

Gleich|rich|tung ⟨f., -, nur Sg.⟩ *Umwandlung von Wechselstrom in Gleichstrom*

gleich|sam ⟨Adv.⟩ *sozusagen, gewissermaßen;* seine Frage war g. eine Aufforderung

gleich|schal|ten ⟨V.2, hat gleichgeschaltet; mit Akk.⟩ **1** *auf die gleiche Stromart, auf das gleiche Zeitmaß schalten* **2** ⟨in nat.soz. Sprachgebrauch⟩ *der maßgebenden Weltanschauung, Denkweise angleichen* **Gleich|schal|tung** ⟨f., -, nur Sg.⟩

gleich|schen|ke|lig, gleich|schenk|lig ⟨Adj., o.Steig.; bei Dreiecken⟩ *mit zwei gleich langen Seiten*

Gleich|schritt ⟨m., -(e)s, nur Sg.⟩ *einheitlicher Schrittrhythmus mit gleicher Schrittlänge (beim Marschieren);* im G. gehen; im G. marsch! ⟨Kommando⟩

gleich|se|hen ⟨V.136, hat gleichgesehen; mit Dat.⟩ *jmdm. oder einer Sache g. jmdm., einer Sache sehr ähnlich sein, ähnlich aussehen wie jmd. oder etwas;* er sieht seinem Vater gleich; das sieht ihr gleich ⟨ugs.⟩ *das sieht ihr ähnlich, es ist nicht anders zu erwarten, daß sie sich so verhält, dieses Verhalten paßt zu ihr;* das sieht nichts gleich ⟨südd.⟩ *das sieht nach nichts aus, das sieht nicht besonders gut aus*

gleich|sei|tig ⟨Adj., o.Steig.; bei Dreiecken⟩ *mit drei gleich langen Seiten*

gleich|set|zen ⟨V.1, hat gleichgesetzt; mit Akk.⟩ *als gleichartig, gleichwertig betrachten, auf die gleiche Stufe stellen;* man kann diese beiden Begriffe, Verhaltensweisen nicht (miteinander) g.; man kann dieses Verhalten nicht mit einem anderem g. **Gleich|set|zung** ⟨f., -, nur Sg.⟩

Gleich|stand ⟨m.2⟩ **1** ⟨Sport⟩ *gleicher Spiel-, Punktestand* **2** *Gleichgewicht (der Kräfte)*

gleich|ste|hen ⟨V.151, hat gleichgestanden; o.Obj.⟩ *auf der gleichen Stufe stehen, im Rang, Wert auf gleicher Höhe stehen;* er steht gehaltlich einem Abteilungsleiter gleich; Titel werden unter Gleichstellung weggelassen; beide stehen in der Leistung etwa gleich

gleich|stel|len ⟨V.1, hat gleichgestellt; mit Akk.⟩ *auf die gleiche Stufe stellen;* rechtlich gleichgestellte Partner; sie sind tariflich, sozial gleichgestellt; wir werden die beiden gehaltlich g.; wir sind einander gleichgestellt **Gleich|stel|lung** ⟨f., -, nur Sg.⟩

Gleich|strom ⟨m.2⟩ *elektrischer Strom, dessen Richtung unverändert bleibt; Ggs. Wechselstrom*

gleich|tun ⟨V.167, hat gleichgetan; mit Akk. (es) und Dat.⟩ *es jmdm. g. etwas gleich gut oder genauso wie jmd. machen;* in Mathematik tut er es den andern gleich; alle waren fröhlich, aber er vermochte es ihnen nicht gleichzutun

Glei|chung ⟨f.10⟩ *mathematischer Ausdruck für die Gleichheit von Größen (dargestellt durch das Gleichheitszeichen);* algebraische G.; transzendente G.

gleich|viel ⟨Adv.⟩ *gleichgültig, einerlei;* er will das Haus haben, g., was es kostet

gleich|wer|tig ⟨Adj., o.Steig.⟩ **1** *von gleichem Wert;* beide Geräte sind g. **2** ⟨Chem.⟩ *von gleicher Wertigkeit* **Gleich|wer|tig|keit** ⟨f., -, nur Sg.⟩

gleich|wie ⟨Konj.; poet.⟩ *wie, ebenso wie;* ein Vogel sich in die Lüfte schwingt

gleich|wink|lig, gleich|wink|lig ⟨Adj., o.Steig.⟩ *mit gleichem Winkel;* ~e Lamellen

gleich|wohl ⟨Konj.⟩ *aber, dennoch, trotzdem;* wir stimmen in den Interessen überein, g. haben wir ganz verschiedene politische Anschauungen; ich verstehe sein Verhalten zwar, doch muß ich g. sagen, daß ich es nicht billige

gleich|zei|tig ⟨Adj., o.Steig.⟩ *zu gleicher Zeit;* die ~e Ankunft der Gäste; es redeten alle g.

Gleich|zei|tig|keit ⟨f., -, nur Sg.⟩ *gleichzeitiges Geschehen;* die G. der Vorgänge ist verdächtig

gleich|zie|hen ⟨V.187, hat gleichgezogen; o.Obj.⟩ *etwas genauso machen (wie jmd.), in gleicher Weise handeln;* wir müssen g., wenn wir etwas erreichen wollen; mit jmdm. g.

Gleis ⟨n.1⟩ **1** *aus zwei parallelen, stählernen Schienen bestehende Fahrbahn für Schienenfahrzeuge (einschließlich ihrer Haltevorrichtungen, Weichen und Kreuzungen);* auch: ⟨österr.⟩ *Geleise,* ⟨Bgb.⟩ *Gestänge;* ~e verlegen; der Zug fährt von G. 3 ab; sich in ausgefahrenen ~en bewegen ⟨übertr.⟩ *etwas immer wieder auf die alte bekannte, gewohnte Weise tun;* jmdn. aufs tote G. schieben *jmdn. seiner Wirksamkeit berauben* **2** ⟨übertr.⟩ *Bahn, gewohnte Ordnung;* aus dem G. geraten; wieder ins richtige G. kommen [< mhd. *geleise* ,,Radspur", zu *leis(e)* ,,Spur, Gleis"]

Gleis|bau ⟨m., -(e)s, nur Sg.⟩ *das Verlegen von Gleisen*

Gleis|bild ⟨n.3⟩ *graphisches Schaubild von Gleisanlagen*

Gleis|brem|se ⟨f.11⟩ *bei Verschiebebahnhöfen Vorrichtung zum ferngesteuerten Bremsen von Eisenbahnwagen*

...glei|sig ⟨in Zus.⟩ *mit einer bestimmten Anzahl von Gleisen,* z.B. ein-, zwei-

Gleis|ket|te ⟨f.11⟩ *endlose Kette aus gelenkig verbundenen Stahlplatten*

Gleis|ket|ten|fahr|zeug ⟨n.1⟩ *geländegängiges Fahrzeug, bei dem je ein Vorder- und Hinterrad durch eine Gleiskette miteinander verbunden sind, auf der sie wie auf einer Schiene rollen;* Syn. *Kettenfahrzeug,* ⟨ugs.⟩ *Raupe*

Gleis|kör|per ⟨m.5⟩ *Gesamtheit der Gleise und deren Unterbau*

Gleis|ner ⟨m.5; †⟩ *Heuchler, scheinheiliger Mensch* [< mhd. *gelichsenaere, glisenaere* ,,Heuchler", zu *gelichsen* ,,heucheln", eigtl. ,,es jmdm. gleichtun", zu *gleich*]

gleis|ne|risch ⟨Adj., o.Steig.; †⟩ *in der Art eines Gleisners, heuchlerisch*

glei|ßen ⟨V.1, hat gegleißt, landsch. auch gliß, geglissen; o.Obj.⟩ *stark glänzen, blendend glänzen;* ~des Sonnenlicht

Gleit|boot ⟨n.1⟩ *flaches Motorboot, das sich bei höherer Geschwindigkeit durch Strömungsauftrieb aus dem Wasser erhebt und über die Wasserfläche gleitet*

glei|ten ⟨V.56, ist geglitten; o.Obj.⟩ *sich leicht und gleichmäßig, schwebend oder fast schwebend fortbewegen;* der Zug glitt aus der Halle; auf Schiern über den Schnee g.; es glitt durchs Zimmer wie ein Schatten; das Segelflugzeug gleitet über die Hügel; ein Gerät ölen, damit die Teile g.; ~de Arbeitszeit *Arbeitszeit, deren Beginn und Ende nicht festgelegt sind, aber in einem bestimmten Zeitraum zu erfolgen haben*

Glei|ter ⟨m.5⟩ *Lebewesen oder Ding, das zum Gleitflug befähigt ist (z.B. ein Flughörnchen, ein Gleitflugzeug)*

Gleit|flug ⟨m.2⟩ *einfache Form des Fluges, bei der die notwendige Vorwärtsgeschwindigkeit durch Höhenverlust in abwärts geneigter Flugbahn erreicht wird*

Gleit|hang ⟨m.2⟩ *flacher, auf der Innenseite von Flußkrümmungen gelegener Hang; Ggs. Prallhang*

Gleit|klau|sel ⟨f.11⟩ *Klausel (in einem Vertrag), nach der ein Punkt des Vertrages später den veränderten Bedingungen angepaßt werden kann*

Gleit|la|ger ⟨n.5⟩ *Lager für eine Achse oder Welle, bei dem die gelagerte Stelle großflächig im Lagerkörper gleitet*

Gleit|mit|tel ⟨n.5⟩ *Mittel, das die Gleitfähigkeit erhöht (z.B. um einen Katheter in den After einzuführen, ein Produkt aus einer Form zu lösen)*

Gleit|mo|dul ⟨m.1⟩ *Kennwert bei der Beanspruchung eines Materials durch Scherung;* Syn. *Schubmodul*

Gleit|pfad ⟨m.1; bei Flugzeugen⟩ *der Landung vorausgehende Flugphase*

Gleit|win|kel ⟨m.5⟩ *Winkel der abwärts geneigten Flugbahn eines im Gleitflug befindlichen Flugzeuges zur Horizontalen*

Glen|check ⟨[-tʃɛk] m.9⟩ *Gewebe mit feinen Streifen, die sich gruppenweise rechtwinklig kreuzen*

Glet|scher ⟨m.5⟩ *große, geschlossene Eismasse, die aus verfestigtem Schnee entstanden ist und sich sehr langsam talwärts bewegt;* Syn. ⟨bayr.-österr.⟩ *Ferner, Kees* [< frz. *glacier,* < lat. *glacies* ,,Eis"]

Glet|scher|bach ⟨m.2⟩ *am Ende einer Gletscherzunge aus einem Eistunnel ausfließendes Schmelzwasser*

Glet|scher|brand ⟨m.2⟩ *Sonnenbrand infolge Rückstrahlung der ultravioletten Höhenstrahlung vom Gletscher*

Glet|scher|floh ⟨m.2⟩ *auf Gletschern lebender Springschwanz*

Glet|scher|gar|ten ⟨m.8⟩ *Gebiet, in dem Wirkungen ehemaliger Gletscher besonders gut zu erkennen sind*

Glet|scher|kun|de ⟨f., -, nur Sg.⟩ *Wiss. von den Gletschern;* Syn. *Glaziologie*

Glet|scher|milch ⟨f., -, nur Sg.⟩ *von einem Gletscherbach mitgeführtes Gesteinsmehl, das ihn milchig trüb färbt*

Glet|scher|müh|le ⟨f.11⟩ *runde Hohlform in festem Gestein, die durch die Schmelzwässer eines Gletschers und Gesteinsbrocken ausgeschliffen worden ist (zuweilen noch mit Mahlstein auf dem Boden)*

Glet|scher|schliff ⟨m.1⟩ *Felsfläche, die von einem Gletscher glattgeschliffen und mit Kratzern in Fließrichtung des Eises übersät worden ist*

Glet|scher|spal|te ⟨f.11⟩ *tiefe Spalte im Eis eines Gletschers*

Glet|scher|tor ⟨n.1⟩ *nischenartige Öffnung am Ende eines Gletschers, aus der der Gletscherbach fließt*

Glet|scher|wind ⟨m.1⟩ *örtlich begrenztes Windsystem, das sich über Gletschern ausbildet und als kalte Luft talwärts gleitet*

Glet|scher|zun|ge ⟨f.11⟩ *unterster, zungenähnlich ausgebildeter Teil eines Gletschers*

Gley ⟨m., -s, nur Sg.⟩ *mineralischer Naßboden mit grauem, rostfleckigem Oberboden und graublauem Unterboden;* Syn. *Gleiboden* [russ. ,,Lehm"]

Glia ⟨f., -, nur Sg.⟩ *die Ganglienzellen und Nervenfasern des Zentralnervensystems verbindendes und stützendes Gewebe;* Syn. *Neuroglia* [< griech. *glia,* Nebenform von *gloios* ,,Klebstoff, Leim, Harz"]

Glib|ber ⟨m., -s, nur Sg.⟩ ⟨norddt.⟩ *gallertartige Masse (z.B. Aspik, Götterspeise)*

glib|be|rig, glibb|rig ⟨Adj.⟩ *feucht und glatt, schleimig*

Glied ⟨n.3⟩ **1** ⟨bei Mensch und Tier⟩ *(meist mit einem Gelenk ausgestatteter) beweglicher Teil des Körpers (Finger-, Flügel~);* die ~er strecken (beim Erwachen); sei froh, daß du noch deine gesunden ~er hast; künstliches G. *Prothese* **2** ~ *Penis;* männliches G. **3** *Teil, Stück eines Ganzen (Ketten~; Satz~)* die ~er einer Familie, bis ins dritte, vierte G. *bis in die dritte, vierte Generation* **4** *jede von mehreren hintereinander angeordneten Reihen;* in Reih und Glied antreten; im ersten, zweiten G. stehen **5** ⟨Mil.⟩ *Teil einer angetretenen Mannschaft;* Ruhe im G.!

Glie|der|fü|ßer, Glie|der|füß|ler ⟨m.5⟩ *Vertreter eines Stammes der Wirbellosen, dessen Körper in deutlich verschiedene Abschnitte*

...gliederig gegliedert ist (z.B. Insekt, Krebstier, Spinnentier)

...glie|de|rig ⟨Adj., in Zus.⟩ auch: *...gliedrig* **1** mit einer bestimmten Art von Gliedern ausgestattet, z.B. fein~ **2** aus einer bestimmten oder unbestimmten Anzahl von Gliedern bestehend, z.B. zwei~, drei~, mehr~

glie|der|lahm ⟨Adj., o.Steig.⟩ müde Glieder habend, müde, erschöpft

Glie|der|läh|mung ⟨f.10⟩ Lähmung eines Gliedes (1)

Glie|der|maß|stab ⟨m.2⟩ → *Zollstock*

glie|dern ⟨V.1, hat gegliedert; mit Akk.⟩ in sinnvolle oder ästhetisch befriedigende Abschnitte teilen; eine schriftliche Arbeit g.; eine Mauerfläche durch Pfeiler, Schmucksteine g.

Glie|der|pup|pe ⟨f.11⟩ Puppe mit beweglichen, auch in den Gelenken biegbaren Gliedern (als Schaufensterpuppe, Modell für Maler und Bildhauer oder früher als Spielzeug); Syn. *Gelenkpuppe*

Glie|der|satz ⟨m.2⟩ → *Prothese* (1)

Glie|der|satz ⟨m.2⟩ aus mehreren Gliedern (Haupt- und Nebensätzen) bestehender Satz

Glie|der|schmerz ⟨m.12⟩ Schmerz in den Gliedern (bei beginnender Grippe)

Glie|der|tie|re ⟨n.1, Pl.; Sammelbez. für⟩ Ringelwürmer, Gliederfüßer und andere kleine Tierstämme, deren Körper in Abschnitte gegliedert ist

Glie|de|rung ⟨f.10⟩ **1** das Gliedern, Einteilung in Abschnitte **2** Zusammenstellung der Abschnitte; einem Aufsatz eine G. voranstellen

Glied|ma|ße ⟨f.11; meist Pl.⟩ ~n paarige, bewegliche Körperteile (beim Menschen und vielen Tieren; bes. solche, die der Fortbewegung dienen); Syn. *Extremität* [zu *Glied* und *messen*, weil sie, wie Fuß und Elle, als Maß dienen]

Glied|satz ⟨m.2⟩ → *Nebensatz* [er steht an Stelle eines Satzgliedes]

Glied|staat ⟨m.12⟩ Teil eines Bundesstaates

glim|men ⟨V.57, hat geglommen; o.Obj.⟩ **1** schwach glühen; Syn. *glosen, glosten*; der Docht glimmt noch; in seinen Augen glomm ein gefährliches Feuer ⟨übertr.⟩

Glimm|ent|la|dung ⟨f.10⟩ selbständige Gasentladung bei geringer Stromstärke und niedrigem Gasdruck [nach dem die Elektroden überziehenden *Glimmlicht*]

Glim|mer ⟨m.5⟩ gesteinsbildendes, blättriges Mineral von auffälligem Glanz und vollkommener Spaltbarkeit [zu *glimmen*]

Glim|mer|schie|fer ⟨m.5⟩ Metamorphitgestein mit hohem Gehalt an Glimmer und Quarz

Glimm|lam|pe ⟨f.11⟩ Lichtquelle, die das Kathoden-Glimmlicht einer Glimmentladung benutzt

Glimm|sten|gel ⟨m.5; scherzh.⟩ Zigarette

glimpf|lich ⟨Adj.⟩ mild, mäßig; eine ~e Strafe; er ist noch g. davongekommen *er hat nur eine mäßige Strafe bekommen, er ist (bei dem Unfall) nur geringfügig verletzt worden* [zu veraltetem *Glimpf* „Schonung, Nachsicht"]

Gli|om ⟨n.1⟩ Geschwulst im Stützgewebe des Zentralnervensystems [zu *Glia*]

glis|san|do ⟨Mus.⟩ (über mehrere Töne hinweg) *gleitend* [ital.]

Glitsch|bahn ⟨f.10⟩, **Glit|sche** ⟨f.11; norddt.⟩ → *Schlitterbahn*

glit|schen ⟨V.1, hat geglitscht; o.Obj.⟩ **1** mit nasser Oberfläche rutschen; der Fisch glitschte mir aus der Hand **2** ⟨selten⟩ *auf nasser oder glatter Fläche rutschen*; das Auto glitscht auf dem Eis g.; das Rad glitscht auf der nassen Straße

glit|schig ⟨Adj.⟩ naß, schleimig, glatt und daher zum Rutschen neigend oder einladend; eine ~e Kröte; die Straße, der Fisch ist g.

glit|zern ⟨V.1, hat geglitzert; o.Obj.⟩ *in feinen Funken leuchten, glänzen*; der See glitzert; der Schnee glitzert in der Sonne

glo|bal ⟨Adj., o.Steig.⟩ **1** *die ganze Erde umfassend, weltweit*; eine ~e Entwicklung; ~e Probleme **2** ⟨übertr.⟩ *oberflächlich, ungefähr*; ich habe davon nur eine Vorstellung **3** *umfassend*; ~es Wissen

Glo|be|trot|ter ⟨m.5⟩ *Weltbummler* [< engl. *globe* „Globus" und *to trot* „traben"]

Glo|bi|ge|ri|ne ⟨f.11⟩ Vertreter einer Gattung der Foraminiferen [< lat. *globus* „Kugel" und *gerere* „tragen, sich zeigen als"]

Glo|bi|ge|ri|nen|schlamm ⟨m., -(e)s, nur Sg.⟩ Meeresschlamm aus den Schalen von Globigerinen

Glo|bin ⟨n., -s, nur Sg.⟩ Eiweißbestandteil des Hämoglobins [neulat., zu *Globus*]

Glo|bu|le ⟨f.11⟩ *kleines, dunkles, kugeliges Nebelgebilde* (als Vorstadium der Sternentstehung) [< lat. *globulus* „kleine Kugel"]

Glo|bu|lin ⟨n.1⟩ hochmolekulares Protein von kugelähnlichem Molekülbau (das u.a. im Blut vorkommt) [zu *Globule*]

Glo|bus ⟨m., -, -ben auch m.1⟩ **1** *vereinfachte Nachbildung der Erdkugel* (oder anderer Planeten; Mond~) **2** → *Erdkugel* [lat., „Kugel"]

Glocke ⟨-k|k-; f.11⟩ **1** *aus Metall gegossenes, kegelförmiges, meist sich nach unten erweiterndes, frei hängendes Schallgerät, das, wenn es durch einen im Innern befindlichen Klöppel angeschlagen wird, Töne abgibt* (Kirchen~, Kuh~, Signal~); die G. schlägt eins; er weiß, was die G. geschlagen hat *er kennt den Ernst der Sache, er kennt die unangenehmen Folgen*; eine Sache an die große G. hängen *viel Aufhebens von einer Sache machen, sie überall erzählen* **2** ⟨landsch.⟩ → *Klingel* (Fahrrad~, Haustür~) **3** *glockenähnlicher Gegenstand, glockenähnliches Gebilde* (Glas-, Blüten-, Dunst~) **4** *glockenähnlicher Deckel* (der zum Schutz über etwas gesetzt wird) (Butter~, Käse~); den Käse unter die G. legen **5** *nach unten weiter werdende Form* (eines Rockes)

Glocken|ap|fel ⟨-k|k-; m.6⟩ *großer, hoher, gelber Apfel*

Glocken|be|cher|kul|tur ⟨-k|k-; f., -, nur Sg.⟩ *europäische Kulturgruppe der späten Kupferzeit* [nach einer Keramikform, den meist glockenförmigen Bechern]

Glocken|blu|me ⟨-k|k-; f.11⟩ *Pflanze mit röhrig-glockigen Blüten (meist blau bis violett)*

Glocken|bron|ze ⟨-k|k-; [-brõsə] auch [-brõnzə], f.11⟩ *Legierung aus 80% Kupfer und 20% Zinn* (mit der meist Glocken gegossen werden)

Glocken|gie|ßer ⟨-k|k-; m.5⟩ *jmd., der berufsmäßig Glocken gießt*

Glocken|gie|ße|rei ⟨-k|k-; f.10⟩ *Betrieb, in dem Glocken gegossen werden*

Glocken|guß ⟨-k|k-; m.2⟩ *das Gießen von Glocken*

Glocken|hei|de ⟨-k|k-; f., -, nur Sg.⟩ *Heidekrautgewächs mit glockigen Blüten und Blättern, die in Quirlen zu je 3–4 angeordnet sind*

Glocken|ist ⟨-k|k-; m.10; †⟩ *Spieler des Glockenspiels*

Glocken|müh|le ⟨-k|k-; f.11⟩ *Maschine zur Feinzerkleinerung harter Stoffe, bei der sich ein stumpfer, gerippter Kegel in einem ebenfalls gerippten Hohlkegel dreht*

Glocken|re|be ⟨-k|k-; f.11⟩ *südamerikanisches Sperrkrautgewächs mit großen, dunkelvioletten (oft gelb gestreiften) Glockenblüten, Zierpflanze*

Glocken|rein ⟨-k|k-; Adj., o.Steig.⟩ *völlig rein*; ein ~er Ton; sie singt g.

Glocken|rock ⟨-k|k-; m.2⟩ *oben eng geschnittener, nach unten weiter werdender Rock*

Glocken|schlag ⟨-k|k-; m.2⟩ *Schlag einer (Turm-, Kirchen~) Glocke*; er erschien beim, mit dem G. drei; beim ersten, letzten G. öffneten sich die Türen; auf den G. pünktlich

Glocken|schwen|gel ⟨-k|k-; m.5⟩ → *Klöppel*

Glocken|spei|se ⟨-k|k-; f.11⟩ *flüssiges Metall für den Glockenguß*

Glocken|spiel ⟨-k|k-; n.1⟩ **1** *Musikinstrument aus mehreren, in Reihen übereinander angeordneten Glocken, die (von Hand oder mittels einer Tastatur) mit Hämmern angeschlagen werden* **2** *ähnlich zusammengestelltes Instrument hinter einer Tür, das durch Bewegung der Tür zum Klingen gebracht wird*

Glocken|stu|be ⟨-k|k-; f.11⟩ *Raum (mit Öffnungen) für die Glocke im Kirchturm*

Glocken|stuhl ⟨-k|k-; m.2⟩ *Gerüst, an dem die Glocke hängt*

Glocken|tier|chen ⟨-k|k-; n.7⟩ *glockenförmiges Wimpertierchen*

glockig ⟨-k|k-; Adj., o.Steig.⟩ *in Form einer Glocke*; ein g. geschnittener Rock

Glöck|ner ⟨m.5; †⟩ *Kirchendiener, der auch das Glockenläuten besorgt*

Glo|ria ⟨n.9⟩ **1** ⟨nur Sg.⟩ *Ruhm, Herrlichkeit*; mit noch in Wendungen wie *in der Erinnerung an Preußens G.; vgl.* Glanz **2** ⟨kurz für⟩ *Gloria in excelsis Deo; das G. singen* (in der kath. Messe) [lat., „Ruhm, Ehre"]

Glo|ria in ex|cel|sis Deo [-tsɛl-] *Ehre sei Gott in der Höhe* [lat.]

Glo|ria|sei|de ⟨f., -, nur Sg.⟩ *dichtgewebter Halbseidentaft (als Schirm-, Mantel- und Futterstoff)*

Glo|rie ⟨[-riə] f., -, nur Sg.⟩ **1** *Ruhm, Glanz, Herrlichkeit* **2** → *Glorienschein* **3** *Lichterscheinung aus konzentrischen, farbigen Kreisen um den Schatten des Beobachters* (auf Nebel oder, beim Blick vom Flugzeug aus, auf Wolken)

Glo|ri|en|schein ⟨m., -s, nur Sg.⟩ *Lichtschein, Strahlenkranz*; eine von einem G. umgebene Gestalt (auf einem Bild)

Glo|ri|fi|ka|ti|on ⟨f.10⟩ *Verherrlichung* [zu *glorifizieren*]

glo|ri|fi|zie|ren ⟨V.3, hat glorifiziert; mit Akk.⟩ *verherrlichen* [< lat. *glorificare* in ders. Bed., < *gloria* „Ruhm" und *...ficare* (in Zus. für *facere*) „machen"]

Glo|ri|o|le ⟨f.11⟩ *Heiligenschein* [< lat. *gloriola* „ein bißchen Ruhm, kleines Zeichen des Ruhms", Verkleinerungsform von *gloria* „Ruhm, Ehre", Zierde"]

glo|ri|os ⟨Adj., gloriöser, am ~esten⟩ → *glorreich*

glor|reich ⟨Adj.⟩ *ruhmreich, großartig* [zu *Gloria*]

glo|sen ⟨V.1, hat geglost⟩ → *glimmen*

Glos|sar ⟨n.1⟩ **1** *Sammlung von Glossen (1)* **2** *Wörterverzeichnis*

Glos|sa|ri|um ⟨n., -s, -ri|en; ältere Form von⟩ *Glossar*

Glos|sa|tor ⟨m.13⟩ *Verfasser von Glossen (2,3)*

Glos|se ⟨f.11⟩ **1** ⟨urspr.⟩ *schwieriges Wort, das erklärt werden muß* **2** ⟨MA⟩ *Erklärung, Übersetzung eines schwierigen Wortes (zwischen den Zeilen oder am Rand des Textes)* **3** (im Röm. Recht des MA) *Kommentar zu einem Rechtstext* **4** *spöttische Bemerkung; seine Glossen über etwas machen* **5** *kurzer, spöttischer Artikel (in der Zeitung)* [< griech. *glossa* „Zunge, Sprache; veraltetes oder nur im Dialekt gebräuchliches Wort"]

glos|sie|ren ⟨V.3, hat glossiert; mit Akk.⟩ **1** *mit Glossen (2) versehen*; einen Text g.; *glossierter Text* **2** *spöttische Bemerkungen über etwas machen; ein Ereignis g.*

Glos|so|gra|phie ⟨f.11⟩ *Erläuterung von Glossen (1)* [< *Glosse* und *...graphie*]

Glos|so|la|lie ⟨f.11⟩ *Reden in ungewöhnlicher Sprachform im Zustand religiöser Ekstase*; Syn. *Glottolalie* [< griech. *glossa, glotta* „Zunge, Sprache" und *lalia* „Geschwätz, Redeweise, Sprache"]

glo|sten ⟨V.2, hat geglostet⟩ → *glimmen*

glot|tal ⟨Adj., o.Steig.⟩ *im Kehlkopf erzeugt;* ~e *Laute* [zu *Glottis*]

Glot|tal ⟨m.1⟩ *im Kehlkopf gebildeter Laut* [zu *Glottis*]

Glot|tis ⟨f., -, -tes [-te:s]⟩ *Stimmritze (im Kehlkopf)* [< grch. *glottis* „Mündung der Luftröhre, Stimmritze", zu *glotta*, Nebenform von *glossa* „Zunge"]

Glot|to|la|lie ⟨f.11⟩ → *Glossolalie*

Glotz|au|ge ⟨n.14⟩ **1** ⟨ugs.⟩ *glotzendes Auge;* ~n *machen mit weit aufgerissenen Augen, erstaunt schauen* **2** ⟨Med.⟩ *stark hervortretender Augapfel*

glotz|äu|gig ⟨Adj., o.Steig.⟩ *mit Glotzaugen;* ~er *Frosch*

glot|zen ⟨V.1; hat geglotzt; o.Obj.⟩ *mit großen Augen starr (und dumm) blicken;* *erstaunt, verständnislos g.; den ganzen Abend in die Röhre g.* ⟨ugs., scherzh.⟩ *den ganzen Abend fernsehen*

Glot|zo|phon ⟨n.1; ugs., scherzh.⟩ *Fernsehgerät* [< *glotzen* und *-phon*]

Glo|xi|nie ([-niə] f.11⟩ *ein Gesneriengewächs mit großen Glockenblüten und feinbehaarten Blättern, Zimmerpflanze* [nach dem Arzt und Botaniker Benjamin Peter *Gloxin*]

Glück ⟨n., -(e)s, nur Sg.⟩ **1** *günstiger Zufall, günstige Fügung;* es war ein G., daß ...; du kannst von G. sagen, reden, daß nichts Schlimmeres passiert ist; zum G. war jmd. in der Nähe und hörte ihn rufen; G. auf! (Bergmannsgruß; eigtl.: ich wünsche dir eine glückliche Auffahrt aus dem Schacht); G. ab! (Fliegergruß; nach „Glück auf" gebildet); G. zu! (alte Grußformel) **2** *der durch einen günstigen Zufall, eine günstige Fügung erreichte Erfolg;* da hast du G. gehabt; sein G. machen *Erfolg (im Leben) haben;* ich werde mein G. versuchen *ich werde es versuchen,* etwas auf gut G. versuchen *ohne besondere Hoffnung auf Erfolg* **3** *seelische Hochstimmung, starke, freudige Befriedigung;* ich empfinde es als großes G., daß ...; sie schwimmt im G.; jmdm. G. wünschen (zum Geburtstag, für eine Unternehmung, für die Zukunft) **4** *der personifizierte günstige Zufall, Glücksgöttin, Fortuna;* das G. war ihm hold; das G. lächelte ihm; er ist ein Kind des ~s *es glückt ihm alles, was er anfängt*

Glu|cke ⟨k|k; f.11⟩ **1** *brütende oder Küken führende Henne;* auch: *Gluckhenne* [zu *glucken*] **2** *blumenkohlähnlicher Speisepilz; Krause* **3** *Nachtfalter mit dickem, behaartem Körper (Kupfer-)* **4** *schirmartiger Wärmestrahler (zur Aufzucht von Jungtieren ohne Mutter)* **5** ⟨ugs.⟩ *Frau, die ihre Familie mit sehr großer Hingabe umsorgt*

glucken ⟨-k|k-; V.1; hat geglucht; o.Obj.⟩ **1** *tiefe, kehlige Laute von sich geben;* die Henne gluckt (wenn sie brüten will oder um die Küken zu locken) **2** ⟨übertr., ugs.⟩ *untätig herumsitzen;* auch: *klucken;* nur zu Hause, ständig bei Freunden, bei andern Leuten g.

glücken ⟨-k|k-; V.1, ist geglückt; o.Obj. oder mit Dat.⟩ *gelingen, Erfolg bringen, gut ablaufen;* ich hoffe, daß unser Vorhaben glückt; es ist mir geglückt, ihn zu treffen; ein geglückter Versuch; es war eine geglückte Aufführung *eine gute, wirkungsvolle, ansprechende Aufführung*

gluckern ⟨-k|k-; V.1 hat gegluckert; o.Obj.; bei Flüssigkeiten⟩ *sich mit dumpfen, kurzen Geräuschen bewegen;* Syn. *glucksen;* Wasser gluckert in der Flasche; es gluckert noch *in der Flasche ist noch etwas drin*

glück|haft ⟨Adj.⟩ *mit Glück verbunden, Glücksgefühl hervorrufend;* eine ~e Reise

Gluck|hen|ne ⟨f.11⟩ → *Glucke* (1)

glück|lich ⟨Adj.⟩ **1** *seelisch in Hochstimmung, voll freudiger Befriedigung, zum Jubeln froh;* g. sein; g. sich g. fühlen; ich preise mich g., daß mir das gelungen ist; du würdest mich g. machen, wenn du ... **2** *froh und ausgeglichen, froh und zufrieden;* eine ~e Familie; eine ~e Ehe **3** *günstig, Erfolg bringend;* es war ein ~er Einfall; ~e Reise!; sie hat eine ~e Hand mit Blumen *Blumen gedeihen gut in ihrer Pflege;* durch einen ~en Umstand war es möglich, daß ... **4** *begünstigt durch die Umstände;* zu der Geburt eines Jungen; er ist g. wieder zu Hause angekommen **5** ⟨ugs.⟩ *endlich;* jetzt habe ich g. alles Material beisammen; als die Besucher g. gegangen waren

glück|li|cher|wei|se ⟨Adv.⟩ *zum Glück,* es ist ein Glück, daß ...; g. ist nichts passiert; ich hatte g. einen Schirm bei mir

Glücks|bu|de ⟨f.11; auf Jahrmärkten⟩ *Bude, in der man (z.B. durch Kauf eines Loses) einen Preis gewinnen kann*

glück|se|lig ⟨Adj.⟩ *von strahlendem Glück erfüllt, äußerst glücklich*

Glück|se|lig|keit ⟨f., -, nur Sg.⟩ *glückselige Stimmung;* zu meiner G. fehlt mir jetzt nur noch ... ⟨ugs., scherzh.⟩

gluck|sen ⟨V.1, hat gegluckst; o.Obj.⟩ **1** *tiefe, kehlige Laute ausstoßen;* g. vor unterdrücktem Lachen **2** → *gluckern*

Glücks|fall ⟨m.2⟩ *Zusammentreffen günstiger Umstände, glücklicher Fügung;* es ist ein G., daß die Sicht heute so gut ist; durch einen G. geriet ich in diese Gruppe

Glücks|göt|tin ⟨f., -, nur Sg.; Myth.⟩ *Göttin, die das Glück verteilt, Fortuna*

Glücks|gü|ter ⟨Pl.⟩ *Güter, Umstände, die Erfolg bringen können (z.B. Reichtum, gutes Aussehen, gute Herkunft, Talente);* er war mit allen (äußeren) ~n gesegnet

Glücks|ha|fen ⟨m.8; bayr.-österr.⟩ → *Glückstopf*

Glücks|kä|fer ⟨m.5; volkstüml.⟩ → *Marienkäfer*

Glücks|kind ⟨n.3⟩ *jmd., dem alles gelingt, was er anfängt, der immer Glück hat*

Glücks|klee ⟨m.1; nur Sg.⟩ *Kleeblatt mit ausnahmsweise vier (statt drei) Blättern, das Glück bringen soll*

Glücks|pfen|nig ⟨m., -s, -e⟩ *(meist gefundener) Pfennig, der als Glücksbringer gilt*

Glücks|pilz ⟨m.1⟩ *jmd., der soeben Glück gehabt hat*

Glücks|rad ⟨n.4; auf Jahrmärkten⟩ *mit Nummern versehenes Rad, an dem man dreht und das beim Stillstand bei einer der Nummern einen Preis oder eine Niete anzeigt*

Glücks|rit|ter ⟨m.5; poet.⟩ *jmd., der sorglos auf sein Glück vertraut, der es haben wird*

Glücks|sa|che ⟨f.11⟩ *Sache, Angelegenheit, bei der es nur darauf ankommt, ob man Glück hat oder nicht (die man nicht durch Denken, Planen usw. bewältigen kann)*

Glücks|spiel ⟨n.1⟩ *Spiel, bei dem der Gewinn nur vom Glück (nicht vom Denken oder von der Geschicklichkeit) abhängt (z.B. Roulette)*

Glücks|sträh|ne ⟨f.11⟩ *Zeitraum, in dem man oft hintereinander Glück hat;* Ggs. *Pechsträhne*

Glücks|topf ⟨m.2; auf Jahrmärkten⟩ *Topf, aus dem man sich, ohne hinzuzuschauen, ein Los zieht;* Syn. ⟨bayr.-österr.⟩ *Glückshafen*

Glück|wunsch ⟨m.2⟩ **1** ⟨urspr.⟩ *Wunsch für Glück in der Zukunft;* G. zum Geburtstag, zur Hochzeit **2** ⟨heute auch⟩ *Ausdruck der Anerkennung, der Mitfreude;* meinen G. zum bestandenen Examen!; jmdm. seine Glückwünsche aussprechen

Glu|co|se ⟨f., -, nur Sg.⟩ → *Glukose*

Glu|co|sur|ie ⟨f.11⟩ *Ausscheidung von Traubenzucker im Harn (z.B. bei Zuckerkrankheit);* auch: *Glykosurie* [< *Glukose* und grch. *ouron* „Harn"]

Glüh|bir|ne ⟨f.11⟩ *elektrische Lichtquelle, in der schwer schmelzbare Drähte von fließendem Strom zum Glühen und damit zur Aussendung von Licht angeregt werden;* Syn. *Glühlampe*

glüh|elek|trisch ⟨Adj., o.Steig.⟩ *die Emission von Elektronen aus einer Glühkathode bewirkend;* ~er *Effekt*

glü|hen ⟨V.1; hat geglüht⟩ **I** ⟨o.Obj.⟩ **1** *ohne Flamme brennen, vor Hitze rot leuchten;* ~des *Eisen;* ~de *Kohlen* **2** *sehr rot sein, rot und heiß sein;* die Wangen glühten; die Berge g. in der Abendsonne **3** *sehr heiß sein;* die Sonne glüht **4** *leidenschaftlich erregt sein;* er glühte vor Begeisterung, vor Eifer; für jmdn. g. *jmdn. leidenschaftlich verehren, lieben* **II** ⟨mit Akk.⟩ *glühend machen, zum Glühen bringen und bearbeiten;* Metall g.

glü|hend ⟨Adj.⟩ **1** *sehr heiß (und rot);* die ~en Strahlen der Sonne; mit ~en Wangen; der Ofen ist g. heiß **2** *leidenschaftlich;* jmdn. mit ~en Blicken verfolgen; jmdn. g. lieben, bewundern; sich etwas g. wünschen

Glüh|fa|den ⟨m.8; in Glühbirnen⟩ *Faden aus Wolfram*

glüh|fri|schen ⟨V.1; nur im Infinitiv üblich; mit Akk.⟩ *Eisen g. Eisen unter hohen Temperaturen und Zusatz von Sauerstoff von seinem Kohlegehalt befreien und dadurch leichter bearbeitbar machen*

glüh|heiß ⟨Adj., o.Steig.⟩ *glühend heiß, sehr heiß,* ⟨ugs. auch⟩ *kochend heiß;* der Ofen, der Kaffee ist g.

Glüh|hit|ze ⟨f., -, nur Sg.⟩ → *Gluthitze*

Glüh|ka|tho|de ⟨f.11⟩ *negativ geladene Elektrode, die, durch eine elektrische Heizung zum Glühen gebracht, Elektronen aussendet (bes. in Elektronenröhren)*

Glüh|ker|ze ⟨f.11⟩ *der Zündkerze ähnliche, aber mit einer Glühwendel ausgestattete Starthilfevorrichtung (bes. für Dieselmotoren)*

Glüh|lam|pe ⟨f.11⟩ → *Glühbirne*

Glüh|strumpf ⟨m.2⟩ *(bei der Gasbeleuchtung verwendeter) Glühkörper aus mit Thorium getränkter Gewebeasche, der, von einer Gasflamme zur Weißglut erhitzt, Licht aussendet*

Glüh|wein ⟨m.1⟩ *gewürzter und gesüßter, heißer Rotwein*

Glüh|würm|chen ⟨n.7⟩ → *Leuchtkäfer*

Glu|ko|se ⟨f., -, nur Sg.⟩ → *Traubenzucker;* auch: *Glucose* [< grch. *glykys* „süß"]

Glump ⟨n., -s, nur Sg.; süddt.⟩ **1** *wertloser Kram, Zeug* **2** *etwas, das nicht funktioniert, nichts taugt;* der Apparat ist ein G. [eigtl. *Gelump,* zu *Lumpen* „altes Zeug"]

glu|pen ⟨V.1, hat geglupt; o.Obj.⟩ → *glupschen*

glupsch ⟨Adj., o.Steig.⟩ *norddt. finster, mißtrauisch;* guck mich nicht so g. an! [< mndt. *glupesch* „heimtückisch, hinterhältig", zu *glup* „tückisch, lauernd"]

Glupsch|au|gen ⟨Pl.; norddt.⟩ *hervortretende Augen;* G. machen ⟨übertr.⟩ *begierig, neugierig schauen*

glup|schen ⟨V.1, hat geglupscht; o.Obj.; norddt.⟩ *mit großen Augen schauen,* ⟨bes.⟩ *mißtrauisch, neugierig schauen* [< mndt. *glupen* „mit halb geöffneten Augen schauen, lauernd schauen", zu *glup* „lauernd"]

Glut ⟨f.10⟩ **1** *Feuer ohne Flamme;* unter der Asche war noch Glut; die G. zur Flamme schüren **2** *große Hitze;* die G. der Sonne; heute ist eine unheimliche G. draußen **3** *Hitze und Röte;* die G. ihrer Wangen **4** *starkes Gefühl, heftige Leidenschaft;* die G. seiner Liebe

Glu|ta|mat ⟨n.1⟩ **1** *Würzpulver, das den Geschmack vieler Speisen besser zur Geltung bringt, Natriumsalz der Glutaminsäure* **2** *Salz der Glutaminsäure*

Glu|ta|min ⟨n.1⟩ *Amin der Glutaminsäure* [< *Gluten* und *Aminosäure*]

Glu|ta|min|säu|re ⟨f.11⟩ *in vielen Proteinen vorkommende organische Säure*

Glu|ten ⟨n., -s, nur Sg.⟩ → *Kleber* (2) [lat., „Leim"]

Glut|hit|ze ⟨f., -, nur Sg.⟩ *sehr große Hitze;* Syn. *Glühhitze*

Glu|tin ⟨n., -s, nur Sg.⟩ ein Eiweißstoff, Hauptbestandteil von Gelatine und Leim [zu *Gluten*]
Gly|ce|rin ⟨n., -s, nur Sg.⟩ ein farbloser, öliger, dreiwertiger Alkohol von süßlichem Geschmack (z.B. als Lösungsmittel und zur Herstellung von Nitroglycerin verwendet); auch: *Glyzerin;* Syn. ⟨†⟩ *Ölsüß* [< frz. *glycérine* in ders. Bed., < griech. *glykeros,* poet. Form zu *glykys* „süß"]
Gly|cin ⟨n., -s, nur Sg.⟩ → *Glykokoll*
Glyk|ämie ⟨f., -, nur Sg.⟩ normaler Zuckergehalt des Blutes [< griech. *glykys* „süß" und *haima* „Blut"]
Gly|ko|gen ⟨n., -s, nur Sg.⟩ in Leber und Muskeln gespeicherter Traubenzucker [< griech. *glykys* „süß" und *gennan* „hervorbringen, erzeugen", eigtl. also „Süßigkeitserzeuger"]
Gly|ko|koll ⟨n., -s, nur Sg.⟩ einfachste Aminosäure, Bestandteil aller Eiweißstoffe; Syn. *Glycin* [< griech. *glykys* „süß" und *kolla* „Leim"]
Gly|kol ⟨n., -s, nur Sg.⟩ zweiwertiger aliphatischer Alkohol (z.B. als Frostschutzmittel) [< griech. *glykys* „süß" und *Alkohol;* die giftige Flüssigkeit schmeckt süß]
Gly|ko|ly|se ⟨f.11⟩ Abbau der Glucose (im Stoffwechsel) zu Milchsäure [< *Glykose* und griech. *lysis* „Lösung"]
Gly|ko|se ⟨f., -, nur Sg.; †⟩ → *Traubenzucker* [altere, nicht mehr fachsprachl. Schreibung von *Glucose*]
Gly|ko|sid ⟨n.1⟩ Verbindung von Zucker mit anderen Bestandteilen (bes. Alkoholen) [zu *Glykose*]
Gly|kos|urie ⟨f.11⟩ → *Glucosurie*
Gly|phe ⟨f.11⟩ in Stein eingeritztes Zeichen [< griech. *glyphe* „Schnitzwerk, Skulptur, Gravur", zu *glyphein* „einschneiden, einmeißeln"]
Glyp|te ⟨f.11⟩ geschnittener Stein; [→ *Glyptothek*]
Glyp|tik ⟨f., -, nur Sg.⟩ **1** Steinschneidekunst, Gemmenkunde **2** Bildhauerei [→ *Glyptothek*]
Glyp|to|thek ⟨f.10⟩ **1** Sammlung von geschnittenen Steinen oder von antiken Bildhauerarbeiten **2** das Gebäude dafür [< griech. *glyptos* „eingeschnitten, graviert, geschnitzt" (zu *glyphe* „Schnitzwerk, Skulptur, Gravur", zu *glyphein* „einschneiden, einmeißeln, schnitzen") und *theke* „Behältnis"]
Gly|san|tin ⟨n., -s, nur Sg.; Wz.⟩ ein Gefrierschutzmittel (für das Kühlwasser von Verbrennungsmotoren) [zu *Glycerin*]
Gly|ze|rin ⟨n., -s, nur Sg.⟩ → *Glycerin*
Gly|zi|ne, Gly|zi|nie ⟨[-niə] f.11⟩ ostasiatischer Schmetterlingsblütler mit duftenden blauen oder weißen Blüten in hängenden Trauben, kletternde Zierpflanze an Häusern [< griech. *glykys* „süß"]
GmbH ⟨Abk. für⟩ Gesellschaft mit beschränkter Haftung
GMD ⟨Abk. für⟩ Generalmusikdirektor
g-Moll ⟨n., -, nur Sg.; Mus.⟩ auf dem Grundton g aufbauende Moll-Tonart
Gna|de ⟨f.11⟩ **1** Barmherzigkeit, verzeihende Güte; die G. Gottes; göttliche G.; von Gottes ~n durch die Güte Gottes; vgl. *Gottesgnadentum* **2** (herablassendes) Wohlwollen, Nachsicht, Milde; von jmds. G. abhängig sein; er hatte die G., mich anzuhören (meist iron.); etwas nur aus G. und Barmherzigkeit tun; sich mit ihm nicht auf G. und Ungnade ausliefern *bedingungslos ausliefern;* hoffentlich findet mein Geschenk G. vor seinen Augen (meist iron.); G. für Recht ergehen lassen *statt Recht Milde walten lassen, schonen statt zu strafen;* jmdm. eine Strafe erlassen; und damit war ich in ~n entlassen (iron.); um G. bitten **3** Beweis, Zeichen gnädiger Gesinnung; sich eine G. erbitten; jmdm. eine G. erweisen **4** (als Anrede) Euer, Eure ~n; haben Euer ~n noch Wünsche? **5** (in der veralteten Wendung) halten zu ~n! entschuldigen Sie nur!
gna|den ⟨V.2; mit Dat.; nur noch in der Wendung⟩ *Gott möge dir/mir gnädig sein!;* Gott möge dir/mir gnädig sein!; wenn das geschieht, dann gnade dir Gott!
Gna|den|bild ⟨n.3; im kath. Glauben⟩ wundertätiges Bild (Christi, eines Heiligen oder Marias)
Gna|den|brot ⟨n., -(e)s, nur Sg.⟩ Sorge für den Lebensunterhalt im Alter (aus Dankbarkeit für geleistete Dienste); er ißt bei ihnen das G. er wird in seinem Alter unentgeltlich von ihnen versorgt; einem Pferd das G. geben
Gna|den|er|laß ⟨m.2⟩ → *Amnestie*
Gna|den|frist ⟨f.10⟩ letzte Frist, letzter Aufschub (vor einem endgültigen Termin); jmdm. noch eine G. geben; ich habe noch eine G. von vier Wochen bekommen
Gna|den|ge|such ⟨n.1⟩ Gesuch um Begnadigung
Gna|den|hoch|zeit ⟨f.10⟩ 70. Hochzeitstag
Gna|den|mit|tel ⟨n.5; christl. Rel.⟩ Mittel, durch das sich der Heilige Geist den Gläubigen mitteilt (z.B. die Sakramente)
Gna|den|stoß ⟨m.2⟩ tödlicher Stich zur Beendigung des Todesqual; einem verwundeten Tier den G. geben
Gna|den|weg ⟨m.1; in der Wendung⟩ auf dem G. *mit Hilfe eines Gnadengesuchs;* jmds. Entlassung aus der Haft auf dem G. erreichen
gnä|dig ⟨Adj.⟩ **1** barmherzig, verzeihend, gütig; der ~e Gott **2** nachsichtig, milde; mach es g. mit ihm! *sei nicht zu streng mit ihm!* **3** wohlwollend; ~er Herr, ~e Frau, ~es Fräulein (höfliche Anreden); die Gnädige die Dame des Hauses (aus der Sicht des Personals) **4** herablassend; sie lächelte g.; sie ist immer sehr g.; sie tut sehr g.; sie hat mir die Eintrittskarten ~st gegeben
gnä|dig|lich ⟨Adj.; nur als Adv.; †⟩ *gnädig*
gna|gig ⟨n.9; schweiz.⟩ Schweineknochen zum Abnagen (als kalte Speise) [eigtl. „Genage", zu *nagen*]
gnat|zen ⟨V.1, hat gegnatzt; o.Obj.; nddt.⟩ mürrisch sein, schlechte Laune haben und zeigen
gnat|zig ⟨Adj.; nddt.⟩ mürrisch, schlecht gelaunt
Gneis ⟨m.1⟩ aus Quarz, Feldspat und Glimmer aufgebautes Metamorphitgestein [vielleicht < mhd. *gneiste* „Funke", also „hartes Gestein, das Funken geben kann"]
Gnit|ze ⟨f.11⟩ winziger Zweiflügler (auch Blutsauger an Menschen) [vielleicht < mhd. *gnaz* „Schorf, Ausschlag"]
Gnom ⟨m.10⟩ Zwerg, Kobold [von Paracelsus (16. Jh.) gebildetes Wort in der Bedeutung „Erdgeist", vielleicht im Zusammenhang mit griech. *ge* „Erde" und *nomos* „Wohnsitz", also „Erdbewohner"]
Gno|me ⟨f.11; in der Antike⟩ Sinnspruch, Denkspruch [< griech. *gnome* in ders. Bed. sowie „Erkenntnis, Meinung", zur idg. Wurzel *gno-, *gon- „kennen, wissen"]
Gno|mi|ker ⟨m.5⟩ Verfasser von Gnomen
Gno|mon ⟨m., -, -mo|ne⟩ antike Sonnenuhr [< griech. *gnomon* „Sonnenuhr, Zeiger der Sonnenuhr, Richtschnur, Maßstab", → *Gnome*]
Gno|sis ⟨f., -, nur Sg.⟩ philosophische Strömung in der Spätantike und im frühen Christentum mit dem Ziel der Erkenntnis Gottes durch innere Einsicht [< griech. *gnosis* „Erkenntnis, Einsicht", zur idg. Wurzel *gno-, *gon-„kennen, wissen"]
Gno|stik ⟨f., -, nur Sg.⟩ Lehre der Gnosis
Gno|sti|ker ⟨m.5⟩ Anhänger der Gnosis
Gno|sti|zis|mus ⟨m., -, nur Sg.⟩ religionsphilosophische Richtung, die nach Erkenntnis Gottes strebt und dadurch Erlösung sucht
Gnu ⟨n.9⟩ Kuhantilope mit ausladenden Hörnern und langhaarigem Schwanz [hottentott.]

Go ⟨n.9⟩ japanisches Brettspiel
Goal ⟨[goul] n.9; †, noch österr., schweiz.⟩ → *Tor* (2) [engl. „Ziel, Tor, Treffer"]
Goal|kee|per ⟨[goulki:pər] m.5⟩ → *Keeper* [engl.]
Go|be|lin ⟨[-lɛ̃] m.9⟩ gewirkter Wandbildteppich [frz., nach dem *Hôtel des Gobelins,* einer Teppichfabrik in Paris, die sich nach Gilles Gobelin, einem Färber in Paris im 15. Jh., nannte]
Go-Cart ⟨m.9⟩ → *Go-Kart*
Gockel ⟨-k|k-; m.5⟩, **Gockel|hahn** ⟨-k|k-; m.2; oberdt.⟩ **1** → *Hahn* (1) **2** ⟨scherzh.⟩ jmd., der Frauen heftig umwirbt und/oder sich herausputzt
Göd ⟨m.10; österr., veraltend⟩ → *Pate*
Go|de ⟨f.11⟩, **Go|del, Godl** ⟨f.11; österr., veraltend⟩ → *Patin*
Gode|mi|ché ⟨[go:dmiʃe] m.9⟩ Nachbildung des erigierten Penis (zur Selbstbefriedigung); Syn. *Dildo* [frz., vielleicht < lat. *gaude mihi* „mach mir Freude"]
Goe|thit ⟨[gø-] m., -s, nur Sg.⟩ schwarzbraunes, glänzendes, meist nadelförmiges Mineral, Eisenhydroxid; Syn. *Nadeleisenerz* [nach *Goethe* benannt]
Gof ⟨m.12 oder n.12; schweiz.⟩ → *Gör*
Go-Go-Boy ⟨m.9⟩ bei Beat-Veranstaltungen und in Nachtlokalen *Tänzer, der die Gäste durch Tanzen unterhalten und zum Tanzen anregen soll*
Go-Go-Girl ⟨[-gə:l] n.9⟩ dem *Go-Go-Boy* entsprechende Tänzerin
Goi ⟨m., -(s), Go|jim oder Go|jim⟩ Bez. der Juden für⟩ Nichtjude
Go-in ⟨n., -(s), -(s)⟩ Eindringen in eine offizielle Veranstaltung, wodurch eine Diskussion über ein bestimmtes Ereignis erzwungen werden soll [engl., „geh hinein"]
Goi|se|rer ⟨m.5; österr.⟩ schwerer, genagelter Bergschuh [urspr. in Bad Goisern im oberösterr. Salzkammergut entstanden]
Go-Kart ⟨m.9⟩ kleines Rennfahrzeug ohne Karosserie, auf Luftreifen (und mit Motor von 100–200 cm^3 Hubraum); auch *Go-Cart* [< engl. *to go* „gehen" und *cart* „Karren"]
go|keln ⟨V.1, hat gegokelt; sächs.⟩ mit Feuer spielen, Tannenzweige an Kerzen anzünden [zu *gaukeln*]
Go|lat|sche ⟨f.11⟩ → *Kolatsche*
Gold ⟨n., -(e)s, nur Sg.⟩ **1** ⟨Zeichen: Au⟩ gelb glänzendes, ziemlich weiches und sehr dehnbares Edelmetall; gediegenes G.; sie hat G. in der Stimme *sie hat eine wunderbare Stimme;* das ist nicht mit G. aufzuwiegen, nicht mit G. zu bezahlen *das ist ungeheuer viel wert;* treu wie G. *sehr treu, zuverlässig* **2** Gegenstand daraus; sie trug Perlen und viel Gold; sein Vermögen in G. anlegen **3** ⟨kurz für⟩ *Goldmedaille;* er gewann Gold
Gold|af|ter ⟨m.5⟩ weiß gefügelter Nachtfalter, dessen Weibchen am Hinterleib ein goldgelbes Haarbüschel trägt
Gold|am|mer ⟨f.11⟩ in offenem Gelände vorkommende Ammer (Männchen an Kopf und Kehle goldgelb)
Gold|au|ge ⟨n.14⟩ → *Florfliege*
Gold|barsch ⟨m.1⟩ → *Rotbarsch*
gold|blond ⟨Adj., o.Steig.⟩ blond mit goldfarbenem Schimmer
Gold|bro|kat ⟨m., -(e)s, nur Sg.⟩ mit Goldfäden durchwirkter Brokat
Gold|bron|ze ⟨[-brɔ̃sə], auch [-brɔŋsə] f., -, nur Sg.⟩ aus Zinnsulfid angerührte, goldglänzende Bronzefarbe; Syn. *Musivgold*
gol|den ⟨Adj., o.Steig.⟩ **1** aus Gold; ein ~es Armband **2** von der Farbe des Goldes, wie Gold glänzend; ~e Ähren; ~es Haar; ~er Wein **3** (in übertr. Wendungen) jmdm. ~e Brücken bauen *eine Möglichkeit zum Einlenken, Nachgeben bieten;* sie hat ein ~es Herz *sie ist warmherzig, hilfsbereit, mitfühlend;* einen ~en Humor haben *einen nie versiegenden Humor;* die ~e Hochzeit *50. Hoch-*

zeitstag; *das ist eine ~e Regel eine volkstümliche Regel, volkstümliche Lebensweisheit;* die *~e Mitte eine Lösung, die allen Beteiligten gerecht wird;* Goldene Schallplatte *Auszeichnung für die an einer bes. erfolgreichen Schallplatte beteiligten Künstler;* der Goldene Schnitt *Teilungsverhältnis einer Strecke, nach der die ganze Strecke zur größeren Teilstrecke im gleichen Verhältnis steht wie die größere zur kleineren Teilstrecke;* jmdm. ~e Worte mit auf den Weg geben *gute Ratschläge (die aber in der Praxis doch nicht befolgt werden);* das waren noch ~e Zeiten *, schöne Zeiten;* das Goldene Zeitalter *sagenhafte, paradiesische Zeit am Beginn der Menschheitsgeschichte;* das Goldene Zeitalter einer Kunst *bes. fruchtbare, bedeutende Zeit in der Geschichte einer Kunst*

Gol|den De|li|cious ⟨[ˈgouldən diˈliʃəs]; ugs. auch [ˈgɔldən dɔˈliʦjus] m., -, -⟩ *grün- bis goldgelber, saftig süßer Apfel mit milder Säure* [engl., *golden* „golden" und *delicious* „köstlich"]

Gold|fa|san ⟨m.1⟩ **1** *ostasiatischer Fasan mit prächtigem, u.a. goldrotem und goldgelbem Gefieder beim Hahn* **2** (1933–45 volkstüml. scherzh. Bez. für) *Träger des goldenen Parteiabzeichens (langjähriges Mitglied der NSDAP)*

Gold|fie|ber ⟨n., -s, nur Sg.⟩ → *Goldrausch*

Gold|fin|ger ⟨m.5⟩ → *Ringfinger*

Gold|fisch ⟨m.1⟩ *(aus China stammender) rotgoldener Zierfisch*

Gold|flie|ge ⟨f.11⟩ *metallisch goldglänzende Schmeißfliege*

gold|gelb ⟨Adj., o.Steig.⟩ *gelb mit goldenem Schimmer*

Gold|ge|wicht ⟨n.1⟩ **1** *(bei einigen Völkern Westafrikas) häufig künstlerisch gestaltetes Bronzegewicht zum Wiegen von Goldstaub* **2** → *Karat (1)*

Gold|grä|ber ⟨m.5⟩ *jmd., der nach Gold gräbt;* Syn. ⟨engl.⟩ *Digger*

Gold|gru|be ⟨f.11⟩ *übertr. sehr einträgliches Geschäft; ihr Laden in diesem Stadtviertel ist eine G.*

gold|grün ⟨Adj., o.Steig.⟩ *grün mit goldenem Schimmer*

Gold|grund ⟨m., -es, nur Sg.⟩ *goldener Unter- oder Hintergrund;* Malerei auf G.

Gold|haar ⟨n., -(e)s, nur Sg.; geh.⟩ *goldblondes Haar*

Gold|hähn|chen ⟨n.7⟩ *winziger Singvogel aus der Familie der Grasmücken (Sommer~, Winter~) [vermutl. nach der hellgelben oder goldroten Scheitelzeichnung]*

Gold|ham|ster ⟨m.5⟩ *(urspr. in Syrien heimischer) kleiner Hamster mit hellbraunem („goldbraunem") Fell (häufig als Käfigtier gehalten)*

gol|dig ⟨Adj.⟩ **1** *goldfarben, goldglänzend* **2** *(meist übertr.) reizend, hübsch und liebenswert; ein ~es Kind; ein ~es Kinderbuch* **3** *lieb und hilfsbereit; das ist g. von dir*

Gold|kä|fer ⟨m.5⟩ *goldglänzender Käfer (z.B. Goldlaufkäfer, Rosenkäfer)*

Gold|lack ⟨m., -(e)s, nur Sg.⟩ *(ostmittelmeerischer) Kreuzblütler mit wohlriechenden gelben oder dunkelbraunen Blüten, Zierpflanze*

Gold|lauf|kä|fer ⟨m.5⟩ *großer, grüngoldener Laufkäfer mit roten Beinen;* Syn. *Goldschmied*

Gold|ma|cher ⟨m.5⟩ *Alchimist, der versucht, aus unedlen Stoffen Gold herzustellen*

Gold|mark ⟨f., -, nur Sg.; während der Inflation nach dem 1. Weltkrieg⟩ *Rechnungseinheit vor Einführung der Reichsmark (kein Zahlungsmittel)*

Gold|mün|ze ⟨f.11⟩ *aus Gold oder einer Goldlegierung geprägte Münze;* Syn. *Goldstück*

Gold|nes|sel ⟨f.11⟩ *(den Taubnesseln verwandtes) Lippenblütengewächs mit goldgelben Blüten (z.B. an Waldrändern)*

Gold|par|mä|ne ⟨f.11⟩ *haltbare Apfelsorte, die auf (rötlich)gelbem Grund rot gestreift ist;* auch: ⟨kurz⟩ *Parmäne*

Gold|rausch ⟨m., -(e)s, nur Sg.⟩ *rauschhafter, fieberhafter Drang, Gold zu finden, zu gewinnen;* Syn. *Goldfieber*

Gold|re|gen ⟨m., -s, nur Sg.⟩ **1** *Schmetterlingsblütler mit goldgelben Blüten in reichen Trauben, Zierstrauch* **2** *Feuerwerkskörper, der einen goldgelben Funkenregen hervorruft* **3** ⟨übertr.⟩ *unerwartet hereinbrechender Wohlstand*

gold|rich|tig ⟨Adj., o.Steig.; meist mit „sein"; ugs.⟩ **1** *genau richtig, völlig richtig, genau passend, bestens geeignet; das Gerät, Werkzeug ist g.* **2** ⟨von Personen⟩ *das Herz auf dem rechten Fleck habend, tüchtig, ordentlich und aufrichtig, so, wie man ihn, sich wünscht; der Junge ist g.*

Gold|röhr|ling ⟨m.1⟩ → *Lärchenröhrling*

gold|rot ⟨Adj., o.Steig.⟩ *rot mit einem goldenen Schimmer*

Gold|ru|te ⟨f.11⟩ *nordamerikanischer Korbblütler, dessen kleine, goldgelbe Blütenköpfchen in dichten Trugdolden oder Rispen im Spätsommer blühen, Zierpflanze (oft verwildert)*

Gold|schei|de|was|ser ⟨n., -s, nur Sg.⟩ → *Königswasser*

Gold|schlä|ge|rei ⟨f., -, nur Sg.⟩ *Herstellung von Blattgold und anderen feinen Goldblechen durch Schlagen des unter Folien vorliegenden Goldes auf einer Lederunterlage*

Gold|schmied ⟨m.1⟩ **1** *jmd., der berufsmäßig Schmuck und Geräte aus Gold und anderen Edelmetallen sowie Fassungen für Edelsteine herstellt* **2** → *Goldlaufkäfer*

Gold|schnitt ⟨m., -(e)s, nur Sg.⟩ *die mit Blattgold vergoldeten Schnittflächen der Seiten eines Buches*

Gold|stück ⟨n.1⟩ **1** → *Goldmünze* **2** ⟨übertr., ugs., scherzh.⟩ *jmd., der einem hilfreich ist, auf den man sich verlassen kann, der rechtzeitig eingreift; du bist ein G.!*

Gold|waa|ge ⟨f.11⟩ *Waage für Gold;* jedes Wort auf die G. legen *sich ganz genau, übergenau ausdrücken;* bei ihm muß man jedes Wort auf die G. legen *bei ihm muß man sich sehr vorsichtig ausdrücken (sonst ist er beleidigt, sonst versteht er es falsch)*

Gold|wäh|rung ⟨f.10⟩ **1** *Währung, die durch Gold gedeckt ist* **2** *Währung mit Goldmünzen*

Gold|wä|scher ⟨m.5⟩ *jmd., der Gold aus Schlamm und feinkörnigem Gestein mit Hilfe eines Siebes aussondert (herauswäscht)*

Gold|was|ser ⟨n., -s, nur Sg.⟩ *Likör, in dem Blattgold schwimmt;* Danziger G.

Go|lem ⟨m.9; im jüdischen Volksglauben⟩ *aus Ton hergestellte menschliche Figur, die zeitweise zum Leben erwacht und Unheil stiftet* [< hebr. *gōlem*, „unentwickelte Gestalt, Embryo", zu *gālam* „zusammenfalten, zusammenwickeln", eigentlich also „Unfertiges, Nichtentwickeltes"]

Golf¹ ⟨m.1⟩ *großer Einschnitt des Meeres ins Festland;* Syn. *Meerbusen* [< griech. *kolpos* „Wölbung, Busen; Bucht"]

Golf² ⟨n., -s, nur Sg.⟩ *Rasenspiel, bei dem ein kleiner, schwerer Hartgummiball mit einem Schläger (dessen unteres Ende verdickt und abgewinkelt ist) vom Abschlagplatz mit möglichst wenigen Schlägen in Löcher auf der Rasenfläche getrieben wird, wahrscheinl. < ndrl. *kolf* „Stengel, Klöppel"]

Gol|fer ⟨m.5⟩ **1** *jmd., der Golf spielt* **2** *Golfjacke*

Gol|ga|tha ⟨ohne Art.⟩ *Kreuzigungsstätte Christi bei Jerusalem* [< griech. *golgotha* „Schädelstätte" < aram. *gulgolthâ* „der Schädel" mit Artikel-Suffix, zu aram. *gulgōlęth* „Schädel"]

Go|li|ath ⟨m.9⟩ *sehr großer und kräftiger Mensch* [nach dem Riesen G. im AT]

Go|li|ath... ⟨in Zus.; bes. bei Tieren⟩ *größte Art einer Gruppe, z.B. Goliathfrosch, Goliathkäfer, Goliathreiher*

Göl|ler ⟨m.5; schweiz.⟩ **1** *Bereich um den Hals* **2** *Schulterkragen* [< mhd. *gollier* < lat. *collarium* „Halsband"]

Gon ⟨n.1; Zeichen: gon, früher (hochgestellt) g; Geodäsie⟩ *Einheit des ebenen Winkels, hundertster Teil des rechten Winkels (1 gon = 0,9º)* [< griech. *gonia* „Winkel"]

Go|na|de ⟨f.11⟩ *Geschlechtsdrüse* [< griech. *gone* „Same; Erzeugung"]

Gon|agra ⟨n., -s, nur Sg.⟩ *Gicht im Kniegelenk* [< griech. *gony* „Knie" und *agra* „Jagdbeute, Fang", → *Chiragra*]

Gon|del ⟨f.11⟩ **1** *schmales venezianisches Boot, das im Stehen gerudert wird* **2** *Korb (am Luftballon)* **3** *Raum für Motoren und Fahrgäste (am Luftschiff)* **4** *Kabine (einer Seilbahn)* **5** *Korb (an Riesenrad oder Karussell)* [< ital. *gondola* in Bed.1]

Gon|del|bahn ⟨f.10⟩ *Seilbahn mit Kabinen*

gon|deln ⟨V.1, ist gegondelt; o.Obj.⟩ **1** ⟨eigtl.⟩ *mit der Gondel fahren* **2** ⟨übertr.⟩ *geruhsam fahren;* durch die Landschaft g.

Gon|do|lie|re ⟨[-lje-] m., -(s), -ri⟩ *Ruderer der Gondel (1)*

Gon|fa|lo|nie|re ⟨[-nje-] m., -, -ri; in ital. Städten bis 1859⟩ *hoher Beamter* [ital., „Bannerträger", zu *gonfalone* < frz. *gonfalon* „Banner, Fahne", < fränk. *gund* „Kampf" und *fano* „Banner, Fahne"]

Gong ⟨m.9⟩ **1** *Musikinstrument aus einer Bronzescheibe mit umgebogenem Rand, die mit einem Klöppel angeschlagen wird* **2** ⟨auch⟩ *Klingel, die nur zwei kurze, verschieden hohe Töne erzeugt* [< malai. *gong, gung*, lautmalend]

gon|gen ⟨V.1, hat gegongt; o.Obj.⟩ *den Gong schlagen; es gongt der Gong ertönt*

Go|nia|tit ⟨m.10⟩ *ein ausgestorbener Kopffüßer* [< griech. *gonia* „Winkel", wegen der zickzackförmig verlaufenden Ansatzlinie der Kammerscheidewände an der Außenschale]

Go|nio|me|ter ⟨n.5⟩ *Gerät zur genaueren Bestimmung von Winkeln zwischen zwei Flächen (bes. bei Kristallflächen)* [< griech. *gonia* „Winkel" und ...*meter*]

Go|nio|me|trie ⟨f., -, nur Sg.; Math.⟩ *Wiss. von den Winkeln und ihren Beziehungen untereinander*

gön|nen ⟨V.1, hat gegönnt⟩ **I** ⟨mit Dat. und Akk.⟩ jmdm. etwas g. *sich freuen, wenn jmd. etwas bekommt, jmdm. mit Freude etwas zugestehen;* jmdm. ein Vergnügen g.; *ich gönne ihm sein Glück von Herzen; sie gönnt ihm seinen Erfolg nicht;* das gönne ich ihm! ⟨iron.⟩ *das geschieht ihm recht!* **II** ⟨mit Dat. (sich) u. Akk.⟩ *sich etwas g. sich selbst etwas Erfreuliches zukommen lassen; sich ein paar Tage Urlaub g.; sich eine Flasche Wein g.*

Gön|ner ⟨m.5⟩ *jmd., der einen andern fördert, einem andern finanziell hilft;* einen reichen G. finden; er hat viele Freunde und G.

gön|ner|haft ⟨Adj.⟩ *herablassend-freundlich*

Gön|ner|haf|tig|keit ⟨f., -, nur Sg.⟩

Gön|ner|mie|ne ⟨f.; in der Fügung⟩ mit G. *herablassend-freundlich*

Gön|ner|schaft ⟨f., -, nur Sg.⟩ *(bes. finanzielle) Förderung, Unterstützung*

Go|no|kok|kus ⟨m., -, -ken⟩ *eine Bakterienart* [< griech. *gone* „Geschlecht" und *Kokkus*]

Go|nor|rhö ⟨f.10⟩, **Go|nor|rhoe** ⟨[-rø] f.11⟩ *durch Gonokokken hervorgerufene Geschlechtskrankheit;* Syn. *Tripper* [< griech. *gone* „Same" und *rhoos*, *rhous* „Fließen, Strömen", zu *rhein* „fließen"; früher hielt man die Absonderung für Samenflüssigkeit]

go|nor|rho|isch ⟨Adj., o.Steig.⟩ *auf Gonorrhö beruhend, zu ihr gehörig*

Go|no|som ⟨n.12⟩ → *Geschlechtschromosom* [< griech. *gone* „Geschlecht" und *Chromosom*]

Goodwill

Good|will ⟨[gudwil] m., -s, nur Sg.⟩ **1** Geschäfts-, Firmenwert **2** Ruf, Ansehen [< engl. *good will* „Wohlwollen, Geneigtheit, Gunst", < *good* „gut" und *will* „Wille, Wollen"]

Good|will|tour ⟨[gudwiltu:r] f.10⟩ Reise, die dem Erwerb oder der Erhaltung von Goodwill (2) und öffentlichen Vertrauens dient

Gö|pel ⟨m.5⟩, **Gö|pel|werk** ⟨n.1⟩ durch Zugtier betriebene Vorrichtung zum Antrieb von Maschinen

Gör ⟨n.12; norddt.⟩ *(kleines) Kind;* Syn. ⟨schweiz.⟩ *Gof;* vgl. *Göre*

Gor|ding ⟨f.9⟩ Tau zum Zusammenschnüren der gerefften Segel [ndrl., zu *gorden* „gürten"]

gor|disch ⟨Adj.; nur in der Fügung⟩ ~er Knoten *unlösbare Schwierigkeit, die nur durch Gewalt und Energie beseitigt werden kann;* den ~en Knoten durchhauen *eine schwierige Aufgabe energisch lösen* [nach dem phrygischen König Gordios I.]

Gö|re ⟨f.11; bes. norddt.⟩ **1** *ungezogenes, kleines Mädchen;* vgl. *Gör* **2** *kesse Halbwüchsige* [Herkunft des Wortes unsicher]

Gor|go|nen|haupt ⟨n.4⟩ **1** ⟨in der Kunst⟩ *weiblicher Kopf mit Schlangenhaar und gefletschten Zähnen,* **2** ⟨Zool.⟩ *ein Schlangenstern* [nach den Gorgonen, drei Ungeheuern der griech. Sage, deren Blick jeden, der sie ansieht, versteinert; zu griech. *gorgo* „grausig, furchtbar"]

Gor|gon|zo|la ⟨m., -(s) nur Sg.⟩ *halbfester Edelpilzkäse* [nach dem gleichnamigen Ort in Oberitalien]

Gösch ⟨f.10⟩ **1** *kleine Flagge in den Landesfarben, die am Bug gehißt wird, wenn das Schiff im Hafen oder vor Anker liegt* **2** *in der oberen, dem Flaggstock zugewandten Ecke der deutschen Handelsflagge angebrachte kleine Sonderflagge* [< ndrl. *geus(je)* „Fähnchen"]

Go|sche ⟨f.11; bes. oberdt.⟩ *Mund;* auch: ⟨sächs.⟩ *Gusche*

Go|se ⟨f.11; mdt.⟩ *obergäriges Bier aus nicht gedarrtem Malz mit Zusatz von Gewürzkräutern und Kochsalz, in bauchigen Flaschen mit langem Hals* [vermutl. nach dem Fluß Gose in Goslar]

Go-slow ⟨[gouslou] m., -(s), -⟩ → *Bummelstreik* [engl., „geh langsam"]

Gos|pel|song ⟨m.9⟩ *moderne Form des Negro Spirituals* [< engl. *gospel* „Evangelium" (< mittelengl. *gospel*, altengl. *godspell* „gute Botschaft", < *god* „gut" und *spell* „Geschichte, Spruch"; wahrscheinlich Lehnübersetzung von griech. *euaggelion* „gute Botschaft", → *Evangelium*) und *song* „Gesang, Lied"]

Gos|po|dar ⟨m.1 oder m.10; früher⟩ *Titel slawischer Fürsten in der Moldau und Walachei;* auch „rumän.⟩ *Hospodar* [< russ. *gospodin,* älter *gospodar* „Herrscher, Herr, Hausherr", zu *gospode* „Herr, Gott"]

Gos|se ⟨f.11⟩ *an der Kante des Fußweges neben der Fahrbahn verlaufender Abflußrinne für Regen- und Schmutzwasser sowie deren Öffnung;* etwas in die G. werfen; jmdn. aus der G. ziehen ⟨ugs.⟩ *jmdn. aus dem Zustand der Verkommenheit, aus einem verkommenen Milieu herausholen;* sie wird noch in der G. enden ⟨ugs.⟩ *sie wird noch ganz verkommen*

Gös|sel ⟨n., -s, -(n); bes. norddt.⟩ *Küken (der Gans)* [Verkleinerungsform zu nddt. *gos* „Gans"]

Go|te[1] ⟨m.11⟩ *Angehöriger eines germanischen Volksstammes*

Go|te[2] ⟨m.11 oder f.11⟩ → *Pate,* → *Patin* [→ *Götti*]

Go|tha ⟨m., -s, nur Sg.⟩ *Verzeichnis der europäischen Adelsfamilien* [nach Gotha, dem Verlagsort]

Go|tik ⟨f., nur Sg.⟩ *Stilepoche der europäischen Kunst von etwa 1200 bis etwa 1500*

go|tisch ⟨Adj., o.Steig.⟩ *zur Gotik gehörig, aus ihr stammend*

Got|lan|di|um ⟨n., -s, nur Sg.; †⟩ → *Silur* [nach der schwed. Insel Gotland]

Gott ⟨m.4⟩ **1** ⟨nur Sg.⟩ in monotheist. Rel., bes. im Christentum⟩ *übernatürliches, höchstes Wesen, Schöpfer der Welt;* G. der Allmächtige; G. der Herr; in ~es Namen *Gott möge seinen Segen dazu geben;* ⟨ugs.⟩ *damit endlich Ruhe ist;* laß ihn in ~es Namen mitfahren; G. sei Dank! ⟨Ausruf der Erleichterung⟩; großer G.!, du lieber G.!, mein G.! ⟨Ausrufe des Schreckens, des Erstaunens, auch Ausrufe der Ungeduld⟩; den lieben G. einen guten (oder) frommen Mann sein lassen *sich um nichts kümmern;* geh mit G.! ⟨Segenswunsch beim Abschied⟩; grüß G., G. grüße dich! ⟨Grußformeln⟩; G., ja, weiß G. ⟨Beteuerungsformeln⟩ *wirklich, wahrhaftig;* das ist bei G. nicht wahr; ich habe weiß G. anderes zu tun; leben wie G. in Frankreich ⟨ugs.⟩ *gut, üppig, sorgenlos leben;* leider es leider; um ~es willen! ⟨Ausruf des Schreckens, der Warnung⟩; über G. und die Welt reden *über die verschiedensten Dinge;* bin ich von G. verlassen? was denkst du dir eigentlich? **2** ⟨Myth.⟩ *übernatürliches Wesen mit bestimmten Kräften und Aufgaben, das kultisch verehrt wird* (Sonnen-, Donner~); der G. des Meeres, des Handels, des Krieges; die ägyptischen, römischen, griechischen Götter; das wissen die Götter ⟨ugs.⟩ *das weiß ich nicht, ich habe keine Ahnung;* er sieht aus, er singt wie ein junger G. *außerordentlich gut, er singt wunderbar;* ihre Söhne sind ihre Götter *sie liebt und bewundert ihre Söhne auf übertriebene Weise;* es war ein Bild, ein Anblick für Götter *es war eine komische, erheiternder Anblick*

gott|be|hü|te!, gott|be|wah|re ⟨Adv.⟩ *auf keinen Fall!, hoffentlich nicht!, ja nicht!*

Got|te ⟨f.11; schweiz.⟩ → *Patin*

Got|ter|bar|men ⟨n.; nur in der Fügung⟩ zum G. *mitleiderregend, jämmerlich;* er schrie, heulte, fror zum G.

Göt|ter|baum ⟨m.2⟩ *ostasiatisches Bitterholzgewächs mit großen Fiederblättern, Parkbaum*

Göt|ter|däm|me|rung ⟨f., -, nur Sg.; germ. Myth.⟩ *Untergang der Götter*

gott|er|ge|ben ⟨Adj., o.Steig.⟩ *in sein, ihr Schicksal ergeben;* er saß g. da; der Kranke ließ g. alles mit sich geschehen

Göt|ter|spei|se ⟨f., -, nur Sg.⟩ **1** ⟨griech. Myth.⟩ → *Ambrosia* **2** ⟨ugs.⟩ *gefärbte, geleeartige Süßspeise mit Gelantine;* Syn. *Wackelpeter, Wackelpudding*

Göt|ter|trank ⟨m., -(e)s, nur Sg.⟩ **1** ⟨griech. Myth.⟩ → *Nektar (1)* **2** *köstliches Getränk*

Got|tes|acker ⟨-k|k-, m.6⟩ → *Friedhof* [urspr. der im freien Feld gelegene Friedhof]

Got|tes|an|be|te|rin ⟨f.10⟩ *heuschreckenähnliches Insekt wärmerer Länder;* Syn. *Fangheuschrecke* [die zu Fangorganen ausgebildeten Vorderbeine in Ruheposition verleihen dem Tier eine gewisse Ähnlichkeit mit einer betenden Gestalt]

Got|tes|be|weis ⟨m.1⟩ *Versuch, die Existenz Gottes durch Verstand und Vernunft zu beweisen*

Got|tes|dienst ⟨m.1⟩ *gemeinsame, nach gewissen Regeln ablaufende Feier zur Verehrung Gottes durch Pfarrer und Gemeinde;* den G. abhalten, besuchen

got|tes|dienst|lich ⟨Adj., o.Steig.⟩ *zum Gottesdienst gehörig;* ~e Handlungen

Got|tes|frie|de ⟨m., -ns, nur Sg.; im MA⟩ *durch die Kirche festgelegtes, zeitweiliges Ruhen kriegerischer Auseinandersetzungen;* Syn. *Pax Dei, Treuga Dei*

Got|tes|furcht ⟨f., -, nur Sg.⟩ *Ehrfurcht vor Gott*

got|tes|fürch|tig ⟨Adj.⟩ *Ehrfurcht vor Gott habend*

Got|tes|ge|lahrt|heit ⟨f., -, nur Sg.; †, noch scherzh.⟩ *Theologie*

Got|tes|ge|lehr|te(r) ⟨m.17 oder 18; †⟩ *Theologe*

Got|tes|ge|richt ⟨n.1⟩ **1** *Strafgericht Gottes* **2** → *Gottesurteil*

Got|tes|gna|den|tum ⟨n., -s, nur Sg.⟩ **1** ⟨früher⟩ *nur Gott verantwortliche, von irdischer Gewalt unabhängige Macht (weltlicher und kirchlicher Herrscher; ausgedrückt in der dem Titel des Herrschers beigefügten Formel „von Gottes Gnaden")* **2** ⟨übertr.⟩ *etwas von Gott Gegebenes;* man meint wohl, die Ausübung von Musik sei allein G.

Got|tes|haus ⟨n.4⟩ *für den Gottesdienst bestimmtes Gebäude, Kirche*

got|tes|lä|ster|lich ⟨Adj., o.Steig.⟩ *in der Art einer Gotteslästerung;* ~e Reden

Got|tes|lä|ste|rung ⟨f.10⟩ *Beschimpfung, Herabsetzung Gottes*

Got|tes|lohn ⟨m., -(e)s, nur Sg.⟩ *Belohnung durch Gott;* sich einen G. verdienen *etwas (Gutes) tun, ohne dafür Geld zu verlangen;* etwas um einen, für einen G. tun *etwas unentgeltlich tun*

Got|tes|mut|ter ⟨f., -, nur Sg.⟩ *Maria, die Mutter Jesu*

Got|tes|ur|teil ⟨n.1; früher⟩ *Verfahren (z.B. Feuerprobe), die Schuld eines Angeklagten zu ermitteln, wobei das Ergebnis als Urteil Gottes gewertet wurde;* jmdn. einem G. unterwerfen; sich einem G. unterziehen

gott|gläu|big ⟨Adj., o.Steig.⟩ *an Gott glaubend, ohne einer der christlichen Kirchen anzugehören*

Gott|heit ⟨f.10⟩ **1** ⟨nur Sg.⟩ → *Göttlichkeit* **2** → *Gott (2)* **3** *übernatürliches Wesen (das die Funktion eines Gottes ausübt, aber nicht als Gott bezeichnet wird)*

Göt|ti ⟨m., -s, -; schweiz.⟩ → *Pate* [< mhd. *gote, gotte, göte, götte* „Pate, Patenkind", Kurzform zu *gotfater, gotmuoter* „Vater, Mutter in Gott"]

Göt|tin ⟨f.10⟩ *weiblicher Gott (2)*

gött|lich ⟨Adj.⟩ **1** ⟨o.Steig.⟩ *zu Gott gehörig, von Gott stammend;* ~e Gnade; ~e Barmherzigkeit **2** *zu einem Gott (2) gehörend, von ihm ausgehend* **3** ⟨übertr.⟩ *herrlich, köstlich, wunderbar;* ein ~es Getränk; sie spielt, singt g.

Gött|lich|keit ⟨f., -, nur Sg.⟩ *göttliche Beschaffenheit, das Gottsein*

gott|lob ⟨Adv.⟩ *Gott sei gelobt, Gott sei Dank, glücklicherweise;* es ist g. nichts Schlimmes passiert

gott|los ⟨Adj.⟩ **1** ⟨o.Steig.⟩ *nicht an Gott glaubend, nicht auf dem Glauben an Gott beruhend;* eine ~e Weltauffassung **2** *Gott nicht achtend, lästerlich* **3** *Gott herabsetzend;* ~e Reden **Gott|lo|sig|keit** ⟨f., -, nur Sg.⟩

Gott|sei|bei|uns ⟨auch [-bai-] m., -, nur Sg.; Bez. für den⟩ *Teufel*

gotts|er|bärm|lich, gotts|jäm|mer|lich ⟨Adj., o.Steig.⟩ *zum Erbarmen, jämmerlich;* er schrie g.; ich habe g. gefroren

Gott|va|ter ⟨m., -s; ohne Art.⟩ *Gott (als Vater Jesu und aller Menschen)*

gott|ver|las|sen ⟨Adj., o.Steig.⟩ **1** *von Gott verlassen, elend und verzweifelt;* die ~n Flüchtlingsströme **2** *völlig einsam;* eine ~e Gegend; ein ~er Ort

gott|voll ⟨Adj.⟩ **1** ⟨urspr., selten⟩ *von Gottes Geist, Atem erfüllt;* ein ~er Morgen **2** ⟨übertr., ugs.⟩ *zum Lachen reizend, komisch, drollig*

Göt|ze ⟨m.11⟩ **1** *Darstellung eines Gegenstandes oder Lebewesens, das als Gott verehrt wird, falscher Gott* **2** ⟨übertr.⟩ *blindlings und übertrieben bewunderte Person;* der Vater wurde für ihn zum ~n **3** *etwas, von dem man abhängig ist, ohne das man nicht leben zu können glaubt*

Gou|ache ⟨[guaʃ] f.11⟩ **1** ⟨nur Sg.⟩ *Malerei mit deckenden Wasserfarben, die mit harzigen Bindemitteln versetzt sind* **2** *Gemälde in solchen Farben* [frz., < ital. *guazzo* „Wasserfarbenmalerei", eigtl. „Wasserlache, Pfütze", wahrscheinlich < lat. *aquatio* „Sumpf, Wasserstelle, -lache, zu *aqua* „Wasser"]

Gou|da ⟨[gau-] ndrl. [xau-] m.9⟩ *gelber Schnittkäse mit runden bis ovalen Löchern und pikantem Geschmack* [nach dem Herstellungsort Gouda in Südholland]

Gou|dron ⟨[gudrɔ̃] m., -s, -s; nur Sg.⟩ *aus Bitumen hergestelltes Klebe- und Abdichtungsmittel* [frz., „Teer"]

Gourde ⟨[gurd] m., -, -(s); Abk. G⟩ *haitische Währungseinheit, 100 Centimes* [frz., zu *gourd*, „steif, starr"]

Gour|mand ⟨[gurmã] m.9⟩ → *Schlemmer* [< frz. *gourmand*, „naschhaft, gefräßig; gefräßiger Mensch"; Herkunft nicht geklärt, das Wort jedoch jedenfalls nicht zu → *Gourmet*]

Gour|man|dise ⟨[gurmãdiz] f.11⟩ → *Schlemmerei* [frz.]

Gour|met ⟨[gurmɛ] m.9⟩ → *Feinschmecker* [frz., „Weinkenner, Feinschmecker", < altfrz. *gormet, gromet* „Gehilfe des Weinhändlers", dann „Feinschmecker"]

gou|tie|ren ⟨[gu-] V.3, hat goutiert; mit Akk.⟩ *etwas g. gutheißen, billigen, an etwas Gefallen finden* [< frz. *goûter* „schmecken, kosten", zu *goût* „Geschmack"]

Gou|ver|nan|te ⟨[guver-] f.11; †⟩ *Erzieherin, Hauslehrerin* [frz., zu *gouverner* „lenken, leiten", → *Gouverneur*]

Gou|ver|ne|ment ⟨[guvərnəmã] n.9⟩ **1** *Regierung durch einen Gouverneur* **2** *Verwaltungsbezirk eines Gouverneurs* **3** → *Statthalterschaft* [frz., „Regierung"]

Gou|ver|neur ⟨[guvərnø:r] m.1⟩ **1** *oberster Verwaltungsbeamter eines Gouvernements, einer Provinz, Kolonie, in den USA eines Gliedstaates* **2** *oberster Befehlshaber einer Festung* **3** ⟨österr.⟩ *Leiter des Postsparamtes* [frz., „Statthalter, Oberbefehlshaber, Vorsteher" < lat. *gubernator* „Steuermann, Lenker, Leiter", < griech. *kybernetes* „Steuermann"]

GPU ⟨bis 1934 Abk. für⟩ *Staatliche politische Verwaltung (die sowjetrussische Geheimpolizei)*

GR ⟨abkürzendes Länderkennzeichen für⟩ *Griechenland*

Gr. **1** ⟨Abk. für⟩ *Greenwich* **2** ⟨Abk. für⟩ *Groß...*, z.B. Gr. −2° *Großfolio*, Gr. −4° *Großquart*, Gr. −8° *Großoktav*

Grab ⟨n.4⟩ **1** *Grube zur Aufnahme eines Toten; er schaufelt, gräbt sich damit sein eigenes G. er ruiniert sich damit selbst; ein feuchtes G. finden ertrinken; er hat ein frühes G. gefunden er ist jung gestorben;* du bringst mich noch ins G. *du machst mir soviel Kummer, daß ich daran sterben werde;* mit einem Bein im G. stehen *sehr alt sein, sehr krank sein, dem Tod nahe sein;* jmdn. zu ~e tragen *jmdn. beerdigen;* eine Hoffnung zu ~e tragen *eine Hoffnung aufgeben* **2** *Stelle, an der jmd. begraben liegt (meist durch flachen Hügel und Gedenkstein gekennzeichnet);* Syn. *Grabstätte, Grabnisstätte, Gr. bepflanzen, pflegen*

gra|ben ⟨V.58, hat gegraben⟩ **I** ⟨mit Akk.⟩ **1** *etwas g. durch Herausholen von Erdreich herstellen; ein Loch, eine Grube, einen Schacht g.; der Fuchs gräbt (sich) einen Bau; der Fluß hat sich ein neues Bett gegraben* **2** *etwas in etwas g. etwas mittels Meißel, Stichel o.ä. in etwas ritzen, kerben; eine Inschrift in einen Stein g.* **II** ⟨mit Präp.obj.⟩ *nach etwas g. durch Herausholen von Erdreich nach etwas suchen; nach Kohle, Erz, Gold g.* **III** ⟨refl.⟩ *sich in etwas g. mit Kraft in etwas eindringen; das abgestürzte Flugzeug grub sich in den Erdboden; mit ihren Fingernägeln gruben sich in meinen Arm*

Gra|ben ⟨m.8⟩ **1** *ausgegrabene, lange, schmale Vertiefung* (Moor~, Straßen~) **2** ⟨Geol.⟩ *an mehr oder weniger parallel verlaufenden Bruchflächen eingesunkener Teil der Erdkruste;* Syn. *Grabenbruch*

Gra|ben|bruch ⟨m.2⟩ → *Graben (2)*
Grä|ber ⟨m.5⟩ **1** *jmd., der für jmdn. etwas gräbt* (Toten~) **2** *jmd., der nach etwas gräbt* (Gold~)
Gra|bes|dun|kel ⟨n., -s, nur Sg.; poet.⟩ *tiefe Dunkelheit wie im Grab*
Gra|bes|stim|me ⟨f., -, nur Sg.⟩ *tiefe, dumpf, hohl klingende Stimme; mit G. sprechen*
Grab|in|schrift ⟨f.10⟩ *Inschrift auf einem Grabstein*
Grab|ka|pel|le ⟨f.11⟩ *Kapelle (auf dem Friedhof) für die Feierlichkeiten anläßlich eines Begräbnisses*
Grab|le|gung ⟨f.10; geh.⟩ *Beerdigung*
Grab|mal ⟨n.4⟩ *Bauwerk über einem Grab oder großer (meist künstlerisch gestalteter) Gedenkstein auf einem Grab*
Grab|plat|te ⟨f.11⟩ *Steinplatte auf einem Grab mit Namen und Daten des oder der Toten*
Grab|re|de ⟨f.11⟩ *Rede über einen Toten beim Begräbnis;* Syn. *Leichenrede*
Grab|scheit ⟨n.3; ostdt., österr.⟩ → *Spaten*
grab|schen ⟨V.1, hat gegrabscht⟩ → *grapschen*
Grab|stät|te ⟨f.10⟩ → *Grab (2)*
Grab|stein ⟨m.1⟩ *behauener Stein auf dem Grab mit Namen und Daten des oder der Toten;* Syn. *Leichenstein*
Grab|stock ⟨m.2; bei Jäger- und Sammlervölkern⟩ *zum Ausgraben von Wurzeln benützter, am unteren Ende zugespitzter Stock*
Grab|tuch ⟨n.4⟩ *Tuch, in das ein Toter gehüllt und in dem er in den Sarg gelegt wird;* Syn. *Bahrtuch, Leichentuch*
Gra|bung ⟨f.10⟩ *das Graben; archäologische* ~en
Grab|wes|pe ⟨f.11⟩ *Stechwespe, die einfache Brutpflege betreibt, indem sie die Eier in ein gelähmtes Beutetier ablegt und dieses (als eine Art Frischkonserve für die Larven) eingräbt*
Gracht ⟨f.10; in ndrl. und belg. Städten⟩ **1** *schiffbarer Kanal* **2** ⟨Straßenbez. für⟩ *die an eine Gracht angrenzende Häuserzeile* [ndrl., engtl. < aaquatio]

grad ⟨Zeichen für⟩ *Gradient*
Grad ⟨m.1; nach Zahlenangaben Pl.-⟩ **1** *Abschnitt, Stufe in einer sich abstufenden Reihe vergleichbarer Größen oder Werte, Maß, Stärke* (Feuchtigkeits~, Helligkeits~, Reife~)*; in hohem G. von Verschmutzung; bis zu einem gewissen* ~e *kann ich das verstehen* zum Teil*; das finde ich im höchsten* ~e ungerecht *außerordentlich* **2** ⟨Geometrie; Zeichen: °⟩ *90. Teil eines rechten Winkels; eine Drehung um 180 G. vollziehen einen entgegengesetzten Standpunkt einnehmen* **3** ⟨bei ganzen rationalen Funktionen⟩ *höchster vorkommender Exponent* **4** *Einheit der Temperaturskala; G. Celsius; das Thermometer zeigt 20 °C über, unter Null* **5** ⟨kurz für Maß in versch. Maßsystemen wie⟩ *Baumé-, Engler-, Härte-, Öchsle-Grad* **6** ⟨in Geographie und astronom. Gradnetz⟩ *Meßgröße für Breite und Länge; 30 G. nördlicher Breite* **7** *Rang; einen akademischen G. erwerben* [< lat. *gradus* „Schritt"]
grad. ⟨Abk. für⟩ *graduiert*
Grad|ab|tei|lung ⟨f.10⟩ *von je zwei Breiten- oder Längenkreisen begrenzter Ausschnitt der Oberfläche (der Erde oder anderer sphärischer Körper);* Syn. *Gradfeld*
gra|da|tim ⟨Adv.⟩ *stufenweise, schrittweise* [lat., „schrittweise", zu *gradus* „Schritt"]
Gra|da|ti|on ⟨f.10⟩ **1** *stufenweise Erhöhung, Steigerung, Abstufung; zyklische Gr. der Vermehrung von Organismen; G. der Länge von Vokalen* **2** *Zusammenhang von Belichtung und der damit erzielten Schwärzung der fotografischen Schicht* [< lat. *gradatio*, Gen. *-onis*, „Steigerung"]
gra|de ⟨Adj., o.Steig.; ugs.⟩ → *gerade*
Gra|de ⟨f.11; ugs.⟩ → *Gerade*

Gra|del ⟨n.5; österr.⟩ *grobes Gewebe mit Fischgrätenmuster (für Matratzen, Schürzen u.a.);* auch: *Gradl*
Grad|feld ⟨n.3⟩ → *Gradabteilung*
Gra|di|ent ⟨m.10; Zeichen: grad⟩ *Maß für Steigung oder Gefälle* (Luftdruck~) [< lat. *gradiens*, „schreitend"]
Gra|di|en|te ⟨f.11⟩ *Neigungslinie* [zu *Gradient*]
gra|die|ren ⟨V.3, hat gradiert; mit Akk.⟩ **1** *in Grade (1,2) einteilen; eine fein gradierte Skala* **2** *abstufen; Farbtöne g.* **3** *nach und nach verstärken, konzentrieren; eine Lösung g.*
Gra|dier|haus ⟨n.4⟩ → *Gradierwerk*
Gra|die|rung ⟨f., -, nur Sg.⟩ *das Gradieren*
Gra|dier|werk ⟨n.1⟩ *Anlage zur Gewinnung von Salz aus Salzsole durch Verdunsten;* Syn. *Gradierhaus*
Gradl ⟨n.5; österr.⟩ → *Gradel*
Grad|mes|ser ⟨m.5⟩ *Maß für den Grad (1); Hygiene als G. für die Kultur*
Grad|mes|sung ⟨f.10; Geodäsie⟩ *Meßverfahren zum Bestimmen der Figur und Größe der Erde (durch Messen der Entfernung von zwei Orten, die auf dem gleichen Längengrad liegen)*
Grad|netz ⟨n.1; auf geograph. Darstellungen der Erd- und Himmelskugel⟩ *System von Kreisen der geographischen Breite und Länge als Koordinaten*
gra|du|al ⟨Adj.⟩ *den Grad betreffend, hinsichtlich des Grades*
Gra|dua|le ⟨n.5; kath. Messe⟩ *kurzer Zwischengesang zwischen Epistel und Evangelium* [< lat. *gradus* „Stufe", wahrscheinlich weil die Sänger des Graduales sich auf den Ambo (das erhöhte Lesepult der frühchristlichen Kirche) bzw. seine Stufen stellten]
Gra|du|al|lied ⟨n.3⟩ *evangelisches, dem Graduale ähnliches Kirchenlied*
gra|du|ell ⟨Adj., o.Steig.⟩ *in (kleinen) Graden; das sind nur* ~e *Unterschiede sehr geringe Unterschiede; eine* ~e *Entwicklung eine allmähliche Entwicklung*
gra|du|ie|ren ⟨V.3, hat graduiert; mit Akk.⟩ **1** *etwas g.* **a** *in Grade einteilen* **b** *gradweise abstufen* **2** *jmdn. g. jmdm. einen akademischen Grad verleihen; graduierter Ingenieur*
Gra|du|ie|rung ⟨f., -, nur Sg.⟩
grad|wei|se ⟨Adj.⟩ *in Graden, nach und nach; die Entwicklung geht nur g. vor sich*
Grae|cum ⟨[grɛ-] n., -, nur Sg.⟩ *Prüfung im Griechischen*
Graf ⟨m.10⟩ **1** ⟨urspr.⟩ *Verwaltungsbeamter des Königs mit richterlichen Befugnissen* (Pfalz~) **2** *Vorsteher einer Genossenschaft* (Deich~) **3** *Angehöriger des mittleren Adels, im Rang zwischen Freiherrn und Fürsten*
Graf|fia|to ⟨m., -s, nur Sg.⟩ *Verzierung von Tonwaren durch Einritzen von Ornamenten in die aufgegossene Farbschicht* [ital., „geritzt, gekratzt"]
Graf|fi|ti ⟨n.9; ugs.⟩ *auf Wände gesprühte oder gemalte Bilder und Sprüche* [engl., zu *Graffito*]
Graf|fi|to ⟨n. oder m., -s, -ti⟩ *in Stein eingeritzte Inschrift oder figürliche Darstellung* [ital. *graffito* in ders. Bed., zu *graffiare* „kratzen"]
Graffl ⟨n., -s, nur Sg.; bayr.-österr.⟩ *alter Kram, alter Plunder* [wohl zu *raffen*]
Gra|fik ⟨f.10; eindeutschende Schreibung für⟩ *Graphik*
Grä|fin ⟨f.10⟩ *Ehefrau eines Grafen*
gräf|lich ⟨Adj., o.Steig.; nur als Attr. und mit „sein"⟩ *zu einem Grafen gehörig, einem Grafen zustehend;* ~er *Besitz;* ~e *Rechte*
Graf|schaft ⟨f.10⟩ *Verwaltungsbereich eines Grafen*
Gra|ham|brot ⟨n.1⟩ *ein Weizenvollkornbrot ohne Sauerteig* [nach dem amerik. Arzt Sylvester *Graham*]
Grain ⟨[grɛin] m.9; nach Zahlenangaben Pl.-⟩

grainieren

kleinstes angloamerikanisches Handelsgewicht (0,0648g) [engl. „Korn", weil es auf dem Gewicht eines Weizenkorns basiert]

grai|nie|ren ⟨[gre-] V.3, hat grainiert; mit Akk.⟩ *einseitig aufrauhen, mit körniger Oberfläche versehen;* Papier, Karton g. [< frz. *grainer, grener* „körnen", zu *grain* < lat. *granum* „Korn"]

Grä|ko|ma|nie ⟨f., -, nur Sg.⟩ *übersteigerte Vorliebe für alles Griechische* [< lat. *Graecus,* griech. *Graikos* „griechisch" und *Manie*]

Grä|kum ⟨n., -s, nur Sg.⟩ →*Graecum*

Gral ⟨m., -(e)s, nur Sg.; in der mittelalterl. Sage und Dichtung⟩ *Gefäß (Schale, Kelch oder Stein) mit Wunderkraft, in dem Christi Blut aufgefangen worden sein soll*

Grals|kö|nig ⟨m.1⟩ *König, der den Gral hütet*

Grals|rit|ter ⟨m.5⟩ *Ritter im Dienst des Gralskönigs*

gram ⟨Adj., o.Steig.; nur mit „sein"⟩ jmdm. g. sein *jmdm. böse sein, jmdm. grollen;* sie ist ihm g. wegen ...; ich bin ihr deshalb nicht g. [< mhd., ahd. *gram,* altnord. *gramr* „unmutig, zornig, böse"]

Gram ⟨m., -(e)s, nur Sg.⟩ *anhaltender Kummer;* der G. nagt, zehrt an ihr

grä|men ⟨V.1, hat gegrämt⟩ **I** ⟨mit Akk.⟩ jmdn. g. *jmdm. Kummer bereiten;* es grämt mich, daß ... **II** ⟨refl.⟩ sich g. *Kummer empfinden;* sich wegen etwas g.; sich um jmdn. g. *sich traurige Gedanken um jmdn. machen, sich bitter um jmdn. sorgen*

Gram|fär|bung, Gram-Fär|bung ⟨f.10⟩ *Methode zum Färben und Unterscheiden ähnlicher Bakterien;* vgl. *gramnegativ, grampositiv* [nach dem dän. Arzt Hans Christian *Gram*]

grä|mlich ⟨Adj.⟩ *mürrisch und weinerlich, verdrießlich, unfroh;* ein ~er Alter; ein ~es Gesicht machen **Gräm|lich|keit** ⟨f., -, nur Sg.⟩

Gramm ⟨n., -s, -; Zeichen: g⟩ *Maßeinheit des Gewichts,* 1/1000 kg [< frz. *gramme* < lat., griech. *gramma* „1/24 Unze", eigtl. „Geschriebenes; Schriftzeichen"]

...gramm ⟨in Zus.⟩ *Geschriebenes, Gezeichnetes,* z.B. Autogramm, Diagramm [< griech. *gramma* „Schriftzeichen, Schrift", zu *graphein* „schreiben, zeichnen, einritzen"]

Gramm|äqui|va|lent ⟨n.1; Zeichen: Val⟩ *in Gramm angegebenes Äquivalentgewicht*

Gram|ma|tik ⟨f.10⟩ **1** *Gesamtheit der Regeln einer Sprache;* Syn. *Sprachlehre* **2** *Lehrbuch davon* [< griech. *grammatike* „Anfangsgründe, Anfangskenntnisse", zu *grammatikos* („sprachliche) Anfangskenntnisse besitzend, des Lesens und Schreibens kundig", zu *gramma,* Gen. *grammatos* „Schriftzeichen, Schrift", zu *graphein* „schreiben"]

gram|ma|ti|ka|lisch ⟨Adj.⟩ *bezüglich der Grammatik, zur Grammatik gehörend*

Gram|ma|ti|ker ⟨m.5⟩ *Kenner der Grammatik*

gram|ma|tisch ⟨Adj.⟩ →*grammatikalisch;* ~es Geschlecht *Genus*

Gramm|atom ⟨n.1⟩ *so viele Gramm eines Stoffes, wie sein Atomgewicht beträgt*

Gram|mel ⟨f.11; bayr.-österr.⟩ →*Griebe*

...gram|mig ⟨in Zus.⟩ *eine bestimmte Anzahl von Gramme wiegend*

Gram|mo|le|kül ⟨-mm|m-; n.1; †⟩ →*Mol*

Gram|mo|phon ⟨n.1; Wz.; früher⟩ *Plattenspieler ohne elektroakustische Verstärkung* [< griech. *gramma* „Eingegrabenes, Eingeritztes" und *phone* „Ton, Klang, Stimme"]

gram|ne|ga|tiv ⟨Adj., o.Steig.; bei der Gramfärbung⟩ *sich rot färbend*

gram|po|si|tiv ⟨Adj., o.Steig.; bei der Gramfärbung⟩ *sich blau färbend*

Gran ⟨n., -s, -⟩ *altes Apothekergewicht, 60,9-72,9 mg* [< lat. *granum* „Korn"]

Grän ⟨n., -s, -⟩ *altes Edelmetall-Gewicht* 1/12 *Karat* [→*Gran*]

Gra|na|dil|le ⟨f.11⟩ →*Grenadille*

Gra|nat[1] ⟨m.1⟩ u. a. in der Nordsee vorkommende Garnele [nddt.]

Gra|nat[2] ⟨m.1, österr. m.10⟩ *kieselsäurehaltiges, gesteinsbildendes Mineral von nichtmetallischem Glanz und großer Härte* (bes. die dunkel bis braunroten Abarten) *Schmuckstein* [vermutl. nach dem Granatapfel, wegen der Farbe]

Gra|nat|ap|fel ⟨m.6⟩ *hartschalige Frucht des Granatapfelbaumes mit zahlreichen Samen im rötlichen, süßsauren Fruchtfleisch* [< lat. *(malum) granatum* „körniger, gekernter (Apfel)"]

Gra|nat|ap|fel|baum ⟨m.2⟩ *kleiner, torniger Baum des Mittelmeergebietes mit ledrigen Blättern und scharlachroten Blüten*

Gra|na|te ⟨f.11⟩ *mit Sprengstoff gefüllter Wurfkörper* (Gewehr~, Hand~) [< ital. *granata* „Granatapfel", weil die Granaten urspr. in ihrer Form der Frucht ähnelten und zudem mit Pulverkörnern wie mit Samen gefüllt waren]

Gra|nat|wer|fer ⟨m.5⟩ *Steilfeuerwaffe der Infanterie, ein auf einer Bodenplatte abgestützter Vorderlader mit glattem Rohr;* Syn. ⟨†, noch schweiz.⟩ *Minenwerfer*

Grand[1] ⟨[grã] m.9; Skat⟩ *höchstes Spiel (bei dem nur Buben Trumpf sind)* [frz., gekürzt < *grand jeu* „großes Spiel"]

Grand[2] ⟨m., -(e)s, nur Sg.; nddt.⟩ *Gesteinsschotter, Kies*

Grand[3] ⟨m.1; süddt., Brauerei⟩ *Wasserbehälter*

Gran|de ⟨m.11⟩ *Angehöriger des spanischen Hochadels* [span., „der Große"]

Gran|del ⟨f.11⟩ *Eckzahn (im Oberkiefer des Rotwildes);* auch: ⟨bayr.-österr.⟩ Grandl.; Grane, Gräne; Syn. *Haken*

Gran|dez|za ⟨f., -, nur Sg.⟩ *würdevoll-anmutiges Benehmen* [< span. *grandeza* „Würde eines span. Granden, Hoheit, Macht, Größe" (in der Schreibung von ital. *grandezza* „Größe" beeinflußt), zu *grande* „groß, bedeutend, edel"]

Grand|ho|tel ⟨[grã-] n.9⟩ *luxuriöses Hotel*

gran|di|os ⟨Adj.⟩ *großartig* [< ital. *grandioso* „großartig", zu *grande* < lat. *grandis* „groß"]

Grandl ⟨f.11; bayr.-österr.⟩ →*Grandel*

Grand mal ⟨[grã mal] m., - -, nur Sg.⟩ →*Haut mal* [frz., „großes Übel"]

Grand ou|vert ⟨[grã uvɛr] m., - -(s), -s -s [-vɛrz] Skat⟩ *höchstes Spiel mit Aufdecken der Karten* [frz., < *grand* „groß" und *ouvert* „offen"]

Grand Prix ⟨[grã pri] m., - -, nur Sg.; in Frankreich⟩ *Großer Preis, Hauptpreis*

Grand|sei|gneur ⟨[grãsɛnjœr] m.9 oder m.1⟩ *weltgewandter, vornehmer Herr* [< frz. *grand* „groß" und *seigneur* „vornehmer, adliger Herr", aus lat. *senior* „der Ältere"]

Gra|ne, Gräne ⟨f.11⟩ →*Grandel*

gra|nie|ren ⟨V.3, hat graniert; mit Akk.⟩ **1** *aufrauhen,* die Platte für den Kupferstich g. **2** *zu Körnern zerreiben* [zu lat. *granum* „Korn"]

Gra|nit ⟨auch [-nɪt] m.1⟩ *häufigstes Plutonitgestein, das durch Erkalten siliciumdioxidreichen Magmas entstanden ist und vor allem aus grobkörnigen Teilen von Quarz, Feldspat und Glimmer besteht;* bei jmdm. auf G. beißen ⟨übertr., ugs.⟩ *bei jmdm. nichts erreichen* [< ital. *granito* „gekörnt", < lat. *granum* „Korn"]

gra|ni|ten ⟨auch [-nɪ-] Adj., o.Steig.⟩ **1** *aus Granit* **2** ⟨übertr.⟩ *sehr hart, unerschütterlich*

Grän|ke ⟨f., -, nur Sg.⟩ →*Rosmarinheide*

Gran|ne ⟨f.11⟩ **1** *starre Borste (an den Spelzen der Grasblüten und Früchte, bes. beim Getreide)* **2** *(bei manchen Pelztieren) verdicktes Ende des einzelnen Haares* [< mhd. *gran(e)* „Haarspitz, Barthaar"]

gran|nig ⟨Adj.⟩ *voller Grannen, borstig*

Gran|ny Smith ⟨[grɛni smɪθ] m., - -, - -⟩ *mittelgroßer, grüner bis gelber knackiger Apfel* [engl., wörtl. „Oma Smith" nach Maria Ann *Smith*]

Grant ⟨m., -(e)s, nur Sg.; bayr.-österr.⟩ *schlechte Laune, Mißmut;* einen G. haben; er hat seinen G.

gran|tig ⟨Adj.⟩ *voller Grant, mißmutig, übellaunig*

Grant|ler ⟨m.5; bayr.-österr.⟩ *jmd., der häufig schlecht gelaunt ist* [zu *Grant*]

Gra|nu|lat ⟨n.1⟩ *körnige Substanz* [< lat. *granulum* „Körnchen"]

Gra|nu|la|ti|on ⟨f.10⟩ **1** *Körnchenbildung* **2** *Verzierung von Schmuckgegenständen durch Auflöten von Gold- oder Silberkörnchen* **3** *Bildung von körnchenartigem Gewebe bei der Wundheilung* [zu *Granulat*]

Gra|nu|la|ti|ons|ge|we|be ⟨f., -s, nur Sg.⟩ *gefäßreiches Bindegewebe von rosaroter Farbe mit feinkörniger Oberfläche* [zu *Granulation* (3)]

Gra|nu|la|tor ⟨m.13⟩ *Sonderbauart eines Backenbrechers zum Feinzerkleinern von hartem Gestein* [zu *granulieren*]

gra|nu|lie|ren ⟨V.3, hat granuliert⟩ **I** ⟨mit Akk.⟩ **1** *zu Körnern zerreiben* **2** *mit Gold- oder Silberkörnchen verzieren* **II** ⟨o.Obj.⟩ Med. *körnerartig werden;* das Gewebe granuliert [< lat. *granulum* „Körnchen", zu *granum* „Korn"]

Gra|nu|lit ⟨m.1⟩ *feinkörniges Metamorphitgestein aus Feldspat, Quarz und Granat;* Syn. *Weißstein* [zu *Granulat*]

Gra|nu|lom ⟨n.1⟩ *Geschwulst aus Granulationsgewebe* [< lat. *granulum* „Körnchen" und Endsilbe *-om* zur Bez. krankhaften Wachstums]

gra|nu|lös ⟨Adj., o.Steig.⟩ *körnig* [< frz. *granuleux* in ders. Bed.]

Gra|nu|lo|se ⟨f.11⟩ *Bildung von Granulomen*

Grape|fruit ⟨[greɪpfru:t] f.9⟩ *kleine Form der Pampelmuse* [engl., zu *grape* „Weintraube" und *fruit* „Frucht", nach den traubenähnlichen Blütenständen]

Graph ⟨m.10⟩ **1** ⟨Math.⟩ *zeichnerische Darstellung von Beziehungen zwischen verschiedenen Größen* **2** ⟨Sprachw.⟩ *kleinstes, nicht bedeutungsunterscheidendes, geschriebenes Zeichen,* z. B. diakritisches Zeichen, Satzzeichen; [→...*graph*]

...graph ⟨in Zus.⟩ **1** *Geschriebenes,* z.B. Autograph **2** *Schreiber, Meßgerät,* z.B. Pluviograph **3** *jmd., der etwas schreibt, zeichnet,* z.B. Biograph, Stenograph, Lithograph [< griech. *grapheus* „Schreiber", zu *graphein* „schreiben, zeichnen"]

Gra|phem ⟨n.1; Sprachw.⟩ *kleinste bedeutungsunterscheidende, geschriebene Einheit, Buchstabe oder Buchstabengruppe;* vgl. *Phonem* [→...*graph*]

Gra|pheo|lo|gie ⟨f., -, nur Sg.⟩ *Wiss. von der schriftlichen Aufzeichnung von Sprache und den Schriftsystemen* [< griech. *graphein* „schreiben" und ...*logie*]

...gra|phie ⟨in Zus.⟩ **1** *Geschriebenes,* z.B. Biographie **2** *Wissenschaft (von), Beschreibung,* z.B. Geographie [< griech. *graphein* „schreiben"]

Gra|phik ⟨f.10 auch: *Grafik*⟩ **1** ⟨nur Sg.⟩ *Sammelbez. für die künstlerischen Techniken des Stichs, der Radierung, Lithographie, Serigraphie u. a.* **2** *in begrenzter Anzahl hergestellter Abzug eines Werkes dieser Techniken;* eine Sammlung von ~en [< griech. *graphike techne,* „Kunst des Schreibens, Zeichnens, Einritzens", zu *graphein* „schreiben, ritzen"]

Gra|phi|ker ⟨m.5⟩ *Künstler auf dem Gebiet der Graphik;* auch: *Grafiker*

gra|phisch ⟨Adj.⟩ *auf Graphik beruhend, mit ihrer Hilfe;* auch: *grafisch;* die ~en Techniken; ~e Darstellung *zeichnerische schema-*

tische Darstellung; einen Sachverhalt g. darstellen

Gra|phit ⟨auch [-fɪt] m.1⟩ *schwarzgraues, metallisch glänzendes, sehr weiches Mineral, reiner Kohlenstoff (u. a. für Bleistifte, als Gleit- und Schmiermittel)* [< griech. *graphein* „schreiben", er wurde schon früher als „Schreibblei" verwendet]

Gra|pho|lo|gie ⟨f., -, nur Sg.⟩ *Lehre von den Handschriften und der Deutung des Charakters aus der Handschrift;* Syn. *Handschriftendeutung, Schriftdeutung* [< griech. *graphe* „Schrift" (zu *graphein* „schreiben") und *...logie*]

Grap|pa ⟨f.9 oder m.9⟩ *Branntwein aus Weintrestern* [ital., zu *grappo* „Traube"]

grap|schen, grap|sen ⟨V.1, hat gegrapscht; mit Dat. u. Akk. oder mit Präp.obj.⟩ *rasch, gierig greifen; auch: grabschen;* er hat sich das beste Stück gegrapscht; nach etwas g.

Grap|to|lith ⟨m.10⟩ *röhrenförmiges, koloniebildendes Meerestier des Silurs* [< griech. *graptos* „geschrieben" und *...lith*]

Gras ⟨n.4⟩ **1** *einkeimblättrige, meist krautige Pflanze mit rundem, hohlem, durch Querwände gegliedertem Stengel und schmalen, stengelumfassenden Blättern sowie unscheinbaren Blüten* (Liesch∼, Ray∼, Ruch∼, Zitter∼) **2** *Gesamtheit dieser Pflanzen;* sich ins G. legen; er hört das G. wachsen *er hält sich für sehr klug und wendig, er glaubt über alles Bescheid zu wissen;* wo er hinhaut, hingreift, wächst kein G. mehr *ist haut kräftig zu, greift derb zu;* über eine Sache G. wachsen lassen *warten, bis eine Sache vergessen ist, bis niemand mehr über sie spricht;* ins G. beißen ⟨derb⟩ *sterben* **3** ⟨nur Sg.; ugs.⟩ → *Marihuana;* G. rauchen **4** ⟨nur Sg.; Kart.; bes. südd.⟩ G. sticht

gra|sen ⟨V.1, hat gegrast; o.Obj.⟩ *(auf der Weide) Gras fressen*

Gra|ser ⟨m.5; beim Rothirsch⟩ → *Zunge* [zu *grasen*]

Gras|frosch ⟨m.2⟩ *brauner Froschlurch feuchter Wiesen und Wälder*

gras|grün ⟨Adj., o.Steig.⟩ *hellgrün wie frisches Gras, mittelgrün*

Gras|hüp|fer ⟨m.5; ugs.⟩ → *Heuschrecke*

gra|sig ⟨Adj., o.Steig.⟩ **1** *grasähnlich;* ∼er Füllstoff; ∼e Pflanze **2** *mit Gras bewachsen;* ∼er Vorplatz

Gras|lei|nen ⟨n.7, -s, nur Sg.⟩ *reißfestes Gewebe aus Ramiegarnen (für Sommer- und Sportschuhe)*

Gras|li|lie [-ljə] ⟨f.11⟩ *weiß blühendes Liliengewächs auf Trockenrasen mit grasähnlichen Blättern* (Ästige G., Traubige G.)

Gras|mücke ⟨-k·k- f.11⟩ **1** (i.e.S.) *Singvogel, der durch lange, plaudernde Gesänge mit anschließenden hervorgehobenen Tonfolgen gekennzeichnet ist* (Dorn∼, Garten∼, Klapper∼, Mönchs∼) **2** (i.w.S.) *Sammelbez. für Grasmücke (1), Rohrsänger, Schwirle, Spötter u. a.* [ursprl. „Grasschlüpferin" zu mhd. *smücke* „Schlüpferin", zu *smücken* „schmiegen, sich ducken"]

Gras|nar|be ⟨f.11⟩ *teppichartige Rasenoberfläche, geschlossene krautige Pflanzendecke unmittelbar über dem Boden*

gras|sie|ren ⟨V.3, hat grassiert; o.Obj.⟩ *umgehen, um sich greifen, gehäuft auftreten;* die Grippe grassiert zur Zeit [< lat. *grassari* „tüchtig, kräftig ausschreiten, herumschwärmen, -toben", zu *gradi* „(einher)schreiten", zu *gradus* „Schritt"]

gräß|lich ⟨Adj.⟩ **1** *grauenerregend, fürchterlich;* ein ∼es Verbrechen **2** *ekelerregend, scheußlich;* es schmeckt, riecht g. **3** *sehr unangenehm;* ein ∼er Kerl; ich habe eine ∼e Erkältung; ∼es Wetter; es ist mir g. **4** ⟨ugs.⟩ *sehr groß;* ∼e Angst haben; ∼en Hunger **5** ⟨als Adv., ugs.⟩ *sehr, äußerst;* ich bin g. müde; ich habe g. gefroren; es war g. langweilig **Gräß|lich|keit** ⟨f., -, nur Sg.⟩

Gras|wirt|schaft ⟨f., -, nur Sg.⟩ *Form der Viehwirtschaft, bei der etwa 95 % der Nutzfläche Mähwiesen sind, die nur wenig beweidet werden und der Stallfütterung dienen*

Grat ⟨m.1⟩ **1** *scharfe Kante* **2** *Kammlinie eines Bergrückens;* auf dem G. wandern **3** ⟨an Werkstücken⟩ *dünner, überstehender Rand, der bei der Formgebung entstehen kann*

Grä|te ⟨f.11⟩ *bei Fischen dünner, spitzer Knochen (im Rumpf)* [urspr. Plural zu *Grat*]

Gra|ti|al ⟨n.1, -s, -e oder -lien⟩, **Gra|ti|a|le** [-tsja] ⟨n., -s, -li|en; †⟩ **1** *Dankgebet, Trinkgeld* [< lat. *gratia* „Annehmlichkeit, Gunst, Gnade"]

Gra|ti|fi|ka|ti|on ⟨f.10⟩ *freiwillige Zahlung über eine vereinbarte Zahlung hinaus* (Weihnachts∼) [zu *gratifizieren*]

gra|ti|fi|zie|ren ⟨V.3, hat gratifiziert; mit Dat. u. Akk.⟩ jmdm. etwas g. *jmdm. etwas freiwillig (über eine vereinbarte Zahlung hinaus) zahlen;* jmdm. 500,– DM g. [< lat. *gratificari* „sich gefällig zeigen, willig darbringen, gern opfern", < *gratus* „angenehm, erwünscht, willkommen" und *facere* (in Zus. -*ficare*) „tun, machen"]

Grä|ting ⟨n.1 oder n.9⟩ *Gitterrost auf dem Schiffsdeck* [< engl. *grating* „Gitter"]

gra|ti|nie|ren ⟨V.3, hat gratiniert; mit Akk.⟩ *überbacken, so daß eine Kruste entsteht;* Ragoût fin g.; mit Käse gratiniertes Blumenkohl [< frz. *gratiner* „am Rand des Topfes oder der Pfanne festbacken", zu *gratin* „abzukratzender Ansatz von Gekochtem oder Gebratenem im Topf oder in der Pfanne", zu *gratter* „kratzen, scharren"]

gra|tis ⟨Adv.⟩ *umsonst, kostenlos, unentgeltlich;* g. und franko *kostenlos und portofrei* [lat. *gratis* „ohne Bezahlung, unentgeltlich", zu *gratia* „Gefälligkeit, Dank"]

Grat|lei|ste ⟨f.11; Schreinerei⟩ *mit einem Grat versehene, in eine Rinne passende Leiste*

grätsch|bei|nig ⟨Adj., o.Steig.; nur als Attr. und Adv.⟩ *mit gegrätschten Beinen*

Grät|sche ⟨f.11⟩ **1** *Sprung mit gespreizten Beinen (über ein Turngerät oder im Trampolinspringen)* **2** *Stellung mit gespreizten Beinen;* in die G. gehen [zu *grätschen*]

grät|schen ⟨V.1, hat gegrätscht⟩ **I** ⟨mit Akk.⟩ *spreizen;* die Beine g.; mit gegrätschten Beinen dastehen **II** ⟨o.Obj.; Turnen⟩ *mit gegrätschten Beinen springen;* über den Bock g., das Pferd g.

Gra|tu|lant ⟨m.10⟩ *jmd., der einen Glückwunsch darbringt* [zu *gratulieren*]

Gra|tu|la|ti|on ⟨f.10⟩ *Glückwunsch;* G. zum Geburtstag!; meine herzlichsten G.!

Gra|tu|la|ti|ons|cour [-kuːr] ⟨f.10⟩ *offizielle, feierliche Beglückwünschung (einer hochgestellten Persönlichkeit)*

gra|tu|lie|ren ⟨V.3, hat gratuliert; mit Dat.⟩ jmdm. *jmdm. Glück wünschen, jmdm. einen Glückwunsch, eine Anerkennung aussprechen;* ich gratuliere! (erg.: dir, Ihnen); jmdm. zum Geburtstag, zur bestandenen Prüfung g.; da kannst du g. *(ugs.)* da kannst du froh, erleichtert sein!; wenn er das tut, dann kann er sich g.! ⟨ugs., iron.⟩ *dann kann er sich auf etwas Unangenehmes gefaßt machen* [< lat. *gratulari* „seine freudige Teilnahme zeigen, Glück wünschen", zu *grates* „Dank"]

Grat|wan|de|rung ⟨f.10⟩ *Wanderung auf einem Grat;* er befindet sich auf einer G. ⟨übertr.⟩ *in einer Situation, die schnell zum Verhängnis werden kann*

Grät|zel ⟨n.14; österr.⟩ *kleiner Umkreis, Stelle*

grau ⟨Adj.⟩ **1** *in der Farbe zwischen Schwarz und Weiß, in der Farbe von Regenwolken, von Asche;* ∼es Brot → *Graubrot;* ∼e Haare; ∼e Substanz *an Nervenzellen reiche Substanz des Gehirns und Rückenmarks;* er ist alt und g. geworden *er ist alt und hat graues Haar bekommen;* er ist ganz g. im Gesicht *sehr bleich, aschfahl;* eine Zeichnung, ein Gemälde g. in g. **2** *öde, eintönig;* ihr Leben scheint ihr g.; die Zukunft sieht g. aus; er sieht alles g. in g. *pessimistisch, hoffnungslos* **3** *unbestimmt;* in ∼er Vorzeit; das liegt noch in ∼er Ferne **4** *am Rande der Legalität stehend;* der ∼e Markt; ∼e Händler

Grau ⟨n., -s, -(s)⟩ **1** *graue Farbe;* vgl. *Blau* **2** *graue Beschaffenheit;* das G. das Alltags **3** *Halbdunkel, schwaches Licht;* im G. der Morgen-, Abenddämmerung

Grau|am|mer ⟨f.11⟩ *große, gedrungene Ammer mit unscheinbar braunem („grauem") Gefieder*

Grau|bart ⟨m.2; meist scherzh.⟩ *(weiser) alter Mann mit grauem Bart*

grau|blau ⟨Adj., o.Steig.⟩ *blau mit grauem Schimmer*

grau|braun ⟨Adj., o.Steig.⟩ *braun mit grauem Schimmer*

Grau|brot ⟨n.1⟩ *stark ausgemahlenes, aus Roggen- und Weizenmehl gemischtes Brot*

Grau|buch ⟨n.4⟩ *mit grauem Umschlag versehenes* → *Farbbuch (Belgiens, Dänemarks, Japans)*

Grau|chen ⟨n.7; Koseform für⟩ *Esel* [Verkleinerungsform zu *grau, Grauer*]

grau|en[1] ⟨V.1, hat gegraut; o.Obj.⟩ *in den Wendungen⟩* der Morgen, der Tag graut, der Abend graut; es wird Morgen, Tag, Abend; es graut schon *es wird schon Morgen, Abend*

grau|en[2] ⟨V.1, hat gegraut; mit Dat., auch refl.⟩ jmdm. graut *jmd. empfindet Furcht, großes Unbehagen;* mir graut vor der Reise, vor dem Wiedersehen; mir graut, wenn ich nur daran denke; es graut mich, ich graue mich davor

Grau|en ⟨n., -s, -⟩ **1** *starke Furcht, großes Unbehagen;* G. empfinden; mich erfaßt G., wenn ich daran denke; es war ein Bild des ∼s **2** *Schreckenisse, furchtbare Ereignisse;* das G. des Krieges, der Bombennächte

grau|en|haft, grau|en|voll ⟨Adj., o.Steig.⟩ *Grauen hervorrufend, furchtbar;* ∼es Unglück

Grau|er|le, Grau-Er|le ⟨f.11⟩ *(vor allem in Auwäldern verbreitete) Erle mit hellgrauer Rinde*

Grau|gans ⟨m.2⟩ *graue eurasiatische Wildgans (Stammform der Hausgans)*

grau|gelb ⟨Adj., o.Steig.⟩ *gelb mit grauem Schimmer*

grau|grün ⟨Adj., o.Steig.⟩ *grün mit grauem Schimmer*

Grau|guß ⟨m., -es, nur Sg.⟩ *sprödes Gußeisen mit grauer Bruchfläche*

grau|haa|rig ⟨Adj., o.Steig.⟩ *mit grauem Kopfhaar*

Grau-in-Grau-Ma|le|rei ⟨f.10⟩ → *Grisaille*

grau|en ⟨V.1, hat gegraut⟩ **I** ⟨refl.⟩ **1** *sich fürchten;* das Kind grault sich im Dunkeln **2** *sich ekeln;* sie grault sich vor Spinnen **II** ⟨mit Akk.; in Wendungen wie⟩ jmdn. aus dem Haus g. *jmdm. durch unfreundliches Verhalten das Bleiben unmöglich machen;* ⟨meist⟩ *hinausgraulen, vergraulen*

grau|lich[1] ⟨Adj.⟩ *Furcht einflößend;* eine ∼e Geschichte; mir ist zumute *ich empfinde Furcht*

grau|lich[2], **gräu|lich** ⟨Adj., o.Steig.⟩ *ein wenig grau, leicht grau*

grau|me|liert ⟨Adj., o.Steig.⟩ *mit grauen Fäden, grauen Haaren durchsetzt;* ∼es Haar; ∼e Wolle

Grau|pa|pa|gei ⟨m.12⟩ *grauer afrikanischer Papagei mit kurzem Schwanz, sprechbegabter Käfigvogel;* Syn. ⟨ugs.⟩ *Jako*

Grau|pe ⟨f.11; meist Pl.⟩ *enthülstes und kugelig geschliffenes Gerstenkorn;* Syn. ⟨österr.⟩ *Gerstel, Rollgerste;* Eintopf mit ∼n

Grau|pel ⟨f.11⟩ *weißes Hagelkörnchen*

grau|peln ⟨V.1, hat gegraupelt; o.Obj.; unpersönl., in Wendungen wie⟩ es graupelt *Graupeln fallen, es hagelt in Graupeln*

Grau|rei|her ⟨m.5; von Naturschützern bevorzugter Name für⟩ → *Fischreiher*

graus ⟨Adj.; †⟩ →*grausig;* ein ~es Geschehen

Graus ⟨m., -es, nur Sg.⟩ *Schrecken, schreckliche, sehr unangenehme Sache;* wenn dieser G. nur bald ein Ende hätte; es war ein G., das anzuhören; o. G.! *wie schrecklich!*

grausam ⟨Adj.⟩ **1** *gefühllos, roh, vollkommen rücksichtslos, mitleidslos;* ein ~er Mensch; eine ~e Maßnahme; jmdn., ein Tier g. behandeln, schlagen **2** ⟨ugs.⟩ *schrecklich, schlimm;* einen ~en Hunger haben; eine ~e Kälte; ich habe g. gefroren **3** ⟨ugs.⟩ *grauenhaft, grausig;* es ist ja g., wie der singt, spielt

Grausamkeit ⟨f.10⟩ **1** ⟨nur Sg.⟩ *grausames Verhalten* **2** *grausame Tat;* ~en begehen; das und andere ~en

Grauschimmel ⟨m.5⟩ **1** *weißgraues Pferd* **2** *grauer Schimmelpilz (auf Pflanzen)*

Grauschnäpper ⟨m.5⟩ *(häufig in der Nähe von Gebäuden nistender) grauer Fliegenschnäpper mit gestrichelter Unterseite*

grausen ⟨V.1, hat gegraust; mit Dat., selten auch mit Akk.⟩ **1** *Furcht, Entsetzen empfinden;* mir, ⟨auch⟩ mich graust, wenn ich nur daran denke; ihr graust davor; es graust mir davor; es kann einen (einem) g., wenn man so etwas hört **2** *starken, mit Furcht vermischten Ekel empfinden;* mir graust vor Schlangen

Grausen ⟨n., -s, nur Sg.⟩ *mit Schaudern verbundene Furcht;* da bleibt mir das G. weg; kaltes G. erfaßte mich, lief mir über den Rücken; da kann man ja das G. kriegen, da kann einen das G. kommen, wenn man das hört ⟨ugs.⟩

grausig ⟨Adj.⟩ **1** *Grausen hervorrufend, fürchterlich, schrecklich;* ein ~es Verbrechen **2** ⟨ugs.⟩ *sehr schlimm, höchst unangenehm;* eine ~e Kälte **3** ⟨ugs.⟩ *sehr schlecht;* das Theaterstück war g.; er singt, spielt g.

grauslich ⟨Adj.⟩ ugs.⟩ *gräßlich (3,4,5), grausig (2,3)*

Grauspecht ⟨m.1⟩ *dem Grünspecht ähnlicher Specht mit grauem Kopf*

Grautier ⟨n.1; scherzh.⟩ *Esel*

Grauwacke ⟨-k|k-; f.11⟩ *sehr hartes, dunkelgraues Sedimentgestein* [< ahd. *wacko, waggo* „Kiesel, Geröll, Felsblock"]

Grauwerk ⟨n., -(e)s, nur Sg.⟩ →*Feh*

Grauzone ⟨f.11⟩ *Übergangszone, undeutlicher Bereich;* in der G. zwischen Legalität und Illegalität

Gravation ⟨f.10; †⟩ *Beschwerung, Belastung* [< lat. *gravatio* in ders. Bed., zu *gravis* „schwer"]

grave ⟨Mus.⟩ *schwer, trauernd, ernst* [ital.]

Gravensteiner ⟨m.5⟩ *gelber Apfel mit roter Zeichnung und aromatischem Duft* [zu *Gravenstein*, dem dt. Namen des dän. Ortes Gråsten]

Graveur ⟨[-vør] m.1⟩ *jmd., der graviert (1), Metall-, Steinschneider*

gravid ⟨[-vįd] Adj., o.Steig.⟩ →*schwanger* [< lat. *gravidus* „schwanger, trächtig", eigentl. „beschwert", zu *gravis* „schwer"]

Gravidität ⟨f.10⟩ →*Schwangerschaft* [zu *gravid*]

gravieren ⟨V.3, hat graviert; mit Akk.⟩ **1** *ritzen, fein meißeln, eine Inschrift in Stein, in Gold g.* **2** *mit geritzten Darstellungen verzieren;* Metall, Glas, g. [< frz. *graver* „einschneiden, -ritzen, -graben", < ahd. got. *graban* „graben"]

gravierend ⟨Adj.⟩ *erschwerend, schwerwiegend, belastend;* ein gravierender Irrtum; der Fehler ist nicht g. [< lat. *gravare* „beschweren, belasten", zu *gravis* „schwer"]

Gravierung ⟨f.10⟩ **1** *gravierte Verzierung durch Einritzen* **2** →*Gravur*

Gravimeter ⟨n.5⟩ *Gerät zum Messen der Gravitation* [< lat. *gravis* „schwer" und ...*meter*]

Gravimetrie ⟨f., -, nur Sg.⟩ **1** *Messung der Gravitation* **2** →*Gewichtsanalyse* [zu *Gravimeter*]

Gravis ⟨m., -, -; Zeichen:` ⟩ *Zeichen über einem Vokal, meist zur Betonung (z. B. im Italienischen);* vgl. *Accent grave* [lat. *gravis* „schwer"]

Gravität ⟨f., -, nur Sg.; †⟩ *Würde, Gemessenheit*

Gravitation ⟨f., -, nur Sg.⟩ *die Erscheinung, daß sich zwei Massen gegenseitig anziehen;* Syn. Anziehungskraft, Schwerkraft [< lat. *gravis* „schwer"]

Gravitationskollaps ⟨m.1⟩ *durch Gravitation bewirkter Zusammenfall der Materie*

Gravitationswelle ⟨f.11⟩ *von schwingender und beschleunigter Masse ausgesandte Schwerewelle*

gravitätisch ⟨Adj.⟩ *würdevoll, gemessen* [< lat. *gravitas*, Gen. *-atis,* „Gewichtigkeit, würdevolles, gemessenes Benehmen", zu *gravis* „schwer, gewichtig, würdevoll"]

gravitieren ⟨V.3, hat gravitiert; o.Obj.⟩ **1** *infolge der Schwerkraft (zu einem Punkt) hinstreben* **2** ⟨allg.⟩ *hinstreben, hinneigen* [< frz. *graviter* in ders. Bed., zu *grave* „schwer"]

Gravur ⟨f.10⟩ *gravierte Verzierung oder Inschrift;* Syn. Gravierung

Gravüre ⟨f.11⟩ *Kupfer- oder Stahlstich, Steinschnitt* [< frz. *gravure* „Stich, Schnitt", →*gravieren*]

Grazie ⟨[-tsiə] f.11⟩ **1** ⟨nur Sg.⟩ →*Anmut;* sie bewegt sich mit G. **2** *die drei ~n* ⟨röm. Myth.⟩ *die drei Göttinnen der Anmut* [< lat. *gratia* „Anmut"]

grazil ⟨Adj.⟩ *schlank und zierlich, schmächtig* [< lat. *gracilis* „schmal, schlank, dünn"]

Grazilität ⟨f., -, nur Sg.⟩ *grazier Körperbau*

graziös ⟨Adj.⟩ →*anmutig;* ein ~es Mädchen; sie bewegt sich sehr g. [< frz. *gracieux* „anmutig", < lat. *grace*, < lat. *gratia* „Anmut, Lieblichkeit"]

grazioso ⟨Mus.⟩ *anmutig*

gräzisieren ⟨V.3, hat gräzisiert; mit Akk.⟩ *nach griechischem Muster gestalten, der griechischen Sprachform angleichen* [< lat. *graecisare* „auf griech. Weise gestalten", zu *Graecus* „griechisch"]

Gräzismus ⟨m., -, -men⟩ *in eine andere Sprache übernommene altgriechische Spracheigentümlichkeit*

Gräzist ⟨m.10⟩ *Wissenschaftler auf dem Gebiet der altgriechischen Sprache und Kultur*

Greenhorn ⟨[grin-] n.9⟩ *Neuling, Anfänger;* Syn. Grünhorn [engl., eigtl. „Grünhorn", d. h. junges, frisches, noch weiches Horn, wobei *Horn* sowohl für „Geweih, Horn" als auch für „Schnabel" steht, also jmd., der einen noch jungen Tier gleicht]

Greenwich ⟨[grinitʃ] bei geograph. Angaben; Abk.: Gr.; in den Fügungen⟩ *östlich, westlich von G. östlich, westlich des Nullmeridians* [nach dem gleichnamigen östl. Stadtteil von London, durch dessen Sternwarte der Nullmeridian geht]

Grège ⟨[grεʒ] f., -, nur Sg.⟩ *Faden aus Naturseide* [< frz. *soie grège* „Rohseide"]

Gregorianik ⟨f., -, nur Sg.⟩ *Formen und Lehre des Gregorianischen Chorals* [nach Papst *Gregor I.*]

gregorianisch ⟨Adj., nur in den Fügungen⟩ *Gregorianischer Choral* ⟨in kath. Gottesdienst⟩ *einstimmiger, unbegleiteter Gesang* [nach Papst *Gregor I.*]; *Gregorianischer Kalender, von Papst Gregor XIII. 1582 eingeführter, noch heute gültiger Kalender (mit Schaltjahren)*

Greif ⟨m.1 oder m.12; Myth.⟩ **1** *Tier mit Adlerkopf, Löwenleib und Krallen an den Füßen* **2** *riesiger Vogel;* Vogel G. **3** ⟨kurz für⟩ →*Greifvogel* [wahrscheinl. in Anlehnung an *greifen* < ahd. *griffo*, < lat. *gryps*, Gen. *gryphis*, in ders. Bed., dazu *grypus* „Raubvogel" (Geier), < griech. *gryps* „Greif"]

greifbar ⟨Adj., o.Steig.⟩ **1** *in der Nähe befindlich, so nahe, daß man es leicht (er)greifen kann;* hast du einen Bleistift g.?; etwas in ~er Nähe haben *so nahe bei sich haben, daß man es leicht greifen, nehmen kann* **2** *zur Verfügung stehend, lieferbar, vorrätig;* das Buch ist zur Zeit nicht g. **3** *deutlich erkennbar;* unser Vorhaben nimmt allmählich ~e Formen an

greifen ⟨V.59, hat gegriffen⟩ **I** ⟨mit Akk.⟩ **1** *mit der Hand oder mit einem Werkzeug fassen, nehmen;* ich kann den Ast mit der Hand g.; einen Gegenstand mit der Zange, Pinzette g.; er griff ein paar Akkorde auf dem Klavier *er schlug ein paar Akkorde an;* wenn solche Methoden Platz g. *sich weiter verbreiten, ausbreiten;* heute ist die Luft so klar, daß man die Berge fast g. kann; die Berge sind zum Greifen nah *ganz nah;* der Vogel ließ sich leicht g.; Greifen spielen *Fangen, Haschen spielen* **II** ⟨o.Obj.⟩ **1** *Widerstand finden, nicht abrutschen;* die Räder g. auf dem feuchten Lehm nicht **2** *Wirkung haben;* das Medikament braucht einige Zeit, bis es greift **3** *schätzen;* ich greife sicher nicht zu hoch, wenn ich sage: 500 DM **4** *etwas mit der Hand berühren oder suchen;* an etwas g. *mit der Hand etwas berühren;* in etwas g. *die Hand in etwas stecken, um etwas herauszuziehen, zu fühlen;* er griff in die Tasche; nach einem Gegenstand g.; er griff über sich ins Gepäcknetz; er nahm ein Buch g. *um darin zu lesen;* die Epidemie greift immer mehr um sich *breitet sich immer mehr aus;* zur Flasche g. *Alkohol trinken;* zu immer stärkeren Medikamenten g. *immer stärkere Medikamente nehmen* **III** ⟨mit Dat. (sich) u. Akk.⟩ **1** *sich etwas g. rasch oder wahllos etwas nehmen;* er griff sich seinen Hut und ging; ich griff mir irgendein Buch aus dem Regal **2** *sich jmdn. g. jmdn. zu sich bestellen, um ihm die Meinung zu sagen*

Greifer ⟨m.5; an Baggern und Kränen⟩ **1** *schließbares Fördergerät für schüttbare Güter* **2** *Greifvorrichtung für sperrige Güter*

Greiffuß ⟨m.2⟩ *zum Greifen befähigter Fuß (bes. bei Affen)*

Greifhand ⟨f.2⟩ *Hand mit gegenüberstellbarem Daumen (bes. bei Affen)*

Greifschwanz ⟨m.2⟩ *zum Greifen befähigter Schwanz (z. B. bei manchen Affen, beim Chamäleon)*

Greifvogel ⟨m.6⟩ *Vogel mit kräftigem Hakenschnabel und scharfkralligen Füßen, mit denen er tierische Beute ergreift (z. B. Adler, Bussard, Habicht, Milan, Weihe;* meist auch *Falke, Neuweltgeier, Sekretär u. a.);* auch: ⟨kurz⟩ Greif; Syn. ⟨veraltend⟩ *Raubvogel*

Greifzirkel ⟨m.5⟩ *Stahlzirkel mit gekrümmten Schenkeln zum Abnehmen und Übertragen von Dickenmaßen*

greinen ⟨V.1, hat gegreint; o.Obj.⟩ *wehleidig weinen, klagend weinen* [< mhd. *grinen,* ahd. *grinan* „den Mund (zum Lachen oder Weinen) verziehen"]

greis ⟨Adj.; nur als Attr. und mit „werden"⟩ *(sehr) alt;* seine ~en Eltern; er schüttelte sein ~es Haupt; er ist g. geworden [< mhd. *gris* „alt, grau"]

Greis ⟨m.1⟩ *sehr alter (und meist auch gebrechlicher) Mann*

Greisenalter ⟨n., -s, nur Sg.⟩ *hohes Alter*

Greisenhaupt ⟨n.4⟩ **1** ⟨poet.⟩ *greises Haupt;* er schüttelte sein G. **2** *hoher, säulenförmiger mexikanischer Kaktus mit langen weißwolligen Haaren;* Syn. Greisenkaktus

Greisenkaktus ⟨m., -, -te|en⟩ →*Greisenhaupt (2)*

Greißler ⟨m.5; österr.⟩ **1** *Lebensmittelhändler, Krämer* **2** ⟨übertr.⟩ *Kleinigkeitskrämer* [zu mhd. *gruz* „Korn", übertr. „etwas Geringes"]

grell ⟨Adj.⟩ **1** *blendend hell, schmerzend hell;* ~es Licht **2** *unangenehm hell klingend und laut;* ~e Stimme; ~e Töne; ~e Musik; g. pfeifen **3** *unangenehm leuchtend;* ~e Farben

Grel|le ⟨f., -, nur Sg.⟩ grelle Beschaffenheit
Gre|mi|um ⟨n., -s, -mi|en⟩ **1** (beratende) Gemeinschaft, Körperschaft, Ausschuß (zur Lösung einer bestimmten Aufgabe) **2** ⟨österr.⟩ Berufsvereinigung [lat. *gremium* „Schoß, Armvoll, Bündel", eigtl. „was man umfassen kann", zur idg. Wurzel *grem- „umfassen"]
Gre|na|dier ⟨m.1⟩ **1** ⟨früher⟩ mit Handgranaten bewaffneter Soldat **2** →Infanterist (Panzer~) [frz., „Handgranatenwerfer", zu *grenade* „Granate"]
Gre|na|dil|le ⟨[-diljə] f.11⟩ Frucht der Passionsblume; auch: Granadille [< span. *granadilla* „Granatäpfelchen"]
Gre|na|di|ne¹ ⟨f., -, nur Sg.⟩ durchbrochenes Seidengewebe [frz., wahrscheinl. nach der span. Stadt Granada]
Gre|na|di|ne² ⟨f., -, nur Sg.⟩ aus Granatäpfeln gewonnener Sirup (zum Färben und Süßen von Mixgetränken) [frz., zu *grenade* „Granatapfel"]
Grenz|baum ⟨m.2⟩ →Schlagbaum (1)
Grenz|be|zirk ⟨m.1⟩ Gebietsstreifen entlang der Zollgrenze
Gren|ze ⟨f.11⟩ **1** Trennungslinie zwischen Staaten, Ländern, Grundstücken, Gebieten (Staats~, Landes~, Vegetations~, Baum~); die G. überschreiten, passieren; der Fluß bildet die natürliche G. zwischen beiden Ländern; grüne G. →grün **2** gedachte Linie, die Bereiche voneinander trennt, die einen Abschluß, ein Ende bezeichnet; die ~n des guten Geschmacks überschreiten; meine Geduld hat ihre ~n; wir müssen endlich seinem Treiben ~n setzen; jmdn. in seine ~n verweisen; die Schmerzen halten sich in ~n die Schmerzen sind erträglich
gren|zen ⟨V.1, hat gegrenzt; mit Präp.obj.⟩ an etwas g. eine gemeinsame Grenze mit etwas haben, unmittelbar neben etwas liegen; unser Garten grenzt an den Wald; dieses Bild grenzt schon an Kitsch *ist fast kitschig*; sein Verhalten grenzt an Unverschämtheit *ist fast unverschämt*
gren|zen|los ⟨Adj., o.Steig.⟩ **1** ohne Grenzen, unbegrenzt, unendlich; ~e Weite **2** uneingeschränkt; er hat ~es Vertrauen zu ihr **3** sehr groß; eine ~e Müdigkeit überkam mich **4** ⟨als Adv.⟩ sehr; er war g. enttäuscht
Gren|zen|lo|sig|keit ⟨f., -, nur Sg.⟩ **1** grenzenlose Weite **2** Uneingeschränktheit
Gren|zer ⟨m.5; ugs.⟩ **1** Zollbeamter oder Grenzpolizist **2** Bewohner eines Gebietes an der Grenze
Grenz|er|trags|bo|den ⟨m.8⟩ landschaftlich genützter Boden, dessen Ertrag die aufgewendeten Kosten gerade noch deckt
Grenz|fall ⟨m.2⟩ **1** an der Grenze des Normalen liegender Fall **2** Fall, der nicht eindeutig einem Bereich zugeordnet werden kann
Grenz|gän|ger ⟨m.5⟩ **1** jmd., dessen Arbeitsplatz jenseits der Grenze liegt und der deshalb regelmäßig die Grenze überschreiten muß **2** jmd., der andere häufig heimlich über die Grenze bringt
Grenz|koh|len|was|ser|stoff ⟨m.1⟩ →Paraffin
Grenz|leh|re ⟨f.11⟩ Meßwerkzeug (Lehre), mit dem geprüft wird, ob die Abmessungen eines Werkstückes zwischen zwei vorgeschriebenen Grenzmaßen liegen
Grenz|li|nie ⟨f.11⟩ eine Grenze bezeichnende Linie
Grenz|po|li|zist ⟨m.10⟩ Polizist beim Grenzschutz (2)
Grenz|schutz ⟨m., -es, nur Sg.⟩ **1** Schutz der Staatsgrenze **2** die damit beauftragten militärischen oder polizeilichen Verbände
Grenz|si|tua|ti|on ⟨f.10⟩ vom Normalen abweichende Situation, die nicht mit den üblichen Mitteln, mit dem üblichen Verhalten bewältigt werden kann
Grenz|strah|len ⟨m.12; Pl.⟩ bes. weiche Röntgenstrahlen

Grenz|ver|kehr ⟨m., -s, nur Sg.⟩ Verkehr über eine Staatsgrenze hinweg; kleiner G. erleichterter regelmäßiger, häufiger und kurzfristiger Verkehr über die Grenze
Grenz|wert ⟨m.1⟩ **1** ⟨Math.; Zeichen: lim⟩ Wert, dem sich die Glieder einer gesetzmäßigen Zahlenfolge nähern; Syn. Limes **2** Wert einer Größe, der nicht überschritten werden darf (z.B. für die Kenngrößen von Bauelementen, die Konzentration von Schadstoffen, für den Lärmpegel)
Grenz|zwi|schen|fall ⟨m.2⟩ Zwischenfall an einer Staatsgrenze, (militärische) Auseinandersetzung über eine Staatsgrenze hinweg
Gret|chen|fra|ge ⟨f.11⟩ Frage, auf die hin der Befragte seine innerste Überzeugung bekennen muß, ⟨bes.⟩ Frage nach der religiösen oder politischen Überzeugung [nach der Frage Gretchens an Faust „Nun sag, wie hast du's mit der Religion?" (Goethe, Faust I, Marthens Garten)]
Gret|chen|fri|sur ⟨f., -, nur Sg.⟩ um den Kopf gelegte Zöpfe
Greu|el ⟨m.5; meist Pl.⟩ **a** Schrecknis, grausiges Ereignis; die G. des Krieges **b** grausige Tat; die Truppen haben unbeschreibliche G. verübt **2** Sache oder Person, die Abscheu, starken Widerwillen erweckt; es ist mir ein G., immer wieder zu ihm hinzugehen und zu bitten; der Kerl ist mir ein G.
Greu|el|mär|chen ⟨n.7⟩ Bericht über angeblich geschehene Greueltaten
Greu|el|pro|pa|gan|da ⟨f., -, nur Sg.⟩ Verbreitung von Berichten über angeblich vom Gegner begangene Greueltaten
greu|lich ⟨Adj.⟩ **1** Abscheu erregend; eine ~e Tat **2** ⟨ugs.⟩ sehr schlecht; das schmeckt, riecht g. **3** ⟨ugs.⟩ sehr unangenehm; eine ~e Erkältung **4** ⟨als Adv.; ugs.⟩ sehr, äußerst; es ist g. kalt
Grey|er|zer ⟨m.5⟩ im Aussehen dem Emmentaler ähnlicher, aber stärker gewürzter Hartkäse; Syn. Gruyère [nach der schweiz. Landschaft Greyerz]
Grey|hound ⟨[grei̯haund] m.9⟩ **1** kurzhaarige englische Windhundrasse (für Hunderennen) [engl., < altnord. *greyhundr* „Windhund", zu *grey* „Hündin; Windhund" und *hundre* „Jagdhund"] **2** ⟨in den USA⟩ Überlandbus; den G. von Boston nach New York nehmen
Grie|be ⟨f.11⟩ knuspriger Rückstand beim Ausbraten von fettem Schweinefleisch oder Speck; Syn. ⟨bayr.-österr.⟩ Grammel, ⟨ostmdt.⟩ Griefe, ⟨norddstdt.⟩ Spirkel [< mhd. *griebe*, wahrscheinl. urspr. „Zerriebenes"]
Griebs, Griebsch ⟨m.1; ostmdt.⟩ →Butzen (1)
Grie|che ⟨m.11⟩ Einwohner von Griechenland
grie|chisch ⟨Adj., o.Steig.⟩ Griechenland betreffend, zu ihm gehörig, aus ihm stammend; ~e Sprache eine indogermanische Sprache; griechisch-orthodoxe Kirche →Ostkirche
Grie|fe ⟨f.11; ostmdt.⟩ **1** →Griebe **2** Ausschlag am Mund, Herpes, Fieberblase
grie|meln ⟨V.1, hat gegriemelt; o.Obj.; westmdt.⟩ spöttisch, schadenfroh lächeln
grie|nen ⟨V.1, hat gegrient; o.Obj.; norddt.⟩ breit lächeln, grinsen
Grie|sel|fie|ber ⟨n.5; nddt.⟩ →Schüttelfrost
Gries|gram ⟨m.1⟩ verdrießlicher, unfroher, oft klagender oder nörgelnder Mensch [< mhd. *griesgramen* „mit den Zähnen knirschen", erster Wortteil wohl zu angelsächs. *grist* „schaudern", zweiter Wortteil →gram]
gries|grä|mig ⟨Adj.⟩ in der Art eines Griesgrams
Grieß ⟨m., -es, nur Sg.⟩ feinkörniges Erzeugnis (aus Weizen, Mais oder Gerste) [< ahd. *griez* „Sand"]

grie|ßeln ⟨V.1, hat gegrießelt; o.Obj.; unpersönl., mit „es"⟩ in kleinen Körnern hageln, in kleinen Eiskörnchen regnen; es grießelt
grie|ßig ⟨Adj., o.Steig.⟩ feinkörnig wie Grieß
Grie|ßig ⟨n., -s, nur Sg.⟩ Kot der Bienen
Grieß|koch ⟨m., -(e)s, nur Sg.; österr.⟩ Grießbrei
Griff ⟨m.1⟩ **1** das Greifen, Fassen, Erfassen; mit raschem G. packte er den Hund; jmdn. mit eisernem G. festhalten; mit diesem Kauf hast du einen guten G. getan; einen G. in die Kasse tun *aus der Kasse Geld stehlen* **2** Handbewegung beim praktischen Arbeiten, beim Handhaben eines Gerätes, Fingerstellung beim Greifen von Tönen, von Akkorden (beim Spielen auf einem Musikinstrument); ~e üben; ~e kloppen ⟨Soldatenspr.⟩ die Handhabung des Gewehrs üben; eine Sache im G. haben *eine Sache gut beherrschen, ihr umgehen können* **3** Vorrichtung zum Anfassen, Festhalten, z.B. Henkel, Stiel **4** ⟨übertr.⟩ zwanghafte Hinwendung; den G. zur Flasche, zur Zigarette
griff|be|reit ⟨Adj., o.Steig.⟩ schnell zur Hand liegend; das Buch liegt g. im Regal
Griff|brett ⟨n.3⟩ Brett (am Hals von Saiteninstrumenten), auf das die Saiten mit dem Finger gedrückt werden
Grif|fel ⟨m.5⟩ **1** Stift aus Schiefer (zum Schreiben auf der Schiefertafel) **2** ⟨bei Blüten⟩ stielartig hervorragender Teil des Stempels **3** ⟨derb; meist Pl.⟩ Finger; nimm deine G. da weg! [zu *greifen*, beeinflußt von lat. *graphium*, griech. *grapheion* „Schreibgerät"]
grif|fest ⟨-ff-; Adj., o.Steig.⟩ widerstandsfähig gegen festes Zugreifen, fest beim Anfassen; der Henkel ist g.
grif|fig ⟨Adj.⟩ **1** gut zu greifen, nicht rutschend, nicht zu glatt, sich gut in die Hand fügend; ein ~er Henkel **2** fest, dicht, nicht zu weich; ~es Gewebe **3** gut greifend, nicht abrutschend; ~e Reifen; ~e Schuhsohlen **4** klar, eindeutig und verständlich; ein ~er Ausdruck
Griff|loch ⟨n.4⟩ **1** Loch in der Wandung eines Gerätes zum besseren Anfassen **2** Loch in der Wandung eines Blasinstruments, das mit Finger oder Klappe abgedeckt wird
Grif|fon ⟨[-fɔ̃] m.9⟩ kräftiger, rauhhaariger Vorstehhund mit Hängeohren und kupierter Rute [frz.]
Grill ⟨m.9⟩ Vorrichtung zum Grillen; Bratrost [engl.]
Gril|la|de ⟨f.11⟩ gegrilltes Fleischstück [frz., „Rostbraten"]
Gril|le¹ ⟨f.11⟩ **1** Geradflügler mit walzenförmigem, dickem Körper, dessen Männchen mit Hilfe seiner Flügel zirpende Töne von sich gibt (Feld~, Haus~, Maulwurfs~) [< griech. *gryllos* „Heuschrecke"]
Gril|le² ⟨f.11⟩ Laune, wunderlicher Einfall; das ist nur eine G. von ihm; ~en fangen *trüber Stimmung sein*; ~en im Kopf haben [< griech. *gryllos* 1. „Heuschrecke", 2. „Karikatur", 3. „Ferkel"; *Gryllen* nannte man im Humanismus wunderliche, groteske Tierzeichnungen, die auf einen Mann namens *Gryllos* „Ferkel" zurückgehen sollen; später bezeichnete man auch närrische Handlungen, Einfälle so]
gril|len ⟨V.1, hat gegrillt; mit Akk.⟩ auf dem Grill braten
Gril|len|fän|ge|rei ⟨f., -, nur Sg.⟩ trübe Stimmung, trübe Gedanken; laß doch die G.!
gril|lie|ren ⟨auch [griji-] V.3, hat grilliert⟩ →grillen
gril|lig ⟨Adj.⟩ gereizt, schnell aufbrausend oder ungeduldig werdend **Gril|lig|keit** ⟨f., -, nur Sg.⟩
Grill|room ⟨[-ru:m] m.9⟩ Gaststätte, in der das Fleisch (oft vor den Gästen) auf dem Grill gebraten wird [< *Grill* und engl. *room* „Raum"]

Gri|mas|se ⟨f.11⟩ *verzerrtes Gesicht (zum Spaß oder um einem Gefühl Ausdruck zu geben);* eine G. schneiden, ziehen; eine G. des Ekels, Schreckens; eine verächtliche G. [< frz. *grimace* in ders. Bed., < älterem *grimache* "Fratze", urspr. "schlimme Lage", zu got. *grimms* "schrecklich, wild", ahd. *grim* "zornig"]

gri|mas|sie|ren ⟨V.3, hat grimassiert; o.Obj.⟩ *eine Grimasse ziehen (auch bei Krankheiten, z.B. Ticks)*

Grim|bart ⟨m., -s, nur Sg.; in der Tierfabel Name für den⟩ → *Dachs (1);* Meister G.

grimm ⟨Adj., †⟩ *grimmig*

Grimm ⟨m., -(e)s, nur Sg.⟩ *heftiger, aber unterdrückter Zorn*

Grimm|darm ⟨m.2⟩ *Teil des Dickdarms, in dem die Nahrungsschlacken eingedickt und durch die Bakterienflora in Kot umgewandelt werden* [zu *grimmen*]

grim|men ⟨V.1, hat gegrimmt; o.Obj.; †⟩ *heftig, krampfartig schmerzen;* ⟨noch in der Wendung⟩ es grimmt ihn im Bauch

grim|mig ⟨Adj.⟩ Syn. *ingrimmig* **1** *voller Grimm, finster und zornig;* ein ~es Gesicht machen; ",...", sagte er **2** *sehr groß, sehr schlimm;* ~e Kälte; ~e Schmerzen haben **3** ⟨als Adv.⟩ *sehr, äußerst;* g. kalt

Grind ⟨m.1⟩ **1** ⟨ugs.⟩ *Hautausschlag mit Krustenbildung* **2** ~ *Schorf* **3** ⟨bei verschiedenen Nutzpflanzen⟩ *Pilzbefall* **4** ⟨bei Hirsch und Gemse⟩ *Kopf (1)* [< mhd. *grint* "Schorf", ⟨abwertend⟩ "Kopf"]

grin|dig ⟨Adj.⟩ **1** *voller Grind (1,2)* **2** ⟨landsch.⟩ *unappetitlich und schmutzig;* ein ~er Stadtstreicher

Grin|go ⟨m.9; im span. Lateinamerika verächtlich für⟩ *Nichtromane, (bes.) Angelsachse* [span. wahrschl. zu *griego* "griechisch", übertr. auch "unverständlich, fremd"]

Grin|sel ⟨n.14; österr.⟩ → *Kimme (1)* [zu *Rinne*]

grin|sen ⟨V.1, hat gegrinst; o.Obj.⟩ *breit lächeln; boshaft, schadenfroh, vergnügt g.;* er grinste übers ganze Gesicht

grip|pal ⟨Adj., o.Steig.⟩ *zur Grippe gehörig, wie Grippe, mit Grippe einhergehend;* auch: *grippös;* ~er Infekt

Grip|pe ⟨f.11⟩ *akute, fieberhafte Virus-Infektion vorwiegend mit Entzündung der Atemwege;* Syn. *Influenza* [frz., zu *gripper* "fassen", letztlich zu fränk. *gripan "greifen"]

grip|pös ⟨Adj., o.Steig.⟩ → *grippal*

Grips ⟨m., -es, nur Sg.; ugs.⟩ *Verstand;* er hat keinen G.; dazu muß man mehr G. haben; seinen G. anstrengen [nddt. zu *griepen* "greifen, fassen"]

Gri|saille ⟨[-zai-] f.11⟩ **1** ⟨nur Sg.⟩ *einfarbige Malerei, überwiegend grau in grau;* Syn. *Grau-in-Grau-Malerei* **2** *schwarzweiß gemusterter Seidenstoff* **3** *Gemälde in Grisaille (1)* [frz., zu *gris* "grau"]

Gri|set|te ⟨[-zɛt(ə)] f.11⟩ **1** ⟨frz. Bez. für⟩ *junge Putzmacherin* **2** *leichtfertiges Mädchen* [frz. *grisette*, urspr. "grauer Stoff", danach "Näherin, Putzmacherin, Näherin", die oft zugleich als Geliebte und Haushälterin von Künstlern lebte, zu *gris* "grau" wegen ihrer unscheinbaren, oft grauen Kleidung]

Gris|ly ⟨m.9⟩ **Gris|ly|bär** ⟨m.10⟩ *großer nordamerikanischer Bär mit graubraunem Fell;* auch: *Grizzly* [< engl. *grizzly* "grau(haarig), mit Grau vermischt"]

Grit ⟨m.1⟩ **1** *grober, aus scharfkantigen Körnern zusammengesetzter Sandstein* **2** ⟨nur Sg.; bei Hühnervögeln⟩ *Gesamtheit kleiner, mit der Nahrung aufgenommener Steine, die mithelfen, die Körner im Magen zu zerreiben* [engl., "..., kleine, harte Teilchen aus Sand, Steinen u. a.", verwandt mit *Grieß*]

Grizz|ly ⟨[gris-] m.9⟩ → *Grisly*

grob ⟨auch [grɔb] Adj., gröber, am gröbsten⟩ **1** *aus großen Körnern bestehend;* ~er Sand; ~er Kies **2** *nicht fein (gemahlen);* ~es Mehl; die Körner sind nur g. gemahlen **3** *aus nicht fein gemahlenem Mehl bestehend, kräftig;* ~es Brot **4** *dick, rauh, derb;* ~es Gewebe; ~e Schuhe **5** *plump, derb;* ~e Gesichtszüge; ~e Hände **6** *mit Schmutz verbunden und Kraft erfordernd;* ~e Arbeiten; aus dem Gröbsten herausein *das Schlimmste überwunden haben;* die Kinder sind aus dem Gröbsten heraus *die Kinder brauchen nicht mehr so viel Pflege, sie können vieles schon selbst tun* **7** *schwerwiegend;* ein ~er Fehler **8** *nur das Wichtigste andeutend;* etwas in ~en Umrissen, in ~en Zügen schildern

Grob|heit ⟨f.10⟩ **1** ⟨nur Sg.⟩ *grobes Benehmen* **2** *grobe Äußerung;* jmdm. ~en sagen

Gro|bi|an ⟨m.1⟩ *grober, unhöflicher Mensch*

Grob|ke|ra|mik ⟨f.10⟩ *aus grob vorbereiteten Rohstoffen hergestellte Keramik (z.B. Ziegel)*

grob|kör|nig ⟨Adj.⟩ **1** *grobe Materialteilchen aufweisend;* ~er Sand **2** ⟨bei Filmen⟩ *eine grobe Beschichtung aus Bromsilberteilchen aufweisend (die bei Vergrößerungen ins Auge fällt)* **Grob|kör|nig|keit** ⟨f., -, nur Sg.⟩

gröb|lich ⟨Adj., o.Steig.⟩ nur als Attr. und Adv.⟩ *grob;* eine ~e Verletzung der Vorschriften; eine Vorschrift g. mißachten

grob|schläch|tig ⟨Adj.⟩ *groß und grob, groß und derb oder plump;* ein ~er Mann, Kerl; ~er Körperbau **Grob|schläch|tig|keit** ⟨f., -, nur Sg.⟩

Grob|schmied ⟨m.1⟩ → *Hufschmied*

Grob|schnitt ⟨m.1⟩ *grob geschnittener Tabak*

Gro|den ⟨m.7; nddt.⟩ *angeschwemmtes, grasbewachsenes Land vor Deichen* [zu *groien* "wachsen"]

Grog ⟨m.9⟩ *Getränk aus Rum, heißem Wasser und Zucker* [nach dem Spitznamen des engl. Admirals Vernon, Old *Grog*]

grog|gy ⟨Adj., o.Steig.; nur mit "sein" oder "werden"⟩ **1** ⟨Boxen⟩ *schwer angeschlagen* **2** ⟨ugs.⟩ *erschöpft;* ich bin ganz, völlig g.; da wird man ja g. [< engl., *groggy* "betrunken, wackelig auf den Beinen", eigtl. "beschwipst, taumelig vom vielen Grog"]

grö|len ⟨V.1, hat gegrölt; o.Obj.; ugs.⟩ *unschön, unflätig schreien, laut und unschön singen*

Groll ⟨m., -(e)s, nur Sg.⟩ *unterdrückter Ärger, zurückgehaltener, erneuter Haß;* einen G. gegen jmdn. hegen, auf jmdn. haben

grol|len ⟨V.1, hat gegrollt⟩ **I** ⟨o.Obj.⟩ **1** *dumpf rollend tönen;* der Donner grollt **2** *voller Groll etwas äußern;* ",...", sagte er ~d **II** ⟨o.Obj. oder mit Dat.⟩ ⟨jmdm.⟩ g. *⟨jmdm. gegenüber⟩ Groll empfinden;* jmdm. wesen etwas g.; er zog sich ~d zurück *voller Groll*

Groom ⟨[grum] m.9; engl. Bez. für⟩ **1** *Reitknecht* **2** *Diener* [< mengl. *grome*, eben "Bursche", wahrscheinlich < altfrz. *grome*, *gromet* "Diener"]

Grop|pe ⟨f.11⟩ *räuberisch lebender kleiner Grundfisch (meist des Salzwassers);* Syn. *Kaulkopf, Koppe*

Gros[1] ⟨[gro] n., -, -⟩ [gro] oder [gros]⟩ *Hauptmasse, größerer Teil (einer Personengruppe);* das G. der Truppe zog ab; das G. des Publikums applaudierte [< frz. *gros* "groß, zahlreich", < lat. *grossus* "dick"]

Gros[2] ⟨[grɔs] n., -, -⟩ *zwölf Dutzend, 144 Stück* [< frz. *grosse* (douzaine) "großes (Dutzend)"]

Gro|schen ⟨m.7⟩ **1** *alte deutsche Silbermünze* **2** ⟨in Österr.; Abk.: g⟩ *kleinste Scheidemünze, 1/100 Schilling* **3** ⟨ugs.⟩ *Zehn-Pfennig-Stück;* ist der G. endlich gefallen? *hast du es endlich begriffen?;* bei ihm fällt der G. langsam, pfenningweise *er versteht sehr begriff;* meine paar G. *mein weniges Geld* [< tschech. *groš*, → *Grosz*]

Gro|schen|blatt ⟨n.4⟩ *anspruchslose, auf Sensationen eingestellte, billige Zeitung*

Gro|schen|heft ⟨n.1⟩ *anspruchsloser, billiger Roman in Heftform*

gro|schen|wei|se ⟨Adv.⟩ **1** *in einzelnen Groschen* **2** ⟨übertr., ugs.⟩ *nach und nach;* bei ihm kommt die Einsicht, Vernunft g.

groß ⟨Adj., größer, am größten⟩ **1** *umfangreich, ziemlich ausgedehnt, ziemlich lang und/oder breit, ziemlich hoch;* Ggs. *klein (1);* eine ~e Wohnung; ein ~es Stück; ein ~er Teil; ~e Augen machen *erstaunt sein;* der Junge ist g. für sein Alter; dort steht es g. und breit geschrieben **2** *in Form und Ausdehnung bes. hervorgehoben;* ~er Buchstabe, ~er Anfangsbuchstabe; ein Wort g. schreiben *mit großem Anfangsbuchstaben* **3** *eine erhebliche Anzahl umfassend, aus vielen Einzelteilen bestehend;* eine ~e Menge; eine ~e Summe; er verkauft seine Waren nur im ~en *nur in großen Mengen* **4** *aus vielen Personen bestehend;* einen ~en Bekanntenkreis haben; die ~e Familie; ~e Koalition *Koalition der beiden stärksten Parteien (im Parlament);* die ~e Masse der Bevölkerung, die Mehrheit; ein ~er Teil der Zuhörer **5** *erheblich, viel;* ~e Ausdauer, Angst haben; ~en Mut besitzen **6** *lang dauernd, länger dauernd als der übrigen;* in ~en Ferien; in der ~en Pause; eine ~e Wanderung machen **7** *älter;* mein ~er Bruder; die größeren Kinder durften mitfahren; unser Großer ist schon verheiratet *unser ältester Sohn* **8** *erwachsen;* sie haben schon ~e Kinder **9** *stark, heftig spürbar, viel;* ~en Hunger, Durst haben; ~e Freude, ~e Kälte; ~er Lärm; ich habe (keine) ~e Lust; sie war seine ~e Liebe *die Frau, die er am meisten geliebt hat* **10** *hervorragend, befähigt, viel könnend, hervorragend;* ~er Dichter, Maler, Staatsmann; er war ein ~er Mensch; er ist ein, keinen ~er Geist **11** *wichtig;* ein ~er Augenblick, Tag; eine ~e Erfindung, Entdeckung machen; das spielt eine, keine ~e Rolle **12** *von hohem Wert;* eine ~e Erbschaft; ich habe nur ~es Geld bei mir *nur Scheine von höherem Wert;* ein ~es Vermögen; ~e Worte machen; sie spielt die ~e Dame **14** *mit viel Aufwand, sehr festlich;* ein ~es Fest; sein Geburtstag wurde g. gefeiert; heute gehen wir mal g. aus ⟨ugs.⟩ **15** *hauptsächlich, wesentlich;* die ~e Linie seiner Politik; im ~en und ganzen *insgesamt, ohne Einzelheiten zu berücksichtigen* **16** *großartig;* das ist ganz g.; jetzt steht er g. da *jetzt wird er von allen bewundert;* das ist ~e Klasse *das ist großartig* **17** ⟨als Adv.; ugs.⟩ *besonders, viel;* ich habe nicht g. darauf geachtet, mich nicht g. darum gekümmert; was ist da schon g. dabei?; was soll ich g. darüber reden?

Groß|ad|mi|ral ⟨m.1; Mär. bis 1945⟩ *höchster Generalsrang*

groß|ar|tig ⟨Adj.⟩ **1** *durch große Ausmaße und schöne Gestaltung beeindruckend;* ein ~es Bauwerk; eine ~e Komposition **2** *bewunderungswürdig, ausgezeichnet, hervorragend;* er ist wirklich ein ~er Künstler, Lehrer; das hast du g. gemacht **Groß|ar|tig|keit** ⟨f., -, nur Sg.⟩

Groß|be|trieb ⟨m.1⟩ **1** *Industriebetrieb mit mehr als etwa 1000 Beschäftigten und/oder 1 Milliarde Umsatz pro Jahr;* Syn. *Großunternehmen* **2** *landwirtschaftlicher Betrieb mit mehr als 100 ha Land*

Groß|buch|sta|be ⟨m.15⟩ *durch Form und Größe hervorgehobener Buchstabe;* Ggs. *Kleinbuchstabe, Gemeine(r)*

Groß|bür|ger|tum ⟨n., -s, nur Sg.⟩ *Gesamtheit der Bürger des oberen Mittelstandes*

Grö|ße ⟨f.11⟩ **1** *Umfang, Ausdehnung, Länge, Höhe und/oder Breite;* die G. eines Bauwerkes; ein Schrank von drei G.; Schuhe, Kleidung in allen ~n; ich brauche ein Kleid in einer kleinen G. **2** *Wert, Zahl (Rechen~);* physikalische ~n; unbekannte G. **3** *Ausmaß, Tragweite;* die G. des Unglücks ist noch nicht erkennbar 4 *Bedeutung, Wichtigkeit;* sich der G. des Augenblicks bewußt sein; die G. dieses Dichters ist noch gar nicht bekannt 5 *bedeutende, berühmte Persönlichkeit;* er ist eine G. in seinem Fach; dort treffen sich alle ~n der Wissenschaft 6 *Großzügigkeit, Hochherzigkeit;* jetzt zeigt sich erst die G. seiner Gesinnung, seiner Tat

Groß|el|tern ⟨nur Pl.⟩ *Eltern der Mutter bzw. des Vaters;* meine G. mütterlicher-, väterlicherseits

Groß|en|kel ⟨m.5; †⟩ *Urenkel*

Grö|ßen|klas|se ⟨f.11; Zeichen: m oder M (hochgestellt)⟩ *Maßeinheit für die scheinbare und die absolute Helligkeit eines Sternes*

Grö|ßen|ord|nung ⟨f.10⟩ *Bereich, in dem sich bestimmte Zahlenangaben bewegen;* der Durchschnitt liegt in einer G. von etwa zehn Stunden, zehn Metern; die Einwohnerzahlen beider Städte liegen in der gleichen G.

gro|ßen|teils ⟨Adv.⟩ *zum großen Teil*

Grö|ßen|ver|hält|nis ⟨n.1⟩ *Verhältnis im Hinblick auf die Größe;* beide Strecken stehen in einem G. von eins zu zwei zueinander

Grö|ßen|wahn ⟨m., -(e)s, nur Sg.⟩ *wahnhafte Selbstüberschätzung;* Syn. *Megalomanie*

grö|ßen|wahn|sin|nig ⟨Adj., Steig. nur ugs.⟩ *an Größenwahnsinn leidend;* Syn. *megaloman*

grö|ße|ren|teils ⟨Adv.⟩ *zum größeren Teil*

Groß|fa|mi|lie ⟨f.11⟩ *mehrere Generationen umfassende, eine wirtschaftliche Einheit bildende Familie;* Ggs. *Kleinfamilie*

Groß|fo|lio ⟨n., -s, nur Sg.; Abk.: Gr. -2°⟩ *großes Folioformat*

Groß|fürst ⟨m.10⟩ 1 ⟨im zaristischen Rußland⟩ a ⟨Titel für⟩ *Fürst* b ⟨seit 1886 Titel für⟩ *Sohn, Enkel, Bruder des Zaren* 2 ⟨früher in Finnland, Litauen, Polen, Siebenbürgen Titel für den⟩ *Herrscher*

Groß|grund|be|sitz ⟨m., -es, nur Sg.⟩ *Grundbesitz über 100 ha*

Groß|han|del ⟨m., -s, nur Sg.⟩ *Handel mit Waren in großen Mengen, Verkauf von Waren an Wiederverkäufer;* Syn. *Einzelhandel*

Groß|händ|ler ⟨m.5⟩ *Händler im Großhandel;* Syn. *Großkaufmann, Grossist;* Ggs. *Einzelhändler*

Groß|hand|lung ⟨f.10⟩ *Geschäft eines Großhändlers* (Tuch~; Wein~)

groß|her|zig ⟨Adj.⟩ *freigebig, edelmütig*

Groß|her|zig|keit ⟨f., -, nur Sg.⟩

Groß|her|zog ⟨m.2; Titel für⟩ *Fürst im Rang zwischen Herzog und König*

Groß|hirn ⟨n.1⟩ → *Zerebrum*

Groß|hun|dert ⟨n.1⟩ *altes Zählmaß im Holzhandel, 10 Dutzend, 120 Stück*

Groß|in|du|strie ⟨f.11⟩ 1 *Industriezweig, der Waren in bes. großer Menge herstellt* 2 *Gesamtheit dieser Industriezweige*

Groß|in|du|stri|el|le(r) ⟨m.17 oder 18⟩ *Inhaber oder Leiter eines oder mehrerer Betriebe der Großindustrie*

Groß|in|qui|si|tor ⟨m.13⟩ *oberster Richter der spanischen Inquisition*

Gros|sist ⟨m.10⟩ *Großhändler* [französisierende, im Frz. nicht übliche Bildung zu frz. *gros,* „Hauptteil, Hauptmasse", auch „Großhandel", → *Gros*]

groß|jäh|rig ⟨Adj., o.Steig.⟩ *nur als Attr. und mit „sein" und „werden"⟩ → mündig* **Groß|jäh|rig|keit** ⟨f., -, nur Sg.⟩

Groß|kampf|schiff ⟨n.1⟩ *gepanzertes, mit schwerster Artillerie bestücktes Kriegsschiff*

Groß|kampf|tag ⟨m.1; Mil.⟩ 1 *Tag, an dem große (Wett-)Kämpfe stattfinden* 2 ⟨übertr., scherzh.⟩ *Tag, an dem man bes. viel Arbeit hat*

Groß|ka|pi|tal ⟨n., -s, nur Sg.⟩ *Gesamtheit aller kapitalistischen Großunternehmen*

Groß|ka|pi|ta|lis|mus ⟨m., -, nur Sg.⟩ *Wirtschaftssystem, Herrschaft des Großkapitals*

Groß|ka|pi|ta|list ⟨m.10⟩ *Vertreter des Großkapitals*

Groß|kat|ze ⟨f.11⟩ *(wildlebende) große Katze* (bes. Löwe, Tiger, Leopard, Jaguar, Puma, Gepard)

Groß|kauf|mann ⟨m., -(e)s, -leu|te⟩ → *Großhändler*

Groß|kind ⟨n.3; †⟩ *Enkelkind*

Groß|kli|ma ⟨n., -s, nur Sg.⟩ *das Klima großer Gebiete;* Syn. *Makroklima;* Ggs. *Mikroklima*

Groß|kopf|er|te(r) ⟨m.17 oder 18; bayr.⟩ *Angehöriger der höheren Gesellschaftsklasse*

groß|kot|zig ⟨Adj.; derb⟩ *anmaßend, prahlerisch, großspurig*

Groß|kreis ⟨m.1⟩ 1 ⟨Math.⟩ *auf einer Kugeloberfläche darstellbarer Kreis, dessen Mittelpunkt mit dem der Kugel zusammenfällt* 2 ⟨Geogr.⟩ *Kreis auf der Erdkugel, dessen Mittelpunkt im Erdmittelpunkt liegt*

Groß|li|bel|le ⟨f.11⟩ *Libelle mit Hinterflügeln, die größer als die Vorderflügel sind*

groß|ma|chen ⟨V.1, hat großgemacht; refl.; ugs.⟩ *sich g. sich wichtig tun, prahlen, aufschneiden*

Groß|macht ⟨f.2⟩ *Staat, der infolge seiner Macht maßgebenden Einfluß auf andere Staaten ausüben kann*

groß|mäch|tig ⟨Adj.⟩ 1 ⟨†⟩ *sehr mächtig;* ⟨noch in poet. Anreden⟩ ~ste Prinzessin! 2 ⟨noch scherzh.⟩ *sehr groß und unhandlich;* ein ~es Gepäckstück; ein ~er Teddybär

Groß|ma|ma ⟨f.9⟩ → *Großmutter*

Groß|manns|sucht ⟨f., -, nur Sg.⟩ *übersteigerter Drang nach Ansehen, Geltung, Einfluß*

Groß|mars ⟨m.1⟩ *Mastkorb am Hauptmast*

Groß|mast ⟨m.10⟩ *bei vollgetakelten Segelschiffen⟩ zweiter Mast von vorn*

Groß|maul ⟨n.4⟩ *jmd., der sich auf plumpe Weise wichtig tut, plumper Angeber*

groß|mäu|lig ⟨Adj.⟩ *in der Art eines Großmauls, sich plump wichtig tuend* **Groß|mäu|lig|keit** ⟨f., -, nur Sg.⟩

Groß|mo|gul ⟨m.14; 16.-19. Jh. in Vorderindien Titel für⟩ *Herrscher* [< pers. *mugul* „Mongole"; aufgrund ihrer urspr. tatarischen Herkunft wurden die Mogulkaiser anfangs fälschlich für Mongolen gehalten]

Groß|mut ⟨f., -, nur Sg.⟩ *edle Nachsicht, Milde*

groß|mü|tig ⟨Adj.⟩ *voller Großmut, aus Edelmut nachsichtig, mild;* jmdm. g. verzeihen

Groß|mut|ter ⟨f.6⟩ *Mutter des Vaters bzw. der Mutter;* Syn. *Großmama*

groß|müt|ter|lich ⟨Adj., o.Steig.⟩ 1 *von der Großmutter stammend;* das ist sein ~es Erbe 2 *in der Art einer guten Großmutter;* ~e *Liebe*

Groß|nef|fe ⟨m.11⟩ *Sohn des Neffen bzw. der Nichte*

Groß|nich|te ⟨f.11⟩ *Tochter des Neffen bzw. der Nichte*

Groß|ok|tav ⟨n., -s, nur Sg.; Abk.: Gr. -8°⟩ *großes Oktavformat*

Groß|on|kel ⟨m.5⟩ *Bruder der Großmutter bzw. des Großvaters*

Groß|pa|pa ⟨m.9⟩ → *Großvater*

Groß|quart ⟨n., -s, nur Sg.; Abk.: Gr. -4°⟩ *großes Quartformat*

Groß|raum|bü|ro ⟨n.9⟩ *Büro, dessen Abteilungen in einem Raum zusammengefaßt sind*

groß|räu|mig ⟨Adj.⟩ *mit großen Räumen versehen, aus großen Räumen bestehend*

Groß|rei|ne|ma|chen ⟨n., -s, nur Sg.; ugs.⟩ *gründliche Reinigung (einer Wohnung)*

Groß|schiff|fahrts|weg ⟨-ff|f-; m.1⟩ *System von Flüssen und Kanälen für große Schiffe*

groß|spre|che|risch ⟨Adj.⟩ *jmd., der großsprecherisch daherredet, Angeber*

groß|schnau|zig, groß|schnäu|zig ⟨Adj.; derb⟩ *in der Art einer Großschnauze*

groß|schrei|ben ⟨V.127, hat großgeschrieben; mit Akk.; übertr.⟩ *eine Sache g. einer Sache große Bedeutung, große Wichtigkeit beimessen, sie als sehr wichtig behandeln*

Groß|schrei|bung ⟨f., -, nur Sg.⟩ *Schreibung bestimmter Wörter mit großem Anfangsbuchstaben;* Ggs. *Kleinschreibung*

Groß|se|gel ⟨n.5⟩ *unterstes Segel am Großmast*

Groß|spre|cher ⟨m.5⟩ *jmd., der sich wichtig tut, der seine Taten und Fähigkeiten übertreibt, ins beste Licht stellt*

groß|spre|che|risch ⟨Adj.⟩ *in der Art eines Großsprechers*

groß|spu|rig ⟨Adj.⟩ → *breitspurig* (2)

Groß|spu|rig|keit ⟨f., -, nur Sg.⟩

Groß|stadt ⟨f.2⟩ *Stadt mit mehr als 100000 Einwohnern*

Groß|städ|ter ⟨m.5⟩ *Einwohner einer Großstadt*

groß|städ|tisch ⟨Adj.⟩ *zu einer Großstadt gehörend, in einer Großstadt üblich;* ~er Verkehr; ~es Leben

Groß|stadt|luft ⟨f., -, nur Sg.⟩ 1 *von Abgasen erfüllte Luft in einer Großstadt* 2 ⟨übertr.⟩ *weltoffene, geistig anregende Atmosphäre einer Großstadt;* wir wollen ein bißchen G. schnuppern

Groß|stein|grab ⟨n.4⟩ → *Megalithgrab*

Groß|stein|grä|ber|leu|te ⟨nur Pl.⟩ → *Megalithiker*

Groß|tan|te ⟨f.11⟩ *Schwester der Großmutter bzw. des Großvaters*

Groß|teil ⟨m.1⟩ *großer Teil;* ein G. der Bevölkerung

größ|ten|teils ⟨Adv.⟩ *zum größten Teil*

größt|mög|lich ⟨Adj., o.Steig.; nur als Attr.⟩ *so groß wie möglich, möglichst groß;* mit ~er Geschwindigkeit

Groß|tu|er ⟨m.5⟩ *der, (sich) großtut*

groß|tue|risch ⟨Adj.⟩ *sich großtuend, wichtigtuerisch*

groß|tun ⟨V.167, hat großgetan; mit Präp.-obj. oder refl.⟩ *sich g. wichtig, übertreibend von seinen Fähigkeiten, Verdiensten u.a. reden;* mit etwas g. *wichtigtuerisch von etwas reden;* er tut (sich) mit seinen Fähigkeiten, Verdiensten groß

Groß|un|ter|neh|men ⟨n.7⟩ → *Großbetrieb*

Groß|un|ter|neh|mer ⟨m.5⟩ *Inhaber eines Großunternehmens*

Groß|va|ter ⟨m.6⟩ *Vater der Mutter bzw. des Vaters;* Syn. *Großpapa*

groß|vä|ter|lich ⟨Adj.⟩ 1 ⟨o.Steig.⟩ *vom Großvater stammend;* das ist sein ~es Erbe 2 *in der Art eines guten Großvaters;* ~e *Liebe* 3 *in der Art eines Großvaters, ältlich aussehend, unjugendlich;* er ist, wirkt jetzt schon g.

Groß|vieh ⟨n., -(e)s, nur Sg.; Sammelbez. für⟩ *große landwirtschaftliche Nutztiere* (wie Rind und Pferd); Ggs. *Kleinvieh*

Groß|wet|ter|la|ge ⟨f., -, nur Sg.⟩ *Wetterlage über mehrere Tage in einem großen Gebiet*

Groß|wild ⟨n., -(e)s, nur Sg.⟩ *Gesamtheit großer jagdbarer Tiere* (z.B. Reh, Hirsch, Antilope, Gazelle, Nashorn, Großkatze, Bär)

groß|zie|hen ⟨V.187, hat großgezogen; mit Akk.⟩ *ernähren, pflegen und erziehen bis zum Erwachsensein;* sie hat fünf Kinder großgezogen; ein Tier g.; ein Reh mit der Flasche g.

groß|zü|gig ⟨Adj.⟩ 1 *nicht an Kleinigkeiten hängend, über (unnötige) Kleinigkeiten hinwegsehend, aus Überlegenheit nachsichtig;* er ist sehr g.; g. über jmds. Fehler, Ungeschick hinwegsehen 2 *freigebig, Kosten nicht scheuend;* g. jmds. Rechnung bezahlen; er hat sich immer g. gezeigt 3 *von Freigebigkeit zeugend;* ein ~es, ein g. bemessenes Trinkgeld 4 *mit großen, luftigen Räumen ausgestattet;* ein ~er Bau; eine ~e Anlage **Groß|zü|gig|keit** ⟨f., -, nur Sg.⟩

Grosz [grɔʃ] ⟨m., -, Groszy [grɔʃi]⟩ *polnische Währungseinheit,* 1/100 *Zloty* [< tschech. *groš,* < mlat. *denarius grossus* „dicker Pfennig, Dickpfennig"]

gro|tesk ⟨Adj.⟩ 1 *komisch-verzerrt;* eine ~e Figur, Darstellung 2 *unsinnig, lächerlich;* sein Verhalten, diese Maßnahme ist g.; es ist

Grotesk

g., zu glauben, man könne ... [< frz. *grotesque* „seltsam, lächerlich", < ital. *grottesco* „merkwürdig und unförmig, lächerlich", zu *grottesca* „merkwürdige, phantastische Malerei", zu *grotta* „Höhle im Berg oder unter der Erde, unterirdischer Teil eines Gebäudes"; *grotte* („Grotten") nannte man auch die mehrmals überbauten Ruinen des Goldenen Hauses des Nero in Rom; als man bei der Freilegung darin solche Malereien entdeckte, bezeichnete man sie deshalb als *grottesche* („Grotesken")]

Gro|tesk ⟨f., -, -schrif|ten⟩ → *Groteskschrift*

Gro|tes|ke ⟨f.11⟩ **1** derbkomische Dichtung in Prosa oder Versen **2** Ornament aus Rankenwerk mit figürlichen Motiven **3** komischer, karikierender Tanz

Gro|tesk|schrift ⟨f.10⟩ eine Druckschrift ohne Serifen

Gro|tesk|tanz ⟨m.2⟩ → *Groteske (3)*

Grot|te ⟨f.11⟩ Felsenhöhle [< ital. *grotta* „Höhle", über vulgärlat. *crupta*, *crypta*, < griech. *krypte* „unterirdisches Gewölbe"]

Grot|ten|olm ⟨m.1⟩ (unpigmentierter) rosaweißlicher Schwanzlurch mit Lunge und roten Kiemenbüscheln sowie rückgebildeten Augen

Grot|ten|werk ⟨n., -(e)s, nur Sg.⟩ Steine, Muscheln, Schneckenschalen u.ä. (als Verzierung der Wände einer Grotte); eine Höhle mit G. auskleiden

Groupie ⟨[gru-] n.9⟩ Mädchen, das versucht, mit seinem bewunderten Star oder einer Gruppe in Verbindung zu kommen, und zu einer Gruppe außerhalb der etablierten Gesellschaft gehört [engl., zu *group* „Gruppe"]

grub|ben ⟨V.1, hat gegrubbt⟩ → *grubbern*

Grub|ber ⟨m.5⟩ Gerät zum Lockern des Bodens; Syn. *Kultivator* [engl., → *grubbern*]

grub|bern ⟨V.1, hat gegrubbert; mit Akk.⟩ mit dem Grubber hacken

Grüb|chen ⟨n.7⟩ kleine Vertiefung in der Haut (z.B. auf den Wangen beim Lachen) [Verkleinerungsform zu *Grube*]

Gru|be ⟨f.11⟩ **1** (ausgegrabene oder eingedrückte) rundliche Vertiefung; eine G. im Boden; eine G. im Kissen; eine G. ausheben **2** → *Bergwerk*; in die G. fahren ⟨Bgb.; auch übertr.⟩ sterben **3** rundliche Vertiefung (Hals~)

Grü|be|lei ⟨f.10⟩ das Grübeln; sich nutzlosen ~en hingeben

grü|beln ⟨V.1, hat gegrübelt; o.Obj. oder mit Präp.obj.⟩ **1** sich lange und eingehend in Gedanken mit etwas beschäftigen, über etwas nachdenken; ich grübele die ganze Zeit, ob ich ...; über etwas ob **2** sich mit trüben, sorgenvollen Gedanken herumschlagen; du grübelst zuviel; ins Grübeln kommen

Gru|ben|au|ge ⟨n.14⟩ grubenförmig eingesenktes Sinnesepithel, das Lichtstrahlen aus verschiedenen Richtungen unterscheiden kann (z.B. bei Medusen und Schnecken)

Gru|ben|bahn ⟨f.10; Bgb.⟩ Schienenbahn mit Schmalspur-Gleisanlage zur Beförderung von Material und Personen

Gru|ben|be|wet|te|rung ⟨f.10⟩ Maßnahme zur Zufuhr von Frischluft und zur Ableitung verbrauchter Luft (in Bergwerken und Tunnelbauten)

Gru|ben|brand ⟨m.2⟩ Brand in einem Bergwerk

Gru|ben|feld ⟨n.3⟩ zu einer Grube (2) gehörendes Gebiet

Gru|ben|gas ⟨n.1⟩ Methan, das durch Vermoderung pflanzlicher Stoffe unter Luftabschluß entsteht und in Gruben (2) zusammen mit Luft ein hochexplosives Gemisch bildet; Syn. *Sumpfgas*

Gru|ben|holz ⟨n.4⟩ Gesamtheit der zum Ausbau in Bergwerken verwendeten Rundhölzer

Gru|ben|lam|pe ⟨f.11; Bgb.⟩ (meist in einen Schutzhelm eingebaute) Sicherheitslampe, bei der die Gase einer Benzinflamme durch ein engmaschiges Drahtnetz abgekühlt werden; Syn. *Geleucht*

Gru|ben|ot|ter ⟨f.11⟩ Giftschlange warmer Länder, die zwischen Nasenlöchern und Augen zwei Gruben als Temperatursinnesorgan hat (z.B. Klapperschlange)

Gru|ben|schmelz ⟨m., -es, nur Sg.⟩ → *Champlevé*; vgl. *Furchenschmelz, Zellenschmelz*

Gru|ben|wurm ⟨m.4⟩ Erreger der Hakenwurmkrankheit [früher bes. bei Grubenarbeitern häufig]

Grüb|ler ⟨m.5⟩ jmd., der viel grübelt (1)

Gru|de ⟨f., -, nur Sg.⟩ beim Verschwelen von Braunkohle zurückbleibender, feinkörniger Koks mit hohem Heizwert; Syn. *Grudekoks* (1; kurz für) → *Grudeherd*

Gru|de|herd ⟨m.1; früher⟩ mit Grude (1) beheizter Haushaltsherd; auch: ⟨kurz⟩ *Grude*

Gru|de|koks ⟨m., -es, nur Sg.⟩ → *Grude (1)*

grüe|zi ⟨Grußformel; schweiz.⟩ Guten Tag! [eigtl. „Grüß euch (Gott)"]

Gruft ⟨f.2⟩ **1** unterirdischer Bau als Grabstätte (Familien~) **2** noch offenes Grab; an jmds. G. stehen; einen Toten, einen Sarg in die G. hinabsenken

grum|meln ⟨V.1, hat gegrummelt; o.Obj.⟩ **1** leise, dumpf rollend tönen, leise donnern; in der Ferne grummelt es **2** leise, undeutlich und ärgerlich vor sich hinsprechen

Grum|met ⟨n.1⟩ Heu der zweiten Graserntе; auch: *Grumt*; Syn. *Nachmahd*, ⟨schweiz.⟩ *Emd*, ⟨südwestdt.⟩ *Öhmd* [zusammengezogen aus *Grünmahd*]

Grum|pen ⟨m.7; beim Tabak⟩ Bodenblatt

Grumt ⟨n.1⟩ → *Grummet*

grün ⟨Adj.⟩ **1** in der Farbe jungen Laubes, Grases, junger Pflanzen; die Bäume werden schon g.; ~es Licht Zeichen an der Verkehrsampel zur freien Fahrt; ⟨übertr.⟩ Handlungsfreiheit; wir haben für unser Vorhaben ~es Licht bekommen; jmdn. g. und blau schlagen so schlagen, daß er blaue und grüne Flecke bekommt; ~e Weihnachten Weihnachten ohne Schnee; ~e Welle Verkehrsregelung in der Art, daß Autofahrer, die in einem bestimmten Tempo fahren, auf gerader Strecke an jeder Ampel grünes Licht erhalten und ohne Aufenthalt durchfahren können **2** mit frischem Gras bedeckt, von Bäumen und Sträuchern bewachsen; ~e Hügel; ~e Wiesen; die ~e Grenze Grenzgebiet außerhalb der bewachten Grenzübergänge; über die ~e Grenze gehen illegal die Grenze überschreiten; ~e Witwe ⟨ugs., scherzh.⟩ Ehefrau, deren Mann beruflich im Stadtzentrum beschäftigt ist und sich in ihrer Wohnung in der Vorstadt oder in einer Trabantenstadt ⟨im Grünen⟩ tagsüber einsam fühlt **3** frisch, jung; ~e Äpfel unreife Äpfel; ~es Gemüse; ~es Holz; ~e Heringe; ~er Salat *Kopfsalat*; komm an meine ~e Seite! an meine linke Seite (wo das Herz ist, also an die lebensvolle Seite); sie ist ihm nicht g. *sie kann ihn nicht bes. gut leiden* [eigtl. wohl „sie steht ihm nicht frisch, lebendig, froh, nicht jung und voreingenommen gegenüber"] **4** geistig, seelisch unreif; ~er Junge; er ist noch ziemlich, reichlich g.

Grün ⟨n., -s, -(s)⟩ **1** grüne Farbe; vgl. *Blau*; die Ampel zeigt G. steht auf G. *das ist fast genau dasselbe* **2** Pflanzentriebe, Blattspitzen; das erste G. im Frühjahr; das junge G. an den Bäumen; bei Mutter G. schlafen ⟨im Freien übernachten⟩; ins ~ fahren *in die freie Natur* **3** frische Kräuter (Suppen~); etwas ~es an die Suppe, Soße tun **4** eine Farbe (im deutschen Kartenspiel); Syn. ⟨süddt.⟩ *Gras*; G. ausspielen

Grün|an|la|ge ⟨f.11; in Ortschaften⟩ parkähnliche Fläche (mit Rasen, Bäumen, Blumen)

grün|blau ⟨Adj., o.Steig.⟩ blau mit grünem Schimmer

Grün|blind|heit ⟨f., -, nur Sg.⟩ Form der Farbenblindheit, bei der Grün nicht oder nur schlecht erkannt werden kann

Grün|buch ⟨n.4⟩ mit grünem Umschlag versehenes → *Farbbuch (Italiens)*

Grund ⟨m.2⟩ **1** Boden, Erdboden; der G. ist hier moorig, feucht; ich finde, habe keinen G. mehr (beim Schwimmen); er besitzt 1000 ha G.; auf eigenem G. und Boden ⟨verstärkend⟩; das Schiff ist auf G. gefahren, gelaufen; einer Sache auf den G. gehen *eine Sache genau untersuchen*; jmdn. in G. und Boden verdammen *völlig verdammen*; sich in G. und Boden schämen *sich sehr schämen* **2** Talboden (Wiesen~), Boden (eines Gefäßes); auf dem G. des Bechers; in einem kühlen ~e **3** Unterlage, Grundlage, Boden (auf dem eine Sache aufbauen kann), Fundament; den G. zu einer Sammlung, zu einer Geldanlage legen **4** ⟨Mal.⟩ Untergrund, Hintergrund (Gold~); **5** Tiefe, Innerstes; im ~e seines Herzens ist er ein guter Kerl; ich verabscheue so etwas aus tiefstem ~e; im ~e ⟨genommen⟩ *eigentlich, wenn man es genau betrachtet* **6** Ursache, Anlaß, Begründung; Gründe und Gegengründe anführen; kannst du mir einen ⟨vernünftigen⟩ G. angeben, warum du ...?; ich habe keinen G., mich zu beklagen; du mußt doch einen G. gehabt haben, das zu tun; aus dem ist G. deswegen, um Gegenmaßnahmen zu ergreifen; ich hatte meine Gründe, ich hatte zwingende Gründe, abzusagen; auf G., ⟨auch⟩ aufgrund von, veranlaßt durch; auf der Grundlage von; auf G. eines Verdachtes; auf G. von Beweisen; er hat aus unerfindlichen Gründen abgesagt; aus diesem kühlen ~e ⟨ugs.⟩ *deshalb* [in scherzh. Anlehnung an *Grund (2)*]; er hat mit gutem G. geschwiegen

grund... ⟨in Zus.⟩ *sehr, durch und durch*, z.B. *grundanständig*

Grund... ⟨in Zus.⟩ **1** *grundlegend*, z.B. *Grundbedeutung* **2** *ursprünglich*, z.B. *Grundbedeutung*

Grund|ak|kord ⟨m.1⟩ Akkord auf dem Grundton (einer Tonleiter)

Grund|an|gel ⟨f.11⟩ Angel, bei der ein beschwerter Köder auf dem Gewässergrund liegt

Grund|aus|bil|dung ⟨f.10⟩ Anfangsausbildung des Rekruten, die ihm die Grundlagen des Militärdienstes vermitteln soll

Grund|bau **1** ⟨m., -(e)s, nur Sg.⟩ alle mit der Gründung von Bauwerken zusammenhängenden Arbeiten **2** ⟨m., -(e)s, -bau|ten⟩ das Bauwerk selbst

Grund|be|griff ⟨m.1⟩ grundlegender Begriff, Sachverhalt, auf dem sich Weiteres aufbaut; die ~e einer Wissenschaft

Grund|be|sitz ⟨m.1⟩ → *Grundeigentum*

Grund|be|sit|zer ⟨m.5⟩ → *Grundeigentümer*

Grund|buch ⟨n.4⟩ amtliches öffentliches Verzeichnis aller Grundstücke eines Bezirks mit den Namen der Eigentümer sowie eventuellen Belastungen

Grund|ei|gen|tum ⟨n., -s, nur Sg.⟩ Grund, Grundstück (einschließlich der darauf stehenden Gebäude) als Eigentum

Grund|ein|heit ⟨f.10⟩ einem Maßsystem zugrunde gelegte Einheit, von der weitere abgeleitet werden können oder sind

Grund|eis ⟨n., -es, nur Sg.⟩ bei starker Durchmischung und Abkühlung gebildetes Eis an Sohlen und Böschungen (von Binnengewässern); ihm geht der Arsch auf, mit G. ⟨derb, bes. Mil.⟩ *er hat Angst*

Grün|del ⟨f.11⟩ bodenbewohnender, kleiner Fisch mit dicht beieinanderstehenden Augen und Bauchflossen, die zu einer Saugscheibe verwachsen sind (überwiegend an Meeresküsten) [zu *Grund*]

grün|deln ⟨V.1, hat gegründelt; o.Obj.; von manchen Wassertieren⟩ mit Kopf und Oberkörper ins Wasser tauchen und auf dem Grund des Gewässers nach Nahrung suchen; die Ente gründelt

grün|den ⟨V.2, hat gegründet⟩ **I** ⟨mit Akk.⟩ **1** etwas g. *die Grundlage für etwas schaffen, etwas ins Leben rufen;* ein Unternehmen, eine Partei, einen Verein g.; eine Familie g. *sich verheiraten und Kinder zeugen* **2** etwas auf etwas g. *etwas auf etwas stützen;* ich gründe meine Hoffnung nur noch darauf, daß ...; ihr Glaube gründet sich auf die Tatsache, daß ... **II** ⟨mit Präp.obj.⟩ auf etwas g. *auf etwas als Grundlage stehen, sich auf etwas als Grundlage stützen,* die Theorie gründet auf dem Prinzip, daß ...

Grün|der ⟨m.5⟩ *jmd., der etwas gegründet hat;* der G. unseres Vereins

Grün|der|jah|re ⟨Pl.⟩, **Grün|der|zeit** ⟨f., -, nur Sg.⟩ *die Jahre nach 1871, in denen aufgrund wirtschaftlichen Aufschwungs viele Unternehmen gegründet wurden*

Grund|far|be ⟨f.11⟩ **1** *Farbe, die den Untergrund bildet* **2** *Farbe, die (unter mehreren Farben) am stärksten vertreten ist*

Grund|fe|ste ⟨f.11⟩ *fester, tragender Unterbau, feste Grundlage;* er ist in den ~n seiner Überzeugung erschüttert worden

Grund|flä|che ⟨f.11⟩ *Fläche, auf der ein Körper ruht, die Grundlage bildende Fläche*

Grund|form ⟨f.10⟩ **1** *ursprüngliche Form, Form, aus der sich weitere Formen ableiten* **2** ⟨Gramm.⟩ → *Infinitiv*

Grund|ge|bir|ge ⟨n.5⟩ *ältere untere Gesteinsmasse eines Gebirges (manchmal auch zutage tretend)*

Grund|ge|bühr ⟨f.10⟩ *feste Gebühr (für eine technische Einrichtung), die in jedem Fall zu zahlen ist und zu der je nach Inanspruchnahme weitere Gebühren kommen*

Grund|ge|halt I ⟨n.4⟩ *festes, gesichertes Gehalt (ohne Zuschläge oder Prämien)* **II** ⟨m., -(e)s, nur Sg.⟩ *das Wesentliche, wesentlicher Inhalt (eines Romans, einer Theorie)*

Grund|ge|setz ⟨n.1⟩ **1** *grundlegendes, wichtiges Gesetz* **2** ⟨Abk.: GG⟩ *Verfassung (eines Staates),* bes. der BRD

Grund|hal|tung ⟨f.10⟩ **1** *anfängliche Haltung, Stellung, aus der heraus Veränderungen oder Bewegungsabläufe entwickelt werden* **2** *innere Einstellung (eines Menschen);* er hat eine zutiefst moralische G.

Grund|herr ⟨m., -(e)s, -(e)n⟩ *jmd., der die Grundherrschaft ausübt*

Grund|herr|schaft ⟨f., -, nur Sg.⟩ *Herrschaft eines Grundeigentümers über Menschen, die auf seinem Grund und Boden ansässig und ihm meist zu Arbeitsleistungen verpflichtet sind*

grun|die|ren ⟨V.3, hat grundiert; Mal.⟩ die Leinwand g. *die Grundfarbe auf die Leinwand auftragen*

Grund|ka|pi|tal ⟨n., -s, -li|en⟩ *in Aktien aufgeteiltes Stammkapital eines Wirtschaftsunternehmens*

Grund|la|ge ⟨f.11⟩ *etwas, worauf man etwas anderes aufbauen kann, woraus etwas entstehen kann;* eine kleine Erbschaft bildete die G. seines späteren Vermögens; die G. für ein Unternehmen, für eine Verhandlung schaffen; er hat sich mit seiner praktischen Arbeit schon eine gute G. für eine Ausbildung geschaffen; diese Behauptung entbehrt jeder G.; diese Behauptung kann nicht bewiesen werden, sie ist erfunden

grund|le|gend ⟨Adj., o.Steig.⟩ **1** *die Grundlage für etwas bildend, als Grundlage dienend;* eine ~ e Arbeit; diese Arbeit war g. für die weitere Entwicklung der Sprachwissenschaft **2** *entscheidend, sehr wichtig;* ein ~ er Unterschied

Grund|le|gung ⟨f., -, nur Sg.⟩ *Schaffung der Grundlage (für etwas)*

gründ|lich ⟨Adj.⟩ **1** *sorgfältig (erarbeitet), sehr genau, alle Einzelheiten beachtend, erfassend;* eine ~ e Arbeit, Ausbildung; er hat auf diesem Gebiet ~ e Kenntnisse erworben; sie arbeitet sehr g.; jmdn. g. untersuchen **2** ⟨als Adv.; ugs.⟩ *sehr;* ich habe ihm g. die Meinung gesagt; damit hat er sich g. blamiert, geirrt; wir alle haben uns in ihm g. getäuscht

Gründ|lich|keit ⟨f., -, nur Sg.⟩ *Sorgfältigkeit, Genauigkeit, gründliches Arbeiten*

Gründ|ling ⟨m.1⟩ *kleiner Karpfenfisch mit Bartfäden, der am Grunde von Fließgewässern nach Nahrung sucht*

Grund|li|nie ⟨f.11⟩ **1** *unterste Linie (einer geometrischen Figur)* **2** ⟨Sport⟩ *hinterste Linie (des Spielfeldes)*

Grund|lohn ⟨m.2⟩ *fester, gesicherter Lohn (ohne Zuschläge oder Prämien)*

grund|los ⟨Adj.⟩ **1** (scheinbar) ohne Boden, ohne Grund; in ~er Tiefe **2** *ohne festen Untergrund, schlammig;* der Boden hier ist g. **3** *ohne (erichtlichen) Grund, ohne Ursache, ohne Begründung;* ein ~er Verdacht; sich g. aufregen; jmdn. g. beschuldigen

Grund|lo|sig|keit ⟨f., -, nur Sg.⟩

Grund|mau|er ⟨f.11⟩ *unter dem Erdboden liegende Mauer, die die Lasten eines Gebäudes auf den Baugrund überträgt*

Grund|mo|rä|ne ⟨f.11⟩ *an der Unterseite eines Gletschers abgelagerte Moräne*

Grund|nah|rungs|mit|tel ⟨n.5⟩ *(in der jeweiligen Kultur) grundlegendes Nahrungsmittel (in Mitteleuropa z.B. Brot, Kartoffeln, Milch und Fleisch)*

Grün|don|ners|tag ⟨m.1⟩ *Donnerstag vor Ostern [wahrscheinlich nach dem alten Brauch, an diesem Tag eine Suppe mit einer bestimmten Anzahl (sieben, neun oder zwölf) grüner Kräuter zu essen, um das Jahr über gesund zu bleiben]*

Grund|pfei|ler ⟨m.5⟩ **1** *stützender Pfeiler* **2** ⟨übertr.⟩ *starke Stütze;* einer der G. der Wissenschaft, des Staates

Grund|preis ⟨m.1⟩ *fester Preis, der in jedem Fall zu zahlen ist und der sich je nach Leistung, nach Inanspruchnahme noch erhöht*

Grund|re|chen|art ⟨f.11⟩ *jede der vier grundlegenden mathematischen Rechenarten mit Zahlen (Addition, Subtraktion, Multiplikation und Division)*

Grund|recht ⟨n.1⟩ *unverletzliches Recht des einzelnen Bürgers gegenüber dem Staat zum Schutz gegen staatliche Eingriffe (z.B. Freiheit der Person, moralische Gleichheit vor dem Gesetz)*

Grund|riß ⟨m.1⟩ **1** *Abbildung eines Körpers durch senkrechte Parallelprojektion auf eine waagerechte Ebene (z.B. ein Gebäudeplan)* **2** *Darstellung der Grundzüge (von etwas);* die Geschichte der Völkerwanderung im G.

Grund|satz ⟨m.1⟩ **1** *feste Regel (als Richtschnur des Denkens, Handelns);* Grundsätze haben; seinen Grundsätzen folgen, treu bleiben; ethische, moralische Grundsätze **2** *allgemeingültige, unbestreitbare Wahrheit oder Tatsache (als Grundlage einer Erörterung)*

Grund|satz|ent|schei|dung ⟨f.10⟩ *Entscheidung, bei der es sich um Grundsätze handelt, bei der man sich zwischen Grundsätzen entscheiden muß*

grund|sätz|lich ⟨Adj., o.Steig.⟩ **1** *einen Grundsatz betreffend, auf einem Grundsatz beruhend;* das ist eine ~e Frage; ein ~er Unterschied; ich habe nichts dazu zu sagen **2** *im Grunde, im Prinzip (aber Ausnahmen zulassend);* g. bin ich der Meinung, daß ...; ich glaube zwar in diesem Fall daran, doch ...; ich habe g. nichts gegen freizügige Erziehung, aber dieses Verhalten geht mir zu weit

Grund|schein ⟨m.1⟩ *Schein, der Grundkenntnisse bestätigt (z.B. im Rettungsschwimmen)*

Grund|schlepp|netz ⟨n.1; Hochseefischerei⟩ *von einem Schiff über den Gewässergrund gezogenes Netz, mit dem Fischschwärme in großer Tiefe gefangen werden können*

Grund|schuld ⟨f.10⟩ *finanzielle Belastung eines Grundstücks zur Absicherung einer Forderung*

Grund|schu|le ⟨f.11⟩ *vierjährige allgemeinbildende Pflichtschule, deren Besuch Voraussetzung für das Eintreten in eine weiterbildende Schule ist;* Syn. (†)

Grund|schwin|gung ⟨f.10⟩ *niedrigste Frequenz, mit der ein System schwingen kann*

Grund|schwung ⟨m.2; Skisport⟩ *grundlegende Technik der schwunghaften Richtungsänderung*

Grund|see ⟨f.11⟩ *gefährliche See über Untiefen (durch Brandung bei schnell ansteigendem Meeresboden hervorgerufen)*

grund|stän|dig ⟨Adj., o.Steig.; Bot.⟩ *an der Sproßbasis entspringend*

Grund|stein ⟨m.1⟩ **1** *erster Stein, der beim Bauen (feierlich) verlegt wird* **2** ⟨übertr.⟩ *Anfang von etwas, das erweitert werden soll;* den G. zu einer Sammlung legen

Grund|stein|le|gung ⟨f.10⟩ *feierliches Verlegen des Grundsteines*

Grund|stel|lung ⟨f.10⟩ *grundlegende Stellung vor Beginn (einer Übung, eines Schachspiels)*

Grund|steu|er ⟨f.11⟩ *auf einem Grundstück liegende Steuer*

Grund|stock ⟨m.2⟩ *Bestand, Menge als Grundlage, auf der aufgebaut werden kann;* seine kleinen Ersparnisse waren der G. zu seinem Vermögen, für sein Vermögen

Grund|stoff ⟨m.1⟩ **1** → *Element* **2** → *Rohstoff* **3** *zum Ausgangsstoff eines weiteren Arbeitsprozesses aufbereitetes Erzeugnis (z.B. Messing aus der Legierung von Kupfer und Zink)*

Grund|stoff|in|du|strie ⟨f.11⟩ *Gesamtheit der Betriebe zur Gewinnung von Rohstoffen*

Grund|stück ⟨n.1⟩ *begrenztes Stück Land, das sich in jmds. Eigentum befindet*

Grund|stu|di|um ⟨n., -s, -di|en⟩ *erster Teil eines Studiums, in dem die Grundlagen des betreffenden Faches vermittelt werden*

Grund|stu|fe ⟨f.11⟩ *unterste Stufe der Grundschule (3. und 4. Schuljahr);* meine Tochter absolviert gerade die G.

Grund|ton ⟨m.2⟩ **1** *erster Ton (einer Tonleiter)* **2** *unterster Ton (eines aus Terzen aufgebauten Akkords)*

Grund|übel ⟨n.5⟩ *Übel, aus dem weitere Übel hervorgehen*

Grund|um|satz ⟨m., -es, nur Sg.⟩ *Energieumsatz des nüchternen, ruhig liegenden Menschen kurz nach dem Erwachen (bei Fernhaltung aller Außenreize (bezogen auf 24 Stunden 7106 Joule)*

Grün|dung ⟨f.10⟩ **1** *das Gründen, das Gegründetwerden;* G. einer Familie, eines Vereins **2** *tragender Teil (eines Bauwerks), der in den Boden eingelassen ist*

Grün|dün|gung ⟨f., -, nur Sg.⟩ *das Einpflügen von Grünteilen und Wurzeln in den Boden*

Grund|was|ser ⟨n., -s, nur Sg.⟩ *(durch Versickern in wasserdurchlässigen Schichten) in den Boden eingedrungenes Wasser bis zu einer undurchlässigen Schicht;* Syn. Unterwasser

Grund|was|ser|spie|gel ⟨m.5⟩ *Oberfläche des Grundwassers*

Grund|wehr|dienst ⟨m.1⟩ *erster und längster Teil des Wehrdienstes (15 Monate in der Bundeswehr, 6 Monate im österreichischen Bundesheer)*

Grund|wort ⟨n.4⟩ *zweiter Teil eines zusammengesetzten Wortes, der durch den ersten Teil, das Bestimmungswort, näher bestimmt wird, z.B. „Baum" in „Nadelbaum"*

Grund|wort|schatz ⟨m.2⟩ *Teil einer Sprache, der die grundlegende Verständigung ermöglicht*

Grund|zahl ⟨f.10⟩ → *Kardinalzahl;* Ggs. Ordnungszahl

Grund|zug ⟨m.2⟩ **1** *wichtigste, bes. kennzeichnende Eigenschaft;* ein G. seines Charakters ist Großzügigkeit **2** *wichtiger, grund-*

Grüne

legender Teil; ich kenne diese Theorie nur in ihren Grundzügen

Grü|ne ⟨f., -, nur Sg.⟩ *grüne Farbe, Grünsein;* die G. der Wiesen

grü|nen ⟨V.1, hat gegrünt; o.Obj.⟩ *grün werden, grüne Triebe hervorbringen;* die Bäume g. schon; *es grünt überall* überall zeigen sich grüne Triebe

Grü|nen-Ab|ge|ord|ne|te(r) ⟨m.17 oder 18⟩ *Abgeordneter der Grünen,* → *Grüne(r)*

Grü|ne(r) ⟨m., f.17. oder 18⟩ *Angehörige(r) einer Partei, die sich bes. des Umweltschutzes annimmt;* die Grünen

Grü|ner|le, Grün-Er|le ⟨f.11⟩ *strauchige Erle der höheren Lagen im Gebirge*

Grü|nes ⟨n.17 oder 18⟩ *frische, grüne Kräuter, frisches, grünes Gemüse;* noch ein bißchen Grünes an den Salat tun; ich esse gern Grünes

Grün|fäu|le ⟨f., -, nur Sg.⟩ *durch Pilze hervorgerufene Fäulnis mit Grünfärbung des abgestorbenen Holzes*

Grün|fink ⟨m.10⟩ → *Grünling*

Grün|flä|che ⟨f.11; in Ortschaften⟩ *mit Pflanzen (bes. Gras) bedeckte Fläche*

Grün|fut|ter ⟨n., -s, nur Sg.⟩ *ungetrocknetes pflanzliches Futter (z.B. Klee, Luzerne)*

grün|gelb ⟨Adj., o.Steig.⟩ *gelb mit grünem Schimmer*

Grün|gür|tel ⟨m.5⟩ *ein Stadtgebiet umgebende Grünfläche*

Grün|horn ⟨n.4; eindeutschend für⟩ → *Greenhorn*

Grün|kern ⟨m., -(e)s, nur Sg.⟩ *Graupen aus halbreif geernteten und gedörrten Körnern des Dinkels;* Bratlinge aus G.

Grün|kohl ⟨m., -(e)s, nur Sg.⟩ *(im Winter geernteter) Gemüsekohl von grüner Farbe*

Grün|kreuz ⟨n., -es, nur Sg.⟩ *lungenschädliches Giftgas [nach der Kennzeichnung der Behälter]*

Grün|land ⟨n., -(e)s, nur Sg.⟩ *als Wiese oder Viehweide genutzte landschaftliche Fläche*

grün|lich ⟨Adj., o.Steig.⟩ *ein wenig grün, leicht grün*

Grün|ling ⟨m.1⟩ **1** *häufiger, olivgrüner Finkenvogel;* Syn. Grünfink **2** *eßbarer, grünlichgelber Pilz aus der Gruppe der Ritterlinge*

Grün|rock ⟨m.2; scherzh.⟩ *Förster, Jäger*

Grün|schna|bel ⟨m.6⟩ *unreifer junger Mensch, der alles besser zu wissen glaubt, vorlautes Kind* [grün im Sinne von ,,unreif"]

Grün|span ⟨m., -(e)s, nur Sg.⟩ *grüner Belag, der sich auf Kupfer- und Messinggegenständen bildet* [nach lat. *viride hispanum* ,,spanisches Grün", er wurde in Spanien als Farbstoff künstlich hergestellt]

Grün|specht ⟨m.1⟩ *oliv- und gelbgrün gefärbter Specht mit rotem Scheitel*

Grün|strei|fen ⟨m.7⟩ *schmaler, mit Pflanzen bedeckter Streifen neben der Fahrbahn oder zwischen Fahrbahnen*

grun|zen ⟨V.1, hat gegrunzt; o.Obj.⟩ **1** *rauhe, schnarchende Laute ausstoßen;* das Schwein grunzt **2** ⟨übertr., ugs.⟩ *kurz angebunden, mürrisch und undeutlich reden, antworten*

Grün|zeug ⟨n., -s, nur Sg.⟩ **1** ⟨oft scherzh.⟩ *eßbare Pflanzen (z.B. Kräuter, Suppengrün)* **2** ⟨scherzh.⟩ *junge Mädchen*

Grunz|och|se ⟨m.17; †⟩ → *Jak*

Grupp ⟨m.9⟩ *Paket aus Geldrollen* [< ital. *gruppo* in der veralteten Bedeutung ,,Klumpen, Knoten" (heute ,,Gruppe"), < fränk., got. *kruppa ,,runde Masse"]

Grup|pe¹ ⟨f.11⟩ **1** *kleine Menge von Personen;* eine G. von Kindern; in ~n zusammen **2** *lockere Vereinigung von Personen mit gleichen Interessen, gleichem Ziel* (Arbeits~, Jugend~, Reise~); zwei Mitglieder unserer G. **3** *kleine Menge zusammengehöriger Pflanzen, Tiere, Gegenstände* (Baum~, Raubtier~, Sitz~) **4** *kleinste Einheit einer Truppengattung*

Grup|pe², Grüp|pe ⟨f.11; nddt.⟩ *Wasser-, Abzugsgraben, Abzugsrinne*

Grup|pen|auf|nah|me ⟨f.11⟩ *fotografische Aufnahme einer Gruppe von Personen*

Grup|pen|bild ⟨n.3⟩ *Bild (Gemälde oder Fotografie) einer Gruppe von Personen*

Grup|pen|dy|na|mik ⟨f., -, nur Sg.; Psych.⟩ *Lehre von den Wechselbeziehungen zwischen den Mitgliedern einer sozialen Gruppe, ihren Verhaltensweisen usw.*

Grup|pen|feu|er ⟨n., -s, nur Sg.; Mil.⟩ *Feuerabgabe in Gruppen von Schüssen*

Grup|pen|sex ⟨m., -, nur Sg.; bes. in den späten 60er Jahren⟩ *sexuelle Aktivitäten unter mehreren Personen*

Grup|pen|theo|rie ⟨f.11⟩ *Teilgebiet der Algebra, das sich mit den Gesetzen der mathematischen Gruppen befaßt*

Grup|pen|the|ra|pie ⟨f.11⟩ *Behandlungsweise, bei der eine Gruppe von Personen im Gespräch mit einem Psychotherapeuten und untereinander sowie mit Methoden der Gruppendynamik zur Lösung innerer Konflikte kommen will*

grup|pie|ren ⟨V.3, hat gruppiert⟩ **I** ⟨mit Akk.⟩ *in eine Gruppe, in Gruppen zusammenstellen, ordnen;* Stühle in einem Raum g. **II** ⟨refl.⟩ sich g. *sich in Gruppen zusammenfinden, ordnen;* die Tänzer g. sich immer wieder neu

Grup|pie|rung ⟨f.10⟩ **1** *das Gruppieren* **2** *das Gruppiertsein, Angeordnetsein in Gruppen;* eine gelungene, wirkungsvolle G. von Statisten, Tänzern auf der Bühne **3** *Gruppe von Personen innerhalb einer Organisation, Partei o.ä. mit gleicher Zielsetzung*

Grus ⟨m.1⟩ **1** *durch Zerfall, infolge Verwitterung gebildeter, feiner, eckiger Schutt aus körnigem Gestein* **2** *grobkörniger Kohlenstaub* (Kohlen~)

Grüsch ⟨n., -(s), nur Sg.; schweiz.⟩ → *Kleie*

Gruscht ⟨n., -s, nur Sg.; schwäb.⟩ *wertloser Kram, unordentlich herumliegende Sachen* [zu *Gerüst, Ausrüstung*]

Gru|sel|film ⟨m.1⟩ *auf gruselige Wirkung berechneter Film*

gru|se|lig ⟨Adj.⟩ *zum Gruseln, so, daß es einen gruselt;* auch: *gruslig;* eine ~e Geschichte; ein ~er Anblick

gru|seln ⟨V.1, hat gegruselt; mit Dat. oder Akk., unpersönl., mit ,,es", auch refl.⟩ *es gruselt mich, (oder) mir, ich gruselte mich* ich empfinde leichte Furcht, mir läuft ein Schauer den Rücken hinunter; mich gruselt es, wenn ich nur daran denke; die Kinder g. sich im Dunkeln; da kann man das Gruseln lernen

Gru|si|cal ⟨[-kəl] n.9⟩ *Gruselfilm* [< *gruseln* und *Musical* gebildet]

gru|sig ⟨Adj., o.Steig.⟩ *wie Grus*

Gru|si|ni|er ⟨m.5⟩ → *Georgier*

gru|si|nisch ⟨Adj., o.Steig.⟩ → *georgisch;* ~er Tee

grus|lig ⟨Adj.⟩ → *gruselig*

Gruß ⟨m.2⟩ **1** *Worte und/oder Gebärden beim Begegnen und Verabschieden;* einen G. erwidern; sie tauschten einen freundlichen G.; jmdm. einen G. zunicken, zurufen, zuwinken; der letzte G. *militärischer G.; das Anlegen der Fingerspitzen an die Kopfbedeckung;* den Hut zum G. abnehmen, lüften **2** *Ausdruck freundlichen Gedenkens, der Verbundenheit (die durch jmdn. übermittelt wird);* jmdm. einen G. an jmdn. auftragen; sagen Sie Ihrer Frau einen G. von mir!; einen herzlichen, schönen G. an deinen Mann!; Herr X läßt dir einen G. ausrichten; ⟨auch als formelhafte Wendung am Schluß von Briefen⟩ herzliche Grüße!; mit freundlichen Grüßen **3** *kleine Gabe als Zeichen des Gedenkens;* das Buch ist ein G. von meiner Tochter für dich; ich schicke dir einen süßen G. *eine Süßigkeit als Zeichen des Gedenkens*

Gruß|adres|se ⟨f.11⟩ *offizielles Schreiben an eine Gruppe von Personen (die bei einer Veranstaltung anwesend sind) als Zeichen des Gedenkens, der Ermunterung u.ä.*

grü|ßen ⟨V.1, hat gegrüßt⟩ **I** ⟨ohne Obj. oder mit Akk.⟩ ⟨jmdn.⟩ *G. jmdm. ein paar Worte sagen oder zu jmdm. hin eine Gebärde machen (als Zeichen des Erkennens beim Begegnen sowie beim Verabschieden);* er grüßt immer sehr höflich; er grüßte mich zuerst; er grüßte mit einem Kopfnicken; wir kennen uns, aber wir g. uns nicht; ich grüße ihn von ihm ⟨ugs. für⟩ wir g. einander; ⟨als formelhafte Wendungen beim Begegnen oder am Schluß von Briefen⟩ Gott grüße dich!, ⟨abgekürzt⟩ grüß dich!, Grüß Gott!; sei herzlich gegrüßt! **II** ⟨mit Akk.⟩ *jmdn. g. jmdm. den Ausdruck freundlichen Gedenkens überbringen;* grüße Ihre Frau von mir!; ich soll dich von Herrn X g.; meine Eltern lassen herzlich g.

Gruß|fuß ⟨m.; nur in der ugs. Wendung⟩ *auf G. stehen;* wir stehen auf G. *wir kennen uns soweit, daß wir einander grüßen (wenn wir uns begegnen), aber wir haben noch nicht miteinander gesprochen*

gruß|los ⟨Adj., o.Steig.⟩ *nur als Attr. und Adv.⟩ ohne Gruß;* dieser ~e Abschied war peinlich; er ging g. hinaus

Grütz|beu|tel ⟨m.5⟩ *gutartige, erbsen- bis hühnereigroße Geschwulst, vorwiegend in der behaarten Kopfhaut;* Syn. Atherom

Grüt|ze ⟨f.11⟩ **1** *ausgehülste, geschrotete Körner in der Stärke zwischen Grieß und Graupen (aus Buchweizen, Hafer, Hirse, Gerste); gestampft zur Herstellung breiartiger Speisen);* rote G. *Gericht aus Grieß oder Sago, das in Johannisbeer- und Himbeersaft weichgekocht wird* **2** *Verstand;* er hat G., hat keine G. im Kopf; dazu braucht man ein bißchen mehr G. [urspr. bedeutete die Wendung *Grütze im Kopf haben* ,,keinen Verstand haben", d.h. ,,keinen feinen Verstand haben" oder ,,nur einen groben Verstand haben", im Hinblick auf die grobgemahlenen Getreidekörner der Grütze; allmählich wandelte sich dann *Grütze* zu ,,Verstand schlechthin"; vgl. *Grützkopf* ,,Dummkopf"]

Grütz|kopf ⟨m.2; ugs.⟩ *Dummkopf* [eigtl. ,,jmd., der Grütze im Kopf hat", vgl. *Grütze (2)*]

Grütz|wurst ⟨f.2⟩ *Wurst mit einer Füllung aus Wurstmasse und Grütze*

Gruy|ère ⟨[gryɛːr] m.9⟩ → *Greyerzer*

Gschaftl|hu|ber ⟨m.5; bayr.⟩ *jmd., der übertrieben betriebsam ist und sich dabei wichtig vorkommt* [zu *Gschaft* ,,kleines Geschäft" und zum häufigen Familiennamen *Huber*]

gscha|mig ⟨Adj., bayr.-österr.⟩ *sich leicht genierend, übertrieben schamhaft;* auch: ⟨verhochdeutscht⟩ *geschamig*

gschert ⟨Adj., bayr.-österr.⟩ auch: ⟨verhochdeutscht⟩ *geschert* **1** *mit negativen Charaktereigenschaften (z.B. wortbrüchig, verletzend)* **2** *ohne gute Umgangsformen, grob;* ein ~er Kerl; jmdn. g. behandeln [wörtl. ,,geschoren", weil die Bauern früher im Gegensatz zu den Adligen *geschorenes, kurzes Haar* trugen]

G-Schlüs|sel ⟨m.5⟩ → *Violinschlüssel*

Gschnas ⟨n., -(es), nur Sg.; österr.⟩ *wertloses Zeug*

Gschnas|fest ⟨n.1; österr.⟩ *Faschingsveranstaltung (Wiener Künstler)*

gspa|ßig ⟨Adj., bayr.-österr.⟩ **1** *spaßig, lustig* **2** *eigenartig, seltsam*

Gspu|si ⟨n.9; bayr.⟩ **1** *(meist schnell vorübergehende) Liebschaft;* ein G. mit jmdm. haben **2** *Person, mit der man eine Liebschaft hat;* er ist ihr, sie sein G. [< ital. *sposo* ,,Bräutigam", *sposa* ,,Braut", zu *sposarsi* ,,sich verloben"]

Gstanzl ⟨n.14; bayr.-österr.⟩ *(meist vierzeiliges) lustig-spöttisches, in einer Art Sprechgesang vorgetragenes Lied* [zu *Stanze*]

Gua|jak|baum ⟨m.2⟩ *mittelamerikanischer*

Gupf

Baum aus der Familie der Jochblattgewächse mit sehr hartem, harzreichem Holz [karib.]

Gua|jak|harz ⟨n., -es, nur Sg.⟩ als harntreibendes Mittel sowie zur Gewinnung von Guajakol verwendetes Harz des Guajakbaumes

Gua|ja|kol ⟨n., -s, nur Sg.⟩ ein aromatischer Alkohol, Heilmittel gegen Lungenkrankheiten [< *Guajakharz* und *Alkohol*]

Gua|na|ko ⟨m.9⟩ wildlebende Stammform des Lamas (mit hell rotbraunem Fell) [Ketschua]

Gua|ni|din ⟨n., -s, nur Sg.⟩ eine starke organische Base (in biologisch wichtigen Verbindungen [zu *Guano*]

Gua|nin ⟨n., -s, nur Sg.⟩ Bestandteil des Nukleinsäuren [im Guano enthalten]

Gua|no ⟨m., -s, nur Sg.⟩ Kot von Seevögeln (in Peru und Chile), Düngemittel [< Ketschua *huano* „Dung"]

Gua|ra|ni I ⟨m.9 oder m., -, -⟩ Angehöriger einer indianischen Stammesgruppe in Paraguay und angrenzenden Gebieten II ⟨n., -s, nur Sg.⟩ deren Sprache

Gua|ra|ni ⟨m., -(s), -(s)⟩ Währungseinheit in Paraguay

Gu|ar|di|an ⟨m.1; bei den Franziskanern und Kapuzinern⟩ Klostervorsteher; Bruder G. [< mlat. *guardianus* „Schafhirt; Beschützer, Vormund", < germ. **warda* „Wache"]

Gu|ar|ne|ri ⟨f.9⟩ aus der Werkstatt der italienischen Geigenbauerfamilie G. (17./18.Jh.) stammende Geige

Gu|asch ⟨f.10; eindeutschende Schreibung für⟩ → *Gouache*

Gua|te|mal|te|ke ⟨m.11⟩ Einwohner von Guatemala

gua|te|mal|te|kisch ⟨Adj., o.Steig.⟩ Guatemala betreffend, zu ihm gehörig, aus ihm stammend

gucken ⟨-k|k-; V.1, hat geguckt; o.Obj.⟩ schauen, blicken; aus dem Fenster, in den Spiegel g.; dumm, erstaunt, verständnislos g.; guck mal!

Guck|fen|ster ⟨n.5⟩ kleines Fenster (bes. in Türen, um hinausschauen zu können, ohne sich selbst ganz sehen lassen zu müssen)

Guck|in|die|luft ⟨m., -, nur Sg.⟩ jmd., der beim Gehen nicht aufpaßt, wo er hintritt; Hans G.

Guck|in|die|welt ⟨m., -, nur Sg.⟩ fröhliches, neugieriges Kind

Guck|kas|ten ⟨m.8⟩ Gerät mit Vergrößerungslinse zum Betrachten von Bildern

Gue|ril|la [gerilja] I ⟨f.9⟩ 1 bewaffnete Widerstandsgruppe 2 → *Guerillakrieg* II ⟨m.9⟩ Angehöriger einer bewaffneten Widerstandsgruppe, Freischärler, Partisan [< span. *guerilla* „Kleinkrieg", Verkleinerungsform von *guerra* „Krieg"]

Gue|ril|la|krieg ⟨m.1⟩ Kleinkrieg, Bandenkrieg, Partisanenkrieg; Syn. *Guerilla*

Gue|ril|le|ro [geriljero] ⟨m.9; span. und port. Bez. für⟩ Partisan, Guerillakämpfer

Gu|gel ⟨f.11; 14./15.Jh.⟩ Kapuze mit langem Zipfel und großem Kragen (für Männer)

Gu|gel|hopf ⟨m.1; schweiz.⟩, **Gu|gel|hupf** ⟨m.1⟩, **Gugl|hupf** ⟨m.1; bayr.-österr.⟩ → *Napfkuchen* [< mhd. *gugel, gugele* (< mlat. *cuculla* „Kapuze", wegen der Form, und mhd. *hefe, hebe, hepfe* „Hefe", < ahd. *heffen, hepfan* „heben", weil der Teig „gehoben" wird, vielleicht in Anlehnung an *hupfen* zu *-hupf* umgebildet]

Gug|gel ⟨m.5; schweiz.⟩ Gockel, Brathähnchen

Guide ⟨[gaid] m.9⟩ gedruckter Reiseführer [engl. *guide* „Leiter, Führer", < frz. *guide* in ders. Bed., < altfrz. *guis* „Führer", zu fränk. **witan* „zeigen"; verwandt mit dt. *weisen*]

Guil|loche ⟨[gijoʃ] oder [giljoʃ] f.11⟩ 1 Muster aus verschlungenen Linien (auf Banknoten und Wertpapieren, um Fälschungen zu erschweren) 2 Gerät zum Guillochieren [Herkunft unsicher]

Guil|lo|cheur ⟨[gijoʃœr] m.1⟩ jmd., der berufsmäßig Banknoten und Wertpapiere guillochiert

guil|lo|chie|ren ⟨[gijoʃi-] V.3, hat guillochiert; mit Akk.⟩ mit einer Guilloche versehen

Guil|lo|ti|ne ⟨[gijo-] auch [giljo-] f.11⟩ Gerät zum Hinrichten mit einer beschwerten Klinge, die zwischen zwei senkrechten Pfosten herabfällt; Syn. *Fallbeil* [nach dem Konstrukteur, dem Arzt Josephe-Ignace Guillotin]

guil|lo|ti|nie|ren ⟨[gijo-] V.3, hat guillotiniert; mit Akk.⟩ auf der Guillotine hinrichten

Gui|nea ⟨[gini] f.9⟩, **Gui|nee** ⟨[gine(ə)] f.11⟩ 1 ⟨bis 1816⟩ englische Goldmünze 2 ⟨bis 1970⟩ (vom Wert der Goldmünze abgeleitete) Rechnungseinheit zu 21 Shilling [engl., nach dem goldreichen Land *Guinea*]

Gui|ne|er ⟨[gi-] m.5⟩ Einwohner von Guinea

gui|ne|isch ⟨Adj., o.Steig.⟩ Guinea betreffend, zu ihm gehörig, aus ihm stammend

Gu|lasch ⟨n.9 oder n.1, auch m.9 oder m.1⟩ Gericht aus in Würfel geschnittenem Fleisch, das mit Paprika gewürzt (und meist mit der gleichen Menge Zwiebeln gekocht) wird (Rinds~, Schweins~) [< ung. *gulyás* „Kesselgulasch, die Art Gulaschsuppe", von *gulyás* „Rinderhirt", also „Fleisch, das sich der Rinderhirt bereitet"]

Gu|lasch|ka|no|ne ⟨f.11; volkstüml.⟩ → *Feldküche*

Gul|den ⟨m.7⟩ 1 ⟨bis ins 19.Jh.⟩ Gold- oder Silbermünze (in Deutschland, Österreich u.a. Staaten) 2 ⟨Abk.: hfl⟩ niederländische Währungseinheit; Syn. *(frz.) Florin* [zu *golden, gülden*]

gül|den ⟨Adj., o.Steig.; †, poet.⟩ *golden*

gül|disch ⟨Adj., o.Steig.; Bgb.⟩ *goldhaltig*

Gül|le ⟨f.11; schweiz., südwestdt.⟩ → *Jauche* [mhd., „Pfütze"]

gül|len ⟨V.1, hat gegüllt; mit Akk.⟩ mit Gülle düngen, jauchen

Gül|len|faß ⟨n.4; schweiz., südwestdt.⟩ *Jauchefaß*

Gul|ly ⟨m.9 oder n.9⟩ Einlaufschacht in die Kanalisation für Abwässer (auf Straßen, in Waschküchen); Syn. (österr.) *Kanal* [engl., „Wasserrinne, Abzugskanal, Abflußschacht", zu *gullet* „Kehle, Speiseröhre, Kanal, Graben"]

Gült ⟨f.10⟩, **Gül|te** ⟨f.11⟩ 1 ⟨†, süddt.⟩ Abgabe in Naturalien oder Geld (an den Grund-, Gerichts-, Leib- oder Schutzherrn) 2 ⟨schweiz.⟩ langfristiges Wertpapier, das ein Grundpfandrecht verbrieft [zu *gelten*]

gül|tig ⟨Adj., o.Steig.⟩ 1 geltend, Geltung habend, in Kraft; auch: ⟨†, noch österr.⟩ giltig; eine ~e Fahrkarte; die Vorschrift ist noch, ist nicht mehr g. 2 allgemein anerkannt, überzeugend; eine ~e Aussage; ein ~es Ergebnis

Gül|tig|keit ⟨f., -, nur Sg.⟩ das Gelten, Geltung; die G. dieses Spruchs; g. haben *gelten*; die Fahrkarte hat zwei Monate G.; diese Auffassung hat heute keine G. mehr

Gum|ma ⟨n., -ma|ta oder -men⟩ gummiartige Geschwulst im Tertiärstadium der Syphilis [zu *Gummi*]

Gum|mi ⟨m.9, auch n.9⟩ 1 durch Vulkanisation von Kautschuk entstehende, hochelastische, dehnbare Masse (Hart~, Weich~) 2 ⟨ugs.; kurz für⟩ daraus oder aus gummiähnlicher Plastikmasse hergestelltes Erzeugnis (z.B. Gummiband, Präservativ, Radiergummi) [< griech. *kommi*, < altägypt. *qmjt* (gesprochen *komi*) „Harz"]

Gum|mi|ara|bi|kum ⟨n-, -s, nur Sg.⟩ aus der Rinde verschiedener Akazienarten gewonnener Klebstoff [< lat. *gummi arabicum* „arabisches Gummi", nach der Herkunft der Rohstoffe aus dem Senegal und Sudan]

Gum|mi|band ⟨n.4⟩ Stoffband, in das Fäden aus Gummi eingewebt sind

Gum|mi|baum ⟨m.2⟩ 1 ostindisches Maulbeergewächs mit großen, dunkelgrünen, ledrigen Blättern, Zimmerpflanze 2 → *Hevea*

Gum|mi|druck ⟨m.1⟩ → *Flexodruck*

gum|mie|ren ⟨V.3, hat gummiert; mit Akk.⟩ mit einer Klebschicht bestreichen

Gum|mie|rung ⟨f.10⟩ 1 ⟨nur Sg.⟩ das Gummieren 2 klebende Schicht

Gum|mi|fluß ⟨m., -es, nur Sg.; beim Steinobst⟩ Krankheit, bei der gelbe bis rotbraune, gummiartig erhärtende Säfte aus dem Bast austreten; Syn. *Gummose*

Gum|mi|gutt ⟨n., -s, nur Sg.⟩ giftiges, südasiatisches Gummiharz, als Abführmittel, Farbe und Firnis [< mal. *getah* „Gummi"]

Gum|mi|knüp|pel ⟨m.5⟩ Schlagstock aus Hartgummi

Gum|mi|lin|se ⟨f.11⟩ → *Zoomobjektiv*

Gum|mi|pa|ra|graph ⟨m.10⟩ nicht eindeutig formulierter, sehr unterschiedlich auslegbarer Paragraph; Syn. *Kautschukparagraph*

Gum|mi|ring ⟨m.1⟩ in unterschiedlichen Dicken und Formen gebrauchter Ring aus Gummi (z.B. zum behelfsmäßigen Zusammenhalten von losen Gegenständen, zum Abdichten von Einmachgläsern)

Gum|mi|zel|le ⟨f.11⟩ mit elastischem Material ausgekleideter Raum, in dem Tobsüchtige untergebracht werden (bes. in Nervenheilanstalten)

Gum|mo|se ⟨f.11⟩ → *Gummifluß*

Gum|pe ⟨f.11⟩, **Gum|pen** ⟨m.7⟩ 1 ⟨oberdt.⟩ tiefe Stelle in einem Fließgewässer, See oder Teich (z.B. als Unterstand großer Fische) 2 ⟨Bgb.⟩ → *Schlammkasten*

Gun ⟨[gan] n.9; ugs.⟩ Spritze zum Einspritzen von Rauschgift [engl. *gun* „Schußwaffe, Gewehr"]

Gun|del|re|be ⟨f.11⟩, **Gun|der|mann** ⟨m., -(e)s, nur Sg.⟩ ⟨häufiger, z.B. am Rand und in Ritzen von Gehsteigen wachsender⟩ kleiner, kriechender Lippenblütler mit blauvioletten Blüten [urspr. *Kundel* (beeinflußt von *Quendel*), dann an den Männernamen *Gundram* angelehnt; *...rebe* wegen der rankenden Ausläufer des Hauptstengels]

Gun|man ⟨[ganmən] m., -s, -men [-mən]⟩ amerik. Bez. für⟩ bewaffneter Gangster

Gün|sel ⟨m.5⟩ Lippenblütler (im typischen Fall mit blauen Blüten, die in Wirteln stehen) [< lat. *consolida*, zu *consolidare* „festmachen", also „Pflanze, die das Zuheilen fördert"]

Gunst ⟨f., -, nur Sg.⟩ 1 gnädige, freundliche, wohlwollende Gesinnung; in jmds. G. stehen; sich jmds. G. verscherzen; er steht hoch in der G. des Fürsten 2 Beweis, Zeichen dieser Gesinnung; jmdm. eine G. erweisen; sich eine G. erbitten 3 ⟨in der alten Form des Dat. Pl. (aber ohne Umlaut) in bestimmten Wendungen⟩ zu meinen ~en *zu meinem Vorteil*; Ggs. *Ungunsten*; er hat sich zu meinen ~en verrechnet; sie hat sich sehr zu ihren ~en verändert, entwickelt [< mhd. *gunst*, Pl. *günste*, „Gunst, Wohlwollen"]

Gunst|ge|wer|be ⟨n., -s, nur Sg.; ugs., scherzh.⟩ *Prostitution*

Gunst|ge|werb|le|rin ⟨f.10; ugs., scherzh.⟩ *Prostituierte*

gün|stig ⟨Adj.⟩ 1 wohlwollend, freundlich; jmdm. g. gesinnt sein 2 anerkennend; ein ~es Urteil über jmdn. abgeben 3 vorteilhaft, förderlich; ~e Bedingungen; bei ~er Witterung; diese Maßnahme hat sich (nicht) g. ausgewirkt; diese Farbe ist nicht g. für dich; die Sache steht g. für uns; der Zeitpunkt ist (nicht) g. gewählt

Günst|ling ⟨m.1⟩ jmd., der in der Gunst einer hochgestellten Person steht und von dieser bevorzugt wird

Günst|lings|wirt|schaft ⟨f.10⟩ Bevorzugung von Günstlingen bei der Besetzung von Ämtern

Gupf ⟨m.1⟩ 1 ⟨oberdt.⟩ Gipfel, Spitze (z.B. des Eies) 2 ⟨österr. auch⟩ Zugabe

451

Guppy

Gup|py ⟨m.9⟩ zu den Zahnkarpfen gehörender, südamerikanischer Aquarienfisch [nach dem brit. Naturforscher R.J.L. *Guppy*]

Gur ⟨f., -, nur Sg.⟩ *durch Zersetzung von Gesteinen oder Organismen entstandener Schlamm* [bezeichnete urspr. eine breiige, auch flüssige Masse; im Ablaut zu *gären* entstanden]

Gur|gel ⟨f.11⟩ →*Kehle*; jmdm. die G. zudrücken *jmdn. erwürgen*; jmdm. die G. zuschnüren ⟨übertr., ugs.⟩ *jmdm. die Existenz nehmen, jmdn. ruinieren*; ich könnte ihm an die G. springen (vor Zorn, vor Empörung); sein Geld durch die G. jagen *sein Geld für Alkohol ausgeben, sein Geld vertrinken*

Gur|gel|ab|schnei|der ⟨m.5⟩ →*Halsabschneider*

gur|geln ⟨V.1, hat gegurgelt; o.Obj.⟩ **1** *etwas Flüssigkeit in die Kehle laufen lassen und den Atem durch den Mund hinausblasen*; morgens beim Zähneputzen g.; mit Salbeitee g. (bei Halsentzündung) **2** ⟨übertr.⟩ *kehlig, röchelnd, undeutlich sprechen (als ob man ersticke)* **3** ⟨übertr.⟩ *schäumend gluckern, sprudeln*; Wasser gurgelt in der Tiefe

Gur|ke ⟨f.11⟩ **1** *kriechendes oder kletterndes Kürbisgewächs mit trichterförmigen, gelben Blüten* **2** *deren längliche, grüne Frucht*; Syn. ⟨rheinfränk.⟩ Kukumber, Kukumer

Gur|ken|kraut ⟨n., -(e)s, nur Sg.⟩ →*Borretsch* (1)

Gur|kha ⟨m., -(s), -(s)⟩ **1** *Angehöriger der herrschenden Bevölkerungsschicht in Nepal* **2** *Soldat einer aus Gurkhas (1) gebildeten Elitetruppe*

gur|ren ⟨V.1, hat gegurrt; o.Obj.; von Tauben⟩ *dunkle, weiche, glucksende Laute ausstoßen*

Gurt ⟨m.1; auch: ⟨schweiz.⟩ *Gurte*⟩ **1** *starkes, breites Band (aus Gewebe, Leder u.a.)* **2** ⟨an Gebäuden⟩ *waagrechtes Band aus Mauerwerk oder Beton* **3** ⟨z.B. an Brücken⟩ *oben oder unten liegender Träger* (Ober~, Unter~) **4** ⟨Flugzeugbau⟩ *Längsträger (in der Rumpfkonstruktion)*

Gurt|band ⟨n.4⟩ *festes Band für einen Rock- oder Hosenbund*

Gurt|bo|gen ⟨m.7 oder m.8; beim Tonnengewölbe⟩ *verstärkender Bogen*

Gur|te ⟨f.11; schweiz.⟩ →*Gurt*

Gür|tel ⟨m.5⟩ **1** *Band (aus Leder oder Gewebe), das, zum besseren Halt eines Kleidungsstücks) um die Taille getragen wird*; den G. enger schnallen ⟨übertr.⟩ *sich einschränken, bes. im Essen und Trinken* **2** *ringförmiger Streifen (um etwas)*; ein G. von Seen umgibt die Stadt

Gür|tel|li|nie ⟨[-njə] f., -, nur Sg.⟩ *gedachte Linie, die unterhalb des Bauchnabels um den Körper verläuft*; Schlag unter die G. ⟨im Boxen⟩ *unerlaubter Schlag auf den Unterleib*; ⟨übertr., ugs.⟩ *unfaires Verhalten*; ein Witz unterhalb der G. ⟨ugs.⟩ *ein sexuell anzüglicher Witz*

Gür|tel|rei|fen ⟨m.7; bei Kfz.⟩ *Luftreifen, dessen Karkasse unter der Lauffläche durch radial angeordnete, undehnbare Stahl- oder Cordfäden besonders verstärkt ist*

Gür|tel|rin|gen ⟨n., -s, nur Sg.⟩ *Ringkampf, bei dem die Gegner sich an einem Leibriemen fassen und zu Boden zu reißen versuchen (z.B. das Schwingen)*

Gür|tel|ro|se ⟨f.11⟩ *schmerzhafter Bläschenausschlag*; Syn. *Herpes zoster* [nach dem meist gürtelförmigen Auftreten und den hellroten Bläschen]

Gür|tel|tier ⟨n.1⟩ *südamerikanisches Säugetier mit hornüberzogenen Knochenplättchen, die am Kopf einen Schild, am Rücken gürtelähnliche Querbänder bilden*

gur|ten ⟨V.2, hat gegurtet⟩ **I** ⟨mit Akk.⟩ *mit einem Gurt befestigen*; den Sattel g. **II** ⟨refl.⟩ sich g. *sich mit dem Sicherheitsgurt anschnallen*

gür|ten ⟨V.2, hat gegürtet⟩ **I** ⟨mit Akk.⟩ *mit einem Gürtel zusammenhalten*; den Mantel g. **II** ⟨refl.⟩ sich g. *einen Gürtel (oder etwas Ähnliches) anlegen*; ⟨meist⟩ *mit einem Schwert ausgestattet auftreten*; sich g. *etwas als Gürtel anlegen*; sich mit einem Riemen, einer Schärpe g.; sich mit dem Schwert g. *den Gurt mit dem daran befestigten Schwert anlegen*

Gurt|för|de|rer ⟨m.5⟩ *Förderband mit breitem, endlosem Band*

Gürt|ler ⟨m.5⟩ *jmd., der berufsmäßig Riemenzeug mit Schnallen und Ösen sowie Waffengehänge herstellt*

Gurt|muf|fel ⟨m.5; ugs.⟩ *jmd., der beim Autofahren keinen Sicherheitsgurt anlegt*

Gu|ru ⟨m.9; im Hinduismus⟩ *geistlicher Lehrer* [Hindi]

Gu|sche ⟨f.11; sächs.⟩ →*Gosche*

Gus|la ⟨f., -, -s oder -len⟩ *einsaitiges Streichinstrument der Balkanvölker* [< serb. *gusle*, zu *guditi* "streichen"]

Gus|li ⟨f.9⟩ *russisches, der Zither ähnliches Zupfinstrument* [russ., zu *gudet* "einen dumpfen Ton von sich geben"; < ukrain. *hudity* "hallen, schallen"]

Guß ⟨m.2⟩ **1** *das Gießen* (Glocken~) **2** *durch Eingießen verflüssigten Materials in eine Hohlform entstandener Körper (bes. ein Metallkörper)* **3** *durch Übergießen mit geschmolzenem Material entstandener Überzug* (Zucker~) **4** *das Übergießen mit einer großen Wassermenge (z.B. in der Kneipp-Kur)*; kalter G. **5** ⟨kurz für⟩ *Regenguß*; in einen G. geraten; von einem G. überrascht werden

Guß|as|phalt ⟨m., -(e)s, nur Sg.⟩ *(mehrere Stunden gekochtes) Gemisch aus Asphalt, Bitumen und Gesteinszuschlägen, das heiß verstrichen wird (u.a. für Fahrbahnbeläge, Estriche)*

Guß|be|ton ⟨[-tɔŋ] m., -s, nur Sg.⟩ *flüssiger Beton mit hohem Wassergehalt und feinkörnigen Zuschlagstoffen, der durch Schläuche und Rinnen in Gußformen und Schalungen geleitet wird*

Guß|ei|sen ⟨n., -s, nur Sg.⟩ *Legierung aus Eisen (mit mehr als 2,1 % Kohlenstoff), die nur durch Gießen geformt werden kann*

guß|ei|sern ⟨Adj., o.Steig.⟩ *aus Gußeisen*; ~e Pfanne

güst ⟨Adj., o.Steig.; norddt.⟩ →*gelt¹* (2)

Gü|ster ⟨m.5⟩ *mittelgroßer, hochrückiger Karpfenfisch (in langsam fließenden Flüssen)*; Syn. *Blicke*

gu|stie|ren ⟨V.3, hat gustiert⟩ →*goutieren* [zu *Gusto*]

gu|sti|ös ⟨Adj.; österr.⟩ *appetitlich, appetitanregend, lecker* [mit französisierender Endung zu *Gusto*]

Gu|sto ⟨m.9; veraltet, noch bayr.-österr.⟩ **1** *Appetit*; einen G. auf etwas haben **2** *Geschmack*; das ist nicht nach meinem G. [über ital., span. *gusto* "Geschmack" < lat. *gustus* "Geschmack, das Kosten, Genießen"]

gut ⟨Adj., besser, am besten⟩ **1** *voll Liebe für andere Menschen (und für Tiere), auf andere Menschen Rücksicht nehmend, andern gern helfend, andern gern Freude bereitend*; ein ~er Mensch; ein ~er Vater, Sohn; ein ~er Freund, Kollege; ein ~es Herz haben; er ist sehr g.; er ist g. zu den Kindern, zu dem Hund **2** *von Liebe für andere (auch für Tiere) zeugend*; eine ~e Tat **3** *leicht lenkbar, gern folgend, brav, nachgiebig*; ein ~es Kind; ein ~er Hund **4** *liebevoll, freundlich gesinnt*; jmdm. g. sein; sei wieder g.!; ich sage es dir noch einmal im ~en *freundlich, ohne Zorn, ohne Strenge*; ich habe es im ~en und im bösen gesagt *in Güte und mit Strenge* **5** *einwandfrei, tadellos, vorbildlich*; ein ~er Arbeiter, Arzt, Schüler; ein ~er Aufsatz; ein ~es Bild; ein ~es Benehmen; eine ~e Sache machen; er ist sehr g. in der Schule; ein g. gebautes Haus; der Mantel sitzt g.; dafür bin ich mir zu g. *das (zu tun) verträgt sich nicht mit meiner sittlichen Auffassung* **6** *richtig, recht*; das ist nicht g., was du getan hast; du wirst g. daran tun, dich zu entschuldigen *du wirst es richtig machen, wenn du ...*; es wird g. sein, wenn wir gleich hingehen **7** *reichlich*; eine ~e Ernte; ein ~es Trinkgeld, Gehalt; es ist ein ~es Stück zu gehen *es ist ziemlich weit*; damit hat es noch ~e Weile *bis dahin wird es noch ziemlich viel Zeit vergehen*; man braucht bis dorthin g. zwei Stunden **8** *angenehm, erfreulich*; eine ~e Nachricht; ~es Wetter; (ich wünsche dir, Ihnen) ~e Fahrt!; ~en Abend, ~en Morgen, ~en Tag! ⟨Grußformeln⟩; wir hatten eine ~e Zeit miteinander; (ich wünsche dir, Ihnen) alles Gute!; du sollst es g. bei uns haben; hier läßt es sich g. leben; im ~en wie im bösen *in frohen und in trüben Zeiten* **9** *leicht, mühelos*; so geht es g.; mit diesem Stift kann man g. schreiben; das Kind lernt g.; das kann ich g. verstehen; das ist g. möglich **10** *gesund*; er hat noch ~e Augen; viel *gutgehen* **11** *zufriedenstellend, befriedigend*; ein ~es Gedächtnis haben; bei ~er Gesundheit sein; ein ~er Kaffee; ~e Qualität; das Gerät arbeitet g.; das kann ich g. gebrauchen; er kann g. schwimmen **12** ⟨den Sinnen⟩ *angenehm*; das riecht, schmeckt g.; die Sonne, Wärme tut g. **13** *reichlich und wohlschmeckend*; ~es Essen; jmdm. g. zu essen und zu trinken geben; etwas Gutes kochen; ich gebe ihm etwas Gutes zu essen **14** *wirkungsvoll*; ein ~er Witz; der Schmuck kommt hier g. zur Geltung; das Mittel ist g. gegen Kopfschmerzen **15** *wertvoll, lehrreich*; ein ~es Buch; ein ~er Film **16** ⟨in Ausrufen⟩ **a** *in Ordnung, ich bin einverstanden*; g.!; also g., wenn es g. sein muß; denn! **b** *richtig*, g.!; sehr g.! **17** ⟨†⟩ *für festliche Gelegenheiten, für sonntags*; die ~e Stube; ein Kleid nur für g. anziehen

Gut ⟨n.4⟩ **1** ⟨nur Sg.⟩ *Besitz, Eigentum*; geistiges, irdisches G.; sein Hab und G. *sein Besitz* **2** *Gegenstand des Besitzes*; bewegliche Güter *Möbel, Hausrat u.ä.*; liegende Güter *Gebäude, Grundeigentum*; fremdes, gestohlenes G. **3** *landwirtschaftlicher Betrieb* (Erb~, Pacht~); ein G. bewirtschaften; er lebt auf seinen Gütern **4** *Ware* (Eil~, Fracht~, Schütt~); Güter transportieren, verladen; verderbliche Güter **5** *Material zum Verarbeiten* (Mahl~) **6** *Kostbarkeit, Schatz*; das Kind ist sein höchstes G. **7** ⟨Seew.⟩ *Gesamtheit der Taue und Seile*

Gut|ach|ten ⟨n.7⟩ *sachverständiges, fachmännisches Urteil*; ein G. abgeben, einholen; schriftliches, mündliches G.

Gut|ach|ter ⟨m.5⟩ *Sachverständiger, Fachmann, der ein Gutachten abgibt*

gut|acht|lich ⟨Adj., o.Steig.⟩ *nur als Attr. und Adv.⟩ *in der Art eines Gutachtens, von einem, durch einen Gutachter*; ~e Prüfung; ~e Stellungnahme; eine Sache g. prüfen lassen

gut|ar|tig ⟨Adj.⟩ **1** *gut gesinnt, gut veranlagt, gut lenkbar, nachgiebig*; er ist g.; ein ~es Kind, Tier **2** *ungefährlich, nicht wuchernd, keine Metastasen bildend*; ~e Geschwulst

Gut|ar|tig|keit ⟨f., -, nur Sg.⟩

gut|brin|gen ⟨V.21, hat gutgebracht; mit Dat.u.Akk.⟩ →*gutschreiben*

gut|bür|ger|lich ⟨Adj., o.Steig.⟩ *dem Leben, den Ansprüchen eines Bürgers gemäß, einfach, aber gut (in der Qualität)*; ~es Essen; ~e Küche; g. leben

Gut|dün|ken ⟨n., -s, nur Sg.⟩ *Ermessen*; Syn. ⟨schweiz.⟩ *Gutfinden*; ⟨meist in der Wendung⟩ nach jmds. G. *so wie es jmd. für gut, für richtig hält*; er muß nach seinem (eigenen) G. entscheiden

Gü|te ⟨f.11⟩ **1** ⟨nur Sg.⟩ *liebevolle, warmherzige Wesensart, rücksichts- und verständnisvolle Gesinnung*; er in seiner großen G.; würdest du in deiner grenzenlosen G. mir bitte erlauben ... ⟨iron.⟩ **2** ⟨nur Sg.⟩ *Freundlichkeit, Hilfsbereitschaft*; würden Sie die G.

haben, mir zu helfen? **3** *Beschaffenheit, Wert;* ein Lokal erster, zweiter G.; ein Kaffee von bester, hervorragender, von minderer G. **4** *(in Ausrufen des Erstaunens, Erschreckens, der Verblüffung, auch der Ungeduld)* (ach) du meine G.!; du liebe G.!; meine G., verstehst du das denn nicht?; meine G., das ist doch nicht so schlimm!

Gut|edel ⟨m., -s, nur Sg.⟩ *(weiß-, auch blaufrüchtige) Rebsorte, die leichte, erdige Weine liefert;* Syn. *Markgräfler*

Gü|te|klas|se ⟨f.11⟩ *Klasse, in die Waren nach ihrer Güte eingestuft sind;* G. eins, zwei, drei

Gü|ter|bahn|hof ⟨m.2⟩ *Bahnhof oder Teil eines Bahnhofs mit Anlagen eigens für den Güterverkehr*

Gü|ter|ge|mein|schaft ⟨f., -, nur Sg.⟩ *rechtlicher Zustand, in dem das eingebrachte und erworbene Vermögen Eigentum beider Ehegatten ist;* G. vereinbaren; in G. leben

Gü|ter|recht ⟨n., -(e)s, nur Sg.⟩ *alle rechtlichen Vorschriften über das (eingebrachte und erworbene) Vermögen von Ehegatten*

gü|ter|recht|lich ⟨Adj., o.Steig.; nur als Attr. und Adv.⟩ *das Güterrecht betreffend, auf dem Güterrecht beruhend*

Gü|ter|tren|nung ⟨f., -, nur Sg.⟩ *rechtlicher Zustand, in dem das eingebrachte und erworbene Vermögen des betreffenden Ehegatten bleibt;* G. vereinbaren; in G. leben

Gü|ter|ver|kehr ⟨m., -s, nur Sg.⟩ *Beförderung von Gütern aller Art (durch Eisenbahn, Kraftwagen, Luftfahrzeuge, Schiffe)*

Gü|ter|wa|gen ⟨m.7⟩ *Eisenbahnwagen zum Befördern von Gütern*

Gü|te|ter|min ⟨m.1⟩, **Gü|te|ver|hand|lung** ⟨f.10⟩ *Gerichtsverhandlung, in der die prozeßführenden Parteien veranlaßt werden sollen, sich gütlich zu einigen*

Gü|te|zei|chen ⟨n.7⟩ *auf einer Ware angebrachtes Zeichen, daß diese auf ihre Güte (3) hin geprüft worden ist*

Gut|fin|den ⟨n., -s, nur Sg.⟩ schweiz.⟩ →*Gutdünken*

gut|ge|hen ⟨V.47, ist gegangen⟩ **I** ⟨o.Obj.⟩ **1** *gut verlaufen, gut ablaufen;* es ist alles gutgegangen; wenn das nur gutgeht! **II** ⟨mit Dat., unpersönl., mit „es"⟩ es geht jmdm. gut *jmd. befindet sich, fühlt sich wohl, ist gesund, lebt in angenehmen Verhältnissen;* laß es dir g.! bleib gesund und munter; er läßt es sich g. *er lebt angenehm, er hat alles, gönnt sich alles, was er möchte*

gut|gläu|big ⟨Adj.⟩ **1** *in gutem Glauben, im Glauben, daß etwas richtig sei;* ich habe g. gehandelt, habe das g. hingenommen **2** *vertrauensselig;* ein ~er Mensch **Gut|gläu|big|keit** ⟨f., -, nur Sg.⟩

gut|ha|ben ⟨V.60, hat gutgehabt; mit Akk.⟩ *etwas (bei jmdm.) g. etwas als Schuld von jmdm.) fordern können;* ich habe bei dir noch 100,- DM gut; du hast bei mir noch eine Einladung zum Abendessen gut *ich habe dir versprochen, dich einzuladen, und muß das nun auch halten*

Gut|ha|ben ⟨n.7⟩ *gegebene, zur Verfügung stehende Summe;* ein G. bei einer Bank, auf einem Konto haben; du hast bei mir noch ein G. von 100,- DM *du hast mir 100,- DM gegeben und kannst sie jederzeit von mir fordern*

gut|hei|ßen ⟨V.65, hat gutgeheißen; mit Akk.⟩ *etwas g. etwas gut finden, für gut halten, richtig finden;* jmds. Vorhaben, Verhalten g.; ich habe es nie gutgeheißen, daß du …

gut|her|zig ⟨Adj.⟩ *ein Herz voll Liebe für andere Menschen habend, andern gern gebend, schenkend, gern helfend* **Gut|her|zig|keit** ⟨f., -, nur Sg.⟩

gü|tig ⟨Adj.⟩ **1** *voller Güte, weich andern Menschen (auch Tieren) gegenüber, liebevoll, nachsichtig und verständnisvoll;* ein ~er Mensch; ein ~es Herz haben **2** *freundlich und hilfreich;* würden Sie so g. sein und mir helfen?; das ist sehr g. von Ihnen; würdest du mir ~st Platz machen? ⟨iron.⟩

güt|lich ⟨Adj., o.Steig.; nur als Attr. und Adv.⟩ *in gutem, ohne Streit, ohne Feindseligkeit;* ~e Einigung; Schwierigkeiten auf ~em Wege bereinigen; sich g. (mit jmdm.) einigen **2** *g. tun (in der Wendung) sich an etwas g. tun etwas reichlich und genießerisch essen und/oder trinken;* sich am Wein g. tun

gut|ma|chen ⟨V.1, hat gutgemacht⟩ **I** ⟨mit Akk.⟩ **1** *etwas g. etwas (durch eine gute Tat) ausgleichen, für etwas (durch eine gute Tat) Ersatz schaffen;* ein Unrecht wieder g.; eine Unterlassung g. **2** *sich für etwas erkenntlich zeigen, etwas (durch eine freundliche Tat) vergelten;* wie soll ich das, was Sie für mich getan haben, jemals wieder g.? **II** ⟨mit Dat. u.Akk.⟩ *sich etwas g. sich einen (meist geldlichen) Vorteil verschaffen, einen Überschuß erzielen, etwas auf geschickte oder nicht ganz einwandfreie Weise aneignen;* er hat sich bei dem Verkauf Tausende von Mark gutgemacht

gut|mü|tig ⟨Adj.⟩ **1** *freundlich und gern helfend, nachgiebig, Streit vermeidend;* ein ~er Mensch **2** *leicht lenkbar; folgsam; sich viel gefallen lassend;* ein ~es Kind; der Hund, das Pferd ist g. **Gut|mü|tig|keit** ⟨f., -, nur Sg.⟩

gut|sa|gen ⟨V.1, hat gutgesagt; mit Präp.obj.⟩ *für etwas oder jmdn. g. für etwas oder jmdn. bürgen, die Garantie übernehmen, sich verpflichten, für etwas notfalls Ersatz zu leisten, jmds. Verpflichtung zu übernehmen;* Syn. *gutstehen;* für eine Summe g.

Gut|schein ⟨m.1⟩ *schriftliche Bestätigung, daß ein Anspruch besteht;* einen G. für eine zurückgegebene (bezahlte) Ware bekommen; einen G. über 100,- DM für einen Theaterbesuch geschenkt bekommen

gut|schrei|ben ⟨V.127, hat gutgeschrieben; mit Dat.u.Akk.⟩ *jmdm., ⟨auch⟩ jmds. Konto etwas g. jmdm. etwas als Guthaben aufschreiben, auf einem Konto etwas als Guthaben eintragen;* Syn. *gutbringen;* jmdm. 100,- DM g.; wir schreiben den Betrag Ihrem Konto gut

Gut|schrift ⟨f.10⟩ **1** *das Gutschreiben, das Eintragen eines Guthabens (auf dem Konto);* Ggs. *Lastschrift (1)* **2** *gutgeschriebener Betrag* **3** *Bescheinigung über einen schon bezahlten Betrag, für den man innerhalb eines gewissen Zeitraums eine Ware kaufen kann*

Gut|sel ⟨n.14, landsch.⟩ = *Bonbon;* auch: ⟨südwestdt.⟩ *Gutsle,* ⟨bayr.-österr.⟩ *Gutti* [Verkleinerungsform zu *gut*]

Guts|herr ⟨m., -(e)n, -(e)n⟩ *Inhaber eines landwirtschaftlichen Betriebes (als Vorgesetzter seiner Angestellten und Arbeiter)*

Guts|herr|schaft ⟨f.10⟩ *der Gutsherr und seine Familie*

Guts|le ⟨n., -(s), -n⟩ **1** ⟨südwestdt.⟩ →*Gutsel* **2** ⟨schwäb.⟩ *Plätzchen, Kleingebäck*

gut|ste|hen ⟨V.151, hat gutgestanden; mit Präp.obj.⟩ →*gutsagen*

Gut|ta|per|cha ⟨f., -, nur Sg. oder n., -(s), nur Sg.⟩ *gummiähnlicher Stoff aus dem Milchsaft südasiatischer Bäume (als Isoliermaterial verwendet)* [< mal. *getah pertja; getah* heißt „klebriger Pflanzensaft", und *pertja* ist ein alter Name für die Insel Sumatra, also „Saft aus Sumatra"]

Gut|tat ⟨f.20⟩ *gute Tat, Tat, die für einen andern gut ist, die einem andern wohltut;* jmdm. seine ~en vergelten

gut|tä|tig ⟨Adj., o.Steig.; †⟩ *Gutes tuend*

Gut|ta|ti|on ⟨f.10⟩ *aktive Wasserausscheidung von Pflanzen bei großer Luftfeuchtigkeit* [< lat. *gutta* „Tropfen"]

Gut|ti ⟨n.9; bayr.-österr.⟩ →*Gutsel*

gut|tun ⟨V.167, hat gutgetan⟩ **I** ⟨mit Dat. oder o.Obj.⟩ *jmdm. oder einer Sache g. jmdm. wohltun, für jmdn. eine Wohltat sein, jmdm. oder einer Sache zuträglich sein, für jmdn. oder eine Sache gut sein;* oh, das tut gut!; fette Speisen tun mir, meinem Magen nicht gut; frische Luft wird dir g.; es tut dem Text nicht gut, wenn du zu viele Fremdwörter darin verwendest **II** ⟨o.Obj.; meist verneinend⟩ *sich gut, anständig benehmen; gut lernen;* er hat in der Schule nicht gutgetan

gut|tu|ral ⟨Adj., o.Steig.⟩ *in der Kehle gebildet, kehlig* [< lat. *guttur* „Kehle"]

Gut|tu|ral ⟨m.1⟩, **Gut|tu|ral|laut** ⟨m.1⟩ *in der Kehle oder am Gaumen gebildeter Laut;* Syn. *Gaumenlaut*

gut|wil|lig ⟨Adj.⟩ **1** *guten Willens, sich Mühe gebend;* er ist g., aber nicht intelligent **2** *freiwillig, bereitwillig;* der Hund ging g. mit **Gut|wil|lig|keit** ⟨f., -, nur Sg.⟩

Gym|kha|na [auch: dʒɪm-] ⟨n.9⟩ *mit Geschicklichkeitsaufgaben verbundenes Wettrennen oder -fahren* [< engl. *gymkhana* „Gymnasium" (→*Gymnasium*) und dem zweiten Teil von Urdu *gendkhana* „Tennisplatz"; eigtl. „Ballplatz", < *gend* „Ball" und *khana* „Haus, Ort, Platz"]

Gym|nae|stra|da ⟨f.9⟩ *internationales, alle vier Jahre stattfindendes gymnastisches Turnfest* [< *Gymnastik* und span. *estrada* „Straße"]

gym|na|si|al ⟨Adj., o.Steig.⟩ *zu einem Gymnasium gehörig, durch ein Gymnasium vermittelt*

Gym|na|si|ast ⟨m.10⟩ *Schüler eines Gymnasiums*

Gym|na|si|um ⟨n., -s, -sien⟩ **1** *(im Altertum) Anlage für Leibesübungen, später auch Pflegestätte geistiger Bildung* **2** *(19./20. Jh.) höhere Schule mit Latein und Griechisch* **3** *⟨heute BRD⟩ jede höhere Schule mit der Reifeprüfung als Abschluß* [< griech. *gymnasion* „Übung", bes. Leibesübung, Turnplatz, Schule für Leibesübungen", später auch: „Pflegestätte geistiger Bildung", zu *gymnazein* „üben, kräftigen, geschickt machen", eigentlich „nackt Turnübungen machen", zu *gymnos* „nackt"]

Gym|nast ⟨m.10; im Altertum⟩ *Lehrer im Gymnasium*

Gym|na|stik ⟨f., -, nur Sg.⟩ *Körperübung durch rhythmische Bewegungen* [< griech. *gymnastike* „Turnkunst", →*Gymnasium*]

Gym|na|sti|ker ⟨m.5⟩ *jmd., der Gymnastik betreibt*

Gym|na|stin ⟨f.10⟩ *Lehrerin für Gymnastik*

gym|na|stisch ⟨Adj., o.Steig.⟩ *die Gymnastik betreffend, zu ihr gehörig;* ~e Übungen

Gym|no|sper|me ⟨f.11⟩ →*Nacktsamer* [< griech. *gymnos* „nackt" und *sperma* „Same"]

Gy|nä|ko|lo|ge ⟨m.11⟩ *Facharzt für Gynäkologie;* Syn. *Frauenarzt*

Gy|nä|ko|lo|gie ⟨f., -, nur Sg.⟩ *Wiss. von den Frauenkrankheiten;* Syn. *Frauenheilkunde;* Ggs. *Andrologie* [< griech. *gyne,* Gen. *gynaikos,* „Frau" und …*logie*]

gy|nä|ko|lo|gisch ⟨Adj., o.Steig.⟩ *die Gynäkologie betreffend, zu ihr gehörig, mit ihrer Hilfe;* ~e Untersuchung

Gyn|an|drie ⟨f., -, nur Sg.⟩ Syn. *Gynandrismus, Gynandromorphismus* **1** *Vorhandensein weiblicher Geschlechtsmerkmale beim Mann;* Ggs. *Androgynie* **2** *Auftreten von männlichen und weiblichen Merkmalen beim selben Tier, Scheinzwittrigkeit* [< griech. *gyne* „Frau" und *aner,* Gen. *andros,* „Mann"]

gyn|an|drisch ⟨Adj., o.Steig.⟩ *durch Gynandrie hervorgerufen*

Gyn|an|dris|mus, **Gyn|an|dro|mor|phis|mus** ⟨m., -, nur Sg.⟩ →*Gynandrie*

Gy|nä|ze|um ⟨n., -s, -zeen⟩ *Gesamtheit der weiblichen Blütenteile* [neulat., < griech. *gynaikeion* „Frauengemach"]

Gy|ro|skop ⟨n.1⟩ *Gerät zum Nachweis der Drehung der Erde um ihre Achse* [< griech. *gyros* „rund" und …*skop*]

Gytt|ja ⟨f., -, -jen⟩ *in Seen abgelagerter, grünlichgrauer Halbfaulschlamm aus organischen Resten* [schwed., „Schlamm"]

H

h ⟨Zeichen für⟩ *hora: Stunde*, z.B. 5ʰ *vollendete fünfte Stunde, fünf Uhr;* kWh *Kilowattstunde* [lat. *hora* „Stunde"] **2** ⟨Zeichen für⟩ *Plancksches Wirkungsquantum* **3** ⟨Zeichen für⟩ *Hekto...*

H 1 ⟨abkürzendes Länderkennzeichen für⟩ *Ungarn* [nach dem neulat. Namen *Hungaria* für Ungarn] **2** ⟨Zeichen für⟩ *Henry* **3** ⟨Zeichen für⟩ *Wasserstoff (Hydrogenium)* **4** ⟨Zeichen für⟩ *Enthalpie*

ha ⟨Abk. für⟩ *Hektar*

Ha ⟨Zeichen für⟩ *Hahnium*

ha! ⟨Int.⟩ **1** *Ausruf der Überraschung;* ha, das hört man gern! **2** *Ausruf des Triumphes;* ha, jetzt hab ich dich! **3** ⟨schwäb.⟩ *a* ja; ha, was machen denn Sie da? *b* ⟨in Verbindung mit „no"⟩ je nun **4** ha? ⟨ugs.⟩ *wie bitte?*

h.a. ⟨Abk. für⟩ *huius anni: dieses Jahres,* ⟨oder⟩ *hoc anno: in diesem Jahr* [lat.]

Haar ⟨n.1⟩ **1** ⟨beim Menschen und bei Säugetieren⟩ *Horngebilde der Oberhaut;* ∼e ⟨ugs. für⟩ *Haar (3);* blonde, schwarze ∼e; ich könnte mir die ∼e raufen (so ärgere ich mich); er krümmt keinem ein H. *er tut niemandem etwas zuleide;* er findet überall ein H. in der Suppe ⟨ugs.⟩ *er findet überall etwas, das ihn stört;* mir standen die ∼e zu Berge ⟨ugs.⟩ *ich war bestürzt, empört;* kein gutes H. an jmdm. lassen ⟨ugs.⟩ *(immer wieder) abfällig über jmdn. sprechen;* es hing an einem H. ⟨ugs.⟩ *es hätte fast nicht geklappt;* sie hat ∼e auf den Zähnen ⟨ugs.⟩ *sie ist streitbar, sie kann böse, scharfe Antworten geben;* sie gleichen einander aufs H. *sie sehen ganz gleich aus;* sich, ⟨eigtl.⟩ einander in die ∼e geraten ⟨ugs.⟩ *in Streit miteinander geraten;* sie liegen sich dauernd in den ∼en ⟨ugs.⟩ *sie haben dauernd Streit miteinander;* die Sache wäre um ein H. schiefgegangen ⟨ugs.⟩ *die Sache hätte fast nicht geklappt* **2** *haarähnliches Gebilde* (z.B. *Chitinborste bei Insekten, eine Gewebefaser, ein Auswuchs bei Pflanzen*) **3** ⟨nur Sg.⟩ *Gesamtheit der Haare (1) auf dem Kopf;* blondes, schwarzes, glattes, lockiges, krauses, schönes H. haben **4** ⟨nur Sg.; kurz für⟩ → *Haarkleid*

Haar|balg ⟨m.2⟩ *von Talg umgebene Hauteinbuchtung, in die die Haarwurzel steckt*

Haar|breit ⟨n., -, nur Sg.⟩ *fast nur in der Fügung* um kein H. *nicht im geringsten;* er wich um kein H. von seiner Meinung ab

haa|ren ⟨V.1, hat gehaart⟩ **I** ⟨o.Obj.⟩ *Haare verlieren;* der Hund haart **2** *Fasern absondern;* die Decke, der Pullover haart **II** ⟨refl.⟩ sich h. *das Haarkleid wechseln*

Haar|ent|fer|ner ⟨m.5⟩ *Mittel, das mechanisch oder chemisch Körperhaare entfernt*

Haar|er|satz ⟨m.2⟩ *(meist) künstliches, zur Frisur geknüpftes Haar (als Ersatz für verlorenes Kopfhaar);* Syn. *Perücke*

Haa|res|brei|te ⟨f., -, nur Sg.⟩ ⟨nur in der Fügung⟩ um H. *sehr knapp;* der Ball verfehlte das Tor um H.

haar|fein ⟨Adj., o.Steig.⟩ **1** *so fein wie ein Haar;* eine ∼e Öffnung **2** *sehr fein;* ein ∼er Unterschied

Haar|garn ⟨n.1⟩ *(aus Kuh-, Ziegen-, Pferde- oder sonstigen groben Haaren hergestelltes) Garn für Teppiche und Einlagestoffe*

Haar|ge|fäß ⟨n.1⟩ → *Kapillare*

haa|rig ⟨Adj.⟩ **1** *mit vielen Haaren versehen;* ein Mann mit ∼en Armen **2** ⟨übertr.⟩ *unangenehm, gefährlich;* eine ∼e Situation

Haar|kleid ⟨n.3; bei Säugetieren⟩ *Gesamtheit der Haare am Körper;* auch: ⟨kurz⟩ *Haar;* das H. wechseln

haar|klein ⟨Adj., o.Steig.⟩ *ganz genau, mit allen Einzelheiten;* jmdm. etwas, alles h. erzählen

Haar|lack ⟨m.1⟩ → *Haarspray*

Haar|ling ⟨m.1⟩ *eine Kieferlaus, die im Haarkleid lebt und sich von Hauttalg und abgestoßener Hornhaut ernährt*

haar|los ⟨Adj.⟩ *ohne Haare, nackt*

Haar|na|del ⟨f.11⟩ *dünner, besonders geformter Draht zum Befestigen der Frisur*

Haar|na|del|kur|ve ⟨f.11⟩ *sehr enge, einer Haarnadel ähnelnde Kurve*

Haar|pin|sel ⟨m.5⟩ **1** *feiner Pinsel aus Tierhaaren (z.B. aus Rotmarder-Haaren)* **2** *aus dem Fell pinselförmig herausragende Haare*

Haar|raub|wild ⟨n., -(e)s, nur Sg.; Jägerspr.⟩ *die zum Raubwild gehörenden Säugetiere*

Haar|rauch ⟨m., -(e)s, nur Sg.⟩ → *Höhenrauch*

Haar|riß ⟨m.1⟩ *sehr feiner Riß (z.B. auf der Oberfläche einer Glasur)*

Haar|röhr|chen ⟨n.7⟩ → *Kapillare*

haar|scharf ⟨Adj., o.Steig.⟩ **1** *sehr scharf;* etwas h. beobachten **2** *sehr nahe;* der Wagen fuhr h. an uns vorbei; der Schuß ging h. daneben

Haar|schnei|der ⟨m.5⟩ → *Friseur*

Haar|schnitt ⟨m.1⟩ *Art, wie das Haar geschnitten ist;* kurzer, langer H.

Haar|schwund ⟨m., -(e)s, nur Sg.⟩ *Haarausfall über das normale Maß hinaus, beginnende Kahlheit*

Haar|sieb ⟨n.1⟩ *sehr feines Sieb*

Haar|spal|te|rei ⟨f.10⟩ *Beschäftigung mit Nebensächlichkeiten, Streit um Worte;* Syn. *Rabulistik;* das ist doch reine H.!

Haar|spray ⟨[-spre:] m.9 oder n.9⟩ *Flüssigkeit, die auf das Haar gesprüht wird, um der Frisur Festigkeit und Glanz zu geben;* Syn. *Haarlock*

Haar|stern ⟨m.1⟩ *ein Stachelhäuter mit haarähnlich-krallenartigen Fortsätzen an den Armen;* Syn. *Seelilie*

haar|sträu|bend ⟨Adj.⟩ *schlimm, empörend;* eine ∼e Ungerechtigkeit [eigtl. „so, daß sich einem die Haare sträuben"]

Haar|teil ⟨n.1⟩ → *Toupet*

Haar|tracht ⟨f.10; †⟩ → *Frisur*

Haar|was|ser ⟨n.6⟩ *wasserklare Flüssigkeit zur Haarpflege*

Haar|wech|sel ⟨m.5; bei Wildsäugetieren gemäßigter und kalter Zonen⟩ *Wechsel des Haarkleides (zu Beginn der kalten oder warmen Jahreszeit)*

Haar|wild ⟨n., -(e)s, nur Sg.; Sammelbez. für⟩ *alle zum Wild gehörenden Säugetiere*

Haar|wur|zel ⟨f.11⟩ *in der Haut (bes. Kopfhaut) befindlicher Teil des Haares*

Hab ⟨n.; nur in der Fügung⟩ H. und Gut *Besitz, Vermögen;* sein H. und Gut verlieren

Ha|ba|ne|ra ⟨f.9⟩ *ein spanisch-kubanischer Tanz* [nach der kuban. Stadt *Habana* (= Havanna)]

Ha|be ⟨f.; nur Sg.⟩ *das, was jmd. hat (besitzt), Besitz und Vermögen;* dies ist seine ganze H.

ha|ben ⟨V.60, hat gehabt⟩ **I** ⟨als Hilfsverb zur Bildung des Perfekts und Plusquamperfekts⟩ er hat mir geschrieben; er hatte mir schon geschrieben, als ...; das hätte ich nicht gedacht **II** ⟨als Vollverb⟩ **1** etwas oder jmdn. h. *a besitzen* ⟨im weitesten Sinne⟩; ein Haus, ein Auto h.; eine Familie, vier Kinder h.; eine Frau, einen Mann h.; ⟨auch⟩ *mit einer Frau, einem Mann Geschlechtsverkehr ausüben;* er hat viele Schüler; er hat einen Hund *b gefangen, erwischt, gefunden haben;* wir h. den Dieb, den Ausreißer; hab ich dich endlich!; ich habe ihn (den Schlüssel)!; ich hab's! *jetzt weiß ich es!;* jmdn. oder etwas bei sich h. *mit sich führen;* ich habe kein Geld bei mir; ich hatte das Kind bei mir **2** etwas h. *a über etwas verfügen (können)* ⟨im weitesten Sinne⟩; Geld h.; Mut h.; Zeit h.; die Erlaubnis zu etwas h.; genug zu essen h.; sie hat bei ihm nichts zu lachen *b an etwas leiden;* Fieber h.; eine Krankheit h.; was hast du denn? *was fehlt dir? c bekommen, erhalten;* kann ich noch ein Glas Wein h.?; h. Sie vielen Dank!; da hast du's! *ich habe es dir ja gleich gesagt!;* das Buch ist nicht mehr zu h. *das Buch ist nicht mehr lieferbar;* das Mädchen ist willig zum Geschlechtsverkehr; dafür bin ich nicht zu h. ⟨übertr.⟩ *das tue ich nicht gern;* dafür bin ich immer zu h. *das tue ich, nehme ich immer gern d verspüren;* Hunger, Durst h.; Angst, Kummer h.; dazu habe ich keine Lust; ich habe die Hoffnung, daß ... *e erleben;* wir h. schönes Wetter; wir hatten in diesem Winter viel Schnee; hast du einen schönen Urlaub gehabt? *f aus etwas bestehen;* das Buch hat 300 Seiten; die Wohnung hat fünf Zimmer *g ausführen (müssen);* ich habe die Aufgabe, den Auftrag, zu ... *h lernen (müssen);* wir h. in der Schule Latein und Englisch als Fremdsprachen; wir h. in der Woche zwei Stunden Erdkunde *i* ⟨in Verbindung mit *zu* und Infinitiv⟩ *müssen;* wir h. noch viel zu tun; wir h. noch eine Stunde zu gehen; ⟨in verneinenden Sätzen⟩ *dürfen;* du hast hier nichts zu bestimmen *k* ⟨mit Präp. in den verschiedensten Bed.⟩ er hat es so an sich *es ist seine Gewohnheit;* das hat nichts auf sich *ist nicht von Bedeutung;* damit hat es folgendes auf sich *das bedeutet folgendes;* dieser Vorschlag hat etwas, hat einiges für sich *dieser Vorschlag hat einen Vorteil, hat Vorteile;* etwas gegen etwas oder jmdn. h. *etwas gegen etwas oder jmdn. nicht mögen, nicht leiden können;* dieser Schnaps hat es in sich *dieser Schnaps ist stark, hat große Wirkung;* er hat es mit der, ⟨oder⟩ auf der Lunge *er leidet an einer Lungenkrankheit;* sie hat etwas mit ihm ⟨ugs.⟩ *sie hat ein Verhältnis mit ihm;* was hast du davon? *was nützt es dir?;* wir haben in den wenigen Tagen gar nichts voneinander gehabt *wir konnten nicht viel miteinander sprechen, nichts miteinander unternehmen;* er hat von seinen Ferien nichts gehabt *er konnte seine Ferien nicht genießen* **3** ⟨mit Adj. und meist mit „es"⟩ *sich in einem Zustand befinden;* das Geschäft hat mittags geschlossen; er hat es dort sehr gut

Ha|ben ⟨n., -s, nur Sg.; Buchführung⟩ *Einnahme, Gesamtheit der Einnahmen;* Ggs. *Soll*

Ha|be|nichts ⟨m.1; abwertend⟩ *jmd., der nichts hat, in Armut lebt*

Ha|ben|sei|te ⟨f., -, nur Sg.⟩ *diejenige Seite eines Kontos, auf der das Guthaben aufgeführt ist;* Syn. *Kredit;* er hat auf der H. ⟨ugs.⟩ *er hat viele persönliche Verdienste*

Ha|ber ⟨m., -s, nur Sg.; oberdt.⟩ → *Hafer*

Ha|be|rer¹ ⟨m.5; früher⟩ *Teilnehmer am Haberfeldtreiben*

Ha|be|rer² ⟨m.5; österr., bes. wienerisch⟩ *guter Freund, Verehrer;* die H. im Wirtshaus; ihr neuer H. [vielleicht zu jidd. *haver* „Gefährte"]

Ha|ber|feld|trei|ben ⟨n., -s, nur Sg.⟩ **1** ⟨früher in Bayern und Tirol⟩ *nächtliches Gericht, bei dem maskierte Männer jmds. Verstoß gegen die herrschende Sitte durch Katzenmusik, Strafpredigt oder Prügel ahnden* **2** ⟨übertr.⟩ *Hetzkampagne einer konservativen Gruppe* [zu *Haberfell* „Ziegenfell", vgl. *Habergeiß*]

Ha|ber|geiß ⟨f.10; bayr.-österr.⟩ **1** *Nachtgespenst mit Tiermaske* **2** *letzte Garbe im Feld* **3** → *Bekassine* [zu landsch. *Häberling* „Ziegenbock", hierzu auch altnord. *hafr* „Bock"; in Bed. 3 vgl. *Himmelsziege*]

Ha|ber|sack ⟨m.2; †, noch scherzh.⟩ *Tragebeutel, kleiner Ranzen* [zu *Haber*]

Hab|gier ⟨f., -, nur Sg.⟩ *Gier nach Habe, nach Besitz;* Syn. *Habsucht;* voller H. sein

hab|gie|rig ⟨Adj.⟩ *gierig nach Habe, nach Besitz;* Syn. *habsüchtig*

hab|haft ⟨Adj.⟩ **I** ⟨o.Steig.; nur mit „werden" und Gen.⟩ *jmds. h. werden jmdn. fangen, erwischen;* sie sind des Diebes (nicht) h. geworden; wir werden seiner schon noch h. werden **II** ⟨-er, am habhaftesten; nur als Attr. und mit „sein"; landsch.⟩ *sättigend;* ein ~es Essen

Ha|bicht ⟨m.1⟩ *(in Waldungen vorkommender) Greifvogel;* Syn. ⟨veraltend⟩ *Hühnerhabicht* [< ahd. *habuh*, zur idg. Wurzel *ghab-* „greifen, fassen", also eigentlich „Greifer"]

Ha|bichts|kraut ⟨n.4⟩ *Korbblütler mit löwenzahnähnlichen Blüten (gelb bis orange gefärbt, oft auf steinigem Boden)*

Ha|bichts|na|se ⟨f.11⟩ *stark nach unten gebogene Nase* [weil sie an den Schnabel eines Habichts erinnert]

Ha|bichts|pilz ⟨m.1⟩ *eßbarer Stachelpilz mit großen, dunklen Schuppen auf dem dunkelbraunen Hut*

ha|bil ⟨Adj.; †⟩ *geschickt, gewandt, fähig* [< lat. *habilis* in ders. Bed.]

ha|bil. ⟨Abk. für⟩ *(sich) habilitiert (habend);* vgl. *Dr. habil.* [< lat. *habilitatus* in ders. Bed.]

Ha|bi|li|tand ⟨m.10⟩ *jmd., der zur Habilitation zugelassen ist*

Ha|bi|li|ta|ti|on ⟨f.10⟩ *Erwerb der Lehrbefugnis an einer Hochschule* [zu *habilitieren*]

Ha|bi|li|ta|ti|ons|schrift ⟨f.10⟩ *schriftliche Arbeit, die zur Habilitation vorgelegt wird*

ha|bi|li|tie|ren ⟨V.3, hat habilitiert; refl.⟩ *sich h. die Lehrbefugnis (an einer Hochschule) erwerben;* er hat sich für deutsche Literatur habilitiert [< mlat. *habilitare* „geschickt machen, befähigen, üben", zu lat. *habilis* „geschickt, tüchtig, fähig, tauglich", zu *habere* „halten, verrichten"]

Ha|bit ⟨m.1, auch n.1⟩ **1** *Kleidung bestimmter Amtsträger oder religiöser Orden;* der H. des Richters; der H. der Jesuiten **2** ⟨scherzh.⟩ *Gewand, Kleidung;* was trägt denn der für einen H.? **3** [hεbit] ⟨Psych.⟩ *Verhaltensweise, die durch Gewöhnung und Erziehung erworben wurde*

Ha|bi|tat ⟨m.1 oder n.1⟩ **1** *bestimmter Lebensraum, in dem ein Lebewesen in freier Natur zu finden ist* **2** ⟨geh.⟩ *bestimmter Aufenthaltsort, Wohnplatz* [< lat. *habitatio*, Gen. *-onis*, „das Wohnen"]

ha|bi|tua|li|sie|ren ⟨V.3, hat habitualisiert; Psych.⟩ **I** ⟨mit Akk.⟩ *zur Gewohnheit machen* **II** ⟨o.Obj.⟩ *zur Gewohnheit werden, sich als Gewohnheit ausbilden* **Ha|bi|tua|li|sie|rung** ⟨f., -, nur Sg.⟩

Ha|bi|tué [(h)abitye] ⟨m.9; †, noch österr.⟩ *Stammgast* [frz.]

ha|bi|tu|ell ⟨Adj., o.Steig.⟩ **1** *auf dem Habitus beruhend* **2** *gewohnheitsmäßig, häufig wiederkehrend*

Ha|bi|tus ⟨m., -, nur Sg.⟩ **1** *äußere Erscheinung, Gestalt, Aussehen* **2** *Haltung, Benehmen* **3** *Gesamtheit der für ein Tier oder eine Tiergruppe charakteristischen Verhaltensmerkmale* **4** *Besonderheiten an einem Menschen, die auf die Neigung zu bestimmten Krankheiten hindeuten* [< lat. *habitus* „äußere Erscheinung, Gestalt", zu *habere* „haben, halten, in sich schließen"]

hab|lich ⟨Adj.; schweiz.⟩ *wohlhabend;* ein ~er Geschäftsmann

Hab|schaft ⟨f.10; †⟩ *Eigentum, Besitz, Habe*

Hab|se|lig|keit ⟨f.10; meist Pl.⟩ *kleiner, geringer Besitz;* sie packte all ihre ~en zusammen

Hab|sucht ⟨f., -, nur Sg.⟩ → *Habgier*

hab|süch|tig ⟨Adj.⟩ → *habgierig*

Habt|acht|stel|lung ⟨f., -, nur Sg.⟩ **1** ⟨Mil.; österr.⟩ *straffe, bewegungslose Haltung nach dem Kommando „Habt acht!"* **2** ⟨übertr.⟩ *gespannte, abwartende Haltung;* in H. auf eine Gelegenheit warten

Há|ček ⟨[hatʃεk] n.9⟩ *das Zeichen ˇ zur Bezeichnung der Aussprache bei š [ʃ], ř[rʃ], ž[ʒ] o.ä., bes. in slawischen Sprachen* [tschech. *háček* „Häkchen"]

Ha|ché ⟨[haʃe] n.9; veraltete Schreibung von⟩ → *Haschee*

Ha|chel ⟨n.5 oder f.11; österr.⟩ → *Küchenhobel* [zu *Hechel*]

Hach|se [hak-] → *Haxe*

Hack ⟨n.-s; norddt.⟩ → *Hackfleisch*

Hack|bank ⟨f.2⟩ *Hackklotz (des Metzgers)*

Hack|bau ⟨m., -(e)s, nur Sg.⟩ *Bodenlockerung mit der Handhacke (anstelle des Pfluges)*

Hack|block ⟨m.2⟩ → *Hackklotz*

Hack|bra|ten ⟨m.7⟩ *brotlaibförmiger Braten aus Hackfleisch;* Syn. *Klopsbraten,* ⟨ugs.⟩ *falscher Hase*

Hack|brett ⟨n.3⟩ **1** *brettförmige Unterlage zum Schneiden und Hacken (von Fleisch und Gemüse)* **2** ⟨Mus.⟩ *trapezförmiges, in Bayern und Österreich verbreitetes Saiteninstrument (ähnlich der Zither), bei dem die Saiten mit Klöppeln (Hämmerchen) angeschlagen werden*

Hacke¹ ⟨-k·k-; f.11; ugs., bes. norddt.⟩ auch: *Hacken* **1** → *Ferse* **2** *Absatz des Schuhs;* sich die ~n nach etwas ablaufen ⟨ugs.⟩ *viel herumlaufen, um etwas zu finden, zu bekommen*

Hacke² ⟨-k·k-; f.11⟩ *Handgerät zur Bodenlockerung und Unkrautbekämpfung (an einem Stiel, mit Stahlblatt oder Zinken);* Syn. ⟨österr.⟩ *Haue* **2** ⟨österr.⟩ *Beil, Axt* [zu *hacken*]

hacken ⟨-k·k-; V.1, hat gehackt⟩ **I** ⟨o.Obj.⟩ **1** *mit der Hacke arbeiten* **2** *heftig und kurz (von oben nach) zustoßen;* der Vogel hackt nach mir, nach meinem Finger **3** ⟨ugs.⟩ *hart (auf dem Klavier) spielen* **II** ⟨mit Akk.⟩ **1** *etwas h. mit der Hacke bearbeiten, lockern;* den Boden h. **b** *mit der Hacke die Erde um etwas lockern;* Kartoffeln, Rüben h. **c** *mit der Hacke einen spitzen Gegenstand herstellen;* ein Loch (ins Eis, in die Mauer) h. **d** *mit dem Beil, der Axt zerkleinern;* Holz h. **e** *reine Schale schneiden;* Mandeln, ein hartgekochtes Ei h. **2** *jmdn. h. durch einen Hieb mit dem Schnabel, mit einem spitzen Gegenstand verletzen;* der Vogel hat mich in die Hand gehackt; er hat sich ins Bein gehackt

Hacken ⟨-k·k-; m.7⟩ → *Hacke¹*

Hacke|pe|ter ⟨-k·k-; m.5⟩ *mit Zwiebeln und Gewürzen zubereitetes, rohes Hackfleisch aus Schweinefleisch*

Hacker, Häcker ⟨-k·k-; m.5⟩ *Arbeiter im Weinberg*

Häcker|le ⟨-k·k-; n., -(e)s, nur Sg.⟩ *sehr fein gehackte Salzheringe (mit unterschiedlichen Zutaten)*

Häcker|ling ⟨-k·k-; m.; landsch.⟩ → *Häcksel*

Hack|fleisch ⟨n., -(e)s, nur Sg.⟩ *(im Fleischwolf) zerkleinertes, rohes Fleisch;* Syn. ⟨österr.⟩ *Faschierte(s)* ⟨landsch., z.B. ostmdt.⟩ *Gehacktes,* ⟨norddt.⟩ *Hack*

Hack|frucht ⟨f.2⟩ *Kulturpflanze, bei der der Boden zu Anfang ihres Wachstums durch Hacken offengehalten werden muß* (z.B. Kartoffel, Rübe)

Hack|klotz ⟨m.2⟩ *großer, harter Holzklotz als Unterlage (beim Holz- oder Fleischhacken);* Syn. *Hackblock*

Hack|ord|nung ⟨f.10⟩ **1** *festgelegte Rangordnung, nach der ein Huhn jedes ihm unterlegene Huhn vom Futter oder einer bevorzugten Schlafstelle u.a. durch Hacken vertreiben kann* **2** ⟨übertr.⟩ *hierarchische Gesellschaftsordnung* (z.B. im Berufsleben)

Häck|sel ⟨n. oder m., -s, nur Sg.⟩ *kleingeschnittenes Stroh, Heu oder Grünfutter (zur Fütterung von Großvieh);* Syn. *Häckerling*

Häcks|ler ⟨m.5⟩ *landwirtschaftliche Maschine zum Häckseln*

Haddsch ⟨m.⟩ → *Hadsch*

Ha|der ⟨m., -s, nur Sg.⟩ **1** *lang dauernde, oft verdeckte Auseinandersetzung, Meinungsverschiedenheit;* die Nachbarn lebten im H. miteinander **2** → *Hadern*

Ha|der|lump ⟨m.10; bayr.-österr.⟩ → *Lump (2)* [zu *Hadern*]

ha|dern ⟨V.1, hat gehadert; mit Präp.obj.⟩ **1** *mit etwas h. sich über etwas beklagen;* sie hadert mit ihrem Schicksal **2** *mit jmdm. h. jmdm. Vorwürfe machen;* mit Gott h.

Ha|dern ⟨m.7; bayr.-österr.⟩ **1** *Putzlappen, Scheuertuch;* auch: *Hader* **2** ⟨Pl.⟩ *Lumpen, Abfall von Textilien, Stoffetzen*

Ha|des ⟨m., -, nur Sg.; griech. Myth.⟩ *Reich der Toten*

Hadsch ⟨m., -, nur Sg.⟩ *Pilgerreise nach Mekka, die jeder Anhänger der islamischen Religion einmal im Leben unternehmen sollte;* auch: *Haddsch*

Ha|dschi ⟨m.9⟩ *Mekkapilger* [über türk. < arab. *hāğğ* in ders. Bed.]

Haem|oc|cult-Test ⟨m.9⟩ *Untersuchung des menschlichen Kots auf (mit dem bloßen Auge nicht sichtbares) Blut hin* [< *Häm...* und *okkult*]

Ha|fen¹ ⟨m.8⟩ *geschützter Anlegeplatz für Schiffe (Binnen~, See~, Öl~);* künstlicher, natürlicher H.; im H. der Ehe landen ⟨ugs., scherzh.⟩

Ha|fen² ⟨m.8; oberdt.⟩ *Topf, Gefäß (insbesondere aus Keramik)*

Ha|fen|amt ⟨n.4⟩ *Behörde, der die Leitung des Hafenbetriebs obliegt*

Ha|fen|ka|pi|tän ⟨m.1⟩ *jmd., dem die Verwaltung eines Hafens obliegt;* Syn. ⟨in kleinen Häfen⟩ *Hafenmeister*

Ha|fen|mei|ster ⟨m.5; in kleinen Häfen⟩ → *Hafenkapitän*

Ha|fen|stadt ⟨f.2⟩ *Stadt mit einem Hafen*

Ha|fer ⟨m.5⟩ auch: ⟨oberdt.⟩ *Haber* **1** *mehrere Gattungen der Gräser (im typischen Fall ein Sommergetreide, dessen Körner in einer lockeren Rispe stehen, z.B. Flug~, Rispen~, Wiesen~)* **2** *Körner des Getreidehafers* [vielleicht urspr. „Getreide für den Bock"; vgl. *Haberfeldtreiben, Habergeiß*]

Ha|fer|flocke ⟨-k·k-; f.11; meist Pl.⟩ *~n enthülster und gequetschter Hafer (2) (als Nahrungsmittel)*

Hä|ferl ⟨n.14; österr.⟩ *kleiner Hafen²*

Hä|ferl|gucker ⟨-k·k-; m.5; österr.⟩ **1** *jmd., der gerne, während jmd. kocht, in die Töpfe schaut* **2** ⟨übertr.⟩ *neugieriger Mensch* [zu *Hafen²*]

Ha|fer|schuh ⟨m.1; bayr.-österr.⟩ → *Bundschuh* [zu *Hafen²*]

Ha|fer|pflau|me ⟨f.11⟩ *Pflaumenart, aus der die Sortengruppe der Reneklode gezüchtet wurde*

Ha|fer|schleim ⟨m., -(e)s, nur Sg.⟩ *breiige Suppe aus in Wasser gekochten Haferflocken (als Schonkost)*

Haff ⟨n.9⟩ *durch eine Nehrung vom Meer fast vollständig abgetrennter Strandsee;* Syn. ⟨nddt.⟩ *Noor* [< mnddt. *haf* „Meer"]

Haf|lin|ger ⟨m.5⟩ kleines, hell rötlich-braunes Warmblutpferd mit weißlich-gelben Mähnen- und Schweifhaaren [nach dem Dorf *Hafling* bei Meran]

Haf|ner, Häf|ner ⟨m.5; oberdt.⟩ 1 → *Töpfer* 2 → *Ofensetzer*

Haf|ni|um ⟨n., -s, nur Sg.; Zeichen: Hf⟩ stark glänzendes Metall [zu *Hafnia*, dem latinisierten Namen von Kopenhagen, wo es entdeckt wurde]

Haft ⟨f., -, nur Sg.⟩ Zustand des Entzuges der persönlichen Freiheit durch eine staatliche Behörde, Gewahrsam (Einzel~, Untersuchungs~); jmdn. in H. nehmen; jmdn. aus der H. entlassen

...haft ⟨Adj.; in Zus.⟩ verbunden mit, z.B. in grauenhaft, dauerhaft, frevelhaft

Haft|an|stalt ⟨f.10⟩ → *Gefängnis*

Haft|aus|set|zung ⟨f.10⟩ vorübergehende Unterbrechung einer Haft; es wurde eine H. wegen Krankheit angeordnet

haft|bar ⟨Adj., o.Steig.⟩ haftend, bürgend, einstehen müssend; für etwas h. sein für etwas bürgen, einstehen müssen; jmdn. für etwas h. machen jmdn. für etwas zur Verantwortung, zur Rechenschaft ziehen; für einen Schaden h. machen **Haft|bar|keit** ⟨f., -, nur Sg.⟩

Haft|be|fehl ⟨m.1⟩ schriftliche Anordnung (eines Richters), jmdn. zu verhaften; einen H. gegen jmdn. ausstellen; gegen ihn wurde H. erlassen

Haf|tel ⟨n.14; bayr.-österr.⟩ Haken (zur Öse); auch: ⟨ostmdt.⟩ Heftel

Haf|tel|ma|cher ⟨m.; nur in der Wendung⟩ aufpassen wie ein H. sehr genau aufpassen; auch: Heftelmacher

haf|ten ⟨V.2, hat gehaftet⟩ I ⟨o.Obj.⟩ 1 fest hängen(bleiben), kleben(bleiben); die Briefmarke haftet nicht; an den Schuhen haftet Schmutz, Schnee 2 ⟨bei Handelsgesellschaften⟩ mit seinem Vermögen oder seiner Kapitaleinlage für Verpflichtungen einstehen; als Gesellschafter, Teilhaber h. II ⟨mit Präp.obj.⟩ für etwas oder jmdn. h. bürgen, einstehen, Sicherheit leisten; für eine Geldsumme, einen Schaden h.; Sie h. mir für den Gefangenen!

Haft|ent|schä|di|gung ⟨f.10⟩ finanzielle Entschädigung für eine zu Unrecht verbüßte Haftstrafe

Haft|frist ⟨f.10⟩ Zeitraum, in dem jmd. für etwas haften muß

Haft|glas ⟨n.4⟩ → *Kontaktlinse*

Haft|gla|scha|le ⟨f.11⟩ → *Kontaktlinse*

Häft|ling ⟨m.1⟩ jmd., der sich in Haft befindet

Haft|pflicht ⟨f.10⟩ Pflicht des Verursachers eines Schadens, für den Schaden aufzukommen

haft|pflich|tig ⟨Adj., o.Steig.⟩ verpflichtet, die Haftung für etwas zu übernehmen; für einen Schaden h. sein; jmdn. h. machen

Haft|psy|cho|se ⟨f.11⟩ außergewöhnliche seelische Zustände (wie Depressionen o.ä.), die aufgrund eines Aufenthaltes in der Haft entstehen; der Gefangene leidet unter (an) einer H.

Haft|scha|le ⟨f.11⟩ → *Kontaktlinse*

Haft|stra|fe ⟨f.11⟩ Bestrafung durch Freiheitsentzug in Form einer Haft; der Richter verhängte eine H.

Haf|tung ⟨f., -, nur Sg.⟩ 1 das Haften (an etwas), das Kleben, Reibungswiderstand (Boden~) 2 Verpflichtung, für einen Schaden aufzukommen; dafür wird keinerlei H. übernommen

Haf|tungs|aus|schluß ⟨m.2⟩ Vereinbarung, daß in bestimmten Fällen keine Haftung übernommen werden muß; bei dieser Versicherung besteht ein H. für Wasserschäden

Haft|ur|laub ⟨m.1⟩ zeitlich befristete Unterbrechung einer Haft; H. erhalten

Hag ⟨m.1; poet.⟩ abgegrenztes Waldstück,

Hain; die Rehe im H. [< ahd. *hac, haga* ,,Hecke, Gehege, Umzäunung"]

Ha|ge|bu|che ⟨f.11⟩ → *Hainbuche*

Ha|ge|but|te ⟨f.11⟩ rote Frucht der Heckenrose; Syn. ⟨österr.⟩ Hetscherl, ⟨ostfränk.⟩ Hiefe [< *Hag* und *Butzen*]

Ha|gel ⟨m., -s, nur Sg.⟩ Niederschlag in Form von Eiskugeln oder -klümpchen

ha|gel|dicht ⟨Adj., o.Steig.⟩ so dicht, so eng, wie der Hagel fällt; die Schläge fielen h.

Ha|gel|korn ⟨n.4⟩ 1 einzelnes Teilchen des Hagels 2 kugelige Vergrößerung von Drüsen des Lides, die durch eine Verstopfung des Ausführungsganges verursacht wird

ha|geln ⟨V.1, hat gehagelt⟩ o.Obj.; unpersönl., mit ,,es"⟩ es hagelt 1 Hagel fällt 2 etwas fällt heftig und in rascher Folge; es hagelt Hiebe, Schläge, Steine 3 etwas folgt rasch und heftig aufeinander; es hagelte Beschwerden, Vorwürfe

Ha|gel|schlag ⟨m.2⟩ heftiger Hagel (der u.a. Kulturpflanzen zerschlägt); die Schäden durch H. gingen in die Millionen

Ha|gel|schnur ⟨f.2⟩ Eiweißstrang (am Dotter des Vogeleis)

Hä|ge|mark ⟨n., -(e)s, nur Sg.⟩ ⟨schwäb.⟩ Marmelade aus Hagebutten

ha|ger ⟨Adj.⟩ schmal, dünn, mager, abgezehrt, mit hervortretenden Knochen und Muskeln; eine ~e Gestalt; ein ~es Gesicht

Ha|ger|keit ⟨f., -, nur Sg.⟩ hagere Beschaffenheit; die H. seines Gesichts

Ha|ge|stolz ⟨m.1; †⟩ älterer Junggeselle [< ahd. *hagustalt* ,,Unverheirateter", urspr. Adj. ,,unverheiratet", zu *Hag* ,,kleines, umfriedetes Gut" und ahd. *-stalt* ,,besitzend"; da nur der älteste Sohn den Erbgut bekam, wurden die jüngeren Söhne mit Nebengütern bedacht, die oft so klein waren, daß man sich ihnen keine Familie ernähren konnte; der Besitzer eines solchen Gutes mußte also unverheiratet bleiben]

Hag|ga|da(h) ⟨f., -, nur Sg.⟩ erzählende Teile des Talmuds [hebr., ,,Vortrag"]

Ha|gio|gra|pha ⟨Pl.⟩, **Ha|gio|gra|phen** ⟨Pl.⟩ dritter und neuester Teil des AT [< griech. *hagios* ,,heilig" und *graphein* ,,schreiben", also ,,Heilige Schriften"]

Ha|gio|gra|phie ⟨f.11⟩ Lebensbeschreibung eines Heiligen

Ha|gio|la|trie ⟨f.11⟩ Verehrung von Heiligen [< griech. *hagios* ,,heilig" und *latreia* ,,Dienst, Gottesdienst", zu *latris* ,,Knecht, Diener"]

Hä|her ⟨m.5⟩ (meist bunter) Rabenvogel (verschiedener Gattungen; Eichel~, Tannen~) [lautmalend nach dem heiseren Ruf des Eichelhähers]

Hahn ⟨m.2⟩ 1 männliches Haushuhn; Syn. ⟨mdt.⟩ Gickel, ⟨oberdt.⟩ Gockel; H. im Korbe sein ⟨ugs., scherzh.⟩ der einzige Mann in einem Kreis, in einer Gruppe von Frauen sein; ⟨auch⟩ Hauptperson, beliebte Person in einem Kreis, in einer Gruppe sein; wenn einige Zeit vergangen ist, kräht kein H. mehr danach ⟨übertr.⟩ spricht niemand mehr davon 2 ⟨Jägerspr. auch m.12; bei verschiedenen Vögeln⟩ männlicher Vogel (Auer~, Trut~, Reb~, Straußen~) 3 ⟨Tech.⟩ a ⟨fachsprachl. auch m.12⟩ Vorrichtung zum Sperren und Regeln des Durchflusses durch eine Rohrleitung, bei der das Sperrglied drehend bewegt wird (Gas~, Wasser~) b ⟨bei alten Feuerwaffen⟩ hammerartiges Teil des Schlosses, der durch Vorschnellen mittels Federkraft beim Aufschlag die Zündmasse zur Explosion bringt [< mhd. *han*, ahd. *hano*, < got. *hana* ,,Hahn", wahrscheinl. zu lat. *cano* ,,ich singe", also urspr. ,,Sänger"; in Bed. 4 vermutlich wegen der ursprünglichen Schnabelform der Klemmvorrichtung]

Hähn|chen ⟨n.7⟩ 1 kleiner, junger Hahn 2 gebratener Hahn oder gerupfter, zum Braten bestimmter junger Hahn

Hah|nen|bal|ken ⟨m.7⟩ oberster Querbalken (im Sparrendach)

Hah|nen|fuß ⟨m., -es, nur Sg.⟩ ein gelb, fettig glänzend blühendes Wiesenkraut [die Blätter erinnern an einen *Hahnenfuß*]

Hah|nen|fuß|ge|wächs ⟨n.1⟩ Blütenpflanze (z.B. Akelei, Anemone, Eisenhut, Hahnenfuß, Rittersporn)

Hah|nen|kamm ⟨m.2⟩ 1 Kamm (2) eines Hahnes 2 ein Amarantgewächs mit rotem (oder gelbem), an einen Hahnenkamm erinnerndem Blütenstand

Hah|nen|schrei ⟨m.1⟩ das Krähen eines Hahnes; vor dem ersten H. vor Sonnenaufgang

Hah|nen|tritt ⟨m., -(e)s, nur Sg.⟩ 1 weißliche Keimscheibe (im Vogelei, bes. Hühnerei) 2 ⟨beim Pferd⟩ Bewegungsstörung mit plötzlichem, zuckendem Heben oder Beugen der Hinterliedmaßen (bes. im Schritt) 3 ⟨auf dem Fußspur des Hahnes ähnelndes Stoffmuster

Hah|ne|pot ⟨f.12; Seew.⟩ ein an drei Punkten angreifendes Tau [nddt., eigtl. ,,Hahnenpfote"]

Hah|ni|um ⟨n., -s, nur Sg.; Zeichen: Ha⟩ chemisches Element der Ordnungszahl 105 [von den USA vorgeschlagener, offiziell noch nicht anerkannter Name, nach dem Chemiker Otto *Hahn*]

Hahn|rei ⟨m.1⟩ betrogener Ehemann [urspr. ,,Ehemann, der seinen ehelichen Pflichten nicht nachkommt"; gebildet aus *Hahn* und *-rei*, -rei ist wahrscheinlich verschnittener Hahn, Kapaun]

Hai ⟨m.1⟩ ein Knorpelfisch mit unterständigem Maul, mehreren auffällig quergestellten sowie mit Zähnen in mehreren Reihen und einer Schwanzflosse mit langem Ober- und kurzem Unterteil (meist Raubfisch, z.B. Blau~, Hammer~); Syn. Haifisch [< ndrl. *haai* in ders. Bed.]

Hai|duck ⟨m.1⟩ auch: Heiduck 1 ⟨urspr.⟩ ungarischer Hirt 2 ⟨im 18. Jh.⟩ Gerichtsdiener, Diener eines Fürsten 3 ⟨heute⟩ Viehhirte, Hintersasse

Hai|fisch ⟨m.1⟩ → *Hai*

Hai|ku ⟨n.9⟩ dreizeiliges japanisches Gedicht, das aus 17 Silben besteht und nach dem Schema 5-7-5 gebildet wird

Hai|mons|kin|der ⟨Pl.⟩ treue Freunde oder Geschwister [nach den vier Kindern des Grafen Haimon in einer Sage der Karolingerzeit]

Hain ⟨m.1⟩ 1 kleiner, lichter Wald 2 geweihter Wald [mdt., zusammengezogen < ahd. *hagan*, n. *Hag*]

Hain|bu|che ⟨f.11⟩ einer Buche ähnlicher Baum aus der Familie der Birkengewächse, mit glattem, grauem Stamm mit Längswülsten und doppelt gezähnten Blättern; Syn. Hagebuche, Weißbuche

Hai|tia|ner ⟨m.5⟩ Einwohner von Haiti; auch: Haitier

hai|tia|nisch ⟨Adj., o.Steig.⟩ Haiti betreffend, zu ihm gehörig, aus ihm stammend; auch: haitisch

Hai|tier ⟨m.5⟩ → *Haitianer*

hai|tisch ⟨Adj.⟩ → *haitianisch*

Ha|ke|lei ⟨f.10; Sport⟩ Behinderung (durch Festhalten, Wegziehen u.a.)

Hä|ke|lei ⟨f.10⟩ 1 etwas Gehäkeltes 2 ⟨ugs.⟩ leichter Streit

hä|keln ⟨V.1, hat gehäkelt⟩ I ⟨o.Obj. oder mit Akk.⟩ mit einem mit Widerhaken versehenen, dünnen Stäbchen einen Faden zu Maschen verschlingen und auf diese Weise etwas herstellen; sie kann h.; sie häkelt gern; einen Lappen, ein Netz h. II ⟨refl.⟩ sich h. ⟨ugs.⟩ sich leicht streiten

Hä|kel|na|del ⟨f.11⟩ dünnes Stäbchen mit einem Widerhaken zum Häkeln

ha|ken ⟨V.1, hat gehakt⟩ I ⟨mit Akk.⟩ etwas an etwas h. etwas mit einem Haken an etwas befestigen; einen Gegenstand in einen Ring, eine Öse h.; eine Waffe ans Koppel h.

II ⟨o.Obj.⟩ *wie mit einem Haken hängenbleiben, klemmen;* die Kette, der Schlüssel hakt

Ha|ken ⟨m.7⟩ **1** *winkelig gebogenes Stück (meist aus Metall, um etwas daranzuhängen oder etwas heranzuziehen;* Angel~, Kleider~) **2** *winkelig gebogenes Zeichen (Korrektur~);* der Hase schlägt einen H. *wechselt plötzlich rechtwinklig die Richtung (wenn er verfolgt wird)* **3** ⟨Boxen⟩ *Schlag mit angewinkeltem Arm (Aufwärts~)* **4** ⟨übertr.⟩ *verborgener Nachteil, etwas Schwieriges, das bei einer überwiegend nützlichen Sache zu bedenken ist;* die Sache hat einen H., nämlich ...; der H. dabei ist, daß ... **5** ⟨Grandel⟩

Ha|ken|büch|se ⟨f.11⟩ → *Arkebuse*

Ha|ken|kreuz ⟨n.1⟩ **1** *gleichschenkliges Kreuz mit vier im Uhrzeigersinn abgewinkelten oder abgebogenen Haken* **2** *(1933–45) Partei- und Hoheitsabzeichen der Nationalsozialisten*

Ha|ken|na|se ⟨f.11⟩ *stark gekrümmte Nase*

Ha|ken|pflug ⟨m.2; *heute noch in Entwicklungsländern*⟩ *einfache Form des Pfluges, die aus einem hakenförmig gekrümmten Holzstück besteht*

Ha|ken|wurm|krank|heit ⟨f., -, nur Sg.⟩ *durch den Grubenwurm (dessen Larven durch die Haut eindringen und als Würmer im Dünndarm Blut saugen) verursachte Krankheit*

ha|kig ⟨Adj.⟩ *wie ein Haken geformt*

Ha|kim ⟨auch [-kɪm] m.9; *in nahöstlichen Ländern*⟩ *Arzt, Gelehrter* [< arab. *ḥakīm* ,,Weiser, Philosoph, Arzt", eigentlich ,,Wissender, Richtender", zu *ḥakama* ,,urteilen, entscheiden, wissen, richten"]

Ha|la|li ⟨auch [-la-] n.9⟩ *ein Jagdsignal;* H. blasen [< frz. *hallali,* vielleicht aus dem altfrz. Ruf *hale!* ,,holla, hu!" (dazu das Verb *haler,* ältere Form *harer* ,,die Hunde hetzen")]

halb ⟨Adj., o.Steig.⟩ **1** *aus dem einen von den zwei gleichgroßen Teilen bestehend, die zusammen ein Ganzes bilden;* ein ~er Kuchen; eine ~e Stunde; die ~e Stadt war ohne Strom; eine Halbe, ein Halbes ⟨ugs.⟩ *ein halber Liter Bier* **2** *zur Hälfte;* h. reif; h. erfroren; h. lachend, h. weinend **3** *unfertig, unvollkommen,* nicht ganz; das ist nur eine ~e Sache **4** *in der Mitte von;* sich auf ~em Wege treffen **5** ⟨meist übertreibend⟩ *nahezu, beinahe;* er ist noch ein ~es Kind; ihr Garten ist eine ~e Gärtnerei ⟨ugs., scherzh.⟩; h. verdurstet sein; sich h. totlachen **6** ⟨Mus.⟩ *der Hälfte eines Zeit- oder Tonwertes entsprechend;* ~e Note; ~er Ton; ~e Pause **7** *vermindert, abgeschwächt;* mit ~er Stimme sprechen

halb... ⟨in Zus.⟩ *zur Hälfte, teilweise, nicht ganz,* z.B. halbvertraulich, halboffiziell

Halb|af|fe ⟨m.11⟩ *nachts aktiver, großäugiger Affe (mit z. B. maus-, fuchs- oder hörnchenähnlichem Kopf)*

halb|amt|lich ⟨Adj., o.Steig.⟩ *nicht ganz amtlich, von einer Behörde, aber mit Mitwirkung einer Privatperson kommend;* Syn. offiziös; eine ~e Verlautbarung

halb|bat|zig ⟨Adj., o.Steig.; schweiz.⟩ *nicht zu Ende geführt, halbfertig* [zu *Batzen*]

Halb|bil|dung ⟨f., -, nur Sg.; abwertend⟩ *oberflächliche, geringe Bildung*

Halb|blut ⟨n., -(e)s, nur Sg.⟩ **1** *Mischling mit einem nordamerikanisch-indianischen und einem weißen Elternteil;* auch: Halbblüter **2** *Pferd mit einem gewissen Vollblutanteil;* auch: Halbblüter

Halb|blü|ter ⟨m.5⟩ → *Halbblut (2)*

Halb|bru|der ⟨m.6⟩ *Bruder, der nur jeweils den gleichen Vater oder die gleiche Mutter hat wie die anderen Kinder*

Halb|dre|hung ⟨f.11⟩ *halbe Drehung, Drehung um 180°*

Halb|dun|kel ⟨n., -, nur Sg.⟩ *Zustand zwischen Helligkeit und Dunkelheit, Dämmerlicht;* Syn. Halblicht; der Raum lag im H.

Hal|be ⟨f.11; bes. bayr.⟩ *ein halber Liter Bier im Glas (bei Bestellungen: das Glas Bier schlechthin)* [von bayr. ,,die halbe Maß"]

Halb|edel|stein ⟨m.1; †⟩ → *Schmuckstein*

hal|be-hal|be ⟨Adv., ugs.; nur in den Wendungen⟩ h. machen *den Gewinn, Verlust zu je 50% teilen;* etwas wird h. geteilt *etwas wird in zwei gleiche Hälften aufgeteilt*

hal|ber ⟨Adv. mit Gen.⟩ *wegen, um ... willen;* der besseren Einsicht h.

...hal|ber ⟨in Zus.⟩ *wegen, um ... willen,* z.B. geschäftehalber

Halb|esel ⟨m.5⟩ *asiatische Art der Unpaarhufer, die im Aussehen und der Stimme nach zwischen Wildpferd und Wildesel steht*

Halb|fa|bri|kat ⟨n.1⟩ *Ware, deren Bearbeitung noch nicht abgeschlossen ist und die in einem anderen Betrieb weiterbearbeitet wird (zwischen Rohstoff und Fertigfabrikat stehend);* Syn. Halbprodukt

halb|fett ⟨Adj., o.Steig.⟩ **1** *fetter gedruckt als der übrige (magere) Text, aber nicht fett* **2** *(bei Molkereiprodukten) 20–25% Fettgehalt in der Trockenmasse enthaltend;* ~er Käse

Halb|fi|na|le ⟨n., -s, nur Sg.⟩ → *Semifinale*

Halb|franz ⟨n., -, nur Sg.⟩ *Bucheinband, bei dem Rücken und Ecken mit Leder bezogen sind;* Syn. Halbleder; vgl. Ganzleder

halb|ge|bil|det ⟨Adj., o.Steig.; nur als Attr.⟩ *nur eine Halbbildung besitzend;* solche ~en Leute glauben immer, sie könnten ...

Halb|ge|fro|re|ne(s) ⟨n.19⟩ *cremeartiges Speiseeis, Eiscreme*

Halb|ge|schoß ⟨n.1⟩ *niedriges Zwischengeschoß über dem Erdgeschoß*

Halb|ge|schwi|ster ⟨nur Pl.⟩ *Geschwister, die einen Elternteil gemeinsam haben;* vgl. Stiefgeschwister

Halb|gott ⟨m.4⟩ **1** *Wesen mit einem göttlichen und einem menschlichen Elternteil;* Syn. Heros **2** *menschliches Wesen, das in den Kreis der Götter aufgenommen worden ist;* H. in Weiß ⟨iron., ugs.⟩ *Oberarzt, Chefarzt im Krankenhaus*

Halb|heit ⟨f.10⟩ *unvollkommene, unfertige Sache, nicht überzeugender Vorschlag, nicht stichhaltiges Argument;* jmdm. mit ~en kommen

hal|bie|ren ⟨V.3, hat halbiert; mit Akk.⟩ *in zwei gleiche Teile teilen*

Hal|bie|rung ⟨f.10⟩ *das Halbieren, Teilung in zwei gleiche Teile*

Halb|in|sel ⟨f.11⟩ *ins Meer oder in einen See vorspringender Teil des Festlandes;* Syn. ⟨†⟩ Peninsula

Halb|in|va|li|de(r) ⟨m., f.17 oder 18⟩ *jmd., der zwar teilweise, aber nicht bis zur völligen Arbeitsunfähigkeit behindert ist*

Halb|jahr ⟨n.1⟩ *Hälfte eines Jahres, 6 Monate;* das erste H. 1984

halb|jäh|rig ⟨Adj., o.Steig.⟩ **1** *ein halbes Jahr alt;* ein ~es Kind, Tier **2** *ein halbes Jahr dauernd;* ein ~er Lehrgang

halb|jähr|lich ⟨Adj., o.Steig.⟩ *jedes halbe Jahr;* ~e Erscheinungsweise; die Zeitschrift erscheint h.

Halb|kreis ⟨m.1⟩ *Hälfte eines Kreises*

Halb|ku|gel ⟨f.11⟩ **1** *Hälfte einer Kugel* **2** → *Hemisphäre*

halb|lang ⟨Adj., o.Steig.⟩ *in der Mitte zwischen lang und kurz liegend;* ein ~er Rock; nun mach aber h.! ⟨ugs.⟩ *übertreibe nicht so!*

halb|laut ⟨Adj., o.Steig.⟩ *mit leiser Stimme, nicht laut, aber auch nicht ganz leise;* etwas h. sagen

Halb|le|der ⟨n., -s, nur Sg.⟩ → *Halbfranz*

Halb|lei|nen ⟨n.7⟩ **1** *Gewebe, das zur einen Hälfte aus Leinwand und zur anderen aus einer anderen Faser (z.B. Baumwolle) besteht* **2** *Bucheinband, bei dem der Rücken und manchmal auch die Ecken aus Leinwand bestehen;* vgl. Ganzleinen; diese Buchausgabe erscheint in H.

Halb|lei|ter ⟨m.5⟩ *Stoff, der aufgrund seiner kristallinen Struktur eigentlich Nichtleiter ist, aber durch geringfügige Verunreinigungen elektrisch leitend werden kann*

Halb|licht ⟨n., -es, nur Sg.⟩ → *Halbdunkel*

halb|links ⟨Adv.⟩ **1** *zwischen geradeaus und links;* nach der Kreuzung fahren Sie h. weiter **2** ⟨Rasensport, Eishockey⟩ *nahe, aber nicht ganz an der linken Außenlinie;* ein Schuß von h.; er spielt h.

halb|mast ⟨Adv.⟩ *bis zur halben Höhe des Mastes (als Zeichen der Trauer);* Syn. halbstock; Ggs. vollmast; das Schiff hat h. geflaggt; die Fahne h. setzen

halb|matt ⟨Adj., o.Steig.⟩ *zwischen glänzend und matt;* ~es Papier; ein Foto h. abziehen

Halb|mes|ser ⟨m.5⟩ *halber Durchmesser;* Syn. Radius

Halb|me|tall ⟨n.1⟩ *chemisches Element, das metallische und nichtmetallische Eigenschaften besitzt (z.B. Bor, Germanium, Silicium)*

Halb|mond ⟨m.1⟩ **1** ⟨nur Sg.⟩ *Mondphase zwischen Neu- und Vollmond* **2** *Mondsichel als Wahrzeichen der Türkei;* Roter H. **3** → *Schellenbaum [wegen der halbmondförmigen Aufsätze]*

halb|nackt ⟨Adj., o.Steig.; nur als Attr.⟩ *nur wenig bekleidet, nahezu unbekleidet;* ein ~es Kind; ⟨adv.⟩ er läuft halb nackt herum

halb|of|fen ⟨Adj., o.Steig.; nur als Attr.⟩ *zur Hälfte geöffnet;* eine ~e Tür; ⟨aber⟩ die Tür ist halb offen

Halb|pacht ⟨f.10⟩ *landwirtschaftliche Pachtform, bei der der Verpächter Land, Gebäude und Maschinen zur Verfügung stellt, der Pächter hingegen seine Arbeitskraft und sein Wissen, und bei der der Ertrag geteilt wird*

Halb|pa|ra|sit ⟨m.10⟩ *Parasit, der in der Lage ist, sich selbst mit einem Teil der lebensnotwendigen Stoffe zu versorgen (z.B. die Mistel);* Syn. Halbschmarotzer

halb|part ⟨Adv.; nur in der Fügung⟩ h. machen *(mit jmdm.) zur Hälfte teilen;* wir machen h. (miteinander)

Halb|pen|si|on ⟨f.10⟩ *(Unterkunft mit) Frühstück und einer weiteren Mahlzeit;* Zimmer mit H.; wir nehmen nur H.

Halb|pro|dukt ⟨n.1⟩ → *Halbfabrikat*

halb|rechts ⟨Adv.⟩ **1** *zwischen geradeaus und rechts;* nach der Kreuzung fahren Sie h. weiter **2** ⟨Rasensport, Eishockey⟩ *nahe, aber nicht ganz an der rechten Außenseite;* ein Schuß von h.; er spielt h.

Halb|re|li|ef ⟨[-ljef] n.1 oder n.9⟩ *Relief, bei dem die Erhebungen nicht so hoch sind wie beim Vollrelief, doch höher als beim Flachrelief*

halb|rund ⟨Adj.⟩ **1** *nahezu rund, oval* **2** *halbkreisförmig*

Halb|schat|ten ⟨m., -s, nur Sg.⟩ **1** ⟨Optik, Astron.⟩ *Bereich, der noch von einem Teil des einfallenden Lichtes getroffen wird (z.B. bei einer Mondfinsternis)* **2** *Schattenzone mit unbeschatteten Abschnitten;* wir warteten im H.

Halb|schlaf ⟨m., -(e)s, nur Sg.⟩ *Zustand zwischen Schlaf und Wachsein;* aus dem H. auffahren

Halb|schma|rot|zer ⟨m.5⟩ → *Halbparasit*

Halb|schuh ⟨m.1⟩ *bis zum Knöchel reichender Schuh*

Halb|schwe|ster ⟨f.11⟩ *Schwester, die nur entweder den gleichen Vater oder die gleiche Mutter hat wie die anderen Geschwister*

Halb|sei|de ⟨f., -, nur Sg.⟩ *Stoff mit einer Seidenkette und einem Baumwoll- oder Wollschuß*

halb|sei|den ⟨Adj., o.Steig.⟩ **1** *zur Hälfte aus Seide bestehend;* ein ~er Stoff **2** ⟨übertr., ugs.⟩ *anrüchig, zwielichtig;* ein ~es Lokal; ein ~er Bursche **3** ⟨übertr., ugs.; abwertend⟩ *homosexuell*

Halb|sei|ten|blind|heit ⟨f., -, nur Sg.⟩ *Ausfall des halben Gesichtsfeldes durch Schädigung der Sehnervenfasern*

halb|sei|tig ⟨Adj., o.Steig.⟩ **1** ⟨Med.⟩ *eine*

Halbstarke(r)

Hälfte (des Körpers) betreffend, nur auf einer Seite; ~e Lähmung; ein h. auftretender Kopfschmerz; h. gelähmt 2 ⟨bei Büchern, Zeitungen⟩ eine halbe Seite einnehmend; eine ~e Anzeige

Halb|star|ke(r) ⟨m.17 oder 18; ugs., abwertend⟩ unausgereifter Jugendlicher mit flegelhaftem Benehmen

halb|stock ⟨Adv.⟩ → halbmast

Halb|stoff ⟨m.1; Papierherstellung⟩ einzeln aufbereiteter Faserstoff (wie Zellulose oder Holzschliff)

halb|stün|dig ⟨Adj., o.Steig.⟩ eine halbe Stunde dauernd; ein ~er Vortrag

halb|stünd|lich ⟨Adj., o.Steig.⟩ jede halbe Stunde; eine Arznei h. einnehmen

halb|tä|gig ⟨Adj., o.Steig.⟩ einen halben Tag dauernd; ein ~er Kurs

halb|täg|lich ⟨Adj., o.Steig.⟩ jeden halben Tag; sie wechseln sich h. in der Krankenwache ab

halb|tags ⟨Adv.⟩ den halben Tag über; sie arbeitet h. in einem Büro

Halb|tags|ar|beit ⟨f.⟩ regelmäßige, nur einen halben Arbeitstag dauernde Arbeit

Halb|tags|kraft ⟨f.2⟩ jmd., der eine Halbtagsarbeit ausübt; die Nachfrage nach Halbtagskräften steigt

Halb|ton ⟨m.2⟩ 1 ⟨Mus.⟩ halber Ton 2 ⟨Graphik; bei Farben⟩ Zwischenton

halb|tot ⟨Adj., o.Steig.; nur als Attr.⟩ beinahe tot; eine ~e Katze; ⟨aber⟩ ich bin vor Erschöpfung halb tot

Halb|trau|er ⟨f., -, nur Sg.; †⟩ Trauerkleidung, die ab dem sechsten Monat nach dem Todesfall getragen wird; H. tragen

halb|voll ⟨Adj., o.Steig.; nur als Attr.⟩ zur Hälfte gefüllt; eine ~e Tasse; ⟨aber⟩ die Tasse ist nur halb voll

halb|wach ⟨Adj., o.Steig.; nur als Attr.⟩ zwischen Wachsein und Schlaf, nicht ganz wach; in ~em Zustand; ⟨aber⟩ ich war erst halb wach

Halb|wai|se ⟨f.11⟩ jmd., dessen einer Elternteil verstorben ist

halb|wegs ⟨Adv.⟩ 1 ⟨†⟩ auf halbem Wege; jmdm. h. entgegenkommen 2 ⟨ugs.⟩ bis zu einem gewissen Grade, einigermaßen; h. zufrieden sein; das ist h. einleuchtend

Halb|welt ⟨f.10⟩ sich mondän gebende, aber anrüchige Gesellschaft; ein Vertreter der H. [< frz. demi-monde in ders. Bed.]

Halb|werts|zeit, Halb|wert|zeit ⟨f.10⟩ Zeitraum, in dem die Hälfte (der Atome) einer (radioaktiven) Substanz zerfällt

Halb|wis|sen ⟨n., -s, nur Sg.⟩ ungenügendes, nicht fundiertes Wissen

Halb|wol|le ⟨f.19⟩ Füllstoff aus 50% Reißwolle und 50% anderem Material

halb|wüch|sig ⟨Adj., o.Steig.; nur als Attr. und mit „sein"⟩ zwischen Kindheit und Erwachsensein; ein ~es Kind

Halb|wüch|si|ge(r) ⟨m., f.17 oder 18⟩ noch nicht ganz Erwachsene(r), Jugendliche(r); eine Gruppe Halbwüchsiger

Halb|zeit ⟨f.10; bei Kampfspielen⟩ 1 Pause, nach der die Spielfeldhälften gewechselt werden 2 halbe Spielzeit

Halb|zeug ⟨n.1⟩ Halbfabrikat oder Zwischenerzeugnis aus Kunststoff oder Metall, das die Endform durch weitere Bearbeitung erst noch erhält

Hal|de ⟨f.11⟩ 1 ⟨Bgb., Steine- und Erdenindustrie⟩ a künstliche Aufschüttung von Mineralien zur Vorratshaltung b künstliche Aufschüttung von taubem Gestein, Abraum oder Schlacken zur endgültigen Lagerung 2 ⟨im Gebirge⟩ mäßig steiler Hang (aus Gesteinstrümmern) 3 ⟨Wirtsch., übertr.⟩ große Mengen nicht absetzbarer Güter; Waren auf H. nehmen

Ha|lér ⟨[ha:lerʃ] m., -, -ŭ⟩ tschechoslowakische Währungseinheit, 1/100 Koruna [tschech., zu Heller]

Hal|fa|gras ⟨n., -es, nur Sg.⟩ südmediterranes Steppengras, das für Flecht- und Korbwerk und als Papierrohstoff verwendet wird; auch: Alfagras [< arab. halfá in ders. Bed.]

Hälf|te ⟨f.11⟩ jeder von den zwei gleichen Teilen eines Ganzen; die erste H. des Jahres; meine bessere H. ⟨scherzh.⟩ meine Ehefrau; zur H.; ein Gefäß zur H. füllen; ich bin mit der Arbeit zur H. fertig

Half|ter¹ ⟨n. oder m.5⟩ leichtes Zaumzeug zum Anbinden, Halten und Führen von Pferden [urspr. Bed. „Handhabe"]

Half|ter² ⟨f. oder n.11⟩ Pistolentasche; auch: Holster [< mhd. hulfter „Köcher", zu hulft „Hülle"]

hälf|tig ⟨Adj., o.Steig.⟩ zu zwei gleichen Teilen, zur Hälfte; einen Gewinn h. an beide Teilhaber auszahlen

Hälf|tung ⟨f.10⟩ Teilung in zwei gleiche Teile

Ha|lit ⟨m.1⟩ → Steinsalz [< griech. hals, Gen. halos, „Salz"]

Hall¹ ⟨m.1⟩ 1 Schall, Klang, Geräusch; der H. seiner Schritte auf den Bretterboden 2 wiederkehrender, nachklingender Ton, Echo (Nach~, Wider~)

Hall² ⟨[hɔl] f.9⟩ große Diele, Eingangshalle [engl.]

Hal|le ⟨f.11⟩ großer, hoher Raum (Turn~, Fabrik~, Schwimm~, Empfangs~); eine H. auf der Messe

hal|le|lu|ja! 1 lobt Gott!; auch: alleluja! oder halleluja! 2 ⟨übertr., ugs.⟩ hurra!, Gott sei Dank!

Hal|le|lu|ja ⟨n., -, nur Sg.⟩ Lobpreisung, jubelnder Gebetsruf [< hebr. halleluja „lobt Gott!", zu hillēl „preisen, loben" und jah, Kurzform von Jahwe „Gott"]

hal|len ⟨V.1, hat gehallt; o.Obj.⟩ 1 (in einem Raum oder Bereich) hohl tönen und nachklingen; seine Schritte hallten in der Straße; seine Stimme hallt in dem großen Raum 2 von Tönen, von Schall erfüllt sein; sie lachten, daß der Raum hallte 3 ⟨unpersönl., mit „es"⟩ es hallt ein nachklingender Schall ist zu hören

Hal|len|bad ⟨n.4⟩ Schwimmbad in einem Gebäude

Hal|len|hand|ball ⟨n., -s, nur Sg.⟩ Kampfspiel in einer Halle (auf dem Feld), bei dem zwei Mannschaften zu je 7 Spielern versuchen, einen Hohlball ins gegnerische Tor zu werfen; auch: ⟨kurz⟩ Handball

Hal|len|kir|che ⟨f.11⟩ Kirche mit mehreren Schiffen, deren Gewölbe gleich oder annähernd gleich hoch sind

Hal|len|ser ⟨m.5⟩ Einwohner der Stadt Halle an der Saale

Hall-Ge|ne|ra|tor ⟨[hɔl-] m.13⟩ Meßgerät für Magnetfelder, hohe Gleichströme [nach dem Erfinder Edwin Hall]

Hal|lig ⟨f.10⟩ flache, meist durch Sommerdeiche geschützte, doch oft überflutete Marschinsel im Wattenmeer vor der Westküste Schleswig-Holsteins [nordfries.]

Hal|li|masch ⟨m.1⟩ in großen Gruppen an Baumstämmen wachsender, honigbrauner Pilz, der mit Schüppchen bedeckt ist und einen häutigen, weißen Ring an dem Stiel trägt [vielleicht zu bayr. „Hal am Arsch", „Heil im Arsch", weil ein daraus zubereitetes Pilzgericht, bes. wenn man Bier dazu trinkt, stark abführend wirkt]

Hall|jahr ⟨n.1⟩ → Jubeljahr

hal|lo ⟨Int.⟩ 1 ⟨Begrüßungsruf⟩ 2 ⟨Nachfrage am Telefon⟩ 3 ⟨Ruf des Erstaunens⟩ h., wer ist denn da?

Hal|lo ⟨n.9⟩ freudiges Rufen, freudige Aufregung (in einer Menschengruppe); es gab ein großes H.

Hal|lo|dri ⟨m.9; bayr.-österr.⟩ leichtlebiger Mensch, der moralische Vorschriften nicht allzu genau beachtet

Hal|lo|re ⟨m.11; früher⟩ Arbeiter in den Salinen von Halle an der Saale

Hall|statt|kul|tur ⟨f., -, nur Sg.⟩ Kulturepoche der älteren Eisenzeit, die durch reiche geometrische Ornamentik gekennzeichnet ist [nach den Funden bei dem Ort Hallstatt in Oberösterreich]

Hall|statt|zeit ⟨f., -, nur Sg.⟩ die ältere Eisenzeit im Bereich der Hallstattkultur

Hal|lu|zi|na|tion ⟨f.10⟩ ⟨krankhafte⟩ Sinnestäuschung ohne Reiz von außen [< lat. halucinatio, ältere Form von alucinatio, Gen. -onis, „gedankenloses Reden, Faselei, Träumerei", zu halucinari, alucinari „verwirrt sein, Unsinn reden, faseln"]

hal|lu|zi|na|tiv, hal|lu|zi|na|to|risch ⟨Adj., o.Steig.⟩ in der Art einer Halluzination, auf ihr beruhend

hal|lu|zi|nie|ren ⟨V.3, hat halluziniert; o.Obj.⟩ eine Halluzination, ⟨oder⟩ Halluzinationen haben; der Kranke halluziniert

Hal|lu|zi|no|gen ⟨n.1⟩ Droge, die Halluzinationen hervorruft [< Halluzination und ...gen]

Halm ⟨m.1⟩ 1 hoher Stengel von Gräsern (Getreide~, Gras~); das Getreide steht gut auf dem H. es wächst gut 2 ⟨kurz für⟩ → Strohhalm

Hal|ma ⟨n., -(s), nur Sg.⟩ ein Brettspiel [< griech. halma „Sprung", zu hallesthai „springen"]

Halm|frucht ⟨f.2⟩ → Getreide

Ha|lo ⟨m., -s, -lo|nes⟩ ⟨Astron.⟩ a diffuse, ringförmige Lichterscheinung („Hof") infolge Lichtbrechung (um Sonne, Mond oder einen Kometen) b kugelförmiges System aus Sternhaufen und Einzelsternen (um die Milchstraße und andere Sternsysteme) 2 ⟨Med.⟩ dunkler Ring auf der Haut um die Augenlider [< griech. halos „Tenne, Rundung, Kreis, ‚Hof' um Sonne und Mond", zu aloe „Tenne, Dreschplatz"]

ha|lo|gen ⟨Adj., o.Steig.⟩ salzbildend [zu Halogen]

Ha|lo|gen ⟨n.1⟩ jedes chemische Element, das ohne Hilfe von Sauerstoff mit Metallen Salze bildet; Syn. Salzbildner [< griech. hals, Gen. halos, „Salz" und ...gen]

Ha|lo|ge|nid ⟨n.1⟩ chemische Verbindung aus einem Halogen und einem anderen Element

ha|lo|ge|nie|ren ⟨V.3, hat halogeniert⟩ I ⟨o.Obj.⟩ Salz bilden II ⟨mit Akk.⟩ eine (organische) chemische Verbindung h. in eine chemische Verbindung ein oder mehrere Halogenatome einfügen

Ha|lo|gen|lam|pe ⟨f.11⟩ mit einem Halogen (meist Jod) und einem Edelgas gefüllte Glühlampe

Ha|lo|gen|schein|wer|fer ⟨m.5⟩ mit einem Halogen und einem Edelgas gefüllter, lichtstarker Autoscheinwerfer

Ha|lo|phyt ⟨m.10⟩ auf salzreichem Boden wachsende Pflanze (z.B. die Salzaster); Syn. Salzpflanze [< griech. hals, Gen. halos, „Salz" und phyton „Pflanze"]

Hals ⟨m.2⟩ 1 Körperteil zwischen Kopf und Rumpf; H. über Kopf abreisen ⟨ugs.⟩ sehr eilig, überstürzt abreisen; sich nach jmdm. oder etwas den H. ausrenken ⟨ugs.⟩ angestrengt, neugierig nach jmdm. oder etwas Ausschau halten; sich den H. brechen sich das Genick brechen; das kostet ihn den H. das bedeutet seinen Ruin, das bringt ihn vor Gericht; jmdm. den H. umdrehen jmdn. töten; einen langen H. machen neugierig, begierig nach etwas schauen; er kann den H. nicht voll genug kriegen ⟨derb⟩ er kann nie genug bekommen; aus vollem H. lachen laut, herzhaft lachen; vgl. Kehle; sie hat sich ihm an den H. geworfen ⟨ugs.⟩ sie hat sich ihm angeboten (für eine Liebesbeziehung), sie hat sich ihm aufgedrängt; er hat viel Arbeit am H.; jmdm. die Pest an den H. wünschen ⟨derb⟩ jmdm. Schlechtes wünschen; und dann habe ich sie alle auf dem H. ⟨ugs.⟩ dann muß ich mich um sie alle kümmern; jmdm. die Polizei auf den H. schicken ⟨ugs.⟩ *die Polizei auf jmdn. aufmerksam machen;* ich habe mir fast die Lunge aus dem H. geschrien ⟨ugs.⟩ *ich habe lange und laut (nach dir, nach euch) gerufen;* bleib mir damit vom H.! ⟨ugs.⟩ *laß mich damit in Ruhe!;* sich jmdn. oder eine Sache vom H. schaffen ⟨ugs.⟩ *jmdn. oder eine Sache loswerden;* das hängt, wächst mir zum H. heraus ⟨ugs.⟩ *das habe ich satt;* das Wasser steht ihm bis zum H. *er hat große* (bes. finanzielle) *Sorgen;* vgl. Hals- und Beinbruch **2** ⟨ugs. auch⟩ *Rachenraum, Schlund, Kehle;* einen entzündeten H. haben; *einen Kranken in den H. schauen* **3** *sich verjüngender Teil von etwas* (Flaschen~, Gitarren~, Knochen~); einer Flasche den H. brechen *eine Flasche mit einem alkoholischen Getränk anbrechen, öffnen*

Hals|ab|schnei|der ⟨m.5; ugs.⟩ *jmd., der andere finanziell ausbeutet, Wucherer;* Syn. Gurgelabschneider

Hals|band ⟨n.4⟩ **1** *Riemen um den Hals eines Tieres, bes. zum Befestigen der Leine und der Erkennungsmarke* **2** *eng am Hals anliegende Kette* (Perlen~, Brillant~) **3** *um den Hals liegendes, schmückendes Band*

Hals|ber|ge ⟨f.11⟩ *Halsschutz* (an der mittelalterlichen Rüstung) [zu bergen]

Hals|bin|de ⟨f.11; †⟩ **1** *Krawatte* **2** *Leinenunterkragen zum Stehkragen einer Uniform, eines Talars*

Hals|bräu|ne ⟨f., -, nur Sg.⟩ → *Angina*

hals|bre|che|risch ⟨Adj.⟩ *so, daß man sich den Hals dabei brechen kann, sehr riskant, lebensgefährlich;* Syn. knochenbrecherisch; *eine ~e Fahrweise;* ein ~er *Pfad*

Hal|se ⟨f.11⟩ **1** *Halteetau des Segels* **2** *untere vordere Ecke des Segels* **3** ⟨nur Sg.⟩ *das Halsen* (I) [zu halsen]

Hals|ei|sen ⟨n.7; im mittelalterlichen Strafvollzug⟩ *eiserner Halsring, in dem Verurteilte eingeschlossen und öffentlich ausgestellt wurden*

hal|sen ⟨V.1, hat gehalst⟩ **I** ⟨o.Obj.; Seew.⟩ *(beim Wenden) das Segel auf die andere Bordseite bringen* **II** ⟨mit Akk.⟩ jmdn. h. ⟨†⟩ *umhalsen*

hals|fern ⟨Adj.⟩ *vom Hals etwas abstehend, nicht am Hals anliegend;* ~er Kragen

Hals|ge|richt ⟨n.1; MA⟩ *Gericht zur Aburteilung todeswürdiger Verbrecher;* Syn. hochnotpeinliches Gericht, Hochgericht [der Verbrecher wurde an *Hals* und *Hand* = Leib und Leben bestraft]

Hals|ket|te ⟨f.11⟩ *(als Schmuck) um den Hals zu tragende Kette*

Hals|kra|gen ⟨m.7⟩ *radförmiges Gestell, das kranken Hunden oder anderen Tieren um den Hals gelegt wird, damit sie ihre Wunden nicht lecken können*

Hals-Na|sen-Oh|ren-Heil|kun|de ⟨f., -, nur Sg.; Abk.: HNO-Heilkunde⟩ *Fachgebiet der Medizin, das die Erkrankungen des Rachens, Kehlkopfes, der Nase und ihrer Nebenhöhlen sowie des Ohres erfaßt;* Syn. Oto-Rhino-Laryngologie

Hals|schlag|ader ⟨f.11⟩ *Schlagader an beiden Halsseiten;* Syn. Karotis

hals|star|rig ⟨Adj.⟩ **1** *sich gegen Antreiben und Geführtwerden stemmend, sträubend;* ein ~er Esel **2** ⟨übertr.⟩ *auf seinem Willen, seiner Meinung beharrend, Forderungen, Bitten beharrlich ablehnend, eigensinnig;* sei doch nicht so h.!

Hals|star|rig|keit ⟨f., -, nur Sg.⟩

Hals- und Bein|bruch ⟨m., -es, nur Sg.⟩ *Wunsch für jemanden, der in eine Prüfung geht* [wahrscheinlich eine volksetymologische Umdeutung aus jidd. *hazloche u broche* "Gelingen (Erfolg) und Segen" (also tatsächlich ein Segenswunsch), aus hebr. *haṣlāḥā ubrākā* in ders. Bed., zu *haṣliaḥ* "gelingen lassen" und *bērēk* "segnen"]

Hal|sung ⟨f.10; Jägerspr.⟩ *Halsband (des Jagdhundes)*

halt ⟨Adv.; oberdt.⟩ → *eben* (7), *nun einmal;* das ist h. nicht zu ändern; versuch h., es zu vergessen [< ahd. *halt* "lieber, mehr, eher"]

halt! **1** ⟨Imperativ zu halten⟩ *stehenbleiben!, nicht weitermachen!;* ich sage h., wenn ich genug habe

Halt ⟨m.1⟩ **1** *etwas, woran sich jmd. festhält, Stütze;* keinen H. finden **2** ⟨nur Sg.⟩ *Festigkeit, Rückhalt;* jmdm. einen H. geben; sie hat an ihm einen (starken) H.; ein Mensch ohne jeden inneren H.; ein moralischer H. **3** *Anhalten, Unterbrechung;* nach kurzem H.; H. gebieten **4** ⟨nur Sg.; schweiz.⟩ *Fläche, Inhalt;* ein Feld im H. von 3 ha **5** ⟨kurz für⟩ *Haltestelle*

halt|bar ⟨Adj.⟩ **1** *dauerhaft, widerstandsfähig;* ~es Schuhwerk **2** ⟨meist verneint⟩ *so beschaffen, daß daran festgehalten werden kann;* diese Auffassung ist nicht h. **3** ⟨Sport⟩ *so beschaffen, daß es festgehalten werden kann;* der Schuß war für den Torwart nicht h.

Halt|bar|keit ⟨f., -, nur Sg.⟩

Hal|te|griff ⟨m.1; Judo⟩ **1** *Griff, mit dem man einen Gegner festhält* (bes. im Bodenkampf) **2** *Bügel zum Festhalten* (an Ein- und Ausstiegen)

hal|ten ⟨V.61, hat gehalten⟩ **I** ⟨mit Akk.⟩ **1** etwas h. **a** *ergriffen haben und nicht loslassen;* einen Gegenstand (in der Hand) h.; halt mir mal das Tablett!; jmdm. die Leiter h.; der Vogel hält einen Wurm im Schnabel **b** *verteidigen;* eine Stadt, eine militärische Stellung h. **c** *sich nach etwas richten, etwas ausführen, einhalten;* eine strenge Diät h.; ein Gebot h.; den Kurs, die Richtung h. **d** *behalten, als Eigentum bewahren;* er kann das Geschäft, das Haus nicht mehr h. **e** *aufrechterhalten, beibehalten, bewahren;* Frieden h.; eine Freundschaft h.; die Verbindung zu jmdm. h.; Ordnung h.; einen Rekord h.; einen Ton, Tonhöhe h. **f** *bei etwas bleiben, zu etwas stehen;* ein Versprechen h., sein Wort h. **g** *(regelmäßig) durchführen, veranstalten, ablaufen lassen;* Gottesdienst, Unterricht h.; eine Rede h. **h** *tun, machen;* das kannst du h., wie du willst; wir werden es so h., daß wir ... **i** *etwas von etwas h.* etwas über etwas denken; was hältst du davon?; ich halte davon nichts, einiges, sehr viel **k** etwas auf sich h. 1. *sich gut kleiden und sich pflegen* 2. *ehrenhaft, anständig sein;* wenn man etwas auf sich hält, kann man so nicht handeln **l** ⟨unpersönl., mit "es"⟩ es mit jmdm. h. ⟨ugs.⟩ *enge Verbindung mit jmdm. bewahren;* er hält es mit den Mädchen *er hat viele Liebschaften;* es hat es *sich nach etwas richten;* ich halte es mit dem Grundsatz, daß ... **2** jmdn. oder etwas h. **a** *stützen, jmdn. oder eine Sache Halt, Festigkeit geben;* einen Kranken h.; der Pfahl hält den Baum **b** *in eine Lage, Stellung bringen;* ein Bild, ein Kind in die Höhe h.; die Zeitung nahe an die Augen h. **c** *in einen bestimmten Zustand bringen und darin lassen;* Pflanzen trocken, feucht h.; jmdn. oder sich warm h.; eine Maschine in Gang h. **d** *am Weggehen, Weglaufen, an der Bewegung hindern;* haltet den Dieb!; ich will Sie nicht h., wenn Sie keine Zeit haben; er ließ sich nicht länger h.; ein krankes Kind im Bett h. *dafür sorgen, daß es im Bett bleibt;* ich kann das Pferd nicht mehr h.; den Mund h. ⟨übertr.⟩ *schweigen;* er kann das Wasser, den Urin nicht h. **e** *jmdn. oder etwas für etwas h. glauben, daß jmd. oder etwas so ist;* ich halte ihn für einen großen Künstler; ich halte ihn für anständig; ich halte das nicht für gut **3** jmdn. h. *auf bestimmte Weise erziehen, beaufsichtigen;* er hält seinen Neffen wie seinen eigenen Sohn **II** ⟨mit Akk. oder mit Dat.⟩ (sich) auf Akk.) **1** (sich) einen oder etwas h. *zu einem bestimmten Zweck bei sich haben und pflegen;* er hält sich Hühner, einen Hund, ein Auto; ich halte mir keine Zimmerpflanzen mehr **b** *sich regelmäßig kommen*

lassen, abonniert haben; er hält (sich) mehrere Zeitschriften **2** sich jmdn. h. *jmdn. gegen Entgelt für sich beschäftigen;* er hält sich eine Sekretärin, einen Diener **III** ⟨o.Obj.⟩ **1** *dauerhaft, widerstandsfähig sein;* der Steg hält; der geleimte Stuhl hält jetzt **2** *stehenbleiben, verweilen;* der Zug hält hier nicht; können wir bitte einen Augenblick h.? (beim Auto-, Radfahren); an sich h. *sich beherrschen;* auf Ordnung h. *für Ordnung sorgen;* zu jmdm. h. *auf jmds. Seite stehen, jmdm. beistehen* **IV** ⟨refl.⟩ sich h. **1** *so bleiben, wie es ist, in einem Zustand bleiben;* die Blumen h. sich lange (frisch); er hält sich tapfer; das Wetter wird sich h. **2** *seine Stellung behaupten;* er wird sich dort nicht lange h. können; die Truppe kann sich noch einige Tage h. **3** *in einer bestimmten Stellung, Lage bleiben;* er hält sich krumm, gerade; sich auf einem Pferd h. können **4** *eine Richtung beibehalten;* h. Sie sich immer nach rechts, nach Norden **5** sich an jmdn. h. *eine Verbindung zu jmdm. suchen oder die behalten;* wenn du Hilfe brauchst, halte dich an ihn **6** sich an etwas h. **a** *sich nach etwas richten;* ich halte mich genau an die Vorschrift **b** ⟨ugs.⟩ *sich von etwas (Eßbarem) nehmen;* ich halte mich lieber ans Gemüse

Hal|ter ⟨m.5⟩ **1** *Vorrichtung, die etwas festhält* (Handtuch~) **2** *Vorrichtung, an der etwas festgehalten werden kann;* H. an einer Schneidemaschine **3** *jmd., der sich etwas hält* (Fahrzeug~, Tier~)

Hal|te|ren ⟨Pl.⟩ *(im alten Griechenland) zwei Gewichte, die der Weitspringer zum Verstärken des Schwungs in den Händen hielt* **2** → *Schwingkölbchen* [< griech. *halter* "Sprunggewicht, Hantel"]

Hal|te|stel|le ⟨f.⟩ *Stelle, an der öffentliche Verkehrsmittel halten, um Fahrgäste ein- und aussteigen zu lassen* (Bus~, Straßenbahn~)

...hal|tig (in Zus.) **1** *ein bestimmtes Material enthaltend* z.B. fleischhaltig, nikotinhaltig, salzhaltig **2** *eine bestimmte Eigenschaft beibehaltend,* z.B. Wohlverhalten

halt|los ⟨Adj.⟩ **1** *ohne seelischen oder moralischen Halt;* ein ~er Mensch **2** *ohne Grundlage, ohne Begründung;* eine ~e Beschuldigung

Halt|lo|sig|keit ⟨f., -, nur Sg.⟩ **1** *Fehlen eines seelischen oder moralischen Haltes* **2** *Fehlen einer Begründung;* H. von Theorien, Anschuldigungen

halt|ma|chen ⟨V.1, hat haltgemacht; o.Obj.⟩ *stehenbleiben, die Fortbewegung unterbrechen;* an der nächsten Raststätte machen wir halt; er macht vor nichts halt ⟨übertr.⟩ *er schreckt vor nichts zurück, er hat vor nichts Respekt*

Hal|tung ⟨f.10; nur Sg.⟩ **1** *Körperstellung;* in gebückter H.; stramme H. **2** *innere Einstellung, Verhaltensweise;* eine untragbare H.; vorbildliche H. zeigen **3** *Herrschaft über Gefühlsregungen, Beherrschung;* wieder H. gewinnen; die H. verlieren; H. annehmen **4** *Zucht und Pflege von Tieren* (Pelztier~, Pferde~)

Ha|lun|ke ⟨m.11⟩ *Schuft, Gauner, Betrüger* [< alttschech. *holomek* "unverheirateter junger Mann;* des Henkers Helfer, Scherge; Diener niederen Ranges"]

Hal|wa ⟨f.9⟩ *gepreßte, fein bröcklig zerfallende, sehr süße Masse aus Sesam, Nüssen, Rosenwasser, Zucker u.a.* [arab., "Süßigkeit"]

Häm ⟨n., -s, nur Sg.⟩ *Farbstoffanteil des Hämoglobins* [→ *häm...*]

häm..., Häm... ⟨in Zus.⟩ *blut..., Blut...* [< griech. *haima* "Blut"]

Ha|ma|me|lis ⟨f., -, nur Sg.⟩ *ein im Winter blühender Baum aus Ostasien und Nordamerika, Zierpflanze;* Syn. Zaubernuß [< griech. *hama* "zusammen, zugleich" und *melon* "Apfel, (Obst-) Frucht", da der Strauch zugleich

Blüten und Früchte trägt; da es aber auch die Form *homomelis* gibt (< griech. *homos*, was außer ,,gemeinsam, zugleich, zusammen" auch ,,gleich, ebenso" heißt), ist es möglich, daß man die Pflanze wegen ihrer Frucht so genannt hat, die einem sehr kleinen Apfel ähnelt]

Ham and Eggs ⟨[hɛm ənd ɛgz] Pl.⟩ gebratener Schinken und Spiegeleier (zum Frühstück) [engl.]

Häm|an|gi|om ⟨n.1⟩ →*Blutgefäßgeschwulst* [→*häm...* und griech. *aggeion* ,,Gefäß"]

Hä|ma|tin ⟨n., -s, nur Sg.⟩ eisenhaltiger Bestandteil des roten Blutfarbstoffs [< griech. *haima*, Gen. *haimatos*, ,,Blut"]

Hä|ma|ti|non ⟨n., -s, nur Sg.⟩ durch mehrmaliges Erwärmen und Abkühlen rotgefärbtes Glas [< griech. *haimatinos* ,,blutig; blutrot"]

Hä|ma|tit ⟨m.1⟩ (*rotes bis schwarzes*) metallglänzendes Mineral mit hohem Eisengehalt [< griech. *haima*, Gen. *haimatos*, ,,Blut", wegen der blutroten Farbe einer Abart, des *Blutsteins*]

hä|ma|to..., Hä|ma|to... ⟨in Zus.⟩ *blut..., Blut...* [< griech. *haima*, Gen. *haimatos*, ,,Blut"]

Hä|ma|to|bla|sten ⟨Pl.⟩ →*Hämoblasten*

hä|ma|to|gen ⟨Adj., o.Steig.⟩ aus dem Blut stammend, blutbildend [< *hämato...* und *...gen*]

Hä|ma|to|lo|gie ⟨f., -, nur Sg.⟩ Wiss. vom Blut und dessen Krankheiten [< *Hamato...* und *...logie*]

Hä|ma|tom ⟨n.1⟩ →*Bluterguß* [< griech. *haima*, Gen. *haimatos*, ,,Blut"]

Hä|ma|tor|rhö ⟨f.10⟩, **Hä|ma|tor|rhoe** ⟨[-rø] f.11⟩ →*Blutsturz* [< *Hämato...* und griech. *rhoos, rhous* ,,Fließen, Strömen"]

Hä|ma|to|xy|lin ⟨n., -s, nur Sg.⟩ *aus dem südamerikanischen Blauholz gewonnene, mit Sauerstoff roten Farbstoff bildende chemische Verbindung* [< *Hämato...* und griech. *xylon* ,,Holz"]

Hä|mat|urie ⟨f.11⟩ →*Blutharnen* [< *Hämato...* und griech. *ouron* ,,Harn"]

Ham|bur|ger ⟨m.5⟩ flache Frikadelle in einem Milchbrötchen [über das Englische nach einer ähnlichen Form dieses Imbisses, wie er in *Hamburg* gegessen wird]

Hä|me ⟨f., -, nur Sg.⟩ Boshaftigkeit, Schadenfreude, Hinterhältigkeit; *er lachte voller H.*

Ha|men ⟨m.7⟩ **1** großes Fangnetz für Fische **2** →*Kescher*

Hä|min ⟨n., -s, nur Sg.⟩ Salz des Hämatins

hä|misch ⟨Adj.⟩ boshaft, schadenfroh, hinterhältig; *ein ~es Grinsen*

Ha|mit ⟨m.10⟩, **Ha|mi|te** ⟨m.11⟩ Angehöriger einer Gruppe sprachverwandter Völker in Nord-, Nordost- und Zentralafrika (z.B. Berber, Haussa, Somali) [nach *Ham*, einem Sohn *Noahs*]

ha|mi|tisch ⟨Adj., o.Steig.⟩ *die Hamiten betreffend, zu ihnen gehörig, von ihnen stammend*

Häm|ling ⟨m.1; †⟩ →*Kastrat* [zu *Hammel*]

Ham|ma|da ⟨f.9⟩ afrikanische Gesteins- oder Felswüste [arab., eigtl. ,,die Unfruchtbare"]

Ham|mel ⟨m.5⟩ **1** kastriertes männliches Schaf; Syn. ⟨österr., ostmdt.⟩ *Schöps* **2** *einfältiger und/oder grober Kerl* [< mhd. *hamel*, zu *hamelen* ,,verstümmeln"; < ahd. *hamal* ,,verstümmelt"]

Ham|mel|bein ⟨nur in der Wendung⟩ *jmdm. die ~e langziehen jmdm. zurechtweisen*

Ham|mel|sprung ⟨m.2⟩ *parlamentarisches Abstimmungsverfahren, bei dem alle Abgeordneten den Saal verlassen und beim Wiederbetreten durch verschiedene Türen (je nach Ja- oder Nein-Stimme oder Stimmenthaltung) gezählt werden*

Ham|mer ⟨m.6⟩ **1** Werkzeug mit Kopf aus Stahl und Holzstiel (u.a. zum Schlagen, Stoßen, Treiben); *das Haus kommt unter den H.* das Haus wird zwangsweise versteigert [nach dem Schlag mit dem *Hammer*, mit dem der Auktionator dem Höchstbietenden den Gegenstand zuweist]; *zwischen H. und Amboß geraten in eine bedrängte Lage geraten* **2** *Eisenkugel an einem langen Draht mit Handgriff (zum Hammerwerfen)* **3** *eines der Gehörknöchelchen* **4** ⟨kurz für⟩ →*Hammerwerk* **5** ⟨ugs.⟩ **a** *etwas Umwerfendes, Großartiges; das ist ja ein H.* **b** *etwas völlig Unerwartetes*; *einen H. in einer Prüfung leisten; einen H. haben verrückt sein*

Ham|mer|hai ⟨m.1⟩ im Atlantik vorkommender, großer Hai mit flachem, hammerförmigem Kopf

Ham|mer|kla|vier ⟨veraltete Bez. für⟩ →*Klavier*

häm|mern ⟨V.1, hat gehämmert⟩ **I** ⟨o.Obj.⟩ **1** *mit dem Hammer schlagen, klopfen*, *wie mit einem Hammer klopfen*; *in der Baumkrone hämmert ein Specht; auf die Tasten (des Klaviers) h.* **3** *heftig und rasch klopfen*; *sein Herz, Puls hämmerte* **II** ⟨mit Akk.⟩ *mit dem Hammer bearbeiten*; *Gold, Silber h.; eine Schale aus gehämmertem Silber*

Ham|mer|schlag ⟨m.2⟩ **1** Schlag mit dem Hammer (1) **2** ⟨nur Sg.⟩ beim Bearbeiten von glühendem Eisen in Plättchen abfallendes Eisenoxid

Ham|mer|schmie|de ⟨f.11⟩ →*Hammerwerk*

Ham|mer|wer|fen ⟨n., -s, nur Sg.⟩ wettkampfmäßig betriebenes Werfen mit dem Hammer (2)

Ham|mer|werk ⟨n.1⟩ Schmiedewerkstatt mit Maschinenhämmern; auch: ⟨kurz⟩ *Hammer*; Syn. *Hammerschmiede*

Ham|mond|or|gel ⟨[hɛmənd-] f.11⟩ *elektromagnetisches Tasteninstrument, das ähnlich wie eine Orgel klingt* [nach dem Konstrukteur, dem Amerikaner Laurens *Hammond*]

hä|mo..., Hä|mo... ⟨in Zus.⟩ *blut..., Blut...* [< griech. *haima* ,,Blut"]

Hä|mo|bla|sten ⟨Pl.⟩ *Zellen des Knochenmarks, die Blutkörperchen bilden*; auch: *Hämatoblasten* [< *Hämo...* und griech. *blaste, blastos* ,,Sproß, Keim"]

Hä|mo|glo|bin ⟨n., -s, nur Sg.; Abk.: Hb⟩ *roter Blutfarbstoff* [< *Hämo...* und lat. *globus* ,,Kugel"]

Hä|mo|glo|bin|urie ⟨f.11⟩ *Ausscheidung von rotem Blutfarbstoff im Harn* [< *Hämoglobin* und griech. *ouron* ,,Harn"]

Hä|mo|ly|se ⟨f.11⟩ *Auflösung der roten Blutkörperchen (z.B. durch Giftstoffe)* [< *Hämo...* und griech. *lysis* ,,Lösung"]

Hä|mo|phi|lie ⟨f.11⟩ →*Bluterkrankheit* [< *Hämo...* und *...philie*]

Hä|mor|rha|gie ⟨f.11⟩ →*Blutung* [< griech. *haimorrhages* ,,Blut ausströmend, stark blutend"]

hä|mor|rhoi|dal ⟨[-ro:i-] Adj., o.Steig.⟩ *auf Hämorrhoiden beruhend*

Hä|mor|rhoi|de ⟨f.11⟩ *knotenartige Erweiterung der Mastdarmvenen* [< griech. *haimorrhoideis phlebes* ,,blutende Adern", < *haima* ,,Blut" und *rhoos, rhous* ,,Fließen, Strömen", da sie leicht bluten]

Hä|mo|zyt ⟨m.10⟩ →*Blutkörperchen* [< griech. *haima* ,,Blut" und *kytos* ,,Höhlung, hohler Raum, Zelle"]

Ham|pel|mann ⟨m.4⟩ **1** *Gliederpuppe aus Holz oder Pappe, deren Arme und Beine durch das Ziehen an einem Faden bewegt werden können* **2** ⟨übertr., ugs.⟩ *willensschwacher, von anderen leicht beeinflußbarer Mensch; sich zum H. machen lassen*

ham|peln ⟨V.1, hat gehampelt; o.Obj.⟩ *Bewegungen wie ein Hampelmann machen, sich albern oder rasch und ungeschickt bewegen*; *er hampelt auf dem Stuhl, bis er herunterfällt*

Ham|ster ⟨m.5⟩ *großes Nagetier mit oberseits hellbraunem, unterseits schwarzem Fell, das in seinen Backentaschen Nahrungsvorräte zusammenträgt* [< ahd. *hamastra* ,,Hamster", < russ. *chomjak* < altslaw. *chomestore*, weitere Herkunft unbekannt]

Ham|ste|rer ⟨m.5⟩ *jmd., der Waren, bes. Lebensmittel, hamstert*

Ham|ster|kauf ⟨m.2⟩ *Kauf von Waren (bes. Lebensmitteln) über den angeblichen Bedarf hinaus vor und während einer Verknappung*; *die Preiserhöhung führte zu ~en in der Bevölkerung*

ham|stern ⟨V.1, hat gehamstert; o.Obj. oder mit Akk.; ugs.⟩ **1** *Waren in größeren Mengen auf Vorrat kaufen (wenn die Gefahr droht, daß sie knapp oder teuer werden)* **2** *in und nach den beiden Weltkriegen sich knapp gewordene Lebensmittel (und Artikel des täglichen Bedarfs) verschaffen; Eier, Butter (beim Bauern) h.; Rasierklingen h.; h. gehen* [nach dem *Hamster*, der Vorräte für den Winterschlaf sammelt und speichert]

Hand ⟨f.2⟩ **1** ⟨beim Affen und Menschen⟩ *unterster Teil des Armes (der zum Greif- und Tastorgan ausgebildet ist)*; *eine Sache mit H. und Fuß eine wohlfundierte Angelegenheit*; *H. in H. gehen einander an den Händen haltend gehen; H. in H. arbeiten gut zusammenarbeiten; beides geht H. in H. beides geschieht zur gleichen Zeit; H. anlegen bei etwas helfen; H. an sich legen Selbstmord verüben; mir ist die H. ausgerutscht* ⟨ugs.⟩ *ich habe ihn/sie geohrfeigt; jmdm. die H. bieten jmdm. Hilfe anbieten, sich mit jmdm. versöhnen wollen; mir sind die Hände gebunden ich kann (in dieser Sache) nichts unternehmen; jmdm. die H. geben, drücken, schütteln jmdn. mit einem Händedruck grüßen; jmdm. die H. küssen jmdm. einen angedeuteten Kuß auf den Handrücken geben; küß die H.!* ⟨österr.⟩ *seien Sie gegrüßt!; die Hände reiben (vor Vergnügen, vor Schadenfreude oder Kälte); die Hände ringen (vor Verzweiflung); jmdm. die Hände silbern jmdn. bestechen; alle Hände voll zu tun haben sehr beschäftigt sein; eine H. wäscht die andere wer etwas für andere tut, dem wird auch geholfen; eine feste H. brauchen eine feste Führung brauchen; jmdm. freie H. lassen jmdn. so handeln lassen, wie er es für richtig hält; Hände hoch!* ⟨Aufforderung, die Hände zu heben, um zu sehen, ob jmd. Waffen trägt⟩; *eine leichte H. haben leicht mit etwas zurechtkommen*; *Ausgabe letzter H. letzte, vom Autor durchgesehene und gutgeheißene Ausgabe (eines literarischen Werkes); zwei linke Hände haben ungeschickt sein; eine lockere H. haben* ⟨ugs.⟩ *schnell Ohrfeigen austeilen; eine offene H. haben freigebig sein; die öffentliche H. Regierung und Verwaltung; rechter, linker H. auf der rechten, linken Seite; schmutzige Hände haben* ⟨übertr.⟩ *etwas Unehrenhaftes getan haben; sich die Hände schmutzig machen* ⟨übertr.⟩ *etwas Unehrenhaftes tun; jmdn., ⟨bes.⟩ ein Kind an der H., an die H., bei der H. nehmen jmdn., ein Kind führen; jmdm. etwas an die H. geben jmdm. etwas zur Hilfe geben; jmdm. an die H. gehen jmdm. helfen; etwas an, bei der H. haben die Möglichkeit haben, etwas zu bekommen; die letzte H. an etwas legen etwas vollenden, einer Sache den letzten Schliff geben; an jmdn. H. anlegen* ⟨bes.⟩ *jmdn. tätlich angreifen; er bekommt 100,– DM auf die H.* ⟨ugs.⟩ *er bekommt 100,– DM nach Abrechnung aller Abzüge; etwas auf die H. zahlen bar bezahlen; die H. auf etwas halten etwas nur ungern hergeben; die H. auf etwas legen etwas in Besitz nehmen; jmdm. die H. auf etwas geben jmdm. etwas fest versprechen; er frißt ihr aus der Hand* ⟨übertr., ugs.⟩ *er tut alles, was sie will; etwas aus der H. geben etwas weggeben; etwas aus der H. legen etwas weglegen; aus der freien H. zeichnen ohne Vorlage zeichnen; aus der freien H. fotografieren ohne Auflage, ohne Stativ fotografieren; etwas aus*

Handelsvertreter

zweiter H. kaufen *etwas vom zweiten Besitzer kaufen;* er ist mit einer Ausrede, einem Urteil schnell bei der H. *er findet schnell eine Ausrede, er urteilt schnell;* das Buch ist durch viele Hände gegangen *das Buch ist schon oft gebraucht, gelesen worden;* sie ist schon durch viele Hände gegangen *sie hat schon viele Liebhaber gehabt;* (ugs.) die H. fürs Leben geben, reichen ⟨geh.⟩ *jmdn. heiraten;* die H. gegen jmdn. erheben *jmdn. tätlich angreifen;* jmdm. etwas in die H. drücken ⟨ugs.⟩ *jmdm. etwas geben;* jmdm. in die Hände fallen *von jmdm. überfallen werden;* etwas in der H. haben *über etwas entscheiden, frei verfügen können;* etwas in Händen halten *etwas besitzen;* jmdn. in der H. haben *über jmdn. Macht besitzen;* in die Hände klatschen *Beifall bezeugen;* eine Sache in die H. nehmen *sich einer Sache annehmen;* jmdm. etwas in die Hände spielen *jmdm. anonym etwas zukommen lassen;* in die Hände spukken ⟨Geste vor dem Beginn einer schweren Arbeit⟩; jmdm. etwas in die H. versprechen *jmdm. etwas durch Handschlag fest versprechen;* die Fäden laufen in seiner H. zusammen *er kennt und beherrscht die ganze Sache;* in andere, fremde Hände kommen, übergehen *den Besitzer wechseln;* das Herz in die H., in beide Hände nehmen *sich überwinden, seinen ganzen Mut zusammennehmen;* in die falschen Hände geraten *an die falsche, ungeeignete Person geraten;* in festen Händen sein *unverkäuflich sein,* ⟨übertr.⟩ *mit jmdm. fest verbunden, liiert sein;* ein Tier in gute Hände geben *es jemandem geben, der es gut behandelt;* in guten Händen sein *bei jmdm. sein, auf den man sich verlassen kann;* in schlechte Hände geraten *in den Besitz von jmdm. kommen, der nicht damit umzugehen weiß,* ⟨übertr.⟩ *unter schlechten Einfluß geraten;* für jmdn. die H. ins Feuer legen *auf jmdn. fest vertrauen;* die Hände in den Schoß legen *untätig sein;* die H. im Spiel haben *an einer Sache beteiligt sein;* sich die Hände in Unschuld waschen *mit einer unehrenhaften Angelegenheit nichts zu tun haben wollen;* das ist mit Händen zu greifen *das ist unmittelbar verständlich, deutlich sichtbar;* sich mit Händen und Füßen gegen etwas wehren, sträuben *sich mit aller Kraft wehren, sträuben;* mit leeren Händen *ohne etwas (Sachen, Ergebnisse) mitzubringen;* mit leichter H. *ohne Mühe;* etwas mit der linken H. erledigen ⟨ugs.⟩ *etwas mühelos erledigen;* mit starker, harter, fester H. *energisch, mit Autorität;* mit vollen Händen *verschwenderisch;* die Hände über dem Kopf zusammenschlagen *bestürzt, erstaunt, überrascht sein;* um eines Mädchens H. anhalten, bitten ⟨geh.⟩; † *die Eltern um die Einwilligung zur Heirat bitten;* unter der H. *heimlich;* etwas unter den Händen haben *gerade in Arbeit haben;* unter jmds. H. sterben ⟨ugs.⟩ *während der Behandlung sterben;* das Geld zerrinnt ihm unter den Händen *das Geld wird in seinem Besitz schnell weniger;* von H. gearbeitet *in Handarbeit, nicht mit Maschinen hergestellt;* die Sache geht ihm gut, leicht, schwer von der H. *er erledigt die Sache gut, leicht, mit Mühe;* das ist nicht von der H. zu weisen *das ist nicht unmöglich, das ist schon möglich;* die Sache war lange und zielstrebig vorbereitet ⟨ugs.⟩ *die Sache war lange und zielstrebig vorbereitet worden;* von der H. in den Mund leben *seinen ganzen Verdienst sofort verbrauchen;* seine H. von etwas oder jmdn. abziehen *etwas oder jmdn. nicht mehr beschützen, nicht mehr fördern;* Hände davon! *tu es lieber nicht!;* das Bild ging von H. zu H. *das Bild wurde vom einen zum andern weitergegeben;* (ein Brief) zu Händen von jmdm. *(ein Brief) für jmdn. persönlich;* jmdm. etwas zu treuen Händen übergeben *jmdm. etwas im Vertrauen auf seine Zuverlässigkeit zum Aufbewahren übergeben;* ich habe das Buch gerade nicht zur H. *ich habe das Buch nicht zur Verfügung, nicht greifbar;* ein Buch zur H. nehmen *ein Buch nehmen, um darin zu lesen;* jmdm. zur H. gehen *jmdm. helfen* 2 ⟨bei manchen Tieren⟩ Fuß (Hinter~, Vorder~) 3 ⟨nur Sg., o.Art.; Fußb.⟩ *regelwidriges Berühren des Balles mit der Hand;* auch: ⟨veraltend, noch österr., schweiz.⟩ Hands; Syn. Handspiel 4 ⟨nur Sg.; Seew.⟩ *Arbeitskraft auf einem Schiff* 5 ⟨nur Sg.; Tech.; kurz für⟩ *Handsteuerung* ⟨auf Schildern, Anzeigen⟩

Hand|ab|zug ⟨m.2⟩ *mit der Hand hergestellter Abzug (eines Druckerzeugnisses, einer Fotografie)*

Hand|än|de|rung ⟨f.10; schweiz.⟩ *Eigentumsübertragung von Grundstücken durch Kantone oder Gemeinden*

Hand|ap|pa|rat ⟨m.1⟩ 1 → *Handbibliothek* 2 *Apparat, der in die Hand genommen werden kann oder mit der Hand zu bedienen ist (z.B. Telefonhörer)*

Hand|ar|beit ⟨f.10⟩ 1 *Arbeit mit der Hand (nicht mit der Maschine); dieser Krug ist H.* 2 → *Nadelarbeit;* ~en machen

hand|ar|bei|ten ⟨V.1, hat gehandarbeitet; o.Obj.⟩ *Nadelarbeiten anfertigen*

Hand|auf|le|gen ⟨n., -s, nur Sg.⟩ *das Auflegen der Hand zur Segnung oder Heilung*

Hand|aus|ga|be ⟨f.11⟩ *Ausgabe (eines Buches oder Werkes) für den Handgebrauch*

Hand|ball ⟨m., -s, nur Sg.⟩ → *Hallenhandball*

Hand|bal|ler ⟨m.5⟩ *jmd., der in einem Verein Hallenhandball spielt*

Hand|bi|blio|thek ⟨f.10⟩ *kleine Sammlung von Büchern für den täglichen Gebrauch (in Lesesälen, am Schreibtisch);* Syn. Handapparat

Hand|breit ⟨f., -, -; als Maßangabe⟩ *Breite einer Hand; die Tür stand eine H. offen; zwei H.*

Hand|brem|se ⟨f.11; beim Kfz.⟩ *feststellbare, mit der Hand zu betätigende Bremsvorrichtung*

Hand|buch ⟨n.4⟩ ⟨*umfassendes*⟩ *Buch für den Handgebrauch*

Hand|druck ⟨m.1⟩ *Drucktechnik, bei der der Druck mit der Hand (nicht mit einer Maschine) ausgeführt wird; im H. hergestellt*

Hän|de|druck ⟨m.2⟩ *das Drücken der rechten Hand eines andern (zum Gruß, zur Bekräftigung); einen festen H. haben; etwas mit einem H. bekräftigen; sich mit einem H. verabschieden*

Han|del ⟨m.6⟩ 1 ⟨nur Sg.⟩ *Ein- und Verkauf von Waren aller Art (Groß~, Einzel~)* 2 ⟨nur Sg.⟩ *Vertrag über ein Geschäft; einen H. abschließen* 3 ⟨meist Pl.⟩ *Streit, Auseinandersetzung; mit jmdm. Händel haben, bekommen; mit jmdm. in Händel verwickelt sein*

han|deln ⟨V.1, hat gehandelt⟩ I ⟨o.Obj.⟩ 1 *etwas tun, ausführen;* falsch, richtig, besonnen, unüberlegt h.; ich konnte nicht anders h.; selbständig h.; wir müssen schnell h.; er hat als Freund gehandelt; du mußt so h., wie du es für richtig hältst 2 *versuchen, den Preis herauf- oder herabzusetzen;* ich handle nicht, der Preis steht fest; um den Preis h. II ⟨mit Akk., meist im Passiv⟩ etwas h. *zum Kauf anbieten;* Gold wird jetzt zu hohen Preisen gehandelt III ⟨mit Präp.obj.⟩ mit etwas h. 1 *Handel mit etwas treiben, etwas kaufen und verkaufen;* mit Lebensmitteln, Stoffen, Maschinen h. 2 *über etwas oder jmdn. h. (in einem Buch, Vortrag, einer Abhandlung) über etwas oder jmdn. sprechen* 3 *von etwas h. von etwas berichten, etwas zum Thema haben; das Buch, der Film handelt von Schicksal einer Frau im Krieg* IV ⟨refl., unpersönl., mit „es"⟩ 1 *es handelt sich um etwas oder jmdn. von etwas oder jmdn. soll jetzt die Rede sein; es handelt sich um meine Kinder, um meine*

Arbeit; worum handelt es sich? *was möchten Sie besprechen?*

Han|dels|aka|de|mie ⟨f.11⟩ 1 ⟨österr.; †⟩ *höhere Schule mit Ausrichtung auf den Handel* 2 ⟨heute⟩ *Hochschule für Welthandelslehre*

Han|dels|at|ta|ché ⟨[-ʃe:] m.9⟩ *Fachmann für Wirtschaftsangelegenheiten an einer Botschaft oder Gesandtschaft*

Han|dels|bi|lanz ⟨f.10⟩ 1 *Abrechnung eines kaufmännischen Unternehmens* 2 *Gegenüberstellung der Warenein- und -ausfuhr einer Volkswirtschaft während eines bestimmten Zeitraums; aktive H. H. mit überwiegender Ausfuhr; passive H. H. mit überwiegender Einfuhr*

Han|dels|blatt ⟨n.4⟩ *Zeitung für den Handel;* Syn. Handelszeitung

Han|dels|buch ⟨n.4⟩ *Buch in das (Kartei, in die) alle Geschäftsvorfälle fortlaufend eingetragen werden*

han|dels|ei|nig ⟨Adj., o.Steig.; nur als Adv.⟩ *einig über ein Geschäft;* wir sind h.; mit jmdm. h. werden

Han|dels|frei|heit ⟨f.10⟩ *Möglichkeit unbeschränkten Handels*

Han|dels|ge|sell|schaft ⟨f.10⟩ *Vereinigung mehrerer Personen zum Zwecke einer gemeinschaftlich betriebenen Handelsfirma; Offene H.* ⟨Abk.: OHG⟩ *Firma, bei der die Gesellschafter mit ihrem Privatvermögen haften*

Han|dels|haus ⟨n.4; †⟩ *alteingesessenes Handelsunternehmen*

Han|dels|kam|mer ⟨f.11⟩ → *Industrie- und Handelskammer*

Han|dels|ket|te ⟨f.11⟩ 1 *Weg einer Ware von der Produktionsstätte bis zum Verbraucher* 2 *Großhandelsorganisation mit angeschlossenen, aber selbständig bleibenden Einzelgeschäften*

Han|dels|klas|se ⟨f.11⟩ *Klasse, in die Lebensmittel nach Größe und Qualität eingestuft sind;* Eier der H. A

Han|dels|mak|ler ⟨m.5⟩ *selbständiger Kaufmann, der Kaufverträge über Waren, Wertpapiere oder andere Gegenstände vermittelt*

Han|dels|mar|ke ⟨f.11⟩ *geschützter Name für eine Ware*

Han|dels|mis|si|on ⟨f.10⟩ *Vertretung eines Staates im Ausland zur Förderung des Handels*

Han|dels|mün|ze ⟨f.11⟩ *Münze, die nicht gesetzliches Zahlungsmittel ist, aufgrund allgemeiner Wertschätzung jedoch als Tauschmittel angenommen wird (z.B. der Krügerrand)*

Han|dels|or|ga|ni|sa|ti|on ⟨f.10⟩ 1 *Organisation, die Handel (1) betreibt* 2 ⟨DDR; Abk.: HO⟩ *staatliches Handelsunternehmen, das Warenhäuser, Einzelhandelsgeschäfte und Gaststätten betreibt*

Han|dels|re|gis|ter ⟨n.5, meist Sg.⟩ *(beim Amtsgericht geführtes) Verzeichnis von Kaufleuten, Handelsgesellschaften und den sie betreffenden Rechtsverhältnissen;* im H. eingetragen sein

Han|dels|schiff ⟨n.1⟩ *Schiff zur Beförderung von Gütern und Personen;* Ggs. Kriegsschiff

Han|dels|schu|le ⟨f.11⟩ *Lehranstalt, die auf kaufmännische Berufe vorbereitet*

Han|dels|span|ne ⟨f.11⟩ *Differenz zwischen dem Herstellungs- oder Einkaufspreis einer Ware und dem Verkaufspreis*

Han|dels|stra|ße ⟨f.11; †⟩ → *Handelsweg (1)*

han|dels|üb|lich ⟨Adj.; selten gesteigert⟩ *so, wie es im Handels- und Geschäftsverkehr üblich ist;* eine ~e Verpackung

Hän|del|sucht ⟨f., -, nur Sg.; †⟩ *Sucht nach Streit, nach Auseinandersetzungen*

Han|dels|ver|tre|ter ⟨m.5⟩ *jmd., der im Auftrag eines Unternehmers gewerbsmäßig Geschäftsabschlüsse tätigt*

Han|dels|weg ⟨m.1⟩ **1** Transportweg für Handelsgüter; Syn. Handelsstraße **2** Weg einer Ware vom Produzenten bis zum Verbraucher; etwas auf dem H. beziehen

Han|dels|wert ⟨m.1⟩ Preis, der zum gegenwärtigen Zeitpunkt für ein Objekt erzielt werden kann; der H. eines Autos, Hauses

Han|dels|zei|tung ⟨f.10⟩ → Handelsblatt

Hän|del|wurz ⟨f., -, nur Sg.⟩ eine kalkliebende Orchidee mit handförmig geteilten Wurzelknollen; Syn. Höswurz

hän|de|rin|gend ⟨Adj., o.Steig.; nur als Attr. und Adv.⟩ **1** verzweifelt, jammervoll; h. um etwas bitten **2** ⟨ugs.⟩ sehr dringend; h. einen Ausweg suchen

Hand|fer|tig|keit ⟨f.10⟩ handwerkliches Geschick; diese Tätigkeit erfordert große H.

hand|fest ⟨Adj., -er, am -esten⟩ **1** ⟨von Personen⟩ kräftig, muskulös, nicht leicht umzuwerfen; ein ~er Bursche, Kerl **2** ⟨von Sachen⟩ derb, widerstandsfähig, stabil; eine ~e Säge **3** kräftig, reichhaltig; ein ~es Frühstück **4** kräftig, grob; eine ~e Schlägerei **5** überzeugend, stichhaltig; einen ~en Grund für ein Vorgehen haben

Hand|feu|er|waf|fe ⟨f.11⟩ Schußwaffe für den Gebrauch mit der Hand (z.B. Karabiner, Pistole)

Hand|flä|che ⟨f.11⟩ innerer Teil der Hand vom Handgelenk bis zum unteren Ansatz der Finger; Syn. Handteller

Hand|ga|lopp ⟨m., -(e)s, nur Sg.⟩ → Kanter¹

hand|ge|ar|bei|tet ⟨Adj., o.Steig.⟩ in Handarbeit hergestellt

Hand|ge|brauch ⟨m., -(e)s, nur Sg.⟩ ständige, alltägliche Benutzung; ein Werkzeug für den H.

hand|ge|bun|den ⟨Adj., o.Steig.⟩ von Hand gebunden; ~es Buch

Hand|geld ⟨n.4⟩ **1** ⟨15.-18.Jh.⟩ bei der Anwerbung von Soldaten gezahltes Geld **2** ⟨heute⟩ zur Bekräftigung eines Vertrages gezahlte Geldsumme; Syn. Aufgeld, Draufgabe, Draufgeld **3** Ausstattung mit Geld im voraus (bei Geschäftsreisen, Auslandsaufenthalten)

Hand|ge|lenk ⟨n.1⟩ Gelenk zwischen Hand und Unterarm; etwas aus dem H. schütteln ⟨ugs.⟩ eine Sache ohne Mühe erledigen

hand|ge|mein ⟨Adj., o.Steig.; nur in der Wendung⟩ (mit jmdm., miteinander) h. werden einander tätlich angreifen

Hand|ge|men|ge ⟨n.1, meist Sg.⟩ mit den Händen ausgetragene, tätliche Auseinandersetzung unter mehr als zwei Personen, Schlägerei; es kam zu einem H.; in ein H. geraten

Hand|ge|päck ⟨n., -(e)s, nur Sg.⟩ Gepäck, das man während einer Reise bei sich hat

hand|ge|schöpft ⟨Adj., o.Steig.⟩ von Hand geschöpft; ~es Büttenpapier

Hand|gra|na|te ⟨f.11⟩ mit der Hand zu werfender Explosivkörper mit Metallhülle (Eier~, Stiel~)

hand|greif|lich ⟨Adj., o.Steig.⟩ **1** mit den Händen zu greifen, gut sichtbar; ein ~er Betrug, Beweis **2** mit den Händen angreifend, tätlich; schnell h. werden

Hand|greif|lich|keit ⟨f.10⟩ **1** ⟨meist Sg.⟩ gute Sichtbarkeit, Faßbarkeit; die H. eines Beweises **2** ⟨meist Pl.⟩ tätliche Auseinandersetzung; in ~en verwickelt werden

Hand|griff ⟨m.1⟩ **1** Griff, Hebel, Stiel (für die Bedienung eines Gerätes oder zum Festhalten); der H. des Koffers **2** kurze Tätigkeit mit der Hand; noch ein paar ~e, und wir sind fertig; keinen H. tun nichts tun, nicht helfen

hand|groß ⟨Adj., o.Steig.⟩ so groß wie eine Hand; ein ~es Stück Fleisch

Hand|ha|be ⟨f., -, nur Sg.⟩ **1** Angriffspunkt, Grundlage für weiteres Vorgehen; keine H. gegen jmdn. haben; sein Verhalten bietet eine (keine) H. für einen Verdacht **2** Gebrauch, Benutzung, Handhabung; die H. dieses Instruments ist einfach

hand|ha|ben ⟨V.1, hat gehandhabt; mit Abk.⟩ anwenden, gebrauchen; ein Gerät geschickt h.; das Gerät ist einfach zu h.; eine Vorschrift großzügig h. **Hand|ha|bung** ⟨f., -, nur Sg.⟩

Hand|har|mo|ni|ka ⟨f.9⟩ Harmonika, deren Balg von beiden Händen betrieben wird und deren Töne bei Zug und Druck verschieden sind; Syn. Handörgel, Ziehharmonika; vgl. Akkordeon

Han|di|kap ⟨[hɛndikɛp] n.9⟩ **1** ⟨Sport⟩ **a** gewollte und genau berechnete Benachteiligung eines stärkeren Teilnehmers durch Distanz- oder Gewichtszulage, um eine gleiche Ausgangsposition für alle Teilnehmer zu schaffen **b** ungewollte Benachteiligung eines Wettkämpfers (z.B. durch Verletzung) **2** ⟨allg.⟩ Behinderung, Nachteil; daß er nicht Englisch spricht, ist in dieser Stellung ein großes H. für ihn [< engl. handicap, urspr. eine Art Pfänderspiel, bei dem jeder Teilnehmer einen Gegenstand hergeben mußte und einen gleichwertigen dafür bekam; die Pfänder wurden von jmdm. verteilt, der sie in seiner Hand in einer Mütze, hand in cap, hielt]

han|di|ka|pen ⟨[hɛndikɛpən] V.1, hat gehandikapt; mit Akk.⟩ ein Pferd, jmdn. h. einem Pferd, jmdm. ein Handikap auferlegen; gehandikapt sein ⟨übertr., ugs.⟩ behindert, im Nachteil sein

Han|di|kap|per ⟨[hɛndikɛpər] m.5; Sport⟩ Unparteiischer, Kampfrichter, der Handikaps festlegt

hän|disch ⟨Adj., o.Steig.; österr., ugs.⟩ mit der Hand

Hand|kä|se ⟨m.5⟩ mit der Hand geformter, flacher, runder Sauermilchkäse mit Kümmel; Handkäs' mit Musik ⟨hess.⟩ mit Essig, Öl und Zwiebeln angerichteter Handkäse

hand|kehr|um ⟨Adv.; schweiz.⟩ im Handumdrehen; in solchen Situationen trat bei ihr h. eine Eigenschaft zutage, die ...

Hand|kehr|um ⟨schweiz.⟩ → Handumdrehen; etwas im H. erledigen

hand|ko|lo|riert ⟨Adj., o.Steig.⟩ mit der Hand in Farben ausgemalt; ein ~er Kupferstich

Hand|kuß ⟨m.2⟩ angedeuteter Kuß auf den Handrücken (als Begrüßung oder als Zeichen der Verehrung); jmdn. mit einem H. empfangen; etwas mit H. nehmen ⟨ugs.⟩ sehr gern nehmen; „Möchtest du das haben?" „Mit H.!"

hand|lang ⟨Adj., o.Steig.; als Maßangabe⟩ so lang wie eine Hand; ein ~es Stück Stoff

Hand|lan|ger ⟨m.5⟩ **1** jmd., der einfache Hilfsdienste mit der Hand leistet, Hilfsarbeiter **2** ⟨übertr.⟩ jmd., der bei einer Gaunerei geholfen hat

hand|lan|gern ⟨V.1, hat gehandlangert; o.Obj.⟩ als Handlanger arbeiten; ich habe keine Lust, nur zu h.

Hand|lauf ⟨m.2⟩ oberer Abschluß eines Geländers, auf dem die Hand gleitet

Händ|ler ⟨m.5⟩ jmd., der einen Handel betreibt (Gebrauchtwagen~, Obst~)

Händ|ler|volk ⟨n.4⟩ **1** Volk, das vorwiegend vom Handel lebt **2** ⟨ugs., abwertend⟩ Gesamtheit vieler Händler; schau dir dieses H. an!

Hand|le|se|kunst ⟨f., -, nur Sg.⟩ Kunst, aus der Form und den Linien der menschlichen Hand (angeblich) jmds. Charakter und Zukunft zu deuten

Hand|le|xi|kon ⟨n., -s, -ka⟩ Nachschlagewerk für den Handgebrauch

hand|lich ⟨Adj.⟩ **1** bequem zu bedienen, von geeigneter Größe; ein ~er Taschenrechner **2** ⟨schweiz.⟩ tüchtig, zupackend, kräftig; ein ~er Bursche **3** ⟨schweiz.⟩ mit Hilfe der Hand; etwas h. reinigen

Hand|lich|keit ⟨f., -, nur Sg.⟩ handliche (1) Beschaffenheit

Hand|ling ⟨[hɛndlɪŋ] n., -s, nur Sg.⟩ Gebrauch, Handhabung [engl.]

Hand|li|nie ⟨f.11⟩ linienförmige Vertiefung auf der Handfläche

Hand|lung ⟨f.10⟩ **1** Verlauf und Ergebnis eines menschlichen Tuns, Tat; eine unüberlegte H. **2** Ablauf der Ereignisse, Verlauf der Geschichte (in einem Roman, Drama, Film); eine langweilige H.; ein Film mit viel H.; die H. spielt in München **3** ⟨meist in Zus.⟩ Laden, Geschäft (Tier~, Buch~, Möbel~)

hand|lungs|fä|hig ⟨Adj., o.Steig.⟩ **1** fähig, zu handeln, etwas zu unternehmen; eine ~e Regierung **2** ⟨Rechtsw.⟩ fähig, rechtswirksame Handlungen vorzunehmen

Hand|lungs|frei|heit ⟨f., -, nur Sg.⟩ Möglichkeit, nach eigenem Wunsch und Ermessen zu handeln; jmdm. volle H. gewähren

Hand|lungs|rei|sen|de(r) ⟨f.17 oder 18⟩ jmd., der im Auftrag eines Unternehmens auswärtige Geschäfte abschließt

Hand|lungs|wei|se ⟨f., -, nur Sg.⟩ Art und Weise des Verhaltens und Handelns; eine anständige, schäbige, ungeschickte H.

Hand|mehr ⟨n., -, nur Sg.; schweiz.⟩ durch Handheben ermittelte Mehrheit

Hand|or|gel ⟨f.11⟩ → Handharmonika

Hand|pferd ⟨n.1; im Doppelgespann⟩ das rechts vom Sattelpferd angespannte Pferd; Syn. Beipferd

Hand|pres|se ⟨f.11⟩ Druckmaschine, bei der durch Betätigung eines Hebels mit der Hand ein Gegendruckkörper das Papier gegen die eingefärbte Druckform preßt

Hand|pup|pe ⟨f.11⟩ Puppe aus Holzkopf und Stoffkleid, in die man mit der Hand hineinschlüpft, so daß man sie bewegen kann (für Vorführungen im Puppenspiel)

Hand|rei|chung ⟨f.10⟩ kleine Hilfeleistung; für jmdn. ~en machen

Hand|rücken ⟨-k·k-; m.7⟩ Oberseite der Hand (ohne die Finger)

Hands ⟨[hɛndz] n., -, -; veraltend, noch österr., schweiz.⟩ → Hand (3)

Hand|satz ⟨m., -es, nur Sg.⟩ mit der Hand gesetzter Schriftsatz

Hand|schei|den ⟨n., -s, nur Sg.⟩ Teil der Aufbereitung der Erze durch Aussortieren mit der Hand

Hand|schel|len ⟨f.11, Pl.⟩ Handfesseln [die Herkunft ist nicht geklärt; man vermutete einen Zusammenhang mit Schelle „Glocke", da Handschellen „tönende, klingende Eisenfesseln" seien; vielleicht ist es aber auch eine Bildung nach dem Muster von ahd. fuoz scal „hölzerner Pflock zum Fesseln der Füße"]

hand|scheu ⟨Adj.⟩ furchtsam vor der menschlichen Hand ausweichen (von Hunden, die mit der Hand geschlagen werden)

Hand|schlag ⟨m.2⟩ **1** ⟨früher⟩ Einschlagen in die Hand eines anderen zum Abschluß eines geschäftlichen Vertrages **2** ⟨heute⟩ kräftiger Händedruck, Händeschütteln zur Bekräftigung eines Vertrages; etwas mit einem H. besiegeln **3** ⟨ugs.⟩ keinen H. machen, tun nichts tun, nicht helfen

Hand|schrei|ben ⟨n.7⟩ handschriftlicher Brief einer (meist) hochgestellten Persönlichkeit; jmdm. ein H. mitgeben

Hand|schrift ⟨f.10⟩ **1** Schrift, wie sie jmd. hervorbringt, der mit der Hand schreibt; eine charakteristische, unleserliche H.; eine gute H. schreiben **2** ⟨ugs.⟩ kräftige Ohrfeigen austeilen **2** handgeschriebener Text (aus dem MA) (Lieder~); eine H. aus der Zeit der Karolinger **3** charakteristische Gestaltungsweise eines Künstlers; das Bild verrät die H. Dürers

Hand|schrif|ten|deu|tung ⟨f., -, nur Sg.⟩ → Graphologie

Hand|schrif|ten|kun|de ⟨f., -, nur Sg.⟩ Wissenschaft, die sich mit Handschriften (2) beschäftigt; Syn. Paläographie

hand|schrift|lich ⟨Adj., o.Steig.⟩ **1** mit der Hand geschrieben; ein ~er Brief **2** in einer alten Handschrift (2) niedergelegt; wie eine ~e Quelle berichtet

Hand|schuh ⟨m.1⟩ *Kleidungsstück zum Schutz der Hände vor Kälte, Schmutz und Verletzungen* (Faust~, Finger~, Leder~, Gummi~); vgl. *Fehdehandschuh*
Hand|schuh|fach ⟨n.6; bei Autos⟩ *(ursprünglich für Handschuhe gedachte) Ablage im Armaturenbrett*
Hand|schwin|ge ⟨f.11; am Vogelflügel⟩ *an den Handknochen befestigte, große, lange Schwinge*
Hand|spiel ⟨n., -(e)s, nur Sg.⟩ → *Hand (3)*
Hand|stand ⟨m.2⟩ *das Stehen auf den Händen bei gestrecktem Körper (auf dem Boden oder auf Turngeräten)*
Hand|streich ⟨m.1; Mil.⟩ *plötzlicher, geschickt durchgeführter Überfall*; eine Festung im H. erobern; durch einen H. an die Macht kommen
Hand|stück ⟨n.1⟩ **1** *zusätzliches Freiexemplar eines Buches (bei großen Bestellungen)* **2** ⟨Min.⟩ *handgroße Gesteinsprobe*
Hand|ta|sche ⟨f.11⟩ *kleine Tasche, die man in der Hand trägt (für persönliche Gebrauchsgegenstände*
Hand|tel|ler ⟨m.5⟩ → *Handfläche*
Hand|tuch ⟨n.4⟩ *Stofftuch zum Abtrocknen (des nassen Körpers, von Geschirr)*; das H. werfen ⟨Boxen⟩ *(als Sekundant) ein H. in den Ring werfen zum Zeichen des Aufgebens*; das Zimmer ist ein H. ⟨ugs.⟩ *das Zimmer ist klein und sehr schmal*
Hand|um|dre|hen ⟨n.; nur in der Fügung⟩ im H. *sehr schnell, ohne Schwierigkeiten*; Syn. ⟨schweiz.⟩ *Handkehrum*; etwas im H. erledigen
Hand|wa|gen ⟨m.7⟩ *kleiner, mit der Hand zu ziehender Wagen*
hand|warm ⟨Adj., o.Steig.⟩ *so warm, daß es an der Hand als angenehm empfunden wird*; ~es Wasser; etwas h. waschen
Hand|werk ⟨n.1⟩ **1** *Bearbeitung und Verarbeitung von Stoffen in Betrieben kleinen oder mittleren Umfangs, wobei Handarbeit und Einzelleistung im Vordergrund steht*; ein H. erlernen **2** *Tätigkeit als Handwerker*; sein H. verstehen **3** ⟨nur Sg.⟩ *Gesamtheit handwerklicher Betriebe*; das H. verliert gegenüber Industrie und Handel an Boden
Hand|wer|ker ⟨m.5⟩ *jmd., der berufsmäßig in einem Handwerk arbeitet*
hand|werk|lich ⟨Adj., o.Steig.⟩ **1** *das Handwerk betreffend, zu ihm gehörig*; ~er Betrieb **2** *alle mit der Hand auszuführenden Tätigkeiten betreffend*; h. geschickt sein
Hand|werks|kam|mer ⟨f.11⟩ *Selbstverwaltungskörperschaft des öffentlichen Rechts zur Vertretung der Interessen des Handwerks (eines Bezirks)*
Hand|werks|zeug ⟨n., -(e)s, nur Sg.⟩ **1** *Gesamtheit des Werkzeugs, das bei einer mit der Hand zu verrichtenden Tätigkeit gebraucht wird*; H. zum Reifenwechseln **2** ⟨übertr.⟩ *alles, was man für einen bestimmten Zweck braucht*; H. zum Lernen
Hand|wur|zel ⟨f.11⟩ *aus kleinen Knochen bestehender, zwischen Unterarm und Mittelhand befindlicher Teil der Hand*
Hand|zei|chen ⟨n.7⟩ **1** *mit der Hand ausgeführtes Zeichen, Geste*; sich mit H. verständigen **2** *Heben der Hand (als Zeichen der Zustimmung, z.B. bei einer Abstimmung oder Auktion)* **3** *von Schriftunkundigen ausgeführtes Zeichen unter einen Vertrag anstelle der Unterschrift (oft drei Kreuze)*; Syn. *Paraphe*
Hand|zeich|nung ⟨f.10⟩ **1** *von einem Künstler eigenhändig ausgeführte Zeichnung, die nicht (wie Stich oder Radierung) vervielfältigt werden kann*; eine H. von Dürer **2** *Zeichnung ohne technische Hilfsmittel*; eine H. des Grundrisses
Hand|zet|tel ⟨m.5⟩ *Blatt, das zum Zweck der Information oder der Reklame verteilt wird*
ha|ne|bü|chen ⟨Adj.⟩ *grob, unerhört*; er macht ~e Fehler; eine ~e Lüge [ältere Form *hagebüchen*, eigtl. „aus dem Holz der Hagebuche oder Hainbuche"; dieses Holz ist besonders hart und widerstandsfähig]
Hanf ⟨m., -(e)s, nur Sg.⟩ **1** *Kulturpflanze mit tief gefingerten Blättern, die Stengelfasern und ölreiche Samen liefert und von der (aus Teilen) Haschisch gewonnen werden kann*; Syn. *Cannabis* **2** ⟨Sammelbez. für⟩ *verschiedene Pflanzen, deren Stengel- oder Blattfasern zu Schnüren, Seilen und Geweben verarbeitet werden* (Manila~, Sisal~)
han|fen, hän|fen ⟨Adj., o.Steig.; nur als Attr.⟩ *aus Hanf*; ~es Werg
Hänf|ling ⟨m.1⟩ *in offenem Gelände vorkommender Finkenvogel mit kastanienbraunen Flügeldecken und kaminroter Brust beim Männchen*; Syn. *Bluthänfling* [zu *Hanf (1)*]
Hang ⟨m.2⟩ **1** *geneigter Teil der Erdoberfläche (eines Berges)* **2** ⟨nur Sg.⟩ *Neigung, Vorliebe*; einen H. zu etwas haben **3** ⟨nur Sg.⟩ *hängende Stellung am Turngerät* (Knie~)
Han|gar [ha̱ŋa:r], auch [-gar] ⟨m.9⟩ *Flugzeughalle* [engl., „*Flugzeughalle, Schuppen*" < frz. *hangar* „*Schuppen, Schutzdach*", wohl aus fränk. *haimgard* „*eingefriedigter Garten*"]
Hän|ge|bahn ⟨f.10⟩ → *Schwebebahn*
Hän|ge|bank ⟨f.2; Bgb.⟩ *Ladebühne am Schachteingang*
Hän|ge|bo|den ⟨m.8⟩ *durch eine Zwischendecke gebildeter, kleiner Raum unter der Zimmerdecke*
Hän|ge|brücke ⟨-k|k-; f.11⟩ *(einfache, an Seilen aufgehängte oder moderne, mit Stahlseilen und Pylonen konstruierte) Form der Brücke*
Hän|ge|ge|rüst ⟨n.1⟩ *Hilfsgerüst, das an vorhandene Konstruktionen angehängt wird*
Hän|ge|glei|ter ⟨m.5⟩ *Gerät zum Drachenfliegen, das aus einem großen Leinwandflügel besteht, der über ein leichtes Rahmenwerk gespannt ist und unter dem der Flieger in einer Gurtvorrichtung hängt*; Syn. *Drachen*
han|geln ⟨V.1, hat gehangelt; o.Obj. oder refl.⟩ **1** *sich an den Händen hängend und mit den Händen abwechselnd weitergreifend fortbewegen*; an einem Turngerät h.; er hangelte sich an einem tiefhängenden Ast bis zum Ufer **2** ⟨übertr., ugs.⟩ *schrittweise, beharrlich vorwärtskommen*; er hangelt sich durch alle Abteilungen der Firma
Hän|ge|mat|te ⟨f.11⟩ *aus Schnüren geknüpftes, zwischen zwei Bäumen oder Pfosten gehängtes Netz zum Schlafen* [volksetymologische Umdeutung aus nddt., ndrl. *hangmat, hangmak*, < span. *hamaca*, < aruak. *hammaka* „*Schlafnetz, Tragnetz*"]
han|gen ⟨V.62, hat gehangen; o.Obj.; †⟩ *hängen*; ⟨noch in der Wendung⟩ mit Hangen und Bangen *mit viel Mühe und Angst*
hän|gen **I** ⟨V.62, hat gehangen; o.Obj.⟩ **1** *an einer Stelle befestigt sein und frei schwebend seitwärts beweglich sein*; das Bild hängt an der Wand, am Haken; die Lampe hängt an der Decke; die Sache hing an einem (seidenen) Faden hätte fast nicht geklappt; das Kind hing ihm am Hals und weinte *das Kind hielt ihn umarmt*; am Telefon, an der Strippe h. ⟨ugs.⟩ *sehr lange telefonieren*; die Nachbarn hingen aus dem Fenster ⟨ugs.⟩ *lehnten sich neugierig weit aus den Fenstern*; das Kleid hängt im Schrank; die Sache hängt noch nicht geregelt; der Mantel hängt über dem Bügel; mit ~den Ohren ⟨scherzh.⟩ *kleinlaut, schuldbewußt* **2** *im Rückstand sein*; er hängt bei mir mit 300,− DM; er hängt (in der Schule) in Latein; mit Hängen und Würgen ⟨ugs.⟩ *mit großer Mühe gerade noch* **II** ⟨V.62, hat gehangen; mit Präp.obj.⟩ **1** an jmdm. oder etwas h. *jmdn. oder etwas sehr gern haben, ihn oder es nicht missen wollen*; er hängt sehr an dem Kind, dem Hund, dem Haus **2** an etwas h. *durch etwas behindert werden*; die Sache hängt allein daran, daß ... *die Sache kann nur deshalb nicht erledigt werden, weil ...*; woran hängt's denn noch? ⟨ugs.⟩ *was fehlt denn noch?* **III** ⟨V.1, hat gehängt; mit Akk.⟩ **1** etwas h. *so befestigen, daß es frei schwebt oder seitwärts beweglich ist*; er hängte das Bild an die Wand, den Anzug in den Schrank; ich hängte mir die Tasche über die Schulter **2** jmdn. h. *durch Erhängen hinrichten, henken* **IV** ⟨V.1, hat gehängt; refl.⟩ **1** sich an etwas h. **a** *haftenbleiben*; die Fasern h. sich an die Kleidung **b** *sich an etwas festhalten und frei schweben oder sich ziehen lassen*; sich an einen Ast h.; sich (beim Schwimmen) an ein Boot h.; ich hänge mich gleich ans Telefon ⟨ugs., scherzh.⟩ *ich werde sofort anrufen* **2** sich an jmdn. h. *sich jmdm. anschließen und ihm nicht mehr von der Seite weichen*
hän|gen|blei|ben ⟨V.17, ist hängengeblieben; o.Obj.⟩ **1** *sich ansetzen und haften, kleben, sich nicht mehr lösen*; Fusseln bleiben am Kleid, am Haar hängen; sein Blick blieb an einem Foto auf dem Schreibtisch h. *blieb haften; an ihm blieb alles h.* ⟨ugs.⟩ *ich werde für alles verantwortlich gemacht, ich muß die ganze Arbeit allein machen* **2** *im Gedächtnis bleiben*; von dem Vortrag ist mir wenig hängengeblieben **3** *(in der Schule) nicht versetzt werden*; er ist hängengeblieben **4** *an einem Ort bleiben, sich nicht trennen können*; das Kind bleibt an jedem Schaufenster hängen; ich bin gestern bei Freunden hängengeblieben
Han|gen|de(s) ⟨n.18 oder 17; Bgb.⟩ *Erdschicht über einer Lagerstätte*; Ggs. *Liegendes*
hän|gen|las|sen ⟨V.75, hat hängenlassen oder hängengelassen⟩ **I** ⟨mit Akk.⟩ **1** etwas h. *etwas (das man aufgehängt hat) vergessen mitzunehmen*; seinen Schirm h. **2** jmdn. h. ⟨ugs.⟩ *jmdn. im Stich lassen* **II** ⟨refl., ugs.⟩ sich h. *die Lust und Energie verlieren, unbeherrscht seiner trüben Stimmung nachgeben*; laß dich nicht so hängen!; er läßt sich bei der kleinsten Anstrengung gleich hängen
Hän|ger ⟨m.5⟩ **1** *weiter, lose fallender Mantel oder ebensolches Kleid* **2** *Anhänger (für Fahrzeuge)*
Han|gerl ⟨n.14; österr.⟩ *kleines Handtuch (bes. als umgehängtes Kinderlätzchen)*
Häng|etal ⟨n.4⟩ *Seitental, das hoch über dem Haupttal endet*
Hän|ge|werk ⟨n.1⟩ *Konstruktion zur Überbrückung großer Spannweiten (bei Brücken, Hallendächern u.a.)*
hän|gig ⟨Adj., o.Steig.; schweiz.⟩ → *anhängig*
Hang|wind ⟨m.1⟩ *Aufwind im Luv von Bergen oder Hängen*
Han|no|ve|ra|ner [-və-] ⟨m.5⟩ **1** *Einwohner von Hannover* **2** *deutsche warmblütige Pferderasse*
han|no|ve|risch, han|nö|ve|risch, han|no|versch, han|nö|versch [-fə-] ⟨Adj., o.Steig.⟩ *Hannover betreffend, zu ihm gehörig, aus ihm stammend*
Hans ⟨m.2; Pl. nur in Zus.; als häufig benutzter Vorname zum Gattungsbegriff geworden⟩ **1** ⟨im Sinne von⟩ *jmd., der etwas oft tut* (Prahl~, Fasel~) **2** ⟨in Fügungen als Bez. für⟩ *Mann oder Tier*; H. Dampf, ⟨oder⟩ Hansdampf (in allen Gassen) *jmd., der durch hektische, aber weitgehend erfolglose Betriebsamkeit auffällt*; H. Guckindieluft *jmd., der nicht darauf achtet, wo er hintritt*; H. Huckebein [nach der von W. Busch geschaffenen Gestalt]; H. im Glück ⟨ugs.⟩ *jmd., der oft Glück hat*; H. Langohr *Esel*; ich will H. heißen, wenn das so ist *ich bin sicher, daß das nicht so ist*; jeder H. findet seine Grete *jeder findet die Frau, die zu ihm paßt* **3** ⟨poet., Seemannsspr.; in der Fügung⟩ der blanke H. *die Nordsee bei Sturm* [Kurzform von *Johannes*]

Häns|chen ⟨n.7; Sg.⟩ *Verkleinerungsform von Hans;* H. Liederlich *unzuverlässiger Mensch;* was H. nicht lernt, lernt Hans nimmermehr was man in der Jugend nicht gelernt hat, das läßt sich später nicht mehr aufholen

Han|se ⟨f., -, nur Sg.⟩ **1** ⟨urspr.⟩ *Vereinigung von Kaufleuten norddeutscher Städte* **2** ⟨dann⟩ *Städtebund zwecks gemeinsamen Handels* [< mhd. *hanse* „Handelsgesellschaft", < ahd. *hansa* „Schar von Kriegern", < germ. **hanso* „Schar"]

Han|se|at ⟨m.10⟩ **1** ⟨früher⟩ *der Hanse angehörender Kaufmann* **2** ⟨heute⟩ *Bewohner einer der drei Hansestädte Hamburg, Bremen, Lübeck*

Han|sel ⟨m.14⟩ *spöttisch* jmd., den man nicht ernst nimmt, den man für einen hält; was sich diese ~n da wieder ausgedacht haben

Han|se|lei ⟨f.10⟩ *das Hänseln, leichter Spott;* er ließ sich die ~en nicht gefallen

hän|seln ⟨V.1, hat gehänselt; mit Akk.⟩ jmdn. h. *jmdn. leicht verspotten, sich über jmdn. lustig machen;* jmdn. wegen seiner Kleidung, seiner krummen Beine h. [urspr. „in eine geschlossene Gesellschaft aufnehmen" (bes. bei Fuhrleuten und Schiffern üblich), vielleicht zu *Hanse;* da die Zeremonien bei der Aufnahme oft etwas Komisches an sich hatten, wurde daraus „foppen, zum besten haben"]

Han|se|stadt ⟨f.2⟩ **1** ⟨früher⟩ *der Hanse angehörende Stadt* **2** ⟨heute⟩ *jede der drei Hansestädte Hamburg, Bremen, Lübeck*

Hansl|bank ⟨f.2⟩ →*Heinzelbank*

Hans|narr ⟨m.10⟩ *einfältiger, dummer Mensch*

Han|som ⟨[hænsəm] m.9⟩, **Han|som|cab** ⟨[hænsəmkæb] m.9⟩ *gedeckte, zweirädrige, einspännige Mietkutsche mit erhöhtem Kutschbock hinter den Sitzen* [nach dem engl. Erfinder J. A. Hansom]

Hans|wurst ⟨m.10⟩ **1** ⟨bis zum 18.Jh.⟩ Hans Wurst *Narrenfigur im deutschen Schauspiel* **2** ⟨heute⟩ *Spaßmacher (im Zirkus);* für andere den H. spielen **3** ⟨ugs., abwertend⟩ *einfältiger Mensch, Dummkopf;* das ist ein H.!; sich zum H. machen lassen *sich lächerlich machen lassen*

Han|tel ⟨f.11⟩ *sehr kurzer Stab mit Gewichten an beiden Enden (als Wettkampfgerät oder im Konditionstraining)*

han|teln ⟨V.1, hat gehantelt; o.Obj.⟩ *mit Hanteln turnen*

han|tie|ren ⟨V.3, hat hantiert; o.Obj.⟩ *geschäftig sein, sich praktisch beschäftigen;* in der Küche h.; mit etwas h. *etwas zum Arbeiten benutzen, etwas gebrauchen;* mit Hacke und Spaten h.; mit der Küchenmaschine h.; das Gerät ist unpraktisch, ich kann damit nicht oder nur schlecht h. [< ndrl. *hantieren, hantéren* „eine Kunst, ein Handwerk betreiben, Handel treiben, (mit etwas) umgehen", aus dem Normannischen]

Han|tie|rung ⟨f.10⟩ *das Hantieren, Bewegungen, Griffe bei der praktischen Arbeit;* jmdm. bei seinen ~en in der Werkstatt, in der Küche helfen

han|tig ⟨Adj.; österr.⟩ **1** *bitter, scharf* **2** *zänkisch, unwillig*

Ha|pax|le|go|me|non ⟨n., -s, -me|na⟩ *nur einmal belegtes Wort einer heute nicht mehr gesprochenen Sprache* [< griech. *hapax* „nur einmal" und *legomenon* „das Gesagte, Ausspruch", zu *legein* „sagen, sprechen, erklären"]

ha|pe|rig ⟨Adj.⟩ *stockend;* auch: *haprig;* die Sache geht h. voran

ha|pern ⟨V.1, hat gehapert; o.Obj.⟩ unpersönl., nur mit „es"⟩ **1** *es fehlt;* es hapert bei ihnen an Geld **2** *es klappt nicht recht, geht nicht voran;* es hapert bei ihm in Mathematik

Ha|plo|gra|phie ⟨f.11⟩ *fehlerhafte Einfachschreibung von doppelt erforderlichen Buchstaben oder Silben;* Ggs. *Dittographie* [< griech. *haploos, haplous* „einfach" und *graphein* „schreiben"]

ha|plo|id ⟨Adj., o.Steig.⟩ *nur einen einfachen (halben) Chromosomensatz enthaltend;* Ggs. *diploid;* vgl. *polyploid;* ~e Zellen [< griech. *haplois,* Gen. *haploidos* „einfach"]

Ha|plo|lo|gie ⟨f.11⟩ *Verschmelzung zweier aufeinanderfolgender gleicher oder ähnlicher Silben,* z.B. -er- in „Zauberin" statt eigentlich „Zaubererin" [< griech. *haploos, haplous* „einfach" und *logos* „Wort"]

Ha|plont ⟨m.10⟩ *Organismus mit haploiden Zellen*

Hap|pen ⟨m.7⟩ **1** *kleiner Bissen (von einem festen Nahrungsmittel);* ein H. Wurst; einen H. essen **2** *kleines, belegtes Brot, Gabelbissen* **3** ⟨ugs., in der Fügung⟩ fetter H. *großer Gewinn, gutes Geschäft;* einen fetten H. abbekommen; da hat er sich einen fetten H. entgehen lassen

Hap|pe|ning ⟨[hɛpə-] n.9⟩ *spontane künstlerische Veranstaltung (unter Mitwirkung der Zuschauer) mit überraschendem Effekt* [< engl. *happening* „Ereignis, Zufall", zu *to happen, to hap* „sich ereignen, geschehen" und *hap* „Zufall, Glücksfall"]

Hap|py|end, Hap|py-End ⟨[hɛpi end] n.9⟩ *glückliches Ende (in Roman, Film usw.)* [< *happy end* in ders. Bed., < *happy* „glücklich" (zu *hap* „Glücksfall", →*Happening*) und *end* „Ende"]

hap|rig ⟨Adj.⟩ →*haperig*

hap|tisch ⟨Adj., o.Steig.⟩ *auf dem Tastsinn beruhend* [< griech. *haptein* „berühren"]

Ha|ra|ki|ri ⟨n.9⟩ *japanische Art des Selbstmords durch Bauchaufschlitzen;* Syn. *Seppuku* [< japan. *hara* „Bauch" und *kiri* „schneiden"]

ha|ran|gie|ren ⟨V.3, hat harangiert; o.Obj. oder mit Akk.; †⟩ *eine langweilige, feierliche Ansprache (an jmdn.) halten, überflüssigerweise reden;* jmdn. h. [< frz. *haranguer* in ders. Bed., zu *harangue* „feierliche Ansprache", < mlat. *harenga,* wahrscheinlich aus dem Fränkischen]

Ha|raß ⟨m.1⟩ *Lattenkiste zum Verpacken von Glas und Porzellan* [< frz. *harasse* in ders. Bed.]

Här|chen ⟨n.7⟩ *kleines Haar*

Hard|an|ger|ar|beit ⟨f.10⟩ *Durchbruchsarbeit in grobem Gewebe mit quadratischem Muster* [nach der norwegischen Landschaft *Hardanger*]

Hard|co|ver ⟨[hɑrdkʌvər] n.9⟩ *Buch mit festem Einband;* Ggs. *Paperback* [< engl. *hard* „hart" und *cover* „Einband, Deckel"]

Hard|drink ⟨m.9⟩ *(stark) alkoholisches Getränk;* Ggs. *Softdrink* [engl., < *hard* „hart" und *drink* „Getränk"]

Hard|rock ⟨m., -s, nur Sg.⟩ *Rockmusik mit einfachen musikalischen Strukturen (bei extremer Lautstärke)* [engl.]

Hard|top ⟨n.9 oder m.9⟩ *abnehmbares, nicht faltbares Verdeck (von Kraft-, bes. Sportwagen)* [engl., < *hard* „hart" und *top* „Verdeck"]

Hard|ware ⟨[hɑrdwɛə] f., -, nur Sg.⟩ *die technischen Einrichtungen von EDV-Anlagen;* Ggs. *Software* [< engl. *hardware* „Metallwaren", also *die feststehenden, nicht veränderlichen Einrichtungen der Anlage*]

Ha|rem ⟨m.9⟩ **1** *die nur von Frauen und Kindern bewohnten und streng abgeschlossenen Räume des muslimischen Hauses* **2** *die darin wohnenden Frauen eines Muslims* [< türk. *harem* „Frauenraum", < arab. *haram* „geheiligter Ort"; weibliche Familienmitglieder; Ehefrau, zu *haruma,* *harima* „verboten sein"]

hä|ren ⟨Adj., o.Steig.; †⟩ **1** *aus Ziegenhaar gemacht* **2** *aus grobem, hartem Stoff gefertigt;* ein ~es Büßergewand

Hä|re|sie ⟨f.11⟩ *von der kirchlichen Lehre abweichende Meinung;* Syn. *Ketzerei* [< griech. *hairesis* „Denkweise; Irrlehre, Ketzerei", zu *hairesthai* „für sich wählen, für sich nehmen"]

Hä|re|ti|ker ⟨m.5⟩ *jmd., der eine von der kirchlichen Lehre abweichende Meinung vertritt, Abtrünniger;* Syn. *Ketzer*

hä|re|tisch ⟨Adj.⟩ *abweichend von der kirchlichen Lehre;* Syn. *ketzerisch*

Har|fe ⟨f.11⟩ **1** ⟨Mus.⟩ *dreieckiges Zupfinstrument, dessen Saiten in einen Rahmen gespannt sind und senkrecht zum Resonanzkasten stehen* **2** ⟨landsch.⟩ *Gestell zum Trocknen von Getreide und Heu*

har|fen ⟨V.1, hat geharft; o.Obj.⟩ *Harfe spielen*

Har|fe|nist ⟨m.10⟩ *Musiker, der Harfe spielt;* Syn. ⟨poet.⟩ *Harfner*

Harf|ner ⟨m.5; poet.⟩ →*Harfenist*

Har|ke ⟨f.11; norddt.⟩ →*Rechen;* jmdm. zeigen, was eine H. ist *jmdm. energisch die Meinung sagen, dem eigenen Fähigkeiten deutlich vor Augen führen*

har|ken ⟨V.1, hat geharkt; norddt.⟩ →*rechen*

Har|le|kin ⟨[-ki:n] m.1⟩ *Abart des Hanswursts* [< frz. *arlequin* „Hanswurst", < ital. *arlecchino,* Figur des ängstlichen, unwissenden, aber schlauen Dieners in der Commedia dell'arte, aus altfrz. *Hellequin* als Bezeichnung des Teufels]

Harm ⟨m., -(e)s, nur Sg.⟩ *großer seelischer Schmerz, tiefer Kummer;* voller H. sein

här|men ⟨V.1, hat gehärmt; refl.⟩ sich h. *sich Sorgen machen, Kummer haben;* deshalb brauchst du dich nicht zu h.; sich um jmdn. h.

harm|los ⟨Adj., -er, am -esten⟩ **1** *arglos, oberflächlich, naiv;* ein ~er Mensch **2** *ungefährlich;* ein ~es Unternehmen; eine ~e Krankheit **3** *anspruchslos, schlicht;* ein ~es Vergnügen

Harm|lo|sig|keit ⟨f.10⟩ *Arglosigkeit, Schlichtheit;* in aller H. etwas fragen, sagen, tun

Har|mo|nie ⟨f.11⟩ Ggs. *Disharmonie* **1** ⟨Mus.⟩ *wohltönender Zusammenklang* **2** *Einklang, Eintracht, gute Übereinstimmung* (Klang~, Farb~); in H. zusammenleben; sich in aller H. trennen [< griech. *harmonia* „Ebenmaß, Einklang, Wohlklang; richtiges Verhältnis aller Teile zum Ganzen"]

Har|mo|nie|leh|re ⟨f.11; Mus.⟩ **1** *Lehre von den Tönen und ihrem Zusammenklang* **2** *Lehrbuch derselben*

har|mo|nie|ren ⟨V.3, hat harmoniert; o.Obj.⟩ **1** *zusammenklingen, zusammenpassen;* Töne, Akkorde h. **2** *friedlich zusammenleben, gut zusammenarbeiten;* die beiden h. miteinander

Har|mo|nik ⟨f., -, nur Sg.⟩ *Kunst der harmonischen Klanggestaltung*

Har|mo|ni|ka ⟨f.9⟩ *Musikinstrument, bei dem Metallzungen durch einen Luftstrom in Schwingungen versetzt werden* (Hand~, Mund~, Zieh~) [< griech. *harmonikos* „ebenmäßig, harmonisch"; „Harmonie"]

har|mo|nisch ⟨Adj.⟩ **1** ⟨Mus.⟩ *der Harmonik entsprechend, wohlklingend;* eine ~e Melodie **2** *ausgewogen, ästhetisch ansprechend;* eine ~e Landschaft; ~e Gesichtszüge; etwas h. zusammenstellen **3** *einträchtig, friedlich, angenehm;* ein ~es Zusammenleben, ein h. verlaufender Abend **4** ⟨Math.⟩ *in besonderer Weise periodisch;* ~e Analyse, ~e Bewegung, ~e Funktion, ~es Mittel, ~e Teilung

har|mo|ni|sie|ren ⟨V.3, hat harmonisiert; mit Akk.⟩ **1** *in Übereinstimmung, Einklang bringen* **2** *mit Begleitakkorden versehen;* eine Melodie h.

Har|mo|ni|um ⟨n., -s, -ni|en⟩ *orgelartiges Tasteninstrument, bei dem freischwingende Metallzungen durch einen Blasebalg zum Klingen gebracht werden*

Harn ⟨m.1⟩ in den Nieren gebildete, gelbe, klare Flüssigkeit, die Abfallprodukte des Stoffwechsels enthält; Syn. Urin

Harn|bla|se ⟨f.11⟩ Hohlorgan zum Sammeln des Harns

Harn|drang ⟨m., -(e)s, nur Sg.⟩ Bedürfnis, Harn zu lassen

har|nen ⟨V.1, hat geharnt; mit Akk.⟩ Harn abgehen lassen, Wasser lassen; Syn. urinieren

Harn|grieß ⟨m., -es, nur Sg.⟩ kleinste Harnsteine

har|nisch ⟨m.1⟩ geschmiedete, eiserne Schutzrüstung für den Körper; jmdn. in H. bringen jmdn. in Zorn, Empörung bringen [< altfrz. harnais in ders. Bed.]

Harn|lei|ter ⟨m.5⟩ von den Nieren zur Blase verlaufende, mit Schleimhaut ausgekleidete Röhre, in der der Harn befördert wird; Syn. Ureter

Harn|röh|re ⟨f.11⟩ Ausführungsgang der Harnblase; Syn. Urethra

Harn|ruhr ⟨f., -, nur Sg.⟩ krankhafte Vermehrung der Harnmenge

Harn|säu|re ⟨f.11⟩ weiße, kristalline, in Wasser kaum lösliche chemische Verbindung, die als Endprodukt des Eiweißstoffwechsels auftritt

Harn|stein ⟨m.1⟩ steinartige Ausfällung verschiedener im Harn gelöster Salze, die zu Koliken führt; Syn. Urolith

Harn|stoff ⟨m., -(e)s, nur Sg.⟩ **1** ⟨im Harn vorkommendes⟩ Abbauprodukt von Eiweißstoffen **2** ⟨Chem.⟩ erste künstlich hergestellte organische Verbindung

harn|trei|bend ⟨Adj.⟩ die Ausscheidung von Harn vermehrend; Syn. diuretisch

Harn|ver|gif|tung ⟨f.10⟩ krankhafte Erhöhung der stickstoffhaltigen Endprodukte des Eiweißstoffwechsels im Blut infolge ungenügender Ausscheidungstätigkeit der Nieren; Syn. Urämie

Harn|ver|hal|tung ⟨f., -, nur Sg.⟩ Unvermögen der Harnblase, den Harn spontan auszuscheiden (z. B. bei krankhaft vergrößerter Prostata)

Harn|we|ge ⟨Pl.; Sammelbez. für⟩ Nierenbecken, Harnleiter, Harnblase und Harnröhre

Harn|win|de ⟨f., -, nur Sg.⟩ bei Arbeitspferden⟩ Muskelerkrankung nach langer Stallruhe mit Lähmungserscheinungen und blutigem Harn; Syn. Lumbago

Harn|zwang ⟨m., -(e)s, nur Sg.⟩ Zwang zu häufigem, tropfenweisem Wasserlassen; Syn. Dysurie, Strangurie

Har|pu|ne ⟨f.11⟩ speerartiges Wurf- oder Treibgeschoß mit Widerhaken an der Spitze [< frz. harpon „Harpune, Eisenklammer", zu harpe „Klaue, Kralle"]

Har|pu|nier ⟨m.1⟩ jmd., der eine Harpune wirft, abschießt; auch: Harpunierer

har|pu|nie|ren ⟨V.3, hat harpuniert; mit Akk.⟩ mit der Harpune treffen, erlegen

Har|pu|nie|rer ⟨m.5⟩ →Harpunier

Har|pyie ⟨[-pyjə] f.11⟩ **1** ⟨griech. Myth.⟩ weiblicher Sturmdämon mit Flügeln und Vogelkrallen **2** ⟨übertr.⟩ unersättlich raubgieriges Wesen **3** ⟨Zool.⟩ südamerikanischer Greifvogel der Waldgebiete [< griech. harpyia „Sturmwind", personifiziert „Sturmgöttin, halb Frau, halb Vogel, menschenraubendes Ungeheuer"; zu harpax „Räuber"]

har|ren ⟨V.1, hat geharrt; o.Obj.; geh.⟩ warten; ich harrte vergeblich; jmds. h., auf jmdn. h. auf jmdn. warten; die Sache harrt ihrer Vollendung; ich harre der Dinge, die da kommen sollen

harsch ⟨Adj., -er, am -(e)sten⟩ **1** vereist, mit einer Eiskruste bedeckt; ~er Schnee **2** unfreundlich, derb, barsch; eine ~e Entgegnung

Harsch ⟨m., -(e)s, nur Sg.⟩ Eiskruste auf einer Schneedecke [zu harsch]

har|schen ⟨V.1, hat geharscht; o.Obj.⟩ hart werden, vereisen; der Schnee harscht

har|schig ⟨Adj.⟩ vereist, hart gefroren; ~er Schnee

Harst ⟨m.1; im altschweizer. Heer⟩ →Vorhut

hart **I** ⟨Adj., härter, am härtesten⟩ **1** fest, widerstandsfähig gegen Druck und Schlag; ~es Brot; ~es Holz; ~er Stoff; ~e Schuhsohlen; ein ~es Ei ein hartgekochtes, etwa 8 Minuten gekochtes Ei **2** nicht gar, noch nicht lange genug gekocht; die Kartoffeln, Möhren sind noch h. **3** kalkhaltig; ~es Wasser **4** widerstandsfähig gegen Schwankungen, stabil; ~e Währung **5** widerstandsfähig gegen Witterung, Anstrengung, Schläge, abgehärtet; seinen Körper h. machen; h. im Nehmen sein kräftige Schläge, Anstrengungen vertragen, böse Erfahrungen mit Gleichmut hinnehmen können **6** unnachgiebig, unbeugsam; einen ~en Willen haben; einen ~en Kopf haben eigensinnig sein; h. durchgreifen; h. gegen jmdn. sein; sich gegen Gefühle h. machen **7** sehr streng; eine ~e Ausbildung; ~e Maßnahmen; h. bestrafen; ein ~er Winter ein sehr kalter, strenger Winter **8** ohne Mitleid; ein ~es Herz haben; es fielen ~e Worte **9** kein Gefühl erkennen lassend; ~e Augen; einen ~en Blick haben **10** schwer, anstrengend, Kraft fordernd; ~e Arbeit; ein ~er Schicksalsschlag; ~ es ist schwer zu ertragen; es kommt mich h. an fällt mir schwer **11** angestrengt, mit Kraft; h. arbeiten, trainieren **12** voller Entbehrungen, mit vielen Kämpfen und Leiden verbunden; ein ~es Leben; eine ~e Jugend gehabt haben; ein ~es Schicksal **13** heftig, schmerzend; ein ~er Ruck, Schlag; es geht h. auf h. es wird keine Rücksicht genommen, es wird niemand geschont **14** von starker Wirkung; ~e Getränke alkoholreiche Getränke; ~e Drogen süchtig machende Drogen **15** ⟨unangenehm⟩ unmelodisch; eine ~e Stimme; ein ~es Englisch sprechen; ~e Konsonanten stimmlose Konsonanten **16** unangenehm leuchtend, grell; ~es Licht **II** ⟨Adv.⟩ dicht, nahe; h. an der Grenze wohnen; das ist h. an der Grenze zum Kitsch; das Auto fuhr h. an uns vorbei; h. am Ball bleiben; jmdm. h. auf den Fersen sein jmdn. verfolgen und ihm sehr nahe sein

Hart|blei ⟨n., -s, nur Sg.⟩ Blei-Antimon-Legierung

Hart|brand|zie|gel ⟨m.5⟩ hart gebrannter, voller Ziegel mit bes. hoher Druckfestigkeit

Här|te ⟨f.11⟩ **1** ⟨nur Sg.⟩ harte Beschaffenheit, Undurchdringlichkeit, Widerstandsfähigkeit, Festigkeit; die H. eines Stoffes, Werkstückes **2** ⟨Tech.; Maßbez. für⟩ Widerstand eines Körpers gegen das Eindringen eines anderen **3** ⟨nur Sg.⟩ Kraft, Wucht; die H. eines Schlages **4** ⟨nur Sg.⟩ Unbeugsamkeit, Unnachgiebigkeit, Strenge; mit großer H. durchgreifen **5** Ungerechtigkeit (im Hinblick auf bestimmte Fälle), ungerechte Maßnahme oder Bestimmung; gewisse ~n des Gesetzes; soziale ~n auszugleichen; ein solches Vorgehen würde eine unzumutbare H. für ihn bedeuten **6** ⟨nur Sg.⟩ Schwere, Unerträglichkeit; die H. ihres Schicksals

Har|te|beest ⟨n.1 oder n.9⟩ südafrikanische Kuhantilope [Afrikaans, < ndrl. hart „Hirsch" u. beest „Tier", also „Hirschtier"]

Här|te|fall ⟨m.2⟩ **1** Fall von sozialer Ungerechtigkeit **2** jmd., der anderen gegenüber sozial stark benachteiligt ist; ein H. sein

Här|te|grad ⟨m.1⟩ Einheit der Härte (bes. bei Bleistiften, beim Wasser)

här|ten ⟨V.2, hat gehärtet; mit Akk.⟩ **1** hart, widerstandsfähig machen; Stahl h. **2** ⟨Chem.⟩ Doppelbindungen (bei Fettmolekülen) aufbrechen; Fett h.

Här|te|pa|ra|graph ⟨m.10⟩ Gesetzesvorschrift, die regelt, wie bei einem Härtefall zu verfahren ist

Här|ter ⟨m.5⟩ chemisches Mittel, das Kunstharzen u. ä. zugesetzt wird und diese härtet

Här|te|ska|la ⟨f., -, -len⟩ Skala zur Bestimmung der Härte von Mineralien

Hart|fa|ser ⟨f.11; Handelsbez. für⟩ nutzbare Faser aus Blättern tropischer Pflanzen

Hart|fa|ser|plat|te ⟨f.11⟩ unter hohem Druck gepreßte Holzfaserplatte

hart|ge|kocht ⟨Adj.; o.Steig.; nur als Attr.⟩ etwa 8 Minuten gekocht (bis das Innere sich verfestigt hat); Syn. hartgesotten; ~e Eier; (aber) die Eier sind hart gekocht

Hart|geld ⟨n., -(e)s, nur Sg.⟩ Metallmünzen (im Unterschied zu Banknoten)

hart|ge|sot|ten ⟨Adj., Steig. nur ugs.; nur als Attr. und mit „sein"⟩ **1** ⟨nur als Attr.⟩ →hartgekocht **2** ⟨übertr.⟩ ohne Reue, verstockt; ein ~er Sünder **3** ⟨übertr.⟩ unempfänglich für Gefühle geworden, rücksichtslos geworden; ein ~er Manager; er ist ziemlich h.

Hart|ge|we|be ⟨n.5⟩ Schichtpreßstoff aus Duroplasten mit Gewebebahnen als Füllstoff

Hart|glas ⟨n.4⟩ durch rasches Abkühlen der Schmelze hergestelltes, sehr widerstandsfähiges Glas

Hart|gum|mi ⟨m.9⟩ vulkanisierter Kautschuk mit hohem Schwefelgehalt

Hart|guß ⟨m., -sses, nur Sg.⟩ weißes Gußeisen mit wenig Silicium und etwa 3% Kohlenstoff

hart|her|zig ⟨Adj.⟩ ohne Mitleid, sich von der Not anderer nicht berühren lassend

Hart|her|zig|keit ⟨f., -, nur Sg.⟩ hartherzige Wesensart, hartherziges Verhalten

Hart|holz ⟨n.4⟩ hartes, zähes und schweres Holz (z. B. Eiche, Buche)

hart|hö|rig ⟨Adj.; veraltend⟩ →schwerhörig

hart|köp|fig ⟨-k|k-; Adj.⟩ **1** ohne Einsicht, dickköpfig, unbeugsam **2** schwer von Begriff

Hart|köp|fig|keit ⟨f., -, nur Sg.⟩

Hart|laub|ge|wächs ⟨n.1⟩ immergrüne Pflanze, die an trockene Standorte durch ledrige, wachsunterzogene oder behaarte, meist kleine Blätter angepaßt ist

hart|lei|big ⟨Adj.; o.Steig.; veraltend⟩ an Verstopfung leidend

Hart|lei|big|keit ⟨f., -, nur Sg.; veraltend⟩ →Verstopfung

Härt|ling ⟨m.1⟩ **1** Einzelberg oder Bergrücken, der sich über seine Umgebung erhebt, weil er aus einem härteren Gestein besteht und so der Abtragung stärker widerstehen konnte **2** Zinn- und Eisenlegierung **3** eine festfleischige Pfirsichsorte

hart|mäu|lig ⟨Adj.; bei Pferden⟩ am Maul unempfindlich gegen den Zaum; **Hart|mäu|lig|keit** ⟨f., -, nur Sg.⟩

Hart|me|tall ⟨n.1⟩ harter Werkstoff aus Metall (z. B. Eisen mit Chrom) oder aus Carbiden

hart|näckig ⟨-k|k-; Adj.⟩ **1** unnachgiebig, eigensinnig; sich h. weigern; h. auf etwas bestehen **2** beharrlich, nicht nachlassend; ~e Versuche **3** dauerhaft, schwer zu entfernen; ein ~er Fleck; ein ~er Husten; das Gerücht hielt sich h. [eigtl. „mit einem harten Nacken versehen und daher unbeugsam"] **Hart|näckig|keit** ⟨-k|k-; f., -, nur Sg.⟩

Hart|rie|gel ⟨m.5⟩ Strauch mit hartem Holz; Roter H., Weißer H.

Hart|schier ⟨m.1⟩ auch: Hatschier ⟨urspr.⟩ berittener Bogenschütze **2** ⟨später⟩ Leibgardist des bayer. Königshauses [< ital. arciere „Bogenschütze", zu arco < lat. arcus „Bogen"]

Hart|schlä|gig|keit ⟨f., -, nur Sg.⟩ →Dämpfigkeit

Hart|spi|ri|tus ⟨m., -, nur Sg.⟩ (u. a. durch Zusatz von Seife) verfestigter Brennspiritus

Har|tung ⟨m.1; alter Name für⟩ Januar

Här|tung ⟨f., -, nur Sg.⟩ das Härten

Ha|ru|spex ⟨m., - oder -es, -spi|zes [-tse:s]⟩ bei den alten Römern und Etruskern⟩ Priester, der aus Eingeweiden von Opfertieren wahrsagt [lat. haruspex, Gen. haruspicis, < hira „Darm", Plural hirae „Eingeweide", und specere „schauen"]

Harz ⟨n.1⟩ **1** pflanzliches Ausscheidungsprodukt (u. a. als zähflüssiges, aromatisch duftendes Gemenge bei Nadelbäumen) **2** ⟨Chem.⟩ durch Oxidation oder Vernetzung hart-zäh gewordene organische Verbindung (Phenol~)

har|zen ⟨V.1, hat geharzt⟩ **I** ⟨o.Obj.⟩ Harz absondern; Syn. bluten **II** ⟨mit Akk.⟩ mit Harz ausstreichen; Weinfässer h.

Har|zer ⟨m.5⟩ **1** ⟨kurz für⟩ Harzer Käse ein Magermilchkäse aus Sauermilch **2** Harzer Roller **a** (urspr. im Harz gezüchtete) Rasse des Kanarienvogels **b** in Rollen verpackter Harzer Käse

Harz|fluß ⟨m., -s|ses, nur Sg.⟩ bei Nadelbäumen krankhaftes Ausscheiden von Harz

har|zig ⟨Adj.⟩ **1** voller Harz; ein ~er Fichtenzweig **2** wie Harz; eine ~e Flüssigkeit **3** ⟨schweiz.⟩ schwierig, schleppend; eine ~e Verhandlung

Ha|sard ⟨n., -s, nur Sg.⟩ → Hasardspiel (1) [frz. hasard „Würfelspiel", wahrscheinlich < arab. az-zahr „der Würfel, Spielstein"]

ha|sar|die|ren ⟨V.3, hat hasardiert; o.Obj.⟩ **1** im Glücksspiel spielen **2** alles aufs Spiel setzen, etwas wagen [zu Hasard]

Ha|sard|spiel ⟨n.1⟩ **1** Glücksspiel (z.B. Würfelspiel); Syn. Hasard **2** Unternehmen mit unbekanntem Ausgang

Hasch ⟨n., -(s), nur Sg.; ugs. kurz für⟩ Haschisch

Ha|schee ⟨n.9⟩ Gericht aus feingeschnittenem Fleisch (Lungen~); auch: ⟨†⟩ Haché [< frz. haché(e) „gehackt"]

ha|schen[1] ⟨V.1, hat gehascht; mit Akk.⟩ jmdn. oder etwas h. fangen, zu fangen versuchen; eine Mücke h.; ein Kind h.; einander, ⟨ugs.⟩ sich h.

ha|schen[2] ⟨V.1, hat gehascht; o.Obj.; ugs.⟩ Haschisch rauchen; hast du schon mal gehascht?

Ha|schen[1] ⟨n., -s, nur Sg.⟩ Spiel, bei dem Kinder sich gegenseitig zu fangen versuchen

Ha|schen[2] ⟨n., -s, nur Sg.⟩ das Rauchen von Haschisch

Ha|scher ⟨m.5⟩ **1** ⟨ugs.⟩ jmd., der gewohnheitsmäßig Hasch raucht **2** ⟨hochdt. für⟩ Hascherl

Hä|scher ⟨m.5⟩ jmd., der im Auftrag eines anderen jmdn. ergreifen soll, Fänger; von den ~n verfolgt werden

Ha|scherl ⟨n.14; bayr.-österr.⟩ bedauernswertes Geschöpf; auch: Hascher; armes H. [< mhd. hechen „jammern"]

ha|schie|ren ⟨V.3, hat haschiert; mit Akk.⟩ zu Haschee verarbeiten

Ha|schisch ⟨n., -, nur Sg.⟩ aus einer Hanfart gewonnenes Rauschgift; auch: Hasch; Syn. ⟨ugs.⟩ Cannabis, Shit, Kif [< arab. ḥašīš „Kräuter, Gräser, Unkraut, Heu" sowie „Hanf" (Cannabis sativa)]

Ha|se ⟨m.11⟩ **1** kleines Säugetier mit großen Ohren und längeren Hinter- als Vorderbeinen (Schnee~, Stall~) **2** in der Kultursteppe vorkommender typischer Vertreter dieser Gruppe; Syn. ⟨verdeutlichend⟩ Feldhase; mein Name ist H. ich weiß von nichts ⟨ugs.⟩; da liegt der H. im Pfeffer hier ist der Kern des Problems; viele Hunde sind des ~n Tod viele Verfolger bringen jmdn. zur Strecke; ein alter H. ein erfahrener, kenntnisreicher Mensch; falscher H. ⟨ugs.⟩ ~ Hackbraten; ein heuriger H. unerfahrener Mensch, ⟨eigtl.⟩ ein H., der noch keine Jagdsaison erlebt hat; er weiß, wie der H. läuft ⟨ugs.⟩ er weiß, wie es funktioniert

Ha|sel **I** ⟨f.11⟩ im Frühjahr vor der Belaubung mit langen, gelblichen Kätzchen blühender Strauch (mit Nüssen im Spätsommer) **II** ⟨m.5⟩ eurasiatischer Karpfenfisch mit stark gegabelter Schwanzflosse

Ha|se|lant ⟨m.10; †⟩ Spaßmacher, Possenreißer [zu haselieren]

Ha|sel|huhn ⟨n.4⟩ in eurasiatischen Wäldern vorkommendes, kleines Rauhfußhuhn mit braunroter, weißer und schwarzer Gefiederzeichnung

ha|se|lie|ren ⟨V.3, hat haseliert; o.Obj.; †⟩ Possen reißen, Spaß machen [< mhd. haselieren „unsinnig tun", < frz. harceler „quälen, plagen", < altfrz. hercer „übel zurichten", eigtl. „mit der Egge bearbeiten", zu herce „Egge"]

Ha|sel|maus ⟨f.2⟩ oberseits gelbbraune Schlafmaus, die Haselnüsse als Nahrung bevorzugt

Ha|sel|nuß ⟨f.2⟩ Frucht der Hasel

Ha|sel|nuß|boh|rer ⟨m.5⟩ Rüsselkäfer, dessen Larven in Haselnüssen leben

Ha|sel|wurz ⟨f., -, nur Sg.⟩ niedrige Staude schattiger Laubwälder mit nierenförmigen Blättern und bräunlicher Blüte

Ha|sen|au|ge ⟨n., -s, nur Sg.⟩ durch Lähmung eines Muskels bewirkte Unfähigkeit, das Lid zu schließen

Ha|sen|fuß ⟨m.2; ugs.⟩ jmd., der gern die Flucht ergreift, der sich nichts traut, ängstlicher Mensch; Syn. Hasenherz

ha|sen|fü|ßig ⟨Adj., o.Steig.⟩ ängstlich, furchtsam

Ha|sen|herz ⟨n., -ens, -en⟩ → Hasenfuß

Ha|sen|klein ⟨n., -s, nur Sg.⟩ Speise aus Herz, Lunge, Magen, Leber, Kopf und Läufen des Hasen

Ha|sen|lat|tich ⟨m., -s, nur Sg.⟩ purpurn blühender Korbblütler schattiger Bergwälder

Ha|sen|ohr ⟨n., -(e)s, nur Sg.⟩ Doldengewächs mit gelbgrünen Blüten und lanzettförmigen Blättern

Ha|sen|pa|nier ⟨nur in der Wendung⟩ das H. ergreifen ausreißen, fliehen

Ha|sen|pest ⟨f., -, nur Sg.⟩ → Tularämie

Ha|sen|pfef|fer ⟨m., -, nur Sg.⟩ stark gewürztes Hasenklein

ha|sen|rein ⟨Adj., o.Steig.⟩ **1** ⟨bei Hunden; Jägerspr.⟩ speziell für die Jagd auf Hasen abgerichtet **2** ⟨ugs.⟩ nicht ganz h. verdächtig, nicht in Ordnung; eine nicht ganz ~e Angelegenheit

Ha|sen|schar|te ⟨f.11⟩ angeborene Spalte in der Oberlippe (ähnlich wie bei Hasen)

Hä|sin ⟨f.10⟩ weiblicher Hase

Has|lin|ger ⟨m.5; österr.⟩ Stock, Gerte aus dem Holz der Hasel

Has|pe ⟨f.11⟩ Türangel, Fensterhaken

Has|pel ⟨f.11, auch m.5⟩ **1** ⟨Bgb. und Schiffahrt⟩ Fördervorrichtung, bei der auf einer Welle ein Seil aufgewickelt wird, an dem der zu hebende Gegenstand wiegt **2** Welle zum Aufwickeln von Garn, Fasern und Draht **3** Trog mit Rührschaufeln zum Gerben und Färben

has|peln ⟨V.1, hat gehaspelt⟩ **I** ⟨mit Akk.⟩ **1** auf eine Haspe wickeln, von einer Haspe abwickeln, aufgaspeln; Garn h. **II** ⟨o.Obj.; übertr.⟩ hastig, aufgeregt, überstürzt sprechen

Haß ⟨m., -s|ses, nur Sg.⟩ **1** starke feindliche Einstellung, heftige gefühlsmäßige Ablehnung; Ggs. Liebe; einen H. auf jmdn. haben; jmdn. mit seinem H. verfolgen **2** ⟨ugs.⟩ Zorn, Wut; einen mächtigen H. bekommen

has|sen ⟨V.1, hat gehaßt; mit Akk.⟩ **1** jmdn. h. jmdm. Haß entgegenbringen, gegen jmdn. Haß empfinden **2** etwas h. **a** heftige Abneigung gegen etwas empfinden, etwas ganz und gar ablehnen; ich hasse solchen Geiz, eine solche Handlungsweise **b** ⟨oft abgeschwächt⟩ nicht leiden können; er haßt es, über seine privaten Angelegenheiten ausgefragt zu werden

has|sens|wert ⟨Adj., o.Steig.⟩ so beschaffen oder sich so verhaltend, daß man es, ihn, sie hassen muß; eine ~e Person, Einrichtung

haß|er|füllt ⟨Adj., o.Steig.⟩ voller Haß

häs|sig ⟨Adj.; schweiz.⟩ mürrisch, unangenehm; ein ~er Mensch

häß|lich ⟨Adj.⟩ **1** unschön, dem Schönheitssinn nicht entsprechend; ein ~es Gesicht; ein ~es Bauwerk; eine ~e Stadt; da wurde er ganz klein und h. ⟨ugs., scherzh.⟩ da wurde er sehr kleinlaut, da war er sehr betreten **2** abstoßend, widerwärtig; ein ~es Tier **3** böse, gemein; ~es Gerede; ein ~er Verdacht **4** sehr unfreundlich, lieblos; er ist sehr h. zu ihr; das war der H. von dir **5** kalt und windig und regnerisch; ~es Wetter

Häß|lich|keit ⟨f., -, nur Sg.⟩ häßliches Aussehen

Haß|lie|be ⟨f., -, nur Sg.⟩ Gefühl, das gleichzeitig Zu- und Abneigung in sich schließt

Hast ⟨f., -, nur Sg.⟩ große Eile, von Angst oder Nervosität geprägtes, schnelles Handeln; Syn. Hastigkeit; in fliegender H.; nur keine H.!

ha|ste ⟨ugs.; nddt.⟩ hast du; ⟨in der Wendung⟩ haste was kannste, ⟨eigtl.⟩ was hast du, was kannst du so schnell wie möglich, eiligst; h. was kannste davonlaufen

ha|sten ⟨V.2, ist gehastet; o.Obj.⟩ hastig, überstürzt laufen; ich mußte h., um pünktlich zu kommen; zur S-Bahn h.

ha|stig ⟨Adj.⟩ übereilt, schnell, voll innerer Unruhe; ein paar h. hingeworfene Zeilen

Ha|stig|keit ⟨f., -, nur Sg.⟩ → Hast

hät|scheln ⟨V.1, hat gehätschelt; mit Akk.⟩ **1** jmdn. h. **a** bevorzugen, verwöhnen **b** liebkosen **2** etwas h. sich mit übertriebener Aufmerksamkeit einer Sache widmen; seine Krankheiten h.

Hät|schel|kind ⟨n.3⟩ verwöhntes, übervorsichtig behandeltes Kind **2** ⟨übertr.⟩ Günstling, (meist zu Unrecht) bevorzugter Untergebener

hat|schen ⟨V.1, ist gehatscht; o.Obj.; ugs.⟩ **1** schlurfend, nachlässig gehen; durchs Zimmer, über den Hof h. **2** ⟨bayr., auch scherzh.⟩ gehen; ⟨meist in Zus.⟩, z.B. jmdm. hinterher~

Hat|schier ⟨m.1⟩ → Hartschier

Hat-Trick, Hat|trick ⟨[het-] m.9⟩ **1** ⟨Fußb.⟩ dreimaliger Torerfolg durch den gleichen Spieler in einer Halbzeit **2** ⟨übertr.⟩ dreifacher Erfolg [< engl. hattrick im Kricket „dreimaliger Erfolg eines Werfers hintereinander", < hat „Hut" und trick „Kunststück, Kniff, Trick"; früher wurde dem erfolgreichen Werfer als Ehrenpreis ein Hut (ähnlich dem Doktorhut) überreicht]

Hatz ⟨f.10⟩ Jagd, bei der das flüchtige Wild verfolgt wird (zu Pferd oder zu Fuß mit einer Hundemeute; z.B. Sau~); Syn. Hetzjagd, Hetze

hau|bar ⟨Adj., o.Steig.; Forstw.⟩ zum Fällen geeignet

Hau|barg ⟨m.1⟩ großes nordfriesisches Bauernhaus mit hohem Reetdach [wörtl. „Ort, an dem man das Heu birgt"]

Hau|be ⟨f.11⟩ **1** ⟨früher⟩ Kopfbedeckung für verheiratete Frauen; ein Mädchen unter die H. bringen dafür sorgen, daß es sich verheiratet; sie ist schon unter der H. sie ist schon verheiratet **2** Kopfbedeckung für einen bestimmten Zweck (Nacht~, Bade~) **3** zu einer Tracht gehörige Kopfbedeckung (Nonnen~, Schwestern~) **4** Hülle, Bedeckung (Motor~) **5** elektrisches, warme Luft ausströmendes Gerät in Form einer runden Kopfbedeckung zum Trocknen des Haars nach dem Waschen (Trocken~); sie sitzt noch unter der H. **6** Federbüschel (auf dem Kopf von Vögeln), Schopf **7** Lederkappe (für Beizvögel)

Hau|ben|ler|che ⟨f.11⟩ Lerche mit Federhaube

Hau|ben|mei|se ⟨f.11⟩ (vor allem in Gebirgswäldern vorkommende) Meise mit Federhaube

Hau|ben|tau|cher ⟨m.5⟩ ein Lappentaucher mit schwarzer, zweizipfliger Federhaube

Hau|bit|ze ⟨f.11⟩ Geschütz, bei dem Anfangsgeschwindigkeit und Flugbahn der Geschosse so variierbar sind, daß es Steil- wie Flachfeuer abgeben kann [< tschech. houf-

Hauptstadt

nice „Steinschleuder", alttschech. „große Schleuder, Wurfmaschine" (für mehrere Steine zugleich), zu *houf* „Haufen, Menge"]

Hauch ⟨m., -(e)s, nur Sg.⟩ **1** *kleine Luftbewegung, leichter Luftzug* ⟨Wind~, Atem~⟩ **2** *zarte Andeutung, Spur (von etwas)*; ein H. von Parfüm; ein H. von Luxus

hauch|dünn ⟨Adj., o.Steig.⟩ *dünn wie ein Hauch, sehr dünn*; ein ~es Kleid

hau|chen ⟨V.1, hat gehaucht⟩ **I** ⟨o.Obj.⟩ *warme Atemluft ausstoßen*; an die Fensterscheibe h.; in die Hände h.; jmdm. einen Kuß auf die Stirn h. *jmdm. einen zarten Kuß auf die Stirn geben* **II** ⟨mit Akk.⟩ *sehr leise, flüsternd sagen*; „,...", hauchte sie; ihre Antwort war nur gehaucht

hauch|fein ⟨Adj., o.Steig.⟩ *so fein wie ein Hauch, sehr zart*; ein ~er Schleier

Hau|de|gen ⟨m.7⟩ **1** *zweischneidiger Degen* **2** *älterer, kriegserfahrener Soldat*

Haue ⟨f.11; süddt.⟩ **1** → *Hacke²* (2) **2** ⟨nur Sg.; ugs.⟩ *Schläge, Hiebe, Prügel* (2); H. kriegen, beziehen

hau|en ⟨V.63, hat gehauen; in der Bed. „schlagen" meist: hieb, aber auch: haute; übertr. im Sinne von „werfen, schmeißen" nur: haute⟩ **I** ⟨o.Obj. oder mit Akk. oder mit Dat. u. Akk.⟩ **1** *schlagen*; ein Loch in die Wand, ins Eis h. ⟨hieb⟩; einen Gegenstand in Stücke h. ⟨hieb⟩; vgl. Pfanne; Geld auf den Kopf h. ⟨haute; Imperfekt nicht üblich⟩ *Geld leichtsinnig ausgeben*; auf die Tasten h. ⟨haute⟩ *sehr laut Klavier spielen*; mit der Faust auf den Tisch h. ⟨hieb, haute⟩; um sich h. ⟨hieb⟩; jmdm. eins hinter die Ohren h. ⟨haute⟩ *jmdm. eine Ohrfeige geben*; jmdm. eins über den Schädel h. ⟨hieb, haute⟩ *jmdm. einen heftigen Schlag auf den Schädel geben*; jmdm. kräftig auf die Schulter h. ⟨haute⟩; jmdn., ein Tier h.; sich ⟨eigtl.⟩ einander h. **3** ⟨Fechten⟩ *mit dem Säbel schlagen*; ⟨nur noch in den Wendungen⟩ das ist weder gehauen noch gestochen *das ist weder das eine noch das andere, das ist nichts Richtiges, nichts Ordentliches*; das ist gehauen wie gestochen *das ist dasselbe, es ist gleichgültig, wie man es macht* **4** *hacken* ⟨hieb⟩; Holz h. **5** ⟨landsch.⟩ *mähen* ⟨hieb⟩; ⟨Imperfekt nicht üblich⟩ Gras h. **6** *meißeln* ⟨hieb⟩; eine Inschrift in Stein h.; in den Felsen gehauene Stufen **7** *schleudern* ⟨haute⟩; einen Gegenstand in die Ecke, an die Wand h. **II** ⟨refl.; ugs.; nur: haute⟩ sich h. *sich fallen lassen, sich werfen*; sich ins Bett h. *schlafen gehen*; sich in einen Sessel h.

Hau|er ⟨m.5⟩ **1** *jeder der unteren, gekrümmten Eckzähne des Keilers*; Syn. Gewehr **2** *ausgebildeter Bergmann*; auch: ⟨österr.⟩ *Häuer* **3** → *Weinhauer*

Häu|er ⟨m.5; österr.⟩ → *Hauer* (2)

Häuf|chen ⟨n.⟩ *kleiner Haufen*; sie saß da wie ein H. Unglück ⟨ugs.⟩ *sie saß da und sah sehr unglücklich aus*; er war nur noch ein H. Elend ⟨ugs.⟩ *es ging ihm sehr schlecht, er war sehr elend, völlig erschöpft*; ⟨auch⟩ *er war völlig verzweifelt*

Haufe ⟨m.11; †⟩ *Haufen, große Ansammlung* ⟨Heer~⟩

häu|feln ⟨V.1, hat gehäufelt; mit Akk.⟩ **1** *Pflanzen h. Erde in kleinen Mengen um Pflanzen herum aufhäufen*; Kartoffeln h. **2** *Stimmen h. ⟨bei Wahlen⟩ einem Kandidaten mehrere Stimmen geben*; Syn. kumulieren

Hau|fen ⟨m.7⟩ **1** *Menge ungeregelt über- und nebeneinander liegender Dinge* ⟨Bretter~, Heu~⟩; ein H. Blätter **2** ⟨ugs.⟩ *eine große Menge, viel(e)*; ein H. Arbeit, Geld, Leute; jmdm. über den H. fahren, rennen ⟨ugs.⟩ *niederfahren, niederrennen*; jmdn. über den H. schießen ⟨ugs.⟩ *jmdn. niederschießen*; einen Plan, eine Theorie über den H. werfen ⟨ugs.⟩ *zunichte machen* **3** ⟨Soldatenspr.⟩ *kleine Gruppe*; wo ist unser H.?; zu einem H. gehören

häu|fen ⟨V.1, hat gehäuft⟩ **I** ⟨mit Akk.⟩ *in Haufen, in einem Haufen, in großer Menge ansammeln, aufschütten*; Nudeln auf den Teller h.; Erde, Sand auf einen Haufen h.; Ehrungen, Lob auf jmdn. h. ⟨übertr.⟩; ein gehäufter Löffel voll ⟨als Maßangabe⟩ *ein sehr voller Löffel* ⟨II⟩ ⟨refl.⟩ sich h. **1** *sich zu einem Haufen auftürmen, ansammeln*; die Klagen, Beschwerden h. sich; die Zuschriften, Anfragen h. sich auf meinem Schreibtisch **2** *sich mehren, immer mehr werden*; die Anzeichen, Symptome h. sich; diese Krankheitsfälle treten jetzt gehäuft auf *in großer Zahl*

Hau|fen|dorf ⟨n.4⟩ *regellos gewachsenes Dorf*

hau|fen|wei|se ⟨Adj., o.Steig.⟩ *in großen Mengen, viel*; h. Geld verdienen

Hau|fen|wol|ke ⟨f.11⟩ → *Cumulus*

häu|fig ⟨Adj.⟩ **1** *oft vorkommend, viel*; ~es Üben **2** ⟨als Adv.⟩ *sehr oft*; jmdn. h. aufsuchen; eine h. vertretene Ansicht

Häu|fig|keit ⟨f.10⟩ **1** ⟨nur Sg.⟩ *häufiges, zahlreiches Vorkommen*; die zunehmende H. von Autodiebstählen **2** *Maß in der mathematischen Statistik*

Häu|fung ⟨f., -, nur Sg.⟩ **1** *das Häufen* **2** *das Sichhäufen, gehäuftes Auftreten oder Vorkommen*; eine H. von Krankheitsfällen; durch eine H. unglücklicher Zufälle, Umstände

Hauf|werk ⟨n., -(e)s, nur Sg.; Bgb.⟩ *durch Hauen gewonnenes Rohmaterial*; auch: *Hauwerk*

Hau|he|chel ⟨f., -, nur Sg.⟩ *(meist rot blühender) strauchartig wachsender Schmetterlingsblütler* [zu *Heu*]

Hau|land ⟨n., -(e)s, nur Sg.; früher⟩ *durch Rodung gewonnenes Acker- und Siedlungsland*

Hau|mes|ser ⟨n.5⟩ → *Machete*

Haupt ⟨n.4⟩ **1** ⟨poet.⟩ *Kopf*; das H. neigen; ein gekröntes H. *jmd., der eine Krone trägt*; an H. und Gliedern *von oben bis unten, ganz und gar*; zu Häupten *auf Kopfhöhe, über dem Kopf*; zu Häupten der Statue **2** ⟨geh.⟩ *Anführer, Chef*; das H. der Bewegung

Haupt... ⟨in Zus.⟩ *der, die, das größte, wichtigste*, z.B. Hauptwerk, Hauptstadt, Hauptperson

Haupt|au|gen|merk ⟨n., -es; nur Sg.⟩ *höchste Aufmerksamkeit*; H. auf etwas richten

Haupt|bahn|hof ⟨m.2; Abk.: Hbf.⟩ *größter, wichtigster Bahnhof (einer Stadt)*

Haupt|be|ruf ⟨m.1⟩ *hauptsächlich ausgeübter Beruf*; Ggs. Nebenberuf; er ist im H. Arzt, im Nebenberuf Schriftsteller

haupt|be|ruf|lich ⟨Adj., o.Steig.⟩ *als Hauptberuf, im Hauptberuf*; er ist h., nebenberuflich Schriftsteller; was ist Ihre ~e Tätigkeit?; welche Tätigkeit üben Sie h. aus?

Haupt|buch ⟨n.⟩ *Buch, in dem alle Geschäftsvorgänge und Kontobewegungen eingetragen sind*

Haupt|ebe|ne ⟨f.11; Optik⟩ *gedachte, brechende Ebene (einer Linse)*

Häup|tel ⟨n.5; österr.⟩ *Kopf (des Kohls oder Salats)*; Kraut~

Häup|tel|sa|lat ⟨m.1; österr.⟩ → *Kopfsalat*

Haupt|er|be ⟨m.11⟩ *jmd., der den größten Anteil von einer Erbschaft erhält*

Haup|tes|län|ge ⟨f.11⟩ *so weit wie die Länge eines Hauptes*; jmdn. um H. überragen

Haupt|fach ⟨n.4⟩ *wichtigstes Fach (bei einem Studium mit mehreren Fächern)*; Ggs. Nebenfach

Haupt|feld|we|bel ⟨m.5⟩ **1** ⟨bis 1945⟩ *Dienststellung des ranghöchsten Unteroffiziers der Kompanie* **2** ⟨Bundeswehr⟩ *ein Unteroffiziersdienstgrad*

Haupt|film ⟨m.1⟩ *der längste, wichtigste Spielfilm (im Rahmen einer Kinovorführung)*

Haupt|gang ⟨m.2⟩ → *Hauptgericht*

Haupt|ge|richt ⟨n.1⟩ *umfangreichstes Gericht (einer Mahlzeit, die aus mehreren Gängen besteht)*; Syn. Hauptgang; als H. gab es Hirschbraten

Haupt|haar ⟨n., -(e)s, nur Sg.; geh.⟩ → *Kopfhaar*

Haupt|hahn ⟨m.2⟩ **1** *wichtigster Absperrhahn* **2** ⟨Jägerspr.⟩ *starker Auerhahn*

Haupt|hand|lung ⟨f.10⟩ *die Geschehen tragende Handlung (in einem Film, einem Theaterstück o. ä.)*; Ggs. Nebenhandlung

Haupt|kampf|li|nie ⟨f.11; in der Reichswehr und Wehrmacht; Abk.: HKL⟩ *vorderer, unbedingt zu haltender Rand einer Verteidigungsstellung*

Haupt|leu|te ⟨Pl. von⟩ *Hauptmann*

Häupt|ling ⟨m.1⟩ **1** ⟨bei Naturvölkern⟩ *Dorf- oder Stammesoberhaupt* **2** ⟨scherzh.⟩ *jmd., der etwas leitet*

häupt|lings ⟨Adv., †⟩ **1** *mit dem Kopf voran*; h. hinunterstürzen **2** *zu Häupten, am Kopfende*; das Bild hing h. über dem Bett

Haupt|mahl|zeit ⟨f.10⟩ *wichtigste Mahlzeit (des Tages)*

Haupt|mann ⟨m., -(e)s, -leu|te⟩ **1** ⟨nur Sg.⟩ *Offiziersdienstgrad zwischen Oberleutnant und Major (im Truppendienst meist Führer einer Kompanie oder Batterie)* **2** *Träger dieses Dienstgrades*

Haupt|merk|mal ⟨n.1⟩ *wichtigstes, hervorstechendes Merkmal, Kennzeichen*

Haupt|mie|ter ⟨m.5⟩ *jmd., der ein Objekt direkt vom Eigentümer gemietet hat und im Besitz eines Mietvertrages ist*; Ggs. Untermieter

Haupt|nen|ner ⟨m.5⟩ *gemeinsamer Nenner bei der Addition und Subtraktion von Brüchen*; Syn. Generalnenner

Haupt|per|son ⟨f.20⟩ **1** *jmd., auf den sich das Interesse konzentriert, der im Mittelpunkt steht*; die H. des Festes **2** *jmd., der (in einem Film, Theaterstück o. ä.) die wichtigste Rolle spielt*

Haupt|pro|be ⟨f.11⟩ *letzte Probe vor einer öffentlichen Aufführung*; Syn. Generalprobe

Haupt|quar|tier ⟨n.1; Abk.: HQu.⟩ *Befehlszentrum eines höheren militärischen Kommandostabes im Felde*

Haupt|rol|le ⟨f.11⟩ *wichtigste Rolle (in einem Bühnenstück oder Film)*; Ggs. Nebenrolle; die H. spielen ⟨auch übertr.⟩ *große Bedeutung haben, eine wichtige Person sein*

Haupt|sa|che ⟨f.11⟩ *das, was von größter Wichtigkeit ist*; Ggs. Nebensache; H., man ist gesund; in der H. *im wesentlichen*

haupt|säch|lich ⟨Adj., o.Steig.; Superlativ nur ugs.; nur als Attr. und Adv.⟩ **1** *wichtig, wesentlich*; Ggs. nebensächlich; das ~e Problem **2** *vor allem, im wesentlichen*; wir müssen h. darauf achten, daß ...

Haupt|sai|son ⟨[-sɛzɔ̃] f.9⟩ *Zeit des größten Betriebes in den Kur- und Erholungsorten*; vgl. Nachsaison, Vorsaison

Haupt|satz ⟨m.2⟩ **1** ⟨Sprachw.⟩ *selbständiger, für sich allein sinnvoller Satz*; Ggs. Nebensatz **2** ⟨Naturwissenschaft⟩ *grundlegende Aussage einer Theorie*; die drei Hauptsätze der Thermodynamik

Haupt|schlüs|sel ⟨m.5⟩ *Schlüssel, der zu mehreren Türschlössern innerhalb eines Schließsystems paßt*

Haupt|schrift|lei|ter ⟨m.5⟩ *Chefredakteur (einer Zeitung, Zeitschrift)*

Haupt|schuld|ner ⟨m.5⟩ **1** *jmd., der bei einem Gläubiger die größte Schuld zu begleichen hat* **2** ⟨bei Bürgschaften⟩ *ursprünglicher Schuldner (für den der Bürge einzustehen hat)*

Haupt|schu|le ⟨f.11⟩ **1** ⟨BRD⟩ *an die Grundschule anschließende, weiterführende, allgemeinbildende Schule* **2** ⟨Österreich⟩ *an die 4. Schulstufe anschließende, allgemeinbildende, vierstufige Pflichtschule* **3** ⟨Schweiz⟩ *Fortsetzung der Primarschule*

Haupt|se|mi|nar ⟨n.1⟩ *auf Proseminaren aufbauende Übung (an einer Hochschule)*

Haupt|stadt ⟨f.2⟩ *Stadt, in der die obersten*

467

hauptstädtisch

Verwaltungs- und Regierungsorgane eines Landes oder Bezirkes ihren Sitz haben (Landes~, Bundes~)

haupt|städ|tisch ⟨Adj., o.Steig.⟩ *zu einer Hauptstadt gehörig, aus ihr kommend*

Haupt|the|ma ⟨n., -s, -men⟩ *wichtigster, häufig wiederkehrender Teil (eines Gespräches oder eines Musikstückes)*

Haupt- und Staats|ak|ti|on ⟨f.10⟩ **1** *(früher kritische Bez. für) literarisch wertloses Stück an den deutschen Wanderbühnen des 17. und 18. Jahrhunderts* **2** *(heute nur in der Wendung)* eine H. aus etwas machen *etwas übermäßig aufbauschen, als sehr wichtig hinstellen*

Haupt|ver|dienst **I** ⟨n.1⟩ *wichtigstes Verdienst, wichtigste Leistung;* sein H. ist, daß er die Abteilung neu organisiert hat **II** ⟨m.1⟩ *Einkommen, Verdienst aus dem Hauptberuf;* Ggs. Nebenverdienst

Haupt|ver|fah|ren ⟨n.7⟩ *Abschnitt im deutschen Strafverfahren, der mit dem Beschluß des Gerichts auf Eröffnung beginnt und mit der Verkündung des Urteils endet*

Haupt|ver|hand|lung ⟨f.10; im Strafprozeß⟩ *Teil des Hauptverfahrens mit Beweisaufnahme, Zeugen- und Angeklagtenvernehmung, Urteilsverkündung*

Haupt|ver|le|sen ⟨n., -s, nur Sg.; schweiz.⟩ *abendlicher Appell* [zu verlesen „die genaue Auslese machen, streng untersuchen"]

Haupt|ver|samm|lung ⟨f.10⟩ *Versammlung der Aktionäre einer Aktiengesellschaft*

Haupt|werk ⟨n.1⟩ **1** *bedeutendstes Werk (eines Künstlers)* **2** ⟨Wirtsch.⟩ *zentraler Betrieb (eines Unternehmens) mit mehreren Zweigwerken* **3** ⟨Mus.⟩ *Teil des Orgelmanuals*

Haupt|wort ⟨n.4⟩ → *Substantiv*

Haus ⟨n.4⟩ **1** *dauerhaftes, aus Wänden und Dach bestehendes Gebäude;* auf ihn kann man Häuser bauen *auf ihn kann man sich unbedingt verlassen;* das H. einlaufen ⟨ugs.⟩ *jmdn. immer wieder besuchen und mit einem Anliegen bestürmen;* wir kommen zur Zeit kaum aus dem H. *wir gehen kaum aus, unternehmen wenig;* außer ~(e) sein *nicht daheim sein;* uns steht ein großes Ereignis ins H. *uns steht ein großes Ereignis bevor;* nach ~e bringen; nach ~e gehen; ich bin heute noch nicht vors H. gekommen *ich bin noch nicht ins Freie gekommen;* von ~e kommen *von daheim kommen;* zu ~e daheim; in der eigenen Wohnung; zu ~e bleiben; ich bin hier zu ~e *ich wohne hier;* ich kenne mich hier gut aus; er ist auf diesem Gebiet zu ~e *er kennt sich darin genau aus;* fühlen Sie sich wie zu ~e! **3** *Kammer des Parlaments* (Ober~, Unter~); Hohes H. ⟨als Anrede⟩ **4** *Theater;* vor ausverkauftem H. spielen **5** *Geschäft, Firma, Hotel;* das erste, das beste H. am Platze; er ist außer ~(e) *er ist im Augenblick nicht in der Firma, nicht im Büro* **6** ⟨Astrol.⟩ *jeder der zwölf Abschnitte des Tierkreises;* wenn der Mond im siebten H. steht **7** ⟨nur Sg.⟩ *Haushalt, Wirtschaft;* sein H. bestellen *seine finanziellen und familiären Angelegenheiten ordnen;* jmdm. das H. führen **8** ⟨nur Sg.⟩ *Herkunft, Ursprung;* er ist aus gutem ~e; von H. aus *der Herkunft, Veranlagung, Ausbildung nach,* er ist von H. aus Lehrer; ich habe von H. aus eine Beziehung zur Musik **9** → *Dynastie;* das H. Habsburg; die regierenden Häuser Europas **10** ⟨nur Sg.⟩ *Gesamtheit der Personen, die in einem (bestimmten) Haus wohnen;* das ganze H. wußte davon; das Kind schrie, daß das ganze H. es hörte; das ganze H. lief zusammen **11** ⟨nur Sg.⟩ *Gesamtheit der Zuschauer, Zuhörer;* das H. lachte, tobte, applaudierte **12** *Familie (in ihrer Gesamtheit);* der Herr des ~es *der Familienvater;* ein Freund des ~es; viele Grüße von H. zu H. *von (uns) allen an (euch) alle;* sie hat in guten Häusern gedient **13** ⟨scherzh.⟩ *Person;* er ist ein fideles, lustiges H.; ⟨auch als freundschaftlich-vertrauliche Anrede⟩ na, altes H., wie geht's? **14** ⟨übertr.⟩ *geselliges Leben;* ein großes H. führen; ein offenes H. haben *viele Gäste haben, jeden Gast willkommen heißen*

Haus... ⟨in Zus.; bei Tieren⟩ **1** *als Haustier gehalten (und anders aussehend als die Stammform),* z.B. Hausgans, Haushuhn, Haushund, Hauskatze, Hausschaf, Hausschwein, Haustaube **2** *in und an Häusern vorkommend,* z.B. Hausspinne, Haussperling, Hauswanze

Haus|an|dacht ⟨f.10⟩ *in einem Privathaushalt stattfindende Andacht*

Haus|apo|the|ke ⟨f.11⟩ *(im Haus in einem besonderen Schränkchen aufbewahrte) Arzneimittel und Mittel zur Ersten Hilfe für den Laiengebrauch*

Haus|ar|beit ⟨f.10⟩ **1** *Arbeit im Haushalt;* bei der H. helfen **2** *größere, schriftliche Arbeit (eines Schülers oder Studenten), die zu Hause anzufertigen ist;* Syn. Schularbeit; eine H. schreiben

Haus|ar|rest ⟨m.1⟩ *Verbot, das Haus zu verlassen;* jmdn. unter H. stellen; jmdn. mit H. bestrafen

Haus|arzt ⟨m.2⟩ *Arzt, der jmdn. seit langem immer wieder behandelt und bei ihm auch Hausbesuche macht*

Haus|auf|ga|be ⟨f.11⟩ → *Schularbeit;* ~n machen

haus|backen ⟨-k·k-; Adj.⟩ **1** *zu Hause, im eigenen Betrieb gebacken;* ~es Brot; ~e Plätzchen **2** ⟨übertr.⟩ *spießbürgerlich, bieder, langweilig;* h. aussehen; sie ist ein bißchen h.

Haus|berg ⟨m.1⟩ *in der Nähe einer Ortschaft gelegener Berg, der von der Bevölkerung immer wieder aufgesucht wird (z.B. als Ausflugsziel, zum Schifahren)*

Haus|be|set|zer ⟨m.5⟩ *jmd., der in ein leeres, zum Abbruch bestimmtes Haus einzieht*

Haus|be|sor|ger ⟨m.5; österr.⟩ → *Hausmeister*

Haus|bock ⟨m.2⟩ *Bockkäfer, dessen Larve in verarbeitetem Nadelholz lebt und Schaden verursacht*

Haus|boot ⟨n.1⟩ *Boot, das auch als Wohnung dient und mit den entsprechenden Einrichtungen versehen ist*

Haus|brand ⟨m., -(e)s, nur Sg.⟩ *in privaten Haushalten zu Heizzwecken verwendetes Material*

Haus|bur|sche ⟨m.11; †⟩ → *Hausdiener*

Häus|chen ⟨n.7, Pl. auch: Häus|er|chen⟩ **1** *kleines Haus;* aus dem H. geraten, fahren, sein ⟨ugs.⟩ *vor Freude außer sich geraten, sein;* jmdn. aus dem H. bringen ⟨ugs.⟩ *jmdn. in Erregung versetzen* **2** ⟨ugs., scherzh.⟩ *Toilette;* aufs H. gehen

Haus|da|me ⟨f.11⟩ **1** *Betreuerin eines älteren, alleinstehenden Menschen* **2** *Dame, die einem vornehmen Haushalt vorsteht (und meist besonderes Vertrauen der Familie genießt)*

Haus|die|ner ⟨m.5⟩ *für gröbere Hilfsarbeiten zuständiger Angestellter eines Hotels;* Syn. Hausbursche

Haus|dra|che ⟨m.11; ugs.⟩ *streitsüchtige Ehefrau oder Hausangestellte*

Haus|durch|su|chung ⟨f.10; österr.⟩ → *Haussuchung*

hau|sen ⟨V.1, hat gehaust; o.Obj.⟩ **1** ⟨bes. poet.⟩ *wohnen, leben;* auf dieser Burg hauste einst ein Ritter; in dem Wald haust ein Riese; Dachse, Füchse h. in selbstgebauten Höhlen **2** *beengt, dürftig, primitiv wohnen;* sie hausten nach dem Krieg in einem Keller; sie h. zu dritt in einem Zimmer **3** *Zerstörungen, große Unordnung anrichten;* das Unwetter hat übel gehaust; die einquartierten Truppen haben fürchterlich gehaust; du liebe Zeit, haben die hier gehaust!

Hau|sen ⟨m.7⟩ *ein sehr großer Störfisch*

Hau|sen|bla|se ⟨f., -, nur Sg.⟩ *(zu verschiedenen Zwecken verwendete) innere Haut der Schwimmblase des Hausens und anderer Fische, die sich in heißem Wasser löst und beim Abkühlen zu farbloser Gallerte erstarrt*

Häu|ser|mak|ler ⟨m.5⟩ *gewerbsmäßiger Vermittler von Häusern und Wohnungen*

Häu|ser|meer ⟨n.1⟩ *große Menge dichtstehender Häuser*

Haus|frau ⟨f.10⟩ **1** *die einen Familienhaushalt führende Ehefrau* **2** ⟨bayr.-österr.⟩ *Vermieterin (eines Zimmers oder Wohnung)*

Haus|freund ⟨m.1⟩ **1** *langjähriger, häufiger Gast einer Familie* **2** ⟨ugs.⟩ *Liebhaber einer Ehefrau*

Haus|frie|dens|bruch ⟨m.2⟩ *widerrechtliches Eindringen in Wohnung, Haus, Geschäftsräume oder umfriedetes Besitztum eines anderen;* H. begehen

Haus|ge|brauch ⟨m., -(e)s, nur Sg.⟩ **1** *eigener Bedarf;* Gemüse für den, zum H. ziehen **2** ⟨übertr.⟩ *nur für geringe Ansprüche;* ich male, singe nur für den, zum H.

haus|ge|macht ⟨Adj., o.Steig.⟩ *nur als Attr. und mit „sein"; zu Hause, im eigenen Betrieb hergestellt;* ~e Wurst

Haus|ge|nos|se ⟨m.11⟩ *ständiger Mitbewohner in einem Haushalt*

Haus|ge|wer|be ⟨n., -s; nur Sg.⟩ → *Heimarbeit*

Haus|halt ⟨m.1⟩ **1** *Gemeinschaft mehrerer zusammenlebender Personen (meist Familie) sowie alle damit verbundenen Arbeiten, Gerätschaften und Ausgaben;* etwas im H. haben; jmdm. den H. führen; einen H. auflösen **2** *Personengruppe, die in einem Haushalt zusammenlebt;* ⟨bei Postwurfsendungen⟩ an alle ~ **3** *Einnahmen und Ausgaben einer öffentlichen Institution (Staats~);* den H. ausgleichen

Haus|häl|te|rin ⟨f.10⟩ *weibliche Person, die jmdm. den Haushalt führt*

haus|häl|te|risch ⟨Adj., o.Steig.⟩ *so, daß ein Haushalt nutzt, sparsam;* h. mit Geld, Vorräten umgehen

Haus|halts|de|bat|te ⟨f.11⟩ *parlamentarische Diskussion über den Haushalt (3)*

Haus|halt(s)|jahr ⟨n.1⟩ **1** ⟨Verwaltungswesen⟩ *Rechnungsjahr (einer öffentlichen Institution)* **2** *Jahr, das ein junges Mädchen in einem fremden Haushalt verbringt, um die Hauswirtschaft zu erlernen*

Haus|halt(s)|plan ⟨m.2⟩ *von Bund, Ländern und Gemeinden jährlich zu erstellender Voranschlag über die künftigen Einnahmen und Ausgaben*

Haus|hal|tung ⟨f.10⟩ *Führung eines Haushaltes;* eine sparsame H.

Haus|hal|tungs|schu|le ⟨f.11⟩ *Schule für einen hauswirtschaftlichen Beruf*

Haus|herr ⟨m.10⟩ **1** *Familienoberhaupt, Gastgeber* **2** ⟨landsch.⟩ *Vermieter* **3** ⟨Sport, ugs.⟩ *Mannschaft, die den Gegner auf dem eigenen Platz empfängt*

haus|hoch ⟨Adj., o.Steig.⟩ **1** *so hoch wie ein Haus;* ein haushoher Baum **2** ⟨Adv., ugs.⟩ *sehr viel, beträchtlich;* h. verlieren; jmdm. h. überlegen sein

Haus|hof|mei|ster ⟨m.5; †⟩ *Aufseher einer Dienerschaft, Verwalter eines großen Haushaltes*

hau|sie|ren ⟨V.3, hat hausiert; o.Obj.⟩ *von Haus zu Haus gehen und (kleine) Waren feilbieten;* mit Kurzwaren h.; mit etwas h. gehen ⟨übertr.⟩ *etwas überall, allen Leuten erzählen (um Wirkung zu erzielen, Eindruck zu machen)*

Hau|sie|rer ⟨m.5⟩ *jmd., der mit Waren hausieren geht*

Haus|ka|pel|le ⟨f.11⟩ **1** *kleine Kapelle in einem nichtkirchlichen Gebäude* **2** *ständig engagierte kleine Musikgruppe (in einem Café, Tanzlokal o. ä.)*

Haus|kreuz ⟨n.1; ugs.⟩ *jmd., unter dem der ganze Haushalt leidet, zänkische Ehefrau oder Hausangestellte*

Haus|leh|rer ⟨m.5⟩ *Lehrer, der Kinder im Haus ihrer Eltern unterrichtet*

Häus|ler ⟨m.5; †⟩ *Dorfbewohner, der ein Haus, aber kein Land besitzt;* Syn. ⟨nddt.⟩ *Kossat, Kossäte, Kotsaß, Kotsasse,* ⟨norddt.⟩ *Büdner,* ⟨†⟩ *Hüttner*

Haus|leu|te ⟨nur Pl.⟩ **1** ⟨landsch.⟩ *Ehepaar als Vermieter eines Hauses oder einer Wohnung* **2** *Hausmeisterehepaar* **3** ⟨schweiz.; †⟩ *Bewohner eines Miethauses*

häus|lich ⟨Adj.⟩ **1** ⟨o.Steig.⟩ *das Haus, die Familie, den Haushalt betreffend, dazu gehörig;* ~e *Verhältnisse; am* ~en *Herd* ⟨geh.⟩ *zu Hause* ⟨*zu Hause;* sich h. niederlassen *sich für längere Zeit einrichten* **3** ⟨o.Steig.⟩ *im Hause geschehend;* ~e *Verrichtungen* **4** *nicht gerne ausgehend, sparsam, gut wirtschaftend; eine* ~e *Frau*

Häus|lich|keit ⟨f.10⟩ ⟨nur Sg.⟩ **1** *Liebe zum Aufenthalt im eigenen Heim; von großer H. sein* **2** *das eigene Heim; seine H. zu schätzen wissen; sich in seine H. zurückziehen*

Haus|ma|cher|wurst ⟨f.2⟩ *Wurst, die hausgemacht ist oder wie hausgemacht ist (bes. Blut- und Leberwurst)*

Haus|macht ⟨f., -, nur Sg.⟩ **1** ⟨früher⟩ *auf Landbesitz gegründete Macht (einer Dynastie); sich auf eine starke H. stützen* **2** ⟨heute⟩ *einflußreicher Personenkreis, der eine hochgestellte Persönlichkeit ständig unterstützt; die H. eines Ministers; eine bröckelnde H.*

Haus|mäd|chen ⟨n.7⟩ *Gehilfin in einem Haushalt*

Haus|mann ⟨m.4⟩ **1** → *Hausmeister* **2** *Ehemann, der den Haushalt führt*

Haus|man|nit ⟨m.1⟩ *metallisch glänzendes, bräunlichschwarzes Mineral, Mangandioxid* [nach dem Mineralogen J. F. L. *Hausmann*]

Haus|manns|kost ⟨f., -, nur Sg.⟩ **1** *kräftige, einfache, aber schmackhafte Nahrung* **2** ⟨übertr.⟩ *etwas Durchschnittliches, Langweiliges; die Inszenierung war nur H.*

Haus|mar|der ⟨m.5⟩ → *Steinmarder*

Haus|mar|ke ⟨f.11⟩ **1** *besonderes Erzeugnis eines Einzelhandelsbetriebes (bes. alkoholisches Getränk)* **2** *besonderes alkoholisches Getränk, das in einer Gaststätte angeboten wird* **3** *Erzeugnis, das von jmdm. bevorzugt wird*

Haus|mei|er ⟨m.5; im frühen MA bei den Merowingern⟩ *Vorsteher der Hofhaltung und der königlichen Domänen (und Führer der Gefolgsleute);* Syn. *Majordomus* [< lat. *major domus,* eigtl. „Oberer des Hauses"]

Haus|meis|ter ⟨m.5⟩ **1** *jmd., der vom Hauseigentümer angestellt ist, für Ordnung, Sauberkeit und die Erhaltung des Hauses zu sorgen;* Syn. *Hausbesorger, Hausmann,* ⟨österr., schweiz.⟩ *Hauswart* **2** ⟨schweiz.⟩ *Hauseigentümer*

Haus|mit|tei|lung ⟨f.10⟩ **1** *Mitteilung, die alle Bewohner eines Hauses oder alle Angestellten einer Firma betrifft* **2** ⟨Wirtsch.⟩ *Informationsblatt eines Unternehmens für seine Kunden*

Haus|mit|tel ⟨n.5⟩ *(auf alten Rezepten beruhendes) seit langem erprobtes, einfaches Arzneimittel oder Heilverfahren; ein H. gegen Erkältung, Fieber*

Haus|mu|sik ⟨f.10⟩ *Musizieren im häuslichen Rahmen*

Haus|mut|ter ⟨f.6⟩ **1** ⟨†⟩ *Hausfrau, Familienmutter (einer Anstalt eines Heims)* **3** *in Europa, Westasien und Nordafrika beheimateter, brauner Eulenfalter mit schwarz-gelben Hinterflügeln, den man oft in Häusern in einem dunklen Winkel versteckt antrifft*

Haus|müt|ter|chen ⟨n.7; ugs.⟩ *(bes. junge) Frau, die liebevoll ihren Haushalt und ihre Fa-*

milie *versorgt und darin aufgeht; ein gutes H. sein*

haus|müt|ter|lich ⟨Adj., o.Steig.⟩ *nach der Art einer guten Hausfrau und etwas bieder*

Haus|ord|nung ⟨f.10⟩ *alle Vorschriften für die Bewohner eines Hauses (in Miethäusern, Heimen, Krankenhäusern usw.)*

Haus|rat ⟨m., -(e)s, nur Sg.⟩ **1** *Gesamtheit der Einrichtungs-, Gebrauchs- und Verbrauchsgegenstände eines Haushaltes* **2** *beschließende Versammlung eines Hauses (bes. bei Studentenheimen)*

Haus|recht ⟨n., -(e)s, nur Sg.⟩ *Recht auf Bestimmung, wer sich in seinem eigenen Haus oder auf eigenem Grund aufhalten darf; von seinem H. Gebrauch machen jmdn. hinauswiesen, hinauswerfen, jmdm. den Eintritt verwehren*

Haus|sa **I** ⟨m.9 oder m., -, -⟩ *Angehöriger eines stark negriden afrikanischen Mischvolkes* **II** ⟨n., -, nur Sg.⟩ *dessen Sprache*

haus|schlach|ten **I** ⟨V.2, hat hausgeschlachtet; nur im Part. Perf.⟩ *von einem eigenen Hof schlachten, selbst schlachten; ein hausgeschlachtetes Kalb, Schwein* **II** ⟨Adj., o.Steig.; nur als Attr.⟩ *aus hausgeschlachtetem Fleisch selbst hergestellt; hausgeschlachtete Wurst*

Haus|schuh ⟨m.1⟩ *(leichter, warmer) Schuh, der zu Hause getragen wird;* Syn. ⟨nddt.⟩ *Schlurre,* ⟨schweiz.⟩ *Finken,* ⟨österr.⟩ *Patschen, Pantoffel*

Haus|schwamm ⟨m., -(e)s, nur Sg.⟩ *lappenförmiger Faltenpilz, der bei verarbeitetem Bauholz Feuchtigkeit hervorruft und die Zellulosewände des Holzes auflöst*

Haus|se ⟨[os(ə)] f.11⟩ **1** *Wirtschaftsaufschwung* **2** *Ansteigen der Kurse an der Börse;* Ggs. *Baisse* [< frz. *hausse* in ders. Bed., zu *haut* „hoch", < lat. *altus* „hoch"]

Haus|se|gen ⟨m.7⟩ *Schild mit einem Segensspruch über der Haustüre; der H. hängt schief* ⟨scherzh.⟩ *es herrscht Streit, Zwietracht in der Familie*

Haus|sier ⟨[o:sje̯] m.9⟩ *jmd., der an der Börse auf eine Hausse spekuliert;* Ggs. *Baissier*

Haus|stand ⟨m.2⟩ *eigener Haushalt und Familie*

Haus|statt ⟨f., -, nur Sg.; †⟩ *Heim, Zuhause*

Haus|su|chung ⟨f.10⟩ *richterlich angeordnete Durchsuchung eines Hauses, einer Wohnung oder von Geschäftsräumen;* Syn. ⟨österr.⟩ *Hausdurchsuchung*

Haus|tier ⟨n.1⟩ **1** (i.e.S.) *vom Menschen wegen seines Nutzens gezüchtetes Tier; vgl. Haus...* **2** (i.w.S.) *vom Menschen im Haus gehaltenes Tier (z. B. Goldfisch, Kanarienvogel)*

Haus|toch|ter ⟨f.6⟩ *junges Mädchen, das in einem fremden Haushalt mithilft und lebt*

Haus|ur|ne ⟨f.11⟩ *vorgeschichtliches, tönernes oder bronzenes Gefäß in der Form eines Hauses zur Aufnahme von Totenasche*

Haus|va|ter ⟨m.6⟩ **1** *Vorstand einer Familie und eines Haushaltes* **2** *Leiter (einer Anstalt, eines Heims)*

Haus|ver|bot ⟨n.1⟩ *Anordnung, ein Gebäude oder Grundstück nicht zu betreten oder es zu verlassen; er hat (dort) H.*

Haus|ver|wal|ter ⟨m.5⟩ *vom Hauseigentümer beauftragter Verwalter eines Hauses*

Haus|wart ⟨m.1; österr., schweiz.⟩ → *Hausmeister*

Haus|we|sen ⟨n., -s, nur Sg.⟩ *alles, was zur Führung eines Haushaltes gehört; ein geordnetes H.; seinen H. besorgen*

Haus|wirt ⟨m.1⟩ *Hauseigentümer, der sein Haus oder die Wohnungen in seinem Haus vermietet*

Haus|wirt|schaft ⟨f., -, nur Sg.⟩ *alle Tätigkeiten, die zur Führung eines Haushalts gehören; die H. erlernen*

Haus|wurz ⟨f.10⟩ *staudiges Dickblattge-*

wächs *mit fleischigen, in Rosetten angeordneten Blättern*

Haut ⟨f.2⟩ **1** ⟨bei mehrzelligen Lebewesen⟩ *Gewebesystem, das den Abschluß gegenüber der Außenwelt und gleichzeitig die Verbindung mit ihr bildet;* Syn. *Derma; er ist nur noch H. und Knochen er ist sehr abgemagert; auf der faulen H. liegen* ⟨ugs.⟩ *faulenzen; bis auf die H. durchnäßt sein; ich könnte aus der H. fahren* ⟨ugs.⟩ *ich bin wütend; er kann nicht aus seiner H. heraus* ⟨ugs.⟩ *er kann nicht anders handeln als es seine Veranlagung zuläßt; sie steckt in keiner guten H. sie ist oft krank; ich fühle mich nicht wohl in meiner H.* ⟨ugs.⟩ *ich fühle mich (in dieser Situation) unbehaglich; sich einer Sache mit H. und Haaren verschreiben sich einer Sache ausschließlich, mit Leidenschaft widmen; mit heiler H. davonkommen etwas unverletzt überstehen; das geht unter die H. erregt sehr, ergreift sehr, das berührt einen stark; sie hat eine dünne H. sie ist leicht aus der Fassung zu bringen; er hat eine dicke H. er ist nicht aufzuregen* **2** *weitgehend unbearbeitetes Rohmaterial für Leder (Tier~); Häute verarbeiten, gerben* **3** *hautähnliche Schicht, Hülle (Ballon~, Milch~)* **4** ⟨übertr.⟩ *Person;* in der Wendung *gute (alte) H. jmd., der sich für andere abplagt*

Haut|ab|schür|fung ⟨f.10⟩ *Freilegung der Lederhaut bei oberflächlicher Verletzung*

Haute Couture ⟨[o:t kutyr] f., -, nur Sg.⟩ *das schöpferische Modeschaffen, bes. in Paris* [frz., „hohe Schneiderkunst", < *haut* „hoch" und *couture* „Schneiderei", zu *coudre* „zusammennähen"]

Haute Cou|tu|ri|er ⟨[o:t kutyrje̯] m., --s, --s⟩ *Modeschöpfer*

Haut|ef|fekt ⟨m.1; Phys.⟩ Syn. *Skineffekt*

Haute fi|nance ⟨[o:tfinãs] f., -, nur Sg.⟩ *Hochfinanz*

Haute|lis|se ⟨[o:tlis] f.11⟩ *Webart mit senkrechter Kette;* Ggs. *Basselisse* [< frz. *hautelice* „hoher Schaft (mit senkrecht aufgezogener Kette)", < *haut, haute* „hoch" und *lice, lisse* „Schaft"]

häu|ten ⟨V.2, hat gehäutet⟩ **I** ⟨mit Akk.⟩ *ein Tier h. einem Tier die Haut abziehen* **II** ⟨refl.⟩ *sich h. die Haut abstreifen; die Schlange häutet sich*

Haute vo|lee ⟨[o:tvɔle] f., -, nur Sg.⟩ *die vornehme Gesellschaft* [< frz. *haute volée* „hoher Rang, hoher Stand", < *haut, haute* „hoch" und *volée* „Rang, Stand", eigtl. „Flug", zu *voler* < lat. *volare* „fliegen"]

Haut|far|be ⟨f.11⟩ *(u. a. vom Pigment abhängige) natürliche Färbung der Haut; Menschen heller, dunkler H.*

Haut|flüg|ler ⟨m.5⟩ *Insekt mit zwei gleichgebauten, häutigen Flügelpaaren (z. B. Ameise, Biene, Wespe)*

Haut|gout ⟨[o:gu] m., -s, nur Sg.⟩ *intensiver Geschmack gut abgehangenen Wildbrets; einen H. haben* ⟨übertr.⟩ *etwas fragwürdig, anrüchig sein* [< frz. *hautgoût* in ders. Bed., < *haut* „stark, hoch" und *goût* „Geschmack"]

Haut|grieß ⟨m., -es, nur Sg.⟩ *bis stecknadelkopfgroße, harte Knötchen unter der Oberhaut des Gesichtes (bes. der Augengegend);* Syn. *Milium*

häu|tig ⟨Adj., o.Steig.⟩ **1** *wie Haut, dünn und durchsichtig;* ~e *Flügel einer Wespe* **2** *voller Haut, mit Haut überzogen;* ~es *Fleisch*

...häu|tig ⟨in Zus.⟩ *mit einer bestimmten Art von Haut versehen, z. B.* dünn~

Haut mal ⟨[o:mal] n., -, nur Sg.⟩ *großer Anfall bei Epilepsie;* Syn. *Grand mal* [frz., „großes Übel", < *haut* „hoch, groß" und *mal* „Übel"]

haut|nah ⟨Adj., o.Steig.⟩ **1** *direkt unter der Haut gelegen;* ~e *Muskulatur* **2** ⟨ugs.⟩ **a** *sehr nahe; h. am Geschehen sein* **b** *sehr wirklichkeitsgetreu; eine* ~e *Filmszene*

Haut|pilz ⟨m.1⟩ mikroskopisch kleiner Pilz, der Hautschädigungen hervorruft

Haut|re|li|ef [-orəljef], auch [-ljɛf] n.1 oder 9) → **Hochrelief** [frz. hautrelief, < haut (< lat. altus) „hoch" und Relief]

Haut-Sau|ternes ⟨[o:sotɛrn] m., -, nur Sg.⟩ Weinsorte, ein weißer Bordeaux [nach der frz. Stadt Sauternes]

Haut|sinn ⟨m.1⟩ Empfindung, die durch Sinneszellen in der Haut vermittelt wird und dem Organismus Aufschluß über seine unmittelbare Umgebung gibt

Häu|tung ⟨f.10⟩ Abstoßen und Erneuern der äußersten Schicht der Haut

Haut|wolf ⟨m., -(e)s, nur Sg.⟩ Wundwerden der Haut durch Aneinanderreiben zweier Hautflächen (bes. bei Fettleibigen, z. B. an der Oberschenkelinnenseite); Syn. Intertrigo

Hau|werk ⟨n., -(e)s, nur Sg.⟩ → **Haufwerk**

Ha|van|na ⟨f.9⟩ Zigarre aus Havannatabak [nach Havanna, der Hauptstadt von Kuba]

Ha|van|na|ta|bak ⟨m.1⟩ eine feine kubanische Tabaksorte

Ha|va|rie ⟨[-va-] f.11⟩ **1** Unfall, Bruch (eines Schiffes oder seiner Ladung, eines Flugzeugs) **2** ⟨österr.⟩ kleiner Unfall (eines Kraftfahrzeugs); H. erleiden [über frz. avarie, ital. avaria „Schaden an Schiff oder Ladung", < arab. ʿawārīya „(durch Meerwasser) beschädigte Waren", zu awār „Schaden, Fehler"]

ha|va|riert ⟨Adj., o.Steig.; nur als Attr. und mit „sein"⟩ durch Havarie beschädigt

Ha|va|rist ⟨m.10⟩ Eigentümer eines havarierten Schiffes

Ha|ve|lock ⟨[-və-] m.9⟩ Herrenmantel mit bis zum Ellenbogen reichendem Schulterkragen [nach dem engl. General Sir Henry Havelock]

Ha|ve|rei ⟨[-və-] f.10⟩ Unfallschäden und -kosten (eines Schiffes oder Flugzeugs) [zu Havarie]

Ha|wai|ia|ner ⟨m.5⟩ Bewohner von Hawaii

ha|wai|ia|nisch ⟨Adj.⟩ → **hawaiisch**

Ha|wai|i-Gi|tar|re, Ha|waii|gi|tar|re ⟨f.11⟩ meist mit elektrischem Verstärker versehene Gitarre mit Stahlsaiten und charakteristischem Glissando und Vibrato

ha|wai|isch ⟨Adj., o.Steig.⟩ Hawaii betreffend, zu ihm gehörig, aus ihm stammend; auch: hawaiianisch

Ha|xe ⟨f.11; bes. bayr.-österr.⟩ auch: Hachse, Hechse **1** unterer Teil des Beines (von Schwein und Kalb; als Gericht) **2** ⟨scherzh.⟩ Bein

Ha|zi|en|da ⟨[-s-], eigtl. [-ð-] f.9⟩ Farm, Landgut in Mittel- und Südamerika [< span. hacienda = lat. facienda „Dinge, die getan werden müssen", zu facere „tun"]

Hb ⟨Abk. für⟩ Hämoglobin

HB ⟨Abk. für⟩ Brinellhärte

H. B. ⟨Abk. für⟩ Helvetisches Bekenntnis

Hbf. ⟨Abk. für⟩ Hauptbahnhof

H-Bom|be ⟨[ha-] f.11; ugs.⟩ Kernwaffe, die durch Kernverschmelzung von Wasserstoff zu Helium funktioniert [nach dem Zeichen für Wasserstoff, H]

h.c. ⟨Abk. für⟩ honoris causa: Ehren halber; Dr. h. c. [lat.]

H-Dur ⟨n., -, nur Sg.; Mus.⟩ auf dem Grundton H aufbauende Dur-Tonart

He ⟨Zeichen für⟩ Helium

h.e. ⟨Abk. für⟩ hoc est: dies ist [lat.]

Head|line ⟨[hɛdlain] f.9⟩ fettgedruckte Überschrift, Schlagzeile [< engl. head „Kopf" und line „Zeile, Linie"]

Hea|ring ⟨[hi-] n.9⟩ → **Anhörung** [engl., „das Hören, Anhören"]

Hea|vi|side|schicht ⟨[hɛvisaid-] f., -, nur Sg.⟩ elektrisch leitende Schicht der Atmosphäre [nach dem engl. Physiker Oliver Heaviside]

Heb|am|me ⟨f.11⟩ Frau, die berufsmäßig Schwangere berät, Geburtshilfe leistet und Wöchnerinnen betreut [< ahd. hefihanna, heuinna, heuamme „Geburtshelferin", weitere Herkunft nicht erklärt; unter Anlehnung an Amme umgedeutet]

Heb|do|ma|dar ⟨m.1; †⟩ Geistlicher oder Lehrer, der für eine Woche Dienst hat [< griech. hebdomas „Siebenzahl", zu hepta „sieben"]

He|be|baum ⟨m.2⟩ lange Stange zum Bewegen von schweren Lasten durch Hebelwirkung

He|be|bock ⟨m.2⟩ windenartige Vorrichtung auf Laufrollen zum teilweisen Anheben eines Kraftfahrzeugs

He|be|büh|ne ⟨f.11⟩ hydraulisch bewegte Plattform, mit der sich schwere Gegenstände heben lassen (z. B. für Reparaturen an Kraftfahrzeugen)

He|bel ⟨m.5⟩ **1** ein um eine Achse drehbarer, stangenförmiger Körper, mit dem eine Kraft auf eine Last einwirkt **2** stangenförmiger Griff (z. B. an einem Automaten) **3** ⟨Schwerathletik; kurz für⟩ Hebelgriff (Nacken~)

He|bel|arm ⟨m.1⟩ Teil eines Hebels (1) zwischen dem Drehpunkt und dem Punkt, an dem die Kraft ansetzt

He|bel|griff ⟨m.1; Judo und Ringen⟩ Griff, bei dem der Körper oder ein Körperteil als Hebel (1) eingesetzt wird; auch: ⟨kurz⟩ Hebel

he|beln ⟨V.1, hat gehebelt; mit Akk.⟩ mit einem Hebel bewegen, lösen; einen Bolzen aus dem Holz h.

he|ben ⟨V.64, hat gehoben⟩ **I** ⟨mit Akk.⟩ **1** nach oben bewegen, in die Höhe bewegen; die Arme h.; ein Kind auf einen Stuhl h.; einen h. ⟨ugs.⟩ einen Schnaps trinken; vgl. gehoben **2** ans Tageslicht befördern, aus der Tiefe holen; einen Schatz h.; ein gesunkenes Schiff h. **3** steigern, fördern; den Lebensstandard h.; seine Rede hob die Stimmung der Anwesenden nicht mehr; eine andere Standort würde die Wirkung der Statue h. **4** ⟨ugs.⟩ zum Erbrechen reizen; der Geruch hebt mich; mich hebt's, wenn ich nur daran denke mir wird schlecht, wenn ... **5** ⟨schwäb.⟩ halten; heb mir mal das Tablett! **II** ⟨refl.⟩ sich h. sich nach oben bewegen, steigen; der Vorhang hob sich; die Kabine der Seilbahn hob sich; seine Stimmung hob sich wieder, als er das hörte **III** ⟨o.Obj.; schwäb.⟩ halten, haften, kleben; die gekittete Kanne hebt jetzt; der Leim hebt nicht

He|be|phre|nie ⟨f.11⟩ Vorform der Schizophrenie; Syn. Jugendirresein [< griech. hebe „Jugend" und ...phrenie]

He|ber ⟨m.5⟩ **1** Gerät zum Entnehmen von Flüssigkeiten aus Behältern (mit einer Glasröhre, in der die eingesaugte Flüssigkeit durch Schließen der oberen Öffnung festgehalten wird) **2** ⟨kurz für⟩ → **Gewichtheber**

He|be|zeug ⟨n.1⟩ Gerät zum Heben und Schwenken von Lasten (z. B. Flaschenzug, Kran, Winde)

He|brä|er ⟨m.5⟩ **1** ⟨im AT⟩ Angehöriger eines Volkes in Palästina **2** Israelit, Jude

He|brai|ka ⟨nur Pl.⟩ Bücher, Bilder, Dokumente usw. über die hebräische Geschichte und Kultur

He|brai|kum ⟨n., -s, nur Sg.⟩ Prüfung, in der (z. B. von Theologiestudenten) Kenntnisse des Hebräischen nachgewiesen werden müssen; auch: Hebraicum

he|brä|isch ⟨Adj., o.Steig.⟩ die Hebräer betreffend, zu ihnen gehörig, von ihnen stammend; ~e Sprache eine semitische Sprache

He|brai|ist ⟨m.10⟩ Wissenschaftler auf dem Gebiet der Hebraistik

He|brai|stik ⟨f., -; nur Sg.⟩ Wissenschaft von der hebräischen Sprache und Kultur (bes. im AT)

He|bung ⟨f.10⟩ Ggs. Senkung **1** betonte Silbe (im Vers); Syn. Thesis **2** das Heben, das Zutagefördern; die H. eines Schiffes, eines Schatzes **3** ⟨nur Sg.⟩ Steigerung, Vermehrung; eine allgemeine H. des Wohlstandes; zur H. der Arbeitsfreude **4** ⟨Geol.⟩ das Aufsteigen von Teilen der Erdkruste; vulkanische H.

He|chel ⟨f.11⟩ kammartiges Nagelbrett, das die Faserbänder des Flachses aufteilt

he|cheln[1] ⟨V.1, hat gehechelt⟩ o.Obj.⟩ schnell und heftig, mit offenem Maul atmen; der Hund hechelt

he|cheln[2] ⟨V.1, hat gehechelt⟩ **I** ⟨mit Akk.⟩ Flachs h. mit der Hechel die spinnbaren Fasern von Werg trennen **II** ⟨o.Obj.⟩ (spöttisch, tadelnd) über andere reden [eigtl. „durch die Hechel ziehen"]

Hech|se ⟨[hɛk-] f.11⟩ → **Haxe**

Hecht ⟨m.1⟩ **1** grünlich gezeichneter Süßwasserraubfisch mit großem Kopf und tief gespaltenem Maul; er ist dort H. im Karpfenteich ⟨übertr.⟩ er wirkt dort in dieser etwas langweiligen Gesellschaft anregend, stimulierend **2** ⟨übertr., ugs.⟩ Mann, der bewundert wird, aber auch ein wenig anrüchig ist; (meist in der Wendung) ein toller H. **3** ⟨kurz für⟩ → **Hechtsprung** **4** ⟨übertr., ugs.⟩ verbrauchte, stickige Luft, ⟨bes.⟩ Tabakqualm; hier ist aber ein H.

Hecht|dorsch ⟨m.1⟩ → **Seehecht**

hech|ten ⟨V.2, ist gehechtet; o.Obj.⟩ mit Hechtsprung springen; ins Wasser h.; der Torwart hechtete nach dem Ball

Hecht|rol|le ⟨f.11⟩ gehechtete Rolle vorwärts

Hecht|sprung ⟨m.2⟩ auch: ⟨kurz⟩ Hecht **1** ⟨Geräteturnen⟩ Sprung mit gestrecktem Körper über ein Turngerät **2** Kopfsprung mit beim Abspringen stark im Hüftgelenk gebeugtem Körper

Hecht|sup|pe ⟨f.; ugs.; nur in der Wendung⟩ es zieht wie H. hier herrscht ein starker Luftzug [< jidd. hech supha „Sturmwind"]

Heck ⟨n.9 oder n.1⟩ **1** hinteres Ende eines Fahrzeugs (beim Schiff, Flugzeug, Kraftfahrzeug) **2** ⟨n.1; niedersächs.⟩ **a** Koppel **b** Gattertür [nddt., zu Hecke]

Hecke ⟨-k·k-; f.11⟩ (angepflanzte) Reihe von Sträuchern, die mauerartig ineinander verwachsen sind

hecken ⟨-k·k-; V.1, hat gehöckt; o.Obj.⟩ **1** Junge zur Welt bringen (von Mäusen, Vögeln und anderen kleinen Tieren) **2** sich vermehren; die Sparpfennige h.

Hecken|brau|nel|le ⟨-k·k-; f.11⟩ (häufig in Fichtenschonungen vorkommender) Singvogel mit bleigrauer Kehle

Hecken|kir|sche ⟨-k·k-; f.11⟩ ein Geißblattgewächs mit eiförmigen Blättern und roten Beeren

Hecken|ro|se ⟨-k·k-; f.11⟩ Wildrose, die an Waldrändern und in Gebüschen dichtes Gestrüpp bildet; Syn. Hundsrose

Hecken|sche|re ⟨-k·k-; f.11⟩ große Gartenschere zum Beschneiden von Hecken

Hecken|schüt|ze ⟨-k·k-; m.11⟩ jmd., der aus einem Hinterhalt schießt

Heck|la|der ⟨m.5; Landw.⟩ an das Heck eines Traktors anzubauendes, nach hinten arbeitendes Ladegerät

Heck|meck ⟨m., -s, nur Sg.; ugs.⟩ unnötiges Gerede, Getue; mach nicht solchen H.!

Heck|mo|tor ⟨m.13⟩ im Heck eines Kraftfahrzeugs hinter oder vor der angetriebenen Achse angebrachter Motor

Heck|pfen|nig ⟨m.1⟩ Münze, die angeblich immer neue Münzen erzeugt und deswegen nicht ausgegeben werden soll, Glückspfennig [zu hecken]

He|de ⟨f.11; nddt.⟩ → **Werg**

he|den ⟨Adj., o.Steig.; nur als Attr. und mit „sein"⟩ aus Hede

He|de|rich ⟨m.1⟩ auf Äckern vorkommender, gelb blühender Kreuzblütler

He|do|ni|ker ⟨m.5⟩ Anhänger des Hedonismus

He|do|nis|mus ⟨m., -, nur Sg.⟩ altgriechische Lehre, daß der Genuß Sinn und Ziel des menschlichen Handelns sei [< griech. hedone „Vergnügen, Lust, Begierde, Sinnenlust", zu *hedys* ,,angenehm, süß, erquickend, behaglich"]

He|dschra ⟨f., -, nur Sg.⟩ *Übersiedlung Mohammeds von Mekka nach Medina im Jahr 622 (Beginn der islamischen Zeitrechnung)*

Heer ⟨n.1⟩ **1** *Gesamtheit der Landstreitkräfte (eines Staates)* **2** *große Anzahl*; ein H. von Touristen

Heer|bann ⟨m.1; bis ins MA⟩ **1** *Recht des Königs, das Heer aufzubieten* **2** *Aufgebot des Königs zum Kriegsdienst* **3** *das königliche Kriegsheer selbst*

Hee|res|be|richt ⟨m.1⟩ *Bericht der Heeresleitung über die Vorgänge auf einem Kriegsschauplatz*

Hee|res|grup|pe ⟨f.11⟩ *Großverband von Landstreitkräften, in dem mehrere Armeen oder Armeegruppen zusammengefaßt sind*

Hee|res|zug ⟨m.2⟩ → *Heerzug (2)*

Heer|schar ⟨f., -, nur Sg.⟩ *sehr große Anzahl*; die himmlischen ~en; ganze ~en wanderten zum Stadion

Heer|schau ⟨f., -, nur Sg.; veraltend⟩ *feierliche Truppenparade*

Heer|we|sen ⟨n., -s, nur Sg.⟩ *Gesamtheit der zu den Streitkräften, besonders zu den Landstreitkräften, gehörenden Aufgaben, Sachgebiete und Einrichtungen*

Heer|wurm ⟨m., -(e)s, nur Sg.⟩ **1** ⟨†⟩ *Marschkolonne einer sehr großen Anzahl Soldaten* **2** ⟨übertr.⟩ *in dichten, wurmförmigen Kolonnen wandernde Trauermücken*

Heer|zug ⟨m.2⟩ **1** *ziehendes Heer* **2** *Feld-, Kriegszug*; auch: *Heereszug*

He|fe ⟨f.11⟩ **1** *Stoff, der aus mikroskopisch kleinen Schlauchpilzen besteht (und u. a. als Treibmittel zur Teiglockerung oder zur Eiweißgewinnung dient)*; Syn. ⟨österr.⟩ Germ, ⟨nddt.⟩ Gest **2** *der Schlauchpilz selbst* [zu *heben*]

He|fe|teig ⟨m.1⟩, **He|fen|teig** ⟨m.1; landsch.⟩ *mit Bäckerhefe hergestellter Teig*

he|fig ⟨Adj.⟩ *Hefe enthaltend, mit Hefe versetzt, nach Hefe schmeckend*; ~es Weißbier

Hef|ner|ker|ze ⟨f.11; bis 1941; Zeichen: HK⟩ *Einheit der Lichtstärke* [nach dem Elektrotechniker Friedrich von *Hefner*-Alteneck]

Heft[1] ⟨n.1⟩ **1** *gefalzter Bogen oder einzelne Blätter, die mit Fäden, Heftklammern oder durch Klebebindung zusammengefügt sind* (Schul~, Noten~) **2** *einzelnes Exemplar (einer Zeitschrift)* [zu *heften*]

Heft[2] ⟨n.1⟩ *Handgriff (einer Stichwaffe)*; das H. aus der Hand geben ⟨übertr.⟩ *die Führung abgeben* [zu *heben*]

Hef|tel ⟨n.14; ostmdt.⟩ → *Haftel*

Hef|tel|ma|cher ⟨m.⟩ → *Haftelmacher*

hef|teln ⟨V.1, hat geheftelt; mit Akk.⟩ *mit Hefteln befestigen*

hef|ten ⟨V.2, hat geheftet⟩ **I** ⟨mit Akk.⟩ **1** *mit großen Stichen vorläufig befestigen*; eine Naht, einen Saum h. **2** *mit Fäden oder Draht zum Buchblock vereinigen*; Druckbogen h.; das Buch ist noch ungeheftet **3** *mit Reißzwecken, Nadeln o. ä. befestigen*; einen Zettel an die Tür h. **II** ⟨refl.; nur in Wendungen wie⟩ ihre Augen, Blicke hefteten sich auf ihn *sie sah ihn scharf, fest an*; sich an jmds. Sohlen h. *jmdn. in geringem Abstand verfolgen*

hef|tig ⟨Adj.⟩ **1** *mit großer Kraft, ungestüm, stark, kräftig, wild*; ein ~er Sturm; ~e Kopfschmerzen; ein ~er Aufprall **2** *mit viel Gefühlsbeteiligung, leidenschaftlich*; eine ~e Abneigung gegen etwas haben; sich h. verlieben **3** *jähzornig, unbeherrscht*; schnell h. werden; jmdm. etwas h. entgegnen; er ist sehr h.

Hef|tig|keit ⟨f., -, nur Sg.⟩ **1** *heftige Beschaffenheit*; die H. des Sturms ließ nach **2** *heftige Wesensart*

Heft|pfla|ster ⟨n.5⟩ *einseitig mit Zinkoxid-Kautschuk bestrichener Baumwollstreifen mit einer Mullschicht auf der der Haut zugewandten Seite (als Schnellverband)*

Heft|zwe|cke ⟨-k|k-; f.11⟩ → *Reißzwecke*

He|ge ⟨f., -, nur Sg.⟩ *Pflege und Schutz (des Wildes, auch von forstlichen Anpflanzungen)*

He|ge|lia|ner ⟨m.5⟩ *Anhänger der Lehre Hegels oder einer der philosophischen Richtungen, die auf Hegel aufbauen* (Links~, Rechts~, Neu~)

He|ge|mo|nie ⟨f.11⟩ *Vorherrschaft, Vormachtstellung* [< griech. *hegemonia* ,,Führung, Vormacht", zu *hegemon* ,,Führer, Leiter, Wegweiser"]

he|ge|mo|nisch ⟨Adj., o.Steig.⟩ *die Hegemonie besitzend, auf Hegemonie beruhend*

he|gen ⟨V.1, hat gehegt; mit Akk.⟩ **1** *pflegen, schützen, bewahren*; Wild, Pflanzen, den Wald h.; jmdn., ein Tier, eine Pflanze h. und pflegen **2** *im Innern verspüren, empfinden*; Argwohn, Mißtrauen gegen jmdn. h.; ich hege keinen Groll gegen ihn

He|ge|ring ⟨m.1⟩ *kleinster Jagdbezirk*

He|ge|zeit ⟨f.10; veraltend⟩ → *Schonzeit*

Hehl ⟨n., auch m., -s, nur Sg.⟩ *das Verbergen, Verheimlichen* ⟨nur in bestimmten Wendungen⟩ jmdm. etwas ohne H. anvertrauen *ohne etwas zu verheimlichen*; kein ⟨oder⟩ keinen H. aus etwas machen *etwas offen zugeben, etwas nicht leugnen*

heh|len ⟨V.1, hat gehehlt; mit Akk.; †⟩ *verbergen, verstecken*; Diebesgut h.; ⟨heute nur noch in der Wendung⟩ Hehlen ist schlimmer als Stehlen

Heh|ler ⟨m.5⟩ *jmd., der Hehlerei begeht*

Heh|le|rei ⟨f., -; nur Sg.; poet.⟩ *Straftat, bei der jmd. eine Sache, die ein anderer gestohlen hat, sich oder einem Dritten verschafft*

hehr ⟨Adj., o.Steig.; poet.⟩ *erhaben, ehrfurchtgebietend*; ein ~er Augenblick

Heia ⟨f.9; Kinderspr.⟩ *Bett*; in die H. gehen

Hei|de[1] ⟨m.11⟩ *jmd., der nicht an die Existenz eines einzigen Gottes glaubt, der weder Christ noch Jude noch Moslem ist*

Hei|de[2] ⟨f.11⟩ **1** *(meist) baumlose, bes. durch Zwergsträucher gekennzeichnete Landschaftsform* **2** ⟨nur Sg.; kurz für⟩ → *Heidekraut*

Hei|de|kraut ⟨n.4⟩ *(bes. auf Heiden und Hochmooren verbreiteter) immergrüner Zwergstrauch*; auch: *Heide*

Hei|del|bee|re ⟨f.11⟩ **1** *niedriger, sommergrüner Halbstrauch mit kantigem Stengel und kleinen Blättern* **2** *dessen violettschwarze, oberseits abgeflachte Frucht*; Syn. Blaubeere, Bickbeere, Schwarzbeere [zu *Heide*[2]]

Hei|der|ler|che ⟨f.11⟩ *(u. a. in sandigen Heiden vorkommende) in der schwarzen Flügelbug gekennzeichnete Lerche mit bes. abwechslungsreichem Gesang*

Hei|den... ⟨in Zus.; ugs.⟩ *sehr viel, sehr groß*, z. B. Heidenangst, Heidenspaß, Heidenschreck

Hei|den|christ ⟨m.10; im frühen Christentum⟩ *Christ nichtjüdischer Herkunft*

Hei|den|mis|si|on ⟨f.10⟩ *Bekehrung von Heiden, Verbreitung des Christentums bei heidnischen Völkern*

Hei|den|rös|chen ⟨n.7⟩ → *Heideröschen*

Hei|den|tum ⟨n., -s, nur Sg.⟩ **1** *Zustand der Nichtzugehörigkeit zur christlichen Religion*; das H. in Afrika **2** *Gesamtheit der Heiden*

Hei|de|rös|chen ⟨n.7⟩ *als niedriger Halbstrauch wachsendes Zistrosengewächs mit kleinen, gelben Blüten und nadelförmigen Blättern*; auch: *Heidenröschen*

hei|di! ⟨Int.; ugs.⟩ **1** *schnell, lustig*; und h., ging's die Straße hinunter **2** *verloren, dahin*; das Geld ist h., ist h. gegangen

Heid|jer ⟨m.5⟩ *Bewohner der (Lüneburger) Heide*

heid|nisch ⟨Adj., o.Steig.⟩ *Heiden betreffend, von Heiden kommend, für Heiden charakteristisch*; ~e Religionen

Heid|schnu|cke ⟨-k|k-; f.11⟩ *kleine Schafrasse mit langem, grauweißem Fell und Hörnern*; auch: ⟨kurz⟩ *Schnucke* [zu *Heide* (das

Tier wird in der Lüneburger Heide gezüchtet) und *Schnucke* ,,kleine Schafrasse"; diese Bezeichnung ist wohl lautmalend: norddt. *schnuckern* ,,schluchzen", lüneburg. *nuckern* ,,blöken"]

Hei|duck ⟨m.1⟩ → *Haiduck*

Hei|er|mann ⟨m.4; landsch.⟩ *Fünfmarkstück*

hei|kel ⟨Adj., heikler, am heikelsten⟩ **1** *peinlich, unangenehm*; eine heikle Geschichte, Angelegenheit **2** *schwierig, schwer zu lösen*; eine heikle Frage **3** ⟨süddt., österr.⟩ *wählerisch, was Essen und Trinken betrifft*; er ist sehr h. **4** *schwer zufriedenzustellen*; in Fragen des Geschmacks ist er sehr h. sein

heil ⟨Adj., o.Steig.⟩ **1** *gesund, unbeschädigt, ganz*; mit ~en Knochen vom Schiurlaub heimkommen; der Finger ist wieder h. geblieben; die ~e Welt Welt mit angeblich intakten menschlichen Beziehungen und Verhaltensweisen; einen Gegenstand wieder h. machen **2** *unverletzt, ungestraft*; h. davonkommen; aus etwas h. herauskommen

Heil ⟨n., -(e)s, nur Sg.⟩ **1** *Erlösung von Sünden und ewige Seligkeit*; das ewige H.; zum H. bestimmt sein **2** *das Ersehnte, das Erwünschte, Wohl, Glück*; sein H. in der Flucht, im Alkohol suchen; das H. der Welt; sein H. versuchen **3** ⟨ehrerbietige Grußformel⟩ H. Caesar!; H. und Segen diesem Haus!

Hei|land ⟨m.1⟩ **1** *Erlöser, Retter*; ein H. in der Not **2** ⟨nur Sg.; Beiname für⟩ *Jesus Christus*

Heil|an|stalt ⟨f.10⟩ *Einrichtung für länger dauernde Behandlung von Kranken, die nicht in allgemeine Krankenhäuser aufgenommen werden können*

Heil|an|zei|ge ⟨f.11⟩ → *Indikation*

Heil|bad ⟨n.4⟩ *Ort mit natürlichen Heilquellen (und/oder Heilschlamm- und Moorvorkommen)*

heil|brin|gend ⟨Adj., o.Steig.⟩ **1** *ewiges, göttliches Heil vermittelnd*; das ~e Wort **2** *Heilung, Gesundheit bewirkend*; ~e Kräuter

Heil|butt ⟨m.1⟩ *großer, grauer Plattfisch*

hei|len ⟨V.1⟩ **I** ⟨hat geheilt; mit Akk.⟩ *gesund machen*; einen Kranken h.; jmdn. von einer Krankheit, einem Laster h.; jmdn. von einer Krankheit, einem Laster befreien; ich bin endgültig geheilt ⟨übertr.⟩ *das tue ich nie wieder, ich habe aus meiner schlechten Erfahrung gelernt*; von dieser Illusion bin ich geheilt *von dieser Illusion bin ich befreit, ich glaube nicht mehr an sie* **II** ⟨ist geheilt; o.Obj.⟩ *gesund werden, wieder heil werden*; die Wunde heilt gut, schlecht; das Bein ist geheilt

Heil|er|de ⟨f., -, nur Sg.⟩ *in der Naturheilkunde innerlich und äußerlich verwendeter gereinigter, Mineralien enthaltender Ton oder Lehm*

Heil|er|zie|hung ⟨f., -, nur Sg.⟩ *Behandlung und Betreuung mißgebildeter, entwicklungs- und umweltgestörter Kinder und Jugendlicher*

Heil|fie|ber ⟨n., -s, nur Sg.⟩ *künstlich erzeugtes Fieber, das den Körper zu eigenen Abwehrmaßnahmen anregen soll*

heil|froh ⟨Adj., o.Steig.; ugs.⟩ *erleichtert, sehr froh*; ich bin h., den Zug noch erreicht zu haben

Heil|gym|na|stik ⟨f., -, nur Sg.⟩ → *Krankengymnastik*

hei|lig ⟨Adj.⟩ **1** *in einer besonderen Beziehung zum Göttlichen stehend*; die Heilige Abend *Abend vor dem 1. Weihnachtsfeiertag*; das ~e Abendmahl *Meßfeier*; die Heilige Dreifaltigkeit *Einheit von Gottvater, Gottsohn und dem Heiligen Geist*; drei ~e Eide schwören, daß ... ⟨ugs.⟩ *eifrig beteuern, daß ...*; die Heilige Familie *Maria, Joseph und das Jesuskind*; das Heilige Grab *Grab Jesu in Jerusalem*; die Heilige Jungfrau *Mutter Jesu, Maria*; ~e Kuh *von den Hindus verehrte Kuh*; die Heiligen Drei Könige *drei Könige*

Heiligabend

aus dem Morgenland, die Jesus im Stall von Bethlehem besucht haben sollen; der Heilige Krieg *(der Muslime);* das Heilige Land *Palästina;* die ~e Messe *Meßfeier in der katholischen Kirche;* die Heilige Nacht *Nacht vom 24. zum 25. Dezember;* das Heilige Römische Reich Deutscher Nation ⟨*962–1806 Bez. für*⟩ *Deutsches Reich;* die Heilige Schrift *die Bibel;* die Heilige Stadt *Jerusalem;* die heiligen Stätten *Orte in Jerusalem, an denen Jesus sich aufgehalten hat, oder Orte, an denen Kulthandlungen stattfinden;* der Heilige Stuhl *Sitz und Regierung des Papstes, Vatikanstadt;* Syn. Apostolischer Stuhl; der Heilige Vater *der Papst;* die ~e Woche *die Karwoche* **2** *so beschaffen, daß man sehr ernst vor Ehrfurcht sein muß;* ein ~er Donnerwetter *laut starke Zurechtweisung;* mit ~em Eifer *mit großem, ernstem Eifer; es ist meine ~e Pflicht ich fühle mich unbedingt dazu verpflichtet;* ~e Scheu *Ehrfurcht;* ~e Stille *ehrfurchtgebietende Stille; etwas hoch und h. versprechen, versichern ganz fest versprechen, versichern* **3** *in der Art eines Heiligen, fromm;* ein ~es Leben führen; ein ~er Mann **4** ⟨ugs.; in Ausrufen des Erstaunens oder Ärgers⟩ ~er Bimbam!; ~er Himmel!; ~er Strohsack!

Hei|lig|abend ⟨m., -s, nur Sg.⟩ *Abend vor dem ersten Weihnachtsfeiertag;* am, an, zum H.
Hei|li|ge|drei|kö|nigs|fest ⟨n.16⟩ → *Heiligedreikönigstag*
Hei|li|ge|drei|kö|nigs|tag ⟨m.16⟩ *Festtag der Heiligen Drei Könige am 6. Januar;* Syn. Heiligedreikönigsfest; auch: Heiligerdreikönigstag
hei|li|gen ⟨V.1, hat geheiligt; mit Akk.⟩ *heilighalten, vor Entweihung, Entwürdigung bewahren;* den Feiertag h.; den Namen Gottes h.; eine geheiligte Tradition *eine Tradition, die nicht verletzt, nicht aufgegeben werden darf*
Hei|li|gen|schein ⟨m.1⟩ *Lichtkranz (um den Kopf eines Heiligen oder einer göttlichen Person);* jmdn. mit einem H. versehen, umgeben ⟨übertr., ugs.⟩ *jmdn. besser darstellen, als er in Wirklichkeit ist;* seinen H. verlieren *seinen übertrieben guten Ruf verlieren*
Hei|li|ge(r) ⟨m., f.17 oder 18⟩ **1** *von der katholischen Kirche heiliggesprochener Verstorbener, dessen Lebensführung eine besondere Nähe zu Gott vermuten läßt und der verehrt und um Hilfe angerufen werden darf;* bei allen Heiligen! ⟨*Ausruf der Verwunderung*⟩ **2** ⟨übertr., ugs.⟩ *Mensch (der in seiner Art vom Üblichen abweicht); ein komischer, seltsamer H.*
Hei|li|ger|drei|kö|nigs|tag ⟨m.16⟩ → *Heiligedreikönigstag*
hei|lig|hal|ten ⟨V.61, hat heiliggehalten; mit Akk.⟩ **1** *als heilig achten, als Heiliges behandeln* **2** ⟨übertr.⟩ *sehr achten und in acht nehmen;* jmds. Andenken h.
Hei|lig|keit ⟨f., -, nur Sg.⟩ **1** ⟨Titel und Anrede für den Papst⟩ Seine, Eure H. **2** *Zustand des Heiligseins;* die H. seines Lebens **3** *Unantastbarkeit;* die H. des Eigentums
hei|lig|spre|chen ⟨V.146, hat heiliggesprochen; mit Akk.⟩ *kath. Kirche zum Heiligen erklären;* vgl. seligsprechen **Hei|lig|spre|chung** ⟨f.10⟩
Hei|lig|tum ⟨n.4⟩ **1** *Ort der Verehrung (eines Gottes oder Heiligen);* das H. des Zeus; die Heiligtümer der Christenheit **2** ⟨iron.⟩ *Gegenstand, der besonders verehrt wird;* sein Auto ist sein H.
Hei|li|gung ⟨f., -, nur Sg.⟩ *das Heiligen*
Heil|kli|ma ⟨n., -s, -mata⟩ *Klima, das zur Heilung einer Krankheit beiträgt (z.B. salzhaltige Luft)*
heil|kli|ma|tisch ⟨Adj., o.Steig.⟩ *in einem Heilklima gelegen;* ~er Kurort
Heil|kraut ⟨n.4⟩ → *Heilpflanze*
Heil|kun|de ⟨f., -, nur Sg.⟩ → *Medizin (1)*

heil|kun|dig ⟨Adj., o.Steig.⟩ *Kenntnisse auf dem Gebiet der Heilkunde besitzend (ohne wissenschaftlich ausgebildet zu sein);* eine ~e Bäuerin
Heil|kun|di|ge(r) ⟨m., f.17 oder 18⟩ *jmd., der heilkundig ist*
heil|los ⟨Adj.⟩ **1** ⟨†⟩ *ohne Hoffnung auf das göttliche Heil, verabscheuungswürdig;* ein ~er Mensch; eine ~e Tat **2** ⟨ugs.⟩ *sehr groß, schwer zu ertragen;* ein ~er Lärm; eine ~e Dummheit **3** *ungeordnet, überstürzt;* in ~er Flucht
Heil|mit|tel ⟨n.5⟩ *etwas (Stoff, Maßnahme oder Verfahren), das der Besserung oder Heilung von Krankheiten dient*
Heil|päd|ago|ge ⟨m.11⟩ *jmd., der berufsmäßig in der Heilerziehung tätig ist*
Heil|pflan|ze ⟨f.11⟩ *Pflanze, die wegen ihres hohen Wirkstoffgehaltes zur Bereitung von heilenden Mitteln und Arzneien dient;* Syn. Heilkraut
Heil|prak|ti|ker ⟨m.5⟩ *jmd., der die Heilkunde als Beruf ausübt, ohne Hochschulausbildung und Approbation zu besitzen*
Heil|quel|le ⟨f.11⟩ *aufgrund von gelösten Mineralstoffen und/oder einer höheren Wassertemperatur verschiedenen Heilzwecken dienende Quelle*
heil|sam ⟨Adj.⟩ **1** ⟨†⟩ *der Heilung förderlich;* eine ~e Salbe **2** *nutzbringend;* eine ~e Lehre
Heils|ar|mee ⟨f., -, nur Sg.⟩ *1878 gegründete, militärisch organisierte christliche Vereinigung zur engagierten Sozialarbeit für Trinker und Obdachlose*
Heils|bot|schaft ⟨f.10⟩ *Lehre von der Erlösung der Welt, Evangelium;* Syn. Heilslehre
Heil|schlaf ⟨m., -(e)s, nur Sg.⟩ *künstlich herbeigeführter Dauerschlaf zur Behandlung von Krankheiten, die durch Reizüberflutung verursacht worden sind*
Heils|ge|schich|te ⟨f., -, nur Sg.; im Verständnis der christlichen Lehre⟩ *Geschichte als andauerndes Wirken Gottes*
Heils|leh|re ⟨f.11⟩ → *Heilsbotschaft*
Heils|ord|nung ⟨f., -, nur Sg.; nach christl. Lehre⟩ *dem Menschen von Gott zu seiner Erlösung vorgegebener Heilsweg;* die göttliche H.
Heil|stät|te ⟨f.11⟩ **1** *in einer Gegend mit Heilklima liegendes Krankenhaus, das für lange Behandlung eingerichtet ist (bes. für an Tuberkulose Erkrankte)* **2** *Krankenhaus für Entziehungskuren (Trinker~)*
Hei|lung ⟨f.10⟩ **1** *das Heilen* **2** *das Geheiltwerden*
Heil|ver|fah|ren ⟨n.7⟩ *Maßnahme zur Wiederherstellung oder Erhaltung der Berufsfähigkeit (bes. ein Kuraufenthalt als Leistung der gesetzlichen Rentenversicherung)*
heim ⟨Adv.⟩ *nach Hause*
Heim ⟨n.1⟩ **1** *Wohnung, Zuhause;* ein schönes H. haben **2** *Einrichtung, die für die dauernde Betreuung und Unterkunft zahlreicher Menschen geeignet ist oder einem bestimmten Zweck dient* (Erholungs~, Alten~, Kinder~) **3** *Gebäude, in dem ein H. (2) untergebracht ist;* ein neues H. wird gebaut **4** *Gebäude oder Raum für regelmäßige Treffen* (Klub~, Freizeit~)
heim... ⟨in Zus.⟩ *nach Hause, z.B. heimbringen, heimeilen, heimfahren*
Heim|ar|beit ⟨f.10⟩ **1** *Erzeugung von Gütern in der eigenen Wohnung im Auftrag eines Unternehmers;* Syn. Hausgewerbe; einen Auftrag in H. erledigen **2** *freiwillige Arbeit in der eigenen Wohnung;* das habe ich in langer H. gebaut **3** *Erzeugnisse einer H.*
Hei|mat ⟨f.10⟩ **1** *Ort, Land oder Gegend, aus der jmd. oder etwas stammt;* meine H. ist Schwaben; die H. des Schnabeltiers **2** *Ort, Land oder Gegend, wo jmd. ständig lebt;* meine jetzige H. ist London
hei|mat|be|rech|tigt ⟨Adj., o.Steig.⟩ **1** *berechtigt, an einem bestimmten Ort zu wohnen* **2** ⟨schweiz.⟩ *das Bürgerrecht besitzend*
Hei|mat|dich|ter ⟨m.5⟩ *Schriftsteller, dessen Werk der Heimatdichtung zuzurechnen ist*
Hei|mat|dich|tung ⟨f.10⟩ *Dichtung, die besonders stark von Stammeseigenarten und heimatlicher Landschaft geprägt ist*
Hei|mat|film ⟨m.1⟩ *in ländlicher Umgebung spielender und die Merkmale einer Gegend bes. herausstellender Film*
Hei|mat|ha|fen ⟨m.8⟩ *Hafen, in dessen Schiffsregister ein Schiff eingetragen ist*
Hei|mat|klän|ge ⟨Pl.⟩ *Dialekt oder Lieder der Heimat*
Hei|mat|kun|de ⟨f., -, nur Sg.⟩ *Geschichte, Geologie und Biologie der engeren Heimat (als Unterrichtsfach in Grundschulen)*
Hei|mat|land ⟨n.4⟩ → *Vaterland*
hei|mat|lich ⟨Adj., o.Steig.⟩ *zur Heimat gehörig, aus der Heimat stammend, an die Heimat erinnernd;* die ~e Landschaft; diese Lieder berühren mich h.; ~e Klänge *Lieder oder Redeweise wie in der Heimat*
hei|mat|los ⟨Adj., o.Steig.⟩ *ohne Heimat*
Hei|mat|pfle|ge ⟨f., -, nur Sg.⟩ *Pflege des heimatlichen Brauchtums, Dialekts und der heimatlichen Landschaft;* Syn. Heimatschutz
Hei|mat|recht ⟨n., -(e)s, nur Sg.⟩ *Recht, sich an einem Ort niederzulassen*
Hei|mat|schutz ⟨m., -es, nur Sg.⟩ **1** *Schutz der Eigenart der Heimat;* Syn. Heimatpflege **2** ⟨österr.⟩ *Selbstschutzverband nach dem 1. Weltkrieg*
Hei|mat(s)|ort ⟨m.1⟩ **1** *Ort, an dem jmd. zu Hause ist* **2** ⟨schweiz.⟩ *Ort, für den jmd. das Bürgerrecht besitzt* **3** ⟨Seew.⟩ *Heimathafen*
Heim|bür|ge ⟨m.11; †⟩ *Dorfrichter, Schöffe*
Heim|bür|gin ⟨f.10⟩ *Frau, die einen Toten vor der Bestattung wäscht und kleidet;* Syn. Leichenfrau, Leichenwäscherin, Totenfrau
Heim|chen ⟨n.7⟩ **1** *in warmen Räumen lebende Grille* **2** ⟨übertr.⟩ *Frau, die übertrieben häuslich ist;* H. am Herd
hei|me|lig ⟨Adj.⟩ *so beschaffen, daß man sich zu Hause fühlt, anheimelnd;* ein ~es Kaminfeuer; hier ist es warm und h.
Hei|men ⟨n.7⟩, **Hei|met** ⟨n.1; schweiz.⟩ → *Bauernhof*
Heim|fall ⟨m.2⟩ **1** *Rückfall (eines Grundstückes) an den ursprünglichen Eigentümer* **2** *Rückfall (eines Grundstückes) an den Staat, wenn keine Erben vorhanden sind*
heim|fal|len ⟨V.33, ist heimgefallen; o.Obj.⟩ *wieder an den ursprünglichen Eigentümer (z.B. an den Staat oder (früher) an den Lehnsherrn) übergehen;* ein Grundstück, ein Land fällt heim
heim|fäl|lig ⟨Adj., o.Steig.; nur als Attr. oder mit „sein" oder „werden"⟩ *an den ursprünglichen Eigentümer übergehend;* ~e Grundstücke; das Land wird nach seinem Tode h. *das Land geht nach seinem Tode an den ursprünglichen Eigentümer, geht an den Staat über*
heim|füh|ren ⟨V.1, hat heimgeführt; mit Akk.⟩ **1** *nach Hause führen* **2** *in das künftige gemeinsame Heim führen, heiraten;* ein Mädchen (als Braut) h.
Heim|gang ⟨m., -es, nur Sg.; geh.⟩ *Tod;* wir bedauern den H. unseres Kollegen
heim|ho|len ⟨V.1, hat heimgeholt; mit Akk.⟩ *nach Hause holen;* Gott hat sie heimgeholt ⟨übertr.⟩ *Gott hat sie zu sich genommen, sie ist gestorben*
Heim|in|du|strie ⟨f.11⟩ *Industrie, die durch Heimarbeit Güter erzeugt*
hei|misch ⟨Adj., o.Steig.⟩ **1** *zur Heimat gehörig, einheimisch;* die ~en Singvögel; ~e Industrie **2** ⟨o.Steig.⟩ *zum eigenen Heim gehörig;* der ~e Garten **3** *wie daheim;* sich h. fühlen; ich bin in der neuen Wohnung schon ganz h. **4** *sehr bewandert auf einem bestimmten Wissensgebiet;* er ist h. im Werk Goethes
Heim|kehr ⟨f., -, nur Sg.⟩ *Rückkehr nach*

Hause oder ins eigene Land; Syn. ⟨poet.⟩ *Heimkunft*

Heim|keh|rer ⟨m.5⟩ jmd., der nach Hause oder in sein Heimatland zurückkehrt (Kriegs~, Urlaubs~)

Heim|kind ⟨n.3⟩ Kind, das in einem Heim untergebracht ist

Heim|ki|no ⟨n.9⟩ **1** Filmvorführung in der eigenen Wohnung; *wir machen heute H.* **2** ⟨ugs.⟩ *Fernsehen*

Heim|kunft ⟨f., -, nur Sg.; poet.⟩ → *Heimkehr*

heim|leuch|ten ⟨V.2, hat heimgeleuchtet; mit Dat.⟩ *h. jmdm. energisch die Meinung sagen, jmdn. energisch abweisen; dem werd ich h.!, dem hab ich heimgeleuchtet!* [eigtl. „jmdn. mit der Laterne nach Hause begleiten"]

heim|lich ⟨Adj.⟩ *so (beschaffen), daß andere nichts bemerken;* ein ~es Grinsen, Weinen; ein ~er Verehrer; etwas h. tun; h. etwas wegnehmen; h., still und leise unbemerkt, ohne Aufsehen zu erregen

heim|li|cher|wei|se ⟨Adv.⟩ *heimlich;* sich h. wegschleichen

heim|lich|feiß ⟨Adj.; schweiz.⟩ einen Besitz, eine Fähigkeit versteckend [zu feiß „feist"]

Heim|lich|keit ⟨f.10⟩ *etwas, was anderen verborgen ist;* mit jmdm. ~en haben; wir haben niemals ~en voreinander gehabt; in aller H. verschwinden *sich unbemerkt entfernen*

Heim|lich|tue|rei ⟨f., -, nur Sg.⟩ *das Heimlichtun, geheimnisvolles Getue*

heim|lich|tun ⟨V.167, hat heimlichgetan; o.Obj.⟩ *sich geheimnisvoll gebärden*

heim|los ⟨Adj., o.Steig.⟩ *ohne Heim, ohne Wohnung*

Heim|statt ⟨f., -, -stät|ten⟩ → *Heimstätte (1)*

Heim|stät|te ⟨f.11⟩ **1** *Ort dauernden Aufenthalts;* eine neue H. finden, suchen; Syn. *Heimstatt* **2** *Grundeigentum (Einfamilienhaus mit Garten und Landwirtschaft), das von staatlichen oder gemeinnützigen Institutionen an Kriegshinterbliebene, Vertriebene, kinderreiche Familien u.a. zu niedrigen Preisen abgegeben wird*

heim|su|chen ⟨V.1, hat heimgesucht; mit Akk.⟩ **1** *jmdn. h. jmdn. besuchen und ihm dadurch lästig fallen;* er sucht mich mindestens jede Woche zweimal heim **2** *jmdn. oder etwas h. (hart, schwer) treffen; das Haus wurde vom Blitz heimgesucht; sie wurden von einer schweren Krankheit heimgesucht*

Heim|su|chung ⟨f.10⟩ **1** *Begegnung, Besuch;* H. Mariä ⟨kath. Kirche⟩ *Gedenktag (der Begegnung der mit Jesu schwangeren Maria mit der mit Johannes dem Täufer schwangeren Elisabeth) am 31. Mai* **2** *Schicksalsschlag, große Plage (die als Prüfung Gottes verstanden wird);* diese Dürre ist eine H. Gottes

Heim|tücke ⟨-k|k-; f., -, nur Sg.⟩ *verborgene Boshaftigkeit, Hinterlist;* voller H. grinsen

Heim|tücker ⟨-k|k-; m.5⟩ *hinterlistiger, boshafter Mensch*

heim|tückisch ⟨-k|k-; Adj.⟩ *von verborgener Gefährlichkeit;* ein ~es Grinsen; eine ~e Krankheit

Heim|weg ⟨m., -(e)s, nur Sg.⟩ *Weg nach Hause;* auf dem H. sein

Heim|weh ⟨n., -s, nur Sg.⟩ *Sehnsucht nach daheim, nach der Heimat;* an H. leiden

Heim|wehr ⟨f.10; in Österr. 1919–1936⟩ *freiwilliger Selbstschutzverband*

Heim|werker ⟨m.5⟩ *jmd., der für sich selbst handwerkliche Arbeiten zu Hause ausführt*

Heim|we|sen ⟨n.7; schweiz.⟩ *Anwesen, Besitz*

heim|zah|len ⟨V.1, hat heimgezahlt; mit Dat. u. Akk.⟩ *jmdm. etwas h. jmdm. etwas vergelten, sich an jmdm. für etwas rächen;* ich werde ihm seine Lügen, seine Bosheit h.; ich werde es ihm mit gleicher Münze h. *ich werde ihm das gleiche antun, was er mir angetan hat*

heim|zu ⟨Adv.; ugs.⟩ *zum eigenen Heim hin, nach Hause*

Hein ⟨m.; nur in der Fügung⟩ *Freund H. der Tod*

Hei|ni ⟨m.9; ugs.⟩ *jmd., den man nicht leiden oder den man nicht ernst nehmen kann, den man beschränkt, unwissend findet;* so ein H.!; und diese ~s wollen einem vorschreiben, was man tun soll [(wahrscheinlich im Lauf der Zeit als kindisch betrachtete) Koseform von *Heinrich*]

Hein|ze ⟨f.11⟩ *in den Boden geschlagener Pfahl mit Seitenarmen als Gerüst zum Trocknen von Heu;* Syn. *Heureiter, Heureuter* [vermutl. zum Vornamen *Heinz* wegen der Ähnlichkeit mit einer menschlichen Gestalt]

Hein|zel|bank ⟨f.2; österr.⟩ *Werkbank für Schreinerarbeiten;* auch: *Hanslbank*

Hein|zel|männ|chen ⟨n.7⟩ *zwergenhafter Hausgeist, der im Verborgenen bei der Arbeit hilft*

Hei|rat ⟨f.10⟩ *Eheschließung, Vermählung;* eine H. mit jmdm. eingehen

hei|ra|ten ⟨V.2, hat geheiratet⟩ **I** ⟨mit Akk.⟩ einen Mann, eine Frau h. *jmdn. zum Mann, zur Frau nehmen, mit einem Mann, einer Frau die Ehe schließen* **II** ⟨o.Obj.⟩ *sich verheiraten, die Ehe mit jmdm. schließen;* jung, früh, spät h.; sie haben gestern geheiratet; sie haben nach Australien h. *durch Heirat aufs Land, nach Australien ziehen*

Hei|rats|al|ter ⟨n., -, nur Sg.⟩ *Alter, in dem jmd. eine Ehe schließen kann;* das H. erreichen; im besten H. sein

Hei|rats|an|trag ⟨m.2⟩ *Vorschlag, eine Ehe miteinander einzugehen;* jmdm. einen H. machen; einen H. bekommen, ablehnen

Hei|rats|an|zei|ge ⟨f.11⟩ **1** *Bekanntgabe einer Eheschließung auf Briefkarten und/oder eine Zeitungsanzeige;* eine H. bekommen; eine H. lesen **2** *Zeitungsanzeige, durch die man einen geeigneten Ehepartner sucht*

Hei|rats|bü|ro ⟨n.9⟩ *Institution, die gegen Entgelt Ehen vermittelt*

hei|rats|fä|hig ⟨Adj., o.Steig.⟩ *das gesetzlich vorgeschriebene Alter zur Erlaubnis einer Eheschließung erreicht habend;* ~e Söhne, Töchter haben; eine Tochter im ~en Alter haben *eine Tochter haben, die alt genug zum Heiraten ist*

Hei|rats|gut ⟨n.4; †⟩ *alle Gegenstände, die einer Braut bei der Heirat von den Eltern mitgegeben werden, Aussteuer*

Hei|rats|kan|di|dat ⟨m.10⟩ *jmd., der heiraten will*

hei|rats|lu|stig ⟨Adj.; ugs.⟩ *bestrebt, eine Ehe zu schließen*

Hei|rats|markt ⟨m., -es, nur Sg.; ugs.; scherzh.⟩ **1** *Gesamtheit der Heiratsanzeigen in einer Zeitung* **2** *Institution, Tanzfest o.ä., wo sich Menschen in heiratsfähigem Alter treffen und kennenlernen können*

Hei|rats|pläne ⟨m.2, Pl.⟩ *Pläne für eine Heirat, für die Eheschließung;* H. haben, hegen, schmieden

Hei|rats|schwin|del ⟨m.5⟩ *Vorspiegelung, jmdn. heiraten zu wollen, um von ihm Geld oder andere materielle Güter zu bekommen*

Hei|rats|schwind|ler ⟨m.5⟩ *jmd., der Heiratsschwindel betreibt;* auf einen H. hereinfallen

Hei|rats|ur|kun|de ⟨f.11⟩ *amtliche Bescheinigung über die Eheschließung*

Hei|rats|ver|mitt|lung ⟨f.10⟩ *Vermittlung von Ehen gegen Entgelt*

hei|schen ⟨V.1, hat geheischt; mit Akk.⟩ *fordern, verlangen, mit Nachdruck um etwas bitten;* diese Arbeit heischt meine ganze Aufmerksamkeit; ⟨†⟩ der Bettler heischte ein Almosen; er sah ihn Anerkennung, Beifall ~d an

hei|ser ⟨Adj.⟩ *(infolge Überanstrengung oder Entzündung der Schleimhaut des Kehlkopfes, bes. der Stimmbänder) belegt, rauh und fast tonlos;* ~e Stimme; ein ~es Krächzen; h. sprechen; h. sein *eine belegte, rauhe, fast tonlose Stimme haben* **Hei|ser|keit** ⟨f., -, nur Sg.⟩

heiß ⟨Adj.⟩ **1** *sehr warm;* ein ~es Bad; ein ~er Tee; drückend ~es Wetter; *dich haben sie als Kind wohl zu h. gebadet* ⟨ugs.⟩ *du bist wohl nicht ganz bei Trost;* es läuft jmdm. h. und kalt den Rücken hinunter *jmd. hat Angst;* es wird mir h. und kalt bei dem Gedanken *ich fürchte mich, wenn ich nur daran denke* **2** *leidenschaftlich, inbrünstig;* ~e Liebe; ein ~er Wunsch; ~er Zorn **3** *heftig, lebhaft;* eine ~e Diskussion; ein ~er Kampf; sich h. reden *eine bestimmte Ansicht heftig vertreten* **4** ⟨ugs.⟩ *aufpeitschend, erregend;* ~e Rhythmen **5** *konfliktbeladen;* ein ~es Thema **6** ⟨ugs.⟩ *sexuell erregend;* ein ~er Bikini; ~e Musik **7** ⟨ugs.⟩ *sexuell erregt, brünstig;* eine ~e Hündin; jmdn. h. machen **8** ⟨Phys.⟩ *radioaktiv;* Heiße Zelle; ~e Stoffe **9** ⟨Chem.⟩ *Heiße Chemie Erforschung der Behandlung und Umwandlung von Stoffen, die bei Kernreaktionen entstehen* **10** *auf illegale Weise erworben und daher gefährlich;* ~es Geld; ~e Ware **11** ⟨Sport; ugs.⟩ *mit guten Erfolgsaussichten;* ein ~er Favorit; ein ~er Tip **12** ⟨von Motorfahrzeugen⟩ *schnell, spritzig;* ein ~er Wagen; ein ~es Motorrad **13** ⟨Jugendspr.⟩ *bewundernswert, begeisternd;* ein ~er Typ; ein ~er Pullover **14** ⟨nur in der Wendung⟩ *~er Draht schnelle, direkte Verbindung zu jmdm.; jmdn. einen Draht zum Chef haben; der Heiße Draht 1963 eingerichtete, direkte Fernschreibverbindung zwischen dem Weißen Haus (USA) und dem Kreml (UdSSR)*

heiß... ⟨in Zus., nur als Adj.⟩ *sehr stark, über alle Maßen,* z.B. *die Stadt wurde heißumkämpft Stadt* (aber: *die Stadt wurde heiß umkämpft*), *ein heißgeliebtes Kind* (aber: *sie hat das Kind heiß geliebt*)

heiß|blü|tig ⟨Adj.⟩ *leicht erregbar, temperamentvoll*

hei|ßen[1] ⟨V.65, hat geheißen⟩ **I** ⟨o.Obj., mit Prädikatsnomen⟩ **1** *den Namen tragen, genannt werden;* er heißt (mit Vornamen) Helmut; die Stadt heißt Erlangen; wie heißt du? **2** *den Wortlaut haben, lauten;* in diesem Text heißt es so, heißt es folgendermaßen; das Wort heißt richtig „..." **3** *bedeuten;* was soll das h.?; das will schon etwas h. *das bedeutet schon allerhand, das ist wichtig;* das heißt ⟨Abk.: d.h.⟩ *besser gesagt;* er hat zu mir gesagt, das heißt, ich habe aus seinen Worten entnommen, daß ...; heißt das, daß er mich belogen hat?; das soll nun was h. ⟨ugs.⟩ *das soll nun etwas Besonderes sein, soll nun Eindruck machen* **4** ⟨unpersönl., mit „es"⟩ *es heißt man sagt, es wird erzählt;* es heißt, daß dieses Verbot aufgehoben werden soll; jetzt heißt es aufpassen *jetzt muß man aufpassen* **II** ⟨mit Akk.; veraltend⟩ **1** *jmdn. h., etwas zu tun jmdm. etwas befehlen, jmdn. auffordern, etwas zu tun;* er hieß ihn aufstehen; wer hat dich geheißen, das wegzunehmen?; mich hat niemand geheißen, noch länger zu warten; heiß mich nicht reden, heiß mich schweigen (Goethe, *Mignon*) **2** ⟨poet.⟩ *etwas oder jmdn. etwas h. etwas oder jmdn. als etwas bezeichnen;* er hieß ihn einen Faulenzer; das heiße ich eine gute Arbeit

hei|ßen[2] ⟨V.1, hat geheißt; mit Akk.⟩ → *hissen;* die Flagge h.

heiß|lau|fen ⟨V.76, ist heißgelaufen; refl.⟩ *sich h. durch lange Bewegung heiß werden;* der Motor hat sich heißgelaufen

Heiß|lei|ter ⟨m.5⟩ *ein Halbleiter-Widerstand, dessen elektrische Leitfähigkeit mit steigender Temperatur zunimmt*

Heiß|luft|be|hand|lung ⟨f.10⟩ *Anwendung trockener, heißer Luft zu Heilzwecken*

Heiß|luft|motor ⟨m.13⟩ *Kolbenkraftmaschine, die durch die Ausdehnung periodisch er-*

Heiß|man|gel ⟨f.11⟩ *Mangel² mit beheizten Walzen*

hitzter Luft in geschlossenem Kreislauf betrieben wird

Heiß|sporn ⟨m.1⟩ *hitziger, unbesonnener Mensch; ungestüm vorwärtsdrängender Mensch;* jugendlicher H. [Lehnübersetzung < engl. *hotspur* „Heißsporn", < *hot* „heiß" und *spur* „Sporn, Dorn, Stachel"]

Heiß|was|ser|be|rei|ter ⟨m.5⟩ *Gerät, mit dem Wasser erhitzt (und gespeichert) werden kann* (z.B. Boiler, Durchlauferhitzer)

Hei|ster ⟨m.5⟩ *junger Baum mit Leitstamm und Seitenzweigen, aber noch ohne Kronenbildung*

hei|ter ⟨Adj.⟩ **1** *von innerlich frohem, ausgeglichenem Wesen, still-fröhlich;* ein ∼er Mensch; er ist, hat ein ∼es Gemüt **2** *erheiternd, lustig und anspruchslos;* ein ∼er Roman **3** *angetrunken, beschwipst;* er ist schon recht h.; die Gäste wurden immer ∼er **4** *sonnig, hell, klar;* ∼es Wetter; der Himmel wird h.; morgen soll es wolkig bis h. werden **5** ⟨ugs., iron.⟩ *unangenehm, schwierig;* das kann ja h. werden!

Hei|ter|keit ⟨f., -, nur Sg.⟩ **1** *heitere Gemüts-, Wesensart;* innere H.; H. des Gemüts **2** *gute Stimmung, Gelächter;* seine Rede trug zur allgemeinen H. bei; seine Rede wurde mehrmals von allgemeiner H. unterbrochen

Hei|ter|keits|er|folg ⟨m.1⟩ *etwas, das Heiterkeit hervorbringt;* das Kabarett war ein großer H.; einen großen H. mit etwas haben

hei|zen ⟨V.1, hat geheizt⟩ **I** ⟨mit Akk.⟩ *etwas h. Feuer in etwas machen, etwas durch Feuer, durch Heizung erwärmen;* den Ofen h.; ein Zimmer h.; ein gut, schlecht geheizter Raum **II** ⟨o.Obj.⟩ **1** *Feuer machen, die Heizung in Betrieb setzen;* ich habe heute nicht geheizt; man braucht jetzt nur noch am Abend etwas zu h.

Hei|zer ⟨m.5⟩ *jmd., der berufsmäßig Heizanlagen bedient*

Heiz|fa|den ⟨m.8; in Elektronenröhren⟩ *dünner Draht aus Wolfram, der durch elektrischen Strom zum Glühen gebracht wird*

Heiz|gas ⟨n.1⟩ **1** *heißes, bei einer Verbrennung entstehendes Gas, das zur Aufheizung benutzt wird* **2** *brennbares Gas, das zu Heizzwecken verwendet werden kann*

Heiz|kis|sen ⟨n.7⟩ *elektrisch heizbares Kissen*

Heiz|kör|per ⟨m.5⟩ *Hohlkörper, der von einem Wärmeträger durchflossen wird* (z.B. eine Heizschlange, Rippenrohre); Syn. ⟨ugs.⟩ *Heizung;* den H. an-, abstellen

Heiz|lei|ter ⟨m.5⟩ *elektrischer Heizwiderstand zur Erzeugung von Wärme durch Strom* (z.B. in Heizkissen)

Heiz|lüf|ter ⟨m.5⟩ *elektrisches Gerät, das die Raumluft an Heizdrähten erwärmt und durch ein Gebläse in Umlauf bringt*

Heiz|öl ⟨n.1⟩ *flüssiges Erdölprodukt, das in Heizanlagen verfeuert wird*

Heiz|plat|te ⟨f.11⟩ *elektrisch heizbare Platte zum Erwärmen oder Warmhalten von Speisen*

Heiz|schlan|ge ⟨f.11⟩ *spiralig gewundener Heizkörper*

Heiz|son|ne ⟨f.11⟩ *elektrisches Gerät, in dem glühende Drähte vor einem kreisrunden, reflektierenden Schirm Wärme ausstrahlen*

Hei|zung ⟨f.10⟩ **1** *Anlage zum Erwärmen von Räumen* (Etagen∼, Gas∼, Zentral∼) **2** ⟨ugs.⟩ → *Heizkörper*

Hei|zungs|mon|teur ⟨[-tør] m.1⟩ *jmd., der berufsmäßig Heizungen installiert und wartet*

Heiz|wert ⟨m.1, nur Sg.⟩ *Wärmemenge, die bei vollständiger Verbrennung eines Brennstoffes frei wird;* Kohle mit hohem, niedrigem H.

He|ka|tom|be ⟨f.11⟩ *riesige Menge* [< griech. *hekatombe* „Opfer von 100 Rindern", < *hekaton* „hundert" und *bous*, Pl. *boes* oder *bous*, „Rind"]

Hek|tar ⟨auch [-tar] n., -(s), -; Zeichen: ha⟩

Hek|ta|re ⟨f.11; schweiz.⟩ *eine Flächeneinheit, 100 Ar (10000 m²)* [über frz. *hect*... „hundert", < griech. *hekaton* „hundert" und *Ar*]

Hek|tik ⟨f., -, nur Sg.⟩ *große Betriebsamkeit, aufgeregte Eile;* die H. der Großstadt; in H. geraten, verfallen [< griech. *hektikos* „sich in einem anhaltenden Zustand befindend", zu *hexis* „Zustand, Beschaffenheit"]

hek|tisch ⟨Adj.⟩ **1** ⟨Med.; †⟩ *an Lungentuberkulose erkrankt, auf ihr beruhend;* ∼e Flecken *rote Flecken auf den Wangen;* ∼s Fieber *für Lungentuberkulose typisches Fieber, das abends ansteigt und morgens sinkt und beim Erkrankten durch blasses, glänzendes Gesicht und zugleich gerötete Wangen gekennzeichnet ist* **2** *fieberhaft aufgeregt, sehr betriebsam;* in ∼er Eile; ∼er Verkehr

hek|to..., Hek|to... ⟨Abk.: h; in Zus.⟩ **1** *hundertmal, hundertfach,* z.B. Hektoliter **2** *vielfach,* z.B. hektographieren [über frz. *hect*... „hundert..." < griech. *hekaton* „hundert"]

Hek|to|gra|phie ⟨f.11⟩ *ein Vervielfältigungsverfahren, bei dem mit einer besonderen Tinte auf einer Leimplatte befestigtes Papier beschriftet und mit diesem auf Papier gedruckt wird* [< *Hekto*... und ...*graphie*]

hek|to|gra|phie|ren ⟨V.3, hat hektographiert; mit Akk.⟩ *(mittels Hektographie) vervielfältigen*

Hek|to|li|ter ⟨m.5 oder n.5; Zeichen: hl⟩ *100 Liter* [< *Hekto*... und *Liter*]

Hel|an|ca ⟨n., -, nur Sg.; Wz.⟩ *ein elastisches, aus Nylon hergestelltes Garn*

Held ⟨m.10⟩ **1** *jmd., der sich durch Tapferkeit im Kampf auszeichnet* (Kriegs∼); die ∼en der germanischen Sage; kein H. sein *bei etwas wenig tapfer, nicht gut sein;* die ∼en sind müde ⟨scherzh.⟩ *jmd. hat aufgegeben, resigniert;* jmd. spielt den ∼en *jmd. übernimmt eine Aufgabe, der er eigentlich nicht gewachsen ist* **2** *jmd., der sich durch bedeutende Arbeiten zugunsten anderer auszeichnet;* H. der Arbeit (in Volksrepubliken) **3** *männliche Hauptrolle (einer Dichtung);* der H. des Romans, des Stückes **4** ⟨ugs., iron.⟩ *wenig heldenhafter Mensch, jmd., der wenig zustande bringt;* ihr seid mir schöne ∼en! **5** *jmd., der (kurzfristig) im Mittelpunkt steht;* der H. des Tages, des Abends

Hel|den|epos ⟨n., -, -epen; MA⟩ *stark erweitertes Heldenlied, von unbekannten Spielleuten verfaßt* (z.B. das Nibelungenlied, Gudrunlied)

Hel|den|ge|dicht ⟨n.1⟩ → *Heldenlied*

hel|den|haft ⟨Adj.⟩ *in der Art eines Helden, mutig, tapfer, kraftvoll;* eine ∼e Tat; er handelte sehr h.

Hel|den|lied ⟨n.3; 5.–8.Jh.⟩ *balladenartige, zum Vortrag durch einen Sänger bestimmte Dichtung, die Themen der germanischen Heldensage behandelt* (z.B. das Hildebrandslied); Syn. *Heldengedicht*

Hel|den|mut ⟨m., -(e)s, nur Sg.⟩ *große, opferbereite Tapferkeit*

hel|den|mü|tig ⟨Adj.⟩ *voller Heldenmut, tapfer und opferbereit*

Hel|den|sa|ge ⟨f.11⟩ *meist poetisch gestaltete, mündlich oder schriftlich überlieferte Geschichte aus der Vorzeit eines Volkes, in deren Mittelpunkt ein oder mehrere Helden stehen*

Hel|den|tat ⟨f.10⟩ *Tat, die besonderen Mut erfordert;* eine H. vollbringen; das war keine H.!

Hel|den|te|nor ⟨m.2⟩ *Heldendarsteller in einer Oper in Tenorstimmlage*

Hel|den|tod ⟨m., -(e)s, nur Sg.; geh.⟩ *Tod (eines Soldaten) während einer Kriegshandlung;* den H. sterben

Hel|den|tum ⟨n., -s, nur Sg.⟩ *heldenhaftes Verhalten*

Hel|den|zeit|al|ter ⟨n.5⟩ *sagenhafte Vorzeit eines Volkes, in der es viele Helden gab*

Hel|der ⟨m.5 oder n.5⟩ *nicht eingedeichtes Marschland* [nddt.]

Hel|din ⟨f.10⟩ **1** *weibliche Hauptperson (einer Dichtung);* die H. des Stückes **2** ⟨selten⟩ *tapfere Frau;* eine wahre H.!

hel|disch ⟨Adj.⟩ **1** ⟨o.Steig.⟩ *aus sagenhafter Vorzeit;* ∼e Dichtung **2** *wie ein Held*

Hel|fe ⟨f.11⟩ *Stützfaden beim Weben* [zu *helfen*]

hel|fen ⟨V.66, hat geholfen⟩ **I** ⟨mit Dat., auch o.Obj.⟩ *jmdm. h. jmdm. ermöglichen, etwas zu tun, etwas zu überwinden, jmdn. beistehen, jmdn. unterstützen;* jmdm. bei der Arbeit, aus einer Not h.; ich helfe ihm suchen, tragen; gutes Zureden hilft; hier kann nur der Arzt h.; dieses Mittel hilft (dir) bestimmt; das Mittel hilft gegen Schnupfen; jmdm. aus dem Wagen, in den Mantel h. ⟨kurz für⟩ *jmdm. beim Aussteigen aus dem Wagen, beim Anziehen des Mantels h.* **II** ⟨mit Dat.⟩ *(sich) in bestimmten Wendungen* **1** *sich zu h. wissen wissen, was man in einer bestimmten Situation zu tun hat;* ich weiß mir nicht mehr zu h.; ich kann mir nicht h., ich finde das unmöglich *ich kann es nicht ändern, ich finde das unmöglich* **II** (in unpersönl. Wendungen, o.Obj.) *es hilft nichts, wir müssen umkehren; da hilft alles nichts, du mußt es ihm sagen es gibt keine andere Möglichkeit*

Hel|fers|hel|fer ⟨m.5⟩ *Helfer bei einer Straftat;* der Betrüger und seine H.

Helf|gott! ⟨Int.; österr., schles.⟩ → *Gesundheit!*

Hel|ge ⟨f.11⟩, **Hel|gen** ⟨m.7⟩ → *Helling*

Hei|land ⟨m., -s, nur Sg.; nddt.⟩ *Heiland*

He|li|kon ⟨n.9⟩ **1** ⟨im alten Griechenland⟩ *mit vier Saiten bespanntes Instrument, das nur zur Bestimmung von Intervallen diente* [wahrscheinlich nach dem Helikon, „Weidenberg", einem Bergzug in Böotien mit Apollo-Tempel und den Musen geweihtem Hain] **2** ⟨in der Militärmusik⟩ *kreisrund gekrümmtes Blechblasinstrument,* die Kontrabaßtuba [< griech. *helix*, Gen. *helikos*, „Windung, Krümmung"]

He|li|kop|ter ⟨m.5⟩ → *Hubschrauber* [< griech. *helix*, „Windung, Drehung, Kreisbahn" und *pteron* „Flügel"]

He|lio|dor ⟨m.1⟩ *gelbgrüne Abart des Berylls, ein Edelstein* [< griech. *helios* „Sonne" und *doron* „Geschenk"]

He|lio|graph ⟨m.10⟩ **1** *astronomisches Fernrohr mit Kamera für fotografische Aufnahmen von der Sonne* **2** *Gerät zur Nachrichtenübermittlung durch Blinkzeichen mittels Sonnenlicht* [→ *Heliographie*]

He|lio|gra|phie ⟨f.11⟩ **1** *Signale mit dem Heliographen* **2** *ein Tiefdruckverfahren auf fotomechanischem Wege* [< griech. *helios* „Sonne" und ...*graphie*]

He|lio|gra|vü|re ⟨f.11⟩ **1** ⟨nur Sg.⟩ *ein Tiefdruckverfahren ohne Raster* **2** *damit hergestellter Druck* [< griech. *helios* „Sonne" und *Gravüre*]

He|lio|skop ⟨n.1⟩ *lichtabsorbierendes Gerät zur direkten Beobachtung der Sonne mit dem Fernrohr* [< griech. *helios* „Sonne" und ...*skop*]

He|lio|stat ⟨m.10⟩ *Gerät mit Spiegeln, die von einem Uhrwerk so bewegt werden, daß sie dem Sonnenlicht für Beobachtungen im Fernrohr stets die gleiche Richtung geben* [< griech. *helios* „Sonne" und *statos* „stehend"]

He|lio|the|ra|pie ⟨f.11⟩ *Heilbehandlung mit Sonnenlicht* [< griech. *helios* „Sonne" und *Therapie*]

He|lio|trop **I** ⟨n.1⟩ *violett blühendes Rauhblattgewächs mit vanilleartigem Duft, Zierpflanze;* Syn. *Sonnenwende* **II** ⟨m.1⟩ *undurchsichtiges, dunkelgrünes Mineral mit roten Punkten* [< griech. *heliotropion* „Sonnenwende, Sonnenuhr", < *helios* „Sonne" und

trope „Wendung", zu *trepein* „wenden", da die Pflanze ihre Blüten stets der Sonne zukehrt; lat. *heliotropium* war auch Bez. für das Mineral, da es, ins Wasser gelegt, den Schein der Sonne blutrot zurückwirft]

He|lio|tro|pịs|mus ⟨m., -, nur Sg.⟩ → *Phototropismus*

he|lio|zẹn|trisch ⟨Adj., o.Steig.⟩ *auf die Sonne als Mittelpunkt bezogen;* ~es *Weltsystem von Kopernikus begründetes System, das die Sonne in den Mittelpunkt der Welt stellt* [< griech. *helios* „Sonne" und *zentrisch*]

Hẹ|li|um ⟨n., -s, nur Sg.⟩ *farbloses, nicht brennbares, einatomiges Edelgas* [< griech. *helios* „Sonne", da es im Sonnenspektrum entdeckt wurde]

Hẹ|lix **1** ⟨f., -, -*li*ces [-tse:s]⟩ *umgebogener Rand der Ohrmuschel, Ohrleiste* **2** ⟨nur Sg.⟩ *die Wendelstruktur der Erbmoleküle* [griech., „Spirale, Windung"]

hẹll ⟨Adj.⟩ **1** *reich an Licht, von Licht erfüllt, mit viel Licht;* Ggs. *dunkel (1);* ein ~er *Tag;* ein ~es *Zimmer;* es *ist noch Tag; der Raum war h. erleuchtet* **2** *viel Licht ausstrahlend, leuchtend;* eine ~e *Lampe; die Lampe brennt h.; die Flammen lodern h.* **3** *viel Weiß enthaltend, nicht kräftig (in der Farbe);* Ggs. *dunkel (2);* ein ~es *Blau* **4** *mit viel Weiß enthaltender Farbe,* mit viel Weiß enthaltenden Farben; ein ~es *Kleid;* eine ~e *Tapete;* ~es *Bier; sie ist h. gekleidet* **5** *hoch (in der Tonhöhe), klar;* Ggs. *dunkel (3);* eine ~e *Stimme;* ein ~er *Ton; h. auflachen; h. klingen; den Lautsprecher auf „hell" stellen* **6** ⟨verstärkend⟩ *das ist* ~er *Blödsinn, Wahnsinn das ist wirklich Blödsinn, Wahnsinn; es kam zu* ~er *Aufregung, Verzweiflung; er hatte seine* ~e *Freude daran er hatte große, herzliche Freude daran; sie kamen in* ~en *Scharen in großer Menge* **6** *geistig rege, aufgeweckt;* ein ~er *Junge; er ist nicht sehr h.;* vgl. *helle*

hell... ⟨in Zus. mit Farben, o.Steig.⟩ *viel Weiß enthaltend, nicht kräftig, licht...,* z.B. *hellblau, hellrot*

hẹll|auf ⟨Adv.; in bezug auf Gemütszustände⟩ *sehr stark, überaus; h. begeistert, entsetzt sein; h. lachen*

hẹll|dun|kel ⟨Adj., Mal.⟩ *zwischen hell und dunkel spielend*

Hẹll|dun|kel ⟨n., -s, nur Sg.; Mal.⟩ *Zusammenspiel von hellen und dunklen Farben, von Licht und Schatten*

Hẹll-Dun|kel-Ad|ap|ti|on ⟨f.10; meist Sg.; Med.⟩ *Anpassung des Auges an die herrschenden Lichtverhältnisse*

hẹl|le ⟨Adj.; landsch.; nur mit „sein"⟩ *gescheit, aufgeweckt; er ist nicht besonders h.*

Hẹl|le ⟨f., -, nur Sg.⟩ *Helligkeit, starkes Licht; sie kamen hinaus in die flimmernde H.*

Hẹl|le(s) ⟨n.17 oder 18; ugs.⟩ *ein Glas helles Bier; noch drei Helle!*

Hẹl|le|bar|de ⟨f.11; MA⟩ *Hieb- und Stoßwaffe mit eiserner Spitze, Widerhaken und Beil* [< mhd. *helmbarte* „Beil mit (langem) Stiel"; < *halme, halm, helm* „Handhabe, Stiel" und *barte* „Beil, Streitaxt"]

Hẹl|le|bar|dier [-dje] ⟨m.1; MA⟩ *Landsknecht, der eine Hellebarde trägt;* Syn. *Hellebardist*

Hẹl|le|bar|dist ⟨m.10⟩ → *Hellebardier*

Hẹl|le|gatt ⟨n.9; auf Schiffen⟩ *Geräte-, Vorratsraum*

Hẹl|le|ne ⟨m.11⟩ **1** ⟨urspr.⟩ *Bewohner der griechischen Landschaft Hellas* **2** ⟨seit dem 7.Jh. v.Chr.⟩ *Grieche* [nach *Hellen,* dem sagenhaften Stammvater der Griechen]

hẹl|le|nisch ⟨Adj., o.Steig.⟩ *das antike Griechenland betreffend*

hẹl|le|ni|sie|ren ⟨V.3, hat hellenisiert; mit Akk.⟩ *nach griechischem Muster gestalten* [zu *Hellene*]

Hẹl|le|nịs|mus ⟨m., -, nur Sg.⟩ *Abschnitt der griechischen Kultur von Alexander dem Großen bis Augustus (etwa 336–31 v.Chr.)*

hẹl|le|nịs|tisch ⟨Adj., o.Steig.⟩ *zur Zeit des Hellenismus gehörig, aus ihr stammend*

Hẹl|ler ⟨m.5⟩ **1** ⟨urspr.⟩ *Silbermünze* **2** ⟨1690–1866⟩ *Kupfermünze in Deutschland* **3** ⟨1892–1924 in Österr.⟩ $1/100$ *Krone* **4** ⟨übertr.⟩ *kleine Münze von geringem Wert; für etwas keinen H. geben einer Sache keinen Wert zumessen;* keinen (roten, lumpigen) H. *wert sein nichts wert sein;* keinen (roten) H. *für etwas geben einer Sache keine Chance, keine Zukunft zutrauen;* keinen (roten, lumpigen) H. *mehr haben kein Geld mehr haben; auf H. und Pfennig völlig, bis zum letzten Rest, ganz genau*

hẹll|haa|rig ⟨Adj.⟩ *mit hellen Haaren*

hẹll|hö|rig ⟨Adj.⟩ **1** *sehr scharf hörend; h. werden sehr aufmerksam sein, mißtrauisch werden; jmdn. h. machen jmds. Aufmerksamkeit auf etwas richten* **2** *schalldurchlässig;* ~e *Wände, Häuser*

Hẹll|hö|rig|keit ⟨f., -, -⟩ **1** *geschärfte Aufmerksamkeit* **2** *hellhörige Beschaffenheit, Schalldurchlässigkeit*

hẹl|licht ⟨[-ll-l-]⟩ Adj.; *nur in den Wendungen*⟩ am (beim) ~en *Tag mitten am Tag; es ist schon* ~er *Tag der Tag ist schon vorgeschritten*

Hẹl|lig|keit ⟨f.10⟩ **1** ⟨nur Sg.⟩ *Lichtfülle;* Ggs. *Dunkelheit* **2** ⟨nur Sg.⟩ *Lichtstärke von Leuchtkörpern (Kerzen, Glühbirnen usw.)* **3** ⟨Astron.⟩ *Leuchtstärke (eines Himmelskörpers); ein Stern mit der H. 4*

Hẹl|lig|keits|ka|ta|log ⟨m.1⟩ *ein Sternkatalog, der die Helligkeit (2) angibt*

hẹl|li|la ⟨[-ll|l-]⟩ Adj., o.Dekl.⟩ *von hellem Lila; ein h. Kleid*

Hẹl|ling ⟨f., -, -*ing* oder -*li*gen oder m.1⟩ *Baustelle für Schiffe bis zu deren Stapellauf mit Neigung zum Wasser;* Syn. *Helge, Helgen* [< mnddt. *helling* „Schräge"]

hẹl|lo|dernd ⟨[-ll|l-]⟩ Adj., o.Steig.⟩ *nur als Attr. u. Adv.⟩ mit hohen Flammen; ein* ~es *Feuer; h. brennen*

Hẹll|schrei|ber ⟨m.5⟩ *elektrischer Fernschreiber zum Anschluß an Hochfrequenz-Empfangsgeräte, der die übertragene Schrift, aus einzelnen Rasterpunkten zusammengesetzt, wiedergibt* [nach dem Erfinder R. *Hell*]

hẹll|se|hen ⟨V., nur im Infinitiv⟩ *räumlich entfernt stattfindende oder künftige Ereignisse (angeblich) wahrnehmen, ohne die Sinnesorgane zu gebrauchen; man sagt, er könne h.*

Hẹll|se|her ⟨m.5⟩ *jmd., der angeblich Sachverhalte ohne Vermittlung über die Sinnesorgane auch über weite Entfernungen und Zukünftes wahrnehmen kann*

hẹll|se|he|risch ⟨Adj., o.Steig.⟩ *in der Art eines Hellsehers;* ~e *Fähigkeiten*

hẹll|sich|tig ⟨Adj., o.Steig.⟩ *einen Sachverhalt rasch durchschauend, scharfblickend, vorausschauend, weitblickend*

Hẹll|sich|tig|keit ⟨f., -, nur Sg.⟩ *Scharfblick, Fähigkeit des Voraussehens*

hẹll|wach ⟨Adj., o.Steig.⟩ *völlig wach*

Helm[1] ⟨m.1⟩ **1** *schützende Kopfbedeckung* (Leder~, Stahl~, Schutz~) **2** *steiles, pyramidenförmiges Schutzdach* [< mhd., ahd. *helm* in ders. Bed., zu *helan* „verbergen"]

Helm[2] ⟨m.1⟩ *Stiel (von Werkzeugen, z. B. der Axt)* [< ahd. *halm* „Halm, Stiel"]

Hẹlm|busch ⟨m.2; MA, Heraldik⟩ *Federschmuck am Helm*

Hel|min|tho|lo|gie ⟨f.11⟩ *Wiss. von den Eingeweidewürmern* [< griech. *helmis,* Gen. *helminthos,* „Eingeweidewurm" (zur idg. Wurzel **uer-, *uel-,* drehen, biegen, winden)" und *...logie*]

Hẹlm|sturz ⟨m.1; MA⟩ *Gesichtsschutz am Helm*

Hẹ|lot ⟨m.10⟩ **1** ⟨im alten Sparta⟩ *Staatssklave* **2** ⟨übertr.⟩ *Unterdrückter* [< griech. *heilos,* auch *heilotes,* „Leibeigener, Sklave"]

Hel|ve|ti|er [-tsjər] ⟨m.5⟩ *Angehöriger eines keltischen Volksstammes in Südwestdeutschland und der Schweiz*

hel|ve|tisch ⟨Adj., o.Steig.⟩ *die Helvetier betreffend, die Schweiz als Einheitsstaat betreffend; Helvetische Republik* ⟨1798–1815⟩ *die Schweiz*

Hẹmd ⟨n.12⟩ *auf dem bloßen Leib oder über dem Unterhemd getragenes Kleidungsstück* (Nacht~, Unter~, Ober~); *das H. ist näher als der Rock* ⟨ugs.⟩ *meine eigenen Angelegenheiten sind mir wichtiger als die der anderen; er schenkt sein letztes H. her* ⟨übertr.⟩ *er ist sehr gutmütig, sehr selbstlos; jmdn. bis aufs H. ausplündern, ausziehen* ⟨ugs.⟩ *jmdm. alles wegnehmen, alles rauben; bis aufs H. durchnäßt völlig durchnäßt*

Hẹmd|blu|se ⟨f.11⟩ *Bluse im Schnitt wie ein Oberhemd*

Hẹmd|blu|sen|kleid ⟨n.3⟩ *Kleid mit Oberteil im Schnitt eines Oberhemdes*

Hẹmd|brust ⟨f.2⟩ *gestärktes Vorderteil (des Frackhemdes)*

Hẹm|den|knopf ⟨m.2⟩ *Knopf für ein Oberhemd*

Hẹm|den|matz ⟨m.2; ugs.⟩ *kleines Kind (im Hemd)*

Hẹmd|kra|gen ⟨m.7⟩ *Kragen am Oberhemd; gestärkter H.*

Hẹmds|är|mel ⟨m.5; nur in der Fügung⟩ in ~n ohne *Jacke; er saß in* ~n *da*

hẹmds|är|me|lig ⟨Adj., o.Steig.⟩ **1** *in Hemdsärmeln; er saß h. am Schreibtisch* **2** ⟨übertr., ugs.⟩ *sehr ungezwungen, salopp;* ~es *Benehmen*

He|mi|ple|gie ⟨f.11⟩ *einseitige Körperlähmung* [< griech. *hemi* „halb" und *plege* „Schlag", zu *plessein* „schlagen"]

He|mi|sphä|re ⟨f.11⟩ **1** *eine Hälfte der Erd- oder Himmelskugel;* Syn. *Halbkugel; nördliche, südliche H.* **2** *Hälfte des Groß- oder Kleinhirns* [< griech. *hemi* „halb" und → *Sphäre*]

He|mi|stị|chi|on, He|mi|stị|chi|um ⟨n., -, *-chi|en;* altgriechische Verslehre⟩ *halber Vers*

Hẹm|lock|tan|ne ⟨f.11⟩ *nordamerikanischer Nadelbaum mit breiter Krone, Parkbaum;* Syn. *Schierlingstanne* [< engl. *hemlock* „Schierling"]

Hẹm|me ⟨f.11; †⟩ *einfache Bremse*

hẹm|men ⟨V.1, hat gehemmt; mit Akk.⟩ **1** *etwas m. am Ablauf, in der Tätigkeit, Bewegung behindern, beeinträchtigen, stören, den Ablauf, die Bewegung von etwas erschweren, die Entwicklung h.; die Fahrt eines Wagens, die Drehung eines Rades h.; dieses Mittel hemmt Entzündungen; das wirkt sich* ~d *für die Arbeit aus* **2** *jmdn. h. jmdn. in der freien Tätigkeit, Entfaltung behindern, jmdn. unfrei im Verhalten machen; seine Anwesenheit, Aufsicht hemmt mich; gehemmt sein unfrei im Verhalten, Benehmen sein*

Hẹm|mer ⟨m.5; Tech.⟩ *Stoff, der chemische oder physiologische Prozesse verhindert* (Korrosions~, Ovulations~)

Hẹmm|nis ⟨n.1⟩ *Hindernis, Erschwerung; sein kranker Arm ist für ihn ein großes H. beim Schreiben; ein H. aus dem Weg räumen;* ~se *überwinden*

Hẹmm|schuh ⟨m.1⟩ **1** → *Bremsschuh* **2** ⟨übertr.⟩ *Hemmnis, Hindernis; für jmdn. ein H. sein*

Hẹmm|stoff ⟨m.1⟩ *ein das Wachstum hemmender Stoff*

Hẹm|mung ⟨f.10⟩ **1** *das Hemmen, Behinderung, Erschwerung; H. einer Entwicklung, eines Ablaufs* **2** ⟨Tech.⟩ *Vorrichtung, die den Gang eines Räderwerkes in bestimmten Abständen unterbricht (z.B. bei einer Uhr)* **3** ⟨meist Pl.⟩ *Gehemmtsein, Unfähigkeit, sich natürlich, locker zu benehmen, Befangenheit;* ~en *haben; unter* ~en *leiden* **4** ⟨meist Pl.⟩ *seelisch-moralische Behinderung, Bedenken; er hat, kennt keine* ~en, *so etwas zu tun*

hem|mungs|los ⟨Adj.⟩ *ohne Hemmungen und Rücksichten;* sich h. betrinken; sich h. dem Vergnügen hingeben; h. weinen

Hem|mungs|lo|sig|keit ⟨f., -, nur Sg.⟩ *hemmungsloses Verhalten oder Vorgehen*

Hen|de|ka|gon ⟨n.1⟩ *Elfeck* [< griech. *hendeka* „elf" (< *hen* „eins" und *deka* „zehn") und *gonia* „Winkel"]

Hen|di|a|dy|oin ⟨n.1⟩ *Stilfigur, bei der statt eines Substantivs mit adjektivischem Attribut zwei durch „und" verbundene Substantive verwendet werden,* z.B. „aus Bechern und Gold trinken wir" statt „aus goldenen Bechern"; auch: *Hendiadys* [< griech. *hen dia dyoin* „eins durch zwei"; *hen* „eins", *dia* „durch" und *dyoin*, Genitiv von *dyo* „zwei"]

Hendl ⟨n.14; bayr.-österr.⟩ **1** *junges Huhn* **2** *Brathähnchen*

Hengst ⟨m.1⟩ *männliches Tier (bei Pferden, Eseln, Zebras und Kamelen)*

Hen|kel ⟨m.5⟩ **1** *(meist halbkreisförmig gebogene) Vorrichtung zum Anfassen (Korb~, Tassen~)* **2** ⟨landsch.⟩ *schmaler Stoffstreifen zum Aufhängen (eines Handtuchs, Kleides)*

Hen|kel|mann ⟨m.4; ugs.⟩ *verschließbares Gefäß mit Henkel, in dem man eine warme Mahlzeit zur Arbeit mitnimmt*

hen|ken ⟨V.1, hat gehenkt; mit Akk.⟩ *durch Erhängen hinrichten*

Hen|ker ⟨m.5⟩ *jmd., der die Todesstrafe vollzieht;* vgl. *Scharfrichter;* beim H., ich weiß es nicht! ⟨fluchende Bekräftigung⟩; sich in H. um etwas scheren, kümmern ⟨derb⟩ *sich überhaupt nicht um etwas kümmern, keine Rücksicht auf etwas nehmen;* hol's der H.! ⟨derb⟩ *ich habe keine Lust mehr dazu!;* weiß der H., wo das ist! ⟨derb⟩ *ich habe keine Ahnung, wo das ist!;* zum H. damit! ⟨derb⟩ *weg damit!, ich habe damit nichts mehr zu tun haben!;* er soll sich zum H. scheren ⟨derb⟩ *er soll verschwinden*

Hen|kers|frist ⟨f., -, nur Sg.⟩ → *Galgenfrist;* noch eine H. haben; jmdm. eine H. gewähren

Hen|kers|mahl|zeit ⟨f.10⟩ **1** *(früher) letzte Mahlzeit vor der Hinrichtung* **2** ⟨a. übertr.⟩ *letzte gemeinsame Mahlzeit (vor einem längeren Abschied, einer Trennung oder einem anderen entscheidenden Ereignis)*

Hen|na ⟨n., -, nur Sg., auch f., -, nur Sg.⟩ **1** *afroasiatischer Kulturstrauch aus der Familie der Weiderichgewächse* **2** *daraus gewonnener bräunlichroter Farbstoff (zum Haarefärben)* [< arab. *ḥinnā* in ders. Bed.]

Hen|ne ⟨f.11⟩ **1** *weibliches Haushuhn;* Syn. *Huhn* **2** *weibliches Tier (bei Hühnervögeln, Straußen und Trappen)* [zu *Hahn*]

Hen|ne|gatt ⟨n.9; nddt.⟩ → *Koker²*

Hen|nin [ɛnɛ̃] ⟨n.9; 14./15.Jh. in Frankreich und den Niederlanden⟩ *hohe, kegelförmige Kopfbedeckung für Frauen mit von der Spitze hinten herabhängendem Schleier* [< arab.]

He|no|the|is|mus ⟨m., -, nur Sg.⟩ *Verehrung eines bevorzugten Gottes (wobei das Dasein anderer Götter nicht geleugnet und deren Verehrung nicht verboten wird)* [< griech., Gen. *henos*, „eins" und *Theismus*]

Hen|ry ⟨n., -, -; Zeichen: H⟩ *Einheit der Induktivität* [nach dem amerik. Physiker Joseph Henry]

He|par ⟨n., -s, -pa|ta⟩ → *Leber* [< griech.]

he|pa|tisch ⟨Adj., o.Steig.⟩ *zur Leber gehörig, von ihr ausgehend* [< griech. *hepar*, Gen. *hepatos*, „Leber"]

He|pa|ti|tis ⟨f., -, -ti|ti|den⟩ → *Leberentzündung* [< griech. *hepar*, Gen. *hepatos*, „Leber" und *-itis*]

Hep|ta|chord ⟨[-kɔrd] m.1 oder n.1; Mus.⟩ *Intervall von sieben diatonischen Stufen, große Septime* [< griech. *heptachordos* „siebensaitig", < *hepta* „sieben" und *chorda* „Saite"]

Hep|ta|gon ⟨n.1⟩ *Siebeneck* [< griech. *hepta* „sieben" und *gonia* „Winkel"]

Hep|ta|me|ron ⟨n., -s, nur Sg.⟩ **1** *die Schöpfungswoche* **2** *dem „Decamerone" nachgestaltete Sammlung von an sieben Tagen erzählten Novellen von Margarete von Navarra* [< griech. *hepta* „sieben" und *hemera* „Tag"]

Hep|ta|me|ter ⟨m.5; altgriech. Verslehre⟩ *Vers mit sieben Hebungen*

Hep|tan ⟨n.7⟩ *Kohlenwasserstoff mit sieben Kohlenstoffatomen* [< griech. *hepta* „sieben"]

Hep|ta|teuch ⟨m., -(s), nur Sg.⟩ *die ersten sieben Bücher des AT* [< griech. *hepta* „sieben" und *teuchos* „Gerät, Gefäß, Behälter für eine Papyrusrolle"]

Hept|ode ⟨f.11⟩ *Elektronenröhre mit sieben Elektroden* [< griech. *hepta* „sieben"]

her ⟨Adv.⟩ **1** *(vom Sprecher aus gesehen) zum Standort des Sprechers, zum Sprecher hin, auf den Sprecher zu;* Geld her! ⟨grob für⟩ *gib dein Geld her!;* her damit! ⟨grob oder scherzh. für⟩ *gib es her!, bring es her!;* das ist hin wie her *das kommt auf dasselbe heraus* **2** *bis heute;* ⟨meist in der Fügung⟩ von ... her *seit ... bis heute;* das kenne ich von früher her; das bin ich von meiner Jugend her gewöhnt; er ist noch braun vom Urlaub her

her... ⟨in Zus.; vom Sprecher aus gesehen⟩ **1** *hierher, an diesen Ort (hier), an diese Stelle (hier),* z.B. herbringen, herkommen, herschauen **2** *weg..., ver...,* z.B. herleihen, herschenken **3** *schnell und ohne Ausdruck,* z.B. herleiern, hersagen

her|ab ⟨Adv.; vom Sprecher aus gesehen⟩ *(von dort oben) nach (hier) unten;* vgl. *hinab;* ⟨oft geh. für⟩ *herunter;* vom obersten Stock bis h. in die Diele war das Haus geschmückt; jmdn. von oben herab behandeln *jmdn. hochmütig, gönnerhaft behandeln*

her|ab... ⟨in Zus.; vom Sprecher aus gesehen⟩ *(von dort oben) nach (hier) unten;* vgl. *hinab...;* ⟨meist geh. für⟩ *herunter...,* z.B. herabhängen, herabtropfen

her|ab|las|sen ⟨V.75, hat herabgelassen⟩ **I** ⟨mit Akk.⟩ *herunterlassen, von oben nach (hier) unten sinken lassen;* den Vorhang, Rolladen h. **II** ⟨refl.⟩ sich h. ⟨etwas zu tun⟩ *so gnädig, so leutselig sein (etwas zu tun)* und ließ sich sogar herab, uns zu helfen; ~d *betont leutselig, betont kollegial, gönnerhaft*

Her|ab|las|sung ⟨f., -, nur Sg.⟩ *herablassendes Benehmen;* seine H. geht mir auf die Nerven

her|ab|schau|en ⟨V.1, hat herabgeschaut; o.Obj.⟩ *von oben nach (hier) unten schauen;* die Sterne schauen auf uns herab; er schaut auf uns herab ⟨übertr.⟩ *er achtet uns nicht, er ist hochmütig*

her|ab|set|zen ⟨V.1, hat herabgesetzt; mit Akk.⟩ **1** *nach unten setzen, vermindern, verringern;* eine Strafe h.; den Preis h.; eine Ware zu herabgesetztem Preis verkaufen **2** ⟨übertr.⟩ *geringschätzig behandeln oder beurteilen;* jmdn., jmds. Arbeit, Fähigkeiten h.; in ~der Weise über jmdn. sprechen **Her|ab|set|zung** ⟨f., -, nur Sg.⟩

her|ab|wür|di|gen ⟨V.1, hat herabgewürdigt; mit Akk.⟩ *in verletzender Weise geringschätzig behandeln oder beurteilen;* jmdn., jmds. Verdienste h. **Her|ab|wür|di|gung** ⟨f., -, nur Sg.⟩

He|ral|dik ⟨f., -, nur Sg.⟩ *Wappenkunde* [< frz. *héraldica* „Wappenkunde", < mlat. *heraldus* „Herold" (→ *Herold*); die Herolde hatten bei den Turnieren die Aufgabe, die Wappen und damit die Teilnahmeberechtigung der Träger zu prüfen und den Ablauf des Turniers zu beaufsichtigen]

He|ral|di|ker ⟨m.5⟩ *Kenner und Erforscher der Heraldik*

he|ral|disch ⟨Adj., o.Steig.⟩ *zur Heraldik gehörend*

her|an ⟨Adv.⟩ *hierher;* nur h.!; immer h.!

her|an... ⟨in Zus.⟩ **1** *hierher, in die Nähe,* z.B. heranbringen, heranwinken **2** *zu etwas oder jmdm. hin,* z.B. heranfahren

her|an|bil|den ⟨V.2, hat herangebildet⟩ **I** ⟨mit Akk.⟩ *ausbilden, sich entwickeln, reifen lassen;* Nachwuchs, junge Wissenschaftler h. **II** ⟨refl.⟩ sich h. *reifen, sich entwickeln, langsam entstehen;* im Lauf der Zeit haben sich auf diesem Gebiet starke Kräfte, große Begabungen herangebildet

her|an|ge|hen ⟨V.47, ist herangegangen; o.Obj.⟩ **1** *in die Nähe gehen, sich nähern;* geh nicht so nah an die Tiere, an das Gitter heran! **2** *mit etwas anfangen;* an eine Arbeit h.; ich weiß nicht, wie ich an die Sache h. soll; mit Geschick, Überlegung an etwas h.

her|an|hal|ten ⟨V.61, hat herangehalten; refl.⟩ sich h. *sich beeilen;* ich muß mich h., um noch pünktlich zu sein

her|an|kom|men ⟨V.71, ist herangekommen; o.Obj.⟩ *näherkommen, sich nähern;* der Abend kam heran; man kommt nur schwer an ihn heran *er ist nur selten zu sprechen,* ⟨übertr.⟩ *er ist sehr verschlossen, er spricht nicht über Privates oder über Gefühle;* eine Sache an sich h. lassen *eine Sache abwarten, eine Sache sich entwickeln lassen*

her|an|las|sen ⟨V.75, hat herangelassen; mit Akk.⟩ *herankommen lassen, in unmittelbare Nähe kommen lassen, sich dicht nähern lassen;* der Hund läßt niemanden (an sich, an das Haus) heran; er läßt niemanden an seinen Schreibtisch heran *er duldet nicht, daß sich jmd. an seinem Schreibtisch zu schaffen macht*

her|an|ma|chen ⟨V.1, hat herangemacht, refl.; ugs.⟩ **1** sich an jmdn. h. *sich jmdm. in einer bestimmten Absicht und in etwas plumper Weise) nähern;* sich wegen einer Gehaltserhöhung an den Chef h. **2** sich an etwas h. *mit etwas beginnen;* ich muß mich nun endlich an diese Arbeit h.

her|an|neh|men ⟨V.88, hat herangenommen; mit Akk.⟩ jmdn. h. *jmdn. sehr beanspruchen, jmdn. arbeiten, lernen lassen;* ich habe den Jungen tüchtig herangenommen; man muß ihn energisch h.

her|an|rei|fen ⟨V.1, ist herangereift; o.Obj.⟩ *allmählich reifen, sich bis zur Reife entwickeln;* die Früchte sind prächtig herangereift; Talente, Begabungen reifen heran; inzwischen ist gut ausgebildeter Nachwuchs herangereift

her|an|tra|gen ⟨V.160, hat herangetragen; mit Akk.⟩ **1** *herbei-, in die Nähe tragen;* Diener trugen Tische und Stühle heran **2** eine Sache an jmdn. h. *jmdn. mit einer Sache bekannt machen, jmdm. eine Sache mitteilen;* von mehreren Mitarbeitern wurde die Bitte an ihn herangetragen, er solle ...

her|an|tre|ten ⟨V.163, ist herangetreten; o.Obj.⟩ **1** *schrittweise nahe herbeikommen, in die Nähe kommen;* bitte treten Sie noch etwas heran, damit Sie alles sehen können **2** an jmdn. h. *(mit einer Absicht) zu jmdm. kommen;* einige Mitarbeiter sind mit der Bitte an mich herangetreten, ich solle ...

her|an|wach|sen ⟨V.172, ist herangewachsen; o.Obj.⟩ *wachsen und sich entwickeln; erwachsen werden;* die Kinder sind herangewachsen; das Kind ist zu einem hübschen jungen Mädchen herangewachsen

her|an|zie|hen ⟨V.187⟩ **I** ⟨ist herangezogen; o.Obj.⟩ *sich nähern;* ein Gewitter zieht heran; das Heer zog heran **II** ⟨hat herangezogen; mit Akk.⟩ **1** *näher zu sich ziehen;* einen Stuhl (zu sich) h. **2** *(zu einem bestimmten Zweck) ausbilden;* er hat einige gute Mitarbeiter herangezogen **3** *wachsen lassen und pflegen (und abrichten);* Pflanzen h.; Haustiere h.; er hat sich den Hund zum Wachhund herangezogen **4** jmdn. zu etwas h. *jmdm. etwas übertragen, jmdm. etwas zu tun aufgeben;* jmdn. zu gewissen Arbeiten h.

her|auf ⟨Adv.; vom Sprecher aus gesehen⟩ *(von dort unten) nach (hier) oben;* vgl. *hinauf;* bis hier h. *bis hier oben;* es ist nicht weit zu gehen bis hier h., bis zu uns h.

her|auf... ⟨in Zus.; vom Sprecher aus gesehen⟩ *(von dort unten) nach (hier) oben*, z.B. heraufbringen, heraufkommen, heraufreichen; vgl. *hinauf...*

her|auf|be|schwö|ren ⟨V.135, hat heraufbeschworen; mit Akk.⟩ etwas h. **1** *sich oder jmdn. an etwas erinnern und es vor Augen führen;* das Bild beschwört vergangene Zeiten in mir herauf; du beschwörst mit deinen Worten längst Vergessenes herauf **2** *verursachen;* durch eine unüberlegte Handlung Unheil, ein Unglück h.

her|auf|set|zen ⟨V.1, hat heraufgesetzt; mit Akk.⟩ *nach oben setzen, erhöhen, steigern;* die Preise h.

her|auf|stei|gen ⟨V.153, ist heraufgestiegen; o.Obj.⟩ **1** *nach (hier) oben steigen;* seid ihr zu Fuß heraufgestiegen? **2** *aufsteigen, sich allmählich zeigen;* die Sonne, der Tag steigt herauf; Erinnerungen steigen herauf

her|auf|zie|hen ⟨V.187⟩ **I** ⟨mit Akk.; hat heraufgezogen⟩ *nach (hier) oben ziehen;* das Netz mit den Fischen h. **II** ⟨o.Obj.; ist heraufgezogen⟩ *über den Horizont aufsteigen, vom Horizont her sich am Himmel nähern;* ein Gewitter zieht herauf

her|aus ⟨Adv.; vom Sprecher her gesehen⟩ *(von dort drinnen) nach (hier) draußen;* vgl. *hinaus, raus;* h. damit! *sag es ungehemmt!*, *sag es endlich!;* los, h. aus dem Bett!

her|aus... ⟨in Zus.; vom Sprecher her gesehen⟩ *(von dort drinnen) nach (hier) draußen*, z.B. herauslaufen, heraussteigen; vgl. *hinaus...*

her|aus|ar|bei|ten ⟨V.2, hat herausgearbeitet; mit Akk.⟩ **1** *(aus einem Material) formen;* eine Figur aus dem Stein h. **2** *durch Malen, Formen, Formulieren hervorheben;* Gesichtszüge im Porträt stärker h. c; die Bewegung der Figur ist gut herausgearbeitet; dieses Motiv, dieser Gegensatz muß noch stärker herausgearbeitet werden **3** Zeit h. *an mehreren Tagen länger arbeiten, um dafür eine gewisse Zeit frei zu haben;* die Tage nach Weihnachten h.

her|aus|be|kom|men ⟨V.71, hat herausbekommen; mit Akk.⟩ Syn. *herausbringen,* ⟨ugs.⟩ *herauskriegen* **1** etwas h. **a** *herauslösen, herausziehen können;* ich bekomme den Nagel nicht heraus **b** *beseitigen, entfernen können;* ich bekomme den Fleck nicht heraus **c** *erfahren, ergründen;* ich habe endlich herausbekommen, wo er wohnt **d** *als Wechselgeld zurückbekommen;* ich bekomme noch zwei Mark heraus **2** jmdn. h. *(aus einer Notlage) befreien;* jmdn. aus dem Gefängnis, aus einer Anstalt h.

her|aus|bil|den ⟨V.2, hat herausgebildet; refl.⟩ *sich allmählich entwickeln und sichtbar, spürbar werden;* Knospen bilden sich heraus; eine Gewohnheit bildet sich heraus; zwischen uns hat sich ein freundschaftliches Verhältnis herausgebildet **Her|aus|bil|dung** ⟨f., -, nur Sg.⟩

her|aus|brin|gen ⟨V.21, hat herausgebracht; mit Akk.⟩ **1** *nach (hier) draußen bringen;* bringen Sie uns bitte einen Kaffee heraus! **2** → *herausbekommen (1a–c)*

her|aus|fah|ren ⟨V.32⟩ **I** ⟨hat herausgefahren; mit Akk.⟩ *nach (hier) draußen fahren;* fahr doch zuerst den Wagen heraus, ehe ich einsteige **II** ⟨ist herausgefahren; mit Dat.⟩ jmdm. h. *unbeabsichtigt, unüberlegt von jmdm. ausgesprochen werden;* der Ausdruck ist mir so herausgefahren

her|aus|fin|den ⟨V.36, hat herausgefunden⟩ **I** ⟨mit Akk.⟩ *durch Nachdenken, Suchen, Fragen finden, erkennen, erfahren;* ich muß h., wie das gemacht wird; jmds. Adresse h. **II** ⟨refl.⟩ sich h. *den Weg nach (hier) draußen finden;* Sie werden sich schon bis zu uns h.

her|aus|for|dern ⟨V.1, hat herausgefordert; mit Akk.⟩ **1** jmdn. h. **a** *jmdn. auffordern zu kämpfen;* jmdn. zum Zweikampf h. **b** *jmdn. durch aufreizendes Verhalten dazu zu bringen suchen, zu reagieren, sich zu wehren;* er wollte dich mit dieser Bemerkung h.; jmdn. ~d ansehen **2** etwas h. *etwas veranlassen, wecken;* solche Worte fordern nur Opposition heraus

Her|aus|for|de|rung ⟨f.10⟩ **1** *das Herausfordern zum Zweikampf* **2** *Äußerung, Verhaltensweise, die jmdn. herausfordert;* ich muß seine Worte als H. betrachten; diese Bemerkung war eine H.

Her|aus|ga|be ⟨f.11⟩ *das Herausgeben;* die H. von Dokumenten, von Unterlagen verlangen; die H. eines Buches

her|aus|ge|ben ⟨V.45, hat herausgegeben⟩ **I** ⟨mit Akk.⟩ **1** etwas h. **a** *etwas nach (hier) draußen geben;* jmdm. den Koffer (zum Abteilfenster) h. **b** *aus einem Behältnis, Raum nehmen und jmdm. geben;* Wäsche h. (im Hotel); Garderobe h. (bei Veranstaltungen); gestohlene Sachen wieder h. **c** *an die Öffentlichkeit bringen, veröffentlichen, zum Verkauf bringen;* ein Buch, eine Zeitschrift h.; Goethes Werke neu h.; die Post gibt neue Briefmarken heraus **2** jmdn. h. *freigeben, freilassen;* Gefangene, Geiseln h. **II** ⟨mit Dat.⟩ jmdm. h. **1** *Wechselgeld geben, zuviel bezahltes Geld in anderer Münze zurückgeben;* können Sie mir auf 20 Mark h.? **2** jmdm. *schlagfertig antworten;* er hat ihm auf seine Anzüglichkeiten gut, scharf herausgegeben

Her|aus|ge|ber ⟨m.5⟩ *jmd., der etwas veröffentlicht, der für die richtige und rechtzeitige Fertigstellung und den Druck von etwas sorgt;* H. einer Zeitschrift, eines wissenschaftlichen Sammelwerkes; H. von Klassikerausgaben

her|aus|ge|hen ⟨V.47, ist herausgegangen; o.Obj.⟩ **1** *verschwinden, sich entfernen, beseitigen lassen;* der Fleck geht nicht heraus **2** aus sich h. *lebhaft, gesprächig werden*

her|aus|ha|ben ⟨V.60, hat herausgehabt; mit Akk.⟩ etwas h. **1** *wissen, wie man etwas machen muß* **2** *erraten haben;* ich hab's heraus! ich weiß es jetzt! **3** *gelöst, ausgerechnet haben;* ich habe die Aufgabe heraus; hast du's schon heraus? **4** *herausgezogen, entfernt haben;* ich habe den Splitter endlich heraus

her|aus|hal|ten ⟨V.61, hat herausgehalten⟩ **I** ⟨mit Akk.⟩ *nach (hier) draußen halten* **II** ⟨refl.⟩ sich aus einer Sache h. *mit einer Sache nichts zu tun haben wollen, sich nicht in eine Sache verwickeln lassen*

her|aus|hän|gen **I** ⟨V.1, hat herausgehängt; mit Akk.⟩ *nach (hier) draußen hängen;* die Leute hängen die Wäsche aus den Fenstern heraus; man hat überall Fahnen herausgehängt **II** ⟨V.62, hat herausgehangen; o.Obj.⟩ *nach (hier) draußen zu sehen sein;* die Sache hängt mir zum Hals heraus ⟨übertr., ugs.⟩ *ich habe die Sache gründlich satt, die Sache ist mir über;* er kam mit ~der Zunge an ⟨ugs.⟩ *er kam völlig außer Atem, abgehetzt, erschöpft an;* etwas (lang) h. lassen ⟨übertr., derb⟩ *stolz zeigen, daß man etwas hat, mit etwas angeben, was man hat;* er braucht es nicht so (lang) h. zu lassen, auf sein viel Geld hat; er läßt seinen Erfolg im Beruf lang genug h.

her|aus|hau|en ⟨V.63, hat herausgehauen; mit Akk.⟩ **1** ⟨hieb⟩ *durch Hauen entfernen, herauslösen;* Steine (aus der Mauer) h. **2** ⟨haute; nur im Präsens und Perfekt üblich ugs.; meist⟩ *raushauen, (spontan und zum Erstaunen oder Vergnügen der andern) sagen, zum Ausdruck bringen;* was der Kleine manchmal heraushaut!; er haut die komischsten Sachen, Antworten heraus

her|aus|he|ben ⟨V.64, hat herausgehoben⟩ **I** ⟨mit Akk.⟩ **1** *nach (hier) draußen heben, aus einem Behältnis heben;* ein Kind, Gegenstände (aus dem Wagen) h. **II** ⟨refl.⟩ sich h. *sich deutlich zeigen, deutlich sichtbar sein;* die hellen Birken heben sich aus dem dunklen Grün der übrigen Bäume schön heraus

her|aus|hel|fen ⟨V.66, hat herausgeholfen; mit Dat.⟩ jmdm. h. *jmdm. helfen, herauszukommen, auszusteigen, etwas auszuziehen;* jmdm. mit Schwierigkeiten, aus einem Graben h.; darf ich Ihnen (aus dem Wagen, aus dem Mantel) h.?

her|aus|keh|ren ⟨V.1, hat herausgekehrt; mit Akk.⟩ etwas h. **1** *nach (hier) draußen kehren* **2** *zeigen, betonen, daß man etwas ist;* Syn. *hervorkehren;* er kehrt überall den großen Sportler, den berühmten Schriftsteller heraus

her|aus|ken|nen ⟨V.67, hat herausgekannt; mit Akk.⟩ *in einer Menge erkennen;* ich habe dich gleich herausgekannt

her|aus|kom|men ⟨V.71, ist herausgekommen⟩ **1** *nach (hier) draußen kommen;* komm doch heraus!; willst du nicht am Sonntag zu uns h.? **2** *(aus der Haft) entlassen werden;* er kommt in diesem Monat heraus **3** *offenbar werden, bekannt werden;* es ist nun doch herausgekommen, daß er der Täter war; wenn das herauskommt, sind wir blamiert **4** *veröffentlicht werden, erscheinen;* kürzlich ist ein neuer Roman von XY herausgekommen **5** *ein als Lösung ergeben;* was kommt heraus, wenn man 15 mit 35 malnimmt? **6** *sich als Ergebnis, als Folge zeigen;* bei der Untersuchung ist nichts herausgekommen; ist herausgekommen, daß ...; das kommt auf dasselbe heraus *das hat das gleiche Ergebnis;* das kommt dabei heraus, wenn man ... **7** *an die frische Luft gehen, unter Menschen gehen, ausgehen;* du kommst zu wenig heraus **8** ⟨ugs.⟩ *aus der Übung kommen;* wenn man nicht täglich spielt, übt, kommt man schnell heraus **9** ⟨ugs.⟩ *aus dem Takt kommen* **10** *deutlich erkennbar sein;* die Farben kommen auf dem Foto gut heraus; der Konflikt kommt in dem Stück, in dem Buch nicht genügend heraus **11** ⟨ugs.⟩ *an die Öffentlichkeit treten, bekannt werden;* der junge Sänger ist jetzt ganz groß herausgekommen **12** ⟨Kart.⟩ *als erster ausspielen;* wer kommt heraus? **13** mit etwas h. *etwas zum Ausdruck, zur Sprache bringen;* endlich kam er mit seiner Bitte, mit der Wahrheit heraus

her|aus|krie|gen ⟨V.1⟩ → *herausbekommen*

her|aus|kri|stal|li|sie|ren ⟨V.3, hat herauskristallisiert; refl.; übertr.⟩ sich h. *sich allmählich zeigen, deutlich werden, sich (aus etwas) bilden*

her|aus|neh|men ⟨V.88, hat herausgenommen⟩ **I** ⟨mit Akk.⟩ *aus einem Behältnis nehmen;* ein Baby nehmen (aus dem Bett, Wagen) h.; nimm dir ein Bonbon (aus der Tüte) heraus! **II** ⟨mit Dat. u. Akk.⟩ jmdm. etwas h. *jmdm. etwas aus dem Körper entfernen;* jmdm. die Mandeln, die Gallenblase h. **III** ⟨mit Dat. (sich) u. Akk.; übertr.⟩ sich etwas h. *etwas tun, sagen, was man nicht tun, sagen dürfte, sich etwas anmaßen;* er nimmt sich manche Freiheit heraus; er nimmt sich das Recht heraus, zu ...

her|aus|schin|den ⟨V.114; ugs.⟩ → *herausschlagen (2)*

her|aus|schla|gen ⟨V.116, hat herausgeschlagen; mit Akk.⟩ **1** *durch Schlagen herauslösen, entfernen;* einen Stein (aus der Mauer) h. **2** *erzielen, gewinnen;* Syn. ⟨ugs.⟩ *herausschinden;* bei einem Geschäft einen Gewinn h.; er versucht aus allem einen Vorteil für sich herauszuschlagen

her|aus|schrei|ben ⟨V.127, hat herausgeschrieben; mit Akk.⟩ *(aus einem Druckwerk) abschreiben (um es sich zu merken oder um es zu verwenden);* ich habe mir aus dem Buch einige Stellen herausgeschrieben; er hat sich aus der Zeitung die passenden Stellenangebote herausgeschrieben

her|aus|sein ⟨V.137, ist herausgewesen; o.Obj.; ugs.⟩ **1** *bekannt, entschieden sein;* es ist noch nicht heraus, ob das Fest stattfindet **2** *aus der Übung sein;* ich habe jahrelang nicht mehr Klavier gespielt und bin völlig

heraus 3 aus einer Sache h. *eine Sache überstanden, überwunden haben;* damit sind wir aus allem Übel, aller Not, allen Schwierigkeiten heraus

her|außen ⟨Adv.; bayr.-österr.; vom Sprecher aus gesehen⟩ *hier draußen*

her|aus|sprin|gen ⟨V.148, ist herausgesprungen; o.Obj.⟩ **1** *nach (hier) draußen springen, im Sprung, in Sprüngen herauskommen;* er ist zum Fenster herausgesprungen; als es läutete, kam der Hund herausgesprungen **2** *sich aus einem Gefüge lösen;* die Feder ist herausgesprungen **3** *sich (als Vorteil, Gewinn) ergeben;* vielleicht springt bei der Sache auch etwas für mich heraus

her|aus|staf|fie|ren ⟨V.3, hat herausstaffiert; mit Akk.⟩ *festlich ankleiden, herausputzen*

her|aus|strei|chen ⟨V.158, hat herausgestrichen; mit Akk.⟩ **1** ⟨verstärkend⟩ *streichen, durch Streichen ungültig machen, entfernen;* er hat (aus dem Text) alle anstößigen Stellen herausgestrichen **2** *übertrieben hervorheben, betont zum Ausdruck bringen;* in einer Rede jmds. Verdienste h.

her|aus|wach|sen ⟨V.172, ist herausgewachsen; o.Obj.⟩ **1** ⟨*aus einem Behältnis*⟩ *nach (hier) draußen wachsen;* die Wurzeln sind nicht aus (dem Loch des Topfes) herausgewachsen; das wächst mir allmählich zum Hals heraus ⟨ugs.⟩ *das bekomme ich allmählich satt, das wird mir zu langweilig* **2** *aus Kleidern h. zu groß werden für die bisher getragenen Kleider;* er ist aus allen Hosen und Jacken herausgewachsen **3** *über ein gewisses Maß wachsen;* die gefärbten Haare h. lassen *sie so lang wachsen lassen, bis man sie abschneiden kann*

herb ⟨Adj.⟩ **1** *etwas bitter oder säuerlich;* ein ~er Duft, Geschmack; ein ~er Wein **2** *abweisend, spröde, wenig verbindlich;* ~es Wesen; sie ist sehr h. **3** *schwer zu ertragen, bitter;* eine ~e Enttäuschung; ein ~er Verlust **4** *unfreundlich, hart;* eine ~e Entgegnung, Kritik

Her|ba|ri|um ⟨n., -, -ri|en⟩ *Sammlung von getrockneten Pflanzen* [< lat. *herba* „Pflanze, Kraut" und Suffix *-arium* zur Bezeichnung eines Behälters]

Her|be ⟨f., -, nur Sg.⟩ → *Herbheit*

her|bei... ⟨in Zus.⟩ *hierher, an diesen Ort, an diese Stelle,* z.B. herbeilaufen, herbeirufen

her|bei|füh|ren ⟨V.1, hat herbeigeführt; mit Akk.⟩ *etwas h. dafür sorgen, daß etwas geschieht;* eine Änderung, Entscheidung h.

her|bei|las|sen ⟨V.75, hat herbeigelassen; refl.⟩ *sich h. (etwas zu tun) sich zögernd, gnädig bereit finden (etwas zu tun);* er ließ sich sogar herbei; mit den Kindern zu spielen; würdest du dich freundlicherweise h., mir das zu erklären?

her|be|kom|men ⟨V.71, hat herbekommen; mit Akk.⟩ *beschaffen, besorgen können;* Syn. ⟨ugs.⟩ *herkriegen;* wo soll ich das denn h.?

Her|ber|ge ⟨f.11⟩ **1** ⟨†⟩ *Unterkunft, einfache Schlafgelegenheit* **2** *gastliche Aufnahme;* freundliche H. erhalten

Her|bergs|va|ter ⟨m.6⟩ *Leiter einer Jugendherberge*

her|be|ten ⟨V.2, hat herbetet; mit Akk.⟩ *ohne Ausdruck aufsagen;* Auswendiggelerntes h.; die Hausierer, die an allen Türen ihren Spruch h.

Herb|heit ⟨f., -, nur Sg.⟩ Syn. *Herbe, Herbigkeit* **1** *herbe Beschaffenheit;* die H. des Geschmacks; H. des Weins **2** *herbe Wesensart;* ihre H. macht ihr manches schwer

Her|big|keit ⟨f., -, nur Sg.⟩ → *Herbheit*

Her|bi|vo|re ⟨[-vo̱-] m.11⟩ → *Pflanzenfresser* [< lat. *herba* „Pflanze, Kraut" und *vorare* „fressen"]

Her|bi|zid ⟨n.1⟩ *chemisches Unkrautvernichtungsmittel* [< lat. *herba* „Pflanze, Kraut" und *caedere* (in Zus. *-cidere*) „töten"]

Herbst ⟨m.1⟩ *Jahreszeit der Reife, der Ernte und des Welkens (in Mitteleuropa die Monate September bis November; astronomisch vom 23.9. bis 22.12.);* H. des Lebens ⟨übertr.⟩

herbst|eln ⟨V.1, hat geherbstelt; o.Obj.; unpersönl., mit „es"⟩ *es herbstelt es wird Herbst, es wird herbstlich;* auch: *herbsten*

herbs|ten ⟨V.2, hat geherbstet; o.Obj.⟩ **1** → *herbsteln* **2** *Trauben ernten*

Herbst|fär|bung ⟨f., -, nur Sg.⟩ *gelbe, rote und braune Färbung der grünen Laubblätter im Herbst*

Herb|sting ⟨m.1; alter Name für⟩ *September*

herbst|lich ⟨Adj.⟩ *dem Herbst entsprechend, wie im Herbst;* ~e Kühle; ein ~er Blumenstrauß

Herbst|ling ⟨m.1⟩ *im Herbst (= zu spät) geborenes Haustier, im Herbst reifende Frucht*

Herbst|mo|nat ⟨m.1⟩ **1** ⟨nur Sg.; †⟩ *September* **2** *jeder der drei Monate September, Oktober, November*

Herbst|punkt ⟨m.1⟩ *einer der beiden Schnittpunkte der Ekliptik mit dem Himmelsäquator zum Herbstbeginn (am 23.9.)*

Herbst|zeit|lo|se ⟨f.11⟩ *eine dem Krokus ähnliche, im Spätsommer und Herbst blaßviolett blühende Pflanze* [mhd. *zitelose, zitlose* bezeichnete mehrere Frühlingsblumen, bes. den Krokus, weil sie schon zeitig im Frühjahr, also nicht zur üblichen Blütezeit blühen; im 18.Jh. erschien der Name „Herbstzeitlose"]

Herd ⟨m.1⟩ **1** *Feuerstelle zum Kochen oder Heizen* **2** ⟨*eigenes*⟩ *Heim;* sich Haus und H. schaffen; am häuslichen H. *in der Geborgenheit des eigenen Heims* **3** *Mittelpunkt, Ort, von dem etwas ausgeht (Krankheits~, Erdbeben~);* eine Krankheit, eine Epidemie auf ihren H. beschränken **4** *Teil des Hochofens, der die Schmelze aufnimmt*

Herd|buch ⟨n.4⟩ *Zuchtstammbuch, in dem alle einem Zuchtziel entsprechenden Tiere geführt werden;* auch: ⟨schweiz.⟩ *Herdebuch*

Her|de ⟨f.11⟩ **1** *Verband von großen Säugetieren (bes. von Huftieren)* **2** ⟨ugs.⟩ *Menge von Menschen (ohne eigene Initiative);* sich in der H. durch ein Museum führen lassen **3** *Menge, Schar von Gläubigen, Gemeinde;* der Pfarrer und seine H.

Her|de|buch ⟨n.4; schweiz.⟩ → *Herdbuch*

Her|den|tier ⟨n.1⟩ *in einer Herde lebendes Tier, Tier, das dem Herdentrieb folgt;* der Mensch ist ein H. ⟨iron.⟩ *der Mensch schließt sich gern mit andern zusammen und tut das, was auch die andern tun*

Her|den|trieb ⟨m., -(e)s, nur Sg.⟩ **1** ⟨bei Tieren⟩ *Trieb, sich zu einer Herde (1) zusammenzuschließen* **2** ⟨bei Menschen; ugs.⟩ *Neigung, sich einer Gruppe anzuschließen, eine Gruppe zu bilden und sich ihr anzupassen*

Herd|fri|schen ⟨n., -s, nur Sg.⟩ *Verfahren zur Entkohlung von Eisen bei der Erzeugung von Stahl* [zu *Herd* (4)]

Herd|in|fek|ti|on ⟨f.10⟩ *Streuung von Bakterien oder deren Giften von einem bakterienhaltigen Krankheitsherd aus, wodurch weitere Infektionen hervorgerufen werden*

he|re|di|tär ⟨Adj., o.Steig.⟩ *erblich* [< frz. *héréditaire* „erblich", < lat. *hereditarius* „zur Erbschaft gehörig, erblich, geerbt", zu *heres*, Gen. *heredis*, „Erbe"]

He|re|di|tät ⟨f.10; †⟩ **1** *Erblichkeit, Vererbung* **2** *Erbfolge*

her|ein ⟨Adv.; vom Sprecher her gesehen⟩ *(von dort draußen) nach (hier) drinnen;* vgl. *hinein;* Herein! ⟨Aufforderung an den, der an die Tür geklopft hat, einzutreten⟩; nur h.!; immer h.! ⟨Aufforderungen, einzutreten⟩

her|ein... ⟨in Zus.; vom Sprecher her gesehen⟩ *(von dort draußen) nach (hier) drinnen,* z.B. hereinkommen, hereinlassen, hereinspringen; vgl. *hinein...*

her|ein|bre|chen ⟨V.19, ist hereingebrochen; o.Obj.⟩ **1** *beginnen, einsetzen;* die Nacht, die Dunkelheit brach herein **2** *über jmdn. oder etwas h. jmdn. oder etwas plötzlich, unerwartet treffen;* ein Gewitter brach über uns herein; eine Katastrophe nach der andern brach über das Land herein

her|ein|fal|len ⟨V.33, ist hereingefallen; o.Obj.⟩ **1** *nach (hier) drinnen fallen;* durch die Fensterläden fiel etwas Sonnenlicht herein **2** ⟨ugs.⟩ *betrogen, enttäuscht werden;* Syn. *hineinfliegen;* bei diesem Kauf bin ich hereingefallen; wenn du tust, bist du der Hereingefallene **3** *auf etwas oder jmdn. h.* ⟨ugs.⟩ *sich von etwas oder jmdm. täuschen lassen;* auf einen Trick h.; ich falle immer wieder auf seine Ausreden, Lügen, Späße herein; ich habe auf ihn hereingefallen *ich habe mich von ihm täuschen lassen, denn er ist nicht das, was er vorgibt*

her|ein|le|gen ⟨V.1, hat hereingelegt; mit Akk.⟩ **1** *hereinbringen und hinlegen;* legen Sie mir die Post, die Zeitungen herein! **2** ⟨übertr.⟩ *betrügen, übervorteilen;* mit diesem Auto hat er dich hereingelegt; bei diesem Kauf habe ich mich h. lassen

her|ein|plat|zen ⟨V.1, ist hereingeplatzt; o.Obj.; ugs.⟩ *plötzlich, unerwartet (in einer Gruppe von Personen) auftauchen, erscheinen;* er platzte mit der Nachricht herein, daß ...

her|ein|schau|en ⟨V.1, hat hereingeschaut; o.Obj.⟩ **1** *nach (hier) drinnen schauen;* der Mond schaut zum Fenster herein **2** *bei jmdm. h. jmdn. zwanglos und kurz besuchen;* schau doch gelegentlich bei uns, zu uns herein!

her|ein|schnei|en ⟨V.1; o.Obj.⟩ **I** ⟨hat hereingeschneit; unpersönl., mit „es"⟩ *es schneit herein Schnee fällt, weht herein;* mach die Tür zu, es schneit herein! **II** ⟨ist hereingeschneit, ugs., scherzh.⟩ *unerwartet auftauchen;* gestern abend schneite er plötzlich (bei uns) herein

He|re|ro **I** ⟨m., -(s), -(s)⟩ *Angehöriger eines südwestafrikanischen Bantuvolkes* **II** ⟨n., -(s), nur Sg.⟩ *dessen Sprache*

her|fah|ren ⟨V.32, ist hergefahren; o.Obj.⟩ *hierherfahren, an diesen Ort (hier) fahren;* hin- und h.

Her|fahrt ⟨f.10⟩ *Fahrt hierher, an diesen Ort (hier);* auf der H.; Hin- und H.

her|fal|len ⟨V.33, ist hergefallen; mit Präp.obj.⟩ **1** *über jmdn. h.* **a** *jmdn. brutal überfallen, jmdn. gewalttätig angreifen* **b** *betrügen, übervorteilen;* mit jmdm. heftig, scharf kritisieren **2** *über etwas h.* **a** *gierig von etwas Besitz ergreifen, sich gierig etwas aneignen;* über Vorräte h. **b** *gierig etwas zu essen beginnen;* die Kinder sind über den Kuchen hergefallen

Her|gang ⟨m., -(e)s, nur Sg.⟩ *Ablauf, Verlauf;* den H. der Sache erzählen, berichten

her|ge|ben ⟨V.45, hat hergegeben⟩ **I** ⟨mit Akk.⟩ **1** *weggeben, hingeben, verschenken;* er gibt gern, nicht gern etwas her; seinen Namen für etwas h. *seinen Namen zur Verfügung stellen* **2** *jmdm. geben;* gib bitte die Zigaretten her! gib mir die Zigaretten! **II** ⟨o.Obj., mit Prädikatsnomen⟩ *Ertrag, Gewinn bringen;* der Boden gibt nichts mehr her; das Buch, der Film gibt nichts her *man hat von dem Buch, dem Film keinen inneren Gewinn* **III** ⟨refl.⟩ *sich zu etwas h. sich zu etwas (Unehrenhaftem) bereit finden;* dazu gebe ich mich nicht her

her|ge|bracht → *herkömmlich*

her|hal|ten ⟨V.61, hat hergehalten; o.Obj.⟩ **1** *die Folgen (für andere) tragen;* wenn irgendetwas nicht klappt, muß er jedes Mal h.; er muß immer für andere, für die Fehler der andern h. *er wird immer zur Rechenschaft gezogen;* und dafür soll ich h.? **2** ⟨im Notfall⟩ *benutzt werden;* zur Not kann auch ein Scheit Holz als Hammer h.; die alte Hose kann immer noch zur Gartenarbeit h.

her|hö|ren ⟨V.1, hat hergehört; o.Obj.; ugs.⟩ *zuhören;* ⟨fast nur in der Wendung⟩ bitte mal alle h.!

He|ring ⟨m.1⟩ *1 im Atlantik vorkommender, schwarmbildender Fisch mit dunkelgrauem oder -grünem Rücken und silbrigen Bauchseiten* **2** *Pflock, in den Boden gerammt wird und an dem die Zeltschnüre befestigt werden*

He|rings|kö|nig ⟨m.1⟩ *hochrückiger Fisch mit einem schwarzen, gelbgesäumten Fleck hinter der Brustflosse und fahnenähnlich verlängerten Flossen;* Syn. *Petersfisch* [er folgt Heringsschwärmen]

He|rings|log|ger ⟨m.5⟩ *Schiff für die Heringsfischerei mit dem Treibnetz*

He|rings|mö|we ⟨f.11⟩ *mittelgroße, schwarzmantelige Möwe der Küsten*

her|in|nen ⟨Adv.; bayr.-österr.; vom Sprecher aus gesehen⟩ *hier drinnen*

Her|kom|men ⟨n., -s, nur Sg.⟩ *1 Abstammung, Herkunft;* von gutem H. *2 Brauch, Sitte;* nach altem H.

her|kömm|lich ⟨Adj., o.Steig.⟩ *wie es immer schon war, wie es überliefert, Brauch ist;* Syn. *hergebracht;* ~e Vorstellungen; in ~er Weise

her|krie|gen ⟨V.1⟩ ~ *herbekommen*

Her|ku|les|ar|beit ⟨f.10⟩ *sehr schwere, kaum zu bewältigende Arbeit* [nach den griech. Sagenheld *Herakles* (latinisiert *Herkules*), dem zwölf schwere Arbeiten auferlegt wurden, die er durch seine Kraft und seinen Erfindergeist bewältigte]

Her|ku|les|keu|le ⟨f.11⟩ *1* ⟨*in Laubwäldern vorkommender*⟩ *ockergelblicher Keulenpilz* **2** ⟨*aus Süditalien stammendes*⟩ *Kürbisgewächs mit langen, keulenförmigen Gurkenfrüchten*

her|ku|lisch ⟨Adj., o.Steig.⟩ *1 in der Art des Herkules, sehr stark;* ein h. gebauter Mann *2 schwer zu vollbringen;* ~e Anstrengungen unternehmen

Her|kunft ⟨f., -, nur Sg.⟩ *1 Abstammung* ⟨*aus einer bestimmten sozialen Schicht*⟩; von hoher, niedriger H. *2 Ursprung, Herkommen;* die H. eines Sprichwortes; Waren deutscher H.

her|lau|fen ⟨V.76, ist hergelaufen; o.Obj.⟩ *hierherlaufen;* hinter jmdm. h. *jmdm. im Laufschritt folgen;* ⟨übertr.⟩ *sich um jmds. Gunst bemühen, sich jmdm. aufdrängen;* ein hergelaufener Kerl ⟨übertr.⟩ *jmd. von zweifelhafter Herkunft, jmd., der in ungeordneten Verhältnissen lebt*

Her|lit|ze ⟨auch [-lɪt-] f.11⟩ → *Kornelkirsche*

Her|man|dad ⟨span. [ermandaθ] f., -, ⟨urspr.⟩ ⟩ *1* ⟨ *Bündnis kastilischer, später auch aragonischer Städte gegen den Adel* **2** ⟨dann⟩ *eine Art Polizei* [span., „Bruderschaft", zu *hermano* „Bruder", < lat. germanus „Bruder", zu germen „das Erzeugte"]

Herm|aph|ro|dis|mus ⟨m., -, nur Sg.⟩ → *Hermaphroditismus*

Herm|aph|ro|dit ⟨m.10⟩ *zweigeschlechtliches Lebewesen;* Syn. *Zwitter* [nach *Hermaphroditos,* den Sohn des *Hermes* und der *Aphrodite;* nach der Sage hatte *Hermaphroditos* die Liebe einer Quellnymphe verschmäht, und diese bat darauf die Götter, ihn auf immer mit ihr zu vereinen; die Götter erfüllten ihren Wunsch und verschmolzen sie mit ihm zu einem zweigeschlechtlichen Wesen, halb Mann, halb Frau]

herm|aph|ro|di|tisch ⟨Adj., o.Steig.⟩ *Hermaphroditismus aufweisend;* Syn. *zwittrig*

Herm|aph|ro|di|tis|mus ⟨m., -, nur Sg.⟩ *Vorkommen männlicher und weiblicher Geschlechtsorgane bei demselben Lebewesen;* auch: *Hermaphrodismus;* Syn. *Zweigeschlechtigkeit, Zwittrigkeit* [zu *Hermaphrodit*]

Her|me ⟨f.11⟩ *Bildsäule mit viereckigem Schaft und ausgearbeitetem Kopf* [< griech. *hermes* in ders. Bed.; die Herkunft ist unklar, vielleicht nach *Hermes,* dem Gott der Wege]

Her|me|lin ⟨n.1⟩ *1 im Sommerpelz braunrotes, im Winter weißes, großes Wiesel, das an der schwarzen Schwanzspitze erkennbar ist* **2** *dessen Winterpelz* [< ahd. *harmelin,* Verkleinerungsform von *harmo* „Wiesel"]

Her|me|neu|tik ⟨f., -, nur Sg.⟩ *Kunst der Deutung, Auslegung von Kunstwerken, Texten oder Musikstücken* [< griech. *hermeneutike* „Kunst der Auslegung, der Deutung", zu *hermeneuein* „erklären, auslegen, deuten"]

her|me|neu|tisch ⟨Adj., o.Steig.⟩ *mit Hilfe der Hermeneutik*

her|me|tisch ⟨Adj., o.Steig.⟩ *1 wasser- und luftdicht;* ein h. verschlossener Behälter *2 so, daß niemand heraus- oder hineinkann;* der Ausgang wurde h. abgeriegelt *3 geheimnisvoll, dunkel* [nach dem ägyptisch-hellenistischen Gott *Hermes* Trismegistos, der als Erfinder der Alchimie galt und dem die Fähigkeit zugeschrieben wurde, Gefäße durch magische Siegel fest zu verschließen]

her|nach ⟨Adv.⟩ *1 unmittelbar nach* ⟨*einem Ereignis*⟩; *erst gehen wir essen und h. ins Kino* **2** *später;* das kann h. gemacht werden

her|neh|men ⟨V.88, hat hergenommen; mit Akk.; ugs.⟩ *1 etwas h. herbeischaffen, finden und nehmen;* wo soll ich das denn h.? *2 jmdn. h.* **a** *jmdn. ernst die Meinung sagen, jmdn. eindringlich ermahnen* **b** *jmdn. stark beeindrucken, erschüttern, aufwühlen;* das Buch hat mich ziemlich hergenommen

Her|nie ⟨[-niə] f.11⟩ *1 Ausstülpung des Bauchfells aus der Bauchhöhle;* Syn. *Eingeweidebruch, Leistenbruch;* äußere, innere H. *2 durch einen Schleimpilz verursachte Pflanzenkrankheit mit knolligen Wucherungen an den Wurzeln* ⟨*bes. bei Kreuzblütlern*⟩ [< lat. *hernia* „Bruch", zu *hira* „Darm"]

her|nie|der... ⟨in Zus.; geh.⟩ *herab..., herunter...,* z.B. *herniedersinken*

Her|nio|to|mie ⟨f.11⟩ *Operation einer Hernie* (1) [< *Hernie* und griech. *tome* „Schnitt"]

her|oben ⟨Adv.; bayr.-österr.⟩ *hier oben*

He|ro|en ⟨Pl. von⟩ *Heros*

He|ro|en|kult ⟨m.1; geh.⟩ *Heldenverehrung*

He|ro|in ⟨f.10; geh.⟩ *Heldin*

He|ro|in ⟨n., -s, nur Sg.⟩ *Abkömmling des Morphins, weißes, bitter schmeckendes Pulver, gefährliches Rauschgift* [die Herkunft des Wortes ist nicht sicher; es soll von griech. *heros* „Held" abgeleitet sein, vielleicht wegen der das Selbstwertgefühl erhöhenden Wirkung]

He|ro|ine ⟨f.11⟩ *Darstellerin der Rolle einer Heldin*

he|ro|isch ⟨Adj.⟩ *heldenhaft, heldenmütig* [< griech. *heroikos* in ders. Bed., zu *heros* „Held, Halbgott, Göttersohn", → *Heros*]

he|ro|i|sie|ren ⟨V.3, hat heroisiert; mit Akk.⟩ *zum Helden erheben, verherrlichen* [zu *Heros*]

He|ro|is|mus ⟨m., -, nur Sg.; geh.⟩ *Heldenmut, Heldenhaftigkeit*

He|rold ⟨m.1⟩ *1* ⟨MA⟩ **a** *Wappenkundiger* **b** *Ausrufer, Bote* ⟨*eines Fürsten*⟩ **2** ⟨übertr.⟩ *Vorläufer, Verkünder;* der H. einer neuen Entwicklung [< mhd. *herolt,* mlat. *heraldus* „Herold", < fränk. *heriwald* „Inhaber eines Heeresamtes", zu ahd. *heri* „Heer" und *waldan* „walten, die Aufsicht haben"]

He|rolds|amt ⟨n.4; †⟩ *für Titel-, Adels- und Wappenfragen zuständige Behörde*

He|rons|ball ⟨m.2⟩ *Gefäß, in dem durch Einblasen von Luft Wasser in die Höhe gedrückt wird* [nach dem altgriech. Mathematiker *Heron*]

He|ro|on ⟨n., -, nur Sg.⟩ *Grabmal eines Heros* ⟨*Kultstätte*⟩

He|ros ⟨m., -, -ro|en⟩ *1* ⟨griech. Myth.⟩ *zwischen Göttern und Menschen stehender Held;* Syn. *Halbgott* **2** ⟨geh.⟩ *Held* [< griech. *heros* „Held, Göttersohn, Halbgott"; Herkunft unklar, allgemein wird eine Grundbedeutung „Beschützer" angenommen]

He|ro|strat ⟨m.10⟩ *Verbrecher aus Ruhmsucht* [nach dem Griechen *Herostratos,* der 356 v. Chr. den Artemistempel in Ephesos in Brand steckte, um berühmt zu werden]

He|ro|stra|ten|tat ⟨f.10⟩ *Verbrechen aus Ruhmsucht*

He|ro|stra|ten|tum ⟨n., -, nur Sg.⟩ *Ruhmsucht um jeden Preis*

he|ro|stra|tisch ⟨Adj., o.Steig.; geh.⟩ *in der Art eines Herostraten;* ~e Tat

Her|pes ⟨m., -, -pe|tes⟩ *gruppierte Bläschen auf geröteter Haut, die durch einen Virus hervorgerufen werden* ⟨*bes. an den Lippen und Geschlechtsteilen*⟩; H. zoster → *Gürtelrose* [< griech. *herpein* „kriechen, schleichen", griech. *zoster* „Gürtel"]

Her|pe|to|lo|gie ⟨f., -, nur Sg.⟩ *Wiss. von den Amphibien und Reptilien* [< griech. *herpeton* „auf allen vieren gehendes oder kriechendes Tier" ⟨zu *herpein* „kriechen, auf allen vieren gehen"⟩ und *...logie*]

Herr ⟨m.10 oder -n, -en⟩ *1* ⟨*als höfliche Anrede für Männer*⟩ H. Müller; sehr geehrter H. Müller ⟨Anrede im Brief⟩ *2* ⟨*gehobene, höfliche Bez. für*⟩ *Mann;* ein H. möchte Sie sprechen; ein freundlicher H.; Alter H. ⟨Studentenspr.⟩ *ehemal aktives Mitglied einer Studentenverbindung;* mein alter H. ⟨ugs.⟩ *mein Vater;* ein feiner, sauberer H. ⟨iron., ugs.⟩ *ein anrüchiger Mensch;* geistlicher H. *Pfarrer;* der junge H. ⟨†⟩ *Sohn des Hausherrn* **3** *Besitzer, Herrscher, Gebieter;* sein eigener H. sein *selbst bestimmen können;* H. der Lage sein *eine Situation beherrschen;* der H. über Leben und Tod *Gott;* mein H. und Gebieter, mein H. und Meister ⟨ugs., scherzh.⟩ *mein Ehemann;* einer Sache H. werden *die Kontrolle über etwas gewinnen;* nicht mehr H. seiner Sinne sein *die Beherrschung verlieren;* in aller Herren Länder *aus allen Teilen der Welt;* über etwas, sich, jmdn. H. sein *über etwas, sich, jmdn. Gewalt haben;* wie der H., so's Geschen ⟨volkstüml.⟩ *wie der Hausherr, so sind auch die Untergebenen und Kinder* **4** *Gott;* Gott der H.; der H. Jesus; den ~n anrufen; dem ~n danken; Bruder, Schwester im ~n ⟨Anrede für⟩ *Ordensangehörige;* ein großer Schifahrer, Sportler vor dem ~n sein ⟨ugs., scherzh.⟩ *ein engagierter Schifahrer, Sportler sein*

Herr|chen ⟨n.7⟩ *1 kleiner, sehr junger Herr;* ein junges, geschniegeltes H. *2 Besitzer* ⟨*eines Hundes*⟩; wo ist denn dein H.?

Her|rei|se ⟨f.11⟩ *Reise hierher, an diesen Ort* ⟨*hier*⟩; auf der H. haben wir einmal übernachtet; Hin- und H.

her|rei|sen ⟨V.1, ist hergereist; o.Obj.⟩ *hierherreisen*

Her|ren|abend ⟨m.1⟩ *Abendgesellschaft, bei der nur Herren anwesend sind*

Her|ren|fah|rer ⟨m.5⟩ *Rennfahrer, der seinen eigenen Wagen fährt*

Her|ren|haus ⟨n.4⟩ *1 Gutshaus* **2** ⟨bis 1918⟩ *Erste Kammer des preußischen Landtags und des österreichischen Reichstags*

Her|ren|le|ben ⟨n., -s, nur Sg.; †⟩ *sorgloses Leben ohne Zwang zu arbeiten;* ein H. führen

her|ren|los ⟨Adj., o.Steig.⟩ *ohne Herrn, ohne Besitzer;* ~e Hunde

Her|ren|mensch ⟨m.10⟩ *jmd., der sich überlegen, zum Herrschen geboren fühlt*

Her|ren|pilz ⟨m.1⟩ → *Steinpilz*

Her|ren|rei|ter ⟨m.5; veraltend⟩ *jmd., der bei Pferderennen sein eigenes Pferd reitet*

Her|ren|sat|tel ⟨m.4⟩ *Sattel, der für den Herrensitz eingerichtet ist;* Ggs. *Damensattel*

Her|ren|schnitt ⟨m.1⟩ *kurzer Haarschnitt* ⟨*für Damen*⟩, von Herren getragen

Her|ren|sitz ⟨m.1⟩ *1 Reitsitz, bei dem die Beine sich rechts und links vom Pferdekörper befinden;* Ggs. *Damensitz* **2** *Landgut eines Adligen*

Her|ren|tier ⟨n.1; veraltend⟩ → *Primat*

Herr|gott ⟨m., -es, nur Sg.⟩ *Gott;* unser H.; zum H. beten; H. Sakrament! ⟨Fluch⟩

Herr|gotts|frü|he ⟨f., nur in der Wendung⟩ in aller H. *sehr früh am Morgen;* in aller H. aufstehen

Herr|gotts|schnit|zer ⟨m.5⟩ *Holzschnitzer, der in erster Linie religiöse Skulpturen herstellt*

her|rich|ten ⟨V.2, hat hergerichtet; mit Akk.⟩ **1** *etwas h.* **a** *vorbereiten;* den Tisch für eine festliche Mahlzeit h.; ein Zimmer für einen Gast h.; den Garten für den Sommer h. **b** *passend machen;* ein Kleid für jmdn. h. **c** *instand setzen;* ein altes Haus wieder h. **2** *jmdn. oder sich h. (für eine festliche Gelegenheit) frisch machen, anziehen, frisieren (und schminken);* sich fürs Theater, für eine Einladung h.

Her|rin ⟨f.10; weibliche Form von Herr⟩ *Gebieterin, Dame des Hauses, Frau (als Vorgesetzte des Hauspersonals oder von Lehrlingen;* Dienst~, Lehr~⟩

her|risch ⟨Adj.⟩ *gebieterisch, überlegen und barsch, anmaßend und barsch;* h. etwas befehlen; in ~em Ton sprechen

herr|je!, herr|je|mi|ne!, herr|je|ses! ⟨Int., Ausrufe des Schreckens oder Staunens⟩ [< *Herr Jesus Domine*]

herr|lich ⟨Adj.⟩ *in hohem Maß schön und erfreulich, begeisternd;* ein ~er Tag; es ist ~es Wetter; ~e Musik; er hat h. gesungen, gespielt; das schmeckt h.; er war einfach h.

Herr|lich|keit ⟨f.10⟩ **1** ⟨nur Sg.⟩ *herrliche Beschaffenheit* **2** *herrliche Sache;* ich kann alle die ~en, die wir auf unserer Reise gesehen haben, kaum einzeln aufzählen; das ist die ganze H. ⟨scherzh.⟩ *das ist alles, mehr ist es nicht* **3** *sehr feine Speise, sehr edles Getränk;* Kaviar und andere ~ **4** ⟨†, als Anrede für hochstehende Personen⟩ Euer H.

Herrn|hu|ter ⟨m.5⟩ *Angehöriger der Herrnhuter Brüdergemeine [nach der 1722 in Herrnhut gegründeten protestantischen Religionsgemeinschaft]*

Herr|schaft ⟨f.10⟩ **1** ⟨nur Sg.⟩ *Macht, Gewalt;* die H. des Geldes; an die H. kommen; die H. ausüben; die H. über etwas oder sich verlieren *etwas oder sich nicht mehr in der Gewalt haben, etwas oder sich nicht mehr beherrschen können* **2** *der Dienstherr, Gutsherr und seine Familie;* sie hatte eine gute H. dienen; sie war zehn Jahre bei einer H. im Dienst; ~en kommen gleich **3** ⟨Pl.⟩ ~en *(vornehme) Gesellschaft, Damen und Herren;* meine ~en!; darf ich die ~en bitten, Platz zu nehmen; **4** ⟨verhüllend für⟩ *Herrgott* (als Fluch); H. (nochmal!) **5** ⟨früher⟩ *Landgut;* eine H. besitzen

herr|schaft|lich ⟨Adj., o.Steig.⟩ **1** *zu einer Herrschaft (2) gehörend;* das ~e Haus, Gut; ~er Diener **2** *einer Herrschaft (2) gemäß, vornehm;* eine ~e Wohnung

Herrsch|be|gier|de ⟨f., -, nur Sg.⟩ *Begierde zu herrschen, Macht über jmdn. oder etwas auszuüben*

herrsch|be|gie|rig ⟨Adj.⟩ *begierig zu herrschen*

herr|schen ⟨V.1, hat geherrscht; o.Obj.⟩ **1** *Herr sein, die Herrschaft ausüben, gebieten, regieren;* er herrschte im dreißig Jahre; er herrschte gerecht und milde; über ein Land, ein Volk h.; die ~de Partei, Gesellschaftsschicht **2** *sichtbar, fühlbar, wahrnehmbar sein;* es herrschte große Freude, Aufregung, tiefes Schweigen **3** *vorhanden, gegenwärtig, verbreitet sein;* es herrscht allgemein die Auffassung, daß ...; die ~de Meinung, Mode

Herr|scher ⟨m.5⟩ *jmd., der über ein Land, Gebiet, Volk Macht ausübt;* absolutistischer, unumschränkter H.

Herr|scher|ge|schlecht ⟨n.3⟩ *Familie, die über mehrere Generationen hinweg Herrscher hervorgebracht hat;* Syn. *Herrscherhaus;* das H. der Staufer

Herr|scher|haus ⟨n.4⟩ → *Herrschergeschlecht*

Herrsch|sucht ⟨f., -, nur Sg.⟩ *übersteigertes Verlangen, über andere (bes. die nähere Umgebung) zu herrschen, Macht auszuüben*

herrsch|süch|tig ⟨Adj.⟩ *voller Herrschsucht, übersteigert bestrebt zu herrschen;* eine ~e Frau

her|rüh|ren ⟨V.1, hat hergerührt; mit Präp.obj.⟩ *von etwas oder jmdm. h. seine Ursache in etwas haben, von etwas oder jmdm. stammen;* die Narbe rührt von einem Unfall her; die Anstreichungen in dem Buch rühren von dem vorherigen Besitzer her

her|sein ⟨V.137, ist hergewesen; o.Obj.⟩ **1** *geschehen sein, stattgefunden haben;* das ist schon lange her; das ist drei Tage her; es wird wohl zehn Jahre h., daß ... **2** *herstammen, seinen Ursprung haben, geboren sein;* wo mag das h.?; ich weiß nicht, wo sie her ist **3** *hinter etwas oder jmdm. h. sich bemühen, etwas zu erlangen, zu erreichen, zu bekommen;* hinter diesem Buch, dieser Schallplatte bin ich schon lange her; die Polizei ist hinter ihm her *die Polizei fahndet nach ihm;* hinter einem Mädchen h. *sich eifrig um die Gunst eines Mädchens bemühen*

Her|stel|ler ⟨m.5⟩ **1** *jmd., der etwas gewerbsmäßig herstellt, produziert* **2** ⟨kurz für⟩ *Herstellerfirma* **3** ⟨Verlagswesen⟩ *jmd., der die Herstellung eines Buches vom Manuskript bis zum fertigen Buch betreut (Kalkulation, Gestaltung usw.)*

Her|stel|ler|fir|ma ⟨f., -, -men⟩ *Firma, die etwas herstellt*

Her|stel|lung ⟨f., -, nur Sg.⟩ **1** *das Herstellen, Erzeugen, Produzieren;* die H. einer Ware, eines Kontaktes; H. von Beziehungen **2** ⟨Verlagswesen⟩ *Abteilung, die die Kalkulation und Gestaltung von Büchern regelt*

Hertz ⟨n., -, -; Zeichen: Hz⟩ *Einheit der Frequenz [nach dem Physiker Heinrich Hertz]*

her|üben ⟨Adv.; bayr.-österr.; vom Sprecher aus gesehen⟩ *(hier) auf dieser Seite;* wir waren noch h., als er schon drüben ans Ufer stieg

her|über ⟨Adv.; vom Sprecher aus gesehen⟩ *(von dort drüben) auf diese Seite (hier), an diesen Ort (hier);* vgl. *hinüber;* er braucht bis zu uns h. zu Fuß eine halbe Stunde

her|über... ⟨in Zus.; vom Sprecher aus gesehen⟩ *(von dort drüben) auf diese Seite (hier), an diesen Ort, an diese Stelle, in diesen Raum (hier),* z.B. herüberkommen, herüberstrecken, herübertönen; vgl. *hinüber...*

her|um ⟨Adv.⟩ **1** *kreisförmig; (rund) um* den See h. liegen Felder und Wiesen; er lief im Kreis h.; im Kreis h. *(im Kreis) nacheinander, einer nach dem andern* **2** *in kreisförmiger Bewegung;* rechts h., links h., vorn h., hinten h. **3** *in der Umgebung;* hier h., dort h. muß das Museum liegen **4** ⟨verstärkend, mit „um"⟩ **a** *ungefähr;* er ist etwa 30 Jahre alt; es kostet um 50 Mark h.; ich bin um fünf h. wieder da **b** *in der Nähe von;* er lebt irgendwo um Berlin h.

her|um... ⟨in Zus.⟩ **1** ⟨ugs.⟩ *umher...,* z.B. herumirren, herumwandern, herumschwimmen **2** *um ... her,* z.B. herumschleichen **3** *kreisförmig,* z.B. herumdrehen **4** *im Kreis, überall,* z.B. herumfragen **5** *vergeblich, erfolglos,* z.B. herumdoktern, herumplagen, herumstreiten, sich herumärgern, herumstreiten **6** *längere Zeit ohne Ziel, ohne Zweck,* z.B. herumalbern, sich herumbalgen, herumbummeln, herumstehen **7** *unbeherrscht,* z.B. herumschreien, herumzanken

her|um|be|kom|men ⟨V.71, hat herumbekommen⟩ → *herumbringen (1)*

her|um|brin|gen ⟨V.21, hat herumgebracht; mit Akk.⟩ **1** *herumdrehen können;* Syn. *herumbekommen, herumkriegen;* den Schlüssel h. **2** *hinter sich bringen, verbringen;* ich weiß nicht, wie ich die Zeit h. soll

her|um|dok|tern ⟨V.1, hat herumgedoktert; o.Obj.⟩ **1** *unsachgemäß Heilmethoden anwenden* **2** *herumprobieren, dies und jenes versuchen;* ich habe lange daran herumgedoktert, bis es geklappt hat

her|um|drücken ⟨-k|k-; V.1, hat herumgedrückt; refl.; ugs.⟩ **1** *sich h. sich nutzlos, zwecklos aufhalten;* sich in Lokalen, bei anderen Leuten h.; wer weiß, wo er sich wieder herumdrückt **2** *sich um etwas h. sich um etwas drücken, etwas (was man tun soll) nicht tun;* sich um eine Arbeit, Aufgabe h.

her|um|druck|sen ⟨V.1, hat herumgedruckst; o.Obj.⟩ *nicht mit der Sprache herauswollen, zögernd, ungern Andeutungen machen*

her|um|fuch|teln ⟨V.1, hat herumgefuchtelt; o.Obj.; ugs.⟩ *rasche, ziellose Bewegungen machen;* mit den Armen, Händen (in der Luft) h.

her|um|ge|hen ⟨V.47, ist herumgegangen; o.Obj.⟩ **1** *ohne Ziel und bestimmte Richtung gehen;* im Garten, in der Wohnung h. **2** *vergehen, verstreichen;* die Zeit geht schnell herum, will nicht h.; es sind seitdem schon drei Monate herumgegangen **3** *von einem zum andern weitergegeben werden;* es ging eine Liste zum Einschreiben herum; er ließ ein Buch von allen reihum ansehen **4** *um etwas h. im Kreis um etwas gehen;* um den See h.

her|um|hacken ⟨-k|k-; V.1, hat herumgehackt; o.Obj.⟩ *ohne Ziel, lustlos hacken;* auf einem Beet h.; auf jmdm. h. ⟨übertr., ugs.⟩ *ständig und ungerecht an jmdm. etwas auszusetzen haben, jmdn. häufig tadeln, zurechtweisen;* sie hacken nur auf ihm herum

her|um|hän|gen ⟨V.62, hat herumgehangen; o.Obj.⟩ **1** *ohne Zweck, ohne gebraucht zu werden (störend) dahängen;* bitte räum die Kleider weg, sie hängen schon seit Tagen herum; ich brauche die Sachen nicht mehr, sie hängen nur herum **2** ⟨übertr., ugs.⟩ **a** *halb krank sein und untätig dasitzen können;* ich hänge nur herum **b** *untätig sein, nichts zu arbeiten haben;* er hängt nur in den Kneipen herum

her|um|kom|men ⟨V.71, ist herumgekommen; o.Obj.⟩ **1** *um etwas herumfahren können;* große Wagen kommen hier nicht herum **2** *auf Reisen sein, umherreisen;* als Berichterstatter kommt man viel herum; er ist weit in der Welt herumgekommen; er ist wenig herumgekommen **3** *um etwas h. etwas (was man tun sollte oder müßte) nicht zu tun brauchen;* ich wäre froh, wenn ich darum herumkäme; ich werde nicht darum herumkommen, ihn einzuladen *ich muß ihn wohl einladen* **4** *mit etwas h.* ⟨ugs.⟩ *mit etwas fertigwerden, etwas bewältigen;* ich komme mit meiner täglichen Arbeit nicht herum

her|um|krie|gen ⟨V.1, hat herumgekriegt; mit Akk.; ugs.⟩ **1** → *herumbringen (1)* **2** *jmdn. h. (etwas zu tun) jmdn. überreden (etwas zu tun);* ich habe ihn endlich herumgekriegt, mitzukommen

her|um|lun|gern ⟨V.1, hat/ist herumgelungert; o.Obj.⟩ *untätig umherschlendern oder dastehen;* in den Straßen, Lokalen h.; was lungerst du hier herum?

her|um|rei|ßen ⟨V.96, hat herumgerissen; mit Akk.⟩ **1** *etwas h. heftig und schnell nach der andern Seite drehen;* das Steuer h. **2** *jmdn. h.* ⟨ugs.⟩ *jmdn. stark beeindrucken, erschüttern;* das Buch, die Nachricht hat mich herumgerissen

her|um|rei|ten ⟨V.97, ist herumgeritten; o.Obj.⟩ **1** *umherreiten, hierhin und dorthin reiten* **2** *auf etwas h. um etwas reiten;* um eine Wiese h. **3** *auf etwas h.* ⟨ugs.⟩ *etwas immer wieder erörtern;* auf einer Frage h.

her|um|schla|gen ⟨V.116, hat herumgeschlagen⟩ **I** ⟨mit Akk.⟩ *herumwickeln;* ein Tuch um einen Gegenstand h. **II** ⟨refl.⟩ ⟨übertr.⟩ *sich mit etwas h. sich über eine Sache intensive Gedanken machen; sich mit einer Frage, einem Problem, mit Sorgen h.*

her|um|sein ⟨V.137, ist herumgewesen; o.Obj.⟩ **1** *vergangen, verstrichen sein;* die

Zeit wird bald h.; es sind jetzt drei Monate herum **2** *in aller Munde sein, überall erzählt werden;* es ist inzwischen (überall) herum, daß ... **3** *um* jmdn. *h. sein, in jmds. Nähe aufhalten;* man kann ihn nie allein sprechen, immer ist jmd., sind Leute um ihn herum

her|um|spre|chen ⟨V.146, hat herumgesprochen; refl.⟩ sich h. *allgemein bekannt werden, von einem zum andern weitergesagt werden,* es hat sich inzwischen herumgesprochen, daß ...; eine solche Neuigkeit spricht sich schnell herum

her|um|trei|ben ⟨V.162, hat herumgetrieben⟩ **I** ⟨mit Akk.⟩ *im Kreis treiben, hierhin und dorthin treiben;* ein Pferd an der Longe in der Manege h.; Tiere auf der Weide h. **II** ⟨refl.⟩ sich h. *sich einmal hier, einmal dort aufhalten;* sich in der Welt h.; sich auf einem Jahrmarkt h.; er treibt sich nur herum *er arbeitet nicht, ist einmal hier und einmal dort und führt kein geordnetes Leben*

Her|um|trei|ber ⟨m.5⟩ jmd., *der sich einmal hier, einmal dort aufhält, kein geordnetes Leben führt, nicht arbeitet*

her|un|ten ⟨Adv.; bayr.-österr.; vom Sprecher aus gesehen⟩ *(hier) unten*

her|un|ter ⟨Adv.; vom Sprecher aus gesehen⟩ *(von dort oben) nach (hier) unten;* vgl. *hinunter;* h. mit dir!

her|un|ter... ⟨in Zus.; vom Sprecher aus gesehen⟩ *(von dort oben) nach (hier) unten,* z.B. herunterfallen, herunterlassen; vgl. *hinunter...*

her|un|ter|bren|nen ⟨V.20, ist heruntergebrannt; o.Obj.⟩ *völlig verbrennen, bis zum Grund verbrennen;* das Haus, die Kerze ist heruntergebrannt

her|un|ter|hau|en ⟨V.63, hat heruntergehauen⟩ **I** ⟨mit Akk.; hieb⟩ *herunterschlagen;* Äste h. **II** ⟨mit Dat. und Akk.; haute; ugs.⟩ jmdm. eine h. *jmdm. eine Ohrfeige geben*

her|un|ter|kom|men ⟨V.71, ist heruntergekommen; o.Obj.⟩ **1** *nach (hier) unten kommen* **2** ⟨übertr.⟩ *verwahrlosen, vernachlässigt werden;* das Haus ist heruntergekommen **3** ⟨übertr.⟩ *immer schlechter geführt, verwaltet werden, immer weniger Gewinn bringen;* die Firma kommt allmählich herunter **4** ⟨übertr.⟩ *sich immer weniger pflegen, sein Äußeres vernachlässigen (und geistig, moralisch sinken);* sie ist völlig heruntergekommen; sie sieht heruntergekommen aus *vernachlässigt, ungepflegt, geistig abgestumpft*

her|un|ter|ma|chen ⟨V.1, hat heruntergemacht; mit Akk.; ugs.⟩ **1** *etwas herunterziehen, abreißen;* ein Plakat h. **2** *etwas oder* jmdn. h. ⟨übertr.⟩ *in grober Weise Nachteiliges über etwas oder jmdn. sprechen*

her|un|ter|put|zen ⟨V.1, hat heruntergeputzt; mit Akk.; ugs.⟩ *energisch ausschelten, grob zurechtweisen*

her|un|ter|rei|ßen ⟨V.96, hat heruntergerissen; mit Akk.⟩ **1** *nach unten abreißen;* ein Kalenderblatt h.; ein Plakat h. **2** *(eigentlich) heftig stoßen, so daß es herunterfällt;* eine Vase h. **3** *schnell abnutzen, schnell abtragen;* Kleider h.; die Kinder reißen viel herunter **4** ⟨übertr.⟩ *heftig, grob kritisieren;* ein Theaterstück, jmdn. h.

her|un|ter|schnur|ren ⟨V.1, hat heruntergeschnurrt; mit Akk.⟩ *rasch und ohne Betonung aufsagen;* ein Gedicht, Erklärungen h.

her|un|ter|schrau|ben ⟨V.1, hat heruntergeschraubt; mit Akk.⟩ **1** *nach unten schrauben;* den Docht der Petroleumlampe h. **2** ⟨übertr.⟩ *vermindern;* seine Ansprüche h.

her|un|ter|sein ⟨V.137, ist heruntergewesen; o.Obj.; ugs.⟩ **1** *gesunken sein;* das Fieber ist herunter **2** *am Ende der Kräfte sein, erschöpft sein;* er ist durch seine Krankheit sehr herunter; mit den Nerven (völlig) h. **3** *abgewirtschaftet sein, keinen Gewinn mehr bringen;* der Hof, die Firma ist völlig herunter

her|un|ter|spie|len ⟨V.1, hat heruntergespielt; mit Akk.⟩ **1** *ausdruckslos spielen;* er spielte die Sonate nur herunter **2** ⟨übertr.⟩ *als weniger schlimm, als weniger bedeutend, als weniger gut, als geringwertiger darstellen, als es ist;* einen Vorfall, jmds. Handlungsweise, Verdienst h.

her|un|ter|zie|hen ⟨V.187, hat heruntergezogen; mit Akk.⟩ *etwas* h. **1** *nach (hier) unten ziehen;* ein Rollo h.; die Mundwinkel h. **2** ⟨übertr.⟩ *abfällig, häßlich über etwas sprechen*

her|vor... ⟨in Zus.; vom Sprecher aus gesehen⟩ **1** *(von dort hinten) nach (hier) vorn,* z.B. aus einer Ecke hervorziehen **2** *(von dort unten) nach (hier) oben,* z.B. unter dem Tisch hervorholen **3** *(von dort innen) nach (hier) draußen,* z.B. hervorquellen **4** *aus einer Menge, aus einem Ganzen heraus,* z.B. hervortreten

her|vor|brin|gen ⟨V.21, hat hervorgebracht; mit Akk.⟩ **1** *entstehen lassen, wachsen lassen (und ans Tageslicht bringen);* Pflanzen bringen Blätter, Früchte hervor **2** *sich entwickeln, entfalten lassen;* diese Zeit, dieses Land hat viele große Dichter und Musiker hervorgebracht **3** *erzeugen, schaffen;* er hat einige bedeutende Romane, Kompositionen hervorgebracht **4** *aussprechen, formulieren;* er brachte mühsam ein paar Sätze hervor; sie brachte vor Aufregung kein Wort hervor

her|vor|ge|hen ⟨V.47, ist hervorgegangen; mit Präp.obj.⟩ *aus etwas* h. **1** *seinen Ursprung in etwas haben, das Ergebnis, die Folge von etwas sein;* aus der Ehe gingen drei Kinder hervor **2** *aus etwas zu folgern, zu schließen sein;* aus diesen Briefen geht seine Schuld eindeutig hervor; daraus geht (klar) hervor, daß ... **3** *etwas in bestimmter Weise hinter sich bringen, bewältigen;* er ging aus dem Wettkampf als Sieger hervor; er ging aus der Verhandlung, Verhandlung von jedem Verdacht gereinigt hervor

her|vor|he|ben ⟨V.64, hat hervorgehoben; mit Akk.⟩ **1** *(gegenüber der Umgebung) bes. deutlich machen;* Wörter durch Unterstreichen h. **2** *betonen, mit Nachdruck darstellen;* in einer Rede jmds. Verdienste h.; ich möchte besonders h., daß ...

her|vor|keh|ren ⟨V.1, hat hervorgekehrt; mit Akk.⟩ **1** *nach (hier) vorn kehren;* Abfälle unter den Bänken h. **2** → *herauskehren* (2)

her|vor|ra|gen ⟨V.1, hat hervorgeragt; o.Obj.⟩ *über die Umgebung hinausragen;* aus dem Stadtbild ragen die Türme der großen Kirchen hervor; er ragt unter seinen Altersgenossen durch seine Intelligenz weit hervor

her|vor|ra|gend ⟨Adj.⟩ *ganz bes. gut, auffallend gut;* ~e Leistungen; h. Englisch sprechen; das schmeckt h.

her|vor|ste|chen ⟨V.149, hat hervorgestochen; o.Obj.⟩ *stark auffallen, klar, deutlich in der Umgebung erkennbar sein;* die blauen Farben stechen auf dem Bild, in dem Muster zu sehr hervor; ~des Merkmal; sein ~der Charakterzug ist Genauigkeit

her|vor|ste|hen ⟨V.151, hat hervorgestanden; o.Obj.⟩ *sich über die Umgebung erheben, sich nach vorn erstrecken;* ein ~der Bauteil; ~de Augen, Zähne

her|vor|sto|ßen ⟨V.157, hat hervorgestoßen; mit Akk.⟩ **1** ⟨selten⟩ *nach (hier) vorn, in die Richtung nach hier stoßen;* er stieß den Hund unter dem Tisch hervor **2** *heftig, schnell und kurz aussprechen;* ein Wort, eine Entgegnung h.; „...!" stieß er hervor

her|vor|tun ⟨V.167, hat hervorgetan; refl.⟩ sich h. **1** *die andern übertreffen, besser sein als die andern;* er tut sich durch seine schnelle Auffassungsgabe hervor **2** *sich wichtig tun;* er will sich hervor h.

her|wärts ⟨Adv.⟩ *(von dort) nach hier;* der Weg h.

Her|weg ⟨m.1⟩ *Weg hierher, an diesen Ort (hier);* auf dem H. haben wir Freunde getroffen; Hin- und H.

Herz ⟨n.16⟩ **1** *(röhren- oder sackförmiges) muskulöses Organ, das den Blutkreislauf regelt;* ein gesundes, schwaches H. haben; er hat es am ~en, er hat mit dem ~en zu tun *er ist herzkrank* **2** ⟨übertr.⟩ *Sitz der Seele und des Gefühles;* seinem ~en Luft machen *sich über etwas aussprechen;* ein H. und eine Seele mit jmdm. sein *unzertrennlich sein;* seinem ~en einen Stoß geben *sich überwinden;* jmdm. sein H. ausschütten *mit jmdm. über seine Gefühle reden;* alles, was das H. begehrt *was man sich nur wünschen kann;* blutet das H. jmd. *empfindet heftigen Schmerz, Mitgefühl;* jmdm. bricht das H. *jmd. verliert seine Lebenskraft vor Kummer;* jmdm. dreht sich das H. im Leib(e) um *jmd. ist über etwas traurig, entsetzt;* sich ein H. fassen *sich überwinden;* sein H. gehört der Musik *er widmet sich mit Liebe der Musik;* jmds. H. gewinnen *jmds. Zuneigung gewinnen;* kein H. haben *kein Mitgefühl empfinden;* nicht das H. haben, etwas zu tun *aus Mitleid etwas nicht tun können;* das H. hüpft jmdm. vor Freude *jmd. ist hocherfreut;* sie steht meinem ~en nahe *ich habe sie sehr gern;* jmdm. das H. rühren *jmds. Mitleid wecken;* jmd. sein H. schenken *jmdn. zu lieben beginnen;* jmdm. das H. schwermachen *jmdm. Sorgen machen;* sein H. sprechen lassen *nach Gefühl, nicht nach Verstand handeln;* jmdm. das H. stehlen *jmds. Zuneigung erwecken;* mein Stand (vor Schreck) das H. still *ich erschrak sehr;* sein H. verlieren *sich verlieben;* es zerreißt mir das H. *es schmerzt mich unendlich;* ein gutes H. haben *mitfühlend sein, gern schenken;* leichten ~ens *ohne viele Bedenken;* schweren ~ens *wider besseres Wissen, entgegen dem Gefühl, sehr ungern;* wes das H. voll ist, des geht der Mund über ⟨sprichwörtlich⟩ *wer viel empfindet, muß darüber auch sprechen;* jmdm. liegt etwas am ~en *etwas ist für jmdn. wichtig;* jmdm. ans H. gewachsen sein *jmdm. lieb und teuer sein;* jmdm. etwas ans H. legen *jmdn. bitten, auf etwas zu achten;* sein H. an etwas oder jmdn. hängen *einer Sache oder jmdn. viel Gefühl entgegenbringen;* an gebrochenem ~en sterben *aus Kummer sterben;* Hand aufs H.! *sei ehrlich!;* etwas auf dem ~en haben *etwas haben, was bewegt;* jmdn. auf H. und Nieren prüfen *genau prüfen;* das H. auf dem rechten Fleck haben *ehrlich, hilfsbereit sein;* das H. auf der Zunge tragen *nichts für sich behalten können;* aus tiefstem ~en *sehr stark, heftig;* er spricht mir aus dem ~en *er sagt genau das, was ich meine;* das H. schlägt ihm bis zum Halse *er ist sehr aufgeregt;* sein H. für etwas oder jmdn. entdecken *sich plötzlich für etwas oder jmdn. interessieren;* in tiefstem ~en *im geheimen;* ~en im Sturm erobern *schnell beliebt werden;* es gab mir einen Stich ins H. *es schmerzte mich sehr;* sich in jmds. H. stehlen *jmds. Zuneigung gewinnen;* jmdn. ins H. schließen *jmdn. liebgewinnen;* jmd. fällt, rutscht das H. in die Hose(n) ⟨ugs.⟩ *jmd. bekommt Angst;* mit H. und Hand ⟨†⟩ *voll und ganz;* mit halbem ~en *mit wenig Begeisterung oder Interesse;* mit dem ~en bei der Sache sein *mit starkem Interesse etwas tun;* mit allen Fasern seines ~ens *völlig;* etwas nicht übers H. bringen *(aus Mitleid) nicht tun können;* mir ist leicht/schwer ums H. *ich freue/gräme mich;* ein Kind unter dem ~en tragen ⟨poet.⟩ *schwanger sein;* sich etwas vom ~en reden *sich über etwas aussprechen;* von ~en *sehr gern;* von ganzem ~en *herzlich, aus voller Überzeugung;* er hat ein H. von Stein *er ist hartherzig;* das geht mir zu ~en *geht mich innerlich sehr an;* zu ~en gehend *innerlich bewegend;* sich etwas zu ~en nehmen *etwas ernstnehmen, sich nach etwas richten* **3** Mit-

telpunkt, Zentrum; im ~en der Stadt; im ~en Europas **4** *innerster Teil;* das H. des Salats, der Artischocke **5** *Gegenstand, Lebensmittel in Form eines Herzens* (Lebkuchen~, Marzipan~); ein H. aus Schokolade **6** ⟨nur Sg.⟩ *Farbe im Kartenspiel;* H. ist Trumpf

her|zäh|len ⟨V.1, hat herzgezählt; mit Akk.⟩ *nacheinander und ohne Stocken aufzählen;* Gründe, Gegengründe an den Fingern h.

herz|al|ler|liebst ⟨Adj., o.Steig.⟩ *sehr lieb, ganz allerliebst;* ein ~es Kind

Herz|al|ler|liebs|te(r) ⟨m., f.17 oder 18⟩ **1** ⟨†⟩ *Geliebte(r)* **2** ⟨ugs., iron.⟩ *Freundin, Freund;* mein, ihr Herzallerliebster

Herz|an|fall ⟨m.2⟩ *meist mit Schmerzen in der Herzgegend oder unter dem Brustbein verbundene, plötzlich auftretende Funktionsstörung des Herzens;* Syn. Herzattacke

Herz|angst ⟨f., -, nur Sg.⟩ *Angstgefühl bei Angina pectoris;* vgl. Herzensangst

Herz|as, Herz-As ⟨n.1⟩ *Spielkarte (As der Farbe Herz)*

Herz|asth|ma ⟨n., -s, nur Sg.⟩ *bei Herzkranken auftretendes Asthma*

Herz|at|tacke ⟨-k|k-; f.11⟩ → *Herzanfall*

Herz|beu|tel ⟨m.5⟩ *doppelwandiger Sack, in dem das Herz liegt*

herz|be|we|gend ⟨Adj., o.Steig.⟩ *erschütternd, mitleiderregend;* ein ~es Schluchzen

Herz|bin|kerl ⟨n.14; österr.⟩ *Lieblingskind*

Herz|blatt ⟨n.4⟩ **1** *(in Mooren vorkommendes) weißblühendes Steinbrechgewächs mit herzförmigen Blättern* **2** *noch nicht voll entwickeltes Blatt im Innern einer Pflanze* **3** ⟨übertr.⟩ *jmd., den man zärtlich liebt, Liebling;* das Kind ist ihr H.

Herz|block ⟨m.2⟩ *Störung der Reizleitung im Herzen (durch langsamere Leitung im Reizleitungssystem oder durch völlige Blockade)*

Herz|blu|me ⟨f.11⟩ → *Tränendes Herz*

Herz|blut ⟨n., -, nur Sg.; übertr.⟩ **1** ⟨geh.⟩ *Leben;* sein H. für etwas oder jmdn. aufopfern sein Leben für etwas oder jmdn. aufopfern **2** *große, innere Beteiligung;* etwas mit seinem H. tun, schreiben

Herz|chen ⟨n.7⟩ **1** *kleines Herz* **2** ⟨iron., abwertend⟩ *taktlose, lieblose Person;* so ein H.!; das ist aber ein H.!

her|zei|gen ⟨V.1, hat hergezeigt; mit Akk.⟩ *offen, zum Ansehen zeigen;* sie zeigt ihre Fotos gern her; zeig deine Hände her (ob sie gewaschen sind)

Her|ze|leid ⟨n., -(e)s, nur Sg.⟩ *schwerer Kummer, tiefer Gram*

her|zen ⟨V.1, hat geherzt; mit Akk.⟩ *liebkosen, an sich drücken, streicheln;* ⟨meist in der Wendung⟩ jmdn. h. und küssen

Her|zens|an|ge|le|gen|heit ⟨f.10⟩ *etwas, das für jmdn. von großer Bedeutung ist, Gefühlsangelegenheit;* es war ihm eine H.; jmdn. von seinen ~en erzählen

Her|zens|angst ⟨f., -, nur Sg.⟩ *sehr große, tödliche Angst;* in ihrer H. rief sie einen Vorübergehenden zu Hilfe; vgl. Herzangst

Her|zens|bre|cher ⟨m.5⟩ *Mann mit vielen Liebschaften und viel Erfolg bei Frauen*

Her|zens|er|gie|ßung ⟨f.10; poet.⟩ *Gefühlsbekenntnis;* ~en eines kunstliebenden Klosterbruders *Sammlung kunsttheoretischer Schriften von Wilhelm Heinrich Wackenroder und Ludwig Tieck (1797)*

Her|zens|grund ⟨m.; nur in den Wendungen⟩ im H., aus H. *im, aus dem tiefsten Inneren des Herzens;* jmdm. aus H. dankbar sein

her|zens|gut ⟨Adj., o.Steig.⟩ *sehr gutherzig, mitfühlend, selbstlos;* ein ~er Mensch

Her|zens|gü|te ⟨f., -, nur Sg.⟩ *große, von innen kommende Güte*

Her|zens|lust ⟨f., nur in der Wendung⟩ nach H. *ganz so, wie man will, nach eigener Lust und Freude;* nach H. essen

Her|zens|wunsch ⟨m.2⟩ *starker, inniger Wunsch;* es ist sein H., einmal nach Amerika zu fahren

herz|er|freu|end ⟨Adj.⟩ *zutiefst froh stimmend;* Syn. herzquickend

herz|er|fri|schend ⟨Adj.⟩ *anregend, belebend, ungekünstelt;* er ist von ~er Offenheit

herz|er|grei|fend ⟨Adj.⟩ *rührend, innerlich bewegend;* ein ~es Lied

herz|er|quickend ⟨-k|k-; Adj., o.Steig.⟩ → *herzerfreuend*

Herz|feh|ler ⟨m.5⟩ *(angeborene oder durch Erkrankung erworbene) Abweichung des Herzens vom normalen anatomischen Bau*

Herz|flim|mern ⟨n., -s, nur Sg.⟩ → *Kammerflimmern*

Herz|fre|quenz ⟨f.10⟩ *Anzahl der Herzschläge in einer Minute*

Herz|ge|räusch ⟨n.1⟩ *Geräusch, das durch Veränderung an den Herzklappen oder durch Wirbelbildung im Blutstrom entsteht*

Herz|ge|spann ⟨n., -(e)s, nur Sg.⟩ *staudiger, hellpurpurn blühender Lippenblütler, der volkstümlich als Heilmittel bei Herzbeschwerden dient;* Syn. Löwenschwanz

herz|haft ⟨Adj.⟩ **1** *kräftig, fest;* ein ~er Händedruck; h. zugreifen; jmdn. h. küssen **2** *(gut) gewürzt, nicht süß;* ein ~es Essen

her|zie|hen ⟨V.187⟩ **I** ⟨mit Akk.; hat gezogen⟩ *hierherziehen, an diese Stelle (hier) ziehen, näher heranziehen;* kannst du den Teppich noch etwas h.? **II** ⟨o.Obj.; ist hergezogen⟩ *an diesen Ort (hier) ziehen, den Wohnsitz hierher verlegen;* wir sind erst vor einer Woche hergezogen **III** ⟨mit Präp.obj.; ist hergezogen; ugs.⟩ über jmdn. oder etwas h. *abfällig über jmdn. oder etwas sprechen*

her|zig ⟨Adj.⟩ *lieb, putzig und niedlich;* ein ~es Kätzchen; das Kind sieht h. aus

Herz|in|farkt ⟨m.1⟩ *plötzlicher, vollständiger Ausfall der Blutzufuhr zum Herzen und seine Folgen*

herz|in|nig ⟨Adj.⟩ *tief empfunden, aus ganzem Herzen;* es ist mein ~er Wunsch; jmdn. h. lieben; Syn. ⟨†⟩ *herzinniglich*

herz|in|nig|lich ⟨Adj.; †⟩ → *herzinnig*

Herz|in|suf|fi|zi|enz ⟨f., -, nur Sg.⟩ → *Herzschwäche*

Herz-Je|su-Bild ⟨n.3; Mal.⟩ *Bildnis Jesu, bei dem das Herz mit einem goldenen Strahlenkranz umgeben ist*

Herz-Je|su-Fest ⟨n.1; kath.Kirche⟩ *Fest am dritten Freitag nach Pfingsten*

Herz|kam|mer ⟨f.11⟩ *Hohlraum in jeder der beiden Herzhälften*

Herz|ka|the|te|ri|sie|rung ⟨f.10⟩ *Einführung eines für Röntgenstrahlen undurchlässigen Katheters in das Herz (für bestimmte Untersuchungen, wie Messung des Herzinnendrucks*

Herz|kir|sche ⟨f.11⟩ *(meist schwarzrote) süße, herzförmige Kirsche*

Herz|klap|pe ⟨f.11⟩ *klappenartiger, dünner Gewebeteil, der wie ein Ventil den Blutstrom im Herzen steuert*

Herz|klop|fen ⟨n., -s, nur Sg.⟩ **1** *fühlbare Steigerung der normalerweise nicht wahrgenommenen eigenen Herztätigkeit* **2** ⟨übertr.⟩ *gesteigerte Erregung;* H. vor einer Verabredung, Prüfung

Herz|knacks ⟨m.1; ugs.⟩ *Schaden am Herzen;* sich einen H. holen; einen H. haben, bekommen

Herz|krampf ⟨m.2⟩ *krampfartige Schmerzempfindung in der Herzgegend (z.B. bei Angina pectoris)*

herz|krank ⟨Adj., o.Steig.⟩ *an einer Herzkrankheit leidend;* Syn. herzleidend

Herz|krank|heit ⟨f.10⟩ *Erkrankung des Herzens (einschließlich Herzbeutel);* Syn. Herzleiden

Herz|kranz|ge|fäß ⟨n.1⟩ *jede der beiden den Herzmuskel versorgenden Arterien;* auch: ⟨kurz⟩ Kranzgefäß; Syn. Koronargefäß

Herz|lei|den ⟨n.7⟩ → *Herzkrankheit*

herz|lei|dend ⟨Adj., o.Steig.⟩ → *herzkrank*

herz|lich ⟨Adj.⟩ **1** *Freundlichkeit und Ge-*
fühl ausstrahlend; ein ~es Lachen; jmdn. h.empfangen **2** *ehrlich, innig, aufrichtig;* ~es Beileid; ein ~es Verhältnis; ein ~es Einvernehmen **3** ⟨ugs.⟩ *sehr, ziemlich;* h. gern; das ist mir h. egal; es tut mit h. leid; ich kann h. wenig damit anfangen

Herz|lich|keit ⟨f., -, nur Sg.⟩ *von Herzen kommende Freundlichkeit;* mit großer H. empfangen werden

herz|los ⟨Adj.⟩ *gefühlskalt, mitleidlos;* ~es Benehmen; er ist h.

Herz|lo|sig|keit ⟨f.10⟩ **1** ⟨nur Sg.⟩ *Gefühlskälte* **2** *herzlose Äußerung, Verhaltensweise;* sich an jmds. H. gewöhnen

Herz-Lun|gen-Ma|schi|ne ⟨f.11⟩ *Gerät, das bei Herzoperationen die vorübergehend ausgeschaltete Tätigkeit von Herz und Lunge übernimmt*

Herz|mas|sa|ge ⟨[-ʒə] f.11⟩ *rhythmisches Zusammendrücken des Herzens, um einen Kreislaufstillstand zu beheben*

Herz|mit|tel ⟨n.5⟩ *Arznei zur Wiederherstellung normaler Herzleistung;* Syn. Kardiakum

Herz|mu|schel ⟨f.11⟩ *Muschel mit herzförmiger, gerippter Schale*

Herz|mus|kel ⟨m.14⟩ *quergestreifter, unwillkürlich tätiger Muskel des Herzens;* Syn. Myokard

Her|zog ⟨m.2⟩ **1** *(bei den Germanen) für die Dauer eines Kriegszugs gewählter Heerführer* **2** *(von den Merowingern an) mit der Verwaltung einer Provinz betrauter Amtsträger mit erblicher Würde* **3** ⟨heute⟩ *Angehöriger des hohen Adels*

Her|zo|gin ⟨f.10⟩ **1** *weiblicher Herzog* **2** *Frau eines Herzogs*

her|zog|lich ⟨Adj., o.Steig.⟩ *zu einem Herzog gehörend, einem Herzog zustehend;* die ~en Güter

Her|zog|tum ⟨n.4⟩ *Gebiet, über das ein Herzog herrscht;* das H. Bayern

Herz|riß ⟨m., -sses, nur Sg.⟩ *(allmähliches oder plötzliches) Einreißen der Herzwand (z.B. an einer durch Herzinfarkt geschwächten Stelle)*

Herz|schlag ⟨m.2⟩ **1** *(hörbare oder am Puls fühlbare) Zusammenziehung des Herzens, die eine Druckwelle bewirkt* **2** *regelmäßige Abfolge dieses Vorgangs;* ruhiger H. **3** ⟨ugs.⟩ *plötzlicher Tod durch Herzstillstand*

Herz|schritt|ma|cher ⟨m.5⟩ *elektrisches Gerät, das den Herzschlag (2) reguliert;* auch: ⟨kurz⟩ Schrittmacher

Herz|schwä|che ⟨f., -, nur Sg.⟩ *Mißverhältnis zwischen erforderlicher und tatsächlicher Herzleistung;* Syn. Herzinsuffizienz

herz|stär|kend ⟨Adj., o.Steig.⟩ *die Herztätigkeit anregend*

Herz|stück ⟨n.1; bei Weichen oder Schienenkreuzungen⟩ *Teil, an dem zwei Schienen spitzwinklig zusammenlaufen*

Herz|tod ⟨m., -(e)s, nur Sg.⟩ *durch plötzliches Herzversagen hervorgerufener Tod*

her|zu... ⟨in Zus.⟩ *herbei..., hierher,* z.B. herzueilen

Herz|ver|fet|tung ⟨f., -, nur Sg.⟩ *(durch Gifte oder Fettsucht bewirkte) Entartung des Herzens, wobei der Herzmuskel durch Fettauflagerung und -durchsetzung in seiner Tätigkeit gehemmt ist*

Herz|weh ⟨n., -s, nur Sg.⟩ **1** ⟨†⟩ *Herzschmerzen* **2** ⟨geh.⟩ *Kummer, Leid*

herz|zer|rei|ßend ⟨Adj.⟩ *tiefes Mitgefühl erweckend;* h. weinen

he|ses, He|ses ⟨n., -, -; Mus.⟩ *das um zwei halbe Töne erniedrigte h bzw. H*

He|spe|ri|de ⟨f.11⟩ *griech.Myth.⟩ jede der Nymphen, die die goldenen Äpfel des Lebens im Garten der Götter bewachen*

Hes|se ⟨m.11⟩ *Einwohner von Hessen*

Hes|si|an ⟨n., -[-jɔn], -s, nur Sg.⟩ *grobes, naturfarbenes Juteleinen* [< engl. hessian "hessisch", amerik. hessian cloth "grobes Sackleinen"]

hes|sisch ⟨Adj., o.Steig.⟩ *Hessen betreffend, zu ihm gehörig, aus ihm stammend*

He|tä|re ⟨f.11⟩ ⟨im alten Griechenland⟩ *Freudenmädchen (oft sehr gebildet und Geliebte bedeutender Männer)* [< griech. *hetaira* ,,Gefährtin, Freundin, Geliebte", wohl zu *etes* ,,Angehöriger, Verwandter, Freund"]

He|tä|rie ⟨f.11⟩ **1** ⟨im alten Griechenland⟩ *(oft geheimer) politischer Verband* **2** ⟨seit 1814⟩ *verschiedene Geheimbünde zur Befreiung Griechenlands von der Türkenherrschaft*

he|te|ro..., He|te|ro... ⟨in Zus.⟩ *anders, fremd, ungleich* [< griech. *heteros* in denselben Bed.]

He|te|ro|chro|mo|som ⟨n.12⟩ *geschlechtsbestimmendes Chromosom*

he|te|ro|cy|clisch ⟨Adj., o.Steig.⟩ **1** ⟨Chem.⟩ *im Kohlenstoffring auch andere Atome enthaltend* **2** ⟨Bot.⟩ *verschiedenquirlig, verschiedenartige Blattkreise aufweisend*

he|te|ro|dox ⟨Adj., o.Steig.⟩ *von der kirchlichen Lehre abweichend, andersgläubig;* Ggs. *orthodox;* [< griech. *heteros* ,,anders, abweichend" und *doxa* ,,Meinung, Glaube"]

He|te|ro|do|xie ⟨f.11⟩ *Irrglaube, Irrlehre*

he|te|ro|gen ⟨Adj., o.Steig.⟩ *andersartig, ungleich, nicht zusammenpassend;* Ggs. *homogen* [< griech. *heteros* ,,anders, abweichend" und *genos* ,,Geschlecht, Art, Gattung"]

He|te|ro|ge|ni|tät ⟨f., -, nur Sg.⟩ *Andersartigkeit, Ungleichartigkeit;* Ggs. *Homogenität*

He|te|ro|go|nie ⟨f., -, nur Sg.⟩ **1** *Entstehung einer nicht beabsichtigten Wirkung* **2** ⟨Biol.⟩ *Wechsel zwischen einer sich geschlechtlich fortpflanzenden Generation und einer Generation aus unbefruchteten Keimzellen;* Syn. *Homogonie* [< griech. *heteros* ,,anders" und *gone* ,,Geburt, Abstammung, Erzeugung"]

he|te|ro|morph ⟨Adj., o.Steig.⟩ *verschieden gestaltet* [< griech. *heteros* ,,anders" und *morphe* ,,Gestalt, Form"]

He|te|ro|mor|pho|se ⟨f.11⟩ *bei Pflanzen und Tieren Ersatz eines verlorengegangenen Organs durch ein anders aufgebautes* [zu *heteromorph*]

he|te|ro|nom ⟨Adj., o.Steig.⟩ *von fremden Gesetzen abhängig;* Ggs. *autonom;* [< griech. *heteros* ,,anders, abweichend" und *nomos* ,,Gesetz, eigentlich ,,das Zugeteilte", zu *nemein* ,,verteilen, zuteilen"]

He|te|ro|no|mie ⟨f., -, nur Sg.⟩ *Abhängigkeit von fremden Gesetzen;* Ggs. *Autonomie*

He|te|ro|phyl|lie ⟨f., -, nur Sg.⟩ *Vorkommen verschiedengestaltiger Blätter an einer Pflanze (z.B. bei Wasserpflanzen)* [< griech. *heteros* ,,anders" und *phyllon* ,,Blatt"]

He|te|ro|pla|stik ⟨f.10⟩ *Verpflanzung von artfremdem (tierischem) Gewebe auf den Menschen;* Ggs. *Homöoplastik*

He|te|ro|se|xua|li|tät ⟨f., -, nur Sg.⟩ *auf das andere Geschlecht bezogenes Sexualempfinden;* Ggs. *Homosexualität*

he|te|ro|se|xu|ell ⟨Adj., o.Steig.⟩ *im Sexualverhalten dem anderen Geschlecht zugewandt;* Ggs. *homosexuell*

he|te|ro|troph ⟨Adj., o.Steig.⟩ *sich von organischen, von anderen Lebewesen stammenden Stoffen ernährend;* Ggs. *autotroph* [< griech. *heteros* ,,anders" und *trophe* ,,Nahrung, Ernährung"]

He|te|ro|tro|phie ⟨f., -, nur Sg.⟩ *heterotrophe Ernährung*

he|te|ro|zy|got ⟨Adj., o.Steig.⟩ *mit ungleichen Erbanlagen;* Syn. *mischerbig;* Ggs. *homozygot* [< griech. *heteros* ,,anders", und *zygotos* ,,von einem Doppelgespann gezogen", zu *zygon* ,,Joch, Steg"]

He|thi|ter ⟨m.5⟩ *Angehöriger eines indogermanischen Volkes in Kleinasien*

he|thi|tisch ⟨Adj., o.Steig.⟩ *die Hethiter betreffend, zu ihnen gehörig, von ihnen stammend*

Het|man ⟨m.1 oder m.9⟩ **1** ⟨seit dem 15.Jh. in Polen⟩ *vom König ernannter Oberbefehlshaber des Heeres* **2** ⟨im 17. und 18.Jh.⟩ *Führer der Kosakenheere in der Ukraine* **3** ⟨1918–1920⟩ *Titel des Staatsoberhauptes der unabhängigen Ukraine* [über russ. *getman* ,,oberster Befehlshaber der Kosaken", < poln. *hetman*, < mittelhochdt. *Hauptmann*]

Het|scherl ⟨n.14; österr.⟩ → *Hagebutte*

Hetz ⟨f., -, nur Sg.; bayr.-österr.⟩ *Vergnügen, Spaß;* es gab eine H.

Hetz|blatt ⟨n.1⟩ *Zeitschrift oder Flugblatt, die bzw. das Hetze gegen Menschen anderer Überzeugung oder Herkunft betreibt*

Het|ze ⟨f.11⟩ **1** ⟨nur Sg.⟩ *große Eile, große Hast;* es war eine H. **2** ⟨nur Sg.⟩ *unsachliche und verunglimpfende Äußerungen, um Haß und Feindschaft gegen jmdn. oder eine Gruppe zu erzeugen* (Juden~); politische H. treiben **3** ⟨Jagd⟩ → *Hatz*

het|zen ⟨V.1⟩ **I** ⟨mit Akk.; hat gehetzt⟩ **1** *ein Tier h.* **a** *stark antreiben;* den Hund auf jmdn. h. *dem Hund befehlen, jmdn. anzugreifen* **b** *verfolgen, mit Hunden jagen;* einen Fuchs h. **2** *jmdn. h. jmdn. zur Arbeit, zu Erfüllung eines Auftrages antreiben;* ich lasse mich nicht h. **II** ⟨o.Obj.; ist gehetzt⟩ **1** ⟨auch refl., hat gehetzt⟩ (sich) *h. sich sehr beeilen;* ich muß (mich) h., um noch pünktlich zu kommen: ich bin gehetzt, habe mich gehetzt, um den Zug noch zu erreichen **2** *hastig, angestrengt laufen;* zum Bahnhof h. **III** ⟨o.Obj.; hat gehetzt⟩ **1** *Böses, Boshaftes über andere reden;* sie muß immer h.; gegen jmdn. h. *über jmdn. Böses reden (um andere feindlich gegen ihn zu stimmen)* **2** *feindselige, aufrührerische Reden führen, andere anstacheln (zu etwas);* zum Krieg h.

Het|ze|rei ⟨f.10⟩ **1** *Haß erzeugende Äußerung, Handlung* **2** ⟨nur Sg.⟩ *verunglimpfende Reden und Handlungen zur Aufwiegelung* **3** ⟨nur Sg.; ugs.⟩ *große Eile, Hast;* das war wieder eine H. heute

het|ze|risch ⟨Adj.⟩ *der Hetze (2) dienend;* ~e Schriften

Hetz|jagd ⟨f.10⟩ → *Hatz*

Hetz|re|de ⟨f.11⟩ *Rede, durch die gegen jmdn. oder eine Gruppe Hetze betrieben wird;* ~n halten

Heu ⟨n., -(e)s, nur Sg.⟩ *getrocknetes Gras (als Tierfutter)* [zu *hauen*]

Heu|blu|men ⟨Pl.⟩ *Mischung von Blüten und anderen Pflanzenteilen von Wiesenblumen und Gräsern (u.a. für Badezusätze)*

Heu|bo|den ⟨m.8⟩, **Heu|büh|ne** ⟨f.11; alem.⟩ *(z.B. unter dem Dach der Scheune oder des Stalls gelegener) Raum, in dem das Heu gelagert wird;* Syn. ⟨schweiz.⟩ *Heudiele*

Heu|che|lei ⟨f.11⟩ *das Heucheln, geheucheltes Verhalten;* seine Sorge ist nur H.

heu|cheln ⟨V.1, hat geheuchelt⟩ **I** ⟨mit Akk.⟩ *vortäuschen;* Mitleid, Teilnahme h.; seine Liebe zu ihr ist nur geheuchelt **II** ⟨o.Obj.⟩ *sich verstellen, etwas anderes vorgeben, als man empfindet;* er heuchelt nur

Heuch|ler ⟨m.5⟩ *jmd., der heuchelt*

heuch|le|risch ⟨Adj., o.Steig.⟩ *in der Art eines Heuchlers;* sich jmdm. h. nähern

Heu|die|le ⟨f.11; schweiz.⟩ → *Heuboden*

heu|en ⟨V.1, hat geheut; o.Obj.⟩ *Gras mähen und zum Trocknen ausbreiten, Heu machen*

heu|er ⟨Adv.; süddt.-österr., schweiz.⟩ *in diesem Jahr*

Heu|er ⟨f.11; bei Seeleuten⟩ → *Lohn*

Heu|er|baas ⟨m.1⟩ *Stellenvermittler für Seeleute*

Heu|er|bü|ro ⟨n.9⟩ *Stellenvermittlung für Seeleute*

Heu|er|leu|te ⟨Pl.von⟩ → *Heuerling*

Heu|er|ling ⟨m., -, -leu|te⟩ *Landpächter, der den Pachtzins durch seine Arbeit ableistet*

heu|ern ⟨V.1, hat geheuert; mit Akk.⟩ *in Dienst nehmen, anheuern;* Matrosen h.

Heu|ert ⟨m.1⟩ → *Heumonat*

Heu|et ⟨m.1⟩ → *Heumonat* **2** ⟨m., -s, nur Sg. oder f., -, nur Sg.; südwestdt.-schweiz.⟩ *Heuernte*

Heu|fie|ber ⟨n., -s, nur Sg.⟩ → *Heuschnupfen*

Heul|bo|je ⟨f.11⟩ **1** *Boje, deren Sirene durch die Bewegungen im Wasser ausgelöst wird* **2** ⟨scherzh.⟩ *laut und schlecht singender Schlagersänger*

heu|len ⟨V.1, hat geheult; o.Obj.⟩ **1** ⟨ugs.⟩ *weinen;* heul doch nicht gleich! **2** *laut weinen;* Klageweiber h.; und dann gibt's Heulen und Zähneklappern *und dann bereut man es und hat Angst vor den Folgen;* das ~de Elend kriegen *sehr unglücklich werden, in Verzweiflung geraten;* sie sah aus wie das ~de Elend **3** *sich verheult und ungekämmt aussehen* **3** *langgezogene, klagende Rufe ausstoßen;* der Hund heult; vgl. *Wolf* **4** *langgezogene, durchdringende Töne von sich geben;* die Sirenen h.; eine Boje heult **5** *laut, tönend wehen;* der Sturm heulte (ums Haus)

Heu|ler ⟨m.5⟩ **1** ⟨ugs.⟩ *einzelner Heulton* **2** *Knallkörper, der einen Heulton von sich gibt* **3** *junger Seehund, der nach seiner Mutter ruft*

Heul|pe|ter ⟨m.5; ugs.⟩ *Junge, der oft weint*

Heul|su|se ⟨f.11; ugs.⟩ *Mädchen, das oft weint*

Heu|ma|cher ⟨m.5⟩ *jmd., der mit der Heumahd beschäftigt ist*

Heu|mahd ⟨f.10⟩ *Ernte von Gras (2)*

Heu|mo|nat ⟨m.1⟩, **Heu|mond** ⟨m.1; alter Name für⟩ *Juli;* Syn. *Heuet, Heuert*

Heu|pferd ⟨n.1⟩ *große, grüne Heuschrecke mit pferdeähnlichem Kopf* **2** ⟨ugs., scherzh.⟩ *törichter Mensch*

Heu|rei|ter, Heu|reu|ter ⟨m.5⟩ → *Heinze*

heu|re|ka *ich hab's gefunden* [angeblicher Ausruf des Archimedes, als er das Gesetz des Auftriebs entdeckte; griech., zu *heuriskein* ,,finden"]

heu|rig ⟨Adj., o.Steig.; oberdt.⟩ → *diesjährig*

Heu|ri|ge(r) ⟨m.17 oder 18; österr.⟩ *Wein der letzten Lese*

Heu|ri|stik ⟨f., -, nur Sg.⟩ *Lehre von den Methoden zum Finden neuer Erkenntnisse* [< griech. *heuriskein* ,,finden"]

heu|ri|stisch ⟨Adj., o.Steig.⟩ *die Heuristik betreffend, mit den Mitteln der Heuristik*

Heu|schnup|fen ⟨m.7⟩ *Erkrankung infolge Allergie gegen Pollen blühender Pflanzen;* Syn. *Heufieber*

Heu|scho|ber ⟨m.5; bayr.-österr.⟩ Syn. ⟨schweiz.⟩ *Heustock* **1** *aufgeschichteter Heuhaufen* **2** *Scheune für Heu;* Syn. ⟨bayr.⟩ *Heustadel*

Heu|schrecke ⟨-k|k-; f.11⟩ *Geradflügler mit kräftigen Sprungbeinen* [zu *aufschrecken* ,,hochspringen"]

Heu|sta|del ⟨m.5; bayr.⟩ → *Heuschober (2)*

Heu|stock ⟨m.2; schweiz.⟩ → *Heuschober*

heut ⟨Adv.; ugs. für⟩ → *heute*

heu|te ⟨Adv.⟩ **1** *am gegenwärtigen Tag;* h. bleibe ich zu Hause; von h. an; genug für h.; h. früh; h. abend; bis h.; h. oder morgen ⟨ugs.⟩ *in naher Zukunft;* von h. auf morgen *sehr schnell;* das geht nicht von h. auf morgen; er ist von h. auf morgen abgereist **2** *in der gegenwärtigen Zeit;* die Jugend von h.

heu|tig ⟨Adj.⟩ **1** *am gegenwärtigen Tag;* das ~e Fernsehprogramm **2** *in der Gegenwart, gegenwärtig;* im ~en Europa **3** *so, wie es in der Gegenwart üblich ist;* die ~e Arbeitsmoral; in der ~en Zeit

heu|ti|gen|tags ⟨Adv.⟩ *in der gegenwärtigen Zeit, jetzt*

heut|zu|ta|ge ⟨Adv.⟩ *in der gegenwärtigen Zeit (im Vergleich zur Vergangenheit);* früher war das nicht möglich, aber h. schon eher

He|vea ⟨f., -, -ve|en⟩ *Baum aus der Familie der Wolfsmilchgewächse, dessen Milchsaft Naturkautschuk liefert;* Syn. *Gummibaum* [indian.]

Hexachord

He|xa|chord ⟨[-kɔrd] n.1⟩ sechsstufige diatonische Tonleiter des Guido von Arezzo, Grundlage der Solmisation [< griech. *hex* „sechs" und *chorde* „Saite"]

He|xa|eder ⟨m.5 oder n.5⟩ von sechs Flächen begrenzter Körper; Syn. Sechsflächner, Sechsflach; vgl. Würfel [< griech. *hex* „sechs" und *hedra* „Grundfläche, Grundlage"]

He|xa|eme|ron ⟨n., -(s), nur Sg.⟩ die sechs Tage der Schöpfung [< griech. *hex* „sechs" und *hemera* „Tag"]

He|xa|gon ⟨n.1⟩ → Sechseck [< griech. *hex* „sechs" und *gonia* „Winkel"]

He|xa|gramm ⟨n.1⟩ sechseckiger Stern aus zwei gleichseitigen Dreiecken, Davidsstern; Syn. Sechsstern [< griech. *hex* „sechs" und *gramma* „Schriftzeichen"]

Hex|ame|ron ⟨n.9⟩ dem „Decamerone" nachgebildeter Titel einer Sammlung von an sechs Tagen erzählten Novellen; vgl. Hexaemeron [< griech. *hex* „sechs" und *hemera* „Tag"]

He|xa|me|ter ⟨m.5⟩ epischer Vers mit sechs Hebungen [< griech. *hex* „sechs" und *metron* „Maß"]

he|xa|me|trisch ⟨Adj., o.Steig.⟩ in Hexametern (gedichtet)

He|xan ⟨n.1⟩ aliphatischer Kohlenwasserstoff mit sechs Kohlenstoffatomen, Bestandteil des Erdöls [< griech. *hex* „sechs"]

He|xa|po|de ⟨m.11⟩ → Insekt [< griech. *hex* „sechs" und *pous*, Gen. *podos*, „Fuß", da sie sechs Beine haben]

He|xa|teuch ⟨m., -(s), nur Sg.⟩ die ersten sechs Bücher des AT [< griech. *hex* „sechs" und *teuchos* „Gerät, Gefäß, Behälter für eine Papyrusrolle"]

He|xe ⟨f.11⟩ **1** ⟨im Volksglauben⟩ zauberkundige Frau, die mit dem Teufel im Bunde steht **2** ⟨im Märchen⟩ böse, häßliche, alte Zauberin [< mhd. *hecse, hesse* < ahd. *hagazussa, hâzessa,* in ders. Bed.; die Herkunft ist nicht geklärt, man nimmt an, zu ahd. *hagu* „eingefriedigtes Landstück", altengl. *haga, hæg* „Hecke" und germ. *tusjo* „böser Geist"; also ein „auf dem Zaun oder auf der Hecke sitzender böser Geist"]

he|xen ⟨V.1, hat gehext⟩ **I** ⟨o.Obj.⟩ → *zaubern;* ich kann doch nicht h.! ⟨übertr., ugs.⟩ *so schnell geht das nicht, so schnell kann ich das nicht machen!;* das geht ja wie gehext *das geht ja erstaunlich schnell* **II** ⟨mit Akk.⟩ herbeizaubern, durch Zauber herbeiführen; Regen, Wind h.

He|xen|be|sen ⟨m.7⟩ **1** Besen der Hexe **2** durch Schlauchpilze hervorgerufene, bösartige Mißbildung (an verschiedenen Bäumen)

He|xen|ei ⟨n.3⟩ **1** junge Stinkmorchel **2** Hühnerei ohne Dotter

He|xen-Ein|mal|eins, He|xen|ein|mal|eins ⟨n., -, nur Sg.⟩ Zahlen- oder Worträtsel mit mehrfachem Sinn; magisches Quadrat

He|xen|glau|be ⟨m., -ns nur Sg.⟩ Glaube an Hexen

He|xen|jagd ⟨f.10⟩ unbarmherzige, ungerechtfertigte Verfolgung (eines oder mehrerer Menschen)

He|xen|kes|sel ⟨m.5⟩ **1** Kessel, in dem eine Hexe Zaubertränke mischt **2** ⟨übertr.⟩ unübersichtliches, verwirrendes und Gefahr bergendes Durcheinander; Syn. Hexenküche

He|xen|kraut ⟨n., -(e)s, nur Sg.⟩ staudiges Nachtkerzengewächs mit lanzettlichen Blättern und rötlichweißen Blüten

He|xen|kü|che ⟨f.11⟩ → Hexenkessel (2)

He|xen|meis|ter ⟨m.5; im Volksglauben⟩ jmd., der hexen kann; Zauberer

He|xen|milch ⟨f., -, nur Sg.⟩ milchähnliche Flüssigkeit in den Brustdrüsen Neugeborener

He|xen|ring ⟨m.1⟩ im Kreis stehende Pilze derselben Art; Syn. Feenring

He|xen|röhr|ling ⟨m.1⟩ eßbarer Röhrling mit roter Hutunterseite, der bei Verletzung dunkelblau anläuft

He|xen|sab|bat ⟨m.1⟩ **1** ⟨im Volksglauben⟩ Zusammenkunft von Hexen, bes. in der Walpurgisnacht **2** ⟨übertr.⟩ *lautes, wüstes Treiben*

He|xen|schuß ⟨m.2⟩ heftiger, plötzlich auftretender Dauerschmerz in der Lendengegend bei Drehung oder Beugung des Rumpfes; Syn. Lumbago

He|xen|stich ⟨m., -(e)s, nur Sg.⟩ ⟨für Säume oder als Zierstich verwendeter⟩ verschränkter Nähstich

He|xen|wahn ⟨m., -(e)s, nur Sg.⟩ Irrglaube an Hexen (der zu grausamen Ausschreitungen führt)

He|xe|rei ⟨f.10⟩ Fähigkeit zu zaubern; Geschwindigkeit ist keine H.

Hex|ose ⟨f.11⟩ einfacher Zucker mit sechs Kohlenstoffatomen im Molekül [< griech. *hex* „sechs"]

Hf ⟨Zeichen für⟩ Hafnium

HF ⟨Zeichen für⟩ Hochfrequenz

hfl ⟨Abk. für⟩ Gulden (2)

Hg ⟨Zeichen für⟩ Quecksilber [→ Hydrargyrum]

hg. ⟨Abk. für⟩ herausgegeben

Hg. ⟨Abk. für⟩ Herausgeber

HGB ⟨Abk. für⟩ Handelsgesetzbuch

Hia|tus ⟨m., -, -⟩ **1** ⟨Med.⟩ Spalt, Öffnung **2** ⟨Sprachw.⟩ Zusammentreffen zweier Vokale am Ende des einen und am Anfang des folgenden Wortes [< lat. *hiatus,* klaffende Öffnung, Kluft, Abgrund", übertr. „Zusammentreffen zweier Vokale"]

Hi|ber|na|kel ⟨n.14; bei vielen Wasserpflanzen⟩ Überwinterungsknospe [< lat. *hibernaculum* „Winterlager"]

Hi|ber|na|ti|on ⟨f.10⟩ → Winterschlaf [< lat. *hibernatio,* Gen. -*onis,* „Überwinterung"]

Hi|bis|kus ⟨m., -, -ken⟩ → Eibisch [< lat. *hibiscus, ibiscus,* wahrscheinlich keltischen Ursprungs]

hic et nunc *hier und jetzt* [lat.]

Hick|hack ⟨m. oder n., -s, nur Sg.; ugs.⟩ nutzlose, nervenaufreibende Streiterei

Hicko|ry ⟨-k|k-; m.9⟩ nordamerikanischer Walnußbaum [< engl. *hickory,* älter *pokahickory,* aus Algonkin *pawcohiccora,* der Bezeichnung für ein Gericht aus zerkleinerten Walnußkernen und Wasser; von den Europäern wurde der letzte Bestandteil des Wortes auf den Baum übertragen]

hic Rho|dus, hic sal|ta *Hier zeige, was du kannst!, Jetzt gilt es!* [lat., „hier (ist) Rhodos, hier springe!", nach einer Fabel von Äsop]

Hi|dal|go ⟨m.9; früher⟩ Angehöriger des niederen spanischen und portugiesischen Adels

Hi|dro|ti|kum ⟨n., -s, -ka⟩ schweißtreibendes Mittel [< griech. *hidrotikon,* „schweißtreibend", zu *hidros,* Gen. *hidrotos,* „Schweiß"]

hie ⟨Adv.⟩ **1** ⟨†⟩ *hier* **2** ⟨in der Wendung⟩ h. und da *manchmal;* h. Freude, da Leid

Hieb ⟨m.1⟩ **1** *Schlag* (Peitschen~, Stock~); auf einen H. *beim ersten Mal* **2** ⟨übertr.⟩ *boshafte, anzügliche Bemerkung;* der H. hat gesessen **3** ⟨ugs.⟩ *Verrücktheit;* er hat einen H. *er ist ein bißchen verrückt* **4** ⟨Tech.⟩ *Schneidkante* (an Feilen) **5** ⟨nur Sg.; Forstw.⟩ *Fällen von Bäumen zur Verjüngung des Waldes*

hie|bei ⟨Adv.; †⟩ hierbei

hieb|fest ⟨Adj.; nur in der Wendung⟩ hieb- und stichfest *durch nichts zu erschüttern;* ein hieb- und stichfester Beweis

Hieb|waf|fe ⟨f.11⟩ Schlagwaffe mit Schneide (z.B. Schwert, Säbel)

hie|durch ⟨Adv.; †⟩ hierdurch

Hie|fe ⟨f.11; ostfränk.⟩ → Hagebutte

hie|mit ⟨Adv.; †⟩ hiermit

hie|nie|den ⟨Adv.; poet.⟩ hier auf Erden

hier ⟨Adv.⟩ Ggs. *dort* **1** ⟨räumlich⟩ **a** *an diesem Ort;* h. entlang; h. draußen, drinnen; h. oben, unten; h. in München; h. auf dem Tisch; es ist nicht weit von h.; *von diesem Ort;* er ist nicht von h. *er ist kein Einheimischer;* h. und dort *an verschiedenen Orten, Stellen* **b** *in diesem Punkt;* h. hast du recht; diese Vorschrift gilt h. nicht; h. kann ich nicht folgen **c** ⟨nachgestellt⟩ *der, die, das, an diesem Ort befindliche;* unsere Stadt h.; der Mann h. **d** ⟨bei Namensaufrufen⟩ Hier! *Ich bin da!, Ich bin zur Stelle!;* ,,Wo bist du?" ,,Hier!" **2** ⟨zeitlich⟩ *zu diesem Zeitpunkt, jetzt, nun;* h. und da *manchmal, ab und zu;* von h. *von diesem Zeitpunkt an*

hier|an ⟨Adv.⟩ **1** ⟨mit Dat.⟩ *an dieser Sache, an diesem Punkt;* h. kann man erkennen, daß ... **2** ⟨mit Akk.⟩ *an diese Sache, an diesen Punkt;* h. knüpft sich die folgende Überlegung, Bedingung

Hier|ar|chie ⟨f.11; bes. priesterliche⟩ Rangordnung [< griech. *hieros,* „heilig, geweiht, zu den Göttern gehörig" und *arche* „Herrschaft", zu *archein,* „herrschen"]

hier|ar|chisch ⟨Adj.⟩ in Rangstufen gegliedert; ~e Ordnung

hie|ra|tisch ⟨Adj., o.Steig.⟩ *priesterlich;* ~e Schrift von den Priestern aus den Hieroglyphen entwickelte, vereinfachte ägyptische Gebrauchsschrift [< griech. *hieratikos* „priesterlich, zum Priester gehörig", zu *hieros* „heilig"]

hier|auf ⟨Adv.⟩ **1** ⟨räumlich⟩ *auf diesem Gegenstand, dieser Sache;* h. sitzt man gut **2** ⟨zeitlich⟩ *sodann, daraufhin;* h. folgte die Rede **3** *auf diesen Punkt, darauf;* wir werden h. noch zu sprechen kommen

hier|aus ⟨Adv.⟩ **1** *aus diesem Gegenstand, aus dieser Materie;* h. trinkt man; h. macht man Bier **2** *aus dieser Tatsache;* h. kann man ersehen, daß ... **3** *aus dieser Quelle;* h. kann man eine Menge lernen

hier|bei ⟨Adv.⟩ **1** *bei dieser Gelegenheit, bei dieser Übung, Tätigkeit;* h. möchte ich daran erinnern, h. muß man besonders aufpassen **2** *bei der eben erwähnten Sache;* wir sollten noch einen Augenblick h. verweilen; h. sollten wir bleiben

hier|durch ⟨Adv.⟩ *durch diesen Brief, durch diese Anzeige, auf diese Weise;* h. teilen wir Ihnen mit, daß ...; h. haben wir erst erfahren, daß ...; h. danken wir allen, die ...

hier|für ⟨Adv.⟩ *für diese Sache;* h. kann ich nicht garantieren; das h. benötigte Geld

hier|ge|gen ⟨Adv.⟩ *gegen diese Sache, Ansicht o.ä.;* h. möchte ich sagen

hier|her ⟨Adv.⟩ *vom Sprecher aus gesehen* (von dort) *an diese Stelle* (hier), *an diesen Ort* (hier); Hierher! ⟨Kommando an den Hund⟩

hier|her... ⟨in Zus.⟩ *vom Sprecher aus gesehen* (von dort) *an diese Stelle* (hier), *an diesen Ort* (hier), z.B. hierherbringen, hierherkommen, hierherschicken

hier|her|auf ⟨Adv.⟩ *an diese Stelle, an diesen Ort herauf;* von dort bis h. ist es nicht weit

hier|her|um ⟨Adv.⟩ *nach dieser Seite herum;* wir gehen h.

hier|hin ⟨Adv.⟩ *an diesen Ort, an diese Stelle;* setz die Vase h.!; bis h. bin ich mit dem Lesen gekommen; wir sind h. und dorthin gefahren, um ihn zu suchen *wir sind überall umhergefahren*

hier|hin|auf ⟨Adv.⟩ *in dieser Richtung hinauf;* der Weg führt h.

hier|hin|aus ⟨Adv.⟩ *in dieser Richtung hinaus, an diese Stelle hinaus;* wir gehen h.

hier|in ⟨Adv.⟩ **1** *im Innern, drinnen;* h. befindet sich dein Essen **2** *in dieser Sache, in dieser Hinsicht;* h. unterscheiden wir uns

hier|lands ⟨Adv.; †⟩ hierzulande

hier|mit ⟨Adv.⟩ **1** *mit diesem Mittel, mit diesem Gegenstand;* h. kannst du die Büchse öffnen **2** *mit diesen Worten;* h. taufe ich dich mit den Namen ... **3** *mit diesem Brief, mit dieser Anzeige;* h. geben wir bekannt, daß ...; h. teile ich Ihnen mit, daß ... **4** *mit dieser Sache;* h. habe ich mich schon lange beschäftigt

hier|nach ⟨Adv.⟩ **1** *dieser Sache zufolge, diesen Ausführungen zufolge;* h. muß man an-

Himmelreich

nehmen, daß ... **2** *nach dieser Sache, nach diesen Ausführungen;* h. habe ich nichts mehr (zum Thema) zu sagen **3** *nach dieser Vorschrift, nach diesem Rat, dieser Empfehlung;* h. sollte man sich richten

Hie|ro|du|le ⟨m., f.11⟩ *altgriechische(r) Tempeldiener(in)* [< griech. *hieros* „heilig" und *doulos* „Diener"]

Hie|ro|gly|phe ⟨f.11⟩ **1** *Zeichen der ägyptischen Bilderschrift* **2** ⟨danach allg.⟩ *Zeichen einer Bilderschrift* **3** ⟨Pl.; ugs., scherzh.⟩ *schwer lesbare Schrift;* diese ~n kann ich nicht entziffern [< griech. *hieros* „heilig" und *glyphe* „Schnitzwerk, Gravur", zu *glyphein* „einschneiden, einritzen, einmeißeln"; also eigtl. „heiliges Zeichen"; die Hieroglyphen wurden von den Priestern für Inschriften auf heiligen Denkmälern benutzt]

hie|ro|gly|phisch ⟨Adj.⟩ **1** ⟨o.Steig.⟩ *in Hieroglyphen (geschrieben)* **2** ⟨übertr.⟩ *rätselhaft, nicht entzifferbar*

Hie|ro|krat ⟨m.10⟩ *Angehöriger einer Hierokratie*

Hie|ro|kra|tie ⟨f.11⟩ *Priesterherrschaft* [< griech. *hieros* „heilig" und *kratein* „herrschen"]

Hie|ro|mant ⟨m.10⟩ *jmd., der Hieromantie betreibt*

Hie|ro|man|tie ⟨f., -, nur Sg.⟩ *Weissagung aus Tieropfern* [< griech. *hieros* „heilig" und *manteia* „Weissagung", zu *mantis* „Seher"]

hie|ro|man|tisch ⟨Adj., o.Steig.⟩ *zur Hieromantie gehörend, auf ihr beruhend, mit ihrer Hilfe*

Hie|ro|phant ⟨m.10⟩ *Oberpriester, der bei den Eleusinischen Mysterien die heiligen Bräuche erläuterte* [< griech. *hierophantes* „Oberpriester", < *hieros* „heilig" und *phainein* „zeigen, kundtun"]

hier|orts ⟨Adv.⟩ *bei diesem Amt, an diesem Ort;* ein h. unbekannter Mann

Hier|sein ⟨n., -, nur Sg.⟩ *Aufenthalt an diesem Ort, Anwesenheit;* wir freuen uns über Ihr H.; seit meinem H. geht es mir besser

hier|selbst ⟨Adv.; †⟩ *hier an diesem Ort*

hier|über ⟨Adv.⟩ **1** *über diese Sache;* h. möchte ich nichts sagen **2** *währenddessen;* h. einschlafen

hier|un|ter ⟨Adv.⟩ **1** *unter dieser Stelle, unter diesem Raum;* h. befindet sich die Küche **2** *unter dieser Sache;* h. kann ich mir nichts vorstellen **3** *unter dieser Gruppe;* h. befinden sich auch viele Kinder; h. zählt man auch die Stare

hier|von ⟨Adv.⟩ **1** *von diesen Gegenständen, von dieser Sorte;* h. bitte ein Pfund **2** *von dieser Sache, von dieser Auffassung;* h. habe ich mich sehr überzeugt **3** *von der eben erwähnten Sache;* h. kann gar keine Rede sein

hier|zu ⟨Adv.⟩ **1** *zu dieser Sache;* h. trinkt man keinen Wein **2** *zu dieser Angelegenheit, Auffassung;* h. möchte ich nichts sagen **3** *zu diesem Zweck;* h. benötigt man viel Geld; h. braucht man eine Zange

hier|zu|lan|de ⟨Adv.⟩ *hier in diesem Lande;* Ggs. *dortzulande;* h. ist das nicht üblich

hie|sig ⟨Adj., o.Steig.⟩ *einheimisch, von hier stammend, in den hiesigen Zuständen;* die Hiesigen *die Einheimischen*

hie|ven ⟨V.1, hat gehievt; mit Akk.⟩ **1** ⟨Seew.⟩ *hinaufziehen, hochziehen* **2** ⟨ugs., scherzh.⟩ *heben;* einen schweren Kranken ins Bett h.; jmdn. auf einen Posten h. ⟨übertr., ugs.⟩

hie|von ⟨Adv.; †⟩ *hiervon*

Hi-Fi ⟨[haifai], ugs. auch [haifi]; Abk. für⟩ *High Fidelity*

Hift|horn ⟨n.4⟩ *einfaches, aus einem Tierhorn hergestelltes Jagdhorn* [ältere Form *Hiefhorn*, aus der alten jägersprachlichen Bezeichnung *Hief* „Ton des Jagdhorns"; die Form *Hüfthorn*, die daraus gedeutet wird, daß man das Horn an der Hüfte getragen habe, ist volksetymologisch]

high ⟨[hai] Adj., o.Steig.; nur mit „sein"⟩ *erhoben, im Rauschzustand* [< engl. *high* „hoch"]

High Fi|de|li|ty ⟨[hai faidɛliti] auch [- fidɛliti] f., -, nur Sg.⟩ *als Qualitätsbez. bei elektroakust. Musikanlagen orginalgetreue Wiedergabe* [engl., in ders. Bed., < *high* „hoch" und *fidelity* „Treue, Genauigkeit"]

High|life ⟨[hailaif] n., -(s), nur Sg.⟩ *Leben der vornehmen Kreise;* bei ihm ist H. ⟨ugs., scherzh.⟩ *er feiert*

High So|ci|e|ty ⟨[hai səsaiəti] f., -, nur Sg.⟩ *die sog. gute Gesellschaft* [engl. *high society* „hohe Gesellschaft", < *high* „hoch" und *society* „Gesellschaft"]

Hi|jacker ⟨-k|k-; [haidʒɛkər] m.5⟩ *Flugzeugentführer* [im amerik. Slang *krimineller Landstreicher, der Schmuggler oder auch seine eigenen Kameraden überfällt und beraubt* *Hi, Jack,* mit dem der Grüßende den andern zum Stehenbleiben brachte; der Vorname *Jack* wurde allgemein als Anrede für „Kumpel" o.ä. gebraucht]

Hi|la|ri|tät ⟨f., -, nur Sg.; †⟩ *Heiterkeit* [< lat. *hilaritas* in ders. Bed.]

hilb ⟨Adj.; schweiz.⟩ *windgeschützt*

Hil|fe ⟨f.11⟩ **1** *Beistand, Unterstützung;* jmdm. seine H. anbieten; H. brauchen; bei jmdm. H. suchen; bei uns findet er stets H. in der Not; Erste H. *sofortige Maßnahmen nach Unfällen und Verletzungen;* Erste H. leisten **2** *Hilfsmittel, Förderung, finanzielle, geistige, materielle H.;* das Gerät ist eine echte H.; mechanische ~n **3** ⟨meist Pl.; Reiten⟩ *Anweisung an das (Pferd) mittels Zügel und/oder Schenkeln oder Gesäß;* einem Pferd ~n geben; das Pferd reagiert sofort auf jede H. **4** *Hilfskraft* (Haushalts~, Küchen~); unsere H. ist krank; er ist mir eine große H. er hilft mir sehr

Hil|fe|leis|tung ⟨f.10⟩ *das Leisten von Hilfe (bei Unglücksfällen, Gefahr oder Not);* unterlassene H.; zur H. verpflichtet sein

Hil|fe|stel|lung ⟨f.10⟩ **1** *Unterstützung (beim Turnübung)* **2** ⟨übertr.⟩ *(meist unbemerkte) Hilfeleistung für jmdn.;* jmdm. H. leisten

hilf|los ⟨Adj.⟩ **1** *ohne Hilfe;* einen Verletzten h. liegenlassen **2** *auf fremde Hilfe angewiesen;* ein ~es Kind **3** *ratlos;* h. um sich blicken; h. einem Gerät stehen

Hilf|lo|sig|keit ⟨f., -, nur Sg.⟩ *Zustand des Hilflosseins;* in meiner H. wandte ich mich an einen Vorübergehenden

Hilfs|ar|bei|ter ⟨m.5⟩ *Arbeiter ohne Ausbildung*

hilfs|be|dürf|tig ⟨Adj.⟩ *angewiesen auf Hilfe, notleidend* **Hilfs|be|dürf|tig|keit** ⟨f., -, nur Sg.⟩

hilfs|be|reit ⟨Adj.⟩ *bereit, anderen zu helfen* **Hilfs|be|reit|schaft** ⟨f., -, nur Sg.⟩

Hilfs|dienst ⟨m.1⟩ **1** *Dienst, befristete Arbeit, um jmdn. oder eine Sache zu unterstützen;* freiwilliger H. **2** *Organisation zur Hilfe in Notfällen*

Hilfs|geist|li|cher ⟨m.18; kath. Kirche⟩ *Geistlicher im Aushilfsdienst*

Hilfs|kraft ⟨f.2⟩ *jmd., der zur Mithilfe bei einer Arbeit angestellt wird*

Hilfs|kreu|zer ⟨m.5; †⟩ *für Seekriegszwecke eingesetztes Handelsschiff*

Hilfs|mit|tel ⟨n.5⟩ **1** *Mittel zur Arbeitserleichterung;* eine Schnur als H. benutzen **2** *finanzielle oder materielle Unterstützung;* H. zur Verfügung stellen

Hilfs|schu|le ⟨f.11; †⟩ → *Sonderschule*

Hilfs|verb ⟨n., -s, -en⟩ *Verb, mit dessen Hilfe die meisten Zeitformen gebildet werden (haben, sein, werden);* Syn. *Hilfszeitwort*

Hilfs|zeit|wort ⟨n.4⟩ → *Hilfsverb*

Hi|lum ⟨n., -s, -la⟩ *Stelle, an der der Samen einer Pflanze am Samenträger befestigt ist, Pflanzennabel* [lat., „Fäserchen, etwas Winzi-

ges, Geringes", Nebenform von *filum* „Faden"]

Hi|lus ⟨m., -, -li⟩ *Vertiefung an Organen (wo Nerven, Gefäße u.a. ein- oder austreten)* [zu *Hilum*]

Hi|ma|ti|on ⟨n., -s, -ti|en [-tsjən]⟩ *altgriechisches Obergewand*

Him|bee|re ⟨f.11⟩ **1** *strauchig wachsendes Rosengewächs mit gezähnten, unterseits weißfilzigen Blättern* **2** *dessen rote Sammelfrucht* [erster Bestandteil zu *Hinde,* vielleicht wörtlich „Beere, die die Hinde gern frißt"]

Him|beer|geist ⟨m.3⟩ *Obstgeist aus frischen Himbeeren*

Him|beer|pocken ⟨-k|k-; Pl.⟩ → *Frambösie*

Him|beer|spat ⟨m.1⟩ → *Manganspat*

Him|beer|zun|ge ⟨f.11; bei Scharlach⟩ *auffällig rote Zunge, deren Oberfläche durch Anschwellung der Papillen himbeerähnlich aussieht*

Him|mel ⟨m.5⟩ **1** *Luftraum über der Erde, der als Halbkugel wahrgenommen wird;* bewölkter, verhangener, klarer H.; der H. klärt sich auf, zieht sich zu; die Sonne steht hoch am H.; der H. lacht ⟨geh.⟩ *die Sonne scheint, es ist strahlendes Wetter;* ⟨übertr.⟩ der H. öffnet seine Schleusen *es beginnt stark zu regnen;* unter dem H. Griechenlands ⟨poet.⟩ *in Griechenland;* das kam wie der Blitz aus heiterm H. *ganz völlig unerwartet;* ⟨ugs.⟩ jmdn. in den H. heben *jmdn. übertrieben loben;* er stand da wie vom H. gefallen *er stand plötzlich da,* ⟨auch⟩ *er stand völlig fassungslos, verständnislos da;* das stinkt zum H. ⟨ugs.⟩ *das ist empörend* **2** *Aufenthaltsort Gottes der der Götter sowie* ⟨nach christl. Lehre⟩ *der Seligen, Paradies;* Ggs. *Hölle;* Gott im H.; H. und Hölle *zwei Kinderspiele:* Hüpfspiel und Faltspiel; sie hat dort den H. auf Erden *sie lebt dort in sehr glücklichen Verhältnissen;* jmdm. den H. auf Erden versprechen *jmdm. ein sehr glückliches Leben versprechen;* aus allen ~n fallen, stürzen *tief enttäuscht, ernüchtert werden,* in den H. kommen *ins Paradies aufgenommen werden;* Großvater ist im H. *Großvater ist tot* (als Erklärung für kleine Kinder); sich im siebenten H. fühlen *sehr glücklich, sehr verliebt sein* **3** ⟨bildlich oder verhüllend⟩ *Gott, Schicksal;* du lieber H.!, gerechter H.!, gütiger H.! ⟨Ausrufe der Bestürzung⟩; H. und Hölle in Bewegung setzen *alles tun, was nur möglich ist;* der H. bewahre uns davor!; H., Herrgott, Sakrament! ⟨Fluch⟩ **4** *Dach aus Stoff (z.B. über dem Bett;* Bett~) **5** (bei Kfz) *unter dem Dach befestigte Verkleidung aus Stoff, Kunststoff o.ä.*

him|mel|an ⟨Adv.; poet.⟩ *zum Himmel empor;* Syn. *himmelwärts*

him|mel|angst ⟨Adj.; nur in der Wendung⟩ jmdm. wird h. *jmd. hat große Angst*

Him|mel|bett ⟨n.12⟩ *ein Bett mit einem Himmel (4)*

him|mel|blau ⟨Adj., o.Steig.⟩ *blau wie der wolkenlose Himmel (1)*

Him|mel|don|ner|wet|ter ⟨n., -, nur Sg.;⟩ *Ausruf der Ungeduld oder der Bestürzung*

Him|mel|fahrt ⟨f., -, nur Sg.; christl. Religion⟩ *Aufstieg (Christi, Marias oder von Heiligen) zum Himmel;* Christi H. *kirchliches Fest am 40. Tag nach Ostern;* Syn. *Himmelfahrtstag;* Mariä H. *kath. Fest am 15. August*

Him|mel|fahrts|kom|man|do ⟨n.9; ugs.⟩ *Unternehmen, bei dem jmd. wahrscheinlich ums Leben kommt*

Him|mel|fahrts|na|se ⟨f.11; ugs.⟩ *nach oben gebogene Nase*

Him|mel|fahrts|tag ⟨m.1⟩ → *Himmelfahrt*

him|mel|hoch ⟨Adj., o.Steig.⟩ *sehr hoch, äußerst hoch;* jmdm. h. überlegen sein; h. jauchzend, zu Tode betrübt *zwischen Freude und Trauer plötzlich wechseln* [nach Goethe, Egmont]

Him|mel|reich ⟨n., -(e)s, nur Sg.⟩ *Aufent-*

haltsort Gottes, Reich der Glückseligkeit, Paradies;* des Menschen Wille ist sein H. ⟨übertr.⟩ jeder Mensch muß auf seine Weise glücklich werden

Him|mels|äqua|tor ⟨m.13⟩ gedachter, dem Erdäquator entsprechender Kreis am Himmelsgewölbe

Him|mels|bo|gen ⟨m.7⟩ → *Himmelsgewölbe*

Him|mels|braut ⟨f.2; poet.⟩ *Nonne*

Him|mels|brot ⟨n., -s, nur Sg.⟩ → *Manna (1)*

Him|mels|schlüs|sel ⟨m. oder n.5⟩ → *Schlüsselblume*

him|mel|schrei|end ⟨Adj.⟩ *empörend, Entsetzen hervorrufend;* ∼*es Elend; ein* ∼*es Unrecht*

Him|mels|fe|ste ⟨f., -, nur Sg.; poet.⟩ *Himmelsgewölbe*

Him|mels|ge|gend ⟨f.10⟩ → *Himmelsrichtung*

Him|mels|ge|wöl|be ⟨n., -s, nur Sg.; geh.⟩ *Himmel (1) (nach dem Augenschein als halbkugeliges Gewölbe vorgestellt);* Syn. *Himmelsbogen*

Him|mels|kar|te ⟨f.11⟩ → *Sternkarte*

Him|mels|kö|ni|gin ⟨f., -, nur Sg.⟩ *Jungfrau Maria*

Him|mels|kör|per ⟨m.5⟩ *jeder außerirdische Körper*

Him|mels|ku|gel ⟨f., -, nur Sg.⟩ *der (von der Erde aus gesehen) als Halbkugel erscheinende Himmel (1)*

Him|mels|kun|de ⟨f., -, nur Sg.⟩ → *Astronomie*

Him|mels|lei|ter ⟨f.11⟩ *blau blühendes Sperrkrautgewächs feuchter Wiesen;* Syn. *Jakobsleiter*

Him|mels|me|cha|nik ⟨f., -, nur Sg.⟩ *Teilgebiet der Astronomie, das sich mit der Bewegung der Himmelskörper befaßt*

Him|mels|rich|tung ⟨f.10⟩ *Gegend über dem in Abschnitte geteilten Horizont (Norden, Süden, Westen und Osten);* Syn. *Himmelsgegend; in welche H. müssen wir fahren?; in welcher H. liegt Berlin?*

Him|mels|schlüs|sel ⟨m.5⟩ → *Schlüsselblume*

Him|mels|sohn ⟨m.2; im alten China Bez. für den⟩ *Kaiser*

Him|mels|strah|lung ⟨f., -, nur Sg.⟩ *Teil der Strahlung der Sonne (des Mondes und der Sterne), der von der Luft oder den in ihr enthaltenen Teilchen gestreut und reflektiert wird (z.B. als Ursache des Tageslichts in nicht von der Sonne beschienenen Räumen)*

Him|mels|strich ⟨m.1⟩ *(unbekannte, unklar beschreibbare) Gegend*

him|mels|stür|mend ⟨Adj., o.Steig.⟩ *realitätsfremd, maßlos;* ∼*e Ideen, Vorstellungen*

Him|mels|stür|mer ⟨m.5⟩ *jmd., der übertriebenen Idealismus zeigt, Phantast*

Him|mels|tür ⟨f., -, nur Sg.⟩ *Pforte, Eingang zum Paradies*

Him|mels|zie|ge ⟨f.11⟩ **1** → *Bekassine* [nach dem meckernden Fluggeräusch beim Balzflug; vgl. *Habergeiß*] **2** ⟨übertr., ugs.⟩ *ältliche, etwas wunderliche, (auch) frömmelnde Frau*

him|mel|wärts ⟨Adv.⟩ → *himmelan*

him|mel|weit ⟨Adj., o.Steig.⟩ *sehr weit (weg), sehr groß, über alle Maßen weit, groß; ein* ∼*er Unterschied; wir sind h. entfernt voneinander*

himm|lisch ⟨Adj.⟩ **1** *vom Himmel stammend, überirdisch, göttlich; die* ∼*en Heerscharen* **2** ⟨übertr., ugs.⟩ *sehr schön, wunderbar; ein* ∼*er Anblick; es hat h. geschmeckt*

hin ⟨Adv.⟩ **1** *räumlich; vom Sprecher aus gesehen⟩ vom Standort des Sprechers weg, nach dort, dorthin;* vgl. *her; nichts wie hin!* ⟨ugs.⟩ *wir müssen sofort und schnell dorthin laufen; hin und her dorthin und hierher; es ging lange hin und her, es gab ein langes Hin und Her es wurde lange dafür und dagegen geredet; es war ein ständiges Hin und Her ein ständiges Kommen und Gehen; ein wenig hin und her gehen umhergehen;* ⟨aber⟩ *hin- und herfahren an einen Ort und wieder zurückfahren; die Fahrt hin und her, hin und zurück; wir haben es hin und her überlegt wir haben es uns immer wieder überlegt, das Für und Wider genau abgewogen; das reicht nicht hin und nicht her das reicht überhaupt nicht; vor sich hin in Gedanken, sich unbeobachtet fühlend; vor sich hin singen, lachen, reden, weinen* **2** ⟨verstärkend zusammen mit anderen Präp.⟩ *auf etwas hin* **a** *unter einem bestimmten Gesichtspunkt; einen Text auf Fehler hin durchlesen;* **b** *aufgrund von etwas; ich habe es auf seinen Rat hin getan; bis hin, bis zu bis an diesen Ort; bis zum Wald hin; nach außen hin äußerlich; nach außen hin wirkt er sehr verschlossen* **3** ⟨zeitlich⟩ *bis dahin, bis zu dem Zeitpunkt, bis etwas eintritt; es sind noch ein paar Wochen hin; das ist noch lange hin das dauert noch lange, bis es soweit ist; hin und wieder manchmal, ab und zu* **4** ⟨als getrennter Bestandteil von „wohin, dahin, dorthin"⟩ *wo gehst du hin? wohin gehst du?; dort will ich auch hin dorthin will ich auch* **5** ⟨kurz für⟩ *dorthin; man braucht zehn Minuten bis hin*

hin... ⟨in Zus.; vom Sprecher aus gesehen⟩ **1** ⟨von hier) nach dort, an den Ort, an die Stelle (dort), z.B. hinbringen, hinschauen;* vgl. *her...* **2** ⟨verstärkend⟩ *z.B. hinopfern, hinschwinden, hinsiechen*

hin|ab ⟨Adv.; vom Sprecher aus gesehen⟩ *(von hier oben) nach (dort) unten;* vgl. *herab;* ⟨meist geh. für⟩ *hinunter; man hat dort einen schönen Blick bis h. ins Tal*

hin|ab... ⟨in Zus.; vom Sprecher aus gesehen⟩ *(von hier oben) nach (dort) unten;* vgl. *herab...;* ⟨meist geh. für⟩ *hinunter..., z.B. hinabgleiten, hinabsteigen*

hin|an ⟨in Zus.; geh. für⟩ *hinauf*

hin|auf ⟨Adv.; vom Sprecher aus gesehen⟩ *(von hier unten) nach (dort) oben;* vgl. *herauf; es ging immer h. und hinunter; vom Leutnant bis h. zum General*

hin|auf... ⟨in Zus.; vom Sprecher aus gesehen⟩ *(von hier unten) nach (dort) oben, z.B. hinauffahren, hinaufführen, hinaufsteigen;* vgl. *herauf...*

hin|auf|fal|len ⟨V.33, ist hinaufgefallen; o.Obj.; ugs., scherzh.⟩ *ohne eigenes Zutun befördert werden, beruflich aufsteigen;* ⟨meist in der Wendung⟩ *die Treppe h.*

hin|auf|trei|ben ⟨V.162, hat hinaufgetrieben; mit Akk.⟩ **1** *nach (dort) oben treiben; Vieh h. (auf die Alm)* **2** *mit allen Mitteln steigern; die Preise, die Mieten h.*

hin|aus ⟨Adv.; vom Sprecher aus gesehen⟩ **1** *(von hier drinnen) nach (dort) draußen;* vgl. *heraus; Hinaus!* ⟨grobe Aufforderung, den Raum zu verlassen⟩ *ein Blick h. ins Freie* **2** ⟨in den Fügungen⟩ *auf ... h., über ... h. (einen Bereich, einen Zeitpunkt) überschreitend; er hat auf Wochen h. keinen Termin mehr frei; der Junge ist reif über seine Jahre h.; er blieb bis über Mittag h.; er tut nichts über das Notwendigste h.*

hin|aus... ⟨in Zus.; vom Sprecher aus gesehen⟩ *(von hier drinnen) nach (dort) draußen, z.B. hinausfahren, hinaustragen;* vgl. *heraus...*

hin|aus|ekeln ⟨V.1, hat hinausgeekelt; mit Akk.; ugs.⟩ *jmdn. h. durch unfreundliches Verhalten jmdn. veranlassen, seine Stellung aufzugeben*

hin|aus|flie|gen ⟨V.38, ist hinausgeflogen; o.Obj.⟩ **1** *nach (dort) draußen fliegen; zum Fenster h.* **2** ⟨übertr., ugs.⟩ **a** *fristlos entlassen werden, seine Stellung von einem Tag auf den andern verlieren* **b** *aus dem Zimmer geschickt werden; noch ein Wort, und du fliegst hinaus!*

hin|aus|hän|gen ⟨V.1, hat hinausgehängt; mit Akk.⟩ *nach (dort) draußen hängen, ins Freie hängen; eine Fahne h.; die Wäsche, Kleider h.*

hin|aus|kom|men ⟨V.71, ist hinausgekommen; o.Obj.⟩ *hinausgehen, die Wohnung verlassen, ins Freie gehen; ich bin seit gestern nicht hinausgekommen; du brauchst nicht mit hinauszukommen du brauchst mich nicht nach draußen zu begleiten; er kommt über den Anfang nicht hinaus er ist immer noch am Anfang, er kommt nicht weiter*

hin|aus|kom|pli|men|tie|ren ⟨V.3, hat hinauskomplimentiert; mit Akk.; ugs.⟩ *höflich und mit Geschick zum Gehen veranlassen*

hin|aus|lau|fen ⟨V.76, ist hinausgelaufen⟩ **I** ⟨o.Obj.⟩ *nach (dort) draußen laufen, ins Freie laufen* **II** ⟨mit Präp.obj.⟩ *auf etwas h.* **a** *mit etwas enden, eine Wirkung haben; die Sache wird darauf h., daß ...; das läuft auf dasselbe hinaus das wird dieselbe Wirkung haben, das wird ebenso enden* **b** *etwas zum Ziel haben; der Plan läuft darauf hinaus, daß ...*

hin|aus|schmei|ßen ⟨V.122; ugs.⟩ → *hinauswerfen*

hin|aus|sein ⟨V.137, ist hinausgewesen⟩ **I** ⟨o.Obj.⟩ *abgefahren sein; der Zug ist schon hinaus* **II** ⟨mit Präp.obj.⟩ *über etwas h. einen Zeitpunkt, Zeitraum, eine Entwicklungsstufe hinter sich gelassen haben; er ist schon über das Alter hinaus, in dem man ...; er ist weit über die Fünfzig hinaus*

hin|aus|wach|sen ⟨V.172, ist hinausgewachsen; mit Präp.obj.⟩ **1** *über h.* **a** *größer, höher als etwas werden; die Bäume sind über die Laube hinausgewachsen* **b** *etwas hinter sich lassen; er ist über diese Entwicklungsstufe, über diese kindlichen Spiele hinausgewachsen* **2** *über jmdn. h. reifer werden als jmd., mehr erreichen als jmd.; er ist über seinen ehemaligen Schulkameraden hinausgewachsen; er ist über sich selbst hinausgewachsen er hat viel mehr erreicht, als man vermutet hat, als man ihm zugetraut hat*

hin|aus|wer|fen ⟨V.181, hat hinausgeworfen; mit Akk.⟩ Syn. ⟨ugs.⟩ *hinausschmeißen* **1** *nach (dort) draußen werfen; etwas zum Fenster h.* **2** *jmdn. h.* **a** *jmdn. fristlos entlassen, jmdm. die Wohnung kündigen* **b** *jmdn. grob, energisch veranlassen, den Raum zu verlassen*

Hin|aus|wurf ⟨m.2⟩ *das Hinauswerfen (2)*

hin|aus|zie|hen ⟨V.187, hat hinausgezogen; mit Akk.⟩ **1** *etwas oder jmdn. h. nach (dort) draußen ziehen; er zog sie mit sich hinaus* **2** *etwas h.* **a** *immer wieder auf einen späteren Zeitpunkt verschieben; einen Termin h.* **b** *in die Länge ziehen, verzögern; eine Arbeit, eine Verhandlung h.* **II** ⟨hat hinausgezogen; refl.⟩ *sich h. immer länger dauern, immer mehr Zeit beanspruchen; seine Genesung zieht sich hinaus* **III** ⟨ist hinausgezogen; o.Obj.⟩ *sich nach (dort) draußen bewegen; sonntags zog die ganze Gruppe hinaus in die Natur, in den Wald*

hin|aus|zö|gern ⟨V.1, hat hinausgezögert⟩ **I** ⟨mit Akk.⟩ *immer wieder verschieben; einen Termin, den Beginn einer Verhandlung h.* **II** ⟨refl.⟩ *sich h. verzögern, immer wieder verschoben werden*

hin|bie|gen ⟨V.12, hat hingebogen; mit Akk.⟩ **1** *(auf nicht ganz einwandfreie Weise) in Ordnung bringen; das werden wir schon h.* **2** *auf bestimmte Weise (verfälschend) darstellen; er hat es so hingebogen, als habe er selbst den Vorschlag gemacht und nicht ich*

Hin|blick ⟨m., nur in der Wendung⟩ *im H. auf* **1** *weil man ... berücksichtigt; im H. auf seine großen Erfahrungen hat man ihm diese Stellung angeboten; im H. auf die möglichen Folgen wollen wir es lieber unterlassen* **2** *hinsichtlich, was ... betrifft; im H. auf die morgige Feier möchte ich daran erinnern, daß ...*

Hin|de ⟨f.11; †⟩ →*Hirschkuh*

hin|dern ⟨V.1, hat gehindert; mit Akk.⟩ **1** jmdn. h. (etwas zu tun) *jmdm. etwas unmöglich machen; jmdn. am Weitergehen h.;* der Verband hindert mich am Schreiben; das schlechte Wetter soll uns nicht h., einen Spaziergang zu machen **2** etwas h. *etwas unmöglich machen;* diese Tatsache hindert ja nicht, daß wir unseren Plan ausführen

Hin|der|nis ⟨n.1⟩ **1** *störender, hemmender Gegenstand;* ein H. wegräumen **2** *Hemmung, Schwierigkeit;* mit ~en zu kämpfen haben; jmdm. ein H. in den Weg legen *jmdm. Schwierigkeiten machen* **3** ⟨Sport⟩ **a** *Hürde* **b** *Vorrichtung (Mauer, Wall, Graben o.ä.), die von Pferden, Läufern übersprungen werden muß*

Hin|der|nis|fah|ren ⟨n., -s, nur Sg.; Fahrsport⟩ *Wettkampf, bei dem eine Strecke möglichst fehlerfrei und in möglichst kurzer Zeit durchfahren werden muß*

Hin|der|nis|lauf ⟨m.2⟩ *Laufwettbewerb über 3000 m, bei dem in jeder Runde drei aus Balken und einem Wassergraben bestehende Hindernisse übersprungen werden müssen*

Hin|der|nis|ren|nen ⟨n.7; Pferderennsport⟩ *Galopprennen über natürliche oder künstliche Hindernisse*

Hin|de|rung ⟨f.10⟩ **1** *das Hindern, Stören* **2** ⟨†⟩ *das Verhindern*

Hin|de|rungs|grund ⟨m.2⟩ *Grund, der einen hindert, etwas zu tun;* das ist für mich kein H.

hin|deu|ten ⟨V.2, hat hingedeutet; o.Obj.⟩ *zeigen, weisen;* der Pfeil deutet genau (nach diesem Gebäude) hin; diese Erscheinung, Beobachtung deutet schon darauf hin, daß sich etwas ändern wird

Hin|di ⟨n., -(s), nur Sg.⟩ *neuindische Sprache, Amtssprache in Indien* [< hind. „indisch", zu *hind* „Indien"]

Hin|din ⟨f.10; †⟩ →*Hirschkuh*

Hin|du ⟨m.9⟩ **1** ⟨urspr. pers. Bez. für⟩ *Inder* **2** ⟨heute⟩ *Anhänger des Hinduismus*

Hin|du|is|mus ⟨m., -, nur Sg.⟩ *aus dem Vedismus und dem Brahmanismus entstandene indische Volksreligion*

hin|du|is|tisch ⟨Adj., o.Steig.⟩ *dem Hinduismus eigentümlich, zum Hinduismus gehörend*

hin|durch ⟨Adv.; verstärkend⟩ **1** *ganz durch etwas;* ein Weg (durch den Wald) h. **2** *während, innerhalb eines Zeitraums;* all die Jahre h.; er hat uns den ganzen Sommer h. fast täglich besucht

hin|durch... ⟨in Zus.⟩ *ganz durch etwas,* z.B. sich hindurcharbeiten, sich hindurchzwängen

Hin|du|sta|ni ⟨n., -(s), nur Sg.⟩ **1** (bis 1947) *indoarische Verkehrssprache Nordindiens (vor der Teilung)* **2** ⟨Sammelbez. für⟩ *Hindi und Urdu* [iran., zu *Hindustan* „Land der Hindu"]

hin|ein ⟨Adv.⟩ *vom Sprecher aus gesehen⟩ (von hier draußen) nach (dort) drinnen;* vgl. *herein;* Hinein! (scherzhafter Ausruf beim Loslaufen, Beginnen); sie redeten bis in die Nacht h.

hin|ein... ⟨in Zus.; vom Sprecher aus gesehen⟩ *(von hier draußen) nach (dort) drinnen,* z.B. hineingehen, hineinführen, hineinlegen; vgl. *herein...*

hin|ein|den|ken ⟨V.22, hat hineingedacht; refl.⟩ sich in etwas h. *sich mit etwas vertraut machen, sich etwas vorstellen und es verstehen;* sich in jmds. Gedankengänge, in jmds. Lage, Gefühle h.

hin|ein|fin|den ⟨V.36, hat hineingefunden; refl.⟩ sich in etwas h. *sich mit etwas vertraut machen;* sich in eine neue Arbeit, in ein Ordnungssystem h.

hin|ein|flie|gen ⟨V.38, ist hineingeflogen; o.Obj.⟩ **1** *nach (dort) drinnen fliegen* **2** →*hereinfallen* **(2)** **3** ⟨ugs.⟩ *in Schwierigkeiten geraten;* wenn du das tust, fliegst du sicher hinein

hin|ein|ge|heim|nis|sen ⟨V.1, hat hineingeheimnißt; mit Akk.⟩ *etwas in etwas h. mehr in etwas sehen, mehr aus etwas herauslesen, heraushören als darin enthalten ist;* in eine Dichtung, Komposition etwas h.; ich glaube, du hast zuviel hineingeheimnißt

hin|ein|hän|gen ⟨V.1, hat hineingehängt⟩ **I** ⟨mit Akk.⟩ *nach (dort) drinnen hängen;* einen Teebeutel (in die Kanne) h. **II** ⟨refl.⟩ sich (in etwas) h. *sich (in etwas) einmischen;* ich möchte mich (in diese Angelegenheit) nicht h.

hin|ein|hei|ra|ten →*einheiraten*

hin|ein|hel|fen ⟨V.66, hat hineingeholfen; mit Dat.⟩ *h. jmdm. helfen, hineinzukommen, einzusteigen, etwas anzuziehen;* darf ich Ihnen (in den Wagen, in den Mantel) h.?

hin|ein|knien ⟨V.1, hat hineingekniet; refl.⟩ sich (in etwas) h. *sich eingehend mit etwas beschäftigen (um es zu bewältigen), sich in eine Sache h.; er hat sich tüchtig hineingekniet*

hin|ein|plat|zen ⟨V.1, ist hineingeplatzt; o.Obj.; ugs.⟩ *plötzlich, unerwartet (in eine Gruppe) hineinkommen;* ich bin mitten in die Versammlung hineingeplatzt; entschuldigt, wenn ich in euer Gespräch hineinplatze

hin|ein|re|den ⟨V.2, hat hineingeredet; mit Dat.⟩ *jmdm. (in etwas) h. sich in jmds. Vorhaben, Pläne einmischen, jmdm. ungebeten sagen, wie er etwas machen soll;* ich will dir nicht h., aber ich muß doch sagen ...; er läßt sich (in seine Absichten, seine Arbeit) nicht h.

hin|ein|rie|chen ⟨V.99, hat hineingerochen; o.Obj.; ugs.⟩ *sich mit einer Sache oberflächlich vertraut machen, mit einer Sache beginnen;* er hat kaum (in eine Arbeit) hineingerochen und will den andern schon Vorschriften machen; du mußt erst mal h. und sehen, ob dir die Sache gefällt

hin|ein|stei|gern ⟨V.1, hat hineingesteigert; refl.⟩ sich (in etwas) h. *einen Gefühlszustand in sich steigern, immer stärker werden lassen;* sie hat sich in den Gedanken hineingesteigert, sie müsse ...; sich in seinen Zorn h.

hin|ein|ver|set|zen ⟨V.1, hat hineinversetzt; refl.⟩ sich (in etwas) h. *sich etwas vorstellen (und es verstehen);* bitte versetz dich einmal in meine Lage

hin|fah|ren ⟨V.32, ist hingefahren; o.Obj.⟩ *an jenen Ort, an jene Stelle (dort) fahren;* hin- und herfahren

Hin|fahrt ⟨f.10⟩ *Fahrt dorthin, an jenen Ort (dort);* auf der H.; Hin- und Herfahrt

hin|fal|len ⟨V.33, ist hingefallen; o.Obj.⟩ *zu Boden fallen, der Länge nach hinfallen;* laß die Vase nicht h.!

hin|fäl|lig ⟨Adj.⟩ **1** *(infolge Krankheit oder Alter) schwach, gebrechlich;* krank und h. werden **2** *ungültig, überflüssig;* diese Anweisung ist durch die neue Vereinbarung h. geworden

Hin|fäl|lig|keit ⟨f., -, nur Sg.⟩ *Schwäche, Gebrechlichkeit*

hin|flie|gen ⟨V.38, ist hingeflogen; o.Obj.⟩ **1** *an jenen Ort (dort) fliegen* **2** ⟨ugs.⟩ *hinfallen*

hin|fort ⟨Adv.; geh.⟩ *von nun an, künftig,* Syn. ⟨†⟩ *hinfür*

hin|für ⟨Adv.; †⟩ →*hinfort*

Hin|ga|be ⟨f., -, nur Sg.⟩ **1** *liebevoller Eifer, Leidenschaft;* ein Hobby mit H. pflegen **2** ⟨geh.⟩ *das sexuelle Sichhingeben (einer Frau)*

Hin|gang ⟨m., -(e)s, nur Sg.; geh.⟩ *Tod, Sterben;* nach seinem H.; den H. eines Freundes betrauern

hin|ge|ben ⟨V.45, hat hingegeben⟩ **I** ⟨mit Akk., geben, hergeben, weggeben, opfern;* sie würde alles h., wenn sie ihn damit gesund machen könnte; er hat für diese Erfindung sein ganzes Vermögen hingegeben **II** ⟨refl.; veraltend⟩ sich (einem Mann) h. *mit einem Mann Geschlechtsverkehr haben*

hin|ge|gen ⟨Adv.⟩ *im Gegensatz dazu, dagegen;* wir gehen, ihr h. müßt noch dableiben

hin|ge|gos|sen ⟨Adj.; ugs.⟩ *locker, zwanglos;* (wie) h. daliegen, dasitzen

hin|ge|hen ⟨V.47, ist hingegangen; o.Obj.⟩ **1** *an jenen Ort, an jene Stelle gehen;* ich werde nachher einmal h. **2** *zu einer Veranstaltung, Verabredung gehen;* gehst du auch hin?; ich habe keine, habe große Lust, hinzugehen **3** ⟨geh.⟩ *sterben;* er ist schon vor langer Zeit, er ist nun auch hingegangen **4** *verstreichen, vorübergehen;* seitdem ist eine lange Zeit hingegangen; der Sommer ist hingegangen, und wir haben sie nicht ein einziges Mal besucht **5** *ohne Tadel bleiben, möglich, erträglich sein;* daß er nicht gekommen ist, mag ja noch h., aber er hätte am andern Tag wenigstens anrufen können; es geht gerade noch hin, es geht gerade so hin ⟨ugs.⟩ *es ist gerade noch erträglich;* „Wie geht es dir?" „Es geht so hin!" *es geht mir mittelmäßig;* jmdm. etwas h. lassen *etwas zulassen, dulden, ohne jmdn. dafür zu tadeln;* jmdm. eine freche Bemerkung h. lassen

hin|hal|ten ⟨V.61, hat hingehalten⟩ **I** ⟨mit Akk.⟩ **1** *etwas h. an diese Stelle (hier) halten;* die Hand h.; seinen Kopf (für etwas) h. ⟨übertr.⟩ *die Verantwortung (für etwas) übernehmen* **2** *jmdn. h. jmdn. warten lassen, immer wieder vertrösten;* er hat uns monatelang hingehalten **II** ⟨mit Dat. u. Akk.⟩ jmdm. etwas h. *etwas vor jmdn. halten (damit er es nehmen oder etwas davon nehmen kann);* jmdm. einen Teller mit Gebäck h.

hin|hän|gen ⟨V.1, hat hingehängt⟩ **I** ⟨mit Akk.⟩ *an eine, an diese Stelle hängen;* ich habe meinen Schirm draußen hingehängt **II** ⟨o.Obj.; nur in der Wendung⟩ etwas h. lassen **1** *etwas verzögern, nicht weiterführen, nicht vorwärtsbringen;* er hat die Angelegenheit monatelang h. lassen **2** *nicht ärztlich behandeln, nicht beachten;* eine Infektion h. lassen

hin|hau|en ⟨V.63, hat hingehauen; ugs.⟩ **I** ⟨o.Obj.⟩ ⟨hieb⟩ *auf eine Stelle hauen;* wo der hinhaut, wächst kein Gras mehr **2** ⟨haute⟩ *klappen, funktionieren, in Ordnung sein;* das haut (nicht) hin **3** *(nur im Präsens und Perfekt) sich beeilen;* hau hin!; ich muß h., daß ich noch pünktlich komme **II** ⟨refl.; haute⟩ sich h. *sich hinlegen und ausruhen;* ich hau mich eine Stunde hin

hin|hocken ⟨-k|k-; V.1, hat hingehockt; refl.⟩ sich h. **1** →*hinkauern* **2** ⟨bayr.⟩ *sich hinsetzen*

hin|hö|ren ⟨V.1, hat hingehört; o.Obj.⟩ *zuhören;* genau h.; hör doch besser hin!; ich höre schon gar nicht mehr hin (weil ich es satt habe)

hin|kau|ern ⟨V.1, hat hingekauert; refl.⟩ sich h. *sich in tiefe Kniebeuge begeben, sich auf die Fersen setzen;* Syn. *hinhocken*

Hin|ke|bein ⟨n.1⟩, **Hin|ke|fuß** ⟨m.2; ugs., scherzh.⟩ **1** *jmd., der hinkt* **2** *lahmes oder verkürztes Bein, Bein, auf dem jmd. hinkt;* er hat ein Hinkebein, einen Hinkefuß

Hin|kel|stein ⟨m.1⟩ *aufrecht stehender, hoher, unbehauener Stein aus vor- und frühgeschichtlicher Zeit;* Syn. *Menhir* [vermutlich volksetymologisch umgedeutet aus *Hünenstein*]

hin|ken ⟨V.1, hat gehinkt; o.Obj.⟩ *wegen eines verkürzten oder lahmen Beins ungleichmäßig gehen;* Syn. *humpeln;* er hinkt auf dem linken Bein; zur Tür, durchs Zimmer h.; der Vergleich hinkt ⟨übertr.⟩ *der Vergleich stimmt nicht genau, die Vergleichspunkte passen nicht zusammen*

hin|knien ⟨V.1, hat hingekniet; refl.⟩ sich h. *niederknien*

hin|kom|men ⟨V.71, ist hingekommen; o.Obj.⟩ **1** *an jenen Ort, an jene Stelle (dort) kommen;* wenn ich hinkomme, wird er schon da sein; es wird sieben Uhr werden, bis ich hinkomme; wo sollen wir denn h., wenn ...? ⟨übertr.⟩ *was soll denn werden, wenn ...?;*

2 *hinfassen, hinlangen können;* der Zweig ist zu hoch, ich komme nicht hin **3** *klappen, ausreichen;* das kommt hin; das wird gerade h. **4** *auskommen, (mit etwas) reichen;* ich komme mit dem Geld nicht hin

hin|krie|gen ⟨V.1, hat hingekriegt; mit Akk.; ugs.⟩ *zustande bringen, fertigbringen;* das kriege ich schon hin; das hat er ganz gut hingekriegt

Hin|kunft ⟨f.; †; nur in der Wendung⟩ in H. in Zukunft

Hink|vers ⟨m.1⟩ *rhythmisch schlechter Vers*

hin|läng|lich ⟨Adj., o.Steig.; nur als Attr. und Adv.⟩ *ausreichend, genügend;* Syn. *hinreichend;* für einen ~en Vorrat sorgen; dafür ist h. gesorgt; es ist ja h. bekannt, daß ...

hin|ma|chen ⟨V.1, hat hingemacht; ugs.⟩ **I** ⟨mit Akk.⟩ **1** *etwas h. kaputt, entzwei machen;* einen Gegenstand h. **2** *jmdn. h.* ⟨derb⟩ *töten, umbringen* **II** ⟨o.Obj.⟩ **1** *seine Notdurft verrichten;* hier hat ein Hund hingemacht **2** ⟨sächs.⟩ *sich beeilen;* mach hin!

Hin|nah|me ⟨f., -, nur im Sg.⟩ *das Hinnehmen*

hin|neh|men ⟨V.88, hat hingenommen; mit Akk.⟩ *widerspruchslos, widerstandslos annehmen, ertragen, dulden;* einen Schicksalsschlag h.; eine Beleidigung, einen Vorwurf h.; du nimmst diese Äußerungen so ruhig hin, warum wehrst du dich nicht?; etwas als unvermeidlich h.

hin|nen ⟨Adv.; †, nur in der Fügung⟩ von h. *(von hier) weg ..., fort ...;* von h. gehen, eilen

hin|rei|ben ⟨V.95, hat hingerieben; mit Dat. u. Akk.⟩ *jmdm. etwas h.* ⟨ugs.⟩ *jmdm. etwas deutlich vorhalten, betont,* ⟨auch⟩ *boshaft zu verstehen geben;* das werde ich ihm gelegentlich h.

hin|rei|chend ⟨Adj.⟩ → *hinlänglich*

Hin|rei|se ⟨f.11⟩ *Reise dorthin, an jenen Ort (dort);* auf der H.; Hin- und Herreise

hin|rei|sen ⟨V.1, ist hingereist; o.Obj.⟩ *dorthin reisen, an jenen Ort (dort) reisen;* als er das Telegramm bekam, ist er sofort hingereist

hin|rei|ßen ⟨V.96, hat hingerissen; mit Akk.⟩ **1** *in Begeisterung, in Entzücken, Jubel versetzen;* sein Spiel riß die Zuhörer, Zuschauer hin; die Zuhörer lauschten hingerissen; es war ein ~der Anblick; er hat ~d gespielt **2** *verleiten;* eine Bemerkung riß ihn zu einer scharfen Entgegnung hin; sich h. lassen *die Beherrschung verlieren, zornig, wütend werden;* er ließ sich zu einigen unbedachten Worten h.

hin|rich|ten ⟨V.2, hat hingerichtet⟩ **I** ⟨mit Akk.⟩ *jmdn. h. das Todesurteil an jmdm. vollziehen, vollstrecken;* jmdn. durch Erschießen, durch das Beil, durch den elektrischen Stuhl h. **II** ⟨mit Dat. u. Akk.⟩ *etwas h. jmdm. etwas handlich, zum Zugreifen hinstellen, hinlegen;* jmdm. die Kleidung (zum Umziehen), das Frühstück h.

Hin|rich|tung ⟨f.10⟩ *das Hinrichten (I), das Hingerichtetwerden;* er sah aus, als ginge er zu seiner eigenen H. ⟨ugs., scherzh.⟩ *er sah finster, bekümmert aus, war sorgenvoll aus*

hin|schei|den ⟨V.107, ist hingeschieden; o.Obj.; geh.⟩ *sterben*

Hin|schied ⟨m., -s, nur im Sg.; schweiz.⟩ *das Hinscheiden, Tod;* vor, nach seinem H.

hin|schla|gen ⟨V.116; o.Obj.⟩ **1** ⟨hat hingeschlagen⟩ *an, auf diese Stelle schlagen* **2** ⟨ist hingeschlagen⟩ *heftig hinfallen;* er ist der Länge nach hingeschlagen

hin|sein ⟨V.137, ist hingewesen; o.Obj.; ugs.⟩ **1** *kaputt, zerstört sein;* der Staubsauger ist hin **2** *verloren, verbraucht sein;* das Geld ist hin **3** *vergangen sein;* der Sommer ist hin **4** *erschöpft sein;* ich bin völlig hin **5** *hingerissen, begeistert sein;* sie ist ganz hin und weg *sie ist ganz begeistert*

Hin|sicht ⟨f.10⟩ *Beziehung;* in dieser H. *was das betrifft;* sie sind sich in mehreren ~en sehr ähnlich *bezüglich mehrerer Dinge*

hin|sicht|lich ⟨Präp. mit Gen.⟩ *im Hinblick (auf), bezüglich;* h. des Klimas ist dieser Ort günstiger

hint|an|set|zen ⟨V.1, hat hintangesetzt; mit Akk.⟩ *an einen Platz weiter hinten setzen (in der Wertschätzung, Beachtung), zurücksetzen, vernachlässigen;* auch: *hintenansetzen;* er wird immer hintangesetzt **Hint|an|set|zung** ⟨f., -, nur Sg.⟩

hint|an|ste|hen ⟨V.151, hat hintangestanden; o.Obj.⟩ *zurückstehen, nicht berücksichtigt werden;* auch: *hintenanstehen;* private Wünsche müssen jetzt h.; er will nicht immer h.

hint|an|stel|len ⟨V.1, hat hintangestellt; mit Akk.⟩ *zurückstellen, nicht berücksichtigen,* auch: *hintenanstellen;* seine eigenen Interessen, Wünsche h. **Hint|an|stel|lung** ⟨f., -, nur Sg.⟩

hin|ten ⟨Adv.⟩ *auf der Rückseite, an entfernter, letzter Stelle;* der Kofferraum ist h.; ich habe h. keine Augen; ⟨Erwiderung auf den Vorwurf der Unachtsamkeit⟩; jmdm. h. hineinkriechen ⟨übertr., derb⟩ *jmdm. übertrieben schmeicheln;* h. sein *zurück sein (bei einer Arbeit, einem Wettkampf, in der Entwicklung);* von vorn bis h. *ohne Ausnahme alles;* ganz h. in der Schublade *ganz am Ende der Schublade;* nach h. *ans Ende;* nach h. fallen *auf den Rücken fallen;* das Fenster geht nach h. (hinaus) ⟨ugs.⟩ *das Fenster hat den Blick auf den Bereich hinter dem Haus;* sich (von) h. und vorne bedienen lassen ⟨ugs.⟩ *sich ständig, bei allem bedienen lassen, nichts selbst tun;* die Sache stimmt h. und vorne nicht *die Sache ist völlig verkehrt;* nicht mehr wissen, wo h. und vorne ist *völlig verwirrt sein;* es jmdm. h. und vorne reinstecken ⟨derb⟩ *jmdn. übermäßig mit finanziellen oder materiellen Zuwendungen bedenken;* von h. *von der Rückseite;* h. her *vom Ende her;* eine Sache von h. her aufrollen

hin|ten|an|set|zen ⟨V.1,⟩, **hin|ten|an|ste|hen** ⟨V.151⟩, **hin|ten|an|stel|len** ⟨V.1⟩ → *hintansetzen, -stehen, -stellen*

hin|ten|drauf ⟨Adv.; ugs.⟩ *auf die Rückseite;* schreib es hin!; einem Kind einen Klaps aufs Gesäß geben

hin|ten|drein → *hinterher*

hin|ten|her|um ⟨Adv.⟩ **1** *um die hintere Seite herum, durch die hintere Tür;* h. gehen, fahren, kommen **2** ⟨ugs.⟩ *heimlich, auf nicht ganz einwandfreie Weise, im Schwarzhandel;* kontingentierte, knapp gewordene Waren h. bekommen

hin|ten|nach ⟨Adv.⟩ → *hinterher*

hin|ten|über... ⟨in Zus.⟩ *nach hinten, z.B. hintenüberfallen, hintenüberkippen*

hin|ter ⟨Präp. mit Dat. o. Akk.⟩ **1** ⟨mit Dat.⟩ *auf der Rückseite, auf der (dem Beobachter) abgewandten Seite;* h. dem Wald liegen Wiesen und Felder; wir ließen den Wald h. uns; er ließ seine Verfolger h. sich *er entkam seinen Verfolgern;* er stand h. mir; sie stehen alle h. ihm *sie sind alle auf seiner Seite, sie unterstützen ihn;* eine Arbeit, Aufgabe h. sich bringen *sie bewältigen, sie tun und beenden;* das Schlimmste haben wir h. uns *das Schlimmste haben wir überwunden, durchlebt;* h. einer Entwicklung zurückbleiben **2** ⟨mit Akk.⟩ *auf die Rückseite, auf die (dem Beobachter) abgewandte Seite;* h. das Haus gehen; h. den Schrank schauen; setz dich h. mich!; h. einen Satz einen Punkt setzen; er wird zwei Klassen h. seine Mitschüler zurückgefallen ⟨ugs.⟩

Hin|ter|backe ⟨-k·k-; f.11⟩ → *Gesäßbacke*

Hin|ter|bänk|ler ⟨m.5⟩ *provinzieller, wenig einflußreicher Abgeordneter (mit Sitzplatz auf den hinteren Reihen in einem Parlament)*

Hin|ter|bein ⟨n.1; bei Vierfüßlern u. Jägerspr.⟩ *Hinterlauf;* sich auf die ~e stellen ⟨übertr.⟩ *sich wehren, sich (einer Forderung) widersetzen, Widerstand leisten*

Hin|ter|blie|be|ne(r) ⟨m., f.17 oder 18⟩ *Angehörige(r) eines Verstorbenen*

hin|ter|brin|gen ⟨V.21, hat hintergebracht; mit Akk.⟩ **1** *nach hinten, in den hinteren Raum bringen;* ich bringe die Sachen hinter **2** *schlucken, essen können;* er brachte keinen Bissen hinter **hin|ter|brin|gen** ⟨V.21, hat hinterbracht; mit Dat. u. Akk.⟩ *jmdm. etwas h. jmdm. etwas heimlich mitteilen;* er hinterbrachte ihm die Nachricht bereits am nächsten Tag

hin|ter|drein ⟨Adv.⟩ → *hinterher*

hin|ter|ein|an|der ⟨Adv.⟩ *einer hinter dem andern;* h. den Berg hinaufsteigen

hin|ter|ein|an|der... ⟨in Zus.⟩ *einer hinter dem andern, z.B. hintereinandergehen, hintereinanderfahren*

hin|ter|ein|an|der|schal|ten ⟨V.2, hat hintereinandergeschaltet; mit Akk.; Elektr.⟩ *in Reihenschaltung bringen*

Hin|ter|ein|an|der|schal|tung ⟨f.10⟩ → *Reihenschaltung*

hin|te|re(r, -s) ⟨Adj., Steig. nur im Superlativ: hinterste(r, -s); nur als Attr.⟩ *hinten, am Ende befindlich;* der hintere Teil des Gartens; die hinteren, hintersten Reihen im Theater

Hin|te|re(r) ⟨m.17 oder 18; veraltend, noch landsch.⟩ → *Gesäß*

hin|ter|fot|zig ⟨Adj.; bayr.; derb⟩ *hinterlistig, unaufrichtig*

Hin|ter|fot|zig|keit ⟨f.10; bayr.; derb⟩ **1** ⟨nur Sg.⟩ *Unaufrichtigkeit, Hinterlist* **2** *hinterhältige Äußerung, Verhaltensweise*

hin|ter|fra|gen ⟨V.1, hat hinterfragt; mit Akk.⟩ *etwas nach den Ursachen, Hintergründen von etwas fragen*

Hin|ter|front ⟨f.10⟩ **1** *Rückseite (eines Gebäudes);* Ggs. *Vorderfront* **2** ⟨ugs.⟩ *Rücken*

Hin|ter|fuß ⟨m.2⟩ *Fuß der Hinterbeine*

Hin|ter|gau|men|laut ⟨m.1⟩ *am hinteren Gaumen gebildeter Laut, z.B. g, k (vor a, o, u) und ch (wie in „ach"*); Syn. *Kehllaut, Velar*

Hin|ter|ge|bäu|de ⟨n.5⟩ → *Hinterhaus*

Hin|ter|ge|dan|ke ⟨m.15⟩ **1** *heimliche, nicht ausgesprochene Absicht;* ~n haben **2** *Möglichkeit, an die man heimlich denkt;* mein H. dabei war, ob man nicht doch ...

hin|ter|ge|hen ⟨V.47, ist hintergegangen; o.Obj.; ugs.⟩ *nach hinten gehen* **hin|ter|ge|hen** ⟨V.47, hat hintergangen; mit Akk.⟩ *(durch Unaufrichtigkeit) täuschen, betrügen*

Hin|ter|ge|stell ⟨n.1; ugs.; scherzh.⟩ → *Gesäß*

hin|ter|gie|ßen ⟨V.54, hat hintergegossen; mit Akk.⟩ *schnell und ohne Genuß trinken;* Wein, Bier nur h. **hin|ter|gie|ßen** ⟨V.54, hat hintergossen; mit Akk.⟩ *mit Blei ausfüllen;* eine Mater h.

Hin|ter|glas|ma|le|rei ⟨f.10⟩ *Malerei, bei der das Bild mit undurchlässigen Farben auf die Rückseite einer Glasplatte aufgetragen wird*

Hin|ter|grund ⟨m.2⟩ **1** ⟨nur Sg.⟩ *äußerster Teil des Blickfeldes;* Ggs. *Vordergrund;* im H. etwas sehen; der im H. eines Bildes; im H. bleiben *die Öffentlichkeit meiden;* sich im H. halten *nicht öffentlich in Erscheinung treten;* im H. stehen *nicht beachtet werden;* jmdn. in den H. drängen, spielen *jmdn. um seinen Einfluß bringen;* in den H. treten, rücken, geraten *Einfluß, Beachtung verlieren* **2** *gegebene, aber nur wenig hervortretende Umstände;* der soziale H. eines Geschehens, einer Entwicklung; der H. eines Romans **3** *verborgene Ursachen und Zusammenhänge;* die wirtschaftlichen Hintergründe der Politik

hin|ter|grün|dig ⟨Adj.⟩ *schwer durchschaubar, tiefe Bedeutung enthaltend;* ~er Humor; ein ~es Buch

Hin|ter|grün|dig|keit ⟨f., -, nur Sg.⟩ *Tiefe, schwere Durchschaubarkeit*

Hin|ter|halt ⟨m.1⟩ *Falle, Ort, an dem man jmdm. auflauert;* im H. liegen; noch etwas im

H. haben ⟨ugs.⟩ noch eine verborgene Reserve haben

Hin|ter|häl|tig ⟨Adj.⟩ böse, boshaft unter einem harmlosen Äußeren; ein ~er Mensch; ~e Handlungsweise

Hin|ter|häl|tig|keit ⟨f., -, nur Sg.⟩ verborgene Bosheit, Falschheit

Hin|ter|hand ⟨f.2⟩ **1** ⟨beim Pferd⟩ Hinterbein einschließlich Kreuz; Ggs. Vorderhand **2** ⟨übertr.⟩ letzte Stelle; in bestimmten Wendungen⟩ noch etwas in der H. haben etwas in Reserve haben; in der H. sein, sitzen ⟨Kart.⟩ als letzter ausspielen **3** ⟨Kart.⟩ der zuletzt ausspielende Spieler selbst

Hin|ter|haus ⟨n.4⟩ hinter einem (an der Straße liegenden) Wohnhaus, im Hof liegendes Haus; Syn. Hintergebäude; Ggs. Vorderhaus

hin|ter|her ⟨Adv.⟩ Syn. hintendrein, hintennach, hinterdrein **1** hinter jmdm. oder etwas her; sie liefen übers Feld, der Hund voraus, das Kind h. **2** danach, später; erst h. wurde mir klar, daß ...

hin|ter|her|ge|hen ⟨V.47, ist hinterhergegangen⟩ I ⟨o.Obj.⟩ als letzter gehen, den andern folgen II ⟨mit Dat.⟩ jmdm. h. jmdm. folgen

hin|ter|her|lau|fen ⟨V.76, ist hinterhergelaufen⟩ I ⟨o.Obj.⟩ als letzter laufen II ⟨mit Dat.⟩ jmdm. h. **1** im Laufschritt folgen **2** ⟨ugs.⟩ sich um jmds. Gunst bemühen, einem Mädchen h. **3** ⟨ugs.⟩ sich jmdm. aufdrängen; ich laufe niemandem hinterher

hin|ter|her|sein ⟨V.137, ist hinterhergewesen⟩ I ⟨o.Obj.⟩ **1** (hinter den andern) zurückgeblieben sein; er ist mit seiner Arbeit hinterher **2** auf etwas bedacht sein; er ist sehr hinterher, daß alles pünktlich erledigt wird II ⟨mit Dat.⟩ **1** jmdm. h. jmdm. verfolgen, nach jmdm. fahnden; die Polizei ist hinterher **2** einer Sache h. sich bemühen, eine Sache zu bekommen; ich bin diesem Buch schon lange hinterher

Hin|ter|hof ⟨m.2⟩ (lichtarmer, enger) Hof hinter einem Gebäude, der von Mauern anderer Gebäude umschlossen ist

hin|ter|kau|en ⟨V.1, hat hintergekaut; meist o.Obj., auch mit Akk.⟩ kauen und schlucken; kau erst hinter, ehe du wieder abbeißt!; einen Bissen h.

Hin|ter|kie|mer ⟨m.5⟩ Schnecke mit hinter dem Herzen liegenden Kiemen

Hin|ter|kopf ⟨m.2⟩ hinterer Teil des Kopfes; etwas im H. haben etwas wissen, das im betreffenden Augenblick nicht greifbar ist, etwas Unausgesprochenes wissen

Hin|ter|la|der ⟨m.5⟩ Schußwaffe, die vom hinteren Ende des Rohres geladen wird; Ggs. Vorderlader

Hin|ter|la|ge ⟨f.11; schweiz.⟩ etwas Hinterlegtes, Pfand

Hin|ter|land ⟨n., -(e)s, nur Sg.⟩ Land, das um einen Ort oder hinter einer Grenze liegt; im H. wohnen; sich aus dem H. versorgen

hin|ter|las|sen ⟨V.75, hat hintergelassen; mit Akk.⟩ nach hinten gehen lassen, (im Auto) hinten sitzen lassen **hin|ter|las|sen** ⟨V.75, hat hinterlassen; mit Akk.⟩ etwas h. **1** beim Tod zurücklassen; er hat ein großes Vermögen h.; er hat eine Frau und drei Kinder h.; jmdm. ein Vermächtnis h. **2** beim Weggehen zurücklassen; er hat sein Zimmer in großer Unordnung h.; eine Nachricht h. zur Kenntnisnahme zurücklassen; hat er irgendetwas (für mich) h.?; er hat h., daß er in einer Stunde wieder da sei

Hin|ter|las|sen|schaft ⟨f.10⟩ **1** das, was jmd. hinterläßt, Erbe; jmds. H. antreten **2** ⟨ugs.⟩ unvollendete Arbeit

Hin|ter|las|sung ⟨f., -, nur Sg.⟩ das Hinterlassen; er verschwand unter H. großer Schulden

hin|ter|la|stig ⟨Adj., o.Steig.⟩ hinten stärker belastet als vorn; ~es Schiff, Flugzeug; Ggs. vorderlastig

Hin|ter|lauf ⟨m.2; Jägerspr.⟩ →Hinterbein

hin|ter|le|gen ⟨V.1, hat hintergelegt; mit Akk.; ugs.⟩ nach hinten legen **hin|ter|le|gen** ⟨V.1, hat hinterlegt; mit Akk.⟩ **1** als Pfand zurücklassen; eine Summe h. **2** sicher aufbewahren lassen; den Schlüssel beim Portier h.; Wertgegenstände bei der Bank h. **Hin|ter|le|gung** ⟨f., -, nur Sg.⟩

Hin|ter|leib ⟨m.3; bes. bei Gliedertieren⟩ hinterer Teil des Leibes

Hin|ter|list ⟨f., -, nur Sg.⟩ Verhaltensweise, die darauf ausgerichtet ist, jmdm. im Verborgenen zu schaden

hin|ter|li|stig ⟨Adj.⟩ jmdm. im geheimen schadend, falsch, unaufrichtig

Hin|ter|li|stig|keit ⟨f., -, nur Sg.⟩ hinterlistige Verhaltensweise

hin|term ⟨Präp.⟩ hinter dem; h. Wald

Hin|ter|mann ⟨m.4⟩ **1** jmd., der sich hinter einem befindet; mein H. in der Reihe **2** (Finanzw.) späterer Wechselinhaber **3** jmd., der aus dem Hintergrund handelt; die Hintermänner eines Aufstandes

hin|ter|mau|ern ⟨V.1, hat hintermauert; mit Akk.⟩ eine Wand h. einer Wand mit gewöhnlichen Steinen an der Rückseite mehr Halt geben **Hin|ter|mau|e|rung** ⟨f., -, nur Sg.⟩

Hin|tern ⟨m.7⟩ →Gesäß; einem Kind den H. vollhauen, verhauen es verhauen; sich auf den H. setzen ⟨ugs.⟩ rückwärts hinfallen, ⟨übertr.⟩ Erstaunen zeigen; sich auf seinen H. setzen ⟨verstärkend⟩ sich hinsetzen, ⟨auch⟩ fleißig zu lernen beginnen, fleißig zu lernen; ich könnte mich in den H. beißen ⟨derb⟩ ich ärgere mich (daß ich das getan habe), ich bereue das bitter

Hin|ter|rad|an|trieb ⟨m.1; bei Kfz⟩ Antriebsweise, bei der die Antriebskraft des Motors auf die hinteren Räder wirkt

hin|ter|rücks ⟨Adv.⟩ vom Rücken, von hinten her; jmdn. h. ermorden

hin|ters ⟨Präp.⟩ hinter das; h. Haus gehen

Hin|ter|saß, Hin|ter|säß ⟨m.10⟩, **Hin|ter|sas|se** ⟨m.11⟩ vom Grundherrn abhängiger Kleinbauer

hin|ter|schlucken ⟨-k·k-; V.1; ugs.⟩ hinunterschlucken

Hin|ter|sei|te ⟨f.11⟩ →Rückseite

Hin|ter|sinn ⟨m.1⟩ verborgener Sinn; die Sache, der Begriff hat noch einen H.

hin|ter|sin|nig ⟨Adj.⟩ **1** einen verborgenen Sinn enthaltend; ~er Humor **2** (†) schwermütig, trübsinnig; dabei kann man sich h. werden **3** ⟨nddt.⟩ nachdenklich; Syn. achtersinnig **4** hintersinnig

Hin|ter|ste(r) ⟨m.17 oder 18⟩ →Gesäß

Hin|ter|teil 1 ⟨n.1 oder m.1⟩ hinteres, -r Teil **2** ⟨n.1⟩ →Gesäß

Hin|ter|tref|fen ⟨n., nur in den Wendungen⟩ ins H. geraten, kommen Nachteile haben, in eine ungünstige Lage geraten; im H. sein im Nachteil, in einer ungünstigen Lage sein

hin|ter|trei|ben ⟨V.162, hat hintergetrieben; mit Akk.⟩ nach hinten treiben **hin|ter|trei|ben** ⟨V.162, hat hintertrieben; mit Akk.⟩ mit böser Absicht oder aus egoistischen Gründen verhindern; jmds. Plan, Vorhaben h. **Hin|ter|trei|bung** ⟨f., -, nur Sg.⟩

Hin|ter|trep|pe ⟨f.11⟩ Treppe, die zu den hinteren Räumen eines Hauses führt (früher die Treppe für Dienstboten und Lieferanten)

Hin|ter|trep|pen|ro|man ⟨m.1⟩ Schund-, Kitschroman von geringer literarischer Qualität [solche Romane wurden früher dem Dienstpersonal an der Hintertreppe zum Kauf angeboten]

Hin|ter|tür ⟨f.10⟩ hintere Tür, Tür an der hinteren Seite; Ggs. Vordertür; wenn man ihn hinauswirft, kommt er zur H. wieder herein ⟨ugs.⟩ er läßt sich nicht abweisen

Hin|ter|tür|chen ⟨n.7; übertr.⟩ Ausweg; sich ein H. offenhalten; ein H. finden

Hin|ter|wäl|der Vieh ⟨n., - -s, nur Sg.⟩ kleine, dem Fleckvieh ähnliche Rinderrasse im Südschwarzwald

Hin|ter|wäld|ler ⟨m.5⟩ einfältiger, weltfremder, bäuerischer Mensch

hin|ter|wäld|le|risch ⟨Adj.⟩ einfältig, weltfremd

hin|ter|wärts ⟨Adv.⟩ nach hinten

hin|ter|zie|hen ⟨V.187, hat hintergezogen; mit Akk.⟩ nach hinten ziehen; einen Tisch noch etwas h. **hin|ter|zie|hen** ⟨V.187, hat hinterzogen; mit Akk.⟩ aufgrund falscher Angaben nicht zahlen; Steuern h. **Hin|ter|zie|hung** ⟨f., -, nur Sg.⟩

Hin|ter|zim|mer ⟨n.5⟩ **1** nach hinten (oft zum Garten) gelegenes Zimmer; Ggs. Vorderzimmer **2** Nebenzimmer (in einem Gasthaus, hinter einem Laden o.ä.)

hin|tre|ten ⟨V.163; o.Obj.⟩ I ⟨hat hingetreten⟩ mit dem Fuß an, auf eine Stelle treten; er hat noch einmal hingetreten II ⟨ist hingetreten⟩ (in bestimmter Absicht) sich hinstellen; vor jmdn. h.; er trat vor ihn hin und bekannte freimütig, daß ..., und forderte, daß ...

Hin|tritt ⟨m., -s, nur Sg.⟩ das Sterben, Tod vor, nach seinem H. [zu hintreten in der Vorstellung, daß man vor seinen Schöpfer hintritt, um Rechenschaft zu geben]

hin|tun ⟨V.167, hat hingetan; mit Akk.⟩ an eine Stelle tun; wo soll ich das h.? wohin soll ich das tun?; ich weiß wirklich nicht, wo ich Sie h. soll! ich weiß wirklich nicht, woher ich Sie h. kenne! ⟨Antwort, wenn man von jmdm. gegrüßt wird, den man nicht sofort erkennt⟩

hin|über ⟨Adv.⟩ vom Sprecher aus gesehen (von hier) auf die andere Seite; vgl. herüber; man braucht bis h. zu Fuß eine Stunde

hin|über... ⟨in Zus.; vom Sprecher aus gesehen⟩ (von hier) auf die andere Seite, z.B. hinüberfahren, hinüberlaufen, hinüberschicken; vgl. herüber...

hin|über|ge|hen ⟨V.47, ist hinübergegangen; o.Obj.⟩ **1** auf die andere Seite gehen **2** ⟨übertr.; verhüllend⟩ sterben; Großvater ist gestern hinübergegangen

hin|über|schla|fen ⟨V.115; o.Obj.⟩ **1** ⟨ist hinübergeschlafen; verhüllend⟩ sterben; sanft, friedlich h. **2** ⟨hat hinübergeschlafen⟩ bis zu einem Zeitpunkt schlafen; schlaf gut in deinen Geburtstag hinüber!

hin|über|sein ⟨V.137, ist hinübergewesen, o.Obj.; ugs.⟩ **1** kaputt, unbrauchbar, verdorben; die Hose ist hinüber; die Wurst ist hinüber **2** ruiniert, zugrunde gerichtet sein; die Firma ist hinüber **3** ⟨derb⟩ tot sein **4** volltrunken sein; er ist nach fünf Glas Bier schon hinüber

hin|über|spie|len ⟨V.1, hat hinübergespielt⟩ I ⟨o.Obj.⟩ einen Schimmer von einer anderen Farbe haben; das Blau, der Stoff spielt ins Rötliche hinüber II ⟨mit Akk.⟩ zum Gegner, ins gegnerische Spielfeld befördern; den Ball h.

hin|un|ter ⟨Adv.; vom Sprecher aus gesehen⟩ (von hier oben) nach (dort) unten; vgl. herunter; es geht immer hinauf und h.; man hat von hier einen schönen Blick ins Tal h.

hin|un|ter... ⟨in Zus.; vom Sprecher aus gesehen⟩ (von hier oben) nach (dort) unten, z.B. hinunterfahren, hinuntergehen, hinunterschauen, hinunterrufen; vgl. herunter...

hin|un|ter|schlucken ⟨-k·k-; V.1, hat hinuntergeschluckt; mit Akk.; verstärkend⟩ schlucken; einen Bissen h.; ein aufwallendes Gefühl h. ⟨übertr.⟩ es still überwinden, es nicht merken lassen; seinen Zorn, seine Enttäuschung h.; eine Äußerung, eine Antwort h. sie nicht aussprechen

hin|wärts ⟨Adv.⟩ auf dem Hinweg

hin|weg ⟨Adv.⟩ **1** ⟨geh.⟩ weg, fort (von hier); h. mit euch! **2** über etwas h. ⟨verstärkend⟩ **a** über etwas hin; er sah mich über seine Brillengläser h. an **b** über einen Zeitraum hin; der Brauch hat sich über Jahrhunderte h. erhalten

Hin|weg ⟨m.1⟩ *Weg dorthin, an jenen Ort (dort);* auf dem H. hatten wir eine Panne; Hin- und Herweg

hin|weg... ⟨in Zus.⟩ **1** *weg..., fort...,* z.B. hinwegfegen, hinwegtragen **2** *über etwas hinweg... über einen Zeitraum hin,* z.B. etwas über eine Zeit hinwegretten

hin|weg|ge|hen ⟨V.47, ist hinweggegangen; mit Präp.obj.⟩ **1** *über etwas oder jmdn. h. sich über etwas oder jmdn. hin bewegen und es oder ihn hinter sich lassen;* die Zeit ist über ihn, über sein Werk hinweggegangen *er hat mit der Zeit nicht Schritt gehalten, seine Auffassung, sein Werk ist nicht mehr zeitgemäß* **2** *über etwas h. etwas absichtlich nicht beachten, nicht berücksichtigen;* ich ging über diese taktlose Äußerung hinweg; er ging mit einem Achselzucken über meinen Einwand hinweg

hin|weg|kom|men ⟨V.71, ist hinweggekommen; mit Präp.obj.⟩ *über etwas h. etwas überwinden;* er ist nie über den Tod seines Sohnes hinweggekommen

hin|weg|se|hen ⟨V.136, hat hinweggesehen; mit Präp.obj.⟩ *über etwas h. etwas scheinbar nicht beachten, über etwas nicht sprechen;* taktvoll über eine Ungeschicklichkeit h.; nachsichtig über jmds. Fehler h.

hin|weg|sein ⟨V.137, ist hinweggewesen; mit Präp.obj.⟩ *über etwas h. etwas überwunden haben;* er ist über seine Enttäuschung hinweg

hin|weg|set|zen ⟨V.1, hat hinweggesetzt; refl.⟩ *sich über etwas h. etwas absichtlich nicht beachten, absichtlich anders handeln als gefordert wird;* sich über jmds. Vorwürfe, Ermahnungen h.; sich über eine Vorschrift h.

hin|weg|täu|schen ⟨V.1, hat hinweggetäuscht⟩ **I** ⟨mit Akk. u. Präp.obj.⟩ *jmdn. über etwas h. jmdn. täuschen, so daß er etwas nicht bemerkt oder nicht durchschaut;* jmdn. über eine Gefahr, über die Hoffnungslosigkeit seiner Lage h. **II** ⟨refl.⟩ *sich über etwas h. die Augen vor etwas verschließen, etwas nicht wahrhaben wollen, nicht bemerken wollen;* (meist in verneinenden Sätzen) man darf sich nicht darüber h., daß die Gefahr sehr groß ist *man muß erkennen, daß ...*

hin|weg|trö|sten ⟨V.2, hat hinweggetröstet⟩ **I** ⟨mit Akk. u. Präp.obj.⟩ *jmdn. über etwas h. jmdn. trösten, so daß er etwas überwinden kann* **II** ⟨refl.⟩ *sich über etwas h. etwas überwinden, indem man sich eine Ersatzbefriedigung schafft oder eine andere Einstellung gewinnt;* sie hat sich über den Verlust bald hinweggetröstet

Hin|weis ⟨m.1⟩ *Bemerkung, die jmdm. helfen, jmdn. aufmerksam machen soll;* jmdm. einen H. geben; das ist ein guter H.

hin|wei|sen ⟨V.177, hat hingewiesen; mit Präp.obj.⟩ **1** *auf etwas oder jmdn. h. auf etwas oder jmdn. zeigen, deuten;* mit dem Finger auf etwas h.; ~des Fürwort → *Demonstrativpronomen* **2** *auf etwas h.* **a** *auf etwas aufmerksam machen;* ich möchte (Sie) darauf h., daß ...; (jmdn.) auf eine Veranstaltung h. **b** *auf etwas schließen lassen;* diese Erscheinung weist darauf hin, daß eine Entwicklung im Gange ist; dieses Symptom weist auf Scharlach hin

hin|wer|den ⟨V.180, ist hingeworden; o.Obj.; ugs.⟩ **1** *entzwei gehen;* sei vorsichtig, sonst wird das Gerät gleich hin! **2** *eingehen, sterben (von Tieren);* gib ihm nicht gleich alles zu fressen, sonst wird er dir hin!

hin|wer|fen ⟨V.181, hat hingeworfen; mit Akk.⟩ *etwas h. etwas irgendwohin,* ⟨bes.⟩ *auf den Boden werfen;* sich h. *sich schnell, heftig auf den Boden legen;* eine Arbeit h. *plötzlich (aus Ungeduld, Ärger, aus einem Gefühl des Unvermögens) aufgeben, nicht mehr tun;* ein paar hingeworfene Worte *ein paar nebenbei gesagte Worte;* ein paar hingeworfene Zeilen *ein paar flüchtig geschriebene Zeilen*

hin|wie|der|um ⟨Adv.⟩ *wiederum, hingegen;* er fährt gern ins Gebirge, sie h. lieber ans Meer; das h. hätte ich nicht von ihm gedacht

Hinz ⟨nddt. Form von⟩ *Heinz;* H. und Kunz ⟨übertr., ugs.; abwertend⟩ *jeder x-beliebige, alle Leute;* dort treffen sich H. und Kunz

hin|zie|hen ⟨V.187⟩ **I** ⟨mit Akk.; hat hingezogen⟩ **1** *jmdn. h. nach einem Ort, an eine Stelle, zu jmdm. ziehen;* es zieht mich immer wieder in diese Stadt, an diesen hübschen Fleck hin *ich gehe, fahre immer wieder gern dorthin;* ihre Wärme, ihre Fröhlichkeit zieht ihn immer wieder zu ihr hin *er möchte immer wieder in ihrer Nähe sein;* sich zu etwas oder jmdm. hingezogen fühlen *gern in der Nähe von etwas, in jmds. Nähe sein* **2** *etwas h. in die Länge ziehen, verzögern;* er versucht die Sache hinzuziehen **II** ⟨refl.; hat hingezogen⟩ *sich h. (immer länger) dauern, sich verzögern;* der Prozeß zieht sich (nun schon über Monate) hin **III** ⟨o.Obj.; ist hingezogen⟩ *an einen Ort (dort) ziehen, seinen Wohnsitz an jenen Ort verlegen;* wir sind jetzt oft in München gewesen und werden demnächst ganz h.

hin|zu... ⟨in Zus.⟩ *noch dazu, zu diesem,* z.B. hinzuverdienen, hinzuzählen

hin|zu|fü|gen ⟨V.1, hat hinzugefügt; mit Akk.⟩ **1** *ergänzend dazu tun; etwas* Zucker h. **2** *ergänzend bemerken;* ich möchte h., daß ...; ich habe seinen Worten nichts hinzuzufügen **Hin|zu|fü|gung** ⟨f.10⟩

hin|zu|kom|men ⟨V.71, ist hinzugekommen; o.Obj.⟩ **1** *dazukommen, zu den andern kommen;* er kam hinzu, als wir gerade aufbrechen wollten; es kommen noch einige Teilnehmer hinzu, die wir nicht vorgemerkt hatten **2** *außerdem erwähnt, auch berücksichtigt werden müssen;* es kommt noch eins hinzu, nämlich ...; es eignet sich gut für diese Stellung, und es kommt hinzu, daß er viele wichtige Leute kennt

hin|zu|zie|hen ⟨V.187, hat hinzugezogen; mit Akk.⟩ *jmdn. zusätzlich um Rat fragen, zu Rate ziehen;* einen Fachmann, einen zweiten Arzt h.

Hi|obs|bot|schaft ⟨f.10⟩ *Unglücksbotschaft, Schreckensnachricht* [nach den schlimmen Botschaften, die *Hiob* im AT erhält (Buch Hiob, 1.Kapitel, 13–21)]

H-Ion ⟨H- [ha-] n.12⟩ *Wasserstoff-Ion*

Hipp|ari|on ⟨n., -s, -rien⟩ *fossiles Urpferd* [< griech. *hippos* „Pferd"]

Hip|pe¹ ⟨f.11⟩ *sichelförmiges Gartenmesser (z.B. zum Obstbaumschnitt verwendet)*

Hip|pe² ⟨f.11; thüring.⟩ *Fladenkuchen*

Hip|pe³ ⟨f.11; mdt.⟩ **1** *weibliche Ziege* **2** ⟨derb⟩ *unangenehme, streitsüchtige Frau;* alte H. [zu *Habergeiß*]

Hip|pia|trik ⟨f., -, nur Sg.⟩ *Pferdeheilkunde* [< griech. *hippos* „Pferd" und *Iatrik*]

Hip|pie ⟨m.9⟩ *Angehöriger einer Bewegung von jungen Leuten, die durch Beseitigung von Tabus, gewaltlosen Widerstand und häufige Verwendung von Rauschgiften gegen die bürgerliche Gesellschaft protestieren* [< engl. *hip, hep* „eingeweiht, unterrichtet", auch „unter Einfluß von Drogen stehend", dazu *hippy* im amerik. Slang „verrückt"]

Hip|po|drom ⟨n.1⟩ *Gebäude oder Zelt, in dem bei Musik geritten wird* [< griech. *hippodromos* „Rennbahn für Pferde, Zirkus", < *hippos* „Pferd" und *dromos* „Platz, Bahn zum Laufen"]

Hip|po|gryph ⟨m.10, 12; bei den ital. Renaissancedichtern⟩ *geflügeltes Roß mit Vogelkopf, ähnlich dem Pegasus* [< ital. *ippogrifo* (von Ariost gebildetes Wort), < griech. *hippos* „Pferd" und lat. *gryps*, Gen. *grypis* oder *gryphis*, „(Vogel) Greif" < griech. *gryps*, Gen. *grypos* „Greif", < hebr. *kerub*, assyr. *krub* „Cherub, Randfabelwesen"]

Hip|po|kra|ti|ker ⟨m.5⟩ *Anhänger des altgriechischen Arztes Hippokrates und seiner Lehre*

hip|po|kra|tisch ⟨Adj., o.Steig.⟩ *von Hippokrates stammend;* ~er Eid ⟨urspr.⟩ *Eid auf die Gesetze der Ärztezunft,* (danach allg.) *Grundlage der ärztlichen Ethik;* ~es Gesicht *eingefallenes Gesicht Sterbender*

Hip|po|kre|ne ⟨f., -, nur Sg.; griech. Myth.⟩ *die durch den Hufschlag des Pegasus entstandene Quelle der dichterischen Inspiration* [< griech. *hippos* „Pferd" und *krene* „Quelle"]

Hip|po|lo|ge ⟨m.11⟩ *Wissenschaftler auf dem Gebiet der Hippologie*

Hip|po|lo|gie ⟨f., -, nur Sg.⟩ *Wiss. vom Pferd* [< griech. *hippos* „Pferd" und *...logie*]

hip|po|lo|gisch ⟨Adj., o.Steig.⟩ *die Hippologie betreffend, zu ihr gehörig*

Hip|pur|säu|re ⟨f., -, nur Sg.⟩ *farblose organische Säure, die sich in der Niere von Pflanzenfressern bildet* [< griech. *hippos* „Pferd" und *ouron* „Harn", da die Säure erstmals aus Pferdeharn isoliert wurde]

Hip|ster ⟨m.5⟩ **1** *Jazzfan* **2** *jmd., der über alles Bescheid weiß, was neu und „in" ist* [engl. *hipster* in dens. Bed., zu *hip, hep* „eingeweiht, unterrichtet, ,in'" und Suffix *-ster* in leicht herabsetzender Bedeutung]

Hi|ra|ga|na ⟨f., -(s), nur Sg.⟩ *die aus den chinesischen Schriftzeichen entwickelte japanische Silbenschrift* [jap.]

Hirn ⟨n.1⟩ **1** → *Gehirn;* H. vom Kalb (als Speise); sein H. anstrengen ⟨ugs.⟩ *seinen Verstand anstrengen;* sich sein H. zermartern ⟨ugs.⟩ *angestrengt über etwas nachdenken,* sich etwas hin und her überlegen **2** ⟨bayr. für⟩ *Kopf;* da langst du dich ans H.

Hirn|an|hangs|drü|se ⟨f.11⟩ → *Hypophyse*

Hirn|ge|spinst ⟨n.1⟩ *Phantasiegebilde, absurde Idee;* sich in ~e verrennen

Hirn|holz ⟨n., -es, nur Sg.⟩ *quer zur Faserrichtung geschnittenes Holz*

hirn|los ⟨Adj.⟩ *dumm, töricht;* ein ~er Mensch; eine ~e Idee

hirn|ris|sig ⟨Adj.; ugs.⟩ *unsinnig, verrückt;* ein ~er Vorschlag

Hirn|scha|le ⟨f.11⟩ *schalenartig ausgebildeter Schädelknochen, der das Gehirn umschließt*

Hirn|schmalz ⟨n., -es, nur Sg.; ugs.⟩ *Denkfähigkeit, Hirn;* dazu braucht man etwas mehr H.

hirn|ver|brannt ⟨Adj.⟩ *abwegig, dumm;* eine ~e Idee

Hirsch ⟨m.1⟩ **1** *(im männlichen Geschlecht meist) geweihtragendes Huftier* (Dam~, Rot~) **2** ⟨kurz für⟩ → *Rothirsch* **3** ⟨scherzh., bes. bayr.-österr.⟩ *(grobschlächtiger und) dummer Mensch*

Hirsch|eber ⟨m.5⟩ *Wildschwein der Insel Celebes, bei dem durchwachsen die Eckzähne gehörnartig die Schnauzendecke*

Hirsch|fän|ger ⟨m.5⟩ *feststehendes, langes Messer mit seitlich geschliffener Klinge (als Teil der Jagdbekleidung)* [früher zum *Abfangen* (Töten) des angeschossenen Wildes]

Hirsch|horn ⟨n., -(e)s, nur Sg.⟩ *Hirschgeweih (das für Knöpfe u.a. verwendet wird)*

Hirsch|horn|salz ⟨n., -es, nur Sg.; Handelsname für ein⟩ *(als Backpulver verwendetes) Ammoniumcarbonat* [früher aus Hirschhorn hergestellt]

Hirsch|kä|fer ⟨m.5⟩ *großer, braunschwarzer Blatthornkäfer* [die Männchen haben geweihartig ausgebildeten Oberkiefer]

Hirsch|kalb ⟨n.4⟩ *junger Hirsch*

Hirsch|kuh ⟨f.2⟩ *weiblicher Hirsch;* Syn. ⟨†⟩ *Hinde, Hindin, Tier*

Hirsch|zie|gen|an|ti|lo|pe ⟨f.11⟩ *rehgroße Gazelle Indiens (mit Schraubengehörn beim Männchen)*

Hirsch|zun|ge ⟨f.11⟩ *Farn mit ledrigen, unzerteilten, zungenförmige Wedeln*

Hir|se ⟨f.11⟩ **1** *Getreidepflanze warmer Gebiete* (Mohren~, Kolben~, Rispen~) **2** *deren Frucht*

Hirt ⟨m.10⟩ *jmd., der eine Viehherde hütet*

hoch

und betreut (Schaf~, Schweine~); auch: Hirte

Hir|te ⟨m.11; †; poet.⟩ **1** → Hirt **2** Geistlicher, der eine Gemeinde betreut; der Gute H. Christus

hir|ten ⟨V.2, hat gehirtet; o.Obj.; schweiz.⟩ Hirt sein, Vieh hüten

Hir|ten|amt ⟨n.4; kath. Kirche⟩ Amt des Seelsorgers

Hir|ten|brief ⟨m.1; kath. Kirche⟩ Rundschreiben eines Bischofs

Hir|ten|dich|tung ⟨f.10⟩ Dichtung, die das bedürfnislose Leben der Hirten beschreibt; Syn. Bukolik, Schäferdichtung

Hir|ten|spiel ⟨n.1⟩ **1** dramatische Hirtendichtung **2** zu Weihnachten aufgeführtes Volksschauspiel, das die Verkündigung Christi durch die Hirten zum Inhalt hat

Hir|ten|stab ⟨m.2⟩ **1** ⟨geh.⟩ Stab eines Hirten **2** ⟨kath. Kirche⟩ Bischofsstab

Hir|ten|tä|schel ⟨n.5⟩ auf Äckern wachsender Kreuzblütler mit herzförmigen Schötchen

his ⟨n., -, -; Mus.⟩ das um einen halben Ton erhöhte h bzw. H

hi|sis, Hi|sis ⟨n., -, -; Mus.⟩ das um zwei halbe Töne erhöhte h bzw. H

hi|spa|nisch ⟨Adj., o.Steig.⟩ zu Hispanien, (Spanien) gehörig, aus Hispanien stammend

hi|spa|ni|sie|ren ⟨V.3, hat hispanisiert; mit Akk.⟩ nach spanischem Muster gestalten

Hi|spa|nis|mus ⟨m., -, -men⟩ in eine andere Sprache übernommene spanische Spracheigentümlichkeit

Hi|spa|nist ⟨m.10⟩ Wissenschaftler auf dem Gebiet der spanischen Sprache und Kultur

his|sen ⟨V.1, hat gehißt; mit Akk.⟩ am Mast hochziehen; die Flagge, Fahne h.; Syn. heißen²

Hist|amin ⟨n.1⟩ aus Histidin entstehendes Gewebshormon [< griech. histos „Gewebe" und Amin (Verbindung des Ammoniaks mit organischen Molekülgruppen)]

Hi|sti|din ⟨n., -s, nur Sg.⟩ eine Aminosäure [zu Histamin]

Hi|sto|ge|ne|se ⟨f., -, nur Sg.⟩ **Hi|sto|ge|nie** ⟨f., -, nur Sg.⟩ Entstehung und Entwicklung der Gewebe [< griech. histos „Gewebe" und Genese]

Hi|sto|lo|gie ⟨f., -, nur Sg.⟩ Wiss. von den Geweben [< griech. histos „Gewebe" und ...logie]

Hi|sto|ly|se ⟨f.11⟩ Auflösung von Gewebe durch eiweißspaltende Enzyme [< griech. histos „Gewebe" und lysis „Lösung"]

Hi|stör|chen ⟨n.7⟩ Klatschgeschichte, Anekdote

Hi|sto|rie ⟨[-riə] f.11⟩ **1** ⟨†⟩ Geschichte, Erzählung **2** ⟨nur Sg.⟩ Geschichtswissenschaft [< lat. historia „Geschichte", griech. historia „Forschung, Erzählung, Darstellung", zu historia „wissend, kundig; Sachverständiger"]

Hi|sto|ri|en|ma|ler ⟨m.5⟩ jmd., der historische Motive malt

Hi|sto|ri|en|ma|le|rei ⟨f.10⟩ Malerei, die Motive aus der Geschichte, aus der Bibel oder aus Sagen darstellt

Hi|sto|rik ⟨f., -, nur Sg.⟩ Wissenschaft von der Geschichte

Hi|sto|ri|ker ⟨m.5⟩ Geschichtswissenschaftler, Erforscher der Geschichte

Hi|sto|rio|graph ⟨m.10⟩ Geschichtsschreiber [< griech. historiographos „Geschichtsschreiber", < historia (→ Historie) und grapheus „Schreiber, Schriftsteller"]

Hi|sto|rio|gra|phie ⟨f., -, nur Sg.⟩ Geschichtsschreibung [< Historie und ...graphie]

hi|sto|risch ⟨Adj.⟩ **1** die Historie betreffend; Ergebnisse der ~en Forschung; ~er Materialismus marxistische Lehre von der Entwicklung der Geschichte **2** im Hinblick auf die Geschichte; etwas h. betrachten etwas aus dem Geist der betreffenden Zeit betrachten, beurteilen **3** durch geschichtliche Zeugnisse, Quellen überliefert, belegt; eine ~e Schlacht; das ist h. das ist geschichtlich überliefert, belegt; ~e Landschaft Landschaft, in der sich geschichtlich bedeutende Ereignisse abgespielt haben **4** bedeutungsvoll für den Ablauf der Geschichte; ein ~er Augenblick; ein Ereignis von ~er Tragweite

hi|sto|ri|sie|ren ⟨V.2, hat historisiert; mit Akk.⟩ eine Sache h. das Historische einer Sache betonen, den Zusammenhang einer Sache mit der Geschichte deutlich machen, deutlich darstellen; ein ~er Roman

Hi|sto|ris|mus ⟨m., -, nur Sg.⟩ **1** Verständnis der geschichtlichen Erscheinungen in ihrer Einmaligkeit, aus ihren eigenen Zusammenhängen und Hintergründen **2** Überwertung des Geschichtlichen; Syn. Historizismus

Hi|sto|rist ⟨m.10⟩ Vertreter des Historismus

hi|sto|ri|stisch ⟨Adj., o.Steig.⟩ **1** zum Historismus (1) gehörig **2** im Sinne des Historismus (2), das Geschichtliche überwertend

Hi|sto|ri|zis|mus ⟨m., -, nur Sg.⟩ → Historismus

Hi|strio|ne ⟨m.11⟩ **1** ⟨im alten Rom⟩ Schauspieler **2** ⟨im MA⟩ Gaukler [< lat. histrio, Gen. -onis, „Schauspieler", oft im verächtlichen Sinne „Gaukler", eigtl. historio, Erweiterung von hister „Tänzer, Pantomime"]

Hit ⟨m.9⟩ **1** erfolgreiches Musikstück, Schlager **2** ⟨auch allg.⟩ erfolgreiche, beliebte Sache [engl. hit in ders. Bed., eigtl. „Schlag, Treffer, Erfolg", zu to hit „schlagen, treffen"]

hitch|hi|ken ⟨[hɪtʃhaikən] V.1, ist gehitchhikt; o.Obj.⟩ per Anhalter fahren, trampen [< engl. to hitchhike in ders. Bed., < to hitch „sich ruckweise, sprungweise fortbewegen, hinken, hüpfen" und to hike „wandern, reisen"]

Hit|ler|gruß ⟨m., -es, nur Sg.⟩ Gruß der Nationalsozialisten, bei dem der rechte Arm mit flacher Hand schräg nach oben gestreckt wurde

Hit|ler|ju|gend ⟨f., -, nur Sg.⟩ Jugendorganisation der Nationalsozialisten

Hit|sche ⟨f.11⟩ → Hutsche (1)

Hitz|draht|in|stru|ment ⟨n.1⟩ Gerät, bei dem die Stromstärke durch Wärmeausdehnung eines dünnen, vom Strom durchflossenen Drahtes gemessen wird

Hit|ze ⟨f., -, nur Sg.⟩ **1** Temperatur, die über der normalen Umgebungstemperatur liegt **2** unangenehme Wärme; fliegende H. Hitzewallung im Körper während der Wechseljahre **3** ⟨bei weibl. Säugetieren⟩ → Brunst (2) [zu heiß]

Hit|ze|aus|schlag ⟨m., -(e)s, nur Sg.⟩ bei Hitze auftretender Ausschlag aus zahlreichen wasserhellen, bald zerplatzenden und dann eintrocknenden Bläschen am Rumpf; Syn. Hitzebläschen, Schweißfriesel

hit|ze|be|stän|dig ⟨Adj.⟩ widerstandsfähig gegen Hitze; ~e Werkstoffe

Hit|ze|bläs|chen ⟨n.7⟩ → Hitzeausschlag

Hit|ze|blitz ⟨m.1⟩ → Hitzewelle (1)

hit|ze|frei ⟨Adj., o.Steig.⟩ schulfrei wegen großer Hitze (im Sommer)

Hit|ze|schild ⟨m.1; an Raumfahrzeugen⟩ Flächenbeschichtung aus äußerst hitzebeständigen Stoffen

Hit|ze|wel|le ⟨f.10⟩ **1** plötzlich auftretender, schnell wandernder Bereich höchster Temperatur nach einer Atombombenexplosion; Syn. Hitzeblitz **2** länger anhaltende hohe Außentemperaturen

hit|zig ⟨Adj.⟩ **1** leicht erregbar, heftig, leidenschaftlich; eine ~e Diskussion **2** ⟨†⟩ heiß von Fieber; eine ~e Stirn

Hitz|kopf ⟨m.2⟩ leicht erregbarer, unbesonnener Mensch

hitz|köp|fig ⟨Adj.⟩ leicht erregbar, ungeduldig, unbesonnen

Hitz|schlag ⟨m.2⟩ Übelkeit, Sinnes- und Bewußtseinsstörung durch Wärmestauung im Organismus (z.B. bei körperlicher Anstrengung in feuchtheißem Klima)

HK ⟨Zeichen für⟩ Hefnerkerze

HKL ⟨Abk. für⟩ Hauptkampflinie

hl ⟨Zeichen für⟩ Hektoliter

hl., Hl. ⟨Abk. für⟩ heilige, Heilige, z.B. der hl. Johannes, die Hl. Schrift

hll., Hll. ⟨Abk. für⟩ die heiligen, die Heiligen, z.B. die Hll. Petrus und Paulus

h.m. ⟨Abk. für⟩ huius mensis: dieses Monats [lat.]

H-Milch ⟨[ha-] f., -, nur Sg.⟩ durch Uperisation haltbar gemachte Milch [H steht für haltbar]

h-Moll ⟨n., -, nur Sg.; Mus.⟩ auf dem Grundton h aufbauende Moll-Tonart

HNO ⟨Abk. für⟩ Hals-Nasen-Ohren-..., z.B. HNO-Heilkunde, HNO-Arzt

Ho ⟨Zeichen für⟩ Holmium

HO **1** ⟨Abk. für⟩ Handelsorganisation **2** ⟨f.9; ugs.⟩ von dieser betriebenes Warenhaus, Einzelhandelsgeschäft oder Gasthaus (HO-Geschäft, HO-Gaststätte); im, in der HO einkaufen

Hob. ⟨Abk. für⟩ Hobokenverzeichnis

Hob|bock ⟨m.9⟩ verschließbares, zylindrisches Gefäß aus Blech (zum Versand von Fett u.a.) [engl.]

Hob|by ⟨n.9⟩ → Liebhaberei [engl. hobby in ders. Bed., eigtl. „kleines Pferd, Lieblingspferd"]

Hob|by|raum ⟨m.2⟩ Bastelraum

Ho|bel ⟨m.5⟩ Werkzeug zur Holzbearbeitung mit schräg angebrachter, unten leicht überstehender Klinge, die den Hobelspan abhebt und dabei die Fläche glättet **2** ähnliches spanabhebendes oder zerkleinerndes Werkzeug (Gesteins~, Küchen~)

Ho|bel|bank ⟨f.2⟩ Werkbank des Schreiners mit verschiedenen Spannvorrichtungen und Schraubspindeln an einer schweren Holzplatte

Ho|bel|ma|schi|ne ⟨f.11⟩ Werkzeugmaschine zum Hobeln von Werkstücken (aus Holz oder Metall)

ho|beln ⟨V.1, hat gehobelt; mit Akk. oder o.Obj.⟩ mit dem Hobel glätten; wo gehobelt wird, fallen Späne ⟨übertr.⟩ wenn man eine Arbeit tut, wenn etwas geschieht oder abläuft, gibt es immer auch Nachteile

Ho|bel|span ⟨m.2⟩ beim Hobeln entstehender Span

Ho|boe ⟨f.11; Nebenform von⟩ Oboe

Ho|bo|ken|ver|zeich|nis ⟨n.1; Abk.: Hob.⟩ Verzeichnis der Werke Joseph Haydns mit Angabe der ersten Takte [nach dem ndrl. Musikforscher Anthony van Hoboken]

hoc an|no ⟨Abk.: h.a.⟩ in diesem Jahr [lat.]

hoc est ⟨Abk.: h.e.⟩ das ist [lat.]

hoch ⟨Adj., höher, am höchsten⟩ **1** in der Ausdehnung nach oben, sich nach oben erstreckend, eine bestimmte oder unbestimmte Höhe aufweisend; ein zwei Meter hoher Schrank; der Schrank ist zwei Meter h., ist ziemlich h. **2** eine beträchtliche Ausdehnung nach oben habend; Ggs. niedrig; ein hoher Berg, Raum; Schuhe mit hohen Absätzen; der Schnee liegt h. **3** weit oben (befindlich); die Hütte liegt h. in den Bergen; das ist mir zu h. ⟨übertr.⟩ das ist mir zu schwierig, das verstehe ich nicht, dafür reichen meine Kenntnisse nicht aus **4** ⟨Abk.: h.⟩ zur Potenz erhoben; drei h. vier **5** ⟨Mus.⟩ mit großer Schwingungszahl; ein hoher Ton; das hohe C **6** im Rang, in der Stufenleiter weit oben stehend; der hohe Adel; die hohen, höheren Beamten, Offiziere; eine hohe Stellung innehaben; eine hohe Meinung von jmdm. haben; ein hoher Feiertag; hohe Jagd Jagd auf Hochwild **7** der Zahl, Menge nach weit oben liegend; eine hohe Summe; ein hohes Gehalt bekommen; eine hohe Miete; hohe Schulden haben; das Wasser hat einen hohen Gehalt an Eisen; er wird h. bezahlt; das Haus ist h. versichert; er spielt h. er setzt viel Geld (beim Spiel) ein; er hat es mir h. und heilig versprochen ⟨übertr.⟩ *er hat es mir fest versprochen;* fünf Mann h. ⟨ugs., scherzh.⟩ *insgesamt fünf Personen, zu fünft* **8** *dem Wert, der Bedeutung nach weit oben liegend;* ein hohes Maß von Verantwortung; er ist in hohem Maße musikalisch; er stellt hohe Ansprüche; die Kunst stand in hoher Blüte **9** ⟨*zeitlich*⟩ *vorgeschritten;* ein hohes Alter erreichen; er ist h. in den Fünfzig er ist weit über 50 Jahre alt; ein Mann, schon h. an Jahren; es ist hohe, höchste Zeit, daß wir gehen **10** *weit nach oben;* Hoch! *er lebe hoch, er soll leben!* ⟨*Ruf, um jmdn. zu ehren*⟩; der Vogel erhob sich h. in die Luft; er will h. hinaus *er hat ehrgeizige Pläne, er will etwas Großes erreichen;* wenn es h. kommt, 50 Mark *wenn es viel ist* **11** ⟨als Adv.⟩ *sehr, äußerst;* jmdn. h. verehren; er ist h. angesehen

Hoch ⟨n.9⟩ **1** *der Ruf „Hoch!";* ein H. auf jmdn. ausbringen *zu jmds. Ehren „Hoch!" rufen;* ein dreifaches H. **2** ⟨Meteor.; kurz für⟩ *Hochdruckgebiet;* ein isländisches H.

hoch... **I** ⟨in Zus. mit Adj.⟩ **1** *sehr, äußerst,* z.B. hochbeglückt, hochanständig, hochempfindlich, hochintelligent **2** *sehr gut,* z.B. hochbezahlt (ein hochbezahlter Angestellter, ⟨aber⟩ er wird hoch bezahlt) **II** ⟨in Zus. mit Verben⟩ **1** *hinauf..., in die Höhe, nach oben,* z.B. hochbinden, hochheben, hochkämmen, hochsteigen **2** *groß, stattlich,* z.B. hochgewachsen

hoch|ach|ten ⟨V.2, hat hochgeachtet; mit Akk.⟩ *sehr achten;* jmdn., jmds. Haltung h.

Hoch|ach|tung ⟨f., -, nur Sg.⟩ *sehr große Achtung;* H. vor jmdm. haben; mit großer H. von jmdm. sprechen; mit vorzüglicher H. ⟨†, als höfliche Schlußformel in Briefen⟩

hoch|ach|tungs|voll ⟨Adj.⟩ *veraltend, nur als Schlußformel in Briefen*⟩ voller Hochachtung

Hoch|adel ⟨m., -s, nur Sg.⟩ *höchste und älteste Schicht des Adels*

hoch|ade|lig ⟨Adj.⟩ *zum Hochadel gehörig*

Hoch|al|tar ⟨m.2⟩ *Hauptaltar in oder vor der Apsis (einer kath. Kirche)*

Hoch|amt ⟨n.4; kath. Kirche⟩ *besonders feierliche Messe*

hoch|ar|bei|ten ⟨V.2, hat hochgearbeitet; refl.⟩ *sich h. durch Arbeit in eine höhere oder hohe berufliche (und soziale) Stellung gelangen*

hoch|auf|ge|schos|sen ⟨Adj.⟩ *schlank und großgewachsen;* ein ~er Junge

Hoch|bahn ⟨f.10⟩ *elektrische Stadtschnellbahn, deren Geleise auf brückenähnlichen Bauten über dem Straßenniveau geführt werden*

Hoch|bau ⟨m., -(e)s, nur Sg.⟩ *Planung und Errichtung von Bauwerken, deren Hauptmasse über dem Erdboden liegt;* Ggs. Tiefbau

Hoch|be|häl|ter ⟨m.5⟩ *Wasserspeicher, der in hochgelegenem Gelände (unterirdisch) angelegt ist*

hoch|bei|nig ⟨Adj.⟩ **1** *mit langen Beinen;* ~er Stelzvogel **2** *mit hohen Beinen;* ~es Gestell **3** *weit über dem Erdboden (angebracht);* ~er Maschinenaufsatz

Hoch|be|trieb ⟨m., -(e)s, nur Sg.; ugs.⟩ *sehr starker Betrieb, Gedränge, Geschäftigkeit;* wir haben im Geschäft zur Zeit H.; in der Stadt herrschte H.

Hoch|bild ⟨n.3; eindeutschend⟩ → *Relief*

Hoch|blü|te ⟨f., -, nur Sg.⟩ **1** *Höhepunkt der Blütezeit;* die Apfelbäume stehen in der H. **2** ⟨übertr.⟩ *Höhepunkt einer Entwicklung;* H. des Minnesangs

hoch|brin|gen ⟨V.21, hat hochgebracht; mit Akk.⟩ **1** ⟨*norddt., mdt.*⟩ *hinauf-, heraufbringen* **2** ⟨übertr.⟩ *gesund, leistungsfähig machen;* einen Kranken, eine verschuldete Firma (wieder) h.

Hoch|burg ⟨f.10⟩ *Zentrum einer geistigen Bewegung;* eine H. des Islams

hoch|deutsch ⟨Adj., o.Steig.⟩ **1** ⟨i.e.S.⟩ *ober- und mitteldeutsch* **2** ⟨i.w.S.⟩ *deutsch, das allgemein verbindlich und nicht dialektisch gefärbt ist;* h. reden, schreiben; „Madl" heißt auf h. „Mädchen"

Hoch|druck[1] ⟨m., -(e)s, nur Sg.; bei Gasen und Flüssigkeiten⟩ *hoher Druck*[1] **2** *hoher Luftdruck* **3** ⟨übertr., ugs.⟩ *große Betriebsamkeit, große Geschäftigkeit;* im Geschäft herrscht zur Zeit H.; mit H. arbeiten *angespannt und schnell arbeiten*

Hoch|druck[2] ⟨m.1⟩ **1** ⟨nur Sg.⟩ *Druckverfahren, bei dem die druckenden Teile der Druckform gegenüber den nicht druckenden erhaben sind;* vgl. Flachdruck, Tiefdruck **2** *nach diesem Verfahren hergestelltes Druckerzeugnis*

Hoch|druck|ge|biet ⟨n.1; Meteor.⟩ *Gebiet hohen Luftdrucks;* auch: ⟨kurz⟩ Hoch; Syn. Antizyklone

Hoch|druck|krank|heit ⟨f., -, nur Sg.⟩ *anhaltende Erhöhung des Blutdrucks;* vgl. Hypertonie

Hoch|ebe|ne ⟨f.11⟩ *ebenes Land in großer Höhe;* Syn. Hochfläche, Hochland, Hochplateau, Plateau

hoch|emp|find|lich ⟨Adj.⟩ *sehr empfindlich;* ein ~es technisches Gerät; ein ~er Film

Hoch|en|er|gie|phy|sik ⟨f., -, nur Sg.⟩ *Anwendung höchster Energie in Teilchenbeschleunigern (zur physikalischen Erforschung von Elementarteilchen)*

hoch|fah|ren ⟨V.32⟩ **I** ⟨o.Obj. oder mit Akk.⟩ *ist oder hat hochgefahren* **1** *nach oben, hinauffahren, an einen höher gelegenen Ort fahren;* ich bin mit dem Fahrstuhl hochgefahren; er hat mich hochgefahren **II** ⟨o.Obj.; ist hochgefahren; übertr.⟩ **1** *sich erschrocken aufrichten;* nachts im Bett, im Schlaf h. **2** *plötzlich zornig, ungeduldig werden, aufbrausen;* er ist von ~dem Wesen *er wird schnell zornig und ungeduldig*

Hoch|fi|nanz ⟨f., -, nur Sg.⟩ → *Finanzaristokratie*

Hoch|flä|che ⟨f.11⟩ → *Hochebene*

hoch|flie|gend ⟨Adj., o.Steig.⟩ *sehr ehrgeizig und etwas realitätsfern;* ~e Pläne

Hoch|form ⟨f., -, nur Sg.⟩ **1** *hervorragende Form, hoher Grad der Leistungsfähigkeit;* in H. sein **2** ⟨Gußtechnik⟩ *aus der Werkstückebene nach oben ragende Form*

Hoch|for|mat ⟨n.1⟩ *Format, bei dem die Höhe größer als die Breite ist;* Ggs. Breitformat; ein Bild im H.

hoch|fre|quent ⟨Adj.⟩ *auf Hochfrequenz beruhend, mit ihrer Hilfe*

Hoch|fre|quenz ⟨f.10; Abk.: HF⟩ ⟨elektromagnetische⟩ *Schwingung mit hoher Frequenz (zwischen 10 kHz und 300 MHz);* vgl. Höchstfrequenz

Hoch|ge|bir|ge ⟨n.5⟩ *(bis über die Baumgrenze oder bis ins Gebiet des ewigen Schnees) hoch aufragendes Gebirge*

Hoch|ge|fühl ⟨n., -, nur Sg.⟩ *freudiges, beschwingtes, glückliches Gefühl;* im H. seines Erfolges

hoch|ge|hen ⟨V.47, ist hochgegangen; o.Obj.⟩ **1** ⟨norddt., mdt.⟩ *hinauf-, nach oben gehen* **2** *aufsteigen, in die Höhe schweben;* ein Ballon geht hoch **3** *explodieren;* eine Bombe h. lassen **4** ⟨übertr., ugs.⟩ *plötzlich sehr wütend werden;* er geht bei der geringsten Kleinigkeit hoch **5** ⟨übertr., ugs.⟩ *erwischt, verhaftet werden;* der Rauschgiftring ist hochgegangen; jmdn. h. lassen *dafür sorgen, daß jmd. verhaftet wird,* jmdn. verraten

hoch|ge|lahrt ⟨Adj.; †; heute nur noch scherzh. für⟩ *hochgelehrt*

hoch|ge|mut ⟨Adj.⟩ *erfreut, zuversichtlich;* h. nach Hause gehen, an eine Arbeit gehen

Hoch|ge|nuß ⟨m., -sses, -nüsse⟩ *besonderer, großer Genuß;* das Essen war ein H.

Hoch|ge|richt ⟨n.1⟩ **1** ⟨MA⟩ → *Halsgericht* **2** *Hinrichtungsstätte, Galgen*

hoch|ge|schlos|sen ⟨Adj.; o.Steig.; von Kleidungsstücken⟩ *bis zum Hals geschlossen;* ein ~es Kleid

hoch|ge|schürzt ⟨Adj., o.Steig.⟩ *nach oben umgeschlagen;* ⟨nur in der Fügung⟩ -er Rock *Rock, dessen Saum nach oben geschlagen und in der Taille befestigt ist*

hoch|ge|sinnt ⟨Adj., o.Steig.⟩ *von guter, edler Gesinnung;* ein ~er Fürst

hoch|ge|stimmt ⟨Adj., o.Steig.⟩ *erwartungsvoll, festlich gestimmt*

hoch|ge|sto|chen ⟨Adj., o.Steig.⟩ *sehr anspruchsvoll, Überlegenheit zur Schau stellend;* ein ~er Schriftstil; eine ~e Zeitschrift

hoch|ge|wach|sen ⟨Adj., o.Steig.⟩ *von großem Wuchs;* ein ~er Mann

Hoch|glanz ⟨m., -es, nur Sg.⟩ *starker Glanz;* etwas auf H. bringen *etwas besonders gründlich säubern*

hoch|gra|dig ⟨Adj.⟩ *in hohem Maße, sehr ausgeprägt;* h. nervös sein

hoch|hackig ⟨-k|k-; Adj., o.Steig.⟩ *nur als Attr. und mit „sein"⟩ mit hohen Absätzen;* ~e Schuhe

hoch|hal|ten ⟨V.61, hat hochgehalten; mit Akk.⟩ **1** *in die Höhe halten;* einen Gegenstand h. (damit alle ihn sehen) **2** *in Ehren halten, achten, bewahren;* jmds. Andenken h.; bei ihm wurde stets die Rücksicht auf den Gast hochgehalten

Hoch|haus ⟨n.4⟩ *hohes Gebäude (dessen oberster Fußboden mehr als 22 m über dem Baugelände liegt)*

hoch|herr|schaft|lich ⟨Adj., o.Steig.⟩ *wie es sich für hohe Herrschaften gehört, sehr vornehm;* ein ~es Haus

hoch|her|zig ⟨Adj.⟩ *großmütig, edel*

Hoch|her|zig|keit ⟨f., -, nur Sg.⟩ *edle Gesinnung, Großmut*

Hoch|jagd ⟨f.10⟩ *Jagd auf Hochwild;* Ggs. Niederjagd

hoch|ja|gen ⟨V.1, hat hochgejagt; mit Akk.⟩ **1** *plötzlich heftig in der Ruhe stören und zum Aufstehen oder Weglaufen, Wegfliegen veranlassen;* Wild h.; jmdn. h. **2** ⟨ugs.⟩ *sprengen, durch Explosion vernichten;* eine Brücke h.

hoch|ju|beln ⟨V.1, hat hochgejubelt; mit Akk.⟩ *übertreibend loben und dadurch in die Öffentlichkeit bringen;* jmdn., ein Theaterstück h.

hoch|kant ⟨Adv.⟩ *auf der, die Schmalseite;* eine Kiste h. stellen

hoch|ka|rä|tig ⟨Adj.⟩ **1** *von hohem Karat;* ~es Gold **2** ⟨ugs.⟩ *von hohem Niveau;* ~er Lesestoff

Hoch|kir|che ⟨f., -, nur Sg.⟩ *konservative Richtung der anglikanischen Kirche, die zum Katholizismus tendiert,* High-Church

hoch|kom|men ⟨V.71, ist hochgekommen; o.Obj.⟩ **1** ⟨norddt., mdt.⟩ *heraufkommen, nach oben kommen* **2** *heraufsteigen, in die Höhe, an die Oberfläche kommen;* im Wasser kommen Blasen hoch; das Essen kommt mir hoch ⟨ugs.⟩ *mir wird schlecht;* es kommt einem hoch, wenn man das sieht, hört ⟨ugs.⟩ *es wird einem schlecht* **3** *sich erheben können, aufstehen können;* hilf mir bitte, ich komme nicht hoch; er kommt (vorn und) hinten nicht hoch ⟨ugs.⟩ *er muß sehr sparsam leben, er kann sich nichts leisten* **4** *in die Höhe arbeiten, beruflich aufsteigen;* er läßt niemanden neben sich h. **5** *gesund werden, wieder Kraft gewinnen;* er ist rasch wieder hochgekommen

Hoch|kon|junk|tur ⟨f.10; Wirtsch.⟩ *Zeit hoher Produktivität und hohen Wachstums*

Hoch|land ⟨n.4⟩ → *Hochebene*

Hoch|lau|tung ⟨f.10⟩ *Norm für die Aussprache des Hochdeutschen, Bühnenaussprache;* Syn. Rechtlautung

hoch|le|ben ⟨V.1, nur im Infinitiv und Imperativ⟩ *mit Hochrufen gefeiert werden;* er lebe hoch!; jmdn. h., dreimal h. lassen

Hoch|lei|stungs|sport ⟨m., -(e)s, nur Sg.⟩ Sport, der darauf abzielt, hohe Leistungen in Wettkämpfen zu erreichen

höch|lich, höch|lichst ⟨Adv.⟩ sehr, aufs höchste; h. erstaunt, überrascht sein

Hoch|mei|ster ⟨m.5; bis 1530⟩ Leiter des Deutschen Ordens

hoch|mö|gend ⟨Adj.; †⟩ groß, mächtig; hochmögender Herr! (als Anrede)

hoch|mo|le|ku|lar ⟨Adj., o.Steig.⟩ aus Makromolekülen bestehend

Hoch|moor ⟨n.1⟩ uhrglasförmig aufgewölbte Moorlandschaft

Hoch|mut ⟨m., -(e)s, nur Sg.⟩ übertriebenes oder unberechtigtes Gefühl der Überlegenheit gegenüber andern, mit Herablassung, mit Nichtachtung anderer verbundener Stolz; geistiger H.

hoch|mü|tig ⟨Adj.⟩ voller Hochmut, sich anderen überlegen fühlend; ein ~es Gesicht machen; h. sein; h. über jmdn. hinwegsehen

hoch|nä|sig ⟨Adj.⟩ grundlos eingebildet

Hoch|nä|sig|keit ⟨f., -, nur Sg.⟩ hochnäsiges Verhalten

Hoch|ne|bel ⟨m.5⟩ gleichmäßige, einem Nebel entsprechende Wolkenschicht, die nicht auf dem Boden liegt

hoch|neh|men ⟨V.88, hat hochgenommen; mit Akk.⟩ **1** vom Boden aufnehmen, aufheben; die Schleppe h.; ein Kind h. auf den Arm nehmen **2** ⟨übertr., ugs.⟩ verspotten, necken, veralbern, zum besten haben **3** ⟨ugs.⟩ verhaften

Hoch|neu|jahr ⟨n., -s, nur Sg.⟩ der 6. Januar, die letzte der zwölf Rauhnächte; auch: Hohneujahr; Syn. Epiphanias

hoch|not|pein|lich ⟨Adj., o.Steig.⟩ sehr peinlich, unangenehm; ein Gericht (früher) → Halsgericht; eine ~e Untersuchung

Hoch|ofen ⟨m.8⟩ hoher Schachtschmelzofen zur Roheisengewinnung

Hoch|ofen|gas ⟨n.1⟩ → Gichtgas

Hoch|ofen|schlacke ⟨-k|k-; f.11⟩ im Hochofen entstehende Schlacke, die als Rohstoff für verschiedene Zwecke dient (u.a. als Schotter)

Hoch|par|terre ⟨[-ter] n., -s, nur Sg.⟩ eine halbe Treppe über dem Straßenniveau liegendes Geschoß

Hoch|pla|teau ⟨[-to:] n.9⟩ → Hochebene

hoch|pro|zen|tig ⟨Adj.⟩ einen hohen Prozentsatz (von etwas) enthaltend; ~er Schnaps

Hoch|rad ⟨n.4⟩ Frühform des Fahrrades mit sehr großem Vorderrad und Tretkurbeln auf dessen Radachse

hoch|rech|nen ⟨V.2, hat hochgerechnet; mit Akk.⟩ etwas h. aufgrund von vorliegenden Daten das wahrscheinliche Gesamtergebnis von etwas errechnen; Wahlergebnisse h.

Hoch|rech|nung ⟨f.10⟩

Hoch|re|li|ef ⟨[-ljef] n.9⟩ Relief mit stark erhaben herausgearbeiteter Darstellung; Syn. Hautrelief; Ggs. Flachrelief

Hoch|re|nais|sance ⟨f., -, nur Sg.⟩ Blütezeit der Renaissance, etwa von 1500–1530

Hoch|ro|man|tik ⟨f., -, nur Sg.⟩ Blütezeit der Romantik, etwa von 1804–1814

Hoch|ruf ⟨m.1⟩ der jubelnde Ruf „Hoch!"; mit ~en empfangen werden

Hoch|sai|son ⟨[-sɛzɔ̃] f.9⟩ Hauptsaison, Zeit des höchsten Andranges; in der H.; die Kurorte haben jetzt H.

hoch|schät|zen ⟨V.1, hat hochgeschätzt; mit Akk.⟩ sehr schätzen; jmdn., eine Charaktereigenschaft, eine Fähigkeit h. **Hoch|schät|zung** ⟨f., -, nur Sg.⟩

hoch|schau|keln ⟨V.1, hat hochgeschaukelt⟩ Syn. aufschaukeln **I** ⟨mit Akk.⟩ eine Sache h. eine Sache übertrieben wichtig nehmen, als übertrieben wichtig darstellen, behandeln; die Äußerung eines Politikers h. **II** ⟨refl.⟩ sich h. sich in immer größere Erregung versetzen; sich im Gespräch h.

hoch|schla|gen ⟨V.116, hat hochgeschla-

gen; mit Akk.⟩ nach oben wenden, kippen; den Mantelkragen h.

Hoch|schu|le ⟨f.11⟩ wissenschaftliche Einrichtung, die der Ausbildung für bestimmt qualifizierte Berufe und der Forschung dient (z.B. Universität, Technische H., Kunst~)

Hoch|schü|ler ⟨m.5⟩ jmd., der an einer Hochschule studiert

hoch|schwan|ger ⟨Adj., o.Steig.⟩ im letzten Monat der Schwangerschaft, kurz vor der Entbindung stehend

Hoch|see ⟨f., -, nur Sg.⟩ die See außerhalb des Küstenbereiches

Hoch|sinn ⟨m., -(e)s, nur Sg.; †⟩ Großmut, edle Gesinnung; H. zeigen

hoch|sin|nig ⟨Adj.; poet.⟩ großmütig, edel gesinnt

Hoch|sitz ⟨m.1⟩ → Kanzel (3)

Hoch|som|mer ⟨m.5⟩ Mitte, heißeste Zeit des Sommers

Hoch|span|nung ⟨f.10⟩ elektrische Spannung über 1000 Volt; Ggs. Niederspannung

hoch|spie|len ⟨V.1, hat hochgespielt; mit Akk.⟩ als wichtiger, bedeutender darstellen als es ist; eine Angelegenheit h.

Hoch|spra|che ⟨f.11⟩ Schriftsprache, dialektfreie Sprache

Hoch|sprung ⟨m.2⟩ (wettkampfmäßiges) Überspringen einer auf zwei Ständern ruhenden Latte

höchst 1 ⟨Adj.; Superlativ von hoch⟩ in der ~en Not; es ist ~e Zeit es drängt; in den ~en Tönen schreien schrill, sehr laut schreien; zur ~en Zufriedenheit **2** ⟨Adv.⟩ sehr, überaus; h. erfreut; h. überrascht sein; das ist h. seltsam

Höchst... ⟨in Zus.⟩ der, die, das höchste..., z.B. Höchstpreis, Höchstsatz, Höchststand, Höchststrafe, Höchstwert

Hoch|stand ⟨m.2⟩ → Kanzel (3)

Hoch|sta|pe|lei ⟨f., -, nur Sg.⟩ **1** Art des Betruges, bei dem etwas eine hohe gesellschaftliche Stellung vorgetäuscht wird **2** Vortäuschung von Wissen o.ä. (um Eindruck zu machen); Ggs. Tiefstapelei; geistige, moralische H.

hoch|sta|peln ⟨V.1, hat hochgestapelt; o.Obj.⟩ **1** Hochstapelei begehen **2** ⟨übertr.⟩ etwas (z.B. Wissen) vortäuschen (um Eindruck zu machen); Ggs. tiefstapeln

Hoch|stap|ler ⟨m.5⟩ jmd., der Hochstapelei begeht

hoch|ste|hend ⟨Adj.⟩ eine hohe Stellung einnehmend; eine ~e Persönlichkeit; geistig ~e Menschen geistige, kluge Menschen, Menschen, die hohe geistige Ansprüche stellen und erfüllen; ein geistig ~er Film ein anspruchsvoller Film

höchst|ei|gen ⟨Adj., o.Steig.; nur als Attr.; scherzh.⟩ ganz eigen; das ist meine ~e Auffassung, Angelegenheit; in ~er Person persönlich

hoch|stel|len ⟨V.1, hat hochgestellt; mit Akk.⟩ **1** nach oben stellen, höher als die Umgebung stellen; einen Buchstaben, eine Zahl (in der Zeile) h.; hochgestellte Personen Personen in einer hohen beruflichen oder sozialen Stellung **2** auf die Schmalseite stellen (und damit aus der Umgebung herausheben); eine Karteikarte h.

höch|stens ⟨Adv.⟩ **1** im äußersten Falle, nicht mehr, nicht länger als; das Brett ist h. zwei Meter lang; es dauert h. noch zehn Minuten **2** mit Ausnahme von; wir gehen nie aus, h. an Weihnachten

Höchst|fre|quenz ⟨f.10⟩ (elektromagnetische) Schwingung zwischen 300 MHz und 300 GHz; vgl. Hochfrequenz

Höchst|ge|schwin|dig|keit ⟨f.10⟩ **1** (die von einem Lebewesen oder Fahrzeug erreichbare) größte Geschwindigkeit **2** höchste zulässige Geschwindigkeit

Hoch|sticke|rei ⟨-k|k-; f.11⟩ → Reliefstickerei

Hoch|stift ⟨n.1⟩ Bistum und dessen Domkapitel, Reichsabtei; Freies Deutsches H. 1859 gegründete Vereinigung zur Pflege von Kunst, Wissenschaft und Bildung

Hoch|stim|mung ⟨f., -, nur Sg.⟩ fröhliche, festliche, beschwingte Stimmung; in H. sein

Höchst|maß ⟨n.1⟩ sehr viel, ein hohes Maß; diese Tätigkeit erfordert ein H. an Aufmerksamkeit

höchst|per|sön|lich ⟨Adj., o.Steig.; verstärkend⟩ in eigener Person, selbst; der Chef h.; h. etwas erledigen

Hoch|stra|ße ⟨f.11⟩ **1** von Pfeilern getragene Straße **2** in große Höhe führende Straße (Schwarzwald-H.)

höchst|wahr|schein|lich ⟨Adv.⟩ mit höchster Wahrscheinlichkeit; er wird h. auch kommen

höchst|zu|läs|sig ⟨Adj., o.Steig.⟩ an der Grenze des Zulässigen liegend; das ~e Gesamtgewicht

Hoch|tal ⟨n.4⟩ hochgelegenes Tal

Hoch|ton ⟨m.2⟩ Hauptbetonung (in einem Wort oder Satz); Ggs. Tiefton

hoch|tö|nend ⟨Adj.⟩ prahlerisch, angeberisch; ~e Reden führen

hoch|to|nig ⟨Adj., o.Steig.⟩ stark betont, mit dem Hochton versehen; ~e Silbe

hoch|tou|rig ⟨[-tu-] Adj.⟩ mit hoher Drehzahl; ein Auto h. fahren

hoch|tra|bend ⟨Adj.⟩ Bedeutung, Gefühl vortäuschend; ~e Ausdrucksweise; ~e Reden

Hoch|ver|rat ⟨m., -(e)s, nur Sg.⟩ Verbrechen, das auf den Umsturz der inneren staatlichen Ordnung gerichtet ist; vgl. Landesverrat

Hoch|ver|rä|ter ⟨m.5⟩ jmd., der Hochverrat begeht oder begangen hat

hoch|ver|rä|te|risch ⟨Adj., o.Steig.⟩ auf Hochverrat beruhend, in der Art eines Hochverrats

Hoch|wald ⟨m.4⟩ **1** hochgelegener Wald **2** geschlossener Waldbestand aus verschiedenen Baumarten mit starkem, hochwertigem Stammholz

Hoch|was|ser ⟨n.5⟩ **1** (infolge Schneeschmelze oder Regen) hoher Wasserstand (von Flüssen und Seen) **2** höchster Wasserstand im Verlauf der Tide

hoch|wer|tig ⟨Adj.⟩ von guter Qualität, ~e Nahrung; ~e Arbeit

Hoch|wild ⟨n., -(e)s, nur Sg.⟩ großes Wild (dessen Erlegung früher Vorrecht der Landesfürsten war, z.B. Hirsch, Reh, Wildschwein, Bär, Auerhahn); Ggs. Niederwild

hoch|wohl|ge|bo|ren ⟨Adj.; †⟩ edel, adelig; ⟨meist in der Anrede⟩ Euer, Eure Hochwohlgeboren

Hoch|wür|den ⟨f., -, nur Sg.; †; nur in der Anrede für⟩ kath. Geistliche und evang. Geistliche bestimmten Grade; Seine, Eure H.

hoch|wür|dig ⟨Adj.⟩ sehr würdig, in hoher Würde stehend; unser ~er Herr Pfarrer; ⟨auch als Anrede für einen Geistlichen⟩ ~er, ~ster Herr

Hoch|zahl ⟨f.10⟩ → Exponent (1)

Hoch|zeit¹ ⟨f.10⟩ Feier der Eheschließung, Heirat; H. feiern, halten; jmdn. zur H. einladen; silberne H. 25. Jahrestag der Eheschließung; goldene H. 50. Jahrestag der Eheschließung; diamantene H. 60. Jahrestag der Eheschließung; eiserne H. 65. Jahrestag der Eheschließung; steinerne H. 70. Jahrestag der Eheschließung; auf jeder H. tanzen ⟨ugs.⟩ an allen nur möglichen Veranstaltungen teilnehmen; er tanzt zur Zeit auf zwei ~en führt zur Zeit zwei Arbeiten, zwei Aufträge nebeneinander aus [< mhd. hôchzît „hohes (kirchliches) Fest"]

Hoch|zeit² ⟨f.10⟩ Glanz-, Blütezeit; die H. des Barock

Hoch|zei|ter ⟨m.5; landsch.⟩ Bräutigam

Hoch|zei|te|rin ⟨f.10; landsch.⟩ Braut

hoch|zeit|lich ⟨Adj., o.Steig.⟩ zu einer

Hochzeitsbitter

Hochzeit gehörig, für eine Hochzeit; ~e *Bräuche;* ein h. geschmückter Raum
Hoch|zeits|bit|ter ⟨m.5; †⟩ *jmd., der die Gäste zu einer Hochzeit einlädt*
Hoch|zeits|flug ⟨m.2; Biol.⟩ *Flug bestimmter staatenbildender Insekten (Bienen, Ameisen, Termiten) zur Befruchtung der Königin*
Hoch|zeits|kleid ⟨n.3⟩ **1** *(meist weißes) Kleid (der Braut) für die Hochzeitsfeier* **2** *(bei vielen Vogelarten) farbenprächtiges, vor der Paarung ausgebildetes Gefieder des Männchens;* Syn. *Prachtkleid*
Hoch|zeits|nacht ⟨f.2⟩ *erste gemeinsame Nacht eines neuvermählten Paares;* Syn. *Brautnacht*
Hoch|zeits|rei|se ⟨f.11⟩ *Reise des neuvermählten Paares nach der Hochzeit*
Hoch|zeits|tag ⟨m.1⟩ **1** *Tag, an dem die Hochzeit stattfindet* **2** *Jahrestag der Hochzeit;* der fünfte H.
hoch|zie|hen ⟨V.187, hat hochgezogen; mit Akk.⟩ *nach oben, in die Höhe ziehen;* den Rolladen h.; die Augenbrauen h. *(als Zeichen des Erstaunens oder des Unwillens);* jmdn. mit hochgezogenen Augenbrauen ansehen
Hoch|zucht ⟨f.10⟩ **1** *Teil der Herdbuchzucht, der bes. der Erstellung männlicher Zuchttiere dient* **2** *Betrieb der Herdbuchzucht*
hoch|züch|ten ⟨V.2, hat hochgezüchtet; mit Akk.⟩ *so züchten, daß bes. leistungsfähige oder schöne Exemplare entstehen;* Tiere, Pflanzen h.
Hocke[1] ⟨-k|k-; f.11⟩ *mehrere zusammengestellte Getreidegarben* [nddt., zu *hoch*]
Hocke[2] ⟨-k|k-; f.11⟩ **1** *Körperhaltung mit gebeugten Knie- und Hüftgelenken;* Syn. *Hochstellung* **2** *Sprung mit angezogenen Beinen über ein Turngerät*
hocken ⟨-k|k-; V.1, hat gehockt⟩ **I** ⟨o.Obj.⟩ **1** *in der Hocke sitzen, kauern, auf den Fersen sitzen* **2** *in zusammengesunkener Stellung dasitzen;* er hockte trübselig auf seinem Stuhl, in einer Ecke **II** ⟨refl.⟩ *sich h. sich in die Hocke begeben;* sich auf den Boden h.; ich hockte mich neben das Kind, neben den Hund
Hocker ⟨-k|k-; m.5⟩ *Stuhl ohne Lehne* [zu *hocken*]
höcker ⟨-k|k-; m.5⟩ *rundlicher Auswuchs am Körper (z.B. am Rücken, am Schnabel)*
Hocker|grab ⟨-k|k-; n.4⟩ *seit der Steinzeit vorkommendes Grab, bei dem der Tote mit angezogenen Armen und Beinen im Grab liegt*
höcke|rig ⟨-k|k-; Adj., o.Steig.⟩ *mit Höckern versehen, uneben;* auch: *höckrig*
Höcker|schwan ⟨-k|k-; m.2⟩ *Schwan mit einem roten Höcker am Schnabel*
Hockey ⟨-k|k-; [-ke:] n., -(s), nur Sg.⟩ *mit einem am unteren Ende gekrümmten Schläger gespieltes Rasen-Ballspiel zwischen zwei Mannschaften* [engl., vielleicht zu *hook* „Haken", wegen der Form des Schlägers]
Hock|stel|lung ⟨f.10⟩ → *Hocke*
Ho|de ⟨m.11 oder f.11; selten⟩, **Ho|den** ⟨m.7⟩ *(paarig angelegte) eiförmige männliche Geschlechtsdrüse;* Syn. *Testikel, Testis*
Ho|de|ge|se, Ho|de|ge|tik ⟨f., -, nur Sg.; †⟩ *Anweisung für das Studium eines Wissensgebiets* [< griech. *hodos* „Weg" und *hegesthai* „führen"]
Ho|den|hoch|stand ⟨m., -(e)s, nur Sg.⟩ → *Kryptorchismus*
Ho|den|sack ⟨m.2⟩ *die Hoden umgebende Hauthülle;* Syn. *Skrotum*
Ho|do|me|ter ⟨n.5⟩ *Schrittzähler, Wegmesser* [< griech. *hodos* „Weg" und *...meter*]
Hof ⟨m.2⟩ **1** *zu einem Gebäude gehöriges, umschlossenes Gelände* (Hinter~, Kasernen~, Schul~); im H. spielen **2** *landwirtschaftliches Anwesen* (Bauern~, Guts~); einen H. bewirtschaften; in einen H. einheiraten **3** *Sitz eines regierenden Fürsten;* am ~e Kaiser Karls; bei ~e *in einem fürstlichen Haushalt;* jmdn. bei ~e einführen **4** *Gefolge (eines Fürsten);* der König erschien mit seinem ganzen H. **5** *kreisförmige Aufhellung um Sonne oder Mond;* der Mond hat einen H. **6** *werbendes, schmeichelndes Benehmen wie bei Hofe* (nur in der Wendung) einer Frau den H. machen *eine Frau umschmeicheln, sich um ihre Gunst bemühen*
Hof|da|me ⟨f.11⟩ *adelige Angestellte bei Hofe, adelige Dame im persönlichen Dienst einer Fürstin*
hö|feln ⟨V.1, hat gehöfelt; mit Dat.; schweiz.⟩ *jmdm. h. jmdm. den Hof machen, jmdm. schmeicheln*
Hö|fe|recht ⟨n.1⟩ *Art des Erbrechts, bei dem das Erbe nicht geteilt wird*
hof|fä|hig ⟨Adj., o.Steig.⟩ **1** *vornehm genug, um bei Hofe zu erscheinen* **2** (übertr.) *gesellschaftsfähig* **Hof|fä|hig|keit** ⟨f., -, nur Sg.⟩
Hof|fart ⟨f., -, nur Sg.⟩ *anmaßender Hochmut, verletzende Überheblichkeit*
hof|fär|tig ⟨Adj.⟩ *anmaßend, hochmütig, verletzend, überheblich*
hof|fen ⟨V.1, hat gehofft⟩ **I** ⟨mit Akk.⟩ *für die Zukunft wünschen, wünschen und erwarten, zuversichtlich erwarten;* ich hoffe es; ich hoffe (stark, sehr), daß alles gut geht **II** ⟨o.Obj.⟩ *Hoffnung haben;* du darfst nicht aufhören zu h. **III** ⟨mit Präp.obj.⟩ **1** *auf etwas h. die Hoffnung haben, wünschen und erwarten, daß etwas eintritt;* auf Besserung h.; auf jmds. Hilfe h. **2** *auf jmdn. h. die Hoffnung haben, wünschen und erwarten, daß jmd. etwas tut*
hof|fent|lich ⟨Adv.⟩ *es ist zu hoffen, daß ...;* h. bist du bald fertig; h. nicht!
...höf|fig (in Zus.; Bgb.) *Ausbeute versprechend* (erz~)
höff|lich ⟨Adj., o.Steig.; nur als Attr. und mit „sein"; Bgb.⟩ *Ausbeute versprechend;* ein ~es Gebiet
Hoff|manns|trop|fen ⟨Pl.⟩ *Mittel aus drei Teilen Alkohol und einem Teil Äther (gegen Übelkeit und krampfartige Schmerzen der Verdauungsorgane)* [nach dem Arzt Friedrich *Hoffmann*]
Hoff|nung ⟨f.10⟩ **1** *die dritte der göttlichen Tugenden, Erwartung des Heils von Gott;* Glaube, Liebe und H. **2** *Erwartung, Wunsch, daß ein Ereignis eintritt;* der H. Ausdruck geben, daß ...; eine H. aufgeben, begraben; die H. fahren lassen; sich der H. hingeben, daß ...; was dann geschah, hat alle ~en übertroffen; eine falsche H. hegen; es besteht eine schwache H.; sich vergebliche ~en machen; sich ~en auf etwas machen *hoffen, daß etwas eintrifft;* guter H. sein, in H. sein (geh.; †) *schwanger sein;* jmd. berechtigt zu den schönsten ~en von jmdm. ist in Zukunft noch viel zu erwarten; jmdm. ~en machen *jmdn. glauben machen, man habe ihn gern;* die H. im Busen nähren (poet.) *die Zuversicht hegen;* in der H., bald von Ihnen zu hören (Schlußformel im Brief) **3** (übertr.) *jmd., von dem viel erwartet wird;* eine olympische H.; er ist die H. meines Alters
Hoff|nungs|lauf ⟨m.2⟩ *zusätzlicher Lauf für die bei den Zwischenläufen nur knapp unterlegenen Teilnehmer*
hoff|nungs|los ⟨Adj.⟩ **1** *ohne Hoffnung;* h. in die Zukunft schauen **2** *ohne Aussicht, ohne Erfolg;* ~e ~e Angelegenheit; ein ~er Schüler *ein nicht bildungsfähiger Schüler;* eine ~e Lage **3** (ugs.) *total, völlig;* h. unmodern
Hoff|nungs|lo|sig|keit ⟨f., -, nur Sg.⟩ *hoffnungslose Beschaffenheit, fehlende Aussicht auf Besserung, Erfolg;* die H. seiner Bemühungen; die H. seiner Lage
Hoff|nungs|schim|mer ⟨m.5⟩, **Hoff|nungs|strahl** ⟨m.12⟩ *Anlaß für ein wenig Hoffnung*
hoff|nungs|voll ⟨Adj.⟩ **1** *zuversichtlich, voll Hoffnung;* h. in die Zukunft blicken **2** *zu Hoffnung berechtigend;* ein ~er junger Mann; ein ~er Wissenschaftler

hof|hal|ten ⟨V.61, hat hofgehalten; o.Obj.⟩ *mit seinem Hofstaat leben;* der Fürst hält in seiner Residenz, auf seinem Landsitz hof
Hof|hal|tung ⟨f.10⟩ **1** ⟨nur Sg.⟩ *das Hofhalten* **2** *Haushalt (eines Fürsten);* die fürstliche, königliche H.
ho|fie|ren ⟨V.3, hat hofiert; mit Akk.⟩ *jmdn. h. sich um jmds. Gunst bewerben, jmdm. Schmeicheleien sagen*
hö|fisch ⟨Adj.⟩ **1** *so, wie es an einem Fürstenhofe üblich ist;* ~es Benehmen **2** *der ritterlichen Gesellschaft des MA entstammend;* ~e Dichtung; ein ~es Epos; ~e Musik
Hof|kriegs|rat ⟨m.2; †⟩ *in Österreich 1556–1848) oberste militärische Verwaltungs- und Führungsbehörde*
Hof|leu|te ⟨nur Pl.⟩ **1** *Angestellte an einem Hof* **2** (Pl. von) *Hofmann*
höf|lich ⟨Adj.⟩ *wohlerzogen, den allgemeinen Umgangsformen entsprechend;* ein ~er Junge; h. um etwas bitten **2** *rücksichtsvoll;* jmdm. h. einen Platz anbieten [zu *Hof* „Fürstenhof", also eigtl. „wie man sich bei Hofe benimmt"]
Höf|lich|keit ⟨f.10⟩ **1** ⟨nur Sg.⟩ *höfliches Betragen, Rücksicht, Zuvorkommenheit;* etwas nur aus H. tun **2** (meist Pl.) *Kompliment, unverbindlich-freundliches Gerede;* ~en untereinander austauschen
Höf|ling ⟨m.1⟩ **1** *Mitglied des Hofstaates* **2** (abwertend) *Schmeichler*
Hof|mar|schall ⟨m.2⟩ *jmd., der einen fürstlichen Haushalt leitet*
Hof|mei|ster ⟨m.5⟩ *Erzieher, Hauslehrer bei Hofe (oder in einer großbürgerlichen Familie)*
Hof|rat ⟨m.2; †; noch österr. Titel für⟩ *hoher Beamter*
Hof|rei|te ⟨f.11; MA⟩ *Grundbesitz mit Gebäuden und Inventar*
Hof|schran|ze ⟨f.11⟩ *liebedienerischer Höfling;* vgl. *Schranze*
Hof|staat ⟨m., -(e)s, nur Sg.⟩ *Gefolge, alle Personen in der ständigen Umgebung eines Herrschers*
Hof|statt ⟨f.10; schweiz.⟩ *Haus mit Hof*
Höft ⟨n.1; nddt.⟩ **1** *vorspringendes Uferland* **2** *vorspringende Kaimauer* **3** *kurze Buhne* [nddt., „Haupt"]
HO-Ge|schäft ⟨n.1; DDR⟩ *Laden der Handelsorganisation*
Hö|he ⟨f.11⟩ **1** *Ausdehnung nach oben;* die H. eines Baums, Kirchturms; ein Schrank von zwei Meter H.; das ist die H.! (Ausruf der Empörung) **2** *Entfernung über dem Erdboden oder dem Meeresspiegel;* auf 2000 Meter H.; in geringer H. dahinfliegen **3** (meist Pl.) *Hügel, Erhebung;* die ~n des Allgäus **4** (Math.) *senkrechter Abstand, senkrechte Gerade zwischen einem Eckpunkt (einer Fläche oder eines Körpers) und der gegenüberliegenden Seite oder Fläche;* die drei ~n des Dreiecks; die H. berechnen, einzeichnen **5** *Gipfel, höchster Punkt;* die ~n und Tiefen des Lebens (übertr.) *die Schwankungen des Glücks im Leben;* nicht ganz auf der H. sein *nicht ganz gesund, nicht voll leistungsfähig sein;* er ist (sehr) auf der H. er *weiß Bescheid, er ist gut informiert;* zur Zeit sein *über alle Probleme der Gegenwart gut Bescheid wissen* **6** *meßbare Größe;* die H. eines Schadens, der Temperatur; mit einer Geschwindigkeit in (der) H. von 180 km/h **7** *Linie der geographischen Breite;* New York liegt etwa auf derselben H. wie Rom **8** (Astron.) *Stand eines Gestirns über dem Horizont;* die Sonne steht auf einer H. von 28° **9** *gedachte Linie, die horizontal im Winkel von 90° zur Richtung der Bewegung steht;* die Läufer, Boote liegen auf gleicher H. **10** *hoher Stand, hohes Niveau;* die Inflation hat sich auf dieser H. eingependelt; ein Betrag von beträchtlicher H.
Ho|heit ⟨f.10⟩ **1** ⟨nur Sg.⟩ **a** *oberste Staatsgewalt* (Finanz~); die H. des Staates verlet-

Holländer

zen **b** *Erhabenheit, Würde;* die H. seiner Erscheinung **2** *fürstliche Person;* die ~en sitzen bei Tisch **3** ⟨*Anrede für*⟩ *fürstliche Person;* Ihre, Eure H.; Königliche H.

ho|heit|lich ⟨Adj., o.Steig.⟩ **1** *von der Staatsgewalt ausgehend;* ~e Rechte **2** *würdig, vornehm, hoheitsvoll;* ~es Benehmen

Ho|heits|ge|biet ⟨n.1⟩ *Gebiet, über das ein Staat die Regierung und Verwaltung ausübt*

Ho|heits|recht ⟨n.1; meist Pl.⟩ *Recht zur Ausübung der Staatsgewalt*

ho|heits|voll ⟨Adj., o.Steig.⟩ **1** *voller Hoheit, würdevoll* **2** *überheblich, herablassend;* jmdn. h. begrüßen

Ho|heits|zei|chen ⟨n.7⟩ *Zeichen staatlicher Gewalt* (z.B. Flagge, Siegel)

Ho|he|lied ⟨n.16, nur Sg.⟩ **1** *das H. Buch des AT, das dem König Salomon zugeschrieben wird und eine Sammlung von Hochzeitsliedern enthält* **2** ⟨übertr.⟩ *Lob, Lobliedes;* das H. der Freundschaft; ein Hoheslied auf die Freundschaft anstimmen

Hö|hen|flug ⟨m.2⟩ **1** *Flug in großer Höhe* **2** ⟨übertr.⟩ *Aufschwung in große Höhe; geistiger H.;* der H. seiner Gedanken

Hö|hen|kli|ma ⟨n., -s, -ma|ta⟩ *Klima der hohen Lagen*

Hö|hen|krank|heit ⟨f., -, nur Sg.⟩ *Beschwerden, die bei kurzer Steigzeit in Höhen über 3000 m auftreten;* Syn. *Bergkrankheit*

Hö|hen|li|nie ⟨[-njə] f.11⟩ *gedachte Linie im Gelände, die alle Punkte gleicher Höhe über einer Bezugsfläche miteinander verbindet;* Syn. *Isohypse*

Hö|hen|mes|ser ⟨m.5⟩ *Meßgerät für Flughöhe*

Hö|hen|rauch ⟨m., -(e)s, nur Sg.⟩ *Trübung der Luft durch feine, trockene Staubteilchen, die ihr ein rauchiges Aussehen verleihen;* Syn. *Haarrauch*

Hö|hen|ru|der ⟨n.5; bei Luftfahrzeugen⟩ *waagrecht angebrachte, senkrecht bewegliche Steuerfläche am Leitwerk*

Hö|hen|son|ne ⟨f.11⟩ **1** *Sonneneinstrahlung im Hochgebirge* **2** *Quecksilberdampflampe mit hohem ultraviolettem Strahlungsanteil*

Hö|hen|steu|er ⟨n.5⟩ *Steuer für das Höhenruder*

Hö|hen|strah|lung ⟨f., -, nur Sg.⟩ *aus dem Kosmos ständig einfallende, energiereiche Strahlung;* Syn. *Ultrastrahlung*

Hö|hen|ta|fel ⟨f.11⟩ *topographische Karte mit Höhenangaben;* Syn. *Kotentafel*

Hö|hen|zug ⟨m.2⟩ *flacher Gebirgszug; Bergkette*

Ho|he|prie|ster ⟨m.16⟩ *jüdischer Oberpriester am Tempel in Jerusalem*

Hö|he|punkt ⟨m.1⟩ *wichtigster, bedeutendster, schönster Augenblick;* der H. des Abends, der Feier

Hö|her|ent|wick|lung ⟨f.10⟩ *Entwicklung zu etwas Höherem, Besserem*

Ho|her|prie|ster ⟨m.16⟩ →*Hohepriester*

Ho|hes|lied ⟨n.16⟩ →*Hohelied*

hohl ⟨Adj., o.Steig.⟩ **1** *innen leer, ausgehöhlt;* ein ~er Baum, Zahn **2** *nach innen gekrümmt;* die ~e Hand **3** *eingefallen;* ~e Wangen **4** *dumpf,* ⟨med.⟩ *ein ~er Husten;* ein ~es Lachen; h. klingen **5** *geistlos, nichtssagend;* ~e Phrasen; ~es Gerede

hohl|äu|gig ⟨Adj.⟩ *mit Augen, die durch Krankheit tiefliegend erscheinen;* h. aussehen (infolge Krankheit) *sehr tiefliegende Augen haben*

Hohl|block|stein ⟨m.1⟩ *Mauerstein mit Hohlräumen*

Höh|le ⟨f.11⟩ **1** *hohler Raum* (bes. in der Erde, im Gestein; Felsen~) **2** *Behausung, Bau* (mancher Tiere); sich in die H. des Löwen begeben ⟨übertr.⟩ *sich zu jmdm. begeben, den man fürchten muß* **3** ⟨abwertend⟩ *ärmliche Behausung;* sie wohnen in einer feuchten, dunklen H.

Höh|len|bär ⟨m.10⟩ *großer Bär der Eiszeit*

Höh|len|brü|ter ⟨m.5⟩ *in natürlichen oder künstlichen Hohlräumen brütender Vogel* (z.B. Meise)

Höh|len|kir|che ⟨f.11⟩ *Kirche, die in eine Felshöhle gebaut ist*

Höh|len|kun|de ⟨f., -, nur Sg.⟩ *Wiss., die sich mit der Erforschung der Höhlen befaßt;* Syn. *Speläologie*

Höh|len|lehm ⟨m., -s, nur Sg.⟩ *feinkörniges Sediment verschiedener Zusammensetzung, das den Boden von Höhlen bedeckt*

Höh|len|ma|le|rei ⟨f.10⟩ *steinzeitliche Malerei an den Wänden von Felsenhöhlen*

Hohl|glas ⟨n.4⟩ *hohler Gegenstand aus Glas* (z.B. Trinkglas, Flasche)

Hohl|heit ⟨f., -, nur Sg.⟩ **1** *hohle Beschaffenheit* **2** ⟨abwertend⟩ (innere) *Leere, Geistlosigkeit;* innere H.

Hohl|keh|le ⟨f.11⟩ **1** *rinnenförmige Aushöhlung* (zur Verzierung an Möbeln, Gesimsen u.a.); Syn. *Kehle* **2** *rinnenförmige Auswaschung* (im Gestein)

Hohl|kopf ⟨m.2⟩ →*Dummkopf*

Hohl|lei|ter ⟨m.5⟩ *rohrförmige elektrische Leitung*

Hohl|maß ⟨n.1⟩ *Sammelbezeichnung für Maßeinheiten zur Messung von Flüssigkeiten, Schüttgut und Räumen* (z.B. Kubikmeter); Syn. *Raummaß*

Hohl|na|del ⟨f.11⟩ →*Kanüle*

Hohl|naht ⟨f.2⟩ →*Hohlsaum (2)*

Hohl|raum|ver|sie|ge|lung ⟨f.10; bei Kfz⟩ *Versiegelung innerer Hohlräume mit einem Rostschutzmittel*

Hohl|saum ⟨m.2⟩ **1** *Verzierung* (in Leinengewebe) *mittels Hohlsaumstichen befestigter Saum;* Syn. *Hohlnaht* **2** *Stich, Nähnaht*

Hohl|saum|stich ⟨m.1⟩ *Zierstich, der so entsteht, daß in Leinengewebe mehrere nebeneinanderliegende Fäden gezogen werden und die übrigen, senkrecht stehenden Fäden bündelweise mit einer Nähfaden umschlungen werden (wobei gleichzeitig ein Saum befestigt werden kann)*

hohl|schlei|fen ⟨V.118, hat hohlgeschliffen; mit Akk.⟩ *so schleifen, daß eine nach innen gewölbte Fläche entsteht*

Hohl|schliff ⟨m.1⟩ *durch Hohlschleifen entstandener Schliff*

Hohl|spie|gel ⟨m.5⟩ *Spiegel, dessen reflektierende Oberfläche konkav gekrümmt ist*

Hohl|tau|be ⟨f.11⟩ *in hohlen Bäumen brütende Wildtaube*

Hohl|tier ⟨n.1⟩ *im Wasser lebendes, vielzelliges Tier mit strahlig-symmetrischem Bau und zwei (den weitgehend hohlen Magen-Darm-Raum einschließenden) Zellschichten* (Nesseltiere und Rippenquallen)

Höh|lung ⟨f.10⟩ *Vertiefung, Einbuchtung, ausgehöhlter Raum*

Hohl|ve|ne ⟨f.11⟩ *große Vene, die das Blut des großen Blutkreislaufs dem rechten Herzvorhof zuführt*

hohl|wan|gig ⟨Adj.⟩ *mit eingefallenen Wangen;* ~es Gesicht; ~er Mensch; er ist h. geworden *er hat eingefallene Wangen bekommen*

Hohl|war|ze ⟨f.11⟩ *nach innen statt nach außen gestülpte Brustwarze*

Hohl|weg ⟨m.1⟩ *tief zwischen zwei Böschungen verlaufender Weg*

Hohl|wel|le ⟨f.11⟩ *zur Kraftübertragung auf die Antriebsräder dienende hohle Welle* (bes. bei elektrischen Lokomotiven)

Hohl|zahn ⟨m., -(e)s, nur Sg.⟩ *Lippenblütler mit zwei kleinen, hohlen Aufwölbungen an der Unterlippe der Blüte*

Hohn ⟨m., -(e)s, nur Sg.⟩ *böser, verletzender Spott, mit bösem Spott verbundene Verachtung;* mit beißendem H. antworten; es ist der reine H., wenn er erklärt, er habe ...; er erntete mit seinem Vorschlag nur H. und Spott ⟨verstärkend⟩

höh|nen ⟨V.1, hat gehöhnt⟩ **I** ⟨o.Obj.⟩ *mit Hohn, voller Hohn etwas sagen, böse, verletzend spotten;* „,...!" höhnte er; da kann ich nur h., wenn ich das höre! **II** ⟨mit Akk.; selten⟩ *verhöhnen*

Hohn|neu|jahr ⟨n., -s, nur Sg.⟩ →*Hochneujahr*

Hohn|ge|läch|ter ⟨n., -s, nur Sg.⟩ *höhnisches Gelächter, böses Gelächter*

höh|nisch ⟨Adj.⟩ *voller Hohn, böse oder verletzend spottend;* h. lächeln; h. antworten

hohn|lä|cheln ⟨V.1, hat hohngelächelt; fast nur im Part. Präs. und als Subst.; o.Obj.⟩ *höhnisch lächeln;* er antwortete ~d; er antwortete mit einem Hohnlächeln

hohn|la|chen ⟨V.1, hat hohngelacht; meist im Part. Präs. und als Subst.; o.Obj.⟩ **1** *höhnisch lachen;* ~d antworten; er antwortete mit einem Hohnlachen **2** *höhnisch lachend antworten;* „,...!" hohnlachte er

hohn|spre|chen ⟨V.146, hat hohngesprochen; mit Dat.⟩ *einer Sache h. zu einer Sache in krassem oder verletzendem Widerspruch stehen;* ein solches Verhalten spricht allen Gesetzen des Anstands hohn, spricht jeder Vernunft hohn

Hö|ker ⟨m.5⟩ *Kleinhändler mit Verkaufsbude oder -stand; Gemüse~*

Hö|ke|rei ⟨f., -, nur Sg.⟩ *Kleinhandel in einer Verkaufsbude oder an einem Verkaufsstand*

hö|kern ⟨V.1, hat gehökert; o.Obj.⟩ *als Höker Kleinhandel treiben*

Ho|kus|po|kus ⟨m., -, nur Sg.⟩ **1** *Zauberformel* **2** *Täuschung Blendwerk* [das Wort geht wahrscheinlich auf hax pax max Deus adimax, eine Zauberformel ohne Sinn, zurück; vermutlich wurde sie von fahrenden Schülern erfunden, die zum Scherz gern lateinische oder lateinisch klingende Sprüche verwendeten]

hold ⟨Adj.⟩ **1** ⟨poet.; †⟩ *anmutig, schön und zart;* ein ~es Wesen **2** ⟨nur in der Fügung⟩ *jmdm., einer Sache h. sein, jmdm., einer Sache gewogen sein;* das Glück ist ihm h.

Hol|de ⟨f.11⟩ **1** *weiblicher Geist, Elfe* **2** ⟨ugs., scherzh.⟩ *Geliebte, Ehefrau, Freundin;* mit seiner ~n ausgehen **3** ⟨germ. Myth.⟩ die ~n *die Totengeister*

Hol|der ⟨m.5; süddt.⟩ →*Holunder*

Hol|ding|ge|sell|schaft ⟨f.10; Wirtsch.⟩ *Gesellschaft, die Anteile anderer Unternehmen besitzt und diese dadurch beeinflussen kann*

hold|se|lig ⟨Adj., o.Steig.⟩ *anmutig und schön, engelhaft, zart;* ihr ~es Antlitz

Hold|se|lig|keit ⟨f., -, nur Sg.⟩

ho|len ⟨V.1, hat geholt⟩ **I** ⟨mit Akk.⟩ **1** *etwas h. a* (an eine Stelle, einen Ort) *hingehen oder -fahren und etwas herbringen, herbeischaffen;* morgens die Zeitung h.; Wein aus dem Keller h.; bitte hol mir einen Stuhl, meinen Mantel!; dort ist nichts zu h. ⟨ugs.⟩ *dort ist nichts zu gewinnen;* Luft h. *einatmen* **b** ⟨Seew.⟩ *herunter-, heranziehen;* ein Segel h.; ein Boot (mit dem Bootshaken) h. **2** jmdn. h. *jmdn. zu Hilfe rufen, zum Kommen veranlassen;* einen Arzt, die Polizei h. **b** *kommen und jmdn. mitnehmen;* der Tod hat ihn geholt ⟨übertr.⟩ *er ist gestorben;* die Polizei hat ihn geholt *er ist verhaftet worden;* den soll doch der Teufel h.! *der soll mich in Ruhe lassen!,* ⟨oder⟩ *das hätte er auf keinen Fall tun dürfen!* **c** (in der Wendung) ein Kind h. *mit künstlichen Mitteln* (z.B. mit der Geburtszange) *zur Welt bringen* **II** ⟨mit Dat. (sich) u. Akk.⟩ *sich etwas h.* **1** *sich etwas zuziehen, etwas (wider Willen) bekommen;* sich eine Erkältung h.; sich eine Abfuhr, eine Rüge h. *abgewiesen, gerügt werden* **2** *sich etwas geben lassen;* sich bei jmdm. h.) die Erlaubnis, einen Rat h.

hol|la ⟨Ausruf der Überraschung⟩ h., was ist denn das?; h., so geht das nicht! [alter Imperativ zu *holen,* urspr. Ruf an den Fährmann „hol über!"]

Hol|län|der ⟨m.5⟩ **1** *Einwohner von Hol-*

holländern

...land 2 Maschine, die Rohstoffe zur Herstellung von Papier zerkleinert und wäscht 3 Kinderfahrzeug, das durch Bewegung der senkrecht stehenden Deichsel angetrieben wird

hol|län|dern ⟨V.1, hat geholländert; mit Akk.⟩ Druckbogen, Blätter h. *mit Fäden heften und diese befestigen, indem man den Buchrücken aufklebt*

hol|län|disch ⟨Adj., o.Steig.⟩ 1 *Holland betreffend, zu ihm gehörig, aus ihm stammend* 2 → *niederländisch*

Hol|le ⟨f.11; bei einigen Vögeln, z.B. Wiedehopf⟩ *auf dem Kopf sitzendes Büschel von Federn, Federhaube*

Höl|le ⟨f., -, nur Sg.⟩ 1 *Unterwelt, Ort der Strafe für die Verdammten und Sünder, Reich des Teufels*; Ggs. *Himmel* (2); in die H. kommen; zur H. fahren; *der Fürst der H. der Teufel*; jmdn. zur H. wünschen *jmdn. verdammen* 2 ⟨übertr.⟩ *Ort, Zustand der Qual und Furcht*; die H. des Krieges; die H. auf Erden haben *in qualvollen Verhältnissen leben*; die H. ist los ⟨ugs.⟩ *es herrscht große Aufregung*; die grüne H. *der Urwald*; jmdm. die H. heiß machen ⟨ugs.⟩ *jmdn. heftig bedrängen (daß er etwas tut)*; jmdm. das Leben zur H. machen *jmdn. fortwährend quälen*; jmdm. zur H. wünschen wünschen, daß jmd. für immer verschwindet 3 ⟨südd.⟩ *Raum zwischen Ofen und Wand*

Höl|len... ⟨in Zus.; ugs.⟩ *sehr groß*, z.B. Höllenangst, Höllenlärm, Höllenqual, Höllenspektakel

Höl|len|fahrt ⟨f.10⟩ 1 ⟨in vielen Religionen⟩ *Reise von Göttern oder Menschen in die Unterwelt*; Ggs. *Himmelfahrt* 2 ⟨christl. Rel.⟩ *Aufenthalt Jesu in der Unterwelt zwischen Kreuzestod und Auferstehung*

Höl|len|fürst ⟨m.5, nur Sg.⟩ *der Teufel*

Höl|len|hund ⟨m.1; griech., röm. Myth.⟩ *Hund, der den Eingang zur Unterwelt bewacht, Zerberus*

Höl|len|ma|schi|ne ⟨f.11⟩ 1 *selbst hergestellte Bombe (mit Zeitzünder)* 2 ⟨ugs.⟩ *lärmende, die Umwelt verschmutzende und/oder unbekannte Maschine*

Höl|len|ot|ter ⟨f.11⟩ *schwarze Farbvariante der Kreuzotter*

Höl|len|stein ⟨m.1; Wundbehandlung⟩ *Stift aus Silbernitrat zum Ätzen überschüssigen Granulationsgewebes*

Hol|ler ⟨m.5; oberdt.⟩ → *Holunder*

Hol|le|rith|ma|schi|ne ⟨f.11⟩ *eine Lochkartenmaschine* [nach dem Erfinder Hermann Hollerith]

höl|lisch ⟨Adj.⟩ 1 *zur Hölle gehörig, aus der Hölle stammend*; das ~e Feuer 2 *quälend, schrecklich*; eine ~e Angelegenheit 3 ⟨ugs.⟩ *sehr groß, sehr viel*; ~e Angst vor etwas haben 4 ⟨Adv.; ugs.⟩ *überaus, sehr*; h. aufpassen; es tut h. weh

Hol|ly|wood|schau|kel ⟨[-vud-] f.11⟩ *überdachte, gepolsterte Gartenbank, die so aufgehängt ist, daß man sie in leichte Schaukelbewegung versetzen kann* [nach der amerik. Filmmetropole *Hollywood*]

Holm ⟨m.1⟩ 1 *Längsstange (der Leiter), Griffstange (des Barrens)* 2 *kleine Insel* 3 *Längsträger (des Flugzeugflügels)*

Hol|mi|um ⟨n., -s, nur Sg.⟩ *Metall der Seltenen Erden* [nach *Stockholm*, der Geburtsstadt des schwedischen Entdeckers Per Theodor Cleve]

Ho|lo|caust ⟨m.1⟩ *gewaltsamer Tod durch Verbrennen*; der H. der Juden; nuklearer H. *Tod durch Atombomben* [< engl. *holocaust* in ders. Bedeutung; < spätlat. *holocaustum* < griech. *holokaustos* „völlig verbrannt"]

Ho|lo|eder ⟨m.5⟩ *Kristall mit vollständig ausgebildeten Flächen* [< griech. *holos* „ganz, vollständig" und *hedra* „Fläche"]

Ho|lo|gramm ⟨n.1⟩ *mittels Holographie hergestelltes Bild*

Ho|lo|gra|phie ⟨f., -, nur Sg.⟩ *Abbildungsverfahren, bei dem der abzubildende Gegenstand mit dem Licht eines Lasers abgetastet wird und so eine Fotoplatte belichtet, bei erneuter Bestrahlung mit einem Laserstrahl aus dem Negativ ein räumliches Bild des Gegenstandes aufgebaut* [< griech. *holos* „ganz, vollständig" und ...*graphie*]

ho|lo|gra|phie|ren ⟨V.3, hat holographiert; mit Akk.⟩ 1 *eigenhändig schreiben* 2 *eine Holographie herstellen*

Ho|lo|me|ta|bo|lie ⟨f., -, nur Sg.; Zool.⟩ *vollständige Verwandlung, die ein Puppenstadium durchläuft* [< griech. *holos* „ganz, vollständig" und *metabole* „Veränderung"]

Ho|lo|thu|rie ⟨[-rjə] f.11⟩ → *Seewalze* [< griech. *holos* „ganz" und *thourios* „ungestüm", *zu throskein* „hüpfen, springen, Sprünge machen", da die fußlosen Arten sich durch Krümmung des gesamten Körpers (dank ihrer muskulösen Haut) fortbewegen]

ho|lo|zän ⟨Adj., o.Steig.⟩ *zum Holozän gehörig, aus ihm stammend*

Ho|lo|zän ⟨n., -s, nur Sg.⟩ *obere Abteilung des Quartärs, Eiszeit bis Gegenwart*; Syn. *Alluvium* [< griech. *holos* „ganz" und *kainos* „neu"]

hol|pe|rig ⟨Adj.⟩ auch: *holprig* 1 *uneben, löchrig*; ein ~er Weg 2 ⟨übertr.⟩ *stockend, mit vielen Unterbrechungen*; h. Englisch sprechen; h. lesen 3 ⟨Sprachw.⟩ *in ungleichmäßigem Rhythmus*; ein ~er Vers **Hol|pe|rig|keit** ⟨f., -, nur Sg.⟩

hol|pern ⟨V.1, hat geholpert; o.Obj.⟩ 1 *(auf unebenem Untergrund) ungleichmäßig, rüttelnd fahren*; der Wagen holpert über das Pflaster 2 *ungeschickt ausgeführt sein und beim Lesen, Vorlesen unmelodisch, unebenmäßig klingen*; die Sätze h. 3 *stockend, ungleichmäßig sprechen*; beim lauten Lesen h.; es holpert noch ein bißchen, wenn er laut liest *er liest noch nicht fließend*

holp|rig ⟨Adj.⟩ → *holperig*

Hol|ste ⟨m.11; †⟩ → *Holsteiner* (1)

Hol|stei|ner ⟨m.5⟩ 1 *Einwohner von Holstein*; Syn. ⟨†⟩ *Holste* 2 *deutsche Pferderasse für den Reit- und Fahrsport*

hol|stei|nisch ⟨Adj., o.Steig.⟩ *Holstein betreffend, zu ihm gehörig, aus ihm stammend*

hol|ter|die|pol|ter ⟨Adv.⟩ *überstürzt und lautstark*; der Wagen fuhr h. den Hügel hinab

Ho|lun|der ⟨m.5⟩ *(strauch- bis baumförmiges) Geißblattgewächs mit schirmförmigen, weißen Blüten*; Syn. ⟨oberdt.⟩ *Holder, Holler*; Schwarzer H., Roter H.

Holz ⟨n.4⟩ 1 *festes, widerstandsfähiges Dauergewebe der Stämme, Äste und Wurzeln von Samenpflanzen*; H. fällen *Bäume fällen*; H. hacken, spalten; auf H. gemaltes Bild; ein Haus, Gegenstand aus H.; ich bin doch nicht aus H.! ⟨ugs.⟩ *ich habe auch Gefühl, ich bin auch verletzlich*; er ist aus anderem H. geschnitzt *er ist anders geartet, er hat eine andere Veranlagung* 2 *Sorte eines Nutzholzes* (Bau~, Hart~, Möbel~) 3 *Stück(e) davon* (Brenn~, Schlag~); ein Scheit H.; H. im Ofen nachlegen; das H. knistert im Kamin; mit H. heizen 4 ⟨nur Sg.; landsch.⟩ *(kleiner) Wald*; ins H. fahren; zu ~e gehen *in den Wald fahren* 5 ⟨nur Sg.⟩ *sämtliche Holzblasinstrumente (eines Orchesters)*; jetzt spielt das H. 6 ⟨nur Sg.⟩ *einzelner Kegel*; Gut H.! ⟨Keglergruß⟩ 7 ⟨Fußb.⟩ *Schuß an die Latte oder den Querbalken des Tors*; leider nur H.!

Holz|ap|fel ⟨m.6⟩ 1 *Wildform des Apfelbaums* 2 *dessen säuerlich schmeckende Frucht* [zu *Holz* (4)]

Holz|bau 1 ⟨m., -(e)s, -bau|ten⟩ *Gebäude aus Holz*

Holz|be|ton ⟨[-tõ:] m., -s, nur Sg.⟩ *Baustoff aus Zement und Säge- oder Hobelspänen*

Holz|bie|ne ⟨f.11⟩ *große, metallisch blauschwarze Wildbiene* [nach der Eiablage in morschem Holz]

Holz|bir|ne ⟨f.11⟩ 1 ⟨nur Sg.⟩ *Wildform des Birnbaums* 2 *dessen Frucht*

Holz|blas|in|stru|ment ⟨n.1⟩ *aus Holz (heute zuweilen auch aus Metall) hergestelltes Blasinstrument* (z.B. Fagott, Flöte, Oboe, Saxophon, Schalmei)

Holz|bock ⟨m.2⟩ 1 *eine Zecke* 2 → *Pappelbock* 3 → *Sägebock*

Holz|boh|rer ⟨m.5⟩ 1 *Bohrer für Holz* 2 *Borkenkäfer, der Laubbäume befällt* 3 *Schmetterling, dessen Raupe sich in Holz entwickelt* (z.B. Blausieb, Weidenbohrer)

Holz|brand|ma|le|rei ⟨f.10⟩, **Holz|brand|tech|nik** ⟨f.10⟩ → *Brandmalerei*

Holz|de|stil|la|ti|on ⟨f., -, nur Sg.⟩ *trockene Erhitzung von Holz in geschlossenen Behältern* (u.a. zur Gewinnung von Holzgas, Holzessig)

Holz|draht ⟨m.2⟩ *dünner, langer Holzstab* (z.B. zur Herstellung von Matten)

hol|zen ⟨V.1, hat geholzt; o.Obj.⟩ 1 *Bäume fällen und zu Kleinholz schlagen* 2 ⟨Fußb.⟩ *hart und regelwidrig spielen* 3 ⟨ugs.⟩ *beim Spielen eines Musikstücks viele Fehler machen*

höl|zern ⟨Adj., o.Steig.⟩ 1 *aus Holz gefertigt*; ein ~es Faß 2 ⟨übertr.⟩ *steif, unbeholfen*; ~es Benehmen; ~er Stil

Holz|es|sig ⟨m., -s, nur Sg.⟩ *durch Holzdestillation gewonnener Essig*

Holz|fäl|ler ⟨m.5⟩ *jmd., der (berufsmäßig) Holz fällt*

Holz|fa|ser|plat|te ⟨f.11⟩ *Platte aus gepreßten oder verfilzten Holzfasern (für Möbel und in der Bautechnik)*

holz|frei ⟨Adj., o.Steig.⟩ *ohne Zusatz von Holzschliff*; ~es Papier

Holz|fre|vel ⟨m.5; †⟩ *Holzdiebstahl (bes. im Wald)*

Holz|gas ⟨n., -es, nur Sg.⟩ *durch Holzdestillation gewonnenes, brennbares Gasgemisch*

Holz|geist ⟨m., -(e)s, nur Sg.⟩ *durch Holzdestillation gewonnenes Lösungsmittelgemisch, das vorwiegend Methylalkohol, Aceton und verschiedene Ester enthält*

Holz|ge|rech|tig|keit ⟨f., -, nur Sg.; Forstw.⟩ *Recht, in einem bestimmten Gebiet Bäume zu fällen und das Holz zu nutzen*; Syn. *Holzungsrecht*

Holz|ham|mer|me|tho|de ⟨f.11; ugs.⟩ *grobe, stark vereinfachte Methode, jmdm. etwas beizubringen*

hol|zig ⟨Adj.⟩ *wie Holz, mit harten Fasern durchsetzt*; ~er Spargel; ~er Kohlrabi

Holz|kitt ⟨m.1⟩ *plastische Masse zum Ausbessern von Schadstellen in Holz*

Holz|koh|le ⟨f.11⟩ *(durch Verkohlung von Holz gewonnene) leichte, poröse Kohle (zum Grillen, als Material für Zeichenstifte)*

Holz|kopf ⟨m.2⟩ 1 *aus Holz hergestellter Kopf*; eine Puppe mit H. 2 ⟨ugs.⟩ *uneinsichtiger Mensch, Dummkopf*

Holz|öl ⟨n., -(e)s, nur Sg.⟩ *Öl aus den Früchten des Tungbaumes (u.a. für Firnisse)*

Holz|pfla|ster ⟨n., -s, nur Sg.⟩ *Bodenbelag aus Hirnholzklötzen*

Holz|schliff ⟨m., -(e)s, nur Sg.⟩ *zu Fasern zerkleinertes Holz*

Holz|schnei|de|kunst ⟨f., -, nur Sg.⟩ → *Holzschnitt* (1)

Holz|schnei|der ⟨m.5⟩ *jmd., der Holzschnitte herstellt*

Holz|schnitt ⟨m.1⟩ 1 ⟨nur Sg.⟩ *Kunst, aus einer Holzplatte längs der Faser mit einem Messer eine erhabene bildliche Darstellung herauszuschneiden*; Syn. *Holzschneidekunst*; vgl. *Holzstich* 2 *Abzug von einer so gestalteten Holzplatte auf Papier*

Holz|schnit|zer ⟨m.5⟩ *Künstler, der Figuren und Gegenstände aus Holz schnitzt*

Holz|schnit|ze|rei ⟨f.10⟩ 1 ⟨nur Sg.⟩ *Kunst, aus Holz Gegenstände oder Figuren zu schnitzen* 2 *geschnitzter Gegenstand, Verzierung aus Holz*; ein Schrank mit ~en

Holz|span|plat|te ⟨f.11⟩ *Plattenwerkstoff aus Holzspänen, die mit Bindemitteln aus Kunstharz versetzt und unter hohem Druck gepreßt wurden*

Holz|stein ⟨m.1; Min.⟩ *farbenprächtiges, versteinertes Holz*

Holz|stich ⟨m.1⟩ **1** ⟨nur Sg.⟩ *Kunst, aus einer Hartholzplatte quer zur Faser mit einem Stichel eine erhabene bildliche Darstellung herauszuarbeiten* **2** *Abzug einer so gestalteten Holzplatte auf Papier*

Holz|teer ⟨m., -s, nur Sg.⟩ *durch Holzdestillation gewonnenes, öliges Gemisch zahlreicher Kohlenwasserstoffe (u.a. zur Konservierung von Hölzern)*

Hol|zung ⟨f.10; veraltend⟩ *das Holzen*

Holz|ungs|recht ⟨n.1⟩ → *Holzgerechtigkeit*

Holz|weg ⟨m.1⟩ *Waldweg zur Beförderung von Holz; auf dem H. sein* ⟨übertr.⟩ *sich irren* [da der Holzweg keine Orte verbindet]

Holz|wes|pe ⟨f.11⟩ *großer, auffällig gefärbter Hautflügler, der seine Eier in gesundes Holz legt (Fichten-, Kiefern-)*

Holz|wol|le ⟨f., -, nur Sg.⟩ *dünne, gekräuselte, lange Hobelspäne aus weichem Holz (zur Verpackung)*

Home|land ⟨[houmlənd] n.9; in der Republik Südafrika⟩ *Teilen der schwarzen Bevölkerung zugewiesenes Gebiet mit gewissen Selbstverwaltungsrechten* [< engl. *home* ,,Heim" und *land* ,,Land"]

ho|me|risch ⟨Adj., o.Steig.⟩ ~*en* **1** *von Homer geschrieben, Homer ähnlich;* ~*e* **Epen 2** *von Homer beschrieben;* ⟨nur in der Fügung⟩ ~*es Gelächter lautes, nicht endenwollendes Gelächter* [nach Homers Beschreibung des Gelächters der Götter]

Home|rule ⟨[houmru:l] f., -, nur Sg.⟩ *die 1912 durchgesetzte Selbstverwaltung Irlands*

Home|spun ⟨[houmspan] m.9⟩ ⟨urspr. in Heimindustrie hergestellter⟩ *grober Wollstoff* [engl., eigtl. ,,zu Hause gesponnen", < *home* ,,das Zuhause, Wohnung, Heim" und *spun* ,,gesponnen", zu *to spin* ,,spinnen"]

Ho|mi|let ⟨m.10⟩ **1** *Kenner der Homiletik* **2** *Prediger, Kanzelredner*

Ho|mi|le|tik ⟨f., -, nur Sg.⟩ *Lehre von der Predigt und ihrer Geschichte* [< griech. *homiletike techne* ,,Kunst des Umgangs", zu *homiletikos* ,,gesellig, umgänglich", zu *homilos* ,,Menschenmenge, Versammlung"]

ho|mi|le|tisch ⟨Adj., o.Steig.⟩ *die Gestaltung der Predigt, die Homiletik betreffend*

Ho|mi|li|ar, Ho|mi|lia|ri|um ⟨n., -s, -ri|en, MA⟩ *Sammlung lateinischer Musterpredigten*

Ho|mi|lie ⟨f.11⟩ *Predigt, die eine Textstelle der Bibel auslegt*

Ho|mi|ni|de ⟨m.11⟩ *Menschenartiger, Vertreter jeder ausgestorbenen oder heute noch lebenden Menschenrasse* [< lat. *homo*, Gen. *hominis*, ,,Mensch" und die Endung *-id* < griech. *eidos* ,,Gestalt, Aussehen"]

Hom|mage ⟨[-maʒ] f.11⟩ *Huldigung, Würdigung; eine H. für einen Dichter, Komponisten zu dessen hundertstem Geburtstag* [frz., zu *homme* ,,Mann, Mensch"]

Ho|mo ⟨m.9; ugs.⟩ → *Homosexuelle(r)*

homo..., Homo... ⟨in Zus.⟩ *entsprechend, gemeinsam, gleich, z.B. homogen, Homologie*

Ho|mo|ero|tik ⟨f., -, nur Sg.⟩ *erotische Beziehungen zwischen Partnern gleichen Geschlechts;* ⟨heute verhüllende Bez. für⟩ *Homosexualität* [< *Homo...* und *Erotik*]

ho|mo|ero|tisch ⟨Adj., o.Steig.⟩ *in der Art der Homoerotik, auf ihr beruhend;* ~*e Beziehungen*

ho|mo|gen ⟨Adj.⟩ *einheitlich, in allen Teilen gleich beschaffen;* Ggs. *heterogen; inhomogen;* ~*e Lösung eines Stoffes;* ~*e Zusammensetzung einer Personengruppe* [< *homo...* und *...gen*]

ho|mo|ge|ni|sie|ren ⟨V.3, hat homogenisiert; mit Akk.⟩ *gleich machen, gut vermischen, gleichmäßig verteilen*

Ho|mo|ge|ni|tät ⟨f., -, nur Sg.⟩ *homogene Beschaffenheit;* Ggs. *Heterogenität, Inhomogenität*

Ho|mo|go|nie ⟨f., -, nur Sg.⟩ *Entstehung aus Gleichartigem;* Ggs. *Heterogonie* [< *Homo...* und griech. *gone* ,,Abstammung"]

ho|mo|log ⟨Adj., o.Steig.⟩ **1** *gleichliegend, gleichlautend, übereinstimmend, entsprechend;* ~*e Organe Organe mit gleicher Entwicklungsgeschichte (z.B. Arm und Vogelflügel, Schwimmblase und Lunge)* **2** ⟨Chem.⟩ *aufeinander aufbauend;* ~*e Reihe Abkömmlinge einer einfachen chemischen Verbindung, wobei die höhere jeweils ein bestimmtes Atom oder eine bestimmte Atomgruppe zusätzlich enthält* [< griech. *homologia* ,,Übereinstimmung"]

Ho|mo|lo|gie ⟨f.11⟩ *Übereinstimmung, Entsprechung, Gleichartigkeit* [zu *homolog*]

Ho|mo|lo|gu|me|non ⟨n., -s, -na⟩ *als zum NT gehörend anerkannte Schrift* [< griech. *homologoumenos* ,,anerkannt, unbestritten", zu *homologein* ,,einverstanden sein, übereinstimmen", < *homo-* ,,gleich-" und *logos* ,,Wort, Schriftwerk"]

hom|onym ⟨Adj., o.Steig.; Sprachw.⟩ *gleichlautend, aber etwas anderes bedeutend* [→ *Homonym*]

Hom|onym ⟨n.1⟩ *Wort von gleicher Lautung wie ein anderes, aber verschiedener Bedeutung, z.B. der Heide, die Heide* [< griech. *homo-* ,,gleich-" und *onyma, onoma* ,,Name"]

Ho|mö|onym ⟨n.1⟩ *Wort von ähnlicher Lautung wie ein anderes, z.B. ,,heimlich" und ,,heimelig"* [< griech. *homoios* ,,gleichartig" und *onyma, onoma* ,,Name"]

Ho|möo|path ⟨m.10⟩ *nach den Regeln der Homöopathie behandelnder Arzt;* Ggs. *Allopath*

Ho|möo|pa|thie ⟨f., -, nur Sg.⟩ *Heilverfahren, bei dem in kleinsten Dosen ein Mittel angewendet wird, das beim Gesunden die gleichen Krankheitserscheinungen hervorrufen würde, wie sie beim Kranken schon bestehen;* Ggs. *Allopathie* [< griech. *homoios* ,,gleichartig" und *pathos, pathe* ,,Leiden", also eigentlich ,,Heilung durch dem Leiden Gleiches"]

ho|möo|pa|thisch ⟨Adj., o.Steig.⟩ *die Homöopathie betreffend, zu ihr gehörig, auf ihr beruhend*

Ho|möo|pla|stik ⟨f.10⟩ *Ersatz verletzten oder verlorengegangenen Gewebes durch artgleiches;* Ggs. *Heteroplastik* [< griech. *homoios* ,,gleichartig" und *Plastik*]

ho|mo|phil ⟨Adj., o.Steig.⟩ → *homosexuell* [< *hom(o)...* und *...phil*]

Ho|mo|phi|lie ⟨f., -, nur Sg.⟩ → *Homosexualität* [zu *homophil*]

ho|mo|phon ⟨Adj., o.Steig.⟩ **1** ⟨Mus.⟩ *gleichstimmig, die Melodie betonend;* Ggs. *polyphon* **2** ⟨Sprachw.⟩ *gleichlautend*

Ho|mo|phon ⟨n.1; Sprachw.⟩ *Wort, das wie ein anderes gesprochen wird, aber eine andere Schreibung und Bedeutung hat, z.B. Lied und Lid* [< griech. *homo-* ,,gleich-" und *phone* ,,Ton, Klang, Stimme"]

Ho|mo|pho|nie ⟨f., -, nur Sg.⟩ *Kompositionsweise, bei der die Melodiestimme im Vordergrund steht und die übrigen Stimmen sie unterstützen;* Syn. *Monodie;* Ggs. *Polyphonie* [< griech. *homophonia* ,,Gleichklang, Gleichheit der Sprache, des Gesanges" < *homo-* ,,gleich-" und *phonein* ,,tönen"]

Ho|mo|se|xua|li|tät ⟨f., -, nur Sg.⟩ *sexuelle Beziehungen zwischen gleichgeschlechtlichen Partnern;* Syn. *Homophilie;* Ggs. *Heterosexualität* [< *Homo...* und *Sexualität*]

ho|mo|se|xu|ell ⟨Adj., o.Steig.⟩ *in der Art der Homosexualität, zu ihr gehörig, auf ihr beruhend;* Syn. *gleichgeschlechtlich, homophil;* Ggs. *heterosexuell*

Ho|mo|se|xu|el|le(r) ⟨m.17 oder 18⟩ *Mann, der homosexuell ist;* auch: ⟨ugs.⟩ *Homo*

ho|mo|zy|got ⟨Adj., o.Steig.⟩ *mit gleichen Erbanlagen;* Syn. *reinerbig;* Ggs. *heterozygot* [< *homo...* und griech. *zygotos* ,,von einem Doppelgespann gezogen", zu *zygon* ,,Joch, Steg"]

Ho|mun|ku|lus ⟨m., -, -li; in Goethes ,,Faust"⟩ *künstlich erzeugter, sehr kleiner Mensch* [< lat. *homunculus* ,,Menschlein, kleiner, schwacher Mensch" bes. im Unterschied zum Gott, Verkleinerungsform von *homo* ,,Mensch"]

Ho|nan|sei|de ⟨f.11⟩ *handgewebter chinesischer Seidenstoff* [nach der chin. Provinz *Honan*]

ho|nen ⟨V.1, hat gehont; mit Akk.⟩ *feinschleifen* [< engl. *to hone* ,,schärfen", zu *hone* ,,Wetzstein", < altengl. *han* ,,Stein"]

ho|nett ⟨Adj.⟩ *anständig, ehrenhaft* [< frz. *honnête* ,,anständig, schicklich; ehrbar, ehrlich", < lat. *honestus* ,,ehrenhaft, anständig"]

Ho|nig ⟨m.1⟩ *von Honigbienen aus Nektar und Honigtau erzeugter, sehr zuckerhaltiger, zähflüssiger Stoff;* Syn. ⟨Handelsbez.⟩ *Bienenhonig*

Ho|nig|an|zei|ger ⟨m.5⟩ *afrikanischer Vogel, der durch Rufen honigfressenden Säugetieren den Weg zu Bienenstöcken zeigt*

Ho|nig|bie|ne ⟨f.11⟩ *Honig und Wachs liefernde Biene*

ho|nig|far|ben ⟨Adj., o.Steig.⟩ *goldbraungelb wie Honig*

Ho|nig|ku|chen ⟨m.7⟩ **1** *trockener, gewürzter, mit Honig gesüßter Kuchen* **2** ⟨norddt.⟩ → *Lebkuchen*

Ho|nig|ku|chen|pferd ⟨n.1; nur in der umgangssprachlichen Wendung⟩ *strahlen, grinsen wie ein H. sich sehr freuen, über das ganze Gesicht lachen*

Ho|nig|mo|nat, Ho|nig|mond ⟨m.1; scherzh.⟩ *Flitterwochen*

ho|nig|süß ⟨Adj., o.Steig.⟩ **1** *süß wie Honig* **2** ⟨übertr.⟩ *von falscher Freundlichkeit; ein* ~*es Lächeln;* ~*e Worte*

Ho|nig|tau ⟨m., -(e)s, nur Sg.⟩ **1** *zuckerhaltige Flüssigkeit, die von Blattläusen ausgeschieden und oft von Bienen und Ameisen aufgenommen wird* **2** *süße Ausscheidung des Mutterkornpilzes (zum Zweck der Verbreitung durch Insekten)*

Ho|ni soit qui mal y pense [ɔni sɔa ki mal y pɑ̃s] *ein Schuft, wer Böses dabei denkt* [frz.; Inschrift des engl. Hosenbandordens, die angeblich auf König Edward III. zurückgeht, der diesen Ausspruch getan haben soll, als er einer Gräfin das entfallene Strumpfband aufhob]

Hon|neurs [ɔnœrs] nur Pl.⟩ **1** *Ehrenbezeigungen; die H. machen Gäste begrüßen* **2** ⟨beim Lomber und Whist⟩ *die vier bzw. fünf höchsten Karten* [< frz. *honneur* ,,Ehre, Ehrenbezeigung", *faire les honneurs* ,,Gäste willkommen heißen", eigtl. ,,Ehrenbezeigungen machen, Ehre erweisen", < lat. *honor* ,,Ehre, Achtung"]

ho|no|ra|bel ⟨Adj.; †⟩ *ehrbar, ehrenwert* [frz.]

Ho|no|rar ⟨n.1; bes. in freien Berufen⟩ *Vergütung, Entgelt, Bezahlung* [< lat. *honorarium* ,,freiwilliges Ehrengeschenk für eine Leistung oder Mühe", zu *honor* ,,Ehre, Ehrensold, Opfergabe"]

Ho|no|rar|pro|fes|sor ⟨m.13; Abk.: Hon.-Prof.⟩ *nicht im Beamtenverhältnis stehender Hochschulprofessor, der aufgrund besonderer Leistungen einen Lehrauftrag erhalten hat*

Ho|no|ra|tio|ren ⟨[-tsjo-] Pl.⟩ *bes. in kleineren Städten⟩ die angesehensten Bürger* [< lat. *honoratiores* ,,die höher Geachteten", Komparativ von *honorati* ,,die Geehrten, Geachteten", zu *honoratus* ,,geehrt, geachtet; Würdenträger"]

ho|no|rie|ren ⟨V.3, hat honoriert; mit Akk.⟩

honorig

etwas h. **1** *bezahlen;* einen Wechsel h. **2** *eine Summe für etwas zahlen;* eine Arbeit (mit 500,– DM) h. **3** *ausdrücklich anerkennen;* jmds. Bemühungen h.

ho|no|rig ⟨Adj.⟩ *ehrenhaft, freigebig* [zu lat. *honor* „Ehre, Ansehen"]

Hon.-Prof. ⟨Abk. für⟩ *Honorarprofessor*

Hon|véd [hɔnveːd] **1** ⟨m.9; seit 1868⟩ *freiwilliger ungarischer Landwehrsoldat* **2** ⟨f., -, nur Sg.⟩ **a** (1868–1919) *ungarische Landwehr* **b** (seit 1918) *das ungarische Heer* [ung.]

Hop|fen ⟨m.7⟩ *an Stangen oder Drähten gezogenes Hanfgewächs, dessen zapfenähnliche Fruchtstände dem Bier den bitteren Geschmack verleihen;* da ist H. und Malz verloren ⟨ugs.⟩ *da nützen alle Bemühungen nichts*

Hop|fen|stan|ge ⟨f.11⟩ **1** *Stange zum Festbinden des Hopfens* **2** ⟨übertr., ugs.; scherzh.⟩ *langaufgeschossene, dünne weibliche Person*

Ho|plit ⟨m.10; im alten Griechenland⟩ *schwerbewaffneter Fußsoldat*

hop|peln ⟨V.1, ist gehoppelt; o.Obj.⟩ *in sehr kleinen Sätzen springen;* der Hase hoppelt über den Acker

Hop|pel|pop|pel ⟨m.5⟩ **1** *Speise aus Bratkartoffeln, Eiern und Schinken* **2** *heißes Getränk aus Rum, Eiern und Zucker* [lautmalend für etwas Vermischtes]

hops ⟨Adv.; ugs.⟩ *verloren, kaputt, verschwunden;* das Geld ist h.

Hops ⟨m.1; ugs.⟩ *kleiner, schneller Sprung;* einen H. machen

hop|sen ⟨V.1, ist gehopst; o.Obj.⟩ **1** *hüpfen* (von Kindern) **2** ⟨übertr., ugs.⟩ *hüpfend, ungleichmäßig tanzen*

Hop|ser ⟨m.5⟩ *kleiner Sprung, Hüpfer*

hops|ge|hen ⟨V.47, ist hopsgegangen; o.Obj.; ugs.⟩ *entzwei gehen, verloren gehen;* auf diese Weise geht das Gerät hops; das Geld ist hopsgegangen

hops|neh|men ⟨V.88, hat hopsgenommen; mit Akk.; ugs.⟩ *erwischen und verhaften*

Ho|ra¹ ⟨f., -, -ren; meist Pl.; kath. Kirche⟩ **1** *Zeit des Stundengebets* **2** *das Stundengebet selbst;* auch: *Hore*

Ho|ra² ⟨f., -, nur Sg.⟩ *rumänischer Reigentanz*

Hör|ap|pa|rat ⟨m.1⟩ → *Hörgerät*

Hör|be|reich ⟨m.1⟩ *Bereich, in dem Hörempfindungen möglich sind* (abhängig von Frequenz, Entfernung und Schalldruck)

Hör|bild ⟨n.3⟩ *Rundfunk* dramatischer oder dialogisch aufbereiteter, bildhafter Bericht

hor|chen ⟨V.1, hat gehorcht; o.Obj.⟩ **1** *aufmerksam versuchen, etwas zu hören;* horch mal, hörst du nichts?; ich horche schon lange, ob er ihn nicht kommen höre **2** *heimlich zuhören* (um den Inhalt eines Gesprächs zu erfahren); an der Tür h. **3** *aufmerksam zuhörend beobachten oder zu erkennen versuchen;* auf jmds. Atemzüge h.; auf ein Geräusch h.

Horch|ge|rät ⟨n.1⟩ *(militärisches) Gerät, mit dem man Töne orten kann*

Horch|po|sten ⟨m.7⟩ **1** ⟨Mil.⟩ *Posten, der auf verdächtige Geräusche horchen soll* **2** ⟨scherzh.⟩ *Platz, von dem aus man etwas beobachtet*

Hor|de¹ ⟨f.11⟩ **1** *ungeordnete, ungezügelte Schar, Kriegsschar* (Affen~, Menschen~) **2** (bei Naturvölkern) *Gruppe von Familien* [< türk. *ordu* „Heer"]

Hor|de² ⟨f.11⟩ *Lattengestell zum Aufbewahren von Obst, Kartoffeln u.a.;* auch: ⟨schweiz.⟩ *Hurde* [zu *Hürde*]

Ho|re ⟨f.11⟩ → *Hora*

Ho|ren **1** ⟨Pl. von⟩ *Hora*¹ **2** ⟨nur Pl.⟩ **a** ⟨griech. Myth.⟩ *Göttinnen der Jahreszeiten und der sittlichen Ordnung* **b** (1795–97) *Titel einer von Schiller herausgegebenen Zeitschrift* **c** (seit 1955) *„Zeitschrift für Literatur, Grafik und Kritik", hrsg. von K. Morawietz*

hö|ren ⟨V.1, hat gehört⟩ **I** ⟨mit Akk.⟩ **1** *etwas h.* **a** *mit dem Gehörsinn wahrnehmen;* ein Geräusch h.; jmdn. kommen, reden h. **b** *mit dem Gehörsinn aufnehmen und verarbeiten, anhören;* Musik h.; ich kann das nicht mehr h.! *ich bin dessen überdrüssig;* laß h.! *sprich!, erzähle!;* hört, hört! ⟨als Zwischenruf zum Ausdruck der Mißbilligung oder des Spotts⟩; hör mal! ⟨als Einleitung, wenn man jmdm. etwas mitteilen will⟩; na hör mal! ⟨als Einwand⟩ *das kann doch nicht stimmen!, das geht doch nicht!;* das läßt sich h. *das ist bedenkenswert, das ist erwägenswert;* etwas von sich h. lassen *jmdm. Nachricht geben, sich (bei jmdm.) melden* **c** *erfahren, von etwas Kenntnis erhalten;* ich habe gehört, daß …; ich will nichts mehr h.! **d** *als Studienfach belegt habend, besuchen;* Literatur bei Prof. X h.; eine Vorlesung h. **2** *jmdn. h.* **a** *wahrnehmen, daß jmd. spricht, umhergeht oder kommt;* hörst du mich?; hast du mich heute nacht gehört? **b** *sich äußern lassen, zur Kenntnis nehmen, was jmd. sagt;* man muß auch ihn (vor einer Sache) h. **II** ⟨o.Obj.⟩ **1** *Hörvermögen haben;* er hört gut, schlecht, nicht; er hört nur auf einem Ohr; vgl. *Ohr* **2** *gehorchen;* der Hund hört nicht **III** ⟨mit Präp.obj.⟩ **1** *auf etwas h.* **a** *einer Sache lauschen;* aufmerksam auf ein Geräusch h.; auf ein Kommando h. *einem Kommando gehorchen* **b** *sich etwas sagen lassen und entsprechend handeln;* auf jmds. Rat, Warnung h. **c** *genannt werden, heißen;* der Hund hört auf den Namen „Luchs" **2** *auf jmdn. h. jmds. Rat, Warnung beherzigen;* hättest du nur auf mich gehört!

Hö|ren|sa|gen ⟨n.; nur in der Wendung⟩ *etwas vom H. kennen, wissen etwas nicht aus eigener Anschauung kennen, sondern durch andere davon gehört haben*

Hö|rer ⟨m.5⟩ **1** *jmd., der zuhört* (Rundfunk~) **2** *jmd., der Vorlesungen an einer Universität besucht;* eine Veranstaltung mit vielen ~n **3** ⟨ugs.⟩ *Teil des Telefons, der die Hör- und die Sprechmuschel enthält;* den H. abnehmen, auflegen, hinknallen

Hö|rer|brief ⟨m.1⟩ *Brief eines Hörers (1) an die Rundfunkanstalt*

Hö|rer|schaft ⟨f., -, nur Sg.⟩ *Gesamtheit der Hörer (2)*

Hör|fol|ge ⟨f.11⟩ **1** *Rundfunksendung in Fortsetzungen* **2** *Teil einer solchen Rundfunksendung;* die zweite H. wird morgen gesendet

Hör|funk ⟨m., -s, nur Sg.⟩ *Rundfunk* (im Unterschied zum Fernsehen)

Hör|ge|rät ⟨n.1⟩ *Mikrophon mit Verstärker und Kleinstlautsprecher* (als Hörhilfe für Schwerhörige); Syn. *Hörapparat*

Hör|gren|ze ⟨f.11⟩ *unterer oder oberer Hörbereich*

hö|rig ⟨Adj.⟩ **1** ⟨o.Steig.⟩ *vom Grundherrn abhängig, unfrei;* ~e Bauern **2** ⟨übertr.⟩ *von jmdm. oder etwas abhängig bis zur Selbstaufgabe;* jmdm. h. sein

Hö|ri|ge(r) ⟨f.m.; f.17 oder 18⟩ *Person, die von einem Grundherrn abhängig ist*

Hö|rig|keit ⟨f., -, nur Sg.⟩ **1** *rechtliche Abhängigkeit vom Grundherrn* **2** *seelische Abhängigkeit von jmdm.;* jmdm. bis zur völligen H. verfallen

Ho|ri|zont ⟨m.1⟩ **1** ⟨Geogr.⟩ Syn. *Gesichtskreis* **a** *Begrenzungslinie zwischen Himmel und Erde* **b** *Grenzlinie zwischen Luft und Wasser;* hier kann man bis zum H. sehen **2** ⟨übertr.⟩ *Umfang der geistigen Interessen und Bildung;* Syn. *Gesichtskreis;* er hat einen engen, weiten H.; seinen H. erweitern **3** ⟨Geol.⟩ **a** ⟨in Sedimentgestein⟩ *kleinste, noch durch Fossilien unterscheidbare Gesteinsschicht* **b** *diese Schicht umfassender Zeitabschnitt*

ho|ri|zon|tal ⟨Adj., o.Steig.⟩ → *waagrecht* [frz., zu *Horizont*]

Ho|ri|zon|ta|le ⟨f.11⟩ → *Waagerechte*

ho|ri|zon|tie|ren ⟨V.3, hat horizontiert; mit Akk.; Geol.⟩ *zeitlich in Beziehung zueinander bringen*

Hor|mon ⟨n.1⟩ *von den Drüsen mit innerer Sekretion gebildeter, bestimmte körperliche Funktionen regelnder Wirkstoff* [< griech. *horman* „in Bewegung setzen, antreiben, anregen", zu *horme* „schnelle Bewegung, Antrieb"]

hor|mo|nal, hor|mo|nell ⟨Adj., o.Steig.⟩ *auf Hormonen beruhend, mit Hilfe von Hormonen;* dieser Vorgang wird h. geregelt

Hor|mon|prä|pa|rat ⟨n.1⟩ *hormonhaltiges Arzneimittel*

Hör|mu|schel ⟨f.11⟩ *Teil des Telefons, den man ans Ohr hält*

Horn **I** ⟨n.1⟩ *harter, hauptsächlich aus Keratin bestehender Stoff* **II** ⟨n.4⟩ **1** ⟨am Kopf mancher Säugetiere⟩ *langes, spitzes Gebilde aus Horn (I);* sich die Hörner abstoßen *in der Jugend (bes. bezüglich der Liebe) Erfahrungen sammeln und langsam ruhiger werden;* dem Ehemann Hörner aufsetzen ⟨ugs.⟩ *den Ehemann betrügen;* jmdn. auf die Hörner nehmen *jmdn. aufspießen;* den Stier bei den Hörnern packen *eine Angelegenheit energisch anpacken* **2** ⟨Mus.⟩ *gewundenes (ehemals aus Horn, heute aus Metall bestehendes) Blasinstrument mit trichterförmiger Schallöffnung* (Jagd~); das H. blasen; in dasselbe H. tuten, blasen wie jmd. ⟨ugs.⟩ *jmds. Ansicht unterstützen*

Horn|ber|ger ⟨nur in der Wendung⟩ *das geht aus wie das H. Schießen das führt zu keinem greifbaren Ergebnis* [in *Hornberg* (Schwarzwald) übte man 1647 für den Empfang des Fürsten so eifrig, daß man kein Pulver mehr hatte, als dieser endlich kam]

Horn|blen|de ⟨f.11⟩ *(grünschwarzes bis schwarzes) gesteinsbildendes Mineral mit hornartigem Glasglanz*

Horn|bril|le ⟨f.11⟩ *Brille mit einem Horngestell*

Hörn|chen ⟨n.7⟩ **1** *kleines Horn* **2** *halbmondförmiges Gebäck;* Syn. *Kipfel,* ⟨österr.⟩ *Kipferl* **3** *Nagetier mit langem, behaartem Schwanz und Ohrmuscheln seitlich am Kopf* (Baum~, Eich~, Erd~, Flug~)

Hörndl|bau|er ⟨m.11; österr., scherzh.⟩ *Bauer, der Hornvieh züchtet;* Ggs. *Körndlbauer*

hor|nen ⟨Adj., o.Steig.; veraltend⟩ → *hörnern*

hör|nern ⟨Adj., o.Steig.⟩ *aus Horn;* auch ⟨veraltend⟩: *hornen;* ~e Schnallen

Hör|ner|schlit|ten ⟨m.7⟩ *Schlitten mit Kufen, die vorn die Hörner aufgebogen sind*

Hör|nerv ⟨m.10 oder m.12⟩ *Nerv, der die Hörempfindung vom Gehirn leitet*

Horn|fels ⟨m., -, nur Sg.⟩ *zähes Metamorphitgestein*

Horn|haut ⟨f.2⟩ **1** → *Schwiele* **2** *gefäßlose, durchsichtige äußere Augenhaut über der Iris;* Syn. *Cornea*

hor|nig ⟨Adj., o.Steig.⟩ *mit Horn überzogen, schwielig*

Hor|nis|se ⟨auch [hɔr-] f.11⟩ *größte mitteleuropäische Wespe* [< ahd. *hornaz,* zu *Horn,* wohl wegen der gebogenen Fühler]

Hor|nis|sen|schwär|mer ⟨m.5⟩ *ein der Hornisse ähnlicher Glasflügler*

Hor|nist ⟨m.10⟩ *Musiker, der das Horn bläst*

Horn|klee ⟨m., -s, nur Sg.⟩ *Schmetterlingsblüter mit gelben Blüten in doldenähnlichen Köpfen und hornähnlichen Früchten*

Horn|och|se ⟨[-ks-] m.10; übertr., derb⟩ *sehr bornierter, dummer Mensch*

Horn|pipe ⟨[hɔːnpaip] f.8; engl. Bez. für⟩ *Schalmei*

Horn|stein ⟨m.1; Min.⟩ *harter, splitternder Kieselstein*

Horn|stoff ⟨m., -(e)s, nur Sg.⟩ → *Keratin*

Horn|tier ⟨n.1⟩, **Horn|trä|ger** ⟨m.5⟩ *hörnertragender Wiederkäuer*

Hor|nung ⟨m.1; alter Name für⟩ *Februar*

Hor|nuß ⟨m.1; schweiz.⟩ *ovale Scheibe aus Hartgummi für das Hornussen*

Hor|nus|sen ⟨n., -s, nur Sg.⟩ *schweizerisches Mannschaftsspiel, ähnlich dem Schlagball*

Horn|vieh I ⟨n., -s, nur Sg.⟩ *hörnertragendes Haustier* **II** ⟨n., -s, -vie|cher; ugs.⟩ *Dummkopf*

Ho|ro|log ⟨n., -s, -e oder -gi|en⟩ **1** ⟨†⟩ *Stundenanzeiger, Uhr (Wasser-, Sonnen-, Sanduhr)* **2** ⟨kath. Kirche⟩ *Buch mit den Stundengebeten (Horen)* [< lat. *horologium*, < griech. *horologion* „Sonnen-, Wasseruhr", < lat., griech. *hora* „Stunde" und griech. *logios* „kundig", zu *legein* „auserlesen, erklären"]

Ho|ro|skop ⟨n.1; Astrol.⟩ *Aufzeichnung der Stellung der Gestirne bei der Geburt eines Menschen sowie daraus abgeleitete Aussage über seinen Charakter* [< griech. *hora* „Zeitabschnitt, Stunde" und *skopein* „sehen, schauen, betrachten"]

hor|rend ⟨Adj.⟩ **1** *ungeheuer, übermäßig; ~e Preise, Forderungen* **2** *schrecklich* [< lat. *horrendus* „haarsträubend, schrecklich, schauerlich", zu *Horror*]

hor|ri|bel ⟨Adj.; †⟩ *schrecklich, grauenhaft, entsetzlich*

hor|ri|bi|le dic|tu ⟨†; als Einleitung zu einer Schilderung⟩ *es ist schrecklich, davon zu sprechen* [lat.]

Hor|ri|bi|li|tät ⟨f., -, nur Sg.; †⟩ *Schrecklichkeit*

Hor|ri|do ⟨n.9; Jägerspr.⟩ *Hochruf (für einen erfolgreichen Jäger); ein H. auf jmdn. ausbringen*

Hor|ror ⟨m., -s, nur Sg.⟩ *Grauen, Abscheu; einen H. vor etwas bekommen, haben* [< lat. *horror* „Schrecken, Grausen, das Zusammenfahren", eigtl. „das Emporrichten, Sträuben der Haare, das Aufwallen der Wogen"]

Hor|ror|trip ⟨m.9⟩ *Rauschzustand nach der Einnahme von Drogen, der von Schreckensvorstellungen und Panikgefühlen begleitet wird;* Syn. *Bad Trip* [< engl. (lat.) *horror* „Schrecken, Entsetzen" und *trip* „Reise, Ausflug"]

Hör|saal ⟨m., -(e)s, -sä|le⟩ **1** *großer Unterrichtsraum (in einer Hochschule)* **2** ⟨nur Sg.; ugs.⟩ *dessen Zuhörerschaft; der ganze H. lachte, trampelte*

hors con|cours [ɔr kõkur]; ⟨geh.⟩ *außer Wettbewerb; bei einem Rennen h.c. laufen* [frz., „*hors* außer, außerhalb" und *concours* „Wettbewerb"]

Hors|d'œuvre [ɔ:rdœvrə] ⟨n.9; geh.⟩ → *Vorspeise* [frz., „Beiwerk, Zutat, Anbau, Nebengericht", < *hors* „außer, außerhalb" und *œuvre* „Werk"]

Hör|spiel ⟨n.⟩ *für den Rundfunk geschriebene und auf die Möglichkeiten der Sendung im Rundfunk zugeschnittene dramatische Dichtung*

Horst ⟨m.1⟩ **1** *(bei Greifvögeln, Reihern, Störchen u.a.) großes Nest;* Syn. ⟨Jägerspr.⟩ *Gestände* **2** ⟨Geol.⟩ *über seine Umgebung hinausragender Teil der Erdkruste* **3** *bes. herausragende, vom übrigen Forstbestand sich unterscheidende Baum- oder Strauchgruppe* **4** *(bei Gräsern) Fruchthalmbüschel mit mehreren Trieben*

hor|sten ⟨V.2, hat gehorstet; o.Obj.⟩ *seinen Horst haben, nisten;* Greifvögel h. in Felsen

Hort ⟨m.1⟩ **1** ⟨†⟩ *Schatz; der H. der Nibelungen* **2** *Institution oder Person, die Behinderten, Hilflosen oder Kindern Zuflucht gewährt* **3** ⟨kurz für⟩ *Kinderhort; ein Kind in den H. geben* **4** ⟨†⟩ *Beschützer*

hor|ten ⟨V.2, hat gehortet; mit Akk.⟩ *sammeln und aufbewahren; knapp gewordene Waren h.*

Hor|ten|sie [-sjə] ⟨f.11⟩ *Pflanze mit großen, kugeligen Blütenständen, Zierblume* [Philibert Commerson entdeckte 1773 die Pflanze auf einer Reise um die Welt und nannte sie nach *Hortense Lepaute* (oder Lapaute), der Frau seines Freundes, der ihn mit ihr zusammen auf dieser Reise begleitete]

Hort|ne|rin ⟨f.10⟩ *Erzieherin in einem Kinderhort*

Ho|san|na → *Hosianna*

Hös|chen ⟨n.7⟩ *kleine Hose; heiße H.* ⟨veraltend⟩ → *Hot pants*

Ho|se ⟨f.11; oft Pl. statt des Sg.⟩ *Kleidungsstück für die untere Hälfte des Rumpfes und für die Beine (oder Teile der Beine) einzeln* (Unter~, Schi~, Strumpf~), syn. ⟨geh.⟩ *Beinkleid,* ⟨norddt.⟩ *Büx, Bux, Buxe; sie hat zu Hause die ~n an* ⟨übertr.⟩ *sie bestimmt zu Hause; einem Kind die ~n strammziehen es züchtigen; er hat die ~n (gestrichen) voll* ⟨vulg.⟩ *er hat große Angst; sich auf die ~n setzen fleißig (geistig) arbeiten, zu lernen beginnen; die Sache ist in die H. gegangen* ⟨derb⟩ *die Sache ist schief gegangen, hat nicht geklappt*

Ho|sen|an|zug ⟨m.2⟩ *lange Hose und Jacke (für Damen) aus demselben Stoff*

Ho|sen|band|or|den ⟨m.7⟩ *höchster englischer Orden (von Herrn unter dem linken Knie, von Damen am rechten Oberarm getragen)*

Ho|sen|bein ⟨n.1⟩ *ein Bein umschließender Teil der Hose*

Ho|sen|bo|den ⟨m.8⟩ *Sitzfläche der Hose; einem Jungen den H. strammziehen* ⟨ugs.⟩ *einen Jungen verhauen (zur Strafe)*

Ho|sen|klam|mer ⟨f.11⟩ *Klammer zum Zusammenfassen, Verengern des Hosenbeins (beim Radfahren)*

Ho|sen|latz ⟨m.2⟩ **1** *(an Kinder-, Trachtenhosen) Latz* **2** ⟨landsch.⟩ → *Hosenschlitz*

Ho|sen|matz ⟨m.2⟩ **1** *Kind, das nur mit einer Hose bekleidet ist* **2** ⟨auch⟩ *kleines Kind; er ist ja noch ein H.*

Ho|sen|rol|le ⟨f.11; Theat.⟩ *Männerrolle, die von einer Frau gespielt wird*

Ho|sen|schei|ßer ⟨m.5; vulg.⟩ *ängstlicher, feiger Mensch*

Ho|sen|schlitz ⟨m.1⟩ *schlitzförmige Öffnung an der Vorderseite der Herrenhose;* Syn. ⟨ugs.⟩ *Hosenstall,* ⟨bayr.⟩ *Hosentürl,* ⟨landsch.⟩ *Hosenlatz*

Ho|sen|span|ner ⟨m.5⟩ *Bügel zum Aufhängen der (langen) Hose, mit dem zugleich der Saum der Hosenbeine gespannt wird*

Ho|sen|stall ⟨m.2; ugs.⟩ → *Hosenschlitz*

Ho|sen|ta|sche ⟨f.11⟩ *Tasche in der Hose; eine Gegend wie seine H. kennen sie genau kennen*

Ho|sen|türl ⟨n.14; bayr.⟩ → *Hosenschlitz*

Ho|si|an|na ⟨n.9⟩ *Freudenruf (urspr. beim Einzug Jesu in Jerusalem);* auch: *Hosanna* [< hebr. *hoši'ana* „hilf doch", < *hoši'a* h., helfen, retten" mit Endsilbe *-na*, die eine Bitte, einen dringenden Hinweis ausdrückt]

Hos|pi|tal ⟨n.4 oder n.1; veraltend⟩ *Krankenhaus, Altenpflegeheim;* auch: ⟨österr., schweiz., kurz⟩ *Spital,* ⟨landsch.⟩ *Spittel* [über mhd. *hospital(e)* < mlat. *hospitale* „Armen-, Krankenhaus" < lat. *hospitalis* „zum Gast gehörig, gastfreundlich", zu *hospes*, Gen. *hospitis*, „Gast"]

Hos|pi|ta|lis|mus ⟨m., -, nur Sg.⟩ **1** *körperliche, geistige und seelische Schäden durch andauernden Krankenhaus- oder (bei Kindern) Heimaufenthalt* **2** *zusätzliche Erkrankungen Patienten im Krankenhaus durch Infektion* [zu *Hospital*]

Hos|pi|ta|li|tät ⟨f., -, nur Sg.; †⟩ *Gastfreundschaft*

Hos|pi|tant ⟨m.10⟩ *jmd., der hospitiert*

Hos|pi|ta|ti|on ⟨f.10⟩ *das Hospitieren*

hos|pi|tie|ren ⟨V.3, hat hospitiert; o.Obj.⟩ *als Gast zuhören; im Unterricht h.* [< lat. *hospitari* „als Gast einkehren, sich aufhalten", zu *hospes* „Gast"]

Hos|piz ⟨n.1⟩ *Übernachtungsheim, christliches Gasthaus* [< lat. *hospitium* „Gasthaus, Herberge", → *Hospital*]

Hos|po|dar ⟨m.1 oder m.10; rumän. Form von⟩ *Gospodar*

Ho|steß ⟨f., -, -stes|sen⟩ **1** *Fremdenführerin, Betreuerin von Gästen bei großen Veranstaltungen (Ausstellungen, Messen o.ä.)* **2** *Angestellte einer Fluggesellschaft, die für die Betreuung der Reisenden zuständig ist;* Syn. *Stewardess* **3** ⟨in Zeitungsanzeigen⟩ *Prostituierte*

Ho|stie [-stjə] ⟨f.11; christl. Rel.⟩ *geweihtes Abendmahlsbrot in Form einer kleinen Oblate* [< lat. *hostia* „Opfer, Opfertier, Schlachtopfer", eigtl. „die Geschlagene"]

Ho|sti|en|kelch [-stjən-] ⟨m.1⟩ → *Ziborium*

Ho|sti|en|schrein [-stjən-] ⟨m.1⟩ → *Tabernakel*

ho|stil ⟨Adj.; †⟩ *feindlich, feindselig* [< lat. *hostilis* „feindlich", zu *hostis* „Fremder, Feind"]

Hös|wurz ⟨f., -, nur Sg.⟩ → *Händelwurz*

Hot Dog ⟨[hɔt dɔg] n. oder m., - -s, - -s⟩ *in eine Semmel gestecktes, mit Ketchup gewürztes heißes Würstchen* [engl., „heißer Hund"]

Ho|tel ⟨n.9⟩ *Gasthaus für gehobene Ansprüche; ein gutes, teures, billiges H.; in einem H. absteigen;* H. garni *H., das nur Übernachtung und Frühstück bietet* [< frz. *hôtel*, „großes Privathaus in der Stadt, öffentliches Gebäude, großes Gasthaus", zu *hôte* „Gast, Gastgeber, Wirt", < lat. *hospes*, Gen. *hospitis*, „Gast sowie Gastgeber"]

Ho|tel|fach ⟨n., -(e)s, nur Sg.⟩ *Hotelgewerbe; im H. arbeiten* **2** *Kenntnisse, die zu einer Arbeit im Hotel befähigen; das H. erlernen*

Ho|te|lier [-lje] ⟨m.9⟩ *Eigentümer oder Leiter eines Hotels*

Ho|tel|le|rie ⟨f., -, nur Sg.⟩ *Hotel- und Gaststättengewerbe*

Hot Jazz ⟨[hɔt dʒæs] m., -, nur Sg.⟩ *Improvisationsstil des Jazz in seiner Blütezeit zwischen 1920 und 1930* [engl., „heißer Jazz"]

Hot pants ⟨[hɔt pænts] nur Pl.⟩ *kurze, enganliegende Damenhose* [engl., „heiße Höschen"]

hott! ⟨Int.; Zuruf an Zugtiere⟩ *vorwärts!, rechts!; einmal hü und einmal h. sagen seine Ansicht ständig ändern*

hot|ten ⟨V.1, hat gehottet; o.Obj.⟩ *Hot tanzen*

Hot|ten|tot|te ⟨m.11⟩ *Angehöriger eines südund südwestafrikanischen khoisaniden Volkes* [ndrl., „Stotterer"]

hot|ten|tot|tisch ⟨Adj., o.Steig.⟩ **1** *die Hottentotten betreffend, zu ihnen gehörig, von ihnen stammend* **2** ⟨übertr.⟩ *fremdartig, unverständlich*

Hour|di ⟨[urdi] m.9⟩ *aus Ton gebrannter, leichter Deckenhohlziegel* [< frz. *hourdis* „Rohrverputz"]

Ho|va|wart ⟨[-fa-] m.1⟩ *Schutz- und Hütehund mit langem, welligem Fell* [vermutlich mit althochdeutsch klingender Lautung zu mhd. *hovewart*, „Hofhund"; die Rasse wurde Anfang des 20. Jh. neu gezüchtet]

Ho|ver|craft ⟨[-kra:ft] n., -(s), -s⟩ *Fahrzeug, das unmittelbar über dem Wasser wie auf einem Luftkissen schwebt* [engl., < *to hover* „in der Luft schweben" und *craft* „Schiff, Fahrzeug; Fertigkeit"]

hp, HP ⟨Abk. für⟩ *horse-power (Pferdestärke, PS)*

Hptst. ⟨Abk. für⟩ *Hauptstadt*

HQu. ⟨Abk. für⟩ *Hauptquartier*

hrsg. ⟨Abk. für⟩ *herausgegeben*

Hrsg. ⟨Abk. für⟩ *Herausgeber*

hü! ⟨Int.; Zuruf an Zugtiere⟩ *vorwärts!;* vgl. *hott!*

Hub ⟨m.2⟩ **1** *Hebebewegung* **2** *Weg der Hin- und Herbewegung eines Kolbens*

Hu|be ⟨f.11; oberdt.⟩ → *Hufe*

hü|ben ⟨Adv.⟩ *auf dieser Seite; h. und drüben auf beiden Seiten*

Hu|ber ⟨m.5; bayr.-österr.⟩ → *Hufner*

Hu|ber|tus|jagd ⟨f.10⟩ Jagd am Tag des heiligen Hubertus
Hu|ber|tus|man|tel ⟨m.6; österr.⟩ → Lodenmantel
Hu|ber|tus|tag ⟨m.1⟩ der 3. November, der dem heiligen Hubertus, dem Schutzherrn der Jäger, geweihte Tag
Hub|in|sel ⟨f.11⟩ Bohrinsel mit ausfahrbaren Bodenstützen, die die Plattform über das Niveau des höchsten Seegangs heben
Hüb|ner ⟨m.5; südwestdt., schweiz.⟩ Hufner
Hub|raum ⟨m.2⟩ Zylinderraum einer Kolbenmaschine zwischen oberem und unterem Totpunkt der Kolbenbewegung (Kenngröße für die Leistung eines Verbrennungsmotors)
hübsch ⟨Adj.⟩ **1** von angenehmem, anziehendem Äußeren; ~es Gesicht; h. sein; eine ~e Landschaft **2** ⟨Mus.⟩ schön klingend; eine ~e Melodie **3** ⟨ugs.⟩ beträchtlich, viel; ein ~es Stück Arbeit **4** ⟨ugs.⟩ nett, taktvoll; das war nicht h. von dir! **5** ⟨ugs., zur Verstärkung bei Adjektiven und Verben⟩ ziemlich, recht; das ist h. anstrengend; das solltest du h. bleiben lassen das solltest du auf keinen Fall tun
Hub|schrau|ber ⟨m.5⟩ Flugzeug, das Auftrieb durch oberhalb des Fahrzeugs angebrachte, sich waagrecht drehende Schraubenblätter erhält; Syn. Helikopter
Hu|chen ⟨m.7⟩ (in der Donau und ihren Nebenflüssen vorkommender) kupferrötlicher Lachsfisch mit dunklen Flecken auf dem Körper
Hucke ⟨-k|k-; f.11⟩ **1** auf dem Rücken getragene Last; eine H. Holz **2** ⟨nur Sg.; ugs.⟩ Rücken; jmdm. die H. vollhauen jmdn. verprügeln; jmdm. die H. volllügen jmdn. unverschämt belügen; die H. vollkriegen verhauen werden; sich die H. vollsaufen sich hemmungslos betrinken
hucke|pack ⟨-k|k-; Adv.⟩ **1** auf dem Rücken; jmdn. h. tragen **2** auf den Rücken; jmdn. h. nehmen
Hucke|pack|ver|kehr ⟨-k|k-; m., -s, nur Sg.⟩ Beförderung von großen Kraftfahrzeugen auf eigens dafür eingerichteten Eisenbahnwagen
Hu|de ⟨f.11; nddt.⟩ Viehweide [zu hüten]
Hu|del ⟨m.5⟩ Lappen, Fetzen
Hu|de|lei ⟨f.10⟩ **1** ⟨nur Sg.⟩ das Hudeln **2** unsorgfältige Arbeit
hu|de|lig ⟨Adj.⟩ schnell und unsorgfältig; auch: h. arbeiten
hu|deln ⟨V.1, hat gehudelt⟩ **I** ⟨o.Obj.⟩ rasch und unsorgfältig arbeiten **II** ⟨mit Akk.; landsch.⟩ schlecht behandeln, plagen
hu|dern ⟨V.1, hat gehudert⟩ **I** ⟨mit Akk.⟩ unter die Flügel nehmen; die Henne hudert die Küken **II** ⟨o.Obj. oder refl.⟩ (sich) h. im Sand baden; Vögel h. (sich)
hud|lig → hudelig
Huer|ta [ˈwɛrta] ⟨f.9; in Spanien⟩ künstlich bewässertes Ackerland [span., „Garten"]
Huf ⟨m.1; bei Huftieren⟩ verdickte, schuhähnliche Hornbedeckung, die Zehen und Weichteile umschließt
Hu|fe ⟨f.11⟩ auch: ⟨oberdt.⟩ Hube **1** ⟨urspr.⟩ Anteil einer Bauernfamilie an der Gemeindeflur **2** ⟨MA⟩ ein Feldmaß, 12–24 ha
Huf|ei|sen ⟨n.7⟩ der Form des Pferdehufes angepaßtes Eisen, das als Schutz gegen übermäßige Abnutzung dient
Huf|ei|sen|ma|gnet ⟨m.1⟩ Dauermagnet in Hufeisenform
Huf|ei|sen|na|se ⟨f.11⟩ Fledermaus mit hufeisenförmigem Nasenaufsatz
Huf|en|dorf ⟨n.4⟩ Dorf, in dem hinter jedem Hof in schmalen Streifen das dazugehörige Acker- und Wiesenland liegt (Marsch~, Wald~)
Huf|krebs ⟨m., -es, nur Sg.; beim Pferdehuf⟩ gestörte Hornbildung des Epithels
Huf|lat|tich ⟨m., -s, nur Sg.⟩ im Frühjahr blühender Korbblütler, dessen gelbe Blüten vor den Blättern erscheinen [nach den hufeisenförmigen Blättern]

Huf|ner, Hüf|ner ⟨m.5⟩ Besitzer einer Hufe; auch: ⟨bayr.-österr.⟩ Huber, ⟨südwestdt.-schweiz.⟩ Hübner

Huf|schmied ⟨m.1⟩ jmd., der berufsmäßig Pferdehufe beschlägt; Syn. Grobschmied

Hüft|bein ⟨n.1⟩ Teil des Beckens, der aus der Verschmelzung von Darm-, Sitz- und Schambein hervorgeht

Hüf|te ⟨f.11⟩ Körpergegend, die das Hüftgelenk umgibt; breite ~n breite Beckenknochen

Hüft|ge|lenk ⟨n.1⟩ gelenkige Verbindung des Oberschenkelknochens mit dem Beckenknochen

Hüft|gür|tel ⟨m.5⟩, **Hüft|hal|ter** ⟨m.5⟩ Mieder (2)

Huf|tier ⟨n.1⟩ (meist großes) pflanzenfressendes Säugetier mit Huf oder Klauen

Hüft|nerv ⟨m.12 oder m.10⟩ längster und dickster, an der Hinterseite der Hüfte verlaufender Nerv (des Menschen); Syn. Ischiadikus, Ischiasnerv

Hüft|weh ⟨n., -s, nur Sg.; volkstüml.⟩ → Ischias, Ischialgie

Hü|gel ⟨m.5⟩ **1** gerundete Bodenerhebung von geringer Höhe; Syn. ⟨oberdt.⟩ Bühl **2** kleine Erhebung (Sand~)

hü|gel|ab ⟨Adv.; geh.⟩ den Hügel hinunter
hü|gel|an ⟨Adv.; geh.⟩ den Hügel hinauf; Syn. hügelauf
hü|gel|auf ⟨Adv.; geh.⟩ → hügelan

Hü|gel|grab ⟨n.1⟩ vorgeschichtliches Grab, das durch Anhäufung von Steinen und Erde über dem Toten entsteht

hü|ge|lig ⟨Adj.⟩ voller Hügel, Hügel bildend; auch: hüglig; ~e Landschaft

Hu|ge|not|te ⟨m.11; im alten Frankreich⟩ Protestant [< frz. huguenot, ältere Formen: eiguenot, eydsguenot, verstümmelt aus dt.-schweiz. Eidgenosse]

hu|ge|not|tisch ⟨Adj., o.Steig.⟩ in der Art der Hugenotten, die Hugenotten betreffend

hüg|lig ⟨Adj.⟩ → hügelig

Huhn ⟨n.4⟩ **1** (in verschiedenen Rassen) als Haustier gezüchteter Hühnervogel (Hahn oder Henne), Haushuhn; mit den Hühnern aufstehen, zu Bett gehen sehr früh aufstehen, zu Bett gehen **2** ~, Henne; der Hahn und die Hühner **3** → Hühnervogel (bes. für weibliche Tiere; Auer~, Birk~, Reb~) **4** ⟨übertr., ugs.⟩ Person, Mensch; er ist ein fideles, verrücktes H.

Hühn|chen ⟨n.7⟩ kleines Huhn, Brathuhn; mit jmdm. ein H. rupfen jmdm. wegen einer zurückliegenden Sache zurechtweisen

Hüh|ner|au|ge ⟨n.14⟩ verdickte, hornige Stelle am Fuß infolge ständigen Drucks; Syn. Leichdorn [entweder Lehnübersetzung < mlat. oculus pullinus, oculus „Auge, augenförmiger Fleck", pullinus „junges Tier, bes. Hühnchen", vielleicht wegen der kreisrunden Form, die wie ein Vogelauge wirkt; oder entstellt aus mhd. hürnin ouge „mit Hornhaut überzogenes Auge"]

Hüh|ner|brust ⟨f.2; ugs.⟩ **1** Brustkorb mit stark vorgewölbtem Brustbein **2** schmaler Brustkorb (eines schmächtigen Mannes)

Hüh|ner|ha|bicht ⟨m.1; veraltend⟩ → Habicht

Hüh|ner|hund ⟨m.1⟩ Vorstehhund für die Jagd auf Rebhühner, Fasanen u.a.

Hüh|ner|lei|ter ⟨f.11⟩ **1** schräg an einen hochgelegenen Stall gelehntes Brett mit Querleisten, auf dem die Hühner zur Einschlupföffnung steigen können **2** ⟨scherzh.⟩ enge dunkle Treppe

Hüh|ner|pest ⟨f., -, nur Sg.⟩ → Geflügelpest

Hüh|ner|vo|gel ⟨m.2⟩ Lauf- und Bodenvogel (z.B. Fasan, Haushuhn, Rauhfußhuhn); auch: ⟨kurz⟩ Huhn

hui|us an|ni ⟨Abk.: h.a.⟩ dieses Jahres [lat.]
hui|us men|sis ⟨Abk.: h.m.⟩ dieses Monats [lat.]

Hu|ka ⟨f.9⟩ indische Wasserpfeife [arab.]
Huk|boot ⟨n.1⟩, **Hu|ker** ⟨m.5⟩ größeres Fischerboot der Hochseefischerei mit umlegbarem Mast [< ndrl. hoeker in ders. Bed.]

Hu|la-Hu|la ⟨m.9 oder f.9⟩ (urspr. kultischer) Tanz der Eingeborenen auf Hawaii

Huld ⟨f., -, nur Sg.; †⟩ gnädige Herablassung, Wohlwollen; h. in jmds. H. stehen

hul|di|gen ⟨V.1, hat gehuldigt; mit Dat.⟩ **1** jmdm. h. ⟨früher⟩ jmds. Herrschaft durch Treueid anerkennen **b** jmdm. seine Verehrung ausdrücken; jmdm. mit einer Ansprache, einem Gedicht h. **2** einer Sache h. **a** eine Sache anerkennen und sie unterstützen, sie vertreten; er huldigt der Auffassung, daß ... **b** eine Sache sehr gern haben, sie sehr gern tun, sie oft genießen; dem Wein h.; dem Kartenspiel h.

Hul|di|gung ⟨f.10⟩ **1** ⟨früher⟩ Treueid **2** Ausdruck der Verehrung; sie brachten ihm durch einen Fackelzug ihre H. dar

huld|reich ⟨Adj.; †; heute meist iron.⟩ voller Huld, voller Herablassung, gnädig; Syn. huldvoll

huld|voll ⟨Adj.; †; heute meist iron.⟩ → huldreich

Hül|le ⟨f.11⟩ **1** etwas, das etwas anderes umhüllt, verpackt, bedeckt, Umhüllung (Schirm~, Schallplatten~); eine H. des Schweigens umgibt ihn; seine irdische, sterbliche H. ⟨poet.⟩ sein Leichnam **2** ⟨ugs.⟩ Kleidungsstück; wärmende, schützende ~n; alle ~n fallen lassen sich vollständig entkleiden; in H. und Fülle ⟨geh.⟩ in großen Mengen **3** ⟨Biol.⟩ Hüllblatt, Hülse

hül|len|los ⟨Adj., o.Steig.⟩ **1** unverhüllt, ohne Bedeckung; etwas h. zutage treten lassen **2** ⟨ugs.⟩ unbekleidet, nackt

Hüll|ku|vert ⟨n.1⟩ → Enveloppe
Hüll|wort ⟨n.4; Sprachw.⟩ → Euphemismus

Hül|se ⟨f.11⟩ **1** längliche, steife, umhüllende Bedeckung (Geschoß~, Steck~) **2** Frucht, deren Fruchtblatt sich bei der Reife an Bauch- und Rückennaht mit zwei Klappen öffnet (Bohnen~, Erbsen~) **3** → Stechpalme [zu hehlen]

Hül|sen|frücht|ler ⟨m.5⟩ Pflanze, deren Früchte Hülsen (2) sind (z.B. Johannisbrotbaum, Mimose, Schmetterlingsblütler); Syn. Leguminose

hu|man ⟨Adj.⟩ menschlich, menschenwürdig, menschenfreundlich; Ggs. inhuman; ~ere Bedingungen schaffen; ~es Vorgehen [< lat. humanus in ders. Bed., zu homo „Mensch"]

Hu|man|bio|lo|gie ⟨f., -, nur Sg.⟩ Bereich der Biologie, der sich mit dem Menschen befaßt

Hu|man|ge|ne|tik ⟨f., -, nur Sg.⟩ Wiss. von der Vererbung beim Menschen

Hu|ma|nio|ra ⟨nur Pl.; †⟩ **1** klassische Bildung **2** die klassische Fächer **3** Prüfung in den klassischen Fächern

hu|ma|ni|sie|ren ⟨V.3, hat humanisiert; mit Akk.⟩ human(er) gestalten, menschenwürdig(er) machen; den Strafvollzug h. **Hu|ma|ni|sie|rung** ⟨f., -, nur Sg.⟩

Hu|ma|nis|mus ⟨m., -, nur Sg.⟩ **1** Menschlichkeit, Achtung vor der Menschenwürde; echten H. zeigen **2** (13.–16. Jh.) geistige Strömung in Europa, die im Gefolge der Renaissance die Wiederbelebung der Kulturwerte des griechisch-römischen Altertums anstrebte

Hu|ma|nist ⟨m.10⟩ **1** Vertreter des Humanismus (2) **2** human denkender und handelnder Mensch **3** Kenner des griechisch-römischen Altertums und seiner Sprachen **4** jmd., der ein humanistisches Gymnasium besucht hat

hu|ma|ni|stisch ⟨Adj., o.Steig.⟩ **1** auf dem Humanismus (2) beruhend, zum Humanismus gehörig **2** die klassischen Sprachen (Griechisch und Latein) betreffend; ~es Gymnasium höhere Schule mit Griechisch und Latein; ~e Studien

hu|ma|ni|tär ⟨Adj.⟩ *menschenfreundlich, den Menschen helfend;* ~e *Maßnahmen*

Hu|ma|ni|tät ⟨f., -, nur Sg.⟩ *menschenfreundliche Gesinnung, Menschlichkeit, Mildtätigkeit;* Ggs. *Inhumanität*

Hu|man|me|di|zin ⟨f., -, nur Sg.⟩ *Bereich der Medizin, der sich mit dem Menschen befaßt* (im Unterschied zur Tiermedizin)

Hu|man Re|la|tions ⟨[ˈjuːmən rɪˈleɪʃnz] nur Pl.⟩ *Beziehungen zwischen Menschen* [engl.]

Hum|bug ⟨m., -s, nur Sg.⟩ *Täuschung, Blendwerk* [engl. humbug „Schwindel, Betrug, Täuschung; Unsinn", Herkunft nicht bekannt]

Hu|me|ra|le ⟨n., -s, -lia oder -li̱en⟩ *Schultertuch des kath. Priesters* [< lat. *humerale, umerale* „Schulterbedeckung", zu *umerus* „Oberarm mit Schulter", auch nur „Schulter"]

hu|mid, hu|mi|de ⟨Adj.⟩ *feucht, niederschlagsreich;* ~es *Klima;* ~es *Gebiet* [< lat. *humidus, umidus* „feucht, naß"]

Hu|mi|di|tät ⟨f., -, nur Sg.⟩ *humide Beschaffenheit*

Hu|mi|fi|ka|tion ⟨f., -, nur Sg.⟩ *Vermoderung, Humusbildung*

hu|mi|fi|zie|ren ⟨V.3, ist humifiziert; o.Obj.⟩ *vermodern, zu Humus werden; Pflanzenreste* h. [< lat. *humus*, Gen. *humi*, „Erde, Erdboden, Erdreich" und *facere* (in Zus. *-ficere*) „machen"]

hu|mil ⟨Adj.; †⟩ **1** *niedrig* **2** *demütig* [< lat. *humilis* in ders. Bed., zu *humus* „Boden, Erdboden"]

hu|mi|li|ant ⟨Adj.; †⟩ *demütigend*

Hu|mi|li|a|tion ⟨f.10; †⟩ *Demütigung*

Hu|min|säu|re ⟨f.11⟩ *aus Resten abgestorbener Lebewesen im Boden sich bildende Säure;* Syn. *Humussäure*

Hum|mel ⟨f.11⟩ *dicht behaarte, dicke Biene* (Erd~, Stein~) [vermutlich lautmalend]

Hum|mer ⟨m.5⟩ **1** (an Felsküsten des Nordatlantiks vorkommender) *Zehnfußkrebs mit mächtigen Scheren;* Helgoländer ~ **2** *dessen* (als Delikatesse geltendes) *Fleisch;* H. mit *Mayonnaise*

Hu|mor I ⟨[hu-] m., -s, -mo̱|res; Med.⟩ *Körperflüssigkeit* **II** ⟨[-ˈmoːr] m., -s, nur Sg.⟩ *geistig überlegene Heiterkeit, heitere seelische Gelassenheit* [< lat. *humor, umor* „Flüssigkeit, Körpersaft"; nach alter Auffassung beruht die innere Art des Menschen auf dem Verhältnis der Körpersäfte zueinander, und das wohlausgewogene Verhältnis bewirkt Ausgeglichenheit und innere Heiterkeit]

hu|mo|ral ⟨Adj., o.Steig.⟩ *auf den Körpersäften beruhend, durch sie bewirkt* [zu *Humor*]

Hu|mo|res|ke ⟨f.11⟩ **1** *kurze, humorvolle Erzählung* **2** *kurzes, heiteres Musikstück*

hu|mo|rig ⟨Adj.⟩ *Humor zeigend, launig;* eine ~e *Ansprache*

Hu|mo|rist ⟨m.10⟩ *Verfasser oder Rezitator humorvoller Erzählungen, Gedichte u.ä.*

hu|mo|ri|stisch ⟨Adj., o.Steig.⟩ *humorvoll, scherzhaft;* eine ~e *Ader haben;* eine ~e *Erzählung*

hu|mor|voll ⟨Adj.⟩ **1** *Humor besitzend;* ein ~er *Mensch* **2** *launig, liebenswürdig-scherzhaft;* eine ~e *Bemerkung machen;* eine *Sache* h. *betrachten sie nicht zu ernst nehmen, indem man ihre komische Seite erkennt*

hu|mos ⟨Adj.⟩ *humusreich*

hum|peln ⟨V.1, ist gehumpelt; o.Obj.⟩ →*hinken;* über die Straße h.

Hum|pen ⟨m.7⟩ *zylindrisches, metallenes Trinkgefäß;* ein H. *Bier*

Hu|mus ⟨m., -, nur Sg.⟩ *braunschwarzer, nährstoffreicher Bestandteil der obersten Schicht des Erdbodens* [lat., „Erde"]

Hu|mus|säu|re ⟨f.11⟩ →*Huminsäure*

Hund ⟨m.1⟩ **1** (in verschiedenen Rassen) u.a. *als Wächter und Gefährte des Menschen gezüchteter Hundeartiger* (Haus~); *das ist ein dicker* H. ⟨ugs.⟩ *ein dummer Fehler, eine unangenehme, schwierige Sache; er ist bekannt wie ein bunter, scheckiger* H. ⟨ugs.⟩ *er ist sehr bekannt;* damit lockt man keinen H. hinter dem Ofen hervor ⟨ugs.⟩ *damit kann man niemanden reizen; bei dem Wetter jagt man ja keinen* H. *vor die Tür* ⟨ugs.⟩; *auf den* H. *kommen* ⟨ugs.⟩ *schwach und elend werden, abmagern,* (auch) *wirtschaftlich, moralisch sinken; er ist von, mit allen* ~en *gehetzt* ⟨ugs.⟩ *er ist schlau und erfahren, ihm kann man nichts vormachen; vor die* ~e *gehen* ⟨ugs.⟩ **2** ⟨übertr., ugs.⟩ **a** *Person, Mensch; er ist ein armer* H.; *er ist ein fauler* H. **b** *gemeiner Mensch;* dieser elende H. **c** *raffinierter Mensch; um das zu schaffen, muß man schon ein* H. *sein* **3** ⟨Bgb.⟩ *Förderwagen vor Grubenbauen;* auch: *Hunt* **4** ⟨Transportwesen⟩ *einfacher Wagen mit Hubvorrichtung, den man unter Paletten schiebt*

hun|de... ⟨in Zus.; ugs.⟩ *äußerst, über die Maßen,* z.B. *hundeelend, hundekalt, hundemüde*

Hun|de... ⟨in Zus.; ugs.⟩ **1** *sehr groß,* z.B. *Hundekälte* **2** *sehr schwer, mühsam,* z.B. *Hundearbeit* **3** *sehr schlecht,* z.B. *Hundewetter, Hundeleben*

Hun|de|ar|ti|ge(r) ⟨m.17 oder 18⟩ (meist gesellig lebendes) *Raubtier mit dolchartigen Eck- und Reißzähnen, hochbeiniger Zehengänger mit nicht einziehbaren Krallen, spitzen Ohren und gutem Geruchssinn* (z.B. Hund, Fuchs, Schakal, Wolf)

Hun|de|ku|chen ⟨m.7⟩ *hartes Gebäck als Nahrung für Hunde, das u.a. aus gepulverten Rückständen der Fleischverarbeitung hergestellt wird*

Hun|de|mar|ke ⟨f.11⟩ **1** *Blechmarke am Hundehalsband, die Nachweis über die bezahlte Hundesteuer ist* **2** ⟨scherzh.⟩ *Erkennungsmarke* (des Soldaten, Polizisten)

hun|dert ⟨Num.; Schreibung in Buchstaben für⟩ *100;* Ableitungen und Zus. vgl. *acht;* einige, viele, mehrere h. *Menschen;* vgl. *Hundert; da war ich auf* h. ⟨übertr.⟩ *da war ich wütend;* Ableitungen und Zus. vgl. *acht*

Hun|dert ⟨Num.⟩ **1** ⟨f.10⟩ *die Zahl 100* **2** ⟨n.1⟩ *Menge von hundert Lebewesen oder Stück, Packung von hundert Stück;* einige H. *Zigaretten; sie haben mehrere* H. *Hühner verkauft; drei vom* H. (Abk.: v.H.) *drei Prozent;* ~e *aber* ~e, (österr.) *Aberhunderte;* ~e *von Menschen*

Hun|der|ter ⟨m.5⟩ *Hundertmarkschein*

hun|dert|fach ⟨Adj.; Steig., poet.⟩ ~ *hundertmal, sehr oft; ich will es dir* h. *vergelten*

hun|dert|fünf|zig|pro|zen|tig ⟨Adj., o.Steig.⟩ *ausgeprägt, übertrieben; er ist ein* ~er *Mann;* ein ~er *Nationalist*

Hun|dert|fü|ßer, Hun|dert|füß|ler ⟨m.5⟩ *Tausendfüßer, dessen Rumpf aus zahlreichen gleichartigen Segmenten besteht, die je ein Paar Laufbeine tragen* (z.B. der Erdläufer)

Hun|dert|jahr|fei|er ⟨f.11⟩ *Feier zum hundertjährigen Bestehen oder zur 100. Wiederkehr eines Tages*

hun|dert|mal ⟨Adv.⟩ **1** *mit 100 malgenommen* **2** *sehr oft, unzählige Male; ich habe es euch schon* h. *gesagt*

hun|dert|pro|zen|tig ⟨Adj.⟩ **1** *die ungeteilte Gesamtheit* (hundert Prozent) *umfassend;* ~e *Beteiligung* **2** *vollständig, vollkommen, ganz;* ein ~er *Erfolg; die Sache ist* h. *sicher; ich stimme den* h. *zu; es ist mir nicht* h. *gelungen; das ist* h. *daran ist nichts auszusetzen*

Hun|dert|satz ⟨m.2; veraltend⟩ →*Prozentsatz*

Hun|dert|schaft ⟨f.10; Mil. und Polizei⟩ *aus 100 Mann bestehende Abteilung*

Hun|dert|stel ⟨n.5⟩ *der hundertste Teil;* vgl. *Achtel*

hun|dert|tau|send ⟨Num.; Schreibung in Buchstaben für⟩ *100000, hundertmal tausend;* vgl. *hundert, Hundert*

Hun|dert|tau|send ⟨n.1⟩ **1** *die Ziffer 100000* **2** *Menge von 100000; das erste, zweite* H. *der Auflage;* ~e *von Menschen*

Hun|de|schlit|ten ⟨m.7⟩ *von Hunden gezogener Schlitten* (als Fahrzeug der Eskimos)

hün|disch ⟨Adj.⟩ *unterwürfig, kriecherisch;* ~e *Ergebenheit;* ~er *Gehorsam*

Hun|dred|weight ⟨[ˈhʌndrədweɪt] n., -, -(s); Abk.: cwt.⟩ *englisches Handelsgewicht von 50,8 kg* [engl., < *hundred* „hundert" und *weight* „Gewicht"]

hunds... ⟨in Zus.; ugs.⟩ *sehr,* z.B. *hundsgemein, hundsmiserabel, hundsmüde*

Hunds|fott ⟨m.1; ugs.⟩ *gemeiner Mensch, Schuft* [zu *Fotze*, hier „Geschlechtsteil der Hündin", das Wort bezeichnete wahrscheinlich urspr. einen Sodomiten]

Hunds|föt|te|rei ⟨f.10; derb⟩ *Schurkerei, Gemeinheit*

hunds|föt|tisch ⟨Adj.; derb⟩ *gemein, schurkisch*

Hunds|gift|ge|wächs ⟨n.1⟩ (meist ungegliederte Milchröhren besitzend) *den Enziangewächsen nahestehende Pflanze* (z.B. Immergrün, Kautschuk, Oleander)

Hunds|ka|mil|le ⟨f., -, nur Sg.⟩ *auf Äckern wachsende Pflanze, die weniger Wirkstoffe als die echte Kamille enthält* [Hunds- steht hier, wie bei anderen Pflanzen, für „niedrig, einfach", weil der Pflanze eine für den Menschen wichtige Eigenschaft fehlt]

Hunds|pe|ter|si|lie ⟨f., -, nur Sg.⟩ (u.a. auf Schutt wachsendes) *petersilienähnliches, giftiges Doldengewächs* [vgl. *Hundskamille*]

Hunds|ro|se ⟨f.11⟩ →*Heckenrose* [vgl. *Hundskamille*]

Hunds|ta|ge ⟨Pl.⟩ *die heißeste Zeit in Europa, in der Sonne etwa mit dem Hundsstern, dem Sirius, aufgeht*

Hunds|veil|chen ⟨n.7⟩ *geruchloses wildes Veilchen* [vgl. *Hundskamille*]

Hunds|wut ⟨f., -, nur Sg.; †⟩ →*Tollwut*

Hunds|zun|ge ⟨f., -, nur Sg.⟩ *Rauhblattgewächs mit graufilzigen, zungenförmigen Blättern und bräunlichen Blüten;* Echte H., Wald-

Hü|ne ⟨m.11⟩ **1** *Angehöriger eines mythischen Riesengeschlechts* **2** ⟨übertr.⟩ *sehr großer, breitschultriger Mann*

Hü|nen|grab ⟨n.4⟩ →*Megalithgrab*

hü|nen|haft ⟨Adj., o.Steig.⟩ *wie ein Hüne, groß und kräftig;* von ~er *Gestalt*

Hun|ger ⟨m., -s, nur Sg.⟩ **1** *Bedürfnis nach Nahrung;* H. *haben;* H. *leiden;* ~s *sterben* (geh.) *verhungern;* guten H.! ⟨ugs.⟩ *guten Appetit!* **2** ⟨geh.⟩ *heftiges Verlangen;* H. *nach Abwechslung, nach Liebe*

Hun|ger|blüm|chen ⟨n.5⟩ *weiß oder rötlich blühender kleiner Kreuzblütler an trockenen, sonnigen Standorten* (Frühlings-H.) [nach der Vorliebe für „mageren" Boden]

Hun|ger|da|sein ⟨n., -, nur Sg.⟩ *elendes, ärmliches Leben;* ein H. *führen*

Hun|ger|jahr ⟨n.1⟩ *Jahr mit schlechter Ernte, Jahr, in dem viele Menschen Hunger leiden;* die ~e *nach dem Krieg*

Hun|ger|künst|ler ⟨m.5⟩ **1** *jmd., der gegen Entgelt* (z.B. als Schausteller) *lange Zeit hungert* **2** ⟨übertr.⟩ *jmd., der mit sehr wenig Nahrung auskommt; du bist ja ein* H.!

Hun|ger|lei|der ⟨m.5; ugs., abwertend⟩ *jmd., der wenig besitzt, armer Schlucker*

Hun|ger|lohn ⟨m.2⟩ *sehr geringer Lohn;* für einen H. *arbeiten*

hun|gern ⟨V.1, hat gehungert⟩ **I** ⟨mit Akk.; unpersönl.⟩ *es hungert mich,* ⟨oder⟩ *mich hungert ich habe Hunger, ich bin hungrig* **II** ⟨o.Obj.⟩ **1** *ständig, längere Zeit Hunger haben, nicht genug zu essen haben; wir haben den ganzen Krieg hindurch gehungert* **2** *wenig essen, fasten; um fünf Wochen h., um abzunehmen* **III** ⟨mit Präp.obj.⟩ *nach etwas* h. *starkes Bedürfnis, Sehnsucht nach etwas haben;* nach Liebe, Anerkennung h.

Hungersnot

IV ⟨refl.; nur in Verbindung mit Adverbien⟩ *sich durch Hungern (II,2) in einen bestimmten Zustand bringen;* sich schlank h.; du wirst dich noch zu Tode h.

Hun|gers|not ⟨f.2⟩ *Zeit des Hungers, Zeit, in der Lebensmittel sehr knapp sind*

Hun|ger|streik ⟨m.9⟩ *Verweigerung der Nahrungsaufnahme (um bestimmte Ziele durchzusetzen);* in H. treten

Hun|ger|tuch ⟨n.4; früher⟩ *Tuch, das in der Fastenzeit vor dem Altar gehängt wird;* am H. nagen ⟨übertr.; ugs., scherzh.⟩ *wenig zu essen haben, Hunger leiden* [eigtl. *am Hungertuch nähen*]

Hun|ger|turm ⟨m.2; früher⟩ *Gefängnisturm, in dem die Gefangenen keine Nahrung erhalten;* in H. sitzen

hung|rig ⟨Adj.⟩ **1** *Hunger habend, begierig nach Essen;* h. sein *Hunger haben;* h. auf etwas sein *etwas (Bestimmtes) gern essen wollen;* h. nach etwas sein **2** ⟨übertr.⟩ *sehr begierig auf etwas sein;* nach Beifall, nach Liebe h.

Hun|ne ⟨m.11⟩ **1** *Angehöriger eines zentralasiatischen Nomadenvolkes* **2** ⟨übertr.⟩ *roher, gewalttätiger Mensch*

hun|nisch ⟨Adj., o.Steig.⟩ *die Hunnen betreffend, zu ihnen gehörig, von ihnen stammend*

Hunt ⟨m.1⟩ → Hund (3)

Hun|ter ⟨[hʌn-] m.5⟩ *großes, kräftiges englisch-irisches Jagdpferd* [engl., „Jäger"]

Hu|pe ⟨f.11; an Fahrzeugen⟩ *Gerät, mit dem tutende Signale gegeben werden (z.B. eine Membran, die durch einen Elektromagneten in Schwingung versetzt wird)*

hu|pen ⟨V.1, hat gehupt; o.Obj.⟩ *mit einer Hupe ein Signal geben*

hupf|en ⟨oberdt.⟩ → *hüpfen;* das ist gehupft wie gesprungen *das kommt auf dasselbe heraus, es ist gleichgültig, wie man es macht*

hüp|fen ⟨V.1, ist gehüpft; o.Obj.⟩ auch: ⟨oberdt.⟩ **1** *einen leichten Sprung machen;* über eine Pfütze, ein Seil h. **2** *in kleinen Sätzen springen;* durchs Zimmer h.; auf einem Bein h.

Hüp|fer ⟨m.5; oberdt.⟩ **1** → *Hüpfer;* einen H. machen **2** *junges, fröhliches, unbekümmertes Mädchen, junger Mann, junger Soldat*

Hüp|fer ⟨m.5⟩ *kleiner Sprung;* auch: ⟨oberdt.⟩ *Hupfer*

Hüp|fer|ling ⟨m.1⟩ *Ruderfußkrebs, der durch Schläge des langen ersten Fühlerpaares hüpfende Schwimmstöße ausführt*

Hup|kon|zert ⟨n.1; scherzh.⟩ *gleichzeitiges Hupen ungeduldig auf die Weiterfahrt wartender Autofahrer*

Hur|de ⟨f.11⟩ **1** *Vorrichtung aus Pfählen und verflochtenen Zweigen* **2** ⟨schweiz.⟩ → Horde²

Hür|de ⟨f.11⟩ **1** ⟨Hürdenlauf⟩ *Stahlrohrgerüst mit Holzquerlatte (als Hindernis);* eine H. nehmen ⟨auch übertr.⟩ *ein Hindernis, eine Schwierigkeit überwinden* **2** *tragbare, einem Zaun ähnliche (geflochtene) Vorrichtung, aus der mit andern zusammen ein Pferch gebildet werden kann* **3** → *Pferch;* Tiere in die H. treiben **4** ⟨Pferderennsport⟩ *(mit Reisig bedeckte oder mit einer Hecke bestandene) Erdaufschüttung (als Hindernis)*

Hür|den|lauf ⟨m.2⟩ *Wettbewerb, bei dem die Läufer über 10 Hürden (1) springen müssen (mit unterschiedlicher Bahnlänge, z.B. 110 m)*

Hür|den|ren|nen ⟨n.7; Pferderennsport⟩ *Galopprennen auf einer Flachbahn, bei dem Hindernisse übersprungen werden müssen*

Hu|re ⟨f.11⟩ **1** → *Prostituierte* **2** *Frau, die leichtfertig und wahllos Geschlechtsverkehr mit Männern ausübt* [< mhd. *huore* in ders. Bed., zu ahd. „außerehelicher Beischlaf, Ehebruch", zu altnord. *hor* „Ehebruch"]

hu|ren ⟨V.1, hat gehurt; o.Obj.; vulg.⟩ *mit Huren Geschlechtsverkehr haben;* er hat gesoffen und gehurt

Hu|ren|haus ⟨n.4; †⟩ → Bordell

Hu|ren|kind ⟨n.3; Typ.⟩ *letzte, unvollständige Zeile eines Absatzes auf der neuen Seite;* vgl. *Schusterjunge (2)*

Hu|re|rei ⟨f., -, nur Sg.⟩ **1** *Geschlechtsverkehr mit Huren;* H. treiben **2** ⟨früher allg.⟩ *außerehelicher Geschlechtsverkehr haben*

Hu|ri ⟨f.9; im Islam⟩ *Paradiesjungfrau* [< pers. *hūrī* in ders. Bed., mit pers. Singularendung -ī aus arab. *ḥūr*, Plural von *ḥawrā* (fem.), „Augen mit großer Leuchtkraft des Schwarzen und des Weißen besitzend"]

hür|nen ⟨Adj., o.Steig.; †⟩ *mit Hornhaut überzogen;* der ~e Siegfried *(im Nibelungenlied)*

hur|ra! ⟨Int.; Ausruf der Freude oder des Triumphes⟩ [< mhd. *hurra*, Imperativ zu *hurren* „sich schnell bewegen", also eigentlich „mach flink"; nach anderer Deutung < russ. *ura*, tschech. *hurra*, poln. *hura*, < türk. *ura* „er schlage" (den Feind)]

Hur|ra ⟨n.9⟩ *der Ruf „hurra!", Jubelruf;* ein dreifaches H. auf jmdn. ausbringen

Hur|ra|pa|tri|o|tis|mus ⟨auch [huˈraː] m., -, nur Sg.⟩ *übersteigerter (und nicht ganz echter) Patriotismus*

Hur|ri|kan ⟨auch [harikən] oder [-keɪn] m.1 oder m.9⟩ *Wirbelsturm in Mittelamerika* [< engl. *hurricane* in ders. Bed., → *Orkan*]

hur|tig ⟨Adj.⟩ *eifrig und schnell, flink;* jetzt aber h.!; sich h. an die Arbeit machen

Hu|sar ⟨m.10⟩ **1** ⟨urspr.⟩ *berittener ungarischer Soldat* **2** *(bis 1918) Angehöriger der leichten Kavallerie (mit einer Uniform, die noch an ungarische Ursprünge erinnert)* [< ungar. *huszár* < ital. *corsaro*, → *Korsar*]

Hu|sa|ren|streich ⟨m.1⟩, **Hu|sa|ren|stück** ⟨n.1⟩ *erfolgreich durchgeführtes, waghalsiges Unternehmen*

husch! *weg!, fort!* ⟨Ausruf zum Verscheuchen bes. von kleinen Tieren⟩; vgl. *husch husch!* [Imperativ zu *huschen*]

Husch ⟨m., nur in den Wendungen⟩ in einem H. *rasch und geräuschlos;* im H. *kurz und rasch;* auf einen H. vorbeikommen *für einen kurzen Besuch vorbeikommen*

Hu|sche ⟨f.11; ostmdt.⟩ *kurzer Regenschauer*

hu|sche|lig ⟨Adj.⟩ auch: *huschlig* **1** *oberflächlich, unordentlich;* h. arbeiten **2** *gemütlich und warm;* im ~en Bett liegen

hu|scheln ⟨V.1, hat gehuschelt⟩ **I** ⟨o.Obj.⟩ *oberflächlich arbeiten* **II** ⟨refl.⟩ *sich in etwas h. sich behaglich in etwas hüllen;* sich in eine Decke h.

hu|schen ⟨V.1, ist gehuscht; o.Obj.⟩ *sich rasch, leicht und geräuschlos fortbewegen;* eine Maus huschte über den Boden; Eidechsen huschten über den Weg, ins Gebüsch; sie huschte durchs Zimmer; ein Lächeln huschte über ihr Gesicht

husch husch! **1** *rasch, schnell;* h. verschwinden **2** *oberflächlich;* etwas h. erledigen

husch|lig → *huschelig*

Hus|ky ⟨[hʌs-] m.9⟩ *Rasse des Schlittenhundes mit weichem, dichtem Haar, fuchsähnlichem Kopf und Ringelrute* [engl., vermutlich aus der Sprache der Eskimos]

hü|steln ⟨V.1, hat gehüstelt; o.Obj.⟩ *oft ein wenig husten, leicht husten*

hus|ten ⟨auch [huː-] V.2, hat gehustet⟩ **I** ⟨o.Obj.⟩ **1** *rasch und stoßweise aus der Luftröhre und Lunge Luft herauspressen;* er mußte h.; laut h. **2** *den Husten haben;* er hustet immer noch **II** ⟨mit Akk.⟩ **1** *durch Husten (I) aus der Lunge Luft herausbringen, auswerfen;* Blut h. **2** ⟨in der Wendung⟩ ich werde dir was h., ich werde dir was h.! *das kommt nicht in Frage!, das könnte dir so passen!*

Hus|ten ⟨m.7⟩ **1** *stoßartige Bewegung des Ausatmens zur Entfernung von Schleim oder Fremdstoffen aus den Atemwegen* **2** *Erkältungskrankheit, bei der man oft husten muß;* H., den H. haben

Hut¹ ⟨m.2⟩ **1** *Kopfbedeckung mit Krempe* (Herren~, Damen~, Filz~, Stroh~, Sonnen~); den H. abnehmen; seinen H. nehmen ⟨übertr.⟩ *(aus Protest) weggehen, seine Stellung aufgeben, zurücktreten;* seinen H. nehmen müssen *seine Stellung verlassen müssen;* da geht einem der H. hoch ⟨ugs.⟩ *da ist man sprachlos, da wird man wütend;* das ist ein alter H. ⟨ugs.⟩ *das ist eine schon lange bekannte Sache;* H. ab! ⟨ugs.⟩ *das muß man hoch anerkennen!;* H. ab vor so einer Leistung!; das kann er in den H. stecken ⟨ugs.⟩ *das kann er haben und damit kann er machen, was er will;* eins auf den H. kriegen ⟨ugs.⟩ *gerügt, zurechtgewiesen werden;* steig mir doch auf den H.! ⟨ugs.⟩ *laß mich doch (damit) zufrieden!, mach doch, was du willst;* mehrere Leute unter einen H. bringen ⟨ugs.⟩ *zu einem gemeinsamen Tun, zu einer gemeinsamen Auffassung bringen;* verschiedene Dinge unter einen H. bringen *sie vereinigen;* ich komme mit ihm nicht unter einen H. *ich kann mich mit ihm nicht verständigen* **2** *oberer Teil vom Pilz* **3** ⟨Tech.⟩ *kegel- oder halbkugelförmige Abdeckung (von Öffnungen)*

Hut² ⟨f., -, nur Sg.⟩ **1** *Schutz, Aufsicht, Obhut;* etwas, jmdn. in seine H. nehmen; vor jmdm., etwas auf der H. sein *sich vor jmdm., etwas in acht nehmen;* in guter, sicherer H. sein *geschützt, geborgen sein* **2** ⟨Mil., in Zus.⟩ *Begleitmannschaft* (Vor~, Nach~) [zu *hüten*]

Hü|te|jun|ge ⟨m.11⟩ *junger Hirt*

hü|ten ⟨V.2, hat gehütet⟩ **I** ⟨mit Akk.⟩ **1** *bewachen, schützen, vor Unheil bewahren;* Schafe h.; Kinder h.; h. Sie Ihre Zunge! *sagen Sie nicht zuviel!, seien Sie nicht so boshaft!* **2** ⟨in der Wendung⟩ das Bett h. *wegen Krankheit im Bett liegen* **II** ⟨refl.⟩ sich h. **1** *sich h., etwas zu tun etwas vorsichtshalber nicht tun;* ich werde mich h., ihm das zu sagen **2** *sich in acht nehmen; sich vor Ansteckung h.;* sich vor etwas h.

Hut|sche ⟨f.11⟩ **1** ⟨nordmdt.⟩ auch: *Hitsche* **a** *Fußbank, niedriger Schemel* **b** *kleiner Rodelschlitten;* **2** ⟨österr.⟩ → Schaukel

hut|schen ⟨V.1, hat gehutscht; o.Obj.⟩ österr. *schaukeln*

Hut|schnur ⟨f.2⟩ *Schnur, Kordel als Zierde um den Kopfteil eines Hutes;* das geht mir über die H. *das geht mir zu weit* [früher wurde der aus der Wasserleitung laufende Strahl an der ungefähren Dicke einer *Hutschnur* gemessen; war er dicker als sie, so verstieß das gegen die Vorschrift]

Hüt|te ⟨f.11⟩ **1** *einfache Behausung (meist mit nur einem Raum;* Holz~, Lehm~) **2** *kleines (meist bewirtschaftetes) Haus in den Bergen zum Übernachten bei langen Wanderungen* (Berg~, Schi~); auf einer, in einer H. übernachten; Silvester auf einer H. feiern **3** *Anlage zur Gewinnung von Metall oder Glas*

Hüt|ten|kä|se ⟨m.5⟩ *körniger Quark*

Hüt|ten|kun|de ⟨f., -, nur Sg.⟩ → Metallurgie

Hüt|ten|rauch ⟨m., -(e)s, nur Sg.⟩ *bei der Verhüttung von Erzen entstehendes Abgas, das u.a. zu Rauch kondensierende Oxide des Arsens und des Schwefels enthält*

Hüt|ten|schuh ⟨m.1⟩ *Schuh mit sehr dünner, weicher Ledersohle und gestricktem oder aus Fell bestehendem, bis zum Knöchel reichendem Fuß*

Hütt|ner ⟨m.5; †⟩ → Häusler

Hu|tung ⟨f.10⟩, **Hut|wei|de** ⟨f.11⟩ *geringwertige Weide (bes. Schafweide)* [zu *hüten*]

Hut|zel ⟨f.11⟩ **1** *kleines Stück Dörrobst,* ⟨bes.⟩ *Dörrbirne* **2** ⟨übertr.⟩ *runzlige alte Frau;* Syn. *Hutzelweib*

Hut|zel|brot ⟨n.1; südwestdt.⟩ → Früchtebrot

hut|ze|lig ⟨Adj.⟩ auch: *hutzlig* **1** *zusammengeschrumpft, runzelig;* ~e Äpfel **2** *alt und* klein geworden und mit runzeligem Gesicht; eine ~e alte Frau

Hut|zel|männ|chen ⟨n.7; im Märchen⟩ *den Menschen wohlgesinnter Zwerg, Heinzelmännchen*

hut|zeln ⟨V.1⟩ I ⟨hat gehutzelt; mit Akk.⟩ *trocknen; Obstscheiben, Obststückchen h.* II ⟨ist gehutzelt; o.Obj.⟩ *trocken werden, einschrumpfen; Obst hutzelt*

Hut|zel|weib ⟨n.3⟩ → *Hutzel (2)*

hutz|lig ⟨Adj.⟩ = *hutzelig*

Hut|zucker ⟨-k|k-; m., -s, nur Sg.⟩ *in Kegelform gepreßter Zucker*

HV ⟨Zeichen für⟩ *Vickershärte*

Hy|aden ⟨Pl.⟩ **1** ⟨griech. Myth.⟩ *die in ein Sternbild verwandelten Töchter des Atlas* **2** ⟨Astron.⟩ *Sternhaufen im Sternbild Stier*

hya|lin ⟨Adj., o.Steig.⟩ *glasartig, glasig durchsichtig* [< lat. *hyalinus* < griech. *hyalinos* ,,gläsern"]

Hya|lin ⟨n.1⟩ *glasig aussehendes, kolloidales Protein* [< griech. *hyalos* ,,Glas"]

Hya|lit ⟨m.1⟩ *farblos durchsichtige Abart des Opals;* Syn. *Glasopal* [< griech. *hyalos* ,,Opal"]

Hya|lo|plas|ma ⟨n., -s, nur Sg.⟩ *(im Lichtmikroskop leer erscheinende) Grundsubstanz der Zelle* [< griech. *hyalos* ,,Glas" und *Plasma*]

Hyä|ne ⟨f.11⟩ *etwa wolfsgroßes, aasfressendes Raubtier mit kreischender Stimme* (Streifen~, Tüpfel~) [< griech. *hyaina* ,,Hyäne", zu *hys,* Gen. *hyos,* ,,Schwein", wohl wegen der borstigen Mähnenhaare]

Hyä|nen|hund ⟨m.1⟩ *einer Hyäne ähnelnder Hundeartiger, Hetzjäger afrikan. Steppen*

Hya|zinth ⟨m.1⟩ *(gelbrote bis rotbraune) Abart des Zirkons, Edelstein* [zu *Hyakinthos,* → *Hyazinthe*]

Hya|zin|the ⟨f.11⟩ *Liliengewächs mit blattlosen Blütenstengeln, Zierpflanze* [< griech. *hyakinthos,* nach dem Knaben *Hyakinthos,* den Apollon ungewollt beim Diskuswerfen tötete und aus dessen Blut die Pflanze entsproß]

hy|brid ⟨Adj.⟩ **1** ⟨o.Steig.⟩ *von zweierlei Abkunft, zwitterartig* **2** ⟨übertr.⟩ *hochmütig, überheblich* [zu *Hybride*]

Hy|bri|de ⟨m.11 oder f.11⟩ *aus einer Kreuzung hervorgegangener Bastard* [< lat. *hybrida, hibrida* ,,Mischling", < griech. *hybris* ,,Frevel, Schändung"]

hy|bri|di|sie|ren ⟨V.3, hat hybridisiert; mit Akk.⟩ *kreuzen (um Hybride zu züchten); Pflanzen, Tiere h.*

Hy|brid|rech|ner ⟨m.5⟩ *Kombination aus Analog- und Digitalrechner* [zu *hybrid (1)*]

Hy|bris ⟨f., -, nur Sg.⟩ **1** ⟨in der Antike⟩ *frevelhafte Selbstüberhebung, bes. über die Götter* **2** ⟨heute, geh.⟩ *Hochmut, Selbstüberhebung* [< griech. *hybris* ,,Übermut, Hochmut; Frevel, Beleidigung"]

Hy|dra ⟨f., -, -dren⟩ *ein Süßwasserpolyp* [< griech. *hydra* ,,Wasserschlange", zu *hydor* ,,Wasser"]

hy|dra|go|gisch ⟨Adj., o.Steig.⟩ *als Hydragogum wirkend*

Hy|dra|go|gum ⟨n., -s, -ga⟩ *die Wasserausscheidung anregendes Mittel* [< griech. *hydragogion* ,,Wasserleitung", < *hydor* ,,Wasser" und *agogon* ,,leitend, hinführend" (mit lateinischer Endung)]

Hy|drä|mie ⟨f.11⟩ *erhöhter Wassergehalt des Blutes* [< griech. *hydor* ,,Wasser" und *haima* ,,Blut"]

Hy|drant ⟨m.10⟩ *Wasserzapfstelle auf der Straße* [< griech. *hydrainein* ,,benetzen", zu *hydor* ,,Wasser"]

Hy|drar|gy|rum ⟨n., -s, nur Sg.⟩ → *Quecksilber* [< griech. *hydor* ,,Wasser" und *argyros* ,,Silber"]

Hy|drat ⟨n.1⟩ *Wasser enthaltende organische oder anorganische Verbindung* [< griech. *hydor* ,,Wasser"]

Hy|dra|ta|ti|on, Hy|dra|ti|on ⟨f.10⟩ *Anlagerung von Wasser an chemische Verbindungen*

hy|dra|ti|sie|ren ⟨V.3, hat hydratisiert; mit Akk.⟩ *in Hydrat verwandeln*

Hy|drau|lik ⟨f., -, nur Sg.⟩ **1** *Verfahren zur Kraftübertragung mittels einer Flüssigkeit in geschlossenem Rohrleitungssystem* **2** *auf diesem Verfahren beruhende Anlage* [< griech. *hydraulike* ,,Wasserkunst", < *hydor* ,,Wasser" und *aulos* ,,Rohr"]

hy|drau|lisch ⟨Adj., o.Steig.⟩ *auf Hydraulik beruhend, dadurch betrieben*

Hy|dra|zin ⟨n.1⟩ *chemische Verbindung aus Stickstoff und Wasserstoff* [< *Hydrogen* und frz. *azote* ,,Stickstoff"]

Hy|dria ⟨f., -, -dri|en⟩ *altgriech. Wasserkrug mit zwei waagrechten und einem senkrechten Henkel*

Hy|drid ⟨n.1⟩ *chemische Verbindung aus Wasserstoff und einem anderen Element* [< griech. *hydor* ,,Wasser"]

hy|drie|ren ⟨V.3, hat hydriert; mit Akk.⟩ *eine chemische Verbindung h. Wasserstoff unter Mitwirkung von Katalysatoren an eine chemische Verbindung anlagern* [< griech. *hydor* ,,Wasser"] **Hy|drie|rung** ⟨f., -, nur Sg.⟩

hy|dro..., Hy|dro... ⟨in Zus.⟩ *wasser..., Wasser...* [< griech. *hydor* ,,Wasser"]

Hy|dro|bio|lo|gie ⟨f., -, nur Sg.⟩ *Lehre von den im Wasser lebenden Lebewesen*

Hy|dro|dy|na|mik ⟨f., -, nur Sg.⟩ *Wiss. von den strömenden Flüssigkeiten*

hy|dro|elek|trisch ⟨Adj., o.Steig.⟩ *Elektrizität durch Wasserkraft erzeugend*

hy|dro|en|er|ge|tisch ⟨Adj., o.Steig.⟩ *durch Wasserkraft Energie erzeugend*

Hy|dro|ge|ni|um ⟨n., -s, nur Sg.⟩ → *Wasserstoff* [< *Hydro...* und griech. *gennan* ,,erzeugen, hervorbringen"]

Hy|dro|geo|lo|gie ⟨f., -, nur Sg.⟩ *Bereich der Geologie, der sich mit dem Wasserhaushalt des Bodens befaßt, Grundwassergeologie*

Hy|dro|gra|phie ⟨f., -, nur Sg.⟩ *Wiss. von der Wasserhülle der Erde;* Syn. *Gewässerkunde* [< *Hydro...* und *...graphie*]

Hy|dro|kul|tur ⟨f.10⟩ *Pflanzenzucht in Nährlösung, bei der die Wurzeln in Blähton Halt finden;* Syn. *Hydroponik*

Hy|dro|la|se ⟨f.11⟩ *Enzym, das unter Wasseraufnahme chemische Verbindungen spaltet* [< *Hydro...* und Suffix *-ase* zur Bez. eines Enzyms]

Hy|dro|lo|gie ⟨f., -, nur Sg.⟩ *Wiss. von den chemischen und physikalischen Eigenschaften des Wassers auf und unter der Erde* [< *Hydro...* und *...logie*]

Hy|dro|ly|se ⟨f.11⟩ *Spaltung chemischer Verbindungen unter Mitwirkung von Wasser* [< *Hydro...* und griech. *lysis* ,,Lösung"]

Hy|dro|me|cha|nik ⟨f., -, nur Sg.⟩ *Wiss. von den strömenden und ruhenden Flüssigkeiten und ihre technische Anwendung*

Hy|dro|me|ter ⟨n.5⟩ *Gerät zum Messen der Geschwindigkeit strömenden Wassers, Wassermesser* [< *Hydro...* und *...meter*]

Hy|dro|ni|um-Ion, Hy|dro|ni|um|ion ⟨n.12⟩ *positiv geladenes, sauer reagierendes, von Wassermolekülen umgebenes Wasserteilchen;* vgl. *Oxonium-Ion*

Hy|dro|pa|thie ⟨f., -, nur Sg.⟩ *Anwendung von Wasser zu Heilzwecken;* Syn. *Wasserstoffheilkunde* [< *Hydro...* und *...pathie*]

hy|dro|phil ⟨Adj., o.Steig.⟩ **1** ⟨Chem.⟩ *wasseraufnehmend, wasseranziehend* **2** *wasserliebend;* ~e Tiere, Pflanzen [< *hydro...* und *...phil*]

hy|dro|phob ⟨Adj., o.Steig.⟩ **1** ⟨Chem.⟩ *Wasser abstoßend* **2** *Wasser meidend, wasserscheu;* ~e Menschen, Tiere, Pflanzen [< *hydro...* und *...phob*]

hy|dro|pho|bie|ren ⟨V.3, hat hydrophobiert; mit Akk.⟩ *wasserabstoßend machen; Textilien h.* [< *hydro...* und *Phobie*]

Hy|dro|phon ⟨n.1⟩ *Gerät zum Orten von unter Wasser befindlichen Objekten, bes. Schiffen* [< griech. *hydor* ,,Wasser" und *phone* ,,Ton, Klang"]

Hy|dro|phyt ⟨m.10⟩ *krautige, im Wasser wachsende Pflanze;* Syn. *Wasserpflanze* [< *Hydro...* und griech. *phyton* ,,Pflanze"]

hy|dro|pisch ⟨Adj., o.Steig.⟩ *an Hydropsie leidend*

Hy|dro|po|nik ⟨f., -, nur Sg.⟩ → *Hydrokultur* [< *Hydro...* und griech. *ponos* ,,Arbeit, Mühe"]

Hy|drop|sie ⟨f.11⟩ → *Wassersucht* [< griech. *hydrops* ,,Wassersucht", zu *hydor* ,,Wasser"]

Hy|dro|sphä|re ⟨f., -, nur Sg.⟩ *Wasserhülle der Erde*

Hy|dro|sta|tik ⟨f., -, nur Sg.⟩ *Wiss. von den ruhenden Flüssigkeiten und ihren im Gleichgewicht befindlichen Kräften*

hy|dro|sta|tisch ⟨Adj., o.Steig.⟩ *auf Hydrostatik beruhend;* ~er *Druck einer unbewegten Flüssigkeit auf eine Fläche*

Hy|dro|tech|nik ⟨f., -, nur Sg.⟩ *Technik des Wasserbaues*

Hy|dro|the|ra|pie ⟨f.11⟩ *Behandlung mit Wasser zu Heilzwecken;* Syn. *Wasserheilverfahren*

Hy|dro|tho|rax → *Brustwassersucht*

Hy|dro|xid ⟨n.1⟩ *chemische Verbindung, die eine oder mehrere Hydroxylgruppen enthält* [< *Hydro...* und *Oxid*]

Hy|dro|xyl|grup|pe ⟨f.11⟩ *Wasserstoff-Sauerstoff-Gruppe* [< *Hydrogenium, Oxygenium* und griech. *hyle* ,,Stoff"]

Hy|dro|ze|le ⟨f.11⟩ *entzündliche Flüssigkeitsansammlung (bes. an den Hoden)* [< *Hydro...* und griech. *kele* ,,Geschwulst, Bruch"]

Hy|dro|ze|pha|lus ⟨m., -, -pha|len⟩ → *Wasserkopf* [< *Hydro...* und griech. *kephale* ,,Kopf"]

Hy|dro|zo|on ⟨n., -s, -zo|en⟩ *ein Nesseltier (festsitzender Polyp oder freischwimmende Qualle)* [< *Hydro...* und griech. *zoon* ,,Tier"]

Hye|to|gra|phie ⟨f., -, nur Sg.⟩ *Beschreibung und Messung der Menge und Verteilung von Niederschlägen* [< griech. *hyetos* ,,Regen" und *...graphie*]

Hy|gie|ne ⟨f., -, nur Sg.⟩ **1** *Wiss. von der Gesundheit* **2** *Pflege der Gesundheit, Sauberkeit* [< griech. *hygieinos* ,,gesund, heilsam", zu *hygieia* ,,Gesundheit" und *hygies* ,,gesund, kräftig, munter"]

Hy|gie|ni|ker ⟨m.5⟩ **1** *Wissenschaftler auf dem Gebiet der Hygiene* **2** *Fachmann in der öffentlichen Gesundheitsfürsorge*

hy|gie|nisch ⟨Adj.⟩ *auf Hygiene beruhend, sie fördernd, hinsichtlich der Hygiene;* ~e Verhältnisse schaffen; ~e Vorschriften; die Räume, Geräte sind h. einwandfrei

hy|gro..., Hy|gro... ⟨in Zus.⟩ *feucht, naß* [< griech. *hygros* ,,feucht, naß"]

Hy|grom ⟨n.1⟩ *Wasser- oder Schleimgeschwulst bei Schleimbeutelentzündung* [< *Hygro...*]

Hy|gro|me|ter ⟨n.5⟩ *Gerät zum Messen der Luftfeuchtigkeit* [< *Hygro...* und *...meter*]

hy|gro|phil ⟨Adj., o.Steig.⟩ *Feuchtigkeit liebend (von Pflanzen)* [< *hygro...* und *...phil*]

Hy|gro|phyt ⟨m.10⟩ *feuchten Standort liebende Pflanze* [< *Hygro...* und griech. *phyton* ,,Pflanze"]

Hy|gro|skop ⟨n.1⟩ *Gerät zum Schätzen der Luftfeuchtigkeit nach dem Augenschein* [< *Hygro...* und *...skop*]

hy|gro|sko|pisch ⟨Adj., o.Steig.; Chem.⟩ *Wasser anziehend* [zu *Hygroskop*]

Hy|gro|sko|pi|zi|tät ⟨f., -, nur Sg.; Chem.⟩ *Fähigkeit, Wasser anzuziehen und aufzunehmen* [zu *Hygroskop*]

Hy|gro|stat ⟨m.10 oder m.12⟩ *Gerät zum Aufrechterhalten einer bestimmten Luftfeuchtigkeit* [< *Hygro...* und griech. *statos* ,,stehend"]

Hy|läa ⟨f., -, nur Sg.⟩ *Regenwald (bes. am Amazonas)* [< griech. *hyle* ,,Wald"]

Hyle

Hy|le ⟨f., -, nur Sg.; altgriech. Naturphilosophie⟩ *Stoff, Materie, Ursubstanz* [griech.]

Hy|le|mor|phis|mus ⟨m., -, nur Sg.; altgriech. und mittelalterliche Philosophie⟩ *von Aristoteles entwickelte und später von der Scholastik aufgenommene Lehre, nach der die materiellen Gegenstände aus dem Zusammenwirken von Ursubstanz und Form entstehen* [< griech. *hyle* „Stoff, Rohstoff" und *morphe* „Gestalt, Form"]

hy|lisch ⟨Adj., o.Steig.; Philos.⟩ *materiell, körperlich, stofflich*

Hy|lo|zo|is|mus ⟨m., -, nur Sg.; altgriech. und neuzeitl. Naturphilosophie⟩ *Vorstellung von der Belebtheit der Materie* [< griech. *hyle* „Substanz, Material" und *zoon* „Lebewesen, Lebendes"]

Hy|men **1** ⟨n.7⟩ → *Jungfernhäutchen* **2** ⟨m.7⟩ *altgriechisches Hochzeitslied* [< griech. *hymen* „dünne Haut, feines Band, Bändchen", danach Hymen, Name der griechischen Hochzeitsgottes und Gottes der Ehe, der also eigentlich der „verbindende" Gott ist]

Hym|nar ⟨n.1⟩, **Hym|na|ri|um** ⟨n., -s, -ri|en⟩ *nach den kirchlichen Feiertagen geordnete liturgische Sammlung von Hymnen*

Hym|ne ⟨f.11⟩ *Lobgesang, preisendes Gedicht; auch: Hymnos, Hymnus* [< griech. *hymnos* „Gesang, Lied, bes. Festlied"]

Hym|nik ⟨f., -, nur Sg.⟩ *Kunstform der Hymne, hymnische Gestaltung*

hym|nisch ⟨Adj., o.Steig.⟩ **1** *in der Art einer Hymne* **2** ⟨übertr.⟩ *überschwenglich, übertrieben;* jmdn. h. loben; eine ~e Kritik *eine überschwenglich gute, begeisterte Kritik*

Hym|no|lo|gie ⟨f., -, nur Sg.⟩ **1** *Wissenschaft von den (bes. christlichen) Hymnen* **2** ⟨evang. Kirche⟩ *Wissenschaft von den Kirchenliedern*

Hym|nos, Hym|nus ⟨m., -, -nen⟩ griech. bzw. lat. Form von *Hymne*

Hy|os|cy|a|min, Hy|os|zy|a|min ⟨n.1⟩ *Alkaloid mancher Nachtschattengewächse, Heilmittel gegen Augenkrankheiten* [< griech. *hyoskyamos* „Bilsenkraut"]

Hyp|al|la|ge ⟨f.11⟩ *Vertauschung von Satzteilen und Veränderung ihrer Beziehungen zueinander,* z.B. „schulische Angelegenheit" statt „Angelegenheit der Schule" [< griech. *hypallage* „Veränderung, Vertauschung", < *hypo* „von unten heran" und *allage* „Tausch"]

Hyp|äs|the|sie ⟨f., -, nur Sg.⟩ *herabgesetzte Empfindlichkeit (bes. gegen Berührungen);* Ggs. Hyperästhesie [< *hypo*... und griech. *aisthesis* „Wahrnehmung, Empfindung"]

hy|per..., **Hy|per...** ⟨in Zus.⟩ *über..., übermäßig, Über...,* z.B. hyperkritisch, hypermodern; Ggs. hypo..., Hypo... [griech.]

Hy|per|ämie ⟨f.11⟩ *gesteigerte Durchblutung eines Körperbezirks* [< *Hyper*... und griech. *haima* „Blut"]

Hy|per|äs|the|sie ⟨f., -, nur Sg.⟩ *gesteigerte Empfindlichkeit (bes. gegen Berührungen);* Ggs. Hypästhesie [< *Hyper*... und griech. *aisthesis* „Wahrnehmung, Empfindung"]

Hy|per|bel ⟨f.11⟩ ⟨Math.⟩ **1** *aus zwei getrennten, symmetrisch angeordneten Zweigen bestehender Kegelschnitt* **2** *dichterische Übertreibung,* z.B. Mein Herz ist heiß, es könnt' ein Dolch drin schmelzen [< griech. *hyperbole* „Hinübergehen, Übermaß", < *hyper* „über" und *ballein* „setzen, stellen, werfen"]

Hy|per|bo|lo|id ⟨m.1⟩ *Fläche, die durch Drehung einer Hyperbel um ihre Achse entsteht* [< *Hyperbel (1)* und ...*oid*]

Hy|per|bo|re|er ⟨m.5; bei den alten Griechen⟩ *Angehöriger eines sagenhaften, im hohen Norden vermuteten Volkes* [< griech. *Hyperboreoi*, < *Hyper*... und *boreas* „Nordwind, Norden"]

hy|per|bo|re|isch ⟨Adj., o.Steig.; †⟩ *im hohen Norden gelegen, dort ansässig*

Hy|per|dak|ty|lie ⟨f.11⟩ *Bildung von überzähligen Fingern oder Zehen;* Ggs. Hypodaktylie [< *Hyper*... und griech. *daktylos* „Finger"]

Hy|per|funk|ti|on ⟨f.10⟩ *Überfunktion (eines Organs);* Ggs. Hypofunktion

Hy|per|glyk|ämie ⟨f., -, nur Sg.⟩ *erhöhter Blutzuckergehalt;* Ggs. Hypoglykämie [< *Hyper*..., griech. *glykys* „süß" und *haima* „Blut"]

Hy|per|li|pid|ämie ⟨f., -, nur Sg.⟩ *erhöhter Gehalt des Blutserums an Fetten und fettähnlichen Stoffen* [< *Hyper*..., *Lipid* und griech. *haima* „Blut"]

hy|per|man|gan|sau|er ⟨Adj., o.Steig.⟩ → *übermangansauer*

Hy|per|me|tro|pie ⟨f., -, nur Sg.⟩ → *Weitsichtigkeit* [< *Hyper*..., griech. *metron* „Maß" und *ops* „Auge"]

hy|per|mo|dern ⟨Adj., o.Steig.⟩ *übertrieben modern*

Hy|pe|ron ⟨n.13⟩ *Elementarteilchen aus der Gruppe der Baryonen* [zu *Hyper*... wegen seiner gegenüber dem *Proton* größeren Masse]

Hy|per|pla|sie ⟨f., -, nur Sg.⟩ *gesteigertes Wachstum (von Gewebe oder Organen);* Ggs. Hypoplasie [< *Hyper*... und griech. *plasis* „das Bilden, Formen"]

Hy|per|to|nie ⟨f., -, nur Sg.⟩ **1** *gesteigerte Muskelspannung* **2** *mit erhöhtem Blutdruck einhergehender Zustand;* Ggs. Hypotonie [< *Hyper*... und *Tonus*]

hy|per|troph ⟨Adj., o.Steig.⟩ **1** *übermäßig vergrößert (bei Organen oder Körpergewebe)* **2** ⟨übertr.⟩ *überheblich, übermäßig selbstbewußt* [< *hyper*... und griech. *trophe* „Nahrung, Ernährung"]

Hy|per|tro|phie ⟨f.11⟩ **1** *übermäßige Vergrößerung, gesteigertes Wachstum von Geweben, Organen);* Ggs. Hypotrophie [zu *hypertroph*] **2** ⟨übertr.⟩ *Selbstüberschätzung*

Hy|per|vit|am|i|no|se ⟨f., -, nur Sg.⟩ *Erkrankung infolge übermäßiger Vitaminzufuhr*

Hy|phe ⟨f.11; bei Pilzen⟩ *Zellfaden des Myzels* [griech., „Gewebe"]

Hy|phen ⟨n.1; in der antiken Grammatik⟩ **1** *Bindestrich in zusammengesetzten Wörtern* **2** *Zusammenfügung zweier Wörter zu einem Kompositum* [< griech. *hyph'hen* „Bindestrich", < *hypo hen* „unter eins" = „zusammen"]

Hyp|no|se ⟨f.11⟩ *durch Suggestion herbeigeführter, schlafähnlicher Zustand, bei dem eine starke seelische Abhängigkeit vom Hypnotiseur besteht* [< griech. *hypnos* „Schlaf"]

Hyp|no|the|ra|pie ⟨f., -, nur Sg.⟩ *Psychotherapie mittels Hypnose*

Hyp|no|ti|kum ⟨n., -s, -ka⟩ → *Schlafmittel* [< griech. *hypnotikos* „einschläfernd"]

hyp|no|tisch ⟨Adj., o.Steig.⟩ *auf Hypnose beruhend, durch sie bewirkt*

Hyp|no|ti|seur [-sǿr] ⟨m.1⟩ *jmd., der einen anderen in Hypnose versetzt* [frz.]

hyp|no|ti|sie|ren ⟨V.3, hat hypnotisiert; mit Akk.⟩ *in Hypnose versetzen*

Hyp|no|tis|mus ⟨m., -, nur Sg.⟩ **1** *Wiss. von der Hypnose* **2** *Beeinflussung*

hy|po..., Hy|po... ⟨in Zus.⟩ *unter..., Unter...* [< griech. *hypo* „unter, darunter"]

Hy|po|chon|der [-xɔn-] ⟨m.5⟩ *jmd., der oft an eingebildeten Krankheiten leidet*

Hy|po|chon|drie ⟨f.11⟩ *krankhaft gesteigerte Beobachtung der eigenen Körperfunktionen und Überbewertung von Beschwerden* [< griech. *hypochondrion* „unter dem Brustknorpel liegende Körpergegend, Oberbauch", aus *hypo* „unter" und *chondros* „Brustknorpel", eigentlich „Stückchen, Krümchen, Korn"; die Kranken haben in diesem Körperbereich oft unangenehme Empfindungen; nach anderer Deutung rührt die Bezeichnung daher, daß im Altertum diese Körpergegend als Sitz der Seele und des Gemüts betrachtet wurde]

hy|po|chon|drisch ⟨[-xɔn-] Adj.⟩ *an Hypochondrie leidend*

Hy|po|dak|ty|lie ⟨f.11⟩ *angeborenes Fehlen von Fingern oder Zehen;* Ggs. Hyperdaktylie [< *Hypo*... und griech. *daktylos* „Finger"]

Hy|po|funk|ti|on ⟨f.10⟩ *Unterfunktion (eines Organs);* Ggs. Hyperfunktion

hy|po|gyn ⟨Adj., o.Steig.⟩ *unterständig (von Blüten mit oberständigem Fruchtknoten)* [< *hypo*... und griech. *gyne* „Weib"]

hy|po|kau|stisch ⟨Adj., o.Steig.⟩ *durch Hypokaustum (beheizt)*

Hy|po|kau|stum ⟨n., -s, -sten; im Altertum und MA⟩ *Heizanlage unter dem Fußboden* [< spätgriech. *hypokauston* „Heizraum", < *Hypo*... und griech. *kaustis* „das Brennen"]

Hy|po|kri|sie ⟨f., -, nur Sg.⟩ *Scheinheiligkeit, Heuchelei* [< griech. *hypokrisis* „Antwort, Bescheid; Kunst des Schauspielers, Schauspielerei", übertr. „Heuchelei"]

Hy|po|krit ⟨m.10; †⟩ *Heuchler*

hy|po|kri|tisch ⟨Adj.; †⟩ *heuchlerisch, scheinheilig*

Hy|po|lim|ni|on ⟨n., -s, -ni|en⟩ *die unteren, lichtlosen Schichten eines stehenden Gewässers und die in ihnen lebenden Organismen* [< *Hypo*... und griech. *limne* „See, Teich, Sumpf"]

Hy|po|phy|se ⟨f.11⟩ *unterer Hirnanhang;* Syn. Hirnanhangdrüse [< *Hypo*... und griech. *phyesthai* „wachsen"]

Hy|po|pla|sie ⟨f., -, nur Sg.⟩ *vermindertes Wachstum (von Gewebe oder Organen);* Ggs. Hyperplasie [< *Hypo*... und griech. *plasis* „das Bilden, Formen"]

Hy|po|sta|se ⟨f.11⟩ **1** *Grundlage, Substanz* **2** *Stoff, Gegenstand einer Abhandlung* **3** ⟨Myth., Rel.⟩ *Personifizierung einer göttlichen Eigenschaft (z.B. der Gerechtigkeit) und ihre Verwandlung in ein göttliches oder halbgöttliches Wesen* **4** *Übergang eines unflektierbaren Wortes oder eines Wortkomplexes in ein flektierbares Wort,* z.B. barfuß – barfüßig, über Nacht – übernachten, weh – ein weher Finger [< griech. *hypostasis* „Grundlage, Substanz", < *hypo* „unter" und *stasis* „Stellung, Stand, Lage"]

hy|po|sta|sie|ren ⟨V.3, hat hypostasiert; mit Akk.⟩ **1** *vergegenständlichen, personifizieren;* eine Eigenschaft h. **2** *in ein flektierbares Wort verwandeln;* ein unflektierbares Wort h. [zu *Hypostase*]

Hy|po|sty|lon ⟨n., -, -la⟩ *überdachter Säulengang, Säulenhalle* [< *Hypo*... und griech. *stylos* „Säule"]

hy|po|tak|tisch ⟨Adj., o.Steig.⟩ *in der Art der Hypotaxe;* Ggs. parataktisch

Hy|po|ta|xe ⟨f.11⟩ *Unterordnung eines Satzes oder Satzteils unter einen anderen, Satzgefüge;* Ggs. Parataxe [< *Hypo*... und griech. *taxis* „Stellung, Anordnung", zu *tattein* „aufstellen, ordnen"]

Hy|po|ta|xis ⟨f., -, -xen; †⟩ *Hypotaxe*

Hy|po|te|nu|se ⟨f.11; im rechtwinkligen Dreieck⟩ *die dem rechten Winkel gegenüberliegende Seite* [< griech. *hypoteinousa* „Hypotenuse", zu *hypoteinein* „darunter ausbreiten oder ausspannen", < *Hypo*... und griech. *teinein* „strecken, spannen"]

Hy|po|thek ⟨f.10⟩ *durch eine Zahlung erworbenes Pfandrecht an einem Grundstück* [< griech. *hypotheke* „Unterlage", übertr. „Unterpfand, Pfand", < *Hypo*... und griech. *theke* „Behältnis, Kiste, Kasten"]

Hy|po|the|kar ⟨m.1⟩ → *Hypothekengläubiger*

hy|po|the|ka|risch ⟨Adj., o.Steig.⟩ *durch eine Hypothek, auf einer Hypothek beruhend;* ein h. belastetes Grundstück; etwas h. absichern

Hy|po|the|ken|bank ⟨f.10⟩ *Bank, deren Geschäftstätigkeit überwiegend in der Gewährung von langfristigen, hypothekarisch abgesicherten Krediten besteht*

Hy|po|the|ken|brief ⟨m.1⟩ *Urkunde über eine Hypothek*

hy|po|the|ken|frei ⟨Adj., o.Steig.⟩ *frei von Hypotheken, unbelastet;* ein ~es Grundstück

Hy|po|the|ken|gläu|bi|ger ⟨m.5⟩ *Gläubiger, dessen verliehenes Geld durch eine Hypothek abgesichert ist;* Syn. *Hypothekar*

Hy|po|the|se ⟨f.11⟩ *unbewiesene (wissenschaftliche) Voraussetzung, Annahme;* eine H. aufstellen; diese Behauptung ist eine (reine) H. [< griech. *hypothesis* ,,Unterlage", übertr. ,,Grundsatz, Voraussetzung", < *hypo* ,,unter" und *thesis* ,,das Setzen, Lehrsatz"]

hy|po|the|tisch ⟨Adj., o.Steig.⟩ Ggs. *kategorisch* **1** *auf einer Hypothese beruhend* **2** *in der Art einer Hypothese, fraglich, unbewiesen*

Hy|po|to|nie ⟨f., -, nur Sg.⟩ **1** *verminderte Muskelspannung* **2** *verminderter Blutdruck;* Ggs. *Hypertonie* [< *Hypo...* und *Tonus*]

Hy|po|tro|phie ⟨f.11⟩ *mangelhafte Ernährung, mangelhafte Entwicklung (von Geweben oder Organen);* Ggs. *Hypertrophie* [< *Hypo...* und griech. *trophe* ,,Nahrung, Ernährung"]

Hy|po|zen|trum ⟨n., -s, -tren⟩ *Stelle unter der Erdoberfläche, von der ein Erdbeben ausgeht;* Syn. *Erdbebenherd*

Hyp|so|me|ter ⟨n.5⟩ *Gerät, das aufgrund des mit zunehmender Höhe sinkenden Siedepunktes des Wassers die Höhe eines Ortes mißt, Siedethermometer* [< griech. *hypsos* ,,Höhe" und *...meter*]

Hyp|so|me|trie ⟨f., -, nur Sg.⟩ *Höhenmessung mit dem Hypsometer*

Hy|ster|ek|to|mie ⟨f.11⟩ *operative Entfernung der Gebärmutter* [< griech. *hystera* ,,Gebärmutter, Mutterleib", *ek* ,,aus, heraus" und *tome* ,,Schnitt"]

Hy|ste|re|se ⟨f.11⟩, **Hy|ste|re|sis** ⟨f., -, nur Sg.⟩ *Zurückbleiben der Magnetisierung eines ferromagnetischen Materials gegenüber dem die Magnetisierung verursachenden äußeren Feld* [< griech. *hysteros* ,,später"]

Hy|ste|rie ⟨f.11⟩ **1** ⟨Med.⟩ *Zustand mit abnormen seelischen Reaktionen wie Verwirrtheit, Sinnestäuschungen und körperlichen Störungen* **2** ⟨ugs.⟩ *Neigung zu heftigen Gefühlsausbrüchen* **3** ⟨ugs.⟩ *übergroße Erregung, Überspanntheit;* die Begeisterung näherte sich der H. [< griech. *hystera* ,,Gebärmutter", da man früher die Ursache für die Krankheit in einer langen Untätigkeit der Gebärmutter vermutete]

Hy|ste|ron-Pro|te|ron ⟨n., -s, Hystera-Protera⟩ **1** ⟨Logik⟩ *Beweis aus einem Satz, der selbst erst noch bewiesen werden muß* **2** ⟨Rhetorik⟩ *Redefigur, bei der ein zeitlich späterer Gedanke an erster Stelle steht* [< griech. *hysteron*, Neutrum zu *hysteros* ,,späterer, folgender" und *proteron*, Neutrum zu *proteros* ,,vorderer, früherer"]

Hy|ste|ro|pto|se ⟨f.11⟩ → *Gebärmuttervorfall* [< griech. *hystera* ,,Gebärmutter" und *ptosis*, Nebenform von *ptoma* ,,Fall, Sturz"]

Hy|ste|ro|sko|pie ⟨f.11⟩ *Untersuchung der Gebärmutter mit einem Gebärmutterspiegel* [< griech. *hystera* ,,Gebärmutter" und *skopein* ,,sehen, schauen, betrachten"]

Hy|ste|ro|to|mie ⟨f.11⟩ *operative Öffnung der Gebärmutter* [< griech. *hystera* ,,Gebärmutter" und *tome* ,,Schnitt"]

Hz ⟨Zeichen für⟩ *Hertz*

I

i ⟨1 ⟨Zeichen für⟩ *Einheit der imaginären Zahlen (Quadratwurzel aus minus eins)* 2 ⟨Int.; Ausruf des Ekels, des Abscheus⟩ i!; i wo! *keineswegs!* 3 *neunter Buchstabe des Alphabets;* das ist das Tüpfelchen auf dem i *das ist die letzte Feinheit*
I ⟨röm. Zahlzeichen für⟩ *eins*
i. ⟨Abk. für⟩ *im, in,* z.B. St. Johann i. Tirol
Ia ⟨ugs.⟩ *eins a, ausgezeichnet, prima;* ein Ia Angebot; Ia Qualität
i.A., I.A. ⟨Abk. für⟩ *im Auftrag, Im Auftrag* ⟨Großschreibung nach einem geschlossenen Text oder Unterschrift⟩
ia|hen ⟨V.1, hat iaht; o.Obj.⟩ *iah! schreien;* der Esel iaht
Iam|bus ⟨m., -, -ben; lat. Schreibung von⟩ *Jambus*
Ia|trik ⟨f., -, nur Sg.⟩ *Heilkunst, Heilkunde* [< griech. *iatrike* „Heilkunst", zu *iatros* „Arzt"]
Ia|tro|che|mie ⟨f., -, nur Sg.⟩ *die von Paracelsus begründete medizinische Lehre, der zufolge alle Lebens- und durch Medikamente bewirkten Heilungsvorgänge auf chemischen Prozessen beruhen* [< griech. *iatros* „Arzt" und *Chemie*]
ia|tro|gen ⟨Adj., o.Steig.⟩ *durch ärztliche Behandlung bewirkt* [< griech. *iatros* „Arzt" und griech. *gennan* „erzeugen, hervorbringen"]
ib., ibd. ⟨Abk. für⟩ *ibidem*
Ibe|rer ⟨m.5⟩ *1 Angehöriger eines vorindogermanischen Volkes auf der Pyrenäenhalbinsel 2 Spanier oder Portugiese* [< lat. *Iberus* „Ebro (Fluß in Südspanien)"]
ibe|risch ⟨Adj., o.Steig.⟩ *die Iberer betreffend, zu ihnen gehörig, von ihnen stammend*
ibe|ro|ame|ri|ka|nisch ⟨Adj., o.Steig.⟩ → *lateinamerikanisch* [zu *Iberer*]
ibe|ro-ame|ri|ka|nisch ⟨Adj., o.Steig.⟩ *Lateinamerika einerseits und Spanien und Portugal andererseits betreffend* [zu *Iberer*]
ibid. ⟨Abk. für⟩ *ibidem*
ibi|dem ⟨Abk.: ib., ibd., ibid.; bes. in wissenschaftl. Texten⟩ *ebenda, am angeführten Ort, an der bereits zitierten Stelle* [lat.]
Ibis ⟨m.1⟩ *ein Schreitvogel mit sichelförmig nach unten gebogenem Schnabel;* Heiliger I. [< lat., griech. *ibis* < altägypt. *hb*, gesprochen *hibi*, „dem Gott Thoth heiliger Vogel"]
Ibn ⟨vor arab. Personennamen⟩ *Sohn des ...,* z.B. I. Fahd [arab.]
IC ⟨Abk. für⟩ *Intercity(-Zug)*
ich ⟨Pers.pron., 1. Pers. Sg. Nom.⟩ *der Sprecher selbst, meine Person;* i. komme!
Ich ⟨n., -(s), -(s)⟩ *1 die eigene Person, Teil der eigenen Person;* mein besseres, schlechteres, zweites I. *2* ⟨Psych.⟩ *seelische Instanz zwischen dem (triebhaften) Es und dem (moralischen) Über-Ich 3* ⟨Philos.⟩ *Kernpunkt und Träger des Bewußtseins des Individuums*
Ich|be|wußt|sein ⟨n., -s, nur Sg.⟩ *Bewußtsein von der eigenen Person;* Syn. *Ichgefühl*
ich|be|zo|gen ⟨Adj.⟩ *alles auf die eigene Person beziehend, sich selbst in den Mittelpunkt stellend;* Syn. *egozentrisch*
Ich|be|zo|gen|heit ⟨f., -, nur Sg.⟩ *ichbezogenes Verhalten;* Syn. *Egozentrik*
Ich-Er|zäh|lung ⟨f.10⟩ *Erzählung in der Ich-Form*
Ich-Form ⟨f., -, nur Sg.⟩ *Darstellungsweise in der ersten Person, so daß Erzähler und Hauptgestalt identisch sind;* ein Roman in der I.

Ich|ge|fühl ⟨n., -s, nur Sg.⟩ → *Ichbewußtsein*
Ich-Laut ⟨m.1; Sprachw.⟩ *der am vorderen (harten) Gaumen gesprochene Laut ch nach i und e,* z.B. in „ich, weich, schlecht"; vgl. *Ach-Laut*
Ich|neu|mon ⟨n.1 oder m.9, n.1 oder n.9⟩ *nordafrikanisch-kleinasiatische Schleichkatze;* Syn. *Manguste* [griech., eigtl. „Spürer", zu *ichneuein* „spüren, aufspüren", zu *ichneuma* „Spur"]
Ich|no|gramm ⟨n.1; Med.⟩ *Aufzeichnung der Fuß-, Gangspur* [< griech. *ichnos* „Fußstapfe, Spur" und *gramma* „Schriftzeichen, Schrift"]
Ich-Ro|man ⟨m.1⟩ *Roman in der Ich-Form*
Ich|sucht ⟨f., -, nur Sg.⟩ → *Egoismus*
ich|süch|tig ⟨Adj.⟩ → *egoistisch*
Ich|thy|ol ⟨n., -s, nur Sg.; Wz.⟩ *aus bituminösem Schiefer gewonnene, ölige Flüssigkeit (zur Behandlung von Hauterkrankungen, Furunkeln usw.)* [< griech. *ichthys*, Gen. *ichthyos*, „Fisch" und lat. *oleum* „Öl"]
Ich|thyo|lith ⟨m.10⟩ *versteinerter Fischrest* [< griech. *ichthys*, Gen. *ichthyos*, „Fisch" und *lithos* „Stein"]
Ich|thyo|lo|gie *Wiss. von den Fischen* [< griech. *ichthys*, Gen. *ichthyos*, „Fisch" und *...logie*]
Ich|thyo|sau|ri|er ⟨m.5⟩, **Ich|thyo|sau|rus** ⟨m., -, -ri|er⟩ *Fischechse, Meeresreptil des Erdmittelalters* [< griech. *ichthys*, Gen. *ichthyos*, „Fisch" und *Saurier*]
Ich|thyo|se ⟨f.11⟩, **Ich|thyo|sis** ⟨f., -, -sen⟩ → *Fischschuppenkrankheit* [< griech. *ichthys*, Gen. *ichthyos*, „Fisch" und *...ose*]
id. ⟨Abk. für⟩ → *idem*
i.d. ⟨Abk. für⟩ *in der;* 50% Fett i.d. Trockenmasse
ide|al ⟨Adj.⟩ *1* ⟨o.Steig.⟩ *nur in der Vorstellung existierend, nur gedacht;* eine ~e Gesellschaft *2 mustergültig, sehr geeignet;* der ~e Chef; ein ~er Urlaubsort; ~e Landschaft* ⟨Mal.⟩ *waldige, sommerliche, eindrucksvolle Landschaft* [zu *Idee*]
Ide|al ⟨n.1⟩ *1 Vorbild* (Schönheits~) *2 Richtschnur, Leitgedanke, Zielpunkt;* noch ~e haben; falschen ~en nachlaufen
Ide|al|fall ⟨m.2⟩ *bester, günstigster Fall;* im I. kann er in einer Woche hier sein
Ide|al|fi|gur ⟨f., -, nur Sg.⟩ *1 vorbildliche Person;* in jmdm. eine I. sehen *2 Körper mit guten Proportionen;* eine I. haben
idea|li|sie|ren ⟨V.3, hat idealisiert; mit Akk.⟩ *einem Ideal angleichen, verschönern* **Idea|li|sie|rung** ⟨f., -, nur Sg.⟩
Idea|lis|mus ⟨m., -, nur Sg.⟩ *1 Glauben an, Streben nach Idealen, von Idealen bestimmte Weltanschauung und Lebensführung 2* ⟨Philos.⟩ *Anschauung, daß nur das Geistige wirklich existiere und alles Materielle nur dessen äußere Erscheinungsform sei* [< griech. *idea* „Aussehen, Erscheinung, Gestalt"]
Idea|list ⟨m.10⟩ *1 jmd., der nach Idealen strebt 2 Anhänger des philosophischen Idealismus*
idea|li|stisch ⟨Adj.⟩ *1 auf dem Idealismus beruhend 2 in der Art eines Idealisten, an Ideale glaubend und etwas wirklichkeitsfern*
Idea|li|tät ⟨f., -, nur Sg.⟩ *1 ideale Beschaffenheit 2* ⟨Philos.⟩ *das Sein nur als Idee, als Vorstellung*
Ide|al|kon|kur|renz ⟨f., -, nur Sg.⟩ *Tateinheit, Verletzung mehrerer Strafgesetze zugleich;* Ggs. *Realkonkurrenz*

Ide|al|li|nie ⟨f.11; Sport⟩ *günstigster Wegverlauf zwischen Start und Ziel*
Ide|al|lö|sung ⟨f.10⟩ *beste, zufriedenstellendste Lösung;* die I. finden
ide|al|ty|pisch ⟨Adj.⟩ *entsprechend einem Idealtypus*
Ide|al|ty|pus ⟨m., -, -pen⟩ *1 Person, die einem Ideal entspricht 2* ⟨Soziol.⟩ *Begriff zur Erklärung typischer Gruppen oder Institutionen einer Gesellschaft;* der I. einer Demokratie
Idea|ti|on ⟨f.10⟩ *Bildung einer Idee, einer Vorstellung, eines Begriffs*
Idee ⟨f.11⟩ *1* ⟨in der Philosophie Platons⟩ *Urform, Urbild 2 Vorstellung;* ich habe keine I., wie das werden soll *3 geistiger Gehalt, (einem Kunstwerk oder Plan o.ä.) zugrunde liegender Gedanke 4 Einfall, Gedanke;* ich habe eine I.; das ist eine gute I. *5* ⟨ugs.⟩ *sehr kleine Menge;* hier fehlt noch ein I. Salz [< griech. *idea* „Aussehen, Erscheinung, Gestalt", zu *idein* „sehen, erblicken"]
ide|ell ⟨Adj., o.Steig.⟩ *nur gedacht, geistig*
ide|en|arm ⟨Adj.⟩ *arm an guten Einfällen;* Ggs. *ideenreich;* eine ~e Zeit
Ide|en|ar|mut ⟨f., -, nur Sg.⟩ *Mangel an guten Einfällen, an Ideen;* Ggs. *Ideenreichtum*
Ide|en|as|so|zi|a|ti|on ⟨f.10⟩ *Verbindung, Verknüpfung von Vorstellungen*
Ide|en|flucht ⟨f., -, nur Sg.⟩ *1* ⟨Philos.⟩ *zahlreiche, aber nicht systematisch geordnete Gedanken 2* ⟨Psych.⟩ *bei seelischen Krankheiten oder nach dem Genuß von Rauschgift auftretendes oberflächliches, sprunghaftes Denken;* Syn. *Gedankenflucht*
Ide|en|ge|schich|te ⟨f., -, nur Sg.⟩ *Geschichte der weltanschaulichen und philosophischen Vorstellungen, der geistigen Zusammenhänge (von Ereignissen, Dichtungen)*
Ide|en|leh|re ⟨f., -, nur Sg.; Philos.⟩ *Platons Lehre von den Ideen*
ide|en|reich ⟨Adj.⟩ *reich an guten Einfällen;* Ggs. *ideenarm*
Ide|en|reich|tum ⟨m., -s, nur Sg.⟩ *Fülle von guten Einfällen, von Ideen;* Ggs. *Ideenarmut*
idem ⟨Abk.: id.⟩ *der-, dasselbe* [lat.]
Iden ⟨Pl.; im altröm. Kalender⟩ *die Mitte des Monats, 13. oder 15. Tag des Monats* [lat.]
Iden|ti|fi|ka|ti|on ⟨f.10⟩ *1 das Identifizieren, Feststellung der Identität 2 Gleichsetzung*
iden|ti|fi|zie|ren ⟨V.3, hat identifiziert⟩ *I* ⟨mit Akk.⟩ *1 etwas oder jmdn. i. erkennen, wer jmd. ist, was etwas ist;* einen Verdächtigen als Täter i.; ein Messer als Mordwaffe i.; eine Zeichnung als Werk Dürers i. *2 etwas mit etwas i. etwas mit etwas gleichsetzen, etwas als dasselbe wie etwas (anderes) betrachten;* man kann diese spontane Äußerung nicht mit seiner wirklichen Überzeugung i. *II* ⟨refl.⟩ *sich mit etwas i. voll mit etwas übereinstimmen (und sich dafür einsetzen);* er identifiziert sich mit seiner Arbeit; sich mit jmdm. i. *genau das gleiche denken, fühlen wie jmd.,* sich in jmds. Lage versetzen; in einem Theaterstück identifiziert er sich sofort mit dem Helden auf der Bühne [< lat. *identitas* „Identität", zu *idem* „der-, dasselbe" und *facere* (in Zus. *...ficere*) „machen"] **Iden|ti|fi|zie|rung** ⟨f., -, nur Sg.⟩
iden|tisch ⟨Adj.⟩ *ein und dasselbe, ein und dieselbe Person;* A. ist mit B. i.; die Definitionen sind i.
Iden|ti|tät ⟨f., -, nur Sg.⟩ *1 völlige Gleichheit, Übereinstimmung, Wesenseinheit;* jmds.

I. feststellen *feststellen, wer jmd. ist bzw. ob er wirklich derjenige ist, als der er sich ausgibt oder für den man ihn hält* **2** *die als leiblich-seelisch-geistige Einheit erlebte eigene, ihrer selbst bewußte Persönlichkeit; er hat seine I. verloren er handelt nicht mehr so, wie es seinem Wesen, Charakter entspricht*

Iden|ti|täts|aus|weis ⟨m.1; österr.⟩ *Personalausweis*

Iden|ti|täts|kar|te ⟨f.11; schweiz.⟩ *Personalausweis*

Iden|ti|täts|kri|se ⟨f.11; Psych.⟩ *Krise im Wahrnehmen und Erleben der eigenen Identität*

Iden|ti|täts|nach|weis ⟨m.1; Rechtsw.⟩ *Nachweis, daß eine Person tatsächlich diejenige ist, die zu sein sie vorgibt;* den I. erbringen

Iden|ti|täts|phi|lo|so|phie ⟨f.11⟩ *philosophische Theorie, in der die Einheit der Gegensätze von Denken und Sein, Geist und Natur, Subjekt und Objekt behauptet wird*

ideo..., Ideo... ⟨in Zus.⟩ *begriffs..., Begriffs...* [griech.]

Ideo|gramm ⟨n.1⟩ *Schriftzeichen, das einen ganzen Begriff ausdrückt (z.B. die Zeichen der chinesischen Schrift, die Hieroglyphen)* [< griech. *idea* „Aussehen, Gestalt" und *gramma* „Schriftzeichen"]

Ideo|lo|ge ⟨m.11⟩ *Vertreter einer Ideologie*

Ideo|lo|gie ⟨f.11⟩ **1** ⟨Soziologie⟩ *Gesamtheit der Auffassungen und Denkvorstellungen (einer Gesellschaftsgruppe oder -schicht)* **2** *politische Theorie;* die I. des Marxismus [< griech. *idea* „Erscheinung, Gestalt, Meinung, Anschauung" und *logos* „Wort, Lehre, Kunde", zu *legein* „sagen, sprechen, erklären"]

ideo|lo|gisch ⟨Adj., o.Steig.⟩ *auf einer Ideologie beruhend, gemäß einer Ideologie*

ideo|lo|gi|sie|ren ⟨V.3, hat ideologisiert; mit Akk.⟩ *im Sinne einer Ideologie beeinflussen;* **Ideo|lo|gi|sie|rung** ⟨f., -, nur Sg.⟩

Ideo|mo|to|rik ⟨f., -, nur Sg.; Med.⟩ *Bewegungen, die durch Vorstellungen bewirkt, aber unbewußt ausgeführt werden*

id est ⟨Abk.: i.e.⟩ *das ist, das heißt* [lat.]

idio..., Idio... ⟨in Zus.⟩ *eigen..., Eigen..., selbst..., Selbst...* [< griech. *idios* „eigen"]

Idio|blast ⟨m.10⟩ *pflanzliche Zelle mit besonderen Aufgaben in einem andersartigen Geweberverband* [< griech. *idios* „eigen" und *blastanein* „hervorsprießen, sich entwickeln"]

idio|chro|ma|tisch ⟨Adj., o.Steig.⟩ *eigenfarbig, nicht gefärbt, farblich der Substanz entsprechend;* Ggs. *allochromatisch* [< griech. *idios* „eigen" und *chromatisch*]

Idio|gramm ⟨n.1⟩ *eigenhändige Unterschrift* [< griech. *idios* „eigen" und *gramma* „Schriftzeichen, Schrift"]

idio|gra|phisch ⟨Adj., o.Steig.⟩ *mit eigener Hand geschrieben*

Idio|la|trie ⟨f., -, nur Sg.⟩ *Selbstvergötterung, Selbstanbetung* [< griech. *idios* „eigen" und *latreia* „Dienst, Gottesdienst"]

Idio|lekt ⟨m.1⟩ *besondere Ausdrucksweise, Spracheigentümlichkeit eines einzelnen* [< griech. *idios* „eigen, für sich" und dem zweiten Teil von *dialektos* „Redeweise"]

Idi|om ⟨n.1⟩ *einer bestimmten Sprache oder Mundart eigentümliche Redewendung oder Ausdrucksweise;* Syn. *Idiotismus;* schweizerische ~e [< griech. *idioma* „Eigentümlichkeit, Eigenart"]

Idio|ma|tik ⟨f.10⟩ **1** *Zweig der Sprachwissenschaft, der sich mit den Idiomen befaßt* **2** *Gesamtheit der Idiome (einer Sprache oder Mundart)*

idio|ma|tisch ⟨Adj., o.Steig.⟩ *nur in einer bestimmten Sprache oder Mundart vorkommend*

idio|morph ⟨Adj., o.Steig.; bei Mineralien⟩ *mit voll entwickelter Eigengestalt* [< griech. *idios* „eigen" und *morphe* „Gestalt, Form"]

Idio|phon ⟨n.1⟩ *Musikinstrument, das nach Anschlagen, Zupfen oder Streichen selbst weiterklingt (z.B. Gong, Glasharmonika)* [< griech. *idios* „eigen, für sich (allein)" und *phone* „Ton, Klang, Stimme"]

Idio|plas|ma ⟨n., -s, nur Sg.⟩ *Plasma des Keimes (als Träger von Erbgut)* [< griech. *idios* „eigen" und *Plasma*]

Idio|syn|kra|sie ⟨f.11⟩ **1** *Überempfindlichkeit (gegen bestimmte Stoffe und Reize)* **2** *Abneigung, Widerwille (z.B. gegen bestimmte Nahrungsmittel, Menschen, Dinge)* [< griech. *idios* „eigen, für sich" und *synkrasis* „Vermischung", womit hier die Mischung der Körpersäfte gemeint ist]

idio|syn|kra|tisch ⟨Adj., o.Steig.⟩ *auf Idiosynkrasie beruhend*

Idi|ot ⟨m.10⟩ **1** ⟨Med.⟩ *schwachsinniger Mensch* **2** ⟨ugs., abwertend⟩ *Dummkopf, Trottel* [< griech *idiotes* urspr. „gewöhnlicher Mensch, Nichtkenner, Nichtfachmann", später auch „Nichtswisser", zu *idios* „eigen, dem einzelnen gehörig, privat"; der Mann im öffentlichen, staatlichen Dienst galt als klüger und gebildeter als der Privatmann]

Idio|ten|hü|gel ⟨m.5; ugs.⟩ *Übungshügel für Anfänger im Skifahren*

idio|ten|si|cher ⟨Adj., o.Steig.; ugs.⟩ *so beschaffen, daß jedermann damit umgehen kann;* vgl. *narrensicher;* das Gerät ist i. in der Bedienung

Idio|tie ⟨f., -, nur Sg.⟩ **1** ⟨Med.⟩ *schwerste Form des Schwachsinns;* auch: *Idiotismus* **2** ⟨ugs., abwertend⟩ *Unsinn, Unsinnigkeit;* so eine I.!

Idio|ti|kon ⟨n., -s, -ka oder -ken⟩ *Mundartwörterbuch* [< griech. *idiotikos* „einen einzelnen betreffend", zu *idios* „eigen, für sich"]

idio|tisch ⟨Adj.⟩ **1** ⟨o.Steig.; Med.⟩ *schwachsinnig* **2** ⟨ugs., abwertend⟩ *unsinnig, blödsinnig;* eine ~e Idee

Idio|tis|mus ⟨m., -, -men⟩ **1** → *Idiom* **2** ⟨nur Sg.⟩ → *Idiotie (1)* **3** *Äußerungen eines Idioten* [zu *Idiot*]

Idio|ty|pus ⟨m., -, nur Sg.⟩ *Gesamtheit aller Erbfaktoren, Erbgefüge* [< griech. *idios* „eigen, für sich" und *Typus*]

Ido|kras ⟨m.1⟩ → *Vesuvian* [< griech. *eidos* „Gestalt, Form, Beschaffenheit" und *krasis* „Mischung", er hat eine ähnliche Zusammensetzung wie viele andere Mineralien]

Idol ⟨n.1⟩ **1** *Götzenbild* **2** ⟨übertr.⟩ *Abgott, verehrter, vergötterter Mensch;* sie hat in ihm I. finden, er ist ihr I. [< griech. *eidolon* „Bild, Gestalt, Trugbild, Götzenbild"]

Ido|la|trie, Ido|lo|la|trie ⟨f., -, nur Sg.⟩ *Verehrung von Götterbildern, Götzendienst;* Syn. *Ikonodulie, Ikonolatrie* [< griech. *eidololatreia* „Götzendienst", < *eidolon* „Bild, Gestalt, Götzenbild" und *latreia* „Dienst, Gottesdienst"]

Idyll ⟨n.1⟩ **1** *Bild oder Zustand friedlich-beschaulichen Lebens (meist in ländlicher Umgebung)* **2** ⟨übertr., scherzh.⟩ *komisch-beschauliches Bild* [< griech. *eidyllion* „Bildchen, Darstellung aus dem Leben der Hirten und der niederen Stände"]

Idyl|le ⟨f.11⟩ *Schilderung eines Idylls (1), Hirten-, Schäferdichtung*

Idyl|lik ⟨f., -, nur Sg.; geh.⟩ *idyllische Beschaffenheit;* die I. des Bildes

idyl|lisch ⟨Adj.⟩ *in der Art eines Idylls (1), friedlich, ländlich, beschaulich;* eine ~e Gegend

i.e. ⟨Abk. für⟩ *id est*

i.f. ⟨Abk. für⟩ *ipse fecit*

IG **1** ⟨Abk. für⟩ *Industriegewerkschaft;* IG Metall **2** ⟨Abk. für⟩ *Interessengemeinschaft*

Igel ⟨m.5⟩ **1** *plumper, kurzbeiniger Insektenfresser mit Stacheln (z.B. Braunbrust~)* **2** ⟨scherzh.⟩ *sehr kurzer Haarschnitt;* damals trug ich noch einen I.

Igel|fisch ⟨m.1⟩ *Fisch tropischer Meere mit Stacheln, die beim Aufblähen nach allen Seiten abstehen*

Igel|kak|tus ⟨m., -, -te|en⟩ *ein runder, stachliger Kaktus*

Igel|kol|ben ⟨m.7⟩ *Sumpfstaude mit kugligen, stachligen, morgensternähnlichen Früchten*

Igel|kopf ⟨m.2; ugs., scherzh.⟩ *Kopf mit Igelschnitt*

Igel|schnitt ⟨m.1; ugs.⟩ *sehr kurz geschnittene und deshalb an Igelstacheln erinnernde Frisur;* vgl. *Bürstenschnitt*

Igel|stel|lung ⟨f.10⟩ *(militärische) Abwehrstellung mit Möglichkeiten zur Verteidigung nach allen Seiten (wie ein zusammengerollter Igel)*

Iglu ⟨m.9 oder n.9⟩ *aus Schneeblöcken errichtete, halbkugelförmige Hütte (der Eskimos)* [< eskimoisch iglu „Haus"]

Igno|ra|mus et igno|ra|bi|mus *Wir wissen (es) nicht, und wir werden (es auch) nicht wissen* [lat., sprichwörtlich gewordener Ausdruck für die Unlösbarkeit der Welträtsel nach dem Ausspruch des dt. Naturwissenschaftlers Du Bois-Reymond]

Igno|rant ⟨m.10⟩ *Unwissender, jmd., der sich nicht um Wissen und Erkenntnis bemüht* [zu *ignorieren*]

Igno|ran|ten|tum ⟨n., -s, nur Sg.; geh.⟩ *Art, Verhalten eines Ignoranten*

Igno|ranz ⟨f., -, nur Sg.⟩ *Unwissenheit aus mangelnde Erkenntnisdrang* [zu *ignorieren*]

igno|rie|ren ⟨V.3, hat ignoriert; mit Akk.⟩ *nicht wissen wollen, absichtlich nicht beachten;* jmds. Gruß i.; eine anzügliche Bemerkung i. [< lat. *ignorare* „nicht kennen, nicht wissen, nicht kennen wollen", mit Anlehnung an *noscere* „kennen" zu *ignarus* „unkundig, unwissend, unerfahren"]

Igu|an|odon ⟨n.9⟩ *halbaufrechtes Landreptil der europäischen Kreidezeit* [< span. *iguana* „Leguan" und griech. *odous*, Gen. *odontos* „Zahn"]

i.H. ⟨in Adressen oder innerbetrieblichen Mitteilungen Abk. für⟩ *im Hause;* Herrn Müller i. H.

IHK ⟨Abk. für⟩ *Industrie- und Handelskammer*

Ih|le ⟨m.11⟩ *magerer, geringwertiger Hering, der abgelaicht hat, Hohlhering*

ihm ⟨Dat. Sg. von⟩ *er, es*

ihn ⟨Akk. Sg. von⟩ *er*

ih|nen ⟨Dat. Pl. von⟩ *er, sie, es*

Ih|nen ⟨Dat. Sg. und Pl. von⟩ *Sie;* ich komme zu I.

ihr **1** ⟨Personalpron., 3. Pers. Sg. f., Dat. von⟩ *sie;* er gab i. die Hand **2** ⟨Personalpron., 2. Pers. Pl.⟩ kommt i. jetzt? **3** ⟨Possessivpron., 3. Pers. Sg. f.⟩ sie hat i. Haus in Ordnung **4** ⟨Possessivpron., 3. Pers. Pl.⟩ die Arbeiter haben i. Werkzeug mitgenommen

Ihr **1** ⟨Personalpron., 2. Person Pl., in der veralteten Anrede für eine höhergestellte Person⟩ ganz wie I. wünscht, gnädiger Herr **2** ⟨Personalpron., 2. Person Pl., als Anrede im Brief für mehrere Personen⟩ habt I. meinen Brief bekommen? **3** ⟨Possessivpron., 3. Person Pl., als Anrede für eine oder mehrere Personen⟩ ich danke für I. freundliches Entgegenkommen; mit freundlichen Grüßen ~e XY

ih|re ⟨Possessivpron., als Subst.⟩ *der, die, das i.* **1** ⟨Kleinschreibung bei vorausgehendem Subst.⟩ *der, die, das ihr gehörige;* ist dieser Wagen der ihre, ⟨oder⟩ der ihrige? **2** ⟨Großschreibung⟩ **a** *in der Anrede, auch bei vorausgehendem Subst.⟩ ist dieser Wagen der Ihre, ⟨oder⟩ der Ihrige? **b** *das, was ihr, was ihnen zukommt, ihr, Ihr Beitrag;* sie muß auch das Ihre, ⟨oder⟩ das Ihrige dazutun; Sie müssen auch das Ihre, ⟨oder⟩ das Ihrige dazutun **c** ⟨scherzh.⟩ *Ihr Mann;* grüßen Sie den Ihren, ⟨oder⟩ den Ihrigen **d** ⟨veraltend⟩ *der, die sich Ihnen verbunden fühlt;* ⟨bes. als Briefschluß⟩ ich bin ganz der, die Ihre; mit vielen Grüßen, immer der, die Ihre **e** ⟨sel-

ihrer

ten) *das ihr, ihnen Gehörige, ihr Besitz;* sie haben all das Ihre dem Tierschutzverein vererbt

ih|rer 〈Personalpron., Gen. von „sie"〉 wir gedenken ihrer; 〈Großschreibung in der Anrede〉 wir werden Ihrer gedenken

ih|rer|seits 〈Adv.〉 *von ihrer Seite aus;* sie hatte i. nichts einzuwenden; die Engländer i.

Ih|rer|seits 〈Adv.〉 *von Ihrer Seite aus;* wenn Sie I. zustimmen

ih|res|glei|chen 〈Pron.〉 *eine weibliche Person, Leute, Dinge, Angelegenheiten wie diese;* diese Beleidigung sucht i. *diese Beleidigung ist einzigartig;* Menschen i. *Menschen wie sie*

ih|ret|hal|ben, ih|ret|we|gen 〈Adv.〉 **1** *aus Gründen, die sie betreffen, aus Ursachen, die sie verschuldet hat,* (bzw.) *haben;* ich komme i. noch zu spät **2** *ihr, ihnen zuliebe;* ich habe es nur i. getan

ih|ret|wil|len 〈Adv.〉 *nur in der Wendung* um i. *ihr, ihnen zuliebe, für sie;* um i. habe ich den Antrag gestellt

ih|ri|ge 〈Possessivpron.〉 → *ihre*

Ih|ro 〈in der Anrede; † für〉 *Ihre;* wünschen I. Gnaden noch etwas?

ihr|zen 〈V.1, hat geihrzt; mit Akk.〉 *mit „ihr, Ihr" anreden*

IHS 〈in alten Handschriften und auf frühchristlichen Bildern Abk. für griech.〉 ΙΗΣΟΥΣ *(IESOUS),* 〈die griech. Form von〉 *Jesus*

I. H. S. 〈Abk. für〉 *in hoc salus,* 〈oder〉 *in hoc signo*

i. J. 〈Abk. für〉 *im Jahre*

Ike|ba|na 〈n., -, nur Sg.〉 *die Kunst des symbolhaften Blumenordnens in Japan* [< japan. *ike* „lebend", zum Verb *ikeru* „lebend, frisch erhalten", und *bana* „Blume", also „lebend, frisch erhaltene Blume"]

Iko|ne 〈f.11〉 *Heiligenbild (auf Holz) der Ostkirche* [< griech. *eikon* „Bild, Gemälde"]

Iko|no|du|lie 〈f., -, nur Sg.〉 → *Idolatrie* [< griech. *eikon* „Bild" und *doulos* „Knecht"]

Iko|no|graph 〈m.10〉 **1** *Wissenschaftler auf dem Gebiet der Ikonographie* **2** *Instrument zum Übertragen von Zeichnungen auf Stein*

Iko|no|gra|phie 〈f., -, nur Sg.〉 **1** *Beschreibung und Bestimmung von antiken Bildnissen* **2** *Lehre von den Darstellungsinhalten und der Bedeutung von alten (bes. christlichen) Bildern;* Syn. *Ikonologie* [< griech. *eikon* „Bild, Gemälde" und *graphein* „schreiben", eigtl. „Bildbeschreibung"]

iko|no|gra|phisch 〈Adj., o.Steig.〉 *die Ikonographie betreffend, zur Ikonographie gehörig*

Iko|no|klas|mus 〈m., -, nur Sg.〉 → *Bildersturm* [< griech. *eikon* „Bild, Gemälde" und *klasma* „Zerbrochenes, Bruchstück"]

Iko|no|klast 〈m.5 oder n.5〉 → *Bilderstürmer (1)*

Iko|no|la|trie 〈f., -, nur Sg.〉 → *Idolatrie*

Iko|no|lo|gie 〈f., -, nur Sg.〉 → *Ikonographie (2)*

Iko|no|skop 〈n.1〉 *älteste Form der Fernsehaufnahmeröhre* [< griech. *eikon* „Bild" und *...skop*]

Iko|no|stas 〈m.1〉, **Iko|no|sta|se** 〈f.11〉, **Iko|no|sta|sis** 〈f., -, -sen; in griech.-orthodoxen Kirchen〉 *den Altarraum vom Gemeinderaum trennende, dreitürige, mit Ikonen bedeckte Wand* [< griech. *eikon* „Bild, Gemälde" und *stasis* „das Stehen, Standort"]

Iko|sa|eder 〈n. oder n.5〉 *von 20 Flächen begrenzter Körper;* Syn. *Zwanzigflach, Zwanzigflächner* [< griech. *eikosi* „zwanzig" und *hedra* „Grundfläche"]

ikr 〈Abk. für〉 *isländische Krone*

ik|te|risch 〈Adj., o.Steig.〉 *an Ikterus leidend*

Ik|te|rus 〈m., -〉 → *Gelbsucht* [< griech. *ikteros* „Gelbsucht" sowie Bez. für einen gelben Vogel, mit dem wahrscheinlich der Pirol gemeint war]

Ik|tus 〈m., -, - oder -ten〉 **1** *starke Betonung*

einer Hebung im Vers **2** *plötzlich auftretendes, schweres Krankheitsbild* [< lat. *ictus* „Stoß, Schlag"]

Ile|um 〈[-le:um] n., -s, nur Sg.〉 → *Krummdarm*

Ile|us 〈[-le:us] m., -, -le|en〉 → *Darmverschluß* [lat., < griech. *eileos, ileos* „Darmverschlingung", urspr. „Windung"]

Ilex 〈f., -, nur Sg.〉 *Stechpalme*

ill. 〈Abk. für〉 *illustriert*

Il|la|tum 〈n., -s, -ta oder -ten; †〉 *von der Frau in die Ehe eingebrachtes Vermögen* [lat., „das Hineingebrachte, Hineingetragene"]

il|le|gal 〈Adj.〉 *ungesetzlich, gesetzwidrig, ohne rechtliche Grundlage;* Ggs. *legal*

Il|le|ga|li|tät 〈f., -, nur Sg.〉 *Ungesetzlichkeit;* Ggs. *Legalität*

il|le|gi|tim 〈Adj., o.Steig.〉 Ggs. *legitim* **1** *ungesetzlich;* es ist i. *, das zu tun* **2** *unehelich;* ~es Kind

Il|le|gi|ti|mi|tät 〈f., -, nur Sg.〉 *illegitime Beschaffenheit;* Ggs. *Legitimität*

il|lern 〈V.1, hat geillert; o.Obj.; mdt.〉 *lugen, spähen;* durch den Türspalt i.

il|li|be|ral 〈Adj., o.Steig.〉 *nicht freiheitlich gesinnt, engherzig;* Ggs. *liberal*

Il|li|be|ra|li|tät 〈f., -, nur Sg.〉 *illiberale Gesinnung;* Ggs. *Liberalität*

il|li|mi|tiert 〈Adj., o.Steig.; Börse〉 *unbeschränkt, unbegrenzt;* Ggs. *limitiert*

Il|li|ni|um 〈n., -s, nur Sg.; †〉 → *Promethium* [nach dem amerik. Bundesstaat *Illinois*]

il|li|quid 〈Adj., o.Steig.〉 *zahlungsunfähig;* Ggs.: *liquid*

Il|li|qui|di|tät 〈f., -, nur Sg.〉 *Zahlungsunfähigkeit;* Ggs. *Liquidität*

il|li|te|rat 〈m.10〉 *nicht wissenschaftlich gebildeter Mensch*

Il|lo|ku|ti|on 〈f.10; Sprachw.〉 *Sprechakt hinsichtlich seines kommunikativen Charakters* [< lat. *il...* (für *in*) „nach hin, für, zu" und *locutio* „Sprechen, Rede", zu *loqui* „sprechen"]

il|loy|al 〈[-loaja:l] Adj., o.Steig.〉 *untreu, treulos;* Ggs. *loyal*

Il|loy|a|li|tät 〈[-loaja-] f., -, nur Sg.〉 *illoyale Gesinnung oder Handlung;* Ggs. *Loyalität*

Il|lu|mi|nat 〈m.10; Ende des 18. Jh.〉 *Angehöriger eines Geheimbundes, bes. des Illuminatenordens*

Il|lu|mi|na|ten|or|den 〈m., -s, nur Sg.; Ende des 18.Jh.〉 *aufklärerisch-freimaurerischer Geheimbund* [< lat. *illuminatus* „erleuchtet"]

Il|lu|mi|na|ti|on 〈f.10〉 **1** *Festbeleuchtung (mit vielen kleinen Lämpchen)* **2** 〈Buchmalerei〉 *Ausmalung, Verzierung alter Handschriften* **3** 〈Relig.〉 *Erleuchtung, Erkenntnis ewiger Wahrheiten* [zu *illuminieren*]

Il|lu|mi|na|tor 〈m.13〉 **1** *Künstler der Buchmalerei, Buchmaler;* Syn. *Illuminist* **2** *Beleuchtungsvorrichtung an optischen Geräten*

il|lu|mi|nie|ren 〈V.3, hat illuminiert; mit Akk.〉 **1** *festlich erleuchten;* einen Saal mit bunten Lampen i. **2** *deutlich, einsichtig, erkennbar machen;* einen Sachverhalt durch Beispiele i. **3** 〈Buchmalerei〉 *ausmalen, farbig verzieren;* eine Handschrift i. [< lat. *illuminare* „erleuchten, erhellen", übertr. „schmücken, verzieren, Glanz verleihen", < *il...* (in Zus. vor l statt *in*) „in, innerhalb" und *luminare* „erleuchten, erhellen", zu *lumen,* Gen. *luminis,* „Licht, Schmuck, Zierde"] **Il|lu|mi|nie|rung** 〈f.10〉

Il|lu|mi|nist 〈m.10〉 → *Illuminator (1)*

Il|lu|si|on 〈f.10〉 **1** *Selbsttäuschung, trügerische Hoffnung oder Vorstellung;* sich einer I. hingeben **2** *trügerische Wahrnehmung* **3** *Vortäuschung eines Wirklichkeitseindrucks* (Raum~) [über frz. *illusion* < lat. *illusio* „Verspottung, Täuschung", zu *illudere* „sein Spiel treiben, betrügen, spotten", zu *ludus* „Spiel"]

il|lu|sio|när 〈Adj., o.Steig.〉 *auf einer Illusion beruhend;* Syn. *illusionistisch*

il|lu|sio|nie|ren 〈V.3, hat illusioniert; mit Akk.〉 jmdn. i. *jmdm. etwas vortäuschen, in jmdm. eine Illusion wecken* **Il|lu|sio|nie|rung** 〈f., -, nur Sg.〉

Il|lu|sio|nis|mus 〈m., -, nur Sg.〉 **1** *philosophische Auffassung, daß Wahrheit, Sittlichkeit, Schönheit Illusionen seien* **2** *einen Raumeindruck vortäuschende Wirkung (eines Bildes)*

Il|lu|sio|nist 〈m.10〉 **1** *Anhänger des Illusionismus (1)* **2** *jmd., der Illusionen hat, Schwärmer* **3** *Zauberkünstler*

il|lu|sio|nis|tisch 〈Adj., o.Steig.〉 **1** → *illusionär* **2** *auf dem Illusionismus beruhend*

il|lu|so|risch 〈Adj., o.Steig.〉 **1** *nur als Illusion existierend, eingebildet* **2** *sich erübrigend, überflüssig;* diese Maßnahme ist damit i. *geworden*

il|lu|ster 〈Adj., o.Steig.〉 **1** *glänzend, vortrefflich* **2** *vornehm, berühmt;* illustre Gäste [< lat. *illustris* „hell, strahlend; hervorragend", zu *lustrare* „beleuchten, erhellen"]

Il|lu|stra|ti|on 〈f.10〉 **1** *Erläuterung* **2** *Abbildung (zu einem Text), Bebilderung (eines Buches)* [zu *illustrieren*]

il|lu|stra|tiv 〈Adj., o.Steig.〉 *durch Illustration(en) erläuternd, veranschaulichend*

Il|lu|stra|tor 〈m.13〉 *Maler, Zeichner, der ein Buch illustriert* [zu *illustrieren*]

il|lu|strie|ren 〈V.3, hat illustriert; mit Akk.〉 **1** *erläutern, deutlicher machen;* einen Sachverhalt durch Zeichnungen, Beispiele i. **2** *mit Abbildungen ausschmücken;* ein Buch i. [< lat. *illustrare* „erleuchten, erhellen, verzieren, schmücken, < *il...* (in Zus. vor l statt *in*) „in hinein" und *lustrare* „erhellen, erleuchten", zu *lux,* Gen. *lucis,* „Licht"]

Il|lu|strier|te 〈f.17 oder 18〉 *illustrierte Zeitschrift;* fein Ereignis geht durch die ~

Il|lu|strie|rung 〈f., -, nur Sg.〉 *das Illustrieren (1);* I. durch Beispiele

Il|ly|rer 〈m.5〉 *Angehöriger eines indogermanischen Volkes im heutigen Jugoslawien und Albanien*

il|ly|risch 〈Adj., o.Steig.〉 *die Illyrer betreffend, zu ihnen gehörig, von ihnen stammend*

Il|me|nit 〈m.1〉 *braunschwarzes Mineral;* Syn. *Titaneisen* [nach dem *Ilmengebirge* im südlichen Ural]

Il|tis 〈m.1〉 *u.a. in Wiesen und Feldern vorkommender, dunkelbrauner Marder, dessen gelblichweiße Unterwolle zwischen den Fellhaaren durchschimmert;* Syn. *Ratz*

im 〈Präp. und Art.〉 **1** *in dem;* i. Haus **2** 〈mit substantiviertem Verb〉 *während, im Verlauf (eines Vorgangs);* im Gehen; im Laufschritt

im... 〈Vorsilbe, in Zus. mit Fremdwörtern, vor m, p〉 → *in...¹, in...²,* z.B. *immediat, impermeabel*

i.m. 〈Abk. für〉 *intramuskulär*

I. M. 〈Abk. für〉 *Innere Mission*

Image 〈[imidʒ] n.9〉 *Vorstellung, die die Öffentlichkeit von einer Persönlichkeit, Firma, Gruppe usw. hat;* ein gutes, schlechtes I. [< engl. *image* „Bild, Vorstellung, Verkörperung", < lat. *imago* „Bild, Erscheinung, Vorstellung, geistiges Bild"]

ima|gi|na|bel 〈Adj., o.Steig.〉 *vorstellbar, denkbar* [zu *imaginieren*]

Ima|gi|nal|sta|di|um 〈n., -s, -di|en; bei Insekten〉 *Stadium nach vollendeter Entwicklung* [< *Imago* und *Stadium*]

ima|gi|när 〈Adj., o.Steig.〉 **1** *nur in der Einbildung, der Vorstellung vorhanden, eingebildet* **2** 〈Math.; in den Fügungen〉 ~e Einheit *die Zahl* √-1 *Vielfaches der imaginären Einheit* [< frz. *imaginaire* „unwirklich, eingebildet", zu lat. *imago* „Trug-, Traumbild"]

Ima|gi|na|ti|on 〈f.11〉 *Einbildung, Einbildungskraft, anschauliches Denken*

ima|gi|na|tiv 〈Adj., o.Steig.〉 *nur in der Einbildung vorhanden*

imaginieren ⟨V.3, hat imaginiert; mit Akk.⟩ etwas i. *sich etwas einbilden, sich etwas vorstellen, etwas ausdenken, ersinnen* [zu *Imago*]

Imago ⟨f., -, -gi|nes [-ne:s]⟩ **1** *vollentwickeltes, geschlechtsreifes Insekt* **2** ⟨Psych.⟩ *aus dem idealisierten Bild einer in der Kindheit bes. geliebten Person entstandenes Leitbild* [< lat. *imago* „Bild, Vorstellung"]

Imam ⟨m.1 oder m.9⟩ **1** *Vorbeter (in einer Moschee)* **2** *relig. Oberhaupt der Schiiten, als Nachkomme Mohammeds verstanden* **3** ⟨Ehrentitel für⟩ *islamischer Gelehrter* **4** ⟨im Jemen Titel für⟩ *Herrscher* [arab.]

imbezil, imbezill ⟨Adj., o.Steig.⟩ *mittelgradig schwachsinnig* [< lat. *imbecillus* „schwach, kraftlos, kränklich"] **Imbezillität** ⟨f., -, nur Sg.⟩

Imbiß ⟨m.1⟩ *kleine Mahlzeit;* einen I. einnehmen; kalter I. [zu *in* und *beißen*]

Imbroglio ⟨[-broljo] n.9, Pl. auch -gli [-lji]; Mus.⟩ *rhythmische Verwirrung durch Vermischung mehrerer Taktarten* [ital. *imbroglio* „Verwirrung, Verwicklung"]

Imitatio Christi ⟨f., - -, nur Sg.⟩ *Nachfolge Christi, wahrhaft christliches Leben* [lat., „Nachahmung Christi"]

Imitation ⟨f.10⟩ **1** ⟨naturgetreue⟩ *Nachahmung* **2** *Nachbildung aus wertvollem Schmuck aus geringwertigem Material* **3** ⟨Mus.⟩ *Wiederholung eines Themas (z.B. im Kanon oder in der Fuge)*

imitativ ⟨Adj., o.Steig.⟩ *nachahmend* [zu *imitieren*]

Imitator ⟨m.13⟩ *Nachahmer (Tierstimmen~)*

imitatorisch ⟨Adj., o.Steig.⟩ *in der Art einer Imitation*

imitieren ⟨V.3, hat imitiert; mit Akk.⟩ → *nachahmen;* Vogelstimmen i.; jmds. Gang, Sprechweise i.; imitierte Edelsteine [< lat. *imitari* „nachahmen, nachbilden", mit Anlehnung an *imago* „Bild" ≈ *aemulari* „nacheifern, wetteifern"]

Imker ⟨m.5⟩ *jmd., der (berufsmäßig) Imkerei betreibt;* Syn. ⟨geh.⟩ *Bienenvater,* ⟨†⟩ *Zeidler* [< *Imme* und mnddt., mndrl. *care, caere* „Kasten, Behälter" oder < Suffix ...*ker* < *kerl, kerel* „Mann, Kerl"]

Imkerei ⟨f., -, nur Sg.⟩ *Haltung von Bienen, um Honig und Bienenwachs zu gewinnen;* Syn. *Apikultur*

imkern ⟨V.1, hat geimkert; o.Obj.⟩ *sich als Imker betätigen*

Immaculata ⟨f., -, nur Sg.⟩ *die Unbefleckte (d.h. die unbefleckt Empfangene, Beiname Marias in der kath. Kirche;* I. conceptio unbeflecktes Empfängnis Marias [< lat. *immaculatus* „unbefleckt", zu *macula* „Flecken, Makel"]

immanent ⟨Adj., o.Steig.⟩ *innewohnend,* (darin) *enthalten* [< lat. *immanens*, Part. Präs. von *immanere* „innewohnen"]

Immanenz ⟨f., -, nur Sg.⟩ *das Innewohnen, Enthaltensein* [zu *immanent*]

immanieren ⟨V.3, hat immaniert; mit Dat.⟩ einer Sache i. *in einer Sache enthalten sein, ihr innewohnen* [→ *immanent*]

Immaterialgüterrecht ⟨n.1⟩ *Recht, das jmd. auf geistige Güter hat*

Immaterialismus ⟨m., -, nur Sg.; Philos.⟩ *Lehre, daß nur das Geistige wirklich und die Materie keine selbständige Substanz sei;* Ggs. *Materialismus*

Immaterialität ⟨f., -, nur Sg.⟩ *unkörperliche, rein geistige Beschaffenheit;* Ggs. *Materialität*

immateriell ⟨Adj., o.Steig.⟩ *unkörperlich, rein geistig;* Ggs. *materiell*

Immatrikulation ⟨f.10⟩ *Einschreibung in die Matrikel (einer Hochschule);* Ggs. *Exmatrikulation*

immatrikulieren ⟨V.3, hat immatrikuliert; mit Akk.⟩ **1** jmdn. oder sich i. *in die Matrikel einschreiben;* Ggs. *exmatrikulieren;* jmdn. sich an einer Hochschule (für ein Fach) i. **2** etwas i. ⟨schweiz.⟩ *anmelden;* ein Kraftfahrzeug i. [< lat. *im...* (in Zus. vor m statt *in*) „in hinein" und *Matrikel*]

Imme ⟨f.11; landsch., auch geh.⟩ → *Biene* [< ahd. *imbi* „Bienenschwarm"]

immediat ⟨Adj., o.Steig.⟩ *ohne Vermittlung, unmittelbar* [< mlat., lat. *immediatus* „unmittelbar, unvermittelt", zu *medius* „in der Mitte, mitten"]

Immediatgesuch ⟨n.1⟩ *Gesuch unmittelbar an die höchste Instanz*

immediatisieren ⟨V.3, hat immediatisiert; mit Akk.; früher⟩ *reichsunmittelbar machen, dem König unmittelbar unterstellen;* eine Stadt i. [zu *immediat*]

immens ⟨Adj., o.Steig.⟩ *unermeßlich* (groß); ~er Reichtum [< lat. *immensus* „unermeßlich (groß), unendlich", eigtl. „unausmeßbar"]

Immensität ⟨f., -, nur Sg.⟩ *immense Beschaffenheit, unermeßliche Größe*

immensurabel ⟨Adj., o.Steig.⟩ *unmeßbar;* Ggs. *mensurabel;* immensurable Größen

Immensurabilität ⟨f., -, nur Sg.⟩ *immensurable Beschaffenheit, Unmeßbarkeit;* Ggs. *Mensurabilität*

immer ⟨Adv.⟩ **1** *ständig, dauernd, gleichbleibend;* hier ist es i. schön; die Augen für i. geschlossen haben ⟨poet.⟩ *gestorben sein* **2** *jedesmal;* er kommt i. zu spät **3** ⟨verstärkend bei Adj. und Adv.⟩ es kamen i. mehr Menschen; es wird i. dunkler, heller, schöner **4** ⟨ugs.⟩ *jeweils;* i. zwei Personen in ein Boot **5** ⟨verstärkend⟩ *auch;* wo i. du hingehst *wo du auch hingehst;* was i. geschieht *was auch geschieht;* wer i. es sein mag; wann i. du willst **6** ⟨verstärkend mit „noch"⟩; das ist i. noch möglich; sie ist i. noch deine Frau; er kommt noch i. nicht **7** ⟨verstärkend in Modalsätzen und mit Imperativ⟩ *nur;* so schnell er i. konnte; i. mit der Ruhe; **8** ⟨ugs.⟩ *eigentlich, überhaupt;* was machst du i. so?

immerdar ⟨Adv.; poet.⟩ *für immer, für alle Zeit;* jetzt und i.

immerfort ⟨Adv.⟩ *ständig, ohne Unterbrechung, immer wieder;* er fragt i. dasselbe

immergrün ⟨Adj.⟩ **1** ⟨bei Pflanzen⟩ *das ganze Jahr, ausdauernd grün, die Laubblätter nicht abwerfend* **2** ⟨übertr.⟩ *über lange Zeit beliebt;* ~er Schlager

Immergrün ⟨n., -s, nur Sg.⟩ ⟨*in Laubwäldern vorkommendes Hundsgiftgewächs mit ausdauernd dunkelgrünen Blättern und hellblauen Blüten*⟩

immerhin ⟨Adv.⟩ **1** *wenigstens, zumindest;* er hat es i. gemacht **2** *trotz allem;* man könnte es i. versuchen **3** *schließlich, jedenfalls;* du könntest i. einmal anfangen; es hat i. drei Stunden gedauert

Immersion ⟨f.10⟩ **1** ⟨Phys.⟩ *bei mikroskopischen Untersuchungen Einbettung eines Objekts in eine Flüssigkeit mit besonderen optischen Eigenschaften* **2** ⟨Astron.⟩ *bes. beim Mond:* Eintauchen eines Himmelskörpers in den Schatten eines anderen **3** ⟨Med.⟩ *langwährendes Vollbad (bei bestimmten Hautkrankheiten)* **4** = Inundation [< lat. *immersio*, Gen. *-onis*, „Untertauchen, Versenken"]

immerwährend ⟨Adj., o.Steig.; nur als Attr. und Adv.⟩ *dauernd, fortwährend;* der ~e Kalender

immerzu ⟨Adv.; ugs.⟩ *dauernd, ständig, immer wieder;* ich muß i. an ihn denken

Immigrant ⟨m.10⟩ → *Einwanderer;* Ggs. *Emigrant*

Immigration ⟨f.10⟩ → *Einwanderung;* Ggs. *Emigration*

immigrieren ⟨V.3, ist immigriert; o.Obj.⟩ → *einwandern;* Ggs. *emigrieren* [< lat. *immigrare* „hinein-, einwandern", aus *im...* (in Zus. vor m statt *in*) „in hinein" und *migrare* → *migrieren*]

Impeachment

imminent ⟨Adj., o.Steig.⟩ *drohend, nahe bevorstehend* [< lat. *imminens*, Part.Präs. von *imminere* „drohend bevorstehen", eigtl. „sich über etwas neigen, hereinragen"]

Immission ⟨f.10⟩ **1** *Einweisung, Einsetzung (in ein Amt)* **2** *das Zuführen von Schadstoffen (in Atmosphäre, Gewässer, Nachbargrundstücke usw.)* [< lat. *immissio*, Gen. *-onis*, „das Hineinlassen"]

immobil ⟨Adj., o.Steig.⟩ **1** *unbeweglich;* Ggs. *mobil* (1) **2** *nicht für den Krieg bereit oder ausgerüstet;* ~e Truppen

Immobiliarkredit ⟨m.1⟩ *durch Immobilien abgesicherter Kredit*

Immobiliarvermögen ⟨n., -s, nur Sg.⟩ *Besitz von Grundstücken und Gebäuden*

Immobiliarversicherung ⟨f.10⟩ *Feuerversicherung von Gebäuden*

Immobilien ⟨Pl.⟩ *Grundstücke, Häuser* [< lat. *immobilis* „unbeweglich", → *mobil*]

immobilisieren ⟨V.3, hat immobilisiert; mit Akk.⟩ **1** etwas i. *ruhigstellen, unbeweglich machen;* ein Körperglied (durch eine Schiene, einen Verband) i. **2** jmdn. i. ⟨übertr.⟩ *jmdm. die Bewegungsfreiheit nehmen, jmd. das Handeln unmöglich machen*

Immobilität ⟨f., -, nur Sg.⟩ Ggs. *Mobilität* **1** *Unbeweglichkeit* **2** *fehlende Ausrüstung oder Vorbereitung für den Krieg*

immoralisch ⟨Adj.⟩ *unmoralisch, unsittlich, gegen die Moralgesetze verstoßend;* Ggs. *moralisch;* vgl. *amoralisch*

Immoralismus ⟨m., -, nur Sg.⟩ *Ablehnung der geltenden Moralgesetze;* vgl. *Amoralismus, Antimoralismus*

Immoralist ⟨m.10⟩ *jmd., der die herrschenden Moralvorstellungen ablehnt*

Immoralität ⟨f., -, nur Sg.⟩ *Unsittlichkeit;* vgl. *Amoralität*

Immortalität ⟨f., -, nur Sg.⟩ *Unsterblichkeit;* Ggs. *Mortalität*

Immortelle ⟨f.11⟩ *Pflanze mit Blüten, die beim Trocknen Form und Farbe behalten (z.B. bestimmte Korbblütler);* Syn. *Strohblume* [< frz. *immortel* „unsterblich"]

immun ⟨Adj., o.Steig.⟩ **1** *unempfindlich (gegen bestimmte Krankheiten);* dagegen bin ich i. ⟨übertr.⟩ *unbeeindruckt, beeinflußt nicht mehr* **2** *rechtlich unantastbar (von Parlamentsmitgliedern)* [< lat. *immunis* „frei, befreit", eigtl. „frei von Abgaben, Leistungen", < *im...* „nicht, ohne" und *munia* „Leistungen, Pflichten"]

immunisieren ⟨V.3, hat immunisiert; mit Akk.⟩ (durch Impfung) immun (1) machen

Immunität ⟨f., -, nur Sg.⟩ **1** *Unempfindlichkeit (gegen bestimmte Krankheiten)* **2** *rechtliche Unantastbarkeit*

Immunkörper ⟨m.5⟩ → *Antikörper*

Immunologie ⟨f., -, nur Sg.⟩ *Wiss. von der Immunität (1)*

imp. ⟨Abk. für⟩ *imprimatur*

Imp. ⟨Abk. für⟩ *Imperator*

Impact ⟨[-pɛkt] m.9; Werbung⟩ *Eindrucksstärke* [< engl. *impact* „Aufprall, Zusammenstoß; Wirkung, Einfluß", < lat. *impactus*, zu *impingere* „gegen, auf etwas werfen"]

impair ⟨[ɛ̃pɛr] Adj., o.Steig.; Roulette⟩ *ungerade;* Ggs. *pair* [frz., < *im...* „nicht" und *pair* „gleich, gerade", < lat. *par* „gleich"]

Impala ⟨f.9⟩ *etwa rehgroße afrikanische Antilope (Männchen mit leierförmigem Gehörn)* [Zulu]

Imparität ⟨f., -, nur Sg.⟩ *Ungleichheit;* Ggs. *Parität* (1)

Impasto ⟨n., -(s), -s oder -sti; Mal.⟩ *dicker, ungleicher Farbauftrag* [ital. *impasto* „das Kneten, Mischen" sowie „das geknetete, gemischte Material, Teig", zu *pasta* „Teig"]

Impeachment ⟨[-pitʃ-] n.9; in den USA⟩ *Anklage vor dem Senat gegen einen hohen Staatsbeamten oder den Präsidenten* [engl., zu *to peach* „angeben"]

Impedanz

Im|pe|danz ⟨f.10⟩ Hindernis, das sich einem zeitlich veränderlichen Transport von Energie entgegenstellt (z.B. Scheinwiderstand beim Wechselstrom) [zu lat. *impedire* „behindern, hemmen, zurückhalten"]

Im|pe|di|ment ⟨n.1; †⟩ (rechtliches) Hindernis [< lat. *impedimentum* „Hindernis"]

im|pe|ra|tiv ⟨Adj., o.Steig.⟩ befehlend, zwingend, bindend; ~es Mandat Bindung eines Volksvertreters an die Beschlüsse seiner Partei (ohne Rücksicht auf seine Meinung)

Im|pe|ra|tiv ⟨m.1⟩ **1** ⟨Gramm.⟩ Verbform, die einen Befehl, eine Aufforderung ausdrückt, z.B. iß!, geh!; Syn. *Befehlsform* **2** Pflichtgebot; kategorischer I. verbindliches Pflichtgebot (in der Philosophie Kants)

im|pe|ra|tivisch ⟨auch [-ti-] Adj., o.Steig.⟩ in der Form des Imperativs

Im|pe|ra|tiv|satz ⟨auch [-tif-] m.2; Gramm.⟩ Befehlssatz

Im|pe|ra|tor ⟨m.13; Abk.: Imp.; im alten Rom⟩ **1** ⟨urspr.⟩ Oberbefehlshaber des Heeres **2** ⟨dann⟩ Kaiser, Herrscher [< lat. *imperator*, urspr. „Vorsteher der Familie, des Haushalts"]

im|pe|ra|to|risch ⟨Adj., o.Steig.⟩ **1** wie ein Imperator **2** ⟨übertr.⟩ gebieterisch

Im|per|fekt ⟨n.1; Gramm.⟩ erste oder unvollendete Vergangenheit, z.B. ich ging, ich kam; Syn. *Präteritum* [< lat. *imperfectus* „unvollendet"]

im|per|fek|tiv ⟨Adj., o.Steig.⟩ im Imperfekt stehend

im|pe|ri|al ⟨Adj., o.Steig.⟩ zum Imperium, zum Imperator gehörig, auf ihnen beruhend, von ihnen ausgehend, kaiserlich; ~e Bauten

Im|pe|ri|al I ⟨n., -(s), nur Sg.; †⟩ veraltetes Papierformat, 57 × 78 cm **II** ⟨f., -, nur Sg.; †⟩ Schriftgrad, 9 Cicero **III** ⟨m.1⟩ alte russische Goldmünze, 15 Rubel

Im|pe|ria|lis|mus ⟨m., -, nur Sg.⟩ Streben (eines Staates) nach Vergrößerung seiner Macht und seines Besitzes [< lat. *imperialis* „kaiserlich", zu *imperium* „Regierung, Staatsgewalt, Reich, Staat"]

Im|pe|ria|list ⟨m.10⟩ Vertreter des Imperialismus

im|pe|ria|li|stisch ⟨Adj.⟩ in der Art des Imperialismus

Im|pe|ri|um ⟨n., -s, -ri|en⟩ Weltreich (bes. das römische)

im|per|mea|bel ⟨Adj., o.Steig.⟩ undurchlässig; Ggs. *permeabel*; impermeables Material

Im|per|mea|bi|li|tät ⟨f., -, nur Sg.⟩ impermeable Beschaffenheit, Undurchlässigkeit; Ggs. *Permeabilität*

Im|per|so|na|le ⟨n., -s, -li|en oder -lia⟩ Verb, von dem nur unpersönliche Formen gebildet werden können, z.B. regnen: es regnet [< lat. *impersonalis* „unpersönlich"]

im|per|ti|nent ⟨Adj.⟩ **1** ⟨urspr.⟩ ungehörig, unbescheiden, so, wie es sich nicht gehört **2** ⟨heute⟩ unverschämt, frech [< lat. *impertinens* „nicht dazu gehörig"]

Im|per|ti|nenz ⟨f., -, nur Sg.⟩ Unverschämtheit

im|per|zep|ti|bel ⟨Adj., o.Steig.⟩ nicht wahrnehmbar; Ggs. *perzeptibel*

Im|pe|ti|go ⟨f., -, nur Sg.⟩ ansteckende, eitrige Hautkrankheit mit Bildung von Blasen und gelbbrauner Kruste [< lat. *impetigo* „chronischer Ausschlag, Räude, Schorf"]

im|pe|tuo|so ⟨Adv.; Mus.⟩ stürmisch, ungestüm [ital.]

Im|pe|tus ⟨m., -, nur Sg.⟩ **1** Ungestüm **2** Antrieb, Drang [< lat. *impetus* „ungestümes Vorwärtsdrängen, Ansturm"]

imp|fen ⟨V.1, hat geimpft; mit Akk.⟩ durch Einbringen von Serum in den Körper gegen bestimmte Krankheiten immun machen; jmdn. gegen Pocken, Grippe i. [< mhd. *impfeten*, *impfen*, *pfropfen*, < ahd. *imphōn*, *impitōn* „pfropfen", zu mlat. *impotus* „Pfropfreis", zu *imponere* „hineinsetzen, -legen"]

Impf|ling ⟨m.1⟩ jmd., der geimpft wird oder gerade geimpft worden ist

Impf|scha|den ⟨m.8⟩ Erkrankung, die als Folge einer Impfung mit abgeschwächten Krankheitserregern auftritt

Impf|stoff ⟨m.1⟩ aus dem Blutserum von Tieren gewonnener, zum Impfen bestimmter Stoff

Imp|fung ⟨f.10⟩ das Impfen, das Geimpftwerden

Im|pie|tät ⟨[-pɪə-] f., -, nur Sg.; †⟩ Pietätlosigkeit; Ggs. *Pietät*

Im|plan|tat ⟨n.1⟩ implantiertes Gewebestück

Im|plan|ta|ti|on ⟨f.10⟩ **1** Einpflanzung eines körperfremden Gewebsstücks oder Stoffes in den Körper **2** Einnistung eines befruchteten Eies in die Gebärmutterschleimhaut [zu *implantieren*]

im|plan|tie|ren ⟨V.3, hat implantiert; mit Akk.⟩ etwas i. *etwas (in etwas) einpflanzen*; ein Gewebsstück (in den Körper) i.; jmdm. einen Herzschrittmacher i. [< lat. *im...* (in Zus. vor p statt *in*) „in hinein" und *plantare* „pflanzen", zu *planta* „Setzling, Pfropfreis"]

Im|pli|kat ⟨n., -s, -e⟩ das in etwas anderes Einbezogene [zu *Implikation*]

Im|pli|ka|ti|on ⟨f.10⟩ Einbeziehung einer Sache in eine andere, „wenn ... so"-Beziehung [zu *implizieren*]

im|pli|zie|ren ⟨V.3, hat impliziert; mit Akk.⟩ mit enthalten, mit einschließen, einbeziehen; der Ausdruck „sich mit etwas identifizieren" bedeutet „mit etwas übereinstimmen" und impliziert, daß man sich auch dafür einsetzt [< lat. *implicare* „in etwas hineinfalten, hineinwickeln, verwickeln", < *im...* (in Zus. vor p statt *in*) „in hinein" und *plicare* „zusammenfalten, -rollen"]

im|pli|zit ⟨Adj., o.Steig.⟩ inbegriffen, mit einbezogen; Ggs. *explizit*

im|pli|zi|te ⟨Adv.; geh.⟩ einschließlich

im|plo|die|ren ⟨V.3, ist implodiert; o.Obj.⟩ durch Überdruck von außen zusammenbrechen; Ggs. *explodieren*

Im|plo|si|on ⟨f.10⟩ Zertrümmerung eines Gefäßes durch (stärkeren) Luftdruck von außen; Ggs. *Explosion* [mit der lat. Vorsilbe *im...* (für *in...*) „in hinein" nach dem Muster von *Explosion* gebildet]

Im|plu|vi|um ⟨n., -s, -vi|en oder -via; im altröm. Haus⟩ Becken im Atrium zum Auffangen des Regenwassers [lat., zu *impluere* „hineinregnen"]

im|pon|de|ra|bel ⟨Adj.; geh.; †⟩ unberechenbar; imponderable Einflüsse

Im|pon|de|ra|bi|li|en ⟨nur Pl.⟩ unberechenbare Einflüsse (z.B. Gefühle, Reaktionen anderer) [< lat. *im...* (in Zus. vor p statt *in*) „nicht, un..." und *ponderabilis* „wägbar"]

Im|pon|de|ra|bi|li|tät ⟨f., -, nur Sg.⟩ Unberechenbarkeit

im|po|nie|ren ⟨V.3, hat imponiert; mit Dat.⟩ jmdm. i. *großen Eindruck auf jmdn. machen*; er will dir nur i.; jmdm. durch seine feste Haltung i.; sein Verhalten imponiert mir; ein Mann von ~der Durchsetzungskraft [< lat. *imponere* „jmdm. etwas auferlegen, aufbürden" (nämlich einen starken Eindruck, Achtung, Respekt), < *im...* (in Zus. vor p statt *in*) „in, auf" und *ponere* „setzen, legen, stellen"]

Im|po|nier|ge|ha|be ⟨n., -s, nur Sg.⟩ Verhaltensweise, die auf den gleichgeschlechtlichen Rivalen einschüchternd, auf das andere Geschlecht dagegen anziehend wirken soll (bes. bei männlichen Tieren)

Im|port ⟨m.1⟩ → *Einfuhr*; Ggs. *Export*

Im|por|te ⟨f.11⟩ **1** ⟨meist Pl.⟩ Einfuhrware **2** importierte Zigarre

Im|por|teur ⟨[-tør] m.1⟩ Kaufmann, der, oder Firma, die aus dem Ausland Waren einführt; Ggs. *Exporteur*

im|por|tie|ren ⟨V.3, hat importiert; mit Akk.⟩ aus dem Ausland einführen; Ggs. *exportieren*; Waren i. [< lat. *importare* „hineinbringen, -tragen, -führen", < *im...* (in Zus. vor p statt *in*) „in hinein" und *portare* „bringen, tragen, führen"]

im|por|tun ⟨Adj., o.Steig.; nur als Attr. und mit „sein"; †⟩ ungelegen, unpassend; Syn. *inopportun*; Ggs. *opportun* [< lat. *importunus* „unzugänglich, unbequem", < *im...* „nicht, ohne" und *portus* „Hafen"]

im|po|sant ⟨Adj.⟩ großartig, stattlich, eindrucksvoll [< frz. *imposant* „Achtung, Ehrfurcht einflößend", → *imponieren*]

im|pos|si|bel ⟨Adj., o.Steig.; nur als Attr. und mit „sein"; †⟩ unmöglich **Im|pos|si|bi|li|tät** ⟨f., -, nur Sg.; †⟩

im|po|tent ⟨Adj., o.Steig.⟩ **1** ⟨beim Mann⟩ unfähig zu normalem Geschlechtsverkehr; Ggs. *potent* (3) **2** → *zeugungsunfähig* [< lat. *impotens*, Gen. *-entis*, „ohnmächtig, schwach", < *im...* (für *in...*) „nicht" und *potens* „kräftig", → *potent*]

Im|po|tenz ⟨f., -, nur Sg.⟩ Unfähigkeit zum Geschlechtsverkehr; Ggs. *Potenz* (2) [zu *impotent* (1)]

impr. ⟨Abk. für⟩ *imprimatur*

Im|prä|gna|ti|on ⟨f.10⟩ **1** Eindringen von mineralhaltigen Lösungen in Gestein **2** Eindringen der Samenzelle in das Ei [zu *imprägnieren*]

im|prä|gnie|ren ⟨V.3, hat imprägniert; mit Akk.⟩ mit einem Schutzmittel (gegen Feuchtigkeit o.ä.) tränken [< lat. *impraegnare* „schwängern", < *im...* (in Zus. vor p statt *in*, hier nur verstärkend) „in hinein" und *praegnans*, *praegnas* „schwanger, trächtig, voll, strotzend"] **Im|prä|gnie|rung** ⟨f.10⟩

im|prak|ti|ka|bel ⟨Adj., o.Steig.⟩ undurchführbar, nicht anwendbar; ein impraktikabler Vorschlag

Im|pre|sa|rio ⟨m., -s, -s oder -ri⟩ jmd., der für einen Künstler Gastspiele arrangiert [ital. *impresario* in ders. Bed. sowie allg. „Unternehmer"]

Im|pres|si|on ⟨f.10⟩ Eindruck, Sinneswahrnehmung [< lat. *impressio*, Gen. *-onis*, „Eindruck", zu *premere* „drücken"]

Im|pres|sio|nis|mus ⟨m., -, nur Sg.⟩ Richtung in Malerei, Literatur und Musik Ende des 19. Jh., die den subjektiven Eindruck des Künstlers von der Wirklichkeit wiedergeben will [eigtl. „Eindruckskunst", zu *Impression*]

Im|pres|sio|nist ⟨m.10⟩ Vertreter des Impressionismus

im|pres|sio|ni|stisch ⟨Adj., o.Steig.⟩ in der Art des Impressionismus, vom Impressionismus geprägt

Im|pres|sum ⟨n., -s, -sen; in Zeitungen, Zeitschriften und Büchern⟩ Vermerk (meist auf der zweiten Seite) über Copyright, Verlagsort und -jahr, Druckerei u.a.; Syn. *Editorial*

im|pri|ma|tur ⟨Buchw.; Abk.: imp., impr.⟩ *es werde gedruckt* (Vermerk des Autors oder Verlages auf den letzten Korrekturbogen) [lat.]

Im|pri|ma|tur ⟨n., -s, nur Sg.⟩ Druckerlaubnis; das I. erteilen

Im|pri|mé ⟨[ẽprime] m.9⟩ bedruckter Seidenstoff [< frz. *imprimé* „gedruckt, aufgedruckt"]

im|pri|mie|ren ⟨V.3, hat imprimiert; mit Akk.⟩ etwas i. *die Druckerlaubnis für etwas erteilen, etwas für druckfertig erklären*; Druckbogen i.; einen Text i. [< lat. *imprimere* „ein-, hineindrücken, mit einem eingedrückten Zeichen versehen", zu *premere* „drücken, pressen"]

Im|promp|tu ⟨[ẽprõty] n.9⟩ **1** ⟨urspr.⟩ französisches Stegreifgedicht **2** ⟨dann⟩ frei gestaltetes Musikstück, bes. für Klavier [< frz. *impromptu* „Stück", bes. „Gedicht aus dem Stegreif"]

Im|pro|vi|sa|ti|on ⟨f.10⟩ Handlung oder Vortrag unvorbereitet aus einem augenblicklichen Einfall heraus [zu *improvisieren*]

Index

Im|pro|vi|sa|tor ⟨m.13⟩ jmd., der improvisieren kann; er ist ein guter, geschickter I.

im|pro|vi|sa|to|risch ⟨Adj., o.Steig.⟩ in der Art einer Improvisation

im|pro|vi|sie|ren ⟨V.3, hat improvisiert⟩ I ⟨mit Akk.⟩ unvorbereitet, aus dem Augenblick heraus tun; einen Ausflug, eine Feier i.; einen Text i. aus dem Stegreif sprechen, so wie er nicht in der Rolle steht II ⟨o.Obj.⟩ etwas aus dem Augenblick heraus, aus einer Eingebung gestalten, hervorbringen; aus dem Stegreif sprechen; er kann gut, nicht i. [< frz. improviser „aus dem Stegreif dichten oder komponieren", zu lat. improvisus „unvorhergesehen, unvermutet", aus im... (in Zus. vor p statt in...) „nicht, un...", pro „vor" und videre „sehen, überlegen, bedenken"]

Im|puls ⟨m.1⟩ 1 Antrieb, Anregung, Anreiz; einem I. folgen; aus einem I. heraus handeln 2 ⟨Phys.⟩ a Produkt aus Kraft und einwirkender Zeit eines Stoßes b Produkt aus Masse und Geschwindigkeit eines Körpers [< lat. impulsus „Stoß, äußerer Antrieb", zu impellere „anstoßen, antreiben"]

im|pul|siv ⟨Adj.⟩ 1 durch einen Impuls bewirkt 2 rasch, lebhaft, aus plötzlichen Einfällen heraus (handelnd); sie ist sehr i.; i. handeln

Im|pul|si|vi|tät ⟨f., -, nur Sg.⟩ impulsives Wesen oder Handeln

Im|puls|tech|nik ⟨f.10; Elektr.⟩ Verfahren zum Erzeugen und Anwenden elektrischer Impulse

Im|pu|ta|ti|on ⟨f.10; †⟩ (ungerechtfertigte) Beschuldigung

im|pu|tie|ren ⟨V.3, hat imputiert; mit Akk.; †⟩ (ungerechtfertigt) beschuldigen [< lat. imputare „in Rechnung stellen, anrechnen", auch „als Schuld anrechnen", zu putare „rechnen"]

im|stan|de ⟨Adv.⟩ fähig, in der Lage, genügend Kraft besitzend; i. sein, die Schwierigkeiten zu beheben; er ist i. und ... es ist ihm zuzutrauen, daß ...

in[1] ⟨Präp. mit Dat. und Akk.⟩ 1 ⟨räumlich⟩ a ⟨mit Dat.⟩ an einer Stelle, an einem Ort; in der Schule; in der Nähe; das Parlament in Bonn b ⟨mit Akk.⟩ auf etwas hin, auf ein Ziel hin; in die Stadt fahren; etwas in die Hand nehmen; jmdn. in eine Gemeinschaft aufnehmen 2 ⟨zeitlich⟩ a ⟨mit Dat.⟩ während, innerhalb (eines Zeitraums); in diesem Winter war es sehr kalt; ich bin in einer halben Stunde fertig b ⟨mit Akk.⟩ auf (einen Zeitraum, Zeitpunkt) zu; bis in unsere Tage; bis in den Morgen hinein schlafen 3 ⟨mit Dat.; die Art und Weise bezeichnend⟩ in großer Menge; er legte sich in Kleidern aufs Bett 4 ⟨mit Dat.⟩ einen Zustand bezeichnend⟩ in Eile; in aller Ruhe; in guter Verfassung 5 ⟨mit Akk.; eine Beziehung bezeichnend⟩ in jmdn. Hoffnungen setzen; er läßt sich in seine Arbeit nicht hineinreden

in[2] ⟨nur in der ugs. Wendung⟩ i. sein modern sein, über alles Aktuelle, Modische (innerhalb einer bestimmten Gesellschaftsgruppe) Bescheid wissen, tonangebend, in Mode sein; Ggs. out [engl.]

In ⟨Zeichen für⟩ Indium

in. ⟨Abk. für⟩ Inch

in...[1]**, In...**[1] ⟨Vorsilbe, in Zus. mit Fremdwörtern⟩ in ... hinein, z.B. inhalieren [< lat. in... „in ... hinein"]

in...[2]**, In...**[2] ⟨Vorsilbe, in Zus. mit Fremdwörtern⟩ nicht, ohne, un..., z.B. inkonsequent [< lat. in... „nicht, un..."]

in ab|sen|tia [-tsja] in Abwesenheit; einen Angeklagten i. a. verurteilen [lat.]

in ab|stract|to im allgemeinen, ohne Berücksichtigung des Besonderen, der Wirklichkeit; Ggs. in concreto [lat.]

in|ad|äquat ⟨Adj.⟩ nicht passend, ungleichwertig, unangemessen; Ggs. adäquat

in ae|ter|num [etɛr-] auf, für ewig [lat.]

in|ak|ku|rat ⟨Adj.⟩ nicht gleichmäßig, ungenau, nachlässig; Ggs. akkurat

in|ak|tiv ⟨Adj., o.Steig.⟩ Ggs. aktiv (1) 1 untätig 2 im Ruhestand, beurlaubt 3 nicht zur Teilnahme an Versammlungen verpflichtet (bei Mitgliedern von Vereinen oder Studentenverbindungen) 4 ⟨Chem., Med.⟩ unter bestimmten Bedingungen keine Reaktion zeigend

in|ak|ti|vie|ren ⟨V.3, hat inaktiviert; mit Akk.⟩ 1 untätig machen; Krankheitserreger i. 2 jmdn. i. in den Ruhestand versetzen [< lat. in... „nicht" und aktivieren]

In|ak|ti|vi|tät ⟨auch [-tɛt] f., -, nur Sg.⟩ Aktivität 1 Unwirksamkeit, Untätigkeit 2 Ruhestand

in|ak|zep|ta|bel ⟨auch [-tạ-] Adj., o.Steig.⟩ unannehmbar; Ggs. akzeptabel; ein inakzeptabler Vorschlag

in|an ⟨Adj., o.Steig.⟩ nichtig, leer [< lat. inanis „leer, inhalts-, gehaltlos", weitere Herkunft nicht geklärt]

In|an|griff|nah|me ⟨f., -, nur Sg.⟩ Beginn (einer Arbeit, eines Werkes); die I. des Neubaus

In|a|ni|tät ⟨f., -, nur Sg.⟩ Nichtigkeit, Leere [zu inan]

In|an|spruch|nah|me ⟨f., -, nur Sg.⟩ das Inanspruchnehmen, Gebrauch, Beanspruchung, Benutzung; die starke I. der Geldmittel; die I. eines Rechts

in|ap|pel|la|bel ⟨Adj., o.Steig.; Rechtsw.⟩ nicht durch Berufung anfechtbar; ein inappellables Urteil

in|ar|ti|ku|liert ⟨Adj., o.Steig.; geh.⟩ nicht artikuliert, undeutlich (ausgesprochen)

In|au|gen|schein|nah|me ⟨f., -, nur Sg.⟩ ⟨geh.⟩ Betrachten, Begutachten; nach I. des Tatortes

In|au|gu|ral|dis|ser|ta|ti|on ⟨f.10⟩ wissenschaftliche Arbeit, die man schreibt, um den Doktorgrad zu erlangen, Doktorarbeit

In|au|gu|ra|ti|on ⟨f.10⟩ das Inaugurieren, das Inauguriertwerden, feierliche Einsetzung in ein Amt oder eine Würde, Einweihung

in|au|gu|rie|ren ⟨V.3, hat inauguriert; mit Akk.⟩ 1 in ein (hohes) Amt einsetzen; den neuen Rektor i. 2 etwas i. a ins Leben rufen, einleiten; einen neuen Stil, eine Epoche i. b einweihen; ein Gebäude i. [< lat. inaugurare „feierlich einweihen, einsetzen", eigtl. „durch Vogelschau befragen (→Augur) einweihen, die Auguren befragen"]

In|be|griff ⟨m.1⟩ Gesamtheit, Summe alles dessen, was zu einem Begriff gehört; das Höchste; ein solches Verhalten ist die I. der Grausamkeit; ein solcher Tag ist für mich der I. des Sommers, des Glücks

in|be|grif|fen ⟨Adj., o.Steig.; nur als Attr. und mit „sein"⟩ eingeschlossen, mitgezählt; die Nebenkosten sind i.

In|be|sitz|nah|me ⟨f., -, nur Sg.⟩ das Inbesitznehmen; nach I. des Fahrzeugs

in be|treff ⟨Präp. mit Gen.; †⟩ hinsichtlich, was betrifft; in b. Ihrer Anfrage

In|be|trieb|nah|me ⟨f., -, nur Sg.⟩ das Inbetriebnehmen, erstmalige Benutzung; bei der I. einer Maschine

in bre|vi ⟨†⟩ in kurzem, binnen kurzem, bald [lat.]

In|brunst ⟨f., -, nur Sg.⟩ große seelische Beteiligung; mit I. arbeiten, beten, lieben

in|brün|stig ⟨Adj.⟩ mit Inbrunst, eindringlich, leidenschaftlich; jmdn. i. bitten; i. hoffen

In|bus|schlüs|sel ⟨m.5; Wz.⟩ kleiner, abgewinkelter Metallstab, mit dem (meist sechskantige) Hohlkopfschrauben festgezogen werden [Herkunft nicht bekannt]

Inc. ⟨Abk. für engl.⟩ incorporated: eingetragen (von Vereinen, Gesellschaften)

I.N.C. ⟨Abk. für⟩ in nomine Christi: im Namen Christi

Inch ⟨[intʃ] m., -, -es [intʃiz] oder n., -, -es [intʃiz], nach Zahlenangaben Pl. -; Abk.: in.⟩ angelsächsisches Längenmaß, 2,54 cm; Syn. Zoll [< altengl. ynce < lat. uncia „Unze"]

In|choa|tiv [-koa-] n.1⟩, **In|choa|ti|vum** ⟨n., -s, -va⟩ 1 Aktionsart des Verbs, die den Beginn einer Handlung ausdrückt 2 Verb, das diese Aktionsart ausdrückt, z.B. erblühen, erwachen, erkennen [< lat. inchoativus „den Umfang bezeichnend", zu incohare „anfangen"]

in|chro|mie|ren [-kro-] V.3, hat inchromiert; mit Akk.⟩ mit Chrom überziehen (zum Schutz gegen Korrosion)

In|ci|pit es beginnt ⟨Vermerk am Anfang alter Handschriften oder Drucke⟩; Ggs. explicit [lat.]

In|ci|pit ⟨n.9⟩ die (besonders kunstvoll gestalteten) Anfangswörter einer alten Handschrift oder eines Frühdruckes

incl. ⟨Abk. für⟩ inclusive → inklusive

in con|cre|to in Wirklichkeit, konkret gesprochen; Ggs. in abstracto [lat.]

in con|tu|ma|ci|am ⟨nur in der Wendung⟩ i. c. verurteilen in Abwesenheit verurteilen [lat.]

in cor|po|re insgesamt, alle [lat.]

Ind. 1 ⟨Abk. für⟩ Indikativ 2 ⟨Abk. für⟩ Industrie

I.N.D. ⟨Abk. für⟩ in nomine Dei, in nomine Domini: im Namen Gottes [lat.]

Ind|an|thren ⟨n.1; Wz.; Sammelbez. für⟩ licht- und waschechte Farbstoffe [Kunstw. < Indigo und Anthrazen (ein Teerfarbstoff)]

in|de|fi|ni|bel ⟨Adj., o.Steig.⟩ nicht definierbar, nicht begrifflich abzugrenzen

in|de|fi|nit ⟨Adj., o.Steig.⟩ unbestimmt; Ggs. definit; indefinites Pronomen → Indefinitum

In|de|fi|nit|pro|no|men ⟨n.7⟩, **In|de|fi|ni|tum** ⟨n., -s, -ta⟩ unbestimmtes Fürwort, z.B. jeder, einige

in|de|kli|na|bel ⟨Adj., o.Steig.⟩ nicht deklinierbar, nicht beugbar; Ggs. deklinabel; ein indeklinables Wort

in|de|li|kat ⟨Adj.; geh.⟩ unfein, unzart; Ggs. delikat (3)

in|dem I ⟨Konj.⟩ 1 ⟨instrumental⟩ dadurch, daß; du kannst mir helfen, i. du ... 2 ⟨zeitlich⟩ als, da sagte, kam er zur Türe herein II ⟨Adv.; †⟩ indessen, unterdessen; und i. war er schon verschwunden

In|dem|ni|tät ⟨f., -, nur Sg.⟩ 1 nachträgliche Zustimmung (des Parlaments) zu einer anfangs nicht gebilligten Maßnahme (der Regierung) 2 Straflosigkeit (von Parlamentsmitgliedern für Äußerungen im Parlament) [< frz. indemnité „Straflosigkeit; Schadloshaltung", < lat. indemnis „ohne Schaden, ohne Verlust", zu damnum „Schaden"]

In|de|pen|den|ten ⟨Pl.; in England im 17.Jh.⟩ die Angehörigen einer puritanischen Strömung, die die Unabhängigkeit der Einzelgemeinden erstrebte; Syn. Kongregationalisten

In|de|pen|denz ⟨f., -, nur Sg.⟩ Unabhängigkeit [< lat. in... „nicht, un..." und dependere „abhängen, abhängig sein"]

In|der ⟨m.5⟩ Einwohner von Indien

in|des, in|des|sen I ⟨Konj.⟩ 1 während; i. wir noch spazierengingen, war er gekommen 2 wohingegen; du kannst schon gehen, i. wir noch bleiben II ⟨Adv.⟩ 1 inzwischen; i. hatten sich alle eingefunden 2 jedoch; ich glaube es zwar, kann i. nichts unternehmen

in|de|ter|mi|na|bel ⟨Adj., o.Steig.⟩ unbestimmbar; indeterminabler Begriff

in|de|ter|mi|niert ⟨Adj.; Philos.⟩ nicht determiniert, unbestimmt

In|de|ter|mi|nis|mus ⟨m., -, nur Sg.; Philos.⟩ Lehre, daß der Mensch in seinen Handlungen nicht zwingend von Ursache und Wirkung abhänge, sondern ein gewisses Maß an Willensfreiheit besitze; Ggs. Determinismus

In|dex ⟨m., - oder -es, -e oder -di|zes [-tse:s]⟩ 1 Verzeichnis von Namen, Begriffen, Stichwörtern o.ä., auch von [verbotenen] Büchern; Index librorum prohibitorum Verzeichnis der von der kath. Kirche verbotenen

Indexwährung

Bücher 2 ⟨Pl. Indizes; Math.⟩ Kenn-, Unterscheidungsziffer (tiefgestellt nach dem Buchstaben), z.B. a₁, aₙ, F₂ 3 ⟨Pl. -e; Anthropol.⟩ Prozentzahl, die das Verhältnis zweier Maße zueinander ausdrückt (beim Schädelindex z.B. das von Länge und Breite) 4 ⟨Pl. Indizes; Statistik⟩ Meßzahl, mit deren Hilfe Preis- und Mengenänderungen unabhängig voneinander dargestellt werden können [lat., „Verzeichnis, Kennzeichen, Anzeiger"]

In|dex|wäh|rung ⟨f.10⟩ Währung, der bestimmte Indexziffern (meist der Lebenshaltungskosten) zugrunde liegen

In|dex|zif|fer ⟨f.11⟩ Verhältniszahl

in|de|zent ⟨Adj.⟩ unanständig, unschicklich; Ggs. dezent

In|de|zenz ⟨f., -, nur Sg.⟩ indezentes Verhalten; Ggs. Dezenz

In|di|a|ca ⟨n., -s, nur Sg.⟩ Mannschaftsspiel (ähnlich dem Volleyball) mit einem federballähnlichen, aber größeren Gerät, das mit der bloßen Hand geschlagen wird

In|di|an ⟨m.1; österr.⟩ → Truthahn [gekürzt < „indianischer Hahn"]

In|di|a|ner ⟨m.5⟩ Ureinwohner von Amerika [zu Indien; das Kolumbus am Seeweg nach Indien suchte und in Mittelamerika landete, glaubte er, sich in Indien zu befinden]

In|di|a|ner|krap|fen ⟨m.7; österr.⟩ → Mohrenkopf

In|di|a|ner|som|mer ⟨m.5; in Nordamerika⟩ → Altweibersommer

in|di|a|nisch ⟨Adj.,o.Steig.⟩ die Indianer betreffend, zu ihnen gehörig, von ihnen stammend

In|di|a|ni|stik ⟨f., -, nur Sg.⟩ Wissenschaft von den Indianersprachen und -kulturen

In|dienst|stel|lung ⟨f., -, nur Sg.⟩ das Indiensttreten, Dienstantritt

in|dif|fe|rent ⟨Adj.⟩ 1 unbestimmt 2 gleichgültig [< lat. indifferens „keinen Unterschied aufweisend, gleichgültig"]

In|dif|fe|ren|tis|mus ⟨m., -, nur Sg.⟩ gleichgültiges, teilnahmsloses Verhalten, Mangel an eigener Meinung

In|dif|fe|renz ⟨f., -, nur Sg.⟩ 1 Unbestimmtheit 2 Gleichgültigkeit

In|di|ge|sti|on ⟨f.10⟩ Verdauungsstörung [< lat. indigestio, Gen. -onis, „Mangel an Verdauung"]

In|di|gna|ti|on ⟨f., -, nur Sg.⟩ Unwille, Entrüstung

in|di|gniert ⟨Adj.⟩ unwillig, peinlich berührt; er schwieg i. [Perfekt vom veralteten Verb indignieren, < lat. indignari „für unwürdig, unanständig, empörend halten", zu dignus „würdig, angemessen"]

In|di|gni|tät ⟨f., -, nur Sg.⟩ 1 ⟨†⟩ Unwürdigkeit 2 ⟨Rechtsw.⟩ Erbunwürdigkeit

In|di|go ⟨m.9 oder n.9⟩ ältester pflanzlicher, blauer Farbstoff (heute synthetisch hergestellt) [< lat. indicus, griech. indikos „indisch", dazu griech. indikon als Bezeichnung für einen aus Indien eingeführten blauen Farbstoff]

in|di|go|blau ⟨Adj.,o.Steig.⟩ tief dunkelblau wie Indigo

In|di|go|lith ⟨m.1 oder m.10⟩ blaue Abart des Turmalins [< Indigo und ...lith]

In|di|go|pflan|ze ⟨f.11⟩ tropischer Schmetterlingsblütler, der natürliches Indigo liefert

In|di|ka|ti|on ⟨f.10⟩ 1 Merkmal 2 Veranlassung, ein bestimmtes Heilmittel oder -verfahren anzuwenden; Syn. Heilanzeige; Ggs. Kontraindikation 3 Grund, den Schwangerschaftsabbruch zu gestatten; soziale I. Erlaubnis, eine Schwangerschaft wegen bedrängter wirtschaftlicher Verhältnisse abzubrechen [< lat. indicatio, Gen. -onis, „Anzeige (des Preises)", zu indicare „anzeigen, offenbaren"]

In|di|ka|ti|ons|mo|dell ⟨n.1; Rechtsw.⟩ Möglichkeit des Schwangerschaftsabbruchs unter bestimmten Bedingungen

In|di|ka|tiv ⟨m.1; Abk.: Ind.⟩ Wirklichkeitsform des Verbs, z.B. ich laufe, ich habe geschrieben; vgl. Konjunktiv

in|di|ka|ti|visch ⟨Adj., o.Steig.⟩ im Indikativ (stehend)

In|di|ka|tor ⟨m.13⟩ 1 ⟨Chem.⟩ Stoff, der durch Veränderung seiner Farbe anzeigt, wie die auf ihn einwirkende Lösung reagiert (z.B. Lackmus) 2 Gerät zur Aufzeichnung der Arbeitsleistung einer Maschine 3 Anzeichen einer Entwicklung; das Baumsterben als I. eines fehlgeleiteten Profitdenkens [< lat. indicare „anzeigen"]

In|di|ka|trix ⟨f., -, nur Sg.⟩ 1 ⟨Kartographie⟩ Maß zur Feststellung der Verzerrung bei der Abbildung einer gekrümmten Fläche 2 ⟨Math.⟩ Kurve, die die Art der Krümmung einer Fläche in der Umgebung eines Punktes dieser Fläche angibt [neulat., Fem. zu Indikator]

In|dik|ti|on ⟨f.10⟩ 1 Ankündigung 2 kirchliches Aufgebot 3 (im alten Rom) Zeitraum von 15 Jahren (bei der Berechnung von Steuern); Syn. Römerzinszahl

In|dio ⟨m.9⟩ Indianer Süd- und Mittelamerikas [span.-port.]

in|di|rekt ⟨Adj., o.Steig.⟩ mittelbar, auf Umwegen; Ggs. direkt; ~e Rede nichtwörtliche Rede, z.B. Er sagte, er habe gerufen; ~e Beleuchtung Beleuchtung durch unsichtbare Lichtquellen; ~e Steuern Steuern, die auf bestimmte Waren erhoben werden und die in deren Preis enthalten sind; ~e Wahl Wahl von Abgeordneten durch Wahlmänner, die von den Urwählern gewählt wurden

in|disch ⟨Adj., o.Steig.⟩ Indien betreffend, zu ihm gehörig, aus ihm stammend

in|dis|kret ⟨Adj.⟩ Ggs. diskret 1 nicht verschwiegen 2 taktlos neugierig

In|dis|kre|ti|on ⟨f.10⟩ Mangel an Verschwiegenheit, indiskretes Verhalten; Ggs. Diskretion; die I., mit der er die Sache behandelt hat, ist ärgerlich; er hat sich einige ~en zuschulden kommen lassen

in|dis|ku|ta|bel ⟨auch [-ta-] Adj.⟩ nicht der Erörterung wert; Ggs. diskutabel; indiskutabler Vorschlag

in|dis|pen|sa|bel ⟨auch [-sa-] Adj., o.Steig.; †⟩ unerläßlich, unumgänglich; indispensable Entscheidung

in|dis|po|ni|bel ⟨auch [-ni-] Adj., o.Steig.⟩ nicht verfügbar, festgelegt; Ggs. disponibel; indisponible Gelder

in|dis|po|niert ⟨Adj.⟩ in schlechter Verfassung, unpäßlich; vgl. disponiert

In|dis|po|si|ti|on ⟨f.10⟩ Unpäßlichkeit; der Sänger kann wegen I. nicht auftreten

In|dis|zi|plin ⟨f., -, nur Sg.⟩ Mangel an Disziplin; Ggs. Disziplin

in|dis|zi|pli|niert ⟨Adj.⟩ ohne Disziplin, zuchtlos; Ggs. diszipliniert

In|di|um ⟨n., -s, nur Sg.; Zeichen: In⟩ silberweiß glänzendes, sehr weiches Metall [zu Indigo, da es mit indigoblauer Flamme verbrennt]

in|di|vi|du|al..., In|di|vi|du|al... ⟨in Zus.⟩ die einzelne Person betreffend

In|di|vi|du|a|li|sa|ti|on ⟨f.10⟩ das Individualisieren, das Individualisiertwerden

in|di|vi|du|a|li|sie|ren ⟨V.3, hat individualisiert; mit Akk.⟩ etwas i. das Besondere, Einzelne von etwas hervorheben

In|di|vi|du|a|li|sie|rung ⟨f.10⟩

In|di|vi|du|a|lis|mus ⟨m., -, nur Sg.⟩ 1 das Einzelwesen, den Einzelmenschen hervorhebende Auffassung, Überordnung des Einzelmenschen über die Gemeinschaft 2 Vertretung der eigenen Interessen, Zurückhaltung gegenüber der Gemeinschaft

In|di|vi|du|a|list ⟨m.10⟩ jmd., der im Sinne des Individualismus denkt und handelt, Einzelgänger

in|di|vi|du|a|li|stisch ⟨Adj., o.Steig.⟩ in der Art eines Individualisten, dem Individualismus entsprechend; eine ~e Lebensweise

In|di|vi|du|a|li|tät ⟨f.10⟩ 1 Einzigartigkeit 2 Gesamtheit der Eigenarten eines Einzelwesens 3 das Einzelwesen in seiner Eigenart

In|di|vi|du|al|psy|cho|lo|gie ⟨f., -, nur Sg.⟩ Richtung der Psychologie, die sich bes. mit dem Menschen als Einzelwesen befaßt

In|di|vi|du|al|recht ⟨n.1⟩ Recht des Einzelmenschen, Menschenrecht

In|di|vi|du|al|ver|kehr ⟨m., -s, nur Sg.⟩ durch private Fahrzeuge bewirkter Verkehr (im Unterschied zum Verkehr durch Massenverkehrsmittel)

In|di|vi|du|a|ti|on ⟨f.10⟩ Entwicklung der Einzelpersönlichkeit, Herausbildung der Besonderheiten, Eigenarten des Individuums

in|di|vi|du|ell ⟨Adj., o.Steig.⟩ den Einzelmenschen, das Individuum betreffend, zu ihm gehörig, ihm eigentümlich, je nach Anlage des einzelnen

In|di|vi|du|um ⟨n., -s, -du|en⟩ 1 Einzelwesen 2 ⟨ugs., abwertend⟩ Kerl, unbekannte Person [lat., „das Ungeteilte, Unteilbare", < in- „nicht, un..." und dividere „teilen"]

In|diz ⟨n., -es, -di|zi|en⟩ verdächtiger Umstand, Tatsache, die auf einen bestimmten Sachverhalt schließen läßt [< lat. indicium „Angabe, Anzeichen, Beweis", zu indicere „bestimmen, ankündigen"]

In|di|zes [-tse:s] Pl. von → Index

In|di|zi|en|be|weis ⟨m.1⟩ Beweis aufgrund von Tatsachen, die auf einen Tatbestand schließen lassen

in|di|zie|ren ⟨V.3, hat indiziert; mit Akk.⟩ 1 auf etwas hinweisen, der Beweis für etwas sein, auf etwas schließen lassen; sein auffälliges Verhalten indiziert seine Mitwisserschaft 2 als ratsam erscheinen lassen; bei dieser Erkrankung erscheint eine andere Behandlung indiziert 3 auf den Index (1) setzen; bestimmte Bücher i. [in der 1. und 2. Bed. zu Indiz, in der 3. Bed. zu Index, beides < lat. indicere „bestimmen, ankündigen"]

in|di|ziert ⟨Adj., o.Steig.; nur als Attr. und mit „sein"⟩ ratsam

In|do|a|ri|er ⟨m.5⟩ Angehöriger eines der um 1500 v.Chr. in Indien eingewanderten arischen Völker

in|do|a|risch ⟨Adj., o.Steig.⟩ zu den Indoariern gehörig, von ihnen stammend

In|do|eu|ro|pä|er ⟨m.5⟩ → Indogermane

in|do|eu|ro|pä|isch ⟨Adj., o.Steig.⟩ → indogermanisch

In|do|ger|ma|ne ⟨m.11, meist Pl.⟩ Angehöriger eines der Völker, die zur indogermanischen Sprachfamilie gehören; Syn. Indoeuropäer

in|do|ger|ma|nisch ⟨Adj., o.Steig.⟩ von Indien über Westasien bis Europa verbreitet; Syn. indoeuropäisch

In|do|ger|ma|ni|stik ⟨f., -, nur Sg.⟩ vergleichende Wissenschaft von den indogermanischen Sprachen

in|do|i|ra|nisch ⟨Adj., o.Steig.⟩ ~e Sprachen die indoarischen und iranischen Sprachen

In|dok|tri|na|ti|on ⟨f.10⟩ ideologische Beeinflussung, Durchdringung

in|dok|tri|nie|ren ⟨V.3, hat indoktriniert; mit Akk.⟩ mit einer Doktrin durchdringen, durch eine Doktrin beeinflussen; ein Volk mit dem Marxismus i.; jmdn. politisch i.

In|dol ⟨n.1⟩ organische Verbindung (in Blütenölen, Steinteer, verfaulenden Eiern), die als Grundstoff für Parfüm verwendet wird

in|do|lent ⟨auch [in-] Adj.⟩ 1 gleichgültig, unempfindlich für Eindrücke 2 unempfindlich gegenüber Schmerzen [< lat. indolens „unempfindlich gegen Schmerzen", < in- „nicht, un" und dolere „schmerzen"]

In|do|lenz ⟨f., -, nur Sg.⟩ 1 Gleichgültigkeit, Unempfänglichkeit 2 Unempfindlichkeit

In|do|lo|ge ⟨m.11⟩ Wissenschaftler auf dem Gebiet der indischen Sprachen und Kulturen

In|do|lo|gie ⟨f., -, nur Sg.⟩ Wiss. von den indischen Sprachen und Kulturen [< indisch und ...logie]

In|do|ne|si|er ⟨m.5⟩ **1** ⟨i.e.S.⟩ *Einwohner von Indonesien* **2** ⟨i.w.S.⟩ *Einwohner u.a. der Inselwelt zwischen Australien und Asien, Malakkas und Madagaskars mit austronesischer Sprache*

in|do|ne|sisch ⟨Adj., o.Steig.⟩ *die Indonesier betreffend, zu ihnen gehörig, von ihnen abstammend*

in|do|pa|zi|fisch ⟨Adj., o.Steig.⟩ *zum Indischen und Pazifischen Ozean gehörend, in ihnen vorkommend;* ein ~e *Korallenfisch*

In|dos|sa|bel ⟨Adj., o.Steig.⟩ *durch Indossament übertragbar*

In|dos|sa|ment ⟨n.1⟩ *Erklärung (auf der Rückseite eines Wechsels), daß der Inhaber des Wechsels das Eigentum und damit das Recht aus dem Wechsel auf die von ihm genannte Person überträgt;* Syn. *Indosso* [zu *indossieren*]

In|dos|sant ⟨m.10⟩ → *Girant*

In|dos|sat ⟨m.10⟩, **In|dos|sa|tar** ⟨m.1⟩ *jmd., auf den durch Indossament ein Wechsel übertragen wird*

In|dos|sent ⟨m.10⟩ → *Girant*

in|dos|sie|ren ⟨V.3, hat indossiert; mit Akk.⟩ *einen Wechsel i. einen Wechsel durch Indossament auf jmdn. übertragen* [< ital. *indossare* „anziehen", eigtl. „auf den Rücken nehmen", zu *dosso* „Rücken", weil man den Vermerk auf der Rückseite anbringt]

In|dos|so ⟨n., -s, -s oder -si⟩ → *Indossament*

in dubio ⟨Rechtsw.⟩ *im Zweifelsfall;* in dubio pro reo *im Zweifelsfall (soll) für den Angeklagten (entschieden werden)* [lat.]

In|duk|tanz ⟨f., -, nur Sg.⟩ *bei Wechselstrom) induktiver Widerstand*

In|duk|ti|on ⟨f.10⟩ **1** *Schlußfolgerung vom Besonderen auf das Allgemeine;* Syn. *Epagoge;* Ggs. *Deduktion* **2** *Erzeugung einer elektrischen Spannung in einem Leiter durch ein Magnetfeld* **3** *Übertragung krankhafter Störungen auf Menschen, die ständig mit geistig oder psychisch Kranken umgehen* [< lat. *inductio*, Gen. *-onis*, „das Hineinführen, -leiten", zu *inducere* „hineinführen"]

In|duk|ti|ons|ap|pa|rat ⟨m.1⟩ → *Funkeninduktor*

In|duk|ti|ons|be|weis ⟨m.1⟩ *Beweis (einer These) mittels Induktion (1)*

In|duk|ti|ons|krank|heit ⟨f.10⟩ *auf Induktion (3) beruhende Krankheit;* Syn. *induziertes Irresein*

In|duk|ti|ons|ofen ⟨m.8⟩ *elektrischer Ofen für metallurgische Zwecke, bei dem das Gut induktiv (2) geschmolzen wird*

In|duk|ti|ons|strom ⟨m.2⟩ *durch Induktion (2) erzeugter Strom*

in|duk|tiv ⟨Adj., o.Steig.⟩ **1** *in der Art der Induktion (1), vom Besonderen zum Allgemeinen führend;* Syn. *epagogisch* **2** *auf Induktion (2) beruhend, durch sie wirkend;* ~er *Widerstand*

In|duk|ti|vi|tät ⟨f.10; Zeichen: L⟩ *Verhältnis zwischen induzierter Spannung und Änderung der Stromstärke je Zeiteinheit*

in dulci jubilo *Anfang eines alten Weihnachtsliedes mit abwechselnd deutschem und lateinischem Text;* in d.j. leben ⟨ug., scherzh.⟩ *in Freuden leben, das Leben genießen* [lat., „in süßem Jubel"]

in|dul|gent ⟨Adj.⟩ *nachsichtig, milde* [< lat. *indulgens* „nachsichtig, gnädig, gütig"]

In|dul|genz ⟨f., -, nur Sg.⟩ **1** *Nachsicht, Milde* **2** *Straferlaß* **3** *Ablaß*

In|dult ⟨m.1 oder n.1⟩ **1** *Nachsicht* **2** *Vergünstigung (bei Verbindlichkeiten)* **3** *Frist, Stundung* [< lat. *indultum* „Erlaubnis, Bewilligung"]

in duplo ⟨†⟩ *in zweifacher (Ausfertigung)* [lat.]

In|du|ra|ti|on ⟨f.10; Med.⟩ *Verhärtung (von Gewebe oder Organen)* [< lat. *induratio*, Gen. *-onis*, „Verhärtung"]

In|du|si ⟨f., -, nur Sg.⟩ *Vorrichtung, die automatisch die Bremse eines Zuges über Magnete und Induktionsspulen betätigt* [Kurzw. < *induktive Zugsicherung*]

In|du|si|um ⟨n., -s, -si|en⟩ *Hüllorgan, das bei vielen Farnen die Sporangien bedeckt* [< lat. *indusium* „obere Tunika", zu *induere* „anziehen, (sich) bekleiden"]

in|du|stria|li|sie|ren ⟨V.3, hat industrialisiert; mit Akk.⟩ *ein Land i. in einem Land eine Industrie aufbauen* **In|du|stria|li|sie|rung** ⟨f., -, nur Sg.⟩

In|du|stria|lis|mus ⟨m., -, nur Sg.⟩ *Vorherrschen der Industrie (in einem Land)*

In|du|strie ⟨f.11⟩ **1** *Massenherstellung von Waren auf mechanischem Wege* **2** *Gesamtheit der Industriebetriebe* [< frz. *industrie* in ders. Bedeutung, sowie „Geschicklichkeit, Betriebsamkeit"; < lat. *industria* „beharrliche Tätigkeit, Betriebsamkeit"]

In|du|strie|be|trieb ⟨m.1⟩ *Betrieb zur Massenherstellung von Waren*

In|du|strie|ge|werk|schaft ⟨f.10; Abk.: IG⟩ *Gewerkschaft im Bereich der Industrie*

In|du|strie|ka|pi|tän ⟨m.1; ugs.⟩ *führende Persönlichkeit in der Industrie*

in|du|stri|ell ⟨Adj.⟩ *auf der Industrie (1) beruhend, zu ihr gehörig, mit Hilfe der Industrie;* ~e *Herstellung von Waren*

In|du|stri|el|le(r) ⟨m.17 oder 18⟩ *Inhaber oder Leiter eines Industriebetriebes, Unternehmer*

In|du|strie|ma|gnat ⟨m.10⟩ *Inhaber von in der Industrie investierten Vermögenswerten*

In|du|strie|pflan|ze ⟨f.11⟩ *in großen Mengen angebaute, in der Industrie (1) als Rohmaterial verwendete Pflanze*

In|du|strie|staat ⟨m.12⟩ *Staat mit hochentwickelter Industrie und entsprechend großer Wirtschaftskraft; die westlichen* ~en

In|du|strie- und Han|dels|kam|mer ⟨f.11; Abk.: IHK⟩ *Interessenvertretung der Industrie und des Handels auf regionaler Ebene*

in|du|zie|ren ⟨V.3, hat induziert; mit Akk.⟩ *etwas i.* **1** *etwas (Allgemeines) aus dem Besonderen schließen; etwas aus einem Einzelfall i.* **2** *durch Induktion erzeugen; Strom i.* **3** *bewirken; durch bestimmte Maßnahmen ein bestimmtes Verhalten i.; induzierte Reaktion chemische Reaktion zwischen zwei Stoffen, die nur bei Anwesenheit eines dritten Stoffes (z.B. Katalysators) ausgelöst wird; induziertes Irresein* → *Induktionskrankheit* [< lat. *inducere* „hineinführen, -leiten", zu *dux*, Gen. *ducis*, „Führer"]

In|edi|tum ⟨n., -s, -ta; †⟩ *noch unveröffentlichte Schrift* [lat., „das Unveröffentlichte"]

in|ef|fek|tiv ⟨Adj.⟩ *unwirksam;* Ggs. *effektiv*

In|ef|fek|ti|vi|tät ⟨f., -, nur Sg.⟩ *Unwirksamkeit;* Ggs. *Effektivität*

in effigie [-gie] *bildlich;* jmdn. in e. hängen oder verbrennen *(früher) das Bild des entflohenen Verbrechers statt seiner selbst hängen oder verbrennen* [lat., „im Abbild"]

in|ef|fi|zi|ent ⟨Adj., o.Steig.⟩ *nicht leistungsfähig, unwirksam, unwirtschaftlich;* Ggs. *effizient*

In|ef|fi|zi|enz ⟨f., -, nur Sg.⟩ *ungenügende Leistungsfähigkeit, Unwirksamkeit, Unwirtschaftlichkeit;* Ggs. *Effizienz*

in|egal ⟨Adj., o.Steig.⟩ *ungleich;* Ggs. *egal (1)*

in|ein|an|der ⟨Adv.⟩ **1** *einer in den andern; die Fäden sind völlig i. verwickelt* **2** *einer im andern;* die beiden alten Leute gehen ganz i. auf *sie sind ganz füreinander da, sie sorgen liebevoll füreinander*

in|ein|an|der... ⟨in Zus.⟩ *eins ins andere, einen in den andern, z.B. ineinanderfügen, ineinandergreifen, ineinanderpassen*

in|ert ⟨Adj.⟩ *untätig, träge;* ~e *Stoffe reaktionsträge oder -unfähige Stoffe* [< lat. *iners*, Gen. *inertis*, „untätig, träge", < *in...* „nicht, ohne" und *ars*, Gen. *artis*, „Geschicklichkeit, Tüchtigkeit"]

in|es|sen|ti|ell ⟨[-tsjɛl] Adj.⟩ *unwesentlich, nicht wesensgemäß;* Ggs. *essentiell*

in|ex|akt ⟨Adj.⟩ *nicht exakt, ungenau*

in|exi|stent ⟨Adj., o.Steig.; nur als Attr. und mit „sein"⟩ *nicht existierend, nicht vorhanden;* Ggs. *existent*

In|exi|stenz ⟨f., -, nur Sg.⟩ **1** *Nichtvorhandensein* **2** ⟨Philos.⟩ *Vorhandensein in etwas anderem*

in ex|ten|so ⟨geh.⟩ *ausführlich, vollständig; etwas i. e. schildern* [lat.]

in ex|tre|mis ⟨Med.⟩ *in den letzten Zügen (liegend)* [lat., „in den letzten"]

in facto *in Wirklichkeit, wirklich* [lat.]

in|fal|li|bel ⟨Adj., o.Steig.⟩ *unfehlbar, unwiderruflich;* Ggs. *fallibel;* eine infallible Entscheidung [< lat. *infallibilis* „unfehlbar", < *in...* „nicht, un..." und *fallere* „sich täuschen"]

In|fal|li|bi|li|tät ⟨f., -, nur Sg.⟩ *Unfehlbarkeit (des Papstes);* Ggs. *Fallibilität*

in|fam ⟨Adj.⟩ **1** *niederträchtig, gemein;* dieses Vorgehen, diese Handlungsweise ist i.; eine ~e Lüge **2** ⟨ugs.⟩ *unerträglich, sehr schlimm;* ~e Schmerzen; es tut i. weh [< lat. *infamis* „schändlich, übel", zu *infamare* „in üblen Ruf bringen", zu *fama* „guter Ruf"]

In|fa|mie ⟨f.11⟩ **1** ⟨nur Sg.⟩ *Niederträchtigkeit, Gemeinheit* **2** ⟨kath. Kirchenrecht⟩ *Verlust der Ehrenhaftigkeit*

In|fant ⟨m.10; früher in Spanien und Portugal Titel für⟩ *königlicher Prinz* [< span. *infante* „Prinz, kleiner Knabe", < lat. *infans* „kleines Kind", wörtlich „nicht sprechend", < *in...* „nicht" und *fari* „sprechen"]

In|fan|te|rie ⟨auch [in-] f.11⟩ *Waffengattung der Landstreitkräfte, die zum Nahkampf und zur Raumsicherung befähigt ist (z.B. Panzergrenadiere, Gebirgs- und Fallschirmjäger);* Syn. *Fußtruppe,* ⟨volkstüml., veraltend⟩ *Fußvolk* [< frz. *infanterie* < ital. *infanteria* (heute übliche Form: *fanteria*) in ders. Bed., zu ital. *fante* „Fußsoldat" (frühere Bedeutung „Knabe, Bursche") und veraltetem *infante* „Page, Diener", → *Infant*]

In|fan|te|rist ⟨auch [in-] m.10⟩ *Soldat der Infanterie;* Syn. †, noch schweiz.) *Füsilier, Fußsoldat*

in|fan|te|ri|stisch ⟨Adj., o.Steig.⟩ *die Infanterie betreffend, zu ihr gehörig*

in|fan|til ⟨Adj.⟩ *kindisch, zurückgeblieben* [< lat. *infantilis* „kindlich, noch klein", zu *infans* „kleines Kind", → *Infant*]

In|fan|ti|lis|mus ⟨m., -, nur Sg.⟩ *Zurückgebliebensein auf kindlicher Entwicklungsstufe*

In|fan|ti|li|tät ⟨f., -, nur Sg.⟩ *infantiles Verhalten, kindisches Wesen, Unreife*

In|fan|tin ⟨f.10; früher in Spanien und Portugal Titel für⟩ *königliche Prinzessin*

In|farkt ⟨m.1⟩ *Absterben eines Organs oder Organteils infolge Verschlusses einer Arterie (Lungen-, Herz-)* [< neulat. *infarctus*, lat. *infartus* „verstopft"]

in|far|zie|ren ⟨V.3, hat infarziert; mit Akk.⟩ *ein Organ(teil) i. im Absterben begriffen sein, einen Infarkt darin herbeiführen* [< lat. *infarcire* „hineinstopfen"]

In|fekt ⟨m.1 oder n.1⟩ *ansteckende Krankheit* [< lat. *infectus* „vergiftet, angesteckt", zu *inficere*, → *infizieren*]

In|fek|ti|on ⟨f.10⟩ → *Ansteckung* [zu *Infekt*]

In|fek|ti|ons|krank|heit ⟨f.10⟩ *ansteckende Krankheit*

in|fek|ti|ös ⟨[-tsjøs] Adj., o.Steig.⟩ *ansteckend, mit Krankheitserregern verseucht* [< frz. *infectieux* in ders. Bed.]

In|fel ⟨f.11⟩ → *Inful*

in|fe|ri|or ⟨Adj.; geh.⟩ *untergeordnet, geringwertig;* ~e *Arbeit* [< lat. *inferior* „tiefer, niedriger, geringer"]

In|fe|rio|ri|tät ⟨f., -, nur Sg.; geh.⟩ *untergeordnete Stellung, Minderwertigkeit*

in|fer|na|lisch ⟨Adj., o.Steig.⟩ **1** *höllisch, teuflisch;* ~es *Gelächter* **2** ⟨ugs.⟩ *unerträg-*

lich, fürchterlich; ein ~er Gestank [zu *Inferno*]

In|fer|no ⟨n., -s, nur Sg.⟩ **1** *Hölle, Unterwelt* **2** ⟨übertr.⟩ *Ort, Stelle, wo sich etwas Entsetzliches abspielt;* die Stadt war nach dem Bombenangriff, nach dem Erdbeben ein I. **3** ⟨übertr.⟩ *entsetzliches Geschehen;* das I. der Entscheidungsschlacht [über ital. *inferno* < lat. *infernus* „Hölle, Unterwelt", zu *infer(us)* „unten"]

in|fer|til ⟨Adj., o.Steig.⟩ **1** *unfruchtbar;* Ggs. *fertil* **2** *unfähig, eine Schwangerschaft auszutragen*

In|fer|ti|li|tät ⟨f., -, nur Sg.⟩ *Unfruchtbarkeit;* Ggs. *Fertilität*

In|fight ⟨[ˈinfait] m.9⟩, **In|figh|ting** ⟨[ˈinfai-] n.9; Boxen⟩ *Schlagabtausch auf nächste Entfernung* [engl., < *in* „in, innen" und *fight* „Kampf"]

In|fil|trat ⟨n.1⟩ **1** *von fremden Zellen oder fremder Flüssigkeit durchsetztes Gewebe* **2** *in ein Gewebe eingedrungene Substanz* [zu *infiltrieren*]

In|fil|tra|ti|on ⟨f.10⟩ **1** *Eindringen von Zellen oder Flüssigkeit in Gewebe* **2** ⟨übertr.⟩ *Eindringen fremden Gedankengutes in eine Gemeinschaft, ideologische Unterwanderung* [zu *infiltrieren*]

in|fil|trie|ren ⟨V.3⟩ **I** ⟨hat infiltriert; mit Akk.⟩ *etwas i. in etwas hineindringen;* in einen Hohlraum i. **II** ⟨hat infiltriert; mit Dat. u. Akk.⟩ *jmdm. etwas i. jmdm. etwas einflößen;* einem Kranken Arznei i. **III** ⟨ist infiltriert; o.Obj. oder mit Präp.obj.⟩ *(in etwas) i. (in etwas) eindringen*

in|fi|nit ⟨auch [-ˈnit] Adj., o.Steig.; Sprachw.⟩ *unbestimmt;* Ggs. *finit;* ~e Verbform *nicht durch Person und Zahl bestimmte, nicht konjugierte Form des Verbs* (z.B. Infinitiv, Partizip) [< lat. *infinitus* „unbegrenzt, unbestimmt"]

in|fi|ni|te|si|mal ⟨Adj., o.Steig.⟩ *ins unendlich Kleine gehend* [< *infinit*]

In|fi|ni|te|si|mal|rech|nung ⟨f., -, nur Sg.⟩ *Sammelbez. für Differential- und Integralrechnung*

In|fi|ni|tiv ⟨m.1⟩ *Ausgangsform des Verbs, aus der alle andern Formen abgeleitet werden können,* z.B. lachen, sehen; Syn. *Grundform, Nennform* [< lat. *infinitivus* „unbegrenzt", als grammat. Terminus auch „Infinitiv", zu *infinitus* „unbegrenzt, unbestimmt"; < *in...* „nicht, un..." und *finire* „begrenzen"]

In|fi|ni|tiv|satz ⟨m.2⟩ *Nebensatz, der mit einem Infinitiv mit „zu" gebildet wird,* z.B. Ich bitte Sie, sich einen Augenblick zu gedulden

In|fir|mi|tät ⟨f., -, nur Sg.⟩ → *Gebrechlichkeit* [< lat. *infirmitas* „Schwäche", zu *infirmus* „schwach", < *in...* „nicht" und *firmus* „fest, stark"]

In|fix ⟨auch [in-] n.1⟩ *in den Wortstamm oder bei zusammengesetzten Wörtern zwischen die beiden Wortteile eingefügtes Bildungselement,* z.B. das n in ital. prendo „ich nehme" gegenüber presi, preso „ich nahm, habe genommen" oder das s in „Rindsleber" [< lat. *infixum* „das Hineingesteckte"]

in|fi|zie|ren ⟨V.3, hat infiziert⟩ **I** ⟨mit Akk.⟩ **1** *jmdn. i. jmdn. anstecken, Krankheitserreger auf jmdn. übertragen* **2** *etwas i. mit Krankheitserregern durchseuchen, verseuchen* **II** ⟨refl.⟩ *sich i. Krankheitserreger aufnehmen, sich anstecken;* sich bei jmdm., in einem Raum i. Krankheitserreger von jmdm., aus einem Raum aufnehmen; sich mit etwas i. Erreger einer Krankheit aufnehmen [< lat. *inficere* „vergiften, anstecken", eigtl. „mit etwas vermischen, tränken, anmachen", aus *in* „hinein" und *facere* (in Zus. *...ficere*) „tun, machen"]

in fla|gran|ti *auf frischer Tat;* jmdn. in f. ertappen [lat., „im brennenden, glühenden (Zustand)", → *flagrant*]

in|flam|ma|bel ⟨Adj., o.Steig.⟩ *entzündbar;*

inflammabler Stoff [< frz. *inflammable* in ders. Bed.]

in|flam|mie|ren ⟨V.3, hat inflammiert⟩ **I** ⟨mit Akk.⟩ **1** *jmdn. begeistern, (für etwas) entflammen, in Begeisterung versetzen;* er ist ganz inflammiert **II** ⟨refl.⟩ *sich i. in Begeisterung geraten* [zu *Flamme,* eigtl. „in Flammen, in Brand setzen"]

In|fla|ti|on ⟨f.10⟩ *Geldentwertung, Erhöhung der umlaufenden Geldmenge;* Ggs. *Deflation* [< lat. *inflatio,* Gen. *-onis,* „Anschwellung, das Sichaufblähen", zu *inflare* „aufblasen, hineinblasen"]

in|fla|tio|när ⟨Adj., o.Steig.⟩ → *inflationistisch*

in|fla|tio|nie|ren ⟨V.3, hat inflationiert⟩ ⟨mit Akk.⟩ **1** *durch Inflation im Wert mindern;* eine Währung i. **II** ⟨o.Obj.⟩ *eine Inflation herbeiführen, die Inflation weitertreiben;* ~de Länder

In|fla|tio|nis|mus ⟨m., -, nur Sg.⟩ *Beeinflussung der Wirtschaft durch Erhöhung des Geldumlaufs*

In|fla|tio|ni|stisch ⟨Adj., o.Steig.⟩ *auf Inflation beruhend, durch sie bewirkt oder sie bewirkend;* Syn. *inflationär, inflatorisch*

in|fla|to|risch ⟨Adj., o.Steig.⟩ → *inflationistisch*

In|fla|ti|ons|ra|te ⟨f., -, nur Sg.⟩ *Prozentsatz, der die Entwertung einer Währung angibt;* eine I. von 7%

in|fle|xi|bel ⟨Adj., o.Steig.⟩ **1** *nicht biegbar, starr* **2** *nicht flektierbar, nicht beugbar;* inflexible Adjektive **In|fle|xi|bi|li|tät** ⟨f., -, nur Sg.⟩

In|flo|res|zenz ⟨f.10⟩ → *Blütenstand* [< lat. *inflorescens* „zu blühen beginnend"]

In|flu|enz ⟨f.10⟩ **1** *Einfluß, Einwirkung* **2** *Trennung elektrischer Ladungen auf der Oberfläche eines Körpers unter dem Einfluß eines äußeren elektrischen Feldes* [< mlat. *influentia* „Einfluß, das Hineinfließen," < lat. *influens,* Gen. *-entis,* Part.Präs. von *influere* „hineinfließen"]

In|flu|en|za ⟨f., -, nur Sg.⟩ → *Grippe* [< ital. *influenza* „Einfluß", übertr. „Grippe"; in Italien wurde die Bezeichnung seit dem 14.Jh. vor allem für epidemische Krankheiten verwendet, die man durch den *Einfluß* der Gestirne verursacht glaubte, später schrieb man die Ursache dem *Einfluß* der Kälte zu]

In|flu|enz|ma|schi|ne ⟨f.11⟩ → *Elektrisiermaschine*

In|fo ⟨n.9; ugs., Kurzw. für⟩ *Informationsblatt*

In|fo... ⟨in Zus.⟩ *Informations..., der Information dienend*

in|fol|ge ⟨Präp. mit Gen.⟩ *als Folge, Wirkung (von);* i. der starken Regenfälle; i. menschlichen Versagens

in|fol|ge|des|sen ⟨Adv.⟩ *als Folge von, deswegen;* er war krank und konnte i. nicht kommen; er hat für morgen seinen Besuch angekündigt, i. mußte ich meine Verabredung mit einer Freundin verschieben

in fo|lio ⟨Buchw.⟩ *im Folioformat*

In|fo|mo|bil ⟨n.1⟩ *fahrbarer Informationsstand* [Kurzw. < *Information* und *Automobil*]

In|for|mand ⟨m.10⟩ *jmd., der informiert wird oder der sich informiert*

In|for|mant ⟨m.10⟩ *jmd., der jmdn. informiert;* Syn. *Informator*

In|for|ma|tik ⟨f., -, nur Sg.⟩ *Wiss. von den Grundlagen der elektronischen Datenverarbeitung und ihrer Anwendung*

In|for|ma|ti|ker ⟨m.5⟩ *Wissenschaftler auf dem Gebiet der Informatik*

In|for|ma|ti|on ⟨f.10⟩ **1** *Nachricht, Mitteilung, Aufklärung* **2** ⟨Kybernetik⟩ *Folge, Anordnung von physikalischen Signalen* [zu *informieren*]

In|for|ma|ti|ons|blatt ⟨n.4⟩ *gedrucktes Blatt mit Informationen zu einem bestimmten Thema*

In|for|ma|ti|ons|stand ⟨m.2⟩ *Stand, an dem Informationen zu einem bestimmten Thema gegeben werden* (z.B. bei Wahlen)

In|for|ma|ti|ons|theo|rie ⟨f., -, nur Sg.⟩ *mathematisch formulierte Theorie, die den für eine sichere Nachrichtenübertragung minimalen technischen Aufwand festzustellen sucht*

in|for|ma|tiv ⟨Adj.⟩ *Informationen vermittelnd, Auskunft gebend, Einblick verschaffend;* eine ~e Mitteilung; ein ~er Film

In|for|ma|tor ⟨m.13⟩ → *Informant*

in|for|ma|to|risch ⟨Adj., o.Steig.⟩ *einen ersten, vorläufigen Überblick verschaffend;* ein ~es Gespräch

in|for|mell ⟨auch [in-] Adj., o.Steig.⟩ *ohne Formalitäten, zwanglos;* Ggs. *formell;* ~e Malerei *Richtung der modernen Malerei, die frei von geometrischen Regeln und Kompositionsprinzipien arbeitet*

in|for|mie|ren ⟨V.3, hat informiert⟩ **I** ⟨mit Akk.⟩ *jmdn. i. jmdm. (von etwas) Nachricht geben, jmdn. in Kenntnis (von etwas) setzen;* bitte i. Sie mich, sobald ...; jmdn. über einen Vorfall i.; er ist immer gut informiert **II** ⟨refl.⟩ *sich i. sich (über etwas) Kenntnis verschaffen, Einblick (in etwas) gewinnen;* sich über die neuesten Forschungsergebnisse i. [< lat. *informare* „gestalten, unterrichten, bilden"]

In|fo|stand ⟨m.2; Kurzw. für⟩ *Informationsstand*

In|fo|thek ⟨f.10⟩ *Speicher von Informationen, die optisch oder akustisch abgerufen werden können* [< *Information* und griech. *theke* „Behältnis, Kasten"]

infra..., Infra... ⟨in Zus.⟩ *unterhalb* [lat.]

in|fra|kru|stal ⟨Adj., o.Steig.⟩ *unterhalb der Erdkruste (gelegen, gebildet)* [< *infra...* und lat. *crusta* „Kruste"]

In|frak|ti|on ⟨f.10⟩ *Bruch, bei dem der Knochen nur angebrochen ist* [< lat. *infractus* „nicht (ganz) gebrochen", < *in...* „nicht" und *frangere* „brechen, zerbrechen"]

in|fra|rot ⟨Adj., o.Steig.⟩ *zum Bereich des Infrarots gehörend;* Syn. *ultrarot*

In|fra|rot ⟨n., -(s), nur Sg.⟩ *die nicht sichtbaren Wärmestrahlen, die im Spektrum jenseits der roten Seite des in Spektralfarben zerlegten Lichtes liegen;* Syn. *Ultrarot*

In|fra|schall ⟨m., -(e)s, nur Sg.⟩ *die nicht hörbaren Schallwellen unter 16 Hz;* vgl. *Ultraschall*

In|fra|struk|tur ⟨f.10⟩ *alle institutionellen und materiellen Einrichtungen für Daseinsfürsorge und ökonomische Entwicklung* (z.B. Verkehrsanlagen, Wasserversorgung, Krankenhäuser) [< lat. *infra,* eigtl. *infera,* „unterhalb, unten", zu *inferus* „der untere", da diese Einrichtungen dem sozialen und wirtschaftlichen Leben „zugrunde" liegen, die Grundlage dafür bilden]

In|ful ⟨f.11⟩ auch: *Infel* **1** (im alten Rom) *weiße Stirnbinde* **2** (kath. Kirche) *die Mitra mit den herabhängenden Bändern* [< lat. *infula* „Binde, Band"]

in|fun|die|ren ⟨V.3, hat infundiert; mit Akk.⟩ *(durch Hohlnadeln in den Körper) einbringen, einfließen lassen* [< lat. *infundere* „eingießen"]

In|fus ⟨n.1⟩ → *Aufguß* [< lat. *infusum* „das Aufgegossene"]

In|fu|si|on ⟨f.10⟩ *Eingießen, Einfließenlassen größerer Flüssigkeitsmengen in den Körper* [< lat. *infusio,* Gen. *-onis,* „das Hineingießen", zu *fundere* „gießen"]

In|fu|si|ons|tier|chen ⟨n.7⟩ *Einzeller im Heuaufguß;* Syn. *Aufgußtierchen, Infusorium* [< lat. *infusus* „aufgegossen"]

In|fu|so|ri|en|er|de ⟨f., -, nur Sg.⟩ → *Kieselgur*

In|fu|so|ri|um ⟨n., -s, -ri|en⟩ → *Infusionstierchen*

In|fu|sum ⟨n., -s, -sa⟩ → *Aufguß* [< lat. *infusum* „das Aufgegossene"]

Ing. ⟨Abk. für⟩ Ingenieur
in ge|ne|re ⟨auch [ge-]⟩ im allgemeinen [lat.]
In|ge|nieur [inʒənjø:r] ⟨m.1; Abk.: Ing.⟩ an einer Hochschule (Diplom-I.) oder Fachschule ausgebildeter Techniker [< frz. ingénieur ,,Ingenieur, Baumeister", zu ingénieux ,,erfinderisch, geschickt", < lat. ingeniosus, → ingeniös]
In|ge|nieur|bau ([inʒənjø:r-] m., -s, -ten⟩ Bauwerk mit vorwiegend technisch-konstruktiven Eigenschaften (z.B. Industrieanlage, Brücke, Tunnel)
in|ge|ni|ös ⟨Adj.⟩ **1** sinnreich, kunstvoll **2** erfinderisch, scharfsinnig [< lat. ingeniosus ,,geschickt zu etwas, erfinderisch, begabt", zu ingenium ,,Begabung, Verstand, Scharfsinn"]
In|ge|nio|si|tät ⟨f., -, nur Sg.⟩ Erfindergabe, Scharfsinn
In|ge|ni|um ⟨n., -s, -ni|en⟩ Erfindungskraft, Geistesbegabung, schöpferische Geisteskraft [lat.]
In|ge|nui|tät ⟨f., -, nur Sg.⟩ **1** (im alten Rom und im MA) Stand der Freigeborenen **2** Freimut, Offenheit, Natürlichkeit (des Benehmens) [< lat. ingenuitas in denselben Bed.]
In|ge|sti|on ⟨f., -, nur Sg.; Med.⟩ Nahrungsaufnahme [< lat. ingestio, Gen. -onis, ,,das Einführen, Eingießen"]
In|ge|sti|ons|all|er|gie ⟨f.11⟩ Allergie gegen mit der Nahrung aufgenommene Stoffe
in|ge|züch|tet ⟨Adj., o.Steig.⟩ durch Inzucht entstanden
Ing. (grad.) ⟨Abk. für⟩ graduierter Ingenieur (Ingenieur mit staatlicher Prüfung an einer Ingenieurschule)
in glo|bo ⟨geh.; †⟩ insgesamt, im ganzen [lat., ,,in (der ganzen) Kugel", zu globus ,,Kugel"]
In|got [ɪŋgɔt] ⟨m.9⟩ **1** Metallbarren oder -block **2** Gußform dafür [engl., < ,,in, hinein" und mengl., altengl. goten ,,gegossen"]
In|grain|fär|bung ([-grein-] ⟨f.10⟩ Färbung in der Wollflocke [< engl. to ingrain ,,in der Faser färben", zu grain ,,Korn, Faser"]
In|grain|pa|pier ([-grein-] n.1⟩ mit Wollfasern durchsetztes, rauhes Zeichenpapier [→ Ingrainfärbung]
In|gre|di|ens ⟨n., -, -di|en|zi|en⟩, **In|gre|di|enz** ⟨f.10; meist Pl.⟩ **1** Bestandteil (einer Mischung) **2** Zutat (zu einer Arznei) [< mlat., lat. ingrediens, Part. Präs. von ingredi, lat. ,,hineingehen, lat. ,,hineingehen, betreten"]
In|greß ⟨m.1; †⟩ **1** Eingang, Zugang **2** Zutritt [→ Ingression]
In|gres|si|on ⟨f.10⟩ langsames Eindringen des Meeres in ein durch Senkung entstandenes Festlandsbecken (z. B. Bodden, Haff, Ästuar) [< lat. ingressio, Gen. -onis, ,,Eintritt", zu ingredi ,,hineingehen, betreten"]
In|grimm ⟨m., -s, nur Sg.; geh.; †⟩ Grimm, verhaltener Zorn
in|grim|mig ⟨Adj.; geh.; †⟩ → grimmig
in gros|so ⟨†⟩ im großen [ital.]
in|gui|nal ⟨Adj., o.Steig.⟩ zur Leistengegend gehörig [< lat. inguen ,,Leistengegend"]
Ing|wer ⟨m.5⟩ **1** tropische Staude **2** aus deren Wurzelstock gewonnenes Gewürz [< frz. gingembre, < lat. zingiber, < mittelind. singavera- als Bezeichnung für diese Pflanze, vermutlich drawidischen Ursprungs]
Inh. ⟨Abk. für⟩ Inhaber
In|ha|ber ⟨m.5; Abk.: Inh.⟩ jmd., der etwas besitzt; der I. eines Restaurants; der I. einer Auszeichnung
In|ha|ber|pa|pier ⟨n.1⟩ Wertpapier, das nicht auf den Namen dessen eingetragen ist, dem es gehört; Ggs. Namenspapier
in|haf|tie|ren ⟨V.3, hat inhaftiert; mit Akk.⟩ in Haft nehmen, verhaften
In|haf|tie|rung ⟨f.10⟩ das Inhaftieren, das Inhaftiertwerden
In|ha|la|ti|on ⟨f.10⟩ Einatmen von heilenden Dämpfen [zu inhalieren]

In|ha|la|to|ri|um ⟨n., -s, -ri|en⟩ Raum mit Geräten zur Inhalation
in|ha|lie|ren ⟨V.3, hat inhaliert⟩ **I** ⟨mit Akk.⟩ **1** (zu Heilzwecken) einatmen; Kamillendampf i. **2** in die Lunge einziehen, einatmen; den Rauch (der Zigarette) i. **II** ⟨o.Obj.⟩ **1** zu Heilzwecken Dämpfe einatmen; beim Inhalieren sein; vielleicht solltest du einmal i. **2** den Zigarettenrauch einatmen; beim Rauchen i. [< lat. inhalare ,,an-, einhauchen, einhm. etwas zuhauchen"]
In|halt ⟨m.1⟩ **1** das, was in einem Gefäß o.ä. enthalten ist; der I. der Kiste **2** ⟨Math.⟩ in Zahlen ausgedrückte Größe einer Fläche oder eines Raums; der I. des Dreiecks, des Würfels **3** ⟨übertr.⟩ das, was dargestellt, ausgedrückt wird; der I. eines Buches, eines Films **4** ⟨übertr.⟩ geistiger Gehalt; der I. seines Daseins
in|halt|lich ⟨Adj.⟩ den Inhalt betreffend; ein i. guter Aufsatz
in|halts|arm ⟨Adj.⟩ wenig Gehalt aufweisend, nichtssagend; Ggs. inhaltsreich
in|halts|leer, **in|halts|los** ⟨Adj., o.Steig.⟩ ohne Inhalt
in|halts|reich ⟨Adj.⟩ viel Gehalt aufweisend; Ggs. inhaltsarm; ein ~es Buch
in|halts|schwer ⟨Adj.⟩ bedeutenden Gehalt aufweisend; Syn. inhaltsvoll; eine ~e Rede
in|halts|voll ⟨Adj.⟩ → inhaltsschwer
in|hä|rent ⟨Adj., o.Steig.⟩ (einer Sache) anhaftend, innewohnend [< lat. inhaerens, Part. Präs. von inhaerere ,,an etwas haften, hängen, kleben"]
In|hä|renz ⟨f., -, nur Sg.⟩ **1** das Innewohnen **2** ⟨Philos.⟩ das Verknüpfen der Eigenschaft mit ihrem Träger
in|hä|rie|ren ⟨V.3, hat inhäriert; mit Dat.⟩ jmdm. oder einer Sache i. anhaften, innewohnen [< lat. inhaerere ,,anhaften, an etwas kleben", < in ,,in, an" und haerere ,,haften, kleben"]
in|hi|bie|ren ⟨V.3, hat inhibiert; mit Akk.; †⟩ verbieten [< lat. inhibere ,,(einer Sache) Einhalt tun"]
In|hi|bi|ti|on ⟨f.10; †⟩ das Hemmen, Hindern, Verbot [zu inhibieren]
In|hi|bi|tor ⟨m.13⟩ Stoff, der chemische Vorgänge hemmt oder verlangsamt, Hemmstoff [lat., ,,Hemmer", zu inhibieren]
in|hi|bi|to|risch ⟨Adj.; †⟩ hemmend, hindernd
in hoc sa|lus in diesem (ist) Heil (eine Deutung des Monogramms Christi, vgl. IHS
in hoc sig|no (vin|ces) in diesem Zeichen (wirst du siegen) [Inschrift eines Kreuzes, das Kaiser Konstantin im Traum am Himmel erschienen sein soll); vgl. IHS [lat.]
in|ho|mo|gen ⟨Adj., o.Steig.⟩ aus ungleichartigen Einzelteilen oder -wesen bestehend, ungleichartig; Ggs. homogen; eine ~e Gruppe (von Personen)
In|ho|mo|ge|ni|tät ⟨auch [in-] f., -, nur Sg.⟩ Ungleichartigkeit; Ggs. Homogenität
in ho|no|rem zur Ehren (des ... der ...) [lat.]
in|hu|man ⟨Adj.⟩ unmenschlich; Ggs. human; ~e Behandlung
In|hu|ma|ni|tät ⟨auch [in-] f., -, nur Sg.⟩ Unmenschlichkeit; Ggs. Humanität
in in|fi|ni|tum → ad infinitum
in in|te|grum nur in der Wendung in i. restituieren in den früheren Rechtsstand wiedereinsetzen [lat.]
In|iti|al ([-tsjal] n.1⟩, **In|iti|ale** ([-tsja-] f.11⟩ großer, meist verzierter Anfangsbuchstabe [< lat. initialis ,,am Anfang stehend", zu initium ,,Anfang"]
In|iti|al|spreng|stoff [-tsjal-] m.1⟩ Sprengstoff, der durch seine Zündung die übrige Ladung zum Explodieren bringt
In|iti|al|zün|dung ⟨f.10⟩ **1** Zündung mittels Initialsprengstoff **2** ⟨übertr.⟩ erster Anstoß (zu einer neuen Entwicklung)
In|iti|and [-tsjant] m.10⟩ jmd., der einge-

weiht, aufgenommen werden soll, Anwärter auf eine Initiation
In|iti|ant [-tsjant] m.10; geh.⟩ jmd., der die Initiative ergreift
In|iti|a|ti|on ([-itsjatsjon] f.10⟩ **1** Aufnahme in einen Geheimbund **2** ⟨bei Naturvölkern⟩ Aufnahme in die Gemeinschaft der Erwachsenen [< lat. initiatio, Gen. -onis, ,,feierlicher Geheimritus", zu initiare ,,einweihen, einführen", zu inire ,,hineingehen"]
In|iti|a|tiv ([-tsja-] Adj.⟩ eine Anregung, den Anstoß gebend, Initiative besitzend
In|iti|a|tiv|an|trag ⟨m.2; im Parlament⟩ Antrag auf Diskussion eines Sachproblems oder eines Gesetzentwurfs
In|iti|a|ti|ve ([-tsja-] f.11⟩ **1** ⟨nur Sg.⟩ Entschlußkraft, Fähigkeit, etwas aus sich anzuregen **2** ⟨nur Sg.⟩ erster Anstoß zu einer Handlung; die I. ergreifen **3** ⟨schweiz. auch⟩ Volksbegehren **4** Gruppe von Personen, die sich zusammenschließen, um Forderungen vorzubringen und durchzusetzen (Bürger-, Elterninitiative) [< lat. initiare ,,anfangen"]
In|iti|a|tiv|recht ⟨n.1⟩ Recht, (im Parlament) einen Gesetzentwurf einzubringen
In|iti|a|tor ([-tsja-] m.13⟩ jmd., der den ersten Anstoß zu etwas gibt, Anreger
In|iti|en [-itsjən] nur Pl.; geh.⟩ Anfänge, Anfangsgründe
in|iti|ie|ren ([-itsiː-] V.3, hat initiiert; mit Akk.⟩ etwas i. zu etwas den Anstoß geben [zu Initiation]
In|jek|ti|on ⟨f.10⟩ **1** ⟨Med.⟩ Einspritzung **2** Einspritzen (von Zement in Risse von Gebäuden bzw. in den Boden zum Verfestigen des Bauuntergrundes) **3** Eindringen von Magma in die Spalten der Erdkruste [< lat. iniectio, Gen. -onis, ,,das Hineinwerfen", als medizinischer Fachausdruck ,,Einspritzung, Einflößung", zu injizieren]
In|jek|tor ⟨m.13⟩ Pumpe, die Wasser in Dampfkessel oder Preßluft in Saugpumpen einführt [zu injizieren]
in|ji|zie|ren ⟨V.3, hat injiziert; mit Akk.⟩ → einspritzen (I) (jmdm.) ein Heilmittel i.; das Medikament wird injiziert, nicht eingenommen [< lat. inicere ,,hineinwerfen", zu iacere ,,werfen"]
In|ju|rie [-riə] f.11; Rechtsw.⟩ Beleidigung [< lat. iniuria ,,Unrecht, widerrechtliche Handlung"]
In|ka ⟨m., -(s), -(s)⟩ **1** ⟨urspr.⟩ Angehöriger eines alten peruanischen Volksstammes **2** ⟨dann⟩ Angehöriger der altperuanischen Adelsschicht **3** Herrscher des Inkareiches [Ketschua, ,,Herr"]
in|kal|ku|la|bel ⟨auch [in-] Adj.⟩ unberechenbar, unermeßbar; Ggs. kalkulabel
In|kar|di|na|ti|on ⟨f.10; kath. Kirche⟩ Übergabe einer Diözese an einen Geistlichen [zu lat. in ,,in hinein" und cardo, Gen. -dinis, ,,Türangel, Drehpunkt", → Kardinal]
in|kar|nat ⟨Adj., o.Steig.⟩ fleischfarben
In|kar|nat ⟨n., -(s), nur Sg.⟩ Fleischfarbe, Fleischton (auf Gemälden); Syn. Inkarnatrot, Karnation [zu altlat. carnis ,,Fleisch"]
In|kar|na|ti|on ⟨f.10⟩ **1** Fleisch-, Menschwerdung (eines göttlichen Wesens) **2** Verkörperung (von etwas Geistigem) [< lat. incarnatio, Gen. -onis, ,,Fleisch-, Menschwerdung", zu altlat. carnis ,,Fleisch"]
In|kar|nat|rot ⟨n., -(s), nur Sg.⟩ → Inkarnat
in|kar|nie|ren ⟨V.3, hat inkarniert; refl.⟩ sich i. sich verkörpern [< lat. in ,,in hinein" und altlat. carnis (lat. caro, Gen. carnis) ,,Fleisch"]
in|kar|niert ⟨Adj., o.Steig.⟩ **1** fleisch-, menschgeworden **2** verkörpert
In|kar|ze|ra|ti|on ⟨f.10⟩ Einklemmung (z.B. von Eingeweidebrüchen) [< spätlat. incarceratio, Gen. -onis, ,,Einkerkerung"; vgl. Karzer]
in|kar|ze|rie|ren ⟨V.3, hat inkarzeriert; mit Akk.⟩ einklemmen; inkarzerierter (Einge-

weide-)Bruch [< lat. (verstärkend) *in* ,,in hinein" und kirchenlat. *carcerare* ,,einkerkern", zu *carcer* ,,Kerker"]

In|kas|sant (m.10; österr.) →*Kassierer*

In|kas|so ⟨n., -s, -s oder -si⟩ *das Einkassieren, Einziehen (von Geldforderungen)*

In|kas|so|bü|ro ⟨n.9⟩ *Unternehmen, das die Einziehung von Geldforderungen betreibt*

In|kas|so|voll|macht ⟨f.10⟩ *Vollmacht, Geldforderungen einzutreiben*

inkl. ⟨Abk. für⟩ *inklusive*

In|kli|na|ti|on ⟨f.10⟩ **1** *Neigung, Vorliebe, Hang* **2** *Neigung einer frei hängenden Magnetnadel zur Waagerechten* **3** *Neigung der Ebene einer Planetenbahn zur Ebene der Erdbahn* [< lat. *inclinatio,* Gen. *-onis,* ,,Neigung, Biegung", zu *inclinare* ,,hineigen"]

in|kli|nie|ren ⟨V.3, hat inkliniert; mit Präp.obj.⟩ **1** zu etwas i. *zu etwas neigen, eine Neigung zu etwas haben;* er inkliniert zu einer Krankheit **2** zu jmdm. i. *eine Vorliebe, besonderes Interesse für jmdn. haben;* er inkliniert immer zu denen, die sozial benachteiligt sind [< lat. *inclinare* ,,hineigen"]

in|klu|si|ve ⟨auch [in-] Präp.; Abk.: inkl., veraltend: incl.⟩ *einschließlich, inbegriffen;* Ggs. *exklusive;* alles n.!; i. Trinkgeld, i. des Trinkgeldes [< frz. *inclusif, -sive* ,,einschließend" < lat. *inclusus* ,,eingeschlossen", zu *cludere, claudere* ,,schließen"]

in|ko|gni|to ⟨Adv.⟩ *unerkannt, unter anderem Namen;* i. leben, reisen [über ital. *incognito* < lat. *incognitus* ,,unbekannt"]

In|ko|gni|to ⟨n.9⟩ *Geheimhaltung des wahren Namens;* das I. lüften, wahren

in|ko|hä|rent ⟨Adj., o.Steig.⟩ *nicht zusammenhängend, unzusammenhängend, zusammenhanglos;* Ggs. *kohärent*

In|ko|hä|renz ⟨f., -, nur Sg.⟩ *Zusammenhanglosigkeit;* Ggs. *Kohärenz*

In|koh|lung ⟨f., -, nur Sg.; Geol.⟩ *(Prozeß der) Kohlenbildung*

in|kom|men|su|ra|bel ⟨auch [-ra-] Adj., o.Steig.⟩ *nicht vergleichbar;* Ggs. *kommensurabel;* inkommensurable Begriffe, Größen

In|kom|men|su|ra|bi|li|tät ⟨f., -, nur Sg.⟩ *Unvergleichbarkeit;* Ggs. *Kommensurabilität*

in|kom|mo|die|ren ⟨V.3, hat inkommodiert; †, noch scherzh.⟩ **I** ⟨mit Akk.⟩ jmdn. i. *jmdn. belästigen, jmdm. Unbequemlichkeit bereiten;* inkommodiert Sie der Rauch? **II** ⟨refl.⟩ *sich bemühen;* sich nicht (meinetwegen)!; bitte i. Sie sich nicht (meinetwegen)! [< lat. *incommodare* ,,unbequem, lästig sein", < *in...* ,,nicht, un..."* und *commodus* ,,bequem, zweckmäßig, geeignet"]

in|kom|pa|ra|bel ⟨auch [-ra-] Adj., o.Steig.⟩ Ggs. *komparabel* **1** *nicht vergleichbar* **2** ⟨Gramm.⟩ *nicht steigerungsfähig;* inkomparables Adjektiv

In|kom|pa|ra|bi|le ⟨n., -s, -bi|lien oder -bi|lia⟩ *nicht steigerungsfähiges Adjektiv, z.B.* leer

in|kom|pa|ti|bel ⟨auch [in-] Adj., o.Steig.⟩ *unvereinbar, nicht zusammenpassend, unverträglich;* Ggs. *kompatibel;* inkompatible Vorschläge, Medikamente

In|kom|pa|ti|bi|li|tät ⟨f., -, nur Sg.⟩ *Unvereinbarkeit;* Ggs. *Kompatibilität*

in|kom|pe|tent ⟨Adj., o.Steig.⟩ Ggs. *kompetent* **1** *nicht zuständig, nicht befugt (Auskünfte zu geben, Angelegenheiten zu behandeln)* **2** ⟨ugs.⟩ *nicht fachmännisch, nicht genau Bescheid wissend*

In|kom|pe|tenz ⟨f., -, nur Sg.⟩ Ggs. *Kompetenz* **1** *Unzuständigkeit* **2** *Nichtbescheidwissen, Mangel an Kompetenz*

in|kom|pres|si|bel ⟨auch [in-] Adj., o.Steig.⟩ *nicht kompressibel*

in|kon|gru|ent ⟨Adj., o.Steig.⟩ *nicht kongruent*

In|kon|gru|enz ⟨f., -, nur Sg.⟩ *inkongruente Beschaffenheit*

in|kon|se|quent ⟨Adj.⟩ *nicht folgerichtig,* *nicht beständig;* Ggs. *konsequent;* ~es Verhalten; es ist i., das zu tun; sie ist in der Erziehung ihrer Kinder sehr i.

In|kon|se|quenz ⟨f.10⟩ *Mangel an Folgerichtigkeit, an folgerichtigem Verhalten;* Ggs. *Konsequenz*

in|kon|si|stent ⟨auch [-stent] Adj.⟩ **1** *nicht dauernd, nicht haltbar, unbeständig* **2** ⟨Logik; o.Steig.⟩ *widersprüchlich;* Ggs. *konsistent*

In|kon|si|stenz ⟨auch [-stents] f., -, nur Sg.⟩ *inkonsistente Beschaffenheit;* Ggs. *Konsistenz*

in|kon|stant ⟨Adj., o.Steig.⟩ *nicht gleichbleibend, veränderlich;* Ggs. *konstant*

In|kon|ti|nenz ⟨f., -, nur Sg.⟩ *Unfähigkeit, (Harn oder Stuhl) zurückzuhalten* [< lat. *incontinens* ,,nicht bei sich behaltend"]

in|kon|ver|ti|bel ⟨Adj., o.Steig.⟩ Ggs. *konvertibel* **1** ⟨†⟩ *unbekehrbar, unwandelbar* **2** *nicht austauschbar;* inkonvertible Währung

in|kon|zi|li|ant ⟨Adj.⟩ *nicht entgegenkommend, nicht verbindlich;* Ggs. *konziliant;* ein ~er Geschäftsmann

In|kon|zi|li|anz ⟨f., -, nur Sg.⟩ *inkonziliantes Verhalten;* Ggs. *Konzilianz*

in|ko|or|di|niert ⟨Adj., o.Steig.⟩ *nicht koordiniert;* ~e Muskelbewegungen

in|kor|po|ral ⟨Adj., o.Steig.⟩ *im Körper befindlich* [< lat. *in* ,,in" und *corpus* ,,Körper"]

In|kor|po|ra|ti|on ⟨f.10⟩ **1** *Aufnahme in eine Gemeinschaft, Körperschaft* **2** *Angliederung (eines Gebietsteils), Eingemeindung*

in|kor|po|rie|ren ⟨V.3, hat inkorporiert; mit Akk.⟩ *aufnehmen, angliedern, eingemeinden;* inkorporierende Sprachen →*polysynthetische Sprachen* [< lat. *incorporare* ,,einverleiben, einfügen", zu *corpus,* Gen. *corporis* ,,Körper"]

in|kor|rekt ⟨Adj.⟩ Ggs. *korrekt* **1** *ungenau* **2** *nicht richtig, nicht einwandfrei;* ~es Verhalten

In|kreis ⟨m.1⟩ *Kreis, der alle Seiten eines Vielecks von innen berührt*

In|kre|ment ⟨n.1⟩ *Zunahme, Zuwachs (einer Größe)* [< lat. *incrementum* ,,Zunahme, Wachstum", zu *increscere* ,,in etwas hineinwachsen"]

In|kret ⟨n.1⟩ *von den Drüsen mit innerer Sekretion ins Blut abgegebener Stoff, Hormon;* Ggs. *Sekret* [zur Unterscheidung von →*Sekret* gebildet aus lat. *in* ,,in hinein" und *cernere* ,,scheiden, absondern"]

In|kre|ti|on ⟨f.10⟩ *Absonderung ins Innere des Körpers;* vgl. *Sekretion* [zu *Inkret*]

in|kre|to|risch ⟨Adj., o.Steig.⟩ *ins Körperinnere absondernd, mit innerer Sekretion verbunden* [zu *Inkret*]

in|kri|mi|nie|ren ⟨V.3, hat inkriminiert; mit Akk.⟩ *beschuldigen*

In|kru|sta|ti|on ⟨f.10⟩ *das Inkrustieren, Bildung einer Kruste, Überkrustung (z.B. eines Gesteins durch chemische Reaktionen)* [zu *inkrustieren*]

in|kru|stie|ren ⟨V.3, hat inkrustiert; mit Akk.⟩ **1** *(durch andersfarbige Einlagen) verzieren;* Holz mit Perlmutt i. **2** *mit einer Kruste überziehen*

In|ku|ba|ti|on ⟨f.10⟩ **1** ⟨Antike⟩ *Schlaf an heiligen Stätten (um göttliche Offenbarungen oder Heilung von Krankheiten zu erlangen), Tempelschlaf* **2** ⟨Med.⟩ *das Sichfestsetzen (von Krankheitserregern im Körper)* **3** ⟨Biol.⟩ *Bebrütung, Dauer der Bebrütungszeit* [< lat. *incubatio,* Gen. *-onis* ,,das Sitzen auf den Eiern, das Brüten;* Schlaf an einem heiligen Ort auf dem Fell eines Opfertieres, um im Traum die Offenbarung des Gottes zu erfahren", zu *incubare* ,,auf etwas liegen"]

In|ku|ba|ti|ons|zeit ⟨f.10⟩ *Zeitraum von der Ansteckung bis zum Ausbruch der Krankheit;* Syn. *Latenzzeit*

In|ku|ba|tor ⟨m.13⟩ **1** *Einrichtung zum Aufziehen frühgeborener Kinder;* Syn. *Brutkasten* **2** *Kasten mit feinmaschigem Siebboden zur* *Erbrütung künstlich besamter Fischeier* [zu *Inkubation*]

In|ku|bus ⟨m., -, -ku|ben⟩ **1** ⟨bei den alten Römern⟩ *Alpdruck, Alptraumdämon* **2** ⟨im Volksglauben des MA⟩ *mit einer Frau buhlender Teufel;* Ggs. *Sukkubus* [< lat. *incubus* ,,Alpdrücken", das man in der Antike den Waldgeistern zuschrieb, zu *incubare* ,,in, auf etwas liegen"]

in|ku|lant ⟨Adj.⟩ *nicht entgegenkommend, ungefällig (im Geschäftsverkehr);* Ggs. *kulant;* ein ~er Geschäftsmann

In|ku|lanz ⟨f., -, nur Sg.⟩ *inkulantes Verhalten;* Ggs. *Kulanz*

In|ku|na|bel ⟨f.11⟩ *Buch aus der Zeit vor 1500;* Syn. *Wiegendruck;* vgl. *Frühdruck* [< lat. *incunabula* ,,Wiege", eigtl. ,,die Windeln und Wickelbänder des Säuglings in der Wiege"]

in|ku|ra|bel ⟨auch [in-] Adj., o.Steig.⟩ →*unheilbar* [< lat. *incurabilis* in ders. Bed., < *in* ,,nicht" und *curabilis* ,,heilbar", zu *curare* ,,heilen"]

In|kur|va|ti|on ⟨f.10⟩ *Krümmung, Biegung*

In|laid ⟨auch [-leid] m.1; schweiz.⟩ *farbig gemustertes Linoleum* [< engl. *inlaid* ,,eingelegt"]

In|land ⟨n., -(e)s, nur Sg.⟩ **1** *eigenes Staatsgebiet;* Ggs. *Ausland* **2** *vom Küstenbereich entfernt liegendes Land*

In|land|eis ⟨n., -es, nur Sg.⟩ *große, geschlossene, mächtige Eismasse, die tafelförmig weite Landesteile überdeckt;* das I. Grönlands

In|län|der ⟨m.5⟩ *Bewohner, Angehöriger des Inlands, Einheimischer;* Ggs. *Ausländer*

in|län|disch ⟨Adj.⟩ *das Inland betreffend, aus dem Inland stammend, einheimisch;* Ggs. *ausländisch* (1); ~e Industrie

In|lands|markt ⟨m.2⟩ *einheimischer Markt*

In|laut ⟨m.1⟩ *Laut im Innern eines Wortes;* vgl. *Anlaut, Auslaut*

In|lay ⟨[-lei] n.9⟩ *Zahnfüllung aus Metall oder Porzellan* [engl., ,,Füllung, Eingelegtes, Plombe" < *in...* ,,in ... hinein" und *to lay* ,,legen"]

In|lett ⟨n.9⟩ *daunendichte Hülle für Bettfedern* [< mecklenburg. *Inlitt, Inlett* in ders. Bed., auch ,,Einlaßöffnung im Eis für das Netz bei der Eisfischerei"]

in|lie|gend ⟨Adj., o.Steig.⟩ *innen liegend, (im Brief) beigelegt;* das ~e Foto

in maio|rem Dei glo|ri|am →*ad maiorem Dei gloriam*

in me|di|as res *unmittelbar zur Sache, ohne Einleitung zum Thema* [lat., ,,mitten in die Sache (hinein)"]

in me|mo|ri|am *zum Gedächtnis, zum Andenken* [lat.]

in|mit|ten ⟨Präp. mit Gen.⟩ **1** *mitten (in), in der Mitte (von);* i. der Nacht ⟨poet.⟩; i. den Anlagen befindet sich ein Springbrunnen **2** *mitten unter;* i. der vielen Leute stand ein kleines Kind und weinte

in na|tu|ra **1** *leibhaftig, wirklich;* ich habe das Bauwerk noch nie in n. gesehen (sondern nur auf Abbildungen) **2** *in Naturalien, in Waren;* er bekommt seinen Lohn zum Teil in n. [lat., ,,in natürlicher Beschaffenheit"]

in|ne|ha|ben ⟨V.60, hat innegehabt; mit Akk.⟩ *haben, verwalten, bekleiden;* ein Amt i.; er hat dort eine hohe Stellung inne

in|ne|hal|ten ⟨V.61, hat innegehalten; o.Obj.⟩ *(mit etwas) aufhören, (etwas) unterbrechen;* im Sprechen, Spielen, Sägen i.; er hielt einen Augenblick inne

in|nen ⟨Adv.⟩ *im Innern, darinnen;* i. im Haus; der Mantel ist i. mit Pelz gefüttert

In|nen|ar|chi|tekt ⟨m.2⟩ *Architekt, der Innenräume und Einrichtungen gestaltet*

In|nen|auf|nah|me ⟨f.11⟩ *fotografische Aufnahme in einem Raum;* Ggs. *Außenaufnahme*

In|nen|aus|stat|tung ⟨f.10⟩ *Gestaltung des Inneren;* I. eines Fahrzeugs, einer Wohnung

In|nen|bür|tig ⟨Adj., o.Steig.⟩ →*endogen* (3)

In|nen|de|ko|ra|ti|on ⟨f.10⟩ *Dekoration, Ausschmückung des Innenraumes*

In|nen|dienst ⟨m., -(e)s, nur Sg.⟩ *Arbeit in den Räumen der Dienststelle*; Ggs. *Außendienst*

In|nen|ein|rich|tung ⟨f.10⟩ *Ausstattung von Räumen*

In|nen|flä|che ⟨f.11⟩ →*Innenseite*

In|nen|hof ⟨m.2⟩ *Hof im Innern (eines Gebäudes)*

In|nen|le|ben ⟨n., -s, nur Sg.⟩ **1** *Gesamtheit der Gedanken und Gefühle (eines Menschen); ein reiches I. haben* **2** ⟨ugs., scherzh.⟩ *Gesamtheit dessen, was sich im Innern (von etwas) befindet; in das Motors*

In|nen|mi|ni|ster ⟨m.5⟩ *Minister für die inneren Angelegenheiten (eines Landes)*

In|nen|po|li|tik ⟨f., -, nur Sg.⟩ *Regelung der inneren Angelegenheiten (eines Landes)*

In|nen|raum ⟨m.2⟩ **1** *von Wänden umschlossener Raum; die Innenräume eines Gebäudes* **2** *im Innern liegender Raum, im Innern liegende Fläche; der I. einer Rennbahnanlage der von den Bahnen (auf denen gelaufen wird) umschlossene Raum*

In|nen|sei|te ⟨f.11⟩ *die der Mitte, der Achse zugewendete Seite (eines Körpers, Rades, Gefäßes o.ä.)*; Syn. *Innenfläche*; Ggs. *Außenseite*; *die I. der Hand*

In|nen|stadt ⟨f.2⟩ *innerster Teil eines Stadtgebietes; wir wohnen in der I.*

In|nen|ta|sche ⟨f.11⟩ *an der Innenseite eines Kleidungsstückes angebrachte Tasche*; Ggs. *Außentasche*

In|nen|wand ⟨f.2⟩ *Wand innerhalb eines Gebäudes, Gefäßes*; Ggs. *Außenwand; die Innenwände mit Tapeten verkleiden; die Thermosflasche hat eine I. aus Glas*

In|nen|welt ⟨f., -, nur Sg.⟩ *geistig-seelische Welt (eines Menschen), Gesamtheit der Gefühle und Gedanken (eines Menschen)*; Ggs. *Außenwelt* (1)

In|nen|win|kel ⟨m.5; bei geometr. Figuren⟩ *Winkel im Inneren*

in|ner|be|trieb|lich ⟨Adj., o.Steig.⟩ *innerhalb des Betriebes stattfindend, das Innere eines Betriebes betreffend; ~e Fortbildung*

in|ner|deutsch ⟨Adj., o.Steig.⟩ *zwischen DDR und BRD stattfindend, das Verhältnis zwischen der DDR und BRD betreffend; ~er Handel; die ~e Frage*

in|ner|dienst|lich ⟨Adj., o.Steig.⟩ *innerhalb des Dienstes stattfindend, das Innere des Dienstes betreffend; ein ~es Problem*

In|ne|rei ⟨f.10; meist Pl.⟩ *~en innere Organe (eines Schlachttieres; z.B. Herz, Magen, Lunge, Leber);* Syn. ⟨norddt.⟩ *Inster*

in|ne|re(r, -s) ⟨Adj.⟩ Ggs. *äußere(r,-s)* **1** *im Innern, auf der Innenseite befindlich; der innere Teil* **2** ⟨Med.⟩ *im Innern des Körpers; innere Atmung Stoffwechselvorgänge im zellulären Bereich; innere Blutung von außen nicht sichtbare Blutung an einem inneren Organ; innere Organe Gesamtheit der Eingeweide; innere Sekretion Absonderung von Drüsen direkt in die Blutbahn* **b** *die Eingeweide betreffend; innere Abteilung Abteilung eines Krankenhauses für die Behandlung von inneren Krankheiten; innere Krankheiten Krankheiten, die im Inneren des Körpers ablaufen; innere Medizin Erkennung und Behandlung innerer Krankheiten* **3** *geistig, seelisch, das Gefühlsleben betreffend; innere Anteilnahme; innere Reserven haben; innere Ruhe ausstrahlen* **4** *einheimisch, inländisch; innere Angelegenheiten eines Landes; Innere Mission ⟨Abk.: I.M.⟩ evangelische Vereinigung zur Hilfe für Bedürftige und Festigung der Gemeinden im Inland; innere Spannungen*

In|ne|re(s) ⟨n.17 oder 18⟩ Ggs. *Äußere(s)* **1** *das, was sich in der Mitte befindet; das Innere der Frucht, des Landes; das Innere nach außen kehren etwas genau überprüfen* **2** ⟨übertr.⟩ **a** *Gesamtheit der Gedanken und Gefühle (eines Menschen); jmdm. sein Inneres öffnen; jmdn. einen Blick in sein Inneres tun lassen jmdm. seine Gefühle, Wünsche offenbaren; im tiefsten Inneren* **b** *das eigentliche Wesen; in das Innere einer Wissenschaft vordringen*

in|ner|halb ⟨Präp. mit Gen.⟩ Syn. ⟨schweiz.⟩ *innert;* Ggs. *außerhalb* **1** ⟨räumlich⟩ *im Innern, in begrenztem Bereich; i. der Mauern; i. des Landes; i. der Gemeinschaft* **2** ⟨zeitlich⟩ *binnen, in einem Zeitraum von; i. einer Woche; i. weniger Jahre; i. dreier Monate,* ⟨ugs. auch⟩ *i. von drei Monaten* **3** ⟨mit Dat., wobei der Gen. nicht erkennbar wäre⟩ *i. fünf Jahren*

in|ner|lich ⟨Adj., o.Steig.⟩ Ggs. *äußerlich* **1** *im Innern, ins Innere; äußerlich blieb er ganz ruhig, aber i. frohlockte er; ~e Anwendung (einer Arznei)* **2** ⟨übertr.⟩ **a** *das Geistig-Seelische betreffend, aus ihm entstammend; i. beteiligt, betroffen, erregt sein; er ist i. krank, müde* **b** *tief fühlend, introvertiert; ein ~er Mensch*

In|ner|lich|keit ⟨f., -, nur Sg.⟩ *Gefühlstiefe, reiches Seelenleben*

in|ner|staat|lich ⟨Adj., o.Steig.⟩ *innerhalb eines Staates stattfindend, das Innere eines Staates betreffend; der ~e Reiseverkehr*

in|ner|ste(r, -s) ⟨Adj., Superlativ zu *innere(r, -s)*; nur als Attr.⟩ *am weitesten innen, am tiefsten innenliegend, ganz innen*; Ggs. *äußerste(r, -s); der innerste Teil; die innerste Schicht*

In|ner|ste(s) ⟨n., -sten, nur Sg.⟩ **1** *ganz innen gelegener Teil; bis ins Innerste des Waldes vordringen* **2** ⟨übertr.⟩ *innerer Wesenskern; im Innersten getroffen sein; jmdm. sein Innerstes offenbaren*

in|nert ⟨Präp.; schweiz.⟩ →*innerhalb;* Ggs. *außerhalb*

In|ner|va|ti|on ⟨f., -, nur Sg.⟩ **1** *Ausstattung (eines Körperteils) mit Nerven* **2** *Leitung von Reizen über die Nerven zu einem Organ*

in|ner|vie|ren ⟨V.3, hat inverviert; mit Akk.⟩ **1** *mit Nerven ausstatten* **2** *mit Nervenreizen versorgen*

in|ne|sein ⟨V.137, ist innegewesen; mit Gen.; geh.⟩ *einer Sache i. sich einer Sache bewußt sein, eine Sache erkannt haben; das Kind ist des Verlustes der Mutter noch nicht inne*

in|ne|wer|den ⟨V.180, ist innegeworden; mit Gen.; geh.⟩ *einer Sache i. eine Sache erkennen; ich bin dessen erst innegeworden, als ...; er wird dessen bald i.*

in|ne|woh|nen ⟨V.1, hat innegewohnt; mit Dat.⟩ *einer Sache i. zu einer Sache gehören, in einer Sache enthalten, wirksam sein; diesem Werk wohnt ein großer Ernst inne; einer solchen Politik ~den Gefahren*

in|nig ⟨Adj.⟩ **1** *aus dem Herzen kommend, herzlich, liebevoll, mit starker Gefühlsbeteiligung; ein ~es Gebet; ~es Beileid; jmdn. i. lieben, verehren* **2** *sehr eng, unauflösbar; ~e Verbindung; ~e Verflechtung*

In|nig|keit ⟨f., -, nur Sg.⟩ *Herzlichkeit, liebevolle Zuwendung; ein Blick voller I.*

in|nig|lich ⟨Adj.; poet.⟩ *innig*

in no|mi|ne Dei ⟨Abk.: I.N.D.⟩ *im Namen Gottes* [lat.]

in no|mi|ne Do|mi|ni ⟨Abk.: I.N.D.⟩ *im Namen des Herrn* [lat.]

In|no|va|ti|on ⟨f.10⟩ *Erneuerung, Verbesserung an technischen Produkten oder Verfahren* [< lat. *innovatio,* Gen. *-onis,* „Erneuerung", zu *novus* „neu"]

in|no|va|tiv, in|no|va|to|risch ⟨Adj., o.Steig.⟩ *erneuernd, verbessernd*

in nu|ce 1 *im Kern* **2** *in Kürze, kurz gesagt* [lat., „in der Nuß"]

In|nung ⟨f.10⟩ *freiwillige Vereinigung selbständiger Handwerker desselben Handwerkszweiges eines bestimmten Bezirks* [< mhd. *innunge* in ders. Bed. sowie „Aufnahme", zu *innen* „aufnehmen"]

in|of|fen|siv ⟨auch [-sif] Adj., o.Steig.⟩ *nicht angreiferisch, nicht angriffslustig;* Ggs. *offensiv*

in|of|fi|zi|ell ⟨Adj., o.Steig.⟩ *nicht öffentlich, nicht amtlich, vertraulich;* Ggs. *offiziell; eine ~e Verlautbarung*

In|oku|la|ti|on ⟨f.10⟩ *das Inokulieren*

in|oku|lie|ren ⟨V.3, hat inokuliert; mit Akk.⟩ **1** *einimpfen* **2** *aufpropfen*

in|ope|ra|bel ⟨auch [in-] Adj., o.Steig.⟩ *nicht zu operieren, durch Operation nicht heilbar*

in|op|por|tun ⟨Adj., o.Steig.; nur als Attr. und mit „sein"⟩ ⟨augenblicklich⟩ *nicht günstig, nicht angebracht;* Syn. ⟨†⟩ *importun;* Ggs. *opportun*

In|o|sit ⟨m.1⟩ *zuckerartige Verbindung (bes. in Muskeln)* [< griech. *is,* Gen. *inos,* „Muskel, Sehne"]

in|oxi|die|ren ⟨V.3, hat inoxidiert; mit Akk.⟩ *mit einer Rostschutzschicht aus Eisenoxiden überziehen*

in per|pe|tu|um ⟨†⟩ *für immer, für, auf alle Zeit* [lat.]

in per|so|na *in Person, persönlich, selbst* [lat.]

in pet|to *bereit, in Bereitschaft; eine Neuigkeit in p. haben* [ital., „in der Brust", *petto* < lat. *pectus* „Brust"]

in ple|no *vollzählig* [lat., „in voller (Zahl)"]

in pon|ti|fi|ca|li|bus *im Ornat* [lat., „in priesterlichen (Gewändern)"]

in pra|xi *in der Praxis, in Wirklichkeit* [lat., zu griech. *praxis* „Tat, Handlung"]

in punc|to *hinsichtlich, was ... betrifft; in p. Sauberkeit bleibt einiges zu wünschen übrig; in p. puncti im Punkt der Punkte,* ⟨verhüllend für⟩ *in p. sexti hinsichtlich des sechsten Gebotes, d.h. hinsichtlich der Keuschheit* [lat.]

In|put ⟨m.9 oder n.9⟩ **1** *die in einen Computer eingegebenen Daten* **2** ⟨Wirtsch.⟩ *Einsatzfaktor;* Ggs. *Output* [engl., „zugeführte Energie oder Leistung", zu *to put* „setzen, stellen, legen"]

In|put-Out|put-Ana|ly|se ⟨[-aut-] f.11⟩ *Analyse der Verflechtung aller Teilbereiche der Wirtschaft*

In|qui|lin ⟨m.10⟩ *Insekt, das seine Eier in Nester oder Gallen anderer Insekten legt* [< lat. *inquilinus* „Mitbewohner, Einmieter", zu *incolere* „bewohnen", zu *colere* „wohnen"]

in|qui|rie|ren ⟨V.3, hat inquiriert; mit Akk.⟩ **1** *etwas i. etwas untersuchen, nach etwas forschen, etwas erforschen* **2** *jmdn. i. verhören, vernehmen* [< lat. *inquirere* „aufsuchen, untersuchen, erforschen", < *in* „in, auf" und *quaerere* „suchen, untersuchen"]

In|qui|si|ti|on ⟨f.10⟩ **1** ⟨nur Sg.; 12.-18.Jh.⟩ *Gericht der kath. Kirche gegen Ketzer* **2** ⟨übertr.⟩ *strenges, grausames Verhör* [< lat. *inquisitio,* Gen. *-onis,* „Untersuchung, Erforschung", zu *inquirere* „untersuchen"]

In|qui|si|tor ⟨m.13⟩ **1** *Richter der Inquisition* (1) **2** *strenger Untersuchungsrichter*

in|qui|si|to|risch ⟨Adj., o.Steig.⟩ **1** *zur Inquisition gehörig* **2** *unerbittlich, streng; ~e Fragen*

I.N.R.I. ⟨Abk. für⟩ *Jesus Nazarenus Rex Judaeorum: Jesus von Nazareth, König der Juden (Inschrift auf dem Kreuz Christi)* [lat.]

ins ⟨Präp. und Art.⟩ *in das; i. Haus gehen; i. Rutschen kommen*

in sal|do ⟨Wirtsch.; †⟩ *im Rückstand, schuldig; in s. sein, bleiben* [ital.]

In|sas|se ⟨m.11⟩ *jmd., der sich in einem Fahrzeug oder Gebäude aufhält (Gefängnis~); die Insassen ~ des Heims; die ~n des Busses*

ins|be|son|de|re, ins|be|sond|re ⟨Adv.⟩ *vor allem, besonders; i. dann, wenn ...*

In|schrift ⟨f.10⟩ *in Holz, Metall oder Stein*

Inschriftenkunde

eingeritzte oder herausgegrabene Schrift (bes. an Häusern, auf Denkmälern, Grabsteinen)

In|schrif|ten|kun|de ⟨f., -, nur Sg.⟩ *Erforschung alter Inschriften*

in|schrift|lich ⟨Adj., o.Steig.⟩ *durch eine Inschrift*

In|sekt ⟨n.12⟩ *(meist) geflügelter Gliederfüßer;* Syn. Hexapode, Kerbtier, Kerf [< lat. *insectum* ,,eingeschnitten", zu *insecare* ,,einschneiden", wegen des tiefen Einschnitts zwischen Brust und Hinterleib]

In|sek|ta|ri|um ⟨n., -s, -ri|en⟩ *Anlage zur Aufzucht von Insekten*

In|sek|ten|blüt|ler ⟨m.5⟩ *Pflanze, bei der die Bestäubung durch Insekten erfolgt*

In|sek|ten|fres|ser ⟨m.5⟩ **1** ⟨i.e.S.⟩ *kleines Säugetier mit spitzen Zähnen und rüsselförmig verlängerter Schnauze (z.B. Igel, Maulwurf, Spitzmaus)* **2** ⟨i.w.S.⟩ → *Insektivore*

In|sek|ti|vo|re ⟨f.11⟩ *insektenfressendes Tier, insektenfangende Pflanze* [< *Insekt* und lat. *vorare* ,,fressen"]

in|sek|ti|zid ⟨Adj., o.Steig.⟩ *als Insektizid wirkend*

In|sek|ti|zid ⟨n.1⟩ *insektenvernichtendes Mittel* [< *Insekt* und lat. *caedere* (in Zus. ....*cidere*) ,,töten"]

In|sel ⟨f.11⟩ *allseitig von Wasser umgebenes Land (abgesehen von den Kontinenten);* Syn. *Eiland* [< lat. *insula* < *en salo* ,,im Salzmeer (gelegen)"]

In|sel|berg ⟨m.1⟩ *Berg, der sich inselartig und schroff aus einer Abtragungsebene erhebt*

In|sel|staat ⟨m.12⟩ *aus einer Insel oder aus mehreren Inseln bestehender Staat*

In|sel|welt ⟨f., -, nur Sg.⟩ *Gruppe von zusammengehörigen Inseln*

In|se|mi|na|ti|on ⟨f.10⟩ **1** *Eindringen des Samens in das Ei* **2** *künstliche Befruchtung* [< lat. *inseminare* ,,einsäen, einpflanzen", zu *semen*, Gen. *seminis*, ,,Samen"]

in|sen|si|bel ⟨Adj., o.Steig.⟩ *nicht empfindlich, nicht empfindsam;* Ggs. *sensibel*

In|sen|si|bi|li|tät ⟨f., -, nur Sg.⟩ *Unempfindlichkeit;* Ggs. *Sensibilität*

In|se|rat ⟨n.1⟩ *Anzeige (1);* ein I. aufgeben [lat., ,,ich füge ein", zu *inserere* ,,hineintun, einfügen"]

In|se|rent ⟨m.10⟩ *jmd., der ein Inserat aufgegeben hat, der inseriert*

in|se|rie|ren ⟨V.3, hat inseriert⟩ **I** ⟨mit Akk.⟩ *durch ein Inserat bekanntgeben;* er hat inseriert, daß er ... **II** ⟨o.Obj.⟩ *Inserate, ein Inserat aufgeben;* in dieser großen Zeitung i. sehr viele Firmen

In|sert ⟨auch [-sərt] n.9; Fernsehen⟩ *in eine laufende Sendung eingeschaltete, kurze andere Sendung, z.B. Werbung* [engl., ,,Einfügung", → *Insertion*]

In|ser|ti|on ⟨f.10⟩ **1** *Aufgeben eines Inserats* **2** *Ansatzstelle, Ansatz (z.B. eines Muskels oder einer Sehne am Skelett, eines Blattes am Sproß)* [< lat. *insertio*, Gen. *-onis*, ,,Einfügung", zu *inserere* ,,einfügen"]

ins|ge|heim ⟨Adv.⟩ *im geheimen;* i. jmdn. verehren

ins|ge|mein ⟨Adv.; österr.⟩ *insgesamt*

ins|ge|samt ⟨Adv.⟩ *alles zusammen, im ganzen;* i. zehn Personen; es geht mir i. gut

In|side ⟨[-said] m.9; schweiz.⟩ *im mittleren Spielfeld stürmender Fußballspieler* [< engl. *inside* ,,innen"]

In|si|der ⟨[-saidər] m.5⟩ *jmd., der Einblick in etwas hat, Eingeweihter* [engl., ,,Eingeweihter", zu *inside* ,,innen, innerhalb"]

In|side|sto|ry ⟨[-said-] f.9⟩ *Bericht, der hinter die Kulissen einer Sache leuchtet* [engl., < *inside* ,,innen, innerhalb" und *story* ,,Geschichte"]

In|si|di|en ⟨nur Pl.; †⟩ *Nachstellungen* [< lat. *insidiae*, ,,Hinterhalt", zu *insidere* ,,in oder auf etwas sitzen"]

In|si|gni|en ⟨nur Pl.⟩ *Kennzeichen herrscherlicher Macht oder ständischer Würde (z.B. Krone, Zepter, Mitra)* [< lat. *insigne* ,,Kenn-, Abzeichen", zu *insignire* ,,als Kennzeichen auf-, einprägen, kennzeichnen"]

In|si|nu|ant ⟨m.10; †⟩ *Zu-, Zwischenträger* [zu *insinuieren*]

In|si|nu|a|ti|on ⟨f.10; †⟩ *Zu-, Zwischenträgerei, Einflüsterung*

in|si|nu|ie|ren ⟨V.3, hat insinuiert; †⟩ **I** ⟨mit Dat. und Akk.⟩ *jmdm. etwas* **1** *jmdm. etwas zutragen, vorlegen* **2** *jmdm. etwas unterstellen;* jmdm. böse Absichten i. **II** ⟨refl.⟩ *sich i. sich einschmeicheln* [< lat. *insinuare* ,,eindringen lassen", eigtl. ,,in den Busen stecken", zu *sinus* ,,Busen, Wölbung"]

in|si|pid, in|si|pi|de ⟨Adj., †⟩ *albern, töricht, abgeschmackt* [< lat. *insipidus* ,,unschmackhaft", zu *sapere* ,,schmecken"]

in|si|stent ⟨Adj.⟩ *auf etwas bestehend, hartnäckig, beharrlich* [zu *insistieren*]

in|si|stie|ren ⟨V.3, hat insistiert; mit Präp.obj.⟩ *auf etwas* **1.** *auf etwas bestehen, auf etwas beharren;* auf einem Verbot i. [< lat. *insistere* ,,sich auf etwas stellen, bei etwas stehenbleiben", < *in* ,,in, auf" und *sistere* ,,sich stellen, stehenbleiben"]

in si|tu *an der richtigen, ursprünglichen Stelle, an der Fundstelle;* Ablagerungen in s. vorfinden; die noch in s. befindlichen ausgegrabenen Gefäße [lat., ,,in der (natürlichen) Lage"]

in|skri|bie|ren ⟨V.3, hat inskribiert; mit Akk.⟩ *jmdn. oder sich i. jmdn. oder sich einschreiben, eintragen;* sich in die Hörerliste einer Hochschule i. [< lat. *inscribere* ,,in, auf etwas schreiben", < *in* ,,in, auf" und *scribere* ,,schreiben"]

In|skrip|ti|on ⟨f.10⟩ *Eintragung, Einschreibung* [zu *inskribieren*]

in|so|fern **I** ⟨[-so-] Adv.⟩ *in diesem Punkt, bis zu diesem Punkt;* i. hast du recht; i. als in dem Maße, wie ..., deshalb, weil ...; ich kann die Sache juristisch nicht beurteilen, aber ich kann i. mitreden, als ich die gleiche Erfahrung gemacht habe; die Frage ist i. falsch gestellt, als sie unser Thema nicht betrifft **II** ⟨[-fɛrn] Konj.⟩ *wenn, sofern;* man kann dieses Buch als gut bezeichnen, i. man den Aufbau und die Darstellung meint

In|so|la|ti|on ⟨f.10⟩ **1** *Sonneneinstrahlung (auf die Erde)* **2** → *Sonnenstich* [< lat. *insolatus* ,,der Sonne ausgesetzt", zu *sol* ,,Sonne"]

in|so|lent ⟨auch [in-] Adj.⟩ *anmaßend, unverschämt, patzig* [< lat. *insolens*, ,,überheblich, anmaßend, unverschämt"]

In|so|lenz ⟨auch [in-] f., -, nur Sg.⟩ *Anmaßung, Unverschämtheit*

in|so|lu|bel ⟨Adj., o.Steig.⟩ *nicht solubel*

in|sol|vent ⟨auch [in-] Adj., o.Steig.⟩ *zahlungsunfähig;* Ggs. *solvent*

In|sol|venz ⟨auch [in-] f., -, nur Sg.⟩ *Zahlungsunfähigkeit;* Ggs. *Solvenz*

in|son|der|heit ⟨Adv.; geh.; †⟩ *vor allem*

in|so|weit **I** ⟨[-so-] Adv.⟩ → *insofern (I)* **II** ⟨[-vait] Konj.⟩ *wenn, sofern;* i. es mir möglich ist, werde ich ihm helfen; i. die Form gewahrt bleibt, kann man darüber reden

in spe *zukünftig;* mein Schwiegersohn in spe [lat., ,,in der Hoffnung"]

In|spek|teur ⟨[-tør] m.1⟩ **1** *Leiter einer Inspektion* **2** ⟨Bundeswehr⟩ *ranghöchster Offizier einer Teilstreitkraft bzw. des Sanitäts- und Gesundheitswesens* [frz.]

In|spek|ti|on ⟨f.10⟩ **1** *Prüfung, Kontrolle, prüfende Besichtigung* **2** *aufsichtführende Behörde* [zu *inspizieren*]

In|spek|tor ⟨m.13⟩ *aufsichtführender Beamter, Verwaltungsbeamter* [< lat. *inspector* ,,jmd., der etwas prüfend besichtigt, untersucht", zu *inspizieren*]

In|spi|ra|ti|on ⟨f.10⟩ **1** *Eingebung, Erleuchtung, schöpferischer Einfall* **2** *Einatmung;* Ggs. *Exspiration* [< lat. *inspiratio*, Gen. *-onis*, ,,Einatmen, Einhauchen, Eingebung"]

in|spi|ra|tiv ⟨Adj.⟩ *auf Inspiration beruhend*

In|spi|ra|tor ⟨m.13⟩ *Anreger* [zu *inspirieren*]

in|spi|ra|to|risch ⟨Adj., o.Steig.; geh.; †⟩ *anregend, erleuchtend*

in|spi|rie|ren ⟨V.3, hat inspiriert; mit Akk.⟩ *jmdn. i. jmdn. erleuchten, anregen; jmdn. zu einer Idee, einer Handlung i.* [< lat. *inspirare* ,,einhauchen, begeistern", zu *spirare* ,,hauchen, atmen"]

In|spi|zi|ent ⟨m.10⟩ **1** *Aufsichtsbeamter (bei Behörden)* **2** ⟨Theater, Film, Fernsehen, Funk⟩ *Mitarbeiter, der für den Ablauf der Aufführungen zu sorgen hat*

in|spi|zie|ren ⟨V.3, hat inspiziert; mit Akk.⟩ *prüfen, prüfend besichtigen; die vorhandenen Bestände i.; eine Schule i.* [< lat. *inspicere* ,,prüfend besichtigen, betrachten", < *in* ,,in, hinein" und *specere* ,,schauen"]

in|sta|bil ⟨Adj.⟩ *nicht fest, unsicher, schwankend;* Ggs. *stabil;* ~es Atom *Atom, das durch radioaktiven Prozeß zerfällt*

In|sta|bi|li|tät ⟨auch [in-] f., -, nur Sg.⟩ *instabile Beschaffenheit;* Ggs. *Stabilität*

In|stal|la|teur ⟨[-tør] m.1⟩ *jmd., der berufsmäßig Installationen (1) vornimmt* [mit französischer Endung zu *installieren*]

In|stal|la|ti|on ⟨f.10⟩ **1** *Einbau von technischen Anlagen (Gas- und Wasserleitungen, Heizung u.a.)* **2** *Einweisung in ein geistliches Amt* **3** ⟨Kunst⟩ *Zusammenstellung von Gegenständen, um (wie beim Environment) bestimmte Wirkung zu erreichen* [zu *installieren*]

in|stal|lie|ren ⟨V.3, hat installiert⟩ **I** ⟨mit Akk.⟩ **1** *etwas i. einbauen, einrichten; eine technische Anlage i.* **2** *jmdn. i. in ein Amt, eine Stellung einweisen; ein Geistlichen i.* **II** ⟨refl.⟩ ugs.; *sich i. sich häuslich niederlassen, bequem einrichten;* sich in einem neuen Zimmer i. [über frz. *installer* < ital. *installare* ,,einbauen, einrichten", < mlat. *installare* in ein kirchliches Amt, eine Pfründe einweisen", zu *stallum* ,,Verkaufsstand auf dem Markt, Kirchenstand, Chorstuhl"]

In|stal|lie|rung ⟨f.10⟩ *das Installieren*

in|stand ⟨Adv.⟩ *in gutem Zustand, in Ordnung;* das Haus ist nicht mehr sehr gut i.; i. ein Gerät i. halten, wieder i. setzen; jmdn. i. setzen, etwas zu tun *jmdn. die Möglichkeit geben, etwas zu tun*

in|stän|dig ⟨Adj.⟩ *eindringlich, nachdrücklich;* jmdn. i. bitten **In|stän|dig|keit** ⟨f., -, nur Sg.⟩

In|stant... ⟨in Zus.⟩ *aus einer pulverigen Substanz bestehend, die mit Wasser genußfertig wird, z.B. Instantgetränk, Instantkaffee, Instantsuppe* [< engl. *instant*, ,,sofort, augenblicklich, unmittelbar"]

In|stanz ⟨f.10⟩ *zuständige Behörde, zuständiges Gericht* [< frühnhd. *instancie* ,,Behörde, die man mit dem Verfolgen einer Sache beauftragt", < mlat. *instantia* ,,dringende Bitte, Beharren, Bestehen (auf etwas)", < lat. *instans* ,,drängend, heftig", zu *stare* ,,stehen"]

In|stan|zen|weg ⟨m.1⟩ *Weg durch mehrere Instanzen in vorgeschriebener Reihenfolge;* den I. einhalten; das Gesuch muß den I. gehen

in sta|tu nas|cen|di *im Zustand des Entstehens;* der Plan, die Entwicklung befindet sich noch in s. n. [lat.]

in sta|tu quo *im gegenwärtigen Zustand;* vgl. *Status quo* [lat., ,,im Zustand, in dem (sich eine Sache befindet)"]

in sta|tu quo an|te *im früheren Zustand;* vgl. *Status quo ante* [lat., ,,im Zustand, in dem vorher ..."]

In|ster ⟨n.5; norddt.⟩ → *Innerei*

In|stil|la|ti|on ⟨f.10; Med.⟩ *Einträufelung* [zu *instillieren*]

in|stil|lie|ren ⟨V.3, hat instilliert; mit Akk.; Med.⟩ *tropfenweise verabreichen, einträufeln; ein flüssiges Medikament i.* [< lat. *instillare* ,,einträufeln, einflößen", zu *stilla* ,,Tropfen"]

In|stinkt ⟨m.1⟩ **1** *angeborener Trieb zu bestimmten Verhaltensweisen* **2** ⟨übertr.⟩ *sicheres Gefühl (für etwas)* [< lat. *instinctus* ,,Eingebung, Antrieb", zu *instinguere* ,,anstacheln, antreiben"]

in|stink|tiv ⟨Adj.⟩ *auf einem Instinkt beruhend, einem Instinkt folgend, unbewußt, trieb-, gefühlsmäßig;* eine ~e *Abneigung gegen jmdn. haben;* i. *handeln; das habe ich ganz* i. *getan*

in|stinkt|los ⟨Adj.⟩ *ohne Gespür für das richtige Verhalten in einer bestimmten Situation; deine Äußerung ist politisch* i.

in|stinkt|si|cher ⟨Adj.⟩ *ein sicheres Gefühl für richtiges Verhalten in einer bestimmten Situation besitzend*

in|stitu|ie|ren ⟨V.3, hat instituiert; mit Akk.⟩ *(als Institution) einsetzen, einrichten*

In|sti|tut ⟨n.1⟩ *Anstalt zur Ausbildung, Erziehung, Forschung u.ä.* [< lat. *institutum* ,,Einrichtung", eigtl. ,,etwas Eingerichtetes", zu *instituere* ,,einrichten, einführen, hinstellen, erbauen"]

In|sti|tu|ti|on ⟨f.10⟩ **1** ⟨nur Sg.⟩ *Einsetzung, Einweisung (in ein Amt)* **2** *(meist staatliche) Einrichtung, Anstalt (z.B. Genossenschaft, Behörde, Stiftung)*

in|sti|tu|tio|na|li|sie|ren ⟨V.3, hat institutionalisiert⟩ **I** ⟨mit Akk.⟩ *zu einer Institution machen, in eine starre Form bringen* **II** ⟨refl.⟩ *sich* i. *zu einer Institution werden, starr werden, erstarren*

In|sti|tu|tio|na|lis|mus ⟨m., -, nur Sg.⟩ *Richtung der Wirtschaftswissenschaft in den USA, die sich zur Erklärung wirtschaftlicher Erscheinungen auch auf Analysen der wirtschaftlichen Einrichtungen und Organisationsformen stützt*

in|sti|tu|tio|nell ⟨Adj., o.Steig.⟩ *zu einer Institution (2) gehörig, sie betreffend*

In|sti|tuts|bü|che|rei ⟨f.10⟩ *Fachbücherei an einem wissenschaftlichen Institut*

in|stru|ie|ren ⟨V.3, hat instruiert; mit Akk.⟩ *jmdn.* i. *jmdn. unterrichten, in Kenntnis setzen, jmdm. Anweisungen geben* [< lat. *instruere* ,,unterweisen, unterrichten, tüchtig machen", eigtl. ,,ausrüsten, ausstatten", zu *struere* ,,ordnen, aufbauen"]

In|struk|teur ⟨[-tør] m.1⟩ *jmd., der andere anleitet, schult* [< frz. *instructeur* in ders. Bed., zu *instruieren*]

In|struk|ti|on ⟨f.10⟩ *Anleitung, Anweisung, Verhaltensmaßregel, Vorschrift; jmdm.* ~en *geben; ich habe meine* ~en *(nach denen ich mich richten muß)* [zu *instruieren*]

in|struk|tiv ⟨Adj.⟩ *einprägsam, lehrreich*

In|struk|tor ⟨m.13; †⟩ *Lehrer, Erzieher, bes. Prinzenerzieher* [< lat. *instructor* ,,Zurüster, Einrichter"]

In|stru|ment ⟨n.1⟩ **1** *Gerät, feines Werkzeug (bes. für wissenschaftliche Zwecke); medizinische, optische* ~e **2** *Musikgerät; ein* I. *beherrschen, spielen* **3** ⟨übertr.⟩ *Mittel zum Zweck; eine Einrichtung zum* I. *der Macht machen; er ist nur ein* I. *in den Händen der Machthaber* [< lat. *instrumentum* ,,Gerät, Werkzeug, Möbel", zu *instruere* ,,auf-, ein-, herrichten, ausrüsten"]

in|stru|men|tal ⟨Adj., o.Steig.⟩ **1** ⟨Mus.⟩ *mit Hilfe eines Instruments* **2** ⟨Sprachw.⟩ *das Mittel bezeichnend*

In|stru|men|tal ⟨m.1⟩ *das Mittel, Werkzeug bezeichnender Kasus, in slawischen Sprachen noch erhalten, im Deutschen durch Präpositionen ausgedrückt;* auch: *Instrumentalis* [< neulat. *casus instrumentalis* ,,Fall des Werkzeugs, des Mittels"]

In|stru|men|ta|lis ⟨m., -, -les [-le:s]⟩ →*Instrumental*

In|stru|men|ta|list ⟨m.10; Mus.⟩ *Spieler eines Instruments*

In|stru|men|tal|mu|sik ⟨f.10⟩ *Musik mit Hilfe von Instrumenten;* Ggs. *Vokalmusik*

In|stru|men|tar ⟨n.1⟩, **In|stru|men|ta|ri|um** ⟨n., -s, -ri|en⟩ *alle für eine bestimmte Tätigkeit notwendigen Instrumente* **2** *alle in einer bestimmten Epoche oder einem Bereich verwendeten Musikinstrumente* **3** ⟨übertr.⟩ *Gesamtheit der Mittel und Möglichkeiten zur Erreichung eines Zwecks; sein wirtschaftspolitisches* I. *ist begrenzt*

In|stru|men|ta|ti|on ⟨f.10⟩ →*Instrumentierung*

In|stru|men|ta|tor ⟨m.13⟩ *Musiker, der etwas instrumentiert hat*

in|stru|men|tell ⟨Adj., o.Steig.⟩ **1** *hinsichtlich der Instrumente;* ~e *Ausrüstung* **2** *mit Hilfe von Instrumenten;* ~e *Untersuchung*

in|stru|men|tie|ren ⟨V.3, hat instrumentiert⟩ **I** ⟨mit Akk.⟩ *zum Spielen auf mehreren Instrumenten, für Orchester einrichten; ein Klavierstück* i. **II** ⟨o.Obj.⟩ *dem Arzt bei der Operation die Instrumente zureichen; die Operationsschwester instrumentiert*

In|stru|men|tie|rung ⟨f.10⟩ *Einrichten (eines Musikstücks) für Instrumente, für Orchester;* auch: *Instrumentation*

In|sub|or|di|na|ti|on ⟨f.10; bes. Mil.⟩ *Gehorsamsverweigerung gegenüber Vorgesetzten* [< lat. *in...* ,,nicht" und *Subordination*]

in|suf|fi|zi|ent ⟨auch [in-] Adj., o.Steig.⟩ *ungenügend, mangelhaft, nicht leistungsfähig*

In|suf|fi|zi|enz ⟨auch [in-] f.10⟩ **1** ⟨Med.⟩ *mangelhafte Leistungsfähigkeit eines Organs* **2** ⟨Rechtsw.⟩ *Unfähigkeit, eine Geldforderung voll zu erfüllen* [< lat. *insufficientia* ,,Unzulänglichkeit, Mangelhaftigkeit"]

In|su|la|ner ⟨m.5⟩ *Inselbewohner*

in|su|lar ⟨Adj., o.Steig.⟩ *wie eine Insel, als Insel;* die ~e *Lage des Landes*

In|su|lin ⟨n., -s, nur Sg.⟩ *in der Bauchspeicheldrüse gebildetes Hormon* [< lat. *insula* ,,Insel", nach seiner Entstehungsstelle, den Langerhansschen Inseln]

In|sult ⟨m.1⟩ **1** ⟨Med.⟩ *Anfall; körperlicher* I. **2** *Beleidigung, Beschimpfung* [< mlat. *insultus* ,,Angriff", eigtl. ,,das Springen auf etwas", zu lat. *insilire* ,,auf etwas springen, bespringen"; zu *salire* ,,springen"]

In|sul|ta|ti|on ⟨f., -, nur Sg.; †⟩ *das Insultieren*

in|sul|tie|ren ⟨V.3, hat insultiert; mit Akk.⟩ *beleidigen, beschimpfen* [zu *Insult*]

in sum|ma ⟨†⟩ *insgesamt, im ganzen; macht in* s. *5050.– DM* [lat.]

In|sur|gent ⟨m.10⟩ *jmd., der andere zum Aufstand aufstachelt oder der einen Aufstand anzettelt, Aufständischer, Aufrührer, Aufwiegler* [zu *insurgieren*]

in|sur|gie|ren ⟨V.3, hat insurgiert⟩ **I** ⟨mit Akk.⟩ *zum Aufstand aufwiegeln, aufstacheln* **II** ⟨o.Obj.⟩ *einen Aufstand anzetteln, herbeiführen* [< lat. *insurgere* ,,sich erheben, sich aufrichten, mächtiger werden", < *in* (verstärkend) ,,auf" und *surgere* ,,aufstehen, emporsteigen, wachsen"]

In|sur|rek|ti|on ⟨f.10; †⟩ *Aufstand, Aufruhr* [< lat. *insurrectio*, Gen. *-onis*, ,,politische Erhebung", zu *insurgere* ,,aufstehen", →*insurgieren*]

in sus|pen|so ⟨geh.; †⟩ *in der Schwebe, unentschieden* [lat. ,,im schwebenden, aufgehängten (Zustand)"]

in|sze|na|to|risch ⟨Adj., o.Steig.; nur als Attr. und Adv.⟩ *die Inszenierung betreffend, zur Inszenierung gehörend*

in|sze|nie|ren ⟨V.3, hat inszeniert; mit Akk.⟩ **1** *in Szene setzen, für die Aufführung auf der Bühne gestalten; ein Schauspiel* i. **2** ⟨übertr.⟩ *absichtlich entstehen lassen, hervorrufen, ins Werk setzen; diesen Vorfall hat er doch inszeniert, um zu verhindern, daß ...* [zu *Szene*]

In|sze|nie|rung ⟨f.10⟩ *technische und künstlerische Gestaltung und Aufführung (eines Bühnenwerkes)*

In|ta|glio ⟨[-taljo] n., -s, -glien [-jən]⟩ →*Gemme* [< ital. *intaglio* ,,Steinschneidekunst; geschnittener Stein", zu *intagliare* ,,in Stein schneiden"]

in|takt ⟨Adj., o.Steig.⟩ *unbeschädigt, ganz, heil* [< lat. *intactus* ,,unberührt", zu *tangere* ,,berühren"]

In|tar|sia, **In|tar|sie** ⟨[-sjə] f., -, -si|en⟩ *Einlegearbeit in Holz aus andersfarbigem Holz, aus Elfenbein oder Perlmutt;* Syn. *Marketerie* [zu ital. *tarsia* < arab. *tarṣīʿ* ,,das Einlegen, Einlegearbeit"]

in|tar|sie|ren ⟨V.3, hat intarsiert; mit Akk.⟩ *mit Intarsien verzieren; ein intarsierter Schrank*

in|te|ger ⟨Adj.⟩ *ohne Makel, sauber, redlich, rechtschaffen; ein integrer Charakter* [< lat. *integer* ,,unangetastet, unverletzt, unverdorben, unbefleckt, rein", < *in...* ,,nicht, un..." und über eine nicht belegte Zwischenform zu *tangere* ,,berühren", also eigtl. ,,unberührt"]

in|te|gral ⟨Adj.⟩ *ein Ganzes bildend, vollständig* [< mlat. *integralis* ,,ganz, vollständig", zu lat. *integer*, →*integer*]

In|te|gral ⟨n.1; Zeichen: ∫⟩ *Summe unendlich kleiner Größen* [< *integral*]

In|te|gral|rech|nung ⟨f.10⟩ **1** ⟨nur Sg.⟩ *Rechnen mit Integralen* **2** *die Rechnung selbst*

In|te|gra|ti|on ⟨f.10⟩ **1** *Zusammenschluß, Vereinigung;* Ggs. *Desintegration* **2** ⟨Math.⟩ *Berechnung eines Integrals* **3** *Einbeziehung in ein größeres Ganzes* [< lat. *integratio*, Gen. *-onis*, ,,Wiederherstellung eines Ganzen", zu *integrare* ,,wiederherstellen, erneuern"]

In|te|gra|ti|ons|grad ⟨m., -(e)s, nur Sg.; Elektronik⟩ *Komplexität einer integrierten Schaltung*

In|te|gra|tor ⟨m.13⟩ →*Integriergerät*

in|te|grie|ren ⟨V.3, hat integriert; mit Akk.⟩ **1** *etwas* i. **a** ⟨Math.⟩ *das Integral von etwas berechnen* **b** *zu einem Ganzen vereinigen, zusammenschließen* **2** *jmdn. oder etwas* i. *(in etwas) einfügen, eingliedern; jmdn. oder sich in eine Gemeinschaft* i.*; nach Beendigung seines Studiums hat er sich voll integriert* ⟨ugs.⟩ *hat er sich ganz der herrschenden Gesellschaftsform angepaßt;* vgl. *integriert*

in|te|grie|rend ⟨Adj., o.Steig.⟩ *zum Ganzen notwendig, unerläßlich;* ein ~er *Bestandteil unerläßlicher, unbedingt notwendiger Bestandteil*

In|te|grier|ge|rät ⟨n.1⟩ *Gerät, das aus einer gegebenen Funktion deren Integral bildet;* Syn. *Integrator*

in|te|griert ⟨Adj., o.Steig.⟩ *aus vielen Einzelelementen zusammengesetzt;* ~er *Pflanzenschutz aus vielen Wirkstoffen zusammengesetzte Schädlingsbekämpfung;* ~e *Schaltung aus vielen Halbleiterelementen aufgebaute Schaltung aus einer gemeinsamen Grundplatte*

In|te|gri|tät ⟨f., -, nur Sg.⟩ *Makellosigkeit, Sauberkeit, Redlichkeit, Rechtschaffenheit* [zu *integer*]

In|te|gu|ment ⟨n.1⟩ **1** ⟨bei Mensch und Tier⟩ *äußere Körperbedeckung (Haut, Haare, Federn u.a.)* **2** ⟨bei Blütenpflanzen⟩ *Hülle der Samenanlage* [< lat. *integumentum* ,,Bedeckung, Decke, Hülle", zu *integere* ,,bedecken"]

In|tel|lekt ⟨m.1⟩ *Verstand, Denk-, Erkenntnisfähigkeit* [< lat. *intellectus* ,,das Erkennen, Einsicht, Verstand", zu *intellegere* ,,erkennen, einsehen", →*intelligent*]

In|tel|lek|tua|lis|mus ⟨m., -, nur Sg.⟩ **1** *rein verstandesmäßiges Denken* **2** *Anschauung, die den Intellekt gegenüber den Willens- und Gefühlskräften betont*

in|tel|lek|tu|ell ⟨Adj.⟩ **1** *auf dem Intellekt beruhend;* ~e *Fähigkeiten* **2** *rein verstandesmäßig, betont geistig;* eine ~e *Frau*

In|tel|lek|tu|el|le(r) ⟨m., f.17 oder 18⟩ *Verstandesmensch, Geistesarbeiter, Wissenschaftler*

In|tel|li|gence Ser|vice ⟨[-dʒəns səvis] m., --, nur Sg.⟩ *der britische Geheimdienst* [engl.]

in|tel|li|gent ⟨Adj.⟩ *klug, einsichtig, rasch*

Intelligenz

auffassend, begabt [< lat. *intelligens* „einsichtig, verständig", zu *intellegere* „unterscheidend wahrnehmen, erkennen, verstehen, einsehen"]

In|tel|li|genz ⟨f., -, nur Sg.⟩ **1** Klugheit, Einsichtigkeit, geistige Begabung **2** die I. *die Gesamtheit der Geistesschaffenden*

In|tel|li|gen|bes|tie ⟨f.11; ugs., scherzh.⟩ *jmd., dessen Intelligenz (auf Kosten anderer Qualitäten) bes. stark entwickelt ist*

In|tel|li|genz|ler ⟨m.5; abwertend⟩ *Angehöriger der Intelligenz (2)*

In|tel|li|genz|quo|ti|ent ⟨[-tsjɛnt]⟩ m.10; Abk.: IQ⟩ *Zahl, die das Verhältnis zwischen Intelligenzgrad und Lebensalter ausdrückt*

in|tel|li|gi|bel ⟨Adj., o.Steig.⟩ *nur gedanklich, geistig erfaßbar, nicht sinnlich wahrnehmbar*

In|ten|dant ⟨m.10⟩ **1** ⟨im absolutist. Frankreich⟩ *hoher Beamter* **2** ⟨bis 1945⟩ *militärischer Verwaltungsbeamter* **3** ⟨heute⟩ *Leiter eines Theaters, einer Rundfunk- oder Fernsehanstalt* [zu *intendieren*]

In|ten|dan|tur ⟨f.10⟩ **1** ⟨bis 1945⟩ *militärische Verwaltungsbehörde* **2** ⟨Theater, Funk, Fernsehen⟩ *Amt eines Intendanten (3)*

In|ten|danz ⟨f.10⟩ *Amt und Verwaltungsräume eines Intendanten, Leitung eines Theaters, Rundfunk- oder Fernsehsenders*

in|ten|die|ren ⟨V.3, hat intendiert; mit Akk.⟩ *beabsichtigen, planen*, Syn. *intentionieren* [< lat. *intendere* „einen Weg einschlagen, sich in eine Richtung wenden", < *in* „nach hin" und *tendere* „(nach etwas) streben"]

In|ten|si|me|ter ⟨n.5⟩ *Gerät zum Messen der Stärke einer Einwirkung (bes. von Röntgenstrahlen)* [< *Intensität* und ...*meter*]

In|ten|si|on ⟨f.10⟩ **1** *Anspannung (der inneren Kräfte)* **2** ⟨Logik⟩ *Sinn (eines Begriffes, einer Aussage)* [< lat. *intensio*, Gen. -*onis*, „Spannung"]

In|ten|si|tät ⟨f., -, nur Sg.⟩ *auch:* Intensivität **1** *Anspannung, gespannte Kraft* **2** *Eindringlichkeit, große Wirksamkeit* **3** *Stärke, Größe, Grad (einer Wirkkraft)* **4** *Tiefe, Leuchtkraft, Sattheit (von Farben)*

in|ten|siv ⟨Adj.⟩ **1** *angespannt, angestrengt; i. nachdenken, arbeiten* **2** *stark, eindringlich; ein ~er Geruch, Geschmack* **3** *tief, satt, leuchtkräftig; ~e Farben* [< lat. *intensus* „heftig, stark, gespannt, aufmerksam", zu *intendere* „nach etwas streben, sich bemühen, (an ein Ziel) zu gelangen suchen"]

in|ten|si|vie|ren ⟨V.3, hat intensiviert; mit Akk.⟩ *intensiver machen, steigern, verstärken, erhöhen; Absichten, Bemühungen i.* **In|ten|si|vie|rung** ⟨f., -, nur Sg.⟩ → *Intensität*

In|ten|siv|kurs ⟨m.1⟩ *Lehrgang, bei dem in kurzer Zeit durch intensiven Unterricht Kenntnisse vermittelt werden; einen I. in Chinesisch besuchen*

In|ten|siv|sta|ti|on ⟨f.10⟩ *Abteilung eines Krankenhauses, in der lebensgefährlich Erkrankte durch umfassende instrumentelle Therapie behandelt und ständig ärztlich überwacht werden, wobei lebensnotwendige Funktionen durch elektrische Geräte übernommen werden können*

In|ten|si|vum ⟨n., -s, -va⟩ *die Verstärkung einer Tätigkeit ausdrückendes Verb, z.B.* „schnitzen" zu „schneiden", „nicken" zu „neigen"

In|ten|ti|on ⟨f.10⟩ *Absicht, Bestrebung, Plan* [< lat. *intentio*, Gen. -*onis*, „das Gerichtetsein auf etwas, Absicht, Vorhaben", zu *intendere* „nach etwas streben"]

in|ten|ti|o|nal ⟨Adj., o.Steig.⟩ *zweckbestimmt, zielgerichtet*; Syn. *intentionell* [zu *Intention*]

In|ten|ti|o|na|lis|mus ⟨m., nur Sg.⟩ *Anschauung, daß jede Handlung nur nach ihrer Absicht, nicht nach ihrer Wirkung zu beurteilen sei*

In|ten|ti|o|na|li|tät ⟨f., -, nur Sg.⟩ *Zielstrebigkeit, Zielgerichtetheit*

in|ten|ti|o|nell ⟨Adj., o.Steig.⟩ → *intentional*

in|ten|ti|o|nie|ren ⟨V.3, hat intentioniert; mit Akk.⟩ → *intendieren* [zu *Intention*]

inter..., Inter... ⟨in Zus.⟩ *zwischen..., Zwischen...* [< lat. *inter* „zwischen".]

in|ter|a|gie|ren ⟨V.3, hat interagiert; o.Obj.⟩ *wechselweise handeln, wechselweise vorgehen*

In|ter|ak|ti|on ⟨f.10⟩ *wechselweise Handlung, wechselweises Vorgehen (von miteinander in Beziehung stehenden Personen)*

in|ter|al|li|iert ⟨Adj., o.Steig.⟩ *mehrere Verbündete betreffend, mehreren Verbündeten gehörig, aus mehreren Verbündeten bestehend; ~e Streitkräfte*

In|ter|ci|ty-Zug ⟨[-sɪ-]⟩ m.2; Abk.: IC⟩ *D-Zug im Schnellverkehr zwischen großen Städten* [< engl. *inter* „zwischen" und *city* „Großstadt"]

In|ter|den|tal ⟨m.1⟩, **In|ter|den|tal|laut** ⟨m.1⟩ *zwischen den Schneidezähnen gebildeter Laut, z.B. engl.* th

In|ter|de|pen|dent ⟨Adj., o.Steig.⟩ *voneinander abhängig*

In|ter|de|pen|denz ⟨f., -, nur Sg.⟩ *Abhängigkeit voneinander*

In|ter|dikt ⟨n.1⟩ *Kirchenstrafe, Verbot gottesdienstlicher Handlungen* [< lat. *interdictum* „Verbot, Schiedsspruch", zu *interdicere* „verbieten, entscheiden", < *inter* „zwischen" und *dicere* „sprechen"]

In|ter|dik|ti|on ⟨f.10⟩ **1** *Verbot* **2** *Entmündigung*

in|ter|dis|zi|pli|när ⟨Adj., o.Steig.⟩ *mehrere Disziplinen (2) umfassend oder betreffend*

in|ter|es|sant ⟨Adj., o.Steig.⟩ **1** *fesselnd, anziehend; eine ~e Frau; ein ~es Gesicht* **2** *fesselnd, lehrreich, aufschlußreich, Aufmerksamkeit weckend; ein ~es Buch; eine ~e Reise; er kann i. erzählen; er will sich i. machen er will die Aufmerksamkeit auf sich ziehen* **3** *vorteilhaft, erfolgversprechend; dieses Angebot ist für mich nicht i.* [< frz. *intéressant* „wichtig, anziehend, Teilnahme weckend", zu *Interesse*]

In|ter|es|se ⟨n.14⟩ **1** ⟨nur Sg.⟩ *Aufmerksamkeit, Beachtung; jmds. I. erregen, wecken* **2** *Neigung, Vorliebe; I. für etwas haben; geistige, künstlerische ~n; gemeinsame ~n haben* **3** *Vorteil, Nutzen; jmds. seine ~n vertreten; das geschieht nur in seinem I.* **4** *Wichtigkeit; das hat für mich nicht von I.; das ist für mich von großem I.* **5** *Neigung, etwas zu kaufen; haben Sie I. für dieses Bild?* **6** *Absicht, Einflußbereich; die beiderseitigen ~n abgrenzen; wirtschaftliche, politische ~n* [eigtl. „das Dabeisein", < lat. *interesse* „dabei-, dazwischen sein, teilnehmen", < *inter* „dazwischen" und *esse* „sein"]

in|ter|es|se|hal|ber ⟨Adv.⟩ *aus Interesse; i. etwas anschauen, fragen*

In|ter|es|sen|ge|mein|schaft ⟨f.10; Abk.: IG⟩ *Zusammenschluß zur Wahrung gemeinsamer Interessen (bes. von Wirtschaftsunternehmen)*

In|ter|es|sent ⟨m.10⟩ *jmd., der sich für etwas interessiert, Bewerber, Kauflustiger*

in|ter|es|sie|ren ⟨V.3, hat interessiert⟩ I ⟨mit Akk.⟩ **1** *jmdn. i. jmds. Interesse wecken, jmds. Interessen, Neigungen entsprechen; dieser Fall, dieses Theaterstück, dieser Mensch interessiert mich; moderne Kunst interessiert mich sehr; interessiert es Sie, wenn ich Ihnen sage, daß...* **2** *jmdn. für etwas i. jmds. Interesse für etwas wecken; ich werde versuchen, ihn für unseren Plan zu i.; ich kann ihn dafür nicht i.* ⟨refl.⟩ **1** *sich für etwas i. Interesse für etwas haben; sich für alte Musik, Autos, Hunde i.; ich interessiere mich für dieses Haus ich möchte dieses Haus eventuell kaufen* **2** *sich für jmdn. i. jmdn. gern kennenlernen wollen; vgl. interessiert*

in|ter|es|siert ⟨Adj., o.Steig.⟩ *voller Interesse; sich i. jmdm. zuwenden; „...?" fragte er i.; an etwas i. sein für etwas Interesse haben, etwas wünschen, gern haben, tun wollen; ich bin daran i., daß das möglichst bald geschieht; sind Sie an dem Bild noch i.? wollen Sie das Bild noch kaufen?; wären Sie an so einer Arbeit i.?*

In|ter|fe|renz ⟨f.10⟩ **1** *Überlagerung zusammentreffender Schwingungen aus derselben Quelle, wobei sich Schwingungsbäuche (Verstärkungen) und -täler (Abschwächungen) ergeben* **2** *Beeinflussung eines biologischen Vorgangs durch einen anderen* [< lat. *inter* „dazwischen" und *ferre* „tragen"]

in|ter|fe|rie|ren ⟨V.3, hat interferiert; o.Obj.⟩ **1** *einander überlagern, aufeinander einwirken; kohärente Wellen i.* **2** *einander überschneiden; ~de Interessen*

In|ter|fe|ro|me|ter ⟨n.5⟩ *Gerät zum Messen von Wellenlängen (u.a. von sehr kleinen astronomischen Winkelabständen zur Prüfung von Endmaßen (u.a. mittels Interferenz des Lichts)* [< *interferieren* und ...*meter*]

In|ter|fe|ron ⟨n.1⟩ *zur Abwehr von Virenfall gebildetes Zelleiweiß* [< lat. *interferre* „dazwischentragen"]

in|ter|fo|li|ie|ren ⟨V.3, hat interfoliiert; mit Akk.; †⟩ → *durchschießen (2)* [zu *Folie*, *Folio*]

in|ter|frak|ti|o|nell ⟨Adj., o.Steig.⟩ *mehrere (Partei-)Fraktionen betreffend, ihnen gemeinsam*

in|ter|ga|lak|tisch ⟨Adj., o.Steig.⟩ *zwischen mehreren Galaxien (befindlich)*

In|ter|gla|zi|al ⟨Adj., o.Steig.⟩ *ein Interglazial betreffend, zu ihm gehörig, aus ihm stammend*

In|ter|gla|zi|al ⟨n.1⟩ *wärmere Zeit zwischen zwei Eiszeiten*; Syn. *Warmzeit*

In|te|ri|eur ⟨[ɛ̃teriœːr]⟩ n.9 oder n.1⟩ **1** *Inneres, Innenraum* **2** *Ausstattung eines Innenraumes* **3** ⟨Mal.⟩ *Darstellung eines Innenraumes* [< frz. *intérieur* „innerlich, das Innere"; zu lat. *inter* „in der Mitte"]

In|te|rim ⟨n.9⟩ *Zwischenzeit, Zwischenlösung, vorläufiger Zustand* [lat., „unterdessen, inzwischen"]

in|te|ri|mis|tisch ⟨Adj., o.Steig.⟩ *einstweilig, vorläufig; eine ~e Regelung*

In|te|rims|lö|sung ⟨f.10⟩ *vorläufige Lösung*

In|te|rims|re|gie|rung ⟨f.10⟩ *Übergangsregierung, vorläufige Regierung*

In|te|rims|schein ⟨m.1⟩ *Anteilschein am Grundkapital einer AG, der bis zur Ausgabe der eigentlichen Aktienurkunde gilt*

In|ter|jek|ti|on ⟨f.10⟩ *Äußerung (Wort oder Laut), die ein Gefühl ausdrückt, z.B. ach!, oh!, ih!;* Syn. *Empfindungswort* [< lat. *interiectio*, Gen. -*onis*, in ders. Bed., eigtl. „Einschaltung, Zwischensatz", zu *intericere* „dazwischenwerfen", < *inter* „dazwischen" und *iacere* „werfen"]

in|ter|ka|lar ⟨Adj., o.Steig.⟩ *eingeschoben (von Schaltjahren)* [< lat. *intercalarius* „eingeschaltet", zu *intercalare* „bekanntmachen, ausrufen, daß etwas eingeschaltet worden sei"]

In|ter|ka|lar|früch|te, **In|ter|ka|la|ri|en** ⟨nur Pl.; kath. Kirche; †⟩ *Ertrag einer augenblicklich nicht besetzten Kirchenpfründe* [Lehnübersetzung von lat. *fructus intercalares* „Früchte (=Einkünfte)" aus einer Zeit, die eingeschaltet worden ist", → *interkalar*]

in|ter|kan|to|nal ⟨Adj., o.Steig.; schweiz.⟩ *mehrere Kantone betreffend, mehreren Kantonen gemeinsam*

In|ter|ko|lum|nie ⟨[-niə]⟩ f.11⟩, **In|ter|ko|lum|ni|um** ⟨n., -s, -ni|en⟩ *Abstand zwischen zwei Säulen* [< *inter*... und lat. *columna* „Säule"]

in|ter|kom|mu|nal ⟨Adj., o.Steig.⟩ *mehrere Städte betreffend, mehreren Städten gemeinsam* [< *inter*... und *Kommune*]

in|ter|kon|fes|si|o|nell ⟨Adj., o.Steig.⟩ *meh-*

rere Konfessionen betreffend, ihnen gemeinsam

in|ter|kon|ti|nen|tal ⟨Adj., o.Steig.⟩ mehrere Kontinente betreffend, sie verbindend, zwischen ihnen bestehend

In|ter|kon|ti|nen|tal|ra|ke|te ⟨f.11⟩ Rakete, mit der ein anderer Kontinent beschossen werden kann

in|ter|ko|stal ⟨Adj., o.Steig.⟩ zwischen den Rippen (liegend) [< lat. *inter* „zwischen" und *costa* „Rippe"]

in|ter|kru|stal ⟨Adj., o.Steig.⟩ in der Erdkruste (liegend oder gebildet) [< lat. *inter* „dazwischen" und *crusta* „Kruste"]

in|ter|kur|rent ⟨Adj., o.Steig.⟩ hinzutretend, hinzukommend; ~e Krankheit zu einer bereits vorhandenen Krankheit hinzukommende Krankheit [< lat. *intercurrens* „dazwischenlaufend", < *inter* „dazwischen" und *currere* „laufen"]

in|ter|li|ne|ar ⟨Adj., o.Steig.⟩ zwischen den Zeilen, zwischen die Zeilen (geschrieben) [< lat. *inter* „zwischen" und *linea* „Linie"]

In|ter|li|ne|ar|glos|se ⟨f.11⟩ in alten Handschriften zwischen die Zeilen geschriebene Erklärung

In|ter|li|ne|ar|über|set|zung ⟨f.10⟩, **In|ter|li|ne|ar|ver|si|on** ⟨f.11⟩ wörtliche Übersetzung (die in alten Handschriften zwischen die Zeilen des Textes geschrieben wurde)

In|ter|lin|gu|is|tik ⟨f., -, nur Sg.⟩ Wissenschaft von den Welthilfssprachen

In|ter|lock|wa|re ⟨f.11⟩ feine, rundgestrickte Wirkware für Unterwäsche [< engl. *to interlock* „ineinandergreifen, verschränken"]

In|ter|lu|di|um ⟨n., -s, -di|en⟩ Zwischenspiel (in der Fuge, im Ballett, zwischen zwei Choralstrophen u.a.) [< lat. *inter* „dazwischen" und *ludus* „Spiel"]

In|ter|lu|ni|um ⟨n., -s, -ni|en⟩ Zeit des Neumondes [lat., < *inter* „zwischen" und *luna* „Mond"]

In|ter|ma|xil|lar|kno|chen ⟨m.7⟩ → *Zwischenkieferknochen* [< lat. *inter* „zwischen" und *maxillar*]

in|ter|me|di|är ⟨Adj., o.Steig.⟩ zwischen zwei Dingen befindlich, Zwischen... [< frz. *intermédiaire* „Zwischen..., Mittel..., Mittelglied", zu *intermède* „Zwischenspiel", < lat. *intermedius* „zwischen etwas befindlich, der mittlere"]

In|ter|mez|zo ⟨n., -s, -s oder -zi⟩ **1** ⟨17./18.Jh.⟩ heiteres Zwischenspiel (in Drama und Oper) **2** kurzes, heiteres Musikstück **3** ⟨umg.⟩ erheiternder Zwischenfall [< ital. *intermezzo*, lat. *intermechio* „Zwischenspiel", < lat. *intermedius* „dazwischen befindlich"]

in|ter|mi|nis|te|ri|ell ⟨Adj., o.Steig.⟩ mehrere Ministerien betreffend, zwischen mehreren Ministerien stattfindend

In|ter|mis|si|on ⟨f.10⟩ zeitweiliges Verschwinden von Krankheitserscheinungen [zu *intermittierend*]

in|ter|mit|tie|rend ⟨Adj., o.Steig.⟩ zeitweilig aussetzend und wiederkehrend; ~e Krankheit; ~e Quelle Quelle, die zeitweilig kein Wasser führt [< lat. *intermittere* „eine Zeit aussetzen, unterbrechen, eine Zeit vorbeigehen, verstreichen lassen"]

in|ter|mo|le|ku|lar ⟨Adj., o.Steig.⟩ zwischen den Molekülen (liegend oder stattfindend)

in|tern ⟨Adj., o.Steig.⟩ **1** im Innern befindlich, innerlich **2** innerhalb einer Gemeinschaft bestehend, stattfindend, nicht für Außenstehende bestimmt; eine ~e Angelegenheit, Feier **3** in einem Internat wohnend; Ggs. *extern* [< lat. *internus* „im Innern befindlich, der innere, einheimisch"]

In|ter|na ⟨Pl. von⟩ *Internum*

in|ter|na|li|sie|ren ⟨V.3, hat internalisiert; mit Akk.⟩ **1** in sich aufnehmen, für sich selbst als gültig annehmen, sich zu eigen machen; die Verhaltensweisen der Eltern i. **2** in sein Inneres aufnehmen, in sein Inneres verlagern; einen Konflikt i. [über spätlat. *internalis* < lat. *internus* „im Innern, inwendig"]

In|ter|nat ⟨n.1⟩ Lehranstalt, in der die Schüler(innen) auch wohnen und verköstigt werden; Ggs. *Externat*

in|ter|na|tio|nal ⟨Adj., o.Steig.⟩ mehrere oder alle Staaten bzw. Völker betreffend, zwischen ihnen bestehend, überstaatlich, nicht national begrenzt

In|ter|na|tio|na|le ⟨f.11⟩ **1** ⟨Kurzw. für⟩ *Internationale Arbeiterassoziation:* internationale Vereinigung sozialistischer Parteien **2** ⟨nur Sg.⟩ internationales Kampflied der sozialistischen Arbeiterbewegung

in|ter|na|tio|na|li|sie|ren ⟨V.3, hat internationalisiert; mit Akk.⟩ den Angehörigen aller Staaten zugänglich machen

In|ter|na|tio|na|li|sie|rung ⟨f., -, nur Sg.⟩ das Internationalisieren, das Internationalisiertwerden

In|ter|na|tio|na|lis|mus ⟨m., -, -men⟩ **1** ⟨nur Sg.⟩ Streben nach internationalem Zusammenschluß **2** in allen Sprachen gebräuchliches und verständliches Wort, z.B. *Radio, stop*

In|ter|na|tio|na|li|tät ⟨f., -, nur Sg.⟩ Überstaatlichkeit

In|ter|ne(r) ⟨m., f.17 oder 18⟩ in einem Internat wohnende(r) Schüler(in)

in|ter|nie|ren ⟨V.3, hat interniert; mit Akk.⟩ **1** in staatlichen Gewahrsam nehmen, in der Freiheit beschränken; während des Krieges werden Zivilpersonen eines feindlichen Staates interniert **2** ⟨auch⟩ isolieren; Kranke i.

In|ter|nie|rung ⟨f., -, nur Sg.⟩ das Internieren, das Interniertwerden, das Interniertsein; während meiner I.

In|ter|nist ⟨m.10⟩ Facharzt für innere Krankheiten [zu *intern*]

In|ter|no|di|um ⟨n., -s, -di|en⟩ Abschnitt des Stengels zwischen zwei Blattansatzstellen (Knoten) [< lat. *inter* „zwischen" und *nodus* „Knoten"]

In|ter|num ⟨n., -s, -na⟩ nur eine Gemeinschaft angehende, nicht für Außenstehende bestimmte Angelegenheit [lat., „das innen Befindliche"]

in|ter|ozea|nisch ⟨Adj., o.Steig.⟩ mehrere Ozeane betreffend, sie verbindend

in|ter|par|la|men|ta|risch ⟨Adj., o.Steig.⟩ die Parlamente mehrerer Staaten betreffend, sie verbindend

In|ter|pel|lant ⟨m.10⟩ jmd., der eine Interpellation (1) einbringt

In|ter|pel|la|ti|on ⟨f.10⟩ **1** Anfrage (im Parlament an die Regierung) **2** ⟨†⟩ Einspruch, Mahnung (eines Gläubigers) **3** ⟨†⟩ Unterbrechung, Zwischenrede [zu *interpellieren*]

in|ter|pel|lie|ren ⟨V.3, hat interpelliert⟩ **I** ⟨o.Obj.⟩ eine Interpellation (1) einbringen, anfragen **II** ⟨mit Akk.⟩ **i.** jmdn. **i.** jmdn. unterbrechen, jmdm. ins Wort fallen [< lat. *interpellare* „unterbrechen, Einspruch erheben", < *inter* „dazwischen" und *pellere* „schlagen, stoßen"]

in|ter|pla|ne|tar, **in|ter|pla|ne|ta|risch** ⟨Adj., o.Steig.⟩ zwischen den Planeten (befindlich)

In|ter|pol ⟨f., -, nur Sg.; Kurzw. für⟩ *Internationale Kriminalpolizeiliche Kommission* (eine von den nationalen Polizeibehörden eingerichtete internationale Organisation zur Verfolgung aller Verbrechen, die den nationalen Rahmen überschreiten)

In|ter|po|la|ti|on ⟨f.10; Math.⟩ Schluß von zwei bekannten Funktionswerten auf Zwischenwerte; Ggs. *Extrapolation*

in|ter|po|lie|ren ⟨V.3, hat interpoliert⟩ **I** ⟨o.Obj.; Math.⟩ einen Zwischenwert feststellen, errechnen **II** ⟨mit Akk.⟩ etwas i. nachträglich verändern, nachträglich Wörter in etwas einfügen; einen Text i. [< lat. *interpolare* „glätten, zurichten, verändern"]

In|ter|pret ⟨m.10⟩ **1** Erklärer, Ausleger, Deuter (von Texten) **2** Künstler, der durch Wiedergabe eines Musikwerkes dieses zugleich ausdeutet [< lat. *interpres*, Gen. *-etis*, „Ausdeuter, Erklärer", zu *interpretieren*]

In|ter|pre|ta|ti|on ⟨f.10⟩ Erklärung, Ausdeutung [zu *interpretieren*]

in|ter|pre|ta|tiv, in|ter|pre|ta|to|risch ⟨Adj., o.Steig.⟩ in der Art einer Interpretation, erklärend, deutend

in|ter|pre|tie|ren ⟨V.3, hat interpretiert; mit Akk.⟩ (entsprechend der Meinung, der Absicht des Verfassers, Komponisten, Malers usw.) erklären, deuten, ausdeuten; einen schwierigen Text i.; wie soll ich diese Äußerung i.?; ich interpretiere das anders [< lat. *interpretari* in ders. Bed., eigtl. „den Vermittler machen", zu *interpres*, Gen. *-etis*, „Vermittler, Ausleger, Erklärer", weitere Herkunft nicht bekannt]

in|ter|pun|gie|ren, in|ter|punk|tie|ren ⟨V.3, hat interpungiert, interpunktiert; mit Akk.⟩ mit Satzzeichen versehen [< lat. *interpungere* „zwei Wörter durch Punkt trennen", < *inter* „dazwischen" und *punctum* „Punkt, Stich"]

In|ter|punk|ti|on ⟨f.10⟩ Anwendung von Satzzeichen, Zeichensetzung [< lat. *interpunctio*, Gen. *-onis*, „Trennung der Wörter durch Punkte", zu *interpungere*, → *interpungieren*]

In|ter|punk|ti|ons|zei|chen ⟨n.7⟩ Satzzeichen, z.B. Punkt, Komma

In|ter|re|gnum ⟨n., -s, -gnen⟩ **1** vorläufige Regierung **2** Zeitabschnitt ohne Regierung [lat., < *inter* „zwischen" und *regnum* „Königsherrschaft, Herrschaft", zu *rex*, Gen. *regis*, „König, Herrscher"]

In|ter|ro|ga|tiv|ad|verb ⟨n., -s, -bi|en⟩ fragendes Umstandswort, z.B. *wie lange, warum, wohin*

In|ter|ro|ga|tiv|pro|no|men ⟨n., -s, - oder -mi|na⟩ → *Fragefürwort* [< lat. *interrogativus* „fragend", zu *interrogare* „fragen, befragen", < *inter* (verstärkend) und *rogare* „fragen"]

In|ter|ro|ga|tiv|satz ⟨m.2⟩ Fragesatz

In|ter|rup|tio ⟨f., -, -tio|nes⟩, **In|ter|rup|ti|on** ⟨f.10⟩ Schwangerschaftsabbruch [< lat. *interruptio*, Gen. *-onis*, „Unterbrechung"]

In|ter|sex ⟨n.1; Biol.⟩ geschlechtliche Zwischenform mit Intersexualität

In|ter|se|xua|li|tät ⟨f., -, nur Sg.⟩ Auftreten von Geschlechtsmerkmalen an einem Lebewesen, die eigentlich dem anderen Geschlecht zukommen

in|ter|se|xu|ell ⟨Adj., o.Steig.⟩ eine geschlechtliche Zwischenform bildend, Intersexualität aufweisend

In|ter|shop ⟨[-ʃɔp] m.9; DDR⟩ Geschäft, in dem Waren gegen harte Währung verkauft werden [< *international* und engl. *shop* „Laden"]

In|ter|sta|di|al ⟨n.1⟩ verhältnismäßig kurze Wärmezeit zwischen zwei kälteren Zeiten innerhalb einer Eiszeit

in|ter|stel|lar ⟨Adj., o.Steig.⟩ zwischen den Fixsternen (befindlich); ~e Materie [< lat. *inter* „zwischen" und *stellaris* „zu den Sternen gehörig", zu *stella* „Stern"]

in|ter|sti|ti|ell ⟨[-tsjel] Adj., o.Steig.⟩ in Zwischenräumen befindlich; ~es Gewebe; ~e Gewebsflüssigkeit [zu *Interstitium*]

In|ter|sti|ti|um ⟨[-tsjum] n., -s, -ti|en [-tsjən]⟩ **1** Zwischenraum (zwischen Organen) **2** ⟨kath. Kirche⟩ vorgeschriebener zeitlicher Abstand zwischen dem Empfang zweier geistlicher Weihen [lat., „Zwischenraum", zu *intersistere* „innehalten, mittendrin absetzen"]

in|ter|sub|jek|tiv ⟨Adj., o.Steig.⟩ zwei oder mehreren Einzelwesen gemeinsam, sie umfassend

in|ter|ter|ri|to|ri|al ⟨Adj., o.Steig.⟩ zwischen zwei oder mehreren Staaten bestehend, zwischenstaatlich; ~es Abkommen

In|ter|tri|go ⟨f., -, -gi|nes [-neːs]⟩ → *Hautwolf* [lat., „wundgeriebene Stelle", < *inter* „zwischen" und *terere* „reiben"]

In|ter|type ⟨[-taip] f.9; Wz.⟩ eine der Linotype ähnliche Zeilengußsetzmaschine [engl., < lat. *inter* „zwischen" und engl. *type* „Druckbuchstabe"]

In|ter|type-Fo|to|set|ter ⟨[-taip] m.5; Wz.⟩ eine Setzmaschine, bei der die Schriftzeichen auf einen Film projiziert und dann für den Druckvorgang reproduziert werden, Lichtsetzmaschine [< *Intertype* und engl. *to photoset* „durch Lichtsatz herstellen"]

in|ter|ur|ban ⟨Adj., o.Steig.; †⟩ zwischen mehreren Städten befindlich, ihnen gemeinsam, Überland...

In|ter|vall ⟨n.1⟩ **1** Zwischenzeit, Pause, Lücke **2** (Math.) Strecke zwischen zwei Punkten einer Skala, Teilmenge, Zahlenbereich **3** (Mus.) Abstand zwischen zwei Tönen **4** (Med.) **a** symptom- oder schmerzfreie Zeit im Verlauf einer Krankheit **b** Zeit zwischen zwei Menstruationen [< lat. *intervallum* „Zwischenraum", < *inter* „zwischen" und *vallum* „Wall, Pfahl"]

In|ter|vall|trai|ning ⟨n.9⟩ Form des Trainings, bei der zwischen Belastung und Entspannung gewechselt wird

In|ter|ve|ni|ent ⟨m.10⟩ jmd., der interveniert (bes. bei Rechtsstreitigkeiten)

in|ter|ve|nie|ren ⟨V.3, hat interveniert; o.Obj.⟩ dazwischentreten, (vermittelnd) eingreifen, sich einmischen [< lat. *intervenire* „dazwischentreten", < *inter* „dazwischen" und *venire* „kommen"]

In|ter|ven|ti|on ⟨f.10⟩ Dazwischentreten, (vermittelndes) Eingreifen, Einmischung

In|ter|ven|tio|nis|mus ⟨m., -, nur Sg.⟩ wirtschaftspolitisches System, das staatliche Eingriffe in die Marktwirtschaft vorsieht, um die Produktivität zu steigern

In|ter|ven|ti|ons|kla|ge ⟨f.11⟩ Widerspruchsklage (gegen Zahlungsbefehle u.ä.)

in|ter|ven|tiv ⟨Adj., o.Steig.⟩ in der Art einer Intervention, eingreifend, vermittelnd

In|ter|view ⟨[-vju] n.9⟩ Befragung vor allem bekannter Persönlichkeiten durch Reporter [engl. *interview* in ders. Bed. sowie „Zusammenkunft, Besprechung", < *inter* ..., „gegen-, wechselseitig" (< lat. *inter* „dazwischen") und *view* „Meinung, Auffassung, Standpunkt", dazu *to view* „betrachten, ansehen"]

in|ter|view|en ⟨[-vjuən] V.3, hat interviewt; mit Akk.⟩ **1** in einem Interview befragen; einen Politiker, Künstler i. **2** ⟨ugs., scherzh.⟩ fragen, ausfragen; ich werde ihn einmal i., was er darüber denkt, ob er Lust dazu hat

In|ter|view|er ⟨[-vjuər] m.5⟩ jmd., der einen anderen interviewt

In|ter|vi|si|on ⟨f., -, nur Sg.⟩ Organisation osteuropäischer Staaten zum Austausch und zur gemeinsamen Übertragung von Fernsehprogrammen [< *international* und *Television*]

in|ter|ze|die|ren ⟨V.3, hat interzediert; o.Obj.⟩ **1** (für einen Schuldner) einspringen, eintreten, eine Schuld übernehmen, sich verbürgen **2** vermitteln [< lat. *intercedere* „dazwischentreten", < *inter* „dazwischen" und *cedere* „gehen"]

in|ter|zel|lu|lar, **in|ter|zel|lu|lär** ⟨Adj., o.Steig.⟩ zwischen den Zellen (gelegen)

In|ter|zes|si|on ⟨f.10; Rechtsw.⟩ Schuldübernahme [zu *interzedieren*]

in|ter|zo|nal ⟨Adj., o.Steig.⟩ zwischen den Zonen, mehrere Zonen betreffend

In|ter|zo|nen|ver|kehr ⟨m., -s, nur Sg.; früher⟩ Verkehr zwischen den beiden deutschen Staaten

in|te|sta|bel ⟨auch [-sta-] Adj., o.Steig.⟩ rechtlich unfähig, ein Testament zu machen oder als Zeuge vor Gericht aufzutreten [< lat. *in...* „nicht" und *testabilis* „berechtigt, ein Zeugnis abzulegen", zu *testari* „bezeugen", zu *testis* „Zeuge"]

In|te|stat|er|be ⟨m.11⟩ gesetzlicher Erbe eines Erblassers, der kein Testament hinterlassen hat [< lat. *intestatus* „der vor seinem Tode kein Testament gemacht hat", < *in...* „nicht" und *testari* „ein Testament machen"]

in|te|sti|nal ⟨Adj., o.Steig.⟩ zum Intestinum gehörend

In|te|sti|num ⟨n., -s, -nen oder -na⟩ Darm, Eingeweide [lat., eigtl. „das Innere", zu *internus* „im Innern befindlich"]

In|thro|ni|sa|ti|on ⟨f.10⟩ das Inthronisieren, das Inthronisiertwerden

in|thro|ni|sie|ren ⟨V.3, hat inthronisiert; mit Akk.⟩ **1** auf den Thron erheben **2** (feierlich) in ein Amt einsetzen; einen Bischof i.

in|tim ⟨Adj.⟩ **1** vertraut, innig, eng; eine ~e Freundschaft; sie sind miteinander sehr i. **2** den sexuellen Bereich betreffend, berührend; ~e Beziehungen Geschlechtsverkehr; mit jmdm. i. werden *mit jmdm. Geschlechtsverkehr beginnen* **3** ganz persönlich, nicht für andere bestimmt; ~e Wünsche, Geheimnisse **4** sehr genau; ~e Kenntnisse auf einem Gebiet besitzen **5** gemütlich, heimelig, anheimelnd; ein ~er Raum; eine ~e Atmosphäre [< lat. *intimus* „der geheimste, vertrauteste", Superlativ zu *interus* „innen befindlich, geheim"]

In|ti|ma ⟨f., -, nur Sg.⟩ **1** (Biol.) innerste Haut der Gefäße **2** (†; noch scherzh.) enge, vertraute Freundin

In|ti|mi|tät ⟨f.10⟩ **1** (nur Sg.) Vertrautheit, Gemütlichkeit **2** Vertrautheit, vertrauliche Beziehung; es kam zu ~en zwischen ihnen *sie hatten Geschlechtsverkehr*; ich möchte keine ~en in bezug auf mein vertrauliches Verhalten, keine vertraulichen Annäherungsversuche

In|tim|sphä|re ⟨f.11⟩ Bereich des persönlichen Lebens, bes. des Geschlechtslebens

In|tim|spray ⟨[-sprei] n.9 oder m.9⟩ geruchsbindendes Spray für die äußeren weiblichen Geschlechtsteile

In|ti|mus ⟨m., -, -mi⟩ enger Freund

In|tim|ver|kehr ⟨m., -s, nur Sg.; geh.⟩ Geschlechtsverkehr

In|tim|zo|ne ⟨f.11⟩ Bereich der menschlichen Geschlechtsorgane

in|to|le|ra|bel ⟨Adj.⟩ unerträglich, unduldbar; Ggs. *tolerabel* [zu *tolerieren*]

in|to|le|rant ⟨Adj.⟩ unduldsam (gegenüber anderen Meinungen oder Verhaltensweisen); Ggs. *tolerant* [zu *tolerieren*]

In|to|le|ranz ⟨f., -, nur Sg.⟩ Unduldsamkeit, Ggs. *Toleranz*

In|to|na|ti|on ⟨f.10⟩ **1** Tonansatz beim Sprechen von Vokalen, Tongebung, Veränderung der Tonhöhe und -stärke beim Sprechen, Satzmelodie **2** Tonansatz, Treffen der Tonhöhe beim Singen oder Spielen eines Instruments **3** (Gregorianik) die ersten, vom Priester gesungenen Worte im liturgischen Gesang **4** Ein- oder Nachstimmen der Orgelpfeifen **5** präludierende Einleitung (eines Musikstücks), kurzes Orgelvorspiel [zu *intonieren*]

in|to|nie|ren ⟨V.3, hat intoniert; **I** (o.Obj.) beim Sprechen, Singen, Spielen den Ton ansetzen; hart, weich i.; ungenau i. *den Ton nicht genau treffen* **II** (mit Akk.) **1** anstimmen, zu singen beginnen; ein Lied i. **2** stimmen, nachstimmen; ein Instrument i. **3** präludierend einleiten; ein Musikstück i. [< mlat. *intonare* „anstimmen, zu singen beginnen", < lat. *intonare* „donnernd tönen, erdröhnen", zu *tonus* „Donner, Ton"]

in to|to im ganzen; etwas in t. ablehnen, annehmen [lat.]

In|tou|rist ⟨[-tu-] m., -, nur Sg.; meist ohne Art.⟩ staatliches Reisebüro der Sowjetunion

In|to|xi|ka|ti|on ⟨f.10⟩ → *Toxikose* [< mlat. *intoxicatio*, Gen. *-onis*, „Vergiftung"]

in|tra..., In|tra... ⟨in Zus.⟩ innen, innerhalb, einwärts [lat.]

In|tra|da ⟨f., -, -den⟩, **In|tra|de** ⟨f.11; bes. in der Suite⟩ feierliches Einleitungs-, Eröffnungsstück; auch: *Entrada* [< span. *entrada* „Eingang, Anfang", < lat. *intrare* „hineingehen"]

in|tra|kar|di|al ⟨Adj., o.Steig.⟩ innerhalb des Herzens (gelegen)

in|tra|ku|tan ⟨Adj., o.Steig.⟩ **1** in der Haut (gelegen) **2** in die Haut hinein; ~e Injektion

in|tra|mo|le|ku|lar ⟨Adj., o.Steig.⟩ innerhalb eines Moleküls (stattfindend)

in|tra|mon|tan ⟨Adj., o.Steig.⟩ zwischen Gebirgen (gelegen)

in|tra|mun|dan ⟨Adj., o.Steig.⟩ innerhalb dieser Welt; Ggs. *extramundan* [< *intra...* und lat. *mundus* „Welt"]

in|tra mu|ros ⟨geh.⟩ nicht öffentlich [lat., „innerhalb der Mauern"]

in|tra|mus|ku|lär ⟨Adj., o.Steig.; Abk.: i.m.⟩ **1** innerhalb eines Muskels (gelegen) **2** in einen Muskel hinein; ~e Injektion

in|tran|si|gent ⟨Adj., o.Steig.⟩ unversöhnlich, unnachgiebig, Verhandlungen unzugänglich [< lat. *in...* „nicht" und *transigere* „einen Vergleich, ein Abkommen mit jmdm. schließen"]

In|tran|si|gent ⟨m.10⟩ intransigenter Parteimann

In|tran|si|genz ⟨f., -, nur Sg.⟩ Unversöhnlichkeit, Unnachgiebigkeit

in|tran|si|tiv ⟨Adj., o.Steig.⟩ kein Akkusativobjekt verlangend und kein persönliches Passiv bildend; Syn. *nichtzielend*; Ggs. *transitiv*; ~e Verben

In|tran|si|tiv ⟨n.1⟩, **In|tran|si|ti|vum** ⟨auch [-ti-] n., -s, -va⟩ intransitives Verb; Ggs. *Transitiv(um)*

in|tra|oku|lar ⟨Adj., o.Steig.⟩ im Innern des Auges (liegend)

in|tra|oral ⟨Adj., o.Steig.⟩ innerhalb der Mundhöhle

in|tra|ute|rin ⟨Adj., o.Steig.⟩ innerhalb der Gebärmutter (des Uterus) liegend

in|tra|va|gi|nal ⟨Adj., o.Steig.⟩ innerhalb der Scheide (Vagina) liegend

in|tra|ve|nös ⟨Adj., o.Steig.⟩ **1** innerhalb einer Vene (liegend) **2** in eine Vene hinein; ~e Injektion

in|tra|zel|lu|lar, **in|tra|zel|lu|lär** ⟨Adj., o.Steig.⟩ innerhalb der Zelle (liegend, stattfindend)

in|tri|gant ⟨Adj.⟩ gern Intrigen spinnend, ränkesüchtig, hinterlistig

In|tri|gant ⟨m.10⟩ jmd., der gern Intrigen spinnt, der intrigiert

In|tri|ganz ⟨f., -, nur Sg.⟩ intrigantes Verhalten, Hinterlist, Arglist

In|tri|ge ⟨f.11⟩ hinterlistige Handlung, arglistige Verwicklung; ~n spinnen; eine I. einfädeln [< frz. *intrigue* „Ränkespiel, Intrige", zu *intriguer* „Ränke schmieden, intrigieren", < lat. *intricare* „verwickeln, in Verwirrung, Verlegenheit bringen"]

in|tri|gie|ren ⟨V.3, hat intrigiert; o.Obj.⟩ Ränke spinnen, eine Person gegen eine andere ausspielen, hinterlistig vorgehen

in|tri|kat ⟨Adj.; †⟩ **1** verwickelt, verworren **2** heikel, verfänglich [< lat. *intricatus* „verwickelt", zu *intricare*, → *Intrige*]

in|trin|sisch ⟨Adj., o.Steig.⟩ von innen (bewirkt), aus eigenem Antrieb; Ggs. *extrinsisch*; ~e Motivation [< lat. *intrinsecus* „von innen"]

In|tro|duk|ti|on ⟨f.10⟩ Einleitung, Vorspiel [< lat. *introductio*, Gen. *-onis*, „Einführung, Einleiten", zu *introducere* „einführen, einleiten"]

In|tro|itus ⟨m., -, -⟩ **1** (kath. Kirche) Chorgesang beim Einzug des Priesters **2** (evang. Kirche) Eingangslied, Einleitungsworte (zum Gottesdienst) **3** (Mus.) Einleitungssatz eines Orgelstückes **4** (Med.) Eingang (bes. der Scheide) [lat. *introitus* „Eingang, Einmarsch, Vorspiel", zu *introire* „hineingehen"]

In|tro|jek|ti|on ⟨f., -, nur Sg.⟩ das Introjizieren

in|tro|ji|zie|ren ⟨V.3, hat introjiziert; mit Akk.⟩ in das eigene Innere übertragen, in das eigene Innere hineinprojizieren; ein fremdes

Gefühl, eine fremde Anschauung i. [< lat. *intro* „hinein" und nach dem Muster von *projizieren* gebildet]

In|trors ⟨Adj., o.Steig.⟩ *nach innen gewendet* (von den Staubbeuteln bezüglich der Blütenachse) [< lat. *introrsus* „einwärts, nach innen", zusammengezogen < *introversus* < *intro* „hinein" und *versus* „gewendet"]

In|tro|spek|ti|on ⟨f.10⟩ **1** *Beobachtung und Analyse des eigenen Erlebens* **2** ⟨Med.⟩ *Einsicht in das Körperinnere* [< lat. *introspicere* „hineinschauen", < *intro* „hinein" und *specere* (in Zus. *..spicere*) „sehen, schauen"]

in|tro|spek|tiv ⟨Adj., o.Steig.⟩ *auf Introspektion beruhend*

In|tro|ver|si|on ⟨f., -, nur Sg.⟩ *introvertiertes Wesen und Verhalten*; Ggs. *Extraversion*

in|tro|ver|tiert ⟨Adj., o.Steig.⟩ *nach innen, auf das eigene Seelenleben gerichtet*; Ggs. *extravertiert* [< lat. *intro* „hinein" und *vertere* „wenden"]

In|tru|der ⟨m.5⟩ *Aufklärungsflugzeug zur Unterstützung von Flugzeugträgern* ⟨engl.⟩, *„Störer"*, zu *to intrude* „hineindrängen"]

in|tru|die|ren ⟨V.3, ist intrudiert; o.Obj.⟩ *(in die Erdkruste) eindringen* [< lat. *introtrudere* „hineinstoßen"]

In|tru|si|on ⟨f.10⟩ *Eindringen von Magma in die Erdkruste* [frz., < spätlat. *intrudere*]

in|tru|siv ⟨Adj., o.Steig.⟩ *durch Intrusion entstanden*

In|tru|siv|ge|stein ⟨n.1⟩ →*Plutonitgestein*

In|tu|ba|ti|on ⟨f.10⟩ **1** *Einführung eines Rohrs in die Luftröhre* **2** *Einblasen (von Heilmitteln)* [< lat. *in* „in hinein" und *tubus* „Röhre, Rohr"]

In|tu|i|ti|on ⟨f.10⟩ *unmittelbares Erkennen von Vorgängen oder Zusammenhängen vom Gefühl her, Eingebung* [< mlat. *intuitio*, Gen. *-onis*, „Anschauung, Betrachtung, innere Schau" < lat. *intueri* „genau hinschauen, anschauen" (auch geistig)]

in|tu|i|tiv ⟨Adj., o.Steig.⟩ *auf Intuition beruhend, einer Intuition folgend*; i. handeln, i. etwas sagen

In|tu|mes|zenz, In|tur|ges|zenz ⟨f.10⟩ *Anschwellung (bes. der Geschlechtsorgane bei Erregung)* [< lat. *intumescens, inturgescens* „anschwellend"]

in|tus ⟨Adv.; nur mit „haben"⟩ *innen, inwendig*; etwas i. haben ⟨ugs.⟩ *etwas gegessen, getrunken haben*, ⟨oder⟩ *etwas begriffen und sich gemerkt haben* [lat., „drinnen, inwendig"]

in tyrannos! *gegen die Tyrannen!* [lat.]

In|u|lin ⟨n., -s, nur Sg.⟩ *aus Fruchtzucker aufgebautes Reservekohlenhydrat* [zu lat. *inula* „Alant"]

In|un|da|ti|on ⟨f.10⟩ *völlige Überflutung von Land (durch Meer oder Fluß)*; Syn. *Immersion* [< lat. *inundatio*, Gen. *-onis*, „Überschwemmung", zu *unda* „Welle, Woge"]

In|unk|ti|on ⟨f.10⟩ *Einreibung (von gesundheitsfördernden Mitteln)* [< lat. *inunctio*, Gen. *-onis*, „das Einsalben, Bestreichen mit Salbe", zu *unguentum* „Salbe"]

in usum Del|phi|ni →*ad usum Delphini*

in|va|lid, in|va|li|de ⟨Adj., o.Steig.⟩ *dauernd arbeitsunfähig* [< lat. *invalidus* „schwach, kraftlos", < *in...* „nicht, un..." und *validus* „stark, kräftig, gesund"]

in|va|li|die|ren ⟨V.3, hat invalidisiert; mit Akk.⟩ jmdn. i. *jmdn. invalid schreiben, jmdn. zum Invaliden erklären und ihm Invalidenrente gewähren*

In|va|li|di|tät ⟨f., -, nur Sg.⟩ *das Invalidsein, dauernde Arbeitsunfähigkeit*

in|va|ria|bel ⟨auch [-ria-] Adj., o.Steig.⟩ *unveränderlich*; Ggs. *variabel*

in|va|ri|ant ⟨auch [-ant] Adj., o.Steig.⟩ *bei bestimmten Vorgängen unverändert bleibend* [< lat. *in...* „nicht" und *varians* „wechselnd", zu *variare* „wechseln, abwechseln"]

In|va|ri|an|te ⟨f.17 oder 18⟩ *bei bestimmten Vorgängen unveränderliche Größe*

In|va|ri|anz ⟨auch [-ants] f., -, nur Sg.⟩ *Unveränderlichkeit* [zu *invariant*]

In|va|si|on ⟨f.10⟩ **1** *Einfall feindlicher Truppen*; Ggs. *Evasion (1)* **2** *Eindringen von Krankheitserregern in den Körper* [< lat. *invasio*, Gen. *-onis*, „Angriff, Einfall, Einmarsch", zu *invadere* „angreifen, überfallen, einfallen"]

In|va|sor ⟨m.13, meist Pl.⟩ *jmd., der eine Invasion durchführt, einfallender Feind*

In|vek|ti|ve ⟨f.11⟩ *beleidigende Äußerung* [< lat. *invectivus*, „beleidigend, jmdn. schmähend", zu *invehere* „Böses über jmdn. bringen", zu *vehere* „bringen, tragen"]

In|ven|tar ⟨n.1⟩ *Bestand, Bestandsverzeichnis (der zu einem Raum, Haus oder Betrieb gehörigen Gegenstände, Tiere, Vermögenswerte und Schulden)* [< lat. *inventarium* „Vermögens-, Nachlaßverzeichnis", zu *inventum* „das Erworbene", zu *invenire* „bekommen, erwerben, sich verschaffen, ausfindig machen"]

In|ven|ta|ri|sa|ti|on ⟨f.10⟩ *Bestandsaufnahme, Aufnahme des Inventars*

in|ven|ta|ri|sie|ren ⟨V.3, hat inventarisiert; mit Akk.⟩ etwas i. *den Bestand von etwas aufnehmen* [zu *Inventar*]

In|ven|tar|recht ⟨n.1⟩ *Recht des Erben, für ererbte Schulden nur bis zur Höhe des Inventars haften zu müssen*

In|ven|ti|on ⟨f.10⟩ **1** *Erfindung* **2** *kleines Instrumentalstück ohne bestimmte Form* [< lat. *inventio*, Gen. *-onis*, „das Finden, Erfindung", zu *invenire* „ausfindig machen, auf etwas kommen, stoßen"]

In|ven|tur ⟨f.10⟩ *Bestandsaufnahme* [< mlat. *inventura* = lat. *inventarium*, →*Inventar*]

In|ven|tur|aus|ver|kauf ⟨m.1⟩ *Verkauf sämtlicher Waren zu herabgesetzten Preisen nach einer Inventur, Räumungsverkauf*

in|vers ⟨Adj., o.Steig.⟩ *umgekehrt* [< lat. *versus* „umgedreht", zu *vertere* „wenden"]

In|ver|si|on ⟨f.10⟩ **1** *Umkehrung, Umstellung* **2** *Umstellung der normalen Wortfolge*, z.B. schön wär's! **3** ⟨Meteor.⟩ *thermische Schichtung der Atmosphäre, bei der die Lufttemperatur mit der Höhe zunimmt* **4** ⟨Chem.⟩ *Umkehrung der Drehrichtung optisch aktiver Substanzen im Verlauf einer Reaktion* [< lat. *inversio*, Gen. *-onis*, „Umstellung", zu *vertere* „wenden"]

In|ver|te|brat ⟨m.10⟩ →*Wirbellose(r)* [< lat. *in...* „nicht, un..." und *Vertebrat*]

in|ver|tie|ren ⟨V.3, hat invertiert; mit Akk.⟩ *umkehren, umstellen* [< lat. *invertere* „umwenden"]

in|ver|tiert ⟨Adj., o.Steig.⟩ **1** *umgekehrt* **2** *auf das eigene Geschlecht gerichtet, homosexuell* [< lat. *invertere* „umdrehen"]

In|vert|zucker ⟨-k|k-; m., -s, nur Sg.⟩ *Mischung von Frucht- und Traubenzucker, die bei der Spaltung von Rohrzucker entsteht und bei der eine Inversion (4) eintritt*

in|ve|stie|ren ⟨V.3, hat investiert; mit Akk.⟩ **1** jmdn. i. *jmdn. in ein Amt einweisen, einführen, einsetzen; einen Geistlichen i.* **2** etwas i. **a** *langfristig anlegen; Kapital i.* **b** ⟨ugs.⟩ *geben, hergeben, dazugeben; ich habe ziemlich viel Geld investiert (bei dieser Sache)* **c** ⟨übertr.⟩ *anwenden, aufwenden, einsetzen; viel Kraft, Zeit, Mühe i.* [< lat. *investire* „bekleiden, einkleiden", zu *vestis* „Kleidung"]

In|ve|sti|ti|on ⟨f.10⟩ *langfristige Kapitalanlage* [zu *investieren*]

In|ve|sti|ti|ons|gü|ter ⟨n.4, Pl.⟩ *Güter, die als Investition der Produktion dienen, also nicht für den Verbrauch bestimmt sind*

In|ve|sti|ti|ons|hil|fe|ab|ga|be ⟨f.11⟩ *steuerähnliche Abgabe vom Einkommen, deren Ertrag für staatliche oder private Investitionen verwendet wird*

In|ve|sti|tur ⟨f.10⟩ *Einweisung, Einsetzung in ein Amt*

in|ve|stiv ⟨Adj., o.Steig.⟩ *für Investitionen; Gelder i. verwenden*

In|ve|stiv|lohn ⟨m.2⟩ *als Sparanlage verwendeter Teil des Arbeitslohns (der zunächst investiv verwendet wird)*

In|vest|ment ⟨n.9; engl. Bez. für⟩ *Investition*

In|vest|ment|fonds ⟨[-fõ] m., - [-fõs], - [-fõs]⟩ *Bestand an Wertpapieren (von Kapitalgesellschaften)*

In|vest|ment-Trust ⟨[-trast] m.9⟩ *Gesellschaft zur gewinnbringenden Anlage von Kapital, die sich durch Ausgabe eigener Effekten beschafft* [engl.]

In|ve|stor ⟨m.13⟩ *jmd., der langfristig Kapital anlegt*

in vino ve|ri|tas *im Wein (ist) Wahrheit* [lat.]

in vi|tro *im Reagenzglas, im Laboratorium (durchgeführt)*; ein in v. durchgeführter Versuch [lat., „im Glas"]

in vi|vo *am lebenden Organismus (beobachtet, durchgeführt)* [lat., „im lebendigen"]

In|vo|ca|bit →*Invokavit*

In|vo|ka|ti|on ⟨f.10⟩ *Anrufung (Gottes und der Heiligen)* [< lat. *invocatio*, Gen. *-onis*, „Anrufung" zu *invocare* „anrufen, beim Namen rufen", zu *vox*, Gen. *vocis*, „Stimme"]

In|vo|ka|vit ⟨o.Art.⟩ *erster Passionssonntag, sechster Sonntag vor Ostern*

In|vo|lu|ti|on ⟨f.10⟩ **1** *normale Rückbildung (eines Organs, z.B. im Alter)* **2** *besondere Form der projektiven Abbildung* [< lat. *involutio*, Gen. *-onis*, „Windung", zu *involvere* „einrollen"]

in|vol|vie|ren ⟨[-vi-] V.3, hat involviert; mit Akk.⟩ **1** *enthalten, in sich schließen; diese scheinbar nebenbei geäußerte Bemerkung involviert einen harten Vorwurf; in eine Sache involviert sein* in eine Sache verwickelt sein **2** *zwingend mit einbegreifen, zur Voraussetzung haben; diese Stellung involviert ein hohes Maß an Fingerspitzengefühl* [< lat. *involvere* „einwickeln, einhüllen", zu *volvere* „wälzen, rollen"]

in|wärts ⟨Adv.; †⟩ *innen, inwendig, nach innen*

in|wen|dig ⟨Adj., o.Steig.⟩ *innen befindlich, auf der Innenseite; der Mantel ist i. gefüttert; etwas in- und auswendig können, kennen* ⟨ugs.⟩ *etwas sehr genau können, kennen*

in|wie|fern ⟨Adv.⟩ *in welcher Hinsicht, in welcher Weise; i. hat er denn Fehler gemacht?; man muß herausfinden, i. hier Unterschiede bestehen*

in|wie|weit ⟨Adv.⟩ *bis zu welchem Grade, in welchem Maß; i. ist denn hier Hilfe möglich?; ich weiß nicht, i. man so etwas überhaupt voraussagen kann*

In|woh|ner ⟨m.5⟩ **1** ⟨†⟩ *Einwohner, Bewohner* **2** ⟨österr.⟩ *Mieter*

In|zen|so|ri|um ⟨n., -s, -ri|en; kath. Kirche⟩ *Weihrauchgefäß* [< lat. *incensor* „Anzünder", zu *incendere* „anzünden"]

In|zest ⟨m.1⟩ *Geschlechtsverkehr zwischen Blutsverwandten, Blutschande*; I. begehen; I. treiben [lat. *incestus* „Blutschande; befleckt, unrein, unkeusch", < *in...* „nicht, un..." und *castus* „rein, keusch"]

in|ze|stu|ös ⟨Adj., o.Steig.⟩ *in der Art eines Inzests, auf Inzest beruhend*; ~e Beziehungen

In|zi|dent ⟨m.1; †⟩ **1** *Nebenpunkt* **2** *(nebenbei zu erledigender) Zwischenfall* [< lat. *incidens*, Gen. *-entis*, „dazwischenkommend, sich ereignend, eigtl. „hineinfallend", zu *cadere* „fallen"]

In|zi|denz ⟨f., -, -en oder -zi|en; †⟩ **1** *Einfall* **2** *Vorfall* [zu *Inzident*]

in|zi|die|ren ⟨V.3, hat inzidiert; mit Akk.⟩ etwas i. *einen Einschnitt in etwas machen; ein Geschwür i.* [< lat. *incidere* „einschneiden", zu *caedere* (in Zus. *...cidere*) „fällen, hauen"]

In|zi|si|on ⟨f.10⟩ **1** *das Einschneiden (in Gewebe), Einschnitt* **2** *Form der Beschneidung,*

Inzisiv

bei der die Vorhaut des Penis eingeschnitten wird [< lat. *incisio*, Gen. *-onis*, „Einschnitt", zu *incidere*, →*inzidieren*]

In|zi|siv ⟨m.12⟩, **In|zi|si|vus** ⟨m., -, -vi⟩

In|zi|siv|zahn ⟨m.2⟩ →*Schneidezahn* [< mlat. *dens incisivus* „Schneidezahn", zu lat. *incidere* „einschneiden"]

In|zi|sur ⟨f.10⟩ Einschnitt, Einbuchtung (an Knochen oder Organen) [zu *inzidieren*]

In|zucht ⟨f.10⟩ Erzeugung von Nachkommen durch miteinander verwandte Lebewesen

in|zwi|schen ⟨Adv.⟩ **1** in dieser Zeit, in der Zwischenzeit, unterdessen, währenddessen, seither, seitdem; i. ist viel geschehen; die andern haben geschlafen, ich bin i. spazierengegangen **2** in dieser Zeit, in der Zwischenzeit, unterdessen, bis dahin

Io ⟨Zeichen für⟩ *Ionium*

IOC ⟨Abk. für⟩ *International Olympic Committee; Internationales Olympisches Komitee*

IOK ⟨Abk. für⟩ *Internationales Olympisches Komitee*

Ion ⟨n.12⟩ elektrisch geladenes Teilchen, geht aus Atomen oder Molekülen durch Aufnahme oder Abgabe von Elektronen hervor [< griech. *ion* „gehend, wandernd", zu *ienai* „gehen, wandern", weil es im elektrischen Feld wandert]

Io|nen|aus|tau|scher ⟨m.5⟩ Stoff, der in Lösungen gebundene Ionen aufnimmt und dafür selbst gebundene Ionen abgibt (z. B. zur Enthärtung von Wasser verwendet)

Io|nen|wan|de|rung ⟨f.10; bei der Elektrolyse⟩ Wanderung der Ionen zu den Elektroden

Io|ni|er ⟨m.5⟩ Einwohner von Ionien (einer Küstenlandschaft in Kleinasien)

Io|ni|sa|ti|on ⟨f.10⟩ Übergang von Atomen oder Molekülen in den elektrisch geladenen Zustand von Ionen; Syn. *Ionisierung*

Io|ni|sa|ti|ons|kam|mer ⟨f.11⟩ Gerät zum Messen der Strahlungsstärke radioaktiver Stoffe mit Hilfe von ihnen erzeugten Ionen

io|nisch ⟨Adj., o.Steig.⟩ aus Ionien stammend; ~e Säulen; ~e Tonart

io|ni|sie|ren ⟨V.3, hat ionisiert; mit Akk.⟩ elektrisch aufladen

Io|ni|sie|rung ⟨f.10⟩ →*Ionisation*

Io|ni|um ⟨n., -s, nur Sg.; Zeichen: Io⟩ radioaktives Zerfallsprodukt des Urans [<*Ion*]

Io|no|me|ter ⟨n.5⟩ Gerät zum Messen der Ionisation [<*Ion* und ...*meter*]

Io|no|sphä|re ⟨f., -, nur Sg.⟩ ionisierte äußerste Schicht der Erdatmosphäre

Io|ta ⟨n.9⟩ →*Jota¹* (1)

Ip|sa|ti|on ⟨f., -, nur Sg.; †⟩ →*Masturbation* [< lat. *ipse* „selbst, für sich"]

ip|se fe|cit ⟨Abk.: i. f.⟩ *hat (es) selbst gemacht* (Vermerk vor oder hinter dem Namen des Künstlers auf Bildern, Stichen u.a.) [lat.]

Ip|sis|mus ⟨m., -, nur Sg.; †⟩ →*Masturbation*

ip|sis|si|ma ver|ba *genau diese, seine eigenen Worte* [lat.]

ip|so fac|to ⟨Rechtsw.⟩ *durch die Tat selbst, d.h. die Rechtsfolgen einer Tat treten von selbst ein* [lat.]

ip|so iu|re ⟨Rechtsw.⟩ *durch das Recht selbst, ohne weiteres* [lat.]

I-Punkt ⟨m.1⟩ *Punkt auf dem i; etwas bis auf den I. planen, ausdenken, regeln etwas sehr genau und sorgfältig planen, regeln*

IQ ⟨Abk. für⟩ *Intelligenzquotient*

Ir ⟨Zeichen für⟩ *Iridium*

ir... ⟨Vorsilbe, in Zus. mit Fremdwörtern, vor r⟩ →*in...¹*, *in...²*, z.B. *irreparabel*

i. R. ⟨Abk. für⟩ *im Ruhestand*

I. R. ⟨Abk. für⟩ *Imperator Rex*

IRA ⟨Abk. für⟩ *Irish Republican Army*: Irisch-Republikanische Armee

Ira|ner ⟨m.5⟩ **1** Einwohner des Irans; Syn. *Perser* **2** Angehöriger einer indogermanischen Völkergruppe u.a. im Iran und in Afghanistan

ira|nisch ⟨Adj., o.Steig.⟩ **1** den Iran betreffend, zu ihm gehörig, aus ihm stammend; Syn. *persisch* **2** die Iraner (2) betreffend, zu ihnen gehörig, von ihnen stammend

Ira|nist ⟨m.10⟩ Wissenschaftler auf dem Gebiet der Iranistik

Ira|ni|stik ⟨f., -, nur Sg.⟩ Wissenschaft von der Sprache, Geschichte und Kultur Irans

ira|ni|stisch ⟨Adj., o.Steig.⟩ die Iranistik betreffend, zu ihr gehörig

Ir|bis ⟨m.1⟩ leopardengroße Katze Innerasiens; Syn. *Schneeleopard* [mongol.]

ir|den ⟨Adj., o.Steig.⟩ aus gebranntem Ton; ~es Geschirr [zu *Erde*]

Ir|den|wa|re ⟨f.11⟩ irdenes Geschirr

ir|disch ⟨Adj., o.Steig.⟩ **1** zur Erde gehörig, von der Erde stammend **2** ⟨übertr.⟩ zeitlich, weltlich, sterblich; ~e Freuden; die ~e Hülle ⟨poet.⟩ *der Leib*

Ire ⟨m.11⟩ Einwohner von Irland

Ire|nik ⟨f., -, nur Sg.⟩ **1** Streben nach Verständigung der christlichen Konfessionen, Friedenslehre **2** friedliche Haltung [< griech. *eirenikos* „friedlich, friedfertig", zu *eirene* „Friede, Ruhe"]

ire|nisch ⟨Adj., o.Steig.⟩ auf Irenik beruhend, friedlich, friedfertig

ir|gend ⟨Adv.⟩ **1** ⟨zur Bez. der Unbestimmtheit⟩ i. jemand hat nach dir gefragt; ich habe i. etwas falsch gemacht; i. so ein Kerl ⟨ugs.⟩; er ist nicht i. jemand *er ist ein bedeutender Mensch* **2** ⟨verstärkend⟩ *irgendwie, auf eine Weise;* i. geht

ir|gend... ⟨in Zus. zur Bildung unbestimmter Pron. oder Adv.⟩ z.B. *irgendein, irgendwann, irgendwer, irgendwelche, irgendwie, irgendwo, irgendwohin*

Irid|ek|to|mie ⟨f.11⟩ operative Entfernung der Regenbogenhaut oder eines Teiles davon [<*Iris* und *Ektomie*]

Iri|di|um ⟨n., -s, nur Sg.; Zeichen: Ir⟩ silberweißes, hartes Edelmetall [< griech. *iris, iridos,* „Regenbogen", wegen der verschiedenen Farben seiner Salze]

Iri|do|lo|gie ⟨f., -, nur Sg.⟩ (umstrittene) Methode, Krankheiten aus Veränderungen der Iris zu erkennen; Syn. *Augendiagnose* [< *Iris* (griech. *iris,* Gen. *iridos*) (1) und ...*logie*]

Iris 1 ⟨f., -, -; Iriden⟩ →*Regenbogenhaut* **2** ⟨f., -, -⟩ →*Schwertlilie* [griech., „Regenbogen"]

Iris|blen|de ⟨f.11⟩ Vorrichtung an Kameras zum Verstellen der Öffnung des Objektivs

irisch ⟨Adj., o.Steig.⟩ *Irland betreffend, zu ihm gehörig, aus ihm stammend*

Irish Cof|fee ⟨[ˈaɪrɪʃ ˈkɒfi] m., - -s, - -s⟩ Kaffee mit Whisky, Zucker und Schlagsahne [engl., „irischer Kaffee"]

Irish Stew ⟨[ˈaɪrɪʃ stjuː] n., - -(s), nur Sg.⟩ gekochtes Hammelfleisch mit Weißkraut und Kartoffeln [engl., „irisches Schmor-, Eintopfgericht"]

iri|sie|ren ⟨V.3, hat irisiert; o.Obj.⟩ *in Regenbogenfarben schimmern;* ~de Schmucksteine; die Wolken Wolken, die an den Rändern perlmuttfarbig schimmern

Iri|tis ⟨f., -, -ti|den⟩ Entzündung der Regenbogenhaut [<*Iris* und ...*itis*]

IRK ⟨Abk. für⟩ *Internationales Rotes Kreuz*

Iro|ke|se ⟨m.11⟩ Angehöriger eines nordamerikanischen Indianerstammes

Iro|ke|sen|schnitt ⟨m., -(e)s, nur Sg.⟩ Haarschnitt, bei dem nur ein von der Stirn zum Nacken laufender hoher Haarstreifen stehenbleibt und der übrige Schädel kahl rasiert wird

Iro|nie ⟨f., -, nur Sg.⟩ verhüllter Spott, bei dem das Gegenteil von dem gesagt wird, was gemeint ist [über lat. *ironia* „Ironie" < griech. *eironeia* „Verstellung, geheuchelte Unwissenheit, Spott", zu *eiron* „Schalk, Spötter", jmd., der sich unwissend stellt"]

Iro|ni|ker ⟨m.5⟩ ironischer Mensch

iro|nisch ⟨Adj.⟩ verhüllt spöttelnd; i. lächeln; etwas i. sagen; sei nicht so i.!

iro|ni|sie|ren ⟨V.3, hat ironisiert; mit Akk.⟩ ironisch darstellen, ironisch behandeln; einen Sachverhalt, eine Eigenschaft (von jmdm.) i.

irr ⟨Adj.⟩ →*irre*

Ir|ra|dia|ti|on ⟨f.10⟩ **1** Schmerzausstrahlung über die betroffene Körperstelle hinaus **2** ⟨Fot.⟩ Überstrahlung, Lichthofbildung **3** ⟨Psych.⟩ Ausstrahlung von Gefühlen auf andere Bereiche [< lat. *irradiare* „bestrahlen", →*irradiieren*]

ir|ra|di|ie|ren ⟨V.3, hat irradiiert; o.Obj.⟩ ausstrahlen, sich ausbreiten [< lat. *irradiare* „bestrahlen", eigtl. „in etwas hineinstrahlen", zu *radius*]

ir|ra|tio|nal ⟨auch [-ˈnaːl] Adj.⟩ mit dem Verstand, der Vernunft nicht faßbar, nicht logisch erklärbar; Ggs. *rational*; ~e Zahl Zahl, die nicht als gemeiner Bruch dargestellt werden kann, Dezimalbruch mit unendlich vielen, nicht periodischen Stellen

Ir|ra|tio|na|lis|mus ⟨m., -, nur Sg.⟩ Ggs. *Rationalismus* **1** Lehre, nach der Wesen und Ursprung der Welt mit dem Verstand nicht faßbar sind **2** Anschauung, die dem Gefühl den Vorrang gegenüber dem Verstand gibt

Ir|ra|tio|na|li|tät ⟨f., -, nur Sg.⟩ irrationale Beschaffenheit; Ggs. *Rationalität* (1)

ir|re ⟨Adj., o.Steig.⟩ **1** geistesgestört, wahnsinnig; ein ~r Blick; wie ein Irrer ⟨ugs.⟩ *wie ein Verrückter* **2** irrend, verstört; an jmdm. oder etwas i. werden *an jmdm. oder etwas zweifeln, das Vertrauen zu jmdm. oder etwas verlieren* **3** ⟨ugs.⟩ *sehr merkwürdig, ausgefallen, vom Üblichen stark abweichend*; i. Ideen haben; ein ~r Typ *ein verrückter Kerl* **4** ⟨nur mit „sein"; ugs.⟩ *unglaublich, nicht zu glauben*; es ist i., mit welcher Schnelligkeit er **5** ⟨ugs.⟩ *sehr groß, sehr viel, außerordentlich*; eine i. Hitze; ich habe i. viel Arbeit haben

Ir|re ⟨f., -, nur Sg.; nur in den Wendungen⟩ in die I. gehen, führen *in die falsche Richtung gehen, führen*

ir|re|al ⟨Adj., o.Steig.⟩ nicht real, nicht der Wirklichkeit entsprechend; Ggs. *real*

Ir|re|al ⟨m.1⟩, **Ir|re|a|lis** ⟨m., -, -les⟩ Modus der Unwirklichkeit, im Deutschen durch den Konjunktiv Imperfekt oder Plusquamperfekt ausgedrückt, z.B. wenn er doch hier wäre, gekommen wäre

Ir|rea|li|tät ⟨auch [ir-] f., -, nur Sg.⟩ Unwirklichkeit; Ggs. *Realität*

ir|re|du|zi|bel ⟨Adj., o.Steig.⟩ nicht zurückführbar, nicht wiederherstellbar; Ggs. *reduzibel*

ir|re|füh|ren ⟨V.1, hat irregeführt; mit Akk.⟩ jmdn. i. **1** jmdn. absichtlich in die falsche Richtung führen **2** jmdn. absichtlich etwas Falsches sagen, einen falschen Eindruck in jmdm. erwecken, jmdn. täuschen; einen Gegner durch einen Trick i.; eine ~de Darstellung; ~de Angaben

ir|re|ge|hen ⟨V.47, ist irregegangen; o.Obj.⟩ **1** den falschen Weg gehen **2** ⟨übertr.⟩ sich irren; ich gehe wohl nicht irre, wenn ich annehme, daß ...

ir|re|gu|lär ⟨Adj., o.Steig.⟩ Ggs. *regulär* **1** nicht der Regel entsprechend; ~es Wachstum; eine ~e Erscheinung **2** ungesetzmäßig, ungesetzlich; ~e Truppen *Truppen, die nicht zum Heer gehören (z.B. Partisanen)*

Ir|re|gu|la|ri|tät ⟨f., -, nur Sg.⟩ irreguläre Beschaffenheit; Ggs. *Regularität*

ir|re|lei|ten ⟨V.2, hat irregeleitet; mit Akk.⟩ **1** in die falsche Richtung leiten; wir sind durch die schlechte Beschilderung irregeleitet worden **2** pädagogisch falsch führen, durch falsches Vorbild vom richtigen Weg abbringen; irregeleitete Jugendliche

ir|re|le|vant ⟨Adj., o.Steig.⟩ nicht wichtig, unerheblich, unbedeutend; Ggs. *relevant*; dieser Punkt ist in diesem Zusammenhang i.

Ir|re|le|vanz ⟨f., -, nur Sg.⟩ irrelevante Beschaffenheit, Unerheblichkeit, Unwichtigkeit; Ggs. *Relevanz*

irreligiös ⟨Adj., o.Steig.⟩ *nicht religiös, ohne Religion;* Ggs. *religiös;* vgl. *areligiös* [< lat. *ir...* (für *in...*) „nicht, ohne, un..." und *religiös*]

Irreligiosität ⟨f., -, nur Sg.⟩ *Fehlen von, Mangel an Religiosität;* Ggs. *Religiosität*

irremachen ⟨V.1, hat irregemacht; mit Akk.⟩ *jmdn. verwirren, jmdn. im Denken, im Verhalten stören;* mach mich nicht irre!; laß dich nicht i.!; hör auf zu reden, du machst mich ganz irre!

irren ⟨V.1⟩ **I** ⟨o.Obj. oder refl.; hat geirrt⟩ *eine falsche Auffassung (von etwas) haben;* du irrst (dich), wenn du meinst, daß ...; hier irrt (sich) der Autor **II** ⟨o.Obj.; ist geirrt⟩ *ratlos hin und her gehen, gehen, ohne zu wissen, welcher Weg der richtige ist;* durch die Stadt, durch den Wald i.

Irrenanstalt ⟨f.10; ugs.⟩ →*Nervenheilanstalt*

Irrenarzt ⟨m.2; ugs.⟩ →*Nervenarzt*

Irrenhaus ⟨n.4; ugs.⟩ →*Nervenheilanstalt*

irreparabel ⟨auch [ir-] Adj., o.Steig.⟩ *nicht zu reparieren, nicht wiederherstellbar, nicht heilbar;* Ggs. *reparabel* [< lat. *irreparabilis* in ders. Bed.]

irreponibel ⟨Adj., o.Steig.⟩ *so beschaffen, daß man es nicht reponieren kann;* Ggs. *reponibel;* irreponibler Knochen; irreponibles Organ

Irresein ⟨n., -s, nur Sg.; veraltend⟩ *seelisch-geistiges Kranksein*

irreversibel ⟨auch [ir-] Adj., o.Steig.⟩ *nicht umkehrbar;* irreversibler Vorgang; Ggs. *reversibel*

Irrfahrt ⟨f.10⟩ *Fahrt in die falsche Richtung, auf falschen Wegen;* nach einer I. durch die Stadt

Irrgarten ⟨m.8⟩ *Garten mit verwirrend angelegten Gängen und Wegen*

Irrglaube ⟨m.15⟩ **1** *falscher Glaube* **2** *falsche religiöse Einstellung*

irrgläubig ⟨Adj., o.Steig.⟩ *nicht rechtgläubig*

irrig ⟨Adj.⟩ *auf einem Irrtum beruhend, falsch;* eine ~e Meinung vertreten; es ist i., zu glauben, daß ...

Irrigation ⟨f.10⟩ *Ausspülung (von Darm oder Scheide), Einlauf* [< lat. *irrigatio,* Gen. *-onis,* „Bewässerung", zu *rigare* „(Wasser) leiten"]

Irrigator ⟨m.13⟩ *Gerät zur Irrigation*

irrigerweise ⟨auch [ir-] Adv.⟩ *infolge eines Irrtums;* er hat die Eintrittskarten i. mir gegeben und nicht dir

irritabel ⟨Adj.; bes. Med.⟩ *reizbar, erregbar;* irritable Nerven [zu *irritieren*]

Irritabilität ⟨f., -, nur Sg.⟩ *irritable Beschaffenheit, Erregbarkeit, Reizbarkeit*

Irritation ⟨f.10⟩ **1** *Reizung, Erregung* **2** ⟨ugs.⟩ *Verwirrung*

irritieren ⟨V.3, hat irritiert; mit Akk.⟩ **1** *reizen, erregen, stören;* der Lärm irritiert mich **2** ⟨ugs.⟩ *unsicher machen, verwirren, ablenken;* seine unerwartete Reaktion irritierte mich [< lat. *irritare* „erregen, reizen", weitere Herkunft unsicher]

Irrläufer ⟨m.5⟩ *an die falsche Adresse beförderter Gegenstand* (bes. *Brief*)

Irrlehre ⟨f.11⟩ *falsche Lehre*

Irrlicht ⟨n.⟩ *ein Flämmchen aussehende Lichterscheinung über sumpfigem Gelände* (nach dem Volksglauben erscheinen mit ihm Totengeister, die die Menschen irreführen oder Unglück bringen)

Irrnis ⟨f.1; poet.⟩ *Irrtümer, Unklarheiten*

Irrsinn ⟨m., -s, nur Sg.⟩ **1** ⟨Med.⟩ *Geistesgestörtheit;* beginnender I. **2** ⟨ugs.⟩ *völlige Unvernunft;* so ein I.!; man muß diesem I. ein Ende machen

irrsinnig ⟨Adj.⟩ **1** ⟨o.Steig.; Med.⟩ *geistesgestört;* ein ~es Lachen **2** ⟨ugs.⟩ *absurd;* ~es Vorhaben **3** *riskant, lebensgefährlich;* eine ~e Fahrt zu Tale **4** ⟨o.Steig.⟩ *von Sinnen,*

vor Schmerz fast i. werden **5** ⟨als Adv.; ugs.⟩ *sehr, äußerst;* i. viel arbeiten; ich finde ihn i. sympathisch

Irrtum ⟨m.4⟩ *falsche Handlungsweise oder Denkweise, Täuschung;* ein großer, bedauerlicher, schwerer, verhängnisvoller I.; einem I. aufsitzen ⟨ugs.⟩ *sich irren;* einem I. begehen, einsehen, richtigstellen; es ist ein I., zu glauben, daß ...; einem I. unterliegen; es hat sich als I. erwiesen; sich im I. befinden; da bist du im I.!

irrtümlich ⟨Adj., o.Steig.⟩ **1** *auf einem Irrtum beruhend;* eine ~e Ansicht vertreten **2** *infolge eines Irrtums;* ich habe i. geglaubt, er sei ...

irrtümlicherweise ⟨Adv.⟩ *auf Grund eines Irrtums;* ich war i. der Meinung, daß ...

Irrung ⟨f.10; poet.⟩ *Irrtum, Verwirrung;* die ~en des Lebens

Irrweg ⟨m.4⟩ *falsche Ansicht, falsche Methode;* sich auf ~en befinden; auf ~e geraten

Irrwisch ⟨m.1⟩ **1** *Irrlicht* **2** ⟨ugs.⟩ *sehr lebhaftes Kind*

Irvingianer ⟨[ǝˈvɪnja-] m.5⟩ *Angehöriger einer kath.-apostolischen Sekte, die die Wiederkunft Christi erwartet* [nach dem schott. Prediger Edward *Irving*]

Irvingianismus ⟨[ǝˈvɪnja-] m., -, nur Sg.⟩ *Lehre der Irvingianer*

isabellfarben, isabellfarbig ⟨Adj., o.Steig.⟩ *bräunlichgelb* [nach *Isabella,* der Tochter Philipps II. von Spanien, die 1601 den Schwur getan haben soll, ihr Hemd nicht zu wechseln, ehe ihr Mann, Erzherzog Albrecht von Österreich, Ostende erobert habe]

Isagoge ⟨f.11⟩ *Einführung, Einleitung (in eine Wissenschaft)* [< griech. *eisagoge* „Einführung", zu *agein* „führen"]

Isagogik ⟨f., -, nur Sg.⟩ *Kunst der Einführung (in eine Wissenschaft)*

Isatin ⟨n., -s, nur Sg.⟩ *eine organisch-chemische Verbindung, Grundlage für indigoartige Farbstoffe* [< griech. *isatis* „Färberwaid"]

Ischämie ⟨[ɪsç-] f.11⟩ *Blutleere (in einzelnen Organen oder Körperteilen)* [< griech. *ischein* „zurückhalten, hemmen, hindern" und *haima* „Blut"]

ischämisch ⟨[ɪsç-] Adj., o.Steig.⟩ *an Ischämie leidend*

Ischiadikus ⟨[ɪsçia-] m., -, nur Sg.⟩ →*Hüftnerv* [Kurzw. < *Nervus ischiadicus* „Ischiasnerv"]

ischiadisch ⟨[-çia-] Adj., o.Steig.⟩ *zum Ischiadikus gehörend, von ihm ausgehend*

Ischialgie ⟨[-çi-] f.11⟩, **Ischias** ⟨[ɪʃi-], eigtl. [ɪsçi-] m. oder n., -, nur Sg., fachsprachl. f., -; ⟨volkstüml.⟩ *Hüftweh;* Syn. *ischion* „Hüftgelenk, Hüfte, Lende"]

Ischiasnerv ⟨[ɪʃi-], eigtl. [ɪsçi-] m.12, fachsprachl. m. 10⟩ →*Hüftnerv*

Isegrim ⟨m.1⟩ **1** ⟨nur Sg.⟩ *in der Tierfabel Name für den Wolf* **2** ⟨übertr.⟩ *mürrischer, bärbeißiger Mensch*

Islam ⟨auch [ɪs-] m., -s, nur Sg.⟩ *von Mohammed begründete, monotheistische Religion;* Syn. ⟨†⟩ *Mohammedanismus* [< arab. *islām* „Ergebung (in Gott)", zu *aslama* „sich (Gott) ergeben, sich (Gott) hingeben"]

islamisch ⟨Adj., o.Steig.⟩ *auf den Islam beruhend;* auch ⟨selten⟩ *islamitisch;* Syn. ⟨†⟩ *mohammedanisch*

Islamit ⟨m.10⟩ →*Moslem*

Islamitin ⟨f.10⟩ →*Moslime*

islamitisch ⟨selten für⟩ *islamisch*

Isländer ⟨m.5⟩ *Einwohner von Island*

isländisch ⟨Adj., o.Steig.⟩ *Island betreffend, zu ihm gehörig, aus ihm stammend*

Ismaelit ⟨[-ma-e-] m.10⟩ *Angehöriger einer islamischen Sekte*

Ismus ⟨m., -, -men⟩ *spöttische Bez. für (bloße) Theorie* [nach der häufig verwendeten Endung *-ismus*]

...ismus ⟨Endung zur Bezeichnung für⟩ *Lehre, System* [< griech. *-isma,* aus der Endung der Verben auf *-izein* gebildet: „auf eine bestimmte Art handeln, vorgehen"]

isobar ⟨Adj., o.Steig.⟩ *die gleiche Anzahl Neutronen bei ungleicher Anzahl Protonen aufweisend* [< griech. *isos* „gleich" und *barys* „schwer"]

Isobar ⟨n.1⟩ *Atomkern, der im Vergleich zu anderen isobare Eigenschaften aufweist*

Isobare ⟨f.11⟩ *Verbindungslinie zwischen Orten gleichen Luftdrucks* [< griech. *isos* „gleich" und *barys* „schwer"]

Isobutan ⟨n., -s, nur Sg.⟩ *ein gesättigter Kohlenwasserstoff* [< griech. *isos* „gleich" und *Butan*]

isochor ⟨[-kor] Adj., o.Steig.⟩ *gleiches Volumen aufweisend;* ~er Vorgang *Vorgang ohne Volumenänderung* [< griech. *isos* „gleich" und *chora* „Raum, Zwischenraum"]

isochrom ⟨[-krom] Adj., o.Steig.⟩ →*isochromatisch*

Isochromasie ⟨[-kro-] f., -, nur Sg.⟩ *bei fotograf. Schichten gleiche Empfindlichkeit gegenüber verschiedenen Wellenlängen des Lichts, Farbtonrichtigkeit* [< *isochromatisch*]

isochromatisch ⟨Adj., o.Steig.⟩ *gleich empfindlich gegenüber verschiedenen Lichtwellen, farbtonrichtig;* Syn. *isochrom* [< griech. *isos* „gleich" und *chroma,* Gen. *chromatos,* „Farbe"]

Isochrone ⟨[-kro-] f.11⟩ **1** *Verbindungslinie zwischen Orten, die bei einem Naturereignis (z.B. die Apfelblüte) zur gleichen Zeit auftrat* **2** ⟨auf Verkehrskarten⟩ *Verbindungslinie zwischen Orten, die man von einem Punkt aus in der gleichen Zeit erreichen kann* [< griech. *isos* „gleich" und *chronos* „Zeit"]

isocyclisch ⟨Adj.; in der Fügung⟩ ~e *Verbindung ringförmige, organisch-chemische Verbindung, deren Ring nur Kohlenstoffatome aufweist* [< griech. *isos* „gleich" und *cyclisch*]

Isogamie ⟨f., -, nur Sg.⟩ *Vereinigung von männlichen und weiblichen Geschlechtszellen gleicher Gestalt* [< griech. *isos* „gleich" und *gamein* „heiraten"]

Isoglosse ⟨f.11; auf Sprach- oder Mundartenkarten⟩ *Linie, die das Verbreitungsgebiet eines Wortes oder einer sprachlichen Erscheinung begrenzt* [< griech. *isos* „gleich" und *glossa* „Sprache, Wort, sprachlicher Ausdruck"]

Isogon ⟨n.1⟩ *regelmäßiges Vieleck* [< griech. *isos* „gleich" und *gonia* „Winkel"]

isogonal ⟨Adj., o.Steig.⟩ *gleichwinklig, winkelgetreu* [zu *Isogon*]

Isohyete ⟨f.11⟩ *Verbindungslinie zwischen Orten gleicher Niederschlagsmenge* [< griech. *isos* „gleich" und *hyetos* „Regen"]

Isohypse ⟨f.11⟩ →*Höhenlinie* [< griech. *isos* „gleich" und *hypsos* „Höhe"]

Isokephalie ⟨f., -, nur Sg.; Mal.⟩ *gleiche Kopfhöhe (mehrerer nebeneinanderstehender oder -sitzender Personen)* [< griech. *isos* „gleich" und *kephale* „Kopf"]

Isokline ⟨f.11⟩ *Verbindungslinie zwischen Orten gleicher Neigung der Magnetnadel* [< griech. *isos* „gleich" und *klinein* „neigen"]

Isolation ⟨f.10⟩ **1** *Vereinzelung, Vereinsamung, Absonderung, Getrennthaltung (von Infektions- oder Geisteskranken, Häftlingen)* **3** *Abdichtung gegen Strom, Gas, Wärme, Licht, Schall usw. mittels nichtleitender Stoffe* [zu *isolieren*]

Isolationismus ⟨m., -, nur Sg.⟩ *Bestreben (von Staaten), sich von politischen Auseinandersetzungen fernzuhalten, keine Bündnisse abzuschließen usw.*

isolationistisch ⟨Adj., o.Steig.⟩ *dem Isolationismus entsprechend, auf Isolationismus beruhend*

Isolator ⟨m.13⟩ *Stoff, der Strom, Schall, Wärme usw. schlecht oder nicht leitet*

Iso|lier|band ⟨n.4⟩ selbstklebendes Band zum Isolieren elektrischer Leitungen

iso|lie|ren ⟨V.3, hat isoliert⟩ **I** ⟨mit Akk.⟩ **1** etwas i. *gegen Strom, Wärme, Schall, Feuchtigkeit usw. abdichten;* Wände i.; elektrische Leitungen i.; ~de Sprachen *Sprachen, die keine Flexionsendungen bilden und die Beziehungen der Wörter untereinander nur durch die Wortstellung ausdrücken (z.B. das Chinesische)* **2** jmdn. i. *trennen, absondern, von andern getrennt halten;* Kranke, Häftlinge i. **II** ⟨refl.⟩ sich i. *sich absondern, Kontakte meiden;* sie hat sich von ihrer Umgebung völlig isoliert; am Ende stand er völlig isoliert da [< ital. *isolare* „absondern", eigtl. „zur Insel machen", zu *isola* < lat. *insula* „Insel"]

Iso|lie|rung ⟨f.10⟩ **1** → *Isolation* **2** *Absonderung von Kranken, die an einer Infektionskrankheit leiden*

Iso|li|nie ⟨f.11⟩ *Verbindungslinie zwischen Orten gleicher oder gleichzeitiger meteorologischer, physikalischer oder anderer Werte oder solcher, in denen die gleichen Erscheinungen gleichzeitig auftreten* [< griech. *isos* „gleich" und *Linie*]

iso|mer ⟨Adj., o.Steig.⟩ *von gleicher Zusammensetzung (hinsichtlich Art und Menge der einzelnen Elemente)* [< griech. *isos* „gleich" und *meros* „Teil"]

Iso|mer ⟨n.1⟩, **Iso|me|re** ⟨n.18⟩ *chemische Verbindung, die bei gleicher Anzahl gleichartiger Atome einer anderen gegenüber verschiedene Struktur besitzt* [zu *isomer*]

Iso|me|rie ⟨f., -, nur Sg.⟩ *unterschiedliches chemisches und physikalisches Verhalten wegen abweichender Anordnung der Teilchen trotz gleicher Anzahl gleichartiger Atome*

Iso|me|trie ⟨f., -, nur Sg.⟩ *Maßgleichheit, Längentreue, Gleichheit der Streckenverhältnisse (bei Landkarten, Abbildungen)* [< griech. *isos* „gleich" und *...metrie*]

iso|me|trisch ⟨Adj., o.Steig.⟩ *maßstabgerecht, längentreu;* ~es Training *Muskeltraining durch Anspannung ohne Bewegung* [zu *Isometrie* als Bez. für die Trainingsform, weil die Längenausdehnung des Muskels nicht verändert wird]

iso|morph ⟨Adj., o.Steig.⟩ *von gleicher Gestalt, von gleicher Kristallform* [< griech. *isos* „gleich" und *morphe* „Gestalt"]

Iso|pren ⟨n., -s, nur Sg.⟩ *ein ungesättigter Kohlenwasserstoff* [Kunstw.]

Iso|sei|ste ⟨f.11⟩ *Verbindungslinie zwischen Orten gleicher Erdbebenstärke* [< griech. *isos* „gleich" und *seistos* „erschütterbar, bewegbar"]

is|os|mo|tisch ⟨Adj., o.Steig.⟩ *den gleichen osmotischen Druck aufweisend;* Syn. *isotonisch* [< griech. *isos* „gleich"]

Iso|spin ⟨m.9⟩ *Drehimpuls (von Elementarteilchen, der bei starker Wechselwirkung auftritt* [< griech. *isos* „gleich" und *Spin*]

Iso|sta|sie ⟨f., -, nur Sg.⟩ *Gleichgewichtszustand großer Krustenteile der Erde* [< griech. *isos* „gleich" und *stasis* „das Stehen"]

Iso|therm ⟨Adj., o.Steig.⟩ *von gleicher Temperatur* [< griech. *isos* „gleich" und *thermos* „warm, heiß"]

Iso|ther|me ⟨f.11⟩ **1** *Verbindungslinie zwischen Orten gleicher Temperatur zur gleichen Zeit* **2** ⟨Phys.⟩ *Kurve gleicher Temperatur* [< griech. *isos* „gleich" und *therme* „Wärme"]

Iso|ther|mie ⟨f., -, nur Sg.⟩ **1** ⟨Meteor.⟩ *gleichbleibende Temperaturverteilung* **2** ⟨Med.⟩ *gleichbleibende (normale) Körpertemperatur* [zu *Isotherme*]

Iso|ton ⟨n.1⟩ *Atomkern, der mehr oder weniger Protonen, aber ebenso viele Neutronen enthält wie ein anderer* [< griech. *isos* „gleich" und *tonos* „Anspannung"]

iso|to|nisch ⟨Adj., o.Steig.⟩ → *isosmotisch* [< griech. *isos* „gleich" und *tonos* „Anspannung"]

iso|top ⟨Adj., o.Steig.⟩ *bei gleicher Kernladungszahl unterschiedliche Atommasse aufweisend* [→ *Isotop*]

Iso|top ⟨n.1⟩ *Atomkern, der im Vergleich zu andern die gleiche Ladung, aber unterschiedliche Masse aufweist* [< griech. *isos* „gleich" und *topos* „Ort"]

Iso|to|pie ⟨f., -, nur Sg.⟩ *isotope Beschaffenheit*

Iso|tron ⟨n., -s, -tro̱|ne⟩ *Gerät zur Isotopentrennung*

iso|trop ⟨Adj., o.Steig.⟩ *nach allen Richtungen des Raumes hin die gleichen physikalischen Eigenschaften aufweisend;* Ggs. *anisotrop* [< griech. *isos* „gleich" und *tropos* „Wendung, Richtung"]

Is|rae|li ⟨m., -(s), -(s)⟩ *Einwohner von Israel*

is|rae|lisch ⟨Adj., o.Steig.⟩ *den Staat Israel betreffend, zu ihm gehörig, aus ihm stammend*

Is|rae|lit ⟨[-ra|e-] m.10⟩ *Angehöriger des Volkes Israel*

is|rae|li|tisch ⟨[-ra|e-] Adj., o.Steig.⟩ *das Volk Israel betreffend, zu ihm gehörig, von ihm stammend*

Ist|auf|kom|men, Ist-Auf|kom|men ⟨n.7⟩ *tatsächlicher Steuerertrag*

Ist|be|stand, Ist-Be|stand ⟨m.2⟩ *tatsächlicher Bestand, tatsächlicher Warenvorrat;* Ggs. *Soll-Bestand*

isth|misch ⟨Adj., o.Steig.⟩ *zum Isthmus (bes. zum Isthmus von Korinth) gehörig, von ihm stammend*

Isth|mus ⟨m., -, -men⟩ *Landenge (bes. die von Korinth)*

Ist|stär|ke, Ist-Stär|ke ⟨f.11⟩ *tatsächliche zahlenmäßige Stärke (von Truppen o.ä. Einheiten);* Ggs. *Soll-Stärke*

it. ⟨Abk. für⟩ *item*

i.T. ⟨Abk. für⟩ *in (der) Trockenmasse oder Trockensubstanz*

Ita|la ⟨f., -, nur Sg.⟩ *in Italien entstandene, älteste lateinische Bibelübersetzung*

Ita|ler ⟨m.5; im Altertum⟩ *idg. Einwohner der Apennin-Halbinsel;* auch: *Italiker*

ita|lia|ni|sie|ren ⟨V.3, hat italianisiert; mit Akk.⟩ *nach italienischem Muster gestalten;* auch: *italienisieren*

Ita|lie|ner ⟨m.5⟩ **1** *Einwohner von Italien* **2** *eine bunte Hühnerrasse*

ita|lie|nisch ⟨Adj., o.Steig.⟩ *Italien betreffend, zu ihm gehörig, aus ihm stammend*

ita|lie|ni|sie|ren ⟨V.3, hat italienisiert⟩ → *italianisieren*

Ita|li|ker ⟨m.5⟩ → *Italer*

ita|lisch ⟨Adj., o.Steig.⟩ *zum antiken Italien gehörig, von ihm stammend*

Ita|lo... ⟨in Zus.⟩ *aus Italien stammend,* z.B. Italo-Rock, Italo-Western

item ⟨†; Abk.: it.⟩ **1** *desgleichen, ebenso* **2** *ferner* **3** *kurzum* [lat.]

Item ⟨n.9; geh.; †⟩ *zu erörternde Sache, das Weitere, ein fraglicher Punkt*

Ite|ra|ti|on ⟨f.10⟩ **1** ⟨Sprachw.⟩ *Verdoppelung, Wiederholung eines Wortes oder einer Silbe,* z.B. jaja **2** ⟨Math.⟩ *Lösungsverfahren für komplizierte mathematische Gleichungen, bei dem man sich durch schrittweises Ändern einer Variablen der exakten Lösung nähert (Rechenweise moderner Computer)* **3** ⟨Psych.⟩ *zwanghafte, ständige Wiederholung der stets gleichen Wörter und Sätze (bes. bei bestimmten Geisteskrankheiten)* [< lat. *iteratio,* Gen. *-onis,* „Wiederholung", zu *iterare* „wiederholen"]

ite|ra|tiv ⟨Adj., o.Steig.⟩ **1** *wiederholend, verdoppelnd* **2** ⟨Math.⟩ *schrittweise sich an die exakte Lösung annähernd*

Ite|ra|tiv ⟨n.1⟩, **Ite|ra|ti|vum** ⟨n., -s, -va⟩ → *Frequentativ(um)* [zu *Iteration*]

Iti|ne|rar ⟨n.1⟩, **Iti|ne|ra|ri|um** ⟨n., -s, -ri|en⟩ **1** *altrömisches Straßenverzeichnis* **2** *Karte mit den Routen der zurückgelegten Reisen, Kriegszüge u.ä.* **3** *Wegeaufnahme in unerforschtem Gebiet* [lat. *itinerarium,* „Wegbeschreibung", zu *iter* „Weg, Reise", zu *ire* „gehen"]

...itis ⟨in Zus., Med.⟩ *Entzündung* [wahrscheinlich aus der griech. Endung *...itis,* Fem. zur Endung *...ites,* „zu etwas gehörend, etwas betreffend", die immer in Verbindung mit dem Wort *nosos* „Krankheit" gebraucht wurde, also *...itis nosos* „...betreffende Krankheit"]

I-Tüp|fel|chen ⟨n.7⟩, **I-Tüp|ferl** ⟨n.14; bayr.-österr.⟩ *Punkt auf dem i; bis auf das I. sehr genau, bis in die letzte Einzelheit*

it|zo, itzt ⟨†⟩ *jetzt*

i.V., I.V. ⟨Abk. für⟩ *in Vertretung, In Vertretung* ⟨Großschreibung nach einem geschlossenen Text vor der Unterschrift⟩

Iwan ⟨m.9⟩ **1** ⟨Spitzname für⟩ *Russe, Sowjetsoldat* **2** ⟨nur Sg.⟩ *Gesamtheit der sowjetischen Soldaten*

Iwrith ⟨n., -(s), nur Sg.⟩ *Neuhebräisch (Amtssprache in Israel)*

J

J 1 ⟨abkürzendes Länderkennzeichen für⟩ *Japan* 2 ⟨Zeichen für⟩ *Jod* 3 ⟨Zeichen für⟩ *Joule*

ja ⟨Adv.⟩ **I** ⟨betont⟩; Ggs. *nein* 1 ⟨Ausdruck der Bejahung, Bestätigung, Zustimmung⟩ *so ist es, das ist wahr, ist richtig, auf jeden Fall;* „*Kommst du mit?*" „*Ja!*"; „*Gefällt dir das?*" „*Ja!*"; *zu allem ja und amen sagen stets zustimmen; zu etwas ja sagen einer Sache zustimmen* 2 ⟨bekräftigend⟩ *ja, gern; aber ja!; ja, natürlich* 3 ⟨mit Verneinung⟩ *auf keinen Fall; daß du mir ja nicht dorthin gehst!; komm mir ja nicht mit solchen Ausreden!* 4 ⟨nachgestellt bei rhetorischen Fragen⟩ *nicht wahr?; du wartest noch ein wenig, ja?* 5 ⟨als Drohung⟩ *unbedingt, ganz bestimmt; laß das ja bleiben!; sei ja vorsichtig!* 6 ⟨mit Bezug auf den vorangegangenen Satz oder Gedanken⟩ *allerdings; ja, das war schön!; ja, das wird eine Freude sein* **II** ⟨unbetont; meist verstärkend⟩ 1 ⟨als Begründung⟩ *doch, bekanntlich; das kennen wir ja schon von ihm; ich hab's mir ja gleich gedacht; die haben's ja* ⟨ugs.⟩ *die sind ausreichend mit Geldmitteln versehen* 2 ⟨Ausdruck des Erstaunens⟩ *tatsächlich;* da *kommt er ja; das hätte ich ja nicht gedacht* 3 ⟨meist mit „aber"⟩ *zwar; ich könnte ja, will aber nicht; es kann ja so sein, aber dennoch möchte ich nicht* 4 ⟨steigernd⟩ *sogar; ich verehre, ja liebe sie; er hat seine Sache gut, ja optimal gemacht* 5 ⟨als Überraschung, Zustimmung, Zweifel⟩ *wirklich, tatsächlich; das ist ja großartig*

Ja ⟨n.9⟩ *zustimmende, positive Antwort; mit Ja antworten; mit Ja stimmen; ein einstimmiges Ja*

Jab ⟨[dʒɛb] m.9; Boxen⟩ *hakenartiger Schlag aus kürzester Distanz* [engl.]

Jabo ⟨m.9; kurz für⟩ *Jagdbomber*

Jabot ⟨[ʒabo] n.9; 18.Jh.⟩ *Spitzenrüsche an Männerhemden, im Halsausschnitt von Männerwesten oder Frauenkleidern* [frz. *jabot* in ders. Bed. sowie „Kropf (des Vogels)"; Herkunft nicht belegt, aber verwandt mit *gave* „Kropf"]

Jacht ⟨f.10⟩ auch: *Yacht* 1 *schnelles Segelschiff für die Küstenfahrt* 2 *Sportsegelboot* 3 *luxuriös ausgestattetes Schiff für Vergnügungsfahrten* [verkürzt < mnddt. *jachtschip, jageschip,* zu *jacht* „Jagd", zu *jagen* „jagen, verfolgen"]

Jacke ⟨-k|k-; f.11⟩ *bis zur Taille oder Hüfte reichendes Oberbekleidungsstück für Frauen und Männer* (Strick~, Woll~, Leder~); *jmdm. die J. vollhauen jmdn. verhauen; jmdm. die J. vollügen jmdn. dreist belügen; das ist J. wie Hose das ist ganz gleich, das ist dasselbe, kommt auf dasselbe heraus*

Jäckel ⟨-k|k-; m.5; ugs.⟩ *dummer, einfältiger Mensch* [Verkleinerungsform des Vornamens *Jakob*]

Jackenkleid ⟨-k|k-; n.3⟩ *Kleid mit Jacke aus demselben Stoff*

Jacketkrone ⟨-k|k-; [dʒɛkit-] f.11⟩ *Zahnkrone, die den spitz zugeschliffenen erkrankten Zahn umhüllt* [< engl. *jacket* „Jacke", in der Technik „Mantel, Muffe", Ableitung von *jack* „ärmelloser Mantel"]

Jackett ⟨-k|k-; [ʒakɛt] n.9⟩ *Jacke (des Herrenanzugs)* [französisierende Verkleinerungsform zu frz. *jaque* „Männerrock"]

Jackstag ⟨[dʒæk-] n.1 oder n.9 oder 12⟩ *Gleitschiene zum Befestigen des Segels*

[< engl. *jack* „mechanische Vorrichtung" und *Stag*]

Jaconet, Jaconnet ⟨[dʒɛkənit] m.9⟩ *weicher, feinfädiger, glänzender Baumwollstoff für Futter* [engl., nach dem ind. Herstellungsort *Jagannāthpūrī*]

Jacquard ⟨[ʒakar] m.9⟩ 1 ⟨nur Sg.⟩ *kompliziertes Webmuster* 2 *Stoff mit diesem Muster* [nach dem frz. Erfinder des Musters und des zu seiner Herstellung nötigen Webstuhls, Joseph-Marie *Jacquard*]

Jade ⟨m., -, nur Sg.; Sammelbez. für⟩ *Jadeit und Nephrit* [verkürzt < span. *piedra de ijada* „Lendenstein", zu *ijada* „Flanke, Seite, Leiste, Lende"; Jade galt bis ins 18.Jh. als Heilmittel gegen Krankheiten der Lendengegend, z.B. der Nieren, daher auch *Nephrit* „Nierenstein"]

jadegrün ⟨Adj., o.Steig.⟩ *blaßgrün wie Jade*

Jadeit ⟨m., -s, nur Sg.⟩ *grünliches Mineral*

Jagd ⟨f.10⟩ 1 *Aufsuchen, Verfolgen, Erlegen oder Fangen von Tieren; auf die J. gehen* 2 ⟨kurz für⟩ *Jagdrevier; staatseigene J.; eine J. haben* 3 *rasche, heftige Verfolgung von etwas; J. nach dem Geld; J. auf etwas machen* 4 ⟨auch⟩ *Gruppe von Jägern; die J. bricht auf; die J. ritt vorüber*

jagdbar ⟨Adj., o.Steig.⟩ *so beschaffen, daß es gejagt werden kann (mit durch Gesetz geregelten Abschuß- und Schonzeiten);* ~*es Wild*

Jagdbomber ⟨m.5⟩ *kombiniertes Jagd- und Bombenflugzeug;* auch: ⟨kurz⟩ *Jabo*

Jagdfieber ⟨n., -s, nur Sg.⟩ 1 *Erregung, fieberhafter Eifer bei der Jagd* 2 ⟨übertr.⟩ *Erregung beim Verfolgen eines Ziels*

Jagdflieger ⟨m.5⟩ *jmd., der ein Jagdflugzeug fliegt*

Jagdflugzeug ⟨n.1⟩ *schneller und wendiger Flugzeugtyp zur Bekämpfung von Feindflugzeugen;* Syn. *Jäger*

Jagdfrevel ⟨m.6⟩ →*Jagdvergehen*

Jagdgewehr ⟨n.1⟩ *Handfeuerwaffe zum Erlegen jagdbarer Tiere*

Jagdgrund ⟨m.2⟩ *Jagdrevier; die ewigen Jagdgründe* ⟨nach der Vorstellung der nordamerikanischen Indianer⟩ *das Jenseits; in die ewigen Jagdgründe eingehen sterben; in die ewigen Jagdgründe schicken jmdn. töten*

Jagdhorn ⟨n.4⟩ 1 *Signalinstrument für Jagdsignale* 2 ⟨Mus.⟩ *Blasinstrument ähnlich dem Waldhorn*

Jagdhund ⟨m.1⟩ *Gebrauchshund für die Jagd*

jagdlich ⟨Adj., o.Steig.⟩ *die Jagd (1) betreffend; ein j. interessantes Gebiet; der Hund ist j. gut*

Jagdrennen ⟨n.7⟩ *Hindernisrennen für Pferde;* Syn. *Steeplechase*

Jagdrevier ⟨n.1⟩ *zusammenhängendes Gebiet, in dem die Jagd ausgeübt werden darf;* auch: *Jagd (2)*

Jagdschein ⟨m.1⟩ *behördliche Erlaubniskarte zur Ausübung der Jagd*

Jagdsignal ⟨n.1⟩ *(mit dem Horn gegebenes) Signal zur Verständigung der Jäger und Treiber untereinander*

Jagdspringen ⟨n.7⟩ →*Springreiten*

Jagdstock ⟨m.2⟩ *Stock (mit Krücke), an dem sich eine einfache Sitzvorrichtung herunterklappen läßt;* Syn. *Jagdstütze*

Jagdstück ⟨n.1⟩ 1 *Stilleben mit erlegtem Wild* 2 *gemalte Jagdszene*

Jagdstütze ⟨f.11⟩ →*Jagdstock*

Jagdvergehen ⟨n.7⟩ *Vergehen gegen das Jagdrecht;* Syn. *Jagdfrevel*

Jagdwagen ⟨m.7⟩ 1 *leichter, hoch gebauter Kutschwagen* 2 *kleines, geländegängiges Kraftfahrzeug*

Jagdwurst ⟨f.2⟩ *Brühwurst aus grob zerkleinertem Fleisch und Speckwürfeln*

Jagdzeit ⟨f.10⟩ *durch Verordnung festgelegter Zeitabschnitt, in dem eine Wildart gejagt werden darf*

Jagellone ⟨m.17⟩ *Angehöriger einer polnisch-litauischen Königsdynastie;* auch: *Jagiellone*

jagen ⟨V.1⟩ **I** ⟨mit Akk.; hat gejagt⟩ 1 *schnell verfolgen und zu fangen suchen; der Hund jagt einen Hasen; einen Flüchtling j.; damit kannst du mich j.* ⟨ugs.⟩ *das mag ich gar nicht; ein gejagter Mensch ein ruheloser, von Unruhe umhergetriebener Mensch* 2 *treiben; Tiere in den Stall j.; jmdn. aus dem Haus j. jmdm. grob verbieten, das Haus wieder zu betreten; jmdm. eine Spritze in den Arm j.* ⟨ugs.⟩ *jmdm. schnell und gleichgültig eine Spritze in den Arm geben; sich eine Kugel in den Kopf j. sich erschießen* **II** ⟨o.Obj.⟩ 1 ⟨hat gejagt⟩ *Jagd betreiben, auf die Jagd sein; er jagt gern; er jagt oft hier in den Wäldern* 2 ⟨ist gejagt⟩ *sehr schnell, sehr eilig laufen, rennen; zum Bahnhof j.* 3 ⟨ist gejagt⟩ *sich rasch fortbewegen; Wolken j. über den Himmel* **III** ⟨mit Präp.obj.; hat gejagt⟩ *nach etwas j. etwas unbedingt und schnell haben wollen; nach Ruhm j.; er jagt nach dem Geld und vergißt dabei das Leben*

Jagen ⟨n.7⟩ *(durch Höhenrücken, Gräben, Schneisen oder Straßen von seiner Umgebung getrennter) in sich geschlossener Waldbezirk*

Jäger ⟨m.5⟩ 1 *jmd., der auf die Jagd geht;* Syn. ⟨volkstüml.⟩ *Jägersmann* 2 ⟨Völkerk.⟩ *jmd., der von den Erträgnissen der Jagd lebt* 3 ⟨Pl.⟩ (urspr. *aus Forstpersonal rekrutierte) Truppe für besondere Zwecke* (Gebirgs~, Panzer~) 4 *Angehöriger dieser Truppe* 5 →*Jagdflugzeug*

Jägerei ⟨f., -, nur Sg.⟩ 1 *das Jagen* 2 *Gesamtheit der Jäger*

Jägerlatein ⟨n., -s, nur Sg.⟩ *Erzählung von stark übertriebenen Jagdabenteuern*

Jägersmann ⟨m., -(e)s, -leute⟩ volkstüml.⟩ →*Jäger (1)*

Jägersprache ⟨f.11⟩ *Fach- und Sondersprache der Jäger*

Jagiellone ⟨[-gja-] m.17⟩ →*Jagellone*

Jaguar ⟨m.1⟩ *amerikanische Großkatze (im Unterschied zum ähnlichen Leopard mit dunkel gekernten Fellflecken)* [< Tupi *jaguara,* Guarani *jaguar* in ähnlichen Namen in den verschiedenen südamerikanischen Indianersprachen]

jäh ⟨Adj.⟩ 1 *plötzlich, unerwartet; ein* ~*er Sturz; ein* ~*er Tod; j. aufspringen* 2 *steil abfallend; ein* ~*er Abgrund; j. nach unten*

Jähe, Jähheit ⟨f., -, nur Sg.⟩ 1 *Plötzlichkeit* 2 *Steilheit*

jählings ⟨Adv.; geh.⟩ 1 *plötzlich, jäh; j. aufbrechen* 2 *steil; j. in die Tiefe*

Jahr ⟨n.1⟩ 1 *Zeitraum eines Umlaufs der Erde um die Sonne, Zeitraum von zwölf Monaten oder 365 Tagen; die sieben fetten, mageren* ~ ⟨biblisch⟩ *gute, schlechte Zeiten; das J.* ~ *geht zu Ende, neigt sich dem Ende zu; ein gutes, erfolgreiches J.; ein halbes J. sechs Monate; das neue J.; auf* ~*e hinaus für lange*

Zeit; J. für J. *jedes Jahr*; für ~e *für lange Zeit*; im ~e ⟨Abk.: i.J.⟩ *1970*; (des) *laufenden* ~es ⟨Abk.: l.J.⟩; *nächsten* ~es ⟨Abk.: n.J.⟩; *mit den* ~en *mit der Zeit*; *nach, vor langer Zeit*; *ohne J.* ⟨Abk.: o.J.; *in bibliographischen Angaben*⟩ *ohne Angabe des Erscheinungsjahres*; *seit* ~en; *jedes J. wieder*; *seit J. und Tag seit sehr langer Zeit*; *übers J. ein J. später*; *von J. zu J. über einen langen Zeitraum hinweg*; *vor* ~en *vor langer Zeit* **2** *Lebensjahr*; *20* ~e *alt sein*; *eine Frau von 30* ~en; *Kinder ab 6* ~en; *Schüler bis zu 18* ~en; *für seine 70* ~e *ist er noch rüstig für sein Alter*; *viele* ~e *auf dem Buckel haben* ⟨ugs.⟩ *alt sein*; *die Bürde, Last der* ~e haben ⟨geh.⟩ *das Alter*; *er ist schon hoch an* ~en ⟨geh.⟩ *alt*; *er ist noch jung an* ~en ⟨geh.⟩ *jung*; *in die* ~e *kommen alt werden*; *in den besten* ~en *sein* ⟨ugs.⟩ *zwischen 40 und 60 Jahre alt sein*; *in der Blüte der* ~e *in der Jugend*; *er ist um* ~e *gealtert er ist sehr schnell alt geworden*
jahr|aus ⟨Adv.; nur in der Wendung⟩ *j.*, *jahrein jedes Jahr, immer wieder*
Jahr|buch ⟨n.4⟩ *jährlich erscheinendes Buch mit Beiträgen zu einem bestimmten Gebiet*
jah|re|lang ⟨Adj., o.Steig.⟩ *über einen Zeitraum von einem oder mehreren Jahren*; *wir haben uns j. nicht mehr gesehen*; *das kann noch j. dauern*
jäh|ren ⟨V.1, hat gejährt; refl.⟩ *sich j.* **1** *zum ersten Mal wiederkehren*; *heute jährt sich der Tag, an dem ... ein Jahrestag haben*; *sein Unfall jährt sich nun schon zum dritten Mal* **3** ⟨unpersönl., mit „es", in Wendungen wie⟩ *heute jährt es sich zum fünften Mal, daß ... heute vor fünf Jahren geschah es, daß ...*
Jah|res|abon|ne|ment ⟨[-mā] n.9⟩ *Abonnement für ein Jahr*
Jah|res|ab|schluß ⟨m.2⟩ *Bilanz am Ende eines Geschäftsjahres*; Syn. Jahresbilanz
Jah|res|be|richt ⟨m.1⟩ *Bericht über ein abgeschlossenes Geschäfts- oder Schuljahr*
Jah|res|bi|lanz ⟨f.10⟩ → Jahresabschluß
Jah|res|durch|schnitt ⟨m., -(e)s, nur Sg.⟩ *für ein Jahr berechneter Durchschnitt*
Jah|res|ein|kom|men ⟨n.7⟩ *Einkommen innerhalb eines Jahres*
Jah|res|fei|er ⟨f.11⟩ *jährlich stattfindende Feier (zum Gedenken an ein Ereignis)*
Jah|res|ring ⟨m.1⟩ **1** *auf dem Querschnitt eines Baumstamms erkennbare Schicht, die zusammen mit anderen ein jährlich wachsendes System von konzentrischen Ringen bildet*; Syn. Flader **2** *Rillen an den Krickeln der Gemse und an den Feldern des Schildkrötenpanzers*
Jah|res|tag ⟨m.1⟩ *alljährlicher Gedenktag*; *am J. dieses Ereignisses*; *wir feiern heute den zehnten J. unserer Bekanntschaft*
Jah|res|wech|sel ⟨m.5⟩, **Jah|res|wen|de** ⟨f.11⟩ *Beginn eines neuen Jahres*
Jah|res|zahl ⟨f.10⟩ *Zahl eines Jahres in der Zeitrechnung, bes. eines historisch bedeutsamen Jahres*; ~en *lernen*
Jah|res|zeit ⟨f.10⟩ *jeder der vier Zeitabschnitte Frühling, Sommer, Herbst und Winter*
jah|res|zeit|lich ⟨Adj., o.Steig.⟩ *die Jahreszeit betreffend, auf der Jahreszeit, auf den Jahreszeiten beruhend*; *der* ~e *Wechsel der Witterung*
Jahr|fünft ⟨n.1⟩ *Zeitraum von fünf Jahren*
Jahr|gang ⟨m.2; Abk.: Jg., Pl.: Jgg.⟩ **1** *mit andern zusammen in einem Jahr geborene Person*; *ich bin J. 39*; *die älteren, jüngeren Jahrgänge*; *wir beide sind der gleiche J.*; *einen J. zum Wehrdienst einziehen* **2** *Wein aus einem (bestimmten) Jahr*; *der 59er J. war ein Jahrhundertwein*; *Wein des* ~s *1982* **3** *Gesamtheit der in einem Jahr erschienenen Nummern (einer Zeitschrift)*; *zwei Jahrgänge einer Zeitschrift in der Bibliothek bestellen* **4** *Gesamtheit der in einem Jahr herausgebrachten Erzeugnisse (bestimmter Art)*

Jahr|gän|ger ⟨m.5; schweiz.⟩ *jmd., der dem gleichen Geburtsjahrgang angehört*
Jahr|hun|dert ⟨n.1; Abk.: Jh.⟩ *Zeitraum von hundert Jahren vom Jahr ...00 bis zum Jahr ...99 der betreffenden Hundertzahl*; *das 17.J. Zeitraum von 1600 bis 1699*; *der größte Bankraub des* ~s
Jahr|hun|dert|fei|er ⟨f.11⟩ *Feier, die alle hundert Jahre zum Gedenken an ein Ereignis stattfindet*; vgl. Hundertjahrfeier
Jahr|hun|dert|wein ⟨m.1⟩ *ganz bes. guter Wein (den es nur einmal oder nur ganz selten in einem Jahrhundert gibt)*
jäh|rig ⟨Adj., o.Steig.; †⟩ *ein Jahr alt, ein Jahr her, ein Jahr dauernd*; *ein* ~es *Lamm*
...jäh|rig (in Zus.) *eine bestimmte oder unbestimmte Zahl von Jahren alt oder dauernd*, *z.B.* vierjährig, mehrjährig, langjährig
jähr|lich ⟨Adj., o.Steig.⟩ *jedes Jahr stattfindend, sich wiederholend*; ~e *Versammlung*; ~er *Beitrag*
...jähr|lich (in Zus.) *nach einer bestimmten Anzahl von Jahren wiederkehrend, sich wiederholend*, *z.B.* zweijährlich, fünfjährlich
Jähr|ling ⟨m.1⟩ *Haustier (bes. Pferd) im zweiten Lebensjahr* [zu *Jahr*]
Jahr|markt ⟨m.2⟩ *jährlich oder mehrmals jährlich stattfindender Markt mit Verkaufs- und Schaubuden, Schaustellern u.ä.*
Jahr|mil|li|on ⟨Pl.⟩ *Millionen von Jahren*
Jahr|tau|send ⟨n.1⟩ *Zeitraum von tausend Jahren*; vgl. Jahrhundert
Jahr|tau|send|fei|er ⟨f.11⟩ *Feier, die alle tausend Jahre zum Gedenken an ein Ereignis stattfindet*; vgl. Tausendjahrfeier
Jahr|wei|ser ⟨m.⟩ *Kalender*
Jahr|zehnt ⟨n.1⟩ *Zeitraum von zehn Jahren*
jahr|zehn|te|lang ⟨Adj., o.Steig.⟩ *über einen Zeitraum von mehreren Jahrzehnten*; *es hat j. gedauert, bis ...*
Jah|we ⟨im AT Bez. für⟩ *Gott*
Jah|wist ⟨m., -en, nur Sg.⟩ *der J. der unbekannte Verfasser des erzählenden Quellenwerks im Pentateuch*
Jäh|zorn ⟨m., -s, nur Sg.⟩ *plötzlicher, unbeherrschter Zorn*; *im J. jmdn. erschlagen*
jäh|zor|nig ⟨Adj.⟩ *dazu neigend, plötzlich sehr zornig zu werden*; *ein* ~er *Mensch*; *er ist j.*; *er wird schnell und plötzlich zornig*
Jai|na ⟨[dʒai-] m.9⟩ → Dschaina
Jai|nis|mus ⟨[dʒai-] m., -, nur Sg.⟩ → Dschainismus
Jak ⟨m.9⟩ *langhaariges Rind des Himalajagebietes*; auch: Yak; Syn. ⟨†⟩ Grunzochse [< tibet. *djag, gjak* in ders. Bed.]
Ja|ka|ran|da|holz ⟨n.4⟩ *brasilianischer Palisander* [< Tupi *yacarandá* in ders. Bed.]
Ja|ko ⟨m.9; ugs.⟩ *Graupapagei* [< frz. *Jacquot*, einer (alten) Koseform zu *Jacques*]
Ja|kob ⟨m.; in der ugs. Wendung⟩ *das ist (auch) nicht der wahre J. das ist (auch) nicht das Richtige, nicht die beste Lösung* [entweder *nach dem Apostel Jakobus d.Ä.* (weil dessen Grabstätte umstritten ist oder weil er angeblich wirksamere Hilfe leistet als andere Heilige seines Namens), oder nach dem biblischen *Jakob, der sich für seinen Bruder Esau ausgab* (1. Buch Mosis, 27,6 ff.)]
Ja|kobs|lei|ter ⟨f.11⟩ **1** *(nach biblischer Überlieferung) von Jakob im Traum erblickte Leiter in den Himmel* **2** ⟨Seew.⟩ *Strickleiter mit Holzprossen* **3** ⟨Bot.⟩ *weiß blühende Staude, Sperrkrautgewächs*
Ja|kobs|stab ⟨m.2⟩ *altes Meßinstrument zum Bestimmen der Höhe von Gestirnen und der Winkel zwischen ihnen*; Syn. Kreuzstab
Jak|ta|ti|on ⟨f.10⟩ *Unruhe (von Kranken im Bett)* [< lat. *iactatio*, Gen. *-onis*, „das Hinundherwerfen"]
Ja|ku|te ⟨m.11⟩ *Angehöriger eines sibirischen Turkvolkes*
Ja|la|pe ⟨f.11⟩ *tropische Winde, aus deren Wurzel ein Abführmittel gewonnen wird* [nach der mexikanischen Stadt *Jalapa Enríquez*]

Ja|lon ⟨[ʒalõ] m.9; Vermessungswesen⟩ *Absteckpfahl, Richtfähnchen* [frz.]
Ja|lou|sette ⟨[ʒaluzɛt] f.11⟩ *Jalousie aus Leichtmetall- oder Kunststofflamellen* [französisierende Verkleinerungsform zu *Jalousie*]
Ja|lou|sie ⟨[ʒalu-] f.11⟩ *äußerer Fenstervorhang aus dachziegelartig übereinanderliegenden Brettchen* [< frz. *jalousie*, „Eifersucht, Jalousie", < ital. *gelosia* in denselben Bed.; die Entwicklung von „Eifersucht" zu „Fenstervorhang" ist nicht geklärt, man vermutete den Grund in der Beschaffenheit des Vorhangs, der bei bestimmter Stellung der Brettchen den Blick von innen nach außen freigibt, von außen nach innen aber verhindert]
Ja|mai|ka|ner ⟨m.5⟩ *Einwohner von Jamaika*; auch: Jamaiker
ja|mai|ka|nisch ⟨Adj., o.Steig.⟩ *Jamaika betreffend, zu ihm gehörig, aus ihm stammend*; auch: jamaikisch
Ja|mai|ker ⟨m.5⟩ → Jamaikaner
ja|mai|kisch ⟨Adj., o.Steig.⟩ → jamaikanisch
Jam|ben ⟨Pl. von⟩ Jambus
jam|bisch ⟨Adj., o.Steig.⟩ *in Jamben*; ~er *Vers*
Jam|bo|ree ⟨[dʒæmbəri] n.9⟩ **1** *internationales Pfadfindertreffen* **2** *geselliges Zusammensein mit unterhaltendem Programm* [< engl. *jamboree*, „Zechgelage, lärmendes Fest", zu *jam(b)* „Gedränge, Gewühl"]
Jam|bus ⟨m., -, -ben⟩ *Versfuß aus einer unbetonten und einer betonten Silbe (∪ –)*; auch: Iambus [< griech. *iambos* in ders. Bed.]
Jam|mer ⟨m., -s, nur Sg.⟩ **1** *Wehklage*; *es gab einen großen J.*; *Heulen und Geschrei waren die Folge* **2** *Schmerz, Verzweiflung*; *in seinen Augen lag der ganze J. einer mißhandelten Kreatur*; *ihr J. um die verlorenen Sachen war groß*; *er bot ein Bild des* ~s **3** *schlimme Sache, schlimmer Zustand*; *es ist ein J., daß ... es ist sehr schade*; *es ist ein großer J., daß ... es ist schlimm*
Jam|mer|ge|stalt ⟨f.10⟩ **1** *abgemagerte, zerlumpte, elende Gestalt* **2** *jmd., der infolge seines jämmerlichen Äußeren bedauernswert ist* **3** ⟨ugs.⟩ *feiger, nicht leistungsfähiger Mensch*
Jam|mer|lap|pen ⟨m.7; ugs.⟩ *Feigling, jämmerlicher Mensch*
jäm|mer|lich ⟨Adj.⟩ **1** *voller Jammer, kläglich*; ~es Weinen **2** *elend, unglücklich*; *sich in einem* ~en *Zustand befinden*; *j. umkommen* **3** *dürftig, ärmlich*; *eine* ~e *Behausung*; *er bekommt dafür ein* ~es *Gehalt* **4** *verachtenswert*; *ein* ~es *Verhalten* **5** ⟨als Adv.; ugs.⟩ *sehr, unmäßig*; *es ist j. kalt, langweilig*
Jäm|mer|ling ⟨m.1; ugs.⟩ *Feigling, Schwächling*
jam|mern ⟨V.1, hat gejammert⟩ **I** ⟨o.Obj.⟩ **1** *kläglich schreien, Wehlaute ausstoßen*; *der Verletzte jammerte schrecklich* **2** *seinem Kummer, seinen Sorgen in klagenden Worten Ausdruck geben*; *sie muß immer j.*; *sie jammert ständig, das die Arbeit zu viel sei*; *sie jammert dauernd über irgend etwas*; *sie jammert um ihr Geld sie beklagt den Verlust ihres Geldes* **II** ⟨mit Präp.obj.⟩ *nach etwas j. klagend, weinend nach etwas verlangen*; *die Kinder j. nach der Mutter*; *die jungen Katzen j. nach Nahrung* **III** ⟨mit Akk.⟩ *jmdn. j. jmds. Mitleid erregen*; *er jammert mich in seinem Unglück*; *es kann einen j., wenn man sieht, wie ... es kann einem leid tun*
jam|mer|scha|de ⟨Adj., o.Steig.; nur mit „sein"⟩ *sehr schade, sehr bedauerlich*; *es ist j., daß ...*
Jam|mer|tal ⟨n., -(e)s, nur Sg.⟩ *Ort des Unglücks*, ⟨bes.⟩ *die Welt (als Ort des Unglücks verstanden)*; *die Erde ist ein J.*; *hier in diesem J.*
jam|mer|voll ⟨Adj.⟩ *trostlos, jämmerlich*; *sich in einem* ~en *Zustand befinden*; *ein* ~es *Geschrei*

Jams ⟨n., -, -⟩ auch: *Yams* **1** *eine tropische Kletterpflanze* **2** *deren Wurzel als Nahrungsmittel* [< frühnhd. *ignames*, ital. *igname*, span. *ñame*, < port. *inhame*, < westafrik. *niambi* „Knollenfrucht"]

Jam-Ses|sion ⟨[dʒɛmsɛʃn] f.9⟩ *Zusammenkunft von Jazzmusikern zum freien Improvisieren ohne vorherige Arrangements und ohne Publikum* [< engl. *to jam* in der Sprache der Jazzmusiker „frei improvisieren", eigtl. „Signale aussenden und dadurch Radiosender stören, einklemmen" (zu *jam* „Gedränge"), und *session* „Sitzung"]

Jan. ⟨Abk. für⟩ *Januar*

Ja|ni|tschar ⟨m.10; 1329–1826⟩ *Angehöriger der ehemaligen türkischen, aus christlichen Kriegsgefangenen und ihren Nachkommen gebildeten Kerntruppen* [< türk. *yeni* „neu, frisch" und *qeri* „Truppe, Schar"]

Ja|ni|tscha|ren|mu|sik ⟨f.10⟩ *türkische Militärmusik mit Trommel, Triangel, Becken, Schellenbaum*

Jan|ker ⟨m.5⟩ *bayerische Trachtenjacke* [vielleicht zu *Jacke*]

Jän|ner ⟨m.5; österr. Form von⟩ *Januar*

Jan|se|nis|mus ⟨m., -, nur Sg.; im 17./18. Jh. in der kath. Kirche Frankreichs⟩ *eine hinsichtlich der Prädestination von der Lehre der Jesuiten abweichende Richtung* [nach C. *Jansen*, latinisiert: *Jansenius*]

Jan|se|nist ⟨m.10⟩ *Anhänger des Jansenismus*

Ja|nu|ar ⟨m., -(s), -; Abk.: Jan.⟩ *erster Monat des Jahres;* Syn. ⟨österr.⟩ *Jänner* [< lat. *mensis Ianuarius* „dem Janus geweihter Monat", nach *Ianus*, dem altröm. Gott des Anfangs, des Ein- und Ausgangs, der Durchgänge und Tore, des Jahres und der Zeit]

Ja|nus|kopf ⟨m.2⟩ *Männerkopf mit Doppelgesicht* [nach *Ianus*, dem röm. Gott des Ein- und Ausgangs]

ja|pa|nisch ⟨Adj., o.Steig.⟩ *aus Japan stammend, Japan betreffend;* ~e *Gärten*

Ja|pa|no|lo|gie ⟨f., -, nur Sg.⟩ *Wissenschaft von der japanischen Sprache und Kultur*

Ja|pan|pa|pier ⟨n.17⟩ *aus dem japanischen Papiermaulbeerbaum hergestelltes, weiches, sehr festes, seidiges Papier*

Ja|phe|tit ⟨m.10⟩ *Angehöriger einer angeblich von Japhet (Sohn Noahs) abstammenden Volksgruppe*

ja|phe|ti|tisch ⟨Adj., o.Steig.⟩ *von Japhet abstammend;* ~e *Sprachen zu einer hypothetischen Sprachfamilie gehörige Sprachgruppe, der die Etruskisches, Baskische und einige andere Sprachgruppen angehören*

Ja|pon ⟨[ʒapɔ̃] m.9⟩ *französische Rohseide* [frz. „Japan"]

jap|pen ⟨V.1, hat gejappt; o.Obj.⟩ *mit heraushängender Zunge schnell atmen (bes. nach langem Lauf);* der Hund jappt

Japs ⟨m.10; ugs., abwertend für⟩ *Japaner*

jap|sen ⟨V.1, hat gejapst; o.Obj.⟩ *nach Luft schnappen, schnell und heftig atmen (bes. nach oder bei schnellem Laufen);* ich habe vielleicht gejapst (ugs.); *ich habe mich ungeheuer beeilt, bis ich außer Atem war*

Jar|di|nie|re ⟨[ʃardinjɛrə] f.11⟩ *Schale oder Korb für Blumen oder Blattpflanzen mit Wurzeln* [< frz. *jardinière* „Gärtnerin; Blumentischchen"]

Jar|gon ⟨[ʒargɔ̃] m.9⟩ *Ausdrucksweise einer sozialen oder beruflichen Gruppe;* Syn. *Argot* [frz. *jargon* in ders. Bed., altfrz. *jargon* „unverständliche, fremde Sprache", auch „Vogelsprache, Gezwitscher", < galloroman. *gargone*, *gargonis* „Geschwätz", eigtl. „mit der Kehle hervorgebrachtes Geräusch"]

Jarl ⟨m.9; im MA in Skandinavien⟩ *vom König eingesetzter Statthalter* [altnord.]

ja|ro|wi|sie|ren ⟨V.3, hat jarowisiert; mit Akk.⟩ → *vernalisieren* [russ.]

Ja|sa|ger ⟨m.5; abwertend⟩ *jmd., der stets ja sagt, der keine eigene Meinung hat*

Jas|min ⟨m.1⟩ *Zierstrauch mit stark duftenden Blüten;* Echter J., Falscher J., Gelber J. [über das Arab. < pers. *yāsamīn*, *yāsaman* in ders. Bed.]

Jas|pis ⟨m., - oder -es, - oder -se⟩ *Abart des Chalzedons, Schmuckstein* [< griech. *iaspis,* < hebr. *jãšəpã*; Weiteres nicht bekannt]

Jaß ⟨m., Jas|ses, nur Sg.⟩ *ein schweizerisches Kartenspiel*

jas|sen ⟨V.1, hat gejaßt; o.Obj.⟩ *Jaß spielen*

Ja|ta|gan ⟨auch [-gan] m.1⟩ *orientalischer Krummsäbel* [türk.]

jä|ten ⟨V.2, hat gejätet; mit Akk.⟩ **1** *(mit der Wurzel) ausreißen;* Unkraut j. **2** *von Unkraut befreien;* Gartenwege j.

Jau|che ⟨f.11⟩ *mit Wasser verdünntes Gemisch aus Tierkot, Harn und feinen Streuanteilen,* Syn. ⟨schweiz., südwestdt.⟩ *Gülle,* ⟨bayr.-österr.⟩ *Odel* [< poln., sorb. *jucha* „Brühe, Jauche"]

jau|chen ⟨V.1, hat gejaucht⟩ **I** ⟨mit Akk.⟩ *mit Jauche begießen, mit Jauche düngen;* das Feld, den Acker j. **II** ⟨o.Obj.⟩ *eine übelriechende, dicke Flüssigkeit absondern;* die Wunde jaucht

Jau|chert ⟨m.1; schweiz.⟩ → *Juchart*

jau|chig ⟨Adj., o.Steig.⟩ **1** *voller Jauche;* ein ~er Feldweg **2** *nach Jauche riechend, übelriechende Flüssigkeit absondernd;* ~e Wunde; ~es Geschwür

jauch|zen ⟨V.1, hat gejauchzt; o.Obj.⟩ **1** *einen Jubelruf ausstoßen;* auch ⟨ugs.⟩: juchzen **2** *kurze, helle, fröhliche Schreie ausstoßen;* der Säugling jauchzt

Jauch|zer ⟨m.5⟩ *Freudenruf*

jau|len ⟨V.1, hat gejault; o.Obj.⟩ **1** *laut winseln, heulen;* der Hund jault **2** ⟨ugs.⟩ *sich anhaltend (über etwas) beklagen;* er jault ständig, er werde benachteiligt **3** *ein heulendes Geräusch von sich geben;* der Motor jault

Jau|se ⟨f.11; österr.⟩ **1** *Zwischenmahlzeit (bes. am Nachmittag)* **2** *dabei verzehrter Imbiß* [< poln. mundartl. *juzyna*, „Vesper", slowen. *užina* „Mittagessen", bulgar. *južina* „Abendessen", zu russ. *južnyj* „südlich", zu *jug* „Süden", urspr. aus „Mittagsmahlzeit"]

jau|sen ⟨V.1, hat gejaust; o. Obj.; österr.⟩ *die Jause einnehmen*

Ja|va|ner ⟨m.5⟩ *Einwohner von Java*

ja|va|nisch ⟨Adj., o.Steig.⟩ *Java betreffend, zu ihm gehörig, aus ihm stammend*

ja|wohl ⟨Adv.; verstärkend⟩ *ja*

Ja|wort ⟨n.1; meist Sg.; nur in der Wendung⟩ jmdm. das J. geben *in eine Heirat einwilligen*

Jazz ⟨[dʒɛz] m., -, nur Sg.⟩ *aus kultischen Tanz- und Arbeitsliedern der nordamerikanischen Neger hervorgegangener, von der Musik der Weißen beeinflußter Musizierstil* [im amerik. Slang bedeutet *jazz* außer dem Musizierstil auch „Animiertheit, Schmiß, Schwung" sowie „Geschlechtsverkehr", als Adjektiv „animalisch, aufreizend"; dies deutet auf die Rhythmik und Dynamik dieser Musik hin, es ist jedoch nicht sicher, ob das Wort aus dem amerik. Slang stammt oder ob es seinen Ursprung im Negerjargon hat und auf die Musik übertragen wurde]

Jazz|band ⟨[dʒɛzbɛnd] f.9⟩ *Jazzkapelle*

jaz|zen ⟨V.1, hat gejazzt; ugs.⟩ *Jazzmusik spielen, nach Jazzmusik tanzen*

Jaz|zer ⟨[dʒɛzər], ugs. auch [jatsər] m.5⟩ *Jazzmusiker, Jazzkomponist*

Jazz|fan ⟨[dʒɛzfɛn] m.9⟩ *begeisterter Anhänger des Jazz*

Jazz|kel|ler ⟨[dʒɛz-] m.5⟩ *Lokal, in dem Jazz gespielt wird (Jazz wurde anfangs bes. in Kellerlokalen gespielt)*

je¹ ⟨Adv.⟩ **1** *jemals, irgendwann;* wer hätte das je gedacht?; *es ist schlimmer denn je* **2** ⟨in den Wendungen⟩ seit je, seit schon immer, von jeher; je und je *ab und zu, manchmal* **II** ⟨Num., Distributivzahl⟩ *jedes, jede(r), jedes für sich; jeweils;* Gruppen zu je fünf Personen; von diesen Medikamenten je zwei Löffel voll; die Wagen haben je vier Sitze **III** ⟨Präp. mit Akk.⟩ *für jede(n), für jedes;* die Kosten je Tag betragen 100 DM; je Person, je Teilnehmer **IV** ⟨Konj.⟩ **1** ⟨zusammen mit „desto" als Verbindung von zwei Komparativen⟩ je schöner es wird, desto länger bleiben wir; je eher, je lieber **2** ⟨in der Fügung⟩ je nachdem *es kommt darauf an;* je nachdem, ob er bis dahin wieder gesund ist; je nachdem! ⟨ugs.⟩ *vielleicht, es ist noch nicht sicher*

je² ⟨Int.; Ausruf des Schreckens oder Bedauerns in den Fügungen⟩ o je!, ach je! [verkürzt < *Jesus*]

je³ ⟨Adv.; in der Fügung⟩ je nun *nun ja;* je nun, so genau kann man das nicht wissen; je nun, er hat ja auch noch andere Eigenschaften als diese [zu *ja*]

Jeans ⟨[dʒinz] nur Pl.; kurz für⟩ *Blue Jeans*

jeck ⟨Adj.; rhein.⟩ *verrückt, närrisch;* auch: ⟨nordwestdt.⟩ *geck* [zu *Geck*]

Jeck ⟨m.10; rhein.⟩ **1** *jmd., der jeck ist* **2** *Fastnachtsnarr*

je|den|falls ⟨Adv.⟩ **1** *auf jeden Fall;* es kann j. nicht schaden **2** *zumindest;* er hat es j. versucht

je|de(r, -s) ⟨unbestimmtes Pron.⟩ **1** *alle ohne Ausnahme* **a** ⟨adjektivisch⟩ *jeder Mensch; jedes Kind; jeder einzelne;* jedes zweite **b** ⟨substantivisch⟩ *jeder, der kommt; das kann jeder;* ~s der Kinder; hier kennt jeder jeden **2** *jegliche(r, -s), alle(r, -s);* jede Hilfe kam zu spät; ihm fehlt jeder Sinn für Kunst; ~s Maß- und Zeitangaben *im Abstand von, alle, je;* jede drei Minuten; jede zehn Meter; er muß jede Minute hier sein ⟨ugs.⟩ *er muß sehr bald kommen*

je|der|lei ⟨Adj., o.Steig., o. Dekl.⟩ *jegliche(r, -s) von jeder Art;* j. Obst; ich habe es schon auf j. Weise versucht

je|der|mann ⟨unbestimmtes Pron.⟩ *jeder, alle ohne Ausnahme;* hier hat j. Zutritt; für j. dasein; zu j. freundlich sein

je|der|zeit ⟨Adv.⟩ *immer, zu jedem beliebigen Zeitpunkt*

je|des|mal ⟨Adv.⟩ *jedes einzelne Mal, in jedem Fall;* j., wenn er kommt; ich habe j. Glück gehabt

je|des|ma|lig ⟨Adj., o.Steig.⟩ † *jedesmal auftretend, stattfindend*

je|doch ⟨Konj.⟩ *indessen, aber, doch;* das Pferd hat schon viele Rennen gewonnen, j. als Springpferd ist es nicht geeignet; bei schönem Wetter werden wir verreisen, wenn es j. regnet, bleiben wir hier

jed|we|de(r, -s) ⟨unbestimmtes Pron.; †⟩ *jede(r, -s)*

Jeep ⟨[dʒip] m.9⟩ *kleiner, geländegängiger Kraftwagen mit Allradantrieb (bes. für militärische Zwecke);* Syn. *Kübelwagen* [engl., wahrscheinlich aus den englisch ausgesprochenen Buchstaben GP [dʒipi] gebildet, der Abkürzung für *general purpose (car)* „Mehrzweck(wagen)", < *general* „allgemein, umfassend" und *purpose* „Zweck"]

jeg|li|che(r, -s) ⟨unbestimmtes Pron.; betont; †⟩ *jede(r, -s);* er unternahm jegliche Anstrengung

je|her ⟨Adv.; nur in den Wendungen⟩ seit, von j. *soweit man sich erinnern kann, schon immer;* seit je und je

Je|ho|va ⟨fälschl. für⟩ *Jahwe*

jein ⟨Adv.; ugs., scherzh.⟩ *ja und nein, weder ja noch nein*

Je|län|ger|je|lie|ber ⟨n.5; volkstüml.⟩ *Pflanze mit einer unangenehmen Eigenschaft, die sich mit der Zeit verringert (z.B. der bittere Geschmack beim Bittersüßen Nachtschatten, wenn man lange darauf kaut)*

je|mals ⟨Adv.⟩ *irgendwann einmal;* hat er j. daran gedacht?

je|mand ⟨unbestimmtes Pron.; Gen. -es, Dat. -em, Akk. -en⟩ *nicht näher zu bezeichnende Person, irgendwer;* j. hat angerufen; es wird schon noch j. kommen; ich kenne ~en, der das erledigt

Je|mand ⟨m.1; ugs., scherzh.⟩ *eine Person, die man nicht benennen will;* ein gewisser J. wartet auf dich

Je|me|nit ⟨m.10⟩ **1** *Einwohner der Jemenitischen Arabischen Republik* **2** *Einwohner der Demokratischen Volksrepublik Jemen*

je|me|ni|tisch ⟨Adj., o.Steig.⟩ *den Jemen betreffend, zu ihm gehörig, aus ihm stammend*

je|mi|ne! ⟨Int.⟩ *Ausruf des Bedauerns oder Schreckens* [< lat. *Jesu domine!* „Herr Jesus!"]

Jen ⟨m., -(s), -(s)⟩ → *Yen*

Je|na|er, Je|nen|ser ⟨m.5⟩ *Einwohner von Jena*

je|ne(r, -s) ⟨Demonstrativpron.⟩ **1** *der, die, das vorher, zuerst Erwähnte, der, die, das weiter Entfernte, der, die, das dort* **a** ⟨substantivisch⟩ *dieses gefällt mir nicht, jenes dagegen sehr;* ich kenne ihren Bruder und auch ihren Freund, dieser ist so alt wie sie, jener etwas jünger **b** ⟨adjektivisch⟩ diese gestreiften Stoffe eignen sich nicht für meinen Zweck, aber jene geblümten dort wären die richtigen **2** ⟨oft nur verstärkend⟩ *der, die, das bewußte, in jenen Tagen; zu jener Zeit;* das ist jener Film, der damals soviel Aufsehen erregt hat

je|nisch ⟨Adj., o.Steig.⟩ *zum fahrenden Volk gehörig, von ihm stammend (mit Ausnahme der Zigeuner);* ~e Sprache *Sprache der Landstreicher, Gaunersprache, Rotwelsch* [Zigeunerspr.]

jen|sei|tig ⟨auch [jɛn-] Adj., o.Steig.⟩ **1** *auf der gegenüberliegenden Seite;* am ~en Ufer **2** *im Jenseits, überirdisch;* Ggs. *diesseitig*

jen|seits ⟨auch [jɛn-] Präp. mit Gen.⟩ *auf der andern Seite;* Ggs. *diesseits;* j. des Zaunes

Jen|seits ⟨n., -, nur Sg.⟩ *Reich außerhalb der Welt, Welt der Toten, Himmelreich;* Ggs. *Diesseits;* jmdn. ins J. befördern ⟨ugs.⟩ *jmdn. ermorden*

Je|re|mia|de ⟨f.11⟩ *Klage, wortreiches Jammern* [nach den Klageliedern des Propheten *Jeremias,* die im Anhang zum Buch *Jeremia* der Bibel bilden, mit der Endung *-ade* zur Bezeichnung einer Handlung]

Je|ri|cho|ro|se ⟨f.11; Sammelbez.⟩ *Wüstenpflanze, die ihre Blätter bei beginnender Trockenheit einrollen und bei Befeuchtung rasch wieder ausbreiten kann*

Jer|sey ⟨dʒəːsi⟩ **I** ⟨m.9⟩ *weicher, gewirkter Wollstoff* **II** ⟨n.9⟩ *farbiges Hemd aus diesem Stoff* [nach der brit. Insel *Jersey*]

je|rum ⟨Int.; †⟩ *Ausruf der Enttäuschung* o j.! oje!, wie schade!, wie traurig! [aus einem Studentenlied: o j., j., j., o quae mutatio rerum ...!, „oje, oh, welche Veränderung der Dinge!"]

Je|su|it ⟨m.10⟩ *Mitglied des von Ignatius von Loyola gegründeten Ordens zur Ausbreitung der kath. Lehre*

Je|su|i|ten|or|den ⟨m., -s, nur Sg.⟩ *von Ignatius von Loyola gegründeter Orden zur Ausbreitung der kath. Lehre, Gesellschaft Jesu*

je|su|i|tisch ⟨Adj., o.Steig.⟩ *zu den Jesuiten gehörig, in der Art der Jesuiten;* mit ~er Rhetorik

Je|sus People ⟨dʒiːzəs piːpl⟩ nur Pl.⟩ *eine von den USA ausgehende religiöse Bewegung unter der Jugend seit 1971* [engl., „Jesus-Leute"]

Jet ⟨[dʒɛt] m.9⟩ → *Düsenflugzeug* [verkürzt < engl. *jet-plane,* < *jet* „Strahl" und *plane* „Flugzeug"]

Jet|li|ner ⟨[dʒɛtlainər] m.5⟩ *Düsenverkehrsflugzeug* [< engl. *jet* „Düse, Strahl" und *liner* „Linienflugzeug"]

Je|ton ⟨[ʒɔtɔ̃] m.9⟩ *Spielpfennig, Spielmarke, Automatenmarke* [frz., zu *jeter* „(hin)werfen"]

Jet-Set ⟨[dʒɛt-] m.9 oder n.9⟩ *wohlhabende internationale Gesellschaftsschicht, die in Jets zu den Mittelpunkten des gesellschaftlichen Lebens reist*

Jet|stream ⟨[dʒɛtstriːm] m.9⟩ *in hohen Schichten der Troposphäre auftretendes, schmales Band sehr großer Windgeschwindigkeit* [< *Jet* und engl. *stream* „Strom", weil er von Jets für hohe Reisegeschwindigkeiten genutzt wird]

Jett ⟨m., -s, nur Sg.⟩ *zu Schmuck verarbeitete, harte Braunkohle, Pechkohle;* Syn. *Gagat* [< engl. *jet,* < altfrz. *jayet, gayet* „Gagat"]

jet|ten ⟨[dʒɛtən] V.2⟩ **I** ⟨o.Obj.; ist gejettet⟩ *mit dem Jet fliegen;* nach Amerika j. **II** ⟨mit Akk.; hat gejettet⟩ *mit dem Jet bringen;* eine Gruppe nach Amerika j.

jet|zig ⟨Adj., o.Steig.⟩ *im gegenwärtigen Augenblick;* der ~e Wert des Grundstücks

jetzo ⟨Adv.; †⟩ *jetzt*

jetzt ⟨Adv.⟩ **1** *in diesem Augenblick, zu diesem Zeitpunkt;* ich bin j. fertig; j. geht es weiter; gerade j. paßt es mir nicht; was machen wir j.?; bis j. *bis zu diesem Zeitpunkt;* von j. an *von diesem Zeitpunkt an* **2** *heute, heutigentags, in unserer Zeit* j. gibt es ein Mittel dagegen; j. ist das ganz anders als früher **3** *mittlerweile, inzwischen, seit einem bestimmten Zeitpunkt und nicht während dieses Zeitpunkt;* er arbeitet j. schon drei Jahre hier; der älteste Sohn studiert j. schon **4** ⟨einen unbestimmten gegenwärtigen Zeitpunkt bezeichnend⟩ *nun;* was machst du denn j. schon wieder?

Jetzt ⟨n., nur Sg.⟩ *die heutige Zeit, dieser Zeitpunkt;* das Einst und das J.

Jetzt|zeit ⟨f., -, nur Sg.⟩ *Gegenwart*

jetz|und ⟨Adv.; †⟩ *jetzt*

Jeu ⟨[ʒøː] n.9⟩ *Glücksspiel, Kartenspiel* [frz.]

Jeu|nesse do|rée ⟨ʒœnɛs dɔre] f., - -, nur Sg.⟩ *wohlhabende, elegante, leichtlebige Großstadtjugend* [frz., eigtl. „goldene Jugend"]

je|wei|len ⟨Adv.; †⟩ *dann und wann*

je|wei|lig ⟨Adj., o.Steig.⟩ *zu einem bestimmten Zeitpunkt gerade vorhanden, bestehend;* sich den ~en Erfordernissen anpassen

je|weils ⟨Adv.⟩ **1** *jedesmal;* je drei Personen können zusteigen **2** *zu einem bestimmten Zeitpunkt;* die j. herrschende Meinung

Jg. ⟨Abk. für⟩ *Jahrgang*

Jgg. ⟨Abk. für⟩ *Jahrgänge*

Jh. ⟨Abk. für⟩ *Jahrhundert*

jid|disch ⟨Adj., o.Steig.⟩ ~e Sprache *Judendeutsch, Sprache der Juden in Deutschland und Osteuropa* [gekürzt < jidd. *jidisch* und *deutsch,* also eigtl. „jüdisches Deutsch"]

Jid|di|stik ⟨f., -, nur Sg.⟩ *Wissenschaft von der jiddischen Sprache und Literatur*

Jig|ger ⟨[dʒig-] m.5⟩ **1** *eine Färbemaschine* **2** ⟨bei Viermastern⟩ *kleines Segel am hintersten Mast* **3** *Fischerboot mit solchem Segel* **4** ⟨früher⟩ *Kohlenwippe (auf Schiffen)* **5** *Golfschläger für bestimmte Schläge* **6** *Flüssigkeitsmaß beim Mixen von Cocktails, 28-43 g* [engl., zu *to jig* „schütteln, hüpfen"]

Jingle ⟨[dʒiŋgl] m.9; in Werbesendungen⟩ *kurze, leicht ins Ohr gehende Melodie* [engl., „Werbelied", eigtl. „Geklingel"]

Jin|go ⟨[dʒiŋgo] m.9; engl. spött. Bez. für⟩ *Hurrapatriot, Chauvinist* [→*Jingoismus*]

Jin|go|is|mus ⟨[dʒiŋ-] m., -, nur Sg.; engl. spött. Bez. für⟩ *Hurrapatriotismus* [nach dem *Ausruf by jingo!* in einem engl. Lied, das 1878 zur Verspottung von Benjamin Disraelis imperialistischer und bes. seiner antirussischen Politik gesungen wurde]

Ji|nis|mus ⟨[dʒi-] m., -, nur Sg.⟩ →*Dschainismus*

Jin und Jang ⟨m., - - -, nur Sg.; altchin. Naturphilosophie⟩ *die beiden Weltprinzipien, das dunkle, empfangende weibliche und das helle, schöpferische männliche;* auch: *Yin und Yang*

Jit|ter|bug ⟨[dʒitərbag] m.9⟩ *amerikanischer Gesellschaftstanz nach Jazzmusik* [engl., < to *jitter* „zappeln" und *bug* „Käfer"]

Jiu-Jit|su ⟨[dʒiuːdʒitsu] n., -, nur Sg.⟩ *japanische Kunst der waffenlosen Selbstverteidigung;* auch: ⟨eindeutschend⟩ *Dschiu-Dschitsu* [< japan. *ju* „sanft, weich" (= waffenlos) und *jutsu* „Kunstfertigkeit" (der Verteidigung)]

Jive ⟨[dʒaiv] m., -(s), nur Sg.⟩ **1** *Fachsprache im Jazz* **2** *schneller, effektvoller Swing*

Job ⟨[dʒɔb] m.9⟩ ⟨bes. vorübergehende⟩ *Beschäftigung, Stelle, Arbeit* [engl. *job* „Beschäftigung, Stellung, Geschäft, Auftrag", Herkunft nicht bekannt]

job|ben ⟨[dʒɔbən] V.1, hat gejobbt; o.Obj.; ugs.⟩ *einen Job nachgehen;* er jobbt zur Zeit als Taxifahrer

Job|ber ⟨[dʒɔb-] m.5⟩ **1** ⟨Londoner Börse⟩ *Händler, der nur für eigene Rechnung Geschäfte abschließen darf;* Syn. *Dealer;* Ggs. *Broker* **2** *Börsenspekulant, Händler, Manager* **3** *Gelegenheitsarbeiter*

Job-Ro|ta|ti|on ⟨[dʒɔb-] f.10⟩ *Betätigung in verschiedenen Arbeitsbereichen eines Unternehmers nacheinander* [< engl. *job* „Arbeit, Tätigkeit" und *Rotation*]

Job-Sha|ring ⟨[dʒɔbʃɛːriŋ] n., -s, nur Sg.⟩ *Verteilung eines Arbeitsplatzes auf zwei Arbeitskräfte* [engl., < *job* „Beschäftigung, Arbeit", und *sharing* „Teilen"]

Joch ⟨n.1⟩ **1** *Teil des Geschirrs für Ochsen;* im J. gehen; Ochsen ins J. spannen **2** ⟨nur Sg.⟩ *Ochsengespann;* zwei J. Ochsen **3** ⟨nur Sg.⟩ *altes Feldmaß, Fläche, die man mit einem Joch Ochsen an einem Tag umpflügen kann,* vier J. Land **4** *Tragbalken (Glocken~)* **5** *Teil der Brücke zwischen zwei Pfeilern* **6** *Teil des Kirchenraums zwischen vier Pfeilern oder Säulen* **7** *Schultertragegestell für Kübel* **8** *Bergsattel* **9** ⟨nur Sg.⟩ *schwere Last;* das J. der Arbeit; das J. der Fremdherrschaft

Joch|bein ⟨n.1⟩ *dreiseitiger, kräftiger Hauptknochen des Gesichtsschädels;* Syn. *Backenknochen, Wangenbein*

Joch|bo|gen ⟨m.7⟩ *Gewölbe über einem Joch (6)*

Jockei ⟨[-k|k-; dʒɔkeː] oder [dʒɔki] m.9⟩ *berufsmäßiger Rennreiter;* auch: *Jockey* [< engl. *jockey,* Verkleinerungsform des schott. Vornamens *Jock* = engl. *Jack,* der auch allg. für „Bursche" stehen kann, also urspr. „Reitbursche"]

Jocket|te ⟨-k|k-; dʒɔ-] f.11⟩ *weiblicher Jockei*

Jockey ⟨-k|k-; dʒɔkeː] oder [dʒɔki] m.9⟩ → *Jockei*

Jod ⟨n., -(s), nur Sg.; Zeichen: J⟩ *Element aus der Gruppe der Halogene* [< griech. *ion* „Veilchen" und *eidos* „Aussehen", wegen des violetten Dampfes, der sich beim Erhitzen bildet]

Jo|dat ⟨n.1⟩ *Salz der Jodsäure*

jo|deln ⟨V.1, hat gejodelt; o.Obj.; in der Schweiz, Österreich und Oberbayern⟩ *in schnellem Wechsel zwischen Brust- und Kopfstimme ohne Worte singen*

Jo|did ⟨n.1⟩ *Salz der Jodwasserstoffsäure*

jo|die|ren ⟨V.3, hat jodiert; mit Akk.⟩ *mit Jod mischen, mit Jod bestreuen*

Jod|ler ⟨m.5⟩ **1** *jmd., der jodelt* **2** *Jodelruf*

Jo|do|form ⟨n., -s, nur Sg.⟩ *Mittel zum Desinfizieren (bes. von Wunden)* [< *Jod* und *Chloroform*]

Jo|do|me|trie ⟨f., -, nur Sg.; in der chem. Meßanalyse⟩ *Bestimmung von Stoffen mit Hilfe von Jod* [< *Jod* und *...metrie*]

Jod|tink|tur ⟨f.10⟩ *Mittel zum Desinfizieren von Wunden, zur Behandlung von Schwellungen, Entzündungen u.a.*

Jo|ga ⟨m., -(s), nur Sg.⟩ → *Yoga*

jog|gen ⟨[dʒɔg-] V.1, ist gejoggt; o.Obj.⟩ *Jogging betreiben, in der Art des Joggings laufen;* durch den Wald j.

Jog|ger ⟨[dʒɔg-] m.5⟩ *jmd., der joggt, der Jogging betreibt*

Jog|ging ⟨[dʒɔg-] n., -s, nur Sg.⟩ *sportlich betriebenes Laufen zwischen schnellem Gehen und langsamem Dauerlauf* [< engl. *to jog* „(dahin)trotten", dazu *jog* „Trott"]

Jo|ghurt ⟨m.1 oder n.1⟩ *unter Einwirkung von Bakterien hergestellte, eingedickte Sauermilch;* auch: *Yoghurt* [< türk. *yoğurt* „gegorene Milch", zu *yoğurmak* „kneten"]

Jo|gi ⟨m.9⟩ → *Yogi*

Jo|han|ni ⟨o.Art.⟩ → *Johannistag;* an, zu J.

Jo|han|nis|bee|re ⟨f.11⟩ Syn. ⟨landsch.⟩ *Gichtbeere,* ⟨schwäb.⟩ *Träuble,* ⟨österr.⟩ *Ribisel* **1** *ein Steinbrechgewächs;* Rote J., Schwarze J., Weiße J. **2** *deren kleine, runde Beerenfrucht* [die Pflanze trägt um den *Johannistag* Früchte]

Jo|han|nis|brot ⟨n., -(e)s, nur Sg.⟩ *getrocknete Früchte des Johannisbrotbaumes* [nach *Johannes dem Täufer,* der sich von den Früchten ernährt haben soll]

Jo|han|nis|brot|baum ⟨m.2⟩ *als Baum wachsender Hülsenfrüchtler des Mittelmeergebietes*

Jo|han|nis|feu|er ⟨n.5⟩ *Sonnwendfeuer in der Johannisnacht*

Jo|han|nis|kraut ⟨n., -(e)s, nur Sg.⟩ *gelb blühende Pflanze, deren mit zahlreichen Öldrüsen durchsetzte Blätter im Gegenlicht durchlöchert erscheinen* [die Pflanze blüht um den *Johannistag*]

Jo|han|nis|nacht ⟨f.2⟩ *Nacht vor dem Johannistag*

Jo|han|nis|tag ⟨m.1⟩ *Johannes dem Täufer heiliger Tag, 24. Juni;* Syn. *Johanni*

Jo|han|nis|trieb ⟨m.1⟩ **1** ⟨bei manchen Bäumen⟩ *zweiter Trieb* **2** ⟨nur Sg.; übertr., scherzh.⟩ *später aufkommende Liebesneigung (bei Männern)*

Jo|han|ni|ter ⟨m.5⟩ *Angehöriger des Johanniterordens*

Jo|han|ni|ter|or|den ⟨m., -s, nur Sg.⟩ *um 1100 in Jerusalem gegründeter Ritterorden*

joh|len ⟨V.1, hat gejohlt; o.Obj.⟩ *laut und mißtönend schreien* (meist von mehreren Personen zugleich); *sie wankten ~d durch die Straßen*

Joint ⟨[dʒɔɪnt] m.9⟩ *mit Rauschgift versetzte Zigarette* [engl. *joint* in ders. Bed., im amerik. Slang „Opiumhöhle", bei amerik. Vagabunden „Platz, an dem man sich trifft, trinkt und sich zu Hause fühlt", auch „Treffpunkt von Dieben", auch „Partnerschaft"; wahrscheinlich zu *to join* „sich zusammenschließen, sich gesellen"]

Joint-Ven|ture ⟨[dʒɔɪntventʃə] n.9⟩ *Gemeinschaftsunternehmen* [engl., < *joint* „gemeinschaftlich" und *venture* „Unternehmen"]

Jo-Jo ⟨n.9⟩ *Geschicklichkeitsspiel, bei dem eine Spule an einem Faden auf und ab bewegt wird*

Jo|ker ⟨auch [dʒo-] m.5; in manchen Kartenspielen⟩ *Karte mit Narrenbild, die für jede Karte gelten kann* [engl. *joker* in ders. Bed., eigtl. „Spaßmacher", < lat. *ioculator* „Spaßmacher", < *Jongleur*]

jo|kos ⟨Adj., †⟩ *spaßig, scherzhaft*

Jo|ku|la|tor ⟨m.13; Spätantike und MA⟩ *umherziehender Spaßmacher, Sänger und Musiker* [< *Jongleur*]

Jo|kus ⟨m., -, nur Sg.; ugs.⟩ *Spaß, Scherz, Ulk* [< lat. *iocus* „Scherz, Spaß"]

Jol|le ⟨f.11⟩ **1** *kleines, einmastiges Segelboot* **2** *Ruderboot als Beiboot* [< ndrl. *jol,* engl. *yawl,* weitere Herkunft nicht bekannt]

Jol|len|kreu|zer ⟨m.5⟩ *große Jolle, die mit einem Kajütenaufbau versehen ist*

Jol|len|tau, Joll|tau ⟨n.1⟩ *Tau, das durch einen Block geführt wird*

Jom Kip|pur ⟨m., -, nur Sg.⟩ *hoher jüdischer Feiertag, Versöhnungsfest* [hebr., „Tag der Buße"]

Jon|gleur ⟨[ʒɔŋglør] m.1⟩ *Geschicklichkeitskünstler, der Spiele mit mehreren Bällen, Tellern usw. vorführt* [frz. *jongleur* in ders. Bed. sowie „umherziehender Spielmann des MA", < lat. *ioculator* „Spaßmacher", zu *ioculari* „scherzen"]

jon|glie|ren ⟨[ʒɔŋ-] V.3, hat jongliert; mit Präp.obj.⟩ **1** *äußerst geschickt und schnell etwas werfen und wieder auffangen;* mit Bällen, Tellern j. **2** ⟨übertr.⟩ *geschickt etwas benutzen, mit etwas umgehen;* mit Worten, Möglichkeiten, Zahlen j.

Jop|pe ⟨f.11⟩ *Lodenjacke, Hausjacke* [über altfrz. *jupe, choppe, jopa,* span. *al-juba* „Mantel (der Mauren)" < arab. *alǧubba* „langes, vorn offenes Obergewand mit weiten Ärmeln"]

Jor|dan ⟨m., -(s), nur Sg.; in den ugs. Wendungen⟩ *über den J. gehen sterben, umkommen; über den J. sein betrunken sein* [nach dem Übertritt der Israeliten über den Fluß *Jordan* in Palästina]

Jo|ru|ri ⟨[dʒo-] n., -(s), -(s)⟩ *japanisches Puppenspiel mit Musik*

Jo|sephs|ehe ⟨f.11⟩ *Ehe, in der die Ehepartner aus religiösen Gründen auf Geschlechtsverkehr verzichten*

Jo|ta¹ ⟨n.9⟩ **1** ⟨Zeichen: ι, I⟩ *neunter Buchstabe des griechischen Alphabets;* auch: *Iota* **2** ⟨nur Sg.; übertr.⟩ *Kleinigkeit;* (um) kein J. von seiner Meinung abweichen

Jo|ta² ⟨[xɔta] f.9⟩ *schneller spanischer Tanz mit Kastagnettenbegleitung*

Joule ⟨[dʒul] n.9, -s, -; Zeichen: J⟩ *Maßeinheit der Energie* (entspricht 1 Wattsekunde oder 0,239 Kalorien) [nach dem engl. Physiker James Prescott *Joule*]

Jour ⟨[ʒur] m.9; früher⟩ *Dienst-, Empfangstag;* J. haben; J. fixe [ʒur fɪks] *festgesetzter Tag, an dem man sich regelmäßig trifft* [frz., „Tag"]

Jour|nail|le ⟨[ʒurnaljə] f., -, nur Sg.⟩ *verantwortungslose, hetzerische Tagespresse*

Jour|nal ⟨[ʒur-] n.1⟩ **1** *Rechnungsbuch, buchhalterisches Tagebuch* **2** *Zeitschrift* [frz., „Tagebuch, Zeitung, Zeitschrift", zu *jour* „Tag", < lat. *diurnus* „täglich"]

Jour|na|lis|mus ⟨[ʒur-] m., -, nur Sg.⟩ **1** *Zeitungswesen* **2** *schriftstellerische Tätigkeit für Zeitungen*

Jour|na|list ⟨[ʒur-] m.10⟩ **1** *für die Zeitung tätiger Schriftsteller* **2** *Wissenschaftler der Journalistik*

Jour|na|li|stik ⟨[ʒur-] f., -, nur Sg.⟩ *Zeitungswissenschaft*

jour|na|li|stisch ⟨[ʒur-] Adj., o.Steig.⟩ **1** *die Journalistik, den Journalismus betreffend, darauf beruhend* **2** *in der Art eines Journalisten;* ~er Stil *lockerer, glatter, etwas oberflächlicher Stil*

jo|vi|al ⟨Adj.⟩ *leutselig, freundlich-herablassend* [< lat. *iovialis* „zu Jovis (= Jupiter) gehörig", dem Gott des Himmels und König der Götter; der Planet *Jupiter* verleiht nach astrologischem Glauben den unter ihm Geborenen Frohsinn]

Jo|vi|a|li|tät ⟨f., -, nur Sg.⟩ *joviales Verhalten*

jr. ⟨Abk. für⟩ *junior*

Ju|bel ⟨m., -s, nur Sg.⟩ *lauter Ausdruck der Freude;* in J. ausbrechen; es herrschte J., Trubel, Heiterkeit *laute Fröhlichkeit*

Ju|bel|fest ⟨n.1; scherzh.⟩ *Fest anläßlich eines Jubiläums*

Ju|bel|greis ⟨m.1; ugs., scherzh.⟩ *alter Jubilar*

Ju|bel|hoch|zeit ⟨f.10⟩ *silberne, goldene, diamantene oder eiserne Hochzeit*

Ju|bel|jahr ⟨n.1⟩ **1** *Jubiläumsjahr;* alle ~e ⟨ugs.⟩ *sehr selten* **2** ⟨bei den Juden⟩ *jedes 50. Jahr (in dem Schulden erlassen werden u.a.);* Syn. *Halljahr* **3** ⟨kath. Kirche⟩ *jedes 25. Jahr (in dem die Kirchenstrafen erlassen werden);* Syn. *Erlaßjahr*

ju|beln ⟨V.1, hat gejubelt; o.Obj.⟩ *seiner Freude, seinem Glück laut Ausdruck geben;* „…!" jubelte er; juble nicht zu früh!; er jubelte über seinen Erfolg

Ju|bel|paar ⟨n.1⟩ *Paar, das eine Jubelhochzeit feiert*

Ju|bi|lar ⟨m.1⟩ *jmd., zu dessen Ehren ein Jubiläum gefeiert wird*

Ju|bi|la|te ⟨o.Art.⟩ *dritter Sonntag nach Ostern* [< lat. *iubilate* „jauchzet, jubelt!"]

Ju|bi|lä|um ⟨n., -s, -läen⟩ *Jahrestag, Gedenktag, bes. nach einer runden Zahl von Jahren;* 25., 50., 100. Jubiläum [< lat. *iubilaeum* „Jubelzeit", < *annus iubilaeus* „Jubeljahr" < hebr. *jōbēl* „Widderhorn", das zum Beginn des Jubeljahres geblasen wurde]

Ju|bi|lä|ums|aus|ga|be ⟨f.11⟩ *Buchausgabe zu einem Jubiläum*

Ju|bi|lee ⟨[dʒubɪli:] n.9⟩ *aus dem englischen Choralgesang entstandenes religiöses Lied der nordamerikanischen Neger* [engl., „Jubiläum, Jubeljahr"]

ju|bi|lie|ren ⟨V.3, hat jubiliert; o.Obj.⟩ **1** *jubeln* **2** ⟨von Vögeln; poet.⟩ *(laut und wohlklingend) singen* [< lat. *iubilare* „jauchzen, frohlocken", zu *iubilum* „freudiger Aufschrei, Jauchzer", < der Interjektion *iu als Ausdruck der Freude]

Ju|chart, Ju|chert ⟨m.1; nach Zahlenangaben Pl.-⟩ *altes Feldmaß, 34–47 ha;* auch: ⟨schweiz.⟩ *Jucharte* [zu *Joch*]

juch|ten ⟨Adj., o.Steig.⟩ *aus Juchtenleder*

Juch|ten ⟨n., -s, nur Sg.⟩ **1** *feines Kalbsleder* (das mit Weidenrinde gegerbt und mit Birkenteeröl getränkt wurde) **2** *Parfüm mit dessen Duft* [< russ. *juft* in ders. Bed., wahrscheinlich < pers. *juft,* awest. *juchta* „Paar", da die Felle paarweise gegerbt worden sein sollen]

juch|zen ⟨V.1, hat gejuchzt; ugs.⟩ → *jauchzen*

jucken ⟨-k·k-; V.1, hat gejuckt; o.Obj. oder mit Akk., auch mit Dat.⟩ *einen kribbelnden Reiz spüren lassen;* die Wunde juckt; mein Bein juckt mich; mich, mich juckt die Nase, es juckt mich in der Nase *ich spüre einen kribbelnden Reiz in der Nase;* wen es juckt, der kratze sich *wer mit etwas nicht zufrieden ist, der sage es;* ihn juckt das Fell *er ist übermütig, er möchte eine übermütige Tat begehen;* es juckt mich in den Fingern *(etwas zu tun) ich möchte gar zu gern (etwas tun)*

Jucker ⟨-k·k-; m.5⟩ *leichtes Wagenpferd* [zu *jucken,* in der älteren Bed. „hüpfen, springen"]

Juck|pul|ver ⟨n.5⟩ *Pulver (als Scherzartikel), das Juckreiz auf der Haut erregt*

Juck|reiz ⟨m.1⟩ *heftiges Gefühl des Juckens*

Ju|dai|ka ⟨Pl.⟩ *Bücher, Bilder usw. über das Judentum*

Ju|da|is|mus ⟨m., -, nur Sg.⟩ **1** *die jüdische Religion* **2** *eine Richtung im Urchristentum, die am mosaischen Gesetz und an der Beschneidung festhielt und beides als heilsnotwendig betrachtete*

Ju|das|kuß ⟨m.2⟩ *Freundlichkeit aus Heimtücke*

Ju|das|lohn ⟨m.2⟩ *Bezahlung für eine böse Tat, bes. für Verrat* [nach *Judas,* der Christus verriet]

Ju|de ⟨m.11⟩ *Angehöriger eines über die Welt verstreuten semitischen Volkes*

Ju|den|christ ⟨m.10⟩ **1** *zum Christentum bekehrter Jude* **2** *Christ jüdischer Abstammung, der noch an jüdischen Gesetzen und Bräuchen festhält, sie aber nicht als heilsnotwendig betrachtet*

Ju|den|kir|sche ⟨f.11⟩ *ein Nachtschattengewächs, bei dem ein orangefarbener, blasig erweiterter Kelch die rote, wohlschmeckende Frucht umgibt;* Syn. *Blasenkirsche* [der Kelch gleicht der im MA bei Jüdinnen üblichen Kopfbedeckung]

Ju|den|stern ⟨m.1⟩ **1** *Davidsstern* **2** ⟨1933–45⟩ *gelber Davidsstern aus Stoff, der zur Kennzeichnung der Juden auf die Kleidung aufgenäht werden mußte*

Ju|den|tum ⟨n., -s, nur Sg.⟩ **1** Gesamtheit der Juden **2** Religion der Juden

Ju|di|ka ⟨o.Art.⟩ zweiter Sonntag vor Ostern [lat., nach den Anfangsworten der Liturgie dieses Tages *Iudica me* „Richte mich"]

Ju|di|ka|ti|on ⟨f.10; †⟩ Verurteilung, Beurteilung [< lat. *iudicatio*, Gen. *-onis*, in ders. Bed., zu *iudicare*, →judizieren]

Ju|di|ka|ti|ve ⟨f.11⟩ richterliche Gewalt

ju|di|ka|to|risch ⟨Adj., o.Steig.; †⟩ richterlich

Ju|di|ka|tur ⟨f., -, nur Sg.⟩ Rechtsprechung, richterliche Praxis

ju|di|zie|ren ⟨V.3, hat judiziert; o.Obj.; †⟩ Recht sprechen, richten [< lat. *iudicare* „Recht sprechen, entscheiden, bestimmen", < *ius dicare* „Recht sprechen", < *ius* „Recht" und *dicare* „laut verkünden", Intensivum zu *dicere* „sprechen"]

Ju|di|zi|um ⟨n., -s, -zi|en⟩ **1** Urteilsfähigkeit, Rechtsfindungsvermögen **2** Urteil [< lat. *iudicium* „Gerichtsverhandlung, Gericht", zu *iudex*, Gen. *-icis*, „Richter"]

Ju|do¹ ⟨österr. [dʒu-] n., -(s), nur Sg.⟩ sportlich betriebenes Jiu-Jitsu [< japan. *ju* „weich, sanft" und *do* „Weg"]

Ju|do² ⟨m.9; Abk. für⟩ Jungdemokrat

Ju|do|ka ⟨m.9⟩ Judosportler

Ju|gend ⟨f., -, nur Sg.⟩ **1** Reife- und Wachstumszeit des jungen Menschen; in der J. **2** ⟨Biol.⟩ Entwicklungs- und Reifezeit von Tieren und Pflanzen **3** Lebensabschnitt, der sich durch Frische, Kraft und Energie auszeichnet; man muß es seiner J. zugute halten, daß ... **4** Gesamtheit der jungen Menschen; die heutige J.; männliche, weibliche J.; die reifere J. ⟨ugs., scherzh.⟩ *die Menschen mittleren Alters*

Ju|gend|amt ⟨n.4⟩ Amt, das für die Wohlfahrt der Jugend zuständig ist

ju|gend|frei ⟨Adj., o.Steig.⟩ für die Jugend zugelassen; ~e Filme

Ju|gend|freund ⟨m.1⟩ Freund aus der Jugendzeit

Ju|gend|funk ⟨m., -s, nur Sg.⟩ **1** Rundfunksendung für Jugendliche **2** entsprechende Abteilung in einer Rundfunkanstalt

Ju|gend|für|sor|ge ⟨f.⟩ staatliche Maßnahmen zur Erziehung moralisch gefährdeter Jugendlicher

Ju|gend|her|ber|ge ⟨f.11⟩ Unterkunftsstätte für reisende Jugendliche

Ju|gend|ir|re|sein ⟨n., -s, nur Sg.⟩ →Hebephrenie

Ju|gend|kleid ⟨n.3⟩ Gefieder des noch nicht ausgewachsenen Vogels; Ggs. Alterskleid

ju|gend|lich ⟨Adj.⟩ **1** der Jugend gemäß, ihr eigen, zur Jugend gehörig; im ~en Alter von 15 Jahren; ~er Leichtsinn; ~e Frische; ~e Begeisterung **2** jung erscheinend, frisch und kraftvoll; er, sie ist noch sehr j.; das Kleid macht dich j., ist zu j. für dich

Ju|gend|li|che(r) ⟨m., f.17 oder 18⟩ junger Mensch zwischen Kindheit und Erwachsensein

Ju|gend|lich|keit ⟨f., -, nur Sg.⟩ **1** Jugend, Zustand des Jungseins; er ist sehr ernst trotz seiner J. **2** jugendlicher Schwung, jugendliche Frische; er hat sich seine J. bewahrt

Ju|gend|lie|be ⟨f.11⟩ jmd., den man in jungen Jahren geliebt hat

Ju|gend|or|ga|ni|sa|ti|on ⟨f.10⟩ organisatorischer Zusammenschluß von Jugendlichen zu religiösen, kulturellen oder politischen Zwecken

Ju|gend|pfle|ge ⟨f., -, nur Sg.⟩ Bestrebungen von Staat, Parteien und Kirchen, jugendliche zu fördern, zu bilden, ihnen bei der Freizeitgestaltung behilflich zu sein

Ju|gend|pfle|ger ⟨m.5⟩ Sozialarbeiter, Sozialpädagoge, der in der Jugendpflege tätig ist

Ju|gend|recht ⟨n., -(e)s, nur Sg.⟩ alle rechtlichen Bestimmungen, die Jugendliche betreffen

Ju|gend|rich|ter ⟨m.5⟩ Richter, der für Straftaten Jugendlicher zuständig ist

Ju|gend|schrif|ten ⟨f.10, Pl.⟩ für Jugendliche geschriebene oder bes. geeignete Bücher oder Zeitschriften

Ju|gend|schutz ⟨m., -es, nur Sg.⟩ rechtliche Bestimmungen zum Schutz Jugendlicher vor moralischen und körperlichen Gefährdungen

Ju|gend|stil ⟨m., -(e)s, nur Sg.⟩ nach der Zeitschrift „Jugend" benannte Kunstrichtung von 1895 bis 1910, bes. in Kunstgewerbe, Buchkunst und Malerei, die durch die Betonung der Vertikalen und pflanzliche Ornamentik gekennzeichnet ist

Ju|gend|stra|fe ⟨f.11⟩ Freiheitsentziehung für einen straffälligen Jugendlichen

Ju|gend|sün|de ⟨f.11⟩ **1** unüberlegte Handlung, die jmd. in jugendlichem Alter begangen hat; Syn. Jugendtorheit **2** ⟨übertr., scherzh.⟩ Schöpfung in jungen Jahren, mit der sich jmd. später nicht mehr identifizieren will

Ju|gend|tor|heit ⟨f.10⟩ →Jugendsünde (1)

Ju|gend|wei|he ⟨f.11; in freireligiösen Gemeinden und in der DDR⟩ Feier für Jugendliche anläßlich des Eintritts in das Erwachsenenalter anstelle von Kommunion und Konfirmation

Ju|gend|wohl|fahrts|pfle|ge ⟨f., -, nur Sg.; †⟩ Jugendfürsorge und Jugendpflege

Ju|gend|zen|trum ⟨n., -s, -tren⟩ Institution (samt ihrem Gebäude), die der Begegnung und Freizeitgestaltung von Jugendlichen dient

ju|gu|lar ⟨Adj., o.Steig.⟩ zum Jugulum gehörig

Ju|gu|lum ⟨n., -s, -la⟩ Grube oberhalb des Brustbeins zwischen den Schlüsselbeinen [< lat. *iugulum* „Schlüsselbein, Höhlung über dem Schlüsselbein, Kehle", zu *iungere* „verbinden", zu *iugum* „Joch"; das Schlüsselbein verbindet Brust und Schulter]

Juice ⟨[dʒus] n., -, -s [-siz]⟩ bes. DDR, österr.⟩ Saft aus frischem Obst oder Gemüse [engl., „Saft"; vgl. *Jus²*]

Ju|ju|be ⟨f.11⟩ **1** ein Kreuzdorngewächs des Mittelmeergebietes **2** dessen rote, süßliche Beere, die als schleimlösendes Mittel verwendet wird [frz., zu lat. *ziziphus* < griech. *zizyphon* in ders. Bed.]

Juke|box ⟨[dʒuk-] f., -, -es [-iz]⟩ Musikautomat (in Lokalen), der nach Münzeinwurf und Tastenwahl Unterhaltungsmusik abspielt [< engl.-amerik. *juke* „geräuschvoll, verworren" und *box* „Kiste, Schachtel"]

Ju|lei ⟨verdeutlichende Form (beim Sprechen) für⟩ Juli

Jul|fest ⟨n.1; in Skandinavien⟩ Weihnachtsfest, Wintersonnwendfest [schwed., Herkunft nicht geklärt]

Ju|li ⟨m., -(s), -s⟩ siebenter Monat des Jahres [< lat. *mensis Iulius* „Monat des Julius", nach *Julius Cäsar* (100–44 v.Chr.) zum Andenken an seine Kalenderreform]

ju|lia|nisch ⟨Adj., o.Steig.⟩ von Julius Cäsar stammend; Julianischer Kalender von Julius Cäsar eingeführter Kalender von 365 Tagen pro Jahr mit einem Schaltjahr alle vier Jahre

Ju|li|en|ne ⟨[ʒyljɛn] f., -, nur Sg.⟩ in Streifen geschnittenes Gemüse (als Suppeneinlage) [frz.]

Ju|li|kä|fer ⟨m.5⟩ ein dem Maikäfer verwandter Käfer, der im Juni und Juli fliegt

Jul|klapp ⟨m., -s, -s⟩ **1** skandinavische Sitte, am Weihnachtsabend (Julfest) unerkannt ein Geschenk ins Zimmer zu werfen **2** das Geschenk selbst [schwed. *julklapp*, < *jul*, altnord. *jol* „Julfest, Weihnachten" und lautmalendem *klapp*; die Herkunft von *jul, jol* ist nicht geklärt]

Jul|mo|nat, Jul|mond ⟨m.1; alter Name für⟩ Dezember

Jum|bo ⟨m.9⟩, **Jum|bo-Jet** ⟨[dʒambo dʒɛt] m.9⟩ strahlgetriebenes Großraumflugzeug [nach *Jumbo*, dem fliegenden Elefanten früher Walt-Disney-Comics]

Jum|per ⟨[dʒam-] m.5; †⟩ Strickbluse, Pullover für Damen [engl., Herkunft unbekannt]

jun. ⟨Abk. für⟩ junior

jung ⟨Adj., jünger, am jüngsten⟩ **1** jugendlich, noch in der Entwicklung stehend; Ggs. alt (1); ein ~er Mensch; der ~e Schiller; alt und j. alle Generationen; von j. auf seit der frühen Jugend; das Junge Deutschland revolutionäre Dichtergruppe nach 1830; Junge Union Vereinigung der jüngeren Mitglieder der CDU/CSU **2** neu, frisch, aus der neuen Ernte stammend; ~er Salat; ~e Kartoffeln; ~er Wein **3** ⟨ugs., scherzh., in einigen Wendungen⟩ alt; wie j. wirst du denn heute?; er ist 20 Jahre j. **4** die Frische der Jugend besitzend; j. geblieben sein; j. aussehen **5** erst seit kurzem bestehend; ein ~er Staat; der ~e Tag ⟨poet.⟩ der Morgen

Jung|brun|nen ⟨m.7⟩ **1** ⟨Myth.⟩ Brunnen, dessen Wasser ewige Jugend verleiht **2** ⟨übertr.⟩ etwas, das jugendlichen Schwung, Energie verleiht

Jung|bür|ger ⟨m.5⟩ Jugendlicher nach Erreichen des Wahlalters

Jüng|chen ⟨n.7; ugs.; bes. als Koseform⟩ kleiner Junge; mein J.!; aber J.!

Jung|de|mo|krat ⟨m.10⟩ Angehöriger der (ehemaligen) Jugendorganisation der F.D.P.

Jun|ge I ⟨m.11, Pl. ugs. auch -ns oder Jungs⟩ **1** männliches Kind; ~n und Mädchen; ein großer, kräftiger J.; als J. bin ich viel gewandert; jmdn. wie einen dummen ~n behandeln; *jmdn. nicht ernst nehmen* **2** ⟨ugs.⟩ junger Mann; ein schlauer J.; er ist noch ein grüner J. *er ist noch unreif*; die blauen Jungs *die Matrosen*; J. J.! *Ausruf des Erstaunens* **3** ⟨ugs., als Anrede⟩ alter J.; mein J. **4** ⟨†⟩ Lehrling, Auszubildender II ⟨n.18⟩ das Junge; →Junge(s)

Jün|gel|chen ⟨n.7; ugs.⟩ noch unreifer (und daher nicht ganz ernstzunehmender) junger Mensch

jun|gen ⟨V.1, hat gejungt; o.Obj.⟩ Junge (II) bekommen

jun|gen|haft ⟨Adj.⟩ in der Art eines Jungen (I, 1); ~es Aussehen; ~es Benehmen **Jun|gen|haf|tig|keit** ⟨f., -, nur Sg.⟩

jün|ger ⟨Adj., Komparativ zu „jung"⟩ weniger Jahre zählend, weniger alt; jüngerer Sohn; er ist drei Jahre j. als ich; in ~en Jahren; Holbein der Jüngere (Abk.: d.J.)

Jün|ger ⟨m.5⟩ **1** ⟨christl. Rel.⟩ jeder der zwölf Apostel Christi; der J. Petrus **2** ⟨geh.⟩ Anhänger einer Idee, einer Persönlichkeit

Jün|ger|schaft ⟨f., -, nur Sg.⟩ **1** Gesamtheit der Jünger **2** das Jüngersein, Wesensart eines Jüngers

Jun|ge(s) ⟨n.17 oder 18⟩ Tier im frühen Stadium der Entwicklung

Jung|fer ⟨f.11; †⟩ junge, noch unverheiratete Frau; alte J. ⟨ugs., abwertend⟩ säuerliche, prüde, unverheiratete ältere Frau

jüng|fer|lich ⟨Adj.⟩ in der Art einer alten Jungfer, altjüngferlich

Jung|fern|bra|ten ⟨m.7; österr.⟩ Lenden- oder Lungenbraten vom Schwein

Jung|fern|fahrt ⟨f.10⟩ erste Fahrt (bes. eines Schiffes)

Jung|fern|flug ⟨m.2⟩ erster planmäßiger Flug (eines Luftverkehrsmittels)

Jung|fern|häut|chen ⟨n.7⟩ dünnes Häutchen vor dem Scheideneingang, das beim ersten Geschlechtsverkehr zerreißt; Syn. Hymen

Jung|fern|kranz ⟨m.2⟩ Brautkranz (der die Jungfräulichkeit symbolisiert)

Jung|fern|re|de ⟨f.11⟩ erste Rede (eines Abgeordneten)

Jung|fern|schaft ⟨f., -, nur Sg.; †⟩ →Jungfräulichkeit

Jung|fern|zeu|gung ⟨f.10⟩ →Parthenogenese

Jung|frau ⟨f.10⟩ Frau, die noch keinen Geschlechtsverkehr gehabt hat; J. Maria *Mutter Jesu*; eiserne J. *mittelalterliches Folterinstru-*

‑ment, ⟨auch ugs., scherzh.⟩ *Frau, die Beziehungen zu Männern stets ablehnt;* zu etwas kommen wie die J. zum Kinde ⟨ugs.⟩ *nicht wissen, wie man zu etw. gekommen ist*

Jung|fräu|lich ⟨Adj., o.Steig.⟩ *unberührt, rein;* sie ist noch j.; ∼er Schnee ⟨übertr.⟩

Jung|fräu|lich|keit ⟨f., -, nur Sg.⟩ **1** ⟨geh.⟩ *sexuelle Unberührtheit;* Syn. Jungfernschaft, Jungfrauschaft **2** *Reinheit, Unberührtheit*

Jung|frau|schaft ⟨f., -, nur Sg.; †⟩ *Jungfräulichkeit (1)*

Jung|ge|sel|le ⟨m.11⟩ *unverheirateter Mann*

Jung|ge|sel|len|zeit ⟨f., -, nur Sg.⟩ *Zeit, in der jmd. Junggeselle ist*

Jung|ge|sel|lin ⟨f.10⟩ *unverheiratete (und allein lebende) Frau*

jun|gie|ren ⟨V.3, hat jungiert; mit Akk.; †⟩ *verbinden, zusammenlegen;* vgl. Junktim

Jung|leh|rer ⟨m.5⟩ *Lehrer vor dem zweiten Staatsexamen*

Jüng|ling ⟨m.1; †, noch geh. oder scherzh.⟩ *junger Mann*

Jung|mä|del ⟨n.5; 1933–45⟩ *Angehörige einer Organisation der Hitlerjugend für Mädchen im Alter von 10 bis 14 Jahren*

Jung|mann ⟨m.4; †⟩ *junger Mann*

Jung|so|zia|list ⟨m.10, meist Pl.⟩ *Angehöriger der Jugendorganisation der SPD*

jüngst ⟨Adv.⟩ *kürzlich*

Jung|stein|zeit ⟨f., -, nur Sg.⟩ → *Neolithikum*

jüng|stens ⟨Adv.; †⟩ *jüngst*

jüng|ste(r, -s) ⟨Adj., Superlativ von „jung"⟩ **1** *die wenigsten Jahre zählend, am spätesten geboren, am spätesten entstanden;* unser jüngster Sohn; mein jüngster Bruder; sein jüngstes Werk; er ist unser Jüngster *unser jüngster Sohn;* er ist nicht mehr der Jüngste ⟨ugs.⟩ *er ist nicht mehr jugendlich;* das Jüngste Gericht, der Jüngste Tag ⟨christl. Rel.⟩ *Tag des Weltgerichts, des Weltuntergangs* **2** *eben erst vergangen, geschehen, neueste(r, -s);* die jüngsten Ereignisse

jüngst|hin ⟨Adv.; †⟩ *jüngst*

Jung|volk ⟨n., -(e)s, nur Sg.⟩ **1** ⟨†⟩ *junge Leute* **2** ⟨1933–45⟩ *Angehörige einer Organisation der Hitlerjugend für Jungen im Alter von 10 bis 14 Jahren*

Jung|wäh|ler ⟨m.5⟩ *jmd., der das erstemal wählt*

Jung|wein ⟨m.1⟩ *Wein vor dem ersten Faßabstich*

Ju|ni ⟨m., -(s), -s⟩ *sechster Monat des Jahres* [< lat. *mensis Iunius* „der Juno geweihter Monat", nach *Iuno*, der Gemahlin des Jupiter]

Ju|ni|kä|fer ⟨m.5⟩ *einem kleinen, hellbraunen Maikäfer ähnelnder, im Juni und Juli fliegender Käfer*

ju|ni|or ⟨nach Personennamen; Abk.: jun., jr.⟩ *der Jüngere;* Hans Meyer j.

Ju|ni|or ⟨m.13⟩ Ggs. Senior **1** *der Jüngere, der Sohn* **2** ⟨Sport⟩ *Jugendlicher* [< lat. *iunior* „der jüngere", Komparativ von *iuvenis* „jung"]

Ju|nio|rat ⟨n.1⟩ → *Minorat;* Ggs. Seniorat

Ju|ni|or|chef [-ʃɛf] ⟨m.9⟩ *(mitarbeitender) Sohn des Firmeninhabers;* Ggs. Seniorchef

Ju|nio|ren|mann|schaft ⟨f.10⟩ *Mannschaft aus Sportlern zwischen dem 18. und 21. Lebensjahr*

Jun|ker ⟨m.5⟩ *junger Adliger, junger Gutsbesitzer*

jun|ker|lich ⟨Adj., o.Steig.⟩ *in der Art eines Junkers*

Jun|ker|tum ⟨n., -s, nur Sg.; †⟩ **1** *Dasein eines Junkers* **2** *Gesamtheit der Junker*

Jun|kie [dʒʌŋkɪ] ⟨m.9⟩ *Rauschgiftsüchtiger* [engl., zu *junk* „altes Seil, altes Tauwerk", daher auch „altes Zeug, Trödel, Plunder", im Slang übertr. auf die Bed. „Narkotika, bes. Heroin"; urspr. vielleicht zu lat. *iuncus* „Binse"]

Junk|tim ⟨n.9⟩ *Verbindung von Gesetzesvorlagen oder Maßnahmen, die nur insgesamt behandelt werden können* [< lat. *iunctim* „vereinigt, beisammen", zu *iungere* „verbinden, zusammenfügen", zu *iugum* „Joch"]

Junk|tur ⟨f.10⟩ **1** ⟨†⟩ *Verbindung, Fuge* **2** ⟨Med.⟩ → *Gelenk* [< lat. *iunctura* in denselben Bed.]

Ju|no ⟨verdeutlichende Form (beim Sprechen) für⟩ *Juni*

Jun|ta ⟨[xʊn]- f., -, -ten⟩ **1** ⟨in Spanien und Lateinamerika⟩ *Regierungsausschuß* **2** *durch Staatsstreich an die Macht gekommene Offiziersgruppe* [span., „Versammlung, Zusammenkunft; Ausschuß, Rat", zu *juntar* „vereinigen, versammeln, zusammenfügen"; < lat. *iungere* in ders. Bed., zu *iugum* „Joch"]

Jüp|chen ⟨n.7; norddt.⟩ *gestricktes oder gehäkeltes Jäckchen (für Säuglinge)*

Jupe ⟨[ʒyp] f.9; schweiz.⟩ *Damenrock* [frz., < arab. *ǧubba* „baumwollenes Unterkleid"]

Ju|pi|ter|lam|pe ⟨f.11; Wz.⟩ *sehr helle elektrische Lampe (bes. für Filmaufnahmen)* [nach der Berliner Firma *Jupiterlicht*]

Ju|pon ⟨[ʒypɔ̃] m.9⟩ **1** *eleganter, langer Unterrock* **2** ⟨schweiz.⟩ *Unterrock* [frz.]

Ju|ra¹ ⟨nur Pl.⟩ *die Rechte, Rechtswissenschaft;* J. studieren [< lat. *iura*, Pl. von *ius*, Gen. *iuris* „Recht"]

Ju|ra² ⟨m., -s, nur Sg.⟩ *mittlere Formation des Mesozoikums* [nach dem Schweizer Jura, lat. *Iura mons* „Jurageblrge", < kelt. *jor, joria, juria* „Wald, Hochwald"]

ju|ras|sisch ⟨Adj., o.Steig.⟩ **1** *zur Formation des Juras gehörig, aus ihm stammend* **2** *zum Schweizer Kanton Jura gehörig*

ju|ri|disch ⟨Adj., o.Steig.; †, noch österr.⟩ *rechtlich, zum Recht, zur Rechtswissenschaft gehörig, darauf beruhend;* vgl. juristisch [< lat. *iuridicialis* „das Recht betreffend, zum Recht gehörig", zu *ius*, Gen. *iuris* „Recht"]

Ju|ris|dik|ti|on ⟨f.10⟩ *Rechtsprechung, Gerichtsbarkeit* [< lat. *iurisdictio*, Gen. *-onis*, „Handhabung des Rechts in Zivilsachen, Zivilgerichtsbarkeit" < *ius*, Gen. *iuris*, „Recht" und *dictio*, Gen. *-onis*, „das Sprechen"]

Ju|ris|pru|denz ⟨f., -, nur Sg.⟩ *Rechtswissenschaft* [< lat. *iuris prudentia* „Rechtswissenschaft, Rechtsgelehrsamkeit", < *ius*, Gen. *iuris*, „Recht" und *prudentia* „Wissen, Kenntnis, Wissenschaft", zu *prudens* „kundig, erfahren, bewandert, klug"]

Ju|rist ⟨m.10⟩ *jmd., der ein rechtswissenschaftliches Studium durchlaufen hat*

Ju|ri|sten|deutsch ⟨n., -s, nur Sg.; abwertend⟩ *komplizierte und unverständliche Ausdrucksweise der Juristen*

Ju|ri|ste|rei ⟨f., -, nur Sg.; ugs.⟩ *Rechtswissenschaft*

ju|ri|stisch ⟨Adj., o.Steig.⟩ *zum Recht, zur Rechtswissenschaft gehörig, auf ihm beruhend;* ∼e Person *Vereinigung von mehreren Personen (Verein, Körperschaft), Institutionen (Anstalt) oder Vermögensmassen (Betrieb, Stiftung), die als eigene natürliche Person vom Staat als rechtsfähig anerkannt wird*

Ju|ror ⟨m.13⟩ *Mitglied einer Jury*

Jur|te ⟨f.11⟩ *rundes Filzzelt mittelasiatischer Nomaden* [< russ. *jurta* in ders. Bed.]

Ju|ry ⟨frz. [ʒyri], auch [ʒyri:], engl. [dʒuri], [juri] f., -, -s⟩ **1** ⟨im angloamerik. Recht⟩ *Schwurgericht* **2** *Preisrichterkollegium*

Jus¹ ⟨n., -, ⟨Adj.⟩ *Recht;* J. divinum *göttliches Recht;* J. gentium *Völkerrecht;* J. naturale *Naturrecht;* J. primae noctis ⟨in der Feudalzeit⟩ *Recht der ersten Nacht, Recht des Gutsherrn auf die Brautnacht einer Leibeigenen;* J. privatum *Privatrecht* [lat.]

Jus² ⟨[ʒy] f., -, nur Sg.; süddt. schweiz. auch n., -, nur Sg.⟩ **1** *starke Fleischbrühe* **2** *Fleischbrühe von der Pfanne gelöster Bratensatz* **3** ⟨schweiz. auch⟩ *Gemüse-, Obstsaft* (Tomaten∼) [frz., „Saft, Brühe"]

Ju|so ⟨m.9; Kurzw. für⟩ *Jungsozialist*

just ⟨Adv.; †, noch poet.⟩ *eben, gerade;* j. als er hereinkam; ich war j. am Gehen, als ... [< lat. *iustus* „gerecht, gehörig, recht"]

ju|sta|ment ⟨Adv.; †⟩ **1** *gerade, genau* **2** *erst recht, nun gerade* [< frz. *justement* (mit deutscher Aussprache) „gerade, eben; gerecht", zu *juste* „gerecht, recht, richtig, gerade"; < lat. *iustus* „gehörig, recht, gerecht"]

ju|stie|ren ⟨V.3, hat justiert; mit Akk.⟩ *genau einstellen, auf das genaue Maß bringen;* Meßgeräte j.; eine Waage, ein Fernrohr j.; Münzen j. *Münzen auf das vorgeschriebene Gewicht hin prüfen;* Druckstöcke j. *auf die gleiche Höhe bringen* [< mlat. *iustare* „in die richtige Ordnung bringen, einstellen (Maße)", zu *iustus* „richtig, recht, ordentlich"] **Ju|stie|rung** ⟨f., -, nur Sg.⟩

Ju|sti|fi|ka|ti|on ⟨f.10⟩ *Genehmigung, Anerkennung als richtig* [zu justifizieren]

Ju|sti|fi|ka|tur ⟨f.10⟩ *Rechnungsprüfung und -genehmigung* [zu justifizieren]

ju|sti|fi|zie|ren ⟨V.3, hat justifiziert; mit Akk.⟩ *als richtig anerkennen* [< lat. *iustificare* „rechtfertigen", < *iustus* „richtig, recht" und *facere* (in Zus. ...*ficare*) „tun, machen"]

Ju|sti|ti|ar ⟨[-tsjar] m.1⟩, **Ju|sti|ti|a|ri|us** ⟨m., -, ...rien; †⟩ *Rechtsbeistand (eines Betriebes oder einer Behörde), Syndikus*

Ju|sti|ti|um ⟨[-tsjum] n., -s, ...tien [-tsjən]⟩ *vorübergehender Stillstand der Rechtspflege (infolge schwerwiegender Ereignisse)* [lat., eigtl. *iurisstitium*, < lat. *ius*, Gen. *iuris*, „Recht" und *sistere* „zum Stehen bringen, anhalten"]

Ju|stiz ⟨f., -, nur Sg.⟩ *Rechtspflege, Rechtswesen* [< lat. *iustitia* „Gerechtigkeit", zu *ius* „Recht"]

Ju|stiz|irr|tum ⟨m.4⟩ *falsche Entscheidung des Gerichts*

Ju|stiz|mord ⟨m.1⟩ *Verurteilung eines Unschuldigen zum Tode*

Ju|te ⟨f.11⟩ **1** *indische Bastfaserpflanze* **2** *ähnliche Faser anderer Pflanzen* [über engl. *jute* < Sanskrit *jaṭā* „Haarflechte"; faserige Wurzel"]

ju|ve|na|lisch ⟨Adj.; geh.⟩ *satirisch, spöttisch* [nach dem altröm. Satirendichter *Juvenal*]

ju|ve|nil ⟨Adj., o.Steig.⟩ **1** *jugendlich;* Ggs. senil **2** *in einer Jugendform auftretend, jung;* ∼es Wasser *aus dem Erdinnern kommendes, erstmals am atmosphärischen Kreislauf teilnehmendes Wasser;* Ggs. vadoses Wasser [< lat. *iuvenilis* „jugendlich"]

Ju|ve|ni|li|tät ⟨f., -, nur Sg.; geh.⟩ *Jugendlichkeit;* Ggs. Senilität

Ju|wel ⟨n.12⟩ **1** *geschliffener Edelstein* **2** *etwas Kostbares, Kleinod* **3** ⟨ugs., scherzh.⟩ *sehr tüchtiger Mensch, Angestellte(r), der (die) alles bestens erledigt;* er ist ein J. [< mittelndrl. *juweel* „Kostbarkeit" < altfrz. *joel, joial* „Schmuck", über vulgärlat. *jocellum* „Kurzweiliges" < lat. *iocus* „Scherz", also eigtl. „etwas, das Vergnügen macht", dann „Sache, die man gern hat" und schließlich „Sache, auf die man Wert legt, die einem wertvoll ist"]

Ju|we|lier ⟨m.1⟩ *Goldschmied, Schmuckhändler*

Jux ⟨m.1⟩ *Scherz, Spaß, Ulk* [< lat. *iocus* in ders. Bed.]

ju|xen ⟨V.1, hat gejuxt; o.Obj.; ugs.⟩ *scherzen, Spaß, Jux machen*

Jux|ta ⟨f., -, -ten⟩ *Streifen am Rand von kleinen Wertpapieren, der zur Kontrolle abgetrennt werden kann;* auch: Juxte [< lat. *iuxta* „dicht daneben", verwandt mit *iungere* „verbinden"]

Jux|ta|po|si|ti|on ⟨f.10⟩ **1** *Nebeneinanderstellung (von Wörtern)* **2** ⟨bei Kristallen⟩ *Wachstum durch Anlagerung kleiner Teilchen*

Jux|te ⟨f.11⟩ → *Juxta*

jwd ⟨[jotvede] ugs., scherzh. für⟩ *janz weit draußen;* j. wohnen

K

k 1 ⟨Zeichen für⟩ *Kilo...* **2** ⟨Abk. für⟩ *Karat*
K 1 ⟨Zeichen für⟩ *Kalium* **2** ⟨Zeichen für⟩ *Kelvin*
°K ⟨Zeichen für⟩ *Grad Kelvin (auf den absoluten Nullpunkt bezogene Temperatur; 0 °K = −273,16 °C)*
Ka|aba ⟨f., -, nur Sg.⟩ *Hauptheiligtum des Islams in Mekka* [arab.]
Ka|ba ⟨n., -s, nur Sg. oder f., -, nur Sg.; Wz.⟩ *Getränk aus Kakao und Zucker*
Ka|ba|le ⟨f.11; †⟩ *Ränke, Intrige* [< frz. *cabale*, eigtl. „jüdische Geheimlehre", < hebr. *qabbala* → *Kabbala*]
ka|ba|lie|ren ⟨V.3, hat kabaliert; o.Obj.; †⟩ *Ränke schmieden, Kabale ersinnen*
Ka|ba|rett ⟨n.1 oder n.9⟩ **1** *Bühne für kurze, satirische, zeitkritische Darstellungen* **2** ⟨nur Sg.⟩ *kritische Kleinkunstform, die aktuelle Ereignisse zusammengedreht politisches* K. **3** *Speise- oder Salatplatte mit abgeteilten Fächern* [< frz. *cabaret* „Schenke, Trinkstube"]
Ka|ba|ret|tier ⟨[-tje] m.9⟩ *Besitzer, Leiter eines Kabaretts*
Ka|ba|ret|tist ⟨m.10⟩ *Künstler in einem Kabarett*
ka|ba|ret|tis|tisch ⟨Adj., o.Steig.⟩ *in der Art der Darstellungen im Kabarett*
Ka|bäus|chen ⟨n.7; ugs.⟩ *kleines Haus oder Zimmer,* → *Kabuse*
Kab|ba|la ⟨f., -, nur Sg.⟩ *mittelalterliche, mit Buchstaben- und Zahlensymbolik sowie allegorischer Deutung der Bibel verbundene jüdische Geheimlehre* [< neuhebr. *qabbala* „Tradition", zu hebr. *qibbēl*, *qabbēl* „empfangen, annehmen"]
Kab|ba|list ⟨m.10⟩ *Kenner der Kabbala*
Kab|ba|lis|tik ⟨f., -, nur Sg.⟩ *Geheimlehre*
kab|ba|lis|tisch ⟨Adj., o.Steig.⟩ **1** *zur Kabbala gehörend, auf ihr beruhend* **2** *geheimwissenschaftlich*
kab|beln ⟨V.1, hat gekabbelt; refl.⟩ *sich k.* ⟨ugs.⟩ *sich leicht oder scherzend streiten*
Kab|be|lung ⟨f., -, nur Sg.; Seew.⟩ *Kräuselbewegung des Meeres*
Ka|bel ⟨n.5⟩ **1** ⟨Elektr., Nachrichtentech.⟩ *isolierte, biegsame elektrische Leitung unter einer Schutzhülle* **2** ⟨Seew.⟩ *aus drei bis vier Tauen zusammengedrehte Trosse* **3** ⟨veraltend⟩ *Überseetelegramm* [< frz. *câble* „Kabel, Tau", < lat. *capulum* „Seil zum Fangen, Lasso", zu *capere* „fassen, ergreifen"]
Ka|bel|fern|se|hen ⟨n., -s, nur Sg.⟩ *Verteilung von Rundfunk- und Fernsehprogrammen über Breitbandkabel*
Ka|bel|text ⟨m.1⟩ *Fernschreibinformationssystem über Breitbandkabel, das außer Text auch die Eingabe oder den Ausdruck von Bildern gestattet*
Ka|bel|gat(t) ⟨n.9 oder n.12; auf Schiffen⟩ *Raum für Tauwerk* [zu *Kabel* (2)]
Ka|bel|jau ⟨m.1, auch m.9⟩ *Raubfisch nördlicher Meere mit einem Bartfaden am Kinn;* Syn. ⟨als Jungfisch oder Ostseeform⟩ *Dorsch* [< mndl. *cabbeliau*, das wahrscheinlich eine volksetymologische Umbildung aus bask. *bakailau*, span. *bacallo*, port. *bacalhão* „Kabeljau, Stockfisch, Klippfisch" ist; im Ndrl. zu *bakkeljauw* und dann in lautlicher Anlehnung an das in der Fischersprache geläufige Wort *Kabel* zu *Kabeliau* umgebildet]
Ka|bel|län|ge ⟨f.11⟩ *nautisches Längenmaß, $^1/_{10}$ Seemeile (185,3 m)*
Ka|bel|le|ger ⟨m.5⟩ *Schiff zum Verlegen von Unterwasserkabeln*

Ka|bel|man|tel ⟨m.6⟩ *zur Isolation nach außen und als Schutz gegen Korrosion dienende Umhüllung der Drähte eines elektrischen Kabels*
ka|beln ⟨V.1, hat gekabelt; mit Dat. und Akk.⟩ *jmdm. etwas k. jmdm. etwas durch Kabel (3) mitteilen;* er hat mir gekabelt, daß ...
Ka|bel|schuh ⟨m.1⟩ *Klemme (eines elektrischen Kabels)*
Ka|bel|see|le ⟨f.11⟩ *Drähte, in denen die Stromführung (im elektrischen Kabel) erfolgt*
Ka|bi|ne ⟨f.11⟩ **1** ⟨auf Schiffen⟩ *Schlaf-Wohn-Raum für Passagiere* **2** *kleiner Raum für verschiedene Zwecke (Bade~, Umkleide~, Wahl~)* **3** ⟨an Seilbahnen⟩ *Gondel* [< frz. *cabine* in ders. Bed., in Anlehnung an das häufig vorkommende Suffix ...*ine* umgebildet aus *cabane* „Hütte, Laubhütte", < ital. *capanna* „Hütte, Schutzhütte, Badekabine", vielleicht < *capere* „einen Ort besetzen oder einnehmen"]
Ka|bi|nen|kof|fer ⟨m.5⟩ *großer Koffer mit Fächern;* Syn. *Schrankkoffer*
Ka|bi|nen|rol|ler ⟨m.5⟩ *kleines, drei- oder vierrädriges Kraftfahrzeug mit aufklappbarem Dach zum Einsteigen*
Ka|bi|nett I ⟨n.1⟩ **1** *kleines Zimmer, Nebenraum* **2** ⟨österr.⟩ *kleines, einfenstriges Zimmer* **3** *Raum mit Kunstsammlung (Kupferstich~)* **4** ⟨†⟩ *in Fächer geteilter Schrank mit Kunstgegenständen* **5** ⟨übertr.⟩ *die Berater eines Staatsoberhauptes* **6** *Gesamtheit der Minister einer Regierung* **II** ⟨m.1; nach dem deutschen Weingesetz⟩ *Wein der ersten Kategorie der Qualitätsweine mit Prädikat* [< frz. *cabinett* „kleines Nebenzimmer", < ital. *gabinetto* in ders. Bed.]
Ka|bi|nett|for|mat ⟨n.1⟩ *fotografisches Bildformat von 10×14 cm*
Ka|bi|netts|fra|ge ⟨f.11⟩ *Vertrauensfrage des Kabinetts (6) an das Parlament, von deren Beantwortung es abhängt, ob ein Minister bzw. die Regierung im Amt bleibt oder nicht*
Ka|bi|netts|jus|tiz ⟨f., -, nur Sg.⟩ *verfassungswidrige Einmischung der Regierung in die Rechtsprechung*
Ka|bi|netts|or|der ⟨f.11; bes. im Absolutismus⟩ *Anordnung des Herrschers in einer Angelegenheit, die er allein zu entscheiden hat*
Ka|bi|nett|stück ⟨n.1⟩ **1** *bes. wertvoller Kunstgegenstand (der nicht in einer allgemeinen Sammlung, sondern im Kabinett aufbewahrt wird)* **2** ⟨übertr.⟩ *Meisterstück, bes. geschicktes Vorgehen;* ein *K. der Überredungskunst*
Ka|bis ⟨m., -, nur Sg.⟩ ⟨alemann.-schweiz.⟩ → *Kohl;* → *Kappes*
Ka|bo|ta|ge ⟨[-ʒə] f.11⟩ **1** *Küstenschiffahrt zwischen Häfen des gleichen Landes* **2** ⟨Luftverkehr⟩ *Recht, zwischen zwei Orten in fremdem Hoheitsgebiet entgeltlich Transportleistungen zu erbringen* [frz., „Küstenschiffahrt", zu *cap* „Kap, Vorgebirge"]
ka|bo|tie|ren ⟨V.3, hat kabotiert; o.Obj.⟩ *Kabotage treiben*
Ka|brio ⟨n.9; ugs.; Kurzw. für⟩ *Kabriolett* (1)
Ka|brio|lett ⟨n.1⟩ **1** *Personenkraftwagen mit Faltverdeck;* Ggs. *Limousine* **2** *zweirädriger Kutschwagen mit Halbverdeck und einer Sitzbank* [< frz. *cabriolet* „leichter, zwei- oder vierrädriger Einspänner", zu *cabrioler* „Luft-, Bockssprünge machen", zu *cabriole* „Luft-, Bockssprung",] → *Kapriole;* Übertragung auf das Gefährt wahrscheinl. scherzhaft

wegen der Sprünge, die es macht, wenn es über holprige Wege geht]
Ka|buff ⟨n.1; ugs.⟩ *enger, dunkler Raum* [vielleicht zu *Kabuse*]
Ka|bu|ki ⟨n., -(s), -(s)⟩ *japanisches Schauspiel mit Musik und Tanz* [< altjap. *Kabuku* „sich fremdartig bewegen, eine unnatürliche Figur machen"]
Ka|bu|se, Ka|büse ⟨f.11; norddt.⟩ **1** *enger, dunkler Raum* **2** *Hütte, schlechte Wohnung* **3** ⟨Nebenform von⟩ *Kombüse* [< mnddt. *Kabus(e)* „kleines, niedriges Gebäude, Verschlag", auch „Schiffsküche", < mndrl. *kabuys, cabuse* „Küche, Vorratskammer auf dem Schiff", weitere Herkunft nicht geklärt]
Ka|by|le ⟨m.11⟩ *Angehöriger eines Berberstammes*
Kach|ek|ti|ker ⟨m.5⟩ *von Kachexie befallener Mensch*
Ka|chel ⟨f.11⟩ *Platte aus gebranntem, glasiertem Ton (als Wandbekleidung oder für Öfen)*
ka|cheln ⟨V.1, hat gekachelt; mit Akk.⟩ *mit Kacheln verkleiden, bedecken;* gekacheltes *Bad Badezimmer, dessen Wände mit Kacheln verkleidet sind;* gekachelter *Ofen*
Ka|chel|ofen ⟨m.8⟩ *(aus Schamottesteinen gemauerter) Ofen, der von Kacheln umgeben ist*
Kach|exie ⟨f.11⟩ *völliger Kräfteverfall* [< griech. *kachexia* „schlechter Zustand, Vernachlässigung" (bes. des Körpers und der Gesundheit), < *kachos* „schlecht" und *hexis* „Beschaffenheit"]
Ka|cke ⟨-k|k-; f., -, nur Sg.; derb⟩ **1** *Kot* **2** *schlechte, unangenehme Sache;* schöne *K.!* [zu *kacken*]
ka|cken ⟨-k|k-; V.1, hat gekackt; o.Obj.; derb⟩ *Kot ausscheiden*
kack|fi|del ⟨Adj., o.Steig.; sächs.; derb⟩ *unbekümmert, sehr fidel*
Ka|da|ver ⟨m.5⟩ *totes Tier (bes. im Zustand der Verwesung)* [< lat. *cadaver* „Leichnam, Aas", eigtl. „gefallener Körper", zu *cadere* „fallen, stürzen"]
Ka|da|ver|ge|hor|sam ⟨m., -s, nur Sg.⟩ *Gehorsam unter Ausschaltung des eigenen Willens und Urteils*
Ka|denz ⟨f.10⟩ **1** ⟨Mus.⟩ *abschließende Akkordfolge* **2** ⟨im Instrumentalkonzert⟩ *unbegleitete, verzierende, meist virtuose Wiederholung der Hauptthemen durch den Solisten* **3** ⟨Sprachw.⟩ *Art des Versschlusses, z.B. Reim* [< ital. *cadenza* in ders. Bed. sowie „Tonfall", zu ital., lat. *cadere* „fallen"]
Ka|der ⟨m.5⟩ **1** *erfahrene Kerngruppe (eines Heeres, einer Sportmannschaft)* **2** ⟨DDR⟩ *systematisch herangebildete Gruppe von Nachwuchskräften (in Partei, Staat, Wirtschaft usw.)* **3** *Angehöriger eines Kaders (1,2)* [< frz. *cadre* „Rahmen, viereckige Einfassung", dann auch „Stamm-, Kerntruppe" (weil Truppen früher meist in viereckiger Schlachtordnung aufgestellt wurden), < lat. *quadrum* „Viereck"]
Ka|dett ⟨m.10⟩ **1** *Zögling einer militärischen Erziehungsanstalt für Offiziersanwärter* **2** ⟨ugs.⟩ *Junge, der zu kleinen Missetaten neigt;* ihr seid ja ~en! [< frz. *cadet* „jüngerer (zweitgeborener) Sohn" (eigtl. „jüngstes Familienoberhaupt"); „junger Adliger als Offiziersanwärter", < gaskognisch *capdet*, prov. *capdel* „Hauptmann", < lat. *capitellum* „kleines Haupt", zu *caput* „Haupt, Kopf";

die jüngeren, von der Erbfolge ausgeschlossenen Söhne wurden früher meist Offiziere]

Ka|di ⟨m.9; in islam. Ländern⟩ *Richter;* zum Kadi laufen ⟨ugs.⟩ *vor Gericht gehen, einen Prozeß anfangen* [< arab. *qadin* „Richter"]

kad|mie|ren ⟨V.3, hat kadmiert; mit Akk.⟩ *mit einer Kadmiumschicht überziehen;* Syn. *verkadmen*

Kad|mi|um ⟨n., -s, nur Sg.⟩ → *Cadmium*

ka|du|zie|ren ⟨V.3, hat kaduziert; mit Akk.⟩ *für ungültig, verfallen erklären* [< lat. *caducus*, als juristischer Terminus „verfallen, anheimgefallen" (nämlich an einen andern als den im Testament genannten Erben), zu *cadere* „fallen"]

Kä|fer ⟨m.5⟩ **1** *Insekt mit hartem Hautpanzer, festen Vorderflügeln und kauenden Mundwerkzeugen* **2** ⟨ugs.⟩ *hübsches Mädchen;* netter K. **3** *ein Auto der Volkswagen AG;* er fährt einen K.

Kaff¹ ⟨n., -s, nur Sg.; nddt.⟩ *Spreu, wertloses Zeug, Plunder* [< mhd. *kaf*, engl. *chaff* in ders. Bed., Herkunft nicht geklärt]

Kaff² ⟨n.9; abwertend⟩ *entlegenes, kümmerliches Dorf* [Rückbildung zu *Kaffer*]

Kaf|fee ⟨auch [kaˈfeː]⟩ **I** ⟨m.9⟩ **1** *tropische Nutzpflanze mit immergrünen, ledrigen, lorbeerähnlichen Blättern;* Syn. *Kaffeebaum*, *Kaffeestrauch* **2** ⟨nur Sg.⟩ *deren Samen*, *Kaffeebohnen* **3** ⟨nach Zahlengabe Pl. auch -⟩ *Getränk daraus;* einen K. trinken; bitte zwei K.! das ist doch kalter K.! ⟨ugs.⟩ *das ist doch längst bekannt und uninteressant!* **II** ⟨nur [-fe] n.9⟩ *Café* [< türk. *kahve* < arab. *gahwa* „Kaffeetrank", urspr. „Wein, berauschendes Getränk"]

Kaf|fee|baum ⟨m.2⟩ → *Kaffee (1)*

Kaf|fee|boh|ne ⟨f.11⟩ *einzelne Bohne des Kaffees (1,2)*

kaf|fee|braun ⟨Adj., o.Steig.⟩ *dunkelbraun wie Kaffee (3)*

Kaf|fee|klatsch ⟨m.1; ugs., scherzh.⟩ *Plauderei, Klatsch einer (Damen-)Gesellschaft bei Kaffee und Kuchen*

Kaf|fee|löf|fel ⟨m.5⟩ → *Teelöffel*

Kaf|fee|ma|schi|ne ⟨auch [-fe-] f.11⟩ *elektrisches Gerät zum Filtern von Kaffee*

Kaf|fee|müh|le ⟨auch [-fe-] f.11⟩ *Gerät zum Mahlen von Kaffee*

Kaf|fee|schwe|ster ⟨f.11; ugs., scherzh.⟩ → *Kaffeetante*

Kaf|fee|strauch ⟨m.4⟩ → *Kaffee (1)*

Kaf|fee|tan|te ⟨f.11; ugs., scherzh.⟩ *Frau, die gerne Kaffee trinkt;* Syn. *Kaffeeschwester*

Kaf|fer¹ ⟨m.14⟩ *Angehöriger eines Bantuvolkes in Mosambik und Südafrika* [< *Kafir*]

Kaf|fer² ⟨m.5; ugs.; abwertend⟩ *dummer Kerl, Tölpel* [< jidd. *kafer* „Bauer" < hebr. *käfär* „Dorf, Dorfbewohner"]

Kaf|fern|büf|fel ⟨m.5⟩ *schwarzbrauner afrikanischer Büffel mit seitlich ausladenden, nach oben geschwungenen Hörnern*

Kä|fig ⟨m.1⟩ **1** *Behälter oder Raum mit Gitterstäben zur Tierhaltung (Vogel-, Löwen~);* sie sitzt im goldenen K. ⟨übertr.⟩ *sie ist unfrei trotz ihres Reichtums* **2** *Raum, der gegen elektrische Störungen abgeschirmt ist;* Faradayscher K. **3** *Schutzgitter um Maschinenteile* [< lat. *cavea* „Behälter"]

Kä|fig|läu|fer ⟨m.5⟩ *Bauart für den Rotor eines Asynchronmotors*

Kaf|fil|ler ⟨m.5; rotw.⟩ → *Abdecker* [vermutlich zu ital. *cavallo* „Pferd", da der Abdecker vor allem Pferdekadaver zu beseitigen hatte]

Ka|fir ⟨m.14; abwertend⟩ *„Ungläubiger", Nichtmohammedaner* [arab.]

kaf|ka|esk ⟨Adj., o.Steig.⟩ *im Stil des österreichischen Dichters Franz Kafka, beängstigend, bedrohlich*

Kaf|tan ⟨m.1⟩ *langes Obergewand der orthodoxen Juden* [< türk. *kaftan* „langer Mantel", oder über das Span. < arab. *qaftān*, beides < pers. *ḫaftān* „langes Gewand, Waffenrock"]

Käf|ter|chen ⟨n.7; mdt.⟩ *Kämmerchen*

kahl ⟨Adj., o.Steig.⟩ **1** *ohne Kopfhaare, glatzköpfig;* ~er Schädel; er ist schon völlig k. **2** *ohne Blätter;* ~e Bäume, Sträucher **3** *leer, unbewachsen;* ~e Felsen, Berggipfel **4** *leer, schmucklos;* ~e Wände, Räume **Kahl|heit** ⟨f., -, nur Sg.⟩

Kahl|fraß ⟨m., -es, nur Sg.⟩ **1** *das Kahlfressen; Pflanzen durch K. schädigen* **2** *das Kahlgefressensein, kahlgefressene Stelle;* K. an Bäumen

Kahl|hieb ⟨m.1⟩ → *Kahlschlag*

Kahl|kopf ⟨m.2⟩ **1** *kahler Schädel* **2** ⟨ugs.⟩ *Mann mit kahlem Schädel*

kahl|köp|fig ⟨Adj., o.Steig.⟩ → *glatzköpfig*

Kahl|schlag ⟨m.2⟩ *Fällen aller Bäume (eines Waldstückes) auf einmal;* Syn. *Kahlhieb*

Kahl|wild ⟨n., -(e)s, nur Sg.⟩ *weibliche Tiere und Kälber des geweihtragenden Wildes*

Kahm ⟨m.⟩ *aus Bakterien und anderen Mikroorganismen gebildete, zusammenhängende, weißlichgraue Haut (auf nährstoffhaltigen Flüssigkeiten)* [vermutl. zu lat. *canus* „weißlichgrau"]

Kahn ⟨m.2⟩ **1** *flachgehendes Binnenwasserfahrzeug zum Transport von Gütern (Fischer~, Schlepp~)* **2** *kleines Ruderboot;* Syn. ⟨poet.⟩ *Nachen* **3** ⟨scherzh.⟩ *schlechtes Schiff;* alter K.

Kahn|bein ⟨n.1⟩ *einer der Hand- oder Fußwurzelknochen;* Syn. *Schiffbein*

Kai ⟨m.9 oder m.1⟩ **1** *befestigte Anlegestelle für Schiffe;* auch: *Quai*, Syn. *Kaje* **2** *Uferstraße* [< frz. *quai* in ders. Bed., < gall. *caio* „Umwallung"]

Kai|man ⟨m.1⟩ *Krokodil des tropischen Südamerika (Mohren~)* [< karib. *acagouman*; das Wort ist aber wahrscheinlich aus einer afrikan. Sprache eingeführt worden]

Kai|nit ⟨m.1⟩ *ein Mineral, ein Kalidüngemittel* [< griech. *kainos* „neu", da es innerhalb der Entstehungsgeschichte verhältnismäßig spät entstanden ist]

Kains|mal ⟨n.1⟩, **Kains|zei|chen** ⟨n.7⟩ *Zeichen einer bösen Tat, die dem Täter gleichsam ins Gesicht geschrieben ist* [volkstüml. umgedeutet nach dem Bericht im 1. Buch Mosis, 4,15, daß Gott ein Zeichen an ihn machte, damit niemand ihn erschlage]

Kai|ser ⟨m.5; in vielen Monarchien Titel für⟩ *höchster Herrscher;* wo nichts ist, hat der K. sein Recht verloren ⟨ugs.⟩ *wer nichts besitzt, von dem kann man auch nichts fordern;* sich um des ~s Bart streiten ⟨ugs.⟩ *sich um Nichtigkeiten streiten;* dem K. geben, was des ~s ist *seine Pflichten gegenüber dem Staat erfüllen;* dorthin gehen, wohin auch der K. zu Fuß geht ⟨ugs.⟩ *die Toilette aufsuchen* [< *Caesar*, nach dem altröm. Herrscher Gaius Julius *Caesar*]

Kai|ser|bröt|chen ⟨n.7⟩ *rundes Brötchen mit bogenförmigen Einkerbungen;* Syn. *Franzbrötchen*

Kai|ser|fleisch ⟨n-, -(e)s, nur Sg.; österr.⟩ *mageres, geräuchertes Bauchfleisch vom Schwein*

Kai|ser|haus ⟨n.4⟩ *Familie, Dynastie, die mehrere Kaiser hervorgebracht hat;* das K. der Habsburger

Kai|se|rin ⟨f.10⟩ **1** *Frau eines Kaisers* **2** *weibliche Alleinherrscherin*

Kai|ser|in|mut|ter ⟨f.6⟩ *Mutter eines regierenden Kaisers oder einer regierenden Kaiserin*

Kai|ser|jä|ger ⟨m.5; 1816–1918, in Österreich⟩ *Angehöriger der Gebirgsjägertruppe*

kai|ser|lich ⟨Adj., o.Steig.⟩ **1** *zum Kaiser gehörend, den Kaiser betreffend* **2** *monarchisch eingestellt* **3** *unter der Herrschaft eines Kaisers stehend;* das ~e Österreich

kai|ser|lich-kö|nig|lich ⟨Adj., o.Steig.; im alten Österreich-Ungarn bis 1918;* Abk.: k.k.⟩ *zu Österreich-Ungarn gehörend, Österreich-Ungarn betreffend;* die ~e Infanterie

kai|ser|los ⟨Adj., o.Steig.⟩ *ohne Kaiser;* die ~e, die schreckliche Zeit *das Interregnum 1254–1273 in Deutschland*

Kai|ser|man|tel ⟨m.6⟩ *großer, orangegelber Falter mit schwarzen Flecken;* Syn. *Silberstrich*

Kai|ser|reich ⟨n.1⟩ *Reich, das von einem Kaiser regiert wird*

Kai|ser|schmar|ren ⟨m.7⟩ *Mehlspeise aus Pfannkuchenteig (mit Rosinen)*

Kai|ser|schnitt ⟨m.1⟩ *Entbindung durch Aufschneiden der Gebärmutter* [Lehnübersetzung von lat. *sectio caesarea* < *sectio* „das Schneiden" und *caesus* „geschnitten"; der röm. Schriftsteller Plinius versuchte, den Namen *Caesar* als „der aus dem Mutterleib Geschnittene" zu erklären, daher der Erstbestandteil „Kaiser"]

Kai|ser|tum ⟨n., -s, nur Sg.⟩ *Regierungsform, bei der ein Kaiser die Herrschaft ausübt*

Ka|jak ⟨m.9, auch m.1, österr. auch n.1⟩ **1** *einsitziges, bis auf den Rudersitz geschlossenes Paddelboot der Eskimos* **2** *daraus entwickeltes Sportpaddelboot, das mit Doppelpaddel gefahren wird* [< eskimoisch *qajaq* (chajach), der Bez. für das geschlossene Männerboot aus Seehundshaut]

Ka|je ⟨f.11; nddt.⟩ → *Kai* [ndrl.]

Ka|je|put|baum ⟨m.2⟩ *ein australisches und hinterindisches Myrtengewächs (dessen Öl in der Medizin und Parfümerie verwendet wird)* [< mal. *kaju* „Holz, Baum" und *puteh*, *putih* „weiß", das das junge Holz eine helle Rinde hat]

ka|jo|lie|ren ⟨[-ʒo-] V.3, hat kajoliert; mit Akk.; †⟩ *jmdn. k. jmdm. schmeicheln, jmdn. liebkosen* [< frz. *cajoler* in ders. Bed., vielleicht gekreuzt < *enjôler* „beschwatzen, betören" und *caresser* → *karessieren*]

Ka|jü|te ⟨f.11; auf Schiffen⟩ *Wohn-Schlaf-Raum* [< mnddt. *kajute*, *kaiute*, Herkunft nicht bekannt]

Kak ⟨m.1; nddt.; †⟩ *Pranger*

Ka|ka|du ⟨österr. [-duˈ] m.9⟩ *Papagei mit aufrichtbarer Federhaube* [< mal. *kakatua*, *kakaktua* als Bez. für den Vogel, vielleicht lautmalend nach dem Ruf, oder < mal. *ka'kak*, *kakah* als Nachahmung des Gackerns von Hühnern und des Gelächters]

Ka|kao ⟨auch [-kau] m.9⟩ **1** ⟨nur Sg.⟩ *Samen des Kakaobaumes* **2** *Getränk daraus* [< Nahuatl *kakawa*, verkürzt < *kakawatl* (andere Schreibung: *cacauatl*), dieses wahrscheinl. verkürzt < *kakawa-kwawitl* „Kakaobohne"]

Ka|kao|baum ⟨m.2⟩ *tropisches Sterkuliengewächs, dessen melonenähnliche Früchte Kakao (1) enthalten*

ka|keln ⟨V.1, hat gekakelt; o.Obj.⟩ **1** *sich zwanglos unterhalten, plaudern* **2** *Törichtes reden;* was kakelst du da?

Ka|ke|mo|no ⟨n.9⟩ *hochformatiges Rollbild aus Seide oder Papier;* vgl. *Makimono* [jap.]

Ka|ker|lak ⟨m.12 oder m.10⟩, **Ka|ker|la|ke** ⟨f.11⟩ → *Küchenschabe* [< ndrl. *kakkerlak*, engl. *cockroach* < span. *cucaracha*, Ableitung von *cuca* „Wurm, Made, Raupe, Küchenschabe"]

Ka|ki ⟨n., -(s), nur Sg.⟩ → *Khaki*

Ka|ki|pflau|me ⟨f.11⟩ *süße Frucht eines in China und Japan kultivierten Ebenholzgewächses, des Kakibaumes* [Erstbestandteil japan.]

Ka|ko|dyl|ver|bin|dung ⟨f.10⟩ *übelriechende Arsenverbindung* [< griech. *kakodes* „übelriechend" und *hyle* „Stoff"]

Ka|ko|pho|nie ⟨f.11⟩ **1** ⟨Mus.⟩ *Mißklang, Dissonanz* **2** *schlecht klingende Laut- oder Wortfolge;* Ggs. *Euphonie* [< griech. *kakos* „schlecht" und *phone* „Klang, Ton, Stimme"]

ka|ko|pho|nisch ⟨Adj., o.Steig.; Mus., Sprachw.⟩ *schlecht klingend*

Kak|tee ⟨f.11⟩, **Kak|tus** ⟨m., -, -teen, österr.

Kakuminal auch m.1) *amerikanische Wüstenpflanze, auch Zierpflanze (Feigen~, Igel~, Säulen~)* [über lat. *cactus*, das eine „stachlige Pflanze", wohl Artischocke, bezeichnet, < griech. *kaktos* „stachlige Pflanze Siziliens"]

Ka|ku|mi|nal ⟨m.1⟩ → *Zerebral*

Ka|la-Azar [-tsar] ⟨f., -, nur Sg.⟩ *schwere tropische Infektionskrankheit, die die inneren Organe und das Knochenmark befällt* [Hindi, „schwarze Krankheit", wegen der schwärzlichen Hautverfärbung]

Ka|la|bas|se ⟨f.11⟩ → *Kalebasse*

Ka|la|bre|se ⟨m.11⟩ *Einwohner von Kalabrien;* auch: *Kalabrier*

Ka|la|bre|ser ⟨m.5⟩ *breitkrempiger, spitzer Filzhut* [nach der ital. Landschaft Kalabrien]

ka|la|bre|sisch ⟨Adj., o.Steig.⟩ *Kalabrien betreffend, zu ihm gehörig, aus ihm stammend;* auch: *kalabrisch*

Ka|la|bri|er ⟨m.5⟩ → *Kalabrese*

ka|la|brisch ⟨Adj., o.Steig.⟩ → *kalabresisch*

Ka|la|mai|ka ⟨f., -, -ken⟩ *mit Gesang begleiteter, leidenschaftlich bewegter ukrainischer Tanz* [< ukrain. *Kolomyika*, nach der Stadt *Kolomea*, ukrain. *Kolomyja*]

Ka|la|mit ⟨m.10⟩ *fossiler baumhoher Schachtelhalm des Karbons* [< griech. *kalamos* „Rohr, Schilfrohr"]

Ka|la|mi|tät ⟨f.10⟩ **1** *Übelstand, Notlage* **2** *Massenerkrankung von Waldbäumen mit wirtschaftlichen Folgen* [< lat. *calamitas*, Gen. -*atis*, „Schaden, Unheil, Verderben"]

Ka|lan|der ⟨m.5⟩ *Preßmaschine zum Glätten und Glänzendmachen von Papier, Textilien und Kunststoffen* [< frz. *calandre* „Glättmaschine, Rolle, Mangel", zu *calandrer* „rollen, mangeln", < ndrl. *kalanderen* „glatt und glänzend machen", vielleicht Verstümmelung von griech. *kylindros* „Rolle, Walze", → *Zylinder*]

ka|lan|dern ⟨V.1, hat kalandert; mit Akk.⟩ *mit dem Kalander bearbeiten*

Ka|lau|er ⟨m.5⟩ *einfaches Wortspiel, Witzelei;* Syn. *Calembour* [< frz. *calembour* „Wortspiel", in Deutschland wurde das Wort in lautlicher Anlehnung an die Stadt Kalau bei Cottbus volksetymologisch umgebildet]

ka|lau|ern ⟨V.1, hat gekalauert; o.Obj.⟩ *Kalauer machen*

Kalb ⟨n.4⟩ **1** *junges Rind* **2** *Jungtier großer Huftiere (z.B. von Antilopen, Hirschen)*

Kal|be ⟨f.11⟩ → *Färse*

Kal|be|fie|ber ⟨n., -s, nur Sg.⟩ → *Gebärparese (2)*

kal|ben ⟨V.1, hat gekalbt; o.Obj.⟩ *ein Kalb bekommen;* auch: ⟨schweiz.⟩ *kalbern,* ⟨süddt., österr.⟩ *kälbern*

Kal|be|rei, Käl|be|rei ⟨f.10; ugs.⟩ *Unfug, albernes Benehmen*

Käl|ber|kropf ⟨m., -(e)s, nur Sg.⟩ *(meist weiß blühendes) Doldengewächs mit kerbelähnlichen Blättern*

kal|bern ⟨V.1, hat gekalbert; o.Obj.⟩ **1** *Unsinn, Albernheiten treiben;* auch: *kälbern* **2** ⟨schweiz.⟩ → *kalben*

käl|bern ⟨V.1, hat kälbert; o.Obj.⟩ **1** → *kalbern* **2** ⟨süddt., österr.⟩ → *kalben*

Kal|ber|ne(s) ⟨n.17 oder 18; bayr.-österr.⟩ → *Kalbfleisch*

Käl|ber|zäh|ne ⟨m.2, Pl.; ugs., scherzh.⟩ *Graupen (als Speise)*

Kalb|fleisch ⟨n., -(e)s, nur Sg.⟩ *Fleisch des Kalbes (1) als Nahrungsmittel;* auch: ⟨bayr.-österr.⟩ *Kälberne(s)*

Kal|bin ⟨f.10; bayr.-österr.⟩ → *Färse*

Kalbs|milch ⟨f., -, nur Sg.⟩ → *Bries*

Kalbs|nuß ⟨f.2⟩ → *Frikandeau*

Kal|da|ri|um ⟨n., -s, -rien⟩ **1** *(im altröm. Bad) Warmwasser-Baderaum* **2** ⟨†⟩ *warmes Gewächshaus* [< lat. *caldus, calidus* „warm"]

Kal|dau|nen ⟨f.11, nur Pl.⟩ → *Kutteln* [< mlat. *calduna* „noch warmes Eingeweide eines geschlachteten Tieres", zu lat. *caldus, calidus* „warm"]

Ka|le|bas|se ⟨f.11⟩ *aus einem Flaschenkürbis hergestelltes Trinkgefäß;* auch: *Kalabasse* [< frz. *calebasse, canebasse, cabasse* < span. *calabaza* in ders. Bed.; weitere Herkunft unsicher]

Ka|le|do|ni|den ⟨nur Pl.⟩ *im älteren Paläozoikum entstandene Gebirge* [nach *Kaledonien*, einem alten Namen für Schottland]

ka|le|do|nisch ⟨Adj., o.Steig.⟩ *zu den Kaledoniden gehörig, aus ihrer Entstehungszeit stammend;* ~*es Gebirge*

Ka|lei|do|skop ⟨n.1⟩ **1** *Guckkasten mit Winkelspiegeln und bunten Steinchen, die sich beim Drehen zu immer neuen Mustern ordnen* **2** ⟨übertr.⟩ *bunte, wechselnde Bilderfolge* [< griech. *kalos* „schön", *eidos* „Bild" und *skopein* „sehen, schauen, betrachten"]

Ka|len|da|ri|um ⟨n., -s, -rien⟩ **1** *(im alten Rom) Verzeichnis von Zinsen, die am Monatsersten fällig waren* **2** *Verzeichnis der kirchlichen Fest- und Gedenktage* **3** *Terminkalender* [lat., → *Kalender*]

Ka|len|der ⟨m.5⟩ **1** *Verzeichnis der Tage, Wochen und Monate des Jahres in zeitlicher Folge* **2** *Zeitrechnung;* Gregorianischer, Julianischer, Hundertjähriger K. [< lat. *calendarius* „Zeitweiser durch das Jahr", *calendarium* „Schuldverzeichnis (der Geldleiher)"; da am Ersten des Monats, an den Kalenden, die Zinsen gezahlt werden mußten, notierten sich die Geldleiher die Namen ihrer Schuldner, die an diesem Tag zu zahlen hatten]

Ka|len|der|jahr ⟨n.1⟩ *das Jahr vom 1. Januar bis zum 31. Dezember (im Unterschied zum Kirchenjahr, Studienjahr, Lebensjahr)*

Ka|len|der|mo|nat ⟨m.1⟩ *Monat vom ersten bis zum letzten Tag*

Ka|le|sche ⟨f.11⟩ *leichte, vierrädrige Kutsche* [< poln., ukrain. *kolaska* „kleiner Bauernwagen, Einspänner", Verkleinerungsform zu *kolasa* „Wagen", zu *kol* „Rad"]

Kal|fak|ter ⟨m.5⟩, **Kal|fak|tor** ⟨m.13⟩ **1** *Strafgefangener als Helfer des Gefangenenwärters* **2** *jmd., der alle möglichen Dienste verrichtet* **3** *Zwischenträger, Schmeichler* [< mlat. *calefactor* „Heizer" (in Schulen, der darüber hinaus die verschiedensten untergeordneten Dienste zu verrichten hatte), < lat. *calefacere* „warm machen, heizen"]

kal|fa|tern ⟨V.1, hat kalfatert; mit Akk.⟩ *mit Teer dichten;* Fugen des Schiffes k. [< mlat. *calafatare* < griech. *kalaphatizein;* die Herkunft ist nicht klar]

Ka|li ⟨n.9⟩ **1** ⟨kurz für⟩ *Kalisalz* **2** ⟨kurz für⟩ *Kalium*

Ka|li|an ⟨m.1 oder n.1⟩ *persische Wasserpfeife;* auch: *Kaliun* [pers.]

Ka|li|ber ⟨n.5⟩ **1** *lichte Weite (von Rohren und Bohrschächten)* **2** *Durchmesser (von Geschossen)* **3** *Abstand der Walzen (im Walzwerk)* **4** ⟨übertr., meist scherzh.⟩ *Art, Sorte, Größe;* das, ⟨auch⟩ er ist von einem anderen K. das, er ist anders (und zwar besser) als ... [< frz. *calibre,* ital. *calibro* < arab. *qālib* „Form für die Metallbearbeitung, Modell", auch „Leisten" (des Schusters)]

Ka|li|bra|ti|on ⟨f.10⟩ **1** *Messen des Kalibers* **2** *Eichen von Meßinstrumenten* [zu *kalibrieren*]

ka|li|brie|ren ⟨V.3, hat kalibriert; mit Akk.⟩ *auf das richtige Maß bringen* [zu *Kaliber*]

Ka|lif ⟨m.10⟩ **1** ⟨früher Titel für⟩ *Oberhaupt der Sunniten (als Nachfolger Mohammeds)* **2** ⟨dann⟩ *türkischer Sultan* [< arab. *ḫalifa* „Nachfolger, Stellvertreter" (des Propheten Mohammed), zu *ḫalafa* „nachfolgen, an jmds. Stelle treten"]

Ka|li|fat ⟨n.1⟩ *Amt, Würde, Reich des Kalifen*

Ka|li|ko ⟨m.9⟩ *feines, sehr dichtes Baumwollgewebe (für Bucheinbände)* [< engl. *calico* in ders. Bed., nach der ind. Stadt *Kalikut*]

Ka|li|lau|ge ⟨f.11⟩ *wäßrige Lösung von Kaliumhydroxid;* Syn. *Ätzkali*

Ka|li|sal|pe|ter ⟨m., -s, nur Sg.⟩ *Kaliumnitrat, Salz der Salpetersäure (u.a. als Düngemittel)*

Ka|li|salz ⟨n.1⟩ *kaliumhaltiges Salz, das zusammen mit Steinsalz vorkommt;* auch: *Kali*

Ka|li|um ⟨n., -s, nur Sg.; Zeichen: K⟩ *bläulich-silbriges, weiches Alkalimetall;* auch: *Kali* [< *Alkali*]

Ka|li|um|per|man|ga|nat ⟨n., -s, nur Sg.⟩ *übermangansaures Kali, ein Oxidationsmittel*

Ka|li|un ⟨m.1 oder n.1⟩ → *Kalian*

Ka|lix|ti|ner ⟨m.5⟩ *Angehöriger der gemäßigten Richtung der Hussiten, die den Laienkelch beim Abendmahl forderte;* Syn. *Utraquist* [< lat. *calix* „Kelch, Becher", übertr. auch „Wein"]

Kalk ⟨m.1⟩ **1** *(meist) kristallines, weißes Pulver, Calciumcarbonat;* kohlensaurer K. **2** *durch Brennen dieses Stoffes gewonnene harte, weiße, bröckelige Substanz, Calciumoxid;* gebrannter K. **3** *durch Zusatz von Wasser zu diesem Stoff gewonnene, weiße, pastige Substanz, Calciumhydroxid;* gelöschter K. (zur Zubereitung von Mörtel) **4** ⟨kurz für⟩ *Kalkstein* [< lat. *calx*, Gen. *calcis*, „Kalk"]

kal|ken ⟨V.1, hat gekalkt; mit Akk.⟩ *mit Kalk bestreichen, weißen, tünchen;* Wände k.; gekalkte Fassade

Kalk|far|be ⟨f.11⟩ *mit Kalkmilch zubereitete Mineralfarbe (als Anstrichfarbe u.a.)*

kal|kig ⟨Adj.⟩ **1** *voller Kalk;* ~*es Wasser* **2** ⟨o.Steig.⟩ *weiß wie Kalk;* ~*es Licht* **3** ⟨o.Steig.⟩ *von kalkähnlicher Beschaffenheit;* k. verkitteter Quarzsand

Kalk|milch ⟨f., -, nur Sg.⟩ *verdünnter Kalk (3) als Anstrichmittel für Ställe*

Kalk|sin|ter ⟨m.5⟩ *gelblicher, durch Ablagerung an kalkhaltigem Wasser entstandener Kalkstein;* Syn. *Kalktuff*

Kalk|spat ⟨m.1⟩ → *Calcit*

Kalk|stein ⟨m.1⟩ *Sedimentgestein, das größtenteils aus Calcit besteht;* auch: *Kalk*

Kalk|stick|stoff ⟨m., -(e)s, nur Sg.⟩ *calcium- und kohlenstoffhaltiger Stickstoff (als Dünger)*

Kalk|tuff ⟨m.1⟩ → *Kalksinter*

Kal|kül ⟨n.1⟩ **1** *Rechnung, Berechnung, Überlegung;* etwas in sein K. einbeziehen **2** ⟨nur m.1; Math.⟩ *System von Regeln und Zeichen für Berechnungen und Ableitungen* [< frz. *calcul* „das Rechnen", zu lat. *calculus* „Rechenstein", → *kalkulieren*]

kal|ku|la|bel ⟨Adj., o.Steig.; nur als Attr. und mit „sein"⟩ *so beschaffen, daß man es kalkulieren kann, kalkulierbar;* Ggs. *inkalkulabel*

Kal|ku|la|ti|on ⟨f.10⟩ *Berechnung der Kosten, Kostenvoranschlag* [zu *kalkulieren*]

Kal|ku|la|tor ⟨m.13⟩ *Sachbearbeiter im betrieblichen Rechnungswesen, Rechnungsprüfer*

kal|ku|la|to|risch ⟨Adj., o.Steig.⟩ *mit Hilfe einer Kalkulation*

kal|ku|lie|ren ⟨V.3, hat kalkuliert; mit Akk.⟩ *etwas k.* **1** *berechnen;* Kosten, Ausgaben k. **2** *die Kosten für etwas berechnen;* die Herstellung eines Buches, ein Buch k. **3** ⟨auch o.Obj.⟩ *schätzen, überlegen, annehmen, vermuten;* ich kalkuliere, daß sie um sechs Uhr dort sind; er hat richtig, falsch kalkuliert [< mlat. *calculare* „berechnen, zusammenrechnen", zu lat. *calculus* „Rechnung", eigtl. „Steinchen" (auf dem Rechenbrett), Verkleinerungsform von *calx*, Gen. *calcis*, „Stein, Spielstein, Kalkstein"]

Kal|la ⟨f.9⟩ *afrikanische Sumpfstaude aus der Familie der Aronstabgewächse, Zierpflanze* [< griech. *kallos* „Schönheit"]

Kal|le ⟨f.11; Gaunerspr.⟩ **1** *Braut, Geliebte* **2** *Prostituierte* [jidd.]

Kal|li|graph ⟨m.10⟩ *Schönschreiber, Schreibkünstler*

Kal|li|gra|phie ⟨f., -, nur Sg.⟩ *Schönschreibkunst* [< griech. *kallos* „Schönheit" und *...graphie*]

kal|li|gra|phisch ⟨Adj., o.Steig.⟩ *in der Art der Kalligraphie, auf ihr beruhend*

kal|lös ⟨Adj., o.Steig.⟩ *durch einen Kallus entstanden, damit überzogen;* ~es *Gewebe*

Kal|lus ⟨m., -, -lus|se⟩ **1** *an Wundrändern von Pflanzen neu gebildetes Gewebe* **2** *Bindegewebe an heilenden Knochenbrüchen* [< lat. *callus* „verhärtete Haut, Schwiele, Beule"]

Kal|mar ⟨m.1⟩ → *Kopffüßer* [< ital. *calamaro* „Tintenschnecke", zu *calamaio* „Tintenfaß", zu lat. *calamus* „Schreibfeder"]

Kal|mäu|ser ⟨m.5⟩ **1** *Stubenhocker, Schulfuchs* **2** *Grübler, Kopfhänger* [Weiterbildung von rotwelsch *Kammesierer* „gelehrter Bettler", zu jidd. *Komaz* „(kräftig mit der ganzen Hand) nehmen"]

Kal|me ⟨f.11⟩ *völlige Windstille* [< frz. *calme* < ital. *calma* „Windstille" < vulgärlat. *calma* „Hitze", das eine Kreuzung von lat. *calere* „warm sein" und *cauma* „Hitze" ist]

Kal|men|gür|tel ⟨m.5⟩, **Kal|men|zo|ne** ⟨f.11⟩ *Zone mit nur schwachen Winden auf den Weltmeeren im Bereich der subtropischen Hochdruckzone*

Kal|muck ⟨m.1⟩ *ein beidseitig gerauhtes Baumwoll- oder Wollgewebe* [nach den *Kalmücken*]

Kal|mück ⟨m.10⟩, **Kal|mücke** ⟨-k|k-; m.11⟩ *Angehöriger eines westmongolischen Volkes*

Kal|mus ⟨m.1⟩ *ein Aronstabgewächs, das einen daumendicken, grüngelben Kolben trägt, Heilpflanze* [< lat. *calamus*, griech. *kalamos* „Rohr, Stengel, Grashalm"]

Ka|lo ⟨m.9⟩ *Gewichtsverlust, Schwund (von Waren, durch Eintrocknen oder Auslaufen)* [< ital. *calo* „Schwund", zu lat. *chalare, calare* „herablassen"]

Ka|lo|ka|ga|thie ⟨f., -, nur Sg.⟩ *Verbindung von Schönem und Gutem, körperliche und geistige Vollkommenheit (das altgriechische Erziehungsideal)* [< griech. *kalos* „schön", *kai* „und" und *agathos* „gut, rechtschaffen, ehrenhaft"]

Ka|lo|mel ⟨n., -s, nur Sg.⟩ *Quecksilber-I-Chlorid (früher als Abführmittel)* [< griech. *kalos* „schön" und *melas* „schwarz"]

Ka|lo|rie ⟨f.11; Zeichen: cal⟩ **1** *Wärmemenge, die nötig ist, um 1 g Wasser von 14,5 auf 15,5 °C zu erwärmen;* Syn. *(im Heizungsbau) Wärmeeinheit* **2** *Maßeinheit für den Energieumsatz des Körpers und den Energiewert der Nahrungsmittel; große K.* (†) *Kilokalorie; kleine K.* (†) *Kalorie* [< lat. *calor*, Gen. *caloris*, „Wärme, Hitze"]

ka|lo|ri|en|be|wußt ⟨Adj., -er, am -esten⟩ *auf kalorienarme Ernährung bedacht*

Ka|lo|ri|me|ter ⟨n.5⟩ *Gerät zum Messen von Kalorien* [< *Kalorie* und *...meter*]

Ka|lo|ri|me|trie ⟨f., -, nur Sg.⟩ **1** *das Messen von Kalorien mit Hilfe von Kalorimetern* **2** *Bestimmung der vom Organismus umgesetzten Wärme*

ka|lo|risch ⟨Adj., o.Steig.⟩ **1** *auf Wärme beruhend* **2** *die Kalorien betreffend*

ka|lo|ri|sie|ren ⟨V.3, hat kalorisiert; mit Akk.⟩ *mit einer Schutzschicht gegen Rost und Korrosion aus Aluminiumpulver überziehen* [zu lat. *calor*, Gen. *caloris*, „Wärme, Hitze", weil die betreffenden Teile in Aluminiumpulver geglüht werden]

Ka|lot|te ⟨f.11⟩ **1** *Oberfläche eines Kugelschnitts;* Syn. *Kugelhaube* **2** *Scheitelkäppchen der kath. Geistlichen* **3** *Schädeldach ohne Basis* **4** *wattierte Kappe unter dem Helm* [< frz. *calotte* in ders. Bed., < ital. *calotta*, mlat. *calota* „Mütze"]

Kal|pak ⟨auch [kal-] m.9⟩ auch: *Kolpak* **1** *hohe tatarische Lammfellmütze* **2** *armenische Filzmütze* **3** *Husarenmütze* **4** *von dieser herabwallender Tuchzipfel* [türk.]

kalt ⟨Adj., kälter, am kältesten⟩ Ggs. *warm* **1** *keine Wärme (mehr) enthaltend, von niedriger Temperatur;* ~e *Luft;* ~es *Wasser;* ~er *Blitz nicht zündender Blitz;* eine ~e *Dusche* (ugs.) *eine Ernüchterung;* ~e *Fährte* (Jägerspr.) *mehr als zwei Stunden alte Fährte;* ~es *Fieber* (Med.; †) *Malaria;* die ~e *Jahreszeit der Winter;* ~er *Krieg Krieg ohne Einsatz von Waffen;* ~e *Küche nicht gekochte oder abgekühlte Speisen;* ~e *Miete* (ugs.) *Miete ohne Heizkosten;* ~e *Pfeife nicht brennende Pfeife;* ~er *Schweiß Angstschweiß; k. schlafen in einem ungeheizten Raum schlafen* **2** (übertr.) *ohne Erregung, gleichmütig, gleichgültig;* ~es *Blut bewahren sich nicht aufregen; ein* ~es *Herz kein Mitgefühl haben; jmdm. die* ~e *Schulter zeigen jmdn. abweisen, nicht beachten; jmdn. k. behandeln, k. begrüßen* **3** (übertr.) *Angst erregend; jmdn. packt die* ~e *Wut jmdn. ergreift ein rücksichtsloser Zorn; es überlief ihn k. er bekam heftige Furcht; es läuft jmdm. k. den Rücken hinunter jmdn. überläuft ein Angstschauer*

kalt|blei|ben ⟨V.17, ist kaltgeblieben; o.Obj.; übertr.⟩ *die Ruhe bewahren, sich nicht erschüttern lassen, keine Empfindungen zeigen*

Kalt|blut ⟨n., -(e)s, nur Sg.⟩ *durch Größe und Gewicht für schweren Zug geeignetes Pferd;* vgl. *Warmblut* [nach seinem ruhigen Wesen]

Kalt|blü|ter ⟨m.5⟩ *Tier, dessen Körpertemperatur weitgehend von der Umgebungstemperatur abhängt (z.B. Fisch, Wirbelloser);* Syn. *Poikilotherme, Wechselwarme(r);* Ggs. *Warmblüter*

kalt|blü|tig ⟨Adj.⟩ **1** ⟨o.Steig.; Biol.⟩ *sich der jeweiligen Außentemperatur anpassend* **2** (übertr.) *ruhig, unerschrocken; der Gefahr k. entgegensehen* **3** (übertr.) *bedenkenlos, ohne Mitleid; jmdn. k. ermorden* **Kalt|blü|tig|keit** ⟨f., -, nur Sg.⟩

Käl|te ⟨f., -, nur Sg.⟩ **1** *niedrige Temperatur, Mangel an Wärme; eisige, sibirische K.; 10 Grad K.* (ugs.) *10 Grad unter dem Gefrierpunkt; es vor K. nicht mehr aushalten; vor K. zittern* **2** (übertr.) *Mangel an (innerer) Wärme, Gefühl, an Menschlichkeit (Gefühls~, Gemüts~); die K. der modernen Wohnblocks*

Käl|te|ein|bruch ⟨m.2⟩ → *Kältewelle*

Käl|te|man|tel ⟨m.6⟩ **1** *isolierende Schicht um eine Flasche (zwecks Kühlung)* **2** ⟨Bgb.⟩ *einen Hohlraum umschließende Gesteinsschicht mit niedrigerer Temperatur als die der dahinterliegenden Schichten*

Käl|te|ma|schi|ne ⟨f.11⟩ *Vorrichtung zum Erzeugen tiefer Temperaturen durch Entzug von Wärme*

Käl|te|mi|schung ⟨f.10⟩ *Gemisch bestimmter Salze mit Wasser, Eis u.a., das der Umgebung durch Erniedrigen des Gefrierpunkts Wärme entzieht*

Käl|te|pol ⟨m.1⟩ *Ort (auf der Erde), an dem die tiefsten Lufttemperaturen gemessen werden; der K. der nördlichen Halbkugel*

Käl|ter ⟨m.5; österr.⟩ *tragbarer Fischbehälter* [< mhd. *gehalter* „Behälter, Bewahrer"]

Käl|te|star|re ⟨f., -, nur Sg.⟩ *bei Kaltblütern durch kalte Außentemperatur hervorgerufenes Ruhen sämtlicher Lebensäußerungen*

Käl|te|step|pe ⟨f.11⟩ → *Tundra*

Käl|te|tech|nik ⟨f., -, nur Sg.⟩ *Technik zur Erzeugung tiefer Temperaturen (z.B. in Kältemaschinen)*

Käl|te|tod ⟨m., -(e)s, nur Sg.⟩ **1** *Tod durch zu großen Wärmeverlust des Körpers* **2** *angenommener Endzustand des Weltalls, der durch einen Ausgleich aller Temperaturunterschiede zustande kommen soll*

Käl|te|wel|le ⟨f.11⟩ Syn. *Kälteeinbruch* **1** ⟨Meteor.⟩ *im Winter eindringende Kaltluft, die einen Temperaturrückgang verursacht und einen Zeitraum kalter Witterung einleitet* **2** ⟨übertr.⟩ *anhaltend schlechte Beziehung*

Kalt|for|mung ⟨f.10⟩ → *Kaltverformung*

Kalt|front ⟨f.10⟩ *Grenzfläche zwischen warmen und kalten Luftmassen*

kalt|ge|schla|gen ⟨Adj., o.Steig.⟩ *bei Pflanzenölen ohne Einwirkung von Wärme durch Schlagen gewonnen und dadurch für die Ernährung wertvoller*

Kalt|haus ⟨n.4⟩ *Gewächshaus mit einer Temperatur von 5 bis 10 °C*

kalt|her|zig ⟨Adj.⟩ *ohne innere Wärme, ohne menschliches Gefühl* **Kalt|her|zig|keit** ⟨f., -, nur Sg.⟩

kalt|lä|chelnd ⟨Adj.; fast nur als Adv.; ugs.⟩ *ohne jede Gefühlsbeteiligung; jmdn. k. ermorden*

kalt|las|sen ⟨V.75, hat kaltgelassen; mit Akk.⟩ *jmdn. k. jmdn. unbeeindruckt lassen, keinerlei Empfindung in jmdm. hervorrufen, jmdn. durchaus nicht interessieren; diese Nachricht läßt mich völlig kalt*

Kalt|leim ⟨m.1; Holzverarbeitung⟩ *Leim, der bei normaler Raumtemperatur fest wird*

Kalt|luft|see ⟨m.14⟩ *Ansammlung von kalter Luft in Tälern, Mulden u.a.*

kalt|ma|chen ⟨V.1, hat kaltgemacht; mit Akk.; derb⟩ *töten, umbringen*

Kalt|na|del|ra|die|rung ⟨f.10⟩ *eine Art Kupferstich, bei der die Zeichnung mit einer Stahlnadel in die blanke (nicht präparierte) Kupferplatte geritzt wird*

Kalt|scha|le ⟨f.11⟩ *kalte, süße Suppe*

kalt|schnäu|zig ⟨Adj.; ugs.⟩ *gleichgültig gegenüber den Gefühlen anderer; k. über jmdn. reden* **Kalt|schnäu|zig|keit** ⟨f., -, nur Sg.⟩

kalt|stel|len ⟨V.1, hat kaltgestellt; mit Akk.; ugs.⟩ *jmdn. k. jmdm. seinen Einfluß, seine Wirksamkeit nehmen*

Kalt|ver|for|mung ⟨f.10⟩ *spanlose Formung von Metallen in kaltem Zustand (z.B. Kaltwalzen von Feinblechen);* Syn. *Kaltformung*

Kalt|wel|le ⟨f.11⟩ *Dauerwelle durch Chemikalien*

Ka|lum|bin ⟨n., -s, nur Sg.⟩ *Bitterstoff der Kolombowurzel*

Ka|lu|met ⟨auch [-lymɛ] n.9⟩ → *Friedenspfeife* [< frz. *chalumet* „(Mundstück der) Pfeife" (*chalumet de la paix* „Friedenspfeife"), zu *chalumeau* „Strohhalm, Schilfrohr"]

Ka|lup|pe ⟨f.11; österr.⟩ *baufälliges, verwahrlostes Haus* [< tschech. *chalupa* „ärmliche, aber saubere Hütte"]

Kal|va|ri|en|berg ⟨m.1⟩ **1** ⟨urspr.⟩ *Schädelstätte, Golgatha* **2** ⟨gegenw.⟩ *Berg mit Wallfahrtskirche und den 14 Stationen der Leidensgeschichte Christi* [< lat. *calvariae locus*, Übersetzung des griech. *golgatha* „Schädelstätte"]

Kal|vill ⟨m.12⟩, **Kal|vil|le** ⟨f.11⟩ *Apfelsorte mit säuerlichem Geschmack* [nach dem frz. Ort *Calleville*]

Kal|vi|nis|mus ⟨m., -, nur Sg.⟩ *eindeutschende Schreibung von Calvinismus*

Kal|vi|nist ⟨m.10; eindeutschende Schreibung von⟩ *Calvinist*

Ka|ly|kan|thus ⟨m., -, nur Sg.⟩ *Gartenzierstrauch, Gewürzstrauchgewächs* [< griech. *kalyx*, Gen. *kalykos* „Kelch, Knospe" und *anthos* „Blüte"]

Ka|lyp|tra ⟨f., -, -tren⟩ **1** *Schutzhülle um die Wurzelspitze* **2** *(bei vielen Laubmoosen) Hülle der Sporenkapsel* [griech. „Hülle"]

Kal|zeo|la|rie ⟨[-rjə] f.11⟩ → *Pantoffelblume* [< lat. *calceolus* „kleiner Schuh"]

kal|zi|fi|zie|ren ⟨V.3, hat kalzifiziert; o.Obj.⟩ *Kalk bilden, verkalken* [latinisierende Bildung < lat. *calcis* „Kalk" und *facere* (in Zus. *...ficere*) „machen"] **Kal|zi|fi|zie|rung** ⟨f., -, nur Sg.⟩

Kal|zi|na|ti|on ⟨f.10⟩ **1** *Entfernung von Wasser und Kohlendioxid aus Kristallen* **2** *Zersetzung einer chemischen Verbindung durch Erhitzen* [zu *kalzinieren*]

kal|zi|nie|ren ⟨V.3, hat kalziniert; mit Akk.⟩ *der Kalzination unterwerfen* [< lat. *calx*, Gen. *calcis*, „Kalk"] **Kal|zi|nie|rung** ⟨f., -, nur Sg.⟩

Kal|zi|um ⟨n., -s, nur Sg.⟩ → *Calcium*

Ka|ma|res|va|se ⟨f.11⟩ *Typ kretischer Tonvasen mit farbigen Ornamenten auf schwarzem Grund* [nach dem Fundort, der *Kamaresgrotte* auf Kreta]

Ka|ma|ril|la ⟨auch [-'rɪlja] f., -, nur Sg.⟩ *Günstlingspartei in der unmittelbaren Umgebung eines Herrschers mit unkontrollierbarem Einfluß* [< span. *camarilla* „Hofpartei, Kabinettsrat", eigtl. „Kleine Kammer", zu *camara* „Kammer, kleiner Raum; gesetzgebende Kammer, Hoher Rat"]

kam|bi|al ⟨Adj., o.Steig.; †⟩ *den Kambio betreffend, auf ihm beruhend*

Kam|bio ⟨m., -s, -bi; †⟩ *Wechsel* [< ital. *cambio* in ders. Bed., zu *cambiare* „wechseln"]

Kam|bi|um ⟨n., -s, -bi|en⟩ *das Dickenwachstum der Pflanzen bewirkende Gewebe* [< spätlat. *cambiare* „wechseln", weil die Zellen im Unterschied zum Dauergewebe teilungsfähig bleiben]

Kam|brik, Kam|brik|ba|tist ⟨m., -s, nur Sg.⟩ *ein Baumwollgewebe* [< engl. *cambric*, nach der frz. Stadt *Cambrai*]

kam|brisch ⟨Adj., o.Steig.⟩ *zum Kambrium gehörend, aus ihm stammend*

Kam|bri|um ⟨n., -s, nur Sg.⟩ *unterste Formation des Paläozoikums* [nach *Cambria*, dem alten Namen von Wales, entstellt < *Cymry, Kymren*, Eigenbezeichnung der kelt. Bewohner von Wales]

Ka|mee ⟨f.11⟩ *Edel- oder (meist) Halbedelstein mit erhaben herausgearbeiteter figürlicher Darstellung;* Syn. *Gemme* [< frz. *camaieu, camayeu*, ital. *cameo, cammeo* in ders. Bed., < mlat. *camahutus, gemma huida*, vielleicht verstümmelt < lat. *gemma onychia*, eine Art *Onyx*]

Ka|mel ⟨n.1⟩ **1** ⟨i.e.S.⟩ *Paarhufer der Wüstengebiete mit Fetthöcker auf dem Rücken;* Syn. *Schwielensohler;* ⟨einhöckeriges K., Zweihöckeriges K.⟩ **2** ⟨i.w.S.⟩ *wiederkäuender Paarhufer der Neuwelt* **3** ⟨ugs.⟩ *Dummkopf* [< lat. *camelos* < griech. *kamelos* in Bed. 1, aus dem Semitischen]

Ka|mel|garn ⟨n.1⟩ *zu Garn versponnenes Kamelhaar* (z.B. für Mäntel)

Kä|mel|garn ⟨n.1⟩ *Garn aus dem Haar der Angoraziege* [das Tier wurde früher *Kamelziege* genannt]

Ka|mel|haar ⟨n., -s, nur Sg.⟩ *feines, weiches Flaumhaar des Kamels* (1)

Ka|mel|lie ⟨[-lja] f.11⟩ *ostasiatisches Teegewächs mit rosenähnlichen Blüten, Zierpflanze;* auch: *Kamellie* [nach dem deutschtschech. Botaniker und Zoologen Georg Joseph *Kamel*, der die Pflanze von den Philippinen mitbrachte]

Ka|mel|le ⟨f.11, meist Pl.; ugs.⟩ *Angelegenheit, Geschichte;* olle ~ *überholte Nachrichten, längst bekannte Geschichten* [< *Kamillen*, die bei langer Lagerung ihr Aroma verlieren]

Ka|mel|lie ⟨[-lja] f.11⟩ → *Kamelie*

Ka|me|lott¹ ⟨m.1⟩ **1** *Angorawollgewebe* **2** *Mischgewebe aus Wolle und anderen Garnen* [< frz. *camelot* < altfrz. *chamelot* „Kamelhaar"]

Ka|me|lott² ⟨m.1; in Frankreich⟩ *Straßenhändler, Zeitungsverkäufer* [< frz. *camelot* in ders. Bed., < *cameloter* „vagabundieren", aus dem Rotwelschen]

Ka|me|ra ⟨f.9⟩ *Apparat für fotografische Aufnahmen;* *Aufnahmegerät für Film und Fernsehen* [der erste Fotoapparat, eine einfache Lochkamera, hieß *camera obscura* „dunkle Kammer", zu lat. *camera*, griech. *kamara* „gedeckter gewölbter Raum"]

Ka|me|rad ⟨m.10⟩ *jmd., mit dem man durch eine gemeinsame Tätigkeit oder Lebensweise verbunden ist, Gefährte, Genosse* (Kriegs~, Spiel~, Sport~); *ein guter, schlechter, treuer K.* [< frz. *camarade*, eigtl. „der zu einer Kameradschaft Gehörige", im 16. Jh. bedeutete das Femininum *la camarade* „Kameradschaft, d.h. die in einem Zimmer zusammen schlafenden Genossen", zu lat. *camera* „Raum (mit gewölbter Decke)"]

Ka|me|ra|de|rie ⟨f., -, nur Sg.⟩ *überbetonte Kameradschaft*

Ka|me|rad|schaft ⟨f.10⟩ **1** ⟨nur Sg.⟩ *Verbundenheit mit Kameraden;* *gute K. halten* **2** *Gruppe von Kameraden* (Vereins~)

ka|me|rad|schaft|lich ⟨Adj.⟩ *einsatzbereit für Kameraden, hilfsbereit; sich k. verhalten*

Ka|me|rad|schaft|lich|keit ⟨f., -, nur Sg.⟩

Ka|me|rad|schafts|ehe ⟨f.11⟩ **1** *Ehe, die mehr aus Kameradschaft als aus Liebe geschlossen wurde* **2** ⟨†⟩ *Zusammenleben von Mann und Frau ohne Eheschließung*

Ka|me|ra|lia, Ka|me|ra|li|en ⟨nur Pl.⟩ → *Kameralwissenschaft*

Ka|me|ra|list ⟨m.10⟩ **1** *früher* *Beamter einer fürstlichen Kammer* **2** *Wissenschaftler der Kameralistik* (1)

Ka|me|ra|lis|tik ⟨f., -, nur Sg.; †⟩ **1** *Staats-, Finanzwissenschaft* **2** *System des staatswirtschaftlichen Rechnungswesens* [< mhd. *kamer, kamere* „Schlafraum, fürstliche Wohnung, Vorrats-, Schatzkammer", < ahd. *kamara* „Kammer, Zelle", < lat. *camera* „gewölbter Raum"]

Ka|me|ral|wis|sen|schaft ⟨f.10; †⟩ *Staatsverwaltungswissenschaft, Volkswirtschaftslehre*

Ka|me|ra|mann ⟨m.4, Pl. auch -leu|te⟩ *jmd., der bei Film- und Fernsehaufnahmen die Kamera bedient*

Ka|mi|ka|ze ⟨m., -, -; im 2. Weltkrieg⟩ *Pilot, der sich mit Flugzeug und Bombenladung auf das anzugreifende Objekt stürzte und dabei sich selbst opferte* [jap., „Götterwind", urspr. Bez. für einen starken Sturm, den der Japanern zweimal ermöglichte, einen Angriff des Mongolenfürsten Kublai Khan abzuwehren]

Ka|mi|ka|ze-Un|ter|neh|men ⟨n.7⟩ *lebensgefährliche Unternehmung*

Ka|mil|le ⟨f.11⟩ *krautiger Korbblütler mit weißen Zungen- und gelben Röhrenblüten* [< spätlat. *chamomilla* < griech. *chamaimelon*, zu *chamai* „auf dem Boden, niedrig, klein" und *melon* „Apfel", wegen des Duftes, der an den Duft mancher Äpfel erinnert]

Ka|min ⟨m.1⟩ **1** ⟨westobedt.⟩ *Schornstein* **2** *offene Feuerstelle mit Rauchabzug im Raum* **3** *schmaler, senkrechter Felsspalt* [< lat. *caminus*, griech. *kaminos* „Ofen", vielleicht zu altkirchenslaw. *kamy* „Stein"]

Ka|min|fe|ger ⟨m.5; westoberdt.⟩ → *Schornsteinfeger*

ka|mi|nie|ren ⟨V.3, hat kaminiert; o.Obj.; Bergsteigen⟩ *in Kamin* (3) *emporklettern*

Ka|min|keh|rer ⟨m.5; westoberdt.⟩ → *Schornsteinfeger*

Ka|mi|sol ⟨n.1; früher⟩ *Unterjacke, kurzes Wams* [über frz. *camisole* in ders. Bed. < lat. *camisia* „Hemd, leinener, unmittelbar auf dem Körper getragener Überwurf"]

Kamm ⟨m.2⟩ **1** *flache, mit Zinken versehene Vorrichtung zum Frisieren der Haare;* *bei ihnen liegt der K. neben der Butter* ⟨ugs., scherzh.⟩ *bei ihnen herrscht große Unordnung;* *alles über einen K. scheren* *alles auf gleiche Weise, ohne Unterschiede behandeln* **2** ⟨bei Hühnern und anderen Vögeln⟩ *fleischiger Auswuchs auf dem Scheitel; ihm schwillt der K.* ⟨übertr.⟩ *er wird eingebildet* **3** ⟨bei großen Haustieren und beim Wildschwein⟩ *oberer Teil des Halses; ein Stück vom K. kaufen (zum Braten)* **4** ⟨bei manchen Kriechtieren⟩ *Schuppengebilde auf Kopf und Rücken* **5** ⟨bei einigen Lurchen⟩ *Hautlappen auf dem Rücken* **6** *langgestreckter, schmaler Gebirgsrücken* (Gebirgs~); *eine Wanderung auf dem K. machen* **7** *oberer Teil* (Dünen~, Wellen~) **8** *Vorrichtung, die einem Kamm* (1) *ähnelt* (Weber~) **9** ⟨Winzerspr.⟩ *Weintraube ohne Beeren*

Käm|ma|schi|ne ⟨-mm|m-; f.11; Kammgarnspinnerei⟩ *Maschine, die aus dem Fasermaterial die Kämmlinge ausscheidet*

käm|meln ⟨V.1, hat gekämmelt; mit Akk.⟩ *durch Kämmen* (2) *glätten, ordnen;* Wolle, Flachs k.

käm|men ⟨V.1, hat gekämmt; mit Akk.⟩ **1** *etwas k.* **a** *mit dem Kamm ordnen;* (jmdm., sich) *das Haar k.* **b** *kurze Fasern aus etwas entfernen;* Wolle, Flachs k. **2** jmdm. oder sich mit dem Kamm das Haar ordnen

Kam|mer ⟨f.11⟩ **1** ⟨†; noch österr.⟩ *kleiner Schlafraum* **2** *Raum zum Lagern* (Abstell~, Speise~) **3** ⟨Mil.⟩ *Lagerraum für Bekleidung, Bewaffnung, Munition u.a.* (Kleider~, Waffen~) **4** *Hohlraum in Organen und Pflanzen* (Herz~) **5** *Hohlraum in Maschinen, Motoren u.a.* (Brenn~) **6** ⟨bei Handfeuerwaffen⟩ *Teil, der das Schloß enthält* **7** ⟨bei Minen⟩ *Raum für die Sprengladung* **8** ⟨Jägerspr.⟩ *erweiterter Raum hinter der Eingangsröhre im Bau eines Tieres* **9** ⟨früher⟩ *Verwaltung eines fürstlichen Haushaltes* (Hof~) **10** *Volksvertretung;* Erste K. *Oberhaus;* Zweite K. *Unterhaus* **11** ⟨BRD; Rechtsw.⟩ *aus mehreren Richtern bestehendes Gremium* (an Arbeits-, Sozial- und Verwaltungsgerichten; Straf~, Zivil~) **12** *Körperschaft eines Berufsstandes* (Anwalts~, Ärzte~, Handwerks~) [< mhd. *kamer, kamere* „Schlafraum, fürstliche Wohnung, Vorrats-, Schatzkammer", < lat. *camera* „gewölbter Raum"]

Kam|mer|die|ner ⟨m.5⟩ *Diener (einer hochgestellten Persönlichkeit) für persönliche Dienste*

Käm|me|rei¹ ⟨f.10⟩ *Finanzverwaltung (einer Gemeinde oder eines Fürstenhofes)* [zu *Kammer* (9)]

Käm|me|rei² ⟨f.10⟩ *Betrieb oder Teil eines solchen, in dem Wolle gekämmt wird*

Käm|me|rei|ver|mö|gen ⟨n.7⟩ *Vermögen einer Stadt* [zu *Kammer* (9)]

Käm|me|rer ⟨m.5⟩ **1** *Vorsteher einer Kämmerei* (1) **2** *Aufseher einer Schatz- oder Kunstkammer* (Stadt~) **3** ⟨bayr.-österr.⟩ *Kammerherr*

Kam|mer|flim|mern ⟨n., -s, nur Sg.⟩ *völlig ungeordnete Herztätigkeit infolge schwerer Herzschädigung;* Syn. *Herzflimmern*

Kam|mer|frau ⟨f.10⟩ *Dienerin (einer hochgestellten weiblichen Persönlichkeit) für persönliche Dienste*

Kam|mer|ge|richt ⟨n.1⟩ **1** ⟨früher⟩ *persönliches Gericht des Königs* **2** ⟨heute⟩ *Oberlandesgericht in West-Berlin*

Kam|mer|herr ⟨m., -n oder -en, -en⟩ *Beamter am Fürstenhof;* Syn. ⟨†⟩ *Kämmerling*

Kam|mer|jä|ger ⟨m.5; volkstüml.⟩ → *Desinfektor*

Kam|mer|jung|fer ⟨f.11; †⟩ *unverheiratete Kammerfrau*

Kam|mer|jun|ker ⟨m.5; früher⟩ *Kammerherr in niedrigerem Rang*

Kam|mer|kätz|chen ⟨n.7; scherzh.⟩ **1** *junge, hübsche Kammerzofe* **2** *junges Zimmermädchen*

Kam|mer|kon|zert ⟨n.1⟩ *Konzert für kleines Orchester*

Kam|mer|lein ⟨n.7⟩ *kleine Kammer;* im stillen K. ⟨scherzh.⟩ *für sich allein*

Kam|mer|ling ⟨m.1⟩ → *Foraminifere*

Käm|mer|ling ⟨m.1; †⟩ → *Kammerherr*

Kam|mer|mu|sik ⟨f.10⟩ *Musik zur Darbietung in kleinem Raum und für wenige, solistisch besetzte Instrumente*

Kam|mer|ofen ⟨m.8⟩ *aus mehreren Kammern bestehender Ofen zum Brennen von Keramik*

Kam|mer|sän|ger ⟨m.5; Titel für⟩ *verdienter Sänger* [zu *Kammer* (9); der Titel wurde früher von Fürsten verliehen]
Kam|mer|schau|spie|ler ⟨m.5; Titel für⟩ *verdienter Schauspieler* [zu *Kammer* (9); der Titel wurde früher von Fürsten verliehen]
Kam|mer|spiel ⟨n.1⟩ **1** *auf Wirkung in kleinem Raum berechnetes, in Ton und Stimmung fein abgestimmtes Schauspiel* **2** ⟨Pl.⟩ ~e *Theater für solche Schauspiele*
Kam|mer|ton ⟨m.2; Mus.⟩ *das auf 440 Hz festgelegte, eingestrichene A als Stimmton zum Stimmen von Instrumenten;* Syn. *Normalton, Stimmton*
Kam|mer|ver|mö|gen ⟨n.7; früher⟩ *Vermögen eines Fürsten* [zu *Kammer* (9)]
Kam|mer|wa|gen ⟨m.7; früher⟩ *Wagen, mit dem die Ausstattung der Braut in das Haus des Bräutigams gefahren wurde*
Kam|mer|zo|fe ⟨f.11; früher⟩ *Zofe, Dienerin (einer hochgestellten weiblichen Persönlichkeit) für persönliche Dienste*
Kamm|garn ⟨n.1⟩ *Garn aus reiner, gekämmter Wolle*
Kamm|griff ⟨m.1; Turnen⟩ *Griff (an Reck und Barren), bei dem die kleinen Finger einander zugewandt sind*
Kamm|grind ⟨m.1⟩ *Hautpilzerkrankung der Hühner mit weißen Flecken an Kamm und Kehllappen*
Kamm|la|ge ⟨f.11⟩ *Höhenlage eines Gebirgskammes; Schneefall in* ~n
Kämm|ling ⟨m.1⟩ *Kammgarnabfall aus kurzen Fasern*
Kamm|olch ⟨-mm|m-; m.1⟩ *Molch, dessen Männchen zur Paarungszeit einen schwarzen Hautkamm auf dem Rücken trägt*
Kamm|rad ⟨n.4⟩ *Zahnrad mit Holzzähnen*
Kamm|u|schel ⟨-mm|m-; f.11⟩ *Muschel mit gerippter Schale* (z.B. die Pilgermuschel)
Kamm|wol|le ⟨f., -, nur Sg.⟩ *zur Herstellung von Kammgarn verwendete Wolle*
Kamp ⟨m.2⟩ **1** *eingefriedigtes Stück Land* **2** *Grasplatz am Bauernhaus* **3** *Pflanzgarten, Baumschule* [< nddt., ndrl. *Kamp* < lat. *campus* „eingehegtes Feld"]
Kam|pa|gne ⟨[-panjə] f.11⟩ **1** *Feldzug* **2** *jährliche Hauptbetriebszeit in bestimmten Bereichen der Wirtschaft* (z.B. in Zuckerfabriken; *Zucker*~) **3** *größere politische Aktion* (*Wahl*~) [< frz. *campagne* in ders. Bed. sowie „flaches Land, Ebene", < lat. *campus* „Ebene, flaches Gelände"]
Kam|pa|ni|le ⟨m., -(s), -; eindeutschende Schreibung von⟩ *Campanile*
Käm|pe ⟨m.11; †, noch poet.⟩ *Kämpfer, Verteidiger einer guten Sache*
kam|peln ⟨V.1, hat gekampelt; refl.⟩ *sich k.* ⟨mdt.⟩ *sich raufen, sich balgen*
Kam|pe|sche|holz ⟨n., -es, nur Sg.⟩ *außen blauschwarzes, innen rotbraunes Farbholz;* auch: *Campecheholz* [nach dem mexikan. Staat *Campeche,* in dem sehr viele Farb- und Edelhölzer vorkommen]
Kampf ⟨m.2⟩ **1** *das Kämpfen, handgreiflich, mit Waffen oder mit Worten ausgetragener Streit; ein harter, erbitterter K.; ein K. auf Leben und Tod; der K. zwischen den Geschlechtern* **2** *sportlicher Wettstreit* (*Wett*~) *; ein fairer, verbissener K.* **3** *das Sicheinsetzen, Einsatz, intensive Bemühung* (gegen oder *für etwas*) *; K. um bessere Lebensbedingungen; K. gegen Fremdherrschaft*
Kampf|bahn ⟨f.10⟩ *Platz, Stätte für Wettkämpfe, Stadion*
kämp|fen ⟨V.1, hat gekämpft; o.Obj. oder mit Präp.obj.⟩ *mit Waffen, Worten oder anderen Mitteln gegen einen Gegner vorgehen, sich für oder gegen etwas einsetzen, etwas zu erreichen, zu verhindern suchen; ein harter, tapfer k.; bis zum letzten Atemzug k.; für etwas k.; er kämpft für seine Überzeugung; gegen jmdn. oder etwas k.; mit einer Erkältung k. versu-* chen, *eine Erkältung zu überwinden;* mit den *Wellen k. versuchen, sich auf den Wellen zu halten, nicht unterzugehen;* mit dem *Tod k.; um etwas k. mit aller Kraft etwas zu erreichen suchen; um jmdn. k. mit aller Kraft versuchen, jmdn. für sich zu gewinnen, sich jmdn. zu erhalten; sie kämpfte in dem Prozeß um ihr Kind, um sein Recht k.; der Arzt kämpft um das Leben des Kranken*
Kamp|fer ⟨m.5⟩ *aus dem Holz des ostasiatischen Kampferbaums gewonnene, harzartige organische Verbindung, Heil- und Desinfektionsmittel;* auch: ⟨fachsprachl.⟩ *Campher* [< mhd. *camphora,* span. *alcanfor, canfora* < arab. *kafur* < Sanskrit *karpūra-* „Kampfer"]
Kämp|fer ⟨m.5⟩ **1** *jmd., der kämpft; ein K. für die Freiheit* **2** *Soldat in der Schlacht* **3** *Sportler in einem Kampf Mann gegen Mann oder in einem Mannschaftswettkampf* (*Box-, Judo*~) *; ein guter, schlechter, zäher K.* **4** ⟨Baukunst⟩ **a** *oberste Platte einer Säule oder eines Pfeilers, Träger des Bogens* **b** *Querholz des Fensterrahmens zur Gliederung sehr hoher Fenster*
kämp|fe|risch ⟨Adj.⟩ **1** ⟨o.Steig.⟩ *den Kampf betreffend, zu ihm gehörig;* ~e *Mittel;* ~e *Leistung* **2** *voller Lust zum Kampf; er ist eine* ~e *Natur*
Kampf|na|tur ⟨f.10⟩ *jmd., der kämpferisch (2) ist*
Kampf|fisch ⟨m.1⟩ *farbenprächtiger südostasiatischer Labyrinthfisch, dessen Männchen heftige Rivalenkämpfe ausführen, Aquarienfisch*
Kampf|flie|ger ⟨m.5⟩ *jmd., der ein Kampfflugzeug fliegt*
Kampf|flug|zeug ⟨n.1⟩ *für den militärischen Einsatz bestimmtes Flugzeug;* Syn. *Kriegsflugzeug*
Kampf|ge|richt ⟨n.1⟩ *mit Durchführung und Kontrolle sportlicher Wettkämpfe betrauter Personenkreis*
Kampf|grup|pe ⟨f.11; DDR⟩ *bewaffnete Einheit für Betriebs-, Objektschutz und Heimatverteidigung*
Kampf|hahn ⟨m.2⟩ **1** *Hahn, der für Wettkämpfe abgerichtet ist* **2** ⟨übertr., ugs., oft scherzh.⟩ *jmd., der leicht in Erregung, Kampfbereitschaft gerät; die Kampfhähne wurden voneinander getrennt*
Kampf|läu|fer ⟨m.5⟩ *Schnepfenvogel, dessen individuell verschiedenfarbige Männchen zur Zeit der Gruppenbalz Rivalenkämpfe ausführen*
Kampf|rich|ter ⟨m.5⟩ *Mitglied eines Kampfgerichts*
Kampf|schwim|mer ⟨m.5; Mar.⟩ *Froschmann als Einzelkämpfer*
Kampf|stoff ⟨m.1⟩ *Stoff, dessen Einwirkung den Menschen kampfunfähig machen oder töten kann*
Kampf|wa|gen ⟨m.7; Antike⟩ *von Pferden gezogener Wagen für den Kampf*
kam|pie|ren ⟨V.3, hat kampiert; o.Obj.⟩ **1** *im Freien übernachten* **2** *auf einem provisorischen Lager übernachten; auf der Couch, auf dem Heuboden k., im Feldlager stehen,* zu *camp* „Feldlager", < lat. *campus* „freies Feld, Ebene, Übungsplatz"]
Kam|pong ⟨n.9⟩ *malaiisches Dorf* [mal.]
Kam|sin ⟨m.1⟩ → *Chamsin*
Ka|mu|ffel ⟨n.5; ugs.⟩ *Dummkopf* [wohl zu *Kamel*]
Ka|na|da|bal|sam ⟨m., -s, nur Sg.⟩ *Harz verschiedener Nadelbäume zum Kitten von Linsensystemen, z.B. in Kanada vorkommenden Balsamtanne gewonnen*
Ka|na|di|er ⟨m.5⟩ **1** *Einwohner von Kanada* **2** *Kanu der kanadischen Indianer* **3** *mit einem Paddel fortbewegtes Sportboot*
ka|na|disch ⟨Adj., o.Steig.⟩ *Kanada betreffend, zu ihm gehörig, aus ihm stammend*
Ka|nail|le ⟨[-naljə] f.11⟩ auch: *Canaille* **1** *Schurke, Schuft* **2** *Gesindel, Pack, Pöbel* [< frz. *canaille,* ital. *canaglia* in ders. Bed., < vulgärlat. *canalia* „Hundemeute"]
Ka|na|ke ⟨m.11⟩ **1** *Angehöriger polynesischer Inselvölker* **2** ⟨ugs., abwertend⟩ *ausländischer Arbeiter* [polynes.]
Ka|nal ⟨m.2⟩ **1** *künstlicher Wasserlauf* **2** *schmaler Meeresstreifen zwischen zwei Kontinenten oder Ländern* **3** *unterirdischer Graben* **4** *schlauchförmiger Durchgang* (*Verdauungs*~); *den K. voll haben* ⟨derb⟩ *es gründlich satt haben* **5** *Frequenzbereich eines Senders* **6** ⟨österr.⟩ → *Gully* **7** ⟨übertr.⟩ *Weg (auf dem etwas weitergeleitet wird); das Geld verschwindet in unsichtbaren, unbekannten Kanälen; Nachrichten werden durch dunkle Kanäle verbreitet* [< ital. *canale* „Kanal", < lat. *canalis* „Röhre, Rinne, bes. Wasserrinne", eigtl. „rohrförmig", zu *canna,* griech. *kanna* „Rohr"]
Ka|nal|gas ⟨n.1⟩ *Gasgemisch in Kanalisationsleitungen und Klärbecken, das durch Fäulnis organischer Stoffe entsteht*
Ka|na|li|sa|ti|on ⟨f.10⟩ **1** ⟨nur Sg.⟩ *das Anlegen von Kanälen* (3) **2** *System von unterirdischen Kanälen zum Ableiten der Abwässer*
ka|na|li|sie|ren ⟨V.3, hat kanalisiert; mit Akk.⟩ **1** *etwas k. mit Kanalisation versehen, Kanäle in etwas anlegen; eine Stadt, ein Stadtviertel k.* **2** *schiffbar machen, einen Fluß k.* **Ka|na|li|sie|rung** ⟨f., -, nur Sg.⟩
Ka|nal|schwim|men ⟨n., -s, nur Sg.⟩ *Langstreckenschwimmen durch den Ärmelkanal*
Ka|na|pee ⟨österr. [-pe] n.9⟩ **1** ⟨veraltend, noch scherzh.⟩ → *Sofa* **2** *geröstete, pikant belegte Weißbrotscheibe* [< frz. *canapé* „Ruhebett", < lat. *canopium,* griech. *konopeion* „Mückennetz sowie das damit geschützte Lager", zu *konops,* Gen. *konopos* „Mücke"]
Ka|na|ri ⟨m.9; scherzh. Kurzw. für⟩ → *Kanarienvogel*
Ka|na|ri|en|vo|gel ⟨m.6⟩ *(aus dem Kanarengirlitz gezüchteter) Finkenvogel, der wegen seines Gesanges gehalten wird* [die Stammform lebt auf den *Kanarischen Inseln*]
Ka|nas|ter[1] ⟨n., -s, nur Sg.⟩ *eindeutschende Schreibung von* → *Canasta*
Ka|nas|ter[2] ⟨m.5; †⟩ → *Knaster*
Kan|da|re ⟨f.11⟩ *fester Pferdezaum; jmdn. an die K. nehmen jmdn. strenger behandeln als bisher* [ung. *kantár* „Zaum, Halfter"]
Kan|del ⟨m.14 oder f.11; landsch.⟩ *Rinne, Dachrinne* [< *Kanal*]
Kan|de|la|ber ⟨m.5⟩ *mehrarmiger Kerzenleuchter* [über frz. *candélabre,* ital. *candelabro* < lat. *candelabrum* „Leuchter", zu *candela* „Kerze"]
Kan|del|zu|cker ⟨-k|k-; m., -s, nur Sg.; landsch.⟩ → *Kandiszucker*
Kan|di|dat ⟨m.10⟩ **1** *jmd., der sich um ein Amt bewirbt, Anwärter* **2** *jmd., der zur Wahl aufgestellt wird* **3** ⟨Abk.: cand.⟩ *jmd., der sich einer Prüfung, als eine hochschule unterzieht; K. der Philosophie* ⟨Abk.: cand. phil.⟩; *K. der Medizin* ⟨Abk.: cand. med.⟩, *K. des (luther.) Predigtamtes* ⟨Abk.: cand. rev. min. oder c.r.m.⟩ [< lat. *candidatus,* urspr. „mit weißer Toga bekleideter Bewerber um ein Amt", dann allg. „Bewerber", zu *candidus* „weiß"]
Kan|di|da|tur ⟨f.10⟩ *Bewerbung (um ein Amt)*
kan|di|die|ren ⟨V.3, hat kandidiert; mit Präp.obj.⟩ *für eine Sache k. sich als Kandidat für eine Sache aufstellen lassen, sich um eine Amt, um ein etwas bewerben; für den Amt des Bundeskanzlers k.; für den Parteivorsitz, für den Betriebsrat k.*
kan|die|ren ⟨V.3, hat kandiert; mit Akk.⟩ **1** *mit Zucker überziehen und damit haltbar machen; Früchte k.* **2** *erhitzen und dadurch bräunen; Zucker k.* [zu *Kandis*]
Kan|dis ⟨m., -, nur Sg.⟩, **Kan|dis|zucker**

Kanditen

Kan|di|ten ⟨nur Pl.; österr.⟩ Zuckerwaren [< ital. *candito* „kandierte Frucht"]

Ka|neel ⟨m., -s, nur Sg.⟩ weißer Zimt, die nach Zimt und Muskat riechende Rinde des mittelamerikanischen Weißen Kaneelbaumes [< port. *canela* < mlat. *canella*, lat. *cannula*, Verkleinerungsform von *canna* „Rohr"]

Ka|ne|pho|re ⟨f.11; im Altertum⟩ Jungfrau, die bei Festen Opfergeräte in einem Korb auf dem Kopf herbeitrug, Korbträgerin [< griech. *kaneon* „Korb" und *phorein* „tragen"]

Ka|ne|vas ⟨m., -, -oder -e⟩ gitterartiges Gewebe [< frz. *canevas* in ders. Bed., < vulgärlat. *cannapaceum* < lat. *cannabum*, *cannabis*, griech. *kannabis* „Hanf"]

Kän|gu|ruh ⟨n.9⟩ Beuteltier Australiens, das sich auf seinen langen Hinterbeinen hüpfend fortbewegt (Baum~, Riesen~) [aus einem Ausdruck der Sprache der Arunda auf Australien, mit dem man James Cook auf dieses Tier aufmerksam machen wollte und den er als *kangaroo* verstand]

Ka|nin ⟨n., -s, nur Sg.⟩ Fell vom Kaninchen

Ka|nin|chen ⟨n.7⟩ einem Feldhasen ähnliches, aber kleineres Tier mit kürzeren Ohren; auch: ⟨landsch.⟩ Karnickel [Verkleinerungsform von *Kanin*, < mhd. *künlin*, *künglin* < lat. *cuniculus* „Kaninchen"]

Ka|nis|ter ⟨m.5⟩ tragbarer Behälter für Flüssigkeiten [< engl. *canister* „Blechbüchse", < lat. *canistrum* (Nebenform: *canister*) „aus Rohr geflochtener Korb" < griech. *kanastron, kanistron* „Körbchen"]

Kan|ker ⟨m.5⟩ → *Weberknecht* [germanischer Herkunft, z.B. nordfries. *kunker*, schwed. *kangro*, zum germ. Stamm **kang-*„weben"]

Kan|kroid ⟨n.1; †⟩ verhornender Hautkrebs [< lat. *cancer* „Krebs" und *...oid*]

Kann-Be|stim|mung, Kann|be|stim|mung ⟨f.10⟩ Bestimmung, die befolgt werden kann, aber nicht bindend vorschreibt; Syn. *Kann-Vorschrift*; Ggs. *Muß-Bestimmung*

Kan|ne ⟨f.11⟩ 1 Gefäß mit Henkel sowie mit oder ohne Deckel zum Ausgießen von Flüssigkeiten (Gieß~, Kaffee~) oder zum Transport größerer Mengen von Flüssigkeiten (Milch~) 2 altes Hohlmaß, 1–2 Liter [< lat. *canna* „Rohr", also „Gefäß mit Rohr zum Gießen"]

Kan|ne|gie|ßer ⟨m.5⟩ Bierbank-, Stammtischpolitiker, politischer Schwätzer [nach der Titelgestalt von Ludwig Holbergs Lustspiel „Der politische Kannegießer"]

kan|ne|gie|ßern ⟨V.1, hat kannegießert; o.Obj.; veraltend⟩ in der Art eines Kannegießers reden, ohne (politischen) Sachverstand reden

Kän|nel ⟨m.5; schweiz.⟩ Rinne, Dachrinne; vgl. *Kandel*

kan|ne|lie|ren ⟨V.3, hat kannelliert; mit Akk.⟩ rinnenartig aushöhlen, auskehlen [zu *Kannelüre*]

Kan|ne|lie|rung ⟨f.10⟩ 1 ⟨nur Sg.⟩ das Kannelieren 2 kannelierte Stelle, Rinne

Kän|nel|koh|le ⟨f.11⟩ aus pflanzlichen Sporen und Pollen entstandene Steinkohle [< engl. *candle* „Kerze"]

Kan|ne|lur ⟨f.10⟩, **Kan|ne|lü|re** ⟨f.11; an Säulen⟩ Hohlkehle, senkrechte Rille [< frz. *cannelure* in ders. Bed., zu *canneler* „auskehlen", zu *canne* „Röhre", < lat. *canna* „Rohr"]

Kan|nen|pflan|ze ⟨f.11⟩ tropische, fleischfressende Kletterpflanze (deren Blätter bei manchen Arten als kannenähnlich vertiefte Insektenfallen ausgebildet sind)

kan|nen|wei|se ⟨Adv.⟩ 1 in Kannen abgefüllt 2 in großen Mengen; er trinkt den Kaffee k.

Kan|ni|ba|le ⟨m.11⟩ 1 → *Anthropophage* 2 ⟨übertr.⟩ roher, ungesitteter Mensch [< frz. *cannibale* in ders. Bed., verstümmelt durch eine falsche Schreibweise zur Zeit der Conquistadoren < *caribal* „Einwohner der Kariben", was auf das karib. Wort *carib* „tapferer Mann" zurückgehen soll und vielleicht die Selbstbezeichnung der Kariben gewesen ist]

kan|ni|ba|lisch ⟨Adj., o.Steig.⟩ 1 wie ein Kannibale 2 ⟨scherzh.⟩ äußerst, intensiv; mir ist k. wohl

Kan|ni|ba|lis|mus ⟨m., -, nur Sg.⟩ 1 → *Anthropophagie* 2 ⟨bei manchen Tieren⟩ das Fressen von Artgenossen

Kann-Vor|schrift, Kann|vor|schrift ⟨f.10⟩ → *Kann-Bestimmung*

Ka|non ⟨m.9⟩ 1 Regel, Richtschnur 2 Gesamtheit der für ein Gebiet (z.B. die Logik, die bildende Kunst) geltenden Regeln und Grundsätze 3 ⟨Altertum⟩ Verzeichnis der vorbildlich geltenden Schriftsteller 4 mehrstimmiges Tonstück, bes. für Singstimmen, bei dem die Stimmen nacheinander mit der gleichen Melodie einsetzen 5 ⟨nur Sg.⟩ die als echt anerkannten Schriften einer Kirche, bes. die Bücher der Bibel (im Unterschied zu den Apokryphen) 6 Teil der kath. Messe, stilles Gebet während der Wandlung von Brot und Wein 7 ⟨Astron.⟩ Zeittafel (z.B. der Osterfeste, der Sonnen- und Mondfinsternisse) 8 altgriechisches Zupfinstrument, Meßgerät zum Bestimmen der Intervalle, Monochord 9 ⟨nur Sg.⟩ Verzeichnis aller kath. Heiligen 10 ⟨Pl. -nones⟩ einzelne Rechtsbestimmung (bes. der kath. Kirche) [< griech. *kanon* „Rohrstab, gerader Stab; Richtscheit, Richtschnur"; übertr. „Vorschrift"; vielleicht zu *Kanna* „Rohr"]

Ka|no|na|de ⟨f.11⟩ anhaltendes Geschützfeuer [< frz. *cannonade* in ders. Bed., zu *Kanone*]

Ka|no|ne ⟨f.11⟩ schweres Geschütz mit langem Rohr [< frz. *canone*, ital. *cannone* in ders. Bed., Vergrößerungsform von *canna* < lat. *canna* „Rohr"]

Ka|no|nen|boot ⟨n.1⟩ kleines Kriegsschiff

Ka|no|nen|fut|ter ⟨n., -s, nur Sg.; ugs.⟩ Soldaten, die sinnlos geopfert werden sollen

Ka|no|nen|ofen ⟨m.8⟩ kleiner, eiserner Kohlenofen

Ka|no|nier ⟨m.1⟩ 1 Soldat, der eine Kanone bedient 2 unterster Dienstgrad der Artillerie [< frz. *canonnier* in denselben Bed.]

ka|no|nie|ren ⟨V.3, hat kanoniert⟩ I ⟨mit Akk.⟩ mit Kanonen beschießen; eine Stadt, eine Festung k. II ⟨o.Obj.⟩ 1 mit Kanonen schießen 2 ⟨ugs., Sport⟩ einen scharfen Schuß abgeben; aufs Tor k.

Ka|no|nik ⟨f., -, nur Sg.⟩ 1 ⟨bei Epikur⟩ die Logik 2 ⟨Mus.⟩ Lehre von den Tonverhältnissen

Ka|no|ni|kat ⟨n.1⟩ Amt, Würde eines Kanonikers

Ka|no|ni|ker ⟨m.5⟩, **Ka|no|ni|kus** ⟨m., -, -ker⟩ Mitglied eines nach Kanon (1) lebenden geistlichen Kapitels

Ka|no|ni|sa|ti|on ⟨f.10⟩ das Kanonisieren, Heiligsprechung

ka|no|nisch ⟨Adj., o.Steig.⟩ dem Kanon entsprechend, auf ihm beruhend; ~es Alter das zur Erlangung eines kirchl. Amtes vorgeschriebene Alter; ~es Recht kath. Kirchenrecht

ka|no|ni|sie|ren ⟨V.3, hat kanonisiert; mit Akk.⟩ in den Kanon (9) aufnehmen, heiligsprechen; einen Märtyrer k. **Ka|no|ni|sie|rung** ⟨f., -, nur Sg.⟩

Ka|no|nis|sin ⟨f.10⟩ Angehörige eines nach einem Kanon (1) lebenden Stifts, Stiftsdame

Ka|no|nist ⟨m.10⟩ Kenner, Lehrer des kanonischen Rechts

Ka|no|pe ⟨f.11⟩ ägyptischer Krug mit Deckel in Form eines Menschen- oder Tierkopfes zur Bestattung der Eingeweide eines mumifizierten Toten [nach der ägypt. Stadt *Kanopos* bei Alexandria]

Kä|no|zo|i|kum ⟨n., -s, nur Sg.⟩ → *Neozoikum* [< griech. *kainos* „neu" und *zoon* „Lebewesen, Tier"]

kan|ta|bel ⟨Adj., o.Steig.⟩ sanglich, gut singbar [zu ital. *cantare* „singen"]

kan|ta|bi|le ⟨Mus.⟩ getragen, ernst

Kan|ta|bi|li|tät ⟨f.10⟩ gute Singbarkeit

Kan|tar ⟨m.1 oder n.1, nach Zahlenangaben Pl. -;⟩ früher Gewichtseinheit in Italien und den östlichen Mittelmeerländern, zwischen 45 und 100 kg [< ital. *cantaro* < arab. *qintār* in ders. Bed.]

Kan|ta|te 1 ⟨o.Art.⟩ vierter Sonntag nach Ostern; zu K. 2 ⟨f.11⟩ mehrteiliges Musikstück für Singstimme(n) und Chor mit Instrumentalbegleitung [< lat. *cantate!* „singet", zu *cantare* „singen"]

Kan|te ⟨f.11⟩ 1 Linie, die durch zwei (meist im rechten Winkel) aneinanderstoßende Flächen gebildet wird; an allen Ecken und ~n überall; Geld auf die hohe K. legen *beiseite legen und sparen*; etwas auf der hohen K. haben *etwas gespart haben* 2 Rand (Bett~) 3 ⟨kurz für⟩ *Webkante*

kan|teln ⟨V.1, hat gekantelt; mit Akk.⟩ mit Schlingenstich versäubern, festmachen; eine Naht, einen Stoffrand k.

kan|ten ⟨V.2, hat gekantet; mit Akk.⟩ auf eine Kante stellen; eine Kiste k.; die Schier k. *die Schier (beim Fahren) auf die Innenkanten kippen*

Kan|ten ⟨m.7⟩ Endstück vom Brot (Brot~)

Kan|ter[1] ⟨engl. [kɛn.m.5] leichter, kurzer Galopp; Syn. *Handgalopp* [< engl. *canter*, kurz für *Canterbury trot* „Canterbury-Gangart", nach den nach Canterbury reitenden Pilgern]

Kan|ter[2] ⟨m.5⟩ 1 Verschlag, Kellerlager 2 Gestell (für Fässer) [< frz. *chantier* „Holzplatz, Wagenschuppen, Faßlager"]

kan|tern ⟨V.1, hat gekantert; o.Obj.⟩ in kurzem Galopp reiten [zu *Kanter*]

Kan|ter|sieg ⟨m.1; Sport⟩ leichter, mühelos errungener Sieg

Kant|ha|ken ⟨m.7⟩ zum Bewegen von Baumstämmen und Balken mit eisernem Haken versehene Stange; jmdn. am, beim K. kriegen ⟨ugs.⟩ *jmdn. zur Rede stellen*

Kan|tha|ri|din ⟨n., -s, nur Sg.⟩ aus einer Drüsenabsonderung von Weichkäfern gewonnenes, hautreizendes Heilmittel [nach der neulat. Bez. für die Käfer *Cantharidae*, zu griech. *kantharos* „Käfer"; bes. „Spanische Fliege"]

Kan|tha|ros ⟨m., -, -roi⟩ altgriechisches bauchiges Trinkgefäß mit zwei Henkeln [griech., eigtl. „Käfer"]

Kan|tia|ner ⟨m.5⟩ Anhänger der Philosophie Immanuel Kants

kan|tig ⟨Adj.⟩ 1 mit Kanten 2 scharf geschnitten; ~es Kinn; ~e Nase; ~es Gesicht 3 ⟨übertr.⟩ unharmonisch, nicht geschmeidig; ~e Spielweise eines Fußballers

Kan|ti|le|ne ⟨f.11⟩ getragene, gebunden zu singende oder zu spielende Melodie [< ital. *cantilena* „Melodie, eintöniger Gesang", zu *cantare* „singen"]

Kan|til|le ⟨oder [-tiljə] f.11⟩ Schnur aus vergoldeten oder versilberten, spiralig zusammengedrehten Metallfäden (für Borten und Tressen) [< frz. *cannetille* in ders. Bed.]

Kan|ti|ne ⟨f.11⟩ in Fabriken, Kasernen, Betrieben⟩ Speiseraum mit Küchenbetrieb, in dem oft auch Lebensmittel verkauft werden [< frz. *cantine*, Weinkeller, Soldatenkneipe", < ital. *cantina* „Weinkeller oder -laden, feuchter, dunkler Raum", zu *canto* „von zwei Mauern gebildeter Winkel, Ecke"]

Kan|ton ⟨m.1⟩ 1 ⟨früher in Preußen⟩ Wehrverwaltungsbezirk 2 ⟨in der Schweiz⟩ Bundesland 3 ⟨in Frankreich und Belgien⟩ Verwaltungsbezirk [< frz. *canton* „Land-

Kan|to|nal ⟨Adj., o.Steig.⟩ *zu einem Kanton gehörig, aus ihm stammend*
Kan|to|nie|re ⟨[-nje-] f.11⟩ *in den ital. Alpen⟩ Straßenwärterhaus*
kan|to|nie|ren ⟨V.3, hat kantoniert; mit Akk.⟩ *in Quartiere legen; Truppen k.* [< frz. *cantonner* in ders. Bed., zu *canton* „Kreis, Bezirk"]
Kan|to|nist ⟨m.10; früher⟩ *ausgehobener Rekrut; ein unsicherer K.* ⟨übertr., ugs.⟩ *ein unzuverlässiger Mensch*
Kan|tön|li|geist ⟨m., -(e)s, nur Sg.⟩ *engstirnige, beschränkte Denkweise* [schweiz., zu *Kanton*]
Kan|ton|sy|stem ⟨n.1⟩ *Wehrersatzordnung, bei der jeder Landbezirk bestimmten Regimentern eine Anzahl von Rekruten zu stellen hat*
Kan|tor ⟨m.13⟩ **1** ⟨urspr.⟩ *Vorsänger im kath. Gottesdienst* **2** ⟨heute⟩ *Leiter der Kirchenchors und Organist* [< lat. *cantor* „Sänger, Tonkünstler, Schauspieler", zu *cantare* „singen, auf einem Instrument spielen"]
Kan|to|rat ⟨n.1⟩ *Amt des Kantors*
Kan|to|rei ⟨f.10⟩ **1** *Wohnung des Kantors* **2** *Kirchenchor*
Kan|tschu ⟨m.9⟩ *Peitsche aus geflochtenen Lederriemen* [türk.]
Kant|stein ⟨m.1⟩ *Stein, der das Anschlagen des Torflügels an die Mauer verhindert*
Kan|tus ⟨m., -, -tus|se; Studentenspr.⟩ *Gesang;* vgl. *Cantus firmus*
Ka|nu ⟨auch [-nu] n.9⟩ **1** ⟨bei nordamerik. Indianern⟩ *leichtes Paddelboot (aus Birkenrinde)* **2** ⟨Sport, Sammelbez. für⟩ *Kajak und Kanadier* [über span. *canoa* < karib. *aruak. canoa, canaua, canahua* u.a. Formen, urspr. Bezeichnung für ein kleines Einbaumfahrzeug, auch für einen Trog zum Ansetzen von alkoholischen Getränken und Gewinnen von Öl]
Ka|nü|le ⟨f.11⟩ **1** *Röhrchen zum Zu- oder und Ableiten von Luft oder Flüssigkeit* **2** *schräg angeschliffene, hohle Nadel der Injektionsspritze;* Syn. *Hohlnadel* [frz. *canule* in ders. Bed., < lat. *cannula* „Röhrchen", zu *canna* „Rohr"]
Ka|nu|te ⟨m.11⟩ *Kanufahrer*
Kan|zel ⟨f.11⟩ **1** *erhöhter Standort, Plattform für den Prediger (in der Kirche)* **2** → *Cockpit (1)* **3** ⟨†⟩ *Rednerpult* **4** *größerer Vorsprung (in einer Felswand)* **5** *hohes, schmales Holzgerüst mit Sitz für den Jäger (wo er auf das Wild wartet);* Syn. *Hochsitz, Hochstand* [< lat. *cancelli* „Gitter, Schranken"; „der von Schranken oder Gitter umgebene Raum für den Hochaltar und die Sitze der Geistlichen", Verkleinerungsform von *cancer* „Gitter"]
Kan|zel|le ⟨f.11⟩ **1** ⟨in der altchristl. Basilika⟩ *Chorschranke* **2** ⟨bei der Orgel und Harmonika⟩ *Windkanal* [< lat. *cancelli* (Pl.) „Gitter, Schranken"]
Kan|zel|schwal|be ⟨f.11; scherzh.⟩ *Frau, die häufig die Kirche besucht*
kan|ze|ro|gen ⟨Adj.⟩ *krebserzeugend;* Syn. *karzinogen* [< lat. *cancer* „Krebs" und *...gen*]
kan|ze|rös ⟨Adj., o.Steig.⟩ *krebsartig* [zu lat. *cancer* „Krebs"]
Kanz|lei ⟨f.10⟩ **1** *Büro, Dienststelle, Amtsräume* **2** *dem Staatsoberhaupt oder Regierungschef unmittelbar unterstehende Verwaltungsbehörde (Bundes~)* [< mhd. *kanzelie, Kanzellerie* „Kanzlei", < mlat. *cancellaria* „Raum eines Gerichts, einen Kanzlei" (der mit Schranken vom Publikum abgeschlossen war), < lat. (Pl.) *cancelli* „Schranken, Gitter"]
Kanz|lei|for|mat ⟨n.1⟩ *veraltetes Papierformat, 33 × 42 cm*
Kanz|lei|spra|che ⟨f.11⟩, **Kanz|lei|stil** ⟨m.1⟩ **1** ⟨seit dem 15.Jh.⟩ *Sprache, Stil der deutschen Kanzleien* **2** ⟨heute⟩ *geschraubter Stil, unlebendige Sprache*
Kanz|ler ⟨m.5⟩ **1** ⟨im MA⟩ *Hofbeamter, der die Staatsurkunden beglaubigte und siegelte* **2** ⟨seit dem 15.Jh.⟩ *Präsident des obersten Gerichtshofes* **3** ⟨1747–1807 in Preußen⟩ *Justizminister* **4** ⟨heute⟩ *Regierungschef* **5** *Kurator einer Universität*
Kanz|ler|kan|di|dat ⟨m.10⟩ *Anwärter auf das Amt des Kanzlers (4)*
Kanz|list ⟨m.10⟩ *Angestellter einer Kanzlei*
Kan|zo|ne ⟨f.11⟩ **1** *französische und italienische strophische Gedichtform* **2** ⟨16./17.Jh.⟩ *heiteres, geistliches Lied,* ⟨in Frankreich⟩ *A-cappella-Chorgesang* **3** ⟨17.Jh.⟩ *sangliches Instrumentalstück* **4** ⟨seit dem 18.Jh.⟩ *volkstümliches Lied mit Instrumentalbegleitung* [< lat. *cantio* „Lied, Gesang", zu *canere, cantare* „singen, auf einem Instrument spielen"]
Kan|zo|net|ta, Kan|zo|net|te ⟨f., -, -ten⟩ **1** *kleine Kanzone* **2** *italienisches Chorlied*
Ka|o|lin ⟨n.1, fachsprachl. m., -s, nur Sg.⟩ *weißes, weiches Tongestein (für Porzellan und Steingut), Porzellanerde* [< chin. *kao-ling* „hoher Hügel", dem Namen eines Berges in Nordostchina, wo schon früh Porzellanerde gefunden wurde]
Ka|o|li|nit ⟨m.1⟩ *ein Mineral, Hauptbestandteil des Kaolins*
Kap ⟨n.9⟩ *vorspringender Teil (einer Felsenküste)* [über frz. *cap* in ders. Bed., < lat. *caput* „Kopf, Spitze, äußerstes Ende"]
Kap. ⟨Abk. für⟩ *Kapitel*
Ka|paun ⟨m.1⟩ *kastrierter, gemästeter Hahn* [< mhd. *kapun,* frz. *chapon* < lat. *capo,* Gen. *caponis,* „verschnittener Hahn", zu *capulare* „zerschneiden, durchschneiden"]
ka|pau|nen ⟨V.1, hat kapaunt⟩, **ka|pau|ni|sie|ren** ⟨V.3, hat kapaunisiert; mit Akk.⟩ *zum Kapaun machen, kastrieren*
Ka|pa|zi|tät ⟨f.10⟩ **1** *Fassungskraft, Aufnahmevermögen* **2** *Ausmaß, Umfang (einer Produktion) in einem Zeitraum* **3** *bedeutender Fachmann* [< lat. *capacitas,* Gen. *-atis,* „Fassungsfähigkeit", zu *capax* „viel fassend, geräumig", übertr. „befähigt, fähig, tauglich", zu *capere* „fassen, ergreifen", übertr. „verstehen"]
ka|pa|zi|ta|tiv, ka|pa|zi|tiv ⟨Adj., o.Steig.⟩ *die Kapazität (eines Kondensators) betreffend*
Ka|pee ⟨n.; nur in der ugs. Wendung⟩ *schwer von K. sein „schwer von Begriff sein, langsam begreifen"* [zu *kapieren*]
Ka|pel|le¹ ⟨f.11⟩ **1** *kleine Kirche* **2** ⟨†⟩ *Kirchenchor* **3** *kleines Orchester* [< lat. *capella,* urspr. „kleiner Mantel, Kapuzenmantel", Verkleinerungsform von lat. *cappa* „Kopfbedeckung, Kapuzenmantel"; gemeint war damit der Mantel des hl. Martin von Tours (gest. 400), dann verlagerte sich die Bedeutung auf „kleiner Gebetsraum" (in den Königspfalzen, wo dieser Mantel aufbewahrt wurde) und schließlich auf die Musiker, die in den Privatkapellen der Höfe und in den Kirchen sangen und spielten]
Ka|pel|le² ⟨f.11⟩ **1** *Raum mit Abzug zur Untersuchung gesundheitsschädlicher Stoffe* **2** *Schmelztiegel zum Trennen von edlen und unedlen Mineralien;* auch: *Kupelle* [< frz. *coupelle* „kleiner Pokal, Kelch"]
Ka|pell|mei|ster ⟨m.5⟩ **1** *Leiter einer Kapelle¹ (3)* **2** *Dirigent eines Orchesters*
Ka|pen|sis ⟨f., -, nur Sg.⟩ *Florenreich, das den äußersten Südwesten Afrikas umfaßt* [neulat., zu *Kapland*]
Ka|per¹ ⟨f.11⟩ *Blütenknospe des Kapernstrauches* [< lat. *cappari,* griech. *kapparis,* aus dem Altpersischen]
Ka|per² ⟨m.5; früher⟩ *privates, bewaffnetes Schiff, das aufgrund des Kaperbriefes am Handelskrieg teilnehmen konnte;* Syn. *Kaperschiff* [ndrl.]
Ka|per|brief ⟨m.1; früher⟩ *staatliche Ermächtigung zur Teilnahme am Handelskrieg*
Ka|pe|rei ⟨f., -, nur Sg.; früher⟩ *Erbeuten von Handelsschiffen im Handelskrieg aufgrund des Kaperbriefes einer kriegführenden Macht*
ka|pern ⟨V.1, hat gekapert⟩ **I** ⟨mit Akk.⟩ **1** *etwas k.* ⟨früher⟩ *als Kaper, aufgrund des Kaperbriefs erbeuten; ein Schiff k.* **2** *jmdn. k.* ⟨ugs.⟩ *jmdn. für etwas gewinnen, ihn bewegen, etwas zu tun* **II** ⟨mit Dat. (sich) und Akk.⟩ **1** *sich etwas k.* ⟨ugs.⟩ *sich etwas aneignen, etwas erlangen; sie hat sich rechtzeitig eine Eintrittskarte gekapert* **2** *sich jmdn. k.* ⟨ugs.⟩ *jmdn. für sich (bes. als Ehepartner) erlangen, gewinnen; sie hat sich den XY gekapert* [< fries. *kapia* „kaufen", zu *kap* „Kauf"; beide Wörter wurden mit der Zeit als verhüllende Ausdrücke gebraucht, wenn in Wirklichkeit Seeräuberei getrieben wurde]
Ka|pern|strauch ⟨m.4⟩ *blaßrosa blühender Dornenstrauch des Mittelmeergebietes, aus dessen Blütenknospen Kapern hergestellt werden*
Ka|per|schiff ⟨n.1⟩ → *Kaper²*
Ka|pe|tin|ger ⟨m.5⟩ *Angehöriger eines französischen Königsgeschlechts*
Kap|hol|län|der ⟨m.5; †⟩ → *Bure*
kap|hol|län|disch ⟨Adj., o.Steig.⟩ *zu den Buren gehörend, die Buren betreffend*
Kap|hol|län|disch ⟨n., -(s), nur Sg.⟩ → *Afrikaans*
ka|pie|ren ⟨V.3, hat kapiert; mit Akk.; ugs.⟩ *verstehen, begreifen; das habe ich nicht kapiert; der Hund hat sofort kapiert, das er nicht darf* [an den Lateinschulen < lat. *capere* „fassen, ergreifen, verstehen, begreifen" entstanden]
ka|pil|lar ⟨Adj., o.Steig.⟩ **1** *feinst verzweigt, haarfein* **2** *zu den Kapillaren gehörig, von ihnen ausgehend*
Ka|pil|la|re ⟨f.11⟩ **1** *kleinstes Blutgefäß;* Syn. *Haargefäß* **2** *feines Röhrchen;* Syn. *Haarröhrchen* [< lat. *capillaris* „in der Art eines Haares", zu *capillus* „Haar (Kopf-, Barthaar)", vielleicht zu *caput* „Kopf"]
Ka|pil|la|ri|tät ⟨f., -, nur Sg.⟩ *Verhalten von Flüssigkeiten in sehr engen Röhren* [zu *Kapillare*]
ka|pi|tal ⟨Adj.⟩ **1** *hauptsächlich, besonders, haupt...* **2** *stark, mit schönem Geweih; ein ~er Hirsch, Rehbock* [< lat. *capitalis* „zum Kopf, Haupt gehörig, Haupt-", übertr. „hervorragend", zu *caput* „Kopf"]
Ka|pi|tal ⟨n., -s, -e oder -li|en⟩ **1** *Vermögen an Bargeld und Aktien* **2** *Geld (für Investitionen)* [< ital. *capitale,* frz. *capital* „Hauptgeld, Hauptgut", d.h. das gewinnbringend angelegte Geld, im Unterschied zu den Zinsen, < lat. *capitalis,* zu *kapital*]
Ka|pi|täl ⟨n.1⟩ → *Kapitell*
Ka|pi|tal... ⟨in Zus.⟩ *groß, schwer(wiegend), z.B. Kapitalverbrechen*
Ka|pi|tal|band ⟨n.4⟩ *buntes Zierband am oberen und unteren Ende des Buchrückens;* auch: *Kaptalband*
Ka|pi|tal|buch|sta|be ⟨m.15⟩ *Großbuchstabe*
Ka|pi|täl|chen ⟨n.7⟩ *Großbuchstabe in der Größe der Kleinbuchstaben, z.B. KAPITÄLCHEN*
Ka|pi|ta|le ⟨f.11⟩ **1** ⟨†⟩ *Hauptstadt* **2** → *Kapitalis*
Ka|pi|tal|feh|ler ⟨m.5⟩ *schwerwiegender Fehler*
Ka|pi|tal|flucht ⟨f., -, nur Sg.⟩ *Verlagerung von Kapital ins Ausland (um ungünstigen politischen Verhältnissen oder Steuergesetzen zu entgehen)*
Ka|pi|tal|ge|sell|schaft ⟨f.10⟩ *Handelsgesellschaft, bei der die Gesellschafter hauptsächlich Kapital und weniger eigene Leistung einbringen*
ka|pi|tal|in|ten|siv ⟨Adj.⟩ *einen wesentlich höheren Einsatz an Kapital als an Arbeit erfordernd*

Kapitalis

Ka|pi|ta|lis ⟨f., -, nur Sg.⟩ altrömische Schriftart in Kapitalbuchstaben; Syn. *Kapitalschrift, Kapitale*

Ka|pi|ta|li|sa|ti|on ⟨f.10⟩ Umrechnung von Sachwerten, einer Rente o.ä. in Geldwert

ka|pi|ta|li|sie|ren ⟨V.3, hat kapitalisiert; mit Akk.⟩ in Geld umrechnen, zu Geld machen [zu *Kapital*] **Ka|pi|ta|li|sie|rung** ⟨f.10⟩

Ka|pi|ta|lis|mus ⟨m., -, nur Sg.⟩ Wirtschafts- und Gesellschaftsordnung mit Privateigentum an Produktionsmitteln und Unternehmerprofit

Ka|pi|ta|list ⟨m.10⟩ **1** Anhänger, Vertreter des Kapitalismus **2** Kapitalbesitzer

ka|pi|ta|li|stisch ⟨Adj., o.Steig.⟩ zum Kapitalismus gehörig, auf dem Kapitalismus beruhend

ka|pi|tal|kräf|tig ⟨Adj.⟩ mit Kapital ausgestattet, vermögend

Ka|pi|tal|markt ⟨m.2; Wirtsch.⟩ Markt für Kredite und Geldanlagen

Ka|pi|tal|schrift ⟨f.10⟩ → *Kapitalis*

Ka|pi|tal|ver|bre|chen ⟨n.7⟩ großes, schweres Verbrechen

Ka|pi|tän ⟨m.1⟩ **1** Kommandant eines Schiffes; auch: ⟨norddt.⟩ Käpten **2** Kommandant eines Flugzeugs (Flug~) **3** ⟨Sport⟩ Anführer einer Mannschaft [< frz. *capitaine*, ital. *capitano* ,,Schiffskommandant'', < mlat. *capitaneus* ,,Anführer, prominente Person'', lat. *capitaneus* ,,hervorragend, hervorstechend'', zu *caput* ,,Kopf'']

Ka|pi|tel ⟨n.5⟩ **1** ⟨Abk.: Kap.⟩ größerer Abschnitt (eines Schriftwerkes) **2** Körperschaft der Geistlichen einer Dom- oder Stiftskirche (Dom~) **3** deren Versammlung **4** Versammlung eines geistlichen Ordens [< lat. *capitulum* ,,Versammlung einer geistlichen Gemeinschaft; Abschnitt eines Schriftwerkes'', zu *capitalis* ,,zum Kopf gehörig, Haupt...'']

ka|pi|tel|fest ⟨Adj., o.Steig.⟩ **1** ⟨urspr.⟩ bibelfest **2** ⟨allg.⟩ fest, sicher im Wissen [zu *Kapitel* ,,Abschnitt'' (der Bibel)]

Ka|pi|tell ⟨n.1⟩ oberer, unterschiedlich gestalteter Teil einer Säule oder eines Pfeilers (Würfel~, Knospen~) [< lat. *capitellum*, eigtl. ,,kleiner Kopf'', als Fachausdruck der Baukunst ,,Knauf der Säule'']

Ka|pi|tel|saal ⟨m., -s, -säle⟩ Versammlungssaal eines Kapitels (2)

Ka|pi|tol ⟨n.1⟩ **1** ⟨im alten Rom⟩ Stadtburg und Sitz des Senats **2** ⟨in den USA⟩ Parlamentsgebäude in Washington

ka|pi|to|li|nisch ⟨Adj., o.Steig.⟩ zum Kapitol gehörend, das Kapitol betreffend; der ~e Hügel

Ka|pi|tu|lant ⟨m.10; früher⟩ Soldat, der sich durch Vertrag (Kapitulation) zu einer längeren als der gesetzlichen Dienstzeit verpflichtete

Ka|pi|tu|lar I ⟨m.1⟩ Mitglied eines Kapitels (2) **II** ⟨n., -s, -ri|en⟩ Gesamtheit der Gesetze und Verordnungen (der karolingischen Könige)

Ka|pi|tu|la|ti|on ⟨f.10⟩ **1** ⟨früher⟩ Vertrag, durch den sich ein Soldat zu einer längeren als der gesetzlichen Dienstzeit verpflichtete **2** ⟨heute⟩ Vertrag, durch den sich eine besiegte Truppe dem Feind ergibt **3** ⟨allg.⟩ Unterwerfung, Ergebung [< frz. *capitulation* ,,Übergabe, Vergleich, Dienstvertrag eines Soldaten über längere freiwillige Dienstzeit'', < mlat. *capitulare* ,,in eine Vereinbarung einwilligen'', < lat. *capitulum* ,,Abschnitt, Stelle einer Schrift'']

ka|pi|tu|lie|ren ⟨V.3, hat kapituliert; o.Obj.⟩ **1** ⟨früher⟩ eine Kapitulation abschließen **2** sich ergeben, sich geschlagen geben, den Kampf, die Diskussion aufgeben; ich kapituliere!

Kap|la|ken ⟨n.7; Seew.; früher⟩ Sondervergütung für den Kapitän; auch: *Kapplaken* [mndrl., eigtl. ,,Stoff für eine (neue) Kappe'']

Ka|plan ⟨m.2; kath. Kirche⟩ **1** Hilfsgeistlicher **2** Geistlicher mit bes. Aufgaben, z.B. im Heer **3** Hausgeistlicher (eines Fürsten) [< mhd. *kaplan, kapelan, kappelan* < mlat. *capellanus* ,,Geistlicher einer königlichen Kapelle'', zu *capella* → *Kapelle*]

Ka|po ⟨m.9⟩ **1** ⟨Soldatenspr.⟩ Unteroffizier **2** Häftling im Konzentrationslager, der ein Arbeitskommando leitet [< ital. *capo* ,,Kopf'', übertr. ,,Anführer'', < lat. *caput* ,,Kopf'']

Ka|po|da|ster ⟨m.5⟩ **1** ⟨bei Saiteninstrumenten⟩ oberes Ende des Griffbretts **2** ⟨bei der Gitarre⟩ Klammer zum Verkürzen der Saiten [< ital. *capotasto* ,,Hauptton'', < *capo* (lat. *caput*) ,,Haupt'' und *tasto* ,,Bund (bei Saiteninstrumenten), Saite, Taste'', zu *tastare* ,,tasten, fühlen'']

Ka|pok ⟨m., -s, nur Sg.⟩ Fasern aus dem Fruchthaar des Kapokbaums (für Polster- und Kissenfüllungen) [mal.]

Ka|pok|baum ⟨m.2⟩ ein tropischer Baum, Baumwollbaum

ka|po|res ⟨Adj., o.Steig.; ugs.⟩ *kaputt* [< jidd. *kapores* ,,verdorben'' (*kapores gehen* ,,zugrunde gehen'', *kapores machen* ,,verderben''), < hebr. *kappārā, kappōrēth* ,,Opfer zum Versöhnungstag, Sühnung'' (zu *kippēr* ,,sühnen''); da man zu diesem Opfer nicht unbedingt die besten Tiere nahm, kam es zu der Bedeutung ,,verdorben'']

Ka|pot|te ⟨f.11⟩, **Ka|pott|hut** ⟨m.2; 19.Jh.⟩ kleiner, unter dem Kinn gebundener Damenhut [< frz. *capote* ,,Damen-, Kinderhut, Regenmantel mit Kapuze'', Verkleinerungsform von *cape* ,,Kapuzenmantel'', < lat. *cappa* ,,Kopfbedeckung, kleiner Kapuzenmantel'']

Kap|pa ⟨n.9; Zeichen: κ, K⟩ zehnter Buchstabe des griechischen Alphabets

Käpp|chen ⟨n.7⟩ **1** kleine Kappe **2** ⟨am gestrickten Strumpf⟩ gerundeter Teil der Ferse

Kap|pe ⟨f.11⟩ **1** rundum anliegende Kopfbedeckung, eine K. nehmen ⟨übertr.⟩ für etwas die Verantwortung übernehmen; das geht auf seine K. dafür trägt er die Kosten, die Verantwortung **2** auch den Rand umschließende Bedeckung (eines Gefäßes, z.B. einer Flasche) **3** ⟨am Schuh⟩ verstärkter Teil an der Spitze oder Ferse

kap|pen ⟨V.1, hat gekappt; mit Akk.⟩ etwas k. einen Teil von etwas abschneiden, durch schneiden verkürzen; ein Tau k.; Zweige k.

Kap|pes ⟨m., -, nur Sg.; westdt.⟩ auch: *Kappus* **1** → *Weißkohl* **2** ⟨ugs.⟩ Kohl, Unsinn, törichtes Gerede; red nicht solchen K.!; das ist doch alles nur K.! [< ahd. *kabuz* < lat. *caput* ,,Kopf'']

Käp|pi ⟨n.9⟩ kleine, längliche, zweispitzige Mütze (der militärischen Uniform); Syn. *Schiffchen*

Kapp|la|ken ⟨n.7⟩ → *Kaplaken*

Kapp|naht ⟨f.2⟩ doppelt gesteppte Naht, bei der einer der beiden Stoffränder über den andern gefaltet wird

Kap|pus ⟨m., -, nur Sg.⟩ → *Kappes*

Kapp|zaum ⟨m.2⟩ Zaumzeug ohne Trense oder Kandare (für junge Pferde mit noch weichem Maul) [< lat. *cavezzone* ,,großes Halfter'', Vergrößerungsform von *cavezza* ,,Halfter, Zaum'', volksetymologisch an *Kappe* und *Zaum* angelehnt]

Kapp|zie|gel ⟨m.5⟩ Ziegel, der Luft, aber keinen Regen durchläßt [zu *Kappe*]

Ka|price ⟨[-sə] f.11⟩ → *Caprice*

Ka|pri|ole ⟨f.11⟩ **1** Luftsprung **2** verrückter Streich **3** ⟨Reiten⟩ → *Capriole* [< frz. *cabriole* ,,Luft-, Bocksprung'', < ital. *capriolo* ,,Rehbock'', < lat. *capreolus* ,,Rehbock, Gemse, wilde Ziege'', zu *capra* ,,Ziege'' oder *caper* ,,Ziegenbock'']

Ka|pri|ze ⟨f.11; eindeutsch., bes. österr. für⟩ *Caprice*

ka|pri|zie|ren ⟨V.3, hat kapriziert; refl.⟩ sich auf etwas k. **1** auf etwas bestehen, beharren, (eigensinnig) bei etwas bleiben; sie hat sich darauf kapriziert, sie müsse ihm helfen **2** etwas ausschließlich bevorzugen; sie hat sich auf bestimmte Filme kapriziert [zu *Caprice*]

ka|pri|zi|ös ⟨Adj., -er, am -esten⟩ launenhaft, eigenwillig [zu *Caprice*]

Kap|sel ⟨f.11⟩ **1** kleiner runder oder ovaler Behälter, bes. aus Metall **2** Arzneimittel in einer Umhüllung (meist aus Gelatine), die sich im Magen oder Darm auflöst **3** Umhüllung von Gelenken oder Krankheitskeimen (Gelenk~) [< lat. *capsula* ,,kleiner Behälter, Kästchen'', zu *capsa* ,,Behältnis'']

Kap|si|kum ⟨n., -s, nur Sg.⟩ aus Mittelamerika stammende Gewürzpflanze, spanischer Pfeffer, auch hautreizendes Arzneimittel [neulat., < lat. *capsa* ,,Kapsel'', nach der Form der Früchte]

Kap|tal ⟨n.1⟩, **Kap|tal|band** ⟨n.4⟩ → *Kapitalband*

Kap|ta|ti|on ⟨f.10; †⟩ Erschleichung, Erbschleicherei [< lat. *captatio*, Gen. *-onis*, ,,eifriges Greifen, Trachten, Haschen'', zu *captare* ,,greifen, haschen'']

kap|ta|to|risch ⟨Adj., o.Steig.; †⟩ durch Erschleichen, erschleichend

Käp|ten ⟨m.9; norddt.⟩ → *Kapitän*

Kap|ti|on ⟨f.10; †⟩ **1** verfängliche Frage **2** Trugschluß [< lat. *captio*, Gen. *-onis*, ,,das Fassen, Ergreifen'', zu *capere* ,,ergreifen'']

kap|ti|vie|ren ⟨V.3, hat kaptiviert; mit Akk.; †⟩ gefangennehmen, für sich gewinnen [< lat. *captivare* ,,gefangennehmen'', zu *capere* ,,fassen, ergreifen'']

Ka|put ⟨m.1; schweiz.⟩ Soldatenmantel [< mlat. *caputium* ,,Mönchskappe'', → *Kapuze*]

ka|putt ⟨Adj., o.Steig.⟩ **1** entzwei, zerbrochen, zerrissen, zerstört; ~es Spielzeug; seine Ehe ist k. *seine Ehe ist zerrüttet;* eine Lunge haben ⟨ugs.⟩ *eine durch Krankheit sehr angegriffene Lunge* **2** ⟨ugs.⟩ sehr müde, erschöpft; ich bin ganz k. **3** ⟨übertr.⟩ heruntergekommen, in der Persönlichkeit zerstört; ein ~er Typ [< frz. *capot* in der Wendung *faire capot* ,,kentern'', zu *capoter* ,,kentern'', wahrscheinlich zu lat. *caput* ,,Kopf, oberes, vorderes oder hinteres Ende, Spitze (eines Schiffes)'']

ka|putt|fah|ren ⟨V.32, hat kaputtgefahren; mit Akk.⟩ durch Fahren stark beschädigen; ein Auto k.; einen Zaun, Blumenbeet k.

ka|putt|ge|hen ⟨V.47, ist kaputtgegangen; o.Obj.⟩ **1** entzweigehen, zerbrechen, zerreißen **2** seelisch (und körperlich) zugrunde gehen, tief unglücklich werden; in einer Kummer k. **3** sterben, eingehen; die Pflanze ist in der prallen Sonne kaputtgegangen; die Goldfische sind kaputtgegangen

ka|putt|krie|gen ⟨V.1, hat kaputtgekriegt; mit Akk.; scherzh.⟩ **1** ⟨eigtl.: mit Absicht, Mühe⟩ kaputtmachen; hast du das Auto endlich kaputtgekriegt? hast du so lange daran herumgebastelt, bis es kaputtgegangen ist? **2** ermüden, erschöpfen; er ist einfach nicht kaputtzukriegen er hält körperlich sehr viel aus

ka|putt|la|chen ⟨V.1, hat kaputtgelacht; refl.⟩ sich k. ⟨ugs.⟩ sehr lachen

ka|putt|ma|chen ⟨V.1, hat kaputtgemacht; mit Akk.⟩ **1** entzweimachen, zerbrechen, zerreißen **2** zerstören, unschön machen; eine Landschaft durch Industrie, durch Hotelbauten k. **3** unbrauchbar machen, vergiften; Seen, Flüsse durch Verschmutzung k. **4** ⟨übertr.⟩ körperlich oder nervlich stark belasten; der Lärm, die Hitze macht mich ganz kaputt

ka|putt|schla|gen ⟨V.116, hat kaputtgeschlagen; mit Akk.⟩ **1** durch Schlagen zerstören; einen Gegenstand k. **2** durch Schlagen stark verletzen; jmdn. k.; jmdm. die Nase k.

Ka|pu|ze ⟨f.11⟩ (meist an Mantel oder Jacke befestigte) Kopf und Hals einhüllende Mütze [< ital. *capuccio* ,,Kopfbedeckung am Mantel, Mönchskappe'', < mlat. *caputium* ,,Haube, Mönchskappe'', < lat. *caput* ,,Kopf'']

Ka|pu|zi|na|de ⟨f.11; †⟩ Strafpredigt [eigtl.

„Predigt eines Kapuziners", nach den Predigten der *Kapuziner* in der Zeit der Gegenreformation, bes. bekannt durch die Predigt des Kapuziners in Schillers Theaterstück „Wallensteins Lager"]

Ka|pu|zi|ner ⟨m.5; kath. Kirche⟩ *Angehöriger des Kapuzinerordens*

Ka|pu|zi|ner|af|fe ⟨m.11⟩ *südamerikanischer Affe mit schwarzem Fell, weißlichem Gesicht und langem Schwanz*

Ka|pu|zi|ner|kres|se ⟨f.11⟩ *(meist gelbrot blühende) Pflanze mit schildförmigen Blättern, Balkonpflanze* [die Blüte erinnert an die Kopfbedeckung der *Kapuziner*, und das Aroma der eßbaren Blüten und Blätter ähnelt dem der *Kresse*]

Ka|pu|zi|ner|or|den ⟨m.7⟩ *Zweig des Franziskanerordens mit strengen Regeln* [benannt nach einem Teil der Ordenstracht, der *Kapuze*]

Ka|pu|zi|ner|pre|digt ⟨f.10⟩ *derbe und scharfe Strafpredigt* [nach der Predigt des *Kapuziners* in Schillers „Wallensteins Lager"]

Kap|wein ⟨m.1⟩ *Wein aus dem Kapland*

Kar ⟨n.1⟩ *vom Gletscher geformte Mulde vor Gebirgshängen* [< mhd. *kar* „Talmulde, Schüssel"]

Ka|ra|bi|ner ⟨m.5⟩ *kurzes Gewehr mit geringer Schußweite* [< frz. *carabine* „Stutzen, Büchse"]

Ka|ra|bi|ner|ha|ken ⟨m.7⟩ *Haken mit federndem Verschluß*

Ka|ra|bi|nier ⟨[-nje] m.9⟩ **1** *urspr.*⟩ *mit Karabiner bewaffneter Reiter* **2** ⟨später⟩ *Jäger zu Fuß*

Ka|ra|cho ⟨n., -s, nur Sg.; fast nur in der ugs. Fügung⟩ *mit Karacho mit großer Geschwindigkeit, mit Wucht* [< span. *caracho, carajo* „männliches Glied, Penis", übertr. vulgär „Donnerwetter!, verdammt!"; die Bedeutung „Schwung, Heftigkeit" ist wahrscheinlich aus der Redensart *Vete al caracho!* „Geh zum Teufel!" entstanden, in der Vorstellung, daß der andere mit Wucht irgendwohin rennen oder fahren soll]

Ka|raf|fe ⟨f.11⟩ *geschliffene Glasflasche mit Stöpsel* [< frz. *carafe* „Wasserflasche", < ital. *caraffa* „Glasflasche", auch „altes Flüssigkeitsmaß", < einer Ableitung von arab. *ġarāf* und *ġarrāfa* „eine bestimmte Art von Wasserrad zum Bewässern von Feldern"]

Ka|raf|fi|ne ⟨f.11⟩ *kleine Karaffe*

Ka|ra|gös, Ka|ra|göz ⟨m., -, nur Sg.⟩ *Hanswurst des türkischen Schattenspiels* [< türk. *kara* „schwarz" und *göz* „Auge", also „Schwarzauge", eine Bezeichnung auch für die Zigeuner, die früher gelegentlich als öffentliche Spaßmacher auftraten]

Ka|rai|be ⟨m.11⟩ → *Karibe*

Ka|ra|kal ⟨m.9⟩ *afrikanisch-vorderasiatische Art der Luchse;* Syn. *Wüstenluchs* [< türk. *karakulak* „Schwarzohr", < *kara* „schwarz" und *kulak* „Ohr"]

Ka|ra|kul|schaf ⟨n.1⟩ *Fettschwanzschaf, dessen Lämmer den Persianerpelz liefern* [nach dem See *Karakul* „schwarzer See" im Pamir]

Ka|ram|bo|la|ge ⟨[-ʒə] f.11⟩ **1** ⟨Billard⟩ *Treffer, Anstoßen des Spielballes an die beiden andern Bälle* **2** ⟨übertr.⟩ *Zusammenstoß* [zu *Karambole*]

Ka|ram|bo|le ⟨f.11; Billard⟩ *Spielball, roter Ball* [Herkunft nicht geklärt]

ka|ram|bo|lie|ren ⟨V.3, hat karamboliert; o.Obj.⟩ **1** ⟨Billard⟩ *eine Karambolage machen* **2** ⟨übertr.⟩ *zusammenstoßen;* die beiden Wagen haben karamboliert

Ka|ra|mel ⟨m., schweiz. n., -s, nur Sg.⟩ *erhitzter, gebräunter Zucker* [< frz. *caramel* in ders. Bed., < altfrz. *calemele* „Zuckerrohr", vielleicht gekreuzt < mlat. *cannamellis, cannamella* „Zuckerrohr" (< *canna* „Rohr" und *mel*, Gen. *mellis*, „Honig, Süßigkeit") und lat. *calamus* „Rohr"]

ka|ra|mel|lie|ren ⟨V.3, ist karameliert; o.Obj.⟩ *beim Erhitzen braun werden;* der Zucker (in der Pfanne) karameliert

ka|ra|mel|li|sie|ren ⟨V.3, hat karamelisiert; mit Akk.⟩ **1** *durch Erhitzen bräunen* **2** *mit gebräuntem Zucker übergießen, in Zucker bräunen;* Früchte k. **Ka|ra|mel|li|sie|rung** ⟨f., -, nur Sg.⟩

Ka|ra|mel|le ⟨f.11⟩ *Bonbon aus Milch und karameliertem Zucker*

Ka|rat ⟨n., -s, -; Abk.: k⟩ **1** *getrockneter Samen des Johannisbrotbaumes (der früher zum Wiegen von Gold und Edelsteinen benutzt wurde)* **2** *Gewichtsmaß für Edelsteine,* 1 k = 0,2 g **3** *Maß für den Feingehalt von Gold,* 24 k = 100% *Gold* [< frz. *carat*, ital. *carato* „Karat", über arab. *qīrāṭ* < griech. *Keration* „Schote des Johannisbrotbaumes", eigtl. „Hörnchen", Verkleinerungsform von *keras* „Horn"]

Ka|ra|te ⟨n., -(s), nur Sg.⟩ *eine Art der japanischen waffenlosen Selbstverteidigung* [< japan. *kara* „leer" und *te* „Hand"]

Ka|ra|te|ka ⟨m., -(s), -(s)⟩ *jmd., der Karate betreibt*

...ka|rä|tig ⟨in Zus.⟩ *eine bestimmte Anzahl von Karat wiegend,* z.B. fünfkarätig

Ka|rau|sche ⟨f.11⟩ *einem kleinen, hochrückigen Karpfen ähnelnder Süßwasserfisch;* Syn. *Bauernkarpfen* [< griech. *korakinos* „Rabenfisch", zu *korax*, Gen. *korakos*, „Rabe", nach den schwärzlichen Flossen und der schwärzlichgrünen Färbung der Oberseite]

Ka|ra|vel|le ⟨f.11; 14.–16.Jh.⟩ *dreimastiges Segelschiff mit hohem Heckaufbau* [< frz. *caravelle* < port. *caravela*, zu lat. *carabus* „geflochtener Kahn"]

Ka|ra|wa|ne ⟨f.11; im Orient⟩ *Reisegesellschaft von Kaufleuten mit Kamelen* [< frz. *caravane*, ital. *carovana*, älter *caravana*, wahrscheinlich < pers. *karwan* „Reisegesellschaft, Zug mit Kamelen", vielleicht < Sanskrit *karabha-* „Kamel"]

Ka|ra|wan|se|rei ⟨f.10⟩ *Unterkunft für Karawanen*

Kar|bat|sche ⟨f.11⟩ *Riemenpeitsche* [über tschech. *karabač*, poln. *korbacz* u.a. < türk. *kırbaç* „Peitsche"]

kar|bat|schen ⟨V.1, hat karbatscht⟩ **I** ⟨mit Akk.⟩ *jmdn., ein Tier k. mit der Karbatsche schlagen* **II** ⟨o.Obj.⟩ *mit der Peitsche knallen*

Kar|bid ⟨n., -s, nur Sg.⟩ → *Carbid*

Kar|bol ⟨n., -s, nur Sg.⟩ *Desinfektionsmittel mit durchdringendem Geruch* [< lat. *carbo* „Kohle" und *oleum* „Öl"]

Kar|bon ⟨n., -s, nur Sg.⟩ *eine Formation des Paläozoikums, zwischen Devon und Perm;* Syn. ⟨†⟩ *Steinkohlenzeit, Steinkohlenformation* [< lat. *carbo*, Gen. *carbonis*, „Kohle"]

Kar|bo|na|de ⟨f.11⟩ *gebratenes Rippenstück (vom Rind, Hammel oder Schwein)* [< frz. *carbonnade* und ital. *carbonata* „auf dem Rost gebratenes Fleisch, Rostbraten", zu ital. *carbone* „Kohle"]

Kar|bo|na|do ⟨m.9⟩ *schwarzer Diamant (Schleif- und Bohrmittel);* auch: *Karbonat* [span.]

Kar|bo|na|ro ⟨m., -s, -ri; 1807–1848⟩ *Angehöriger eines italienischen Geheimbundes für nationale Einheit und Unabhängigkeit* [< ital. *carbonaio* „Kohlenbrenner", zu lat. *carbo* „Kohle"]

Kar|bo|nat I ⟨m.1⟩ → *Karbonado* **II** ⟨n.1⟩ → *Carbonat*

kar|bo|nisch ⟨Adj., o.Steig.⟩ *zum Karbon gehörend, aus ihm stammend*

kar|bo|ni|sie|ren ⟨V.3, hat karbonisiert; mit Akk.⟩ **1** *verkohlen lassen, in Kohlenstoff umwandeln* **2** *durch Schwefelsäure von Zelluloseresten befreien;* Wolle k. **3** *mit Kohlendioxid versetzen; Getränke k.* [zu *Karbon*] **Kar|bo|ni|sie|rung** ⟨f., -, nur Sg.⟩

Kar|bon|pa|pier ⟨n.1⟩ → *Kohlepapier*

Kar|bo|rund ⟨n., -s, nur Sg.⟩ *Siliciumcarbid,* als Schleifmittel (für feuerfeste Steine und Heizwiderstände) [< lat. *carbo* „Kohle" und *Korund*]

Kar|bun|kel ⟨m.5⟩ *mehrere, einen gemeinsamen Entzündungsherd bildende Furunkel;* auch: ⟨volkstüml.⟩ *Karfunkel* [< lat. *carbunculus* „kleine Kohle", auch als Fachausdruck der Medizin für ein Geschwür bestimmter Art, Verkleinerungsform von *carbo* „Kohle"]

kar|bu|rie|ren ⟨V.3, hat karburiert; mit Akk.⟩ **1** *mit Kohlenstoff sättigen* **2** *durch Beimischen von hellbrennenden Stoffen die Leuchtkraft erhöhen;* Gas k. [< frz. *carbure* „Kohlenstoffverbindung", < lat. *carbo* „Kohle"]

Kar|da|mom ⟨m.1 oder n.1, auch m.12 oder n.12⟩ *Frucht eines indischen Ingwergewächses, deren Samen als scharfes Gewürz verwendet werden* [< lat. *cardamomum*, griech. *kardamomon*, weitere Herkunft nicht geklärt]

Kar|dan|an|trieb ⟨m.1⟩ *Antrieb mittels Kardangelenks*

Kar|dan|ge|lenk ⟨n.1⟩ *Verbindung zweier Wellen zur Kraftübertragung unter einem Winkel;* Syn. *Kreuzgelenk* [nach dem ital. Arzt und Mathematiker Geronimo *Cardano*]

kar|da|nisch ⟨Adj., o.Steig.; in der Fügung⟩ ~e *Aufhängung Vorrichtung zur allseitig drehbaren Aufhängung in zwei senkrecht zueinander stehenden Achsen (für Kompasse, Meßinstrumente)* [< *Kardangelenk*]

Kar|dan|wel|le ⟨f.11⟩ *mit einem Kardangelenk versehene Antriebswelle (für Kraftfahrzeuge)*

Kar|dät|sche ⟨f.11⟩ **1** *grobe Bürste zum Striegeln von Pferden* **2** ⟨Spinnerei⟩ *Gerät zum Auflösen von Faserbüscheln und Entfernen von kurzen Fasern;* Syn. *Krempel* **3** *Brett mit Handgriff zum Auftragen von Putz* [< ital. *scardasso* „Wollkamm, Wollkratze", zu *scardassare* „hecheln, kämmen", mit *s...* zur Bezeichnung von „weg..., ent..." (lat. *ex* „aus"), zu *cardare* „(Wolle) kämmen", → *Karde;* vgl. aber *Kartätsche*]

kar|dät|schen ⟨V.1, hat kardätscht; mit Akk.⟩ *mit der Kardätsche bürsten, striegeln, rauh machen*

Kar|de ⟨f.11⟩ **1** *hohe, distelähnliche Pflanze mit stechendem Hüllkelch* **2** ⟨Spinnerei⟩ *Gerät zum Auflösen von Faserbüscheln und Entfernen von kurzen Fasern;* Syn. *Krempel* [< lat. *carduus* „Distel", zu *carere* „auflockern, krempeln" und *cardus* „scharf, stechend"; die Pflanze wurde früher zum Aufrauhen von Tuch und zum Lockern von Wolle verwendet]

Kar|deel ⟨f.1; Seew.⟩ *Einzelseil der Trosse* [ndrl., < altfrz. *cordel* „Tau", < griech. *chorde* „Darmsaite"]

kar|den ⟨V.2, hat gekardet; mit Akk.⟩ *mit der Karde (2) bearbeiten;* auch: *kardieren*

Kar|di|a|kum ⟨n., -s, -ka⟩ → *Herzmittel* [< griech. *kardia* „Herz"]

kar|di|al ⟨Adj., o.Steig.⟩ *das Herz betreffend, zu ihm gehörig, von ihm ausgehend* [< mlat. *cardialis* in ders. Bed.]

Kar|di|al|gie ⟨f.11⟩ **1** *Herzschmerz* **2** → *Magenkrampf* [< griech. *kardia* „Herz", auch „Magen", und *algos* „Schmerz"]

kar|die|ren ⟨V.3, hat kardiert; mit Akk.⟩ → *karden*

kar|di|nal ⟨Adj., o.Steig.⟩ *hauptsächlich, Haupt..., wichtigst;* ein ~es Problem [→ *Kardinal*]

Kar|di|nal ⟨m.2⟩ **1** ⟨kath. Kirche⟩ *höchster Würdenträger nach dem Papst mit dem Recht, den Papst zu wählen* **2** *amerikanischer Finkenvogel mit Scheitelhaube,* nach dem roten Gewand des Kardinals **3** *bowlenartiges Getränk mit Pomeranzen* [< mlat. *cardinalis* „höchst, oberst", < lat. *cardinalis* „hauptsächlich, Haupt..., vorzüglich", wörtlich „zur Türangel gehörig", also „an einem wichtigen Drehpunkt stehend", zu *cardo*, Gen. *cardinis*, „Türangel, Drehpunkt, Wendepunkt"]

kar|di|nal..., **Kar|di|nal...** ⟨in Zus.⟩ Haupt..., Grund..., wichtigst, z.B. Kardinalfehler
Kar|di|nal|bi|schof ⟨m.2⟩ Bischof im Rang eines Kardinals
Kar|di|na|le ⟨f.11⟩ → Kardinalzahl
Kar|di|nal|punkt ⟨m.1⟩ **1** Hauptpunkt, wichtigster Punkt **2** ⟨Geogr.⟩ Hauptgegend des Horizonts, Nord, Süd, Ost oder West
Kar|di|nal|tu|gend ⟨f.10; bei Sokrates, Plato und den Stoikern⟩ jede der vier Haupttugenden: Weisheit, Gerechtigkeit, Mäßigkeit, Tapferkeit
Kar|di|nal|vi|kar ⟨m.1; kath. Kirche⟩ Stellvertreter des Papstes für das Bistum Rom
Kar|di|nal|zahl ⟨f.10⟩ ganze Zahl, z.B. zwei; Syn. Kardinale, Grundzahl; Ggs. Ordinalzahl, Ordinale
Kar|dio|gramm ⟨n.1⟩ graphische Darstellung der Herzbewegungen (Elektro~) [< griech. kardia „Herz" und ...gramm]
Kar|dio|graph ⟨m.10⟩ Gerät zum Aufzeichnen eines Kardiogramms [< griech. kardia „Herz" und ...graph]
Kar|dio|lo|gie ⟨f.11⟩ Wiss. von der Funktion und den Erkrankungen des Herzens [< griech. kardia „Herz" und ...logie]
Kar|dio|spas|mus ⟨m., -, -men⟩ Engstellung der Muskulatur im Gebiet des Mageneingangs [< griech. kardia „Herz", auch „Magen", und Spasmus]
Ka|renz ⟨f.10⟩, **Ka|renz|zeit** ⟨f.10⟩ **1** Wartezeit, Sperrfrist **2** ⟨Med.⟩ Aussetzen, Verzicht, Enthaltsamkeit [< lat. carentia „Nichthaben, Freisein von", zu carens, Part. Präs. von carere „nicht haben, entbehren"]
ka|res|sie|ren ⟨V.3, hat karessiert; mit Akk., †⟩ jmdn. k. jmdm. schmeicheln, jmdn. liebkosen [< frz. caresser, ital. carezzare „liebkosen", zu caro „lieb, teuer"]
Ka|ret|te ⟨f.11⟩, **Ka|rett|schild|krö|te** ⟨f.11⟩ Meeresschildkröte, deren Rücken- und Bauchpanzer das Schildpatt liefert [< frz. caret < span. carey, vielleicht < polynes.]
Ka|rez|za ⟨f., -, nur Sg.⟩ Beischlaf ohne Orgasmus und Samenerguß [< ital. carezza „Liebkosung"]
Kar|fi|ol ⟨m., -s, nur Sg.; südd., österr.⟩ → Blumenkohl [< ital. cavolfiore „Kohlblume", < cavolo „Kohl" und fiore „Blume", < lat. caulis „Kohl" und flos, Gen. floris „Blume"]
Kar|frei|tag ⟨m.1⟩ Tag der Kreuzigung Christi, Freitag vor Ostern [< mhd. kar, ahd. chara „Trauer, Wehklage", < got. kara „Sorge"]
Kar|fun|kel ⟨m.5; volkstüml.⟩ **1** → Karbunkel **2** feurig rot leuchtender Edelstein (z.B. ein roter Granat) [< lat. carbunculus „kleine glühende Kohle", zu carbo „Kohle", vermutlich beeinflußt von funkeln]
karg ⟨Adj.⟩ **1** ärmlich, spärlich; ~e Mahlzeit; ein ~es Einkommen; sie leben sehr k.; er war mit Lob nicht k. **2** ohne Schmuck; ein k. eingerichtetes Zimmer **3** unfruchtbar; ~er Boden Kärglich ⟨f., -, nur Sg.⟩
Kar|ga|deur [-dør], **Kar|ga|dor** ⟨m.1⟩ jmd., der eine Schiffsladung zu begleiten und ihren Transport bis zur Übergabe zu überwachen hat [frz., span., zu Kargo]
kar|gen ⟨V.1, hat gekargt; mit Präp.obj.⟩ mit etwas k. mit etwas sparsam sein, geizen; ⟨meist in der Wendung⟩ er, sie kargte nicht mit Lob
kärg|lich ⟨Adj.⟩ karg, gering, ärmlich, spärlich; ein ~es Auskommen haben; ~er Lohn
Kärg|lich|keit ⟨f., -, nur Sg.⟩
Kar|go ⟨m.9⟩ Schiffsladung, Schiffsfracht [< span. cargo, zu cargar „(be)laden"]
Ka|ri|be ⟨m.11⟩ Angehöriger eines Indianervolkes in Mittel- und im nördlichen Südamerika
ka|ri|bisch ⟨Adj., o.Steig.⟩ die Kariben betreffend, zu ihnen gehörig, von ihnen stammend

Ka|ri|bu ⟨m.9⟩ nordamerikanisches Ren [< engl. caribou < Algonkin chalibu „Scharrer, Kratzer", nach der Gewohnheit des Tieres, mit den Vorderhufen den Schnee vom Boden wegzuscharren, um Nahrung zu finden]
ka|rie|ren ⟨V.3, hat kariert; mit Akk.⟩ mit Karos oder mit feinen, sich rechtwinklig schneidenden Streifen mustern; auch: rastrieren; karierter Stoff; karierte Tischdecke; guck nicht so kariert! ⟨ugs.⟩ guck nicht so dumm!; kariert dreinschauen ⟨ugs.⟩ verständnislos, fassungslos dreinschauen
Ka|ri|es ⟨[-es] f., -, nur Sg.⟩ **1** Knochenerkrankung, bei der die feste Knochensubstanz zerstört wird; Syn. ⟨volkstüml.⟩ Knochenfraß **2** Zerstörung der harten Zahnsubstanz; Syn. Zahnkaries, Zahnfäule [< lat. caries „Morschheit, Fäulnis"]
Ka|ri|ka|tur ⟨f.10⟩ stark übertreibende und dadurch lächerlich machende Darstellung [< ital. caricatura in ders. Bed. sowie „plumpe, lächerliche Person, etwas ohne Maß und Geschmack", eigtl. „das Beladen, Auflagen, Überladen", zu caricare „beladen, unmäßig vergrößern, übertreiben", zu lat. carrus „Karren, Transportwagen"]
Ka|ri|ka|tu|rist ⟨m.10⟩ Karikaturenzeichner
ka|ri|ka|tu|ri|stisch ⟨Adj., o.Steig.⟩ in der Art einer Karikatur
ka|ri|kie|ren ⟨V.3, hat karikiert; mit Akk.⟩ in der Art einer Karikatur darstellen, lächerlich machen
ka|ri|o|gen ⟨Adj., o.Steig.⟩ Karies hervorrufend [< Karies und ...gen]
ka|ri|ös ⟨Adj., o.Steig.⟩ von Karies befallen
Ka|ri|tas ⟨f., -, nur Sg.⟩ Wohltätigkeit, Nächstenliebe [< lat. caritas „(hingebende) Liebe, (uneigennütziges) Wohlwollen", zu carus „lieb, teuer, wert"]
ka|ri|ta|tiv ⟨Adj.⟩ mildtätig, wohltätig; auch: charitativ
Kar|kas|se ⟨f.11⟩ **1** ⟨16.-19.Jh.⟩ Brandkugel mit eisernem Gerippe **2** ⟨früher⟩ Drahtgestell für Frauenhüte **3** Gerippe (vom Geflügel) **4** Unterbau eines Gummireifens [< frz. carcasse „Gerippe, Rumpf", < ital. carcassa „Rumpf", weitere Herkunft nicht bekannt]
kar|lin|gisch ⟨Adj., o.Steig.⟩ → karolingisch
Kar|list ⟨m.10; 18./19.Jh.⟩ Anhänger einer spanischen Partei, die die Ansprüche der beiden Thronanwärter mit Namen Carlos unterstützte
Kar|ma, Kar|man ⟨n., -s, nur Sg.; Buddhismus⟩ das Handeln des Menschen, von dem sein Schicksal im Lauf seiner Wiedergeburten abhängt [Sanskrit]
Kar|me|lit ⟨m.10⟩, **Kar|me|li|ter** ⟨m.5⟩ Angehöriger des Karmeliterordens, eines Bettelordens [nach dem Berg Karmel in Palästina]
Kar|me|li|ter|geist ⟨m., -(e)s, nur Sg.⟩ Lösung aus Heilkräutern zum Einreiben; Syn. Melissengeist
Kar|me|li|te|rin ⟨f.10⟩ weiblicher Karmeliter
Kar|men ⟨n.7; †⟩ Lied, Gedicht, Gelegenheitsgedicht [< lat. carmen „Lied"]
Kar|me|sin, Kar|min ⟨n., -s, nur Sg.⟩ aus der Kermes- oder Koschenilleschildlaus gewonnener roter Farbstoff [über ital. carminio in ders. Bed. < arab. qirmiz „Schildlaus"]
Kar|nal|lit ⟨m.1⟩ ein farbloses Mineral [nach dem Bergwissenschaftler Rudolf von Carnall]
Kar|na|ti|on ⟨f., -, nur Sg.⟩ → Inkarnat
Kar|nau|ba|wachs ⟨n., -es, nur Sg.⟩ ein Pflanzenwachs (für Bohnerwachs u.a.) [< port. carnaúba, Bez. für eine brasilian. Palmenart, aus der es hergestellt wird, aus einer Indianersprache]
Kar|ne|ol ⟨m.1⟩ ⟨fleischrote bis rotbraune⟩ Abart des Chalzedons, Schmuckstein [< lat. caro, Gen. carnis, „Fleisch", wegen der Farbe]
Kar|ner ⟨m.5⟩ auch: Kerner **1** Räucherkammer **2** Beinhaus (meist in Friedhofskapelle, in dem nach Anlegen neuer Gräber die alten Gebeine aufbewahrt werden) [< lat. carnarium „Fleisch-, Räucherkammer", zu caro, Gen. carnis, „Fleisch"]

Kar|ne|val ⟨m.1 oder m.9⟩ → Fastnacht [die Herkunft ist unsicher, vielleicht < lat. carrus navalis „schiffartiger Wagen, Schiffskarren"; eine andere Deutung < carne vale! „Fleisch, leb wohl!" im Hinblick auf die bevorstehende Fastenzeit ist scherzhaft und volksetymologisch]
Kar|ne|va|list ⟨m.10⟩ Teilnehmer am Karneval
Kar|nickel ⟨-k|k-; n.5⟩ **1** ⟨landsch.⟩ → Kaninchen **2** ⟨ugs.⟩ Sündenbock; immer ist er das K. **3** ⟨ugs.⟩ Dummkopf, Einfaltspinsel
Kar|nies ⟨n.1; Bauk.⟩ Bauglied am Gesims mit s-förmigem Profil, Glockenleiste [< frz. corniche, span. cornisa „Kranzgesims", über lat. < griech. koronos „krumm, geschweift"]
Kar|nie|se, Kar|ni|sche ⟨f.11; österr.⟩ Vorhangstange
Kar|ni|vo|re I ⟨m.11⟩ Tier, das sich besonders von Fleisch ernährt **II** ⟨f.11⟩ fleischfressende Pflanze [< lat. caro, Gen. carnis, „Fleisch" und vorare „fressen"]
Ka|ro ⟨n.9⟩ **1** auf die Spitze stehendes Quadrat **2** Spielkartenfarbe; Syn. Eckstein [< frz. carreau in ders. Bed., über die galloroman. Verkleinerungsform *quadrellum < lat. quadrum „Viereck", zu quattuor „vier"]
Ka|ro|lin|ger ⟨m.5⟩ Angehöriger eines fränkischen Hausmeier- und Herrschergeschlechtes
ka|ro|lin|gisch ⟨Adj., o.Steig.⟩ zu den Karolingern gehörend, von ihnen stammend, aus ihrer Zeit stammend
Ka|ros|se ⟨f.11⟩ Pracht-, Staatskutsche [< frz. carrosse „prächtige vierrädrige Kutsche", < ital. carrozza „Wagen", zu carro „Wagen"]
Ka|ros|se|rie ⟨f.11⟩ Oberteil des Kraftwagens (über das Fahrgestell); Syn. Aufbau [< frz. carrosserie in ders. Bed., zu Karosse]
Ka|ro|tin ⟨n., -s⟩ → Carotin
Ka|ro|tis ⟨f., -, -tiden⟩ Halsschlagader [griech., zu kara „Kopf"; oder zu karos „Betäubung, Bewußtlosigkeit"; be- täuben"; wenn man die Halsschlagader zudrückt, wird der Betreffende bewußtlos]
Ka|rot|te ⟨f.11⟩ **1** ⟨i.w.S.⟩ → Möhre **2** ⟨i.e.S.⟩ kurze, rundliche, zarte Möhre [< lat. carota, griech. karoton „Karotte", wohl zu griech. kara „Kopf"]
Kar|pell ⟨n.1⟩, **Kar|pel|lum** ⟨n., -s, -la⟩ → Fruchtblatt [< neulat. carpellum, Verkleinerungsform von griech. karpos „Frucht"]
Karp|fen ⟨m.7⟩ hochrückiger Nutzfisch mit vier kleinen Bartfäden und großen Schuppen [< mhd. carpfe, ahd. karpo < lat. carpa „Karpfen"]
Karp|fen|fisch ⟨m.1⟩ Süßwasserfisch mit vorstreckbarem Maul und zahnlosem Kiefer (z.B. Karpfen, Barbe, Schleie)
Kar|ra|geen, Kar|ra|gheen ⟨n., -s, nur Sg.⟩ Droge aus Rotalgen der Nordseeküste, Irländisches Moos [nach dem irischen Ort Carragheen, wo es häufig vorkommt]
Kar|re ⟨f.11⟩ **1** → Karren (Schieb~, Schub~) **2** ⟨ugs., bes. mdt.⟩ Fahrrad **3** ⟨ugs.⟩ altes, schlechtes Fahrzeug
Kar|ree ⟨n.9⟩ **1** Viereck, Quadrat, Rhombus **2** ⟨ugs.⟩ Rippenstück (Schweins~) [< frz. carré „Viereck"]
kar|ren ⟨V.1, hat gekarrt; mit Akk.⟩ **1** mit einer Karre (bes. Schubkarre) transportieren; Sand, Steine k. **2** ⟨ugs., scherzh.⟩ in großer Menge lustlos in Fahrzeugen befördern; Touristen zu den Sehenswürdigkeiten k.
Kar|ren[1] ⟨m.7⟩ kleiner Wagen, der durch Schieben oder Ziehen vorwärtsbewegt wird; den K. laufen lassen ⟨ugs.⟩ in eine (ungünstige) Entwicklung nicht eingreifen; den K. in

Karzinologie

den Dreck fahren, schieben ⟨ugs.⟩ *eine Sache verderben;* den K. aus dem Dreck ziehen ⟨ugs.⟩ *etwas bereinigen, eine Sache wieder in Ordnung bringen*

Karren[2] ⟨f.11, Pl.⟩ *durch Schmelzwasser entstandene Rinnen und Furchen in Kalkgestein;* Syn. Schratten [< *Kar*]

Karrer ⟨m.5; schweiz.⟩ → *Kärrner*

Karrete ⟨f.11; bes. ostmdt.⟩ *Karre, schlechter, alter Wagen*

Karrette ⟨f.11; schweiz.⟩ **1** → *Schubkarre* **2** *schmalspuriger Wagen der Gebirgstruppen* **3** *zweirädriger Einkaufswagen* [< ital. *carretta* „Karre"]

Karriere ⟨f.11⟩ **1** ⟨nur Sg.; Reitsport⟩ *schnellste Gangart des Pferdes;* er kam in voller K. angeritten **2** *glänzende Laufbahn, rascher Aufstieg im Beruf;* K. machen *im Beruf rasch aufsteigen* [< frz. *carrière* „Rennbahn für Wagen und Pferde; Strecke Weges, die ein Pferd zurücklegen kann, ohne zu ermüden", übertr. „Laufbahn, Lebenslauf", < spätlat. *via carraria* „Fahrstraße", zu lat. *carrus* „Wagen, Karren"]

Karrierefrau ⟨f.10; ugs.⟩ *Frau, die schnell Karriere macht oder gemacht hat*

Karrierismus ⟨[-ri̯e-] m., -, nur Sg.⟩ *rücksichtsloses Streben, Karriere zu machen*

Karrierist ⟨[-ri̯e-] m.10⟩ *jmd., der ohne Rücksicht auf andere schnelle Karriere zu machen versucht*

karriolen ⟨V.1, ist karriolt; o.Obj.; ugs.⟩ *unsinnig fahren;* durch die Gegend, durch die Stadt k.

Kärrner ⟨m.5; †⟩ **1** *Fuhrmann* **2** *jmd., der harte körperliche Arbeit leisten muß* [zu *Karren*]

Karsamstag ⟨m.1⟩ *Samstag vor Ostern* [→ *Karfreitag*]

Karst[1] ⟨m.1⟩ *Gebiet mit wasserlöslichem Gestein, in dem sich aufgrund unterirdischer Entwässerung Einsturz- und Lösungsformen gebildet haben* [nach der gleichnamigen Landschaft im Nordwesten Jugoslawiens]

Karst[2] ⟨m.1⟩ *Hacke mit flachen Zinken*

kart. ⟨Abk. für⟩ *kartoniert*

Kartätsche ⟨f.11⟩ *früher⟩ mit Bleikugeln gefülltes Geschoß für kurze Entfernungen* [< ital. *cartoccio* in ders. Bed., eigtl. „Tüte", zu *carta* „Papier"]

kartätschen ⟨V.1, hat kartätscht; o.Obj.⟩ *mit Kartätschen schießen*

Kartause ⟨f.11⟩ **1** ⟨urspr.⟩ *Kartäuserkloster* **2** ⟨danach⟩ *Einsiedelei* [→ *Kartäuser*]

Kartäuser ⟨m.5⟩ *Angehöriger des Kartäuserordens, eines Einsiedlerordens* [nach dem *Ordo Cart(h)usiensis*, nach *Cartusia*, dem latinisierten Namen des Ortes *La Chartreuse* bei Grenoble]

Karte ⟨f.11⟩ **1** *dickes Blatt Papier für verschiedene Zwecke* (Kartei~) **2** ⟨kurz für⟩ **a** *Ansichtskarte;* im Urlaub schreiben **b** *Fahrkarte;* eine K. lösen **c** *Eintrittskarte, Kinokarte, Theaterkarte;* sich nach ~n anstellen **d** *Landkarte;* nach der K. wandern; in die K. schauen; auf der K. ist der Ort nicht verzeichnet **e** *Postkarte;* jmdm. eine K. schreiben **f** *Speisekarte;* nach der K. essen **g** *Spielkarte;* eine gute, schlechte K. haben; seine ~n aufdecken ⟨übertr.⟩ *seine Ansichten, Pläne bekanntgeben;* die ~n legen, schlagen *jmdm. aus Spielkarten die Zukunft voraussagen;* alles auf eine K. setzen ⟨übertr.⟩ *alles auf ein Risiko setzen;* auf die falsche K. setzen ⟨übertr., ugs.⟩ *die falsche Sache unterstützen;* sich (nicht) in die ~n schauen, gucken lassen ⟨übertr., ugs.⟩ *seine Ansichten (nicht) preisgeben;* mit offenen ~n spielen ⟨übertr., ugs.⟩ *seine Ansichten offen darlegen, aufrichtig sein;* mit verdeckten ~n spielen ⟨übertr., ugs.⟩ *seine Ansichten, Pläne verbergen* **h** *Visitenkarte;* seine K. abgeben; jmdm. seine K. geben, überreichen [über frz. *carte* in ders. Bed. < ital., lat. *carta* „Papier"]

Kartei ⟨f.10⟩ *Sammlung von Karten (1) gleicher Größe nach einem bestimmten Ordnungsprinzip* (Adressen~, Mitglieder~); Syn. *Kartothek;* eine K. anlegen, führen

Karteikarte ⟨f.11⟩ *einzelne Karte einer Kartei*

Karteileiche ⟨f.11; ugs.; scherzh.⟩ *in einer Kartei aufgeführter Sachverhalt, der nicht mehr existiert, oder eine Person, die eigentlich nicht mehr dort notiert sein dürfte*

Kartell ⟨n.1⟩ **1** *Schutzbündnis* **2** *Zusammenschluß von gleichartigen Betrieben, die jedoch rechtlich und wirtschaftlich und unter ihrem Namen selbständig bleiben in ders. Bed. sowie „Vertrag zwischen kriegführenden Mächten; schriftliche Herausforderung im Duell"* [< ital. *cartel* in ders. Bed., < ital. *cartello* „Anschlagzettel, Plakat, Schild", zu *carta* „Papier"]

Kartellamt ⟨n.4⟩ *Behörde zur Überwachung der Einhaltung der für Kartelle geltenden Bestimmungen*

kartellieren ⟨V.3, hat kartelliert; mit Akk.⟩ *zu einem Kartell zusammenfassen* **Kartellierung** ⟨f., -, nur Sg.⟩

karteln ⟨V.1, hat gekartelt; o.Obj.; bayr.⟩ → *karten*

karten ⟨V.2, hat gekartet; o.Obj.⟩ *Karten spielen;* auch: ⟨bayr.⟩ *karteln;* sie haben den ganzen Abend gekartet

Kartenbrief ⟨m.1⟩ *Karte und Umschlag in einem Stück*

Kartenhaus ⟨n.4⟩ **1** *aus Spielkarten gebautes Haus;* wie ein K. einstürzen, in sich zusammenfallen *sich als untauglich, nichtig erweisen* **2** ⟨Seew.⟩ *Raum (auf einem Schiff), in dem die Seekarten aufbewahrt werden*

Kartenkunststück ⟨n.1⟩ *Zauber- oder Geschicklichkeitskunststück mit Spielkarten*

Kartenleger, **Kartenleserin** ⟨f.10⟩ *Frau, die die Zukunft und den Charakter eines Menschen aus Spielkarten weissagt;* Syn. *Kartenschlägerin*

Kartennetzentwurf ⟨m.2⟩, **Kartenprojektion** ⟨f.10⟩ *Darstellung der Erdoberfläche auf einer Landkarte*

Kartenschlägerin ⟨f.10⟩ → *Kartenlegerin*

Kartenspiel ⟨n.1⟩ **1** *Spiel mit Karten nach bestimmten Regeln* (z.B. Rommé, Schafkopf, Skat) **2** *Gesamtheit der Karten, die für ein solches Spiel benötigt werden*

kartesianisch ⟨Adj., o.Steig.⟩ *von dem Philosophen René Descartes stammend, seiner Lehre entsprechend, im Sinne des Kartesianismus*

Kartesianismus ⟨m., -, nur Sg.⟩ *Lehre des französischen Philosophen und Mathematikers René Descartes*

Karthamin ⟨n., -s, nur Sg.⟩ *roter Farbstoff aus den Blüten der Färberdistel* [< arab. *qurtum,* dem Namen der Pflanze]

kartieren ⟨V.3, hat kartiert; mit Akk.⟩ *vermessen und auf einer Landkarte darstellen;* Gelände k. **Kartierung** ⟨f.10⟩

Karting ⟨n., -s, nur Sg.⟩ *Sport mittels Go-Kart* [engl.]

Kartoffel ⟨f.11⟩ **1** *weißbläulich blühendes Nachtschattengewächs mit grünen Beeren, Nutzpflanze* **2** *deren eßbare Knolle;* Syn. ⟨landsch., bes. österr.⟩ *Erdapfel,* ⟨mdt.⟩ *Erdbirne* [< ital. *tartufolo,* Verkleinerungsform von *tartufo* „Trüffel", wahrscheinlich < mlat. *terrae tuber* „Erdknolle", < *terra* „Erde" und *tuber* „Buckel, Auswuchs", auch „eine Art Apfel"]

Kartoffelbovist ⟨m.1⟩ *ungenießbarer Bovist mit knolligem, geldbräunlichem Fruchtkörper*

Kartoffelfeuer ⟨n.5⟩ *Feuer aus verbrennendem Kartoffelkraut (im Spätsommer)*

Kartoffelkäfer ⟨m.5⟩ *schwarz-gelb gestreifter Blattkäfer, der durch Blattfraß an Kartoffeln schädlich ist;* Syn. ⟨†⟩ *Koloradokäfer*

Kartoffelpuffer ⟨m.5⟩ *in Fett gebratener Fladen aus geriebenen rohen Kartoffeln;* Syn. ⟨rhein.⟩ *Reibekuchen, Reibeplätzchen,* ⟨bayr.⟩ *Reiberdatschi,* ⟨ostmdt.⟩ *Plinse, Plinze*

Kartoffelstock ⟨m., -(e)s, nur Sg.; schweiz.⟩ *Kartoffelbrei*

Kartogramm ⟨n.1⟩ *graphische Darstellung statistischer Materialien auf Landkarten* [< *Karte* und *...gramm*]

Kartograph ⟨m.10⟩ *Zeichner, wissenschaftlicher Bearbeiter von Landkarten* [< *Karte* und *...graph*]

Kartographie ⟨f., -, nur Sg.⟩ **1** *Anfertigung von Landkarten* **2** *Wissenschaft davon* [< *Karte* und *...graphie*]

kartographisch ⟨Adj., o.Steig.⟩ *die Kartographie betreffend, zu ihr gehörig, mit ihrer Hilfe*

Kartomantie ⟨f.11⟩ *Wahrsagen aus Spielkarten* [< *Karte* und *...mantie*]

Karton ⟨[-tɔ̃] ugs. [-tɔŋ] m.9⟩ **1** *dünne Pappe, dickes, steifes Papier* **2** *Schachtel aus solchem Material* **3** *Entwurf für ein Wandgemälde;* Syn. *Cartoon* **4** *Ersatzblatt für ein fehlerhaftes Blatt in einem Buch* [< frz. *carton* „Pappe, Pappdeckel", ital. *cartone* „Pappe, starkes Papier", zu *carta* „Papier"]

Kartonage ⟨[-ʒə] f.11⟩ **1** *Umhüllung aus Karton* **2** *Bucheinband aus Pappe*

kartonieren ⟨V.3, hat kartoniert; mit Akk.⟩ **1** *in Kartons (2) verpacken;* Waren k. **2** *in Karton (1) einbinden;* Bücher k.; kartoniert ⟨Abk.: kart.⟩ *in Karton gebunden*

Kartothek ⟨f.10⟩ → *Kartei* [< *Karte* und griech. *theke* „Behältnis, Kasten"]

Kartusche ⟨f.11⟩ **1** ⟨im Artilleriegeschoß⟩ *Metallhülse, in der sich die Pulverladung befindet* **2** ⟨Baukunst, bes. im Barock⟩ **a** *Ornament aus halb aufgerollten Blättern* **b** *rechteckige Fläche (für Inschriften u.ä.) mit Rahmen aus solchen Ornamenten* [< frz. *cartouche* „Patronen-, Papierhülse; Einfassung, Rahmen aus gerolltem Papier", ital. *cartoccio* „gerolltes Papier als Tüte, Patronenhülse", < lat. *carta, charta* „Papier"]

Karunkel ⟨f.11⟩ *kleine Fleischwarze* [< lat. *caruncula* „Fleischstückchen", zu *caro* „Fleisch"]

Karussell ⟨n.9 oder n.1⟩ *sich drehende Rundfläche mit Sitzen, kleinen Wagen oder hölzernen Tieren o.ä. (als Belustigung auf Jahrmärkten);* Syn. ⟨südwestdt., schweiz.⟩ *Reitschule,* ⟨schweiz.⟩ *Rößlispiel;* mit jmdm. K. fahren ⟨ugs.⟩ *jmdn. energisch behandeln, jmdn. schikanieren* [< arab. *kurraǧ* „Spiel mit hölzernen Pferden" < pers. *kurra* „Füllen"]

Karwoche ⟨f.11⟩ *Woche vor Ostern* [→ *Karfreitag*]

Karyatide ⟨f.11⟩ *weibliche Statue anstelle einer Säule, Gebälkträgerin* [nach Lessing sind es Nachbildungen der Mädchen, die beim Fest der Diana im Tempel von *Karyai* (einem Dorf auf dem Peloponnes) tanzten]

Karyologie ⟨f., -, nur Sg.⟩ *Lehre vom Zellkern* [< griech. *karyon* „Nuß(kern)" und *...logie*]

Karyoplasma ⟨n., -s, nur Sg.⟩ *Grundsubstanz des Zellkerns* [< griech. *karyon* „Nuß(kern)" und *Plasma*]

Karyopse ⟨f.11⟩ *Fruchtform der Gräser, bei der Samen- und Fruchtschale miteinander verwachsen sind* [< griech. *karyon* „Nuß(kern)" und *opsis* „das Aussehen"]

Karzer ⟨m.5⟩ *früher in Schulen und an Hochschulen⟩ Raum für Arreststrafen* [< lat. *carcer* „Umfriedung, Umzäunung", weitere Herkunft nicht bekannt]

karzinogen ⟨Adj., o.Steig.⟩ → *kanzerogen* [< *Karzinom* und *...gen*]

Karzinoid ⟨n.1⟩ *(meist gutartige) Schleimhautgeschwulst* [< *Karzinom* und *...oid*]

Karzinologie ⟨f., -, nur Sg.⟩ *Lehre von den Karzinomen* [< *Karzinom* und *...logie*]

Kar|zi|nom ⟨n.1⟩ →*Krebsgeschwulst* [< griech. *karkinos* ,,Krebs" und *nomas* ,,weidend", zu *nemein* ,,weiden, abfressen", übertr. ,,verzehren, um sich greifen"]

kar|zi|no|ma|tös ⟨Adj., o.Steig.⟩ *von Karzinomen befallen, krebsartig*

Kar|zi|no|se ⟨f.11⟩ *ausgebreitete Krebserkrankung* [< *Karzinom* und ...*ose*]

Ka|sa|che ⟨m.11⟩, **Ka|sa|ke** ⟨m.11⟩ *Angehöriger eines Turkvolkes*

Ka|sack ⟨m.9⟩ *über dem Rock oder der Hose getragene, vorn nicht durchgeknöpfte Bluse* [< frz. *casaque* ,,Reisemantel", ital. *casacco* ,,Jacke, Kosakenbluse", zu *cosacco* ,,Kosak"; von daher ist das Wort wahrscheinlich ins Russische übernommen worden, es gilt im Russ. als westliches Lehnwort]

Kas|ba, **Kas|bah** ⟨f.9; in arab. Städten⟩ **1** *Burg* **2** ⟨in Nordafrika⟩ *arabisches Stadtviertel*

Käsch ⟨n., -(s), -⟩ **1** ⟨europ. Bez. für⟩ **a** *chinesisches Münzgewicht* **b** *durchlochte chinesische Münze zum Auffädeln* **2** ⟨ugs. auch⟩ *Kleingeld* [< engl. *cash* < Tamil *kaschu* ,,kleine Kupfermünze"]

Ka|scha ⟨f., -, nur Sg.⟩ *russische Buchweizengrütze* [< russ. *kascha* ,,Grütze", urverwandt mit litau. *koschti* ,,Geseihtes", zu *koschiu* ,,seihen"]

Ka|schem|me ⟨f.11⟩ *schlechte, auch verrufene Kneipe* [< zigeuner. *kertschimma* ,,Wirtshaus, Schenke", poln. *karczma*, russ., ukrain. *kortschma* in ders. Bed.]

ka|schen ⟨V.1, hat gekascht; mit Akk.⟩ *fangen, erwischen, verhaften* [vielleicht < engl. *to catch* ,,fangen, ergreifen", oder *to cash* ,,kassieren"]

Kä|scher ⟨m.5⟩ →*Kescher*

Ka|scheur ⟨[-ʃør] m.1⟩ *Handwerker, der Bühnenbildteile kaschiert (1)*

ka|schie|ren ⟨V.3, hat kaschiert; mit Akk.⟩ **1** *mit Kaschiermasse überziehen;* Teile des Bühnenbildes k. **2** *mit Papier, Folie bekleben;* Karton k. **3** ⟨übertr.⟩ *verbergen, verdecken;* Unsicherheit mit forschem Auftreten k.; einen körperlichen Defekt k. [< frz. *cacher* ,,verbergen, verstecken", < lat. *coactare* ,,mit aller Gewalt zusammendrücken" (ins Frz. mit dem Nebensinn ,,und damit kleiner machen und weniger gut sichtbar übernommen)]

Ka|schier|mas|se ⟨f., -, nur Sg.⟩ *Masse aus Sägespänen, Gips, Leim zum Herstellen von Bühnenbildteilen*

Kasch|mir ⟨m.1⟩ *(urspr. aus dem Haar der Kaschmirziege hergestellter) Wollfaden oder Kammgarnstoff*

Kasch|mir|zie|ge ⟨f.11⟩ *Ziegenrasse des Himalaja mit weichem, seidigem Haar* [nach der Landschaft *Kaschmir*]

Ka|scho|long ⟨m.9⟩ *weiße, undurchsichtige Abart des Opals* [entweder < kalmück. *Cach*, dem Namen des Flusses, in dem er gefunden wurde, und kalmück. *cholong* ,,Stein", oder < mongol. *kä* ,,schön" und *st scholon* ,,Stein"]

Ka|schu|be ⟨m.11⟩ *Angehöriger eines westslawischen, im ehemaligen Nordostpommern und Pommerellen lebenden Volksstammes*

ka|schu|bisch ⟨Adj., o.Steig.⟩ *die Kaschuben betreffend, zu ihnen gehörig, von ihnen stammend;* ~e Sprache *eine westslawische Sprache*

Kä|se ⟨m.5⟩ **1** *durch Zusatz von Lab und/oder Milchsäurebakterien zum Gerinnen gebrachtes, von der Molke getrenntes Milchprodukt* **2** ⟨ugs.⟩ *dummes Zeug;* das ist alles K.! [< lat. *caseus* ,,Käse"]

Kä|se|blatt ⟨n.4; ugs., abwertend⟩ *Zeitung ohne Niveau, Provinzzeitung*

Kä|se|glocke ⟨-k|k-; f.11⟩ *flacher Behälter mit stark gewölbtem Deckel zum Aufbewahren von Käse*

Ka|se|in ⟨n., -s, nur Sg.⟩ →*Casein*

Kä|se|käul|chen ⟨n.7; ostmdt.⟩ *in Fett gebackenes Klößchen aus Quark, Milch, Ei, Mehl und Zucker;* Syn. *Quarkkäulchen*

Kä|se|ku|chen ⟨m.7⟩ *Kuchen, dessen Boden mit einer süßen Quarkmasse belegt ist;* Syn. *Quarkkuchen*

Ka|sel ⟨f.11; kath. Kirche⟩ →*Meßgewand* [< lat. *casula* ,,Mantel mit Kapuze", eigtl. ,,Hütte, Häuschen", Verkleinerungsform von *casa* ,,Haus"]

Kä|se|ma|gen ⟨m.7⟩ →*Labmagen*

Ka|se|mat|te ⟨f.11⟩ **1** ⟨früher in Festungen⟩ *ummauerter, kugelsicherer Raum* **2** ⟨heute auf Kriegsschiffen⟩ *gepanzerter Geschützraum* [< frz. *casemate*, ital. *casamatta* in ders. Bed., < griech. *chasma*, Gen. *chasmatos*, ,,klaffende Öffnung, Schlund"]

kä|sen ⟨V.1, hat gekäst; o.Obj.⟩ **1** *Käse herstellen* **2** ⟨auch: ist gekäst⟩ *zu Käse werden, gerinnen;* Milch käst

Kä|ser ⟨m.5⟩ *jmd., der Käse (in der Molkerei oder als Senn) herstellt*

Kä|se|rei ⟨f.10⟩ *Betrieb zur Herstellung von Käse*

Ka|ser|ne ⟨f.11⟩ *Gebäude zum dauernden Aufenthalt von Truppen* [< frz. *caserne* in ders. Bed., im 17.Jh. ,,kleiner Raum auf Verschanzungen für die zur Nachtwache bestimmten Soldaten", < lat. *quaterna* ,,je vier", zu *quattuor* ,,vier"]

Ka|ser|nen|hof|ton ⟨m., -(e)s, nur Sg.⟩ *barscher Befehlston;* im K. mit jmdm. sprechen; im K. Anweisungen geben

ka|ser|nie|ren ⟨V.3, hat kaserniert; mit Akk.⟩ *in Kasernen unterbringen;* Truppen k.

Ka|ser|nie|rung ⟨f., -, nur Sg.⟩

Kä|se|stoff ⟨m., -(e)s, nur Sg.⟩ →*Casein*

kä|sig ⟨Adj.⟩ **1** *wie Käse;* k. riechen, schmecken **2** *blaß, bleich;* er sieht k. aus (weil ihm schlecht ist)

Ka|si|no ⟨n.9⟩ **1** *Haus für gesellige Zusammenkünfte* **2** *Speiseraum für Offiziere* **3** *Unternehmen für Glücksspiele* [Verschmelzung < ital. *casino* ,,Landhaus, Haus für gesellige Zusammenkünfte mit Lese- und Spielzimmer, Bordell" und *casinò* ,,Spielkasino", Verkleinerungsform von *casa* ,,Haus"]

Kas|ka|de ⟨f.11⟩ **1** *stufenförmiger Wasserfall* **2** *wasserfallähnlich sprühender Feuerwerkskörper* **3** ⟨Artistik⟩ *waghalsiger Sprung* [< ital. *cascata* ,,Wasserfall", zu *casare* ,,fallen", über vulgärlat. *casicare* < lat. *cadere* ,,fallen"]

Kas|ka|den|schal|tung ⟨f.10; Tech.⟩ *Reihenanordnung gleichartiger Schaltungseinheiten*

Kas|ka|deur ⟨[-dør] m.1⟩ *Artist, der Kaskaden (3) ausführt*

Kas|ko ⟨m.9⟩ **1** *Schiffsrumpf (im Unterschied zur Ladung)* **2** *Spielart des Lombers* [< span. *casco* ,,Schiffsrumpf, Körper, Rauminhalt", eigtl. ,,Scherbe, Bruchstück", zu *cascar* ,,zerschlagen, zerbrechen"]

Kas|ko|scha|den ⟨m.8⟩ *Schaden am eigenen Fahrzeug, der von der Kaskoversicherung bezahlt wird*

Kas|ko|ver|si|che|rung ⟨f.10⟩ *Versicherung gegen Schäden an eigenen Fahrzeugen, Schiffen und Flugzeugen*

Kas|per ⟨m.5⟩ **1** *lustige Gestalt (im Volksstück und im Puppentheater);* auch: ⟨bayr.-österr.⟩ *Kasperl,* ⟨südwestdt.⟩ *Kasperle* **2** ⟨übertr.⟩ *jmd., der sich albern benimmt* [nach dem männl. Vornamen *Kaspar*]

Kas|perl ⟨n.14 oder m.14; bayr.-österr.⟩ →*Kasper (1)*

Kas|per|le ⟨n.5; südwestdt.⟩ →*Kasper (1)*

Kas|per|le|pup|pe ⟨f.11⟩ *Handpuppe für das Kasperletheater*

Kas|per|le|thea|ter ⟨n.5⟩ **1** *Gestell mit viereckiger Öffnung in halber Höhe und Vorhang, das zur Vorführung von Puppenspielen mit Hand- oder Stockpuppen dient* **2** *Theaterspiel mit Kasperlepuppen;* K. spielen

kas|pern ⟨V.1, hat gekaspert; o.Obj.⟩ *sich wie ein Kasper benehmen, komische oder alberne Bewegungen machen und Gesichter schneiden*

Kas|sa ⟨f., -, -sen; österr.⟩ *Kasse;* etwas gegen K. kaufen *bar kaufen* [ital.]

Kas|sa|ge|schäft ⟨n.1⟩ *(bes. Börsen-)Geschäft, bei dem Lieferung und Zahlung sofort erfolgen*

Kas|sa|markt ⟨m.2; Börse⟩ *Handel mit Wertpapieren im Kassageschäft*

Kas|san|dra|ruf ⟨m.1⟩ *Warnung vor Unheil* [nach *Kassandra*, der Tochter des trojanischen Königs Priamus, die den Untergang ihrer Vaterstadt prophezeite]

Kas|sa|ti|on ⟨f.10⟩ **1** *Ungültigkeitserklärung* **2** *Aufhebung (eines Gerichtsurteils)* **3** *strafweise Entlassung* [< spätlat. *cassare* ,,für nichtig, ungültig erklären", zu lat. *cassus* ,,leer, vergeblich, unnütz"] **4** *mehrsätziges Musikstück in der Art einer Serenade, bes. als Abendmusik* [< ital. *cassazione* in ders. Bed. sowie ,,Aufhebung"; wahrscheinl. war das Wort in seiner musikalischen Bedeutung im Sinne von ,,Abschied" gemeint, da das Musikstück den Charakter eines abendlichen Ständchens hat]

Kas|sa|ti|ons|hof ⟨m.2⟩ **1** *Berufungsgericht* **2** ⟨in manchen romanischen Ländern⟩ *oberstes Gericht*

kas|sa|to|risch ⟨Adj., o.Steig.⟩ *auf Kassation (1) beruhend, durch sie bewirkt;* ~e Klausel *Verfalls-, Verwirkungsklausel*

Kas|sa|ve ⟨f.11⟩, **Kas|sa|wa** ⟨f.9⟩ →*Maniok* [indian.]

Kas|se ⟨f.11⟩ **1** *Geldkasten;* K. machen *die Kassenabrechnung erstellen,* ⟨ugs.⟩ *viel Geld verdienen* **2** *Geldvorrat; gut, schlecht, knapp bei K. sein* ⟨ugs.⟩ *viel, wenig, kaum Geld haben;* etwas reißt ein Loch in meine K. ⟨ugs.⟩ *jmd. muß plötzlich viel Geld ausgeben* **3** *Schalter oder Raum für Ein- und Auszahlungen, für Verkauf von Fahr-, Eintrittskarten;* sich an der K. anstellen **4** ⟨Kurzw. für⟩ *Krankenkasse;* die Arztkosten zahlt die K. [< ital. *cassa* ,,Kasse, Kasten, Kiste", < lat. *capsa* ,,Kasten, Behältnis", zu *capere* ,,fassen, (in sich) aufnehmen"]

Kas|se|la|ner ⟨m.5⟩ *Einwohner von Kassel*

Kas|se|ler ⟨n.5⟩ *gepökelte Schweinsrippe;* auch: *Kaßler* [angebl. nach einem Fleischer namens *Kasseler*]

Kas|sen|arzt ⟨m.2⟩ *Arzt, der auf Vorlage eines Krankenscheines einer Krankenkasse behandelt*

Kas|sen|be|stand ⟨m.2⟩ *Geldvorrat in einer Kasse (1)*

Kas|sen|bon ⟨[-bõ] oder [-bɔŋ] m.9⟩ *durch die Kasse registrierter Beleg*

Kas|sen|bo|te ⟨m.11⟩ *jmd., der (berufsmäßig) Geld von einem Betrieb oder einer Institution abholt und anderen bringt*

Kas|sen|er|folg ⟨m.1⟩ *mittelmäßiges Theaterstück (oder Film), das aber gute Einnahmen bringt*

Kas|sen|schla|ger ⟨m.5; ugs.⟩ *etwas, das sich überdurchschnittlich gut verkauft;* diese Ware, dieser Film ist ein K.

Kas|sen|sturz ⟨m.2; ugs.⟩ *Feststellung des Bestandes an Bargeld* [weil man den Geldkasten dabei umstürzt] *mehrere Bücher*

Kas|sen|zet|tel ⟨m.5⟩ *Zettel mit einer Quittung*

Kas|se|rol|le ⟨f.11⟩ *(flache) Schmorpfanne* [< frz. *casserole* in ders. Bed., Verkleinerungsform von *casse*, prov. *cassa* ,,Pfanne, Tiegel mit Stiel", < ital. *cazza* ,,Pfanne", < spätlat. *cattia* ,,Löffel", < griech. *kyathos* ,,Schöpfgefäß"]

Kas|set|te ⟨f.11⟩ **1** *Kästchen aus Metall, auch Holz* **2** *lichtdichter Behälter für fotografische Platten oder Filme* **3** *mehrere Bücher oder Schallplatten in einem Schmuckkarton* **4** *viereckiges, vertieftes Feld in der Decke eines Raumes* **5** *Magnetband mit zwei Spulen in*

Katalog

einer rechteckigen Plastikhülle [< frz. *cassette* ,,Kästchen", Verkleinerungsform von *casse* ,,Kasten", zu *caisse* ,,Kiste, Kasten", < lat. *capsa* ,,Behälter, Kasten, Kapsel"]

Kas|set|ten|decke ⟨-k|k-; f.11⟩ in Kassetten (4) aufgeteilte Decke (eines Raumes)

Kas|set|ten|re|cor|der ⟨m.5⟩ Tonbandgerät für Tonbänder in Kassetten (5)

kas|set|tie|ren ⟨V.3, hat kassettiert; mit Akk.⟩ in Kassetten (4) unterteilen; eine kassettierte Holzdecke

Kas|sia ⟨f., -, -si|en⟩ tropische Pflanze, von der einige Arten die als Abführmittel verwendeten Sennesblätter liefern; auch: *Kassie* [< lat. *casia, cassia,* griech. *kasia,* Bez. für einen Baum mit wohlriechender, würziger Rinde, ,,wilder Zimt", aus dem Orient]

Kas|sia|öl ⟨n., -(e)s, nur Sg.⟩ aus Nelkenzimt gewonnenes Öl, das u.a. in der Parfümerie und Süßwarenherstellung verwendet wird

Kas|sia|rin|de ⟨f.11⟩ Rinde des chinesischen Zimtbaumes, ein Gewürz

Kas|si|ber ⟨m.5⟩ aus dem Gefängnis an einen Außenstehenden (oder umgekehrt) oder von einem Gefangenen zum andern geschmuggelte schriftliche Mitteilung [< rotw. *Kassiber, Kassiwer* < jidd. *ksiwe* ,,Schriftstück", *kessaw* ,,Brief", zu hebr. *kātab* ,,schreiben"]

Kas|si|de ⟨f.11⟩ Preisgedicht oder Totenklage in Form eines Ghasels [arab.]

Kas|sie ⟨[-sjə] f.11⟩ → *Kassia*

Kas|sier ⟨m.5; österr., auch südd.⟩ Kassierer

kas|sie|ren¹ ⟨V.3, hat kassiert; mit Akk.⟩ 1 etwas k. a Geld für etwas einnehmen, einziehen; die Miete, die Zeche k.; ein hohes Honorar k. b hinnehmen müssen; eine Rüge, Strafpunkte k. c beschlagnahmen; jmds. Führerschein, geschmuggelte Waren k. 2 jmdn. k. ⟨ugs.⟩ verhaften [zu *Kasse*]

kas|sie|ren² ⟨V.3, hat kassiert; mit Akk.⟩ 1 für ungültig erklären; ein Gerichtsurteil k. 2 entlassen, des Amtes entheben; einen Beamten k. [< spätlat. *cassare* ,,für nichtig, ungültig erklären", zu lat. *cassus* ,,leer, vergeblich, unnütz"]

Kas|sie|rer ⟨m.5⟩ Angestellter, der Geld einnimmt und auszahlt, die Kasse verwaltet usw.; Syn. ⟨schweiz.⟩ *Einzüger,* ⟨österr.⟩ *Inkassant*

Kas|sie|rung¹ ⟨f.10⟩ → *Kassation (1,2,3)*

Kas|sie|rung² ⟨f., -, nur Sg.⟩ das Kassieren

Kas|si|te|rit ⟨m.1⟩ braunes bis schwarzes Mineral, wichtiges Zinnerz; Syn. *Zinnstein* [< griech. *kassiteros* ,,Zinn"; weitere Herkunft nicht bekannt]

Käß|ler ⟨n.5⟩ → *Kasseler*

Ka|sta|gnet|te ⟨[-nje-] f.11⟩ Handklapper, bes. in der spanischen Musik übliches Instrument aus zwei kleinen, beweglich miteinander verbundenen Holzschalen, die mit den Fingern gegeneinandergeschlagen werden [< span. *castañeta* in ders. Bed., Verkleinerungsform von *castaña* ,,Kastanie", da die Kastagnetten urspr. Kastanien ähnelten]

Ka|sta|nie ⟨[-njə] f.11⟩ Laubbaum mit eßbaren (Edelkastanie) bzw. für Viehfutter verwendeten Früchten (Roßkastanie) [< lat. *castanea* < griech. *kastanon,* auch *kastanaia,* wohl aus einer kleinasiat. Sprache]

ka|sta|ni|en|braun ⟨Adj., o.Steig.⟩ rötlichdunkelbraun; ~es Haar

Käst|chen ⟨n.7⟩ 1 kleiner Kasten 2 kleines Quadrat auf Papier

Ka|ste ⟨f.11⟩ streng abgeschlossener gesellschaftlicher Stand mit bestimmten Normen [< span., port. *casta* ,,Geschlecht, Art, Rasse"; weitere Herkunft unsicher]

ka|stei|en ⟨V.1, hat kasteit; refl.⟩ sich k. sich Entbehrungen oder Bußübungen auferlegen, sich castigare ,,rügen, züchtigen, strafen"] **Ka|stei|ung** ⟨f.10⟩

Ka|stell ⟨n.1⟩ 1 ⟨im alten Rom⟩ befestigtes Truppenlager 2 Burg, Festung 3 ⟨früher⟩ Aufbau auf dem Vorder- oder Hinterdeck eines Schiffes [< lat. *castellum* ,,Schanze, Brückenkopf, Bollwerk, Blockhaus", Verkleinerungsform von *castrum* ,,von Schanzen umgebener Ort, Festung"]

Ka|stel|lan ⟨m.1⟩ 1 Pförtner, Hausmeister ⟨an Schulen, Universitäten⟩ 2 Verwalter ⟨eines Schlosses, einer Burg⟩ [zu *Kastell*]

kä|steln ⟨V.1, hat gekästelt; mit Akk.⟩ mit Karos mustern; gekästelte Tischdecke

Ka|sten ⟨m.8⟩ 1 viereckiger Behälter aus Holz oder Metall (Brief~, Geld~, Schub~) 2 ⟨südd.-österr.⟩ Schrank (Kleider~) 3 offener Behälter mit mehreren Fächern für Flaschen (Bier~) 4 ⟨Turnen⟩ rechteckiges, etwa 150 cm hohes Turngerät mit einem Lederpolster auf der Oberseite 5 ⟨Fußb., Handb., ugs.⟩ Tor; der Torwart kam aus seinem K. 6 ⟨kurz für⟩ a *Briefkasten;* es lagen zwei Briefe im K. b *Schubkasten;* Wäsche aus dem K. nehmen 7 ⟨ugs.⟩ großes, wenig ansprechendes Gebäude (Hotel~) 8 *Fernseh-, Radiogerät;* jetzt läuft der K. schon wieder! 9 ⟨ugs.⟩ *Fotoapparat;* ein Bild im K. haben 10 ⟨ugs.⟩ ⟨altes Fahrzeug 11 ⟨Soldatenspr.⟩ *Gefängnis;* drei Tage K. bekommen; im K. sitzen 12 ⟨in der ugs. Wendung⟩ jmd. hat etwas auf dem K. *jmd. ist fähig, intelligent, geschickt*

Ka|sten|geist ⟨m., -(e)s, nur Sg.⟩ kastenstirnige, auf die eigene Kaste beschränkte Denkweise, Standesdünkel

Ka|sten|wa|gen ⟨m.7⟩ Lieferwagen mit kastenförmigem Aufbau

Ka|sten|we|sen ⟨n., -s, nur Sg.⟩ Gesamtheit dessen, was mit der Gliederung in Kasten zusammenhängt

Ka|stor|öl ⟨n., -(e)s, nur Sg.⟩ ⟨Handelsbez.⟩ → *Rizinusöl* [< engl. *castor oil* in ders. Bed., zu lat. *castor* ,,Biber" und engl. *oil* ,,Öl"; Benennungsgrund unsicher]

Ka|strat ⟨m.10⟩ 1 kastrierter Mann, Entmannter; Syn. ⟨†⟩ *Hämling* 2 ⟨17./18.Jh.⟩ in der Jugend entmannter Bühnensänger mit Knabenstimme, aber großem Stimmumfang

Ka|stra|ti|on ⟨f.20⟩ das Kastrieren, Verschneidung, Entmannung

ka|strie|ren ⟨V.3, hat kastriert; mit Akk.⟩ 1 durch Entfernen oder Zerstören der Keimdrüsen zeugungsunfähig machen; Syn. *entmannen, verschneiden;* einen Mann, einen Knaben k.; einen Hahn, einen Kater k. 2 ⟨ugs., scherzh.⟩ von unerwünschten Bestandteilen befreien; eine kastrierte Ausgabe eines Buches von anstößigen Stellen gereinigte Ausgabe eines Buches [< lat. *castrare* ,,verschneiden, entmannen", eigtl. ,,von zu üppig wuchernden Trieben befreien, entgeilen, beschneiden"] **Ka|strie|rung** ⟨f.10⟩

ka|su|al ⟨Adj., o.Steig., †⟩ *zufällig* [zu lat. *casus* ,,Fall"]

Ka|sua|li|en ⟨nur Pl.⟩ 1 *zufällige, nicht voraussehbare Ereignisse* 2 *⟨kirchliche⟩ Amtshandlungen aus besonderem Anlaß (wie Taufen, Beerdigungen)* 3 *die Vergütung dafür* [< lat. *casualis* ,,zufällig", zu *casus* ,,Fall"]

Ka|sua|lis|mus ⟨m., -, nur Sg.⟩ Lehre, daß alles Geschehen vom Zufall abhängig ist

Ka|su|ar ⟨m.1⟩ straußenähnlicher Laufvogel mit hornüberzogenem, knöchernem Helm [< mal. *kasuari* oder *suari*]

Ka|sua|ri|ne ⟨f.11⟩ australischer Baum mit rutenförmigen Zweigen [die Zweige ähneln den Federn des Kasuars]

Ka|su|ist ⟨m.10⟩ 1 Vertreter der Kasuistik 2 ⟨übertr.⟩ Haarspalter, Wortklauber

Ka|su|is|tik ⟨f., -, nur Sg.⟩ 1 Teil der Morallehre, Lehre für das richtige Verhalten in bestimmten Fällen 2 ⟨Med., Rechtsw.⟩ Betrachtung der Einzelfälle und ihre Beurteilung nach den für sie zutreffenden Tatbeständen 3 ⟨übertr.⟩ Spitzfindigkeit, Haarspalterei, Wortklauberei [< lat. *casus* ,,Fall"]

ka|su|is|tisch ⟨Adj.⟩ 1 ⟨o.Steig.⟩ *zur Kasui*stik gehörend, auf ihr beruhend 2 ⟨übertr.⟩ *haarspalterisch*

Ka|sus ⟨m., -, -⟩ 1 *Fall, Begebenheit, Vorkommnis;* vgl. *Casus* 2 *Beugungsfall der Deklination*

Kat ⟨n., -s, nur Sg.⟩ frische Blätter eines immergrünen, in Ostafrika und Südarabien verbreiteten Strauches, die als Rauschmittel gekaut werden [arab.]

ka|ta|ba|tisch ⟨Adj., o.Steig.; Meteor.⟩ *fallend;* ~er Wind *Fallwind* [< griech. *kata* ,,hinunter" und *bainein* ,,gehen, schreiten"]

ka|ta|bol ⟨Adj., o.Steig.⟩ *auf Katabolismus beruhend*

Ka|ta|bo|lie ⟨f., -, nur Sg.⟩, **Ka|ta|bo|lis|mus** ⟨m., -, nur Sg.⟩ *Abbau der Stoffe im Körper durch den Stoffwechsel* [< griech. *katabole* ,,Niederlegung, Grundlegung", zu *kataballein* ,,hinunterwerfen"]

Ka|ta|chre|se ⟨[-crę-] f.11⟩, **Ka|ta|chre|sis** ⟨f., -, -sen⟩ *Verbindung von nicht zusammenpassenden bildlichen Ausdrücken, Stilblüte,* z.B. *der Zahn der Zeit wird auch über diese Sache Gras wachsen lassen* [< griech. *katachresis* ,,mißbräuchliche Anwendung", zu *katachrasthai* ,,mißbrauchen", < *kata* ,,gegen, wider" und *chrasthai* ,,gebrauchen, benutzen"]

ka|ta|chre|stisch ⟨[-crę-] Adj., o.Steig.⟩ *in der Art der Katachrese, auf ihr beruhend*

Ka|ta|falk ⟨m.1⟩ *schwarz verhängtes Gerüst für den Sarg (bei Bestattungen)* [< frz. *catafalque,* ital. *catafalco* in ders. Bed., < mlat. *catafalcus* ,,hohes Brettergerüst oder Turm, von dem man Geschosse auf einen belagerten Ort hinabschleudern konnte", < griech. *kata* ,,hinab" und lat. *fala* in ders. Bed. wie *catafalcus*]

Ka|ta|kau|stik ⟨f., -, nur Sg.; in opt. Systemen⟩ *Hüllkurve gespiegelter Strahlen* [< griech. *kata* ,,hinunter" und *Kaustik*]

Ka|ta|kla|se ⟨f.11⟩ *Zerreiben oder Zerbrechen der in einem Gestein enthaltenen Mineralien durch tektonische Kräfte;* vgl. *Protoklase* [< griech. *kata* ,,gänzlich" und *klasis* ,,das Zerbrechen", zu *klan* ,,brechen, zerbrechen"]

Ka|ta|klys|mus ⟨m., -, -men; Geol.⟩ *erdgeschichtliche Katastrophe* [< griech. *kataklysmos* ,,Überschwemmung"]

Ka|ta|kom|be ⟨f.11⟩ *frühchristliche unterirdische Begräbnisstätte* [< ital. *catacumba* < spätlat. *catacumba* in der Wendung *ad catacumbas* ,,bei den Katakomben", < griech. *kata kymbas* ,,bei den Höhlen, in der Nähe der Höhlen", womit die langen Erdhöhlen an der Via Appia gemeint waren]

Ka|ta|la|ne ⟨m.11⟩ *Einwohner von Katalonien;* auch: ⟨†⟩ *Katalonier*

ka|ta|la|nisch ⟨Adj., o.Steig.⟩ *Katalonien betreffend, zu ihm gehörig, aus ihm stammend;* ~e Sprache *eine westromanische Sprache*

Ka|ta|la|se ⟨f.11⟩ *ein Enzym, das das Zellgift Wasserstoffsuperoxid abbaut* [zu *Katalyse*]

Ka|ta|lek|ten ⟨nur Pl.⟩ *Bruchstücke, Fragmente (alter Werke)* [< griech. *katalegein* ,,ganz aufhören"]

ka|ta|lek|tisch ⟨Adj., o.Steig.; †⟩ *unvollendet;* ~er Vers *mit einem unvollständigen Versfuß endender Vers (z.B. der Hexameter);* Syn. *Katalexe*

Ka|ta|lep|sie ⟨f., -, nur Sg.⟩ *krankhafter Spannungszustand von Muskeln;* Syn. *Starrsucht* [< griech. *katalepsis* ,,Überfall, Ergreifen, Anfall (einer Krankheit)", zu *katalambanein* ,,gänzlich erfassen, treffen"]

ka|ta|lep|tisch ⟨Adj., o.Steig.⟩ *von Katalepsie befallen*

Ka|ta|le|xe ⟨f.11⟩, **Ka|ta|le|xis** ⟨f., -, -xen⟩ → *katalektischer Vers*

Ka|ta|log ⟨m.1⟩ *Verzeichnis, Aufstellung (von Büchern, Bildern, Waren)* [< griech. *ka-*

katalogisieren

talogos ,,Verzeichnis, Liste", zu *katalegein* ,,aufzählen", bes. ,,einen Stammbaum vollständig anführen"]

ka|ta|lo|gi|sie|ren ⟨V.3, hat katalogisiert; mit Akk.⟩ *in einen Katalog aufnehmen, in einem Katalog zusammenfassen;* Bücher, Titel, Gemälde k. **Ka|ta|lo|gi|sie|rung** ⟨f.10⟩

Ka|ta|lo|ni|er ⟨m.5; †⟩ → *Katalane*

ka|ta|lo|nisch ⟨Adj., o.Steig.⟩ → *katalanisch*

Ka|tal|pa, Ka|tal|pe ⟨f., -, -pen⟩ → *Trompetenbaum* [indian.]

Ka|ta|ly|sa|tor ⟨m.13⟩ *Stoff, der durch seine Anwesenheit eine chemische Reaktion herbeiführt oder deren Verlauf bestimmt* [zu *Katalyse*]

Ka|ta|ly|se ⟨f.11⟩ *Herbeiführung, Beschleunigung oder Verzögerung einer chemischen Reaktion durch einen Katalysator* [< griech. *katalysis* ,,Auflösung, Beendigung", < *kata* ,,gänzlich, völlig" und *lysis* ,,Lösung, Trennung"]

ka|ta|ly|sie|ren ⟨V.3, hat katalysiert; mit Akk.⟩ *eine chemische Reaktion k. in Gang bringen*

ka|ta|ly|tisch ⟨Adj., o.Steig.⟩ *mit Hilfe einer Katalyse*

Ka|ta|ma|ran ⟨n.1 oder m.1⟩ *Segelboot mit Doppelrumpf* [< Tamil *kaṭṭu* ,,Bündel; binden, knoten" (dazu Telugu *kaṭṭa* ,,Bündel") und *maram* ,,Baum, Holz"]

Ka|ta|mne|se ⟨f.11⟩ *abschließender Bericht über das Befinden des Kranken nach der Behandlung;* vgl. *Anamnese* [< griech. *katamnesis* ,,Rückblick", < *kata* ,,gemäß, zufolge" und *mneme, mnestis* ,,Gedächtnis, Erinnerung"]

Ka|ta|pho|re|se ⟨f.11⟩ *Wanderung kleinster Teilchen in einer elektrisch nicht leitenden Flüssigkeit unter Einwirkung elektrischer Spannung* [< griech. *kata* ,,hinunter" und *phorein, pherein* ,,tragen"]

Ka|ta|pla|sie ⟨f.11; Med.⟩ *Rückbildung von Gewebe* [< griech. *kata* ,,hinunter, nieder" und *plasis* ,,Formung, Bildung", zu *plassein* ,,bilden, formen"]

Ka|ta|plas|ma ⟨n., -s, -men⟩ *heißer Breiumschlag zur Schmerzlinderung* [griech., ,,Aufgestrichenes"]

ka|ta|plek|tisch ⟨Adj., o.Steig.⟩ *vor Schreck gelähmt, schreckenstarr* [zu *Kataplexie*]

Ka|ta|ple|xie ⟨f.11⟩ *Lähmung vor Schreck;* Syn. *Schreckstarre* [< griech. *kataplexis* ,,Schrecken, Bestürzung", zu *kataplessein* ,,niederschlagen, erschrecken"; es kommt dabei zu plötzlichem Spannungsverlust der Muskeln, z.B. Einknicken der Beine oder Umsinken]

Ka|ta|pult ⟨n.1 oder m.1⟩ **1** ⟨im Altertum⟩ *Wurf-, Schleudermaschine* **2** *kleine Steinschleuder* **3** *Schleuder zum Starten von Flugzeugen* [< lat. *catapulta* < griech. *katapeltes* ,,Wurfmaschine, Wurfschleuder", < *kata* ,,hinunter" und *pallein* ,,schwingen, schleudern"]

ka|ta|pul|tie|ren ⟨V.3, hat katapultiert; mit Akk.⟩ **1** *etwas k. mit einem Katapult wegschleudern, starten* **2** *jmdn. nach oben k.* ⟨übertr., ugs.⟩ *jmdm. eine schnelle Karriere ermöglichen, jmdn. rasch in der Öffentlichkeit bekannt machen*

Ka|ta|pult|start ⟨m.9 oder m.1⟩ *Start (eines Flugkörpers) mit Hilfe eines Katapults (z.B. auf einem Flugzeugträger)*

Ka|ta|rakt ⟨m.1⟩ **1** *niedriger Wasserfall, Stromschnelle* **2** ⟨Med.⟩ *grauer Star* [< lat. *cataracta* ,,Wasserfall, Fallgitter", < griech. *kataraktes* ,,tief herabstürzend, abschüssig", < *kata* ,,hinunter" und *rhassein* ,,schlagen, stoßen"; früher glaubte man, bei der Augenkrankheit senke sich eine Art Schleier zwischen Linse und Iris herab]

Ka|tarrh ⟨m.1⟩ *Schleimhautentzündung mit vermehrter Absonderung* [< griech. *katarrhous* ,,Schnupfen, Erguß nach unten", < *ka-*

ta ,,herab, hinab" und *rhoos, rhous* ,,Fluß, Strom"]

ka|tarr|ha|lisch ⟨Adj., o.Steig.⟩ *mit einem Katarrh einhergehend*

Ka|ta|sta|se ⟨f.11; im antiken Drama⟩ *Verdichtung der Verwicklung, die schließlich zur Katastrophe führt* [< griech. *katastasis* ,,das Anhalten, Aufhören", < *kata* ,,gänzlich" und *stasis* ,,das Stehen"]

Ka|ta|ster ⟨m.5 oder n.5⟩ **1** *amtliches Verzeichnis der Grundstücke eines Bezirks, Grundbuch* **2** *Personenverzeichnis für die Steuererhebung* [< ital. *catasto* in ders. Bed., < griech. *katastasis* ,,Aufstellung, Feststellung", < *kata* ,,gänzlich, völlig" und *stasis* ,,Stand, Bestand"]

Ka|ta|ster|amt ⟨n.4⟩ *Behörde, die sämtliche Grundstücke eines Bezirkes registriert, Vermessungsamt*

Ka|ta|stral|ge|mein|de ⟨f.11; österr.⟩ *Steuergemeinde*

Ka|ta|stral|joch ⟨n.1⟩ *ein österreichisches Feldmaß* [→ *Kataster* und *Joch*]

ka|ta|strie|ren ⟨V.3, hat katastriert; mit Akk.⟩ *in den Kataster eintragen*

ka|ta|stro|phal ⟨Adj.⟩ *in der Art einer Katastrophe, verhängnisvoll, fürchterlich; ein Unwetter von ~en Ausmaßen; die Aufführung war k.*

Ka|ta|stro|phe ⟨f.11⟩ **1** ⟨im (antiken) Drama⟩ *entscheidende Wende, die zur Lösung des Konflikts und zum Untergang des Helden führt* **2** ⟨allg.⟩ *Unheil, Verhängnis, schweres Unglück, Zusammenbruch* [< griech. *katastrophe* ,,Wendung, Umkehr", übertr. ,,Vernichtung, Zerstörung", < *kata* ,,gänzlich, völlig" und *strephein* ,,drehen, wenden"]

Ka|ta|stro|phil ⟨Adj.; nur als Attr. und mit ,,sein"; ugs., scherzh.⟩ *Katastrophen liebend, Katastrophen anziehend, sich ständig in Katastrophen befindend*

Ka|ta|stro|phis|mus ⟨m., -, nur Sg.⟩ *ständige Furcht vor einer (weltweiten) Katastrophe, Untergangsstimmung*

Ka|ta|to|nie ⟨f.11⟩ *mit Muskelspannungen einhergehende Geistesstörung;* Syn. *Spannungsirresein* [< griech. *kata* ,,gänzlich, völlig" und *tonos* ,,Spannung"]

Ka|te ⟨f.11; nddt.⟩ *kleines, einfaches Haus, Hütte;* auch: ⟨nddt.⟩ *Kote, Kotten*

Ka|te|che|se ⟨[-çe-] f.11⟩ *Religionsunterricht* [< griech. *katechesis* ,,mündlicher Unterricht", zu *katechein* ,,mündlich unterrichten, unterweisen, belehren", < *kata* ,,entgegen" und *echein* ,,tönen, schallen", also eigtl. ,,entgegentönen"]

Ka|te|chet ⟨[-çet] m.10⟩ *Religionslehrer (außerhalb der Schule)*

Ka|te|che|tik ⟨[-çe-] f., -, nur Sg.⟩ *Lehre von der Katechese*

ka|te|che|tisch ⟨[-çe-] Adj.⟩ *zur Katechese gehörend, auf ihr beruhend, mit ihrer Hilfe*

ka|te|chi|sie|ren ⟨V.3, hat katechisiert; mit Akk.⟩ *jmdn. k. Katechese erteilen*

Ka|te|chis|mus ⟨m., -, -men⟩ *kleines Lehrbuch für den Religionsunterricht, meist in Frage und Antwort* [zu *Katechese*]

Ka|te|chist ⟨m.10⟩ *eingeborener Laienhelfer in der Mission*

Ka|te|chu ⟨[-çu] auch [ka-] n.9⟩ *eingedickter Saft aus dem Holz einer hinterindischen Akazie (als Gerbstoff und zusammenziehendes Heilmittel)* [mal.]

Ka|te|chu|me|nat ⟨[-çu-] n.1⟩ *Vorbereitungsunterricht für die Erwachsenentaufe (bes. in der Mission)* [zu *Katechumene*]

Ka|te|chu|me|ne ⟨[-çu-] m.11; bes. in der Mission⟩ *erwachsener Anwärter für die Taufe während der Zeit des Taufunterrichts* [< griech. *katechumenos* ,,einer, der unterrichtet, belehrt worden ist", eigtl. ,,der umtönt worden ist" (vom Wort der Bibel), zu *katechein*, → *Katechese*]

ka|te|go|ri|al ⟨Adj., o.Steig.⟩ *in, nach Kategorien*

Ka|te|go|rie ⟨f.11⟩ **1** ⟨griech. Philos.⟩ *Aussage (über einen realen Gegenstand)* **2** ⟨Logik⟩ *Grundbegriff, von dem andere abgeleitet werden können* **3** ⟨allg.⟩ *Begriffsgruppe, Klasse, in die etwas eingeordnet werden kann* [< griech. *kategoria* ,,Aussage", zu *kategorein* ,,aussagen", < *kata* ,,entgegen" und *agoreuein* ,,reden, sprechen, öffentlich verkündigen"]

ka|te|go|risch ⟨Adj., o.Steig.⟩ **1** *in der Art einer Kategorie (1), aussagend, behauptend, nicht an Bedingungen geknüpft;* ~*es Urteil einfache Aussage, z.B. Federn sind leicht* **2** *unbedingt gültig;* Ggs. *hypothetisch;* ~*er Imperativ ethisches Pflichtgebot* **3** *mit Nachdruck, keinen Widerspruch duldend; etwas k. behaupten, verlangen*

ka|te|go|ri|sie|ren ⟨V.3, hat kategorisiert; mit Akk.⟩ *in Kategorien (3) einordnen; Testergebnisse k.* **Ka|te|go|ri|sie|rung** ⟨f., -, nur Sg.⟩

Ka|ter[1] ⟨m.5⟩ *männliche Hauskatze*

Ka|ter[2] ⟨m.5⟩ *schlechtes Befinden nach übermäßigem Alkoholgenuß und zu kurzem Schlaf* [Verstümmelung aus *Katarrh*]

Ka|ter|bum|mel ⟨m.5; ugs.⟩ *Spaziergang nach einer durchzechten Nacht*

Ka|ter|früh|stück ⟨n.1; ugs.⟩ *Frühstück (mit sauren Gurken und Heringen), um einen Kater[2] zu vertreiben*

Ka|ter|idee ⟨f.11; ugs.⟩ *verrückte Idee*

kat|exo|chen ⟨[-çen] Adv.; geh.⟩ *im eigentlichen Sinne, schlechthin* [< griech. *kat'exochen* ,,vorzugsweise", < *kata* ,,bezüglich, hinsichtlich" und *exoche* ,,Vorsprung, Figur in erhabener Arbeit", übertr. ,,Vorzug", wörtlich also ,,hinsichtlich des Vorzugs"]

Kat|gut ⟨auch [ketgat] n., -s, nur Sg.⟩ *Faden (ursprünglich aus Schafs- oder Ziegendarm) zum Vernähen von Operationswunden* [gewöhnlich übersetzt mit ,,Katzendarm" und auf engl. *cat* ,,Katze" und *gut* ,,Darm" zurückgeführt; der Faden wurde jedoch nie aus Katzendarm hergestellt, wahrscheinlich ist die urspr. Form *kitgut*: engl. *kit* bezeichnete eine sehr kleine Geige, die sog. Tanzmeistergeige, die man in der Tasche stecken konnte; *kitgut* wäre demnach ein Faden aus Darm, aus dem eigtl. Geigensaiten hergestellt werden]

kath. ⟨Abk. für⟩ *katholisch*

Ka|tha|rer ⟨m.5⟩ **1** *Angehöriger einer asketischen, süd- und westeuropäischen christlichen Sekte* **2** ⟨in Frankreich⟩ *Albigenser* [< griech. *katharos* ,,rein"]

Ka|thar|sis ⟨auch [-tar-] f., -, nur Sg.⟩ *geistig-seelische Reinigung, Läuterung* [< griech. *katharsis* ,,Reinigung, Sühnung", zu *katharos* ,,sauber, rein"]

ka|thar|tisch ⟨Adj., o.Steig.⟩ *auf Katharsis beruhend*

Ka|the|der ⟨n.5 oder m.5⟩ *erhöhtes Pult, Kanzel* [< griech. *kathedra* ,,Sitz, Stuhl", < *kata* ,,herab, nieder" und *hedra* ,,Sitz", eigtl. ,,das, worauf man sich niedersetzt"]

Ka|the|der|blü|te ⟨f.11; scherzh.⟩ *Stilblüte*

Ka|the|der|so|zia|lis|mus ⟨m., -, nur Sg.; Ende des 19.Jh.⟩ *Richtung der deutschen Volkswirtschaftslehre, die soziale Reformen durch den Staat forderte, um die Klassengegensätze zu mildern*

Ka|the|der|weis|heit ⟨f.10; abwertend⟩ *nur theoretisches Wissen*

Ka|the|dra|le ⟨f.11⟩ **1** ⟨in England, Frankreich, Spanien⟩ *bischöfliche oder erzbischöfliche Kirche* **2** ⟨in Deutschland⟩ *Dom, Münster* [< mlat. *ecclesia cathedralis* ,,zum Bischofssitz gehörige Kirche", zu *cathedra*, griech. *kathedra* ,,Sitz, Sessel", → *Katheder*]

Ka|the|dral|ent|schei|dung ⟨f.10⟩ *unwiderrufliche Entscheidung des Papstes* → *ex cathedra*

Kathedralglas ⟨n.4⟩ *starkes, undurchsichtiges, oft farbiges Glas für Kirchenfenster*

Kathete ⟨f.11; im rechtwinkligen Dreieck⟩ *jede der beiden den Schenkel des rechten Winkels bildenden Seiten* [< griech. *kathetos* „Kathete, Senkblei", eigtl. „hinuntergelassen", zu *kathienai* „niederlassen, herablassen"]

Katheter ⟨m.5⟩ *Röhrchen zum Einführen in Körperhöhlen (bes. in die Harnblase, um Flüssigkeit abzulassen)* [< griech. *kathetos* „hinuntergelassen", zu *kathienai* „niederlassen, hinablassen"]

katheterisieren ⟨V.3, hat katheterisiert; mit Akk.⟩ **1** *etwas k. ein Katheter in etwas einführen; die Harnblase k.* **2** *jmdn. k. bei jmdm. einen Katheter in eine Körperhöhle einführen; einen Kranken k.*

Katheterisierung ⟨f., -, nur Sg.⟩

kathetern ⟨V.1, hat kathetert⟩ →*katheterisieren*

Kathode ⟨f.11⟩ *negative Elektrode (bes. in Elektronenröhren und bei der Elektrolyse);* Ggs. *Anode* [< griech. *kathodos* „Abstieg", < *kata* „hinab" und *hodos* „Weg"]

kathodisch ⟨Adj., o.Steig.⟩ *an einer Kathode erfolgend*

Kathole ⟨m.11; ugs., abwertend⟩ *Katholik*

Katholik ⟨auch [-lik] m.10⟩ *Angehöriger der römisch-katholischen Kirche*

Katholikentag ⟨auch [-li-] m.1⟩ *Versammlung der Vertreter der kath. Kirche eines Landes*

Katholikos ⟨m., -, nur Sg.⟩ *Titel des Oberhauptes der von Rom getrennten armenischen Kirche und anderer Ostkirchen*

katholisch ⟨Adj., o.Steig.⟩ **1** *(eigtl.) allgemein, die Erde umfassend* **2** ⟨übertr.⟩ *zur römischen Kirche (mit dem Papst als Oberhaupt) gehörig* [< griech. *katholikos* „das Ganze, alle betreffend", zu *kat'holou* „im ganzen, im allgemeinen", < *kata* „über … hin" und *holos* „ganz"]

katholisieren ⟨V.3, hat katholisiert; mit Akk.⟩ *zum kath. Glauben bekehren, katholisch machen; ein Land k.*

Katholizismus ⟨m., -, nur Sg.⟩ *Lehre der kath. Kirche*

Katholizität ⟨f., -, nur Sg.⟩ *das Katholischsein, Anschauung, Glaube im Sinne der kath. Lehre*

Kation ⟨n.12⟩ *positives Ion, bei der Elektrolyse zur Kathode wanderndes Ion;* Ggs. *Anion* [< *Kathode* und *Ion*]

Kätner ⟨m.5⟩ *Bewohner einer Kate;* auch: *Kötner*

Katoptrik ⟨f., -, nur Sg.; †⟩ *Lehre von der Reflexion des Lichtes an Spiegeln* [< griech. *katoptron* „Spiegel", < *kata* „gegenüber" und *optos* „sichtbar"]

Kattanker ⟨m.5⟩ *Hilfsanker* [< nddt. *katte* „Katze" und *Anker*, vielleicht wegen der Haken, die an Krallen erinnern]

Kattun ⟨m.1⟩ *(bedruckter) Baumwollstoff in Leinwandbindung* [< arab. *qutun, qutn* „Baumwolle"]

Katz ⟨f.; mundartl. für⟩ *Katze;* ⟨nur in den Wendungen⟩ *das ist für die K. das ist umsonst, vergeblich, das bringt keinen Nutzen; das hat die K. gefressen das ist unauffindbar verschwunden*

katzbalgen ⟨V.1, hat gekatzbalgt; refl.⟩ **1** *sich raufen, sich balgen* **2** *einander necken, frotzeln*

katzbuckeln ⟨-k|k-; V.1, hat gekatzbuckelt; o.Obj.⟩ *allzu dienstfertig sein, sich unterwürfig benehmen* [eigtl. „einen krummen Rücken wie die Katze machen"]

Kätzchen ⟨n.7⟩ **1** *kleine Katze* **2** *ähriger, filzig-dichter Blütenstand mit unscheinbaren Blüten (z. B. bei der Birke)*

Katze ⟨f.11⟩ **1** (i.e.S.) *als Haustier gehaltenes kleines Raubtier mit dichtem Fell, rundem Kopf und langem Schwanz (Haus~, Siam~); neunschwänzige K. Peitsche mit neun Lederriemen, deren jeder am Ende einen Knoten hat; K. und Maus mit jmdm. spielen jmdn. ständig vertrösten, hinhalten;* das heißt ja, der K. die Schelle umhängen *das bedeutet ja, ihn mit einem Auftrag wegzuschicken, der geheimbleiben soll, aber sofort bekannt wird, so daß all andern ihren Nutzen daraus ziehen können; er geht wie die K. um den heißen Brei er kann sich nicht entschließen, anzufangen, (oder) mit jmdm. darüber zu sprechen; die K. aus dem Sack lassen seine Pläne, Absichten preisgeben; die K. im Sack kaufen etwas kaufen, ohne es vorher gesehen und geprüft zu haben* **2** (i.w.S.) *Raubtier mit geschmeidigem Körper, rundlichem Kopf und spitzen Eck- und Backenzähnen (Groß~, Wild~)*

Katzelmacher ⟨m.5; ugs., abwertend⟩ *Italiener* [urspr. Bez. für eingewanderte ital. Handwerker, die Besteck und Geschirr herstellten, < ital. *cazza*, Pl. *cazze*, „Kelle, Tiegel"]

Katzenauge ⟨n.14⟩ **1** *Mineral mit schmalen Streifen, die bei richtigem Schliff einen wandernden Schimmer hervorbringen, so daß der Eindruck eines Tierauges entsteht* **2** *an Kfz, Fahrrädern, Bahnschranken, Leitplanken bei Lichteinfall reflektierende Prismen, Rückstrahler*

Katzenbuckel ⟨-k|k-; m.5⟩ **1** *krummer Rücken eines sich verteidigenden oder sich streckenden Katze* **2** ⟨übertr.⟩ *schlechte Haltung; mach nicht so einen K.!*

katzenfreundlich ⟨Adj., ugs.⟩ *scheinheilig*

Katzengold ⟨n., -(e)s, nur Sg.⟩ *volkstüml. für⟩ golden glänzende Schüppchen von verwittertem, dunklem Glimmer oder Pyrit*

Katzenhai ⟨m.1⟩ *kleiner, eierlegender Hai mit gefleckter Haut*

Katzenjammer ⟨m., -s, nur Sg.; ugs.⟩ *Niedergeschlagenheit nach übermäßigem Genuß von Alkohol*

Katzenkopf ⟨m.2⟩ **1** ⟨ugs.⟩ *Schlag mit der Hand auf den Hinterkopf* **2** *rundlicher Pflasterstein*

Katzenkopfpflaster ⟨n.5⟩ *grobes Straßenpflaster aus kleinen Steinen*

Katzenmusik ⟨f.10; ugs.⟩ *mißtönende, jaulende Musik*

Katzenpfötchen ⟨n.7⟩ *weiß oder rosa blühender, niedriger Korbblütler mit unterseits weißfilzigen Blättern*

Katzensprung ⟨m.2; ugs.⟩ *kurzer Weg; von A nach B ist es nur ein K.*

Katzentisch ⟨m.1; ugs.⟩ *kleiner, abseits stehender (Eß-)Tisch*

Katzenwäsche ⟨f., -, nur Sg.; ugs., scherzh.⟩ *flüchtige (Körper-)Wäsche* [eigtl. Reinigung, indem man sich die Zipfel eines Tuches mit Speichel befeuchtet und damit eine schmutzige Stelle abreibt, so wie die Katze eine Pfote beleckt und sich damit hinter die Ohren putzt]

Katzenzunge ⟨f.11; meist Pl.⟩ *flaches, längliches Schokoladenplätzchen*

kaudal ⟨Adj., o.Steig.; beim Tierkörper⟩ *in Richtung auf das Hinterende gelegen* [< lat. *cauda* „Schwanz", wörtl. „schwanzwärts"]

Kauderer ⟨m.5; südd.⟩ *Hausierer*

kaudern ⟨V.1, hat gekaudert; o.Obj.⟩ **1** *unverständlich sprechen* **2** *hausieren*

Kauderwelsch ⟨n., -s, nur Sg.⟩ *unverständliche oder fehlerhafte Sprache sowie aus mehreren Sprachen gemischte Ausdrucksweise* [eigtl. *Kaurerwelsch*, „Churwelsch"; *Kauer* ist die Tiroler Bezeichnung für *Chur* in der Schweiz, und die Sprache der Kauerer galt schon früher (15.Jh.) als schwer verständlich; *welsch* < mhd. *welsch, welhisch, walhisch* < ahd. *walahisc* „romanisch", < lat. *Volcae*, dem Namen eines Volksstammes in Gallien]

kauderwelschen ⟨V.1, hat gekauderwelscht; o.Obj.⟩ *Kauderwelsch reden, fehlerhaft und schwer verständlich reden*

kaudinisch ⟨Adj.; nur in der Wendung⟩ *~es Joch Zwangslage, aus der man sich nur durch eine Demütigung befreien kann* [nach dem Ort *Caudium* bei Capua, wo die Römer eine Niederlage gegen die Samniten erlitten]

Kaue ⟨f.11⟩ *Waschraum und Garderobe (der Bergleute)* [< lat. *cavea* „Gehege, Käfig"]

kauen ⟨V.1, hat gekaut⟩ **I** ⟨mit Akk.⟩ *mit den Zähnen zerkleinern; Brot k.; einen Bissen k.; Nahrung gut, gründlich k.; Nägel k. sich (gewohnheitsmäßig) die Fingernägel abbeißen; die Worte k. sie langsam, unbeholfen aussprechen* **II** ⟨mit Präp.obj.⟩ *an etwas k.* **1** *etwas angestrengt, lange Zeit zu zerbeißen suchen; an einem Bissen k.; an dem Bissen werden sie lange zu k. haben* ⟨übertr., ugs.⟩ *damit werden sie sich lange und mühevoll beschäftigen müssen* **2** *etwas zu lösen, zu überwinden suchen; an einer Rechenaufgabe, einem Problem k.; an einer Enttäuschung k. versuchen, mit einer Enttäuschung fertigzuwerden*

kauern ⟨V.1, hat gekauert⟩ **I** ⟨o.Obj.⟩ *auf den Fersen sitzen; auf dem Boden, in einer Ecke k.* **II** ⟨refl.⟩ *sich k. auf die Fersen setzen, tief in die Kniebeuge gehen; sich auf den Boden k.*

Kauf ⟨m.2⟩ **1** *Erwerb gegen Geld; etwas zum K. anbieten, ausschreiben; etwas in K. nehmen sich mit etwas abfinden* **2** *Gegenstand, der gekauft worden ist; dieser Mantel ist ein günstiger, schlechter K.*

Kaufbrief ⟨m.1⟩ *Urkunde über einen Kauf*

kaufen ⟨V.1, hat gekauft⟩ **I** ⟨mit Akk.⟩ **1** *etwas oder jmdn. k. gegen Geld erwerben; Kleidung, Möbel k.; Sklaven k.; eine Karte k.* ⟨Kart.⟩ *eine Karte vom Talon nehmen; etwas auf Raten k.; dafür kann ich mir auch nichts k.* ⟨ugs.⟩ *damit kann ich auch nichts anfangen, das nützt mir auch nichts* **2** *jmdn. k.* **a** *bestechen* **b** ⟨nur in der ugs. Wendung⟩ *den werde ich mir k. den werde ich zur Rechenschaft ziehen, dem werde ich die Meinung sagen* **II** ⟨o.Obj.⟩ *Einkäufe machen; in diesem Geschäft kauft man gut, billig; dort kaufe ich (nicht) gern*

Käufer ⟨m.5⟩ *jmd., der etwas gekauft hat, kauft oder kaufen will; das Schaufenster lockt viele K. an*

Kauffahrer ⟨m.5; †⟩, **Kauffahrteischiff** ⟨n.1; †⟩ *Handelsschiff*

Kauffrau ⟨f.10⟩ *weiblicher Kaufmann*

Kaufhaus ⟨n.4⟩ *großes Geschäft, in dem Waren aller Art angeboten werden*

Kaufkraft ⟨f., -, nur Sg.⟩ **1** *Wert einer Währung bezüglich der Möglichkeit, damit Waren einzukaufen; die K. der DM* **2** *jmds. Möglichkeit, Waren, Dienstleistungen o.ä. zu bezahlen; die K. der Arbeitnehmer*

kaufkräftig ⟨Adj.⟩ *viel Geld zur Verfügung habend, wohlhabend; ein ~er Käufer*

Kaufleute ⟨Pl. von⟩ *Kaufmann*

käuflich ⟨Adj., o.Steig.⟩ **1** *durch Kauf; einen Gegenstand k. erwerben einen Gegenstand kaufen* **2** *durch Kauf zu erwerben; die Ausstellungsstücke sind nicht k.* **3** *für Geld zu erhalten; ~e Liebe Prostitution* **4** *bestechlich; er ist k.* **Käuflichkeit** ⟨f., -, nur Sg.⟩

Kaufmann ⟨m., -(e)s, -leute⟩ **1** *jmd., der Handel betreibt, der kauft und verkauft; ein guter, schlechter K.* **2** ⟨veraltend, landsch.⟩ *Besitzer eines Ladens; zum K. gehen*

kaufmännisch ⟨Adj., o.Steig.⟩ **1** *zum Beruf des Kaufmanns gehörend; ~e Lehre* **2** *im Beruf des Kaufmanns ausgebildet; ~er Angestellter; der ~e Leiter des Betriebes*

Kaufmannschaft ⟨f., -, nur Sg.⟩ *Gesamtheit der Kaufleute*

Kaufmannsdeutsch ⟨n., -(s)⟩ *trocken-geschäftliches Deutsch*

Kaufmannssprache ⟨f., -, nur Sg.⟩ *Berufssprache der Kaufleute*

Kauf|preis ⟨m.1⟩ Preis, der für den Erwerb einer Ware entrichtet werden muß

Kauf|ver|trag ⟨m.2⟩ Vertrag über den Erwerb einer Sache

Kauf|wert ⟨m.1⟩ Wert einer Sache, wenn sie gekauft werden soll

Kauf|zwang ⟨m., -(e)s, nur Sg.⟩ Verpflichtung zum Kauf

Kau|gum|mi ⟨m.9⟩ eingedickter Milchsaft des Sapotillbaumes (unter Beimischung von Pfefferminzöl, Vanillin u.a.) zum Kauen

Kau|kamm ⟨m.2; Bgb.⟩ leichte Axt

Kau|ka|si|er ⟨m.5⟩ Bewohner des Kaukasus

kau|ka|sisch ⟨Adj., o.Steig.⟩ **1** Kaukasien betreffend, zu ihm gehörig, aus ihm stammend; ~e Sprache zu einem Sprachstamm des nördlichen und südlichen Kaukasus gehörende Sprache **2** ⟨veraltend⟩ zur europiden Rasse gehörig, von ihr stammend [der Anthropologe Blumenbach vermutete die Wiege der europiden Rasse im Kaukasus]

Kaul|barsch ⟨m.1⟩ bodennah lebender Fisch der Flüsse, Seen und des Brackwassers [< frühnhd. kaule „Kugel" (wegen des kurzen, gedrungenen Körpers, daher auch „Kugelbarsch" genannt) und Barsch]

Käul|chen ⟨n.7; ostmdt.⟩ Klößchen (Quark~); auch: ⟨fälschlich⟩ Keulchen [< Kaule]

Kau|le ⟨f.11; mdt.⟩ Loch, Grube, Kuhle [< mhd. kule „Grube; Kugel"]

kau|li|flor ⟨Adj., o.Steig.⟩ am Stamm oder Ast ansetzend; ~e Blüten [< griech. kaulos „Stiel" und lat. flos, Gen. floris, „Blume, Blüte"]

Kau|li|flo|rie ⟨f., -, nur Sg.⟩ das Hervorkommen der Blüten am Stamm oder Ast (nicht an besonderen Trieben)

Kaul|kopf ⟨m.2⟩ → Groppe

Kaul|quap|pe ⟨f.11⟩ kugelförmige Larve des Frosches mit Schwanz (der sich während der Entwicklung zurückbildet) [< frühnhd. kaule „Kugel" und Quappe]

kaum ⟨Adv.⟩ **1** beinahe nicht; es ist k. noch hell; jmdn., etwas k. kennen **2** mit Mühe; ich habe es k. geschafft, mit der Arbeit fertig zu werden **3** wahrscheinlich nicht; er wird k. (noch) kommen **4** gerade erst nachdem; er hatte er sich zu Bett gelegt, als das Telefon klingelte; es war vorbei, k. daß es begonnen hatte **5** ⟨bei Maß- und Zeitangaben⟩ etwas weniger als; nach k. zwei Stunden; er wiegt k. 100 Pfund

Kau|ma|zit ⟨m.1⟩ Braunkohlenkoks [< griech. kauma „Brand, Hitze"]

kau|peln ⟨V.1, hat gekaupelt; ostmdt.⟩ **I** ⟨mit Akk.⟩ durch Tauschhandel erwerben (bes. Mangelware); die Batterien hab ich gekaupelt **II** ⟨o.Obj.⟩ inoffiziellen Tauschhandel treiben [< schles. kaupeln, kaupan, kappan, keipeln „handeln, tauschen, schachern"; wahrscheinlich zu „kaufen"]

Kau|ri ⟨f.9⟩ → Kaurischnecke

Kau|ri|fich|te ⟨f.11⟩ ein neuseeländischer Nadelbaum, Araukariengewächs, das Kopal liefert [Erstbestandteil < Maori]

Kau|ri|mu|schel ⟨f.11⟩ Gehäuse der Kaurischnecke (als „Muschelgeld" bei Naturvölkern in Afrika und Ostasien üblich)

Kau|ri|schnecke ⟨-k·k-; f.11⟩ eine Schneckenart des Indischen Ozeans; auch: ⟨kurz⟩ Kauri; Syn. Porzellanschnecke

kau|sal ⟨Adj., o.Steig.⟩ ursächlich zusammenhängend, auf Ursache und Wirkung beruhend [< lat. causalis „zur Ursache gehörig, auf einer Ursache beruhend", zu causa „Ursache, Grund, Beweggrund"]

Kau|sal|ge|setz ⟨n., -es, nur Sg.⟩ philosophisches Gesetz, nach dem jedes Ereignis eine Ursache haben muß; Syn. Kausalitätsgesetz, Kausalitätsprinzip, Kausalprinzip

Kaus|al|gie ⟨f.11⟩ durch Nervenverletzung hervorgerufener, heftiger Schmerz [< griech. kausis „Brennen" und algos „Schmerz"]

Kau|sa|li|tät ⟨f.10⟩ Zusammenhang von Ursache und Wirkung, Ursächlichkeit

Kau|sa|li|täts|ge|setz ⟨n., -es, nur Sg.⟩ → Kausalgesetz

Kau|sa|li|täts|prin|zip ⟨n., -s, nur Sg.⟩ → Kausalgesetz

Kau|sal|ne|xus ⟨m., -, nur Sg.⟩ → Kausalzusammenhang

Kau|sal|prin|zip ⟨n., -s, nur Sg.⟩ → Kausalgesetz

Kau|sal|satz ⟨m.2⟩ Umstandssatz des Grundes; Syn. Begründungssatz

Kau|sal|zu|sam|men|hang ⟨m.2⟩ Zusammenhang von Ursache und Wirkung; Syn. Kausalnexus

kau|sa|tiv ⟨Adj., o.Steig.⟩ verursachend, bewirkend, begründend; Syn. faktitiv

Kau|sa|tiv ⟨n.1⟩, **Kau|sa|ti|vum** ⟨n., -s, -va⟩ Verb, das das Bewirken eines Vorgangs ausdrückt, z.B. tränken = trinken machen; Syn. Faktitiv(um) [< lat. causativus „ursächlich", zu causa „Grund, Ursache"]

kau|sti|fi|zie|ren ⟨V.3, hat kaustifiziert; mit Akk.⟩ milde Alkalien mit gelöschtem Kalk in ätzende Alkalien umsetzen [< griech. kaustikos „brennend" und lat. facere (in Zus. ...ficere) „machen"]

Kau|stik ⟨f.10⟩ **1** ⟨Optik⟩ Brennfläche anstelle des Brennpunktes (bei nicht korrigierten Linsen) **2** ⟨Med.⟩ Gewebszerstörung durch Hitze, elektrischen Strom oder chemische Mittel [< griech. kaustikos „brennend", zu kausis „das Verbrennen"]

Kau|sti|kum ⟨n., -s, -ka; Med.⟩ ätzendes Mittel [zu Kaustik]

kau|stisch ⟨Adj.⟩ **1** ⟨o.Steig.⟩ auf Kaustik beruhend, mit ihrer Hilfe **2** beißend, ätzend, scharf **3** ⟨übertr.⟩ beißend-spöttisch

Kau|ta|bak ⟨m.1⟩ aus stark gesoßtem Rauchtabak hergestellter Tabak zum Kauen; Syn. Priem

Kau|tel ⟨f.10; geh.⟩ Vorbehalt, Vorsichtsmaßregel, Vorkehrung [< lat. cautela „Vorsicht, Schutz", zu cavere „sich hüten, sich vorsehen"]

Kau|ter ⟨m.5⟩ chirurgisches Instrument zum Ausbrennen von Gewebsteilen [< griech. kauter „Brenneisen", zu kaiein „verbrennen"]

Kau|te|ri|sa|ti|on ⟨f.-, nur Sg.⟩ das Kauterisieren

kau|te|ri|sie|ren ⟨V.3, hat kauterisiert; mit Akk.⟩ mit dem Kauter oder durch chemische Mittel zerstören

Kau|te|ri|um ⟨n., -s, -rien⟩ **1** ⟨Med.⟩ → Kauter **2** ⟨Chem.⟩ Ätzmittel

Kau|ti|on ⟨f.10⟩ Bürgschaft, Sicherheitsleistung, hinterlegte Summe [< lat. cautio, Gen. -onis, „Vorsicht, Sicherheit, Bürgschaft", zu cautus „vorsichtig; sicher, gesichert", zu cavere „sich hüten"]

kau|tschu|tie|ren ⟨V.3, hat kautschiert⟩ → kautschutieren

Kau|tschuk ⟨m.1⟩ geronnener Milchsaft einiger tropischer Pflanzen, Rohstoff für Gummi [< span. caucho, cauchú < Ketschua oder einer anderen südamerik. Indianersprache]

Kau|tschuk|pa|ra|graph ⟨m.10⟩ → Gummiparagraph

kau|tschu|tie|ren ⟨V.3, hat kautschutiert; mit Akk.⟩ mit Kautschuk überziehen; auch: kautschieren

Kau|werk|zeug ⟨n.1; Biol.⟩ zum Kauen dienendes Organ

Kauz ⟨m.2⟩ **1** Eulenvogel ohne Federohren (Wald~, Stein~) **2** ⟨übertr.⟩ wunderlicher Mensch, Sonderling [< mdt. kutz < mhd. kuz, kuze, vielleicht zu kuchen „hauchen, keuchen"]

Käuz|chen ⟨n.7⟩ → Steinkauz

kau|zig ⟨Adj.⟩ in der Art eines Kauzes (2), wunderlich

Ka|va|lier ⟨m.1⟩ **1** ⟨†⟩ Reiter, Ritter **2** Begleiter einer Dame **3** höflicher, ritterlicher Mann [< frz. cavalier „Reiter, Mann von Stand, Begleiter einer Dame", < ital. cavaliere „Reiter, ritterlicher Mann", im MA „Ritter", < lat. caballarius „Pferdeknecht", zu caballus „Pferd"]

Ka|va|liers|de|likt ⟨n.1⟩ Vergehen, das nicht als ehrenrührig angesehen wird

Ka|va|lier|start ⟨m., -(e)s, nur Sg.⟩ übertrieben schneller Start mit quietschenden Reifen (als Teil des Imponiergehabes beim Autofahren)

Ka|val|ka|de ⟨f.11⟩ Reiterzug [< frz. cavalcade < ital. cavalcata „Reiterzug; Ritt", zu cavalcare „reiten", < lat. caballicare „reiten", zu caballus „Pferd"]

Ka|val|le|rie ⟨auch -ri f.11⟩ zu Pferde kämpfende Truppe; Syn. Reiterei, Reitertruppe [< frz. cavalerie < ital. cavalleria „Reiterei", zu cavaliere „Reiter", → Kavalier]

Ka|val|le|rist ⟨m.10⟩ Soldat der Kavallerie

Ka|va|ti|ne ⟨f.11⟩ lyrisches Sologesangsstück oder Instrumentalstück in der Art eines Liedes [< lat. cavatina „sehr lyrisches Lied", Verkleinerungsform von cavata, im 18. Jh. „Schlußabschnitt des Rezitativs"]

Ka|vel|ling ⟨f.10; bei Versteigerungen⟩ kleinste zusammengefaßte Warenmenge, z.B. Ballen, Dutzend [ndrl.]

Ka|vent ⟨m.10; †⟩ Bürge, Gewährsmann; Syn. Kaventsmann [< lat. cavere „bürgen"]

Ka|vents|mann ⟨m.4⟩ **1** → Kavent **2** beeindruckend großes Exemplar **3** ⟨Seew.⟩ Wellenberg

Ka|ver|ne ⟨f.11⟩ durch Gewebszerstörung entstandener Hohlraum (bes. in der Lunge bei Lungen-Tbc) [< lat. caverna „Höhle, Loch", zu cavus „hohl"]

Ka|ver|nom ⟨n.1⟩ → Blutschwämmchen [zu Kaverne]

ka|ver|nös ⟨Adj., o.Steig.⟩ in der Art einer Kaverne, mit einer oder mehreren Kavernen behaftet, schwammig

Ka|vi|ar ⟨m.1⟩ konservierter Rogen von einigen Störarten [< poln. kawiar, bulgar. hawjar < türk. havjar „Kaviar"]

Ka|vi|ta|ti|on ⟨f.10⟩ Hohlraumbildung in schnellströmenden Flüssigkeiten [< lat. cavitas, Gen. -atis, „Höhlung", zu cavus „hohl"]

Ka|wa ⟨f., -, nur Sg.⟩ berauschendes Getränk der Polynesier aus den Wurzeln des Kawastrauches [polynes. (Tonga-Inseln) „bitter"]

Ka|waß ⟨m., -wasˌsen, -wasˌsen; früher im vorderen Orient⟩ **1** Polizei **2** Ehrenwache (für Diplomaten) [über türk. kavas < arab. qawwās „Bogenschütze"]

Ka|zi|ke ⟨m.11⟩ süd-, mittelamerikanischer Indianerhäuptling [indian.]

kcal ⟨Abk. für⟩ Kilokalorie

Kčs ⟨Abk. für⟩ Koruna

Ke|bab ⟨m., -(s), nur Sg.⟩ am Spieß gebratene Hammelfleischstückchen [< türk., arab.]

Keb|se ⟨f.11; †⟩, **Kebs|weib** ⟨n.3; †⟩ Nebenfrau, Geliebte

keck ⟨Adj.⟩ **1** munter, unbekümmert, ein bißchen frech, aber liebenswert; ein ~er Bursche; eine ~e Antwort **2** forsch, waghalsig; ein ~es Unternehmen **3** Munterkeit und Lebensfreude erkennen lassend; er trug die Mütze k. auf einem Ohr **Keck|heit** ⟨f., -, nur Sg.⟩

keckern ⟨-k·k-; V.1, hat gekeckert; o.Obj.⟩ in hellen, kurz ausgestoßenen Lauten Zorn, Erregung äußern; der Marder, Iltis keckert

Kee|per ⟨[ki:-] m.5; Fußball, Eishockey u.a.⟩ → Torwart [< engl. keeper „Aufseher, Wärter, Hüter", zu to keep „halten, in Besitz haben"]

keep smi|ling! ⟨ki:p smai-⟩ lächle drüber!, nimm's nicht so tragisch! [→ Keep-Smiling]

Keep-Smi|ling ⟨[ki:pˈsmailiŋ] n., -(s), nur Sg.⟩ optimistische Lebenshaltung auch unter widrigen Umständen [< engl. keep smiling „behalte, bewahre das Lächeln, lächle weiter"]

Kees ⟨n.1; bayr.-österr.⟩ → *Gletscher*

Ke|fir ⟨m., -s, nur Sg.⟩ *durch Zusatz von Hefe und Bakterien alkoholisch vergorene, säuerliche Milch* [türk.]

Ke|gel ⟨m.5⟩ **1** *geometrischer Körper, der dadurch entsteht, daß man sämtliche Punkte einer ausserhalb der Kurvenfläche liegenden Punkt geradlinig verbindet* **2** *flaschenförmige Holzfigur zum Kegeln* **3** ⟨Typ.⟩ *Ausdehnung der Basis des gegossenen Druckbuchstabens (in Richtung der Höhe des Schriftbildes)* **4** (†) *uneheliches Kind;* ⟨nur noch in der Wendung⟩ *mit Kind und K. mit der ganzen Familie*

Ke|gel|bahn ⟨f.10⟩ *Anlage zum Kegeln;* Syn. ⟨österr.⟩ *Kegelstatt*

Ke|gel|bru|der ⟨m.6; ugs.⟩ *jmd., mit dem man oft zusammen kegelt*

ke|ge|lig ⟨Adj., o.Steig.⟩ *in der Form eines Kegels;* auch: *keglig*

Ke|gel|man|tel ⟨m.6; Geom.⟩ *Oberfläche eines Kegels ohne Grundfläche*

ke|geln ⟨V.1, o.Obj.⟩ **1** (hat gekegelt) *Kegel schieben, das Kegelspiel spielen; er kegelt gern* **2** (übertr., ugs.; ist gekegelt) *stürzen, purzeln; vom Stuhl k.* ⟨mit Akk.; hat gekegelt⟩ *beim Kegelspiel erreichen, ausführen; alle Neun k.; eine Partie k.*

Ke|gel|pro|jek|ti|on ⟨f.20; Kartographie⟩ *Projektion (eines Teils) der Erdoberfläche auf eine Kegelfläche, die später ausgebreitet wird*

ke|gel|schei|ben ⟨V., wie 112; bayr.-österr.⟩ → *kegelschieben*

ke|gel|schie|ben ⟨V.112, nur im Infinitiv; o.Obj.⟩ *das Kegelspiel spielen;* auch: ⟨bayr.-österr.⟩ *kegelscheiben; er schiebt Kegel, wir wollen morgen k. Kegel geschoben,*

Ke|gel|schnitt ⟨m.1⟩ *ebene Kurve, die bei einem Schnitt durch einen geraden Kreiskegel entsteht*

Ke|gel|statt ⟨f., -, -stät|ten; österr.⟩ → *Kegelbahn*

Ke|gel|stumpf ⟨m.2; Geom.⟩ *Kegel ohne Spitze*

keg|lig ⟨Adj.⟩ → *kegelig*

Keh|le ⟨f.11⟩ **1** *mittlerer Abschnitt der Vorderseite des Halses mit dem Kehlkopf;* Syn. *Gurgel; die Angst schnürte mir die K. zu; mir war die K. wie zugeschnürt (vor Angst); das Wasser geht ihm bis an die, bis zur K. er befindet sich in großen Schwierigkeiten; jmdm. das Messer an die K. setzen jmdm. mit Gewalt drohen, jmdn. erpressen,* ⟨ugs.⟩ *Kehlkopf mit den Stimmbändern; Gold in der K. haben gut singen können; aus voller K. singen laut und kräftig (und froh) singen* **3** *Luft- oder Speiseröhre; etwas in die falsche K. bekommen haben sich verschluckt haben,* (übertr.) *etwas falsch verstanden haben und deshalb gekränkt sein; eine trockene K. haben Durst haben (bes. auf Alkohol); er jagt sein Geld durch die K. er gibt sein Geld für Alkohol aus* **4** → *Kehlung* **5** → *Hohlkehle (1)*

keh|len ⟨V.1, hat gekehlt; mit Akk.⟩ *mit einer Kehle, Hohlkehle versehen, auskehlen*

keh|lig ⟨Adj.⟩ *(scheinbar) tief in der Kehle (gebildet); ~e Laute; ~ sprechen; k. sprechen*

Kehl|kopf ⟨m.2; bei Menschen und bei lungenatmenden Wirbeltieren⟩ *Stimmorgan am vorderen Ende der Luftröhre;* Syn. *Larynx*

Kehl|kopf|ka|tarrh ⟨m.1⟩ *Entzündung der Schleimhaut des Kehlkopfes;* Syn. *Laryngitis*

Kehl|kopf|spie|gel ⟨m.5⟩ *an einem abgewinkelten Stiel befestigter Spiegel zur Betrachtung des Kehlkopfes;* Syn. *Laryngoskop*

Kehl|laut ⟨m.1⟩ *am hinteren Gaumen mit Hilfe der Zunge gebildeter Laut, z.B. g, k (vor a, o, u), ch (wie in „ach");* Syn. *Hintergaumenlaut, Velar*

Keh|lung ⟨f.10⟩ **1** ⟨nur Sg.⟩ *das Kehlen* **2** *Kehle, Hohlkehle*

Kehr|aus ⟨m., -, nur Sg.⟩ **1** *Abschluß der Fastnacht* **2** *letzter Tanz (eines Festes)*

Keh|re ⟨f.11⟩ **1** *Wendung, scharfe Kurve;* Syn. ⟨Kunstflug⟩ *Turn; eine Paßstraße mit 22 ~n* **2** ⟨Sport⟩ *Absprung von einem Turngerät, so daß man bei der Landung mit dem Rücken zum Gerät steht*

keh|ren¹ ⟨V.1, hat gekehrt; mit Akk.⟩ *mit dem Besen reinigen;* Syn. *fegen; den Boden, das Zimmer, den Hof k.*

keh|ren² ⟨V.1, hat gekehrt⟩ **I** ⟨mit Akk.⟩ *drehen, wenden; das Gesicht zur Wand k.; jmdm. den Rücken k. sich umdrehen und jmdm. den Rücken zuwenden; die Innenseite (eines Kleidungsstücks) nach außen k.; die Augen, das Gesicht zum Himmel k.* **II** ⟨refl.⟩ **1** *sich k. sich umdrehen, sich umwenden, eine halbe Drehung machen; ganze Abteilung – kehrt!* ⟨militär. Kommando⟩ *sich zu etwas k.; es hat sich alles zum Besten gekehrt es hat sich alles zum Besten gewendet; in sich gekehrt still, wenig gesprächig* **2** *sich an etwas k.* ⟨meist verneinend⟩ *sich um etwas kümmern, etwas befolgen; er kehrt sich nicht an die Vorschriften*

Keh|richt ⟨n. oder m., -(e)s, nur Sg.⟩ *Abfall, Müll, Unrat;* Syn. ⟨landsch.⟩ *Fegsel; das geht dich von feuchten K. an* ⟨ugs.⟩ *das geht dich gar nichts an*

Kehr|platz ⟨m.2; schweiz.⟩ *Ort, an dem ein Fahrzeug wenden kann*

Kehr|reim ⟨m.1⟩ *regelmäßig wiederkehrende Worte oder Sätze am Ende einer Strophe im Lied oder Gedicht;* Syn. *Refrain*

Kehr|sei|te ⟨f.11⟩ **1** *Rückseite; die K. der Medaille die Schattenseite einer Angelegenheit* **2** ⟨ugs., scherzh.⟩ *Rücken; jmdm. die K. zuwenden*

kehrt|ma|chen ⟨V.1, hat kehrtgemacht; o.Obj.⟩ *eine halbe Drehung ausführen, sich umdrehen (und weggehen oder zurückgehen); am Waldrand machten wir kehrt; als ich ihn sah, machte ich sofort kehrt*

Kehrt|wen|dung ⟨f.20⟩ *Drehung um 180 Grad; eine politische K. machen* ⟨ugs.⟩ *etwas völlig anderes (als vorher) politisch sagen oder wollen*

Kehr|wert ⟨m.1⟩ *durch Vertauschen von Zähler und Nenner eines Bruches neu entstehender Wert;* Syn. *reziproker Wert*

kei|fen ⟨V.1, hat gekeift; o.Obj.⟩ *mit schriller Stimme schimpfen*

Keil ⟨m.1⟩ **1** *Körper mit zwei ebenen Flächen, die im spitzen Winkel zusammenstoßen (z.B. als Werkzeug zum Spreizen fester Körper); einen K. zwischen zwei Personen treiben zwischen zwei Personen entzweien, Zwietracht zwischen zwei Personen säen* **2** *keilförmige Anordnung; die Menschenmassen bildeten einen K.* **3** *keilförmige Fläche; ein K. zwischen zwei Grundstücken*

Keil|bein ⟨n.1⟩ *zentraler, aus keilförmigen Teilen bestehender Knochen der Schädelbasis*

Kei|le ⟨nur Pl.⟩ *Prügel, Schläge*

kei|len ⟨V.1, hat gekeilt⟩ **I** ⟨mit Akk.⟩ **1** *etwas k. spalten; Baumstämme, Holz k.* **2** *jmdn. k.* ⟨ugs.⟩ *jmdn. anwerben, als Mitglied, zum Eintritt werben* **II** ⟨o.Obj.⟩ *mit dem Huf schlagen,* ⟨meist⟩ *auskeilen; das Pferd keilt oft* **III** ⟨refl.⟩ *sich k.* ⟨ugs.⟩ *sich prügeln*

Kei|ler ⟨m.5⟩ *männliches Wildschwein (vom zweiten Lebensjahr an)*

Kei|le|rei ⟨f.10; ugs.⟩ *Prügelei*

Keil|haue ⟨f.11; Bgb.⟩ *Hacke in Form eines spitzen Keils*

Keil|ho|se ⟨f.11⟩ *lange Hose, die sich zum Knöchel hin verengt und unter der Fußsohle mit einem Steg straffgehalten wird*

Keil|rie|men ⟨m.7⟩ *Treibriemen mit trapezförmigem Querschnitt*

Keil|schrift ⟨f.10⟩ *Schrift der Sumerer, Babylonier und Assyrer aus keilförmigen Zeichen*

Keim ⟨m.1⟩ **1** *erstes Entwicklungsstadium eines Organismus; K. einer Pflanze; aus der befruchteten Eizelle gebildeter K.* **2** *Erreger von Krankheiten (Krankheits~)* **3** ⟨Phys.⟩ *winziger Kristall oder Fremdkörper, an dem sich die Kristallisation aus einer Lösung oder Schmelze entwickelt* **4** ⟨übertr.⟩ *Ausgangspunkt, erstes Zeichen; ein K. der Hoffnung, der Liebe*

Keim|blatt ⟨n.4⟩ **1** ⟨Bot.⟩ *erstes Blatt eines pflanzlichen Embryos, das vor dem Erscheinen der Laubblätter zugrunde geht;* Syn. *Kotyledone* **2** ⟨Zool.⟩ *Zellschicht im Embryo eines vielzelligen Organismus, aus der sich Gewebe und Organe bilden*

Keim|drü|se ⟨f.11⟩ → *Geschlechtsdrüse*

kei|men ⟨V.1; o.Obj.⟩ **1** (hat gekeimt) *Keime treiben; die Pflanzen keimen* **2** (ist gekeimt) *entstehen; Hoffnung, Liebe keimte in ihrem Herzen; ~des Leben im Mutterleib wachsendes Kind*

keim|fä|hig ⟨Adj., o.Steig.⟩ *fähig zu keimen*

Keim|fä|hig|keit ⟨f., -, nur Sg.⟩ *das Keimfähigsein; Getreide auf K. testen*

keim|frei ⟨Adj., o.Steig.⟩ *frei von krankheitserregenden Keimen, steril*

Keim|ling ⟨m.1; Bot.⟩ **1** *Embryo im Samen* **2** *daraus hervorgehende junge Pflanze*

Keim|ru|he ⟨f., -, nur Sg.⟩ *bei manchen Tieren auf die Befruchtung der Eizelle folgende Ruhezeit des Eies;* Syn. *Eiruhe*

Keim|scha|den ⟨m.8⟩ *Folge der Schädigung des menschlichen Keimes (Mißbildung, Gebrechen, Schwachsinn)*

Keim|schei|be ⟨f.11⟩ *Plasmabereich sehr dotterreicher Eier, in dem sich die Furchung des befruchteten Keimes abspielt*

keim|tö|tend ⟨Adj., o.Steig.⟩ *krankheitserregende Keime abtötend*

Keim|ung ⟨f., -, nur Sg.⟩ *das Keimen*

Keim|zel|le ⟨f.11⟩ **1** *besonders ausgebildete Zelle, die der Fortpflanzung dient* **2** ⟨übertr.⟩ *Ausgangspunkt, Anfang*

kein ⟨unbestimmtes Pron.⟩ **1** ⟨als Adj.⟩ **a** *nicht ein, nicht eine; ~e Ansprüche stellen; ~e Arbeit haben; k. Mensch* ⟨ugs.⟩ *niemand; ~e Spur* ⟨ugs.⟩ *überhaupt nicht; ~e Ursache!* ⟨als Antwort auf Dank⟩ *gern geschehen!; ich wollte Erdbeeren mitbringen, aber es gab ~e* **b** *nicht ein bißchen, nicht das geringste (von etwas); ~e Lust haben* **c** ⟨zur Verkehrung eines Adj. ins Gegenteil⟩ *k. schönes Leben haben; k. guter Mensch sein* ⟨vor Zahlenangaben; ugs.⟩ *kaum, noch nicht ganz; es sind noch ~e zwei Monate vergangen* **2** ⟨als Subst.⟩ *niemand; es war ~er da; das wagt ~er*

kei|ner|lei ⟨Adj., o.Steig., o.Dekl.⟩ *keine Art von; sich k. Gedanken, Sorgen machen; k. Grund haben*

kei|ner|seits ⟨Adv.⟩ *von keiner Seite; es bestehen k. Bedenken*

kei|nes|falls ⟨Adv.⟩ *auf keinen Fall*

kei|nes|wegs ⟨Adv.⟩ *ganz und gar nicht, überhaupt nicht; ich habe k. die Absicht*

kein|mal ⟨Adv.⟩ *kein einziges Mal, nie; ich habe k. ihn angetroffen; einmal ist k.*

keinst ⟨nur in der ugs. Wendung⟩ *in ~er Weise überhaupt nicht*

Keks ⟨m. oder n., -(es), -(e)⟩ *kleines, trockenes Gebäck* [< engl. *cakes* (Pl.) „Kuchen"]

Kelch ⟨m.1⟩ **1** *Trinkbecher oder -glas mit Fuß und Schaft; dieser K. ist an mir vorübergegangen das habe ich glücklicherweise nicht erleben müssen* (nach Matth. 26,39); *den K. bis zur Neige leeren eine Sache bis zu Ende (meist bis zum bittersten Ende) erleben* **2** *Teil der Blütenhülle (meist aus grünen verwachsenen Blättern)*

Ke|lim ⟨m.9⟩ *orientalischer, gewebter Wandteppich* [< türk. *kilim* „Teppich", vielleicht zu *kıl* „Haar, Borste"]

Kel|le ⟨f.11⟩ **1** *(drei- oder viereckige) Metallscheibe mit Griff zum Aufbringen des Mörtels* **2** *großer Schöpflöffel (Suppen~)* **3** *Scheibe mit Stiel, mit der Signale gegeben* *werden;* der Schaffner hob die K. **4** *flacher Dachziegel* **5** *Schwanz (des Bibers)*

Kel|ler ⟨m.5⟩ **1** *(meist) unter dem Erdgeschoß liegender Teil eines Gebäudes (bes. als Abstellraum);* meine Stimmung war im K. ⟨ugs.⟩ *war sehr schlecht* **2** ⟨kurz für⟩ *Weinkeller;* ein wohlgefüllter K.; sie tischten auf, was Küche und K. zu bieten hatten [< lat. *cellarium* „Speisekammer", zu *cella* „Kammer, Vorratskammer"]

Kel|ler|as|sel ⟨f.11⟩ *u.a. in Kellern vorkommende Assel*

Kel|le|rei ⟨f.10⟩ *Weingut, das Weine und Sekt in eigenen Kellern entwickelt und lagert*

Kel|ler|hals ⟨m.2⟩ → *Seidelbast*

Kel|ler|meis|ter ⟨m.5⟩ *jmd., der als Fachmann in einer Kellerei tätig ist*

Kell|ner ⟨m.5⟩ *Angestellter in einem Restaurant oder einem Hotel, der die Gäste bedient*

kell|nern ⟨V.1, hat gekellnert; o.Obj.⟩ *(als Aushilfe, nicht berufsmäßig) als Kellner arbeiten;* er kellnert ab und zu in der väterlichen Gastwirtschaft

Ke|lo|id ⟨n.1⟩ *(meist gutartige) gespaltene, zinkenartig hervorragende Wucherung des Bindegewebes (bes. an Narben)* [< griech. *chele* „Klaue"]

Kelt ⟨m.1⟩ *vorgeschichtliches Beil* [< lat. *celtis* „Meißel"]

Kel|te ⟨m.11⟩ *Angehöriger einer indogermanischen Völkergruppe*

Kel|ter ⟨f.11⟩ *Fruchtpresse (bes. für Weintrauben)* [< lat. *calcatura,* zu *calcare* „treten", weil die Trauben urspr. mit den Füßen gestampft wurden]

Kel|te|rei ⟨f.10⟩ *Betrieb, in dem gekeltert wird*

kel|tern ⟨V.1, hat gekeltert; mit Akk.⟩ *in der Kelter auspressen;* Trauben k. **Kel|te|rung** ⟨f., -, nur Sg.⟩

kel|tisch ⟨Adj., o.Steig.⟩ *zu den Kelten gehörend, von ihnen stammend;* ~e *Sprachen eine indogermanische Sprachgruppe, zu der u.a. Irisch und Schottisch gehören*

Kel|tis|tik ⟨f., -, nur Sg.⟩ *Wiss. von den keltischen Sprachen und Literaturen;* Syn. *Keltologie*

Kel|to|lo|gie ⟨f., -, nur Sg.⟩ → *Keltistik* [< *Kelte* und *...logie*]

Kel|vin ⟨n., -s, -⟩ *Zeichen:* K *Einheit der absoluten Temperaturskala* [nach dem engl. Physiker William Thompson, Lord *Kelvin*]

Kel|vin|ska|la ⟨f., -, nur Sg.⟩ *eine Skala, deren Nullpunkt der absolute Nullpunkt (−273,16 °C) ist*

Ke|me|na|te ⟨f.11⟩ *urspr. Wohn-, dann Frauengemach einer Burg* [< mhd. *kemenate, kamenate* „mit einer Feuerstätte versehenes Gemach", zu *kamin* „Feuerstätte"]

Ken|do ⟨n., -(s), nur Sg.⟩ **1** *japanisches Schwertfechten* **2** *sportliches Fechten mit Bambusschwertern* [japan., „Weg des Schwertes"]

Kenn|da|ten ⟨nur Pl.⟩ *kennzeichnende, charakteristische Daten über etwas oder jmdn.*

Ken|nel ⟨m.5⟩ *Hundezwinger (für die Meute zur Parforcejagd)* [< engl. *kennel* „Hundehütte", mengl. *kenel* <altfrz. *chenil* in ders. Bed., zu *chen* „Hund"]

ken|nen ⟨V.67, hat gekannt; mit Akk.⟩ **1** *etwas oder jmdn. schon einmal gesehen, gehört, gelesen, erlebt haben;* eine Oper, ein Buch k.; ich kenne diese Schmerzen; das kenne ich! ⟨ugs., das habe ich schon oft erlebt, das ist mir nichts Neues!, ungeduldig⟩ *das brauchst du mir nicht zu erzählen, ich weiß, daß es in Wirklichkeit anders ist, daß es übertrieben ist;* ich kenne ihn genau, vom Sehen, vom Fernsehen, von Schallplatten, von Bildern **2** etwas k. **a** ⟨meist verneint⟩ *empfinden können, ein Gefühl für etwas haben;* er kennt keine Furcht; er kennt keine Rücksicht *er nimmt niemals Rücksicht;* wenn man ihn bittet, hilft er sofort, da kennt er nichts ⟨ugs.⟩ *da nimmt er auf anderes keine Rücksicht, da läßt er alles andere sein* **b** *Bescheid in etwas wissen, bewandert in etwas sein;* eine Stadt, Gegend k.; er kennt den Wald seit seiner Kindheit

ken|nen|ler|nen ⟨V.1, hat kennengelernt; mit Akk.⟩ **1** *zum ersten Mal sehen, hören, erleben;* jmdn., ein Musikstück, ein Land k.; ich habe jetzt kennengelernt, wie schmerzhaft das sein kann; ich habe ihn von einer ganz anderen, ganz neuen Seite kennengelernt

Ken|ner ⟨m.5⟩ *jmd., der auf einem bestimmten Gebiet sehr gut Bescheid weiß* (Wein~); ein K. der italienischen Außenpolitik

Ken|ner|blick ⟨m., -(e)s, nur Sg.⟩ *Blick eines Kenners, der sofort den Wert einer Sache erkennt;* etwas mit K. mustern

Ken|ner|mie|ne ⟨f., -, nur Sg.⟩ *Gesichtsausdruck eines Kenners*

Ken|ner|schaft ⟨f., -, nur Sg.⟩ *Erfahrung, Wissen, Urteilskraft eines Kenners;* ich zweifle seine K. nicht an, aber ...

Kenn|kar|te ⟨f.11; †⟩ *Personalausweis*

kennt|lich ⟨Adj., o.Steig.; nur als Adv. und mit „sein"⟩ *erkennbar, zu erkennen;* der Gesuchte ist an einer Narbe auf der rechten Wange k.; einen Weg durch Markierungen (besser) k. machen

Kennt|nis ⟨f.1⟩ **1** ⟨nur Sg.⟩ *Wissen, Erfahrung; eine eingehende, gute K. von etwas haben;* von etwas (keine) K. nehmen *etwas (nicht) beachten;* jmdn. von etwas in K. setzen *jmdn. über etwas unterrichten;* jmdn., etwas zur K. nehmen *jmdn., etwas beachten* **2** ⟨meist Pl.⟩ *Fachwissen, Kompetenz;* gute ~e auf einem Gebiet besitzen; seine ~e erweitern, vertiefen; nicht genügend ~e besitzen

Kennt|nis|nah|me ⟨f., -; Amtsspr., nur in den Wendungen⟩ nach K. *nach Durchsicht;* zur K. *zur Beachtung*

kennt|nis|reich ⟨Adj.⟩ *mit vielen Kenntnissen ausgestattet;* ein ~er Fremdenführer

Ken|nung ⟨f.10⟩ **1** ⟨allg.⟩ *Merkmal, Kennzeichen* **2** ⟨Seew., Fliegerei⟩ *typisches Signal von Leucht- oder Funkfeuern o.ä.* **3** ⟨Seew., Geogr.⟩ *Landmarke*

Kenn|wort ⟨n.4⟩ **1** *als Erkennungszeichen statt langer Angaben benutztes Wort* **2** *nur einer bestimmten Menschengruppe bekanntes Wort, durch das jmd. seine Zugehörigkeit zu dieser Gruppe kenntlich macht*

Kenn|zahl ⟨f.10⟩ *als Erkennungszeichen statt langer Angaben benutzte Zahl;* Syn. *Kennziffer;* etwas unter einer K. registrieren, nachschlagen

Kenn|zei|chen ⟨n.7⟩ **1** *Merkmal, das jmdn. oder etwas von anderen Personen oder Dingen unterscheidet;* die besonderen K. des Gesuchten **2** *an einem Fahrzeug, Schiff oder Flugzeug angebrachtes Zeichen (aus Nummern oder Buchstaben), das amtlich registriert ist* (Kraftfahrzeug~)

kenn|zeich|nen ⟨V.2, hat gekennzeichnet; mit Akk.⟩ **1** *etwas k. mit einem Zeichen (zum Erkennen) versehen;* Bäume, die gefällt werden sollen, k.; Karteikarten durch bunte Klammern k. **2** *etwas oder jmdn. k. a erkennen lassen, zeigen;* sein entschlossenes Auftreten kennzeichnet seinen festen Charakter, kennzeichnet ihn als energischen Menschen **b** *treffend beschreiben;* jmdn., einen Sachverhalt mit einigen kurzen Sätzen k.

kenn|zeich|nend ⟨Adj.⟩ *eine besondere Wesensart, Beschaffenheit erkennen lassend;* das ist ein ~es Merkmal; dieses Verhalten ist k. für ihn

Kenn|zeich|nung ⟨f., -, nur Sg.⟩ *das Kennzeichnen*

Kenn|zif|fer ⟨f.11⟩ → *Kennzahl*

Ke|no|taph ⟨m.1⟩ → *Zenotaph*

Ken|taur ⟨m.10⟩ → *Zentaur*

ken|tern ⟨V.1, ist gekentert; o.Obj.⟩ *umkippen;* diese Boote k. leicht, k. nicht

Ken|tum|spra|chen ⟨f.11, Pl.; früher Bez. für⟩ *die idg. Sprachen, die das Wort „hundert" nach lat. „centum" bilden;* vgl. *Satemsprachen*

Ke|ra|mik ⟨f.10⟩ **1** ⟨nur Sg.⟩ *Technik zur Herstellung von gebrannten Tonwaren* **2** *Tonwarenindustrie* **3** ⟨nur Sg.⟩ *alle Erzeugnisse aus Ton* **4** *einzelner Gegenstand aus gebranntem Ton* [< griech. *keramikos* „aus Ton, irden", zu *keramos* „Töpfererde, Ton; irdenes Gefäß", weitere Herkunft nicht bekannt]

Ke|ra|mi|ker ⟨m.5⟩ *jmd., der Keramiken herstellt*

ke|ra|misch ⟨Adj., o.Steig.⟩ *zur Keramik gehörig, aus Keramik*

Ke|ra|tin ⟨n., -s, nur Sg.⟩ *Eiweißkörper in Haar, Haut und Nägeln;* Syn. *Hornstoff* [< griech. *keras,* Gen. *keratos,* „Horn"]

Ke|ra|ti|tis ⟨f., -, ti|ti|den⟩ *Hornhautentzündung des Auges* [< griech. *keras,* Gen. *keratos,* „Horn" und *...itis*]

Ke|ra|tom ⟨n.1⟩ *Hornhautgeschwulst der Haut* [< griech. *keras,* Gen. *keratos,* „Horn"]

Ke|ra|to|plas|tik ⟨f.10⟩ *Hornhautübertragung auf ein erkranktes Auge* [< griech. *keras,* Gen. *keratos,* „Horn" und *Plastik*]

Ke|ra|to|se ⟨f.11⟩ *krankhafte Hornhautbildung, Verhornung* [< griech. *keras,* Gen. *keratos,* „Horn" und *...ose*]

Kerb ⟨f.10; hess., pfälz.⟩ → *Kirchweih*

Ker|be[1] ⟨f.11⟩ *eingeschnittene Vertiefung;* eine K. in einen Stock schneiden; in die gleiche K. hauen ⟨ugs.⟩ *das gleiche Ziel verfolgen, die gleiche Meinung vertreten*

Ker|be[2] ⟨f.11; hess., pfälz.⟩ → *Kirchweih*

Ker|bel ⟨m.5⟩ **1** *weiß blühendes Doldengewächs mit fiederteiligen, stark riechenden Blättern* **2** *daraus hergestelltes Gewürz* [< griech. *chairephyllon* „Freudenblatt"]

ker|ben ⟨V.1, hat gekerbt; mit Akk.⟩ *etwas k. Kerben in etwas machen*

Kerb|holz ⟨n.4; nur in der ugs. Wendung⟩ *etwas auf dem K. haben etwas Unrechtes getan haben* [nach dem früher benutzten, längs gespaltenen Stab, von dem jeder von zwei Geschäftspartnern eine Hälfte bekam, in die als Merkzeichen für die Zahlungen Kerben geschnitten wurden]

Kerb|schnitt ⟨m.1⟩ → *Kerbschnitzerei*

Kerb|schnit|ze|rei ⟨f.10⟩ *Holzverzierung in Form von Kerben;* Syn. *Kerbschnitt*

Kerb|tier ⟨n.1⟩ → *Insekt* [nach dem gegliederten, „eingekerbten" Körper]

Ker|bung ⟨f.10⟩ **1** ⟨nur Sg.⟩ *das Kerben* **2** *Kerbe*

Kerf ⟨m.1⟩ → *Insekt;* vgl. *Kerbtier*

Ker|ker ⟨m.5⟩ **1** ⟨†⟩ *(unterirdisches) Gefängnis* **2** ⟨†, noch österr.⟩ *Gefängnisstrafe;* jmdn. zu zwei Jahren K. verurteilen

Ker|ker|meis|ter ⟨m.5⟩ *Aufseher der Gefangenen im Kerker*

Kerl ⟨m.1; ugs. auch m.9⟩ **1** ⟨ugs., oft abwertend⟩ *Bursche, Mann;* ein anständiger, komischer K.; ein ganzer K. *ein tüchtiger, unerschrockener Mann;* sie hat einen K. ⟨derb⟩ *sie hat einen Liebhaber;* blöder K.!; die langen ~s *Leibgarde König Wilhelms I. von Preußen, die aus bes. großen Soldaten bestand* **2** ⟨mit Adj. auch⟩ *Mädchen;* sie ist ein feiner, netter K. **3** ⟨†⟩ *Diener*

Ker|mes ⟨m., -, -⟩ *mit rotem Saft gefüllte Eier und Bälge der auf der Kermeseiche lebenden Kermesschildlaus (früher zum Färben von Wolle verwendet)* [< arab. *qirmiz* „Kermeswurm, Schildlaus", < pers. *kirm* „Wurm"]

Ker|mes|bee|re ⟨f.11⟩ *aus Nordamerika stammendes Gewächs, dessen blaurote Beeren gelegentlich zum Färben von Rotwein verwendet werden*

Ker|mes|ei|che ⟨f.11⟩ *Eiche des Mittelmeergebietes (Wirtspflanze der Kermesschildlaus)*

Ker|mes|schild|laus ⟨f.2⟩ *Schildlaus, die Kermes liefert*

Kern ⟨m.1⟩ **1** ⟨Bot.⟩ **a** *Samen des Kernobstes* (Apfel~) **b** *vom harten, inneren Teil der Fruchtwand umschlossener Samen der Steinfrucht* (Mandel~) **2** *im Innern liegender (wichtiger) Teil* (Atom~, Metall~, Stadt~, Zell~); *K. einer Gußform; der K. der Truppe* ⟨übertr.⟩ *die ältesten und bewährten Mitglieder der Truppe;* damit hat er den K. der Sache getroffen *damit hat er das Wichtigste der Sache, das der Sache Zugrundeliegende ausgesprochen;* im K. ist das richtig *im Grunde, im wesentlichen ist das richtig* **3** ⟨beim Raubwild⟩ *abgebalgter Körper*

Kern|bei|ßer ⟨m.5⟩ *Finkenvogel mit dickem Schnabel, mit dem er harte Kerne öffnet;* Syn. ⟨veraltend⟩ *Kirschkernbeißer*

kern|boh|ren ⟨V.1, nur im Infinitiv; o.Obj.⟩ *einen Bohrkern ziehen, durch Bohren eine Gesteinsprobe herauslösen*

Kern|brenn|stoff ⟨m.1⟩ *Spaltstoff oder spaltbare Stoffe enthaltendes Material für Kernreaktoren*

Kern|che|mie ⟨f., -, nur Sg.⟩ *Teilgebiet der Chemie, das sich mit Atomkernen befaßt*

ker|nen ⟨V.1, hat gekernt⟩ → *kirnen*

Kern|ener|gie ⟨f., -, nur Sg.⟩ Syn. *Kernenergie, Kernkraft* **1** *bei der Kernumwandlung frei werdende Energie* **2** *Bindungsenergie der einzelnen Kernbauteile in einem Atomkern*

Ker|ner ⟨m.5⟩ → *Karner*

Kern|ex|plo|si|on ⟨f.10⟩ **1** *Explosion eines atomaren Sprengkörpers* **2** ⟨Phys.⟩ *durch Auftreffen energiereicher Teilchen verursachter Zerfall eines Atomkerns*

Kern|fach ⟨n.4⟩ *wichtigstes Schulfach*

Kern|for|schung ⟨f.10⟩ *Forschung auf dem Gebiet der Kernspaltung, Kernfusion und der Elementarteilchen*

Kern|fu|si|on ⟨f.10⟩ *Zusammenfügen von leichten Atomkernen zu schwereren;* auch: *Fusion;* Syn. *Kernverschmelzung*

kern|ge|sund ⟨Adj., o.Steig.⟩ *völlig gesund*

Kern|haus ⟨n.4; beim Kernobst⟩ *die Kerne umschließender, harter Teil (der Frucht)*

Kern|holz ⟨n.4⟩ *inneres Holz (eines Stammes)*

ker|nig ⟨Adj.⟩ **1** *kraftvoll, markig;* ~e *Sprüche machen* **2** *kraftvoll, robust;* ein ~er *Mann* **3** *kräftig im Geschmack;* ein ~es *Brot*

Kern|kraft ⟨f., -, nur Sg.⟩ → *Kernenergie*

Kern|kraft|werk ⟨n.1⟩ *Anlage zur Gewinnung von Strom aus bei Kernspaltungen freigewordenen Energie;* Syn. *Atomkraftwerk*

Kern|la|dungs|zahl ⟨f.10⟩ *Zahl der Protonen eines Atomkerns*

Kern|ling ⟨m.1⟩ *aus Samen gezogener Wildbaum oder -strauch zur Veredelung*

Kern|obst ⟨n., -(e)s, nur Sg.⟩ *Obst mit Kernhaus* (z.B. *Apfel, Birne, Quitte*); vgl. *Steinobst*

Kern|phy|sik ⟨f., -, nur Sg.⟩ *Teilgebiet der Physik, das sich mit den Atomkernen befaßt;* Syn. *Atomphysik*

Kern|punkt ⟨m.1⟩ *wichtigster Punkt, Hauptpunkt*

Kern|re|ak|ti|on ⟨f.10⟩ *Reaktion zwischen Elementarteilchen und Atomkernen*

Kern|re|ak|tor ⟨m.13⟩ *Anlage zur Umwandlung von Kernenergie in Wärmeenergie und schließlich in Elektrizität;* auch: *Reaktor;* Syn. *Atommeiler, Atomreaktor,* (†) *Uranbrenner*

Kern|schat|ten ⟨m.7⟩ *Teil des Schattens, der von keinem Strahl einer ausgedehnten Lichtquelle getroffen wird*

Kern|sei|fe ⟨f.11⟩ *einfache, feste Seife ohne Zusatz von Farb- und Duftstoffen*

Kern|spal|tung ⟨f.10⟩ *Zerfall des Atomkerns in etwa gleich große Bruchstücke (unter Freiwerden von Energie);* Syn. *Fission*

Kern|spruch ⟨m.2⟩ *markiger Spruch, Spruch, der das Wesentliche trifft*

Kern|stück ⟨n.1⟩ **1** *Kern* **2** ⟨übertr.⟩ *das Wesentliche, das, worauf es ankommt*

Kern|tech|nik ⟨f., -, nur Sg.⟩ *Teilgebiet der Technik, das sich mit der friedlichen Nutzung der Kernenergie befaßt*

Kern|tei|lung ⟨f.10⟩ *Verteilung der Erbmasse eines Zellkerns auf zwei Tochterkerne*

Kern|trup|pe ⟨f.11⟩ *erfahrene, besonders ausgebildete Truppe*

Kern|um|wand|lung ⟨f.10⟩ *Umwandlung eines Atomkerns in einen anderen*

Kern|ver|schmel|zung ⟨f.10⟩ → *Kernfusion*

Kern|waf|fe ⟨f.11⟩ *Waffe großer zerstörender Wirkung, bei der Kernenergie in ungesteuerten Reaktionen bei der Kernspaltung oder Kernfusion frei wird;* Syn. *Atomwaffe*

Ke|ro|sin ⟨n., -s, nur Sg.⟩ *aus Erdöl destillierbarer Anteil an Leichtöl, der vor allem als Treibstoff für Flugzeuge und Raketen verwendet wird* [< griech. *keros* „Wachs"]

Kerr|ef|fekt ⟨m., -(e)s, nur Sg.⟩ *bei Einwirkung elektrischer Felder auftretende Doppelbrechung in normalerweise nichtdoppelbrechenden Medien* [nach dem engl. Physiker *John Kerr*]

Ke|ryg|ma ⟨n., -s, nur Sg.⟩ *Verkündigung (bes. der christlichen Botschaft)* [< griech. *kerygma,* „Bekanntmachung, Verkündigung, Gebot", zu *keryx* „Ausrufer, Herold"]

ke|ryg|ma|tisch ⟨Adj., o.Steig.⟩ *in der Art eines Kerygmas, verkündigend, predigend*

Ker|ze ⟨f.11⟩ *aus Wachs, Stearin, Paraffin oder Talg gefertigter, zylindrischer Beleuchtungskörper mit einem Docht in der Mitte* (Altar~, Oster~, Weihnachts~); *die* ~n *auslöschen;* ~n *ziehen* **2** ⟨kurz für⟩ *Zündkerze* **3** ⟨Sport⟩ *Turnübung, bei der im Liegen Beine und Rumpf gerade nach oben gestreckt werden, so daß nur noch Arme, Schultern und Nacken den Boden berühren* **4** ⟨Phys.; †⟩ → *Candela* **5** ⟨Fußb.⟩ *steil nach oben geschossener Ball*

ker|zen|ge|ra|de ⟨Adj., o.Steig.⟩ *völlig aufrecht*

Ker|zen|licht ⟨n., -(e)s, nur Sg.⟩ *Licht einer oder mehrerer Kerzen;* Syn. ⟨poet.⟩ *Kerzenschein;* bei K. *arbeiten, lesen*

Ker|zen|schein ⟨m., -(e)s, nur Sg.; poet.⟩ → *Kerzenlicht; Feierstunde im, bei K.*

Ke|scher ⟨m.5⟩ *in einem Rahmen gehaltenes Netz (zum Fangen von Fischen, Insekten u.a.);* auch: *Käscher;* Syn. *Hamen*

keß ⟨Adj., kesser, am kessesten; ugs.⟩ **1** *hübsch und etwas dreist;* ein kesses *Mädchen; sie tritt ziemlich k. auf* **2** *modisch und flott;* sie hat ein kesses *Hütchen;* in *Mützchen* saß *ihm k. auf ein Ohr* [< rotw. *keß* „klug, gescheit",* < jidd. *chess,* *der Bezeichnung für die Anfangsbuchstaben* von jidd. *chochom* „kluger Mann, Weiser"]

Kes|sel ⟨m.5⟩ **1** *Behälter zur Lagerung oder Erhitzung von Flüssigkeiten und Gasen* (Dampf~, Wasser~) **2** ⟨Jägerspr.⟩ **a** *Ruhelager im Erdbau (von Füchsen, Dachsen und Kaninchen)* **b** *Lager (der Wildschweine)* **c** *von Schützen umstelltes Gelände (bei der Treibjagd)* **3** *von steil aufragenden Hängen umgebenes Gelände* (Tal~) **4** *Gebiet mit von Feinden umschlossenen Truppen*

Kes|sel|haus ⟨n.4⟩ *Raum oder Gebäude, in dem ein Dampfkessel steht*

Kes|sel|jagd ⟨f.10⟩ *Jagd, bei der ein Kessel (2,c) gebildet wird*

Kes|sel|pau|ke ⟨f.11⟩ → *Pauke*

Kes|sel|schmied ⟨m.1⟩ *jmd., der berufsmäßig Kessel herstellt;* Syn. *Keßler*

Kes|sel|stein ⟨m.1⟩ *an der Innenseite von Kesseln entstehende Kruste aus Karbonaten und Sulfaten von hartem Wasser*

Kes|sel|trei|ben ⟨n., -s, nur Sg.⟩ **1** ⟨Jägerspr.⟩ *Hetzjagd auf Hasen* **2** ⟨übertr.⟩ *Hetze, Kampagne gegen jmdn.;* ein K. *gegen jmdn. in Gang setzen*

Keß|ler ⟨m.5⟩ → *Kesselschmied*

Ketch|up ⟨[kɛtʃap] m.9 oder n.9⟩ *pikante, dicke Würzsoße aus Tomaten* [< mal. *ketjap* „Sojasoße"]

Ke|ton ⟨n.1⟩ *organische Verbindung (einfachster Vertreter: Aceton)* [< *Aceton*]

Ketsch ⟨f.10⟩ *zweimastiges Segelschiff* [< engl. *ketch* in ders. Bed.]

Ke|tschua auch: *Quechua* I ⟨m., -(s), -(s)⟩ *Angehöriger eines südamerikanischen Indianervolkes* II ⟨n., -(s), nur Sg.⟩ *dessen Sprache*

Kett|baum ⟨m.2⟩ *Walze des Webstuhles, auf der die Kettfäden aufgewickelt sind;* auch: *Kettenbaum*

Kett|car ⟨n.9; Wz.⟩ *mit Pedalen und über eine Kette betriebenes Fahrzeug für Kinder* [< *Kette* und engl. *car* „Wagen"]

Ket|te ⟨f.11⟩ **1** *bandartig zusammenhängende Glieder aus Metall, Holz o.ä.* (Anker~, Fahrrad~, Tür~); *die* ~n *abwerfen, zerreißen* ⟨übertr.⟩ *die Freiheit erlangen;* an die K. legen *jmds. Freiheit einschränken;* jmdn. in ~n legen *jmdm. Eisenfesseln anlegen* **2** *Hals- oder Armschmuck aus Metall, aufgereihten Perlen o.ä.* (Hals~, Perlen~) **3** *Reihe von gleichartigen Gegenständen oder Lebewesen* (Berg~, Menschen~); *eine K. von Fahrzeugen, Beweisen* **4** ⟨Jägerspr.⟩ *Schar (von Hühnervögeln)* **5** *Folge gleichartiger Ereignisse;* eine K. von Überraschungen **6** *mehrere gleichartige, zum selben Unternehmen gehörende Betriebe an verschiedenen Orten* (Hotel~, Laden~) **7** ⟨Weberei⟩ *Gesamtheit der Kettfäden;* Ggs. *Schuß*

Ket|tel ⟨m.5 oder f.11; ostmdt.⟩ → *Krampe*

ket|teln ⟨V.1, hat gekettelt; mit Akk.; selten für⟩ *abketteln*

ket|ten ⟨V.2, hat gekettet; mit Akk.⟩ *mit Kette(n) fesseln, befestigen; der Gefangene war an die Mauer seines Kerkers gekettet; die Boote sind ans Ufer gekettet;* jmdn. an sich k. ⟨übertr.⟩ *jmdn. fest an sich binden;* er ist durch Verpflichtungen an sie gekettet

Ket|ten|baum ⟨m.2⟩ → *Kettbaum*

Ket|ten|brief ⟨m.1⟩ *Brief, der vom Empfänger vervielfältigt und weitersandt wird*

Ket|ten|bruch ⟨m.2⟩ *Bruch, dessen Zähler ganzzahlig ist und dessen Nenner die Summe einer ganzen Zahl und eines Bruches bildet*

Ket|ten|brücke ⟨-k·k-; f.11⟩ *an Ketten befestigte Hängebrücke*

Ket|ten|fahr|zeug ⟨n.1; kurz für⟩ → *Gleiskettenfahrzeug*

Ket|ten|glied ⟨n.3⟩ *einzelnes Glied einer Kette*

Ket|ten|hemd ⟨n.12⟩ *Harnisch aus miteinander verbundenen Eisenringen oder verflochtenem Eisendraht;* Syn. *Kettenpanzer*

Ket|ten|hund ⟨m.1⟩ *Hund (Wachhund), der ständig an einer Kette festgebunden ist*

Ket|ten|pan|zer ⟨m.5⟩ → *Kettenhemd*

Ket|ten|rau|cher ⟨m.5⟩ *jmd., der ständig Zigaretten raucht*

Ket|ten|re|ak|ti|on ⟨f.10⟩ **1** ⟨Chem., Phys.⟩ *Reaktion, die sich selbst aufrechterhält oder um sich greift* **2** ⟨übertr.⟩ *mehrere, einander folgende Vorgänge (die sich aus einem ähnlichen Vorgang ergeben); dieses Ereignis hat eine ganze K. ausgelöst*

Ket|ten|reim ⟨m.1⟩ *Reim aus dreizeiligen Strophen, bei dem sich die mittlere Zeile mit der ersten und dritten Zeile der folgenden Strophe reimt*

Ket|ten|schluß ⟨m., -sses, nur Sg.; Logik⟩ *verkürzte Schlußfolgerung, bei der nach der ersten Prämisse die folgenden nicht vollständig ausgedrückt, sondern nur aneinandergereiht werden,* z.B. *Kiefern sind Nadelbäume, also Bäume, also Pflanzen*

Ket|ten|stich ⟨m.1⟩ *Nähstich, bei dem man eine Schlinge legt, die durch den folgenden Stich straffgezogen wird, so daß der Eindruck einer Kette entsteht*

Kett|fa|den ⟨m.8; Weberei⟩ *Längsfaden;* Ggs. *Schußfaden*

Kettgarn

Kẹtt|garn ⟨n.1⟩ Garn für die Kettfäden
Kẹt|zer ⟨m.5⟩ **1** jmd., der vom Glauben der Kirche abweicht; Syn. *Häretiker* **2** ⟨allg.⟩ jmd., der von der herrschenden Meinung abweicht, Abtrünniger
Kẹt|ze|rei ⟨f., -, nur Sg.⟩ Abweichung von der gültigen Lehre; Syn. *Häresie*
kẹt|ze|risch ⟨Adj., o.Steig.⟩ abweichend von der gültigen Lehre; Syn. *häretisch*
keu|chen ⟨V.1, hat gekeucht⟩ **I** ⟨o.Obj.⟩ rasch und stark hörbar atmen (bes. nach schnellem Lauf); er keuchte, als er ankam **II** ⟨mit Akk.; geh.⟩ etwas k. schwer atmend etwas sagen; ,,...!" sagte er
Keuch|hu|sten ⟨m., -s, nur Sg.⟩ Kinderkrankheit, bei der schwere Hustenanfälle mit Erstickungsgefühl auftreten; Syn. *Pertussis*
Keul|chen ⟨n.7; unrichtig für⟩ → *Käulchen*
Keu|le ⟨f.11⟩ **1** einfache Hieb- und Wurfwaffe mit Schwerpunkt im verdickten vorderen Teil **2** hölzernes, flaschenförmiges Turngerät **3** (beim Geflügel und Schlachtvieh) → *Oberschenkel* (Lamm~)
Keu|len|schwin|gen ⟨n., -s, nur Sg.⟩ Art der Frauengymnastik, bei der Keulen (2) in rhythmischen, kreisenden Bewegungen um den Körper geschwungen werden
Keu|per ⟨m., -s, nur Sg.⟩ Buntmergelsandstein, Abteilung des Trias [nach der in der Gegend um Coburg üblichen Bezeichnung *Keuper* oder *Kipper* für den dort vorkommenden Buntmergelsandstein]
keusch ⟨Adj., -er, am -esten⟩ **1** sexuell enthaltsam; ein ~es Leben führen **2** ⟨geh.; †⟩ zurückhaltend, schamhaft
Keu|sche ⟨f.11; österr.⟩ *kleines Bauernhaus, Kate*
Keusch|heit ⟨f., -, nur Sg.⟩ keusches Leben, sexuelle Enthaltsamkeit
Keusch|heits|gür|tel ⟨m.5; früher⟩ verschließbarer, metallener Gürtel, der die Genitalien einer Frau abdeckt und die Möglichkeit eines Ehebruches verhindern soll
Key|boards ⟨[kibɔːrds] Pl.; Rock, Jazz⟩ alle Tasteninstrumente (vom Klavier bis zum Synthesizer) [engl., eigtl. ,,Tastatur"]
Kfz ⟨Abk. für⟩ *Kraftfahrzeug*
kg ⟨Zeichen für⟩ *Kilogramm*
KG ⟨Abk. für⟩ *Kommanditgesellschaft*
KGaA ⟨Abk. für⟩ *Kommanditgesellschaft auf Aktien*
kgl., Kgl. ⟨Abk. für⟩ *königlich, Königlich*
Kha|ki **I** ⟨n., -(s), nur Sg.⟩ gelbbraune Farbe **II** ⟨m.9⟩ gelbbrauner Stoff (für Tropenuniformen) [< engl. *khaki* in dens. Bed., < neuind. *khaki* < pers. *ḫākī* ,,staub-, erdfarben", zu *ḫak* ,,Staub, Erde"]
Khan ⟨m.1; mongol.-türk. Titel für⟩ *Fürst, hoher Beamter;* auch: *Chan* [Turkspr. oder mongol.]
Kha|nat ⟨n.1⟩ Herrschaftsbereich, Amt eines Khans
Khe|di|ve ⟨m.11 oder m.14; früher Titel für⟩ *Vizekönig von Ägypten* [pers.]
Khmer **I** ⟨m., -(s), -(s)⟩ Angehöriger eines Volkes in Kambodscha **II** ⟨n., -(s), nur Sg.⟩ dessen Sprache
Khoin|spra|chen, Khoi|san|spra|chen ⟨f.11, Pl.⟩ *die Sprachen der Buschmänner und Hottentotten*
kHz ⟨Zeichen für⟩ *Kilohertz*
Kib|buz ⟨m., -, -zim oder -ze⟩ *landwirtschaftliches Kollektiv in Israel* [< hebr. *qibbūṣ* ,,Versammlung", zu *qābaṣ* ,,sammeln"]
Kib|buz|nik ⟨m.9⟩ Mitglied eines Kibbuz
Ki|bịt|ka ⟨f.9⟩, **Ki|bịt|ke** ⟨f.11⟩ **1** Filzzelt asiatischer Nomaden **2** leichter, ungefederter, überdachter russischer Wagen [Verkleinerungsform von russ. *kibita* ,,bogenförmiges Verdeck eines Wagens", zu *kibit* ,,Bogen"]
Kị|cher|erb|se ⟨f.11⟩ **1** violett blühender Schmetterlingsblütler des Mittelmeergebietes **2** dessen eßbarer Samen [< lat. *cicer* ,,Kichererbse"]

kị|chern ⟨V.1, hat gekichert; o.Obj.⟩ *leise und in kurzen Stößen lachen;* albern ~de Mädchen
Kịck ⟨m.9⟩ **1** (Fußb.) Stoß, Tritt **2** Wirkung (eines Rauschgifts) **3** ⟨ugs.⟩ *geistige Anregung;* keine ~s mehr bekommen [engl., zu *to kick* ,,stoßen, treten"]
Kịck|down ⟨[-daun] n.9; bei Kfz⟩ *schnelles Durchtreten des Gaspedals (bei automatischem Getriebe), um plötzliche Beschleunigung zu erreichen*
kịcken ⟨-k|k-; V.1, hat gekickt; mit Akk.⟩ **1** etwas k. *mit dem Fuß stoßen;* den Ball k. (beim Fußballspiel); eine leere Konservenbüchse über die Straße k. **2** jmdn. k. *jmdn. heftig mit dem Fuß stoßen, jmdm. einen Fußtritt versetzen;* jmdn. in den Hintern, vors Schienbein k. [< engl. *to kick* ,,mit dem Fuß stoßen, treten", Herkunft nicht bekannt]
Kịcker ⟨-k|k-; m.5⟩ **1** jmd., der (laienhaft) Fußball spielt **2** (in Gaststätten aufgestelltes) Spielgerät, bei dem man mit hölzernen, um die Mitte drehbaren Fußballspieler-Figuren an Griffstangen versucht, eine vorgegebene Anzahl von Bällen ins gegnerische Tor zu schießen [zu *kicken*]
Kick-off ⟨m.9; schweiz.⟩ → *Anstoß* [engl.]
Kịcks¹ ⟨m.1; Fußb., Billard⟩ *Fehlstoß* [< engl. *kick* ,,Stoß mit dem Fuß"]
Kịcks² ⟨m.1; ugs.⟩ *hoher, falscher Ton*
kịck|sen ⟨V.1, hat gekickst⟩ → *gicksen*
Kịck|star|ter ⟨m.5; beim Motorrad⟩ Anlaßhebel, der mit dem Fuß heruntergetreten wird [< *Kick* und *Starter*]
Kịck|xia ⟨[kɪksja] f., -, -xi|en⟩ eine Kautschuk liefernde, baumartige Pflanze des tropischen Afrika [nach dem belg. Botaniker J. *Kickx*]
Kịd ⟨n.9⟩ Leder aus dem Fell von Kalb, Lamm und junger Ziege (für Handschuhe) [engl., ,,Kitz"]
kid|nap|pen ⟨[-nεpǝn] V.1, hat gekidnappt; mit Akk.⟩ *entführen;* jmdn., ein Kind k. [< engl. *to kidnap* in ders. Bed., < *kid* ,,Zicklein", ugs. übertr. ,,Kind" und *to nap*, mundartlich für *to nab* ,,fangen, schnappen", lautmalend]
Kid|nap|per ⟨[-nεpǝr] m.5⟩ jmd., der jmdn. gekidnappt hat
Kid|nap|ping ⟨[-nεpɪŋ] n., -s, nur Sg.⟩ *Menschenraub, um Lösegeld oder die Erfüllung von Forderungen zu erpressen*
Kie|bitz¹ ⟨m.1⟩ *schwarz-weißer, metallisch glänzender Regenpfeifervogel mit Federhaube* [< mhd. *gibiz*, nach seinem Warnruf *kiewit*]
Kie|bitz² ⟨m.1; ugs.⟩ *Zuschauer (beim Kartenspiel, besonders beim Skat)* [Rückbildung zu *kiebitzen*]
kie|bit|zen ⟨V.1, hat gekiebitzt; o.Obj.⟩ *beim Kartenspiel zusehen* [< rotw. *kiewischen, kiebitschen* ,,verstohlen" (sowohl seitens der Polizei als auch der Gauner untereinander, damit keiner von der Beute etwas für sich behält), weitere Herkunft nicht geklärt]
Kie|fer¹ ⟨m.5; beim Menschen und bei Wirbeltieren⟩ *Schädelknochen, der die Zähne trägt* (Ober~, Unter~) [< mhd. *kiuwel* ,,Kiefer, Kinnbacken"]
Kie|fer² ⟨f.11⟩ Syn. *Föhre,* ⟨süddt.⟩ *Forle* **1** ein Nadelbaum (im typischen Fall auf sandigem Boden wachsend) mit unteren Teil graubraunem, im oberen Teil ockerrötlich gefärbtem Stamm **2** dessen Holz [zusammengezogen aus *Kien* und *Föhre*]
kie|fern ⟨Adj., o.Steig.⟩ *aus Kiefernholz*
Kie|fern|span|ner ⟨m.5⟩ gelbbraun gefleckter Schmetterling, dessen Raupen durch Fraß an Kiefernnadeln Schaden anrichten
Kie|fer|or|tho|pä|die ⟨f., -, nur Sg.⟩ *Fachgebiet der Zahnheilkunde, das sich mit krankhaften Abweichungen am Kiefer befaßt*
Kie|fer|sper|re ⟨f.11⟩ *schmerzhafte Blockierung des Kiefergelenks;* Syn. *Maulsperre*

kie|ken ⟨V.1, hat gekiekt; o.Obj.; norddt. berlin.⟩ *gucken*
Kie|ker ⟨m.5; Seew., auch ugs.⟩ *Fernglas;* jmdn. auf dem K. haben ⟨ugs.⟩ *jmdn. nicht leiden können, es auf jmdn. abgesehen haben*
Kiek|in|die|welt ⟨m.9; norddt. für⟩ *Guckindieluft*
Kiel¹ ⟨m.1⟩ **1** *Schaft der Vogelfeder* **2** ⟨früher⟩ *daraus hergestelltes Schreibgerät* [< mhd. *kil* ,,Pflanzenstengel, Federkiel"]
Kiel² ⟨m.1⟩ *unterste Längsverstrebung im Schiffsrumpf, in der Mitte des Schiffsbodens* [< nddt. *kil, kel,* nordischen Ursprungs, vielleicht zu *Kehle* wegen der geschwungenen Form]
Kiel|bo|gen ⟨m.8; engl. Spätgotik und islam. Baukunst⟩ *von aus- und einschwingenden Kreisformen begrenzter Bogen in Form eines umgekehrten Schiffskiels*
Kiel|flü|gel ⟨m.5⟩ → *Cembalo*
kiel|ho|len ⟨V.1, hat gekielholt; mit Akk.⟩ **1** etwas k. *zur Reparatur auf die Seite legen;* ein Schiff k. **2** ⟨früher⟩ ⟨zur Strafe⟩ an einem Tau unter dem Schiff durchziehen
Kiel|in|stru|ment ⟨n.1⟩ *Musikinstrument, dessen Saiten mit Kielen angerissen werden, z.B. Cembalo, Spinett*
kiel|oben ⟨Adv.; Seew.⟩ *mit dem Kiel nach oben;* das Boot trieb k. auf den Wellen
Kiel|schwein ⟨n.1⟩ *verstärkender Längsbalken auf dem Kiel* [< schwed. *kölsvin,* norw. *kjølsvin* in ders. Bed., wahrscheinlich Umbildung < norw. dialekt. *kjølsvil* ,,Kielschwelle", zu norw., altnord. *svill* ,,Grundbalken, Schwelle"]
Kiel|schwert ⟨n.3⟩ *Holz- oder Metallplatte unter dem Kiel, die in den Schiffsboden eingezogen werden kann*
Kiel|was|ser ⟨n.5⟩ *von Wirbeln verursachte Spur hinter einem fahrenden Schiff;* in jmds. K. segeln ⟨jmdm. unmittelbar folgen, ⟨übertr.⟩ jmdm. unschöpferisch geistig folgen⟩
Kie|me ⟨f.11; bei Fischen, Amphibienlarven u.a.⟩ *dünne, reich mit Blutgefäßen versorgte Ausstülpung der Körperwand als Atmungsorgan;* Syn. *Branchie* [< *Kimme* im Sinne von ,,Einschnitt"]
Kien¹ ⟨m.1; kurz für⟩ → *Kienspan*
Kien² ⟨nur in der Wendung⟩ *auf dem K. sein scharf aufpassen, wachsam sein* [< engl. *keen* ,,scharf, erpicht auf"]
Kien|ap|fel ⟨m.5; landsch.⟩ *Kiefernzapfen*
Kien|holz ⟨n., -es, nur Sg.⟩ *Kiefernholz*
kie|nig ⟨Adj., o.Steig.⟩ *harzreich (und als Kienspan geeignet)*
Kien|span ⟨m.2⟩ *harziger Holzspan aus Kiefernholz (früher als Beleuchtungsmittel)*
Kie|pe ⟨f.11; norddt.⟩ *Tragkorb, der auf dem Rücken befestigt wird*
Kies¹ ⟨m.1⟩ **1** ⟨nur Sg.⟩ *kleine, gerundete Gesteinstrümmer* **2** *metallisch glänzendes sulfidisches Mineral* (Arsen~, Kupfer~)
Kies² ⟨m., -(es), nur Sg.; ugs.⟩ *Geld* [< rotw. *Kis, Kiss* ,,Sack" (in dem die Diebe ihre Beute wegtragen)]
Kie|sel ⟨m.5⟩ *von fließendem Wasser abgerundeter Stein*
Kie|sel|al|ge ⟨f.11⟩ → *Diatomee*
Kie|sel|gel ⟨[-geːl] n.1⟩ *kolloidale Kieselsäure*
Kie|sel|gur ⟨f., -, nur Sg.⟩ *weißliche, lockere Masse aus den Kieselskeletten abgestorbener Diatomeen (als Isolier- und Filtermaterial);* Syn. *Infusorienerde*
Kie|sel|säu|re ⟨f.11⟩ *Sauerstoffsäure des Siliciums* [Kieselgestein enthält vor allem Siliciumdioxid]
kie|sen ⟨V.29, hat gekoren; mit Akk.; †, noch poet.⟩ *wählen,* ⟨meist⟩ *erkiesen*
Kie|se|rit ⟨m., -s, nur Sg.⟩ *(weißes bis gelbliches) Mineral, wasserhaltiges Magnesiumsulfat* [nach dem Naturforscher D. G. *Kieser*]
kie|sig ⟨Adj., o.Steig.⟩ **1** *voller Kies;* ~er Weg **2** *wie Kies;* ~es Gestein

Kiez ⟨m.1⟩ **1** ⟨berlin.⟩ *alter Teil eines Vorortes, Stadtteil* **2** ⟨ugs.⟩ *Straße, Gegend, in der Prostituierte ihrem Gewerbe nachgehen* [< nordostdt. *Kiez, Kietz*, Bez. für ,,Vorstadt, in der die Fischer wohnen", aus dem Wendischen]

Kif ⟨m., -s, nur Sg.; ugs.⟩ → *Haschisch* [< arab. *kayf* ,,Wohlbefinden"]

kif|fen ⟨V.1, hat gekifft; o.Obj.⟩ *Haschisch rauchen* [Ableitung von *Kif* ,,Haschisch", < engl. *kef* ,,Rauschzustand", < arab. *kayf* (vulgär-ostarab. Aussprache *kēf*, marokkan. Aussprache *kif*) ,,Wohlbefinden", auch ,,durch Haschischrauchen eintretendes Wohlbefinden"]

Kif|fer ⟨m.5; ugs.⟩ *jmd., der kifft*

Ki|ke|ri|ki ⟨n.9⟩ *Ruf des Hahnes*

Ki|ki ⟨m., -s, nur Sg.; ugs.⟩ **1** *unnützes Zeug, überflüssiges Drum und Dran; und lauter so K.; das ist doch alles bloß K.* **2** *törichtes Zeug; red nicht solchen K.!*

Kilb ⟨f.10⟩, **Kil|be** ⟨f.11⟩, **Kil|bi** ⟨f., -, -be|nen; schweiz.⟩ → *Kirchweih*

Ki|lim ⟨m.9⟩ → *Kelim*

kil|len¹ ⟨V.1, hat gekillt; mit Akk.; ugs.⟩ *ermorden, umbringen* [< engl. *to kill* ,,töten", wahrscheinlich zu mengl. *quellen* ,,niederschlagen"]

kil|len² ⟨V.1, hat gekillt; o.Obj.⟩ *im Wind flattern; das Segel killt* [< ndrl. *killen* ,,klappern, zittern"]

Kil|ler ⟨m.5⟩ *(bezahlter) Mörder* [zu *killen*¹]

Kiln ⟨m.1⟩ *schachtförmiger Ofen zur Metallgewinnung und Holzverkohlung* [engl. ,,Brenn-, Trockenofen"]

Kilo ⟨n., -(s), -; kurz für⟩ *Kilogramm*

Kilo... ⟨in Zus.⟩ *tausend..., Tausend..., das Tausendfache der betr. Maßeinheit, z.B. Kilometer, Kilohertz* [< griech. *chilioi* ,,tausend"]

Ki|lo|gramm ⟨n., -s, -; Zeichen: kg⟩ **1** *Maßeinheit der Masse 1000 Gramm* **2** ⟨ugs.⟩ *Maßeinheit des Gewichts;* vgl. *Kilopond*

Ki|lo|hertz ⟨n., -, -; Zeichen: kHz⟩ *Maßeinheit der Frequenz, 1000 Hertz*

Ki|lo|ka|lo|rie ⟨f.11; †; Zeichen: kcal⟩ *1000 Kalorien*

Ki|lo|me|ter ⟨m.5 oder n.5; Zeichen: km⟩ *1000 Meter*

Ki|lo|me|ter|fres|ser ⟨m.5; ugs.; scherzh.⟩ *jmd., der lange Strecken sehr schnell fährt*

Ki|lo|me|ter|geld ⟨n.3⟩ *Geldbetrag, der pro Kilometer zurückgelegter Fahrt im beruflichen Auftrag mit dem privaten Fahrzeug erstattet wird*

ki|lo|me|ter|lang ⟨Adj., o.Steig.⟩ *sich über einen oder mehrere Kilometer erstreckend; ein ~er Stau*

Ki|lo|me|ter|pau|scha|le ⟨f.11⟩ *steuerlich absetzbarer Betrag pro Tag für die Fahrt zum Arbeitsplatz*

Ki|lo|me|ter|stein ⟨m.1⟩ *Stein am Straßenrand, der die Entfernung in Kilometern angibt*

ki|lo|me|ter|weit ⟨Adj., o.Steig.⟩ *auf eine Entfernung von einem oder mehreren Kilometern; k. sah man über das Land*

Ki|lo|me|ter|zäh|ler ⟨m.5; bei Fahrzeugen⟩ *von den Laufrädern angetriebenes Zählwerk, das die zurückgelegte Strecke in Kilometern anzeigt*

ki|lo|me|trie|ren ⟨V.3, hat kilometriert; mit Akk.⟩ *mit Kilometersteinen versehen; Straßen, Flüsse k.*

ki|lo|me|trisch ⟨Adj., o.Steig.⟩ *auf dem Kilometer als Maßeinheit beruhend; ~e Streckenangabe*

Ki|lo|pond ⟨n., -(s), -; Zeichen: kp⟩ *1000 Pond*

Ki|lo|pond|me|ter ⟨n., -s, -⟩ *nicht mehr zulässige Maßeinheit für die Energie, ersetzt durch Joule*

Ki|lo|ton|ne ⟨f.11; Zeichen: kt⟩ *Maßeinheit für die Sprengkraft von Kernwaffen*

Ki|lo|volt ⟨n., -(s), -; Zeichen: kV⟩ *1000 Volt*

Ki|lo|volt|am|pere ⟨[-pɛːr] n., -(s), -; Zeichen: kVA⟩ *1000 Voltampere*

Ki|lo|watt ⟨n., -(s), -; Zeichen: kW⟩ *1000 Watt*

Ki|lo|watt|stun|de ⟨f.11; Zeichen: kWh⟩ *1000 Wattstunden*

Kilt¹ ⟨m.9⟩ *karierter, kurzer Rock (der Schotten)* [engl., zu *to kilt* ,,schürzen, hochstecken, hochbinden", zu altnord. *kilting* ,,Hemd"]

Kilt² ⟨m.1⟩, **Kilt|gang** ⟨m.2; alemann.⟩ *nächtlicher Besuch eines Burschen bei einem Mädchen*

Kim|ber ⟨m.14⟩ *Angehöriger eines germanischen Volksstammes, der von Nordjütland nach Frankreich und Spanien zog; auch: Zimber*

Kim|ber|lit ⟨m.1⟩ *diamanthaltiges südafrikanisches Magmatitgestein* [nach der südafrikan. Stadt *Kimberley*, in deren Diamantgruben es gefunden wurde; die Stadt ihrerseits wurde nach dem brit. Kolonialminister John Wodehouse, Earl of *Kimberley* benannt, als sie nach der großen Diamantfunden in der britischen Kapkolonie entstand]

kim|brisch ⟨Adj., o.Steig.⟩ *zu den Kimbern gehörig, von ihnen stammend; auch: zimbrisch*

Kimm ⟨f., -, nur Sg.⟩ *auch: Kimmung* **1** *Horizontlinie zwischen Meer und Himmel* **2** *Übergang des Schiffsbodens in die Bordwand* [zu *Kimme*]

Kim|me ⟨f.11⟩ **1** *(auf dem Rohr von Handfeuerwaffen) (meist dreieckiger) Einschnitt im Visier, der mit dem Korn beim Zielen eine Linie bilden muß;* Syn. ⟨österr.⟩ *Grinsel* **2** *Einschnitt, Kerbe* **3** *Gesäßspalte*

Kim|mung ⟨f., -, nur Sg.⟩ → *Kimm*

Ki|mo|no ⟨m.9⟩ *langes, mantelartiges japanisches Gewand mit weiten, angeschnittenen Ärmeln* [im Japan. bedeutet das Wort einfach ,,Gewand", < *ki* ,,anziehen" und *mono* ,,Gegenstand, Ding"]

Ki|mo|no|är|mel ⟨m.5⟩ *weiter, angeschnittener Ärmel*

Ki|nä|de ⟨m.11⟩ **1** *der passive Partner bei Homosexuellen* **2** ⟨allg.⟩ *weichlicher, lüsterner Mensch* [< griech. *kinaidos* ,,männliche Hure, Wüstling", zu *knan, knen* ,,reiben, schaben, kratzen, kitzeln"]

Kin|äs|the|sie ⟨f., -, nur Sg.⟩ *Bewegungs-, Muskelgefühl, Empfindung für Muskeln und Gelenke* [< griech. *kinein* ,,bewegen" und *aisthesis* ,,Wahrnehmung, Sinneseindruck, Empfindung"]

Kin|äs|the|tik ⟨f., -, nur Sg.⟩ *Lehre von der Kinästhesie*

Kind ⟨n.3⟩ **1** *menschliches Wesen kurz vor der Geburt bis zum Beginn der Geschlechtsreife; ein ungeborenes K.; K. und Kegel die ganze Familie; das K. muß einen Namen haben* ⟨ugs.⟩ *die Angelegenheit muß irgendwie benannt werden; ein K. bekommen, erwarten, zeugen; jmdm. ein K. machen* ⟨derb⟩ *jmdn. schwängern; er wird das K. schon schaukeln* ⟨ugs.⟩ *er wird die Angelegenheit schon erledigen; das weiß jedes K. das weiß jedermann; ein gebranntes K. jmd., der schon schlechte Erfahrungen gemacht hat; ein großes K. ein noch etwas unreifer Jugendlicher oder Erwachsener; sich bei jmdm. lieb K. machen* ⟨ugs.⟩ *sich bei jmdm. einschmeicheln; schönes K.* ⟨ugs.; †⟩ *Anrede für junge Mädchen; ein totgeborenes K.* ⟨übertr.⟩ *eine Sache, die von vornherein zum Scheitern verurteilt ist; K. in der Kindheit; das K. beim Namen nennen* ⟨übertr., ugs.⟩ *etwas offen aussprechen; ein K. in ein Heim, in Pflege geben; ein K. schwanger gehen* ⟨geh.⟩ *schwanger sein; ein K. unter dem Herzen tragen* ⟨poet.⟩ *schwanger sein; von K. an seit den ersten Lebensjahren* **2** *Nachkomme; ich weiß, wes Geistes K. er ist welche Grundansichten er hat; K. Gottes* ⟨poet.⟩ *Mensch; ein K. der Liebe* ⟨geh.⟩ *ein uneheliches K.; er des Todes* ⟨geh.⟩ *jmd., der sehr gefährdet ist; in K. seiner Zeit* ⟨geh.⟩ *jmd., der aufgrund seiner geschichtlichen Herkunft gewissen Beschränkungen unterliegt* **3** ⟨Pl.⟩ *~er* **a** *Gesamtheit der Söhne und Töchter (einschließlich der Schwiegersöhne und -töchter) eines Elternpaares;* ⟨es werden bald kommen⟩ **b** ⟨ugs. als Anrede an einen Kreis von Zuhörern⟩ *~er, hört mal zu!*

Kind|bett ⟨n.12⟩ → *Wochenbett*

Kind|bet|te|rin ⟨f.10; †⟩ → *Wöchnerin*

Kind|bett|fie|ber ⟨n., -s, nur Sg.⟩ *durch Infektion der Geburtswege nach der Entbindung oder nach einer Fehlgeburt entstehende Krankheit;* Syn. *Puerperalfieber, Wochenbettfieber*

Kin|del|bier ⟨n., -(e)s, nur Sg.⟩ ⟨landsch.⟩ *Festessen bei einer Taufe*

Kin|del|mut|ter ⟨f.6; oberdt.⟩ *Hebamme*

Kin|der|arzt ⟨m.2⟩ *Facharzt der Kinderheilkunde*

Kin|der|dorf ⟨n.4⟩ *kleine Siedlung zur Aufnahme und Betreuung eltern- oder heimatloser Kinder*

Kin|de|rei ⟨f.10⟩ **1** *albernes, kindisches Benehmen* **2** *kindlicher Scherz*

Kin|der|gar|ten ⟨m.8⟩ *Einrichtung zur Betreuung noch nicht schulpflichtiger Kinder*

Kin|der|heil|kun|de ⟨f., -, nur Sg.⟩ *Teilgebiet der Medizin, das sich mit Kinderkrankheiten und der Krankheitserkennung beim ungeborenen Kind befaßt;* Syn. *Pädiatrie*

Kin|der|heim ⟨n.1⟩ **1** *Heim, in dem Kinder vorübergehend untergebracht werden können* **2** *Heim für die ständige Betreuung behinderter oder schwererziehbarer Kinder*

Kin|der|hort ⟨m.1⟩ *Heim zur Betreuung schulpflichtiger Kinder*

Kin|der|krank|heit ⟨f.10⟩ **1** *Krankheit, die meist oder ausschließlich bei Kindern auftritt (z.B. Masern, Röteln)* **2** ⟨übertr.⟩ *bei neuen Entwicklungen auftretende, aus der beginnende Schwäche, Anfangsschwierigkeit; ~en einer neuen Methode; diese ~en werden bald überwunden sein*

Kin|der|krip|pe ⟨f.11⟩ *Einrichtung zur (ganz- oder halbtägigen) Betreuung von Säuglingen und Kleinstkindern*

Kin|der|läh|mung ⟨f., -, nur Sg.⟩ *(hauptsächlich Kinder befallende) durch ein Virus hervorgerufene Infektionskrankheit, die zu Muskellähmung führen kann;* Syn. *Polio, Poliomyelitis*

kin|der|leicht ⟨Adj., o.Steig.⟩ *nur als Attr. und mit ,,sein"⟩ *sehr leicht; eine ~e Aufgabe; das ist ja k.*

kin|der|lieb ⟨Adj.; nur als Attr. und mit ,,sein"⟩ *sich gerne mit Kindern beschäftigend, Kindern zugetan; ein ~es Mädchen; er ist sehr k.* **2** *freundlich zu Kindern, gutartig gegenüber Kindern; der Hund ist k.*

Kin|der|mund ⟨m.4⟩ *Mund eines Kindes; ein Wort aus K. kindliche, oft altkluge und daher erheiternde Ausdrucksweise*

Kin|der|narr ⟨m.10⟩ *jmd., der Kinder außerordentlich gern hat*

kin|der|reich ⟨Adj.; nur als Attr. und mit ,,sein"⟩ *viele Kinder habend; eine ~e Familie*

Kin|der|schreck ⟨m.1⟩ *unheimliche Gestalt, die Kinder einzuschüchtern vermag*

Kin|der|se|gen ⟨m., -s, nur Sg.; geh.⟩ *aus einer Ehe hervorgegangene Kinder;* Syn. *Ehesegen; ihnen wurde reicher K., kein K. zuteil*

Kin|der|spiel ⟨n.1⟩ **1** *Spiel für Kinder* **2** ⟨übertr.⟩ *etwas sehr einfaches, das keine Schwierigkeiten bereitet; das ist doch ein K.*

Kin|der|stu|be ⟨f.11; †⟩ *Kinderzimmer;* ⟨übertr.⟩ *eine gute, schlechte K. haben* ⟨übertr.⟩ *ein gutes, schlechtes Benehmen haben, gut, schlecht erzogen sein*

Kin|der|ta|ges|stät|te ⟨f.11⟩ *ganztägig geöffneter Kindergarten*

kin|der|tüm|lich ⟨Adj.⟩ *in der Art von Kindern, für Kinder verständlich*

Kin|des|bei|ne ⟨n.1, Pl.; nur in der Wendung⟩ von ~n an *seit der frühen Kindheit*
Kin|des|kind ⟨n.3⟩ *Enkel;* Kinder und ~er *die gesamte Nachkommenschaft*
Kin|des|nö|te ⟨f.2, Pl.; †⟩ → *Kindsnöte*
Kin|des|un|ter|schie|bung ⟨f.10; Rechtsw.⟩ *absichtliche Vertauschung von Kindern nach der Geburt*
Kind|frau ⟨f.10⟩ *Mädchen, das dem Alter nach noch (fast) ein Kind, in seiner körperlichen und sexuellen Entwicklung aber frühreif ist*
kind|haft ⟨Adj., -er, am -esten⟩ *wie ein Kind, in der Art eines Kindes (aber ernstzunehmen), wie es einem Kind gemäß ist;* ~e *Unschuld;* ~er *Ernst; ihre* ~e *Art zu fragen*
Kind|heit ⟨f., -, nur Sg.⟩ *Zeit, in der jmd. noch ein Kind ist*
kin|disch ⟨Adj.⟩ *sich wie ein Kind benehmend, töricht, lächerlich;* ~es *Gehabe*
kind|lich ⟨Adj.⟩ *in der Art eines Kindes (und niedlich oder rührend); eine* ~e *Freude an etwas haben* **Kind|lich|keit** ⟨f., -, nur Sg.⟩
Kind|schaft ⟨f., -, nur Sg.⟩ *Dasein des Kindes im Verhältnis zu den Eltern*
Kinds|kopf ⟨m.2⟩ **1** *Kopf eines Kindes* **2** ⟨übertr.⟩ *jmd., der sich albern benimmt, der Freude an kindlichen Späßen hat; er ist trotz seines Alters noch ein rechter K.*
Kinds|la|ge ⟨f.11⟩ **1** *Lage des Kindes in der Gebärmutter in Beziehung auf den Geburtskanal* **2** *Lage, mit der das Kind aus dem Geburtskanal austritt*
Kinds|nö|te ⟨f.2, Pl.; †⟩ → *Wehen;* auch: *Kindesnöte; in* ~n *liegen*
Kinds|pech ⟨n.-(e)s, nur Sg.⟩ *schwärzlicher Stuhlgang des Neugeborenen in den ersten drei Lebenstagen;* Syn. *Mekonium*
Ki|ne|ma|thek ⟨f.10⟩ → *Filmothek* [< griech. *kinema* „Bewegung" und *theke* „Behältnis, Kasten"]
Ki|ne|ma|tik ⟨f., -, nur Sg.; Phys.⟩ *Wiss. von den Bewegungen;* Syn. *Kinetik* [< griech. *kinema*, Gen. *kinematos*, „Bewegung"]
Ki|ne|ma|to|gra|phie ⟨f., -, nur Sg.⟩ *Filmtechnik, Filmwesen (in der Anfangszeit des Films)* [< *Kinematik* und *...graphie*]
Ki|ne|tik ⟨f., -, nur Sg.⟩ → *Kinematik*
ki|ne|tisch ⟨Adj., o.Steig.⟩ *auf Kinetik beruhend;* ~e *Energie Bewegungsenergie*
Ki|ne|to|se ⟨f.11⟩ *durch Reizung des Gleichgewichtsorgans hervorgerufene Krankheit (z.B. See-, Luftkrankheit)* [< *Kinematik* und *...ose*]
Kink ⟨f.10; Seew.⟩ **1** *Knoten im Tau* **2** *Knick in der Stahltrosse* [< mnddt. *kinke* „Schnecke"]
Kin|ker|litz|chen ⟨nur Pl.; nord-, mdt.⟩ **1** *Überflüssiges, Krimskrams, Tand; alle diese K. brauchen wir nicht* **2** *Albernheiten; mach nicht solche K.!*
Kinn ⟨n.1⟩ *der Unterkiefer umgebender, vorstehender, fleischiger Teil des Gesichts unterhalb der Unterlippe*
Kinn|backe ⟨-k|k-; f.11⟩ *die Wange nach unten begrenzender, seitlich vom Kinn liegender Gesichtsteil*
Kinn|ha|ken ⟨m.7; Boxen⟩ *mit rechtwinklig gebeugtem Arm gegen die Kinnspitze geführter Schlag*
Kinn|la|de ⟨f.11⟩ → *Unterkiefer*
Ki|no ⟨n.9⟩ *Gebäude zur Vorführung von Filmen;* Syn. *Filmbühne, Filmtheater, Lichtspielhaus, Lichttheater; ins K. gehen* [Kurzw. von *Kinematograph*]
Ki|no... vgl. *Film...*
Kin|topp ⟨n.9 oder m.9, auch n.2 oder m.2; berlin.⟩ → *Kino*
Ki|osk ⟨m.1⟩ **1** *orientalisches Gartenhäuschen* **2** *Erker an orientalischen Palästen* **3** *Verkaufshäuschen oder -stand* [< russ., poln. *kiosk,* bulgar. *koschk* „Gartenhaus", < türk. *köşk* „Villa, Landhaus", < pers. *kuśk* „Galerie, Balkon; Halle, Empfangssaal"]

Kip|fel ⟨n.5⟩, **Kip|ferl** ⟨n.14; bayr.-österr.⟩ → *Hörnchen* [< mhd. *kipf* „Runge" (am Wagen)]
Kip|pe¹ ⟨f.11⟩ **1** ⟨Turnen⟩ *Übung, bei der der Körper mit Hilfe einer Beuge und darauffolgender Streckbewegung des Hüftgelenks aus hängender Lage in den Stütz gebracht oder aus der Rückenlage in den Stand gebracht wird* **2** *Augenblick, Punkt des Umstürzens; die Sache steht auf der K. man weiß nicht, wie die Sache ausgeht* **3** ⟨Bgb.⟩ *Lagerungsstelle für den Abraum* [zu *kippen*]
Kip|pe² ⟨f.11⟩ *Zigarettenstummel* [nddt., „Spitze, Zipfel"]
kip|pe|lig ⟨Adj.⟩ *wackelnd, keinen festen Stand habend;* auch: *kipplig; der Schrank steht k.; er steht k. (in der Schule) u. schwankt zwischen der Möglichkeit, versetzt zu werden oder sitzenzubleiben*
kip|peln ⟨V.1, hat gekippelt; o.Obj.⟩ **1** *leicht wackeln; der Tisch kippelt* **2** *sich im Sitzen mit dem Stuhl nach hinten stemmen und auf den beiden hinteren Stuhlbeinen leicht schaukeln*
kip|pen ⟨V.1⟩ **I** ⟨o.Obj.; ist gekippt⟩ *sich neigen und umzustürzen drohen; paß auf, das Glas kippt!; nun wirst, auch die Seite k., ich bin vor Schreck fast vom Stuhl gekippt* ⟨ugs.⟩ *vom Stuhl gefallen* **II** ⟨mit Akk.; hat gekippt⟩ **1** *etwas k.* **a** *eine Kante stellen, zur Seite neigen; wir müssen den Schrank k.* **b** *schütten; einen k.* ⟨ugs.⟩ *einen Schnaps trinken; er kippte gleich das ganze Glas und trank das Glas Schnaps in einem Zug leer; das Waschwasser auf die Straße k.; den Rest Kaffee in den Ausguß k.* **2** *jmdn. k.* ⟨ugs.⟩ *zum Aufgeben seiner Stellung zwingen*
Kip|per ⟨m.5⟩ **1** → *Kipplader* **2** *hochklappbares Gleisstück zur Entleerung von Waggons*
Kipp|fen|ster ⟨n.5⟩ *um eine waagerechte Achse (unten oder in der Mitte) kippbares Fenster*
Kipp|la|der ⟨m.5⟩ *Lastwagen, dessen Ladefläche gekippt werden kann;* Syn. *Kipper*
kipp|lig ⟨Adj.⟩ → *kippelig*
Kipp|lo|re ⟨f.11⟩ → *Lore* (2)
Kipp|ohr ⟨n.12; bei Rassehunden⟩ *Ohr, bei dem die Spitze mit einem Knick nach vorn kippt*
Kipp|pflug ⟨m.2⟩ *kippbarer Pflug (der nicht gewendet zu werden braucht)*
Kipp|schal|ter ⟨m.5⟩ *elektrischer Schalter, bei dem ein Hebel zum Ein- und Ausschalten gekippt werden muß*
Kipp|schal|tung ⟨f.10⟩ *Schaltung, die zwischen zwei elektrischen Spannungen hin und her pendelt*
Kipp|schwin|gung ⟨f.10⟩ *Schwingung mit Unstetigkeitsstellen (z.B. in Kippschaltungen)*
Kir|be ⟨f.11; südwestdt.⟩ → *Kirchweih*
Kirch|dorf ⟨n.4⟩ *Dorf mit einer Kirche*
Kir|che ⟨f.11⟩ **1** *Gebäude, in dem Christen Messen feiern und liturgische Handlungen ausüben; eine gotische, romanische K.; die K. beim Dorf lassen* ⟨ugs.⟩ *nicht übertreiben; mit der K. ums Dorf fahren, laufen* ⟨ugs., bayr.-österr.⟩ *eine Sache unnötig komplizieret machen* **2** ⟨nur Sg.⟩ *Gottesdienst; sonntags K. halten; in die K., zur K. gehen; die K. beginnt um 10 Uhr; die K. ist aus* ⟨fig.⟩ *gesamte Organisation einer christlichen Glaubensgemeinschaft; katholische, evangelische, orthodoxe K.; aus der K. austreten* ⟨fig.⟩ *Gesamtheit christlicher Glaubensgemeinschaften; K. und Staat*
Kir|chen|buch ⟨n.4⟩ *vom Geistlichen geführtes Buch, in das Taufen, Eheschließungen, Bestattungen usw. eingetragen werden;* auch: *Kirchenregister*
Kir|chen|fürst ⟨m.10⟩ *Bischof, Erzbischof, Kardinal*
Kir|chen|gut ⟨n.4⟩ *Land- und Vermögensbesitz einer Kirche*

Kir|chen|jahr ⟨n.1⟩ *am ersten Advent beginnendes Jahr mit allen Fest- und Feiertagen (im Unterschied zum Kalenderjahr)*
Kir|chen|licht ⟨n.3; ugs., scherzh. in der Wendung⟩ *er ist kein großes K. er ist nicht besonders klug, nicht besonders bedeutend* [< lat. *lumen ecclesiae* vorbildlicher Mann der Kirche", zu *lumen* „Licht, Leuchte, leuchtendes Vorbild"]
Kir|chen|maus ⟨f.2; nur in der Wendung⟩ *jmd. ist arm wie eine K. jmd. ist sehr arm* [da es in der Kirche für Mäuse nichts zu fressen gibt]
Kir|chen|pro|vinz ⟨f.10⟩ *Amtsbereich eines Erzbischofs*
Kir|chen|raub ⟨m.1⟩ *Diebstahl von kirchlichen Gegenständen*
Kir|chen|recht ⟨n.1⟩ *Gesamtheit der innerkirchlichen Rechtsvorschriften*
Kir|chen|re|gi|ster ⟨n.5⟩ → *Kirchenbuch*
Kir|chen|schän|dung ⟨f.10⟩ *Entweihung einer Kirche (1) durch Zerstörung oder in ihr stattfindende Gewaltakte*
Kir|chen|schiff ⟨n.1⟩ *mittlerer Längsbau einer Kirche (1)*
Kir|chen|schrift|stel|ler ⟨m.5⟩ *Schriftsteller aus der Anfangszeit der kath. Kirche*
Kir|chen|sla|wisch ⟨n., -, nur Sg.⟩ *Altbulgarisch*
Kir|chen|spal|tung ⟨f.10⟩ *Zerstörung der Einheit einer Kirche (3);* Syn. *Schisma*
Kir|chen|spren|gel ⟨m.5⟩ → *Pfarrei*
Kir|chen|staat ⟨m., -(e)s, nur Sg.⟩ *dem Papst unterstehendes Territorium (urspr. in Mittelitalien und zeitweise in Sizilien gelegen, heute in einem Stadtteil Roms)*
Kir|chen|steu|er ⟨f.11⟩ *von der Kirche (3) erhobene Steuer, die von ihren Mitgliedern gezahlt werden muß und vom Staat eingetrieben wird*
Kir|chen|tag ⟨m.1⟩ *Versammlung der Angehörigen einer Kirche (3) zur Regelung kirchlicher Angelegenheiten*
Kir|chen|ton|art ⟨f.10; Mus.⟩ *Stufenfolge von Tönen ohne Erhöhung oder Erniedrigung*
Kir|chen|va|ter ⟨m.6⟩ *Kirchenschriftsteller des 2. bis 7. Jh. mit dem Titel „Pater ecclesiae"*
Kirch|gang ⟨m.2⟩ *Gang zum Gottesdienst*
Kirch|gän|ger ⟨m.5⟩ *jmd., der einen Gottesdienst besucht; ein eifriger, seltener K.*
Kirch|geld ⟨n.3⟩ *kleine, freiwillige Abgabe an die Kirche (außerhalb der Kirchensteuer)*
Kirch|hof ⟨m.2; †⟩ *neben einer Kirche liegender Friedhof*
kirch|lich ⟨Adj., o.Steig.⟩ **1** *zur Kirche gehörend, die Kirche betreffend;* ~e *Angelegenheiten* **2** *im Sinne der Kirche, sich der Kirche verbunden fühlend; k. eingestellt sein; er ist religiös, aber nicht k.*
Kirch|ner ⟨m.5; †⟩ → *Küster*
Kirch|spiel ⟨n.1⟩ → *Pfarrei*
Kirch|turm|po|li|tik ⟨f., -, nur Sg.⟩ *engstirnige, auf einen engen Horizont beschränkte Politik*
Kirch|weih ⟨f.10⟩ *jährliche Feier zum Gedenken an die Einweihung der Kirche mit Jahrmarkt, Schaustellern usw.;* Syn. ⟨landsch.⟩ *Kirmes,* ⟨bayr.-österr.⟩ *Kirtag,* ⟨hess.-pfälz.⟩ *Kerb, Kerbe,* ⟨südwestdt.⟩ *Kirbe,* ⟨schweiz.⟩ *Kilb, Kilbe, Kilbi*
Kir|gi|se ⟨m.11⟩ *Angehöriger eines mittelasiatischen Volkes*
kir|gi|sisch ⟨Adj., o.Steig.⟩ *die Kirgisen betreffend, zu ihnen gehörig, von ihnen stammend;* ~e *Sprache eine Turksprache*
Kir|mes ⟨f., -, -mes|sen; landsch.⟩ → *Kirchweih*
kir|nen ⟨V.1, hat gekirnt⟩ **I** ⟨mit Akk.⟩ *zu butterähnlichem Fett verarbeiten; tierische und pflanzliche Fette k.* **II** ⟨o.Obj.⟩ *buttern* [zu *Karn* „Kern", also „aus dem Kern der Milch (der Sahne) Butter herstellen"]
kir|re ⟨Adj., o.Steig.; nur als Adv. und mit

,,sein") gezähmt, gefügig; jmdn. k. machen [< mhd. *kürre*, mdt. *kirre, kurre* ,,zahm, milde", < got. *qaírrus* ,,sanftmütig"]

kir|ren ⟨V.1, hat gekirrt; mit Akk.⟩ *kirre machen, zähmen*

Kir|rung ⟨f.10; Jägerspr.⟩ *Futter, mit dem Wild angelockt wird* [zu *kirre*]

Kirsch ⟨m., -(e)s, -(s); kurz für⟩ **1** *Kirschlikör* **2** *Kirschwasser*

Kirsch|baum ⟨m.2⟩ → *Kirsche* (1)

Kir|sche ⟨f.11⟩ **1** *weißblühender Baum aus der Familie der Rosengewächse;* Syn. *Kirschbaum* **2** *dessen Steinfrucht (Sauer~, Süß~)* **3** *dessen Holz*

Kirsch|geist ⟨m.3⟩ → *Kirschwasser*

Kirsch|kern|bei|ßer ⟨m.5; veraltend⟩ → *Kernbeißer*

Kirsch|was|ser ⟨n.6⟩ *aus Kirschen hergestellter, klarer Branntwein;* auch: *Kirsch;* Syn. *Kirschgeist*

Kir|tag ⟨m.1; bayr.-österr.⟩ → *Kirchweih*

Kis|met ⟨n., -s, nur Sg.; im Islam⟩ *das von Allah bestimmte, unabwendbare Schicksal* [türk., < arab. *qisma* ,,Anteil, Los, Geschick"]

Kis|sen ⟨n.7⟩ *mit weichem Material gefüllter Beutel, als Polster, Unterlage o.ä. verwendet wird (Kopf~, Sofa~);* Syn. ⟨österr.⟩ *Polster*

Kis|sen|schlacht ⟨f.10⟩ *scherzhafte Balgerei mit Kissen, die hin und her geworfen werden*

Kis|te ⟨f.11⟩ **1** *(meist hölzerner) großer, würfelförmiger oder rechteckiger Behälter (Porzellan~, Bücher~)* **2** *Behälter mit einer gewissen Anzahl von Waren;* eine K. Wein, Sekt, Äpfel **3** ⟨scherzh.⟩ *Fahrzeug (Auto, Boot), Flugzeug* **4** ⟨Fußb.; scherzh.⟩ *Tor* **5** ⟨ugs.⟩ *Sachverhalt, Sache;* das ist eine schwierige, tolle K. [< lat. *cista*, griech. *kiste* ,,Behälter, Kiste"]

Ki|sua|he|li ⟨n., -(s), nur Sg.⟩ → *Suaheli* (2)

Ki|tha|ra ⟨f., -, -s oder -*tha|ren*⟩ *altgriechisches Zupfinstrument mit 7–18 Saiten* [griech.]

Ki|thar|öde ⟨m.11⟩ *altgriechischer Sänger und Spieler der Kithara* [< griech. *kitharodos* ,,Kitharaspieler, der zu seinem Spiel auch singt", < *kithara* ,,Zupfinstrument, große Leier" und *aoidos* ,,Sänger, Dichter", zu *aeidein* ,,singen"]

Kitsch ⟨m., -(e)s, nur Sg.⟩ **1** *geschmacklose, süßlich-sentimentale Scheinkunst* **2** *Gegenstände dieser Art* [die Herkunft ist nicht geklärt; vielleicht < engl. *sketch* ,,Skizze", nach der Jahrhundertwende bei den Kunsthändlern und Malern Bez. für ein leichthin gemaltes, dem breiten Publikumsgeschmack entgegenkommendes und daher leicht verkäufliches, billiges Bild (Pl.: die Kitsche)]

kit|schig ⟨Adj.⟩ *geschmacklos, sentimentalsüßlich*

Kitt ⟨m.1⟩ *teigiger Stoff zum Dichten und Verkleben (Fenster~, Porzellan~)*

Kitt|chen ⟨n.7; ugs.⟩ *Gefängnis* [Verkleinerungsform von rotw. *Kitt, Kitte* ,,Herberge, öffentliches Haus; Gefängnis", < mhd. *kiche* ,,Asthma", auch ,,Gefängnis", eigentlich ,,Ort, wo einem den Atem nimmt", zu *kîchen* ,,schwer atmen, keuchen"]

Kit|tel ⟨m.5⟩ **1** *Arbeits-, Berufsmantel* **2** *weites, blusiges Kleidungsstück* [< mhd. *kitel, kittel*, mnddt. *kedel* ,,Oberhemd für Männer und Frauen", vielleicht (wie *Kattun*) < arab. *qutun* ,,Baumwolle"]

Kit|tel|schür|ze ⟨f.11⟩ *Schürze in Form eines Kittels*

kit|ten ⟨V.2, hat gekittet; mit Akk.⟩ **1** *mit Kitt dichten, zusammenfügen* **2** ⟨übertr.⟩ *wieder festmachen, heil machen, erneuern;* eine zerbrochene Freundschaft, eine geschiedene Ehe k.; der Bruch zwischen ihnen läßt sich nicht mehr k.

Kitz ⟨n.1; bei Ziege, Gemse, Reh- und Steinwild⟩ *junges Tier (Bock~, Geiß~)*

Kit|zel ⟨m.5⟩ **1** *Hautempfindung ähnlich dem Juckreiz* **2** *Reiz, Lust (etwas zu tun, was man eigentlich nicht tun sollte);* einen K. verspüren *(etwas zu tun, etwas zu sagen)* **3** *große, als angenehm empfundene Spannung (Nerven~)*

kit|ze|lig ⟨Adj.⟩ auch: *kitzlig* **1** *empfindlich gegen Kitzeln, kitzlich* **2** ⟨übertr.⟩ *heikel, peinlich, schwierig;* eine ~e Angelegenheit

kit|zeln ⟨V.1, hat gekitzelt; mit Akk.⟩ **1** *jmdn. k.* **a** *durch leichtes, kratzendes oder zwickendes Berühren (an bestimmten, dafür empfindlichen Körperstellen) zum Lachen reizen* **b** *Juckreiz erregen;* die Wolle, der Pullover kitzelt (mich) **c** ⟨übertr., unpersönl., mit ,,es"⟩ *reizen;* es kitzelt mich, ihm die Meinung zu sagen **2** *etwas k. anregen;* der Gedanke daran, der Geschmack kitzelt meinen Gaumen regt meinen Appetit an

Kitz|ler ⟨m.5⟩ → *Klitoris*

kitz|lig ⟨Adj.⟩ → *kitzelig*

Ki|wi[1] ⟨m.9⟩ *nächtlich lebender, flugunfähiger Vogel Neuseelands mit langem, gekrümmtem Schnabel und haarähnlichen Federn;* Syn. (†) *Schnepfenstrauß* [nach dem Ruf]

Ki|wi[2] ⟨f.9⟩ *ovale, 7–10 cm lange, subtropische Frucht, ,,chinesische Stachelbeere"* [Herkunft nicht bekannt]

Kjök|ken|möd|din|ger ⟨nur Pl.⟩ → *Kökkenmöddinger*

k.k. (in Österreich vor 1918 Abk. für) *kaiserlich-königlich*

kl ⟨Zeichen für⟩ *Kiloliter*

Kl. ⟨Abk. für⟩ *Klasse*

kla|ba|stern ⟨V.1, ist klabastert; o.Obj.⟩ *polternd, trampelnd gehen* [vielleicht < ital. *calpestare, calcare pistare* ,,zertreten, zerstampfen", < *calx* (Ablativ *calce*) ,,Ferse" und *pistare, pinsare* ,,zerstampfen"]

Kla|bau|ter|mann ⟨m., -(e)s, nur Sg.⟩ *Kobold, der im Schiff klopft und rumort und entweder durch sein Erscheinen den Schiffsuntergang anzeigt oder der im Schiff auf Ordnung sieht und durch sein Verschwinden Unheil anzeigt* [vielleicht < mecklenburg. *Klabatersmann, Klafatersmann* ,,kleiner Mann als Kinderschreck", zu *klapaustern, klabastern* ,,klopfen, schlagen", oder zu → *kalfatern*, weil er mit dem Klafathammer die Schiffswände abklopft und dadurch auf schadhafte Stellen hinweist]

Klack ⟨m.; alemann.⟩ *Hautriß, aufgesprungene Hautstelle*

klack|en ⟨-k|k-; V.1, hat geklackt; o.Obj.⟩ *ein metallisches, kurzes Geräusch von sich geben*

klack|ern ⟨-k|k-; V.1⟩ **I** ⟨o.Obj.; ist geklackert⟩ *mit klatschendem Geräusch in großen Tropfen fallen;* Soße, Suppe klackert auf den Boden **II** ⟨mit Akk.; hat geklackert⟩ *in großen Tropfen fließen lassen;* bitte klackere die Soße nicht aufs Tischtuch!

Klacks ⟨m.1⟩ **1** *klatschend tropfendes Geräusch* **2** *kleine Menge (von etwas Breiigem);* ein K. Schlagsahne **3** *Kleinigkeit, leicht zu bewältigende Aufgabe;* das ist für ihn nur ein K.

Klad|de ⟨f.11⟩ **1** *erste Niederschrift, Konzept* **2** *Tagebuch* **3** *Schreibheft für Entwürfe* [schleswig-holstein., eigtl. ,,Unreines, Schmutz", also ,,Heft, in das man schmieren kann, nicht für die Reinschrift gedachtes Heft"]

Klad|de|ra|datsch ⟨m.1⟩ **1** *Krach, Geklirr* **2** ⟨übertr.⟩ *Zusammenbruch, Skandal, Aufregung* **3** ⟨nur Sg.⟩ *Titel einer politisch-satirischen Zeitschrift 1848–1944*

klaf|fen ⟨V.1, hat geklafft; o.Obj.⟩ *weit offen stehen;* hier klafft ein großer Riß, Spalt im Gestein; hier klafft ein Widerspruch

kläf|fen ⟨V.1, hat gekläfft; o.Obj.⟩ **1** ⟨unangenehm⟩ *bellen;* der Hund kläfft **2** *hart, häßlich schimpfen, häßlich und laut reden*

Kläf|fer ⟨m.5⟩ *Hund, der viel kläfft*

Klaf|mu|schel ⟨f.11⟩ *(in der Nord- und Ostsee vorkommende) eßbare Muschel, deren weiße Schale an einem Ende auseinanderklafft*

Klaf|ter ⟨n.5, auch m.5 oder f.11⟩ **1** *altes Raummaß für Holz, 3,3–6,8 m³* **2** *der Spannweite der Arme entsprechendes altes Längenmaß, 1,7–2,5 m* **3** ⟨Seew.⟩ *Faden, Leine*

klaf|tern ⟨V.1, hat geklaftert; mit Akk.⟩ *in Klaftern schichten;* Holz k.

klag|bar ⟨Adj., o.Steig.⟩ *so beschaffen, daß man vor Gericht darauf klagen kann;* die Sache ist k. geworden

Klag|bar|keit ⟨f., -, nur Sg.⟩

Kla|ge ⟨f.11⟩ **1** *Worte und Laute, die Trauer, Kummer oder Gram ausdrücken (Toten~, Trauer~);* in ⟨laute⟩ ~n ausbrechen; sich jmds. ~n anhören **2** *schriftliche oder mündliche Äußerung des Mißmuts, der Beschwerde;* es wurden ~n laut; Grund zu K. geben, haben **3** ⟨Rechtsw.⟩ *Beschwerde und Einreichung eines Anspruches vor Gericht*

Kla|ge|mau|er ⟨f., -, nur Sg.⟩ *Teil der alten Mauer des Tempels von Jerusalem, wo sich die Juden im Gebet zur Erinnerung an die Zerstörung des Tempels durch die Römer trafen und der heute als Gebetsstätte dient*

kla|gen ⟨V.1, hat geklagt⟩ **I** ⟨o.Obj.⟩ **1** *Schmerz, Trauer, Unzufriedenheit zum Ausdruck bringen;* sie klagt immer *x*; sie klagt ständig, sie habe zu wenig Zeit; er klagt über Schmerzen im Leib; sie k. alle über das schlechte Essen **2** *vor Gericht Klage erheben;* gegen jmdn. k.; er klagt auf Schadenersatz **3** ⟨von Tieren⟩ **a** ⟨vom Wild⟩ *Klagelaute von sich geben;* im Wald klagt ein Reh **b** ⟨von manchen Vögeln⟩ *rufen* **II** ⟨mit Dat. und Akk.⟩ *jmdm. etwas k. jmdm. erzählen, um Teilnahme zu erwecken;* jmdm. sein Leid, seine Not k.; Gott sei's geklagt! leider!

Klä|ger ⟨m.5⟩ *jmd., der bei Gericht eine Klage (3) einreicht*

Kla|ge|schrift ⟨f.10⟩ *förmlicher Schriftsatz, der den Inhalt einer Klage bei Gericht und den Anspruch des Klägers enthält*

Kla|ge|weib ⟨n.3⟩ *zum Beweinen eines aufgebahrten Toten angestellte Frau*

kläg|lich ⟨Adj.⟩ **1** *klagend, Hilflosigkeit und Not ausdrückend;* ~es Weinen; ~es Blöken, Piepsen **2** *jämmerlich, mitleiderregend;* ein ~es Ende nehmen; sich in einem ~en Zustand befinden **3** *dürftig, nahezu unbrauchbar;* ein ~es Ergebnis **4** *schäbig, verachtenswürdig;* ein ~es Verhalten; er hat k. versagt

klag|los ⟨Adj., o.Steig.⟩ *ohne Klage;* etwas k. hinnehmen

Kla|mauk ⟨m., -(e)s, nur Sg.⟩ **1** *Lärm, Geschrei, Aufregung* **2** *lärmende Veranstaltung* [vielleicht nur lautmalend, nach dem Getöse von zerbrechendem Geschirr und fallendem Blech, oder < lat. *clamare* ,,laut rufen, laut klagen, schreien, schnattern u.a."]

klamm ⟨Adj.⟩ **1** *feuchtkalt;* ~es Bettzeug **2** *starr, steif (vor Kälte);* ~e Finger; k. sein ⟨ugs.⟩ *kein oder nur wenig Geld haben,* ⟨eigtl.⟩ *unbeweglich sein*

Klamm ⟨f.10⟩ *Felsenschlucht mit Wildbach* [zu *klemmen*]

Klam|mer ⟨f.11⟩ **1** *kleines Gerät aus Metall oder Holz zum Zusammenhalten oder Befestigen von Gegenständen (Büro~, Heft~, Wäsche~)* **2** *Zeichen am Anfang und Ende eines (eingeschobenen, ergänzenden) Textes oder Wortes;* Syn. *Parenthese;* runde ~n ⟨Zeichen: ()⟩, spitze ~n ⟨Zeichen: ⟨⟩⟩, eckige ~n ⟨Zeichen: []⟩, geschweifte K. ⟨Zeichen: {oder}⟩ **3** *Griff, um jmdn. festzuhalten;* jmdn. in der K. haben

Klam|mer|af|fe ⟨m.11⟩ *südamerikanischer Greifschwanzaffe mit langen, dünnen Gliedmaßen*

klam|mern ⟨V.1, hat geklammert⟩ **I** ⟨mit Akk.⟩ **1** *mit Klammer(n) befestigen;* einen

klammheimlich

Zettel an ein Schriftstück k. **2** *mit Klammer(n) schließen;* eine stark blutende Wunde k. **II** ⟨refl.⟩ sich k. *sich mit aller Kraft festhalten;* sich an jmdn. k.; sich (im Wasser, beim Fallen) an einen Ast k.; sich an eine Hoffnung, an einen Gedanken k.

klamm|heim|lich ⟨Adj., o.Steig.; nur als Attr. und Adv.; ugs.⟩ *ganz heimlich;* sich k. entfernen

Kla|mọt|te ⟨f.11⟩ **1** *zerbrochener Mauerstein* **2** *wertloser oder beschädigter Gegenstand;* wohin mit den ~n?; alte ~n **3** ⟨Pl.; ugs.⟩ ~n *Kleider, Sachen;* Ihre ~n können Sie dorthin tun; ich muß meine ~n noch packen, aufräumen **4** *minderwertiges Theaterstück* [im Sinne von „zerbrochener, beschädigter Gegenstand" vielleicht < tschech. *klamol* „Bruchstück", unter Einfluß von *Schamott* „alter Kram"; im Sinne von „alte Kleider" < rotw. *klaffot* („Kleid", → *Kluft*]

Kla|mọt|ten|kis|te ⟨f.11⟩ *Kiste zur Aufbewahrung alter Gegenstände und Kleider;* das stammt aus der K. ⟨ugs.⟩ *das ist altmodisch, überholt*

Klạm|pe ⟨f.11⟩ **1** *Stütze für das Beiboot auf dem Schiffsdeck* **2** *doppelarmiger Haken auf der Reling zum Befestigen von Tauen*

Klạmp|fe ⟨f.11⟩ **1** → *Gitarre* **2** ⟨österr.⟩ *Bauklammer*

kla|mü|sern ⟨V.1, hat klamüsert; o.Obj.; †; meist abwertend⟩ *studieren, über etwas nachsinnen;* ⟨heute noch in⟩ ausklamüsern, auseinanderklamüsern [eigtl. *kalmäusern,* → *Kalmäuser*]

Klan ⟨m.9; eindeutschende Schreibung für⟩ *Clan*

klan|des|tin ⟨Adj., o.Steig.; †⟩ *heimlich;* ~e Ehe ⟨früher⟩ *nicht kirchlich geschlossene und daher nur bedingt gültige Ehe* [< lat. *clandestinus* „heimlich, geheim" < *clam* „heimlich" (< altlat. *calim,* zu *celare,* „verbergen, verheimlichen") und **destus* statt *desitus* „abgelegen"]

Klang ⟨m.2⟩ **1** *einige Zeit andauernder, (meist) angenehmer, reiner Ton;* beim K. der Glocken **2** *Eigenart (des Tones einer menschlichen Stimme oder eines Instruments);* ein kalter, warmer, voller K.; sein Name hat einen guten K. *er genießt ein hohes Ansehen* **3** ⟨Pl.⟩ Klänge *harmonisch aneinandergereihte Töne;* zu den Klängen eines Walzers tanzen

Klạng|blen|de ⟨f.11⟩ → *Tonblende*

Klạng|bo|den ⟨m.8; Mus.⟩ → *Resonanzboden*

Klạng|far|be ⟨f.11; Mus.⟩ *charakteristische Art und Weise eines Klangs oder einer Klangfolge*

Klạng|fi|gur ⟨f.10⟩ *Figur aus Sandkörnern, die entsteht, wenn der Untergrund, auf dem sie liegen, in Schwingungen versetzt wird (z.B. mit einem Geigenbogen)*

Klạng|kör|per ⟨m.5; Mus.⟩ **1** *Hohlkörper eines Instruments, der erzeugte Schwingungen verstärkt* **2** *Gesamtwirkung bezüglich des Klanges (den eine Musikgruppe oder ein Orchester erzeugt);* ein Orchester mit weichem, ausgewogenem, sehr einheitlichem K.

klạng|lich ⟨Adj., o.Steig.; nur als Attr. und Adv.⟩ *den Klang betreffend, hinsichtlich des Klanges;* die Geige ist k. sehr gut

Klạng|ma|le|rei ⟨f., -, nur Sg.⟩ → *Lautmalerei*

klang|rein ⟨Adj.⟩ *einen reinen Klang besitzend;* ein ~es Instrument **Klạng|rein|heit** ⟨f., -, nur Sg.⟩

klang|schön ⟨Adj.⟩ *einen angenehmen, schönen Klang besitzend;* ein ~es Instrument **Klạng|schön|heit** ⟨f., -, nur Sg.⟩

klang|voll ⟨Adj.⟩ **1** ⟨Mus.⟩ *einen schönen, vollen Klang besitzend;* eine ~e Stimme **2** ⟨übertr.⟩ *einen guten Ruf habend;* ein Schauspieler mit einem ~en Namen

Klạpf ⟨m.2; landsch., südwestdt. schweiz.⟩ **1** *leichter Knall* **2** *Schlag, Ohrfeige*

Klạpp|brü|cke ⟨-|k|k-; f.11⟩ *in der Mitte geteilte Brücke, die hochgeklappt werden kann (über Schiffahrtswegen)*

Klạp|pe ⟨f.11⟩ **1** *Vorrichtung zum Öffnen und Schließen einer Öffnung* (Briefkasten~, Ofen~); da ging bei ihm eine K. herunter ⟨ugs.⟩ *da war er plötzlich völlig unzugänglich* **2** ⟨Film⟩ *zwei Hölzer, die zusammengeschlagen werden und so einen Ton hervorbringen, der dem Kameramann und dem Tonmeister den Beginn der Filmaufnahme anzeigt;* die erste K. *Beginn der Filmarbeiten* **3** ⟨an Blasinstrumenten⟩ *Plättchen, mit dem ein Tonloch geöffnet oder geschlossen werden kann* **4** ⟨ugs.⟩ *Bett;* in die K. gehen; er liegt noch in der K. **5** ⟨ugs., derb⟩ *Mund;* eine große K. haben *viel und wichtigtuerisch reden;* die K. halten *aufhören zu reden, schweigen*

klạp|pen ⟨V.1, hat geklappt⟩ **I** ⟨mit Akk.⟩ *etwas k. etwas (Flächenhaftes) nach einer Seite drehen;* einen Klappsitz, Klapptisch nach unten, oben k. **II** ⟨o.Obj.⟩ **1** *ein kurzes, metallisches Geräusch machen, sich mit einem solchen Geräusch bewegen;* die Tür klappte (ins Schloß); die Holzpantinen klappten auf dem Pflaster **2** *reibungslos ablaufen;* die Sache klappt jetzt; die Aufführung hat (gut) geklappt **3** *zustande kommen;* unser Treffen hat (nicht) geklappt

Klạp|pen|horn ⟨n.4⟩ *trompetenartiges Signalhorn mit sechs Klappen;* Syn. Klapphorn

Klạp|pen|schrank ⟨m.2; früher⟩ *Einrichtung im handvermittelten Fernsprechdienst, bei der der Anruf eines Teilnehmers durch Fallklappe angezeigt wurde*

Klạp|pen|text ⟨m.1⟩ *informativer Text zu einem Buch von der Klappe seines Schutzumschlages*

Klạp|per ⟨f.11⟩ *Gegenstand mit beweglichen Teilen, der Lärm verursacht* (Kinder~)

klap|per|dürr ⟨Adj., o.Steig.; ugs.⟩ *sehr dürr,* ⟨eigtl. *so dürr, daß die Knochen klappern*⟩

Klap|per|ge|stell ⟨n.1; ugs., scherzh.⟩ **1** *sehr dürrer Mensch* **2** *sehr dürres Tier* **3** *klappriges altes Fahrzeug*

klap|pe|rig ⟨Adj.⟩ auch: *klapprig* **1** *schlecht verarbeitet, wackelnd* **2** *alt und abgenutzt;* ein ~es Auto **3** *alt und hinfällig;* er ist schon etwas k.

Klap|per|kas|ten ⟨m.8; ugs., scherzh.⟩ *altes Fahrzeug*

klap|pern ⟨V.1; o.Obj.⟩ **1** ⟨hat geklappert⟩ *ein sich wiederholendes kurzes, hartes Geräusch machen;* der Storch klappert *er schlägt die beiden Teile des Schnabels schnell mehrmals aufeinander;* wir hörten in der Küche das Geschirr k.; auf der Schreibmaschine k. *schnell auf der Schreibmaschine schreiben;* sie klapperte mit den Tellern; er klapperte mit den Zähnen schlugen (vor Angst, vor Kälte) aufeinander; mit den Augen k. ⟨scherzh.⟩ *rasch mehrere Augenaufschläge machen* **2** ⟨ist geklappert⟩ *sich mit kurzen, harten Geräuschen bewegen;* der Wagen klappert übers Pflaster; sie klapperte in den Holzpantinen über die Straße

kläp|pern ⟨V.1, hat gekläppert; mit Akk.⟩ *mit der Gabel schlagen;* Mehl, Ei in Milch k.

Klạp|per|nuß ⟨f., -, nur Sg.⟩ → *Pimpernuß*

Klạp|per|schlan|ge ⟨f.11⟩ *amerikanische Giftschlange mit Hornringen am Schwanzende, mit denen sie bei Erregung rasselt*

Klạp|per|storch ⟨m.2⟩ *Storch, der (wie man früher den Kindern erzählte) die kleinen Kinder bringt*

Klạp|per|topf ⟨m., -(e)s, nur Sg.⟩ *Rachenblütler, dessen blasiger Blütenkelch noch die reife Fruchtkapsel umhüllt, deren Samen beim Schütteln klappern*

Klạpp|horn ⟨n.4⟩ → *Klappenhorn*

Klạpp|müt|ze ⟨f.11⟩ *Robbe des nördlichen Polarmeeres (Männchen mit aufblasbarem Hautsack über dem Vorderkopf)*

Klạpp|rad ⟨n.4⟩ *zusammenklappbares Fahrrad*

klạpp|rig ⟨Adj.⟩ → *klapperig*

Klạps ⟨m.1⟩ **1** *leichter Schlag;* jmdm. einen K. geben **2** *leichte Verrücktheit;* er hat einen K. *er ist etwas verschroben, er hat merkwürdige Ideen*

klạp|sen ⟨V.1, hat geklapst⟩ **I** ⟨mit Akk.⟩ jmdn. k. *jmdm. einen Klaps oder mehrere Klapse geben* **II** ⟨o.Obj.; mdt.⟩ *Unsinn, Albernheiten treiben,* ⟨meist⟩ *herumklapsen*

klạp|sig ⟨Adj.⟩ *ein bißchen verrückt*

Klạps|müh|le ⟨f.11; ugs., derb, abwertend⟩ *Nervenheilanstalt*

klar ⟨Adj.⟩ **1** *durchsichtig, rein;* ~e Suppe; ~es Wasser **2** *ohne Nebel oder Wolken, ohne Trübung der Luft;* ~e Sicht; ~es Wetter; der Himmel ist k.; es wird k. **3** *nicht verwirrt, nüchtern;* bei ~em Bewußtsein; eine ~e Vorstellung von etwas haben **4** *deutlich, unmißverständlich, gut nachvollziehbar;* eine ~e Antwort; ist alles k.? **5** *bewußt, wissend;* sich über etwas k. sein, im ~en sein *genau wissen und die Folgen kennen* **6** *geordnet;* für ~e Verhältnisse sorgen **7** *fertig, einsatzbereit;* die Boote, Geschütze sind k.; k. zum Start; k. zum Auslaufen **8** ⟨alleinstehend; ugs.⟩ *natürlich, selbstverständlich;* „Wirst du uns helfen?" „Klar!"

Klar ⟨n., -s, -; österr.⟩ *das Klare im rohen Ei, Eiweiß*

Klär|an|la|ge ⟨f.11⟩ *Anlage zur Beseitigung von Schmutzstoffen aus Abwässern*

Klar|ap|fel ⟨m.6⟩ *(gelblichweißer, säuerlicher) frühester Sommerapfel*

klä|ren ⟨V.1, hat geklärt; mit Akk.⟩ *etwas k.* **1** *klar, durchsichtig machen;* eine Flüssigkeit k. **2** *ermitteln, wie sich etwas verhält, Unklarheiten in etwas beseitigen;* es muß noch geklärt werden, ob ...

Kla|re(r) ⟨m.17 oder 18⟩ *(nicht oder nur schwach aromatisierter) farbloser Trinkbranntwein*

klar|ge|hen ⟨V.47, ist klargegangen; o.Obj.⟩ *ordnungsgemäß, wie gewünscht ablaufen;* es geht k.; jawohl, das geht klar; ob das klargeht?

Klar|heit ⟨f., -, nur Sg.⟩ **1** *das Klarsein, klare Beschaffenheit;* die K. des Wassers, der Luft; die K. seines Geistes, seines Stils **2** *Gewißheit, Erkenntnis;* sich K. über eine Sache verschaffen; K. über etwas gewinnen

kla|rie|ren ⟨V.3, hat klariert; mit Akk.⟩ *ein Schiff k. vor dem Ein- bzw. Auslaufen seine Ladung verzollen* [< lat. *clarare* „erklären, zeigen, deutlich machen", zu *clarus* „klar, deutlich"] **Kla|rie|rung** ⟨f., -, nur Sg.⟩

Kla|ri|nẹt|te ⟨f.11⟩ *ein Holzblasinstrument* [< ital. *clarinetto* in ders. Bed., Verkleinerungsform von *clarino,* der hohen Solotrompete des 17./18.Jh.; < lat. *clarus* „hell, klar, weithin schallend"]

Kla|ri|nẹt|tist ⟨m.10⟩ *Musiker, der die Klarinette spielt*

Kla|rịs|se ⟨f.11⟩, **Kla|rịs|sin** ⟨f.10⟩ *Angehörige des von Franz von Assisi gegründeten Klarissenordens* [nach der hl. *Clara*]

klar|kom|men ⟨V.71, ist klargekommen, meist mit Präp.obj., auch o.Obj.⟩ *(mit etwas) k. etwas verstehen, begreifen, etwas fertigbringen, zustande bringen;* ich werde (damit) schon k.; ich komme mit der Aufgabe nicht klar

klar|le|gen ⟨V.1, hat klargelegt; mit Akk.⟩ *klar, deutlich darstellen;* einen Sachverhalt k. **Klar|le|gung** ⟨f., -, nur Sg.⟩

klar|ma|chen ⟨V.1, hat klargemacht⟩ **I** ⟨mit Dat. und Akk.⟩ jmdn. (oder sich) etwas k. **1** *zum Bewußtsein bringen, bewußt machen;* du mußt ihm, dir k., daß er eine große Verantwortung zu tragen hat **2** *verständlich, deutlich machen;* jmdm., sich den Aufbau eines Satzes k. **II** ⟨mit Akk.⟩ *bereitmachen;* das Schiff, das Geschütz (zum Gefecht) k.

Klar|schiff ⟨n., -(e)s, nur Sg.; Mar.⟩ *Gefechtsbereitschaft*

Klär|schlamm ⟨m., -(e)s, nur Sg.⟩ *in Kläranlagen angesammelter Schlamm*

Klar|schrift|le|ser ⟨m.5; EDV⟩ *Lesegerät, das genormte Druckschriften sowie Handschriften verarbeiten kann*

klar|se|hen ⟨V.136, hat klargesehen; o. Obj.⟩ 1 *etwas verstehen, sich über etwas klar sein; jetzt sehe ich endlich klar; ich sage dir das, damit du klarsiehst* 2 *etwas überblicken, durchschauen; ich kann erst dann eine Entscheidung treffen, wenn ich klarsehe*

Klar|sicht|fo|lie ⟨[-ljə] f.11⟩ *durchsichtige Folie (zur Verpackung oder Frischhaltung)*

Klar|sicht|packung ⟨-k|k-; f.10⟩ *mit durchsichtiger Folie verpackte Lebensmittel*

Klar|sicht|schei|be ⟨f.11⟩ *Kunststoffplatte, die nicht beschlägt (u.a. für Schutzbrillen)*

klar|stel|len ⟨V.1, hat klargestellt; mit Akk.⟩ *etwas k.* 1 *klären; einen Sachverhalt k.* 2 *deutlich, unmißverständlich feststellen (so daß jeder Bescheid weiß, jeder es versteht); ich möchte ein für allemal k., daß ...*

Klar|text ⟨m.1⟩ *entschlüsselter Text in normaler Schrift; K. reden ohne Verhüllung, offen reden; das bedeutet im K., daß er sich längst anders entschieden hat das bedeutet, in klaren Worten gesagt, daß ...*

Klä|rung ⟨f., -, nur Sg.⟩ *das Klären; wir brauchen zur K. der Sache noch einige Unterlagen; zur K. einer Sache beitragen*

klar|wer|den ⟨V.180, ist klargeworden⟩ I ⟨mit Dat.⟩ *jdm. k. jmdm. zum Bewußtsein kommen, jmdm. verständlich werden; mir ist erst jetzt klargeworden, warum er ...* II ⟨mit Dat. (sich)⟩ *sich über etwas k. Klarheit über etwas gewinnen, etwas verstehen; ich bin mir inzwischen darüber klargeworden, daß ...*

klas|se ⟨Adj., o.Steig., o.Dekl.; ugs.⟩ *großartig, ausgezeichnet; das ist k.!; das ist eine k. Idee* [zu *Klasse* (10), eigtl.: „das ist erster Klasse"]

Klas|se ⟨f.11; Abk.: Kl.⟩ 1 *Gruppe von Begriffen oder Dingen oder Lebewesen mit gemeinsamen Merkmalen* (Gewichts~) 2 *Gruppe von Schülern, die gemeinsam den Unterricht besuchen; die erste K. übernehmen; in unserer K. sind 7 Mädchen* 3 *kurz für* ⟩ *Klassenzimmer* 4 ⟨Biol.⟩ *zwischen Stamm und Ordnung stehende Kategorie; die K. der Wirbeltiere* 5 ⟨Soziol.⟩ *Gruppe der Bevölkerung in gleicher wirtschaftlicher und sozialer Lage mit gleichartigen politischen und wirtschaftlichen Interessen; die bürgerliche K.* 6 ⟨Math.⟩ *Teilmenge* 7 ⟨Sport⟩ *Gruppe von Sportgeräten mit gleicher Bauart; die K. der Tornados; internationale, olympische K.* 8 *Wert-, Rangstufe, Stufe in einer Wertskala; ein Hotel dritter K.; erster, zweiter K. fliegen; erste* Stufe *in einer Ordnungsschema; den Führerschein der K. 3 machen* 10 ⟨ugs.⟩ *Güte, Qualität; ein Konzert erster K.; das war große, einsame K.!* ⟨ugs.⟩ 11 ⟨Lotterie⟩ *alle für eine bestimmte Ziehung ausgegebenen Lose*

Klas|se|ment ⟨[-mã] n.9; schweiz. [-mɛnt] n.1⟩ 1 *Einreihung, Einteilung, Ordnung* 2 ⟨Sport⟩ *Rangliste; das K. anführen*

Klas|sen|ar|beit ⟨f.10⟩ *von der ganzen Klasse (2) während des Unterrichts ausgeführte schriftliche Arbeit;* Syn. *Schularbeit, Schulaufgabe*

klas|sen|be|wußt ⟨Adj., -er, am -esten⟩ *sich der Zugehörigkeit zu einer sozialen Klasse und ihrer Interessen bewußt; ein ~er Arbeiter, Bürger; k. denken, handeln*

Klas|sen|be|wußt|sein ⟨n., -s, nur Sg.⟩ *Bewußtsein von der eigenen sozialen Klasse und der damit verbundenen Interessen*

Klas|sen|feind ⟨m.1; Marxismus⟩ *Gegner der Arbeiterklasse*

Klas|sen|ge|sell|schaft ⟨f.10⟩ *in Klassen (5) gegliederte Gesellschaft*

Klas|sen|ju|stiz ⟨f., -, nur Sg.⟩ *Rechtsprechung, die eine bestimmte soziale Klasse bevorzugt*

Klas|sen|kampf ⟨m.2; Marxismus⟩ *Kampf zwischen der besitzenden und der besitzlosen Klasse*

Klas|sen|lot|te|rie ⟨f.11⟩ *Lotterie, bei der die Gewinne in verschiedenen Ziehungen mit jeweils neuen Losen gezogen werden*

Klas|sen|spie|gel ⟨m.5⟩ *graphisch dargestellte Sitzordnung einer Schulklasse vom Lehrerpult aus gesehen*

Klas|sen|spre|cher ⟨m.5⟩ *gewählter Mitschüler, der die Interessen seiner Schulklasse vertreten soll*

Klas|sen|tref|fen ⟨n.7⟩ *Treffen ehemaliger Schüler einer Klasse*

Klas|sen|ziel ⟨n.1⟩ 1 ⟨Schule⟩ *im Lehrplan angegebenes Soll der während des Schuljahres zu vermittelnden Kenntnisse; der Schüler hat das K. (nicht) erreicht* 2 ⟨Sport⟩ *angestrebte Leistung, um den Verbleib und eine bestimmte Position innerhalb der Spielklasse zu sichern*

klas|sie|ren ⟨V.3, hat klassiert⟩ → *klassifizieren*

Klas|si|fi|ka|ti|on ⟨f.10⟩ *Einteilung in Klassen*

klas|si|fi|zie|ren ⟨V.3, hat klassifiziert; mit Akk.⟩ *in Klassen einteilen, nach Klassen ordnen; Pflanzen, Tiere, Wörter k.* [< lat. *classis* „Klasse, Abteilung" und *facere* (in Zus. ...*ficere*) „machen"] **Klas|si|fi|zie|rung** ⟨f., -, nur Sg.⟩

...klas|sig ⟨in Zus.⟩ 1 *aus einer bestimmten oder unbestimmten Zahl von Klassen (2) bestehend, z.B. einklassig, mehrklassig* 2 *zu einer bestimmten Klasse (8) gehörig, z.B. erstklassig, drittklassig*

Klas|sik ⟨f., -, nur Sg.⟩ *Epoche kultureller Höchstleistungen, die auch in späteren Zeiten als mustergültig anerkannt bleiben (bes. die Blütezeit des griechischen und römischen Altertums, die deutsche Literatur 1786–1805 und die österreichische Musik 1770–1825); Wiener K.* [→ *klassisch*]

Klas|si|ker ⟨m.5⟩ 1 *Vertreter der Klassik* 2 *Künstler, dessen Werk als mustergültig angesehen wird (auch über seine Zeit hinaus); ein K. der Malerei, der Operette; die antiken K.* 3 *die Werke eines Klassikers (2); die K. im Bücherschrank stehen haben*

klas|sisch ⟨Adj., o.Steig.⟩ 1 *zur Klassik gehörend, aus ihr stammend* 2 *mustergültig, beispielhaft* [< lat. *classicus* „erstklassig, erstrangig, mustergültig", als Subst. ... „Bürger der ersten Klasse", zu *classis* „Klasse"]

Klas|si|zis|mus ⟨m., -, nur Sg.⟩ *die griechisch-römische Klassik nachahmender Kunststil (bes. in der europäischen Baukunst im 16./17.Jh. und in der europäischen Baukunst, Plastik, Malerei 1770–1830)*

klas|si|zi|stisch ⟨Adj., o.Steig.⟩ *zum Klassizismus gehörend, aus ihm stammend, in der Art des Klassizismus*

Klas|si|zi|tät ⟨f., -, nur Sg.; †⟩ *Mustergültigkeit, Vorbildlichkeit*

...kläß|ler, ...klaß|ler ⟨in Zus.⟩ *Schüler einer bestimmten Klasse, z.B. Erstkläßler, Drittkläßler*

kla|stisch ⟨Adj., o.Steig.⟩ *durch Zertrümmerung anderer Gesteine entstanden; ~es Sediment* [< griech. *klasis* „das Brechen, Zerbrechen", zu *klan* „brechen, zerbrechen"]

Kla|ter ⟨m.14; nddt.⟩ 1 *Schmutz, Unrat, Abfall* 2 *Lumpen, zerrissenes Kleid*

kla|te|rig, klä|te|rig ⟨Adj.; nddt.⟩ *armselig, heruntergekommen* [zu *Klater*]

Klatsch ⟨m.1⟩ 1 *klatschendes Geräusch* 2 ⟨nur Sg.⟩ *Gerede, Geschwätz (meist über andere), Reden über die persönlichen Angelegenheiten anderer; K. erzählen, verbreiten*

Klatsch|ba|se ⟨f.11; ugs.⟩ *Frau, die gerne Klatsch verbreitet;* Syn. ⟨derb⟩ *Klatschweib*

Klat|sche ⟨f.11⟩ 1 *einfaches Gerät aus einem an einem Stil befestigten, elastischen Blatt zum Schlagen* (Fliegen~) 2 ⟨ugs.⟩ *klatschhafte Person, Person, die oft klatscht* [→ *klatschen (I,4 und IV)*]

klat|schen ⟨V.1, hat geklatscht⟩ I ⟨o.Obj.⟩ 1 *die Hände immer wieder zusammenschlagen (als Zeichen der Zustimmung, Freude, des Beifalls); die Zuhörer klatschten begeistert, lange; in die Hände k. die Hände zusammenschlagen* 2 *heftig mit einem weichen Gegenstand schlagen; mit der Serviette auf den Tisch, an die Fensterscheibe k.* 3 *mit einem Klatsch fallen; die Regentropfen klatschten ans Fenster* 4 ⟨übertr.⟩ *über andere Leute reden; sie klatscht gern; über andere k.* II ⟨mit Dat.⟩ *jmdm. eine Körperstelle k. jmdm. laut mit der flachen Hand auf eine Körperstelle schlagen; jmdm. auf die Schenkel k.* ⟨vor Vergnügen⟩; *einer Frau auf den Hintern k.* III ⟨mit Akk.⟩ 1 *durch Zusammenschlagen der Hände ausdrücken; Beifall k.* 2 *durch Zusammenschlagen der Hände regeln, bezeichnen; den Takt k.* 3 *mit einem Klatsch werfen; einen Gegenstand an die Wand k.* IV ⟨mit Dat. und Akk.⟩ 1 *jmdm. etwas k.* ⟨Schülerspr.⟩ → *petzen* 2 *jmdm. eine k.* ⟨ugs.⟩ *jmdm. eine Ohrfeige geben*

klat|sche|naß ⟨Adj.⟩ → *klatschnaß*

klat|sch|haft ⟨Adj., -er, am -esten⟩ *viel und gerne klatschend* (I,4)

Klatsch|maul ⟨n.4; ugs.⟩ *jmd., der (auf unangenehme Weise) oft und viel Klatsch verbreitet*

Klatsch|mohn ⟨m., -(e)s, nur Sg.⟩ *rot blühender, u.a. als Unkraut auf Feldern wachsender Mohn* [vermutl., weil man bei den Blütenblättern, wenn man sie auf die Faust legt und daraufschlägt, ein klatschendes Geräusch erzeugen kann]

klatsch|naß ⟨Adj., o.Steig.; ugs.⟩ *völlig durchnäßt;* auch: *klatschenaß, klitschnaß*

Klatsch|nest ⟨n.3⟩ *Ort, an dem gern viel geklatscht (I,4) wird*

Klatsch|spal|te ⟨f.11; ugs.⟩ *Textteil einer Zeitung, in dem über gesellschaftlichen Klatsch berichtet wird*

klatsch|süch|tig ⟨Adj.⟩ *sehr klatschhaft*

Klatsch|weib ⟨n.3; ugs., derb⟩ → *Klatschbase;* ⟨auch für Männer gebraucht⟩ *er ist ein K.*

Klau ⟨f.10; Seew.⟩ *gabelförmiges Endstück der Gaffel* [nddt., zu *Klaue*]

klau|ben ⟨V.1, hat geklaubt; mit Akk.⟩ *sorgfältig oder mühsam (mit zwei Fingern) heraussuchen; die besten Beeren aus der Schüssel k.; Papierschnitzel vom Teppich k.; Worte k.* ⟨übertr.⟩ *Worte allzu genau auslegen, kleinlich im ganz wörtlichen Sinn verstehen und benutzen; wir wollen keine Worte k., sondern den Satz so verstehen, wie er gemeint ist*

Klaue ⟨f.11⟩ 1 ⟨bei Wiederkäuern und beim Schwein⟩ *hörnerne Umkleidung der Zehe* 2 ⟨bei Haarraubwild und bei Greifvögeln⟩ *Zehe mit Krallen* 3 *Greifwerkzeug* 4 ⟨ugs.⟩ *Hand; etwas in die ~n bekommen; etwas nicht aus den ~n lassen* 5 ⟨nur Sg.; ugs.⟩ *schlechte Schrift; er hat, schreibt eine fürchterliche K.* [< ahd. *chlawa* „Klaue, Kralle"]

klau|en ⟨V.1, hat geklaut; ugs.⟩ → *stehlen*

Klau|en|fett, Klau|en|öl ⟨n.1⟩ *durch Auskochen der Klauen von Rindern, Schafen oder von Pferdefüßen gewonnenes, technisches Öl*

Klau|en|seu|che ⟨f., -, nur Sg.⟩ → *Maul- und Klauenseuche*

Klau|se ⟨f.11⟩ 1 *kleines Zimmer, in dem man ungestört ist* 2 *Zelle, Einsiedelei* 3 *Talenge, Engpaß* 4 *Teilfrucht (von Rauhblattgewächsen, Lippenblütlern)* [< mlat. *clausa* „Einsiedelei, Einfriedung, Zaun, Damm", < lat. *clausus* „geschlossen", zu *claudere* „schließen"]

Klau|sel ⟨f.11⟩ *einschränkende, vorbehal-*

tende Nebenbestimmung (in Verträgen) [< lat. *clausula* „Schlußsatz, Schlußworte", als juristischer Fachausdruck „Schlußformel eines Gesetzes", überhaupt „Gesetzesformel", zu *claudere* „schließen"]

Klaus|ner 〈m.5〉 Bewohner einer Klause (2), Einsiedler

Klau|stro|phi|lie 〈f., -, nur Sg.; Psych.〉 Neigung, sich abzusondern und einzuschließen [< lat. *claustrum* „geschlossener Raum, Käfig" (zu *claudere* „(ver)schließen") und griech. *philia* „Liebe, Zuneigung"]

Klau|stro|pho|bie 〈f., -, nur Sg.; Psych.〉 Furcht vor dem Aufenthalt in geschlossenen Räumen [< lat. *claustrum* „geschlossener Raum, Käfig" (zu *claudere* „(ver)schließen") und *Phobie*]

Klau|sur 〈f.10〉 **1** 〈nur Sg.〉 Einsamkeit, Abgeschlossenheit; in K. leben **2** 〈in Gebäuden〉 Bereich, dessen Betreten Außenstehenden verboten ist **3** Prüfungsarbeit in einem Raum allein oder zu mehreren unter Aufsicht; eine K. schreiben [< lat. *clausura* „Verschluß, Schloß", zu *claudere* „verschließen"]

Kla|vi|a|tur 〈f.10〉 **1** 〈bei Tasteninstrumenten〉 Gesamtheit der Tasten **2** 〈übertr., ugs.〉 Gesamtheit, Vielfalt von Möglichkeiten, Fähigkeiten; er beherrscht die K. der Rhetorik

Kla|vi|chord 〈[-kɔrd] n.1〉 kleines Tasteninstrument, bei dem die Saiten durch Metallplättchen angeschlagen werden; auch: *Clavichord* [< lat. *clavis* „Schlüssel" (→ *Klavier*) und griech. *chorde* „Darm, Darmsaite"]

Kla|vier 〈n.1〉 Tasteninstrument, bei dem die Saiten von Filzhämmern angeschlagen werden; Syn. Hammerklavier [< lat. *clavis* „Schlüssel"; in der mittelalterlichen Musik wurde jede Tonstufe mit einem Buchstaben bezeichnet und hieß *clavis* „Schlüssel"; diese Schlüssel wurden oft auf die Tasten der Orgel geschrieben, so daß dann auch die Taste selbst mit *clavis* bezeichnet wurde; das *Klavier* (als verkürzte Form von *Klaviatur*) bezeichnete anfangs die „Gesamtheit der *claves*, der Tasten"]

Kla|vier|aus|zug 〈m.2〉 für Klavier umgesetzte Partitur (eines Orchesterwerkes)

Kla|vier|quar|tett 〈n.1〉 **1** Musikstück für Klavier und drei Streichinstrumente, meist Violine, Viola und Violoncello **2** dessen Spieler

Kla|vier|quin|tett 〈n.1〉 **1** Musikstück für Klavier und vier Streichinstrumente, meist 2 Violinen, Viola und Violoncello **2** dessen Spieler

Kla|vier|trio 〈n.9〉 **1** Musikstück für Klavier und zwei Streichinstrumente, meist Violine und Violoncello **2** dessen Spieler

Kla|vi|zim|bel 〈n.5; eindeutschende Form von〉 *Clavicembalo*, → *Cembalo*

Kle|be 〈f., -, nur Sg.〉 **1** 〈ugs.〉 → *Klebstoff* **2** 〈Fußb., ugs.〉 kraftvolles Schußbein; linke K.

Kle|be|bin|dung 〈f.10〉 Buchbindeverfahren, bei dem die zusammengetragenen Buchbogen am Rücken beschnitten und mit Klebstoff bestrichen werden

kle|ben 〈V.1, hat geklebt〉 **I** 〈o.Obj.〉 **1** fest an etwas hängen, haftenbleiben, haften; die Briefmarke klebt (nicht); das Etikett klebt gut, schlecht; an der Mauer klebt ein Plakat; bei der Hitze k. einem die Kleider am Leib; die Zunge klebt mir am Gaumen (vor Durst); er klebt am Herkömmlichen, am Alten und kann sich vom Herkömmlichen, vom Alten nicht lösen **2** klebrig sein; meine Hände k. **II** 〈mit Akk.〉 mittels Klebstoff befestigen; ein Plakat an die Wand k.; ein Etikett auf eine Flasche k.; Fotos in ein Album k. **III** 〈mit Dat. und Akk.〉 jmdm. eine k. 〈ugs.〉 *jmdm. eine Ohrfeige geben*

kle|ben|blei|ben 〈V.17, ist klebengeblieben; o.Obj.〉 **1** haftenbleiben, fest hängenbleiben; von dem abgerissenen Plakat sind einige Reste klebengeblieben **2** 〈übertr., ugs.〉 *(in der Schule) nicht versetzt werden*

Kle|ber 〈m.5〉 **1** → *Klebstoff* **2** klebriger Eiweißstoff im Getreidekorn, auf dem die Backfähigkeit des Mehls beruht; Syn. Gluten

kleb|rig 〈Adj.〉 **1** so beschaffen, daß es klebt **2** 〈ugs.〉 widerwärtig, unangenehm, zwielichtig; ~er Typ

Kleb|stoff 〈m.1〉 in Flüssigkeit gelöster Stoff, der zwischen zwei Oberflächen erhärtet und diese miteinander verbindet (klebt); Syn. Kleber, 〈ugs.〉 Klebe

kle|cken 〈-k·k-; V.1; o.Obj.〉 **1** 〈ist gekleckt; †〉 → *kleckern* **2** 〈hat gekleckt; landsch.〉 vorwärtsgehen, gut vonstatten gehen; es kleckt; die Arbeit kleckt

Klecker|kram 〈-k|k-; m., -s, nur Sg.; ugs.〉 Folge, Zusammenhang von kleinen, unbedeutenden Teilen oder Handlungen, die bzw. der kein sinnvolles Ganzes ergibt

kleckern 〈-k|k-; V.1, ugs.〉 **I** 〈o.Obj.〉 **1** 〈ist gekleckert〉 tropfen, in Tropfen fallen; auch: *klecken*; die Soße kleckert vom Löffel aufs Tischtuch **2** 〈ist gekleckert; übertr., ugs.〉 langsam und in Abständen vorangehen, vonstatten gehen, langsam aufeinander folgen; die Beiträge, Aufträge k. nur; die Arbeit kleckert **3** 〈hat gekleckert〉 Flecken machen, flüssige Speise tropfen lassen; er hat sich aufs Hemd gekleckert **II** 〈mit Akk.; hat gekleckert〉 tropfen lassen; gekleckerte keine Soße aufs Tischtuch!; er hat sich Ei aufs Hemd gekleckert

klecker|wei|se 〈-k|k-; Adv.; ugs.〉 in kleinen Mengen, mit Unterbrechungen

Klecks 〈m.1〉 **1** Fleck, der durch eine Flüssigkeit verursacht wurde (Farb~, Tinten~) **2** kleine Menge von einer Masse; ein K. Honig

kleck|sen 〈V.1, hat gekleckst; o.Obj.〉 **1** Kleckse machen; paß auf, daß du nicht kleckst! **2** zuviel Flüssigkeit fließen lassen; der Füller, der Kuli kleckst **3** 〈übertr., abwertend〉 schlecht malen; diese geklecksten Bilder

Kleck|se|rei 〈f.10〉 **1** dauerndes Klecksen **2** 〈ugs.〉 schlecht gemaltes Bild

kleck|sig 〈Adj.〉 mit Klecksen versehen, aus Klecksen bestehend

Kleck|so|gra|phie 〈f.11; in psycholog. Tests〉 ungegenständliche Bild aus Klecksen, aus denen Gegenstände zu deuten sind [< *Klecks* und *...graphie*]

Kle|da|ge 〈-ʒə〉, **Kle|da|sche** 〈f., -, nur Sg.; nord-, mdt.; ugs.〉 Kleidung

Klee 〈m., -s, nur Sg.〉 Schmetterlingsblütler mit runden Blütenköpfen und drei-, selten auch vierzähligen Blättern (Rot~, Weiß~)

Klee|blatt 〈n.4〉 **1** Blatt des Klees; vierblättriges K. selten auftretende Form des Klees, die als Glücksbringer gilt **2** 〈übertr., ugs.〉 Gruppe von drei Personen, die die gleichen Interessen oder Ziele haben (oft in negativem Sinne)

Klee|salz 〈n., -es, nur Sg.〉 u.a. in Rhabarber, Spinat und Sauerklee vorkommendes Kaliumoxalat (zum Entfernen von Rost- und Tintenflecken verwendet)

Klee|säu|re 〈f., -, nur Sg.〉 → *Oxalsäure*

Klei 〈m., -(e)s, nur Sg.〉 fetter, tonreicher Boden, Marschboden [nddt., zu *kleben*]

Klei|ber 〈m.5〉 oberseits graublauer, unterseits rostroter Singvogel mit kräftigem, keilförmigem Schnabel; Syn. 〈veraltend〉 Spechtmeise [zu mundartl. *kleiben*, „kleben", weil er von Spechten gezimmerte Nisthöhlen auf die für ihn passende Größe mit Lehm verklebt]

Kleid 〈n.3〉 **1** Oberbekleidungsstück für Frauen (das den Rumpf und die Beine ganz oder zum Teil bedeckt) (Abend~, Sommer~, Woll~); ein kurzes, langes, neues K. **2** 〈Pl.〉 ~er Kleidung; abends die ~er ablegen; ich bin die ganze Nacht nicht aus den ~ern gekommen **3** 〈nur Sg.〉 Uniform, Tracht (Or-dens~) **4** 〈nur Sg.〉 Gefieder (Feder~) **5** 〈nur Sg.; bei manchen Tieren〉 Fell (Haar~, Winter~)

klei|den 〈V.2, hat gekleidet〉 **I** 〈mit Akk.〉 **1** jmdn. oder sich k. **a** mit Kleidung versorgen; sie ernährt und kleidet das Kind **b** in bestimmter Weise mit Kleidung ausstatten, bestimmte Kleidung tragen (lassen); sich, ein Kind geschmackvoll, sauber k.; sie kleidet sich nach der Mode; stets gut gekleidet sein; jmdn., sich in Rot k. **2** jmdn. k. zu jmdm. passen, jmdn. hübsch aussehend machen; das Rot, die Mütze kleidet dich gut, kleidet dich nicht **II** 〈mit Präp.obj.〉 etwas in etwas k. etwas auf bestimmte Weise ausdrücken; etwas Unangenehmes in eine freundliche Form, in freundliche Worte k.; einen Gedanken in eine Fabel k.

Klei|der|bad 〈n.4〉 chemische Reinigung nur leicht verschmutzter Kleidungsstücke

Klei|der|mot|te 〈f.11〉 Kleinschmetterling, dessen Raupe von hornhaltigen Fasern lebt

Klei|der|re|chen 〈m.7〉 Brett mit Haken oder senkrecht nach oben stehenden kleinen Stangen (das an der Wand befestigt wird, zum Aufhängen von Kleidung)

kleid|sam 〈Adj.〉 jmdn. gut kleidend, jmdm. gut zu Gesicht stehend; ein ~er Mantel **Kleid|sam|keit** 〈f., -, nur Sg.〉

Klei|dung 〈f., -, nur Sg.〉 Gesamtheit der bedeckenden Hüllen, die jmd. am Körper trägt; warme, leichte, sommerliche, winterliche, festliche K.; viel, wenig Wert auf seine K. legen

Klei|dungs|stück 〈n.1〉 einzelnes Teil der Kleidung

Kleie 〈f., -, nur Sg.〉 Getreidehüllen, die beim Mahlen zurückbleiben (Viehfutter) [zu *kleben*]

klei|ig 〈Adj., o.Steig.〉 aus Kleie

klein 〈Adj.〉 **1** von geringer Ausdehnung, von geringer Größe; Ggs. groß (1); die ~en und großen Buchstaben des Alphabets; ~e Fahrt 〈Seew.〉 *Fahrt in einem begrenzten Gebiet*; ein ~es Haus; sich k. machen 〈ugs.〉 *sich ducken*; etwas k. schreiben *etwas mit kleinem Anfangsbuchstaben schreiben*; er ist ~er als ich; auf ~stem Raum; den Herd auf k. stellen *auf geringe Temperatur stellen* **2** *jünger*; mein ~er Bruder; die ~en Kinder fahren mit der Bahn **3** *jung, noch nicht ausgewachsen*; ein ~es Pflänzchen; die Katzen sind noch ~; Klein Paul *der kleine Paul*; mit den Kleinen spielen *mit den Kindern spielen*; Kleine und Große *Kinder und Erwachsene*; etwas Kleines erwarten 〈ugs.〉 *ein Kind erwarten*; meine Kleine *meine kleine Tochter*, 〈auch Koseform für〉 *kleines Mädchen*; von k. auf *seit der Kindheit* **4** *wenig Zeit beanspruchend*; eine ~e Pause; eine ~e Rede halten **5** *geringfügig*; ein ~er Fehler; eine ~e Freude; ein ~er Irrtum; ein ~er Unterschied 〈ugs., scherzh.〉 *der Unterschied zwischen den Geschlechtern*; ein ~es bißchen *ein wenig*; bei ~em 〈nord-westdt.〉 *nach und nach*; im Kleinen wie im Großen bei allen Dingen; um ein Kleines 〈geh.〉 *fast, nahezu* **6** *von geringem Wert*; ~es Geld Münzen; einen ~en Gewinn erzielen **7** *bescheiden, einfach*; ein ~er Angestellter; der ~e Mann *der einfache Mensch*; aus ~en Verhältnissen stammen; k. anfangen *auf der untersten Stufe beginnen* **8** *niedergeschlagen, kleinlaut*; k. und häßlich werden 〈ugs.〉 *still und niedergeschlagen werden* **9** *mit geringem (geistigem) Horizont, beschränkt*; ein ~er Geist

Klein 〈n., -(e)s, nur Sg.〉 kurz für: *Gänse-, Hasenklein*

Klein|ar|beit 〈f.10〉 Arbeit, bei der es viele Kleinigkeiten zu beachten gilt; etwas in mühevoller K. erledigen

Klein|bahn 〈f.10〉 Eisenbahnanlage für den örtlichen Bereich (häufig in Schmalspur); Syn. *Lokalbahn*

Klein|bär ⟨m.10⟩ *einem kleinen, langschwänzigen Bären ähnelndes Raubtier (z.B. Nasenbär, Panda, Waschbär)*

Klein|bild|film ⟨m.1⟩ *Film in Kleinformat (meist 24 × 36 mm)*

Klein|buch|sta|be ⟨m.15⟩ *kleiner Buchstabe des Alphabets, z.B. a, f, g; Ggs.* Großbuchstabe

Klein|bür|ger ⟨m.5⟩ **1** ⟨Soziol.⟩ *Angehöriger des unteren Mittelstandes* **2** ⟨abwertend⟩ *Spießer*

klein|bür|ger|lich ⟨Adj.⟩ *in der Art eines Kleinbürgers, spießig*

Klein|bür|ger|tum ⟨n., -s, nur Sg.⟩ *Gesamtheit der Kleinbürger, unterer Mittelstand*

Klein|bus ⟨m.1⟩ *Personenkraftfahrzeug mit acht Sitzplätzen in Spezialkarosserie eines serienmäßig hergestellten Kraftfahrzeugs*

Klein|chen ⟨n., -s, nur Sg.; Koseform für⟩ *Kleiner, Kleines, kleines Kind*

Klein|fa|mi|lie ⟨f.11; Soziol.⟩ *Familie, die nur aus den Eltern und den unverheirateten Kindern besteht; Ggs.* Großfamilie

Klein|gärt|ner ⟨m.5⟩ → *Schrebergärtner*

Klein|geld ⟨n., -(e)s, nur Sg.⟩ *Hartgeld, Münzen;* das nötige K. nicht haben ⟨ugs., scherzh.⟩ *nicht genug Geld haben*

klein|gläu|big ⟨Adj.⟩ *nicht fest glaubend, skeptisch* **Klein|gläu|big|keit** ⟨f., -, nur Sg.⟩

Klein|han|del ⟨m., -s, nur Sg.⟩ *Einzelhandel bescheideneren Zuschnitts*

Klein|heit ⟨f., -, nur Sg.⟩ *kleines Ausmaß, kleiner Umfang*

Klein|hirn ⟨n.1⟩ *zwischen Großhirn und Nachhirn liegender Teil des Gehirns; Syn.* Zerebellum

Klein|holz ⟨n.4⟩ *kleingehacktes Holz;* etwas zu K. machen, schlagen ⟨ugs.⟩ *etwas völlig zerschlagen, zerstören*

Klei|nig|keit ⟨f.10⟩ **1** *Sache von geringem Wert und geringer Bedeutung;* jmdm. eine K. mitbringen; *eine K. bei jedem noch so geringen Anlaß; ich will mich nicht mit ~en aufhalten, sondern die Sache kurz, in großen Zügen erzählen* **2** *Sache von geringem Ausmaß;* nur eine K. essen *nur ein wenig* **3** *Sache, die keine Schwierigkeiten bereitet;* das ist für ihn keine K.; das ist keine K. *das ist ziemlich schwierig;* ⟨auch⟩ *das ist zuviel* **4** *kleines Stück, kleine Strecke;* wir müssen den Schrank noch eine K. nach links rücken

Klein|ka|li|ber ⟨n.13⟩ *Gewehre und Pistolen⟩ Kaliber von 5,6 bis 6 mm*

klein|ka|riert ⟨Adj., -er, am -esten⟩ **1** ⟨o.Steig.⟩ *mit kleinen Karos versehen* **2** ⟨übertr., ugs.⟩ *spießig, beschränkt;* ~e Denkweise; er ist ziemlich k.

Klein|kind ⟨n.3⟩ *Kind vom 3. bis zum 6. Lebensjahr*

Klein|kli|ma ⟨n., -s, -ma|ta⟩ → *Mikroklima*

Klein|kram ⟨m., -(e)s, nur Sg.⟩ *kleine Dinge, kleine Angelegenheiten;* der tägliche ~

Klein|krieg ⟨m.1⟩ **1** *Krieg im Rücken des Feindes mit kleinen Einheiten, Partisanenkampf* **2** *dauernder Streit um Kleinigkeiten*

klein|krie|gen ⟨V.1, hat kleingekriegt; mit Akk.⟩, ugs.⟩ **1** jmdn. k. *jmdn. gefügig machen, zum Nachgeben zwingen, jmds. Willen brechen, jmdn. tief unglücklich machen* **2** etwas k. ⟨scherzh.⟩ *etwas kaputtmachen*

Klein|kunst ⟨f.2⟩ **1** *aus kleinen, kurzen, künstlerischen Darbietungen bestehende Kunst,* ⟨bes.⟩ *Kabarett* **2** *Kunsthandwerk, das kleine Gegenstände herstellt*

Klein|kunst|büh|ne ⟨f.11⟩ *Bühne, die Kleinkunst (1) darbietet; Syn.* Brettl

klein|laut ⟨Adj., -er, am -esten⟩ *unsicher, bescheiden (nach vorhergegangenem Prahlen)*

klein|lich ⟨Adj.⟩ *Kleinigkeiten übertrieben wichtig nehmend, übertrieben genau;* ihr ~ er Mensch; ~ e Auslegung einer Vorschrift; sei nicht so k.! **Klein|lich|keit** ⟨f., -, nur Sg.⟩

klein|ma|chen ⟨V.1, hat kleingemacht; mit Akk.; ugs.⟩ **1** etwas k. **a** *zerkleinern;* Holz k.

b *in Kleingeld wechseln;* können Sie mir den Zehnmarkschein k.? **2** jmdn. k. *jmdn. erniedrigen, demütigen*

Klein|mut ⟨m., -(e)s, nur Sg.⟩ *Mutlosigkeit, Verzagtheit*

klein|mü|tig ⟨Adj.⟩ *verzagt, mutlos* **Klein|mü|tig|keit** ⟨f., -, nur Sg.⟩

Klein|od **1** ⟨n., -(e)s, -odi|en⟩ *Juwel, Schmuckstück* **2** ⟨n.1⟩ *Kostbarkeit, etwas Wertvolles;* die Kirche ist ein K. der Barockbaukunst

Klein|ok|tav ⟨n., -s, nur Sg.; Abk.: Kl.-8°⟩ *kleines Oktavformat*

klein|schnei|den ⟨V.125, hat kleingeschnitten; mit Akk.⟩ *in kleine Stücke schneiden;* Gemüse, Fleisch k.

Klein|schrei|bung ⟨f.10⟩ *Schreibung bestimmter Wörter mit kleinem Anfangsbuchstaben; Ggs.* Großschreibung

Klein|staa|te|rei ⟨f., -, nur Sg.⟩ *Zustand des Aufgespaltenseins eines Staatswesens in zahlreiche Kleinstaaten*

Klein|stadt ⟨f.2⟩ *kleine Stadt mit nicht mehr als 20000 Einwohnern*

Klein|städ|ter ⟨m.5; oft abwertend⟩ *Bewohner einer Kleinstadt, Provinzler*

klein|städ|tisch ⟨Adj., o.Steig.⟩ *oft abwertend⟩ zu einer Kleinstadt gehörend, aus einer Kleinstadt stammend, provinziell*

Kleinst|kind ⟨n.3; Amtsdeutsch⟩ *Kind bis zum 2. Lebensjahr*

Klein|vieh ⟨n., -(e)s, nur Sg.; Sammelbez. für⟩ *Ziegen, Schafe, Schweine, Kaninchen und Geflügel; Ggs.* Großvieh

Klein|wa|gen ⟨m.7⟩ *Kraftfahrzeug kleiner Abmessungen (mit Hubraum bis etwa 1000 cm^3)*

klein|win|zig ⟨Adj.⟩ *sehr klein*

Klei|ster ⟨m.5⟩ *wasserlöslicher Klebstoff aus Stärke, Mehl u.a., der mit Wasser verrührt ist*

klei|stern ⟨V.1, hat gekleistert; mit Akk.⟩ **1** *mit Kleister leimen, grob kleben* **2** ⟨ugs.⟩ *sehr dick schmieren, sehr dick auftragen;* Marmelade aufs Brot k.

klei|sto|gam ⟨Adj., o.Steig.⟩ *Kleistogamie aufweisend*

Klei|sto|ga|mie ⟨f., -, nur Sg.⟩ *Selbstbefruchtung mancher zweigeschlechtiger Pflanzen bei noch geschlossener Blüte* [< griech. *kleistos* „geschlossen" (zu *kleis* „Riegel") und *gamein* „heiraten"]

Kle|ma|tis ⟨auch [-ma-] f., -, -⟩ → *Clematis (2)*

Kle|men|ti|ne ⟨f.11⟩ *eine kernlose Mandarinensorte*

Klem|me ⟨f.11⟩ **1** *aus zwei Teilen bestehendes Verbindungselement zum Festhalten loser Teile* **2** ⟨übertr.⟩ *schwierige Lage;* in der K. sitzen

klem|men ⟨V.1, hat geklemmt⟩ **I** ⟨o.Obj.⟩ *sich kaum bewegen lassen, festhängen;* die Tür klemmt **II** ⟨mit Akk.⟩ **1** *fest (an eine Stelle, in etwas) schieben;* Papier in einen Spalt k.; einen Keil unter einen Schrank k.; der Hund klemmte den Schwanz zwischen die Beine; das Monokel ins Auge k.; sich hinter etwas k. *dafür sorgen, daß etwas vorangeht;* sich hinter seine Schulaufgaben k. *seine Schulaufgaben rasch und eifrig erledigen;* sich hinter jmdn. k. ⟨übertr., ugs.⟩ *jmdn. durch Bitten, Zureden etwas von jmdm. zu erreichen suchen* **2** *durch Drücken festhalten;* ein Buch, die Mappe unter den Arm k. **3** *mittels Klammer befestigen;* Klips an den Ohrläppchen k. **4** ⟨übertr., ugs.⟩ *(geringfügig) stehlen;* bei jmdm. eine paar Schachteln Zigaretten k. **III** ⟨refl.⟩ sich k. *sich infolge plötzlichen starken Drucks von zwei Seiten verletzen;* sich den Finger k.

Klem|men|span|nung ⟨f.10⟩ → *Klemmspannung*

Klem|mer ⟨m.5⟩ → *Kneifer*

Klemm|span|nung ⟨f.10⟩ *Spannung an den Klemmen einer elektrischen Spannungsquelle bei geschlossenem äußerem Stromkreis; auch:* Klemmenspannung

Klemp|ner ⟨m.5⟩ *jmd., der Gebrauchsgegenstände und Bauteile aus Blechen herstellt; Syn.* ⟨südwestdt.⟩ Blechner, Flaschner, ⟨bayr.-österr.⟩ Spengler [< *klempern* „Blech hämmern; klappern"]

Klemp|ne|rei ⟨f.10⟩ **1** *Werkstatt eines Klempners* **2** ⟨nur Sg.⟩ *Handwerk eines Klempners*

Kleng|an|stalt ⟨f.10⟩, **Klen|ge** ⟨f.11⟩ *Unternehmen zum Klengen*

klen|gen ⟨V.1, hat geklengt; mit Akk.⟩ *Fichtenzapfen k. durch Wärme die Samen aus Fichtenzapfen lösen* [zu *klingen* nach dem Geräusch]

Klep|per ⟨m.5⟩ *altes, dürres Pferd* [zu *klappern*]

Klep|sy|dra ⟨f., -, -dren; früher⟩ → *Wasseruhr* [< griech. *klepsydra* (zu *kleptein* „heimlich, unbemerkt tun", eigtl. „stehlen") und *hydor* „Wasser"; das Wasser lief kaum merkbar durch eine Verengung des Glases, ähnlich dem Sand bei einer Sanduhr]

Klep|to|ma|ne ⟨m.11⟩ *jmd., der an Kleptomanie leidet*

Klep|to|ma|nie ⟨f., -, nur Sg.⟩ *krankhafter Trieb zum Stehlen* [< griech. *kleptein* „stehlen" und *Manie*]

klep|to|ma|nisch ⟨Adj., o.Steig.⟩ *krankhaft diebisch*

kle|ri|kal ⟨Adj., o.Steig.⟩ *die (kath.) Kirche betreffend, zu ihr gehörig, kirchlich* [zu *Klerus*]

Kle|ri|ka|lis|mus ⟨m., -, nur Sg.⟩ *Bestreben der kath. Kirche, ihren Einfluß auf Staat und Gesellschaft zu stärken*

Kle|ri|ker ⟨m.5⟩ *kath. Geistlicher*

Kle|ri|sei ⟨f., -, nur Sg.; †, auch abfällig⟩ *Klerus*

Kle|rus ⟨m., -, nur Sg.⟩ *Gesamtheit der kath. Geistlichen, Priesterschaft* [lat. *clerus* „Gesamtheit der Geistlichen", < griech. *kleros*, urspr. „Los", dann auch „durch Verlosen oder durch Erbe erhaltener Anteil, Erbbesitz"; die Priester sind die, die den Herrn als Erbbesitz (als *kleros*) haben (5. Buch Mosis, 18,2), und von da ging die Bez. auf den Priesterstand selbst über]

Klet|te ⟨f.11⟩ **1** *purpurn blühender, distelähnlicher Korbblütler mit hakig begrannten Hüllblättern* **2** *dessen borstige Fruchtstände, die sich mit ihren Widerhaken u.a. an Kleidungsstücke heften; Syn.* Klettfrucht; an jmdm. wie eine K. hängen *sich zu stark an jmdn. (als Partner) binden, jmdn. nie allein lassen*

Klet|ten|wur|zel|öl ⟨n., -(e)s, nur Sg.⟩ *als Haarwuchsmittel verwendetes Öl aus Auszügen der Klette*

Klet|ter|ei|sen ⟨n.7⟩ → *Steigeisen*

Klet|ter|gar|ten ⟨m.8⟩ *(natürliche oder künstliche) Felsformation von geringer Höhe, die von Bergsteigern zum Übungsklettern verwendet wird*

klet|tern ⟨V.1, ist geklettert; o.Obj.⟩ **1** *mit Hilfe der Hände und Füße hinauf- oder hinabsteigen;* auf einen Baum, über einen Zaun k.; das Kind ist auf den Tisch, aus dem Bett geklettert; die Pflanze klettert an der Dachrinne in die Höhe; das Eichhörnchen klettert gewandt, flink **2** *mit Hilfe der Hände, Füße und anderer Hilfsmittel einen Berg besteigen;* weiter oben muß man k. **3** ⟨übertr.⟩ *steigen;* die Preise k. immer weiter; das Thermometer ist auf 30 Grad geklettert

Klett|frucht ⟨f.2⟩ → *Klette (2)*

Klet|ze ⟨f.11; bayr.-österr.⟩ *getrocknete Birne*

Klet|zen|brot ⟨n.1; bayr.-österr.⟩ → *Früchtebrot*

Klick ⟨m.1⟩ *kurzes, helles, metallisches Geräusch*

Klicke

Kli|cke ⟨-k|k-; f.11; eindeutschende Schreibung für⟩ *Clique*

kli|cken ⟨-k|k-; V.1, hat geklickt; o.Obj.⟩ **1** *ein helles, metallisches Geräusch von sich geben;* der Apparat klickte **2** ⟨unpersönl., mit „es"⟩ *es klickt ein helles, metallisches Geräusch ertönt*

Kli|cker ⟨-k|k-; m.5; landsch.⟩ → *Murmel*

Kli|ent ⟨m.10⟩ *Kunde (eines Rechtsanwalts)* [< lat. *cliens*, Gen. *clientis*, „Schutzbefohlener, Schützling", zu *clinare* „beugen, neigen", auch „anlehnen"]

Kli|en|tel ⟨f.10⟩ *Gesamtheit der Klienten* [< lat. *clientela* „Verhältnis des Klienten zum Patron, Schutzverwandtschaft", auch „Gesamtheit der Klienten", zu „*Klient*"]

klie|ren ⟨V.1, hat gekliert; o.Obj.; mdt., norddt.⟩ *schlecht, schmierig schreiben*

Klie|ter ⟨m.5; nddt.⟩ *Erdklumpen* [zu *Klut*]

Kliff ⟨n.1⟩ *felsiger, steiler Hang (einer Küste)*

Kli|ma ⟨n., -s, -s oder -ma|ta oder -ma|te⟩ *durchschnittlicher Ablauf der Witterung in einem Gebiet;* heißes, gemäßigtes, trockenes, feuchtwarmes, tropisches K. [< griech. *klima*, eigtl. „Neigung (der Erde gegen die Pole hin)", danach „Himmelsgegend, Gegend, geographische Lage", zu *klinein* „neigen, beugen"]

Kli|ma|an|la|ge ⟨f.11⟩ *Anlage zum Erwärmen, Kühlen und Lüften (eines Raumes)*

kli|mak|te|risch ⟨Adj., o.Steig.⟩ *zum Klimakterium gehörig;* ~e Erscheinungen, Beschwerden

Kli|mak|te|ri|um ⟨n., -s, -ri|en⟩ *Zeit, in der die Tätigkeit der Eierstöcke und die Menstruation aufhören;* Syn. *Klimax, Wechseljahre* [< griech. *klimater* „Stufe, Stufenleiter, Treppe", zu *klimax*, Gen. *klimakos*, „Leiter"]

kli|ma|tisch ⟨Adj., o.Steig.⟩ *das Klima betreffend, zu ihm gehörig;* ein k. günstig gelegener Ort; ~e Schwankungen

kli|ma|ti|sie|ren ⟨V.3, hat klimatisiert; mit Akk.⟩ *einen Raum k. durch Klimaanlage eine annähernd gleichbleibende Temperatur in ihm erzeugen*

Kli|ma|to|gra|phie ⟨f.11⟩ *Beschreibung der verschiedenen Klimata der Erde* [< *Klima* und *...graphie*]

Kli|ma|to|lo|gie ⟨f.11⟩ *Wiss. vom Klima* [< *Klima* und *...logie*]

Kli|max ⟨f.1⟩ **1** *Höhepunkt, höchste Steigerung* **2** → *Klimakterium* **3** *Endzustand der Entwicklung einer Pflanzengesellschaft an ihrem Standort* **4** ⟨Rhetorik⟩ *Übergang vom schwächeren zum stärkeren Ausdruck* [< griech. *klimax* „Leiter", eigtl. „das Angelehnte", zu *klinein* „anlehnen"]

Klim|bim ⟨m., -s, nur Sg.; ugs.⟩ *(unnötiges) Beiwerk, Drum und Dran*

klim|men ⟨V.68, ist geklommen; o.Obj.; geh.⟩ *emporsteigen;* in den Wipfel eines Baumes k.; ans Ufer k.

Klimm|zug ⟨m.2; Turnen⟩ *Hochziehen des hängenden Körpers durch Beugen der Arme*

Klim|per|ka|sten ⟨m.8; ugs., scherzh.⟩ *Klavier*

klim|pern ⟨V.1, hat geklimpert; o.Obj.⟩ **1** *wiederholt ein helles, metallisches Geräusch machen;* mit Geld klimpert im Kasten, in der Tasche; mit den Münzen in der Tasche k. **2** *spielerisch oder stümperhaft ein Tasten- oder Zupfinstrument spielen;* er spielt nicht richtig, er klimpert nur

Klin|ge ⟨f.11; bei Messern, Hiebwaffen u.a.⟩ *flacher, aus Metall bestehender Teil (mit der Schneide)* [zu *klingen*]

Klin|gel ⟨f.11⟩ *Gerät zum Klingeln;* elektrische K.

Klin|gel|beu|tel ⟨m.5⟩ *an einem langen Stab befestigter Beutel, mit dem während des Gottesdienstes Almosen eingesammelt werden*

klin|geln ⟨V.1, hat geklingelt; o.Obj.⟩ **1** *die Klingel betätigen, in Bewegung setzen;* bitte k. Sie, wenn Sie etwas brauchen; an jmds. Tür k. **2** ⟨unpersönl., mit „es"⟩ *es klingelt die Klingel ertönt;* es klingelt zum Beginn der Vorstellung, zum Ende der Pause

klin|gen ⟨V.69, hat geklungen; o.Obj.⟩ **1** *(meist angenehme) Töne, Klänge von sich geben;* die Gläser k. beim Anstoßen; fröhliche Stimmen klangen aus dem Fenster **2** *tönen, als Klang zu hören sein;* ein Ruf klang durch das Tal; es klingt mir in den Ohren ich höre ein singendes, summendes Geräusch in den Ohren **3** *einen bestimmten Klang haben;* das Klavier klingt gut, klingt verstimmt; seine Stimme klingt warm, ernst, ruhig, erregt; ~er Reim → *Reim* **4** *beim Angehörtwerden einen bestimmten Eindruck erwecken;* das klingt ja, als wärest du unzufrieden; das klingt ganz nach meiner Schwester ⟨ugs.⟩ *das könnte meine Schwester gesagt haben;* die Musik klingt wie eine Sinfonie von Mozart

Kling|stein ⟨m.1⟩ → *Phonolith*

Kli|nik ⟨f.10⟩ **1** → *Krankenhaus* **2** *Unterricht (der Medizinstudenten) am Krankenbett* [< griech. *klinike techne* „Heilkunde am Krankenbett", zu *kline* „Lager, Bett"]

Kli|ni|ker ⟨m.5⟩ **1** *in einer Klinik tätiger Arzt* **2** *Student in der klinischen Ausbildung*

Kli|ni|kum ⟨n., -s, -ken oder -ka⟩ **1** *Hauptteil der ärztlichen Ausbildung im Krankenhaus* **2** *Großkrankenhaus, Komplex von mehreren Kliniken*

kli|nisch ⟨Adj., o.Steig.⟩ **1** *zur Klinik gehörig;* moderne ~e Ausrüstung **2** *in der Klinik (stattfindend)* ~e Ausbildung; die ~en Semester; ~e Behandlung **3** *ärztlich feststellbar oder festgestellt;* ~er Tod Aussetzen von Herzschlag, Atmung und Kreislauf (solange noch Wiederbelebungsversuche möglich sind)

Klin|ke ⟨f.11⟩ **1** ⟨kurz für⟩ → *Türklinke;* Besucher gaben einander die K. in die Hand *die Besucher kamen in ständiger Folge;* jmdm. die K. in die Hand drücken ⟨übertr.⟩ *zum Gehen veranlassen;* ~n putzen ⟨übertr., ugs.⟩ *von Tür zu Tür gehen und etwas verkaufen wollen oder für etwas werben* **2** *Sperr- oder Schalthebel* [zu *klingen*, wegen des Geräuschs]

klin|ken ⟨V.1, hat geklinkt; o.Obj.⟩ *die Klinke drücken;* an der (verschlossenen) Tür k.

Klin|ker ⟨m.5⟩ *sehr harter Ziegelstein* [ndrl., zu *klinken* „klingen, tönen", nach dem hellen Klang, den der Stein von sich gibt, wenn man darauf klopft]

Klin|ker|boot ⟨n.1⟩ *Boot mit dachziegelartig übereinandergreifenden Planken*

Kli|no|chlor [-klor] ⟨n.1⟩ → *Chlorit* [< griech. *klinein* „sich neigen, beugen" und *Chlor*]

Kli|no|me|ter ⟨n.5⟩ **1** *Gerät zum Messen der Neigung gegen den Horizont (für Schiffe und Flugzeuge)* **2** *magnetisches Gerät zum Feststellen von Gesteinsschichtungen* [< griech. *klinein* „sich neigen, beugen" und *...meter*]

Kli|no|mo|bil ⟨n.1; veraltend⟩ *Auto mit klinischer Ausrüstung* [< *Klinik* und *Automobil*]

Kli|no|stat ⟨m.12 oder m.10⟩ *Gerät zum Untersuchen des Geotropismus von Pflanzen* [< griech. *klinein* „sich neigen, beugen" und *statos* „stehend"]

Klin|se, Klin|ze ⟨f.11; landsch.⟩ *Ritze, Spalte;* auch: *Klunse*

Klipp ⟨m.9⟩ auch: *Clip* **1** *Klemme (z.B. am Füllfederhalter)* **2** *anklemmbarer Ohrschmuck* (Ohr~)

Klip|pe ⟨f.11⟩ **1** *aus dem Meer ragender Felsen;* die ~n umschiffen; an den ~n zerschellen **2** ⟨übertr.⟩ *(verborgene) Schwierigkeit;* er kam an allen ~n der Prüfung glücklich vorbei

Klip|per ⟨m.5⟩ **1** *schnelles Segelboot* **2** *Langstrecken-Verkehrsflugzeug* [< engl. *clipper* „schnelles Segelboot", zu *to clip* „schneiden, teilen", auch „sich rasch bewegen" sowie früher „vom Stapel laufen" und damit das Wasser schneiden, teilen]

Klipp|fisch ⟨m.1⟩ *entgräteter, getrockneter Kabeljau* [er wurde ursprünglich auf den *Klippen* getrocknet]

Klipp|schlie|fer ⟨m.5⟩ → *Schliefer* (2)

Klipp|schu|le ⟨f.11; meist abfällig⟩ **1** *Elementarschule* **2** *Schule ohne besondere Ansprüche*

Klips ⟨m.1⟩ *breite Federklemme (zum Festhalten des Haars beim Frisieren oder Trocknen)*

klir|ren ⟨V.1, hat geklirrt; o.Obj.⟩ *ein helles, hartes, anhaltendes Geräusch (wie von zerbrechendem Glas, angeschlagenem Metall) von sich geben;* die Gläser klirrten im Schrank bei der Erschütterung; das Eis klirrte unter unseren Tritten; die Schallplatte klirrt bei den hohen Tönen; mit den Sporen durch den Raum gehen; ~der Frost, ~de Kälte *eisiger Frost, eisige Kälte*

Klirr|fak|tor ⟨m.13⟩ *Maß für die Verzerrung von Tönen (Klirren) bei akustischen Übertragungen*

Kli|schee ⟨n.9⟩ **1** *Druckstock, Druckbild* **2** ⟨übertr.⟩ *Abklatsch, unschöpferische Nachahmung* **3** ⟨übertr.⟩ *zu oft gebrauchtes, abgegriffenes Wort;* in ~s reden [< frz. *cliché* in ders. Bed., zu *clicher* „abklatschen, auf die Druckplatte übertragen"; die Zischlaute schlecht aussprechen", wahrscheinlich lautmalend]

kli|schie|ren ⟨V.3, hat klischiert; mit Akk.⟩ *etwas k. ein Klischee von etwas herstellen;* ein Foto k.

Kli|stier ⟨n.1⟩ *Einspritzung von Flüssigkeit in den Mastdarm;* Syn. *Klysma* [< griech. *klyster* „Klistierspritze", zu *klyzein* „spülen, plätschern, benetzen, überfluten"]

kli|stie|ren ⟨V.3, hat klistiert; mit Akk.⟩ *jmdn. k. jmdm. ein Klistier geben*

Kli|to|ris ⟨f., -, - oder -to|ri|des [-de:s]⟩ *schwellfähiger Teil des weiblichen Geschlechtsorgans am oberen Ende der kleinen Schamlippen;* Syn. *Kitzler* [< griech. *kleitoris*, „kleiner Hügel"]

Kli|tsche ⟨f.11⟩ *kleines, ärmliches Landgut* [< poln. *klitka* „kleine, enge, schlechte Behausung", < altpoln. *kletka* „Schuppen, Scheune"]

klitsche|naß, klitsch|naß ⟨Adj.⟩ → *klatschnaß*

klit|tern ⟨V.1, hat geklittert; mit Akk.⟩ **1** ⟨†, noch landsch.⟩ *spalten* **2** *unschöpferisch zusammenstellen, zusammensetzen;* dieses Geschichtswerk ist nur geklittert **3** *verfälscht darstellen;* geschichtliche Fakten k.

Klit|te|rung ⟨f., -, nur Sg.⟩ **1** *verfälschende Darstellung (Geschichts~)* **2** *zusammengestückeltes historisches oder literarisches Werk*

klit|ze|klein ⟨Adj., o.Steig.; ugs.⟩ *sehr klein*

Kli|vie ⟨[-vjə] f.11⟩ → *Clivia*

Klo ⟨n.9; ugs. kurz für⟩ → *Klosett*

Kloa|ke ⟨f.11⟩ **1** *unterirdischer Abwasserkanal* **2** *bei manchen Tieren gemeinsamer Ausgang von Darm, Harnblase und Geschlechtsorgan* [< lat. *cloaca, cluaca* „Abzugskanal", zu *cluere* „reinigen"]

Kloa|ken|tier ⟨n.1⟩ *eierlegendes Säugetier mit Kloake (heute nur noch Schnabeltier und Ameisenigel)*

Klo|ben ⟨m.7⟩ **1** *dickes Holzscheit, Holzklotz* **2** *kleiner Schraubstock* **3** *unförmiger Gegenstand, unförmiges Gebilde*

Klö|ben ⟨m.7; norddt.⟩ *kuchenähnliches Hefegebäck (mit Rosinen)* [< nddt. *klöben* „spalten", nach der Herstellungsart]

klo|big ⟨Adj.⟩ *grob, plump, unförmig;* ~e Schuhe

Klo|frau ⟨f.10; ugs., kurz für⟩ *Klosettfrau*

klö|hnen ⟨V.1, hat geklöhnt⟩ →

Klon ⟨m.1⟩ *durch ungeschlechtliche Fortpflanzung gezogene Nachkommenschaft* [< griech. *klon* „Zweig, Reis", zu *klan* „brechen, abbrechen"]

klo|nen ⟨V.1, hat geklont; o.Obj.⟩ **1** *sich ungeschlechtlich (durch Senker, Stecklinge) fortpflanzen* **2** *auf ungeschlechtlichem, synthetischem Wege genetisch identische Kopien von Lebewesen und Pflanzen herstellen* [< griech. *klon* „Zweig, Reis, Schößling"]

klö|nen ⟨V.1, hat geklönt; o.Obj.; norddt.⟩ *sich gemütlich unterhalten, zwanglos plaudern;* auch: *klöhnen*

klo|nisch ⟨Adj., o.Steig.⟩ *krampfhaft zuckend* [zu *Klonus*]

Klo|nus ⟨m., -, -nus|se⟩ *rasche, krampfhafte Zuckungen* [< griech. *klonos* „Erregung, heftige Bewegung", zu *klonein* „schütteln, erschüttern, schwingen"]

Kloot ⟨m.12⟩ *mit Blei ausgegossene, ½ kg schwere Holzkugel* [nddt., „Kloß"]

Kloot|schie|ßen ⟨n., -s, nur Sg.⟩ *(in Friesland gespieltes) Eisschießen mit dem Kloot*

Klöp|fel ⟨m.5⟩ *Fäustel (der Steinmetzen)*

Klöp|fel|näch|te ⟨f.2, Pl.⟩ → *Bosselnächte*

klop|fen ⟨V.1, hat geklopft⟩ **I** ⟨o.Obj.⟩ **1** *in regelmäßigen Abständen eine kurze, stoßende Bewegung machen oder spüren lassen; sein Herz klopft (gegen die Rippen); seine Stirn-, Pulsader klopft; der entzündete Finger klopft* **2** *wiederholt ein kurzes, dumpfes Geräusch machen; im Wald klopft ein Specht; der Motor klopft* **3** *mehrmals kurz schlagen;* an die Tür k.; jmd. klopft, es klopft *jmd. schlägt kurz mehrmals an die Tür;* jmdm. auf die Finger k. ⟨übertr.⟩ *jmdm. eine Rüge erteilen* **II** ⟨mit Akk.⟩ **1** *durch Schlagen zerkleinern, säubern oder im Boden befestigen;* Steine k. **2** *durch Schlagen entfernen;* Staub vom Mantel, aus dem Mantel k. **3** *durch Schlagen von Staub befreien;* Betten, Teppiche, Polster k.

klopf|fest ⟨Adj., o.Steig.; bei Kraftstoffen⟩ *fest, sicher gegen Selbstentzündung* **Klopf|fe|stig|keit** ⟨f., -, nur Sg.⟩

Klopf|geist ⟨m.3; im Volksglauben⟩ *sich durch Klopfen bemerkbar machender Geist eines Verstorbenen;* Syn. *Poltergeist*

Klopf|kä|fer ⟨m.5⟩ *in trockenem, altem Holz lebender Käfer, der seinen Geschlechtspartner durch Klopfsignale mit dem Kopf sucht (z.B. die Totenuhr)*

Klop|pe ⟨f., -, nur Sg.; mdt.⟩ *Prügel*

Klöp|pel ⟨m.5⟩ **1** *Stab mit verdicktem Ende, der durch Schlagen an die Glockenwand den Ton erzeugt;* Syn. *Glockenschwengel* **2** *etwa flaschenförmige Garnspule (zum Klöppeln)*

klöp|peln ⟨V.1, hat geklöppelt⟩ **I** ⟨o.Obj.⟩ *von Spulen (Klöppeln) ablaufendes Garn um viele in einem Kissen steckende Nadeln schlingen, so daß ein Geflecht entsteht* **II** ⟨mit Akk.⟩ *auf diese Weise herstellen;* Spitzen, Bänder k.

Klöp|pel|spit|ze ⟨f.11⟩ *durch Klöppeln hergestelltes Geflecht*

klop|pen ⟨V.1, hat gekloppt; mit Akk.; mdt., berlin.⟩ *klopfen;* (in den Wendungen) Griffe k. *die Handhabung des Gewehrs üben;* Skat k. *Skat spielen;* sich k. *sich prügeln*

Klöpp|le|rin ⟨f.10⟩ *Frau, die klöppelt, die Klöppelspitzen herstellt*

Klops ⟨m.1⟩ *kleiner gebratener oder gekochter Kloß aus Hackfleisch;* Königsberger K. *kleiner gekochter Fleischkloß in heller Kapernsoße*

Klops|bra|ten ⟨m.7⟩ → *Hackbraten*

Klo|sett ⟨n.9⟩ *Toilette (mit Wasserspülung);* auch: ⟨ugs.⟩ *Klo* [< engl. *closet* „kleines Zimmer", < *water-closet* „Wasserklosett", zu *close* „geschlossener Raum"]

Klo|sett|frau ⟨f.10⟩ *Frau, die eine öffentliche Toilette in Ordnung hält und das Geld für die Benutzung kassiert;* Syn. *Toilettenfrau*

Kloß ⟨m.2; bes. nord- und mdt.⟩ *Speise aus einer Teigmasse in runder Form* (Fleisch~, Kartoffel~, Semmel~); Syn. ⟨oberdt.⟩ *Knödel;* einen K. im Hals haben *ein ersticktes Gefühl im Hals haben (vor Angst, Aufregung oder unterdrücktem Weinen)*

Kloß|brü|he ⟨f.11⟩ *Brühe, die beim Kochen von Klößen entsteht;* klar wie K. ⟨ugs.⟩ *völlig klar, verständlich*

Klo|ster ⟨n.6⟩ *Gesamtheit der Wohn-, Ritual- und Wirtschaftsgebäude einer von der Außenwelt abgeschlossen lebenden Gemeinschaft von Mönchen oder Nonnen* [< mlat. *claustrum* „Kloster, Einsiedelei, Stadtmauer, Gebirgspaß, Grenze", < lat. *claustrum* „Schloß, Riegel, Bollwerk, Schutzwehr", zu *claudere* „schließen, verschließen"]

Klo|ster|bru|der ⟨m.6⟩ *Mönch ohne Priesterweihe*

Klo|ster|fräu|lein ⟨n.7⟩ *adeliges junges Mädchen, das in einem Kloster erzogen wird*

Klo|ster|schwe|ster ⟨f.11⟩ → *Nonne*

Klotz ⟨m.2⟩ **1** *(unförmiges) dickes, großes Stück* (Holz~); ein K. von einem Mann ⟨ugs.⟩ *ein großer, kräftiger, etwas unbeweglicher, unbeholfener Mann;* er ist für mich ein K. am Bein ⟨ugs.⟩ *er behindert mich in meiner Bewegungs-, Entscheidungsfreiheit* **2** ⟨kurz⟩ *Bauklotz;* mit Klötzen spielen, bauen **3** ⟨übertr., ugs.⟩ *flegelhafter Kerl;* ein grober K.; auf einen groben K. gehört ein grober Keil *auf eine grobe Bemerkung gibt man eine grobe Antwort*

klot|zen ⟨V.1, hat geklotzt; o.Obj.; ugs.⟩ **1** *mit großem Einsatz, mit allen Mitteln beginnen* **2** *laut, wichtigtuerisch auftreten* **3** *hart arbeiten*

klot|zig ⟨Adj.⟩ **1** ⟨abwertend⟩ *wie ein Klotz;* ein ~es Haus **2** ⟨als Adv.; ugs.⟩ *viel, sehr;* k. verdienen; er ist k. reich

Klub ⟨m.9⟩ auch: *Club* **1** *Vereinigung von Personen zur Pflege bestimmter Interessen* **2** *dessen Räume* [< engl. *club* „Keule, dicker Stock, Klumpen, Knoten; Vereinigung von Personen, Summe von Beiträgen"; ein Klub ist also eigtl. eine dicht zusammengeschlossene Masse von Personen]

Klub|gar|ni|tur ⟨f.10⟩ *zusammenpassende Gruppe von Polstermöbeln: Couch und mehrere Sessel*

Klub|ses|sel ⟨m.5⟩ *bequemer Polstersessel*

kluck|en ⟨-k|k-; V.1, hat gekluckt⟩ → *glukken*

Klucker ⟨-k|k-; m.5; Nebenform von⟩ *Klikker*

Kluft¹ ⟨f.2⟩ **1** *tiefe Spalte (im Gestein)* **2** ⟨übertr.⟩ *unüberbrückbarer Gegensatz* [zu *klaffen*]

Kluft² ⟨f., -, nur Sg.; ugs.⟩ *Anzug, Kleidung, Uniform* (Arbeits~) [< rotw. *Kluft* „Kleid", < *Klaffot* „Kleid", < hebr. *qəlippā* „Schale, Rinde"]

klüf|tig ⟨Adj.; Bgb., Geol.⟩ → *zerklüftet*

klug ⟨Adj., klüger, am klügsten⟩ **1** *gescheit, einsichtsvoll, intelligent;* der Klügere gibt nach; ein ~er Kopf; aus etwas nicht k. werden *jmds. Handlungsweise, Verhalten nicht verstehen* **2** *gelehrig, verständig;* ein ~er Hund *geschickt, diplomatisch, überlegt;* ein ~er Rat; ~es Vorgehen **Klug|heit** ⟨f., -, nur Sg.⟩

klü|geln ⟨V.1, hat geklügelt; o.Obj.⟩ *scharf, sorgfältig und anhaltend nachdenken, etwas zu ergründen, herauszufinden suchen*

klu|ger|wei|se ⟨Adv.⟩ *aus Klugheit;* k. auf etwas verzichten

klüg|lich ⟨Adv.; veraltend⟩ *wohlweislich, vernünftigerweise;* das würde ich k. sein lassen

klug|re|den ⟨V.2, hat kluggeredet; o.Obj.⟩ *alles besser wissen, scheinbar klug daherreden;* Syn. ⟨ugs.⟩ *klugschnacken,* ⟨derb⟩ *klugscheißen;* er fällt einem auf die Nerven, weil er dauernd nur klugredet

Klug|red|ner ⟨m.5⟩ *jmd., der klugredet;* Syn. ⟨ugs.⟩ *Klugschnacker,* ⟨derb⟩ *Klugscheißer*

klug|schei|ßen ⟨V.109, hat kluggeschissen; derb⟩ → *klugreden*

Klug|schei|ßer ⟨m.5; derb⟩ → *Klugredner*

klug|schnacken ⟨-k|k-; V.1, hat kluggeschnackt; ugs.⟩ → *klugreden*

Klug|schnacker ⟨-k|k-; m.5; ugs.⟩ → *Klugredner*

Klump ⟨m.1 oder m.2; derb⟩ *Klumpen, ungeformte Masse;* ein Auto zu K. fahren *ein Auto durch Unfall völlig zerstören*

Klum|patsch ⟨m.1; derb⟩ **1** *Klumpen, breiige Masse, Haufen* **2** *Zeug;* was soll ich mit dem K. anfangen?

klum|pen ⟨V.1, hat geklumpt; o.Obj.⟩ *sich zu Klümpchen, zu Klumpen zusammenballen;* Mehl klumpt leicht beim Anrühren; Blut klumpt (unter bestimmten Bedingungen)

Klum|pen ⟨m.7⟩ **1** *zusammenhängende Masse ohne feste Form* (Erd~, Gold~) **2** ⟨rhein.⟩ *Holzschuhe*

klüm|pe|rig ⟨Adj.; landsch.⟩ *Klümpchen enthaltend*

Klumpf|fuß ⟨m.2⟩ *(meist angeborene) Fußmißbildung bei einwärts gedrehtem Fuß mit nach oben gedrehter Sohle*

klum|pig ⟨Adj.⟩ **1** *in der Art eines Klumpens;* ~e Schuhe **2** *Klumpen enthaltend;* ein ~er Pudding

Klün|gel ⟨m.5⟩ *Gruppe von Personen, die sich gegenseitig zum Nachteil anderer unterstützt* [< mhd. *klunkelin* „kleines Knäuel", zu ahd. *chlunga* „Knäuel"]

Klun|ker ⟨f.11 oder m.5; mdt.⟩ **1** *kleine Kugel, Troddel, Klümpchen;* im Grießbrei sind ~n **2** ⟨abwertend⟩ *großer Schmuckstein;* ~n um den Hals tragen

klun|ke|rig ⟨Adj., o.Steig.⟩ *mit Klunkern versehen*

Klun|se ⟨f.11⟩ → *Klinse*

Klup|pe ⟨f.11⟩ **1** *Werkzeug zum Gewindeschneiden* **2** *Gerät zum Messen des Durchmessers von Baumstämmen* **3** *Werkzeug mit verstellbaren Backen zum Einspannen von Werkstücken* [< mhd. *kluppe* „Zange"]

Klus ⟨f.10⟩, **Klu|se** ⟨f.11; schweiz.⟩ *Engpaß, enges Quertal* [zu *Klause*]

Klü|se ⟨f.11⟩ *Loch in der Schiffswand für Ketten (Ankerklüse) oder Taue* [über das Ndrl. und Mndrl.; < mlat. *clusa* „Klause"]

Klut ⟨f.10; nddt.⟩ *Klumpen, Ballen* [< mnddt. *klut(e)* „Kloß"]

klü|te|rig ⟨Adj.⟩ *voller Kluten*

Klü|ver ⟨m.5⟩ *dreieckiges Segel am Bugspriet* [ndrl.]

Klys|ma ⟨n., -s, -men⟩ → *Klistier* [< griech. *klysma* „Einlauf; Brandung", zu *klyzein* „spülen, plätschern"]

Kly|stron ⟨n., -s, -stro|ne⟩ *spezielle Form der Elektronenröhre zum Erzeugen und Verstärken elektromagnetischer Mikrowellen* [< griech. *klyzein* „spülen, plätschern" und *Elektron*]

km ⟨Zeichen für⟩ *Kilometer*

km² ⟨Zeichen für⟩ *Quadratkilometer*

km³ ⟨Zeichen für⟩ *Kubikkilometer*

km/h, km/st ⟨Zeichen für⟩ *Kilometer je Stunde, Stundenkilometer*

kn ⟨Seew.; Abk. für⟩ *Knoten* (7)

knab|bern ⟨V.1, hat geknabbert⟩ **I** ⟨mit Akk.⟩ *mit rasche Kaubewegungen in kleinen Stückchen essen;* Syn. *knuppern,* Nüsse, Gebäck k. **II** ⟨mit Präp.obj.⟩ an etwas k. *kleine Stückchen von etwas abbeißen;* ein kleines Stück Kuchen k.; die Mäuse haben am Speck geknabbert; an einer Sache k. ⟨übertr., ugs.⟩ *Sorgen mit einer Sache haben;* Syn. *knacken;* daran werden sie noch lange zu k. haben *sie werden noch lange brauchen, bis sie das überwunden haben*

Kna|be ⟨m.11⟩ **1** ⟨geh.⟩ *männliches Kind* **2** ⟨ugs., scherzh.⟩ *Bursche, Mann;* alter K. ⟨als freundschaftlich-vertrauliche Anrede⟩; er ist schon ein älterer Mann

kna|ben|haft ⟨Adj., -er, am -esten⟩ *in der Art eines Knaben;* ein ~es Mädchen; ~es Benehmen (bes. von Mädchen) **Kna|ben|haf|tig|keit** ⟨f., -, nur Sg.⟩

Knabenkraut

Kna|ben|kraut ⟨n.4⟩ *(meist auf feuchten Wiesen wachsende) zu den Orchideen gehörende Staude* [die Wurzelknollen erinnern an die Hoden eines *Knaben*]

Kna|ben|lie|be ⟨f., -, nur Sg.; †⟩ → *Päderastie*

Knäb|lein ⟨n.7; poet.⟩ *kleiner Knabe*

Knack ⟨m.1⟩ *kurzes Knacken*

Knäcke|brot ⟨-k|k-; n.1⟩ *knuspriges Dauerbrot in dünnen Scheiben* [< schwed. *knäckebröd* „Knackbrot", nach dem Geräusch beim Hineinbeißen]

knacken ⟨-k|k-; V.1⟩ **I** ⟨o.Obj.⟩ **1** ⟨hat geknackt⟩ *ein helles, kurzes Geräusch von sich geben (wie von brechendem Holz oder angeschlagenem Metall);* auch: *knacksen;* der alte Schrank knackt von Zeit zu Zeit; Holzscheite k. im Feuer; die Schallplatte knackt oft (weil sie kleine Fehler hat) **2** ⟨ist geknackt; ugs.⟩ *mit einem Knack entzweigehen;* auch: *knacksen;* die Porzellanschale, das Glas ist geknackt **II** ⟨mit Akk.; hat geknackt⟩ **1** *mit einem Knack öffnen, zerschlagen;* Nüsse, Mandeln k. **2** ⟨ugs.⟩ *mit Gewalt öffnen (um den Inhalt oder die Sache selbst zu stehlen);* einen Geldschrank, einen Automaten, ein Auto k. **3** *zwischen den Fingernägeln zerquetschen;* Syn. *knicken;* Läuse, Flöhe k. **III** ⟨mit Präp.obj.; hat geknackt; ugs.⟩ an etwas k. → *knabbern (II)*

Knacker ⟨-k|k-; m.5⟩ **1** → *Knackwurst* **2** ⟨ugs., abwertend⟩ *(alter) Mann;* dieser alte K.

knackig ⟨-k|k-; Adj.⟩ **1** *fest, knusprig, spröde (so daß es beim Daraufbeißen knackt);* ein ~er Salat; ~e Semmeln **2** ⟨ugs.⟩ *fest im Fleisch und anziehend;* ein ~es Mädchen **3** ⟨ugs.⟩ *verlockend, vortrefflich;* ein ~es Angebot **4** ⟨ugs.⟩ *zündend, mitreißend;* ~e Musik

Knack|man|del ⟨f.11⟩ *getrocknete Mandel in der Schale;* auch: ⟨bayr.-österr.⟩ *Krachmandel*

Knacks ⟨m.1⟩ **1** *kurzes, knackendes Geräusch* **2** ⟨ugs.⟩ *Riß, Sprung;* der Teller hat einen K. **3** ⟨übertr.⟩ *gesundheitlicher Schaden;* einen körperlichen, seelischen K. haben

knack|sen ⟨V.1, hat oder ist geknackst⟩ → *knacken (I,1 und 2)*

Knack|wurst ⟨f.2⟩ *kurze, dicke Brühwurst aus fettem Schweinefleisch und Rindfleisch;* Syn. *Knacker*

Knag|ge ⟨f.11⟩, **Knag|gen** ⟨m.7⟩ **1** *stützender hölzerner Bauteil* **2** *Widerlager zum Biegen von Blechen* **3** ⟨an Drehbänken⟩ *Spannbacken* **4** *Vorsprung, Anschlag (einer Welle)* [nddt.]

Knäk|ente ⟨f.11⟩ *kleine Entenart (Männchen mit weißem Bogenstreif über dem Auge)* [nach der Stimme]

Knall ⟨m.1⟩ **1** *kurzer, scharfer, lauter Ton (Explosions~, Peitschen~);* auf K. und Fall *unerwartet, plötzlich, sofort* **2** ⟨ugs.⟩ *Verrücktheit;* einen K. haben *ein bißchen verrückt sein, merkwürdige Ideen haben*

knall... ⟨in Zus.; ugs.⟩ *sehr, äußerst,* z.B. knallhart, knallheiß, knallvoll ⟨bei Farben⟩ *grell...,* z.B. knallgelb, knallrot

knall|blau ⟨Adj., o.Steig.; ugs.⟩ **1** *grellblau* **2** ⟨übertr.; nur mit ~⟩ *sehr betrunken;* er ist k.

Knall|bon|bon ⟨[-bɔŋbɔŋ] n.9, auch m.9⟩ **1** *Papierrolle, die beim Auseinanderreißen einen Knall erzeugt und als Überraschung einen kleinen Gegenstand oder/und Spruch enthält* **2** ⟨ugs.⟩ *besondere Überraschung*

Knall|ef|fekt ⟨m.1; ugs.⟩ *verblüffender Höhepunkt;* ein besonderer K. des Abends; die Geschichte endet mit einem K.; der Geschichte fehlt der K.

knal|len ⟨V.1⟩ **I** ⟨o.Obj.⟩ **1** ⟨hat geknallt⟩ *ein lautes, hartes, kurzes Geräusch machen;* ein Schuß knallt; der Sektkorken knallt; hör auf, sonst knallt's! ⟨ugs.⟩ *sonst bekommst du eine Ohrfeige;* mit der Peitsche k. **2** ⟨hat geknallt; übertr., ugs.⟩ *zu grell sein, zu stark sein, zu intensiv sein;* die Farben k. **3** ⟨ist geknallt; ugs.⟩ *mit einem Knall zerplatzen, zerbrechen;* das Glas ist leider geknallt **4** ⟨ist geknallt⟩ *sich mit einem Knall bewegen;* die Tür knallte ins Schloß **5** ⟨ist geknallt; ugs.⟩ *heftig anstoßen;* mit dem Kopf gegen die Tür, auf das Pflaster k. **II** ⟨mit Akk.; hat geknallt; ugs.⟩ *heftig werfen;* den Hörer auf die Gabel k.; Geld, einen Brief auf den Tisch k.; einen Gegenstand an die Wand k. **III** ⟨mit Dat. und Akk.; hat geknallt⟩ **1** jmdm. eine k. ⟨ugs.⟩ *jmdm. eine Ohrfeige geben* **2** jmdm., einem Tier eins auf den Pelz k. *einen Schuß auf jmdn., auf ein Tier abfeuern*

Knall|erb|se ⟨f.11⟩ **1** → *Schneebeere* **2** *erbsengroßer, harmloser Feuerwerkskörper, der einen Knall erzeugt, wenn man ihn auf den Boden wirft*

Knall|frosch ⟨m.2⟩ *mehrmals explodierender, hüpfender Feuerwerkskörper von grüner Farbe*

Knall|gas ⟨n.1⟩ *Mischung aus Wasser- und Sauerstoff (oder Luft), die bei Zündung explodiert*

knal|lig ⟨Adj.; ugs.⟩ *grell, aufdringlich;* ~e Farben

Knall|kopf ⟨m.2; ugs.⟩ *Dummkopf, jmd., der eine Sache falsch macht oder gemacht hat*

knapp ⟨Adj.⟩ **1** *nur in geringen Mengen vorhanden;* ~es Einkommen; die Zeit ist k.; nicht zu k. ⟨ugs.⟩ *reichlich, genug* **2** *gerade genug, gerade noch ausreichend;* eine ~e Mehrheit; mit ~er Not gerade k.; das war k.! ⟨ugs.⟩ *das hat gerade noch ausgereicht, ist gerade noch gut gegangen* **3** ⟨bei Zahlenangaben⟩ *nicht ganz, kaum;* k. ein Liter; ein ~er Liter; in k. drei Stunden; vor k. drei Jahren **4** *dicht, nahe;* es ging k. an einer Katastrophe vorbei **5** ⟨bei Kleidungsstücken⟩ *eng anliegend;* ein ~er Pullover; die Hose sitzt k. **6** *wenig;* in ~en Worten; er antwortete nur k. **7** *gedrängt, nur wenige Worte verwendend;* eine ~e Ausdrucksweise; einen ~en Stil schreiben

Knap|pe ⟨m.11⟩ **1** ⟨früher⟩ *junger Edelmann im Dienst eines Ritters* **2** *Bergmann mit abgeschlossener Lehre*

knapp|hal|ten ⟨V.61; hat knappgehalten; mit Akk.⟩ jmdn. k. *jmdm. (ständig) wenig geben;* Syn. *kurzhalten;* jmdn. mit Geld, mit dem Essen k.

Knapp|heit ⟨f., -, nur Sg.⟩ **1** *das Knappsein (Waren~)* **2** *Kürze, Gedrängtheit;* die K. seines Stils

Knapp|sack ⟨m.2; †⟩ *Reisetasche, Reisesack*

Knapp|schaft ⟨f.10⟩ *zunftartige Vereinigung der Bergleute eines Bergwerks oder Reviers*

knap|sen ⟨V.1, hat geknapst; o.Obj.⟩ *knausern, sparsam, geizig sein;* sie knapst mit allem

Knar|re ⟨f.11⟩ **1** *Instrument, das beim Drehen ein knarrendes Geräusch gibt* **2** ⟨scherzh.⟩ *Gewehr*

knar|ren ⟨V.1, hat geknarrt; o.Obj.⟩ *ein rauhes, reibendes Geräusch von sich geben;* die Tür knarrt; die alten Dielen k.; ~de Stimme

knar|zen ⟨V.1, hat geknarzt; o.Obj.; landsch.⟩ *knarren*

Knast¹ ⟨m.1; nddt.⟩ *knorriges Stück Holz*

Knast² ⟨m., -(e)s, nur Sg.; ugs.⟩ *Gefängnis, Gefängnisstrafe;* K. sitzen; er hat drei Jahre K. bekommen [rotw., < jidd. *knas* „Geldstrafe", zu hebr. *qānas* „bestrafen"]

Kna|ster ⟨m.5⟩ *(schlechter) Tabak;* auch: ⟨†⟩ *Kanaster* [< ndrl. *knaster* (ältere Form: *kanaster*) in ders. Bed., < span. *canasta, canastro* „flacher Binsenkorb" (in dem früher edle Tabake verschickt wurden), < griech. *kanastron* „Körbchen"]

Kna|ster|bart ⟨m.2⟩, **Kna|ste|rer** ⟨m.5; landsch.⟩ *brummiger alter Mann*

Knatsch ⟨m., -(e)s, nur Sg.; landsch.⟩ *Ärger, Unannehmlichkeiten, Aufregung;* laß es sein, es gibt sonst bloß K.

knat|schen ⟨V.1, hat geknatscht; o.Obj.; mdt.; von kleinen Kindern⟩ *nörgelig, weinerlich sein*

knat|schig ⟨Adj.; mdt.; von kleinen Kindern⟩ *nörgelig, weinerlich*

knat|tern ⟨V.1; o.Obj.⟩ **1** ⟨hat geknattert⟩ *wiederholt ein kurzes, knallendes Geräusch von sich geben;* die Fahne knattert im Wind; ein Maschinengewehr, ein Motor knattert **2** ⟨ist geknattert; ugs.⟩ *sich mit einem solchen Geräusch bewegen;* er knatterte (auf dem Motorrad) durch die Straße; Motorräder k. durch die Straßen

Knäu|el ⟨m.5 oder n.5⟩ **1** *zu einer Kugel gerollter Faden (Faden~, Garn~, Woll~);* auch: ⟨mdt.⟩ *Knaul* **2** *formlose Masse (Menschen~);* ein unentwirrbares K.; ein K. Papier; sich zum K. ballen

knäu|eln ⟨V.1, hat geknäuelt, geknäult; refl.; selten⟩ *sich k. sich zusammenballen, sich stauen;* der Verkehr knäuelt, knäult sich an den Kreuzungen

Knauf ⟨m.2⟩ **1** *kugelförmiger Griff (Schirm~, Schwert~)* **2** ⟨Baukunst⟩ → *Kapitell*

Knaul ⟨m.1 oder m.2; mdt.⟩ → *Knäuel (1)*

knau|pe|lig ⟨Adj.; nur als Attr. und mit „sein"; ugs.⟩ *mühsam, schwierig;* auch: *knauplig;* eine ~e Arbeit

knau|peln ⟨V.1, hat geknaupelt; mit Präp.obj.; ugs.⟩ an etwas k. **1** *beharrlich knabbern, kauen;* an einem Knochen k. **2** ⟨übertr.⟩ *sich eingehend, geduldig mit etwas beschäftigen;* an einer Frage, einem Problem, einer Aufgabe k.; an einer Enttäuschung k. *eine Enttäuschung zu überwinden suchen*

knaup|lig ⟨Adj.⟩ → *knaupelig*

Knau|ser ⟨m.5⟩ *knauseriger Mensch*

knau|se|rig ⟨Adj.⟩ *übermäßig sparsam;* auch: *knausrig* **Knau|se|rig|keit** ⟨f., -, Sg.⟩

knau|sern ⟨V.1, hat geknausert; o.Obj.⟩ *übermäßig sparen, sehr sparsam sein;* Syn. *knickern;* sie knausert, wo sie kann; mit dem Geld k. [wahrscheinl. zu mhd. *knuz* „vermessen, hochfahrend", im Sinne von „ungeduldig, hochmütig gegenüber Armen"]

knaus|rig ⟨Adj.⟩ → *knauserig*

knaut|schen ⟨V.1, hat geknautscht; ugs.⟩ **I** ⟨o.Obj.⟩ → *knittern;* der Stoff knautscht **II** ⟨mit Akk.⟩ etwas k. **1** → *knittern* **2** *etwas schlecht zusammenlegen, so daß es Falten bekommt;* Kleider in den Koffer k. *in den Koffer stopfen, so daß sie Falten bekommen*

knaut|schig ⟨Adj.; nur als Attr. und mit „sein"; ugs.⟩ *leicht Falten bekommend;* ~er Stoff

Knautsch|lack ⟨m., -(e)s, nur Sg.⟩ *Nappaleder mit durch Walken erzeugten Falten und einer Schicht aus Kunststofflack*

Knautsch|zo|ne ⟨f.11; bei Kfz⟩ *Bereich im vorderen und hinteren Teil, der bei einem Zusammenstoß den Aufprall mildern soll*

Kne|bel ⟨m.5⟩ **1** *zusammengedrücktes Tuch, Stoffetzen zum Knebeln* **2** *Holzstab, mit dem etwas getragen werden kann;* ein Paket mit dem K. tragen

Kne|bel|bart ⟨m.2; früher⟩ *gedrehter Bart an Kinn und Oberlippe*

kne|beln ⟨V.1, hat geknebelt; mit Akk.⟩ **1** jmdn. k. **a** *jmdm. einen Knebel in den Mund stecken* **b** ⟨übertr.⟩ *jmdn. an der Entfaltung, Wirksamkeit hindern* **2** etwas k. *behindern;* eine Entwicklung, Bestrebungen k.

Kne|be|lung ⟨f., -, nur Sg.⟩ *das Knebeln*

Knecht ⟨m.1⟩ **1** *Mann im Dienst eines Bauern für die groben Arbeiten (Stall~)* **2** *Mann, der im ländlichen Bereich untergeordnete Tätigkeiten ausübt (Fuhr~, Holz~)* **3** ⟨übertr.⟩ *jmd., der sich willen- und kritiklos unterordnet*

knechten ⟨V.2, hat geknechtet; mit Akk.⟩ *unterdrücken, in unfreiem, gefügigem Zustand halten;* ein Volk k.
knechtisch ⟨Adj.⟩ *unterwürfig, kriecherisch*
Knechtschaft ⟨f., -, nur Sg.⟩ *Unfreiheit, Abhängigkeit, Unterdrücktheit;* in der K. leben
Knechtung ⟨f., -, nur Sg.⟩ *das Knechten*
Kneif ⟨m.1⟩ *breites Messer des Gärtners, Sattlers, Schusters;* auch: *Kneip*
kneifen ⟨V.70, hat gekniffen⟩ **I** ⟨mit Akk.⟩ jmdn. k. *jmds. Fleisch zwischen zwei Finger nehmen und zusammendrücken;* jmdn. in den Arm k. **II** ⟨o.Obj. oder mit Akk.⟩ (jmdm.) k. *(jmdm.) zu eng sein und Schmerzen verursachen;* das Gummiband kneift; die Schuhe k. (mich) **III** ⟨o.Obj.; übertr., ugs.⟩ *sich vor etwas drücken, einer Sache ausweichen, etwas nicht tun (wollen, obwohl es erwartet oder verlangt wird);* immer, wenn er etwas tun soll, wenn er Verantwortung übernehmen soll, kneift er
Kneifer ⟨m.5; †⟩ *Brille ohne Bügel, deren Gläser mit einer federnden Brücke auf die Nase geklemmt werden;* Syn. *Klemmer, Zwicker*
Kneifzange ⟨f.11⟩ → *Beißzange*
Kneip ⟨m.1⟩ → *Kneif*
Kneipe ⟨f.11⟩ **1** ⟨urspr.⟩ *Wirtshaus für Diebe, verrufenes Haus* **2** ⟨allg.⟩ *kleines Wirtshaus, einfache Gaststätte* **3** ⟨in student. Verbindungen⟩ *nach festen Regeln ablaufender geselliger Abend mit Trinken und Singen* [< ndrl. *knip* „Falle, Vogelkasten", früher auch „nicht konzessioniertes Hurenhaus", zu mndrl. *knippen* „in die Enge treiben"]
kneipen ⟨V.1, hat gekneipt; o.Obj.⟩ *(in Gesellschaft) viel Alkohol trinken, zechen* [zu *Kneipe*]
kneippen ⟨V.1, hat geneippt; o.Obj.⟩ *eine Kneippkur machen*
Kneippkur ⟨f.10⟩ *Heilbehandlung mit Bädern, Licht, Luft, Bewegung und bestimmter Diät* [nach dem kath. Pfarrer und Naturheilkundigen Sebastian *Kneipp*]
Knesset(h) ⟨f., -, nur Sg.; in Israel⟩ *Parlament*
Knete ⟨f., -, nur Sg.⟩ **1** ⟨ugs.⟩ → *Plastilin* **2** ⟨scherzh.⟩ *Geld*
kneten ⟨V.2, hat geknetet; mit Akk.⟩ **1** *mit den Händen immer wieder drücken;* Teig k. **2** *drückend massieren;* Muskeln, den Körper k. **3** *durch Drücken gestalten;* Figuren (aus Ton, Wachs) k.
Knetmasse ⟨f.11⟩ → *Plastilin*
Knick ⟨m.1⟩ **1** *scharfe Biegung, gefaltete Stelle;* ein K. im Papier; die Straße macht einen K. **2** *angebrochene, angeschlagene Stelle;* das Ei hat einen K.; einen K. in der Linse, in der Optik haben ⟨ugs., scherzh.⟩ *schielen, schlecht sehen* **3** ⟨norddt.⟩ *Hecke*
Knickebein ⟨-k|k-; m.-(e)s, nur Sg.⟩ **1** ⟨in Pralinen, Schokoladeneiern⟩ *leicht alkoholische, cremige Füllung* **2** *Mischgetränk aus Likör, Kognak und rohem Eidotter*
Knickei ⟨n.3⟩ *angeschlagenes Ei*
knicken ⟨-k|k-; V.1⟩ **I** ⟨mit Akk.; hat geknickt⟩ *etwas k.* **1** *einen Knick in etwas machen;* ein Blatt Papier k.; einen Zweig k.; Herzen k. ⟨übertr., ugs., scherzh.⟩ *Mädchen in sich verliebt machen und sie dann allein und unglücklich zurücklassen* **2** ⟨knacken⟩ *Läuse k.* **II** ⟨o.Obj.; ist geknickt⟩ **1** *brechen;* der Stengel (der Blume) knickt leicht; geknickt sein ⟨übertr.⟩ *bedrückt, kleinlaut, enttäuscht sein* **2** *einen Riß, Sprung bekommen;* das Ei ist geknickt
Knicker[1] ⟨-k|k-; m.5; ugs.⟩ *Geizhals*
Knicker[2] ⟨-k|k-; m.5⟩ → *Genickfänger*
Knickerbocker(s) ⟨-k|k-; [nj-] nur Pl.; †⟩ *weite Überfallhose, die unter den Knien mit Bünden geschlossen wird* [nach einer Gestalt aus einem Roman von Washington Irving, urspr. Spitzname der holländ. Siedler in Amerika, die solche Pumphosen trugen]

knickerig ⟨-k|k-; Adj.; ugs.⟩ *übertrieben sparsam, geizig;* auch: *knickrig* **Knickerigkeit** ⟨-k|k-; f., -, nur Sg.⟩
knickern ⟨-k|k-; V.1, hat geknickert; o.Obj.⟩ → *knausern;* am Geld, am Licht k. [zu *abknicken* im Sinne von „abzwicken"]
knickrig ⟨Adj.⟩ → *knickerig*
Knicks ⟨m.1⟩ *Beugen der Knie und Zurücksetzen eines Fußes (als ehrerbietiger Gruß von Frauen und Mädchen)*
knicksen ⟨V.1, hat geknickst; o.Obj.⟩ *einen Knicks machen*
Knickung ⟨-k|k-; f.10⟩ *Knick, geknickte Stelle*
Knie ⟨n., -s, -[kni] oder [knɪə]⟩ **1** *Bereich um das Kniegelenk, die K. beugen; die K. zittern ihm (vor Schreck, Angst); mit schlotternden ~n dastehen; sich auf ein K., auf die K. niederlassen; er wurde weich in den ~n er drohte umzusinken,* ⟨übertr.⟩ *er bekam Angst; jmdn. in die K. zwingen jmdn. zum Nachgeben zwingen;* in die K. gehen *langsam umsinken, eine Kniebeuge machen,* ⟨übertr.⟩ *sich der Gewalt, der Übermacht beugen; etwas übers K. brechen etwas übereilt, zu schnell erledigen; ein Kind übers K. legen es verhauen* **2** *rechtwinklig gebogenes Rohrstück;* Syn. *Knierohr* **3** *Biegung (eines Flusses)*
Kniebeuge ⟨f.11⟩ *Turnübung, bei der man mit geradem Oberkörper die Knie beugt*
Kniefall ⟨m.2⟩ *Niederknien (als Zeichen der Ehrerbietung und Unterwerfung);* vor jmdm. einen K. machen, tun
kniefällig ⟨Adj.⟩ *unterwürfig, flehentlich;* jmdn. k. um etwas bitten
kniefrei ⟨Adj., o.Steig.⟩ *das Knie unbedeckt lassend;* ~er Rock; k. gehen
Kniegeige ⟨f.11⟩ → *Gambe*
Kniegelenk ⟨n.1⟩ *großes Gelenk zwischen Oberschenkelknochen und Schienbein*
Kniehang ⟨m.2⟩ *Turnübung, bei der man in den Kniekehlen am Reck hängt*
kniehoch ⟨Adj., o.Steig.⟩ *bis an die Knie reichend;* kniehoher Schnee; das Wasser stand k. im Keller
Knieholz ⟨n.4⟩ *niederliegendes Holzgewächs (z.B. die Latsche);* Syn. *Krummholz*
Kniehose ⟨f.11⟩ *Hose, deren Beine unterm Knie geschlossen werden*
Kniekehle ⟨f.11⟩ *etwas eingebuchtete Partie an der Rückseite des Knies*
knien ⟨V.1, hat gekniet⟩ **I** ⟨o.Obj.⟩ *eine Stellung einnehmen, bei der die Knie und Füße den Boden berühren;* auf dem Boden k.; vor dem Altar k. **II** ⟨refl.⟩ *sich k.* *sich auf die Knie niederlassen; sich hinter eine Sache k.* ⟨übertr., ugs.⟩ *eine Sache beschleunigen, vorantreiben; sich in eine Arbeit k. energisch mit einer Arbeit beginnen*
Knieriemen ⟨m.7⟩ *Riemen, mit der der Schuster das Schuh auf sein Knie spannt*
Knierohr ⟨n.1⟩ → *Knie* (2)
Knies ⟨m., -es, nur Sg.; nddt.⟩ **1** *Schmutz, Dreck* **2** ⟨übertr.⟩ *Streit, Zank;* K. mit jmdm. haben
Kniescheibe ⟨f.11⟩ *scheibenähnlicher Knochen an der Vorderseite des Knies;* Syn. *Patella*
Kniestrumpf ⟨m.2⟩ *bis unter das Knie reichender Strumpf*
knietief ⟨Adj., o.Steig.⟩ *so tief, daß man bis zum Knie einsinkt, daß es bis zum Knie reicht;* ~er Strumpf; ~es Wasser
knieweich ⟨Adj., o.Steig.⟩ *mit (vor Angst oder Erschöpfung) weichen Knien*
Kniff ⟨m.1⟩ **1** *scharfe Falte, Knick (im Papier)* **2** *Kunstgriff, Trick;* er kennt alle ~
kniffelig ⟨Adj.⟩ *schwierig, Mühe und Geduld erfordernd;* auch: *knifflig;* eine ~e Aufgabe
kniffen ⟨V.1, hat gekniffen; mit Akk.⟩ *etwas k. mit einem scharfen Knick versehen, einen Knick in etwas machen und mit dem Fingernagel pressend daran entlanggleiten*

knifflig ⟨Adj.⟩ → *kniffelig*
Knigge ⟨m.9⟩ *Buch mit Ratschlägen für gesellschaftlich korrektes Verhalten in bestimmten Situationen* [nach dem Buch des dt. Schriftstellers A. Freiherr von *Knigge* „Über den Umgang mit Menschen"]
Knilch ⟨m.1; ugs.⟩ auch: *Knülch* **1** ⟨unangenehmer⟩ *Kerl* **2** *Freund, Liebhaber;* bring deinen K. mit! [< rotw. *Knilch, Knülch* „ungeschliffener, bäurischer Kerl", zu *Knölle* „Knecht" und mhd. *knolle* „plumper Mensch, Klumpen"]
knipsen ⟨V.1, hat geknipst⟩ **I** ⟨mit Akk.⟩ **1** *lochen;* Fahrkarten k. **2** ⟨ugs.⟩ *fotografieren;* jmdn. k. **II** ⟨o.Obj.⟩ *den Auslöser am Fotoapparat betätigen;* hast du schon geknipst?; bitte knips noch nicht!
Knipser ⟨m.5⟩ *Teil eines Gerätes, mit dem man dieses an- und ausknipsen kann* (z.B. an der Taschen-, Nachttischlampe)
Knirps ⟨m.1⟩ **1** *kleiner Junge* **2** ⟨abwertend⟩ *kleiner, unscheinbarer Mann* **3** ⟨Wz.⟩ *zusammenschiebbarer Schirm, Taschenschirm*
knirschen ⟨V.1, hat geknirscht⟩ **I** ⟨o.Obj.⟩ *ein helles, reibendes Geräusch machen;* der Schnee knirscht unter unseren Tritten; das Gelenk knirscht beim Bewegen; mit den Zähnen k. **II** ⟨mit Akk.; übertr.⟩ *mit unterdrücktem, heftigem Zorn, zähneknirschend sagen;* „,...!" knirschte er
knistern ⟨V.1, hat geknistert; o.Obj.⟩ *wiederholt ein helles, fein knackendes Geräusch von sich geben;* Papier knistert; das Holz knistert im Feuer; es knistert im Gebälk ⟨übertr.⟩ *die Gefahr droht, eigtl. die tragenden Balken des Dachs werden brüchig, die Atmosphäre knistert* ⟨übertr.⟩ *die Atmosphäre ist voll Spannung*
Knittel ⟨m.5⟩ → *Knüttel*
Knittelvers ⟨m.1⟩ → *Knüttelvers*
Knitter ⟨m.5, Pl.⟩ *durch Druck entstandene Falten;* die Hose hat K. bekommen
knitterarm, knitterfrei ⟨Adj., o.Steig.⟩ *nicht knitternd;* ~er Stoff; ~e Bluse
knitterig ⟨Adj.⟩ auch: *knittrig* **1** *leicht knitternd* **2** *voller Knitter*
knittern ⟨V.1, hat geknittert⟩ Syn. ⟨ugs.⟩ *knautschen, knollen, krumpeln,* ⟨bayr.⟩ *krüppeln* **I** ⟨o.Obj.⟩ *leicht Falten bekommen;* der Stoff knittert **II** ⟨mit Akk.⟩ *etwas k. Falten in etwas machen;* bitte knittere das Papier, den Stoff nicht!
knittrig ⟨Adj.⟩ → *knitterig*
Knobel ⟨m.5; mdt.⟩ **1** *Fingerknöchel* **2** *Würfel*
Knobelbecher ⟨m.5⟩ **1** *Würfelbecher* **2** ⟨ugs., scherzh.⟩ *kurzer, plumper Militärstiefel*
knobeln ⟨V.1, hat geknobelt; o.Obj.⟩ **1** *durch Würfeln, Ziehen von Streichhölzern oder mit Hilfe bestimmter Zeichen der Hände entscheiden, wer etwas tun soll* **2** ⟨übertr., ugs.⟩ *nachdenken, grübeln;* ich habe lange geknobelt, bis ich es herausgefunden hatte [< mhd. *knübel* „Knöchel" (des Fingers); früher wurden die Würfel aus Knochen geschnitzt]
Knoblauch ⟨m., -(e)s, nur Sg.⟩ Syn. ⟨ugs.⟩ *Knofel* **1** *schmalblättriges Liliengewächs mit kugligem, rötlich-weißem Blütenstand* **2** *dessen als Gewürz verwendete, nach Genuß aufdringlich riechende Zwiebel* [< mhd. *knobelouch,* ältere Form *klobelouch* < ahd. *chlofalouh, chlobilouh,* zu *klobo* „gespaltener Stock, Kloben", also „gespaltener Lauch", nach der in „Zehen" gespaltenen Zwiebel]
Knöchel ⟨m.5⟩ **1** *vorspringender Knochenteil (am unteren Schien- oder Wadenbein)* **2** *vorspringender Knochenteil zwischen Finger- und Handrücken*
Knöchelchen ⟨n.7⟩ *kleiner Knochen*
knöcheltief ⟨Adj., o.Steig.⟩ *bis zum Knöchel reichend;* der Schnee liegt k.; wir sanken k. im Schlamm ein

Knochen

Kno|chen ⟨m.7; beim Menschen und bei Wirbeltieren⟩ **1** Teil des festen Stützgewebes, der das Skelett bildet und überwiegend aus Kalk besteht (Röhren~, Gelenk~, Unterarm~, Schädel~); sich einen K. brechen; sei vorsichtig, damit du dir nicht die K. brichst *damit dir nichts passiert*; er hat starke, schwache K.; mit heilen K. davonkommen *unverletzt eine Gefahr überstehen*; bis auf die K. durch und durch; ich bin naß geworden bis auf die K.; dann sind wir blamiert bis auf die K. **2** ⟨ugs.⟩ Glieder, Gliedmaßen; mir tun alle K. weh; seine alten K. wollen nicht mehr, sind steif geworden; der Schreck fuhr mir in die K.; ich spüre eine Erkältung in den K. **3** ⟨übertr., ugs.⟩ männliche Person, Kerl; so ein alter K.; dieser elende K. **4** Schraubenschlüssel mit verdickten Enden

Kno|chen|asche ⟨f., -, nur Sg.⟩ beim Verbrennen und Ausglühen von Knochen zurückbleibende Asche aus Mineralstoffen (als Düngemittel)

Kno|chen|bau ⟨m., -(e)s, nur Sg.⟩ Beschaffenheit des Knochengerüsts; kräftiger, zarter K.

Kno|chen|bre|che|risch ⟨Adj.⟩ →halsbrecherisch

kno|chen|dürr ⟨Adj., o.Steig.⟩ so dürr, daß sich die Knochen unter der Haut deutlich abzeichnen

Kno|chen|er|wei|chung ⟨f., -, nur Sg.⟩ krankhaftes Weichwerden der Knochen aufgrund fortschreitender Entkalkung; Syn. *Osteomalazie*

Kno|chen|fisch ⟨m.1⟩ Fisch mit knöchernem Skelett, Grätenfisch; Ggs. *Knorpelfisch*

Kno|chen|fraß ⟨m., -es, nur Sg.; volkstüml.⟩ →*Karies* (1)

Kno|chen|ge|rüst ⟨n.1⟩ **1** →*Skelett* **2** ⟨ugs., scherzh.⟩ sehr magerer Mensch; dieses K.

kno|chen|hart ⟨Adj., o.Steig.⟩ hart wie Knochen, sehr hart; das Fleisch ist k.

Kno|chen|hau|er ⟨m.5; norddt., veraltend⟩ →*Fleischer*

Kno|chen|haut ⟨f.2⟩ den Knochen außen umgebende Haut; Syn. *Periost*

Kno|chen|haut|ent|zün|dung ⟨f.10⟩ ⟨durch Infektion bei Verletzungen auftretende⟩ Entzündung der Knochenhaut; Syn. *Periostitis*

Kno|chen|mann ⟨m., -(e)s, nur Sg.⟩ der (als Gerippe dargestellte) Tod

Kno|chen|mark ⟨n., -s, nur Sg.⟩ weiches, in der Markhöhle der Röhrenknochen liegendes Gewebe

Kno|chen|mehl ⟨n., -(e)s, nur Sg.⟩ aus entleimten Knochen gewonnenes Pulver (als Beifutter und Düngemittel)

Kno|chen|müh|le ⟨f.11⟩ **1** Mühle, in der Knochen gemahlen werden **2** ⟨nur Sg.; ugs.⟩ körperlich anstrengende Arbeit oder Übung; das Training ist eine K.

kno|chen|trocken ⟨-k·k-; Adj., o.Steig.; ugs.⟩ **1** sehr, völlig trocken; die Erde ist k. **2** ⟨übertr.⟩ trocken, langweilig, ohne Schwung; sein Stil ist k.

knö|che|rig ⟨Adj., o.Steig.⟩ auch: *knöchrig* **1** einem Knochen ähnlich **2** mit stark hervortretenden Knochen; eine ~e Hand

knö|chern ⟨Adj., o.Steig.⟩ aus Knochen

kno|chig ⟨Adj.⟩ **1** mit starken Knochen; ~er Mann **2** mit stark hervortretenden Knochen; ein ~es Gesicht

...kno|chig (in Zus.) mit einer bestimmten Art von Knochen versehen, z.B. starkknochig, zartknochig, grobknochig

knoch|rig ⟨Adj.⟩ →*knöcherig*

knock|down [nɔkdaʊn] ⟨Adj., o.Steig.; nur als Adv. und mit „sein"; Boxen⟩ zu Boden geschlagen [engl. Part.Perf. von engl. *to knock down* „niederschlagen"]

Knock|down [nɔkdaʊn] ⟨m. oder n., -(s), -s; Boxen⟩ Schlag, der den Getroffenen zu Boden zwingt

knock|out [nɔkaʊt] ⟨Adj., o.Steig.; nur als Adv. und mit „sein"; Abk.: k.o.; Boxen⟩ kampfunfähig; jmdn. k. schlagen [engl., eigtl. knocked out of time „aus der Zeit(spanne) herausgeschlagen", d.h. so geschlagen, daß es dem Betreffenden nicht mehr möglich ist, sich zu erheben, ehe der Ringrichter ihn ausgezählt hat, zu *to knock* „schlagen, klopfen"]

Knock|out [nɔkaʊt] ⟨m. oder n., -(s), -s; Abk.: K.o.; Boxen⟩ völlige Niederlage, Kampfunfähigkeit

Knö|del ⟨m.5; oberdt.⟩ →*Kloß*; einen K. im Hals haben ⟨übertr.⟩ *ein ersticktendes Gefühl im Hals haben* (z.B. vor Angst, vor unterdrücktem Weinen); ⟨auch⟩ kehlig singen [zu *Knoten*]

knö|deln ⟨V.1, hat geknödelt; o.Obj.; ugs.; bes. bei Tenören⟩ kehlig singen

Kno|fel ⟨m., -s, nur Sg.; ugs.⟩ →*Knoblauch*

Knöll|chen|bak|te|ri|um ⟨n., -s, -ri|en⟩ in den Wurzelknollen von Hülsenfrüchtlern vorkommendes Bakterium, das Luftstickstoff bindet, der den Pflanzen zugute kommt

Knol|le ⟨f.11; meist unterirdisches⟩ fleischig verdicktes, pflanzliches Organ zum Speichern von Nährstoffen

Knol|len ⟨m.7⟩ **1** Klumpen; ein K. Lehm, Erde; ein K. Butter **2** ⟨hess.⟩ Strafzettel **3** ⟨übertr., ugs., scherzh.⟩ *dicke Nase*

Knol|len|blät|ter|pilz ⟨m.1⟩ Giftpilz mit knollig verdicktem Fuß und weißen Lamellen; Grüner K., Weißer K.

Knol|len|na|se ⟨f.11; ugs.⟩ *dicke Nase*

knol|lig ⟨Adj.⟩ wie eine Knolle (rund und dick); ~e Nase

Knopf ⟨m.2⟩ **1** ⟨meist rundes, scheibenförmiges⟩ Gebilde, das dazu dient, Kleidungsstücke zu verschließen (indem man es durch das Knopfloch steckt); einen K. annähen; die Knöpfe öffnen, schließen; das kannst du dir an den Knöpfen abzählen ⟨ugs.⟩ *das kannst du entscheiden, wie du willst* (es ist ganz gleichgültig) [nach der volkstüml. Sitte, die Knöpfe am Kleidungsstück nacheinander zu berühren und dabei abwechselnd „Ja" und „Nein" zu sagen; die letzte Aussage gilt dann als entscheidend]; hast du Knöpfe in den Ohren? ⟨ugs.⟩ *hörst du nicht?* **2** ⟨oberdt.⟩ →*Knospe*; die Rosen haben schon Knöpfe **3** ⟨oberdt.⟩ →*Knoten*; einen K. in einen Faden machen **4** runder Teil eines Gerätes, mit dem dieses betätigt wird (Klingel~, Tür~); man braucht bei diesem Gerät nur noch auf den K. zu drücken ⟨ugs.⟩ *dieses Gerät läuft vollautomatisch* **5** ⟨ugs., spött.⟩ ⟨sehr kleiner⟩ Mensch (der mehr scheinen will, als er ist); so ein kleiner K. **6** ⟨Pl.; ugs.⟩ Knöpfe *Geld*; für die paar Knöpfe rackere ich mich nicht ab

knöp|fen ⟨V.1, hat geknöpft; mit Akk.⟩ **1** mit Knöpfen schließen und öffnen; das Kleid wird vorn, hinten geknöpft; Pullover mit Verschluß zum Knöpfen **2** mit Knöpfen befestigen; ein Pelzfutter in den Mantel k.

Knopf|kraut ⟨n., -(e)s, nur Sg.⟩ auf Äckern vorkommender Korbblütler mit kleinen, gelbweißen Blütenköpfen; Syn. *Franzosenkraut*

Knopf|loch ⟨n.4⟩ eingeschnittene und eingefaßte Stelle im Stoff, durch die der Knopf gesteckt wird; er platzt aus allen Knopflöchern ⟨ugs.⟩ *er ist zu dick (geworden)*; die Schadenfreude guckt ihm aus allen Knopflöchern ⟨ugs.⟩ *man sieht ihm die Schadenfreude an*

Knopf|loch|stich ⟨m.1⟩ Nähstich zum Einfassen von Knopflöchern, wobei der Faden zu dicht nebeneinanderliegenden Knoten verschlungen wird

Knöpf|stie|fel ⟨m.5; früher⟩ Stiefel mit Verschluß zum Knöpfen

knor|ke ⟨Adj., o.Steig.; nur als Adv. und mit „sein"; berlin.⟩ *sehr gut, ausgezeichnet, großartig*; das ist k.!; er macht das k.

Knor|pel ⟨m.5⟩ biegsames Stützgewebe (das z.B. die Enden der Gelenke überzieht)

Knor|pel|fisch ⟨m.1⟩ Fisch mit knorpeligem Skelett (z.B. Hai, Rochen); Ggs. *Knochenfisch*

knor|pe|lig, knorp|lig ⟨Adj.⟩ **1** ⟨o.Steig.⟩ aus Knorpeln gebildet; ~e Ohrmuschel **2** voller Knorpel; ~es Fleisch

Knor|ren ⟨m.7; auch: ⟨schweiz.⟩ *Knorr*⟩ **1** krumm gewachsener Teil eines Baumstammes oder Astes **2** Baumstumpf

knor|rig ⟨Adj.⟩ **1** krumm gewachsen mit vielen Verdickungen; ~e Äste; ~er Baum **2** ⟨übertr.⟩ mager und zäh und meist etwas mürrisch; ein ~er Alter

Knorz ⟨m.1; schweiz.⟩ **1** →*Knorren* **2** Mühe, Plage

knor|zig ⟨Adj.; schweiz.⟩ →*knauserig*

Knos|pe ⟨f.11⟩ **1** Teil der Pflanze, aus der sich Blüte oder Blatt entwickelt; Syn. ⟨oberdt.⟩ *Knopf* **2** ⟨bei Hohltieren u.a.⟩ als Auswuchs am Körper des Mutterindividuums entstehendes, knospenähnliches Tochtertier

knos|pen ⟨V.1, hat geknospt; o.Obj.⟩ Knospen treiben

Knos|pung ⟨f., -, nur Sg.⟩ das Knospen

Kno|te ⟨m.11; nordostdt.⟩ grober, ungebildeter Kerl

kno|ten ⟨V.2, hat geknotet; mit Akk.⟩ **1** zum Knoten verschlingen; Syn. *knüpfen*; ein Band (fest) k. **2** mit Knoten befestigen; ein Tuch um den Hals, den Kopf k.

Kno|ten ⟨m.7⟩ **1** festgezogene Schlinge (im Faden, Riemen, Seil); Syn. ⟨oberdt.⟩ *Knopf*; einen K. machen, knüpfen; einen K. lösen; einen K. durchhauen *ein schwieriges Problem verblüffend einfach lösen*; bei jmdm. ist der K. geplatzt ⟨ugs.⟩ *jmd. hat etwas begriffen* **2** am Hinterkopf festgestecktes Haar; einen K. tragen **3** ⟨Biol.⟩ Verdickung an Pflanzenteilen **4** ⟨Med.⟩ Verdickung am Gewebe **5** ⟨Math.⟩ Punkt, an dem sich die Linien eines Diagramms treffen oder von dem aus sie sich verzweigen **6** ⟨Phys.⟩ Ruhepunkt einer stehenden Welle **7** ⟨Seew.; Abk.: kn⟩ Seemeile pro Stunde

Kno|ten|punkt ⟨m.1⟩ Ort, an dem sich Verkehrslinien treffen (Eisenbahn~, Verkehrs~)

Kno|ten|schnü|re ⟨f.2, Pl.; bei den Inkas⟩ an einen Leitfaden in Abständen gebundene, mit Knoten versehene Fäden verschiedener Farbe und Länge (als Verständigungs- oder Merkzeichen); Syn. *Quipu*

Kno|ten|stock ⟨m.2⟩ knorriger Stock

Knö|te|rich ⟨m., -s, nur Sg.⟩ krautiges Gewächs mit knotigen Stengeln und unscheinbaren Blüten (Wiesen~)

kno|tig ⟨Adj.⟩ wie ein Knoten, mit Knoten versehen

Know-how [noʊhaʊ] ⟨n., -(s), nur Sg.⟩ „Gewußt wie", das Wissen, wie man eine Sache verwirklichen kann [engl., „wissen, wie"]

Knub|bel ⟨m.5⟩ Erhöhung, Buckel, kleiner Hügel, Geschwulst

knud|deln ⟨V.1, hat geknuddelt; mdt.⟩ **I** ⟨mit Akk.⟩ **1** drücken, knittern, knüllen; knuddle den Stoff nicht so! **2** umarmen, drücken und küssen; ein kleines Kind k. **II** ⟨o.Obj.⟩ leicht Falten bekommen, knittern; der Stoff knuddelt

Knuff ⟨m.2⟩ leichter Stoß; jmdm. einen K. in die Rippen geben, versetzen

knuf|fen ⟨V.1, hat geknufft; mit Akk.⟩ jmdn. k. *jmdm. einen Knuff versetzen*

Knülch ⟨m.1⟩ →*Knilch*

knül|le ⟨Adj., o.Steig.; ugs.⟩ **1** erschöpft, angeschlagen **2** betrunken [< schwäb. *knüll* „betrunken", vielleicht zu *knüllen* „zusammenballen, zerknittern", vielleicht auch < frühnhd. *knollet, knollicht* „klumpig"]

knül|len ⟨V.1, hat geknüllt⟩ →*knittern*

Knül|ler ⟨m.5⟩ großartige Sache, Schlager [vermutlich aus mundartlichen Formen, die „Schlag, schlagen" usw. ausdrücken, z.B. schwäb. *Knüll* „hinterlistig versetzter Stoß", *knüllen, knullen* „schlagen", schleswig-holstein. **Knull** ,,Ende der Peitschenschnur zum Knallen", schweiz. *chnüllen* ,,schlagen, knuffen"]

knüp|fen ⟨V.1, hat geknüpft⟩ **I** ⟨mit Akk.⟩ **1** → *knoten* **2** *durch Verschlingen von Fäden herstellen;* ein Netz, einen Teppich k.; ein Band der Freundschaft k. ⟨übertr., poet.⟩ *Freundschaft schließen* **3** *etwas an etwas k. etwas mit etwas verbinden;* eine Bedingung an einen Vorschlag k.; er hatte an die Wiedersehen große Hoffnungen geknüpft **II** ⟨refl.⟩ *sich an etwas k. mit etwas verbunden sein;* an diese Stadt k. sich für mich viele Erinnerungen

Knüp|pel ⟨m.5⟩ **1** *(kurzer) dicker Stock (zum Schlagen)* **2** *knorriges Holzstück (zum Heizen);* jmdm. einen K. zwischen die Beine werfen ⟨übertr., ugs.⟩ *jmdm. auf grobe Weise ein Hindernis in den Weg legen, seine Pläne behindern* **3** *Hebel zum Schalten, Steuern* (Schalt~, Steuer~) **4** ⟨landsch.⟩ *längliches Brötchen* **5** ⟨derb⟩ *Penis*

Knüp|pel|damm ⟨m.2⟩ *aus Holzknüppeln gebauter Weg über einen Sumpf*

knüp|pel|dick ⟨Adv., o.Steig.; ugs.⟩ *sehr schlimm;* es kam k.

knüp|pel|dicke|voll ⟨-k|k-; Adj., o.Steig.; ugs.⟩ **1** *ganz voll, überfüllt;* der Saal war k.; der Koffer ist k. **2** *ganz satt, völlig satt;* ich bin k.

knüp|pel|hart ⟨Adj., o.Steig.; ugs.⟩ *sehr hart*

Knüp|pel|schal|tung ⟨f.10; im Kfz⟩ *Gangschaltung mittels eines am Boden angebrachten Hebels*

knüp|pel|voll ⟨Adj., o.Steig.⟩ *ganz voll, überfüllt;* der Saal war k.

knup|pern ⟨V.1, hat geknuppert; landsch.⟩ → *knabbern*

knur|ren ⟨V.1, hat geknurrt⟩ **I** ⟨o.Obj.⟩ **1** *dunkle, kehlige Laute von sich geben;* der Hund knurrte; er streckte sich und knurrte behaglich **2** *mürrisch und schwer verständlich reden, mürrisch Unzufriedenheit äußern* **3** *dumpfe Laute von sich geben;* mein Magen knurrt (vor Hunger); mit ~dem Magen hungrig **II** ⟨mit Akk.⟩ *etwas k. mürrisch sagen;* ,,...!" knurrte er

Knurr|hahn ⟨m.2⟩ **1** *Meeresfisch mit großen, bunten Brustflossen, der, an Land gezogen, ein knurrendes Geräusch hervorbringt* **2** ⟨übertr., scherzh.⟩ *knurriger Mensch;* alter K.

knur|rig ⟨Adj.⟩ *mürrisch, griesgrämig*

Knur|rig|keit ⟨f.-, nur Sg.⟩

Knus|per|häus|chen ⟨n.7⟩ *aus Lebkuchen gefertigtes Häuschen*

knus|pe|rig ⟨Adj.⟩ auch: *knusprig;* Syn. ⟨norddt.⟩ *kroß,* ⟨bayr.-österr.⟩ *rösch* **1** *frisch gebacken oder gebraten und mit einer Kruste versehen;* ein ~er Braten **2** ⟨übertr.⟩ *hübsch, adrett, ansprechend;* ein ~es Mädchen; sie sieht immer noch recht k. aus

knus|pern ⟨V.1, hat geknuspert; mit Akk.⟩ *mit leise krachendem Geräusch knabbern;* Gebäck k.

knus|prig ⟨Adj.⟩ → *knusperig*

Knust ⟨m.1; norddt.⟩ *Anschnitt, Ende (vom Brot)*

Knu|te ⟨f.11⟩ **1** *Lederpeitsche* **2** *Gewaltherrschaft, strenge Herrschaft;* unter jmds. K. stehen; jmdn.; ein Volk unter seine K. bringen [< russ. *knut* ,,Peitsche", < altnord. *knutr* ,,Knorren, Knoten", urspr. Bedeutung ,,Knotenpeitsche"]

Knüt|tel ⟨m.5⟩ *derber Knüppel;* auch: *Knittel*

Knüt|tel|vers ⟨m.1⟩ *paarweise gereimter Vers mit vier Hebungen;* auch: *Knittelvers* [da die Hebungen nicht immer mit der sinntragenden Silbe zusammenfallen und die Senkungen unregelmäßig sind, wirkt der Vers schwerfällig und holprig wie ein *Knüttel*; wahrscheinlich Lehnübersetzung von lat. *versus rhopalicus* ,,Keulenvers, keulenartiger Vers", d.h. ein Vers, der zum Ende hin immer dicker bzw. schwerfälliger wird, da jedes Wort eine Silbe länger ist als das vorhergehende]

ko..., Ko... ⟨in Zus. vor Vokalen und h für⟩ → *kon..., Kon...*

k.o. ⟨Abk. für⟩ *knockout*

K.o. ⟨Abk. für⟩ *Knockout*

Ko|ad|ju|tor ⟨m.13⟩ *Gehilfe eines kath. Geistlichen* [< lat. *coadiutor* ,,Gehilfe, Mithelfer", < *co...* ⟨für *cum*⟩ ,,mit" und *adiutor* ,,Helfer"]

Ko|agu|lans ⟨n., -, -lan|tia [-tsja] oder -lan|zi|en⟩ *die Blutgerinnung förderndes Mittel* [zu *koagulieren*]

Ko|agu|lat ⟨n.1⟩ *Stoff, der bei der Koagulation einer fein verteilten Lösung ausgeflockt wird*

Ko|agu|la|ti|on ⟨f.10⟩ *Gerinnung, Ausflokkung* [zu *koagulieren*]

ko|agu|lie|ren ⟨V.3, hat koaguliert; o.Obj.⟩ *gerinnen, ausflocken* [< lat. *coagulare* ,,gerinnen machen", zu *cogere*, eigtl. *coagere*, ,,zusammenziehen"]

Koa|la ⟨m.9⟩ *kleiner, einem grauen Bären ähnlicher Beutler Australiens;* Syn. *Beutelbär* [austral.]

koa|lie|ren, koa|li|sie|ren ⟨V.3, hat koaliert, koalisiert; o.Obj.⟩ *eine Koalition bilden, sich verbünden*

Koa|li|ti|on ⟨f.10⟩ *Bündnis, Zusammenschluß (von Staaten oder Parteien zu einem bestimmten Zweck* [< mlat. *coalitio*, Gen. *-onis*, ,,Zusammenkunft, Versammlung, Vereinigung", zu lat. *coalescere* ,,sich vereinigen, zusammenwachsen, verschmelzen", zu *alescere* ,,gedeihen, (heran)wachsen", zu *alere* ,,wachsen, ernähren"]

Koa|li|ti|ons|frei|heit ⟨f., -, nur Sg.⟩ *verfassungsmäßig garantiertes Recht, sich in Vereinen oder Vereinigungen zwecks Wahrnehmung bestimmter Interessen zusammenzuschließen*

Koa|li|ti|ons|re|gie|rung ⟨f.10⟩ *aus Vertretern mehrerer Parteien gebildete Regierung*

Ko|au|tor ⟨m.13⟩ *Mitverfasser*

ko|axi|al ⟨Adj., o.Steig.⟩ *eine gemeinsame Achse besitzend* [< lat. *co...* ⟨für *cum*⟩ ,,mit" und *axial*]

Ko|axi|al|ka|bel ⟨n.5⟩ *gegen Störfelder unempfindliches Kabel, bei dem ein Mittelleiter von einem hohlen Außenleiter umschlossen ist*

Ko|balt ⟨n., -(e)s, nur Sg.; Zeichen: Co⟩ *glänzendes, sehr hartes und zähes Metall* [es wurde von Bergleuten *Kobalt* genannt, zu *Kobold* ,,Berggeist", und als giftige, täuschende ,,Unart von Bergerzen" bezeichnet, da es silbrig aussieht, kein Silber enthält, und weil es giftiges Arsenik absetzt]

ko|balt|blau ⟨Adj., o.Steig.⟩ *leuchtend mittel- bis tiefviolettblau (wie unverdünntes Kobalt(II)-chlorid)*

Ko|balt|blü|te ⟨f.11⟩ *(karmesin- oder pfirsichblütenrotes) Mineral, wasserhaltiges arsensaures Kobalt;* Syn. *Erythrin*

Ko|balt|bom|be ⟨f.11⟩ *Wasserstoffbombe mit einem Kern aus Kobalt*

Ko|balt|glanz ⟨m., -es, nur Sg.⟩ *rötlich-silberweißes Mineral, wichtiges Kobalterz;* auch: *Glanzkobalt*

Ko|bel ⟨m.5⟩ **1** *Nest des Eichhörnchens* **2** ⟨österr.⟩ *kleiner Koben*

Ko|ben ⟨m.7⟩ *Verschlag, enger Stall (bes. für Schweine)*

Ko|ber ⟨m.5; ostmdt.⟩ *Korb (für Eßwaren)*

Ko|bold ⟨m.1⟩ *zwerghafter Hausgeist, Erdgeist, Berggeist* ⟨i.w.S.⟩ *,,lustiger Hausgeist", der Gutes tun und foppen kann,* < mhd. *kobe* ,,Stall", *kobel* ,,enges Haus, Hütte" und *holde* ,,Diener, Dienstmann, Geist, Dämon"]

Ko|bra ⟨f.9⟩ → *Brillenschlange (1)* [< port. *cobra* < lat. *colubra*, Fem. von *coluber* ,,(kleine) Schlange"]

Koch ⟨m.2⟩ **I** *jmd., der (berufsmäßig) kocht* **II** ⟨n., -(e)s, nur Sg.; österr.⟩ → *Brei (1) (Grieß~)*

Koch|beu|tel ⟨m.5⟩ *Beutel aus hitzebeständigem Material, in dem körnige oder kleinteilige Nahrungsmittel (bes. Reis) schnell gar gekocht werden können*

Koch|buch ⟨n.4⟩ *Buch, das Anleitungen zum Kochen und/oder die Beschreibung der Zubereitung von Speisen enthält*

Kö|chel|ver|zeich|nis ⟨n., -sses, nur Sg.; Abk.: KV⟩ *von dem österreichischen Musiker Ludwig von Köchel (1800-1877) zusammengestelltes chronologisches Verzeichnis der Werke Mozarts*

ko|chen ⟨V.1, hat gekocht⟩ **I** ⟨mit Akk.⟩ **1** *mit siedender Flüssigkeit zubereiten, gar machen;* Kartoffeln k.; eine Suppe k.; gekochtes Fleisch, Gemüse **2** *in siedendem Wasser säubern;* Wäsche k. **II** ⟨o.Obj.⟩ **1** *bis zum Siedepunkt heiß werden und Blasen werfen sowie Dampf entwickeln;* das Wasser kocht **2** *in siedendem Wasser liegen;* die Kartoffeln k.; das Gemüse kocht **3** *in der Temperatur des Siedepunktes in wallender Bewegung sein;* die Suppe kocht; die Soße muß zehn Minuten k.; die Suppe ist ~d heiß **4** *Speisen zubereiten;* sie kocht gern; ich brauche heute nicht zu k. **5** ⟨übertr.⟩ *wütend sein (ohne es sich merken zu lassen);* ich kochte, während ich mit ihm sprach

Ko|cher ⟨m.5⟩ *einfaches Gerät, auf dem gekocht werden kann (Spiritus~)*

Kö|cher ⟨m.5⟩ *länglicher Behälter (bes. für Pfeile)*

Kö|cher|flie|ge ⟨f.11⟩ *einem Kleinschmetterling ähnliches Insekt, dessen in Süßwasser lebende Larve eine köcherartige Schutzhülse baut*

koch|fest ⟨Adj., o.Steig.; bei Textilien⟩ *waschbar bis 95 °C*

Koch|kä|se ⟨m.5⟩ *geschmolzener Sauermilchquark, dem während des Kochvorganges Butter oder Sahne zur Geschmacksverbesserung zugesetzt wurde*

Koch|salz ⟨n., -es, nur Sg.⟩ *zum Kochen verwendetes Salz (Natriumchlorid mit geringfügigen Beimengungen);* Syn. *Natriumchlorid*

Ko|da ⟨f.9⟩ → *Coda*

Kod|der ⟨m.5; norddt.⟩ **1** *alter Lappen, Lumpen* **2** *Erbrochenes, Ausgespucktes*

kod|de|rig ⟨Adj.⟩ *mit Attr. und mit ,,sein"⟩ übel zum Erbrechen;* auch: *koddrig;* ein ~es Gefühl im Magen haben; mir ist k.

kod|dern ⟨V.1, hat koddert; norddt.⟩ **I** ⟨o.Obj.⟩ *sich erbrechen, sich übergeben* **II** ⟨mit Akk.⟩ *waschen;* kleine Wäsche k.

kod|drig ⟨Adj.⟩ → *kodderig*

Kode ⟨[kɔd] m.9; technisch-fachsprachlich meist⟩ = *Code* **1** *Schlüssel zum Entziffern von verschlüsselten Mitteilungen (z.B. einer Geheimschrift)* **2** *Schlüssel zum Verschlüsseln von normaler Schrift* **3** ⟨Soziol.⟩ *Sprachgebrauch (einer bestimmten sozialen Schicht);* elaborierter K. *Sprachgebrauch der Oberschicht;* restringierter K. *Sprachgebrauch der Unterschicht*

Ko|de|in ⟨n., -s, nur Sg.⟩ → *Codein*

Kö|der ⟨m.5⟩ **1** *Nahrung, mit der man Tiere anlockt, um sie zu fangen;* einen K. auslegen **2** ⟨übertr.⟩ *etwas zum Anlocken;* ein Werbegeschenk als K.

kö|dern ⟨V.1, hat geködert; mit Akk.⟩ *mit einem Köder anlocken;* Mäuse mit Speck k.; jmdn. mit Geld, mit Versprechungen k. *jmdn. durch Anbieten von Geld, durch Versprechungen veranlassen, etwas zu tun*

Ko|dex ⟨m., - oder -es, -e oder -di|zes [-tse:s]⟩ auch: *Codex* **1** ⟨Antike⟩ *mehrere zusammengebundene, mit Wachs überzogene Schreibtäfelchen* **2** ⟨MA⟩ *meist zwischen zwei Holzdeckeln zusammengefügte Sammlung von Handschriften;* vgl. *Codex argenteus* **3** ⟨Abk.: Cod.⟩ *Gesetzbuch* **4** *Gesamtheit aller in einer Gesellschaft oder Gesellschafts-*

kodieren

schicht maßgebenden Vorschriften (Sitten~, Moral~) [< lat. *codex*, ältere Form *caudex*, urspr. ,,abgeschlagener Baumstamm, zu Schreibtafeln oder gespaltenes Holz, Buch aus Holztafeln", dann ,,Schriftwerk", wahrscheinlich zu *cudere* ,,schlagen"]

ko|die|ren ⟨V.3, hat kodiert; mit Akk.⟩ *nach einem Kode umsetzen, verschlüsseln; einen Text k.* **Ko|die|rung** ⟨f., -, nur Sg.⟩

Ko|di|fi|ka|ti|on ⟨f.10⟩ *Zusammenfassung in einem Kodex* [zu *kodifizieren*]

ko|di|fi|zie|ren ⟨V.3, hat kodifiziert; mit Akk.⟩ *in einem Gesetzbuch zusammenfassen; Gesetze, Vorschriften k.* [< lat. *codex*, Gen. *codicis*, ,,Buch, Verzeichnis" und *facere* (in Zus. *...ficere*) ,,machen"] **Ko|di|fi|zie|rung** ⟨f.10⟩

Ko|di|zill ⟨n.1; †⟩ *letztwillige Verfügung ohne Erbeinsetzung* [< lat. *codicillus*, ,,Brief, Zusätze zu einem Testament", Verkleinerungsform von *codex*, Gen. *codicis*, ,,Buch, Verzeichnis"]

Ko|edu|ka|ti|on ⟨f., -, nur Sg.⟩ *Erziehung von Jungen und Mädchen gemeinsam (in Schulen und Internaten)* [< lat. *co...* (für *cum*) ,,mit" und *educatio*, Gen. *-onis*, ,,Erziehung"]

Ko|ef|fi|zi|ent ⟨m.10⟩ **1** ⟨Math.⟩ *Vorzahl, Zahl vor veränderlichen Größen einer Funktion;* Syn. *Beizahl* **2** ⟨Phys.⟩ *Zahl, die bestimmte physikalische oder technische Verhaltensweise angibt (Reibungs~, Ausdehnungs~)* [< lat. *co...* (für *cum*) ,,mit" und *efficiens*, Part.Präs. von *efficere* ,,bewirken"]

ko|er|zi|bel ⟨Adj., o.Steig.⟩ **1** *zusammendrückbar, verflüssigbar* **2** *fähig, eine Koerzitivkraft auszuüben* [< lat. *coercere* ,,zusammenhalten, zusammenschließen, beschränken", < *co...* (für *cum*) ,,zusammen" und *arcere* ,,einschließen"]

Ko|er|zi|tiv|kraft ⟨f.2⟩ *Fähigkeit eines Stoffes, einen in ihm erregten Magnetismus beizubehalten oder die Magnetisierung aufzuheben* [< lat. *coercitio* ,,Bändigung, Inzuchthaltung, Zwangsmaßregel", zu *coercere*, s. *koerzibel*]

Ko|exi|stenz ⟨f., -, nur Sg.⟩ **1** *gleichzeitiges Vorhandensein (mehrerer Dinge)* **2** *friedliches Nebeneinanderbestehen (von Staaten, Gesellschafts-, Regierungs- oder Wirtschaftssystemen)*

ko|exi|stie|ren ⟨V.3, hat koexistiert; o.Obj.⟩ *nebeneinander bestehen; die beiden Staaten können nicht, können ohne Schwierigkeiten k.*

Ko|fel ⟨m.5; bayr.-österr.; bes. in geograph. Namen⟩ *Bergspitze, Bergkuppe*

Kof|fe|in ⟨n., -s, nur Sg.⟩ *in Kaffee, Tee, der Kolanuß u.a. enthaltenes, anregendes Alkaloid;* auch: *Coffein* [< engl. *coffee* ,,Kaffee"]

Kof|fe|i|nis|mus ⟨m., -, nur Sg.⟩ *Koffeinsucht, Koffeinvergiftung*

Kof|fer ⟨m.5⟩ **1** *rechteckiger tragbarer Behälter für Kleider und Gebrauchsgegenstände (Reise~, Muster~); die K. packen dürfen, können, müssen* ⟨ugs.⟩ *entlassen werden; aus dem K. leben ständig auf Reisen seine Sachen aus- und einpacken* **2** ⟨Straßenbau⟩ *Bodenvertiefung, die mit Schotter gefüllt wird* **3** ⟨Mil.⟩ *schweres Geschoß* [< frz. *coffre* ,,Koffer, Kasten", < lat. *cophinus* ,,Tragkorb", < griech. *kophinos* ,,Weidenkorb"]

Kof|fer|fisch ⟨m.1⟩ *tropischer Fisch mit (kofferähnlich) kantig gepanzertem Körper*

Kof|fer|kleid ⟨n.3; ugs.⟩ *Kleid aus leichtem, knitterfreiem Stoff, das man unbedenklich in den Koffer packen kann*

Kof|fer|ku|li ⟨m.9⟩ *kleiner Wagen (für Reisende) zum Befördern von Handgepäck innerhalb des Bahnhofs*

Kof|fer|ra|dio ⟨n.9⟩ *an einem Bügel tragbares Radio*

Kof|fer|raum ⟨m.2; bei PKW⟩ *(durch eine Tür am Heck aufschließbarer) Raum für Gepäck*

Kog ⟨m.2⟩ → *Koog*

Ko|gel ⟨m.5; bayr.-österr.⟩ *rundlicher Berg*

Kog|ge ⟨f.11; 13./14. Jh.⟩ *(zwei- bis dreimastiges) bauchiges Segelschiff mit mehrstöckigen Aufbauten auf Bug und Heck* [nddt., vermutl. zu *Kugel*]

Ko|gnak ⟨[kɔnjak] m.9; urspr. nur⟩ *in der französischen Stadt Cognac hergestellter Weinbrand*

Ko|gnak|schwen|ker ⟨[kɔnjak-] m.5⟩ *bauchiges, sich nach oben verengendes Trinkglas für Kognak*

Ko|gni|ti|on ⟨f.10; †⟩ **1** *richterliche Erkenntnis, Untersuchung* **2** *Erkenntnis* [< lat. *cognitio*, Gen. *-onis*, ,,das Kennenlernen, Erkennen", → *kognitiv*]

ko|gni|tiv ⟨Adj., o.Steig.⟩ *auf Erkenntnis beruhend* [< lat. *cognitus* ,,bekannt, erkannt", zu *cognoscere* ,,erkennen", zu altlat. *gnoscere*, lat. *noscere* ,,kennenlernen, erkennen"]

Ko|gno|men ⟨m., -s, - oder -mi|na; im alten Rom⟩ *Zuname, Familienname* [< lat. *cognomen*, < *co...* (für *cum*) ,,mit" und *gnomen* = *nomen* ,,Name"]

Ko|ha|bi|ta|ti|on ⟨f.10; geh.⟩ → *Beischlaf* [< spätlat. *cohabitatio*, Gen. *-onis*, ,,das Beisammenwohnen", → *kohabitieren*]

ko|ha|bi|tie|ren ⟨V.3, hat kohabitiert; o.Obj.⟩ *den Beischlaf ausüben* [< lat. *cohabitare* ,,beisammen wohnen", < *co...* (für *cum*) ,,mit" und *habitare* ,,oft etwas haben, bewohnen"]

ko|hä|rent ⟨Adj., o.Steig.⟩ *zusammenhängend;* Ggs. *inkohärent* [< lat. *cohaerens*, Gen. *-entis*, ,,zusammenhängend", zu *cohaerere* ,,zusammenhängen"]

Ko|hä|renz ⟨f., -, nur Sg.⟩ *Zusammenhang;* Ggs. *Inkohärenz*

ko|hä|rie|ren ⟨V.3, hat kohäriert; o.Obj.⟩ *zusammenhängen, der Kohäsion unterliegen* [< lat. *cohaerere* ,,zusammenhängen"]

Ko|hä|si|on ⟨f., -, nur Sg.⟩ *durch Anziehung bewirkter Zusammenhang der Moleküle* [zu *kohärieren*]

ko|hä|siv ⟨Adj., o.Steig.⟩ *auf Kohäsion beruhend*

Kohl¹ ⟨m., -(e)s, nur Sg.⟩ *Kreuzblütler, Gemüsepflanze, von dem je nach Sorte verschiedene Teile gegessen werden (Weiß~, Rot~);* Syn. ⟨alemann.-schweiz.⟩ *Kabis*, ⟨bes. oberdt.⟩ *Kraut* [< lat. *caulis* ,,Kohl"]

Kohl² ⟨m., -(e)s, nur Sg.; ugs.⟩ *Unsinn, unglaubwürdiges, dummes Gerede* [Herkunft umstritten, vielleicht < hebr. *qol* ,,Stimme, Rede, Schall"]

Kohl|dampf ⟨m., -s, nur Sg.; ugs.⟩ *(starker) Hunger; K. schieben* ⟨starken⟩ *Hunger haben* [< rotw. *kohl* ,,Hunger" und *Dampf* ,,Hunger"; *Kohler* geht wahrscheinlich auf zigeuner. *kalo* ,,schwarz" zurück, und *schwarz* bedeutet im Rotw. u.a. ,,arm, ohne Geld" und damit ,,ohne Essen"]

Koh|le ⟨f.11⟩ **1** *gesteinsähnliche Anreicherung kohlenstoffreicher Pflanzenreste (Braun~, Stein~)* **2** *Stück davon als Brennstoff; wie auf (glühenden) ~n sitzen äußerst ungeduldig, peinigend unruhig sein; glühende ~n auf jmds. Haupt sammeln jmdm. gegenüber sehr großmütig, nachsichtig sein und ihn dadurch beschämen* **3** ⟨kurz für⟩ *Zeichenkohle, Kohlestift* **4** ⟨meist Pl.; ugs.⟩ *Geld; die ~n verdienen, K. machen*

Koh|le|hy|drat ⟨n.1⟩ → *Kohlenhydrat*

koh|len¹ ⟨V.1, hat gekohlt; o.Obj.⟩ **1** *zu Kohle verbrennen* **2** ⟨Seew.⟩ *Kohle als Ladung aufnehmen*

koh|len² ⟨V.1, hat gekohlt; o.Obj.; ugs.⟩ *Unsinn erzählen, (zum Scherz) Unwahres sagen; der kohlt doch nur* [zu *Kohl²*]

Koh|len|di|oxid ⟨n., -s, nur Sg.⟩ *ungiftiges, farbloses, nicht brennbares Gas;* Syn. ⟨ugs.⟩ *Kohlensäure*

Koh|len|hy|drat ⟨n.1⟩ *aus Kohlenstoff, Wasserstoff und Sauerstoff bestehende organische Verbindung (z.B. Stärke, Zellulose, Zucker);* auch: *Kohlehydrat*

Koh|len|mei|ler ⟨m.5⟩ *mit Erde bedeckter Holzstoß, in dem Holz zu Holzkohle verschwelt wird;* auch: ⟨kurz⟩ *Meiler*

Koh|len|mon|oxid, Koh|len|oxid ⟨n., -s, nur Sg.⟩ *giftiges, geruch- und farbloses Gas (das durch unvollständige Verbrennung von Kohlenstoff entsteht)*

koh|len|sau|er ⟨Adj., o.Steig.⟩ *den Säurerest der Kohlensäure enthaltend; ~e Quelle*

Koh|len|säu|re ⟨f., -, nur Sg.⟩ **1** *wäßrige Lösung von Kohlendioxid* **2** ⟨ugs.⟩ → *Kohlendioxid; ein Sprudel mit viel K.*

Koh|len|stoff ⟨m., -(e)s, nur Sg.; Zeichen: C⟩ *ein nichtmetallisches Element;* [Kohle besteht überwiegend aus diesem Stoff]

Koh|len|trim|mer ⟨m.5⟩ *Arbeiter (bes. in Häfen), der Kohle verlädt*

Koh|len|was|ser|stoff ⟨m.1⟩ *chemische Verbindung aus Kohlen- und Wasserstoff; ringförmiger K., kettenförmiger K.*

Koh|le|pa|pier ⟨n.1⟩ *einseitig (meist schwarz) gefärbtes Papier zum Durchschreiben;* Syn. *Karbonpapier*

Köh|ler ⟨m.5⟩ **1** *jmd., der im Kohlenmeiler Holzkohle herstellt* **2** *dunkel gefärbter Dorschfisch des Nordostatlantiks;* Syn. ⟨Handelsbez.⟩ *Seelachs*

Köh|le|rei ⟨f.10⟩ **1** *Gelände, in dem ein Köhler Kohle brennt* **2** ⟨nur Sg.⟩ *Handwerk des Köhlers*

Koh|le|stift ⟨m.1⟩ *Zeichenstift aus Holzkohle*

Koh|le|ver|flüs|si|gung ⟨f., -, nur Sg.⟩ *Anlagerung von Wasserstoff an Kohle zur Gewinnung von Kohlenwasserstoff*

Koh|le|zeich|nung ⟨f.10⟩ *mit einem Holzkohlestift angefertigte Zeichnung*

Kohl|kopf ⟨m.2⟩ *einzelner Kopf des Rot- oder Weißkohls;* Syn. ⟨süddt., österr.⟩ *Krautkopf*

Kohl|mei|se ⟨f.11⟩ *große Meise mit kohlschwarzem Kopf und gelber Unterseite mit einem schwarzen Mittelstrich*

kohl|pech|ra|ben|schwarz ⟨Adj., o.Steig.⟩ *ganz, völlig schwarz*

Kohl|ra|be ⟨m.11; landsch.⟩ → *Kohlrabi*

kohl|ra|ben|schwarz ⟨Adj., o.Steig.⟩ **1** *tiefschwarz* **2** *so dunkel, daß man überhaupt nichts mehr sieht; eine ~e Nacht*

Kohl|ra|bi ⟨m., -s, (-s)⟩ *Abart des Kohls, deren Stengelknolle gegessen wird;* auch: ⟨landsch.⟩ *Kohlrabe;* Syn. ⟨schweiz.⟩ *Rübkohl*

Kohl|rü|be ⟨f.11⟩ *Abart des Rapses mit dickfleischiger Wurzel;* Syn. *Steckrübe,* ⟨nordostdt.⟩ *Wruke*

kohl|schwarz ⟨Adj., o.Steig.⟩ **1** *schwarz wie Kohle* **2** ⟨ugs.⟩ *schwarz von Schmutz*

Kohl|weiß|ling ⟨m.1⟩ *überwiegend weißer Tagfalter mit schwarzen Flecken, dessen Raupe u.a. an Kohl schädlich ist*

Ko|hor|te ⟨f.11⟩ **1** *altrömische Truppeneinheit, 10. Teil einer Legion* **2** ⟨selten, abwertend⟩ *Schar, Gruppe* [< lat. *cohors*, Gen. *cohortis*, ,,Hofraum, Gehege, Viehhof", übertr. ,,Schar, Menge, Gefolge", eigtl. ,,eingeschlossene, eingehegte Menge", danach ,,Truppeneinheit"]

Koi|ne ⟨f.⟩ *aus den altgriechischen Dialekten entstandene griechische Umgangssprache (Vorstufe des Neugriechischen)*

ko|in|zi|dent ⟨Adj., o.Steig.⟩ *zusammentreffend, einander deckend* [zu *koinzidieren*]

Ko|in|zi|denz ⟨f., -, nur Sg.⟩ *Zusammentreffen zweier Ereignisse oder Vorgänge* [zu *koinzidieren*]

ko|in|zi|die|ren ⟨V.3, hat koinzidiert; o.Obj.⟩ *zusammentreffen, zusammenfallen, sich decken* [< lat. *co...* (für *cum*) ,,mit" und *incidere* ,,hineinfallen", zu *cadere* ,,fallen"]

ko|i|tie|ren ⟨V.3, hat koitiert; o.Obj.⟩ *den Beischlaf ausüben, Geschlechtsverkehr haben;* Syn. *kopulieren* [zu *Koitus*]

Ko|itus ⟨m., -, -⟩ *körperliche Vereinigung von Mann und Frau; auch: Coitus; Syn. Geschlechtsakt, Beischlaf* [< lat. *coitus* „das Zusammengehen, -kommen, Vereinigung", <*co...* (für *cum*) „mit" und *itus*, Perf. von *ire* „gehen"]

Ko|je ⟨f.11⟩ **1** *schmales, in die Kajüte eingebautes Bett* **2** *Ausstellungsstand* [< mndrl. *kooye* „enger Raum", < lat. *cavea* „Käfig, Behältnis", eigtl. „Höhlung"]

Ko|jo|te ⟨m.11⟩ *nordamerikanischer Wildhund; auch: Coyote; Syn. Präriewolf* [< Nahuatl *coyotl* als Bez. für das Tier]

Ko|ka ⟨f., -, -⟩ *in Bolivien und Peru heimische Pflanze, aus deren Blättern Kokain gewonnen wird* [< Aimara, Ketschua *coca, cuca, kóka*]

Ko|ka|in ⟨n., -s, nur Sg.⟩ *weißes, anregendes Pulver (das aus den Blättern der Koka gewonnen wird), illegales Rauschmittel;* ⟨fachsprachl.⟩ *Cocain,* ⟨ugs.⟩ *Koks,* ⟨ugs.⟩ *Schnee*

Ko|kai|nis|mus ⟨m., -, nur Sg.⟩ **1** *Kokainsucht* **2** *Vergiftung durch Kokain*

Ko|kai|nist ⟨m.10⟩ *jmd., der kokainsüchtig ist*

Ko|kar|de ⟨f.11⟩ *an Uniformmützen nationales Abzeichen* [< frz. *cocarde* in ders. Bed. sowie „Hutband, -schleife", zu *coq* „Hahn"]

ko|ken ⟨V.1, hat gekokt; o.Obj.⟩ *Koks herstellen* [engl.]

Ko|ker[1] ⟨m.5⟩ *Arbeiter in der Kokerei*

Ko|ker[2] ⟨m.5; Seew.⟩ *Öffnung am Schiffsheck für das Ruder; Syn. Hennegatt* [nddt., zu *Köcher*]

Ko|ke|rei ⟨f.10⟩ **1** ⟨nur Sg.⟩ *Herstellung von Koks* **2** *Anlage dafür*

ko|kett ⟨Adj., -er, am -esten⟩ *bestrebt, (den Männern) zu gefallen, die Aufmerksamkeit (der Männer) auf sich zu ziehen; ein ~es Mädchen; sie ist sehr k.; k. lächeln* [< frz. *coquet* „gefallsüchtig", zu *coq* „Hahn"]

Ko|ket|te ⟨f.11⟩ *kokette Frau*

Ko|ket|te|rie ⟨f., -, nur Sg.⟩ *kokettes Verhalten*

ko|ket|tie|ren ⟨V.3, hat kokettiert⟩ **I** ⟨o.Obj.⟩ *Gefallen zu erregen suchen, seine Reize spielen lassen* **II** ⟨mit Präp.obj.⟩ **1** *mit jmdm. k. jmdn. erotisch zu reizen versuchen* **2** *mit etwas k. etwas halb scherzhaft betonen (um Widerspruch zu erregen oder Nachsicht zu erwirken); sie kokettiert mit ihrer Unpünktlichkeit; sie kokettiert damit, keine gute Hausfrau zu sein*

Ko|kil|le ⟨f.11⟩ *metallene, mehrmals verwendbare Gießform* [< frz. *coquille* „Muschel"]

Kok|ke ⟨f.11⟩ →*Kokkus*

Kok|kels|kör|ner ⟨n.4, Pl.⟩ →*Fischkörner* [< *Kokkus* und *Korn*]

Kök|ken|möd|din|ger ⟨nur Pl.⟩ *an der dänischen Ostküste gefundene, von Menschen der Mittel- und Jungsteinzeit stammende Abfallhaufen aus Muschelschalen, Kohlenresten usw.; a: Kjökkenmöddinger* [dän., „Küchenabfälle"]

Kok|ko|lith ⟨m.10⟩ *aus Kalkalgen entstandenes Tiefseegestein* [< *Kokkus* und *...lith*]

Kok|kus ⟨m., -, -ken⟩ *kugelförmiges Bakterium; auch: Kokke* [< griech. *kokkos* „Kern, Korn (einer Frucht)"]

Ko|ko|lo|res ⟨m., -, nur Sg.; ugs.⟩ **1** *Unsinn, unnützes Getue; mach nicht solchen K.!* **2** *Gerede, Geschwätz; red nicht solchen K.!* [vielleicht verwandt mit *Gaukler*]

Ko|kon [-kɔ̃] österr. [-kɔn] ⟨m.9⟩ *bei der Verpuppung gesponnene Hülle mancher Insektenlarven (bes. der Seidenraupe)* [< frz. *cocon* „Puppe, Eiersack der Spinnen, Frucht-, Eierschale", < prov. *coucoun* „Eierschale", Verkleinerungsform von *coca* „muschelartiges Gefäß"]

Ko|kos ⟨f., -, -⟩ **1** →*Kokospalme* **2** *geraspelte Kokosnuß* [< port. *coco* < lat. *coccum*, griech. *kokkos* „Kern"]

Ko|kos|fa|ser ⟨f.11⟩ *Faser der Kokosnuß*

Ko|kos|läu|fer ⟨m.5⟩ *kleiner, schmaler Teppich aus Kokosfasern*

Ko|kos|milch ⟨f., -, nur Sg.⟩ *milchig trübe, süße Flüssigkeit im Hohlraum der Kokosnuß*

Ko|kos|nuß ⟨f.2⟩ *Frucht der Kokospalme*

Ko|kos|pal|me ⟨f.11⟩ *Palme der tropischen Küstengebiete; auch:* ⟨kurz⟩ *Kokos*

Ko|kot|te ⟨f.11⟩ *Halbweltdame* [< frz. *cocotte* „Mädchen, (liebes) Kind" mit Bedeutungsverschlechterung danach „Dirne, Buhlerin", zu *coq* „Hahn", also urspr. „Hühnchen, Hähnchen" als Kosename]

Koks[1] österr. [kɔks] ⟨m.1⟩ *durch Verschwelen von Stein- und Braunkohle gewonnener Brennstoff* [< engl. *coke* in ders. Bed., Herkunft nicht bekannt]

Koks[2] ⟨m., -(es), nur Sg.; ugs.⟩ →*Kokain* [wohl beeinflußt von engl. *coke*, Slang-Kurzform von *cocain*]

kok|sen[1] ⟨V.1, hat gekokst; o.Obj.; ugs.; scherzh.⟩ *schlafen* [Herkunft nicht bekannt]

kok|sen[2] ⟨V.1, hat gekokst; o.Obj.; ugs.⟩ *Kokain nehmen*

Kok|zi|die [-dj̩ə] ⟨f.11⟩ *krankheitserregendes Sporentierchen* [< griech. *kokkos* „Kern" und *eidos* „Gestalt"]

Kok|zi|di|o|se ⟨f.11⟩ *durch Kokzidien hervorgerufene Erkrankung (Leber~)*

kol..., Kol... ⟨in Zus. vor e für⟩ *kon..., Kon...*

Ko|la ⟨f., -, nur Sg.⟩, **Ko|la|nuß** ⟨f.2⟩ *koffeinhaltiger Samen des westafrikanischen Kolabaumes* [wahrscheinl. zu Mandingo *kolo* „Nuß"]

Ko|lat|sche ⟨f.11⟩ österr. *kleiner, mit Quark, Rosinen oder Marmelade gefüllter Hefekuchen* [< tschech. *koláč* „Gebäck in Form eines Rades", < urslaw. *kola* „Kreis"]

Kol|ben ⟨m.7⟩ **1** *zylindrisches Maschinenteil, das sich im Zylinder von Kolbenmaschinen periodisch bewegt und dabei Druckkräfte abgibt* **2** *ähriger Blüten- oder Fruchtstand mit fleischig verdickter Achse (Mais~)* **3** ⟨Chem.⟩ *dünnwandiges Glasgefäß zur Durchführung von Reaktionen* **4** ⟨bei Handfeuerwaffen⟩ *das hintere, zum Anlegen an den Körper dienende Ende des Schaftes* **5** *bewegliches Teil (in einer Injektionsspritze u.ä.)*

Kol|ben|hirsch ⟨m.1⟩ *Rothirsch mit noch vom Bast umschlossenem Geweih*

Kol|ben|hir|se ⟨f., -, nur Sg.⟩ *in einer ährigen Rispe wachsende Hirsefrucht (als Vogelfutter)*

Kol|ben|ma|schi|ne ⟨f.11⟩ *Maschine, deren Wirkweise auf der Hin- und Herbewegung eines Kolbens (1) beruht*

Kol|ben|ring ⟨m.1⟩ *den Kolben (1) umschließender Dichtungsring*

Kol|chos ⟨m., -, -cho|sen⟩, **Kol|cho|se** ⟨f.11; in der UdSSR⟩ *landwirtschaftliche Produktionsgenossenschaft*

Ko|li|bak|te|ri|um ⟨n., -s, -ri|en, meist Pl.⟩ *Dickdarmbakterium* [< griech. *kolon* „Dickdarm",→*Kolon*]

Ko|li|bri ⟨m.9⟩ *amerikanischer, hummel- bis schwalbengroßer Vogel* [Herkunft und Bedeutung des Namens nicht geklärt, es stammt vielleicht aus dem Karib., wo es allgemein „Vogel" heißt]

ko|lie|ren ⟨V.3, hat koliert; mit Akk.⟩ *durch ein Tuch seihen* [< lat. *colare* „durchseihen"]

Ko|lik ⟨f.10⟩ *krampfartiger Schmerz in den inneren Organen (Nieren~)* [< griech. *nosos* „Darmkrankheit", zu *kolon* „Dickdarm"]

Ko|li|tis ⟨f., -, -ti|den⟩ *infektiöse Dickdarmentzündung* [< griech. *kolon* „Dickdarm" und *...itis*]

Kolk ⟨m.1⟩ *kesselförmige Einsenkung am Grund eines felsigen Flußbettes*

Kol|ko|thar ⟨m.1⟩ *rotes Eisenoxid, Malerfarbe* [< arab. *qulquṭār* < griech. *chalkanthos* „Erzblüte"]

Kolk|ra|be ⟨m.11⟩ *großer europäischer Rabenvogel (der Rabe schlechthin)*

kol|la|bes|zie|ren ⟨V.3, hat oder ist kollabesziert; o.Obj.⟩ *hinfällig werden, verfallen* [< lat. *collabescere*, Intensivum zu *collabere*, →*kollabieren*]

kol|la|bie|ren ⟨V.3, hat kollabiert; o.Obj.⟩ *einen Kollaps erleiden, zusammenbrechen* [< lat. *collabi* „zusammensinken, zusammenbrechen"]

Kol|la|bo|ra|teur ⟨[-tør] m.1⟩ *jmd., der mit dem Feind oder der Besatzungsmacht zusammenarbeitet* [zu *kollaborieren*]

Kol|la|bo|ra|ti|on ⟨f.10⟩ *Zusammenarbeit mit dem Feind oder der Besatzungsmacht* [zu *kollaborieren*]

Kol|la|bo|ra|tor ⟨m.13; †⟩ *Hilfslehrer oder -geistlicher* [zu *kollaborieren*]

Kol|la|bo|ra|tur ⟨f.10; †⟩ *Amt eines Kollaborators*

kol|la|bo|rie|ren ⟨V.3, hat kollaboriert; o.Obj.⟩ *mit dem Feind oder der Besatzungsmacht zusammenarbeiten* [< lat. *collaborare* „mitarbeiten", zu *labor* „Arbeit"]

Kol|la|gen ⟨n.1⟩ *leimartiger Eiweißstoff (in Knochen, Knorpel und Bindegewebe)* [< griech. *kolla* „Leim" und *gennan* „erzeugen, hervorbringen", weil er durch Kochen oder chemische Einwirkung Leim ergibt]

Kol|laps ⟨auch [-laps] m.1⟩ *Zusammenbruch infolge plötzlichen Versagens des Blutkreislaufs, Schwächeanfall* [< lat. *collapsus* „zusammengebrochen", zu *collabi*, →*kollabieren*]

kol|la|te|ral ⟨Adj., o.Steig.⟩ *auf der gleichen Körperseite, seitlich nebenherlaufend* [< lat. *collateralis*, „seitlich"]

Kol|la|te|ral|ver|wand|te(r) ⟨m., f.17 oder 18⟩ *Verwandte(r) in einer Nebenlinie, entfernte(r) Verwandte(r)* [zu *kollateral*]

Kol|la|ti|on ⟨f.10⟩ **1** *Vergleich zwischen Urschrift und Abschrift* **2** *Zusammentragen der Bogen eines Buches und Prüfung auf ihre Vollzähligkeit* **3** ⟨auch⟩ *Übertragen von Korrekturen aus mehreren Fahnen in ein Exemplar* **4** *Ausgleich zwischen Erben, wenn einer schon vor dem Tode des Erblassers Zuwendungen erhalten hat* **5** ⟨kath. Kirche⟩ *kleine Erfrischung im Fasttagen* **6** ⟨kath. Kirche⟩ *Besetzung eines freigewordenen Amtes* [< lat. *collatio*, Gen. *-onis*, „Vereinigung, Verbindung (von Zusammengetragenem)", zu *collatus* „zusammengetragen", Perf.Passiv von *conferre* „zusammentragen"]

kol|la|ti|o|nie|ren ⟨V.3, hat kollationiert; mit Akk.⟩ **1** *vergleichen und auf Richtigkeit hin prüfen; einen abgeschriebenen Text mit der Urschrift k.* **2** *zusammentragen, auf Vollständigkeit hin prüfen; Seiten, Druckbogen k.* [zu *Kollation*] **Kol|la|ti|o|nie|rung** ⟨f., -, nur Sg.⟩

Kol|la|tur ⟨f.10⟩ *Recht zur Besetzung eines geistlichen Amtes* [zu *Kollation (6)*]

Kol|lau|da|ti|on, **Kol|lau|die|rung** ⟨f.10; österr., schweiz.⟩ *amtliche Prüfung und abschließende Genehmigung eines Baues* [< lat. *collaudatio*, Gen. *-onis*, „Lob und Preis", zu *collaudare*, →*kollaudieren*]

kol|lau|die|ren ⟨V.3, hat kollaudiert; mit Akk.; österr., schweiz.⟩ *abschließend prüfen und genehmigen; einen Bau k.* [< lat. *collaudare* „loben, ein Lob erteilen", zu *laudare* „loben", zu *laus*, Gen. *laudis*, „Lob"]

Kol|leg ⟨n.9⟩ **1** *Vorlesung an einer Hochschule, Unterricht(sstunde) im Fernunterricht, z.B. im Fernsehen (Tele~)* **2** *kath. Studienanstalt (Jesuiten~)* [Kurzform zu *Kollegium*]

Kol|le|ge ⟨m.11⟩ *Berufsgenosse, Mitarbeiter* [< lat. *collega* „Amtsgenosse, -gehilfe, Standesgenosse", <*col...* (für *cum*) „mit" und *legere*, zu *laus*, Gen. *laudis*, „Lob"]

kol|le|gi|al ⟨Adj.⟩ *wie ein Kollege, wie unter Kollegen, kameradschaftlich, freundlich-vertraut*

Kol|le|gi|al|ge|richt ⟨n.1⟩ *Gericht, bei dem*

Kollegialität

mehrere Richter gemeinsam das Urteil fällen (im Unterschied zum Einzelrichter) [zu *Kollegium*]

Kol|le|gia|li|tät ⟨f., -, nur Sg.⟩ *Verbundenheit der Kollegen untereinander, Berufskameradschaft, kollegiales Verhältnis oder Verhalten*

Kol|le|gi|at ⟨m.10⟩ *1 Stiftsgenosse 2 Schüler der reformierten Oberstufe* [zu *Kolleg*]

Kol|le|gi|um ⟨n., -s, -gi|en⟩ *1 Gemeinschaft von Personen des gleichen Berufs* (Lehrer~, Ärzte~). *2 Ausschuß, Körperschaft* [< lat. *collegium* ,,Amtsgemeinschaft, Genossenschaft'', zu *collega*, → *Kollege*]

Kol|leg|stu|fe ⟨f.11⟩ *Schulform für die Klassen 11 bis 13 eines Gymnasiums mit studien- bzw. berufsorientierter Ausbildung*

Kol|lek|ta|nea, Kol|lek|ta|ne|en ⟨nur Pl.⟩ *gesammelte Auszüge aus literarischen oder wissenschaftlichen Werken, Lesefrüchte, Sammelhefte* [< mlat. *collectanea* ,,zusammengebrachte Dinge'', zu lat. *colligere* ,,zusammenlesen, sammeln'']

Kol|lek|te ⟨f.11⟩ *kirchliche Geld-, Spendensammlung* [< lat. *collecta* ,,Beitrag, Beisteuer'', zu *colligere* ,,sammeln, zusammenlesen'', < *col...* (für *cum*) ,,zusammen'' und *legere* ,,lesen, sammeln'']

Kol|lek|ti|on ⟨f.10⟩ *1 Sammlung (von Gegenständen), 2 Musterkollektion (von Waren), Auswahl* [< lat. *collectio*, Gen. -*onis*, ,,das Zusammenlesen, Sammeln'', → *Kollekte*]

kol|lek|tiv ⟨Adj., o.Steig.⟩ *1 gemeinsam, gemeinschaftlich (erarbeitet) 2 umfassend* [< lat. *collectivus* ,,angesammelt'', zu *collectus* ,,Ansammlung'', zu *colligere* ,,zusammenlesen, sammeln, versammeln'']

Kol|lek|tiv ⟨n.1⟩ *Gruppe von Menschen, die zusammen leben und/oder arbeiten, wobei sich der einzelne der Gruppe unterzuordnen hat* [→ *kollektiv*]

kol|lek|ti|vie|ren ⟨V.3, hat kollektiviert; mit Akk.; in sozialist. Ländern⟩ *1 in Kollektive zusammenfassen; die Landwirtschaft k. 2 in Kollektiveigentum überführen;* Grundstücke, Bauernhöfe k. **Kol|lek|ti|vie|rung** ⟨f., -, nur Sg.⟩

Kol|lek|ti|vis|mus ⟨m., -, nur Sg.⟩ *Auffassung, daß die Gemeinschaft den Vorrang vor dem einzelnen habe*

kol|lek|ti|vis|tisch ⟨Adj., o.Steig.⟩ *auf Kollektivismus beruhend, in der Art des Kollektivismus*

Kol|lek|ti|vum ⟨n., -s, -va⟩ *eine Gruppe gleichartiger Lebewesen oder Dinge zusammenfassender Begriff, z.B. Vieh, Gemeinde, Lehrerschaft;* Syn. *Sammelbegriff, Sammelname;* vgl. *Appellativum*

Kol|lek|tiv|wirt|schaft ⟨f.10; bes. in sozialist. Staaten⟩ *wirtschaftliche Produktionsform auf Grundlage von Kollektiveigentum*

Kol|lek|tor ⟨m.13⟩ *1* ⟨Phys.⟩ *Sammler (von Licht, Energie, Schall usw.;* Sonnen~) *2* ⟨bei elektr. Maschinen⟩ *als Stromwender wirkender Schleifkontakt;* Syn. *Kommutator* [< lat. *collector* ,,Sammler'', zu *colligere* ,,sammeln, zusammenlesen'']

Kol|len|chym ⟨[-çym] n.1⟩ *dehnungsfähiges Festigungsgewebe wachsender Pflanzen* [< griech. *kolla* ,,Leim'', *en* ,,in, darin'' und *chymos* ,,Saft'']

Kol|ler[1] ⟨m.5⟩ *1* ⟨früher⟩ *lederner Brustharnisch, ledernes Wams 2 großer Kragen 3 am Kragen angesetzte, lose den Schultern liegende Passe (am Mantel)* [< mhd. *koller, kollier* ,,Kragen'', < frz. *collier*, → *Collier*]

Kol|ler[2] ⟨m.5⟩ *1 anfallsartig auftretender Zustand großer Erregung (bes. Wut-, Tobsuchtsanfall;* Hitze~) *2* ⟨kurz für⟩ → *Dummkoller* [< griech. *cholera* ,,Gallenbrechdurchfall'']

Kol|ler|gang ⟨m.2⟩ *Mahlwerk, Zerkleinerungsmaschine* [zu *kollern*[1] ,,rollen'']

kol|lern[1] ⟨V.1, ist gekollert; o.Obj.⟩ *leicht schwankend rollen;* auch: *kullern; Steine kollerten über den Weg; der Apfel kollerte unter den Schrank; Tränen kollerten über ihre Wangen* [zu mdt. *Koller, Kuller* ,,Kugel'']

kol|lern[2] ⟨V.1, hat gekollert; o.Obj.⟩ *1* ⟨†⟩ *einen Koller*[2] *haben 2* ⟨bei Pferden⟩ *den Dummkoller haben*

kol|lern[3] ⟨V.1, hat gekollert; o.Obj.⟩ *1 glucksend, gurgelnd schreien; der Truthahn kollert 2* ⟨unpersönl., mit ,,es''⟩ *es kollert im Bauch es sind rollende, dumpfe Töne aus dem Bauch zu hören* [lautmalend]

Kol|lett ⟨n.1; †⟩ *1 Reitjacke, Wams 2 breiter Umhängekragen* [< frz. *collet* ,,Kragen'', zu *col* ,,Hals'']

Kol|li *1* ⟨Pl. von⟩ *Kollo* ⟨n., -s, -;⟩ österr.⟩ *Fracht-, Gepäckstück* [→ *Kollo*]

kol|li|die|ren ⟨V.3; o.Obj.⟩ *1* ⟨hat kollidiert⟩ *sich überschneiden, zeitlich zusammenfallen;* Vorlesungen k.; unsere Interessen k. *2* ⟨ist kollidiert⟩ **a** *zusammenstoßen; die beiden Autos sind kollidiert* **b** *in Streit geraten, aneinandergeraten; die beiden sind wieder einmal kollidiert* [< lat. *collidere* ,,zusammenstoßen'', zu *laedere* ,,schlagen, stoßen, treffen'']

Kol|lier ⟨[-lje] n.9⟩ → *Collier*

Kol|li|ma|ti|on ⟨f.10⟩ *1 das Zusammenfallen zweier Linien (z.B. beim Einstellen eines Fernrohrs) 2 Übereinstimmung eines Winkels mit dem darauf eingestellten Meßgerät* [< neulat. *collimare*, entstellt < lat. *collineare* ,,in eine gerade Linie bringen'']

Kol|li|ma|tor ⟨m.13⟩ *Anordnung, die die Strahlen einer Lichtquelle parallel richtet* [→ *Kollimation*]

kol|li|ne|ar ⟨Adj., o.Steig.; bei der projektiven Abbildung⟩ *einander entsprechend (Punkte und Geraden)* [< lat. *collineare* ,,in eine gerade Linie bringen'']

Kol|li|ne|a|ti|on ⟨f.10⟩ *Form der projektiven Abbildung eines Raumes mit Geraden als Zuordnungslinien* [→ *kollinear*]

Kol|li|si|on ⟨f.10⟩ *1 Überschneidung, (zeitliches) Zusammenfallen 2 Zusammenstoß;* eine K. (mit einem anderen Wagen) haben *3 Streit 4 Widerstreit, Gegensatz;* mit dem Gesetz in K. kommen oder geraten [< lat. *collisio*, Gen. -*onis*, ,,das Zusammenstoßen'', zu *collidere*, → *kollidieren*]

Kol|lo ⟨n., -s, -s oder -li⟩ *Frachtstück, Warenballen* [< ital. *collo* ,,Gepäckstück'', vielleicht < ital. *collo* ,,Hals'', demnach ,,Last, die man auf dem Nacken tragen kann'']

Kol|lo|di|um ⟨n., -s, nur Sg.⟩ *Lösung aus Kollodiumwolle und einem Alkohol-Äther-Gemisch (zum Verschließen von Wunden, auch in der Technik verwendet)* [< griech. *kollodes* ,,leimartig'', zu *kolla* ,,Leim'']

Kol|lo|di|um|wol|le ⟨f., -, nur Sg.⟩ *nitrierte Zellulose*

kol|lo|id ⟨Adj., o.Steig.⟩ → *kolloidal*

Kol|lo|id ⟨n.1⟩ *in einem Lösungsmittel sehr fein verteilter, aber nicht gelöster Stoff* [< griech. *kolla* ,,Leim'' und *eidos* ,,Aussehen, Gestalt'']

kol|lo|i|dal ⟨Adj., o.Steig.⟩ *als Kolloid vorliegend, dessen Eigenschaften zeigend;* auch: *kolloid*

Kol|lo|ka|ti|on ⟨f.10⟩ *1 Ordnung nach bestimmter Reihenfolge 2 regelmäßiges Vorkommen eines Wortes in der Nachbarschaft bestimmter anderer Wörter, z.B. ,,Hund'' in der von ,,bellen, knurren, fletschen''* [< lat. *collocatio*, Gen. -*onis*, ,,Stellung, Anordnung'', zu *collocare* ,,seinen Platz anweisen'', zu *locus* ,,Ort, Platz'']

Kol|lo|qui|um ⟨auch [-lo-] n., -, -qui|en⟩ *wissenschaftliches Gespräch* [< lat. *colloquium* ,,Unterredung, Gespräch'', zu *colloqui* ,,sich besprechen, sich unterhalten'']

kol|lu|die|ren ⟨V.3, hat kolludiert; o.Obj.⟩ *sich zu jmds. Nachteil mit einem Dritten verständigen* [< lat. *colludere* ,,mit jmdm. zusammenspielen'', übertr. ,,sich mit jmdm. heimlich verständigen'', zu *ludere* ,,spielen'', zu *ludus* ,,Spiel'']

Kol|lu|si|on ⟨f.10⟩ *geheime, betrügerische Verabredung zu jmds. Nachteil, Verdunkelung, Verschleierung* [< lat. *collusio*, Gen. -*onis*, ,,geheimes Einverständnis'', zu *colludere*, → *kolludieren*]

kol|ma|tie|ren ⟨V.3, hat kolmatiert; o.Obj.⟩ *eine Kolmation eine Kolmation einleiten*

Kol|ma|ti|on ⟨f.10⟩ *Erhöhung tiefliegenden Landes, Auflandung (mit Hilfe sinkstofffreichen Wassers)* [< ital. *colmata* in ders. Bed., zu *colmare* ,,aus-, auffüllen'', zu *colmo* ,,voll, bis zum Rand gefüllt'']

Köl|nisch|was|ser ⟨n., -s, nur Sg.⟩, **Köl|nisch Was|ser** ⟨n., - -s, nur Sg.⟩ *Lösung von ätherischen Ölen in etwa 85%igem Weingeist und destilliertem Wasser;* Syn. *Eau de Cologne* [nach *Köln*, dem ersten Herstellungsort]

Ko|lom|bi|ne ⟨f.11⟩ *Figur der Commedia dell'arte, Geliebte des Arlecchino (→ Harlekin)* [< ital. *colombina* in ders. Bed., eigtl. ,,Täubchen'' (als Kosename), Verkleinerungsform von *colomba* < lat. *columba* ,,Taube'']

Ko|lom|bo|wur|zel ⟨f.11⟩ *Wurzel einer ostafrikanischen Schlingpflanze (gegen Verdauungsstörungen verwendet)* [vermutlich aus einer afrikan. Sprache und irrtümlich mit der Stadt *Colombo* auf Ceylon in Zusammenhang gebracht]

Ko|lon ⟨n., -s, -s oder Ko|la⟩ *1 Doppelpunkt 2 Dickdarm 3 als Einheit aufzufassende Wortgruppe* [< griech. 1. *kolon* ,,Glied, bes. Bein, Knie'', übertr. ,,Absatz'', das Wort wurde später als Bez. für den Doppelpunkt gewählt, und zwar wegen des Einschnittes, den die Zeichen im Satz herstellt; 2. *kolon* (mit anderer Schreibung im Griech.: langes o in der ersten Silbe) ,,Darm, Wurst'', was vielleicht mit *koilia* ,,Bauchhöhle'', allg. ,,Höhlung'' zusammenhängt]

Ko|lo|ne ⟨m.11⟩ *1* ⟨röm. Kaiserzeit⟩ *persönlich freier, aber an seinen Landbesitz gebundener Bauer 2* ⟨später⟩ *Erbzinsbauer* [< lat. *colonus* ,,Bauer'', zu *colere* ,,Land bebauen'']

ko|lo|ni|al ⟨Adj., o.Steig.⟩ *1 die Kolonien betreffend, zu ihnen gehörig, aus ihnen stammend 2* ⟨Biol.⟩ *in einer Kolonie (3) lebend, eine Kolonie bildend*

Ko|lo|ni|a|lis|mus ⟨m., -, nur Sg.⟩ *auf Erwerb und Nutzung von Kolonien gerichtete Politik*

Ko|lo|ni|a|list ⟨m.10⟩ *Anhänger des Kolonialismus*

Ko|lo|ni|al|stil ⟨m., -(e)s, nur Sg.⟩ *klassizistischer Baustil in Kolonien*

Ko|lo|ni|al|wa|ren ⟨f.11, Pl.; †⟩ *Lebens- und Genußmittel aus Übersee, aus den Kolonien (2)*

Ko|lo|nie ⟨f.11⟩ *1 Niederlassung einer größeren Gruppe von Menschen außerhalb ihres Heimatgebietes unter weitgehender Beibehaltung ihrer heimatlichen Lebensformen 2 ausländische Besitzung eines Staates, die wirtschaftlich von diesem abhängig ist 3* ⟨Biol.⟩ **a** *Tierverband* **b** *Verband von niederen Lebewesen, Zellverband* [< lat. *colonia* ,,Ansiedlung, Niederlassung, Tochterstadt'', eigtl. ,,Bauerngut'', zu *colonus* ,,Landwirt, Bauer'', wörtlich ,,Bebauer'', zu *colere* ,,bebauen, bearbeiten, Feldbau treiben'']

Ko|lo|ni|sa|ti|on ⟨f., -, nur Sg.⟩ *das Kolonisieren*

Ko|lo|ni|sa|tor ⟨m.13⟩ *jmd., der eine Kolonie (2) erobert oder erwirbt*

ko|lo|ni|sie|ren ⟨V.3, hat kolonisiert; mit Akk.⟩ *1 urbar machen und besiedeln;* Land, Boden k. *2 als Kolonie erwerben oder erobern;* ein Land k. **Ko|lo|ni|sie|rung** ⟨f., -, nur Sg.⟩

Ko|lo|nist ⟨m.10⟩ *Siedler einer Kolonie (1)*

Kollonnade ⟨f.11⟩ Säulengang [< frz. colonnade „Säulengang", zu colonne „Säule", < lat. columna „Säule", → Kolumne]

Kollonne ⟨f.11⟩ 1 geordnete Schar, Zug 2 Transport- oder Arbeitstrupp; fünfte K. ⟨ugs.⟩ Spionage- oder Kampftrupp innerhalb der feindlichen Stellungen 3 Reihe (z. B. von Zahlen) 4 ⟨Chem.⟩ Trennungssäule (beim Destillieren) [< frz. colonne „Säule, Pfeiler; Reihe, (Zeitungs-)Spalte", < lat. columna „Säule", → Kolumne]

Kollophon ⟨m.1; in alten Handschriften und Frühdrucken⟩ Vermerk am Schluß über Verfasser, Schreiber, Ort und Jahr [< griech. kolophon, Gen. kolophonos, „Gipfel, Ende, Abschluß"; weitere Herkunft nicht bekannt]

Kollophonium ⟨n., -s, nur Sg.⟩ ein Harzprodukt (für Lacke, Kitte, Leime und zum Bestreichen des Geigenbogens) [im Altertum in der griech. Stadt Kolophon in Kleinasien aus Koniferen gewonnen]

Kolloradokäfer ⟨m.5; †⟩ → Kartoffelkäfer [nach dem amerik. Bundesstaat Colorado, aus dem er eingeschleppt wurde]

Kolloratur ⟨f.10⟩ virtuose Verzierung des Gesangs in hoher Lage [< lat. coloratura „etwas, das färben wird, das Farbe, Färbung gibt", zu colorare „färben", übertr. „der Rede Farbe geben" → meter]

Kolloratursopran ⟨m.1⟩ 1 Sopranstimme, die sich bes. für Koloraturen eignet 2 Sängerin mit einer solchen Stimme

kollorieren ⟨V.3, hat koloriert; mit Akk.⟩ färben, farbig ausmalen; einen Kupferstich k.; kolorierte Stiche; ein Foto k. [< lat. colorare „färben", zu color „Farbe"]

Kollorimeter ⟨n.5⟩ Gerät zum Bestimmen der Farbintensität von Lösungen [< lat. color „Farbe" und → meter]

Kollorismus ⟨m., -, nur Sg.; Mal.⟩ Hervorhebung der Farbe

Kollorist ⟨m.10⟩ 1 Maler, der besonderen Wert auf die Farbgebung legt 2 jmd., der Stiche usw. koloriert

kolloristisch ⟨Adj., o.Steig.⟩ die Farbgebung betreffend, sie betonend

Kollorit ⟨n.1⟩ 1 ⟨Mal.⟩ Farbgebung, farbliche Gestaltung 2 Klangfarbe, Wirkung musikalischer Farben 3 Stimmung, Eigentümlichkeit, besonderer Charakter; das K. einer Schilderung; das K. einer Sprechweise; einer Darstellung ein besonderes K. geben; vgl. Lokalkolorit

Kolloß ⟨m.1⟩ 1 riesiges, massiges Standbild 2 ⟨übertr.⟩ riesiger Gegenstand 3 ⟨übertr.⟩ großer, dicker, schwerfälliger Mensch [< griech. kolossos, Bez. für „riesige Bildsäule", Herkunft unklar]

kollosssal ⟨Adj.⟩ 1 riesig, massig; ein ~es Bauwerk; ein ~es Gemälde 2 ⟨als Adv.; ugs.⟩ sehr, ungeheuer; das hat mich k. geärgert; das ist k. schwer

Kollostralmilch ⟨f., -, nur Sg.⟩, **Kollostrum** ⟨n., -s, nur Sg.⟩ → Erstmilch [< lat. colostrum „Biestmilch", weitere Herkunft nicht geklärt]

Kollotomie ⟨f.11⟩ operative Öffnung des Dickdarms (z.B. zum Anlegen eines künstlichen Afters) [< griech. kolon „Dickdarm" und tome „Schnitt"]

Kollpak ⟨m.1⟩ → Kalpak

Kollpingfamilie ⟨f.11⟩ katholischer Gesellenverein [nach dem Gründer, dem kath. Priester A. Kolping]

Kollpitis ⟨f., -, -tiden⟩ → Scheidenentzündung [< griech. kolpos „Schoß" und → itis]

Kollportage ⟨f.11⟩ 1 ⟨früher⟩ Hausierhandel mit billigen Büchern 2 Verbreitung von Gerüchten 3 literarisch minderwertiger Bericht [< frz. colportage in ders. Bed., zu colporter, → kolportieren]

Kollportageroman ⟨[-ʒə-] m.1⟩ billiger, wertloser Roman, Hintertreppenroman

Kollporteur ⟨[-tør] m.1⟩ 1 ⟨früher⟩ Hausierer, der Bücher verkauft 2 jmd., der Gerüchte verbreitet [zu kolportieren]

kollportieren ⟨V.3, hat kolportiert; mit Akk.⟩ etwas k. 1 mit etwas hausieren, es feilbieten 2 ohne genaue Kenntnis der Sache verbreiten, weitererzählen; ein Gerücht k.; Nachrichten k. [< frz. colporter in ders. Bed., < lat. comportare „zusammentragen"]

Kolposkop ⟨n.1⟩ Gerät mit Spiegel zur Untersuchung der Scheide [< griech. kolpos „Schoß" und ...skop]

Kolposkopie ⟨f.11⟩ Untersuchung mit dem Kolposkop

Kölsch I ⟨m., -(s), nur Sg.; schweiz.⟩ grober Baumwollstoff II ⟨n., -(s), nur Sg.⟩ kölnisches obergäriges Bier [< rhein. kölsch „kölnisch"]

Kollter[1] ⟨n.5⟩ Messer an der Pflugschar [< lat. culter „Messer"]

Kollter[2] ⟨m.5 oder f.11; südwestdt.⟩ Steppdecke, Wolldecke [vermutl. zu lat. culcita, culcitra „Matratze, Polster"]

Kollumbarium ⟨n.1⟩ 1 ⟨im alten Rom⟩ Grabkammer mit Wandnischen für die Urnen 2 ⟨heute⟩ Urnenhalle (im Krematorium) [< lat. columbarium „Taubenhaus, Taubenschlag; Totenkammer mit Wandnischen", zu columba „Taube"]

Kollumbine ⟨f.11⟩ → Kolombine

Kollumne ⟨f.11⟩ 1 senkrechte Reihe (von Zahlen u.a.) 2 Spalte (einer Zeitungs- oder Buchseite) 3 Druckseite [< lat. columna „Säule", < *qelom(e)na „die Aufragende, Emporstrebende, zur idg. Wurzel *qel- „ragen"]

Kollumnentitel ⟨m.5⟩ Überschrift einer Buchseite

Kollumnist ⟨m.10⟩ Journalist, der regelmäßig für eine bestimmte Spalte oder Seite einer Zeitung oder Zeitschrift Artikel schreibt

kom..., Kom... ⟨in Zus. vor b, m, p für⟩ kon..., Kon...

Kolma[1] ⟨f.9⟩ 1 ⟨Astron.⟩ durch die Sonne zum Leuchten gebrachte Nebelhülle um den Kopf eines Kometen 2 ⟨Optik⟩ Linsenfehler, durch den auf dem Bild ein kometenschweifähnliches Gebilde statt eines Punktes entsteht [< griech. kome „Haar, Mähne"]

Kolma[2] ⟨n.9⟩ tiefe Bewußtlosigkeit [< griech. koma „tiefer Schlaf", zu keisthai „liegen, daliegen"]

kolmatös ⟨Adj., o.Steig.⟩ auf einem Koma[2] beruhend, in der Art eines Komas

Kombattant ⟨m.10⟩ kriegsrechtlich anerkannter Angehöriger einer Kampftruppe [< frz. combattant „Kampfteilnehmer, Kämpfer", zu combat „Kampf", Rückbildung < combattre „kämpfen, bekämpfen"]

Kombi ⟨m.9; Kurzw. für⟩ kombinierter Liefer- und Personenwagen; Syn. Kombiwagen

Kombi... ⟨in Zus.⟩ kombiniert, Mehrzweck..., z.B. Kombischrank, Kombizange

Kombinat ⟨n.1; in Planwirtschaften sowjet. Typs⟩ Vereinigung verschiedener Industriebetriebe (Eisenhütten-) [< lat. combinatus „verbunden, verknüpft", zu combinare, → kombinieren]

Kombination ⟨f.10⟩ 1 Verbindung, Verknüpfung, gedankliches Herstellen von Zusammenhängen 2 Verbindung mehrerer sportlicher Disziplinen; alpine K. 3 mehrere zusammengehörige, farblich und stofflich verschiedene Kleidungsstücke (Jacke und Hose u.ä.) 4 Arbeits-, Fliegeranzug aus einem Stück, Overall [< lat. combinatio „Vereinigung", zu combinare, → kombinieren]

Kombinationsschloß ⟨n.4⟩ Schloß aus verschiebbaren, mit Buchstaben oder Zahlen versehenen Ringen, die nur in bestimmter Kombination die Öffnung ermöglichen

Kombinationsspiel ⟨n., -(e)s, nur Sg.; bei Mannschaftsspielen⟩ Spielweise, die auf harmonisches Zusammenspiel angelegt ist

Kombinatorik ⟨f., -, nur Sg.⟩ 1 ⟨Logik⟩ Kunst, Begriffe in ein System zu bringen 2 Wiss. von den Möglichkeiten der Anordnung einzelner Elemente [zu kombinieren]

kombinatorisch ⟨Adj., o.Steig.⟩ auf Kombinatorik beruhend, verknüpfend, verbindend

kombinieren ⟨V.3, hat kombiniert⟩ I ⟨o.Obj.⟩ 1 Zusammenhänge erfassen, herstellen, zwei Dinge miteinander verknüpfen, als zusammengehörig erkennen; er kann (gut) k.; schnell, richtig, falsch k. 2 ⟨Sport⟩ planvoll zusammenspielen II ⟨mit Akk.⟩ 1 gedanklich verknüpfen; Zusammenhänge k.; zwei Dinge (miteinander) k. 2 verbinden, zu einer Einheit zusammenfassen; eine Farbe mit einer andern k.; zwei Kleidungsstücke k.; Möbelstücke zu einer Einbausystem k.; kombinierter Kleider- und Wäscheschrank [< lat. combinare „vereinigen", < com (ältere Form von cum) „mit, zusammen" und bini „je zwei, zwei auf einmal", zu bis „zweimal"]

Kombiwagen ⟨m.7⟩ → Kombi

Kombüse ⟨f.11; auf Schiffen⟩ → Küche [< ndrl. kombuis in ders. Bed., < mndrl. kabuys, cabuse, → Kabuse]

Komedo ⟨m., -s, -do|nen⟩ → Mitesser [< lat. comedo, „Fresser, Schlemmer", eigtl. „ich esse mit, ich esse es auf", zu comedere „mit-, aufessen"]

Komestibilien ⟨Pl.; †⟩ Eßwaren, Lebensmittel [< frz. comestible „eßbar", < lat. comestum „Eßwaren", zu comedere „aufessen"]

Komet ⟨m.10⟩ kleiner Himmelskörper mit Schweif, der sich in einer exzentrischen elliptischen Bahn um die Sonne bewegt; Syn. Schweifstern [< griech. kometes „jmd., der langes Haar trägt, Haarstern", zu kome „Haar, Mähne"]

Komfort ⟨[-foːr] m., -s, nur Sg.⟩ Bequemlichkeit, Annehmlichkeit, bequeme, praktische Einrichtung (von Räumen); eine Wohnung mit allem K. mit allem K. ausgestattet < engl. comfort „Behaglichkeit, Bequemlichkeit", über das Frz. < lat. confortare „stärken", zu fortis „stark"]

komfortabel ⟨Adj.⟩ mit Komfort; eine komfortable Wohnung

Komik ⟨f., -, nur Sg.⟩ 1 komische Beschaffenheit, komische Wirkung; die K. einer Geschichte, einer Situation; er hat Sinn für K. 2 Kunst, etwas komisch darzustellen; seine K. ist unübertrefflich [< griech. komikos „zur Komödie gehörend, in der Art einer Komödie"]

Komiker ⟨m.5⟩ Darsteller komischer Rollen, Vortragskünstler, der komische Darbietungen vorführt

Kominform ⟨n., -s, nur Sg.; Kurzw. für⟩ Kommunistisches Informationsbüro (1947 gegründete Organisation mehrerer europäischer kommunistischer Parteien, die 1956 wieder aufgelöst wurde)

Komintern ⟨f., -, nur Sg.; Kurzw. für⟩ Kommunistische Internationale (1919–1943 Vereinigung der kommunistischen Parteien der Welt, 1947 durch das Kominform ersetzt)

komisch ⟨Adj.⟩ 1 erheiternd, Lachen erregend, drollig, spaßig, putzig; eine ~e Geschichte; sein Verhalten wirkte sehr k.; ich kann das nicht k. finden 2 ⟨ugs.⟩ sonderbar, merkwürdig, verwunderlich; er ist ein ~er Kerl, Kauz; das ist wirklich k.; sei doch nicht so k.!; mir wird ganz k., ist ganz k. zumute, wird k. im Magen [< griech. komikos „zur Komödie gehörig, in der Art einer Komödie", → Komödie]

komischerweise ⟨Adv.⟩ merkwürdigerweise; k. steht er nicht im Telefonbuch

Komitadschi ⟨m., -s, -⟩ bulgarischer Freiheitskämpfer

Komitat ⟨n.1 oder m.1; früher⟩ 1 feierliches Geleit 2 ungarischer Verwaltungsbezirk [< lat. comitatus „Begleitung, Gefolge, Hofstaat, Umgebung", zu comes „Begleiter"]

Komitee

Ko|mi|tee ⟨n.9⟩ *Ausschuß, Gruppe von Personen (für bestimmte Aufgaben; Fest~)*; ein K. bilden [< frz. *comité* < engl. *committee* in ders. Bed., < lat. *committere* „zusammenkommen lassen, zusammenbringen, vereinigen"]

Kom|ma ⟨n., -s, -s oder -ma|ta⟩ **1** *Satzzeichen, das eine leichte Trennung bezeichnet*; Syn. *Beistrich* **2** ⟨bei Dezimalbrüchen⟩ *Trennungszeichen zwischen der ganzen und der Bruchzahlen* **3** ⟨Mus.⟩ *kleinstes Intervall* **4** ⟨Mus.⟩ *kleiner, senkrechter Strich über der obersten Notenlinie als Zeichen zum Atmen, zum Absetzen* [< griech. *komma* „Einschnitt, Abschnitt", eigentlich „Schlag", zu *koptein* „schlagen"]

Kom|ma|ba|zil|lus ⟨m., -, -len⟩ *Erreger der Cholera*

Kom|man|dant ⟨m.10⟩ *Befehlshaber (einer Festung, Stadt, Garnison, eines Flugplatzes, Panzers oder Schiffes)* [< frz. *commandant* in ders. Bed., →*kommandieren*]

Kom|man|dan|tur ⟨f.10⟩ *Dienstgebäude eines Stadt- oder Garnisonskommandanten*

Kom|man|deur ⟨[-dør] m.1⟩ *Befehlshaber (einer Truppeneinheit)* [< frz. *commandeur* in ders. Bed., zu *commander*, →*kommandieren*]

kom|man|die|ren ⟨V.3, hat kommandiert⟩ **I** ⟨mit Akk.⟩ **1** *etwas k. den Befehl über etwas haben, befehligen*; er kommandiert ein Regiment **2** *jmdn. k. jmdm. im Befehlston Anweisungen geben*; seine Familie, seine Kinder k.; ich lasse mich vor dir nicht k. **II** ⟨o.Obj.⟩ **1** *bestimmen*; hier kommandiere nur ich! **2** *im Befehlston sprechen*; kommandier nicht so! [< frz. *commander* „befehlen, befehligen, beherrschen", über vulgärlat. *commandare* < lat. *commendare* „empfehlen, anvertrauen", < *com*, ältere Form von *cum* „sehr, nachdrücklich" und *mandare* „Befehl, Weisung geben, sagen lassen"]

Kom|man|die|rung ⟨f.10⟩ *Versetzung*; K. zu einer anderen Truppeneinheit

Kom|man|di|tär ⟨m.1; schweiz.⟩ →*Kommanditist*

Kom|man|di|te ⟨f.11⟩ **1** *Handelsgesellschaft mit stillen Teilhabern* **2** *Zweiggeschäft, Zweigniederlassung* [< frz. *commandite* in ders. Bed., →*Kommanditist*]

Kom|man|dit|ge|sell|schaft ⟨f.10; Abk. KG⟩ *Handelsgesellschaft, bei der ein oder mehrere Teilhaber persönlich, einer oder mehrere nur mit ihrer Einlage haften* [< frz. *commandité* „verantwortlicher Teilhaber", zu *commanditer* „Geld in ein Geschäft geben, ohne Teilnehmer zu sein", < lat. *commandare* „anvertrauen, übergeben", →*kommandieren*]

Kom|man|di|tist ⟨m.10⟩ *nur mit seiner Einlage haftender Teilhaber einer Kommanditgesellschaft*; Syn. ⟨schweiz.⟩ *Kommanditär*; vgl. *Komplementär*

Kom|man|do ⟨n.9; österr. auch n., -s, -den⟩ **1** *Befehl, Befehlswort(e)*; ein K. geben **2** *Befehlsgewalt*; das K. übernehmen, abgeben **3** *kleine Truppenabteilung mit bestimmter Aufgabe (Wach~)* [< ital. *commando* „Befehl", →*kommandieren*]

Kom|man|do|brücke ⟨-k|k-; f.11⟩ *auf Schiffen brückenartiger Deckaufbau (für den Kommandanten, Lotsen und Wachoffizier)*; Syn. *Schiffsbrücke*

Kom|man|do|turm ⟨m.2⟩ *auf Kriegsschiffen gepanzerter Turm auf der Kommandobrücke*

Kom|mas|sa|ti|on ⟨f.10⟩ *Zusammenlegung (von Grundstücken), Flurbereinigung* [zu *kommassieren*]

kom|mas|sie|ren ⟨V.3, hat kommassiert; mit Akk.⟩ *zusammenlegen*; Grundstücke k. [< lat. *com...* (für *cum*) „mit, zusammen" und *massieren*]

Kom|me|mo|ra|ti|on ⟨f.10; †⟩ **1** *Erinnerung, Andenken* **2** *kirchliche Gedächtnisfeier* [< lat. *commemoratio*, Gen. *-onis*, „Erinnerung, Erwähnung", zu *commemorare*, →*kommemorieren*]

kom|me|mo|rie|ren ⟨V.3, hat kommemoriert; mit Akk.; †⟩ *jmdn. k. sich an jmdn. erinnern, jmds. gedenken* [< lat. *commemorare* „ins Gedächtnis zurückrufen", →*memorieren*]

kom|men ⟨V.71, ist gekommen⟩ **I** ⟨o.Obj.⟩ **1** *sich einem Ort oder jmdm. nähern, zu einem Ort, zu jmdm. gelangen*; er kommt nur, wenn er etwas braucht; ich habe ihn k. sehen; ins Zimmer k.; nach Hause k.; zu jmdm. k.; angelaufen, angefahren, angesprungen k. *sich laufend, fahrend, springend nähern*; die Zeitung, die Post kommt jeden Morgen *sie wird jeden Morgen gebracht*; jmdn. k. lassen *jmdn. veranlassen, bitten zu erscheinen, jmdn. rufen*; den Arzt, einen Handwerker k. lassen; etwas k. lassen *veranlassen, daß etwas gebracht wird*; sich das Essen aufs Zimmer k. lassen; ein Taxi k. lassen; auf ihn lasse ich nichts k. *ich lasse nicht zu, daß man in ihm Nachteiliges spricht* **2** *jmdn., einen Ort besuchen*; wann kommst du wieder einmal (zu uns)?; komm doch zum Essen!; k. Sie wieder einmal nach München! **3** *sich von einem Ort oder von jmdm. her nähern*; aus dem Wald k.; er sieht aus, als käme er gerade aus dem Bett; er kommt gerade aus der Schule; er kommt dieses Jahr aus der Schule ⟨übertr.⟩ *er hat in diesem Jahr die Schulzeit hinter sich*; der Zug kommt von Hamburg, aus Hamburg; ich komme eben vom Arzt; vom Westen her kommt es schwarz ⟨ugs.⟩ *vom Westen her nähern sich schwarze Wolken* **4** *an einem Ort, bei jmdm. eintreffen*; wir k. um vier Uhr; wann kommst du?; die Gäste sind noch nicht gekommen; ist jemand gekommen? **5** *mitgehen, mit jmdm. gehen*; kommst du?; komm, wir gehen!; komm, wir schauen mal nach! **6** ⟨als beruhigende Äußerung⟩ komm, komm! *sei doch still!, beruhige dich!*; komm, sei vernünftig!; ach, komm! hör doch auf, laß das doch! **7** *den Weg nehmen, fahren, gehen*; wir kamen durch einen Wald; wir werden auf unserer Reise auch durch Mailand k. **8** *geschehen, gesagt werden*; es kam, wie es k. mußte; es kam so: ...; das durfte nicht k. ⟨ugs.⟩ *das durfte nicht gesagt werden, das hätte nicht geschehen dürfen*; es kam keine Antwort; ich habe es k. sehen *ich habe geahnt, daß es geschehen würde*; ein großes Unglück ist über uns gekommen *ist uns geschehen* **9** *sich zeigen*; die ersten Knospen k. schon; wenn du diese Straße entlang gehst, kommt erst die Kirche und dann das Museum **10** *folgen, an der Reihe sein*; jetzt komme ich (an die Reihe); und jetzt kommt der Höhepunkt, kommt das Schönste, kommt noch eine Überraschung **11** *zur Verfügung stehen*; auf zehn Kinder kommt ein Betreuer *für je zehn Kinder steht ein Betreuer zur Verfügung* **12** *in eine Lage, in einen Zustand geraten*; in den Regen gekommen; er ist unter ein Auto gekommen *er ist überfahren worden*; in Schwierigkeiten k.; wieder zu sich k. *das Bewußtsein, die Besinnung wiedererlangen* **13** *seinen Platz haben, an einen Platz gehören*; dieses Buch kommt ins oberste Fach; die Gläser k. in den Küchenschrank **II** ⟨mit Präp.obj.⟩ **1** *auf etwas k.* **a** *etwas plötzlich wissen, vermuten*; wie kommst du darauf, daß es gerade haben können?; auf einen Gedanken k. *plötzlich einen Gedanken haben* **b** *etwas herausfinden*; ich komme nicht darauf, wie er heißt, um dieses herauszufinden **2** *hinter etwas k. etwas herausfinden* **3** *um etwas k. etwas verlieren*; er ist um all sein Geld gekommen; er ist ums Leben gekommen **4** *von etwas k. die Folge von etwas sein, seinen Ursprung, seine Ursache in etwas haben*; das kommt vom vielen Lesen, Trinken, Rauchen; das kommt davon! *da hast du den Schaden!, da siehst du es, was passieren kann!* **5** *zu etwas k. etwas erreichen, erlangen, erhalten*; wenn man nicht spart, kommt man zu nichts; ich bin heute noch zu nichts gekommen *ich habe noch nichts von dem tun können, was ich eigentlich tun wollte*; erst heute komme ich dazu, dir zu schreiben *erst heute finde ich die Zeit dazu*; zu Reichtum, zu Geld k.; zum Ziel k. **III** ⟨mit Dat.⟩ *jmdm. k.* **1** *sich jmdm. in bestimmter Weise nähern*; das kommt mir sehr überraschend *das überrascht mich, darauf war ich nicht gefaßt*; Ihr Angebot kommt mir sehr gelegen; jmdm. dumm k. ⟨ugs.⟩ *jmdm. dumm, ungeschickt, taktlos anreden*; komm mir ja nicht auf die Tour! *auf diese Weise lasse ich mich nicht anreden, nicht behandeln*; komm mir ja nicht mit der Ausrede, du könntest nicht ... **2** *jmdm. einfallen, in den Sinn kommen*; ein Gedanke kam mir; es kam mir so *es fiel mir beiläufig ein* **IV** ⟨mit Akk.⟩ *jmdn. k. in Wendungen wie* das kostet mich teuer *das kostet mich viel Geld*; das kommt mich billiger, als wenn ich ... *das ist für mich günstiger* **V** ⟨als Funktionsverb, z.B.⟩ zum Ausdruck k. *geäußert, ausgedrückt werden*; zur Anwendung k. *angewendet werden*; zur Aufführung k. *aufgeführt werden*; in Wegfall k. *wegfallen*

Kom|men|de ⟨f.11⟩ **1** *kirchliche Pfründe ohne amtliche Pflichten* **2** *Komturei* [< mlat. *commenda* „Lehnsherrschaft, Pacht", zu lat. *commendare* „mit etwas betrauen, belehnen"]

Kom|men|sa|le ⟨m.11; Biol.⟩ *Nahrungsnutznießer, der von seinem Wirt lebt, ohne ihm zu schaden* [< frz. *commensal* „Tischgenosse", < lat. *com...*, ältere Form von *cum* „mit" und *mensa* „Tisch", also „der mit am selben Tisch ißt"]

kom|men|su|ra|bel ⟨Adj., o.Steig.⟩ *mit dem gleichen Maß meßbar, vergleichbar*; Ggs. *inkommensurabel*; kommensurable Größen, Begriffe [< lat. *commensurabilis* „gleichmäßig, gleich zu bemessen", zu *mensura* „Messung, Maß"]

Kom|men|su|ra|bi|li|tät ⟨f., -, nur Sg.⟩ *Vergleichbarkeit, Meßbarkeit mit gleichem Maß*; Ggs. *Inkommensurabilität*

Kom|ment ⟨[-mã] m.9⟩ *Brauch, Regel (des Lebens in einer Studentenverbindung)* [< frz. *comment* „wie", als Subst. „das Wie, die Art und Weise", < lat. *quomodo* „auf welche Weise", < *quo* „wodurch" und *modus* „Art und Weise"]

Kom|men|tar ⟨m.1⟩ **1** *Erklärung, Erläuterung*; K. zu einer Werkausgabe eines Dichters; kritischer K. **2** *Stellungnahme*; K. zu Tagesereignissen; einen K. zu etwas geben **3** ⟨ugs.⟩ *überflüssige Bemerkung*; deinen K. kannst du dir sparen [< lat. *commentarium* „Notizen, gesammelte Beispiele", zu *commentum* „erdachte", zu *mens*, Gen. *mentis*, „Gedanken, das Denken"]

Kom|men|ta|ti|on ⟨f.10⟩ **1** *erläuternde Abhandlung* **2** ⟨†⟩ *Sammlung wissenschaftlicher, meist kritischer Schriften*

Kom|men|ta|tor ⟨m.13⟩ *jmd., der einen Kommentar (1) zu etwas gibt, Erläuterer*

kom|men|tie|ren ⟨V.3, hat kommentiert; mit Akk.⟩ *mit einem Kommentar versehen, erläutern, (wissenschaftlich) erklären*; eine Dichtung k.; Tagesereignisse k.

Kom|mers ⟨m.1; Studentenspr.⟩ *feierliche Kneipe* [< frz. *commerce* „Gemeinschaft, Verkehr, Umgang", →*Kommerz*]

Kom|mers|buch ⟨n.4⟩ *Buch mit Studentenliedern*

Kom|merz ⟨m., -, nur Sg.; †⟩ *Handel und Verkehr* [< frz. *commerce* „Handel, Verkehr", < lat. *commercium* „Handel, Verkehr", zu *merx*, Gen. *mercis*, „Ware"]

kom|mer|zia|li|sie|ren ⟨V.3, hat kommerzialisiert; mit Akk.⟩ **1** öffentliche Schulden k. *sie in privatwirtschaftliche Schulden umwandeln* **2** Vergnügungen, Volksbräuche k. *sie dem Geschäft, dem Handel, der Geschäftemacherei preisgeben* [zu *Kommerz*] **Kommer|zia|li|sie|rung** ⟨f., -, nur Sg.⟩

Kom|mer|zi|al|rat ⟨m.2; österr. für⟩ *Kommerzienrat*

kom|mer|zi|ell ⟨Adj.⟩ **1** ⟨o.Steig.⟩ *auf Handel und Gewerbe beruhend, dazu gehörig* **2** *auf Gewinn bedacht*

Kom|mer|zi|en|rat ⟨m.2; bis 1919 Titel für⟩ *verdienter Großkaufmann oder Industrieller*

Kom|mi|li|to|ne ⟨m.17⟩ *Mitstudent, Studiengenosse* [< lat. *commilito*, Gen. *-onis*, ebenso *commiles* „Waffenbruder", zu *miles*, Gen. *militis* „Soldat, Krieger"]

Kom|mis ⟨[-mi] m., -, - [-mis]; †⟩ *kaufmännischer Angestellter; auch: Commis* [< frz. *commis* „Schreiber, Beamter", eigtl. „beauftragter", zu *commettre* „beauftragen" < lat. *committere* „anvertrauen, übergeben"]

Kom|miß ⟨m., -mis|ses, nur Sg.; ugs.⟩ *Militär, Militärdienst; beim K. sein; er muß zum K.* [eigtl. die vom Staat gelieferte Ausrüstung für die Soldaten, seit dem 16.-18. Jh. bezeichnete man damit die Vorräte für den Unterhalt des Heeres; gekürzt < *Kommission* „Auftrag" im Sinne von „Auftrag an die Bevölkerung, Mittel für den Unterhalt von Soldaten zusammenzubringen", →*Kommission*]

Kom|mis|sar ⟨m.1⟩ **1** *jmd., der im Auftrag des Staates handelt und mit Vollmachten ausgerüstet ist* **2** ⟨Dienstbez. für⟩ *ein Beamter (Polizei~, Kriminal~)* [< mlat. *commissarius* „jmd., der mit der Besorgung eines Geschäftes beauftragt ist" < lat. *committere* „anvertrauen, übergeben"]

Kom|mis|sär ⟨m.1; österr., schweiz. für⟩ *Kommissar*

Kom|mis|sa|ri|at ⟨n.1⟩ *Amt, Amtsräume eines Kommissars*

kom|mis|sa|risch ⟨Adj., o.Steig.⟩ *einstweilig, einstweilen beauftragt; ~er Leiter eines Unternehmens*

Kom|miß|brot ⟨n.1⟩ *rechteckiges Vollkornbrot*

Kom|mis|si|on ⟨f.10⟩ **1** *Ausschuß (von Beauftragten)* **2** *Auftrag zum Verkauf einer Ware; etwas in K. geben, nehmen* [< mlat. *commissio*, Gen. *-onis*, „Gruppe von Beauftragten; Pachtvertrag"; lat. *commissio*, „Vereinigung", zu *committere* „zusammenbringen, vereinigen", zu *mittere* „schicken"]

Kom|mis|sio|när ⟨m.1⟩ *jmd., der unter eigenem Namen, aber im Auftrag und auf Rechnung eines anderen Geschäfte ausführt*

kom|mis|sio|nell ⟨Adj., o.Steig.⟩ *auf Kommission beruhend*

Kom|mis|si|ons|ge|schäft ⟨n.1⟩ *Geschäft, das im eigenen Namen, aber auf fremde Rechnung abgeschlossen wird*

Kom|mis|si|ons|wa|re ⟨f.11⟩ *in Kommission (2) genommene Ware*

Kom|miß|stie|fel ⟨m.5⟩ *grober Soldatenstiefel*

Kom|mit|tent ⟨m.10⟩ *Auftraggeber eines Kommissionärs*

kom|mod ⟨Adj., †, noch österr.⟩ *bequem, angenehm* [< frz. *commode* „bequem", < lat. *commodus* „bequem"]

Kom|mo|de ⟨f.11⟩ *Möbelstück in Kastenform mit Schubfächern* [< frz. *commode* in ders. Bed., eigtl. „Bequemlichkeit", < lat. *commodus* „bequem, zweckmäßig, angemessen", < *com*, ältere Form von *cum* „mit" und *modus* „rechtes Maß, Art und Weise"]

Kom|mo|do|re ⟨m.9 oder m.14⟩ **1** *Kapitän im Admiralsrang* **2** *Geschwaderführer* **3** ⟨Titel für⟩ *a verdienter Kapitän* **b** *erfahrener Kapitän einer Handelsreederei* [< engl. *commodore* < ital. *commodoro* „Kommandeur"]

kom|mun ⟨Adj., o.Steig.⟩ **1** *gemeinschaftlich, gemeinsam* **2** ⟨†, noch landsch.⟩ *gewöhnlich; ein ganz ~er Kerl* [< lat. *communis* „mehreren gemeinsam, gemeinschaftlich, öffentlich", →*Kommune*]

kom|mu|nal ⟨Adj., o.Steig.⟩ *eine Gemeinde betreffend, zu ihr gehörig* [zu *Kommune (2)*]

kom|mu|na|li|sie|ren ⟨V.3, hat kommunalisiert; mit Akk.⟩ *in Gemeindebesitz überführen und der Gemeindeverwaltung übergeben* [zu *Kommune*] **Kom|mu|na|li|sie|rung** ⟨f., -, nur Sg.⟩

Kom|mu|nard ⟨[kɔmynaʀ] m.9⟩, **Kom|mu|nar|de** ⟨m.11⟩ *Angehöriger der Pariser Kommune*, ⟨auch⟩ *einer Kommune (4)*

Kom|mu|ne ⟨f.11⟩ **1** (MA) *Stadtstaat mit republikanischer Verfassung* **2** ⟨allg.⟩ *Gemeinde* **3** *Pariser K.* ⟨[kɔmyn] in der Frz. Revolution⟩ *revolutionäre Regierung 1792–94*, (März bis Mai 1871) *revolutionärer Stadtrat* **4** *Wohngemeinschaft, bes. von Studenten oder Studentenfamilien mit gegenseitiger Hilfeleistungen* [< lat. *communis* „gemeinschaftliches Vermögen, Gemeingut", < *com*, ältere Form von „mit" und *munia* „Leistungen, Verpflichtungen"]

Kom|mu|ni|kant ⟨m.10⟩ **1** ⟨kath. Kirche⟩ *Teilnehmer an der heiligen Kommunion* **2** *Teilnehmer an einer Kommunikation (2), jmd., der kommuniziert (3)*

Kom|mu|ni|ka|ti|on ⟨f.10⟩ **1** *Verbindung, Zusammenhang* **2** *Verkehr, Verständigung (zwischen Menschen)* [< lat. *communicatio*, Gen. *-onis*, „Mitteilung", zu *communicare* „teilhaben", →*kommunizieren*]

Kom|mu|ni|ka|ti|ons|mit|tel ⟨n.1⟩ *Mittel zur Verständigung*

kom|mu|ni|ka|tiv ⟨Adj., o.Steig.⟩ *in der Art der Kommunikation (2), auf ihr beruhend; ~e Beziehungen*

Kom|mu|ni|on ⟨f.10; kath. Kirche⟩ *Abendmahl* [< lat. *communio*, Gen. *-onis*, „(kirchliche) Gemeinschaft; Abendmahl", zu *communis* „gemeinsam", →*Kommune*]

Kom|mu|ni|qué ⟨[kɔmynike] n.9⟩ *amtliche Mitteilung, Bekanntmachung (bes. von Regierungen), autorisierter Bericht* [< frz. *communiqué* urspr. „einer Zeitung amtlich zugestellte Nachricht, mit dem Befehl, sie zu veröffentlichen", heute „amtliche Berichtigung", < lat. *communis* „allen gemeinsam, öffentlich"]

Kom|mu|nis|mus ⟨m., -, nur Sg.⟩ *nach marxistischer Auffassung* *die dem Sozialismus folgende Gesellschafts- und Wirtschaftsordnung, in der das Privateigentum beseitigt und die Klassengegensätze aufgehoben sein sollen*

Kom|mu|nist ⟨m.10⟩ *Anhänger, Vertreter des Kommunismus*

kom|mu|ni|stisch ⟨Adj., o.Steig.⟩ *zum Kommunismus gehörig, in der Art des Kommunismus, auf ihm beruhend; die ~e Weltrevolution; das Kommunistische Manifest; ein k. regiertes Land*

Kom|mu|ni|tät ⟨f.10⟩ **1** *Gemeinschaft, Gemeinsamkeit* **2** ⟨†⟩ *Gemeingut*

kom|mu|ni|zie|ren ⟨V.3, hat kommuniziert; o.Obj.⟩ **1** *zusammenhängen, in Verbindung stehen; ~de Röhren unten miteinander verbundene Röhren, in denen eine Flüssigkeit gleich hoch steht* **2** ⟨kath. Kirche⟩ *das Abendmahl empfangen* **3** *miteinander sprechen, Verbindung haben; wir k. häufig* [< lat. *communicare* „teilen, teilhaben lassen", zu *communis* „gemeinsam, gemeinschaftlich", →*Kommune*]

kom|mu|ta|bel ⟨Adj., o.Steig.⟩ *vertauschbar, veränderbar* [< lat. *commutabilis* in ders. Bed., zu *commutare*, →*kommutieren*]

Kom|mu|ta|ti|on ⟨f.10⟩ **1** *Vertauschbarkeit* **2** *Winkel zwischen zwei Geraden, die von der Erde aus zur Sonne und zu einem Planeten gehen* [< lat. *commutatio* „Veränderung, Umwandlung", zu *commutare*, →*kommutieren*]

kom|mu|ta|tiv ⟨Adj., o.Steig.⟩ **1** *vertauschbar* **2** *auf Kommutation beruhend*

Kom|mu|ta|tor ⟨m.13⟩ →*Kollektor (2)* [zu *kommutieren*]

kom|mu|tie|ren ⟨V.3, hat kommutiert; mit Akk.⟩ *verändern, vertauschen, umstellen; Begriffe, mathematische Größen k.* [< lat. *commutare* „verändern, verwandeln, umbewegen", zu *mutare* „von der Stelle bewegen, verändern"]

Ko|mö|di|ant ⟨m.10⟩ **1** ⟨auch abfällig⟩ *Schauspieler* **2** ⟨übertr.⟩ *jmd., der etwas vortäuscht, Heuchler*

Ko|mö|die ⟨[-djə] f.11⟩ **1** *heiteres Schauspiel* **2** *Theater, in dem heitere Stücke aufgeführt werden* **3** ⟨übertr.⟩ *unterhaltender Vorfall, lustiges Ereignis* [< lat. *comoedia*, griech. *komodia (komoidia)* in ders. Bed., < griech. „nächtlicher Umzug verkleideter Personen" (bei dem gesungen, getanzt und getrunken wurde) und *ode (oide)* „Gesang, Lied", also „Gesang des Komos"]

Komp. ⟨Abk. für⟩ *Kompanie*

Kom|pa|gnie ⟨[-ni] f.11; †; noch schweiz. für⟩ *Kompanie (2)*

Kom|pa|gnon ⟨[-njɔ̃], auch [kɔm-] m.9⟩ *Teilhaber, Mitinhaber* [< frz. *compagnon* „Gefährte, Genosse", < mlat. *companio* „Gemeinschaft, Gesellschaft", →*Kompanie*]

kom|pakt ⟨Adj., -er, am -esten⟩ **1** *dicht, massiv, fest; ~e Masse* **2** *gedrungen, stämmig; eine ~e Figur haben; er ist ziemlich k.* [< frz. *compact* „dicht, fest, zusammengedrängt", < lat. *compactus* „zusammengefügt", zu *pangere* „festmachen, -schlagen"]

Kom|pakt|la|ger ⟨n.5⟩ *Zwischenlager für abgebrannte nukleare Brennelemente*

Kom|pa|nie ⟨f.11⟩ **1** ⟨Abk.: Komp.⟩ *Truppeneinheit der Infanterie, 100–250 Mann* **2** ⟨Abk.: Komp., Co., Cie.⟩ *Genossenschaft, Gesellschaft,* ⟨bes.⟩ *Handelsgesellschaft;* auch: ⟨†⟩ *Compagnie* [< frz. *compagnie* „Gesellschaft, Verein, Körperschaft, Abteilung Soldaten", < mlat. *compania* „Gemeinschaft, Gesellschaft, Trupp Soldaten", < lat. *com*, ältere Form von *cum* „mit, zusammen" und *panis* „Brot", also „die miteinander das Brot teilen"]

kom|pa|ra|bel ⟨Adj., o.Steig.⟩ Ggs. *inkomparabel* **1** *vergleichbar; komparable Größen, Begriffe* **2** ⟨Gramm.⟩ *steigerungsfähig; komparables Adjektiv* [< lat. *comparabilis* „vergleichbar", zu *comparare*, →*komparieren*]

Kom|pa|ra|ti|on ⟨f.10; Gramm.⟩ *Steigerung (2)* [< lat. *comparatio*, Gen. *-onis*, „Vergleich", zu *comparare*, →*komparieren*]

kom|pa|ra|tiv ⟨Adj., o.Steig.⟩ **1** *auf Vergleich beruhend, vergleichend* **2** ⟨Gramm.⟩ *steigernd*

Kom|pa|ra|tiv ⟨m.1; Gramm.⟩ *zweite Steigerungsstufe, Vergleichsstufe, z.B. mehr, größer, besser; vgl. Positiv, Superlativ* [< lat. *casus comparativus* „dem Vergleich dienender Fall", →*komparieren*]

Kom|pa|ra|tor ⟨m.13⟩ **1** *Gerät zum Bestimmen der Stellungs- und Helligkeitsveränderungen an Himmelskörpern* **2** *Gerät zum Vergleichen von Längenmaßen* [< lat. *comparator* „Vergleicher", zu *comparare*, →*komparieren*]

Kom|pa|rent ⟨m.10; †⟩ *jmd., der vor einer Behörde, bes. vor Gericht, erscheint* [< lat. *comparens, -entis*, Part.Präs. von *comparere* „erscheinen, sich zeigen"]

Kom|pa|renz ⟨f.10; †⟩ *Erscheinen (vor einer Behörde)*

kom|pa|rie|ren ⟨V.3, hat kompariert; mit Akk.⟩ **1** *vergleichen* **2** ⟨Gramm.⟩ *steigern; Adjektive k.* [< lat. *comparare* „in gleiche Stellung bringen, gegenüberstellen", zu *compar* „gleich, gleichkommend"]

Kom|par|se ⟨m.11⟩ *Darsteller einer sehr kleinen oder stummen Rolle* [< ital. *comparsa* „das Erscheinen (auf der Bühne); Statist(in)", zu *comparire* < lat. *comparere* „erscheinen, sichtbar werden, sich zeigen"]

Kom|par|se|rie ⟨f., -, nur Sg.⟩ Gesamtheit der Komparsen

Kom|paß ⟨m.1⟩ Gerät zum Bestimmen der Himmelsrichtung mittels Magnetnadel [< ital. *compasso* ,,Zirkel, Bussole", zu *compassare* ,,mit dem Zirkel ab-, ausmessen", über vulgärlat. **compassare* < lat. *cum* ,,mit" und *passus* ,,Schritt"]

Kom|paß|pflan|ze ⟨f.11⟩ Gewächs, dessen Blätter sich in bestimmtem Winkel zum Sonnenlicht stellen

Kom|paß|ro|se ⟨f.11⟩ Gradskala (Windrose) auf einem Kompaß

kom|pa|ti|bel ⟨Adj., o.Steig.⟩ Ggs. inkompatibel **1** vereinbar, zusammenpassend, verträglich; kompatible Medikamente, Blutgruppen **2** ⟨Sprachw.⟩ inhaltlich miteinander verbindbar; kompatible Satzglieder (z.B. ,,blond" und ,,Haar") **3** ⟨EDV⟩ (zwischen verschiedenen Wiedergabesystemen) austauschbar [< frz. *compatible* ,,vereinbar, verträglich", zu *compatir* ,,übereinstimmen, sich vertragen, nebeneinander bestehen können", eigtl. ,,Mitleid, Geduld haben" < lat. *com*, ältere Form von *cum* ,,mit", und *pati* ,,leiden, dulden"]

Kom|pa|ti|bi|li|tät ⟨f., -, nur Sg.⟩ kompatible Beschaffenheit, Vereinbarkeit, Verträglichkeit, Austauschbarkeit; Ggs. Inkompatibilität

Kom|pa|tri|ot ⟨m.10; †⟩ Landsmann

kom|pen|di|ös ⟨Adj., o.Steig.⟩ in der Art eines Kompendiums, zusammengedrängt, kurzgefaßt

Kom|pen|di|um ⟨n., -s, -di|en⟩ **1** kurzgefaßtes Lehrbuch, Handbuch **2** ⟨Fot.⟩ ausziehbare Sonnenblende [< lat. *compendium* ,,der abgekürzter Weg, Ersparnis", eigtl. ,,das beim Zusammenwiegen Ersparte", < *com*, ältere Form von *cum* ,,mit", und *pendere* ,,wägen, wiegen"]

Kom|pen|sa|ti|on ⟨f.10⟩ **1** Ausgleich, Aufwiegung **2** Erstattung, Vergütung, Verrechnung [< lat. *compensatio*, Gen. *-onis*, ,,ausgleichende Gegenüberstellung", zu *compensare*, → kompensieren]

Kom|pen|sa|ti|ons|ge|schäft ⟨n.1⟩ Geschäft, bei dem Ware gegen Ware gehandelt wird

Kom|pen|sa|tor ⟨m.13⟩ **1** Gerät zum Messen elektrischer Spannungen **2** Zwischenglied von Rohrleitungen zum Ausgleich der Längenänderung bei Temperaturschwankungen [zu kompensieren]

kom|pen|sa|to|risch ⟨Adj., o.Steig.⟩ ausgleichend; ~e Erziehung vorschulische Förderung von Kindern, die sprachliche, soziale oder ähnliche Entwicklungsrückstände aufweisen

kom|pen|sie|ren ⟨V.3, hat kompensiert; mit Akk.⟩ **1** ausgleichen, aufheben; Spannungen k.; Unsicherheit durch forsches Auftreten k. **2** verrechnen; Beträge k. **3** ⟨ugs., bes. im und nach dem 2.Weltkrieg⟩ tauschen, durch Tauschhandel verkaufen oder erwerben [< lat. *compensare* ,,gegeneinander abwägen, ausgleichen, aufrechnen", aus *com*, ältere Form von *cum* ,,mit", und *pensare* ,,wägen, abwägen, ausgleichen"]

kom|pe|tent ⟨Adj.⟩ zuständig, maßgebend, urteilsfähig; Ggs. inkompetent; ein ~er Fachmann; ich fühle mich in dieser Sache, auf diesem Gebiet nicht k. [< lat. *competens*, Gen. *-entis*, Part.Präs. von *competere* ,,der Beschaffenheit nach stimmen, zutreffen"]

Kom|pe|tenz ⟨f.10⟩ Ggs. Inkompetenz **1** Zuständigkeit **2** ⟨Sprachw.⟩ Fähigkeit, in der Muttersprache richtige Sätze zu formulieren und zu verstehen und richtige von falschen zu unterscheiden

Kom|pe|tenz|kom|pe|tenz ⟨f.10⟩ **1** Befugnis zur Beurteilung der Kompetenz (eines Dritten) **2** Recht zur Erweiterung der Zuständigkeit

Kom|pi|la|ti|on ⟨f.10⟩ **1** Sammlung, Zusammentragen **2** aus anderen Schriften zusammengetragenes, ,,zusammengestoppeltes" Werk [< lat. *compilatio*, Gen. *-onis*, ,,Zusammengerafftes, Ausbeute", eigtl. ,,Plünderung", ironische Bez. für ,,Sammlung von Aktenstücken", zu *compilare*, → kompilieren]

Kom|pi|la|tor ⟨m.13⟩ jmd., der etwas kompiliert

kom|pi|la|to|risch ⟨Adj., o. Steig.⟩ unschöpferisch aus anderen Werken zusammengestellt

kom|pi|lie|ren ⟨V.3, hat kompiliert; mit Akk.; meist abwertend⟩ unschöpferisch ein Werk aus mehreren anderen k. [< lat. *compilare* ,,zusammenraffen, rauben, plündern", eigtl. ,,der Haare berauben, enthaaren", zu *pilus* ,,Haar"]

Kom|ple|ment ⟨n.1⟩ Ergänzung, Ergänzungsstück [< frz. *complément* ,,Ergänzung, nähere Bestimmung", < lat. *complementum* ,,Ergänzungs-, Ausfüllungsmittel", zu *complere* ,,ausfüllen, vollständig machen"]

kom|ple|men|tär ⟨Adj., o.Steig.⟩ ergänzend

Kom|ple|men|tär ⟨m.1⟩ persönlich haftender Teilhaber (einer Kommanditgesellschaft); vgl. Kommanditist

Kom|ple|men|tär|far|be ⟨f.11⟩ Farbe, die mit einer zweiten gemischt Weiß ergibt; gelb ist die K. zu blau

kom|ple|men|tie|ren ⟨V.3, hat komplementiert; mit Akk.⟩ ergänzen, vervollständigen [zu Komplement]

Kom|ple|ment|win|kel ⟨m.5⟩ Winkel, der einen anderen zu 90° ergänzt; vgl. Supplementwinkel

Kom|plet ⟨[-plɛt] f.1; kath. Kirche⟩ **1** Schlußgebet (des Stundengebets) **2** ⟨[kɔ̃plɛ] n.9⟩ Kleid mit etwas kürzerem Mantel aus dem gleichen Stoff [< frz. *complet* ,,vollständiger Anzug aus einem Stoff, Vollständigkeit", → komplett]

kom|ple|tiv ⟨Adj., o.Steig.⟩ ergänzend

kom|plett ⟨Adj., o.Steig.⟩ **1** vollständig, vollzählig, abgeschlossen; eine ~e Sammlung; er hat ihr eine ~e Wohnungseinrichtung gekauft; das Verzeichnis ist jetzt k. **2** ⟨ugs.⟩ völlig, ganz und gar; das ist ja ~er Wahnsinn; du bist k. verrückt **3** ⟨österr.⟩ besetzt, voll; der Lehrgang ist bereits k. [< frz. *complet* ,,vollständig", < lat. *completus* ,,voll-, ausgefüllt", zu *complere* ,,ausfüllen"]

kom|plet|tie|ren ⟨V.3, hat komplettiert; mit Akk.⟩ komplett machen, vervollständigen

kom|plex ⟨Adj.⟩ **1** umfassend, aus vielem zusammengesetzt und doch eine Einheit bildend **2** ~e Zahl aus einem reellen und einem imaginären Teil bestehende Zahl [→ Komplex]

Kom|plex ⟨m.1⟩ **1** Gesamtheit, Zusammengefaßtes **2** zusammenhängende Gruppe (Gebäude~) **3** ⟨Chem.⟩ Gruppe von mehreren Atomen im Molekül, die als Ganzes an chemischen Reaktionen teilnimmt **4** ⟨Psych.⟩ Gruppe von Vorstellungen oder Erlebnissen, die ins Unterbewußtsein verdrängt worden ist, ständige Beunruhigung verursacht und das Verhalten stark beeinflußt [< lat. *complexus*, ,,Zusammenfassung, Verknüpfung", zu *complecti* ,,umfassen, umschließen", eigtl. ,,zusammenflechten", zu *plectere* ,,flechten"]

Kom|ple|xi|on ⟨f.10⟩ **1** ⟨geh.⟩ Zusammenfassung (verschiedener Dinge) **2** ⟨Anthropol.⟩ Aussehen, Haut-, Haar- und Augenfarbe [< lat. *complexio*, Gen. *-onis*, ,,Umfassung, Verknüpfung", → Komplex]

Kom|ple|xi|tät ⟨f., -, nur Sg.⟩ das Zusammengesetztsein, komplexer Zustand

Kom|plex|ver|bin|dung ⟨f.10; Chem.⟩ durch Zusammenschluß von Molekülen gebildete Verbindung höherer Ordnung

Kom|pli|ce ⟨[-tsə] oder [-sə] m.11; veraltete Schreibung von⟩ *Komplize*

Kom|pli|ka|ti|on ⟨f.10⟩ **1** Schwierigkeit, Verwicklung, Erschwerung **2** Hinzutreten einer Erkrankung zu einer schon bestehenden oder Auftreten eines die Erkrankung ungünstig beeinflussenden Umstandes [< lat. *complicatio*, Gen. *-onis*, ,,das Zusammenwickeln, Vervielfältigung", zu *complicare*, → komplizieren]

Kom|pli|ment ⟨n.1⟩ Höflichkeitsbezeigung, schmeichelhafte, galante Bemerkung; jmdm. ein K. machen [< frz. *compliment* in ders. Bed., über ital. *complimento* < span. *cumplimiento* ,,Höflichkeitsbezeigung, Erfüllung einer Pflicht, Vollbringen einer Leistung", zu *cumplir* ,,ein Versprechen erfüllen, eine Leistung vollbringen", < lat. *complere* ,,erfüllen, ausfüllen, vollständig machen"]

kom|pli|men|tie|ren ⟨V.3, hat komplimentiert; mit Akk.⟩ **1** ⟨urspr.⟩ mit höflichen Redensarten (an eine Stelle) geleiten, bringen; der Wirt komplimentierte uns an einen Tisch **2** ⟨übertr., ugs.⟩ mit Geschick (an einen andern Ort) bringen; jmdn. aus dem Zimmer, ein Kind ins Bett k.

Kom|pli|ze ⟨m.11⟩ Mittäter, Mitschuldiger [< frz. *complice* in ders. Bed., < lat. *complex*, Gen. *complicis*, ,,Verbündeter, Teilnehmer", als Adj. ,,eng verbunden", < *com*, ältere Form von *cum* ,,ganz, völlig", und *plexus* ,,geflochten"]

kom|pli|zie|ren ⟨V.3, hat kompliziert; mit Akk.⟩ erschweren, schwierig(er) machen; wir wollen die Sache nicht unnötig k.; das kompliziert die Sache doch nur; vgl. kompliziert [< lat. *complicare* ,,zusammenwickeln, -falten"]

kom|pli|ziert ⟨Adj.⟩ **1** schwierig, verwickelt; eine ~e Angelegenheit; eine ~e Berechnung; ~er Bruch Knochenbruch mit offener Wunde **2** die verschiedensten Eigenschaften in sich vereinigend, schwer zu durchschauen, nicht leicht zu behandeln; ein ~er Charakter; er ist sehr k. **Kom|pli|ziert|heit** ⟨f., -, nur Sg.⟩

Kom|plott ⟨n.1⟩ Verschwörung, Verabredung zu einer Straftat oder Intrige; ein K. schmieden [< frz. *complot* ,,Verschwörung, heimlicher Anschlag", < *com...* ,,mit, zusammen" und *peloter* ,,zum Knäuel wickeln", zu *pelote* ,,Knäuel, Ball"]

kom|plot|tie|ren ⟨V.3, hat komplottiert; o.Obj.⟩ ein Komplott schmieden, sich verschwören

Kom|po|nen|te ⟨f.11⟩ Bestandteil (eines Ganzen), Teilkraft (Farb~) [zu komponieren]

kom|po|nie|ren ⟨V.3, hat komponiert; mit Akk.⟩ **1** zusammensetzen, kunstvoll anordnen; ein Blumenarrangement k.; ein Menü k. **2** nach bestimmten Formgesetzen aufbauen; ein Bild gut, geschickt k. **3** in Töne setzen, vertonen; eine Oper k. [< lat. *componere* ,,zusammenstellen, -setzen"]

Kom|po|nist ⟨m.10⟩ Schöpfer eines Musikstücks, Tonsetzer

Kom|po|si|te ⟨f.11⟩ Korbblütler [< lat. *compositus* ,,zusammengesetzt", weil die Blütenköpfe aus zahlreichen Einzelblüten zusammengesetzt sind; zu komponieren]

Kom|po|si|teur ⟨[-tør] m.1; †⟩ Komponist

Kom|po|si|ti|on ⟨f.10⟩ **1** Zusammensetzung, Anordnung **2** Aufbau (eines Bildes, eines literarischen Werkes) **3** Musikstück [< lat. *compositio*, Gen. *-onis*, ,,Zusammenstellung, Zusammensetzung", zu *componere*, → komponieren]

kom|po|si|tio|nell ⟨Adj., o.Steig.⟩ → kompositorisch

Kom|po|sit|ka|pi|tell ⟨n.1⟩ mit den Voluten des ionischen und den Akanthusornamenten des korinthischen Kapitells ausgestattetes Kapitell [< lat. *compositus* ,,zusammengesetzt", zu *componere*, → komponieren]

kom|po|si|to|risch ⟨Adj., o.Steig.⟩ die Komposition betreffend, hinsichtlich der Komposition

Kom|po|si|tum ⟨n., -s, -ta⟩ zusammengesetztes Wort, z.B. Schulkind; Ggs. Simplex [< lat.

Konduktometrie

compositum „das Zusammengesetzte", zu *componere*, →*komponieren*]
Kom|pos|si|bel ⟨Adj., o.Steig.⟩ zusammensetzbar, vereinbar
Kom|post ⟨m.1⟩ Dünger aus Pflanzenresten, Erde (und Jauche) [< engl. *compost* „künstlich zusammengesetzter Mischdünger", < lat. *compositum* „zusammengesetzt", zu *componere*, →*komponieren*]
kom|pos|tie|ren ⟨V.3, hat kompostiert; mit Akk.⟩ zu Kompost werden lassen
Kom|pott ⟨n.1⟩ mit Zucker gekochtes Obst [< frz. *compote* „Eingemachtes, bes. eingemachte Früchte" [< lat. *compositus* „zusammengesetzt", zu *componere*, →*komponieren*]
kom|pre|hen|si|bel ⟨Adj., o.Steig.⟩ begreifbar, begreiflich [< lat. *comprehensibilis* in ders. Bed., →*Komprehension*]
Kom|pre|hen|si|on ⟨f.10⟩ das Begreifen (von Mannigfaltigem als Ganzes) [< lat. *prehensio*, Gen. *-onis*, „das Zusammenfassen, Begreifen", zu *comprehendere* „fassen, begreifen"]
kom|preß ⟨Adj., o.Steig.⟩ **1** dicht, gedrängt **2** ⟨Buchw.⟩ ohne Durchschuß; k. gesetzter Schriftsatz [< lat. *compressus* „zusammengedrängt", zu *comprimere*, →*komprimieren*]
Kom|pres|se ⟨f.11⟩ feuchter Umschlag [< lat. *compressio*, „das Zusammendrücken", zu *comprimere*, →*komprimieren*]
kom|pres|si|bel ⟨Adj., kompressibler, am ~sten⟩ zusammendrückbar [< frz. *compressible* in ders. Bed., zu lat. *comprimere*, →*komprimieren*]
Kom|pres|si|on ⟨f.10⟩ **1** Zusammenpressung (z.B. von Gasen in Kolbenmaschinen) **2** ⟨Med.⟩ plötzliche oder anhaltende Druckwirkung [< lat. *compressio*, Gen. *-onis*, „das Zusammendrücken", zu *comprimere*, →*komprimieren*]
Kom|pres|sor ⟨m.13⟩ Vorrichtung zur Verdichtung von Gasen und Drucklufterzeugung; Syn. *Verdichter* [zu *komprimieren*]
kom|pri|mie|ren ⟨V.3, hat komprimiert; mit Akk.⟩ **1** zusammendrücken, zusammendrängen; ein Gas k. **2** auf das Wesentliche beschränken; einen komprimierten Stil schreiben [< lat. *comprimere* „zusammendrücken, zusammenpressen"]
Kom|pro|miß ⟨m.1 oder n.1⟩ Ausgleich, Verständigung, Übereinkunft durch beiderseitige Zugeständnisse [< lat. *compromissum* „gegenseitiges Versprechen, den Schiedsspruch eines Dritten anzuerkennen", zu *compromittere* „sich gegenseitig etwas versprechen", < *com*, ältere Form von *cum* „mit, zusammen", und *promittere* „versprechen, in Aussicht stellen, Künftiges versprechen", eigtl. „nach vorn schicken, vorwärtsgehen lassen", nämlich sozusagen auf das Verheißene zu]
Kom|pro|miß|ler ⟨m.5; abwertend⟩ *jmd., der ständig (unnötige) Kompromisse eingeht*
kom|pro|mit|tie|ren ⟨V.3, hat kompromittiert; mit Akk.⟩ jmdn. k. bloßstellen, in eine peinliche Lage bringen [< frz. *compromettre* „bloßstellen, aufs Spiel setzen", < lat. *compromittere*, als juristischer Fachausdruck „sich gegenseitig versprechen, die Entscheidung über einen Rechtsstreit einem Schiedsrichter zu überlassen und sich dem Spruch zu beugen"; die Bedeutungsverschiebung zu „bloßstellen" ist so zu erklären: indem man den Gegner zwingt, mit einem solchen Versprechen einem Dritten die Entscheidung zu überlassen, der dadurch Einblick in den Streit erhält, bringt man ihn möglicherweise in Verlegenheit und stellt ihn dadurch vor anderen bloß]
Kom|pul|si|on ⟨f.10; †⟩ Nötigung, Zwang [< lat. *compulsio*, Gen. *-onis*, „Zwang, Mahnung", zu *compellere* „drängen, nötigen"]
kom|pul|siv ⟨Adj.; †⟩ nötigend
Kom|so|mol ⟨m., -, nur Sg.; Kurzw. für⟩ kommunistischer Jugendverband der UdSSR

Kom|so|mol|ze ⟨m.11⟩ Angehöriger des Komsomol
Kom|teß ⟨f., -, -tes|sen⟩, **Kom|tes|se** ⟨f.11⟩ Tochter eines Grafen [< frz. *comtesse* „Gräfin", weibliche Form von *comte* „Graf"]
Kom|tur ⟨m.1⟩ **1** Ordensritter und Inhaber einer Komturei **2** Inhaber eines Ordens höherer Klasse [< mhd. *kommentiur, kommendiur* in ders. Bed., < mlat. *commendator* „Vorsteher der Niederlassung eines Ritterordens", zu lat. *commendare* „anvertrauen, übergeben"]
Kom|tu|rei ⟨f.10⟩ einem Komtur zur Verwaltung übertragenes Gebiet; Syn. *Kommende*
kon..., Kon... ⟨in Zus.⟩ mit..., zusammen... [< lat. *con...*, in Zus. für *cum* „mit, zusammen"]
Ko|nak ⟨m.1; in der Türkei⟩ Amtsgebäude, Palast
Kon|cha, Kon|che ⟨f., -, -chen⟩ **1** Halbkuppel der Apsis **2** Apsis **3** Muschelschale **4** muschelförmiger Organteil **5** Maschine zur Veredelung von Schokolade [< lat. *concha*, griech. *kogche* „Muschelschale"]
kon|chi|form ⟨Adj., o.Steig.⟩ muschelförmig [< lat. *concha* „Muschel" und *forma* „Gestalt, Form"]
Kon|cho|i|de ⟨f.11⟩ dem Querschnitt einer Muschel ähnliche, aus zwei Zweigen bestehende mathematische Kurve [< lat. *concha* „Muschel" und ...*oid*]
Kon|chy|lie ⟨[-lje] f.11⟩ Schale der Weichtiere [< lat. *conchylium* „Muscheltier, Schalentier", < griech. *cogchylion*, Verkleinerungsform von *kogche* „Muschel"]
Kon|dem|na|ti|on ⟨f.10⟩ **1** ⟨†⟩ Verurteilung, Verdammung **2** vom Ortsgericht festgestellte Notwendigkeit, ein auf Fahrt befindliches Schiff zu verkaufen, da es seeuntüchtig geworden ist [< lat. *condemnatio*, Gen. *-onis*, „Verurteilung", zu *condemnare*, →*kondemnieren*]
kon|dem|nie|ren ⟨V.3, hat kondemniert; mit Akk.⟩ **1** ⟨†⟩ jmdn. k. verdammen, verurteilen **2** etwas k. (Seew.) der Kondemnation unterwerfen [< lat. *condemnare* „schuldig sprechen, verurteilen, verdammen"]
Kon|den|sat ⟨n.1⟩ durch Kondensation entstandene Flüssigkeit (bes. Kondenswasser)
Kon|den|sa|ti|on ⟨f.10⟩ **1** ⟨Phys.⟩ Übergang vom gas- oder dampfförmigen in flüssigen Zustand, Verdichtung, **2** ⟨Chem.⟩ Zusammentritt mehrerer Moleküle zu einem einzigen unter Abspaltung kleinerer Moleküle [< spätlat. *condensatio*, Gen. *-onis*, „Verdichtung", zu *condensare*, →*kondensieren*]
Kon|den|sa|ti|ons|kern ⟨m.1⟩ sehr kleines Teilchen in der Atmosphäre, um das sich bei der Verdichtung von Wasserdampf zu Nebel und Wolken die Feuchtigkeit niederzuschlagen beginnt
Kon|den|sa|ti|ons|punkt ⟨m.1⟩ Punkt, an dem ein Stoff vom gas- oder dampfförmigen in den flüssigen Zustand übergeht
Kon|den|sa|tor ⟨m.13⟩ **1** Gerät zum Verflüssigen von Dampf **2** Gerät zum Speichern kleiner Elektrizitätsmengen [zu *kondensieren*]
kon|den|sie|ren ⟨V.3, hat kondensiert⟩ I ⟨mit Akk.⟩ **1** verflüssigen, verdichten; Gase, Dämpfe k. **2** eindicken, verdichten; Flüssigkeiten, z.B. Milch k. II ⟨o.Obj.⟩ flüssig werden; Wasserdampf kondensiert [< lat. *condensare* „verdichten, zusammenpressen", zu *densus* „dicht"]
Kon|dens|milch ⟨f., -, nur Sg.⟩ kondensierte, eingedickte und sterilisierte Milch; Syn. *Büchsenmilch, Dosenmilch*
Kon|den|sor ⟨m.13⟩ **1** Sammellinse, die den Gegenstand gleichmäßig ausleuchtet (z.B. in Mikroskopen) **2** Verdichter, Verstärker [zu *kondensieren*]
Kon|dens|strei|fen ⟨m.7⟩ durch Abgase eines Flugzeugs entstehender Streifen kondensierten Wasserdampfes am Himmel

Kon|dens|was|ser ⟨n., -s, nur Sg.⟩ bei Kondensation entstehendes Wasser
Kon|di|ti|on ⟨f.10⟩ **1** Bedingung, (bes.) Geschäfts-, Lieferbedingung **2** Beschaffenheit, körperlicher Zustand (eines Sportlers); in guter, schlechter K. sein [< lat. *condicio*, Gen. *-onis*, „das Bestimmtsein einer Person oder Sache, Beschaffenheit, Zustand, Lage; Bestimmung, Bedingung, Forderung", zu *condicere* „gemeinsam bestimmen, festsetzen, verabreden", zu *dicere* „sagen, sprechen"]
kon|di|tio|nal ⟨Adj., o.Steig.⟩ bedingend, bedingungsweise (geltend)
Kon|di|tio|nal ⟨m.1⟩, **Kon|di|tio|na|lis** ⟨m., -, -les [-le:s]⟩ Bedingungsform des Verbums (im Deutschen durch den Konjunktiv ersetzt) [zu *Kondition*]
Kon|di|tio|na|lis|mus ⟨m., -, nur Sg.; Philos.⟩ Theorie, nach der eine Erscheinung nicht durch eine einzige Ursache, sondern durch eine Gesamtheit von Bedingungen bewirkt wird
Kon|di|tio|nal|satz ⟨m.2⟩ eine Bedingung enthaltender Nebensatz; Syn. *Bedingungssatz*
kon|di|tio|nie|ren ⟨V.3, hat konditioniert; mit Akk.⟩ **1** etwas k. bestimmten Bedingungen anpassen; Werkstoffe (vor der Bearbeitung) k. **2** jmdn., ein Tier k. jmdn., ein Tier so beeinflussen, vorbereiten, daß bei ihm ein bedingter Reflex hervorgerufen werden kann [zu *Kondition*, eigtl. „in eine bestimmte Kondition bringen"] **Kon|di|tio|nie|rung** ⟨f., -, nur Sg.⟩
Kon|di|ti|ons|trai|ning ⟨[-tre:-] n.9⟩ allgemeines Training zur Erhaltung und Steigerung der körperlichen Leistungsfähigkeit
Kon|di|tor ⟨m.13⟩ jmd., der berufsmäßig Feinbackwerk herstellt; Syn. *Feinbäcker*, ⟨schweiz.⟩ *Konfiseur*, ⟨veraltend⟩ *Zuckerbäcker* [< lat. *conditor* „jmd., der etwas schmackhaft macht", zu *condire* „mit Gewürzen anmachen, schmackhaft zubereiten", zu *condere* „einlegen, einmachen"]
Kon|di|to|rei ⟨f.10⟩ Geschäft eines Konditors (meist zugleich Café); Syn. *Feinbäckerei*, ⟨schweiz.⟩ *Konfiserie*, ⟨†⟩ *Patisserie*
Kon|do|lenz ⟨f., -, nur Sg.⟩ Beileid, Beileidsbezeigung [zu *kondolieren*]
kon|do|lie|ren ⟨V.3, hat kondoliert; mit Dat.⟩ jmdm. k. jmdm. sein Beileid aussprechen [< lat. *condolere* „Mitleid haben, mitfühlen", zu *dolor* „Schmerz"]
Kon|dom ⟨n.1⟩ Präservativ [< engl. *condom* in ders. Bed.; die Bez. wird allg. auf einen Londoner Arzt im 18.Jh. namens *Condom* oder *Conton* zurückgeführt, der das Kondom erfunden haben soll]
Kon|do|mi|nat ⟨n.1⟩, **Kon|do|mi|ni|um** ⟨n., -s, -ni|en⟩ **1** Herrschaft mehrerer Staaten über dasselbe Gebiet **2** dieses selbst [lat. *con...* (für *cum*) „mit" und *dominium* „Herrschaft"]
Kon|dor ⟨m.1⟩ schwarzer Neuweltgeier mit weißer Halskrause und großer Flügelspannweite [< südamerikan. *cuntur, kuntur*]
Kon|dot|tie|re ⟨[-tjɛrə] m., -(s), -ri; 14./15.Jh.⟩ italienischer Söldnerführer [< ital. *condottiere*, ältere Form von *condottiero*, zu *condotta* „Führung", zu *condurre* „führen"]
Kon|du|i|te ⟨[kõdyit] f., -, nur Sg.; †⟩ Betragen, Führung [< frz. *conduite* in ders. Bed., zu *conduire* „führen"]
Kon|dukt ⟨n.1; †⟩ feierliches Geleit, Gefolge (bes. bei Leichenzügen) [< lat. *conductum* „Zusammengeführtes, Vereinigtes", zu *conducere* „zusammenführen"]
Kon|duk|teur ⟨[-tør] m.1; †, noch österr., schweiz.⟩ Schaffner (1) [< frz. *conducteur* „Leiter, Aufseher, Schaffner", zu *conduire* „lenken, führen, begleiten"]
Kon|duk|to|me|trie ⟨f., -, nur Sg.⟩ Verfahren der elektrochemischen Analyse, das auf der Änderung der elektrischen Leitfähigkeit einer Lösung beim Ablauf bestimmter chemischer

575

Konduktor

Reaktionen beruht [< lat. *conductum* „zusammengeführt" und *...metrie*]

Kon|duk|tor ⟨m.13⟩ **1** *Hauptleiter der Elektrisiermaschine* **2** *Überträger einer Erbkrankheit, der selbst gesund ist* [< lat. *conductor* „Mieter, Pächter", zu *conducere* „mieten, pachten, an sich bringen", eigtl. „zusammenführen"]

Kon|du|ran|go ⟨f.9⟩ *Rinde eines südamerikanischen Kletterstrauchs (liefert ein Magenheilmittel)* [indian.]

Kon|dy|lom ⟨n.1⟩ → *Feigwarze* [< griech. *kondyloma* „harte Schwellung", zu *kondylos* „Knöchel, Gelenkknochen, Faust, Beule"]

Kon|fekt ⟨n., -s, nur Sg.⟩ *Süßigkeiten, Pralinen* [< lat. *confectum* „das Zubereitete", zu *conficere* „zubereiten", < *con...* (für *cum* „zusammen" und *facere* (in Zus. *...ficere*) „machen, tun"]

Kon|fek|ti|on ⟨f.10⟩ **1** *industrielle Herstellung von Oberbekleidung und Wäsche* **2** *Bekleidungsindustrie* [über frz. *confection* in ders. Bed., < lat. *confectio*, Gen. *-onis*, „Herstellung, Anfertigung", → *Konfekt*]

Kon|fek|tio|när ⟨m.1; †⟩ *Leiter oder leitender Angestellter eines Konfektionsbetriebes*

Kon|fek|tio|neu|se ⟨[-nø-] f.11⟩ *weiblicher Konfektionär*

kon|fek|tio|nie|ren ⟨V.3, hat konfektioniert; mit Akk.⟩ *fabrikmäßig herstellen* [zu *Konfektion*]

Kon|fek|ti|ons|grö|ße ⟨f.11⟩ *den durchschnittlichen Körpergrößen angepaßte, genormte Größe (von Konfektionskleidung)*

Kon|fe|renz ⟨f.10⟩ *Beratung, Besprechung (mehrerer Personen), Sitzung* [< mlat. *conferentia* „Verhandlung, Unterredung", < lat. *conferens*, Part.Präs. von *conferre* „zusammentragen, beisteuern, Ansichten austauschen"]

Kon|fe|renz|schal|tung ⟨f.10⟩ *telefonische Einrichtung für den Kontakt mehrerer Fernsprechteilnehmer zugleich*

kon|fe|rie|ren ⟨V.3, hat konferiert; o.Obj.⟩ *sich beraten, eine Konferenz abhalten; über etwas k. etwas beraten, besprechen*

Kon|fes|si|on ⟨f.10⟩ **1** *Glaubensbekenntnis* **2** *Religionsgemeinschaft mit eigenem Glaubensbekenntnis* [< lat. *confessio*, Gen. *-onis*, „Geständnis, Bekenntnis", zu *confiteri* „zusammen, bekennen"]

Kon|fes|sio|na|lis|mus ⟨m., -, nur Sg.⟩ **1** *Festhalten an, Beharren auf einem Glaubensbekenntnis* **2** *theologische Richtung, die dies für unerläßlich hält*

kon|fes|sio|nell ⟨Adj., o.Steig.⟩ *die Konfession(en) betreffend, zu ihr (ihnen) gehörig;* ~*e Gegensätze*

Kon|fes|si|ons|schu|le ⟨f.11⟩ → *Bekenntnisschule*

Kon|fet|ti ⟨n., -, nur Sg.⟩ **1** *bunte Papierblättchen (die an Fasching und Silvester geworfen werden);* Syn. ⟨österr.⟩ *Koriandoli* **2** ⟨auch: österr.⟩ *Zuckerwaren* [ital. (Pl.), eigtl. „Zurechtgemachtes", → *Konfekt*]

Kon|fi|dent ⟨m.10; †⟩ *Vertrauter, enger Freund* [→ *konfidentiell*]

kon|fi|den|ti|ell ⟨Adj., o.Steig.; †⟩ *vertraulich*

Kon|fi|denz ⟨f., -, nur Sg.⟩ **1** *Vertrauen, Zutrauen, Zuversicht* **2** *Vertraulichkeit, Vertrautheit* [< lat. *confidentia* in ders. Bed., zu *confidens*, Part.Präs. von *confidere* „vertrauen", eigtl. „mit Zuversicht glauben", zu *fides* „Glauben, Zuversicht"]

Kon|fi|gu|ra|ti|on ⟨f.10⟩ **1** ⟨†⟩ *bestimmte Gestaltung* **2** *Stellung (von Gestirnen)* **3** *Gruppierung (von Atomen im Molekül)* **4** *Verformung, Verkleinerung, Zusammenschiebung des kindlichen Schädels vor der Geburt (um ihn den Geburtswegen anzupassen)* [< lat. *configuratio*, Gen. *-onis*, „gleiche Bildung", zu *configurare* „gleichförmig machen"]

Kon|fi|na|ti|on ⟨f.10⟩ *Aufenthaltsbeschränkung, Zuweisung eines bestimmten Ortes als Aufenthalt für eine Person, die diesen nicht verlassen darf* [zu *konfinieren*]

kon|fi|nie|ren ⟨V.3, hat konfiniert; mit Akk.⟩ **1** *etwas k. beschränken, begrenzen* **2** *jmdn. k. jmds. Aufenthaltsort begrenzen* [zu lat. *confinis* „angrenzend, benachbart", zu *finis* „Grenze"]

Kon|fi|ni|tät ⟨f., -, nur Sg.; †⟩ *das Angrenzen, Grenznachbarschaft* [zu lat. *confinis* „angrenzend, benachbart", zu *finis* „Grenze"]

kon|fir|mand ⟨m.10; evang. Kirche⟩ *Jugendlicher, der konfirmiert werden soll*

Kon|fir|ma|ti|on ⟨f.10; evang. Kirche⟩ *Aufnahme der Jugendlichen in die Gemeinschaft der Erwachsenen, verbunden mit der Zulassung zum Empfang des Abendmahls und Berechtigung, Patenschaften zu übernehmen;* Syn. *Einsegnung* [< lat. *confirmatio*, Gen. *-onis*, „Festigung, Kräftigung, Ermutigung", zu *confirmare*, → *konfirmieren*]

kon|fir|mie|ren ⟨V.3, hat konfirmiert; mit Akk.⟩ *jmdn. k. jmdm. die Konfirmation erteilen;* Syn. *einsegnen* [< lat. *confirmare* „mit Worten stärken, festigen", < *con...* und *firmus* „fest"]

Kon|fi|se|rie ⟨f.11; schweiz.⟩ **1** → *Konditorei* **2** *feines Backwerk* [< frz. *confiserie*, „Konditorei", < lat. *conficere* „Früchte einlegen", < lat. *conficere* „zubereiten", → *Konfekt*]

Kon|fi|seur ⟨[-sør] m.1; schweiz.⟩ → *Konditor*

Kon|fis|ka|ti|on ⟨f.10⟩ *Beschlagnahme, entschädigungslose Enteignung (durch Staat oder Behörde)* [zu *konfiszieren*]

kon|fis|zie|ren ⟨V.3, hat konfisziert; mit Akk.⟩ → *beschlagnahmen; den Führerschein k.; geschmuggelte Ware k.; Schriftstücke k., die Konfiskasse einziehen* [< lat. *confiscare*, „in die Staatskasse einziehen", zu *fiscus* „Staatskasse", → *Fiskus*]

Kon|fi|te|or ⟨n., -s, nur Sg.⟩ *Sündenbekenntnis (Teil des kath. Meßgebets)* [lat., „ich bekenne"]

Kon|fi|tü|re ⟨f.11⟩ *Fruchtmus mit Fruchtstücken* [< frz. *confiture* „Eingemachtes, Konditorware" < lat. *confectura* „Zubereitung", zu *conficere*, → *Konfekt*]

Kon|flikt ⟨m.1⟩ **1** *Zwiespalt, Widerstreit; innerer K.; in einen K. geraten; jmdn. in einen K., in* ~*e bringen* **2** *Zerwürfnis, Streit, Auseinandersetzung; einen K. heraufbeschwören; einen K. mit jmdm. haben; einen K. mit jmdm. austragen; mit dem Gesetz in K. kommen mit dem Gesetz übertreten, straffällig werden; militärischer K.; Gefecht, Kampf* [< lat. *conflictus* „Zusammenstoß, Kampf", eigtl. „das Zusammenschlagen", zu *confligere* „zusammenstoßen, im Kampf aneinandergeraten"]

kon|flikt|fä|hig ⟨Adj.⟩ *in der Lage, Konflikte auszutragen*

Kon|flu|enz ⟨f.10⟩ *Zusammenfluß (zweier gleichrangiger Ströme)* [< lat. *confluens*, auch *confluentia* „Zusammenfluß", zu *confluere* „zusammenfließen"]

kon|flu|ie|ren ⟨V.3, ist konfluiert; o.Obj.⟩ *zusammenfließen* [< lat. *confluere* „zusammenfließen"]

Kon|fö|de|ra|ti|on ⟨f.10⟩ *Bündnis, Staatenbund* [< lat. *confoederatio*, Gen. *-onis*, „Bündnis", zu *confoederare*, → *konföderieren*]

kon|fö|de|rie|ren ⟨V.3, hat konföderiert; o.Obj.⟩ *sich zusammenschließen, sich verbünden; die beiden Staaten haben konföderiert* [< lat. *confoederare*, „zu einem Bündnis vereinigen", zu *foedus* „Bündnis", zu *fidere* „vertrauen, nicht verlassen"]

kon|fo|kal ⟨Adj., o.Steig.; Phys.⟩ *einen oder zwei gemeinsame Brennpunkte aufweisend*

kon|form ⟨Adj., o.Steig.⟩ *übereinstimmend, einig, gleichgesinnt; k. gehen* ⟨ugs.⟩ *sich einig sein, übereinstimmen* [< lat. *conformis* „gleichförmig, ähnlich", zu *forma* „Form, Gestalt"]

kon|for|mie|ren ⟨V.3, hat konformiert; mit Akk.⟩ *konform machen, in Übereinstimmung bringen*

Kon|for|mis|mus ⟨m., -, nur Sg.⟩ *Streben nach Gleichförmigkeit, Streben, sich stets an die gegebenen Verhältnisse anzupassen*

Kon|for|mist ⟨m.10⟩ *jmd., der seine Meinung jeweils den gegebenen Verhältnissen und der herrschenden Meinung anpaßt*

Kon|for|mi|tät ⟨f., -, nur Sg.⟩ **1** *Gleichförmigkeit, Übereinstimmung* **2** *Winkel- und Maßstabtreue*

Kon|fra|ter ⟨m., -s, -tres; kath. Kirche⟩ *Amtsbruder, Mitbruder* [< lat. *con...* (für *cum* „mit" und *frater* „Bruder"]

Kon|fron|ta|ti|on ⟨f.10⟩ **1** *Gegenüberstellung (von Personen, deren Behauptungen oder Meinungen einander widersprechen)* **2** *Auseinandersetzung* [zu *konfrontieren*]

kon|fron|tie|ren ⟨V.3, hat konfrontiert; mit Akk.⟩ *jmdn. jmdm., jmdn. mit jmdm. k. jmdn. einem andern gegenüberstellen; einen Angeklagten mit einem Zeugen k. [< mlat. *confrontare* „benachbart sein, angrenzen, anstoßen", < lat. *con...* (für *cum* „mit, zusammen" und *frons*, Gen. *frontis*, „Vorderseite, Stirn"]

kon|fus ⟨Adj.⟩ **1** *verwirrt; ich bin völlig k.; mach mich nicht k.!* **2** *verworren, unklar; eine* ~*e Angelegenheit;* ~*es Zeug reden* [< lat. *confusus* „verwirrt, durcheinander, verstört, bestürzt", zu *confundere* „durcheinanderbringen, verwirren", eigtl. „zusammengießen, vermischen"]

Kon|fu|si|on ⟨f.10⟩ *Verwirrung, Durcheinander; in der Abteilung herrscht völlige K.; in K. geraten* [zu *konfus*]

Kon|fu|zia|ner ⟨m.5⟩ *Anhänger der Lehre des Konfuzius*

Kon|fu|zia|nis|mus ⟨m., -, nur Sg.⟩ *die Sozial- und Morallehre des altchinesischen Philosophen Konfuzius*

kon|ge|ni|al ⟨Adj., o.Steig.⟩ *geistesverwandt, geistig ebenbürtig;* ~*er Partner*

Kon|ge|nia|li|tät ⟨f., -, nur Sg.⟩ *Geistesverwandtschaft, geistige Ebenbürtigkeit*

kon|ge|ni|tal ⟨Adj., o.Steig.⟩ *angeboren;* ~*e Krankheit, Mißbildung* [< lat. *congenitus* „zugleich geboren"]

Kon|ge|sti|on ⟨f.10⟩ *Blutüberfüllung, Blutandrang zum Kopf* [< lat. *congestio*, Gen. *-onis*, „Aufhäufung", zu *congerere* „zusammentragen"]

kon|ge|stiv ⟨Adj., o.Steig.⟩ *auf Kongestion beruhend, damit verbunden*

Kon|glo|me|rat ⟨n.1⟩ **1** *Gemenge, Zusammengewürfeltes, unsystematisch Zusammengetragenes* **2** *aus Geröllen, die durch ein Bindemittel miteinander vereinigt sind, bestehendes Sedimentgestein;* Ggs. *Agglomerat* [< lat. *conglomeratus* „aufgehäuft", zu *conglomerare* „zusammendrängen, -wickeln", zu *glomus* „Knäuel"]

Kon|go|le|se ⟨m.11⟩ *Einwohner der Republik Kongo*

kon|go|le|sisch ⟨Adj., o.Steig.⟩ *die Republik Kongo betreffend, zu ihr gehörig, aus ihr stammend*

Kon|gre|ga|ti|on ⟨f.10⟩ **1** ⟨allg.⟩ *Vereinigung* **2** ⟨kath. Kirche⟩ **a** *Vereinigung mit einfacher oder keiner Mönchsregel* **b** *Verband mehrerer Klöster innerhalb eines Ordens* [< lat. *congregatio*, Gen. *-onis*, „geselliges Zusammenleben, versammelte Menge, Versammlung", zu *congregare* „zu gesellingem Zusammenleben vereinigen", eigtl. „zu einer Herde vereinigen", zu *grex*, Gen. *gregis*, „Herde"]

Kon|gre|ga|tio|na|list ⟨m.10⟩ → *Independent*

Kon|gre|ga|tio|nist ⟨m.10⟩ *Angehöriger einer Kongregation*

Kon|greß ⟨m.1⟩ **1** *Versammlung, Tagung*

großen Umfangs (Ärzte~); K. aller Parteien 2 (in den USA) *aus* Senat und Repräsentantenhaus bestehendes Parlament [< lat. *congressus* ,,Zusammenkunft, Zusammentreffen", zu *congredi* ,,(schreitend) zusammentreffen, -kommen", zu *gradus* ,,Schritt"]

Kon|gru|ent ⟨Adj., o.Steig.⟩ **1** übereinstimmend (Ansichten) **2** ⟨Math.⟩ **a** in an allen Seiten und Winkeln übereinstimmend; Syn. deckungsgleich (1); ~e Dreiecke **b** bei Teilung durch dieselbe Zahl den gleichen Rest ergebend; ~e Zahlen [< lat. *congruens*, Gen. *-entis*, Part.Präs. von *congruere* ,,übereinstimmen", eigtl. ,,zusammenlaufen"]

Kon|gru|enz ⟨f.10⟩ **1** Übereinstimmung **2** ⟨Math.⟩ Deckungsgleichheit **3** ⟨Gramm.⟩ Übereinstimmung zusammengehöriger Satzteile in Numerus, Genus oder Kasus

kon|gru|ie|ren ⟨V.3, hat kongruiert; o.Obj.⟩ **1** übereinstimmen **2** ⟨Math.⟩ sich decken; die beiden Dreiecke k. [→kongruent]

Ko|ni|die ⟨[-djə] f.11⟩ Spore, Fortpflanzungszelle vieler Pilze [< griech. *konia, konis* ,,Staub" und *eidos* ,,Gestalt"]

Ko|ni|fe|re ⟨f.11⟩ → Nadelholz [< lat. *conifer* ,,zapfentragend", < *conus* ,,Kegel, Zapfen" und *ferre* ,,ich trage" (= ,,tragen")]

Kö|nig ⟨m.1⟩ **1** (früher) höchster Herrscher (eines Landes) **2** (heute in manchen Monarchien) höchster Repräsentant (des Staates) **3** ⟨Schach⟩ wichtigste, höchste Figur; Schach dem K.! **4** ⟨Kegelspiel⟩ wichtigster Kegel **5** ⟨Kart.⟩ zweit- bzw. dritthöchste Spielkarte **6** Sieger beim Preisschießen (Schützen~) **7** (übertr.) Oberster (in einer Gruppe), wichtigste, beherrschende Person; er ist der ungekrönte K. dieser Gemeinschaft; der K. der Lüfte (übertr., poet.) der Adler; der K. der Tiere (übertr., poet.) der Löwe

Kö|ni|gin ⟨f.10⟩ **1** weiblicher König **2** Gemahlin eines Königs **3** Oberste (in einer Gruppe; Ball~, Schönheits~, Wein~); die K. der Blumen (übertr., poet.) die Rose; K. der Nacht südamerikanische Kakteenpflanze mit duftenden Blüten (die sich nur während der einzigen Nacht öffnen)

Kö|ni|gin|mut|ter ⟨f.6⟩ Mutter eines Königs oder einer Königin

Kö|ni|gin|wit|we ⟨f.11⟩ Witwe eines Königs

kö|nig|lich ⟨Adj.⟩ **1** zum König gehörig, dem König gemäß, den König betreffend **2** (übertr.) reichlich, großzügig; jmdn. k. entlohnen **3** (übertr., ugs.) über die Maßen; sich k. freuen, amüsieren

kö|nigs|blau ⟨Adj., o.Steig.⟩ leuchtend blau, kobaltblau

Kö|nigs|ker|ze ⟨f.11⟩ staudiger Rachenblütler (mit oft wollig behaarten Blättern und bis 2 m hohen, gelben Blütentrauben)

Kö|nigs|ko|bra ⟨f.9⟩ vor allem in Indien heimische, bis zu 4 m lange Giftschlange

Kö|nigs|ku|chen ⟨m.7⟩ feiner Rührkuchen

Kö|nigs|ti|ger ⟨m.5⟩ großer Bengal. Tiger

Kö|nigs|was|ser ⟨n., -s, nur Sg.⟩ Mischung aus Salzsäure und Salpetersäure, die Gold und Platin löst; Syn. Goldscheidewasser

Kö|nig|tum ⟨n.4⟩ **1** ⟨nur Sg.⟩ Stand, Würde eines Königs **2** ⟨†⟩ Königreich

Ko|ni|in ⟨n., -s, nur Sg.⟩ ein giftiges Alkaloid aus dem Schierling [< griech. *koneion* ,,Schierling"]

ko|nisch ⟨Adj., o.Steig.⟩ kegelförmig [zu *Konus*]

Kon|jek|ta|ne|en ⟨Pl.⟩ Sammlung von Bemerkungen, Einfällen [< lat. *coniectanea* ,,Notizbuch" (als Titel von Schriften vermischten Inhalts), zu *coniectus* ,,zusammen-, hingeworfen"]

Kon|jek|tur ⟨f.10⟩ **1** ⟨†⟩ Mutmaßung, Vermutung **2** vermutlich richtige Lesart oder Verbesserung eines unvollständig überlieferten Textes [< lat. *coniectura* ,,Vermutung", zu *conicere* ,,vermuten, schließen", eigtl. ,,auf etwas hinlenken, hinwerfen"]

kon|jek|tu|ral ⟨Adj., o.Steig.⟩ auf Konjektur beruhend

kon|ju|gal ⟨Adj., o.Steig.; †⟩ ehelich [< lat. *coniugalis* ,,ehelich", zu *coniunx* ,,Ehegatte, Ehegattin"]

Kon|ju|ga|ti|on ⟨f.10⟩ **1** Beugung, Abwandlung (der Verben) **2** vorübergehende Vereinigung zweier Einzeller zwecks Kernaustausch (Fortpflanzung) [< lat. *coniugatio*, Gen. *-onis* ,,Vermischung", in der Gramm. ,,Verknüpfung (von Formen)", zu *coniugare*, →konjugieren]

kon|ju|gie|ren ⟨V.3, hat konjugiert; mit Akk.⟩ **1** ⟨†⟩ verbinden **2** (Gramm.) ein Verb k. die Personal- und Zeitformen eines Verbs bilden, ein Verb beugen, abwandeln [< lat. *coniugare* ,,(zu einem Paar) verbinden, verknüpfen", eigtl. ,,in Joch zusammenspannen", zu *iugum* ,,Joch"]

kon|jun|gie|ren ⟨V.3, hat konjungiert; mit Akk.; †⟩ verbinden, vereinigen [→Konjunktion]

Kon|junk|ti|on ⟨f.10⟩ **1** Wort, das zwei Hauptsätze oder einen Haupt- und Nebensatz verbindet, z.B. *und, weil*; Syn. Bindewort; koordinierende, subordinierende ~en **2** Stellung zweier Planeten oder eines Planeten und der Sonne im gleichen Längengrad **3** Einheit zweier durch ,,und" verbundener Begriffe; Ggs. Disjunktion (3) [< lat. *coniunctio*, Gen. *-onis* ,,Verbindung, Zusammenhang", zu *coniungere* ,,zusammenbinden, verknüpfen", < *con...* (für *cum*) ,,zusammen" und *iungere* ,,verbinden, vereinigen", eigtl. ,,ins Joch spannen", zu *iugum* ,,Joch"]

kon|junk|tio|nal ⟨Adj., o.Steig.⟩ durch eine Konjunktion ausgedrückt

Kon|junk|tio|nal|satz ⟨m.2⟩ durch eine Konjunktion eingeleiteter Haupt- oder Nebensatz; Syn. Bindewortsatz

kon|junk|tiv ⟨Adj.⟩ verbindend; Ggs. disjunktiv

Kon|junk|tiv ⟨m.1⟩ Verbform, die eine Möglichkeit, einen Wunsch ausdrückt sowie eine Handlung bezeichnet, die nur berichtet wird, z.B. ich hätte gern, ich wäre gelaufen, käme er doch!, er sagt, er sei krank gewesen; Syn. Möglichkeitsform; vgl. Indikativ [< lat. *modus coniunctivus* ,,verbindender Modus", zu *coniungere* ,,zusammenknüpfen"]

Kon|junk|ti|va ⟨f., -, nur Sg.⟩ →Bindehaut [< lat. *coniunctivus* ,,verbindend", zu *coniungere* ,,verbinden", →Konjunktion]

kon|junk|ti|visch ⟨Adj., o.Steig.⟩ im Konjunktiv (gebraucht)

Kon|junk|ti|vi|tis ⟨f., -, -tiden⟩ Bindehautentzündung [< Konjunktiva und ...itis]

Kon|junk|tur ⟨f.10⟩ Wirtschaftslage mit bestimmter Tendenz (Hoch~); steigende, fallende K. [eigtl. ein Begriff aus der Astrologie, der eine bestimmte Stellung zweier Planeten zueinander bezeichnet, nämlich die →Konjunktion]

kon|junk|tu|rell ⟨Adj., o.Steig.⟩ die Konjunktur betreffend, auf ihr beruhend

Kon|junk|tur|po|li|tik ⟨f., -, nur Sg.⟩ Gesamtheit der staatlichen Maßnahmen im Bereich der Wirtschaft, die die Konjunktur günstig beeinflussen sollen

Kon|junk|tur|rit|ter ⟨m.5; abwertend⟩ jmd., der sich dem jeweils Mächtigsten anschließt

Kon|ju|rant ⟨m.10; †⟩ Verschwörer

Kon|ju|ra|ti|on ⟨f.10; †⟩ Verschwörung [< lat. *coniuratio*, Gen. *-onis* ,,Verschwörung", zu *coniurare* ,,zusammen, zugleich schwören, sich verbünden"]

kon|kav ⟨Adj., o.Steig.⟩ nach innen gewölbt; Ggs. *konvex*; ~er Spiegel; k. geschliffene Linse [< lat. *concavus* ,,rings oder rund gehöhlt, hohl", < *con...* (für *cum*) ,,von allen Seiten" und *cavus* ,,Höhlung"]

Kon|ka|vi|tät ⟨f., -, nur Sg.⟩ konkave Beschaffenheit, Krümmung nach innen

Kon|kla|ve ⟨f.11⟩ **1** von der Außenwelt streng abgeschlossener Versammlungsraum der Kardinäle zur Papstwahl **2** die Versammlung selbst [< lat. *conclave*, Gen. *-vis* ,,verschließbares Zimmer", zu *clavis* ,,Schlüssel"]

kon|klu|dent ⟨Adj., o.Steig.⟩ eine Schlußfolgerung zulassend, schlüssig [zu konkludieren]

kon|klu|die|ren ⟨V.3, hat konkludiert; o.Obj.; †⟩ schließen, folgern; daraus können wir k., daß ... [< lat. *concludere* ,,zusammenfassen, schließen, einen Schluß ziehen"]

Kon|klu|si|on ⟨f.10⟩ Schlußfolgerung [< lat. *conclusio*, Gen. *-onis* ,,Schlußfolgerung", zu *concludere* ,,schließen, zusammenfassen"]

kon|klu|siv ⟨Adj., o.Steig.⟩ auf einer Konklusion beruhend, folgernd, schließend

kon|kor|dant ⟨Adj., o.Steig.⟩ **1** übereinstimmend; Ggs. diskordant (1) **2** ⟨Geol.⟩ gleichgelagert; Ggs. diskordant [< lat. *concordans*, Part.Präs. von *concordare* ,,übereinstimmen, Hand in Hand gehen", zu *concors* ,,einträchtig", < *con...* (für *cum*) ,,mit, zusammen" und *cor*, Gen. *cordis* ,,Herz"]

Kon|kor|danz ⟨f.10⟩ **1** Übereinstimmung; Ggs. Diskordanz (1) **2** alphabetische Zusammenstellung der in einem Buch vorkommenden Wörter (mit Belegstellen); Bibel~) **3** übereinstimmendes Merkmal **4** Lagerung von Gesteinsschichten ohne Störungen oder Verwerfungen; Ggs. Diskordanz (3) **5** ⟨Buchw.⟩ Schrifteinheit von 4 Cicero = 48 Punkt [→konkordant]

Kon|kor|dat ⟨n.1⟩ **1** Übereinkunft **2** Abkommen zwischen einem Staat und dem Papst **3** ⟨schweiz.⟩ Abkommen zwischen Kantonen [< lat. *concordatum* ,,in Einklang gebracht, versöhnt", zu *concordare*, →konkordant]

Kon|kor|di|en|buch ⟨n.1⟩ Sammlung der Bekenntnisschriften der lutherischen Kirche [< lat. *concordia* ,,Eintracht", mit den Bekenntnisschriften sollten Streitigkeiten in den Lehrmeinungen beseitigt werden]

Kon|kre|ment ⟨n.1⟩ körnige, sich aus Körperflüssigkeit abscheidende Substanz in Hohlorganen (z.B. Nierenstein) [< lat. *concrementum* ,,Anhäufung", mit Infix *-men-* zur Bez. eines Mittels oder Werkzeugs, zu *concrescere* ,,sich verdichten, verhärten, gerinnen"]

kon|kret ⟨Adj.⟩ Ggs. *abstrakt* **1** ⟨o.Steig.⟩ sinnlich wahrnehmbar, wirklich, gegenständlich; etwas ist k. vorhanden **2** genau, anschaulich, gut vorstellbar; können Sie ~e Angaben machen?; ein ~es Beispiel geben; ein ~er Anlaß gibt; unsere Pläne nehmen allmählich ~e Formen an; einen Sachverhalt k. ausdrücken, darstellen [< lat. *concretus* ,,verdichtet, aus etwas zusammengesetzt", zu *concrescere* ,,sich verdichten"]

Kon|kre|ti|on ⟨f.10⟩ **1** Verdichtung, Vergegenständlichung **2** (Med.) **a** Verwachsung **b** Steinbildung **3** (kugliger, knolliger oder unregelmäßiger) Körper von Mineralaggregaten in Sedimentgesteinen

kon|kre|ti|sie|ren ⟨V.3, hat konkretisiert; mit Akk.⟩ anschaulich, gegenständlich machen; einen Begriff k.; einen Plan, einen Vorschlag k. deutlicher darstellen, seine praktische Ausführung darlegen

Kon|kre|tum ⟨n., -s, -ta⟩ Substantiv, das etwas sinnlich Wahrnehmbares bezeichnet; Ggs. *Abstraktum*

Kon|ku|bi|nat ⟨n.1⟩ eheähnliches Zusammenleben ohne gesetzliche Eheschließung, wilde Ehe [zu Konkubine]

Kon|ku|bi|ne ⟨f.11⟩ Geliebte, Mätresse, Nebenfrau [< lat. *concubina* ,,Beischläferin, Buhlerin", < *con...* (für *cum*) ,,mit, zusammen" und *cubare* ,,(auf einem Lager) liegen, ruhen, schlafen"]

Kon|ku|pis|zenz ⟨f.10⟩ Verlangen, Begierde, Begehrlichkeit [< lat. *concupiscens*, Part.Präs. von *concupiscere* ,,etwas begehren, nach etwas verlangen", < *con...* (für *cum*) ,,eifrig, angelegentlich" und *cupiscere* ,,wünschen"]

Konkurist

Kon|ku|rist ⟨m.12; schweiz.⟩ jmd., der in Konkurs gegangen ist

Kon|kur|rent ⟨m.10⟩ Mitbewerber, jmd., der mit jmdm. in Wettbewerb steht [zu *konkurrieren*]

Kon|kur|renz ⟨f.10⟩ **1** Wettstreit, (bes. wirtschaftlicher) Wettbewerb **2** Gesamtheit der Konkurrenten; er hat gegen eine starke K. gewonnen **3** Verletzung mehrerer Gesetze durch ein und dieselbe Handlung [zu *konkurrieren*]

kon|kur|ren|zie|ren ⟨V.3, hat konkurrenziert; o.Obj.; schweiz. neben⟩ →*konkurrieren*

kon|kur|rie|ren ⟨V.3, hat konkurriert; o.Obj.⟩ **1** im Wettbewerb stehen; die beiden Staaten k. um die Weltherrschaft; die beiden Sportler k. miteinander; mit ihm kannst du nicht k. **2** ⟨Rechtsw.⟩ zusammentreffen; zwei strafbare Tatbestände k. zwei strafbare Tatbestände treffen in einer einzigen Handlung zusammen [< lat. *concurrere* „von allen Seiten herbei-, zusammenlaufen"]

Kon|kurs ⟨m.1⟩ **1** Einstellung der Zahlungen, Zahlungsunfähigkeit; in K. gehen; K. anmelden **2** Konkursverfahren; den K. eröffnen [< lat. *concursus* „das Herbei-, Zusammenlaufen (der Gläubiger)", zu *concurrere* „zusammenlaufen"]

Kon|kur|sit ⟨m.10; schweiz.⟩ jmd., der in Konkurs gegangen ist

Kon|kurs|mas|se ⟨f.11⟩ restliches Vermögen der zahlungsunfähigen Firma

kön|nen ⟨V.72⟩ **I** ⟨als Modalverb mit Verben; hat können⟩ **1** imstande sein, zu etwas fähig sein, etwas gelernt haben; laufen, schwimmen, lesen, schreiben, autofahren k.; er hat nie gut reiten k.; ich kann es nicht aushalten, habe es nicht aushalten k.; ich kann ihm nicht helfen, habe ihm nicht helfen k.; kann ich etwas für Sie tun? **2** dürfen; k. wir anfangen?; kann ich noch etwas Butter haben?; du kannst (gehen, wenn du willst (mal)! ⟨derb⟩ du kannst mich am Arsch lecken, laß mich in Ruhe, mach, was du willst! **3** ⟨in der Wendung⟩ nicht mehr lassen k. vor Freude außer sich sein vor Freude **II** ⟨als Vollverb, hat gekonnt; mit Adj. und unbestimmtem Pron.⟩ **1** Fähigkeiten haben, Wissen haben und in der Lage sein, es anzuwenden; er kann viel; er kann (gar) nichts; wir haben ihn nicht behalten, denn er hat nichts gekonnt; er kann etwas; was k. Sie?; er kann auch anders ⟨ugs.⟩ er kann sich auch anders verhalten; ich habe nicht anders gekonnt, ⟨ugs. auch⟩ ich habe nicht anders k., ⟨eigtl.⟩ ich habe nicht anders handeln k. **2** die nötige Kraft haben; kannst du noch?; ich kann nicht mehr; ich habe nicht mehr gekonnt, ⟨ugs. auch⟩ ich kann nicht mehr k.; ich konnte nicht mehr vor Lachen ich habe sehr, unbändig gelacht; ich kann nicht mehr! ⟨ugs., als Antwort auf eine Aufforderung⟩ wenn es nur ginge!, wenn es nur möglich wäre!; etwas für etwas k. die Schuld an etwas haben; ich kann nichts dafür, wenn ...; ich habe nichts dafür gekonnt, daß es so gekommen ist; die beiden k. miteinander ⟨ugs.⟩ sie kommen gut miteinander aus

Kön|nen ⟨n., -s, nur Sg.⟩ Fähigkeit(en), Geschicklichkeit; sein K. als Maler ist erstaunlich; sein K. zeigen; der Pianist gab eine Probe seines ~s

Kön|ner ⟨m.5⟩ jmd., der viel kann, der etwas von seinem Fach versteht; er ist ein großer K. (auf seinem Gebiet); er ist kein großer K.

Kon|ne|ta|bel ⟨m.9; in Frankreich⟩ **1** ⟨urspr.⟩ Stallmeister, Befehlshaber der Reiterei **2** ⟨bis Anfang des 17. Jh.⟩ Oberbefehlshaber des Heeres unter dem König [< frz. *connetable*, < lat. *comes stabuli* „Stallmeister"]

Kon|nex ⟨m.1⟩ **1** Verbindung, Zusammenhang **2** ⟨ugs.⟩ Kontakt (mit Personen); ich habe wenig, keinen K. mit ihnen [< lat. *co(n)nexus* „Verknüpfung, Verbindung", zu *co(n)nectere* „verknüpfen, verbinden"]

Kon|ne|xi|on ⟨f.10⟩ einflußreiche Bekanntschaft, förderliche Verbindung

kon|ni|vent ⟨Adj.⟩ nachsichtig, duldsam (bes. gegenüber strafbaren Handlungen von Untergebenen) [< lat. *co(n)nivens*, Gen. -entis, Part.Präs. von *connivere* „sich schließen" (von den Augen), „die Augen zumachen, blinzeln", übertr. „Nachsicht haben, die Augen zudrücken"]

Kon|ni|venz ⟨f., -, nur Sg.⟩ Nachsicht, Duldsamkeit

Kon|nos|se|ment ⟨n.1; Seew.⟩ Frachtbrief, Ladeschein [unter Einfluß von ital. *conoscimento* „Anerkennung", < frz. *connaissance* in ders. Bed., zu *connaître* „anerkennen", < lat. *cognoscere* „kennenlernen, erkennen", →*kognitiv*]

Kon|no|ta|ti|on ⟨f.10⟩ mitschwingende Nebenbedeutung (eines Wortes), z.B. „unheilbar" oder „schmerzhaft", zu „Krebs" [< lat. *con...* (für *cum*) „mit" und *notatio* „Bezeichnung"]

kon|nu|bi|al ⟨Adj., o.Steig.; †⟩ die Ehe betreffend, auf ihr beruhend

Kon|nu|bi|um ⟨n., -s, -bi|en⟩ Ehe, Ehegemeinschaft [< lat. *co(n)nubium* „Vermählung, Eheschließung", zu *nubere* „heiraten"]

Ko|no|id ⟨m.1⟩ kegelähnlicher Körper [< Konus und ...oid]

Kon|quis|ta|dor ⟨m.12⟩ spanischer Eroberer Mittel- und Südamerikas im 16. Jh. [< span. *conquistador* in ders. Bed., auch allg. „Eroberer", zu *conquistar* „erobern", < lat. *conquirere* „sich zu verschaffen suchen, einsammeln"]

Kon|rek|tor ⟨m.13⟩ Vertreter des Rektors

Kon|san|gui|ni|tät ⟨f.10; †⟩ →*Blutsverwandtschaft* [< lat. *consanguinitas* in ders. Bed., < *con...* (für *cum*) „zusammen, mit" und *sanguis*, Gen. *sanguinis*, „Blut"]

Kon|se|kra|ti|on ⟨f.10; kath. Kirche⟩ **1** Weihe (von Personen oder Sachen) **2** Wandlung von Brot und Wein beim Meßopfer [< lat. *consecratio*, Gen. -*onis*, „Weihung, Heiligmachung", zu *consecrare*, →*konsekrieren*]

kon|se|krie|ren ⟨V.3, hat konsekriert; mit Akk.⟩ weihen [< lat. *consecrare* „heilig machen", dem religiösen Gebrauch übergeben", zu *sacrare* „der Gottheit weihen", zu *sacer* „heilig"]

kon|se|ku|tiv ⟨Adj., o.Steig.; †⟩ folgend, Folge... [< lat. *consecutio* „Aufeinanderfolge", zu *consequi* „mitfolgen, nachkommen"]

Kon|se|ku|tiv|satz ⟨m.2⟩ Nebensatz, der die Folge des im Hauptsatz ausgedrückten Geschehens angibt; Syn. Folgesatz

Kon|sens ⟨m.1⟩ Genehmigung, Bewilligung, Einwilligung, Zustimmung, Übereinstimmung; einen K. erzielen [< lat. *consensus* „Einwilligung, einstimmiger Beschluß, Übereinstimmung", zu *consentire*, →*konsentieren*]

kon|sen|tie|ren ⟨V.3, hat konsentiert⟩ **I** ⟨o.Obj.⟩ übereinstimmen, einig sein **II** ⟨mit Akk.⟩ etwas k. in etwas einwilligen, etwas genehmigen [< lat. *consentire* „übereinstimmen, einverstanden sein", < *con...* (für *cum*) „zusammen, mit" und *sentire* „denken, meinen"]

kon|se|quent ⟨Adj.⟩ Ggs. inkonsequent **1** folgerichtig, grundsatztreu **2** beständig, beharrlich; in der Erziehung k. bleiben, sein [< lat. *consequens*, Gen. -*entis*, „in richtiger Folge stehend, folgerichtig", zu *consequi* „nachfolgen, logisch folgen"]

Kon|se|quenz ⟨f.10⟩ **1** Folge; das ist die K. deines Verhaltens **2** Folgerung, Schlußfolgerung; die ~en aus einem Vorfall, einer Verhaltensweise ziehen die Schlußfolgerungen aus einem Vorfall, einer Verhaltensweise ziehen und sich danach richten, entsprechend handeln **3** ⟨nur Sg.⟩ Folgerichtigkeit; Ggs. Inkonsequenz **4** ⟨nur Sg.⟩ Beharrlichkeit; Ggs. Inkonsequenz; die K., mit der er sein Ziel verfolgt, ist bewundernswert

Kon|ser|va|ti|on ⟨f.10⟩ Pflege und Instandhaltung (von Kunstwerken) [zu *konservieren*]

Kon|ser|va|tis|mus ⟨m., -, nur Sg.⟩ Einstellung, Haltung, die am Bestehenden, am Hergebrachten festhält; auch: Konservativismus

kon|ser|va|tiv ⟨Adj.⟩ **1** am Bestehenden, Hergebrachten festhaltend, entsprechender Einstellung, Erziehung; er ist sehr k. **2** ⟨Med.⟩ schonend, auf Erhaltung bedacht; ~e Behandlungsmethode **3** im Sinne des Konservatismus, zum Konservatismus neigend; ~e Partei **4** althergebracht, herkömmlich, wie bisher üblich; ~e Techniken [< mlat. *conservativus* „bewahrend, erhaltend", zu lat. *conservare*, →*konservieren*]

Kon|ser|va|ti|ve(r) ⟨m., f.17 oder 18⟩ Anhänger, Vertreter einer konservativen Partei oder konservativen politischen Richtung

Kon|ser|va|ti|vis|mus ⟨m., -, nur Sg.⟩ →*Konservatismus*

Kon|ser|va|tor ⟨m.13; in Museen und Denkmalspflege⟩ Beamter, der für die Instandhaltung von Kunstwerken und Ausstellungsstücken zu sorgen hat [zu *konservieren*]

kon|ser|va|to|risch ⟨Adj., o.Steig.⟩ **1** pfleglich **2** durch einen Konservator

Kon|ser|va|to|rist ⟨m.10⟩ Schüler an einem Konservatorium

kon|ser|va|to|ri|stisch ⟨Adj., o.Steig.⟩ (auf dem Studium) an einem Konservatorium (beruhend); k. ausgebildet; ~e Ausbildung

Kon|ser|va|to|ri|um ⟨n., -s, -ri|en⟩ hochschulartige Musikschule (heute oft einer Musikhochschule angegliedert) [< ital. *conservatorio* in ders. Bed. sowie „Kinderbewahranstalt, Kinderpflegehaus, Waisenhaus", < lat. *conservare* „bewahren, erhalten" (→*konservieren*); da die Kinder in diesen Anstalten, soweit sie musikalisch waren, im Kirchengesang, vom 17. Jh. an auch in der Opernmusik ausgebildet wurden, ging die Bezeichnung vom „Pflegehaus" auf Singschulen und schließlich allg. auf Musikschulen über]

Kon|ser|ve ⟨f.11⟩ etwas durch Sterilisation haltbar Gemachtes (bes. Obst, Gemüse, Fleisch usw. in Glas oder Blechdose) [< mlat. *conserva* „haltbar gemachte Ware", →*konservieren*]

kon|ser|vie|ren ⟨V.3, hat konserviert; mit Akk.⟩ **1** mit chemischen oder technischen Mitteln haltbar machen, aufbewahren; Organteile, Körpergewebe k.; Musikstücke auf Schallplatten k. **2** pflegen, instandhalten; Kunstwerke k. [< lat. *conservare* „unversehrt erhalten, von dem Untergang bewahren", < *con...* (für *cum*) „mit, zusammen, gänzlich" und *servare* „erhalten, bewahren, hüten"]

Kon|si|gnant ⟨m.10; bes. im Überseehandel⟩ jmd., der eine Ware in Kommission gibt [zu *konsignieren*]

Kon|si|gna|tar, Kon|si|gna|tär ⟨m.1; bes. im Überseehandel⟩ jmd., der eine Ware zum Weiterverkauf in Kommission nimmt

Kon|si|gna|ti|on ⟨f.10⟩ **1** Anweisung zu einem bestimmten Zweck, Bestimmung **2** ⟨bes. im Überseehandel⟩ Kommissionsgeschäft, Übergabe einer Ware zum Weiterverkauf [zu *konsignieren*]

kon|si|gnie|ren ⟨V.3, hat konsigniert; mit Akk.⟩ **1** schriftlich beglaubigen, schriftlich niederlegen **2** ⟨bes. im Überseehandel⟩ zum Weiterverkauf übergeben **3** mit bes. Auftrag absenden; Truppen, ein Schiff k. [< lat. *consignare*, „urkundlich bescheinigen, schriftlich niederlegen, beglaubigen", eigtl. „mit einem Merkzeichen versehen", zu *signum* „Zeichen"]

Kon|si|li|ar|arzt ⟨m.2⟩, **Kon|si|li|a|ri|us** ⟨m., -, -rii⟩ zur Beratung zugezogener Arzt [< lat. *consiliarius* „Berater"]

Kon|si|li|um ⟨n., -s, -li|en⟩ *Beratung (bes. mehrerer Ärzte über einen Krankheitsfall)* [< lat. *consilium* „Rat", zu *consulere* „beratschlagen"]

kon|si|stent ⟨Adj.⟩ Ggs. *inkonsistent* **1** *dicht, zusammenhängend, fest, dickflüssig;* eine ~e Masse **2** *haltbar, dauerhaft;* ~es Material **3** ⟨Logik⟩ *widerspruchsfrei, gedanklich zusammenhängend;* ~e Theorie [< lat. *consistens*, Part.Präs. von *consistere* „seinen Stand haben, fortdauern, sich gründen auf"]

Kon|si|stenz ⟨f., -, nur Sg.⟩ Ggs. *Inkonsistenz* **1** *Beschaffenheit (eines Stoffes) hinsichtlich der Struktur* **2** *Verhalten (eines Stoffes) gegenüber Formveränderungen, Beständigkeit* **3** *Dichte, Dickflüssigkeit, Zähigkeit* **4** ⟨Logik⟩ *widerspruchsfreie Beschaffenheit*

Kon|si|sto|ri|al|rat ⟨m.2; Titel für⟩ *Mitglied eines Konsistoriums*

Kon|si|sto|ri|al|ver|fas|sung ⟨f.10⟩ *früher in der ev. Kirche Verfassung, nach der die Verwaltung beim Konsistorium liegt;* vgl. *Synodalverfassung* [zu *Konsistorium*]

Kon|si|sto|ri|um ⟨n., -s, -ri|en⟩ **1** ⟨ev. Kirche⟩ *Verwaltungsbehörde (mit Ausschluß der Laien);* vgl. *Synode (1)* **2** ⟨kath. Kirche⟩ *vom Papst geleitete Versammlung der Kardinäle* [< mlat. *consistorium* „Gerichtsversammlung", lat. „Versammlungsort", zu *consistere* „sich hinstellen, stehenbleiben, eine feste Stellung einnehmen"]

kon|skri|bie|ren ⟨V.3, hat konskribiert; mit Akk.⟩ *früher zum Heeresdienst ausheben, einschreiben* [< lat. *conscribere* „ein-, aufzeichnen, aufschreiben"]

Kon|skrip|ti|on ⟨f.10; früher⟩ *Aushebung zum Heeresdienst (mit der Möglichkeit des Loskaufs)* [zu *konskribieren*]

Kon|sol ⟨m.9⟩ *Anteilschein an einer Staatsanleihe* [Kurzw. für engl. *Consolidated Annuities* „vereinigte Anleihen", Bez. für engl. Staatsanleihen im 18. Jh.]

Kon|so|la|ti|on ⟨f.10; †⟩ *Trost, Beruhigung* [< lat. *consolatio*, Gen. *-onis*, „Tröstung", zu *consolari* „trösten, Mut zusprechen"]

Kon|so|le ⟨f.11⟩ Syn. *Krage* **1** *Mauervorsprung als Stütze (für Bogen, Statuen u.a.)* **2** *Wandbrett* [< frz. *console* in denselben Bed., zu *consolider* „befestigen"]

Kon|so|li|da|ti|on ⟨f.10⟩ *das Konsolidieren, das Sichkonsolidieren*

kon|so|li|die|ren ⟨V.3, hat konsolidiert⟩ **I** ⟨mit Akk.⟩ **1** *etwas oder sich k. auf eine feste Grundlage stellen;* die Wirtschaft k.; sein Ansehen, seine Stellung k.; die politische Lage hat sich konsolidiert **2** *etwas* a. *umwandeln;* eine kurzfristige Schuld in eine langfristige k. b. *zusammenfassen;* die Bilanzen (mehrerer Firmen) k.; der Konzern veröffentlichte eine konsolidierte Bilanz **II** ⟨refl.; Med.⟩ *sich* **1** *sich verfestigen;* Knochengewebe konsolidiert sich **2** *zum Stillstand kommen;* Krebs konsolidiert sich [< lat. *consolidare* „festmachen, sichern", zu *solidus* „fest, dauerhaft"] **Kon|so|li|die|rung** ⟨f., -, nur Sg.⟩

kon|so|nant ⟨Adj.; Mus.⟩ *zusammenstimmend, gut zusammenklingend;* Ggs. *dissonant*

Kon|so|nant ⟨m.10⟩ *Laut, der nicht selbst klingt, sondern nur mit Hilfe eines anderen ausgesprochen werden kann, z.B. b(e), (e)f;* Syn. *Mitlaut;* vgl. *Vokal* [< lat. *consonans*, Gen. *-antis*, Part.Präs. von *consonare* „zusammentönen, mitklingen"]

Kon|so|nan|tis|mus ⟨m., -, nur Sg.⟩ **1** *Bestand (einer Sprache) an Konsonanten* **2** *Bildung und historische Entwicklung der Konsonanten*

Kon|so|nanz ⟨f.10⟩ **1** *Häufung von Konsonanten* **2** *harmonisches Zusammenklingen;* Ggs. *Dissonanz*

Kon|sor|te ⟨m.11⟩ **1** *Mitglied eines Konsortiums* **2** ⟨Pl.; abfällig⟩ *Mitbeteiligter, Mitschuldiger*

Kon|sor|ti|um ⟨n., -s, -ti|en⟩ *vorübergehender Zusammenschluß von Unternehmen zur Finanzierung größerer Geschäfte* [< lat. *consortium* „Teilhaberschaft, Gemeinschaft, Mitgenossenschaft", < *consors*, Gen. *-sortis*, „den gleichen Anteil habend", zu *sors*, Gen. *sortis*, „Los, durch Los zugefallener Besitz, Anteil"]

Kon|spekt ⟨m.1; †⟩ **1** *Übersicht, Überblick* **2** *Aufzeichnung über etwas Gelesenes oder Gehörtes* [< lat. *conspectus* „Anblick, Gesichtskreis, Überblick", zu *conspicere* „erblicken"]

Kon|spi|rant ⟨m.10⟩ *Verschwörer* [zu *konspirieren*]

Kon|spi|ra|ti|on ⟨f.10⟩ *Verschwörung* [< lat. *conspiratio*, Gen. *-onis*, „Verschwörung", zu *conspirare*, → *konspirieren*]

kon|spi|ra|tiv ⟨Adj., o.Steig.⟩ *im Zusammenhang mit einer Verschwörung stehend;* ~e Tätigkeit [zu *Konspiration*]

kon|spi|rie|ren ⟨V.3, hat konspiriert; o.Obj.⟩ *sich verschwören* [< lat. *conspirare* „sich vereinigen, zusammenwirken, sich verschwören", < *con...* (in Zus. für *cum*) „mit, zusammen" und *spirare* „atmen"]

Kon|sta|bler ⟨m.5⟩ **1** *früher Geschützmeister im Rang eines Unteroffiziers* **2** *(noch in England und den USA) Polizist, Schutzmann* [< engl. *constable* „Polizist", < altfrz. *conestable*, → *Konnetabel*]

kon|stant ⟨Adj.⟩ *gleichbleibend, beständig, unveränderlich, unverändert;* Ggs. *inkonstant* [< lat. *constans*, Gen. *-antis*, „beständig, gleichbleibend", eigtl. „in gleicher Stellung bleibend", zu *constare* „in fester Stellung stehen, eine feste Haltung bewahren"]

Kon|stan|te ⟨f.11⟩ *unveränderliche Größe, feststehender Wert* [zu *konstant*]

Kon|stanz ⟨f., -, nur Sg.⟩ *Unveränderlichkeit, Beständigkeit* [zu *konstant*]

kon|sta|tie|ren ⟨V.3, hat konstatiert; mit Akk.⟩ *feststellen;* ich konstatiere, daß ...; als der Arzt kam, konnte er nur noch den Tod des Verletzten k. [< frz. *constater* „feststellen, bestätigen", < lat. *constatus*, „festgesetzt, bestimmt", zu *constare* „stillstehen, feststehen"]

Kon|stel|la|ti|on ⟨f.10⟩ **1** *Zusammentreffen (von Umständen), bestimmte Lage, Situation* **2** *Gruppierung von Gestirnen, ihre Stellung zueinander, zur Erde und zur Sonne* [< lat. *constellatio*, Gen. *-onis*, „Stellung der Gestirne (zueinander)", zu *stella* „Stern"]

Kon|ster|na|ti|on ⟨f., -, nur Sg.⟩ *Bestürzung, Betroffenheit* [< lat. *consternatio*, Gen. *-onis*, in ders. Bed., zu *consternare*, → *konsternieren*]

kon|ster|nie|ren ⟨V.3, hat konsterniert; mit Akk.⟩ *bestürzen, betroffen machen;* diese Nachricht konsterniert mich; ich war völlig konsterniert, als ich das hörte [< lat. *consternare* „aus der Fassung bringen, bestürzt machen", < *con...* (in Zus. für *cum*) „mit, zusammen" und *sternere* „niederwerfen"]

Kon|sti|pa|ti|on ⟨f.10; Med.⟩ → *Verstopfung* [< lat. *constipatio*, Gen. *-onis*, „das Zusammendrängen, Gedränge", zu *stipare* „stopfen, drängen"]

kon|sti|tu|ie|ren ⟨V.3, hat konstituiert⟩ **I** ⟨mit Akk.⟩ *bilden, gründen, einsetzen, festsetzen;* ~de Versammlung *verfassunggebende Versammlung* **II** ⟨refl.⟩ *sich k. zusammentreten, sich organisieren, sich bilden;* der Verein hat sich konstituiert [< lat. *constituere* „festsetzen, feststellen, errichten", zu *statuere* „hinstellen"]

Kon|sti|tut ⟨n.1⟩ *fortgesetzter, wiederholter Vertrag* [< lat. *constitutum* „das Festgesetzte", zu *konstituieren*]

Kon|sti|tu|ti|on ⟨f.10⟩ **1** *Anordnung, Zusammensetzung* **2** *Körperverfassung, Körperbeschaffenheit;* kräftige, zarte, schwache K. **3** *Anordnung der Atome im Molekül* **4** *Rechtsbestimmung, Verordnung, Satzung* **5** *Verfassung (eines Staates), Staatsgrundgesetz;* sich eine K. geben **6** *Konzilsbeschluß* **7** *Erlaß (des Papstes)* [< lat. *constitutio*, Gen. *-onis*, „Einrichtung, Verfassung, Zustand, Beschaffenheit", zu *constituere*, → *konstituieren*]

Kon|sti|tu|tio|na|lis|mus ⟨m., -, nur Sg.⟩ *Regierungsform, in der die Rechte und Pflichten des Staatsoberhauptes und der Bürger durch eine Konstitution festgelegt sind*

kon|sti|tu|tio|nell ⟨Adj., o.Steig.⟩ **1** *auf einer Konstitution (2) beruhend, die Konstitution betreffend;* ~e Krankheit **2** *durch eine Konstitution (5) beschränkt;* ~e Monarchie

Kon|sti|tu|ti|ons|typ ⟨m.12⟩ *Grundform des menschlichen Körperbaus;* leptosomer, pyknischer, athletischer K. (nach Ernst Kretschmer)

kon|sti|tu|tiv ⟨Adj., o.Steig.⟩ *grundlegend, bestimmend, zum Wesen (einer Sache) gehörend, rechtsbegründend, ein Recht entstehen lassend*

Kon|strik|ti|on ⟨f.10⟩ *Abschnürung (von Blutgefäßen), Zusammenpressen, Zusammenziehung* [< lat. *constrictio*, Gen. *-onis*, „Zusammenschnürung, -ziehung", zu *constringere*, → *konstringieren*]

Kon|strik|tor ⟨m.13⟩ → *Schließmuskel* [zu *konstringieren*]

kon|strin|gie|ren ⟨V.3, hat konstringiert⟩ **I** ⟨mit Akk.⟩ *zusammenpressen, abschnüren;* ein Blutgefäß k. **II** ⟨o.Obj.⟩ *sich zusammenziehen;* ein Muskel konstringiert sich [< lat. *constringere* „zusammenziehen", zu *stringere* „straff anziehen"]

kon|stru|ie|ren ⟨V.3, hat konstruiert; mit Akk.⟩ **1** *mit Hilfe von Überlegungen, Berechnungen entwerfen;* eine Maschine, eine Brücke k. **2** *mit Hilfe gegebener Größen zeichnen;* ein Dreieck k. **3** *nach grammatischen Regeln zusammensetzen, bauen, bilden;* einen Satz k. **4** *gedanklich, logisch aufbauen;* ein begriffliches System k.; einen Sachverhalt k. (um damit etwas deutlich zu machen); wir wollen folgenden Fall k. **5** *erfinden, nach einem Schema darstellen;* die Handlung des Films ist, wirkt konstruiert *sie wirkt ausgedacht, nicht real* [< lat. *construere* „zusammensetzen, aufschichten", zu *struere* „aufbauen, schichten"]

Kon|strukt ⟨n.1⟩ *Arbeitsthese, gedankliche Hilfskonstruktion zur Erklärung bestimmter Phänomene*

Kon|struk|teur ⟨[-tør] m.1⟩ *Erbauer, Gestalter; technischer Zeichner* [< frz. *constructeur* in denselben Bed.]

Kon|struk|ti|on ⟨f.10⟩ **1** *Bauart, Gefüge, Aufbau* **2** *Entwurf, Gestaltung* **3** ⟨Geometrie⟩ *zeichnerische Darstellung einer Figur mit gegebenen Größen* **4** ⟨Philos.⟩ *Aufbau eines Begriffssystems, Gedankengebäude* **5** *schematische, erfundene Darstellung (die etwas verdeutlichen soll)* [zu *konstruieren*]

Kon|struk|ti|ons|bü|ro ⟨n.9⟩ *Büro, in dem technische Entwürfe angefertigt werden*

kon|struk|tiv ⟨Adj.⟩ **1** *(richtig) aufbauend, zusammensetzend, (folgerichtig) entwickelnd;* Ggs. *destruktiv* **2** *einen sinnvollen Aufbau, eine sinnvolle Entwicklung fördernd;* einen ~en Vorschlag machen; ~e Kritik

Kon|struk|ti|vis|mus ⟨m., -, nur Sg.⟩ **1** ⟨Malerei und Plastik⟩ *die Konstruktionselemente (von Körpern) betonende Richtung* **2** ⟨Mus.⟩ *den formalen Aufbau der Komposition betonende Richtung*

Kon|struk|ti|vist ⟨m.10⟩ *Anhänger des Konstruktivismus*

Kon|sul ⟨m.14⟩ **1** *(im Röm. Reich und napoleon. Frankreich) höchster Staatsbeamter* **2** ⟨heute⟩ *ständiger Vertreter eines Staates in einem anderen Staat* [< lat. *consul*, eigtl. „Berater, Befrager (des Senats, des Volkes)", zu *consulere* „beratschlagen, anfragen"]

Konsularagent

Kon|su|lar|agent ⟨m.10⟩ *Beauftragter eines Konsuls*

kon|su|la|risch ⟨Adj., o.Steig.⟩ *zu einem Konsul gehörend, durch einen Konsul; ~e Vertretung in einem Land*

Kon|su|lat ⟨n.1⟩ **1** *Amt und Amtsgebäude eines Konsuls* **2** ⟨schweiz.⟩ *diplomatische Vertretung mit (gegenüber einer Botschaft) eingeschränktem Aufgabenbereich*

Kon|su|lent ⟨m.10; †, noch schweiz.⟩ *Rechtsberater*

Kon|sult ⟨n.1; †⟩ *Beschluß* [< lat. *consultum* „Beschluß", zu *consulere* „beratschlagen"]

Kon|sul|ta|ti|on ⟨f.10⟩ **1** *Beratung (durch einen Wissenschaftler)* **2** *gemeinsame Beratung (der Partner von Bündnissen)* [< lat. *consultatio*, Gen. *-onis*, in ders. Bed., zu *consultare*, →*konsultieren*]

kon|sul|ta|tiv ⟨Adj., o.Steig.⟩ *beratend*

kon|sul|tie|ren ⟨V.3, hat konsultiert; mit Akk.⟩ *jmdn. k. jmds. fachmännischen Rat einholen; einen Arzt k.* [< lat. *consultare* „begutachten, sich beraten, überlegen", Frequentativum von *consulare* „Rat pflegen, beratschlagen, anfragen"]

Kon|sul|tor ⟨m.13⟩ *Geistlicher als Berater eines Bischofs* [< lat. *consultor* „Ratgeber"]

Kon|sum ⟨m., -s, nur Sg.⟩ **1** *Verbrauch, Verzehr (von Bedarfsgütern, z.B. Lebensmitteln);* wir haben einen großen K. an Eiern, Kartoffeln **2** [meist: kɔn-] *Konsumgenossenschaft sowie deren Verkaufsstelle* [Rückbildung von →*konsumieren*]

Kon|su|ma|ti|on ⟨f.10; schweiz.⟩ *Verzehr, Zeche* [zu *konsumieren*]

Kon|su|ment ⟨m.10⟩ *Verbraucher;* Ggs. *Produzent* [zu *konsumieren*]

Kon|sum|ge|nos|sen|schaft ⟨f.10⟩ *Verbrauchergenossenschaft, genossenschaftliche Vereinigung, die den Ein- und Verkauf von Bedarfsgütern mit gewissen Vergünstigungen für ihre Mitglieder betreibt;* Syn. *Konsumverein*

Kon|sum|ge|sell|schaft ⟨f.10; abwertend⟩ *Gesellschaft mit relativ hohem Lebensstandard und vor allem auf Konsum (1) gerichteter Lebenseinstellung* [< lat. *consumere* „verwenden, verbrauchen, verzehren", eigtl. „zum Gebrauch, Verbrauch nehmen", < *con...* (für *cum*) „mit, zusammen" und *sumere* „nehmen, ergreifen"]

kon|su|mie|ren ⟨V.3, hat konsumiert; mit Akk.⟩ *verbrauchen, verzehren;* es wurde in diesem Jahr mehr Butter, Obst konsumiert als im vorangegangenen; sie haben eine ganze Menge, den halben Vorrat konsumiert ⟨scherzh.⟩ *verbraucht, aufgegessen;* er kann eine Menge k. *er kann eine Menge essen*

Kon|sump|ti|bi|li|en ⟨Pl.⟩ *Verbrauchsgüter* [< frz. *consumptible* „verzehrbar", →*Konsumtion*]

Kon|sump|ti|on ⟨f.10⟩ →*Konsumtion*

Kon|sum|so|zia|lis|mus ⟨m., -, nur Sg.⟩ *Spielart des Sozialismus, die sich auf die Befriedigung der materiellen Konsumbedürfnisse konzentriert*

Kon|sum|ter|ror ⟨m., -s, nur Sg.; ugs.⟩ *von der Konsumgesellschaft dem einzelnen gegenüber ausgeübter Zwang zu möglichst großem Konsum (1)*

Kon|sum|ti|on ⟨f.10⟩ **1** *Konsum, Verbrauch* **2** ⟨Med.⟩ *Auszehrung; auch: Konsumption* **3** *Aufgehen einer Straftat in einer umfassenderen (z.B. Diebstahl in Raub)* [< lat. *consumptio*, Gen. *-onis*, „das Aufwenden, Aufwand; Aufzehrung, Vernichtung", zu *consumere*, →*konsumieren*]

kon|sum|tiv ⟨Adj., o.Steig.⟩ **1** *zum Konsum gehörig;* ~e Kosten **2** *auf Konsum gerichtet, am Konsum beteiligt*

Kon|sum|ver|ein ⟨m.1⟩ →*Konsumgenossenschaft*

Kon|szi|en|tia|lis|mus ⟨m., -, nur Sg.⟩ *Lehre, daß die Wirklichkeit nur im Bewußtsein vorhanden sei* [< lat. *conscientia* „Bewußtsein", zu *conscire* „sich (eines Unrechts) bewußt sein, wohl wissen", zu *scire* „wissen, erfahren"]

Kon|ta|gi|on ⟨f.10⟩ →*Ansteckung* [< *contagio*, Gen. *-onis*, „Berührung; Ansteckung", zu *contingere* „berühren", →*Kontakt*]

kon|ta|gi|ös ⟨Adj.⟩ *ansteckend, auf andere Personen übertragbar (von Krankheiten)* [< frz. *contagieux* < lat. *contagiosus* „ansteckend", →*Kontakt*]

Kon|takt ⟨m.1⟩ **1** *Berührung, Verbindung* (Haut~); *körperlicher K.: K. mit dem Boden haben* **2** *elektrisch leitende Verbindung;* einen K. herstellen, unterbrechen **3** *Beziehung, Fühlungnahme;* in K. mit jmdm. kommen; K. zu jmdm. haben; freundschaftlicher, gesellschaftlicher, beruflicher K.; ~e pflegen; ich finde zu ihm keinen K. *ich kann mit ihm nicht warm werden;* er schließt leicht, schwer ~e [< lat. *contactus* „Berührung", zu *contingere* „berühren, umfassen", zu *tangere* „berühren"]

kon|takt|arm ⟨Adj.; nur als Attr. und mit „sein"⟩ *wenig freundschaftliche, berufliche, gesellschaftliche Kontakte pflegend oder suchend*

kon|tak|ten ⟨V.2, hat kontaktet; o.Obj.⟩ *Kontakte aufnehmen, neue Geschäftsverbindungen anknüpfen, als Kontakter tätig sein*

Kon|tak|ter ⟨m.5⟩ *Werbefachmann in einem Betrieb oder einer Werbeagentur*

kon|takt|freu|dig ⟨Adj.⟩ *gerne mit anderen in Kontakt tretend, umgänglich*

Kon|takt|gift ⟨n.1⟩ Syn. *Berührungsgift* **1** ⟨Biol.⟩ *chemische Verbindung, die die Körperoberfläche durchdringt und giftig wirkt (bes. als lähmendes Schädlingsbekämpfungsmittel)* **2** ⟨Chem.⟩ *Stoff, der die Wirkung eines Katalysators mindert*

kon|tak|tie|ren ⟨V.3, hat kontaktiert⟩ **I** ⟨o.Obj.⟩ **1** *einander treffen, Kontakt aufnehmen, zusammenkommen;* vielleicht können wir in Wien einmal k.; ich würde gern mit ihm k. **2** *Kontakt pflegen;* wir k. ständig (miteinander) **II** ⟨mit Akk.⟩ *jmdn. k. zu jmdm. Kontakt aufnehmen*

Kon|takt|in|fek|ti|on ⟨f.10⟩ *Infektion durch Berührung*

Kon|takt|lin|se ⟨f.11⟩ *unmittelbar auf dem Augapfel getragenes Brillenglas;* Syn. *Haftglas, Haftschale*

Kon|takt|mann ⟨m.4⟩ *Verbindungsmann, der Erkundigungen einzieht und neue Kontakte knüpft*

Kon|takt|me|ta|mor|pho|se ⟨f.11⟩ *Umwandlung des Nachbargesteins durch eindringendes magmatisches Tiefengestein*

Kon|takt|per|son ⟨f.10⟩ *jmd., der mit einer an einer Infektionskrankheit leidenden Person in Berührung gekommen ist und daher ansteckungsverdächtig ist*

kon|takt|scheu ⟨Adj.⟩ *ängstlich gegenüber zwischenmenschlichen Kontakten;* ein ~er Mensch

kon|takt|schwach ⟨Adj.; nur als Attr. und mit „sein"⟩ *nicht in der Lage, freundschaftliche, gesellschaftliche Kontakte zu schließen, Kontakt zu andern Menschen zu finden*

Kon|takt|schwel|le ⟨f.11⟩ *vor einer Kreuzung auf der Fahrbahn angebrachte Vorrichtung, die beim Überfahrenwerden die Verkehrsampel betätigt*

Kon|takt|sper|re ⟨f.11; Rechtsw.⟩ *Verhinderung von Kontakten mit der Außenwelt für (politische) Häftlinge*

Kon|takt|stu|di|um ⟨n., -s, -di|en⟩ *weiterführendes Studium, das den Kontakt mit der wissenschaftlichen Entwicklung aufrechterhalten soll*

Kon|takt|zaun ⟨m.2⟩ *elektrisch geladener Zaun, der bei Berührung Warnsignale auslöst*

Kon|ta|mi|na|ti|on ⟨f.10⟩ **1** *Verschmelzung zweier Wörter oder Wortteile zu einem neuen Wort,* z.B. „abnorm" und „anomal" zu „anormal", „Laterne" und „Leuchte" zu „Latüchte" **2** *Verunreinigung durch radioaktive Stoffe* **3** *Kontakt mit schädigenden Stoffen der Umwelt oder mit Krankheitserregern* **4** *Aufnahme von Fremdgestein durch Magma* [< lat. *contaminare* „berühren, beflecken, verderben", < *con...* (für *cum*) „mit, zusammen" und über eine nicht belegte Zwischenform < *tangere* „berühren"]

kon|ta|mi|nie|ren ⟨V.3, hat kontaminiert; o.Obj.⟩ *sich vermischen*

kon|tant ⟨Adj., o.Steig.⟩ *bar, gegen Barzahlung;* per k. *in bar* [< ital. *contante* „bar, Bargeld", zu *contare* „zählen"]

Kon|tan|ten ⟨Pl.; †⟩ **1** *bares Geld* **2** *Geldsorten* **3** *Münzen, die nicht als Zahlungsmittel dienen*

Kon|tem|pla|ti|on ⟨f.10⟩ **1** ⟨Mystik⟩ *Versenkung in das Wort und Werk Gottes, betrachtendes Erkennen* **2** ⟨allg.⟩ *reine Anschauung, beschauliche Betrachtung, Beschaulichkeit* [< lat. *contemplatio*, Gen. *-onis*, „Anschauung, Betrachtung, Beobachtung", zu *contemplare* „sein Augenmerk auf etwas richten, beobachten" (nämlich das, was im *templum* vor sich geht), zu *templum* „Schauplatz, heiliger Bezirk", eigtl. „Platz, der von den Auguren zur Beobachtung der Vögel bestimmt wurde"]

kon|tem|pla|tiv ⟨Adj., selten Steig.⟩ *betrachtend, anschauend, beschaulich*

kon|tem|po|rär ⟨Adj., o.Steig.⟩ *gleichzeitig, zeitgenössisch* [zu lat. *contemporare* „gleichzeitig sein", zu *tempus*, Gen. *temporis*, „Zeit"]

Kon|ten ⟨Pl. von⟩ *Konto*

Kon|te|nance [kõtənãs] ⟨f., -, nur Sg.; eindeutschende Schreibung für⟩ *Contenance*

Kon|ten|plan ⟨m.2⟩ *systematische Ordnung der Konten eines Betriebes in mehreren Klassen*

Kon|ten|rah|men ⟨m.7⟩ *Schema zur systematischen Ordnung der Konten in verschiedenen Klassen*

Kon|ten|ten ⟨Pl.⟩ *Ladeverzeichnisse (von Schiffen)* [zu ital. *contenente* „enthaltend", zu *contenere* „enthalten"]

Kon|ten|tiv|ver|band ⟨m.2⟩ *ruhigstellender Verband (bei Knochenbrüchen u.ä.)* [< lat. *contentus* „straffgezogen, angespannt", zu *contendere* „zusammenhalten"]

Kon|ter ⟨m.5; Sport⟩ *aus der Verteidigung geführter Gegenschlag* [< engl. *counter* „entgegengesetzt, zuwider"]

konter..., Konter... ⟨in Zus.⟩ *gegen..., Gegen...* [< frz. *contre* < lat. *contra* „gegen"]

Kon|ter|ad|mi|ral ⟨m.1 oder m.2⟩ *Seeoffizier im Rang eines Generalmajors (der früher die Nachhut führte)* [< frz. *contre* „gegenüber, dicht bei" und *Admiral*]

Kon|ter|ban|de ⟨f., -, nur Sg.⟩ *Schmuggelware* [< frz. *contrebande* „Schleichhandel, Schmuggel; Schmuggelware", < ital. *contrabbando* „Schmuggel", < *contra* „gegen" und *bando* „Verordnung, Gesetz"]

Kon|ter|fei ⟨n.1 oder n.9; nur noch scherzh.⟩ *Bild, Fotografie, Abbild, Porträt* [< frz. *contrefait* „nachgemacht", < *contre* „gegen, dagegen" und *faire* „machen"]

kon|ter|fei|en ⟨V.1, hat konterfeit; mit Akk.⟩ *jmdn. k. ein Bild von jmdm. machen*

Kon|ter|ge|wicht ⟨n.1⟩ *Gegengewicht*

kon|ter|ka|rie|ren ⟨V.3, hat konterkariert; mit Akk.⟩ *eine Sache k. einer Sache entgegenarbeiten, sich einer Sache entgegenstellen, sie behindern* [< frz. *contrecarrer* in ders. Bed., < *contre* „gegen" und *carrer* „sich spreizen, sich zieren"]

Kon|ter|mar|ke ⟨f.11⟩ *Kontrollstempel (auf Gold- und Silberwaren, Eintrittskarten, Warenballen)* [< frz. *contremarque* „Gegenmarke"]

Kon|ter|mi|ne ⟨f.11⟩ **1** ⟨Festungswesen⟩

Gegenmine 2 ⟨Börse⟩ **a** *mit Fallen der Kurse rechnende Spekulation* **b** *Maßnahme einer Börsenpartei gegen eine andere*

kon|ter|mi|nie|ren ⟨V.3, hat konterminiert⟩ **I** ⟨mit Akk.⟩ **1** *etwas k.* **a** *mit einer Kontermine versehen, eine Kontermine in etwas legen* **b** *durchkreuzen, einer Sache entgegenarbeiten* **2** *jmdn. k. Maßnahmen gegen jmdn. ergreifen* **II** ⟨o.Obj.; Börse⟩ *auf Baisse spekulieren*

kon|tern ⟨V.1, hat gekontert⟩ **I** ⟨mit Akk.⟩ **1** *umdrehen, auf die richtige Seite drehen; ein seitenverkehrtes Foto k.* **2** ⟨Sport⟩ **a** *den Gegner k. dem Gegner einen Gegenschlag versetzen* **b** *einen Angriff mit einem Gegenangriff zurückweisen* **II** ⟨o.Obj.⟩ *schlagfertig antworten, den Spieß umdrehen, mit einer Gegenfrage antworten* [< engl. *to counter* „entgegengesetzt handeln, entgegentreten", zu *counter* „Gegenteil, Gegenschlag", über frz. *contre* < lat. *contra* „gegen"]

Kon|ter|re|vo|lu|ti|on ⟨f.10⟩ *Gegenrevolution*

Kon|ter|re|vo|lu|tio|när ⟨m.1⟩ *Gegenrevolutionär*

Kon|ter|tanz ⟨m.2; im 18. Jh.⟩ *Tanz mit je zwei oder vier einander gegenüberstehenden Paaren;* Syn. *Kontre*

kon|te|stie|ren ⟨V.3, hat kontestiert; mit Akk.⟩ **1** *durch Zeugen oder Zeugnis bestätigen bzw. bestreiten* **2** *bestreiten, anfechten* [< lat. *contestari* „zum Zeugen anrufen", zu *testis* „Zeuge"]

Kon|text ⟨m.1⟩ *ein Wort umgebender Text, durch den oft die Bedeutung erst klar wird, Zusammenhang* [< lat. *contextus* „Zusammenhang, Verknüpfung", zu *contexere* „zusammenweben, zusammenflechten"]

Kon|tex|tur ⟨f.10; †⟩ *Zusammenhang, Verbindung*

Kon|ti ⟨Pl. von⟩ *Konto*

kon|tie|ren ⟨V.3, hat kontiert; mit Akk.⟩ *einen Betrag k. für einen Betrag das Konto ermitteln, ihn in ein Konto eintragen, verbuchen*

Kon|ti|gui|tät ⟨f.10⟩ *Berührung, (zeitliches) Zusammentreffen;* die K. *von Erlebnissen* [< lat. *contiguus* „berührend, angrenzend", zu *contingere* „berühren, umfassen", zu *tangere* „berühren"]

Kon|ti|nent ⟨m.1⟩ **1** *große, zusammenhängende Landmasse;* Syn. *Erdteil* **2** *Festland (aus der Sicht von Inselbewohnern)* [< lat. *continens,* Gen. *-entis,* „zusammenhängend, angrenzend", zu *continere* „zusammenhalten"]

kon|ti|nen|tal ⟨Adj., o.Steig.⟩ *zu einem Kontinent gehörig, auf ihm vorkommend;* ~es *Klima* →*Landklima*

Kon|ti|nen|ta|li|tät ⟨f., -, nur Sg.⟩ *Einfluß des Festlandes auf das Klima (je nach Entfernung von der Küste)* [zu *Kontinent* (2)]

Kon|ti|nen|tal|kli|ma ⟨n., -s, nur Sg.⟩ →*Landklima*

Kon|ti|nenz ⟨f., -, nur Sg.⟩ *die Fähigkeit, Stuhlgang und Harn zurückzuhalten* [< lat. *continentia* „Selbstbeherrschung", zu *continere* „zusammenhalten"]

kon|tin|gent ⟨Adj., o.Steig.⟩ *zufällig, wirklich, möglich (aber nicht notwendig)* [< lat. *contingens,* Gen. *-entis,* „berührend", →*Kontingent*]

Kon|tin|gent ⟨n.1⟩ **1** *festgelegte, begrenzte, zugeteilte Warenmenge* **2** *Pflichtanteil, Pflichtleistung (zu bestimmten Aufträgen)* **3** *Truppenstärke (eines Staates innerhalb einer Verteidigungsgemeinschaft als Anteil am Gesamtheer)* [< frz. *contingent* „Anteil, der auf jmdn. kommt", < lat. *contingere* „berühren, angehen, zuständig sein", zu *tangere* „berühren"]

kon|tin|gen|tie|ren ⟨V.3, hat kontingentiert; mit Akk.⟩ *eine Ware k. das Kontingent für eine Ware festsetzen*

Kon|tin|genz ⟨f., -, nur Sg.⟩ **1** ⟨Philos.⟩ *Möglichkeit (der Dinge, auch anders sein zu können), Zufälligkeit* **2** ⟨Statistik⟩ *Häufigkeit des gemeinsamen Auftretens zweier Merkmale oder Sachverhalte* [zu *kontingent*]

Kon|ti|nu|a|ti|on ⟨f.10; †⟩ *Fortsetzung* [< lat. *continuatio,* Gen. *-onis,* „Fortsetzung", zu *continuare* „aneinanderreihen, fortsetzen"]

kon|ti|nu|ier|lich ⟨Adj., o.Steig.⟩ *stetig, ununterbrochen, fortdauernd;* Ggs. *diskontinuierlich* [zum veralteten Verb *kontinuieren* „fortdauern, fortsetzen", < lat. *continuare* „fortsetzen"]

Kon|ti|nu|i|tät ⟨f., -, nur Sg.⟩ *Stetigkeit, Fortdauer;* Ggs. *Diskontinuität* [< lat. *continuitas,* Gen. *-atis,* „ununterbrochene Fortdauer", zu *continuus* „zusammenhängend", zu *continere* „zusammenhalten"]

Kon|ti|nu|um ⟨n., -s, -nua oder -nu[en]⟩ *etwas lückenlos Zusammenhängendes (z.B. Linie)* [< lat. *continuum* „Fortlaufendes, Zusammenhängendes"]

Kon|to ⟨n., -s, -ten oder -ti⟩ *(von einem Geldinstitut ständig vorgenommene) Gegenüberstellung von Einnahmen und Ausgaben, Forderungen und Schulden; ein K. bei einem Geldinstitut eröffnen, haben, löschen; einem K. einen Betrag gutschreiben; einem Betrag vom K. abbuchen, abheben; ich habe nichts mehr auf dem K.; das geht auf mein K.* ⟨ugs.⟩ *das schreibe ich,* ⟨auch⟩ *daran bin ich schuld, dafür trage ich die Verantwortung* [< ital. *conto* in ders. Bed. sowie „Rechnung", < lat. *computus* „Berechnung", zu *computare* „berechnen, zusammenrechnen"]

Kon|to|aus|zug ⟨m.2⟩ *schriftliche Mitteilung des Geldinstituts über den Stand des Kontos an dessen Inhaber*

Kon|to|kor|rent ⟨n.1⟩ *Verbindung zweier Geschäftspartner, bei der die beiderseitigen Leistungen und Forderungen in Form eines Kontos einander gegenübergestellt und regelmäßig abgerechnet werden* [< ital. *conto corrente* in ders. Bed., eigtl. „laufende Rechnung", zu *conto* „Rechnung" (→*Konto*) und *correre* „laufen"]

Kon|tor ⟨n.1; †⟩ **1** *Geschäftszimmer (eines Kaufmanns), Büro* **2** *Niederlassung im Ausland, Handelskontor* [< frz. *comptoir* „Zahl-, Ladentisch; Kassen-, Geschäftsraum", zu *compter* „zählen, berechnen, abrechnen", < lat. *computare* „zusammen-, ausrechnen, berechnen"]

Kon|to|rist ⟨m.10⟩ *Angestellter eines kaufmännischen Betriebes, der Büroarbeiten erledigt*

Kon|tor|si|on ⟨f.10⟩ *Verrenkung, gewaltsame Verdrehung (eines Gliedes)* [< frz. *contorsion* „Verdrehung, Verrenkung", < lat. *contorquere* „herumdrehen", < con... (für *cum*) „mit, gänzlich" und *torquere* „drehen"]

Kon|tor|sio|nist ⟨m.10⟩ →*Schlangenmensch* [zu *Kontorsion*]

kon|tra I ⟨Präp. mit Akk.⟩ *gegen; der Prozeß Meyer k. Huber* **II** ⟨Adv.⟩ *dagegen;* Ggs. *pro; er will immer k. reden; er ist k. eingestellt* [< lat. *contra* „gegen"]

Kon|tra ⟨n.9⟩ **1** *Entgegengesetztes;* Ggs. *Pro; das Pro und das K. das Für und das Wider; jmdm. K. geben ihm energisch widersprechen;* **2** ⟨Kart.⟩ *Gegenansage;* K. *ansagen*

Kon|tra|baß ⟨m.2⟩ *größtes und tiefstes Streichinstrument;* Syn. *Baßgeige, Violone*

Kon|tra|dik|ti|on ⟨f.10⟩ **1** *Widerspruch* **2** ⟨Logik⟩ *Gegensatz zweier Begriffe oder Urteile* [< lat. *contradictio,* Gen. *-onis,* „Widerspruch, Gegenrede", < *contra* „gegen" und *dictio* „das Sagen, Sprechen", zu *dicere* „sagen, sprechen"]

kon|tra|dik|to|risch ⟨Adj., o.Steig.⟩ *gegensätzlich, widersprüchlich;* ~e *Urteile Urteile, von denen jedes das andere verneint*

Kon|tra|ha|ge ⟨[-ʒə] f.11; †⟩ *Forderung zum Duell*

Kon|tra|hent ⟨m.10⟩ **1** *Vertragspartner* **2** *Gegner (in einer Auseinandersetzung, bei einem sportlichen Wettkampf;* ⟨früher⟩ *beim Duell)* [< lat. *contrahens,* Gen. *-entis,* Part. Präs. von *contrahere,* →*kontrahieren*]

kon|tra|hie|ren ⟨V.3, hat kontrahiert; mit Akk.⟩ **1** *jmdn. k.* ⟨†⟩ *zum Duell fordern* **2** *etwas k.* **a** *zusammenziehen;* Muskeln k. **b** *vereinbaren; einen Vertrag k.* [< lat. *contrahere* „zusammenziehen, verbinden, vereinigen", zu *trahere* „ziehen"]

Kon|tra|in|di|ka|ti|on ⟨f.10; Med.⟩ *Umstand, der eine an sich richtige Behandlung als nicht zweckmäßig erscheinen läßt;* Syn. *Gegenanzeige;* Ggs. *Indikation*

kon|tra|in|di|ziert ⟨Adj., o.Steig.; Med.⟩ *nicht anwendbar, nicht zweckmäßig* [zu *Kontraindikation*]

Kon|trakt ⟨m.1⟩ *Vertrag, Abkommen* [< lat. *contractus* „Vertrag", eigtl. „das Zusammenziehen, das Eingehen eines Geschäftes", zu *contrahere,* →*kontrahieren*]

Kon|trak|ti|on ⟨f.10⟩ **1** *Zusammenziehung (von Muskeln)* **2** *Zusammenziehung zweier Laute zu einem neuen Laut, z.B. ei in „Drittel" zu e in „Drittel"* **3** *Querschnittverringerung eines Werkstückes unter Zug vor dem Bruch* [< lat. *contractio,* Gen. *-onis,* „Zusammenziehung", zu *contrahere,* →*kontrahieren*]

Kon|trak|tur ⟨f.10⟩ **1** *(dauernde) Verkürzung (eines Muskels)* **2** *(dauernde) Verkrümmung* [zu *kontrahieren*]

Kon|tra|post ⟨m.1; bildende Kunst⟩ *unterschiedliche Gestaltung der beiden Körperhälften in Ruhe und Bewegung, bes. von Standbein und Spielbein* [< lat. *contrapositum* „das Entgegengesetzte", zu *contraponere* „entgegensetzen"]

Kon|tra|punkt ⟨m.1; Mus.⟩ *das Nebeneinanderherführen mehrerer selbständiger Melodielinien* [lat., eigtl. *punctus contra punctum* „Note gegen Note"]

Kon|tra|punk|tik ⟨f., -, nur Sg.⟩ *Lehre vom Kontrapunkt*

Kon|tra|punk|ti|ker ⟨m.5⟩ *Vertreter der auf dem Kontrapunkt beruhenden Kompositionsweise*

kon|tra|punk|tisch ⟨Adj., o.Steig.⟩ *zum Kontrapunkt gehörend, hinsichtlich des Kontrapunkts, in der Art des Kontrapunkts*

kon|trär ⟨Adj.⟩ *gegensätzlich* [< lat. *contrarius* „gegenüberliegend, entgegengesetzt", zu *contra* „gegen, entgegen"]

Kon|tra|ri|e|tät ⟨[-ri̯e-] f., -, nur Sg.; †⟩ **1** *Gegensätzlichkeit* **2** *Hindernis*

Kon|tra|se|lek|ti|on ⟨f.10⟩ *Gegenauslese*

Kon|tra|si|gna|tur ⟨f.10⟩ *Gegenzeichnung, Mitunterschrift*

kon|tra|si|gnie|ren ⟨V.3, hat kontrasigniert; mit Akk.⟩ *gegenzeichnen, mitunterschreiben; ein Schriftstück k.*

Kon|trast ⟨m.1⟩ **1** *Gegensatz, starker Unterschied (Farb~)* **2** *Helligkeitsunterschied; ein Foto mit starken* ~en [< ital. *contrasto* „Widerstreit, Gegensatz", zu *contrastare* „im Gegensatz stehen, widersprechen, zuwiderlaufen", < lat. *contra* „gegen" und *stare* „stehen"]

Kon|trast|fil|ter ⟨m.5; Fot.⟩ *Filter zum Verstärken von Farbkontrasten*

kon|tra|stie|ren ⟨V.3, hat kontrastiert; o.Obj.⟩ *einen Kontrast, einen Gegensatz bilden, sich stark abheben, sich stark unterscheiden; die Farben k. zu sehr; mit etwas, gegen etwas k.*

Kon|trast|mit|tel ⟨n.5⟩ *diagnostisches Hilfsmittel aus für Röntgenstrahlen undurchlässigem Stoff, das vor der Durchleuchtung eingenommen oder eingespritzt wird*

Kon|tra|ve|ni|ent ⟨m.10; †⟩ *(einer Vorschrift oder Vereinbarung) Zuwiderhandelnder* [zu *kontravenieren*]

kon|tra|ve|nie|ren ⟨V.3, hat kontraveniert; o.Obj.; †⟩ *zuwiderhandeln, ordnungswidrig,*

Kontravention

gesetzwidrig, vertragswidrig handeln [< lat. *contravenire* ,,(polemisierend) entgegentreten", < *contra* ,,gegen" und *venire* ,,kommen"]

Kon|tra|ven|ti|on ⟨f.10⟩ *Zuwiderhandlung, Vertragsbruch* [zu *kontravenieren*]

Kon|tra|zep|ti|on ⟨f.10⟩ *Empfängnisverhütung* [< *kontra* ,,gegen" und *Konzeption*]

kon|tra|zep|tiv ⟨Adj., o.Steig.⟩ *der Kontrazeption dienend, empfängnisverhütend*

Kon|tra|zep|ti|vum ⟨n., -s, -va⟩ *kontrazeptiv wirkendes Mittel*

Kon|tre ⟨[kɔ̃trə] m.9⟩ → *Kontertanz*

Kon|tri|bu|ti|on ⟨f.10⟩ *Beitrag (bes. zum Unterhalt von Besatzungstruppen)* [< lat. *contributio*, Gen. *-onis*, ,,gleichmäßige Zuteilung", zu *contribuere* ,,beitragen, beisteuern", zu *tribuere*, → *Tribut*]

kon|trie|ren ⟨V.3, hat kontriert; o.Obj.; Kart.⟩ *Kontra ansagen*

Kon|troll|am|pe ⟨-ll|l-; f.11⟩ *kleine Lampe zur Anzeige bestimmter Betriebszustände (z.B. des Füllstands von Tanks, des Eingeschaltetseins eines Gerätes)*

Kon|trol|le ⟨f.11⟩ **1** *Überwachung, Aufsicht; einen Arbeitsablauf unter K. haben; jmdn. unter K. halten; unsere Erzeugnisse stehen unter ständiger K.* **2** *Prüfung, Probe, Untersuchung (Fahrschein~, Gepäck~, Zoll~); polizeiliche ~n* **3** *Beherrschung, Herrschaft, Gewalt (über etwas); die K. über ein Fahrzeug verlieren; einen Brand unter K. bringen, halten* [< frz. *contrôle*, ,,Gegenrechnung; Aufsicht", ältere Form: *contrerôle*, < *contre* ,,gegen" und *rôle* ,,Liste, Register, Verzeichnis" (früher auf Rollen geschrieben)]

Kon|trol|ler ⟨m.5; bei Elektromotoren⟩ *Schaltwalze zum stufenweisen Regeln* [< engl. *controller* in ders. Bed., zu *to control* ,,kontrollieren"]

Kon|trol|leur ⟨[-lør] m.1⟩ *jmd., der eine Kontrolle durchführt, Aufsichtsbeamter; auch:* ⟨österr.⟩ *Kontrollor*

kon|trol|lie|ren ⟨V.3, hat kontrolliert; mit Akk.⟩ **1** *überwachen, überprüfen; die Schulaufgaben k.; jmds. Arbeit k.; einen Arbeitsablauf k.; unsere Waren werden ständig (behördlich, chemisch) kontrolliert* **2** *prüfend betrachten, untersuchen; die Ausweise, Pässe k.; jmdn., jmds. Gepäck k.* **3** *beherrschen, beherrschend beeinflussen; den Markt k.* [zu *Kontrolle*]

Kon|trol|lor ⟨m.1; österr.⟩ → *Kontrolleur*

kon|tro|vers ⟨Adj., o.Steig.⟩ **1** *gegeneinander gerichtet* **2** *strittig, bestritten*

Kon|tro|ver|se ⟨f.11⟩ **1** *wissenschaftliche Auseinandersetzung* **2** *Streit, Meinungsverschiedenheit* [< lat. *controversia* ,,entgegengesetzte Richtung", übertr. ,,Streitigkeit", zu *controversus* ,,entgegengewandt", < *contra* ,,gegen, entgegen" und *vertere* ,,wenden"]

Kon|tu|maz ⟨f., -, nur Sg.⟩ **1** ⟨†⟩ *Nichterscheinen vor Gericht* **2** ⟨österr.⟩ *Verkehrssperre (um die Ausbreitung von Seuchen zu verhindern)* [< lat. *contumacia* ,,Unbeugsamkeit, Widerspenstigkeit", zu *contumax*, Gen. *-acis*, ,,Trotz bietend, störrisch, unbeugsam", < *con...* (für *cum*) ,,mit" und *tumere* ,,aufbrausen, von Stolz u.a. aufgebläht sein"]

Kon|tu|maz|ur|teil ⟨n.1⟩ *Urteil in Abwesenheit des Angeklagten*

Kon|tur ⟨f.10, in der Kunst auch m.12⟩ *Umriß, Umrißlinie* [< frz. *contour* in ders. Bed., zu *contourner* ,,im Umriß zeichnen, umgeben", eigtl. ,,herumgehen -fahren (um etwas)", < vulgärlat. **contornare* ,,im Kreis drehen"]

Kon|tu|ren|stift ⟨m.1⟩ *bleistiftförmiger Lippenstift zum Nachzeichnen der Lippenkontur*

kon|tu|rie|ren ⟨V.3, hat konturiert; mit Akk.⟩ **1** *in Konturen zeichnen, in Umrissen andeuten; eine Figur k.* **2** *klar kennzeichnend darstellen; eine gut konturierte Gestalt (in einem Roman)*

Kon|tu|si|on ⟨f.10⟩ → *Quetschung* [< lat. *contusio*, Gen. *-onis*, ,,das Zerquetschen, Quetschung", zu *contundere* ,,zerquetschen, zermalmen"]

Ko|nus ⟨m., -, -nus|se oder -nen⟩ **1** *Kegel, Kegelstumpf* **2** *kegelförmiger Körper, Zapfen* **3** *der leicht konisch verlaufende, obere Teil der Druckletter, der das Schriftbild trägt* [< lat. *conus* ,,Kegel", < griech. *konos* ,,Kegel, Pinienzapfen, spitzer Zapfen"]

Kon|va|les|zenz ⟨f., -, nur Sg.⟩ **1** ⟨kurz für⟩ → *Rekonvaleszenz* **2** *Gültigwerden (eines Rechtsgeschäfts)* [< lat. *convalescens*, Part. Präs. von *convalescere* ,,erstarken, zu Kräften kommen, sich erholen; in Kraft treten, Geltung bekommen"]

Kon|vek|ti|on ⟨f.10⟩ **1** ⟨Meteor.⟩ *auf- oder abwärts gerichtete Luftströmung; Ggs.* Advektion **2** ⟨Phys.⟩ *Transport von Energie oder elektrischer Ladung durch bewegte kleinste Teilchen* **3** *Austausch von verschieden temperierten Luftmassen* [< lat. *convectio*, Gen. *-onis*, ,,das Zusammenbringen", zu *convehere* ,,zusammenbringen"]

kon|vek|tiv ⟨Adj., o.Steig.⟩ *auf Konvektion beruhend*

Kon|vek|tor ⟨m.13⟩ *Heizkörper, der die Luft überwiegend durch Konvektion (3) erwärmt; Ggs.* Radiator

Kon|ve|ni|enz ⟨f., -, nur Sg.; †⟩ **1** *Schicklichkeit* **2** *Bequemlichkeit* [< lat. *convenientia* ,,Übereinstimmung, Einklang", zu *convenire*, → *konvenieren*]

kon|ve|nie|ren ⟨V.3, hat konveniert; †⟩ **I** ⟨o.Obj.⟩ *sich schicken, passen, so sein, wie es sich gehört* **II** ⟨mit Dat.⟩ *jmdm. k. jmdm. bequem sein, zusagen, jmdn. zufriedenstellen* [< lat. *convenire* ,,zusammenpassen, geeignet sein", < *con...* (für *cum*) ,,zusammen" und *venire* ,,kommen"]

Kon|vent ⟨m.1⟩ **1** *Versammlung, Zusammenkunft (bes. von den Mitgliedern eines Klosters oder einer Studentenverbindung)* **2** *Kloster, Stift* [< lat. *conventus* ,,Zusammenkunft, Versammlung", zu *convenire* ,,zusammenkommen"]

Kon|ven|ti|kel ⟨n.1⟩ **1** *geheime Zusammenkunft* **2** *außerkirchliche religiöse Versammlung* [< lat. *conventiculum* ,,kleine, unbedeutende Zusammenkunft", zu *conventus*, → *Konvent*]

Kon|ven|ti|on ⟨f.10⟩ **1** *Vereinbarung, Übereinkunft* **2** *völkerrechtlicher Vertrag* **3** *Herkommen, Brauch; gesellschaftliche ~en; in alten ~en befangen sein* [< lat. *conventio*, Gen. *-onis*, ,,Zusammenkunft, Übereinkunft, Vertrag", < *convenire* ,,zusammenkommen"]

kon|ven|tio|nal ⟨Adj.⟩ *auf einer Konvention (1) beruhend*

Kon|ven|tio|nal|strafe ⟨f.11⟩ *Strafe wegen Nichteinhaltung eines Vertrages*

kon|ven|tio|nell ⟨Adj.⟩ **1** *einer Konvention entsprechend, (bes.) den gesellschaftlichen Konventionen entsprechend, herkömmlich, seit jeher gebräuchlich, üblich; ~e Ansichten; ~e Kleidung* **2** *mit den herkömmlichen Mitteln (hergestellt); ~e Waffen alle Waffen außer Kernwaffen, biologischen und chemischen Waffen* **3** *gesellschaftlich-förmlich; sich k. benehmen; ~e Unterhaltung; k. angebautes Gemüse*

Kon|ven|tua|le ⟨m.11⟩ *stimmberechtigtes Mitglied einer Klostergemeinschaft* [zu *Konvent*]

kon|ver|gent ⟨Adj., o.Steig.⟩ *Ggs.* divergent **1** *aufeinander zustrebend, zulaufend; ~e Linien* **2** *übereinstimmend; ~e Ansichten, Ziele* [< frz. *convergent* ,,sich annähernd, in einem Punkt zusammenlaufend", zu *converger* < lat. *convergere*, → *konvergieren*]

Kon|ver|genz ⟨f.10⟩ **1** *Annäherung* **2** *Übereinstimmung; Ggs. Divergenz* **3** ⟨bei math. Folgen und Reihen⟩ *das Zulaufen auf einen Grenzwert* **4** ⟨Biol.⟩ *gleichartige Entwicklung nicht unmittelbar verwandter Lebewesen bei gleichen Umweltbedingungen (z.B. Wal und Fisch)*

kon|ver|gie|ren ⟨V.3, hat konvergiert; o.Obj.⟩ *Ggs.* divergieren **1** *aufeinander zustreben, sich annähern* **2** *übereinstimmen* [< lat. *convergere* ,,sich hinneigen", < *con...* (für *cum*) ,,zusammen" und *vergere* ,,sich neigen, sich erstrecken"]

Kon|ver|sa|ti|on ⟨f.10⟩ *gewandte, gepflegte, etwas förmliche Unterhaltung, geselliges Gespräch; K. machen sich gewandt und etwas förmlich unterhalten* [< lat. *conversatio*, Gen. *-onis*, ,,Verkehr, Umgang mit jmdm.", zu *conversari*, → *konversieren*]

Kon|ver|sa|ti|ons|le|xi|kon ⟨n., -s, -ka⟩ *umfangreiches, alphabetisch geordnetes Nachschlagewerk über alle Wissensgebiete*

Kon|ver|sa|ti|ons|stück ⟨n.1⟩ *unterhaltendes Theaterstück, meist mit Themen aus der höheren Gesellschaft*

kon|ver|sie|ren ⟨V.3, hat konversiert; o.Obj.⟩ *Konversation machen, sich gesellschaftlich unterhalten; sie konversiert sehr gewandt* [< lat. *conversari* ,,verkehren, Umgang haben", < *con...* (für *cum*) ,,mit" und *versari* ,,sich hin und her drehen, sich beschäftigen"]

Kon|ver|si|on ⟨f.10⟩ **1** *Umwandlung (z.B. eines Schuldverhältnisses in ein anderes)* **2** *Glaubenswechsel, Übertritt zu einer anderen Konfession (bes. zur katholischen)* **3** *grundlegende Meinungsänderung* **4** *Umwandlung verdrängter Triebe oder Erlebnisse in körperliche Symptome* **5** *Wechsel der Wortart, z.B. ,,Kraft" zu ,,kraft"* **6** ⟨Phys.⟩ *Umwandlung nicht spaltbarer Substanzen in spaltbare* [< lat. *conversio*, Gen. *-onis*, ,,das Sichumwenden, Übertritt (zum Mönchtum), Umkehrung", zu *convertere* ,,umkehren, umwenden"]

Kon|ver|ter ⟨m.5⟩ **1** *um die senkrechte Achse drehbarer Industrieofen zur Gewinnung von Stahl* **2** ⟨Elektr.⟩ *Gerät zum Umwandeln von Gleichspannungen* **3** *Reaktortyp, der bestimmte Kernreaktionen erzeugt und dadurch nichtspaltbares Material in spaltbares für normale Reaktoren umwandelt* [< engl. *converter* ,,Umwandler", zu *to convert* < lat. *convertere* ,,umwenden"]

kon|ver|ti|bel ⟨Adj., o.Steig.⟩ *umwandelbar, umwechselbar, umtauschbar; Syn. konvertierbar; Ggs. inkonvertibel; konvertible Währung* [< frz. *convertible* in ders. Bed., < lat. *convertere* ,,umwenden"]

Kon|ver|ti|bi|li|tät ⟨f., -, nur Sg.⟩ *Möglichkeit, Geld in eine andere Währung in solches einer anderen umzutauschen*

kon|ver|tier|bar ⟨Adj.⟩ → *konvertibel*

kon|ver|tie|ren ⟨V.3⟩ **I** ⟨o.Obj.; ist konvertiert⟩ *die Konfession wechseln, zu einer anderen Konfession übertreten; er ist kürzlich konvertiert; zum Katholizismus k.* **II** ⟨mit Obj.; hat konvertiert⟩ **1** *umtauschen, austauschen; eine Währung k. (in eine andere); diese Währung kann frei konvertiert werden* **2** ⟨EDV⟩ *übertragen; Daten auf Lochkarten k.* [< lat. *convertere* ,,umwenden", < *con...* (verstärkend) ,,gänzlich" und *vertere* ,,drehen, wenden"]

Kon|ver|tit ⟨m.10⟩ *jmd., der zu einer anderen Konfession übergetreten ist* [zu *konvertieren*]

kon|vex ⟨Adj., o.Steig.⟩ *erhaben, nach außen gekrümmt; Ggs. konkav; ~er Spiegel k. geschliffene Linse* [< lat. *convexus* ,,nach oben gekrümmt, nach außen gewölbt", eigtl. ,,nach oben oder unten zusammenlaufend", zu *convehere* ,,zusammenbringen"]

Kon|vikt ⟨n.1⟩ **1** *Wohnheim für kath. Schüler und Studenten, bes. Theologiestudenten* **2** ⟨österr.⟩ *Schülerinternat* [< lat. *convictus* ,,geselliges Zusammenleben, Tischgesellschaft", zu *convivere* ,,zusammenleben"]

Kon|vik|ti|on ⟨f.10; †⟩ *Überführung (eines Verbrechers)*

Kon|vik|tua|le ⟨m.11⟩ *Bewohner eines Konvikts*

Kon|vi|vi|um ⟨n., -s, -vi|en; †⟩ *Gastmahl, Fest, Festgelage* [< lat. *convivium* „geselliges Zusammenleben, Gesellschaft geladener Gäste, Tischgesellschaft, Gastmahl", zu *convivere* „zusammenleben"]

Kon|voi ⟨m.9⟩ **1** *mehrere, unter dem Schutz von Fahrzeugen bzw. See- oder Luftstreitkräften fahrende Fahrzeuge bzw. Schiffe, Geleitzug* **2** *die beigegebenen Streitkräfte selbst; im oder unter K. fahren* **3** ⟨allg.⟩ *Kolonne von zusammengehörigen Fahrzeugen* [< frz. *convoi* „Geleit, Geleitzug", zu *convoyer* „begleiten", < *con...* „mit" und *voie* „Weg"; die im Deutschen übliche Aussprache ist auf engl. *convoy* zurückzuführen]

Kon|vo|ka|ti|on ⟨f.10⟩ **1** *Einberufung, Zusammenrufung (von Körperschaften)* **2** ⟨an engl. und US-amerik. Universitäten⟩ *Gremium, das über die Verleihung der Ehrendoktorwürde entscheidet* [< lat. *convocatio*, Gen. *-onis*, „Zusammenberufung", zu *convocare* „zusammenrufen"]

Kon|vo|lut ⟨n.1⟩ **1** *Bündel (von Schriftstücken), Sammelmappe* **2** ⟨Med.⟩ *Knäuel (z.B. von Darmschlingen)* [< lat. *convolutum* „das Zusammengerollte", zu *convolvere* „zusammenrollen"]

Kon|vo|lu|te ⟨f.11⟩ →*Volute*

Kon|vul|si|on ⟨f.10⟩ *Schüttel-, Zuckungskrampf* [< lat. *convulsio*, Gen. *-onis*, „Krampf", zu *convellere* „durch Zerren und Stoßen aus seiner Lage reißen, herumzerren, erschüttern"; < *con...* (für *cum*) „zusammen" und *vellere* „reißen"]

kon|vul|si|visch ⟨Adj., o.Steig.⟩ *krampfhaft zuckend* [zu *Konvulsion*]

kon|ze|die|ren ⟨V.3, hat konzediert; mit Dat. u. Akk.⟩ *jmdm. etwas k. zugestehen, einräumen, erlauben; jmdm. ein Recht k.* [< lat. *concedere* „den Vorrang lassen, zugestehen, erlauben", eigtl. „beiseitetreten, Platz machen", < *con...* (verstärkend) „gänzlich" und *cedere* „zurückweichen, sich fügen, nachgeben"]

Kon|zen|trat ⟨n.1⟩ **1** *hochprozentige Lösung, Mischung, in der ein Stoff angereichert enthalten ist* **2** ⟨übertr.⟩ *Zusammenfassung* [zu *Konzentration*]

Kon|zen|tra|ti|on ⟨f.10⟩ **1** *Zusammendrängung (um einen Mittelpunkt), Zusammenballung (von wirtschaftlichen o.ä. Kräften);* Ggs. *Dekonzentration* **2** *Sammlung, Anspannung (der geistigen Kräfte), gespannte Aufmerksamkeit;* mit *äußerster K. arbeiten* **3** ⟨Chem.⟩ *Gehalt einer Lösung an gelöstem, angereichertem Stoff* [zu *konzentrieren*]

Kon|zen|tra|ti|ons|la|ger ⟨n.5; Abk.: KZ⟩ *Arbeits- und Vernichtungslager in totalitären Staaten, bes. unter dem Nationalsozialismus, für politische Gegner und mißliebige Minderheiten (Juden, Zigeuner)*

kon|zen|trie|ren ⟨V.3, hat konzentriert⟩ **I** ⟨mit Akk.⟩ **1** *zusammenziehen, versammeln; Gruppen, Arbeitskräfte (an einer Stelle) k.* **2** *etwas dekonzentrieren* **2** *anreichern, sättigen, verdichten;* Ggs. *dekonzentrieren; eine Lösung k.* **II** ⟨refl.⟩ **1** *sich zusammenballen, sich zusammendrängen; der Verkehr konzentriert sich an dieser Kreuzung* **2** *seine Gedanken zusammennehmen, seine Aufmerksamkeit anspannen; ich muß mich bei meiner Arbeit sehr k.; ich kann mich gut, schlecht k.; sich auf eine Aufgabe k.* [< frz. *concentrer* „zusammenziehen, -drängen, vereinigen", < *con...* „zusammen" und *centre* „Mittelpunkt"]

kon|zen|trisch ⟨Adj., o.Steig.⟩ **1** *einen gemeinsamen Mittelpunkt habend;* ~*e Kreise* **2** *einem Punkt zustrebend, auf einen Punkt gerichtet* [< mlat. *concentricus* in denselben Bed., < lat. *con...* (für *cum*) „zusammen, mit" und *centrum* „Mittelpunkt"]

Kon|zen|tri|zi|tät ⟨f., -, nur Sg.⟩ *konzentrische Beschaffenheit*

Kon|zept ⟨n.1⟩ **1** *Entwurf, erste, unausgefeilte Niederschrift; einen Aufsatz erst ins K. schreiben; jmdn. aus dem K. bringen* in *Verwirrung bringen; aus dem K. geraten, kommen verwirrt werden* **2** *Plan, Vorstellung; ein K. für eine Arbeit haben; seiner Politik fehlt das K.* [zu *Konzeption*]

Kon|zep|ti|on ⟨f.10⟩ **1** →*Empfängnis* **2** *schöpferischer Einfall* **3** *Entwurf, Plan (eines Werkes)* [< lat. *conceptio*, Gen. *-onis*, „das Zusammenfassen, Auffassen, das Fassen einer Sache in Worte; Empfängnis", zu *concipere* „zusammenfassen", < *con...* (für *cum*) „zusammen" und *capere* (in Zus. ...*cipere*) „fassen, ergreifen"]

kon|zep|tio|nell ⟨Adj., o.Steig.⟩ *auf Konzeption beruhend*

Kon|zern ⟨m.1⟩ *Zusammenschluß gleichartiger Unternehmen, die wirtschaftlich eine Einheit bilden, aber rechtlich selbständig sind* [< lat. *concernere* „zusammensieben, mischen"]

kon|zer|nie|ren ⟨V.3, hat konzerniert; mit Akk.⟩ *zu einem Konzern zusammenfassen*

Kon|zert ⟨n.1⟩ **1** *(meist öffentliche) Aufführung von Musikwerken; ins K. gehen* **2** *Musikstück für ein oder mehrere Soloinstrumente und Orchester (Klavier*~*, Violin*~*)* [< ital. *concerto* in ders. Bed., zu *certare* „(ein Musikstück) einstudieren, (Instrumente) stimmen", < lat. *concertare* „wetteifern"]

Kon|zer|tant ⟨Adj., o.Steig.⟩ *in der Art eines Konzerts;* ~*e Sinfonie;* ~*e Aufführung einer Oper*

Kon|zert|di|rek|ti|on ⟨f.10⟩ *Unternehmen, das öffentliche Konzerte veranstaltet*

kon|zer|tie|ren ⟨V.3, hat konzertiert; o.Obj.⟩ *ein Konzert geben; konzertierte Aktion* ⟨übertr.; BRD⟩ *zwischen den Sozialpartnern und der Regierung abgestimmtes wirtschaftliches Verhalten*

Kon|zer|ti|na ⟨f.9⟩ *sechseckige Handharmonika*

Kon|zert|mei|ster ⟨m.5⟩ *führender erster Geiger (eines Orchesters)*

kon|zert|reif ⟨Adj.; selten Steig.⟩ *gut genug für eine Konzertaufführung; eine* ~*e Komposition; ein* ~*er junger Pianist*

Kon|zes|si|on ⟨f.10⟩ **1** *Zugeständnis;* ~*en machen* **2** *Erlaubnis, behördliche Genehmigung (z.B. ein Gewerbe auszuüben)* **3** *staatlich bewilligtes Recht, ein Gebiet in gewissem Umfang in Besitz zu nehmen* [< lat. *concessio*, Gen. *-onis*, „Zugeständnis, Bewilligung", zu *concedere* „zugestehen, erlauben", →*konzedieren*]

Kon|zes|sio|när ⟨m.1⟩ *Inhaber einer Konzession*

kon|zes|sio|nie|ren ⟨V.3, hat konzessioniert; mit Akk.⟩ *etwas k. etwas (behördlich) zulassen, genehmigen; einen Gaststättenbetrieb k.* [zu *Konzession*]

kon|zes|siv ⟨Adj., o.Steig.; Sprachw.⟩ *einräumend*

Kon|zes|siv|satz ⟨m.2; Sprachw.⟩ *Nebensatz, der ein Zugeständnis enthält;* Syn. *Einräumungssatz*

Kon|zil ⟨n., -s, -e, oder -li|en; kath. Kirche⟩ *Versammlung hoher Würdenträger zur Beratung kirchlicher Fragen;* Syn. *Synode* [< lat. *concilium* „Zusammenkunft, Versammlung", < *con...* (für *cum*) „zusammen" und vielleicht *calare* „rufen"]

kon|zi|li|ant ⟨Adj.⟩ *umgänglich, verbindlich, versöhnlich;* Ggs. *inkonziliant* [< lat. *conciliaris*, Gen. *-antis*, Part. Präs. von *conciliare* „geneigt machen, gewinnen", < *con...* (für *cum*) „zusammen" und vielleicht *calare* „rufen"]

Kon|zi|li|anz ⟨f., -, nur Sg.⟩ *konziliantes Wesen oder Verhalten;* Ggs. *Inkonzilianz*

kon|zi|li|ar ⟨Adj., o.Steig.⟩ *auf dem Konzil beruhend, dazu gehörend*

Kon|zi|lia|ris|mus ⟨m., -, nur Sg.⟩ *kirchenrechtliche Theorie, nach der das Konzil dem Papst übergeordnet sein sollte*

Kon|zi|li|a|ti|on ⟨f.10; †⟩ *Versöhnung* [< lat. *conciliatio*, Gen. *-onis*, „Einigung, das Befreunden", zu *conciliare* „geneigt machen, gewinnen"]

kon|zinn ⟨Adj.; †⟩ *harmonisch zusammengefügt, ebenmäßig abgerundet* [< lat. *concinnus* „gut zusammengefügt, durch Ebenmaß erfreulich", < *con...* (für *cum*) „zusammen" und *cinnus* „Getränk aus mehreren, gut ausgewogenen Extrakten"]

Kon|zi|pi|ent ⟨m.10⟩ **1** ⟨†⟩ *Verfasser eines Konzepts;* Syn. *Konzipist* **2** ⟨österr.⟩ *Anwaltsassessor* [zu *konzipieren*]

kon|zi|pie|ren ⟨V.3, hat konzipiert; mit Akk.⟩ **1** *entwerfen, ins Konzept schreiben; ein Drama, eine Rede k.* **2** ⟨Med.⟩ *empfangen; ein Kind k.* **3** *zusammenfassen, in eine Formel bringen,* →*Konzeption*

Kon|zi|pist ⟨m.10⟩ →*Konzipient*

kon|zis ⟨Adj.⟩ *bündig, kurz, kurzgefaßt;* ~*e Ausdrucksweise* [< lat. *concisus* „kurzgefaßt", eigtl. „abgebrochen, zerstückelt", zu *concidere* „zusammenschlagen, in Stücke hauen", zu *caedere* „hauen"]

Koog ⟨m.1⟩ *dem Meer abgewonnenes, eingedeichtes Marschland;* auch: *Kog;* Syn. ⟨ostfries.⟩ *Polder*

Ko|ope|ra|ti|on ⟨f.10⟩ *Zusammenarbeit* [< lat. *cooperatio*, Gen. *-onis*, „Mitwirkung", zu *cooperari,* →*kooperieren*]

ko|ope|ra|tiv ⟨Adj.⟩ *zusammenwirkend, durch Kooperation;* ~*es Arbeiten*

Ko|ope|ra|ti|ve ⟨f.11⟩ *freiwilliger Zusammenschluß zur Verwirklichung bestimmter Ziele; eine landwirtschaftliche K.* [zu *Kooperation*]

Ko|ope|ra|tor ⟨m.13⟩ *kath. Hilfsgeistlicher* [< lat. *cooperator* „Mitarbeiter", zu *cooperare,* →*kooperieren*]

ko|ope|rie|ren ⟨V.3, hat kooperiert; o.Obj.⟩ *zusammenarbeiten* [< lat. *cooperari* „mitwirken, mitarbeiten", zu *operari* „ins Werk setzen", zu *opus*, Gen. *operis*, „Werk"]

Ko|op|ta|ti|on ⟨f.10⟩ *Ergänzungswahl, Wahl neuer Mitglieder (durch die alten)* [< lat. *cooptatio*, Gen. *-onis*, „Wahl zur Ergänzung", →*kooptieren*]

ko|op|tie|ren ⟨V.3, hat kooptiert; mit Akk.⟩ *hinzuwählen, zur Ergänzung wählen; neue Mitglieder k.* [< lat. *cooptare* in ders. Bed., < *con...* (für *cum*) „mit" und *optare,* →*optieren*]

Ko|or|di|na|te ⟨f.11⟩ **1** *die Lage eines Punktes auf einer Fläche oder im Raum bestimmende Zahl* **2** ⟨Pl.; zusammenfassende Bez. für⟩ *Abszisse und Ordinate* [zu *koordinieren*]

Ko|or|di|na|ten|ach|se ⟨f.11; Math.⟩ *Achse eines Koordinatensystems*

Ko|or|di|na|ten|netz ⟨n.1; Geogr.⟩ *Gradnetz (der Erdoberfläche)*

Ko|or|di|na|ten|sy|stem ⟨n.1⟩ *System zum Bestimmen der Lage eines Punktes mit Hilfe von Koordinaten*

Ko|or|di|na|ti|on ⟨f., -, nur Sg.⟩ **1** *Abstimmen von Vorgängen aufeinander zwecks reibungslosen Ablaufs* **2** *Zusammenspiel (der Muskeln) zu geordneten Bewegungen* **3** *Neben-, Beiordnen (von Satzteilen);* Ggs. *Subordination (2)* [zu *koordinieren*]

Ko|or|di|na|tor ⟨m.13; Rundfunk, Fernsehen⟩ *Mitarbeiter, der die verschiedenen Programme aufeinander abstimmt* [zu *koordinieren*]

ko|or|di|nie|ren ⟨V.3, hat koordiniert; mit Akk.⟩ **1** *aufeinander abstimmen;* Arbeitsabläufe k. **2** *neben-, beiordnen;* ~de Konjunktion →*nebenordnende Konjunktion;* Ggs. *subordinierende Konjunktion* [u.a. ndrl. *coordinare* „beiordnen, mit der gleichen Vollmacht, Befugnis ausstatten", zu *ordinare* „regeln, ordnen"]

Ko|pai|va|bal|sam ⟨m., -s, nur Sg.⟩ *Harz des südamerikanischen Kopaivabaumes (für Lakke und als Heilmittel)* [< port. *copaíba,* aus einer brasilian. Indianersprache]

Ko|pal ⟨m.1⟩ *Harz verschiedener tropischer Bäume (u.a. zur Herstellung von Lack)* [< Nahuatl *copalli* „Harz"]

Ko|pe|ke ⟨f.11⟩ *kleine russische Münze,* 1/100 *Rubel* [< russ. *kopeika* „Münze", seit 1535 in Nowgorod geprägte Silbermünze (die später auch in Moskau in Umlauf kam) mit dem Bild des Zaren mit einem Speer in der Hand, zu *kopje* „Lanze"]

Kö|pe|nickia|de ⟨-k|k; f.11⟩ *Gaunerstreich wie der des Hauptmanns von Köpenick*

Kö|per ⟨m.5⟩ *Gewebe in Köperbindung*

Kö|per|bin|dung ⟨f.10⟩ *Bindungsart von Geweben mit schräg verlaufender Fadenführung* [< mnddt., ndrl. *keper* „Dachsparren"; zwei Balken im Wappen, die miteinander einen Winkel bilden", wegen der scheinbar schräg verlaufenden Fäden]

kö|pern ⟨V.1, hat geköpert; mit Akk.⟩ *in Köperbindung weben*

ko|per|ni|ka|nisch ⟨Adj., o.Steig.⟩ *von Kopernikus stammend, auf seiner Lehre beruhend;* das ~e Weltbild

Kopf ⟨m.2⟩ **1** (beim Menschen und bei den meisten Tieren) *vorderster, oberster Körperteil, Sitz des Gehirns;* Syn. ⟨geh.⟩ *Haupt,* ⟨bei Hirsch und Gemse⟩ *Grind;* er hat einen ausdrucksvollen, gut geformten K.; einen schweren K. haben *benommen sein;* mir brummt der K. *ich habe Kopfschmerzen, ich bin völlig verwirrt (durch die vielen neuen Eindrücke, durch den Lärm o.ä.);* den K. hängen lassen *niedergeschlagen, mutlos sein;* den K. für jmdn. hinhalten *für die Handlungen eines andern die Verantwortung übernehmen;* es wird nicht gleich den K. kosten *es wird nicht so schlimm werden;* mir raucht der K. *ich habe viel nachgedacht, gerechnet, habe mich geistig sehr angestrengt;* ich weiß nicht mehr, wo mir der K. steht *ich weiß vor Arbeit nicht mehr ein noch aus;* er hat ihr den K. verdreht *hat sie in sich verliebt gemacht;* jmdm. den K. waschen *jmdn. energisch die Meinung sagen;* jmdm. den K. zurechtsetzen *jmdm. die Meinung sagen;* die Köpfe zusammenstecken *miteinander tuscheln;* hoch tragen *eingebildet, sehr selbstbewußt sein;* jmdn. um einen K. kürzer machen *jmdn. enthaupten;* die Menschen standen K. an K. *standen dicht gedrängt;* sich an den K. greifen *sich fragen, wie so etwas möglich ist;* das ist so blöd, daß man sich nur an den K. greifen kann; wenn man so etwas hört, dann greift man sich doch an den K.; jmdm. etwas an den K. werfen *jmdm. etwas (Unfreundliches) direkt sagen;* er hat eine Menge Geld auf den K. gehauen *leichtsinnig ausgegeben;* er ist nicht auf den K. gefallen *er ist nicht dumm;* jmdm. auf dem K. herumtanzen, herumtrampeln *jmds. Gutmütigkeit ausnützen;* alles auf den K. stellen *alles durcheinanderbringen;* jmdm. auf den K. zusagen, daß er der Täter war *jmdm. die Anschuldigung, daß er der Täter war, direkt sagen;* der Alkohol ist ihm in den K. gestiegen *der Alkohol hat ihn benommen, betrunken gemacht;* sich eine Kugel durch den K. jagen, schießen *sich erschießen;* mit dem K. durch die Wand wollen *etwas mit Gewalt, unter allen Umständen erreichen, durchsetzen wollen;* den K. in den Sand stekken *eine Gefahr nicht sehen wollen;* etwas mit seinem K. bezahlen *sein Leben für etwas lassen;* den K. oben behalten *den Mut nicht verlieren;* jmdm. das Haus über dem K. anzünden *jmds. Haus in seiner Anwesenheit in Brand stecken;* der Junge ist mir über den K. gewachsen *er ist jetzt größer als ich,* ⟨auch übertr.⟩ *er hat mehr Wissen als ich;* die Arbeit wächst mir über den K. *ich schaffe die Arbeit nicht mehr;* die Sache ist ihm über den K. gewachsen, er bewältigt sie nicht mehr; es geht um seinen K. *es geht um sein Leben;* von K. bis Fuß *von oben bis unten;* ich war völlig fassungslos; jmdn. vor den K. stoßen *jmdn. kränken* **2** *rundes, oberes Ende von etwas;* Pfeifen~, Stecknadel~ **3** *kugelförmiger Teil einer Gemüsepflanze* (Salat~, Kraut~, Kohl~) **4** *Blüte;* die Blumen lassen die Köpfe hängen *die Blumen sind welk* **5** *Teil, Ende, das als wichtig betrachtet wird;* der Hausherr, die Hausfrau ist der K. der Tafel **6** *oberer Teil mit bestimmten Angaben (Brief~);* der K. der Zeitung **7** *vorderes Ende;* am K. des Zuges marschieren **8** ⟨übertr.⟩ *Wille;* er will seinen K. durchsetzen; er hat seinen eigenen K. *er ist eigenwillig;* sich einen Plan aus dem K. schlagen *einen Plan aufgeben, nicht weiter verfolgen;* er will nichts anderes als sein Hobby im K. *er will sich mit nichts anderem beschäftigen;* er hat es sich in den K. gesetzt *er hat sich dazu entschlossen und will es unbedingt durchführen, ausführen;* alles muß nach seinem K. gehen *jeder muß sich seinem Willen unterordnen* **9** ⟨übertr.⟩ *Denken, Denkkraft, Aufmerksamkeit, Gedächtnis;* sich den K. über etwas zerbrechen *über etwas lange und intensiv nachdenken, sich zu erinnern suchen;* ich habe den K. voll *ich muß viel bedenken;* der Vorfall geht mir nicht aus dem K. *ich muß dauernd daran denken;* ich werde es mir durch den K. gehen lassen *ich werde darüber nachdenken;* ich habe jetzt keinen K. dafür *ich kann mich jetzt nicht damit beschäftigen;* ich habe die Zahlen nicht im K. behalten *ich habe mir die Zahlen nicht gemerkt;* etwas im K. rechnen *ohne Hilfsmittel rechnen;* das will mir nicht in den K. *das begreife ich nicht, das sehe ich nicht ein;* er ist nicht ganz richtig im K. *er ist leicht geistesgestört;* ihm ist der Erfolg zu K. gestiegen *sein Erfolg hat ihn eingebildet gemacht* **10** ⟨übertr.⟩ *jmd., der gut denken kann;* er ist ein kluger, findiger K. **11** ⟨übertr.⟩ *jmd., der an der Spitze von etwas steht, der etwas leitet;* er ist der K. des Unternehmens, der Bewegung

Kopf-an-Kopf-Ren|nen ⟨n.7; Sport⟩ *Wettkampf, in dem sich die Konkurrenten fast gleichzeitig dem Ziel nähern;* nach einem spannenden K. siegte der SPD-Kandidat ⟨übertr.⟩

Kopf|ar|beit ⟨f.10⟩ *geistige Arbeit*

Kopf|ar|bei|ter ⟨m.3⟩ *geistiger Arbeiter*

Kopf|bahn|hof ⟨m.2⟩ *Bahnhof, in dem die Gleisanlagen enden und den die Züge deshalb in umgekehrter Richtung wieder verlassen müssen;* Syn. *Sackbahnhof;* Ggs. *Durchgangsbahnhof*

Kopf|ball ⟨m.2; bes. Fußb.⟩ **1** *Spielen des Balles mit der Stirn;* Weitergabe mit K. *Kopfstoß* **2** *der so gespielte Ball selbst;* ein schwacher K.

Köpf|chen ⟨n.5⟩ **1** *kleiner Kopf* **2** ⟨ugs.⟩ *Verstand, Denkkraft, Schlauheit, Findigkeit;* er hat K. **3** *(schlaue, kluge, findige) Person;* er ist ein kluges, schlaues K.

köp|feln ⟨V.1, hat geköpfelt⟩ →*köpfen (2a)*

köp|fen ⟨V.1, hat geköpft; mit Akk.⟩ **1** jmdn. k. *enthaupten* **2** etwas k. **a** *die Spitze von etwas abschlagen, abschneiden;* Blumen k. **b** ⟨Fußb.⟩ *den Ball k. den Ball mit dem Kopf annehmen und weitergeben;* auch: *köpfeln*

Kopf|en|de ⟨n.14⟩ *oberes Ende;* am K. des Bettes

Kopf|fü|ßer ⟨m.5⟩ *meeresbewohnendes Weichtier mit deutlich vom Rumpf abgesetztem Kopf, an dem die (im vorderen Teil in Fangarme umgewandelten) Füße ansetzen;* Syn. *Kalmar, Krake, Tintenfisch,* ⟨ugs.⟩ *Polyp*

Kopf|geld ⟨n.3⟩ *Belohnung für die Ergreifung eines Verbrechers, Flüchtlings o.ä.*

kopf|ge|steu|ert ⟨Adj., o.Steig.⟩ **1** *durch Sprechfunk über Kopfhörer gesteuert;* ~er Pilot; der Pilot wird k. **2** ⟨übertr.⟩ *unselbständig, weisungsgebunden;* ~e Befehlsempfänger **3** ⟨ugs.⟩ *vom Verstand her bestimmt, dem Verstand den Vorrang gebend;* er handelt zu wenig emotional, er ist zu sehr k.

Kopf|grip|pe ⟨f., -, nur Sg.; volkstüml.⟩ **1** *Erkältung mit Kopfschmerzen* **2** *epidemische Gehirnentzündung*

Kopf|haar ⟨n.1; beim Menschen⟩ *das (besonders lang werdende) Haar auf dem Kopf;* Syn. ⟨geh.⟩ *Haupthaar*

Kopf|hän|ger ⟨m.5; übertr., ugs.⟩ *trauriger, mutloser Mensch*

kopf|hän|ge|risch ⟨Adj.; übertr., ugs.⟩ *mutlos, traurig*

Kopf|hö|rer ⟨m.5⟩ *Vorrichtung, mit der die Schallwellen direkt von der Ohrmuschel gehört werden können und die mit einem beweglichen Bügel über dem Kopf getragen wird*

köp|fig ⟨Adj.; schweiz.⟩ *dickköpfig, eigensinnig*

...köp|fig ⟨in Zus.⟩ **1** *mit einer bestimmten oder unbestimmten Zahl von Köpfen versehen, z.B.* fünf~, viel~ **2** *mit einem bestimmten Kopf versehen, z.B.* lang~, kurz~

Kopf|jagd ⟨f.10⟩ *bei manchen Naturvölkern) kultisches Erbeuten des Kopfes (eines Feindes)*

Kopf|jä|ger ⟨m.5⟩ *jmd., der Kopfjagd betreibt*

kopf|la|stig ⟨Adj.⟩ →*vorderlastig*

kopf|los ⟨Adj.⟩ *unüberlegt, übereilt;* ~e Flucht; ~er Aufbruch **Kopf|lo|sig|keit** ⟨f., -, nur Sg.⟩

Kopf|nicker ⟨-k|k-; m.5⟩ *Halsmuskel, der die Bewegungen des Kopfes bewirkt;* Syn. *Kopfwender*

Kopf|nuß ⟨f.2; ugs.⟩ *leichter Schlag mit den Fingerknöcheln an den Kopf*

Kopf|rech|nen ⟨n., -s, nur Sg.⟩ *Rechnen ohne Hilfsmittel*

Kopf|sa|lat ⟨m.1⟩ *zu den Korbblütlern gehörende Salatpflanze mit großen, hellgrünen, gewellten Blättern;* Syn. ⟨österr.⟩ *Häuptelsalat*

Kopf|satz ⟨m.2; Mus.⟩ *erster Satz (eines Musikstückes)*

kopf|scheu ⟨Adj.⟩ **1** (bei Tieren) *leicht scheuend bei Bewegungen mit der Hand in der Nähe des Kopfes* **2** ⟨übertr.⟩ *ängstlich, scheu;* jmdn. k. machen

Kopf|schuß ⟨m.2⟩ *(meist tödliche) Schußverletzung am Kopf* **2** ⟨ugs., übertr.⟩ *einen K. haben in der Wendung:* der hat einen K. *der ist nicht ganz zurechnungsfähig*

Kopf|schüt|teln ⟨n., -s, nur Sg.⟩ *Schütteln des Kopfes, um Verneinung oder Ablehnung auszudrücken;* er antwortete mit einem K.

kopf|schüt|telnd ⟨Adj., o.Steig., meist als Adv.⟩ *ablehnend-verwundert, verständnislos*

Kopf|sprung ⟨m.2⟩ *Sprung ins Wasser mit dem Kopf voraus;* Syn. *Fußsprung*

Kopf|stand ⟨m., -(e)s, nur Sg.⟩ *Turnübung, bei der nur der Oberkopf auf dem Boden aufliegt, der Körper senkrecht nach oben gestreckt wird und die Hände seitlich als Stütze dienen*

kopf|ste|hen ⟨V.151, hat kopfgestanden; o.Obj.⟩ **1** *auf dem Kopf stehen;* er kann k. **2** (auch: ist kopfgestanden) *völlig durcheinander sein, verwirrt sein;* wir haben, sind (fast) kopfgestanden vor Aufregung, als wir das hörten

Kopf|stein|pfla|ster ⟨n.5⟩ *Pflaster aus oben rundlichen Steinen*

Kopf|steu|er ⟨f.11⟩ gleicher Steuerbetrag für jede Person
Kopf|stim|me ⟨f.11⟩ hohe (Sing-)Stimme, bei der der Kopf als Resonanzraum dient; Ggs. Bruststimme (2)
Kopf|stoß ⟨m.2⟩ **1** ⟨Fußb.⟩ → Kopfball **2** ⟨Boxen⟩ unerlaubter Stoß mit dem Kopf (im Nahkampf)
Kopf|stüt|ze ⟨f.11⟩ → Nackenstütze
Kopf|ton ⟨m.2⟩ mit Kopfstimme hervorgebrachter Ton; Ggs. Bruststimme
kopf|über ⟨Adv.⟩ mit dem Kopf voraus; k. ins kalte Wasser springen
Kopf|wä|sche ⟨f.11⟩ **1** Waschen der Haare **2** ⟨ugs., übertr.⟩ scharfe Kritik, Zurechtweisung; er hat eine K. verdient [nach der übertragenen Wendung jmdm. den Kopf waschen]
Kopf|wen|der ⟨m.5⟩ → Kopfnicker
Kopf|zahl ⟨f.10⟩ Anzahl von Personen
Kopf|zer|bre|chen ⟨n., -s, nur Sg.⟩ angestrengtes Nachdenken; diese Sache machte mir viel K.
Koph|ta ⟨m.9⟩ sagenhafter ägyptischer Weiser [arab.]
Ko|pi|al|buch ⟨n.4⟩ Buch mit Abschriften von Urkunden [zu kopieren]
Ko|pia|li|en ⟨nur Pl.; †⟩ Abschreibegebühren
Ko|pia|tur ⟨f.10; †⟩ das Kopieren, Abschreiben
Ko|pie ⟨f.11⟩ **1** Abschrift; Ggs. Original **2** ⟨Fot.⟩ Abzug **3** Nachbildung (eines Kunstwerks durch einen andern Künstler); vgl. Replik (2) [< lat. copia „Fülle, Menge, Vorrat, Anzahl"]
ko|pie|ren ⟨V.3, hat kopiert; mit Akk.⟩ **1** etwas k. **a** abschreiben; einen Text k. **b** abmalen; ein Gemälde k. **c** eine Fotokopie von etwas herstellen; Schriftstücke, Buchseiten k. **2** jmdn. k. nachahmen [< mlat. copiare „abschreiben, abmalen (und damit den Bestand, den Vorrat vermehren)", < lat. copia „Vorrat, ausreichende Mittel"]
Ko|pier|stift ⟨m.1⟩ Schreibstift, dessen Mine einen violetten, wasserlöslichen Anilinfarbstoff enthält
Ko|pi|lot ⟨m.10⟩ **1** zweiter Flugzeugführer **2** ⟨beim Autorennen⟩ zweiter Fahrer
ko|pi|ös ⟨Adj.; Med.⟩ reichlich (z.B. vom Stuhl) [< frz. copieux, < lat. copiosus „reichlich", zu copia „Fülle, Menge"]
Ko|pist ⟨m.10; †⟩ jmd., der etwas kopiert, Abschreiber, Nachbilder
Kop|pe ⟨f.11⟩ **1** → Groppe **2** Kuppe, Gipfel (oft in Namen von Bergen)
Kop|pel I ⟨n.5⟩ starker Ledergürtel, Leibriemen für Waffen, Patronentaschen u.a. **II** ⟨f.5⟩ **1** umfriedete Viehweide **2** durch Riemen zusammengekoppelte Pferde **3** an einer Gabelleine gehaltene Hunde **III** ⟨m.5; bei Kurbelgetrieben⟩ Maschinenteil zur Bewegungsübertragung [< lat. copula „Band"]
kop|pel|gän|gig ⟨Adj.⟩ gut in der Koppel (II, 3) gehend; ~er Hund
kop|peln ⟨V.1, hat gekoppelt; mit Akk.⟩ auch: kuppeln **1** beweglich miteinander verbinden; Fahrzeuge k.; einen Anhänger ans Auto k. **2** durch Riemen miteinander verbinden; Jagdhunde k. **3** verbinden; zwei Maßnahmen k.; zwei Wörter durch Bindestrich k.; dieses Recht ist mit der Verpflichtung gekoppelt, daß ...
Kop|pe|lung ⟨f.10⟩ → Kopplung
kopp|hei|ster ⟨Adv.; norddt.⟩ kopfüber
Kopp|lung ⟨f.10⟩ das Koppeln, das Gekoppeltsein; auch: Koppelung
Ko|pra ⟨f., -, nur Sg.⟩ getrocknete, zerkleinerte Kokosnußkerne [< Tamil kopparai in ders. Bed., wohl beeinflußt von Hindi khoprā „Kokosnußkern"]
Ko|pro|duk|ti|on ⟨f.10⟩ Gemeinschaftsproduktion (bes. von Filmen)
Ko|pro|du|zent ⟨m.10⟩ jmd., der gemeinsam mit einem oder mehreren anderen etwas (einen Film, eine Fernsehsendung u.ä.) produziert

ko|pro|gen ⟨Adj., o.Steig.⟩ vom Kot stammend [< griech. kopros „Mist, Kot" und ...gen]
Ko|pro|la|lie ⟨f., -, nur Sg.⟩ Fäkalsprache [< griech. kopros „Kot" und lalia „Redeweise, Sprache"]
Ko|pro|lith ⟨m.10 oder m.12⟩ versteinerter Kot (urweltlicher Tiere) [< griech. kopros „Mist, Kot" und ...lith]
Ko|pro|pha|ge ⟨m.11⟩ sich von Kot ernährendes Tier (z.B. der Mistkäfer) [< griech. kopros „Mist, Kot" und phagos „Esser, Fresser", zu phagein „essen"]
Ko|pro|pha|gie ⟨f., -, nur Sg.⟩ krankhaftes Kotessen (bei Geisteskrankheiten); Syn. Skatophagie [zu Koprophage]
Kops ⟨m.1⟩ aufgewickeltes Garn, Garnkörper [< engl. cop „Garnknäuel"]
Kop|te ⟨m.11⟩ christlicher Nachkomme der alten Ägypter mit arabischer Sprache und eigener Kirche
kop|tisch ⟨Adj., o.Steig.⟩ zu den Kopten gehörig, die Kopten betreffend, von ihnen stammend
Ko|pu|la ⟨f., -, -s oder -lae [-lε:]⟩ **1** ⟨†⟩ Teil des zusammengesetzten Prädikats, wenn es sein, werden, bleiben, scheinen, heißen, nennen gebildet wird, z.B. es „ist" schön, er „heißt" Ulrich, es „wird" wärmer; Syn. ⟨†⟩ Satzband **2** Begattung (der Tiere); Syn. copula „das Verknüpfende, Verbindungsmittel, verknüpfendes Band"]
Ko|pu|la|ti|on ⟨f.10⟩ **1** Befruchtung, Begattung **2** Veredelung (von Pflanzen) [zu kopulieren]
ko|pu|la|tiv ⟨Adj., o.Steig.⟩ anreihend, verbindend [zu Kopula]
ko|pu|lie|ren ⟨V.3, hat kopuliert⟩ **I** ⟨mit Akk.⟩ **1** ⟨†⟩ trauen, ein Brautpaar k. **2** begatten **3** veredeln; Pflanzen k. **II** ⟨o.Obj.⟩ → koitieren [< lat. copulare „zusammenbinden, verknüpfen", zu copula „Band"]
kor..., Kor... ⟨in Zus. vor r⟩ → kon..., Kon...
Ko|rach, Ko|rah ⟨nur in der Fügung⟩ eine Rotte K. eine wilde Bande [nach einer Gestalt des AT]
Ko|ral|le ⟨f.11⟩ **1** (meist) ein Kalkskelett besitzendes, festsitzendes Hohltier; Syn. Blumentier **2** Schmuckstück aus diesem Skelett [< griech. korallion „Koralle"; weitere Herkunft nicht bekannt; vielleicht < kore (kourē) halos „Tochter des Meeres", zu kore „Mädchen, Tochter, Puppe" und hals, Gen. halos „Salz, Meer"]
Ko|ral|len|bank ⟨f.2⟩ durch Versteinerung der Skelette von Korallen entstandenes, unterseeisches Gebilde
Ko|ral|len|fisch ⟨m.1⟩ an oder in Korallenriffen vorkommender Fisch (der verschiedensten Gruppen)
Ko|ral|len|riff ⟨n.1⟩ aus Kalkskeletten von Korallen aufgebautes Riff
ko|ram vor aller Augen, öffentlich; jmdn. k. nehmen jmdm. zur Rede stellen, zurechtweisen [< lat. coram „in Gegenwart aller, angesichts", < con... (für cum) „zusammen, mit" und os, Gen. oris „Gesicht"]
Ko|ran ⟨auch [ko-] m., -s, nur Sg.⟩ heilige Schrift des Islam mit den Offenbarungen Mohammeds [< arab. qurʾān in ders. Bed., zu qaraʾa „lesen, vorlesen, vortragen"]
ko|ran|zen ⟨V.1, hat koranzt; Nebenform von⟩ kuranzen, → kujonieren
Korb ⟨m.2⟩ **1** aus biegsamem, bes. pflanzlichem Material geflochtener Behälter zum Transport von Lasten (Draht~, Trage~); einen K. flechten; jmds. Angebot ablehnen (bes.) jmds. Heiratsantrag ablehnen; einen K. bekommen einen erhalten werden **2** ⟨nur Sg.; Seew.⟩ Maßeinheit für gefangenen Fisch **3** Geflecht aus biegsamem pflanzlichem Material; ein Sessel aus K. **4** ⟨Sport⟩ **a** ⟨Fechten⟩ Handschutz (an Degen und Säbeln), Gesichts-

schutz **b** ⟨Basketball⟩ Eisenring mit Netz, durch das der Ball geworfen wird; einen K. werfen **c** ⟨Korbball⟩ an einem Ständer befestigter Eisenring mit Netz
Korb|ball ⟨n., -(e)s, nur Sg.⟩ (vorwiegend in Deutschland von Frauen gespieltes) dem Basketball verwandtes Spiel nach abgewandelten Handballregeln
Korb|blüt|ler ⟨m.5⟩ Pflanze, deren Blütenstand aus zahlreichen kleinen Einzelblüten besteht, die, wie in einem Körbchen angeordnet, von Hüllblättern umgeben sind (z.B. Löwenzahn, Sonnenblume); Syn. Komposite
Körb|chen ⟨n.7⟩ **1** kleiner Korb **2** ⟨ugs.⟩ Bett; marsch ins K.!
Körb|er ⟨m.5; schweiz.⟩ jmd., der Körbe herstellt; Korbmacher
Korb|fla|sche ⟨f.11⟩ Flasche, die mit Korb (3) umhüllt ist
Korb|mö|bel ⟨n.5⟩ aus Korbgeflecht hergestelltes Möbel
Korb|wei|de ⟨f.11⟩ Weide, deren biegsame Zweige zum Korbflechten verwendet werden
Kord ⟨m.1⟩ geripptes Baumwollgewebe; auch: Cord [< engl. cord „Schnur" oder verkürzt aus der engl. Bezeichnung für diesen Stoff, corduroy, < cord „Schnur" und vielleicht zum veralteten duroy, deroy „grober Wollstoff aus West-England"]
Kor|de, Kor|del ⟨f.11⟩ Schnur aus zusammengedrehten Seiden- oder Kunstseidenfäden [< frz. cordelle „kurzes oder dünnes Seil", Verkleinerungsform von corde „Seil, Strick, Leine", → Kordon]
kor|di|al ⟨Adj.⟩ herzlich, umgänglich, vertraut [< frz. cordial „herzlich", < lat. cor, Gen. cordis, „Herz"]
kor|die|ren ⟨V.3, hat kordiert; mit Akk.⟩ **1** rauh machen, mit kleinen Vertiefungen versehen; Griffe an Werkzeugen k. **2** mit schnurartigen Linien verzieren; Gold-, Silberdraht k. [zu Kordel]
Kor|don ⟨[-dɔ͂] m.9, österr. [-dɔn] m.1⟩ **1** Band, Schnur **2** kleiner Obstbaum, bei dem einige Äste an Schnüren gezogen werden, Schnurbaum **3** Postenkette, Absperrung [< frz. cordon „Schnur, Litze, Band", zu corde „Seil, Strick, Leine", < griech. chorde „Darm, Saite, aus dem Darm hergestellte Saite"]
Kor|do|nett|sei|de ⟨f.11⟩ aus mehreren Fäden gedrehtes Seidengarn, Schnurseide [< frz. cordonet „Schnürchen", zu cordon, → Kordon]
Kor|do|nett|stich, Kor|do|nier|stich ⟨m.1⟩ einen Faden umschnürender Stich
Kord|samt ⟨m.1⟩ gerippter Samt; Syn. ⟨österr.⟩ Schnürlsamt
Kor|du|an ⟨n., -s, nur Sg.⟩, **Kor|du|an|le|der** ⟨n., -s, nur Sg.⟩ weiches Ziegen- oder Schafsleder [< altfrz. corduan „Leder", nach der span. Stadt Cordoba]
Ko|re ⟨f.11⟩ weibliche Statue, freistehend oder gebälktragend anstelle einer Säule [griech. „Mädchen, Jungfrau"]
kö|ren ⟨V.1, hat gekört; mit Akk.⟩ zur Zucht auswählen; Tiere k. [zu küren]
Kor|fi|ot ⟨m.10⟩, **Kor|fi|o|te** ⟨m.11⟩ Einwohner von Korfu
kor|fi|o|tisch ⟨Adj., o.Steig.⟩ Korfu betreffend, zu ihm gehörig, aus ihm stammend
Kör|hengst ⟨m.1⟩ zur Zucht bestimmter Hengst [zu kören]
Ko|ri|an|der ⟨m.5⟩ **1** weiß bis rosa blühendes Doldengewächs **2** dessen getrocknete Früchte als Gewürz [< lat. coriandrum, griech. koriandron, koriannon, zu koris „Wanze", wegen des Geruchs der frischen Pflanze; die Endung andron ist vermutlich eine volksetymologische Anlehnung an aner, Gen. andros, „Mann"]
Ko|ri|an|do|li ⟨n., -(s), -; österr.⟩ Konfetti [< ital. coriandoli „Korianderkörner"]
Ko|rin|the ⟨f.11⟩ kleine, schwarze, getrocknete Weinbeere (einer kernlosen Art der Weinrebe, die früher vor allem im Nordwesten

Korinthenkacker

der Peloponnes angebaut wurde) [nach der griech. Stadt *Korinth*, dem Hauptausfuhrafen]

Ko|rin|then|kacker ⟨-k|k-; m.5; derb⟩ *kleinlicher Mensch, Pedant*

ko|rin|thisch ⟨Adj.⟩ *Korinth betreffend, zu Korinth gehörig, aus Korinth stammend*; ~e Säule *Säule mit Kapitell aus Akanthusblättern*

Kork ⟨m.1⟩ **1** *Teil der Rinde der Korkeiche* **2** →*Korken* [< ndrl. *kurk* < span. *corcho* „Kork", < lat. *cortex* „Rinde, Schale"]

Kork|ei|che ⟨f.11⟩ *immergrüne Eiche des westlichen Mittelmeergebietes, deren Rinde eine dicke Korkschicht umfaßt*

Kor|ken ⟨m.7⟩ *Flaschenverschluß (aus Kork);* auch: *Kork*

Kor|ken|he|ber, Kork|zie|her ⟨m.5⟩ *spiralig gewundene Metallspitze an einem Handgriff (zum Herausziehen des Korkens)*

Kor|ken|zie|her|ho|se ⟨f.11; ugs., scherzh.⟩ *lange, Falten schlagende, ungebügelte Hose*

Kor|ken|zie|her|locke ⟨-k|k-; f.11⟩ *lange, wie ein Korkenzieher eng gedrehte Haarlocke*

Kor|mo|phyt ⟨m.10⟩ *aus Wurzel, Stengel und Blättern bestehende Pflanze;* Syn. *Sproßpflanze, Gefäßpflanze;* Ggs. *Thallophyt* [< griech. *kormos* „Stamm" und *phyton* „Pflanze"]

Kor|mo|ran ⟨m.1⟩ *dunkler, fischfressender Vogel mit an der Spitze hakig gebogenem Schnabel;* Syn. *Scharbe* [< frz. *cormoran* < altfrz. *cormareng*, zu altfrz. *corp* „Rabe" und *marenc* „aus dem Meer, vom Meer"]

Kor|mus ⟨m., -, nur Sg.⟩ *in Wurzel und Sproß (samt Blättern) gegliederter Pflanzenkörper* [< griech. *kormos* „Stamm"]

Korn I ⟨n.4⟩ **1** *Samen hartschaliger Früchte* **2** ⟨nur Sg.⟩ *für die im jeweiligen Gebiet wichtigste Sorte* ⟨vgl. *Getreide* (2), (in Dtschl.) *Roggen;* das K. steht hoch **3** ⟨nur Sg.; veraltend⟩ *Feingehalt einer Legierung* **4** *kleines, hartes Materieteilchen* (Sand~) **5** ⟨nur Sg.⟩ *die geschwärzten Bromsilberteilchen in fotografischen Schichten, aus denen sich die Abbildung aufbaut* (Fein~) II ⟨n.1; Pl. selten⟩ (früher kornförmige, heute meist dreieckige) *Erhebung auf dem Lauf einer Handfeuerwaffe, die beim Zielen mit der Kimme eine Linie bilden muß;* etwas aufs K. nehmen *auf etwas zielen,* ⟨übertr.⟩ *etwas genau beobachten;* jmdn. aufs K. nehmen ⟨übertr.⟩ *jmdn. feindselig beobachten und entsprechend behandeln* III ⟨m., -(e)s, nur Sg.⟩ *kurz für* →*Kornbranntwein;* einen K. trinken

Kor|nak ⟨m.9⟩ *Elefantenführer* [Sanskr.]

Korn|blu|me ⟨f.11⟩ *u.a. in Kornfeldern wachsender Korbblütler mit leuchtend blauen Blüten*

Korn|brannt|wein ⟨m.1⟩ *aus Getreide (Korn) hergestellter Branntwein;* auch: ⟨kurz⟩ *Korn*

Körndl|bau|er ⟨m.11; österr., scherzh.⟩ *Bauer, der überwiegend Getreide anbaut;* Ggs. *Hörndlbauer*

Kor|nel|kir|sche ⟨f.11⟩ *gelb blühender Strauch mit roten Früchten;* Syn. *Herlitze* [< frz. *corneille*, < lat. *cornicula*, Verkleinerungsform von *cornus* „Kornelkirsche", dazu griech. *kraneia* „Kornelkirsche", vielleicht zu *kranaos* „hart, fest", nach dem harten Holz]

kör|nen ⟨V.1, hat gekörnt; mit Akk.⟩ **1** *zu Körnern zerkleinern* **2** *körnig machen;* gekörnte Fleischbrühe **3** *mit körnigen Erhebungen oder Vertiefungen versehen;* die Oberfläche k. **4** ⟨Jägerspr.⟩ *mit Körnerfutter anlocken;* Vögel k.

Kor|ner ⟨m.5; Börse⟩ *Vereinigung von Kaufleuten zu Aufkäufen zwecks Preissteigerung* [< engl. *corner* „Ecke", dazu *to corner* „sich an einer Ecke treffen, jmdn. in die Ecke treiben",⟨übertr.⟩ „in Schwierigkeiten bringen"]

Kör|ner ⟨m.5⟩ *kurzer Stahlmeißel zum Körnen*

Kör|ner|fres|ser ⟨m.5⟩ **1** *Vogel, der vor allem Samenkörner frißt* **2** ⟨ugs., scherzh.⟩ *jmd., der sich vorwiegend von Getreideprodukten ernährt*

Kör|ner|frucht ⟨f.2⟩ *Getreide- oder Hülsenfrucht*

Kör|ner|krank|heit ⟨f., -, nur Sg.⟩ →*Trachom*

Kor|nett I ⟨m.9 oder m.1; früher⟩ *Fähnrich einer Reiterabteilung* [< frz. *cornette* „Fähnlein, Eskadron; Fahnenjunker; jüngster Offizier einer Eskadron, der die Standarte trägt", < lat. *cornu* „Horn", vielleicht wegen der Form der Fahne] II ⟨n.1⟩ *aus dem Posthorn entwickeltes, kleinstes Blechblasinstrument;* Syn. *Piston* (3) [< frz. *cornet* „kleines Horn", zu *corne* < lat. *cornu* „Horn"]

kör|nig ⟨Adj.⟩ **1** *aus Körnern bestehend;* ~er Sand **2** *mit kornartigen Erhebungen;* ~e Oberfläche

kor|nisch ⟨Adj., o.Steig.⟩ *Cornwall betreffend, zu ihm gehörig, aus ihm stammend*

Korn|kam|mer ⟨f.; übertr.⟩ *landwirtschaftlich genutztes Gebiet, das einen großen Teil des Getreidebedarfs eines Landes deckt*

Korn|ra|de ⟨f.11⟩ *in Getreidefeldern vorkommendes, purpurn blühendes Nelkengewächs mit schwach giftigen Samen*

Kör|nung ⟨f.10⟩ **1** *das Körnen* **2** *das Körnigsein*

Ko|rol|la ⟨f., -, -len⟩ *Krone (einer Blüte);* auch: *Korolle* [< lat. *corolla*, poet. Verkleinerungsform von *corona* „Kranz"]

Ko|rol|lar ⟨n.1⟩, **Ko|rol|la|ri|um** ⟨n., -s, -ri|en⟩ **1** *Zusatz, Zugabe, Ergänzung* **2** *aus einem Satz gefolgerter Satz* [< lat. *corollarium* „Kränzchen", übertr. „Zusatz, angehängter Satz"]

Ko|rol|le ⟨f.11⟩ → *Korolla*

Ko|ro|man|del|holz ⟨n.4⟩ *ebenholzartiges Holz der Dattelpflaume* [nach der Koromandelküste an der Ostküste Vorderindiens]

Ko|ro|na ⟨f., -, -nen⟩ **1** *Strahlenkranz (der Sonne)* **2** *Sprühentladung an Hochspannungsleitungen (auch an hohen Spitzen)* **3** → *Heiligenschein* **4** ⟨ugs.⟩ *fröhliche Runde* [< lat. *corona* „Kranz, Krone", < griech. *korone* „etwas Gekrümmtes, z.B. Türring" (zum Anziehen der Tür), zu *koronis* „gekrümmt" und *koronos* „krumm"]

Ko|ro|nar|ge|fäß ⟨n.1⟩ →*Herzkranzgefäß* [zu *Korona*]

Ko|ro|nar|in|suf|fi|zi|enz ⟨f.10⟩ *ungenügende Blutversorgung des Herzmuskels durch die Koronargefäße*

Ko|ro|nar|skle|ro|se ⟨f.11⟩ *Verkalkung der Koronargefäße*

Kö|ror|dnung ⟨f.10⟩ *alle Vorschriften über das Kören von Zuchttieren*

Kör|per ⟨m.5⟩ **1** *(tierischer oder menschlicher) Leib (mit besonderem Bezug auf seine Stofflichkeit und seine Funktionen);* Geist und K.; Seele und K.; Schmerzen im ganzen K. haben; er K. muß sich erst dem anderen Klima anpassen; seinen K. abhärten, trainieren, pflegen **2** *äußere Erscheinung (eines Menschen oder Tieres), Gestalt;* er hat einen schönen K. haben; ein Fabeltier mit dem Kopf eines Vogels und dem K. eines Löwen **3** *stoffliches Ding, Gegenstand* (Beleuchtungs~, Feuerwerks~) **4** *Vorrichtung, Unterlage, Basis, auf der etwas ruht, auf der etwas arbeitet, laufen kann* (Bahn~, Gleis~) **5** ⟨Geom.⟩ *von ebenen oder gekrümmten Flächen begrenzter Teil des Raumes* **6** ⟨Phys.⟩ *Gebilde bestimmter Gestalt;* starrer K., deformierbarer K. **7** *Substanz des Weines, die an Gehalt an Alkohol ergibt;* der Wein hat K. *der Wein ist voll, nicht wäßrig* [< lat. *corpus* „Körper"]

Kör|per|bau ⟨m., -(e)s, nur Sg.⟩ **1** *Gesamtheit aller Merkmale des menschlichen und tierischen Körpers;* kräftiger, langgestreckter K.

Kör|per|be|hin|der|te(r) ⟨m., f.17 oder 18⟩ *Behinderte(r) mit einem körperlichen Mangel*

Kör|per|er|zie|hung ⟨f., -, nur Sg.; DDR⟩ →*Leibeserziehung*

kör|per|lich ⟨Adj., o.Steig.⟩ **1** *den Körper betreffend;* ~e Schmerzen; er ist k. gut, schwach entwickelt **2** *zum Körper gehörig;* ~e Merkmale

Kör|per|lich|keit ⟨f., -, nur Sg.⟩ *das Körpersein, Eigenschaft, (auch) Körper zu sein;* die K. des Menschen wieder entdecken; er schämte sich, freute sich seiner K.

Kör|per|säf|te ⟨m.2, Pl.⟩ *die im Körper enthaltenen Flüssigkeiten*

Kör|per|schaft ⟨f.10⟩ *Vereinigung von Personen zu einem bestimmten Zweck mit den Rechten einer juristischen Person (z.B. Verein, Aktiengesellschaft)*

kör|per|schaft|lich ⟨Adj., o.Steig.⟩ *in der Art einer Körperschaft*

Kör|per|schafts|steu|er ⟨f.11⟩ *Steuer auf das Einkommen einer juristischen Person*

Kör|per|spra|che ⟨f., -, nur Sg.⟩ *Gesamtheit der Mimik und Gestik sowie der unbeabsichtigten Bewegungen des Körpers und der Körperteile als Ausdruck der seelisch-geistigen Stimmung des Menschen*

Kör|per|ver|let|zung ⟨f.10⟩ *rechtswidrige körperliche Mißhandlung oder Beschädigung der Gesundheit eines Menschen*

Kor|po|ra ⟨Pl. von⟩ *Korpus*

Kor|po|ral ⟨m.2 oder m.1; früher⟩ →*Unteroffizier* [unter Einfluß von frz. *corps* < ital. *caporale* „Gefreiter", < mlat. *caporalis* „Anführer eines Trupps Soldaten", wahrscheinlich < lat. *caput* „Kopf"]

Kor|po|ra|le ⟨n.5⟩ *Leinentuch als Unterlage für Hostie und Kelch* [< lat. *corporalis* „zum Körper gehörig", zu *corpus* „Körper"]

Kor|po|ral|schaft ⟨f.10⟩ *einem Korporal unterstellte Truppeneinheit, kleinste Abteilung der Kompanie*

Kor|po|ra|ti|on ⟨f.10⟩ **1** *Körperschaft* **2** *Studentenverbindung* [< lat. *corporatio*, Gen. *-onis*, „Körperlichkeit", zu *corpus*, Gen. *corporis*, „Körper"]

kor|po|ra|tiv ⟨Adj., o.Steig.⟩ *zu Korporation gehörend, körperschaftlich*

kor|po|riert ⟨Adj., o.Steig.⟩ *einer Korporation angehörend*

Korps ⟨[kor] n., - [kɔrs], - [kɔrs]⟩ **1** *Truppenverband aus mehreren Waffengattungen,* Armeekorps **2** *Studentenverbindung* **3** *Gemeinschaft von Personen gleichen Standes* (Offiziers~); diplomatisches K. *Gesamtheit der Diplomaten (die in einem Land akkreditiert sind)* [< frz. *corps* „Körper, Gegenstand, Körperschaft, Truppenverband", < lat. *corpus* „Körper, Masse, Substanz"]

Korps|bru|der ⟨[kɔr-] m.6⟩ *Mitglied des gleichen Korps (2)*

Korps|geist ⟨[kɔr-] m.1⟩ **1** *Gemeinschaftsgeist* **2** ⟨abwertend⟩ *dünkelhaftes Standesbewußtsein* [zu *Korps* (2)]

Korps|stu|dent ⟨[kɔr-] m.10⟩ *Student, der einem Korps (2) angehört*

kor|pu|lent ⟨Adj.⟩ *beleibt, dick* [< lat. *corpulentus* „wohlbeleibt, fett", zu *corpus* „Körper"]

Kor|pu|lenz ⟨f., -, nur Sg.⟩ *das Korpulentsein, Beleibtheit*

Kor|pus **1** ⟨m., -, -pus|se; ugs., scherzh.⟩ *Körper* **2** ⟨n., - -po|ra⟩ *Sammelwerk (bes. in der Antike und im MA);* vgl. *Corpus* **3** ⟨m., -, nur Sg.⟩ *Schallkörper (von Musikinstrumenten, bes. von Saiteninstrumenten)* **4** ⟨f., -, nur Sg.⟩ *ein Schriftgrad (10 Punkt)* [< lat. *corpus* „Körper"]

Kor|pus|kel ⟨n.14 oder f.11⟩ *kleinstes Teilchen der Materie* [< lat. *corpusculum* „Körperchen", Verkleinerungsform von *corpus* „Körper"]

kor|pus|ku|lar ⟨Adj., o.Steig.⟩ *aus Korpuskeln bestehend, in der Art von Korpuskeln*

Kor|pus|ku|lar|strah|len ⟨m.12, Pl.⟩ *aus bewegten Korpuskeln bestehende Strahlung*

kosmisch

Kor|ral ⟨m.1⟩ *Gehege, Pferch für wilde Tiere, die gezähmt werden sollen (bes. für wilde Pferde)* [< span. *corral* „Gehege, Hof, Gehöft", < port. *curro* „Stall, Viehhof, Hürde", vielleicht zu lat. *currere* „laufen"]

Kor|ra|si|on ⟨f.10⟩ *Abschleifen von Gestein durch Flugsand* [< lat. *corrasum* „zusammengekratzt", zu *corradere* „zusammenkratzen, -scharren"]

Kor|re|fe|rat ⟨n.1⟩ *zweites Referat über dasselbe Thema*

Kor|re|fe|rent ⟨m.10⟩ *jmd., der das Korreferat hält, zweiter Referent*

kor|re|fe|rie|ren ⟨V.3, hat korreferiert; o.Obj.⟩ *das Korreferat halten*

kor|rekt ⟨Adj. Ggs. inkorrekt⟩ **1** *richtig, fehlerfrei;* ~e *Aussprache;* ein Wort k. *anwenden* **2** *den Vorschriften entsprechend, nach den Vorschriften handelnd;* ~es *Verhalten;* ein ~er *Angestellter;* sich k. *verhalten, benehmen;* er ist immer sehr k. [< lat. *correctus* „verbessert, berichtigt", eigtl. „geradegerichtet", zu *corrigere*, → *korrigieren*]

Kor|rekt|heit ⟨f., -, nur Sg.⟩ **1** *korrektes Benehmen, Verhalten* **2** *Genauigkeit, Zuverlässigkeit*

Kor|rek|ti|on ⟨f.10; †⟩ *Verbesserung* [zu *korrigieren*]

kor|rek|tiv ⟨Adj., o.Steig.⟩ *verbessernd, ausgleichend* [< frz. *correctif, -ive* „verbessernd, mildernd", zu *corriger*, → *korrigieren*]

Kor|rek|tiv ⟨n.1⟩ *Mittel zum Ausgleich, zum Verbessern;* man braucht die Kritik der anderen als K. für die eigene Handlungsweise

Kor|rek|tor ⟨m.13; in Verlag oder Druckerei⟩ *Angestellter, der Schriftsätze auf ihre formale Richtigkeit prüft* [< lat. *corrector* „Berichtiger", zu *corrigere*, → *korrigieren*]

Kor|rek|to|rat ⟨n.1; in Verlag oder Druckerei⟩ *Abteilung der Korrektoren*

Kor|rek|tur ⟨f.10⟩ **1** *Verbesserung, Berichtigung;* K. erteilen, K. anbringen **2** *Prüfung von Schriftsatz auf Richtigkeit;* K. lesen [zu *korrigieren*]

Kor|rek|tur|fah|ne ⟨f.11⟩ → *Fahne* (2)

kor|re|lat ⟨Adj., o.Steig.⟩ *wechselseitig, einander wechselseitig bedingend;* Syn. *korrelativ* [< mlat. *correlatus, correlativus* „wechselseitig ergänzend, abhängig"]

Kor|re|lat ⟨n.1⟩ **1** *Ergänzung, ergänzender Begriff* **2** *Wort, das mit einem anderen in wechselseitiger Beziehung steht,* z.B. „als" als K. zu „insofern" [Rückbildung zu *Korrelation*]

Kor|re|la|ti|on ⟨f.10⟩ **1** *Wechselbeziehung, Aufeinanderbezogensein* [< mlat. *correlatio* „Wechselbeziehung", < lat. *cor...* (für *cum*) „mit, zusammen" und *relatus* „zurückgebracht, zurück-, wieder hingewendet", zu *referre* „zurückwenden, -bringen"]

kor|re|la|tiv ⟨Adj.⟩ → *korrelat*

kor|re|lie|ren ⟨V.3, hat korreliert; o.Obj.⟩ *in Wechselwirkung stehen* [zu *Korrelation*]

kor|re|pe|tie|ren ⟨V.3, hat korrepetiert; mit Akk.⟩ *mit jmdm. einüben;* eine Gesangsrolle mit jmdm. k.; *sie am Klavier begleitend mit jmdm. einüben* [< lat. *cor...* (für *cum*) „mit, zusammen" und *repetere* „wiederholen"]

Kor|re|pe|ti|tor ⟨m.13⟩ *jmd., der am Klavier mit Opernsängern die Gesangspartie einstudiert* [< lat. *cor...* (für *cum*) „mit, zusammen" und *Repetitor*]

kor|re|spek|tiv ⟨Adj., o.Steig.; Rechtsw.⟩ *gemeinschaftlich, wechselseitig bedingt*

Kor|re|spon|dent ⟨m.10⟩ **1** *auswärtiger Berichterstatter (einer Zeitung)* **2** *Angestellter in einem kaufmännischen Betrieb, der (bes. ausländische) Korrespondenz führt*

Kor|re|spon|denz ⟨f.10⟩ **1** *Briefwechsel, Briefverkehr;* die K. erledigen **2** *Übereinstimmung;* mit etwas in K. stehen [zu *korrespondieren*]

Kor|re|spon|denz|kar|te ⟨f.11⟩ österr., veraltend⟩ → *Postkarte*

kor|re|spon|die|ren ⟨V.3, hat korrespondiert; o.Obj.⟩ **1** *übereinstimmen, zueinander passen;* die Farbe der Vorhänge korrespondiert mit der des Teppichbodens **2** *im Briefverkehr stehen, Briefe wechseln;* englisch k.; mit jmdm. k.; ~des Mitglied einer Akademie *auswärtiges Mitglied* [< lat. *cor...* (für *cum*) „zusammen mit" und *respondere* „antworten"]

Kor|ri|dor ⟨m.1⟩ **1** *Flur, Gang (einer Wohnung)* **2** *schmaler, durch fremdes Hoheitsgebiet führender Landstreifen oder Luftweg* [< ital. *corridore* „Läufer, Renner", außerdem Nebenform von *corridoio* „Gang, schmaler Landstreifen", zu *correre* < lat. *currere* „laufen", also eigtl. „Bahn, in der man laufen, wettrennen kann"]

Kor|ri|gen|dum ⟨n., -s, -da; meist Pl.⟩ *zu Verbesserndes, Druckfehler* [< lat. *corrigendum* „etwas zu Verbesserndes", zu *corrigere*, → *korrigieren*]

Kor|ri|gens ⟨n., -, -gen|tia [-tsja] oder -gen|zi|en⟩ *geschmackverbessernder Zusatz zu einer Arznei* [< lat. *corrigens* „verbessernd", zu *corrigere*, → *korrigieren*]

kor|ri|gie|ren ⟨V.3, hat korrigiert; mit Akk.⟩ *verbessern, berichtigen;* einen Fehler k.; bitte k. Sie mich, wenn ich ein Wort falsch ausspreche; seine Meinung k. [< lat. *corrigere* „geraderichten, berichtigen", aus *cor...* (für *cum*) „mit, zusammen" und *regere* „richten"]

kor|ro|die|ren ⟨V.3, hat korrodiert⟩ **I** ⟨mit Akk.⟩ *zerstören, angreifen;* Rost korrodiert Eisen **II** ⟨o.Obj.⟩ *der Korrosion unterliegen, zerstört werden;* Eisen korrodiert durch Feuchtigkeit [< lat. *corrodere* „zernagen", < *cor...* (für *cum*) „zusammen" und *rodere* „(be)nagen, anfressen"]

Kor|ro|si|on ⟨f.10⟩ **1** *Zerstörung oder Veränderung (von Metallflächen) durch Wasser, Chemikalien oder Ätzmittel* **2** *Zerstörung (von Körpergewebe) durch Entzündung* [zu *korrodieren*]

kor|ro|siv ⟨Adj., o.Steig.⟩ *Korrosion bewirkend, ätzend, zerfressend*

kor|rum|pie|ren ⟨V.3, hat korrumpiert; mit Akk.⟩ **1** *bestechen, durch Bestechung moralisch negativ beeinflussen;* korrumpierte Beamtenschaft **2** ⟨bei alten Handschriften⟩ *verderben, entstellen, unrichtig verändern;* korrumpierter Text [< lat. *corrumpere* „verderben, verführen", < *cor...* (für *cum*) „mit, verstärkend") „gänzlich" und *rumpere* „verletzen, zerstören"]

kor|rupt ⟨Adj.⟩ **1** *bestechlich;* ein ~er *Beamter* **2** *innerlich, moralisch verdorben;* ~e *Verhältnisse;* ~e *Gesinnung;* ein ~es *Gesellschaftssystem;* bestochen, verführt [< lat. *corruptus* „verdorben, bestochen, verführt", zu *corrumpere*, → *korrumpieren*]

Kor|rup|ti|on ⟨f., -, nur Sg.⟩ *Bestechlichkeit, moralischer Verfall*

Kor|sa|ge ⟨[-ʒə] f.11⟩ **1** *versteiftes, trägerloses, auf Figur gearbeitetes Oberteil eines Kleides* **2** ⟨auch⟩ *Mieder und Korsett in einem Stück* [< frz. *corsage* „Mieder", eigtl. „Oberkörper", zu *corps* „Körper"]

Kor|sar ⟨m.10⟩ **1** *Seeräuberschiff* **2** *Seeräuber, Freibeuter* **3** ⟨Segeln⟩ *Zweimannjolle* [< ital. *corsaro* „Seeräuber", < mlat. *cursarius* in ders. Bed., zu lat. *cursus* „Seefahrt, Reise, Marsch", zu *currere* „laufen"]

Kor|se ⟨m.11⟩ *Einwohner von Korsika*

Kor|sett ⟨n.9⟩ *die Figur formender Hüftgürtel mit Stäbchen und/oder Gummizug* [< frz. *corset* „Schnürleib", zu *corps* „Körper"]

kor|sisch ⟨Adj., o.Steig.⟩ *Korsika betreffend, zu ihm gehörig, aus ihm stammend*

Kor|so ⟨m.9⟩ **1** ⟨früher⟩ *Wettrennen reiterloser Pferde* **2** ⟨heute⟩ *festlicher Aufzug geschmückter Wagen, Schaufahrt* **3** *breite, baumbestandene Straße, Prachtstraße* [< ital. *corso* „Lauf, Fahrt; Hauptstraße, Bahn",

< lat. *cursus* „Lauf, Fahrt", zu *currere* „laufen"]

Kor|te|ge ⟨[-tɛʒə] f.11; †⟩ *Ehrengeleit, Gefolge* [< frz. *cortège* < ital. *corteggio* in ders. Bed., zu *corteggiare* „den Hof machen", zu *corte* „Hof"]

Ko|ru|na ⟨f., -, -ny; Abk.: Kčs⟩ *tschechoslowakische Währungseinheit, Krone* [< lat. *corona* „Krone"]

ko|rund ⟨m.1⟩ *sehr hartes Mineral, Edelstein* [< Sanskrit *kuruvinda-* „Rubin", weitere Herkunft nicht geklärt, schon im Indischen Fremdwort]

Kö|rung ⟨f., -, nur Sg.⟩ *das Kören*

Kor|vet|te ⟨f.11⟩ **1** *kleines Kriegsschiff* **2** ⟨Turnen⟩ *Sprung in den Handstand* [< frz. *corvette* < ital. *corvetta* in ders. Bed., zu mittelndrl. *korf* „Korb", urspr. „mit einem Mastkorb versehenes Schiff"]

Kor|vet|ten|ka|pi|tän ⟨m.1⟩ *Seeoffizier im Majorsrang*

Ko|ry|bant ⟨m.10⟩ *Priester der kleinasiatischen Göttin Kybele*

Ko|ry|phäe **1** ⟨m.11; im altgriech. Drama⟩ *Chorführer* **2** ⟨f.11⟩ *hervorragender Fachmann, Kenner;* die ~n der Wissenschaft; er ist eine mathematische K. [< griech. *koryphaios* „an der Spitze stehend, oberster; Anführer, Chorführer", zu *koryphe* „Spitze, Gipfel", zu *kara* „Kopf"]

Ko|sak ⟨m.10⟩ **1** ⟨bis Ende des 18. Jh.⟩ *Angehöriger einer der Leibgemeinschaft entlehnten, im südlichen und südöstlichen Rußland angesiedelten, militärisch organisierten russischen Bevölkerungsgruppe* **2** *früher in Rußland) leichter Reiter* [< russ. *kazak*, ukrain. *kozak* „Freibauer, Held", < krimtatar., kirgis. u.a. *kazak* „freier, unabhängiger Mensch, Abenteurer, Vagabund"]

Ko|sche|nil|le ⟨[-nljə] f.11, nur Sg.⟩ *aus der Koschenilleschildlaus gewonnener, roter Farbstoff;* auch: *Cochenille* [< frz. *cochenille*, span. *cochinilla* in ders. Bed., < lat. *coccineus*, griech. *kokkinos* „scharlachfarben"]

Ko|sche|nil|le|schild|laus ⟨f.2⟩ *zur Farbstoffgewinnung gezüchtete Schildlaus*

ko|scher ⟨Adj., o.Steig.⟩ **1** *(nach den jüdischen Speisevorschriften) rein;* Ggs. *treife* **2** ⟨übertr.⟩ *sauber, unbedenklich;* die Sache ist nicht ganz k. [< jidd. *koscher*, hebr. *kāšēr* „tauglich, recht"]

K.-o.-Schlag ⟨m.2; Kurzw. für⟩ *Knockoutschlag*

Ko|se|form ⟨f.10⟩ *liebevolle Abwandlung eines Wortes,* z.B. Kleinchen, Mädi

Ko|se|kans ⟨m., -, -⟩ → *Cosecans*

ko|sen ⟨V.1, hat gekost; o.Obj.⟩ *(mit jmdm.) zärtlich sein, einander liebkosen;* sie küßten sich und kosten stundenlang; mit jmdm. k.

Ko|se|na|me ⟨m.15⟩ *liebevoll-vertrauliche Abwandlung eines Namens,* z.B. Hansi, Matzl

Ko|se|wort ⟨n.4⟩ *liebevolles Wort*

Ko|si|nus ⟨m., -, -⟩ → *Cosinus*

Kos|me|tik ⟨f.10⟩ *Schönheitspflege* [< griech. *kosmetike* „Kunst des Schmückens", zu *kosmein* „ordentlich zurechtmachen, anordnen, schmücken", zu *kosmos* „Ordnung, Schmuck"]

Kos|me|ti|ke|rin ⟨f.10⟩ *auf dem Gebiet der Kosmetik beruflich tätige weibliche Person*

Kos|me|ti|kum ⟨n., -s, -ka⟩ *Mittel zur Kosmetik*

kos|me|tisch ⟨Adj., o.Steig.⟩ **1** *zur Kosmetik gehörend, mit ihrer Hilfe;* ~e Creme; jmdn. k. behandeln **2** *der Verschönerung, Verjüngung, dem Ausgleich physischer Mängel (im Gesicht) dienend;* ~e Operation

Kos|me|to|lo|ge ⟨m.11⟩ *Fachmann auf dem Gebiet der Kosmetik*

kos|misch ⟨Adj., o.Steig.⟩ **1** *im Weltraum stattfindend, im Weltraum sich bewegend;* ~e Abläufe; ~e Flugkörper **2** *aus dem Weltraum stammend;* ~e Strahlung **3** *den Welt-*

Kos|mo|bio|lo|gie ⟨f., -, nur Sg.⟩ *Wiss. vom Einfluß des Kosmos auf die Lebewesen der Erde und von der Existenz lebender Organismen auf anderen Sternen*

Kos|mo|go|nie ⟨f.11⟩ *Lehre von der Entstehung des Kosmos* [< *Kosmos* und griech. *gone* „Geburt, Abstammung"]

Kos|mo|gra|phie ⟨f.11⟩ **1** ⟨früher⟩ *Beschreibung der Entstehung und Entwicklung des Kosmos, Weltbeschreibung* **2** ⟨im MA⟩ → *Geographie* [< *Kosmos* und ...*graphie*]

Kos|mo|lo|gie ⟨f.11⟩ *Wiss. vom Kosmos* [< *Kosmos* und ...*logie*]

kos|mo|lo|gisch ⟨Adj., o.Steig.⟩ *zur Kosmologie gehörend*

Kos|mo|naut ⟨m.10; sowjet. Bez. für⟩ *Weltraumfahrer;* vgl. *Astronaut, Spazionaut* [< *Kosmos* und griech. *nautes* „Schiffer, Seemann"]

Kos|mo|po|lit ⟨m.10⟩ **1** *Weltbürger, jmd., der sich mehr den Völkern der ganzen Erde als seinem eigenen Volk verpflichtet fühlt* **2** *über die ganze Erde verbreitete Pflanzen- oder Tierart* [< *Kosmos* und griech. *polites* „Bürger", zu *polis* „Stadt"]

Kos|mo|po|li|tis|mus ⟨m., -, nur Sg.⟩ *Weltbürgertum, Einstellung, Haltung der Kosmopoliten*

Kos|mos ⟨m., -, nur Sg.⟩ → *Weltall* [< griech. *kosmos* „Ordnung, Anordnung, Einrichtung, das wohlgeordnete Weltall, Weltordnung"]

Kos|mo|so|phie ⟨f., -, nur Sg.⟩ *Weltweisheit, Streben, mit Hilfe mystischer Spekulation Wesen und Sinn der Welt zu erkennen* [< *Kosmos* und griech. *sophia* „Weisheit"]

Kos|mo|the|is|mus ⟨m., -, nur Sg.⟩ *Lehre von der Einheit von Gott und Welt*

Kos|mo|tron ⟨n., -s, -s oder -tro|ne⟩ *Phys.; Teilchenbeschleuniger*

Kos|sat ⟨m.10⟩, **Kos|sä|te** ⟨m.11; nddt.⟩ → *Häusler* [< *Kote*[1] und *Sasse*]

Kost ⟨f., -, nur Sg.⟩ **1** *(zubereitete) Nahrung (Frisch~, Diät~); eine gesunde, bekömmliche, leichte, zu schwere K.; diese Musik, diese Literatur ist schwere K.* ⟨übertr.⟩ *ist schwer zu verstehen* **2** *Verpflegung; bei jmdm. K. und Logis haben* ⟨†⟩ *verpflegt werden und Unterkunft haben); ein Kind in K. geben ein Kind zu jmdm. geben, der gegen Entgelt für seinen Lebensunterhalt sorgt* [< mhd. *kost(e)* „Wert, Preis, Geldmittel, Aufwand"]

ko|stal ⟨Adj., o.Steig.⟩ *zu den Rippen gehörend, von ihnen ausgehend* [< lat. *costa* „Rippe"]

kost|bar ⟨Adj.⟩ **1** *sehr wertvoll, teuer; ein ~es Geschenk* **2** *wichtig (so daß man nicht verschwenderisch damit umgehen darf); ~e Zeit verlieren; meine Zeit ist k.*

Kost|bar|keit ⟨f.10⟩ **1** *wertvoller Gegenstand; antike ~en* **2** ⟨nur Sg.⟩ *großer Wert; Gesundheit ist eine K.*

ko|sten[1] ⟨V.2, hat gekostet; mit Akk. oder o.Obj.⟩ *etwas k. von etwas ein wenig nehmen und prüfend essen oder trinken; eine Speise, Soße k.; den Wein k.; koste bitte einmal, ob es süß genug ist!; von etwas k. nur wenig von etwas essen*

ko|sten[2] ⟨V.2, hat gekostet⟩ **I** ⟨o.Obj.⟩ *als Preis haben; das Bild kostet 500 DM; viel, wenig k.; was, wieviel kostet das?; wir müssen es schaffen, koste es, was es wolle wir müssen es unbedingt schaffen* **II** ⟨mit Akk.⟩ jmdn. etwas k. **1** *jmdm. Kosten verursachen; dieser Ausflug kostet mich 300 DM* **2** *jmdm. etwas verursachen, das mich große Überwindung, das mich nur einen Anruf ich brauche nur zu telefonieren (um das zu erledigen); sich eine Sache etwas k. lassen gern etwas*

was für eine Sache bezahlen; er hat sich die Ausbildung seines Sohnes viele Tausende k. lassen **3** *für jmdn. den Verlust von etwas nach sich ziehen; das kann dich deine Stellung k.; der Unfall hat ihn das Leben gekostet*

Ko|sten ⟨nur Pl.⟩ *finanzielle Aufwendungen, Ausgaben; die K. bestreiten, decken für die Ausgaben aufkommen; die K. sind hoch, niedrig; die K. für etwas tragen etwas bezahlen; auf K. anderer leben andere für seinen Lebensunterhalt zahlen lassen; diese Lebensweise geht auf K. deiner Gesundheit diese Lebensweise schadet deiner Gesundheit; das geht auf meine K. das bezahle ich,* ⟨übertr.⟩ *davon habe ich den Schaden, den Nachteil; ich bin auf eigene K. mitgefahren ich habe die Fahrt selbst bezahlt; er ist (nicht) auf seine K. gekommen er hat (nicht) das bekommen, das erlebt, was er sich erhofft hatte*

Ko|sten|dämp|fung ⟨f.11⟩ **1** ⟨allg.⟩ *Versuch, die Kosten eines Unternehmens, einer Verwaltung u.ä. zu senken* **2** ⟨i.e.S.⟩ *Versuch, die Kostensteigerung im Gesundheitswesen zu verringern*

Ko|sten|ex|plo|si|on ⟨f.10; ugs.⟩ *sprunghafter Anstieg der Kosten*

ko|sten|frei ⟨Adj., o.Steig.⟩ → *kostenlos*

ko|sten|los ⟨Adj., o.Steig.⟩ *ohne Kosten, umsonst;* Syn. *kostenfrei*

Ko|sten|mie|te ⟨f.11⟩ *Miete, die sich aus der eigentlichen Miete und den laufenden Kosten des Vermieters zusammensetzt*

Ko|sten|punkt ⟨m.1; ugs.⟩ *Kosten, finanzielle Seite (einer Sache); über den K. sprechen; jetzt ist noch der K. zu klären*

Ko|sten|vor|an|schlag ⟨m.2⟩ *Berechnung der Kosten im voraus; einen K. machen, erstellen*

Kost|fracht ⟨f.11; Kaufmannsspr.⟩ *Kosten einschließlich Fracht*

Kost|gän|ger ⟨m.5⟩ *jmd., der gegen Entgelt verköstigt wird*

Kost|geld ⟨n.3⟩ *Geld für regelmäßige Verköstigung*

köst|lich ⟨Adj.⟩ **1** *sehr gut, sehr fein, sehr wohlschmeckend; ~e Speisen; ein ~er Wein* **2** ⟨übertr., ugs.⟩ *erheiternd, amüsant; eine ~e Geschichte; ein ~es Bauwerk* **3** ⟨schweiz.⟩ *teuer, kostbar*

Köst|lich|keit ⟨f.10⟩ **1** ⟨nur Sg.⟩ *köstliche Beschaffenheit* **2** *köstliche Sache; Kaviar, Hummer, Torten und anderes mehr*

Kost|pro|be ⟨f.11⟩ **1** *kleine Menge von etwas, das auf seinen Geschmack hin geprüft werden soll;* Syn. ⟨schweiz.⟩ *Degustation; eine K. nehmen; jmdm. eine K. geben* **2** ⟨übertr.⟩ *kleines Beispiel; er gab eine K. seines Könnens, seiner Kunst*

kost|spie|lig ⟨Adj.⟩ *mit hohen Kosten verbunden, teuer; eine ~e Angelegenheit; die Reise ist mir zu k.*

Ko|stüm ⟨n.1⟩ **1** *für eine bestimmte Epoche charakteristische Kleidung (Biedermeier~)* **2** *für ein bestimmtes Theaterstück oder einen Film nötige Kleidung der Schauspieler* **3** *Rock und Jacke aus dem gleichen Stoff für Damen* **4** *Faschings-, Maskenanzug; im K. eines Harlekins erscheinen* [< frz. *costume* „Kleidung, Landes-, Amtstracht, Anzug", *costumes* (Pl.) „Gebräuche, Sitten" < ital. *costume* „Sitte" < lat. *consuetudo* „Herkommen, Brauch", zu *consuescere* „sich an etwas gewöhnen", eigtl. „sich mit etwas zusammengewöhnen"]

Ko|stüm|ball ⟨m.2⟩ *Ball, auf dem die Gäste in Kostümen erscheinen;* Syn. *Kostümfest*

Ko|stüm|fest ⟨n.1⟩ → *Kostümball*

ko|stü|mie|ren ⟨V.3, hat kostümiert; mit Akk.⟩ *jmdn. oder sich k. verkleiden, ein Kostüm anziehen; sich als Harlekin, Domino k.*

Kost|ver|äch|ter ⟨m.5; nur in der Wendung⟩ *jmd. ist kein K. jmd. ißt und trinkt gern etwas Gutes,* ⟨auch übertr.⟩ *jmd. ist ein Genießer*

K.-o.-Sy|stem ⟨n., -s, nur Sg.⟩ *System für Spiele, nach dem der Unterlegene ausscheidet*

Kot ⟨m., -(e)s, nur Sg.⟩ **1** *Ausscheidung aus dem Darm;* Syn. ⟨bei Wild und Hund⟩ *Losung,* ⟨bei Greifvögeln⟩ *Geschmeiß* **2** ⟨†⟩ *Straßenschmutz; sich den K. vom Mantel klopfen; jmdn., etwas durch den K. ziehen häßlich, herabsetzend über etwas oder jmdn. sprechen*

Ko|tan|gens ⟨m., -, -⟩ → *Cotangens*

Kotau ⟨m.9⟩ *tiefe Verbeugung (der Chinesen), Kniefall, bei dem die Stirn die Erde berührt; vor jmdm. K. machen* ⟨übertr.⟩ *sich vor jmdm. demütigen* [< chines. *k'ou* „schlagen, klopfen" und *t'ou* „Kopf"]

Ko|te[1] ⟨f.11; nddt.⟩ → *Kate*

Ko|te[2] ⟨f.11⟩ *durch Höhenangabe auf der Karte festgelegter Geländepunkt* [< frz. *cote* „Kennziffer, Nummer", < lat. *quotus* „der wievielte"]

Ko|te[3] ⟨f.11⟩ *Stangenzelt (der Lappen)*

Ko|te|lett ⟨n.9⟩ *gebratenes Rippenstück mit Knochen (vom Kalb, Schwein oder Hammel)* [< frz. *côtelette* in ders. Bed., Verkleinerungsform von *côte* „Rippe, Seite"]

Ko|te|let|ten ⟨nur Pl.⟩ *kleiner, kurzer Backenbart* [Verkleinerungsform von frz. *côte* in der Bedeutung „Seite", also „Bart (nur) an den Seiten, kleiner Seitenbart"]

Ko|ten|ta|fel ⟨f.11⟩ *Höhentafel* [zu *Kote*[2]]

Kö|ter ⟨m.5; abwertend⟩ *Hund;* Syn. ⟨norddt.⟩ *Töle* [< mittelnddt. *Köterhund* „Bauernhund, Schäferhund" ohne abwertende Bedeutung, wahrscheinlich zu *Kote*[1] „Bauernhütte"]

Kö|te|rei ⟨f.10; nddt.⟩ *kleines Landgut* [zu *Kote*[1]]

Ko|te|rie ⟨f.11⟩ *Sippschaft, Klüngel* [< frz. *coterie* „geschlossene Gesellschaft, Kränzchen, Sippschaft", urspr. „Gruppe von Bauern, die das Land eines Grundherrn gemeinsam bewirtschaften", zu *cote* „Beitragsanteil", zu lat. *quot* „wieviel"]

Kot|flü|gel ⟨m.5; bei Fahrzeugen⟩ *Abdeckung der Lauträder gegen hochgeschleuderten Straßenschmutz* [zu *Kot* (2)]

Ko|thurn ⟨m.1⟩ *in der altgriech. Tragödie; Schuh mit sehr dicker Sohle (Teil des Kostüms der Schauspieler); auf ~en schreiten* ⟨übertr.⟩ *erhaben tun, pathetisch sein* [über lat. *cothurnus* < griech. *kothornos* in ders. Bed., außerdem „hoher Jagdstiefel", weitere Herkunft unbekannt]

ko|tie|ren ⟨V.3, hat kotiert; mit Akk.⟩ *etwas k.* **1** *zum Handel an der Börse zulassen; ein Wertpapier k.* **2** *die Höhe von etwas bestimmen; einen Punkt im Gelände k.* [< frz. *coter* „(den Preis, Kurs) notieren, mit Buchstaben, Ziffern bezeichnen", zu *cote* „Nummer, Ziffer"]

ko|tig ⟨Adj.; veraltend⟩ *voller Kot, schmutzig*

Ko|til|lon ⟨[-tiljõ] oder [-tijõ] m.9⟩ *Tanzspiel, bei dem Geschenke verlost werden* [frz. *cotillon* „ein Tanz" sowie „Unterrock"; frz. *aimer le cotillon* heißt „jeder Schürze, jedem Unterrock nachlaufen", eigtl. „den Unterrock lieben", dann kam die Redensart auf: *faire danser le cotillon* „eine Frau schlagen", eigtl. „den Unterrock tanzen lassen", von daher die Übertragung auf den Tanz]

Köt|ner ⟨m.5; nddt.⟩ → *Kätner*

Ko|to ⟨n.9 oder f.9⟩ *ein japanisches Saiteninstrument* [Herkunft unsicher, vielleicht nur lautmalenden Ursprungs, vielleicht < *koe-ito* „Saite mit Stimme"]

Kot|sa|ß ⟨m., -sas|sen, -sas|sen⟩, **Kot|sas|se** ⟨m.11; nddt.⟩ → *Häusler;* vgl. *Kossat*

Kot|stein ⟨m.1⟩ *im Dickdarm hart eingedickter Kot*

Kot|ten ⟨m.7; nddt.⟩ → *Kate*

Köt|ter ⟨m.5⟩ **1** ⟨nddt., veraltend⟩ *elende Hütte, Hundehütte* **2** ⟨österr., veraltend⟩ *Arrest, Gefängnis* [zu *Kote*[1]]

Ko|ty|le|do|ne ⟨f.11⟩ 1 ⟨bei Samenpflanzen⟩ → *Keimblatt* 2 ⟨bei Säugetieren⟩ *Zotte (der Embryohülle)* [< griech. *kotyledon* „becherartige Vertiefung", zu *kotyle* „Napf, Schälchen, Vertiefung"]

Kot|ze[1] ⟨f.11; bayr.-österr.⟩ auch: *Kotzen* 1 *Überwurf aus Loden mit rundem Ausschnitt über den Kopf* 2 *grobwollene Schlaf- oder Pferdedecke* [< mhd. *kotze* < ahd. *chozzo, chozza* „grobes, zottiges Wollzeug"]

Kot|ze[2] ⟨f., -, nur Sg.; vulg.⟩ *Erbrochenes*

Köt|ze ⟨f.11; nddt.⟩ *Rückentragekorb*

kot|zen ⟨V.1, hat gekotzt⟩ I ⟨o.Obj.⟩ *sich erbrechen, sich übergeben;* ich muß k.; *es ist zum Kotzen* ⟨derb⟩ *es ist unerträglich* II ⟨mit Akk.⟩ *erbrechen;* er hat das ganze Essen gekotzt

Kot|zen ⟨m.7⟩ → *Kotze*[1]

kot|ze|rig ⟨Adj.; nur als Attr. od. ,,sein"⟩ *übel zum Kotzen;* ein ~es Gefühl im Magen haben; mir ist k.

Kox|itis ⟨f., -, -iti|den⟩ *Hüftgelenkentzündung* [< lat. *coxa* „Hüfte" und *...itis*]

kp ⟨Abk. für⟩ *Kilopond*

Kr ⟨Zeichen für⟩ *Krypton*

Krab|be ⟨f.11⟩ 1 *Zehnfußkrebs mit breitem Kopfbruststück* (Strand~, Wollhand~) 2 ⟨Handelsbez.⟩ → *Garnele* [< mnddt. *krabbe,* zu altnord. *krabbi,* zur idg. Wurzel **gerebh-, *grebh-* ,,sich festhaken und kriechen"]

krab|be|lig ⟨Adj.⟩ auch: *krabblig* 1 *unangenehm krabbelnd;* der Pullover, die Wolle ist k. 2 ⟨ugs.⟩ *kitzlig;* k. sein

krab|beln ⟨V.1⟩ I ⟨o.Obj.; ist gekrabbelt⟩ *mit raschen Bewegungen kriechen;* das Kind krabbelt schon, krabbelt durchs Zimmer; ein Käfer krabbelt mir über die Hand II ⟨mit Akk.; hat gekrabbelt⟩ jmdn. k. 1 ⟨auch ohne Obj.⟩ *einen leichten Juckreiz verursachen;* die Wolle, der Pullover krabbelt (mich) 2 *jmdn. kitzelnd streicheln;* jmdn. am Kinn k.

krabb|lig ⟨Adj.⟩ → *krabbelig*

Krach ⟨m.2⟩ 1 *krachendes Geräusch;* mit einem K. zu Boden fallen; k. 2 ⟨nur Sg.⟩ *starker, unangenehmer Lärm;* ein unerträglicher K.; K. schlagen ⟨ugs.⟩ *laut schimpfend protestieren* 3 ⟨m.2; ugs.⟩ *lauter Streit, Zerwürfnis, Auseinandersetzung* (Ehe~, Familien~); K. mit jmdm. haben, anfangen 4 ⟨ugs.⟩ *wirtschaftlicher Zusammenbruch* (Börsen~)

kra|chen ⟨V.1⟩ I ⟨o.Obj.⟩ 1 ⟨hat gekracht⟩ *ein lautes, hartes Geräusch* (wie von zerbrechendem Holz) *von sich geben, plötzlich lauten, kurzen Lärm machen;* der Donner krachte; ein Schuß krachte 2 ⟨unpersönl., mit ,,es"; hat gekracht⟩ *es kracht lautes, hartes Geräusch ertönt;* hör auf, sonst kracht's!; ⟨ugs.⟩ *sonst bekommst du eine Ohrfeige;* er arbeitet, es kracht ⟨ugs.⟩ *er arbeitet sehr schnell und intensiv* 3 ⟨ist gekracht⟩ *sich mit einem lauten, harten Geräusch bewegen;* die Tür krachte ins Schloß; ich bin mit dem Kopf gegen die Wand gekracht *gefallen* 4 ⟨ist gekracht⟩ *mit einem Krach entzweigehen;* der Stuhl ist gekracht II ⟨refl.⟩ sich k. ⟨ugs.⟩ *Krach miteinander haben, böse miteinander werden;* die beiden haben sich gekracht; sie k. sich oft

Kra|chen ⟨m.7; schweiz.⟩ *abgelegenes Tal, Schlucht*

Kra|cherl ⟨n.14; österr.⟩ *süßer, kohlensäurehaltiger Sprudel*

Krach|le|der|ne ⟨f.11; bayr.-österr.⟩ *derbe, kurze Lederhose*

Krach|man|del ⟨f.11; bayr.-österr.⟩ → *Knackmandel*

kräch|zen ⟨V.1, hat gekrächzt⟩ I ⟨o.Obj.⟩ 1 *einen harten, reibenden Laut von sich geben;* der Rabe krächzt 2 ⟨ugs., scherzh.⟩ *heiser sprechen;* er kann wegen seiner Erkältung nur k. II ⟨mit Akk.⟩ *etwas k. etwas mit heiserer Stimme sagen;* „,...!" krächzte er

Kracke ⟨-k|k-; f.11; nddt.⟩ *altes, verbrauchtes Pferd*

kracken ⟨-k|k-; V. 1, hat gekrackt; mit Akk.⟩ *Moleküle schwersiedender Kohlenwasserstoffe k. durch Hitze in solche leichtsiedender Kohlenwasserstoffe spalten;* auch: *cracken*

Krad ⟨n.9; Mil.⟩ → *Motorrad* [Kurzw. von *Kraftrad*]

kraft ⟨Präp. mit Gen.⟩ *durch, aufgrund von;* k. seines Amtes; k. seiner Autorität

Kraft ⟨f.2⟩ 1 *Vermögen, Fähigkeit* (etwas zu bewirken; Muskel~, Tat~, Willens~); alle Kräfte aufbieten, anspannen; wieder bei Kräften sein *wieder gesund sein;* was in meinen Kräften steht *soviel ich tun kann;* mit vereinten Kräften *durch gemeinsame Anstrengungen;* nach Kräften *soweit es möglich ist;* das geht über meine K. *ich fühle mich dazu nicht imstande* 2 *Mitarbeiter, Angestellter;* eine neue K. einstellen; die treibende K. *jmd., der sich eifrig für etwas einsetzt* 3 *Wirkung* (einer Sache auch auf die Sinne); die belebende K. des Kräuterschnapses 4 ⟨Pl.⟩ *auf ein bestimmtes Ziel ausgerichtete Menschengruppe;* die fortschrittlichen, revolutionären Kräfte 5 ⟨Phys.⟩ *Größe, die die Form oder Bewegung eines Körpers ändert;* magnetische Kräfte 6 ⟨Seew.⟩ *Geschwindigkeit;* mit voller, halber K.

Kraft|akt ⟨m.1⟩ *auf großer Körperkraft beruhende Leistung*

Kraft|arm ⟨m.1⟩ *Teil des Hebels, auf den eine Kraft einwirkt;* Ggs. *Lastarm*

Kraft|aus|druck ⟨m.2⟩ *derbes oder vulgäres Wort*

Kraft|brü|he ⟨f.11⟩ *kräftige Fleischbrühe*

Kraft|drosch|ke ⟨f.11; †⟩ → *Taxi*

Kraft|fel|spiel ⟨n.1⟩ *Zusammenwirken verschiedener Kräfte*

Kraft|fah|rer ⟨m.5⟩ *jmd., der ein Kraftfahrzeug fährt*

Kraft|fahr|zeug ⟨n.1; Abk.: Kfz⟩ 1 ⟨i.e.S.⟩ *Personen- oder Lastkraftwagen;* Syn. *Motorwagen* 2 ⟨i.w.S.⟩ *(nicht schienengebundenes) Straßen- und Geländefahrzeug mit Eigenantrieb und Eigenlenkung*

Kraft|fahr|zeug|brief ⟨m.1⟩ *über ein Kraftfahrzeug* (1) *ausgestellte Urkunde mit Fahrzeugbeschreibung zum Nachweis des Eigentums;* Syn. ⟨österr.⟩ *Einzelgenehmigung*

Kraft|feld ⟨n.3⟩ *Gesamtheit der Kräfte, die von etwas oder jmdm. ausgehen;* das K. eines Magneten; im K. einer Persönlichkeit

Kraft|fut|ter ⟨n., -s, nur Sg.⟩ *(meist sehr eiweißhaltiges) hochkonzentriertes Futtermittel*

kräf|tig ⟨Adj.⟩ 1 *große körperliche Kraft besitzend;* ein ~er Bursche ist gesund und k. 2 *auf großer körperlicher Kraft beruhend;* ein ~er Hieb 3 *körperliche Kraft verratend;* ~e Arme; ~er Gebiß; k. gebaut sein 4 *stark, groß;* einen ~en Hunger haben; einen ~en Schluck nehmen; ~e Regenfälle 5 *gehaltvoll;* eine ~e Mahlzeit; eine ~e Suppe 6 *derb, grob;* ein ~er Fluch 7 ⟨als Adv.⟩ *mit großer Kraft;* er kann k. zupacken; k. mit anpacken; k. zuschlagen

kräf|ti|gen ⟨V.1, hat gekräftigt⟩ I ⟨mit Akk.⟩ *etwas oder jmdn. k. wieder kräftig machen;* seine Gesundheit k.; die Ruhe, das gesunde Essen wird dich, wird den Kranken k. II ⟨refl.⟩ sich k. *wieder kräftig werden, Kraft gewinnen;* wir haben uns im Urlaub wieder gekräftigt

Kräf|ti|gung ⟨f., -, nur Sg.⟩ *das Kräftigen, das Sichkräftigen;* ein Mittel zur K. (der Gesundheit)

Kraft|li|nie ⟨f.11⟩ → *Feldlinie*

kraft|los ⟨Adj.⟩ *ohne Kraft, schwach;* eine ~e Bewegung **Kraft|lo|sig|keit** ⟨f., -, nur Sg.⟩

Kraft|los|er|klä|rung ⟨f.10; Rechtsw.⟩ *Ungültigkeitserklärung*

Kraft|ma|schi|ne ⟨f.11⟩ *Maschine, die zugeführte Energie in nutzbare mechanische Energie umwandelt*

Kraft|mei|er ⟨m.5; ugs.⟩ *jmd., der seine Körperkraft gern zur Schau stellt;* Syn. *Kraftprotz*

Kraft|mensch ⟨m.10⟩ *Mensch mit großer Körperkraft*

Kraft|post ⟨f., -, nur Sg.; früher⟩ *(von der Post betriebene) Personenbeförderung mittels Omnibus*

Kraft|pro|be ⟨f.11⟩ *Anstrengung, die zeigen soll, wie stark man ist;* er ließ es auf eine K. ankommen; eine militärische K.

Kraft|protz ⟨m.1; ugs.⟩ → *Kraftmeier*

Kraft|rad ⟨n.4; Amtsspr.⟩ → *Motorrad*

Kraft|sport ⟨m.1⟩ *Schwerathletik*

Kraft|stoff ⟨m.1; Sammelbez. für⟩ *Treibstoff*

Kraft|strom ⟨m., -(e)s, nur Sg.⟩ *elektrischer Strom für Gewerbe und Industrie, der nach besonderen Tarifen berechnet wird*

kraft|strot|zend ⟨Adj., o.Steig.⟩ *(sichtbar) viel Kraft besitzend*

Kraft|ver|kehr ⟨m., -s, nur Sg.⟩ *Verkehr mit Kraftfahrzeugen*

Kraft|wa|gen ⟨m.7; †⟩ → *Kraftfahrzeug* (1)

Kraft|werk ⟨n.1⟩ *Anlage zur Erzeugung elektrischer Energie*

Kra|ge ⟨f.11⟩ → *Konsole* [mhd. *krage* ,,Hals" (der den Kopf trägt)]

Krä|gel|chen ⟨n.1⟩ *kleiner Kragen*

Kra|gen ⟨m.7⟩ 1 *Teil der Kleidung, die den Hals umschließt* (Hemd~, Mantel~, Pelz~); jetzt platzt mir der K. ⟨ugs.⟩ *jetzt verliere ich die Geduld;* jmdn. am, beim K. packen *jmdn. packen, ergreifen* 2 ⟨Jägerspr.⟩ *Halspelz, Halsfedern* 3 ⟨†⟩ *Hals;* jmdm. den K. umdrehen ⟨ugs.⟩ *jmdn. töten;* es geht jmdm. an den K. ⟨ugs.⟩ *jmd. wird zur Verantwortung gezogen;* es geht um Kopf und K. *das Leben steht auf dem Spiel*

Kra|gen|bär ⟨m.10⟩ *großer, schwarzer Bär mit V-förmiger, weißer Brustzeichnung*

Kra|gen|plat|te ⟨f.11; schweiz.⟩, **Kra|gen|spie|gel** ⟨m.5⟩ *viereckiges, farbiges Abzeichen am Uniformkragen zur Kennzeichnung der Truppengattung*

Kra|gen|wei|te ⟨f.11⟩ *Weite des Kragens (des Oberhemdes);* das ist genau meine K. ⟨ugs., übertr.⟩ *genau mein Geschmack*

Krag|stein ⟨m.1⟩ *vorspringender Mauerstein, der eine Last aufnehmen kann* [zu mhd. *krage* „Hals" (der den Kopf trägt)]

Krä|he ⟨f.11⟩ *mittelgroßer, schwarzer oder schwarzgrauer Rabenvogel* (Nebel~, Raben~, Saat~) [zu *krähen*]

krä|hen ⟨V.1, hat gekräht⟩ I ⟨o.Obj.⟩ 1 *heiser rufen, heiser schreien;* der Hahn kräht 2 *mit heller Stimme vergnügt schreien;* das Baby kräht in seinem Wagen II ⟨mit Akk.; scherzh.⟩ *mit heiserer Stimme rufen;* ,,,..!" krähte er

Krä|hen|bee|re ⟨f.11⟩ *immergrüner, heidekrautähnlicher Zwergstrauch mit blauschwarzen Steinfrüchten*

Krä|hen|fü|ße ⟨m.2, Pl.⟩ 1 *feine Hautfalten, die von den Augenwinkeln strahlenförmig zu den Schläfen ziehen* (bei beginnender Hautatrophie) 2 *unleserliche Geschriebenes* 3 *Eisenstücke, die stets so fallen, daß die Spitzen nach oben zeigen und die so Fahrzeugreifen zerstören*

Krä|hen|nest ⟨m.3⟩ 1 *Nest einer Krähe* 2 ⟨auf Schiffen⟩ *Ausguckposten auf dem Vordermast*

Kräh|win|kel ⟨m.5; übertr., ugs.⟩ *spießbürgerliche Kleinstadt* [nach dem von August von Kotzebue in seinem Lustspiel „Die deutschen Kleinstädter" verwendeten Ortsnamen]

Kra|ke ⟨m.11⟩ 1 → *Kopffüßler* 2 ⟨nord. Myth.⟩ *ein Meeresungeheuer* [< norw. *krakje* in demselben Bed.]

Kra|keel ⟨m., -s, nur Sg.⟩ *lauter Streit, laute Unruhe;* K. machen [ndrl. *krakeel* ,,Lärm, Gezänk, Vogelgeschrei", zu *krakelen* ,,schreien, schnattern"]

kra|kee|len ⟨V.1, hat krakeelt; o.Obj.⟩ *laut schimpfen, laut streiten;* Betrunkene krakeelten auf der Straße

Kra|kel ⟨m.5; ugs.⟩ *unleserlicher Schriftzug, ungeschickter Schnörkel;* Syn. *Krakelfuß*

Kra|ke|lee ⟨m.9 oder n.9; eindeutschende Schreibung von⟩ *Craquelé*

Kra|kel|fuß ⟨m.2⟩ → *Krakel*

kra|ke|lig ⟨Adj.⟩ *zitterig, unsicher;* auch: *kraklig;* ~e Schrift; k. schreiben

kra|keln ⟨V.1, hat krakelt; mit Akk. und o.Obj.⟩ *zitterig schreiben;* Syn. *krickeln*

Kra|ke|lü|re ⟨f.11⟩ *Sprung oder Riß im Firnis oder in den Farben alter Gemälde* [< frz. *craquelure* „Abblättern (von Lack u.ä.)", zu *se craqueler* „rissig werden"]

krak|lig ⟨Adj.⟩ → *krakelig*

Kra|ko|wi|ak ⟨m.9⟩ *polnischer Nationaltanz* [eigtl. Tanz und Liedchen aus Kraków „Krakau"]

Kral ⟨m.1⟩ *afrikanisches Runddorf* [< ndrl. *kraal* < port. *corral* „Pferch"]

Kral|le ⟨f.11; an den Zehen von Wirbeltieren⟩ *gebogene, spitze Hornbildung;* Syn. ⟨bei Greifvögeln⟩ *Fang* (5)

kral|len ⟨V.1, hat krallt⟩ I ⟨mit Akk.⟩ **1** *die Finger in etwas k. die Finger wie mit Krallen in etwas bohren, um etwas zu schließen;* er krallte mir vor Angst die Finger ins Fleisch, in den Arm; er krallte die Finger um den Ast, das Seil **2** *jmdn. k.* ⟨übertr., ugs.⟩ *jmdn. erwischen, fangen;* die Polizei hat ihn gekrallt II ⟨mit Dat. (sich) und Akk.; ugs.⟩ *sich etwas widerrechtlich aneignen;* er hat sich das Fahrrad gekrallt III ⟨refl.⟩ *sich k. sich mit den Krallen oder Fingern mit aller Kraft festhalten;* der Vogel krallte sich ans Gitter, an einen Ast; er krallte sich (mit den Fingern) ans Geländer, an meinen Arm

kral|lig ⟨Adj., o.Steig.⟩ *mit Krallen;* ~e Tatzen

Kram ⟨m., -s, nur Sg.; ugs.⟩ **1** *unnütze, unbrauchbare Gegenstände;* den (ganzen) K. hinwerfen, hinschmeißen ⟨ugs.⟩ *mit einer Tätigkeit aufhören, die weitere Mitarbeit einstellen;* wohin mit dem K.? wo sollen diese Gegenstände abgelegt werden? **2** *Tätigkeit, Angelegenheit, die noch erledigt werden muß;* seinen K. alleine machen; den K. satt haben; etwas paßt jmdm. nicht in den K. *etwas kommt für jmdn. ungelegen;* keinen K. machen *keine Umstände machen*

Kram|bam|bu|li ⟨m., -(s), -(s)⟩ **1** *Danziger Wacholderschnaps* **2** ⟨frühere Studentenspr.⟩ *alkoholisches Getränk* [wahrscheinlich scherzhafte Verstümmelung <*Krammetsbeere* „Wacholderbeere"]

kra|men ⟨V.1, hat gekramt⟩ I ⟨o.Obj.⟩ *sich zu schaffen machen;* sie kramt in ihrem Zimmer; in etwas k. *etwas suchend durchsehen, durcheinanderbringen;* er kramt in seinen Sachen k. II ⟨mit Akk.⟩ *suchen und zutage fördern;* sie kramte einen Kamm aus ihrer Tasche

Krä|mer ⟨m.5⟩ **1** ⟨†, noch landsch.⟩ *Kleinhändler* (bes. für Lebensmittel, Drogerie- und Kurzwaren) **2** ⟨übertr.⟩ *kleinlicher, engstirniger Mensch*

Krä|mer|geist ⟨m., -(e)s, nur Sg.⟩ *kleinliche, spießbürgerliche Gesinnung*

Krä|mer|see|le ⟨f.11; ugs.⟩ *kleinlicher, spießbürgerlicher Mensch*

Kram|la|den ⟨m.8; ugs.⟩ *kleiner Lebensmittel- oder Gemischtwarenladen*

Kram|mets|bee|re ⟨f.11⟩ → *Wacholderbeere* [< ahd. *kranawitu* „Wacholder", eigtl. „Kranichholz", < *kranuh* „Kranich" und *witu* „Holz"; die Kramettsbeere wurde vom Kranich wie auch von dem nach ihnen benannten Krammetsvogel (Wacholderdrossel) gern gefressen]

Kram|mets|vo|gel ⟨m.6; landsch.⟩ → *Wacholderdrossel* [< mhd. *kranewitvogel* „Wacholdervogel", er frißt gern Wacholderbeeren (→ *Krammetsbeeren*)]

Kram|pe ⟨f.11⟩ *U-förmiger Haken;* auch: *Krampen;* Syn. ⟨ostmdt.⟩ *Kettel*

kram|pen ⟨V.1, hat gekrampt; mit Akk.⟩ *mittels Krampe befestigen*

Kram|pen ⟨m.7⟩ → *Krampe*

Krampf ⟨m.2⟩ **1** *schmerzhafte, unwillkürliche Zusammenziehung der Muskeln;* Syn. *Spasmus* **2** ⟨übertr., ugs.⟩ *Unsinn;* das ist doch K., was du da machst **3** ⟨übertr., ugs.⟩ *zweckloses Tun;* das ist ja sowieso alles K.

Krampf|ader ⟨f.11⟩ *örtliche Venenerweiterung* (meist an der Oberfläche der Beine); Syn. *Varix, Varize*

krampf|en ⟨V.1, hat gekrampft; mit Akk. oder refl.⟩ *krampfhaft in etwas bohren, um etwas zu schließen;* die Finger in die Bettdecke, um einen Ast, um jmds. Arm k.; um meinen Finger krampften sich um den Ast, um meinen Arm

krampf|haft ⟨Adj.⟩ **1** *in der Art eines Krampfes;* ~e Zuckungen **2** *mit äußerster Kraft;* sich k. an etwas festhalten, an etwas klammern **3** ⟨übertr.⟩ *mit zu großer, spürbarer Bemühung;* ein ~er Versuch, Stimmung zu erzeugen

krampf|ig ⟨Adj.⟩ *gezwungen und Peinlichkeit bewirkend;* ~es Benehmen

Kram|pus ⟨m., -, -pus|se; bayr.-österr.⟩ *Begleiter des hl. Nikolaus*

Kra|my|ri ⟨n., -s, nur Sg.; tirol.⟩ *Zeug, Sachen;* wohin mit all dem K.?; wo soll mein ganzes K. hintun? [< *Kram* mit rumän. Pluralendung ...*uri*]

Kran ⟨m.2⟩ *Maschine zum Heben und Versetzen von Lasten* [< mndt. *kran* „Kranich"; der Name wurde wegen des langen Halses des Vogels und an dem Gerät übertragen]

Kran|bee|re, Krän|bee|re ⟨f.11; landsch.⟩ → *Preiselbeere* [gekürzt *Kranichbeere*]

Kra|ne|wit|ter ⟨m.5; tirol.⟩ *Wacholderbranntwein;* vgl. *Krammetsbeere*

Kran|füh|rer ⟨m.5⟩ *jmd., der berufsmäßig einen Kran bedient*

krän|gen ⟨V.1, hat gekrängt⟩ → *krengen*

kra|ni|al ⟨Adj., o.Steig.⟩ *zum Schädel gehörig, zum Schädel zu (gelegen)* [< griech. *kranion* „Schädel"]

Kra|nich ⟨m.1⟩ *großer, langbeiniger Vogel mit grauem Gefieder, rotem Scheitel und langem Schnabel*

Kra|nio|lo|gie ⟨f., -, nur Sg.; Anthropol.⟩ *Beschreibung des menschlichen Schädels;* Syn. *Schädellehre* [< griech. *kranion* „Schädel" und ...*logie*]

Kra|nio|me|trie ⟨f., -, nur Sg.; Anthropol.⟩ *Messung des Schädels;* Syn. *Schädelmeßkunde* [< griech. *kranion* „Schädel" und ...*metrie*]

krank ⟨Adj., kränker, am kränksten⟩ **1** *in der normalen körperlichen und/oder geistigen Funktion gestört;* k. sein, werden; k. aussehen; sich k. fühlen; ein ~es Kind; ein ~er Baum; der Lärm macht mich ganz k. *macht mich sehr nervös* **2** ⟨Jägerspr.⟩ *durch einen Schuß verletzt; Blut verlierend;* ~es Wild; ~e Fährte *Fährte mit Blutspuren*

krän|keln ⟨V.1, hat gekränkelt; o.Obj.⟩ *längere Zeit leicht krank sein, nicht ganz gesund und nicht wirklich krank sein;* sie kränkelt oft; sie kränkelt in letzter Zeit

kran|ken ⟨V.1, hat gekrankt; mit Präp.obj.⟩ *an etwas k.* **1** *an etwas leiden;* sie krankt an Heimweh; er krankt schon lange an seinem schwachen Herzen **2** *unter etwas leiden (und dadurch behindert werden);* die Arbeit krankt an der ungenügenden Organisation; seine Planung krankt daran, daß er selbst keine genaue Vorstellung vom Ziel hat

krän|ken ⟨V.1, hat gekränkt⟩ I ⟨mit Akk.⟩ *jmdn. k. jmdn. (in seinem Gefühl) verletzen;* ich wollte Sie nicht k.; sie schwieg gekränkt *verletzt;* er ist in seiner Eitelkeit k. II ⟨refl.⟩ *sich k. sich verletzt fühlen;* sie kränkt sich, weil sie so selten besucht wird; sie kränkt sich über sein langes Schweigen *sie fühlt sich wegen seines langen Schweigens verletzt*

Kran|ken|blatt ⟨n.4⟩ *vom Arzt geführte Aufzeichnungen über die Krankengeschichte des Patienten und die Maßnahmen des Arztes*

Kran|ken|geld ⟨n.3⟩ *Geld, das ein Versicherter für den Zeitraum erhält, in dem er wegen Krankheit keinen Verdienst hat*

Kran|ken|gym|na|stik ⟨f., -, nur Sg.⟩ *Anwendung von Gymnastik zur Behandlung von Störungen der Muskeln, Gelenke u.a.;* Syn. *Heilgymnastik*

Kran|ken|gym|na|stin ⟨f.10⟩ *Frau, die in der Krankengymnastik ausgebildet ist*

Kran|ken|haus ⟨n.4⟩ *Heilungsstätte für körperlich oder seelisch Kranke;* Syn. *Klinik*

kran|ken|haus|reif ⟨Adj., o.Steig.⟩ *in einem Zustand, der eine Einweisung ins Krankenhaus erfordert;* man hat ihn k. geschlagen

Kran|ken|kas|se ⟨f.11⟩ *Institution, die für die finanziellen Aufwendungen aufkommt, die durch eine Krankheit entstehen*

Kran|ken|la|ger ⟨n.5; Med.⟩ **1** *Krankenbett;* an jmds. K. sitzen, stehen, wachen **2** *Zeitraum des krankheitsbedingten Bettlägerigseins;* nach langem, kurzem K. sterben

Kran|ken|pfle|ger ⟨m.5⟩ *jmd., der berufsmäßig Kranke betreut;* Syn. *Pfleger*

Kran|ken|schein ⟨m.1⟩ *Formular, das dem behandelnden Arzt zwecks Kostenberechnung gegenüber der Krankenkasse vorgelegt wird*

Kran|ken|schwes|ter ⟨f.11⟩ *Frau, die berufsmäßig Kranke betreut*

Kran|ken|stand ⟨m., -(e)s, nur Sg.; österr.⟩ **1** *ärztliche Befreiung von der Arbeit wegen Krankheit;* im K. sein **2** *(prozentualer) Anteil von Kranken in einem Betrieb;* der K. in unserer Firma ist zu hoch

Kran|ken|ver|si|che|rung ⟨f.10⟩ *Versicherung gegen die Kosten, die bei einer Krankheit entstehen*

krank|fei|ern ⟨V.1, hat krankgefeiert; o.Obj.⟩ *der Arbeit fernbleiben und Krankengeld beziehen, ohne wirklich krank zu sein;* Syn. *krankmachen*

krank|haft ⟨Adj.⟩ *auf einer Krankheit beruhend, von ihr herrührend, in der Art einer Krankheit;* sein Mißtrauen, seine Eifersucht ist k. **Krank|haf|tig|keit** ⟨f., -, nur Sg.⟩

Krank|heit ⟨f.10⟩ **1** *Störung der normalen körperlichen und/oder seelischen Funktionen;* Syn. *Morbus;* an einer K. leiden; von einer K. genesen, geheilt werden **2** *das Kranksein;* während meiner K.

Krank|heits|bild ⟨n.3⟩ *Gesamtheit der durch eine Krankheit ausgelösten Erscheinungen; charakteristisches;* das K. dieser Grippe ist anders als das der sonst üblichen Grippen

krank|la|chen ⟨V.1, hat krankgelacht; refl.; ugs.⟩ *sich k. sehr, anhaltend lachen;* Syn. *krummlachen*

kränk|lich ⟨Adj.⟩ *(ständig) leicht krank* **Kränk|lich|keit** ⟨f., -, nur Sg.⟩

krank|ma|chen ⟨V.1, hat krankgemacht; o.Obj.⟩ → *krankfeiern*

Krank|mel|dung ⟨f.10⟩ *ärztliche Bestätigung, mit der man dem Arbeitgeber das Kranksein meldet*

krank|schie|ßen ⟨V.113, hat krankgeschossen; mit Akk.; Jägerspr.⟩ *durch Schuß verletzen;* ein Reh k.

krank|schrei|ben ⟨V.127, hat krankgeschrieben; mit Akk.⟩ *jmdn. k. ärztlicherseits bestätigen, daß jmd. krank und arbeitsunfähig ist*

Krank|schrei|bung ⟨f.10⟩ *ärztliche Bestätigung der Krankheit und Arbeitsunfähigkeit*

Krän|kung ⟨f.10⟩ **1** *das Kränken (I); K. seines Ehrgefühls;* jmdm. eine K. zufügen; das bedeutet eine K. für mich **2** *kränkendes Verhalten, kränkende Bemerkung;* jmds. ~en ausgeliefert sein; jmds. ~en aushalten müssen

Kranz ⟨m.2⟩ **1** *ringförmiges Gebilde aus Zweigen, Blumen o.ä.* (Advents~, Lorbeer~, Sieger~); einen K. binden, flechten; jmdm.

einen K. auf das Grab legen; einen K. an einer Gedenkstätte niederlegen 2 *kreisförmige Gruppe von Gegenständen oder Menschen;* ein K. von Feigen; ein K. von Verehrern umgab sie 3 ⟨schweiz., ugs.⟩ *die ersten Plätze;* nicht in die Kränze kommen *keine Aussicht auf Erfolg haben*

Kränz|chen ⟨n.7⟩ 1 *kleiner Kranz* 2 ⟨übertr.⟩ *kleine Gruppe von Personen, die sich regelmäßig treffen* (Kaffee~)

krän|zen ⟨V.1, hat gekränzt; mit Akk.; geh. für⟩ *bekränzen;* jmdn. mit Lorbeer k.

Kranz|ge|fäß ⟨n.1⟩ →*Herzkranzgefäß*

Kranz|ge|sims ⟨n.1; Bauk.⟩ *waagrecht der Wand vorgelegter, meist profilierter Streifen als Abschluß zum Dach hin;* Syn. Kranzleiste

Kranz|jung|fer ⟨f.11; landsch.⟩ →*Brautjungfer*

Kranz|lei|ste ⟨f.11⟩ →*Kranzgesims*

Krap|fen ⟨m.7⟩ *in Schmalz gebackenes, rundliches Hefegebäck* (meist mit Zucker bestreut und mit Marmelade gefüllt); Syn. (Berliner) Pfannkuchen

Krapp ⟨m., -s, nur Sg.⟩ *mitteleuropäisches Rötegewächs, das Alizarin liefert;* Syn. Färberröte

Kräp|pel|chen ⟨n.7; sächs.⟩ *kleiner Krapfen*

Krapp|rot ⟨n., -s, nur Sg.⟩ →*Alizarin*

kraß ⟨Adj., krasser, am krassesten⟩ *sehr stark, sehr groß, ungewöhnlich;* ~er Gegensatz; ich würde das nicht so k. ausdrücken [< lat. *crassus* ,,dick, stark, grob''] **Kraß|heit** ⟨f., -, nur Sg.⟩

Kra|ter I ⟨[kra-] m.5⟩ *(trichter- oder schachtförmiges) Gebiet, das durch einen Vulkanausbruch oder durch Meteoriteneinschlag entstanden ist* II ⟨[-tɛr] m.1⟩ *altgriechisches Gefäß mit Fuß und zwei Henkeln* [< griech. *krater* ,,Mischkrug; Krater'']

...kra|tie ⟨in Zus.⟩ *Herrschaft* [< griech. *kratein* ,,mächtig sein, herrschen'', zu *kratos* ,,Kraft, Macht, Gewalt'']

kra|ti|ku|lie|ren ⟨V.3, hat kratikuliert; mit Akk.⟩ *mit Hilfe eines aufgelegten Gitters maßstabgetreu vergrößernd oder verkleinernd zeichnen* [< lat. *craticula* ,,kleiner Rost'', zu *cratis* ,,Flechtwerk, Rost'']

kra|to|gen ⟨Adj., o.Steig.⟩ *zum Kratogen gehörig, aus ihm stammend*

Kra|to|gen, Kra|ton ⟨n., -s, nur Sg.⟩ *starrer Teil der Erdkruste, der nicht mehr durch Faltung, sondern nur durch Bruch- oder Bruchfaltentektonik verformt werden kann* [< griech. *kratos* ,,Kraft, Gewalt'' und *...gen*]

Kratt ⟨n.1; Bot.⟩ *Niederholzgestrüpp*

Krät|te ⟨f.11⟩, **Krät|ten, Krät|ten** ⟨m.7; oberdt.⟩ *kleiner, enger, tiefer Korb*

Kratz|bür|ste ⟨f.11⟩ 1 *Drahtbürste* 2 ⟨übertr., ugs., scherzh.⟩ *widerspenstiges weibliches Wesen*

kratz|bür|stig ⟨Adj., übertr., ugs., scherzh.⟩ *widerspenstig* **Kratz|bür|stig|keit** ⟨f., -, nur Sg.⟩

Krat|ze ⟨f.11⟩ *Werkzeug zum Kratzen*

Krät|ze ⟨f., -, nur Sg.⟩ 1 *durch eine Milbe hervorgerufene, ansteckende Krankheit mit Juckreiz auf der Haut;* Syn. Skabies 2 *Abbrandprodukt, das sich beim Schmelzen von Nichteisenmetallen auf der Schmelzoberfläche absetzt*

krat|zen ⟨V.1, hat gekratzt⟩ I ⟨mit Akk.⟩ 1 *jmdn. k. mit den Fingernägeln, Krallen oder einem Gegenstand scharf reibend verletzen;* die Katze, der Ast hat mich gekratzt; das kratzt mich nicht ⟨ugs.⟩ *das stört mich nicht, macht mir nichts aus;* es kratzt mich, daß ... ⟨ugs.⟩ *es stört, ärgert mich* 2 ⟨refl.⟩ *sich k. einen Juckreiz befriedigen;* sich am Kopf k. II ⟨o.Obj.⟩ 1 *infolge Rauheit reiben, schaben;* die Wolle, der Pullover kratzt 2 *mit den Krallen oder einem Gegenstand an etwas reiben;* der Hund kratzt an der Tür; der Gefangene kratzt an der Wand (um sich bemerkbar zu machen)

Krat|zer ⟨m.5⟩ 1 ⟨ugs.⟩ *kleine Wunde, Schramme;* ein K. im Lack 2 *Gerät zum Kratzen* 3 *Schlauchwurm mit hakenbesetztem Leib, der im Darm parasitiert;* Syn. Kratzwurm

Krät|zer ⟨m.5⟩ 1 →*Federweiße(r)* 2 *saurer Wein* 3 *milder Südtiroler Rotwein;* auch: Kretzer 4 ⟨Bgb., früher⟩ *Werkzeug zum Säubern von Sprenglöchern*

Kratz|fuß ⟨m.2; früher⟩ *höfliche, tiefe Verbeugung* [weil sie ihr mit einem Fuß eine kreisförmige, scharrende Bewegung gemacht wurde]

krat|zig ⟨Adj.; ugs.⟩ *rauh, unangenehm kratzend;* ein ~er Pullover

krät|zig ⟨Adj., o.Steig.⟩ *mit Krätze (1) behaftet*

Kratz|putz ⟨m., -es, nur Sg.⟩ 1 *Putz aus mehreren, verschiedenfarbigen Schichten, die nach dem Trocknen in verschiedenen Tiefen ausgekratzt werden und so Dekorationen ermöglichen* 2 *Einkratzen von Mustern in den noch feuchten Putz*

Kratz|wurm ⟨m.4⟩ →*Kratzer (3)*

krau|chen ⟨V.1, ist gekraucht; o.Obj.; ugs.⟩ *kriechen;* ich kann kaum noch k. *ich bin so erschöpft, so krank, daß ich kaum noch gehen kann*

krau|eln ⟨V.1, hat gekrauelt⟩ →*krauen*

krau|en ⟨V.1, hat gekraut; mit Akk.⟩ *mit den Fingerspitzen sanft kratzend streicheln;* auch: kraulen, kraueln; jmdn., ein Tier im Nacken, im Haar k.

Kraul ⟨n., -s, nur Sg.; kurz für⟩ →*Kraulschwimmen*

krau|len[1] ⟨V.1, hat gekrault⟩ →*krauen*

krau|len[2] ⟨V.1, ist gekrault; o.Obj.⟩ *schwimmen, indem man die Arme abwechselnd von hinten nach vorn am Kopf vorbei über das Wasser führt und unter Wasser zurückzieht und dabei die Beine aus der Hüfte locker auf und ab bewegt* [< engl. *to crawl* in ders. Bed., eigtl. ,,kriechen'']

Kraul|schwim|men ⟨n., -s, nur Sg.⟩ *das Kraulen*[2]

Kraul|stil ⟨m., -s, nur Sg.⟩ *das Kraulen als Schwimmstil*

kraus ⟨Adj.⟩ 1 *eng gelockt, geringelt;* ~es Haar 2 *mit vielen kleinen, unregelmäßigen Falten versehen;* der Stoff ist k. geworden; ~e Stirn *gerunzelte Stirn;* die Stirn k. ziehen *die Stirn runzeln* 3 *voller krauser Wellen;* ~e See 4 *absonderlich, seltsam;* ~e Gedanken

Krau|se ⟨f.11⟩ 1 *gefältelter Kragen oder Saum* 2 *stark wellige Beschaffenheit des Kopfhaars*

Kräu|sel|krepp ⟨m.9 oder m.1⟩ *Baumwollgewebe mit gekräuselter Oberfläche*

kräu|seln ⟨V.1, hat gekräuselt; mit Akk.⟩ 1 *etwas oder sich k. zu kleinen, engen Locken drehen;* das Haar k.; ihr Haar kräuselt sich im Nacken 2 *etwas k. zu kleinen Wellen bewegen;* der Wind kräuselt das Wasser; die Lippen k. ⟨übertr.⟩ ⟨spöttisch⟩ *lächelnd die Lippen verziehen* b *in kleine Fältchen legen;* Stoff k.

Kräu|se|lung ⟨f., -, nur Sg.⟩ *das Kräuseln, das Gekräuseltwerden*

krau|sen ⟨V.1, hat gekraust; mit Akk.⟩ *kraus machen, in Falten legen oder ziehen;* Stoff k.; die Stirn k. *runzeln*

Kraus|kopf ⟨m.2⟩ 1 *jmd., der krauses Haar hat* 2 *jmd., der oft krause Gedanken hat*

Kraut[1] ⟨n.4⟩ 1 *Gewächs, dessen Stengel nicht verholzt* (Heil~, Würz~) 2 ⟨nur Sg.; bes. oberdt.⟩ →*Kohl* (Weiß~, Rot~) 3 ⟨rhein.⟩ *eingedickter Obstsaft* (Apfel~)

Kraut[2] ⟨m., -(e)s, nur Sg.; nddt.⟩ *Garnelen und Krabben* [zu *Krevette*]

krau|ten ⟨V.2, hat gekrautet; o.Obj.; süddt.⟩ *Unkraut jäten*

Krau|ter, Krau|te|rer ⟨m.5; süddt.; scherzh.⟩ *(älterer) sonderbarer Mensch;* ein alter K.

Kraut|fi|scher ⟨m.5⟩ *jmd., der Kraut*[2] *fischt*

Kräu|ticht ⟨n., -s, nur Sg.; †⟩ *Krautblätter als Abfall* (z.B. Kartoffelkraut nach der Ernte)

krau|tig ⟨Adj., o.Steig.⟩ *mit nicht verholztem Stengel;* ~e Staude

Kraut|jun|ker ⟨m.5; bis 1945⟩ *ostelbischer adeliger, aber ungeschliffener Landbesitzer*

Kraut|kopf ⟨m.2; süddt., österr.⟩ →*Kohlkopf*

Kräut|ler ⟨m.5; österr.⟩ *Gemüsehändler*

Kra|wall ⟨m.1⟩ *Lärm, lauter Streit, Aufruhr* [< mittelfrz. *charivalli* (neufrz. *charivari*) ,,Lärm der Hochzeitsgäste, wenn sich das junge Paar zurückzieht, Polterabend'', < mlat. *charavallium, charavarium, chalvarium* u.a. ,,Katzenmusik'', weitere Herkunft nicht geklärt]

Kra|wat|te ⟨f.11⟩ 1 *unter dem Hemdkragen befestigte, bunte Binde, Schlips;* Syn. Binder 2 *ein Griff beim Ringen* [< frz. *cravate*, ital. *cravatta* ,,Halsbinde'', eigtl. ,,Kroat'', < kroatisch *hrvat* ,,Kroat''; da im 17. Jh. die kroatischen Reiter schmale, leinene Halstücher trugen, ging die Bezeichnung von der Person auf die Halsbinde über]

Kra|weel ⟨f.10; †⟩ *Lastschiff* [< ndrl. *karveel* < frz. *caravelle* ,,kleiner Viermaster'' < port. *caravela* ,,kleines Schiff mit latein. Segeln'', zu *caravo*, *antikes Schiff mit kleiner Öffnung*, < lat. *carabus* ,,aus Flechtwerk bestehender, mit Leder überzogener Kahn'', weitere Herkunft nicht bekannt]

Kra|weel|bau ⟨m., -(e)s, nur Sg.⟩ *Art des Bootsbaus, bei der die Planken aneinanderstoßen und meist in zwei Schichten diagonal übereinanderliegen*

Kra|xe ⟨f.11; bayr.-österr.⟩ *großer Rückentragekorb*

kra|xeln ⟨V.1, ist gekraxelt; o.Obj.; bayr.⟩ *klettern*

Kra|yon ⟨[krejõ] m.9; †⟩ 1 *Bleistift, Drehbleistift* 2 *Kreidestift* [< frz. *crayon* ,,Kreidestift; Tonerde'', zu *craie*, ältere Form: *croie* ,,Kreide'']

Kra|yon|ma|nier ⟨[-jõ-] f., -, nur Sg.⟩ *Radierung, bei der die Linien aus feinen Punkten bestehen, so daß das Bild wie eine Kreidezeichnung wirkt*

Kre|as ⟨n., -, nur Sg.⟩ *ungebleichtes Leinen* [< span. *crea* ,,grober Drell'']

Krea|tin ⟨n., -s, nur Sg.⟩ *ein Stoffwechselprodukt in der Muskulatur* [< griech. *kreas*, Gen. *kreatos*, ,,Fleisch'']

Krea|ti|on ⟨f.10⟩ 1 *Schöpfung, Schaffung* 2 *Modeschöpfung, Modell* [< frz. *création* ,,Schöpfung'', < lat. *creatio*, Gen. *-onis*, ,,das Schaffen, Erzeugen'', zu *creare* ,,schaffen'']

krea|tiv ⟨Adj.⟩ *schöpferisch*

Krea|ti|vi|tät ⟨f., -, nur Sg.⟩ *schöpferische Kraft*

Krea|tor ⟨m.13; †⟩ *Schöpfer*

Krea|tur ⟨f.10⟩ 1 *Geschöpf, Lebewesen* 2 *willenloser Mensch als Werkzeug in der Hand eines anderen;* er ist nur die K. seines Vorgesetzten 3 *verachtenswerter Mensch, Schuft;* erbärmliche K. 4 *bedauernswerter Mensch;* diese arme K. [< lat. *creatura* ,,Schöpfung; Geschöpf'', zu *creare* ,,schaffen, erschaffen'']

krea|tür|lich ⟨Adj., o.Steig.⟩ *geschöpflich, einer Kreatur (1) eigen*

Krebs[1] ⟨m.1⟩ *Gliederfüßer mit zwei Paar Fühlern und einem Panzer aus Chitin* (dessen vorderer Körperabschnitt häufig Scheren trägt; z.B. Krabbe, Flußkrebs, Hummer) [< mhd., ahd. *krebiz*, zu *Krabbe*]

Krebs[2] ⟨m.1; Pl. nur mit Art.⟩ 1 *bösartige, lebensvernichtende Zellwucherung* (meist Geschwulst; Brust~, Lungen~, Magen~) 2 (bei Pflanzen) *durch Bakterien- oder Pilzbefall hervorgerufene Wucherung* [nach lat. *cancer* ,,Krebs'' als Bez. für das Tier wie auch für die Krankheit, im Sinne von ,,etwas, das heimlich frißt'']

krebsen ⟨V.1, hat gekrebst; o.Obj.⟩ **1** *Krebse fangen;* k. gehen ⟨schweiz.⟩ *sich einen Vorteil zu verschaffen suchen* **2** *sich abmühen, sich plagen* **3** ⟨schweiz.⟩ *zurückweichen, etwas widerrufen*

Krebs|gang ⟨m., -(e)s, nur Sg.; scherzh.⟩ *das Rückwärtsgehen*

krebs|rot ⟨Adj., o.Steig.⟩ *rot wie ein gekochter Krebs*

Krebs|scha|den ⟨m.8; übertr.⟩ *tief eingewurzeltes Übel;* ein K. des Industriezeitalters

Krebs|tier ⟨n.1⟩ *kleines, dem Leben auf dem Land und im Wasser angepaßtes, hartschaliges Tier;* Syn. *Krustazee*

Kre|denz ⟨f.10; †⟩ *halbhoher Schrank für Geschirr und zum Bereitstellen von Speisen und Getränken, Anrichte* [< ital. *credenza* „Anrichte, Küchenschrank", eigtl. „Glauben"; zugrunde liegt die veraltete Fügung *fare la credenza*, etwa „zum Glauben, zum Vertrauen bringen, versichern", zu ital. *lat. credere* „glauben, vertrauen"; man „versicherte" früher dem Hausherrn, daß die Speisen und Getränke einwandfrei seien, indem man in seiner Anwesenheit einen Diener davon kosten ließ, um zu zeigen, daß sie nicht vergiftet waren; danach ging die Bedeutung von *credenza* auf „das Anbieten, Reichen von Speisen und Getränken" über und schließlich auf das Möbel, auf dem angerichtet wurden]

kre|den|zen ⟨V.1, hat kredenzt; mit Akk. und Dat.; geh.⟩ jmdm. etwas k. *anbieten, reichen, darreichen;* jmdm. ein Glas Wein, einen Imbiß k. [zu *Kredenz*]

Kre|dit I ⟨auch [-dɪt] m.1⟩ **1** *befristete Überlassung von Naturalien oder Geld gegen Zins, Darlehen;* einen K. aufnehmen **2** *Vertrauen in die Fähigkeit und Bereitschaft eines anderen, seine Verbindlichkeiten vereinbarungsgemäß zu erfüllen;* bei jmdm. (unbeschränkten) K. haben **II** ⟨[ˈkreː-] n.9; Buchführung⟩ *Habenseite (des Kontos);* Ggs. *Debet* (2) [< ital. *credito* „Darlehen", < lat. *creditum* „das Anvertraute, Geliehene, Darlehen", zu *credere* „anvertrauen, leihen", eigtl. „glauben, vertrauen"]

Kre|dit|an|stalt ⟨f.10⟩, **Kre|dit|bank** ⟨f.10⟩ *Bank, die langfristige Kredite gibt*

Kre|dit|brief ⟨m.1⟩ *Anweisung einer Bank an eine andere Bank, einem Dritten einen Kredit zu gewähren*

kre|dit|fä|hig ⟨Adj.⟩ → *kreditwürdig*

kre|di|tie|ren ⟨V.3, hat kreditiert; mit Dat. und Akk.⟩ jmdm. eine Summe k. *als Darlehen geben, überlassen* [zu *Kredit*]

Kre|di|tor ⟨m.13⟩ *Gläubiger;* Ggs. *Debitor*

kre|dit|wür|dig ⟨Adj.⟩ *würdig, einen Kredit zu erhalten, finanziell vertrauenswürdig;* Syn. *kreditfähig* **Kre|dit|wür|dig|keit** ⟨f., -, nur Sg.⟩

Kre|do ⟨n.9⟩ **1** *das Apostolische Glaubensbekenntnis* **2** *Teil der kath. Messe* **3** ⟨allg.⟩ *Glaubensbekenntnis* [< lat. *credo* „ich glaube"]

Kre|du|li|tät ⟨f., -, nur Sg.; †⟩ *Leichtgläubigkeit* [< lat. *credulitas* „Leichtgläubigkeit", zu *credulus* „leichtgläubig", zu *credere* „glauben"]

kre|gel ⟨Adj., kreg(e)ler, am ~sten⟩ *munter, gesund, beweglich* [mndd., „kampfbereit", zu *krigen* „befehden, bekriegen"]

Krei|de ⟨f.11⟩ **1** *weißer, feinkörniger Kalkstein* **2** ⟨nur Sg.⟩ *Abschnitt der Erdgeschichte, jüngste Formation des Mesozoikums;* auch: *Kreidezeit* **3** *aus Kreide* (1) *hergestellter Schreib- oder Malstift;* bei jmdm. in der K. stehen, bei jmdm. Schulden haben [weil früher schuldig gebliebene Beträge vom Händler mit Kreide auf eine Tafel geschrieben wurden; mhd. *kride,* mndlt. *krite,* < lat. *terra creta* „gesiebte Erde", zu *cernere* „sichten, scheiden"]

krei|de|bleich ⟨Adj., o.Steig.⟩ *weiß wie Kreide (vor Angst oder Schreck);* k. werden; Syn. *kreideweiß*

krei|de|weiß ⟨Adj., o.Steig.⟩ → *kreidebleich*

Krei|de|zeit ⟨f., -, nur Sg.⟩ → *Kreide* (2)

krei|dig ⟨Adj., Steig. nur (1)⟩ **1** *voller Kreide;* ~e Hände; sich den Rock k. machen **2** *Kreide enthaltend;* ~es Gestein **3** *weiß, bleich wie Kreide;* ~es Gesicht

kre|ie|ren ⟨V.3, hat kreiert; mit Akk.⟩ **1** *schaffen, hervorbringen;* eine Mode k. **2** *als erster auf bestimmte Weise neu gestalten;* eine Rolle (auf der Bühne) k. [< frz. *créer* „erschaffen, erfinden", < lat. *creare* „erschaffen"]

Kreis ⟨m.1⟩ **1** *geschlossene, ebene Kurve, deren Punkte von einem Mittelpunkt gleich weit entfernt sind;* einen K. schlagen, beschreiben; jmds. ~e stören *sich in jmds. Angelegenheiten mischen* [nach dem Ausspruch des Archimedes gegenüber feindlichen Soldaten: Noli turbare circulos meos! *Zerstöre meine (geometrischen) Figuren nicht!*] **2** *Weg, der wieder zum Ausgangspunkt zurückführt* (Strom~); einen K. gehen, laufen; im K. gehen **3** *Bewegung in Form einer geschlossenen Kurve;* sich im K. drehen; der Adler zog seine ~ über dem Tal; die Sache zieht ~e *die Sache hat weitreichende Auswirkungen;* der K. hat sich geschlossen *jmds. Äußerung hat sich selber unerwartet wieder und zuletzt (peinlicherweise) wieder ihm selbst;* ⟨auch⟩ *ein Geschenk ist nach mehrmaligem Weiterverschenken zum ersten Schenker zurückgekehrt* **4** *Gruppe, die eine runde, geschlossene Linie bildet;* ein K. von Hügeln um uns her; die Kinder bildeten einen K.; Stühle im K. aufstellen; sich im K. um jmdn. setzen **5** *Personengruppe* (Freundes~, Bekannten~); kirchliche, politische ~e; die besseren ~e der höheren Gesellschaftsschichten; in weiten ~en der Bevölkerung; einen K. von Verehrern um sich scharen; im K. der Zuhörer wurden Beifallsrufe laut **6** *Verwaltungsbezirk* (Land~)

Kreis|amt ⟨n.4⟩ *Landratsamt*

Kreis|bo|gen ⟨m.7 oder m.8⟩ *Stück des Kreisumfanges*

krei|schen ⟨V.1, hat gekreischt; o.Obj.⟩ *laut und schrill schreien;* der Papagei kreischt; „Nein!" kreischte sie [< mhd. *krizen* „kreischen, scharf schreien", lautmalend; vgl. *kreißen*]

Krei|sel ⟨m.5⟩ *um eine Achse drehbarer, symmetrischer Körper (als technische Vorrichtung oder als Spielgerät)*

Krei|sel|kom|paß ⟨m.1⟩ *ein drehbar aufgehängter Kreisel, der im Gegensatz zum Magnetkompaß auch in geschlossenen Metall-Hohlräumen die Nord-Süd-Richtung anzeigt*

krei|seln ⟨V.1, o.Obj.⟩ **1** ⟨hat gekreiselt⟩ *den Kreisel mit der Peitsche treiben (als Kinderspiel)* **2** ⟨hat gekreiselt; Fußb.⟩ *sich den Ball im Kreis zuspielen* **3** ⟨ist gekreiselt⟩ *sich wiederholt um die eigene Achse drehen* **4** ⟨ist gekreiselt⟩ *sich im Kreis bewegen, bogenförmige Figuren laufen oder fahren*

krei|sen ⟨V.1, ist gekreist; o.Obj.⟩ *sich im Kreis bewegen;* das Flugzeug kreiste über dem Wald; die Erde kreist um die Sonne; eine Flasche k. lassen *in der Runde herumgeben;* meine Überlegungen kreisten ständig um dieses Problem

kreis|frei ⟨Adj., o.Steig.⟩ *keinem Landkreis angehörend, einen eigenen Stadtkreis bildend;* ~e Stadt

Kreis|lauf ⟨m.2⟩ **1** *Bewegung, die regelmäßig wieder zu ihrem Ausgangspunkt zurückkehrt;* der ewige K. des Lebens; der K. der Gestirne; der K. des Geldes **2** ⟨kurz für⟩ → *Blutkreislauf*

Kreis|sä|ge ⟨f.11⟩ *Säge mit Motorantrieb und kreisförmig umlaufendem, scheibenförmigem Sägeblatt* **2** ⟨ugs., scherzh.⟩ *runder, flacher Strohhut*

krei|ßen ⟨V.1, hat gekreißt; o.Obj.⟩ *in den Geburtswehen liegen;* der Berg kreißt und gebiert eine Maus ⟨übertr.⟩ *der große Aufwand hat ein lächerlich geringfügiges Ergebnis* [< mhd. *krizen* „schreien, stöhnen"]

Kreiß|saal ⟨m., -(e)s, -säle⟩ *Raum für die gebärenden Frauen in einem Krankenhaus* [zu *kreißen*]

Kreis|stadt ⟨f.2⟩ *Stadt, in der die Verwaltung eines Landkreises ihren Sitz hat*

Kreis|tag ⟨m.1⟩ *Gesamtheit der von einem Landkreis gewählten Volksvertreter*

Kreis|ver|kehr ⟨m., -(e)s, nur Sg.⟩ *Art der Verkehrsregelung, bei der zur Seitenstraßen einbiegenden Fahrzeuge sich nur nach rechts in eine kreisförmig geführte Einbahnstraße einordnen dürfen*

Kreis|wehr|er|satz|amt ⟨n.4⟩ *Dienststelle des Wehrersatzwesens, die mehrere Landkreise umfaßt*

Krem ⟨f.9, ugs. auch m.9, eindeutschende Schreibung für⟩ *Creme*

Kre|ma|ti|on ⟨f.10⟩ *Verbrennung im Krematorium*

Kre|ma|to|ri|um ⟨n., -s, -ri|en⟩ *Verbrennungsanlage (für Leichen);* Syn. ⟨österr.⟩ *Feuerhalle* [< lat. *crematorio* in ders. Bed., < lat. *crematurus* „einer, der verbrennen wird", zu *cremare* „verbrennen"]

kre|mie|ren ⟨V.3, hat kremiert; mit Akk.⟩ *verbrennen, einäschern;* Leichen k. [< lat. *cremare* „verbrennen"]

Kreml ⟨m.9 oder m.5⟩ **1** ⟨i.w.S.⟩ *Burg, Zitadelle* **2** ⟨i.e.S.⟩ *Stadtburg von Moskau und sowjetischer Regierungssitz* **3** ⟨auch⟩ *die sowjetische Regierung* [< russ. *kreml* „Festung, Burg", zu *kremlowij* „fest, stark" (vom Bauholz), dazu *krem* „Teil des Waldes mit den stärksten Stämmen"]

Krem|pe ⟨f.11⟩ *Rand (des Hutes)* [< nddt. *Kremp* in ders. Bed., eigtl. „die Gekrümmte, Krumme", zu *krimpen* „krumm werden"]

Krem|pel¹ ⟨m., -s, nur Sg.; ugs.⟩ *Kram, wertloses Zeug*

Krem|pel² ⟨f.11⟩ → *Karde* (2) [zu *Krampe*]

krem|peln ⟨V.1, hat gekrempelt; mit Akk.⟩ **1** *nach einer Seite drehen;* die Ärmel in die Höhe, nach unten k. **2** ⟨schweiz.⟩ *hochkrempeln;* die Ärmel k.

Krem|ser ⟨m.5⟩ *offener, vielsitziger Pferdewagen (bes. für Ausflugsfahrten)* [nach dem Berliner Fuhrunternehmer *Kremser*]

Krem|ser Weiß ⟨n., - -(es), nur Sg.⟩ → *Bleiweiß* [nach der niederösterr. Stadt *Krems*]

Kren ⟨m., -s, nur Sg.; süddt., bes. österr.⟩ → *Meerrettich* [< tschech. *kren,* russ. *chren* in ders. Bed.; Herkunft nicht geklärt]

kre|ne|lie|ren ⟨V.3, hat kreneliert; mit Akk.; früher⟩ *mit Zinnen versehen* [< frz. *créneler* in ders. Bed., zu *créneau* „Zinne"]

Krengel ⟨m.5⟩ *Nebenform von* → *Kringel*

kren|gen ⟨V.1, hat gekrengt; o.Obj.; Seew.⟩ *sich auf die Seite legen, neigen;* auch: *krängen;* das Schiff krengt [< ndrl. *krengen* „wenden, drehen"]

Kre|o|le ⟨m.11⟩ **1** *Nachkomme europäischer (romanischer) Einwanderer in Mittel- und Südamerika* **2** ⟨früher auch in Brasilien⟩ *im Inland geborener Neger* [< frz. *créole* < span. *criollo* in ders. Bed., < port. *creoulo* „Mestize, der im Haus seines Herrn geboren und aufgewachsen ist"; Verkleinerungsform von *cria* „Kind, Junges, das gesäugt wird"]

Kre|o|sot ⟨n., -s, nur Sg.⟩ *Bestandteil des Teers mit keimtötender Wirkung* [< griech. *kreas* „Fleisch" und *soter* „Retter, Erhalter", zu *sozein* „am Leben erhalten", also „Fleisch erhaltender Stoff"]

Kre|pe|li|ne ⟨[kreplinə] f.9⟩ *leichtes Kreppgewebe* [frz.]

kre|pie|ren ⟨V.3, ist krepiert; o.Obj.⟩ **1** *infolge Zündung von Brennstoff zerplatzen;* eine Granate, Bombe krepiert **2** *verenden, eingehen (von Tieren)* **3** ⟨derb⟩ *elend sterben,* *zugrunde gehen* [< ital. *crepare* in denselben Bed., lat. *crepare* „krachen, dröhnen"]

Kre|pi|ta|ti|on ⟨f.10⟩ Geräusch beim Aneinanderreiben rauher Flächen (z. B. gebrochenen Knochen, Atemgeräusch, z. B. bei Lungenentzündung) [< lat. *crepitatio*, Gen. *-onis*, „das Knarren", zu *crepitare* „knarren, knirschen, rasseln"]

Kre|pon [-põ] m.9⟩ *ein Kreppgewebe mit rauher Oberfläche* [frz.]

Krepp ⟨m.9 oder m.1⟩ *Gewebe mit gekräuselter Oberfläche*; auch: *Crêpe* [< frz. *crêpe* „Krepp, Flor", < altfrz. *crespe* < lat. *crispus* „kraus"]

Krepp|pa|pier ⟨-pp|p-; n.1⟩ *Papier mit gekräuselter in unregelmäßiger Querfältchen gepreßter Oberfläche*

krep|pen ⟨V.1, hat gekreppt; mit Akk.⟩ *zu Krepp machen, in Fältchen legen oder ziehen; gekrepptes Papier*

Krepp|soh|le ⟨f.11⟩ *Schuhsohle aus gerauhtem, porigem Kautschuk*

Kre|sol ⟨n., -s, nur Sg.⟩ *ein aromatischer Kohlenwasserstoff zum Imprägnieren und Desinfizieren* [< *Kreosot* und *Phenol*]

kreß ⟨Adj., o. Steig.⟩ *orange(farben)* [nach der *Kapuzinerkresse*]

Kreß ⟨n., -, nur Sg.⟩ *Orangefarbe*

Kres|se ⟨f.11⟩ 1 *u. a. als Salatpflanze angebauter Kreuzblütler (Garten~)* 2 ⟨kurz für verschiedene Pflanzen wie: *Brunnenkresse, Kapuzinerkresse*⟩

Kres|zenz ⟨f., -, nur Sg.⟩ *Wachstum, Herkunft (bes. vom Wein)* [< lat. *crescentia* „Wachstum", zu *crescere* „wachsen"]

kre|ta|ze|isch, kre|ta|zisch ⟨Adj., o. Steig.⟩ *zur Kreideformation gehörig, aus ihr stammend* [< lat. *terra creta* „gesiebte Erde", → *Kreide*]

Kre|ter ⟨m.5⟩ *Einwohner von Kreta*

Kre|thi und Ple|thi ⟨ugs., abwertend⟩ *alle möglichen Leute*; dort trifft sich K. und P. [nach König Davids Leibwache, die in der Bibel (u. a. in 2. Samuel 8,18) als *Krether und Plether* bezeichnet wird; ob es sich um „Kreter und Philister" handelte, ist nicht sicher, jedenfalls bestand die Leibwache aus fremden Söldnern, deren Herkunft man nicht kannte]

Kre|ti|kus ⟨m., -, -zi⟩ *drei- bis fünfsilbiger antiker Versfuß aus einer Kürze zwischen zwei Längen, die durch je zwei Kürzen vertreten sein können*

Kre|tin [-tẽ] m.9⟩ *schwachsinniger und mißgestalteter Mensch* [< frz. *crétin* in ders. Bed., ältere Bedeutung „armselig"; in den südostfrz. Mundarten steht es für *chrétien* „Christ", wohl mit dem Nebensinn „armer Mensch, der ja auch ein Christenmensch ist, obwohl er mit den übrigen nur die Taufe gemeinsam hat"]

Kre|ti|nis|mus ⟨m., -, nur Sg.⟩ *auf Unterfunktion der Schilddrüse beruhender, angeborener Schwachsinn mit körperlicher Mißbildung* [→ *Kretin*]

kre|tisch ⟨Adj., o. Steig.⟩ *Kreta betreffend, zu ihm gehörig, aus ihm stammend*

Kret|zer ⟨m.5⟩ → *Krätzer*

kreuz ⟨Adv.⟩ *nur in der Wendung*: k. und quer *hin und her*

Kreuz ⟨n.1⟩ 1 *zwei sich rechtwinklig oder schräg schneidende Balken (häufig als Symbol verwendet); Eisernes K.* → *eisern; das Rote K. internationaler Verband zur Versorgung und Betreuung Kranker, Verletzter und Gefangener; das Blaue K. Vereinigung zur Betreuung der Alkoholiker; das K. des Südens Sternbild des südlichen Himmels; des K. des Nordens Sternbild des nördlichen Himmels* 2 *christliches Symbol, das an Christi Tod erinnert;* ⟨fig.⟩ *die Anbetung des ~es; das K. Christi; das K. nehmen (im MA) sich auf einen Kreuzzug begeben; das K. predigen (im MA) zu einem Kreuzzug aufrufen; ein K. schlagen das Kreuzzeichen machen;* hinter

jmdm. drei Kreuze schlagen, machen ⟨ugs.⟩ *erleichtert sein, daß jmd. sich entfernt; zu ~e kriechen demütig jmdm. um Verzeihung bitten* 3 ⟨nur Sg.⟩ *Leid, Mühsal, schwere Arbeit; sein K. auf sich nehmen, tragen; es ist ein K. mit dir* ⟨ugs.⟩ *mit dir hat man ständig Schwierigkeiten* 4 ⟨Kurzw. für⟩ *Autobahnkreuz* 5 ⟨Med.⟩ *Teil des Rückens um das Kreuzbein; jmdm. aufs K. legen* ⟨ugs.⟩ *jmdn. hereinlegen; eine Frau aufs K. legen* ⟨derb⟩ *mit einer Frau schlafen; jmdm. etwas aus dem K. leiern* ⟨ugs.⟩ *durch Überredung, Mühe von jmdm. etwas erhalten* 6 ⟨Mus.⟩ *Zeichen für die Erhöhung eines Tones um einen halben Ton* 7 *graphisches Zeichen in Form eines Kreuzes (1); als Unterschrift* 8 *kreuzförmiger Gegenstand (Fenster~); mit jmdm. hinters, über(s) K. kommen* ⟨ugs.⟩ *mit jmdm. Streit haben; die beiden sind über(s) K. die beiden sind zerstritten*

kreuz... ⟨Adj., in Zus.; ugs.⟩ *sehr, äußerst,* z. B. *kreuzbrav, kreuzdumm, kreuzfidel*

Kreuz|ab|nah|me ⟨f., -, nur Sg.⟩ *Abnahme Christi vom Kreuz*

Kreuz|band ⟨n.4⟩ 1 *jedes von zwei sich überkreuzenden Bändern des Kniegelenks, die die Knie in seinen Bewegungen führen* 2 *Eisenband (früher mit kreuzförmiger Verzierung) zur besseren Befestigung schwerer Türen* 3 *Streifen Papier für Drucksachen bei Postversand (z. B. für Zeitungen)*

Kreuz|bein ⟨n.1⟩ *schaufelförmiger Knochen am unteren Ende der Wirbelsäule*

Kreuz|blüt|ler ⟨m.5⟩ *Pflanze mit kreuzweise stehenden Kelch- und Blütenblättern (z. B. Brunnenkresse, Kohl, Raps);* Syn. *Kruzifere*

Kreuz|dorn ⟨m.1⟩ *Strauch mit vierzähligen (kreuzartigen) Blüten, einfachen Blättern und Beerenfrüchten*

kreu|zen ⟨V.1⟩ I ⟨mit Akk.; hat gekreuzt⟩ 1 *über Kreuz legen, kreuzförmig legen; die Arme vor der Brust k.; die Klingen k. miteinander fechten* 2 *im rechten Winkel auf etwas treffen; die eine Straße kreuzt die andere; zwei Bahnlinien k. einander; unsere Briefe haben sich,* ⟨eigtl.⟩ *einander gekreuzt wir haben einander zur gleichen Zeit geschrieben und zur gleichen Zeit den Brief des andern erhalten; jmds. Weg k. jmdm. auf seinem Weg begegnen, jmdn. zufällig treffen* 3 *überqueren, sich in der Querrichtung über etwas bewegen; eine Straße k.* 4 *einander,* ⟨ugs.⟩ *sich k. einander zuwiderlaufen, unterschiedlich, gegensätzlich sein; unsere Ansichten, Pläne k. sich* 5 *Pflanzen, Tiere verschiedener Rassen oder Arten k. paaren und Nachkommen hervorbringen lassen* II ⟨o. Obj.; ist gekreuzt⟩ 1 ⟨Seew.⟩ *im Zickzack gegen den Wind segeln (um ein Ziel zu erreichen, das direkt gegen den Wind nicht angesteuert werden kann)* 2 *auf dem Meer hin und her fahren und verschiedene Ziele ansteuern; im Mittelmeer k.*

Kreu|zer[1] ⟨m.5⟩ *früher in Deutschland und Österreich-Ungarn⟩ kleine Münze* [nach dem *Doppelkreuz* auf der Rückseite]

Kreu|zer[2] ⟨m.5⟩ *schnelles, leicht gepanzertes Kriegsschiff* [< ndrl. *kruiser*, zu *kruizen* im Sinne von „hin und her fahren"]

Kreuz|er|hö|hung ⟨f., -, nur Sg.⟩ *Fest bes. der Ostkirche am 14. September*

Kreu|zes|ab|nah|me ⟨f.11⟩ → *Kreuzabnahme*

Kreu|zes|er|hö|hung ⟨f., -, nur Sg.⟩ → *Kreuzerhöhung*

Kreu|zes|tod ⟨m., -es, nur Sg.⟩ *Tod am Kreuz;* den K. *sterben*

Kreuz|fah|ne ⟨f.11⟩ *Fahne mit einem eingestickten Kreuz (Zeichen der Kreuzfahrer)*

Kreuz|fah|rer ⟨m.5⟩ *jmd., der an einem Kreuzzug teilnimmt*

Kreuz|fahrt ⟨f.10⟩ *Vergnügungsfahrt auf einem großen Schiff, das zahlreiche Häfen ansteuert*

Kreuz|feu|er ⟨n.5⟩ *Beschuß von mehreren Seiten; im K. stehen heftiger Kritik ausgesetzt sein*

Kreuz|gang ⟨m.2⟩ *im Viereck um den Klosterhof führender Bogengang*

Kreuz|ge|lenk ⟨n.1⟩ → *Kardangelenk*

Kreuz|ge|wöl|be ⟨n.5⟩ *Gewölbe aus zwei sich rechtwinklig durchdringenden Tonnengewölben*

Kreuz|griff ⟨m.1; Geräteturnen⟩ *Griff mit gekreuzten Armen*

Kreuz|heer ⟨n.1⟩ *Heer, das aus Kreuzfahrern besteht*

kreu|zi|gen ⟨V.1, hat gekreuzigt; mit Akk.⟩ *ans Kreuz schlagen, nageln (früher als Strafe)*

Kreu|zi|gung ⟨f.10⟩ *das Kreuzigen, das Gekreuzigtwerden*

Kreuz|kraut ⟨n., -(e)s, nur Sg.⟩ *(meist gelb blühender) Korbblütler* [entstellt aus *Greiskraut*, nach den weißen Flughaaren der reifen Pflanze, die an einen Greisenkopf erinnern]

Kreuz|kup|pel|kir|che ⟨f.11⟩ *byzantinischer Kirchentyp mit Kuppel und einem griechischen Kreuz als Grundriß*

kreuz|lahm ⟨Adj., o. Steig.⟩ *(infolge schwerer körperlicher Arbeit) Schmerzen im Kreuz habend;* k. sein

Kreuz|mast ⟨m.10⟩ *hinterster Mast (dreimastiger Segelschiffe);* Syn. *Besanmast*

Kreuz|ot|ter ⟨f.11⟩ *Giftschlange mit einem kreuzähnlichen Zeichen im Nacken, das in ein Zickzackband auf dem Rücken übergeht*

Kreuz|pro|be ⟨f.11⟩ *Überprüfung der Verträglichkeit der Blutgruppen vor einer Bluttübertragung*

Kreuz|reim ⟨m.1⟩ *Reim, bei dem sich die erste Zeile (einer Strophe) mit der dritten und die zweite mit der vierten reimt*

Kreuz|rip|pen|ge|wöl|be ⟨n.5⟩ *Kreuzgewölbe, bei dem sich von einer Stütze zur anderen ein Verstärkungsbogen (Rippe) spannt*

Kreuz|rit|ter ⟨m.5; früher⟩ 1 *Ritter, der an einem Kreuzzug teilnimmt* 2 *Mitglied des Deutschen Ordens*

Kreuz|schlüs|sel ⟨m.5⟩ *kreuzförmiges, gleichschenkliges Werkzeug zum Lösen der Radmuttern von Autos*

Kreuz|schna|bel ⟨m.8⟩ *Finkenvogel, bei dem sich die Spitzen von Ober- und Unterschnabel überkreuzen (Fichten~)*

Kreuz|spin|ne ⟨f.11⟩ *große Spinne mit einer hellen Kreuzzeichnung auf dem kugeligen Rücken (Garten~)*

Kreuz|stab ⟨m.2⟩ → *Jakobsstab*

kreuz|stän|dig ⟨Adj., o. Steig.; Bot.⟩ *in der Form eines Kreuzes angeordnet*

Kreuz|stich ⟨m.1⟩ *Nähstich, bei dem jeweils zwei Fäden ein liegendes Kreuz bilden*

Kreu|zung ⟨f.10⟩ 1 *Stelle, an der sich zwei oder mehr Verkehrswege schneiden; in die K. einfahren* 2 ⟨Biol.⟩ *Mischung verschiedener Rassen von Tieren oder Pflanzen* 3 *Produkt einer solchen Mischung; eine gelungene K.; der Hund ist eine K. von Collie und Setter*

Kreuz|ver|hör ⟨n.1⟩ 1 *Vernehmung einer Person während eines Prozesses durch den Staatsanwalt und den Verteidiger; jmdn. ins K. nehmen* 2 ⟨allg.⟩ *scharfes Verhör;* ein K. *mit jmdm. anstellen*

Kreuz|weg ⟨m.1⟩ 1 *Stelle, an der sich zwei Wege schneiden; am K. stehen* ⟨übertr.⟩ *eine wichtige Entscheidung treffen müssen* 2 *Weg Christi nach Golgatha* 3 ⟨kath. Kirche⟩ *Darstellung dieses Weges in 14 aufeinander folgenden Bildern*

kreuz|wei|se ⟨Adv.⟩ *in Form eines Kreuzes; zwei Stäbe k. übereinanderlegen; du kannst mich k.* ⟨erg.: *am Arsch lecken*⟩ ⟨derbe Ablehnung⟩ *laß mich Ruhe!, mach, was du willst!*

Kreuz|wort|rät|sel ⟨n.5⟩ *Rätsel, bei dem die zu erratenden Wörter in ein System von senkrecht und waagrecht angeordneten Kästchen eingetragen werden*

Kreuz|zei|chen ⟨n.7⟩ *mit der Hand nachgeahmtes Zeichen des Kreuzes;* ein K. machen, schlagen

Kreuz|zug ⟨m.2⟩ **1** (i.e.S.) *Kriegszug zur Eroberung Jerusalems* **2** (i.w.S.) *von der Kirche geforderter Kriegszug gegen Ungläubige und Ketzer*

Kre|vet|te ⟨f.11; Handelsbez.⟩ → *Garnele* [< mndrl. *krevet* (ndrl. *kreeft*) ,,Krebs"; verwandt mit *Krabbe*, nicht mit lat. *carabus* ,,Meerkrebs"]

krib|be|lig ⟨Adj.; ugs.⟩ *ungeduldig, nervös, gereizt;* auch: *kribblig; das lange Warten macht mich ganz k.*

Krib|bel|krank|heit ⟨f., -, nur Sg.⟩ → *Ergotismus*

krib|beln ⟨V.1, hat gekribbelt⟩ **I** ⟨o.Obj.⟩ *ein Gefühl wie von vielen winzigen Stichen haben;* meine Füße k.; meine Haut kribbelt **II** ⟨mit Dat. oder Akk.⟩ *bei jmdm. ein solches Gefühl hervorrufen;* die Wolle kribbelt mir, ⟨oder⟩ mich auf der Haut; ein Niesreiz kribbelt mir, ⟨oder⟩ mich in der Nase; es kribbelt mir in den Fingern, es zu tun *ich möchte es sehr gern tun*

kribb|lig ⟨Adj.⟩ → *kribbelig*

Kri|ckel ⟨-k|k-; n., -s, -(n)⟩ *Horn (der Gemse);* auch: *Krucke*

Kri|ckel|kra|kel ⟨-k|k-; n.5; ugs.⟩ *unleserlich Geschriebenes*

kri|ckeln ⟨-k|k-; V.1, hat gekrickelt; o.Obj.⟩ **1** → *krakeln* **2** (landsch.) *streiten*

Kri|ckel|wild ⟨-k|k-; n., -(e)s, nur Sg.⟩ → *Gamswild*

Krick|en|te ⟨f.11⟩ *taubengroße Wildente (Kopf des Männchens rotbraun mit grünem Band)* [nach dem Ruf des Erpels]

Cri|cket ⟨-k|k-; n., -s, nur Sg.⟩ *englisches Schlagballspiel zwischen zwei Mannschaften* [vielleicht über fläm. *krick* ,,Stock", < altfrz. *criquet* ,,Stock, Stab", der früher als Tor oder Ziel benutzt wurde]

Kri|da ⟨f., -, nur Sg.⟩ österr. *betrügerischer Konkurs* [< mlat. *crida* ,,öffentlicher Ausruf, Zusammenrufen (der Gläubiger)", zu *cridare* ,,schreien"]

Kri|dar, Kri|da|tar ⟨m.1; österr.⟩ *Konkursschuldner* [zu *Krida*]

Krie|bel|mücke ⟨-k|k-; f.11⟩ *kleiner, dunkler, blutsaugender Zweiflügler* [zu *kribbeln*]

krie|chen ⟨V.73, ist gekrochen; o.Obj.⟩ **1** *sich auf dem Boden (oder auf einem Untergrund) oder dicht am Boden fortbewegen;* auf allen vieren k.; eine Schlange kroch über den Weg; ein Käfer kroch mir über den Fuß; das Kind kriecht durchs Zimmer; ins Bett k. ⟨ugs.⟩ *sich ins Bett legen;* im Arsch k. ⟨vulg.⟩ *jmdm. plump schmeicheln, so reden, wie es jmd. hören möchte;* vor jmdm. k. *sich vor jmdm. demütigen, jmdm. demütig um etwas bitten* **2** *sich durch eine enge Öffnung bewegen;* der Hund kriecht durch den Zaun; er ist durchs Kellerfenster gekrochen **3** *sich sehr langsam fortbewegen;* der Zug kriecht; der Verkehr geht nur ~d voran; ich war so erschöpft, daß ich auf dem Heimweg nur noch gekrochen bin

Krie|cher ⟨m.5⟩ *unterwürfiger, übertrieben diensteifriger, schmeichlerischer Mensch*

Krie|che|rei ⟨f., -, nur Sg.⟩ *Unterwürfigkeit, übertriebener Diensteifer, schmeichlerisches Verhalten*

krie|che|risch ⟨Adj.⟩ *in der Art eines Kriechers, unterwürfig und schmeichlerisch*

Kriech|spur ⟨f.10; auf Autobahnen⟩ *zusätzliche Fahrspur für besonders langsame Fahrzeuge*

Kriech|strom ⟨m.2⟩ *unerwünschter Stromübergang entlang der Oberfläche von Isolatoren (durch Verunreinigung oder Feuchtigkeit)*

Kriech|tier ⟨n.1⟩ → *Reptil*

Krieg ⟨m.1⟩ **1** *bewaffnete Auseinandersetzung zwischen Staaten;* Ggs. *Frieden (1);* K. führen; einem Land den K. erklären; kalter K. → *kalt* **2** *Streit, Auseinandersetzung;* Ggs. *Frieden (2);* jmdm. (den) K. ansagen *einen Streit beginnen*

krie|gen ⟨V.1, hat gekriegt; mit Akk.⟩ **1** ⟨ugs. für⟩ *bekommen;* er kann nie genug k.; kann ich noch ein Stück Kuchen k.?; einen Schrecken k.; du wirst es schon zu sehen k. **2** jmdn. k. **a** *erwischen, fangen* **b** *jmdn. dazu k., etwas zu tun jmdn. dazu veranlassen (können), etwas zu tun*

Krie|ger ⟨m.5⟩ *Kämpfer, Soldat*

krie|ge|risch ⟨Adj.⟩ **1** *zum Krieg gehörig, in der Art eines Krieges;* ~e Auseinandersetzung **2** *kämpferisch wie Krieger;* ~es Volk

Kriegs|an|lei|he ⟨f.11⟩ *Anleihe, durch die ein kriegführendes Land den Krieg zu finanzieren sucht*

Kriegs|beil ⟨n.1⟩ *Streitaxt der Indianer, Symbol des Krieges;* das K. ausgraben *Krieg beginnen;* das K. begraben *den Krieg beenden*

kriegs|be|schä|digt ⟨Adj., o.Steig.⟩ *durch eine Kriegsverletzung dauernd einen körperlichen Mangel aufweisend*

Kriegs|be|schä|dig|te(r) ⟨m.17 oder 18⟩ *jmd., der kriegsbeschädigt ist*

Kriegs|flug|zeug ⟨n.1⟩ → *Kampfflugzeug*

Kriegs|fuß ⟨m.; nur in der Wendung⟩ mit jmdm. auf (dem) K. stehen *mit jmdm. im Streit liegen*

Kriegs|ge|fan|ge|ne(r) ⟨m.17 oder 18⟩ *während eines Krieges in feindliche Hand gefallener Angehöriger der Streitkräfte*

Kriegs|ge|richt ⟨n.1⟩ *Organ der militärischen Gerichtsbarkeit im Kriegsfall*

Kriegs|ge|schrei ⟨n., -s, nur Sg.⟩ *Geschrei in den Kampf ziehender Krieger, um dem Feind Angst und um sich selbst Mut zu machen*

Kriegs|ge|winn|ler ⟨m.5; abwertend⟩ *jmd., der durch (zweifelhafte) Geschäfte am Krieg verdient*

Kriegs|knecht ⟨m.1; früher⟩ *Soldat, Söldner*

Kriegs|ma|ri|ne ⟨f., -, nur Sg.⟩ *Seestreitkräfte eines Staates*

Kriegs|ma|schi|ne ⟨f.11⟩ **1** (früher) *Maschine verschiedenster Art für Angriff und Deckung, die bei der Belagerung (einer Burg, Stadt) verwendet wurde* **2** ⟨ugs.⟩ *Gesamtheit des Kriegspotentials eines Landes*

Kriegs|pfad ⟨m.1; nur in der Wendung⟩ auf dem K. sein ⟨scherzh.⟩ *einen Angriff gegen etwas oder jmdn. führen*

Kriegs|rat ⟨m.2, nur Sg.; in der Wendung⟩ K. halten, abhalten ⟨ugs.⟩ *das gemeinsame Vorgehen beraten*

Kriegs|schau|platz ⟨m.2⟩ *Gebiet, in dem sich während eines Krieges Kampfhandlungen abspielen*

Kriegs|schiff ⟨n.1⟩ *Schiff für Kampf und Verteidigung auf See;* Ggs. *Handelsschiff*

Kriegs|schu|le ⟨f.11⟩ *Militärschule, auf der Offiziersanwärter für das Offiziersexamen vorbereitet werden*

Kriegs|spiel ⟨n.1⟩ → *Planübung*

Kriegs|spiel|zeug ⟨n., -s, nur Sg.⟩ *als Kinderspielzeug nachgebildetes Kriegsmaterial*

Kriegs|tanz ⟨m.2; bei Naturvölkern⟩ *Tanzritual bewaffneter Krieger vor Kriegsbeginn;* einen K. aufführen

Kriegs|trei|ber ⟨m.5⟩ *jmd., der zum Krieg aufhetzt oder ihn vorbereitet*

Kriegs|ver|bre|chen ⟨n.7⟩ *in einem Krieg begangenes, gegen das Völkerrecht verstoßendes Verbrechen*

Kriegs|ver|bre|cher ⟨m.5⟩ *jmd., der ein Kriegsverbrechen begangen hat*

kriegs|ver|wen|dungs|fä|hig ⟨Adj., o.Steig.; Abk.: k.v.⟩ *tauglich für den Kriegsdienst*

Kriek ⟨m.1⟩ **1** *kleiner Wasserlauf* **2** *kleiner Hafen* [< engl. *creek* in denselben Bed.]

Krie|sel|wind ⟨m.1⟩ *Wasserhose (auf der Ostsee)*

Kri|ko|to|mie ⟨f.11⟩ → *Luftröhrenschnitt* [< griech. *krikos* ,,Ring" und *tome* ,,Schnitt"]

Krill ⟨m., -(e)s, nur Sg.⟩ **1** *kleiner Leuchtkrebs in den Gewässern der Antarktis* **2** *Gesamtheit verschiedener Leuchtkrebse, die in großen Mengen vorkommen und den Walen als Nahrung dienen* [< norw. *kril* ,,Fischbrut"]

Kri|mi ⟨m.9; Kurzw. für⟩ *Kriminalroman, -stück, -film, -hörspiel*

kri|mi|nal ⟨Adj., o.Steig.⟩ *zum Strafrecht, Strafverfahren, Verbrechen usw. gehörend*

Kri|mi|nal... ⟨in Zus.⟩ **1** *ein Verbrechen und seine Aufdeckung schildernd*, z.B. Kriminalfilm, Kriminalroman, Kriminalhörspiel **2** *mit der Aufdeckung von Verbrechen beschäftigt*, z.B. Kriminalpolizei

Kri|mi|nal|be|am|te(r) ⟨m.17 oder 18⟩ *Beamter der Kriminalpolizei*

Kri|mi|na|le(r) ⟨m.17 oder 18⟩, **Kri|mi|na|ler** ⟨m.5; ugs. Kurzw. für⟩ *Kriminalbeamter*

kri|mi|na|li|sie|ren ⟨V.3, hat kriminalisiert; mit Akk.⟩ *kriminell machen, zum Verbrecher machen*

Kri|mi|na|list ⟨m.10⟩ **1** *Kriminalbeamter* **2** *Kriminalwissenschaftler*

Kri|mi|na|li|stik ⟨f., -, nur Sg.⟩ *Kriminalwissenschaft, Lehre von den Verbrechen, ihrer Aufdeckung, Verhütung und ihren Ursachen, Erforschung des Lebens der Verbrecher* [< lat. *criminalis* ,,ein Verbrechen betreffend", zu *crimen*, Gen. *criminis*, ,,Anklage, Anschuldigung, Vergehen, Verbrechen", vielleicht urspr. ,,Klage, Geschrei des in seinem Recht Verletzten", zur idg. Wurzel *ker- ,,schreien"]

kri|mi|na|li|stisch ⟨Adj., o.Steig.⟩ *zur Kriminalistik gehörend, mit Hilfe der Kriminalistik;* ~er Spürsinn

Kri|mi|na|li|tät ⟨f., -, nur Sg.⟩ *Straffälligkeit, Ausmaß, in dem Angehörige eines Standes, Volkes oder einer Gruppe straffällig werden* (Jugend~); die K. ist gestiegen, gesunken

Kri|mi|nal|po|li|zei ⟨f., -, nur Sg.; Kurzw.: Kripo⟩ *Polizei, die sich mit der Aufdeckung und Verhinderung von Straftaten befaßt*

Kri|mi|nal|pro|zeß ⟨m.1; †⟩ *Strafprozeß*

kri|mi|nell ⟨Adj., o.Steig.⟩ **1** *verbrecherisch, strafbar;* ~e Handlung **2** *eine Straftat, Straftaten begangen habend, zu Straftaten neigend, straffällig;* ~e Jugendliche; es besteht die Gefahr, daß er k. wird **3** (übertr., ugs.) *(über die Grenze des Zulässigen hinaus) unangenehm, unüblich, rücksichtslos, unverschämt;* die Preise sind ja k.!; jetzt wird's k.!

kri|mi|no|gen ⟨Adj.⟩ *die Bereitschaft zu Verbrechen begünstigend;* ~e Verhältnisse, Zustände [< lat. *crimen*, Gen. *-minis*, ,,Verbrechen" und griech. *gennan* ,,erzeugen"]

Kri|mi|no|lo|gie ⟨f., -, nur Sg.⟩ *Wissenschaft vom Verbrecher, seinen Ursachen, Opfern usw.* [< lat. *crimen*, Gen. *-minis*, ,,Verbrechen" und *...logie*]

kri|mi|no|lo|gisch ⟨Adj.⟩ *zur Kriminologie gehörend, mit Hilfe der Kriminologie*

Krim|mer ⟨m.5⟩ **1** *dem Persianer ähnliches Lammfell* **2** *ein Wollgewebe, Imitation eines Fells* [nach der russ. Halbinsel Krim, von der die Felle vor dem Krimkrieg eingeführt wurden]

krim|pen ⟨V.1, hat gekrimpt⟩ **I** ⟨o.Obj.⟩ **1** *einschrumpfen, einlaufen;* der Stoff krimpt beim Waschen **2** ⟨Seew.⟩ *sich von Westen nach Osten bzw. umgekehrt drehen;* der Wind krimpt **II** ⟨mit Akk.⟩ *einschrumpfen lassen*

Krims|krams ⟨m., -, nur Sg.; ugs.⟩ *wertlose Sachen, Kram, Zeug*

Krin|gel ⟨m.5⟩ **1** *kleiner, gezeichneter Kreis oder Schnörkel* **2** *ringförmiges Gebäck oder Zuckerwerk;* → *Krengel*

krin|ge|lig ⟨Adj., o.Steig.⟩ *wie ein Kringel (geformt);* auch: *kringlig;* sich k. lachen ⟨ugs.⟩ *sehr lachen*

krin|geln ⟨V.1, hat gekringelt; mit Akk.⟩ etwas oder sich k. *zum Kringel, zu Kringeln formen;* jmdm. das Haar k.; die Holzspäne k. sich; ihre Haare k. sich; ich könnte mich k.! ⟨ugs., scherzh.⟩ *ich finde es sehr lustig, ich muß sehr lachen, ich amüsiere mich sehr;* Syn. *kugeln;* wir haben uns gekringelt vor Lachen ⟨ugs.⟩ *wir haben sehr gelacht;* es ist zum Kringeln ⟨ugs.⟩ *es ist sehr komisch*

krin|ge|lig ⟨Adj.⟩ → *kringelig*

Kri|no|li|ne ⟨f.11⟩ *Reifrock als Unterrock* [< frz. *crinoline* „Reifrock"; Zeug aus Roßhaar", < *crin* „Mähnen- und Schweifhaar des Pferdes", ugs. auch „Kopfhaar des Menschen" und *lin* „Lein, Leinwand"]

Kri|po ⟨auch [kri-] f., -, nur Sg.; ugs. Kurzw. für⟩ *Kriminalpolizei*

Krip|pe ⟨f.11⟩ **1** *Futtertrog mit gekreuzten Beinen (für Wild und Großvieh)* **2** *Darstellung der Heiligen Familie mit dem Jesuskind in der Krippe (1);* eine K. aufstellen **3** ⟨Kurzw. für⟩ *Kinderkrippe* **4** ⟨†⟩ *Flechtwerk zur Uferbefestigung*

Krip|pen|spiel ⟨n.1⟩ *Theaterstück (bes. für Laienspieler), das die Geburt Christi zum Inhalt hat*

Kris ⟨m.1⟩ *malaiischer Dolch mit (meist) gewundener doppelschneidiger Klinge* [mal.]

Kri|se ⟨f.11⟩ **1** *schwierige Zeit, Störung;* politische, wirtschaftliche, eheliche, geistige K.; eine K. in der Entwicklung; eine K. durchmachen **2** ⟨Med.⟩ → *Krisis* [< griech. *krisis* „Entscheidung, Ausschlag, Trennung", zu *krinein* „scheiden, trennen"]

kri|seln ⟨V.1, hat gekriselt; o.Obj.⟩ unpersönl., mit „es"⟩ *es kriselt es droht, es besteht eine Krise*

kri|sen|fest ⟨Adj.⟩ *fähig, eine Krise zu überstehen;* ein ~er Arbeitsplatz

Kri|sen|stab ⟨m.2⟩ *Gruppe zuständiger und erfahrener Persönlichkeiten, die zur Bewältigung einer Krisensituation zusammengestellt wird*

Kri|sis ⟨f., -, -sen⟩ *Höhepunkt (einer Krankheit);* auch: *Krise*

Kri|stall **I** ⟨m.1⟩ *fester, von geometrisch gesetzmäßig angeordneten Flächen begrenzter Körper* **II** ⟨n.1⟩ **1** *Bleiglas, Kristallglas* **2** ⟨nur Sg.⟩ *Waren, Gegenstände daraus* [< griech. *krystallos* „Eis, Bergkristall", zu *kryos* „Frost, Kälte, Eiskälte"]

kri|stal|len ⟨Adj., o.Steig.⟩ auch: *kristallisch* **1** *aus Kristall;* ~er Schmuck **2** *klar wie Kristall;* ~er Bergsee

Kri|stall|glas ⟨n.4⟩ **1** *farbloses Glas mit hoher Lichtbrechung;* Syn. *Bleiglas* **2** *Trinkglas daraus*

kri|stal|lin, kri|stal|li|nisch ⟨Adj., o.Steig.⟩ *aus Kristallen bestehend*

Kri|stal|li|sa|ti|on ⟨f., -, nur Sg.⟩ *Kristallbildung*

kri|stal|lisch ⟨Adj., o.Steig.⟩ → *kristallen*

kri|stal|li|sie|ren ⟨V.3, hat kristallisiert⟩ **I** ⟨o.Obj.⟩ *Kristalle bilden* **II** ⟨refl.⟩ *sich k. sich zu Kristallen umformen* **Kri|stal|li|sie|rung** ⟨f., -, nur Sg.⟩

Kri|stal|lit ⟨m.10⟩ *winziger Kristall ohne deutlich ausgeprägte Oberflächenform, Anfangsstadium der Kristallisation*

Kri|stal|lo|gra|phie ⟨f., -, nur Sg.⟩ *Wiss. von den Kristallen* [< *Kristall* und *...graphie*]

Kri|stal|lo|id ⟨n.1⟩ *kristallähnlicher Körper* [< *Kristall* und *...oid*]

Kri|stall|was|ser ⟨n., -s, nur Sg.⟩ *in manchen Kristallen fest gebundene Wassermoleküle*

Kri|stall|zucker ⟨-k|k-; m., -s, nur Sg.⟩ *durch Reinigen, Bleichen und Auskristallisieren des Rohstoffes gewonnener Zucker*

Kri|te|ri|um ⟨n., -s, -ri|en⟩ **1** *Kennzeichen, unterscheidendes Merkmal* **2** ⟨Radsport⟩ *Rundenrennen mit Punktewertung* [über lat. *criterium* < griech. *kriterion* „Kennzeichen, Merkmal", zu *krinein* „scheiden, trennen"]

Kri|tik ⟨auch [-tjk] f.10⟩ **1** ⟨nur Sg.⟩ *Urteilsvermögen, Unterscheidungsfähigkeit;* seine K. schärfen; er hat keine K. **2** *Beurteilung, Wertung, Begutachtung;* jmdm. eine Arbeit zur K. vorlegen; positive, negative, konstruktive, scharfe K. **3** *kritische Beurteilung, Besprechung;* die K. eines Theaterstücks, eines Buches in der Zeitung; eine K. schreiben **4** *Beanstandung, Rüge, Tadel;* K. üben; ich will mich nicht seiner K. aussetzen; das ist unter aller K. *das ist sehr schlecht* **5** *Gesamtheit der Kritiker;* die K. war der Meinung, daß ... [< griech. *kritike* „(Kunst der) Beurteilung" und *kritikos* „urteilsfähig; Beurteiler", zu *krinein* „scheiden, sondern; urteilen, entscheiden"]

Kri|ti|ka|ster ⟨m.5⟩ *kleinlicher Tadler, Nörgler*

Kri|ti|ker ⟨m.5⟩ **1** *jmd., der beruflich Bücher, Theaterstücke, Filme usw. kritisiert* **2** ⟨allg.⟩ *jmd., der Kritik übt;* er ist ein scharfer K.

kri|tik|los ⟨Adj.⟩ *ohne Kritik, ohne eigene Urteilsfähigkeit;* etwas k. hinnehmen; er ist völlig k. **Kri|tik|lo|sig|keit** ⟨f., -, nur Sg.⟩

kri|tisch ⟨Adj.⟩ **1** *beurteilend, unterscheidend, prüfend;* ~e *Ausgabe Ausgabe eines Literaturwerkes mit Angabe der Lesarten;* ~er Apparat *Gesamtheit der Anmerkungen zu einem Literaturwerk bezüglich der Lesarten, Textgeschichte usw.;* etwas k. betrachten, beurteilen; er ist sehr k. **2** *gefährlich, bedenklich, eine Wende ankündigend;* eine ~e Situation; ~er *Punkt bedenklicher, gefährlicher Punkt;* ⟨Schispringen⟩ *Weite, bis zu der von einer Schanze gefahrlos gesprungen werden kann;* jetzt wird es k.

kri|ti|sie|ren ⟨V.3, hat kritisiert; mit Akk.⟩ **1** *als Kritiker beurteilen, begutachten;* ein Buch, ein Theaterstück k. **2** *tadeln, beanstanden, rügen;* jmdn., jmds. Verhalten, Kleidung k.; er findet überall etwas zu k.

Kri|ti|zis|mus ⟨m., -, nur Sg.⟩ *von Kant eingeführtes Verfahren, vor der Aufstellung eines philosophischen Systems die Möglichkeiten und Grenzen der menschlichen Erkenntnis festzustellen*

krit|te|lig ⟨Adj.⟩ *häufig krittelnd, nörgelig;* auch: *krittlig;* ein ~er alter Mann; er ist recht k.

krit|teln ⟨V.1, hat gekrittelt; o.Obj.⟩ *kleinlich, nörglerisch Kritik üben;* er hat immer etwas zu k.; an jmdm., an allem k.

kritt|lig ⟨Adj.⟩ → *krittelig*

krit|ze|lig ⟨Adj.⟩ *klein und schwer leserlich;* auch: *kritzlig;* ~e Schrift; k. schreiben

krit|zeln ⟨V.1, hat gekritzelt; mit Akk.⟩ *sehr klein und schwer leserlich schreiben, schnell und flüchtig schreiben;* etwas auf einen Zettel k.

kritz|lig ⟨Adj.⟩ → *kritzelig*

Kroa|te ⟨m.11⟩ *Einwohner von Kroatien*

kroa|tisch ⟨Adj., o.Steig.⟩ *Kroatien betreffend, zu ihm gehörig, aus ihm stammend*

Kroatz|bee|re ⟨f.11; schles.⟩ → *Brombeere (2)* [zu *kratzen*]

Krocket ⟨-k|k-; auch [-kɛt] n., -, nur Sg.⟩ *englisches Rasenkugelspiel zwischen zwei Mannschaften* [< engl. *croquet* in ders. Bed., < frz. *crochet* „Häkchen", zu *croc* „Haken"]

krockie|ren ⟨-k|k-; V.3, hat krockiert; mit Akk.; beim Krocket⟩ *wegschlagen;* die gegnerische Kugel k.

Kro|kant ⟨m., -s, nur Sg.⟩ *mit karamellisiertem Zucker vermischte Mandel- oder Nußstückchen* [< frz. *croquante* „knuspriger Kuchen", zu *croquer* „knabbern, knuspriges Gebäck essen", zu *croc* „Krach", lautmalend]

Kro|ket|te ⟨f.11⟩ *paniertes, in Fett gebackenes, längliches Klößchen (aus Kartoffeln, Fleisch u.a.)* **1** ⟨Kochk.⟩ *knusprig gebratenes Hackfleischklößchen,* zu *croquer* „knabbern", → *Krokant*]

Kro|ki ⟨n.9⟩ *einfache Geländezeichnung, Kartenskizze;* auch: *Croquis* [< frz. *croquis* „erster Entwurf, Skizze", zu *croquer* „mit wenigen Strichen darstellen, skizzieren", eigtl. „knabbern, in kleinen Stückchen abbeißen"]

kro|kie|ren ⟨V.3, hat krokiert; mit Akk.⟩ *etwas k. ein Kroki von etwas zeichnen, etwas skizzieren*

Kro|ko|dil ⟨n.1⟩ *fleischfressendes, wasserbewohnendes Reptil mit von Hornschilden bedecktem Körper und langem Schwanz;* Syn. *Panzerechse* [< griech. *krokodilos*; weitere Herkunft unsicher]

Kro|ko|dils|trä|nen ⟨f.11; Pl.; ugs.⟩ *geheuchelte Tränen*

Kro|kus ⟨m., -, - oder -kus|se⟩ *Liliengewächs mit stengellosen Blüten, Gartenblume* [< lat. *crocus,* griech. *krokos* „Safran" (unsere gelbe Spielart des Krokus), < hebr. *karkōm,* pers. *karkam,* aus dem Indischen]

Krol|le ⟨f.11; rhein., norddt.⟩ → *Locke*

krol|len ⟨V.1, hat gekrollt; mit Akk.; rhein., norddt.⟩ *kräuseln* [zu mhd. *krol* „lockig" und *krol, krolle* „Locke"]

Krom|lech ⟨m.1 oder m.9⟩ *Grab- und Kultstätte der Jungsteinzeit aus hochaufgerichteten, kreisförmig angeordneten Steinen* [< kelt. *crom* „gewölbt, gekrümmt, kreisförmig" und *llech* „flacher Stein"]

Kro|ne ⟨f.11⟩ **1** *auf dem Kopf getragener Reif mit Zacken und reicher Verzierung als Zeichen der Würde und Macht eines Herrschers* (Herrscher~, Kaiser~, Königs~); jmdm. die K. aufsetzen *jmdn. krönen;* die K. niederlegen *abdanken;* das setzt der Sache die K. auf *das überschreitet das Maß, das überbietet alles Bisherige (an Unverschämtheit o.ä.);* dabei wird dir kein Stein, keine Perle aus der K. fallen *das wird deinem Ansehen nicht schaden;* deine Bemerkung ist ihr in die K. gefahren *sie ist über deine Bemerkung verstimmt, verärgert;* er hat einen in der K. *er ist betrunken* **2** ⟨übertr.⟩ *König(in) bzw. Kaiser(in);* ein Beschluß, eine Maßnahme der K. **3** ⟨in verschiedenen Ländern⟩ *Währungseinheit* **a** ⟨1871–1924⟩ *deutsche Goldmünze* **b** ⟨1892–1924⟩ *österr.-ungarische Münze* **c** ⟨heute⟩ *Währungseinheit in Dänemark* ⟨Abk.: dkr⟩, *Island* ⟨Abk.: ikr⟩, *Norwegen* ⟨Abk.: nkr⟩, *Schweden* ⟨Abk.: skr⟩ und der *Tschechoslowakei* ⟨Abk.: Kčs⟩ **4** *oberer Teil* (Baum~, Damm~) **5** *Schaum auf einer Welle* (Schaum~) **6** ⟨meist auffallend gefärbte⟩ *innere Blütenblätter (einer Blüte)* **7** ⟨an Hufen und Klauen⟩ *ringförmiger Wulst am oberen Rand* **8** ⟨kurz für⟩ *Zahnkrone* **9** *oberer Teil des Geweihs* **10** ⟨an Armbanduhren⟩ *geriffeltes Rädchen zum Aufziehen und Stellen* **11** ⟨übertr.⟩ *Vollendung (von etwas), letzter, bester Teil;* der Mensch, die K. der Schöpfung

krö|nen ⟨V.1, hat gekrönt; mit Akk.⟩ **1** *jmdn. zum König die Krone aufsetzen und ihn damit zum Herrscher machen;* jmdn. zum König, zum Kaiser k.; ein gekröntes Haupt ⟨scherzh.⟩ *ein König bzw. Kaiser* **2** *etwas k.* **a** *einer Sache einen wirkungsvollen, oberen Abschluß geben;* eine Kuppel krönt den Turm; Zinnen k. die Fassade **b** *wirkungsvoll beenden;* diese Tat krönt sein Lebenswerk; seine Bemühungen waren von Erfolg gekrönt hatten (großen) *Erfolg*

Kro|nen|hirsch ⟨m.2⟩ *Hirsch, dessen Geweih über der Mittelsprosse mehr als zwei Enden hat*

Kro|nen|kor|ken ⟨m.7⟩ *flacher, metallener Flaschenverschluß mit welligem Rand;* auch: *Kronkorken*

Kro|nen|kra|nich ⟨m.1⟩ *afrikanischer Kranich mit einer goldgelben Federkrone am Hinterkopf*

Kron|er|be ⟨m.11⟩ *Thronerbe*

Kron|glas ⟨n.4⟩ *optisches Glas mit niedrigem Brechungsindex*

Kron|gut ⟨n.4⟩ *Gut, das der Krone (eines Landesherrn) gehört*

Kronkolonie

Kron|ko|lo|nie ⟨f.11⟩ britische Kolonie mit einem von der Krone eingesetzten Gouverneur

Kron|kor|ken ⟨m.7⟩ →*Kronenkorken*

Kron|leuch|ter ⟨m.5⟩ von der Decke herabhängender, prunkvoller Leuchter; Syn. *Lüster*

Kron|prinz ⟨m.10⟩ Thronfolger

Kron|prin|zes|sin ⟨f.10⟩ **1** Thronfolgerin **2** Frau eines Kronprinzen

Kron|rat ⟨m.2⟩ Versammlung aller Minister unter dem Vorsitz des Monarchen

Krons|bee|re ⟨f.11; nddt.⟩ →*Preiselbeere;* vgl. *Kranbeere*

Krö|nung ⟨f.10⟩ **1** das Krönen, das Gekröntwerden; seine K. zum Kaiser **2** wirkungsvoller Abschluß, Höhepunkt; die K. des Festes war ein Feuerwerk

Kron|zeu|ge ⟨m.11⟩ **1** Hauptzeuge (in einem Gerichtsprozeß) **2** (in England und den USA) Mittäter als Belastungszeuge, dem Straflosigkeit zugesichert wird

Kropf ⟨m.2⟩ **1** (durch Vergrößerung der Schilddrüse bewirkte) krankhafte Vergrößerung der Halsvorderseite; Syn. *Struma;* das ist so überflüssig wie ein K. ⟨ugs., scherzh.⟩ *das ist völlig überflüssig* **2** ⟨bei einigen Tieren⟩ drüsenreiche Ausstülpung der Speiseröhre (z.B. bei Tauben)

kröp|fen ⟨V.1, hat gekröpft⟩ **I** ⟨mit Akk.⟩ **1** ⟨Bauw.⟩ *a* abwinkeln, um einen Mauervorsprung, Wandpfeiler o.ä. herumführen, ziehen; ein Gesims k. **2** ⟨Tischlerei⟩ mit den schräg zugeschnittenen Enden genau aneinanderfügen; Holzleisten k. **3** ⟨Tech.⟩ eine Welle k. *eine Welle so biegen, daß sie am Ende der Biegung wieder in der gleichen Richtung verläuft* **4** (früher) durch zwangsweises Füttern mästen; Gänse k. **II** ⟨o.Obj.⟩ bei Greifvögeln) *fressen* [zu *Kropf* „Auswuchs (am Hals)", in Bed. I,2 im Sinne von „einen Auswuchs bilden", in Bed. I,4 und II „den Kropf füllen"]

Kröp|fer ⟨m.5⟩ →*Kropftaube*

krop|fig, kröp|fig ⟨Adj., o.Steig.⟩ **1** mit Kropf behaftet; ~er Hals **2** ⟨Bot.⟩ verkümmert, zurückgeblieben

Kropf|tau|be ⟨f.11⟩ Haustaube mit stark entwickeltem, aufblasbarem Kropf; auch: *Kröpfer*

Kröp|fung ⟨f.10⟩ **1** das Kröpfen **2** gekröpfte Stelle

Kropp|zeug ⟨n., -s, nur Sg.; ugs.⟩ **1** Kleinvieh **2** ⟨scherzh.⟩ kleine Kinder **3** Gesindel **4** wertloser Kram [< mecklenburg. *kropptüg* „kleine, unansehnliche Menschen, kleine Kinder", eigtl. „kleine wertlose Fische beim Aalfang", zu mnddt. *krop, krüp* „Vieh, kurzbeiniges Vieh, Federvieh"]

kroß ⟨Adj.; norddt.⟩ *knusprig*

Krö|sus ⟨m., -, -sus|se⟩ sehr reicher Mann [nach *Krösus,* dem letzten König von Lydien]

Kro|ta|lin ⟨n., -s, nur Sg.⟩ Gift der Klapperschlange [< griech. *krotalon* „Klapper"]

Krö|te ⟨f.11⟩ Froschlurch mit warziger, drüsenreicher Haut und etwa gleichlangen Vorder- und Hinterbeinen (Erd~, Kreuz~)

Kro|ton ⟨m.1⟩ tropisches Wolfsmilchgewächs, Heilpflanze [< griech. *kroton,* das sowohl „Schaflaus, Zecke" als auch „Wunderbaum, Rizinus" bedeutet; die Samen der Pflanze ähneln den Zecken]

Kro|ton|öl ⟨n., -s, nur Sg.⟩ ein Abführmittel

Krucke ⟨-k·k-; f.11⟩ →*Krickel*

Krücke ⟨-k·k-; f.11⟩ **1** ⟨meist Pl.⟩ Stock mit Armstütze für Gehbehinderte; er geht an ~n **2** gebogener Griff (eines Stockes oder Regenschirmes) **3** ⟨derb⟩ unfähiger Mensch, Versager **4** ⟨ugs.⟩ Ding, das nicht funktioniert

Kr\u0075cken|kreuz, Krücken|kreuz ⟨-k·k-; n.1⟩ Kreuz, dessen Balken an den Enden Querbalken haben

Krück|stock ⟨m.2⟩ Stock mit Krücke (2)

krud ⟨Adj.⟩ **1** unverdaulich (von Nahrungsmitteln), roh **2** grausam, roh [< lat. *crudus* „roh = ungekocht, unverdaut", übertr.

„grausam, gefühllos", zu *cruor* „(aus einer Wunde geflossenes) Blut"]

Kru|de|li|tät ⟨f., -. nur Sg.; †⟩ *Grausamkeit, Roheit* [< lat. *crudelitas* „Grausamkeit, Roheit", zu *crudelis* „grausam, roh"]

Kru|di|tät ⟨f., -, nur Sg.⟩ **1** Unverdaulichkeit **2** Roheit, Grausamkeit [< lat. *cruditas,* Gen. *-atis,* „Unverdaulichkeit", zu *crudus,* →*krud*]

Krug ⟨m.2⟩ **1** Gefäß mit einem oder zwei Henkeln; ein K. Bier; **2** ⟨norddt.⟩ *Schenke, Wirtshaus* (Dorf~)

Krü|gel ⟨n.5; österr.⟩ Bierglas mit Henkel

Krü|ger ⟨m.5; norddt.⟩ *Wirt*

Kru|ke ⟨f.11; norddt.⟩ **1** großer Krug, Tonflasche **2** (komische, putzige, sonderbare) Person, Kauz; eine komische, putzige K.

Krüll|schnitt ⟨m.1⟩ mittelfeiner bis grober Tabak [< nddt. *krull* „gekräuselt"]

Kru|me ⟨f.11⟩ **1** kleines Bröckchen (bes. von Backwaren) **2** Inneres (von Backwaren); Brot, Brötchen mit weicher K. **3** oberste Schicht (des Erdbodens)

Krü|mel ⟨m.5⟩ sehr kleines Stückchen (Brot~, Kuchen~); von den Briketts sind nur noch K. übrig **2** ⟨ugs., scherzh.⟩ kleines Kind [zu *Krume*]

krü|me|lig ⟨Adj.⟩ leicht krümelnd; ~es Brot

krü|meln ⟨V.1, hat gekrümelt⟩ **I** ⟨o.Obj.⟩ **1** in Krümel zerfallen; das Brot krümelt **2** Krümel fallen lassen; beim Essen (auf den Boden) k. **II** ⟨mit Akk.⟩ zu Krümeln zerbrechen, zerreiben; Brot k.

Krü|mel|struk|tur ⟨f., -, nur Sg.⟩ *krümelige Struktur (des Ackerbodens)*

krumm ⟨Adj.⟩ **1** gebogen, abweichend von der geraden Linie; Ggs. *gerade* (1); ~e Beine; eine ~e Nase haben; einen ~en Rücken machen ⟨übertr.⟩ *sich unterwürfig benehmen, liebedienern;* jmdn. k. und lahm schlagen ⟨ugs.⟩ *jmdn. kräftig verprügeln* **2** ⟨übertr.⟩ *unehrlich, gesetzeswidrig;* ~e Geschäfte machen; ~e Wege gehen ⟨ugs.⟩ *betrügerische Geschäfte machen;* auf die ~e Tour gehen ⟨ugs.⟩ *unehrlich vorgehen*

Krumm|darm ⟨m.2⟩ *letzter Abschnitt des Dünndarmes;* Syn. *Ileum*

Krüm|me ⟨f.11⟩ →*Krümmung*

krüm|men ⟨V.1, hat gekrümmt⟩ **I** ⟨mit Akk.⟩ krumm machen, biegen; den Rücken k.; einen Zweig k. **II** ⟨refl.⟩ sich k. **1** *krumm werden;* das Holz hat sich mit der Zeit gekrümmt **2** *eine Krümmung, einen Bogen machen;* der Weg, der Fluß krümmt sich hier **3** *sich zusammenbiegen, den Bauch einziehen;* sich k. vor Schmerzen; wir haben uns gekrümmt vor Lachen ⟨ugs.⟩ *wir haben sehr gelacht*

Krumm|me(r) ⟨m.17 oder 18; norddt. scherzh.⟩ *Feldhase*

Krüm|mer ⟨m.5⟩ **1** gebogenes Rohrstück **2** verstellbarer Rahmen mit eisernen Zinken (zum Auflockern des Ackerbodens)

Krummes|ser ⟨-mm|m-; n.5⟩ Messer mit gebogener Klinge (bes. Winzermesser)

Krumm|holz ⟨n.4⟩ Kniehölz

Krumm|horn ⟨n.4⟩ altes Musikinstrument mit unten gekrümmtem Rohr

krumm|la|chen ⟨V.1, hat krummgelacht⟩ →*kranklachen*

krumm|le|gen ⟨V.1, hat krummgelegt; refl.⟩ ugs.⟩ sich k. *sehr sparsam sein, seinen Lebensunterhalt sehr einschränken*

krumm|neh|men ⟨V.88, hat krummgenommen; mit Akk.⟩ *übelnehmen*

krumm|schie|ßen ⟨V.113, hat krummgeschossen; mit Akk.⟩ jmdn. ein Tier k. *jmdn., einem Tier durch einen Schuß eine bleibende Verletzung zufügen*

krumm|schlie|ßen ⟨V.120, hat krummgeschlossen; mit Akk.⟩ (früher) jmdn. k. *so fesseln, daß er eine gekrümmte Haltung einnehmen muß*

Krumm|stab ⟨m.2⟩ Stab mit gekrümmter Krücke, Hirten-, Bischofsstab

Krüm|mung ⟨f.10⟩ *Abweichung von der Geraden, Biegung, Kurve* (Weg~); Syn. *Krümme*

Krum|pel, Krüm|pel ⟨f.11; meist Pl.; ugs.⟩ Knitterfalte

krum|pe|lig ⟨Adj.⟩ mit vielen Fältchen versehen, zerknüllt; ~es Papier

krum|peln ⟨V.1, hat gekrumpelt⟩ **I** ⟨mit Akk.⟩ etwas k. *viele Fältchen in etwas machen;* Papier, Stoff k. **II** ⟨o.Obj.⟩ →*knittern*

Krüm|per ⟨m.5; in Preußen 1808–12⟩ *nur kurze Zeit dienender Soldat* [Herkunft unsicher]

Krüm|per|pferd ⟨n.1; im alten dt. Heer⟩ *überzähliges Pferd (das zu Wirtschaftszwecken eingesetzt wurde)*

krumpf|echt ⟨Adj., o.Steig.⟩ beim Waschen nicht einlaufend; ~es Gewebe

krump|fen ⟨V.1, hat gekrumpft⟩ **I** ⟨o.Obj.; ist gekrumpft⟩ *schrumpfen, einlaufen* **II** ⟨mit Akk.; hat gekrumpft⟩ *so behandeln, daß es beim Waschen nicht einläuft;* Gewebe k.

Krumpf|maß ⟨n.1⟩ *Gewichtsverlust bei lagerndem Getreide*

krump|lig ⟨Adj.⟩ →*krumpelig*

Krupp ⟨m., -, nur Sg.⟩ **1** Entzündung und Schwellung der Kehlkopfschleimhaut mit Atemnot (z.B. bei Diphtherie, Grippe, Masern) **2** fieberhafte, meist tödliche Erkrankung der Rinder mit Belägen auf den Schleimhäuten [< engl. *croup* in ders. Bed., < schott. *to croup* „krächzen, heiser sprechen"]

Kru|pa|de ⟨f.11⟩ Hohe Schule; Sprung, bei dem das Pferd beide Hinterbeine an den Bauch zieht; auch: *Croupade* [< frz. *croupade* in ders. Bed., zu *croupe* „Hinterteil, Kruppe"]

Krup|pe ⟨f.11⟩ *Teil des Pferderückens zwischen Schweifansatz und Nierenpartie* [< frz. *croupe* „Hinterteil, Kruppe", < fränk. **kruppa* „Rumpf"]

Krüp|pel ⟨m.5⟩ jmd., der verkrüppelt ist

krüp|pe|lig ⟨Adj.⟩ auch: *krüpplig* **1** →*verkrüppelt;* ~es Holz **2** zerknittert; ~er Stoff; ~es Papier

krü|peln ⟨V.1, hat gekrüppelt; o.Obj.⟩ **1** ⟨landsch.⟩ *mühsam kriechen* **2** ⟨schweiz.⟩ *hart arbeiten* **3** ⟨bayr.⟩ →*knittern*

krüpp|lig ⟨Adj.⟩ →*krüppelig*

krup|pös ⟨Adj., o.Steig.⟩ kruppartig, mit Krupp einhergehend

kru|ral ⟨Adj., o.Steig.⟩ zum Schenkel gehörend, schenkel... [< lat. *crus,* Gen. *cruris,* „Unterschenkel"]

Kru|sta|zee ⟨f.11⟩ *Krebstier;* Syn. ⟨volkstüml.⟩ *Krustentier* [< lat. *crusta* „Rinde, Kruste"]

Kru|ste ⟨f.11⟩ **1** hartgewordene Oberfläche (Braten~, Brot~) **2** harter Überzug (Blut~, Zucker~)

Kru|sten|ech|se ⟨[-ek-] f.11⟩ große Echse amerikanischer Wüstengebiete, die Giftzähne besitzt

Kru|sten|tier ⟨n.1; volkstüml. für⟩ *Krustazee*

Krux ⟨f., -, nur Sg.⟩ →*Crux*

Kru|zi|fe|re ⟨f.11⟩ →*Kreuzblütler* [< lat. *crux,* Gen. *crucis,* „Kreuz" und *fero* „ich trage", zu *ferre* „tragen"]

Kru|zi|fix ⟨auch [-fíks] n.1⟩ plastische oder gemalte Darstellung Christi am Kreuz [< mlat. *corpus crucifixum* „ans Kreuz gehefteter Körper", zu lat. *crucifigere* „kreuzigen", < *crux,* Gen. *crucis,* „Kreuz" und *figere* „öffentlich anschlagen, aufhängen, befestigen"]

Kru|zi|fi|xus ⟨m., -, nur Sg.⟩ *der gekreuzigte Christus* [< lat. *crucifixus* „der ans Kreuz Geschlagene", →*Kruzifix*]

Kryo|lith ⟨m.1⟩ (weißes bis gelbliches) Mineral, Natriumaluminiumfluorid [< griech. *kryos* „Eis" und *...lith,* wegen des eisähnlichen Aussehens]

Kryo|me|ter ⟨n.5⟩ Thermometer für sehr tiefe Temperaturen [< griech. *kryos* „Eis" und *...meter*]

Kryo|sko|pie ⟨f., -, nur Sg.⟩ *Bestimmung des Molekulargewichts durch Messen der Gefrierpunkterniedrigung* [< griech. *kryos* „Eis" und *...skopie*]

Kryp|ta ⟨f., -, -ten⟩ **1** ⟨urspr.⟩ *Grabkammer von Märtyrern in Katakomben* **2** *unterirdischer Raum unter bes. romanischer Kirchen (meist mit Grabkammern oder zum Aufbewahren von Särgen)* **3** *verborgene Einbuchtung in den Rachenmandeln* [< griech. *kryptos* „verborgen, versteckt, in die Erde gesteckt"]

Kryp|ten ⟨Pl. von⟩ *Krypta*

kryp|tisch ⟨Adj.⟩ *unklar, schwer zu verstehen, schwer zu deuten* [< griech. *kryptos* „verborgen"]

Kryp|to|ga|me ⟨f.11⟩ *blütenlose Pflanze;* Syn. *Sporenpflanze* [< griech. *kryptos* „verborgen, heimlich" und *gamein* „heiraten"]

kryp|to|gen, kryp|to|ge|ne|tisch ⟨Adj., o.Steig.⟩ *von unbekannter Entstehung* [< *krypto...* und *...gen*]

Kryp|to|gramm ⟨n.1⟩ **1** *Verse (eines Gedichts oder Liedes), deren Anfangsbuchstaben oder -wörter ein Wort oder einen Satz ergeben* **2** ⟨f⟩ *Geheimtext, Text mit geheimer Nebenbedeutung* [< griech. *kryptos* „verborgen, versteckt, geheim" und *...gramm*]

kryp|to|kri|stal|lin, kryp|to|kri|stal|li|nisch ⟨Adj., o.Steig.⟩ *erst bei Vergrößerung als kristallinisch erkennbar*

kryp|to|mer ⟨Adj., o.Steig.⟩ *ohne Mikroskop nicht erkennbar (bes. von Gesteinsbestandteilen)* [< *krypto...* und griech. *meros* „Teil"]

Kryp|to|me|rie ⟨f.11⟩ *das Verborgenbleiben einer Erbanlage*

Kryp|ton ⟨n., -s, nur Sg.; Zeichen: Kr⟩ *ein Edelgas* [< griech. *kryptos* „das Verborgene", zu *kryptos* „verborgen, versteckt"; das Gas kommt nur in kleinsten Mengen in der Luft vor]

Krypt|onym ⟨n.1⟩ *Art des Pseudonyms, Deckname, bei dem die Buchstaben in Wörtern verborgen sind oder der aus den Anfangsbuchstaben des eigentlichen Namens besteht, z.B. Emdé, Emer*

Krypt|or|chis|mus ⟨m., -, nur Sg.⟩ *Zurückbleiben eines oder beider Hoden in der Bauchhöhle oder im Leistenkanal (anstelle der normalen Verlagerung in den Hodensack während der Embryonalentwicklung);* Syn. *Hodenhochstand, Leistenhoden* [< *krypto...* und griech. *orchis* „Hoden"]

Kryp|to|skop ⟨n.1⟩ *mit Krypton gefülltes Gerät zum Nachweis von Röntgenstrahlen bei Tages- oder Kunstlicht* [< *Krypton* und *...skop*]

KSZE ⟨Abk. für⟩ *Konferenz über Sicherheit und Zusammenarbeit in Europa*

kt ⟨Zeichen für⟩ *Kilotonne*

Kt ⟨Abk. für⟩ *Kanton*

kte|no|id ⟨Adj., o.Steig.⟩ *kammartig gezähnt* [< griech. *kteis*, Gen. *ktenos*, „Kamm" und *eidos* „Aussehen, Gestalt"]

Kte|no|id|schup|pe ⟨f.11; bei vielen Fischen⟩ *kammartig gezähnte Schuppe*

Ku ⟨Zeichen für⟩ *Kurtschatovium*

Ku|ba|tur ⟨f.10; Math.⟩ **1** *Erhebung in die dritte Potenz* **2** *Berechnung des Rauminhalts* [zu *kubieren*]

Kub|ba ⟨f., -, -ben; islam. Baukunst⟩ **1** *Kuppel* **2** *Grabbau mit Kuppel, Gewölbe* [arab.]

Ku|be|be ⟨f.11⟩ *Frucht eines indonesischen Pfeffergewächses* [< arab. *kubābah*]

Kü|bel ⟨m.5⟩ *(zylindrischer) großer, hoher Behälter (Abfall~, Pflanz~)* [< lat. *cupella*, Verkleinerungsform von *cupa* „Faß, Tonne"] → *Müllwerker*

Kü|bel|mann ⟨m.4; südwestdt.-schweiz.⟩ → *Müllwerker*

kü|beln ⟨V.1, hat gekübelt; o.Obj.; ugs.⟩ *große Mengen Alkohol trinken*

Kü|bel|wa|gen ⟨m.7⟩ → *Jeep*

ku|bie|ren ⟨V.3, hat kubiert; mit Akk.⟩ **1** *in die dritte Potenz erheben* **2** *einen Baumstamm k. die Festmeter eines Baumstammes aus Länge und mittlerem Durchmesser errechnen* [zu *Kubus*]

kubik..., Kubik... ⟨in Zus.⟩ *in die dritte Potenz erhoben, Raum...* [zu *Kubus*]

Ku|bik|ki|lo|me|ter ⟨m.5 oder n.5; Zeichen: km³⟩ *Raumkilometer, Volumen eines Würfels mit der Seitenlänge von 1 km*

Ku|bik|maß ⟨n.1⟩ *Raumkörpermaß nach Länge, Breite und Höhe*

Ku|bik|me|ter ⟨m.5 oder n.5; Zeichen: m³⟩ *Raummeter, Volumen eines Würfels mit der Seitenlänge von 1 m*

Ku|bik|mil|li|me|ter ⟨m.5 oder n.5; Zeichen: mm³⟩ *Raummillimeter, Volumen eines Würfels mit der Seitenlänge von 1 mm*

Ku|bik|wur|zel ⟨f.11⟩ *dritte Wurzel (aus einer Zahl)*

Ku|bik|zahl ⟨f.10⟩ *dritte Potenz einer Zahl*

Ku|bik|zen|ti|me|ter ⟨m.5 oder n.5; Zeichen: cm³⟩ *Raumzentimeter*

ku|bisch ⟨Adj., o.Steig.⟩ **1** *würfelförmig* **2** *in die dritte Potenz erhoben* [zu *Kubus*]

Ku|bis|mus ⟨m., -, nur Sg.⟩ *Richtung der Malerei, in der die stereometrischen Grundformen der Natur (Kugel, Würfel, Zylinder, Kegel) bes. betont werden* [zu *Kubus*]

Ku|bist ⟨m.10⟩ *Vertreter des Kubismus*

ku|bi|stisch ⟨Adj., o.Steig.⟩ *zum Kubismus gehörig, nach Art des Kubismus*

ku|bi|tal ⟨Adj., o.Steig.⟩ *zum Ellbogen gehörend* [zu lat. *cubitus* „Ellbogen"]

Ku|bus ⟨m., -, -ben⟩ **1** *Würfel* **2** *dritte Potenz (einer Zahl)* [< lat. *cubus* „Würfel", < griech. *kybos* „Würfel, Wirbelknochen, Höhlung vor der Hüfte (beim Vieh)"]

Kü|che ⟨f.11⟩ **1** *Raum zum Kochen;* eine K. ohne Fenster; Wohnung mit K. und Bad **2** *Einrichtung dafür;* sich eine K. kaufen **3** *Art des Kochens;* feine, gutbürgerliche K.; kalte K. *= kalt* [< mhd. *küchen*, ahd. *chuhhina* < lat. *coquina* „Küche", zu *coquere* „kochen"]

Kü|chel ⟨n.14⟩ → *Schmalzgebackene(s)* [oberdt. Verkleinerungsform zu *Kuchen*]

Ku|chen ⟨m.7⟩ **1** *in einer Backform hergestellte, süße oder salzige Speise (Obst~, Speck~, Zwiebel~, Hefe~, Rühr~)* einen K. backen; zu Kaffee und K. einladen; ja, K.! ⟨ugs.⟩ *leider nicht!* **2** *gebäckähnliches Futter (Hunde~)* **3** *dichter Rückstand (Treber~)*

Kü|chen|bul|le ⟨m.11, Soldatenspr.⟩ *Koch, der in der Küche diensthabende Unteroffizier*

Kü|chen|fee ⟨f.11, scherzh.⟩ → *Köchin*

Kü|chen|ga|bel ⟨f.11⟩ *kleine Gabel mit drei flachen Zinken*

Kü|chen|gar|ten ⟨m.7⟩ *Gemüse- und Gewürzgarten*

Kü|chen|ge|wächs ⟨n.1⟩ *Gemüse- oder Gewürzpflanze (das in der Küche verwendet wird)*

Kü|chen|ho|bel ⟨m.5⟩ *brettähnliches Küchengerät mit Griff, in dem eine Schneide zum Zerkleinern angebracht ist;* Syn. ⟨österr.⟩ *Hachel*

Kü|chen|jun|ge ⟨m.11; früher⟩ *junger Gehilfe in einer Großküche, Kochlehrling*

Kü|chen|la|tein ⟨n., -s, nur Sg.; scherzh.⟩ *schlechtes Latein des MA (wie es in den Klosterküchen gesprochen wurde);* Syn. *Mönchslatein*

Kü|chen|ma|schi|ne ⟨f.11⟩ *elektrisches Gerät zum Zerkleinern, Rühren, Mischen usw. (beim Kochen)*

Kü|chen|scha|be ⟨f.11⟩ *in warmen, schmutzigen Räumen vorkommende Schabe;* Syn. *Kakerlak, Kakerlake*

Kü|chen|schel|le ⟨f.11⟩ *behaartes, staudiges Hahnenfußgewächs mit großen Blütenglocken;* Syn. *Kuhschelle*

Kü|chen|zet|tel ⟨m.5⟩ *Aufstellung der Speisen, die gekocht werden sollen;* Syn. *Speisezettel,* ⟨ugs.⟩ *Magenfahrplan*

Küch|lein ⟨n.7; veraltend, noch poet.⟩ → *Küken*

Kü|cken ⟨-k|k-; n.7; österr.⟩ → *Küken*

Ku|ckuck ⟨-k|k-; m.1⟩ **1** *unterseits gesperberter, oberseits grauer, langschwänziger Singvogel;* Syn. ⟨†⟩ *Gauch,* **2** ⟨in vielen Redewendungen verhüllend für⟩ *Teufel;* zum K.!; weiß der K., wo der Schlüssel geblieben ist!; ich kümmere mich den K. darum *ich kümmere mich überhaupt nicht darum;* ich frage den K. danach, ob ... *ich frage überhaupt nicht danach;* jmdn. zum K. wünschen; hol dich der K.! [der Name ist lautnachahmend aus dem Ruf entstanden und erscheint in vielen Sprachen, z.B. frz. *coucou*, engl. *cuckoo*, lat. *cuculus*, griech. *kokkyx*, Gen. *kokkygos*]

Kuckucks|ei ⟨-k|k-; n.3⟩ **1** *Ei eines Kuckucks* **2** ⟨übertr.⟩ *etwas heimlich Untergeschobenes*

Kuckucks|uhr ⟨-k|k-; f.10⟩ *mechanische Uhr in einem Holzgehäuse, bei der ein Kuckuck aus Holz, der von zwei Blasebälgen bewegt wird, bestimmte Zeitabschnitte ausruft*

Kud|del|mud|del ⟨m. oder n., -s, nur Sg.; ugs.⟩ *Durcheinander, Wirrwarr* [Herkunft nicht geklärt < mdt. *kuddeln*, nddt. *koddeln* „ungründlich, obenhin waschen" und in Anlehnung an *Modder* „schlammiger, breiiger Boden" lautmalend mit *-muddel* verbunden, also „etwas Unfestes, Unordentliches, nichts Rechtes"]

Ku|der ⟨m.5; bei Luchs und Wildkatze⟩ *männliches Tier* [alemann., zu *Kater*]

Ku|du ⟨m.9⟩ *afrikanische Antilope (Männchen mit langen, schraubenförmigen Hörnern)*

Ku|fe¹ ⟨f.11⟩ **1** ⟨am Schlitten und Schlittschuh⟩ *Gleitschiene* **2** ⟨an Segelflugzeugen⟩ *Landeschiene*

Ku|fe² ⟨f.11⟩ **1** ⟨landsch.⟩ → *Bottich* **2** *altes deutsches Biermaß, 450–750 l* [wahrscheinl. zu lat. *cupa* „Tonne"]

Kü|fer ⟨m.5; südwestdt.⟩ → *Böttcher*

ku|fisch ⟨Adj., o.Steig.⟩ *aus der ehemaligen Stadt Kufa bei Bagdad stammend;* ~e Schrift *altarabische Schrift*

Ku|gel ⟨f.11⟩ **1** *Körper, auf dessen Oberfläche alle Punkte dieselbe Entfernung vom Mittelpunkt haben (Erd~, Kegel~);* eine ruhige K. schieben ⟨ugs.⟩ *sich bei der Arbeit Zeit lassen, keine anstrengende Arbeit haben* **2** *Geschoß in Form einer Kugel (1);* die K. verfehlte ihr Ziel

Ku|gel|blitz ⟨m.1⟩ *(in seiner Existenz umstrittener) kugelförmiger Blitz*

Ku|gel|blu|me ⟨f.11⟩ *(meist blau blühende) Staude mit kugelförmigen Blütenköpfchen und ledrigen Blättern*

Ku|gel|di|stel ⟨f.11⟩ *(blau blühender) distelähnlicher Korbblütler mit Blütenständen aus einblütigen Blütenköpfen*

Ku|gel|drei|eck ⟨n.1⟩ *(von Kreisbögen gebildetes) Dreieck auf der Oberfläche einer Kugel*

Ku|gel|fang ⟨m.2⟩ *Erdwall hinter Schießständen;* jmdn. als K. benutzen *jmdn. als Schutz gegen Kugeln benutzen*

ku|gel|fest ⟨Adj., o.Steig.; bes. im Volksglauben⟩ *durch Kugeln aus Schußwaffen nicht zu verletzen*

Ku|gel|fisch ⟨m.1⟩ *Knochenfisch warmer Meere, der sich kugelig aufblähen kann*

Ku|gel|hau|be ⟨f.11⟩ → *Kalotte (1)*

ku|ge|lig ⟨Adj., o.Steig.⟩ *wie eine Kugel;* auch: *kuglig*

Ku|gel|kopf ⟨m.2; bei elektr. Schreibmaschinen⟩ *kugelähnliche, die Typen tragende Vorrichtung*

Ku|gel|la|ger ⟨n.5⟩ *Wälzlager mit Kugeln als Wälzkörper*

Ku|gel|müh|le ⟨f.11⟩ *Zerkleinerungsmaschi-*

ne mit sich drehender Trommel, in der Stahlkugeln das Mahlgut zerschlagen

ku|geln 〈V.1〉 **I** 〈o.Obj.; ist gekugelt〉 *rollen; die Murmel kugelte über den Sand, ins Loch; das Kind ist vom Bett, aus dem Bett gekugelt* **II** 〈mit Akk.; hat gekugelt〉 *rollen; die Murmel ins Loch k.* **III** 〈refl.〉 *sich k.* 〈ugs.〉 → *kringeln; ich könnte mich k.*

Ku|gel|schrei|ber 〈m.5〉 *Schreibstift, bei dem eine drehbar gelagerte Kugel an der Spitze die Farbpaste auf das Papier abrollt*

Ku|gel|sto|ßen 〈n., -s, nur Sg.; Leichtathletik〉 〈wettkampfmäßig betriebenes〉 *Stoßen einer Metallkugel mit der Hand*

kug|lig 〈Adj.〉 → *kugelig*

Kuh 〈f.2〉 **1** *weibliches Rind (nach dem ersten Kalben)* **2** 〈bei Hirsch, Elch, Elefant, Flußpferd und Nashorn〉 *weibliches Tier (Hirsch~, Elefanten~)*

Kuh|blu|me 〈f.11; landsch.〉 *auf Kuhweiden wachsende Blume (z.B. Löwenzahn, Hahnenfuß)*

Kuh|dorf 〈n.4; ugs.〉 *kleines, langweiliges Dorf;* Syn. *Kuhkaff*

Kü|her 〈m.5; schweiz.〉 *Kuhhirt, Senn*

Kuh|fla|den 〈m.7〉 *fladenähnlicher Kot der Rinder*

Kuh|han|del 〈m., -s; nur Sg.; ugs.〉 *fragwürdiger Tauschhandel zum Nachteil Dritter (bes. in der Politik)*

Kuh|haut 〈f.2; nur in der Wendung〉 *das geht auf keine k. das ist unglaublich*

kuh|hes|sig 〈Adj., o.Steig.; bei Pferden und Rindern〉 *mit x-beiniger oder säbelbeiniger Hinterfußstellung* [eigtl. „kuhhächsig", zu *Hachse*]

Kuh|kaff 〈n.9; ugs.〉 → *Kuhdorf*

kühl 〈Adj.〉 **1** *frisch, mäßig kalt;* ~*es Wetter* **2** *frostig, abweisend, steif;* eine ~*e Antwort; ein* ~*er Empfang* **3** *nüchtern, ohne Gefühlsregung; ein* ~*er Rechner;* ~*es Kalkulieren*

Kühl|an|la|ge 〈f.11〉 *Anlage zum Aufbewahren verderblicher Güter bei niedrigen Temperaturen*

Küh|le 〈f.11; norddt.〉 *Mulde, Grube, flaches Loch*

Küh|le 〈f., -, nur Sg.〉 **1** *Frische, kühler Zustand; die K. des Abends* **2** *kühle Art, Nüchternheit*

küh|len 〈V.1, hat gekühlt; mit Akk.〉 *kühl machen; Wein, Sekt k.; jmdm., sich die Stirn mit einem feuchten Tuch k.; einen Motor mit Wasser k.;* ~*de Getränke*

Küh|ler 〈m.5〉 **1** 〈bei Kfz und Flugzeugen〉 *Einrichtung, mit der die im Motor erwärmte Kühlflüssigkeit durch Luft wieder abgekühlt wird* **2** 〈bei der Destillation〉 *Gerät zum Abkühlen und Verdichten der Dämpfe* **3** *Gefäß zum Kühlen von Getränken*

Küh|ler|hau|be 〈f.11; bei Kfz〉 *Schutzhaube aus Metall oder Blech über Kühler und Motor*

Kühl|haus 〈n.4〉 *Gebäude mit Kühlanlage*

Kühl|ket|te 〈f.11〉 *Serie verschiedener Kühlanlagen (z.B. vom Schiff über Eisenbahn und Kühlhaus bis zur Kühltruhe) für den Transport von Lebensmitteln über weite Strecken*

Kühl|schrank 〈m.2〉 *gegen Wärme isolierter Schrank zum Aufbewahren verderblicher Lebensmittel (bei Temperaturen zwischen 0 und 10 °C)*

Kühl|te 〈f.11; Seew.〉 *leichter bis mäßiger Wind*

Kühl|tru|he 〈f.11〉 → *Gefriertruhe*

Kühl|turm 〈m.2; bei Wärmekraftwerken〉 *turmförmiges Gebäude, durch das die Abwärme an die Atmosphäre abgegeben wird*

Küh|lung 〈f.10〉 **1** *das Kühlen* **2** *kühle Luft; jmdm., sich K. zufächeln; vom Wald, vom See her kam etwas K.* **3** *Apparat (meist Truhe), in dem Lebensmittel im Laden kühl gehalten werden*

Kühl|wa|gen 〈m.7〉 *durch Kältemaschinen gekühlter Eisenbahnwagen (oder Kraftfahrzeug) mit wärmeisoliertem Aufbau*

kühn 〈Adj.〉 **1** *wagemutig; eine* ~*e Tat; ein* ~*er Sportler* **2** *eigenwillig, vom Üblichen abweichend; eine* ~*e Idee; das habe ich mir in meinen* ~*sten Träumen nicht vorstellen können* **Kühn|heit** 〈f., -, nur Sg.〉

kühn|lich 〈Adv., †〉 *eine kühne Haltung zeigend, kühn; man kann k. behaupten, daß ...*

Kuh|pocken 〈-k·k-; Pl.〉 *Viruserkrankung der Kühe (auf der die Pockenschutzimpfung beruht)*

Kuh|rei|gen, Kuh|rei|hen 〈m.7〉 *aus den Lockrufen der Hirten beim Abtrieb der Kühe von der Alm entstandenes, strophisches Lied*

Kuh|schel|le 〈f.11〉 → *Küchenschelle*

kuh|warm 〈Adj., o.Steig.〉 *gerade gemolken und noch körperwarm;* ~*e Milch*

Ku|jon 〈m.1; †〉 *jmd., der andere kujoniert*

ku|jo|nie|ren 〈V.3, hat kujoniert; mit Akk.〉 † *quälen, peinigen, schinden;* Syn. *kuranzen, koranzen* [< veraltetem frz. *coionner* „als Dummkopf, Feigling behandeln", dann allg. „schlecht behandeln", zu *couillon* „Dummkopf, Feigling"]

k.u.k. 〈im ehemaligen Österreich-Ungarn Abk. für〉 *kaiserlich und königlich; die k.u.k. Monarchie*

Kü|ken 〈n.7〉 **1** *nestflüchtendes Junges von Vögeln (bes. von Hühnern, Enten, Fasanen);* auch 〈österr.〉: *Kücken;* Syn. 〈veraltend, noch poet.〉 *Küchlein* **2** 〈übertr.〉 *unerfahrener Jugendlicher* [nddt.]

Ku-Klux-Klan 〈engl. [kjuklakslæn] m., -(s), nur Sg.; in den USA〉 *gegen die Gleichberechtigung der Farbigen und Minderheiten gerichteter, terroristischer Geheimbund* [angeblich phantasievolle Verballhornung nach griech. *kyklos* „Kreis", dazu *klan* „Sippe, Stamm"]

Ku|kum|ber, Ku|ku|mer 〈f.11〉 *südwestdt. und rheinfränk.〉* → *Gurke* [< lat. *cucumis*, Gen. *cucumeris*, griech. *kykyon*, Nebenform von *sikyos* „Gurke"]

Ku|ku|ruz 〈m., -es, nur Sg.; österr.〉 → *Mais* [< rumän. *cucuruz* „Mais"]

Ku|lak 〈m.10; im zarist. Rußland〉 *Großbauer* [< russ. *kulak* „Faust; großer Hammer; Pfahl zum Festbinden von Booten; Aufkäufer, Geizhals", wohl < turktatar. *kulak* „Faust", zu türk. *kol* „Arm, Vorderfuß"]

ku|lant 〈Adj.〉 *großzügig, entgegenkommend (bes. im Geschäftsleben);* Ggs. *inkulant* [< frz. *coulant* „umgänglich, keine Schwierigkeiten machend (als Kaufmann)", eigtl. „fließend, gleitend", zu *couler* „fließen, gleiten, durchseihen"]

Ku|lanz 〈f., -, nur Sg.〉 *kulantes Verhalten, Großzügigkeit, Entgegenkommen (bes. im Geschäftsleben);* Ggs. *Inkulanz*

Ku|li 〈m.9〉 **1** *ostasiatischer Tagelöhner, Lastträger, Plantagenarbeiter* **2** 〈abwertend〉 *billige Arbeitskraft* **3** 〈kurz für〉 *Kofferkuli* **4** *Kugelschreiber (Tinten~)* [< Marāṭhī (neuind. Sprache) *koḷī*, der Bezeichnung für eine niedere ind. Kaste, meist Wasserträger]

Ku|lier|wa|re 〈f.11〉 *Wirkware, Maschenware, bei der nebeneinanderliegende Schleifen (Maschen) geschlungen werden, die mittels Haken jeweils in die vorherigen gleiten oder geschoben werden* [< frz. *couler* „gleiten lassen, hineinschieben"]

ku|li|na|risch 〈Adj., o.Steig. nur ugs.〉 *auf feiner Kochkunst beruhend, fein, erlesen* [< lat. *culinarius* „zur Küche gehörig", zu *culina* „Küche"]

Ku|lis|se 〈f.11〉 **1** 〈Theater〉 *bemalte, verschiebbare Wand oder Dekorationsteil als seitlicher oder hinterer Abschluß der Bühne* **2** 〈übertr.〉 *Hintergrund* **3** 〈Börse〉 *freier Markt, Gesamtheit der Personen, die auf eigene Rechnung an der Börse spekulieren* **4** *Hebel mit verschiebbarem Drehpunkt* [< frz. *coulisse* „Schiebefenster, Schiebewand (auf der Bühne)", zu *couler* „schieben, gleiten lassen"]

Ku|ler|au|gen 〈n.14, Pl.; ugs., scherzh.〉 *große, runde Augen; K. machen (vor Erstaunen oder Freude) große Augen machen*

Kul|lern 〈V.1, ist gekullert; o.Obj.〉 → *kollern¹* [f.11]

Kulm¹ 〈m.1, schweiz.〉 *runder Berggipfel* [< lat. *culmen* „Gipfel"]

Kulm² 〈f.10〉 *Stufe des unteren Karbons* [engl., Herkunft unsicher]

Kul|mi|na|ti|on 〈f.10〉 **1** *Durchgang eines Gestirns durch den höchsten bzw. niedrigsten Punkt seiner Bahn am Himmelsgewölbe* **2** 〈übertr.〉 *Erreichen der größten Höhe, des Höhepunktes* [zu *kulminieren*]

Kul|mi|na|ti|ons|punkt 〈m.1〉 *Höhe-, Gipfelpunkt*

kul|mi|nie|ren 〈V.3, hat kulminiert; o.Obj.〉 *den Höhepunkt erreichen* [< lat. *culminare* „krönen, mit einer Spitze versehen", zu *culmen*, Gen. *culminis*, „Gipfel, höchster Punkt"]

kul|misch 〈Adj., o.Steig.〉 *zum Kulm² gehörig, aus ihm stammend*

Ku|lör 〈f.10 oder f.9; eindeutschende Schreibung von〉 *Couleur*

Kult 〈m.1〉 **1** *äußere Form der Götterverehrung oder des Gottesdienstes;* auch *Kultus* **2** 〈übertr.〉 *übertriebene Verehrung oder Pflege; einen K. mit etwas (oder jmdm.) treiben*

kul|tisch 〈Adj., o.Steig.〉 *zu einem Kult gehörend, auf ihm beruhend, in der Art eines Kultes*

Kul|ti|va|tor 〈m.13〉 → *Grubber* [zu *kultivieren*]

kul|ti|vie|ren 〈V.3, hat kultiviert; mit Akk.〉 **1** *etwas* **a** *anbaufähig machen; Land, den Boden k.* **b** *durch Züchtung veredeln; Wildpflanzen k.* **c** *verfeinern; seine Umgangsformen k.* **2** *zu einer feineren Lebensart entwickeln; ein Volk k.* [über mlat. *cultivare* < lat. *colere* „bebauen, bearbeiten", übertr. „geistig pflegen, veredeln"]

kul|ti|viert 〈Adj.〉 **1** *gebildet, mit guten Umgangsformen und gepflegt; ein* ~*er Mensch; er ist sehr k.* **2** *verfeinert, feinen Geschmack haben* **3** *sorgfältig ausgebildet, gut geschult; der Sänger hat eine* ~*e Stimme*

Kult|mi|ni|ste|ri|um 〈n., -s, -ri|en, nur ugs.; in Baden-Württemberg〉 → *Kultusministerium*

Kul|tur 〈f.10〉 **1** *Gesamtheit der geistigen und künstlerischen Errungenschaften einer Gesellschaft; die orientalische, abendländische K.; alte, frühe* ~*en* **2** *Anbau und Aufzucht von Pflanzen* **3** *Züchtung von Bakterien auf künstlichen Nährböden (Bakterien~)* **4** *auf großen Flächen gezogene Pflanzen;* ~*en anlegen* **5** *Bebauung des Bodens* **6** 〈nur Sg.〉 *geistige und seelische Bildung, verfeinerte Lebensweise, Lebensart; er hat K.* [< lat. *cultura* „Bearbeitung, Bebauung; geistige Pflege", zu *colere* „bebauen, bearbeiten, geistig pflegen, veredeln"]

Kul|tur|beu|tel 〈m.5; ugs., scherzh.〉 *Tasche, Beutel mit Toilettenartikeln*

Kul|tur|bo|den 〈m.8〉 **1** *landwirtschaftlich genutzter Ackerboden* **2** *Siedlungsgebiet mit langer Kulturtradition*

Kul|tur|denk|mal 〈n.4〉 *künstlerisches Werk, das als Zeugnis einer bestimmten Kultur gilt*

kul|tu|rell 〈Adj., o.Steig.〉 *die Kultur (1, 6) betreffend, dazu gehörend, darauf beruhend*

Kul|tur|flüch|ter 〈m.5〉 *Lebewesen, das in der Kulturlandschaft keine geeigneten Lebensbedingungen findet (z.B. der Schwarzstorch)*

Kul|tur|fol|ger 〈m.5〉 *Lebewesen, das sich in der Kulturlandschaft ausbreitet (z.B. die Amsel)*

Kul|tur|ge|schich|te 〈f., -, nur Sg.〉 **1** *Geschichte der menschlichen Kultur* **2** *wissenschaftliches Werk darüber*

kul|tur|ge|schicht|lich 〈Adj., o.Steig.〉 *zur Kulturgeschichte gehörend, auf ihr beruhend, sie betreffend; diese Erscheinung ist k. sehr interessant;* Syn. *kulturhistorisch*

Kul|tur|gut ⟨n.4⟩ *kulturelles Erzeugnis von hohem, zu bewahrendem Wert*
kul|tur|hi|sto|risch ⟨Adj., o.Steig.⟩ →*kulturgeschichtlich*
Kul|tur|kreis ⟨m.1⟩ *Gebiet mit gleichartiger Kultur*
Kul|tur|land|schaft ⟨f.10⟩ *durch den Menschen umgestaltete Landschaft*
Kul|tur|pflan|ze ⟨f.11⟩ *vom Menschen angepflanzte, gepflegte und geeignete Pflanze*
Kul|tur|re|vo|lu|ti|on ⟨f.10; Marxismus⟩ *revolutionäre Umgestaltung einer sozialistischen Gesellschaftsordnung mit dem Ziel einer neuen, sozialistischen Kultur;* die Große Proletarische K. (in China von 1966–76)
Kul|tur|step|pe ⟨f.11⟩ *durch Schlagen des natürlichen Waldes entstandene Landschaft, in der Felder und Äcker überwiegen*
Kul|tur|stu|fe ⟨f.11⟩ *Grad der kulturellen Entwicklung;* auf einer niedrigen, hohen K. stehen
Kul|tus ⟨m., -, -te⟩ →*Kult (1)*
Kul|tus|mi|ni|ste|ri|um ⟨n., -s, -ri|en⟩ *Ministerium für die Angelegenheiten der Kultur (1)*
Ku|ma|rin ⟨n., -s, nur Sg.⟩ →*Cumarin*
Ku|ma|ron ⟨n., -s, nur Sg.⟩ →*Cumaron*
Kumm ⟨m.1⟩, **Kum|me** ⟨f.11; norddt.⟩ *tiefe Schüssel;* auch: *Kumpen*
Küm|mel ⟨m.5⟩ **1** *(weit verbreitetes) weiß oder rosa blühendes Doldengewächs* **2** *dessen längliches, gekrümmtes Spaltfrüchtchen, das als Gewürz dient* **3** *mit Kümmel gewürzter Branntwein* [< lat. *cuminum* < griech. *kyminon,* vermutl. arabischen Ursprungs]
küm|meln ⟨V.1, hat gekümmelt; mit Akk.⟩ **1** ⟨selten⟩ *mit Kümmel bestreuen* **2** ⟨ugs.⟩ *(Alkohol) trinken;* einen k. *einen Schnaps (eigtl. einen Kümmelschnaps) trinken*
Küm|mel|tür|ke ⟨m.11; †⟩ *Spießbürger* [urspr. Bez. der Hallenser Studenten für „langweiliger, fader Mensch, einer, der sich nie über seine engere Heimat hinausbewegt", das heißt „einer, der nie aus Halle und seiner Umgebung hinauskommt"; das Gebiet um Halle wurde früher *Kümmeltürkei* genannt, da dort viel Kümmel angebaut wurde; Türkei deshalb, weil früher aus der Türkei viele Gewürze eingeführt wurden]
Kum|mer ⟨m., -s, nur Sg.⟩ **1** *seelischer Schmerz, seelische Bedrückung, Gram;* K. haben; du machst mir K.; aus K. krank werden **2** ⟨ugs.⟩ *leichter Ärger (über eine Sache, die Schwierigkeiten bereitet);* der neue Staubsauger macht mir K. **3** ⟨ugs.⟩ *Sache, die Schwierigkeiten bereitet;* mein größter K. in der neuen Wohnung ist der feuchte Keller
Küm|me|rer ⟨m.5; Jägerspr.⟩ *männliches Tier mit zurückgebliebenem Geweih oder Gehörn*
küm|mer|lich ⟨Adj.⟩ **1** *schwächlich, zurückgeblieben;* eine ~e *Pflanze* **2** *armselig, kärglich;* in ~en *Verhältnissen leben,* k. leben **3** ⟨abwertend⟩ *ungenügend, nicht zufriedenstellend;* ein ~es *Ergebnis;* ~en *Lohn erhalten*
Küm|mer|ling ⟨m.1⟩ *schwächliches, zurückgebliebenes Lebewesen*
küm|mern ⟨V.1, hat gekümmert⟩ **I** ⟨o.Obj.⟩ *nicht recht gedeihen, kümmerlich dahinleben;* der Baum kümmert **II** ⟨mit Akk.⟩ jmdm. k. *jmdm. Sorgen, Gedanken machen;* auch: *bekümmern;* das kümmert mich nicht **III** ⟨refl.⟩ **1** sich um etwas, jmdn. k. *sich sorgsam mit etwas, jmdm. beschäftigen, etwas, jmdn. pflegen;* ich kümmere mich um die Blumen, um das Kind, während sie verreist ist; sich um eines Kranken k. **2** sich Gedanken über, um etwas machen, auf etwas achten; er kümmert sich nicht um Politik; kümmere dich um deine eigenen Angelegenheiten (und laß mich in Ruhe)!
Küm|mer|nis ⟨f.1⟩ *Kummer, Not*
Kum|mer|speck ⟨m., -s, nur Sg.; ugs.⟩ *Fettansatz durch übermäßiges Essen infolge seeli-* scher Probleme; sie hat ganz schön K. angesetzt
Kum|met ⟨n.1⟩ *der um den Hals des Tieres liegende Teil des Pferdegeschirrs;* auch: *Kumt*
Kum|pan ⟨m.1⟩ *Genosse, Kamerad, Geselle* (Zech~) [< mhd. *kumpan, kompan* < altfrz. *compain* „Genosse", < lat. *com* (ältere Form von *cum*) „mit, zusammen" und *panis* „Brot", also „der mit einem das Brot teilt"]
Kum|pa|nei ⟨f.10⟩ *Gesellschaft lustiger Kumpane*
Kum|pel ⟨m.5⟩ **1** *Bergmann* **2** ⟨ugs.⟩ *(guter) Kamerad;* ein alter K.; er ist ein guter K.
Kum|pen ⟨m.7⟩ →*Kumm*
Kum|quat ⟨f.9⟩ *kleine ostasiatische Orange* [chin. (Mundart der Provinz Kanton), „goldene Orange"]
Kumt ⟨n.1⟩ →*Kummet*
Ku|mu|la|ti|on ⟨f.10⟩ **1** *Häufung, Anhäufung* **2** *sich steigernde, vergiftende Wirkung von kleinen, ständig gegebenen Dosen (z.B. von Arzneien)* [zu *kumulieren*]
ku|mu|la|tiv ⟨Adj., o.Steig.⟩ *sich anhäufend* [zu *kumulieren*]
ku|mu|lie|ren ⟨V.3, hat kumuliert⟩ **I** ⟨mit Akk.⟩ *anhäufen;* Stimmen k. **II** ⟨o.Obj.⟩ *sich anhäufen;* ein Giftstoff kumuliert im Körper; ~de *Bibliographie regelmäßig erscheinende Bibliographie, die außer den neuen Titeln nach die alten immer wieder aufführt* [< lat. *cumulare* „anhäufen, aufschichten", zu *cumulus* „Haufen"]
Ku|mu|lo|nim|bus ⟨m., -, -bus|se⟩ →*Cumulonimbus*
Ku|mu|lus ⟨m., -, -li⟩, **Ku|mu|lus|wol|ke** ⟨f.11⟩ →*Cumulus*
Ku|mys, Ku|myß ⟨m., -, nur Sg.; in Innerasien⟩ *alkoholisches Getränk aus gegorener Stutenmilch* [< russ. zu *kymmak* „umrühren, quirlen"]
kund ⟨Adv., †; nur in der Wendung⟩ jmdm. etwas k. und zu wissen tun *jmdm. etwas mitteilen, bekanntgeben*
künd|bar ⟨Adj., o.Steig.⟩ *mit der Möglichkeit einer Kündigung;* ~er *Vertrag;* als langjähriger Mitarbeiter ist er nicht mehr k. *kann ihm nicht mehr gekündigt werden* **Künd|bar|keit** ⟨f., -, nur Sg.⟩
Kun|de¹ **I** ⟨m.11⟩ **1** *Käufer* (Stamm~); ein guter K.; ~n *anwerben;* Dienst am ~n *unentgeltliche Dienstleistung* **2** ⟨Gaunerspr.⟩ *Landstreicher* **3** ⟨ugs., abwertend⟩ *Kerl, Mensch;* ein übler K. [< mhd. *kunde* „Bekannter, Einheimischer", zu *kunt* „bekannt", also „einer, der etwas kennt, weiß"] **II** ⟨f.11⟩ *Nachricht, Mitteilung;* eine gute, schlechte K.; jmdm. von etwas K. geben [< mhd. *kunde* „Kenntnis, Bekanntschaft", zu *kunt* „bekannt (geworden)"]
Kun|de² ⟨f.11⟩ →*Bohne (3)*
kün|den ⟨V.2, hat gekündet; poet.⟩ **I** ⟨mit Dat. und Akk.⟩ jmdm. etwas k. *jmdm. etwas feierlich sagen, bekanntgeben, mitteilen;* ich künde euch großen Freude **II** ⟨mit Präp.obj.⟩ von etwas k. *von etwas Kunde geben, bringen, von etwas (dichterisch) erzählen;* die alten Mythen k. von den Taten der Helden
Kun|den|dienst ⟨m.1⟩ **1** ⟨nur Sg.⟩ *(meist unentgeltliche) Dienstleistung (zu Werbezwecken)* **2** *Betreuung und Reparatur von technischen Geräten;* den K. anrufen; ein Auto zum K. bringen
kund|ge|ben ⟨V.45, hat kundgegeben; mit Akk.⟩ **1** *feierlich mitteilen, bekanntgeben;* Syn. *kundmachen;* ich gebe (Ihnen) hiermit kund, daß ... **2** *äußern, zeigen;* er kann seine Gefühle nicht k.; er hat weder durch Worte noch durch Gebärden kundgegeben, daß er mich verstanden hat
Kund|ge|bung ⟨f.10⟩ **1** ⟨nur Sg.⟩ *das Kundgeben* **2** *öffentliche Äußerung* (Mißfallens~, Sympathie~) **3** *politische Versammlung in großem Umfang* (Massen~)
kun|dig ⟨Adj.⟩ **1** *Wissen, Kenntnisse besit-* zend, erfahren; ein ~er *Redakteur, Fachmann* **2** sich in einer Gegend, auf einem Gebiet gut auskennend (orts~, wetter~); einer Sache k. sein *eine Sache beherrschen, eine Sache gut können;* er ist der Landessprache (nicht) k.
kün|di|gen ⟨V.1, hat gekündigt⟩ **I** ⟨mit Akk. oder o.Obj.⟩ *etwas k. mitteilen, daß etwas beendet, gelöst werden soll;* seine Stellung, einen Vertrag k.; das Mietverhältnis, den Mietvertrag k.; ⟨ugs.⟩ die Wohnung k.; ich habe gekündigt *ich habe mitgeteilt, daß ich meine Stellung aufgeben will;* ich teile mit, daß ich am 1. Mai meine Stellung aufgeben will **II** ⟨mit Dat.⟩ jmdm. k. *jmdm. mitteilen, daß sein Arbeitsverhältnis gelöst wird;* mir ist gekündigt worden *man hat mir gekündigt* **III** ⟨mit Dat. und Akk.⟩ jmdm. etwas k. *jmdm. mitteilen, daß man etwas als beendet betrachtet (was einen bisher mit ihm verbunden hat);* jmdm. die Freundschaft k.
Kün|di|gung ⟨f.10⟩ **1** ⟨nur Sg.⟩ *das Kündigen* **2** *schriftliche Mitteilung an jmdn., daß ihm gekündigt wird;* er hat seine K. erhalten **3** *Möglichkeit zum Kündigen;* Vertrag mit monatlicher, vierteljährlicher K.
kund|ma|chen ⟨V.1, hat kundgemacht; mit Akk.⟩ →*kundgeben*
Kund|schaft ⟨f.10⟩ **1** ⟨nur Sg.; †⟩ *Erkundung, das Auskundschaften;* auf K. ausgehen **2** ⟨†⟩ *Botschaft, Nachricht;* jmdm. eine K. senden; es gab die K., daß ... **3** ⟨nur Sg.⟩ *Gesamtheit der Kunden;* die K. einer Firma; damit verärgern wir nur die K.; die K. gut beliefern **4** ⟨nur Sg.⟩ *mehrere Kunden;* es ist K. im Laden **5** ⟨bayr.⟩ *Kundin;* eine K. bedienen; gestern habe ich eine K. gehabt, die ...
kund|schaf|ten ⟨V.2, hat kundgeschaftet; o.Obj.⟩ *auf Kundschaft ausgehen, als Kundschafter tätig sein*
Kund|schaf|ter ⟨m.5⟩ *jmd., der etwas auskundschaftet, Späher*
kund|tun ⟨V.167, hat kundgetan; mit Akk.⟩ *äußern, zum Ausdruck bringen, mitteilen;* seine Meinung (nachdrücklich) k.; ich habe ihm offen kundgetan, daß ich ...
kund|wer|den ⟨V.180, ist kundgeworden; o.Obj.; poet.⟩ *bekannt werden;* es ist kundgeworden, daß ...; die Nachricht wurde schon bald kund
ku|nei|form ⟨[-ne|i-] Adj., o.Steig.; Med.⟩ *keilförmig* [< lat. *cuneus,* Gen. *cunei,* „Keil" und *forma* „Form, Gestalt"]
Kü|net|te ⟨f.11; bei Festungsgräben⟩ *Abflußgraben* [< frz. *cunette* in ders. Bed., < ital. *cunetta* „Rinnstein, Straßengraben", wahrscheinlich Verkleinerungsform von *cuna* „Wiege", < lat. *cuna* „Wiege, Vogelnest"]
künf|tig ⟨Adj., o.Steig.⟩ **1** *in der Zukunft liegend;* die ~en *Einnahmen* **2** *in Zukunft, von jetzt an;* das wird sich k. ändern
künf|tig|hin ⟨Adv.⟩ *in Zukunft*
kun|keln ⟨V.1, hat gekunkelt; o.Obj.⟩ *heimlich Vereinbarungen treffen* [< älterem *kunkeln,* „Heimlichkeiten treiben", wahrscheinlich urspr. „heimlich in den Kunkelstuben (Spinnstuben) schwatzen und Pläne schmieden", zu *Kunkel*]
Kun|kel ⟨f.11⟩ *Spinnrocken, Spindel* [mhd., < mlat. *conucula,* *colucula,* Verkleinerungsform von lat. *colus* „Spinnrocken"]
Kun|kel|le|hen ⟨n.7; früher⟩ *auch auf Frauen vererbbares Lehen;* Syn. *Spindellehen*
Kunst ⟨f.2⟩ **1** *schöpferische Tätigkeit des Menschen mit Tönen, Sprache oder verschiedenen Materialien* (Ton~, Dicht~, Bau~); er lebt nur seiner K.; die schönen Künste *alle Formen der K.;* die Schwarze K. *Magie, Zauberei,* ⟨übertr.⟩ *Buchdruckerei;* was macht die K.? ⟨ugs.⟩ *wie geht deine Tätigkeit voran?* **2** *alle Werke eines Künstlers oder einer Epoche;* die K. Beethovens; die K. des Mittelal-

Kunstdruck

ters **3** *Fertigkeit, Fähigkeit (auf einem bestimmten Gebiet);* die ärztliche K.; die K. des Schreibens; die K. der Fuge; das ist keine K. *das erfordert keine besonderen Fähigkeiten;* mit seiner K. am Ende sein ⟨ugs.⟩ *nicht mehr weiterwissen*

Kunst|druck ⟨m.1⟩ *technisch hervorragende, auf besonderem Papier gedruckte Wiedergabe eines Kunstwerkes*

Kunst|druck|pa|pier ⟨n.1⟩ *Papier mit glatter, geschlossener Oberfläche (für Bilderdruck mit feinsten Rastern)*

Kunst|dün|ger ⟨m.5⟩ → *Düngemittel*

künsteln ⟨V.1, hat gekünstelt; nur noch im Part. Perf.⟩ → *gekünstelt*

Kunst|fa|ser ⟨f.11⟩ → *Chemiefaser*

Kunst|feh|ler ⟨m.5⟩ *falsche Maßnahme (eines Arztes, eines Apothekers oder einer Hebamme)*

kunst|fer|tig ⟨Adj.⟩ *sehr geschickt* **Kunst|fer|tig|keit** ⟨f.10⟩

Kunst|flie|ger ⟨m.5⟩ *jmd., der Kunstflug betreibt*

Kunst|flug ⟨m., -(e)s, nur Sg.⟩ *Flugsport) Flug in Figuren, mit Drehungen usw.*

Kunst|füh|rer ⟨m.5⟩ *Buch mit Beschreibung und Erklärung der Kunstdenkmäler (einer Stadt, eines Gebietes oder Landes)*

kunst|ge|recht ⟨Adj.⟩ *richtig, sachgemäß;* einen Verband k. anlegen

Kunst|ge|schich|te ⟨f., -, nur Sg.⟩ *Wissenschaft von der Entwicklung der bildenden Kunst;* Syn. Kunsthistorie

kunst|ge|schicht|lich ⟨Adj., o.Steig.⟩ *zur Kunstgeschichte gehörend, die Kunstgeschichte betreffend;* Syn. kunsthistorisch

Kunst|ge|wer|be ⟨n., -s, nur Sg.⟩ **1** *Bereich der bildenden Kunst, der sich mit der Herstellung künstlerischer Schmuck- und kleiner Gebrauchsgegenstände befaßt* **2** *dessen Produkte*

Kunst|glas ⟨n.4⟩ *glasartiger Kunststoff (z.B. Plexiglas)*

Kunst|griff ⟨m.1⟩ *geschickter Handgriff, Kniff*

Kunst|han|del ⟨m., -s, nur Sg.⟩ *Handel mit Werken der bildenden Kunst*

Kunst|hand|werk ⟨n.1, nur Sg.⟩ *Handwerk, in dem die angefertigten Gegenstände (bes. Möbel) künstlerisch gestaltet werden*

Kunst|harz ⟨n.1⟩ *(durch chemische Synthese oder Umwandlung von natürlichem Harz gewonnenes) künstliches Harz* (Gieß~, Polyester~)

Kunst|herz ⟨n.16⟩ *künstliches Herz*

Kunst|hi|sto|rie ⟨[-riə] f., -, nur Sg.⟩ → *Kunstgeschichte*

Kunst|hi|sto|ri|ker ⟨m.5⟩ *Wissenschaftler auf dem Gebiet der Kunstgeschichte*

kunst|hi|sto|risch ⟨Adj., o.Steig.⟩ → *kunstgeschichtlich*

Kunst|ho|nig ⟨m., -s, nur Sg.⟩ *aus Rohrzuckerlösungen hergestelltes, honigähnliches Nahrungsmittel*

Kunst|kopf ⟨m.2; Tontechnik⟩ *Tonaufnahmegerät in Form eines menschlichen Kopfes mit Mikrophonen in Ohrhöhe, mit dem bei der Wiedergabe ein möglichst natürlicher Höreffekt erzielt werden soll*

Kunst|le|der ⟨n.5⟩ *Kunststoff mit lederähnlichen Eigenschaften*

Künst|ler ⟨m.5⟩ **1** *jmd., der Kunstwerke hervorbringt oder sie nachschaffend auslegt;* ein bildender K.; dieser Pianist ist ein großer K. **2** *jmd., der eine Fähigkeit besonders gut beherrscht* (Hunger~)

künst|le|risch ⟨Adj., o.Steig.⟩ **1** *zur Kunst gehörig;* eine ~e Tätigkeit ausüben; ein Werk nach ~en Grundsätzen gestalten; ~e Freiheit *Freiheit (eines Dichters), um der Wirkung des Ausdrucks willen bis zu einem gewissen Grade von der Wahrheit abzuweichen* **2** *die Kunst betreffend, hinsichtlich der Kunst;* die ~e Gestaltung eines Theaterstücks; der Film ist k. wertvoll **3** *auf Kunst beruhend;* eine ~e Leistung **4** *in der Art eines Künstlers;* ~e Fähigkeiten; eine ~e Veranlagung haben

Künst|ler|mäh|ne ⟨f.11; †, scherzh.⟩ *langes, volles Haar* [wie es früher häufig Künstler trugen]

Künst|ler|na|me ⟨m.15⟩ *Name, den sich ein Künstler zugelegt hat, Pseudonym*

Künst|ler|pech ⟨n.1, nur Sg.; ugs., scherzh.⟩ *Mißgeschick bei der Erledigung einer Sache*

künst|lich ⟨Adj.⟩ **1** *unecht, einem Vorbild in der Natur nachgebildet;* ~e Blumen; ~es Licht **2** *nicht natürlich verlaufend, vom Menschen erzeugt;* ~e Atmung *Aufrechterhaltung der Atmung durch einen anderen Menschen oder ein Gerät;* ~e Ernährung *Ernährung durch eine Magensonde, eine Infusion o.ä.* **3** ⟨übertr.⟩ *gekünstelt, unecht;* ein ~es Lächeln

Kunst|lied ⟨n.3⟩ *von einem Künstler komponiertes Lied (im Unterschied zum Volkslied)*

kunst|los ⟨Adj.⟩ *ohne künstlerische Gestaltung, einfach;* Ggs. kunstvoll

Kunst|pau|se ⟨f.11⟩ *Pause in einer Rede, um die Wirkung zu erhöhen;* eine K. einlegen

Kunst|schwim|men ⟨n., -s, nur Sg.⟩ *(von Frauen betriebenes) Schwimmen mit Musikbegleitung, wobei gruppenweise über und unter Wasser verschiedene Figuren und Formationen synchron ausgeführt werden*

Kunst|sei|de ⟨f.11⟩ **1** *aus Zellulose gewonnene Kunstfaser* **2** *daraus hergestelltes Gewebe mit seidenähnlichen Eigenschaften*

Kunst|sinn ⟨m., -(e)s, nur Sg.⟩ *Sinn, Gefühl für Kunst*

kunst|sin|nig ⟨Adj.⟩ *Sinn für Kunst besitzend*

Kunst|spra|che ⟨f.11⟩ *künstlich geschaffene Sprache (z.B. das Esperanto)*

Kunst|sprin|gen ⟨n., -s, nur Sg.; Wassersport⟩ *Wettbewerb vom federnden Einmeter- oder Dreimeterbrett*

Kunst|stoff ⟨m.1⟩ *(durch chemische Synthese oder Umwandlung von Naturstoffen entstandener) organischer Werkstoff;* Syn. Plastik, ⟨DDR⟩ Plaste)

kunst|stop|fen ⟨V.1, hat kunstgestopft; mit Akk.; nur im Infinitiv und Part. Perf.⟩ *ein Gewebe, ein Loch (im Gewebe) k. mit Fäden desselben Gewebes und die Webart nachmend stopfen;* ein Loch, eine Hose k. lassen; das Loch, die Hose muß kunstgestopft werden

Kunst|stop|fe|rei ⟨f.10⟩ **1** ⟨nur Sg.⟩ *das Kunststopfen* **2** *Betrieb, in dem Textilien kunstgestopft werden*

Kunst|stück ⟨n.1⟩ *Leistung, die eine besondere Fähigkeit erfordert* (Zauber~); das ist doch kein K. ⟨ugs.⟩ *das ist nicht schwierig;* ein K. fertigbringen ⟨ugs.⟩ *etwas schaffen, was man nicht erwartet hätte*

Kunst|tur|nen ⟨n., -s, nur Sg.⟩ *wettkampfmäßige Form des Geräteturnens*

Kunst|ver|stand ⟨m., -(e)s, nur Sg.⟩ *Fähigkeit, ein Kunstwerk als solches zu erkennen, es richtig zu beurteilen und zu interpretieren*

Kunst|ver|ständ|nis ⟨n., -ses, nur Sg.⟩ *Verständnis für Kunst, Fähigkeit, Kunstwerke zu verstehen*

kunst|voll ⟨Adj.⟩ *von großer Kunst zeugend, mit großer Kunst;* Ggs. kunstlos; ein ~es Bauwerk; ein k. gebauter Satz; ein k. zusammengesetztes Gefüge

Kunst|werk ⟨n.1⟩ **1** *Erzeugnis eines Künstlers;* ein musikalisches K. **2** *kunstvolles Erzeugnis;* dieser Garten ist ein K.

Kunst|wis|sen|schaft ⟨f., -, nur Sg.⟩ *Wissenschaft von der bildenden Kunst*

Kunst|wort ⟨n.4⟩ *künstlich gebildetes Wort (z.B. Perlon, Radar)*

kun|ter|bunt ⟨Adj., o.Steig.⟩ **1** *sehr bunt, bunt und abwechslungsreich;* ein ~es Treiben; k. bemalte Wände **2** ⟨verstärkend⟩ *sehr ungeordnet;* ein ~es Durcheinander; seine Sachen lagen k. verteilt im Zimmer [verstüm-

melt < *Kontrapunkt* im Sinne von „gegeneinanderlaufend"]

Kunz → *Hinz und Kunz*

Kü|pe ⟨f.11⟩ **1** *großes Holzgefäß zum Färben* **2** *die darin enthaltene Farblösung* [nddt., zu *Kufe*²]

Ku|pee ⟨n.9; eindeutschende Schreibung für⟩ *Coupé*

Ku|pel|le ⟨f.11⟩ → *Kapelle*² (2)

ku|pel|lie|ren ⟨V.3, hat kupelliert; mit Akk.⟩ *von unedlen Metallen trennen;* Edelmetall k. [zu Kupelle]

Kup|fer I ⟨n., -s, nur Sg.; Zeichen: Cu⟩ *hartes, rotes Metall* [< spätlat. *cuprum*, Nebenform von *cyprium*, verkürzt < *aes cyprium* „Erz von der Insel Cypern"; Zypern war die älteste und kupferhaltigste Fundstätte] **II** ⟨m.5; kurz für⟩ *Kupferstich;* ein Buch mit kolorierten alten ~n

Kup|fer|kies ⟨m., -es, nur Sg.⟩ *messinggelbes, glänzendes Mineral, wichtiges Kupfererz*

kup|fern ⟨Adj., o.Steig.⟩ **1** *aus Kupfer;* ein ~er Kessel **2** *wie Kupfer, kupferfarben;* Haar mit ~em Schimmer; k. leuchten, schimmern

Kup|fer|ro|se ⟨f., -, nur Sg.⟩ *Hauterkrankung des Gesichtes mit eitrigen Knoten und roten Gefäßerweiterungen*

kup|fer|rot ⟨Adj., o.Steig.⟩ *glänzend hellrot mit einem Stich ins Braune* (wie poliertes Kupfer); ein ~er Schimmer auf dem Haar

Kup|fer|schie|fer ⟨m.5⟩ *Mergelschiefer des unteren Pechsteins, der u.a. Kupfererz enthält*

Kup|fer|schmied ⟨m.1⟩ *jmd., der berufsmäßig Bleche aus Buntmetall und Aluminium verarbeitet*

Kup|fer|ste|cher ⟨m.5⟩ **1** *jmd., der Kupferstiche herstellt;* mein lieber Freund und K.! ⟨Ausdruck der leichten Drohung⟩ **2** *Borkenkäfer, dessen Fichten befällt*

Kup|fer|stich ⟨m.1⟩ **1** *Kunst, in eine polierte Kupferplatte mit einem Stichel eine bildliche Darstellung einzuritzen* **2** *der Abzug davon auf Papier*

Kup|fer|tief|druck ⟨m.1⟩ **1** ⟨nur Sg.⟩ *Tiefdruckverfahren mit Hilfe kupferbeschichteter Druckplatten* **2** *damit hergestelltes Erzeugnis*

ku|pie|ren ⟨V.3, hat kupiert; mit Akk.⟩ **1** *kürzer schneiden, stutzen;* einem Hund den Schwanz, die Ohren k.; einem Vogel die Schwungfedern k. **2** *verschneiden;* Wein k. **3** *lochen, knipsen* **4** ⟨Med.⟩ *aufhalten, mildern;* eine Krankheit k. [< frz. *couper* „(ab)schneiden", eigtl. „köpfen", zu prov. *cop* „Schädel"]

Ku|pol|ofen ⟨m.8⟩ *Schachtofen zum Schmelzen von Roheisen und Schrott;* auch: Kuppelofen [< lat. *cupula, cuppula* „kleine Tonne"]

Ku|pon ⟨[-põ] m.9⟩ → *Coupon*

Kup|pe ⟨f.11⟩ *abgerundeter oberer Teil* (Berg~, Finger~)

Kup|pel ⟨f.11⟩ *halbkugelförmige Überwölbung (eines Raumes)* [< ital. *cupula* „Kuppel", < lat. *cupula, cupella* „kleine Tonne", Verkleinerungsform von *cupa* „Tonne"]

Kup|pe|lei ⟨f.10⟩ *Begünstigung oder Vermittlung von außerehelichem Geschlechtsverkehr*

kup|peln ⟨V.1, hat gekuppelt⟩ **I** ⟨o.Obj.⟩ *die Kupplung betätigen* **II** ⟨mit Akk.⟩ → *koppeln*

Kup|pel|ofen ⟨m.8⟩ → *Kupolofen*

kup|pen ⟨V.1, hat gekuppt; selten⟩ → *kupieren*

Kupp|ler ⟨m.5⟩ *jmd., der Kuppelei betreibt*

kupp|le|risch ⟨Adj., o.Steig.⟩ *in der Art eines Kupplers*

Kupp|lung ⟨f.10⟩ **1** ⟨nur Sg.⟩ *das Kuppeln* **2** *Vorrichtung zur lösbaren Verbindung von Fahrzeugen* (Anhänger~) **3** *Maschinenteil zur Verbindung zweier Wellen für die Kraftübertragung;* schaltbare K. **4** ⟨bei Kfz⟩ *Hebel zum Betätigen der K. (3);* die K. treten

Ku|pris|mus ⟨m., -, nur Sg.⟩ *Kupfervergiftung* [< lat. *cuprum* „Kupfer"]

Kur ⟨f.10⟩ **1** über einen bestimmten Zeitraum andauerndes Heilverfahren; eine K. machen **2** Aufenthalt in einem Kurort zu Heilzwecken; zur K. in ein Heilbad fahren [< lat. *cura* „Sorge, Fürsorge, Pflege, Krankenpflege"]

Kür ⟨f.10; Sport⟩ Zusammenstellung selbstgewählter Übungen; Ggs. *Pflicht (2)*; eine K. laufen (im Eiskunstlauf); eine ausgezeichnete K. zeigen [< *küren* „wählen", zu *Kur* „Wahl" (noch erhalten in *Kurfürst*), dieses zum untergegangenen *kiesen* „wählen"]

ku|ra|bel ⟨Adj., o.Steig.⟩ heilbar; ein kurables Leiden [zu *kurieren*]

Ku|rand ⟨m.10; †⟩ **1** ⟨Rechtsw.⟩ jmd., der unter Vormundschaft steht, Mündel **2** ⟨Med.⟩ Pflegling

ku|rant ⟨Adj., o.Steig.; †; Abk.: crt.⟩ gängig, umlaufend; ~e Münzen; zwei Mark k. *zwei Mark in gängiger Währung* [< frz. *courant* „laufend, gängig, gewöhnlich", zu *courir* „laufen"]

Ku|rant¹ ⟨m.10; schweiz.⟩ → Kurgast

Ku|rant² ⟨n.1; †⟩ Münze, deren Wert dem ihres Materials entspricht [→ *kurant*]

ku|ran|zen ⟨V.1, hat kuranzt; mit Akk.; †⟩ → *kujonieren* [Herkunft unbekannt]

Ku|ra|re ⟨n., -s, nur Sg.⟩ → Curare

Kü|raß ⟨m.1⟩ Brust- und Rückenharnisch [< frz. *cuirasse* „Brustharnisch, Panzer", < lat. *vestis coriacea* „ledernes Gewand", zu *corium* „Leder, Fell"]

Kü|ras|sier ⟨m.1; bis zum 1. Weltkrieg⟩ Reiter mit Küraß, schwerer Reiter [< frz. *cuirassier* in ders. Bed.]

Ku|rat ⟨m.1⟩ **1** ⟨i.w.S.⟩ Geistlicher als Seelsorger **2** ⟨i.e.S.⟩ Hilfsgeistlicher mit eigenem Seelsorgebezirk [< mlat. *curatus*, zu lat. *cura* „Sorge, Pflege"]

Ku|ra|tel ⟨auch [-tel] f.10⟩ Vormundschaft; unter K. stehen; jmdn. unter K. stellen [< mlat. *curatela*, i. *Verwaltung des Besitzes von Waisen oder Mündeln*", wahrscheinlich < lat. *curatio* „Vormundschaft, Aufsicht, Pflege" (zu *cura* „Sorge, Pflege") und *tutela* „Vormundschaft, Schutz" (zu *tueri* „in Schutz, in Obhut nehmen")]

Ku|ra|tie ⟨f.11⟩ Amt und Amtsbereich eines Kuraten

ku|ra|tiv ⟨Adj., o.Steig.⟩ heilend [zu *kurieren*]

Ku|ra|tor ⟨m.13⟩ **1** Vormund, Pfleger **2** Verwalter (einer Stiftung) **3** Vertreter des Staates (in der Universitätsverwaltung) [< lat. *curator* „Aufseher, Besorger", zu *cura* „Sorge, Fürsorge, Pflege"]

Ku|ra|to|ri|um ⟨n., -s, -ri|en⟩ Gruppe von Personen, die Aufsicht über eine öffentliche Körperschaft o.ä. führt [zu *Kurator*]

Kur|bel ⟨f.11⟩ Hebel zum Drehen einer Welle [< mhd. *kurbe* „Brunnenwinde", < frz. *courbe*, „Krummholz; krumm", < mlat. *curva* „Schraube, Kurbel", zu lat. *curvus* „krumm, gekrümmt"]

kur|beln ⟨V.1, hat gekurbelt⟩ **I** ⟨o.Obj.⟩ eine Kurbel betätigen **II** ⟨mit Akk.⟩ **1** durch Drehen einer Kurbel bewegen; das Autofenster höher k. **2** ⟨ugs.⟩ drehen; einen Film k.

Kur|bel|wel|le ⟨f.11⟩ Stahlwelle, in die als Kurbel wirkende Ausbiegungen eingearbeitet sind, an denen Kurbelstangen angesetzt werden

Kur|bet|te ⟨f.11⟩ → Courbette

Kür|bis ⟨m.1⟩ **1** ⟨kriechende oder rankende⟩ gelb blühende Pflanze **2** deren große, dickschalige Frucht **3** ⟨scherzh.⟩ ⟨die Sicht behindernder⟩ Kopf; nimm mal deinen K. weg! [< mhd. *kürbiz, churbez* < lat. *curcurbita* „Flaschenkürbis", weitere Herkunft unsicher, vielleicht verwandt mit Sanskrit *carbhata-*„Gurke"]

Kur|de ⟨m.11⟩ Angehöriger eines islamischen Bergvolkes in der Türkei, im Irak und Iran

kur|disch ⟨Adj., o.Steig.⟩ die Kurden betreffend, zu ihnen gehörig, von ihnen stammend; ~e Sprache *eine iranische Sprache*

kü|ren ⟨V.1, hat gekürt; mit Akk.; geh.⟩ wählen, auserwählen; jmdn. zur Miß Germany k.; den Faschingsprinzen k.

Kü|ret|ta|ge ⟨[-ʒə] f.11; Med.⟩ Ausschabung mit der Kürette

Kü|ret|te ⟨f.11⟩ löffelähnliches chirurgisches Instrument (zum Ausschaben der Gebärmutter) [< frz. *curette* in ders. Bed., zu *curer* „reinigen, säubern"]

Kur|fürst ⟨m.10; früher⟩ Fürst mit dem Recht, den deutschen König zu wählen [zum veralteten *Kur* „Wahl", → *Kür, küren*]

Kur|gast ⟨m.2⟩ jmd., der Gast in einem Kurort ist; Syn. *Kurant*

Kur|haus ⟨n.4⟩ Gebäude mit Einrichtungen für die Kurgäste

ku|ri|al ⟨Adj., o.Steig.⟩ die Kurie, die fürstliche Kanzlei, das Rathaus betreffend, dazu gehörig, davon ausgehend, dort üblich

Ku|ri|a|len ⟨Pl.⟩ die geistlichen und weltlichen Beamten der päpstlichen Kurie

Ku|ri|a|li|en ⟨Pl.; †⟩ früher in den Kanzleien übliche Förmlichkeiten (im Briefverkehr usw.) [zu *kurial*]

Ku|ri|al|stil ⟨m.1; †⟩ Kanzleistil

Ku|ri|at|stim|me ⟨f.11⟩ Gesamtstimme mehrerer Stimmberechtigter; Syn. *Virilstimme* [< lat. *curiatus* „zur Kurie gehörig", → *Kurie*]

Ku|rie ⟨[-riə] f.11⟩ **1** ⟨im alten Rom⟩ **a** Einheit von Familienverbänden der patrizischen Geschlechter mit eigenem Versammlungsort **b** Versammlungsort des Senats **2** ⟨heute⟩ die päpstlichen Behörden sowie deren Sitz [< lat. *curia* in den Bed. 1a und b, wahrscheinlich < *co-viria* „Vereinigung von Männern", < *co...* (für *cum*) „zusammen" und *vir*, Gen. *viri*, „Mann"]

Ku|rier ⟨m.1⟩ Bote, Eilbote, Überbringer wichtiger Meldungen [< frz. *courrier* „Eilbote", zu *courir* „laufen, rennen"]

ku|rie|ren ⟨V.3, hat kuriert; mit Akk.⟩ heilen, gesund machen; jmdn. k.; jmdn. von einer Krankheit k.; davon bin ich gründlich kuriert ⟨ugs.⟩ *das tue ich bestimmt nicht wieder, davon habe ich genug* [< lat. *curare* „Sorge tragen, sich kümmern", zu *cura* „Sorge, Fürsorge, Pflege"]

ku|ri|os ⟨Adj.⟩ merkwürdig, sonderbar, wunderlich und komisch zugleich; eine ~e Geschichte; ein ~er Einfall; ein ~er Kerl; das ist wirklich k. [im 17.Jh. in positivem Sinne gebraucht: „seltsam, wissenswert", allmählich zu „ein bißchen verrückt" abgewertet; unter Einfluß von frz. *curieux* „wunderlich, merkwürdig, wißbegierig, neugierig", < lat. *curiosus* „sorgfältig, aufmerksam", eigtl. „voller Teilnahme, mit Sorgfalt, neugierig", zu *cura* „Sorge, Pflege"]

Ku|rio|si|tät ⟨f.10⟩ **1** ⟨nur Sg.⟩ Sonderbarkeit, Merkwürdigkeit **2** merkwürdiger Gegenstand, kuriose Sehenswürdigkeit; eine Sammlung von ~en

Ku|rio|si|tä|ten|ka|bi|nett ⟨n.1⟩ Raum, in dem Kuriositäten ausgestellt werden

Ku|rio|sum ⟨n., -s, -sa⟩ etwas Kurioses, Merkwürdiges

Kur|ku|ma ⟨f., -, -men⟩ **1** ein südasiatisches Ingwergewächs **2** dessen Wurzelknolle (u.a. als Bestandteil des Currys; Syn. *Gelbwurzel* [< span. *curcuma* < arab. *kurkum* „Safran"]

Kur|kum|a ⟨n., -s, nur Sg.⟩ *aus der Kurkuma gewonnener gelber Farbstoff*

Kur|ort ⟨m.1⟩ Ort mit Heilquelle oder besonderem Klima, das für bestimmte Kuren vorteilhaft ist

Kur|pfu|scher ⟨m.5⟩ **1** Laie, der Krankheiten unsachgemäß behandelt **2** schlechter Arzt; Syn. *Quacksalber*

Kur|re ⟨f.11⟩ mit Metallkugel beschwertes Fischer-Schleppnetz [nddt.]

Kur|ren|da|ner ⟨m.5⟩ Kurrendesänger

Kur|ren|de ⟨f.11⟩ **1** ⟨früher⟩ Schülerchor, der gegen kleine Gaben vor den Häusern geistliche Lieder sang **2** ⟨heute⟩ evangelischer kirchlicher Jugendchor [< lat. *corradere* „zusammenkratzen, -scharren, mühsam von überallher zusammenbringen", < *cor...* (für *cum*) „mit, zusammen" und *radere* „kratzen, scharren"]

kur|rent ⟨Adj., o.Steig.⟩ ständig, fortlaufend

Kur|rent|schrift ⟨f.10⟩ → Schreibschrift [< lat. *currens*, Gen. *-entis*, Part. Präs. von *currere* „laufen", eigtl. also „laufende, d.h. zügig geschriebene Schrift"]

Kur|ri|ku|lum ⟨n., -s, -la⟩ → Curriculum

Kurs ⟨m.1⟩ **1** Fahrt-, Flugrichtung; den K. halten; K. (auf ein Ziel) nehmen **2** ⟨übertr.⟩ Richtung, Art der Politik; harter, weicher K. **3** Lehrgang (Fahr-, Reit~); auch: *Kursus*; einen K. mitmachen **4** Preis (von Wertpapieren, Währungen); der K. des Dollars steigt, fällt; der Dollar steht zur Zeit hoch im K.; bei jmdm. hoch im K. stehen ⟨übertr.⟩ *bei jmdm. hohes Ansehen genießen, beliebt sein*; etwas außer K. setzen *etwas für ungültig erklären*; außer K. kommen *unmodern werden, nicht mehr beliebt sein* [< lat. *cursus* „Lauf, Fahrt, Laufen nach dem Ziel", auch „in bestimmter Richtung eingeschlagener Weg", zu *currere* „laufen"]

Kurs|buch ⟨n.4⟩ Buch mit Fahrplänen öffentlicher Verkehrsverbindungen

Kürsch ⟨n., -(e)s, nur Sg.; auf Wappen⟩ → Pelzwerk

Kur|schat|ten ⟨m.7; übertr., ugs., scherzh.⟩ jmd., mit dem man sich während eines Kuraufenthaltes anfreundet

Kürsch|ner ⟨m.5⟩ jmd., der berufsmäßig Pelze zu Bekleidung verarbeitet [< mhd. *kürsenære, kürsener* in ders. Bed., zu *kursen, kürsen* „Pelzrock", < mlat. *cursina, crusina*, < altruss. *korozno* „mit Pelz verbrämter Mantel"]

Kürsch|ne|rei ⟨f.10⟩ **1** Betrieb eines Kürschners **2** ⟨nur Sg.⟩ Handwerk eines Kürschners

kur|sie|ren ⟨V.3, hat oder ist kursiert; o.Obj.⟩ in Umlauf sein, umlaufen; es kursiert das Gerücht, daß ... [< lat. *cursare* „immer weiter laufen, beständig rennen", Frequentativum zu *currere* „laufen"]

kur|siv ⟨Adj., o.Steig.⟩ schräg; ~e Druckschrift; ein Wort k. setzen *in schräger Schrift setzen* [< mlat. *cursivus* „fließend, geläufig", zu lat. *currere* „laufen, eilen"]

Kur|siv|schrift ⟨f.10⟩ schräge Druckschrift

kur|so|risch ⟨Adj.⟩ **1** ⟨o.Steig.⟩ fortlaufend, nicht unterbrochen **2** rasch, flüchtig; etwas k. durchsehen [< lat. *cursorius* „zum Laufen gehörig", → *Kurs*]

Kur|sus ⟨m., -, Kur|se⟩ **1** → *Kurs (3)* **2** ⟨auch⟩ Gesamtheit der Teilnehmer an einem Kurs (3)

Kurs|wa|gen ⟨m.7⟩ Eisenbahnwagen, der vom Ausgangs- bis zum Bestimmungsbahnhof von verschiedenen Zügen befördert wird, so daß kein Umsteigen nötig ist

Kurs|wert ⟨m.1⟩ Marktwert, Börsenwert (eines Wertpapiers); Ggs. *Nennwert*

Kurs|zet|tel ⟨m.5; Börse⟩ regelmäßig veröffentlichte Liste der Börsenkurse

Kur|ta|ge ⟨[-ʒə] f.11⟩ → Courtage

Kur|ta|xe ⟨f.11⟩ Gebühr für Kurgäste

Kur|ti|san ⟨m.1; †⟩ Höfling, Günstling

Kur|ti|sa|ne ⟨f.11⟩ **1** ⟨urspr.⟩ Geliebte (eines Fürsten) **2** ⟨dann⟩ vornehme Dirne [< frz. *courtisane* „vornehme Dirne", zu *courtisan* „Höfling", < ital. *cortigiano* „Höfling, Schmeichler", zu *corte* „Hof, Fürstenhof"]

Kur|tscha|to|vi|um ⟨n., -s, nur Sg.; Zeichen: Ku⟩ ein künstliches chemisches Element aus der Reihe der Transurane [nach dem sowjet. Physiker Igor W. Kurtschatow]

ku|ru|lisch ⟨Adj., o.Steig.; nur in den Fü-

Kurvatur

gungen) ~er Beamter ⟨im alten Rom⟩ höchster Beamter; ~er Stuhl *Amtssessel der höchsten altrömischen Beamten* [< lat. *curulis* „zum Wagen gehörig", verkürzt < *sella curulis* „Sitz im Wagen", zu *currus* „Wagen, Rennwagen"; *curulis* wurde zuerst auf den Amtssessel bezogen, der keine Rücken- und Seitenlehne hatte, dann auf die Beamten selbst, die auf dem Sessel saßen]

Kur|va|tur ⟨f.10; Med.⟩ *Krümmung, Wölbung (bes. des Magens)* [< lat. *curvatura* „Krümmung"]

Kur|ve ⟨f.11⟩ **1** *gekrümmte Linie, Krümmung, Biegung;* eine scharfe K. die K. kratzen ⟨ugs.⟩ *sich eilig, schnell entfernen;* die K. kriegen ⟨ugs.⟩ *etwas gerade noch schaffen* **2** ⟨Math.⟩ *(gekrümmte oder gerade Linie* **3** ⟨Pl.⟩ ~n ⟨ugs.⟩ *Formen (des weiblichen Körpers)* [< lat. *curva*, Fem. von *curvus* „gekrümmt", gebogen"]

kur|ven ⟨V.1⟩ **I** ⟨mit Akk.; hat gekurvt⟩ *in einer Kurve zeichnen;* eine Linie, einen Umriß k.; schön gekurvte Linien **II** ⟨o.Obj.; ist gekurvt; ugs.⟩ **1** *in Kurven fahren, fliegen;* ein Flugzeug kurvt über den Himmel **2** *ziellos fahren;* durch die Gegend k.

Kur|ven|li|ne|al ⟨n.1⟩ *Zeichenschablone mit verschiedenartig gekurvten Kanten*

Kur|ven|mes|ser ⟨m.5⟩ *Gerät zur Längenmessung verschiedenartig gekrümmter Linien (z.B. auf Landkarten);* Syn. *Kurvimeter*

kur|vig ⟨Adj.⟩ **1** ⟨o.Steig.⟩ *kurvenförmig, kurvenartig* **2** *mit vielen Kurven versehen;* eine ~e Straße

Kur|vi|me|ter ⟨n.5⟩ → *Kurvenmesser* [< *Kurve* und *...meter*]

Kur|wür|de ⟨f., -, nur Sg.⟩ *Würde eines Kurfürsten*

kurz ⟨Adj., kürzer, am kürzesten⟩ Ggs. *lang (I, 1)* **1** *eine geringe Ausdehnung besitzend;* Ggs. *lang (1);* die Haare sind zu k.; eine ~e Strecke gehen; den kürzesten Weg benutzen; etwas k. und klein schlagen ⟨ugs.⟩ *etwas völlig zertrümmern;* zu k. kommen *gegenüber anderen benachteiligt werden;* den kürzeren ziehen ⟨ugs.⟩ *unterliegen* [eigtl.: *das kürzere Stäbchen ziehen (beim Knobeln)*] **2** *von geringer Dauer, (schnell) vorübergehend, rasch;* Ggs. *lang (3);* einen ~en Atem haben ⟨übertr.⟩ *wenig Ausdauer besitzen;* einen ~en Blick auf etwas werfen; ein ~es Gedächtnis haben *schnell vergessen;* drei ~e Tage *drei rasch verstreichende Tage;* ~e Zeit; k. und schmerzlos ⟨ugs.⟩ *schnell und ohne zu zögern;* seine Zeit ist nur noch k. bemessen *er wird nicht mehr lange leben;* k. entschlossen *schnell entschlossen;* sich k. fassen *nicht lange reden;* mach es k.! ⟨ugs.⟩ *halte dich nicht lange auf;* binnen ~em *in nicht langer Zeit;* über k. oder lang *recht bald;* von ~er Dauer; vor ~em *vor nicht langer Zeit* **3** *wenig Zeit beanspruchend, knapp;* Ggs. *lang (I, 3);* eine ~e Antwort; etwas in ~en Worten erklären; ein ~er Brief; ein ~er Weg; jmdn. k. abfertigen *jmdn. unhöflich abfertigen;* etwas k. und bündig erklären *knapp das Wesentliche erklären;* k. und gut ⟨ugs.⟩ *um alles (noch einmal) knapp zusammenzufassen*

Kurz|ar|beit ⟨f., -, nur Sg.⟩ **1** *verkürzte Arbeitszeit (infolge Auftragsmangel)* **2** *kurze Prüfungsarbeit, Klassenarbeit*

kurz|ar|bei|ten ⟨V.2, hat kurzgearbeitet; o.Obj.; nur im Infinitiv und Part.Perf.⟩ *Kurzarbeit leisten;* wir müssen k.

kurz|at|mig ⟨Adj.⟩ *kurz und stoßweise atmend, unter Atemnot leidend*

Kurz|at|mig|keit ⟨f., -, nur Sg.⟩ *Atmen in kurzen Stößen, Atemnot*

Kür|ze ⟨f.11⟩ **1** ⟨nur Sg.⟩ *geringe räumliche Ausdehnung;* Ggs. *Länge (1), Breite (3);* die K. des Fluges **2** ⟨nur Sg.⟩ *geringe zeitliche Ausdehnung;* Ggs. *Länge (5);* ich habe wegen der K. der Zeit nicht alle benachrichtigen können; ein Vortrag von wohltuender K.; K. in kurzer Zeit, bald; etwas in aller K. berichten **3** ⟨Metrik⟩ *kurze Silbe;* Ggs. *Länge (8)*

Kür|zel ⟨n.5; Stenographie⟩ *stark abgekürztes Schriftzeichen*

kür|zen ⟨V.1, hat gekürzt; mit Akk.⟩ **1** *kürzer machen;* einen Rock k.; eine schriftliche Arbeit k.; wir bringen den Bericht in gekürzter Fassung **2** *verringern, herabsetzen;* jmds. Gehalt, Honorar k. **3** ⟨Math.⟩ *einen Bruch k. Zähler und Nenner eines Bruches durch die gleiche Zahl teilen*

kur|zer|hand ⟨Adv.⟩ *schnell entschlossen, ohne lange Überlegung;* Syn. *kurzweg;* jmdn. k. vor die Türe setzen; sich k. zu etwas entschließen

kür|zer|tre|ten ⟨V.163, hat kürzergetreten; o.Obj.⟩ **1** *sich ein wenig zurückhalten, mit seinen Kräften haushalten, sich nicht so anstrengen wie sonst;* nach seiner Krankheit wird er ein bißchen k. müssen **2** *sparsamer sein als sonst, sich ein wenig einschränken;* wir müssen vor unserer großen Reise eben k.

Kurz|flüg|ler ⟨m.5⟩ *kleiner Käfer, dessen Flügeldecken kürzer als der Hinterleib sind*

kurz|fri|stig ⟨Adj., o.Steig.⟩ **1** *nur kurze Zeit dauernd;* eine ~e Arbeitsniederlegung **2** *innerhalb sehr kurzer Zeit, sehr schnell geschehend;* eine ~e Programmänderung

Kurz|ge|schich|te ⟨f.11⟩ *kurze epische Dichtung mit dichter Handlung*

kurz|hal|ten ⟨V.61, hat kurzgehalten; mit Akk.⟩ **1** *einen Hund k. an der kurzen Leine führen (damit er bei Fuß geht)* **2** *jmdn. k.* **a** *jmdm. wenig Freiheit lassen* **b** → *knapphalten*

kurz|le|big ⟨Adj.⟩ Ggs. *langlebig* **1** *nur kurze Zeit lebend;* ~e Pflanzen, Insekten **2** *nur kurze Zeit dauernd, wandelbar;* ~e Erscheinung, Mode; in unserer ~en Zeit, in der alle Erscheinungen rasch aufeinanderfolgen, sich rasch ablösen **Kurz|le|big|keit** ⟨f., -, nur Sg.⟩

kürz|lich ⟨Adv.⟩ *vor kurzer Zeit;* das ist erst k. geschehen; ⟨adjektiv. Gebrauch nur ugs.⟩ bei meinem ~en Besuch

kurz|schlie|ßen ⟨V.120, hat kurzgeschlossen; mit Akk.⟩ *einen Stromkreis k. durch Herstellung eines Kurzschlusses den Widerstand in einem Stromkreis auf Null bringen*

Kurz|schluß ⟨m.2⟩ *störender unmittelbarer Übergang des elektrischen Stromes auf benachbarte leitende Teile, der sehr hohe Stromstärken nach sich zieht*

Kurz|schluß|hand|lung ⟨f.10; übertr., ugs.⟩ *unüberlegte, im Affekt begangene Handlung*

Kurz|schrift ⟨f.10⟩ → *Stenographie;* Ggs. *Langschrift*

kurz|schrift|lich ⟨Adj., o.Steig.⟩ → *stenographisch*

kurz|sich|tig ⟨Adj.⟩ **1** *an Kurzsichtigkeit leidend* **2** *ohne Voraussicht, nur das Nächstliegende beachtend;* k. handeln; es wäre sehr k., das zu tun

Kurz|sich|tig|keit ⟨f., -, nur Sg.⟩ **1** *Brechungsfehler des Auges, bei dem nur in der Nähe liegende Dinge scharf gesehen werden;* Syn. *Myopie* **2** *Denkweise ohne Voraussicht;* K. der nur für eine Legislaturperiode planenden Parteien

Kurz|strecken|lauf ⟨-k|-k-; m., -(e)s, nur Sg.; Leichtathletik⟩ *Laufwettbewerb über kurze Strecken (100, 200 und 400 m)*

Kurz|strecken|läu|fer ⟨-k|-k-; m.5⟩ **Kurz|strecken|ler** ⟨m.5; ugs.⟩ *Sportler, der auf Kurzstrecken spezialisiert ist*

Kurz|stun|de ⟨f.11⟩ *Unterrichtsstunde von 40–45 Minuten*

kurz|tre|ten ⟨V.163, hat kurzgetreten; o.Obj.⟩ **1** *in kleinen Schritten marschieren (bes. als Kommando)* **2** *sich zurückhalten, seine Kräfte sparsam einsetzen;* nach seiner Krankheit muß er noch eine Zeitlang k.; tritt mal ein bißchen kurz! **3** *sparsam sein, sich einschränken;* wir müssen jetzt eben ein bißchen k.

kurz|um ⟨Adv.⟩ *um es kurz zu machen, um es kurz zusammenzufassen;* k., es hat nicht geklappt

Kür|zung ⟨f.10⟩ *das Kürzen*

Kurz|wa|ren ⟨f.11, Pl.⟩ *kleine Gegenstände für die Schneiderei (z.B. Knöpfe, Zwirn, Litzen)*

kurz|weg ⟨Adv.⟩ → *kurzerhand*

Kurz|weil ⟨f., -, nur Sg.; †⟩ *Zeitvertreib;* etwas zur K. machen

kurz|wei|lig ⟨Adj.⟩ *unterhaltend;* Ggs. *langweilig;* ein ~es Theaterstück

Kurz|wel|le ⟨f.11⟩ **1** *elektromagnetische Welle von 10 bis 100 m Länge;* auf K. senden; ein tieffliegendes Körpergewebe mit K. behandeln **2** ⟨Rundfunk⟩ *Wellenbereich, in dem Kurzwellen empfangen werden können*

Kurz|wort ⟨n.4⟩ *durch Weglassen von Wortteilen entstandenes Wort, z.B. „Kripo" aus „Kriminalpolizei"*

Kurz|zeit|ge|dächt|nis ⟨n.1, nur Sg.; Psych.⟩ *Fähigkeit des Gehirns, Erlebnisse, Informationen (nur) kurze Zeit zu speichern;* Ggs. *Langzeitgedächtnis*

kurz|zei|tig ⟨Adj., o.Steig.⟩ *(nur) kurze Zeit dauernd, für kurze Zeit;* ~e Schwierigkeiten; jmdn. k. vertreten

ku|scheln ⟨V.1, hat gekuschelt; refl.⟩ *sich in etwas, an jmdn. k. sich behaglich, wohlig in etwas, an jmdn. schmiegen;* sich in eine Decke, in einen Sessel, in jmds. Arme, an jmds. Schulter k.

ku|schen ⟨V.1, hat gekuscht; o.Obj.⟩ **1** *sich auf Kommando niederlegen;* der Hund kuscht **2** ⟨übertr.⟩ *sich widerspruchslos fügen, schweigend nachgeben* [< frz. *coucher* „niederlegen, schlafen legen", < lat. *collocare* „seinen Platz anweisen, sich legen lassen, sich setzen lassen", < *col...* (für *cum*) „ganz, völlig" und *locare* „legen, stellen"]

Ku|si|ne ⟨f.11⟩ *Tochter des Onkels oder der Tante;* auch: *Cousine;* Syn. *Base*

Kus|kus ⟨m., -, nur Sg.⟩ *nordafrikanische Speise aus kleingeschnittenem, gewürztem Hammelfleisch, Gemüse und Grieß in Brühe* [vielleicht zu der arab. Wurzel *ksks* „zerkleinern, zerkrümeln"]

Kuß ⟨m.2⟩ *Berührung des Körpers eines anderen mit den Lippen (als Zeichen der Verehrung oder Liebe);* jmdm. einen K. geben; Gruß und K. (Formel am Schluß von Briefen)

kuß|echt ⟨Adj.⟩ *beim Küssen nicht abfärbend;* Syn. *kußfest;* ~er Lippenstift

küs|sen ⟨V.1, hat geküßt; mit Akk.⟩ *jmdn. oder etwas k. jmdm. einen Kuß geben, einen Kuß auf etwas drücken;* jmdn. auf die Wange k.; jmdm. die Hand k.; küß die Hand! (wiener. Grußformel); ein Foto k.; jmdn. heftig, leidenschaftlich k.

kuß|fest ⟨Adj.⟩ → *kußecht*

Kuß|hand ⟨f.2⟩ *Kuß auf die eigenen Fingerspitzen, der durch Winken symbolisch weitergegeben wird;* jmdm. eine K. zuwerfen; etwas mit K. nehmen ⟨ugs.⟩ *etwas sehr gerne nehmen*

Kü|ste ⟨f.11⟩ **1** *Grenzraum zwischen Land und Meer (Flach-~, Steil~)* **2** ⟨kurz für⟩ → *Küstenland;* an die K. fahren [< lat. *costa* „Seite"]

Kü|sten|land ⟨n.4⟩ *meernaher Teil des Festlandes;* auch: *Küste;* Ggs. *Binnenland*

Kü|ster ⟨m.5⟩ *jmd., der eine Kirche reinigt, pflegt, schmückt und niedere Kirchendienste verrichtet;* Syn. *Kirchendiener, Kirchner, Mesner, Sakristan,* ⟨†⟩ *Kustos* [< mhd. *kuster*, ahd. *kustor* „Aufseher, mit Verwaltungsaufgaben betrauter Geistlicher eines Klosters oder Stifts", < lat. *custos* „Aufseher, Wächter, Hüter"]

Kü|ste|rei ⟨f.10⟩ *Amtszimmer, Wohnung eines Küsters*

Ku|sto|de ⟨f.11; früher⟩ **1** Kennzeichen für die einzelne Lage einer Handschrift **2** Zahl oder Wort am Ende bzw. Anfang einer Buchseite als Hinweis auf die folgende bzw. vorhergehende Seite **II** ⟨m.11⟩ → *Kustos*

Ku|stos ⟨m., -, -sto|den⟩ **1** wissenschaftlicher Betreuer (einer Sammlung, eines Museums); Syn. *Kustode* **2** ⟨†⟩ *Küster* [< lat. *custos*, Gen. *custodis*, ,,Aufseher, Hüter, Bewahrer"]

ku|tan ⟨Adj., o.Steig.⟩ *zur Haut gehörig, die Haut betreffend* [< lat. *cutis* ,,Haut"]

Ku|ti|ku|la ⟨f., -, -lae [lɛ:] oder -len; bei manchen Pflanzen und Tieren⟩ *zellfreie Hautschicht aus organischem Stoff (Wachs, Chitin), die für Wasser und Gase fast undurchlässig ist (z.B. der Panzer von Krebstieren)* [< lat. *cuticula*, Verkleinerungsform von *cutis* ,,Haut"]

Kutsch|bock ⟨m.2⟩ *erhöhter Sitz des Kutschers*

Kut|sche ⟨f.11⟩ *Pferdewagen für Personen* [< ungar. *kocsi* ,,Kutsche", eigtl. *kocsi szekér* ,,in Kocs angefertigter Reisewagen", zu *Kocs*, einem ungarischen Ort bei Györ (Raab)]

kut|schen ⟨V.1; ugs.⟩ **I** ⟨o.Obj.; ist gekutscht⟩ *fahren; durch die Stadt k.; wir sind bis an die Nordsee gekutscht* **II** ⟨mit Akk.; hat gekutscht⟩ *im Fahrzeug bringen;* jmdn. *nach Hause k.*

Kut|scher ⟨m.5⟩ *jmd., der eine Kutsche lenkt*

kut|schie|ren ⟨V.3⟩ **I** ⟨o.Obj.⟩ **1** ⟨hat kutschiert⟩ *eine Pferdekutsche lenken;* er kann k.; k. lernen **2** ⟨ist kutschiert; ugs.⟩ *fahren; wir sind erst durch die ganze Stadt kutschiert, ehe wir das Museum gefunden haben* **II** ⟨mit Akk.; hat kutschiert⟩ jmdn. k. *mit einer Pferdekutsche oder* ⟨ugs.⟩ *mit einem Fahrzeug bringen;* jmdn. *nach dem Bahnhof k.*

Kut|te ⟨f.11⟩ *langer, weiter Mantel (bes. der Mönche)* [mhd., < mlat. *cotta, cottus, cottis* ,,Mantel", < dem Germanischen; verwandt mit südd. *Kotze* ,,Umhang"]

Kut|tel|flecke ⟨-k|k-; m.1, Pl.⟩ → *Kutteln*

Kut|teln ⟨nur Pl.⟩ *Magen und Gedärme von Schlachttieren;* Syn. ⟨berlin., ostmdt.⟩ *Flecke* ⟨bes. beim Kalb und Lamm⟩ *Gekröse, Kaldaunen, Kuttelflecke*

Kut|ter ⟨m.5⟩ **1** *ein einmastiges Segelschiff* **2** *Fischereischiff mit Motorantrieb* **3** ⟨auf Kriegsschiffen⟩ *Beiboot* [vielleicht < engl. *cutter* in ders. Bed., eigtl. ,,Werkzeug zum Schneiden, Schneider", weil das Boot die Wellen durchschneidet]

Kü|ve|la|ge ⟨[-ʒə] f.11⟩ *Ausbau (eines Schachtes) mit eisernen Ringen* [zu *küvelieren*]

kü|ve|lie|ren ⟨V.3, hat küveliert; mit Akk.⟩ *mit Küvelage versehen*

Ku|vert ⟨[-vɛrt, -vɛr] n.9⟩ **1** *Briefumschlag* **2** *Gedeck (bei Tisch) für eine Person* [< frz. *couvert* ,,Gedeck; Herberge, Obdach; Umschlag", zu *couvrir* ,,bedecken, einhüllen"]

ku|ver|tie|ren ⟨V.3, hat kuvertiert; mit Akk.⟩ *in ein Kuvert (1) stecken;* einen Brief k.

Ku|ver|tü|re ⟨f.11⟩ *Überzugsmasse aus Kakao, Kakaobutter und Zucker* [< frz. *couverture* ,,Decke, Überzug", zu *couvert* ,,Hülle", zu *couvrir* ,,bedecken"]

Kü|vet|te ⟨f.11⟩ **1** ⟨früher, an Taschenuhren⟩ *zweiter, innerer Deckel, Staubdeckel* **2** ⟨bei Festungen⟩ *Abzugsgraben für Regenwasser* **3** *flache Glasschale mit parallelen Seitenwänden für Untersuchungen bestimmter Eigenschaften von Lösungen* [< frz. *cuvette* ,,Becken, Schüssel, Schale", zu *cuve* ,,Faß, Bottich, Kufe"]

ku|vrie|ren ⟨V.3, hat kuvriert; mit Akk.; †⟩ *bedecken, verbergen* [< frz. *couvrir* in ders. Bed.]

Kux ⟨m.1⟩ **1** *Anteil am Gesamtvermögen einer bergrechtlichen Gewerkschaft* **2** *Anteilschein dafür* [< tschech. *kúsek* ,,kleiner Anteil"]

kV ⟨Zeichen für⟩ *Kilovolt*

KV ⟨Abk. für⟩ *Köchelverzeichnis*

kVA ⟨Zeichen für⟩ *Kilovoltampere*

kW ⟨Zeichen für⟩ *Kilowatt*

Kwan|non ⟨f., -, nur Sg.⟩ *buddhistische Gottheit der Barmherzigkeit* [*kwannon* ist die japan. Bez. für die ursprüngl. chines. Gottheit *Kuan-yin* und ist eine verkürzte Form von *k(w)an-ze-on*, was der japan. Lesung der chines. Zeichen *kuan-shih-yin* entspricht: ,,der die Laute (= Gebete) der Welt wahrnimmt"]

Kwaß ⟨m., -, nur Sg.⟩ *russisches, schwach alkoholisches, bierähnliches Getränk aus gegorenem Mehl, Malz und Brot* [< russ. *kwas* ,,saures Getränk", dazu serbokroat. *kwas* ,,Sauerteig"; verwandt mit lat. *caseus* ,,Käse"]

kWh ⟨Zeichen für⟩ *Kilowattstunde*

Kya|ni|sa|ti|on ⟨f., -, nur Sg.⟩ *das Kyanisieren*

kya|ni|sie|ren ⟨V.3, hat kyanisiert; mit Akk.⟩ *mit Quecksilberchlorid imprägnieren;* Holz k. [nach dem Erfinder, dem Engländer J. Howard *Kyan*]

Ky|ber|ne|tik ⟨f., -, nur Sg.⟩ *Wissenschaftszweig, der die Gesetzmäßigkeiten von technischen und biologischen Regelungs- und Steuerungsvorgängen erforscht und anwendet* [< griech. *kybernetike* ,,Steuermannskunst", zu *kybernan* ,,steuern"]

ky|ber|ne|tisch ⟨Adj., o.Steig.⟩ *die Kybernetik betreffend, zu ihr gehörig, auf ihr beruhend*

Ky|kli|ker ⟨m.5⟩ → *Zykliker*

Ky|klop ⟨m.10⟩ → *Zyklop*

Ky|ma ⟨n.9⟩, **Ky|ma|ti|on** ⟨n., -s, -ti|en; bes. an griech. Tempeln⟩ *Zierleiste aus stilisierten Blattformen* [< griech. *kymation* ,,wellenschlagend, wogend", zu *kyma* ,,Welle, Woge"]

Ky|mo|gramm ⟨n.1⟩ *Röntgenbild eines sich bewegenden Organs* [< griech. *kyma* ,,Welle" und ...*gramm*]

Ky|mo|gra|phie ⟨f., -, nur Sg.⟩ *Röntgenverfahren zur Darstellung sich bewegender Organe* [< griech. *kyma* ,,Welle" und ...*graphie*]

ky|mo|gra|phie|ren ⟨V.3, hat kymographiert; mit Akk.⟩ *mit dem Kymographen röntgen*

Ky|mo|gra|phi|on ⟨n., -s, -phi|en⟩ *Gerät zum Aufzeichnen regelmäßiger Bewegungen (z.B. des Pulsschlags)* [zu *Kymographie*]

Kym|re ⟨m.11⟩ *keltischer Bewohner von Wales*

kym|risch ⟨Adj., o.Steig.⟩ *die Kymren betreffend, zu ihnen gehörig, von ihnen stammend*

Ky|ni|ker ⟨m.5⟩ *Angehöriger einer altgriechischen Philosophenschule, die den Verzicht auf alle Kulturgüter und völlige Bedürfnislosigkeit erstrebte;* vgl. *Zyniker* [nach den *Kynosarges*, dem Gymnasium bei Athen, in dem Antisthenes lehrte; vielleicht auch mit Bezug auf *kyon*, Gen. *kynos*, ,,Hund", wegen der völligen, ,,hündischen" Bedürfnislosigkeit der Kyniker]

Ky|nis|mus ⟨m., -, nur Sg.⟩ *Lehre der Kyniker*

Ky|no|lo|gie ⟨f., -, nur Sg.⟩ *Lehre vom Hund, seiner Züchtung und Dressur* [< griech. *kyon*, Gen. *kynos*, ,,Hund" und ...*logie*]

Ky|pho|se ⟨f.11⟩ *Wirbelsäulenverkrümmung nach hinten* [< griech. *kyphos* ,,vornübergebeugt, gekrümmt", zu *kyptein* ,,sich bücken, sich vornüberneigen"]

Ky|rie ⟨[-riɛ:], n., -(s), nur Sg.; kurz für⟩ *Kyrie eleison;* das K. singen

Ky|rie elei|son *Herr, erbarme dich* ⟨Bittruf am Anfang der kath. Messe bzw. evang. Liturgie⟩ [< griech. *kyrie*, Vokativ zu *kyrios* ,,Herr", und *eleison*, Imperativ zu *eleein* ,,sich erbarmen, Mitleid haben"]

ky|ril|lisch ⟨Adj., o.Steig.; in den Fügungen⟩ *~e Buchstaben, ~e Schrift aus der griechischen Majuskel entwickelte Schrift der griechisch-orthodoxen Slawen* [fälschlich nach dem Slawenapostel *Kyrillos* (827–869) benannt, der selbst die ältere glagolitische Schrift benutzte]

Ky|ril|li|za ⟨f., -, nur Sg.⟩ *kyrillische Schrift*

KZ ⟨Abk. für⟩ *Konzentrationslager*

KZler ⟨[katsɛt-] m.5; ugs.⟩ *Häftling in einem KZ*

L

l 1 ⟨Zeichen für⟩ *Liter* 2 ⟨Zeichen für⟩ *lävogyr*

l. ⟨Abk. für⟩ *links*

L 1 ⟨Abk. für⟩ *Leu* 2 ⟨Abk. für⟩ *Lira* 3 ⟨röm. Zahlzeichen für⟩ *50* 4 ⟨Zeichen für⟩ *Induktivität*

£ ⟨Zeichen für⟩ *Pfund Sterling* [< lat. *libra* „Pfund"]

L. ⟨bei botan. Namen Abk. für⟩ *Linné*

La ⟨chem. Zeichen für⟩ *Lanthan*

LA ⟨Abk. für⟩ *Lastenausgleich*

Lab ⟨n.1⟩ *Enzym im Magen (bes. von Kälbern), das Milch zum Gerinnen bringt*

La|ba|rum ⟨n., -s, nur Sg.⟩ *die von Konstantin dem Großen eingeführte kaiserliche Heeresfahne mit dem Christusmonogramm* [lat., „Fahne"]

lab|be|rig, labb|rig ⟨Adj.; ugs.⟩ 1 *dünn, fade;* eine ~e Suppe 2 *weich, ausgedehnt, nicht die nötige Festigkeit habend;* ~er Stoff; ~es Gummiband

La|be ⟨f., -, nur Sg.; poet.⟩ *Labsal*

La|bel ⟨[lɛbəl] n.5⟩ 1 *Schildchen, Marke zum Aufkleben* 2 ⟨bei Schallplatten⟩ *auf dem Etikett angegebene Marken-, Firmenbezeichnung;* die Firma hat das L. gewechselt *die Firma hat die Angabe ihres Namens geändert;* der Künstler hat das L. gewechselt ⟨ugs.⟩ *die Schallplatten des Künstlers erscheinen jetzt bei einer anderen Firma* [engl., „Zettel, Schildchen, Etikett"]

la|ben ⟨V.1, hat gelabt; mit Akk.; geh.⟩ *erquicken, erfrischen;* jmdn. oder sich mit Obst, Saft l.; sich an etwas l. *etwas mit Genuß essen*

La|ber|dan ⟨m.1⟩ *gepökelter Kabeljau* [< ndrl. *labberdaan*, vielleicht nach der baskischen Landschaft *Laboud* oder *Labourdan* in der Gascogne, zu baskisch *Lapurdum* „Hafen", dem Namen der Hauptstadt, heute Bayonne, von wo die baskischen Fischer zum Fang ausfuhren]

la|bern ⟨V.1, hat gelabert; o.Obj.; ugs.⟩ *dummes Zeug reden*

la|bet ⟨Adj.; †⟩ *müde, erschöpft, dem Zusammenbruch nahe* [< frz. *la bête*, Strafeinsatz beim Kartenspiel" (eigtl. „wildes Tier", < lat. *bestia*), bes. in der Wendung *perdre la bête* „den Strafeinsatz verlieren (= zahlen müssen)"]

La|bia ⟨Pl. von⟩ *Labium*

la|bi|al ⟨Adj., o.Steig.⟩ *zu den Lippen gehörend, mit den Lippen gebildet* [< lat. *labium* „Lippe"]

La|bi|al ⟨m.1⟩, **La|bi|al|laut** ⟨m.1⟩ *mit einer oder mit beiden Lippen gebildeter Laut, Lippenlaut:* f, v, b, m, p

La|bi|al|pfei|fe ⟨f.11⟩ *Orgelpfeife, bei der der Ton durch ein Labium erzeugt wird;* Syn. *Lippenpfeife;* Ggs. *Zungenpfeife*

La|bi|ate ⟨f.11, meist Pl.⟩ *Lippenblütler* [< lat. *labium* „Lippe"]

La|bi|en ⟨Pl. von⟩ *Labium*

la|bil ⟨Adj.⟩ 1 *schwankend, unsicher, anfällig;* ~es Gleichgewicht, ~e Gesundheit 2 *leicht beeinflußbar;* ~er Charakter [< lat. *labilis* „leicht dahingleitend", zu *labi* „gleiten, schlüpfen"]

La|bi|li|tät ⟨f., -, nur Sg.⟩ *labile Beschaffenheit*

La|bio|den|tal ⟨m.1⟩, **La|bio|den|tal|laut** ⟨m.1⟩ *mit Unterlippe und Oberzähnen gebildeter Laut, Lippenzahnlaut:* f, v, w

La|bio|ve|lar ⟨m.1⟩, **La|bio|ve|lar|laut** ⟨m.1⟩ *mit Lippen und Gaumen gebildeter Laut, Lippengaumenlaut* (z.B. in afrikanischen Sprachen)

La|bi|um ⟨n., -s, -bia oder -bi|en⟩ 1 *Lippe, Schamlippe* 2 *Unterlippe (der Insekten)* 3 *Kante, Schneide am Aufschnitt (schräge Kerbe an der Vorderseite) der Blockflöte und Labialpfeife der Orgel* [lat., „Lippe"]

Lab|kraut ⟨n., -(e)s, nur Sg.⟩ *Rötegewächs mit Blüten, die in Rispen stehen*

Lab|ma|gen ⟨m.7⟩ *Teil des Magens der Wiederkäuer, in dem das Lab gebildet wird;* Syn. *Käsemagen*

La|bor ⟨österr. auch [la-] n.9 oder n.1; kurz für⟩ *Laboratorium*

La|bo|rant ⟨m.10⟩ *(medizinisch-technische oder chemisch-technische) Hilfskraft im Labor*

La|bo|ra|to|ri|um ⟨n., -s, -ri|en⟩ *Arbeits- und Forschungsstätte für biologische, bakteriologische, chemische und physikalische Zwecke;* auch: *Labor* [< mlat. *laboratorium* „Raum für die verschiedensten Arbeiten", < lat. *laboratus* „mit Arbeit verbunden" und Suffix *-orium* als Bezeichnung für einen Behälter oder Raum für etwas, zu lat. *laborare* „arbeiten"]

la|bo|rie|ren ⟨V.3, hat laboriert; mit Präp.obj.⟩ *an etwas l. sich mit etwas herumplagen;* an einer Krankheit l. *sie lange nicht loswerden* [< lat. *laborare* „arbeiten", zu *labor*, Gen. *laboris*, „Arbeit"]

La|bra|dor ⟨m.1⟩ 1 *farbig schillernde Abart des Feldspats, Schmuckstein;* auch: *Labradorit* 2 *großer Jagdhund mit schwarzem oder gelbem Fell und Hängeohren* [nach der nordamerik. Halbinsel *Labrador*]

La|bra|do|rit ⟨m.1⟩ → *Labrador (1)*

La|brum ⟨n., -s, -bren⟩ *Oberlippe (der Insekten)* [< lat. „Lippe, Lefze"]

Lab|sal ⟨n.1; geh.⟩ *Wohltat, Erquickung, Erholung;* der Urlaub war ein wahres L.

Lab|skaus ⟨n., -, nur Sg.⟩ *ursprünglich seemännisches Gericht aus Fleisch oder Fisch, Kartoffelbrei und sauren Gurken* [Herkunft nicht geklärt]

La|bung ⟨f.10; geh.⟩ 1 ⟨nur Sg.⟩ *das Laben* 2 *Erquickung, Erfrischung*

La|by|rinth ⟨n.1⟩ 1 *Irrgarten* 2 ⟨übertr.⟩ *Wirrnis, Durcheinander* 3 *innerer Teil des Ohres* [< griech. *labyrinthos* „Gebäude mit vielen verschlungenen Gängen und Höfen", < lydisch *labrys* „Doppelaxt" mit vorgriech. Endung *-inthos*, also „Haus der Doppelaxt", Name des Königspalastes von Knossos auf Kreta mit seinen vielen Geschossen, Gängen und Treppen]

la|by|rin|thisch ⟨Adj.⟩ *wie ein Labyrinth*

La|che¹ ⟨f.11⟩ *Einschnitt in die Baumrinde zum Abzapfen von Harz;* auch: *Lachte* [< ahd. *lah* „Grenzzeichen"]

La|che² ⟨f.11⟩ *kleine Ansammlung von Flüssigkeit, Pfütze* [< ahd. *lacca, laccha*]

La|che³ ⟨f., -, nur Sg.; ugs.⟩ *bestimmte Art von Lachen;* eine hämische, dreckige L.

lä|cheln ⟨V.1, hat gelächelt⟩ I ⟨o.Obj.⟩ *ein wenig, lautlos lachen; freundlich, nachsichtig, mitleidig, spöttisch l.* II ⟨mit Dat.⟩ jmdm. l. ⟨übertr.⟩ *jmdm. günstig sein;* das Glück lächelte ihm

la|chen ⟨V.1, hat gelacht⟩ I ⟨o.Obj.⟩ *durch Breitziehen der Lippen und stoßweises Ausatmen Heiterkeit, Freude, Spott ausdrücken;* herzhaft, herzlich, schallend, höhnisch l.; jmdm. (frech) ins Gesicht l.; über etwas oder jmdn. l. *sich über etwas oder jmdn. lustig machen, über etwas oder jmdn. spotten;* das wäre ja gelacht *(wenn wir das nicht schaffen würden)!* ⟨ugs.⟩ *das schaffen wir auf jeden Fall!;* wer zuletzt lacht, lacht am besten *wer anfangs Pech hat, der hat später oft noch Glück;* das ist ja zum Lachen! *das kann man ja nicht ernst nehmen!* II ⟨mit Dat.⟩ jmdm. l. ⟨übertr.⟩ *jmdm. günstig sein;* das Glück lachte ihm III ⟨V.⟩, *nur in Verbindung mit dem substantivierten Verb⟩ ein Lachen l. *auf eine bestimmte Weise lachen;* er lachte sein herzliches, kurzes Lachen; einen L. ausstoßen

La|cher ⟨m.5⟩ 1 *jmd., der über etwas lacht;* die L. auf seiner Seite haben *bei einer Rede, einem Witz o.ä. die Lachenden für sich gewinnen* 2 *kurzes Lachen*

lä|cher|lich ⟨Adj.⟩ 1 *so beschaffen, daß man darüber lachen muß;* ein ~er Aufzug; jmdn., sich l. machen 2 *dumm, töricht;* eine ~e Behauptung 3 *unbedeutend, geringfügig,* eine ~e Summe; l. wenig *sehr wenig*

Lä|cher|lich|keit ⟨f.10; nur Sg.⟩ *lächerlicher Zustand;* jmdn. der L. preisgeben *peinliche, unangenehme Dinge über jmdn. erzählen* 2 *Kleinigkeiten, Nebensächlichkeiten;* sich mit ~en abgeben

Lach|gas ⟨n.1⟩ *farbloses, schwach riechendes Gas, mit Sauerstoff gemischt, nach dem Einatmen einen rauschartigen, schmerzunempfindlichen Zustand hervorruft*

lach|haft ⟨Adj.; ugs.⟩ 1 *lächerlich; das ist l. wenig* 2 *nicht ernst zu nehmen;* das ist l.

Lach|krampf ⟨m.2⟩ *Lachen, das wie ein Anfall wirkt;* einen L. bekommen

Lach|lust ⟨f., -, nur Sg.⟩ *Lust zu lachen;* seine L. nicht mehr bezwingen können

Lach|mö|we ⟨f.11⟩ *an Binnengewässern vorkommende Möwe mit (im Brutkleid) braunschwarzem Kopf*

Lachs ⟨[laks] m.1⟩ *Lachsfisch nördlicher Meere, der zur Laichzeit die Flüsse hinaufzieht;* Syn. *Salm*

Lach|sal|ve ⟨f.11⟩ *kurzes, plötzliches Lachen mehrerer Personen*

lachs|far|ben ⟨[laks-] Adj., o.Steig.⟩ *gelblich-rosa*

Lachs|fisch ⟨[laks-] m.1⟩ *räuberisch lebender Knochenfisch mit fleischiger Fettflosse hinter der Rückenflosse (z.B. Forelle, Lachs)*

Lachs|schin|ken ⟨[laks-] m.7⟩ *zarter, roher, leicht geräucherter Schweineschinken*

Lach|te ⟨f.11⟩ → *Lache*¹

Lach|ter ⟨f.11 oder n.5; Bgb.⟩ *altes Längenmaß, etwa 2 m*

la|cie|ren ⟨[-si-] V.3, hat laciert; mit Akk.⟩ *mit Zierband durchflechten* [< frz. *lacer* „schnüren"]

Lack ⟨m.1⟩ *Lösung aus Harzen und Farbstoffen (als Veredelungs- oder Schutzschicht für Oberflächen)* [über das Arabische < Sanskrit *lākṣā-* „Lack", zu *rak-ṣa-* „rot"]

Lack|af|fe ⟨m.11; ugs.⟩ *geschniegelter, geckenhafter Mensch*

Lack|ar|beit ⟨f.10⟩ *Gegenstand der Lackkunst*

lacken ⟨-k·k-; V.1, hat gelackt⟩ → *lackieren*

lackie|ren ⟨-k·k-; V.3, hat lackiert; mit Akk.⟩ *mit Lack oder Lackfarbe bestreichen;* dann bist du der Lackierte ⟨ugs.⟩ *dann bist du der Hereingefallene* **Lackie|rung** ⟨-k·k-; f., -, nur Sg.⟩

Lackie|rer ⟨-k·k-; m.5⟩ *jmd., der berufsmäßig lackiert*

Lack|kunst ⟨f., -, nur Sg.⟩ *Kunst, Gegenstände zu lackieren und danach durch Einritzen oder Aufmalen von Mustern zu verzieren (bes. in China und Japan üblich)*

Lackl ⟨m.14; bayr.-österr.⟩ *grober, ungeschliffener Mann*

Lack|le|der ⟨n., -s, nur Sg.⟩ *mit Lack überzogenes, stark glänzendes Leder*

lack|mei|ern ⟨nur im Part. Perf.⟩ → *gelackmeiert*

Lack|mus ⟨n. oder m., -, nur Sg.⟩ *aus einer Flechte gewonnener zunächst blauer Farbstoff, als chemisches Reagens verwendet (färbt sich in Säuren rot, in Basen wieder blau)* [< ndrl. *lakmoes*, Herkunft unsicher, vielleicht zu *leken* „tropfen" und *moes* „Mus", angeblich weil man früher bei der Gewinnung einen Brei herstellte, aus dem dann den Saft abtropfen ließ]

Lack|schuh ⟨m.1⟩ *Schuh aus Lackleder*

La|cri|mae Chri|sti ⟨m., - -, - -⟩ *Wein vom Vesuv und dessen Umgebung* [lat., „Tränen Christi"]

la|cri|mo|so ⟨Mus.⟩ *klagend, traurig; auch: lagrimoso* [ital., zu *lacrima* „Träne"]

La|crosse ⟨[-krɔs] n., -, nur Sg.⟩ *kanadisches Ballspiel zwischen zwei Mannschaften, bei dem versucht wird, einen Ball mit einem Schlagholz in das Tor des Gegners zu schlagen bzw. mit dem Fangholz abzuwehren* [< frz. *la crosse* „der Kolben, Schläger"]

Lac|tam ⟨n., -s, -tame⟩ *inneres Anhydrid einer Aminosäure* [< lat. *lac*, Gen. *lactis*, „Milch" und *Amid*]

Lac|ta|se ⟨f.11⟩ *im Darmsaft enthaltenes Enzym; auch: Laktase* [< lat. *lac*, Gen. *lactis*, „Milch"]

Lac|to|se ⟨f., -, nur Sg.⟩ → *Milchzucker* [< lat. *lac*, Gen. *lactis*, „Milch" und *...ose*]

La|da|num ⟨n., -s, nur Sg.⟩ *wohlriechendes Harz aus verschiedenen Mittelmeerpflanzen für Räucherpulver* [< lat. *ladanum*, griech. *ladanon, ledanon* „aus der Cistrose gewonnenes Harz", zu *leda* „Cistrose"]

Läd|chen ⟨n.7⟩ *kleiner Laden*

La|de ⟨f.11⟩ **1** *breiter, kastenförmiger Behälter (Schub~)* **2** ⟨beim Pferd⟩ *zahnloser Teil des Unterkiefers (auf dem das Gebiß aufliegt)*

La|de|baum ⟨m.2; auf Frachtschiffen⟩ *Vorrichtung zum Heben und Versetzen von Lasten*

La|de|büh|ne ⟨f.11⟩ → *Laderampe*

La|de|hem|mung ⟨f.10; bei Schußwaffen⟩ *augenblickliche Unmöglichkeit, geladen zu werden oder sich selbst zu laden; L. haben* ⟨auch übertr., ugs.⟩ *starke Hemmungen haben (etwas Bestimmtes im Augenblick zu sagen oder zu tun)*

la|den[1] ⟨V.74, hat geladen; mit Akk.⟩ **1** *zum Transport auf einer Fläche oder ein Schiff bringen; wir haben Kohle, Äpfel geladen* **2** *zum Transport aufnehmen; das Schiff hat Kohle geladen; er hat ganz schön geladen* ⟨übertr., ugs.⟩ *er hat ziemlich viel Alkohol getrunken, er ist ziemlich betrunken* **3** *mit Munition füllen; ein Gewehr, eine Pistole l.; Vorsicht, die Waffe ist geladen!; er ist mit Energie geladen er ist voller Energie; die Stimmung, die Atmosphäre war geladen die Stimmung, Atmosphäre war gespannt, man spürte die Spannung deutlich* **4** ⟨ugs.⟩ *mit einem Film geladen; die Kamera l.* **5** *mit einer elektrischen Ladung versehen; eine Batterie l.* [< ahd. *hladan, ladan* „aufladen", < got. *hlaþan*]

la|den[2] ⟨V.74, hat geladen; mit Akk.⟩ *bitten, auffordern zu kommen; jmdn. zum Essen, zu einer Veranstaltung, als Zeugen vor Gericht l.; die Aufführung findet vor geladenen Gästen statt* [< ahd. *laden, ladon* „einladen, rufen", < got. *laþon* „einladen"]

La|den ⟨m.8⟩ **1** *Geschäft; einen L. aufmachen; der L. ist geschlossen* **2** ⟨nur Sg.; übertr., ugs.⟩ *Sache, Angelegenheit; den L. hinschmeißen eine Sache aufgeben; der L. läuft, klappt die Angelegenheit läuft; bei einer Sache die Leitung haben; er kann seinen L. zumachen er muß aufgeben* **3** ⟨Kurzw. für⟩ *Fensterladen, Rolladen; den L. hochziehen; bei geschlossenen Läden*

La|den|hü|ter ⟨m.5⟩ *Ware, die sich schwer verkaufen läßt*

La|den|preis ⟨m.1⟩ *Preis, der für eine Ware in einem Einzelhandelsgeschäft entrichtet werden muß*

La|den|schluß ⟨m.2⟩ *(gesetzlich festgelegter) Zeitpunkt, zu dem ein Laden geschlossen wird; nach, vor L.*

La|den|schwen|gel ⟨m.5; ugs.⟩ *junger, stutzerhaft gekleideter Verkäufer*

La|den|tisch ⟨m.1⟩ *Tisch, auf dem die Waren gezeigt, betrachtet, verkauft werden; unter dem L. verkaufen* ⟨ugs.⟩ *eine Ware verkaufen, die nicht öffentlich angeboten wird*

La|den|toch|ter ⟨f.7; schweiz.⟩ *Verkäuferin*

La|der ⟨m.5⟩ **1** *Hilfsvorrichtung beim Aufladen (z. B. ein Gebläse)* **2** *Fahrzeug mit Aufladevorrichtung*

La|de|ram|pe ⟨f.11⟩ *schräge Auffahrt, auf der Güter zu dem Wagen oder Platz gefahren werden, auf dem sie geladen oder von dem sie weiterbefördert werden sollen; Syn. Ladebühne*

La|de|schein ⟨m.1; im Frachtgeschäft⟩ *Urkunde, die der Frachtführer dem Absender ausstellt und mit der er sich zur Auslieferung des Gutes an den Empfänger verpflichtet*

La|de|stock ⟨m.2⟩ **1** ⟨bei Vorderladern⟩ *Holzstab, mit dem die Munition in den Lauf geschoben wird; er saß da wie ein L.* ⟨ugs., scherzh.⟩ *er saß steif und kerzengerade da* **2** *Stab zum Einführen des Sprengstoffes in die Bohrlöcher*

lä|die|ren ⟨V.3, hat lädiert; mit Akk.⟩ *verletzen, beschädigen; er ist in seinem Selbstgefühl ziemlich lädiert; ein schwer lädierter Wagen* [< lat. *laedere* in ders. Bed.] **Lä|die|rung** ⟨f., -, nur Sg.⟩

La|di|ner ⟨m.5⟩ *Rätoromane der Südtiroler Dolomiten*

la|di|nisch ⟨Adj., o.Steig.⟩ *die Ladiner betreffend, zu ihnen gehörig, von ihnen stammend*

La|di|no **I** ⟨m.9; in Mexiko und Mittelamerika⟩ *Mischling aus einem weißen und einem indianischen Elternteil* **II** ⟨n., -(s), nur Sg.; im Mittelmeerraum⟩ *jüdisch-spanischer Dialekt* [span., „Lateiner"]

Lad|ne|rin ⟨f.10; süddt., österr.⟩ *Verkäuferin*

La|dung[1] ⟨f.10⟩ **1** ⟨Transportwesen⟩ *geladenes Gut* **2** ⟨bei Waffen⟩ *Treibmittel, das dem Geschoß die Anfangsgeschwindigkeit gibt* **3** ⟨Phys.⟩ *Menge an Elektrizität, die in einem Körper vorhanden ist; negative L., positive L.* **4** ⟨ugs.⟩ *große Menge; eine L. Kartoffeln auf dem Teller; er bekam eine L. Sand ins Gesicht*

La|dung[2] ⟨f.10; Rechtsw.⟩ *Aufforderung zum Erscheinen; eine L. vor Gericht erhalten*

La|dungs|trä|ger ⟨m.5⟩ *Teilchen, das eine elektrische Ladung trägt (z. B. Elektron, Ion)*

La|dy ⟨f.9, Pl. engl., -dies⟩ **1** ⟨in England Titel für⟩ *adlige Frau* **2** ⟨allg.⟩ *Dame* [engl. *lady* < mengl. *lafdi, lavede* < altengl. *hlæfdige* „Hausherrin", eigtl. „Brotmacherin", < *hlaf* „Laib Brot"]

la|dy|like ⟨[leɪdɪlaɪk] Adj., o.Steig.⟩ *nur als Adv. und mit „sein"; wie eine Dame, damenhaft; das muß nicht immer l. sein; sie benahm sich l.*

La|fet|te ⟨f.11⟩ *(fahrbares) Gestell (eines Geschützes)* [< frz. *l'affût* (mit Artikel) „Lafette" sowie jägersprachlich „Anstand", dieses entstand aus der Wendung *être à l'affût* „auf dem Anstand sein, auf der Lauer liegen", aus altfrz. *soi afustar* „sich an einen Baum lehnen", zu *fust* „Baumstamm" (neufrz. *fût* „Schaft, Gestell")]

la|fet|tie|ren ⟨V.3, hat lafettiert; mit Akk.⟩ *auf die Lafette bringen; ein Geschütz l.*

Laf|fe ⟨m.11⟩ *oberflächlicher oder unreifer, eitler junger Mann*

LAG ⟨Abk. für⟩ *Lastenausgleichsgesetz*

La|ge ⟨f.11⟩ **1** *Stelle, an der etwas liegt; eine gute, schöne, sonnige L.; in höheren ~n* **2** *bestimmte Art zu liegen; in senkrechter, waagrechter L.; jmdn. aus einer mißlichen L. befreien; die L. des Kindes im Mutterleib* **3** *augenblicklich bestehende Verhältnisse; eine verzweifelte L.; die L. ist ernst, hoffnungslos; die L. peilen* ⟨ugs.⟩ *die Verhältnisse erkunden; nicht in der L. sein, etwas zu tun nicht fähig sein, etwas zu tun; jmdn. in die L. versetzen, etwas zu tun jmdm. dazu verhelfen, etwas zu tun; nach L. der Dinge nach den bestehenden Umständen* **4** ⟨Mus.⟩ **a** *Stimm- oder Tonbereich; in der oberen, unteren L. singen* **b** *Tonraum (eines Instrumentes); die erste, zweite L.* **5** ⟨Schwimmen⟩ *jede der vier Stilarten (Delphin~, Brust~, Rücken~, Kraulschwimmen); 100 m ~n* **6** ⟨Buchw.⟩ *bestimmte Anzahl von Papierbogen* **7** ⟨ugs.⟩ *Runde; eine L. Schnaps ausgeben*

Lä|gel ⟨n.5⟩ **1** *Faß (zum Tragen auf dem Rücken oder zum Transport auf Lasttieren)* **2** *altes hessisches und schweizerisches Weinmaß, 50 bzw. 45 Liter* **3** *altes österreichisches Gewichtsmaß für Stahl, etwa 70 kg* [< lat. *laguena, lagoena* < griech. *lagynos* „Gefäß"]

La|gen|schwim|men ⟨n., -s, nur Sg.⟩ *Wettbewerb, bei dem eine Schwimmstrecke nach vorgeschriebenem Wechsel der Schwimmarten zurückgelegt wird*

la|gen|wei|se ⟨Adj., o.Steig.⟩ *in Lagen; Papier l. verkaufen*

La|ge|plan ⟨m.2⟩ *kartographische Skizze des Ortes, an dem sich ein Gegenstand befindet, und seiner Umgebung*

La|ger ⟨n.5⟩ **1** *vorübergehender Platz zum Wohnen und Übernachten für eine größere Anzahl von Menschen (Feld~, Zelt~, Gefangenen~); ein L. aufschlagen, abbrechen; aus einem L. ausbrechen* **2** ⟨†⟩ *Bett, Ruhestätte; ein hartes L.; eine Krankheit wirft jmdn. aufs L. jmd. muß krankheitshalber das Bett hüten* **3** *Platz, Raum, in dem Waren aufbewahrt und gelagert werden; ein L. anlegen; das L. verwalten; im L. arbeiten; etwas auf L. haben* ⟨ugs.⟩ *etwas bereit haben; eine Überraschung auf L. haben* **4** ⟨Jägerspr.⟩ *Ruheplatz (bestimmter Tiere); das L. des Bären* **5** *Gruppe von Personen, die eine gemeinsame (Welt-)Anschauung verbindet; das sozialistische L.; aus dem L. der Opposition; die Partei ist in zwei L. gespalten* **6** ⟨Geol.⟩ *Schicht (von Gestein oder Mineralien)* **7** ⟨Tech.⟩ *Maschinenteil, das andere Teile trägt oder führt; Syn. Lagerung; die L. schmieren* **8** ⟨Bauw.⟩ *Bauteil, das Lasten von Balken oder Trägern aufnimmt*

Lä|ger ⟨n.5; schweiz.⟩ *Strohlager (für Vieh)*

La|ger|bier ⟨n.1⟩ *ein untergäriges Bier (das erst nach längerem Lagern trinkbar wird)*

la|ger|fest ⟨Adj.⟩ *widerstandsfähig bei langer Lagerung* **La|ger|fe|stig|keit** ⟨f., -, nur Sg.⟩

La|ger|feu|er ⟨n.5⟩ *offenes Feuer (in einem Ferien- oder Zeltlager); am L. sitzen*

La|ge|rist ⟨m.10⟩ *Arbeiter in einem Warenlager*

La|ger|me|tall ⟨n.1⟩ *reibungsmindernde Metallegierung für Lager von Maschinenteilen*

la|gern ⟨V.1, hat gelagert⟩ **I** ⟨mit Akk.⟩ **1** *längere Zeit aufbewahren; Kartoffeln, Äpfel im Keller l.* **2** *(bequem) betten; jmds. Kopf auf ein Kissen l.; jmds. Kopf, Bein hoch l.; ein gebrochenes Glied ruhig l.* **3** *(auf eine tragende Unterlage) legen; ein*

Lagerpflanze

Brett, eine Stange auf Pfosten l. II ⟨o.Obj.⟩ *(für längere Zeit) liegen;* die Kartoffeln l. im Keller III ⟨refl.⟩ sich l. **1** *sich (im Freien für einige Zeit) niederlassen;* sich auf einer Wiese, im Schatten der Bäume l. **2** *umsinken;* das Getreide hat sich infolge des Regens gelagert

La|ger|pflan|ze ⟨f.11⟩ → Thallophyt

La|ger|statt ⟨f., -, -stät|ten⟩ *Bett, Lager;* auch: *Lagerstätte*

La|ger|stät|te ⟨f.11⟩ **1** → Lagerstatt **2** ⟨Geol.⟩ *Ort, an dem sich Bodenschätze befinden* (Erz~)

La|ge|rung ⟨f., -, nur Sg.⟩ **1** *das Lagern* **2** ⟨Tech.⟩ → Lager (7) **3** ⟨Geol.⟩ *natürliche, räumliche Anordnung von Gestein*

la|gri|mo|so → lacrimoso

La|gu|ne ⟨f.11⟩ *vom offenen Meer durch einen Landstreifen oder Riffe getrennter, flacher Meeresteil;* Syn. *Strandsee* [< ital. *laguna* in ders. Bed., < lat. *lacuna* „Vertiefung, Sumpf, See"]

lahm ⟨Adj.⟩ **1** *gelähmt, unbeweglich;* ein ~es Bein **2** ⟨ugs.⟩ *ermüdet, wie gelähmt, steif;* vom Schaufeln ~e Arme haben; ein ~es Kreuz haben **3** ⟨ugs.⟩ *ungenügend;* eine ~e Ausrede, Entschuldigung **4** ⟨ugs.⟩ *ohne Schwung, langweilig;* ein ~es Fest; ein ~er Witz; der Unterricht, der Film war l.

Läh|me ⟨f., -, nur Sg.; bei Jungtieren⟩ *Krankheit mit Lähmungserscheinungen* (Fohlen~, Kälber~)

lah|men ⟨V.1, hat gelahmt; o.Obj.⟩ *hinken;* das Pferd lahmt auf dem linken Hinterfuß

läh|men ⟨V.1, hat gelähmt; mit Akk.⟩ **1** *lahm machen, bewegungsunfähig machen;* der Schlaganfall hat ihn gelähmt, hat seinen Körper gelähmt; der Schreck lähmte seine Zunge *er konnte vor Schreck nicht sprechen;* ich war vor Schreck wie gelähmt; ein gelähmtes Bein haben; er ist seit Jahren gelähmt **2** *in der Tätigkeit, Wirksamkeit behindern;* die Hitze lähmt meine Arbeitskraft

Lahm|heit ⟨f., -, nur Sg.⟩ *das Lahmsein*

lahm|le|gen ⟨V.1, hat lahmgelegt; mit Akk.⟩ *in der Bewegung, Wirksamkeit behindern;* der Schneefall legte den Verkehr streckenweise lahm

Läh|mung ⟨f.10⟩ *das Gelähmtsein*

Lahn[1] ⟨m.1⟩ *zu Bändern ausgewalzter Metalldraht* [→ *Lamé*]

Lahn[2] ⟨f.10⟩, **Läh|ne** ⟨f.11⟩ *bayr.-österr.* → *Lawine*

Lai ⟨[lɛ] n., -(s) [lɛ], -s [lɛ]⟩ *auch: Lais* **1** *urspr. zu Saiteninstrumenten gesungenes bretonisches Lied* **2** ⟨allg.⟩ *altfranzösische und provenzalische Verserzählung*

Laib ⟨m.1⟩ *runde Form (von Brot oder Käse);* ein L. Brot

Lai|bung ⟨f.10⟩ → Leibung

Laich ⟨m.1⟩ *im Wasser abgelegte Eier (z. B. von Fischen)* [zu *Leich*, wahrscheinlich in der Nebenbed. „Liebesspiel"]

lai|chen ⟨V.1, hat gelaicht; o.Obj.⟩ *Laich ablegen*

Laich|kraut ⟨n.4⟩ *(mit schwimmenden oder untergetauchten Blättern an langen Stengeln wachsende) Pflanze ruhiger Gewässer*

Laie ⟨m.11⟩ **1** *Angehöriger der christlichen Kirche, der nicht Geistlicher oder Mönch ist, Nichtgeistlicher* **2** *Nichtfachmann, jmd., der von einem bestimmten Wissensgebiet nichts versteht;* ich bin auf diesem Gebiet L.; ein Wörterbuch für ~n [< mlat. *laicus* „Ungelehrter, Nichtfachmann", zu grch. *laos* „Volk" gebildet, also „Mann aus dem Volk", Nichtpriester, Nichtfachmann"]

Lai|en|bru|der ⟨m.6⟩ *dienender Mönch im Kloster, der nicht die Weihen empfangen, sondern nur ein einfaches Gelübde abgelegt hat*

Lai|en|büh|ne ⟨f.11⟩ → Laientheater

lai|en|haft ⟨Adj.⟩ *in der Art eines Laien, nicht fachmännisch;* das Gerät ist l. gebaut

Lai|en|kelch ⟨m.1⟩ *Abendmahl für Laien in Gestalt von Wein*

Lai|en|prie|ster ⟨m.5⟩ *kath. Priester, der nicht zu einem Orden gehört, Weltpriester*

Lai|en|rich|ter ⟨m.5⟩ *(juristisch nicht ausgebildeter) Schöffe, Geschworener*

Lai|en|schwe|ster ⟨f.11⟩ *dem Laienbruder entsprechende (dienende) Nonne im Kloster*

Lai|en|spiel ⟨n.1⟩ *Theateraufführung von nicht ausgebildeten Schauspielern*

Lai|en|thea|ter ⟨n.5⟩ *Theater, in dem nicht ausgebildete Schauspieler spielen;* Syn. *Laienbühne*

Lais ⟨n., -, -⟩ → Lai

lai|sie|ren ⟨[la:i-] V.3, hat laisiert; mit Akk.⟩ *in den Laienstand zurückführen;* einen Geistlichen l. **Lai|sie|rung** ⟨[la:i-] f.10⟩

Lais|sez-faire ⟨[lɛseˈfɛːr] n., -, nur Sg.⟩ **1** *urspr. Schlagwort der Wirtschaftspolitik des 19. Jh. für die Nichteinmischung des Staates in die Wirtschaft* **2** ⟨allg.⟩ *Gewährenlassen, Dahintreibenlassen;* die Eltern sind unverantwortlich [eigtl. *Laissez faire, laisser aller*, ⟨oder⟩ *passer*, frz., „lassen Sie machen, lassen Sie gehen"]

Lai|zis|mus ⟨[la:i-] m., -, nur Sg.⟩ *politische Richtung (bes. in Frankreich), die die Freiheit von religiösen Bindungen im öffentlichen Leben sowie die Trennung von Kirche und Staat fordert* [zu *Laie*]

Lai|zist ⟨[la:i-] m.10⟩ *Anhänger des Laizismus*

lai|zi|stisch ⟨[la:i-] Adj., o.Steig.⟩ *zum Laizismus gehörend, in der Art des Laizismus*

La|kai ⟨m.1⟩ **1** *(früher) herrschaftlicher oder fürstlicher Diener in Livree* **2** ⟨übertr.⟩ *willfähriger, unterwürfiger Mensch* [< frz. *laquais* „livrierter Diener", < span. *lacayo* „Diener, Reitknecht", weitere Herkunft nicht geklärt]

La|ke ⟨f.11⟩ *Salzbrühe zum Einlegen von Fleisch und Fisch* [nddt., zu *Lache*[1]]

La|ken ⟨n.7⟩ → Bettuch

Lak|ko|lith ⟨m.10 oder m.1⟩ *Tiefengesteinskörper, der durch unterirdische vulkanische Tätigkeit unter Aufwölbung darüberliegender Schichten pilzförmig in diese eingedrungen ist* [< grch. *lakkos* „Loch, Grube" und *...lith*]

la|ko|nisch ⟨Adj.⟩ *kurz und bündig;* eine ~e Bemerkung; ein ~es Urteil; „...", sagte er l. [eigtl. „nach Art der Lakonier", der Bewohner der griechischen Landschaft Lakonien mit der Hauptstadt Sparta]

La|ko|nis|mus ⟨m., -, nur Sg.⟩ *kurze, bündige Ausdrucksweise*

La|krit|ze ⟨f.11⟩ *schwarze Masse aus eingedicktem Süßholzsaft (in Rollen- oder Stangenform);* Syn. *Bärendreck* [< mlat. *liquiricia* „Süßholzsaft" (beeinflußt von lat. *liquor* „Flüssigkeit"), < grch. *glykyrrhiza* , < *glykys* „süß" und *rhiza* „Wurzel"]

Lakt|al|bu|min ⟨n.1⟩ *in der Milch vorkommendes Protein* [< lat. *lac*, Gen. *lactis*, „Milch" und *Albumin*]

Lak|tam ⟨n., -s, -ta|me⟩ → Lactam

Lak|ta|se ⟨f.11⟩ → Lactase

Lak|ta|ti|on ⟨f.10⟩ **1** *Milchabsonderung der Brustdrüsen* **2** *Zeit des Stillens* **3** *das Stillen selbst* [zu *laktieren*]

lak|tie|ren ⟨V.3, hat laktiert⟩ I ⟨o.Obj.⟩ *Milch absondern* II ⟨m. Akk.⟩ *stillen, säugen* [< lat. *lactare* „Milch geben", zu *lac*, Gen. *lactis*, „Milch"]

Lak|to|se ⟨f., -, nur Sg.⟩ → Milchzucker

Lak|tos|urie ⟨f., -, nur Sg.⟩ *Vorkommen von Milchzucker im Harn* [< lat. *lac*, Gen. *lactis*, „Milch" und grch. *ouron* „Harn"]

la|ku|när ⟨Adj., o.Steig.⟩ **1** *wie eine Lakune* **2** *Lakunen bildend*

La|ku|ne ⟨f.11⟩ **1** *Hohlraum, Spalte (in Körpergeweben)* **2** *Lücke (im Text)* [< lat. *lacuna* „Vertiefung"]

la|ku|strisch ⟨Adj., o.Steig.⟩ *in Seen vorkommend;* ~e Gesteine, Lebewesen [< lat. *lacus* „See"]

La|lem ⟨n.1⟩ *durch die Artikulation bestimmte Sprecheinheit, unter dem Gesichtspunkt der Artikulation betrachteter Laut (z.B. Verschluß-, Nasallaut)* [< grch. *lalein* „plaudern, schwatzen, lallen"]

La|le|tik ⟨f., -, nur Sg.⟩ *Lehre von den Lalemen, Sprechkunde*

lal|len ⟨V.1, hat gelallt; o.Obj. oder mit Akk.⟩ *unverständliche Laute hervorbringen, unartikuliert sprechen oder aussprechen;* er war so betrunken, daß er noch nur l. konnte; ein paar Worte l.; das Kind lallt *das Kind versucht zu sprechen*

Lall|wort ⟨n.4; Sprachw.⟩ *Wort, das aus der noch unartikulierten Kindersprache stammt, z.B. Mama*

L.A.M. ⟨Abk. für⟩ *Liberalium Artium Magister*

La|ma[1] ⟨n.9⟩ *kleines, höckerloses Kamel Südamerikas* [< Ketschua *llama*, Aimara *lama*, der Bezeichnung für alle vierfüßigen Tiere (im Unterschied zum Menschen), insbes. für das *Lama*]

La|ma[2] ⟨n.9⟩ *tibetischer buddhistischer Priester* [< tibet. *(b)lama* „der Obere, Höchste"]

La|ma|is|mus ⟨m., -, nur Sg.⟩ *Form des tibetischen Buddhismus*

La|ma|ist ⟨m.10⟩ *Anhänger des Lamaismus*

La|mäng ⟨f.; ugs., scherzh., nur in bestimmten Wendungen⟩ *Hand;* es ist gleich aus der L.!; ich nehme das Brötchen gleich in die L.; das kann ich nicht so aus der (kalten, freien) L. *nicht so ohne weiteres* [frz. *la main* „die Hand"]

La|man|tin ⟨m.1⟩ *amerikanische Seekuh* [karib.]

La|mar|ckis|mus ⟨m., -, nur Sg.⟩ *Lehre des französischen Naturforschers J.-B. Lamarck über die Abstammung und Verwandtschaft der Lebewesen*

Lamb|da ⟨n.9; Zeichen: λ, Λ⟩ *elfter Buchstabe des griechischen Alphabets*

Lam|bre|quin ⟨[lɑ̃brəkɛ̃] m.9⟩ **1** *Querbehang mit Fransen (an Fenstern und Türen)* **2** *diesem ähnliches Ornament aus Stein oder Stuck* [frz. *lambrequin* in ders. Bed., < mdl. *lamberkijn*, wahrscheinlich zu mndrl. *lamper(s)*, *lamfeter* „herabhängender Trauerschleier", weitere Herkunft nicht geklärt]

Lam|bris ⟨[lɑ̃bri] m., - [-bris], - [-bris]⟩ *österr. f., -, -bri|ßen⟩ Wandtäfelung aus Marmor, Stuck oder Holz* [< frz. *lambris*, ältere Form *lambruis*, über galloroman. **lambruscum* < lat. *labrusca* „wilde Rebe", wohl eigtl. „Hülle wie aus Rebenwerk"]

Lam|brus|co ⟨m.9⟩ *fruchtiger, bukettreicher, leicht süßer, etwas schäumender italienischer Rotwein* [ital., nach der Traubensorte *lambrusca*]

Lamb|skin ⟨[læm-] n.9⟩ *Lammfellimitation aus Plüsch* [engl., „Lammfell"]

Lambs|wool ⟨[læmzwuːl] f., -, nur Sg.⟩ *flauschige Lammwolle* [engl., „Lammwolle"]

la|mé ⟨Adj., o.Steig., o.Dekl.⟩ *aus Lamé*

La|mé ⟨m., -, nur Sg.⟩ *mit Metallfäden durchwirktes Seidengewebe* [< frz. *lamé* „mit Gold-, Silberfäden durchzogen", zu *lame* „Rauschgold, Flitter", eigtl. „Streifen, dünne Platte, Klinge", < lat. *lamina*, *lammina*, *lamna* „dünne Metall- oder Holzplatte, Sägeblatt, Schwertklinge"]

la|mel|lar ⟨Adj., o.Steig.⟩ *wie Lamellen, streifig, geschichtet*

La|mel|le ⟨f.11⟩ **1** *Blättchen, dünne Scheibe aus Papier, Metall, Kunststoff* **2** *Sporenträger auf der Unterseite des Hutes der Blätterpilze* [< lat. *lamella* „Blättchen", zu *lamina*, *lamna* „Blatt, Scheibe"]

La|mel|len|pilz ⟨m.1⟩ → Blätterpilz

La|men|ta|ti|on ⟨f.10⟩ *Klagelied, Wehklagen*

la|men|tie|ren ⟨V.3, hat lamentiert; o.Obj.⟩ *jammern, klagen* [< lat. *lamentare* „wehklagen, heulen, jammern", zu *lamentum* „Wehklage"]

La|men|to ⟨n.9⟩ **1** *Klage, Gejammer;* ein großes L. anstimmen **2** ⟨Mus.⟩ *Klagelied* [< ital. *lamento* „Wehklage"]

La|met|ta ⟨n., -, nur Sg.⟩ **1** *lange, schmale Streifen aus gold- oder silberfarbenem Zinn oder Aluminium (als Christbaumschmuck)* **2** ⟨ugs., iron.⟩ *Ordensschmuck;* er hat viel L. an der Brust [< ital. *lametta* „sehr feine, zweischneidige Klinge, bes. Rasierklinge", Verkleinerungsform von *lama* „Klinge"]

La|mi|na ⟨f., -, -nae [ne:]⟩ **1** *dünne Gewebeschicht, blattförmiges Organteil* **2** *dünnes Metallplättchen* **3** *Fläche des Laubblattes, Blattspreite* **4** *innere und obere Platte des Schädeldaches* [< lat., „Platte, Blatt, Scheibe aus Holz oder Metall"]

la|mi|nar ⟨Adj., o.Steig.⟩ *langsam fließend und daher wirbelfrei, schichtweise, parallel fließend* [zu *Lamina* „Schicht"]

la|mi|nie|ren ⟨V.3, hat laminiert; mit Akk.⟩ **1** *strecken, damit sich die Fasern längs richten;* Spinnmaterial l. **2** *mit Deckschicht überziehen;* einen Buchdeckel l. **3** *durch Mischen und Zusammenschmelzen verschiedenfarbiger Gläser färben;* Glas l. [zu *Lamina*]

Lamm ⟨n.4⟩ **1** *Schaf im ersten Lebensjahr, junges, noch nicht trächtiges Schaf;* sanft, geduldig, unschuldig wie ein L. ⟨ugs., scherzh.⟩ **2** ⟨auch⟩ *Ziege im ersten Lebensjahr* **3** ⟨nur Sg.⟩ *für Pelzwerk verarbeitete Fell von Schaflämmern* **4** ⟨übertr.⟩ *sanfter, gutmütiger Mensch*

lam|men ⟨V.1, hat gelammt; o.Obj.⟩ *ein Lamm, Lämmer zur Welt bringen;* das Schaf hat gelammt

Läm|mer|gei|er ⟨m.5⟩ → *Bartgeier*

Läm|mer|wol|ke ⟨f.11⟩ → *Schäfchenwolke*

lamm|fromm ⟨Adj., o.Steig.⟩ **1** *gehorsam, sanft, geduldig wie ein Lamm* **2** ⟨bei Pferden⟩ *ruhig*

Lamms|ge|duld ⟨f., -, nur Sg.; ugs.⟩ *große Geduld*

Lam|pas ⟨m., -, -⟩ *schweres Damastgewebe (als Möbelbezug)* [frz., Herkunft nicht bekannt]

Lam|pas|sen ⟨Pl.⟩ *breite Streifen an Uniformhosen*

Lam|pe¹ ⟨f.11⟩ **1** *Gerät zur Beleuchtung* (Glüh~, Leuchtstoff~, Petroleum~, Öl~); elektrische L. **2** *Vorrichtung, die ein solches Gerät enthält* (Hänge~, Steh~) [< frz. *lampe* in ders. Bed., < spätlat. *lampada* „Leuchte", < lat. *lampas,* „leuchtender Körper, z. B. Fakkel", < griech. *lampas,* Gen. *lampados,* „Fackel", zu *lampein* „leuchten, strahlen"]

Lam|pe² ⟨m., -, nur Sg.; in der Tierfabel⟩ Meister L. *Hase* [nach dem männl. Vornamen Lamprecht, Lampert]

Lam|pen|fie|ber ⟨n., -, nur Sg.⟩ *Erregung, Spannung, Angst (des Künstlers) vor dem Auftreten*

Lam|pi|on ⟨[lāpjō] österr., süddt. [lampjon] m.9, auch n.9⟩ *Laterne aus buntem Papier* [frz., „Lämpchen (bes. zur Illumination)", Verkleinerungsform von *Lampe"*]

Lam|pre|te ⟨f.11⟩ → *Neunauge* [< lat. *lampetra,* < *lambere* „lecken" und *petra* „Felsen, Stein", weil sie sich mit dem Maul an Steinen festsaugt]

Lan|cier ⟨[lāsje] m.9⟩ **1** ⟨früher⟩ *Reiter mit Lanze, Ulan* **2** *dem Kontertanz ähnlicher Tanz*

lan|cie|ren ⟨[lāsi-] V.3, hat lanciert; mit Akk.⟩ **1** *durch geschickte Maßnahmen in der Öffentlichkeit bekannt machen, in eine günstige Stellung gelangen lassen;* einen modischen Artikel l.; einen Künstler l.; er hat seinen Sohn in diese Stellung lanciert; diese Stellung hat er nicht durch eigene Verdienste bekommen, er ist lanciert worden **2** ⟨früher⟩ *werfen, schleudern; in Schwung bringen,* < lat. *lanceare* „die Lanze werfen", zu *lancea* „Lanze"]

Land ⟨n.4, poet. n.1⟩ **1** ⟨nur Sg.⟩ *fester Teil der Erdoberfläche (im Unterschied zu den Wasserflächen, z. B. Insel, Kontinent);* wieder L. sehen ⟨ugs.⟩ *einen Ausweg, eine Möglichkeit sehen;* an L. gehen *das Schiff verlassen;* etwas an L. ziehen ⟨ugs.⟩ *etwas in seinen Besitz bringen;* zu Wasser und zu ~e **2** ⟨nur Sg.⟩ *nutzbares Stück Boden* (Acker~, Bau~); fruchtbares, gutes L.; ein Stück L. erwerben; das L. liegt brach **3** *ländliches Gebiet (im Unterschied zum Stadtbereich);* aufs L. fahren; auf dem L. leben; hügeliges, weites, verlassenes L.; das offene L.; durch die ~e ziehen viele Jahre; über L. fahren; vom L. kommen; eine Unschuld vom L. ⟨übertr.⟩ *ein naives Mädchen* **4** *abgegrenztes, politisch selbständiges Gebiet, Staat, Teil eines Staates;* ein demokratisches, neutrales L.; L. und Leute kennenlernen *die Bewohner und ihre Sitten kennenlernen;* jmdn. des ~es verweisen *jmdm. den Aufenthalt in einem Staat verbieten;* das Gelobte L. ⟨AT⟩ *Palästina;* das L. der unbegrenzten Möglichkeiten ⟨scherzh.⟩ *die USA;* das L. der aufgehenden Sonne ⟨übertr.⟩ *Japan;* das L. der tausend Seen *Finnland;* wieder im ~e sein ⟨ugs.⟩ *wieder zu Hause sein* **5** ⟨kurz für⟩ *Bundesland;* L. Bayern, L. Niederösterreich **6** *Gesamtheit der Bewohner eines Landes;* im ganzen L. herrschte Aufregung **7** ⟨übertr.⟩ *Bereich, Welt* (Märchen~); das L. der Träume

Land|adel ⟨m., -, nur Sg.; früher⟩ *Gesamtheit der Adeligen mit Grundbesitz auf dem Lande*

Land|am|mann ⟨m.4; in einigen schweiz. Kantonen⟩ *Regierungspräsident*

Land|au|er ⟨m.5⟩ *viersitziger Pferdewagen mit zusammenklappbarem Verdeck* [nach der Stadt *Landau in der Pfalz*]

Lan|dau|lett ⟨[lando-] n.1⟩ *Landauer mit nur teilweise zusammenklappbarem Verdeck* [< frz. *landaulet,* einer Verkleinerungsform zu *Landauer*]

land|aus, land|ein ⟨Adv.⟩ *in vielen Ländern, überall im Lande*

Land|brot ⟨n.1⟩ *auf dem Land, von Bauern gebackenes, kräftiges, meist dunkles Brot;* Syn. *Bauernbrot*

Land|brücke ⟨-k|k-; f.11⟩ *schmale Verbindung zwischen festen Teilen der Erdoberfläche, die von Wasser umgeben ist;* die einstige L. zwischen Asien und Nordamerika

Län|de ⟨f.11⟩ *Stelle zum Anlegen (für Boote, Flöße)* [zu *landen*]

Lan|de|bahn ⟨f.10⟩ *ebene, gerade Bahn für Flugzeuge zum Aufsetzen und Ausrollen*

land|ein|wärts ⟨Adv.⟩ *ins Innere eines Landes, weg von der Küste*

Lan|de|klap|pe ⟨f.11; bei Flugzeugen⟩ *ausschwenkbarer Teil der Tragfläche, der bei Start und Landung den Auftrieb erhöht*

lan|den ⟨V.2⟩ **I** ⟨o.Obj.; ist gelandet⟩ **1** *am Ufer anlegen;* das Schiff ist (im Hafen) gelandet **2** *sich auf dem Boden niederlassen;* das Flugzeug, die Maschine ist gelandet **3** *mit dem Flugzeug ankommen;* wir sind um 16 Uhr in Rom gelandet **4** ⟨ugs.⟩ *ohne eigenes Zutun ankommen;* er gab ihm einen Stoß, so daß er in einer Ecke landete; das Auto überschlug sich und landete auf einer Wiese; und so bin ich schließlich in dieser Firma gelandet; bei jmdm. l. ⟨ugs.⟩ *bei jmdm. Interesse, Anklang erwecken; er möchte bei ihr l., kann bei ihr nicht l.* **II** ⟨mit Akk., hat gelandet⟩ **1** *mit dem Schiff, mit dem Flugzeug auf den Boden bringen;* Truppen l. **2** ⟨Boxen⟩ *anbringen;* er landete mit Haken am Kinn des Gegners **3** ⟨ugs.⟩ *zustande bringen, erreichen;* einen Volltreffer, einen tollen Coup l.

Land|en|ge ⟨f.11⟩ *schmale Stelle des Festlandes (z. B. ein Isthmus)*

Län|de|rei ⟨f.10; meist Pl.⟩ *großer Grundbesitz*

Län|der|kampf ⟨m.2⟩ *sportlicher Wettkampf zwischen Nationalmannschaften*

Län|der|kun|de ⟨f., -, nur Sg.⟩ *Teilgebiet der allgemeinen Geographie, das sich mit der Beschreibung von Ländern (4) befaßt;* vgl. *Landeskunde*

Län|der|spiel ⟨n.1⟩ *Wettspiel zwischen zwei Nationalmannschaften (bes. im Fußball)*

Län|der|zie|hungs|heim ⟨n.1⟩ *private Schule mit Internat, die Unterricht, körperliche Arbeit und Sport verbindet*

Lan|des|amt ⟨n.4⟩ *Amt, das zum Zuständigkeitsbereich eines Bundeslandes gehört*

Lan|des|auf|nah|me ⟨f.11, nur Sg.⟩ *(staatliche) Vermessung und kartographische Darstellung eines Landes*

Lan|des|bi|schof ⟨m.2; evang. Kirche⟩ *Bischof, der einer Landeskirche vorsteht*

Lan|des|ebe|ne ⟨f., -, nur Sg.; in der Fügung⟩ auf L. *in der Zuständigkeit eines Bundeslandes*

Lan|des|far|ben ⟨f.11, Pl.⟩ *die Farben der Fahne, Ordensbänder, Schlagbäume usw. eines Landes*

Lan|des|haupt|mann ⟨m., -(e)s, -leu|te⟩ **1** *(in Preußen bis 1933) Leiter der Verwaltung einer Provinz* **2** ⟨österr.⟩ *Vorsitzender einer Landesregierung*

Lan|des|herr ⟨m., -(e)n, -en; früher⟩ *Herrscher (eines Staates)*

Lan|des|ho|heit ⟨f., -, nur Sg.⟩ *Regierungsgewalt eines Landesherrn*

Lan|des|kir|che ⟨f.11; evang. Kirche⟩ *Verwaltungseinheit der Kirche (deren Bereich meist dem der einzelnen Bundesländer entspricht);* die bayerische L., hessische L.

Lan|des|kun|de ⟨f., -, nur Sg.⟩ *Lehre von einem (bestimmten) Land;* vgl. *Länderkunde*

Lan|des|mut|ter ⟨f.6; früher, geh.⟩ *Herrscherin (eines Landes)*

Lan|des|pfle|ge ⟨f., -, nur Sg.⟩ *Schutz der Kultur- und Naturlandschaft (z. B. Maßnahmen gegen Austrocknung)*

Lan|des|pla|nung ⟨f., -, nur Sg.⟩ *Aufstellung von Zielen für die Raumnutzung, die bestmögliche Lebensverhältnisse gewährleisten soll*

Lan|des|recht ⟨n.1⟩ *Recht eines Bundeslandes (dem das Recht des Bundes übergeordnet ist)*

Lan|des|trau|er ⟨f., -, nur Sg.; früher⟩ *von der Regierung angeordnete Trauer beim Tod des Landesherren, der Landesherrin oder des Thronfolgers*

lan|des|üb|lich ⟨Adj., o.Steig.⟩ *in einem Land üblich, für das Land charakteristisch;* sich l. kleiden; das ist hier l.

Lan|des|va|ter ⟨m.6; früher, geh.⟩ *Herrscher (eines Landes)*

Lan|des|ver|rat ⟨m., -(e)s, nur Sg.⟩ *Angriff auf die äußere Sicherheit des eigenen Landes, Verrat von Staatsgeheimnissen usw.;* vgl. *Hochverrat*

Land|flucht ⟨f., -, nur Sg.⟩ *Abwanderung der bäuerlichen Bevölkerung in die Städte*

Land|frie|de ⟨m.15; im MA⟩ *vom Landesherrn oder von der Kirche angeordneter zeitlich begrenzter Friede für ein Land*

Land|frie|dens|bruch ⟨m.2⟩ **1** *(im MA) Vergehen gegen den Landfrieden* **2** ⟨heute⟩ *Gefährdung der öffentlichen Sicherheit*

Land|funk ⟨m.1; Rundfunk⟩ *Programm für die bäuerliche Bevölkerung*

Land|ge|richt ⟨n.1⟩ *(dem Amtsgericht übergeordnetes) Gericht für Zivil- und Strafsachen* **2** *dessen Gebäude*

Land|graf ⟨m.10; im alten Dt. Reich⟩ **1** *Verwalter eines dem König unmittelbar unterstehenden Gebietes* **2** *Angehöriger des Adels im Rang zwischen Graf und Herzog*

Land|jä|ger ⟨m.5⟩ **1** ⟨früher⟩ *Polizist auf dem Land* **2** *flachgepreßte, an der Luft getrocknete, scharf gewürzte Rohwurst*

Land|kärt|chen ⟨n.7⟩ *Fleckenfalter, der in*

einer rötlichen Frühjahrs- und in einer schwarzbraunen Sommerform auftritt; Syn. *Gitterfalter* [nach der landkartenähnlichen Zeichnung der Flügelunterseite]

Land|kar|te ⟨f.11⟩ *maßstäblich verkleinerte Darstellung des Grundrisses der Erdoberfläche oder einzelner Teile davon*

Land|kli|ma ⟨n., -s, nur Sg.⟩ *Klima küstenferner Landgebiete;* Syn. *Kontinentalklima;* Ggs. *Seeklima*

Land|kreis ⟨m.1⟩ *aus mehreren Gemeinden bestehender Verwaltungsbezirk*

land|läu|fig ⟨Adj., o.Steig.⟩ *gewöhnlich, allgemein, üblich;* die ~e Meinung

Länd|le ⟨n., -s, nur Sg.; österr., scherzh.⟩ *Vorarlberg*

Länd|ler ⟨m.5⟩ *süddeutscher, schweizerischer und österreichischer Volkstanz*

Land|leu|te ⟨nur Pl.; †⟩ *Landbevölkerung*

länd|lich ⟨Adj., o.Steig.⟩ *dem Land eigentümlich, für das Land typisch; einfach;* Ggs. *städtisch;* ~e *Bräuche*

länd|lich-sitt|lich ⟨Adj., o.Steig.; meist iron.⟩ *einfach und rechtschaffen, einfach und bieder, ohne städtischen Komfort;* ~e *Zustände; hier ist es so l.*

Land|mann ⟨m., -(e)s, -leu|te; geh.⟩ → *Bauer*

Land|mar|ke ⟨f.11⟩ *hervorgehobener Punkt im Gelände*

Land|ma|schi|ne ⟨f.11⟩ *Maschine, die in der Landwirtschaft verwendet wird*

Land|nah|me ⟨f.11⟩ *das Inbesitznehmen, Besiedeln von Land (durch ein Volk)*

Land|par|tie ⟨f.11; †⟩ *Ausflug auf das Land*

Land|pfle|ger ⟨m.5; in Luthers Bibelübersetzung⟩ *Statthalter*

Land|pla|ge ⟨f.11⟩ *Plage, die, Schaden, der ein ganzes Land befällt (z. B. Seuchen, Schädlinge)*

Land|po|me|ran|ze ⟨f.11; ugs., abwertend⟩ *linkisches, einfaches Mädchen vom Lande*

Land|rat ⟨m.2⟩ **1** *oberster Beamter eines Landkreises* **2** ⟨schweiz.: in einigen Kantonen⟩ *Parlament*

Land|rat|te ⟨f.11; Bez. der Seeleute für⟩ *Nichtseemann*

Land|re|gen ⟨m.5⟩ *anhaltender Regen*

Land|ro|ver ⟨[lɛndrouvər] m.5; Wz.⟩ *geländegängiger Personenkraftwagen mit Allradantrieb* [engl., „Landwanderer", < land „Land" und to rove „(ruhelos) wandern, umherstreiten"]

Land|rücken ⟨-k|k-; m.7⟩ *langgestreckte, flachwellige Bodenerhebung (bes. in Gebieten eiszeitlicher Aufschüttung)*

Land|sas|se ⟨m.11; früher⟩ *Untertan eines Landesherrn, der seinerseits dem König untersteht*

land|säs|sig ⟨Adj., o.Steig.; früher⟩ *dem Landesherrn untertan*

Land|schaft ⟨f.10⟩ *(mehr oder weniger scharf abgrenzbares) Gebiet der Erdoberfläche mit bestimmtem Erscheinungsbild (Kultur~, Natur~)*

land|schaft|lich ⟨Adj., o.Steig.⟩ **1** *eine Landschaft betreffend, hinsichtlich der Landschaft; dieses Gebiet ist l. sehr schön, ist l. wenig abwechslungsreich* **2** *zu einer Landschaft gehörig;* ~e *Ausdrucksweise*

Land|schafts|gärt|ner ⟨m.5⟩ *für die Anlage und Pflege von Parks und Ziergärten ausgebildeter Gärtner*

Land|schafts|schutz ⟨m., -es, nur Sg.⟩ *Schaffung rechtsverbindlich festgesetzter Gebiete, in denen ein besonderer Schutz von Natur und Landschaft gewährleistet sein soll*

Land|schrei|ber ⟨m.5; schweiz.⟩ *Beamter einer Landesbehörde, Notar*

Land|schul|heim ⟨n.1⟩ *Erholungsheim, das ganze Schulklassen aufnehmen kann*

Land|ser ⟨m.5; ugs., Soldatenspr., veraltend⟩ *Soldat (im Mannschaftsstand)* [verkürzt < *Landsknecht*]

Lands|ge|mein|de ⟨f.11; in einigen Schweizer Kantonen⟩ *Versammlung der stimmberechtigten Bürger*

Land|sitz ⟨m.1⟩ *größerer Landbesitz mit repräsentativem Wohnhaus*

Lands|knecht ⟨m.1; im 15./16. Jh.⟩ *zu Fuß kämpfender Soldat*

Lands|mål ⟨[-moːl] n., -s, nur Sg.⟩ *die norwegische, auf den westnorwegischen Dialekten beruhende Landessprache;* vgl. *Bokmål*

Lands|mann ⟨m., -(e)s, -leu|te⟩ *Einwohner des gleichen Landes; er ist mein L.; ein L. von mir; wir sind Landsleute*

Lands|mann|schaft ⟨f.10⟩ **1** ⟨seit dem 16. Jh.⟩ *Zusammenschluß von Studenten einer Universität nach ihrer landschaftlichen Herkunft* **2** ⟨nach dem 2. Weltkrieg auch⟩ *Zusammenschluß von Heimatvertriebenen nach ihren Heimatländern*

Land|stadt ⟨f.2⟩ *einem Landesherrn unterstehende Stadt (im Unterschied zur Reichsstadt)*

Land|stän|de ⟨Pl.; früher⟩ *Vertretung der privilegierten Stände auf dem Landtag*

Land|stör|tzer, Land|stör|zer ⟨m.5; †⟩ *Landstreicher, Fahrender* [zu mhd. *sterzen* „sich rasch bewegen, umherschweifen", wohl zu *sterz* „Schweif"]

Land|stra|ße ⟨f.11⟩ *(durch wenig bebautes, landwirtschaftliches Gebiet führende) kleine Straße, die Städte verbindet;* Syn. *Chaussee*

Land|strei|cher ⟨m.5⟩ *jmd., der ohne feste Unterkunft von Ort zu Ort zieht;* Syn. *Vagabund*

Land|streit|kräf|te ⟨f.11, Pl.⟩ *das Heer (im Unterschied zu Marine und Luftwaffe)*

Land|strich ⟨m.1⟩ *Teil einer Landschaft*

Land|stu|fe ⟨f.11⟩ *steil abfallender Geländeteil, der zwei verschieden hoch gelegene Landschaften voneinander trennt*

Land|sturm ⟨m.2⟩ **1** ⟨urspr.⟩ *letztes Aufgebot der Wehrpflichtigen und vom Wehrdienst Zurückgestellten* **2** ⟨bis 1945⟩ *die älteren Jahrgänge der Wehrpflichtigen* **3** ⟨schweiz.⟩ *dritte (oberste) Altersklasse der Wehrdienstpflichtigen*

Land|tag ⟨m.1⟩ **1** ⟨früher⟩ *Versammlung der Landesstände* **2** ⟨heute⟩ *Volksvertretung eines Bundeslandes*

Lan|dung ⟨f.10⟩ **1** *das Landen; bei, nach, vor der L.; weiche L. (eines Raumschiffes auf dem Mond); die Maschine setzte zur L. an* **2** ⟨Sport⟩ *letzte Phase des Sprungs*

Lan|dungs|boot ⟨n.1⟩ *leichtbewaffnetes Kriegsschiff, das dort Absetzen von Soldaten an Küstenstreifen mit den Landstreitkräften zusammenwirken soll*

Land|ver|mes|ser ⟨m.5⟩ → *Geodät*

Land|vogt ⟨m.2; früher⟩ *vom König eingesetzter Verwalter eines reichsunmittelbaren Gebietes*

Land|vog|tei ⟨f.10⟩ *Verwaltungsbezirk eines Landvogts*

land|wärts ⟨Adv.⟩ *ins Land, weg vom Meer;* Ggs. *seewärts; der Wind weht l.*

Land|wehr ⟨f.10⟩ **1** ⟨im MA⟩ *Grenzbefestigung (Graben, Wall und Buschwerk)* **2** ⟨1805–1945⟩ *alle Wehrpflichtigen bis zum 39., dann vom 35. bis zum 45. Jahr* **3** ⟨schweiz.⟩ *zweite Altersklasse der schweizerischen Wehrpflichtigen* **4** ⟨allg.⟩ *Aufgebot aller wehrfähigen Männer zum Schutz des Landes*

Land|wein ⟨m.1⟩ *einfacher Wein (der nur in einer bestimmten Landschaft getrunken wird)*

Land|wind ⟨m.1⟩ *vom Land her wehender Wind;* Ggs. *Seewind*

Land|wirt ⟨m.5⟩ → *Bauer*

Land|wirt|schaft ⟨f.10⟩ **1** ⟨nur Sg.⟩ *Gewerbe, das sich mit Bodennutzung und Viehhaltung befaßt* **2** *einfacher Betrieb dieses Gewerbes; eine kleine L. betreiben*

land|wirt|schaft|lich ⟨Adj., o.Steig.⟩ *die Landwirtschaft betreffend, zu ihr gehörig*

Land|wirt|schafts|kam|mer ⟨f.11⟩ *gebietlich abgegrenzte Selbstverwaltungsorganisation der Landwirtschaft mit öffentlich-rechtlichem Charakter*

Land|wirt|schafts|wis|sen|schaft ⟨f., -, nur Sg.⟩ → *Agronomie*

Land|zun|ge ⟨f.11⟩ *schmale Halbinsel*

lang I ⟨Adj., länger, am längsten⟩ **1** *in der Längsrichtung ausgedehnt, sich erstreckend;* Ggs. *breit (1), kurz (1);* ein ~er *Fluß;* ~e *Glieder haben;* ~e *Finger machen* ⟨übertr., ugs.⟩ *stehlen;* ein ~es *Gesicht machen* ⟨ugs.⟩ *ein enttäuschtes Gesicht machen* **2** *ein bestimmtes Maß in der Längsrichtung habend;* Ggs. *breit (2); der Tisch ist 2,50 m l.; eine drei Meter ~e Leiter* **3** *viel Zeit beanspruchend;* Ggs. *kurz (2); ein ~er Weg; ein ~er Marsch; ein ~er Brief; drei ~e Monate drei langsam verstreichende Monate; etwas l. und breit, des ~en und breiten erzählen etwas in aller Ausführlichkeit erzählen* **II** ⟨als Adv., nachgestellt⟩ **1** *für die Dauer des, der …, für die Zeit von; drei Tage l.; sein Leben l.* **2** ⟨ugs.⟩ *entlang; es geht hier l.* **3** → *lange*

lang|at|mig ⟨Adj.⟩ *weitschweifig, allzu ausführlich;* ein ~er *Vortrag*

lan|ge ⟨Adv., länger, am längsten⟩ auch: *lang* **1** *lange Zeit; jmdn. l. bitten müssen; es wird l. dauern, da kann er l. warten* ⟨ugs.⟩ *das, was erwartet wird, wird nie geschehen; ich kann es nicht länger ertragen; seit ~m seit geraumer Zeit; nicht l. darauf, danach bald darauf, danach; drei Stunden l. genug; schon l. schon seit geraumer Zeit; es hat jetzt am längsten gedauert* ⟨ugs.⟩ *der größte Teil des Zeitraums ist vorbei, es wird nur noch kurze Zeit dauern* **2** ⟨übertr.⟩ *bei weitem; es genügt noch l. nicht*

Län|ge ⟨f.11⟩ **1** *Ausdehnung in der Längsrichtung;* Ggs. *Breite (1), Kürze (1); die L. des Flusses; der Platz in seiner ganzen L.; Hosen in verschiedenen ~n; das Boot gewann mit einer L. das Boot gewann mit einem Vorsprung, der so groß war wie das Boot lang; um ~n gewinnen, verlieren* ⟨Sport⟩ *eindeutig, klar gewinnen, verlieren* **2** *Maß in der Längsrichtung; ein Tisch von 2,50 m L.;* Ggs. *Breite (2)* **3** *Abstand vom Meridian von Greenwich;* Ggs. *Breite (4); östliche L. ⟨Abk.: ö.L.⟩; westliche L. ⟨Abk.: w.L.⟩* **4** *Körpergröße; er erhob sich in seiner ganzen L.; der L. nach hinfallen* **5** *große zeitliche Ausdehnung;* Ggs. *Kürze (2); Ausführungen von erheblicher L.; auf die L.* ⟨ugs.⟩ *auf die Dauer; der Vortrag zog sich in die L. der Vortrag dauerte länger als erwartet* **6** *Dauer; ein Vortrag von zwei Stunden L.* **7** *langweilige, uninteressante Stelle; der Film hatte einige ~n* **8** ⟨Metrik⟩ *lange Silbe;* Ggs. *Kürze (3)*

lan|gen ⟨V.1, hat gelangt⟩ **I** ⟨o.Obj.⟩ **1** *reichen, ausreichen; das Brot langt noch für heute; jetzt langt mir's aber! jetzt habe ich genug!, mir etwas auskommen; ob wir mit 20 Mark bis morgen l.?* **2** *greifen; in die Tasche l.; über den Tisch l.; kannst du bis zum Fenster l.?* **II** ⟨mit Dat. (sich) und Akk.⟩ *sich jmdn.* ⟨ugs.⟩ *jmdn. zur Rede stellen; den werde ich mir l.!* **III** ⟨mit Dat. und Akk.⟩ ⟨ugs.⟩ *jmdm. eine Ohrfeige geben*

län|gen ⟨V.1, hat gelängt; mit Akk.⟩ **1** *länger machen, verlängern; einen Rock l.* **2** *dünner machen; die Soße mit Wasser l.*

Län|gen|grad ⟨m.1⟩ *Gebiet der Erdoberfläche zwischen zwei Längenkreisen, die sich um 1° voneinander unterscheiden;* Ggs. *Breitengrad; auf dem gleichen L. liegen*

Län|gen|kreis ⟨m.1⟩ → *Meridian;* Ggs. *Breitenkreise*

Län|gen|maß ⟨n.1⟩ *Maßeinheit für die Ausdehnung in der Länge (z. B. Meter)*

Lan|ger|hans|sche In|seln ⟨f., -, nur Pl.⟩ *in der Bauchspeicheldrüse liegende Drüsen, die* das Insulin erzeugen [nach dem Arzt Paul Langerhans]

Lan|get|te ⟨f.11⟩, **Lan|get|ten|stich** ⟨m.1⟩ Schlingenstich zum Befestigen von Stoffrändern [< frz. *languette* in ders. Bed. sowie ,,Zäckchen, Zünglein", Verkleinerungsform von *langue* < lat. *lingua* ,,Zunge"]

lan|get|tie|ren ⟨V.3, hat langettiert; mit Akk.⟩ mit Langetten einfassen; einen Stoffrand l.

Lan|ge|wei|le ⟨f.19, nur Sg.⟩ Fehlen von Abwechslung, Öde, Eintönigkeit; auch: *Langweile*; tödliche L.; jmdm. die L. vertreiben

Lan|ge|zeit ⟨f.; -, -; nur Sg.⟩ schweiz. Sehnsucht, Heimweh; vgl. *Zeitlang*

Lang|fin|ger ⟨m.5; ugs.⟩ Dieb

lang|fri|stig ⟨Adj., o.Steig.⟩ lange Zeit dauernd oder gültig, für lange Zeit berechnet; ~e Planung; ~e Verträge; Geld l. anlegen

Lang|haus ⟨n.4⟩ → *Langschiff*; Ggs. *Querhaus*

Lang|holz ⟨n.4⟩ nach dem Fällen wenig gekürzte Baumstämme, die eine bestimmte Länge aufweisen; eine Fuhre L.

lang|jäh|rig ⟨Adj., o.Steig.⟩ **1** seit vielen Jahren bestehend; eine ~e Freundschaft **2** seit vielen Jahren bewährt; ein ~er Freund, Mitarbeiter

Lang|lauf ⟨m.2⟩ Schilauf in ebenem Gelände

lang|le|big ⟨Adj., o.Steig. kurzlebig⟩ **1** lange lebend; eine ~e Tierrasse **2** sich lange Zeit erhaltend; ein ~er Brauch **3** haltbar **Lang|le|big|keit** ⟨f.; -, nur Sg.⟩

lang|le|gen ⟨V.1, hat langgelegt; refl.⟩ sich l. *sich hinlegen, sich lang ausstrecken*; sich eine Stunde l.

läng|lich ⟨Adj., o.Steig.⟩ eher lang als breit; ein ~es Holzstück

läng|lich|rund ⟨Adj., o.Steig.⟩ nicht ganz rund; Syn. *oval*

Lang|mut ⟨f., -, nur Sg.⟩ Geduld, Nachsicht

lang|mü|tig ⟨Adj.⟩ geduldig, nachsichtig **Lang|mü|tig|keit** ⟨f.; -, nur Sg.⟩

Lan|go|bar|de ⟨m.11⟩ Angehöriger eines ostgermanischen Volkes

lan|go|bar|disch ⟨Adj., o.Steig.⟩ die Langobarden betreffend, zu ihnen gehörig, von ihnen stammend

Lang|ohr ⟨n.12; scherzh.⟩ Hase, Esel

längs I ⟨Präp. mit Gen. oder Dat.⟩ entlang; l. des Flusses; l. dem Fluß **II** ⟨Adv.⟩ **1** der Länge nach; Ggs. *quer*; einen Tisch l. stellen **2** ⟨norddt.⟩ vorbei; komm doch mal bei uns l.

lang|sam ⟨Adj.⟩ **1** lange Zeit benötigend, mit geringer Geschwindigkeit; ~e Fortschritte; l. arbeiten, gehen; es geht l. voran; l., aber sicher ⟨ugs.⟩ nicht schnell, aber beständig **2** ⟨Adv.⟩ mit der Zeit, allmählich; l. verstehe ich es **Lang|sam|keit** ⟨f.; -, nur Sg.⟩

Lang|schäf|ter ⟨m.5; ugs.⟩ Stiefel mit langem Schaft

Lang|schiff ⟨n.1⟩ Hauptteil einer Basilika oder einer Hallenkirche; Syn. *Langhaus*; Ggs. *Querschiff*

Lang|schrift ⟨f.10⟩ nicht gekürzte Schrift; Ggs. *Kurzschrift*

Lang|spiel|plat|te ⟨f.11; Abk.: LP⟩ Schallplatte mit langer Spieldauer

Längs|rich|tung ⟨f.10⟩ Richtung der längsten Ausdehnung

längs|schiffs ⟨Adv.⟩ in der Längsrichtung des Schiffes; Ggs. *querschiffs*

Längs|schnitt ⟨m.1⟩ Konstruktionszeichnung, die den Schnitt in Längsrichtung durch einen Gegenstand darstellt; Ggs. *Querschnitt*

längs|seits ⟨Adv.⟩ an der Seite (des Schiffes)

längst ⟨Adv.⟩ schon lange, seit langem; er ist l. wieder zu Hause

läng|stens ⟨Adv.; ugs.⟩ spätestens; in l. zwei Tagen

Lang|strecken|lauf ⟨-k|k-; m.2⟩ Laufwettbewerb über eine Strecke von 3000 m oder darüber

Lang|strecken|läu|fer ⟨-k|k-; m.5⟩, **Lang|strek|ler** ⟨m.5; ugs.⟩ jmd., der Langstreckenlauf betreibt, darauf spezialisiert ist

Lan|gu|ste ⟨f.11⟩ scherenloser Zehnfußkrebs mit langen Fühlern, Speisekrebs [< frz. *langouste* in ders. Bed., < lat. *locusta* ,,Heuschrecke; Art Meerkrebs"]

Lang|wei|le ⟨f., -, nur Sg.⟩ → *Langeweile*

lang|wei|len ⟨V.1, hat gelangweilt⟩ **I** ⟨mit Akk.⟩ jmdn. l. *jmdm. Langeweile verursachen, für jmdn. uninteressant sein, jmdm. Überdruß bereiten, Ungeduld verursachen*; das Buch langweilt mich; er langweilt mich mit seinen Erklärungen, mit seinem Gerede **II** ⟨refl.⟩ sich l. *Langeweile haben*

Lang|wei|ler ⟨m.5; ugs.⟩ langweiliger Mensch

lang|wei|lig ⟨Adj.⟩ **1** Langeweile verursachend; Ggs. *kurzweilig*; ein ~er Abend; eine ~e Veranstaltung; das Buch ist l. hier ist es l.; mir ist es l. *ich langweile mich* **2** eintönig, wenig abwechslungsreich; eine ~e Landschaft **3** nicht unterhaltsam, geistlos; ein ~er Kerl **Lang|wei|lig|keit** ⟨f.; -, nur Sg.⟩

Lang|wel|le ⟨f.11⟩ elektromagnetische Welle großer Länge (zwischen 10 und 1 km) entsprechend einem Frequenzbereich von 300 bis 30 kHz

Lang|wied ⟨f.10⟩, **Lang|wie|der** ⟨f.10⟩; an Leiterwagen⟩ langes Rundholz, das die Vorder- und Hintergestell miteinander verbindet

lang|wie|rig ⟨Adj.⟩ viel Zeit beanspruchend, mühselig; eine ~e Arbeit, Krankheit **Lang|wie|rig|keit** ⟨f.; -, nur Sg.⟩

Lang|zei|le ⟨f.11; bes. in der ahd. und mhd. Dichtung⟩ aus zwei kurzen Versen bestehende lange Verszeile

Lang|zeit|ge|dächt|nis ⟨n., -sses, nur Sg.⟩ Fähigkeit des Gehirns, Erlebnisse, Informationen lange Zeit zu speichern; Ggs. *Kurzzeitgedächtnis*

La|no|lin ⟨n., -s, nur Sg.⟩ Mischung aus Wollfett, Paraffin und Wasser, Ausgangsstoff für Salben; Syn. *Wollfett* [< lat. *lana* ,,Wolle"]

Lan|than ⟨n., -s, nur Sg.; Zeichen: La⟩ weißes, dehnbares Metall der Seltenen Erden [< griech. *lanthanein* ,,verborgen sein, sich verstecken"; man bezeichnete es so, weil es erst sehr spät entdeckt wurde]

La|nu|go ⟨f., -, -gi|nes [-ne:s]⟩ Wollhaar, Flaum, Haarkleid des Embryos [< lat. *lanugo* ,,Wolle, das Wollige", zu *lana* ,,Wolle"]

Lan|ze ⟨f.11⟩ Waffe mit langem Schaft und einer Metallspitze; für jmdn. eine L. brechen ⟨übertr.⟩ *für jmdn. eintreten*

Lan|zett|bo|gen ⟨m.7; bes. in der englischen Gotik⟩ schmaler Spitzbogen

Lan|zet|te ⟨f.11⟩ kleines, zweischneidiges Operationsmesser [< frz. *lancette* ,,kleine Lanze"]

Lan|zett|fisch|chen ⟨n.7⟩ einfaches, fischähnliches Chordatier; Syn. *Amphioxus*

lan|zi|nie|ren ⟨V.3, hat lanziniert; o.Obj.⟩ blitzartig auftreten; ~de Schmerzen [< lat. *lancinare* ,,zerreißen, zerfleischen"]

Lao|te ⟨m.11⟩ Einwohner von Laos

lao|tisch ⟨Adj., o.Steig.⟩ Laos betreffend, zu ihm gehörig, aus ihm stammend

La|pa|ro|skop ⟨n.1⟩ Instrument zur Untersuchung der Bauchhöhle [< griech. *laparos* ,,weich, hohler Teil zwischen Rippen und Hüften" (zu *laparos* ,,weich") und *...skop*]

La|pa|ro|sko|pie ⟨f.11⟩ Untersuchung der Bauchhöhle mit dem Laparoskop

La|pa|ro|to|mie ⟨f.11⟩ operative Öffnung der Bauchhöhle [< griech. *lapare* ,,die Weichen" und *...tomie*]

la|pi|dar ⟨Adj.⟩ kurz, einfach, bündig und treffend; eine ~e Feststellung [< lat. *lapidarius* ,,zu den Steinen gehörig, Stein...", zu *lapis*, Gen. *lapidis*, ,,Stein"; nach den kurzen, bündigen, in Stein gehauenen römischen Inschriften]

La|pi|där ⟨m.1⟩ Schleif- und Poliergerät der Uhrmacher [< frz. *lapidaire* ,,Steinschneider"; vgl. *lapidar*]

La|pi|da|ri|um ⟨n., -s, -ri|en⟩ **1** Sammlung von Steindenkmälern und -inschriften **2** Steinsammlung

La|pi|dar|schrift ⟨f.10⟩ Schrift in Großbuchstaben ohne Verzierung (bes. für Steininschriften)

La|pil|li ⟨Pl.⟩ kleine, bei Vulkanausbrüchen ausgeworfene Lavastückchen [Pl. von lat. *lapillus* ,,Steinchen", zu *lapis* ,,Stein"]

La|pis|la|zu|li ⟨m., -, -⟩ Mineral von tiefblauer Farbe, Schmuckstein; Syn. *Lasurstein* [< lat. *lapis* ,,Stein" und mlat. *lazulum, lazurium* < arab. *lāzaward* ,,blau", < pers. *lāǧward* ,,himmelblau, blauer Stein"]

Lap|pa|lie ⟨[-lje] f.11⟩ Nichtigkeit, Kleinigkeit [scherzhafte, lateinisch klingende Bildung von Studenten im 17. Jahrh. nach dem Muster von *Person – Personalien* u.ä.]

Lap|pe ⟨m.11⟩ Einwohner von Lappland; Syn. ⟨veraltend⟩ *Lappländer*

Lap|pen ⟨m.7⟩ **1** wertloses Stück Stoff, das zum Reinigen verwendet wird (Putz~, Staub~) **2** ⟨ugs.⟩ Geldschein von hohem Wert **3** ⟨Med.⟩ flächiges Teil eines Organs (Lungen~) **4** ⟨Jägerspr.⟩ **a** Häute zwischen den Zehen (eines Schwimmvogels) **b** ⟨Pl.⟩ Stoffstücke, mit denen bei einer Treibjagd ein Gebiet eingegrenzt wird, um das Wild in eine bestimmte Richtung zu treiben; jmdm. durch die L. gehen ⟨ugs.⟩ *jmdm. entkommen*

läp|pen ⟨V.1, hat geläppt; mit Akk.⟩ sehr fein schleifen, glätten [< engl. *to lap* ,,schleifen, polieren"]

Lap|pen|tau|cher ⟨m.5⟩ gut tauchender Wasservogel mit Füßen nahe dem hinteren Körperende und Zehen mit Schwimmlappen (z.B. Hauben-, Zwergtaucher); Syn. ⟨†⟩ *Steißfuß*

läp|pern ⟨V.1, hat geläppert; mit Akk.; unpersönl., mit ,,es"; ugs.⟩ es läppert jmdn. *nach etwas* jmd. hat großen Appetit auf etwas; vgl. *zusammenläppern*

lap|pig ⟨Adj.⟩ **1** ⟨o.Steig.⟩ wie ein Lappen, weich, schlaff; ~es Organ **2** unangenehm weich, nicht die nötige Festigkeit habend; ~es Fleisch; ~er Stoff **3** ⟨ugs.⟩ gering, wertlos, lächerlich wenig; ~e zehn Mark

lap|pisch ⟨Adj., o.Steig.⟩ die Lappen betreffend, zu ihnen gehörig, von ihnen stammend

läp|pisch ⟨Adj., o.Steig.⟩ töricht, kindisch; ~er Einfall; sich l. benehmen **2** geringfügig, wertlos; eine ~e Summe

Lapp|län|der ⟨m.5; veraltend⟩ → *Lappe*

Lap|sus ⟨m., -, -⟩ geringfügiger Fehler, kleiner Verstoß [< lat. *lapsus*, das Gleiten, bes. nach unten, Fallen, Sturz", übertr. ,,Fehltritt, Versehen", zu *labi* ,,hinabgleiten, sinken, straucheln"]

Lär|che ⟨f.11⟩ sommergrüner Nadelbaum mit weichen Nadeln in Büscheln, die sich im Herbst gelb verfärben [< lat. *larix* in ders. Bed.]

Lär|chen|röhr|ling ⟨m.1⟩ unter Lärchen wachsender Speisepilz mit goldgelbem, schmierigem Hut; Syn. *Goldröhrling*

La|ren ⟨nur Pl.; röm. Myth.⟩ Schutzgeister des Hauses und der Familie

lar|ghet|to ⟨Mus.⟩ getragen, etwas breit [ital. Verkleinerungsform von *largo*]

Lar|ghet|to ⟨n., -(s), -s oder -ti⟩ Musikstück in etwas getragenem Tempo

lar|go ⟨Mus.⟩ getragen, langsam und singend [< ital. *largo* in ders. Bed. sowie ,,breit, weit, üppig, verschwenderisch"; lat. *largus* ,,reich, verschwenderisch"; auf die Musik wohl wegen des fülligen Tons übertragen]

Lar|go ⟨n., -s, -s oder -ghi⟩ langsames, getragenes und sangliches Musikstück

la|ri|fa|ri! ⟨Int.⟩ nichts da!, Unsinn! [in der Art trällernden Gesangs nach den ital. Solmisationssilben gebildet: *la, re, fa, re*]

La|ri|fa|ri ⟨n., -(s), nur Sg.⟩ Geschwätz, Unsinn

Lärm ⟨m., -s, nur Sg.⟩ lautes, unangenehmes Geräusch (Flugzeug~, Motoren~); ein ohrenbetäubender L.; viel L. um nichts *viel Gerede, Aufwand für eine bedeutungslose Sache;* L. schlagen *laut protestieren;* macht nicht solchen L.!

lär|men ⟨V.1, hat gelärmt; o.Obj.⟩ Lärm machen, durcheinanderschreien, laut sein; die Kinder l. im Garten; lärmt doch nicht so!

lar|moy|ant ⟨[larmoajant] Adj.⟩ rührselig, weinerlich [frz., zu *larmoyer* "weinen", zu *larme* "l. Träne", → *lacrimoso*]

Lar|moy|anz ⟨[larmoajãs] f., -, nur Sg.⟩ Rührseligkeit

L'art pour l'art ⟨lar pur lar⟩ n., - - -, nur Sg.⟩ Schlagwort für die Auffassung, daß die Kunst nur nach rein künstlerischen Maßstäben zu beurteilen sei und unabhängig von allen ethischen, religiösen u.ä. Bindungen sein müsse [frz., "die Kunst für die Kunst"]

lar|val ⟨Adj., o.Steig.⟩ *zur Larve gehörig;* im ~en Stadium (der Entwicklung).

Lärv|chen ⟨n.7⟩ **1** *kleine Larve* **2** ⟨ugs.⟩ *hübsches, nichtssagendes Gesicht (eines Mädchens)* **3** ⟨ugs.⟩ *das Mädchen selbst*

Lar|ve ⟨[-fə] f.11⟩ **1** *Jugendform mancher Tiere* **2** ⟨veraltend⟩ *Gesichtsmaske* [< lat. *larva, larua* "Gespenst, böser Geist, Fratze, Maske", aus *larualis* "gespensterhaft", eigtl. "die Gestalt eines Laren habend", zu *lares* "Laren, Schutzgötter des Hauses"]

lar|viert ⟨Adj., o.Steig.; Med.⟩ *verborgen, ohne typische Merkmale* [zu *Larve* (2)]

La|ryn|gal ⟨m.1⟩, **La|ryn|gal|is** ⟨f., -, -les [-le:s]⟩ *Kehlkopflaut (z.B. arabisch q, ein tief in der Kehle gesprochenes k)* [zu *Larynx*]

la|ryn|ge|al ⟨Adj., o.Steig.⟩ *zum Kehlkopf gehörig, von ihm ausgehend* [zu *Larynx*]

La|ryn|gi|tis ⟨f., -, -ti|den⟩ → *Kehlkopfkatarrh* [< *Larynx* und *...itis*]

La|ryn|go|skop ⟨n.1⟩ → *Kehlkopfspiegel* [< griech. *larynx*, Gen. *laryngos*, "Kehle, Schlund" und *...skop*]

La|ryn|go|sko|pie ⟨f.11⟩ *Untersuchung des Kehlkopfes mit dem Laryngoskop*

La|ryn|go|to|mie ⟨f.11⟩ *Kehlkopfschnitt* [< griech. *larynx*, Gen. *laryngos*, "Kehle, Schlund" und *...tomie*]

La|rynx ⟨m., -, -ryn|gen⟩ → *Kehlkopf* [griech.]

lasch ⟨Adj.⟩ *träge, ohne Schwung und Energie;* l. im Arbeiten sein **Lasch|heit** ⟨f., nur Sg.⟩

La|sche ⟨f.11⟩ **1** *Verbindungsstück zweier stumpf aneinanderstoßender Konstruktionsteile* **2** *Papier-, Stoff-, Lederstück als Verschluß, Schmuck oder Schutz*

La|ser ⟨[lei-] m.5⟩ *Gerät zum Erzeugen stark gebündelter Lichtstrahlen* [Kurzw. < engl. *light amplification by stimulated emission of radiation* "Lichtverstärkung durch angeregte Aussendung von Strahlung"]

la|sie|ren ⟨V.3, hat lasiert; mit Akk.⟩ *mit Lasur oder Lasurfarbe bestreichen oder übermalen*

Lä|si|on ⟨f.10⟩ *Verletzung oder Störung (einer Organfunktion oder eines Körpergliedes)* [< lat. *laesio*, Gen. *-onis*, "Verletzung", zu *lädieren*]

laß ⟨Adj., lasser, am lassesten⟩ **1** *schlapp, müde, kraftlos* **2** *lässig, nachlässig* **Laß|heit** ⟨f., -, nur Sg.⟩

las|sen ⟨V.75, hat gelassen, in Verbindung mit Verben im Infinitiv: hat lassen⟩ **I** ⟨mit Akk., hat gelassen⟩ **1** *jmdn. l. zurückhalten, nicht ermahnen, nicht fragen;* laß ihn doch!; ach, laß mich! **2** *etwas l.* **a** *etwas nicht tun, mit etwas aufhören,* kurz für *sein lassen, bleibenlassen;* laß das!; ich würde das lieber l.; man kann ja das eine tun und braucht deshalb das andere nicht zu l.; er kann es nicht l. (den Hund zu ärgern); er kann das Trinken nicht l. **b** *hergeben;* sein Leben (für etwas, für jmdn.) l.; Wasser l. *harnen* **c** *an einem Ort, einer Stelle aufbewahren, zurücklassen;* den Mantel in der Garderobe l.; den Hund zu Hause l.; wir ließen die Stadt hinter uns *wir entfernten uns von der Stadt* **3** *jmdn. oder etwas l. dulden, daß jmd. oder etwas in einem Zustand oder an einem Ort verharrt;* laß das Tier doch am Leben!; etwas an seinem Platz l.; jmdn. in Ruhe, in Frieden l. **II** ⟨mit Akk. und Verb; hat lassen⟩ **1** *jmdn. oder etwas l.* **a** *dulden (daß jmd. etwas tut, daß etwas geschieht, daß jmd. oder etwas in einem Zustand verharrt);* jmdn. gehen, gewähren, schlafen, warten l.; er hat mich lange warten l.; laß das Tier doch leben!; ein Bild an der Wand hängen l.; laß doch die Sache laufen!; den Wagen ausrollen l. **b** *veranlassen (daß jmd. etwas tut, daß etwas geschieht);* jmdn. kommen l.; ich habe Sie kommen l., um Ihnen zu sagen, daß ...; l. Sie ihn eintreten; er läßt dich grüßen; jmdn. verhaften l.; einen Boten kommen, anfertigen l. **2** jmdn. l. ⟨in der Aufforderung⟩ laß uns, laßt uns ...! *wir wollen ...;* laß uns ein Lied singen! **III** ⟨mit Dat. und Akk.; hat gelassen⟩ jmdn. etwas l. **1** *dulden, daß jmd. etwas behält;* laß ihm das Vergnügen!; laß ihm seinen Willen, sein Leben!; er läßt den Kindern viel Freiheit **2** *jmdm. etwas überlassen, geben;* ich lasse Ihnen den Teppich für 500 DM; er hat bei der Scheidung das Haus gelassen **IV** ⟨mit Dat. (sich) und Akk. und Verb; hat lassen⟩ *dulden, zugeben, daß etwas mit einem geschieht;* er hat es sich gefallen l.; laß dir keine Angst machen!; er hat sich nichts merken l.; das hätte ich mir nicht träumen l. *das hätte ich nie vermutet;* ich lasse mir das Geld zurückgeben **V** ⟨mit Präp.obj.; hat gelassen⟩ von etwas oder jmdm. l. *etwas oder jmdn. aufgeben, auf etwas oder jmdn. verzichten, von etwas oder jmdn. trennen;* l. kann vom Alkohol nicht l.; sie kann von ihm nicht l. **VI** ⟨refl. und Verb; hat lassen⟩ **1** *möglich sein;* die Reparatur läßt sich machen, hat sich leicht machen l.; das wird sich schon einrichten l.; das läßt sich hören! *das ist ganz vernünftig!;* der Wein läßt sich trinken *Wein ist ganz gut, ist recht gut* **2** *die Möglichkeit geben (daß etwas geschieht);* ich lasse mich nicht drängen, nicht erpressen; ich habe mich überreden, überzeugen l.

läs|sig ⟨Adj.⟩ **1** *ungezwungen, entspannt, ohne Förmlichkeit;* eine ~e Art haben; ~e Haltung; l. am Kamin **2** *ohne Sorgfalt;* l. arbeiten **Läs|sig|keit** ⟨f. -, nur Sg.⟩

läß|lich ⟨Adj.⟩ *geringfügig, nicht schwerwiegend;* ~e Sünden

Las|so ⟨n.9⟩ *Wurfschlinge zum Einfangen von Tieren* [< span. *lazo* "Schlinge, Schleife, Fangschlinge", < lat. *lacere* "locken", eigtl. "in eine Schlinge, Falle locken"]

Last ⟨f.10⟩ **1** *Gewicht, Fracht;* eine L. abwerfen, tragen **2** *Bürde, Beschwernis;* die L. der Jahre ⟨poet.⟩ *das Alter;* das Leben wurde ihm zur L.; jmdm. zur L. fallen *jmdm. Mühe machen;* jmdm. etwas zur L. legen *jmdn. einer Sache beschuldigen* **3** ⟨Pl.⟩ ~en *Schulden, Steuern, Verbindlichkeiten;* das geht zu meinen ~en; zu jmds. ~en *Rechnung, zu jmds. Nachteil* **4** ⟨Seew.⟩ *Vorratsraum, Frachtraum unter dem Deck* **5** ⟨†⟩ *Maßeinheit für die Schiffsfracht, auch für die Tragfähigkeit eines Schiffes* **6** *Belastung (einer elektrischen Anlage);* mit voller L.

Last|arm ⟨m.1⟩ *Teil des Hebels, auf den eine Last einwirkt;* Ggs. *Kraftarm*

Last|auto ⟨n.9⟩ → *Lastkraftwagen*

la|sten ⟨V.2, hat gelastet; o.Obj.⟩ *als Last ruhen, schwer drücken;* die Verantwortung lastet auf ihm; auf dem Haus l. Schulden; die Stille lastete im Raum

La|sten|aus|gleich ⟨m.1; in der BRD⟩ Vermögensausgleich zwischen den durch Krieg und Kriegsfolgen geschädigten Personen und den nicht geschädigten

La|sten|aus|gleichs|ge|setz ⟨n., -es, nur Sg.; Abk.: LAG⟩ *Gesetz über den Lastenausgleich*

La|sten|seg|ler ⟨m.5⟩ *großes Segelflugzeug zum Transport von Lasten*

La|ster¹ ⟨n.5⟩ *schlechte oder sittlich nicht einwandfreie Gewohnheit;* viele kleine L. haben; ein langes L. ⟨ugs., scherzh.⟩ *ein sehr groß gewachsener Mensch* [< mhd. *laster* "Kränkung, Schimpf, Schmach, Schande", < ahd. *lastar* "Tadel, Vorwurf", zu *lahan* "tadeln, verbieten"]

La|ster² ⟨m.5; ugs. kurz für⟩ *Lastkraftwagen*

la|ster|haft ⟨Adj.⟩ *einem Laster ergeben;* ein ~er Mensch; ein ~es Leben führen

La|ster|höh|le ⟨f.11; ugs., scherzh.⟩ *Raum oder Lokal, in dem man sich einem Laster hingeben kann*

lä|ster|lich ⟨Adj.⟩ *lästernd; verwerflich;* ~e Reden führen; l. fluchen

Lä|ster|maul ⟨n.4; übertr., ugs.⟩ *jmd., der über andere lästert;* Syn. *Lästerzunge*

lä|stern ⟨V.1, hat gelästert⟩ **I** ⟨o.Obj.⟩ *scherzhaft oder boshaft Nachteiliges über jmdn. oder etwas reden;* er lästert gern; über jmdn., jmds. Angewohnheiten l. **II** ⟨mit Akk., †⟩ *jmdn. l. jmdm. fluchen;* Gott l.

Lä|ste|rung ⟨f.10⟩ *das Lästern* (II), *Fluch* (Gottes~)

Lä|ster|zun|ge ⟨f.11; übertr., ugs.⟩ **1** *Neigung zum Lästern;* eine L. haben **2** → *Lästermaul*

La|stex ⟨n., -, nur Sg.⟩ *Gewebe aus mit Kunstseide umsponnenen Gummifäden* [< *elastisch* und *Latex*]

lä|stig ⟨Adj.⟩ *störend, unangenehm, unbequem;* eine ~e Krankheit, Pflicht; jmdm. l. fallen, werden *jmdn. sehr stören*

La|sting ⟨m.9⟩ *ein Kammgarngewebe* [< engl. *lasting* "dauerhaft"]

Last|kraft|wa|gen ⟨m.7; Abk.: Lkw oder LKW⟩ *für Güter- oder Warentransport eingerichtetes Kraftfahrzeug;* auch: *Laster, Lastwagen;* Syn. ⟨schweiz.⟩ *Camion, Lastauto*

last, not least ⟨[last not list]⟩ *der letzte, (aber) nicht der geringste, an letzter Stelle genannt, aber nicht im Wert oder in der Bedeutung am geringsten* [engl.]

Last|schrift ⟨f.10⟩ **1** *Buchung auf der Sollseite des Kontos;* Ggs. *Gutschrift* (1) **2** *Mitteilung darüber an den Kontoinhaber*

Last|tier ⟨n.1⟩ *Huftier, das zum Tragen von Lasten gehalten wird (bes. Esel, Maultier);* Syn. *Tragtier*

Last|ver|tei|ler ⟨m.5⟩ *bei der Strom-, Ferngas- und Trinkwasserversorgung Schaltzentrale zur Verteilung der Verbrauchslast auf mehrere Erzeuger*

Last|wa|gen ⟨m.7; kurz für⟩ *Lastkraftwagen*

Last|zug ⟨m.2⟩ *Lastkraftwagen mit Anhänger*

La|sur ⟨f.10⟩ *durchsichtige Lack- oder Farbschicht* [< mlat. *lazurium* "himmelblau"; vgl. *Lapislazuli* und *Azur*]

La|sur|far|be ⟨f.11⟩ *durchsichtige Farbe*

La|sur|stein ⟨m.1⟩ → *Lapislazuli*

las|ziv ⟨Adj.⟩ *Geschlechtliches lüstern andeutend, zweideutig;* ~es Bild; ~e Bemerkung [< lat. *lascivus* "mutwillig, ausgelassen, frech, zügellos, geil", vielleicht zu Sanskrit *las-* "spielen"]

Las|zi|vi|tät ⟨f.10⟩ **1** ⟨nur Sg.⟩ *laszive Beschaffenheit* **2** *laszive Bemerkung*

Lä|ta|re ⟨o.Art.⟩ *dritter Sonntag vor Ostern;* an, zu L. [lat., "freue dich"]

La|tein ⟨n., -s, nur Sg.⟩ *lateinische Sprache;* mit seinem L. am Ende sein ⟨ugs.⟩ *nicht mehr weiter wissen*

La|tein|ame|ri|ka|ner ⟨m.5⟩ *spanisch oder portugiesisch sprechender Bewohner Mittel- und Südamerikas;* vgl. *Romane*

lateinamerikanisch ⟨Adj., o.Steig.⟩ *die Lateinamerikaner betreffend, zu ihnen gehörig, von ihnen stammend*

Lateiner ⟨m.5⟩ *jmd., der Latein kann*

lateinisch ⟨Adj., o.Steig.⟩ ~*e Sprache Sprache des indogermanischen Volksstammes der Latiner, dann des Römischen Reiches, später der kath. Kirche;* ~ *Schrift moderne, rundbogige Schreibschrift, aus der karolingischen Minuskel entstandene Druckschrift, Antiqua*

Lateinisch ⟨n., -(s), nur Sg.⟩ *Sprache der alten Römer, urspr. der Latiner, Grundlage der romanischen Sprachen*

Lateinschule ⟨f.11; früher⟩ *Schule mit Latein als Hauptunterrichtsfach*

Lateinsegel ⟨n.5⟩ *dreieckiges Segel an schräger Rah* [*wurde früher bes. von Schiffen des Mittelmeeres benutzt*]

La-Tène-Kultur ⟨[latɛn-] f., -, nur Sg.⟩ *keltische Kultur der La-Tène-Zeit*

La-Tène-Zeit ⟨f., -, nur Sg.⟩ *zweite Stufe der mitteleuropäischen Eisenzeit* [*nach dem Fundort La Tène in der Schweiz*]

latent ⟨Adj.⟩ *vorhanden, aber nicht in Erscheinung tretend, verborgen; eine* ~*e Gefahr;* ~*e Kräfte; die Krankheit ist immer noch l. vorhanden* [< lat. *latens*, Gen. -*entis*, „verborgen, unsichtbar", zu *latere* „verborgen sein"]

Latenz ⟨f., -, nur Sg.⟩ **1** *Verborgenheit* **2** ⟨kurz für⟩ *Latenzzeit*

Latenzperiode ⟨f.11⟩ **1** →*Diapause* **2** *relativ ruhige, stetige Entwicklung des Kindes etwa vom sechsten bis zum zehnten Lebensjahr*

Latenzzeit ⟨f.10⟩ **1** →*Inkubationszeit* **2** *Zeitraum zwischen Reiz (eines Nervs) und Reaktion (des Muskels)*

lateral ⟨Adj., o.Steig.⟩ **1** *seitlich, von der Seite* **2** *von der Mittellinie eines Organs abgewandt* [< lat. *lateralis* „an der Seite", zu *latus*, Gen. *lateris*, „Seite"]

Lateralität ⟨f., -, nur Sg.⟩ *Vorherrschen der Eigenschaften der Körperhälfte (bes. Rechts- oder Linkshändigkeit)* [zu *lateral*]

Lateran ⟨m., -s, nur Sg.⟩ *der päpstliche Palast in Rom außerhalb des Vatikanstadt* [*nach der Familie Laterani, der früheren Eigentümerin des Palastes*]

Laterankonzil ⟨n., -s, -e oder -li⟩*en⟩ *im Lateran abgehaltenes Konzil*

Laterit ⟨m.1; in den Tropen und Subtropen⟩ *roter Verwitterungsboden* [< lat. *later* „Ziegel"]

Laterna magica ⟨f., -, -nae [-nɛ:] -cae [-kɛ:]⟩ *erster Projektionsapparat für Glasdiapositive* [lat., „Zauberlaterne"]

Laterne ⟨f.11⟩ **1** *durch Gehäuse aus Glas oder Papier geschützte Lichtquelle* **2** ⟨Baukunst⟩ *Türmchen mit Fenstern auf der Scheitelöffnung einer Kuppel oder als Zwischenglied unter einem Zwiebelturm* [< lat. *laterna, lanterna* „Laterne", < griech. *lampter* „Leuchter, Leuchte"]

Latex ⟨m., -, nur Sg.⟩ *Milchsaft mancher tropischer Pflanzen, aus dem Kautschuk hergestellt wird* [< lat. *latex* „Flüssigkeit", bildlich auch „Wein, Öl", < griech. *latax* „Neige" *des Weins*, „Tropfen" *Wein*"]

Latifundium ⟨n., -s, -dien, meist Pl.⟩ **1** ⟨im alten Rom⟩ *großes, von Sklaven bewirtschaftetes Landgut* **2** ⟨später⟩ *von Pächtern bewirtschaftetes Land- oder Waldbesitz* [lat. *latifundium* „großes Landgut", < *latus* „breit, sich weit erstreckend" und *fundus* „Grund und Boden, Grundstück"]

Latiner ⟨m.5⟩ *Angehöriger eines indogermanischen Volksstammes der Frühzeit in der Landschaft Latium*

latinisieren ⟨V.3, hat latinisiert; mit Akk.⟩ *den lateinischen Sprachformen angleichen; einen Namen l.*

Latinismus ⟨m., -, -men⟩ *in eine andere Sprache übernommene lateinische Spracheigentümlichkeit*

Latinistik ⟨f., -, nur Sg.⟩ *Wissenschaft von der lateinischen Sprache und Literatur*

Latinität ⟨f., -, nur Sg.⟩ **1** *mustergültige lateinische Ausdrucksweise* **2** *auf lateinischer (= römischer) Herkunft beruhende Eigenart*

Latinum ⟨n., -s, nur Sg.⟩ *Prüfung im Lateinischen*

Latitüde ⟨f.11⟩ **1** *geographische Breite* **2** ⟨†⟩ *Weite, Spielraum* [< frz. *latitude* in ders. Bed., < lat. *latitudo* „Breite, Länge, Ausdehnung", zu *latus* „breit, sich weit erstreckend"]

...latrie ⟨in Zus.⟩ *kultische Verehrung, z.B. Idolatrie* [< griech. *latreia* „Dienst, Gottesdienst", zu *latreuein* („um Lohn) dienen", zu *latris* „Knecht, Diener"]

Latrine ⟨f.11⟩ **1** *Abort, Senkgrube* **2** ⟨Soldatenspr.; kurz für⟩ *Latrinenparole* [< lat. *latrina* (eigtl. *lavatrina*) „Abort" und *latrinum* (eigtl. *lavatrinum*) „Bad", zu *lavare* „waschen, benetzen"]

Latrinenparole ⟨f.11; Soldatenspr.⟩ *Gerücht*

Latsch ⟨m.12; ugs.⟩ *Hausschuh, alter Schuh; aus den ~en kippen* ⟨ugs.⟩ *die Beherrschung verlieren*

Latsche, Latschenkiefer ⟨f.11⟩ *Gebirgskiefer mit niedrigem Wuchs; Syn. Legföhre* [< tschech. *kleč* „Zwergkiefer, Legföhre", dazu slowen. *klek* „verkrümmter Trieb oder Baum"]

latschen ⟨V.1, ist gelatscht; o.Obj.; ugs.⟩ **1** *schlurfend, nachlässig gehen* **2** ⟨salopp⟩

latschig ⟨Adj.; ugs.⟩ *schlurfend, achtlos;* ~*er Gang*

Latte ⟨f.11⟩ **1** *schwaches Vierkantholz (für Verschläge, Zäune u.a.); eine lange L.* ⟨ugs., scherzh.⟩ *ein großgewachsener Mensch* **2** ⟨Sport⟩ **a** ⟨Fußball⟩ *die Breite des Tores* **b** *versuchter Torschuß, der am Tor abprallt; nur L.!* **c** ⟨Hochsprung⟩ *bewegliche Querstange, über die gesprungen wird; die L. liegt auf 2,30 m* **3** ⟨ugs.⟩ *Menge; eine ganze L. von Vorschlägen, Vorstrafen*

Lattenrost ⟨m.1⟩ *Unterbau aus parallel angeordneten Latten (für Matratzen, als Fußbodenbelag in öffentlichen Bädern)*

Lattich ⟨m.1⟩ *(meist krautig mit Blattrosette wachsender) Korbblütler mit milchigem Saft* [< lat. *lactuca*, zu *lac* „Milch"]

Latüchte ⟨f.11; norddt., scherzh.⟩ *Laterne, Lampe* [*Kreuzung* < *Laterne und Leuchte*]

Latus ⟨m., -, -; †⟩ *innerhalb größerer Rechnungen der Gesamtbetrag einer Seite, der auf die nächste übertragen wird; Seitensumme*

Latwerge ⟨f.11⟩ **1** *in Breiform, mit Sirup oder Mus verrührt einzunehmende Arznei* **2** *Fruchtmus* [< ital. *elettuario, elettorario, lattuario,* „sirupartiges Arzneimittel", < mlat. *electarium, electuarium* in ders. Bed., vielleicht zu griech. *ekleigma* „Tablette, Bonbon", zu *ekleichein* „auslecken"]

Latz ⟨m.2, österr. auch m.1⟩ **1** ⟨an Kleid, Schürze, Hose⟩ *Bruststück; jmdm. eine vor den L. knallen* ⟨ugs.⟩ *jmdm. einen Hieb versetzen, jmdn. zurechtweisen* **2** ⟨an Trachtenhosen⟩ *herunterklappbares Vorderteil*

Lätzchen ⟨n.7⟩ *kleines Tuch, das Kindern beim Essen vorgebunden wird; Syn. ⟨österr.⟩ Barterl*

Latzhose ⟨f.11⟩ *Hose mit Latz (1) vor der Brust*

lau ⟨Adj.⟩ **1** *angenehm mild, etwas warm;* ~*e Luft; ein* ~ *Abend* **2** *unentschlossen, ohne eigene Meinung; l. sein* **3** *nicht warm und nicht kalt; der Kaffee ist (nur) l.* **4** *mäßig; die Nachfrage ist l.*

Laub ⟨n., -(e)s, nur Sg.⟩ **1** *Gesamtheit der Blätter (eines Laubholzes); das L. fällt von den Bäumen* **2** *abgefallene, trockene Blätter; L. zusammenrechen*

Laube[1] ⟨f.11⟩ **1** *Gartenhäuschen; und fertig ist die L.* ⟨ugs.⟩ *und schon ist die Sache erledigt* **2** *von Kletterpflanzen überdachter Sitzplatz* **3** *gewölbter Vorbau (am Erdgeschoß eines Hauses)*

Laube[2] ⟨f.11⟩ →*Ukelei*

Laubengang ⟨m.2⟩ *überwölbter, aus Lauben*[1] *(3) bestehender Gang, Bogengang*

Laubenkolonie ⟨f.11⟩ *Kolonie von Lauben*[1] *(1) mit kleinen Gärten*

Laubfall ⟨m., -(e)s, nur Sg.⟩ *das Abfallen der Blätter von Laubhölzern (im Herbst)*

Laubfrosch ⟨m.2⟩ *kleiner, hellgrüner Froschlurch* [*er hält sich überwiegend im Gebüsch auf*]

Laubholz ⟨n.4⟩ *Blätter tragender Baum oder Strauch*

Laubhüttenfest ⟨n.1⟩ *mehrtägiges jüdisches Erntedankfest mit dem Brauch, zur Erinnerung an den Schutz Gottes beim Marsch durch die Wüste Laubhütten zu bauen und darin zu wohnen*

Laubsäge ⟨f.11⟩ *kleine Säge mit feinem Sägeblatt, das in einen Bügel gespannt wird, mit der durchbrochene Formen ausgesägt werden können*

Laubwald ⟨m.4⟩ *Wald aus Laubhölzern*

Laubwerk ⟨n.1⟩ **1** *Gesamtheit des Laubes (eines Waldes, Baumes)* **2** ⟨Baukunst.⟩ *laubähnliche Verzierung*

Lauch ⟨m.1⟩ **1** ⟨i.w.S.⟩ *als Zwiebelstrauch wachsendes Liliengewächs mit kugeligen Blütenständen (und röhrenförmigen Blättern); Knob*~, *Schnitt*~ **2** ⟨i.e.S.⟩ *Gewürz- und Gemüsepflanze, von der man im allgemeinen nur die Stengel bis zum Ansatz der grünen Blatteile verwendet; Syn. Porree*

laudabel ⟨Adj.; †⟩ *lobenswert, löblich*

Laudanum ⟨n.⟩ *schmerzstillendes Mittel (z.B. Opium)* [< lat. *ladanum, ledanum* „Harz des Strauches Leda = kretische Zistrose"]

Laudatio ⟨f., -, *tio*⟩nes⟩, **Laudation** ⟨f.10⟩ *Lobrede (auf Preisträger oder Tote); die L. (auf jmdn.) halten* [lat. *laudatio* „Lobrede", zu *laudare* „loben", zu *laus*, Gen. *laudis*, „Lob"]

Laudator ⟨m.13; †⟩ *jmd., der eine Laudatio hält, Lobredner*

Laudemium ⟨n., -s, -mien; früher⟩ *Abgabe an den Lehnsherrn, Lehnsgeld*

Laudes ⟨Pl.⟩ *Lobpreisungen innerhalb der kath. Stundengebete*

Laue ⟨f., -, -n oder **Lauenen**⟩, **Lauene** ⟨f.11; schweiz.⟩ →*Lawine*

Lauer[1] ⟨f., -, nur Sg.⟩ *das Lauern, sehnsüchtiges Warten, Versteck, Hinterhalt;* ⟨nur in den Wendungen⟩ *auf der L. liegen versteckt auf jmdn. warten (um ihn zu überfallen), sehnsüchtig auf jmdn. warten; der Hund liegt schon auf der L., weil er mit spazierengehen möchte* **2** *sich auf die L. legen sich in ein Versteck, sich an eine Stelle begeben und warten (um jmdn. zu überfallen)*

Lauer[2] ⟨m.5⟩ *aus Trestern gewonnener Wein* [< lat. *lora* in ders. Bed.]

lauern ⟨V.1, hat gelauert; o.Obj.⟩ **1** *im Hinterhalt, versteckt warten (um jmdn. zu überfallen); in dieser Gegend l. überall Straßenräuber; hier l. mancherlei Gefahren* ⟨übertr.⟩ **2** *sehnsüchtig, ungeduldig, gespannt warten; ich lauere schon seit einer Stunde; auf jmdn. l.* **2** *angespannt auf ein Geräusch warten; der Hund lauert auf den Schritt seines heimkehrenden Herrn*

Lauf ⟨m.2⟩ **1** *das Laufen, Fortbewegung; der L. der Gestirne; im L.; sich in L. setzen beginnen zu laufen* **2** ⟨Sport⟩ *Durchführung eines Wettbewerbs; der erste L. der Formel I* **3** ⟨nur Sg.⟩ *Gang, Bewegung (einer Maschine); ein ruhiger, leiser L.* **4** ⟨nur Sg.⟩ *Verlauf, Entwicklung; der L. der Dinge; im L. der Zeit; den Dingen ihren L. lassen sich abwartend verhalten; einer Sache ihren (freien)*

Laufachse

L. lassen sie nicht behindern, nicht hemmen, eine Sache sich entwickeln lassen **5** ⟨nur Sg.⟩ *Verlauf in einer Richtung;* der L. der Straße; der obere L. der Donau **6** ⟨Mus.⟩ *schnelle, ununterbrochene Tonfolge;* Läufe üben; perlende Läufe **7** ⟨bei Schußwaffen⟩ *Rohr;* eine Patrone in den L. schieben **8** ⟨bei Hund und Haarwild, außer Dachs, Marder, Bär⟩ *Bein und Fuß* **9** ⟨bei Vögeln⟩ *untereinander und mit einem Teil der Fußwurzelknochen verschmolzene Mittelfußknochen*

Lauf|ach|se ⟨f.11; bei Schienenfahrzeugen⟩ *nicht angetriebene Radachse*

Lauf|bahn ⟨f.10⟩ *Werdegang, Vorwärtskommen im Beruf;* eine glänzende L. vor sich haben; die politische L. einschlagen

Lauf|bur|sche ⟨m.11; veraltend⟩ *junger Mann, der Botengänge erledigt*

lau|fen ⟨V.76⟩ **I** ⟨o.Obj.; ist gelaufen⟩ **1** *sich in schneller Gangart fortbewegen (so daß während kurzer Zeit beide Füße sich in der Luft befinden);* er lief, so schnell er konnte, er mußte l., um noch rechtzeitig zu kommen **2** *sich auf den Füßen fortbewegen;* das Kind läuft schon, kann schon, kann noch nicht l.; eine Katze lief über den Weg **3** *zu Fuß gehen;* wir sind gelaufen, nicht gefahren; man läuft bis dorthin zwei Stunden; ich laufe jeden Tag im Büro **4** ⟨Sport⟩ *sich als Läufer (an einem Wettbewerb) beteiligen;* sie wird bei den nächsten Olympischen Spielen wieder l.; er läßt in dem Rennen zwei seiner Pferde l. **5** *ständig oder eifrig gehen, etwas oder jmdn. aufsuchen;* sie läuft jeden Sonntag in die Kirche; deshalb brauche ich noch nicht gleich zum Arzt, zum Anwalt zu l. **6** *sich entfernen, weggehen;* lauf!; laß ihn doch l.! halt ihn doch nicht zurück! **7** *sich bewegen, fließen;* der Schweiß lief ihm von der Stirn; ein Murmeln lief durch die Menge ⟨übertr.⟩; das läuft allmählich ins Geld ⟨übertr.⟩ *das wird allmählich teuer* **8** *führen, verlaufen;* die Linien l. parallel; der Weg läuft bis zum Fluß **9** *Flüssigkeit absondern, tropfen;* deine Nase läuft; der Wasserhahn läuft **10** *in Gang sein;* die Maschine läuft; der Film läuft schon **11** *vonstatten gehen, verlaufen;* die Angelegenheit läuft; alles läuft wie geplant; die Sache ist gelaufen ⟨übertr.⟩ *die Sache ist vorbei, ist erledigt* **12** *gezeigt werden;* zur Zeit läuft hier ein Film, im Theaterstück von, mit XY bearbeitet werden; Ihr Antrag läuft **14** *gültig sein, gelten;* unser Abonnement läuft bis März **II** ⟨refl.; hat gelaufen⟩ **1** *sich l. durch Laufen (1,2,10) in einen bestimmten Zustand kommen;* die Kinder haben sich müde, hungrig gelaufen; der Motor hat sich heiß gelaufen **2** ⟨unpersönl.; es läuft sich ...⟩ *man kann laufen;* in diesen Schuhen läuft es sich gut; auf diesem Weg läuft es sich schlecht **III** ⟨mit Dat. und Akk.; hat gelaufen⟩ *sich etwas l. sich durch Laufen (1,2) etwas zuziehen;* ich habe mir Blasen gelaufen **IV** ⟨mit Akk.⟩ **1** ⟨*mit Laufen (4) erzielen;* einen Rekord l. **2** ⟨ist gelaufen⟩ *fahren;* Rollschuh, Schlittschuh l.

lau|fend ⟨Adj., o.Steig.; nur als Attr. und Adv.⟩ **1** *regelmäßig wiederkehrend, dauernd, ständig;* die ~en Arbeiten; die ~en Ausgaben; ~es Band ⟨übertr.; Fließband⟩; am ~en Band ⟨übertr.⟩ *ständig, immerzu;* jmdn. auf dem ~en halten *jmdn. regelmäßig benachrichtigen, informieren* **2** *in einer Reihe;* ~e Nummer; ~es Meter ⟨Abk.: lfm., lfd. m.⟩ *Maß für Meterware;* das ~e Meter kostet 10 DM

Läu|fer ⟨m.5⟩ **1** *jmd., der das Laufen als sportliche Disziplin betreibt* (Lang~, Schi~, Wett~) **2** *Schachfigur;* einen L. verlieren **3** *Mauerstein, in der Wand mit der langen Seite parallel zur Mauerfläche liegt* **4** *mit einer Welle verbundener, umlaufender Teil einer Maschine* **5** *Farbreiber in der Druckmaschine* **6** *schmaler Teppich (in Gängen oder auf Treppen)* **7** *junges Schwein, das nicht mehr gesäugt wird*

Lau|fe|rei ⟨f.10; ugs.⟩ *zahlreiche, unangenehme Gänge;* viel L., viele ~en haben

Lauf|feu|er ⟨n.5⟩ *sich ausbreitendes Bodenfeuer;* die Nachricht verbreitete sich wie ein L. *rasend schnell*

Lauf|flä|che ⟨f.11⟩ *Fläche (des Rades oder Reifens, des Schis o.ä.), die auf der Fahrbahn oder einer anderen Fläche bewegt wird*

Lauf|ge|wicht ⟨n.1; bei Laufgewichtswaagen⟩ *verschiebbares Gewicht*

Lauf|ge|wichts|waa|ge ⟨f.11⟩ *ungleicharmige Hebelwaage mit Laufgewicht*

Lauf|git|ter ⟨n.5⟩ → *Laufstall*

Lauf|gra|ben ⟨m.8; im Stellungskampf⟩ *schmaler, winklig geführter Graben*

läu|fig ⟨Adj., o.Steig.; bei Hündinnen⟩ → *brünstig*

Läu|fig|keit ⟨f., -, nur Sg.; bei Hündinnen⟩ → *Brunst (2)*

Lauf|jun|ge ⟨m.11⟩ *Junge, der Botengänge erledigt*

Lauf|kä|fer ⟨m.5⟩ *(metallisch glänzender) meist räuberischer Käfer mit flachem Körper und kräftigen Beinen* (Gold~, Leder~)

Lauf|kat|ze ⟨f.11⟩ *Fahrwerk auf Schienen mit Vorrichtung zum Heben und Befördern von Lasten*

Lauf|kund|schaft ⟨f., -, nur Sg.⟩ *nicht regelmäßig (in einem Geschäft) kaufende Kundschaft;* Ggs. *Stammkundschaft*

Lauf|ma|sche ⟨f.11; bei Strick- und Wirkwaren⟩ *Masche (1), die sich gelöst hat und abwärts gleitet*

Lauf|me|ter ⟨n.5; schweiz.⟩ *laufendes Meter*

Lauf|paß ⟨m.2⟩ **1** ⟨urspr.⟩ *Entlassungsschein* **2** ⟨heute nur noch in der Wendung⟩ jmdm. den L. geben *jmdn. wegschicken, die Beziehung zu ihm lösen*

Lauf|rad ⟨n.4⟩ *Rad ohne Antrieb*

Lauf|rich|tung ⟨f.10⟩ **1** *Richtung, in die jmd. oder etwas läuft* **2** ⟨Papierherstellung⟩ *Richtung, in der der Faserbrei in der Maschine bewegt wird und in der sich die Fasern der Länge nach ausrichten*

Lauf|rol|le ⟨f.11⟩ *kleines Laufrad*

Lauf|schritt ⟨m., -(e)s, nur Sg.⟩ *Gangart des Laufens, des leicht springenden Gehens;* im L.; sich in L. setzen

Lauf|stall ⟨m.2⟩ *zaunartiges, quadratisches Gestell, innerhalb dessen kleine Kinder herumlaufen und spielen können;* Syn. *Laufgitter*

Lauf|steg ⟨m.1⟩ *schmaler, erhöhter Steg, auf dem Mannequins Kleidung vorführen*

Lauf|vo|gel ⟨m.6⟩ *bodenbewohnender Vogel, der schnell laufen, aber nicht fliegen kann (z.B. Kiwi, Strauß)*

Lauf|werk ⟨n.1⟩ **1** *dem Antrieb dienender Teil eines Mechanismus* **2** ⟨bei Uhren⟩ *Gesamtheit der Räder*

Lauf|zeit ⟨f.10⟩ **1** *Zeitraum von der Ausstellung eines Darlehens, Wechsels o.ä. bis zu dem Tag, an dem es zurückgezahlt werden muß* **2** *Gültigkeitsdauer;* die L. eines Gesetzes, Vertrags **3** ⟨Sport⟩ *Zeit, die jmd. benötigt, um eine bestimmte Strecke zu durchlaufen* **4** *Zeitraum, in dem ein Film, Theaterstück o.ä. gezeigt wird*

Lauf|zet|tel ⟨m.5⟩ **1** *Rundschreiben* **2** *Empfangsbestätigung* **3** *Zettel, auf dem jmdm. bei einem Rundgang durch ein Werk o.ä. durch Unterschrift bestätigt wird, welche Abteilungen er besucht hat* **4** *Zettel an einem Werkstück, auf dem jeder durchgeführte Arbeitsgang eingetragen wird*

Lau|ge ⟨f.11⟩ **1** ⟨i.w.S.⟩ *Lösung (der verschiedensten Stoffe; Seifen~)* **2** ⟨i.e.S.⟩ *wäßrige Lösung von Alkalien*

Lau|gen|bre|zel ⟨f.11⟩ *Brezel, die vor dem Backen in Natronlauge getaucht wurde*

Laum ⟨m., -(e)s, nur Sg.; alemann.⟩ *Wasserdampf*

Lau|ne ⟨f.11⟩ **1** *augenblickliche Gemütsstimmung;* gute, schlechte L. haben **2** *daraus entspringender Einfall;* das war nur so eine L.; aus einer L. heraus handeln **3** *wechselnde Gemütsstimmung;* seine ~n an jmdm. auslassen [< mhd. *lune* „Mond, Mondphase, Mondwechsel", danach übertr. „Veränderlichkeit, wechselnde Gemütsstimmung, wechselnde Neigung, Laune," < lat. *luna* „Mond"]

lau|nen|haft ⟨Adj.; nur als Attr. und mit „sein"⟩ *Launen ausgeliefert, schnell die Stimmung wechselnd;* ein ~er Mensch; er ist l.

Lau|nen|haf|tig|keit ⟨f., -, nur Sg.⟩

lau|nig ⟨Adj.⟩ *humorvoll-heiter, witzig;* eine ~e Rede

lau|nisch ⟨Adj.⟩ *häufig die Laune wechselnd, häufig schlechte Laune*

Lau|re|at ⟨m.10⟩ **1** ⟨†⟩ *mit dem Lorbeerkranz gekrönter Dichter;* vgl. *Poeta laureatus* **2** *mit einer Auszeichnung geehrter Künstler oder Wissenschaftler* [< lat. *laureatus* „mit Lorbeer bekränzt", zu *laurea* „Lorbeerkranz", zu *laurus* „Lorbeer"]

Laus ⟨f.2⟩ *kleines, blutsaugendes Insekt mit flachem, behaartem, flügellosem Körper* (Filz~, Kleider~, Kopf~); jmdm. eine L. in den Pelz setzen ⟨übertr.⟩ *jmdm. Ärger, Schwierigkeiten bereiten*

Laus ⟨m.10; ugs.⟩ *frecher kleiner Junge;* Syn. ⟨landsch.⟩ *Lauser*

Laus|bü|be|rei ⟨f.10⟩ *Streich eines Lausbuben*

lau|schen ⟨V.1, hat gelauscht⟩ **I** ⟨o.Obj.⟩ **1** *unbemerkt zuhören;* ich will nicht l.; er lauschte an der Tür **2** *sich bemühen, etwas zu hören;* er lauschte, ob sich schon Schritte näherten **II** ⟨mit Dat.⟩ *einer Sache oder jmdn. l. aufmerksam zuhören;* einem Gespräch, der Musik, jmds. Worten l.; die Kinder lauschten ihm gespannt

Lau|scher ⟨m.5⟩ **1** *jmd., der lauscht;* der L. an der Wand hört seine eigene Schand ⟨übertüml.⟩ *wer unbemerkt und neugierig zuhört, muß damit rechnen, daß er Nachteiliges über sich selbst hört;* ich will nicht den L. an der Wand spielen *ich will nicht unbemerkt zuhören* **2** ⟨beim Schalenwild außer Schwarzwild⟩ *äußeres Ohr, Ohrmuschel;* Syn. *Luser*

lau|schig ⟨Adj.⟩ *etwas versteckt gelegen und gemütlich;* ein ~es Plätzchen

Lau|se|ben|gel ⟨m.5⟩, **Lau|se|jun|ge** ⟨m.11⟩ *frecher kleiner Junge*

Lau|se|kerl ⟨m.1, auch m.9⟩ *frecher, nichtsnutziger Mensch*

Lau|se|kraut ⟨n.4⟩ *als Halbparasit lebender Rachenblütler mit gefiederten Blättern* [aus der Pflanze wurde früher ein Absud gegen Läuse hergestellt]

lau|sen ⟨V.1, hat gelaust; mit Akk.⟩ **1** *jmdn. oder etwas l. nach Läusen absuchen;* manche Tiere l. einander; er lauste dem Fell l. **2** *jmdn. l.* ⟨übertr.⟩ *jmdm. Geld abnehmen;* jmdn. beim Spiel l.

Lau|ser ⟨m.5; ugs., landsch.⟩ → *Lausbub*

lau|sig ⟨Adj.⟩ **1** *heikel, unangenehm;* eine ~e Angelegenheit **2** *wenig, unbedeutend;* für ein paar ~e Mark **3** ⟨als Adv.⟩ *sehr;* es ist l. kalt; l. viel Geld

laut¹ ⟨Adj.⟩ **1** *hörbar, kräftig (im Ton);* Ggs. *leise;* eine ~e Stimme; ein ~es Geräusch; ein l. und deutlich, ein ~es Wesen haben *viel und laut sprechen und etwas aufdringlich sein;* l. lesen *hörbar vorlesen;* etwas l. sagen; es wurde l., daß ... ⟨übertr.⟩ *es wurde bekannt;* es wurden Stimmen l. ⟨übertr.⟩ *man hörte die Ansicht* **2** *geräuschvoll, voller Lärm;* eine ~e Wohnung *eine hellhörige Wohnung* **3** *grell, aufdringlich;* ~e Farben

laut² ⟨Präp. mit Gen., bei alleinstehenden männlichen Substantiven fällt die Genitivendung häufig weg; Abk.: lt.⟩ *gemäß, entsprechend dem Wortlaut, nach;* l. amtlichen Beschlüssen; l. Vertrag hat er das Recht

Laut ⟨m.1⟩ **1** *kurzer Ton;* einen L. hören; keinen L. von sich geben; der Hund gibt L. *der Hund bellt, schlägt an* **2** *kleinste Einheit der menschlichen Sprache;* gutturaler L.; einen unartikulierten L. ausstoßen

Laut|ar|chiv ⟨n.1⟩ *Sammlung von Tonbändern und Schallplatten mit Texten in verschiedenen Mundarten und Sprachen (für wissenschaftliche Zwecke)*

laut|bar ⟨Adv.; *nur in der Fügung*⟩ l. werden *bekannt werden;* es ist l. geworden, daß ...

Lau|te ⟨f.11⟩ *ein Zupfinstrument* [< altfrz. *leut, lut* < span. *laúd* „Laute", < arab. *al-'ūd* „das Holz, die Laute"]

lau|ten ⟨V.2, hat gelautet; o.Obj.⟩ *einen Wortlaut, den folgenden Wortlaut haben;* die Stelle lautet anders...; der Text lautet wörtlich so: ...; die Antwort kann nur „Ja" l.

läu|ten ⟨V.2, hat geläutet; o.Obj.⟩ **1** *Klang von sich geben, tönen;* die Glocken l.; der Wecker läutet; ich habe etwas l. hören, daß ... ⟨übertr.⟩ *ich habe andeutungsweise gehört, habe sagen, erzählen hören.* **2** ⟨unpersönl., mit „es"⟩ es läutet *die Glocke, Klingel ertönt;* es läutet zum Gottesdienst; vgl. *klingeln* **3** *die Klingel, Glocke betätigen;* ich habe schon dreimal geläutet; an der Tür l.

Lau|te|nist ⟨m.10⟩ *Lautenspieler;* Syn. *Lautenschläger*

Lau|ten|schlä|ger ⟨m.5⟩ → *Lautenist*

lau|ter ⟨Adj.⟩ **1** *rein, klar, unvermischt;* die ~e Wahrheit sagen **2** *ehrlich, rechtschaffen;* ~e Absichten haben **3** ⟨o.Dekl.⟩ *nichts als, nur;* das sind l. Steine; er konnte vor l. Angst nicht sprechen

Lau|ter|keit ⟨f., -, nur Sg.⟩ *Ehrlichkeit, Aufrichtigkeit*

läu|tern ⟨V.1, hat geläutert; mit Akk.⟩ **1** *etwas l. klar machen, klären, von unerwünschten Bestandteilen befreien;* eine Flüssigkeit l. **2** *jmdn. l. reifer machen, zum Überwinden von Fehlern bringen;* das Unglück, das Leid, seine schwere Krankheit hat ihn geläutert

Läu|te|rung ⟨f., -, nur Sg.⟩

Läu|te|werk ⟨n.1⟩ *elektrische Signaleinrichtung zur Ankündigung von Eisenbahnzügen durch Läuten;* auch: *Läutwerk*

laut|hals ⟨Adv.⟩ *aus voller Kehle, laut;* l. schreien

lau|tie|ren ⟨V.3, hat lautiert; mit Akk.⟩ *Laut für Laut aussprechen;* Wörter, Silben l.

laut|lich ⟨Adj., o.Steig.⟩ *die Laute (2) betreffend, hinsichtlich der Laute;* beide Wörter sind l. gleich

laut|los ⟨Adj., o.Steig.⟩ *ohne Laut, ohne Geräusch* **Laut|lo|sig|keit** ⟨f., -, nur Sg.⟩

laut|ma|lend ⟨Adj.⟩ *durch Lautmalerei gebildet;* l. knistern, rascheln"sind ~e Wörter

Laut|ma|le|rei ⟨f.⟩ *Nachahmung von Naturlauten, Geräuschen u.ä. durch entsprechende sprachliche Laute,* z.B. hui, patsch, knistern; Syn. *Klangmalerei, Onomatopoesie, Onomatopöie*

Laut|schrift ⟨f.10⟩ *Schrift, die die einzelnen Laute einer Sprache wiedergibt, Buchstabenschrift;* vgl. *Bilderschrift, Silbenschrift*

Laut|spre|cher ⟨m.5⟩ *Vorrichtung zur Umwandlung niederfrequenter elektrischer Schwingungen in Schallschwingungen zur Wiedergabe von Sprache und Musik*

laut|stark ⟨Adj.⟩ *sehr laut;* l. protestieren

Lau|tung ⟨f.10⟩ **1** *Art des Aussprechens;* die L. des Schweizerischen **2** *Bildung eines Lautes*

Laut|ver|schie|bung ⟨f.10⟩ *gleichartige, gesetzmäßige Veränderung verwandter Laute*

Läut|werk ⟨n.1⟩ → *Läutewerk*

lau|warm ⟨Adj., o.Steig.⟩ *nicht warm und nicht kalt*

La|va ⟨f., -, -ven⟩ **1** *von Vulkanen ausgeworfene, glühende Schmelzmasse* **2** *das daraus entstandene Gestein* [< ital. *lava* < lat. *labes* „Einsturz, Herabfallen, Erdrutsch", zu *labi* „gleiten"]

La|va|bel ⟨m.5⟩ *waschbares, gekrepptes Seiden- oder Kunstseidengewebe* [< frz. *lavable* „waschbar", zu *laver* „waschen"]

La|va|bo ⟨[-va-] n.9⟩ **1** *Handwaschung des Priesters während der Messe* **2** *die dafür verwendeten Gefäße: Becken und Kanne* **3** ⟨schweiz.⟩ *Waschbecken* [< lat. *lavabo* „ich werde waschen", zu *lavare* „waschen"]

La|ven|del ⟨m.5⟩ *eine Heil- und Gewürzpflanze mit violettblauer Blüte* **II** ⟨m., -s, nur Sg.⟩ *aus deren Blüten gewonnenes ätherisches Öl, Parfüm* [< lat. *lavandula*, zu *lavandus* „zum Waschen gehörig", zu *lavare* „waschen"; Lavendelöl diente früher zum Parfümieren des Waschwassers]

la|vie|ren¹ ⟨[-vi-] V.3, hat laviert; o.Obj.⟩ **1** *gegen den Wind segeln, kreuzen* **2** ⟨übertr.⟩ *geschickt vorgehen, Schwierigkeiten geschickt umgehen;* hier muß man ein bißchen l. [< mndrl. *loeveeren* „gegen den Wind segeln", zu *loef* „Luv", also eigtl. „auf die Windseite kommen"]

la|vie|ren² ⟨[-vi-] V.3, hat laviert; mit Akk.⟩ **1** *mit wässerigem Pinsel verwischen (so daß die Farben ineinander übergehen);* die Konturen einer Zeichnung l. **2** *mit Wasserfarben ausmalen;* eine Zeichnung l. [< frz. *laver* < lat. *lavare* „waschen, befeuchten"]

lä|vo|gyr ⟨Adj., o.Steig.; Zeichen: l oder -⟩ *die Ebene des polarisierten Lichts nach links drehend;* Ggs. *dextrogyr* [< lat. *laevus* (< griech. *laios* „links") und griech. *gyros* „Kreis, Windung"]

La|voir [-voar], **La|vor** ⟨n.9; †⟩ *einfache Waschgelegenheit, Waschbecken* [< frz. *lavoir*, „Waschbecken"]

Lä|vu|lo|se ⟨f., -, nur Sg.⟩ → *Fruchtzucker* [< lat. *laevus* „links", weil die Substanz infolge ihrer optischen Aktivität die Ebene des polarisierten Lichts nach links dreht, und *...ose*]

La|wi|ne ⟨f.11⟩ **1** *herabstürzende Schnee- und Eismasse im Gebirge;* Syn. ⟨bayr.-österr.⟩ *Lahn, Lähne*, ⟨schweiz.⟩ *Laue, Lauene* **2** ⟨übertr.⟩ *rasch aufeinanderfolgende Menge von Ereignissen, Vorgängen, Dingen;* eine L. von Anfragen, Zuschriften, Protesten [< lat. *labina* „Erdrutsch", zu *labi* „gleiten"]

La|wi|nen|gal|le|rie ⟨f.11⟩ *Überdachung (einer Straße) als Schutz gegen Lawinen*

Lawn-Ten|nis ⟨['lɔn-] n., -, nur Sg.⟩ *auf dem Rasen gespieltes Tennis* [< engl. *lawn* „Rasen"]

Law|ren|ci|um ⟨[lb:-] n., -s, nur Sg.; Zeichen: Lr⟩ *künstlich hergestelltes, radioaktives Element* [nach dem amerik. Physiker Ernest Orlando *Lawrence*]

lax ⟨Adj.⟩ *schlaff, locker, lässig;* ~es Benehmen; ~e Disziplin [< lat. *laxus* „schlaff, locker, schlapp"]

La|xans ⟨n., -, -xan|tia [-tsja] oder -xan|zi|en⟩, **La|xa|tiv** ⟨n.1⟩, **La|xa|ti|vum** ⟨n., -, -va⟩ → *Abführmittel* [< lat. *laxativus* „lindernd", zu *laxare* „lösen"]

Lax|heit ⟨f., -, nur Sg.⟩ *laxe Beschaffenheit, laxes Benehmen*

la|xie|ren ⟨V.3, hat laxiert; o.Obj.⟩ *abführen, den Stuhlgang fördern* [< lat. *laxare* „lockern, lösen", zu *laxus* „locker"]

Lay|out ⟨[leiaut] n.9⟩ *Skizze, Entwurf für Text- und Bildgestaltung (eines Buches, einer Zeitschrift)* [engl. *lay-out* „Entwurf, Plan, Satzspiegel", < *to lay* „legen" und *out* „aus"]

Lay|ou|ter ⟨[leiautər] m.5⟩ *Graphiker, der Layouts herstellt*

La|za|rett ⟨n.1⟩ *Militärkrankenhaus* [< frz. *lazaret* „Krankenhaus für Kranke mit ansteckenden Krankheiten, früher bes. für Aussätzige", < lat. *lazzaretto* in ders. Bed., aus nach ital. *nazareto*, nach der Kirche *Santa Maria di Nazareth* bei Venedig, in der sich das erste Pestkrankenhaus befand; beeinflußt von *Lazarus*, dem Schutzheiligen der Kranken]

La|za|rist ⟨m.10⟩ *Angehöriger einer kath. Kongregation von Priestern der äußeren und inneren Mission*

La|za|rus ⟨m., -, -rus|se; ugs.⟩ *kranker, leidender, geplagter Mensch* [nach der Gestalt des *Lazarus* im NT]

La|ze|ra|ti|on ⟨f.10⟩ *Einriß, Zerreißung (von Gewebe, einer Körperöffnung)* [< lat. *laceratio*, Gen. *-onis*, „das Zerreißen", zu *lacer* „zerfetzt"]

la|ze|rie|ren ⟨V.3, hat lazeriert; o.Obj.⟩ *reißen, ein-, zerreißen* [< lat. *lacerare* „zerreißen", zu *lacer* „zerfetzt"]

La|zu|lith ⟨m.1⟩ *(weißbläuliches bis blaues) Mineral, Schmuckstein* [< mlat. *lazulum* < pers. *lāgward* „himmelblau, blauer Stein" und *...lith*]

lb ⟨Zeichen für⟩ *binärer Logarithmus* (→ *Logarithmus*)

lb. ⟨Abk. für⟩ *Pound* [< lat. *libra* „Pfund"]

l.c. ⟨Abk. für⟩ *loco citato*

ld., Ld. ⟨Abk. für⟩ *limited*

Lead ⟨[lid] n., -, nur Sg.; Jazz⟩ *Führungsstimme in einer Band* [< engl. *to lead* „führen"]

Lea|der ⟨[lidər] m.5⟩ **1** *Sportler, der während des Wettkampfes vor seinen Konkurrenten führt* **2** ⟨schweiz., österr.⟩ *führende Mannschaft in der Meisterschaftsrunde* [engl. „Führer"]

Lea|sing ⟨[li-] n., -s, nur Sg.⟩ *mietweises Überlassen von Investitionsgütern (z.B. Industrieanlagen), Kraftfahrzeugen u.a.* [< engl. *to lease* „pachten, mieten", *to lease out* „verpachten, vermieten"]

Le|be|hoch ⟨n.9⟩ *der Ruf „Er, sie lebe hoch!";* ein L. auf jmdn. ausbringen

Le|be|mann ⟨m.4⟩ *jmd., der ganz den sinnlichen Genüssen ergeben ist*

le|be|män|nisch ⟨Adj., o.Steig.⟩ *in der Art eines Lebemannes*

le|ben ⟨V.1, hat gelebt⟩ **I** ⟨o.Obj.⟩ **1** *am Leben sein, lebendig sein;* er lebt noch; er lebt nicht mehr; so wahr ich lebe! (Beteuerung); er soll l.! (Wunschformel bes. bei Trinksprüchen); er hat nicht mehr lang zu l. (weil er schwer krank ist); ~de Blumen (im Unterschied zu künstlichen Blumen); alle ~den Wesen, *das Inventar Vieh, Haustiere;* ~de Sprachen *Sprachen, die noch gesprochen werden;* Ggs. *tote Sprachen* **2** *ein (bestimmtes) Leben führen;* l. sei gesund, enthaltsam, bescheiden; mit jmdm. in Frieden, in Unfrieden l. **3** *seinen Lebensunterhalt bestreiten;* sie l. von seiner Rente; davon kann man nicht l., kann man gut l. **4** *wohnen;* sie l. in München, auf dem Land, in der Stadt; in dieser Stadt l. 100000 Menschen **5** *sich ernähren;* er lebt nur von Rohkost **6** *fortdauern, fortbestehen;* er lebt in seinen Kindern; er lebt in seinen Werken **II** ⟨mit Dat.⟩ *einer Sache oder jmdm. ganz widmen;* er lebt nur seiner Gesundheit, seinen Neigungen; er lebt ganz seiner Familie **III** ⟨mit Akk.; nur in der Wendung⟩ ein Leben l. *ein bestimmtes Leben führen;* er lebt ein einsames Leben; er lebt sein eigenes Leben *er gestaltet sein Leben nach eigenen Vorstellungen* **IV** ⟨refl., unpersönl., mit „es"⟩ es lebt sich *man kann leben;* es lebt sich gut in dieser Stadt; es lebt sich hier nicht schlecht

Le|ben ⟨n.7⟩ **1** *Daseinsform von Menschen, Tieren und Pflanzen;* L. und Tod; Frühling des ~s ⟨poet.⟩ *Jugend;* Herbst des L. ⟨poet.⟩ *Alter;* L. beschließen *sterben;* sein L. für jmdn. einsetzen *sich für jmdn. in Gefahr bringen;* sich des ~s freuen; an L. nicht sterben wollen; ums L. kommen *auf nicht natürliche Weise sterben;* sein L. lassen; seinem L. ein Ende machen, bereiten, sich das L. nehmen *Selbstmord begehen;* einem Kind das L. schenken ⟨geh.⟩ *ein Kind gebären;* jmdm. das L. schenken *jmdn. begnadigen;* sein L. teuer verkaufen *erbitterte Gegenwehr leisten;*

seines ~s nicht froh werden *vor Sorgen und Problemen nicht zur Ruhe kommen;* sein L. mit etwas zubringen; das ewige L.; am L. bleiben *nicht sterben;* es geht auf L. und Tod *es besteht Lebensgefahr;* aus dem L. scheiden ⟨geh.⟩ *sterben;* etwas für sein L. gern tun *etwas sehr gern tun;* etwas ins L. rufen *etwas gründen;* mit dem L. davonkommen *gerade noch überleben;* jmdm. nach dem L. trachten *jmdn. umbringen wollen;* wie das blühende L. aussehen *sehr gesund aussehen;* jmdn. vom L. zum Tode befördern *jmdn. töten;* zwischen L. und Tod *in Lebensgefahr* **2** *Dauer, Zeit des Daseins;* ein abenteuerliches, schönes L.; ein L. lang; der Sinn des ~s; das L. genießen; jmdm. das L. sauer machen ⟨ugs.⟩ *jmdm. ständig Schwierigkeiten bereiten;* sein L. fristen *seinen Unterhalt mühsam verdienen;* sich durchs L. schlagen *sich mühsam im Dasein behaupten;* sein L. verpfuschen *sein L. nicht sinnvoll gestalten;* aus seinem L. erzählen; fürs ganze L.; nie im L. ⟨ugs.⟩ *niemals* **3** *Lebensweise;* das L. eines Künstlers führen; das L. auf dem Lande; ein neues L. anfangen; sein L. ändern; das süße L. *Luxusleben* **4** *Lebensinhalt, Lebenssinn;* sein L. war die Musik **5** *Wirklichkeit;* aus dem L. gegriffen *wirklichkeitsnah* **6** *Ereignisse (in einem bestimmten Bereich);* das kulturelle L. in dieser Stadt; das soziale L.; im öffentlichen L. stehen **7** ⟨nur Sg.⟩ *Treiben, Geschäftigkeit;* ein reges L. herrschte auf den Straßen **8** ⟨nur Sg.⟩ *Lebenskraft, Energie;* er steckt voller L. **9** ⟨poet.⟩ *Mensch;* so viele junge L. wurden auf den Schlachtfeldern gemordet

le|bend|ge|bä|rend ⟨Adj., o.Steig.⟩ Syn. *vivipar* **1** lebende Junge zur Welt bringend (und nicht eierlegend) **2** als Same auskeimend und noch mit der Mutterpflanze verbunden

Le|bend|ge|wicht ⟨n.1⟩ *Gesamtgewicht des lebenden Tieres;* Ggs. *Schlachtgewicht*

le|ben|dig ⟨Adj.⟩ **1** ⟨o.Steig.⟩ *lebend;* ~e Tiere; bei ~em Leibe; die nehmen es von den Lebendigen ⟨ugs.⟩ *die verlangen zu hohe Preise* **2** *lebhaft, rege;* eine ~e Stadt; geistig l. sein **3** *ausdrucksvoll, anschaulich;* ein ~es Beispiel; l. berichten **4** *wirksam;* eine ~e Tradition

Le|ben|dig|keit ⟨f., -, nur Sg.⟩ *das Lebendigsein, Lebhaftigkeit, Anschaulichkeit;* seine L. steckte alle andern an; die L. einer Schilderung

Le|bens|abend ⟨m.1; geh.⟩ *letzter Abschnitt des Lebens, Alter;* seinen L. bei seinen Kindern verbringen

Le|bens|art ⟨f., -, nur Sg.⟩ **1** *kultivierte Umgangsformen* **2** *Kunst, sich das Leben mit kleinen Dingen schön zu gestalten*

Le|bens|baum ⟨m.2⟩ **1** *(strauch- oder baumförmiges) Nadelholz mit schuppenartigen Blättern;* Syn. *Thuja, Thuje* **2** ⟨Volkskunst, Religion⟩ *Baum als Sinnbild des Lebens*

Le|bens|elixier ⟨n.1⟩ **1** ⟨Alchimie⟩ *das Leben verlängerndes Mittel* **2** ⟨übertr.⟩ *etwas, das man ständig braucht, um sich wohlzufühlen;* ein kühles Bad als L.

Le|bens|erwartung ⟨f., -, nur Sg.⟩ *Alter, das ein Mensch wahrscheinlich erreichen wird;* eine L. von 70 Jahren

Le|bens|faden ⟨m.8⟩ *Lebenskraft;* jmdm. den L. abschneiden *jmdn. töten*

Le|bens|form ⟨f.10⟩ *Art zu leben;* das ist keine geeignete L. für mich; die richtige L. finden

Le|bens|gefährte ⟨m.11⟩ *Gefährte, mit dem jmd. in eheähnlicher Gemeinschaft zusammenlebt*

Le|bens|gefühl ⟨n., -(e)s, nur Sg.⟩ *Gefühl, wirklich zu leben;* etwas hebt das L.

Le|bens|geister ⟨Pl.; übertr.⟩ *Lebendigkeit, Munterkeit;* der Kaffee hat meine L. wieder geweckt

Le|bens|gemeinschaft ⟨f.10⟩ **1** *das Zusammenleben* **2** ⟨Biol.⟩ *Zusammenleben mehrerer Pflanzen- und Tierarten;* die L. Meer

Le|bens|groß ⟨Adj., o.Steig.⟩ *so groß wie in Wirklichkeit;* ein ~es Modell

Le|bens|größe ⟨f., -, nur Sg.⟩ *natürliche Größe;* ein Bild, Denkmal in L.

Le|bens|haltung ⟨f., -, nur Sg.⟩ **1** *Einstellung dem Leben gegenüber;* eine positive L. **2** *wirtschaftliche Gestaltung des Lebens;* eine großzügige L.

Le|bens|jahr ⟨n.1⟩ *Jahr des Lebens;* Syn. ⟨schweiz.⟩ *Altersjahr;* er steht, starb im 50. L.

le|bens|klug ⟨Adj.⟩ *das Leben kennend, erfahren* **Le|bens|klug|heit** ⟨f., -, nur Sg.⟩

Le|bens|künstler ⟨m.5⟩ *jmd., der sein Leben zu meistern versteht, der aus seinem Leben das Beste macht*

Le|bens|lage ⟨f.11⟩ *Lage, augenblickliche Verhältnisse in einer bestimmten Zeit des Lebens;* er befindet sich zur Zeit in einer ungünstigen L.; das hilft in allen ~n; er weiß sich in allen ~n zu helfen

Le|bens|länglich ⟨Adj., o.Steig.⟩ *das ganze weitere Leben dauernd, bis zum Tode;* eine ~e Freiheitsstrafe

Le|bens|lauf ⟨m.2⟩ **1** *Verlauf des Lebens (eines Menschen);* einen bewegten L. haben **2** *schriftliche Darstellung des beruflichen Lebens (für Bewerbungen);* seinen L. schreiben, einreichen, beilegen

Le|bens|licht ⟨n., -(e)s, nur Sg.; poet.⟩ **1** *Lebenskraft;* jmdm. das L. ausblasen *jmdn. töten* **2** *große Geburtstagskerze*

Le|bens|mittel ⟨n.5, meist Pl.⟩ *Stoff, der dazu dient, in unverändertem, zubereitetem oder verarbeitetem Zustand von Menschen verzehrt zu werden (z.B. Nahrungsmittel, Wasser);* Syn. † *Viktualien*

Le|bens|mittel|chemie ⟨[-çe-], süddt., österr. [-ke-] f., -, nur Sg.⟩ *Teilgebiet der Chemie, das sich mit der Zusammensetzung der Nahrungs- und Genußmittel befaßt*

Le|bens|mittel|ver|gif|tung ⟨f.10⟩ → *Nahrungsmittelvergiftung*

Le|bens|nerv ⟨m., -s, nur Sg.⟩ *zum Weiterleben, Fortbestehen unbedingt Notwendiges;* jmds. L. durchschneiden *ihm das zum Leben Notwendige nehmen*

Le|bens|philosophie ⟨f.11⟩ **1** *Philosophie, in deren Mittelpunkt das menschliche Leben steht* **2** *Art, das Leben zu betrachten*

Le|bens|rad ⟨n.4⟩ → *Stroboskop*

Le|bens|raum ⟨m.2⟩ **1** *Raum, Platz, den man zum Leben benötigt;* der L. eines Volkes; jmdm. den L. beschneiden **2** → *Biotop*

Le|bens|standard ⟨m., -(e)s, nur Sg.⟩ *wirtschaftlicher Aufwand für das tägliche Leben;* einen hohen, niedrigen L. haben

Le|bens|unterhalt ⟨m., -(e)s, nur Sg.⟩ *Gesamtheit dessen, was zum Leben notwendig ist (Nahrung, Kleidung usw.);* seinen L. verdienen

Le|bens|versicherung ⟨f.10⟩ *Versicherung, die nach einer bestimmten Laufzeit an den Versicherten oder im Falle seines Todes sofort an seine Erben ausgezahlt wird*

Le|bens|wandel ⟨m., -s, nur Sg.⟩ *Lebensführung, (sittliches) Verhalten;* ein untadeliger L.; einen lockeren, unmoralischen L. führen

Le|bens|zeichen ⟨n.7⟩ *Zeichen, daß jmd. noch lebt;* er gab keine, nur noch schwache L. von sich; jmdm. eine Ansichtskarte als L. schicken ⟨übertr.⟩

Le|ber ⟨f.11⟩ *großes, im Mittelpunkt des Stoffwechsels stehendes Drüsenorgan in der Bauchhöhle;* Syn. *Hepar;* frisch, frei von der L. weg reden ⟨ugs.⟩ *ohne Scheu, ohne Hemmungen reden;* ihm ist eine Laus über die L. gelaufen ⟨ugs.⟩ *er hat einen Groll, Kummer (den er nicht ausspricht)*

Le|ber|blümchen ⟨n.7⟩ *(im allgemeinen) tief violettblau blühendes Hahnenfußgewächs lichter Laubwälder [die Pflanze wird in der Volksheilkunde gegen Leberkoliken verwendet]*

Le|ber|egel ⟨m.5⟩ *ein in der Leber von Säugetieren schmarotzender Saugwurm*

Le|ber|entzündung ⟨f.10⟩ *durch Infektion entstehende Erkrankung der Leber;* Syn. *Hepatitis*

Le|ber|fleck ⟨m.1 oder m.12⟩ *(braun bis schwarz gefärbter) Hautbezirk mit vermehrtem Pigmentgehalt [nach der leberbraunen Färbung]*

Le|ber|käs ⟨m., -, nur Sg.; in Süddeutschland⟩ *Fleischpastete mit Eiern, Salz und Gewürzen*

Le|ber|knödel ⟨m.5⟩ *Knödel aus Leber, Semmeln und Gewürzen*

Le|ber|moos ⟨n.1⟩ *(meist laubähnlich wachsende) Moospflanze [im MA wurde eine Art gegen Leberleiden verwendet]*

Le|ber|schrump|fung ⟨f.10⟩ *Endstadium der Leberzirrhose*

Le|ber|tran ⟨m., -, -(e)s, nur Sg.⟩ *aus frischen Lebern von Dorschen gewonnenes, fischartig schmeckendes, dickliches, grauweißes Öl (als Stärkungsmittel)*

Le|ber|wert ⟨m.1⟩ *(bei der Prüfung der Funktionsfähigkeit der Leber ermittelter) Wert, der den Gesundheitszustand der Leber anzeigt;* wegen hoher ~e keinen Alkohol trinken dürfen

Le|ber|wurst ⟨f.2⟩ *streichfähige Kochwurst, die unter Verwendung von Muskelfleisch, Fett und Gewürzen aus Leber hergestellt wird (Kalbs~);* beleidigte L. ⟨übertr., ugs.⟩ *jmd., der nach einer kleinen Kränkung sehr beleidigt ist*

Le|ber|zir|rhose ⟨f.11⟩ *chronische Erkrankung der Leber mit fortschreitender Entzündung, Wucherung des Bindegewebes und Untergang von Zellen*

Le|be|welt ⟨f., -, nur Sg.⟩ *Gesamtheit der Menschen, die sich den sinnlichen Genüssen des Lebens ergeben sind*

Le|be|wesen ⟨n.7⟩ *gegen die Umwelt ganzheitlich abgegrenztes Zellsystem, das Stoffwechselvorgänge zeigt (Mensch, Tier, Pflanze)*

Le|be|wohl ⟨n., -s, nur Sg.⟩ *Gruß beim Abschied;* jmdm. L. sagen; jmdm. ein L. zurufen

leb|haft ⟨Adj.⟩ **1** *lebendig, voller Bewegung, voller Leben;* ~e Augen; ~e Kinder; ein ~es Wesen haben **2** *kräftig, stark;* ~er Beifall; ~e Farben; etwas l. bedauern *etwas aufrichtig, sehr bedauern* **3** *anregend;* ein ~es Gespräch **4** *deutlich, klar;* eine ~e Erinnerung an etwas haben **Leb|haf|tig|keit** ⟨f., -, nur Sg.⟩

Leb|ku|chen ⟨m.7⟩ *Gebäck aus Mehl, Honig, Fett, Mandeln, Nüssen, Gewürzen, Schokolade;* Syn. ⟨norddt.⟩ *Honigkuchen,* ⟨bayr.-österr.⟩ *Lebzelten, Pfefferkuchen;* Nürnberger L. [Erstbestandteil vielleicht zu *Laib*]

Leb|tag ⟨m.; bes. süddt., nur in der Wendung⟩ *mein, sein, ihr L. das ganze Leben;* das werde ich mein L. nicht vergessen

Leb|zei|ten ⟨Pl.⟩ *Zeit, in der jmd. lebt;* bei L.; zu L. meines Vaters

Leb|zel|ten ⟨m.7; bayr.-österr.⟩ → *Lebkuchen*

Leb|zel|ter ⟨m.5; früher⟩ *jmd., der berufsmäßig Lebzelten backt*

lech|zen ⟨V.1, hat gelechzt; mit Präp.obj.⟩ *nach etwas* **1** *heftig, gierig nach etwas verlangen;* nach Wasser, nach einer Erfrischung l.; die Erde lechzt nach Regen

Le|ci|thin ⟨n.1⟩ *in pflanzlichen und tierischen Zellen enthaltene, phosphorreiche Verbindung, Nervenstärkungsmittel;* auch: *Lezithin* [< griech. *lekithos* „Eigelb"]

leck ⟨Adj., o.Steig.⟩ *ein Leck aufweisend*

Leck ⟨n.1⟩ **1** *Loch, wasserdurchlässige, undichte Stelle (bes. im Boot, im Schiffsrumpf, im Tank)* **2** → *Leckage (2)*

Leck|a|ge ⟨-k|k-; [-ʒə] f.11⟩ **1** ⟨bei flüssigen Frachtgütern⟩ *Verlust durch Lecken¹ der Behälter oder Verdunsten* **2** ⟨Reaktortechnik⟩ *Prozentsatz der bei Kernspaltungen freigewordenen Neutronen, der aus dem Reaktor entweicht, ohne an einer Kettenreaktion beteiligt gewesen zu sein;* Syn. *Leck* [mit frz. Endung zu *Leck*]

Lecke ⟨-k|k-; f.11⟩ *Stelle, an der Salz zum Lecken für Wild oder Vieh ausgelegt ist*

lecken¹ ⟨-k|k-⟩ V.1, hat geleckt; o.Obj.⟩ *leck sein, ein Leck haben, undicht sein;* das Boot leckt; der Topf leckt

lecken² ⟨-k|k-⟩ V.1, hat geleckt⟩ **I** ⟨mit Akk.⟩ etwas l. **1** *die Zunge über etwas gleiten lassen;* der Hund leckte mir die Hand; leck mich am Arsch! ⟨vulg.⟩ *laß mich in Ruhe!, mach, was du willst!* **2** *mit der Zunge entfernen;* er leckte sich das Blut vom Finger; die Katze leckt den Jungen den Schmutz vom Fell **3** *mit der Zunge aufnehmen;* Wild leckt gern Salz; die Katze leckt die Milch aus der Schüssel **4** *mit der Zunge säubern;* der Hund leckt seine Wunden; Tiermütter l. ihre Jungen; die Katze leckt sich, leckt ihr Fell; hier sieht alles wie geleckt aus ⟨ugs.⟩ *hier sieht alles äußerst sauber und ordentlich aus* **II** ⟨mit Dat. (sich) und Akk. und Präp. obj., in der Wendung⟩ sich die Finger, die Lippen nach etwas l. *sehr gern, heftig etwas haben wollen* **III** ⟨o.Obj. oder mit Präp.obj.⟩ **1** *die Zunge (prüfend, kostend) über etwas gleiten lassen;* hier, leck mal!; an einem Eis l. **2** ⟨übertr.⟩ *um sich greifen;* die Flammen leckten an den Wänden

lecker ⟨-k|k-; Adj.⟩ **1** *wohlschmeckend;* ~e Speisen **2** *appetitlich, appetitanregend;* Speisen l. anrichten; das sieht l. aus **3** ⟨übertr.⟩ *anziehend, hübsch und jung und frisch;* ein ~es Mädchen

Lecker ⟨-k|k-; m.5; beim Schalenwild⟩ *Zunge*

Lecker|bis|sen ⟨-k|k-; m.7⟩ *etwas, das sehr gut schmeckt;* musikalischer L. ⟨übertr.⟩ *bes. reizvolles Musikstück*

Locke|rei ⟨-k|k-; f.10⟩ **1** ⟨nur Sg.; ugs.⟩ *ständiges Lecken* **2** *etwas wohlschmeckendes Süßes*

lecke|rig ⟨-k|k-; Adj.; ugs.⟩ *naschhaft;* auch: *leckrig*

Lecker|li ⟨-k|k-; n., -s, -li⟩ schweiz. *kleiner Lebkuchen;* Basler L.

Lecker|maul ⟨-k|k-; n.4; ugs.⟩ *jmd., der gerne Süßigkeiten ißt*

leck|rig ⟨Adj.⟩ →*leckerig*

Leck|sucht ⟨f., -, nur Sg.⟩ →*Darrsucht*

Le|der ⟨n.5⟩ **1** *gegerbte Haut von Tieren;* arbeiten, laufen, muß die L. hält so schnell, angestrengt arbeiten, laufen, wie man kann [nach dem *ledernen* Riemen der Zugtiere]; jmdm. die L. gerben *jmdn. verprügeln;* jmdm. ans L. gehen *jmdn. angreifen;* vom L. ziehen *seine Meinung nachdrücklich, eindeutig zum Ausdruck bringen* [eigtl. „von der Waffe Gebrauch machen"; nach der *ledernen* Scheide, aus der man früher das Schwert oder das Messer zog] **2** ⟨kurz für⟩ *Fensterleder* **3** *Fußball;* treten, treiben

Le|de|rer ⟨m.5; †⟩ →*Gerber*

Le|der|haut ⟨f.2; bei Mensch und Tier⟩ *Hautschicht unter der Oberhaut*

le|de|rig ⟨Adj.⟩ *wie Leder, zäh;* auch: *ledrig;* ~es Fleisch

le|dern ⟨V.1, hat geledert; mit Akk.⟩ **I** *mit einem Lederlappen polieren;* die Fensterscheiben l. **II** ⟨Adj., o.Steig.⟩ nur als Attr. und mit „sein"⟩ **1** *aus Leder;* ~er Lappen; ~e Hosen **2** ⟨übertr.⟩ *langweilig, trocken;* er schreibt einen ~en Stil

Le|der|rol ⟨n., -s, nur Sg.⟩ *gummiertes Baumwollgewebe für Regenmäntel*

Le|der|schnitt ⟨m.5⟩ *in Leder eingeschnittene Verzierung;* Bucheinband mit L.

le|dig ⟨Adj., o.Steig.⟩ **1** *nicht verheiratet;* eine ~e Frau **2** ⟨landsch.⟩ *leer, frei;* ein ~er Acker; einer Sache l. sein *von etwas befreit sein;* einer Verpflichtung, der Verantwortung l. sein

Le|dig|heim ⟨n.1⟩ *Wohnheim für Unverheiratete*

le|dig|lich ⟨Adv.⟩ *nur, bloß;* l. drei Personen

led|rig ⟨Adj.⟩ →*lederig*

Lee ⟨Seew.: f., -, Geogr.: n., -s, beides nur Sg.⟩ *dem Wind abgekehrte Seite (eines Schiffes, Berges, Gebirges);* Ggs. *Luv;* das Boot neigt sich nach L.; der Ort liegt im L. des Gebirges

leeg ⟨Adj., o.Steig.; nddt.⟩ **1** *falsch, schlecht* **2** *niedrig (Wasserstand)* **3** *leer, ohne Ladung*

leer ⟨Adj., Steig. nur ugs.⟩ **1** *nicht gefüllt, nichts enthaltend;* Ggs. *voll;* eine ~e Schachtel; die Kasse ist l. *es ist kein Geld mehr vorhanden;* l. ausgehen *(bei einer Verteilung) nichts bekommen;* der Motor läuft l. *der Motor bewegt nichts, arbeitet ohne Nutzen;* das Haus steht l. *das Haus ist unbewohnt;* auf ~en Magen *ohne etwas gegessen zu haben;* mit ~en Händen *dastehen nichts zu geben, zu schenken haben* **2** *ohne Menschen;* ~e Straßen; vor ~em Haus spielen *vor wenig Publikum* **3** ⟨übertr.⟩ *geistlos, ohne Inhalt;* ~er Blick; ~e Drohung *Drohung, die nicht wahr gemacht werden kann;* ~e Gerede *nichtssagendes, zu nichts verpflichtendes Gerede;* ein ~es Leben; ~e Stroh dreschen *alte und bekannte Dinge erzählen;* ~e Versprechungen *Versprechungen, die nicht eingehalten werden können;* sich l. fühlen

Lee|re ⟨f., -, nur Sg.⟩ **1** *das Leersein;* die L. des Saales; innere L. ⟨übertr.⟩ **2** *leerer Raum;* ins L. starren; alle Versuche gingen ins L. ⟨übertr.⟩ *alle Versuche blieben ohne Erfolg*

lee|ren ⟨V.1, hat geleert⟩ **I** ⟨mit Akk.⟩ **1** *leer machen; ein Gefäß l.;* der Briefkasten wird zweimal am Tag geleert; eine Flasche Wein l. *trinken;* den Teller l. *alles essen, was auf dem Teller ist* **2** *Früchte von den Sträuchern pflücken* **II** ⟨refl.⟩ sich l. *leer werden;* der Saal leerte sich *die Menschen verließen den Saal*

Leer|ge|wicht ⟨n.1⟩ *Gewicht ohne Ladung*

Leer|gut ⟨n.4⟩ *leere Behälter*

Leer|heit ⟨f., -, nur Sg.⟩ *Zustand der Leere*

Leer|ki|lo|me|ter ⟨m.5⟩ *vom Kraftfahrzeug ohne Ladung zurückgelegte Strecke (in Kilometern ausgedrückt);* Ggs. *Nutzkilometer*

Leer|lauf ⟨m.1⟩ **1** *Lauf (einer Maschine) ohne Arbeitsleistung* **2** ⟨übertr.⟩ *nutzlos verbrachte Arbeitszeit*

leer|lau|fen ⟨V.76, ist leergelaufen; o.Obj.⟩ *seinen Inhalt ausfließen lassen, ganz leer werden;* das Faß ist leergelaufen

Leer|lauf|strom ⟨m.2⟩ *Strom, der von einem elektrischen Gerät im Leerlauf aufgenommen wird*

leer|ste|hend ⟨Adj., o.Steig.⟩ *unbewohnt, unmöbliert;* ~e Wohnungen

Leer|ta|ste ⟨f.11⟩ *an der Schreibmaschine Taste für den Zwischenraum (zwischen den Wörtern)*

Lee|rung ⟨f.10⟩ *das Leeren (I,1);* bei der nächsten L. des Briefkastens

Lef|ze ⟨f.11; beim Raubwild, Rind, Pferd und Hund⟩ →*Lippe*

leg. ⟨Abk. für⟩ *legato*

le|gal ⟨Adj., o.Steig.⟩ *gesetzlich;* Ggs. *illegal* [< lat. *legalis* „gesetzlich", zu *lex*, Gen. *legis*, „Gesetz, Gebot"]

Le|ga|li|sa|ti|on ⟨f.10⟩ *Beglaubigung, amtliche Bestätigung* [zu *legal*]

le|ga|li|sie|ren ⟨V.3, hat legalisiert; mit Akk.⟩ *amtlich bestätigen, legal machen;* sie haben ihre Beziehung legalisiert ⟨ugs.⟩ *sie haben geheiratet*

Le|ga|lis|mus ⟨m., -, nur Sg.⟩ *starres Festhalten an Gesetzen, an Paragraphen*

Le|ga|li|tät ⟨f., -, nur Sg.⟩ *Gesetzlichkeit, Bindung an staatliches Recht und Gesetz;* Ggs. *Illegalität*

leg|as|then ⟨Adj., o.Steig.⟩ *an Legasthenie leidend*

Leg|as|the|nie ⟨f.11⟩ *Schwäche beim Erlernen des Lesens und Rechtschreibens bei sonst ausreichender Intelligenz* [< griech. *legein* „lesen" und *astheneia* „Schwäche", aus *a...* „nicht" und *sthenos* „Kraft"]

Leg|as|the|ni|ker ⟨m.5⟩ *jmd., der an Legasthenie leidet*

Le|gat **I** ⟨n.1⟩ *Vermächtnis, Zuwendung durch Testament* **II** ⟨m.10⟩ *altrömischer Gesandter, päpstlicher Gesandter für besondere Anlässe,* ⟨auch⟩ *Nuntius* [< lat. *legatum* „Vermächtnis", zu *legare* „eine gesetzliche Verfügung treffen", zu *lex*, Gen. *legis*, „Gesetz, Gebot"]

Le|ga|tar ⟨m.1⟩ *jmd., der ein Legat erhält*

Le|ga|ti|on ⟨f.10⟩ *Gesandtschaft*

Le|ga|ti|ons|rat ⟨m.2⟩ *höherer Beamter im auswärtigen Dienst*

le|ga|tis|si|mo ⟨Mus.⟩ *sehr legato*

le|ga|to ⟨Abk.: leg.; Mus.⟩ *gebunden* [ital., zu *legare* „binden, vereinigen"]

Le|ga|to ⟨n.9⟩ **1** *legato zu spielender Teil eines Musikstücks* **2** *gebundenes Spiel*

Le|ge|bat|te|rie ⟨f.11⟩ *klimatisierte, fensterlose Großraumhalle, in der Legehennen in Käfigen dicht neben- und übereinander gehalten werden*

Le|ge|boh|rer ⟨m.5; bei manchen Insekten⟩ *Organ zur Eiablage;* Syn. *Legeröhre, Legestachel*

Le|ge|hen|ne ⟨f.11⟩ *Henne im Hinblick darauf, wie viele Eier sie legt;* auch: *Leghenne;* Syn. *Leger;* dies ist eine gute, schlechte L.

Le|gel ⟨m.5⟩ *Ring zum beweglichen Festmachen eines Segels*

le|gen ⟨V.1, hat gelegt⟩ **I** ⟨mit Akk.⟩ **1** *in liegende Stellung bringen;* Weinflaschen l. (nicht stellen); Bauern l. ⟨übertr., im MA⟩ *Bauern ihr Land abkaufen oder wegnehmen (und ihnen damit ihre Lebensgrundlage entziehen);* den Gegner auf die Matte l. ⟨beim Ringen⟩ *den Gegner niederwerfen;* ein Kind ins Bett l. **2** *an einen Ort, an eine Stelle tun;* Rohre l.; Schlingen l. *(um Tiere zu fangen);* Feuer l. *absichtlich einen Brand entfachen;* einen Hund an die Kette l. *an der Kette befestigen;* ein Buch auf den Tisch l.; Wäsche in den Schrank l.; Nachdruck auf etwas l. ⟨übertr.⟩ *etwas als wichtig betrachten, darstellen, behandeln;* seinen Arm um jmdn. l. **3** *in eine Form bringen;* einen Stoff in Falten l.; Wäsche l. *Wäsche vor dem Bügeln befeuchten und zusammenfalten oder -rollen* **4** *hervorbringen;* Eier l.; das Huhn legt gut, schlecht (erg.: Eier) **II** ⟨refl.⟩ sich l. **1** *sich ins Bett begeben* **2** *sich niederlegen;* leg dich! ⟨Befehl an den Hund⟩

Le|gen|da au|rea ⟨f., - -, nur Sg.⟩ *lateinische Sammlung von Heiligenlegenden des Jacobus a Voragine um 1270*

Le|gen|dar ⟨n.1⟩ *Sammlung von Heiligenlegenden;* auch: *Legendarium*

le|gen|där ⟨Adj., o.Steig.⟩ **1** *legenden-, sagenhaft;* ein ~es Volk **2** ⟨übertr.⟩ *unwahrscheinlich,* ~e Ereignisse

Le|gen|da|ri|um ⟨n., -s, -ri|en⟩ →*Legendar*

Le|gen|de ⟨f.11⟩ **1** *Heiligenerzählung* **2** *weit zurückliegendes, nicht mehr nachweisbares historisches Ereignis* **3** *erläuternder Text (zu Abbildungen, Landkarten)* **4** *Inschrift (auf Münzen, Siegeln)* [< mlat. *legenda* „Heiligenerzählung", eigtl. „zu lesende (Stücke)", zu lat. *legere* „lesen"]

le|ger ⟨[-ʒɛr] Adj.⟩ *ungezwungen, lässig, bequem;* ~e Kleidung; es geht dort sehr l. zu; sich l. benehmen [< frz. *léger* „leicht, flink, gewandt, anmutig; ungezwungen", über Zwischenformen wie *leghuis*, *levarius* < lat. *levis* „leicht"]

Le|ger ⟨m.5⟩ → *Legehenne*
Le|ge|röh|re ⟨f.11⟩ → *Legebohrer*
Le|ges ⟨[-ge:s] Pl.von⟩ → *Lex*
Le|ge|sta|chel ⟨m.5⟩ → *Legebohrer*
Leg|föh|re ⟨f.11⟩ → *Latsche*
Leg|hen|ne ⟨f.11⟩ → *Legehenne*
Leg|horn ⟨n.9, ugs. auch n.4⟩ *einfarbig weiße Hühnerrasse mit hoher Legeleistung* [< engl. *Leghorn*, dem engl. Namen für die ital. Stadt *Livorno*, dem ehemaligen Ausfuhrhafen]
le|gie|ren ⟨V.3, hat legiert; mit Akk.⟩ **1** *schmelzen und mischen;* Metalle l. **2** *mit Mehl und Ei binden, geschmeidig und dick machen;* eine Soße l.; legierte Suppe [< ital. *legare,* ältere Form: *ligare,* < lat. *ligare* „binden, vereinigen"]
Le|gie|rung ⟨f.10⟩ **1** ⟨nur Sg.⟩ *das Legieren* **2** *durch Schmelzen und Mischen mehrerer Metalle entstandenes Mischmetall*
Le|gi|on ⟨f.10⟩ **1** *altrömische Truppeneinheit* **2** ⟨heute⟩ *Freiwilligen-, Söldnertruppe* **3** ⟨übertr.⟩ *sehr große Menge, riesige Anzahl;* ihre Namen, die Namen derer, die sich dafür eingesetzt haben, sind L. *sind unzählig;* die von ihm bespielten Schallplatten sind L. *er hat unzählige Schallplatten bespielt* [< lat. *legio,* Gen. *-onis,* „Legion, Heeresabteilung von schwankender Stärke und Zusammensetzung", zu *legere* „sammeln"]
Le|gio|nar ⟨m.1⟩ *Soldat einer altrömischen Legion*
Le|gio|när ⟨m.1⟩ *Soldat einer Legion (2)*
Le|gis|la|tion ⟨f.10⟩ → *Legislatur (2)*
le|gis|la|tiv ⟨Adj., o.Steig.⟩ *gesetzgebend*
Le|gis|la|ti|ve ⟨f.11⟩ *gesetzgebende Gewalt, gesetzgebende Versammlung*
le|gis|la|to|risch ⟨Adj., o.Steig.⟩ *gesetzgeberisch*
Le|gis|la|tur ⟨f.10⟩ **1** ⟨früher⟩ *gesetzgebende Versammlung* **2** *Gesetzgebung;* Syn. *Legislation* [< lat. *legis,* Gen. von *lex* „Gesetz", und *latura* „das Tragen", also „das Vortragen, Vorbringen eines Gesetzes(antrags)"]
Le|gis|la|tur|pe|ri|ode ⟨f.11⟩ *Amtszeit einer gesetzgebenden Volksvertretung*
Le|gis|mus ⟨m., -, nur Sg.⟩ *starres Festhalten am Gesetz, am Wortlaut der Gesetze*
le|gi|tim ⟨Adj., o.Steig.⟩ **1** *gesetzlich (anerkannt), rechtmäßig;* ein ~es Verhältnis **2** *in der Ehe geboren, ehelich;* ~e Kinder **3** *allgemein anerkannt, korrekt;* es ist l., so zu sprechen, zu handeln [< lat. *legitimus* „durch Gesetz bestimmt, rechtmäßig", zu *lex,* Gen. *legis,* „Gesetz" und *-timus,* Suffix mit der Bedeutung „entsprechend, gemäß"]
Le|gi|ti|ma|tion ⟨f.10⟩ **1** *Beglaubigung, Echtheitserklärung* **2** *Befugnis, Berechtigung* **3** *Ausweis, Berechtigungsnachweis* **4** *Ehelichkeitserklärung (eines vor- oder unehelichen Kindes)* **5** ⟨österr.⟩ *Personalausweis*
le|gi|ti|mie|ren ⟨V.3, hat legitimiert⟩ **I** ⟨mit Akk.⟩ **1** jmdn. l. **a** *berechtigen, bevollmächtigen;* jmdn. l., etwas in b zu erklären, bestätigen, daß jmd. der ist, der er zu sein behauptet **2** etwas l. *als richtig bestätigen, für legitim erklären;* seine Handlungsweise, ihr Vorgehen nachträglich l. **II** ⟨refl.⟩ sich l. *sich ausweisen, beweisen, daß man der ist, der zu sein man beansprucht;* können Sie sich l.?; er hat sich durch seinen Paß, seinen Personalausweis legitimiert [zu *legitim*]
Le|gi|ti|mis|mus ⟨m., -, nur Sg.⟩ *Lehre von der Rechtmäßigkeit eines Herrschers*
Le|gi|ti|mi|tät ⟨f., -, nur Sg.⟩ *Rechtmäßigkeit, Gesetzlichkeit;* Ggs. *Illegitimität*
Le|gu|an ⟨m.1⟩ *(im tropischen Amerika und auf Madagaskar vorkommendes) baumbewohnendes Reptil mit gezackten Rückenkamm* [< frz. *iguane,* span. *iguana* < aruak. *iguana;* das *l* des spanischen Artikels *el* bzw. des französischen Artikels *l'* ist mit dem ursprünglichen Wort zu *Leguan* verschmolzen]

Le|gu|men ⟨n.7⟩ *Hülsenfrucht* [lat., < *legere* „sammeln, (zusammen)lesen" und *frumentum* „Getreide"]
Le|gu|min ⟨n.1⟩ *Eiweiß der Hülsenfrüchte* [zu *Legumen*]
Le|gu|mi|no|se ⟨f.11⟩ → *Hülsenfrüchtler* [zu *Legumen*]
Le|hen ⟨n.7; MA⟩ **1** *gegen Verpflichtung zu Gefolgstreue und Kriegsdienst (anfangs lebenslänglich, später auch erblich) verliehene Nutzungsrecht an einem Landgut;* jmdm. ein Gut zu L. geben **2** *dieses Gut selbst;* Syn. *Lehnsgut*
Le|hens... → *Lehns...*
Lehm ⟨m.1⟩ *quarzhaltiger, kalkfreier Ton, der durch Eisenverbindungen gelbbraun gefärbt ist* [zu *Leim,* nach seiner schmierig-klebrigen Beschaffenheit]
Lehm|bau ⟨m., -(e)s, -bau|ten⟩ **1** ⟨nur Sg.⟩ *das Bauen mit lufttrocknetem Lehm* **2** *auf diese Weise hergestelltes Bauwerk*
leh|mig ⟨Adj.⟩ **1** *Lehm enthaltend;* ~er Boden **2** *voller Lehm, mit Lehm überzogen;* ~e Hände
Leh|ne ⟨f.11⟩ **1** *Teil eines Sitz- oder Liegemöbels, an den man sich lehnen kann* (Stuhl~, Sofa~, Arm~, Rücken~) **2** ⟨oberdt.⟩ *Neigung eines Berges, Hang* (Berg~)
leh|nen ⟨V.1, hat gelehnt⟩ **I** ⟨mit Akk.⟩ *etwas l. so hinstellen, daß es leicht geneigt wird und gestützt wird;* eine Leiter an die Mauer l.; den Kopf an jmds. Schulter l.; das Fahrrad an den Zaun l. **II** ⟨refl.⟩ sich l. *sich gegen etwas neigen und sich daran stützen;* sich an die Wand l.; sich aus dem Fenster l.; sich an das Geländer l. *sich auf das Geländer stützen und sich darüber beugen* **III** ⟨o.Obj.⟩ *in geneigter Haltung sich an etwas stützen;* die Leiter lehnt am Regal; er lehnte am Tisch
Lehns|brief ⟨m.1⟩ *Urkunde über die Belehnung*
Lehns|eid ⟨m.1⟩ *eidliche Treueverpflichtung eines Lehnsmannes*
Lehn|ses|sel ⟨m.5⟩ *bequemer Sessel mit Arm- und Rückenlehnen*
Lehns|fol|ge ⟨f., -, nur Sg.⟩ *Erbfolge bei der Vergabe eines Lehens*
Lehns|gut ⟨n.4⟩ → *Lehen (2)*
Lehns|herr ⟨m., -n oder -en, -en⟩ *Eigentümer eines an den Lehnsmann vergebenen Lehnsgutes*
lehns|herr|lich ⟨Adj., o.Steig.⟩ *dem Lehnsherrn gehörend*
Lehns|mann ⟨m.4, Pl. auch -leu|te⟩ *jmd., der ein Gut zu Lehen bekommen hat*
Lehns|pflicht ⟨f.10⟩ **1** *Pflicht des Lehnsmannes zu Gefolgstreue und Kriegsdienst gegenüber dem Lehnsherrn* **2** *Pflicht des Lehnsherrn zum Schutz des Lehnsmannes*
Lehns|we|sen ⟨n., -s, nur Sg.⟩ *alles, was mit Lehen und der Vergabe von Lehen zusammenhängt*
Lehn|über|set|zung ⟨f.10⟩ *wörtliche Übersetzung eines anderssprachigen Wortes nach seinen einzelnen Bestandteilen, z.B. lat.* „compassio" (com... *mit* und *passio* „Leiden") *in dt.* „Mitleid"
Lehn|wort ⟨n.4⟩ *aus einer fremden Sprache übernommenes Wort, das sich der neuen Sprache angepaßt hat, z.B. lat.* „camera", dt. „Kammer"; *vgl. Fremdwort*
Lehr|amt ⟨n.4⟩ **1** *Amt des Lehrers* **2** ⟨kath. Kirche⟩ *Lehr- und Jurisdiktionsgewalt;* Träger des ~s sind die Bischöfe in Einheit mit dem Papst
Lehr|auf|trag ⟨m.2⟩ *Auftrag, an einer Hochschule Vorlesungen, Seminare oder Übungen abzuhalten*
Lehr|be|ruf ⟨m.1⟩ **1** *Beruf des Lehrers* **2** ⟨veraltend⟩ *Beruf, für dessen Ausübung eine Lehrzeit notwendig ist*
Lehr|brief ⟨m.1⟩ *Urkunde über die abgeschlossene Lehrzeit*

Lehr|bub ⟨m.10; oberdt.⟩ → *Lehrling*
Lehr|buch ⟨n.4⟩ *Buch für den Unterricht*
Lehr|dich|tung ⟨f.10⟩ *belehrende Dichtung*
Leh|re ⟨f.11⟩ **1** *Ausbildung in einem handwerklichen, landwirtschaftlichen oder kaufmännischen Beruf;* abgeschlossene L.; zu einem Handwerker in die L. gehen; in die L. gehen ⟨übertr.⟩ *bei jmdm. etwas lernen;* einen Jugendlichen jmdm. in die L. geben; einen Jugendlichen in die L. nehmen ⟨übertr.⟩ *ihn streng behandeln* **2** *Gesamtheit von systematisch geordneten und entwickelten Anschauungen (die gelehrt wird);* wissenschaftliche, religiöse L.; die L. Christi, Newtons; eine L. annehmen, verbreiten, verwerfen **3** *Erfahrung (aus der man lernen kann);* laß dir das eine L. sein!; das soll, wird mir zur L. dienen; das war eine heilsame L. **4** *Meßwerkzeug für Werkstücke mit einem beweglichen, an einer Skala entlanggleitenden Schieber* (Schieb~, Schub~) [zu *lehren,* in Bed. 4 etwa „Unterweisung zum Messen"]
leh|ren ⟨V.1, hat gelehrt⟩ **I** ⟨mit Dat. und Akk.⟩ jmdn. etwas l. *jmdn. in etwas unterrichten, jmdm. etwas beibringen;* jmdn. das Lesen, Reiten l.; jmdn. l., s. etwas zu handhaben; ich werd' dich l., meine Äpfel zu stehlen! ⟨übertr.⟩ was fällt dir ein...? **II** ⟨mit Akk.⟩ etwas l. *(an einer Hoch- oder Fachschule) Vorlesungen, Unterricht über etwas halten;* er lehrt deutsche Literatur, Musikgeschichte
Leh|rer ⟨m.5⟩ **1** *jmd., der beruflich an öffentlichen oder privaten Schulen unterrichtet* (Hauptschul~, Gymnasial~); Syn. ⟨Amtsspr.⟩ *Lehrkraft* **2** *jmd., der (berufsmäßig) Unterricht erteilt* (Klavier~, Schi~) **3** *jmd., der wissenschaftliches Arbeiten lehrt oder Gedankengut vermittelt;* eine Dissertation seinem L. widmen; Schönberg war sein L.
Leh|rer|bil|dung ⟨f., -, nur Sg.⟩ *Ausbildung zum Schullehrer*
Lehr|fach ⟨n.4⟩ **1** *Fach, das gelehrt wird;* Chemie als L. **2** ⟨nur Sg.⟩ *der Beruf des Lehrers;* im L. tätig sein
Lehr|film ⟨m.1⟩ *Film, der von Fachinstituten zu Lehrzwecken hergestellt und ausgeliehen wird*
Lehr|frei|heit ⟨f., -, nur Sg.⟩ *Grundrecht, die aus wissenschaftlichen Forschungen gewonnenen Erkenntnisse frei verbreiten zu dürfen*
Lehr|gang ⟨m.2⟩ *Folge von Unterrichtsstunden oder Vorträgen über ein Gebiet;* L. für Stenographie; an einem L. teilnehmen
Lehr|ge|dicht ⟨n.1⟩ *belehrendes Gedicht*
Lehr|geld ⟨n., -(e)s, nur Sg.; früher⟩ *Geld, das für die Lehre entrichtet werden muß;* ⟨heute nur noch in der Wendung⟩ L. zahlen müssen *bittere Erfahrungen machen müssen*
Lehr|ge|rüst ⟨n.1⟩ *Baugerüst für Gewölbe und Bogen*
lehr|haft ⟨Adj.⟩ *belehrend*
Lehr|herr ⟨m., -n oder -en, -en; früher⟩ *jmd., bei dem man eine Lehre (1) macht*
Lehr|jun|ge ⟨m.11; nord- und mdt.⟩ → *Lehrling*
Lehr|kör|per ⟨m.5⟩ *Gesamtheit der Lehrer (einer Schule)*
Lehr|kraft ⟨f.2; Amtsspr.⟩ → *Lehrer (1);* er ist eine gute, ausgezeichnete L.; es fehlen Lehrkräfte
Lehr|ling ⟨m.1⟩ *Jugendlicher, der eine Lehre durchläuft;* Syn. ⟨oberdt.⟩ *Lehrbub,* nord- und mdt.⟩ *Lehrjunge,* ⟨heute meist⟩ *Auszubildender*
Lehr|mäd|chen ⟨n.7⟩ *weiblicher Lehrling;* Syn. ⟨schweiz.⟩ *Lehrtochter*
Lehr|mei|nung ⟨f., -, nur Sg.⟩ *anerkannte, gängige Meinung innerhalb eines Wissenschaftsgebietes*
Lehr|mit|tel ⟨n.5⟩ *Hilfsmittel für den Unterricht (z.B. Buch, Film, Landkarte);* Syn. *Lernmittel*

Lehr|plan ⟨m.2⟩ *Plan, in dem Aufgaben und Ziele des Unterrichts (für einen gewissen Zeitraum) sowie didaktische Hinweise zusammengefaßt sind*

Lehr|pro|be ⟨f.11⟩ *Unterrichtsstunde, die jmd., der in der Ausbildung zum Schullehrer steht, vor einer Prüfungskommission hält*

lehr|reich ⟨Adj.⟩ *so beschaffen, daß daraus viel gelernt werden kann*

Lehr|satz ⟨m.2⟩ *grundlegender Satz (in einer Wissenschaft);* philosophischer L.; die pythagoreischen Lehrsätze

Lehr|stuhl ⟨m.2; Amtsspr.⟩ *planmäßige Stelle eines Hochschullehrers;* Syn. Professur

Lehr|toch|ter ⟨f.6; schweiz.⟩ →*Lehrmädchen*

Lei ⟨f.10; rhein.⟩ *Fels, Schiefer*

...lei ⟨Nachsilbe⟩ *Dinge, Sachen,* z.B. mancherlei, vielerlei

Leib ⟨m.3⟩ **1** ⟨bei Mensch und Tier⟩ *Körper;* ein kranker, gesunder L.; der L. des Herrn *die Hostie;* etwas am eigenen L. spüren *etwas selbst erfahren;* jmdm. auf den L. rücken ⟨ugs.⟩ *jmdn. körperlich bedrängen, jmdm. räumlich zu nahe kommen;* bei lebendigem ~e verbrennen *lebend;* Gefahr für L. und Leben *Gefahr für Freiheit und Leben;* jmd. hat kein Herz im ~e ⟨übertr.⟩ *jmd. ist gefühllos;* den Teufel im L. haben ⟨übertr.⟩ *sehr temperamentvoll sein;* mit L. und Seele *mit Begeisterung und Energie;* sich jmdn. vom ~ halten ⟨ugs.⟩ *jmdm. aus dem Wege gehen;* jmdm. mit etwas vom ~e bleiben *jmdn. mit einer Sache nicht behelligen;* einer Sache zu ~ rücken *eine Sache anpacken* **2** *Gestalt (eines Menschen);* etwas ist jmdm. wie auf den L. geschnitten *etwas paßt genau zu jmdm.;* dem Schauspieler ist die Rolle auf den L. geschrieben *die Rolle ist für den Schauspieler genau passend* **3** ⟨ugs.⟩ *Magen;* ich habe heute noch nichts Warmes in den L. bekommen *ich habe heute noch nichts Warmes gegessen und getrunken*

Leib|arzt ⟨m.2⟩ *ausschließlich einer Person oder Personengruppe dienender Arzt (bes. eines Fürsten)*

Leib|bin|de ⟨f.11⟩ *den Leib wärmende Binde*

Leib|bursch ⟨m.11; in Studentenverbindungen⟩ *Berater eines jungen Studenten*

Leib|chen ⟨n.7⟩ **1** ⟨früher für Kinder⟩ *miederartiges Kleidungsstück zum Befestigen der Strümpfe* **2** ⟨landsch.⟩ *Unterhemd* **3** ⟨an Trachtenkleidern⟩ *Mieder*

leib|ei|gen ⟨Adj., o.Steig.⟩ *der Leibeigenschaft unterstehend, unfrei*

Leib|ei|ge|ne(r) ⟨m.17 oder 18⟩ *jmd., der sich in Leibeigenschaft befindet*

Leib|ei|gen|schaft ⟨f., -, nur Sg.; früher⟩ *persönliche Abhängigkeit eines Bauern vom Grundherrn (Leibherrn) mit vielerlei Abgaben- und Dienstpflichten*

lei|ben¹ ⟨V.1, hat geleibt; mit Akk.⟩ *ein Fenster, eine Tür l. eine Leibung für ein Fenster, eine Tür herstellen*

lei|ben² ⟨V.1, hat geleibt; o.Obj.; †; nur noch in der Wendung⟩ *wie er leibt und lebt wie er wirklich ist;* das Bild zeigt ihn, wie er leibt und lebt

Lei|bes|er|be ⟨m.11⟩ *leibliches Kind dessen, der etwas vererbt*

Lei|bes|er|zie|hung ⟨f., -, nur Sg.; Amtsspr.⟩ *schulischer Sportunterricht;* Syn. Leibesübungen, ⟨DDR⟩ Körpererziehung

Lei|bes|frucht ⟨f.2⟩ *empfangenes, aber noch nicht geborenes Kind*

Lei|bes|höh|le ⟨f.11⟩ *Hohlraum des Körpers, in dem sich die meisten Organe befinden*

Lei|bes|kräf|te ⟨Pl.; nur in der Fügung⟩ aus ~n *mit aller Kraft;* aus ~n brüllen, schreien

Lei|bes|übung ⟨f.10, meist Pl.⟩ ~en → *Leibeserziehung*

Lei|bes|vi|si|ta|ti|on ⟨f.10⟩ *Durchsuchung am Körper (einer Person)*

Leib|gar|de ⟨f.11⟩ *Garde zum persönlichen Schutz (eines Fürsten);* Syn. Leibwache

Leib|gar|dist ⟨m.10⟩ *Angehöriger der Leibgarde*

Leib|ge|din|ge ⟨n.5; †⟩ *Altersrente*

Leib|ge|richt ⟨n.1⟩ *Gericht, das man besonders gern ißt;* Syn. Leibspeise

Leib|gurt ⟨m.1; †⟩ *Gürtel;* Syn. Leibriemen

leib|haf|tig ⟨Adj., o.Steig.⟩ *wirklich, echt;* ein ~er Inder; l. vor jmdm. stehen

Leib|haf|ti|ge ⟨m.17; den ~n⟩ *der L. der Teufel*

Leib|jä|ger ⟨m.5; früher⟩ *Bediensteter (Jäger), der das Gewehr seines Herrn zu tragen hatte*

leib|lich ⟨Adj., o.Steig.⟩ **1** *den Leib betreffend;* das ~e Wohl **2** *blutsverwandt;* ~er Erbe

Leib|lich|keit ⟨f., -, nur Sg.⟩ *Körperlichkeit*

Leib|ren|te ⟨f.11⟩ *vertraglich gesicherte (private) Rente auf Lebenszeit*

Leib|rie|men ⟨m.7⟩ → *Leibgurt*

Leib|rock ⟨m.2⟩ **1** ⟨urspr.⟩ *auf dem Leib getragenes Gewand* **2** ⟨später⟩ *Gehrock*

Leib|spei|se ⟨f.11⟩ → *Leibgericht*

Lei|bung ⟨f.10⟩ auch: *Laibung* **1** *der Öffnung zugewandte Fläche von Fenstern und Türen* **2** *innere, gewölbte Fläche von Gewölbebogen*

Leib|wa|che ⟨f.11⟩ → *Leibgarde*

Leib|wäch|ter ⟨m.5⟩ *persönlicher Wächter (einer hochgestellten Persönlichkeit)*

Leib|wä|sche ⟨f., -, nur Sg.⟩ *Unterwäsche*

Leich ⟨m.1; im MA⟩ **1** *Melodie, Weise* **2** ⟨dann⟩ *Gesangsstück mit unregelmäßigem Strophenbau und durchkomponierter Melodie* [< mhd. leich in ders. Bed., < ahd. leih „Spiel, Melodie", < got. laiks „Tanz"]

Leich|dorn ⟨m.1 oder m.4, landsch.⟩ → *Hühnerauge* [eigtl. „Dorn im Fleisch", zu mhd. lîch „Körper, Leib"]

Lei|che ⟨f.11⟩ **1** *Körper eines toten Menschen und Tieres;* jmd. ist eine wandelnde ⟨ugs.⟩ L. *jmd. sieht sehr krank aus;* ~n im Keller haben ⟨übertr., ugs.⟩ *strafbare, unmoralische Dinge getan haben, die nicht aufgedeckt sind;* über ~n gehen ⟨abwertend⟩ *keine Skrupel kennen* **2** ⟨bayr.-österr., schwäb.⟩ *Beerdigung;* es war eine schöne L. **3** ⟨Buchw.⟩ *versehentlich ausgelassene Wörter oder Sätze*

Lei|chen|be|gäng|nis ⟨n.1; †⟩ *Beerdigung, Bestattung*

Lei|chen|be|schau|er ⟨m.5⟩ *die Leichenschau vornehmender Arzt*

Lei|chen|bit|ter ⟨m.5⟩ *jmd., der zu einer Beerdigung einlädt (im ländlichen Bereich)*

Lei|chen|bit|ter|mie|ne ⟨f.11; übertr.⟩ *kummervolles Gesicht*

lei|chen|blaß ⟨Adj., o.Steig.⟩ *blaß wie eine Leiche*

Lei|chen|fleck ⟨m.1; meist Pl.⟩ *bläulichrote Verfärbung auf der Haut von Leichen*

Lei|chen|fled|de|rer ⟨m.5⟩ *jmd., der Tote oder Bewußtlose bestiehlt*

Lei|chen|frau ⟨f.10⟩ → *Heimbürgin*

Lei|chen|gift ⟨n.1⟩ → *Ptomain*

Lei|chen|öff|nung ⟨f.10⟩ → *Obduktion*

Lei|chen|re|de ⟨f.11⟩ → *Grabrede*

Lei|chen|schän|der ⟨m.5⟩ *jmd., der Leichenschändung begeht*

Lei|chen|schän|dung ⟨f.10⟩ *das Vornehmen unzüchtiger Handlungen an Leichen*

Lei|chen|schau ⟨f.10⟩ *ärztliche Untersuchung eines Toten vor der Bestattung*

Lei|chen|star|re ⟨f., -, nur Sg.⟩ → *Totenstarre*

Lei|chen|stein ⟨m.1⟩ → *Grabstein*

Lei|chen|tuch ⟨n.4⟩ → *Grabtuch*

Lei|chen|wä|sche|rin ⟨f.10⟩ → *Heimbürgin*

Lei|chnam ⟨m.1⟩ *toter menschlicher und tierischer Körper* [< mhd. lîcham, lîchame, lîchname < ahd. lîchinamo, lîhhamo „Leib, Körper, toter Körper", im Sinne von „toter

Körper" eigtl. „Leibeshülle", zu mhd., ahd. lîh aus got. leik „Leib, Körper, toter Körper"]

leicht ⟨Adj.⟩ **1** *nur wenig Gewicht besitzend, nicht schwer;* Ggs. schwer (1); ~es Blut haben ⟨übertr.⟩ *leichtsinnig sein;* ~en Herzens ⟨übertr.⟩ *fröhlich, unbeschwert;* ~e Kleidung *sommerlich dünne Kleidung;* ~ im Sinne *unbeschwert;* ~e Waffen *kleinkalibrige Waffen;* jmdn. um etwas (Geld) ~er machen ⟨ugs.⟩ *jmdm. etwas (Geld) stehlen* **2** *nicht schwierig, nicht schwer, keine körperlichen Kräfte, keine großen geistigen Fähigkeiten erfordernd;* Ggs. schwer (4); eine ~e Arbeit; eine ~e Frage; das ist sehr l.; jmd. hat es nicht l. *jmd. hat Schwierigkeiten;* das ist l. zu verstehen *das erweist sich ohne weiteres zu begreifen;* jmd. macht sich etwas zu l. *jmd. gibt sich nicht genug Mühe mit etwas* **3** *ohne Mühe, ohne Anstrengung;* Ggs. schwer (5); jmd. lernt l. **4** *wenig, geringfügig;* Ggs. schwer (6, 7); eine ~e Krankheit; eine ~e Strafe; ~e Verluste; es regnet l.; er ist l. verletzt **5** *bekömmlich, nicht beschwerend;* Ggs. schwer (8); eine ~e Mahlzeit; ein ~er Wein **6** *mit einfachen Waffen (ausgerüstet);* Ggs. schwer (9); ~e Artillerie; ~er Reiter; l. bewaffnet sein **7** *kaum spürbar;* Ggs. schwer (11); ein ~er Duft; ein ~es Geräusch **8** *heiter, ohne hohe Ansprüche;* Ggs. schwer (12); ~e Lektüre; ~e Musik; eine ~e Unterhaltung

Leicht|ath|le|tik ⟨f., -, nur Sg.; Sammelbez. für⟩ *sportliches Laufen, Springen, Werfen, Gehen und verwandte Übungen*

leicht|ath|le|tisch ⟨Adj., o.Steig.⟩ *die Leichtathletik betreffend, zu ihr gehörig*

Leicht|bau ⟨m., -(e)s, nur Sg.⟩ *Bauweise, bei der leichte Baustoffe verwendet werden*

Leicht|ben|zin ⟨n.1⟩ *Benzin mit besonders niedrigem Siedepunkt*

leicht|blü|tig ⟨Adj.⟩ *fröhlich, heiter, das Leben nicht schwer nehmend;* Ggs. schwerblütig

Leich|te ⟨f.11⟩ *Tragriemen (am Schubkarren)*

leich|ten ⟨V.2, hat geleichtet⟩ → *leichtern*

Leich|ter ⟨m.5⟩ *kleines, flachgebautes Schiff zum Leichtern;* auch: *Lichter*

leich|tern ⟨V.1, hat geleichtert; mit Akk.⟩ *mit dem Leichter entladen;* auch: *leichten, lichtern;* ein Schiff l.

leicht|fal|len ⟨V.33, ist leichtgefallen; mit Dat.⟩ *jmdm. l. jmdm. keine Schwierigkeiten bieten;* das Lernen fällt ihm leicht

leicht|fer|tig ⟨Adj.⟩ *unüberlegt, ohne nachzudenken, unbedacht;* ein ~es Versprechen; sein Leben l. aufs Spiel setzen

leicht|flüs|sig ⟨Adj., o.Steig.⟩ *bei niedriger Temperatur schmelzend*

Leicht|fuß ⟨m.2; nur in der Fügung⟩ Bruder L. *leichtsinniger Mensch*

leicht|fü|ßig ⟨Adj.⟩ *flink, schnell;* l. aufspringen; l. in den Garten eilen

Leicht|ge|wicht ⟨n.1⟩ **1** ⟨nur Sg.; Schwerathletik⟩ *Gewichtsklasse (z.B. beim Boxen bis 60 kg)* **2** *Sportler dieser Gewichtsklasse;* auch: *Leichtgewichtler* **3** ⟨scherzh.⟩ *jmd. mit geringem Körpergewicht*

Leicht|ge|wicht|ler ⟨m.5⟩ → *Leichtgewicht (2)*

leicht|gläu|big ⟨Adj.⟩ *ohne nachzudenken etwas glaubend (was andere sagen), vertrauensselig* **Leicht|gläu|big|keit** ⟨f., -, nur Sg.⟩

Leicht|heit ⟨f., -, nur Sg.⟩ *leichte Beschaffenheit*

leicht|her|zig ⟨Adj.⟩ *unbekümmert, sorglos* **Leicht|her|zig|keit** ⟨f., -, nur Sg.⟩

leicht|hin ⟨Adv.⟩ *ohne vieles Nachdenken;* etwas l. sagen

Leich|tig|keit ⟨f., -, nur Sg.⟩ **1** *leichte Beschaffenheit* **2** *Mühelosigkeit;* das schafft er mit L. *das schafft er leicht, ohne Mühe*

Leicht|in|du|strie ⟨f.11; DDR⟩ *Konsumgüterindustrie;* Ggs. Schwerindustrie

leicht|le|big ⟨Adj.⟩ *oberflächlich, unbeküm-*

mert in der Lebensführung **Leicht|le|big|keit** ⟨f., -, nur Sg.⟩

Leicht|lohn|grup|pe ⟨f.11⟩ unterste Lohngruppe (in die vor allem Frauen eingestuft werden)

Leicht|ma|tro|se ⟨m.11⟩ Matrose im Rang zwischen Schiffsjunge und Vollmatrose

Leicht|me|tall ⟨n.⟩ Metall mit Dichte etwas unter $4\frac{g}{m_3^3}$; Ggs. Schwermetall

leicht|neh|men ⟨V.88, hat leichtgenommen; mit Akk.⟩ nicht sehr ernst nehmen; er nimmt seine Arbeit, die Verantwortung zu leicht

Leicht|öl ⟨n.1⟩ durch fraktionierte Destillation aus Steinkohlenteer gewonnenes Öl mit einem Siedepunkt zwischen 170 und 190 °C

Leicht|sinn ⟨m., -(e)s, nur Sg.⟩ Mangel an Vorsicht, an Verantwortungsbewußtsein, Unbekümmertheit

leicht|sin|nig ⟨Adj.⟩ unvorsichtig, nicht an Gefahren und Verantwortung denkend, unüberlegt, sorglos; ein ~er Mensch; l. handeln; l. sein Leben, das Leben anderer gefährden

leid 1 ⟨Adv.⟩ nur in den Wendungen jmdn., etwas l. haben jmds., einer Sache überdrüssig sein; jmds., einer Sache l. werden jmds., einer Sache überdrüssig werden; es tut mir l. ich bedauere es; er tut mir l. ich habe Mitleid mit ihm, ich bedauere ihn; es tut einem l., das zu hören, zu sehen es ist schmerzlich, das zu hören, zu sehen; ich habe ihn l. ich bedauere, daß es so mit ihm gekommen ist 2 ⟨schweiz.; ugs.⟩ unangenehm, schmerzlich; eine ~e Angelegenheit

Leid ⟨n., -(e)s, nur Sg.⟩ 1 tiefer Kummer, Schmerz; schweres, unerträgliches L.; jmdm. sein L. klagen jmdm. von seinem Kummer erzählen 2 Unrecht, Schmerz; jmdm. ein L. zufügen; jmdm. geschieht ein L. 3 ⟨schweiz.⟩ Begräbnis

Lei|de|form ⟨f.10⟩ → Passiv; Ggs. Tatform

lei|den ⟨V.77, hat gelitten⟩ I ⟨o.Obj.⟩ 1 Krankheit, Schmerzen, Pein erdulden, aushalten; er leidet sehr; er hat (vor seinem Tod) lange l. müssen; an etwas l. eine längerdauernde Krankheit haben; er leidet an Heuschnupfen; unter etwas l. (körperliche oder seelische) Schmerzen durch etwas haben; er leidet unter der Kälte, unter der Strenge seines Vaters Schaden nehmen, beschädigt werden; die Pflanzen haben durch den langen Regen gelitten; unser Haus hat im Krieg stark gelitten II ⟨mit Akk.⟩ 1 zulassen, dulden; ich leide es nicht, daß der Hund geärgert wird; die Sache leidet keinen Aufschub 2 jmdn. l. a ⟨nur im Part. Perf.⟩ wohl, gut gelitten sein beliebt sein b ⟨unpersönl., mit ,,es"; geh.⟩ es leidet mich hier nicht länger ich kann es hier nicht länger aushalten; es litt sie nicht länger im Hause III ⟨mit Akk. und ,,können, mögen"⟩ etwas oder jmdn. l. können etwas oder jmdn. gern haben; ich kann, mag solche Musik nicht l.; ich kann, mag ihn gut l.; ich kann es nicht l., wenn man … ich habe es nicht gern, ich mag es nicht

Lei|den ⟨n.7⟩ 1 das Leiden, Erleiden, körperlich und seelisch schmerzvolles Erleben; das L. Christi; die L. der Menschen im Krieg 2 ⟨langandauernde⟩ Krankheit ⟨Alters~, Herz~⟩; chronisches, erbliches L.

Lei|de|ner Fla|sche ⟨f.11⟩ außen und innen mit Metall überzogene und als Kondensator dienende Flasche [nach der ndrl. Stadt Leiden]

Lei|den|schaft ⟨f.10⟩ 1 von der Vernunft nicht gezügelter Gefühlsdrang; jmd. ist ein Spielball seiner ~en 2 starke Vorliebe; einer L. frönen, haben L. für etwas entwickeln, haben; Fotografieren ist seine L.; Briefmarken sind seine L. 3 sinnliche, starke, auf Besitz gerichtete Liebe; von einer heftigen L. erfaßt werden

lei|den|schaft|lich ⟨Adj.⟩ 1 voll leicht erregbaren Gefühls, nicht durch Vernunft gezügelt; ein ~er Mensch; er ist sehr. 2 begei-

stert, eifrig; ein ~er Jäger, Sammler 3 heftig, stark in Gefühlsäußerungen; ein ~er Liebhaber **Lei|den|schaft|lich|keit** ⟨f., -, nur Sg.⟩

Lei|dens|druck ⟨m., -s, nur Sg.⟩ Belastung durch körperliche oder seelische Schmerzen, die jmdn. dazu motiviert, (endlich) zu handeln; der L. ist zu groß, ist noch nicht groß genug

lei|der ⟨Adv.⟩ bedauerlicherweise; er kann l. nicht kommen; l. Gottes ⟨verstärkend⟩ [alter Komparativ von leid; die Wendung l. Gottes wahrscheinlich alte Beschwörungsformel ,,beim Leiden Gottes"]

lei|dig ⟨Adj.⟩ unangenehm, lästig; eine ~e Angelegenheit

leid|tra|gend ⟨Adj., o.Steig.⟩ trauernd; die ~e Witwe

Leid|we|sen ⟨n.; nur in der Wendung⟩ zu meinem, seinem, ihrem (größten) L. zu meinem, seinem, ihrem (größten) Bedauern

Lei|er ⟨f.11⟩ → Lyra 2 ⟨Kurzw. für⟩ Drehleier; immer die alte L. ⟨übertr. ugs.⟩ immer dasselbe

Lei|er|kas|ten ⟨m.8⟩ → Drehorgel

lei|ern ⟨V.1, hat geleiert; mit Akk.⟩ 1 mit einer Kurbel drehen; den Leierkasten l.; ein Fenster (im Auto) in die Höhe l.; etwas aus dem Kreuz l. ⟨ugs.⟩ durch Zureden etwas von jmdm. erlangen 2 ohne Ausdruck, eintönig sprechen; leiere das Gedicht doch nicht so!

Lei|er|schwanz ⟨m.2⟩ fasanengroßer, bodenbewohnender Vogel australischen Urwälder mit leierförmigen äußeren Schwanzfedern

Leih|amt ⟨n.4⟩ → Leihhaus

Lei|he ⟨f.11⟩ (unentgeltliches) zeitweises Überlassen

lei|hen ⟨V.78, hat geliehen; mit Dat. und Akk.⟩ jmdm. etwas l. jmdm. etwas für einige Zeit geben; jmdm. ein Buch, ein Gerät, Geld l.; jmdm. sein Ohr l., Gehör l. ⟨übertr.⟩ jmdm. zuhören, jmdm. anhören; jmdm. Beistand l. ⟨geh.⟩ jmdm. helfen

Leih|ge|bühr ⟨f.10⟩ Gebühr, die für das Leihen von etwas zu entrichten ist

Leih|haus ⟨n.4⟩ Unternehmen, in dem man gegen ein Pfand Geld leihen kann; Syn. Leihamt, Pfandhaus, Pfandleihe

Leih|kauf ⟨m.2⟩ → Mietkauf

leih|wei|se ⟨Adj., o.Steig.⟩ zum Leihen; jmdm. etwas l. überlassen; das l. Überlassen von Gegenständen

Leik ⟨n.12⟩ → Liek

Lei|kauf ⟨m.2; landsch.⟩ Umtrunk als Bekräftigung eines Geschäfts- oder Vertragsabschlusses [< mhd. lītkouf in ders. Bed., < līt ,,Obstwein" und kouf ,,Geschäft, Handel"]

Lei|lach ⟨n.12⟩, **Lei|la|chen** ⟨n.7⟩, **Lei|lak** ⟨n.12⟩, **Lei|la|ken** ⟨n.7; norddt., veraltend⟩ Leintuch, Bettuch [< Lein und Laken]

Leim ⟨m.1⟩ wasserlöslicher Klebstoff aus dem Kollagen der tierischen Bindegewebes; jmdm. auf den L. gehen ⟨ugs.⟩ sich von jmdm. täuschen lassen; aus dem L. gehen ⟨ugs.⟩ entzweigehen; der Stuhl ist allmählich aus dem L.; sie ist ziemlich aus dem L. gegangen ⟨ugs.⟩ sie ist ziemlich dick, unförmig geworden

lei|men ⟨V.1, hat geleimt; mit Akk.⟩ 1 etwas l. a mit Leim befestigen; ein Stuhlbein l. b mit Leim bestreichen; geleimtes Papier 2 jmdn. l. ⟨übertr., ugs.⟩ jmdn. betrügen

Leim|far|be ⟨f.11⟩ Anstrichfarbe mit Leim als Bindemittel

lei|mig ⟨Adj.⟩ 1 klebrig wie Leim 2 voller Leim

Leim|kraut ⟨n.4⟩ (rosa oder weiß blühendes) Nelkengewächs

Leim|ring ⟨m.1⟩ um Obstbäume gebundene, mit Klebstoff bestrichene Papiermanschette o.ä. zum Abfangen von Insekten

Leim|sie|der ⟨m.5⟩ 1 ⟨früher⟩ jmd., der berufsmäßig Leim herstellt 2 ⟨landsch.⟩ langweiliger Mensch

Lein ⟨m.1⟩ → Flachs

Lein|dot|ter ⟨m., -s, nur Sg.⟩ als Grünfutter und Ölpflanze angebauter, gelb blühender Kreuzblütler

Lei|ne ⟨f.11⟩ 1 dicke Schnur, Seil mittlerer Stärke; L. ziehen ⟨übertr., ugs.⟩ weggehen, ausreißen 2 Riemen, an dem ein Tier geführt wird; einen Hund an die L. nehmen, von der L. lassen

lei|nen ⟨Adj., o.Steig.⟩ aus Leinen; auch: (†) linnen; ~e Bettwäsche

Lei|nen ⟨n.7⟩ Gewebe aus Flachs oder Baumwolle in Leinwandbindung; auch: (†) Linnen

Lei|nen|band ⟨m.2⟩ in Leinen gebundenes Buch

Lei|nen|bin|dung ⟨f.10⟩ → Leinwandbindung

Lei|nen|we|ber ⟨m.5⟩ → Leineweber

Lei|nen|zeug ⟨n.1⟩ Leinzeug

Lei|ne|we|ber ⟨m.5⟩ jmd., der berufsmäßig Leinwand webt; auch: Leinenweber, Leineweber

Lein|kraut ⟨n.4⟩ Rachenblütler mit zweilippigen, gespornten Blüten (Alpen~)

Lein|ku|chen ⟨m.7⟩ eiweißhaltiger Rückstand bei der Leinölgewinnung (dient als Kraftfutter)

Lein|öl ⟨n.1⟩ aus Leinsamen gewonnenes Öl

Lein|pfad ⟨m.1⟩ → Treidelpfad [nach den Leinen, mit denen das Schiff gezogen wird]

Lein|sa|men ⟨m.7⟩ ölhaltiger Samen des Flachses

Lein|tuch ⟨n.4⟩ → Bettuch

Lein|wand ⟨f.2; nur Sg.⟩ 1 Gewebe aus Flachs und Baumwolle in Leinwandbindung 2 Bildwand zum Vorführen von Filmen; ich kenne den Schauspieler nur von der L. ⟨ugs.⟩ nur vom Film; einen Roman auf die L. bringen einen Roman verfilmen

Lein|wand|bin|dung ⟨f.10⟩ einfache Bindung beim Weben, wobei abwechselnd die geradzahligen und ungeradzahligen Kettfäden oben liegen; auch: Leinenbindung

Lein|we|ber ⟨m.5⟩ → Leineweber

leis ⟨Adj.; poet.⟩ leise

Leis ⟨n.1 oder n.12; MA⟩ geistliches Volkslied [nach dem griech. Gebetsruf Kyrie eleison ,,Herr, erbarme dich"]

lei|se ⟨Adj.⟩ 1 nur schwach hörbar; Ggs. laut¹ (I); l. Musik hören, l. gehen, singen, sprechen; seid bitte ein bißchen leiser!; reden Sie doch bitte nicht solchen Lärm!; das Radio l. stellen 2 kaum merklich; ein ~r Windhauch; eine l. Berührung 3 leicht, schwach; ein ~r Verdacht, Zweifel; die Suppe l. kochen lassen

Lei|se|tre|ter ⟨m.5⟩ jmd., der sich bemüht, nicht aufzufallen, seinen Vorgesetzten zu gefallen, Duckmäuser

Leist ⟨m., -(e)s, nur Sg.; bei Pferden⟩ Erkrankung des Fußgelenks [zu Leisten]

Lei|ste ⟨f.11⟩ 1 (meist mit einer Rille, Kerbung u.a. versehener) schmaler Stab (aus Holz oder Metall); Fußboden~, Zier~) 2 annähernd dreieckiges Gebiet beiderseits zwischen Oberschenkel und Unterbauch 3 → Webkante

lei|sten ⟨V.2, hat geleistet⟩ I ⟨mit Akk.⟩ etwas l. 1 schaffen, vollbringen; er leistet etwas er arbeitet viel und gut; das, was Sie von mir erwarten, verlangen, kann ich nicht l.; er hat nichts geleistet; er hat in dieser kurzen Zeit viel geleistet; eine Arbeit l. 2 ⟨als Funktionsverb⟩ jmdm. Beistand l. jmdm. beistehen; Hilfe l. helfen; Ersatz für etwas l. etwas ersetzen; Verzicht l. verzichten; Zahlungen l. für etwas zahlen II ⟨mit Dat. (sich) und Akk.⟩ sich etwas l. 1 sich etwas, essen oder trinken (was man normalerweise nicht tut); wir haben uns dieses Jahr ein Opernabonnement geleistet; ich habe mir eine gute Flasche Wein geleistet; sich etwas (nicht) können etwas (nicht) kaufen oder ständig unterhalten können, weil man (nicht) genug Geld

Lenksäule

dafür hat; einen so teuren Wagen können wir uns nicht l.; könnt ihr euch ein so großes Haus denn l.?; das kann er sich doch l.; ein solches Verhalten kann ich mir ihm gegenüber nicht l. ⟨übertr.⟩ *so kann ich mich ihm gegenüber nicht verhalten, das würde meinem Ansehen schaden* 2 ⟨scherzh., iron.⟩ *etwas (Ungeschicktes) tun*; da hast du ja was Schönes geleistet! *da hast du ja was angestellt!, das war nicht gerade gut, was du da getan hast!*; ich habe mir heute etwas geleistet *ich habe heute eine Dummheit, etwas Ungeschicktes gemacht*

Lei|sten ⟨m.7⟩ *Holz- oder Metallform zum Arbeiten oder Spannen des Schuhs*; alles über einen L. schlagen ⟨übertr.⟩ *unterschiedslos behandeln oder beurteilen*

Lei|sten|bruch ⟨m.2⟩ →*Hernie*

Lei|sten|ho|den ⟨m.7⟩ →*Kryptorchismus*

Lei|sten|ka|nal ⟨m.2⟩ *in der Leiste (2) liegender Kanal (in dem beim Mann der Samenstrang, bei der Frau das Mutterband verläuft)*

Lei|stung ⟨f.10⟩ 1 *Ergebnis einer Arbeit oder Anstrengung*; eine L. erbringen; eine L. verbessern, steigern; eine gute, schlechte L.; eine große, künstlerische, sportliche L. 2 *das, was durch Tätigkeit, durch Betrieb, durch Funktionieren geleistet wird* (Gedächtnis~, Motoren~); die L. einer Maschine 3 *das Leisten*; die L. einer Tätigkeit verweigern 4 *Erfüllung eines finanziellen oder juristischen Anspruchs*; jmdn. auf L. verklagen 5 ⟨Phys.⟩ *Arbeit pro Zeiteinheit*; der Motor hat eine L. von 10 kWh

Lei|stungs|ge|sell|schaft ⟨f.10⟩ *Gesellschaft, in der vor allem durch persönliche Leistung und Wettbewerb eine soziale Stellung errungen wird*

Lei|stungs|lohn ⟨m.2⟩ *nach Leistung abgerechneter Lohn (z.B. Stücklohn)*; vgl. Zeitlohn, Stundenlohn

Lei|stungs|prü|fung ⟨f.10⟩ 1 *Prüfung einer Leistung*; schulische L. 2 *Maßnahme zur Auswahl geeigneter Zuchttiere* (Milch~); L. auf Ferkelzahl 3 ⟨Motorsport, Rennsport⟩ *Wettbewerb, bei dem die Leistung verglichen wird*

Lei|stungs|sport ⟨m., -(e)s, nur Sg.; kurz für⟩ *Hochleistungssport*

Leit|ar|ti|kel ⟨m.5⟩ *Artikel auf einer der ersten Seiten einer Zeitung (meist über ein aktuelles Thema)*

Leit|ar|tik|ler ⟨m.5; ugs.⟩ *jmd., der regelmäßig Leitartikel schreibt*

Leit|bild ⟨n.3⟩ *Bild, nach dem man sein Handeln, Streben ausrichtet, Ideal, Vorbild*; das L. des Vaters

Leit|bün|del ⟨n.5; bei Samenpflanzen⟩ *Gefäßbündel des Leitgewebes*

Lei|te ⟨f.11; bayr.-österr.⟩ *Berghang* [< ahd. *lita* in ders. Bed., verwandt mit *lehnen*]

lei|ten ⟨V.2, hat gelenkt; mit Akk.⟩ 1 *etwas oder jmdn. l.* ⟨verantwortlich⟩ *führen*; einen Betrieb, eine Abteilung l.; ein Kind, einen Blinden l.; man wird durch Hinweise, Markierungen gut durch die Ausstellung geleitet; ein ~der Angestellter; ich habe mich von dem Gedanken l. lassen, daß ...; sich von seinem Gefühl l. lassen 2 *etwas l.* a *lenken*; eine Diskussion l.; einen Fluß in ein anderes Bett l.; Wasser durch Rohre l. b *weitergeben*; Holz leitet Wärme nicht gut

Lei|ter¹ ⟨m.5⟩ 1 *jmd., der etwas leitet* (Geschäfts~, Lager~, Schul~) 2 *Material hoher Leitfähigkeit*; elektrischer L.

Lei|ter² ⟨f.11⟩ *Gerät zum Steigen mit Holmen als senkrechten stabilisierenden Elementen und Sprossen als Querverbindungen*; die L. des Erfolgs erklimmen, hinaufsteigen ⟨übertr., geh.⟩

Lei|ter|wa|gen ⟨m.7⟩ *(meist von Hand gezogener) Wagen mit leiterähnlichen Seitenwänden*

Leit|fa|den ⟨m.8⟩ *einfaches Lehrbuch, kurz-* gefaßte Einführung, Anleitung; L. der Pflanzen-, Tierkunde

leit|fä|hig ⟨Adj.⟩ *Energie weiterleitend (z.B. Elektrizität durch ein Metall)* **Leit|fä|hig|keit** ⟨f., -; nur Sg.⟩

Leit|fos|sil ⟨n., -s, -i|en⟩ *für eine bestimmte Schicht der Erdkruste charakteristisches Fossil*

Leit|ge|dan|ke ⟨m.15⟩ *grundlegender Gedanke (der ein Werk durchzieht)*

Leit|ge|we|be ⟨n.5⟩ →*Gefäßbündel*

Leit|ham|mel ⟨m.5⟩ 1 *Hammel, der die Schafherde leitet* 2 ⟨übertr.⟩ *jmd., dem andere gedankenlos folgen*

Leit|li|nie ⟨f.11⟩ 1 *auf der Straße aufgezeichnete, gestrichelte Linie* 2 ⟨Geom.⟩ *senkrecht auf der Hauptachse eines Kegelschnittes stehende Gerade* 3 *leitender Grundsatz, Richtschnur*

Leit|mo|tiv ⟨n.1⟩ 1 *oft wiederkehrende, charakteristische, bedeutungsvolle Tonfolge (in einem Musikstück)* 2 *Leitgedanke (eines literarischen Werkes)*

Leit|pflan|ze ⟨f.11⟩ *für eine Pflanzengesellschaft besonders kennzeichnende Pflanze (z.B. Torfmoos für die Hochmoorvegetation)*

Leit|plan|ke ⟨f.11⟩ *Schutzzaun aus zusammenhängenden, durchgehenden Stahlblechstreifen (neben Autobahnen und Fernverkehrsstraßen)*

Leit|rad ⟨n.4; in Turbinen⟩ *feststehendes Rad mit Leitschaufeln, die das Treibmittel dem Laufrad zuführen*

Leit|strahl ⟨m.1⟩ 1 *gerichteter Sendestrahl (als Navigationshilfe)* 2 →*Radiusvektor*

Leit|tier ⟨n.1⟩ *(ranghöchstes) Tier, das einer Gruppe von Tieren vorangeht*

Leit|ton ⟨m.2; Mus.⟩ *Ton, der in einem Halbtonschritt zum nächsten hinstrebt, um eine Konsonanz oder einen Abschluß zu erreichen*

Lei|tung ⟨f.10⟩ 1 ⟨nur Sg.⟩ *Führung, das Leiten*; die L. übernehmen; jmdm. die L. übertragen 2 ⟨nur Sg.⟩ *Gesamtheit der Personen, die etwas leiten* (Betriebs~, Geschäfts~) 3 *Rohr oder Kabel, das Gas, Wasser, Strom o.ä. weiterleitet* (Abwasser~, Strom~, Wasser~); eine L. legen; die L. ist besetzt *der Telefonanschluß ist nicht erreichbar*; die L. ist tot ⟨ugs.⟩ *es wird kein Signal mehr übermittelt*; eine lange L. haben ⟨übertr., ugs.⟩ *schwer begreifen*; auf der L. sitzen ⟨übertr., ugs.⟩ *etwas nicht begreifen*

Lei|tungs|an|äs|the|sie ⟨f.11⟩ *Unterbrechung der Schmerzleitung in einem begrenzten Körperbezirk durch Einspritzen von Betäubungsmittel in die entsprechenden Nervenfasern*

Leit|wäh|rung ⟨f.10⟩ *Währung, an der sich andere Währungen orientieren*

Leit|werk ⟨n.1⟩ 1 ⟨beim Flugzeug⟩ *der Steuerung dienende Teile* 2 ⟨Flußbau⟩ *als Strömungsschutz dienendes Bauwerk parallel zum Ufer* 3 ⟨Schiffahrt⟩ *sich von der Schleusenkammer zum Schleusenvorhafen trichterförmig erweiterndes Bauwerk*

Leit|zahl ⟨f.10; Fot.⟩ *Kennzahl für die Leistungsfähigkeit eines Blitzlichtgerätes*

Lek ⟨m., -, -⟩ *albanische Währungseinheit, 100 Qindarka*

Lek|ti|on ⟨f.10⟩ 1 *Abschnitt im Lehrbuch, Aufgabe*; eine L. lernen; ich habe eine Lehre daraus gezogen, meine Erfahrung gemacht 2 *Lehrstunde*; jmdm. eine L. erteilen ⟨übertr.⟩ *jmdn. scharf rügen, zurechtweisen* 3 *Lesung aus der Bibel (im Gottesdienst)* [< lat. *lectio*, Gen. *-onis*, „das Lesen; Stelle im Buch, Text", zu *legere* „lesen"]

Lek|tio|nar ⟨n.1⟩, **Lek|tio|na|ri|um** ⟨n., -s, -ri|en⟩ 1 *Sammlung von Bibelstellen für den Gottesdienst* 2 *Pult, an dem die für den Gottesdienst vorgesehenen Bibelstellen verlesen werden*

Lek|tor ⟨m.13⟩ 1 *Hochschullehrer für Ein-* führungskurse, Seminare u.ä. 2 *Verlagsangestellter, der eingegangene Manuskripte prüft (und bearbeitet)* [< lat. *lector* „Leser", zu *legere* „lesen"]

Lek|to|rat ⟨n.1⟩ 1 *Amt, Stelle eines Lektors* 2 *Verlagsabteilung der Lektoren* 3 *Gutachten eines Lektors*

lek|to|rie|ren ⟨V.3, hat lektoriert; mit Akk.⟩ *als Lektor prüfen*; ein Manuskript l.

Lek|tü|re ⟨f.11⟩ 1 *das Lesen* 2 *Lesestoff* [< frz. *lecture* „das Lesen, Lesestoff", < mlat. *lectura* „das Vorlesen", zu lat. *legere* „lesen"]

Le|ky|thos ⟨m., -, -ky|then⟩ *altgriechisches Salben- und Ölgefäß mit Fuß, Ausguß und Henkel*

Lem|ma ⟨n., -, -ma|ta⟩ 1 ⟨†⟩ *als Überschrift oder Motto ausgedrückter Inhalt eines Werkes* 2 *Hilfssatz, Annahme, Vordersatz eines Schlusses* 3 *Stichwort (in einem Nachschlagewerk)* [< griech. *lemma* „Einnahme, Einkommen", in der Logik „Voraussetzung, Annahme", zu *lambanein* „fassen, nehmen"]

Lem|ming ⟨m.1⟩ *Wühlmaus polnaher Gebiete* (Berg~) [norweg.]

Lem|nis|ka|te ⟨f.11⟩ *mathematische Kurve in Form einer liegenden Acht* [< griech. *lemniskos* „wollenes oder bastenes Band, Verband", weitere Herkunft nicht geklärt, vielleicht aus dem Etruskischen]

Le|mur ⟨m.10⟩, **Le|mu|re** ⟨m.11⟩ 1 ⟨röm. Myth.⟩ *Geist eines Verstorbenen, Gespenst* 2 *nächtlich lebender Halbaffe (z.B. Maki)* [< lat. *lemures* „Geister der Toten", vielleicht < griech. *lamia* „weiblicher Unhold, Vampyr, Gespenst"; auf die Halbaffen wurde die Bezeichnung wegen der maskenähnlichen Gesichtszeichnung einiger Arten übertragen]

Len|de ⟨f.11⟩ *seitlicher und hinterer Abschnitt der Bauchwand zwischen Darmbeinkamm und letzter Rippe* 2 →*Filet (1)* 3 ⟨Pl., poet.⟩ *die ~n Geschlechtsteile (und der sie umgebende Körperbereich)*; die Kraft seiner ~n

Len|den|schurz ⟨m.1; bei Naturvölkern⟩ *Geschlechtsteile und Gesäß bedeckender Schurz* [zu Lende (3)]

Len|den|stich ⟨m.1⟩ →*Lumbalpunktion*

Len|den|wir|bel ⟨m.5⟩ *Wirbel zwischen Kreuzbein und Brustwirbel*

Leng ⟨m.1⟩ *großer Dorschfisch mit langgestrecktem Körper, Speisefisch* [vermutlich zu *lang*]

Le|ni|nis|mus ⟨m., -, nur Sg.⟩ *der von W. I. Lenin weiterentwickelte Marxismus*

Le|ni|nist ⟨m.10⟩ *Anhänger des Leninismus*

Lenk|ach|se ⟨f.11; bei Schienenfahrzeugen⟩ *schwenkbar gelagerte Achse, die Gleiskrümmungen folgen kann*

len|ken ⟨V.1, hat gelenkt; mit Akk.⟩ 1 *etwas l.* a *mit Hilfe des Lenkrades, der Zügel u.a. in bestimmte Richtungen steuern, führen*; einen Wagen l.; den Wagen nach links, rechts, an den Straßenrand l.; ein Pferd auf einen Seitenweg l.; du darfst einmal l. ⟨erg.: den Wagen⟩ b ⟨übertr.⟩ *in eine Richtung führen, bringen*; das Gespräch auf etwas l.; jmds. Gedanken, Aufmerksamkeit auf etwas l. c ⟨verantwortlich⟩ *führen*; einen Staat l. d *beeinflussen*; gelenkte Informationen 2 jmdn. l. *führen, leiten, jmdm. helfen, eine Richtung, einen Weg zu finden*; ein Kind l.; jmdn. auf den rechten Weg l.; das Kind ist leicht, schwer zu l.; ⟨poet. wud o.Obj.⟩ der Mensch denkt, Gott lenkt (erg.: ihn)

Len|ker ⟨m.5⟩ 1 *jmd., der etwas lenkt* 2 *Vorrichtung zum Lenken (eines Straßenfahrzeugs), Lenkrad, Lenkstange*; auch: *Lenkung*

Lenk|ku|fe ⟨f.11⟩ *bewegliche Kufe zum Lenken des Schlittens*

Lenk|rad ⟨n.4⟩ *radförmige Vorrichtung zum Lenken (eines Kraftfahrzeugs)*

Lenk|säu|le ⟨f.11; bei Kfz⟩ *stangenförmiger*

Lenkstange

Bauteil, der die Bewegungen des Lenkrades auf die Vorderräder überträgt

Lenk|stan|ge ⟨f.11⟩ stangenähnliche Vorrichtung zum Lenken (eines Fahrrades)

Len|kung ⟨f., -⟩ 1 ⟨nur Sg.⟩ das Lenken 2 → Lenker (2)

len|ta|men|te ⟨Mus.⟩ langsam

len|tan|do ⟨Mus.⟩ langsamer werdend

len|ti|ku|lar ⟨Adj., o.Steig.⟩ linsenförmig; ~e Wolken ⟨Met.⟩ lenticularis in ders. Bed., zu lens, Gen. lentis, „Linse"]

Len|ti|zel|le ⟨f.11; bei Holzgewächsen⟩ porige Rindenöffnung [< lat. lens, Gen. lentis, „Linse" und Zelle]

len|to ⟨Mus.⟩ langsam [ital., < lat. lentus „langsam, träge, zäh"]

lenz ⟨Adj., o.Steig.; Seew.⟩ leer, trocken

Lenz ⟨m.1; poet.⟩ 1 Frühling; sich einen (schönen) L. machen ⟨ugs.⟩ arbeiten, ohne sich anzustrengen, nicht arbeiten (obwohl man es sollte) 2 ⟨Pl.; iron. oder poet.⟩ Lebensjahre; sie zählt 17 ~e

len|zen¹ ⟨V.1, hat gelenzt⟩; o.Obj.; unpersönl., mit „es"⟩ es lenzt es wird Lenz, es wird Frühling

len|zen² ⟨V.1, hat gelenzt; mit Akk.; Seew.⟩ leerpumpen [zu lenz]

Len|zing ⟨m.1; alter Name für⟩ März; Syn. Lenzmonat

lenz|lich ⟨Adj., o.Steig.⟩ wie im Lenz, frühlingshaft; ~e Gefühle ⟨übertr., scherzh.⟩ Liebesgefühle

Lenz|mo|nat ⟨m.1⟩ → Lenzing

leo|nisch ⟨Adj., o.Steig.; bei Gespinsten, Geweben aus Seidenfäden⟩ mit Gold- oder Silber- oder anderen Metallfäden umsponnen; ~e Waren [nach der span. Stadt León]

Leo|pard ⟨m.10⟩ (meist) auf gelbem Grund schwarz gefleckte Großkatze Afrikas und Asiens; Syn. (bes. für schwarze Tiere) Panther [< lat. leopardus < leo „Löwe" und pardus „Panther, Parder", zur idg. Wurzel *perd- „gesprenkelt, gefleckt"]

Le|po|rel|lo|buch ⟨n.4⟩ Buch mit ungebundenen, harmonikaartig gefalteten Seiten [nach Leporello, dem Diener des Don Giovanni in Mozarts Oper]

Le|pra ⟨f., -, nur Sg.⟩ zu Verstümmelungen führende Infektionskrankheit; Syn. Aussatz [< griech. lepros „rauh, schuppig, aussätzig", zu lepein „schälen, die Haut abziehen"]

Le|prom ⟨n.1⟩ Lepraknoten

le|pros, le|prös ⟨Adj., o.Steig.⟩ 1 lepraartig 2 von Lepra befallen; Syn. aussätzig

Lep|ton¹ ⟨n., -s, -ta⟩ 1 altgriechisches Gewicht, 10 mg 2 neugriechische Währungseinheit, 1/100 Drachme

Lep|ton² ⟨n.11⟩ Elementarteilchen, das leichter ist als ein Proton

lep|to|som ⟨Adj., o.Steig.⟩ dem schmalwüchsigen, hageren Körperbautyp entsprechend [< griech. leptos „dünn, schmal, zart" und soma „Körper"]

Lep|to|spi|re ⟨f.11⟩ schraubenförmiges Bakterium [< griech. leptos „dünn, schmal, zart" und lat. spira „gewundener Körper"; vgl. Spirale]

Lep|to|spi|ro|se ⟨f.11⟩ meist mit Gelbsucht einhergehende Infektionskrankheit (z.B. Feldfieber, Siebentagefieber) [< Leptospire und ...ose]

Ler|che ⟨f.11⟩ unscheinbar gefärbter, am Boden brütender Singvogel offener Landschaften (Feld~, Hauben~, Heide~)

Ler|chen|sporn ⟨m., -(e)s, nur Sg.⟩ (meist im Frühjahr blühendes) Mohngewächs lichter Laubwälder, dessen Blätter in einen Sporn auslaufen

Lern|ak|tiv ⟨n.1; DDR⟩ Arbeitsgemeinschaft von Schülern zur Vertiefung des Lehrstoffes außerhalb des Unterrichts

ler|nen ⟨V.1, hat gelernt⟩ I ⟨mit Akk.⟩ etwas l. 1 sich etwas mit dem Verstand, durch körperliche Übung aneignen; das Lesen, Schreiben, Reiten l.; laufen, schwimmen, Geige spielen l.; ein Handwerk l.; er hat Tischler gelernt ⟨ugs.⟩ er hat eine Lehre als Tischler durchlaufen; er hat bei seinem Lehrer etwas gelernt, hat viel gelernt 2 sich durch Lesen, Hören und Wiederholen etwas einprägen; Vokabeln l.; ein Lied l. 3 sich durch Erfahrung, Einsicht etwas zu eigen machen, die Richtigkeit von etwas erkennen und danach handeln; er muß l., Rücksicht zu nehmen, pünktlich zu sein; man lernt's nie! ⟨ugs.⟩; ich habe ihn schätzen gelernt II ⟨o.Obj.⟩ 1 sich Kenntnisse erwerben; er lernt leicht, schwer; fleißig l. 2 Schulaufgaben machen; er muß am Nachmittag noch l.; die Mutter lernt täglich mit ihm III ⟨refl.⟩ in Wendungen wie diese Sprache lernt sich leicht diese Sprache kann man leicht lernen; in der Jugend lernt es sich leichter in der Jugend kann man alles leichter lernen

Lern|ma|schi|ne ⟨f.11⟩ (mechanisches oder elektronisches) Hilfsmittel für den programmierten Unterricht

Lern|mit|tel ⟨n.5⟩ → Lehrmittel

Les|art ⟨f.10⟩ 1 vom ursprünglichen Text abweichende Fassung; die ~en eines literarischen Werkes zusammenstellen 2 Auslegung, Deutung; ich kenne eine andere L. dieses Begriffs

Les|be ⟨f.11; salopp⟩ → Lesbierin

Les|bie|rin ⟨[-bjə-] f.10⟩ homosexuelle Frau; Syn. ⟨salopp⟩ Lesbe [→ lesbisch]

les|bisch ⟨Adj.⟩ homosexuell; ~e Frau; sie ist l.; ~e Liebe Homosexualität zwischen Frauen [nach der griech. Insel Lesbos, auf der die Dichterin Sappho um 600 v.Chr. geboren wurde und wo sie den größten Teil ihres Lebens verbrachte; da sie sich mit einem Kreis junger Mädchen umgab, sagte man ihr (wahrscheinlich zu Unrecht) nach, sie betreibe Homoerotik]

Le|se ⟨f.11⟩ 1 Ernte (von Weintrauben; Trauben~, Spät~); Syn. ⟨schweiz.⟩ Wimmet 2 ⟨übertr.⟩ Auswahl (aus literarischen Werken) [zu lesen (II)]

Le|se|buch ⟨n.4⟩ Buch, das ausgewählte Texte für Schüler enthält

Le|se|früch|te ⟨f.2, Pl.⟩ durch Lesen erworbenes Wissen

Le|se|ge|rät ⟨n.1⟩ Gerät zum Lesen von Texten auf Mikrofilmen

le|sen ⟨V.79, hat gelesen⟩ I ⟨mit Akk. oder o.Obj.⟩ etwas l. 1 etwas (Geschriebenes) mit den Augen aufnehmen und mit dem Verstand verarbeiten, seinen Sinn verstehen; ein Buch, die Zeitung, einen Brief l.; Noten l.; ich kann seine Schrift gut, nur schlecht l.; ich kann Englisch l., aber nicht sprechen; das Kind kann schon l.; er liest gern 2 etwas (Geschriebenes) laut vortragen; der Schriftsteller XY liest heute abend eigene Gedichte, liest heute aus seinen Werken; Daten l. ⟨EDV⟩ Daten aus dem Datenspeicher entnehmen und darstellen 3 Vorlesungen (über etwas) halten; er liest (über) deutsche Literatur 4 (etwas) erkennen, schließen; ich kann in deinem Gesicht l. ich kann deine Gefühle an deinem Gesichtsausdruck erkennen; kannst du Gedanken l.?; ich lese aus seinem Brief einen Vorwurf II ⟨mit Akk.⟩ sammeln; Ähren l.; Trauben l. ernten III ⟨refl.⟩ sich l. gelesen werden können; das Buch liest sich leicht, gut; seine Schrift liest sich leicht, schwer [< mhd. lesen, < ahd. lesan 1 „zusammentragen, sammeln", unter Anlehnung an lat. legere „sammeln, lesen" auch „Geschriebenes mit den Augen sammeln"]

Le|ser ⟨m.5⟩ 1 jmd., der liest; er ist ein aufmerksamer L.; L. von Zeitungen, Zeitschriften usw. sein; die Jugendlichen L. unseres Buches 2 Teil einer elektronischen Datenverarbeitungsanlage, der Zeichen erfaßt und darstellt

Le|se|rat|te ⟨f.11; ugs., scherzh.⟩ jmd. (bes. Jugendlicher), der sehr viel liest

le|ser|lich ⟨Adj.⟩ so beschaffen, daß man es lesen kann; l. schreiben **Le|ser|lich|keit** ⟨f., nur Sg.⟩

Le|ser|schaft ⟨f., -, nur Sg.⟩ Gesamtheit der Leser (eines Buches, einer Zeitung o.ä.)

Le|se|zei|chen ⟨n.7⟩ etwas, das zur Markierung zwischen die Seiten eines Buches gelegt wird

Le|se|zir|kel ⟨m.5⟩ Unternehmen, das wöchentlich Mappen mit Zeitschriften an Abonnenten verleiht

Les|gin|ka ⟨f.9⟩ ein kaukasischer Tanz [nach dem Volksstamm der Lesgier]

Le|sung ⟨f.⟩ 1 lautes Vorlesen eines Textes (eines Schriftstellers oder im Gottesdienst) 2 Beratung eines Gesetzes im Parlament; die erste, zweite L.

le|tal ⟨Adj., o.Steig.; Med.⟩ zum Tode führend; ~e Dosis Menge eines Giftes, die zum Tode führt [< lat. letalis, Adverb letaliter „tödlich", zu letum „Tod"]

Le|ta|li|tät ⟨f., -, nur Sg.⟩ Sterblichkeit im Verhältnis zur Zahl der Erkrankten

L'état c'est moi ⟨[leta sɛ moa]⟩ Der Staat bin ich (Schlagwort des Absolutismus nach einem angeblichen Ausspruch Ludwigs XIV.) [frz.]

Le|thar|gie ⟨f., -⟩ 1 starke Schläfrigkeit (z.B. Schlafsucht) 2 ⟨übertr.⟩ Teilnahmslosigkeit, Trägheit [< griech. lethe „Vergessen, Aufhören" und argia „Untätigkeit, Trägheit", zu argos „untätig, träge, faul", eigentlich *a-ergos, aus a... „nicht" und ergon „Werk, Arbeit"]

le|thar|gisch ⟨Adj., o.Steig.⟩ 1 an Lethargie leidend 2 ⟨übertr., ugs.⟩ schläfrig, träge; ich bin heute so l.

Le|the ⟨o.Art.⟩ Vergessenheit; L. trinken [nach dem Strom der Unterwelt der griech. Sage, aus dem die Toten Vergessenheit trinken]

let|schert ⟨Adj., bayr.-österr.⟩ 1 lustlos, matt, ohne Stimmung; ein ~es Fest; ich bin heute so l. 2 geschmacklos, fade; eine ~e Soße [zu latschen]

Let|te ⟨m.11⟩ Einwohner von Lettland

Let|ten ⟨m.7⟩ Töpferton, Lehm

Let|ter ⟨f.11⟩ 1 gegossener Druckbuchstabe 2 der damit gedruckte Buchstabe [< frz. lettre „Buchstabe", < lat. lit(t)era „Buchstabe", wahrscheinlich über verschiedene nicht belegte Zwischenformen aus litum „Geschmiertes", zu linere „schmieren, anschmieren"]

let|tig ⟨Adj., o.Steig.⟩ tonhaltig, lehmhaltig [zu Letten]

lett|isch ⟨Adj., o.Steig.⟩ Lettland betreffend, zu ihm gehörig, aus ihm stammend; ~e Sprache eine baltische Sprache

Lett|ner ⟨m.5⟩ in mittelalterlichen Kirchen Schranke oder Trennwand zwischen Chor und Mittelschiff [< mhd. lettener, lectner, letter, Nebenformen von lecter „Chor der Kirche, Lesepult auf dem Chor", < mlat. lectorium „Lesepult", zu lat. legere „lesen"]

letz ⟨Adj.; alemann.⟩ verkehrt (herum)

let|ze|bur|gisch ⟨Adj., o.Steig.⟩; moselfränk.⟩ → luxemburgisch

let|zen ⟨V.1, hat geletzt; mit Akk.; †, poet.⟩ laben, erquicken [< mhd. letzen „erfrischen, mit einem Abschiedsgeschenk erfreuen", zu letze „Ende, Abschied, Abschiedsgeschenk"]

Letzt ⟨f.; nur in der Wendung⟩ zu guter L. am Ende, zuletzt

letz|tens ⟨Adv.⟩ 1 zum Schluß; drittens und l. 2 letzthin, kürzlich, neulich; als ich ihn l. traf

letz|te(r, -s) ⟨Adj., o.Steig.⟩ 1 den Abschluß der Reihe bildend; ich wäre der letzte, der ich das erzählen würde ihm erzähle ich das ganz sicher nicht; das letzte Haus in der Straße; die letzten Dinge die tiefsten Probleme; jmdm. die letzte Ehre erweisen jmds. Beerdigung beiwohnen; das ist das letzte Mal; die letzte Stunde ⟨geh.⟩ die Todesstunde; sein Letzter Wille sein Testament; als letzter ganz zum Schluß; bis auf den letzten Mann *ausnahmslos alle;* im letzten Moment *ganz zum Schluß;* in den letzten Zügen liegen ⟨ugs.⟩ *dem Tode nahe sein;* sich nach der letzten Mode kleiden *nach der neuesten Mode;* jmdn. zur letzten Ruhe tragen ⟨geh.⟩ *jmdn. beerdigen* **2** *restlich, übriggeblieben;* das letzte Geld; die letzten Vorräte **3** *äußerst;* das letzte Mittel; das ist doch die letzte Unverschämtheit; jmdm. das Letzte abverlangen; aus etwas das Letzte herausholen; bis aufs letzte *völlig;* bis ins letzte *genau, bis in alle Einzelheiten;* bis zum letzten gehen *das äußerste, stärkste Mittel anwenden* **4** *sehr schlecht, gering;* der Letzte in der Klasse *der Schüler mit der schlechtesten Leistung;* das ist doch das Letzte! ⟨ugs.⟩ *das ist äußerst minderwertig, das ist nicht zumutbar* **5** *gerade erst vergangen, vorig;* der letzte Urlaub, in der letzten Zeit

letz|te|re(r, -s) ⟨Adj., Komparativ zu letzte(r)⟩ *der, die, das Letztgenannte, zuletzt Erwähnte;* vgl. *erstere(r)*

letzt|ge|nannt ⟨Adj., o.Steig.; nur als Attr.⟩ *zuletzt genannt*

letzt|hin ⟨auch [-hɪn]; Adv.⟩ *kürzlich, neulich*

letzt|jäh|rig ⟨Adj., o.Steig.⟩ *vom letzten Jahr stammend*

letzt|lich ⟨Adv.⟩ *im letzten Grunde, im eigentlichen Sinne;* das kommt l. auf dasselbe heraus; er hat l. doch recht

letzt|wil|lig ⟨Adj., o.Steig.⟩ *als letzter Wille;* ~e Verfügung; er hat l. verfügt

Leu I ⟨m.10; poet.⟩ *Löwe;* man soll den L. nicht reizen ⟨übertr.⟩ *man soll jemanden, der Macht hat oder einem schaden oder Unannehmlichkeiten bereiten kann, nicht reizen* [< lat. *leo* ,,Löwe"] II ⟨m., -, Lei; Abk.l⟩ *rumänische Währungseinheit, 100 Bani* [rumän., eigtl. ,,Löwe", nach dem früher auf der Münze dargestellten Löwen]

Leucht|dich|te ⟨f., -, nur Sg.⟩ *von 1 cm² Fläche in eine bestimmte Richtung ausgestrahlter Leuchtstrom (gemessen in Candela);* Syn. ⟨†⟩ *Stilb*

Leuch|te ⟨f.11⟩ **1** *Lampe (Decken~)* **2** *Gegenstand, mit dem man Licht geben kann* (z.B. *Kerze, Fackel, Taschenlampe*) **3** *großer Könner, großer Geist;* er ist keine L.; eine L. der Wissenschaft

leuch|ten ⟨V.2, hat geleuchtet⟩ I ⟨o.Obj.⟩ **1** *Licht aussenden;* die Sterne l.; die Sonne leuchtet **2** *Strahlen aussenden;* ein Licht leuchtet durchs Dunkel; ihre Augen leuchten; sein Licht l. lassen ⟨übertr., scherzh.⟩ *seine Kenntnisse, Klugheit zum Ausdruck bringen, zur Schau stellen;* ein ~des Beispiel, Vorbild *ein ganz bes. gutes Beispiel, Vorbild* **3** *Licht zurückstrahlen;* . der See leuchten in der Sonne; die Fenster l. im Abendrot; die Gelb **4** *mit einer Lichtquelle Helligkeit verbreiten, eine Lichtquelle (auf etwas) richten;* in alle Ecken l. (um etwas zu finden); jmdm. ins Gesicht l. (um etwas zu erkennen) II ⟨mit Dat.⟩ jmdm. l. *jmdm. den Weg erhellen;* jmdm. mit der Taschenlampe (auf der Treppe) l.

Leuch|ter ⟨m.5⟩ *Halter für Kerzen oder Glühbirnen*

Leucht|far|be ⟨f.11⟩ → *Leuchtstoff*

Leucht|feu|er ⟨n.5⟩ *Lichtzeichen für die Navigation von Schiffen und Flugzeugen bei Nacht;* Syn. *Blüse*

Leucht|gas ⟨n.1⟩ *aus Steinkohle gewonnenes Gasgemisch;* Syn. *Stadtgas*

Leucht|kä|fer ⟨m.5⟩ *Käfer, der mit in Drüsen gebildeten Stoffen ein kaltes Licht erzeugt;* Syn. *Glühwürmchen*

Leucht|kraft ⟨f., -, nur Sg.⟩ **1** *leuchtende Wirkung,* Farben mit hoher, geringer L. **2** ⟨Astron.⟩ *Energie, die pro Sekunde von einem Stern abgestrahlt wird*

Leucht|mu|ni|ti|on ⟨f., -, nur Sg.⟩ *mit Leuchtsatz versehener Körper, der zum Erhellen von Gelände, zur Markierung von Zielen und als Signal verschossen oder abgeworfen wird*

Leucht|öl ⟨n., -(e)s, nur Sg.⟩ → *Petroleum*

Leucht|röh|re ⟨f.11⟩ *(für Lichtreklame verwendete) Gasentladungsröhre mit Gasfüllung*

Leucht|satz ⟨m.2⟩ *hell leuchtend verbrennendes Gemisch verschiedener Stoffe (für Leuchtmunition u.a.)*

Leucht|schirm ⟨m.1⟩ *fluoreszierender Teil des Röntgenapparates*

Leucht|spur|mu|ni|ti|on ⟨f., -, nur Sg.⟩ *Munition mit Leuchtsatz, die eine Beobachtung der Flugbahn ermöglicht*

Leucht|stoff ⟨m.1⟩ *(durch Fluoreszenz oder Phosphoreszenz) auftreffende Strahlung in sichtbare Eigenstrahlung umwandelnder Stoff;* Syn. *Leuchtfarbe, Luminophor*

Leucht|stoff|lam|pe ⟨f.11⟩ *Beleuchtungskörper für Netzwechselstrom mit einer Gasentladungsröhre*

Leucht|stoff|röh|re ⟨f.11⟩ *mit Hochspannung betriebene Leuchtröhre, die mit Leuchtstoff beschichtet ist*

Leucht|turm ⟨m.2⟩ *turmartiges Gebäude mit Leuchtfeuer*

Leucht|zif|fer ⟨f.11⟩ *mit Leuchtstoff beschichtete Ziffer (einer Uhr u.a.)*

Leu|cit ⟨m.1⟩ *weißliches Mineral, ein Feldspat;* auch: *Leuzit* [< griech. *leukos* ,,weiß"]

leug|nen ⟨V.2, hat geleugnet⟩ I ⟨mit Akk.⟩ etwas l. *die Wahrheit, das Vorhandensein von etwas bestreiten, erklären, daß etwas nicht wahr, nicht vorhanden sei;* Syn. *abstreiten;* die Existenz einer Sache, die Existenz Gottes l.; er leugnet seine Schuld; eine Tat l. *erklären, daß man eine Tat nicht begangen habe;* er leugnet, daß es so gewesen sei; ich kann es nicht ⟨ugs.⟩ *ich muß es zugeben;* du wirst doch nicht l., daß ... II ⟨o.Obj.⟩ *etwas bestreiten, etwas nicht zugeben;* er leugnet hartnäckig, mit anfänglichem Leugnen gestand er seine Schuld

Leuk|ämie ⟨f.11⟩ *krankhafte Vermehrung der weißen Blutkörperchen* [< griech. *leukos* ,,weiß" und *haima* ,,Blut"]

leuk|ämisch ⟨Adj., o.Steig.⟩ *an Leukämie leidend*

Leu|ko|der|ma ⟨n., -s, -men⟩ **Leu|ko|der|mie** ⟨f.11⟩ *Weißfleckigkeit der Haut infolge Verlusts von Pigment* [< griech. *leukos* ,,weiß" und *derma* ,,Haut"]

Leu|kom ⟨n.1⟩ *weißer Fleck auf der Hornhaut des Auges (Narbe eines Hornhautgeschwürs)* [< griech. *leukos* ,,weiß" und Endsilbe *-om* zur Bez. krankhaften Wachstums]

Leu|ko|pe|nie ⟨f.11⟩ *abnorme Verminderung der weißen Blutkörperchen* [< griech. *leukos* ,,weiß" und *penia* ,,Mangel"]

Leu|ko|plast I ⟨m.10⟩ *(meist Stärke bildendes) farbloses Körperchen der Pflanzenzelle* II ⟨n.1; Wz.⟩ *ein Heftpflaster* [< griech. *leukos* ,,weiß" und *plastos* ,,gebildet, geformt"]

Leu|kor|rhö ⟨f.10⟩, **Leu|kor|rhoe** [-rø] ⟨f.11⟩ *weißlicher Ausfluß bei Gebärmutterzündung;* Syn. *Weißfluß* [< griech. *leukos* ,,weiß" und *rhoos, rhous* ,,Fließen, Strömen, Fluß"]

Leu|ko|to|mie ⟨f.11⟩ *chirurgischer Eingriff in die weiße Gehirnsubstanz bei gewissen chronischen Geisteskrankheiten;* Syn. *Lobotomie* [< griech. *leukos* ,,weiß" und *tome* ,,Schnitt"]

Leu|ko|zyt ⟨m.10⟩ *weißes Blutkörperchen* [< griech. *leukos* ,,weiß" und *kytos* ,,Höhlung, Gefäß, Zelle"]

Leu|ko|zy|to|se ⟨f.11⟩ *Vermehrung der weißen Blutkörperchen als Abwehrreaktion gegen entzündliche und infektiöse Vorgänge im Körper* [< *Leukozyt* und *...ose*]

Leu|mund ⟨m., -(e)s, nur Sg.⟩ *Ruf, Nachrede;* einen guten, schlechten L. haben [< mhd. *liumunt, liumt, liumde* ,,Ruf, Ruhm", < ahd. *hliumunt, liument* ,,Ruf, Gerücht", zu got. *hliuma* ,,Gehör"]

Leut|chen ⟨nur Pl.; Verkleinerungsform von⟩ *Leute;* alte L.; die paar L.; L., kommt doch mal alle her!

Leu|te ⟨nur Pl.⟩ **1** *Menschen;* alte, junge L.; die jungen L. *das junge Ehepaar (in einer Familie);* die beiden jungen L.; viele L. sind gekommen; die Meinung der L.; dann sind wir geschiedene L. ⟨übertr.⟩ *dann will ich dich nie mehr sehen;* in kleinen L. *Menschen, die in bescheidenen Verhältnissen leben;* die L. reden über dich *es wird über dich geklatscht;* es ist ja nicht wie bei armen ~n ⟨ugs., scherzh.⟩ *wir können es uns leisten;* ich komme wenig unter L. *ich treffe wenige Menschen, habe wenige Bekannte;* dafür sorgen, daß etwas unter die L. kommt ⟨ugs.⟩ *daß etwas bekannt wird;* Geld unter die L. bringen ⟨scherzh.⟩ *Geld ausgeben;* eine Neuigkeit unter die L. bringen ⟨ugs.⟩ *bekannt machen;* Ware unter die L. bringen ⟨ugs.⟩ *verkaufen* **2** *Einwohner, Bewohner;* Land und L. **3** ⟨ugs.⟩ *Arbeitskräfte, Untergebene;* es fehlen L.; der Graf und seine L. **4** ⟨ugs.⟩ *Familienangehörige;* er fährt jedes Wochenende zu seinen ~n

...leu|te (in bestimmten Zus.) *Pl. von Mann,* z.B. Hauptleute, Seeleute, Kaufleute

Leu|te|schin|der ⟨m.5⟩ *jmd., der Untergebene schlecht behandelt und ausnutzt*

Leut|nant ⟨m.9, auch m.1⟩ **1** ⟨nur Sg.⟩ *unterster Offiziersrang* **2** *Offizier in diesem Rang* [< frz. *lieutenant* ,,Stellvertreter, Statthalter;* Leutnant; < *lieu* ,,Platz, Stelle, Ort" und *tenant* ,,haltend"]

Leut|prie|ster ⟨m.5; †⟩ → *Weltgeistlicher*

leut|se|lig ⟨Adj.⟩ *wohlwollend-freundlich, herablassend-freundlich (bes. gegenüber Untergebenen oder einfachen Leuten);* er gibt sich l. **Leut|se|lig|keit** ⟨f., -, nur Sg.⟩

Leu|wa|gen ⟨m.7; norddt.⟩ *Schrubber* [vielleicht < nddt. *loi* ,,faul" (wegen des bequemen Stiels) oder zu nddt. *leiden, leien* ,,führen"]

Leu|zit ⟨m.1⟩ → *Leucit*

Le|va|de ⟨f.11; Hohe Schule⟩ *Aufrichten des Pferdes auf der Hinterhand;* Syn. *Pesade* [< frz. *lever* ,,in die Höhe heben, aufrichten", < lat. *levare* ,,aufheben"]

Le|van|te ⟨f., -, nur Sg.⟩ *die Länder um das östliche Mittelmeer* [< ital. *levante* ,,Teil des Mittelmeers östlich von Italien, Teil des Horizontes, wo die Sonne aufgeht, Osten" zu *levarsi* ,,sich erheben"]

Le|van|tin ⟨f., -, nur Sg.⟩ *ein Seiden-, Halbseiden- oder Kunstfasergewebe* [frz., zu *Levante*]

Le|van|ti|ner ⟨m.5⟩ **1** *Einwohner eines der Länder der Levante* **2** *Abkömmling eines europäischen und eines orientalischen Elternteils*

Le|vée [ləve] ⟨f.9; früher⟩ *Aushebung (von Rekruten)* [< frz. *levée* ,,Erhebung"]

Le|vel ⟨m.9⟩ *Stufe, Ebene, Niveau* [engl.]

Le|ver [ləve] ⟨n.9⟩ *Morgenempfang (bei einem Fürsten);* eigtl. *Empfang beim Aufstehen,* < frz. *se lever* ,,aufstehen, sich erheben"]

Le|vi|a|than ⟨m., -s, nur Sg.⟩ **1** ⟨im AT⟩ *Meerungeheuer, Drache* **2** ⟨allg.⟩ *Ungeheuer, Riesenschlange* **3** *Maschine zum Waschen von Rohwolle* [< hebr. *liwjāthan,* eigtl. ,,gewundenes oder windungsreiches Tier", zu hebr. *liwjā* ,,Gewinde, Kranz"]

Le|vi|rat ⟨n.1⟩, **Le|vi|rats|ehe** ⟨f.11; bei Israeliten und Naturvölkern⟩ *Ehe mit der Frau des kinderlos gestorbenen Bruders* [< lat. *levir* ,,Schwager (Bruder des Mannes)"]

Le|vit ⟨m.10⟩, **Le|vi|te** ⟨m.11⟩ **1** *Angehöriger eines israelitischen Stammes* **2** *jüdischer Priester* **3** *Diakon bzw. Subdiakon als Helfer des Priesters beim Hochamt*

Le|vi|ten ⟨Pl.; in der Wendung⟩ jmdm. die L. lesen *jmdn. energisch zurechtweisen* [im 5.

Levitikus

Buch Mosis des AT wird den Priestern geboten, alle sieben Jahre die Gesetze aus dem *Levitikus*, dem 3. Buch Mosis, öffentlich vorzulesen

Le|vi|ti|kus ⟨m., -, nur Sg.⟩ *das dritte Buch Mosis*

Lev|ko|je ⟨f.11⟩ *(meist rötlich oder weiß blühender) Kreuzblütler mit graufilzig behaarten Blättern, Zierpflanze* [< griech. *leukoion* „weißes Veilchen", < *leukos* „weiß" und *ion* „Veilchen", wegen des Duftes]

Lew ⟨[lɛf] m., -s, Le|wa; Abk.: Lw⟩ *bulgarische Währungseinheit, 100 Stotinki*

Lex ⟨f., -, Pl. Le|ges [-ge:s]⟩ *Gesetz, Gesetzesantrag* [lat.]

Le|xem ⟨n.1⟩ **1** *inhaltlicher Bestandteil eines Lexikons* **2** *die Bedeutung tragende Einheit des Wortschatzes*

Le|xe|ma|tik ⟨f., -, nur Sg.⟩ *Lehre von den Lexemen*

le|xi|gra|phisch ⟨Adj.⟩ = *lexikographisch*

Le|xik ⟨f.10⟩ *Wortschatz (einer Sprache oder Fachsprache)*

Le|xi|ka ⟨Pl. von⟩ *Lexikon*

le|xi|ka|lisch ⟨Adj., o.Steig.⟩ *in der Art eines Lexikons, zu einem Lexikon gehörig;* ~e *Einheit; ein Wissensgebiet l. darstellen*

Le|xi|ko|gra|phie ⟨f.11⟩ *Lehre von den Lexika, Erarbeitung von Lexika* [< *Lexikon* und *...graphie*]

le|xi|ko|gra|phisch ⟨Adj., o.Steig.⟩ *die Lexikographie betreffend, auf ihr beruhend; auch: lexigraphisch*

Le|xi|ko|lo|gie ⟨f., -, nur Sg.⟩ **1** *Lehre von der Erarbeitung von Lexika, Lexikonkunde* **2** ⟨auch⟩ *Wortlehre* **3** ⟨zusammenfassende Bez. für⟩ *Etymologie, Semantik und Wortbildungslehre* [< *Lexikon* und *...logie*]

Le|xi|kon ⟨n., -s, -ka oder -ken⟩ **1** *alphabetisch geordnetes Nachschlagewerk* **2** ⟨früher auch⟩ *Wörterbuch* [< griech. *lexikon* (*biblion*) „Wörterbuch", zu *lexis* „Wort", zu *legein* „sagen, sprechen, erklären"]

le|xisch ⟨Adj., o.Steig.⟩ *zur Lexik gehörend, sie betreffend*

Le|xo|thek ⟨f.10⟩ *im Computer gespeichertes Material eines Lexikons oder für Lexika, das nach Bedarf abgerufen werden kann* [< *Lexem* und griech. *theke* „Behältnis", nach Bibliothek u.ä. gebildet]

Le|zi|thin ⟨n.1⟩ = *Lecithin*

lfd. m., lfm. ⟨Abk. für⟩ *laufendes Meter*

lfd. Nr. ⟨Abk. für⟩ *laufende Nummer*

lfr. ⟨Abk. für⟩ *luxemburgischer Franc*

lg ⟨Zeichen für⟩ *dekadischer Logarithmus* (→ *Logarithmus*)

L'hom|bre ⟨[lɔ̃brə] n., -s, nur Sg.; frz. Schreibung von⟩ *Lomber*

Li[1] ⟨chem. Zeichen für⟩ *Lithium*

Li[2] ⟨n., -, -⟩ *altes chinesisches Längenmaß, 644,4 m*

Li|ai|son ⟨[liezɔ̃] f.9⟩ **1** *Liebesverhältnis; eine L. (mit jmdm.) eingehen* **2** *enge Bindung, Verbindung, Zusammenarbeit; die L. zwischen zwei Staaten* **3** *Aussprache eines sonst stummen Auslautes bei enger Verbindung zum folgenden Wort, z.B. des n in frz. un homme* ⟨ɶnɔm⟩ [frz., zu *lier* „binden, verbinden", → *liieren*]

Lia|ne ⟨f.11⟩ *Pflanze mit (dünnen) Stengeln, die an einer Stütze emporklettert (z.B. bestimmte Urwaldpflanzen)* [< normann. *liane*, dazu mundartlich *liorne* < frz. *lier* „verbinden" und mundartlich *viorne* < lat. *viburnum* „Schlingbaum", dieses < lat. *viburnum* „Schlingbaum, Schneeball, Mehlbeerbaum"]

Li|as ⟨m. oder f., -, nur Sg.⟩ *untere Abteilung des Juras;* Syn. *Schwarzjura* [entweder < engl. *lias*, einem Ausdruck der Steinbrucharbeiter für flache Steine, vielleicht < engl. *layers* „Schichten", oder < frz. *liais* „harter, feinkörniger Kalkstein"]

li|as|sisch ⟨Adj., o.Steig.⟩ *zum Lias gehörig, aus ihm stammend*

Li|ba|ne|se ⟨m.11⟩ *Einwohner des Libanons*

Li|ba|ti|on ⟨f.10⟩ *altrömisches Trankopfer für Götter oder Verstorbene* [< lat. *libatio*, Gen. *-onis*, „Trankopfer", zu *libare* „ausgießen, beim Opfern benetzen, opfern"]

Li|bell ⟨n.1⟩ **1** ⟨im alten Rom⟩ *Klageschrift* **2** *Schmähschrift* [< lat. *libellus* „kleine Schrift, Büchlein, Klage-, Schmähschrift", Verkleinerungsform von *liber* „Buch"]

Li|bel|le ⟨f.11⟩ **1** *räuberisches Insekt mit durchsichtigen Flügeln, großen Augen und langem, schlankem Körper;* Syn. *Wasserjungfer* **2** *Glasröhrchen der Wasserwaage* **3** *eine gebogene Haarspange* [< lat. *libella* „kleine Waage", zu *libra* „Waage, Wasserwaage"; das Tier wurde wegen seiner Fähigkeit, mit waagerecht gespannten Flügeln schwirrend an einer Stelle in der Luft zu verweilen, so genannt]

Li|bel|list ⟨m.10⟩ *Verfasser eines Libells*

Li|ber ⟨n.5; schweiz.⟩ *Fünffrankenstück* [< lat. *libra* „Waage"; das Gewogene"; römisches Pfund"]

li|be|ral ⟨Adj.⟩ *freiheitlich gesinnt, vorurteilsfrei, nach freier Gestaltung des Lebens strebend;* Syn. *freisinnig,* Ggs. *illiberal* [< lat. *liberalis* „zur Freiheit gehörig, freiheitlich", zu *liber* „frei; freier Mensch"]

li|be|ra|li|sie|ren ⟨V.3, hat liberalisiert; mit Akk.⟩ *liberal gestalten, freier gestalten; die Erziehung, den Unterricht l.* **Li|be|ra|li|sie|rung** ⟨f., -, nur Sg.⟩

Li|be|ra|lis|mus ⟨m., -, nur Sg.⟩ *Welt-, Staats- und Wirtschaftsanschauung, die die freie Entfaltung der Persönlichkeit, das freie Spiel der Kräfte und die Lösung des einzelnen aus religiösen, politischen und anderen Bindungen erstrebt;* Syn. *Freisinn*

Li|be|ra|li|tät ⟨f., -, nur Sg.⟩ *Freiheitlichkeit, Vorurteilslosigkeit;* Ggs. *Illiberalität*

Li|be|ra|li|um Ar|ti|um Ma|gi|ster ⟨m., - -, nur Sg.; im MA⟩ *Magister der Freien Künste (akademischer Titel)*

Li|be|ra|ti|on ⟨f.10; †⟩ *Befreiung, Entlastung*

Li|be|ro ⟨m.9; Fußb.⟩ *Abwehrspieler, der auch im Angriff mitspielen kann, freier Verteidiger* [ital., „frei; freier Mann", < lat. *liber* „frei"]

Li|ber|tät ⟨f., -, nur Sg.⟩ *Freiheit,* ⟨früher bes.⟩ *ständische Freiheit*

Li|ber|té, Éga|li|té, Fra|ter|ni|té [-te] *Freiheit, Gleichheit, Brüderlichkeit (Schlagwort der Französischen Revolution)*

Li|ber|tin ⟨[-tɛ̃] m.9; †⟩ **1** *Freigeist* **2** *ausschweifender, zügelloser Mensch* [frz., < lat. *libertinus* „Freigelassener", zu *libertus* „freigelassen", zu *liber* „frei"]

Li|ber|ti|na|ge ⟨[-ʒə] f., -, nur Sg.; †⟩ *Leichtfertigkeit, Zügellosigkeit*

Li|ber|ti|ner ⟨m.5⟩ **1** ⟨im 1. Jahrhundert⟩ *Angehöriger einer aus römischen Freigelassenen bestehenden Synagogengemeinde in Jerusalem* **2** ⟨Reformationszeit⟩ *Anhänger einer freien Geistesrichtung, Freigeist*

Li|ber|ti|nis|mus ⟨m., -, nur Sg.⟩ *Zügellosigkeit, Liederlichkeit*

Li|be|rum ar|bi|tri|um ⟨n., - -, nur Sg.⟩ *freies Ermessen, freier Entschluß, Willensfreiheit* [lat.]

Li|bi|di|nist ⟨m.10⟩ *sexuell triebhafter Mensch* [zu *Libido*]

li|bi|di|nös ⟨Adj.⟩ *triebhaft, auf Libido beruhend*

Li|bi|do ⟨auch [-bi-] f., -, nur Sg.⟩ *Geschlechtstrieb, Geschlechtsbegierde* [< lat. *libido* „Lust, Verlangen, Begierde", zu *libet* „es beliebt, es ist gefällig", zu *libere* „belieben"]

Li|bra ⟨f.9⟩ **1** *altrömisches Gewicht* **2** ⟨früher in spanisch sprechenden Ländern⟩ *Gewichtseinheit, Pfund, 460 g* [lat., „Waage, das Gewogene"]

Li|bra|ti|on ⟨f.10⟩ *scheinbare Drehung der von der Erde aus sichtbaren Oberfläche des Mondes* [< lat. *libratio*, Gen.*-onis*, „das Abwägen", → *Libra*]

Li|bret|tist ⟨m.10⟩ *Verfasser eines Librettos*

Li|bret|to ⟨n.9⟩ *Text zu einer Oper oder Operette* [< ital. *libretto* „Büchlein, Operntext", Verkleinerungsform von *libro* < lat. *liber*, Gen. *libri*, „Schriftstück, Buch"]

Li|by|er ⟨m.5⟩ *Einwohner von Libyen*

li|bysch ⟨Adj., o.Steig.⟩ *Libyen betreffend, zu ihm gehörig, aus ihm stammend*

Lic. ⟨Abk. für⟩ *Licentiat;* vgl. *Lizentiat*

li|cet *es ist erlaubt, es steht frei* [lat.]

Li|chen ⟨m.7⟩ **1** *stark juckende Hautkrankheit, Knötchenflechte;* **2** ⟨Bot.⟩ → *Flechte* (2) [< lat. *lichen*, griech. *leichen* „Flechte", im Griech. eigtl. „Lecker", zu *leichein* „lecken, züngeln"; man sah wohl die Flechte wie eine leckende, züngelnde Flamme ausbreitet]

li|che|no|id ⟨Adj., o.Steig.; Med.⟩ *flechtenartig* [< *Lichen* und *...oid*]

Li|che|no|lo|gie ⟨f., -, nur Sg.⟩ *Wiss. von den Flechten* [< *Lichen* und *...logie*]

licht ⟨Adj.⟩ **1** *hell, erhellt; ein* ~er *Raum* **2** ⟨bei Farben⟩ ~es *Grün* **3** *hell und klar; in* ~en *Höhen* **4** *klaren Geistes, mit Bewußtsein; in* ~en *Augenblicken erkennt man der Kranke, spärlich;* ~es *Haar;* ~e *Stellen* **5** ⟨o.Steig.⟩ *die Abstände zwischen den inneren Begrenzungen eines Raumes, Tores, Rohrs o.ä. betreffend;* ~e *Höhe;* ~e *Weite*

Licht I ⟨n.3⟩ **1** ⟨nur Sg.⟩ *etwas, das Helligkeit verbreitet; ein schwaches, starkes L.; das L. der Welt erblicken* ⟨poet.⟩ *geboren werden; das wirft ein schlechtes L. auf ihn das schadet seinem Ansehen; L. in etwas bringen eine Sache aufklären; jmdn. hinters L. führen jmdn. täuschen; jmdn. ins falsche L. rücken, setzen jmdn. verleumden; etwas im rosigsten L. darstellen etwas sehr positiv schildern; jetzt erscheint die Sache in einem milderen L.; jetzt erscheint sie nicht mehr als so schlimm* **2** ⟨kurz für⟩ *Tageslicht; ein L. scheuen etwas zu verbergen haben; etwas ans L. bringen etwas (Verborgenes) aufdecken; ans L. kommen offenbar werden; bei* ~e *besehen bei genauer Betrachtung* **3** *Lichtquelle, Lampe, Beleuchtung; das L. anschalten; offenes L. offene Flamme;* der ~er *am Großstadt (am Abend); da gehen die* ~er *aus* ⟨übertr., ugs.⟩ *da sieht es düster aus; jetzt geht mir ein L. auf* ⟨übertr.⟩ *jetzt verstehe ich es* **4** ⟨übertr.⟩ *jmd. mit großen geistigen Fähigkeiten; er ist kein großes L.* **5** *geistige Fähigkeiten, Wissen; sein L. leuchten lassen sein Wissen zeigen; sein L. unter den Scheffel stellen seine Fähigkeiten nicht zeigen* **6** ⟨Jägerspr.; beim Haarwild⟩ *Auge* **II** ⟨n.1; †, noch geh.⟩ *Kerze; die* ~e *am Weihnachtsbaum, auf dem Geburtstagstisch anstecken*

Licht|bad ⟨n.4⟩ *Anwendung von natürlichem oder künstlichem Licht zu Heilzwecken (Kopf~)*

Licht|be|hand|lung ⟨f.10⟩ *Behandlung mit Lichtbädern*

Licht|bild ⟨n.3⟩ **1** → *Fotografie* (2) **2** *Diapositiv; Vortrag mit* ~ern

licht|blau ⟨Adj., o.Steig.⟩ *hellblau*

Licht|blick ⟨m.1⟩ *schönes, tröstliches, aufmunterndes Ereignis in schlechter Gesamtlage*

Licht|bo|gen ⟨m.7⟩ *mit Lichterscheinungen verbundene elektrische Entladung*

Licht|druck ⟨m.1⟩ **1** ⟨nur Sg.⟩ *Reproduktions- und Druckverfahren (bes. für die farbige Wiedergabe von Gemälden)* **2** *nach diesem Verfahren hergestellte Reproduktion* **3** ⟨nur Sg.⟩ *Strahlungsdruck des Lichtes*

Lich|te ⟨f., -⟩ *lichte Weite*

licht|echt ⟨Adj., o.Steig.⟩ *widerstandsfähig gegen Lichteinwirkung, sich unter Lichteinwirkung farblich nicht verändernd*

licht|elek|trisch ⟨Adj., o.Steig.⟩ *bei Bestrahlung mit Licht Elektronen auslösend;* ~er *Effekt*

licht|emp|find|lich ⟨Adj.⟩ **1** empfindlich gegen Licht; ~e Augen **2** ⟨bei chem. Verbindungen⟩ sich durch Einwirkung von Licht zersetzend

Licht|emp|find|lich|keit ⟨f., -, nur Sg.⟩ **1** das Lichtempfindlichsein **2** ⟨Fot.⟩ Reagieren (eines Filmes) auf Belichtung; hohe L.

lich|ten[1] ⟨V.2, hat gelichtet⟩ **I** ⟨mit Akk.⟩ etwas l. lichter, weniger dicht machen, den Bestand von etwas verringern; Wald, Unterholz l. **II** ⟨refl.⟩ sich **1** weniger werden; die Vorräte l. sich; die Bäume l. sich es stehen immer weniger Bäume da (je weiter man kommt); der Nebel lichtet sich; die Reihen der Mitarbeiter haben sich gelichtet es sind viele ausgeschieden **2** überschaubar werden; die Schwierigkeiten l. sich allmählich; das Durcheinander lichtet sich ⟨zu Licht⟩

lich|ten[2] ⟨V.2, hat gelichtet; mit Akk.; Seew.⟩ nur in der Wendung⟩ den Anker l. den Anker heben, hochziehen ⟨zu licht⟩

Lich|ter ⟨m.5⟩ →Leichter

Lich|ter|baum ⟨m.2⟩ Weihnachtsbaum

Lich|ter|fest ⟨n.1⟩ achttägiges jüdisches Fest im Dezember

lich|ter|loh ⟨Adj., o.Steig.; nur als Attr. und Adv.⟩ mit hellen, hohen Flammen; das Haus brannte l.

Lich|ter|meer ⟨n.1⟩ große Menge von Lichtern; bes. in der Großstadt

lich|tern ⟨V.1, hat gelichtert⟩ →leichtern

Licht|ga|den ⟨m.7⟩ Fensterwand im Mittelschiff der Basilika

licht|grün ⟨Adj., o.Steig.⟩ hellgrün

Licht|hof ⟨m.2⟩ **1** sehr enger Hof (innerhalb eines Gebäudekomplexes) **2** Lichtschein um Sonne und Mond **3** überbelichtete Stelle (einer Fotografie)

Licht|holz ⟨n.4⟩ Baum, der bereits in der Jugendentwicklung viel Licht braucht; Ggs. Schattenholz

Licht|hu|pe ⟨f.11⟩ Scheinwerfersignal (des Kraftfahrers)

Licht|jahr ⟨n.1; Abk.: Lj.⟩ astronomische Entfernungseinheit, Strecke, die das Licht in einem Jahr zurücklegt

Licht|ma|schi|ne ⟨f.11; beim Kfz⟩ vom Motor angetriebener Generator zum Nachladen der Batterie

Licht|meß ⟨o.Art., o.Dekl.⟩ Mariä L. katholisches Fest am 2. Februar; an, zu L.

Licht|nel|ke ⟨f.11⟩ ⟨rot oder weiß blühendes⟩ Nelkengewächs

Licht|or|gel ⟨f.11⟩ verschiedenfarbige Lampen, die je nach Rhythmus und Lautstärke der Musik aufleuchten (meist in Diskotheken benutzt)

Licht|pau|se ⟨f.11⟩ auf fotografischem Wege hergestellte Kopie

Licht|putz|sche|re ⟨f.11; früher⟩ Schere mit daran befestigtem kleinem Behälter zum Beschneiden von Kerzendochten; Syn. Schneuze

Licht|quant ⟨n.12⟩ →Photon

Licht|quel|le ⟨f.11⟩ Gegenstand, der Licht ausstrahlt, Beleuchtungskörper; eine Kerze als einzige L.

Licht|satz ⟨m., -es, nur Sg.⟩ Schriftsetzverfahren, bei dem der Aufbau der Buchstaben durch einen punktförmigen Licht- oder Laserstrahl erfolgt

Licht|schacht ⟨m.2⟩ schmaler, durch die Umfassungsmauer gesicherter Schacht zur Belichtung von tiefliegenden Kellern

licht|scheu ⟨Adj.⟩ **1** das Tageslicht meidend; ~es Tier **2** ⟨übertr.⟩ die Öffentlichkeit meidend; ~es Gesindel

Licht|schran|ke ⟨f.11⟩ gebündelter Lichtstrahl, der in eine Photozelle fällt und dessen Unterbrechung eine elektrische Reaktion auslöst (Alarmeinrichtung)

Licht|sei|te ⟨f., -, -n⟩ schöne, angenehme Seite, Sonnenseite; Ggs. Schattenseite; die L. des Lebens

Licht|spiel ⟨n.1; †⟩ →Film

Licht|spiel|haus ⟨n.4; †, nur noch als Firmenbezeichnung⟩, **Licht|spiel|thea|ter** ⟨n.5; †⟩ →Kino

Licht|stär|ke ⟨f., -, nur Sg.⟩ **1** Quadrat des Verhältnisses von Blendendurchmesser zu Brennweite einer Linse **2** der auf einen bestimmten Raumwinkel bezogene Lichtstrom

Licht|strom ⟨m., -(e)s, nur Sg.⟩ Strahlungsleistung einer Lichtquelle

Licht|tech|nik ⟨f.10⟩ technische Erzeugung und Anwendung von Licht

Licht|ton|ver|fah|ren ⟨n.7⟩ Verfahren, Helligkeitsschwankungen in hörbare Schwingungen umzusetzen

Lich|tung ⟨f.10⟩ baumfreie kleine Fläche in einem geschlossenen Waldbestand ⟨zu lichten[1]⟩

licht|voll ⟨Adj.; übertr., meist iron.⟩ klar, deutlich, Kenntnisse vermittelnd; ~e Äußerungen

Licht|wen|dig|keit ⟨f., -, nur Sg.⟩ →Phototropismus

Lic. theol. ⟨Abk.für⟩ Licentiatus theologiae; vgl. Lizentiat (1)

Lid ⟨n.3⟩ bewegliche Hautplatte, die das Auge gegen Licht, Austrocknung und Fremdkörper schützt; Syn. Augenlid, ⟨volkstüml.⟩ Augendeckel

Lid|krampf ⟨m.2⟩ krampfartiges Geschlossenhalten der Augenlider (bei Erkrankungen im Kopfbereich)

Li|do ⟨m.9⟩ schmale Landzunge, die ein Flachwassergebiet an der Küste vom offenen Meer trennt [< ital. lido „Strand, Landzunge parallel der Küste", < lat. litus „Meeresufer, Küstenstreifen, Strand"]

Lid|schat|ten ⟨m.7⟩ Schminke für das Augenlid, um das Auge zu betonen

lieb ⟨Adj.⟩ **1** liebevoll, warm und herzlich; ein ~er Kerl; ein ~es Wort; bist du **2** liebenswert, anziehend; ein ~es Gesicht; ~ aussehen **3** geliebt, wert, teuer; deine ~e Frau; ~es Geld; seine ~en Verwandten **4** angenehm, willkommen; ~er Besuch; ~e Gäste; es wäre mir l., wenn ... ich hätte es gerne; das ist sehr l. von Ihnen **5** freundlich, liebenswürdig **6** ⟨Pl. m. und f. in Verbindung mit dem Possessivpron.⟩ alle meine ~n meine Angehörigen; grüße deine ~n von mir

Lieb ⟨n., -s, nur Sg.; poet.⟩ Geliebte, Geliebter

lieb|äu|geln ⟨V.1, hat liebgeäugelt; mit Präp.obj.⟩ **1** mit etwas l. sich mit dem Gedanken, der Absicht beschäftigen, etwas zu kaufen oder zu tun; ich liebäugele mit einem Wohnwagen, mit einer Reise nach Norwegen; ich liebäugele mit dem Gedanken, zu ... ich beschäftige mich, spiele mit dem Gedanken, ... **2** mit jmdm. l. ⟨veraltend⟩ jmdm. zärtliche Blicke zuwerfen

lieb|be|hal|ten ⟨V.61, hat liebbehalten; mit Akk.⟩ jmdn. l. jmdm. seine Zuneigung bewahren, jmdn. weiterhin liebhaben

Lieb|chen ⟨n.7⟩ **1** ⟨†⟩ geliebte Frau, geliebtes Mädchen ⟨heute nicht als Anrede⟩ mein L. **2** ⟨abwertend⟩ Freundin, Geliebte; er hat in jeder Stadt ein L.

Lieb|den ⟨†; ehrende Anrede für Adelige⟩ Euer L.

Lie|be ⟨f., -, nur Sg.; i.w.S.⟩ starkes Gefühl der Zuneigung (Eltern~, Kindes~, Mutter~); bei aller L. bei allem Verständnis **2** ⟨nur Sg.; i.e.S.⟩ geschlechtsgebundene, starke erotische Neigung zu jmdm.; eine leidenschaftliche L.; eine unerwiderte L.; L. auf den ersten Blick sofortige gegenseitige Zuneigung ⟨nur Sg.⟩ sexuelle Beziehung; käufliche L. Prostitution; L. machen ⟨ugs.⟩ geschlechtlich mit jmdm. verkehren **4** ⟨nur Sg.⟩ vom Gefühl bestimmte Beziehung zu einer Sache; L. zum Sport; aus L. zur Wahrheit; mit Lust und L. sehr gern **5** ⟨ugs.⟩ Person, die man liebt; das ist meine erste L.; er hat eine neue L. **6** (Pl. m. und f. in Verbindung mit dem Possessivpron.⟩ alle meine ~n meine Angehörigen; grüße deine ~n von mir

Lie|be|die|ner ⟨m.5⟩ jmd., der liebedienert, Schmeichler

lie|be|die|ne|risch ⟨Adj.⟩ in der Art eines Liebedieners

lie|be|die|nern ⟨V.1, hat liebegedienert; o.Obj.⟩ sich unterwürfig, schmeichlerisch benehmen

Lie|be|lei ⟨f.10⟩ kurzes, spielerisches, unverbindliches Liebesverhältnis

lie|beln ⟨V.1, hat geliebelt; o.Obj.⟩ ein spielerisches, unverbindliches Liebesverhältnis unterhalten, oft spielerische Liebesverhältnisse eingehen; er liebelt gern

lie|ben ⟨V.1, hat geliebt; mit Akk.⟩ **1** jmdn. l. ⟨i.w.S.⟩ in Liebe zugetan sein, für jmdn. Liebe empfinden; seine Eltern, Kinder l. **b** ⟨i.e.S.⟩ für jmdn. eine starke sinnliche, erotische Neigung empfinden; einen Mann, eine Frau l.; jmdn. glühend, leidenschaftlich l. **c** mit jmdm. den Geschlechtsakt ausführen **2** etwas l. **a** gern haben, mögen; Blumen, Tiere l.; Märchen, Musik l.; Behaglichkeit, die Ruhe l.; er liebt es nicht, wenn man ihm widerspricht **b** etwas aus Überzeugung schätzen und vertreten; die Wahrheit, die Gerechtigkeit l. **c** eine Schwäche, Vorliebe für etwas haben; er liebt deftige Speisen; er liebt eher den Wein; gutes Essen l.

lie|bens|wert ⟨Adj.⟩ so beschaffen, daß man ihn, sie, es lieben muß; eine ~e Eigenschaft

lie|bens|wür|dig ⟨Adj.⟩ freundlich, zuvorkommend; würden Sie so l. sein, mir zu helfen?; das ist sehr l. von Ihnen **Lie|bens|wür|dig|keit** ⟨f., -, nur Sg.⟩

lie|ber **I** ⟨Adj.; Komparativ von gern; etwas l. mögen⟩ **II** ⟨Adv.⟩ besser; wir wollen uns l. beeilen; je eher, je l.; komm l. heute

Lie|bes|ap|fel ⟨m.5⟩ **1** ⟨†⟩ Tomate **2** Apfel mit roter Zuckerglasur

Lie|bes|gott ⟨m.4; Myth.⟩ Gott der Liebe (Amor, Eros)

Lie|bes|göt|tin ⟨f.10; Myth.⟩ Göttin der Liebe (Aphrodite, Venus)

Lie|bes|kno|chen ⟨m.7; berlin.⟩ →Éclair

Lie|bes|kum|mer ⟨m., -s, nur Sg.⟩ Kummer über eine unglückliche Liebesbeziehung

Lie|bes|mü|he ⟨f.; nur in der Wendung⟩ das ist vergebliche, verlorene L. das lohnt sich nicht, das ist umsonst

lie|be|voll ⟨Adj.⟩ Ggs. lieblos **1** voller Liebe, fürsorglich, pflegend; er ist sehr l. zu den Kindern **2** sorgsam, sorgfältig, behutsam; Blumen, ein Gerät l. pflegen; ein l. zusammengestelltes Essen

Lieb|frau|en|kir|che ⟨f.11⟩ der Jungfrau Maria geweihte Kirche

Lieb|frau|en|milch ⟨f., -, nur Sg.⟩ eine Rheinweinsorte

lieb|ge|win|nen ⟨V.53, hat liebgewonnen; mit Akk.⟩ jmdn. l. allmählich Liebe, Zuneigung für jmdn. empfinden

lieb|ha|ben ⟨V.60, hat liebgehabt; mit Akk.⟩ jmdn. l. herzlich, in Liebe zugetan sein, jmdn. sehr gern haben

Lieb|ha|ber ⟨m.5⟩ **1** Geliebter **2** ⟨†⟩ Mann, der um eine Frau wirbt; ein verschmähter L. **3** jmd., der eine starke gefühlsmäßige Beziehung zu einer Sache hat; ein L. alter Bücher

Lieb|ha|be|rei ⟨f.10⟩ **1** Sache, die jmd. mit Liebe und Ausdauer betreibt, ohne damit Geld zu verdienen; Syn. Hobby, Steckenpferd; das ist eine L. von mir; er hat viele ~en **2** ⟨nur Sg.⟩ Liebe, Neigung zu einer solchen Sache; das tue ich nur aus L.

lieb|ko|sen ⟨V.1, hat liebkost oder liebgekost; mit Akk.⟩ jmdn. l. streicheln (und küssen); jmdn., jmds. Hand, Gesicht l.

Lieb|ko|sung ⟨f.10⟩ zärtliche, liebevolle Berührung, zärtliches Streicheln

lieb|lich ⟨Adj.⟩ **1** anmutig, zart, hübsch und freundlich; ein ~es Mädchen; ein ~es Gesicht **2** freundlich, hell; eine ~e Gegend **3** köstlich, angenehm; ein ~er Duft **4** ⟨ugs., iron.⟩ unangenehm; das kann ja l. werden **Lieb|lich|keit** ⟨f., -, nur Sg.⟩

Liebl|ing ⟨m.1⟩ *jmd., der besondere Liebe erfährt;* Mutters L.; ein L. des Publikums

lieb|los ⟨Adj.⟩ Ggs. liebevoll **1** *ohne Liebe, ohne Wärme, ohne Herzlichkeit;* jmdn. l. behandeln; eine ~e Bemerkung **2** *ohne Sorgfalt, ohne Freude, ohne Lust zur Sache;* ein l. bereitetes Essen

Lieb|lo|sig|keit ⟨f.10⟩ **1** ⟨nur Sg.⟩ *lieblose Art,* liebloses Handeln **2** *lieblose Bemerkung,* lieblose Verhaltensweise

lieb|reich ⟨Adj.⟩ *liebevoll*

Lieb|reiz ⟨m., -es, nur Sg.⟩ *anziehendes, zartes, hübsches Aussehen*

lieb|rei|zend ⟨Adj.⟩ *anziehend, zart und hübsch, Freundlichkeit ausstrahlend*

Lieb|schaft ⟨f.10⟩ *oberflächliches Liebesverhältnis*

Lieb|ste ⟨f.17 oder f.18⟩ *Geliebte;* seine L.

Lieb|ste(r) ⟨m.17 oder 18⟩ *Geliebter;* ihr Liebster

Lieb|stöckel ⟨-k|k-; m.5 oder n.5⟩ **1** *Doldengewächs des Mittelmeergebietes* **2** *dessen Blätter als Gewürz* [volksetymologisch < mhd. *lubestec-*, ahd. *lubestecco* < mlat. *lubisticum, libusticum* < lat. *ligusticum* (dieselbe Bedeutung), zu *Ligusticus* „ligurisch", nach der Ligurischen Alpen, wo die Pflanze schon in der Antike gefunden wurde]

Liech|ten|stei|ner ⟨[liç-] m.5⟩ *Einwohner von Liechtenstein*

Lied ⟨n.3⟩ **1** *vertontes Gedicht* (Kirchen~, Volks~); *es ist immer das alte L.* ⟨ugs.⟩ *es ist immer dasselbe;* davon kann ich ein L. singen *das kenne ich aus eigener (unangenehmer) Erfahrung;* das ist das Ende vom L. *das ist das Ende der Angelegenheit* **2** *epische Dichtung* (Nibelungen~); ⟨er ~⟩ *er Homers*

Lie|der|hand|schrift ⟨f.10⟩ *Sammlung handgeschriebener mittelalterlicher Lieder*

Lie|der|jan ⟨m.1; ugs.⟩ *liederlicher Mensch;* auch: Liedrian, Luderjan

lie|der|lich ⟨Adj.⟩ **1** *unordentlich, nachlässig;* ~e Kleidung; ein ~er Mensch; das Zimmer sieht l. aus; l. arbeiten **2** *ausschweifend, unmoralisch;* ein ~er Lebenswandel **Lie|der|lich|keit** ⟨f., -, nur Sg.⟩

Lie|der|ma|cher ⟨m.5⟩ *jmd., der Lieder (oft zeitkritischen Inhalts) komponiert, selbst vorträgt und sich dazu begleitet*

Lie|der|ta|fel ⟨f.11; früher häufig Name für⟩ *Gesangverein*

Lied|lohn ⟨m.2; †⟩ *Arbeitslohn* [< mhd. *lidlon, litlon* „Lohn für Dienstboten", entweder zu mhd. *lit* „Gehilfe" oder zu mnddt. *lide* „Gang, Weg", also „Botenlohn"]

Lied|löh|ner ⟨m.5⟩ *Dienstbote*

Lied|ri|an ⟨m.1⟩ → *Liederjan*

Lie|fe|rant ⟨m.10⟩ *jmd., der etwas liefert*

lie|fern ⟨V.1, hat geliefert⟩ I ⟨mit Akk.⟩ **1** *etwas l.* **a** *zusenden, schicken, bringen;* eine gekaufte, bestellte Ware l.; wann können Sie (mir) den Schrank l.? **b** *hervorbringen und hergeben;* das Land liefert Baumwolle; die Kuh liefert täglich 10 Liter Milch; er hat eine schlechte Arbeit geliefert; er hat wieder eine Fünf in Mathematik geliefert ⟨ugs.⟩ **c** *erbringen, vorlegen;* den Beweis für etwas l.; den Nachweis l., daß etwas so ist; ich kann genügend Beispiele dafür l., daß ... **2** *jmdn. l.* ⟨nur in Wendungen wie⟩ jmdn. ans Messer l. *jmdn. anzeigen, verraten und damit veranlassen, daß er getötet wird;* wenn das geschieht, bin ich geliefert *bin ich erledigt, bin ich in einer schlimmen Lage* II ⟨mit Dat. und Akk.; in Wendungen wie⟩ jmdm. eine Schlacht l. *mit jmdm. kämpfen;* sie haben einander, ⟨ugs.⟩ sich einen blutigen Kampf geliefert

Lie|fer|schein ⟨m.1⟩ *Schein, auf dem vermerkt ist, daß eine Ware geliefert worden ist*

Lie|fe|rung ⟨f.10⟩ **1** *das Liefern;* schnelle L. **2** *gelieferte Ware;* die heutige L. **3** ⟨Buchw.⟩ *Teil eines Buches, das nach und nach erscheint;* das Lexikon erscheint in ~en

Lie|fer|wa|gen ⟨m.7⟩ *kleiner Lastwagen*

Lie|ge ⟨f.11⟩ *gepolstertes Möbelstück ohne Rücken- und Seitenlehne*

Lie|ge|geld ⟨n.3; Schiffahrt⟩ *vom Frachtführer bei Überschreiten der vereinbarten Ladezeit zu beanspruchende Entschädigung*

Lie|ge|kur ⟨f.10⟩ *in geschützten Hallen durchgeführtes Liegen (als Teil der Behandlung bes. bei Lungentuberkulose)*

lie|gen ⟨V.80, hat gelegen⟩ I ⟨o.Obj.⟩ **1** ⟨oberdt. auch: ist gelegen⟩ *in waagerechter Lage sein;* die Bücher l. auf dem Tisch; die Wäsche liegt im Regal; auf dem Boden liegt ein Teppich; die Weinflaschen müssen l. (sollen nicht stehen) **2** ⟨oberdt. auch: ist gelegen⟩ *sich waagerecht lang ausgestreckt haben, ausgestreckt ruhen;* auf der Couch, im Bett l.; er liegt seit gestern im Bett *er ist seit gestern krank und bettlägerig;* ich muß noch immer l.; ich habe, ⟨oberdt.⟩ bin zwei Tage gelegen; auf dem Bauch, auf dem Rücken l.; zum Liegen kommen *bettlägerig werden* **3** *sich befinden, an einem Platz, an einer Stelle sein;* München liegt in Bayern, an der Isar; unser Haus liegt außerhalb der Stadt; ein Stein liegt auf der Straße; wenn er entlassen wird, liegt er auf der Straße ⟨übertr., ugs.⟩ *hat er keine Existenzgrundlage mehr;* das Geld liegt auf der Bank; die Preise l. etwa bei 100 DM; die Entscheidung liegt bei dir ⟨übertr.⟩ *die Entscheidung mußt du treffen;* die Musik liegt ihm im Blut ⟨übertr.⟩ *er ist musikalisch;* die Wahrheit liegt etwa in der Mitte *beides ist nicht ganz wahr und auch nicht ganz falsch;* das liegt nicht in meiner Macht; er liegt gut, liegt weit vorn im Rennen; die Stadt liegt unter Beschuß *die Stadt wird beschossen;* wo liegt der Fehler? **4** *vorhanden sein, ausgebreitet sein;* es liegt Schnee; Nebel liegt über dem Tal; der Schnee liegt meterhoch **5** *sich in einem Zustand befinden;* die beiden l. in Scheidung II ⟨mit Dat.⟩ jmdm. l. **1** *jmdm. angenehm sein;* dieser Mensch liegt mir nicht **2** *jmds. Neigung, Begabung entsprechen;* das Organisieren liegt ihm; es liegt mir nicht, viele Worte zu machen **3** jmdm. liegt etwas an etwas oder jmdm. *jmd. hat Interesse für etwas oder jmdn., jmd. möchte etwas gern;* mir liegt viel daran, mir liegt nichts daran; liegt dir etwas daran, mitzukommen?; mir liegt nichts an ihm III ⟨mit Präp.obj.⟩ an etwas oder jmdn. l. *seine Ursache in etwas oder jmdm. haben;* der Fehler liegt daran, daß ...

lie|gen|blei|ben ⟨V.17, ist liegengeblieben⟩ ⟨o.Obj.⟩ **1** *ausgestreckt in waagerechter Lage bleiben, im Bett bleiben;* sonntags bleibe ich eine Stunde länger l. **2** (weiterhin) *vorhanden sein, daliegen;* der Schnee ist (nicht) lange liegengeblieben **3** *vergessen werden;* in der Garderobe ist ein Schirm liegengeblieben **4** *nicht verkauft werden;* heute sind eine Menge Semmeln liegengeblieben **5** *nicht getan werden, unerledigt bleiben;* es ist viel Arbeit liegengeblieben **6** *nicht weiterfahren können;* sie sind auf der Autobahn, mit einem Achsenbruch, im Schnee liegengeblieben

Lie|gen|de(s) ⟨n.17 oder n.18⟩ *Gesteinsschicht unter einer Lagerstätte;* Ggs. Hangende(s)

lie|gen|las|sen ⟨V.75, hat liegenlassen, auch: liegengelassen; mit Akk.⟩ **1** *in derselben Lage, an demselben Ort lassen (wo es gerade ist);* er hat seine Sachen einfach l.; ich habe alles stehen- und l. **2** *an einem Ort vergessen;* ich habe meine Mappe in der S-Bahn l. **3** *unerledigt lassen;* eine Arbeit vorerst l. **4** ⟨in der Fügung⟩ links l. *nicht beachten;* jmdn., ein Spielzeug links l.

Lie|gen|schaft ⟨f.10, meist Pl.⟩ *Grundstück, Grundbesitz*

Lie|ger ⟨m.5⟩ **1** *nicht mehr in Gebrauch befindliches Schiff* **2** *Wächter in einem solchen Schiff* **3** *Notvorrat an Wasserfässern*

Lie|ge|sitz ⟨m.1⟩ *verstellbarer Sitz, der auch das Liegen ermöglicht (bes. im Auto)*

Lie|ge|stuhl ⟨m.2⟩ *zusammenklappbares, mit Stoff bespanntes Gestell (mit verstellbarer Fußstütze und Rückenlehne) zum Liegen*

Lie|ge|stütz ⟨m.1; Turnen⟩ **1** *Übung, bei der man, mit angewinkelten Armen auf dem Bauch liegend, den gestreckten Körper hochdrückt, bis er sich nur noch auf Hände und Zehenballen stützt;* zehn ~e machen **2** *die Endhaltung dieser Übung;* in den L. gehen

Lie|ge|wa|gen ⟨m.7⟩ *D-Zug-Wagen mit Liegestätten übereinander, die tagsüber zum Teil hochgeklappt werden*

Lie|ge|zeit ⟨f.10⟩ **1** *Zeit, in der ein Schiff im Hafen liegt* **2** *die zum Löschen und Laden festgesetzte Zeit*

Liek ⟨n.12⟩ *Tauwerk, mit dem die Segel eingefaßt werden, um sie zu versteifen;* auch: Leik [nddt.]

Li|en ⟨m., -s, Li|e|nes⟩ → *Milz* [lat.]

lie|nal ⟨[li|e-] Adj., o.Steig.⟩ *zur Milz gehörend* [zu *Lien*]

Lie|ni|tis ⟨[li|e-] f., -, -ti|den⟩ *Milzentzündung* [< lat. *lien* „Milz" und …*itis*]

Liesch ⟨n.1; volkstüml.⟩ *schilf- oder rohrartige Uferpflanze (z.B. Rohrkolben, Igelkolben, Schilf, Riedgras)*

Lie|schen ⟨Pl.⟩ *den Maiskolben an der stehenden Pflanze umgebende Hüllblätter*

Liesch|gras ⟨n.4⟩ *Gras mit walzenförmiger Ährenrispe, Nutzgras* (Wiesen-L.)

Lie|se¹ ⟨f.11; Bgb.⟩ *enge Kluft*

Lie|se² ⟨f.11; ugs., abwertend⟩ *Mädchen, Frau;* dumme L. [Kurzform des Namens *Elisabeth*]

Lie|sen ⟨nur Pl.; norddt.⟩ *Bauchfett (von Schwein und Schaf)*

Lieue ⟨[ljø] f.9⟩ *altes französisches Längenmaß, 4000 bis 5000 m* [frz., „Meile"]

Lift I ⟨m.1 oder m.9⟩ → *Aufzug* II ⟨m.9 oder n.9⟩ → *Lifting* III ⟨m.9⟩ *Mitfahrgelegenheit beim Trampen* [< engl. *lift* „Fahrstuhl, Hebewerk", zu *to lift* „heben"]

Lift|boy ⟨m.9⟩ *Jugendlicher, der einen Lift (I) bedient;* Syn. Liftjunge

lif|ten ⟨V.2, hat geliftet; mit Akk.⟩ *heben, straffen, von Falten befreien;* das Gesicht, den Busen l. [< engl. *to lift* „heben"]

Lif|ting ⟨n.9⟩ *kosmetische Operation (zur Straffung der Gesichtshaut oder Hebung des Busens);* auch: Lift [engl., „das Heben"]

Lift|jun|ge ⟨m.11⟩ → *Liftboy*

Li|ga ⟨f.10, -gen⟩ **1** *Bund, Bündnis* **2** *eine Wettkampfklasse, Sonderklasse* [< span. *liga* „Bund, Bündnis", < lat. *ligare* „binden"]

Li|ga|de ⟨f.11; Fechten⟩ *Binden (Zur-Seite-Drücken) der Klinge des Gegners* [< span. *ligada* „das Binden"]

Li|ga|ment ⟨n.1⟩, **Li|ga|men|tum** ⟨n., -s, -ta⟩ *Strang aus Bindegewebe* [< lat. *ligamentum* „Band"]

Li|ga|tur ⟨f.10⟩ **1** ⟨Buchw.⟩ *Verbindung zweier Buchstaben zu einem Letter* **2** ⟨Mus.⟩ *Verbindung zweier gleicher Noten durch einen Bogen zu einem Ton* **3** ⟨Med.⟩ *Unterbindung eines Blutgefäßes, medizinischer Verband,* zu *ligare* „binden, verbinden"]

Li|gist ⟨m.10⟩ *Angehöriger einer Liga (2)*

li|gi|stisch ⟨Adj., o.Steig.⟩ *einer Liga angehörend*

Li|gnin ⟨n.1⟩ *verholzender, festigender Bestandteil des Holzes* [< lat. *lignum* „Holz"]

Li|gnit ⟨m.1⟩ *Braunkohle mit noch sichtbarer holziger Struktur* [< lat. *lignum* „Holz"]

Li|gno|stone ⟨[-stoun] n., -s, nur Sg.; Wz.⟩ *mit Phenolharz getränktes, sehr hartes Preßholz* [< lat. *lignum* „Holz" und engl. *stone* „Stein"]

Li|gro|in ⟨n., -s, nur Sg.⟩ *Leichtöl, Bestandteil des Erdöls* [Kunstwort]

Li|gu|la ⟨f., -, -lae; bei Gräsern⟩ *zartes Blatthäutchen* [< lat. *ligula* „kleine Zunge, zungenförmig gespitzter Gegenstand", Verkleinerungsform von *lingua* „Zunge"]

Li|gus|ter ⟨m.5⟩ *weiß blühendes Ölbaumgewächs mit schwarzen Beeren, Heckenpflanze;* Syn. *Rainweide* [Herkunft nicht geklärt, vielleicht < lat. *Ligusticus* „ligurisch", nach den Ligurischen Alpen]

li|ie|ren ⟨V.3, hat liiert; mit Akk., meist refl.⟩ *eng verbinden; sich liieren eine Liaison, eine Liebesbeziehung mit jmdm. beginnen; sich neu l.; sich mit jmdm. l.* [< frz. *lier* < lat. *ligare* „verbinden, vereinigen"]

Li|kör ⟨m.1⟩ *süßer Branntwein* [< frz. *liqueur* „Flüssigkeit, feiner Branntwein", < lat. *liquor* „Flüssigkeit"]

Lik|tor ⟨m.13; im alten Rom⟩ *Diener höherer Beamter*

Lik|to|ren|bün|del ⟨n.5⟩ → *Faszes*

li|la ⟨Adj., o.Steig., o.Dekl.⟩ *zwischen rot und blau stehend, fliederfarben, hellviolett; ein l. Kleid; mir geht es so l.* ⟨ugs.⟩ *mittelmäßig* [< frz. *lilas*, engl. *lilac* „Flieder", < arab. *lilak* „Flieder"; die Redensart *Es geht mir lila* „mittelmäßig, gerade noch erträglich" ist entstellt aus der Wendung *Es geht mir so la la* (mit dem Ton auf der zweiten Silbe); *la la* kommt aus dem Französischen und bedeutet „halb und halb"; daraus wurde *Es geht mir so lala* (mit dem Ton auf der ersten Silbe), was keinen Sinn mehr ergab; *lala* wurde dann zu *lila* abgewandelt, womit man ebenfalls einen Mittelzustand zwischen gut und schlecht meinte, ähnlich wie die Farbe Lila zwischen Rot und Blau steht]

Li|lie ⟨[-lja] f.11⟩ *(oft weiß blühende) Zwiebelstaude mit trompetenförmigen Blüten* [< lat. *lilium* < griech. *leirion*, dazu kopt. *hreri, hleli*, das auf ein ägypt. Wort ders. Bed. zurückgeht]

Li|li|put ⟨in Zus.⟩ *sehr klein*, z.B. *Liliputeisenbahn, Liliputformat* [nach dem Märchenland *Lilliput* mit winzigen Menschen in Jonathan Swifts Roman „Gullivers Reisen"]

Lil|li|pu|ta|ner ⟨m.5⟩ *zwerghaft kleiner Mensch* [< engl. *lilliputian* „winzig", nach dem Land *Lilliput* in Jonathan Swifts „Gullivers Reisen", dessen Bewohner nur 6 Zoll (15 cm) groß sind; von Swift geprägter Phantasiename]

lim ⟨Zeichen für⟩ *Limes (2)*

lim. ⟨Abk. für⟩ *limited*

Li|ma|ko|lo|gie ⟨f., -, nur Sg.⟩ *Wiss. von den Schnecken* [< lat. *limax*, griech. *leimax*, Gen. *leimakos*, „Schnecke" und *...logie*]

Lim|ba ⟨n., -s, nur Sg.⟩ *Furnierholz eines westafrikanischen Baumes* [afrikan.]

Lim|bus ⟨m., -, -bi⟩ **1** ⟨im kath. Glauben⟩ *Aufenthaltsort (ohne Pein) der rechtschaffenen Heiden und ungetauft gestorbenen Kinder;* Syn. *Vorhölle* **2** ⟨an Winkelmeßgeräten⟩ *Ring mit Gradeinteilung, auf dem die Größe des Winkels abgelesen wird* [lat., „Streifen, Saum, Rand"]

Li|mes ⟨m., -, nur Sg.⟩ **1** *altrömischer Grenzwall* **2** ⟨Zeichen: lim⟩ → *Grenzwert* [lat., „Grenze"]

Li|met|ta ⟨f., -, -ten⟩ *eine dünnschalige Zitronenart* [< frz. *limette*, Verkleinerungsform zu *lime* „Zitronensorte"; vgl. *Limone*]

Li|mit ⟨n.9⟩ *Grenze, äußerster Preis, äußerster Umfang;* Syn. ⟨schweiz.⟩ *Limite* [< engl. *limit* „Grenze, Endpunkt", < mengl., mfrz. *limite* „Grenze", < lat. *limes*, Gen. *limitis*, „Grenzlinie"]

Li|mi|ta|ti|on ⟨f.10⟩ *Begrenzung, Beschränkung*

li|mi|ta|tiv ⟨Adj., o.Steig.⟩ *begrenzend, beschränkend*

Li|mi|te ⟨f.11; schweiz.⟩ → *Limit*

Li|mi|ted ⟨[-tid] Abk. lim., ld., Ld., ltd., Ltd.⟩ ⟨hinter engl. und amerik. Firmennamen⟩ *mit beschränkter Haftung*

li|mi|tie|ren ⟨V.3, hat limitiert; mit Akk.⟩ *begrenzen, beschränken* [< lat. *limitare* „abgrenzen, festsetzen", zu *limes* „Grenze, Grenzlinie"]

li|mi|tiert ⟨Adj., o.Steig.; Börse⟩ *begrenzt, beschränkt;* Ggs. *illimitiert*

Lim|ni|graph ⟨m.10⟩, **Lim|ni|me|ter** ⟨n.5⟩ *Pegel zum Messen und selbsttätigen Aufzeichnen des Wasserstandes von Seen;* auch: *Limnograph* [< griech. *limne* „Teich, See, Sumpf" und *...graph* bzw. *...meter*]

lim|nisch ⟨Adj., o.Steig.⟩ *im Süßwasser lebend, im Süßwasser abgelagert* [< griech. *limne* „Teich, See, Sumpf"]

Lim|no|graph ⟨m.10⟩ → *Limnigraph*

Lim|no|lo|gie ⟨f., -, nur Sg.⟩ *Wiss. von den Binnengewässern;* Syn. *Seenkunde* [< griech. *limne* „Teich, See, Sumpf" und *...logie*]

Lim|no|plank|ton ⟨n., -s, nur Sg.⟩ *Plankton des Süßwassers* [< griech. *limne* „Teich, See, Sumpf" und *Plankton*]

Li|mo|na|de ⟨f.11⟩ *ein Erfrischungsgetränk mit Obstsaft oder Essenz* [< ital. *limonata* „Zitronenwasser", zu *Limone*]

Li|mo|ne ⟨f.11⟩ *eine dickschalige Zitronenart* [ital., < pers. *limūn* „Zitrone"]

Li|mo|nen ⟨m.1⟩ *nach Zitrone riechender Kohlenwasserstoff* [zu *Limone*]

Li|mo|nit ⟨m.1⟩ *(gelb bis schwarzbraun gefärbtes) Mineralgemenge, Eisenoxidhydrat;* Syn. ⟨Bgb.⟩ *Brauneisenerz, Brauneisenstein* [< lat. *limus* „Schlamm" (bes. der sich unten im Wasser absetzt)]

li|mos, li|mös ⟨Adj., o.Steig.⟩ *schlammig, sumpfig* [< lat. *limus* „Schlamm"]

Li|mou|si|ne ⟨[-mu-] f.11⟩ *Personenkraftwagen mit festem, nicht aufklappbarem Verdeck;* Ggs. *Kabriolett* [< frz. *limousine* „grober, wollener Mantel oder Umhang der Fuhrleute", zu *Limousin* „Einwohner von Limousin", der ehemaligen frz. Provinz mit der Hauptstadt Limoges; die Fuhrleute von *Limousin* trugen solche Umhänge, und da diese dicht abschlossen, ging die Bez. auf geschlossene Wagen über]

lind ⟨Adj.⟩ **1** *mild, lau;* ~e *Luft; ein* ~er *Frühlingsabend* **2** *sanft, zart, weich; eine* ~e *Berührung; ein* ~er *Windstoß; jmdm. l. über die Stirn streichen*

Lin|de ⟨f.11⟩ **1** *Baum mit herzförmigen Blättern, kugelförmiger Krone und duftenden grünlichgelben Blüten* **2** *dessen Holz,* Lindenholz

lin|dern ⟨V.1, hat gelindert; mit Akk.⟩ *sanft verringern, erträglicher machen; das Mittel lindert den Schmerz; jmds. Not l.*

Lin|de|rung ⟨f., -, nur Sg.⟩ **1** *das Lindern* **2** *Verringern von Schmerzen; das Mittel brachte dem Kranken etwas L.*

lind|grün ⟨Adj., o.Steig.⟩ *hellgrün, zartgrün (wie das frische Laub der Linde)*

Lind|heit, Lin|dig|keit ⟨f., -, nur Sg.⟩ *linde Beschaffenheit*

Lind|wurm ⟨m.4⟩ *Drache* [< mhd. *lintwurm, linttrache* „Fabeltier, halb Schlange, halb Drache" < *lint* „Schlange" und *wurm* (verstärkend) „Wurm, Schlange, Drache"]

Li|ne|al ⟨n.1⟩ *Zeichengerät zum Ziehen von Linien* [< lat. *linea* „Linie, Strich", eigtl. „Leine, leinener Faden der Maurer und Zimmerleute, Richtschnur", zu *linum*, griech. *linon* „Lein, Flachs"]

Li|nea|ment ⟨n.1⟩ *Linie (in der Hand, im Gesicht)* [< lat. *lineamentum* „Strich, Umriß"]

li|ne|ar ⟨Adj., o.Steig.⟩ *linienförmig, von Linien gebildet, zeichnerisch;* ~e *Gleichung Gleichung ersten Grades;* ~er *Kontrapunkt;* ~er *Satz streng kontrapunktische Kompositionsweise* [< lat. *linearis* „in der Art einer Linie", zu *linea*]

Li|ne|ar|be|schleu|ni|ger ⟨m.5; Kernphysik⟩ *Gerät zur geradlinigen Beschleunigung elektrisch geladener Elementarteilchen*

Li|ne|a|ri|tät ⟨f., -, nur Sg.⟩ *lineare Beschaffenheit*

Li|ne|ar|mo|tor ⟨m.13 oder m.12⟩ *berührungs- und reibungsfreie elektrische Antriebsvorrichtung ohne bewegliche Teile (z.B. für Magnetschwebebahnen)*

Li|ne|ar|zeich|nung ⟨f.10⟩ *Umrißzeichnung*

Li|nea|tur ⟨f.10⟩ → *Liniatur*

Li|net|te ⟨[-nɛt] f., -, nur Sg.⟩ *ein Gewebe, eine Art Linon* [frz., Verkleinerungsform zu *Linon*]

Lin|ga, Lin|gam ⟨n.9⟩ *Phallus (indisches Sinnbild der Zeugungskraft)* [Sanskrit]

Lin|ge ⟨[lɛ̃ʒ] f., -, nur Sg.; im schweiz. Hotelgewerbe⟩ *Wäsche* [frz., zu *lin* < lat. *linum* „Leinen"]

Lin|ge|rie ⟨[lɛ̃ʒəri] f.11; schweiz.⟩ **1** *Wäschekammer* **2** *betriebseigene Wäscherei*

Lin|gua fran|ca ⟨f., -, -⟩ **1** ⟨urspr.⟩ *verdorbenes Italienisch (das im östl. Mittelmeergebiet als Verkehrssprache diente)* **2** *überregionale Verkehrssprache (z.B. Pidgin-Englisch)* [ital., „zwanglose (eigtl. fränkische) Sprache"]

lin|gu|al ⟨Adj., o.Steig.⟩ *zur Zunge gehörig, mit der Zunge gebildet*

Lin|gu|al, Lin|gu|al|laut ⟨m.1⟩ *mit der Zunge gebildeter Laut (z.B. das Zungen-R)*

Lin|gu|ist ⟨m.10⟩ *Wissenschaftler auf dem Gebiet der Linguistik*

Lin|gui|stik ⟨f., -, nur Sg.⟩ *Sprachwissenschaft* [< lat. *lingua* „Zunge; das Reden; Sprache"]

lin|gui|stisch ⟨Adj., o.Steig.⟩ *zur Linguistik gehörend, die Linguistik betreffend*

Li|nia|tur ⟨f.10⟩ *Linierung, Liniensystem;* auch: *Lineatur*

Li|nie ⟨[-njə] f.11⟩ **1** *Strich, Gerade, Reihe; die Buchstaben halten nicht L.* ⟨Buchw.⟩ *stehen nicht auf gleicher Höhe; er gehört zu einer anderen L. dieser Familie* ⟨ugs.⟩ *überall, völlig* **2** *Strecke, die von einem Massenverkehrsmittel befahren wird (Straßenbahn-);* *mit der L. 4 fahren* **4** *Folge (von Abkömmlingen); er gehört zu einer anderen L. dieser Familie* **5** ⟨ugs.⟩ *Figur; auf die (schlanke) L. achten* **6** *allgemeine Richtung; die politische L.; eine bestimmte L. verfolgen* [< ahd. *linia* < lat. *linea* „Leine, Schnur, Faden, mit einer Schnur gezogene gerade Linie"]

Li|ni|en|bus ⟨m.1⟩ *Autobus, der regelmäßig eine bestimmte Linie befährt*

Li|ni|en|rich|ter ⟨m.5; bei manchen Ballspielen⟩ *Helfer des Schiedsrichters zur Überwachung der Spielfeldgrenzen und der Abseitsstellung eines Spielers*

Li|ni|en|schiff ⟨n.1⟩ *Schiff in der Linienschiffahrt*

Li|ni|en|schiff|fahrt ⟨-ff-; f., -, nur Sg.⟩ *Schiffahrt mit bestimmten, regelmäßig befahrenen Verbindungen*

Li|ni|en|spek|trum ⟨n., -s, -tren⟩ *aus einer Folge einzelner Spektrallinien bestehendes Spektrum*

li|ni|en|treu ⟨Adj.; abwertend⟩ *streng der Linie der Partei folgend*

Li|ni|en|ver|kehr ⟨m., -s, nur Sg.⟩ *regelmäßiger Verkehr von öffentlichen Verkehrsmitteln auf bestimmten Linien*

li|nie|ren ⟨V.3, hat liniert; mit Akk.⟩ *mit geraden, parallelen Linien versehen; liniertes Papier*

Li|nie|rung ⟨f., -, nur Sg.⟩ **1** *das Linieren* **2** *Gesamtheit der Linien*

li|ni|ie|ren ⟨V.3, hat liniiert; veraltete Schreibung für⟩ *linieren*

Li|ni|ment ⟨n.1⟩ *dickflüssiges Mittel zum Einreiben* [< lat. *linimentum* „Schmiere, Salbe", zu *linere* „schmieren, beschmieren" und Infix *-men-* zur Bezeichnung eines Mittels oder Werkzeugs]

link ⟨Adj.; ugs.⟩ *hinterhältig, unfair; ein* ~er *Vogel, Kerl*

Lin|ke ⟨f.11⟩ *Ggs. Rechte* **1** *linke Hand; jmdm. die L. geben* **2** *linke Seite; jmdm. zur* ~ *sitzen an jmds. linker Seite sitzen* **3** ⟨Boxen⟩ *mit der linken Hand ausgeführter Fausthieb* **4** *politische Gruppierungen* der Sozialisten und Kommunisten; die radikale L. [nach ihren Sitzen im Parlament]

linken ⟨V.1, hat gelinkt; mit Akk.; ugs.⟩ hereinlegen; Vorsicht, der linkt dich bei jeder Gelegenheit

linke(r, -s) ⟨Adj., o.Steig.⟩ Ggs. rechte(r, -s) **1** auf der Seite, auf der das Herz liegt; linkes Bein; linke Hand; linker Hand links; zwei linke Hände haben ⟨ugs.⟩ ungeschickt sein; linke Masche ⟨Stricken⟩ Masche, bei der vor dem Faden vor die Nadel gelegt wird **2** ⟨bei Kleidungsstücken und Stoffen⟩ innen, hinten; die linke Seite des Mantels **3** zur politischen Linken gehörend; der linke Flügel; eine linke Zeitung

linkerhand ⟨Adv.⟩ → linkerseits; Ggs. rechterhand

linkerseits ⟨Adv.⟩ auf der linken Seite; Syn. linkerhand; Ggs. rechterseits

linkisch ⟨Adj.⟩ unbeholfen, ungeschickt

links I ⟨Adv.⟩ Ggs. rechts **1** auf der linken Seite; nach l. gehen; von l. nach rechts; jmdn., etwas l. liegenlassen jmdn., etwas nicht beachten; nicht mehr wissen, wo l. und rechts ist ⟨ugs.⟩ verwirrt sein **2** mit der linken Hand; l. schreiben **3** mit der linken Seite nach außen; den Mantel kann man auch l. anziehen **4** mit linken Maschen; l. gestrickt **5** zur politischen Linken gehörend; er ist sehr l. II ⟨Präp. mit Gen.⟩ auf der linken Seite; l. des Rheins; l. der Straße

Links|abweich|ler ⟨m.5⟩ Parteiangehöriger, der von der offiziellen Parteilinie nach links abweicht; Ggs. Rechtsabweichler

Links|außen ⟨m., -, -⟩ Fußball, Hockey u.a. linker Flügelstürmer; Ggs. Rechtsaußen

Link|ser ⟨m.5; ugs.⟩ → Linkshänder; Ggs. Rechtser

links|gerich|tet ⟨Adj., o.Steig.⟩ der politischen Linken nahestehend; Ggs. rechtsgerichtet

Links|hän|der ⟨m.5⟩ jmd., der linkshändig ist; Syn. ⟨ugs.⟩ Linkser; Ggs. Rechtshänder

links|hän|dig ⟨Adj., o.Steig.⟩ mit der linken Hand geschickter und kräftiger; Ggs. rechtshändig

links|her|um ⟨Adv.⟩ nach links; Ggs. rechtsherum

Links|kur|ve ⟨f.11⟩ nach links gekrümmte Kurve; Ggs. Rechtskurve

links|läu|fig ⟨Adj., o.Steig.⟩ von rechts nach links zu schreiben, zu lesen; Ggs. rechtsläufig; -e Schrift

Links|partei ⟨f.10⟩ politisch linksstehende Partei; Ggs. Rechtspartei

links|radi|kal ⟨Adj., o.Steig.⟩ politisch auf der extrem linken Seite stehend; Ggs. rechtsradikal

Links|regie|rung ⟨f.10⟩ politisch linksstehende Regierung; Ggs. Rechtsregierung

links|um ⟨Adv.; bes. in militär. Kommandos⟩ nach links herum; Ggs. rechtsum

Links|verkehr ⟨m., -s, nur Sg.⟩ Befahren der Straßen auf der linken Fahrbahnseite; Ggs. Rechtsverkehr

Links|wen|dung ⟨f.10⟩ Wendung nach links; Ggs. Rechtswendung

lin|nen ⟨Adj., o.Steig.; †⟩ → leinen

Lin|nen ⟨n.7; †, noch poet.⟩ → Leinen

Lin|ole|um ⟨n., -s, nur Sg.⟩ ein Fußbodenbelag mit Zusatz aus Leinöl [< lat. linum „Lein", Flachs" und oleum „Öl"]

Lin|ol|säu|re ⟨f., nur Sg.⟩ ungesättigte Fettsäure, Hauptbestandteil des Leinöls [< lat. linum „Lein", Flachs", oleum „Öl" und Säure]

Lin|ol|schnitt ⟨m.1⟩ **1** ⟨nur Sg.⟩ eine dem Holzschnitt ähnliche Kunst, bei der statt der Holz- eine Linoleumplatte verwendet wird **2** nach diesem Verfahren hergestellter Abzug

Li|non [-nõ] ⟨m.9⟩ feines Leinen- oder Baumwollgewebe in Leinölbindung [frz., < lat. linum „Lein, Flachs"]

Lin|se ⟨f.11⟩ **1** Schmetterlingsblütler mit kleinen, weißlichen Blüten **2** dessen kreisrunder Samen (als Nahrungsmittel) **3** ⟨Optik⟩ durch zwei lichtbrechende Flächen begrenzter Körper aus durchsichtigem Material (Sammel~, Zerstreuungs~) **4** (einer optischen Linse entsprechender) Bestandteil des Auges **5** ⟨Elektr.⟩ (elektrisches oder magnetisches) Feld, das geladene Teilchen bündelnd wirkt (Elektronen~) **6** flacher Gesteinskörper, der nach allen Seiten auskeilt

lin|sen ⟨V.1, hat gelinst; o.Obj.; ugs.⟩ lugen, vorsichtig oder heimlich schauen; durch den Türspalt, über den Zaun l.

Lin|sen|ge|richt ⟨n.1⟩ aus Linsen gekochtes Gericht; sein L. hergeben ⟨übertr.⟩ für eine Nichtigkeit [nach dem Linsengericht, für das Esau sein Erstgeburtsrecht an seinen Bruder Jakob verkaufte (1. Buch Mosis, 25)]

Lin|ters ⟨Pl.⟩ kurzfaserige Baumwolle [engl.]

Lip|ämie ⟨f.11⟩ erhöhter Fettgehalt des Blutes [< griech. lipos „Fett" und haima „Blut"]

lip|ämisch ⟨Adj., o.Steig.⟩ an Lipämie leidend

Li|pa|rit ⟨m.1⟩ quarzreiches, helles Ergußgestein [nach den Liparischen Inseln]

Li|pa|se ⟨f.11⟩ fettspaltendes Enzym [< griech. lipos „Fett"]

Li|pid ⟨n.1⟩ Fett oder fettähnlicher Stoff [< griech. lipos „Fett" und eidos „Aussehen, Gestalt"]

Li|pi|do|se ⟨f.11⟩ Störung des Fettstoffwechsels [< Lipid und ...ose]

Li|piz|za|ner ⟨m.5⟩ weiße bis graue Pferderasse, die für Dressurakte in der Spanischen Hofreitschule in Wien gezüchtet wird [nach dem Ort Lipizza bei Triest]

li|po|id ⟨Adj., o.Steig.⟩ fettartig [< griech. lipos „Fett" und ...oid]

Li|po|id ⟨n.1⟩ fettähnliche Substanz [< griech. lipos „Fett" und ...oid]

Li|po|ly|se ⟨f.11⟩ Fettverdauung, Fettspaltung [< griech. lipos „Fett" und lysis „Lösung"]

Li|pom ⟨n.1⟩, **Li|po|ma** ⟨n., -s, -ma|ta⟩ → Fettgeschwulst [< griech. lipos „Fett" und Endung -om zur Bezeichnung krankhaften Wachstums]

Li|po|ma|to|se ⟨f.11⟩ umschriebene Fettanhäufung [< Lipom und ...ose]

li|po|phil ⟨Adj.; Chem.⟩ fettliebend, sich mit Fett mischend, fettlöslich; Ggs. lipophob [< griech. lipos „Fett" und ...phil]

Li|po|phi|lie ⟨f.11⟩ Neigung zum Fettansatz (bei bestimmten Erkrankungen)

li|po|phob ⟨Adj.; Chem.⟩ fettfeindlich, sich mit Fett nicht mischend, fettunlöslich; Ggs. lipophil [< griech. lipos „Fett" und ...phob]

Lip|pe ⟨f.11⟩ verdickter Rand des Mundschließmuskels, Übergang zwischen verhornter Gesichtshaut und unverhornter Mundschleimhaut; Syn. ⟨beim Raubwild, Rind, Pferd und Hund⟩ Lefze; wulstige, trockene, schmale, breite ~n; die Kinder hingen an seinen ~n die Kinder hörten ihm gespannt zu; sich auf die ~n beißen (aus Verlegenheit, aus Reue, weil man etwas gesagt hat, was man nicht sagen wollte); er hatte eine Entgegnung auf den ~n, unterließ sie aber er wollte etwas entgegnen; eine L. riskieren ⟨ugs.⟩ es wagen, seine Meinung offen zu sagen

Lip|pen|be|kennt|nis ⟨n.1⟩ nicht ernstgemeintes Bekenntnis

Lip|pen|blüt|ler ⟨m.5⟩ (als Kraut oder Halbstrauch wachsende) Pflanze, deren Blüte zwei lippenförmige Auswüchse hat (z.B. Salbei, Taubnessel)

Lip|pen|pfei|fe ⟨f.11⟩ → Labialpfeife

Lip|pen|stift ⟨m.1⟩ Stift zum Färben der Lippen

lip|pisch ⟨Adj., o.Steig.⟩ die Landschaft Lippe betreffend, zu ihr gehörig, aus ihr stammend

Lip|tau|er ⟨m.5; österr.⟩ mit Milch vermischter, gewürzter Schafskäse [nach der slowak. Stadt Liptau]

Lip|urie ⟨f.11⟩ Auftreten von Fett im Urin [< griech. lipos „Fett" und ouron „Harn"]

Liq. ⟨Abk. für⟩ Liquor (2)

Li|que|fak|ti|on ⟨f.10⟩ Verflüssigung (eines Stoffes) [< lat. liquefacere „flüssig machen, schmelzen", zu liquere „flüssig sein" (zu liquor „Flüssigkeit") und facere „machen"]

li|quid ⟨Adj., o.Steig.⟩ auch: liquide **1** flüssig **2** ⟨übertr.⟩ zahlungsfähig; Ggs. illiquid [< lat. liquidus „flüssig", zu liquor „Flüssigkeit"]

Li|qui|da ⟨f., -dä oder -qui|den⟩ Laut, bei dem die Zunge in Schwingungen versetzt wird, z.B. l, r; Syn. Fließlaut, Schmelzlaut, Schwinglaut

Li|qui|da|ti|on ⟨f.10⟩ **1** Abwicklung der Geschäfte eines aufgelösten Unternehmens **2** Auflösung (eines Geschäftes, Vereins) **3** Rechnung, Honorarforderung

Li|qui|da|tor ⟨m.13⟩ jmd., der eine Liquidation (1,2) durchführt, Vermittler (bei Geschäftsauflösungen)

li|qui|de ⟨Adj., o.Steig.⟩ → liquid

Li|qui|den ⟨Pl. von⟩ Liquida

li|qui|die|ren ⟨V.3, hat liquidiert; mit Akk.⟩ **1** auflösen und die laufenden Geschäfte abwickeln; eine Firma l. **2** in Rechnung stellen, fordern; die Kosten für eine Leistung l. **3** ⟨übertr.⟩ töten, umbringen, durch Mord beseitigen [< ital. liquidare „bereinigen, erledigen, auszahlen", übertr. „beseitigen", < lat. liquidus „flüssig, klar", urspr. also „klar machen, klar darlegen", nämlich eine Rechnung, damit sie beglichen, erledigt werden konnte]

Li|qui|die|rung ⟨f., -, nur Sg.⟩ das Liquidieren (1,3)

Li|qui|di|tät ⟨f.10⟩ **1** ⟨nur Sg.⟩ Zahlungsfähigkeit; Ggs. Illiquidität **2** ⟨meist im Pl.⟩ in bar vorhandene oder kurzfristig flüssig zu machende Geldmittel (eines Unternehmens)

Li|quor ⟨m., -s, nur Sg.⟩ **1** Flüssigkeit (bes. Gehirn-Rückenmark-Flüssigkeit) **2** ⟨Abk.: Liq.⟩ flüssiges Arzneimittel [lat., „Flüssigkeit"]

Li|ra ⟨f., -, -re; Abk.: L⟩ italienische Währungseinheit [< ital. libbra, auch libra „Pfund", Gewichtseinheit der Griechen und Römer, etwa 300 g, < lat. libra „das Gewogene, römisches Pfund", eigtl. „Waage"]

Li|se|ne ⟨f.11⟩ flacher, erhabener, senkrechter Mauerstreifen (zur Gliederung einer Wandfläche) [< frz. lisière „Rand, Einfassung", zu mundartlich lis „Stoffrand"]

lis|peln ⟨V.1, hat gelispelt⟩ I ⟨o.Obj.⟩ die Zunge beim Sprechen des s zwischen die Schneidezähne schieben, mit der Zunge anstoßen II ⟨mit Akk.⟩ ⟨schüchtern⟩ flüstern; ein paar Worte l.

Lis|se ⟨f.11; landsch.⟩ Seitenstütze am Leiterwagen

Lis|seu|se [-sø-] ⟨f.11⟩ Maschine zum Waschen, Trocknen und Strecken von gekämmter Wolle [< frz. lisser „glätten" und -euse, Suffix zur Bildung weibl. Substantive]

List ⟨f.10⟩ schlauer Plan, schlaues Vorgehen zwecks Täuschung; eine L. anwenden; mit L. und Tücke mit aller nur möglichen Schlauheit

Lis|te ⟨f.11⟩ **1** schriftliches Verzeichnis (von Personen oder Dingen); eine L. aufstellen; jmdn. in eine L. eintragen; auf der schwarzen L. stehen ⟨ugs.⟩ der Regierung verdächtig sein **2** ⟨Kurzw. für⟩ Wahlliste

lis|ten ⟨V.2, hat gelistet; mit Akk.⟩ **1** in Listen zusammenstellen, ordnen; Bücher nach Verfassern, Titeln l. [zu Liste]

lis|ten|reich ⟨Adj.⟩ viele Listen kennend [zu List]

Lis|ten|wahl ⟨f.10⟩ Wahl, bei der keine Einzelpersonen, sondern in Listen zusammengefaßte Personengruppen gewählt werden

lis|tig ⟨Adj.⟩ **1** fähig, schlau, geschickt andere zu täuschen **2** diese Fähigkeit erkennen lassend; jmdn. l. anschauen, anblinzeln

Lit ⟨Abk. für⟩ *italienische Lire*

Lit. 1 ⟨Abk. für⟩ *Litera (Buchstabe); Absatz 2*, Lit. 5 **2** *Bez. für den Kennbuchstaben auf Banknoten und Wertpapieren;* Lit. A; Lit. B

Li|ta|nei ⟨f.10⟩ **1** *Wechselgebet zwischen Geistlichem und Gemeinde* **2** ⟨übertr.⟩ *langweiliges Gerede, lange, eintönige Aufzählung* [< griech. *litaneia* „Bittgebet", zu *litai* „Bitten, Gebet", zu *litesthai* „bitten, flehen"]

li|tau|isch ⟨Adj., o.Steig.⟩ *Litauen betreffend, zu ihm gehörig, aus ihm stammend;* ~e *Sprache eine baltische Sprache*

Li|ter ⟨m.5 oder n.5; Abk.: l⟩ *ein Hohlmaß, 1000 cm³* [< frz. *litre*, mlat. *litra* < griech. *litra* „Gewicht von 12 Unzen"]

Li|te|rar|hi|sto|ri|ker ⟨m.5⟩ *Wissenschaftler der Literaturgeschichte;* auch: *Literarhistoriker*

li|te|rar|hi|sto|risch ⟨Adj., o.Steig.⟩ *die Literaturgeschichte betreffend, zu ihr gehörig*

li|te|ra|risch ⟨Adj., o.Steig.⟩ **1** *zur (schönen) Literatur gehörig;* ~e *Zeitschrift;* ein ~er *Text* **2** *schriftstellerisch;* sich l. *betätigen*

Li|te|rat ⟨m.10⟩ **1** *Schriftsteller* **2** (auch abfällig) *gewandt, aber oberflächlich schreibender Schriftsteller*

Li|te|ra|tur ⟨f.10⟩ **1** *Gesamtheit der Dichtungen eines Volkes oder einer Epoche;* klassische L.: die L. des 17.Jh. **2** *Gesamtheit der in einem Wissensgebiet veröffentlichten schriftlichen Werke;* medizinische L. [< lat. *litteratura* „das Geschriebene, Schrift, Buchstabenfolge; Sprachkunst", zu *littera, litera* „Buchstabe", Pl. *litterae* „schriftliche Aufzeichnungen, Schriftwerke"]

Li|te|ra|tur|hi|sto|ri|ker ⟨m.5⟩ →*Literarhistoriker*

Li|te|ra|tur|spra|che ⟨f.11⟩ *in der Literatur benutzte, dialektfreie, gehobene Sprache*

Li|te|ra|tur|wis|sen|schaft ⟨f.10⟩ *Wissenschaft von der Entstehung, Entwicklung und Bedeutung der Literatur*

Li|tew|ka ⟨f., -, -ken; früher⟩ *bequemer Uniformrock* [< poln. *litewka* „Soldatenjacke, Jagdrock", eigtl. „litauische Jacke"]

Lit|faß|säu|le ⟨f.11⟩ *Anschlagsäule* [nach ihrem Erfinder, dem Buchdrucker Ernst *Litfaß*]

...lith ⟨in Zus.⟩ *Stein* [< griech. *lithos* „Stein"]

Lith|ago|gum ⟨n., -s, -ga; Med.⟩ *steinabführendes Mittel;* Syn. *Lithikum* [< griech. *lithos* „Stein" und *agoge* „das Wegführen, Fortschaffen", zu *agein* „führen, treiben"]

Li|thia|sis ⟨f., -, -thia|sen⟩ *Steinbildung in inneren Organen;* Syn. *Steinleiden* [< griech. *lithos* „Stein"]

Li|thi|kum ⟨n., -s, -ka⟩ →*Lithagogum*

Li|thi|um ⟨n., -s, nur Sg.; Zeichen: Li⟩ *silbrig glänzendes, weiches, zähes Leichtmetall* [< griech. *lithos* „Stein"; so benannt, weil es in vielen Gesteinen enthalten ist]

Li|tho ⟨n.9; kurz für⟩ *Lithographie* (3)

Li|tho|graph ⟨m.10⟩ *Steinzeichner, Steindrucker*

Li|tho|gra|phie ⟨f.11⟩ **1** →*Steinzeichnung* **2** *Steindruckverfahren* **3** →*Steindruck* [< griech. *lithos* „Stein" und ...*graphie*]

li|tho|gra|phie|ren ⟨V.3, hat lithographiert; mit Akk.⟩ **1** *auf Stein zeichnen* **2** *mittels Steindruck herstellen*

li|tho|gra|phisch ⟨Adj., o.Steig.⟩ *zur Lithographie gehörend, sie betreffend, in der Art der Lithographie*

Li|tho|klast ⟨m.10⟩ *Sonde zum Zertrümmern von Blasensteinen;* Syn. *Lithotripter* [< griech. *lithos* „Stein" und *klasis* „das Brechen"]

Li|tho|lo|gie ⟨f., -, nur Sg.; †⟩ →*Petrographie* [< griech. *lithos* „Stein" und ...*logie*]

Li|tho|ly|se ⟨f.11⟩ *Auflösung von Steinen in inneren Organen durch Medikamente* [< griech. *lithos* „Stein" und *lysis* „Lösung"]

li|tho|phag ⟨Adj., o.Steig.⟩ *sich in Gesteine einbohrend, Gestein auflösend;* ~e *Tiere* [< griech. *lithos* „Stein" und *phagein* „essen"]

Li|tho|pon ⟨n.1⟩, **Li|tho|po|ne** ⟨f.11⟩ *gut deckende, weiße Anstrichfarbe* [< griech. *lithos* „Stein" und lat. *ponere* „auflegen"]

Li|tho|sphä|re ⟨f., -, nur Sg.⟩ *Gesteinshülle der Erde, Erdkruste und oberer Teil des Erdmantels* [< griech. *lithos* „Stein" und *Sphäre*]

Li|tho|to|mie ⟨f.11⟩ *operative Entfernung von Steinen aus inneren Organen* [< griech. *lithos* „Stein" und *tome* „Schnitt"]

Li|tho|trip|sie ⟨f.11⟩ *Zertrümmerung von Blasensteinen mit einer Sonde* [< griech. *lithos* „Stein" und *tribein* „zertrümmern"]

Li|tho|trip|ter ⟨m.5⟩ →*Lithoklast* [zu *Lithotripsie*]

Lith|ur|gik ⟨f., -, nur Sg.⟩ *Lehre von der Verwendung und Bearbeitung der Gesteine und Mineralien* [< griech. *lithourgia* „Bearbeitung der Steine", zu *lithos* „Stein" und *ergon* „Arbeit, Werk"]

Li|ti|gant ⟨m.10; †⟩ *jmd., der einen Rechtsstreit führt* [zu *litigieren*]

Li|ti|ga|ti|on ⟨f.10; †⟩ *Rechtsstreit*

li|ti|gie|ren ⟨V.3, hat litigiert; o.Obj.⟩ *einen Rechtsstreit führen* [< lat. *litigare* „streiten", < *lis*, Gen. *litis*, „Streit, Zank" und *agere* „führen, betreiben"]

li|to|ral ⟨Adj., o.Steig.⟩ *zur Küste, zum Ufer, zum Strand gehörig, dort vorkommend, küsten-, ufernah* [< lat. *litoralis* „zum Ufer, zum Strand gehörig", zu *litus* „Ufer, Strand"]

Li|to|ral ⟨n.1⟩ *seichtes Randgewässer (von Süßwasserseen und Meeren)* [zu *litoral*]

Li|to|tes ⟨[-teːs] f., -, nur Sg.⟩ *literarische Stilfigur: Verneinung des Gegenteils und dadurch vorsichtige Hervorhebung des Gemeinten, z.B. „nicht übel" statt „recht gut"* [< griech. *litotes* „Sparsamkeit"]

Lit|schi ⟨f.9⟩ *säuerlich-süße Frucht des chinesischen Litschibaumes, deren weißliches Fruchtfleisch von einer dünnen, rauhen Schale umgeben ist;* auch: *Lychee* [chin.]

Li|turg ⟨m.10⟩ *Geistlicher, der die Liturgie* (2) *ausführt (im Unterschied zum Prediger)*

Li|tur|gie ⟨f.11⟩ **1** *(im alten Athen) freiwillige oder (später) erzwungene Arbeitsleistung oder Abgabe der Bürger für den Staat* **2** *gottesdienstliche Handlung, Altargottesdienst (im Unterschied zur Predigt)* **3** ⟨evang. Kirche⟩ *Wechselgesang des Geistlichen mit der Gemeinde* [< griech. *leitourgia* urspr. „Dienst, Leistung für den Staat", später auch „Dienst des Priesters, Gottesdienst", < *leitos, laitos* „öffentlich" (zu *laos* „Volk") und *ergon* „Werk, Arbeit"]

Li|tur|gik ⟨f., -, nur Sg.⟩ *Lehre von der christlichen Liturgie*

li|tur|gisch ⟨Adj., o.Steig.⟩ *zur Liturgie* (2,3) *gehörig*

Lit|ze ⟨f.11⟩ **1** *gedrehte oder geflochtene Schnur (als Besatz an Kleidungsstücken oder Rangabzeichen)* **2** *aus mehreren Drähten geflochtener oder gedrehter Draht (für elektrische Leitungen)*

live ⟨[laiv] Adv.; Funk, Fernsehen⟩ *direkt;* l. *senden;* l. *übertragen direkt übertragen* [< engl. *live* „lebend, lebendig", Kurzform von *alive*, zu *life* „Leben"]

Live-Sen|dung ⟨[laiv-] f.10; Funk, Fernsehen⟩ *Direktübertragung, Direktsendung*

li|vid ⟨Adj., o.Steig.⟩ **1** ⟨Med.⟩ *blaßblau, fahl* **2** ⟨†⟩ *neidisch* [< lat. *lividus* „bleifarben, bläulich"]

Li|vre ⟨n., -, -⟩ **1** *alte französische Münze* **2** *alte französische Gewichtseinheit, rund 500 g* [frz., „Pfund"]

Li|vree ⟨f.11⟩ *uniformartige Kleidung (für Dienstpersonal)* [frz. *livrée* in ders. Bed., eigtl. (und in der älteren Bedeutung) „das Gelieferte", nämlich die vom Fürsten bzw. Herrn gelieferte Kleidung für Gefolge und Diener, zu *livrer* „liefern, ab-, ausliefern, übergeben"]

li|vriert ⟨Adj., o.Steig.⟩ *in Livree (gekleidet);* ~er *Diener*

Li|zen|ti|at ⟨m.10; Abk.: Lic.⟩ **1** ⟨†, noch österr.⟩ *Hochschulgrad der evangelischen Theologie und einiger katholischer theologischer Fakultäten,* (heute ersetzt durch) *Dr. theol.* **2** ⟨schweiz.⟩ *Hochschulgrad auch außerhalb der theologischen Fakultät* [< lat. *licentia* „Freiheit, Erlaubnis"]

Li|zenz ⟨f.10⟩ *Erlaubnis, Genehmigung (zur Ausübung eines Gewerbes, zur Benutzung eines Patents, zum Druck eines in einem anderen Verlag erschienenen Buches u.a.)* [< lat. *licentia* „Freiheit, Erlaubnis", zu *licens,* Gen. *-entis,* „frei", zu *licere* „erlaubt sein, freistehen"]

li|zen|zie|ren ⟨V.3, hat lizenziert; mit Akk.⟩ *etwas l. für etwas die Lizenz erteilen*

Li|zenz|spie|ler ⟨m.5; Fußb.⟩ *Spieler oberer Ligen, der ein Gehalt bezieht, gleichzeitig jedoch noch einen anderen Beruf ausübt;* vgl. *Vertragsspieler*

Li|zi|tant ⟨m.10; auf Versteigerungen⟩ →*Bieter* [zu *lizitieren*]

Li|zi|ta|ti|on ⟨f.10⟩ →*Versteigerung* [zu *lizitieren*]

li|zi|tie|ren ⟨V.3, hat lizitiert; mit Akk.⟩ *versteigern* [< lat. *licitari* „auf etwas bieten", zu *licere* „feil sein, zum Verkauf geboten werden"]

Lj. ⟨Abk. für⟩ *Lichtjahr*

Lkw, LKW ⟨m.9; Abk. für⟩ *Lastkraftwagen*

Lla|no ⟨[lja-] m.9; in Südamerika⟩ *baumarme Steppe* [span., „Ebene"]

lm ⟨Zeichen für⟩ *Lumen* (2)

ln ⟨Zeichen für⟩ *natürlicher Logarithmus* (→*Logarithmus*)

Lob ⟨m.9; Tennis⟩ *über den vorgelaufenen Gegner hinweggeschlagener Ball* [engl.]

Lob ⟨n.1⟩ *anerkennende Bemerkung oder Beurteilung;* jmdm. ein L. *aussprechen;* sein *Verhalten verdient großes* L.; jmds. L. *singen jmdn. überschwenglich loben;* er ist über jedes L. *erhaben er leistet so Hervorragendes, daß man ihn nicht mehr zu loben braucht*

lob|ben ⟨V.1, hat gelobbt; o.Obj.⟩ *einen Lobball schlagen*

Lob|by 1 ⟨f.9 oder m.9; in England und den USA⟩ *Vorhalle im Parlament* **2** ⟨f.9⟩ *Gesamtheit der Angehörigen von Interessengruppen, die die Abgeordneten zu beeinflussen suchen* [< mlat. *laubia* „Laube, Galerie, Bogengang", zu fränk. **laubja* „Laube"]

Lob|by|is|mus ⟨m., -, nur Sg.⟩ *Beeinflussung von Parlamentsmitgliedern*

Lob|by|ist ⟨m.10⟩ *Angehöriger der Lobby* (2)

Lo|be|lie ⟨[-ljə] f.11⟩ *(u.a. blau blühendes) Glockenblumengewächs, Zierpflanze* [nach dem fläm. Arzt und Botaniker M. *Lobel*]

Lo|be|lin ⟨n., -s, nur Sg.⟩ *aus manchen Lobelienarten gewonnenes Alkaloid (Heilmittel)*

lo|ben ⟨V.1, hat gelobt; mit Akk.⟩ jmdn. *oder etwas* l. *jmdm. oder über eine Sache etwas Anerkennendes sagen, ein Lob aussprechen, ein Kind* l.; jmds. *Arbeit* l.; *das Theaterstück wurde in der Kritik sehr gelobt;* er *wurde in dem Bericht* ~d *erwähnt; das lob ich mir! das hab ich gern!* ich lobe mir den Mann, der *...; den Mann habe ich gern, der ...;* da lob ich mir doch ein gutes Schnitzel (anstelle der süßen Sachen) ⟨ugs.⟩ *ein Schnitzel ist mir lieber*

lo|bens|wert ⟨Adj.⟩ *so beschaffen, daß es Lob, Anerkennung verdient*

lo|be|sam ⟨Adj., poet., †⟩ *tüchtig*

Lo|bes|er|he|bung ⟨f.10; geh.⟩ *hochtrabendes, übertriebenes Lob*

Lob|ge|sang ⟨m.2⟩ *Gesang zum Lobe (Gottes,* ⟨iron. auch⟩ *einer Person);* einen L. *auf* jmdn. *anstimmen* jmdn. *überschwenglich loben*

Lob|hu|de|lei ⟨f.10⟩ *das Lobhudeln, übertriebenes, kritikloses Lob, lobendes Gerede*
lob|hu|deln ⟨V.1, hat gelobhudelt; mit Akk. oder o.Obj.⟩ *übertrieben, kritiklos loben*
löb|lich ⟨Adj.; geh., meist iron.⟩ *lobenswert, Anerkennung verdienend;* ~es Tun; das ist sehr l.
Lo|bo|to|mie ⟨f.11⟩ → *Leukotomie* [< griech. *lobos* ,,Lappen" und *tome* ,,Schnitt"]
lob|prei|sen ⟨V.92, hat lobgepriesen; mit Akk.⟩ *jmdn. l. jmdn. jubelnd preisen und loben;* ⟨meist in der Wendung⟩ Gott l. **Lobpreisung** ⟨f.10⟩
Lob|re|de ⟨f.11⟩ *(meist überschwengliche) Rede zu jmds. Lob*
Lob|red|ner ⟨m.5⟩ *jmd., der eine Lobrede hält*
lob|red|ne|risch ⟨Adj.⟩ *überschwengliches Lob aussprechend*
lob|sin|gen ⟨V.140, hat lobgesungen; mit Dat.⟩ *jmdm. l. jmdm. mit jubelndem Gesang loben, jmdn. überschwenglich loben;* ⟨meist in der Wendung⟩ Gott l.
Loch¹ ⟨n.4⟩ **1** *Öffnung, Höhlung, Lücke;* ein L. im Zaun; ein L. graben; ich werd ihn zeigen, wo der Zimmermann das L. gelassen hat ⟨derb⟩ *ich werde ihm die Tür weisen, ich werde ihn hinauswerfen;* Schwarzes L. ⟨Astron.⟩ *nicht leuchtender Stern sehr dichter Masse;* das reißt mir das L. in den Geldbeutel *das kostet viel, das ist teuer;* auf dem letzten L. pfeifen ⟨ugs.⟩ *finanziell am Ende sein, sehr krank sein* [nach dem letzten (obersten) Loch der Flöte]; ein L. im Magen haben ⟨ugs.⟩ *sehr hungrig sein;* jmdm. ein L., ⟨oder⟩ Löcher in den Bauch fragen ⟨ugs.⟩ *jmdn. dringlich ausfragen;* Löcher in die Luft starren ⟨ugs.⟩ *vor sich hinstarren;* er säuft wie ein L. ⟨derb⟩ **2** ⟨bei manchen Tieren⟩ *Höhle, Bau (Fuchs~, Mause~);* die Maus verschwand in ihrem L. **3** ⟨Golf⟩ *Höhlung im Boden (in die der Ball geschlagen werden muß)* **4** *armselige, dunkle, kleine Wohnung oder ebensolches Zimmer;* in einem L. hausen **5** ⟨ugs.⟩ *Gefängnis;* jmdn. ins L. stecken; im L. sitzen **6** ⟨ugs.⟩ *Lücke, Fehlendes, Fehlbetrag* (Milliarden~, Haushalts~) **7** ⟨vulg.⟩ *After, Vagina* **8** ⟨als Schimpfwort kurz für⟩ *Arschloch;* diese Löcher! **9** ⟨vulg.⟩ *Frau;* blöde L.
Loch² ⟨[lɔx] m., -(s), -s⟩ *See* [schott.]
Loch|bei|tel ⟨m.5⟩ *Stemmeisen mit gerundeter Schneide zum Ausstemmen von Löchern aus Holz*
Loch|ei|sen ⟨n.7⟩ *meißelartiges Werkzeug mit kreisförmig geschlossener Schneide (zum Ausstanzen von Scheiben aus bzw. zum Einstanzen von Löchern in Leder, Blech u.a.)*
Lö|chel|chen ⟨n.7⟩ *kleines Loch*
lo|chen ⟨V.1, hat gelocht; mit Akk.⟩ *etwas in einem Loch, mit Löchern versehen, ein Loch, Löcher in etwas knipsen;* eine Fahrkarte l.; Manuskriptseiten, Briefe für die Ablage l.
Lo|cher ⟨m.5⟩ **1** *Gerät zum Einbringen regelmäßiger Löcher in dünne Materialien (bes. in Schriftstücke und Akten)* **2** *Gerät mit Drucktasten zum Beschriften von Lochkarten* **3** ⟨Nachrichtentech.⟩ *an Fernschreiber anschließbares Gerät, das die niedergeschriebenen Buchstaben als Lochkombination in ein fortlaufendes Papierband einstanzt*
lö|che|rig ⟨Adj.⟩ *mit vielen Löchern versehen;* auch: *löchrig;* ein ~es Hemd
lö|chern ⟨V.1, hat gelöchert; mit Akk.; ugs.⟩ *jmdn. l. jmdn. immer wieder bitten oder fragen;* er löchert mich, daß ich ihm endlich ein Fahrrad kaufen soll
Lo|chi|en ⟨[-xiən] Pl.⟩ *Ausfluß aus der Scheide nach der Entbindung;* Syn. *Wochenfluß* [< griech. *locheios* ,,zur Geburt gehörig", zu *locheia* ,,Geburt, Kindbett", zu *lechos* ,,Bett, Ehebett"]

Loch|ka|me|ra ⟨f.9⟩ *lichtdichter Kasten mit einem kleinen Loch, durch das vor der Öffnung liegende Gegenstände auf der gegenüberliegenden Innenwand abgebildet werden*
Loch|kar|te ⟨f.11; Datenverarbeitung⟩ *dünne Karte mit nach einem bestimmten Code eingestanzten Löchern*
Loch|leh|re ⟨f.11⟩ *Lehre (4) zum Messen von Bohrungen*
löch|rig ⟨Adj.⟩ → *löcherig*
Loch|sä|ge ⟨f.11⟩ *Handsäge mit spitz zulaufendem, schmalem Sägeblatt zum Aussägen von Löchern;* Syn. *Stichsäge*
Loch|stickerei ⟨f.10⟩ **1** ⟨nur Sg.⟩ *Kunst, ein Muster (in einem Stoff) aus eingeschnittenen und mit feinen Stichen eingefaßten Löchern herzustellen* **2** *das Muster selbst;* eine Tischdecke mit L.
Loch|strei|fen ⟨m.7; Datenverarbeitung⟩ *nach einem Code fortlaufend gelochter Papierstreifen (zur Eingabe von Daten in Speicher, Fernschreiber usw.)*
Loch|zan|ge ⟨f.11⟩ *Zange zum Lochen von Leder und Pappe (z.B. von Fahrkarten)*
Locke¹ ⟨-k|k-; f.11⟩ *geringelte Haarsträhne;* Syn. ⟨rhein.⟩ *Krolle; künstliche, natürliche* ~n; *das Haar in* ~n *legen* [< mhd., ahd. *loc* ,,Haarsträhne"]
Locke² ⟨-k|k-; f.11⟩ *Pfeife zum Anlocken von Wild;* Syn. *Lockpfeife*
locken¹ ⟨-k|k-; V.1, hat gelockt⟩ **I** ⟨mit Akk.⟩ *zu Locken drehen;* sich oder jmdm. das Haar l. **II** ⟨refl.⟩ *sich l. in Locken wachsen, in Locken fallen;* sein Haar lockt sich im Nacken, an der Stirn
locken² ⟨-k|k-; V.1, hat gelockt; mit Akk.⟩ **1** *jmdn., ⟨bes.⟩ ein Tier l. freundlich zum Näherkommen, Mitkommen bewegen;* die Henne lockt ihre Küken; Vögel mit Futter l.; einen Hund durch Rufe, mit Gebärden l. **2** *zu einem Tun bewegen, veranlassen zu kommen;* damit kannst du mich nicht l.; jmdn. in eine Falle l.; das schöne Wetter lockt mich zum Spazierengehen, lockt mich ins Freie **3** *reizen, anziehen;* die Aufgabe lockt mich
locken³ ⟨-k|k-; V.1, hat gelockt⟩ *nur noch in der Wendung* gegen, wider den Stachel l. *sich widersetzen, Widerstand leisten* [< mhd. *lecken* ,,mit den Füßen ausschlagen, hüpfen", also eigtl. ,,sich gegen den Stachel (des Viehtreibers) zur Wehr setzen"]
Locken|kopf ⟨-k|k-; m.2⟩ **1** *Kopf mit gelocktem Haar* **2** *Mensch, der gelockte Haare hat*
Locken|wickel ⟨-k|k-⟩, **Locken|wick|ler** ⟨-k|k-; m.5⟩ *kleine Rolle aus Metall oder Plastik, auf die eine Haarsträhne gewickelt wird, um sie lockig zu machen*
locker ⟨-k|k-; Adj.⟩ **1** *nicht (mehr) fest, wackelig;* ein ~er Zahn; das Geld sitzt ihm l. ⟨übertr.⟩ *es gibt das Geld sehr leicht aus* **2** *nicht straff, lose;* eine ~e Beziehung zu jmdm. haben ⟨übertr.⟩; ein ~er Verband; das Seil l. lassen **3** *leicht beweglich;* ~e Glieder; ein ~es Mundwerk haben ⟨ugs.⟩ *frech, vorlaut, schlagfertig und etwas boshaft sein* **4** *großzügig, nicht allzu genau;* die Vorschriften l. handhaben; eine Angelegenheit l. betrachten, behandeln **5** *luftdurchlässig, nicht dicht, weich;* ~er Boden; ~es Gewebe **6** *in größeren Abständen;* in l. mit Sträuchern bepflanzter Platz; die Bäume, Sträucher stehen l. **7** ⟨ugs.⟩ *moralisch nicht ganz einwandfrei, leichtfertig;* ein ~es Mädchen **8** ⟨ugs.⟩ *ungezwungen, unverkrampft, flott;* ein l. geschriebenes Buch
locker|las|sen ⟨-k|k-; V.75, hat lockergelassen; o.Obj.; meist in verneinenden Sätzen⟩ *nachgeben;* er läßt nicht locker; du darfst jetzt nicht l.!
locker|ma|chen ⟨-k|k-; V.1, hat lockergemacht; mit Akk.; ugs.⟩ *Geld l.* **1** *hergeben;* kannst du 200 DM l.? **2** *mit Geschick erlangen;* ich werde versuchen, bei ihm etwas lo-

ckerzumachen; ich werde versuchen, etwas Geld von ihm zu bekommen
lockern ⟨-k|k-; V.1, hat gelockert⟩ **I** ⟨mit Akk.⟩ **1** *locker machen;* eine Schraube, Verschnürung, einen Verband l.; er lockerte den Griff, mit dem er den Hund gepackt hielt; Erde, Erdreich l.; eine Vorschrift l. *nicht mehr so streng handhaben* **2** *elastisch, beweglich machen;* durch Übungen die Glieder, Gelenke l. **II** ⟨refl.⟩ *sich l. locker werden;* der Knoten, die Schraube hat sich gelockert; eine Bindung, eine Freundschaft lockert sich
Locke|rung ⟨-k|k-; f.10⟩ *das Lockern, das Sichlockern;* es ist noch keine L. (der Gesetze, Vorschriften) eingetreten
lockig ⟨-k|k-; Adj.⟩ *gelockt, in Locken;* ~es Haar
Lock|jagd ⟨f.10⟩ *Jagd, bei der der Jäger das Wild durch Nachahmen von Lautäußerungen seiner Beute, des Geschlechtspartners u.a. zu sich lockt*
Lock|mit|tel ⟨n.5⟩ *Mittel zum Anlocken*
Lock|out ⟨[-aut] n., -(s), -s⟩ *Aussperrung (von Arbeitern)* [engl., < *to lock* ,,zu-, verschließen" und *out* ,,aus"]
Lock|pfei|fe ⟨f.11⟩ → *Locke²*
Lock|ruf ⟨m.1⟩ **1** *Ruf, mit dem ein Vogel einen Artgenossen lockt* **2** *Ruf, mit dem man ein Tier anlockt*
Lock|spit|zel ⟨m.5⟩ *jmd., der einen andern (im Auftrag eines Dritten) zu strafbaren Handlungen verleitet;* Syn. *Agent provocateur*
Lockung ⟨-k|k-; f.10, meist Pl.⟩ *Anreiz, Verlockung;* die ~en des Stadtlebens
Lock|vo|gel ⟨m.6⟩ **1** *lebender oder nachgebildeter Vogel, mit dem man Vögel anlockt (z.B. eine auf dem Wasser schwimmende Holzente)* **2** ⟨übertr.⟩ *jmd., der andere in eine Falle locken soll*
lo|co ⟨Kaufmannsspr.⟩ *am Ort, hier, greifbar, vorrätig;* l. Berlin *in Berlin zu liefern* [< lat. *loco* ,,an diesem Ort"]
lo|co ci|ta|to ⟨Abk.: l.c.; bei Zitaten⟩ *am angeführten Ort, aus derselben Quelle;* S. 205 l.c.
Lo|de ⟨f.11⟩ *Ausschlag (eines Laubbaumes)* Stock~, Wurzel~); auch: *Lohde*
Lo|den ⟨m.7⟩ *gewalktes, haariges Wollgewebe (für Regen- und Trachtenkleidung)*
Lo|den|man|tel ⟨m.6⟩ *Mantel aus Loden;* Syn. ⟨österr.⟩ *Hubertusmantel*
lo|dern ⟨V.1, hat gelodert; o.Obj.⟩ **1** *kräftig, hoch brennen;* die Flammen l. zum Himmel, l. aus dem Dachstuhl **2** *funkeln;* ihre Augen loderten (vor Zorn) **3** *glühen;* ~de Begeisterung
Löf|fel ⟨m.5⟩ **1** *Eßgerät, das aus einer flachen Schale mit Stiel besteht, zum Aufnehmen von Flüssigkeiten und weichen Speisen* (Eß~, Tee~, Kaffee~, Suppen~); er hat die Weisheit nicht mit ~n gefressen ⟨ugs.⟩ *er ist nicht sehr klug;* mit einem silbernen L. im Mund geboren sein ⟨übertr.⟩ *das Kind reicher Eltern sein;* jmdn. über den L. balbieren (barbieren) ⟨übertr.⟩ *jmdn. betrügen* [wahrscheinlich nach der Gewohnheit von Barbieren, einem alten, zahnlosen Kunden einen Löffel in die eingefallene Wange zu schieben, um sich das Rasieren zu erleichtern, was als unzünftig, nicht einwandfrei galt]; scharfer L. *medizinisches Instrument zum Ausschaben der Gebärmutter* **2** ⟨Jägerspr.⟩ *bei Kaninchen und Hasen Ohr;* jmdm. eins hinter die L. geben ⟨ugs.⟩ *eine Ohrfeige geben;* schreib dir das hinter die L.! ⟨ugs.⟩ *merk dir das!*
Löf|fel|en|te ⟨f.11⟩ *(in Eurasien und Nordamerika vorkommende) Wildente mit breitem Löffelschnabel*
löf|feln ⟨V.1, hat gelöffelt; mit Akk.⟩ **1** *mit dem Löffel essen;* seine Suppe l. **2** ⟨übertr., ugs.⟩ *verstehen, begreifen;* hast du's gelöffelt?; das habe ich noch nicht gelöffelt
Löff|ler ⟨m.5⟩ *reihergroßer, weißer Stelzvo-*

Lokalposse

gel mit an der Spitze löffelartig verbreitertem Schnabel

Loft ⟨m.9; Golf⟩ **1** Schlag für Hochbälle **2** Neigungsgrad des Golfschlägers [engl., < altnord. *lopt, loft* „Luft"]

log ⟨Zeichen für⟩ dekadischer Logarithmus (→ *Logarithmus*)

Log ⟨n.1⟩ Gerät zum Messen der Fahrgeschwindigkeit *(eines Schiffes)*; Syn. *Logge* [< engl. *log*, mengl. *logge* „Holzklotz, unbehauenes Brett"; das Log bestand urspr. aus einer mit Knoten versehenen Leine und einem daran befestigten, schweren Holzstück]

...log ⟨in Zus.⟩ österr. → *...loge*

Logarithmentafel ⟨f.11⟩ tabellarische Zusammenstellung der Logarithmen eines Zahlensystems

logarithmieren ⟨V.3, hat logarithmiert⟩ **I** ⟨mit Akk.⟩ eine Zahl l. den Logarithmus einer Zahl feststellen **II** ⟨o.Obj.⟩ mit Logarithmen rechnen

logarithmisch ⟨Adj., o.Steig.⟩ einen Logarithmus betreffend, zu ihm gehörig, ihn anwendend; ihm folgend; ~e Kurve

Logarithmus ⟨m., -, -men⟩ Exponent x, mit dem man eine Grundzahl potenzieren muß, um eine bestimmte Zahlenwert zu erhalten; dekadischer L. ⟨Zeichen: log, lg⟩ *Logarithmus* mit der Basiszahl 10; binärer L. ⟨Zeichen: lb⟩ *Logarithmus, der auf dem Dualsystem aufbaut*; natürlicher L. ⟨Zeichen: ln⟩ *Logarithmus mit der Basiszahl e (Eulersche Zahl)* [< griech. *logos* „das Rechnen" und *arithmos* „Zahl" (→ *Arithmetik*)]

Logbuch ⟨n.4⟩ → *Schiffstagebuch* [zu *Log*]

Loge ⟨[-ʒə] f.11⟩ **1** kleiner Seitenraum (Pförtner~) **2** kleiner, abgeteilter Raum mit wenigen Sitzplätzen im Zuschauerraum eines Theaters **3** Organisation der Freimaurer [< frz. *loge* „Hütte, Häuschen, Bauhütte, verschlossenes Zimmer", < mlat. *laubia* „Laubhütte", < fränk. *laubja* „Laube"]

...loge ⟨in Zus.⟩ Wissenschaftler (auf einem Gebiet), z.B. Archäologe [→ *...logie*]

Logenbruder ⟨[-ʒən-] m.6⟩ Mitglied einer Loge (3)

Logenschließer ⟨[-ʒən-] m.5; im Theater⟩ Platzanweiser

Logge ⟨[-ʒə] f.11⟩ → *Log*

loggen ⟨V.1, hat geloggt; mit Akk.⟩ mit dem Log messen

Logger ⟨m.5⟩ kleines Fischereifahrzeug mit Motor und Hilfssegel [< engl. *logger, lugger* „Boot mit Luggersegel", weitere Herkunft nicht bekannt]

Loggia ⟨[lɔdʒa] f., -, -gien [lɔdʒən]⟩ **1** offene Bogenhalle, Säulenhalle **2** eingezogener (nicht vorspringender) Balkon [< ital. *loggia* „nach einer oder mehreren Seiten nur durch Säulen abgeschlossener Raum, Säulenhalle", über altfrz. *loge* < fränk. *laubja* „Laube"]

Logglas ⟨n.4⟩ Sanduhr zum Loggen

...logie ⟨in Zus.⟩ Wissenschaft, Lehre, z.B. Archäologie [< griech. *logos* „Wort, Lehre, Kunde"]

Logierbesuch ⟨[-ʒir-] m.1⟩ Besuch zum Übernachten; wir haben, bekommen L. [zu *logieren*]

logieren ⟨[-ʒi-] V.3, hat logiert⟩ **I** ⟨o.Obj.⟩ als Gast wohnen; wir l. im Hotel **II** ⟨mit Akk.⟩ beherbergen, (bei sich) wohnen lassen; jmdn. (bei sich) l. [< frz. *loger* „beherbergen; wohnen", zu *loge* „Hütte, Häuschen"]

Logiergast ⟨[-ʒir-] m.2⟩ Gast, der übernachtet; wir haben Logiergäste

Logik ⟨f.10⟩ **1** Lehre vom richtigen Denken und Folgern **2** folgerichtiges Denken, Folgerichtigkeit **3** Teilgebiet der Algebra (Schaltungs~) [< griech. *logos* „Wort, Kunde, Vernunft"]

Logiker ⟨m.5⟩ **1** Lehrer der Logik **2** jmd., der logisch zu denken versteht

Logis ⟨[-ʒi] n., -, - [-ʒis]⟩ **1** Wohnung, Unterkunft **2** ⟨auf Schiffen⟩ Mannschaftsraum [frz., „Wohnung"; → *Loge*]

logisch ⟨Adj.⟩ **1** folgerichtig, denkrichtig, den Gesetzen der Logik entsprechend; ~e Schlußfolgerung; l. denken können; das ist (nicht) l. **2** den Gesetzen der mathematischen Logik entsprechend; eine ~e Schaltung [< griech. *logikos* „zur Vernunft, zum Denken gehörig, wissenschaftlich, philosophisch", zu *logos* „Denkvermögen, Vernunft"]

Logismus ⟨m., -, -men⟩ **1** ⟨nur Sg.⟩ Auffassung, daß die Welt logisch aufgebaut sei **2** Vernunftschluß

Logistik ⟨f., -, nur Sg.⟩ **1** ⟨Mil.⟩ Gesamtheit der Maßnahmen für Nachschub und Infrastruktur **2** mathematische Logik

Logistiker ⟨m.5⟩ Anhänger der Logistik (2)

logistisch ⟨Adj., o.Steig.⟩ auf Logistik (2) beruhend

Logizismus ⟨m., -, nur Sg.⟩ **1** Lehre, die die gesamte Mathematik auf Logik zurückführt **2** formales logisches Schließen ohne Rücksicht auf den Denkinhalt

Logizität ⟨f., -, nur Sg.⟩ logische Beschaffenheit, logische Faktizität

Logleine ⟨f.11⟩ Meßschnur zum Loggen

logo ⟨Adj.; nur alleinstehend oder mit *sein*⟩; Jugendspr.⟩ *Klar, richtig, selbstverständlich*; „Hast du das auch gemerkt?" „Logo!" [zu *logisch*]

Logogriph ⟨m.12 oder m.10⟩ Buchstabenrätsel [< griech. *logos* „Wort" und *griphos* „Rätsel, etwas Verwickeltes, Verschlungenes", eigtl. „Fischernetz", zu *gripeus* „Fischer"]

Logoi ⟨Pl. von⟩ *Logos*

Logopädie ⟨f., -, nur Sg.⟩ **1** Wiss. von den Sprachstörungen; Syn. *Sprachheilkunde* **2** Spracherziehung von sprach- und stimmgestörten Personen [< griech. *logos* „das Reden, Rede, Gespräch" und *paideia* „Erziehung, Unterricht", zu *pais*, Gen. *paidos* „Kind"]

Logos ⟨m., -, -goi⟩ **1** ⟨urspr.⟩ Wort, Rede, Kunde, Lehre **2** Begriff, Sinn, logisches Urteil **3** Vernunft, Weltvernunft, göttliche Vernunft **4** ⟨Christentum⟩ menschgewordenes Wort Gottes

Lohblüte ⟨f.11⟩ (u.a. auf *Lohe²* lebender) Schleimpilz, der zur Sporenreife eine grellgelbe Plasmamasse ausbildet

Lohde ⟨f.11⟩ → *Lode*

Lohe¹ ⟨f.11⟩ lodernde Flamme [< mhd. *louc*, ahd. *louc, loug* „Flamme"]

Lohe² ⟨f.11⟩ gemahlene Baumrinde zum Gerben; Syn. *Gerberlohe* [< mhd., ahd. *lô*, urverwandt mit griech. *lyein* „lösen"]

lohen¹ ⟨V.1, hat geloht; o.Obj.⟩ *kräftig brennen, in Lohe sein*; die Flamme loht [zu *Lohe¹*]

lohen² ⟨V.1, hat geloht; mit Akk.⟩ *gerben, Felle l.* [zu *Lohe²*]

lohgar ⟨Adj., o.Steig.⟩ *mit Lohe² gegerbt*

Lohgerber ⟨m.5⟩ *Gerber, der mit pflanzlichen Gerbstoffen arbeitet*

Lohmühle ⟨f.11⟩ *Mühle, die Lohe² zu Gerbstoff verarbeitet*

Lohn ⟨m.2⟩ **1** *Bezahlung für geleistete Arbeit*; Syn. ⟨Seew.⟩ *Heuer*; *ein hoher, geringer L.*; *den Lohn erhöhen, drücken, steigern*; *in L. und Brot stehen eine feste Anstellung haben*; *jmdn. um L. und Brot bringen jmdm. seine Stelle nehmen* **2** ⟨nur Sg.⟩ *Belohnung*; *reichen L. erhalten*

lohnabhängig ⟨Adj., o.Steig.; nur als Attr.⟩ *vom Lohn als einziges Einkommen erhaltend und daher von dem, der ihn zahlt*; ~er *Arbeiter*

Lohnabzug ⟨m.2⟩ *vom Lohn abgezogener Betrag*

Lohnausgleich ⟨m.1⟩ *Fortzahlung des Lohnes trotz Arbeitsausfall (z.B. wegen Krankheit oder Streiks)*

Lohnbuchhaltung ⟨f.10⟩, **Lohnbüro** ⟨n.9⟩ *Abteilung eines Betriebes, die die Löhne berechnet und auszahlt*

Lohndiener ⟨m.5⟩ *Aushilfsdiener (bei Festen o.ä.)*

lohnen ⟨V.1, hat gelohnt⟩ **I** ⟨mit Dat. und Akk.⟩ *jmdm. etwas l. jmdm. etwas vergelten, etwas als Ausgleich für etwas geben*; *der Himmel lohne dir deine Hilfe!*; *jmdm. eine Dienstleistung reichlich l.*; *sie hat ihm seine Hilfe mit Undank gelohnt*; *du hast seine Freundlichkeit aber schlecht gelohnt* **II** ⟨mit Akk.⟩ *etwas l. etwas wert sein*; auch: *verlohnen*; *das ist die Mühe, den Aufwand nicht wert*; *der Wagen lohnt die Reparatur nicht mehr* **III** ⟨refl.⟩ *sich l. einen Gewinn bringen*; *verlohnen*; *die Mühe lohnt sich*; *der Umweg hat sich gelohnt*

löhnen ⟨V.1, hat gelöhnt; mit Akk.⟩ *jmdn. l. jmdm. Lohn auszahlen*

Lohngruppe ⟨f.11⟩ *Gruppe, in die Arbeitnehmer eingestuft sind, die aufgrund ungefähr gleicher Tätigkeiten gleichen Lohn erhalten*

Lohnherr ⟨m., -n oder -en, -en; †⟩ *Arbeitgeber*

Lohn-Preis-Spirale ⟨f.11⟩ *Wechselwirkung von Lohn- und Preiserhöhungen*

Lohnsteuer ⟨f.11⟩ *Steuer für Einkünfte aus nichtselbständiger Arbeit*

Lohnstopp ⟨m.9⟩ *staatliches Unterbinden von Lohnerhöhungen*

Lohnstreifen ⟨m.7⟩ *Beleg über den erhaltenen Lohn*; Syn. *Lohnzettel*

Lohntüte ⟨f.11⟩ *Tüte, die den Lohn und den Lohnstreifen enthält*

Löhnung ⟨f.10⟩ **1** *Auszahlung des Lohns* **2** *ausgezahlter Lohn*

Lohnzettel ⟨m.5⟩ → *Lohnstreifen*

Loipe ⟨f.11; Schilauf⟩ *Spur zum Langlauf* [< norw. *løipe* „Holzrutsche, Schibahn", zu *løp* „Lauf, Wettlauf; Fahrwasser", zu *løpe* „laufen"]

Lok ⟨f.9; kurz für⟩ *Lokomotive*

lokal ⟨Adj., o.Steig.⟩ **1** *örtlich, örtlich begrenzt, für einen Ort, einen Bereich geltend, einen Bereich betreffend*; ~e *Betäubung*; ~e *Nachrichten*; *das hat nur ~e Bedeutung* **2** ⟨Gramm.⟩ *den Ort ausdrückend, bezeichnend*; ~e *Adverbialbestimmung*

Lokal ⟨n.1⟩ **1** *Ort, Raum (Wahl~)* **2** *Gastwirtschaft, Restaurant*; *in ein L. gehen, um zu essen*; *abends im L. sitzen* [< lat. *localia* „Örtlichkeiten", zu *locus* „Ort, Platz, Stelle"]

Lokalanästhesie ⟨f.11; Med.⟩ *Ausschaltung des Schmerzes in Haut und Schleimhäuten eines begrenzten Bereiches, örtliche Betäubung*

Lokalbahn ⟨f.10⟩ → *Kleinbahn*

Lokalbericht ⟨m.1⟩ *Zeitungsbericht über örtliche Ereignisse*

Lokalisation ⟨f.10⟩ *das Lokalisieren*

lokalisieren ⟨V.3, hat lokalisiert; mit Akk.⟩ *etwas l.* **1** *(auf einen Ort) beschränken, begrenzen; eine Krankheit l., auf einen Herd l.* **2** *den Standort, Ausgangspunkt von etwas bestimmen*; *ich kann den Schmerz nicht genau l.; ein Licht, ein Geräusch l.* [< frz. *localiser* „an einem Ort festhalten, auf einen Ort beschränken", < lat. *localis* „örtlich", zu *locus* „Ort, Platz, Stelle"]

Lokalität ⟨f.10⟩ **1** *Raum, Örtlichkeit* **2** ⟨Pl.; ugs.⟩ ~en *Toilette, Waschraum*; *wo sind hier die ~en?; die ~en aufsuchen*

Lokalkolorit ⟨n.1; in literarischen Werken⟩ *anschauliche Schilderung der Landschaft, des Milieus, der Sitten und Gebräuche eines Schauplatzes*

Lokalpatriotismus ⟨m., -, nur Sg.⟩ *betonte Liebe zur engeren Heimat*

Lokalposse ⟨f.11⟩ *volkstümliches, humorvolles, an eine bestimmte Landschaft oder Stadt gebundenes, häufig in Mundart geschriebenes Theaterstück*

Lokalspitze

Lo|kal|spit|ze ⟨f.11⟩ *Artikel (meist Glosse) am Anfang des Lokalteils (einer Zeitung)*

Lo|kal|teil ⟨m.1⟩ *Teil der Zeitung, der Nachrichten aus dem örtlichen Bereich bringt, in dem sie erscheint*

Lo|kal|ter|min ⟨m.1⟩ *gerichtlicher Termin am Tatort des Rechtsfalles*

Lo|ka|tar ⟨m.1; †⟩ *Pächter*

Lo|ka|ti|on ⟨f.10⟩ **1** ⟨†⟩ *Platz-, Rangbestimmung, Einordnung* **2** ⟨†⟩ *Anweisung eines Platzes oder Ranges* **3** ⟨Erdölförderung⟩ *Bohrstelle*

Lo|ka|tiv ⟨m.1⟩ *den Ort bestimmende Kasus (z. B. im Lateinischen und Griechischen)*

Lok|füh|rer ⟨m.5; kurz für⟩ *Lokomotivführer*

Lo|ko|ge|schäft ⟨n.1⟩ *Geschäft über sofort verfügbare Ware;* Ggs. *Termingeschäft*

Lo|ko|mo|bi|le ⟨f.11⟩ *fahrbare Dampf-, Kraftmaschine* [< lat. *loco mobile* „an einem Platz Bewegbare", zu *locus* „Ort, Platz, Stelle", und *mobilis* „beweglich"]

Lo|ko|mo|ti|on ⟨f.10; Biol., Med.⟩ *Bewegung, die der Ortsveränderung dient* [< lat. *loco* „von seinem Platz", zu *locus* „Ort, Platz, Stelle" und *Motion*]

Lo|ko|mo|ti|ve ⟨f.11⟩ *auf Schienen fahrende Zugmaschine;* auch: ⟨kurz⟩ *Lok* [< lat. *loco motivus* „von seinem Platz beweglich", zu *locus* „Ort, Platz, Stelle" und *motivus* „beweglich"]

Lo|ko|mo|tiv|füh|rer ⟨m.5⟩ *jmd., der berufsmäßig eine Lokomotive fährt;* auch: ⟨kurz⟩ *Lokführer*

lo|ko|mo|to|risch ⟨Adj., o.Steig.⟩ *auf Lokomotion beruhend, sie betreffend*

Lo|ko|wa|re ⟨f.11; Kaufmannsspr.⟩ *sofort verfügbare, am Ort befindliche Ware*

Lo|kus ⟨m., -, -s|se; ugs.⟩ *Toilette, Abort* [< lat. *locus* „Ort"]

Lo|ku|ti|on ⟨f.10; †⟩ *Rede-, Ausdrucksweise* [< lat. *locutio*, Gen. *-onis*, „das Reden, Redensart", zu *loqui* „sprechen"]

Lolch ⟨m.1⟩ *Gras mit abgeflachten Ährchen, die in zwei Zeilen wachsen, Futterpflanze;* Syn. *Weidelgras, Raigras* [< lat. *lolium* in ders. Bed.]

Lom|bard ⟨m.1 oder n.1⟩ *Kredit gegen Pfand* [frz., verkürzt < *maison de lombard* „Leihhaus"; die lombardischen Händler waren die ersten, die Leihhäuser unterhielten]

Lom|bar|de ⟨m.11⟩ **1** *Einwohner der Lombardei* **2** ⟨MA⟩ *Geldwechsler und Pfandleiher* [sie stammten urspr. aus der *Lombardei*]

lom|bar|die|ren ⟨V.1, hat lombardiert; mit Akk.⟩ *beleihen, verpfänden;* Wertpapiere l.

lom|bar|disch ⟨Adj., o.Steig.⟩ *die Lombardei betreffend, zu ihr gehörig, aus ihr stammend*

Lom|ber, Lom|bre [lɔ̃brə] ⟨n., -(s), nur Sg.⟩ *ein französisches Kartenspiel* [< frz. *l'hombre* in ders. Bed., < span. *hombre* „Mann, Mensch" sowie „Kartenspiel", nach dem Hauptspieler, dem *hombre*, der durch Abfragen bestimmt wird und gegen den die beiden übrigen spielen]

Long|drink ⟨m.9⟩ *Mischgetränk mit wenig Alkohol und viel Sodawasser o.ä.* [< engl. *long drink*, < *long* „lang, gestreckt" und *drink* „Getränk"]

Lon|ge ⟨[lɔ̃ʒə] f.11⟩ **1** *eine zum Führen des Pferdes bei der Dressur dienende Leine* **2** *Hilfsleine für Schwimmschüler* [frz., „Leine, Leitseil", wahrscheinlich eigtl. „Verlängerungsstück" und gekürzt aus *allonge* (→ *Allonge*), zu *long* „lang"]

lon|gie|ren ⟨[lɔ̃ʒi-] V.3, hat longiert; mit Akk.⟩ *an der Longe laufen lassen;* ein Pferd l.

lon|gi|tu|di|nal ⟨Adj., o.Steig.⟩ **1** *in der Längsrichtung, in der Längserstreckung* **2** *den geographischen Länge nach, den Längengrad betreffend* [über frz. *longitudinal* „der Länge nach" < lat. *longitudo*, Gen. *-inis*, „Länge", zu *longus* „lang"]

Lon|gi|tu|di|nal|wel|le ⟨f.11⟩ *Längswelle, in Ausbreitungsrichtung schwingende Welle*

Long|sel|ler ⟨m.5⟩ → *Dauerseller* [< engl. *long* „lange" und *to sell* „verkaufen"]

Look ⟨[luk] m.9⟩ *Aussehen, Äußeres* (Partner~, Baby~) [engl., zu *to look* „sehen, aussehen"]

Loo|ping ⟨[lu-] m.9, auch n.9⟩ *senkrechter Schleifenflug;* Syn. *Überschlag* [< engl. *loop* „Schleife, Schlinge", wahrscheinlich aus dem Keltischen]

Lor|beer ⟨m.12⟩ **1** ⟨nur Sg.⟩ *immergrünes Hartlaubgewächs des Mittelmeergebietes* **2** ⟨nur Sg.⟩ *dessen Blatt als Gewürz* **3** *dessen Blätter als Kranz für Sieger-, Dichterehrungen, Sinnbild des Ruhmes;* sich auf seinen ~en ausruhen *nach anfänglich großen Leistungen nachlassen;* keine ~en ernten *keinen Ruhm erlangen, sich nicht bes. auszeichnen* [< mhd. *lorber*, ahd. *lorberi* „Beere des Lorbeerbaumes" < lat. *laurus*]

Lor|chel ⟨f.11⟩ *Schlauchpilz mit unregelmäßig längsgefaltetem Hut* (Speise~) [< *Lurch*, wegen der Ähnlichkeit des Hutes mit der Haut der Kröte]

Lord ⟨m.9⟩ **1** *englischer Adelstitel* **2** *Träger dieses Titels* [< engl. *lord*, < mengl. *laverd, loverd*, < altengl. *hlaford* „Hausherr", eigtl. „Brothüter", < *hlaf* „Laib Brot" und *weard* „Hüter, Bewahrer"]

Lord|kanz|ler ⟨m.5⟩ *höchster englischer Staatsbeamter*

Lord-May|or ⟨[lɔdmeə] m.9; in London und einigen anderen engl. Großstädten⟩ *Erster Bürgermeister*

Lor|do|se ⟨f.11⟩, **Lor|do|sis** ⟨f., -, -sen⟩ *Wirbelsäulenverkrümmung nach vorn* [< griech. *lordosis* „Verkrümmung des Rückens einwärts", zu *lordos* „mit dem Oberkörper rückwärts gekrümmt, mit einwärtsgebogenem Rücken"]

Lo|re ⟨f.11⟩ **1** *offener Eisenbahngüterwagen* **2** *kleiner, auf Schienen laufender Lastwagen mit dreieckigem Längsschnitt;* Syn. *Kipplore* [< engl. *lorry, lory, lurry* in ders. Bed., vielleicht zu mundartlichem *to lurry* „ziehen, schleppen"]

Lor|gnet|te ⟨[lɔrnjɛtə] f.11⟩ *bügellose Brille mit Stiel* [frz., „Fernglas, Opernglas"; vgl. *Lorgnon*]

Lor|gnon ⟨[lɔrnjɔ̃] m.9⟩ *Einglas mit Stiel;* Syn. *Stielbrille* [frz., „Kneifer, Zwicker", zu *lorgner* „verstohlen betrachten, anblinzeln", über fränk. *lorni < ndrl. *loeren* „lauern, spähen"]

Lo|ri[1] ⟨m.9⟩ *(auf südostasiatischen Inseln und in Australien vorkommender) kleiner, bunter Papagei mit pinselartige Borsten an der Zunge* (Pracht~) [< mal. *lori, luri* oder *nuri* „Papagei"]

Lo|ri[2] ⟨m.9⟩ *kleiner, plumper, nächtlich lebender Halbaffe Afrikas und Südostasiens* (z. B. der Potto)

Lork ⟨m.1 oder m.2; nddt.⟩ *Kröte, Frosch* [zu *Lurch*]

Lor|ke ⟨f., -, nur Sg.; sächs.⟩ *dünner, schlechter Kaffee, Malzkaffee* [vielleicht zu *Lork* im Sinne von „Krötenbrühe"]

Lo|ro|kon|to ⟨n., -s, -ten⟩ *bei einer Bank für eine andere Bank geführtes Konto;* vgl. *Nostrokonto* [< ital. *lorocconto* „ihr Konto", < *loro* (Pl.) „ihr" und *conto*, → *Konto*]

los I ⟨Adj., o.Steig.; nur mit „sein" und „haben"⟩ **1** *nicht fest, gelöst, getrennt, abgelöst, abgetrennt;* der Hund ist l.; die Schraube ist l.; hier ist ein Brett l.; jmdn., etwas l. haben wollen ⟨ugs.⟩ *jmdn., etwas loswerden wollen, wollen, daß etwas abgelöst, abgetrennt ist;* ich will die Bücher endlich l. haben; ich möchte die Kapuze (vom Mantel) l. haben **2** ⟨in der Wendung⟩ jmdn., etwas l. sein *jmdn., etwas losgeworden sein* (→ *loswerden*); diesen lästigen Besucher bin ich l.; ich bin die Erkältung endlich, immer noch nicht l. **3** ⟨in der Wendung⟩ es ist etwas l. *es geschieht etwas;* dort ist immer viel l. *dort ist immer lebhaftes Treiben;* hier ist doch etwas l. *hier geht doch etwas nicht, ist etwas l.*; er taugt nicht viel, er ist langweilig; was ist mit ihm l.? was fehlt ihm? II ⟨Adv.⟩ **1** ⟨als Zuruf⟩ los! schnell!, weg!, fort!; nun aber l.!; also l.! **2** ⟨als Kommando bei Sportwettbewerben⟩ auf die Plätze, fertig, l.! **3** ⟨ugs. kurz für⟩ *losgehen, losfahren;* wir müssen schleunigst l.

Los ⟨n.1⟩ **1** ⟨nur Sg.⟩ *Schicksal;* ein schweres L. zu tragen haben **2** ⟨nur Sg.⟩ *gekennzeichneter Zettel oder Gegenstand, der ohne hinzuschauen, gezogen wird und der etwas entscheiden soll;* die Teilnehmer werden das L. bestimmt, zu ~en **3** *Anteilschein an einer Lotterie;* ein L. kaufen, ziehen; das Große L. *Hauptgewinn;* das Große L. ziehen ⟨übertr.⟩ *viel Glück haben*

los... ⟨in Zus.⟩ **1** *weg von etwas, weg aus einer Bindung oder Befestigung,* z.B. losbinden, losschrauben **2** *anfangen (etwas zu tun),* z.B. loslaufen, losfahren

...los ⟨Adj.; in Zus.⟩ *ohne ...,* z.B. freudlos, zwecklos, reimlos

Lösch|blatt ⟨n.4⟩ *Blatt aus Löschpapier*

lö|schen[1] ⟨V.1, hat gelöscht⟩ I ⟨mit Akk.⟩ **1** *am Weiterbrennen hindern, ersticken;* einen Brand, ein Feuer l.; eine Kerze l. **2** *ausschalten;* das Licht l. **3** *mit Wasser übergießen;* Kalk l. **4** *mit Löschpapier trocknen;* Tinte, Farbkleckse l. **5** *beseitigen, seinen Durst l.* **6** *streichen, tilgen;* eine Firma im Handelsregister l.; ein Konto bei der Bank l. lassen; eine Strafe im Strafregister l.; eine Hypothek l. II ⟨o.Obj.⟩ *Flüssigkeit aufsaugen;* das Papier löscht gut, löscht nicht

lö|schen[2] ⟨V.1, hat gelöscht; mit Akk.; Seew.⟩ *ausladen, an Land bringen;* Ladung, Güter l. [zu *los*]

Lö|scher ⟨m.5⟩ **1** *mit Löschpapier bezogene Wiege zum Löschen von Tinte* **2** ⟨kurz für⟩ *Feuerlöscher*

Lösch|kalk ⟨m.1⟩ *gelöschter Kalk*

Lösch|kopf ⟨m.2; am Tonbandgerät⟩ *Bauteil zum Löschen der Aufzeichnung*

Lösch|pa|pier ⟨n.1⟩ *saugfähiges Papier zum Trocknen von Tinte;* Syn. *Fließpapier*

Lösch|zug ⟨m.2⟩ *(mehrere) Wagen und Mannschaften der Feuerwehr*

lo|se ⟨Adj., -r, am -sten⟩ **1** *nicht fest, locker;* das Haar l. tragen; die Schraube ist l.; die Bluse sitzt l. **2** *keck, schelmisch;* ein ~s Mädchen; ein ~s Mundwerk haben *schlagfertig, witzig und etwas boshaft sein*

Lo|se ⟨f.11; Seew.⟩ *schlaffer Teil (eines Taus)*

Lo|se|blatt|aus|ga|be ⟨f.11⟩ *auf einzelnen Blättern in Fortsetzungen erscheinende Druckschrift*

Lö|se|geld ⟨n.3⟩ *Geldbetrag, für den ein Gefangener freigekauft wird*

los|ei|sen ⟨V.1, hat losgeeist; mit Akk.; ugs.⟩ *von sich l. mit etwas Mühe oder Geschick frei machen;* jmdn. von einer Verpflichtung l.; ich will sehen, daß ich mich heute l.

lo|sen ⟨V.1, hat gelost; o.Obj.⟩ *das Los werfen oder ziehen, das Los entscheiden lassen;* wir haben gelost, wer es tun soll; um einen Anteil l.

lö|sen ⟨V.1, hat gelöst⟩ I ⟨mit Akk.⟩ **1** *aufknüpfen, aufbinden, öffnen;* einen Knoten l.; die Haare, Zöpfe l.; einen Verschluß l. **2** *ab-, herausreißen oder -trennen;* ein Blatt aus einem Buch, von einem Block l.; ein Brett aus der Verschalung l. **3** *für nicht mehr gültig erklären, beenden;* einen Vertrag l.; ein Verhältnis zu jmdm. l. **4** *flüssig werden lassen, zergehen lassen;* Zucker in Wasser l. **5** *durch Nachdenken klären, ausrechnen;* eine Aufgabe, ein Problem l.; ein Rätsel l.; das Rätsel ist gelöst *die unverständliche, geheimnisvolle Sa-*

che ist geklärt **6** ⟨*als Ausweis*⟩ *kaufen; eine Fahrkarte, Eintrittskarte l.* **II** ⟨refl.⟩ *sich l.* **1** *locker werden; ein Brett, der Knoten hat sich gelöst* **2** *flüssig werden, zergehen, in kleinste Teilchen zerfallen; die Tablette löst sich im Wasser* **3** *sich (von etwas, von jmdm.) frei machen; sich aus einer Bindung, von jmdm. l., daß ...; du solltest dich von der Vorstellung l., daß ...; gelöst sein frei im Verhalten sein, natürlich, ungezwungen, entspannt sein; sie war heute sehr gelöst; im Schlaf gelöste Glieder entspannte Glieder* **4** *aufhören zu bestehen; die Schwierigkeiten haben sich gelöst; das Problem hat sich gelöst* **5** *versehentlich losgehen, sich auslösen; ein Schuß löste sich*

los|ge|ben ⟨V.45, hat losgegeben; mit Akk.⟩ *jmdn. l. freigeben, jmdm. die Freiheit wiedergeben*

los|ge|hen ⟨V.47, ist losgegangen; o.Obj.⟩ **1** *sich lösen, aufbrechen, weggehen; um sechs Uhr gingen wir los* **2** *zielstrebig oder feindlich vorwärts drängen; auf ein Ziel l. auf ein Ziel zugehen; auf jmdn. l. jmdn. tätlich oder mit Worten angreifen; mit dem Messer auf jmdn. l.* **3** *sich lösen, ausgelöst werden; der Schuß ging los* **4** *anfangen, beginnen; das Theater geht um acht Uhr los; ist es schon losgegangen?; gleich geht's los*

los|ha|ben ⟨V.60, hat losgehabt; mit Akk.; ugs.⟩ *nur in bestimmten Wendungen in etwas l. etwas (von einer Sache) verstehen, Fähigkeiten (auf einem Gebiet) haben; laß ihn das machen, frag ihn danach, er hat alles los; in Sprachen hat er viel los, hat er nichts los er ist sehr, nicht sprachbegabt*

Los|kauf ⟨m.2⟩ *das Loskaufen, Befreiung durch eine Zahlung*

los|kau|fen ⟨V.1, hat losgekauft; mit Akk.⟩ *jmdn. oder sich l. mit Hilfe einer Zahlung befreien*

los|kom|men ⟨V.71, ist losgekommen; o.Obj.⟩ *sich lösen können; ich hänge fest, ich komme nicht los; sie kommt von ihrem Freund nicht los*

los|las|sen ⟨V.75, hat losgelassen; mit Akk. und o.Obj.⟩ **1** *den Griff (um etwas) lösen, nicht länger festhalten; laß mich los!; jmds. Hand l.; den Hund l. den Hund von der Leine, Kette lösen und laufen lassen oder zum angreifen lassen; und so jmdn. läßt man auf die Kinder los! ⟨ugs.⟩ und so einen Unfähigen läßt man Kinder unterrichten, betreuen!; sie war ganz losgelassen sie war entspannt und fröhlich* **2** ⟨scherzh.; in verschiedenen Wendungen⟩ *einen Brief l. einen Brief schreiben und abschicken; eine Rede l. eine Rede halten*

los|le|gen ⟨V.1, hat losgelegt; o.Obj.; ugs.⟩ *energisch mit der Arbeit anfangen, energisch anfangen, seine Meinung zu sagen; und dann legte er los; also – leg los! sprich! sag, was du auf dem Herzen hast!*

lös|lich ⟨Adj., o.Steig.⟩ *so beschaffen, daß es sich in einem Lösungsmittel auflösen kann;* Syn. ⟨Chem.⟩ *solubel; in Wasser ∼er Stoff*

Lös|lich|keit ⟨f., -, nur Sg.⟩

los|plat|zen ⟨V.1, ist losgeplatzt; o.Obj.; ugs.⟩ *plötzlich laut lachen, prustend lachen*

los|rei|ßen ⟨V.96, hat losgerissen⟩ **I** ⟨mit Akk.⟩ *durch Reißen lösen, ablösen; der Wind hat die Markise losgerissen* **II** ⟨refl.⟩ *sich l. sich mit Kraft von einer Bindung, Befestigung lösen; der Hund hat sich losgerissen; das Kind riß sich von der Hand der Mutter los; ich konnte mich von dem Bild nicht l.* ⟨übertr.⟩ *ich mußte es lange anschauen*

Löß ⟨m., -es, -e⟩ *gelbbraunes, kalk- und tonhaltiges, feinkörniges Sedimentgestein* [< schweiz. *lösch* „locker"]

los|sa|gen ⟨V.1, hat losgesagt; refl.⟩ *sich von etwas oder jmdn. l. sich von etwas oder jmdn. trennen, lösen, die Bindung zu etwas oder jmdn. lösen; sich von einem Glauben l.; sich von seiner Familie l.* **Los|sa|gung** ⟨f., -, nur Sg.⟩

los|schie|ßen ⟨V.113⟩ **I** ⟨mit Akk.; hat losgeschossen; selten⟩ *abschießen; eine Rakete l.* **II** ⟨o.Obj.; ist losgeschossen; ugs.⟩ **1** ⟨*eifrig*⟩ *zu reden anfangen; gleich nach der Begrüßung schoß er los; also – schieß los! erzähle!* **2** *eilig davonrennen; als ich den Hund losband, schoß er sofort los; auf jmdn. l. eilig zu jmdm. rennen; er schoß auf mich los, als er mich sah er kam sofort rasch auf mich zu*

los|schla|gen ⟨V.116, hat losgeschlagen⟩ **I** ⟨mit Akk.⟩ **1** *durch Schlagen von etwas lösen* **2** ⟨ugs.⟩ *verkaufen; eine Ware billig l.; ich werde versuchen, den Schrank für 100 DM loszuschlagen* **II** ⟨o.Obj.⟩ **1** *zu kämpfen beginnen; auf jmdn. l. jmdn. heftig verprügeln*

Löß|kin|del ⟨n.5⟩ *figurenbildende, knollenförmige Kalkansammlung im Löß*

los|spre|chen ⟨V.146, hat losgesprochen; mit Akk.⟩ **1** *freisprechen, mit Worten befreien; jmdn. von einer Schuld, einer Verantwortung l.; einen Lehrling l. einen Lehrling mit einem Ritual aus der Lehre entlassen*

Lost ⟨m., -(e)s, nur Sg.⟩ →*Senfgas* [Kurzw. < *Lommel* und *Steinkopff,* den Namen der Chemiker, ist es zu entwickelten]

Los|ta|ge ⟨Pl.⟩ **1** *die zwölf Nächte zwischen Weihnachten und Dreikönige* **2** *die für das Wetter bedeutsamen Tage (z. B. die Eisheiligen);* Syn. *Lurtage*

Lost ge|ne|ra|tion [-dʒenəreɪʃn] ⟨f., - -, nur Sg.⟩ **1** *die Generation US-amerikanischer Schriftsteller, die im 1. Weltkrieg miterlebt hat und durch skeptische, desillusionierte Weltanschauung gekennzeichnet ist* **2** ⟨später auch⟩ *die erste Generation nach dem 1. Weltkrieg* [engl., „verlorene Generation"]

Lo|sung[1] ⟨f.10⟩ **1** ⟨Mil.⟩ *Wort oder Satz, mit dem Personen sich gegenüber Wachen und Streifen auszuweisen haben oder untereinander als zusammengehörig erkennen;* Syn. *Parole, Paßwort* **2** →*Wahlspruch* **3** ⟨in der Herrnhuter Brüdergemeine⟩ *besonderer Bibelspruch für jeweils einen Tag* [eigtl. „das Losen, das Werfen eines Loses"]

Lo|sung[2] ⟨f.10; beim Wild und Hund⟩ *Kot* [eigtl. „das Loslassen des Kotes"]

Lo|sung[3] ⟨f.10; Kaufmannsspr.⟩ *in Ladengeschäften die gesamten Tageseinnahmen* [zu *Erlös*]

Lö|sung ⟨f.10⟩ **1** *das Loslösen, Trennen; die L. vom Elternhaus* **2** *Auflösung, Ergebnis; die L. einer Aufgabe, eines Rätsels; eine elegante L.* **3** *Bewältigung; die L. eines Problems, Konflikts; wir werden, müssen eine L. finden· wir werden, müssen das bewältigen* **4** ⟨Chem.⟩ *gleichmäßige Verteilung eines löslichen Stoffes in einem flüssigen Stoff*

Lö|sungs|mit|tel ⟨n.5⟩ *Flüssigkeit, die einen anderen Stoff zu lösen vermag*

los|wer|den ⟨V.180, ist losgeworden; mit Akk.⟩ **1** *etwas l.* **a** *verkaufen, verschenken, weggeben* **b** *sich von etwas befreien; sie mußte das Geheimnis l.; ich werde den Gedanken nicht los, daß ...* **c** *etwas überwinden; eine Krankheit l.; ich werde die Erkältung nicht los* **2** *jmdn. l. sich von jmdm. lösen, befreien, jmdn. für immer wegschicken; einen aufdringlichen Bettler, lästigen Besucher l.; sie will ihren Freund wieder l.; ich weiß nicht, wie ich ihn l. soll*

los|zie|hen ⟨V.187, ist losgezogen; o.Obj.; ugs.⟩ **1** *weggehen; also – ich ziehe jetzt los!; und dann zogen wir los* **2** *gegen jmdn. l. jmdn. beschimpfen; über jmdn. l. Nachteiliges über jmdn. reden, lästern, klatschen*

Lot ⟨n.1⟩ **1** ⟨Math.⟩ *Gerade, die senkrecht auf eine andere Gerade trifft; das L. fällen* **2** *an einer Schnur hängendes Metallstück zum Bestimmen der Senkrechten; jmdn. aus dem L. bringen jmdn. in Verwirrung bringen; die Sache ist nicht im L. die Sache ist nicht in Ordnung, stimmt nicht; eine Sache wieder ins L. bringen eine Sache wieder in Ordnung*

Lotto

bringen; das kommt schon wieder ins L. das kommt schon wieder in Ordnung **3** *an einer mit Markierungen versehenen Leine hängendes Metallstück zum Bestimmen der Wassertiefe;* Syn. *Senkblei* **4** *altes Handelsgewicht, etwa 16 g* **5** *Metall, das zum Löten verwendet wird* (Silber∼) [< mhd. *lot* „Blei"]

lo|ten ⟨V.2, hat gelotet; mit Akk.⟩ *etwas l.* **1** *mit dem Lot messen; die Tiefe des Wassers l.* **2** *mit dem Lot die Senkrechte von etwas bestimmen; eine Mauer l.*

lö|ten ⟨V.2, hat gelötet; mit Akk.⟩ *mit Hilfe einer Metallegierung verbinden oder schließen; Metallteile l.; einen Riß in Metall l.*

Lo|ti|on ⟨auch [loʃən] f.10⟩ *kosmetisches Mittel (zur Gesichtsreinigung u. a.)* [engl., „Waschmittel, Haut-, Rasierwasser", < lat. *lotio,* Gen. *-onis,* „das Waschen, Baden", zu *lavare* (Perfekt *lautus, lotus*) „waschen"]

Löt|kol|ben ⟨m.7⟩ *Gerät zum Schmelzen des Lots (5) beim Löten*

Löt|lam|pe ⟨f.11⟩ *Benzinbrenner für großflächige Lötungen*

Löt|me|tall ⟨n.1⟩ *Metallegierung zum Löten*

Lo|tos ⟨m., -, -⟩, **Lo|tos|blu|me** ⟨f.11⟩ *großblütiges Seerosengewächs warmer Gebiete; Ägyptische L.; Indischer L.* [griech.]

lot|recht ⟨Adj., o.Steig.⟩ →*senkrecht* [eigtl. „richtig im Lot"]

Lot|rech|te ⟨f.11⟩ *senkrechte Linie*

Löt|rohr ⟨n.1⟩ *in der chemischen Analyse verwendetes Gerät zur Reduktion der Analysensubstanz*

Lot|se ⟨m.11⟩ **1** *besonders ausgebildeter Seemann, der Schiffe durch schwieriges Gewässer leitet (bes. in der Hafen)* **2** ⟨übertr.⟩ *Führer durch schwieriges oder gefährliches Gelände (Schüler∼)* [< nddt. *Loots, Lootsmann* in ders. Bed., zu engl. *loads* < mengl. *lod, lode* „Weg, Straße, Wasserlauf", also „jmd., der einem den Weg durch einen Wasserlauf zeigt"]

lot|sen ⟨V.1, hat gelotst; mit Akk.⟩ **1** *als Lotse führen; ein Schiff in den Hafen, durch die Klippen l.* **2** *jmdn. l.* ⟨ugs., scherzh.⟩ **a** *jmdn. zeigend, erklärend führen; jmdn. durch eine Ausstellung l.* **b** *jmdn. (halb gegen dessen Willen oder ohne dessen Zutun) mitnehmen, bringen; jmdn. mit zu einer Veranstaltung l.; einen Betrunkenen nach Hause, zu einem Taxi l.*

Lot|sen|boot ⟨n.1⟩ *Boot, das den Lotsen an Bord bringt*

Lot|sen|fisch ⟨m.1⟩ *Stachelmakrele, die man fast ausschließlich in Begleitung von Haien und Mantas sieht* [man nahm früher an, der Fisch diene den andern als *Lotse*]

lot|teln ⟨V.1, hat gelottelt; o.Obj.; schwäb.⟩ *zuviel Spielraum haben; die Lampe lottelt (in der Halterung); der Mantel lottelt*

Lot|ter|bett ⟨n.12⟩ **1** *Faulenzerbett; auf dem L. liegen faulenzen* **2** ⟨österr.⟩ *Couch, Sofa*

Lot|ter|bu|be ⟨m.11; †⟩ *Faulenzer*

Lot|te|rei ⟨f.10⟩ *das Lottern, wenig anständiger Lebenswandel*

Lot|te|rie ⟨f.11⟩ *staatlich konzessionierte Verlosung von numerierten Losen* [< ndrl. *loterij* „Glücksspiel", zu engl. *lots* „Los, Schicksal", zu ahd. *hlôz, lôz* „der durch Los zugewiesene Anteil an Land"]

lot|te|rig ⟨Adj.⟩ *unordentlich, abgerissen;* auch: *lottrig; ∼e Kleidung; l. herumlaufen*

Lot|ter|le|ben ⟨n., -s, nur Sg.⟩ *liederliches, faules Leben;* Syn. *Luderleben*

löt|tern ⟨V.1, hat gelöttert; o.Obj.; schweiz.⟩ *in der Lotterie spielen*

lot|tern ⟨V.1, hat gelottert; o.Obj.⟩ *liederlich leben, sich herumtreiben;* Syn. *ludern*

Lot|ter|wirt|schaft ⟨f.10⟩ *liederliche, schlampige Haushalts- oder Wirtschaftsführung*

Lot|to ⟨n.9⟩ **1** *Glücksspiel, eine Art Lotterie, bei der auf Zahlen gesetzt wird* **2** *ein Gesellschaftsspiel für Kinder* [< ital. *lotto* in ders.

Bed. sowie „Teil, Anteil", < frz. *lot* „Teil, Anteil, Los", < fränk. **(h)lot* „zugefallener Anteil"]

lott|rig 〈Adj.〉 →*lotterig*

Lo|tung 〈f.10〉 *das Loten*

Lö|tung 〈f.10〉 *das Löten*

Louis 〈[luiː] m., -, - [luiːs]〉 →*Zuhälter* [< frz. *Louis* (Personenname) < *Ludwig*; vielleicht liegt frz. *marlou* „Zuhälter" zugrunde, das in Anlehnung an den bekannten Namen umgebildet wurde ist]

Louis|dor 〈[lui-] m.9, nach Zahlenangaben Pl.〉 *alte französische Goldmünze, 20 Franc* [< frz. *Louis d'or* „goldener Ludwig", weil sie zuerst unter Ludwig XIII. geprägt wurde und sein Bildnis zeigte]

Louis-qua|torze 〈[luikatɔrz] n., -, nur Sg.〉 *unter Ludwig XIV. von Frankreich beliebter (barocker) Kunst-, bes. Möbelstil*

Louis-quinze 〈[luikɛ̃z] n., -, nur Sg.〉 *unter Ludwig XV. von Frankreich beliebter Kunst-, bes. Möbelstil, Rokokostil*

Louis-seize 〈[luisɛz] n., -, nur Sg.〉 *unter Ludwig XVI. von Frankreich beliebter Kunst-, bes. Möbelstil, Übergang zum Klassizismus*

Lö|we 〈m.11〉 *Großkatze mit gelblichem Fell (und einer Mähne bei männlichen Tieren)* [< ahd. *lewo*, < lat. *leo*, griech. *leon*, Lehnwort aus einer nicht bekannten Sprache]

Lö|wen|an|teil 〈m.1〉 *größter Anteil, Hauptanteil*

Lö|wen|maul 〈m.4〉 *Rachenblütler, dessen Blüte mit einem aufgerissenen Maul verglichen wird, Gartenblume*

Lö|wen|mut 〈m., -(e)s, nur Sg.; übertr.〉 *großer Mut*

Lö|wen|schwanz 〈m., -es, nur Sg.〉 →*Herzgespann*

Lö|wen|zahn 〈m., -(e)s, nur Sg.〉 *gelb blühender Korbblütler mit hohlem, milchsaftführenden Stengel* [nach den gezähnten Blättern]

lo|xo|drom 〈Adj., o.Steig.〉 *die Längenkreise der Erde im gleichen Winkel schneidend* [< griech. *loxodromos* „schräg verlaufend", < *loxos* „schief, schräg" und *dromos* „Lauf"]

Lo|xo|dro|me 〈f.11〉 *Verbindungslinie zwischen zwei Punkten der Erdoberfläche, die alle Längenkreise im gleichen Winkel schneidet* [zu *loxodrom*]

lo|xo|go|nal 〈Adj., o.Steig.〉 →*schiefwinklig* [< griech. *loxos* „schief, schräg" und *gonia* „Ecke, Winkel"]

loy|al 〈[loajal] Adj.〉 **1** *regierungstreu, treu dem Vorgesetzten gegenüber* **2** 〈allg.〉 *redlich, anständig*; Ggs. *illoyal* [< frz. *loyal* „rechtmäßig, gesetzlich; bieder, ohne Falsch", < lat. *legalis* „den Gesetzen gemäß, gesetzlich", zu *lex*, Gen. *legis*, „Gesetz"]

Loya|li|tät 〈f., -, nur Sg.〉 *loyales Verhalten, loyale Einstellung*; Ggs. *Illoyalität*

LP 〈f.9; Abk. für〉 *Langspielplatte*

LPG 〈f.9; DDR; Abk. für〉 *Landwirtschaftliche Produktionsgenossenschaft*

Lr 〈chem. Zeichen für〉 *Lawrencium*

LSD 〈n., -, nur Sg.; Abk. für〉 *Lysergsäure-Diäthylamid, ein illegales Rauschmittel*

lt. 〈Abk. für〉 *laut*[2]

ltd., Ltd. 〈Abk. für〉 *limited*

Lu 〈chem. Zeichen für〉 *Lutetium*

lü|beckisch 〈-k|k-〉, **lü|bisch** 〈Adj., o.Steig.〉 *Lübeck betreffend, zu ihm gehörig, aus ihm stammend*; ~*es Recht*

Luch 〈n.1 oder f.2; nordostdt.〉 *Sumpfland, Moor*

Luchs 〈[lʊks] m.1〉 *große, hochbeinige Wildkatze mit Pinselohren und Stummelschwanz* [< ahd. *luhs*, urverwandt mit griech. *lygx*, vielleicht zu *leukos* „leuchtend", wegen der sprichwörtlich scharfen Augen]

luch|sen 〈[-ks-] V.1, hat geluchst; o.Obj.; ugs.〉 *scharf schauen, spähen*; *über den Zaun l.* [zu *Luchs*]

Lucht 〈f.10; nddt.〉 **1** *Dachboden, Boden-*

raum **2** *Öffnung, Loch* [< mnddt. *lucht* „Bodenraum", verwandt mit *Luft*]

Lücke 〈-k|k-; f.11〉 **1** *Zwischenraum, Loch, offene Stelle*; *eine L. im Zaun*; *eine L. ausfüllen, schließen* **2** *Mangel*; *sein Wissen zeigt* ~*n*; *eine L. im Gesetz ein Fall, der vom Gesetz nicht erfaßt worden ist*

Lücken|bü|ßer 〈-k|k-; m.5〉 *jmd., der für jmdn. einspringen muß, aber wenig willkommen ist*

lückig 〈-k|k-; Adj.〉 *Lücken aufweisend* (*zahn*~)

Lu|de 〈m.11; ugs.〉 →*Zuhälter* [zu *Ludwig*; vgl. *Louis*]

Lu|der 〈n.5〉 **1** 〈Jägerspr.〉 *als Köder für Raubwild ausgelegtes totes Tier oder Teile davon* **2** 〈ugs.〉 *gemeiner Kerl, gemeine Person*; *dieses L.*; *er, sie ist ein L.* **3** 〈ugs.〉 *leichtfertige, raffinierte Frau*; *sie ist ein kleines L.* **4** 〈ugs.〉 *Kerl, Person, Tier*; *das arme L. der arme Kerl, das arme Ding, das arme Tier*; *freches L. frecher Kerl, freches Mädchen*; *das dumme L.*

Lu|de|rer 〈m.5; ugs.; †〉 *Lump, liederlicher Kerl*

Lu|der|jan 〈m.1; Nebenform von〉 *Liederjan*

Lu|der|le|ben 〈n., -s, nur Sg.〉 *Lotterleben*

lu|dern 〈V.1, hat geludert〉 →*lottern*

Lu|dolf|sche Zahl 〈f., -n -, nur Sg.〉 *die Zahl π (Pi)* [nach dem ndrl. Mathematiker Ludolf van Ceulen]

Lu|dus 〈m., -, -di〉 **1** 〈im alten Rom〉 *Schauspiel, Festspiel* **2** 〈MA〉 *geistliches Drama* [< lat. *ludus* „Spiel"]

Lu|es 〈f., -, nur Sg.〉 →*Syphilis* [< lat. *lues* „ansteckende Krankheit, Seuche", „sich ausbreitende, unreine Flüssigkeit", bes. „geschmolzener Schnee, sich ausbreitendes Übel", zu *luere* „waschen, bespülen"]

lue|tisch 〈Adj.〉 →*luisch*

Luf|fa 〈f.9〉 *ein tropisches Kürbisgewächs, aus dessen Fruchtfasern Schwämme zum Frottieren, Einlagen für Tropenhelme u. ä. hergestellt werden* [arab.]

Luft 〈f.2〉 **1** *Gasgemisch der die Erde umgebenden Atmosphäre*; *tief L. holen tief atmen, wenn ich wieder etwas L. habe* 〈übertr.〉 *wenn ich nicht mehr soviel Arbeit habe, wenn ich wieder etwas Zeit habe*; *er bekommt keine L. er kann nicht mehr atmen*; *seinem Zorn L. machen seinem Zorn Ausdruck geben*; *L. in den Schlauch pumpen, ein wenig L. schöpfen, schnappen ins Freie gehen, spazierengehen*; *mir blieb die L. weg* (vor Schreck, vor Verblüffung) *ich war sprachlos*; *an die frische L. gehen ins Freie gehen, spazierengehen*; *jmdn. an die (frische) L. setzen jmdn. hinauswerfen*; *hier ist dicke L.* 〈ugs.〉 *hier ist eine ungemütliche Stimmung, hier droht Gefahr*; *die L. ist rein* 〈ugs.〉 *es ist niemand in der Nähe, der aufpaßt*; *eine aus der L. gegriffene Behauptung eine erfundene Behauptung*; *in die L. gehen* 〈ugs.〉 *explodieren*, 〈übertr.〉 *zornig werden*; *die Sache hängt noch in der L. die Sache ist noch nicht entschieden, nicht beendet*; *ich könnte ihn in der L. zerreißen* 〈ugs., scherzh.〉 *ich bin wütend auf ihn* **2** 〈nur Sg.〉 *Zwischenraum, Spielraum*; *zwischen Wand und Schrank etwas L. lassen*; *ich habe in dem Mantel zuwenig L.*

Luft|an|griff 〈m.1〉 *Angriff mit Flugzeugen oder Flugkörpern*

Luft|bad 〈n.4; veraltend〉 *Aufenthalt im Freien im wenig oder unbekleidetem Zustand*

Luft|bal|lon 〈[-lɔŋ] oder [-lɔ̃] m.9〉 *(aufblasbarer) kleiner, farbiger Ballon (als Kinderspielzeug)*

Luft|bild 〈n.3〉 *von einem Flugkörper aus aufgenommene Fotografie (der Erdoberfläche)*

Luft|brücke 〈-k|k-; f.11〉 *Verbindung durch Flugzeuge über gestörte Zufahrtswege hinweg (zur Versorgung eines von der Außenwelt abgeschnittenen Gebietes)*

Luft|chen 〈n.7〉 *schwacher Wind*

Luft|druck 〈m., -(e)s, nur Sg.〉 **1** *Druck, den Luft aufgrund ihres Gewichtes auf die Unterlage (Erdboden) ausübt* **2** *durch eine Explosion hervorgerufene Druckwelle*

Luft|elek|tri|zi|tät 〈f., -, nur Sg.〉 *in der Atmosphäre bestehende Elektrizität*

lüf|ten 〈V.2, hat gelüftet〉 **I** 〈mit Akk.〉 *etwas l.* **1** *frische Luft in etwas lassen*; *das Zimmer, das Bett l.*; *gut gelüftetes Zimmer Zimmer, in dem frische Luft ist* **2** *leicht anheben*; *den Hut (zum Gruß) l.*; *den Deckel l.*; *ein Geheimnis l. ein Geheimnis verraten* **II** 〈o.Obj.〉 *frische Luft hereinlassen*; *hier ist heute noch nicht gelüftet worden*

Lüf|ter 〈m.5〉 →*Ventilator*

Luft|fahrt 〈f., -, nur Sg.〉 *Verkehr mit Luftfahrzeugen*

Luft|fahrt|kar|te 〈f.11〉 *Navigationskarte für den Flugverkehr*

Luft|fahr|zeug 〈n.1〉 *Fahrzeug, das sich in der Luft bewegt (Ballon, Flugzeug, Luftschiff)*

Luft|fracht 〈f.10〉 *mit dem Flugzeug beförderte Fracht*

Luft|geist 〈m.3; Myth.〉 *in der Luft lebendes Wesen*; Syn. *Sylphe*

Luft|ge|wehr 〈n.1〉 *Gewehr, bei dem das Geschoß durch Druckluft angetrieben wird*

Luft|herr|schaft 〈f., -, nur Sg.〉 *Herrschaft über den Luftraum*

luf|tig 〈Adj.〉 **1** *luftdurchlässig*; *ein* ~*es Kleid* **2** *groß, hell, geräumig*; *ein* ~*er Raum* **3** *hoch in der Luft*; *in* ~*er Höhe*

Luf|ti|kus 〈m.1; ugs.〉 *leichtsinniger, unzuverlässiger Mensch*

Luft|kis|sen|fahr|zeug 〈n.1〉 *Fahrzeug, das auf einem Polster aus komprimierter Luft gleitet*

Luft|kor|ri|dor 〈m.1〉 *erlaubter, vorgeschriebener Luftweg über das Hoheitsgebiet eines fremden Staates hinweg*

Luft|lan|de|trup|pe 〈f.11; Mil.〉 *für die Landung aus der Luft ausgerüstete und ausgebildete Truppe*

luft|leer 〈Adj., o.Steig.〉 **1** *keine Luft enthaltend*; ~*er Raum*; *eine Diskussion im* ~*en Raum* 〈ugs.〉 *eine Diskussion ohne Bezug zu den Tatsachen*; *ein Gefäß l. pumpen* **2** 〈ugs.〉 *voller schlechter, verbrauchter Luft*; *diese Räume sind so l., daß einem schlecht wird*

Luft|li|nie 〈f.11〉 *kürzeste oberirdische Entfernung zwischen zwei Punkten der Erdoberfläche*

Luft|loch 〈n.4〉 **1** *Öffnung, durch die Luft ein- und ausströmen kann*; *in einen Behälter ein L. lassen* **2** 〈ugs.〉 *Fallwind, der eine plötzliche Abwärtsbewegung eines Flugzeugs verursacht*

Luft|ma|sche 〈f.11; beim Häkeln〉 *Masche, die nur durch Verschlingen des Fadens entsteht und nicht in der vorhergehenden Reihe befestigt wird*

Luft|ma|trat|ze 〈f.11〉 *Gummihülle, die aufgeblasen matratzenähnliche Form annimmt*

Luft|mi|ne 〈f.11〉 *von einem Flugzeug abgeworfene, besonders starke Sprengbombe*

Luft|pi|rat 〈m.10〉 *jmd., der ein Flugzeug entführt*

Luft|pi|ra|te|rie 〈f., -, nur Sg.〉 *Entführung von Flugzeugen*

Luft|post 〈f., -, nur Sg.〉 *Beförderung von Postsendungen auf dem Luftweg (meist gegen erhöhte Gebühr)*

Luft|pum|pe 〈f.11〉 **1** *Gerät zum Aufpumpen von Fahrzeugreifen* **2** *Saugpumpe zur Herstellung eines Vakuums*

Luft|raum 〈m.2〉 *über der Erdoberfläche liegender Bereich der Luft (als Hoheitsgebiet eines Staates)*; *den L. eines Staates verletzen*

Luft|rei|fen 〈m.7〉 *mit Druckluft gefüllter, elastischer Reifen aus Gummimaterial*

Luft|röh|re 〈f.11〉 *Verbindungsweg zwischen Kehlkopf und Lunge*; Syn. 〈Med.〉 *Trachea*, 〈beim Schalenwild〉 *Drossel*[2]

Luft|röh|ren|schnitt ⟨m.1⟩ *Schnitt in die Luftröhre bei Erstickungsgefahr;* Syn. *Tracheotomie, Krikotomie*

Luft|sack ⟨m.2; beim Kfz⟩ *in die Lenksäule eingebrachte Kunststoffhülle, die sich bei einem Aufprall als Schutz für den Fahrer aufbläst*

Luft|schiff ⟨n.1⟩ *zigarrenähnlich geformtes Luftfahrzeug mit Auftrieb durch Leichtgasfüllung;* Syn. ⟨ugs.⟩ *Zeppelin*

Luft|schloß ⟨n.4⟩ *Phantasiegebilde, Wunschbild;* Luftschlösser bauen *phantastische, unrealisierbare Pläne haben*

Luft|schutz ⟨m., -es, nur Sg.⟩ *Gesamtheit der Maßnahmen zum Schutz gegen feindliche Luftangriffe*

Luft|spie|ge|lung ⟨f.10⟩ *meteorologisch-optische Erscheinung, bei der durch große Zu- oder Abnahme der Lufttemperatur mit der Höhe Lichtstrahlen von ihrem geraden Weg abgelenkt werden, so daß ein weit entferntes Objekt mehrfach oder auf dem Kopf stehend zu sehen ist*

Luft|sport ⟨m., -(e)s, nur Sg.⟩ →*Flugsport*

Luft|sprung ⟨m.2⟩ *kleiner Sprung in die Höhe;* vor Freude einen L. machen

Luft|streit|kräf|te ⟨Pl.⟩ *Gesamtheit der Truppen und Einrichtungen zur Kampfführung in und aus der Luft;* Syn. *Luftwaffe*

Lüf|tung ⟨f.10⟩ **1** *das Lüften* **2** *Vorrichtung dazu*

Luft|ver|än|de|rung ⟨f.10⟩ *vorübergehender Aufenthalt in einem Ort mit anderem Klima;* eine L. brauchen

Luft|ver|kehr ⟨m., -s, nur Sg.⟩ *Beförderung von Personen und Gütern mit Luftfahrzeugen;* Syn. *Flugverkehr*

Luft|ver|tei|di|gung ⟨f., -, nur Sg.⟩ *Verteidigung gegen Angriffe aus der Luft*

Luft|waf|fe ⟨f., -, nur Sg.⟩ →*Luftstreitkräfte*

Luft|wi|der|stand ⟨m., -(e)s, nur Sg.⟩ *von der Luft der Bewegung eines Körpers entgegengesetzte Widerstand*

Luft|wur|zel ⟨f.11⟩ *über der Erde wachsende Wurzel*

Luft|zie|gel ⟨m.5⟩ *ungebrannter, luftgetrockneter Lehmbaustein*

Luft|zug ⟨m.2⟩ *spürbare Bewegung der Luft*

Lug ⟨m.; nur noch in der Wendung⟩ L. und Trug *Betrug, Täuschung*

Lü|ge ⟨f.11⟩ *absichtlich falsche, unwahre Aussage;* eine infame L.; jmdn. ~n strafen *jmdm. beweisen, daß er gelogen hat;* jmds. Aussage, Behauptung ~n strafen *nachweisen, daß jmds. Aussage, Behauptung unwahr ist*

lu|gen ⟨V.1, hat gelugt; o.Obj.⟩ **1** *vorsichtig schauen;* durch den Türspalt, über den Zaun l. **2** *hervorschauen;* die ersten Pflänzchen l. schon aus der Erde; aus seiner Manteltasche lugte ein Päckchen für die Kinder

lü|gen ⟨V.81, hat gelogen⟩ **I** ⟨o.Obj.⟩ *die Unwahrheit sagen;* ich müßte l., wenn ich sagen wollte, wann es passiert ist (denn ich weiß es nicht); er lügt wie gedruckt (→*drucken*) **II** ⟨mit Akk.⟩ etwas l. *über etwas die Unwahrheit sagen, etwas erfinden und als wahr ausgeben;* das lügst du!; das ist gelogen

Lü|gen|bold ⟨m.1; †⟩ *jmd., der häufig lügt*

Lü|gen|de|tek|tor ⟨m.13; volkstüml.⟩ →*Polygraph*

Lü|gen|dich|tung ⟨f.10⟩ *erzählende Dichtung mit unwahrscheinlichem, phantastischem Inhalt*

lü|gen|haft ⟨Adj.⟩ **1** *in der Art einer Lüge, unwahr* **2** *häufig lügend;* Syn. *lügnerisch;* ein ~er Mensch; er ist l.

Lü|gen|maul ⟨n.4; ugs.⟩ *Lügner*

Lü|gen|pro|pa|gan|da ⟨f., -, nur Sg.⟩ *auf Lügen beruhende Propaganda*

Lug|ins|land ⟨m.1; veraltend⟩ *Wacht-, Aussichtsturm*

Lüg|ner ⟨m.5⟩ *jmd., der lügt*

lüg|ne|risch ⟨Adj.⟩ →*lügenhaft* (2)

Lui|ker ⟨m.5⟩ *jmd., der an Lues erkrankt ist*

lu|isch ⟨Adj., o.Steig.⟩ *auf Lues beruhend, an Lues erkrankt;* auch: *luetisch*

Lu|kar|ne ⟨f.11; norddt.⟩ *Dachfenster* [< frz. *lucarne* in ders. Bed., vermischt < lat. *lucerna* „Leuchte, Lampe" und *lucana* „zum Tageslicht gehörig", zu *lux*, Gen. *lucis*, „Licht"]

Lu|ke ⟨f.11⟩ **1** *mit einem Deckel oder Fenster versehene Öffnung (in Gebäudewänden oder Dächern)* **2** ⟨zum Be- und Entladen eines Schiffes dienende⟩ *Öffnung im Schiffsdeck* [< nddt. *Luuk*, zu got., altsächs. *lukan* „schließen"]

lu|kra|tiv ⟨Adj.⟩ *gewinnbringend, einträglich;* ein ~es Geschäft; eine ~e Beschäftigung [< lat. *lucrativus* „gewonnen, erübrigt und Vorteil bringend", zu *lucrari* „gewinnen, Vorteil haben", zu *lucrum* „Gewinn, Vorteil"]

lu|kul|lisch ⟨Adj.⟩ *üppig, schwelgerisch, schlemmerhaft* [nach dem römischen Feldherrn Lucius Licinius *Lucullus* (117–57 v.Chr.), dessen üppige Gastmähler sprichwörtlich wurden]

Lul|latsch ⟨[-laːtʃ] m.1; ugs.⟩ *langer, schlaksiger Bursche* [Herkunft nicht bekannt]

lul|len ⟨V.1, hat gelullt; mit Akk.; in der Wendung⟩ jmdn. in den Schlaf l. *sanft zum Einschlafen bringen;* ein Kind durch leises Singen, durch Wiegen in den Schlaf l.; das Rollen der Räder, das Rauschen des Regens lullt mich in den Schlaf

lul|lern ⟨V.1, hat gelullert; o.Obj.; sächs.; bes. von Kindern⟩ *harnen*

Lum|ba|go ⟨f., -, nur Sg.⟩ **1** →*Hexenschuß* **2** →*Harnwinde* [< lat. *lumbago* „Lendenlähmung", zu *lumbus* „Lende"]

lum|bal ⟨Adj., o.Steig.⟩ *zu den Lenden gehörig, von ihnen ausgehend, auf sie einwirkend* [< lat. *lumbus* „Lende"]

Lum|bal|an|äs|the|sie ⟨f.11⟩ *örtliche Betäubung durch Einspritzung in den Lendenwirbelkanal*

Lum|bal|punk|ti|on ⟨f.10⟩ *Punktion des Lendenwirbelkanals;* Syn. *Lendenstich*

lum|becken ⟨-k|k-; V.1, hat gelumbeckt; mit Akk.⟩ *im Lumbeckverfahren binden;* Bücher l.

Lum|beck|ver|fah|ren ⟨n., -s, nur Sg.⟩ *Verfahren zum Herstellen von Broschüren, Taschenbüchern u. ä. durch Klebebindung (ohne Fäden) mittels einer Kunstharzemulsion* [nach dem Erfinder Emil *Lumbeck*]

Lum|ber|jack ⟨[lambərdʒek] m.9⟩ *Tuchoder Lederjacke mit gestrickten Bünden* [< engl. *lumberjack-jacket* in ders. Bed., eigtl. „Jacke der Lumberjacks", zu amerik. volkstüml. *lumberjack* „Holzfäller", zu *lumber* „zugerichtetes Bauholz" und *Jack*, Vorname „Hans"]

Lu|men ⟨n., -s, - oder -mi|na⟩ **1** *Hohlraum (von Organen)* **2** ⟨Zeichen: lm⟩ *Maßeinheit für den Lichtstrom* **3** ⟨übertr.; †⟩ *Leuchte, Licht, Könner;* er ist kein großes L. [lat. „Licht"]

Lu|mi|nes|zenz ⟨f.10⟩ *Lichterscheinung, die nicht durch erhöhte Temperatur bewirkt wird* [über engl. *luminescence* in ders. Bed. mit latinisierendem Infix *-sc-* zur Bezeichnung des Beginns < lat. *luminare* „erhellen, erleuchten", zu *lumen*, Gen. *luminis*, „Licht"]

lu|mi|nes|zie|ren ⟨V.3, hat luminesziert; o.Obj.⟩ *kalt leuchten*

Lu|mi|no|phor ⟨m.1⟩ →*Leuchtstoff* [< lat. *lumen*, Gen. *luminis*, „Licht" und griech. *phoros* „tragend"]

lu|mi|nos, lu|mi|nös ⟨Adj.⟩ **1** *leuchtend, lichtvoll* **2** ⟨übertr.⟩ *vortrefflich* [< lat. *luminosus* „lichtvoll", zu *lumen* „Licht"]

Lum|me ⟨f.11⟩ *nordischer Meeresvogel mit schwarzweißem Gefieder und aufrechter Haltung, Felsbrüter* [skandinav.]

Lüm|mel ⟨m.5⟩ **1** *frecher, unverschämter Mensch* **2** ⟨derb⟩ *Penis*

lüm|meln ⟨V.1, hat gelümmelt; ugs.⟩ **I** ⟨o.Obj.⟩ *nachlässig, in ungehöriger Weise sitzen, halb sitzen, halb liegen;* in einem Sessel l. **II** ⟨refl.⟩ sich l. *sich nachlässig, ungehörig hinsetzen;* sich auf die Couch, in einen Sessel l.

Lump ⟨m.10⟩ **1** *Gauner, Landstreicher* **2** *gewissenloser, betrügerischer Mensch;* Syn. ⟨bayr.⟩ *Haderlump* **3** *Schlingel;* alter L.!

Lum|pa|zi|us ⟨m., -, -s|se; scherzh.⟩ *Landstreicher*

Lum|pa|zi|va|ga|bun|dus ⟨m., -, -di oder -s|se; scherzh.⟩ *Landstreicher*

lum|pen ⟨V.1, hat gelumpt; o.Obj.; ugs.⟩ **1** *liederlich leben* **2** *lange aufbleiben, trinken und Geselligkeit haben;* wir haben jetzt ein paar Tage gelumpt **3** ⟨in der Wendung⟩ sich l. lassen *großzügig sein;* er ließ sich nicht l. und bestellte Sekt für alle

Lum|pen ⟨m.7⟩ **1** *altes, zerrissenes Stück Stoff* **2** ⟨süddt.⟩ *Scheuerlappen* **3** ⟨Pl.⟩ *zerrissene Kleidung;* jmdn. aus den L. schütteln *jmdn. heftig zurechtweisen*

Lum|pen|ge|sin|del ⟨n., -s, nur Sg.⟩ *nichtsnutziges Gesindel;* Syn. *Lumpenpack*

Lum|pen|pack ⟨n., -s, nur Sg.⟩ →*Lumpengesindel*

Lum|pen|pro|le|ta|ri|at ⟨n., -s, nur Sg.⟩ *Proletariat ohne Klassenbewußtsein*

Lum|pen|samm|ler ⟨m.5⟩ **1** *jmd., der alte Textilien zum Weiterverkauf sammelt* **2** ⟨ugs.; scherzh.⟩ *letzte Straßenbahn, letzter Bus bei Nacht*

Lum|pe|rei ⟨f.10⟩ *gemeine Tat*

lum|pig ⟨Adj.; ugs.⟩ **1** *wie ein Lump, gemein;* ~e Handlungsweise; sich l. benehmen **2** *lächerlich wenig, im Wert viel zu gering;* die paar ~en Mark; für ~e zwanzig Mark **3** *schlecht, mies;* ein ~es Lokal

Lump|sum ⟨[lampsam] f.9⟩ *Pauschale, Pauschalsumme* [< engl. *lump* „Gesamtheit", eigtl. „Stück", und *sum* „Summe"]

lu|nar ⟨Adj., o.Steig.⟩ *zum Mond gehörig, Mond...* [< lat. *lunaris*, zu *luna* „Mond"]

Lu|na|ri|um ⟨n., -s, -ri|en⟩ *Gerät zum Veranschaulichen der Mondbewegung*

Lu|na|ti|ker ⟨m.5⟩ *jmd., der an Lunatismus leidet*

Lu|na|ti|on ⟨f.10⟩ *von Neumond zu Neumond dauernde Periode des Mondphasenwechsels*

lu|na|tisch ⟨Adj., o.Steig.⟩ *mondsüchtig* [zu *Lunatismus*]

Lu|na|tis|mus ⟨m., -, nur Sg.⟩ →*Mondsüchtigkeit* [< lat. *lunaticus* „dem Mondwechsel unterworfen", zu *luna* „Mond"]

Lunch ⟨[lantʃ] m.9; geh.⟩ *kleine Mittagsmahlzeit* [< engl. *lunch* in ders. Bed., auch „zweites Frühstück", ältere Bedeutung „dickes Stück", vielleicht verstümmelt aus *Lump* „Stück", also etwa „(nur) ein Stück Speise = ein wenig Speise"]

lun|chen ⟨[lantʃən] V.1, hat geluncht; o.Obj.; geh.⟩ *den Lunch einnehmen, zu Mittag essen*

Lunch|pa|ket ⟨[lantʃ-] n.1⟩ *kalter Imbiß (der einem Hotelgast statt des Mittagessens auf Ausflüge, Wanderungen mitgegeben wird)*

Lü|net|te ⟨f.11⟩ **1** ⟨früher⟩ *kleines, vorspringendes Festungswerk* **2** ⟨Baukunst⟩ *halbkreisförmiges, oft mit Malerei oder Reliefs verziertes Feld über Fenstern, Türen oder Rechtecken* **3** ⟨an Drehbänken⟩ *Vorrichtung zum Unterstützen von langen Werkstücken, eiserne L.* [< frz. *lunette* „halbmondförmige Öffnung, Lichtloch in Gewölben", Verkleinerungsform von *luna* „Mond"]

Lun|ge ⟨f.11; beim Menschen und bei landbewohnenden Wirbeltieren⟩ *paariges Atmungsorgan;* eiserne L. *Gerät zur künstlichen Atmung (bei Lähmungen)*

Lun|gen|bläs|chen ⟨n.7⟩ →*Alveole*

Lun|gen|bra|ten ⟨m.7; österr.⟩ →*Filet*

Lun|gen|ent|zün|dung ⟨f.10⟩ *akute, fieberhafte Entzündung verschieden großer Lungenbezirke;* Syn. *Pneumonie*

Lungenfisch

Lun|gen|fisch ⟨m.1⟩ tropisch-subtropischer Süßwasserfisch, der außer Kiemen gekammerte Lungen besitzt

Lun|gen|kraut ⟨n.4⟩ Rauhblattgewächs, das gleichzeitig rosarote und blauviolette Blüten trägt [wird in der Volksmedizin als Lungenheilmittel verwendet]

Lun|gen|tu|ber|ku|lo|se ⟨f., -, nur Sg.⟩ durch Ansiedlung von Tuberkelbakterien in der Lunge hervorgerufene Form der Tuberkulose; Syn. Phthisis, ⟨†⟩ Auszehrung, ⟨†⟩ Schwindsucht

Lun|gen|wurm ⟨m.4⟩ in den Atemwegen von Säugetieren schmarotzender Fadenwurm

Lun|gen|zug ⟨m.2⟩ tiefes Einziehen von Tabaksrauch; in Lungenzügen rauchen

lun|gern ⟨V.1, hat gelungert; o.Obj.⟩ müßig herumsitzen, -stehen, (meist) herumlungern; den ganzen Tag auf der Straße, in den Kneipen l. [zu mhd. lunger ,,rasch, flink", urspr. also ,,sich leicht, flink bewegen"]

Lü|ning ⟨m.1; nordwestdt.⟩ → Sperling

Lun|ker ⟨m.5; Tech.⟩ fehlerhafter Hohlraum in Gußstücken

Lun|te ⟨f.11⟩ 1 langsam glimmende Schnur, mit der eine Sprengladung gezündet wird; Syn. Zündschnur; L. riechen ⟨ugs.⟩ eine drohende Gefahr spüren, bemerken [nach dem scharfen Geruch der glimmenden Schnur] 2 ⟨beim Haarraufbein, der Fuchs⟩ → Schwanz 3 ⟨Spinnerei⟩ schwach gedrehtes Vorgarn [Herkunft nicht bekannt]

Lu|nu|la ⟨f., -, -lä oder -len⟩ 1 ⟨Bronzezeit⟩ halbmondförmiger Halsschmuck 2 ⟨kath. Kirche⟩ halbmondförmiger Halter für die geweihte Hostie in der Monstranz 3 halbmondförmiger weißer Fleck am Fuß- und Fingernagel [< lat. lunula ,,kleiner Halbmond" (als Schmuck), zu luna ,,Mond"]

lu|nu|lar ⟨Adj., o.Steig.⟩ halbmondförmig

Lu|pe ⟨f.11⟩ als Vergrößerungsglas gebrauchte Sammellinse mit kleiner Brennweite [< frz. loupe ,,Linse, Vergrößerungsglas, schlackenhaltiger Eisenklumpen, Knorren an Bäumen, Sackgeschwulst", mithin alles, was eine runde, gewölbte Form hat, weitere Herkunft nicht geklärt]

lu|pen|rein ⟨Adj., o.Steig.⟩ 1 auch bei Betrachtung durch die Lupe keinen Fehler aufweisend; ~er Edelstein 2 ⟨übertr.⟩ von höchster Reinheit, mustergültig

Lu|per|ka|li|en ⟨nur Pl.⟩ altrömisches Fest zu Ehren des Wölfe abwehrenden Hirtengottes Faunus

lup|fen ⟨süddt., österr., schweiz.⟩, **lüp|fen** ⟨V.1, hat gelupft, gelüpft⟩ I ⟨mit Akk.⟩ (an einer Seite) ein wenig hochheben; den Hut l. (zum Gruß); die Bettdecke l. II ⟨refl.⟩ sich l. (halb) aufstehen; sich von seinem Sitz l. [vielleicht zu Luft]

Lu|pi|ne ⟨f.11⟩ Schmetterlingsblütler mit gefingerten Blättern, Futter-, Dünge- und Zierpflanze [< lat. lupinus, zu lupus ,,Wolf"; der Grund für die Benennung ist nicht bekannt]

Lu|pi|no|se ⟨f.11⟩ Vergiftung (von Wiederkäuern) infolge Fütterung mit bitteren Lupinen

lu|pös ⟨Adj., o.Steig.⟩ an Lupus erkrankt, von Lupus befallen

Lup|pe ⟨f.11⟩ roher, schlackenhaltiger Eisenklumpen, Rohmaterial zur Stahlerzeugung [< frz. loupe; → Lupe]

Lu|pu|lin ⟨n., -s, nur Sg.⟩ Bitterstoff des Hopfens, Bierwürze und Beruhigungsmittel [< lat. lupus ,,Wolf", neulat. lupulinus ,,Wolfshopfen"]

Lu|pus ⟨m., -, - oder -s|se⟩ fressende Hautflechte [lat. ,,Wolf"]

Lurch ⟨m.1⟩ 1 → Amphibie 2 ⟨nur Sg.; österr.⟩ staubiger, loser Belag, Staubflocke

Lu|re ⟨f.11⟩ 1 bronzezeitliches nordisches Blasinstrument, S-förmig mit verzierter Scheibe am Ende, bis zu 3 m lang 2 Elfe [altnord.]

Lur|ta|ge ⟨Pl.⟩ → Lostage

Lu|sche ⟨f.11⟩ 1 ⟨Kart.⟩ Karte, die nichts zählt 2 ⟨nddt.⟩ → Pfütze 3 zu nichts tauglicher Mensch, Niete 4 ⟨landsch.⟩ Prostituierte, liederliche Frau, Schlampe

lu|schig ⟨Adj.; ugs.⟩ liederlich, ungenau, flüchtig; l. arbeiten

Lu|ser ⟨m.5⟩ → Lauscher

lu|sin|gan|do ⟨Mus.⟩ gefällig, schmeichelnd, spielerisch [< ital. lusingando ,,schmeichelnd", zu lusingare ,,schmeicheln, verlokken", zu lusinga ,,Täuschung, falsche Hoffnung"]

Lust ⟨f.2⟩ 1 Bedürfnis, Verlangen; Ggs. Unlust; keine L. zu etwas haben; L. an der Arbeit haben; die L. ist mir vergangen; ich hätte jetzt L., etwas zu essen; nach L. und Laune so, wie man will 2 Freude, Vergnügen; es war eine L., zu sehen; es war überhaupt sehr schön, das zu sehen; L. am Leben haben gerne leben; etwas mit L. und Liebe tun etwas gerne, mit innerer Beteiligung tun 3 sexuelles Bedürfnis, Verlangen; ein Sklave seiner Lüste; die Lüste des Fleisches; seine L. befriedigen, stillen 4 Wollust, Befriedigung sexueller Bedürfnisse; der Gipfel der Lüste; L. empfinden

Lust|bar|keit ⟨f.10⟩ Vergnügen, angenehmer Zeitvertreib

lust|be|tont ⟨Adj.⟩ sehr angenehm, auf inneres Wohlbefinden gerichtet

Lu|ster ⟨m.5; österr.⟩ → Lüster (1)

Lü|ster ⟨m.5⟩ 1 Kronleuchter; auch: ⟨österr.⟩ Luster 2 glänzendes Halbwollgewebe 3 glänzender Überzug auf Keramiken [< frz. lustre ,,Kronleuchter", < lat. lustrare ,,leuchten, hell sein", zu lux, Gen. lucis, ,,Licht"]

lü|stern ⟨Adj.⟩ 1 von Lust auf etwas, Verlangen nach etwas erfüllt; l. auf eine (bestimmte) Speise sein; l. nach etwas schauen 2 geschlechtlich gereizt, erregt, begierig; ~e Blicke, Gedanken **Lü|stern|heit** ⟨f., -, nur Sg.⟩

Lust|fahrt ⟨f.10; †⟩ Vergnügungsfahrt

Lust|gar|ten ⟨m.8; früher⟩ großer, parkähnlicher, schön angelegter Garten, in dem man spazierengehen kann

Lust|ge|fühl ⟨n.1⟩ Gefühl der Lust; Ggs. Unlustgefühl

Lust|ge|winn ⟨m., -(e)s, nur Sg.; Psych.⟩ das Erreichen sinnlicher Befriedigung

Lust|greis ⟨m.1⟩ lüsterner alter Mann

Lust|haus ⟨n.4; früher⟩ Gartenhaus zum geselligen Aufenthalt

lu|stig ⟨Adj.⟩ 1 gern Spaß machend, fröhlich und unbeschwert; ~er Lustig, fröhlicher, unbekümmerter Mensch; ~e Person ⟨früher im deutschen Theater⟩ Hanswurst; ~es Treiben; sich über jmdn. l. machen sich über jmdn. spöttisch amüsieren; das soll nun wohl l. so weitergehen das soll nun wohl ohne Änderung, ohne Rücksicht so weitergehen 2 komisch, Lachen erzeugend; ~e Geschichte; das kann ja l. werden ⟨ugs., iron.⟩ das wird recht unangenehm werden 3 hell, leuchtend und bunt; ~e Farben 4 lebhaft bewegt und hübsch anzusehen; l. im Wind flatternde Tücher, Wimpel, Locken 5 ⟨ugs.; in den Wendungen⟩ das kannst du machen, wie du l. bist wie du Lust hast; solange du l. bist solange du Lust hast; ich bin nicht sehr l., darüber zu sprechen ich habe nicht viel Lust, darüber zu sprechen **Lu|stig|keit** ⟨f., -, nur Sg.⟩

Lüst|ling ⟨m.1⟩ sexuell lüsterner Mann; Syn. ⟨scherzh.⟩ Lustmolch

lust|los ⟨Adj.⟩ 1 ohne Lust, gleichgültig; l. essen 2 schleppend zögernd; ~er Geschäftsgang **Lust|lo|sig|keit** ⟨f., -, nur Sg.⟩

Lust|molch ⟨m.1; scherzh.⟩ → Lüstling

Lust|mord ⟨m.1⟩ Mord aus geschlechtlicher Begierde

Lust|mör|der ⟨m.5⟩ jmd., der einen Lustmord begangen hat

Lust|prin|zip ⟨n., -s, nur Sg.; Psych.⟩ Prinzip des Strebens nach sofortiger Befriedigung von Wünschen und Trieben

Lu|stra ⟨Pl. von⟩ Lustrum

Lu|stra|ti|on ⟨f.10⟩ feierliche kultische Reinigung (durch Sühneopfer) [zu lustrieren]

lu|stra|tiv ⟨Adj., o.Steig.⟩ (kultisch) reinigend

Lu|stren ⟨Pl. von⟩ Lustrum

lu|strie|ren ⟨V.3, hat lustriert; mit Akk.⟩ (kultisch) reinigen [< lat. lustrare ,,durch Opfer reinigen, sühnen", eigtl. ,,hell, glänzend machen", zu lucere ,,leuchten, glänzen, hell sein"]

lü|strie|ren ⟨V.3, hat lüstriert; mit Akk.⟩ fest und glänzend machen; Gewebe l. [< frz. lustrer in ders. Bed., zu lustre ,,Glanz"]

Lu|strum ⟨n., -s, -stra oder -stren⟩ 1 altrömisches, alle fünf Jahre stattfindendes Reinigungs- und Sühneopfer 2 ⟨daher auch⟩ Zeitraum von fünf Jahren, Jahrfünft [lat., zu lustrare, → lustrieren]

Lust|schloß ⟨n.4⟩ kleines Schloß für Vergnügungen

Lust|spiel ⟨n.1⟩ heiteres Theaterstück, Komödie

Lu|te|in ⟨n., -s, nur Sg.⟩ gelber Farbstoff (in Pflanzenblättern und im Eidotter) [< lat. luteus ,,gelb"]

Lu|teo|lin ⟨n., -s, nur Sg.⟩ im Färberginster vorkommender Naturfarbstoff [< lat. luteolus ,,gelblich"]

Lu|te|ti|um ⟨n., -s, nur Sg.; Zeichen: Lu⟩ Metall der Seltenen Erden; Syn. ⟨†⟩ Cassiopeium [nach Lutetia, dem lat. Namen für Paris, eigtl. Lutecia Parisiorum ,,Wasser-, Sumpfwohnung der Parisier" (eines kelt. Volksstammes), zu luteus ,,schlammig, sumpfig"]

Lu|the|ra|ner ⟨m.5⟩ 1 Anhänger der Lehre Martin Luthers 2 Angehöriger der evangelisch-lutherischen Kirche

lu|the|risch ⟨Adj. [-te-], o.Steig.⟩ 1 zur Lehre Luthers gehörig, auf ihr beruhend 2 der evangelisch-lutherischen Kirche angehörend

Lu|ther|rock ⟨m.2⟩ hochgeschlossener, schwarzer Gehrock der lutherischen Geistlichen

Lu|ther|tum ⟨n., -s, nur Sg.⟩ 1 die von Luther begründete Glaubenslehre 2 die darauf beruhende innere Einstellung und Haltung

lut|schen ⟨V.1, hat gelutscht⟩ I ⟨mit Akk.⟩ im Mund zergehen lassen; ein Bonbon l.; die Tablette l., nicht kauen II ⟨mit Präp.obj.⟩ an etwas l. saugen; Syn. ⟨landsch.⟩ schnullen; am Daumen l.; an einem Eis, einem Bonbon l.

Lut|scher ⟨m.5; ugs.⟩ Bonbon am Stiel

lütt ⟨Adj.; nddt.⟩ klein

Lut|te ⟨f.11; Bgb.⟩ Röhre zum Ableiten von Wasser

Lut|ter ⟨m.5; Branntweinherstellung⟩ ungereinigtes erstes Destillat

Lutz ⟨m., -, nur Sg.; Eislauf, Rollkunstlauf⟩ Sprung gegen die Laufrichtung mit ganzer Drehung [nach dem österr. Eiskunstläufer A. Lutz]

Luv ⟨Seew.: f., -, Geogr.: n., -s, beides nur Sg.⟩ dem Wind zugekehrte Seite (eines Schiffes, Berges, Gebirges); Ggs. Lee; das Boot neigt sich nach L.; der Ort liegt im L. des Gebirges

lu|ven ⟨V.1, hat geluvt; Seew.⟩ I ⟨mit Akk.⟩ nach Luv drehen; ein Schiff l. II ⟨o.Obj.⟩ sich nach Luv drehen; das Schiff luvt

Lux ⟨n., -, -; Zeichen: lx⟩ Maßeinheit für die Beleuchtungsstärke [lat., ,,Licht"]

Lu|xa|ti|on ⟨f.10⟩ → Verrenkung [< lat luxatio, Gen. -onis, ,,Verrenkung", zu luxare ,,verrenken", < griech. loxoun ,,schief sein"]

Lu|xem|bur|ger ⟨m.5⟩ Einwohner von Luxemburg

lu|xem|bur|gisch ⟨Adj., o.Steig.⟩ *Luxemburg betreffend, zu ihm gehörig, aus ihm stammend;* Syn. ⟨moselfränk.⟩ *letzeburgisch*
lu|xie|ren ⟨V.3, hat luxiert; mit Akk.⟩ *verrenken* [zu *Luxation*]
lu|xu|rie|ren ⟨V.3, hat luxuriert; o.Obj.⟩ **1** ⟨Bot.⟩ *üppig wachsen, sich steigern;* Ggs. *pauperieren* **2** *ein übermäßig großes Geweih oder Gebiß ausbilden* **3** *schwelgen* [< lat. *luxuriare* ,,üppig sein", zu *luxus* ,,üppige Fruchtbarkeit"]
lu|xu|ri|ös ⟨Adj.⟩ *üppig, verschwenderisch ausgestattet, prunkvoll* [< lat. *luxuriosus* ,,üppig (im Wachstum); ausschweifend, ausgelassen", zu *luxus* ,,üppige Fruchtbarkeit, überflüssiger Aufwand, Ausschweifung"]
Lu|xus ⟨m., -, nur Sg.⟩ *üppiger Aufwand, reiche, wertvolle Ausstattung, Prunk, Verschwendung;* L. *treiben; im* L. *leben*
Lu|xus|ar|ti|kel ⟨m.5⟩ *Gegenstand, der dem Luxus dient*
Lu|xus|aus|ga|be ⟨f.11⟩ *reich ausgestattete, kostbare Ausgabe (eines Buches)*
Lu|xus|ho|tel ⟨n.9⟩ *sehr komfortables, elegantes Hotel*
Lu|zer|ne ⟨f.11⟩ *mit blauvioletten Blüten in kopfförmigen Trauben blühender Schmetterlingsblütler, Futterpflanze* [< lat. *lucere* ,,leuchten"]
lu|zid ⟨Adj.⟩ *hell, durchsichtig* [< lat. *lucidus* ,,voller Licht, hell", zu *lux,* Gen. *lucis,* ,,Licht"]
Lu|zi|di|tät ⟨f., -, nur Sg.⟩ *Helligkeit, Glanz, Durchsichtigkeit*
lu|zi|fe|risch ⟨Adj.; geh.⟩ *teuflisch* [nach *Luzifer,* dem von Gott abgefallenen Engel]
LVA ⟨f., -, nur Sg.; Abk. für⟩ *Landesversicherungsanstalt*
Lw 1 ⟨Abk. für⟩ *Lew* **2** ⟨früher Zeichen für⟩ *Lawrencium*
lx ⟨Zeichen für⟩ *Lux*
Ly|chee ⟨[litʃi] f.9⟩ → *Litschi*

Lyd|dit ⟨m., -s, nur Sg.⟩ *ein Sprengstoff* [nach der engl. Stadt *Lydd*]
Lymph|ade|ni|tis ⟨f., -, -ti|den⟩ *Lymphknotenentzündung*
Lymph|ade|nom ⟨n.1⟩ *Lymphknotengeschwulst;* auch: *Lymphom, Lymphoma*
Lymph|an|gi|om ⟨n.1⟩ *gutartige Lymphgefäßgeschwulst*
Lymph|an|gi|tis ⟨f., -, -ti|den⟩ *Lymphgefäßentzündung* [< *Lymphe* und griech. *aggeion* ,,Gefäß" und …*itis*]
lym|pha|tisch ⟨Adj., o.Steig.⟩ *zur Lymphe, zu den Lymphknoten gehörig, von ihnen ausgehend*
Lymph|drü|se ⟨f.11; veraltend⟩ → *Lymphknoten*
Lym|phe ⟨f.11⟩ **1** *dem Stofftransport dienende Gewebsflüssigkeit* **2** *Impfstoff zur Pockenimpfung* [< lat. *lympha, limpha, lumpha* ,,Wasser"]
Lymph|kno|ten ⟨m.7⟩ *kleines Organ (innerhalb des Lymphgefäßsystems), das die Lymphozyten produziert;* Syn. ⟨veraltend⟩ *Lymphdrüse*
Lym|pho|gra|nu|lo|ma|to|se ⟨f.11⟩ *bösartige Erkrankung des lymphatischen Gewebes mit Geschwulstbildung* [< *Lymphe* und *Granulom* und …*ose*]
Lym|phom ⟨n.1⟩, **Lym|pho|ma** ⟨n., -s, -ta⟩ → *Lymphadenom*
Lym|pho|zyt ⟨m.10⟩ *im Lymphgewebe entstehende Zelle, die ins Blut wandert* [< *Lymphe* und griech. *kytos* ,,Höhlung, Gefäß, Zelle"]
Lym|pho|zy|to|se ⟨f.11⟩ *krankhafte Vermehrung der Lymphozyten*
lyn|chen ⟨V.1, hat gelyncht; mit Akk.⟩ *ungesetzlich verurteilen und töten* [< engl. *to lynch* in ders. Bed., wahrscheinlich nach dem Pflanzer und Friedensrichter Charles *Lynch* in Virginia (1736–1796), der im amerik. Unabhängigkeitskrieg gegen England die Revolution unterstützen wollte und die von ihm eines Vergehens für schuldig Befundenen mit Prügeln oder Verbannung bestrafte]
Lynch|ju|stiz ⟨f., -, nur Sg.⟩ *ungesetzliche Volksjustiz*
Lyo|ner ⟨f., -, -; landsch.⟩ → *Fleischwurst* [nach der frz. Stadt *Lyon*]
Ly|ra ⟨f., -, -ren⟩ **1** *altgriechisches Zupfinstrument;* Syn. *Leier (1)* **2** *Handglockenspiel der Militärmusik* **3** ⟨15./16. Jh.⟩ *aus der Fidel entwickeltes Streichinstrument, Lira da braccio* **4** ⟨auch⟩ → *Drehleier*
Ly|rik ⟨f., -, nur Sg.⟩ *Dichtungsart in Reimen und/oder Rhythmus, häufig strophisch gegliedert, die Stimmungen, Gedanken, Erlebnisse ausdrückt* [< griech. *lyrikos* ,,zur Lyra gehörig; Dichter und Spieler der Lyra", zu *lyra* ,,Leier" (Zupfinstrument)]
Ly|ri|ker ⟨m.5⟩ *Dichter, der Lyrik schreibt*
ly|risch ⟨Adj.⟩ **1** ⟨o.Steig.⟩ *in der Art der Lyrik* **2** *stimmungsvoll, gefühlvoll, gefühlsbetont*
Ly|ris|mus ⟨m., -, -men⟩ **1** ⟨nur Sg.⟩ *Gefühlsbetontheit* **2** *gefühlsbetonte Darstellung*
Ly|ri|zi|tät ⟨f., -, nur Sg.⟩ *lyrische Beschaffenheit*
Ly|sin ⟨n.1⟩ *Stoff, der Bakterien auflösen kann* [< griech. *lysis* ,,Lösung, Auflösung"]
Ly|sis ⟨f., -, -sen⟩ **1** *allmählicher Fieberrückgang* **2** *Auflösung von vireninfizierten Bakterien* **3** ⟨Psych.⟩ *Persönlichkeitszerfall* [< griech. *lysis* ,,Lösung, Auflösung"]
ly|tisch ⟨Adj., o.Steig.⟩ *allmählich zurückgehend* (vom Fieber) [zu *Lysis*]
Ly|ze|um ⟨n., -s, -ze|en; früher⟩ **1** *höhere Mädchenschule* **2** *theologisch-philosophische Hochschule* [< griech. *Lykeion,* Name des Heiligtums bei Athen, das dem Apollon *Lykeios,* dem ,,Lichtspender" und ,,Wolfstöter", geweiht war, und der danebenliegenden Gymnasiums, in dem sich die Philosophen trafen und in dem Aristoteles lehrte]

M

m 1 ⟨Zeichen für⟩ *Meter* 2 ⟨Zeichen für⟩ *Milli...* 3 ⟨Astron.; (hochgestellt) Abk. für⟩ *Minute*
μ ⟨Zeichen für⟩ *Mikron., Mikro..., My*
M 1 ⟨röm. Zahlzeichen für⟩ *1000* [< lat. *mille* „tausend"] 2 ⟨Zeichen für⟩ *Mega...*
m² ⟨Zeichen für⟩ *Quadratmeter*
m³ ⟨Zeichen für⟩ *Kubikmeter*
M' ⟨Abk. für⟩ *Mac*
M. ⟨Abk. für⟩ *Monsieur*
mA ⟨Zeichen für⟩ *Milliampere*
Ma ⟨Zeichen für⟩ *Machzahl*
MA ⟨Abk. für⟩ *Mittelalter*
M.A. 1 ⟨Abk. für⟩ *Magister Artium* 2 ⟨Abk. für⟩ *Master of Arts*
Mä|an|der ⟨m.5⟩ 1 regelmäßige Flußwindungen 2 Ornament in wellenförmigen oder rechtwinklig gebrochenen Linien [nach dem vielfach gewundenen griech. Fluß *Maiandros* (heute *Menderes*) in Kleinasien]
mä|an|dern ⟨V.1, hat mäandert⟩, **mä|an|drie|ren** ⟨V.3, hat mäandriert; o.Obj.⟩ 1 mit Mäandern (2) verzieren 2 sich wellenförmig schlängeln; *der Fluß mäandert, mäandriert*
mä|an|drisch ⟨Adj., o.Steig.⟩ *in Mäandern*
Maar ⟨n.1⟩ *kraterartige, meist runde und mit Wasser gefüllte Bodenvertiefung vulkanischen Ursprungs;* auch: *Mar*
Maat ⟨m.1⟩ 1 *Unteroffizier der Marine* 2 ⟨Seemannsspr.⟩ *Kamerad, Gehilfe*
Mac ⟨[mɛk] vor schott. und irischen Familiennamen; Abk.: M', Mc⟩ *Sohn des ..., z.B. McCormick, Mackenzie*
Mac|chia [makja], **Mac|chie** ⟨[makjə] f., -, -chi|en⟩ *Pflanzenformation des Mittelmeergebiets, ein etwa 2 m hohes Dickicht aus Sträuchern mit meist ledrigen Blättern* [< ital. *macchia* „Buschwald, Dickicht", < lat. *macula* „Fleck", wohl weil sie sich mit ihrer dunklen, graugrünen Farbe deutlich wie ein Flecken von ihrer Umgebung abhebt]
Mach ⟨n., -, -; Zeichen: Ma⟩ *Verhältnis der Geschwindigkeit (eines Körpers) zur Schallgeschwindigkeit;* auch: *Machzahl, Mach-Zahl; 1 Ma einfache, 3 Ma dreifache Schallgeschwindigkeit* [nach dem Physiker Ernst *Mach*]
Ma|chan|del ⟨m.5; nddt.⟩ 1 → *Wacholder* 2 → *Wacholderbranntwein* [Abwandlung von → *Wacholder*]
Mach|art ⟨f.10⟩ *Art, wie etwas (bes. ein Kleidungsstück) gemacht ist*
mach|bar ⟨Adj., o.Steig.; ugs.⟩ *so geartet, daß man es machen, bewältigen kann* **Mach|bar|keit** ⟨f., -, nur Sg.⟩
Ma|che ⟨f., -, nur Sg.; ugs.⟩ 1 *Schein, Vortäuschung von Wichtigkeit; das ist alles nur M.* 2 *Bearbeitung, Ausführung; eine schlechte M.; etwas in der M. haben etwas gerade bearbeiten; jmdn. in die M. nehmen jmdn. energisch die Meinung sagen, jmdn. peinigen, heftig bedrängen*
Ma|che-Ein|heit ⟨f.10⟩ ⟨veraltete⟩ *Maßeinheit für das Radiumgehalt von Luft und Wasser (bei Heilquellen)* [nach dem Physiker Heinrich *Mache*]
ma|chen ⟨V.1⟩ **I** ⟨mit Akk.; hat gemacht⟩ 1 *etwas m.* **a** *etwas tun, mit etwas beschäftigt sein; eine Arbeit m.; Schulaufgaben m.; was machst du am Sonntag?; was tut er (beruflich)?, wie geht es dem Sohn? was macht dein Magen?* ⟨übertr., ugs.⟩ *wie geht es deinem Magen, hast du Schwierigkeiten damit?* **b** *herstellen, anfertigen; in die-*

ser *Fabrik werden Uhren gemacht; sich ein Kleid m. lassen; ich mache heute mittag Kartoffelpuffer; er macht Gedichte; die Figuren sind aus Holz gemacht; wie macht man das?; er hat etwas aus seinen Kindern gemacht* ⟨übertr.⟩ *er hat sie gut erzogen und sie etwas lernen lassen* **c** *verursachen, bewirken; jmdm. Freude m.; das macht viel Mühe; mach dir nicht so viel Arbeit!; mach mir nicht so viel Krach!; jmdm. Angst m.* **d** *ausführen, durchführen, erledigen; er macht eine Lehre als Tischler; eine Prüfung m.; seine Schulaufgaben m.* **e** *unternehmen; einen Ausflug m.; was soll ich m.?; dagegen kann man nichts m.* **f** ⟨ugs.⟩ *aufführen, auf Platten aufnehmen; der Dirigent XY will als nächstes mit dem Rundfunkorchester alle Mozartsinfonien m.* **g** ⟨ugs.⟩ *(in ein Land) reisen; wir wollen dieses Jahr Korsika und nächstes Jahr Sardinien m.; Norwegen haben wir voriges Jahr gemacht* **h** *in Ordnung bringen; m. wir!* ⟨ugs.⟩*; ich mach das schon* ⟨ugs.⟩*; das macht das Zimmer m.* **i** ⟨ugs.⟩ *Kot, Harn ausscheiden; einen Haufen m.; der Hund hat eine Pfütze gemacht* **k** *erzielen, verdienen; er hat sich im Vermögen m. gemacht; damit kann man eine Menge Geld m.* **l** *ergeben; das macht zusammen 15 DM; drei mal fünf mal fünfzehn* **m** *vereinbaren, abmachen;* ⟨nur im Part. Perf.⟩ *gemacht! es ist abgemacht!* **n** *äußern; eine Bemerkung m., einen Witz m.* **o** ⟨ugs.⟩ *mach's gut!* ⟨freundschaftlicher Abschiedsgruß⟩*; er macht's nicht mehr lange* ⟨derb⟩ *er wird nicht mehr lange leben; mach's kurz! red nicht so lange!* 2 *jmdn. m. jmdn. in einen Zustand bringen; jmdn. neugierig m.; das Wandern hat uns müde, hungrig gemacht; das macht mich nervös; der Lärm macht mich verrückt; laß dich doch nicht zum Narren m.!* **II** ⟨mit Dat. und Akk.; hat gemacht⟩ *jmdm. oder einer Sache etwas m. jmdm. schaden, schlimm für jmdn. oder eine Sache sein; das macht mir gar nichts; das macht (mir) nichts! das ist nicht so schlimm!* *macht es dem Tisch etwas, wenn ich darauf steige?* **III** ⟨o.Obj.⟩ 1 ⟨hat gemacht; ugs.⟩ *sich beeilen; nun muß ich aber m.; nun mach schon!; mach, daß du fortkommst!; mach schnell!* 2 ⟨hat gemacht; sächs.⟩ *Zeit brauchen; mach nicht so lange!* 3 ⟨ist gemacht; sächs., volkstümlich⟩ *auswandern; sie sind nach Amerika gemacht* **IV** ⟨refl.; hat gemacht⟩ *sich m.* 1 *sich entwickeln, vorankommen; er macht sich (in der Schule)* 2 *vorangehen, sich bessern; es macht sich, sein Zustand macht sich* 3 *passen, aussehen; die Bluse macht sich gut zu dem Rock* 4 *sich an etwas m. mit etwas beginnen; sich an die Arbeit m.*
Ma|chen|schaf|ten ⟨Pl.⟩ *Intrige, geheime Abmachung; dunkle, üble M.*
Ma|cher ⟨m.5⟩ 1 *Anstifter, Handelnder, Ausführender;* wer ist der eigentliche M.? 2 *jmd., der sich durch Tatkraft auszeichnet; er ist der Typ des ~s*
Ma|cher|lohn ⟨m.5⟩ *Lohn für Schneiderarbeiten*
Ma|che|te ⟨auch [matʃe-] f.11; in Süd- und Mittelamerika⟩ *schweres Messer mit breiter, langer Klinge (zum Abschlagen von Unterholz beim Wegebahnen);* Syn. *Haumesser* [span. zu macho „Keule"]
Ma|chia|vel|lis|mus ⟨[makja-] m., -, nur

Sg.⟩ *politische Einstellung, die Zweckmäßigkeit und Macht über die Moral stellt* [nach dem ital. Politiker und Schriftsteller Niccolò *Machiavelli*]
ma|chia|vel|li|stisch ⟨[makja-] Adj., o.Steig.⟩ *nach der Lehre des Machiavellismus*
Ma|chi|na|ti|on ⟨f.10⟩ *heimtückischer Anschlag* [< lat. *machinatio*, Gen. *-onis*, „künstliches, listiges, heimtückisches Mittel", eigtl. „künstliche Vorrichtung", zu *machina* „Maschine, Kunstgriff, List", → *Maschine*]
ma|chi|nie|ren ⟨[-xi-] V.3, hat machiniert; o.Obj.⟩ *Ränke schmieden*
Ma|chis|mo ⟨[-tʃis-] m., -s, nur Sg.⟩ *Betonung männlicher Überlegenheit, männlicher Kraft (auch Geschlechtskraft), Männlichkeitswahn* [zu span. *macho* „männlich"]
Ma|cho ⟨[-tʃo] m.9; ugs.⟩ *sich übertrieben männlich gebender Mann*
Ma|chor|ka ⟨[-xɔr-] m.9⟩ *russischer Tabak* [russ., „billiger Tabak", wahrscheinlich volksetymologisch an *mochor* „Faser, Franse" angelehnt; der eigentliche Ursprung ist unsicher]
Macht ⟨f.2⟩ 1 ⟨nur Sg.⟩ *Herrschaft, Gewalt, starker Einfluß; die M. der Liebe; seine M. mißbrauchen; an die M. kommen die Herrschaft erhalten; M. über Menschen haben* 2 *mächtige Gruppe (einer Gesellschaft), mächtiger Staat; die westlichen Mächte* 3 ⟨nur Sg.⟩ *Kraft, Stärke; aus eigener M.; die M. der Wassermassen; mit aller M.; jmd. tut, was in seiner M. steht jmd. tut, was er kann* 4 ⟨nur Sg.⟩ *Möglichkeit, etwas zu beeinflussen oder durchzusetzen; die M. der Gewohnheit, ist die unwiderstehliche M.* 5 *undurchsichtige, unbekannte Gewalt; dunkle, geheimnisvolle Mächte*
Macht|gier ⟨f., -, nur Sg.⟩ → *Machthunger*
Macht|ha|ber ⟨m.5⟩ *jmd., der die Regierungsgewalt besitzt*
Macht|hun|ger ⟨m., -s, nur Sg.⟩ *starkes Streben nach Macht;* Syn. *Machtgier*
mäch|tig ⟨Adj.⟩ 1 *Macht, Einfluß besitzend; ein ~er Mann; seiner M. sein einer Sache beherrschen; er ist der deutschen Sprache (nicht) m.; seiner selbst nicht mehr m. sein sich nicht mehr beherrschen können* 2 *groß, beeindruckend; ein ~es Bauwerk; ein ~er Baum* 3 ⟨ugs.⟩ *sehr groß, sehr viel; ~en Durst haben* 4 ⟨als Adv.; ugs.⟩ *überaus, sehr viel; m. dumm sein; sich m. anstrengen*
Mäch|tig|keit ⟨f., -, nur Sg.⟩ 1 *Einfluß, Stärke; eine Gruppe von großer M.* 2 ⟨Geol.⟩ *Dicke; das Flöz hat eine M. von drei Metern* 3 ⟨Math.⟩ *Anzahl der Elemente einer Menge im Verhältnis zu einer anderen Menge*
macht|los ⟨Adj., -er, am machtlosesten⟩ *ohne Macht, ohne Einfluß; ich bin m. dagegen ich kann dagegen nichts tun* **Macht|lo|sig|keit** ⟨f., -, nur Sg.⟩
Macht|mit|tel ⟨n.5⟩ *Mittel zur Ausübung der Macht; politische M.*
Macht|po|li|tik ⟨f., -, nur Sg.⟩ *Politik, die vor allem auf die Erweiterung der Macht ausgerichtet ist*
Macht|stel|lung ⟨f.10⟩ *Stellung, die Macht gibt; eine M. einnehmen, innehaben*
macht|voll ⟨Adj.⟩ *mächtig, stark; ein ~es Bekenntnis aller Beteiligten; mit einem ~en Akkord einsetzen*
Macht|voll|kom|men|heit ⟨f., -, nur Sg.⟩ *uneingeschränkte, umfassende Macht; aus eigener M. handeln*

Macht|wort ⟨n.1⟩ *von einem Mächtigen ausgesprochener Befehl; ein M. sprechen energisch eingreifen*

ma|chul|le ⟨Adj.⟩ *nur in der Wendung* m. *sein müde, erschöpft sein, bankrott sein, verrückt sein* [< jidd. *mechalle, mechulle,* „krank", < hebr. *məhuleh* „(sehr) krank"]

Mach|werk ⟨n.1⟩ *schlechte Arbeit,* ⟨bes.⟩ *schlecht geschriebenes Buch*

Mach|zahl, Mach-Zahl ⟨f.10⟩ →*Mach*

Ma|cis ⟨m., -, nur Sg.⟩ →*Mazis*

Macke ⟨-k|k-; f.11; ugs.⟩ *Spleen, Verrücktheit; eine M. haben ein bißchen verrückt sein*

Macker ⟨-k|k-; m.5; ugs.⟩ **1** *Freund (eines Mädchens)* **2** *Kerl, Bursche* **3** ⟨norddt.⟩ *Arbeitskollege* **4** *Anführer* [< jidd. *makor* „Freund, Kamerad, Meister, Gönner", < hebr. *makkar* „Bekannter"]

MAD ⟨Abk. für⟩ *Militärischer Abschirmdienst*

Ma|da|gas|se ⟨m.11⟩ *Einwohner von Madagaskar*

ma|da|ga|sisch ⟨Adj., o.Steig.⟩ *Madagaskar betreffend, zu ihm gehörig, aus ihm stammend*

Ma|dam I [-dɑm] f.9 oder f.10; ugs., meist leicht abwertend⟩ **1** *Hausherrin* **2** ⟨übertr.⟩ *dicke, behäbige Frau* **II** ⟨[mædəm] f.9; engl. Anrede ohne Namen⟩ *gnädige Frau, meine Dame* [engl. Form von frz. *madame* „meine Dame"]

Ma|dam|chen ⟨n.7; ugs., scherzh.⟩ *junge Frau*

Ma|dame ⟨[-dɑm] f., -, Mes|dames [medɑm]⟩ *frz. Anrede (alleinstehend oder vor dem Namen); Abk.: Mme., Pl. Mmes.* ⟨schweiz. jeweils ohne Punkt)⟩ *gnädige Frau, meine Dame, Frau ...*

Ma|da|pol|am ⟨m., -(s), -s⟩ *weicher, feiner Baumwollstoff für Wäsche und Hemden, weicher Renforcé* [nach der gleichnamigen indischen Stadt]

Mäd|chen ⟨n.7⟩ *weibliches Kind;* Syn. ⟨nddt.⟩ *Deern,* ⟨ostpreuß.⟩ *Marjell*

mäd|chen|haft ⟨Adj., -er, am mädchenhaftesten⟩ *wie ein Mädchen*

Mäd|chen|han|del ⟨m., -s, nur Sg.⟩ *Verkauf von Mädchen (z.B. zum Zweck der Prostitution)*

Mäd|chen|na|me ⟨m.15⟩ **1** *Vorname für ein Mädchen* **2** *Familienname einer Frau vor der Verheiratung*

Ma|de ⟨f.11⟩ *(meist weißliche) fußlose, weichhäutige Insektenlarve (Fliegen~)*

made in ... ⟨Aufdruck auf Waren⟩ *hergestellt in ...;* m.i.Germany

Ma|dei|ra ⟨[-de-] m.9⟩ *Süßwein von der portugiesischen Insel Madeira*

Mä|del ⟨n.7, norddt., mdt. n.9, süddt. auch n.14⟩ *Mädchen*

Made|moi|selle ⟨[madmoazɛl] f., -, Mesdemoi|selles [medmoazɛl]⟩ *frz. Anrede (alleinstehend oder vor dem Namen); Abk.: Mlle., Pl. Mlles.* ⟨schweiz. jeweils ohne Punkt)⟩ *Fräulein* [< *ma* „meine" und *demoiselle* „Fräulein", zu mlat. *domicella* „junge Herrin, junges Mädchen", zu *domina* „Herrin, Hausherrin"]

Ma|den|wurm ⟨m.4⟩ *im menschlichen Dickdarm schmarotzender Fadenwurm*

Mä|de|süß ⟨n., -, nur Sg.⟩ *Rosengewächs mit kleinen, stark duftenden, gelblichweißen Blüten, Heilpflanze* [in Mecklenburg *Methsüß,* in Holstein *Meedsöt,* nu nddt. *meed,* ahd. *meto* „Met"; in nord. Ländern wurden die Blüten dem Met zugesetzt, um ihm einen angenehmen Geschmack zu verleihen]

ma|dig ⟨Adj.⟩ *voller Maden; jmdn.* m. *machen* ⟨ugs.⟩ *schlechtmachen, sich über jmdn. lustig machen;* jmdm. etwas m. machen *jmdm. etwas verleiden*

Ma|di|son ⟨[mædɪsn] m.9⟩ *ein Modetanz*

Ma|djar ⟨m.10⟩ →*Ungar* [verdeutschende Schreibung für *Magyar*]

ma|dja|ri|sie|ren ⟨V.3, hat madjarisiert; mit Akk.⟩ *nach ungarischem Muster gestalten*

Ma|don|na ⟨f., -, -nen⟩ **1** *nur Sg. die Jungfrau Maria, die Gottesmutter* **2** *Darstellung der Muttergottes* [ital., früher höfl. Anrede für eine Frau, dann auch für die Geliebte, eigtl. „meine Herrin", < lat. *mea domina* „meine Herrin"]

ma|don|nen|haft ⟨Adj., o.Steig.⟩ *wie eine Madonna*

Ma|don|nen|schei|tel ⟨m.5⟩ *Mittelscheitel (bei Frauen)*

Ma|dras ⟨n., -, -⟩ *gitterartiger Gardinenstoff mit unregelmäßigen bunten Mustern* [nach der ind. Stadt *Madras*]

Ma|dre|po|re ⟨f.11⟩ →*Steinkoralle* [< ital. *madrepora,* < *madre* „Mutter" und *poro* „Öffnung, Pore", also eigtl. „Mutter der Poren, der Löcher"; die mit einer Öffnung versehenen, kurzen Äste wachsen wie aus einem Stamm hervor]

Ma|dri|gal ⟨n.1⟩ **1** ⟨urspr.⟩ *Hirtenlied* **2** *(bes. im 16. und 16.Jh.) zwei- bis fünfstimmiges italienisches Kunstlied* **3** *lyrische Gedichtform* [< ital. *madrigale* in ders. Bed., weitere Herkunft nicht bekannt]

Ma|dri|ga|list ⟨m.10⟩ *Komponist von Madrigalen*

Ma|dri|le|ne ⟨m.11; †⟩ *Einwohner von Madrid*

Mae|stà ⟨[maɛstɑ] f., -, nur Sg.⟩ *Darstellung der thronenden Madonna* [< ital. *maestà* „Größe, Erhabenheit"]

mae|sto|so ⟨[mɑɛ-] Mus.⟩ *majestätisch, würdevoll* [ital.]

Ma|estro ⟨m., -(s), -stri⟩ **1** *Meister, Künstler,* ⟨bes.⟩ *Komponist* **2** *Dirigent, Musiklehrer* [ital.]

Mä|eu|tik ⟨f., -, nur Sg.⟩ *die Methode des Sokrates, durch geschicktes Fragen den Schüler zur Erkenntnis und zum richtigen Antworten zu führen,* auch: Maieutik [< gr. *maieutike* „Hebammenkunst", zu *maieuein* „(als Hebamme) entbinden", zu *maia* „Mütterchen, Mutter, Hebamme"]

Maf|fia, Ma|fia ⟨f., -, -s⟩ *terroristischer italienischer Geheimbund (bes. auf Sizilien)* [Herkunft nicht bekannt, vielleicht aus einer sizilian. mundartl. Form in der Bed. „Kühnheit"]

Ma|fio|so ⟨m., -, -si⟩, **Ma|fio|te** ⟨m.11⟩ *Angehöriger der Mafia*

ma|fisch ⟨Adj., o.Steig.⟩ *zu den dunklen Mineralien gehörig; Ggs. felsisch;* ~e *Hornblende* [< *Magnesium* und lat. *ferrum* „Eisen"]

Mag. ⟨Abk. für⟩ *Magister*

Ma|ga|zin ⟨n.1⟩ **1** *Vorratsraum, Lagerhaus* **2** ⟨Bibl.⟩ *Aufbewahrungsraum für Bücher* **3** *(in automat. Handfeuerwaffen) Patronenkammer* **4** *unterhaltende Zeitschrift (meist auf niedrigem Niveau)* **5** *(Rundfunk, Fernsehen) über Tagesereignisse informierende, oft musikalisch aufgelockerte Sendung* [über frz. *magasin,* ital. *magazzino* < arab. *maḫāzin,* Pl. von *maḫzan* „Speicher, Vorratsraum, Warenlager"]

Ma|ga|zi|ner ⟨m.5; schweiz.⟩ *Arbeiter in einem Magazin (1)*

Ma|ga|zi|neur ⟨[-nør] m.1; österr.⟩ *Lagerverwalter*

ma|ga|zi|nie|ren ⟨V.3, hat magaziniert; mit Akk.⟩ *im Magazin (1,2) unterbringen, aufbewahren; Bücher m.* **Ma|ga|zi|nie|rung** ⟨f., -, nur Sg.⟩

Magd ⟨f.2⟩ **1** *(früher) weibliche Person, die grobe Arbeiten in einem Haushalt oder auf einem Bauernhof verrichtet (Dienst~, Haus~, Stall~)* **2** ⟨poet., †⟩ *Jungfrau; Maria, die M. des Herrn*

Mag|da|lé|ni|en ⟨[-njɛ] n., -(s), -⟩ *eine Stufe der Altsteinzeit* [nach dem Fundort, der Höhle *La Madeleine* im frz. Département Dordogne]

Mäg|de|lein, Mägd|lein ⟨n.7; poet., †⟩ *Mädchen*

Ma|gen ⟨m.8⟩ *sackartige Erweiterung des Verdauungssystems, die Nahrung speichert und sie aufschließt*

Ma|gen|bit|ter ⟨m.5⟩ *Trinkbranntwein mit bitteren oder aromatischen Auszügen aus Kräutern, die beruhigend auf den Magen wirken*

Ma|gen|brot ⟨n., -(e)s, nur Sg.⟩ *würfeliges, süßes, dunkelbraunes Gebäck aus Vollkornmehl, Honig und Gewürzen*

Ma|gen|fahr|plan ⟨m.2; scherzh.⟩ →*Küchenzettel*

Ma|gen|ge|schwür ⟨n.1⟩ *Gewebsdefekt der Magenschleimhaut*

Ma|gen|gru|be ⟨f.11⟩ *leichte Vertiefung der Körperoberfläche unterhalb dem Brustbein*

Ma|gen|knur|ren ⟨n., -s, nur Sg.⟩ **1** *durch Luftbewegung im Magen entstehendes, knurrendes Geräusch* **2** ⟨übertr.⟩ *großer Hunger;* M. haben

Ma|gen|krampf ⟨m.2⟩ *schmerzhafte Zusammenziehung des Magens;* Syn. *Gastralgie, Kardialgie*

Ma|gen|mund ⟨m., -(e)s, nur Sg.⟩ *Einmündungsstelle der Speiseröhre in den Magen*

Ma|gen|saft ⟨m.2⟩ *aus Wasser, Magensäure, Pepsin, Schleim u. a. bestehende Flüssigkeit im Magen*

Ma|gen|säu|re ⟨f.11⟩ *im Magensaft enthaltene Salzsäure*

Ma|gen|schnitt ⟨m.1⟩ →*Gastrotomie*

Ma|gen|spü|lung ⟨f.10⟩ *Einflößen von Wasser in den Magen und Zurückholen desselben mitsamt dem Mageninhalt durch einen Schlauch mit Trichter (bes. bei Vergiftungen)*

Ma|gen|ta ⟨[-dʒɛn-] n., -s, nur Sg.; beim Farbendruck⟩ *ein tiefes Purpurrot* [nach der Stadt *Magenta* in Oberitalien]

ma|ger ⟨Adj.⟩ **1** *dünn, wenig Fett und Muskeln aufweisend;* ~e *Arme, Beine* **2** *wenig Fett habend;* ~es *Fleisch;* ~er *Schinken;* ~e *Wurst* **3** *dürftig, gering; eine* ~e *Ausbeute, Ernte, Mahlzeit* **4** ⟨Buchw.⟩ *normal, der Grundschrift entsprechend (im Unterschied zur halbfetten oder fetten, der Hervorhebung dienenden Schrift);* ~e *Buchstaben; einen Buchstaben, ein Wort m. setzen* **Ma|ger|keit** ⟨f., -, nur Sg.⟩

Ma|ger|koh|le ⟨f.11⟩ *Steinkohle mit Gasgehalt unter 15% und hohem Heizwert*

Ma|ger|milch ⟨f., -, nur Sg.⟩ *entrahmte Milch*

Ma|ger|sucht ⟨f., -, nur Sg.⟩ *krankhafte Abmagerung ohne eine zehrende Erkrankung*

Mag|gi ⟨n., -(s), nur Sg.; Wz.⟩ *flüssige, dunkelbraune Speisewürze (bes. für einfache Suppen)* [nach dem schweiz. Hersteller J. *Maggi*]

mag|gio|re ⟨[madʒoːrə] ital. Bez. für⟩ *Dur;* Ggs. *minore*

ma|ghre|bi|nisch ⟨Adj., o.Steig.⟩ *den Maghreb, das islamische Gebiet urspr. westlich von Ägypten, heute Algeriens, Marokkos und Tunesiens betreffend, aus ihm stammend, zu ihm gehörig*

Ma|gie ⟨f.11⟩ *Zauber, Zauberkunst, Beschwörung übersinnlicher Kräfte; schwarze M. Beschwörung böser Kräfte; weiße M. Beschwörung guter Kräfte* [< griech. *mageia* „Kunst des Magiers, Zauberei", zu *magos* „Mitglied der Priesterkaste in Medien und Persien, die sich auf Astrologie und Zauberkunst verstand", aus dem Altpersischen]

Ma|gier ⟨m.5⟩ *jmd., der sich auf Magie versteht, Zauberer;* auch: *Magus*

ma|gisch ⟨Adj.⟩ *auf Magie beruhend, mit ihrer Hilfe;* ~es *Auge Abstimmanzeiger am Radioapparat;* ~es *Quadrat schachbrettartig in Felder unterteiltes Quadrat, die Zahlen, mit denen die Felder bezeichnet sind, ergeben waagerecht, senkrecht und diagonal die gleiche Summe*

Ma|gi|ster ⟨m.5; Abk.: Mag.⟩ **1** ⟨urspr.⟩

Magistrat

höchster akademischer Grad, Hochschullehrer 2 ⟨dann Berufsbez.⟩ für⟩ Lehrer 3 ⟨heute⟩ ein akademischer Grad; ⟨kurz für⟩ M. Artium ⟨Abk.: M.A.⟩, ⟨in der BRD⟩ in den geisteswissenschaftlichen Fächern von der Hochschule verliehener Titel, ⟨urspr., im MA⟩ Meister der Freien Künste; den M. machen 4 ⟨österr. auch⟩ Titel für Apotheker; M. pharmaciae ⟨Abk.: Mag. pharm.⟩ [lat., „Meister, Vorsteher, Leiter, Aufseher, Lehrer", urspr. doppelter Komparativ, *magis* „mehr" (zu *magnus* „groß, viel") und dem untergegangenen Komparativsuffix ...*ter* < griech. ...*teros*, also eigtl. „der Größte"]

Ma|gi|strat ⟨m.1⟩ 1 ⟨im alten Rom⟩ hoher Beamter (z.B. Konsul) 2 ⟨heute⟩ Stadtverwaltungsbehörde 3 ⟨schweiz.⟩ Regierungsmitglied

Ma|gi|stra|tur ⟨f.10; †⟩ behördliches Amt, behördliche Würde

Mag|ma ⟨n., -s, -men⟩ geschmolzenes Gestein im Erdinnern [< griech. *magma* „geknetete Masse, dicke Salbe", zu *massein* „kneten"]

mag|ma|tisch ⟨Adj., o.Steig.⟩ wie Magma, aus Magma

Mag|ma|tit|ge|stein ⟨n.1⟩ Gestein, das durch Erstarren von Magma entstanden ist; Syn. *Eruptivgestein, Massengestein*

Ma|gna Char|ta [- kar-] engl. [mægnə kartə] f., - -, nur Sg.⟩ 1 das englische Grundgesetz von 1215, mit dem sich der Adel gewisse Vorrechte erzwang und die Macht des Königs einschränkte 2 ⟨danach übertr.⟩ Grundgesetz, Verfassung; der Staat hat sich eine M.C. geschaffen [mlat., „Große Urkunde"]

ma|gna cum lau|de mit großem Lob; vgl. *summa cum laude* [lat.]

Ma|gnat ⟨[maŋnat] m.10⟩ 1 ⟨früher in Polen und Ungarn⟩ hoher Adliger 2 Großgrundbesitzer 3 Großindustrieller (Industrie~, Stahl~) [< lat. *magnatus* „Großer, Anführer eines Volkes"; zu *magnus* „groß"]

Ma|gne|sia ⟨[maŋne-] f., -, nur Sg.⟩ Magnesiumoxid (als Neutralisationsmittel bei Säurevergiftungen, zum Einreiben der Handflächen beim Geräturnen u.a.) [nach der kleinasiat. Stadt *Magnesia*, → Magnet]

Ma|gne|sit ⟨m.1⟩ weißes Mineral (u.a. zur Gewinnung von Magnesium)

Ma|gne|si|um ⟨n., -s, nur Sg.; Zeichen: Mg⟩ silberweißes Leichtmetall [zu *Magnesia*]

Ma|gne|si|um|sul|fat ⟨n.1⟩ → *Bittersalz*

Ma|gnet ⟨auch [maŋet] m.1⟩ eisenanziehender Körper [nach Lukrez hat der Stein seinen Namen nach der thessalischen Landschaft *Magnesia* bekommen, wo ihn die Griechen zuerst gefunden haben sollen; nach Plinius hat ihn ein Hirt namens *Magnes* entdeckt, als er auf dem Ida bei Troja mit den eisernen Nägeln seiner Schuhsohlen und mit der eisernen Spitze seines Hirtenstabs daran hängenblieb]

Ma|gnet|band ⟨n.4⟩ mit einer magnetisierbaren Schicht aus Eisenoxid beschichtetes Band zur magnetischen Aufzeichnung (z.B. Tonband)

Ma|gnet|ei|sen|erz ⟨n.1⟩, **Ma|gnet|ei|sen|stein** ⟨m.1⟩ → *Magnetit*

Ma|gnet|feld ⟨n.3⟩ einen Magneten umgebendes Feld, in dem Kräfte auf elektrische Ladungen und magnetisierbare Stoffe ausgeübt werden

ma|gne|tisch ⟨Adj., o.Steig.⟩ 1 eisenanziehend, wie ein Magnet 2 mittels Magnetismus; ~e Aufzeichnung

Ma|gne|ti|seur ⟨[-zør] m.1⟩ Heilkundiger, der mit Magnetismus behandelt; Syn. *Magnetopath*

ma|gne|ti|sie|ren ⟨V.3, hat magnetisiert; mit Akk.⟩ 1 etwas m. *magnetisch machen* 2 jmdn. m. *mit Magnetismus behandeln* **Ma|gne|ti|sie|rung** ⟨f., -, nur Sg.⟩

Ma|gne|tis|mus ⟨m., -, nur Sg.⟩ 1 Gesamtheit aller magnetischen Erscheinungen 2 Fähigkeit, Heilkräfte auszustrahlen und auf andere Menschen wirken zu lassen 3 auf diesen Kräften beruhendes Heilverfahren; Syn. *Mesmerismus*

Ma|gne|tit ⟨m.1⟩ eisenschwarzes, stark magnetisches Mineral; Syn. *Magneteisenerz, Magneteisenstein*

Ma|gnet|na|del ⟨f.11⟩ Nadel im Kompaß, die sich zum magnetischen Pol hin bewegt

Ma|gne|to|graph ⟨m.10⟩ Gerät zum selbsttätigen Aufzeichnen erdmagnetischer Schwankungen [< *Magnet* und ...*graph*]

Ma|gne|to|hy|dro|dy|na|mik ⟨f., -, nur Sg.; Abk.: MHD⟩ Wissenschaft von den Wechselwirkungen zwischen elektrisch leitenden Flüssigkeiten und auf sie einwirkenden Magnetfeldern

Ma|gne|to|me|ter ⟨n.5⟩ Gerät zum Messen magnetischer Feldstärke und des Erdmagnetismus [< *Magnet* und ...*meter*]

Ma|gne|ton ⟨n., -(s), -⟩ Einheit der magnetischen Stärke einer Elementarteilchens

Ma|gne|to|path ⟨m.10⟩ → *Magnetiseur*

Ma|gne|to|pa|thie ⟨f., -, nur Sg.⟩ Heilwirkung durch Magnetismus [< *Magnet* und ...*pathie*]

Ma|gne|to|phon ⟨n.1; Wz.⟩ ein Tonbandgerät [< *Magnet* und *Phon*]

Ma|gnet|pol ⟨m.1⟩ 1 ⟨nur Sg.⟩ der (nicht mit dem geographischen Pol übereinstimmende) magnetische Pol der Erde 2 Pol eines Magneten

Ma|gne|tron ⟨n., -s, -s oder -tro|ne⟩ Elektronenröhre für Erzeugung und Verstärkung von Mikrowellen, Magnetfeldröhre

ma|gni|fik ⟨[manji-] Adj., o.Steig.; †⟩ prächtig, großartig [< frz. *magnifique*, < lat. *magnificus* in des. Bed.]

Ma|gni|fi|kat ⟨n.1⟩ Lobgesang Marias (Teil der kath. Vesper) [nach den Anfangsworten *Magnificat anima* „Meine Seele rühmt (den Herrn)"]

Ma|gni|fi|kus ⟨m., -, -fi|zi; †⟩ Rektor einer Hochschule

Ma|gni|fi|zenz ⟨f.10; Titel und Anrede für⟩ Rektor (einer Hochschule); Eure M.; Seine M. [< lat. *magnificentia* „Großartigkeit, Herrlichkeit", zu *magnificus* „sich groß zeigend, großartig, ansehnlich", < *magnus* „groß" und *-ficere* (in Zus. für *facere*) „machen"]

Ma|gno|lie ⟨[-ljə] auch [manjnoljə] f.11⟩ Gehölz mit großen, weiß bis rosafarbenen, tulpenähnlichen Blüten, Zierpflanze [nach dem frz. Arzt und Botaniker Pierre *Magnol*]

Mag. pharm. ⟨Abk. für⟩ *Magister pharmaciae* → *Magister (4)*

Ma|gus ⟨m., -, ...gier⟩ → *Magier*

Ma|gyar ⟨[madjar] m.10⟩ → *Ungar* [Selbstbez. der Ungarn]

Ma|ha|go|ni ⟨n., -s, nur Sg.⟩ rötliches Holz des Mahagonibaums (sowie ähnlicher Baumarten) [wahrscheinlich < einer mittelamerik. Eingeborenenspr. in den Formen *mohogoney*, *mahogany*, von Linné in der Form *Mahagoni* festgelegt]

Ma|ha|rad|scha ⟨m.9⟩ indischer Großfürst [< Sanskrit *mahārāja-*, zu *mahant-* „groß" und *rājan-* „Fürst, König"]

Ma|ha|ra|ni ⟨f.9⟩ Frau eines Maharadschas

Ma|hat|ma ⟨m.9; ind. Ehrentitel für⟩ geistig hochstehender Mensch

Ma|haut ⟨m.9⟩ indischer Elefantenführer [Sanskrit]

Mäh|bin|der ⟨m.5⟩ vom Schlepper gezogene Erntemaschine, die das Getreide mäht und zu Garben bindet

Mahd ⟨f.10⟩ 1 das Mähen 2 das Gemähte 3 ⟨schweiz.⟩ Bergwiese

Mäh|der ⟨m.5; landsch.⟩ → *Mäher*

Mah|di ⟨[maxdi] auch [madi] m.9⟩ der von den Mohammedanern erwartete, von Allah gesandte Welterneuerer, der das Werk Mohammeds vollenden wird [< arab. *mahdī* „der recht Geleitete"]

Mah|dis|mus ⟨m., -, nur Sg.; im 19.Jh.⟩ Bewegung des Mohammed Achmed, der sich für den Mahdi ausgab und die ägyptische Regierung bekämpfte

Mah|dist ⟨m.10⟩ Anhänger des Mahdismus

Mäh|dre|scher ⟨m.5⟩ Erntemaschine, die in einem Arbeitsgang das Getreide mäht, drischt und die Körner sammelt

mä|hen¹ ⟨V.1, hat gemäht; mit Akk.⟩ etwas m. 1 *abschneiden*; Gras, Getreide m. 2 *Gras von etwas abschneiden*; eine Wiese m.

mä|hen² ⟨V.1, hat gemäht; o.Obj.⟩ *mäh!* schreien; das Schaf, die Ziege mäht

Mä|her ⟨m.5⟩ jmd., der mäht¹; auch: ⟨landsch.⟩ *Mähder*

Mah-Jongg ⟨[-dʒɔŋ] n., -(s), nur Sg.⟩ ein chinesisches Gesellschaftsspiel mit gemusterten Steinen, aus denen Bilder zusammengesetzt werden müssen; auch: *Ma-Jongg*

Mahl¹ ⟨n.4 oder n.1⟩ Mahlzeit (Hochzeits~, Mittags~); ein M. einnehmen; sich zum M. setzen; ein üppiges, einfaches M. [< mhd. *mal* „Zeitpunkt, Mahlzeit", eigtl. „zu einem bestimmten Zeitpunkt eingenommenes Essen"]

Mahl² ⟨n.1⟩ germanische Gerichtsverhandlung [< mhd. *mal, mahel* „Gerichtsstätte", < ahd. *mahal* „Gericht, Gerichtssitzung", zu *mahalen* „sprechen"]

mah|len ⟨V.189, hat gemahlen⟩ I ⟨mit Akk.⟩ zerkleinern, zerreiben; Körner, Kaffee(bohnen) m. II ⟨o.Obj.⟩ sich drehen, ohne vorwärts zu kommen; die Räder m. im Schnee, im Sand, im Schlamm

Mahl|gang ⟨m.2⟩ Maschine, die Mahlgut zerreibt

Mahl|gut ⟨n.4⟩ Getreidekörner, die zum Mahlen bestimmt sind

mäh|lich ⟨Adj., o.Steig.; selten, †⟩ *allmählich*

Mahl|statt ⟨f., -, -stät|ten⟩, **Mahl|stät|te** ⟨f.11⟩ germanische Gerichtsstätte [→ *Mahl²*]

Mahl|stein ⟨m.1⟩ 1 → *Mühlstein* 2 Gesteinsbrocken, der in einer Gletschermühle schleift und dabei selbst geschliffen wird

Mahl|strom ⟨m.2⟩ → *Malstrom*

Mahl|zahn ⟨m.2; bei Pflanzenfressern⟩ → *Backenzahn*

Mahl|zeit ⟨f.10⟩ 1 ⟨regelmäßig eingenommenes⟩ Essen (Mittags~, Abend~); eine M. einnehmen; gemeinsame ~en; M.! ⟨kurz für⟩ gesegnete M.! (Grußformel in Betrieben, Büros usw. um die Mittagszeit); gesegnete M.! ⟨Wunsch vor und/oder nach dem Essen⟩; na, dann prost M.! ⟨ugs.⟩ *das kann ja unangenehm werden!*; die Tropfen sind vor, nach den ~en einzunehmen; kalte, warme M. 2 Zeitpunkt, zu dem man das Essen einnimmt; die ~en einhalten

Mahn|be|scheid ⟨m.1⟩ gerichtliche Aufforderung, eine fällig gewordene Zahlung zu leisten

Mahn|brief ⟨m.1⟩ Brief, der jmdn. an etwas erinnert (bes. an fällige Zahlungen)

Mäh|ne ⟨f.11; bei Säugetieren⟩ ⟨gelegentlich vom übrigen Fell abweichend gefärbte⟩ lange Haarbedeckung an Kopf und Hals

mah|nen ⟨V.1, hat gemahnt; mit Akk.⟩ jmdn. m. 1 *erinnern*; ein Kind m., seine Schulaufgaben zu machen; die Uhr mahnt mich, aufzubrechen; ich habe ihn schon dreimal gemahnt; jmdn. an eine Schuld m.; ein ~der Blick 2 *mit Nachdruck auffordern, drängen*; jmdn. zur Eile m.

Mahn|mal ⟨n.1⟩ Denkmal, das zur Mahnung, zur Erinnerung an ein Ereignis errichtet wird

Mah|nung ⟨f.10⟩ 1 das Mahnen, mahnende Worte; eine M. überhören 2 Erinnerung an etwas, das fällig ist, Mahnbrief; jmdm. eine M. schicken

Mahn|ver|fah|ren ⟨n.7⟩ abgekürztes gericht-

Makkabiade

**liches Verfahren, bei dem der Schuldner ohne mündliche Verhandlung eine Zahlungsaufforderung erhält

Ma|ho|nie ⟨[-njə] f.11⟩ Berberitzengewächs mit gelben Blüten und immergrünen Blättern, Zierstrauch

Mahr ⟨m.1⟩ Gespenst, Alp (Nacht~)

Mäh|re[1] ⟨f.11⟩ ausgemergeltes Pferd [< ahd. *marhe, meriha* „Stute"]

Mäh|re[2] ⟨m.11⟩, **Mäh|rer** ⟨m.5⟩ Einwohner von Mähren

mäh|risch ⟨Adj., o.Steig.⟩ Mähren betreffend, zu ihm gehörig, aus ihm stammend

Mai ⟨m., -(s), -⟩ fünfter Monat des Jahres [nach dem italischen Gott *Maius*, dem Beschützer des Wachstums]

Mai|baum ⟨m.2⟩ 1 bemalter und geschmückter Baum ohne Rinde und Äste, der im Mai aufgestellt wird 2 Birke, die im Mai zum Schmuck an die Hauswand gestellt wird

Mai|blu|me ⟨f.11⟩ → *Maiglöckchen*

Mai|bow|le ⟨[-bo:lə] f.11⟩ Bowle aus Waldmeister, Weißwein, Sekt und Zucker

Maid ⟨f.10; poet.; †; heute noch iron.⟩ Mädchen

Mai|den ⟨[mɛidən] n.7⟩ junges, bei Rennen noch nicht erprobtes oder noch nicht erfolgreiches Pferd [< engl. *maiden* „Mädchen, Jungfrau", entspricht dem dt. *Maid*]

Maie ⟨f.11; veraltend⟩ 1 junge Birke, Birkenzweig 2 Maibaum

Mai|en ⟨m.7⟩ 1 Maibaum 2 ⟨schweiz.⟩ Blumenstrauß

Mai|en|säß ⟨n.1⟩ 1 ⟨schweiz.⟩ im Gebirge über dem Talboden gelegene Wiese zur Vor- und Nachweide des Viehs 2 ⟨vorarlberg.⟩ Sommerdorf [< *Mai* und mhd. *sez* „Sitz, Lager"]

Mai|eu|tik ⟨f., -, nur Sg.⟩ → *Mäeutik*

Mai|fei|er ⟨f.11⟩ Feier am Ersten Mai

Mai|fei|er|tag ⟨m.1⟩ der Erste Mai

Mai|fisch ⟨m.1⟩ Heringsfisch mit dunklen Flecken auf jeder Körperseite; Syn. *Alse* [er dringt etwa im Mai in die Flußmündungen ein]

Mai|glöck|chen ⟨n.7⟩ Staudengewächs in lichten Laubwäldern, deren wohlriechende, weiße Blüten wie ein rundliches Glöckchen geformt sind; Syn. *Maiblume*

Mai|kä|fer ⟨m.5⟩ im Mai auf Laubbäumen erscheinender Blatthornkäfer mit braunen Flügeldecken und schwarzweißen Seiten

mai|kä|fern ⟨V.1, hat gemaikäfert; o.Obj.; ugs., scherzh.⟩ 1 emsig und still arbeiten 2 über etwas nachdenken, sinnieren [nach dem *Maikäfer*, wahrscheinlich weil er ruhig und nicht schnell krabbelt und sich scheinbar lange vorbereitet, bis er wegfliegt]

Mai|kö|nig ⟨m.1⟩ jmd., der die Maikönigin erhält

Mai|kö|ni|gin ⟨f.10⟩ Mädchen, für das auf einer Versteigerung auf einem Volksfest im Mai am meisten geboten wird

Mai|le|hen ⟨n.7⟩ Brauch, auf Volksfesten im Mai Mädchen zu versteigern

Mail-Or|der ⟨[meil-] f., -, nur Sg.⟩ Verkauf von Waren, die nach Prospekt bestellt worden sind [< engl. *mailing-order* „Postbestellung", < *mail* „Post, Postdienst, Postversand, Postsack, -tasche" und *order* „Anweisung, Aufforderung"]

Main|li|ner ⟨[meinlainər] m.5⟩ Süchtiger, der sich Rauschgift in die Vene spritzt [< engl. *main line*, „Vene", eigtl. „Hauptlinie"]

Mai|pilz ⟨m.1⟩ im Frühjahr auf Wiesen und an Waldrändern wachsender eßbarer Ritterling mit weißem Hut

Maire ⟨[mɛr] m.5⟩ Bürgermeister [frz.]

Mai|rie ⟨[mɛ-] f.11⟩ Bürgermeisterei [frz.]

Mais ⟨m.1⟩ hochwachsendes Getreidegras mit langen, breiten Blättern, einer Rispe von Staubblüten am Gipfel und Maiskolben; Syn. ⟨österr.⟩ *Kukuruz* [< span. *maíz*, < aruak. *mays, mahiz, marisi* in ders. Bed.]

Maisch ⟨m.1⟩, **Mai|sche** ⟨f.11⟩ 1 mit Wasser aufgesetztes Darrmalz zur Herstellung von Bier 2 gekelterte Weintrauben 3 mit Wasser und Stärkerohstoff gemischtes Grünmalz zur Gewinnung von Spiritus

mai|schen ⟨V.1, hat gemaischt⟩ I ⟨mit Akk.⟩ zu Maische machen; Malz, Trauben m. II ⟨o.Obj.⟩ Maische herstellen

Mais|kol|ben ⟨m.7⟩ Fruchtstand des Maises mit (im reifen Zustand) gelben Körnern

Mai|so|net|te ⟨[mɛzɔnɛt(ə)] f.11 oder f.9⟩ zweistöckige Wohnung innerhalb eines größeren Hauses [frz., Verkleinerungsform von *maison* „Haus"]

Maiß ⟨m.1; österr.⟩ 1 Jungwald 2 Holzschlag [< mhd. *meiz* „Einschnitt, Holzschlag"]

Maî|tre de plai|sir ⟨[mɛtrə də plɛzir] m., - -, -, -s - -; †, noch scherzh.⟩ jmd., der ein Festprogramm leitet [< frz. *maître* „Meister" und *de* „von" und *plaisir* „Vergnügen"]

Mai|tres|se ⟨[mɛ-] f.11; veraltete Schreibung für⟩ *Mätresse*

Mai|ze|na ⟨n., -s, nur Sg.; Wz.⟩ Maisstärke von mehlartiger Beschaffenheit (z.B. zum Eindicken von Soßen)

Ma|je|stas Do|mi|ni ⟨f., - -, nur Sg.⟩ Darstellung des thronenden Christus [lat., „Erhabenheit des Herrn"]

Ma|je|stät ⟨f., -, nur Sg.⟩ Hoheit, Erhabenheit, ⟨Titel und Anrede für⟩ Kaiser, König; Euer, Eure M.; Ihre M. ⟨Abk.: I.M.⟩; Seine M. ⟨Abk.: S(e).M.⟩; ⟨Z.B.⟩ Kaiser, König; die ~en Kaiser und Kaiserin bzw. König und Königin [< lat. *majestas*, Gen. -*atis*, „Größe, Würde, Erhabenheit", zu *maior* „größer", zu *magnus* „groß"]

ma|je|stä|tisch ⟨Adj.⟩ hoheits-, würdevoll, erhaben

Ma|je|stäts|be|lei|di|gung ⟨f.10⟩ Beleidigung einer hochgestellten Persönlichkeit

Ma|je|stäts|ver|bre|chen ⟨n.7⟩ 1 ⟨in Monarchien⟩ Hoch-, Landesverrat 2 ⟨übertr.⟩ schweres Verbrechen

ma|jeur ⟨[maʒœr] frz. Bez. für⟩ Dur; Ggs. *mineur*

Ma|jo|li|ka ⟨f., -, -ken⟩ Fayence (und deren Nachahmungen) [< ital. *maiolica*, der Bez. für Fayence und deren Nachahmungen, nach *Maiorca* (lat. *Balearis maior* „größeres Balearis"), dem alten Namen der span. Insel *Mallorca*, über die der Handel mit span. Fayencen nach Italien vermittelt wurde]

Ma|jo|nä|se ⟨f.11⟩ → *Mayonnaise*

Ma-Jongg ⟨[-dʒɔŋ] n., -(s), nur Sg.⟩ Mah-Jongg

major ⟨[meidʒə] engl. Bez. für⟩ Dur; Ggs. *minor*

Ma|jor ⟨m.1⟩ 1 Offiziersrang zwischen Hauptmann und Oberstleutnant 2 Offizier in diesem Rang [< lat. *maior* „größer, höher", zu *magnus* „groß, hoch"]

Ma|jo|ran ⟨auch [-ran] m., -s, nur Sg.⟩ Syn. *Wurstkraut* 1 Lippenblütler mit kleinen, violetten Blüten 2 dessen Triebspitzen als Gewürz [< frz. *marjolaine*, *majoraine*, < prov. vulgärlat. *majorana*, < spätgriech. *maezourana*, *mezourana* in ders. Bed., weitere Herkunft nicht bekannt]

Ma|jo|rat ⟨n.1⟩ Syn. *Seniorat*; Ggs. *Minorat* 1 Recht des ältesten Sohnes auf das Erbgut 2 das Erbgut selbst

Ma|jor|do|mus ⟨m., -, -; im Frankenreich⟩ 1 → *Hausmeier* 2 Befehlshaber des Heeres [< mlat. *maior domus* „Oberer des Hauses, Haushofmeister", < *maior* „größer, höher" (zu *magnus* „groß, hoch") und *domus* „Haus"]

ma|jo|renn ⟨Adj., o.Steig.; †⟩ groß-, volljährig, mündig; Ggs. *minorenn*

Ma|jo|ren|ni|tät ⟨f., -, nur Sg.; †⟩ Volljährigkeit, Mündigkeit

ma|jo|ri|sie|ren ⟨V.3, hat majorisiert; mit Akk.⟩ überstimmen, durch Stimmenmehrheit besiegen; eine nationale Minderheit m.

Ma|jo|ri|sie|rung ⟨f., -, nur Sg.⟩

Ma|jo|ri|tät ⟨f., -, nur Sg.⟩ Stimmenmehrheit; Ggs. *Minorität* [zu lat. *maior*, Gen. -*oris*, „größer", zu *magnus* „groß"]

Ma|jo|ri|täts|prin|zip ⟨n., -s, nur Sg.⟩ → *Mehrheitsprinzip*

Ma|jo|ri|täts|wahl ⟨f.10⟩ Mehrheitswahl

Ma|jorz ⟨m., -(e)s, nur Sg.; schweiz.⟩ → *Mehrheitswahl*; Ggs. *Proporz*

Ma|jus|kel ⟨f.11, meist Pl.⟩ Großbuchstabe; Ggs. *Minuskel* [< lat. *maiusculus* „etwas größer", Verkleinerungsform von *maior* „größer", zu *magnus* „groß"]

ma|ka|ber ⟨Adj., makabrer, am -sten⟩ grausig-düster, mit dem Gedanken an den Tod spielend; eine makabre Geschichte [< span. *macabro*, schaurig, schauderhaft, vielleicht < arab. *maqābir*, Pl. von *maqbara*, *maqbura* „Grabstätte, Friedhof"; die Deutung < frz. *danse macabre* „Totentanz", urspr. einem mittelalterl. Tanz, der die Marterung der makkabäischen Brüder zum Inhalt hatte, ist wahrscheinlich eine volksetymolog. Umdeutung]

Ma|ka|dam ⟨m.1 oder n.1⟩ ein Straßenbelag aus Schotter, Splitt und Sand [nach dem schott. Straßenbauer John *McAdam*]

ma|ka|da|mi|sie|ren ⟨V.3, hat makadamisiert; mit Akk.⟩ mit Makadam belegen

Ma|kak ⟨m.12 oder m.10⟩ meerkatzenartiger Affe (Mohren~, Schopf~) [< port. *macaco* „Affe", aus den Bantusprachen]

Ma|ka|ris|mus ⟨m., -, -men⟩ Seligpreisung (bes. in der Bergpredigt) [< griech. *makarismos* „Seligpreisung, Verherrlichung", zu *makar* „selig, glücklich"]

Ma|kart|bu|kett ⟨n.1; †⟩ Strauß aus getrockneten Blumen und Gräsern [nach dem österr. Maler Hans *Makart*]

Ma|ke|do|ni|er ⟨m.5⟩ auch: *Mazedonier* 1 ⟨früher⟩ Einwohner des antiken Königreichs Makedonien (u.a. Staaten des Alexanderreichs am Nordwestrand des Ägäischen Meeres) 2 Einwohner der jugoslawischen Gliederepublik Makedonien

ma|ke|do|nisch ⟨Adj., o.Steig.⟩ Makedonien betreffend, zu ihm gehörig, aus ihm stammend; ~e Sprache eine südslawische Sprache

Ma|kel ⟨m.5⟩ Mangel, Fehler, Schandfleck; mit einem M. behaftet sein [über mhd. *makel* < lat. *macula* „Fleck, Schandfleck, Lücke, Loch", weitere Herkunft nicht geklärt]

mä|ke|lig ⟨Adj.⟩ häufig mäkelnd, häufig etwas auszusetzen habend (bes. am Essen); auch: *mäklig*

ma|kel|los ⟨Adj., o.Steig.⟩ ohne Makel, ohne Fehler; ein m. sauberes Zimmer, Handtuch **Ma|kel|lo|sig|keit** ⟨f., -, nur Sg.⟩

ma|keln ⟨V.1, hat gemakelt; o.Obj.⟩ als Makler tätig sein [< ndrl. *makelen*, *maekelen* „zustande bringen, vollenden, vermitteln, (Geschäft) abschließen, zu *maken* „machen"]

mä|keln ⟨V.1, hat gemäkelt; o.Obj.⟩ etwas bemängeln, etwas auszusetzen haben; er findet immer etwas zu m.; am Essen, an jmds. Arbeit m. [zu *Makel*, eigtl. einen Makel feststellen, womit früher die Händler den Preis einer Ware zu drücken versuchten]

Make-up ⟨[meikap] n.9⟩ 1 Verschönerung, Verjüngung des Gesichts mit kosmetischen Mitteln 2 Creme zum Glätten oder Bräunen der Gesichtshaut [engl., „Aufmachung"]

Ma|ki ⟨m.9; Sammelbez.⟩ Halbaffe Madagaskars [madagass.]

Ma|ki|mo|no ⟨n.9⟩ japanisches querförmiges Rollbild aus Seide oder Papier; vgl. *Kakemono*

Mak|ka|bä|er ⟨m.5⟩ Angehöriger eines jüdischen Priester- und Herrschergeschlechts

Mak|ka|bi|a|de ⟨f.11⟩ alle vier Jahre stattfindende jüdische Sportwettkämpfe, ähnlich den Olympischen Spielen [zu *Makkabi*, Name

Makkaroni

jüd. Sportvereine, nach Judas *Makkabäus,* dem jüd. Nationalhelden, der im 2.Jh. v.Chr. gegen den syr. König Antiochus IV. Epiphanes kämpfte]

Mak|ka|ro|ni ⟨Pl., ugs. f., -, -⟩ *lange, röhrenförmige Nudel* [< ital. *maccheroni* in ders. Bed., wahrscheinlich < griech. *makaria* „Teig aus Brühe und Gerstenmehl", zu *massein* (eigtl. *makiein*) „kneten, Teig machen"; die Endung ...*oni* dürfte die ital. Vergrößerungsendung sein, so daß das Wort „etwas Langes aus gekneteten oder geformten Teig, lange Teigware" bedeuten würde]

mak|ka|ro|nisch ⟨Adj., o.Steig.⟩ nur als Attr.⟩ *in schlechtem Latein abgefaßt;* ~e *Dichtung Scherzgedichte aus lateinischen und latinisierten, aus anderen Sprachen stammenden Wörtern,* (auch) *Gedichte aus Wörtern zweierlei Sprachen* [von den Humanisten für die in → Küchenlatein abgefaßten Dichtungen gebraucht]

Mak|ler ⟨m.5⟩ *Vermittler für den Kauf und Verkauf von Grundstücken, Häusern, Wohnungen, Wertpapieren* ≈ nddt. *Makler, Mäkler* in ders. Bed., zu *makeln, mäkeln* „vermitteln", zu *maken* „herbeischaffen, zustande bringen, machen"]

mäk|lig ⟨Adj.⟩ →*mäkelig*

Ma|ko ⟨m.9 oder f.9 oder n.9⟩ **1** *weiche, langfaserige Baumwolle aus Ägypten* **2** *daraus hergestelltes Garn* **3** *daraus hergestelltes Gewebe* [wahrscheinlich nach einem Ägypter namens *Maho Bey,* der 1822 zum ersten Mal Baumwolle aus dem Sudan nach Ägypten einführte]

Ma|ko|ré ⟨[-re] n., -, nur Sg.⟩ *ein Hartholz;* Syn. *Afrikanischer Birnbaum* [frz., aus einer afrikan. Sprache]

Ma|kre|le ⟨f.11⟩ *oberseits blaugrüner Hochseefisch* [< ndrl. *makreel,* engl. *mackerel,* frz. *maquereau* „Makrele", weitere Herkunft nicht geklärt]

makro..., Makro... ⟨in Zus.⟩ *groß..., Groß...* [< griech. *makros* „groß"]

Ma|kro|bio|se ⟨f., -, nur Sg.; Med.⟩ *Langlebigkeit;* zu *Makrobiotik*

Ma|kro|bio|tik ⟨f., -, nur Sg.⟩ **1** *Kunst, das Leben zu verlängern* **2** *natürliche Lebensweise mit Ernährung hauptsächlich von Körnern und Gemüse* [< griech. *makrobios* und *makrobiotos* „langlebig", < *makros* „lang, langdauernd" und *bios, biote, bioteia* „Leben"]

Ma|kro|fo|to|gra|fie ⟨f.11⟩ Ggs. *Mikrofotografie* **1** ⟨nur Sg.⟩ *fotografisches Verfahren, bei dem der Gegenstand vergrößert, im gleichen Maßstab oder stark verkleinert aufgenommen wird* **2** *so hergestellte Aufnahme*

ma|kro|ke|phal ⟨Adj., o.Steig.⟩ →*makrozephal*

Ma|kro|kli|ma ⟨n., -s, nur Sg.⟩ →*Großklima;* Ggs. *Mikroklima*

Ma|kro|kos|mos ⟨m., -, nur Sg.⟩ *Weltall;* Ggs. *Mikrokosmos*

Ma|kro|mel|lie ⟨f., -, nur Sg.⟩ →*Riesenwuchs* [< griech. *makros* „groß" und *melos* „Glied"]

Ma|kro|mo|le|kül ⟨n.1⟩ *Riesenmolekül aus Tausenden bis zu Millionen von Atomen*

Ma|kro|ne ⟨f.11⟩ *kleines, rundes Gebäck aus Mandeln, Haselnüssen oder Kokosflocken, mit Zucker und Eiweiß* [< frz. *macaron* „Mandeltörtchen", < norditaI. *maccarone* (für hochital. *maccherone*), das früher außer den Teigwaren, den Makkaroni, auch kleine Fleischklößchen oder Käsepastetchen bezeichnete]

Ma|kro|po|de ⟨m.11⟩ *ostasiatischer Labyrinthfisch, Aquarienfisch (z.B. der Paradiesfisch)* [< *Makro...* und *pous,* Gen. *podos,* „Fuß", wegen der großen Rücken-, After- und Schwanzflosse]

ma|kro|sko|pisch ⟨Adj., o.Steig.⟩ *mit bloßem Auge wahrnehmbar;* Ggs. *mikroskopisch*

Ma|kro|so|mie ⟨f., -, nur Sg.⟩ →*Riesenwuchs* [< griech. *makros* „groß" und *soma* „Körper"]

ma|kro|ze|phal ⟨Adj., o.Steig.⟩ *mit abnorm großem Kopf versehen;* auch: *makrokephal;* Ggs. *mikrozephal* [< griech. *makros* „groß" und *kephale* „Kopf"]

Ma|ku|la|tur ⟨f., -, nur Sg.⟩ *schadhafte oder fehlerhafte, nicht verwendete Druckbogen, Altpapier;* M. *reden* ⟨übertr.⟩ *Unsinn reden* [< lat. *maculatus* „befleckt", zu *macula* „Fleck"]

ma|ku|lie|ren ⟨V.3, hat makuliert; mit Akk.⟩ *zu Makulatur machen, einstampfen;* Bücher, Manuskripte m.

Mal¹ ⟨n.1⟩ *Zeitpunkt (in einer Reihenfolge); das erste, letzte, zweite, einzige, nächste, vorige* M.; M. *für* M. *jedesmal aufs neue; mit einem* M. *ganz plötzlich, unerwartet; von* M. *zu* M. *jedesmal; es wird von* M. *zu* M. *besser, schöner, schlimmer; zum letzten* M.

Mal² ⟨n.1 oder n.4⟩ **1** *Zeichen, Fleck (auf der Haut);* er trägt ein M. *auf der Stirn* **2** *Grenzstein, Grenzpfahl* **3** ⟨poet.⟩ *Denkmal, Mahnmal;* ein M. *aufrichten, setzen*

mal ⟨Adv.⟩ **1** ⟨Zeichen: ×, ·⟩ *multipliziert mit, vervielfältigt mit;* drei m. zwei ist vier **2** ⟨ugs.; kurz für⟩ *einmal;* dort bin ich schon m. gewesen; das ist m. was anderes

...mal ⟨in Zus.⟩ *eine bestimmte Zahl von Malen,* z.B. *zweimal, hundertmal, einmal, keinmal, ein paarmal, mehreremal, unzähligemal, diesmal*

Ma|la|chit ⟨[-xit] oder [-xıt] m.1⟩ *smaragdgrünes, schalig gebändertes Mineral, Schmuckstein* [< griech. *malache* „Malve", wegen der Farbe, die dem gedämpften Grün der Malvenblätter gleicht]

ma|la|de ⟨Adj., malader, am -sten; ugs.⟩ *krank, erschöpft, müde;* die ~n *Wanderer;* sich m. *fühlen;* m. *sein* [frz., „krank, siech", < vulgärlat. *male habitus* „schlechtes Befinden", zu lat. *male* „schlecht, schlimm, übel"]

ma|la fi|de ⟨Rechtsw.⟩ *im bösen Glauben, wissentlich unberechtigt* [lat.]

Ma|la|ga ⟨m.9⟩ *Süßwein aus der spanischen Provinz Málaga*

Ma|laie ⟨m.11⟩ *Angehöriger einer Völkergruppe in Süd- und Hinterindien und Westindonesien*

ma|lai|isch ⟨Adj., o.Steig.⟩ *die Malaien betreffend, zu ihnen gehörig, von ihnen stammend;* ~e *Sprache eine austronesische Sprache*

Ma|lai|se ⟨[-lɛz(ə)] f.11, österr. n.14, schweiz. n.5⟩ **1** *Übelkeit, übles Befinden* **2** *Mißstimmung, moralisches oder politisches Unbehagen* [frz., „Unbehagen", < *mal* „schlecht" und *aise* „Befinden"]

Ma|la|ja|lam ⟨n., -(s), nur Sg.⟩ *eine drawidische Sprache;* auch: *Malayalam*

Ma|la|ko|lo|gie ⟨f., -, nur Sg.⟩ *Wissenschaft von den Weichtieren* [< griech. *malakos* „weich" und *...logie*]

Ma|lam|bo ⟨m.9⟩ *Nationaltanz der argentinischen Gauchos* [karibisch]

Ma|la|ria ⟨f., -, nur Sg.⟩ *mit typischen Fieberanfällen einhergehende Krankheit warmer Länder, deren Erreger durch Stechmücken ins Blut gelangen;* Syn. *Sumpffieber, Wechselfieber* [< ital. *malaria* in ders. Bed., eigtl. *mala aria* „schlechte Luft", < *malo* „schlecht, böse" und *aria* „Luft", da man urspr. glaubte, sie werde durch Bodenausdünstungen in Sumpfgebieten übertragen]

Ma|la|ya|lam ⟨n., -(s), nur Sg.⟩ →*Malajalam*

ma|lay|isch ⟨Adj., o.Steig.⟩ *Malaysia betreffend, zu ihm gehörig, aus ihm stammend*

Ma|la|zie ⟨f.11⟩ *Erweichung (bes. Knochenerweichung)* [< griech. *malakia* „Erweichung, Verweichlichung, Weichlichkeit, Schwäche, Krankheit" und *malaxis* „Erweichung", zu *malakos* „weich"]

Ma|le|dik|ti|on ⟨f.10; †⟩ *Verwünschung*

ma|le|di|zie|ren ⟨V.3, hat malediziert; mit Akk.; †⟩ *verwünschen, verfluchen*

Ma|le|fi|kant ⟨m.10; †⟩ *Übeltäter* [→*Malefikus*]

Ma|le|fi|kus ⟨m., -, -zi; †⟩ *Übeltäter* [→*Malefikant*]

Ma|le|fiz ⟨n.1; †⟩ *Übeltat*

Ma|le|fiz|kerl ⟨m.1⟩ *Draufgänger, Teufelskerl* [< lat. *maleficus* „Böses tuend", auch „zauberisch", als Subst. „Zauberer", also „jmd., der erstaunliche Dinge vollbringt"; < *male* „nicht recht, übel, schlimm" und *...ficere* (in Zus. für *facere*) „machen, tun"]

ma|len ⟨V.1, hat gemalt⟩ **I** ⟨mit Akk.⟩ **1** *etwas* m. a *etwas mit Pinsel und Farbe hervorbringen, schaffen;* ein Bild m.; ein Bild auf Holz, auf Leinwand m. **b** ⟨ugs.⟩ *die Wände von etwas mit Farbe bestreichen;* wir wollen das Zimmer, die Wohnung m. **c** ⟨übertr.⟩ *anschaulich beschreiben, darstellen;* einen Zustand, Gegenstand in leuchtenden Farben m.; er malt die Zukunft zu schwarz, zu rosig **2** *etwas oder jmdn.* m. *mit Pinsel und Farbe darstellen;* eine Landschaft, eine Person m.; mal den Teufel nicht an die Wand! ⟨übertr.⟩ *sprich nicht davon, sonst geschieht es wirklich!* **II** ⟨o.Obj.⟩ *Bilder mit Pinsel und Farbe herstellen;* er malt gut, viel; er malt nach der Natur

Ma|le|par|tus ⟨m., -, nur Sg.⟩ *in der Tierfabel⟩ Wohnung des Fuchses* [neulat., < frz. *malepertuis* „böses, schlechtes Loch"]

Ma|ler ⟨m.5⟩ **1** *Künstler, der Bilder malt* (Aquarell~, Landschafts~, Porträt~) **2** *Handwerker, der etwas (bes. Wände) mit Farbe bestreicht;* Syn. *Anstreicher*

Ma|le|rei ⟨f.10⟩ **1** *Malen von Bildern und Gemälden* (Aquarell~, Öl~) **2** *einzelnes gemaltes Werk;* ~en *auf Fels, auf Holz* **3** *Gesamtheit der Werke von Malern (einer Epoche);* die M. *des 17.Jahrhunderts*

ma|le|risch ⟨Adj.⟩ **1** *zur Malerei gehörend, die Malerei betreffend;* die ~n *Fähigkeiten des Künstlers* **2** *schön, daß es gemalt werden müßte;* Syn. *pittoresk;* ein ~es *Haus;* die Hütte liegt m. *in den Bergen zwischen Wald und Wiesen*

Ma|ler|lein|wand ⟨f., -, nur Sg.⟩ *Leinwand für Ölbilder*

Ma|ler|mu|schel ⟨f.11⟩ *mitteleuropäische Flußmuschel* [ihre dickwandigen Schalen wurden früher als Farbnäpfchen verwendet]

ma|lern ⟨V.1, hat gemalert; o.Obj.; ugs.⟩ *sich (nicht beruflich) als Maler (2) betätigen, Malerarbeiten machen*

Ma|le|sche ⟨f.11, meist Pl.; ugs.⟩ *Unannehmlichkeit, Scherere* [< frz. *malechance,* *malchance* „Pech, Unglück", < *mal* „schlecht" und *chance* „Möglichkeit"]

Mal|grund ⟨m.2⟩ **1** *Untergrund, auf den gemalt wird oder ist (z.B. Holz, Putz, Papier)* **2** *farbliche Schicht, auf die ein Bild gemalt wird oder ist*

Mal|heur ⟨[malør] n.1 oder n.9⟩ *(kleines) Unglück, Mißgeschick;* mir ist ein M. *passiert;* das ist nicht so schlimm; M. *das ist nicht so schlimm* [< frz. *mal* (lat. *malus*) „schlecht" und *heur* „Glück", zu lat. *augurium* „Wahr-, Vorzeichen"]

mal|hon|nett ⟨Adj., o.Steig.; †⟩ *unredlich, unfein* [< frz. *malhonnête* in ders. Bed., < *mal* „schlecht" und *honnête* „anständig, schicklich", →*honett*]

Ma|li|ce ⟨[-lis(ə)] f.11; veraltend⟩ *Bosheit, boshafte Bemerkung* [frz., zu *mal* „schlecht, übel"]

...ma|lig ⟨Adj.; in Zus.⟩ *eine bestimmte oder unbestimmte Zahl von Malen geschehend, wiederholt,* z.B. *einmalig, dreimalig, mehrmalig*

ma|li|gne ⟨Adj., o.Steig.; von Geschwülsten⟩ *bösartig;* Ggs. *benigne;* ~s *Granulom* [lat., Adv. zu *malignus* „bösartig", < *malus* „böse, schlimm" und *gignere* „zeugen, hervorbringen"]

Ma|li|gni|tät ⟨f., -, nur Sg.; Med.⟩ Bösartigkeit (von Geschwülsten); Ggs. *Benignität* [zu *maligne*]

ma|li|zi|ös ⟨Adj., -er, am maliziösesten⟩ boshaft, hämisch [< frz. *malicieux* ,,arglistig, boshaft, schalkhaft", zu *malice*, → *Malice*]

Mal|ka|sten ⟨m.8⟩ Kasten mit kleinen Farbtöpfchen; Syn. *Farbkasten*

mall ⟨Adj.⟩ **1** ⟨o.Steig.; Seew.⟩ *gedreht (Wind)* **2** ⟨übertr.⟩ *verrückt, verdreht, von Sinnen* [→ *mallen*²]

Mall ⟨n.1⟩ *Modell, Schablone für Schiffsteile* [nddt., zu *Modell*]

mal|len¹ ⟨V.1, hat gemallt; mit Akk.; Seew.⟩ *nach einem Mall bearbeiten, messen*

mal|len² ⟨V.1, hat gemallt; o.Obj.; Seew.⟩ *sich drehen, umspringen; der Wind mallt* [< ndrl. *mallen* ,,übermütig sein, hüpfen und springen"]

Mal|lung ⟨f., -, nur Sg.⟩ *Umspringen, Drehen (des Windes)* [zu *mallen*²]

Malm ⟨m., -(e)s, nur Sg.⟩ *obere Abteilung des Juras* [engl., ,,kalkreicher Lehm"]

mal|men ⟨V.1, hat gemalmt; mit Akk.; geh.⟩ *zermahlen, zerreiben,* ⟨meist⟩ *zermalmen*

mal|neh|men ⟨V.88, hat malgenommen; mit Akk.⟩ *eine Zahl mit einer anderen Zahl m. eine Zahl mit einer anderen Zahl vervielfachen;* Syn. *multiplizieren; drei mit vier m.*

Mal|oc|chio ⟨[malɔkjo] m., -s -oder -oc|chi [-ɔki]⟩ *böser Blick* < ital. *malocchio*, ,,böser Einfluß, der dem Blick mancher Personen zugeschrieben wird", eigtl. *malo occhio*, < *malo* ,,böse" und *occhio* ,,Auge, Blick"]

ma|lo|chen ⟨V.1, hat malocht; o.Obj.; ugs.⟩ *schwer arbeiten*

Mal|os|sol ⟨m., -s, nur Sg.⟩ *wenig gesalzener Kaviar* [russ.]

Mal|strom ⟨m.2⟩ *Strudel, Sog; auch: Mahlstrom* [nach der Meeresström zwischen den Lofoten mit starker Wirbelbildung]

Mal|ta|fie|ber ⟨n., -s, nur Sg.⟩ *(bes. durch Schafs- und Ziegenkäse auf den Menschen übertragene) Infektionskrankheit* [nach der Mittelmeerinsel *Malta*]

Mal|ta|se ⟨f., -, nur Sg.⟩ *Maltose spaltendes Ferment*

Mal|ter ⟨m.5 oder n.5⟩ **1** *altes Getreidemaß, 100–700 l* **2** ⟨früher⟩ *Mahllohn*

Mal|te|ser ⟨m.5⟩ **1** *Einwohner der Insel Malta* **2** *Angehöriger des Malteserordens;* Syn. *Malteserritter* **3** *Schoßhund mit langem, weichem Fell* **4** *Taubenrasse aus der Gruppe der Hühnertauben*

Mal|te|ser|kreuz ⟨n.1⟩ **1** *Kreuz, dessen Balken sich zur Mitte hin verjüngen und außen in je zwei Spitzen enden (Abzeichen der Malteserritter bzw. Johanniter)* **2** *diesem ähnliche Transportvorrichtung (in Filmapparaten)*

Mal|te|ser|or|den ⟨m.7; seit 1530 Name für den⟩ *Johanniterorden*

Mal|te|ser|rit|ter ⟨m.5⟩ → *Malteser (2)*

mal|te|sisch ⟨Adj., o.Steig.⟩ *zu Malta gehörig, aus Malta stammend*

Mal|thu|sia|ner ⟨m.5⟩ *Anhänger des Malthusianismus*

Mal|thu|sia|nis|mus ⟨m., -, nur Sg.⟩ **1** *Lehre von Th. R. Malthus, nach der die Menschheit an Hunger infolge Übervölkerung zugrunde gehen werde* **2** *wirtschaftspolitische Bewegung, die für Geburtenkontrolle eintritt*

Mal|to|se ⟨f., -, nur Sg.⟩ *(u.a. in Malzextrakt vorkommender) farbloser Zucker;* Syn. *Malzzucker* [< engl., frz. *malt* ,,Malz" und ...*ose*]

mal|trä|tie|ren ⟨V.3, hat malträtiert; mit Akk.⟩ **1** *mißhandeln, quälen; jmdn., ein Tier mit den Fäusten, mit der Peitsche m.; der Zahnarzt hat mich heute malträtiert* **2** ⟨scherzh.⟩ *Körperteile überbeanspruchen, peinigen; der Lärm malträtiert meine Ohren* [< frz. *maltraiter* ,,schlecht behandeln, mißhandeln", < mal. ,,schlecht, böse" und *traiter* ,,behandeln"]

Ma|lus ⟨m., - oder -s|ses, - oder -s|se⟩ Ggs. *Bonus* **1** *(bei Versicherungen) Prämienzuschlag* **2** *(auf Zeugnisnoten u.ä.) verschlechternder Abschlag* **3** ⟨Sport⟩ *Punktnachteil (als Ausgleich für eine bessere Ausgangsposition)* [lat., ,,schlecht, gering"]

Mal|va|sier ⟨m., -s, nur Sg.⟩ *süßer, bernsteinfarbener Wein* [nach dem ital. Namen *Malvasia* für die griech. Stadt *Monemvasia*]

Mal|ve ⟨f.11⟩ *Pflanze mit kreisrunden Spaltfrüchten (und z.B. rosaroten Blüten), Heil-, Zierpflanze* [< lat. *malva*, < griech. *malache* ,,Malve", weitere Herkunft nicht geklärt]

mal|ven|far|ben, mal|ven|far|big ⟨Adj., o.Steig.⟩ *rosarot bis blaßlila*

Malz ⟨n., -es, nur Sg.⟩ *zum Keimen gebrachtes Getreide (bes. zur Herstellung von Bier)*

Malz|bier ⟨n.1⟩ *sehr dunkles, süßes, alkoholarmes Bier;* Syn. ⟨landsch.⟩ *Gerstel*

mal|zen, mäl|zen ⟨V.1, hat gemalzt, hat gemälzt; mit Akk.⟩ *etwas m. Malz aus etwas herstellen; Gerste m.*

Mäl|zer ⟨m.5⟩ *jmd., der Malz herstellt*

Malz|zucker ⟨-k|k-; m., -s, nur Sg.⟩ → *Maltose*

Ma|ma ⟨ugs. und Kinderspr. [maˈma] f.9; Koseform für⟩ *Mutter* [Lallwort der Kinderspr.]

Ma|ma|chen ⟨n.7; Koseform für⟩ *Mama*

Mam|ba ⟨f.9⟩ *baumbewohnende afrikanische Giftnatter* [Bantuspr.]

Mam|bo ⟨m.9⟩ *ein kubanischer Tanz*

Ma|me|luck, Ma|me|luk ⟨m.10⟩ **1** ⟨urspr.⟩ *türkischer Sklave, Leibwächter am persischen und ägyptischen Hof (1250–1517)* **2** *Angehöriger eines ägyptischen Herrschergeschlechts* [< arab. *mamlūk* ,,in jmds. Besitz befindlich, (weißer) Sklave", zu *malaka* ,,erwerben, besitzen"]

Ma|mil|la ⟨f., -, -len⟩ → *Brustwarze* [lat., zu *mamma* ,,weibliche Brust"]

Mam|ma ⟨f., -, -mae [-mɛ:]⟩ **1** → *Brustdrüse* **2** → *Zitze* [lat., ,,Mutterbrust"]

Mam|ma|lia ⟨Pl.⟩ → *Säugetiere* [zu *Mamma*]

Mam|mo|gra|phie ⟨f.11⟩ *Röntgenuntersuchung der weiblichen Brust* [< lat. *mamma* ,,Mutterbrust" und ...*graphie*]

Mam|mon ⟨m., -s, nur Sg.⟩ *Geld, Reichtum; der schnöde M.* [< jidd. *momon*, *momen* ,,Reichtum, Vermögen, Geld", < griech. *mamonas* ,,Reichtum"]

Mam|mo|nis|mus ⟨m., -, nur Sg.⟩ **1** *Geldgier* **2** *Geldherrschaft*

Mam|mut ⟨m. oder n.9⟩ *großer, eiszeitlicher Elefant mit bräunlicher Körperbehaarung* [< russ. *mamont*, *mamot* in ders. Bed., weitere Herkunft nicht geklärt]

Mam|mut... ⟨in Zus.⟩ *riesig, Riesen...*, z.B. *Mammutunternehmen*

Mam|mut|baum ⟨m.2⟩ *sehr hohes amerikanisches Sumpfzypressengewächs mit gewaltigem Stammdurchmesser;* Syn. *Sequoia, Sequoie, Redwood*

mamp|fen ⟨V.1, hat gemampft⟩ **I** ⟨o.Obj.; ugs.⟩ *mit vollen Backen kauen* **II** ⟨mit Akk.; schwäb.⟩ *etwas m. etwas essen; Brot m.*

Mam|sell ⟨f.10 oder f.9⟩ **1** ⟨†; noch scherzh.⟩ *Fräulein* **2** *für die Küche verantwortliche Angestellte (in Gaststätten, auf Gütern u.a.);* kalte M. ⟨ugs.⟩ *Angestellte in Restaurants, die kalte Speisen anrichtet* [< frz. *mam'sell*, verkürzt < *mademoiselle* ,,Fräulein", → *Mademoiselle*]

man¹ ⟨unbestimmtes Pron.; nur im Nom. (Gen. eines, Dat. einem, Akk. einen)⟩ **1** *jeder, alle, die Leute; m. kann m. überall beobachten; m. weiß nie, ob ...; heute denkt m. darüber anders; es kann einem leid tun, wenn m. sieht, wie ...; m. nehme ... in Kochrezepten* **2** *manche, bestimmte, viele Leute; m. nimmt an, daß ...; m. hat ihm als Kind zuwenig Freiheit gelassen* **3** ⟨anstelle von⟩ *ich; m. versteht bei dem Lärm sein eigenes Wort nicht mehr; m. kann sich kaum vorstellen,* *daß so etwas möglich ist; wenn m. selbst betroffen ist, dann ...* **4** *jmd., der sich nach der Mode, den gesellschaftlichen Gepflogenheiten richtet; solche Krawatten trägt m. heute nicht mehr; das tut, sagt m. nicht; so etwas kann m. einfach nicht machen, wenn m. ein gebildeter Mensch ist* **5** ⟨spöttisch⟩ *du, ihr; m. hat wieder einmal nicht aufgepaßt*

man² ⟨Adv., norddt., ugs.⟩ *mal, nur; denn m. los!; geh m. bloß weg her!*

Ma|na ⟨n., -(s), nur Sg.; im mag. Denken⟩ *eine Menschen, Tieren oder Dingen innewohnende, übernatürliche Kraft* [melanes.-polynes.]

Mä|na|de ⟨f.11⟩ **1** *verzückte, rasende Begleiterin des griechischen Weingottes Dionysos* **2** ⟨allg.⟩ *rasendes Weib* [< griech. *mainas*, Gen. *mainados*, als Subst. in ders. Bed., als Adj. ,,rasend, verzückt", zu *mainesthai* ,,verzückt, außer sich sein, rasen, toben"]

Ma|na|ge|ment ⟨[ˈmɛnɪdʒmənt] n.9⟩ **1** *Leitung (eines Betriebes) auf betriebswirtschaftlicher Grundlage, Führungstechnik* **2** *Gesamtheit der leitenden Angestellten*

ma|na|gen ⟨[ˈmɛnɪdʒən] V.1, hat gemanagt; mit Akk.; ugs.⟩ **1** *etwas m. zuwege bringen, bewerkstelligen; das werde ich schon m.; er hat die Sache glänzend gemanagt* **2** *jmdn. m. betreuen und in den Vordergrund rücken; einen Sportler, Schriftsteller m.*

Ma|na|ger ⟨[ˈmɛnɪdʒər] m.5⟩ **1** *Leiter (eines Unternehmens)* **2** *Betreuer (eines Berufssportlers oder Künstlers)* [engl., ,,Geschäftsführer, Betriebsleiter, Verwalter", zu *to manage* ,,führen, leiten, verwalten", < ital. *maneggiare* ,,handhaben, behandeln", eigtl. ,,mit den Händen arbeiten", zu *mano* < lat. *manus* ,,Hand"]

Ma|na|ger|krank|heit ⟨[ˈmɛnɪdʒər-] f., -, nur Sg.⟩ *nervöse Erkrankung mit Kreislaufstörungen und Erschöpfung infolge übermäßiger beruflicher Beanspruchung in verantwortlichen Positionen*

manch(e, -er, -es) ⟨unbestimmtes Pron.⟩ **1** ⟨substantivisch⟩ *der (die, das) eine oder andere, hier und da einer, ab und zu einer; mancher meint, er könne ...; ich habe schon manchen gesehen, der ...; manche sagen dies, manche das; manche von ihnen; manches ist recht schön, anderes nicht; er kann mir manches erzählen, ich glaube ihm nicht* **2** ⟨adjektivisch⟩ *manch einer ab und zu einer; manch einer hat schon geglaubt, er müsse ...*

man|chen|orts ⟨Adv.⟩ *an manchen Orten;* auch: *mancherorts*

man|cher|lei ⟨Adv.⟩ *einige, verschiedene Dinge; es ist noch m. zu tun*

man|cher|orts ⟨Adv.⟩ → *manchenorts*

Man|che|ster ⟨[ˈmɛntʃɪstər] m., -(s), nur Sg.⟩ *kräftiger, gerippter Samt* [nach der gleichnamigen engl. Stadt]

Man|che|ster|schu|le ⟨[ˈmɛntʃɪstər-] f., -, nur Sg.⟩, **Man|che|ster|tum** ⟨n., -s, nur Sg.⟩ *extreme Form des Wirtschaftsliberalismus, die jede Einmischung des Staates in die Wirtschaft ablehnt*

manch|mal ⟨auch [-ˈmal] Adv.⟩ **1** *hin und wieder, von Zeit zu Zeit; er kommt nur m. hier vorbei* **2** *in einigen Fällen, in manchen Fällen; es hat m. nicht geklappt*

Man|dä|er ⟨m.5⟩ *Angehöriger einer heidnisch-gnostischen Sekte in Irak und Iran mit Erwachsenentaufe*

Man|da|la ⟨n., -(s), -s; Buddhismus⟩ *magische Figur in einem Kreis oder Vieleck mit deutlichem Mittelpunkt (oft als Meditationsmittel)* [Sanskrit]

Man|dant ⟨m.10⟩ *Auftraggeber (bes. eines Rechtsanwalts, Steuerberaters)* [< lat. *mandans*, Gen. *-antis*, Part. Präs. von *mandare* ,,anvertrauen, übergeben", < *manus* ,,Hand" und *dare* ,,geben", also ,,jmd., der einem anderen etwas in die Hand gibt, überläßt, anvertraut"]

Mandarin

Man|da|rin ⟨m.1⟩ **1** ⟨urspr. port. Bez. für⟩ einheimischer Würdenträger (in Hinterindien) **2** ⟨dann europ. Bez. für⟩ hoher chinesischer Beamter [< port. *mandarim* < Sanskrit *mantrin*- ,,Ratgeber, Minister", zu *mantra*- ,,weiser Spruch, Rat, Plan"]

Man|da|ri|ne ⟨f.11⟩ kleine, apfelsinenähnliche Frucht [vielleicht nach der gelben Seidenrobe der hohen chin. Beamten, die von den Europäern *Mandarine* genannt wurden]

Man|da|rin|en|te ⟨f.11⟩ auffällig bunte, ostasiatische Waldente, Parkgeflügel [zu *Mandarine*]

Man|dat ⟨n.1⟩ **1** Auftrag, Vollmacht **2** Auftrag (der Wähler) für einen Abgeordneten, ⟨auch⟩ *das Amt des Abgeordneten* **3** von einem Staat in Treuhand verwaltetes Gebiet; Syn. *Mandatsgebiet* [< lat. *mandatum* ,,Auftrag, Befehl, Weisung", eigtl. *manu datum* ,,das in die Hand Gegebene"; < *manus* ,,Hand" und *dare* ,,geben"]

Man|da|tar ⟨m.1⟩ **1** *jmd., der im Auftrag eines anderen handelt* **2** ⟨österr.⟩ *gewählter Volksvertreter*

Man|da|tar|staat ⟨m.12⟩ *Staat, der ein Mandat (3) verwaltet*

man|da|tie|ren ⟨V.3, hat mandatiert; mit Akk.; †⟩ jmdn. m. *jmdm. ein Mandat (1) übertragen, jmdn. beauftragen, bevollmächtigen*

Man|dats|ge|biet ⟨n.1⟩ → *Mandat (3)*

Man|del[1] ⟨f.11⟩ **1** *Gruppe von 15 aufgestellten Garben* **2** ⟨danach⟩ *Menge von 15 Stück (kleine M.) bzw. 16 Stück (große M.)* [vielleicht zu lat. *manus* ,,Hand" im Sinne von ,,Handvoll"]

Man|del[2] ⟨f.11⟩ **1** *Frucht des Mandelbaums* **2** Syn. *Tonsille* **a** *mandelförmiges, paariges Organ am Gaumen*; Syn. *Gaumenmandel* **b** *mandelförmiges, paariges Organ im Rachen*; Syn. *Rachenmandel* [< ital. *mandola*, < lat. *amandula* ,,Mandel"]

Man|del|baum ⟨m.2⟩ *(meist weiß blühendes) Rosengewächs mit süßen oder bitteren Steinfrüchten*

Man|del|ent|zün|dung ⟨f.10⟩ *Schwellung der geröteten, mit gelben Pfröpfchen besetzten Mandeln*[2] *(2a)*; Syn. *Tonsillitis*

Man|del|klei|e ⟨f., -, nur Sg.⟩ *aus dem Preßrückstand von Mandeln gewonnenes Reinigungsmittel für empfindliche Haut*

Man|del|krä|he ⟨f.11; veraltend⟩ → *Blauracke*

Man|del|milch ⟨f., -, nur Sg.⟩ *Hauptpflegemittel aus einer Emulsion zerriebener Mandeln*[2] *(1)*

Man|di|bel ⟨f.11⟩ **1** (bei Wirbeltieren und Menschen) *Unterkieferknochen* **2** (bei Insekten und Krebsen) *Teil der Mundwerkzeuge* [< lat. *mandibula*, ,,Kinnbacken, Kinnlade", zu *mandere* ,,kauen, essen"]

man|di|bu|lar ⟨Adj., o.Steig.⟩ *zu den Mandibeln gehörig*

Man|di|o|ka ⟨f., -, nur Sg.⟩ → *Maniok*

Mandl ⟨n.14; bayr.-österr.⟩ **1** *Männchen* **2** → *Vogelscheuche*

Man|do|la ⟨f., -, -len⟩ *ein Zupfinstrument, eine Oktave tiefer als die Mandoline*; auch: *Mandora*

Man|do|li|ne ⟨f.11⟩ *ein Zupfinstrument* [< ital. *mandolino*, italianisierte Verkleinerungsform von span. *bandola* ,,dreisaitiges Musikinstrument", < lat. *pandura*, griech. *pandoura* in ders. Bed.]

Man|do|ra ⟨f., -, -ren⟩ → *Mandola*

Man|dor|la ⟨f., -, -ren; ⟨ugs.⟩ [-d-ɔr-]; bildende Kunst⟩ *mandelförmiger Heiligenschein um die ganze Gestalt* [< ital. *mandorla*, *mandola* in ders. Bed., eigtl. ,,Mandel"; < spätlat. *amandula*, lat. *amygdalum*, < griech. *amygdalon* ,,Mandel"]

Man|dra|go|ra, **Man|dra|go|re** ⟨f., -, -ren⟩ *Nachtschattengewächs mit als ,,Alraun(e)" bezeichneter, angeblich zauberkräftiger Wurzel* [vielleicht < pers. *mardum giyā* ,,Menschenpflanze", wegen der menschenähnlichen Gestalt der Wurzel]

Man|drill ⟨m.1⟩ *Hundskopfaffe mit grellbunten Backenfurchen und rotblauem Gesäß* [über engl. *mandrill*, < span. *mandril* in ders. Bed., weitere Herkunft nicht bekannt]

Man|dschu **I** ⟨m., -(s), -(s)⟩ *Angehöriger eines tungusischen Volksstammes* **II** ⟨n., -, nur Sg.⟩ *dessen Sprache*

...ma|ne (in Zus.) *jmd., der an etwas leidet, z.B. Monomane* (zu *Manie*)

Ma|ne|ge ⟨[-ʒə] f.11⟩ **1** (im Zirkus) *kreisförmiger Platz für Vorführungen* **2** *Reitbahn* [< frz. *manège* ,,Reitbahn, Reitschule, Reitkunst", < ital. *maneggio* in ders. Bed., eigtl. ,,Führung, Behandlung", zu *maneggiare* ,,handhaben", zu *mano* ,,Hand"]

Ma|nen ⟨Pl.; röm. Myth.⟩ *die guten Geister der Verstorbenen* [< lat. *manes* ,,Seelen der Toten (bes. die wohlwollenden)", < altlat. *manus* ,,gut", also ,,die Guten"]

mang ⟨Adv.; berlin., norddt.⟩ *mitten, unter, zwischen*

Man|ga|be ⟨f.11⟩ *afrikanische Meerkatze mit grellweißen Lidern und Backentaschen (Schopf~)* [nach dem Ort *Mangabe* auf Madagaskar, von wo aus angeblich die ersten Exemplare dieser Tiere nach Europa gebracht wurden]

Man|gan ⟨n., -s, nur Sg.; Zeichen: Mn⟩ *silberweißes, sehr sprödes Schwermetall* [über ital. *manganese*, frz. *manganèse* < lat. *manganesium*, *magnesium*, nach der kleinasiat. Landschaft *Magnesia*, nach → *Magnet*]

Man|ga|nat ⟨n.1⟩ *Salz der Mangansäure*

Man|ga|nin ⟨n., -s, nur Sg.⟩ *Legierung aus Mangan, Kupfer und Nickel*

Man|ga|nit ⟨m.1⟩ *stahlgraues bis schwarzes Mineral, Manganerz*

Man|gan|säu|re ⟨f., -, nur Sg.⟩ *hypothetische Säure mit sechswertigem Mangan*

Man|gan|spat ⟨m.1⟩ *(meist rosarotes) Mineral, chemisches Mangancarbonat*; Syn. *Himbeerspat*

Man|ge ⟨f.11; bayr.⟩ → *Mangel*[2]

Man|gel[1] ⟨m.6⟩ **1** ⟨nur Sg.⟩ *Fehlen (von etwas), Armut, Not, Entbehrung (Geld~, Holz~); einem M. abhelfen; M. (an etwas) leiden* **2** (meist Pl.) *Fehler, schlechte Ausführung; die Arbeit weist einige Mängel auf; über kleinere Mängel wollen wir hinwegsehen*

Man|gel[2] ⟨f.11; süddt., schweiz.⟩ *Vorrichtung zum Glätten und Auswringen von Wäsche durch Pressen zwischen zwei sich drehenden Walzen (Heiß~, Kalt~)*; auch (bayr.) *Mange*; Syn. *Rolle*; *jmdn. in die M. nehmen, durch die M. drehen* (ugs.) *jmdn. in Bedrängnis bringen, jmdm. hart zusetzen* (z.B. bei einer Prüfung, einem Verhör) [< mlat. *mangana* < griech. *magganon* ,,Steinschleudermaschine"]

Man|gel|be|ruf ⟨m.1⟩ *Beruf, in dem zahlreiche Arbeitskräfte fehlen*

Man|gel|er|schei|nung ⟨f.10⟩ *Krankheit, die auf das Fehlen lebenswichtiger Stoffe zurückgeht (Vitamin~)*

man|gel|haft ⟨Adj., -er, am mangelhaftesten⟩ *mit Mangeln versehen, unzureichend*

man|geln[1] ⟨V.1, hat gemangelt; mit Dat. oder unpersönl. mit ,,es", Dat. und Präp.obj.⟩ *fehlen; zu wenig sein; ihm mangelt die Einsicht, die Vernunft, (oder) es mangelt ihm an Einsicht, an Vernunft; uns mangelt es am Geld, am Nötigsten; an Verständnis mangelt es ihm nicht, aber ...; daran wird es nicht m.; an gutem Willen wird es nicht m. lassen*

man|geln[2] ⟨V.1, hat gemangelt; mit Akk.; süddt.⟩ *mit Hilfe von Druck und feuchter Wärme glätten*; auch: (oberdt.) *mangen*; Syn. *rollen*; *Wäsche m.* [zu *Mangel*[2]]

Män|gel|rü|ge ⟨f.11⟩ *Klage über mangelhafte Ware oder Ausführung*

man|gen ⟨V.1, hat gemangt; oberdt.⟩ → *mangeln*[2]

Man|go ⟨f., -, -s oder -go|nen⟩ *Frucht des Mangobaums* [< mal. *mangga* < Tamil *mangay* ,,Man-Frucht, Frucht des Man-Baums"]

Man|go|baum ⟨m.2⟩ *indisches Anakardiengewächs, das in allen Tropen als Obstbaum kultiviert wird*

Man|gold ⟨m.1⟩ *Runkelrübe mit unverdickter Wurzel, deren Blätter und Blattstiele als Gemüse gegessen werden*

Man|gro|ve ⟨f.11⟩ **1** *an Flußmündungen und in Meeresbuchten tropischer Gebiete wachsende Pflanze mit Stelz- und Atemwurzeln* **2** *Wald aus diesen Pflanzen* [Herkunft unklar]

Man|gu|ste ⟨f.11⟩ → *Ichneumon* [< Telugu *mungisa* ,,Ichneumon" (der Wechsel von u zu a infolge der engl. Aussprache des u wie i)]

Ma|ni|chä|er ⟨m.5⟩ *Anhänger des Manichäismus*

Ma|ni|chä|is|mus ⟨m., -, nur Sg.⟩ *von dem Perser Mani gestiftete, aus altpersischen und christlichen Elementen gemischte Religion*

Ma|ni|chi|no ⟨[-ki-] m.9⟩ *Gliederpuppe (für Kleiderstudien)* [ital., < → *Mannequin*]

Ma|nie ⟨f.11⟩ **1** *krankhafte Gemütsveränderung mit gesteigertem Selbstgefühl, Erregungszuständen u.a.* **2** *leidenschaftliche Liebhaberei, Besessenheit, Sucht* [< griech. *mania* ,,Raserei, Wut, Wahnsinn; Verzückung, Begeisterung", zu *mainesthai* ,,verzückt sein, außer sich sein, rasen, toben"]

Ma|nier ⟨f.10⟩ **1** ⟨nur Sg.⟩ *Art, Eigenart; es ist seine M., so zu schreiben; diese Ausdrucksweise ist eine M. von ihm* **2** ⟨Pl.⟩ ~en *Umgangsformen, Benehmen; er hat ~en, er hat gute ~en, er hat keine ~en, er hat schlechte ~en; jmdm. ~en beibringen* [< frz. *manière* in ders. Bed., zu lat. *manus* ,,Hand", eigtl. ,,Art und Weise, wie etwas gehandhabt wird"]

ma|nie|riert ⟨Adj., -er, am manieriertesten⟩ *übertrieben, gekünstelt, unnatürlich* [zu *Manier*] **Ma|nie|riert|heit** ⟨f., -, nur Sg.⟩

Ma|nie|ris|mus ⟨m., -, nur Sg.⟩ **1** *Stilrichtung der Malerei zwischen Renaissance und Barock mit langgestreckten Formen und unruhigen Farben* **2** ⟨allg.⟩ *übertreibender, gekünstelter Stil*

Ma|nie|rist ⟨m.10⟩ *Vertreter des Manierismus (1)*

ma|nier|lich ⟨Adj.⟩ *wohlerzogen, mit guten Manieren; sich m. benehmen; m. essen*

ma|ni|fest ⟨Adj., o.Steig.⟩ *handgreiflich, deutlich, offenkundig; in dem Augenblick wurde es m., daß er ...; die Erkrankung ist m. geworden*

Ma|ni|fest ⟨n.1⟩ **1** *öffentliche Erklärung, Darlegung eines Programms* **2** *das Programm selbst* **3** ⟨Seew.⟩ *Verzeichnis der Schiffsladung* [< lat. *manifestus*, altlat. *manufestus* ,,offenbar, augenscheinlich", eigtl. deutlich, daß man es mit der Hand greifen kann", zu *manus* ,,Hand", Herkunft des zweiten Wortteils ungeklärt]

Ma|ni|fe|stant ⟨m.10; †⟩ **1** ⟨noch österr., schweiz.⟩ *Teilnehmer an einer Demonstration* **2** ⟨Rechtsw.⟩ *jmd., der einen Offenbarungseid leistet*

Ma|ni|fe|sta|ti|on ⟨f.10⟩ **1** *Offenbarwerden, Erkennbarwerden* **2** *öffentliche Erklärung* **3** ⟨schweiz.⟩ *Demonstration*

ma|ni|fe|stie|ren ⟨V.3, hat manifestiert⟩ **I** (mit Akk.) **1** *öffentlich erklären, kundgeben; mit diesem Schreiben manifestiert er seine Ansprüche* **II** ⟨refl.⟩ *sich m. sichtbar, erkennbar werden; in diesem Verhalten manifestiert sich seine innere Einstellung*

Ma|ni|hot ⟨m.9⟩ → *Maniok*

Ma|ni|kü|re ⟨f.11⟩ **1** ⟨nur Sg.⟩ *Pflege der Fingernägel*; Ggs. *Pediküre* **2** *Angestellte in Frisiersalons u.a., die Maniküre betreibt*

[< frz. *manicure* „Handpflege", < lat. *manus* „Hand" und *cura* „Sorge, Pflege"]

ma|ni|kü|ren ⟨V.1, hat manikürt; mit Akk.⟩ Ggs. *pediküren* **1** jmdn. m. *jmdm. die Fingernägel beschneiden, feilen usw.* **2** *etwas m. beschneiden, feilen;* jmdm., sich die Fingernägel m.

Ma|ni|la|hanf ⟨m., -(e)s, nur Sg.⟩ *Bastfaser einer philippinischen Faserbanane* [nach *Manila*, der Hauptstadt der Philippinen]

Ma|nil|le ⟨[-niljə] f.11⟩ **1** *hufeisenförmiger Armring* **2** ⟨Lomber⟩ *Trumpfkarte*

Ma|ni|ok ⟨m.9⟩ *tropische Nutzpflanze mit eßbaren Knollen;* Syn. *Kassava, Kassave, Mandioka, Manihot* [Tupi]

Ma|ni|pel[1] ⟨m.11; im alten Rom⟩ *Abteilung einer Kohorte* [< lat. *manipulus* in ders. Bed., eigtl. „Handvoll", < *manus* „Hand" und **plere* „füllen"]

Ma|ni|pel[2] ⟨m.11 oder f.11; kath. Kirche⟩ *am linken Unterarm des Meßgewands getragenes, farbiges Band* [< mlat. *manipulus* „Schweißtuch, Handtuch"]

Ma|ni|pu|lant ⟨m.10⟩ *jmd., der andere manipuliert*

Ma|ni|pu|la|ti|on ⟨f.10⟩ **1** *Zurichtung von Fellen* **2** *(geschickter) Handgriff, Kunstgriff* **3** *gezielte Beeinflussung anderer* **4** ⟨Pl.⟩ *~en Machenschaften*

Ma|ni|pu|la|tor ⟨m.13⟩ *Gerät, das die Bewegungen von Hand und Fingern auf entfernte Gegenstände überträgt (zum Hantieren mit radioaktiven Substanzen hinter Strahlenschutzwänden)*

ma|ni|pu|lie|ren ⟨V.3, hat manipuliert⟩ **I** ⟨o.Obj.⟩ *Kunstgriffe, geschickte Handgriffe anwenden;* an einem Gerät m. *durch bestimmte Handgriffe etwas daran ändern* **II** ⟨mit Akk.⟩ **1** *etwas m.* **a** *zurichten;* Felle m. **b** *geschickt handhaben;* ein Gerät m. **2** *etwas oder jmdn. m. in die gewünschte Richtung lenken, beeinflussen, steuern;* die öffentliche Meinung m.; Nachrichten m.; Käufer, Zuschauer m.; ich lasse mich nicht m. [< frz. *manipuler* „(kunstgerecht) handhaben", zu *manipule* „Handvoll" (von Kräutern u.ä., Begriff aus der Pharmazie), < lat. *manipulus*, „Handvoll, mit der Hand gegriffenes Bündel, Bund", < *manus* „Hand" und **plere* „füllen"]

ma|nisch ⟨Adj., Steig. nur übertr.⟩ *an Manie leidend, zur Manie gehörig*

ma|nisch-de|pres|siv ⟨Adj., o.Steig.⟩ *abwechselnd manisch und depressiv; ~es Irresein erbliche Gemütskrankheit, durch abwechselnd gehobene, erregte und niedergeschlagene Stimmung gekennzeichnet*

Ma|nis|mus ⟨m., -, nur Sg.⟩ *Ahnen-, Totenverehrung* [zu *Manen*]

Ma|ni|tu ⟨m., -s, nur Sg.; bei den nordamerik. Indianern⟩ *übersinnliche, gottähnliche Macht* [Algonkin, „großer Geist"]

man|kie|ren ⟨V.3, hat mankiert; o.Obj.; †⟩ *fehlen, zu wenig vorhanden sein* [zu *Manko*]

Man|ko ⟨n.9⟩ **1** *Mangel, Fehler* **2** *Fehlbetrag, Ausfall* [< ital. *manco* „mangelhaft, unvollständig"; weniger, minder, Mangel", zu *mancare* „fehlen", < lat. *mancus* „unvollständig, gebrechlich"]

Mann ⟨m.4⟩ **1** *erwachsener Mensch männlichen Geschlechts, männliche Person;* Ggs. *Frau;* der Junge ist zum M. geworden; ein berühmter, guter, reicher M.; ein M. Gottes ⟨früher⟩ *Mönch, Priester;* ein M. der Tat *jmd., der lieber handelt als theoretisiert;* alter, toter M. ⟨Bgb.⟩ *nicht mehr befahrener Stollen;* den lieben Gott einen guten M. sein lassen ⟨ugs.⟩ *sorglos dahinleben;* dafür ist er der M. dazu *er kann es tun;* ein toter M. sein ⟨ugs.⟩ *gesellschaftlich erledigt sein;* Wilder M. ⟨germ. Myth.⟩ *völlig behaarter Riese, der im Wald lebt;* seinen M. stehen, stellen *sich bewähren;* etwas an den M. bringen ⟨ugs.⟩ *etwas verkaufen;* an den M. gehen ⟨Sport⟩ *jmdn. angrei-*

fen; der M. auf der Straße *der Durchschnittsbürger;* einen Hund auf den M. dressieren *einen Hund so dressieren, daß er zur Verteidigung Menschen angreift;* er ist der M. dazu *ist dazu befähigt;* M. für M. *jeder einzelne;* Kampf M. gegen M. *Nahkampf;* er ist doch ~s genug, das selber zu tun, das zustande zu bringen *er wird doch wohl fähig sein;* der M. im Mond *aus dem Mondschein gedeutete Sagengestalt;* das Schiff ist mit M. und Maus untergegangen *mit allen Personen an Bord;* sie protestierten, standen hinter ihm wie ein M. *einmütig, alle zusammen;* von M. zu M. miteinander reden *unter vier Augen, kameradschaftlich miteinander reden* **2** ⟨kurz für⟩ *Ehemann;* mein M.; M. und Frau; ihr zweiter M. **3** ⟨Pl.⟩ *~en* **a** *Untertanen, Gefolgsleute;* des Kaisers ~en; die ~en des Oppositionsführers ⟨iron.⟩ **b** ⟨Sport⟩ *die Angehörigen der Mannschaft;* alle ~en versammelten sich vor dem Tor **4** ⟨nur Sg.⟩ *Person;* alle M. an Deck!; sie erschienen, wir waren fünf M. hoch *zu fünft;* pro M. fünf Mark

Man|na ⟨n., -s, nur Sg., auch f., -, nur Sg.⟩ **1** ⟨im AT⟩ *Wundernahrung, mit der Gott die Juden in der Wüste speiste;* Syn. *Himmelsbrot* **2** *aus der Rinde mancher Bäume austretender süßer Saft* **3** *Ausscheidung der Mannaschildlaus* [die Herkunft ist dunkel, im Hebräischen lautet die Bez. *man*, in der Septuaginta wechs arab.-aramäisches Fremdwort im Hebräischen, das „Geschenk, Gabe, Anteil" bedeutet]

Man|na|flech|te ⟨f.11⟩ *eßbare, vorder- und zentralasiatische Flechte*

Man|na|schild|laus ⟨f.2⟩ *Zuckersaft ausscheidende Schildlaus des Mittelmeergebiets*

Man|na|zucker ⟨-k|k-; m.5⟩ → *Mannit*

mann|bar ⟨Adj., o.Steig.⟩ *nur als Attr. und mit „sein" und „werden"⟩* **1** ⟨von Mädchen⟩ *geschlechtsreif, heiratsfähig* **2** ⟨von jungen Männern⟩ *geschlechtsreif, zeugungsfähig* **Mann|bar|keit** ⟨f., -, nur Sg.⟩

Männ|chen ⟨n.7, Pl. auch Män|ner|chen⟩ **1** *kleiner Mann* **2** *männliches Tier* (Löwen~, Vogel~); der Hund macht M. *sitzt mit gehobenen Vorderpfoten auf den Hinterbeinen;* M. bauen ⟨Soldatenspr.⟩ *salutieren;* da weiß man nicht mehr, ob man M. oder Weibchen ist ⟨ugs.⟩ *da ist man völlig verwirrt, völlig durcheinander*

Män|ne|ken ⟨n.7; norddt.⟩ *Männchen*

man|nen ⟨V.1, hat gemannt; mit Akk.⟩ ⟨Seemannsspr.⟩ *von Mann zu Mann weiterreichen*

Man|ne|quin ⟨[-kɛ̃] n.9⟩ **1** ⟨früher⟩ *Gliederpuppe (für Maler und Bildhauer), Schaufensterpuppe* **2** ⟨heute⟩ *Vorführdame (für Kleidung auf Modenschauen)* [frz., „Puppe, Glieder-, Modellpuppe", < mndrl. *mannekijn* „Männchen", zu *man* „Mann"]

Män|ner|chen ⟨Pl. von⟩ *Männchen*

Män|ner|haus ⟨n.4; bei vielen Naturvölkern⟩ *Wohn-, Kult- und Gästehaus der Männer*

Män|ner|kind|bett ⟨n.12⟩ → *Couvade*

män|ner|mor|dend ⟨Adj., ugs., scherzh.⟩ **1** *sehr verführerisch, Männer stark beanspruchend;* eine M. Frau *aufreibend;* ein ~er Beruf

Män|ner|treu ⟨f., -, nur Sg. od. -, nur Sg.; volkstümlich⟩ *Pflanze mit leicht abfallenden Blüten* (z.B. Ehrenpreis, Vergißmeinnicht)

Man|nes|al|ter ⟨n., -s, nur Sg.⟩ *Lebensalter des Mannes;* im besten M. sein

Man|nes|kraft ⟨f., -, nur Sg.⟩ **1** *Zeugungskraft* **2** *Körperkraft, Energie des Mannes*

Man|nes|stamm ⟨m., -(e)s, nur Sg.⟩ *männliche Linie (in der Geschlechterfolge);* sich im M. vererben; das Geschlecht ist im M. ausgestorben

Man|nes|wort ⟨n.1⟩ *zuverlässige, energische Aussage eines Mannes*

Mann|geld ⟨n.3; †⟩ → *Wergeld*

mann|haft ⟨Adj.⟩ *tapfer, aufrecht;* m. Widerstand leisten; m. sterben ⟨poet.⟩ **Mann|haf|tig|keit** ⟨f., -, nur Sg.⟩

Mann|heit ⟨f., -, nur Sg.⟩ **1** *Männlichkeit* **2** *Zeugungskraft*

man|nig|fach ⟨Adj., o.Steig.⟩ *vielfach, vielerlei;* auf ~e Weise

man|nig|fal|tig ⟨Adj.⟩ *vielgestaltig, auf vielerlei Weisen vorhanden;* ~e Einflüsse, Farben **Man|nig|fal|tig|keit** ⟨f., -, nur Sg.⟩

män|nig|lich ⟨Adj.; †⟩ **1** *männlich* **2** ⟨o.Steig.⟩ *allgemein;* eine Lage, in der man m. Widerstand leisten muß, in der m. Widerstand geleistet wird

Män|nin ⟨f.10⟩ **1** *männlich aussehende Frau* **2** ⟨biblisch⟩ *Frau*

Man|nit ⟨m.1⟩ *ein fester, kristallinischer, süßlich schmeckender Alkohol, in Manna, Algen, Sellerie u.a.;* Syn. *Mannazucker* [zu *Manna*]

männ|lich ⟨Adj.⟩ Ggs. *weiblich* **1** *zum zeugenden Geschlecht gehörend;* ein ~es Wesen *ein Mann;* ein ~es Kind *ein Knabe;* ~er Erbe; ~e Nachkommen; ein ~es Tier **2** *zum Mann gehörend, den Mann kennzeichnend;* ~e Geschlechtsmerkmale; ~er Vorname **3** *in der Art eines Mannes, für einen Mann typisch;* ~e Eigenschaften; ~es Auftreten **4** ⟨Gramm.⟩ *mit dem Artikel „der" verbunden;* ~es Substantiv **5** ⟨Metrik⟩ *~er Reim Reim auf nur einer Silbe;* Syn. *stumpfer Reim;* Ggs. *weiblicher Reim*

Männ|lich|keit ⟨f., -, nur Sg.⟩ **1** *männliche Wesensart* **2** *die männlichen Geschlechtsteile*

Mann|loch ⟨n.4⟩ *Öffnung zum Einsteigen in große Gefäße* (z.B. in Dampfkesseln)

Manns|bild ⟨n.3; ugs., meist scherzh. oder abwertend, gelegentlich auch anerkennend⟩ *Mann;* ein großes, kräftiges M.; wegen dieser ~er solltest du dich nicht ärgern

Mann|schaft ⟨f.10⟩ **1** *Gruppe von Personen, die gemeinsam arbeiten oder etwas erarbeiten* (Bedienungs~, Planungs~) **2** *Gruppe von Sportlern, deren Gesamtleistung bewertet wird* (Fußball~) **3** *Gruppe von Männern, die die Besatzung bilden* (Schiffs~) **4** *Gruppe von Männern, die eine (kämpfende) Einheit bilden* (Truppen~); M. des Bundesgrenzschutzes **5** ⟨Pl.⟩ *~en niedere militärische Dienstgrade;* Gliederung der Soldaten in Gruppen der ~en

Mann|schafts|wa|gen ⟨m.7⟩ *großer Wagen für den Transport einer Mannschaft (4)*

manns|dick ⟨Adj., o.Steig.⟩ *so dick wie ein Mann;* ein ~er Baumstamm

manns|hoch ⟨Adj., o.Steig.⟩ *so hoch wie ein Mann;* eine mannshohe Mauer

Manns|leu|te ⟨Pl.; ugs.⟩ *Männer*

Manns|per|son ⟨f.10; ugs., abwertend⟩ *Mann*

manns|toll ⟨Adj.⟩ *von Frauen von krankhaftem Geschlechtstrieb besessen;* Syn. *nymphoman*

Manns|toll|heit ⟨f., -, nur Sg.⟩ *von Frauen krankhaft gesteigerter Geschlechtstrieb;* Syn. *Nymphomanie*

Manns|volk ⟨n., -(e)s, nur Pl.⟩ *Männer*

Mann|weib ⟨n.3⟩ *weibliche Person mit körperlichen und seelischen Eigenschaften des Mannes*

ma no de|stra ⟨Abk.: m.d.; Mus.⟩ *mit der rechten Hand (zu spielen)* [ital.]

Ma|no|me|ter ⟨n.5⟩ *Druckmesser (für Gase und Flüssigkeiten)* [< griech. *manos* „dünn; locker, durchlässig; leicht" und *...meter*]

ma|no|me|trisch ⟨Adj., o.Steig.⟩ *mit Hilfe eines Manometers*

ma non tan|to ⟨Mus.⟩ *aber nicht so sehr;* allegro m.n.t. [ital.]

ma non trop|po ⟨Mus.⟩ *aber nicht zu sehr* [ital.]

ma no si|ni|stra ⟨Abk.: m.s.; Mus.⟩ *mit der linken Hand (zu spielen)* [ital.]

Ma|nö|ver ⟨n.5⟩ **1** *große Truppen-, Flottenübung* **2** *Drehung, Schwenkung (des Schiffes,*

manövrieren

Flugzeugs) **3** ⟨übertr.⟩ *Scheinmaßnahme, Kunstgriff* [< frz. *manœuvre* in ders. Bed., < *main* „Hand" und *œuvre* „Werk, Tätigkeit"]

ma|nö|vrie|ren ⟨V.3, hat manövriert⟩ **I** ⟨o.Obj.⟩ **1** *ein Manöver durchführen* **2** ⟨übertr., ugs.⟩ *(geschickt) vorgehen* **II** ⟨mit Akk.⟩ *jmdn. oder sich m. durch bestimmte Maßnahmen, gezielte Handlungen (in eine Lage) bringen;* ich habe mich selbst in diese Sackgasse manövriert

Man|sar|de ⟨f.11⟩ *Dachzimmer, ausgebauter Dachstuhl* [frz., „gebrochenes Dach, ausgebautes Dachzimmer", nach dem frz. Architekten François *Mansard* oder *Mansart*]

Mansch ⟨m., -(e)s, nur Sg.; mdt., norddt.⟩ *Dickflüssiges, Brei, Schlamm, tauender Schnee, nasser Sand*

man|schen ⟨V.1, hat gemanscht; o.Obj.⟩ *mit Flüssigkeit (bes. Wasser) spielen;* auch: *mantschen*

Man|schet|te ⟨f.11⟩ **1** *Ärmelaufschlag* **2** *Zierhülle aus Kreppapier (um Blumentöpfe)* **3** ⟨Ringen⟩ *verbotener Würgegriff* **4** ⟨Pl.; Gaunerspr.⟩ *~n Handschellen;* ~n haben ⟨ugs.⟩ *Angst haben* **5** *Dichtungsring (für Kolben)* [< frz. *manchette* in ders. Bed., Verkleinerungsform von *manche* „Ärmel", < lat. *manica* „langer, über die Hand reichender Ärmel, Handfessel", zu *manus* „Hand"]

Man|schet|ten|knopf ⟨m.2⟩ *Knopf zum Schließen einer Manschette am Ärmel*

Man|ta ⟨m.9⟩ *(Spannweiten bis über 6 m erreichender) Rochen tropischer Meere mit beweglichen, hornförmigen Lappen am Kopfende* [< span. *manta* „Umhang"]

Man|tel ⟨m.6⟩ **1** *langärmeliges Kleidungsstück, das über der übrigen Kleidung getragen wird* (Sommer~, Winter~); den M. des Schweigens über etwas breiten ⟨übertr.⟩ *über eine unangenehme Angelegenheit nicht sprechen;* den M. der christlichen Nächstenliebe über etwas decken ⟨übertr.⟩ *über etwas hinwegsehen* **2** *Umhüllung (von bestimmten Körpern)* (Geschoß~, Rohr~) **3** (am Fahrrad) *Gummihülle um den Luftschlauch* (Fahrrad~) **4** ⟨Bankw.⟩ *Urkunde über den Besitz eines Aktienpapiers* **5** ⟨Rechtsw.⟩ *Rechte und Anteile einer Kapitalgesellschaft* **6** ⟨Math.⟩ *Oberfläche eines Körpers ohne die Grundfläche* (Kegel~) **7** ⟨Jägerspr.⟩ *Gefieder auf dem Rücken und der Oberseite der Flügel*

Man|tel|chen ⟨n.7⟩ *kleiner Mantel;* einer Sache ein M. umhängen ⟨ugs.⟩ *eine Sache verschleiern, beschönigen;* sein M. nach dem Winde hängen ⟨ugs.⟩ *sich der herrschenden Meinung anpassen*

Man|tel|ge|schoß ⟨n.1⟩ *Geschoß, dessen Bleikern von einer wesentlich härteren Kupferlegierung umgeben ist*

Man|tel|ge|setz ⟨n.1⟩ → *Rahmengesetz*

Man|tel|mö|we ⟨f.11⟩ *große Möwe der Küstengewässer mit schwarzem „Mantel" (Rücken und Flügel)*

Man|tel|sack ⟨m.2; früher⟩ **1** *Behälter mit Proviant, der hinter dem Sattel aufs Pferd gebunden wird* **2** *Reisetasche*

Man|tel|ta|rif ⟨m.1⟩ *Tarifvertrag zwischen Arbeitgebern und Gewerkschaften, der die äußeren Bedingungen der Arbeit (Arbeitszeit, Urlaub usw.) regelt*

Man|tel|tier ⟨n.1⟩ *sackförmiges Meerestier (z.B. Salpe);* Syn. *Tunikate*

...man|tie (in Zus.) *Weissagung, Wahrsagung (aus etwas)* [< griech. *manteia* „Weissagung", zu *mantis* „Seher", zu *mainesthai* „außer sich sein, verzückt sein" (die Seher versetzten sich in Trance, ehe sie ihre Weissagungen machten)]

Man|tik ⟨f., -, nur Sg.⟩ *Seher-, Wahrsagekunst*

Man|til|le ⟨auch [-tiljə] f.11; früher⟩ **1** *Schulterumhang (für Frauen)* **2** *Spitzenschleier um Kopf und Schultern* [< span. *mantilla* „den Kopf einhüllender, bis zum Gürtel reichender Umhang für Frauen", Verkleinerungsform von *manto* „weiter Mantel"]

Man|tis|se ⟨f.11; bei Logarithmen⟩ *die hinter dem Komma stehende Zahl* [< lat. *mantisa, mantissa* „Zugabe", weitere Herkunft unklar, wohl aus dem Gallischen]

mant|schen ⟨V.1, hat gemantscht⟩ → *manschen*

Ma|nu|al ⟨n.1⟩ **1** ⟨†⟩ *Tagebuch, Notizbuch für tägliche Eintragungen* **2** (an Orgel, Harmonium, Cembalo) *mit den Händen zu spielende Tastenreihe;* Ggs. *Pedal* [< lat. *manualis* „zur Hand gehörig, eine Hand füllend", zu *manus* „Hand"]

ma|nu|ell ⟨Adj., o.Steig.⟩ *mit der Hand, Hand...;* ~e *Tätigkeit*

Ma|nu|fak|tur ⟨f.10⟩ **1** *Herstellung mit der Hand* **2** *mit der Hand hergestelltes Erzeugnis der Industrie* **3** *Betrieb, in dem Waren mit der Hand hergestellt werden* [< mlat. *manufactura* „mit der Hand hergestellter Gegenstand", < lat. *manus* „Hand" und *factura* „das Machen, Bearbeitung", zu *facere* „machen"]

ma|nu|fak|tu|rie|ren ⟨V.3, hat manufakturiert; mit Akk.⟩ *mit der Hand herstellen*

Ma|nu|fak|tu|rist ⟨m.10⟩ **1** *Leiter einer Manufaktur (3)* **2** *Händler mit Manufakturwaren*

Ma|nu|fak|tur|wa|re ⟨f.11⟩ **1** *mit der Hand hergestellte Industrieware* **2** *Textilware, die nach Wunsch des Käufers abgemessen und -geschnitten wird;* Syn. *Meterware*

ma|nu pro|pria ⟨Abk.: m. p., m. pp., m. pr., †⟩ *eigenhändig* [lat.]

Ma|nu|skript ⟨n.1; Abk.: Ms., Pl. Mss. oder (Sg. und Pl.) Mskr.⟩ **1** ⟨urspr.⟩ *handgeschriebener Text (als Vorlage für den Druck)* **2** ⟨heute meist⟩ *maschinengeschriebener Text (als Vorlage für den Druck),* ⟨heute oft ersetzt durch⟩ *Typoskript* [< lat. *manu scriptum* „mit der Hand Geschriebenes", < *manus* „Hand" und *scribere* „schreiben"]

Man|za|nil|la [manθanija] ⟨m., -(s), nur Sg.⟩ *nach Kamille duftender Süßwein* [< span. *manzanilla* „Kamille", zu *manzana* „Apfel", da die Kamille ihrerseits im Duft an manche Äpfel erinnert]

Man|za|nil|lo|baum [manθanijo-], **Man|zi|nel|la|baum** ⟨m.2⟩ *mittelamerikanisches Wolfsmilchgewächs, aus dessen Früchten Pfeilgift gewonnen wurde* [< span. *manzana* „Apfel", nach den apfelähnlichen Früchten]

Mao|is|mus ⟨m., -, nur Sg.⟩ *von Mao Zedong geprägte Form des Kommunismus*

Mao|ist ⟨m.10⟩ *Anhänger des Maoismus*

mao|istisch ⟨Adj., o.Steig.⟩ *zum Maoismus gehörend, auf dem Maoismus beruhend*

Mao|ri ⟨m., -(s), -(s)⟩ *Eingeborener Neuseelands* **II** ⟨n., -(s), nur Sg.⟩ *dessen polynesische Sprache*

Ma|pai ⟨f., -, nur Sg.⟩ *sozialdemokratische Partei Israels*

Ma|pam ⟨f., -, nur Sg.⟩ *linkssozialistische Partei Israels*

Map|pe ⟨f.11⟩ **1** *flache, viereckige Tasche* (Akten~, Schul~) **2** *zwei zusammenhängende Pappdeckel zum Aufbewahren loser Blätter*

Ma|quette [-kɛtə] ⟨f.11⟩ *Entwurf, Skizze* [< frz. *maquette* „Skizze, Modell", < ital. *macchietta* „Skizze, Karikatur", < *macchia* „Fleck", Verkleinerungsform von *macchia* „Fleck", < lat. *macula* „Punkt, Fleck"]

Ma|quis [-ki] ⟨m., -, nur Sg.; im 2. Weltkrieg⟩ *französische Widerstandsbewegung* [< korsisch *maquis* „Buschwald" (dasselbe wie *Macchia*); der Buschwald bot sehr günstige Verstecke für Räuber und Verfolgte, so daß der Name auf die im Verborgenen arbeitende Widerstandsbewegung überging]

Ma|qui|sard [makizaʀ] ⟨m.9⟩ *Angehöriger des Maquis*

Mar ⟨n.1⟩ → *Maar*

Mär ⟨f.10⟩, **Mä|re** ⟨f.11⟩ **1** ⟨†⟩ *Märchen, Sage* **2** ⟨heute nur noch scherzh.⟩ *unverbürgte Nachricht, Geschichte*

Ma|ra|bu ⟨m.9⟩ *(in Südasien und Afrika vorkommender) Storchvogel mit Kropfsack, nacktem Kopf und Hals* [< arab. *islamischer Einsiedler";* die Bez. wurde scherzh. auf den Vogel wegen dessen komisch-würdevollen Gebarens übertragen]

Ma|ra|but ⟨m., -(s), -⟩ *mohammedanischer Einsiedler, Heiliger* [< frz. *marabout* < port. *marabuto* in ders. Bed., < arab. *murābiṭ* „Einsiedler, frommer Mann"]

Ma|ra|ne ⟨m.11⟩ → *Marrane*

Mä|ra|ne ⟨f.11; norddt.⟩ → *Felchen* [slaw.]

ma|ran|tisch ⟨Adj.⟩ *abgezehrt, verfallen, schwach;* auch: *marastisch* [< griech. *marantikos* „dahinschwindend, abgezehrt", zu *marainesthai* „hinschwinden, abnehmen, absterben"]

Ma|ra|schi|no [-ki-] ⟨m.9⟩ *aus dalmatinischen Sauerkirschen hergestellter Likör* [< ital. *marasca* „Sauerkirsche", weitere Herkunft nicht bekannt]

Ma|ras|mus ⟨m., -, nur Sg.⟩ *geistig-körperlicher Kräfteverfall* [< griech. *marasmos* „das Dahinschwinden"]

ma|ra|stisch ⟨Adj.⟩ → *marantisch*

Ma|ra|thon|lauf ⟨m.2⟩ *Langstreckenlauf über 42,2 km (der u.a. bei den Olympischen Spielen ausgetragen wird)* [nach dem Lauf des Boten, der die Nachricht vom Sieg der Griechen über die Perser bei *Marathon* nach Athen brachte]

Mar|bel, Mär|bel ⟨f.11; landsch.⟩ → *Murmel*

mar|ca|to ⟨Mus.⟩ *markant, deutlich hervorgehoben* [ital.]

March ⟨f.10; schweiz.⟩ *Flurgrenze, Grenzstein* [< ahd. *mar(c)ha* „Grenze"]

Mär|chen ⟨n.7⟩ **1** *im Volk überlieferte, phantasievolle Geschichte mit meist gutem Ende;* ein M. erzählen **2** ⟨übertr., ugs.⟩ *unglaubwürdige, erlogene Geschichte;* das sind doch M.!

mär|chen|haft ⟨Adj., -er, am märchenhaftesten⟩ **1** *in der Art eines Märchens* **2** *zauberhaft schön;* eine ~e *Landschaft* **3** *kaum vorstellbar;* ~e *Preise;* er ist m. reich

Mär|chen|prinz ⟨m.10⟩ **1** *Prinz in einem Märchen* **2** ⟨übertr.⟩ *idealer Mann;* sie wartet auf den ~en

Mär|chen|welt ⟨f., -, nur Sg.⟩ **1** *die Welt der Märchen* **2** *erträumte Welt ohne Probleme;* sich in eine M. zurückziehen

Mar|che|sa [-ke-] ⟨f., -, -sen⟩ *weiblicher Marchese*

Mar|che|se [-ke-] ⟨m.11⟩ **1** *italienischer Adelstitel zwischen Graf und Herzog* **2** *Träger dieses Titels* [ital., < prov. *marques* in ders. Bed., zu fränk. *marka* „Grenzmark"; entspricht dem frz. *Marquis*]

Mar|cia ⟨[-tʃa] f., -, -s oder -cie -tʃe]⟩ *Marsch;* M. funebre *Trauermarsch* [ital.]

Mar|der ⟨m.5⟩ **1** (i.w.S.) *(kleines bis mittelgroßes) Raubtier mit kleinen, gerundeten Ohrmuscheln und dichtem Fell (z.B. Dachs, Fischotter, Nerz, Wiesel)* **2** (i.e.S.) *gut kletterndes, knapp hauskatzengroßes Raubtier mit dunklem Fell und hellem Kehlfleck* (Baum~, Stein~)

Ma|re ⟨n., -, - oder -ria⟩ *große, dunkle Ebene (auf der Oberfläche von Mond und Mars)* [lat., „Meer"]

Mä|re ⟨f.11⟩ → *Mär*

mä|ren ⟨V.1, hat gemärt; o.Obj.; sächs.⟩ *langsam sein, langsam arbeiten, trödeln;* mär nicht so! [< mhd. *merren, marren* < ahd. *marrjan* „verzögern, verhindern"]

Ma|ren|da, Ma|ren|de ⟨f., -, -den; tirol., schweiz.⟩ *Nachmittags-, Zwischenmahlzeit* [ital., < lat. *merenda* in ders. Bed., zu *merere* „verdienen", also eigtl. „das, was man sich verdienen muß"]

ma|ren|go ⟨Adj., o.Steig., o.Dekl.⟩ *grau oder braun mit weißen Punkten* [zu *Marengo*]

Ma|ren|go ⟨m.9⟩ *schwarzweiß- oder graumelierter Kammgarnstoff (für Mäntel und Kostüme)* [nach der oberital. Stadt *Marengo*]

Mar|ga|rin ⟨f.10; österr.⟩, **Mar|ga|ri|ne** ⟨f.11⟩ *aus pflanzlichem (oder tierischem und pflanzlichem) Fett hergestelltes Speisefett* [< griech. *margaron* „Perle, Perlweiß"]

Mar|ge ⟨[marʒə] f.11⟩ **1** *Abstand, Spielraum* **2** *Preis-, Verdienstspanne* [< frz. *marge* (ugs.) „Spielraum", eigtl. „Rand", < lat. *margo* „Rand"]

Mar|ge|ri|te ⟨f.11⟩ *Wiesenblume mit großen, weißen Zungenblüten und kleinen, gelben Röhrenblüten*; Syn. *Wucherblume* [< frz. *marguerite* < lat. *margarita* „Perle"]

mar|gi|nal ⟨Adj., o.Steig.⟩ **1** *auf dem Rand stehend* **2** *nebensächlich* **3** ⟨Bot.⟩ *randständig*; ~e *Samenanlage*

Mar|gi|na|lie ⟨[-liə] f.11⟩ **1** *Randbemerkung* **2** *Titel am Rand einer Buchseite* [< lat. *marginal* „am Rand befindlich", < lat. *margo*, Gen. *marginis*, „Rand"]

Ma|ria|ge ⟨[-ʒə]; †⟩ **1** *Heirat, Ehe* **2** ⟨Kart.⟩ *Zusammentreffen von König und Dame* [frz.; „Heirat"]

ma|ria|nisch ⟨Adj., o.Steig.⟩ *zur Jungfrau Maria gehörend*; *Marianische Kongregationen* kath. *Vereinigungen zur Verehrung der Jungfrau Maria*

ma|ria-the|re|sia|nisch ⟨Adj., o.Steig.⟩ *zur Kaiserin Maria Theresia gehörend*

Ma|ria-The|re|si|en-Ta|ler, **Ma|ria|the|re|si|en|ta|ler** ⟨m.5; seit 1753⟩ *mit dem Bildnis der Kaiserin Maria Theresia versehene österreichische Silbermünze*

Ma|rie ⟨f., -, nur Sg.; ugs.⟩ *Geld*; *keine M. haben* [< Zigeunerspr. *maro* „Brot"]

Ma|ri|en|bild ⟨n.3⟩ *Bildnis der Jungfrau Maria*

Ma|ri|en|glas ⟨n., -es, nur Sg.⟩ *durchsichtige Tafel von Gipskristallen*; Syn. *Frauenels* [diente früher auch zum Schutz von Marienbildern und anderen Heiligenbildnissen]

Ma|ri|en|kä|fer ⟨m.5⟩ *kleiner Käfer mit halbkugelig gewölbtem Körper und meist roten, schwarz gepunkteten Flügeldecken (z. B. der Siebenpunkt)*; Syn. ⟨volkstümlich⟩ *Glückskäfer*

Ma|ri|en|kult ⟨m.1⟩ *Kult, Verehrung der Jungfrau Maria*

Ma|ri|en|le|ben ⟨n.7; Kunst⟩ *Bilderfolge mit Darstellungen aus dem Leben der Jungfrau Maria*

Ma|ri|en|mo|nat ⟨m.1⟩ *Mai*

Ma|ri|hua|na ⟨n., -s, nur Sg.⟩ ⟨zerriebene⟩ *Blätter vom mexikanischen Hanf (die als illegales Rauschmittel geraucht werden)*; Syn. ⟨ugs.⟩ *Gras* [< span. *marihuana, mariguana* in ders. Bed., weitere Herkunft nicht geklärt, vielleicht nach *Mariguana*, einer der Bahama-Inseln]

Ma|ril|le ⟨f.11; österr.⟩ →*Aprikose* [< ital. *amarello* in ders. Bed., zu lat. *amarus* „bitter"]

ma|rin ⟨Adj., o.Steig.⟩ →*maritim* (1) [< lat. *marinus* in ders. Bed., →*Marine*]

Ma|ri|na|de ⟨f.11⟩ *saure Würztunke zum Einlegen (von Fisch und Fleisch)* **2** *das darin Eingelegte selbst* [< frz. *marinade* „Salzlake", zu *marine* „Salzgeschmack, Geschmack, Geruch von Meerwasser", zu *mare* „Meer"]

Ma|ri|ne ⟨f., -, nur Sg.⟩ **1** *Gesamtheit der Seeschiffe (eines Staates) und ihrer Besatzungen* **2** *zur Seekriegsführung bestimmte Streitkräfte* [< frz. *marin* „zum Meer, zur See gehörig"; *Seemann, Matrose*; < lat. *marinus* „zum Meer gehörig", zu *mare* „Meer"]

ma|ri|ne|blau ⟨Adj., o.Steig.⟩ *dunkelblau*

Ma|ri|ner ⟨m.5; ugs.⟩ *Marinesoldat, Matrose*

ma|ri|nie|ren ⟨V.3, hat mariniert; mit Akk.⟩ *in Marinade einlegen*

Ma|ri|nis|mus[1] ⟨m., -, nur Sg.⟩ *Streben, eine starke Marinemacht aufzubauen*

Ma|ri|nis|mus[2] ⟨m., -, nur Sg.⟩ *italienische Form des überladenen literarischen Barockstils* [nach dem ital. Dichter Giambattista Marino (auch *Marini*)]

Ma|ri|nist ⟨m.10⟩ *Vertreter des Marinismus*[2]

Ma|rio|la|trie ⟨f., -, nur Sg.⟩ *Marienverehrung* [< *Maria* und *...latrie*]

Ma|rio|lo|gie ⟨f., -, nur Sg.⟩ *Lehre von der Gottesmutter* [< *Maria* und *...logie*]

ma|rio|lo|gisch ⟨Adj., o.Steig.⟩ *zur Mariologie gehörend, auf ihr beruhend*

Ma|rio|net|te ⟨f.11⟩ **1** *an Fäden bewegliche Gliederpuppe* **2** ⟨übertr.⟩ *willensschwacher Mensch, der anderen als Werkzeug dient* [< frz. *marionette*, Verkleinerungsform von *Marion*, dieses seinerseits Verkleinerungsform von *Marie*, < mittellat. *Mariole* „Mariechen", urspr. „kleine Marienfigur"]

Ma|rio|net|ten|re|gie|rung ⟨f.10⟩ *unselbständige, von einem anderen Staat bevormundete Regierung*

Ma|rio|net|ten|spie|ler ⟨m.5⟩ *Puppenspieler eines Marionettentheaters*

Ma|rio|net|ten|thea|ter ⟨n.5⟩ *Puppentheater mit Marionetten*

Ma|rist ⟨m.10⟩ *Angehöriger der kath. Gesellschaft Marias*

ma|ri|tim ⟨Adj., o.Steig.⟩ **1** *zum Meer gehörig, Meeres..., See...*; Syn. *marin*; ~es *Klima* **2** *zum Seewesen gehörig*; ~e *Ausrüstung* [< lat. *maritimus* „zum Meer gehörig", zu *mare* „Meer"]

Mar|jell ⟨f.10; ostpreuß.⟩ →*Mädchen* [< litauisch *mergele* „Mädchen", zu *merga* „Magd"]

Mark[1] ⟨f., -, -, Pl. auch scherzh., bes. berlin. *Märker*⟩ *deutsche Währungseinheit, 100 Pfennige*; *Deutsche M.* ⟨Abk.: DM⟩ *Währungseinheit der Bundesrepublik Deutschland*; *M. der DDR* ⟨Abk.: M⟩ *Währungseinheit der DDR* [zu *Mark*[2] im Sinne von „Zeichen"]

Mark[2] ⟨f.10⟩ **1** ⟨urspr.⟩ *Grenze* **2** ⟨dann⟩ *umgrenztes Gebiet* **3** ⟨dann⟩ *Grenzgebiet, Grenzland (Ost~)* [< mhd. *marc* „Zeichen", *marc, marke, march* „Grenze, Grenzland, umgrenztes Gebiet"]

Mark[3] ⟨n., -(e)s, nur Sg.⟩ **1** *von festem Material umschlossenes, inneres Gewebe (Knochen~, Rücken~)*; *er hat kein M. in den Knochen* ⟨ugs.⟩ *er hat keine Energie, er ist schlapp*; *die sagen einem das M. aus den Knochen* ⟨ugs.⟩ *die verlangen viel zu hohe Preise*; *der Schrei ging durch M. und Bein der Schrei war durchdringend, erschreckend*; *bis ins M. erschrecken bis ins Innerste* **2** ⟨bei Blütenpflanzen⟩ *aus Grundgewebe bestehender innerer Stengelteil* **3** *konzentrierter Fruchtbrei (Frucht~, Tomaten~)* [< ahd. *marg* „Mark, Innerstes"]

mar|kant ⟨Adj., -er, am markantesten⟩ *deutlich ausgeprägt, auffallend, hervorstechend*; *eine ~e Stelle im Gelände*; *~e Gesichtszüge* [< frz. *marquant* „ausgezeichnet, hervorragend", zu *marquer* „auszeichnen, bezeichnen", < ital. *marcare* „kennzeichnen", zu *marca* „ein- oder aufgeprägtes Zeichen, Kennzeichen"]

Mar|ka|sit ⟨m.1⟩ *gelbgrünliches Mineral, Eisensulfid* [arab.-neulat.]

Mar|ke ⟨f.11⟩ **1** *Erkennungszeichen (Dienst~, Erkennungs~, Hunde~)* **2** ⟨Kurzw. für⟩ *Briefmarke* **3** *Sorte (Waschmittel~, Zigaretten~)*; *eine neue M. ausprobieren* **4** *Meßpunkt, Markierungspunkt (Grenz~)*; *eine neue M. setzen* ⟨Sport⟩ *einen neuen Rekord erringen* **5** ⟨übertr., ugs.⟩ *drollige, originelle Person*; *das ist eine M.!* [zu *Mark*[2]]

Mär|ke ⟨f.11; österr.⟩ *Namenszeichen (z. B. in der Wäsche)* [zu *Marke*]

Mar|ken|ar|ti|kel ⟨m.5⟩ *vom Hersteller mit einer bestimmten Bezeichnung versehenes Produkt (wodurch angeblich eine stets gleichbleibende Qualität verbürgt ist)*; Syn. *Markenware*; *diese Kleidung ist ein M.*

Mar|ken|schutz ⟨m., -es, nur Sg.⟩ *gesetzliche Vorschrift, nach der der Name einer Ware nicht nachgeahmt werden darf*

Mar|ken|wa|re ⟨f.11⟩ →*Markenartikel*

Mär|ker ⟨m.5⟩ *Einwohner einer Mark*[2] *(2, 3) (bes. der Mark Brandenburg)*

mar|ker|schüt|ternd ⟨Adj.⟩ *laut, durchdringend*; ~es *Lachen*; *ein ~er Schrei*

Mar|ke|ten|der ⟨m.5; früher⟩ *eine Truppe im Feld oder beim Manöver begleitender Händler* [< ital. *mercatante*, ältere Form von *mercante*, „Händler", vgl. vulgärlat. **mercatans*, Gen. *-antis*, < lat. *mercari* „Handel treiben", zu *merx*, Gen. *mercis*, „Ware"]

Mar|ke|ten|de|rei ⟨f.10⟩ *Geschäft des Marketenders*

Mar|ke|te|rie ⟨f.11⟩ →*Intarsia* [< frz. *marqueterie*, „eingelegte Arbeit", zu *marqueter* „mit Flecken versehen, sprenkeln", zu *marquer* „mit einem Zeichen versehen, bezeichnen"]

Mar|ke|ting ⟨n., -s, nur Sg.⟩ *markt- oder verbraucherbezogene Unternehmenspolitik, Maßnahmen zur Absatzförderung* [engl., zu *to market* „auf dem Markt handeln"]

Mar|ke|ting-Re|search ⟨[-rizɛtʃ] n., -, nur Sg.⟩ *Marktforschung* [engl.]

Mark|ge|nos|sen|schaft ⟨f.10; früher⟩ *Genossenschaft zur gemeinschaftlichen Bewirtschaftung einer Mark*[2] *(2, 3)*

Mark|graf ⟨m.10; früher⟩ **1** *Verwalter einer Grenzmark* **2** *Adliger im Rang zwischen Graf und Herzog*

Mark|gräf|ler ⟨m.5⟩ →*Gutedel* [nach dem *Markgräfler Land* in Südbaden]

mark|gräf|lich ⟨Adj., o.Steig.⟩ *zu einem Markgrafen gehörend*

Mark|graf|schaft ⟨f.10⟩ *Verwaltungs- und Regierungsbezirk eines Markgrafen*

mar|kie|ren ⟨V.3, hat markiert⟩ **I** ⟨mit Akk.⟩ **1** *kennzeichnen, durch ein Zeichen hervorheben, bezeichnen*; *Bäume m.*; *einen Wanderweg m.* **2** ⟨österr.⟩ *lochen*; *Fahrkarten m.* **3** *vortäuschen*; *er markiert den Unwissenden* **4** ⟨Theat.⟩ *(bei der Probe) nicht mit vollem Einsatz spielen oder singen*; *er markiert seine Rolle*, *er markiert nur* **5** ⟨Sport⟩ *ein Tor m.*; *ein Tor erzielen*; *er markierte den Siegestreffer er schoß das entscheidende Tor* **II** ⟨o.Obj.⟩ **1** ⟨vom Hund und anderen Tieren⟩ *eine kleine Menge Harn lassen (um das Revier zu bezeichnen)* **2** *Wild anzeigen, der Vorstehhund markiert* [< frz. *marquer* „kennzeichnen", →*markant*]

Mar|kie|rung ⟨f.10⟩ **1** *das Markieren* **2** *markierendes Zeichen*

mar|kig ⟨Adj.⟩ *kraftvoll, kernig*; ~e *Sprüche*

mär|kisch ⟨Adj., o.Steig.⟩ *die Mark Brandenburg betreffend, zu ihr gehörig, aus ihr stammend*

Mar|ki|se ⟨f.11⟩ **1** *(leinenes) Sonnendach, Sonnenvorhang* **2** *ein Edelsteinschliff* [< frz. *marquise*, „Frau eines Marquis"; *Sonnendach, großes Zelt, Plane über dem Zelt eines Offiziers*, „Überzelt"; die Übertragung des Adelstitels auf die Überzelt vielleicht, weil *Marquis* als einziger Adelstitel einen iron. Nebensinn hat (das Wort bedeutet frz. auch „Geck"), so daß man das Offizierszelt, das sich von den anderen durch seine Größe unterschied, scherzh. und iron. *Marquise* nannte, sozusagen „Zelt (wie) für einen Marquis"]

Mark|ka ⟨f., -, -; Abk.: mk⟩ *finnische Währungseinheit, 100 Penniä*; Syn. *Finnmark* [< schwed. *mark*]

Mark|kno|chen ⟨m.7⟩ *Mark*[3] *enthaltender Knochen (z. B. ein Rinderknochen, dessen Inneres als Fettersatz in der Küche verwendet wird)*

Mark|na|ge|lung ⟨f.10⟩ *operative Vereini-*

Markomanne

gung zweier Bruchstücke eines Röhrenknochens durch einen Stahlnagel, der in die Markhöhle eingeschlossen wird

Mar|ko|man|ne ⟨m.11⟩ Angehöriger eines germanischen Volksstammes

Mar|kör ⟨m.1⟩ **1** ⟨Billard⟩ Schiedsrichter, Punktezähler **2** ⟨Landw.⟩ Gerät zum Kennzeichnen der Reihen, in denen gesät oder gepflanzt werden soll, Furchenzieher **3** ⟨österr.; †⟩ Kellner [< frz. marqueur in ders. Bed., zu marquer, →zu markieren]

Mark|schei|de[1] ⟨f.11⟩ **1** Grenzlinie, Grenze **2** ⟨Bgb.⟩ Grubenfeldgrenze [zu Mark[2]]

Mark|schei|de[2] ⟨f.11⟩ innere Hülle einer Nervenfaser [zu Mark[2]]

Mark|schei|de|kun|de ⟨f., -, nur Sg.⟩

Mark|schei|de|kunst ⟨f., -, nur Sg.⟩ Vermessungslehre für Berechnungen und Messungen über und unter Tage

Mark|schei|der ⟨m.5; Bgb.⟩ im Vermessungswesen tätiger Ingenieur [zu Markscheide[1] (2)]

Mark|stück ⟨n.1⟩ Münze im Wert von einer Mark[1]

Markt ⟨m.2⟩ **1** (i. e. S.) regelmäßiger Verkauf von Waren an einem bestimmten Ort; einen M. abhalten; heute ist M. **2** (i. w. S.) Angebot und Nachfrage von Waren, Warenverkehr (Binnen~, Welt~); der M. ist voll ⟨ugs.⟩ das Angebot übersteigt die Nachfrage **3** Marktplatz; er wohnt am M.; ich habe zu ~e tragen ⟨übertr.⟩ sich in Gefahr begeben, ein Risiko eingehen **4** Absatzgebiet; neue Märkte erschließen

Markt|ana|ly|se ⟨f.11⟩ Untersuchung, ob sich ein bestimmter Artikel verkaufen läßt

mark|ten ⟨V.2, hat gemarktet; o.Obj.⟩ handeln, feilschen; mit jmdm. um den Preis m.

markt|fä|hig ⟨Adj., o.Steig.⟩ absatzfähig

Markt|flecken ⟨-k·k-; m.7⟩ kleiner Ort mit Marktrecht

Markt|for|schung ⟨f.10⟩ wissenschaftliche Untersuchung eines Marktes (2)

markt|gän|gig ⟨Adj.⟩ leicht absatzfähig; ~e Ware **Markt|gän|gig|keit** ⟨f., -, nur Sg.⟩

Markt|hal|le ⟨f.11⟩ große Halle mit festen Verkaufsständen zum Abhalten von Märkten (1)

Markt|hel|fer ⟨m.5; Buchhandel⟩ Gehilfe im Lager und beim Versand

Markt|la|ge ⟨f., -, nur Sg.⟩ Verhältnis von Angebot und Nachfrage in einem bestimmten Bereich des Marktes

Markt|lücke ⟨-k·k-; f.11⟩ fehlendes Angebot einer Ware, für die Bedarf besteht

Markt|preis ⟨m.1⟩ Preis, der für eine Ware auf dem freien Markt zu entrichten ist

Markt|recht ⟨n., -(e)s, nur Sg.⟩ **1** ⟨früher⟩ Recht eines Ortes, einen Markt (1) abzuhalten **2** ⟨heute⟩ Rechtsbestimmungen für den Markt (1)

Markt|schrei|er ⟨m.5⟩ Händler, der auf dem Markt (3) seine Ware laut und aufdringlich anpreist

Markt|schreie|rei ⟨f., -, nur Sg.⟩ lautes Anpreisen der eigenen Waren

markt|schreie|risch ⟨Adj., o.Steig.⟩ in der Art eines Marktschreiers, laut, aufdringlich; ~e Werbung

Markt|tag ⟨m.1⟩ Tag, an dem der Markt (1) stattfindet

Markt|wert ⟨m.1⟩ den augenblicklichen Verhältnissen von Angebot und Nachfrage entsprechender Wert (einer Ware)

Markt|wirt|schaft ⟨f., -, nur Sg.⟩ Wirtschaft, die durch private Betriebe und durch das Gesetz von Angebot und Nachfrage geregelt wird

Mar|kung ⟨f.10; †⟩ Grenze; vgl. Gemarkung

Mär|lein ⟨n.7; poet., †⟩ Märchen

Mar|lei|ne ⟨f.11; Seew.⟩ Leine zum Marlen

mar|len ⟨V.1, hat gemarlt; mit Akk.⟩ Seemannsspr.⟩ am Mast befestigen; ein Segel m.

Mar|mel I ⟨f.11; landsch.; †⟩ →Murmel II ⟨m.5; †⟩ →Marmor

Mar|me|la|de ⟨f.11⟩ mit Zucker eingekochter Fruchtbrei (seit 1983 nur noch aus Zitrusfrüchten), ⟨neue Bez.⟩ Konfitüre (einfach) [< ital. marmellata, span. marmelada, mermelada < port. marmelada „Fruchtmus", zu marmelo „Quitte", eigtl. „Quittenmus"]

Mar|mel|stein ⟨m.1; poet.⟩ Marmor

Mar|mor ⟨m.1⟩ (oft durch Beimengungen bunt geäderter) fester, polierfähiger Kalkstein; auch: ⟨†⟩ Marmel < griech. marmaros „Stein"]

mar|mo|rie|ren ⟨V.3, hat marmoriert; mit Akk.⟩ mit einem feinen, äderigen Muster versehen, ädern

Mar|mor|ku|chen ⟨m.7⟩ Rührkuchen, bei dem unter die eine Hälfte des Teigs Kakao gerührt wird, so daß eine braune Marmorierung in der gelben Kuchenmasse entsteht

mar|morn ⟨Adj., o.Steig.⟩ aus Marmor

Ma|ro|cain ⟨[-kɛ̃] m.9⟩ kreppartiges Gewebe [frz., „marokkanisch"]

ma|rod ⟨Adj.; österr.⟩ ein wenig krank [→marode]

ma|ro|de ⟨Adj.⟩ **1** ⟨urspr.⟩ marschunfähig **2** ⟨ugs.⟩ erschöpft, müde [zuerst im Dreißigjährigen Krieg für hinter der Truppe zurückgebliebene Soldaten gebraucht, die als Räuber auf der Landstraße und Plünderer berüchtigt waren, < frz. maraud „Lump, umherziehender Bettler"]

Ma|ro|deur ⟨[-dør] m.1⟩ plündernder Nachzügler (einer Truppe) [frz., Ableitung von marode]

ma|ro|die|ren ⟨V.3, hat marodiert; o.Obj.⟩ (im Krieg) plündern; ~de Soldaten

Ma|rok|ka|ner ⟨m.5⟩ Einwohner von Marokko

ma|rok|ka|nisch ⟨Adj., o.Steig.⟩ Marokko betreffend, zu ihm gehörig, aus ihm stammend

Ma|ro|ne ⟨f.11⟩ eßbare Frucht der Edelkastanie; auch: ⟨bayr.-österr.⟩ Maroni; Syn. Eßkastanie [< ital. marrone < spätgriech. maraon, maraos „Frucht der Kornelkirsche"]

Ma|ro|nen|röhr|ling ⟨m.1⟩ Speisepilz mit braunem Hut und edlen Röhren, der beim Anschneiden blaugrün anläuft

Ma|ro|ni ⟨f., -, -; bayr.-österr.⟩ →Marone

Ma|ro|nit ⟨m.10⟩ Angehöriger der syrisch-christlichen Kirche im Libanon [nach dem Mönch J. Maro]

Ma|ro|quin ⟨[-kɛ̃] m., -s, nur Sg.⟩ weiches marokkanisches Schaf- oder Ziegenleder [frz., zu Maroc „Marokko", wo dieses Leder zuerst hergestellt worden sein soll]

Ma|rot|te ⟨f.11⟩ Schrulle, Laune, wunderliche Vorliebe [frz., eigtl. „Narrenkappe, Narrenzepter mit Schellen und Puppenkopf", früher: „Puppenkopf, Puppe", mit verändertem Suffix < Mariole „Mariechen, kleine Marienfigur"]

Mar|quess ⟨[ˈmɑːkwɪs] m., -, -⟩ englischer Adliger im Rang zwischen Graf und Herzog

Mar|quis ⟨[-ki] m., -, -⟩ französischer Adliger im Rang zwischen Graf und Herzog, Markgraf [< altfrz. marchis in ders. Bed., < mlat. marchio, markio „Markgraf, Grenzwächter", < fränk. *marka „Grenzmark", also urspr. „Verwalter einer Grenzmark"]

Mar|qui|sat ⟨[-ki-] n.1⟩ Würde, Herrschaftsgebiet eines Marquis

Mar|qui|se ⟨[-ki-] f.11⟩ Gemahlin oder Tochter eines Marquis

Mar|qui|set|te ⟨[-kizɛt(ə)] f., -, nur Sg. oder m., -, -; nur Sg.⟩ durchsichtiger, leinwandbindiger, glatter Gitterstoff [frz., Verkleinerungsform von Marquise]

Mar|ra|ne ⟨m.11⟩ spanischer oder portugiesischer Jude, der sich unter dem Zwang der Inquisition taufen ließ; auch: Marane [span.]

Mars ⟨m.1 oder f.10; Seew.⟩ Plattform am Topp der Untermasten zum Befestigen der Marsstenge, Ausguck am Mast; Syn. Mastkorb [< mndrl. merse „Warenkorb", < lat. merces „Waren"]

Mar|sa|la ⟨m.9⟩ (bernsteinfarbener bis nußbrauner) schwerer, süßer italienischer Wein [nach der sizilian. Stadt Marsala]

marsch! ⟨Int.⟩ vorwärts!; im Gleichschritt m.!

Marsch[1] ⟨m.2⟩ **1** das Marschieren; sich in M. setzen **2** lange, zu Fuß zurückgelegte oder zurückzulegende Strecke; ein M. von zwei Stunden **3** das Marschieren einer Truppe (Parade~) **4** Musikstück in geradem Takt (das den Gleichschritt marschierender Soldaten unterstreicht); einen M. spielen; jmdm. den M. blasen ⟨ugs.⟩ jmdm. energisch die Meinung sagen

Marsch[2] ⟨f.10⟩ angeschwemmtes, durch Deiche geschütztes Land an der Küste (liegt bei Flut unter dem Meeresspiegel); Syn. Geest

Mar|schall ⟨m.2⟩ **1** ⟨früher⟩ hoher Hofbeamter (Hof~) **2** ⟨seit dem 16./17. Jh.⟩ höchster militärischer Dienstgrad [< mhd. marschalc „Pferdeknecht" (ältere Form marschalc), < marc „Streitroß" (< ahd. marah, marh „Pferd") und schalc „Knecht, Diener, Leibeigener"]

Mar|schal|lin ⟨f.10⟩ Ehefrau eines Marschalls

Mar|schall(s)|stab ⟨m.2⟩ Stab eines Marschalls als Kennzeichen seiner Würde; den M. im Tornister tragen ⟨übertr.⟩ eine glänzende militärische Laufbahn vor sich haben

Marsch|flug|kör|per ⟨m.5⟩ →Cruise-Missile

Marsch|ge|päck ⟨n.1⟩ militärische Ausrüstung für einen Marsch[1] (3)

Marsch|hu|fen|dorf ⟨n.4⟩ Siedlungsform in der Marsch[2] mit meist zeilenförmiger Anordnung der Häuser entlang einem Entwässerungskanal, zu dem die Langstreifen der Flur senkrecht stehen

mar|schie|ren ⟨V.3, ist marschiert; o.Obj.⟩ **1** in geordneten Reihen gehen (von Truppen und Kolonnen); im Gleichschritt m.; im Gleichschritt m. **2** längere Zeit zügig gehen; ich bin zwei Stunden flott marschiert; du marschierst jetzt ins Bett! ⟨scherzh., zu Kindern⟩

marsch|mä|ßig ⟨Adj., o.Steig.⟩ **1** wie es für einen Marsch[1] (2) gebraucht wird; ~e Ausrüstung **2** in der Art eines Marsches[1] (4); ~e Musik

Marsch|rou|te ⟨[-ruː-] f.11⟩ vorgeschriebene Route für einen Marsch[1]

Marsch|ver|pfle|gung ⟨f., -, nur Sg.⟩ Nahrungsmittel für einen Marsch[1] (2)

Mar|seil|lai|se ⟨[marsɛjɛːzə] f.11⟩ **1** ⟨urspr.⟩ Revolutionslied **2** (dann) französische Nationalhymne [das Lied wurde zuerst von Revolutionären aus der Stadt Marseille gesungen]

Mars|feld ⟨n., -(e)s, nur Sg.⟩ **1** ⟨im alten Rom⟩ Platz für militärische Übungen und Versammlungen **2** militärischer Übungsplatz in Paris (seit 1867 Ausstellungsgelände)

Mar|shall|plan ⟨[ˈmɑːʃəl-] m., -(e)s, nur Sg.⟩ nach dem 2. Weltkrieg von dem US-amerikanischen Außenminister George C. Marshall begründetes Hilfsprogramm für Westeuropa

Mars|se|gel ⟨n.5⟩ an der Marsstenge befestigtes Segel

Mars|sten|ge ⟨f.11⟩ erste Verlängerung des Mastes

Mar|stall ⟨m.2; an Fürstenhöfen⟩ **1** Gesamtheit der Pferde (eines Fürsten) **2** Gebäude für Pferde und Wagen [< ahd., nur Sg.⟩; älter marc-stall „Pferdestall", < marc „Streitroß, Pferd" und Stall]

Mar|su|pia|li|er ⟨m.5⟩ →Beuteltier [< lat. marsupium „Geldbeutel", < griech. marsipos „Beutel, Sack, Tasche"]

Mär|te ⟨f.11⟩ Kaltschale aus Milch und Brot [< mhd. mert, merot „flüssige Speise aus Brot und Wein", < ahd. merod „Abendmahl, Imbiß, Stärkung"]

Mar|ter ⟨f.11⟩ seelische oder körperliche Qual, Folter; dieser Lärm, das lange Warten ist eine M. für mich; ~n erdulden, erleiden; jmdm. ~n zufügen

Marterl ⟨n.14; bayr.-österr.⟩ **1** Gedenkzeichen (Kreuz oder Tafel mit Bild) als Erinnerung an einen Unglücksfall **2** Steinpfeiler mit Nische oder Holztafel mit Dach und Kruzifix oder Heiligenbild

martern ⟨V.1, hat gemartert; mit Akk.⟩ **1** foltern; jmdn. physisch, psychisch m.; zu Tode m. **2** quälen, peinigen; Gewissensbisse m. mich; sich mit Selbstvorwürfen m.

Marterpfahl ⟨m.2; früher bei nordamerik. Indianern⟩ Pfahl, an dem Gefangene festgebunden und gemartert wurden

Marterung ⟨f., nur Sg.⟩ das Martern, das Gemartertwerden

Marterwoche ⟨f.11⟩ Karwoche

martialisch ⟨[-tsja-] Adj.⟩ kriegerisch, wild, grimmig, verwegen; ein Mann von ~em Aussehen [< lat. martialis „zum Mars gehörig", zu Mars, Gen. Martis, dem röm. Gott des Krieges]

Martini ⟨o.Art.⟩ → Martinstag; an, zu M.

Martinsgans ⟨f.2⟩ am Martinstag verzehrte Gans

Martinshorn ⟨n.4⟩ auf- und abschwellendes, weit hörbares Warnsignal (bei Polizei-, Rettungs- und Feuerwehrfahrzeugen) [nach der Herstellerfirma Martin]

Martinstag ⟨m.1⟩ Gedenktag des heiligen Martin von Tours am 11. November

Martyrer ⟨m.5⟩ → Märtyrer (1)

Märtyrer ⟨m.5⟩ **1** Christ, der für seinen Glauben gestorben ist; auch: Martyrer **2** ⟨allg.⟩ jmd., der seine Überzeugung verfolgt wird oder gestorben ist; Syn. Blutzeuge [< griech. martys, Gen. martyros, „Zeuge", zu martyrein „Zeugnis ablegen"]

Martyrerin ⟨f.10⟩ weiblicher Martyrer

Märtyrerin, Märtyrin ⟨f.10⟩ weiblicher Märtyrer (1,2)

Märtyrertod ⟨m., -(e)s, nur Sg.⟩ Tod als Märtyrer; den M. erleiden

Martyrium ⟨n., -s, -rien⟩ **1** Opfertod **2** schweres Leiden (bes. um des Glaubens oder der Überzeugung willen) **3** ⟨allg.⟩ Qual, Pein; die wochenlange Ungewißheit war ein M. für mich

Martyrologium ⟨n., -s, -gien⟩ chronologisches Verzeichnis von Märtyrern und ihren Festen [< Märtyrer und lat. logium, logeum „Archiv"]

Marxismus ⟨m., -, nur Sg.⟩ die von Karl Marx und Friedrich Engels begründete sozialistische Staats-, Gesellschafts- und Wirtschaftstheorie

Marxismus-Leninismus ⟨m., -, nur Sg.⟩ im kommunist. Sprachgebrauch⟩ die von Marx begründete und von Lenin weitergeführte kommunistische Staats-, Gesellschafts- und Wirtschaftslehre

Marxist ⟨m.10⟩ Anhänger des Marxismus

marxistisch ⟨Adj., o.Steig.⟩ zum Marxismus gehörend, in der Art des Marxismus

Marxist-Leninist ⟨m.10⟩ Anhänger des Marxismus-Leninismus

Mary Jane ⟨[ˈmɛəri dʒein] f., -, nur Sg.⟩ verhüllend⟩ Marihuana

März ⟨m., -, -⟩ dritter Monat des Jahres; auch: ⟨oberdt.⟩ Märzen [< lat. Martius „zum Mars gehörig", zu Mars, dem röm. Gott des Krieges]

Märzbecher ⟨m.5⟩ → Märzenbecher

Märzen I ⟨m.7; oberdt.⟩ → März **II** ⟨n., -(s), nur Sg.⟩ → Märzenbier

Märzenbecher ⟨m.5⟩ (im März blühende) dem Schneeglöckchen ähnliche Pflanze mit großen, becherförmigen, weißen Blüten, die einen grünlichen Saum tragen; auch: Märzbecher

Märzenbier ⟨n.1⟩ ⟨urspr. im März gebrautes⟩ Bier mit 13% Stammwürze und sattgelber bis rotgoldener Farbe; auch: Märzen

Marzipan ⟨auch [-pan] n.1, österr. m.1⟩ Konfekt aus feingeriebenen Mandeln und Zucker u. a. [< ital. marzapane < frz. massepain in ders. Bed., weitere Herkunft ungeklärt]

märzlich ⟨Adj., o.Steig.⟩ wie im März; ~es Wetter; es ist schon m.

Masche ⟨f.11⟩ **1** Schlinge aus Garn, Faden oder Draht; durch die ~n des Gesetzes schlüpfen ⟨übertr., ugs.⟩ die Lücken des Gesetzes ausnutzen **2** ⟨österr.⟩ Schleife; eine M. im Haar haben **3** ⟨übertr., ugs.⟩ Lösung, Ausweg, günstige Gelegenheit; das ist die M.! das ist eine gute Idee!; die M. raushaben wissen, wie man zu etwas kommt; eine neue M. eine neue Verhaltensweise, Gewohnheit, Vorliebe, ein neuer Trick [in Bed. 3 wohl zu Masche „Schlinge" im Sinne von „Fangnetz"]

Maschendraht ⟨m.2⟩ flächiges Drahtgeflecht

Maschenwerk ⟨n.1⟩ aus Maschen Geknüpftes

...maschig ⟨in Zus.⟩ mit einer bestimmten Art von Maschen hergestellt, z.B. engmaschig, weitmaschig

Maschine **1** Gerät, das Arbeitsgänge selbsttätig verrichtet **2** ⟨ugs.⟩ **a** ⟨kurz für⟩ Schreibmaschine; einen Brief auf der M. schreiben; mit der M. geschriebenes Manuskript; jmdm. etwas in die M. diktieren **b** ⟨kurz für⟩ Waschmaschine; kann man diesen Stoff in der M. waschen? **c** ⟨kurz für⟩ Nähmaschine; eine Naht mit der M. nähen **3** Motorrad; er fährt eine schwere M. **4** Flugzeug; die M. landet um 18 Uhr; er nahm die nächste M. nach Hamburg **5** ⟨ugs.⟩ Motor (eines Autos) **6** ⟨ugs.⟩ dicke, behäbige Frau; sie ist eine M. geworden, seit ich sie zuletzt gesehen habe [< frz. machine < lat. machina < griech. mechane „Werkzeug, Instrument, künstliche Vorrichtung", zu mechos „Mittel, Hilfsmittel"]

maschinegeschrieben ⟨Adj., o.Steig.⟩ mit der Schreibmaschine geschrieben; auch: maschinengeschrieben

maschinell ⟨Adj., o.Steig.⟩ **1** mit Hilfe einer Maschine (1); diese Gegenstände werden m. hergestellt **2** aus Maschinen bestehend, zusammengestellt; eine ~e Anlage

Maschinenbau ⟨m., -(e)s, nur Sg.⟩ an technischen Hochschulen⟩ Fach, in dem die Konstruktion von Maschinen gelehrt wird

maschinengeschrieben ⟨Adj.⟩ → maschinegeschrieben

Maschinengewehr ⟨n.1; Abk.: MG⟩ automatisches Gewehr, das eine schnelle Aufeinanderfolge von Schüssen ermöglicht

maschinenlesbar ⟨Adj., o.Steig.⟩ in einer Schriftart geschrieben, die ein Datenverarbeitungsgerät unmittelbar aufnehmen und verarbeiten kann

Maschinenmeister ⟨m.5⟩ jmd., der für die Wartung von Maschinen (eines Betriebs) verantwortlich ist

Maschinenpistole ⟨f.11; Abk.: MP⟩ automatische Handfeuerwaffe, die eine schnelle Aufeinanderfolge von Schüssen ermöglicht

Maschinenrevision ⟨f.10⟩ letzte Überprüfung (von Druckbogen) vor dem Druck

Maschinensatz ⟨m., -es, nur Sg.; Buchw.⟩ mit der Setzmaschine hergestellter Satz (im Unterschied zum Handsatz)

Maschinenschaden ⟨m.8⟩ Schaden an einer Maschine

Maschinenschlosser ⟨m.5⟩ jmd., der als Schlosser im Maschinenbau arbeitet oder Maschinen repariert

Maschinenschrift ⟨f., -, nur Sg.⟩ mit der Schreibmaschine geschriebene Schriftzeichen

maschinenschriftlich ⟨Adj., o.Steig.⟩ mit der Schreibmaschine geschrieben

Maschinensprache ⟨f.11⟩ → Programmiersprache

Maschinerie ⟨f.11⟩ **1** Gesamtheit zusammengehöriger Maschinen **2** ⟨übertr.⟩ Gefüge von ablaufenden Vorgängen, die kaum aufzuhalten sind; die M. der Computerisierung; in die M. der Justiz geraten

maschineschreiben ⟨V.127, hat maschinegeschrieben; Zusammenschreibung nur im Infinitiv und Part. Perf.; o.Obj.⟩ mit der Schreibmaschine schreiben; ich schreibe Maschine; ich kann m.; ein maschine(n)geschriebener Brief

Maschinist ⟨m.10⟩ jmd., der berufsmäßig Maschinen bedient (und überwacht)

Maser¹ ⟨f.11⟩ wellige Zeichnung (im Holz); Syn. Flader

Maser² ⟨[mei-] m.5⟩ Verstärker für Mikrowellen, der elektromagnetische Wellen gleicher Frequenz und Phasenlage aussendet [Kurzw. < engl. microwave amplification by stimulated emission of radiation „Mikrowellenverstärkung durch angeregte Emission von Strahlung"]

maserig ⟨Adj., o.Steig.⟩ Maserung aufweisend; Syn. fladerig, fladrig

masern ⟨V.1, hat gemasert; nur im Part. Perf.⟩ → gemasert

Masern ⟨Pl.⟩ ⟨meist bei Kindern auftretende⟩ durch einen Virus übertragene Infektionskrankheit, die durch einen Ausschlag aus vielen unregelmäßigen roten Flecken gekennzeichnet ist

Maserung ⟨f.10⟩ wellige Musterung (des Holzes, Marmors); Syn. Fladerung

Maskarill ⟨m.1⟩ komische Figur des klassischen Lustspiels [< span. mascarilla, Verkleinerungsform von máscara „Maske"]

Maskaron ⟨[-rõ] m.9, auch [-ron] m.1; Baukunst⟩ fratzenhafte Maske [< frz. mascaron < ital. mascherone in ders. Bed., zu maschera, ältere Form mascara, „Maske", → Maske]

Maske ⟨f.11⟩ **1** einem Gesicht oder Tierkopf nachgebildete Form aus Pappe o. ä.; die M. eines lachenden, weinenden Mannes, eines Esels; eine M. tragen ⟨übertr.⟩ sich nicht so geben, wie man wirklich ist; die M. fallen lassen ⟨übertr.⟩ sein wahres Gesicht zeigen; jmdm. die M. vom Gesicht reißen ⟨übertr.⟩ jmdn. entlarven, beweisen, wie er wirklich ist **2** das halbe Gesicht bedeckendes, nur die Augen freilassendes schwarzes Stück Stoff mit Gummiband (das auf Maskenbällen getragen wird); viele Gäste erschienen mit M., ohne M. **3** Haube zum Schutz des Gesichts (Fecht~, Gas~) **4** kosmetische Creme, die auf das Gesicht aufgetragen wird und eine Zeit einwirken muß; sich eine M. machen **5** Art des Geschminktseins des Schauspielers entsprechend der Rolle, die er zu spielen hat; die M. des Mephisto **6** Verkleidung; die M. eines Harlekins, eines Dominos **7** verkleidete Person **8** ⟨übertr.⟩ trügerischer Schein, Verstellung; sein Benehmen ist nur M.; der Sittenstrolch trat unter der M. des Kinderfreundes auf **9** ⟨bei Tieren⟩ Farbabweichung am Fell des Kopfes [< frz. masque < ital. maschera < arab. mashara „Verspottung"]

Maskenball ⟨m.2⟩ Ball, bei dem die Teilnehmer verkleidet und maskiert sind; Syn. Maskenfest

Maskenbildner ⟨m.5⟩ jmd., der am Theater oder beim Film die Schauspieler frisiert und schminkt

Maskenfest ⟨n.1⟩ → Maskenball

maskenhaft ⟨Adj., -er, am maskenhaftesten⟩ wie eine Maske; sein Gesicht war m. starr

Maskerade ⟨f.11⟩ **1** Verkleidung **2** Maskenfest, Mummenschanz

maskieren ⟨V.3, hat maskiert; mit Akk.⟩ **1** mit einer Maske bedecken; das Gesicht m.; maskiert erscheinen; die Gäste waren maskiert **2** verkleiden, mit einem Maskenkostüm bekleiden; ein Kind, sich als Harlekin m. **3** ⟨Mil.⟩ tarnen **4** ⟨Kochkunst⟩ bedecken; eine Speise mit einer Creme m. **5** ⟨übertr.⟩

bemänteln, verhüllen; Unsicherheit durch Angeberei m.

Mas|kie|rung ⟨f.10⟩ **1** ⟨nur Sg.⟩ *das Maskieren* **2** *Maskenkostüm, Verkleidung;* die M. ablegen

Mas|kott|chen ⟨n.7⟩, **Mas|kot|te** ⟨f.11⟩ *kleine Figur als glückbringender Talisman* [< frz. *mascotte* „Person, Tier oder Gegenstand als Glücksbringer", < prov. *mascot* „kleiner Zauberer", zu *masca* „Zauberin"]

mas|ku|lin ⟨auch [-lin] Adj., o.Steig.⟩ **1** *männlichen Geschlechts;* ein ~es Substantiv **2** *männliche Züge zeigend, sich männlich benehmend;* eine ~e Frau [< lat. *masculinus* „männlich", zu *masculus*, Verkleinerungsform von *mas* „männlich"]

Mas|ku|li|num ⟨auch [-li-] n., -s, -na⟩ *männliches Substantiv, männliches Geschlecht*

Ma|so|chis|mus ⟨[-xɪs-] m., -, nur Sg.⟩ *Streben nach Steigerung der geschlechtlichen Erregung durch Erdulden körperlicher oder seelischer Mißhandlungen;* vgl. *Sadismus* [nach dem österr. Schriftsteller Leopold von *Sacher-Masoch* im Hinblick auf seine erot. Romane und Novellen]

Ma|so|chist ⟨m.10⟩ *jmd., bei dem eine Steigerung der geschlechtlichen Erregung durch körperliche oder seelische Mißhandlungen erreicht wird*

ma|so|chis|tisch ⟨Adj., o.Steig.⟩ *zum Masochismus gehörend, auf ihm beruhend, in der Art des Masochismus;* ~e Neigung

Ma|so|ra ⟨f., -, nur Sg.⟩ → *Massora*

Maß **I** ⟨n.1⟩ **1** *Einheit zum Messen von Größen oder Mengen (Längen~)* **2** *Gegenstand, der dazu dient, etwas zu messen;* ein gerüttelt M. an, von Frechheit ⟨geh.⟩ *ziemlich viel Frechheit;* das M. ist voll *die Grenze des Erträglichen ist erreicht;* mit zweierlei M. messen *nach unterschiedlichen Gesichtspunkten urteilen* **3** *gemessene Zahl, Größe;* die ~e des Raums; bei jmdm. M. nehmen *jmds. Körpermaße feststellen;* ideale ~e haben *eine gute Figur haben* **4** *Umfang, Ausmaß;* ein erträgliches M.; ein gewisses M. an Beherrschung; das übliche M. überschreiten; in hohem ~e *sehr, überaus;* in M. und Ziel *eine Grenze;* weder M. noch Ziel kennen *keine Grenzen kennen* **II** ⟨f., -, -; bayr.-österr.⟩ *ein Liter Bier;* drei M. trinken; eine halbe M.

Mas|sa ⟨m.9; †⟩ *Herr (früher in den amerikanischen Südstaaten von den Negern verwendete Anrede für Weiße)* [verstümmelt < engl. *master* „Herr"]

Mas|sa|ge ⟨[-ʒə] f.11⟩ *Heil- oder Lockerungsbehandlung des Körpers durch Kneten, Klopfen, Streichen* [frz., zu *masser* „massieren", vielleicht zu *masse* „Menge, Masse"]

Mas|sa|ge|sa|lon ⟨[-ʒəzalɔŋ] m.9; verhüllend⟩ *bordellähnliche Einrichtung (z.B. mit als „Massage" bezeichneter manueller Reizung der Geschlechtsteile)*

Mas|sa|ge|stab ⟨[-ʒə-] m.2; verhüllend⟩ *elektrisch betriebener, vibrierender Plastikstab (zur Selbstbefriedigung für Frauen)*

Mas|sai ⟨m., -(s), -(s)⟩ *Angehöriger eines ostafrikanischen Volksstammes*

Mas|sa|ker ⟨n.5⟩ *Gemetzel, Blutbad* [< frz. *massacre* in ders. Bed., altfrz. auch „Metzgerei" zu altfrz. *macheler, macecler* „schlachten", zu *massue*, ältere Form *maçue* „Keule, Kolben, Hammer"]

mas|sa|krie|ren ⟨V.3, hat massakriert; mit Akk.⟩ *niedermetzeln* [zu *Massaker*]

Maß|an|zug ⟨m.2⟩ *nach jmds. Körpermaßen gearbeiteter Anzug*

Maß|ar|beit ⟨f.10⟩ *Anfertigung von Waren nach genauen Maßangaben;* das war M. ⟨ugs.⟩ *das hat gerade noch geklappt*

Mas|se ⟨f.11⟩ **1** *Brei, ungeformte, weiche Materie;* eine zähe M. **2** ⟨übertr.⟩ *große Anzahl, Menge;* er hat eine M. Freunde ⟨ugs.⟩; das Produkt wird in großen ~n hergestellt; die M. der Wähler *der überwiegende Teil der Wähler;* wir haben noch eine M. Zeit ⟨ugs.⟩ *wir haben noch viel Zeit;* das ist nicht die M. ⟨ugs.⟩ *das ist nicht gerade viel* **3** ⟨oft abwertend⟩ *große Menschenmenge (in der das Individuum untergeht);* die große M. *der größte Teil der einfachen Bevölkerung;* der Mensch als M. **4** ⟨meist Pl.; im Marxismus⟩ die ~n *der Teil der Bevölkerung, der nicht die Herrschaft ausübt* **5** *Vermögensmenge* (Erb~, Konkurs~) **6** ⟨Phys.⟩ *Eigenschaft der Materie, in verschiedenen Gravitationsfeldern verschiedenes Gewicht anzunehmen;* die M. eines Körpers

Ma|ße ⟨f.11; †⟩ *Maß, Mäßigkeit;* (noch in den Wendungen) in, mit ~n; ohne ~n; über die, über alle ~n *sehr, überaus*

Mas|sel[1] ⟨m., -s, nur Sg.; bayr.-österr.⟩ *(unverhofftes, unverdientes) Glück;* da hast du aber M. gehabt [< jidd. *mäsel* < hebr. *mazzäl* „Sternbild, Glücksstern, günstiges Schicksal"]

Mas|sel[2] ⟨f.11⟩ *gegossener Roheisenbarren* [< ital. *massello* „Masse, Klumpen, Block, Barren"]

...ma|ßen ⟨in Zus.⟩ *weil..., wie...,* z.B. verdientermaßen *weil er es verdient hat,* anerkanntermaßen *wie allgemein anerkannt wird,* zugegebenermaßen *wie allgemein zugegeben wird*

Mas|sen|ar|ti|kel ⟨m.5⟩ *Artikel, der in großen Massen hergestellt wird*

Mas|sen|de|fekt ⟨m.1⟩ *Differenz zwischen der Summe der Einzelmassen eines Atomkerns (Protonen und Neutronen) und seiner tatsächlichen Gesamtmasse*

Mas|sen|ge|sell|schaft ⟨f.10⟩ *Gesellschaft von weitgehend anonym lebenden, keine Individualität entwickelnden Menschen, Gesellschaft, in die die Verhaltensnormen und Bedürfnisse nach denen der breiten Bevölkerungsschichten ausgerichtet sind*

Mas|sen|ge|stein ⟨n.1⟩ → *Magmatitgestein*

Mas|sen|grab ⟨n.4⟩ *Grab für eine große Anzahl von Leichen*

mas|sen|haft ⟨Adj., o.Steig.⟩ *in großer Menge;* er hat m. Bekannte; dort gibt es jetzt m. Himmelsschlüssel; ~es Auftreten von Grippefällen

Mas|sen|kom|mu|ni|ka|ti|ons|mit|tel ⟨n.5⟩ → *Massenmedium*

Mas|sen|me|di|um ⟨n., -s, -di|en⟩ *eine große Zahl von Zuschauern, Hörern, Lesern erreichender Vermittler von Informationen, Unterhaltung usw. (z.B. Zeitung, Rundfunk, Fernsehen)*

Mas|sen|mit|tel|punkt ⟨m.1; †⟩ → *Schwerpunkt*

Mas|sen|mord ⟨m.1⟩ *Ermordung einer großen Anzahl von Menschen*

Mas|sen|or|ga|ni|sa|ti|on ⟨f.10⟩ *Organisation mit zahlreichen Mitgliedern*

Mas|sen|psy|cho|lo|gie ⟨f., -, nur Sg.⟩ *Wissenschaft, die das Verhalten von Menschenmassen untersucht*

Mas|sen|psy|cho|se ⟨f., -, nur Sg.⟩ *Psychose einer großen Menschenmenge*

Mas|sen|ster|ben ⟨n., -s, nur Sg.⟩ *Sterben vieler Lebewesen gleichzeitig;* das M. von Seevögeln durch die Ölpest

Mas|sen|sug|ge|sti|on ⟨f., -, nur Sg.⟩ *Beeinflussung von großen Menschenmengen*

Mas|sen|tou|ris|mus ⟨[-tu-] m., -, nur Sg.⟩ *Tourismus (mit meist billigeren Reisemöglichkeiten) für breite Bevölkerungsschichten*

mas|sen|wei|se ⟨Adv., ugs. auch Adj.⟩ *in großer Zahl;* er gibt die Hundertmarkscheine m. aus; das m. Auftreten von Erkältungskrankheiten ⟨ugs.⟩

Mas|sen|zahl ⟨f.10⟩ *Gesamtzahl der Nukleonen im Kern eines Atoms*

Mas|seur ⟨[-søʀ] m.1⟩ *jmd., der berufsmäßig andere mit Massage behandelt*

Mas|seu|rin ⟨[-sø-] f.10⟩ *weiblicher Masseur;* auch: ⟨veraltend⟩ *Masseuse*

Mas|seu|se ⟨[-sø-] f.11⟩ **1** ⟨veraltend⟩ → *Masseurin* **2** ⟨verhüllend⟩ *Prostituierte in einem Massagesalon*

Maß|ga|be ⟨f.11; nur in den Fügungen⟩ mit der M. *mit der Weisung;* er entließ ihn mit der M., am nächsten Tag anzurufen; nach M. dieser Vorschriften *diesen Vorschriften entsprechend*

maß|ge|bend ⟨Adj., o.Steig.⟩ *als Vorbild dienend, einflußreich, richtungweisend;* eine ~e Persönlichkeit; was er sagt, ist nicht m. *was er sagt, ist nicht maßgeblich*

maß|geb|lich ⟨Adj., o.Steig.⟩ **1** *bedeutend, entscheidend, wichtig;* er hat ~en Anteil an der Sache; sein Urteil hat ~en Einfluß **2** *in hohem, wichtigem Maße;* er ist m. daran beteiligt; er hat m. daran mitgearbeitet

maß|ge|recht ⟨Adj., o.Steig.⟩ *in den richtigen Maßen;* ein m. zugeschnittener Anzug

maß|hal|ten ⟨V.61, hat maßgehalten; o.Obj.⟩ *das rechte Maß einhalten, mäßig sein;* er hält mit allem maß; im Essen und Trinken, beim Sporttreiben m.

maß|hal|tig ⟨Adj., o.Steig.⟩ *den vorgeschriebenen Maßen entsprechend*

Maß|hol|der ⟨m.5⟩ → *Feldahorn* [< ahd. *mazzoltra < maz* „Speise, Essen" und germ. Nachsilbe *...dra* „Baum"; die Blätter wurden früher gekocht und gegessen]

mas|sie|ren[1] ⟨V.3, hat massiert; mit Akk.⟩ *mit Massage behandeln;* jmdn. m.; jmds. Beine m.

mas|sie|ren[2] ⟨V.3, hat massiert; mit Akk.⟩ *an einer Stelle zusammenziehen;* Truppen m.; massierter Angriff *Angriff unter Zusammenfassung aller Kräfte* [zu *Masse* im Sinne von „Menge"] **Mas|sie|rung** ⟨f., -, nur Sg.⟩

mas|sig ⟨Adj.⟩ **1** *groß und breit;* ein ~es Bauwerk **2** *dick und kräftig;* eine ~e Gestalt **3** ⟨ugs.⟩ *sehr viel;* er hat m. Geld **Mas|sig|keit** ⟨f., -, nur Sg.⟩

mä|ßig ⟨Adj.⟩ **1** *maßvoll; im Essen m. sein;* er trinkt m. **2** *nicht groß, gering;* m. verdienen **3** *unbefriedigend, nicht gut;* die Unterbringung ist m.; das Essen, der Wein ist sehr m.; deine Zensuren sind ja recht m.

...mä|ßig ⟨Adj., in Zus.⟩ **1** *in einer gewissen Art von...,* z.B. ordnungsmäßig *in einer, nach einer gewissen Ordnung,* gewohnheitsmäßig *nach einer gewissen Gewohnheit, aus Gewohnheit;* vgl. *...gemäß*

mä|ßi|gen ⟨V.1, hat gemäßigt⟩ **I** ⟨mit Akk.⟩ *auf ein geringeres, erträgliches Maß bringen, vermindern, verringern;* mäßige deine Ansprüche etwas!; das Tempo m.; er mäßigte seinen Zorn; gemäßigtes Klima **II** ⟨refl.⟩ sich m. **1** *geringer, schwächer werden;* der Sturm, sein Zorn mäßigte sich **2** *ruhiger werden, das rechte Maß wiederfinden, sich beherrschen;* m. Sie sich!

Mä|ßig|keit ⟨f., -, nur Sg.⟩ *das Mäßigsein, Beherrschung, Zurückhaltung*

Mä|ßi|gung ⟨f., -, nur Sg.⟩ *Zurückhaltung;* jmdn. zur M. im Rauchen auffordern

mas|siv ⟨Adj.⟩ *fest, dicht, geschlossen, voll (nicht hohl), dauerhaft;* ein Gegenstand aus ~em Gold; m. werden ⟨ugs.⟩ *sehr energisch, grob werden* [< frz. *massif, massive* „massig, kompakt; grob, plump", zu *masse* „Masse, Menge"]

Mas|siv ⟨n.1⟩ **1** *Grundgebirge, durch Abtragung freigelegte alte Gesteine* **2** *Gebirgsstock, Bergkette* [→ *massiv*]

Mas|siv|bau|wei|se ⟨f.11⟩ *Bauweise aus Stein oder Beton*

Maß|kon|fek|ti|on ⟨f.10⟩ *nach Maß gefertigte Oberbekleidung in einem Konfektionsgeschäft*

Maß|krug ⟨m.2⟩ *Krug, der einen Liter (meist Bier) faßt*

maß|lei|dig ⟨Adj.; südwestdt., schweiz.⟩ *verdrossen*

Maß|lieb|chen ⟨auch [mas-] n.7⟩ → *Gänseblümchen* [in ndrl. Mundarten *maagdelief(je)*, *maagdelieve* < *mndrl. matelieve* als Bez. für diese und einige ähnliche Blumen, vielleicht eigtl. „der Jungfrau Maria lieb"]

maß|los ⟨Adj., -er, am maßlosesten⟩ **1** *ohne Maß, unmäßig;* m. trinken **2** *ungeheuer, sehr;* er ist m. traurig **Maß|lo|sig|keit** ⟨f., -, nur Sg.⟩

Maß|nah|me ⟨f.11⟩ *Handlung, die etwas bewirken soll, Anordnung, Regelung;* die ~n in der Regierung; ~n ergreifen, treffen, um etwas zu verhindern

Mas|so|ra, Ma|so|ra ⟨f., -, nur Sg.⟩ *seit dem 6. Jahrhundert von jüdischen Schriftgelehrten aufgezeichnete textkritische Anmerkungen zum AT* [hebr.]

Mas|so|ret ⟨m.10⟩ *mit der Massora beschäftigter jüdischer Schriftgelehrter*

Maß|re|gel ⟨f.11⟩ *strenge Vorschrift, strenge Regelung;* ~n ergreifen, treffen

maß|re|geln ⟨V.1, hat gemaßregelt; mit Akk.⟩ *zurechtweisen, rügen, durch bestimmte Maßnahmen bestrafen;* einen Beamten, Angestellten m. **Maß|re|ge|lung** ⟨f.10⟩

Maß|stab ⟨m.2⟩ **1** *mit Längeneinheiten versehener Stab* **2** *Richtlinie, Vorbild;* einen strengen M. anlegen; jmds. Leistung nach hohen Maßstäben beurteilen; seine Handlungsweise ist für mich kein M. **3** ⟨Geogr.⟩ *Verhältnis gezeichneter Größen zu den wirklichen;* Karte im M. von 1:10000 cm

maß|stab(s)|ge|recht, maß|stab(s)|ge|treu ⟨Adj., o.Steig.⟩ *dem angegebenen Maßstab entsprechend*

Maß|sy|stem ⟨n.1⟩ *in sich abgestimmte Zusammenfassung von physikalischen Größen und die Ableitung aller anderen Größen davon*

maß|voll ⟨Adj.⟩ *das rechte Maß habend, nicht übertrieben;* ~es Handeln

Maß|werk ⟨n.1; got. Baukunst⟩ *geometrische Nachbildung von Füllen von Bogen*

Mast¹ ⟨m.12⟩ *senkrecht hochragendes Rundholz oder Stahlrohr* (Fahnen~, Schiffs~)

Mast² ⟨f.10⟩ **1** *das Mästen (von Tieren);* auch: *Mästung* **2** *Nahrung von Wildschweinen* (Eichel~)

Ma|sta|ba ⟨f.9⟩ *altägyptischer rechteckiger Grabbau* [arab.]

Mast|darm ⟨m.2⟩ *letzter Abschnitt des Darms;* Syn. Rektum, ⟨norddt.⟩ Schlackdarm [< mhd. *masdarm*, zu ahd. *maz* „Speise, Essen", also „Darm, der das verdaute Essen enthält"]

mä|sten ⟨V.2, hat gemästet⟩ **I** ⟨mit Akk.⟩ **1** *ein Tier m. mit Mastfutter füttern;* Geflügel, Schweine m. **2** *jmdn. m.* ⟨scherzh.⟩ *jmdm. zuviel zu essen geben* **II** ⟨refl.⟩ *sich m. zuviel essen und dick werden;* er mästet sich an Pasteten und Kaviar (während andere hungern müssen)

Ma|ster ⟨m.9⟩ **1** ⟨in England und in den USA⟩ *akademischer Grad, Magister;* M. of Arts **2** ⟨in England⟩ *Anrede für Knaben und junge Männer* **3** *Leiter einer Parforcejagd* **4** ⟨allg.⟩ *Leiter* (Quiz~, Show~) [engl., „Herr"]

Mä|ste|rei ⟨f.10⟩ **1** *Betrieb, in dem gemästet wird* (Schweine~) **2** ⟨scherzh.⟩ *lästiges, andauerndes Aufgefordertwerden zum Essen* (bei einem Besuch)

Mast|huhn ⟨n.4⟩ → *Poularde*

Ma|stiff ⟨m.9⟩ *schwerer, sehr großer englischer Hund mit kurzen Haaren, üblicherweise braun mit schwarzer Maske* (9) [engl., über das Altfranzösische < lat. *mansuetus* „zahm, an die Hand gewöhnt" < *manus* „Hand" und *suescere* „gewöhnen"]

Ma|sti|ka|tor ⟨m.13⟩ *Knetmaschine* [< lat. *masticare* „kauen"]

Ma|sti|tis ⟨f., -, -sti|ti|den⟩ *Brustdrüsenentzündung* [< griech. *mastos* „Brust(warze)" und ...*itis*]

Ma|stix ⟨m., -(es), nur Sg.⟩ *aus dem Mastixstrauch gewonnenes Harz* (für Lack, Kitt, Pflaster u. a.) [< lat. *masticare* < griech. *mastazein* „kauen", zu *mastax* „Mund, Mundvoll, Bissen"; das Harz wurde, z.B. in der Türkei, zum Kauen benutzt, um einen duftenden Atem zu erhalten]

Ma|stix|strauch ⟨m.4⟩ *immergrünes Pistaziengewächs der Macchia*

Mast|korb ⟨m.2⟩ → *Mars*

Mast|kur ⟨f.10⟩ *kurmäßige Ernährung zur Behebung von Untergewicht*

Mast|odon ⟨n., -s, -s oder -odon|ten⟩ *ausgestorbenes Rüsseltier, vielleicht Vorläufer des Elefanten* [< griech. *mastos* „Brustwarze" und *odous*, Gen. *odontos*, „Zahn"; die Kaufläche des Backenzahns hat die Form von Brustwarzen]

Mä|stung ⟨f.10⟩ → *Mast²*

Ma|stur|ba|ti|on ⟨f., -, nur Sg.⟩ *das Masturbieren, geschlechtliche Befriedigung;* Syn. Onanie, Selbstbefriedigung, (†) Ipsation, Ipsismus [< lat. *masturbari* in ders. Bed., eigtl. *manustuprare* „mit der Hand schänden", < *manus* „Hand" und *stuprare* „schänden, entehren"]

ma|stur|bie|ren ⟨V.3, hat masturbiert⟩ **I** ⟨o.Obj.⟩ *sich durch Reizen der Geschlechtsteile mit den Händen oder mit Hilfsmitteln in sexuelle Erregung versetzen;* Syn. onanieren, sich selbst befriedigen **II** ⟨mit Akk.⟩ *jmdn. m. jmdn. durch manuelles Reizen der Geschlechtsteile in sexuelle Erregung versetzen*

Ma|su|re ⟨m.11⟩ *Einwohner Masurens*

ma|su|risch ⟨Adj., o.Steig.⟩ *Masuren betreffend, zu ihm gehörig, aus ihm stammend;* ~e Sprache *eine westslawische Sprache*

Ma|sur|ka ⟨f., -, -s oder -ken⟩ → *Mazurka*

Ma|sut ⟨n., -s, nur Sg.⟩ *dunkler, zähflüssiger Rückstand bei der Destillation russischen Erdöls* [< russ. *mazut* in ders. Bed., aus dem Tatarischen]

Ma|ta|dor ⟨m.1⟩ **1** *Hauptkämpfer im Stierkampf, der dem Stier den Todesstoß gibt* **2** ⟨übertr.⟩ *hervorragender Mann, Sieger* [< span. *matador* „Töter, Stiertöter", zu *matar* „töten"]

Match ⟨[mɛtʃ] n.9, auch m.1⟩ *sportlicher Wettkampf, Wettspiel* [engl., eigtl. „der Gleiche, Ebenbürtige" sowie „Gegenstück", also „Spiel, Kampf unter Gleichen"]

Match|ball ⟨[mɛtʃ-] m.2; Tennis⟩ *das Spiel entscheidender Ball*

Ma|te ⟨m., -, nur Sg.⟩ *aus den Blättern des südamerikanischen Matestrauchs gewonnenes, leicht koffeinhaltiges Getränk;* Syn. Matetee [< Ketschua *mate, mati* „längliche, zum Trinken benutzte Schale aus Kürbis", danach gleichnamliger Aufguß, der daraus getrunken wird]

Ma|ter ⟨f.11⟩ *Papptafel mit der negativ eingeprägten Form des zu druckenden Bildes oder Schriftsatzes* [lat., „Mutter"]

Ma|ter do|lo|ro|sa ⟨f., - -, nur Sg.⟩ *schmerzensreiche Mutter, Darstellung der trauernden Gottesmutter*

ma|te|ri|al ⟨Adj., o.Steig.⟩ *stofflich, körperlich, wirklich vorhanden*

Ma|te|ri|al ⟨n., -s, -li|en⟩ **1** *Rohstoff, Baustoff;* aus was für einem M. ist dieser Stoff?; dauerhaftes M. für Gartenmöbel; gutes M. verwenden **2** *Zutaten;* M. für die Torte **3** *Hilfsmittel, Unterlagen, Belege;* M. für die Arbeit, Doktorarbeit sammeln [< lat. *materialis* „zur Materie gehörig", zu *materia*, → *Materie*]

Ma|te|ri|a|li|sa|ti|on ⟨f.10⟩ **1** *Verkörperung, Verstofflichung* **2** ⟨Okkultismus⟩ *angebliches Sichtbarmachen von Körpern, Geistererscheinung* **3** ⟨Phys.⟩ *Umwandlung von Energie in Materie*

ma|te|ri|a|li|sie|ren ⟨V.3, hat materialisiert⟩ **I** ⟨mit Akk.⟩ **1** *in Materieteilchen umwandeln;* Strahlungsenergie m. **2** ⟨Okkultismus⟩ *stofflich, körperlich machen, in eine körperliche Erscheinung umwandeln;* den Geist eines Verstorbenen m. **II** ⟨refl.⟩ *sich m.* ⟨Okkultismus⟩ *sich in eine körperliche Erscheinung verwandeln*

Ma|te|ri|a|lis|mus ⟨m., -, nur Sg.⟩ *philosophische Lehre, daß das rein Stoffliche, die Materie, das allein Wirkliche sei und Geist, Bewußtsein, Seele nur dessen Wirkung und Eigenschaft;* Ggs. Immaterialismus

Ma|te|ri|a|list ⟨m.10⟩ **1** *Anhänger des Materialismus* **2** *jmd., der überwiegend auf Besitz und Geld Wert legt*

ma|te|ri|a|li|stisch ⟨Adj.⟩ *zum Materialismus gehörig, in der Art des Materialismus*

Ma|te|ri|a|li|tät ⟨f., -, nur Sg.⟩ *Stofflichkeit, Stofflichsein;* Ggs. Immaterialität

Ma|te|ri|al|kon|stan|te ⟨f., -, nur Sg.⟩ *physikalische Größe, die die Beschaffenheit eines bestimmten Materials kennzeichnet* (z.B. Härte, Dichte)

Ma|te|ri|al|prü|fung ⟨f., -, nur Sg.⟩ → *Werkstoffprüfung*

Ma|te|ri|al|schlacht ⟨f.10⟩ **1** *Schlacht mit Einsatz vieler und schwerer Waffen* **2** ⟨scherzh.⟩ *Verschwendung von Gütern*

Ma|te|rie ⟨[-riə] f., -, nur Sg.⟩ **1** *Urstoff, Ungeformtes, Stoff* **2** ⟨Phys.⟩ *Stoff* (im Unterschied zur Energie und zum Vakuum) **3** ⟨Philos.⟩ *die außerhalb des Bewußtseins bestehende Wirklichkeit* **4** *Gegenstand, Thema* (einer Untersuchung, eines Arbeitsgebiets); sich mit der M. vertraut machen; eine schwierige M. [< lat. *materia* „Stoff, Nahrungs-, Brennstoff usw.", zu *mater* „Mutter" im Sinne von „nährende Mutter"]

ma|te|ri|ell ⟨Adj., o.Steig.⟩ **1** *zur Materie gehörend, stofflich;* Ggs. immateriell **2** ⟨übertr.⟩ *auf Besitz, Gewinn, Genuß bedacht;* er ist sehr m. eingestellt **3** *finanziell, geldlich;* es geht ihm m. gut, schlecht; sie haben (keine) ~en Sorgen

Ma|te|rie|wel|le ⟨[-riə-] f.11⟩ *Wellenform bewegter Materie* (als Darstellungsform)

ma|tern ⟨V.1, hat gematert; mit Akk.⟩ *etwas m. eine Mater von etwas herstellen;* ein Klischee, einen Schriftsatz m.

ma|tern ⟨Adj., o.Steig.; †⟩ *die Mutter, die Mutterschaft betreffend, mütterlich* [< lat. *maternus* „zur Mutter gehörig, mütterlich", zu *mater* „Mutter"] **Ma|ter|ni|tät** ⟨f., -, nur Sg.; †⟩ *Mutterschaft*

Ma|te|strauch ⟨m.4⟩ *südamerikanisches Stechpalmengewächs*

Ma|te|tee ⟨m., -s, nur Sg.⟩ → *Mate*

Ma|the ⟨f., -, nur Sg.; Schülerspr.; kurz für⟩ *Mathematik*

Ma|the|ma|tik ⟨auch [-tik] oder, bes. österr. [-ma|tik] f., -, nur Sg.⟩ *Wissenschaft von den Zahlen, den ebenen und räumlichen Figuren* [< griech. *mathematike techne* „Kunst des Lernens, Lehrens, Unterrichtens", zu *mathema* „das Gelernte, Gegenstand des Lernens, Kenntnisse, Wissen", zu *manthanein* „lernen"]

Ma|the|ma|ti|ker ⟨m.5⟩ *Könner, Wissenschaftler auf dem Gebiet der Mathematik*

ma|the|ma|tisch ⟨Adj., o.Steig.⟩ *die Mathematik betreffend, zu ihr gehörig, mit ihrer Hilfe*

Ma|ti|nee ⟨f.11⟩ *künstlerische Veranstaltung am Vormittag* [< frz. *matinée* < lat. *matutinum* „Morgen, Frühe", → *Mette*]

Mat|jes|he|ring ⟨m.1⟩ *junger, gesalzener Hering* [< ndrl. *maatjesharing* „Mädchenhering", weil er noch ohne Rogen oder Milch ist]

Ma|trat|ze ⟨f.11⟩ **1** *Teil des Bettes, mit Stahlfedern bespannter Rahmen* **2** *langes, rechteckiges Polster zum Liegen* [< ital. *materasso* < arab. *maṭraḥ* „Stelle, wo etwas hingeworfen wird (auf das man sich legen will)", auch „Kissen"]

Mä|tres|se ⟨f.11⟩ *vom Mann unterhaltene Geliebte* (bes. eines Fürsten) [< frz. *maîtresse*

matriarchalisch

„Herrin, Gebieterin; Geliebte", zu *maître* „Herr, Gebieter, Meister, Lehrer", < lat. *magister* „Meister, Leiter"]

ma|tri|ar|cha|lisch ⟨Adj., o.Steig.⟩ *auf dem Matriarchat beruhend*

Ma|tri|ar|chat ⟨n.1⟩ *Gesellschaftsform, in der die Mutter die bevorrechtete Stelle in Familie und Staat einnimmt*; Syn. Mutterherrschaft; Ggs. Patriarchat [< lat. *mater*, Gen. *matris*, „Mutter" und griech. *arche* „Herrschaft"]

Ma|tri|kel ⟨f.11⟩ *Verzeichnis (z.B. der Studenten einer Universität, der Gemeindemitglieder eines Pfarrbezirks)* [< lat. *matricula* „öffentliches Verzeichnis", zu *matrix* „Verzeichnis", zu *mater*, Gen. *matris*, „Mutter" im Sinne von „Quelle"]

Ma|trix ⟨f., -, -tri|zen⟩ **1** *Darstellungsform aus einer Folge von senkrechten Spalten und waagerechten Reihen (z.B. in der Linguistik, Wirtschaftstheorie)* **2** ⟨Math.⟩ *entsprechende Anordnung von Elementen mit eigenen Rechengesetzen* **3** ⟨bei Wirbeltieren⟩ *Nagel- bzw. Krallenbett* **4** *Hülle der Chromosomen* **5** *Grundsubstanz, in die ein anderer Stoff (z.B. Mineral) eingebettet ist* [lat., „Gebärmutter", zu *mater* „Mutter"]

Ma|tri|ze ⟨f.11⟩ *Metall-, Papp- oder Wachsform mit eingeprägtem Bild oder Schriftzeichen*; vgl. Patrize [< lat. *mater*, Gen. *matris*, „Mutter"; bei der Matrize ist das Bild vertieft eingeprägt, sie nimmt also Material auf, im Unterschied zur Patrize, dem einprägenden Stempel]

Ma|tro|ne ⟨f.11⟩ *ältere, ehrwürdige Frau* [< lat. *matrona* „verheiratete, ehrbare Frau", zu *mater*, Gen. *matris*, „Mutter"]

ma|tro|nen|haft ⟨Adj., -er, am matronenhaftesten⟩ *in der Art einer Matrone, etwas dick und schwerfällig*

Ma|tro|se ⟨m.11⟩ **1** *jmd., der seemännisch ausgebildet, Mitglied einer Schiffsbesatzung ist* **2** ⟨Kriegsmarine⟩ **a** ⟨nur Sg.⟩ *unterster Mannschaftsdienstgrad* **b** *Träger dieses Dienstgrads* [< ndrl. *matroos* ≤ frz. *matelot* (ältere Form *matenot*) „Matrose", urspr. „Kamerad", < mndrl. *mattenoot* „Mattenbett, Schlafgenosse", < *matte* „Matte" und *ghenoot* „Genosse, Geselle, Gleicher im Rang"]

Ma|tro|sen|an|zug ⟨m.2⟩ **1** *Uniform der Matrosen mit sehr breitem, über Schultern und Rücken reichendem, offenem Kragen* **2** ⟨früher⟩ *Anzug für Knaben in der Art der Matrosenuniform*

matsch ⟨Adj., o.Steig.; nur als Adv. und mit „sein"; ugs.⟩ **1** *faul, morsch; der Apfel ist m.* **2** ⟨übertr.⟩ *erschöpft, erledigt, sehr müde* **3** ⟨Kart.⟩ *verloren, besiegt* [zu Matsch¹]

Matsch¹ ⟨m., -(e)s, nur Sg.⟩ *halbgetauter, schmutziger Schnee, dickflüssiger Schmutz* [lautmalend]

Matsch² ⟨m., -(e)s, nur Sg.; Kart.⟩ *völliger Verlust eines Spielers* [ältere Form *Martsch*, < ital. *marcio* „faul, verdorben, Fäulnis"]

mat|schen ⟨V.1, hat gematscht; o.Obj.; ugs.⟩ **1** *mit Wasser, nassem Sand spielen* **2** *mit Flüssigkeit Schmutz machen*

mat|schig ⟨Adj.; ugs.⟩ **1** *voller Matsch, breiig-schmutzig; der Weg ist m.* **2** *weich und faulig; die Birne ist m.*

matt ⟨Adj., -er, am mattesten⟩ **1** *schwach, kraftlos, müde; der Kranke ist noch sehr m.; mit ~en Gliedern ankommen; mit ~er Stimme sprechen* **2** *ohne Glanz, nicht spiegelnd; der Spiegel ist schon ganz m.* **3** *gedämpft, nicht leuchtend; ~es Licht; ~e Farben* **4** ⟨übertr.⟩ *schwach, wenig überzeugend; eine ~e Ausrede; ~e Angriffe* **5** ⟨o.Steig.⟩ ⟨Schach⟩ *besiegt*; vgl. Schach

Matt ⟨n., -s, nur Sg.; Schach⟩ *Bewegungsunfähigkeit des Königs und damit Ende des Spiels*

matt|blau ⟨Adj., o.Steig.⟩ *von stumpfem Blau*

Mat|te¹ ⟨f.11⟩ *geflochtener oder gewebter Fußbodenbelag* [< lat. *matta* „grobe Decke"]

Mat|te² ⟨f.11⟩ *Almwiese* [< mhd. *mate*, *matte* „Wiese", zu *mat* „das Mähen, das zu Mähende"]

Matt|glas ⟨n.4⟩ *maschinell hergestelltes Glas, dessen Oberfläche durch Ätzen oder mechanisch aufgerauht wurde*

Matt|gold ⟨n., -(e)s, nur Sg.⟩ *stumpfes Gold*

matt|gol|den ⟨Adj., o.Steig.⟩ *aus Mattgold*

Matt|häi ⟨Gen. von Matthäus; dann ist M. am letzten ⟨ugs.⟩ *dann ist Schluß, dann ist es aus, dann ist das Geld zu Ende*⟩ [mit Bezug auf das letzte Kapitel des Matthäusevangeliums]

Matt|heit ⟨f., -, nur Sg.⟩ *das Mattsein*

matt|her|zig ⟨Adj.⟩ *ohne innere Kraft*

mat|tie|ren ⟨V.3, hat mattiert; mit Akk.⟩ *etwas m.* **1** *matt machen, den Glanz von etwas nehmen; Furnier, Möbel m.; mattiertes Nußbaumholz* **2** *undurchsichtig machen; mattiertes Glas*

Mat|tie|rung ⟨f., -, nur Sg.⟩

Mat|tig|keit ⟨f., -, nur Sg.⟩ *Schwäche, Kraftlosigkeit, Müdigkeit*

Matt|schei|be ⟨f.11⟩ **1** *Scheibe aus Mattglas* **2** ⟨nur Sg.; übertr.⟩ *vorübergehende Trägheit im Denken, Mangel an Aufnahmefähigkeit; M. haben* **3** *Bildschirm des Fernsehgeräts; vor der M. sitzen*

Ma|tur ⟨n., -s, nur Sg.; †⟩, **Ma|tu|ra** ⟨f., -, nur Sg.; österr., schweiz.⟩ → Abitur [zu Matur]

Ma|tu|rand ⟨schweiz.⟩, **Ma|tu|rant** ⟨m.10; österr.⟩ → Abiturient

ma|tu|rie|ren ⟨V.3, hat maturiert; o.Obj.; †⟩ *die Reifeprüfung ablegen* [zu Matur]

Ma|tu|ri|tät ⟨f., -, nur Sg.⟩ **1** ⟨†⟩ → Reife **2** ⟨schweiz.⟩ *Hochschulreife* [< lat. *maturitas*, Gen. *-atis*, „Reife, vollkommene Entwicklung", zu *maturus* „reif", eigtl. „rechtzeitig"]

Ma|tu|rum ⟨n., -s, nur Sg.; †⟩ → Abitur [zu Maturität]

Ma|tu|tin ⟨f.1 oder f.10⟩ *nächtliches Stundengebet* [→ Mette]

Matz ⟨m.2; ugs., scherzh.⟩ *kleiner Kerl, Kerlchen (Hosen~, Hemden~)*

Mätz|chen ⟨n.7⟩ *Verkleinerungsform von Matz* **2** ⟨Pl.⟩ **a** *Unfug, Possen; mach keine M.!* **b** *Kunstgriffe, kleine Gesten, die Staunen oder Bewunderung erregen sollen; mach nicht solche M.!*

Mat|ze ⟨f.11⟩, **Mat|zen** ⟨m.7⟩ *ungesäuertes Osterbrot (der Juden)* [< hebr. *maṣṣā*, „ungesäuerter Brotfladen", wahrscheinlich aus dem Kanaanäischen]

mau ⟨Adj.; nur als Adv. und mit „sein"; ugs.⟩ **1** *nicht wohl, unwohl; mir ist m.* **2** *dürftig; das Geschäft geht m.*

mau|en ⟨V.1, hat gemaut; o.Obj.; schweiz.⟩ → miauen

Mau|er ⟨f.11⟩ **1** ⟨Bautechnik⟩ **a** *aus Steinen mit Mörtel senkrecht aufgeführter Baukörper* **b** *aus erhärteten Stoffen gegossener flächiger Baukörper* **2** ⟨Sport⟩ **a** *Hindernis (bei Springprüfungen)* **b** *Sicherung des Tors durch mehrere nebeneinanderstehende Spieler* [< lat. *murus* „Mauer"]

Mau|er|blüm|chen ⟨n.7; übertr.⟩ *Mädchen, das beim Tanzen wenig oder gar nicht aufgefordert wird*

Mau|er|fraß ⟨m., -es, nur Sg.⟩ *Zersetzung des Mauerwerks durch Mauersalpeter*

Mau|er|kro|ne ⟨f.11⟩ *oberer Abschluß der Mauer*

Mau|er|läu|fer ⟨m.5⟩ *an Felsen kletternder Hochgebirgsvogel mit rot-schwarz-weißen Flügeln*

mau|ern ⟨V.1, hat gemauert⟩ **I** ⟨mit Akk.⟩ *aus Steinen und Mörtel herstellen; gemauertes Becken* **II** ⟨o.Obj.⟩ **1** ⟨Kart.⟩ *Karten zurückhalten, vorsichtig spielen* **2** ⟨Sport⟩ *das Tor mit allen Spielern verteidigen*

Mau|er|pfef|fer ⟨m., -s, nur Sg.⟩ *(u.a. in Mauern wachsendes) Dickblattgewächs mit gelben Blüten*

Mau|er|sal|pe|ter ⟨m., -s, nur Sg.⟩ *weißliche Ausblühung an Mauern*

Mau|er|seg|ler ⟨m.5⟩ *schwalbenähnlicher, schwärzlicher Vogel mit langen, sichelförmigen Flügeln*

Mau|er|speis ⟨m., -, nur Sg.; süddt.⟩ → Mörtel

Mau|er|stein ⟨m.1⟩ *(gebrannter oder ungebrannter) Stein zur Errichtung von Mauerwerk*

Mau|er|werk ⟨n., -(e)s, nur Sg.⟩ *Gesamtheit der Mauern*

Mau|ke¹ ⟨f.11⟩ **1** ⟨nur Sg.⟩ *bei Huf- und Klauentieren⟩ Hautentzündung an den Füßen* **2** ⟨berlin.; scherzh.⟩ *Fuß; nimm deine ~ vom Tisch* [zu mundartl. Wörtern wie schweiz. *mauch*, „morsch, weich"]

Mau|ke² ⟨f., -, nur Sg.; sächs.; nur in verneinenden Sätzen⟩ *Lust, Laune*

Maul ⟨n.4⟩ **1** ⟨bei Tieren außer Vögeln⟩ → Mund; Syn. ⟨bei Hund und Raubtier⟩ Fang **2** ⟨bei Menschen; derb⟩ Mund; *das M. aufreißen prahlen; halt's M.! sei still!; das große M. haben großsprecherische Reden führen; er hat für drei hungrige Mäuler zu sorgen für drei Kinder; die Leute zerreißen sich die Mäuler darüber die Leute klatschen darüber*

Maul|af|fen ⟨Pl.; ugs.; nur in der Wendung⟩ *M. feilhalten mit offenem Mund untätig herumstehen und gaffen* [Maulauf, Maulaffe hießen früher Nachbildungen eines Menschenkopfes aus Ton, die man an der Wand aufhängte und in deren offenen Mund man einen Kienspan steckte]

Maul|beer|baum ⟨m.2⟩ *(als Baum oder Strauch wachsendes) südeuropäisches Gehölz, dessen Blätter als Nahrung für Seidenraupen dienen*

Maul|bee|re ⟨f.11⟩ *längliche, brombeerähnliche Frucht des Maulbeerbaums; Schwarze M.; Weiße M.* [volksetymolog. Umdeutung < mhd. *mulber*, ahd. *murberi* < lat. *morum* < griech. *moron* „Brombeere, Maulbeere"]

Maul|brü|ter ⟨m.5⟩ *Fisch, der die Eier und Embryonen im Maul aufbewahrt, bis die Jungen schwimmen können (z.B. einige Buntbarsche)*

Mäul|chen ⟨n.7⟩ **1** ⟨bei Tieren⟩ *kleines Maul* **2** ⟨bei Menschen, bes. Kindern; liebevoll-scherzh.⟩ *Mund, kleiner Mund*

mau|len ⟨V.1, hat gemault; o.Obj.; ugs.⟩ *trotzig, mürrisch reden, leise aufbegehren; er mault, weil er nicht mitkommen will*

Maul|esel ⟨m.5⟩ *Kreuzung von Pferdehengst und Eselstute*; vgl. Maultier

maul|faul ⟨Adj.; ugs.⟩ *zu faul, zu träge zum Reden*

Maul|hän|ger ⟨m.5; ugs.⟩ *mürrischer, übellauniger Mensch*

maul|hän|ge|risch ⟨Adj.; ugs.⟩ *mürrisch, übellaunig*

Maul|held ⟨m.10; ugs.⟩ *Prahler, Wichtigtuer*

Maul|korb ⟨m.2⟩ *Riemenwerk, das dem Hunden umgebunden wird, um sie am Beißen zu hindern*; Syn. Beißkorb; *jmdm. einen M. umbinden* ⟨übertr.⟩ *jmdn. hindern, seine Meinung öffentlich zu äußern*

Maul|schel|le ⟨f.11; ugs.⟩ → Ohrfeige

Maul|sper|re ⟨f., -, nur Sg.⟩ **1** ⟨Tiermedizin⟩ *Handgerät zum Sperren und Offenhalten des Mauls großer Säugetiere* **2** ⟨ugs.⟩ *Krampf im Bereich der Unterkiefermuskulatur, so daß der Mund sich nicht geschlossen werden kann; er hat fast die M. bekommen, als er das hörte* ⟨ugs.⟩ *er war so erstaunt, daß ihm der Mund offenblieb*

Maul|ta|schen ⟨Pl.⟩ *mit Fleisch oder Gemüse gefüllte Teigstückchen (als Speise)*

Maul|tier ⟨n.1⟩ *Kreuzung zwischen Eselhengst und Pferdestute*; vgl. Maulesel [< lat. *mulus* in ders. Bed.]

Maul|trom|mel ⟨f.11⟩ asiatisches Musikinstrument aus einem Stahlrahmen, der zwischen den Zähnen gehalten, und einer Metallfeder, die mit dem Finger angerissen wird, der Ton wird durch die Stimme erzeugt; Syn. Brummeisen

Maul- und Klau|en|seu|che ⟨f.11⟩ eine Infektionskrankheit der Klauentiere mit Bläschen und Geschwüren im und am Maul; auch: ⟨kurz⟩ Klauenseuche; Syn. Aphtenseuche, ⟨schweiz.⟩ Stallfeind

Maul|werk ⟨n., -(e)s, nur Sg.; derb⟩ Mundwerk

Maul|wurf ⟨m.2⟩ kleiner Insektenfresser mit samtigem, schwarzem Fell und zu Grabschaufeln ausgebildeten Vorderbeinen; Syn. ⟨oberdt.⟩ Scher [volksetymolog. Umdeutung < ahd. mulwerf, multwerf ,,Tier, das Hügel aufwirft", < angelsächs. muga, muha ,,Hügel, Haufen" und ahd. werfan ,,werfen"]

Maul|wurfs|gril|le ⟨f.11⟩ wurzelfressende Grille mit schaufelartigen Vorderbeinen; Syn. Werre

Maul|wurfs|hau|fen ⟨m.7⟩, **Maul|wurfs|hü|gel** ⟨m.5⟩ vom Gänge grabenden Maulwurf aufgeworfener Haufen lockerer Erde

Mau-Mau¹ ⟨Pl.⟩ Geheimbund, Terrororganisation in Kenia zur Vertreibung der Europäer und Erringung der Unabhängigkeit

Mau-Mau² ⟨n., -, nur Sg.⟩ ein Kartenspiel [nach dem Ruf Mau-Mau des das Spiel beendenden Spielers]

maun|zen ⟨V.1, hat gemaunzt; o.Obj.⟩ 1 → miauen 2 ⟨übertr.⟩ weinerlich reden (von kleinen Kindern)

Mau|re ⟨m.11⟩ 1 ⟨in der Antike⟩ Berber 2 ⟨MA⟩ Berber-Araber 3 ⟨heute⟩ Einwohner von Mauretanien

Mau|rer ⟨m.5⟩ jmd., der berufsmäßig Mauerwerk herstellt

Mau|res|ke ⟨f.11⟩ Ornament aus stilisierten, verschlungenen Blättern und Ranken; auch: Moreske [< frz. mauresque in ders. Bed., zu Maure]

mau|risch ⟨Adj., o.Steig.⟩ zu den Mauren gehörend, die Mauren betreffend, in der Art der Mauren

Maus ⟨f.2⟩ 1 (meist grau oder bräunlich gefärbtes) kleines Nagetier mit spitzer Schnauze, großen Ohren und langem, nacktem Schwanz (Feld~, Haus~, Wald~); da beißt die M. keinen Faden ab daran ist nichts zu ändern, das ist unumgänglich; weiße M. ⟨übertr., ugs., scherzh.⟩ Polizist in teilweise weißer Uniform; im Delirium weiße Mäuse sehen ⟨ugs.⟩ Wahnvorstellungen haben; naß wie eine gebadete M. völlig durchnäßt 2 Bedienelement moderner Computer, mit dem die einzelnen Computerfunktionen angesteuert werden können

Mau|schel ⟨m.5; Spottname für⟩ Jude [jidd. Form für Moses]

mau|scheln ⟨V.1, hat gemauschelt; o.Obj.⟩ 1 jiddisch reden 2 ⟨ugs.⟩ unverständlich reden 3 Mauscheln spielen 4 ⟨ugs.⟩ undurchsichtige Geschäfte machen [zu Mauschel ⟨jid. Form⟩, < Mausche, der aschkenas. Aussprache von hebr. Mosche ,,Moses"]

Mauscheln ⟨n., -s, nur Sg.⟩ ein Kartenspiel

mäus|chen|still ⟨Adj.⟩ ganz, völlig still

Mäu|se|bus|sard ⟨m.1⟩ mäusefressender Greifvogel mit runden Schwingen, dunkelbraunem Gefieder und weißen Flecken an der Unterseite; auch: ⟨kurz⟩ Bussard

Mäu|sel|ge|schmack ⟨m., -(e)s, nur Sg.⟩ Weinfehler, bei dem der schlechter Geschmack mit einem Geruch nach Mäusen verbunden ist

Mau|se|loch ⟨n.4⟩ von einer Maus gegrabenes Loch; er hätte in ein M. kriechen mögen er hätte sich am liebsten irgendwo verstecken (weil ihm die Sache so peinlich war)

mau|sen ⟨V.1, hat gemaust⟩ I ⟨o.Obj.⟩ Mäuse fangen II ⟨mit Akk.; ugs.⟩ ⟨geringfügig⟩ stehlen; Syn. mopsen

Mau|ser¹ ⟨f., -, nur Sg.⟩ Federwechsel der Vögel; Syn. ⟨bei jagdbaren Vögeln⟩ Rauhe [zu sich mausern ,,die Federn wechseln", < mhd. muzen, ahd. muzon in ders. Bed., auch ,,wechseln, tauschen", < lat. mutare ,,verändern, vertauschen, verwandeln"]

Mau|ser² ⟨f., -, -⟩ selbstladende Handfeuerwaffe (~gewehr, ~pistole) [nach den Waffenkonstrukteuren P. und W. Mauser]

Mäu|se|rich ⟨m.1; scherzh.⟩ männliche Maus

mau|sern ⟨V.1, hat gemausert; refl.⟩ sich m. 1 die Federn wechseln; der Vogel mausert sich 2 ⟨übertr., ugs.⟩ sich gut entwickeln; er hat sich zu einem netten jungen Mann gemausert

Mau|se|rung ⟨f., -, nur Sg.⟩ das Sichmausern (1)

mau|se|tot ⟨Adj., o.Steig.; ugs.⟩ ganz tot [wohl in Anlehnung an ,,Maus"; vielleicht < hebr. maweth ,,Tod", also verstärkend ,,ganz und gar tot"]

Mau|se|zähn|chen ⟨Pl.; Häkeln⟩ gezähntes Muster (an der Kante)

mau|sig ⟨nur in der Wendung⟩ sich m. machen keck, vorlaut sein, aufmucken [< frühnhd. maußig ,,flink, anstellig" (von Dienstboten), zu mhd. muzære, mûzek ,,Jagdfalke nach der Mauser", d.h. Falke, der die mit der Mauser verbundene Unlust und Trägheit überwunden hat und wieder lebhaft und zur Jagd tauglich ist; → Mauser¹]

Mau|so|le|um ⟨n., -s, -le|en⟩ monumentales Grabmal [nach dem Grabmal des Königs Mausolos von Karien (gestorben 353 v.Chr.) in Halikarnaß (Kleinasien)]

Maut ⟨f.10⟩ 1 ⟨†⟩ Zoll 2 ⟨österr.⟩ Gebühr für die Benutzung einer Straße oder Brücke [< mhd. mute ,,Zoll(station)", < ahd. muta < mlat. muta ,,Zoll"]

mauve ⟨[mov] Adj., o.Steig., o.Dekl.⟩ malvenfarben

Mau|ve|in ⟨[move-] n., -s, nur Sg.⟩ violetter Anilinfarbstoff (erster synthetischer Farbstoff) [zu mauve]

mau|zen ⟨V.1, hat gemauzt⟩ → miauen

m.a.W. ⟨Abk. für⟩ mit anderen Worten

Ma|xi ⟨o.Art.⟩ knöchellange Rock- und Mantelmode, knöchellange Kleidung; sie trägt M. [zu Maximum]

Ma|xil|la ⟨f., -, -lae [-le:]⟩ 1 ⟨bei Gliedertieren⟩ Teil der Mundwerkzeuge 2 ⟨bei Wirbeltieren und beim Menschen⟩ Oberkieferknochen [lat., ,,Kinnbacken", über unbelegte Zwischenformen Verkleinerungsform von mala ,,Kinnbacken, Backe"]

ma|xil|lar ⟨Adj., o.Steig.⟩ zur Maxilla gehörig

Ma|xi|ma ⟨Pl. von⟩ Maximum

ma|xi|mal ⟨Adj., o.Steig.⟩ größt..., höchst...; ~e Geschwindigkeit; die m. zulässige Belastung

Maxi|mal... ⟨in Zus.⟩ Höchst..., z.B. Maximalgeschwindigkeit, Maximaldosis

Ma|xi|me ⟨f.11⟩ Grundsatz, Lebensregel [< lat. maxime ,,im höchsten Grade, am meisten, höchstens", Superlativ von magnus ,,groß, hoch"]

ma|xi|mie|ren ⟨V.3, hat maximiert; mit Akk.⟩ etwas m. das Maximum von etwas anstreben, auf den höchstmöglichen Stand bringen; Ggs. minimieren; den Gewinn, die Wirkung von etwas m. [zu Maximum]

Ma|xi|mie|rung ⟨f., -, nur Sg.⟩

Ma|xi|mum ⟨n., -s, -ma⟩ das Höchste, Höchstwert; Ggs. Minimum [Neutr. von lat. maximus ,,der höchste, größte", zu magnus ,,groß, hoch"]

Ma|xi|mum-Mi|ni|mum-Ther|mo|me|ter ⟨n.5⟩ Thermometer, das die an einem Tag gemessene höchste und niedrigste Temperatur anzeigt

Ma|ya I ⟨m., -(s), -(s)⟩ Angehöriger eines vorkolumbianischen Indianervolks in Mittelamerika mit hoher Kultur II ⟨n., -, nur Sg.⟩ dessen Sprache

May|day ⟨[meidei] n., -, nur Sg.; neue Bez. für⟩ SOS [anglisiert < frz. m'aidez ,,helft mir"]

Ma|yon|nai|se ⟨[-nɛːz] f.11⟩ kalte, gewürzte Soße aus Eidotter und Öl; auch: Majonäse [< frz. mayonnaise, ältere Form mahonnaise, angeblich nach der Hafenstadt Mahón auf Menorca, wo 1756 ein Koch für ein Festmahl eine besondere Soße erfand, die er Sauce Mahonnaise nannte]

May|or ⟨[mɛə] m.9; in England und in den USA⟩ Bürgermeister

MAZ ⟨f., -, nur Sg.⟩ durch elektrische Bildimpulse auf Magnetband gespeicherte Fernsehsendung; die MAZ ablaufen lassen [Kurzw. < magnetische Bildaufzeichnung]

Ma|ze|do|ni|er ⟨m.5⟩ → Makedonier

Mä|zen ⟨m.1⟩ reicher Förderer von Künstlern, Gönner [nach dem Römer Gaius Cilnius Maecenas (69–8 v.Chr.), Freund des Augustus und Gönner von Gelehrten und Dichtern]

Mä|ze|na|ten|tum ⟨n., -s, nur Sg.⟩ Einstellung, Handeln eines Mäzens, Förderung von Künstlern durch einen Mäzen

Ma|ze|ra|ti|on ⟨f.10⟩ Verfahren zur Auflösung von organischem Gewebe (für Extrakte, Fasergewinnung, mikroskopische Präparate) [< lat. macerare ,,weich, mürbe machen, einweichen"]

ma|ze|rie|ren ⟨V.3, hat maceriert; mit Akk.⟩ der Mazeration unterwerfen

Ma|zis ⟨m., -, nur Sg.⟩, **Ma|zis|blü|te** ⟨f.11⟩ getrocknete Samenhülle der Muskatnuß, Gewürz und Heilmittel; auch: Macis [frz.]

Ma|zur|ka ⟨[-sʊr-] f., -, -s oder -ken⟩ polnischer Nationaltanz; auch: Masurka [< poln. mazurka ,,masurischer Tanz"]

mb, mbar ⟨Zeichen für⟩ Millibar

mbH ⟨Abk. für⟩ mit beschränkter Haftung

Mc ⟨Abk. für⟩ Mac

m.c. ⟨Abk. für⟩ mensis currentis

Md ⟨chem. Zeichen für⟩ Mendelevium

MD ⟨Abk. für⟩ Musikdirektor

Md. ⟨Abk. für⟩ Milliarde(n)

m.d. ⟨Abk. für⟩ mano destra

MdB, M.d.B. ⟨Abk. für⟩ Mitglied des Bundestags

MdL, M.d.L. ⟨Abk. für⟩ Mitglied des Landtags

MdV, M.d.V. ⟨Abk. für⟩ Mitglied der Volkskammer (der DDR)

m.E. ⟨Abk. für⟩ meines Erachtens

mea cul|pa ⟨es ist⟩ meine Schuld [lat.]

Me|cha|nik ⟨f.10⟩ 1 Wissenschaft vom Gleichgewicht und den Bewegungen der Körper unter dem Einfluß von Kräften 2 Getriebe, Triebwerk [< lat. mechanicus < griech. mechanikos ,,zu Maschinen gehörig, erfinderisch", zu mechane ,,künstliche Vorrichtung, Werkzeug, Hilfsmittel", zu mechos ,,Mittel, Hilfsmittel"]

Me|cha|ni|ker ⟨m.5⟩ 1 jmd., der berufsmäßig Maschinen zusammenbaut, repariert und bedient 2 Metallfacharbeiter, Feinschlosser

Me|cha|ni|kus ⟨m.1; scherzh.⟩ erfindungsreicher Bastler

me|cha|nisch ⟨Adj., o.Steig.⟩ 1 zu einem Mechanismus gehörig, durch einen Mechanismus bewirkt, mit Hilfe eines Mechanismus; ~e Geräte, Musikinstrumente 2 durch physikalische Kräfte bewirkt; ~e Beanspruchung, ~e Abnutzung, ~e Reize 3 die Mechanik betreffend, hinsichtlich der Mechanik; diese Uhr ist ein Meisterstück; im Gegensatz dazu 4 ohne nachzudenken, gewohnheitsmäßig; das tue ich ganz m.; dieser Ablauf geht ganz m. vor sich

me|cha|ni|sie|ren ⟨V.3, hat mechanisiert; mit Akk.⟩ auf Maschinenbetrieb umstellen;

Mechanismus

einen Betrieb m. **Me|cha|ni|sie|rung** ⟨f., -, nur Sg.⟩

Me|cha|nis|mus ⟨m., -, -men⟩ **1** Einrichtung, die zwangsläufig, durch ihren Aufbau bedingte Bewegungen ausführt, Getriebe, Triebwerk **2** gewohnheitsmäßiger Ablauf (z. B. von Vorgängen in Behörden und Verwaltungen, von Reaktionen und Gegenreaktionen)

me|cha|nis|tisch ⟨Adj., o.Steig.⟩ nur mechanische Ursachen anerkennend; ~e Naturauffassung Auffassung, daß alles Naturgeschehen nur auf mechanischen Vorgängen von Masse und Bewegung beruhe

meckern ⟨-k|k-; V.1, hat gemeckert; o.Obj.⟩ **1** helle, kurze Laute von sich geben; die Ziege meckert **2** in hellen, harten Tönen lachen **3** ⟨übertr., ugs.⟩ etwas auszusetzen haben, Unzufriedenheit, Mißfallen äußern; meckre nicht so viel!

Me|dail|le ⟨[-daljə] f.11⟩ **1** Gedenk-, Schaumünze ohne Geldwert **2** Ehrenzeichen (Rettungs~); die Kehrseite der M. die unangenehme Seite der Sache [< frz. médaille in ders. Bed., < vulgärlat. *moneta *metallia ,,Münze aus Metall'', zu lat. metallum ,,Metall'', wobei der Wandel von t zu d durch Entlehnung aus dem Galloromanischen zu erklären ist]

Me|dail|leur ⟨[-daljør] m.1⟩ Künstler, der Stempel zum Prägen von Medaillen herstellt

Me|dail|lon ⟨[-daljõ] n.9⟩ **1** rundes oder ovales, gerahmtes Bildchen **2** runde oder ovale Kapsel für Bild oder Andenken (als Anhänger) **3** rundes oder ovales Ornament **4** runde Fleischschnitte (meist Filetstück)

Me|dia I ⟨f., -, -diä oder -di|en⟩ **1** stimmhafter Verschlußlaut, b, d, g **2** mittlere Schicht der Gefäßwand (von Blut- und Lymphgefäßen) II ⟨Pl. von⟩ Medium

me|di|al ⟨Adj., o.Steig.⟩ **1** zur Mitte hin, in der Mitte **2** ⟨Okkultismus⟩ die Eigenschaften eines Mediums besitzend

Me|dia-Mann ⟨m.4; Werbung⟩ Fachmann für Auswahl und Ausnutzung von Medien [→ mediäval]

me|di|an ⟨Adj., o.Steig.⟩ nach der Mittellinie des Körpers zu gelegen [< lat. medianus ,,in der Mitte befindlich'']

Me|di|a|ne, Me|di|an|ebe|ne ⟨f.11⟩ Symmetrieebene (eines Körpers)

Me|di|an|te ⟨f.11⟩ **1** dritte Stufe, Mittelton der Tonleiter **2** der darauf errichtete Dreiklang [ital., < lat. medians, Gen. -antis, Part. Präs. von mediare ,,halbieren, in der Mitte teilen'']

Me|di|an|wert ⟨m.1⟩ Mittelwert

me|di|at ⟨Adj., o.Steig.⟩ **1** ⟨†⟩ mittelbar **2** ⟨im alten Deutschen Reich⟩ einem Reichsstand (nicht dem Reich direkt) unterstehend

Me|dia|ti|on ⟨f.10⟩ Vermittlung, vermittelndes Dazwischentreten [< lat. mediatio, Gen. -onis, ,,Vermittlung'', zu medius ,,in der Mitte stehend, mitten'']

me|dia|ti|sie|ren ⟨V.3, hat mediatisiert; mit Akk.; 19.Jh.⟩ aus der reichsunmittelbaren Stellung entfernen und der Landeshoheit unterwerfen; die Reichsstädte m. **Me|dia|ti|sie|rung** ⟨f., -, nur Sg.⟩

Me|dia|tor ⟨m.13; †⟩ Vermittler

me|dia|to|risch ⟨Adj., o.Steig.; †⟩ vermittelnd

me|di|äval ⟨Adj., o.Steig.⟩ mittelalterlich [< neulat. medium aevum ,,Mittelalter'']

Me|di|äval ⟨[-di:ɛval] f., -⟩ eine Antiqua-Druckschrift

Me|di|ävist ⟨m.10⟩ Kenner, Erforscher des Mittelalters [→ mediäval]

Me|di|ävi|stik ⟨f., -, nur Sg.⟩ Erforschung des Mittelalters

me|di|ce|isch ⟨[-tʃe-] Adj., o.Steig.⟩ zu den Medici gehörend, von den Medici stammend

Me|di|en **1** ⟨Pl. von⟩ Media (1,2) **2** ⟨Pl. von⟩ Medium

Me|di|en|ver|bund ⟨m., -(e)s, nur Sg.⟩ Verbindung verschiedener Medien (z. B. Buch, Lichtbild, Schallplatte und Tonband); im M. unterrichten

Me|di|ka|ment ⟨n.1⟩ Arznei-, Heilmittel [< lat. medicamentum ,,Heilmittel'', mit Infix ...men... zur Bez. eines Mittels oder Werkzeugs zu medicari ,,Arzt sein, heilen'', zu medicus ,,Arzt'']

me|di|ka|men|tös ⟨Adj., o.Steig.⟩ mit Hilfe von Medikamenten; ~e Behandlung

Me|di|ka|ster ⟨m.5⟩ schlechter Arzt [< lat. medicus ,,Arzt'' und dem Suffix ...aster zur Bez. von etwas Negativem bei Personen]

Me|di|ka|ti|on ⟨f.10⟩ Verabreichung von Medikamenten

Me|di|kus ⟨m., -, -zi; scherzh.⟩ Arzt [< lat. medicus ,,Arzt'']

me|dio, Me|dio ⟨Kaufmannspr.⟩ Mitte, 15. (bzw. 14.) eines Monats; medio Mai; Medio Mai

me|dio|ker ⟨Adj., o.Steig.⟩ mittelmäßig; eine mediokre Leistung [< lat. mediocris ,,einigermaßen das Maß haltend, mäßig, mittelmäßig'', zu medius ,,in der Mitte stehend'']

Me|dio|kri|tät ⟨f., -, nur Sg.⟩ Mittelmäßigkeit

Me|dio|wech|sel ⟨m.5⟩ Mitte eines Monats fälliger Wechsel

Me|di|sance ⟨[-zãs] f.11; †⟩ Verleumdung, üble Nachrede [< frz. médisance in ders. Bed., zu médire ,,Böses reden, übel nachreden'', < altfrz. maldire ,,verfluchen'', →vermaledeien]

me|di|sant ⟨Adj., -er, am medisantesten; †⟩ schmähsüchtig, klatschsüchtig

Me|di|ta|ti|on ⟨f.10⟩ **1** religiöse, mystische Versenkung **2** tiefes Nachsinnen, sinnende Betrachtung [< lat. meditatio, Gen. -onis, ,,das Nachdenken, Vorbereitung auf etwas'', zu meditari ,,nachdenken, sich vorbereiten'']

me|di|ta|tiv ⟨Adj., o.Steig.⟩ mittels Meditation, auf Meditation beruhend

me|di|ter|ran ⟨Adj., o.Steig.⟩ zum Mittelmeer und den angrenzenden Ländern gehörig; Syn. mittelmeerisch, mittelländisch [< lat. mediterraneus ,,mitten im Land, mittelländisch, binnenländisch'', < medius ,,mitten, in der Mitte'' und terra ,,Erde, Land'']

me|di|tie|ren ⟨V.3, hat meditiert; o.Obj.⟩ **1** sich der Meditation (1) hingeben, Meditation (1) ausüben **2** über etwas m. über etwas tief nachsinnen, etwas tiefsinnig betrachten

Me|di|um ⟨n., -s, -di|en⟩ **1** ⟨allg.⟩ Mittel, Mittelglied **2** Vermittler von Informationen, Werbeträger, Lehr-, Lernmittel (z. B. Zeitung, Schaufenster, Buch, Tonband) **3** ⟨Phys.⟩ Stoff, in dem sich ein physikalischer Vorgang abspielt **4** ⟨Gramm.⟩ Handlungsrichtung des Verbs, bei der sich das Geschehen auf das Subjekt bezieht (z. B. im Griechischen, etwa der reflexiven Form entsprechend) **5** ⟨Pharm.⟩ Lösungsmittel **6** ⟨Okkultismus⟩ Person, die angeblich zur Vermittlung von Geistererscheinungen veranlagt ist [< lat. medium ,,das Vermittelnde'', zu medius ,,in der Mitte befindlich, zu beiden Seiten geneigt'']

Me|di|u|mis|mus ⟨m., -, nur Sg.⟩ Glaube an die Möglichkeit der Verbindung zu einer Geisterwelt

Me|di|zin ⟨f.10⟩ **1** ⟨nur Sg.⟩ Wissenschaft vom kranken und gesunden Menschen, von den Krankheiten und ihrer Heilung; Syn. Heilkunde **2** Heilmittel, Arznei [< lat. medicina ,,Heilkunst, Heilmittel, Arznei'', zu medicus ,,heilend'', zu mederi ,,heilen, helfen'']

Me|di|zi|nal|rat ⟨m.2; Titel für⟩ Arzt im öffentlichen Gesundheitsdienst

Me|di|zin|ball ⟨m.2⟩ großer, 2 bis 5 kg schwerer Ball (aus Gummi oder Leder) für heilkräftige gymnastische Übungen

Me|di|zi|ner ⟨m.5⟩ **1** →Arzt **2** Medizinstudent

me|di|zi|nisch ⟨Adj., o.Steig.⟩ **1** auf der Medizin (1) beruhend, zu ihr gehörig, sie betreffend; ~e Zeitschrift; das ist ein ~es Problem; m.-technische Assistentin ⟨Abk.: MTA⟩ weibliche Person, die durch praktisch-wissenschaftliche Arbeit einen Arzt unterstützt **2** der Medizin, mit ihrer Hilfe; ~e Untersuchung; die Ursache ist m. noch nicht geklärt **3** als Medizin, wie Medizin; eine ~e Hautcreme; das Bonbon schmeckt m. ⟨ugs.⟩

Me|di|zin|mann ⟨m.4; bei Naturvölkern⟩ Priester, Zauberer und Heilkundiger

Med|ley ⟨[mɛdli] n.9⟩ Melodienfolge, Potpourri [engl., ,,Mischung, Gemisch, Durcheinander'', über mengl. und altfrz. Formen zu lat. miscere ,,mischen'']

Mé|doc ⟨m.9⟩ Rotwein aus der südwestfranzösischen Landschaft Médoc

Me|dre|se, Me|dres|se ⟨f.11⟩ **1** islamische Hochschule für Theologen und Juristen **2** Koranschule einer Moschee [arab.]

Me|du|sa ⟨f., -, nur Sg.⟩ griech. Myth.⟩ weibliches Ungeheuer mit versteinerndem Blick, eine der Gorgonen [< griech. Medousa, genauer Gorgo Medousa, eigtl. ,,die Waltende, Herrin'', zu medein ,,Herrscher'']

Me|du|se ⟨f.11⟩ → Qualle [< griech. Medusa, dem Namen einer der drei Gorgonen]

Me|du|sen|blick ⟨m.1⟩ versteinernder Blick der Medusa

Meer ⟨n.1⟩ **1** zusammenhängende große Wassermasse; Syn. See **2** ⟨geh.⟩ große, flächige Ausdehnung (von etwas), Fülle (Häuser~, Lichter~); ein M. von Blumen, Düften

Meer|bu|sen ⟨m.7⟩ → Golf[1]

Meer|eis ⟨n., -es, nur Sg.⟩ Eis, das bei etwa −2 °C unter Ausscheidung von Salz aus Meerwasser bildet

Meer|en|ge ⟨f.11⟩ schmale Stelle eines Meeres zwischen Festländern oder Inseln; Syn. Straße, Sund

Mee|res|früch|te ⟨Pl.⟩ (als Speise) zusammen zubereitete Fische, Muscheln, Krebse u.a. Meeresgetier [eindeutschende Bez. für ital. frutti di mare ,,Früchte, Erzeugnisse des Meeres'']

Mee|res|hö|he ⟨f.11⟩ → Normalnull

Mee|res|kun|de ⟨f., -, nur Sg.⟩ → Ozeanographie

Mee|res|leuch|ten ⟨n., -s, nur Sg.⟩ starkes, nächtliches Aufleuchten der bewegten Meeresoberfläche, das durch leuchtende Organismen bewirkt wird

Mee|res|spie|gel ⟨m., -s, nur Sg.⟩ Oberfläche des Meeres (als Bezugsfläche für das Normalnull); über dem M. ⟨Abk.: ü.M. oder ü.d.M.⟩; unter dem M. ⟨Abk.: u.M. oder u.d.M.⟩

Meer|frau ⟨f.10; Myth.⟩ im Meer lebende Frau, weiblicher Wassergeist

meer|grün ⟨Adj., o.Steig.⟩ grün mit einem Stich in bräunliche, gelbliche oder bläuliche Farbtöne; ~e Augen

Meer|jung|frau ⟨f.10; Myth.⟩ im Meer lebende Jungfrau mit Menschenleib und Fischschwanz statt der Füße

Meer|kat|ze ⟨f.11⟩ (oft bunter) schlanker, baumbewohnender Affe Afrikas mit langem Schwanz; Grüne M. [< ndrl. merkatte < ahd. merikazza; nach älter Deutung wurde das Tier so genannt, weil es übers Meer nach Europa gebracht wurde, weil es klettert wie eine Katze und einen langen Schwanz besitzt; nach jüngerer Deutung < Sanskrit markaṭa ,,Affe'', doch bedeutet markaṭa ein anderes Tier als die Meerkatze]

Meer|ret|tich ⟨m.1⟩ Syn. ⟨süddt., bes. österr.⟩ Kren **1** weiß blühender Kreuzblütler mit langen, breiten Blättern **2** dessen scharf schmeckende Wurzel; Würstchen mit gerieben M. [< ahd. merratih, vielleicht < lat. maior radix ,,größere Wurzel'']

Meer|sa|lat ⟨m., -(e)s, nur Sg.⟩ blattähnliche Grünalge, die als Gemüse gegessen werden kann

Meer|salz ⟨n., -es, nur Sg.⟩ aus Meerwasser gewonnenes Salz (für Diät)

Meer|schaum ⟨m., -(e)s, nur Sg.⟩ ein weißes

oder graues Mineral (federleicht, so daß es sogar auf Wasser schwimmt); Syn. Sepiolith [< lat. *spuma maris* „Meerschaum"]

Meer|schwein|chen ⟨n.7⟩ *rattengroßes, schwanzloses Nagetier* [das aus Südamerika stammende Tier soll seinen Namen daher haben, daß es Laute wie ein junges Schwein von sich gibt und über das Meer zu uns gebracht worden ist]

meer|wärts ⟨Adv.⟩ *auf das Meer zu, zum Meer hin*

Meer|was|ser ⟨n., -s, nur Sg.⟩ *Wasser des Meeres, das aus einer wäßrigen Lösung von Salzen besteht*

Meer|zwie|bel ⟨f.11⟩ *in Küstengebieten wachsende Zwiebelstaude* (bes. ein weiß blühendes Liliengewächs)

Mee|ting ⟨[mi-] n.9⟩ *Zusammenkunft, Treffen,* (bes.) *politische, wissenschaftliche oder sportliche Veranstaltung* [engl., „Begegnung, Versammlung, Tagung", zu *to meet* „begegnen, treffen"]

me|fi|tisch ⟨Adj., o.Steig.⟩ *zu Schwefelquellen gehörend, daraus stammend, übelriechend, stinkend* [< lat. *mephitis, mefitis* „schädliche Ausdünstung der Erde", nach *Mephitis,* der Göttin dieser Dämpfe, die sie abhält oder vertreibt]

me|ga..., Me|ga... ⟨in Zus.⟩ 1 *ungewöhnliche relative Größe besitzend,* z.B. Megatherium 2 ⟨Zeichen: M; bei Maß- und Gewichtsbez.⟩ *das 10^6fache* (millionenfache) *einer Grundeinheit,* z.B. Megawatt [< griech. *megas,* Gen. *megalou,* „groß, wichtig, bedeutend"]

Me|ga|chip ⟨[-tʃip] m.9⟩ *hochintegriertes elektronisches Bauelement, das über eine Million elektrischer Schaltungen auf einer kleinen Grundplatte vereinigt*

Me|ga|hertz ⟨n., -, -⟩; Zeichen: MHz *eine Million Hertz*

Me|ga|lith ⟨m.10⟩ *großer, unbehauener, vorgeschichtlicher Steinblock* (als Denkmal) [< *Mega...* und *lithos* „Stein"]

Me|ga|lith|grab ⟨n.4⟩ *vorgeschichtliches, aus großen Steinen angelegtes, von Steinen oder Erde bedecktes Grab;* Syn. Großsteingrab, Hünengrab

Me|ga|li|thi|ker ⟨Pl.⟩ *Träger der Megalithkultur;* Syn. Großsteingräberleute

Me|ga|lith|kul|tur ⟨f.11, nur Sg.⟩ *durch Megalithgräber gekennzeichnete Kultur der Jungsteinzeit*

me|ga|lo|man ⟨Adj.⟩ → *größenwahnsinnig* [zu Megalomanie]

Me|ga|lo|ma|nie ⟨f., -, nur Sg.⟩ → *Größenwahn* [< griech. *megaleios* „großartig, anmaßend, aufgeblasen" und *Manie*]

Me|ga|ohm ⟨n., -s, -⟩; Zeichen: MΩ *eine Million Ohm;* auch: Megohm

Me|ga|phon ⟨n.1⟩ *trichterförmiges Gerät* (heute meist mit Mikrofon), *das beim Sprechen vor den Mund gehalten wird, um die Stimme zu verstärken;* Syn. Schalltrichter, Sprachrohr [< *Mega...* und *Phon*]

Me|gä|re ⟨f., -, nur Sg.; griech. Myth.⟩ *eine der Erinnyen* 2 ⟨f.11⟩ *böses Weib* [< griech. *Megaira,* eigtl. „die Erhabene" (als verhüllende Bez.)]

Me|ga|ron ⟨n., -s, -ra⟩ 1 ⟨urspr.⟩ *einräumiges, ältestes griechisches Haus* 2 ⟨dann⟩ *Hauptraum* (griechischer Wohnhäuser oder Tempel)

Me|ga|the|ri|um ⟨n., -s, -ri|en⟩ *ausgestorbenes Riesenfaultier* [< *Mega...* und griech. *ther* „wildes Tier, Ungetüm"]

Me|ga|ton|ne ⟨f.11⟩; Zeichen: Mt *eine Million Tonnen*

Me|ga|watt ⟨n., -s, -⟩; Zeichen: MW *eine Million Watt*

Meg|ohm ⟨n., -s, -⟩ → *Megaohm*

Mehl ⟨n.1⟩ 1 *staubfein gemahlene Getreidekörner* 2 *durch Mahlen entstandene Trockenmasse* (Knochen~, Stein~)

Mehl|bee|re ⟨f.11⟩ 1 (als Baum oder Strauch wachsendes) *Rosengewächs mit ungeteilten, dicht behaarten Blättern* 2 *dessen mehlig schmeckende, rote Steinfrucht*

meh|lig ⟨Adj.⟩ 1 *voller Mehl;* ~es Backblech 2 *locker und nicht saftig;* ein ~er Apfel; ~e Kartoffeln 3 *wie Mehl beschaffen, puderig;* m. zerfallendes Gestein

Mehl|schwal|be ⟨f.11⟩ *außen an Gebäuden nistende Schwalbe mit leuchtend weißem Bürzel*

Mehl|schwit|ze ⟨f.11; norddt.⟩ → *Einbrenne*

Mehl|spei|se ⟨f.11⟩; österr. (wenig oder kein Mehl enthaltende) *Süßspeise, Nachspeise* (z.B. Apfelstrudel); kalte, warme M.

Mehl|tau ⟨m.4⟩ *durch Pilze verursachte Pflanzenkrankheit mit schimmelartigen Überzügen auf den Blättern;* auch: Meltau

Mehl|wurm ⟨m.4⟩ (an Mehl und Getreide schädliche) *gelbliche Larve des Mehlkäfers* (als Futter für Terrarientiere und Stubenvögel)

mehr ⟨Komparativ von „viel"⟩ I ⟨unbestimmtes Zahlwort⟩ *in größerer Menge.* Äpfel als Birnen; er hat m. Geld als wir; ich brauche noch zehn Stück m.; ich habe noch m. Wünsche; das schmeckt nach m. ⟨ugs., scherzh.⟩ II ⟨unbestimmtes Pron.⟩ *mehrere Dinge;* ich habe heute noch m. vor; dem m. ⟨kurz für⟩ demnächst werde ich m. erzählen; er will noch m. davon wissen III ⟨Adv.⟩ 1 *in höherem, größerem Maße;* hab doch etwas m. Verständnis!; du solltest m. auf deine Gesundheit achten; er ist m. praktisch als theoretisch begabt; das ist mir noch m. zuwider; das ist m. als dürftig *das ist äußerst dürftig;* m. oder minder, m. oder weniger *ziemlich, fast ganz;* das bleibt m. oder weniger dem Zufall überlassen; das ist m. oder weniger gleichgültig; m. und m. *in steigendem Maße* 2 ⟨in der Fügung⟩ nicht m. a *nicht länger, weiterhin nicht;* ich kann nicht m.; ich will nicht m.; er lebt nicht m.; er ist nicht m. ⟨geh.⟩ *er ist soeben, vor kurzem gestorben;* ich will ihn nicht m. sehen 3 ⟨in der Fügung⟩ nur m. *nur noch;* es sind nur m. zwei Stück übrig; man braucht bis dorthin nur m. zwei Stunden

Mehr ⟨n., -, nur Sg.⟩ *Überschuß, größere Menge;* ein M. an Kosten; ein M. von zehn Stimmen

Mehr|ar|beit ⟨f.10⟩ *zusätzlich geleistete oder zu leistende Arbeit*

Mehr|auf|wand ⟨m., -(e)s, nur Sg.⟩ *Aufwand, der über das übliche oder erwartete Maß hinausgeht*

mehr|deu|tig ⟨Adj.⟩ *auf verschiedene Arten zu deuten, mißverständlich;* ein ~er Begriff; eine ~e Ausdrucksweise **Mehr|deu|tig|keit** ⟨f.10⟩

mehr|di|men|sio|nal ⟨Adj., o.Steig.⟩ *in mehreren Dimensionen* **Mehr|di|men|sio|na|li|tät** ⟨f., -, nur Sg.⟩

meh|ren ⟨V.1, hat gemehrt⟩ I ⟨mit Akk.⟩ *vergrößern, anwachsen lassen, sich ansammeln lassen;* seinen Besitz m. II ⟨refl.⟩ *sich* 1 *zahlreicher werden;* die Klagen mehrten sich 2 ⟨†⟩ *sich vermehren;* seid fruchtbar und mehret euch (1. Buch Mosis, 1,22)

meh|re|re ⟨unbestimmtes Pron.⟩ *mehr als zwei, einige, ein paar* 1 ⟨adjektivisch⟩ m. Kinder; die Eltern ~r Kinder, ~r kleiner Kinder; er gibt ~n älteren Kindern Nachhilfestunden; die Arbeiten ~r Angestellter ⟨auch⟩ Angestellten 2 ⟨substantivisch⟩ m. sagen, es sei m. habe m. gesprochen, die der gleichen Meinung sind; wir waren zu ~n wir waren mehr als zwei; ich habe ~s darüber gelesen einiges, einige Bücher oder Artikel

meh|rer|lei ⟨Adj., o.Dekl.⟩ *einige, verschiedene;* es gibt m. Möglichkeiten; er hat m. Dienstliche mitgebracht

mehr|fach ⟨Adj., o.Steig.⟩ 1 *mehrere Male übereinander; mehr als einmal;* Papier, Stoff m. legen; ein Schriftstück in ~er Ausfertigung 2 ⟨ugs.⟩ *mehrmals, öfter;* ich habe schon m. darauf hingewiesen; das habe ich schon m. beobachtet

mehr|far|big ⟨Adj., o.Steig.⟩ *in mehreren Farben*

Mehr|heit ⟨f.10⟩ 1 *größerer Teil* (von Personen); die M. der Bevölkerung 2 *größerer Teil* (der Stimmen); der Politiker erhielt die absolute M.

mehr|heit|lich ⟨Adj., o.Steig.⟩ *in der Mehrheit* (vorhanden), *auf der Mehrheit beruhend, durch die Mehrheit;* die M. angenommen, abgelehnt; ~e Zustimmung

Mehr|heits|be|schluß ⟨m.2⟩ *Beschluß, der von einer Mehrheit gefaßt wurde*

Mehr|heits|prin|zip ⟨n., -s, nur Sg.⟩ *Prinzip, daß bei einer Wahl der Wille der Mehrheit der Wähler entscheidet;* Syn. Majoritätsprinzip

Mehr|heits|wahl ⟨f.10⟩ *Wahl, bei der die Zahl der abgegebenen Stimmen die Entscheidung herbeiführt;* Syn. Majoritätswahl, ⟨schweiz.⟩ Majorz; Ggs. Verhältniswahl

mehr|jäh|rig ⟨Adj., o.Steig.⟩ *mehrere Jahre dauernd;* ein ~es Studium; es ist m. *die Pflanze blüht mehrere Jahre nacheinander*

Mehr|kampf ⟨m.2⟩ *aus mehreren Disziplinen zusammengesetzter sportlicher Wettbewerb,* z.B. Biathlon, Zehnkampf

Mehr|la|der ⟨m.5⟩ *Handfeuerwaffe mit einem Magazin für 3 bis 10 Patronen*

Mehr|ling ⟨m.1⟩ *eines von mehreren am gleichen Tag geborenen Geschwistern* (z.B. Drilling)

mehr|ma|lig ⟨Adj., o.Steig.⟩ *mehrere Male vorkommend;* trotz ~er Aufforderung ist er nicht erschienen

mehr|mals ⟨Adv.⟩ *mehrere Male, öfters;* ich habe schon m. darauf hingewiesen; ich habe das schon m. beobachtet; man kann die Papiertücher m. benutzen

Mehr|pha|sen|strom ⟨m.2⟩ *Verbindung mehrerer in der Phase gegeneinander verschobener Einphasenströme*

mehr|sil|big ⟨Adj., o.Steig.⟩ *aus mehreren Silben bestehend*

mehr|spra|chig ⟨Adj., o.Steig.⟩ 1 *mehrere Sprachen sprechend;* er ist m. aufgewachsen 2 *in mehreren Sprachen;* ein ~er Prospekt

mehr|stim|mig ⟨Adj., o.Steig.⟩ 1 *aus mehreren Stimmen bestehend;* ~er Chor 2 *für mehrere Stimmen geschrieben;* ~er Choral 3 *in mehreren Stimmen;* m. singen **Mehr|stim|mig|keit** ⟨f.10⟩

Mehr|stu|fen|ra|ke|te ⟨f.11⟩ *Rakete aus mehreren Teilen, die jeweils ein eigenes Triebwerk haben*

mehr|tä|gig ⟨Adj., o.Steig.⟩ *mehrere Tage dauernd;* ein ~er Lehrgang

mehr|tei|lig ⟨Adj., o.Steig.⟩ *aus mehreren Teilen bestehend;* ~er Anzug, ~es Service

Meh|rung ⟨f., -, nur Sg.⟩ *das Mehren, Erweiterung, Vergrößerung;* auf M. seines Vermögens bedacht sein

Mehr|wert ⟨m.1⟩ 1 *Zuwachs an Wert, der durch ein Unternehmen erwirtschaftet wird* 2 ⟨Marxismus⟩ *den Lohn übersteigender Teil des Werts, den ein Arbeiter produziert*

Mehr|wert|steu|er ⟨f.11; Abk.: MwSt⟩ *Umsatzsteuer, die auf den produzierten Mehrwert erhoben wird*

Mehr|zahl ⟨f., -, nur Sg.⟩ 1 *größere Anzahl* (aus einer Gesamtheit) 2 ⟨Gramm.⟩ → *Plural;* Ggs. Einzahl

Mehr|zweck... ⟨in Zus.⟩ *verschiedenen Zwecken zugleich dienend,* z.B. Mehrzweckraum, Mehrzweck-Kampfflugzeug

mei|den ⟨V.82, hat gemieden; mit Akk.⟩ 1 *etwas m., sich von etwas fernhalten;* zu große Sonnenbestrahlung m. b *etwas nicht tun, nicht essen oder trinken;* schweres Heben m.; Alkohol, fette Speisen m. 2 *jmdn. m. jmdm. aus dem Weg gehen;* ich merkte, daß er mich mied

Meier

Mei|er ⟨m.5⟩ **1** ⟨urspr.⟩ *vom Grundherrn eingesetzter Gutsverwalter* **2** ⟨später⟩ *Pächter (eines Gutshofes)* **3** ⟨süddt., österr.⟩ *Milchwirt*

Mei|e|rei ⟨f.10⟩ **1** *von einem Meier (2) geleitetes Gut oder geleiteter Hof;* Syn. *Meiergut, Meierhof* **2** ⟨oberdt.⟩ *Milchwirtschaft*

Mei|er|gut ⟨n.4⟩, **Mei|er|hof** ⟨m.2⟩ → *Meierei (1)*

Mei|le ⟨f.11⟩ *Längenmaß verschiedener Größe;* englische M. *1,609 km;* geographische M. *7,42 km* [< lat. *mille (passuum)* ,,tausend (Schritte)"]

mei|len|lang ⟨Adj., o.Steig.⟩ *eine oder mehrere Meilen lang*

Mei|len|stein ⟨m.1⟩ **1** ⟨früher⟩ *an Straßen- und Flußrändern aufgestellter Stein zur Kennzeichnung einer Wegstrecke* **2** *Wendepunkt, bedeutender Einschnitt;* diese Entdeckung ist ein M. der Forschung

mei|len|weit ⟨Adj., o.Steig.⟩ *sehr weit*

Mei|ler ⟨m.5; kurz für⟩ *Kohlenmeiler, Atommeiler* (→ *Kernreaktor*) [< mlat. *miliarium* ,,tausend Stück", zu lat. *mille* ,,tausend"]

mein I ⟨Pers.pron.⟩ → *meiner;* gedenke m.! **II** ⟨Possessivpron.⟩ *mir gehörig, mir zugehörig;* m. Sohn; ~e Tochter; ~e Kinder; das ist ~e Sache *das geht nur mich an;* hier wohnt m. Zahnarzt ⟨ugs.⟩ *der Zahnarzt, zu dem ich immer gehe;* ich muß ~e Arznei noch nehmen ⟨ugs.⟩ *die Arznei, die ich regelmäßig nehme;* ach du m.!, (†) ,,e Güte, du m. Schreck! ⟨Ausrufe des Erstaunens⟩

mei|ne ⟨Possessivpron., als Subst.⟩ *der, die, das m.* **1** ⟨Kleinschreibung bei vorausgehendem Subst.⟩ *der, die, das, das mir gehörig;* dieser Wagen ist der m., ist ~r, ist der meinige **2** ⟨Großschreibung⟩ **a** *der, die, das, das zu mir Gehörige;* sie ist die Meine, die, die sich mir zugehörig fühlt, meine Frau; viele Grüße auch von dem Meinen, von den Meinigen ⟨ugs., scherzh.⟩ **b** *das, was mir zukommt, mein Beitrag;* ich werde das Meine, das Meinige dazu tun *ich werde meinen Beitrag dazu leisten*

Mein|eid ⟨m.1⟩ *vorsätzlich falscher Eid*

mein|ei|dig ⟨Adj., o.Steig.⟩ *einen Meineid abgelegt habend;* ein ~er Zeuge; m. werden *einen Meineid schwören*

mei|nen ⟨V.1, hat gemeint; mit Akk.⟩ **1** *etwas m.* **a** *der Ansicht sein, daß etwas so ist;* ich meine, er sei schon hier; meinst du, daß es so geht?; meinst du das wirklich?; das will ich m.! *aber ja!, das ist auch meine Ansicht!;* wenn Sie ⟨erg.: es⟩ m. *wenn Sie es so wollen,* wenn Sie es so für richtig halten, dann wird es so gemacht; ganz wie Sie ⟨erg.: es⟩ m. *also gut!,* ich mache nach Ihnen! **b** *sagen wollen, zum Ausdruck bringen wollen;* du meinst das Richtige, hast es aber falsch ausgedrückt; was meinst du damit?; ich habe meine Bemerkung nicht böse gemeint; ich habe das anders gemeint; wie m.? ⟨†, noch scherzh.⟩; verkürzt für⟩ *wie m. Sie das?,* was m. Sie damit? *wie bitte?,* ich habe es nicht verstanden **c** ⟨mit unbestimmtem Obj. ,,es" oder als Part. Perf.⟩ *mit einer bestimmten Absicht sagen oder tun;* er meint es ehrlich; er meint es gut mit dir; er hat es nicht böse gemeint; eine freundlich gemeinte Gebärde **d** *bedeuten;* das Wort ,,fair" meint ,,ehrlich, anständig"; was ist damit gemeint? *was bedeutet das?* **e** *sagen, erwidern, entgegnen;* ,,Das könnte man tun", meinte er **2** *jmdn. m. von etwas oder jmdn. sprechen;* ja, ich meine dich (mit meiner Bemerkung)!; welchen von beiden meinst du?

mei|ner ⟨Pers.pron., Gen. von ,,ich"⟩ *sie haben m. gedacht*

mei|ner|seits ⟨Adv.⟩ *von mir aus, von meiner Seite her;* ich habe m. auch etwas dazu getan; ganz m.!, ⟨eigtl.⟩ *das Vergnügen ist ganz m.!* ⟨formelle, veraltende Antwort auf die Bemerkung:⟩ ich habe mich gefreut, Sie kennenzulernen!

mei|nes|glei|chen ⟨Pron., o.Dekl.⟩ *Leute wie ich;* ich bin am liebsten unter m.

mei|nes|teils ⟨Adv.⟩ *was mich betrifft*

mei|net|hal|ben ⟨Adv.⟩ → *meinetwegen*

mei|net|we|gen ⟨Adv.⟩ **1** *für mich, weil ich es bin, weil es sich um mich handelt;* Syn. *meinethalben, um meinetwillen;* er ist nur m. gekommen; er hat es nur m. getan; du hast m. lange warten müssen **2** *ich habe nichts dagegen;* m. kannst du mitgehen; ,,Kann ich mit deinem Fahrrad fahren?" ,,Meinetwegen!"

mei|net|wil|len ⟨Adv.; nur in der Fügung⟩ um m. → *meinetwegen (1);* er hat es nur um m. getan

mei|ni|ge → *meine*

Mei|nung ⟨f.10⟩ *Ansicht, Überzeugung, Standpunkt;* seine M. ändern; ~en austauschen; sich eine M. bilden; darüber gehen die ~en auseinander; mit jmdm. einer M. sein; keine eigene M. haben; eine gute, hohe, schlechte M. von jmdm. haben; jmdm. seine M. sagen ⟨ugs.⟩ *jmdm. tadeln, seinem Ärger jmdm. gegenüber Ausdruck geben;* die öffentliche M. *die Ansicht der Allgemeinheit;* wir sind darüber verschiedener M.; auf seiner M. bestehen, beharren; in jmds. M. steigen, sinken; meiner M. nach ist es anders; sich über etwas eine M. bilden

Mei|nungs|for|schung ⟨f.10⟩ *wissenschaftliche Erforschung der herrschenden Meinung*

Mei|nungs|frei|heit ⟨f., -, nur Sg.⟩ *Recht, seine Meinung öffentlich zu äußern*

Mei|nungs|um|fra|ge ⟨f.11⟩ *Befragung der Bevölkerung über ihre Meinung zu einem Tagesereignis o.ä.*

Mei|nungs|ver|schie|den|heit ⟨f.10⟩ *unterschiedliche Meinung (zweier oder mehrerer Personen);* eine M. (mit jmdm.) haben; ~en austragen

Meio|se ⟨f.11⟩ *Teilung des Zellkerns mit Halbierung der Chromosomenzahl;* Syn. *Reifungsteilung, Reduktionsteilung* [< griech. *meiosis* ,,Verminderung", zu *meion* ,,kleiner" (Komparativ zu *mikros* ,,klein")]

Mei|se ⟨f.11⟩ *kleiner, flinker Singvogel mit kräftigem, spitzem Schnabel, runden Flügeln und dichtem Gefieder* (Blau~, Kohl~); eine M. haben ⟨ugs.⟩ *verrückt sein*

Mei|ßel ⟨m.5⟩ *Stahlwerkzeug mit Schlagfläche und gehärteter Schneide, das einen groben Span abhebt*

mei|ßeln ⟨V.1, hat gemeißelt⟩ **I** ⟨o.Obj.⟩ *mit dem Meißel arbeiten;* an einer Statue m. **II** ⟨mit Akk.⟩ *mit dem Meißel bearbeiten, herstellen;* Mauersteine m.; eine Statue m.; ein Gesicht wie gemeißelt *ein gut geschnittenes, aber starres Gesicht* **Mei|ße|lung** ⟨f., -, nur Sg.⟩

meist I ⟨Adj.; Superlativ von ,,viel"⟩ *die größte Menge, sehr viel(e);* die ~en Menschen; die ~e Zeit ⟨ugs.⟩ *fast ständig;* die ~en kamen mit; er hat ihr das ~e vergessen *er hat fast alles vergessen* **II** ⟨Adv.⟩ *in den meisten Fällen, fast jedes Mal, fast immer;* Syn. *meistens, meistenteils;* er hat m. keine Zeit; er war m. nicht dabei; er hatte m. Glück

meist... ⟨Adj., in Zus.⟩ *am meisten ...,* z.B. meistbegünstigt, meistbeteiligt, meistbietend

mei|stens ⟨Adv.⟩ → *meist (II)*

mei|sten|teils ⟨Adv.⟩ → *meist*

Mei|ster ⟨m.5⟩ **1** *Handwerker, der die vorgeschriebene Ausbildung mit der Meisterprüfung beendet hat* (Fleischer~); er hat seinen M., den M. gemacht **2** ⟨Sport⟩ *Titel des Siegers in einem Wettbewerb, der zur Ermittlung des Besten eines bestimmten Bereichs veranstaltet wird* (Fußball~); M. im Boxen, im Weitsprung **3** *jmd., der Hervorragendes leistet;* er ist m. der Novelle, seines Faches; ein M. der alten Malerei; er hat seinen M. gefunden ⟨übertr.⟩ *er ist jmdm. begegnet, der ihm überlegen ist* **4** *Werk eines Künstlers;* hier überlegen die alten M. **5** ⟨ugs.; bedeutungsleere (abschätzige bis freundliche) Anrede für⟩ *Person (die jünger als der Anredende ist)* [< mhd. *meister* ,,Meister", zu *magis* ,,mehr, größer"]

Mei|ster|brief ⟨m.1⟩ *Nachweis über die abgelegte Meisterprüfung*

Mei|ster|ge|sang ⟨m., -(e)s, nur Sg.; 14.–16. Jh.⟩ *vor allem von den Handwerksmeistern schulmäßig gepflegte, nach strengen Regeln aufgebaute Liedkunst*

mei|ster|haft ⟨Adj., -er, am meisterhaftesten⟩ *sehr gut, vollendet, vorbildlich;* Syn. *meisterlich;* eine ~e Leistung; er hat die Sache m. bewältigt

Mei|ster|hand ⟨f., -, nur Sg.; meist in der Fügung⟩ *von M., eines Meisters (3), einem Könner;* ein von M. geschaffenes Bild

Mei|ster|klas|se ⟨f.11⟩ **1** ⟨an Kunst- und Musikhochschulen⟩ *Klasse, die von einem bedeutenden Künstler unterrichtet wird* **2** ⟨Sport⟩ *höchste Leistungsklasse*

Mei|ster|lei|stung ⟨f.10⟩ *sehr gute, von einem Meister (3) geschaffene Leistung*

mei|ster|lich ⟨Adj.⟩ → *meisterhaft*

mei|stern ⟨V.1, hat gemeistert; mit Akk.⟩ **1** *etwas m. mit etwas zu Rande kommen, etwas erfolgreich fertigbringen, gut mit etwas fertig werden;* Schwierigkeiten m.; sein Leben gemeistert **2** *jmdn. m.* ⟨†⟩ *jmdn. (häufig) rügen*

Mei|ster|prü|fung ⟨f.10⟩ *Prüfung (eines Handwerkers) nach beendeter Gesellenzeit*

Mei|ster|sän|ger ⟨m.5⟩ → *Meistersinger*

Mei|ster|schaft ⟨f.10⟩ **1** *großes Können, ein Werk von vollendeter M.* **2** *sportlicher Wettkampf* (Europa~, Welt~) **3** *Sieg in einem solchen Wettkampf;* die M. erringen, verlieren

Mei|ster|sin|ger ⟨m.5⟩ *Dichter und Sänger des Meistergesangs;* Syn. *Meistersänger*

Mei|ster|stück ⟨n.1⟩ **1** *Arbeit, die bei der Meisterprüfung vorzulegen ist* **2** *etwas, das besonders gut gelungen ist*

Mei|ster|werk ⟨n.1⟩ *hervorragendes, vorbildliches Werk*

Meist|ge|bot ⟨n.1; bei Versteigerungen⟩ *höchstes Gebot*

meist|hin ⟨Adv.; veraltend⟩ *meist*

Me|ko|ni|um ⟨n., -s, nur Sg.⟩ → *Kindspech* [< griech. *mekonion* ,,Mohnsaft", zu *mekon* ,,Mohn", wegen der Farbe]

Me|la|min ⟨n., -s, nur Sg.⟩ **Me|la|min|harz** ⟨n., -es, nur Sg.⟩ *klares Kunstharz (zur Herstellung von Kunststoffen)*

Me|lan|cho|lie ⟨[-ko-] f., -, nur Sg.⟩ *Trübsinn, Schwermut* [< griech. *melancholia* ,,Tiefsinn, Schwermut", < *melas, Gen. melanos,* ,,schwarz" und *chole* ,,Galle"; in der antiken Med. galt die schwarze Galle als einer der vier Körpersäfte, deren ausgewogenes Verhältnis zueinander die innere Ausgeglichenheit des Menschen bewirkt, überwiegt dagegen die schwarze Galle, so ergibt sich als äußeres Erscheinungsbild der Melancholiker, der schwermütig und verzagt ist]

Me|lan|cho|li|ker ⟨[-ko-] m.5⟩ *schwermütiger Mensch*

me|lan|cho|lisch ⟨[-ko-] Adj.⟩ *schwermütig, trübsinnig*

Me|lan|ge ⟨[-lãʒ(ə)] f.11⟩ **1** *Mischung, Gemisch* **2** *aus verschiedenfarbigen Fasern hergestelltes Woll- oder Baumwollgarn* **3** ⟨österr.⟩ *Milchkaffee* [< frz. *mélange* ,,Mischung, Gemisch", zu *mêler* ,,vermischen"]

Me|la|nin ⟨n.1⟩ *roter bis schwarzer, bei Menschen und Tieren vorkommender Farbstoff, der die schwarze oder braune Färbung von Haut und Haaren bewirkt* [< griech. *melas, Gen. melanos,* ,,schwarz"]

Me|la|nis|mus ⟨m., -, nur Sg.⟩ **1** *krankhafte Dunkelfärbung der Haut durch vermehrte Ablagerung von Melanin* **2** ⟨bei Tieren⟩ *Auftreten von sehr dunkel gefärbten Stücken in einer sonst hellen Population* (z.B. beim

Damwild) (Industrie~ beim Birkenspanner) [zu griech. *melas*, Gen. *melanos*, ,,schwarz"]

Me|la|nit ⟨m.1⟩ *schwarzes Mineral aus der Gruppe der Granate, Schmuckstein* [zu griech. *melas*, Gen. *melanos*, ,,schwarz"]

Me|la|nom ⟨n.1⟩ *bösartige, melaninhaltige Geschwulst* [< griech. *melas*, Gen. *melanos*, ,,schwarz"]

Me|la|no|se ⟨f.11⟩ *Dunkelfärbung von Pflanzenteilen sowie von menschlichem Gewebe (bes. der Haut) infolge krankhafter Ablagerung von Melanin*

Me|lan|urie ⟨f.11⟩ *Auftreten von Melanin im Urin* [< griech. *melas*, Gen. *melanos*, ,,schwarz" und *ouron* ,,Harn, Urin"]

Me|la|phyr ⟨m.1⟩ *ein Ergußgestein, schwarzes Porphyrgestein* [< griech. *melas* ,,schwarz, dunkel" und *Porphyr*]

Me|las|se ⟨f.11⟩ *Rückstand bei der Zuckergewinnung* [< frz. *melasse* < span. *melaza* in ders. Bed., Ableitung von lat. *mel* ,,Honig, Süßigkeit"]

Melch|ter ⟨f.11; schweiz.⟩ *hölzernes Milchgefäß*

Mel|de ⟨f.11⟩ *spinatähnliches Gänsefußgewächs* [< ahd. *melda*, eigtl. ,,die Bemehlte", zu *melo* ,,Mehl", nach den weißlichen Blattunterseiten]

Mel|de|fah|rer, Mel|de|gän|ger ⟨m.5⟩ *jmd., der militärische Nachrichten u.a. zu überbringen hat;* auch: *Melder*

mel|den ⟨V.2, hat gemeldet⟩ I ⟨mit Akk.⟩ 1 *etwas m. Nachricht von etwas geben, etwas mitteilen;* einen Unfall (bei der Polizei) m.; eine Infektionskrankheit (bei der Gesundheitsbehörde) m.; der Wetterbericht hat Regen gemeldet; aus Paris wird gemeldet, daß ...; er hat nichts zu m. ⟨ugs.⟩ *er darf nichts bestimmen;* der Zug ist als verspätet gemeldet 2 *jmdn. m. jmdn. anzeigen;* der Hund meldet jeden Fremden *der Hund bellt, wenn sich ein Fremder dem Haus nähert* II ⟨refl.⟩ *sich m.* 1 *mitteilen, daß man da ist;* er hat sich noch nicht gemeldet; der Teilnehmer meldet sich nicht (am Telefon); sich bei jmdm. m. *zu jmdm. gehen und damit die Anwesenheit mitteilen;* sich beim Direktor m.; er soll sich bei mir m., wenn er kommt; wenn Sie wieder einmal in unsere Stadt kommen, bitte m. Sie sich bei uns!; sich bei der Polizei m. 2 *sich (zu etwas) bereit erklären, sich (für etwas) zur Verfügung stellen;* sich (freiwillig) zu einem Einsatz m.; er hat sich zur Marine gemeldet 3 *durch Heben der Hand mitteilen, daß man etwas sagen möchte (bes. im Unterricht, in Diskussionen)* 4 *ein Bedürfnis mitteilen;* das Kind, der Hund meldet sich (wenn es, er seine Notdurft verrichten muß); wenn er etwas will, wird er sich schon m. III ⟨o.Obj.; Jägerspr.⟩ *Brunftschreie ausstoßen;* der Hirsch, ⟨auch⟩ der Auerhahn meldet

Mel|de|pflicht ⟨f.10⟩ *Pflicht des Bürgers, bestimmte Vorfälle zu melden*

mel|de|pflich|tig ⟨Adj., o.Steig.⟩ *der Meldepflicht unterliegend;* eine ~e Krankheit

Mel|der ⟨m.5⟩ → *Meldefahrer*

Mel|dung ⟨f.10⟩ 1 ⟨nur Sg.⟩ *das Melden (1)* 2 *amtliche Mitteilung;* eine M. geht durch die Presse 3 *dienstliche Mitteilung, Nachricht;* M. machen ⟨Mil.⟩ *etwas m. in militärischer Form vorbringen*

me|lie|ren ⟨V.3, hat meliert; mit Akk.⟩ *aus verschiedenfarbigen Fasern mischen;* meliertes Wolle, meliertes Garn; meliertes Haar *mit grauen Haaren durchsetztes Haar* [< frz. *mêler* ,,mischen", < vulgärlat. *misculare* < lat. *miscere* ,,mischen"]

Me|lik ⟨f., -, nur Sg.⟩ *gesungene Lyrik, Lieddichtung*

Me|lio|ra|ti|on ⟨f.10⟩ *Verbesserung des Bodens (z.B. durch Be- oder Entwässerung)* [zu *meliorieren*]

me|lio|ra|tiv ⟨Adj., o.Steig.⟩ *verbessernd*

Me|lio|ra|ti|vum ⟨n., -s, -va⟩ *Wort, das im Laufe seiner Geschichte eine Bedeutungsverbesserung erfahren hat,* z.B. ,,Kavalier" aus lateinisch *caballarius* ,,Pferdeknecht" [zu lat. *melioratio* ,,Verbesserung", zu *melior* ,,besser"]

me|lio|rie|ren ⟨V.3, hat melioriert; mit Akk.⟩ *verbessern;* den Boden m.

Me|lio|rie|rung ⟨f.10⟩ *Theorie, daß die Gesellschaft durch ständige Steuerung besser werde* [zu lat. *melior* ,,besser"]

me|lisch ⟨Adj., o.Steig.⟩ *liedhaft* [zu *Melos*]

Me|lis|ma ⟨n., -s, -men⟩ *Verzierung des Gesangs durch Aufteilung einer Silbe auf mehrere Noten* [< griech. *melismos* ,,Zergliederung, Teilung; Gesang" und *melisma* ,,Gesang, Melodie", zu *melos* ,,Lied, Gesang; Glied"]

Me|lis|ma|tik ⟨f., -, nur Sg.⟩ *melodische Verzierungskunst*

me|lis|ma|tisch ⟨Adj., o.Steig.⟩ *verziert;* ~er Gesang *Gesang, bei dem auf mehrere Noten nur eine Silbe gesungen wird*

Me|lis|se ⟨f.11⟩ *taubnesselähnlicher Lippenblütler mit würzigen Blättern (Zitronen~)* [< mlat. *melissa*, verkürzt < lat. *melisphyllum* < griech. *melissophyllon* ,,Melisse", eigtl. ,,Bienenblatt" < griech. *melissa* ,,Biene" (zu *meli* ,,Honig") und *phyllon* ,,Blatt"; die Pflanze wird von Bienen bevorzugt]

Me|lis|sen|geist ⟨m., -(e)s, nur Sg.⟩ → *Karmelitergeist*

melk ⟨Adj., o.Steig.; †⟩ *milchgebend, melkbar;* ~e Kuh

mel|ken ⟨V.83, hat gemolken; mit Akk.⟩ 1 *ein weibliches Tier m. einem weiblichen Tier durch Pressen und Ziehen des Euters Milch abnehmen;* eine Kuh, Ziege, ein Schaf m.; eine ~de Kuh, ⟨eigtl.⟩ eine melke Kuh (→ *melk*) *eine Kuh, die Milch gibt;* dieser Betrieb ist eine ~de Kuh ⟨übertr.⟩ *dieser Betrieb bringt viel Geld ein* 2 *jmdn. m.* ⟨ugs.⟩ *jmdm. Geld abnehmen;* er hat mich ganz schön gemolken

Mel|ker ⟨m.5⟩ *jmd., der berufsmäßig Milchvieh melkt und versorgt*

Melk|ma|schi|ne ⟨f.11⟩ *Gerät, das durch Unterdruck Milch aus den Zitzen von Kühen absaugt*

Me|lo|die ⟨f.11⟩ 1 *sangbare, in sich geschlossene Folge von Tönen* 2 ⟨übertr.⟩ *Wohlklang;* dieses Wort stört die M. des Satzes [< griech. *melodia* (*meloidia*) ,,Gesang, Lied", eigtl. ,,gegliederte Weise", < *melos* ,,Glied" ⟨übertr. auch ,,Lied"⟩ und *ode* (*oide*) ,,Gesang, Lied"]

Me|lo|dik ⟨f., -, nur Sg.⟩ 1 *Lehre von der Gestaltung einer Melodie* 2 *melodische Eigenart, melodischer Charakter (eines Musikstücks, Themas usw.)*

me|lo|di|ös ⟨Adj., -er, am melodiösesten⟩ *melodisch schön, harmonisch;* ~es Musikstück; diese Sprache klingt sehr m.

me|lo|disch ⟨Adj.⟩ 1 *die Melodie betreffend;* dieses Lied ist m. einfach, aber schwierig im Takt 2 *melodiös*

Me|lo|dram ⟨n., -s, -dra|men⟩ *Zusammenwirken von gesprochenem Wort und Musik (in Bühnenstücken oder Teilen davon)*

Me|lo|dra|ma ⟨n., -s, -men⟩ 1 *Schauspiel, in dem das gesprochene Wort von Musik begleitet wird, musikalisches Schauspiel;* vgl. *Melodram* 2 → *Rührstück*

me|lo|dra|ma|tisch ⟨Adj.⟩ 1 *wie ein Melodram, auf einem Melodram beruhend* 2 ⟨übertr.⟩ *theatralisch, leidenschaftlichrührselig*

Me|lo|ne ⟨f.11⟩ 1 *gelb blühendes Kürbisgewächs* 2 *dessen Frucht, die an der Oberfläche gefurcht ist* 3 ⟨kurz für⟩ *Wassermelone* 4 ⟨runder, steifer (meist schwarzer) Hut;* Syn. *Bowler* [< griech. *melopepon* ,,apfelförmige Melone, die nur vollreif gegessen wird", < *melon* ,,Apfel" und *pepon* ,,reif"]

Me|los ⟨n., -, nur Sg.⟩ *Melodielinie, melodischer Gehalt*

Mel|tau ⟨m., -(e)s, nur Sg.⟩ → *Mehltau*

Mem|bran ⟨f.10⟩, **Mem|bra|ne** ⟨f.11⟩ 1 *dünnes, schwingungsfähiges Blättchen (aus Metall, Kunststoff u.ä.)* 2 ⟨Biol.⟩ *dünne Haut oder Grenzschicht von bestimmter Durchlässigkeit* [< lat. *membrana* ,,dünne, zarte Haut, die die inneren Teile des Körpers bedeckt", zu *membrum* ,,Glied (des fleischigen Körpers)"]

Mem|brum ⟨n., -s, -bra; Med.⟩ *Glied, Gliedmaße;* M. virile *männliches Glied* [lat.]

Me|men|to ⟨n.9⟩ 1 *Erinnerung, Mahnung, Mahnruf* 2 *in der kath. Messe*⟩ *Anfangswort der Fürbitte für Lebende und Tote* [lat., ,,gedenke!", Imperativ zu *meminisse* ,,gedenken"]

Me|men|to mo|ri! *Gedenke des Todes!: Denke daran, daß du sterben mußt!* [lat.]

Mem|me ⟨f.11⟩ *Feigling, verweichlichter und furchtsamer Mensch*

Me|mo ⟨n.9⟩ *Merkzettel* [Kurzw. für *Memorandum*]

Me|moire ⟨[mɛmoar].n.9⟩ *Memorandum* [frz.]

Me|moi|ren ⟨[-moa-] nur Pl.⟩ *(denkwürdige, zeitgeschichtlich interessante) Lebenserinnerungen;* er schreibt gerade seine M. [< frz. *mémoire* ,,Gedächtnis, Erinnerung, Andenken, Denkschrift", Pl. *mémoires* ,,gesamte Abhandlungen", < lat. *memoria* ,,Gedächtnis, Erinnerung, Erzählung", zu *memorare* ,,gedenken, erzählen", → *memorieren*]

me|mo|ra|bel ⟨Adj.; †⟩ *denkwürdig;* ein memorables Ereignis

Me|mo|ra|bi|li|en ⟨Pl.; †⟩ *Denkwürdigkeiten*

Me|mo|ran|dum ⟨n., -s, -den oder -da⟩ 1 *Denkschrift* 2 ⟨†⟩ *Tagebuch, Merkbuch*

Me|mo|ri|al I ⟨n., -s, -e oder -ria|li|en⟩ auch: *Memoriale* 1 *Merk-, Tagebuch* 2 *Bittschrift, Eingabe* 3 *Festveranstaltung zu Ehren eines Verstorbenen* II ⟨[immɔriəl] n.9; Sport⟩ *Gedächtnis-, Gedenkveranstaltung*

Me|mo|ria|le ⟨n., -s, - oder -li|en⟩ → *Memorial (I)*

me|mo|rie|ren ⟨V.3, hat memoriert; mit Akk.⟩ *auswendig lernen, aus dem Gedächtnis hersagen;* einen Text m. [< lat. *memorare* ,,gedenken, erzählen, berichten, sagen, nennen", zu *meminisse* ,,sich erinnern"]

Me|na|ge ⟨[-ʒə-] österr. [-naʒ] f.11⟩ 1 *kleines Gestell mit Gefäßen für Essig und Öl bzw. Salz und Pfeffer* 2 *Traggestell zum Essenholen* 3 ⟨†⟩ *Haushalt, (sparsame) Wirtschaft* 4 ⟨österr.⟩ *(militärische) Verpflegung* [< frz. *ménage* ,,Haushalt, Hauswirtschaft, Hausrat", < altfrz. *maisnage* in ders. Bed. und *maisniee* ,,Haushalt, Familie, Gesinde", < lat. *mansio* ,,Aufenthalt, Aufenthaltsort, Wohnung"]

Me|na|ge|rie ⟨[-ʒə-] f.11⟩ 1 ⟨veraltend⟩ *Tierpark, Tiergarten, Tierschau* 2 ⟨scherzh.⟩ *Sammlung lebender Tiere* [< frz. *ménagerie* in ders. Bed. sowie ,,Hühner-, Viehhof", ältere Bed. ,,Haustiere, Vieh", urspr. ,,Haushalt, Verwaltung eines Landesitzes", → *Menage*]

me|na|gie|ren ⟨[-ʒi-] V.3, hat menagiert; o.Obj.; Mil.; österr.⟩ *Essen holen*

Men|ar|che ⟨f., -, nur Sg.⟩ *Zeitpunkt der ersten Regelblutung;* vgl. *Menopause* [< griech. *men* ,,Monat" und *arche* ,,Anfang"]

Men|de|le|vi|um ⟨n., -s, nur Sg.; Zeichen: Md⟩ *künstlich hergestelltes, radioaktives Element* [nach dem russ. Chemiker Dimitri Mendelejew]

Men|di|kant ⟨m.10⟩ *Bettelmönch*

Me|ne|te|kel ⟨n.5⟩ *geheimnisvolles Zeichen drohenden Unheils* [nach der im AT (Daniel, Kapitel 5, Verse 5 und 25–28) überlieferten Geisterschrift, die dem babylon. König Belsazar seinen Untergang voraussagte: *mənē təkēl upharsin* ,,gezählt, gewogen, geteilt", d.h. ,,Gott hat die Tage deines Königreichs gezählt und ihm ein Ende bereitet; man hat dich in einer Waage gewogen und zu leicht

Menge

befunden; dein Königreich wird zerteilt und den Persern gegeben"]

Men|ge ⟨f.11⟩ **1** *(bestimmte) Anzahl;* die vorgeschriebene M.; eine große, kleine M. **2** *große Anzahl;* eine M. Leute, Kinder; ~n von Zuschauern; er hat Geld die M. ⟨ugs.⟩ *er hat sehr viel Geld;* eine M. *sehr viel;* er hat eine M. Geld; ich habe dort eine M. gelernt; davon habe ich eine M. ⟨ugs.⟩ *davon habe ich sehr viel;* davon kannst du von mir jede M. haben *soviel du willst;* in rauhen ~n ⟨ugs.⟩ *in großer Zahl, in Scharen* **3** ⟨nur Sg.⟩ *große Anzahl versammelter Personen;* die M. klatschte, schrie, tobte, lachte; Kleingeld unter die M. werfen **4** ⟨Math.⟩ *Zusammenfassung von bestimmten Objekten zu einem Ganzen*

men|gen ⟨V.1, hat gemengt; mit Akk.⟩ *etwas oder sich m. mischen;* Rosinen in den Teig m.; geraspelte Nüsse unter die Haferflocken m.; sich unter die Zuschauer m.; sich ins Gespräch m.

Men|gen|leh|re ⟨f., nur Sg.⟩ *Richtung der Mathematik, die sich mit den Mengen (4) und ihren Vereinigungen befaßt*

men|gen|mä|ßig ⟨Adj., o.Steig.; nur als Attr. und Adv.⟩ *hinsichtlich der Menge (1), quantitativ;* er hat es viel verkauft, aber insgesamt ist der Gewinn nicht groß

Men|gen|ra|batt ⟨m.1⟩ *für den Kauf einer großen Menge (einer Ware) gewährter Rabatt*

Meng|sel ⟨n., -s, nur Sg.⟩ *Gemisch, Mischmasch*

Men|hir ⟨m.1⟩ *unbehauene Steinsäule der Jungsteinzeit* [< breton. *men, mean* „Stein" und *hir* „lang"]

Me|nin|gi|tis ⟨f., -, -ti|den⟩ → *Gehirnhautentzündung* [< griech. *menigx,* Gen. *meningos,* „(zarte) Haut", bes. „Hirnhaut", und *...itis*]

Me|nis|kus ⟨m., -, -ken⟩ **1** *Zwischenknorpel im Kniegelenk* **2** *gewölbte Oberfläche einer in engem Rohr stehenden Flüssigkeit* **3** *stark gekrümmte, sichelförmige Linse* [< griech. *meniskos* „Mondsichel, Halbmond", zu *mene* „Mond"]

Men|jou|bart ⟨[mɛnʒu-] m.2⟩ *gestutzter Schnurrbart* [nach dem amerik. Filmschauspieler A. *Menjou*]

Men|ken|ke ⟨f., -, nur Sg.; sächs.⟩ **1** *Gemisch, Durcheinander;* was ist denn das für eine M.? **2** *Getue, Umstände;* mach nicht solche M.! [zu *mengen*]

Men|ni|ge ⟨f., -, nur Sg.⟩ *rote Anstrichfarbe aus Bleioxiden als Rostschutzmittel* [< mhd. *minig,* auch *minwe* „Mennige", < lat. *minium* „Zinnober", wahrscheinlich nach dem span. Fluß *Minius* (heute *Miño),* wegen des Pigments, das er mitführt]

Men|no|nit ⟨m.10⟩ *Angehöriger einer im 16. Jahrhundert gegründeten christlichen Sekte, die u.a. Kindertaufe, Kriegsdienst, Eid ablehnt* [nach dem Gründer, *Menno Simons*]

men|no|ni|tisch ⟨Adj., o.Steig.⟩ *zu den Mennoniten gehörend, die Mennoniten betreffend*

Me|no|pau|se ⟨f.11⟩ *Aufhören der Menstruation in den Wechseljahren;* vgl. *Menarche* [< griech. *men,* Gen. *menos,* „Monat" und *pausa* „Ruhe, Rast"]

Me|no|ra ⟨f.9⟩ *siebenarmiger Leuchter (in der Synagoge)* [hebr.]

Me|nor|rha|gie ⟨f.11⟩ *zu starke Menstruation* [< *Menstruation* und *Hämorrhagie*]

Me|nor|rhö ⟨f.10⟩, **Me|nor|rhoe** ⟨[-rø] f.11⟩ → *Menstruation* [< griech. *men,* Gen. *monos,* „Monat" und *rhoos, rhous* „Fließen, Strömen, Fluß", zu *rhein* „fließen"]

Me|no|sta|se ⟨f.11⟩ *Aussetzen der Menstruation* [< griech. *men,* Gen. *menos,* „Monat" und *stasis* „Stellung, Stand, Lage"]

Men|sa ⟨f., -, -s oder -sen⟩ **1** *Deckplatte des Altartisches* **2** ⟨kurz für⟩ *Mensa academica* [lat., „Tisch"]

Men|sa aca|de|mi|ca ⟨f., - -, -sae [-sɛ:] -cae [-kɛ:]; an Hochschulen⟩ *Speisehaus für Studenten mit verbilligtem Mittagessen*

Mensch I ⟨m.10⟩ **1** *(innerhalb der Klasse der Säugetiere zur Ordnung der Primaten gehörendes) Lebewesen mit der höchsten Entwicklung des Gehirns, der Fähigkeit zur Sprache und zu logischem Denken;* der M. als denkendes Wesen; M. und Tier **2** *menschliches Lebewesen, Person;* der ~en Sohn *Jesus Christus;* einem ~en glauben; man muß die ~en nehmen wie sie sind *man kann die anderen nicht ändern;* ein anderer M. werden *sich stark ändern;* der äußere M. *die äußere Erscheinung;* der erste M. *Adam;* ein guter M.; nur noch ein halber M. sein *sehr erschöpft sein;* der innere M. *die Seele;* etwas für den inneren ~en tun ⟨ugs., scherzh.⟩ *gut essen und trinken;* die jungen ~en ⟨geh.⟩ *die Jugendlichen;* kein M. mehr sein *völlig erschöpft sein;* kein M. *niemand;* an Gott und den ~en zweifeln *an allem zweifeln;* sich auf einen ~en verlassen; unter die ~en gehen *sich in Gesellschaft begeben;* von M. zu M. *vertraulich, kameradschaftlich,* unter vier Augen **3** ⟨als Anrede⟩ M., du hast es gut!; M., hast du ein Glück gehabt! **II** ⟨n., -s, -er; volkstümlich⟩ *liederliche Frau, Schlampe, Dirne*

men|scheln ⟨V.1, hat gemenschelt; o.Obj., unpersönl., mit „es"⟩ es menschelt *es zeigen sich menschliche Schwächen*

Men|schen|af|fe ⟨m.11⟩ *dem Menschen entwicklungsgeschichtlich am nächsten stehender Affe (Schimpanse, Gorilla, Orang-Utan und Gibbon)*

Men|schen|al|ter ⟨n.5⟩ *Lebenszeit eines Menschen (als Zeitraum);* mehrere M. lang; vor einem M. war so etwas noch nicht

Men|schen|feind ⟨m.1⟩ *Feind und Verächter der Menschen;* Syn. *Misanthrop;* Ggs. *Menschenfreund*

men|schen|feind|lich ⟨Adj.⟩ **1** *den Menschen feindlich gesinnt, menschenverachtend;* Syn. *misanthropisch;* Ggs. *menschenfreundlich* **2** ⟨übertr.⟩ *für Menschen ungeeignet;* die ~e Wüste

Men|schen|fres|ser ⟨m.5⟩ → *Anthropophage*

Men|schen|fres|se|rei ⟨f., -, nur Sg.⟩ → *Anthropophagie*

Men|schen|freund ⟨m.1⟩ *jmd., der die Menschen liebt;* Syn. *Philanthrop;* Ggs. *Menschenfeind*

men|schen|freund|lich ⟨Adj.⟩ *den Menschen freundlich gesinnt;* Syn. *philanthropisch;* Ggs. *menschenfeindlich*

Men|schen|ge|den|ken ⟨n.; nur in der Wendung⟩ seit M. *seit langem, so lange, wie sich Menschen erinnern können*

Men|schen|ge|schlecht ⟨n.3; geh.⟩ *die Menschheit*

Men|schen|ge|stalt ⟨f.10⟩ *äußere Erscheinung eines Menschen;* der Zauberer nahm M. an (im Märchen); er ist ein Engel, ein Teufel in M. ⟨übertr.⟩ *er ist ein sehr guter, ein sehr böser, boshafter, phantastischer Mensch*

Men|schen|hai ⟨m.1⟩ *Haifischart, die auch Menschen angreift (z.B. Blauhai)*

Men|schen|hand ⟨f.2; nur in Fügungen⟩ das liegt nicht in M. *das unterliegt nicht der Lenkung des Menschen;* von, durch M. gemacht *von einem Menschen hergestellt*

Men|schen|kennt|nis ⟨f., -, nur Sg.⟩ *Fähigkeit, die Menschen richtig einzuschätzen*

Men|schen|kind ⟨n.3⟩ **1** *Kind* **2** *Mensch als Kind Gottes;* vgl. *Menschenskind*

men|schen|leer ⟨Adj.⟩ *ohne Menschen, einsam;* eine ~e Gegend; die Straße war völlig m.

Men|schen|lie|be ⟨f., -, nur Sg.⟩ *Liebe (des Menschen) zu anderen Menschen*

men|schen|mög|lich ⟨Adj., o.Steig.⟩ *in der Möglichkeit des Menschen liegend;* tun, was m. ist; er hat das Menschenmögliche getan; das ist nicht m. *das kann kein Mensch vollbringen*

Men|schen|ras|se ⟨f.11⟩ *Untergruppe der Menschheit, die ausgeprägte, vorwiegend erblich bedingte körperliche Unterschiede gegenüber anderen Gruppen zeigt* (oft vereinfachend auf die Großrassen Europide, Mongolide und Negride beschränkt)

Men|schen|recht ⟨n.1⟩ *Recht des Menschen auf ein würdiges Dasein und freie äußere Entfaltung (innerhalb eines Staates)*

men|schen|scheu ⟨Adj.⟩ *den Umgang mit den Menschen vermeidend*

Men|schen|scheu ⟨f., -, nur Sg.⟩ *Scheu vor den Menschen, Abneigung gegen das Zusammensein mit Menschen;* Syn. *Anthropophobie*

Men|schen|schlag ⟨m.2⟩ *bestimmte Art von Menschen;* das ist ein anderer, heiterer, ruhiger M.

Men|schen|see|le ⟨f.11⟩ **1** *Seele des Menschen* **2** ⟨verstärkend⟩ *Mensch, Person;* (meist in der Fügung) keine M. *niemand;* keine M. war zu sehen *niemand war zu sehen*

Men|schens|kind! ⟨ugs.; erstaunter, überraschter oder vorwurfsvoller Ausruf⟩; vgl. *Menschenkind*

Men|schen|sohn ⟨m., -(e)s, nur Sg.⟩ *Selbstbezeichnung Christi*

Men|schen|ver|stand ⟨m., -(e)s, nur Sg.⟩ *Verstand des Menschen;* der gesunde M. *die natürliche Denk- und Verständniskraft des Menschen;* das sagt einem doch der gesunde M., daß das nicht geht!

Men|schen|wür|de ⟨f., -, nur Sg.⟩ *angeborene Würde des Menschen;* jmds. M. verletzen, nicht achten

men|schen|wür|dig ⟨Adj.⟩ *der Würde des Menschen entsprechend;* das ist kein ~es Dasein, kein ~er Zustand

Men|sche|wik ⟨m., -en, -en oder -wi|ki⟩ *Anhänger des Menschewismus*

Men|sche|wis|mus ⟨m., -, nur Sg.⟩ *die gemäßigte Richtung der russischen Sozialdemokratischen Arbeiterpartei;* vgl. *Bolschewismus*

men|sche|wi|stisch ⟨Adj., o.Steig.⟩ *zum Menschewismus gehörend, auf dem Menschewismus beruhend*

Mensch|heit ⟨f., -, nur Sg.⟩ *Gesamtheit der Menschen*

mensch|heit|lich ⟨Adj., o.Steig.⟩ *die Menschheit betreffend, im Hinblick auf die Menschheit*

mensch|lich ⟨Adj.⟩ **1** ⟨o.Steig.⟩ *den Menschen betreffend, zum Menschen, zu den Menschen gehörig;* ~e Beziehungen; das; das ~e Leben; sich m. näherkommen *sich innerlich näherkommen, sich privat näher kennenlernen* **2** ⟨o.Steig.⟩ *dem Menschen eigen, gemäß, für den Menschen charakteristisch;* die ~e Freiheit; ~em Ermessen *soweit ein Mensch es beurteilen kann;* ~e Schwächen; Irren ist m. *Irren kommt bei Menschen vor;* m. handeln, wie es sich für Menschen gehört; ein ~es Dasein; eine ~e Regung *eine Regung des Mitgefühls;* jetzt sieht es hier ja wieder m. aus ⟨ugs.⟩ *jetzt sieht es hier wieder ordentlich und sauber aus;* jetzt fühle ich mich wieder m. ⟨ugs.⟩ *jetzt fühle ich mich wieder sauber und ausgeruht;* jmdn. m. behandeln

Mensch|lich|keit ⟨f., -, nur Sg.⟩ **1** *menschliches Sein und Dasein;* Christus in seiner M. **2** *Menschenfreundlichkeit, edle Gesinnung;* seine Haltung zeugt von M.

Mensch|wer|dung ⟨f., -, nur Sg.⟩ *Auftreten, Erscheinen, Geborenwerden als Mensch;* die M. Gottes in der Gestalt Christi

Men|sel ⟨f.11⟩ → *Meßtisch* [→ *Mensul*]

Men|sis ⟨m., -, -ses⟩ → *Menstruation* [< lat. *mensis* „Monat"; *monatliche Blutung der Frau*]

men|sis cur|ren|tis ⟨Abk.: m. c.; †⟩ *(des) laufenden Monats*

Mens sa|na in cor|po|re sa|no *in einem ge-*

sunden Körper (möge auch) ein gesunder Geist (wohnen) [Wort aus den Satiren des altrömischen Dichters Juvenal]

men|stru|al ⟨Adj., o.Steig.⟩ *zur Menstruation gehörig*

Men|stru|a|ti|on ⟨f.10⟩ *in etwa 28tägigen Abständen bei der gesunden, geschlechtsreifen Frau auftretende Gebärmutterblutung;* Syn. *Mensis, Menorrhö, Menorrhoe, Monatsblutung, Periode, Regel, Regelblutung,* ⟨verhüllend⟩ *Unwohlsein* [< lat. *menstruum,* Pl. *menstrua,* „Monatsblutung", eigtl. „das Monatliche", zu *mensis,* „Monat"]

men|stru|ie|ren ⟨V.3, hat menstruiert; o.Obj.⟩ *die Menstruation haben*

men|su|al ⟨Adj., o.Steig.; †⟩ *monatlich*

Men|sul ⟨f.11⟩ →*Meßtisch* [< lat. *mensula* „Tischchen", Verkleinerungsform von *mensa* „Tisch"]

Men|sur ⟨f.10⟩ **1** ⟨allg.⟩ *Maß, Maßverhältnis* **2** ⟨Mus.⟩ **a** *Verhältnis der Maße von Musikinstrumenten (Durchmesser, Länge, Saiten, Resonanzkörper, Grifflöcher usw.)* **b** *Verhältnis der Notenwerte zueinander (seit dem 13. Jahrhundert festgelegt)* **3** ⟨Sport⟩ *Abstand zweier Fechter voneinander* **4** *studentischer Zweikampf (Fechten)* **5** ⟨Chem.⟩ *mit Maßeinteilung versehenes Meßglas* [< lat. *mensura* „das Messen, Maß", zu *metiri* „messen"]

men|su|ra|bel ⟨Adj., o.Steig.⟩ *meßbar;* Ggs. *immensurabel; mensurable Größen* [zu *Mensur*]

Men|su|ra|bi|li|tät ⟨f., -, nur Sg.⟩ *Meßbarkeit;* Ggs. *Immensurabilität*

Men|su|ral|mu|sik ⟨f., -, nur Sg.; 13. bis 16. Jh.⟩ *in der Mensuralnotation aufgezeichnete, mehrstimmige Musik*

Men|su|ral|no|ta|ti|on ⟨f., -, nur Sg.⟩ *die Notenschrift des 13.–16. Jahrhunderts, in der die Dauer der Töne festgelegt ist;* vgl. *Choralnotation, Modalnotation*

men|su|riert ⟨Adj., o.Steig.⟩ *bestimmte Maßverhältnisse besitzend;* ~e *Musikinstrumente*

men|tal ⟨Adj., o.Steig.⟩ *zum Geist gehörend, den Geist betreffend, geistig,* (nur) *in Gedanken*

Men|ta|li|tät ⟨f.10⟩ *Geistigkeit, Geistesart, Denk-, Anschauungsweise; die M. eines Volkes; jede Rasse hat ihre eigene M.* [< mlat. *mentalis,* „geistig, seelisch", zu lat. *mens,* Gen. *mentis,* „Denkvermögen, Verstand, Vernunft"]

Men|tal|re|ser|va|ti|on ⟨f.10⟩ *stiller Vorbehalt*

men|te cap|tus *unzurechnungsfähig, des Verstands beraubt* [lat.]

Men|thol ⟨n., -s, nur Sg.⟩ *Bestandteil des Pfefferminzöls* [< lat. *mentha* „Minze" und *oleum* „Öl"]

Men|tor ⟨m.13⟩ *Erzieher, Berater, väterlicher Freund und Ratgeber* [nach Mentor, dem Erzieher des Telemach in Homers „Odyssee"]

Me|nu ⟨[-ny] schweiz.⟩, **Me|nü** ⟨n.9⟩ *aus mehreren Gängen bestehende Mahlzeit;* Syn. *Speisenfolge* [< frz. *menu* in ders. Bed. sowie „klein, dünn", eigtl. „Kleinigkeiten, Einzelheiten", < lat. *minutia* „Kleinigkeiten", zu *minutus* „klein"; →*Minute*]

Me|nu|ett ⟨n.1⟩ **1** *altfranzösischer Volkstanz* **2** *höfischer Gesellschaftstanz* **3** *Teil der Suite, Sonate, Sinfonie und Kammermusik* [< frz. *menuet* in ders. Bed. sowie „winzig", eigtl. also „Tanz mit kleinen Schritten", Verkleinerungsform von *menu* „klein"]

me|phi|sto|phe|lisch ⟨Adj., o.Steig.⟩ *teuflisch* [nach *Mephisto, Mephistopheles,* dem Namen des Teufels in mittelalterl. Volksbüchern und in Goethes „Faust"]

Mer|cap|tan ⟨n.1⟩ *Alkohol, bei dem die Sauerstoffatome durch Schwefel ersetzt sind (und der geruchlosem Erdgas zur Wahrnehmung beigesetzt wird)* [< neulat. *mercurium captans* „Quecksilber bindend"]

Mer|ca|tor|pro|jek|ti|on ⟨f.10⟩ *eine winkeltreue zylindrische Kartenprojektion* [nach dem Geographen G. *Mercator*]

Mer|ce|rie ⟨[-sə-] f.11; schweiz.⟩ *Kurzwarenhandlung* [frz., „Kram-, Schnitt-, Kurzwaren sowie Handel damit", altfrz. allg. „Ware, Handel", < lat. *merx,* Gen. *mercis,* „Ware"]

Mer|ce|ri|sa|ti|on ⟨f.10⟩ →*Merzerisation*

mer|ci ⟨[-si] schweiz. oder scherzh.⟩ *danke* [frz., zu lat. *merces* „Lohn"]

Me|ren|ke ⟨f.11⟩ →*Meringe*

Mer|gel ⟨m.5⟩ *ein Ablagerungsgestein aus Ton, Sand und reichlich Kalk;* Syn. ⟨bayr.-österr.⟩ *Schlier* [< mlat. *margila* „Mergel"]

mer|ge|lig ⟨Adj., o.Steig.⟩ *mit Mergel vermischt;* auch: *merglig;* ~er *Boden*

mer|geln ⟨V.1, hat gemergelt; mit Akk.⟩ *mit Mergel düngen*

mer|glig ⟨Adj.⟩ →*mergelig*

Me|ri|di|an ⟨m.1⟩ **1** *Kreis auf der Erdkugel, der durch beide Pole geht;* Syn. *Längenkreis, Mittagskreis, Mittagslinie* **2** *größter Kreis der Himmelskugel, der durch Zenit und Nadir geht* [< lat. *meridianus* „mittägig", zu *meridies,* eigtl. *medius dies* „Mittag", < *medius* „in der Mitte" und *dies* „Tag"]

Me|ri|di|an|kreis ⟨m.1⟩ *ein astronomisches Meßinstrument zur Bestimmung von Sternörtern*

me|ri|di|o|nal ⟨Adj., o.Steig.⟩ *den Meridian betreffend, in der Richtung des Meridians, nordsüdlich*

Me|rin|ge ⟨f.11⟩, **Me|rin|gel** ⟨n.5⟩ *Kleingebäck aus Eischnee und Zucker;* auch: *Merenke, Merinke;* Syn. *Baiser* [< frz. *meringue* in ders. Bed.]

Me|ri|no ⟨m.9⟩ *aus Spanien stammendes weißes Schaf mit feiner Wolle* [vielleicht < frz. *mère* „Mutter", das auch feine Wolle liefert]

Me|ri|stem ⟨n.1; Bot.⟩ →*Bildungsgewebe* [< griech. *meristos* „geteilt, teilbar", zu *merizein* „teilen"]

me|ri|ste|ma|tisch ⟨Adj., o.Steig.; bei pflanzlichem Gewebe⟩ *teilungsfähig* [zu *Meristem*]

Me|ri|ten ⟨Pl.⟩ *Verdienste; er hat gewiß seine M.; ich will seine M. nicht anzweifeln* [→*Meritum*]

me|ri|to|risch ⟨Adj.; †⟩ *verdienstlich, verdienstvoll*

Me|ri|tum ⟨n., -s, -ri|ten⟩ *Verdienst (bes. vor Gott durch gute Werke),* (fast nur noch im Pl. üblich) *Meriten* [< lat. *meritum,* „Verdienst, gute Tat, Wohltat", zu *merere* „verdienen", eigtl. „eine Sache) würdig sein"]

mer|kan|til ⟨Adj., o.Steig.⟩ *zum Handel gehörend, auf Handel beruhend, Handels...* [< ital. *mercantile* „kaufmännisch", zu *mercante* „Kaufmann", < lat. *mercari* „Handel treiben", zu *merx,* Gen. *mercis,* „Ware"]

Mer|kan|ti|lis|mus ⟨m., -, nur Sg.⟩ *Wirtschaftssystem des Absolutismus (16.–18. Jahrhundert) mit dem Ziel, den Außenhandel und damit die Industrie zu fördern*

Mer|kan|ti|list ⟨m.10⟩ *Vertreter des Merkantilismus*

mer|kan|ti|li|stisch ⟨Adj., o.Steig.⟩ *zum Merkantilismus gehörend, auf dem Merkantilismus beruhend*

merk|bar ⟨Adj., o.Steig.⟩ **1** *so beschaffen, daß man es merken kann; ein kaum* ~er *Unterschied* **2** *merklich*

Merk|blatt ⟨n.4⟩ *Blatt mit Erläuterungen (zu einer Gesetzesvorschrift o.ä.)*

Merk|buch ⟨n.4⟩ →*Notizbuch*

mer|ken ⟨V.1, hat gemerkt⟩ **I** ⟨mit Akk.⟩ *etwas m. wahrnehmen, erkennen, fühlen, spüren; ich merkte, daß etwas nicht stimmte; hast du etwas gemerkt, daß er ...?; ich habe nichts gemerkt; du merkst aber auch alles* ⟨iron., wenn jmd. etwas Selbstverständliches oder allgemein Bekanntes hervorhebt⟩ *ich merke es an seinem Verhalten, daß er etwas verbirgt* **II** ⟨mit Dat. (sich) und Akk.⟩ *sich etwas m. sich etwas ins Gedächtnis einprägen; sich Namen, Zahlen (gut, nicht) m. können; seinen Namen wird man sich m. müssen er wird eine große Karriere machen (und einem dann wieder begegnen); m. Sie sich das!* ⟨Zurechtweisung⟩ **III** ⟨mit Präp.obj.⟩ *auf etwas m. auf etwas aufpassen, achten*

Mer|ker ⟨m.5; im Meistergesang⟩ *derjenige Meistersinger, der die Fehler des Sängers aufschreibt*

merk|lich ⟨Adj.⟩ *so beschaffen, daß man es bemerkt, fühlbar; es ist m. kälter geworden*

Merk|mal ⟨n.1⟩ *charakteristisches Zeichen, Kennzeichen; das M. dieser Zeit ist ...; Schnellebigkeit ist ein M. unserer Zeit; ein Mensch ohne besondere* ~e

Merks ⟨m.; ostmdt.; nur in den Wendungen⟩ *einen guten, schlechten, keinen M. für etwas haben sich etwas gut, schlecht, nicht merken können*

Merk|spruch ⟨m.2⟩ *Lebensweisheit in gereimter Form (so daß man sie sich gut merken kann)*

Mer|kur ⟨m. oder n., -s, nur Sg.; Alchimie⟩ →*Quecksilber* [< lat. *Mercurius* „Merkur", vielleicht wegen der Beweglichkeit des Elements mit dem flinken Handelsgott verglichen]

Mer|ku|ri|a|lis|mus ⟨m., -, nur Sg.⟩ *Quecksilbervergiftung* [< lat. *mercurium* „Quecksilber"]

merk|wür|dig ⟨Adj.⟩ *Aufmerksamkeit erregend oder verdienend, eigenartig, seltsam; er hat* ~e *Angewohnheiten; ein* ~es *Geräusch; das ist sehr m.!*

merk|wür|di|ger|wei|se ⟨Adv.⟩ *es ist merkwürdig, daß ...; m. hat er mich nicht angerufen*

Merk|wür|dig|keit ⟨f.10⟩ **1** ⟨nur Sg.⟩ *merkwürdige Art* **2** *merkwürdige Sache; der Fall weist einige* ~en *auf; das und andere* ~en

Mer|le ⟨f.11; landsch.⟩ →*Amsel* [über frz. *merle,* ital. *merla* < lat. *merula* „Amsel"]

Mer|lin ⟨m.1 od. -[-lin] m.1⟩ *kleiner, nordischer Falke (der in Mitteleuropa als Wintergast zu beobachten ist)* [< engl. *merlin* < altfrz. *esmerillon* < ahd. *smirli* „Merlin"; vgl. *Schmerle*]

Me|ro|win|ger ⟨m.5⟩ *Angehöriger eines fränkischen Herrschergeschlechts*

me|ro|win|gisch ⟨Adj., o.Steig.⟩ *zu den Merowingern gehörend, in der Art der Merowinger*

Mer|ze|ri|sa|ti|on ⟨f., -, nur Sg.⟩ *Verfahren zum Veredeln von Baumwolle;* auch: *Mercerisation* [nach dem Erfinder des Verfahrens, dem Engländer John *Mercer*]

mer|ze|ri|sie|ren ⟨V.3, hat merzerisiert; mit Akk.⟩ *durch Merzerisation veredeln*

Merz|vieh ⟨n., -(e)s, nur Sg.⟩ *Tiere, die zur Zucht untauglich sind und deshalb ausgeschieden werden (bes. Schafe)* [zu *ausmerzen*]

Mes|al|li|ance ⟨[mezaljãs] f.11; †⟩ **1** *nicht standesgemäße Ehe, Mißheirat* **2** ⟨übertr.⟩ *unebenbürtige Liebschaft* [< frz. *mésalliance* in ders. Bed., < *mé...,* vor Vokalen *més...,* „miß..., fehl..." und *alliance* „Verbindung, Ehe", →*Allianz*]

Mes|ca|lin ⟨n., -s, nur Sg.⟩ →*Meskalin*

me|schant ⟨Adj., -er, am meschantesten⟩ *boshaft, niederträchtig, ungezogen* [< frz. *méchant* in ders. Bed., altfrz. auch „vom Unglück betroffen, unselig", < altfrz. *mescheoir* „vom Unglück betroffen werden", < *més...,* „miß..., fehl..." und *cheoir* „fallen", zu lat. *cadere* „fallen"]

me|schug|ge ⟨Adj., o.Steig.; nur als Adv. und mit „sein"; mdt., berlin.⟩ *verrückt; du bist wohl m.?; der Lärm macht mich ganz m.* [< jidd. *meschugge* „verrückt", < hebr. *šaḡa* „sinnverwirrt sein"]

Mes|dames ⟨[medam] Pl. von⟩ *Madame*

Mesde|moi|selles ⟨[medmoazɛl] Pl. von⟩ *Mademoiselle*

Mesenchym

Mes|en|chym ⟨n., -s, nur Sg.⟩ *lockeres embryonales Bindegewebe* [< griech. *mesos* „mittlerer" und *en* „hinein" und *chymos* „Saft"; *Enchym* ist im Sinne von „Füllgewebe, Zwischenschicht, Gewebsmasse" zu verstehen]

Mes|ka|lin ⟨n., -s, nur Sg.⟩ *Alkaloid des mexikanischen Peyotl-Kaktus (illegales Rauschmittel);* Syn. *Mescalin* [< span. *mezcalina* in ders. Bed., zu *mezcal, mexcal,* in Mexiko Bez. für den Echinocactus (Lophophora) williamsii, aus dessen Wurzel ein berauschendes Getränk gewonnen wird]

Mes|mer ⟨m.5; schweiz.⟩ → *Mesner*

Mes|me|ris|mus ⟨m., -, nur Sg.⟩ *Heilverfahren durch biologischen (sogenannten animalischen) Magnetismus (z.B. durch Handauflegen);* Syn. *Magnetismus* [nach dem Arzt Franz Anton Mesmer]

Mes|ner ⟨m.5⟩ *Küster;* auch ⟨schweiz.⟩: *Mesmer* [< mhd. *mesnaere, mesenaere* < mlat. *masionarius, mansionarius* „Haushüter", zu lat. *mansio,* Gen. *-onis,* „Wohnung"]

Mes|ne|rei ⟨f.10⟩ *Amt und Wohnung eines Mesners*

Me|so|blast, Me|so|derm ⟨n.1⟩ *mittleres Keimblatt des sich entwickelnden Embryos* [< griech. *mesos* „mittlerer" und *blaste* „Keim" bzw. *derma* „Haut"]

me|so|der|mal ⟨Adj., o.Steig.⟩ *sich aus dem Mesoderm entwickelnd*

Me|so|karp ⟨n.1⟩, **Me|so|kar|pi|um** ⟨n., -s, -pi|en; bei vielen Blütenpflanzen⟩ *mittlere Schicht der Fruchtwand* [< griech. *mesos* „mittlerer" und *karpos* „Frucht"]

Me|so|li|thi|kum ⟨n., -s, nur Sg.⟩ *erdgeschichtlicher Zeitraum zwischen Paläolithikum und Neolithikum;* Syn. *Mittelsteinzeit* [< griech. *mesos* „mittlerer" und *lithos* „Stein"]

Me|son ⟨n.13⟩ *sehr kurzlebiges Elementarteilchen;* Syn. ⟨veraltend⟩ *Mesotron* [< griech. *mesos* „mittlerer" und *Elektron* bzw. *Proton,* weil seine Masse zwischen diesen beiden Elementarteilchen liegt]

Me|so|phyt ⟨m.10⟩ *Pflanze, die an Böden mit mittlerem Feuchtigkeitsgrad angepaßt ist* [< griech. *mesos* „mittlerer" und *phyton* „Pflanze"]

Me|so|tron ⟨n.13; veraltend⟩ → *Meson*

Me|so|zo|i|kum ⟨n., -s, nur Sg.⟩ *jüngeres Zeitalter der Erdgeschichte, das Trias, Jura und Kreide umfaßt;* Syn. *Erdmittelalter* [< griech. *mesos* „mittlerer" und *zoikos* „tierisch", zu *zoon* „Lebewesen, Tier", also „mittlerer Abschnitt der Zeit, in der es Lebewesen gab"]

me|so|zo|isch ⟨Adj., o.Steig.⟩ *das Mesozoikum betreffend, zu ihm gehörig, aus ihm stammend*

Mes|sa|li|na ⟨f., -, -li|nen⟩ *geschlechtlich unersättliche, sittenlose Frau* [nach *Messalina,* der Gemahlin des römischen Kaisers Claudius]

Mes|sa|li|ne ⟨f., -, nur Sg.⟩ *weicher, glänzender Seiden- oder Kunstseidenstoff*

Meß|be|cher ⟨m.5⟩ *mit einer Meßskala versehenes Gefäß (zum Abmessen von Speisezutaten)*

Meß|brief ⟨m.1⟩ *Urkunde über die Vermessung eines Schiffes*

Meß|buch ⟨n.4⟩ *Buch mit Gebeten, Lesungen und Liedern zum Gebrauch in der Messe;* Syn. *Missale*

Meß|die|ner ⟨m.5⟩ → *Ministrant*

Mes|se[1] ⟨f.11⟩ **1** ⟨kath. Kirche⟩ *Hauptgottesdienst* **2** *Musikwerk für Gesangsstimmen und Orchester für die Messe (1)* **3** *Ausstellung von Industriewaren, Markt,* ⟨auch⟩ *Jahrmarkt* [< mhd. *messe, misse* < lat. *missa* „Gottesdienst", entstanden aus der Formel *ite, contio missa est* „geht, die Versammlung ist entlassen", womit der Geistliche nach dem Gottesdienst von dem Abendmahl Zugelassenen wegschickte (zu *mittere* „schicken, wegschicken, entlassen"); das Wort ging dann auf die kirchliche Feier selbst über, dann auch auf das musikalische Werk, das während der Feier aufgeführt wurde; die Bed. „Jahrmarkt" ergab sich daraus, daß zu den Festtagen der Heiligen eine besonders große Messe zelebriert wurde und auch ein Jahrmarkt stattfand]

Mes|se[2] ⟨f.11; auf Schiffen⟩ **1** *Aufenthalts- und Speiseraum für Offiziere* **2** *die Tischgesellschaft selbst* [< engl. *mess* „Tischgesellschaft", < frz. *mets* „Speisen", < lat. *missum* „das (aus der Küche) Geschickte"]

mes|sen ⟨V.84, hat gemessen⟩ **I** ⟨o.Obj.⟩ *eine bestimmte Größe, Ausdehnung haben; das Zimmer mißt 20 Meter im Quadrat; der Schrank mißt in der Breite 1,50 m, in der Höhe 2,50 m* **II** ⟨mit Akk.⟩ *etwas oder jmdn. m. die Maße, Größe, Ausdehnung, Temperatur von etwas oder jmdm. feststellen; eine Entfernung, einen Teppich m. die Länge, Breite von etwas m.; jmdn. m. jmds. Körpertemperatur feststellen; Fieber m. die Höhe des Fiebers feststellen;* sie maß ihn (mit dem Blicken) von oben bis unten *sie blickte ihn prüfend, staunend, verächtlich an; etwas an etwas m.,* jmdn. an jmdm. m. *etwas mit etwas (anderem), jmdn. mit jmdm. vergleichen; Du kannst die Leistung des Kindes nicht an deiner eigenen m.; an seinem Vater gemessen ist er nicht sehr begabt; gemessen an den Temperaturen des vorigen Jahres ist dieser Sommer sehr kalt* **III** ⟨refl.⟩ *sich mit jmdm. m. mit jmdm. in Wettstreit treten, mit jmdm. wetteifern; mit dir kann er sich nicht m. du bist ihm überlegen, dir kommt er nicht gleich*

Mes|ser[1] ⟨n.5⟩ *aus einem Griff und einer Klinge mit Schneide bestehendes Gerät zum Schneiden; die Sache steht auf des ~s Schneide die Sache wird sich bald (auf gefährliche Weise) entscheiden;* jmdm. das M. an die Kehle setzen *jmdn. durch Drohungen unter Druck setzen;* mir sitzt, steht das M. an der Kehle ⟨ugs.⟩ *ich bin in großer Bedrängnis;* jmdn. ans M. liefern *jmdn. verraten, preisgeben; ein Kampf bis aufs M. ein Kampf, der bis zum Äußersten geht;* er läuft ins offene M. *er verhält sich so, daß er selbst seinen Untergang herbeiführt; nächste Woche muß ich unter das M.* ⟨ugs., scherzh.⟩ *nächste Woche werde ich operiert* [< ahd. *mezzir, mezzisahs* „Messer", < *maz* „Speise, Essen" und *sahs* „Sachs, Sax, Messer, kurzes Schwert"]

Mes|ser[2] ⟨m., -, -; in der ital. Komödie Anrede für höhergestellte Personen⟩ *Herr*

Mes|ser|held ⟨m.10⟩ *gefährlicher Raufbold (der schnell das Messer zieht)*

Mes|ser|rü|cken ⟨-k|k-; m.7; bei Messern⟩ *der Schneide am Klinge gegenüberliegender Teil, der nicht geschärft ist*

mes|ser|scharf ⟨Adj., o.Steig.⟩ **1** *so scharf wie ein Messer, sehr scharf* **2** ⟨übertr.⟩ *scharfsinnig; daraus schloß er m., daß ...*

Mes|ser|schmied ⟨m.1⟩ *jmd., der berufsmäßig Messer herstellt*

Mes|ser|ste|che|rei ⟨f.10⟩ *Rauferei, bei der Messer als Waffen benutzt werden*

Mes|se|stand ⟨m.2⟩ *Ausstellungsstand auf einer Messe*[1] *(3)*

Meß|frem|de(r) ⟨m. 17 oder 18; ugs.⟩ *auswärtiger Besucher einer Messe*[1] *(3)*

Meß|ge|fäß[1] ⟨n.1⟩ *Gefäß zum Messen*

Meß|ge|fäß[2] ⟨n.1⟩ *bei der Messe*[1] *(1) für den Wein verwendetes Gefäß*

Meß|ge|rät[1] ⟨n.1⟩ *Gerät zum Messen*

Meß|ge|rät[2] ⟨n.1⟩ *vom Priester während der Messe*[1] *(1) verwendetes Gerät*

Meß|ge|wand ⟨n.4⟩ *zur Messe*[1] *(1) getragenes Gewand des Priesters;* Syn. *Kasel*

Mes|si|a|de ⟨f.11⟩ *Dichtung, deren Held der Messias (Jesus Christus) ist*

mes|si|a|nisch ⟨Adj., o.Steig.⟩ *zum Messias gehörig, von ihm ausgehend*

Mes|si|a|nis|mus ⟨m., -, nur Sg.⟩ *Lehre von der Erlösung durch den verheißenen Messias*

Mes|si|as ⟨m., -, nur Sg.⟩ *Erlöser,* ⟨bes.⟩ *Jesus Christus* [< hebr. *māšîah* „der Gesalbte"]

Mes|sieurs ⟨[mesjø] Pl. von⟩ *Monsieur*

Mes|sing ⟨n.1⟩ *Legierung aus Kupfer und Zink* [< mhd. *messinc, missinc,* auch *mösinc,* weitere Herkunft unsicher]

mes|sin|gen ⟨Adj., o.Steig.⟩ *aus Messing; eine messingne Schale*

Meß|kelch ⟨m.1⟩ *bei der Messe*[1] *(1) verwendeter Weinkelch*

Meß|lat|te ⟨f.11; Landvermessung⟩ *3 bis 5 m lange hölzerne Latte mit Dezimeter-Einteilung zum Messen von Höhenunterschieden*

Meß|op|fer ⟨n.5⟩ *Feier des Opfertodes Christi in der Messe*[1] *(1)*

Meß|schrau|be ⟨f.11⟩ → *Mikrometer*

Meß|tech|nik ⟨f.10⟩ *Gesamtheit der naturwissenschaftlichen Methoden und Geräte zum Messen*

Meß|tisch ⟨m.1⟩ *(kaum noch benutztes) geodätisches Meßgerät;* Syn. *Mensel, Mensul*

Meß|tisch|blatt ⟨n.4⟩ **1** ⟨urspr.⟩ *mit Hilfe des Meßtischs aufgenommene, großmaßstäbige Karte* **2** ⟨heute im allgemeinen Sprachgebrauch⟩ *topographische Karte 1:25 000 mit eingezeichneten Oberflächenformen, Bodenbedeckungen, Verkehrswegen, Siedlungsflächen usw.*

Mes|sung ⟨f.10⟩ *das Messen, das Gemessenwerden*

Meß|wa|gen ⟨m.7⟩ *Eisenbahnwagen mit technischen Einrichtungen zur Überprüfung von Lokomotiven und Wagen und zur Vermessung des Gleisoberbaus*

Meß|wand|ler ⟨m.5⟩ *Gerät, das hohe elektrische Ströme oder Spannungen so weit herabtransformiert, daß sie gemessen werden können*

Meß|zy|lin|der ⟨m.5; Chem.⟩ *zylinderförmiges Gerät zum Abmessen von Flüssigkeitsmengen im Labor*

Me|ste ⟨f.11; westfäl.⟩ **1** *altes Hohlmaß* **2** *Holzgefäß*

Me|sti|ze ⟨m.11⟩ *Mischling aus einem weißen und einem indianischen Elternteil* [< span. *mestizo* in ders. Bed., über spätlat. *mixtitius* „vermischt", < lat. *mixtus* „gemischt, vermischt", zu *miscere* „mischen"]

MESZ ⟨Abk. für⟩ *mitteleuropäische Sommerzeit*

Met ⟨m., -s, nur Sg.⟩ *(bes. bei den Germanen beliebtes) alkoholisches Getränk aus vergorenem Honig, Wasser und Gewürzen*

Me|ta|ba|sis ⟨f., -, -ba|sen⟩ *Gedankensprung, Abschweifung* [< griech. *metabasis* „Wendung, Wandlung", < *meta* „nach ... hin" und *basis* „Schritt, Gang", zu *bainein* „gehen"]

Me|ta|bo|lie ⟨f.11; Biol.⟩ *Gestalt-, Formveränderung* [< griech. *metabole* „Veränderung, Umgestaltung", < *meta* „nach ... hin, auf ... zu" und *ballein* „richten, lenken"]

me|ta|bo|lisch ⟨Adj., o.Steig.⟩ **1** *auf Metabolie beruhend* **2** *den Metabolismus betreffend, auf ihm beruhend*

Me|ta|bo|lis|mus ⟨m., -, nur Sg.⟩ → *Stoffwechsel* [zu *Metabolie*]

Me|ta|chro|nis|mus ⟨[-kro-] m., -, nur Sg.⟩ *falsche Einordnung in eine spätere Zeit*

Me|ta|ga|la|xis ⟨f., -, -xi|en⟩ *Gesamtheit vieler (oder aller) Sternsysteme* [< griech. *meta* „hinter, danach" und *Galaxie*]

Me|ta|ge|ne|se ⟨f.11; bei vielzelligen Tieren⟩ *Wechsel zwischen einer geschlechtlichen und einer ungeschlechtlichen Generation* [< griech. *meta* „nach ... hin, auf ... zu" und *Genese*]

Me|ta|ge|schäft ⟨n.1⟩ *Vereinbarung zweier Partner, Gewinn und Verlust aller von ihnen unternommenen Geschäfte zu teilen* [< ital. *metà* „Hälfte" und *Geschäft*]

Me|ta|kom|mu|ni|ka|ti|on ⟨f.10⟩ **1** *Verständigung von Kommunikationspartnern über den Kommunikationsvorgang selbst* **2** *averbale Verständigung durch Gesten, Mimik o.ä.*

Me|ta|kri|tik ⟨auch [me̱-] f.10⟩ *Kritik einer Kritik*

Me|tall ⟨n.1⟩ *chemisches Element, gekennzeichnet durch Glanz, gute Leitfähigkeit für Wärme und Elektrizität sowie die Fähigkeit, beim Vermischen mit anderen Metallen Legierungen zu bilden;* ~e *der seltenen Erden Metalle der Gruppe 3 im Periodensystem der chemischen Elemente* [< lat. *metallum* „Metall; Grube, Bergwerk", < griech. *metallon* „Metall, Mineral", urspr. „Grube, Stollen, Bergwerk", vielleicht zu *metallan* „nach etwas forschen, suchen", zu *mate, matia* „Suchen, Bemühung"]

me|tal|len ⟨Adj., o.Steig.⟩ **1** *aus Metall angefertigt;* ein ~es *Gefäß* **2** (geh.) → *metallisch (2)*

Me|tall|far|be ⟨f.11⟩ *Anstrichfarbe mit Metallstaub oder Metalloxid als Pigment*

Me|tall|fär|bung ⟨f.10⟩ **1** *Färbung eines Metalls, metallische Färbung* **2** *Erzeugung einer Farbschicht auf der Oberfläche von Metall*

Me|tal|li|sa|ti|on ⟨f.10⟩ *Überziehen mit einer Metallschicht*

Me|tal|li|sa|tor ⟨m.13⟩ *Spritzpistole zur Metallisation*

me|tal|lisch ⟨Adj.⟩ **1** *aus Metall bestehend, Eigenschaften des Metalls beizend, auf ein Element* **2** *wie Metall;* auch: (geh.) *metallen;* ein ~er *Glanz;* ein ~er *Klang;* ~e *Stimme;* seine *Stimme klingt* m.

me|tal|li|sie|ren ⟨V.3, hat metallisiert; mit Akk.⟩ *mit einer Metallschicht überziehen*

Me|tal|lis|mus ⟨m., -, nur Sg.⟩ *Anschauung, daß der Wert des Geldes von seinem Metallwert abhängen müsse*

Me|tall|kun|de ⟨f., -, nur Sg.⟩ → *Metallographie*

Me|tal|lo|chro|mie ⟨f.11⟩ *Färben von Metalloberflächen mittels Elektrolyse* [< *Metall* und griech. *chroma* „Farbe"]

Me|tal|lo|gra|phie ⟨f., -, nur Sg.⟩ *Wissenschaft von den Eigenschaften der Metalle und Metallegierungen;* Syn. *Metallkunde* [< *Metall* und *...graphie*]

Me|tal|lo|id ⟨n.1; †⟩ → *Nichtmetall* [< *Metall* und *...oid*]

Me|tall|schlä|ge|rei ⟨f., -, nur Sg.⟩ *Herstellung dünner Metallfolien durch Hämmern und Treiben (z.B. von Blattgold)*

Me|tal|lurg ⟨m.10⟩ *Wissenschaftler auf dem Gebiet der Metallurgie*

Me|tal|lur|gie ⟨f., -, nur Sg.⟩ *Wissenschaft von der Gewinnung und Verarbeitung von Metallen;* Syn. *Hüttenkunde* [< griech. *metallon* „Grube, Bergwerk, Steinbruch" und *ergon* „Werk, Arbeit"]

Me|tall|wol|le ⟨f.11⟩ *Knäuel dünner Metalldrähte (für Dichtungen, zum Putzen u.a.)*

Me|ta|me|rie ⟨f., -, nur Sg.; bei niederen Tieren⟩ *Aufbau des Körpers aus mehreren hintereinanderliegenden, gleichartigen Abschnitten* [< griech. *meta* „nach ... hinter" und *meros* „Teil"]

me|ta|morph ⟨Adj., o.Steig.⟩ **1** *sich in der Art einer Metamorphose verändernd;* ~es *Insekt* **2** *durch Metamorphose entstanden;* ~es *Gestein*

Me|ta|mor|phis|mus ⟨m., -, nur Sg.⟩ *Bewegung der Erdkruste, bei der Metamorphosen auftreten*

Me|ta|mor|pho|se ⟨f.11⟩ *Umwandlung in eine andere Gestalt (z.B. Blattanlage zum Dorn, Ei zu Kaulquappe und Frosch, Gestein durch Druck und hohe Temperaturen)* [< griech. *metamorphoun* „umgestalten", < *meta* „nach ... hin" und *morphosis* „Gestaltung, Bild", zu *morphe* „Gestalt"]

Me|ta|pher ⟨f.11⟩ *bildlicher Ausdruck, z.B. Stimmungsbarometer, Schaukelpolitik, „aus der Taufe heben" statt „gründen"* [< griech. *metaphora* „Übertragung, bildlicher Ausdruck", zu *metaphorein, metapherein* „woandershin tragen", < *meta* „nach ... hin" und *pherein* „tragen"]

Me|ta|pho|rik ⟨f., -, nur Sg.⟩ *(kunstvoller) Gebrauch von Metaphern*

me|ta|pho|risch ⟨Adj., o.Steig.⟩ *bildlich, in übertragenem Sinne*

Me|ta|phra|se ⟨f.11⟩ *wörtliche Übersetzung, Übertragung (eines Gedichts in Prosa)* [< griech. *metaphrasis* „Übertragung, Übersetzung", < *meta* „nach ... hin" und *phrasis* „Ausdrucksweise"]

Me|ta|phra|stisch ⟨Adj., o.Steig.⟩ *in der Art einer Metaphrase, umschreibend*

Me|ta|phy|sik ⟨f., -, nur Sg.⟩ *Lehre von den letzten, nicht erkennbaren Zusammenhängen des Seins, vom Übersinnlichen* [< griech. *meta* „nach, hinter" und *Physik;* der Ausdruck entstand bei der Redaktion von Aristoteles' Werken; mit einigen der letzten Schriften, die sich an „Physik" anschlossen, wußte man zunächst nichts anzufangen und nannte sie deshalb einfach *Metaphysik* „das, was hinter ,Physik' kommt"; die Bed. „Lehre von den letzten Dingen, den Dingen hinter, über der Wirklichkeit" ist erst danach entstanden]

me|ta|phy|sisch ⟨Adj., o.Steig.⟩ *zur Metaphysik gehörig, auf ihr beruhend, übersinnlich*

Me|ta|pla|sie ⟨f.11⟩ *eine Form der Gewebsumwandlung* [< griech. *metaplassein* „anders gestalten, umformen"]

Me|ta|spra|che ⟨f.11⟩ *Sprache, die eine andere Sprache beschreibt*

Me|ta|sta|se ⟨f.11⟩ *Ableger einer Geschwulst, der an einer anderen Stelle des Körpers auftritt;* Syn. *Tochtergeschwulst* [< griech. *metastasis* „Umwandlung, Veränderung; Auswanderung", < *meta* „nach ... hin" und *histanai* „entstehen lassen, erregen"]

me|ta|sta|sie|ren ⟨V.3, hat metastasiert; o.Obj.⟩ *Metastasen bilden*

Me|ta|sta|sie|rung ⟨f., -, nur Sg.⟩ *das Metastasieren; es besteht die Gefahr der* M.

Me|ta|theo|rie ⟨f.11⟩ *Theorie über eine Theorie*

Me|ta|the|se ⟨f.11⟩, **Me|ta|the|sis** ⟨f., -, -the|sen⟩ *Umstellung von Lauten, z.B. „Roß" und* engl. *„horse", „Erle" und mundartlich „Eller"* [< griech. *metathesis* „Umstellung", < *meta* „nach ... hin" und *thesis* „das Setzen, Legen, Stellen, Stellung, Lage"]

Me|ta|zen|trum ⟨n., -s, -tren⟩ *Schnittpunkt von Schiffsachse und Auftriebsrichtung;* Syn. *Schwankpunkt*

Me|ta|zo|on ⟨n., -s, -zo|en⟩ *vielzelliges Tier;* Syn. *Vielzeller* [< griech. *meta* „nach, hinter" und *zoon* „Lebewesen, Tier"; die Metazoen stehen in der zoologischen Systematik nach den Protozoen]

Met|em|psy|cho|se ⟨f.11⟩ *Seelenwanderung* [< griech. *meta* „nach ... hin" und *empsychos* „belebt, lebendig, beseelt", < *en* „darin, hinein" und *psyche* „belebtes Wesen, Lebenskraft"]

Me|te|or ⟨m.1⟩ *Gesteinsbrocken aus dem Weltraum, der beim Eindringen in die Erdatmosphäre aufglüht und verdampft;* Syn. *Sternschnuppe* [< griech. *meteoros* „in der Luft, in der Höhe schwebend", zu *metairein* „in die Höhe heben", < *meta* „nach ... hin" und *aeirein, airein* „aufheben"]

Me|te|or|ei|sen ⟨n.7⟩ *Meteorit, der überwiegend aus Nickeleisen besteht*

me|teo|risch ⟨Adj., o.Steig.⟩ *die Lufterscheinungen und -verhältnisse betreffend, auf ihnen beruhend* [zu *Meteor*]

Me|teo|ris|mus ⟨m., -, nur Sg.⟩ → *Blähsucht* [zu *Meteor* im Sinne von „Lufterscheinung"]

Me|teo|rit ⟨m.10⟩ *nicht verdampftes Bruchstück eines Meteors;* Syn. *Meteorstein*

me|teo|ri|tisch ⟨Adj., o.Steig.⟩ **1** *von einem Meteor stammend* **2** *von einem Meteoriten stammend*

Me|teo|ro|graph ⟨m.10⟩ *Gerät, das Luftdruck, -temperatur und -feuchtigkeit gleichzeitig mißt und selbsttätig aufzeichnet* [< griech. *meteoros* „in der Luft, am Himmel" und *...graph*]

Me|teo|ro|lo|ge ⟨m.11⟩ *Wissenschaftler auf dem Gebiet der Meteorologie*

Me|teo|ro|lo|gie ⟨f., -, nur Sg.⟩ *Wissenschaft vom Klima und Wetter* [< griech. *meteorologia* „Lehre von den höheren (überirdischen) Dingen", < *meteoros* „in der Luft, am Himmel" und *...logie;* → *Meteor*]

me|teo|ro|lo|gisch ⟨Adj., o.Steig.⟩ *die Meteorologie betreffend, zu ihr gehörig, auf ihr beruhend*

me|teo|ro|trop ⟨Adj., o.Steig.⟩ *wetter-, klimabedingt* [< griech. *meteoros* „in der Luft, am Himmel" und *trope* „Wendung"]

Me|te|or|stein ⟨m.1⟩ → *Meteorit*

Me|ter ⟨m.5, auch: m.3; Zeichen: m⟩ *grundlegendes Längenmaß* [< griech. *metron* „Maß, Werkzeug zum Messen", auch „Richtschnur", zu *metrein* „messen"]

...me|ter ⟨in Zus.⟩ **1** *Maßeinheit, z.B. Kilometer* **2** *Gerät, das etwas mißt, z.B. Thermometer* **3** *jmd., der etwas mißt, vermißt, z.B. Geometer* **4** *Versfuß, z.B. Hexameter* [< griech. *metron* „Maß", zu *metrein* „messen"]

Me|ter|ki|lo|pond ⟨n., -s, -⟩ *nicht mehr zulässige Maßeinheit für die Energie, ersetzt durch Joule*

Me|ter|maß ⟨n.1⟩ *(band- oder stabförmiges) Maß mit einer auf den Meter bezogenen Einteilung*

Me|ter|se|kun|de ⟨f.11; Zeichen: m/s od m/sec⟩ *Geschwindigkeit, in der eine Last einen Meter pro Sekunde vorwärtsbewegt wird;* **2** ~s *zwei Meter pro Sekunde*

Me|than ⟨n., -s, nur Sg.⟩, **Me|than|gas** ⟨n., -es, nur Sg.⟩ *einfachster gesättigter Kohlenwasserstoff, brennbares Gas* [nach *Methyl* gebildet]

Me|tha|nol ⟨n., -s, nur Sg.⟩ → *Methylalkohol*

Me|tho|de ⟨f.11⟩ **1** *Verfahren, Art und Weise, wie etwas getan wird (Unterrichts~, Färbe~); das ist die falsche, richtige* M.*; eine* M. *anwenden* **2** *Planmäßigkeit; seine Handlungsweise hat* M.*;* ~ *etwas zu erreichen, Art der Untersuchung* [< griech. *methodos* „Weg, etwas zu erreichen, Art der Untersuchung", < *meta* „nach ... hin" und *hodos* „Weg"]

Me|tho|dik ⟨f., -, nur Sg.⟩ *Lehre von der Methode (bes. vom richtigen, geschickten Unterrichten), Verfahrensweise*

Me|tho|di|ker ⟨m.5⟩ *jmd., der nach einer Methode arbeitet oder vorgeht*

me|tho|disch ⟨Adj.⟩ **1** *hinsichtlich der Methode; sein Vorgehen ist* m. *falsch, richtig* **2** *auf einer Methode beruhend;* ~es *Arbeiten*

Me|tho|dis|mus ⟨m., -, nur Sg.⟩ *im 18. Jahrhundert aus der anglikanischen Kirche hervorgegangene Erweckungsbewegung*

Me|tho|dist ⟨m.10⟩ *Anhänger des Methodismus*

me|tho|di|stisch ⟨Adj., o.Steig.⟩ *zum Methodismus gehörig*

Me|tho|do|lo|gie ⟨f., -, nur Sg.⟩ *Lehre von den wissenschaftlichen Methoden* [< *Methode* und *...logie*]

Me|thu|sa|lem ⟨m.9; ugs.⟩ *sehr alter Mann* [nach *Methusalem,* dem Großvater Noahs, der 969 Jahre alt geworden sein soll]

Me|thyl ⟨n., -s, nur Sg.⟩ *einwertiger Rest des Methans, Grundkörper zahlreicher organischer Verbindungen* [< griech. *methy* „Wein" und *hyle* „Holz"]

Me|thyl|al|ko|hol ⟨m., -s, nur Sg.⟩ *einfachster aliphatischer, sehr giftiger Alkohol;* Syn. *Methanol*

Me|thyl|amin ⟨n., -s, nur Sg.⟩ *chemische Verbindung aus Methan und Ammoniak, Lösungsmittel*

Me|thy|len ⟨n., -s, nur Sg.⟩ zweiwertiger Rest des Methans, Grundkörper der homologen Reihen

Me|tier ⟨[-tje] n.9; ugs.⟩ Beruf, Handwerk, Geschäft [< frz. *métier* „Handwerk", < altfrz. *mestier, mistier, menestier* „Handwerk, Verrichtung, Dienst", < lat. *ministerium* „Dienst, Verwaltung", zu *minister*, → Minister]

Me|tist ⟨m.10⟩ Partner in einem Metagechäft

Met|öke ⟨m.11; in altgriech. Städten⟩ zugewanderter Einwohner ohne politische Rechte, jedoch freier Bürger [< griech. *metoikos* „Mitbewohner, Einwanderer, Ansiedler", zu *metoikesis* „Zusammenleben, Mitbewohnen", < *meta* „inmitten, mitten unter, nach ... hin" und *oikos* „Haus, Wohnung"]

Met|ono|ma|sie ⟨f.11⟩ Veränderung des Namens durch Übersetzung oder Angleichung an eine andere Sprache, z.B. „Bauer" in „Agricola" oder „Descartes" in „Cartesius" [< griech. *metonomazesthai* „anders nennen, umtaufen, seinen Namen ändern", < *meta* „nach, gemäß" und *onomazein* „benennen, bezeichnen", zu *onoma* „Name"]

Met|ony|mie ⟨f.11⟩ Vertauschung bedeutungsverwandter Begriffe, z.B. „Brot" für „Nahrung" [< griech. *meta* „nach ... hin, gemäß" und *onyma, onoma* „Name"]

met|ony|misch ⟨Adj., o.Steig.⟩ in der Art einer Metonymie

Met|ope ⟨f.11; an dorischen Tempeln⟩ Feld über dem Architrav zwischen den Triglyphen, meist mit Reliefs verziert [< griech. *metope* in ders. Bed., < *meta* „zwischen" und *ope* „Loch, Öffnung, Fenster"]

Me|tra, Me|tren ⟨Pl. von⟩ *Metrum*

...me|trie ⟨in Zus.⟩ Messung [< griech. *metrein* „messen"]

Me|trik ⟨f.10⟩ **1** Lehre vom Vers und Versmaß, kunstgerechter Gebrauch der Versmaße **2** ⟨Mus.⟩ Lehre vom Takt [< griech. *metrike techne* „Meßkunst", zu *metron* „Maß, Versmaß"]

Me|tri|ker ⟨m.5⟩ Kenner, Erforscher der Metrik

me|trisch ⟨Adj., o.Steig.⟩ **1** zur Metrik gehörend, auf ihr beruhend **2** auf dem Meter (als Längenmaß) beruhend; ~es System

Me|tro ⟨f.9⟩ Untergrundbahn (urspr. nur die Pariser, später auch allgemein) [Kurzw. < frz. *métropolitain* „hauptstädtisch"]

Me|tro|lo|gie ⟨f., -, nur Sg.⟩ Maß- und Gewichtskunde [< griech. *metron* „Maß" und *...logie*]

Me|tro|nom ⟨n.1; Mus.⟩ durch Ticken den Takt angebendes, je nach dem gewünschten Tempo verstellbares Gerät, Taktmesser [< griech. *metron* „Maß" und *nomos* „Gesetz"]

Me|tro|ny|mi|kon ⟨n., -s, -ka⟩ vom Namen der Mutter abgeleiteter Name, z.B. „der Niobide" für „Sohn der Niobe"; Ggs. Patronymikon [< griech. *meter*, Gen. *metros* „Mutter" und *onyma, onoma* „Name"]

Me|tro|po|le ⟨f.11⟩ Hauptstadt, Mittelpunkt, Knotenpunkt [< griech. *metropolis* „Hauptstadt, Heimatstadt", eigtl. „Mutterstadt", < *meter*, Gen. *metros* „Mutter" und *polis* „Stadt"]

Me|tro|po|lis ⟨f., -, -po|len; ältere Form für⟩ *Metropole*

Me|tro|po|lit ⟨m.10; in der orthodoxen Kirche⟩ Erzbischof

me|tro|po|li|tan ⟨Adj., o.Steig.⟩ zum Metropoliten gehörig

Me|tror|rha|gie ⟨f.11⟩ Gebärmutterblutung außerhalb der Menstruation [< griech. *metra* „Gebärmutter" und *Hämorrhagie*]

Me|trum ⟨n., -s, -tren, früher auch -tra⟩ **1** Versmaß **2** ⟨Mus.⟩ Taktmaß [< griech. *metron* „Maß, Silben-, Versmaß", zu *metrein* „messen"]

Mett ⟨n., -s, nur Sg.; norddt.⟩ gehacktes Schweinefleisch [< mndat. *met* „Schweinefleisch ohne Speck", verwandt mit engl. *meat* „Fleisch"]

Mett|age ⟨[-ʒə] f.11⟩ **1** Zusammenstellung (einer Zeitungs- oder Buchseite), Umbruch **2** Arbeitsplatz des Metteurs [frz., „das Setzen", zu *mettre* „setzen, stellen, legen"]

Met|te ⟨f.11⟩ **1** Nacht- oder Frühgottesdienst **2** nächtliches Gebet des Breviers [< mhd. *metten, mettin* < kirchenlat. *mattina* < lat. *hora matutina* „Morgenstunde, Morgenzeit", nach *Matuta*, der altitalischen Göttin der Frühe]

Mett|teur ⟨[-tør] m.1⟩ Schriftsetzer, der den Schriftsatz zu Seiten zusammenstellt [zu *Mettage*]

Mett|wurst ⟨f.2⟩ streichfähige Rohwurst aus fein zerkleinertem, gewürztem Mett und Rindfleisch

Met|ze[1] ⟨f.11⟩ altes Hohlmaß (bes. für Getreide), 3,5 bis 61,4 l; auch: ⟨österr.⟩ Metzen

Met|ze[2] ⟨f.11; †⟩ Dirne, Hure [< mhd. *metze* „Mädchen niederen Standes, leichtfertiges Mädchen", urspr. Kurzform für *Mechthild, Mathilde*]

Met|ze|lei ⟨f.10⟩ blutige Schlacht, Massaker

met|zeln ⟨V.1, hat gemetzelt; mit Akk.; †⟩ **1** schlachten; auch: ⟨süddt.⟩ metzen **2** mit brutalen Hieben und/oder Stichen massenweise töten, ⟨meist⟩ niedermetzeln [< mlat. *macellare* „schlachten", zu lat. *macellum* „Fleischmarkt"]

Met|zel|sup|pe ⟨f.11; südwestdt.⟩ Wurstsuppe [zu *metzeln*]

met|zen ⟨V.1, hat gemetzt; süddt.⟩ →*metzeln* (1)

Met|zen ⟨m.7; österr.⟩ →*Metze[1]*

Met|zger ⟨m.5; süddt.⟩ →*Fleischer* [< mlat. *macellarius* „Fleischer", zu lat. *macellum* „Fleischmarkt"]

Metz|ger(s)|gang ⟨m.2⟩ erfolgloses Unternehmen [nach dem manchmal vergeblichen Gang des Metzgers zum Bauern, wenn das Vieh noch nicht schlachtreif ist]

Metz|ler ⟨m.5; rhein.⟩ →*Fleischer* [zu *metzeln*]

Meu|ble|ment ⟨[møbləmɑ̃] n.9; †⟩ Wohnungseinrichtung, Gesamtheit der Möbel [frz.]

Meu|chel|mord ⟨m.1; †; verstärkend⟩ heimtückischer Mord

Meu|chel|mör|der ⟨m.5⟩ jmd., der einen Meuchelmord begangen hat

meu|cheln ⟨V.1, hat gemeuchelt; mit Akk.; †⟩ ermorden [< mhd. *muchen*, „verstecken" < ahd. *muhhan* „wegelagernd überfallen"]

meuch|le|risch ⟨Adj.⟩ heimtückisch, gemein

meuch|lings ⟨Adv.⟩ heimtückisch, hinterrücks; jmdn. m. ermorden

Meu|te ⟨f.11⟩ **1** ⟨Jägerspr.⟩ Gruppe von Jagdhunden zur Hetzjagd **2** ⟨übertr.⟩ wilde, zügellose Schar, Horde, Bande

Meu|te|rei ⟨f.10⟩ Empörung, Aufstand (von Soldaten, Matrosen oder Gefangenen) gegen Vorgesetzte

Meu|te|rer ⟨m.5⟩ jmd., der meutert

meu|tern ⟨V.1, hat gemeutert; o.Obj.⟩ **1** sich gegen Vorgesetzte auflehnen, empören, den Gehorsam verweigern **2** ⟨ugs.⟩ Unzufriedenheit äußern, laut murren

MeV ⟨Zeichen für⟩ Megaelektronenvolt, 1 Million Elektronenvolt

MEZ ⟨Abk. für⟩ mitteleuropäische Zeit

Mez|za|ma|jo|li|ka ⟨f., -, -s oder -ken⟩ mit weißer Erde bemalte und mit Bleiglasur überzogene Keramik [ital., „halbe Majolika"]

Mez|za|nin ⟨n.1; bes. in Renaissance- und Barockbauten, heute noch österr.⟩ Zwischengeschoß über dem Erdgeschoß [< ital. *mezzanino* in ders. Bed., Verkleinerungsform von *mezzano* „mittlerer", zu *mezzo* „halb", < lat. *medius* „mittlerer, in der Mitte befindlich"]

mez|za vo|ce ⟨[-tʃə] Abk.: m. v.⟩ mit halber Stimme, halblaut (zu singen, zu spielen) [ital.]

mez|zo|for|te ⟨Abk.: mf; Mus.⟩ mittelstark [ital., < *mezzo* „halb" (< lat. *medius* „mittlerer") und *forte*]

mez|zo|pia|no ⟨Abk.: mp; Mus.⟩ halbleise [ital., < *mezzo* „halb" (< lat. *medius* „mittlerer") und *piano*]

Mez|zo|so|pran ⟨m.1⟩ **1** dunkler, tiefer Sopran **2** Sängerin mit dieser Stimmlage

Mez|zo|so|pra|ni|stin ⟨f.10⟩ Sängerin mit Mezzosopranstimme

Mez|zo|tin|to ⟨n., -s, -s oder -ti⟩ **1** Art des Kupferstichs, bei der die Zeichnung mit dem Schabeisen aus der Platte herausgeschabt wird; Syn. Schabkunst **2** Erzeugnis dieser Kunst, Schabkunstblatt, Schwarzkunst **3** Übergangsfarbton, Mischfarbe [ital., „halb gefärbt", d.h. „zwischen hell und dunkel", < *mezzo* „halb" und *tinto* „gefärbt", zu *tingere* „färben"]

mf ⟨Abk. für⟩ *mezzoforte*

μF ⟨Zeichen für⟩ *Mikrofarad*

mg ⟨Zeichen für⟩ *Milligramm*

Mg ⟨chem. Zeichen für⟩ *Magnesium*

MG ⟨Abk. für⟩ *Maschinengewehr*

Mgr. **1** ⟨Abk. für⟩ *Monseigneur* **2** ⟨Abk. für⟩ *Monsignore*

MHD ⟨Abk. für⟩ *Magnetohydrodynamik*

MHz ⟨Zeichen für⟩ *Megahertz*

Mi ⟨Abk. für⟩ *Mittwoch*

Mi|as|ma ⟨n., -s, -men⟩ Ausdünstung des Bodens (von der man früher annahm, sie verursache Seuchen) [griech., „Schmutz"]

mi|as|ma|tisch ⟨Adj., o.Steig.⟩ ansteckend, giftig [zu *Miasma*]

mi|au! ⟨Int.⟩ ⟨Ruf der Katze⟩

mi|au|en ⟨V.1, hat miaut; o.Obj.⟩ miau! rufen; auch: ⟨schweiz.⟩ mauen; Syn. maunzen, mauzen; die Katze miaute

Mi|chae|li, Mi|chae|lis ⟨o.Art.⟩ Fest des Erzengels Michael, 29. September; an, zu M.

Mi|chae|lis|fest ⟨n.1⟩, **Mi|chae|lis|tag, Mi|cha|els|tag** ⟨m.1⟩ →*Michaeli*

Mi|chel ⟨m.5; Kurzform für⟩ *Michael*; der deutsche M. ⟨ugs.⟩ der einfältige, unpolitische Deutsche

micke|rig ⟨-k|k-; Adj.⟩ schwächlich, kümmerlich, dürftig; auch: mickrig; ein ~er Kerl; ein ~es Einkommen

mick|rig ⟨Adj.⟩ →*mickerig*

Micky|maus ⟨-k|k-; f.2⟩ von Walt Disney geschaffene, groteske Trickfilmfigur

Mid|der ⟨n.5; nordwestdt.⟩ →*Bries*

Mid|gard ⟨m., -, nur Sg.; germ. Myth.⟩ die von Menschen bewohnte Welt

Mid|gard|schlan|ge ⟨f., -, nur Sg.; germ. Myth.⟩ im Meer lebendes Ungeheuer, das die (als Scheibe vorgestellte) Erde umschlingt

Mi|di ⟨o.Art.⟩ halblange Rock- und Mantelmode, halblange Kleidung; sie trägt M. [nach Mini und Maxi gebildet, wahrscheinlich unter Einfluß von engl. *middle* „mittlere(r, -s); Mitte"]

Mi|di... ⟨in Zus.⟩ bis zur halben Wade reichend, z.B. Midimantel

Mi|di|net|te ⟨[-nɛt(ə)] f.11; †⟩ (leichtlebige) Pariser Modistin oder Näherin [< frz. *midinette*, „junge Arbeiterin, die mittags aus der Werkstatt oder Fabrik kommt, um ein kleines Mittagessen einzunehmen", < *midi* „Mittag" und *dînette*, „kleine Mahlzeit", Verkleinerungsform von *dîner* „Hauptmahlzeit"]

Mid|life-Cri|sis ⟨[mɪdlaɪf kraɪsɪz] f., -, nur Sg.⟩ Furcht von Menschen, die die Mitte des Lebens überschritten haben, nicht mehr das erwünschte Ziel, die erstrebte Stellung zu erreichen, bezogen auf den Torschlußpanik [engl.]

Mid|ship|man ⟨[-ʃɪpmən] m., -s, -men [-mən]; in England und in den USA⟩ Seeoffiziersanwärter [< engl. *mid...* „Mittel..." und *ship* „Schiff" und *man* „Mann"]

Mie|der ⟨n.5⟩ **1** ⟨an Trachtenkleidern⟩ oberer, eng anliegender Teil **2** Kleidungsstück der weiblichen Unterkleidung zum Formen der Figur (und zum Befestigen der Strümpfe); Syn.

Hüfthalter [< mhd. *muoder* „Bauch, Leibchen, Mieder"]
Mie|der|wa|ren ⟨Pl.; Sammelbez. für⟩ *Mieder, Korsett, Büstenhalter*
Mief ⟨m., -s, nur Sg.; ugs.⟩ **1** *schlechte, verbrauchte Luft* **2** ⟨übertr.⟩ *unangenehme, kleinliche Atmosphäre;* der M. der Hinterhöfe
mie|fen ⟨V.1, hat gemieft; o.Obj.; ugs.; unpersönl., mit „es"⟩ *es mieft es ist schlechte Luft (hier), die Luft ist verbraucht*
Mie|ne ⟨f.11⟩ *Gesichtsausdruck;* eine eisige, heitere, verschlossene M. aufsetzen; ohne eine M. zu verziehen *ohne sichtliche Gefühlsbeteiligung;* keine M. verziehen *sich nichts anmerken lassen;* M. machen, etwas zu tun *sich anschicken, etwas zu tun;* gute M. zum bösen Spiel machen *etwas Unangenehmes über sich ergehen lassen*
Mie|nen|spiel ⟨n.1⟩ *Widerspiegelung der Gedanken und Gefühle auf dem Gesicht;* er hat ein lebhaftes M.
Mie|re ⟨f.11⟩ *Nelkengewächs von kriechendem Wuchs* (Vogel~)
mies ⟨Adj., -er, am miesesten⟩ **1** ⟨im jidd. Sprachgebrauch⟩ *häßlich* **2** ⟨ugs.⟩ *schlecht, übel;* in einer ~en Verfassung sein; mir ist M. **3** *wertlos, minderwertig, abstoßend;* ein ~er Charakter; ~e Handlungsweise; sich M. verhalten [< jidd. *mis, miuss* „schlecht, unangenehm, widrig, häßlich", < hebr. *mi'üs* „Abscheu, Widerwillen"]
Mie|se|pe|ter ⟨m.5; ugs.⟩ *mürrischer, grämlicher, unzufriedener Mensch*
mie|se|pe|trig, mies|pet|rig ⟨Adj.⟩ *mürrisch, grämlich*
mies|ma|chen ⟨V.1, hat miesgemacht; mit Akk.; ugs.⟩ etwas oder jmdm. m. *Abfälliges, Nachteiliges über etwas oder jmdn. reden*
Mies|mu|schel ⟨f.11⟩ *eßbare Meeresmuschel mit dunkler, keilförmiger Schale* [zu mhd. *mies* „Moos", nach den Fäden, mit denen sich die Muschel an Pfählen, Steinen u.a. anheftet]
Miet|au|to ⟨n.9⟩ → *Taxi*
Mie|te¹ ⟨f.11⟩ **1** *Entgelt, das für die vorübergehende Benutzung von Gegenständen, Häusern oder Wohnungen entrichtet werden muß;* Syn. *Mietpreis, Mietzins;* eine hohe M. zahlen müssen; kalte M. *M. ohne Heizung;* warme M. *M. mit Heizung;* zu M. wohnen; in, zur M. wohnen *einen Raum, Räume zum Wohnen gemietet haben, Mieter sein*
Mie|te² ⟨f.11⟩ **1** *Grube oder Stelle im Freien, die mit Stroh und Erde frostsicher abgedeckt ist* (zum Überwintern von Kartoffeln, Rüben u.a.) **2** *Heu-, Getreide- oder Strohstapel* [< lat. *meta* „kegel- oder pyramidenförmige Figur"]
mie|ten¹ ⟨V.2, hat gemietet; mit Akk.⟩ **1** *etwas m. gegen Entgelt vorübergehend benutzen;* ein Auto, ein Zimmer, eine Wohnung, einen Platz im Theater m. **2** *jmdn. m. jmdn. gegen Entgelt vorübergehend in Dienst nehmen;* einen Koch, einen Träger, einen Diener zum Servieren m.
mie|ten² ⟨V.2, hat gemietet; mit Akk.⟩ *in eine Miete² legen,* ⟨meist⟩ *einmieten;* Rüben, Äpfel m.
Mie|ter ⟨m.5⟩ *jdm., der etwas (bes. Räume) gemietet hat*
miet|frei ⟨Adj., o.Steig.⟩ *ohne Miete¹ (1) zu zahlen;* m. wohnen
Miet|kauf ⟨m.2⟩ *Form des Kaufs, bei der eine Sache zunächst gemietet und später gekauft wird, wobei die Miete auf den Kaufpreis angerechnet wird;* Syn. *Leihkauf*
Miet|ling ⟨m.1⟩ **1** ⟨früher⟩ *Knecht, Dienstbote* **2** ⟨heute⟩ *der, der gegen Vergünstigungen o.ä. die (bes. politischen) Interessen eines anderen vertritt;* Syn. *Söldling*
Miet|preis ⟨m.1⟩ → *Miete¹ (1)*
Miets|haus ⟨n.4⟩ *großes Haus mit Mietwohnungen*

Miets|ka|ser|ne ⟨f.11⟩ *großes (häßliches) Mietshaus*
Miet(s)|ver|hält|nis ⟨n.1⟩ *vertragliches Verhältnis zwischen Mieter und Vermieter;* in einem M. stehen; ein M. lösen
Miet|ver|trag ⟨m.2⟩ *Vertrag zwischen Mieter und Vermieter, in dem das Objekt und die Bedingungen der Miete festgelegt sind*
Miet|wa|gen ⟨m.7⟩ → *Taxi*
miet|wei|se ⟨Adj., o.Steig.; nur als Attr. und Adv.⟩ *zur Miete¹;* ~s Überlassen einer Wohnung; jmdm. m. etwas überlassen
Miet|woh|nung ⟨f.1⟩ *Wohnung, die gemietet werden kann, gemietete Wohnung;* eine M. nehmen; in einer M. leben
Miet|wu|cher ⟨m., -s, nur Sg.⟩ *Forderung einer übertrieben hohen Miete*
Miet|zins ⟨m.12; süddt., österr., schweiz.⟩ → *Miete¹ (1)*
Miez ⟨f.10⟩ → *Mieze (1)*
Mie|ze ⟨f.11⟩ **1** ⟨zärtliche Bez. für⟩ *niedliche Hauskatze;* auch: *Miez;* Syn. *Miezekatze* **2** ⟨ugs.; leicht abwertend⟩ *Mädchen (sofern es als Freundin, Geliebte in Frage kommt)* [nach dem Ruf miez-miez, mit dem man Katzen lockt]
Mie|ze|kat|ze ⟨f.11⟩ → *Mieze (1)*
MiG ⟨f.9⟩ *sowjetischer Flugzeugtyp* [nach den Konstrukteuren A.I. *Mikojan* und M.I. *Gurewitsch*]
Mi|gnon ⟨[minjõ] auch [minjõ] m.9⟩ **1** ⟨†⟩ *Günstling (eines Fürsten)* **2** *ein französischer Schriftgrad (Kolonel)*
Mi|gnon|et|te ⟨[minjonet(ə)] f.9⟩ **1** *kleingemusterter Kattun* **2** *schmale Zwirnspitze* [frz., weibl. Verkleinerungsform von *Mignon*]
Mi|gnon|fas|sung ⟨[minjõ-] f.10⟩ *Fassung für kleine Glühlampen*
Mi|gnon|ne ⟨[minjon] f., -, nur Sg.; †⟩ *Liebchen, Schätzchen* [frz., < *mignon* „Liebchen, Schätzchen, Geliebte", als Adj. „allerliebst, niedlich, zierlich, artig"]
Mi|grä|ne ⟨f.11⟩ *anfallsweise auftretender, oft mit Erbrechen einhergehender, heftiger halbseitiger Kopfschmerz* [< frz. *migraine* < mlat. *hemicrania* in ders. Bed., < griech. *hemi* „halb" und *kranion* „Schädel"]
Mi|gra|ti|on ⟨f.10⟩ *Wanderung* (z.B. von Zugvögeln u.a. Tieren, auch von Erdgas oder Erdöl oder von Bevölkerungsteilen) [< lat. *migratio,* Gen. *-onis,* „Wanderung"]
mi|gra|to|risch ⟨Adj., o.Steig.⟩ *wandernd, umherziehend* [zu *Migration*]
mi|grie|ren ⟨V.2, hat migriert; o.Obj.⟩ *wandern;* Zugvögel m.; Parasiten m. zum Zwischenwirt [< lat. *migrare* „wandern, an einen anderen Ort ziehen"]
Mih|rab [-xrab] ⟨m., -(s), -s⟩ *die nach Mekka ausgerichtete Gebetsnische im islamischen Tempel* [arab.]
Mijn|heer ⟨[mənər] m.9⟩ **1** ⟨ndrl. Anrede mit oder ohne Namen⟩ *mein Herr;* auch: *Mynheer* **2** ⟨ugs.; scherzh.⟩ *Holländer*
Mi|ka|do ⟨m.9⟩ **I** ⟨früher in Japan Bez. für⟩ *Kaiser* **II** ⟨n.9⟩ *Geschicklichkeitsspiel mit dünnen Hölzchen oder Elfenbeinstäbchen* [< japan. *mi* „erhaben" und *kado* „Tor", womit urspr. die Tore des kaiserlichen Palasts bezeichnet wurden]
Mi|krat ⟨n.1⟩ **1** *Verkleinerungsverhältnis von 200:1* **2** *im Verhältnis 200:1 verkleinerte Bild- oder Schriftvorlage* [< *Mikro...*]
mi|kro..., Mi|kro... ⟨in Zus.⟩ **1** *fein..., gering..., klein, Fein..., Gering..., Klein...,* z.B. *Mikroskop* **2** ⟨Zeichen: µ⟩ *bei Maß- und Gewichtsangaben) das 10^{-6}fache der Grundeinheit, Millionstel,* z.B. *Mikrometer* [< griech. *mikros* „klein"]
Mi|kro|ana|ly|se ⟨f.11⟩ *Analyse geringster Stoffmengen*
Mi|kro|bar ⟨n., -, -; Zeichen: µbar⟩ *1 millionstel Bar* [< *Mikro...* und *Bar¹*]
Mi|kro|be ⟨f.11⟩ *mikroskopisch kleines,*

meist einzelliges Lebewesen; Syn. *Mikroorganismus* [< *Mikro...* und griech. *bios* „Leben"]
Mi|kro|bio|lo|gie ⟨f.11⟩ *Teilgebiet der Biologie, das sich mit den Mikroorganismen befaßt*
Mi|kro|che|mie ⟨f., -, nur Sg.⟩ *mit kleinsten Stoffmengen arbeitende Chemie*
Mi|kro|chir|ur|gie ⟨f., -, nur Sg.⟩ *Teilgebiet der Chirurgie, das sich mit Operationen unter dem Mikroskop befaßt*
Mi|kro|com|pu|ter ⟨[-pju:-] m.5⟩ *Computer kleinster Bauart (der sich vom Kleinrechner durch geringere Größe und höhere Rechenleistung unterscheidet)*
Mi|kro|do|ku|men|ta|ti|on ⟨f., -, nur Sg.⟩ *Verfahren zur raumsparenden Archivierung von Bildern und Texten durch fotografische Wiedergabe in stark verkleinertem Maßstab*
Mi|kro|elek|tro|nik ⟨f., -, nur Sg.⟩ *Arbeitsgebiet der Elektronik, das sich mit der Entwicklung und dem Einsatz von Mikroschaltungen befaßt*
Mi|kro|fa|rad ⟨n., -, -; Zeichen: µF⟩ *1 Millionstel Farad* [< *Mikro...* und *Farad*]
Mi|kro|fau|na ⟨f., -, -nen⟩ *nur unter dem Mikroskop erkennbarer Teil der Fauna*
Mi|kro|fiche ⟨[-fiʃ] m.9⟩ *Mikrofilm in Postkartenformat mit mehreren Reihen von Mikrokopien* [< *Mikro...* und frz. *fiche* „Zettel, Karte für im alphabetischen Verzeichnis", zu *ficher* „festmachen" < lat. *figere* „anheften, öffentlich anschlagen"]
Mi|kro|film ⟨m.1⟩ *Film, auf dem stark verkleinert Druckschriften aufgenommen sind*
Mi|kro|fon ⟨n.1⟩ *Gerät zur Umwandlung von Schallschwingungen in elektrische Schwingungen;* auch: ⟨veraltend⟩ *Mikrophon* [< *Mikro...* und *Phon*]
Mi|kro|fo|to|gra|fie ⟨f.11⟩ *Fotografie kleinster, nur mit dem Mikroskop wahrnehmbarer Gegenstände;* Ggs. *Makrofotografie*
mi|kro|ke|phal ⟨Adj., o.Steig.⟩ → *mikrozephal*
Mi|kro|kli|ma ⟨n., -s, nur Sg.⟩ *Klima der bodennahen Luftschichten;* Syn. *Kleinklima;* Ggs. *Makroklima*
Mi|kro|ko|pie ⟨f.11⟩ *stark verkleinerte fotografische Wiedergabe von Schrift- oder Bildvorlagen* [Kurzw. < *Mikrofotokopie* < *Mikro...* und griech. *phos,* Gen. *photos,* „Licht" und *Kopie,* → *kopieren*]
Mi|kro|kos|mos ⟨m., -, nur Sg.⟩ **1** *Welt der Kleinlebewesen* **2** *der Mensch und seine Umwelt;* Ggs. *Makrokosmos*
Mi|kro|me|ter ⟨n.5⟩ **1** *Gerät zum genauen Messen kleinster Längen durch Einspannen des betreffenden Gegenstands;* Syn. *Meßschraube* **2** ⟨Zeichen: µm⟩ *1 Millionstel Meter;* Syn. ⟨veraltend⟩ *Mikron* [< *Mikro...* und *...meter*]
Mi|kron ⟨n., -(s), -; veraltend⟩ → *Mikrometer* [< griech. *mikros* „klein"]
Mi|kro|or|ga|nis|mus ⟨m., -, -men⟩ → *Mikrobe*
Mi|kro|phon ⟨n.1⟩ → *Mikrofon*
Mi|kro|phy|sik ⟨f., -, nur Sg.⟩ *Physik der Moleküle und Atome*
Mi|kro|phyt ⟨m.10⟩ *pflanzlicher Mikroorganismus* [< *Mikro...* und griech. *phyton* „Pflanze"]
Mi|kro|skop ⟨n.1⟩ *optisches Vergrößerungsgerät* [< *Mikro...* und *...skop*]
Mi|kro|sko|pie ⟨f., -, nur Sg.⟩ *Untersuchung mit dem Mikroskop*
mi|kro|sko|pie|ren ⟨V.3, hat mikroskopiert; mit Akk.⟩ *mit dem Mikroskop untersuchen*
mi|kro|sko|pisch ⟨Adj., o.Steig.⟩ *mit Hilfe des Mikroskops, nur mit dem Mikroskop erkennbar;* Ggs. *makroskopisch*
Mi|kro|tom ⟨n.1⟩ *Gerät zur Herstellung feinster Schnitte für mikroskopische Untersuchungen* [< *Mikro...* und griech. *tome* „Schnitt"]
Mi|kro|tron ⟨n.13⟩ *Kreisbeschleuniger für Elektronen* [< *Mikro...* und *Elektron*]
Mi|kro|wel|le ⟨f.11; Zeichen: µW⟩ *elektro-*

mikrozephal

magnetische Welle mit Wellenlänge unter 10 cm

mi|kro|ze|phal ⟨Adj., o.Steig.⟩ *mit abnorm kleinem Kopf versehen*; auch: *mikrokephal*; Ggs. *makrozephal* [< *mikro...* und griech. *kephale* „Kopf"]

Mi|lan ⟨auch [-lan] m.1⟩ *Greifvogel mit gegabeltem Schwanz (Rot~, Schwarz~)* [frz., < lat. *milvus* „Geier"]

Mil|be ⟨f.11⟩ *(teilweise als Parasit lebendes) kleines, rundliches Spinnentier (Haarbalg~, Krätz~, Vorrats~)* [< ahd. *miliwa* „Milbe, Motte", zu *mahlen*, im Sinne von „die Staubmachende, Nagende"]

Milch ⟨f., -, nur Sg., bei Sorten auch f.1 oder f.10⟩ **1** *(bei Frauen und weibl. Säugetieren) sich in den Milchdrüsen bildende, weißliche Flüssigkeit (als Nahrung für den Säugling oder die Jungen) (Mutter~, Erst~)* **2** *diese Flüssigkeit von weiblichen Säugetieren als vom Menschen genutztes Nahrungsmittel (Kuh~, Schaf~, Ziegen~, Mager~, Voll~); aussehen wie M. und Blut frisch, gesund aussehen, frische Gesichtsfarben haben; ein Land, in dem M. und Honig fließt ein sehr reiches, fruchtbares Land* **3** *weißlicher Saft bestimmter Pflanzen (Löwenzahn~)* **4** *klarer, süßlich schmeckender Saft in Kokosnüssen (Kokos~)* **5** *Samenflüssigkeit des Milchners (Herings~)* **6** *weißliche Flüssigkeit zur Pflege der Haut (Gesichts~, Reinigungs~)*

Milch|bar ⟨f.9⟩ *(bäraknliches) Lokal, in dem nur Milch und Mixgetränke aus Milch sowie Speiseeis verkauft werden*

Milch|bart ⟨m.2; ugs.⟩ *unreifer Jüngling*; Syn. *Milchgesicht* [nach den ersten, weichen Barthaaren]

Milch|brät|ling ⟨m.1⟩ *zum Braten geeigneter Blätterpilz mit gelblich-rotbraunem Hut, aus dem beim Anschneiden Milch (3) hervorquillt*

Milch|bröt|chen ⟨n.7⟩ *Brötchen aus einem mit Milch angerührten Backteig*

Milch|bru|der ⟨m.6; †⟩ *Knabe, der von derselben Amme genährt worden ist*

Milch|drü|se ⟨f.11⟩ *Milch absondernde Hautdrüse*

Milch|ei|weiß ⟨n., -es, nur Sg.⟩ **1** *Eiweiß der Milch (z.B. Casein)* **2** *Milchprodukt (aus entrahmter Milch, Buttermilch oder Molke)*

mil|chen ⟨V.1, hat gemilcht; o.Obj.⟩ *Milch geben*; vgl. *melken*; ~de Kuh

Milch|fie|ber ⟨n., -, nur Sg.; volkstümlich⟩ *Temperaturerhöhung der Wöchnerin um den 3. bis 5. Tag des Wochenbetts*

Milch|fluß ⟨m., -sses, nur Sg.⟩ → *Galaktorrhö*

Milch|ge|biß ⟨n.1⟩ *Gesamtheit der Milchzähne*

Milch|ge|sicht ⟨n.2⟩ → *Milchbart*

Milch|glas ⟨n., -es, nur Sg.⟩ *milchigweißes, durchscheinendes, aber undurchsichtiges Glas (z.B. für Trennwände)*

Milch|hof ⟨m.2⟩ *Sammel- und Prüfstelle für Milch*

mil|chig ⟨Adj.; bei Flüssigkeiten⟩ *weißlich und trübe*; ~er Ausfluß

Milch|kuh ⟨f.2⟩ *auf Milchleistung gezüchtete Kuh*

Milch|ling ⟨m.1⟩ *(weißen oder farbigen) Milchsaft führender Blätterpilz (z.B. Milchbrätling, Reizker)*

Milch|mäd|chen|rech|nung ⟨f.10; ugs.⟩ *auf einem Trugschluß beruhende Berechnung oder Erwartung*

Milch|ner ⟨m.5⟩ *männlicher Fisch*; Ggs. *Rogner* [zu *Milch* (5)]

Milch|pum|pe ⟨f.11⟩ *Gerät zum Abpumpen der Muttermilch*

Milch|reis ⟨m., -es, nur Sg.⟩ *Süßspeise aus Rundkornreis, der in Milch weich gekocht wird; M. mit Zimt und Zucker*

Milch|säu|re ⟨f., -, nur Sg.⟩ *durch bakterielle Zuckergärung (z.B. in Milch) entstehende organische Säure*

Milch|schorf ⟨m., -(e)s, nur Sg.; bei Säuglingen⟩ *(oft auf Empfindlichkeit gegen Milch beruhende) Hautentzündung*

Milch|schwe|ster ⟨f.11; †⟩ *Mädchen, das von derselben Amme genährt worden ist*

Milch|stra|ße ⟨f.11⟩ *hellleuchtender Streifen am Nachthimmel mit großer Sterndichte (bes. der mit bloßem Auge sichtbare Teil des Sternensystems);* Syn. *Galaxis*

Milch|zahn ⟨m.2; bei Kindern⟩ *Zahn, der zum ersten Gebiß gehört (das etwa ab dem 6. Lebensjahr allmählich vom zweiten Gebiß ersetzt wird)*

Milch|zucker ⟨-k|k-; m., -s, nur Sg.⟩ *besonders in Milch vorkommender Zucker*; Syn. *Lactose, Laktose*

mild ⟨Adj., ~er, am mildesten⟩ auch: *milde* **1** *lau, mäßig warm; ein ~er Abend; ~e Temperaturen* **2** *mäßig; jmdn. mit ~er Strenge behandeln; ~ mäßig streng, nachsichtig; ein ~es Urteil* **4** *gedämpft, nicht grell; ~e Farben; ~es Licht* **5** *nicht scharf, wenig gewürzt; ~es Essen; ein ~er Schnaps* **6** *nicht ätzend, materialschonend; ~e Seife; ein ~es Waschmittel* **7** ⟨†⟩ *mitleidig, barmherzig; ~e Gaben*

Mil|de ⟨f., -, nur Sg.⟩ **1** *Nachsicht, Sanftheit; die M. des Urteils; unangebrachte M.; M. walten lassen* **2** *das Mildsein; die M. dieser Speisen; ein Cognac von großer M.; in der M. des Abends* **3** ⟨†⟩ *Wohltätigkeit, Barmherzigkeit*

mil|dern ⟨V.1, hat gemildert⟩ **I** ⟨mit Akk.⟩ *sanft verringern, kleiner, schwächer machen; das Medikament mildert den Schmerz; eine Strafe, ein Urteil m.; jmds. Zorn, Erregung m.* **II** ⟨refl.⟩ *sich m.* **1** *geringer, schwächer werden; der Schmerz, sein Zorn milderte sich* **2** *milder werden, abnehmen; die Kälte mildert sich*

Mil|de|rung ⟨f., -, nur Sg.⟩ *das Mildern, das Sichmildern*

mild|tä|tig ⟨Adj.⟩ *anderen helfend (bes. durch Gaben)* **Mild|tä|tig|keit** ⟨f., -, nur Sg.⟩

Mi|li|ar|tu|ber|ku|lo|se ⟨f.11⟩ *besonders schwere Form der Lungen- und Allgemeintuberkulose* [< lat. *milium* „Hirse" und *Tuberkulose*, wegen der zahlreichen hirsekorngroßen Tuberkeln (Miliartuberkeln) in allen Organen]

Mi|lieu ⟨[-ljø] n.9⟩ **1** *Lebensverhältnisse, Umwelt, Umgebung* **2** ⟨österr.⟩ *Tischdeckchen* **3** ⟨schweiz.⟩ *Dirnenwelt* [frz., „Umwelt, Wirkungskreis", eigtl. „Mitte", < altfrz. *mi* „mitten" und *lieu*, zu lat. *locus* „Ort, Platz, Stelle"]

mi|lieu|ge|schä|digt ⟨[-ljø-] Adj.; nur als Attr. und mit „sein"⟩ *aufgrund ungünstiger Einflüsse der Umwelt seelisch geschädigt; ~e Kinder*

Mi|lieu|theo|rie ⟨[-ljø-] f., -, nur Sg.⟩ *Theorie, die dem Milieu den Vorrang gegenüber der Erbanlage für die Entwicklung und Eigenart eines Menschen gibt*

mi|li|tant ⟨Adj., ~er, am militantesten⟩ *streitbar, angriffslustig*

Mi|li|tär ⟨**I** n., -s, nur Sg.⟩ **1** *Gesamtheit der Streitkräfte* **II** ⟨m.9⟩ *(höherer) Offizier* [< frz. *militaire* in ders. Bed., < lat. *militares* (Pl.), < *miles*, Gen. *militis*, „Soldat"]

Mi|li|tär|geist|li|che(r) ⟨m.17 oder 18⟩ *von der Kirche beauftragter Geistlicher zur Wahrnehmung der Seelsorge im militärischen Bereich*

Mi|li|tär|ge|richt ⟨n.1⟩ *Gericht, das für die von Angehörigen des Militärs begangenen Straftaten zuständig ist*

Mi|li|ta|ria ⟨Pl.⟩ **1** *Bücher, Bilder usw. über das Militärwesen* **2** ⟨†⟩ *alle Militär betreffenden Angelegenheiten* [lat., „militärische Übungen"]

mi|li|tä|risch ⟨Adj., o.Steig.⟩ **1** *das Militär betreffend, zu ihm gehörig; ~e Einrichtun-*gen; *~e Geheimnisse; ~e Ausbildung* **2** *den Gewohnheiten des Militärs entsprechend; ~er Gruß; ~e Haltung; m. kurze Ausdrucksweise; jmdm. ~e Ehren erweisen*

mi|li|ta|ri|sie|ren ⟨V.3, hat militarisiert; mit Akk.⟩ *ein Land m. mit Militär und militärischen Einrichtungen versehen, (auch) das Heerwesen eines Landes organisieren* **Mi|li|ta|ri|sie|rung** ⟨f., -, nur Sg.⟩

Mi|li|ta|ris|mus ⟨m., -, nur Sg.⟩ **1** *Vorherrschaft der Macht des Militärs, starker Einfluß des Militärs auf die Politik* **2** *Überbetonung alles Militärischen*

Mi|li|ta|rist ⟨m.10⟩ *Vertreter, Anhänger des Militarismus*

mi|li|ta|ri|stisch ⟨Adj.⟩ *auf dem Militarismus beruhend*

Mi|li|tär|pflicht|er|satz ⟨m., -es, nur Sg.; schweiz.⟩ *Abgabe als Ersatz für nicht geleisteten Militärdienst*

Mi|li|tär|po|li|zei ⟨f., -, nur Sg.⟩ *Sondertruppe für den militärischen Ordnungsdienst*

Mi|li|ta|ry ⟨[-təri] f.9; Reitsport⟩ *aus Dressurprüfung, Geländeritt und Springprüfung bestehende Vielseitigkeitsprüfung* [engl., „Militär(prüfung)"]

Mi|li|um ⟨n., -s, nur Sg.⟩ → *Hautgrieß* [lat., „Hirse"]

Mi|liz ⟨f.10⟩ **1** *nur kurz ausgebildete Truppe (im Unterschied zum stehenden Heer)* **2** *(in kommunist. Ländern) Polizeiorganisationen mit halbmilitärischem Charakter* [< lat. *militia* „Gesamtheit der Soldaten"]

Mi|li|zio|när ⟨m.1⟩ *Angehöriger der Miliz*

Mil|ke ⟨f.11; schweiz.⟩ → *Bries* [zu *Milch*]

Mill. (Abk. für) *Million, Millionen*

Mil|le ⟨n., -, -; ugs.⟩ *tausend Mark; das kostet drei M.* [< lat. *mille* „tausend"]

Mil|le|fio|ri|glas ⟨n.4⟩ *aus Scheiben gebündelter, farbiger Glasstäbe hergestelltes Glas* [eigtl. „Tausend-Blumen-Glas", < ital., zu *mille* „tausend" und ital. *fiore*, Pl. von *fiori*, „Blumen" und *Glas*]

Mille-fleurs ⟨[milflœr] nur Pl.⟩ *Stoff mit Streublumenmuster* [frz., „tausend Blumen"]

mil|le|nar ⟨Adj., o.Steig.⟩ *tausendfach*

Mil|en|ni|um ⟨n., -s, -ni|en⟩ *Zeitraum von tausend Jahren, Jahrtausend* [< lat. *mille* „tausend" und *annus*, Gen. *anni*, „Jahr"]

Mil|en|ni|ums|fei|er ⟨f.11⟩ → *Tausendjahrfeier*

Mil|li... ⟨in Zus.; bei Maß- und Gewichtsangaben⟩ *das 10^{-3}fache einer Grundeinheit, Tausendstel* [< lat. *mille* „tausend"]

Mil|li|am|pere ⟨[-ãpɛr] n., -, -; Zeichen: mA⟩ *Maßeinheit für Stromstärke*, $1/1000$ *Ampere*

Mil|li|ar|där ⟨m.1⟩ *Besitzer von Werten über eine Milliarde Mark*

Mil|li|ar|de ⟨f.11; Abk.: Md., Mrd.⟩ *1000 Millionen* [< frz. *milliard* in ders. Bed., zu lat. *mille* „tausend", mit dem Suffix *...ard* für männl. Substantive gebildet]

Mil|li|bar ⟨n., -s, -; Zeichen: mbar, mb⟩ *Maßeinheit für den Luftdruck* [< *Milli...* und *Bar*]

Mil|li|gramm ⟨auch [mil-] n., -s, -; Zeichen: mg⟩ *1 tausendstel Gramm*

Mil|li|li|ter ⟨m.5 oder n.5; Zeichen: ml⟩ *1 tausendstel Liter*

Mil|li|me|ter ⟨m.5 oder n.5; Zeichen: mm⟩ *1 tausendstel Meter*

Mil|li|me|ter|pa|pier ⟨n.1⟩ *Papier mit rechtwinklig im Abstand von 1 mm sich kreuzenden Linien für zeichnerisch exakte Darstellungen*

Mil|li|on ⟨f.10; Abk.: Mill., Mio.⟩ *1000 mal 1000* [< ital. *millione* „zehn mal hunderttausend", zu lat. *mille* „tausend"]

Mil|lio|när ⟨m.1⟩ *Besitzer von Werten über eine Million Mark*

Mil|li|pond ⟨n., -s, -; Zeichen: mp⟩ *1 Tausendstel Pond* [< *Milli...* und *Pond*]

Mil|reis ⟨[-reis] n., -, -; früher⟩ *Währungs-*

Minimum

einheit in Portugal und Brasilien, 1000 Reis [< port. *mil* „tausend" und *reis*, Pl. von *Real*]

Milz ⟨f.10⟩ *(etwa faustgroßes) hinter dem Magen gelegenes, lymphatisches Organ;* Syn. *Lien*

Milz|brand ⟨m., -(e)s, nur Sg.⟩ *durch einen Bazillus hervorgerufene, oft tödlich verlaufende Tierseuche mit fiebriger Milzschwellung;* Syn. *Anthrax*

Mi|me ⟨m.11; †, noch scherzh.⟩ *Schauspieler* [< griech. *mimos* „Schauspieler, Darsteller", eigtl. „Nachahmer", zu *mimeisthai* „nachahmen"]

mi|men ⟨V.1, hat gemimt; mit Akk.⟩ **1** ⟨†⟩ *auf der Bühne darstellen, verkörpern;* er mimt den Hamlet **2** *vortäuschen;* den starken Mann, den Kranken m. *er tut, als sei er sehr stark, als sei er krank*

Mi|men ⟨Pl. von⟩ *Mime, Mimus*

Mi|me|se ⟨f.11⟩ *schützende Ähnlichkeit mancher Tiere in Form oder/und Farbe mit Gegenständen ihrer Umgebung* [< lat. *mimesis* „Nachahmung"]

Mi|me|sis ⟨f., -, -me|sen⟩ **1** *Nachahmung der Wirklichkeit (als künstlerisches Prinzip)* **2** *Nachahmung von Gebärden), spottende Wiederholung (von Worten oder Sätzen eines anderen)* [lat., „Nachahmung"]

mi|me|tisch ⟨Adj., o.Steig.⟩ *auf Mimesis beruhend, sie anwendend*

Mi|mik ⟨f., -, nur Sg.⟩ *(ausdrucksvolles) Mienenspiel* [über lat. *mimicus* < griech. *mimikos* „in der Art eines Mimen, durch Gebärden-, Mienenspiel", zu *mimos*, → *Mime*]

Mi|mi|kry ⟨f., -, nur Sg.⟩ **1** *schützende Ähnlichkeit wehrloser Tiere mit wehrhaften Tieren oder einem Gegenstand (z.B. Blatt) ihrer Umgebung* **2** ⟨übertr.⟩ *(täuschende) Anpassung an die Umgebung* [< engl. *mimicry* „eine Art des Nachahmens", zu *mimicking* „das Nachahmen", < lat. *mimicus* < griech. *mimikos* „mimisch, nachahmend", zu *mimeisthai* „nachahmen"]

mi|misch ⟨Adj., o.Steig.⟩ *auf Mimik beruhend, durch Mimik, hinsichtlich der Mimik;* sich m. verständlich machen; die Leistung des Schauspielers war besonders m. hervorragend

Mi|mo|se ⟨f.11⟩ **1** *eine Pflanzengattung, deren bekannteste Vertreterin, die Sinnpflanze, ihre gefiederten Blätter bei Berührung zusammenlegt;* Syn. *Sinnpflanze* **2** ⟨übertr.⟩ *übertrieben empfindsamer Mensch* [< frz. *mimosa* < lat. *mimus* < griech. *mimos* „Schauspieler"]

mi|mo|sen|haft ⟨Adj., ~er, am mimosenhaftesten⟩ *wie eine Mimose (2)*

Mi|mus ⟨m., -, -men⟩ **1** *(Antike) Schauspieler* **2** *(später) Form der sizilianischen Komödie, in der kurzen, lebendigen Szenen Ereignisse des Alltagslebens dargestellt werden* **3** *(danach) derb-komisches Bühnenstück, Posse* **4** *darin auftretender Schauspieler, Possenreißer* [lat., < griech. *mimos* „Schauspieler"]

min ⟨Astron.; Zeichen für⟩ *Minute*

Min. ⟨Abk. für⟩ *Minute*

Mi|na|rett ⟨n.1⟩ *Turm der Moschee, von dem aus die Gebetsstunden ausgerufen werden* [über das Türkische < arab. *manāra*, eigtl. *manāra* „Leuchtturm", der Vorsilbe *ma-* zur Bez. des Orts einer Sache oder einer Tätigkeit und *nār* „Feuer"]

min|der I ⟨Adj., Superlativ mindest; Komparativ zu „wenig"⟩ *weniger, geringer;* Minderer Bruder *Franziskaner;* eine Ware von ~er Güte **II** ⟨Adv.⟩ *weniger, geringer;* das ist m. schön; sie ist sehr lebhaft und er nicht m.

min|der|be|mit|telt ⟨Adj., o.Steig.⟩ **1** *wenig Geld besitzend;* ~e Schichten **2** ⟨ugs., scherzh.⟩ *dumm;* er ist etwas m.

Min|der|bru|der ⟨m.6; meist Pl.⟩ *Angehöriger eines kath. Bettelordens, Franziskaner;* Syn. *Minorit*

Min|der|heit ⟨f.10⟩ **1** *kleinerer Teil (einer Personengruppe);* die Gegner dieses Vorschlags sind in der M. **2** *der anderen an Zahl unterlegene Menschengruppe;* eine M. der Bevölkerung; eine kulturelle M.; religiöse ~en **3** *Gruppe, die nur einen kleinen Anteil an Stimmen erreicht hat*

min|der|jäh|rig ⟨Adj., o.Steig.⟩ *noch nicht das vorgeschriebene Alter für bestimmte Rechtshandlungen besitzend;* Syn. *unmündig, minorenn;* Ggs. *mündig, volljährig* **Min|der|jäh|rig|keit** ⟨f., -, nur Sg.⟩

min|dern ⟨V.1, hat gemindert⟩ **I** ⟨mit Akk.⟩ *verringern, herabsetzen;* dein Verhalten mindert dein Ansehen; ich will den Wert seiner Hilfe nicht m., aber ... **II** ⟨refl.⟩ *sich m. sich verringern, weniger werden;* der Wert des Geldes mindert sich

Min|de|rung ⟨f., -, nur Sg.⟩ *das Mindern, das Sichmindern*

min|der|wer|tig ⟨Adj.⟩ *schlecht, nicht viel wert;* ~es Material; ein ~er Charakter **Min|der|wer|tig|keit** ⟨f., -, nur Sg.⟩

Min|der|wer|tig|keits|ge|fühl ⟨n.1; Psych.⟩ *Bewußtsein der eigenen Unterlegenheit im Vergleich mit anderen Menschen, das sich in vermindertem Selbstwertgefühl ausdrückt*

Min|der|wer|tig|keits|kom|plex ⟨m.1; Psych.⟩ *aus einem übersteigerten Minderwertigkeitsgefühl entstandener Komplex*

Min|dest|ab|stand ⟨m.2⟩ *Abstand, der mindestens eingehalten werden muß*

min|de|ste ⟨Adj.; Superlativ von „wenig"⟩ *geringst, wenigst;* das ist m., was ich erwarten kann; nicht im m. *überhaupt nichts;* nicht im ~n ganz und gar nicht; zum ~n *wenigstens;* ich muß ihn zum ~n anrufen (wenn ich schon nicht zu ihm gehe oder ihm nicht schreibe)

Min|dest|maß ⟨n.1⟩ *geringstes Maß;* das ist das M., was man verlangen kann; seine Ansprüche auf ein M. zurückschrauben; ein M. von Höflichkeit, Rücksicht

Mi|ne ⟨f.11⟩ **1** *unterirdischer Gang, Stollen* **2** *Metallvorkommen, Erzlagerstätte* **3** *Bergwerksanlagen (bes. zur Erzgewinnung)* **4** *unter der Oberfläche verlegter Sprengkörper;* ~n legen; auf eine M. treten **5** *Einlage, Füllung (von Bleistiften, Kugelschreibern)* [< frz. *mine* „Bergwerk, unterirdischer Gang", über gall. **mini*, *meni* < irisch-schott. *mēin* „Erz"]

Mi|nen|feld ⟨n.3⟩ *Gebiet, in dem Minen (4) gelegt worden sind*

Mi|nen|le|ger ⟨m.5⟩ → *Minenschiff*

Mi|nen|räum|boot ⟨n.1⟩, **Mi|nen|räu|mer** ⟨m.5⟩ *kleines Minensuchboot*

Mi|nen|schiff ⟨n.1⟩ *schwach bewaffnetes, schnelles Kriegsschiff zum Legen von Minen;* Syn. *Minenleger*

Mi|nen|sper|re ⟨f.11⟩ *durch dicht gelegte Minen unpassierbar gemachtes Gebiet in einem Gewässer oder im Meer*

Mi|nen|such|boot ⟨n.1⟩, **Mi|nen|su|cher** ⟨m.5⟩ *wendiges, schwach bewaffnetes Kriegsschiff zum Suchen und Entfernen von Minen*

Mi|nen|wer|fer ⟨m.5; †, noch schweiz.⟩ → *Granatwerfer*

Mi|ne|ral ⟨n., -s, -e oder -ra|li|en⟩ **1** *anorganischer Stoff mit einheitlicher Beschaffenheit (meist als fester, regelmäßig aufgebauter Bestandteil der Erdkruste oder eines anderen Himmelskörpers)* **2** ⟨ugs.; österr.; kurz für⟩ *Mineralwasser;* ein M. bestellen [< mlat. *aes mineralis* „Erzgestein", zu galloroman. **mina* „Erzader", zu irisch-schott. *mēin* „Erz"]

Mi|ne|ra|li|sa|ti|on ⟨f., -, nur Sg.⟩ *Umwandlung organischer in anorganische Stoffe, Mineralbildung*

mi|ne|ra|lisch ⟨Adj., o.Steig.⟩ **1** *aus Mineralien entstanden* **2** *Mineralien enthaltend;* ~er Schlamm

mi|ne|ra|li|sie|ren ⟨V.3⟩ **I** ⟨o.Obj.⟩ *ist mi-* *neralisiert⟩ zum Mineral werden* **II** ⟨mit Akk.; hat mineralisiert⟩ *etwas m. Mineralbildung bei etwas bewirken* **Mi|ne|ra|li|sie|rung** ⟨f., -, nur Sg.⟩

Mi|ne|ra|lo|ge ⟨m.11⟩ *Wissenschaftler auf dem Gebiet der Mineralogie*

Mi|ne|ra|lo|gie ⟨f., -, nur Sg.⟩ *Wissenschaft von den Mineralien* [< *Mineral* und *...logie*]

mi|ne|ra|lo|gisch ⟨Adj., o.Steig.⟩ *zur Mineralogie gehörig, auf ihr beruhend, sie betreffend*

Mi|ne|ral|öl ⟨n.1⟩ *durch Destillation aus Erdöl gewonnenes Öl*

Mi|ne|ral|quel|le ⟨f.11⟩ *Quelle mit mindestens 1 g gelöster Substanz oder 250 mg freiem Kohlendioxid je Liter Wasser*

Mi|ne|ral|salz ⟨n.1⟩ *anorganisches Salz*

Mi|ne|ral|säu|re ⟨f.11; Sammelbez. für⟩ *Phosphor-, Salz-, Salpeter-, Schwefelsäure*

Mi|ne|ral|was|ser ⟨n.6; auch:. (österr.) Mineral⟩ **1** *Wasser einer Mineralquelle* **2** *Wasser, dem künstlich Mineralsalze zugesetzt wurden;* Syn. (bes. norddt.) *Selters, Selterswasser*

Mi|ne|stra ⟨f., -, -stren⟩, **Mi|ne|stro|ne** ⟨f., -, -ni⟩ *italienische Gemüsesuppe* [ital., zu *minestrare* „servieren"]

Mi|net|te ⟨f.11⟩ **1** *ein Ergußgestein* **2** *ein erbsenförmig strukturiertes Eisenerz (in Lothringen und Luxemburg)* [frz., weibl. Verkleinerungsform von *mine*, → *Mine (2)*]

mi|neur ⟨[-nœr] frz. Bez. für⟩ *Moll;* Ggs. *majeur*

Mi|neur ⟨[-nœr] m.1⟩ **1** *Arbeiter im Minenstollen* **2** *(früher) für den Minenkrieg besonders ausgebildeter Soldat* [frz.]

Mi|ni ⟨o.Art.⟩ *sehr kurze Rock-, Hosen- und Mantelmode, sehr kurze Kleidung;* sie trägt M. [zu *Minimum*]

Mi|ni... ⟨in Zus.⟩ **1** ⟨kurz für⟩ *Miniatur-,* z.B. Minieisenbahn **2** *sehr kurz, bis zum halben Oberschenkel reichend,* z.B. Minirock

Mi|nia|tor ⟨m.13⟩ → *Miniaturist*

Mi|nia|tur ⟨f.10⟩ **1** *Malerei oder Zeichnung in alten Hand- oder Druckschriften* **2** *sehr kleines Bild* [über ital. *miniatura* in ders. Bed., < lat. *minium* „Mennige, Zinnober", da die Verzierungen (bes. der Initialen) anfangs in roter Farbe ausgeführt wurden]

Mi|nia|tur... ⟨in Zus.⟩ *Klein..., in kleiner Ausführung,* z.B. Miniatureisenbahn

Mi|nia|tur|aus|ga|be ⟨f.10⟩ **1** *sehr kleine (Buch-)Ausgabe;* er ist die M. seines großen Bruders ⟨ugs., scherzh.⟩ *er sieht seinem großen Bruder sehr ähnlich*

Mi|nia|tu|rist ⟨m.10⟩, **Mi|nia|tur|ma|ler** ⟨m.5⟩ *Maler von Miniaturen, Buchmaler;* auch: *Miniator*

mi|nie|ren ⟨V.3, hat miniert; mit Akk.⟩ **1** *mit Minen (4) versehen, verminen* **2** *unterhöhlen, untergraben,* ⟨meist⟩ *unterminieren* [< frz. *miner* „unterhöhlen, aushöhlen", zu *mine*, → *Mine*]

Mi|ni|golf ⟨n., -s, nur Sg.⟩ *Kleingolf, dem Golf ähnliches Geschicklichkeitsspiel auf kleiner Spielfläche*

Mi|ni|ma ⟨Pl. von⟩ *Minimum*

mi|ni|mal ⟨Adj.⟩ *sehr klein, sehr gering;* eine ~e Menge; ein ~er Unterschied; der Vorteil ist so m., daß es sich nicht lohnt [zu *Minimum*]

Mi|ni|mal-Art ⟨[-məl a:rt] f., -, nur Sg.⟩ *Kunstrichtung des 20. Jahrhunderts, die mit den einfachsten, auf das Wesentliche zurückgeführten stereometrischen Formen (und kleinsten Abweichungen von diesen Formen) arbeitet* [< engl. *minimal* „kleinst, geringst, mindest" und *art* „Kunst"]

Mi|ni|max ⟨m.1; Wz.⟩ *ein Feuerlöschgerät*

mi|ni|mie|ren ⟨V.3, hat minimiert; mit Akk.⟩ *etwas m. das Minimum von etwas anstreben;* Ggs. *maximieren;* die Wirkung eines Giftes m.; Verluste m. **Mi|ni|mie|rung** ⟨f., -, nur Sg.⟩

Mi|ni|mum ⟨n., -s, -ma⟩ *kleinster Wert, klein-*

Mi|ni|spi|on ⟨n.1⟩ *sehr kleines Abhörgerät*

Mi|ni|ster ⟨m.5⟩ *Leiter eines Ministeriums* [lat., „Untergebener, Diener, Helfer", urspr. doppelter Komparativ, < *minus* „kleiner, geringer" und dem untergegangenen Komparativsuffix *...ter*, zu griech. *...teros*, also eigtl. „der Geringste"]

Mi|ni|ste|ri|al... *zu einem Ministerium gehörig*

Mi|ni|ste|ri|al|di|rek|tor ⟨m.13⟩ *Abteilungsleiter in einem Ministerium*

Mi|ni|ste|ri|al|di|ri|gent ⟨m.10⟩ *Beamter zwischen Ministerialrat und Ministerialdirektor*

Mi|ni|ste|ria|le ⟨m.11⟩ **1** ⟨MA⟩ *unfreier Dienstmann bei Hof, der auch zum Kriegsdienst herangezogen wurde* **2** ⟨14./15. Jh.⟩ *Angehöriger des niederen Adels* [< lat. *ministeriales* (Pl.) „kaiserliche Beamte", zu *Ministerium*]

Mi|ni|ste|ri|al|rat ⟨m.2⟩ *Unterabteilungsleiter in einem Ministerium*

mi|ni|ste|ri|ell ⟨Adj., o.Steig.⟩ *von einem Minister oder Ministerium ausgehend*

Mi|ni|ste|ri|um ⟨n.; -s, -rien⟩ *eine oberste Verwaltungsbehörde eines Staates* [lat., „Dienst, Dienstleistung, Verwaltung", zu *minister*, → *Minister*]

Mi|ni|ster|prä|si|dent ⟨m.10⟩ **1** ⟨in der BRD⟩ *Leiter der Landesregierung* **2** ⟨in anderen Ländern⟩ *Chef der Regierung;* Syn. *Premierminister* **3** ⟨in der DDR⟩ *Vorsitzender des Ministerrats*

Mi|ni|ster|rat ⟨m.2⟩ **1** ⟨DDR und Frankreich⟩ *Regierung* **2** *oberstes Gremium des Europarats*

Mi|ni|strant ⟨m.10⟩ *Gehilfe (meist Knabe) des Priesters bei der Messe;* Syn. *Meßdiener* [< lat. *ministrans*, Gen. -*antis*, Part. Präs. von *ministrare* „dienen, bedienen, helfen", zu *minister* „Diener, Helfer", → *Minister*]

mi|ni|strie|ren ⟨V.3, hat ministriert; o.Obj.⟩ *bei der Messe dienen*

Mink ⟨m.1⟩ *amerikanischer Nerz* [engl.]

Min|ne ⟨f., -, nur Sg.⟩ **1** ⟨MA⟩ *ritterlicher Frauendienst, Werben des Ritters um die geliebte Frau* **2** ⟨übertr., poet.⟩ *Liebe*

Min|ne|dienst ⟨m.1; MA⟩ *Verehrung einer Frau durch einen Ritter*

Min|ne|lied ⟨n.3; MA⟩ *höfisches Liebeslied*

min|nen ⟨V.1, hat geminnt; mit Akk.; †⟩ *eine Frau m. eine Frau lieben, liebend verehren* [zu *Minne*]

Min|ne|sang ⟨m., -s, nur Sg.; MA⟩ *höfische Liebeslyrik*

Min|ne|sän|ger, Min|ne|sin|ger ⟨m.5; MA⟩ *Dichter und Sänger des Minnesangs*

min|nig|lich ⟨Adj., †, poet.⟩ **1** *lieblich, reizend, anmutig; ein ~es Mädchen; sie war m. anzuschauen* **2** *liebevoll, liebend; jmdn. m. küssen*

mi|no|isch ⟨Adj., o.Steig.⟩ *zur altkretischen Kultur gehörend* [nach dem sagenhaften König *Minos* auf Kreta]

mi|nor ⟨[maɪnə] engl. Bez. für⟩ *Moll*; Ggs. *major*

Mi|no|rat ⟨n.1⟩ Syn. *Juniorat*; Ggs. *Majorat* **1** *Recht des jüngsten Sohnes auf das Erbgut* **2** *das Erbgut selbst*

mi|no|re ⟨ital. Bez. für⟩ *Moll*; Ggs. *maggiore*

mi|no|renn ⟨Adj., o.Steig., †⟩ →*minderjährig*; Ggs. *majorenn*

Mi|no|ren|ni|tät ⟨f., -; †⟩ *Minderjährigkeit*

Mi|no|rist ⟨m.10⟩ *kath. Geistlicher, der eine niedere Weihe empfangen hat*

Mi|no|rit ⟨m.10⟩ →*Minderbruder*

Mi|no|ri|tät ⟨f.10⟩ *Minderheit, Minderzahl;* Ggs. *Majorität* [zu lat. *minor*, Gen. *minoris*, „kleiner", Komparativ zu *parvus* „klein"]

Mi|no|taur ⟨m., -s, nur Sg.⟩, **Mi|no|tau|rus** ⟨m., -, nur Sg.; griech. Myth.⟩ *menschenfressendes Ungeheuer mit Menschenleib und Stierkopf in Knossos auf Kreta* [< griech. *Minos*, der Bez. für den König auf Kreta im 3./2. Jahrtausend v.Chr., und *tauros* „Stier", also „Stier des Minos"]

Min|strel ⟨m.9⟩ **1** ⟨in England im MA⟩ *Spielmann im Dienst eines Fürsten* **2** ⟨in den USA⟩ *fahrender Spielmann oder Schauspieler* [engl. < mengl. *menestrel* < altfrz. *ministrel, menestrel* „Spielmann", auch „Diener", < lat. *ministeriales* (Pl.) „kaiserliche Beamte", zu *minister*, → *Minister*]

Mi|nu|end ⟨m.10⟩ *Zahl, von der eine andere abgezogen werden soll;* Ggs. *Subtrahend* [< lat. *minuendus* „verringernd"]

mi|nus ⟨Adv.; Zeichen: −⟩ *weniger, abzüglich;* Ggs. *plus; 10 m. 3 ist, macht 7; 5 Grad m. m. 5 Grad 5 Grad unter Null* [lat., „weniger", Neutr. von *minor* „kleiner, geringer"]

Mi|nus ⟨n., -, nur Sg.⟩ Ggs. *Plus* **1** *Fehlbetrag, Verlust, Defizit* **2** ⟨übertr.⟩ *Nachteil* [lat., Neutr. von *minor* „weniger, geringer", dieses Komparativ zu *parvus* „klein, gering, wenig"]

Mi|nus|be|trag ⟨m.2⟩ *fehlender Betrag*

Mi|nus|kel ⟨f.11⟩ *Kleinbuchstabe;* Ggs. *Majuskel*

Mi|nus|pol ⟨m.1⟩ *negativer Pol;* Ggs. *Pluspol*

Mi|nus|punkt ⟨m.1⟩ Ggs. *Pluspunkt* **1** *Fehler, Mangel* **2** *Einheit zur Bewertung von Fehlern (z.B. im Spiel)*

Mi|nus|zei|chen ⟨n.7; Zeichen: −⟩ **1** *Subtraktionszeichen;* Ggs. *Pluszeichen* **2** *Vorzeichen einer negativen Zahl*

Mi|nu|te ⟨f.11⟩ **1** ⟨Zeichen: min, m, Astron.: ᵐ⟩, Abk.: Min.⟩ *60. Teil einer Stunde* **2** *100. Teil eines Gons* [< lat. *minuta* „das Kleine, kleine Zeiteinheit", zu *minus* „kleiner", Neutr. von *minor* „kleiner, geringer"]

Mi|nu|ten|zei|ger ⟨m.5; an der Uhr⟩ *großer Zeiger, der die Minuten anzeigt;* vgl. *Stundenzeiger, Sekundenzeiger*

...mi|nu|tig, ...mi|nü|tig ⟨in Zus.⟩ *eine bestimmte Anzahl von Minuten dauernd; fünfminutige, fünfminütige, 5minütige Pause*

mi|nu|ti|ös ⟨ältere Schreibung für⟩ *minuziös*

mi|nüt|lich ⟨Adj., o.Steig.⟩ *jede Minute; der Zeiger rückt m. weiter; er kann m. hier eintreffen* ⟨ugs.⟩

Mi|nu|zi|en ⟨Pl.; †⟩ *Kleinigkeiten, Nichtigkeiten*

mi|nu|zi|ös ⟨Adj., o.Steig.⟩ *ganz genau, peinlich genau, bis ins kleinste Detail; eine ~e Beschreibung* [< lat. *minutus* „sehr klein, winzig"; → *Minute*]

Min|ze ⟨f.11⟩ *wohlriechender, ätherische Öle enthaltender Lippenblütler (Pfeffer~, Roß~)* [< lat. *mentha* < griech. *minthe* „Minze"]

Mio. ⟨Abk. für⟩ *Million(en)*

mio|zän ⟨Adj., o.Steig.⟩ *das Miozän betreffend, zu ihm gehörig, aus ihm stammend*

Mio|zän ⟨n., -s, nur Sg.⟩ *jüngere Abteilung des Tertiärs* [< griech. *meion* „weniger" und *kainos* „neu"]

Mir¹ ⟨m., -, nur Sg.; im zarist. Rußland⟩ *Dorfgemeinschaft mit gemeinsamem Besitz, der regelmäßig zur Einzelnutzung verteilt wurde*

Mir² ⟨m.9⟩ *kostbarer westpersischer Teppich*

Mi|ra|bel|le ⟨f.11⟩ *kleine, gelbe, runde Pflaume* [< frz. *mirabelle* < ital. *mirobalano, mirobolano* in ders. Bed., < griech. *myrobalanos* „wohlriechende Nuß", < *myron* „wohlriechendes Öl" und *balanos* „Eichel, Nuß"]

mi|ra|bi|le dic|tu *kaum zu glauben, man höre und staune* [lat.]

Mi|ra|bi|li|en ⟨Pl.; †⟩ *Wunderdinge, Merkwürdigkeiten*

Mi|rage ⟨[-ra:ʒ] f.11⟩ *französisches Überschall-Kampfflugzeug* [frz., „Luftspiegelung, Fata Morgana"]

Mi|ra|kel ⟨n.5⟩ **1** *Wunder, Wunderwerk, Wundertat* **2** →*Mirakelspiel* [< lat. *miraculum* „wunderbares Ereignis, Wunder", zu *mirari* „sich wundern, verwundern"]

Mi|ra|kel|spiel ⟨n.1⟩ *mittelalterliches Legendenspiel mit Darstellung der Wundertaten von Heiligen und der Muttergottes*

mi|ra|ku|lös ⟨Adj., -er, am mirakulösesten; †⟩ *wunderbar*

Mi|re ⟨f.11⟩ *Markierung zum Einstellen des astronomischen Fernrohrs in Meridianrichtung* [frz., zu *mirer* „zielen"]

Mir|za ⟨m.9; in Persien⟩ **1** ⟨vor dem Namen⟩ *Herr*, ⟨eigtl.⟩ *Gebildeter, Gelehrter, Angesehener* **2** ⟨nach dem Namen⟩ *Prinz* **3** ⟨ohne Namen⟩ *Schreiber* [arab.]

Mis|an|drie ⟨f., -, nur Sg.⟩ *Männerscheu, Männerhaß;* Ggs. *Misogynie* [< griech. *misos* „Haß, Groll, Abscheu" (zu *misein* „hassen, verabscheuen") und *aner*, Gen. *andros*, „Mann"]

Mis|an|throp ⟨m.10⟩ *Menschenfeind;* Ggs. *Philanthrop* [< griech. *misanthropos* in ders. Bed., < *misos* „Haß, Groll, Abscheu" (zu *misein* „hassen, verabscheuen") und *anthropos* „Mensch"]

Mis|an|thro|pie ⟨f., -, nur Sg.⟩ *Menschenhaß;* Ggs. *Philanthropie*

mis|an|thro|pisch ⟨Adj.⟩ *menschenfeindlich;* Ggs. *philanthropisch*

Mis|cel|la|nea ⟨Pl.; lat. Schreibung für⟩ *Miszellaneen*

Misch|ehe ⟨f.11⟩ *Ehe zwischen Partnern verschiedener Religionen oder Konfessionen*

mi|schen ⟨V.1, hat gemischt⟩ **I** ⟨mit Akk.⟩ **1** *zu einer einheitlichen, gleichmäßigen Masse vereinigen, gleichmäßig zusammenbringen, zusammenrühren; alle Zutaten gut m.; Rosinen in den Teig m.; Kakao mit Zucker m.; Wein mit Wasser m.; gemischtes Gemüse verschiedenerlei Gemüse in einem Gefäß, auf einer Platte; gemischtes Eis verschiedenerlei Eis in einer Schale; eine gemischte Gesellschaft* ⟨übertr.⟩ *nicht sehr feine Gesellschaft; jetzt wird's gemischt!* ⟨ugs.⟩ *jetzt wird die Stimmung allzu frei, allzu ungezwungen (so daß unanständige Witze gemacht oder erzählt werden); eine Sache mit gemischten Gefühlen entgegensehen einer Sache halb mit Freude, halb mit Mißtrauen entgegensehen* **2** *in eine andere Reihenfolge bringen; Karten m.* **3** *zu einem einheitlichen Klangbild vereinigen; am Mischpult Musik, gesprochenen Text und Geräusche m.* **II** ⟨refl.⟩ *sich m. sich in einer Einheit verbinden, vereinigen; Klänge m. sich; sich in eine Angelegenheit m. sich (unaufgefordert) um eine Angelegenheit kümmern; sich in ein Gespräch m. in ein Gespräch eingreifen; er mischte sich unter die Kinder er setzte, stellte sich zwischen die Kinder, spielte mit ihnen, ging mit ihnen umher*

misch|er|big ⟨Adj., o.Steig.⟩ →*heterozygot*

Misch|fut|ter ⟨n.5⟩ *mit Vitaminen u.a. angereichertes Tierfutter*

Misch|kri|stall ⟨m.1⟩ *Kristall, der in fremde Atome oder Ionen ohne Änderung des ursprünglichen Kristallgittertyps eingebaut ist (z.B. Gold in Silberkristall)*

Misch|kul|tur ⟨f.10⟩ **1** *Anbau verschiedener Pflanzenkulturen nebeneinander* **2** *aus der Mischung von Völkern entstandene Kultur*

Misch|ling ⟨m.1⟩ *jmd., dessen Eltern verschiedenen Menschenrassen angehören*

Misch|masch ⟨m.1; ugs.⟩ *Durcheinander*

Misch|na ⟨f., -, nur Sg.⟩ *erster und grundlegender Teil des Talmuds, Sammlung von Lehrsätzen vom Ende des 2. Jahrhunderts aufgrund der bis dahin entwickelten Gesetzesüberlieferungen* [hebr.]

Misch|po|che, Misch|po|ke ⟨f., -, nur Sg.; abwertend⟩ *Verwandtschaft, Gesellschaft* [über das Jiddische < hebr. *mišpāḥā* „Familie, Verwandtschaft", weitere Herkunft unsicher]

Misch|pult ⟨n.1; Film, Funk, Fernsehen⟩ *Gerät, mit dem die Tonspuren von gesprochenem Text, Musik und Geräuschen auf einem Tonband vereinigt werden*

Mi|schung ⟨f.10⟩ **1** *das Mischen* **2** *Gemisch* (Pralinen~, Tabak~) **3** *etwas, das sichtlich aus mehreren Bestandteilen besteht;* dieser Hund ist eine M. aus Pinscher und Schnauzer

Misch|wald ⟨m.4⟩ *Wald aus Nadel- und Laubgehölzen*

Mi|se ⟨f.11⟩ **1** ⟨beim Spiel⟩ *Einlage, Einsatz* **2** ⟨Lebensversicherung⟩ *Zahlung der Versicherungsprämie bei einmal, Einmalprämie* [< frz. *mise* „das Setzen, Stellen; Einlage (von Kapital), Gebot (bei Versteigerungen)", zu *mettre* < lat. *mittere* „setzen, stellen, legen"]

mi|se|ra|bel ⟨Adj., miserabler, am ~sten⟩ *sehr schlecht, erbärmlich;* eine miserable Leistung; das Haus ist in einem miserablen Zustand; ich fühle mich, mir geht es m. [< frz. *misérable* „sehr unglücklich, elend; verächtlich, erbärmlich", < lat. *miserabilis* „beklagenswert, jämmerlich, kläglich", zu *miser* in ders. Bed. sowie „erbärmlich, nichtswürdig"]

Mi|se|re ⟨f.11⟩ *Not, Elend;* finanzielle, wirtschaftliche M.

Mi|se|re|or ⟨n., -s, nur Sg.⟩ *kath. Hilfswerk für die Entwicklungsländer*

Mi|se|re|re ⟨n., -s, nur Sg.⟩ **1** ⟨kath. Kirche⟩ *Bußpsalm und Gebet bei Begräbnissen* **2** ⟨Med.⟩ *Kotbrechen (bei Darmverschluß)* [lat., „Erbarme dich", Anfangswort des 51. Psalms]

Mi|se|ri|cor|di|as Do|mi|ni ⟨o.Art.⟩ *zweiter Sonntag nach Ostern;* an, zu M.D. [lat., „Die Barmherzigkeit des Herrn", Anfangsworte von Psalm 89,2]

Mi|se|ri|kor|die ⟨[-djə] f.11⟩ *kleiner Vorsprung an der Unterseite der Klappsitze im Chorgestühl (als Stütze beim Stehen)*

Mi|se|ri|kor|di|en|bild ⟨n.3⟩ *Bild Christi als Schmerzensmann, Erbärmdebild* [zu lat. *misericordia* „Barmherzigkeit", < *miserere* „Mitleid haben, sich erbarmen" und *cor*, Gen. *cordis*, „Herz"]

Mi|so|gam ⟨m.12 oder m.10⟩ *Eheverächter, Hagestolz*

Mi|so|ga|mie ⟨f., -, nur Sg.⟩ *Ehescheu* [< griech. *misos* „Haß, Groll, Abscheu" (zu *misein* „hassen, verabscheuen") und *gamein* „heiraten"]

Mi|so|gyn ⟨m.12 oder m.10⟩ *Frauenfeind*

Mi|so|gy|nie ⟨f., -, nur Sg.⟩ *Scheu vor Frauen, Frauenhaß;* Ggs. *Misandrie* [< griech. *misogyneia* „Frauenhaß", < *misos* „Groll, Haß, Abscheu" (zu *misein* „hassen, verabscheuen") und *gyne* „Frau"]

Mis|pel ⟨f.11⟩ **1** *(strauch- bis baumförmig wachsendes) Rosengewächs warmer Wälder, Obstgehölz* **2** *dessen bräunliche, teigige Frucht, die einer kleinen Birne ähnelt* [< lat. *mespilum* < griech. *mespilon* in ders. Bed., weitere Herkunft ungeklärt]

Miß ⟨f., -, Misses [mɪsɪz]⟩ **1** ⟨in englischsprechenden Ländern als Anrede vor dem Namen⟩ *Fräulein* **2** ⟨in Verbindung mit einem Ländernamen⟩ *Schönheitskönigin;* M. Germany [< engl. *miss* „Fräulein"]

miß..., ⟨In Zus.⟩ *schlecht, verfehlt, falsch,* z.B. mißgelaunt, mißgeleitet

Mis|sa ⟨f., -, nur Sg.⟩ *Messe, Hochamt;* M. solemnis *feierliches Hochamt* [lat.]

miß|ach|ten ⟨V.2, hat mißachtet; mit Akk.⟩ **1** *etwas m. etwas absichtlich nicht beachten;* eine Vorschrift m.; jmds. Anweisung, Warnung m. **2** *jmdn. m. jmdn. nicht achten, jmdn. in seinem Wert nicht erkennen;* sich mißachtet fühlen

Miß|ach|tung ⟨f., -, nur Sg.⟩ **1** *das Mißachten;* M. von Vorschriften **2** *Mangel an Achtung;* sich durch jmds. M. verletzt fühlen; jmdn. seine M. fühlen lassen

Mis|sal ⟨n.1⟩, **Mis|sa|le** ⟨n.5⟩ *Buch mit den für die kath. Messe vorgeschriebenen Lesungen, Meßbuch* [Ableitung von lat. *missa* „Messe"]

miß|be|ha|gen ⟨V.1, hat mißbehagt; mit Dat.⟩ *jmdm. m. jmdm. nicht behagen, nicht angenehm sein;* seine Haltung mißbehagt mir

Miß|be|ha|gen ⟨n., -s, nur Sg.⟩ *Unbehagen, unbehagliches, unangenehmes Gefühl;* etwas mit M. beobachten; dieser Raum verursacht mir M.

Miß|bil|dung ⟨f.10⟩ *von der Norm abweichende Ausbildung (eines Organismus oder eines seiner Teile);* Syn. *Deformation, Deformität, Paraplasie*

miß|bil|li|gen ⟨V.1, hat mißbilligt; mit Akk.⟩ *etwas m. mit etwas nicht einverstanden sein, etwas nicht gut, nicht richtig finden;* ich mißbillige sein Verhalten; ~d den Kopf schütteln

Miß|bil|li|gung ⟨f., -, nur Sg.⟩ *das Mißbilligen;* seine M. mit einem Kopfschütteln ausdrücken

Miß|brauch ⟨m.2⟩ *absichtlich falscher Gebrauch, übertriebener, schädlicher Gebrauch* (Alkohol~); der M. eines Geräts; M. mit seiner Macht treiben

miß|brau|chen ⟨V.1, hat mißbraucht; mit Akk.⟩ **1** *etwas m. etwas absichtlich falsch gebrauchen, in unredlicher, eigennütziger Weise gebrauchen;* seine Macht m.; er hat seine Stellung dazu mißbraucht, sich Vorteile zu verschaffen; jmds. Vertrauen m.; den Begriff „Freundschaft" dazu m., jmdn. zu tyrannisieren **2** *jmdn. m. jmdn. in unredlicher Weise für sich handeln lassen;* er hat ihn für seine eigennützigen Zwecke mißbraucht; ein Kind m. *an einem Kind sexuelle Handlungen vornehmen;* eine Frau m. ⟨†⟩ *eine Frau vergewaltigen*

miß|bräuch|lich ⟨Adj., o.Steig.⟩ *absichtlich falsch;* die ~e Verwendung eines Geräts; die Notbremse m. benutzen

miß|deu|ten ⟨V.2, hat mißdeutet; mit Akk.⟩ *falsch deuten;* jmds. Worte, einen Text m.

Miß|deu|tung ⟨f.10⟩ *das Mißdeuten;* dieser schwierige Text hat oft zu ~en Anlaß gegeben

mis|sen ⟨V.1, nur im Infinitiv, meist in verneinenden Sätzen⟩ *entbehren;* ich möchte diese Zeit nicht m.; ich möchte, kann dieses Gerät nicht mehr m.; das Kind ist uns so lieb geworden, daß wir es nicht mehr m. möchten; kannst du dein Fahrrad (wenn du es mir leihst) denn so lange m.?

Miß|er|folg ⟨m.1⟩ *verfehlte, mißlungene Unternehmung, Fehlschlag*

Miß|ern|te ⟨f.11⟩ *schlechte Ernte*

Mis|se|tat ⟨f.10⟩ **1** *schlechte Tat, Untat* **2** ⟨scherzh.⟩ *Streich*

Mis|se|tä|ter ⟨m.5⟩ *jmd., der eine Missetat begeht oder begangen hat*

miß|fal|len ⟨V.33, hat mißfallen; mit Dat.⟩ *jmdm. m. jmdm. nicht gefallen;* die Tapete mißfällt mir; dein Benehmen hat mir m.

Miß|fal|len ⟨n., -s, nur Sg.⟩ *Nichtgefallen, Unzufriedenheit, Ablehnung;* er hat sein M. deutlich geäußert; dieser Vorfall erregte allgemeines M.

miß|fäl|lig ⟨Adj.⟩ *Mißfallen ausdrückend, abfällig, abwertend;* ~e Äußerungen; sich (über etwas oder jmdn.) m. äußern

miß|ge|bil|det ⟨Adj.⟩ →*mißgestaltet*

Miß|ge|burt ⟨f.10⟩ *Lebewesen, das mit starken Mißbildungen zur Welt gekommen ist*

Miß|ge|schick ⟨n.1⟩ *durch Ungeschicklichkeit oder Unvorsichtigkeit entstandener peinlicher, ärgerlicher Vorfall;* mir ist ein M. passiert; es ist ein kleines M. geschehen

Miß|ge|stalt ⟨f.10⟩ **1** *jmd., der mißgestaltet ist* **2** ⟨nur Sg.⟩ *das Mißgestaltetsein*

miß|ge|stal|tet ⟨Adj.⟩ *von einer wünschenswerten Norm abweichend gestaltet;* Syn. *difform, mißgebildet;* ~er Kopf, Fuß

miß|ge|wach|sen ⟨Adj., o.Steig.⟩ *nicht normal gewachsen;* ein ~er Baum

miß|glü|cken ⟨-k|k-; V.1, ist mißglückt⟩ →*mißlingen*

miß|gön|nen ⟨V.1, hat mißgönnt; mit Dat. und Akk.⟩ *jmdm. etwas m. jmdm. etwas nicht gönnen;* sie mißgönnt ihm jede Freude; ich mißgönne den Kindern das Vergnügen nicht, aber ich halte es für gefährlich

Miß|griff ⟨m.1⟩ *Fehlgriff, falsche Entscheidung, falsche Handlung*

Miß|gunst ⟨f., -, nur Sg.⟩ *das Mißgönnen, Einstellung, aus der heraus man jmdm. etwas Schönes, Gutes nicht gönnt*

miß|gün|stig ⟨Adj.⟩ *Mißgunst zeigend, äußernd, jmdm. etwas Schönes, Gutes nicht gönnend;* eine ~e Person; sie ist m. *sie gönnt anderen Freuden, Vorteile o.ä. nicht*

miß|han|deln ⟨V.1, hat mißhandelt; mit Akk.⟩ **1** *jmdn., ein Tier m. jmdm., einem Tier absichtlich starke Schmerzen zufügen und ihn, es dabei verletzen* **2** *einen Gegenstand m.* ⟨scherzh.⟩ *falsch benutzen, übertrieben in Anspruch nehmen, nicht pfleglich behandeln;* er mißhandelt schon wieder das Klavier *er spielt sehr laut und falsch;* die mißhandelte Puppe lag in einer Ecke

Miß|hand|lung ⟨f.10⟩ **1** ⟨nur Sg.⟩ *das Mißhandeln* **2** *absichtlich zugefügter Schmerz mit Verletzung;* ~en erdulden

Miß|hel|lig|keit ⟨f.10, meist Pl.⟩ *Uneinigkeit, Unstimmigkeit, leichter Streit*

Mis|sing link ⟨n., -s, -s⟩ *fehlendes Glied (bes. in der Entwicklung vom Affen zum Menschen)* [< engl. *to miss* „nicht haben, vermissen, entbehren" und *link* „Glied"]

Mis|singsch ⟨n., -, nur Sg.⟩ *mit plattdeutschen Elementen durchsetzte hochdeutsche Sprache in Norddeutschland* [nddt., „meißnisch", nach der für die Entwicklung des Hochdeutschen maßgeblichen Kanzleisprache in Meißen in Sachsen]

Mis|si|on ⟨f.10⟩ **1** *ernster Auftrag, Sendung;* eine M. haben; politische, religiöse M.; er ist erfüllt von seiner M.; jmdn. mit einer M. zu jmdm. senden **2** *mit besonderen Aufgaben ins Ausland entsandte Gruppe von Bevollmächtigten (einer Regierung)* **3** *Heidenbekehrung, Verbreitung des christlichen Glaubens;* äußere M. ⟨allg.⟩ *Verbreitung einer religiösen Lehre;* Innere M. *Organisation der evangelischen Kirche zugunsten Bedürftiger und zur Festigung der Gemeinden* [< lat. *missio*, Gen. *-onis*, „das Absenden, Schicken, Sendung", zu *mittere* „schicken"]

Mis|si|o|nar, Mis|si|o|när ⟨m.1⟩ *in der Mission (3) tätiger Geistlicher*

mis|si|o|nie|ren ⟨V.3, hat missioniert⟩ **I** ⟨o.Obj.⟩ **1** *Mission treiben, als Missionar tätig sein* **2** ⟨übertr.⟩ *jmdn. zu etwas bekehren wollen;* sie schwört auf ihre Lebensweise, aber sie missioniert nicht *sie versucht nicht, andere dazu zu bringen, genauso zu leben wie sie* **II** ⟨mit Akk.⟩ **1** *zum Christentum bekehren;* Heiden m. **2** *zu etwas bekehren;* ich lasse mich nicht m. **Mis|si|o|nie|rung** ⟨f., -, nur Sg.⟩

Miß|jahr ⟨n.1⟩ *Jahr mit schlechter Ernte*

Miß|klang ⟨m.1⟩ **1** *schlechter Klang, unschönes, unharmonisches Zusammenklingen* **2** *Uneinigkeit, Störung (der guten Stimmung);* der Abend endete mit einem M.

Miß|kre|dit ⟨m., -(e)s, nur Sg.⟩ *schlechter Ruf, mangelnde Vertrauenswürdigkeit;* jmdn. in M. bringen *jmds. Ruf schädigen;* in M. geraten *einen schlechten Ruf bekommen*

miß|lei|ten ⟨auch [mɪs-] V.2, hat mißleitet oder hat mißgeleitet; mit Akk.⟩ *falsch leiten, falsch führen;* wir sind bei der Umleitung mißgeleitet worden; mißleitete Jugendliche

miß|lich ⟨Adj.⟩ *unangenehm, unerfreulich*

miß|lin|gen ⟨V.85, ist mißlungen; o.Obj.⟩ *nicht gelingen;* Syn. *mißglücken;* es ist möglich, daß der Versuch beim ersten Mal mißlingt; ich fürchte, daß unser Plan mißlingt; die Arbeit ist (mir) mißlungen

Miß|mut ⟨m., -(e)s, nur Sg.⟩ Verdrossenheit, schlechte Laune

miß|mu|tig ⟨Adj.⟩ verdrossen, schlecht gelaunt

Miß|pickel ⟨-k|k-; m., -s, nur Sg.⟩ →Arsenkies

miß|ra|ten ⟨V.94, ist mißraten; o.Obj.⟩ nicht geraten; der Kuchen ist (mir) m.; ein mißratenes Kind ein schlecht erzogenes, auf die schiefe Bahn geratenes Kind

Miß|stand ⟨m.2⟩ schlechter Zustand, Übel; wirtschaftlicher, sozialer M.

miß|tö|nend ⟨Adj., o.Steig.; nur als Attr. und Adv.⟩ schlecht, unangenehm, unharmonisch tönend; ~e Musik; er brachte auf seiner Geige nur ~e Geräusche hervor (iron.)

miß|trau|en ⟨V.1, hat mißtraut; mit Dat.⟩ jmdm., einer Sache m. jmdm., einer Sache nicht trauen, kein Vertrauen zu jmdm., kein Zutrauen zu einer Sache haben; ich mißtraue seiner Freundlichkeit

Miß|trau|en ⟨n., -s, nur Sg.⟩ Mangel an Vertrauen, an Zutrauen; M. gegen jmdn., gegen eine Sache hegen; jmds. Tätigkeit, eine Entwicklung mit M. beobachten; jmdm., einer Sache M. entgegenbringen

Miß|trau|ens|vo|tum ⟨n., -s, -ten⟩ Parlamentsbeschluß, der einem Minister oder einer Regierung das Vertrauen entzieht

miß|trau|isch ⟨Adj.⟩ nicht vertrauend, argwöhnisch; etwas m. beobachten; m. werden

Miß|ver|gnü|gen ⟨n., -s, nur Sg.⟩ Ärger, Unzufriedenheit; als ich nach Hause kam, war zu meinem M. immer noch kein Brief gekommen; der Vorhalten bereitet mir M.

miß|ver|gnügt ⟨Adj., o.Steig.; geh.⟩ unzufrieden, verärgert, schlecht gelaunt

Miß|ver|hält|nis ⟨n., -nisses, nur Sg.⟩ unpassendes Verhältnis, störende Ungleichheit; seine Forderungen stehen im M. zu seinen Leistungen

miß|ver|ständ|lich ⟨Adj.⟩ nicht eindeutig, unklar; er hat sich m. ausgedrückt; eine ~e Stelle im Text **Miß|ver|ständ|lich|keit** ⟨f., -, nur Sg.⟩

Miß|ver|ständ|nis ⟨n.1⟩ unbeabsichtigtes falsches Verstehen, falsches Deuten einer Handlung oder Äußerung

miß|ver|ste|hen ⟨V.151, hat mißverstanden; mit Akk.⟩ falsch verstehen, falsch auslegen; bitte m. Sie mich nicht; Sie haben mich, meine Bemerkung mißverstanden; eine Frage m.

Miß|wachs ⟨m., -es, nur Sg.⟩ schlechtes Wachstum (von Früchten)

Miß|wirt|schaft ⟨f.10⟩ schlechtes, planloses, zu Verlusten führendes Wirtschaften, schlampige Verwaltung oder Haushaltführung

Miß|wuchs ⟨m., -es, nur Sg.⟩ Mißbildung (an Pflanzen)

Mist¹ ⟨m., -(e)s, nur Sg.⟩ 1 Gemenge aus Einstreu, flüssigen und festen Exkrementen (als Düngemittel); M. aufs Feld fahren; das ist nicht auf seinem M. gewachsen ⟨ugs.⟩ das hat er nicht selbst erdacht, das stammt nicht von ihm selbst 2 daraus gebildeter Haufen, Misthaufen; das kannst du auf den M. werfen ⟨ugs.⟩ das kannst du wegwerfen 3 ⟨ugs.⟩ wertloses oder nicht gut funktionierendes Gerät; das neue Auto ist M. 4 ⟨ugs.⟩ wertlose Sache; die ganze Arbeit ist M.; so ein M. reden 5 ⟨ugs.⟩ unordentlich herumliegende oder weggeworfene Dinge; den ganzen M. zusammenräumen, wegräumen 6 ⟨ugs.⟩ ärgerliche Angelegenheit; macht doch euren M. allein!; ich will mit dem ganzen M. nichts mehr zu tun haben 7 ⟨ugs.⟩ dummes Zeug, Unsinn; das ist doch M.!; erzähl doch nicht solchen M.!; wir haben heute in der Schule nur M. gemacht [< mhd., ahd. mist „Kot, Unrat, Schmutz"]

Mist² ⟨m.1; Seew.⟩ leichter Nebel [engl.]

Mist|beet ⟨n.1⟩ früh im Jahr angelegtes Beet, auf das Mist gestreut wurde, um dessen Zersetzungswärme zu nutzen

Mi|stel ⟨f.11⟩ parasitisch auf Bäumen lebender, immergrüner Strauch [Herkunft nicht geklärt, vielleicht zu Mist, da die Samen besonders durch den Kot von Vögeln verbreitet werden]

Mi|stel|dros|sel ⟨f.11⟩ größte einheimische Drossel, die sich bevorzugt von den Beeren der Mistel ernährt

mi|sten¹ ⟨V.2, hat gemistet⟩ I ⟨mit Akk.⟩ 1 von Mist befreien, von Mist reinigen; den Stall m. 2 mit Mist düngen; das Feld m. II ⟨o.Obj.; von manchen Tieren⟩ Kot ausscheiden; das Pferd mistet [zu Mist¹]

mi|sten² ⟨V.2, hat gemistet; o.Obj.⟩ unpersönl., mit „es"⟩ es mistet es ist leicht neblig [zu engl. mist „Nebel"]

Mi|ster ⟨m.5; Abk.: Mr.; in englischsprechenden Ländern Anrede vor dem Namen⟩ Herr

Mist|fink ⟨m.10; ugs.⟩ 1 unsauberer Mensch 2 jmd., der schmutzige Reden führt

Mist|ga|bel ⟨f.11⟩ große, langstielige Gabel, mit der Mist geladen wird

Mist|hau|fen ⟨m.7⟩ (meist von einer Betonmauer umgebener) Auf- und Abladeplatz für den Mist; Syn. ⟨schweiz.⟩ Miststock

mi|stig¹ ⟨Adj.⟩ 1 voll Mist 2 ⟨übertr., ugs.⟩ schlecht, unangenehm; eine ~e Angelegenheit 3 ⟨übertr., ugs.⟩ unanständig, gemein; ~e Handlungsweise

mi|stig² ⟨Adj.; Seew.⟩ neblig [zu Mist²]

Mist|käfer ⟨m.5⟩ großer, schwarzer Blatthornkäfer mit metallischem Glanz (dessen Eier sich unter Mist entwickeln)

Mist|kerl ⟨m.1; derb⟩ gemeiner Kerl, Schuft

Mist|kü|bel ⟨m.5; österr.⟩ Abfalleimer

Mi|stral ⟨m.1⟩ kalter Nord- oder Nordwestwind in Südfrankreich (bes. im Rhônetal) [frz., ältere Form maestral, prov. maistral, Bez. für einen Wind, der en maître weht, d.h. „stark", sozusagen „herrisch" weht, zu maître „Herr, Meister"]

Mis|tress 1 ⟨[mɪstrɪs] f., -, -es [mɪstrɪsɪz]; in englischsprechenden Ländern⟩ Hausfrau, Herrin 2 ⟨[mɪsɪz] Abk.: Mrs.; als Anrede vor dem Namen⟩ Frau

Mist|stock ⟨m.2; schweiz.⟩ →Misthaufen

Mist|stück ⟨n.1; derb⟩ gemeiner, niederträchtiger Mensch

Mist|vieh ⟨n., -s, -vie|cher; derb⟩ 1 störrisches Tier 2 gemeiner, niederträchtiger Mensch

Mis|zel|la|ne|en, Mis|zel|len ⟨Pl.⟩ kleine Aufsätze, Artikel verschiedenen Inhalts (bes. in wissenschaftlichen Zeitschriften) [< lat. miscellanea „Schrift gemischten Inhalts", zu miscellaneus „gemischt, allerlei", zu miscere „mischen"]

mit ⟨Präp. mit Dat.⟩ 1 mit jmdm. a zur gleichen Zeit und am gleichen Ort wie jmd.; jmdn. gehen, kommen, essen m. wechselseitig; mit jmdm. sprechen, streiten; mit jmdm. befreundet sein 2 und dazu; ein Anzug mit Weste; ein Radio mit Plattenspieler; ein Zimmer mit Blick aufs Meer 3 mittels, durch; mit einem Messer, mit der Hand schreiben; wir fahren mit dem Rad; er antwortete mit einem Kopfnicken 4 habend, besitzend; ein Kind mit blondem Haar; eine Wohnung mit Bad und Küche; ein Mann mit großen Fähigkeiten 5 voll(er); eine Schachtel mit Buntstiften; eine Schale mit Obst; mit Vergnügen; mit Absicht 6 einschließlich; mit mir waren wir sechs; Montag bis/mit Freitag; bis/mit 20. Mai 7 im Alter von; mit fünf Jahren 8 zur Zeit, bei; mit aufgehender Sonne 9 in der gleichen Richtung wie; mit dem Wind segeln; mit der Strömung rudern 10 bezüglich, hinsichtlich; was ist mit deiner Schwester – kommt sie nun mit?; mit dem Rechnen hat er noch Mühe 11 ⟨verstärkend⟩ auch; er war mit dabei; ich habe seinen Namen mit aufgeschrieben

mit... ⟨in Zus.⟩ 1 gemeinsam, zusammen, auch, z.B. mitsingen, mitbenutzen, mitklingen, mitunterzeichnen 2 wie jmd., z.B. mitempfinden

Mit|ar|beit ⟨f.10⟩ Arbeit mit anderen zusammen

mit|ar|bei|ten ⟨V.2, hat mitgearbeitet; o.Obj.⟩ mit jmdm., mit anderen zusammen arbeiten; wollen Sie m.?; er hat an dem Werk mitgearbeitet

Mit|ar|bei|ter ⟨m.5⟩ 1 jmd., der mit jmdm. zusammen arbeitet; ich habe noch zwei M. 2 Angestellter in einem Betrieb (im Hinblick auf die anderen Angestellten); er ist ein angenehmer M.; einen neuen M. einstellen 3 jmd., der bei einer Institution (Rundfunk, Zeitung o.ä.) mitarbeitet, ohne fest angestellt zu sein; freier M.; wissenschaftlicher M.

mit|be|kom|men ⟨V.71, hat mitbekommen; mit Akk.⟩ ⟨ugs.⟩ mitkriegen 1 zum Mitnehmen bekommen; er hat eine Tafel Schokolade (auf den Weg) m. 2 als Aussteuer, Mitgift bekommen; sie hat von den Eltern 50000 DM, mehrere schöne alte Möbel m. 3 erben; er hat von seinem Vater die Musikalität m. 4 ⟨ugs.⟩ hören, verstehen; Augenblick, das habe ich jetzt nicht m., sag es noch einmal!; er hat von unserem Gespräch nichts m. 5 ⟨ugs.⟩ erleben; er kam leider zu spät und hat nur noch den Schluß der Feier m.

mit|be|stim|men ⟨V.1, hat mitbestimmt; mit Akk.⟩ etwas m. mit den anderen zusammen, auch bestimmen, an der Entscheidung von etwas teilhaben, mitwirken; Syn. mitsprechen

Mit|be|stim|mung ⟨f., -, nur Sg.⟩ Beteiligung an Entscheidungen; betriebliche M. Beteiligung der Arbeitnehmer an Entscheidungen der Unternehmensführung

Mit|be|wer|ber ⟨m.5⟩ jmd., der sich mit anderen zusammen bewirbt; er hatte zahlreiche M.

mit|brin|gen ⟨V.21, hat mitgebracht; mit Akk.⟩ jmdn. oder etwas m. mit an den Ort bringen, an den man sich begibt; er hat einen Gast, ein Geschenk mitgebracht; er bringt für diese Aufgabe die nötigen Voraussetzungen mit ⟨übertr.⟩ er hat, besitzt für diese Aufgabe die nötigen Voraussetzungen

Mit|bring|sel ⟨n.5⟩ kleines Geschenk, das man jmdm. mitbringt

Mit|bru|der ⟨m.6⟩ Angehöriger der gleichen Gemeinschaft, des gleichen Ordens

Mit|bür|ger ⟨m.5⟩ jmd., der in der gleichen Stadt, im gleichen Staat wohnt

Mit|ei|gen|tü|mer ⟨m.5⟩ jmd., der mit anderen zusammen Eigentümer einer Sache ist

mit|ein|an|der ⟨Adv.⟩ gemeinsam, zusammen

mit|eins ⟨Adv.; schweiz.⟩ plötzlich

Mit|es|ser ⟨m.5⟩ Anhäufung von Talg- und Hornzellen im Ausführungsgang der Haarbalgdrüse; Syn. Komedo

Mit|fah|rer ⟨m.5⟩ jmd., der mit anderen zusammen in einem Fahrzeug fährt

mit|füh|len ⟨V.1, hat mitgefühlt; mit Akk.⟩ etwas m. etwas mit jmdm. fühlen; jmds. Leid, Kummer, Sorge m.; „...!" sagte sie ~d; sie ist sehr ~

mit|füh|ren ⟨V.1, hat mitgeführt; mit Akk.⟩ 1 bei sich haben, tragen; führen Sie zollpflichtige Waren mit?; den Paß m. 2 ⟨bei fließenden Gewässern⟩ transportieren; der Fluß führte nach dem Sturm viel Geröll mit

mit|ge|ben ⟨V.45, hat mitgegeben; mit Dat. und Akk.⟩ 1 jmdm. etwas m. a zum Verbrauch für unterwegs geben; jmdm. Proviant m. b als Richtschnur, als Ermunterung mitteilen, sagen; jmdm. einen guten Rat (auf seinen Lebensweg) m.; jmdm. ein freundliches Wort beim Abschied m. c zum Besorgen, Abliefern geben; jmdm. einen Brief m. 2 jmdm. jmdn. von jmdm. begleiten lassen; ich gebe Ihnen den Jungen mit, der Ihnen den Weg zeigen wird; ich gebe dir den Hund als Bewacher, als Schutz mit

Mit|ge|fühl ⟨n., -s, nur Sg.⟩ *Gefühl, Verständnis für die Empfindungen anderer*

mit|ge|hen ⟨V.47, ist mitgegangen; o.Obj.⟩ **1** *mit jmdm. zusammen gehen;* willst du m.?; ich kann heute leider nicht m.; einen Gegenstand, Geld m. heißen ⟨übertr.⟩ *heimlich mitnehmen, stehlen;* mitgegangen, mitgefangen, mitgehangen *wer sich an einer Straftat beteiligt oder wer bei einer Straftat dabei ist, muß auch die Folgen mittragen* **2** *Anteil nehmen, interessiert zuhören, zuschauen;* die Zuhörer gingen aufmerksam, begeistert mit; im Unterricht m. *sich am Unterricht beteiligen*

Mit|gift ⟨f.10⟩ *Aussteuer, Heiratsgut der Braut*

Mit|gift|jä|ger ⟨m.5⟩ *jmd., der sich nur wegen der Mitgift um ein Mädchen bewirbt*

Mit|glied ⟨n.3⟩ **1** *jmd., der einer Familie, Organisation, Partei usw. angehört* (Familien~, Partei~); der Beschluß aller ~er; aktives, passives M.; M. werden **2** *Angehöriger einer Regierung,* M. des Bundestags ⟨Abk.: MdB, M.d.B.⟩; M. des Landtags ⟨Abk.: MdL, M.d.L.⟩

Mit|glied(s)|staat ⟨m.12⟩ *Staat, der mit anderen zusammen einer überstaatlichen Organisation angehört*

mit|ha|ben ⟨V.60, hat mitgehabt; mit Akk.⟩ *bei sich haben, mitgenommen haben;* hast du Geld, einen Schirm mit?

mit|hal|ten ⟨V.61, hat mitgehalten; o.Obj.⟩ **1** *sich beteiligen, mitmachen, mitessen;* bei den Spielen hielt er eifrig mit; wir sind gerade beim Essen, wollen sie m.? **2** *den Anforderungen gewachsen sein;* er kann bei den anstrengenden Übungen nicht m.; er kann mit Leichtigkeit m.

Mit|her|aus|ge|ber ⟨m.5⟩ *jmd., der mit anderen zusammen etwas herausgibt (Buch, wissenschaftliches Werk, Zeitschrift)*

mit|hin ⟨Adv.⟩ *somit, demnach*

mit|hö|ren ⟨V.1, hat mitgehört; mit Akk.⟩ *gleichzeitig hören, (zufällig oder absichtlich) Ohrenzeuge sein;* komm herein, dann kannst du die Schallplatte m.; euer Streit war so laut, daß man ihn nebenan m. konnte; wir hatten nicht gemerkt, daß jemand unser Gespräch mitgehört hatte

mit|kom|men ⟨V.71, ist mitgekommen; o.Obj.⟩ **1** *mit jmdm. kommen, auch kommen;* ich freue mich, daß Sie mitgekommen sind **2** *als Begleiter mitgehen;* kommst du mit? **3** *folgen können, Schritt halten;* bei diesem Tempo kann ich nicht mit **4** *den Anforderungen gewachsen sein;* er kommt in der Schule nicht, kommt in der Schule gut mit

mit|krie|gen ⟨V.1, hat mitgekriegt⟩ →*mitbekommen*

Mit|läu|fer ⟨m.5⟩ *jmd., der bei einer Sache dabei ist, ohne aktiv zu werden*

Mit|laut ⟨m.1⟩ →*Konsonant;* vgl. *Selbstlaut*

Mit|leid ⟨n., -s, nur Sg.⟩ *Anteilnahme am Leid anderer (meist verbunden mit dem Willen zu helfen);* kein M. kennen *unbarmherzig sein*

mit|lei|den ⟨V.77, hat mitgelitten; mit Akk. oder o.Obj.⟩ *(etwas) m. mit einem anderen aus Mitgefühl leiden;* jmds. Kummer m.; die Mutter hat bei der Krankheit des Kindes mitgelitten

Mit|lei|den|schaft ⟨f.; nur in der Wendung⟩ etwas in M. ziehen *etwas mit beeinträchtigen, mit schädigen*

mit|lei|dig ⟨Adj.⟩ *Anteil am Leid anderer nehmend*

mit|leid(s)|los ⟨Adj., ~er, am mitleid(s)losesten⟩ *ohne Mitleid, unbarmherzig* **Mit|leid(s)|lo|sig|keit** ⟨f., -, nur Sg.⟩

mit|ma|chen ⟨V.1, hat mitgemacht⟩ **I** ⟨mit Akk.⟩ etwas m. **1** *mit anderen zusammen machen, sich an etwas beteiligen;* ein Spiel m.; einen Lehrgang m.; diese Gemeinheit mache ich nicht mit **2** ⟨mit unbestimmtem Obj. „es"⟩ er wird's nicht mehr lange m. ⟨derb⟩ er wird bald sterben **II** ⟨o.Obj.⟩ **1** *sich beteiligen;* komm, mach mit!; laßt ihn doch m.!; bei einer Aufführung, einem Diebstahl m. **2** ⟨ugs.⟩ *funktionieren, gebrauchsfähig sein;* der Apparat macht nicht mehr mit, macht jetzt wieder mit; seine alten Knochen machen nicht mehr mit

Mit|mensch ⟨m.10⟩ *Mensch in seinem Verhältnis zu den anderen Menschen;* Rücksicht auf seine ~en

mit|mi|schen ⟨V.1, hat mitgemischt; o.Obj.; ugs.⟩ *sich beteiligen, mitbestimmen;* er will auch m.

mit|neh|men ⟨V.88, hat mitgenommen; mit Akk.⟩ **1** *etwas m.* **a** *nehmen und forttragen;* einen Apfel für unterwegs m.; das ist doch nicht einfach m.! **b** *einen inneren Gewinn von etwas haben;* von solchen Abenden, Vorträgen nimmt man immer etwas mit **c** ⟨ugs.⟩ *nebenbei besichtigen;* bei unserem Rundgang haben wir auch die Kirche mitgenommen **d** ⟨ugs.⟩ *versehentlich beim Fahren oder Gehen beschädigen, durch langen, häufigen Gebrauch beschädigen, abnutzen;* er hat beim Hinausfahren das halbe Tor mitgenommen; die Möbel sehen schon etwas mitgenommen aus **2** *jmdn., ein Tier m. mitkommen lassen, mitfahren lassen;* das Kind können wir heute nicht m.; den Hund in den Urlaub m.; jmdn. im Auto m. **3** *jmdn. m.* ⟨übertr.⟩ *zu sehr beanspruchen, erschöpfen;* er sieht nach seiner Krankheit, durch die viele Arbeit etwas mitgenommen aus

Mit|neh|mer ⟨m.5⟩ *Maschinenteil, das beim Drehen eines anderen oder ein Werkstück ebenfalls in Drehbewegung versetzt*

mit|nich|ten ⟨Adv.⟩ *keineswegs, durchaus nicht*

Mi|to|se ⟨f.11⟩ *indirekte Teilung des Zellkerns unter Wahrung der Chromosomenzahlen* [< griech. *mitos* „Faden, Schlinge"]

mi|to|tisch ⟨Adj., o.Steig.⟩ *auf Mitose beruhend*

Mi|tra ⟨f., -, -tren⟩ **1** *altgriechische Stirnbinde* **2** *Kopfbedeckung altorientalischer Herrscher* **3** *Kopfbedeckung kath. Würdenträger aus zwei hohen, oben spitz zusammenlaufenden Teilen;* Syn. *Bischofsmütze* [lat., „Stirnbinde"]

Mi|trail|leu|se ⟨[mitrajøzə] f.11⟩ *französisches Salvengeschütz, Vorläufer des Maschinengewehrs* [frz., zu *mitraille* „zerhacktes Eisen, Eisen- oder Bleistücke, Kleingeld", zu altfrz. *mite* „kleine Münze"]

mit|re|den ⟨V.2, hat mitgeredet; o.Obj.⟩ *zu einem Gespräch etwas beitragen;* Syn. *mitsprechen;* er will auch m.; laß doch hier m.!; du kannst gar nicht m. *du kannst das nicht beurteilen*

mit|rei|ßen ⟨V.96, hat mitgerissen; mit Akk.⟩ **1** *etwas m. heftig erfassen und forttragen;* der Fluß hat beim Hochwasser die Brücke mitgerissen **2** *jmdn. m. begeistern;* der Vortrag, der Redner riß die Zuhörer mit; eine ~de Schilderung

mit|sam|men ⟨Adv.⟩ *zusammen, gemeinsam;* m. einen Ausflug machen

mit|samt ⟨Präp. mit Dat.⟩ *mit allem, allen mit;* m. seiner Familie; m. Zubehör

mit|schnei|den ⟨V.125, hat mitgeschnitten; mit Akk.⟩ *auf Tonband, Magnetband aufnehmen;* eine Radiosendung, einen Fernsehfilm, eine Diskussion m.

Mit|schuld ⟨f., -, nur Sg.⟩ *Anteil an einer Schuld;* ihn traf keine M.

Mit|schü|ler ⟨m.5⟩ *Schüler, der mit anderen die gleiche Klasse oder Schule besucht*

mit|schwin|gen ⟨V.134, hat mitgeschwungen; o.Obj.⟩ **1** *gleichzeitig schwingen;* ~der Oberton **2** *gleichzeitig fühlbar sein, zum Ausdruck kommen;* in seinen Worten schwang ein Ton der Anerkennung, der Verachtung mit

mit|spie|len ⟨V.1, hat mitgespielt⟩ **I** ⟨o.Obj.⟩ **1** *mit anderen gemeinsam spielen;* laßt ihn m.!; bei einem Spiel m.; in einem Theaterstück m. **2** *von Bedeutung sein, wichtig sein;* Syn. *mitsprechen;* dabei spielt auch der Gedanke mit, daß ...; dabei spielen folgende Gründe mit **II** ⟨mit Dat.⟩ jmdm. m. *jmdn. (schlecht) behandeln;* sie haben ihm hart, grausam, übel mitgespielt

Mit|spra|che ⟨f., -, nur Sg.⟩ *Beteiligung an Entscheidungen;* M., das Recht zur M. fordern

Mit|spra|che|recht ⟨n., -(e)s, nur Sg.⟩ *Recht auf Beteiligung an Entscheidungen*

mit|spre|chen ⟨V.146, hat mitgesprochen⟩ **1** →*mitreden* **2** →*mitspielen* (I,2) **3** →*mitbestimmen;* bei einer Sache m.

Mit|strei|ter ⟨m.5⟩ *jmd., der mit anderen zusammen für eine Sache eintritt*

mit|tag ⟨Adv.⟩ *zur Mittagszeit;* heute, gestern, morgen m.

Mit|tag ⟨m.1⟩ **1** ⟨†⟩ *Süden;* die Sonne steht hoch im M. **2** *Mitte des Tages, Zeit des höchsten Sonnenstands;* es ist M.; M. machen ⟨ugs.⟩ *Mittagspause machen;* es schlägt M. *es schlägt 12 Uhr;* zu M. essen *das Mittagessen einnehmen* **3** ⟨landsch.⟩ *Nachmittag*

Mit|tag|brot ⟨n., -(e)s, nur Sg.; landsch.⟩ *Mittagsmahlzeit*

mit|tag|es|sen ⟨V.31, hat mittaggegessen; o.Obj.; nur im Infinitiv und Perf.⟩ *zu Mittag essen;* wir wollen um ein Uhr m.

mit|tä|gig ⟨Adj., o.Steig.⟩ *am Mittag, in der Mittagszeit stattfindend*

mit|täg|lich ⟨Adj., o.Steig.⟩ *jeden Mittag stattfindend;* das ~e Mahl

mit|tags ⟨Adv.⟩ *zur Mittagszeit;* wir waren m. dort; ich bin m. immer dort anzutreffen

Mit|tags|blu|me ⟨f.11⟩ →*Eiskraut* [die Blätter öffnen sich nur bei Sonnenschein]

Mit|tags|gast ⟨m.2⟩ *Gast beim Mittagessen*

Mit|tags|kreis ⟨m.1⟩, **Mit|tags|li|nie** ⟨[-njə] f.11⟩ →*Meridian*

Mit|tags|mahl ⟨n.4; geh.⟩, **Mit|tags|mahl|zeit** ⟨f.10⟩ *Essen, das mittags eingenommen wird*

Mit|tags|pau|se ⟨f.11⟩ *zur Mittagszeit stattfindende Arbeitspause*

Mit|tags|zeit ⟨f., -, nur Sg.⟩ **1** *Zeit um Mittag;* während der M.; wir waren zur M. dort **2** *Mittagspause*

Mit|te ⟨f., -, nur Sg.⟩ **1** *Punkt, der von allen oder von beiden Seiten, von allen Begrenzungen, Enden gleich weit entfernt ist;* die M. des Kreises; M. Juli *um den 15. Juli;* die M. des Monats; er ist M. Fünfzig *er ist etwa 55 Jahre alt;* die goldene M. *ausgeglichene, zu bevorzugende Stellung zwischen Gegensätzen;* ab durch die M.! ⟨ugs.⟩ *weg mir dir!;* einer aus, in unserer M. *einer aus, in unserer Gemeinschaft* **2** *Partei, Gruppierung, die zwischen den Konservativen und den Sozialisten steht;* die bürgerliche M. **3** ⟨poet.⟩ *Taille;* er faßte sie um die M.

mit|tei|len ⟨V.1, hat mitgeteilt⟩ **I** ⟨mit Akk., meist mit Dat. und Akk.⟩ (jmdm.) etwas m. *(jmdm.) Nachricht von etwas geben, (jmdn.) etwas wissen lassen;* er hat m. lassen, daß er heute nicht mehr kommt; ich habe bereits mündlich, schriftlich mitgeteilt, daß ...; ich habe ihnen meine Ankunft mitgeteilt; bitte teilen Sie mir mit, ob ..., wann ... **II** ⟨refl.⟩ sich m. **1** ⟨jmdm. gegenüber⟩ *(jmdm.) sagen, was man auf dem Herzen hat, was einen beschäftigt;* sie kann sich nicht m.; sie teilt sich nicht jmdm. m. **2** *auf etwas, auf jmdn. ausstrahlen, Wirkung ausüben, sich auf etwas oder jmdn. übertragen;* der starke Duft des Flieders teilt sich dem ganzen Raum mit; die gespannte, fröhliche Stimmung teilte sich auch uns mit

mit|teil|sam ⟨Adj.⟩ *gern etwas mitteilend, redefreudig* **Mit|teil|sam|keit** ⟨f., -, nur Sg.⟩

Mit|tei|lung ⟨f.10⟩ *etwas, das mitgeteilt wird;*

Mitteilungsbedürfnis

jmdm. eine M. machen; amtliche, private M.; eine wichtige, dringende M.; briefliche, mündliche M.

Mit|tei|lungs|be|dürf|nis ⟨n., -nis|ses, nur Sg.⟩ *ständiges Bedürfnis, sich anderen mitzuteilen, Redefreudigkeit*

mit|tel ⟨Adv.; ugs.⟩ *nicht besonders gut und nicht besonders schlecht;* er ist in der Schule nur m.; es geht mir m.

Mit|tel ⟨n.5⟩ **1** *etwas, das dazu dient, ein Ziel zu erreichen;* M. und Wege suchen, finden *Möglichkeiten suchen, finden (um etwas zu erreichen);* ein M. anwenden; das äußerste, letzte M.; ihm ist jedes M. recht; er läßt kein M. unversucht; jmd. ist nur M. zum Zweck *jmd. wird für einen Zweck ausgenutzt* **2** ⟨†⟩ *mittlere, vermittelnde Stellung;* ⟨nur noch in den Wendungen⟩ sich ins M. legen *vermittelnd eingreifen, zwischen zwei streitenden Parteien vermitteln;* sich für jmdn. ins M. legen *sich für jmdn. einsetzen, jmdn. verteidigen* **3** *Arznei, Medikament;* jmdm. ein M. verschreiben; ein M. gegen Kopfschmerzen **4** ⟨Pl.⟩ *Kapital, Vermögen;* über genügend M. verfügen; nicht die M. zu etwas haben; ohne M. dastehen *völlig verarmt sein* **5** *mittlerer Wert, Durchschnitt;* die Temperatur ist hier im M. höher als in München; arithmetisches M. *Durchschnittswert*

Mit|tel|al|ter ⟨n., -s, nur Sg.⟩ **1** ⟨Abk.: MA⟩ *(in der europ. Kultur) Zeitraum zwischen Altertum und Neuzeit, von etwa 500 bis 1500* **2** ⟨ugs., scherzh.⟩ *Person(en) im mittleren Lebensalter;* er, sie ist schon M.; sie gehören zum M.

mit|tel|al|ter|lich ⟨Adj., o.Steig.⟩ **1** *zum Mittelalter gehörend, aus dem Mittelalter stammend* **2** ⟨ugs., scherzh.⟩ *im mittleren Lebensalter stehend;* eine ~e Dame; ein ~er Herr

mit|tel|bar ⟨Adj., o.Steig.⟩ *indirekt, unter Zuhilfenahme von Mitteln, auf dem Umweg über dazwischenstehende Dinge oder Personen;* ~e Beteiligung; ich bin daran nur m. beteiligt

Mit|tel|chen ⟨n.7; ugs., abwertend⟩ *laienhaft angewendetes oder nicht den ärztlichen Vorschriften entsprechendes Arzneimittel*

Mit|tel|deck ⟨n.9; auf Passagierschiffen⟩ *das mittlere von drei Hauptdecks*

mit|tel|deutsch ⟨Adj., o.Steig.⟩ **1** *aus Mitteldeutschland stammend, in Mitteldeutschland gelegen, dort gebräuchlich;* ~e Mundarten **2** ⟨im Sprachgebrauch der BRD⟩ *aus der DDR stammend, in der DDR gelegen*

Mit|tel|eu|ro|pä|er ⟨m.5⟩ *Einwohner des mittleren Raums von Europa (bes. Mitteldeutschlands, Österreichs, Liechtensteins und der Schweiz, auch Polens, der ČSSR und Ungarns)*

mit|tel|eu|ro|pä|isch ⟨Adj., o.Steig.⟩ *Mitteleuropa betreffend, zu ihm gehörig, aus ihm stammend;* ~e Zeit ⟨Abk.: MEZ⟩ *für Mitteleuropa festgelegte Zeit*

Mit|tel|fin|ger ⟨m.5⟩ *zwischen Zeige- und Ringfinger befindlicher, längster Finger*

mit|tel|fri|stig ⟨Adj., o.Steig.⟩ *zwischen lang- und kurzfristig gelegen;* ~e Finanzplanung

Mit|tel|fuß ⟨m.2⟩ *zwischen den Zehen und der Fußwurzel liegender Teil des Fußes*

Mit|tel|ge|bir|ge ⟨n.5⟩ *bis etwa 1000 m aufragendes Gebirge*

Mit|tel|ge|wicht ⟨n.1⟩ **1** ⟨nur Sg.; Schwerathletik⟩ *eine Gewichtsklasse (z.B. im Boxen bis 75 kg)* **2** *Sportler dieser Gewichtsklasse;* auch: *Mittelgewichtler*

Mit|tel|ge|wicht|ler ⟨m.5⟩ → *Mittelgewicht (2)*

mit|tel|groß ⟨Adj., o.Steig.⟩ *weder sehr groß noch sehr klein*

mit|tel|gut ⟨Adj., o.Steig.⟩ *weder besonders gut noch besonders schlecht*

Mit|tel|hand ⟨f.2⟩ **1** *mittlerer Teil der Hand* **2** ⟨bei großen Nutztieren, bes. Pferden⟩ *zwischen Vorder- und Hinterbeinen liegender Teil des Körpers*

mit|tel|hoch|deutsch ⟨Adj., o.Steig.⟩ ~e *Sprache die mittel- und oberdeutschen Mundarten von etwa 1100 bis etwa 1500*

Mit|tel|klas|se ⟨f.11⟩ *mittlere Güte- und Größenklasse (einer Ware);* ein Wagen der M.; der Wagen ist gute M. **2** → *Mittelstand*

mit|tel|län|disch ⟨Adj., o.Steig.⟩ → *mediterran;* Mittelländisches Meer

mit|tel|la|tei|nisch ⟨Adj., o.Steig.⟩ ~e *Sprache, M. das im Mittelalter übliche Latein*

Mit|tel|läu|fer ⟨m.5; Fußb., Handb.⟩ *im mittleren Teil des Feldes spielender Läufer*

Mit|tel|li|nie ⟨[-njə] f.11⟩ **1** ⟨Sport⟩ *Linie, die das Spielfeld in zwei gegnerische Hälften teilt* **2** *Linie in der Mitte, die Straßen in zwei Fahrbahnen teilt*

mit|tel|los ⟨Adj., o.Steig.⟩ *ohne geldliche Mittel, arm;* er steht völlig m. da **Mit|tel|lo|sig|keit** ⟨f., -, nur Sg.⟩

Mit|tel|maß ⟨n.1⟩ *mittleres Maß, Durchschnitt;* man kann, muß ein M. finden; seine Leistungen lassen stets im M.

mit|tel|mä|ßig ⟨Adj., o.Steig.⟩ *durchschnittlich, nicht besonders gut und nicht besonders schlecht;* seine Leistungen sind m. **Mit|tel|mä|ßig|keit** ⟨f., -, nur Sg.⟩

mit|tel|mee|risch ⟨Adj., o.Steig.⟩ → *mediterran*

Mit|tel|meer|kli|ma ⟨n., -s, nur Sg.⟩ *durch trockenheiße Sommer und milde, regenreiche Winter gekennzeichnetes Klima der Subtropen (bes. der Mittelmeerländer);* Syn. *Etesienklima*

mit|tel|nie|der|deutsch ⟨Adj., o.Steig.⟩ ~e *Sprache die in Niederdeutschland im Mittelalter übliche Sprache*

Mit|tel|ohr ⟨n.12⟩ *mittlerer Teil des Ohrs*

Mit|tel|ohr|ent|zün|dung ⟨f.10⟩ *Schleimhautentzündung der Paukenhöhle des Ohrs*

Mit|tel|punkt ⟨m.1⟩ **1** *Punkt, der von allen Begrenzungen gleich weit entfernt ist;* der M. des Kreises, der Strecke **2** *(geistiges) Zentrum;* die Stadt ist ein kultureller M.; er steht im M. des Interesses; sie will immer im M. stehen sie will immer die Aufmerksamkeit der anderen auf sich ziehen **3** *Person oder Sache, die das allgemeine Interesse auf sich zieht;* er war der M. des Fests; sie will immer der M. sein

mit|tels ⟨Präp. mit Gen.⟩ *mit Hilfe von, durch;* nur eines Drahts; (mit Dat., wenn der Gen. nicht erkennbar wäre) m. Drähten

Mit|tel|schei|tel ⟨m.5⟩ *auf der Kopfmitte liegender Scheitel;* Ggs. *Seitenscheitel*

Mit|tel|schiff ⟨n.1⟩ *mittleres (und meist auch größeres) Schiff einer mehrschiffigen Kirche*

Mit|tel|schmerz ⟨m.10⟩ *Unterleibsschmerz in der Mitte zwischen zwei Menstruationen*

Mit|tel|schu|le ⟨f.11⟩ **1** → *Realschule* **2** ⟨österr.⟩ *dreijährige Lehranstalt, die nach der achten Schulstufe besucht werden kann* **3** ⟨schweiz.⟩ *Gymnasium*

Mit|tels|mann ⟨m.4, Pl. auch -leu|te⟩ *Vermittler, Unterhändler;* Syn. *Mittelsperson*

Mit|tels|per|son ⟨f.10⟩ → *Mittelsmann*

mit|telst ⟨Präp.; †⟩ → *mittels*

Mit|tel|stand ⟨m.2⟩ *Schicht der Bevölkerung mit mittlerem Einkommen, mittleres Bürgertum;* Syn. *Mittelklasse*

mit|tel|stän|dig ⟨Adj., o.Steig.⟩ *in gleicher Höhe wie die übrigen Blütenorgane;* ~er Fruchtknoten

mit|tel|stän|disch ⟨Adj., o.Steig.⟩ *zum Mittelstand gehörig*

Mit|tel|stein|zeit ⟨f., -, nur Sg.⟩ *zwischen Alt- und Jungsteinzeit liegender Zeitraum (etwa 8000–5000 v. Chr.);* Syn. *Mesolithikum*

Mit|tel|strec|ke ⟨-k·k-; f.11; Leichtathletik⟩ *Strecke über 800, 1000 oder 1500 m*

Mit|tel|strec|ken|waf|fe ⟨-k·k-; f.11⟩ *Rakete mittlerer Reichweite*

Mit|tel|strei|fen ⟨m.7⟩ *Grünstreifen zwischen zwei Fahrbahnen*

Mit|tel|stür|mer ⟨m.5; bes. Fußb.⟩ *für das (gegnerische) Tor gefährlicher Spieler, der sich vor allem in der Mitte des Sturms aufhält*

Mit|tel|weg ⟨m.1⟩ **1** *Weg zwischen mehreren anderen, in der Mitte verlaufender Weg* **2** *Handlungsweise zwischen den Extremen;* den goldenen M. gehen *Extreme vermeiden*

Mit|tel|wel|le ⟨f.11; Abk.: MW⟩ **1** *Rundfunkwelle mit einer Länge zwischen 100 und 1000 m* **2** ⟨nur Sg.⟩ *Sender in diesem Bereich;* M. hören

Mit|tel|wert ⟨m.1⟩ **1** ⟨Phys.⟩ *(auf einer großen Anzahl statistischer Erscheinungen beruhender) tatsächlich meßbarer Wert (einer Größe)* **2** ⟨Math.⟩ *Durchschnittswert aus mehreren Zahlen* **3** ⟨allg.⟩ *in der Mitte liegender Wert (innerhalb einer Reihe von Meßwerten)*

Mit|tel|wort ⟨n.4⟩ → *Partizip*

mit|ten ⟨Adv.⟩ *in der Mitte, in die Mitte;* m. in der Nacht; m. ins Schwarze treffen; m. darin; m. darunter *zwischen den anderen*

mit|ten|drin ⟨Adv.⟩ **1** *in der Mitte;* m. liegen **2** *mitten in einer Tätigkeit;* m. aufhören

mit|ten|drun|ter ⟨Adv.⟩ *mitten darunter*

mit|ten|durch ⟨Adv.⟩ *durch die Mitte;* der Weg verläuft m.

mit|ten|mang ⟨Adv.; berlin.⟩ *mitten darunter, inmitten;* er saß m. der Kinder; und ich m.

Mit|ter|nacht ⟨f., -, nur Sg.⟩ **1** ⟨Norden⟩ *gen M. fahren* **2** *Mitte der Nacht, 24 Uhr;* M., gegen M. ankommen; die Uhr schlägt M.

mit|ter|nächt|ig ⟨Adj., o.Steig.⟩ *der Mitternacht gehörig, der Mitternacht gemäß;* ~e Stille

mit|ter|nächt|lich ⟨Adj., o.Steig.⟩ *um Mitternacht (stattfindend, geschehend);* zu ~er Stunde; ~es gespenstisches Treiben

mit|ter|nachts ⟨Adv.⟩ *um Mitternacht*

Mit|ter|nachts|son|ne ⟨f.11⟩ *Sonne, die jenseits der Polarkreise im Sommer auch mitternachts nie ganz untergeht*

Mitt|fa|sten ⟨nur Pl.⟩ *Mitte der Fastenzeit, Mittwoch vor dem Sonntag Lätare*

mit|tig ⟨Adj., o.Steig.⟩ *in der Mitte (liegend, wirkend);* ~er Druck; m. geteilt

Mitt|ler ⟨m.5⟩ *Vermittler*

mitt|le|re ⟨-r, -s⟩ ⟨Adj., o.Steig.⟩ **1** *in der Mitte befindlich;* die mittlere Türe **2** *(bezüglich der Größe, Ausdehnung, Zeitdauer, Wertigkeit) in der Mitte liegend;* im mittleren Alter; mittlerer Beamter *Beamter der mittleren Laufbahn;* von mittlerer Größe; mittlere Reife *Abschluß der schulischen Ausbildung nach 10 Schuljahren;* ein mittleres Unternehmen *ein mittelgroßes Unternehmen*

mitt|ler|wei|le ⟨Adv.⟩ *währenddessen, inzwischen*

mitt|schiffs ⟨Adv.⟩ *in der Mitte des Schiffs, zur Mitte des Schiffs hin*

Mitt|som|mer ⟨m.5⟩ *Mitte des Sommers, Zeit der Sommersonnenwende;* es ist M.; im M.

Mitt|som|mer|nacht ⟨f.2⟩ *Nacht im Mittsommer,* ⟨bes.⟩ *Nacht der Sommersonnenwende*

mitt|som|mers ⟨Adv.⟩ *zur Zeit der Sommersonnenwende*

mit|tun ⟨V.167, hat mitgetan; o.Obj.⟩ *mitmachen;* er möchte auch m.; dabei möchte ich nicht m.

Mitt|win|ter ⟨m.5⟩ *Mitte des Winters, Zeit der Wintersonnenwende;* im M.

mitt|win|ters ⟨Adv.⟩ *zur Zeit der Wintersonnenwende*

Mitt|woch ⟨m.1; Abk.: Mi⟩ *dritter Tag der Woche;* vgl. *Dienstag*

mit|un|ter ⟨Adv.⟩ *bisweilen, ab und zu*

mit|un|ter|schrei|ben ⟨V.127, hat mitunterschrieben; mit Akk.⟩ *mit einem anderen, mit anderen unterschreiben;* Syn. *mitunterzeichnen;* einen Brief, einen Aufruf m.

Modell

mit|un|ter|zeich|nen ⟨V.2, hat mitunterzeichnet⟩ →*mitunterschreiben*

mit|ver|ant|wort|lich ⟨Adj., o.Steig.⟩ *mit anderen zusammen verantwortlich;* er ist dafür m.

Mit|ver|ant|wor|tung ⟨f., -, nur Sg.⟩ *Verantwortung mit anderen zusammen*

Mit|welt ⟨f., -, nur Sg.⟩ *Gesamtheit der Mitmenschen, Zeitgenossen*

mit|wir|ken ⟨V.1, hat mitgewirkt; o.Obj.⟩ **1** *mitmachen, sich aktiv beteiligen;* an einem Werk, bei einem Theaterstück m. **2** *eine Rolle spielen, wirksam sein, Einfluß haben;* bei unserer Entscheidung haben folgende Überlegungen mitgewirkt **Mit|wir|kung** ⟨f., -, nur Sg.⟩

Mit|wis|sen ⟨n., -s, nur Sg.⟩ *Wissen, das jmd. mit anderen teilt;* ohne mein M. ohne daß ich es wußte

Mit|wis|ser ⟨m.5⟩ *jmd., der mit anderen zusammen von einer ungesetzlichen Handlung oder einem Geheimnis weiß;* einen M. haben; einen (unbequemen) M. beseitigen

Mit|wis|ser|schaft ⟨f., -, nur Sg.⟩ *Wissen um eine ungesetzliche Handlung oder ein Geheimnis, das jmd. mit anderen teilt*

mit|zäh|len ⟨V.1, hat mitgezählt⟩ **I** ⟨mit Akk.⟩ *etwas oder jmdn. in etwas auch zählen, beim Zählen berücksichtigen;* wir müssen auch die Kinder m.; wir sind, mich mitgezählt, sieben; mich dürft ihr nicht m. **II** ⟨o.Obj.⟩ *von Bedeutung sein, wichtig sein, eine Rolle spielen;* seine finanzielle Hilfe zählt ja auch mit; falsche Noten zählen jetzt nicht mit

mit|zie|hen ⟨V.187; o.Obj.⟩ **1** ⟨ist mitgezogen⟩ *mit anderen ziehen;* wir ziehen um, und der Hund zieht mit; als die Soldaten durch die Stadt marschierten, zogen die Kinder um die Strecke mit **2** ⟨hat mitgezogen; ugs.⟩ *mitmachen, sich beteiligen;* er hat den Plan ausgearbeitet, und sie zieht nun auch mit

Mix|be|cher ⟨m.5⟩ *Becher mit Deckel zum Mixen von Flüssigkeiten (bes. Getränken)*

Mixed ⟨[mɪkst] m., -(s), -(s)⟩ *Tennis, Badminton, Tischtennis*⟩ *gemischtes Doppel* [< engl. *mixed* „gemischt"]

Mixed grill ⟨[mɪkst -] m., - -(s), nur Sg.⟩ *Speise aus verschiedenen gegrillten Fleischstücken und Würstchen* [engl., „gemischter Grill"]

Mixed media ⟨[mɪkst miːdɪə] f., -, nur Sg.⟩ *künstlerische Veranstaltung, die verschiedene Medien (z.B. Tanz, Musik, Film, Theater) umfaßt* [engl.]

Mixed Pickles ⟨[mɪkst pɪklz] Pl.⟩ *in Essig eingelegtes, pikant gewürztes kleines Gemüse;* auch: Mixpickles, ⟨kurz⟩ Pickles [< engl. *mixed* „gemischt" und *pickles* „sauer eingelegtes Gemüse", zu *pickle* „Würzsoße", zu *to pickle* „pökeln, in Salz- oder Essigbrühe einlegen"]

mi|xen ⟨V.1, hat gemixt; mit Akk.⟩ *mischen;* einen Cocktail m. [< engl. *to mix* „mischen"]

Mi|xer ⟨m.5⟩ **1** *jmd., der Getränke mixt* (Bar~) **2** *elektrisches Küchengerät, das zerkleinert und zugleich mischt* **3** ⟨Film, Funk, Fernsehen⟩ *Tonmeister, der die Tonspuren von gesprochenem Text, Musik und Geräuschen auf einem Tonband vereinigt*

Mix|ge|tränk ⟨n.1⟩ *gemixtes Getränk*

Mix|pickles ⟨[-pɪklz] Pl.⟩ →*Mixed Pickles*

Mix|tum com|po|si|tum ⟨n., - -, Mixta -sita⟩ *Durcheinander, Gemisch* [lat., „gemischt Zusammengesetztes"]

Mix|tur ⟨f.10⟩ **1** *Gemisch,* (bes.) *Arzneimischung* **2** *Orgelregister, das einen Ton durch Oktave, Quinte, Terz, auch Septime verstärkt* [< lat. *mixtura* „Mischung", zu *miscere* „mischen"]

Mi|zell ⟨n.1⟩, **Mi|zel|le** ⟨f.11⟩ *dichte Molekülgruppe als kleinster Baustein pflanzlicher Strukturen (bes. von Zellwänden)* [< neulat. *micella* „Krümchen", Verkleinerungsform von lat. *mica* „Krümchen"]

mk ⟨Abk. für⟩ *Markka*

MKS-Sy|stem ⟨n., -s, nur Sg.⟩ *Meter-Kilogramm-Sekunden-System (internationales Maßsystem, das auf diesen Einheiten aufgebaut ist);* vgl. *CGS-System*

ml ⟨Zeichen für⟩ *Milliliter*

Mlle. ⟨Abk. für⟩ *Mademoiselle*

Mlles. ⟨Abk. für⟩ *Mesdemoiselles*

mm ⟨Zeichen für⟩ *Millimeter*

μm ⟨Zeichen für⟩ *Mikrometer*

mm^2 ⟨Zeichen für⟩ *Quadratmillimeter*

mm^3 ⟨Zeichen für⟩ *Kubikmillimeter*

MM. ⟨Abk. für⟩ *Messieurs*

m. m. ⟨Abk. für⟩ *mutatis mutandis*

Mme. ⟨Abk. für⟩ *Madame*

Mmes. ⟨Abk. für⟩ *Mesdames*

Mn ⟨chem. Zeichen für⟩ *Mangan*

Mne|me ⟨f., -, nur Sg.⟩ *Erinnerung, Gedächtnis* [griech.]

Mne|mo|nik, Mne|mo|tech|nik ⟨f., -, nur Sg.⟩ *Kunst, das Gedächtnis durch Lern- oder Gedächtnishilfen zu stärken, Gedächtniskunst* [< griech. *mneme* „Gedächtnis, Erinnerung" (und *Technik*)]

Mne|mo|tech|ni|ker ⟨m.5⟩ *jmd., der die Mnemotechnik beherrscht*

mne|mo|tech|nisch ⟨Adj., o.Steig.⟩ *zur Mnemotechnik gehörig, mit ihrer Hilfe*

Mo^1 ⟨Abk. für⟩ *Montag*

Mo^2 ⟨chem. Zeichen für⟩ *Molybdän*

MΩ ⟨Zeichen für⟩ *Megaohm*

Moa ⟨m.9⟩ *ausgestorbener, bis über 3 m hoher neuseeländischer Laufvogel* [Maori]

Mo|ar ⟨m.1⟩ *Leiter einer Moarschaft* [bayr. Form für *Meier*]

Mo|ar|schaft ⟨f.10; Eisschießen⟩ *(aus vier Spielern bestehende) Mannschaft*

Mob ⟨m., -s, nur Sg.⟩ *Pöbel, Gesindel* [< engl. *mob* in ders. Bed., verkürzt < lat. *mobile vulgus* „die leicht zu bewegende (wankelmütige, beeinflußbare) Masse des Volkes", zu *mobilis* „beweglich"]

Mö|bel ⟨n.5⟩ **1** *Einrichtungsgegenstand* (Sitz~, Liege~) **2** ⟨scherzh.⟩ *großer, unhandlicher Gegenstand* [< frz. *meuble* „Hausgerät, Einrichtungsgegenstand, bewegliche Habe", zu *mobile* „beweglich", →*mobil*]

mo|bil ⟨Adj., meist präd.; Ggs. *immobil* (1)⟩ **2** ⟨ugs.⟩ *gesund und munter, behende* **3** *einsatz-, kriegsbereit* [< frz. *mobile* „beweglich, kriegsbereit", < lat. *mobilis* (eigtl. *movibilis*) „beweglich", zu *movere* „bewegen"]

Mo|bi|le ⟨n.9⟩ *Gebilde aus an Fäden frei schwebend aufgehängten, bei Luftzug in leichte Bewegung geratenden, zarten kunstgewerblichen Gegenständen*

Mo|bi|li|ar ⟨n., -s, nur Sg.⟩ *Gesamtheit der Möbel, Hausrat*

Mo|bi|li|ar|ver|mö|gen ⟨n.7⟩ *bewegliches Vermögen*

Mo|bi|li|en ⟨Pl.⟩ *bewegliche Güter, beweglicher Besitz*

Mo|bi|li|sa|ti|on ⟨f., -, nur Sg.⟩ *das Mobilisieren (1,2,4);* M. von Gelenken

mo|bi|li|sie|ren ⟨V.3, hat mobilisiert; mit Akk.⟩ **1** *beweglich machen;* ein Gelenk m. **2** *in Bewegung setzen, zum Handeln bringen;* ein Volk m.; die Massen m.; dieser Gedanke mobilisierte alle meine Kräfte **3** ⟨ugs.⟩ *munter machen;* der Kaffee hat mich mobilisiert **4** *kriegs-, einsatzbereit machen;* Truppen, ein Land m. **5** *zu Bargeld machen;* Vermögen, Papiere m. **Mo|bi|li|sie|rung** ⟨f., -, nur Sg.⟩

Mo|bi|lis|mus ⟨m., -, nur Sg.; Geol.⟩ *Theorie, daß sich Teile der Erdkruste seitwärts bewegen*

Mo|bi|li|tät ⟨f., -, nur Sg.⟩ **1** *Beweglichkeit;* Ggs. *Immobilität* **2** ⟨Bevölkerungsstatistik⟩ *Häufigkeit des Wohnsitzwechsels*

mo|bil|ma|chen ⟨V.1, hat mobilgemacht⟩ **I** ⟨mit Akk.⟩ *in den Kriegszustand versetzen;* ein Land, Truppen m. **II** ⟨o.Obj.⟩ *anordnen, daß ein Land in den Kriegszustand versetzt wird;* die Regierung hat mobilgemacht

Mo|bil|ma|chung ⟨f., -, nur Sg.⟩

mö|blie|ren ⟨V.3, hat möbliert; mit Akk.⟩ *mit Möbeln ausstatten, mit Möbeln einrichten;* eine Wohnung m.; ein Zimmer möbliert vermieten [< frz. *meubler* in ders. Bed., zu *meuble* „Möbel"]

Moc|ca ⟨m.9⟩ →*Mokka*

Möch|te|gern... ⟨in Zus.⟩ *jmd., der etwas darstellen, vorstellen möchte, was er nicht kann,* Gerneroß..., z.B. Möchtegernpolitiker

Mocken ⟨-k|k-; m.7; schweiz.⟩ *dickes Stück, Brocken*

Mock|turtle|sup|pe ⟨[-tə:tl-] f.11⟩ *nachgeahmte Schildkrötensuppe aus Kalbsbrühe, Kalbfleisch, Champignons und Gewürzen* [zu engl. *mock* „nachgemacht, Schein..." (lautmalend) und *turtle* „Schildkröte"]

mod. ⟨Abk. für⟩ *moderato*

mo|dal ⟨Adj., o.Steig.⟩ **1** ⟨Gramm.⟩ *die Art und Weise bezeichnend* **2** ⟨allg.⟩ *durch die Verhältnisse bedingt*

Mo|da|lis|mus ⟨m., -, nur Sg.⟩ *frühchristliche Lehre, daß Christus nur eine Erscheinungsform Gottes sei*

Mo|da|li|tät ⟨f., -, nur Sg.⟩ *Art und Weise (eines Geschehens), Seinsweise, Wahrheitswert* [über frz. *modalité* „Art und Weise", < lat. *modus* „Maß, Art und Weise"]

Mo|dal|no|ta|ti|on ⟨f.10⟩ *Notenschrift des 13. Jahrhunderts mit Festlegung des Rhythmus;* vgl. *Choralnotation, Mensuralnotation*

Mo|dal|verb ⟨n.12⟩ *Verb, das ein durch ein anderes Verb ausgedrücktes Geschehen näher bestimmt (z.B.* können, dürfen, wollen, sollen, müssen*)*

Mod|der ⟨m., -s, nur Sg.; norddt.⟩ *Morast, Schlamm*

mod|de|rig, modd|rig ⟨Adj.; norddt.⟩ *schlammig, morastig*

Mo|de ⟨f.11⟩ **1** *Sitte, Brauch (sich zu kleiden und zu frisieren);* die M. der Biedermeiers; sich nach der M. kleiden; etwas in M. bringen; mit der M. gehen *sich stets modisch kleiden und frisieren;* enge Röcke sind jetzt M., sind jetzt die große M. **2** *Gewohnheit, Brauch;* das sind ja ganz neue ~n! ⟨ugs.⟩; wir wollen keine neuen ~n einführen; es ist heute M., sich so zu benehmen **3** *moderne, elegante Kleidung* (Damen~, Herren~); die neuesten ~n vorführen [< frz. *mode* „Art und Weise, Geschmack, Sitte, Mode", < lat. *modus* „Maß, Art und Weise"]

Mo|de|de|si|gner ⟨[-zainər] m.5⟩ *jmd., der Modelle für modische Kleidung entwirft und beurteilt;* Syn. *Modezeichner*

Mo|de|ge|schäft ⟨n.1⟩ →*Mode(n)geschäft*

Mo|de|haus ⟨n.4⟩ →*Mode(n)haus*

Mo|de|krank|heit ⟨f.10⟩ *verbreitet auftretende Krankheit mit unklaren Symptomen und Ursachen*

Mo|del ⟨m.14⟩ **1** *antike Maßeinheit zur Berechnung architektonischer Verhältnisse, unterer Halbmesser einer Säule;* auch: *Modul* **2** *geschnitzte Hohlform für Gebäck, Knetwaren u.a.* **3** *geschnitzte, erhabene Form für Tapeten-, Textildruck u.a.* [< lat. *modulus* „Maß, Grundeinheit zur Berechnung architektonischer Verhältnisse", Verkleinerungsform von *modus* „Maß"]

Mo|dell ⟨n.1⟩ **1** *Vorbild, Muster, Urform* **2** *Entwurf oder verkleinerte Nachbildung (eines Bauwerks, einer Plastik u.a.)* **3** *Form aus Holz, Gips oder Metall zur Herstellung der Gußform* **4** *vereinfachende, nur die wesentlichen Züge enthaltende Vorstellung* (Denk~, Atom~) **5** *nur einmal hergestelltes Kleidungsstück* **6** *Person oder Gegenstand als Vorbild für Maler, Bildhauer oder Fotografen;* jmdm. M. sitzen, stehen **7** *Mannequin, Vorführdame für Moden* **8** ⟨in Zeitungsanzeigen⟩ *Prostituierte* [< ital. *modello* in ders. Bed., über vulgärlat. **modellus* < lat. *modulus* „Maß", Verkleinerungsform von *modus* „Maß"]

Modelleisenbahn

Mo|dell|ei|sen|bahn ⟨f.10⟩ maßstabgetreu verkleinerte Nachbildung einer Eisenbahn und Eisenbahnanlage

Mo|del|leur ⟨[-lør] m.1⟩ jmd., der berufsmäßig Modelle entwirft; auch: *Modellierer*; Syn. *Musterformer* [mit frz. Endung zu *modellieren*]

mo|del|lie|ren ⟨V.3, hat modelliert; mit Akk.⟩ *in Ton oder Wachs formen*

Mo|del|lie|rer ⟨m.5⟩ → *Modelleur*

Mo|dell|kleid ⟨n.3⟩ nur einmal angefertigtes Kleid

mo|deln ⟨V.1, hat gemodelt⟩ I ⟨mit Akk.⟩ *in eine Form bringen, gestalten*; er modelt alles nach seinem eigenen Kopf II ⟨mit Präp.obj.⟩ an etwas m. *hier und da etwas an etwas ändern*; er modelt immer noch, immer wieder an seiner Eisenbahn

Mo|de|narr ⟨m.10⟩ jmd., der übertriebenen Wert darauf legt, stets nach der neuesten Mode gekleidet und frisiert zu sein

Mo|de(n)|ge|schäft ⟨n.1⟩ Geschäft für elegante Damenkleidung

Mo|de(n)|haus ⟨n.4⟩ großes Geschäft für Damenkleidung

Mo|den|schau ⟨f.10⟩ Veranstaltung, bei der Kleidung der neuesten Mode vorgeführt wird

Mo|den|zeit|schrift ⟨f.10⟩ Zeitschrift mit Bildern von Kleidung der neuesten Mode; auch: *Modezeitschrift*

Mo|de|pup|pe ⟨f.11⟩ weibliche Person, die übertrieben viel Wert darauf legt, stets nach der neuesten Mode gekleidet und frisiert zu sein

Mo|der ⟨m., -s, nur Sg.⟩ Fäulnis, Verwesung

mo|de|rat ⟨Adj., ~er, am moderatesten; geh.⟩ maßvoll, gemäßigt; seine politische Haltung ist schon m.; sich m. zeigen

Mo|de|ra|ti|on ⟨f.10⟩ Tätigkeit des Moderators (3)

mo|de|ra|to ⟨Abk.: mod.; Mus.⟩ *mäßig bewegt* [ital., zu *moderare* „zügeln, mäßigen", → *moderieren*]

Mo|de|ra|tor ⟨m.13⟩ 1 Stoff zum Bremsen der Geschwindigkeit von atomspaltenden Neutronen im Kernreaktor 2 Diskussionsleiter (z.B. im Fernsehen) 3 durch eine Rundfunksendung führender Sprecher 4 Leiter einer kirchlichen Behörde oder eines beratenden Gremiums [< lat. *moderator* „jmd., der ein Maß setzt, Lenker", zu *moderari*, → *moderieren*]

Mo|der|hin|ke ⟨f., -, nur Sg.⟩ ansteckende Klauenentzündung (bes. bei Schafen) [die Krankheit tritt bei modrigem Boden auf und führt zu Lahmheit]

mo|de|rie|ren ⟨V.3, hat moderiert; mit Akk.⟩ 1 ⟨†⟩ *mäßigen, einschränken, beschränken*; seine Ansprüche m. 2 *eine Radio-, Fernsehsendung m. die einleitenden und verbindenden, erklärenden Worte in einer Sendung sprechen* [< lat. *moderari* „zügeln, mäßigen, in Schranken, im Zaum halten", zu *modus* „Maß"]

mo|de|rig ⟨Adj.⟩ faulig-feucht, wie Moder, nach Moder riechend; auch: *modrig*; ~e Luft; m. riechen

Mo|der|lies|chen ⟨n.7⟩ kleiner Karpfenfisch [entweder zu *Moder* „Schlammerde", da er stehende oder wenig bewegte Gewässer bevorzugt, oder < norddt. *Mutterloseken* „mutterloses (Tier)", da man früher glaubte, der Fisch sei von selbst aus dem Schlamm hervorgegangen]

mo|dern ⟨V.1, hat oder ist gemodert; o.Obj.⟩ *in Moder übergehen*; Laub modert; im Keller m. Bücher ⟨übertr., ugs.⟩ *im Keller liegen unbeachtet, vergessen Bücher*

mo|dern ⟨Adj.⟩ 1 *der Mode, dem Zeitgeschmack entsprechend*; ~e Kleidung; eine m. eingerichtete Wohnung 2 *der Entwicklung, den Auffassungen der Gegenwart entsprechend*; die ~ Technik, Medizin; ~e Musik; ~e Ansichten haben; ein Mensch; das ist (nicht mehr) m. [< spätlat. *modernus* „neu", zu lat. *modo* „soeben, gerade, jetzt", Adv. zur Begrenzung der Zeit auf die Gegenwart, gleichsam auf das Maß des Augenblicks, zu *modus* „Maß"]

Mo|der|ne ⟨f., -, nur Sg.⟩ 1 ⟨urspr. Bez. für den⟩ *Naturalismus* 2 ⟨allg.⟩ *die heutige Zeit* 3 *moderne Richtung (in Kunst, Literatur, Musik)*

mo|der|ni|sie|ren ⟨V.3, hat modernisiert; mit Akk.⟩ *der Mode, dem Zeitgeschmack entsprechend ändern*; ein Wohnhaus m.; ein Theaterstück m. **Mo|der|ni|sie|rung** ⟨f.10⟩

Mo|der|nis|mus ⟨m., -, nur Sg.⟩ 1 *Streben nach dem Modernen, Bejahung des Modernen* 2 *liberale, wissenschaftlich-kritische, von Papst Pius X. verurteilte Richtung innerhalb der kath. Kirche*

Mo|der|nist ⟨m.10⟩ *Anhänger des Modernismus*

mo|der|nis|tisch ⟨Adj., o.Steig.⟩ *zum Modernismus gehörig*

Mo|der|ni|tät ⟨f., -, nur Sg.⟩ *moderne Beschaffenheit*

Mo|dern Jazz ⟨[mɔdən dʒɛs] m., - -, nur Sg.⟩ *Sammelbez. für die nach dem Swing seit 1940 entwickelten Jazzstile*

Mo|de|sa|lon ⟨m. [-lɔ̃] m.9⟩ *Geschäft, in dem elegante Damenbekleidung verkauft oder angefertigt wird*

Mo|de|schmuck ⟨m., -(e)s, nur Sg.⟩ *modischer, nicht wertvoller Schmuck*

Mo|de|schöp|fer ⟨m.5⟩ *jmd., der die Mode durch neue Entwürfe von Kleidung lenkt oder beeinflußt*

Mo|de|schöp|fung ⟨f.10⟩ *Entwurf für ein Kleidungsstück der neuesten Mode, für die neueste Mode hergestelltes Kleidungsstück*; die neuesten ~en vorführen

mo|dest ⟨Adj., ~er, am modestesten; †⟩ *bescheiden, maßvoll* [< lat. *modestus* „mäßig, Maß haltend, bescheiden", zu *modus* „Maß"]

Mo|de|tor|heit ⟨f.10⟩ *etwas übertrieben, lächerlich Modisches*

Mo|de|zeich|ner ⟨m.5; ältere Bez. für⟩ → *Modedesigner*

Mo|de|zeit|schrift ⟨f.10⟩ → *Modenzeitschrift*

Mo|di ⟨Pl. von⟩ *Modus*

Mo|di|fi|ka|ti|on ⟨f.10⟩ 1 *Veränderung, Umgestaltung* 2 ⟨Biol.⟩ *durch äußere Einflüsse hervorgerufene, nicht erbliche Veränderung (von Lebewesen)* 3 ⟨Pl.; Chem.⟩ ~en *Erscheinungsformen eines Stoffes mit gleichen chemischen, aber unterschiedlichen physikalischen Eigenschaften* [zu *modifizieren*]

Mo|di|fi|ka|tor ⟨m.13⟩ *etwas, das etwas anderes modifiziert*

mo|di|fi|zie|ren ⟨V.3, hat modifiziert; mit Akk.⟩ *verändern, umgestalten*; ein Programm, einen Arbeitsablauf m.; er hat seine Meinung dahin gehend modifiziert, daß ... [< lat. *modificare* „abmessen, ein Maß setzen", zu *modus* „Maß, Art und Weise" und *...ficare* (in Zus. für *facere*) „machen", eigtl. also „auf eine bestimmte Weise zurichten"] **Mo|di|fi|zie|rung** ⟨f.10⟩

mo|disch ⟨Adj.⟩ *der herrschenden Mode entsprechend, ihr gemäß*; ~e Kleidung; sich m. kleiden

Mo|dist ⟨m.10; †⟩ *Modewarenhändler*

Mo|dis|tin ⟨f.10⟩ → *Putzmacherin*

mod|rig ⟨Adj.⟩ → *moderig*

Mo|dul ⟨[mo-] m.14⟩ 1 → *Model (1)* 2 *eine Materialkonstante* 3 *Absolutbetrag einer komplexen Zahl* 4 ⟨bei Zahnrädern⟩ *Divisor aus Durchmesser und Zähnezahl* II ⟨[-dul] n.1; Elektr.⟩ *leicht austauschbare, aus vielen kleinen elektronischen Bauteilen zusammengesetzte Einheit* [< lat. *modulus* „Maß", Verkleinerungsform von *modus*, → *Modus*]

Mo|du|la|ti|on ⟨f.10⟩ 1 a *Übergang in eine andere Tonart* b *Abstufung des Tons und der Klangfarbe* 2 ⟨Phys.⟩ *Veränderung der Merkmale (Phase, Frequenz) einer hochfrequenten Trägerschwingung durch eine niederfrequente Schwingung, in der Nachrichtentechnik zur Übertragung elektromagnetischer Wellen angewandt* [zu *modulieren*]

mo|du|lie|ren ⟨V.3, hat moduliert; o.Obj.⟩ 1 *von einer Tonart in die andere überleiten oder übergehen*; der Organist, die Melodie modulierte von D-Dur nach h-Moll 2 *abwandeln, verändern*; den Ton eines Geräts m.; den Klang seiner Stimme m. 3 *einer Modulation (2) unterwerfen* [< lat. *modulari* „abmessen, einrichten, regeln; taktgemäß singen oder spielen", zu *modulus* „Maß, Takt, Tonart, Melodie", zu *modus* „Maß"]

Mo|dus ⟨m., -, -di⟩ 1 *Art und Weise, Form (eines Geschehens)* 2 *Form des Verbs, die die Art einer Aussage angibt, Indikativ, Konjunktiv, Imperativ* 3 ⟨Mus.⟩ *Aussageweise* 4 *Weise, Melodie, nach der verschiedene Lieder gesungen werden können* 4 *Kirchentonart* [< lat. *modus* „Art und Weise"]

Mo|dus pro|ce|den|di ⟨m., - -, -di -⟩ *Verfahrensweise* [lat., „Art des Vorgehens"]

Mo|dus vi|ven|di ⟨m., - -, -di -⟩ *erträgliche Form des Zusammenlebens*; wir müssen einen M. v. finden [lat., „Art des Lebens"]

Mo|fa ⟨n.9⟩ *leichtes Motorrad mit Merkmalen des Fahrrads und 40 km/h Höchstgeschwindigkeit* [Kurzw. < *Motorfahrrad*]

Mo|fet|te ⟨f.11⟩ *Ausströmungsstelle von Kohlendioxid in vulkanischem Gebiet* [< ital. *mofeta* in ders. Bed., mundartl. Ableitung von lat. *mefitis, mephitis* „schädliche Ausdünstung der Erde", → *mefitisch*]

mo|geln ⟨V.1, hat gemogelt; o.Obj.; ugs.⟩ *(beim Spiel) leicht betrügen*; Syn. *schummeln* [Herkunft unsicher, entweder < hebr. *mogal* „mit der Sichel schneiden", einer Bez., die dann auch für das heimliche Be- und Einschneiden der Spielkarten verwendet wurde, oder < rotw. *maulechen, molichen* „heimlich transportieren oder wegbringen, schmuggeln" oder < dt. mundartl. *mauchelin* „heimlich und hinterlistig handeln, betrügen"]

mö|gen ⟨V.86⟩ I ⟨als Modalverb mit Verben; hat mögen⟩ 1 *den Wunsch haben (etwas zu tun)*; ich möchte mitfahren; ich möchte wissen, warum er ...; ich möchte betonen, daß ...; ich möchte nach Hause (gehen); das hätte ich sehen, hören m.; ⟨in fragenden und verneinenden Sätzen auch „mag(st)"⟩ möchtest du, magst du mitkommen?; ich möchte es nicht, mag es nicht hören; ich möchte nicht! ⟨das Verb ist aus dem Zusammenhang zu ergänzen⟩; möge es so bleiben 2 *können*; man möchte meinen, daß er jeden versteht; mag sein! *kurz für* es kann ja sein; du magst schon recht haben *möglicherweise hast du recht*; woher mag das kommen? II ⟨als Vollverb mit Akk.; hat gemocht⟩ 1 *gern essen oder trinken*; er mag kein Fleisch, er mag lieber Gemüse; ich habe Fisch nie gemocht 2 *gern haben wollen*; ich möchte noch etwas Wein; ⟨in fragenden und verneinenden Sätzen auch „mag(st)"⟩ möchtest du, magst du noch etwas Wein?; danke, ich möchte, ich mag keine Nachspeise 3 *leiden können, schätzen, lieben*; er mag Katzen (nicht); ich mag Kinder (gern); ich mag solche Fragen, Bemerkungen nicht; ich mag es nicht, wenn man ...; ich habe ihn immer, nie gemocht

mög|lich ⟨Adj.⟩ 1 *so beschaffen, daß es verwirklicht werden kann, ausführbar, erreichbar*; es ist sehr gut m., daß ich komme; es war mir nicht m.; er machte es mir m. und ermöglichte es; so schnell wie m. *so schnell, wie sich durchführen läßt*; alles ~e *viele verschiedene Dinge, verschiedenerlei*; es gibt dort alles ~e zu sehen; ⟨aber⟩ er hat alles Mögliche versucht *alles, was möglich war*; im Rahmen des Möglichen 2 *so beschaffen, daß es vielleicht eintritt, denkbar*; es wäre m., daß er sich anders überlegt; es ist gut, kaum leicht

monarchisch

m.; das ist schon m. *das kann schon sein*; m.! *vielleicht!*

mög|li|chen|falls ⟨Adv.⟩ *falls es möglich ist;* m. kannst du auch bei uns übernachten

mög|li|cher|wei|se ⟨Adv.⟩ *vielleicht, unter Umständen;* m. kommt er schon heute

Mög|lich|keit ⟨f.10⟩ **1** *das Möglichsein, möglicher Weg;* die M. eines ewigen Friedens; eine M. bezweifeln; es gibt verschiedene, mehrere ~en **2** *Gelegenheit, Chance;* jmdm. die M. geben, etwas zu tun; eine M. ungenutzt verstreichen lassen; eine M. ausnutzen; die letzte M. wahrnehmen; von einer M. Gebrauch machen **3** ⟨Pl.⟩ ~en *finanzielle Mittel;* dieser Kauf übersteigt seine ~en **4** ⟨Pl.⟩ ~en *Fähigkeiten;* seine körperlichen, geistigen ~en nutzen

Mög|lich|keits|form ⟨f.10⟩ → *Konjunktiv*

mög|lichst ⟨Adv.⟩ *wenn es möglich ist, soweit es möglich ist;* etwas m. vermeiden; m. in drei Tagen

Mo|gul ⟨auch [-gul] m.14⟩ *Angehöriger eines mohammedanischen Herrscherhauses in Indien* [pers.]

Mo|hair ⟨[-hɛr] m.9 oder n.9⟩ *auch: Mohär* **1** *Haar der Angoraziege* **2** *daraus hergestellter, haariger Wollstoff* [über engl. *mohair* < frz. *moire,* älterem *mouaire* < arab. *muḥaiyar* „Stoff aus Ziegenhaar", wörtlich „Ausgewähltes", also „ausgewählte, ausgekämmte Wollfäden"]

Mo|ham|me|da|ner ⟨m.5⟩ → *Moslem* [nach *Mohammed,* dem Stifter des Islams]

mo|ham|me|da|nisch ⟨Adj., o.Steig.⟩ → *islamisch*

Mo|ham|me|da|nis|mus ⟨m., -, nur Sg.⟩ → *Islam*

Mo|här ⟨m.9 oder n.9; eindeutschende Schreibung von⟩ *Mohair*

Mo|hi|ka|ner ⟨m.5⟩ *Angehöriger eines ausgestorbenen nordamerikanischen Indianerstamms;* der letzte M. ⟨scherzh.⟩ *der Letzte*

Mohn ⟨m.1⟩ **1** *krautige, milchsaftführende Pflanze mit vier Kronblättern* (Klatsch~, Schlaf~); Syn. *Mohnblume* **2** *die kleinen bläulichschwarzen Samen der Fruchtkapsel des Schlafmohns* (u.a. für Backwerk) **3** → *Klatschmohn*

Mohn|blu|me ⟨f.11⟩ → *Mohn (1)*

Mohn|ku|chen ⟨m.7⟩ *mit Mohn (2) gefüllter oder bestreuter Kuchen*

Mohr ⟨m.10; †⟩ *Neger;* einen ~en weiß waschen ⟨übertr.⟩ *das Unmögliche versuchen* [< lat. *Maurus* „Einwohner Mauretaniens"]

Möh|re ⟨f.11⟩ Syn. *gelbe Rübe, Karotte, Mohrrübe;* Syn. ⟨landsch., norddt.⟩ *Wurzel* **1** *weiß blühendes Doldengewächs mit gefiederten Blättern* **2** *dessen dicke, orangegelbe Pfahlwurzel* (für Rohkost, Gemüse u.a.)

Mohr|en|fal|ter ⟨m.5⟩ *(in zahlreichen Arten vorkommender, bes. auf Wiesen fliegender) dunkler Augenfalter mit rotbraunen Flecken und Binden*

Mohr|en|hir|se ⟨f., -, nur Sg.⟩ → *Durra*

Mohr|en|kopf ⟨m.2⟩ **1** *kugelförmiges, mit Schlagsahne gefülltes Biskuitgebäck;* Syn. ⟨österr.⟩ *Indianerkrapfen* **2** *helle Abart des Turmalins mit schwarzem Kristallende*

Mohr|en|wä|sche ⟨f.11; übertr.⟩ *Versuch, einen Schuldigen reinzuwaschen*

Mohr|rü|be ⟨f.11⟩ → *Möhre* [Erstbestandteil lautl. Variante zu *Möhre*]

Moi|ra ⟨[mɔi̯-] f., -, -ren⟩ **1** ⟨griech. Myth.⟩ *Schicksalsgöttin* **2** ⟨nur Sg.⟩ *Schicksal*

Moi|ré [moare] **I** ⟨m.9 oder n.9⟩ **1** *Seiden- oder Kunststoffgewebe mit wellenförmiger Musterung* **2** *wellenförmiges Muster auf Pelzen* **II** ⟨n.9⟩ **1** *störende Musterung auf reproduzierten Bildern* **2** ⟨Fernsehen⟩ *flimmernde Bildmusterung auf dem Bildschirm* [< frz. *moiré* „Wasserglanz", zu *moirer* „wässern, mit Wasserglanz versehen", < engl. *mohair* (→ *Mohair*), nach dem Glanz des Stoffes bzw. der Wolle aus Mohair]

moi|rie|ren ⟨[moa-] V.3, hat moiriert; mit Akk.⟩ *mit Moiré (I) versehen*

mo|kant ⟨Adj., ~er, am mokantesten⟩ *spöttisch*

Mo|kas|sin ⟨m.9⟩ **1** *weicher, bestickter Wildlederschuh der nordamerikanischen Indianer* **2** *weicher, ungefütterter Lederschuh* [über engl. *moccasin* aus Algonkin-Dialekten]

mo|kie|ren ⟨V.3, hat mokiert; refl.⟩ *sich über etwas oder jmdn.* m. *sich über etwas oder jmdn. lustig machen* [< frz. *moquer* < altfrz. *mocquer* „sich lustig machen, jmdn. auslachen, lächerlich machen", zu span. *mueca* „Grimasse"]

Mok|ka ⟨m.9⟩ *auch: Mocca* **1** *eine Kaffeesorte* **2** *sehr starker Kaffee* [nach der Stadt *Mocha* im Jemen, die früher Hauptausfuhrort für arab. Kaffee war]

Mok|ka|löf|fel ⟨m.5⟩ *sehr kleiner Kaffeelöffel*

Mok|ka|tas|se ⟨f.11⟩ *kleine Kaffeetasse für Mokka*

Mol ⟨n.1; Zeichen: mol⟩ *Stoffmenge, in der so viele Teilchen enthalten sind wie Kohlenstoffatome in 12 g des reinen Nuklids C 12;* Syn. ⟨†⟩ *Grammolekül*

mo|lar ⟨Adj., o.Steig.⟩ *auf 1 Mol bezogen;* ~e *Lösung, die 1 Mol eines Stoffes in 1 Liter enthält*

Mo|lar ⟨m.12⟩ → *Backenzahn* [< lat. *molarius* „zum Mahlen, zum Mahlen gehörig", zu *mola* „Mühlstein"]

Mo|la|ri|tät ⟨f., -, nur Sg.⟩ *Gehalt (einer Lösung) an chemisch wirksamer Substanz von 1 Mol je Liter*

Mo|las|se ⟨f., -, nur Sg.⟩ *sandige tertiäre Ablagerungen im nördlichen Alpenvorland* [< frz. *mol(l)asse* „weich", zu *mou, mol, molle* „weich"]

Molch ⟨m.1⟩ *vorwiegend im Wasser lebender Schwanzlurch mit seitlich abgeflachtem Schwanz* (Berg~, Teich~)

Mo|le[1] ⟨f.11⟩ *vom Ufer aus ins Wasser gebauter Damm zum Schutz von Hafeneinfahrten;* auch: ⟨österr.⟩ *Molo* [< ital. *molo* in ders. Bed., < lat. *moles* „Masse, Klumpen, massiger Bau"]

Mo|le[2] ⟨f.11⟩ *entartete, abgestorbene Leibesfrucht;* Syn. *Windei* [< lat. *mola* < griech. *myle* „Mißgeburt"]

Mo|lek|tro|nik ⟨f., -, nur Sg.⟩ *Entwicklung und Verwendung kleinster elektronischer Schaltelemente molekularer Größenordnung*

Mo|le|kül ⟨n.1⟩ *kleinste, aus zwei oder mehr Atomen bestehende Einheit einer chemischen Verbindung* [< frz. *molécule* in ders. Bed., < *molecula,* einer fachsprachl. latinisierenden Verkleinerungsform von lat. *moles* „Masse, Klumpen"]

mo|le|ku|lar ⟨Adj., o.Steig.⟩ *die Moleküle betreffend*

Mo|le|ku|lar|bio|lo|gie ⟨f., -, nur Sg.⟩ *Zweig der modernen Biologie, der die Lösung biologischer Probleme auf molekularem Bereich sucht*

Mo|le|ku|lar|ge|ne|tik ⟨f., -, nur Sg.⟩ *Teilgebiet der Genetik, das die Erscheinungen der Vererbung und Entwicklung auf chemische Strukturen und molekulare Vorgänge zurückzuführen versucht*

Mo|le|ku|lar|ge|wicht ⟨n.1⟩ **1** *Zahl, die angibt, wievielmal ein Molekül schwerer ist als der zwölfte Teil eines Kohlenstoffatoms; relatives M.* **2** *Gewicht eines Moleküls in Gramm; absolutes M.*

Mo|le|skin ⟨[moul-] m.9 oder n.9⟩ *dichtes, aufgerauhtes Baumwollgewebe* [engl., „Maulwurfsfell"]

Mo|le|sten ⟨nur Pl.; †⟩ *Beschwerden, Unannehmlichkeiten* [< lat. *molestia* „Beschwerde, Pein, lästiges Gefühl", zu *moles* „Last, Mühe, Not"]

mo|le|stie|ren ⟨V.3, hat molestiert; mit Akk.; †⟩ *jmdn.* m. *jmdn. belästigen, jmdm. Beschwerden bereiten*

Mo|let|te ⟨f.11⟩ **1** *Prägewalze* **2** *Stößel (des Mörsers)* **3** *gezähntes Rädchen zum Eindrücken von Punkten in Metall* [frz., „Rädchen, Schleifrolle", < lat. *mola* „Mühlstein, Läufer"]

Mol|ke ⟨f., -, nur Sg.⟩, **Mol|ken** ⟨m.7; landsch.⟩ *grünlichgelbe, wäßrige Flüssigkeit, die sich aus geronnener Milch absetzt;* Syn. ⟨ostmdt., österr.⟩ *Schöps,* ⟨süddt., schweiz.⟩ *Schotte* [urspr. „aus Milch Zubereitetes"]

Mol|ke|rei ⟨f.10⟩ *Betrieb zur Be- und Verarbeitung von Milch* [zu *Molke* in der urspr. Bed.]

mol|kig ⟨Adj., o.Steig.⟩ *aus Molke, wie Molke*

Moll I ⟨n., -, nur Sg.; Mus.⟩ *eines der beiden Tongeschlechter mit kleiner Terz im Dreiklang der Tonika;* Ggs. *Dur* [< lat. *mollis* „weich", wegen des weicheren Klangs der kleinen Terz] **II** ⟨m.1 oder m.9⟩ → *Molton*

Mol|la ⟨m.9⟩ → *Mulla*

Mol|le ⟨f.11⟩ **1** ⟨nddt.⟩ *Backtrog* **2** ⟨berlin.⟩ *Glas Bier* [nddt., zu *Mulde*]

Möl|ler ⟨m.5; Met.⟩ *Gemisch von Erz und Zuschlagstoffen*

mol|lig ⟨Adj.⟩ **1** *dicklich, rundlich (von Personen, bes. von Frauen)* **2** *behaglich (warm)*

Mol|lus|ke ⟨f.11⟩ → *Weichtier* [< ital. *mollusco* „Weichtier", < lat. *mollis* „weich"]

Mo|lo ⟨m.9; österr.⟩ → *Mole*[1]

Mo|loch ⟨auch [mɔ-] m.1⟩ **1** *Macht, die alles verschlingt, unersättliche Macht* **2** *eine australische Echse, Dornteufel* [urspr. altsemit. Gott, der durch Menschenopfer verehrt wurde; < griech. *moloch* < hebr. *molek,* urspr. *mēlek* „König"]

Mo|lo|tow-Cock|tail ⟨[-teil] m.9⟩ **1** ⟨urspr.⟩ *mit Benzin und Phosphor gefüllte Flasche zur Bekämpfung von Panzern* **2** *selbstgebastelte Handgranate oder Bombe* [nach dem sowjet. Politiker W. M. Molotow]

mol|to ⟨Mus.⟩ *sehr;* m. *vivace sehr lebhaft* [ital.]

Mol|ton ⟨m.9⟩ *ein weiches, beidseitig angerauhtes Baumwollgewebe;* Syn. *Moll* [< frz. *molleton* in ders. Bed., zu *mollet* „weich, zart", zu *molle* (Fem. von *mou*) < lat. *mollis* „weich"]

Mo|lyb|dän ⟨n., -s, nur Sg.; Zeichen: Mo⟩ *silberweißes, hartes Schwermetall* [< griech. *molybdaina* „Bleikugel", zu *molybdos* „Blei", weitere Herkunft nicht bekannt]

Mo|ment I ⟨m.1⟩ *sehr kurze Zeitspanne, Augenblick, Zeitpunkt;* in diesem M. geschah es; es dauert nur einen M.; im richtigen M. abwarten **II** ⟨n.1⟩ **1** *Wirkung einer Kraft* (Dreh~) **2** *Umstand, Gesichtspunkt, Merkmal;* das entscheidende M. ist ...; das auslösende M. [< lat. *momentum* „Zeitabschnitt, Bewegungskraft, Beweggrund", eigtl. *movimentum,* zu *movere* „bewegen"]

mo|men|tan ⟨Adj., o.Steig.⟩ *augenblicklich*

Mo|ment mu|si|cal ⟨[mɔmɑ̃ myzikal] n., - -, -s -caux [mɔmɑ̃ myziko]⟩ *kurzes, stimmungsvolles Klavierstück*

mon..., Mon... ⟨in Zus.⟩ vgl. *mono..., Mono...*

Mo|na|de ⟨f.11; Philos.⟩ **1** *in sich geschlossene, unteilbare, vollendete Einheit* **2** ⟨bei Leibniz⟩ *Ureinheit der Weltsubstanz* [< griech. *monas,* Gen. *monados,* „Einheit", zu *monos* „einzig, allein"]

Mo|na|do|lo|gie ⟨f., -, nur Sg.⟩ *Monadenlehre* [< *Monade* und *...logie*]

Mon|arch ⟨m.10⟩ *(Allein-)Herrscher (Kaiser, König oder Fürst)* [< griech. *monarchos* „Alleinherrscher", < *monos* „allein, einzig" und *archein* „herrschen"]

Mon|ar|chie ⟨f.11⟩ *Staatsform mit einem Monarchen an der Spitze*

mon|ar|chisch ⟨Adj., o.Steig.⟩ *zur Monarchie oder zum Monarchen gehörend*

671

Monarchismus

Mon|ar|chis|mus ⟨m., -, nur Sg.⟩ Streben, die Monarchie zu erhalten oder durchzusetzen

Mon|ar|chist ⟨m.10⟩ Anhänger des Monarchismus

mon|ar|chi|stisch ⟨Adj., o.Steig.⟩ zum Monarchismus gehörend, auf ihm beruhend

Mo|na|ste|ri|um ⟨n., -s, -ri|en⟩ Kloster [lat., < griech. monasterion ,,Kloster, Einsiedelei", zu monazein ,,allein bleiben", zu monos ,,allein"]

mo|na|stisch ⟨Adj., o.Steig.⟩ mönchisch

Mo|nat ⟨m.1⟩ Zeitraum von 30 oder 31 Tagen (im Februar 28 oder 29 Tage); Syn. ⟨poet.⟩ Mond; dieses ~s ⟨Abk.: d. M.⟩; laufenden ~s ⟨Abk.: lfd. M.⟩; nächsten ~s ⟨Abk.: n. M.⟩; vorigen ~s ⟨Abk.: v. M.⟩

mo|na|te|lang ⟨Adj., o.Steig.⟩ über einen Zeitraum von mehreren Monaten (dauernd, anhaltend); nach ~em Warten; es dauerte m.

...mo|na|tig ⟨in Zus.⟩ eine bestimmte Zahl von Monaten alt oder dauernd, z.B. fünfmonatiges Kind, ein fünfmonatiger Lehrgang

mo|nat|lich ⟨Adj., o.Steig.⟩ jeden Monat (stattfindend) (geschehend); die ~e Auszahlung der Gehälter

...mo|nat|lich ⟨in Zus.⟩ nach einer bestimmten Zahl von Monaten wieder (geschehend), z.B. die Zeitschrift erscheint zweimonatlich

Mo|nats|blu|tung ⟨f.10⟩ → Menstruation

Mo|nats|ra|te ⟨f.11⟩ Rate, die jeden Monat gezahlt werden muß

Mo|nats|schrift ⟨f.10⟩ Zeitschrift, die einmal im Monat erscheint

mon|au|ral ⟨Adj., o.Steig.⟩ **1** nur ein Ohr betreffend **2** ⟨Tech.⟩ einkanalig [< griech. monos ,,einzig, allein" und lat. auris ,,Ohr"]

Mon|azit ⟨m.1⟩ gelbbraunes Mineral, Cerphosphat [< griech. monazein ,,einzeln sein", wegen der Seltenheit]

Mönch ⟨m.1⟩ **1** Angehöriger eines kath. Ordens, der als Einsiedler in einer Klostergemeinschaft nach bestimmten Regeln lebt **2** nach oben gewölbter Dachziegel **3** ⟨Jägerspr.⟩ Hirsch ohne Geweih [< mhd. münech, munich < ahd. munih < lat. monachus ,,Mönch", < griech. monachos ,,einzeln, Einsiedler", zu monos ,,allein"]

mön|chisch ⟨Adj.⟩ **1** wie ein Mönch; m. leben **2** karg, asketisch; ein m. eingerichteter Raum

Mönchs|la|tein ⟨n., -s, nur Sg.⟩ → Küchenlatein

Mond ⟨m.1⟩ **1** ⟨nur Sg.⟩ der Erde nächster, sie begleitender Himmelskörper; Syn. Erdtrabant, ⟨poet.⟩ Luna; ich könnte ihn auf den M. schießen ⟨ugs.⟩ er geht mir auf die Nerven, und ich möchte mit ihm nichts mehr zu tun haben; du lebst wohl hinter dem M.? ⟨ugs.⟩ du hast ja keine Ahnung; in den M. gucken ⟨ugs.⟩ das Nachsehen haben, benachteiligt werden; meine Uhr geht nach dem M. ⟨ugs.⟩ meine Uhr geht (völlig) falsch **2** einen Planeten umkreisender Himmelskörper; die ~e des Jupiter; künstlicher M. **3** ⟨poet.⟩ → Monat; sieben ~e waren vergangen **4** ⟨kurz für⟩ Nagelmond

Mon|da|min ⟨n., -s, nur Sg.; Wz.⟩ Maisstärke von mehlartiger Beschaffenheit (z.B. zum Eindicken von Soßen)

mon|dän ⟨Adj.⟩ im Stil der großen Welt, auffällig elegant [< frz. mondain, mondaine ,,weltlich, irdisch, weltlich gesinnt", als Subst. ,,Weltkind, Weltdame", zu monde < lat. mundus ,,Welt"]

Mond|bahn ⟨f.10⟩ Umlaufbahn eines Mondes um einen Planeten (bes. des Mondes (1) um die Erde)

Mond|blind|heit ⟨f., -, nur Sg.; beim Pferd⟩ bakteriell verursachte, periodische Augenentzündung

Mon|den|schein ⟨m., -(e)s, nur Sg.; poet.⟩ Mondschein

Mond|fin|ster|nis ⟨f.1⟩ Verdunkelung des Vollmonds durch den Kernschatten der Erde

Mond|fisch ⟨m.1⟩ großer, sehr schwerer Hochseefisch mit scheibenförmigem, scheinbar nur aus Kopf bestehendem Körper [er erinnert an einen schwimmenden Vollmond]

Mond|fleck ⟨m.1⟩ Nachtfalter mit gelbem, mondförmigem Fleck auf jedem Vorderflügel

mond|hell ⟨Adj., o.Steig.⟩ vom Mond beschienen, durch Mondlicht erhellt; ~e Wiesen; eine ~e Nacht

mon|di|al ⟨Adj., o.Steig.⟩ weltweit [frz., zu monde < lat. mundus ,,Welt"]

Mond|jahr ⟨n.1⟩ alte große Einheit eines Kalenders, die sich auf zwölf Umläufe des Mondes um die Erde bezieht

Mond|kalb ⟨n.4⟩ **1** Phantasiewesen **2** ⟨ugs.⟩ Dummkopf [urspr. ,,mißgebildetes Kalb", da man dem Mond(licht) schädigende Einflüsse zuschrieb]

Mond|land|schaft ⟨f.10⟩ **1** Landschaft des Mondes (von einem Raumschiff aus betrachtet); die Stadt sah nach dem Bombenangriff wie eine M. aus **2** vom Mondlicht beschienene Landschaft

Mond|nacht ⟨f.2⟩ Nacht, in der der Mond scheint; in einer hellen M.

Mond|pha|se ⟨f.11⟩ Erscheinungsform der von der Sonne beleuchteten Vorderseite des Mondes (Neumond, Halbmond, Vollmond)

Mond|schein ⟨m., -(e)s, nur Sg.⟩ Schein des Mondes; bei M.; du kannst mir im M. begegnen ⟨übertr., ugs.⟩ mit dir will ich nichts mehr zu tun haben

Mond|si|chel ⟨f.11⟩ sichelförmige Erscheinungsform des zu- oder abnehmenden Mondes

Mond|son|de ⟨f.11⟩ unbemanntes Weltraumfahrzeug zur Erforschung der Oberfläche des Mondes

Mond|stein ⟨m.1⟩ (farbloses oder gelbliches) Mineral mit bläulichweißem, dem Mondlicht ähnelndem Schimmer

Mond|sucht ⟨f., -, nur Sg.⟩ → Mondsüchtigkeit

mond|süch|tig ⟨Adj., o.Steig.⟩ an Mondsüchtigkeit leidend

Mond|süch|tig|keit ⟨f., -, nur Sg.⟩ (angeblich mit den Mondphasen zusammenhängender) Umhergehen in einem während des Schlafs auftretenden Dämmerzustand; Syn. Mondsucht, Lunatismus

Mond|wech|sel ⟨m.5⟩ Zeitspanne um Neumond oder Vollmond, wenn der Mond wieder zuzunehmen oder abzunehmen beginnt

Mo|ne|gas|se ⟨m.11⟩ Einwohner von Monaco

mo|ne|gas|sisch ⟨Adj., o.Steig.⟩ Monaco betreffend, zu ihm gehörig, aus ihm stammend

mo|ne|tär ⟨Adj., o.Steig.⟩ geldlich

Mo|ne|ten ⟨Pl.⟩ **1** urspr. Bargeld, Münzen **2** ⟨ugs.⟩ Geld [< lat. monetae ,,Münzen", Pl. von moneta ,,Münze, Münzstätte", nach dem Beinamen der Göttin Juno, Moneta (eigtl. ,,Mahnerin, Warnerin"); in ihrem Tempel wurde der römische Staatsschatz aufbewahrt und befand sich die Münzprägestätte]

mo|ne|ti|sie|ren ⟨V.3, hat monetisiert; mit Akk.⟩ Geld verwandeln; Sachwerte, Grundstücke m.

Mo|ney|ma|ker [mənimeikər] ⟨m.5; ugs.⟩ Geschäftsmann, der aus allem Geld herausschlagen sucht [engl., ,,Geldmacher"]

Mon|go|le ⟨m.11⟩ **1** Angehöriger der mongolischen Rasse **2** Einwohner der Mongolischen Volksrepublik

Mon|go|len|fal|te ⟨f.11⟩ Hautfalte des oberen Augenlids, die über den inneren Augenwinkel hinwegzieht und den Eindruck der schräggestellten Augenöffnung bei Mongolen hervorruft; Syn. Epikanthus

mon|go|lid ⟨Adj., o.Steig.⟩ zur mongolischen Rasse gehörig

Mon|go|li|de(r) ⟨m., f.17 oder 18⟩ Angehörige(r) der mongolischen Rasse

mon|go|lisch ⟨Adj., o.Steig.⟩ die Mongolen betreffend, zu ihnen gehörig, von ihnen abstammend

Mon|go|lis|mus ⟨m., -, nur Sg.⟩ Form des angeborenen Schwachsinns mit mongolider Gesichtsbildung

Mon|go|list ⟨m.10⟩ Wissenschaftler der Mongolistik

Mon|go|li|stik ⟨f., -, nur Sg.⟩ Wissenschaft von den mongolischen Sprachen und Kulturen

mon|go|lo|id ⟨Adj., o.Steig.⟩ **1** Merkmale der mongolischen Rasse aufweisend, doch nicht rein mongolisch **2** an Mongolismus leidend [< mongolisch und ...oid]

Mo|nier|ei|sen ⟨[-nje-] n.7⟩ Stab oder Draht aus Stahl zur Verstärkung des Betons [nach dem frz. Gärtner Joseph Monier]

mo|nie|ren ⟨V.3, hat moniert; mit Akk.⟩ beanstanden, bemängeln; die Verpackung einer Ware m.; jmds. Verhalten m. [< lat. monere ,,mahnen, zurechtweisen"]

Mo|ni|lia ⟨f., -, nur Sg.⟩ ein Schlauchpilz, Erreger mancher Pflanzenkrankheiten [< lat. monile ,,Halsband", nach den halsbandähnlichen Schimmelpolstern der befallenen Früchte]

Mo|nis|mus ⟨m., -, nur Sg.⟩ Lehre, daß allem Sein ein einheitliches Grundprinzip zugrunde liege (im Unterschied zum Dualismus oder Pluralismus) [zu griech. monos ,,einzig, allein"]

Mo|nist ⟨m.5⟩ Anhänger des Monismus

mo|ni|stisch ⟨Adj., o.Steig.⟩ zum Monismus gehörig, auf dem Monismus beruhend

Mo|ni|tor ⟨m.13⟩ **1** ⟨†⟩ Aufseher **2** ⟨†⟩ kleines Kriegsschiff für Fluß- und Küstenschiffahrt **3** ⟨Fernsehen⟩ Kontrollgerät, auf dem das gesendete Bild zu sehen ist **4** ⟨Kerntechnik⟩ Kontrollgerät für Strahlung und Temperatur [< lat. monitor ,,Warner, Aufseher", zu monere ,,mahnen, warnen"]

Mo|ni|to|ri|um ⟨n., -s, -ri|en; †⟩ Mahnschreiben [< lat. monitorius ,,mahnend", zu monere ,,mahnen"]

Mo|ni|tum ⟨n., -s, -ta⟩ Beanstandung, Tadel [lat.]

mo|no ⟨Adj., o.Steig.⟩ nur als Adv. und mit ,,sein"; ⟨ugs.; Kurzw. für⟩ monophon; eine Sendung m. aufnehmen, wiedergeben

mo|no..., Mo|no...¹ ⟨in Zus.⟩ allein..., Allein..., einzel..., Einzel... [< griech. monos ,,einzig, allein"]

Mo|no...² ⟨in Zus.; ugs.; kurz für⟩ monophon, z.B. Monoschallplatte

Mo|no|chord [-kɔrd] ⟨n.1; Mus.⟩ Gerät zum Bestimmen der Tonhöhe und Intervalle

mo|no|chrom [-krom] ⟨Adj., o.Steig.⟩ einfarbig [< mono... und griech. chroma ,,Farbe"]

Mo|no|chro|ma|sie ⟨f.11⟩ völlige Farbenblindheit [zu monochrom]

mo|no|cy|clisch ⟨Adj., o.Steig.; bei chem. Verbindungen⟩ nur einen Benzolring enthaltend [< mono... und cyclisch]

Mon|odie ⟨f.11⟩ **1** ⟨urspr.⟩ einstimmiger, unbegleiteter Gesang **2** ⟨nach 1600⟩ einstimmiger Gesang mit Akkordbegleitung **3** → Homophonie [< griech. monodia ,,Einzelgesang des Schauspielers", < monos ,,einzig, allein" und ode ,,Gesang, Lied"]

Mon|odik ⟨f., -, nur Sg.⟩ Kunst der Monodie

mon|odisch ⟨Adj., o.Steig.⟩ in der Art der Monodie

Mo|no|dram, Mo|no|dra|ma ⟨n., -s, -dramen⟩ Drama mit nur einer handelnden Person

mo|no|fil ⟨Adj.; Textiltechnik⟩ aus einem Faden bestehend, einfädig [< mono... und lat. filum ,,Faden"]

mo|no|gam ⟨Adj., o.Steig.⟩ auf Monogamie beruhend; Ggs. polygam (1)

Mo|no|ga|mie ⟨f.11⟩ Ehe mit nur einem Partner; Syn. Einehe; Ggs. Polygamie [< Mono...¹ und griech. gamein ,,heiraten"]

Mo|no|ge|ne|se, Mo|no|ge|ne|sis ⟨f., -, nur Sg.⟩ **1** ungeschlechtliche Fortpflanzung; auch: Monogonie **2** ⟨übertr.⟩ Ableitung (von Vorgängen, Zuständen) aus einem einzigen Faktor [< griech. *monogenes* „allein geboren, allein gezeugt", < *Mono*... und *Genese*]

Mo|no|ge|nis|mus ⟨m., -, nur Sg.⟩ **1** Ableitung einer Gruppe von Organismen (z.B. der Menschenrassen) von einer einzigen Stammform; Syn. Monophyletismus, Monophylie; Ggs. Polygenismus **2** ⟨kath. Kirche⟩ Auffassung, daß alle Menschen von einem von Gott bestimmten Elternpaar (Adam und Eva) abstammen [zu Monogenese]

Mo|no|go|nie ⟨f., -, nur Sg.⟩ → Monogenese [< *Mono*...¹ und griech. *gone* „Erzeugung, Geburt"]

Mo|no|gramm ⟨n.1⟩ die (oft ineinander verschlungenen) Anfangsbuchstaben des Namens, Namenszeichen [< *Mono*...¹ und ...*gramm*]

Mo|no|gram|mi|sten ⟨Pl.⟩ Gruppe früher Graphiker, von denen nicht der volle Name, sondern nur das Monogramm bekannt ist

Mo|no|gra|phie ⟨f.11⟩ Abhandlung über einen einzelnen Gegenstand oder Menschen, Einzeldarstellung (Künstler~) [< *Mono*...¹ und ...*graphie*]

mo|no|gra|phisch ⟨Adj., o.Steig.⟩ in der Art einer Monographie

mo|no|hy|brid ⟨Adj., o.Steig.⟩ sich in nur einem Erbanlagenpaar unterscheidend [< *mono*... und *hybrid*]

Mo|no|hy|bri|de ⟨m.11⟩ aus einer monohybriden Kreuzung hervorgegangener Bastard

Mon|okel ⟨n.5⟩ Brille für nur ein Auge; Syn. Einglas [< *Mono*...¹ und lat. *oculus* „Auge"]

mo|no|klin ⟨Adj., o.Steig.⟩ **1** zwei sich schiefwinklig kreuzende Achsen und eine rechtwinklig darauf stehende Achse aufweisend; ~es Kristallsystem **2** ⟨Bot.⟩ zwittrig, zweigeschlechtig; ~e Blüte [< *mono*... und griech. *klinein* „neigen, sich beugen"]

Mo|no|ko|ty|le|do|ne ⟨f.11⟩ einkeimblättrige Pflanze [< *Mono*...¹ und *Kotyledone*]

mon|oku|lar ⟨Adj., o.Steig.⟩ für nur ein Auge, mit nur einem Auge [< *mono*... und *okular*]

Mo|no|kul|tur ⟨f.10⟩ Anbau nur einer Pflanzenart auf einer Fläche [< *Mono*...¹ und *Kultur*]

Mo|no|la|trie ⟨f.11⟩ Verehrung nur eines Gottes (ohne andere zu leugnen) [< *Mono*...¹ und ...*latrie*]

Mo|no|lith ⟨m.10⟩ **1** Steinblock **2** aus einem einzigen Stein gehauenes Bildwerk [< *Mono*...¹ und griech. *lithos* „Stein"]

Mo|no|log ⟨m.1⟩ Selbstgespräch [< *Mono*...¹ und griech. *logos* „Wort, Rede"]

mo|no|lo|gisch ⟨Adj., o.Steig.⟩ in der Art eines Monologs

mo|no|lo|gi|sie|ren ⟨V.3, hat monologisiert, o.Obj.⟩ einen Monolog führen; während der Diskussion monologisierte er zuviel

Mo|nom ⟨n.1; Math.⟩ aus nur einem Glied bestehende Größe; auch: Mononom [< *Mono*...¹ und griech. *onoma* „Name, Bezeichnung, Ausdruck"]

mo|no|man ⟨Adj., o.Steig.⟩ von einer fixen Idee besessen, von einem einzigen Trieb beherrscht; auch: monomanisch [zu Monomanie]

Mo|no|ma|ne ⟨m.11⟩ jmd., der an Monomanie leidet

Mo|no|ma|nie ⟨f., -, nur Sg.⟩ Besessenheit von einer fixen Idee, von einem einzigen Trieb [< *Mono*...¹ und *Manie*]

mo|no|ma|nisch ⟨Adj., o.Steig.⟩ → monoman

mo|no|mer ⟨Adj., o.Steig.⟩ in einzelnen kleinen Molekülen vorliegend; Ggs. polymer [< *mono*... und griech. *meros* „Teil"]

Mo|no|mer ⟨n.1⟩ kleinste Einheit eines Polymers [zu *monomer*]

Mo|no|me|tal|lis|mus ⟨m., -, nur Sg.⟩ Währungssystem, bei dem nur ein Metall für Münzen verwendet wird; Ggs. Bimetallismus

mo|no|misch ⟨Adj., o.Steig.; Math.⟩ aus einem einzigen Glied bestehend, eingliedrig [zu *Monom*]

Mo|no|nom ⟨n.1⟩ → Monom

mo|no|phag ⟨Adj., o.Steig.; bei Tieren⟩ auf eine bestimmte Nahrung angewiesen; Ggs. polyphag; ~e Raupe [< *mono*... und ...*phag*]

Mo|no|pha|ge ⟨m.11⟩ monophages Tier; Ggs. Polyphage

mo|no|phon ⟨Adj., o.Steig.⟩ auf Monophonie beruhend, durch sie wiedergegeben, mit ihrer Hilfe; eine Rundfunksendung m. aufnehmen, wiedergeben

Mo|no|pho|nie ⟨f., -, nur Sg.⟩ elektroakustische Tonwiedergabe auf nur einem Kanal [< *Mono*...¹ und engl. *phonie*]

Mo|no|phthong ⟨m.1⟩ einfacher Vokal; vgl. Diphthong, Triphthong [< *Mono*...¹ und griech. *phthoggos* „Ton, Laut"]

Mo|no|phy|le|tis|mus ⟨m., -, nur Sg.⟩, **Mo|no|phy|lie** ⟨f., -, nur Sg.⟩ → Monogenismus (1) [< *Mono*...¹ und griech. *phyle* „Stamm, Klasse, Abteilung", *phylon* „Geschlecht, Familie"]

Mo|no|ple|gie ⟨f.11⟩ Lähmung nur eines Glieds oder Gliedteils [< *Mono*...¹ und griech. *plege* „Schlag, Hieb", zu *plessein*, *plettein* „schlagen"]

Mo|no|po|die ⟨f.11⟩ Einheit aus nur einem Versfuß (im Unterschied zur Di- und Tripodie) [< *Mono*...¹ und griech. *pous*, Gen. *podos* „Fuß"]

Mo|no|po|di|um ⟨n., -s, -di|en; Bot.⟩ eine Verzweigungsform der Sproßachse (mit durchgehender Hauptachse) [< *Mono*...¹ und *Podium*]

Mo|no|pol ⟨n.1⟩ alleiniger Anspruch, alleiniges Vorrecht (z.B. eine Ware zu produzieren oder zu verkaufen) [< *Mono*...¹ und griech. *pole*, Gen. *polesis* „Verkauf", zu *polein* „verkaufen"]

mo|no|po|li|sie|ren ⟨V.3, hat monopolisiert; mit Akk.⟩ etwas m. *das Monopol über etwas gewinnen;* den Salzhandel m.

Mo|no|po|lis|mus ⟨m., -, nur Sg.⟩ auf Beherrschung des Markts durch Monopole gerichtetes Streben

Mo|no|po|list ⟨m.10⟩ **1** Inhaber eines Monopols **2** Vertreter des Monopolismus

Mo|no|pol|ka|pi|tal ⟨n., -s, nur Sg.; im marxist. Sprachgebrauch⟩ **1** das in Monopolen wirkende Kapital **2** Gesamtheit monopolistischer Unternehmen

Mo|no|pol|ka|pi|ta|lis|mus ⟨m., -, nur Sg.; nach Lenin⟩ höchste Stufe des Kapitalismus, gekennzeichnet durch starke Konzentration wirtschaftlicher, auf Monopolen beruhender Macht

Mo|no|pol|ka|pi|ta|list ⟨m.10⟩ Vertreter des Monopolkapitalismus

mo|no|pol|ka|pi|ta|lis|tisch ⟨Adj., o.Steig.⟩ in der Art des Monopolkapitalismus

Mo|no|pte|ros ⟨m., -, -ren oder -ste|ren oder -roi⟩ **1** kleiner antiker Säulenrundbau **2** ⟨heute⟩ ähnlich gebauter Pavillon in Parks [< *Mono*...¹ und griech. *pteron* „Flügel, flügelähnlicher Gegenstand", auch im Sinne von „Gebäudeteil", in diesem Fall „Säulengeteil"]

Mo|no|sac|cha|rid ⟨n.1⟩ einfacher Zucker

mo|no|sti|chisch ⟨Adj., o.Steig.⟩ aus metrisch gleichen Einzelversen bestehend [zu *Monostichon*]

Mo|no|sti|chon ⟨n., -s, -cha⟩ einzelner Vers [< *Mono*...¹ und griech. *stichos* „Zeile, Vers"]

mo|no|syl|la|bisch ⟨Adj., o.Steig.⟩ nur aus einer Silbe bestehend, einsilbig

Mo|no|syl|la|bum ⟨n., -s, -ba⟩ einsilbiges Wort [< lat. *monosyllabus* „einsilbig", < *Mono*...¹ und *syllaba* „Silbe"]

Mo|no|the|is|mus ⟨m., -, nur Sg.⟩ Glaube an einen einzigen Gott; Ggs. Polytheismus [< *Mono*... und *Theismus*]

Mo|no|the|ist ⟨m.10⟩ Anhänger des Monotheismus

mo|no|the|is|tisch ⟨Adj., o.Steig.⟩ zum Monotheismus gehörend, in der Art des Monotheismus

mo|no|ton ⟨Adj.⟩ eintönig, einförmig; ~es Geräusch; ~e Landschaft; m. sprechen [< griech. *monotonos* „mit immer gleicher Spannung, einförmig", < *mono*... und *tonos* „Spannung, Ton, Klang"]

Mo|no|to|nie ⟨f., -, nur Sg.⟩ Eintönigkeit, Einförmigkeit

Mo|no|type ⟨[-taip] f.9; Wz.⟩ eine Setz- und Gießmaschine für Einzelbuchstaben [< *Mono*...¹ und engl. *type* „Drucktype"]

Mon|oxid ⟨n.1⟩ Verbindung eines chemischen Elements mit Sauerstoff, bei der je Molekül nur ein Sauerstoffatom gebunden wird

Mon|ö|zie ⟨f., -, nur Sg.⟩ → Einhäusigkeit [< *Mono*...¹ und griech. *oikos* „Haus"]

mon|ö|zisch ⟨Adj., o.Steig.⟩ → einhäusig

Mo|no|zyt ⟨m.10⟩ größte Form der weißen Blutkörperchen [< *Mono*...¹ und griech. *kytos* „Wölbung, Hohlraum, Rumpf, Leib"]

Mon|sei|gneur ⟨[mɔsɛnjœr] m.1 oder m.9; Abk.: Mgr.⟩ ⟨in Frankreich Titel⟩ **1** ⟨urspr. für⟩ Ritter **2** ⟨dann für⟩ Prinz, hoher Geistlicher

Mon|sieur ⟨[məsjø] m., -, Mes|sieurs [mesjø]; Abk.: M., Pl. MM.⟩ in Frankreich als Anrede, alleinstehend oder vor dem Namen⟩ Herr [eigtl. *mon sieur* „mein Herr" (*sieur* alter Akk. von frz. *sire* „Herr", zu frz. *seigneur* „vornehmer, adliger Herr", < lat. *senior* „der Ältere"]

Mon|si|gno|re ⟨[mɔnsinjɔrə] m., -s, -ri; Abk.: Mgr., Msgr.; Titel für⟩ hoher geistlicher Würdenträger [ital., in Anlehnung an *signore* „Herr" < frz. *Monseigneur* „mein Herr, gnädiger Herr"; → Monsieur]

Mon|ster ⟨n., -s, -⟩ → *Monstrum* (1)

Mon|ster... ⟨in Zus.⟩ riesig, Riesen..., z.B. Monsterprogramm, Monsterprozeß

Mon|ste|ra ⟨f., -, -rae [-rɛ:]⟩ eine Kletterpflanze mit langen Luftwurzeln, Zimmerpflanze [vielleicht zu lat. *monstrum* „Wundergestalt, Ungeheuer", wegen der sehr großen, merkwürdig geformten Blätter (tiefgezackt und durchlöchert)]

Mon|ster|film ⟨m.1⟩ **1** Film mit Überlänge und riesigem Aufgebot an Menschen und Ausstattung **2** Film, der von Monstern handelt

Mon|stra ⟨Pl. von⟩ Monstrum

Mon|stranz ⟨f.10⟩ Gefäß zum Tragen und Zeigen der geweihten Hostie [< mlat. *monstrantia* in ders. Bed., < lat. *monstrans*, Part. Präs. von *monstrare* „zeigen"]

Mon|stre... ⟨frz. Schreibung für⟩ Monster...

mon|strös ⟨Adj., ~er, am monströsesten⟩ **1** unförmig, mißgestaltet, vom normalen Bau abweichend; ein ~er Körper; eine ~e Gestalt **2** ⟨übertr.⟩ ungeheuerlich, unglaublich; eine ~e Idee **3** ⟨übertr.⟩ riesengroß, bedrückend groß; eine ~e Statue [< lat. *monstruosus*, *monstrosus* „ungeheuerlich, widernatürlich", zu *Monstrum*]

Mon|stro|si|tät ⟨f., -, nur Sg.⟩ monströse Beschaffenheit, Mißbildung

Mon|strum ⟨n., -s, -stren oder -stra⟩ **1** mißgebildetes Wesen, Ungeheuer; auch: Monster **2** ⟨ugs.⟩ Ungetüm; dieser Schrank ist ein M. [< lat. *monstrum* „naturwidrige Erscheinung (als Wunderzeichen der Götter), Ungeheuer", auch „Wunder, ungeheure Tat", zu *monere* „warnen, vorhersagen, mahnen"]

Mon|sun ⟨m.1; in Asien, bes. Indien⟩ halbjährlich wechselnder Wind (Sommer~, Winter~) [< ital. *monsone*, frz. *mousson*, port. *monção* < arab. *mausim* „Jahreszeit", d.h. die für die Schiffahrt günstige Jahreszeit]

Montag

Mon|tag ⟨m.1; Abk.: Mo⟩ *erster Tag der Woche* [< ahd. *môntac, mântac* in ders. Bed., zu *mâno* „Mond"; dem lat. *dies lunae* „Tag des Mondes" nachgebildet]

Mon|ta|ge ⟨[-ʒə] f.11⟩ **1** *Aufstellen und Zusammenbauen (von Maschinen, technischen Anlagen)* **2** *Kunstwerk, das aus urspr. nicht dazu geschaffenen Einzelteilen zusammengesetzt ist* **3** *künstlerische Gestaltung (eines Films) durch Schnitt, Auswahl und Zusammenstellen der einzelnen Handlungseinheiten* **4** ⟨Fot.⟩ *Zusammenfügen mehrerer Aufnahmen zu einem Bild* [zu *montieren*] **5** ⟨Literatur⟩ *Übernahme unveränderter Bruchstücke literarischer Werke oder außerliterarisch erfahrener Wirklichkeitsbereiche in ein neues Werk*

Mon|ta|ge|bau ⟨[-ʒə-] m., -(e)s, nur Sg.⟩ *Bauweise mit größeren Fertigteilen*

Mon|ta|gnard [mɔ̃taɲaːr] m.9; *während der Französischen Revolution*⟩ *Angehöriger der Bergpartei (der äußersten Linken) wegen ihren hoch gelegenen Sitzen in der verfassunggebenden Versammlung*

mon|tan ⟨Adj., o.Steig.⟩ **1** *zum Bergbau und Hüttenwesen gehörig* **2** *die Bergwelt betreffend* [< lat. *montanus* „auf oder in Bergen und Gebirgen befindlich", zu *mons*, Gen. *montis*, „Berg, Gebirge"]

Mon|ta|nis|mus ⟨m., -, nur Sg.⟩ *Lehre der Sekte der Montanisten (2./3. Jahrhundert) von dem baldigen Ende der Welt* [nach dem Begründer, dem in Kleinasien geborenen Propheten *Montanus*]

Mon|ta|nist¹ ⟨m.10⟩ *Fachmann im Bergbau und Hüttenwesen* [zu *montan (1)*]

Mon|ta|nist² ⟨m.10⟩ *Anhänger des Montanismus*

Mon|tan|uni|ver|si|tät ⟨f.10; österr.⟩ → *Bergakademie*

Mon|tan|wachs ⟨n., -es, nur Sg.⟩ *ein aus Braunkohle gewonnenes Wachs*

Mont|bre|tie [ˈmɔbretsjə] f.11⟩ *einer zierlichen Gladiole ähnliches südafrikanisches Schwertliliengewächs, Gartenstaude* [nach dem frz. Naturforscher A.F.C. de *Montbret*]

Mon|teur [mɔtøːr] m.1⟩ *Facharbeiter für die Montage von Maschinen und technischen Anlagen* [mit frz. Endung zu *montieren*]

mon|tie|ren ⟨V.3, hat montiert; mit Akk.⟩ *etwas m. aufstellen, aufbauen, zusammensetzen, zusammenstellen;* eine Maschine m.; eine technische Anlage m.; eine Collage m.; einen Film m. *im Film schneiden und seine Szenen in der endgültigen Reihenfolge zusammenstellen;* aus Dokumenten aller Art einen Lebensbericht m.; *etwas an einer Stelle m. etwas an einer Stelle anbringen, befestigen;* einen Griff an ein Gerät m.; eine Antenne auf das Dach m.; *etwas auf dem Dach m. auf dem Dach befestigen* [< frz. *monter* „aufstellen, aufrichten, erhöhen", eigtl. „hinaufbringen, besteigen", < vulgärlat. *montare* „hinaufsteigen", zu lat. *mons*, Gen. *montis*, „Berg"] **Mon|tie|rung** ⟨f., -, nur Sg.⟩

Mon|tur ⟨f.10⟩ **1** ⟨†⟩ *Uniform, Dienstkleidung* **2** ⟨ugs., oft scherzh.⟩ *Anzug, Arbeitsanzug, Kleidung, die zu einer Ausrüstung gehört* (Mechaniker~, Bergsteiger~, Disco~) [zu frz. *monter* „ausstatten, ausrüsten"]

Mo|nu|ment ⟨n.1⟩ **1** *(großes) Denkmal, Mahnmal;* ein M. für die Gefallenen der beiden Weltkriege **2** *wichtiges künstlerisches Werk* [< lat. *monumentum* „Denkmal, Erinnerungszeichen", eigtl. *monimentum*, zu *monere* „erinnern, mahnen" mit Infix *...men...* zur Bez. eines Mittels oder Werkzeugs]

mo|nu|men|tal ⟨Adj.⟩ *in der Art eines Monuments, denkmalartig, gewaltig, riesig groß*

Mo|nu|men|ta|li|tät ⟨f.10⟩ *gewaltige, eindrucksvolle Größe*

Moor ⟨n.1⟩ *wasserreiches Gebiet mit bestimmten Pflanzengesellschaften, deren Reste sich unter Luftabschluß zu Torf zersetzen* (Flach~, Hoch~)

Moor|bad ⟨n.4; Med.⟩ **1** *breiig aufgeschlämmte Moorerde enthaltendes Bad* **2** *Kurort, in dem solche Bäder angewendet werden*

moo|rig ⟨Adj.⟩ *wie ein Moor, zu einem Moor gehörig, dessen Boden besitzend*

Moor|kul|tur ⟨f.10⟩ *Nutzbarmachung von Mooren*

Moor|lei|che ⟨f.11⟩ *im Boden eines Moores konservierte menschliche Leiche*

Moor|ochse ⟨m.11; landsch.⟩ → *Rohrdommel* [nach dem dumpfen Ruf des Vogels]

Moos¹ ⟨n.1⟩ **1** *(oft flächig-polsterartig wachsende) feuchtigkeitsliebende, blütenlose grüne Sporenpflanze* **2** ⟨Pl. Möser; oberdt.⟩ *Moor (bes. Hochmoor), Auwald u.ä.* [< mhd., ahd. *mos*, „Moos"]

Moos² ⟨n., -es, nur Sg.; scherzh.⟩ *Geld* [< jidd. *moo* „Pfennig", Pl. *moos* „Geld", < hebr. *ma'oth* „kleine Münzen"]

Moos|achat ⟨m.1⟩ *farbloser, durchscheinender Chalzedon mit moosähnlichen Einlagerungen von grüner Hornblende*

moos|grün ⟨Adj., o.Steig.⟩ *satt hellgrün wie frisches Moos*

moo|sig ⟨Adj.⟩ **1** *mit Moos bewachsen;* ~er Baumstamm **2** *wie Moos, weich und polsterartig federnd;* ~er Untergrund

Moos|tier|chen ⟨n.7⟩ *(oft in Kolonien, die moosähnliche Überzüge bilden, lebendes) mikroskopisch kleines, wirbelloses Tier*

Mop ⟨m.9⟩ *Staubbesen mit Fransen aus dicken Baumwollfäden* [engl., „Scheuerlappen", < mengl. *mappe* < lat. *mappa* „Mundtuch, Serviette"]

Mo|ped ⟨n.9⟩ *leichtes Motorrad* [Kurzw. < *Mo*tor und *Ve*loziped oder *Ped*al]

Möpp ⟨m.9; rhein.; nur in der Redewendung⟩ fiese(r) M. *widerlicher Kerl*

Möp|pel ⟨m.5; scherzh.⟩ **1** *Mops* **2** *dicker, dickbackiger Mensch*

mop|pen ⟨V.1, hat gemoppt; mit Akk.⟩ *mit dem Mop fegen;* ein Zimmer m.; den Fußboden m.

Mops ⟨m.2⟩ **1** *kleiner Hund mit gedrungenem Körper, stumpfer Schnauze und Ringelrute* **2** ⟨ugs.⟩ *kleine, dicke Person* [< nddt. *mops*, zu engl. *to mope* „niedergeschlagen sein, Trübsal blasen", zu *mopes* (Pl.) „Trübsinn, heulendes Elend", wegen des verdrießlichen Gesichtsausdrucks des Hundes]

Möp|se ⟨nur Pl.; ugs.⟩ *Geld* [< rotw. *meps* „klein"]

mop|sen¹ ⟨V.1, hat gemopst; mit Akk.; ugs.⟩ → *mausen* [zu *Möpse*]

mop|sen² ⟨V.1, hat gemopst; refl.⟩ sich m. ⟨ugs.⟩ *sich langweilen* [vielleicht zu *Mops*, wegen seines verdrießlichen Gesichtsausdrucks]

mops|fi|del ⟨Adj.; ugs.⟩ *sehr fidel, sehr fröhlich*

mop|sig ⟨Adj.; ugs.⟩ **1** *langweilig* **2** *dick;* eine ~e Person; ein ~es Gesicht [zu *Mops*]

Mo|ra ⟨f., -, -ren⟩ *kleinste Zeiteinheit im Vers, Dauer einer kurzen Silbe;* auch: *More* [lat., „Zeitraum"]

Mo|ral ⟨f., -, nur Sg.⟩ **1** *Gesamtheit der sittlichen Grundsätze, Vorschriften (eines Volkes, einer Gesellschaft)* **2** *sittliche Einstellung, sittliches Verhalten, Sittlichkeit;* sein Verhalten zeugt von hoher M.; keine M. haben; die brüchige M. (einer Gesellschaft); jmdm. M. predigen **3** *Lehre von der Sittlichkeit, Sittenlehre* **4** ⟨allg.⟩ *innere Haltung, Standhaftigkeit;* die M. der Truppe ist gut, schlecht [< lat. *moralis* „die Sitten betreffend", zu *mos*, Gen. *moris*, „Wille, zur Regel gewordener Wille, Sitte, Brauch"]

Mo|ra|lin ⟨n., -s, nur Sg.⟩ *stark betonte, stark aufgetragene Moral, übertriebene moralische Entrüstung;* sein Gerede enthielt zuviel M.; er verspritzt zuviel M.

mo|ra|lin|sau|er ⟨Adj., o.Steig.; ugs.⟩ *übertrieben moralisch*

mo|ra|lisch ⟨Adj.⟩ **1** *auf Moral beruhend, der Moral entsprechend, sittlich, sittenstreng;* vgl. *amoralisch, immoralisch;* ein ~er Mensch; ~es Verhalten **2** *hinsichtlich der Moral;* sein Handeln war m. einwandfrei

mo|ra|li|sie|ren ⟨V.3, hat moralisiert; o.Obj.⟩ *Moral predigen, moralische Betrachtungen anstellen*

Mo|ra|lis|mus ⟨m., -, nur Sg.⟩ **1** *Anerkennung verbindlicher Moralgesetze;* vgl. *Amoralismus, Immoralismus* **2** *Überbetonung der Moral*

Mo|ra|list ⟨m.10⟩ **1** *moralischer Mensch* **2** *(bes. in Frankreich im 16.–18. Jh.) moralisierender Schriftsteller* **3** *Sittenlehrer* **4** *Sittenprediger*

Mo|ra|li|tät ⟨f.10⟩ **1** ⟨nur Sg.⟩ *Sittlichkeit, sittliches Bewußtsein;* Ggs. *Amoralität* **2** *(Ende des MA) lehrhaftes moralisches Schauspiel*

Mo|ral|pau|ke ⟨f.11; ugs.⟩ → *Moralpredigt*

Mo|ral|phi|lo|so|phie ⟨f.11⟩ *Philosophie des ethischen Verhaltens*

Mo|ral|pre|di|ger ⟨m.5⟩ *jmd., der häufig Moralpredigten hält*

Mo|ral|pre|digt ⟨f.10⟩ *moralisierende Ermahnung;* Syn. *Moralpauke*

Mo|ral|psy|cho|lo|gie ⟨f., -, nur Sg.⟩ *Psychologie des ethischen Verhaltens*

Mo|ral|theo|lo|gie ⟨f.11⟩ *theologische Disziplin, die sich mit dem richtigen ethischen Verhalten des Christen befaßt*

Mo|rä|ne ⟨f.11⟩ *von Gletschern mitgeführter und abgelagerter Gesteinsschutt* [< frz. *moraine*, „Geröll", zu prov. *mourreno* „Geröllhaufen, Hügel", zu *mourre* „Felsvorsprung"]

Mo|rast ⟨m.1⟩ *sumpfiger, schlammiger Boden* [< mnddt. *moras*, mndrl. *marasch*, altfrz. *mareschage* in ders. Bed., zu altfrz. *merès, marois* „Sumpf", zu fränk. *marisk* „Sumpf", verwandt mit *Marsch(land)*]

mo|ra|stig ⟨Adj.⟩ *voller Morast*

Mo|ra|to|ri|um ⟨n., -s, -ri|en⟩ *Zahlungsaufschub* [< lat. *moratorius*, „säumend, zögernd, verzögernd", zu *morari* „verweilen, sich aufhalten, zögern", zu *mora* „Verzögerung, Aufschub"]

mor|bid ⟨Adj., ~er, am morbidesten⟩ **1** *kränklich, angekränkelt;* ~er Greis **2** ⟨übertr.⟩ *morsch, brüchig;* ~e Gesellschaft [< lat. *morbidus* „krank, siech", zu *morbus* „Krankheit", eigtl. „das, was sterben macht", zu *mori* „sterben"]

Mor|bi|di|tät ⟨f., -, nur Sg.⟩ *das Morbidsein*

Mor|bus ⟨m., -, -bi⟩ → *Krankheit* [lat.]

Mor|chel ⟨f.11⟩ *eßbarer Schlauchpilz, dessen faltige Hutoberfläche wabenartige Vertiefungen hat* (Speise~, Spitz~) [< mhd. *morhel* < fränk. *murhila* „Morchel", weitere Herkunft nicht bekannt]

Mord ⟨m.1⟩ *absichtliche Tötung (eines Menschen);* heimtückischer, kaltblütiger, politischer M.; einen M. begehen *jmdn. ermorden;* einen M. an jmdm. begehen, verüben; jmdn. zu einem M. anstiften

Mord|an|schlag ⟨m.2⟩ *Planung und Durchführung eines Mordes;* Opfer eines ~s werden

Mord|bren|ner ⟨m.5; †⟩ *Mörder und Brandstifter*

Mord|bren|ne|rei ⟨f., -, nur Sg.; †⟩ *Mord und Brandstiftung*

Mord|bu|be ⟨m.11; †⟩ *Mörder*

mor|den ⟨V.2, hat gemordet⟩ **I** ⟨mit Akk.⟩ **1** *ermorden* **2** ⟨geh.⟩ *töten;* junge Menschen auf den Schlachtfeldern m. **II** ⟨o.Obj.⟩ *einen Mord begehen;* er hat gemordet

Mor|dent ⟨m.1; Zeichen: ~; Mus.⟩ *Pralltriller, einmaliger, nach unten ausgeführter Wechselschlag* [< ital. *mordente* in ders. Bed. sowie „Beize; Schärfe", eigtl. also „Beißer", zu ital., lat. *mordere* „beißen", wegen des scharfen, zupackenden Klangs]

Mör|der ⟨m.5⟩ **1** *jmd., der einen Menschen absichtlich tötet oder getötet hat;* zum M. werden **2** ⟨Jägerspr.⟩ *Hirsch, Rehbock, dessen Geweih nur einen langen Spieß aufweist*

Mör|der|gru|be ⟨f.; nur noch in der Wendung⟩ aus seinem Herzen keine M. machen *seine Meinung nicht zurückhalten, freiheraus reden*

Mör|der|hand ⟨f.; nur noch in den Wendungen⟩ durch M. sterben, von M. sterben *ermordet werden*

mör|de|risch ⟨Adj.⟩ **1** *grausam, mordend;* ~es Treiben **2** ⟨übertr., ugs.⟩ *furchtbar, schlimm;* eine ~e Hitze

mör|der|lich ⟨Adj.; ugs.⟩ *sehr, tüchtig;* jmd. m. verhauen

mor|dio! ⟨Int.; †⟩ *Hilfe!, Mord!;* Zeter und Mordio schreien *laut um Hilfe rufen;* zu jammern, zu zetern anfangen

Mord|kom|mis|si|on ⟨f.10⟩ *Abteilung der Kriminalpolizei, die sich mit der Aufdeckung von Morden befaßt*

mords... ⟨in Zus.; ugs.⟩ *groß, riesig,* z.B. mordsgroß, mordsdumm

Mords... ⟨in Zus.; ugs.⟩ **1** *sehr groß,* z.B. Mordsglück, Mordskrach, Mordshunger **2** *tüchtig,* z.B. Mordskerl

mords|mä|ßig ⟨Adj.; ugs.⟩ **1** *sehr groß;* eine ~e Hitze; da hast du ein ~ Glück gehabt **2** ⟨als Adv.⟩ *sehr;* sich m. freuen; m. schimpfen

Mord|waf|fe ⟨f.11⟩ *Waffe, mit der ein Mord verübt wurde*

Mo|re ⟨f.11⟩ → Mora

Mo|rel|le ⟨f.11⟩ → Schattenmorelle

mo|ren|do ⟨Mus.⟩ *immer leiser werdend, ersterbend, verhauchend* [ital., ,,sterbend", zu morire < lat. mori ,,sterben"]

Mo|res ⟨nur Pl.⟩ *Anstand, gute Sitten;* ⟨nur in der Wendung⟩ jmdn. M. lehren *jmdm. die Meinung sagen, jmdn. energisch zurechtweisen;* ich will dich M. lehren! [lat.]

Mo|res|ca ⟨f., -, -res|che [-reske]; 15.–17. Jh.⟩ *in ganz Europa verbreiteter, pantomimischer Tanz;* auch: Morisca, Moriske [ital., zu moro ,,Maure", eigtl. ,,maurischer Tanz"]

Mo|res|ke ⟨f.11⟩ → Maureske

mor|ga|na|tisch ⟨Adj., o.Steig.⟩ *ungesetzlich;* ⟨nur in der Fügung⟩ ~e Ehe *Ehe zur linken Hand* [< mlat. morganatica, in der Fügung ad morganaticam ,,auf (bloße) Morgengabe hin, aufgrund einer Morgengabe" zu ahd. morgangifa, morgangeba ,,Morgengabe", d.h. ,,Gabe des Ehemanns an die Ehefrau nach der Hochzeitsnacht"]

mor|gen ⟨Adv.⟩ **1** *am folgenden, kommenden Tag, Tag nach heute;* m. früh, mittag; das können wir m. tun; m. in einer Woche; Dienstag m. **2** ⟨nachgestellt⟩ *in der Frühe;* gestern, heute m. **3** *zukünftige Zeit;* der Mensch von m.; m. wird alles besser, anders **4** ⟨als Subst.⟩ das Morgen *die Zukunft;* sich (nicht) um das Morgen kümmern

Mor|gen ⟨m.7⟩ **1** *Tagesbeginn;* am M.; früh am M.; am frühen M.; des ~s; guten M.! ⟨Gruß⟩; jmdm. einen guten M. wünschen *jmdn. begrüßen;* schön wie am jungen M. ⟨scherzh.⟩ *jugendlich frisch, schön* **2** ⟨†⟩ *Osten;* gen M. fahren **3** *Feldmaß unterschiedlicher Größe, 25–35 a, so viel Land, das man mit einem Gespann an einem Morgen umpflügen kann;* fünf M. Land

mor|gend ⟨Adj., o.Steig.; nur als Attr.; †⟩ *morgig;* der ~e Tag

mor|gend|lich ⟨Adj., o.Steig.; nur als Attr.⟩ *am Morgen (geschehend);* das ~e Aufstehen; die ~e Kühle

Mor|gen|frü|he ⟨f., -, nur Sg.⟩ *der frühe Morgen;* in der M.

Mor|gen|ga|be ⟨f.11; früher⟩ *Geschenk des Ehemanns für die Frau am Morgen nach der Hochzeitsnacht*

Mor|gen|grau|en ⟨n., -s, nur Sg.⟩ *Anbruch des Tages;* bei M.

Mor|gen|kleid ⟨n.3⟩ → Morgenrock

Mor|gen|land ⟨n., -(e)s, nur Sg.⟩ *der Nahe, Mittlere und Ferne Osten, der Orient;* Ggs. Abendland

mor|gen|län|disch ⟨Adj., o.Steig.⟩ *zum Morgenland gehörig, orientalisch;* Ggs. abendländisch

Mor|gen|luft ⟨f.2⟩ *frische, kühle Luft des Morgens;* M. wittern ⟨ugs.⟩ *einen Vorteil für sich ahnen*

Mor|gen|rock ⟨m.2⟩ *fußlanges, mantelähnliches Kleidungsstück als bequeme Kleidung nach dem Aufstehen;* Syn. Morgenkleid

Mor|gen|rot ⟨n., -s, nur Sg.⟩, **Mor|gen|rö|te** ⟨f., -, nur Sg.⟩ *Rotfärbung des Horizonts zur Zeit des Sonnenaufgangs;* Syn. Abendrot, Abendröte; das Morgenrot, die Morgenröte einer Entwicklung ⟨übertr.⟩ *der (vielversprechende) Anfang einer Entwicklung*

mor|gens ⟨Adv.⟩ *am Morgen, in der Frühe;* m. aufstehen; Dienstag m.

Mor|gen|stern ⟨m.1⟩ ⟨MA⟩ *keulenartige Schlagwaffe, deren kugelförmiges, an einer Kette hängendes Ende mit eisernen Zacken besetzt ist* **2** *der Planet Venus, der um die Zeit des Sonnenaufgangs am Osthimmel zu sehen ist;* vgl. Abendstern

mor|gen|wärts ⟨Adv.; †⟩ *gegen Osten;* Ggs. abendwärts

Mor|gen|wei|te ⟨f., -, nur Sg.⟩ *Winkelabstand zwischen dem Ostpunkt des Horizonts und dem Aufgangspunkt eines Gestirns;* Ggs. Abendweite

mor|gig ⟨Adj., o.Steig.⟩ *am nächsten Tag, morgen stattfindend;* am ~en Vormittag

mo|ri|bund ⟨Adj., o.Steig.⟩ **1** *dem Tod geweiht* **2** ⟨Med.⟩ *im Sterben liegend* [< lat. moribundus ,,sterbend, dem Tod nahe", zu morbus ,,Krankheit", → morbid]

Mo|ris|ca ⟨f., -, -ris|che [-riske]⟩, **Mo|ris|ke** ⟨f.11⟩ → Moresca

Mo|ris|ken ⟨Pl.⟩ *die in Spanien nach Ende der Maurenherrschaft zurückgebliebenen Mauren*

Mo|ri|tat ⟨f.10⟩ **1** *Lied der Bänkelsänger, in dem eine schaurige Begebenheit, ein schrecklicher Unglücksfall vorgetragen wird (meist mit Drehorgelbegleitung), Schauerballade* **2** *die schreckliche Begebenheit selbst* [wahrscheinlich zusammengezogen < Moralität im Sinne von ,,lehrhaftes moralisches Schauspiel", wie es am Ende des MA beliebt war, → Moral]

Mor|mo|ne ⟨m.11⟩ *Angehöriger einer nordamerikanischen christlichen Sekte nach dem Propheten Mormon, dem ein Abschnitt des nach ihm benannten Buches ,,Mormon" zugeschrieben wird*

mor|mo|nisch ⟨Adj., o.Steig.⟩ *zu den Mormonen gehörig, in der Art der Mormonen*

mo|ros ⟨Adj., ~er, am morosesten; †⟩ *mürrisch, verdrießlich* [< lat. morosus ,,eigenwillig", zu mos, Gen. moris ,,Eigenwille"]

Mo|ro|si|tät ⟨f., -, nur Sg.; †⟩ *Verdrießlichkeit*

Mor|phe ⟨f., -, nur Sg.⟩ *Gestalt, Form, Aussehen* [griech.]

Mor|phem ⟨n.1; Sprachw.⟩ *kleinster bedeutungshaltiger Teil eines Wortes,* z.B. Bau(er), lieb(te)

Mor|phe|ma|tik ⟨f., -, nur Sg.⟩ *Lehre von den Morphemen*

Mor|phin ⟨n., -s, nur Sg.⟩ *aus Opium gewonnenes, schmerzlinderndes Alkaloid, das zum Morphinismus führen kann;* Syn. Morphium [nach Morpheus, dem griech. Gott des Schlafs und der Träume, vielleicht von dem von ihm geschaffenen Traumgestalten, zu morphe ,,Gestalt, Erscheinung"]

Mor|phi|nis|mus ⟨m., -, nur Sg.⟩ *chronische Vergiftung und Sucht durch Gewöhnung an Morphin*

Mor|phi|nist ⟨m.10⟩ *jmd., der morphinsüchtig ist*

Mor|phi|um ⟨n., -s, nur Sg.⟩ → Morphin

Mor|pho|ge|ne|se ⟨f.11⟩, **Mor|pho|ge|ne|sis** ⟨f., -, -ne|sen⟩ *Entwicklung von Gestalt und Form eines Lebewesens;* auch: Morphogenie [< griech. morphe ,,Gestalt, Form" und Genese]

mor|pho|ge|ne|tisch ⟨Adj., o.Steig.⟩ *auf Morphogenese beruhend*

Mor|pho|ge|nie ⟨f.11⟩ → Morphogenese

Mor|pho|lo|gie ⟨f., -, nur Sg.⟩ **1** ⟨allg.⟩ *Lehre von der Gestalt und Formbildung* **2** ⟨Biol.⟩ *Wissenschaft von den Zell-, Gewebe- und Körperformen* **3** ⟨Sprachw.⟩ **a** *Lehre von der Formenbildung der Wörter;* Syn. Formenlehre **b** *Wissenschaft von den Morphemen* **4** ⟨kurz für⟩ *Geomorphologie* [< griech. morphe ,,Gestalt, Form" und ...logie]

mor|pho|lo|gisch ⟨Adj., o.Steig.⟩ *die Morphologie betreffend, zu ihr gehörig, die Gestalt oder Form betreffend*

Mor|pho|me|trie ⟨f., -, nur Sg.⟩ *Vermessung von Geländeformen* [< griech. morphe ,,Gestalt, Form" und ...metrie]

morsch ⟨Adj., ~er, am morschesten⟩ *brüchig, zerfallend, nicht mehr haltbar;* ein ~er Balken; eine ~e Zivilisation; seine Knochen werden m. *seine Knochen werden steif und schmerzen oft*

Morsch|heit ⟨f., -, nur Sg.⟩

mor|schen ⟨V.1, hat gemorscht; o.Obj.⟩ *morsch werden*

Mor|se|al|pha|bet ⟨n., -s, nur Sg.⟩ *aus Punkten und Strichen bestehendes Alphabet zur Nachrichtenübermittlung durch Ton- oder Lichtsignale bzw. Stromimpulse* [nach dem Erfinder, dem Nordamerikaner Samuel Morse]

mor|sen ⟨V.1, hat gemorst⟩ **I** ⟨mit Akk.⟩ *in Zeichen des Morsealphabets übermitteln;* eine Nachricht m. **II** ⟨o.Obj.⟩ *das Morsealphabet beherrschen;* er kann m.

Mör|ser ⟨m.5⟩ **1** *Gefäß zum Zerkleinern harter Stoffe mit dem Stößel* **2** ⟨Waffentechnik⟩ **a** ⟨urspr.⟩ *ein Steilfeuergeschütz* **b** *leichtes Geschütz mit glattem Rohr und gekrümmter Flugbahn des Geschosses* [< lat. mortarium ,,Mörser"]

Mor|ta|del|la ⟨f., -, nur Sg.⟩ *(oft mit Pistazienstückchen gewürzte) Brühwurst aus fein zerkleinertem Kalb- oder Schweinefleisch* [ital., auch mortatella, ,,Wurst aus Schweinefleisch mit Speckstückchen", < lat. murtatus, myrtatus ,,mit Myrtenbeeren gewürzt", zu murtum, murta, myrtum, myrta ,,Myrtenbeere"]

Mor|ta|li|tät ⟨f., -, nur Sg.⟩ **1** *Sterblichkeit;* Ggs. Immortalität **2** *Zahl der Verstorbenen bezogen auf eine Bevölkerungsgruppe;* Syn. Sterblichkeitsziffer [< lat. mortalitas, Gen. -atis ,,Sterblichkeit", zu mortalis ,,sterblich", zu mors, Gen. mortis ,,Tod"]

Mör|tel ⟨m.5⟩ *aus Sand, Kalk oder Zement und Wasser bestehendes Bindemittel für Mauerwerk;* Syn. Mauerspeis, Speis [< mhd. mortel, morter < lat. mortarium ,,Mörser", eigtl. ,,das, was im Mörser enthalten ist"]

mör|teln ⟨V.1, hat gemörtelt; mit Akk.⟩ *mit Mörtel verputzen;* eine Mauer m.

Mor|ti|fi|ka|ti|on ⟨f., -, nur Sg.⟩ *das Mortifizieren*

mor|ti|fi|zie|ren ⟨V.3, hat mortifiziert; mit Akk.⟩ **1** etwas m. **a** *abtöten, erstöten;* Begierden m. **b** *absterben lassen;* Körpergewebe m. **c** *für ungültig, kraftlos erklären;* eine Vorschrift, einen Vertrag m. **2** jmdn. m. ⟨†⟩ *beleidigen, kränken* [< kirchenlat. mortificare ,,töten", zu mors, Gen. mortis ,,Tod" und -ficare (in Zus. für facere) ,,machen"]

Mo|ru|la ⟨f., -, nur Sg.⟩ *bei vielzelligen Tieren und beim Menschen⟩ *erstes Entwicklungsstadium des Keims* [Verkleinerungsform von lat. morus ,,Maulbeere", wegen der Ähnlichkeit mit einer Maulbeere]

Mo|sa|ik ⟨n.12⟩ **1** *Einlegearbeit aus farbigen Steinchen, Stiften oder Glasstücken in Mauern oder Fußböden* **2** ⟨übertr.⟩ *sich aus vie-*

mosaisch

len Einzelteilen allmählich zusammensetzende Vorstellung [über frz. *mosaïque* < ital. *mosaico* „Mosaik", < mlat. *musaicum* in ders. Bed., zu lat. *museus, musivus* „musikalisch, in der Art der Musivarbeit, des Mosaiks", < griech. *mouseios* „zu den Musen und musischen Künsten gehörig", zu *mousa* „Muse, Musenkunst"]

mo|sa|isch ⟨Adj., o.Steig.⟩ *von Moses herrührend, jüdisch, israelisch;* die ~en Gesetze

Mo|sa|is|mus ⟨m., -, nur Sg.; †⟩ *Judentum* [nach *Moses,* dem Stifter der jüd. Religion]

Mo|sa|ist, Mo|sa|izist ⟨m.10⟩ *Künstler, der Mosaiken herstellt*

Mosch ⟨m., -s, nur Sg.; mdt.⟩ *Abfälle (bes. von Papier, Holz usw.), Überbleibsel, Ausschuß*

Mo|schee ⟨f.11⟩ *mohammedanische Kirche* [über frz. *mosquée,* span. *mezquita* < arab. *masğid* „Gebetshaus", eigtl. „Ort des Niederwerfens", < der Vorsilbe *ma...* zur Bez. des Orts einer Sache oder einer Tätigkeit und *sağada* „sich niederwerfen"]

mo|schen ⟨V.1, hat gemoscht; o.Obj.; mdt.⟩ *Verschwendung (mit etwas) treiben;* mit Papier m.

Mosch|pa|pier ⟨n., -s, nur Sg.; mdt.⟩ *Abfallpapier* [zu *Mosch*]

Mo|schus ⟨m., -, nur Sg.⟩ *aus der Drüsenabsonderung des Moschustiers gewonnener Riechstoff;* Syn. ⟨†⟩ *Bisam* [< griech. *moschos* < pers. *mušk* „Moschus", < Sanskrit *muska* „Hode", wegen der Ähnlichkeit mit der beutelförmigen Drüse am Bauch des männl. Moschustiers]

Mo|schus|bock ⟨m.2⟩ *metallischgrüner Bockkäfer (riecht nach Moschus)*

Mo|schus|ochse ⟨m.11⟩ *ein arktischer, rindähnlicher Hornträger, dessen Fleisch nach Moschus riecht*

Mo|schus|tier ⟨n.1⟩ *kleine zentralasiatische geweihlose Hirschart (aus deren Geschlechtsdrüsenabsonderung Moschus gewonnen wird)*

Mö|se ⟨f.11; derb⟩ **1** *Vagina* **2** ⟨Schimpfwort⟩ *Hure, Weibsbild* [< Gaunerspr. *Muß, Moß* „Frau"]

Mo|sel ⟨m.5; kurz für⟩ *Moselwein*

Mo|se|la|ner, Mo|sel|la|ner ⟨m.5⟩ *Einwohner des Mosellandes*

Mo|sel|wein ⟨m.1⟩ *(weißer, aus der Riesling-Rebe gekelterter) Wein aus dem Moselgebiet*

Mos|ki|to ⟨m.1; in warmen Ländern⟩ →*Stechmücke* [< span. *mosquito,* zu *mosca* „Fliege"]

Mos|ko|wi|ter ⟨m.5⟩ *Einwohner des ehemaligen russischen Gouvernements Moskau*

Mos|lem ⟨m.9⟩ *Angehöriger des Islams;* auch: *Muslim;* Syn. *Islamit, Mohammedaner,* ⟨†⟩ *Muselman* [< arab. *muslim* „ein sich (Gott) Ergebender", zu *aslama* „sich (Gott) ergeben, sich (Gott) hingeben"]

mos|le|mi|nisch, mos|le|misch ⟨Adj., o.Steig.⟩ *zu den Moslems gehörig;* Syn. *mohammedanisch, muslimisch*

Mos|li|me ⟨f.11⟩ *weiblicher Moslem;* Syn. *Mohammedanerin, Muslime, Islamitin,* ⟨†⟩ *Muselmanin*

mos|so ⟨Mus.⟩ *bewegt, lebhaft* [ital., Part. Perf. von *muovere* < lat. *movere* „bewegen"]

Most ⟨m.1⟩ **1** *frisch gepreßter, unvergorener Fruchtsaft* (Trauben~) **2** ⟨süddeutsch., schweiz.⟩ *vergorener Obstsaft (bestimmter gerbstoffreicher Apfel- oder Birnensorten)* **3** ⟨landsch.⟩ →*Federweiße(r)* [< lat. *mustum* „jung, frisch"]

mos|ten ⟨V.2, hat gemostet; o.Obj.⟩ *Most herstellen;* wir m. selbst

Mos|te|rei ⟨f.10⟩ *Betrieb, in dem Most hergestellt wird*

Mos|tert ⟨m., -s, nur Sg.; nordwestdt.⟩

Mos|trich ⟨m., -s, nur Sg.; nordostdt.⟩ →*Senf* (2) [< altfrz. *mostarde* „(mit Most angemachter) Senf"]

Mo|tel ⟨n.9⟩ *Hotel mit Appartements (und Garagen) an Autostraßen* [Kurzw. < engl. *motorist's hotel* „Hotel für Reisende mit Motorfahrzeug"]

Mo|tet|te ⟨f.11⟩ *mehrstimmiges, meist unbegleitetes (heute nur noch geistliches) Chorgesangsstück* [< altfrz. *motet,* mlat. *motetus* in ders. Bed., zu altfrz. *mot* „Wort"; urspr. war die Motette ein Musikstück, dem nachträglich ein Text unterlegt wurde, bzw. in dem ein gegebener Text (passend zur Melodie) verdeutlicht, umschrieben, erweitert]

Mo|ti|li|tät ⟨f., -, nur Sg.⟩ *Bewegungsvermögen, Beweglichkeit (bes. von Muskeln)* [zu lat. *motus* „Bewegung", zu *movere* „bewegen"]

Mo|ti|on ⟨f.10⟩ **1** *Bewegung* **2** ⟨schweiz.⟩ *schriftlicher Antrag (im Parlament)* **3** *Bildung der Genusformen beim Adjektiv*

Mo|tio|när ⟨m.1; schweiz.⟩ *jmd., der eine Motion (2) einreicht*

Mo|tiv ⟨n.1⟩ **1** *Leitgedanke* **2** *Beweggrund, Antrieb (für eine Handlung);* ein (kein) M. für m. Vorgehen, Verhalten haben; das M. der Tat ist nicht bekannt **3** *kennzeichnender inhaltlicher Bestandteil einer Dichtung* (Märchen~); das M. der feindlichen Brüder **4** *kleinste charakteristische Tonfigur einer Melodie oder eines musikalischen Themas* **5** ⟨bildende Kunst und Mal.⟩ *Gegenstand der Darstellung* (Ranken~) [< frz. *motif* in ders. Bed., < mlat. *motivum* „Ursache, Antrieb, Beweggrund", als Adj. „Bewegung verursachend", < lat. *motio* „Bewegung", zu *movere* „bewegen"]

Mo|ti|va|ti|on ⟨f.10⟩ *Gestimmtsein, innere Bereitschaft für ein Motiv (2);* ihm fehlt die M.

mo|ti|vie|ren ⟨V.3, hat motiviert; mit Akk.⟩ **1** *etwas m. seinen Motiven heraus begründen;* eine Handlung, ein Verhalten m.; er kann seine Handlungsweise selbst nicht m.; er hat sein Vorgehen damit motiviert, daß er unerträglich gereizt worden sei **2** *jmdn. m. jmdm. ein Motiv geben, etwas zu tun, jmdn. zu etwas anregen;* jmdn. zu einer Beschäftigung m. **Mo|ti|vie|rung** ⟨f., -, nur Sg.⟩

Mo|ti|vik ⟨f., -, nur Sg.⟩ *Kunst der Verarbeitung von Motiven*

mo|ti|visch ⟨Adj., o.Steig.⟩ *auf ein Motiv bezüglich, ein Motiv, die Motive betreffend*

Mo|to-Cross ⟨n.1; Motorradsport⟩ *Geschicklichkeitswettbewerb beim Geländefahren* [Kurzw. < engl. *motorcycle* „Motorrad" und *to cross* „kreuzen, durchqueren"]

Mo|to|drom ⟨n.1⟩ *Rennbahn für Motorrennen;* Syn. *Autodrom* [< *Motor* und griech. *dromos* „Rennbahn, Platz zum Laufen", nach *Hippodrom* gebildet]

Mo|tor ⟨auch [-tɔr] m.13 oder m.12⟩ **1** *Maschine zum Erzeugen von mechanischer Arbeitskraft* **2** ⟨übertr.⟩ *Triebkraft (zu tun)* [< lat. *motor* „Beweger", zu *movere* „bewegen"]

Mo|tor|boot ⟨n.1⟩ *durch einen Verbrennungsmotor angetriebenes Boot*

Mo|tor|fahr|zeug ⟨n.1⟩ →*Kraftfahrzeug*

Mo|to|rik ⟨f., -, nur Sg.⟩ **1** *die willkürlichen Bewegungsabläufe des Körpers* **2** ⟨übertr.⟩ *gleichmäßig wiederholter Bewegungsablauf* **3** *Bewegungsart* [zu *Motor*]

mo|to|risch ⟨Adj., o.Steig.⟩ *die Motorik betreffend, zu ihr gehörig;* ~e Zentren der Hirnrinde

mo|to|ri|sie|ren ⟨V.3, hat motorisiert⟩ **I** ⟨mit Akk.⟩ *etwas m. mit Kraftmaschinen, mit Kraftfahrzeugen ausstatten;* einen Betrieb m.; der motorisierte Verkehr *der Verkehr mit Kraftfahrzeugen;* motorisiert sein *ein Auto haben* **II** ⟨refl.⟩ *sich m.* ⟨scherzh.⟩ *sich ein Auto kaufen*

Mo|tor|rad ⟨n.4⟩ *Zweiradfahrzeug mit einer Höchstgeschwindigkeit über 40 km/h und massivem Fahrzeugrahmen;* Syn. ⟨Mil.⟩ *Krad,* ⟨Amtsspr.⟩ *Kraftrad*

Mo|tor|rol|ler ⟨m.5⟩ *Motorrad mit kleinen Rädern an niedrigem Rahmen und mit Spritzschutz und Sitzbank;* Kurzw. *Roller*

Mo|tor|seg|ler ⟨m.5⟩ **1** *Segelflugzeug mit Hilfsmotor* **2** *Segelschiff mit Hilfsmotor*

Mo|tor|sport ⟨m., -(e)s, nur Sg.⟩ *mit getriebenen Fahrzeugen betriebene Sportart (Automobil-, Motorrad-, Motorbootsport)*

Mo|tor|sprit|ze ⟨f.11⟩ *durch einen Motor angetriebene Wasserspritze (bes. bei der Feuerwehr)*

Mot|te ⟨f.11⟩ **1** *kleiner Nachtfalter* (Gespinst~, Kleider~) **2** ⟨ugs.⟩ *kleiner, unscheinbarer Falter* (Kohl~)

Mot|ten|ku|gel ⟨f.11; früher⟩ *unangenehm riechendes Mittel in Kugelform zur Bekämpfung von Kleidermotten*

Mot|to ⟨n.9⟩ *Leit-, Wahlspruch* [ital., < vulgärlat. *mottum, muttum* „dumpfer Ton, Muckser, Grunzen", zu lat. *muttire* „halblaut reden, murmeln"]

Mo|tu|pro|prio ⟨n.9⟩ *nicht auf Eingaben beruhender Erlaß des Papstes* [lat., „aus eigenem Antrieb"]

mot|zen ⟨V.1, hat gemotzt; o.Obj.⟩ **1** ⟨ugs.⟩ *schimpfen, nörgeln* **2** ⟨westdt.⟩ *schmollen* [< rhein. *mutzen* <*muchezzen* „schmollen, trotzig sein, schlechter Laune sein", zu *Mutz* „verdrießlicher Mensch"]

mot|zig ⟨Adj.⟩ **1** ⟨ugs.⟩ *unzufrieden, nörgelnd* **2** ⟨westdt.⟩ *schmollend*

mouil|lie|ren [muji-] ⟨V.3, hat mouilliert; mit Akk.⟩ *in einem Konsonanten m. erweichen, statt eines oder zweier gleicher Konsonanten ein j sprechen, nach einem Konsonanten ein j nachklingen lassen,* z.B. brillant [briljant], Señor [seɲor], frz. fille [fijə]; Syn. *palatalisieren* [< frz. *mouiller* „naß machen, durch Benetzen erweichen, einweichen", zu *mou,* vor Vokalen *mol,* Fem. *molle,* < lat. *mollis* „weich"]

Mou|la|ge [mulaʒə] ⟨f.11⟩ **1** *Abdruck, Abguß* **2** *farbiges Wachsmodell (des Körpers oder von Körperteilen)* [frz., „Abguß, Abdruck", zu *moule* „Form, Modell", < lat. *modulus* „Maß", Verkleinerungsform von *modus* „Maß"]

Mou|li|né [muline] m.9 **1** *Zwirn aus zwei verschiedenfarbigen Garnen* **2** *Gewebe daraus;* auch: *Mulinee* [zu frz. *mouliner* „zwirnen", zu *moulin* „Mühle", < lat. *mola* „Mühlstein", Pl. *molae* „Mühlsteine; Mühle"]

mou|li|nie|ren [mu-] ⟨V.3, hat mouliniert; mit Akk.⟩ *zwirnen;* auch: *mulinieren;* Seide m. [zu *Mouliné*]

Mound [maund] m.9; im vorkolumbian. Amerika⟩ *Grabhügel, Tempelhügel* [engl., „Hügel"]

Mousse [mus] f.9⟩ *mit Eischnee gemischte Speise;* M. au chocolat [frz., „Schaum, Schlagsahne", < lat. *mulsa* „mit Honig gesüßt", zu *mel* „Honig"]

mous|sie|ren [mu-] ⟨V.3, hat moussiert; o.Obj.⟩ *schäumen, prickeln;* der Wein moussiert; Sekt moussiert [< frz. *mousser* „schäumen", zu *mousse* „Schaum"]

Mou|sté|ri|en [musteriɛ̃] n., -s, nur Sg.⟩ *Stufe der jüngeren Altsteinzeit* [nach dem frz. Fundort *Le Moustier*]

Mo|vens ⟨n., -, nur Sg.⟩ *treibende Kraft, Beweggrund* [lat. Part. Präs. von *movere* „bewegen", also „das Bewegende"]

mo|vie|ren ⟨V.3, hat moviert; mit Akk.⟩ *ein Adjektiv m. beugen, die Genusformen nach dem Geschlecht des zugehörigen Substantivs bilden*

Möw|chen [møf-] n.7⟩ *(aus einer Prachtfinkenart gezüchteter) Stubenvogel mit braunweiß-scheckigem Gefieder;* Japanisches M.

Mö|we ⟨f.11⟩ *(meist vorwiegend weiß oder weiß-grau-schwarz gefärbter) Vogel der Küsten und Binnengewässer mit kräftigem Schnabel und Schwimmhäuten an den Füßen und langen spitzen Flügeln* (Lach~, Silber~) [Herkunft unklar, vielleicht lautnachahmend]

Mozaraber ⟨m.5⟩ *Christ in Spanien während der arabischen Herrschaft, der die arabische Sprache und Kultur angenommen hat* [< arab. *musta'rib* ,,sich den Arabern Angleichender", zu *ista'raba* ,,sich den Arabern angleichen, die Sitten der Araber übernehmen"]

mozarabisch ⟨Adj., o.Steig.⟩ *zu den Mozarabern gehörend, in der Art der Mozaraber*

Mozartzopf ⟨m.2⟩ *am Hinterkopf angeflochtener Zopf*

mp 1 ⟨Zeichen für⟩ *Millipond* **2** ⟨Abk. für⟩ *mezzopiano*

MP ⟨Abk. für⟩ *Maschinenpistole*

m. p. ⟨Abk. für⟩ *manu propria*

M.P. ⟨Abk. für⟩ *Member of Parliament (Mitglied des britischen Parlaments)*

m. pp., m. pr. ⟨Abk. für⟩ *manu propria*

Mr. ⟨Abk. für⟩ *Mister*

Mrd. ⟨Abk. für⟩ *Milliarde(n)*

Mrs. ⟨Abk. für⟩ *Mistress*

Ms. ⟨Abk. für⟩ *Manuskript*

m. s. ⟨Abk. für⟩ *mano sinistra*

m/s, m/sec ⟨Zeichen für⟩ *Meter pro Sekunde, Metersekunde*

Msgr. ⟨Abk. für⟩ *Monsignore*

Mskr. ⟨Abk. für⟩ *Manuskript(e)*

M+S-Reifen ⟨m.7⟩ → *M- und S-Reifen*

Mss. ⟨Abk. für⟩ *Manuskripte*

Mt ⟨Zeichen für⟩ *Megatonne*

MTA ⟨Abk. für⟩ *medizinisch-technische Assistentin*

Muchtar ⟨m.9; in der Türkei⟩ *Gemeindevorsteher* [türk.]

Mucke ⟨-k|k-; f.11; ugs.⟩ **1** ⟨bei Personen, Haustieren⟩ *Laune, Grille, Unart;* er, das Pferd hat seine ~n **2** ⟨bei Maschinen, Geräten⟩ *von Zeit zu Zeit auftretender kleiner Defekt, kleine Störung*

Mücke ⟨-k|k-; f.11⟩ *schlanker Zweiflügler mit langen, dünnen Beinen, kleinem Kopf und langen Fühlern* (Kriebel~, Stech~)

Muckefuck ⟨-k|k-; m.; -s, nur Sg.⟩ *Kaffee-Ersatz, Malzkaffee,* ⟨auch⟩ *zu dünn gebrühter oder zweimal aufgebrühter Kaffee* [< rhein. *Muck* ,,Kaffee-Ersatz", eigtl. ,,Schlamm", und *fuck, fuckig* ,,edelfaul"]

mucken ⟨-k|k-; V.1, hat gemuckt; o.Obj.⟩ *murren, aufbegehren;* auch: *mucksen; etwas ohne zu m. tun*

Mucker ⟨-k|k-; m.5; ugs.⟩ *mürrischer oder scheinheiliger Mensch, Duckmäuser*

muckschen ⟨V.1, hat gemuckscht; o.Obj.; mdt.⟩ *schmollen, beleidigt sein*

mucksen ⟨V.1, hat gemuckst⟩ **I** ⟨o.Obj.⟩ → *mucken* **II** ⟨refl., meist verneinend⟩ *sich nicht m., sich nicht rühren, keine Bewegung machen, keinen Laut von sich geben*

muckmäuschenstill ⟨Adj., o.Steig. nur als Adv. und mit ,,sein"⟩ *ganz, völlig still;* er war m.; sich m. verhalten

Mucor ⟨m., -s, nur Sg.⟩ *der häufigste Schimmelpilz (z.B. auf Brot)* [lat., ,,Schimmel"]

Mud, Mudd ⟨m., -s, nur Sg.⟩ *grauer bis schwarzer kalkarmer, stark wasserhaltiger Schlick (bes. in der Ostsee)* [nddt., ,,Schlamm, Morast"]

Muddel ⟨m., -s, nur Sg.; mdt., norddt.⟩ *planlose, liederliche Arbeit* [zu *muddeln*]

muddeln ⟨V.1, hat gemuddelt; o.Obj.⟩ **1** ⟨norddt.⟩ *spielerisch wühlen; im Schlamm m.* **2** ⟨mdt., bes. sächs.⟩ *unordentlich, unsachgemäß arbeiten*

muddig ⟨Adj.⟩ *wie Mud(d), voller Mud(d)*

müde ⟨Adj.⟩ **1** *ermattet, schlafbedürftig;* ein ~s Kind; m. sein; m. werden **2** *erschöpft, erlahmt;* seine ~n Glieder ausruhen; jmds., einer Sache m. sein *jmds., einer Sache überdrüssig sein, jmdn., eine Sache los sein wollen; etwas ~ tun etwas andauernd, unaufhörlich tun*

Mudejar-Stil ⟨[-xar-] m., -(e)s, nur Sg.⟩ *spanischer Kunststil besonders im 14. Jahrhundert mit maurischen Elementen* [< span. *Mudejar* ,,Maure in Spanien unter christlicher Herrschaft", < arab. *mudaǧǧan* ,,dem erlaubt ist, sich aufzuhalten (wo er ist)"]

Müdigkeit ⟨f., -, nur Sg.⟩ *Zustand des Müdeseins;* gegen die M. ankämpfen

Mudir ⟨m.1⟩ **1** *Vorsteher einer ägyptischen Provinz* **2** ⟨Titel für⟩ *türkische Beamten* [arab.-türk.]

Muezzin ⟨m.9; im Islam⟩ *Gebetsrufer* [türk., < arab. *mu'aḏḏin* ,,...(zum Gebet) Aufrufender", zu *aḏan* ,,Gebetsruf"]

Muff¹ ⟨m., -(e)s, nur Sg.⟩ *feuchte, dumpfe Luft, fauliger, moderiger Geruch* [< ndrl. *muff* ,,Schimmel, dumpfe Luft", germ. Ursprungs]

Muff² ⟨m.1⟩ *Kleidungsstück (meist aus Pelz) zum Wärmen beider Hände* [< frz. *moufle* ,,Fausthandschuh", < mlat. *muffula*, vielleicht zu fränk. *mocha* ,,Handschuhe"]

Müffchen ⟨Pl.⟩ *Pulswärmer*

Muffe ⟨f.11⟩ *Verbindungsstück für Kabel- und Rohrenden* [zu *Muff²*, wegen der Form]

Muffel¹ ⟨f.11⟩ *feuerfestes, verschließbares Gefäß zum Brennen von empfindlichen Töpferwaren als Schutz vor den Feuergasen* [zu *Muff²*]

Muffel² ⟨n.5⟩ → *Mufflon*

Muffel³ ⟨m.5⟩ **1** ⟨ugs.⟩ *mürrischer, verdrießlicher Mensch* **2** ⟨bei Schafen und Ziegen⟩ *heller Fleck über der Nase* [wahrscheinlich zu nddt. *muffeln, muffen* ,,langsam kauen, mit halbgeschlossenem Mund undeutlich sprechen" (zu *Muff* ,,der letzte beim Essen"), auch ,,kauen und dabei in sich hineinreden", wohl lautmalend]

...muffel ⟨in Zus.⟩ **1** *jmd., der eine Abneigung gegen etwas hat oder gleichgültig einer Sache gegenüber ist, z.B.* Fernsehmuffel, Sexmuffel **2** *jmd., der zu gewissen Zeiten mürrisch, wortkarg ist, z.B.* Morgenmuffel

muffelig ⟨Adj.; ugs.⟩ *mürrisch, verdrießlich;* auch: *mufflig;* Syn. *muffig* **Muffeligkeit** ⟨f., -, nur Sg.⟩

muffeln¹ ⟨V.1, hat gemuffelt; ugs.⟩ **I** ⟨o.Obj.⟩ *mürrisch sein, schlechter Laune sein;* er muffelt schon den ganzen Morgen **II** ⟨mit Akk. oder o.Obj.⟩ *undeutlich reden, (etwas) undeutlich sagen;* muffle doch nicht so!; ein paar Worte m.

muffeln² ⟨V.1, hat gemuffelt; o.Obj.; ugs.⟩ auch: *muffen* **1** *faulig, moderig, ungelüftet riechen;* die Kleider m.; im Keller muffelt es **2** *einen fauligen, schimmeligen Geschmack haben;* der Wein, das Brot muffelt

Muffelwild ⟨n., -(e)s, nur Sg.; Jägerspr.⟩ → *Mufflon*

muffen ⟨V.1, hat gemufft⟩ → *muffeln²*

muffig¹ ⟨Adj.⟩ *schimmelig, moderig*

muffig² ⟨Adj.⟩ → *muffelig*

mufflig ⟨Adj.⟩ → *muffelig*

Mufflon ⟨m.9⟩ (urspr. *auf Korsika und in Sardinien vorkommendes) Wildschaf mit (beim Bock) großen, schneckenförmig gedrehten Hörnern;* Syn. *Muffel,* ⟨Jägerspr.⟩ *Muffelwild* [< frz. *mouflon* < kors. *muffolo* < spätlat. *mufro* ,,Wildschaf"]

Mufti ⟨m.9⟩ *mohammedanischer Rechtsgelehrter, der Gutachten nach religiösem Recht abgibt* [< arab. *al-mufti* ,,der Erteiler von Rechtsgutachten, der Ausleger des islamischen Rechts"]

mugelig, muglig ⟨Adj., o.Steig.⟩ *nach oben gewölbt;* ~er Schliff von Edelsteinen [< spätmhd. *mugel*, mhd. *mocke* ,,Klumpen, Brocken"]

Mühe ⟨f.11⟩ *schwierige Arbeit, Anstrengung;* sich M. geben *sich anstrengen;* M. mit etwas, jmdm. haben; es lohnt die M. (nicht); das macht, kostet viel, keine M.; die M. kannst du dir sparen *das hat keinen Zweck;* das ist verlorene M. *das lohnt die Arbeit nicht;* es ist der M. wert *es lohnt sich;* mit Müh' und Not *gerade noch*

mühelos ⟨Adj., o.Steig.⟩ *keine Mühe verursachend, ohne Mühe, leicht;* es ging ganz m.; er schafft es m.; diese Übungen sehen m. aus

Mühelosigkeit ⟨f., -, nur Sg.⟩ *das Mühelossein;* sein Eiskunstlauf macht den Eindruck der (völligen) M.

muhen ⟨V.1, hat gemuht; o.Obj.⟩ *muh! brüllen;* die Kuh muht

mühen ⟨V.1, hat gemüht; refl.⟩ *sich m. sich sehr anstrengen;* sie mühten sich vergebens, den Balken hochzuheben; sich mit einer Arbeit m.; er hat sich so gemüht, rechtzeitig fertig zu werden

mühevoll ⟨Adj.⟩ *Mühe erfordernd;* eine ~e Arbeit; ein ~er Aufstieg

Mühlbach ⟨m.1⟩ *Bach, der ein Mühlrad treibt*

Mühle ⟨f.11⟩ **1** (durch Wind, Wasser oder Motor angetriebene) *Anlage zum Mahlen, Zerkleinern (bes. von Getreide)* (Wind~, Wasser~, Säge~, Papier~); das ist Wasser auf seine M. ⟨übertr., ugs.⟩ *das unterstützt, bekräftigt seine Ansicht;* jmdn. durch die M. drehen ⟨ugs.⟩ *jmdn. in Bedrängnis bringen, jmdn. energisch, hart anpacken, streng prüfen* **2** *kleines Gerät mit Hand- oder Motorantrieb zum Mahlen* (Kaffee~, Gewürz~) **3** ⟨kurz für⟩ *Mühlespiel* **4** ⟨scherzh.⟩ *altes, schlechtes Fahrzeug* [< lat. *molinae* (Pl.) ,,Mühle", zu *molere* ,,mahlen"]

Mühlenbereiter ⟨m.5⟩ *Vorarbeiter in einer Papiermühle*

Mühlenbescheider ⟨m.5⟩ *erster Müllergehilfe*

Mühlespiel ⟨n.1⟩ *ein Brettspiel für zwei Personen, bei dem drei Steine in eine bestimmte Stellung (Mühle) gebracht werden müssen, wobei man dem Gegner einen Stein wegnehmen kann*

Mühlknappe ⟨m.11⟩ *Müllergeselle*

Mühlrad ⟨n.4⟩ *eine Mühle (1) antreibendes Wasserrad*

Mühlstein ⟨m.1⟩ *jeder der beiden radförmigen Steine, zwischen denen das Mahlgut zerrieben wird;* Syn. *Mahlstein*

Mühlsteinkragen ⟨m.7; 16./17. Jh.⟩ *dicht gefaltete und steif gestärkte Halskrause*

Mühlwerk ⟨n.1⟩ *Getriebe einer Mühle*

Muhme ⟨f.11; †⟩ *Tante*

Mühsal ⟨f.1⟩ *große Anstrengung, Plage*

mühsam ⟨Adj.⟩ *Mühe verursachend, anstrengend, schwierig;* eine ~e Arbeit **2** ⟨als Adv.⟩ *mit Mühe;* m. Atem holen; sich m. aufrichten

mühselig ⟨Adj.⟩ **1** *mühsam, große Mühe (und Sorgfalt) erfordernd;* eine ~e Arbeit; in ~er Kleinarbeit **2** ⟨als Adv.⟩ *mit großer Mühe (und Sorgfalt oder Anstrengung), mit Mühe etwas zusammensetzen;* m. die Treppe hinaufsteigen **Mühseligkeit** ⟨f., -, nur Sg.⟩

mukös ⟨Adj.; Med.⟩ *schleimig* [< lat. *mucosus* ,,schleimig, rotzig", zu *mucus* ,,Schleim, Rotz"]

Mulatte ⟨m.11⟩ *Mischling aus einem europiden und einem negriden Elternteil* [< span. *mulato* in ders. Bed., zu *mulo* < lat. *mulus* ,,Maulesel, Maultier"]

Mulch ⟨m.1; Gartenbau⟩ *Deckschicht aus Stroh, Torf oder Gras*

Mulche ⟨f.11; alemann.⟩ *Milch (für die Käserei)*

Mulchen ⟨n., -s, nur Sg.; schweiz.⟩ *Ertrag an Milcherzeugnissen*

Mulde ⟨f.11⟩ **1** *flache Vertiefung im Gelände* **2** ⟨landsch.⟩ *flaches, großes Gefäß* (Back~)

Muli ⟨n.9; süddt., österr.⟩ *Maultier, Maulesel* [als Sg. verwendete Pluralform von lat. *mulus* ,,Maulesel, Maultier"]

Mulinee ⟨m.9⟩ → *Mouliné*

mulinieren ⟨V.3, hat muliniert⟩ → *moulinieren*

Mull¹ ⟨m., -s, nur Sg.⟩ *feines, lockeres Baumwollgewebe (bes. für Verbände)* (Verband~)

Mull

Mull¹ [< engl. *mull*, gekürzt < *mulmul* < Hindi *malmal* „Musselin", also „lockeres Gewebe"]

Mull² ⟨m., -(e)s, nur Sg.⟩ kurz für *Torfmull*

Müll ⟨m., -s, nur Sg.⟩ *Abfall, Kehricht, nicht mehr verwertbare Stoffe oder Gegenstände (Haushalts~, Industrie~)* [< mnddt. *mul, mull* „Staub", zu ahd. *mullen* „zerreiben"]

Mul|la ⟨m.9; Titel für⟩ *mohammedanischer Geistlicher oder Gelehrter*; auch: *Molla, Mullah* [< pers. und Hindi *mullā*, türk. *molla*, < arab. *maulā* „Herr"]

Müll|ab|fuhr ⟨f.10⟩ *Beseitigung von Müll durch Spezialfahrzeuge (der Stadt oder Gemeinde)*

Mul|lah ⟨m.9⟩ → *Mulla*

Müll|de|po|nie ⟨f.11⟩ → *Schuttablageplatz*

Müll|ei|mer ⟨m.5⟩ *Eimer, mit dem der Haushaltmüll zur Mülltonne gebracht wird*; Syn. ⟨norddt.⟩ *Ascheimer*

Mül|ler ⟨m.5⟩ *jmd., der berufsmäßig in der Müllerei arbeitet* [zu *Mühle*]

Mül|le|rei ⟨f.10⟩ **1** ⟨nur Sg.⟩ *Erzeugung von Mehl durch Mahlen von Getreide* **2** *Betrieb dazu*

Mül|le|rin ⟨f.10, früher⟩ *Frau oder Tochter eines Müllers*

Mül|ler-Thur|gau ⟨m., -s, nur Sg.⟩ **1** *hellfruchtige Rebsorte* **2** *daraus hergestellter Wein* [nach dem Züchter Hermann *Müller-Thurgau*]

Müll|kip|pe ⟨f.11⟩ → *Schuttablageplatz*

Müll|mann ⟨m.4; ugs.⟩ → *Müllwerker*

Müll|schlucker ⟨-k·k-; m.5; in Hochhäusern⟩ *mit einer Metallklappe versehener Schacht, durch den der Müll von den Wohnungen in einen Sammelbehälter geleitet wird*

Müll|ton|ne ⟨f.11⟩ ⟨oft tonnenförmiger⟩ *Großbehälter für den Haushaltmüll*; Syn. ⟨in Wien⟩ *Colonialkübel*

Müll|wer|ker ⟨m.5⟩ *jmd., der berufsmäßig bei der Müllabfuhr arbeitet*; Syn. ⟨südwestdt., schweiz.⟩ *Kübelmann*, ⟨ugs.⟩ *Müllmann*

Mulm ⟨m., -(e)s, nur Sg.⟩ **1** *getrocknetes, zerfallenes, locker pulverisiertes Holz* **2** *pulverförmige, humöse Erde* [zu (zer)*malmen*]

mul|mig ⟨Adj.⟩ **1** ⟨o.Steig.⟩ *wie Mulm, aus Mulm* **2** ⟨übertr., ugs.⟩ *gefährlich, bedenklich; die Sache wird m.* **3** ⟨übertr., ugs.⟩ *schlecht, übel, unwohl, ängstlich, bedenklich; mir ist, wird m.; ein ~es Gefühl haben*

Mul|ti ⟨m.6, meist Pl.; ugs.⟩ *kurz für* multinationales Unternehmen, multinationaler Konzern, multinationale (Handels-)Gesellschaft

mul|ti..., Mul|ti... ⟨in Zus.⟩ *viel, mehrfach*, z.B. *Multimillionär* [< lat. *multus*, Pl. *multi*, „viel"]

mul|ti|di|men|sio|nal ⟨Adj., o.Steig.⟩ *vielschichtig*

mul|ti|la|te|ral ⟨Adj.⟩ *mehr-, vielseitig, mehrere Personen oder Staaten umfassend*; ~e *Verträge*

mul|ti|li|ne|ar ⟨Adj., o.Steig.⟩ *verzweigt, in vielen Richtungen verlaufend*

Mul|ti|me|dia... ⟨in Zus.⟩ *mehrere Medien einbeziehend*, z.B. *Multimedia-Show, Multimedia-System* [< engl. *multimedia* in ders. Bed., < lat. *multus*, Pl. *multi*, „viel" und *Medium*]

mul|ti|me|di|al ⟨Adj., o.Steig.⟩ *aus mehreren Medien bestehend, für mehrere Medien bestimmt*

Mul|ti|me|di|en ⟨Pl.⟩ *Gesamtheit aller Informations- und Unterrichtsmittel*

Mul|ti|mil|lio|när ⟨m.1⟩ *mehrfacher, vielfacher Millionär*

mul|ti|na|tio|nal ⟨Adj., o.Steig.⟩ *mehrere Staaten umfassend, in mehreren Staaten vorhanden, in mehreren Staaten tätig*

Mul|ti|pa|ra ⟨f., -, -pa|ren⟩ *Frau, die mehrmals geboren hat*; vgl. *Nullipara, Primipara* [< lat. *multus*, Pl. *multi*, „viel" und *parere* „gebären, hervorbringen"]

mul|ti|pel ⟨Adj., o.Steig.⟩ *vielfach*; multiple Sklerose *Erkrankung des Zentralnervensystems mit vielen vorhandenen Verhärtungsherden und fortschreitenden Lähmungen* [< lat. *multiplex* „vielfach, vielteilig, vielfältig", < *multus*, Pl. *multi*, „viel" und *plexus* „geflochten", zu *plectere* „flechten, ineinanderfügen"]

Mul|ti|ple Choice [mʌltipl tʃɔis] ⟨n., - -, nur Sg.⟩ *Prüfverfahren, bei dem aus mehreren vorgegebenen Antworten die richtige herausgesucht werden muß, Auswahltest* [engl., „mehrfache Auswahl"]

mul|ti|plex ⟨Adj., o.Steig.⟩ *vielfältig* [lat., „vielfach, vielteilig"]

Mul|ti|pli|er ⟨[-plaiər] m.5⟩ *Elektronenvervielfacher* [zu *to multiply* „vervielfachen", über frz. *multiplier* < lat. *multiplicare*, → *multiplizieren*]

Mul|ti|pli|kand ⟨m.10⟩ *Zahl, die multipliziert werden soll (z.B. die 5 in 4 × 5)*; vgl. *Multiplikator*

Mul|ti|pli|ka|ti|on ⟨f.10⟩ *Grundrechenart, die auf das mehrfache Zusammenzählen gleicher Größen zurückgeht, Vervielfachung, das Malnehmen* [zu *multiplizieren*]

mul|ti|pli|ka|tiv ⟨Adj., o.Steig.⟩ *auf Multiplikation beruhend*

Mul|ti|pli|ka|tiv|zahl ⟨f.10⟩ *Vervielfältigungszahl*, z.B. *zweimal, dreifach*

Mul|ti|pli|ka|tor ⟨m.13⟩ *multiplizierende Zahl (z.B. die 4 in 4 × 5)*; vgl. *Multiplikand*

mul|ti|pli|zie|ren ⟨V.3, hat multipliziert⟩ → *malnehmen* [< lat. *multiplicare* „vervielfachen", < *multus*, Pl. *multi*, „viel" und *plicare* „falten"]

Mul|ti|plum ⟨n., -s, -pla; †⟩ *Vielfaches*

mul|ti|va|lent ⟨Adj., o.Steig.⟩ *mehr-, vielwertig, mehrere Lösungen zulassend*

Mul|ti|va|lenz ⟨f., -, nur Sg.⟩ *Vielwertigkeit, Möglichkeit vieler Lösungen*

Mul|ti|vi|bra|tor ⟨m.13⟩ *elektrische Schaltung mit zwei steuerbaren Elementen* [< lat. *multus*, Pl. *multi*, „viel" und *Vibrator*]

mul|tum, non mul|ta *viel, nicht vielerlei, d.h. ein Ganzes, nicht viele Einzelheiten*, ⟨übertr.⟩ *Tiefe, Gründlichkeit (nicht Breite und Oberflächlichkeit)* [lat.]

Mu|mie ⟨[-mjə] f.11⟩ *durch Einbalsamieren oder natürliche Austrocknung vor Verwesung geschützte Leiche* [über ital. *mummia* < pers. *mūmiyā* „Mumie", zu *mūm* „Wachs" (zum Einbalsamieren)]

Mu|mi|en|bild|nis ⟨n.1⟩, **Mu|mi|en|por|trät** ⟨n.9⟩ *auf Holz oder Leinwand gemaltes Bild des Verstorbenen, das auf das Gesicht der Mumie gelegt wird*

Mu|mi|fi|ka|ti|on ⟨f.10⟩ *das Mumifizieren*

mu|mi|fi|zie|ren ⟨V.3, hat mumifiziert; mit Akk.⟩ **1** ⟨Med.⟩ *eintrocknen lassen, absterben lassen; Gewebe m.* **2** *einbalsamieren; eine Leiche m.* [< *Mumie* und lat. *-ficare* (in Zus. für *facere*) „machen"]

Mumm ⟨m., -s, nur Sg.; ugs.⟩ *Kraft, Unternehmungsgeist, Energie, Mut* [wahrscheinlich aus der studentischen Redensart *keinen animum haben* „keinen Mut, keine Entschlossenheit", zu lat. *animus* ⟨Akk. *animum*⟩ „Energie, Mut, Selbstvertrauen"]

Mum|me¹ ⟨f.11⟩ *Maske, vermummte Person* [wahrscheinlich Lallwort]

Mum|me² ⟨f.11⟩ *dickes Braunschweiger Malzbier* [wahrscheinlich nach dem Erfinder Christian *Mumme*]

Mum|mel ⟨f.11; landsch.⟩ *gelbe Teichrose* [nach einem weiblichen Wassergeist]

Mum|mel|greis ⟨m.1; ugs.⟩ *gebrechlicher, zahnloser alter Mann*

Mum|mel|mann ⟨m.4; scherzh.⟩ *Hase* [zu *mümmeln*]

mum|meln¹ ⟨V.1, hat gemummelt⟩ → *mummen*

mum|meln² ⟨V.1, hat gemummelt; mit Akk. oder o.Obj.⟩ *undeutlich*, ⟨bes.⟩ *mit zahnlosem Mund reden, sagen; ein paar Worte m.*

müm|meln ⟨V.1, hat gemümmelt; mit Akk. oder o.Obj.⟩ **1** *mit raschen Bewegungen fressen; der Hase mümmelt; er mümmelt seinen Kohl* **2** *lange und in kleinen Bissen rasch kauen*

mum|men ⟨V.1, hat gemummt; mit Akk.⟩ *jmdn. oder sich in etwas m. behaglich, warm (ein)hüllen*; auch: *mummeln; ein Kind, einen Kranken, sich in eine Decke m.*

Mum|men|schanz ⟨m., -es, nur Sg.⟩ *Maskenfest, Maskenscherz* [zu *Mumme* († „verkleidete Person" und *Schanze*, früher „glücklicher Wurf beim Würfelspiel" (→ *Chance*), also eigtl. „Würfelspiel vermummter Personen oder mit vermummten Personen"]

Mum|my ⟨m.9⟩ *Auftraggeber eines Ghostwriters* [< engl. ugs. *mum* „still, schweigend", also „einer, der schweigt"]

Mum|pitz ⟨m., -es, nur Sg.⟩ *Unsinn* [< hess. *Mummbootz* „Gespenst, Kinderschreck", < *vermummen* „verhüllen, verkleiden" und *Boz, Bootzemann, Butzemann* „Kinderschreck, Vogelscheuche"]

Mumps ⟨m., -, nur Sg.⟩ *Infektionskrankheit mit Entzündung und Anschwellen der Ohrspeicheldrüsen*; Syn. *Bauernwetzel, Ziegenpeter* [engl., zu *mumpish* „griesgrämig, verdrießlich", zu *mump* († „Grimasse", wegen des grämlichen Aussehens der Erkrankten infolge der Schwellung]

Mund ⟨m.4⟩ **1** *(von den Lippen begrenzte) Öffnung im Gesicht zur Nahrungsaufnahme und zum Sprechen*; Syn. ⟨bei Hunden und Raubtieren⟩ *Fang*, ⟨bei anderen Tieren außer Vögeln⟩ *Maul, Schnauze*; *er hat den ganzen Abend den M. nicht aufgemacht* ⟨ugs.⟩ *er hat den ganzen Abend über nicht gesprochen; den M. voll nehmen* ⟨ugs.⟩ *übertreiben, prahlen; halt den M.!* ⟨ugs.⟩ *sei still!; ich habe lieber den M. gehalten ich habe lieber geschwiegen; jmdm. den M. stopfen jmdn.* (bes. durch Drohung, Bestechung) *zum Schweigen bringen; jmdm. den M. verbieten jmdn. verbieten, seine Meinung zu äußern; jmdm. den M. wäßrig machen* ⟨ugs.⟩ *jmdm. Appetit auf etwas, Lust zu etwas machen; den großen M. haben* ⟨ugs.⟩ *großsprecherisch, wichtigtuerisch reden; er ist nicht auf den M. gefallen* ⟨ugs.⟩ *er ist schlagfertig, er findet immer eine Entgegnung; die Sache ist schon in aller ~e die Sache ist schon überall bekannt; jmdm. die Antwort in den M. legen jmdn. so fragen, daß er in der gewünschten Weise antworten kann; ein Dichter läßt einer seiner Gestalten ein Wort, eine Äußerung sprechen; jmdn. nach dem M., zum ~e reden* ⟨ugs.⟩ *so reden, wie es jmd. hören möchte; jmdm. über den M. fahren jmdn. unhöflich beim Sprechen unterbrechen*; *Beatmung von M. zu M. (bei Bewußtlosen); die Nachricht ging von M. zu M. die Nachricht wurde überall weitererzählt* **2** *Öffnung, Ein- und Ausgang (Glocken~, Schacht~)* [< mhd., ahd. *mund* < got. *munþs* < altnord. *munnr, muðr* „Mund"; vgl. aber *Vormund*]

mun|dan ⟨Adj., o.Steig.⟩ *weltlich* [< lat. *mundanus* „weltlich", zu *mundus* „Welt"]

Mund|art ⟨f.10⟩ *im Rahmen einer größeren Sprachgemeinschaft in einem begrenzten Raum übliche Sprechweise*; Syn. *Dialekt*

Mund|art|dich|tung ⟨f.10⟩ *in einer Mundart abgefaßte Dichtung*; Syn. *Dialektdichtung*

mund|art|lich ⟨Adj., o.Steig.⟩ *zu einer Mundart gehörig, in einer Mundart*; Syn. *dialektisch*; ~*er Ausdruck; seine Sprechweise ist m. gefärbt*

Mün|del ⟨n.7⟩ *unter Vormundschaft stehende Person* [< *Vormund*]

Mün|del|geld ⟨n.7⟩ *vom Vormund verwaltetes Geld eines Mündels*

mün|del|si|cher ⟨Adj., o.Steig.⟩ *so sicher, daß man Mündelgeld verzinslich darin anlegen darf*; ~e *Papiere; Geld m. anlegen*

Mün|del|si|cher|heit ⟨f., -, nur Sg.⟩ vorgeschriebene Sicherheit, die für die Anlage von Mündelgeldern nötig ist

mun|den ⟨V.2, hat gemundet; mit Dat.; geh.⟩ jmdm. m. *jmdm. schmecken;* der Wein mundet mir vorzüglich

mün|den ⟨V.2, ist gemündet; mit Präp.obj.⟩ **1** in etwas m. *in etwas hineinfließen;* der Fluß mündet ins Meer **2** in, auf etwas m. *in, auf etwas enden;* die Gasse mündet in eine Straße; die Straße mündet auf einen Platz; diese Diskussionen m. immer in der gleichen Sackgasse (übertr.)

Mund|fäu|le ⟨f., -, nur Sg.⟩ *Entzündung der Mundschleimhaut mit Geschwürbildung und fauligem Mundgeruch*

mund|ge|recht ⟨Adj., o.Steig.⟩ *so beschaffen, daß es bequem gegessen werden kann;* ~e Stücke

Mund|ge|ruch ⟨m., -(e)s, nur Sg.⟩ *übelriechender Atem*

Mund|glied|ma|ßen ⟨Pl.⟩ → *Mundwerkzeuge*

Mund|har|mo|ni|ka ⟨f.9⟩ *kleines Musikinstrument, bei dem durch Blasen und Einziehen von Luft Metallzungen zum Schwingen gebracht werden*

Mund|höh|le ⟨f.11⟩ *von den zahnbesetzten Kiefern, den Wangen, dem Gaumen und der Muskulatur zwischen Unterkiefer und Zungenbein begrenzte Öffnung*

mün|dig ⟨Adj., o.Steig.⟩ *das vorgeschriebene Alter für bestimmte Rechtshandlungen habend;* Syn. *volljährig, großjährig, majorenn;* Ggs. *minderjährig, unmündig* **Mün|dig|keit** ⟨f., -, nur Sg.⟩

mün|dig|spre|chen ⟨V.146, hat mündiggesprochen; mit Akk.⟩ *amtlich für mündig erklären* **Mün|dig|spre|chung** ⟨f., -, nur Sg.⟩

Mun|di|um ⟨n., -s, -di|en; im alten dt. Recht⟩ *Schutzpflicht* [mlat., zu *Mund,* ahd. *munt* (im germ. Recht) „Gewalt (und Schutz) des Hausherrn über die im Haushalt lebenden Personen"]

münd|lich ⟨Adj., o.Steig.⟩ *in Form eines Gesprächs;* Ggs. *schriftlich;* ~e Prüfung; jmdm. etwas m. mitteilen

Mund|loch ⟨n.4; Bgb.⟩ *Öffnung einer Grube über Tage*

Mund|raub ⟨m., -(e)s, nur Sg.⟩ *Diebstahl von Lebensmitteln in kleiner Menge zum sofortigen Verbrauch*

Mund|schaft ⟨f.10; im alten dt. Recht⟩ *Schutzverhältnis*

Mund|schenk ⟨m.1; im alten Deutschen Reich⟩ *Hofbeamter, dem die Getränke anvertraut waren*

M-und-S-Rei|fen ⟨m.7; Kurzw. für⟩ *Matsch- und Schnee-Reifen, Autoreifen für Schneematsch und Pulverschnee mit besonderem Profil;* auch: *M+S-Reifen*

Mund|stück ⟨n.1⟩ *Teil eines Geräts, der in den Mund genommen oder an den Mund angelegt wird;* das M. eines Musikinstruments; Zigarette mit M.

mund|tot ⟨Adj., o.Steig.⟩ *zum Schweigen gebracht, unfähig zu widersprechen;* jmdn. m. machen *jmdn. zum Schweigen bringen*

Mund|tuch ⟨n.4; †⟩ → *Serviette*

Mün|dung ⟨f.10⟩ **1** ⟨bei Fließgewässern, Straßen⟩ *Stelle, an der etwas mündet* **2** ⟨bei Feuerwaffen⟩ *Öffnung des Laufs*

Mun|dungs|feu|er ⟨n., -s, nur Sg.⟩ *kurzer Feuerstrahl, der im Augenblick des Schießens an der Mündung (2) zu sehen ist*

Mun|dus ⟨m., -, nur Sg.⟩ *Welt, Weltordnung* [lat.]

Mun|dus vult de|ci|pi *die Welt will betrogen sein* [lat.]

mund|voll ⟨m., -,-⟩ *Menge, die auf einmal in den Mund genommen werden kann;* ein M. Brot, Brei, Fleisch, Wein

Mund|vor|rat ⟨m.2⟩ *kurzer Nahrungsvorrat, Proviant*

Mund|was|ser ⟨n.6⟩ *flüssiges Mittel zur Mundpflege*

Mund|werk ⟨n., -s, nur Sg.; ugs.⟩ *Fähigkeit zu schnellen und schlagfertigen Reden;* ein flinkes, loses, großes M. haben *viel und rasch, schlagfertig, ein bißchen frech reden können*

Mund|werk|zeu|ge ⟨Pl.; bei Gliederfüßern⟩ *der Nahrungsaufnahme dienende Körperteile;* Syn. *Mundgliedmaßen*

Mun|go[1] ⟨m.9⟩ *(u.a. in Indien vorkommende) gewandte, langschwänzige Schleichkatze mit graubraunem Fell* [< Tamil *mūṅkā* „Mungo"]

Mun|go[2] ⟨m.9⟩ *Wolle aus Tuchlumpen* [engl.]

Mu|ni ⟨m., -s, -(s); schweiz.⟩ *Zuchtstier*

Mu|ni|ti|on ⟨f., -, nur Sg.⟩ *Vorrat an Geschossen für Feuerwaffen* [< lat. *munitio,* Gen. *-onis,* „Befestigungswerk, Mauern und Schanzen", zu *munire* „Mauern und Schanzen anbringen, befestigen", zu *moenia* „Stadtmauern"]

mu|ni|zi|pal ⟨Adj., o.Steig.; †⟩ *städtisch, zur Gemeinde gehörend* [zu *Munizipium*]

mu|ni|zi|pa|li|sie|ren ⟨V.3, hat munizipalisiert; mit Akk.; †⟩ *in Gemeindeeigentum überführen;* Grundstücke m.

Mu|ni|zi|pa|li|tät ⟨f., -, nur Sg.; †⟩ *Gesamtheit der städtischen Beamten, Stadtobrigkeit*

Mu|ni|zi|pi|um ⟨n., -s, -pi|en⟩ **1** *altrömische Landstadt* **2** ⟨†⟩ *Stadtgemeinde, Stadtverwaltung* [< lat. *municipium* „Stadt, die nach eigenen Gesetzen von eigenen Magistraten verwaltet wird", < *munia* „Leistungen, Pflichten" und *-cipere* (in Zus. für *capere*) „übernehmen"]

mun|keln ⟨V.1, hat gemunkelt; mit Akk.⟩ *heimlich erzählen, als Gerücht verbreiten;* man munkelt allerlei; man munkelt, er habe gestohlen [wahrscheinlich lautmalend]

Mün|ster ⟨n.5⟩ **1** ⟨urspr.⟩ *Klosterkirche* **2** ⟨dann in West- und Süddeutschland⟩ *große Kirche* [< ahd. *ministri* „Kloster" < lat. *monasterium,* → *Monasterium*]

mun|ter ⟨Adj.⟩ **1** *wach;* schon frühzeitig m. sein; jmdn. m. machen **2** *angeregt, rege;* ~es Treiben; ~e Reden **3** *fröhlich und unbeschwert,* ein ~es Kind **4** *gesund;* wieder m. sein **5** ⟨als Adv.; ugs.⟩ *unbekümmert, sorglos;* er macht m. weiter Schulden

Mun|ter|keit ⟨f., -, nur Sg.⟩ *muntere Beschaffenheit, Zustand des Munterseins, muntere Wesensart*

Mün|ze ⟨f.11⟩ **1** *rundes, scheibenförmiges Metallstückchen mit festgelegter Aufschrift und Bild, als Zahlungsmittel;* Syn. *Geldstück;* etwas für bare M. nehmen *etwas blindlings glauben;* jmdm. etwas mit gleicher M. heimzahlen *jmdm. etwas auf die gleiche (unangenehme) Art vergelten;* etwas in klingende M. verwandeln *in bares Geld* **2** *Ort, an dem Münzen geprägt werden;* Syn. *Münzstätte*

mün|zen ⟨V.1, hat gemünzt; mit Akk.⟩ **1** *zu Münzen prägen;* Gold, Silber, Kupfer m. **2** etwas auf etwas oder jmdn. m. ⟨übertr.⟩ *etwas mit Bezug auf etwas oder jmdn. sagen;* er hat seine Bemerkung, die auf die Faulheit gemünzt; diese Anzüglichkeit war auf dich gemünzt

Münz|fern|spre|cher ⟨m.5⟩ *öffentlicher Fernsprecher, der nach Einwurf von Münzen benutzt werden kann*

Münz|fuß ⟨m.2⟩ *festgelegtes Verhältnis zwischen Gewicht und Edelmetallgehalt von Münzen*

Münz|herr ⟨m., -n oder -en, -en⟩ *jmd., der das Münzrecht innehat*

Münz|ka|bi|nett ⟨n.1⟩ *Sammlung von Münzen und Medaillen*

Münz|kun|de ⟨f., -, nur Sg.⟩ → *Numismatik*

Münz|mei|ster ⟨m.5⟩ *Leiter einer Münze (2)*

Münz|stät|te ⟨f.11⟩ → *Münze (2)*

Münz|ver|ge|hen ⟨n.7⟩ *Münzfälschung*

Münz|war|dein ⟨m.1; früher⟩ *Beamter, der*

Musaget

die Metallegierungen für Münzen zu prüfen hat

Münz|wis|sen|schaft ⟨f., -, nur Sg.⟩ → *Numismatik*

Münz|zäh|ler ⟨m.5⟩ *Elektrizitäts- oder Gaszähler, der nach Einwurf einer Münze eine bestimmte Menge Strom oder Gas abgibt*

Münz|zei|chen ⟨n.7⟩ *auf Münzen eingeprägtes Zeichen der betreffenden Münzstätte*

Mu|rä|ne ⟨f.11⟩ *in warmen Meeren mit kräftigem Gebiß* [< lat. *muraena, murena* < griech. *myraina* „ein Seefisch", zu griech. *myros* „Art Seeaal", weitere Herkunft nicht bekannt]

mür|be ⟨Adj., mürber, am mürbsten⟩ **1** *brüchig, morsch;* ~s Holz **2** *leicht zerfallend;* ~s Fleisch; ein ~r Apfel **3** *ohne Widerstandskraft, zermürbt;* jmdn. m. machen *jmds. Widerstandskraft brechen,* jmdn. die Lebenskraft nehmen

Mür|be ⟨f., -, nur Sg.; selten⟩ → *Mürbheit*

Mür|be|bra|ten ⟨m.7; norddt.⟩ *Lendenbraten*

Mür|be|teig ⟨m.1⟩ → *Mürbteig*

Mürb|heit ⟨f., -, nur Sg.⟩ *mürbe Beschaffenheit;* Syn. *Mürbe*

Mürb|teig ⟨m.1⟩ *Teig, der trockenes, mürbes Gebäck ergibt;* auch: *Mürbeteig*

Mu|re ⟨f.11⟩ *Gesteins- oder Schlammstrom im Gebirge*

mu|ren ⟨V.1, hat gemurt; mit Akk.⟩ *mit einer Muring verankern;* ein Schiff m.

mu|ria|tisch ⟨Adj., o.Steig.⟩ *kochsalzhaltig* (von Heilquellen) [< lat. *muriaticus* „in Salzlake eingelegt", zu *muria* „Salzlake"]

Mu|ring ⟨f.1⟩ *Vorrichtung zum Auswerfen von zwei Ankern*

Mur|kel ⟨m.5 oder n.5; landsch.⟩ *kleines Kind*

Murks ⟨m., -, nur Sg.; ugs.⟩ **1** *schlechte oder mißlungene Arbeit;* da hast du M. gemacht *das hast du falsch gemacht* **2** *etwas Unangenehmes;* so ein M.!

murk|sen ⟨V.1, hat gemurkst; o.Obj.; ugs.⟩ *unsachgemäß arbeiten;* an etwas m. *sich bemühen, etwas zustande zu bringen*

Mur|mel ⟨f.11⟩ *kleine, farbige Spielkugel aus Glas oder Ton;* Syn. *Schusser, Klicker, Marbel, Märbel, Marmel, Schneller*

mur|meln[1] ⟨V.1, hat gemurmelt⟩ **I** ⟨mit Akk.⟩ *leise, undeutlich sagen;* „...", murmelte er; ein paar Worte, eine Entschuldigung m. **II** ⟨o.Obj.⟩ *mit leisem, glucksendem Geräusch fließen;* ein Bach murmelt durch die Wiese; am ~den Bach sitzen [lautmalend]

mur|meln[2] ⟨V.1, hat gemurmelt; o.Obj.⟩ *mit Murmeln spielen*

Mur|mel|tier ⟨n.1⟩ *(u.a. in den Alpen vorkommendes) großes, plumpes, braungraues Nagetier* [volksetymolog. Umdeutung zu ahd. *murmunto* < lat. *mus muris* „Bergmaus", < *mus,* Gen. *muris,* „Maus" und *montis,* Gen. von *mons,* „Berg"]

mur|ren ⟨V.1, hat gemurrt; mit Akk. oder o.Obj.⟩ *leise und ärgerlich oder empört (etwas) sagen, Unzufriedenheit äußern, leise widersprechen;* „...!" murrte er; sie murrten über die Ungerechtigkeit; etwas ohne Murren tun *etwas bereitwillig, ohne Widerspruch tun*

mür|risch ⟨Adj.⟩ *unfreundlich, übellaunig, abweisend;* ein ~es Gesicht machen; eine ~e Antwort; „...!" sagte er m.

Murr|kopf ⟨m.2⟩ *mürrischer Mensch*

murr|köp|fig ⟨Adj.⟩ *mürrisch, unfreundlich* **Murr|köp|fig|keit** ⟨f., -, nur Sg.⟩

Mus ⟨n.1, landsch. auch m.1, Pl. kaum üblich⟩ *(aus Früchten, Kartoffeln u.a. zubereitete) breiige Speise* (Frucht~, Kartoffel~, Erbs~); jmdn. zu M. schlagen ⟨ugs.⟩ *jmdn. niederschlagen, heftig verprügeln*

Mus|aget ⟨m.10; †⟩ *Musenfreund, Gönner, Förderer der Künste* [nach *Musagetes,* „Führer der Musen", dem Beinamen Apollons]

Muschel

Mu|schel ⟨f.11⟩ **1** Weichtier, dessen Körper von zwei harten Kalkschalen umgeben ist **2** dessen Schale(n); ~n am Strand auflesen **3** etwas, das einer Muschelschale ähnelt (Hör~, Klo~) [< lat. *musculus* „Miesmuschel, Muskel", zu *Muskel*, weil der Körper wie ein einziger Muskel wirkt]

Mu|schel|bank ⟨f.2⟩ große Ansammlung (festsitzender) lebender Muscheln

mu|schel|lig ⟨Adj.⟩ **1** muschelförmig **2** ⟨übertr.⟩ weich und warm; auch: muschlig

Mu|schel|kalk ⟨m.1⟩ mittlere Stufe der Trias

Mu|schik ⟨m.9; †⟩ russischer Bauer [zu russ. *muschtschina*, *muschitschina* „Mann, großer, starker Kerl"]

Mu|schir ⟨m.1; früher in der Türkei⟩ Feldmarschall

Musch|ko|te ⟨m.11; früher abwertend⟩ einfacher Soldat der Infanterie, Fußsoldat [Verstümmelung von *Musketier*, ~ *Muskete*]

musch|lig ⟨Adj.⟩ → *muschelig (2)*

Mu|se ⟨f.11; griech. Myth.⟩ jede der neun Göttinnen der Künste und Wissenschaften [< griech. *mousa* „Muse"]

mu|se|al ⟨Adj., o.Steig.⟩ zum Museum gehörend

Mu|sel|man ⟨m.10; †⟩ → *Moslem* [< pers. *muslimān*, Pl. von *muslim* „Mohammedaner"; der Plural wurde von den Türken als Singular übernommen]

Mu|sel|ma|nin ⟨f.10; †⟩ → *Moslime*

Mu|sel|mann ⟨m.4; †; falsch für⟩ *Muselman*

Mu|sen|al|ma|nach ⟨m.1; Ende des 18.Jh.⟩ Name mehrerer periodisch erscheinender Gedichtsammlungen

Mu|sen|sohn ⟨m.2; †, poet.⟩ Dichter

Mu|sen|tem|pel ⟨m.5; †, poet.⟩ Theater

Mu|sette ⟨[myzɛt] f.9 oder f.11⟩ **1** französische Form des Dudelsacks **2** langsamer ländlicher Tanz im Dreivierteltakt mit dudelsackähnlichem Baß **3** ⟨18.Jh.⟩ Satz der Suite [frz., „Dudelsack, Lied mit Dudelsackbegleitung", zu altfrz. *muser* „dudeln, Dudelsack spielen", zu mlat. *musa* „Dudelsack"]

Mu|se|um ⟨n., -s, -se⟨en⟩⟩ **1** öffentliche Sammlung von Gegenständen aus Kunst und Wissenschaft **2** Gebäude dafür [lat., „Sitz der Musen; Akademie" < griech. *mouseion* „Sitz, Tempel der Musen", zu *mousa* „Muse"]

Mu|si|ca ⟨lat. Bez. für⟩ *Musik*; M. antiqua alte Musik; M. nova neue Musik; M. sacra Kirchenmusik; M. viva moderne (lebende) Musik

Mu|si|cal ⟨[mjuːzɪkəl] n.9⟩ heiteres Singspiel, moderne Form der Operette

mu|siert ⟨Adj.⟩ → *musivisch*

Mu|sik ⟨f.10; nur Sg.⟩ Kunst, Töne nach bestimmten Regeln zu einem Kunstwerk zusammenzustellen; Syn. *Tonkunst*; M. machen; er hat M. im Blut er ist musikalisch **2** Erzeugnis, Werk dieser Kunst; die M. zu einem Film komponieren **3** Gesamtheit der Erzeugnisse dieser Kunst; M. lieben; M. ⟨gern⟩ hören; das ist M. in meinen Ohren ⟨ugs., scherzh.⟩ *das höre ich gern;* ernste, heitere M. **4** Gesamtheit der Erzeugnisse dieser Kunst innerhalb einer Epoche oder eines Komponisten; klassische M.; alte M.; moderne M.; die M. Beethovens **5** Musikkapelle; dem Zug voran marschierte die M. [< lat. *musica* „Tonkunst, Gesang", < griech. *mousika* „Kunst der Musen, (bes.) Tonkunst und Dichtung", zu *mousa* „Muse"]

Mu|si|ka|li|en ⟨Pl.⟩ Notenbücher und -hefte

mu|si|ka|lisch ⟨Adj.⟩ **1** zur Musik (1) gehörend, auf ihr beruhend; ~e Werke **2** für Musik (1) begabt, musikliebend; ein ~er Mensch; er ist m. **3** ⟨übertr.⟩ klangvoll wie Musik (3); er schreibt einen M Stil

Mu|si|ka|li|tät ⟨f., -, nur Sg.⟩ Musikbegabung, -empfinden, musikalische Wirkung, musikalische Beschaffenheit

Mu|si|kant ⟨m.10⟩ **1** ⟨auch abwertend⟩ jmd., der zu bestimmten Gelegenheiten ein Musikinstrument spielt **2** musikalischer, die Musik mit Begeisterung und Verständnis ausübender Mensch

mu|si|kan|tisch ⟨Adj.⟩ musikbesessen, musizierfreudig

Mu|sik|box ⟨f.10⟩ Musikautomat, der nach Münzeinwurf Schallplatten spielt (bes. in Gaststätten)

Mu|sik|di|rek|tor ⟨m.13; Abk.: MD⟩ staatlich oder städtisch angestellter Leiter eines Orchesters oder Chors

Mu|sik|dra|ma ⟨n., -s, nur -men⟩ **1** ⟨i.w.S.⟩ Oper **2** ⟨i.e.S.⟩ durchkomponierte Oper mit dramatischem Charakter im Sinne Richard Wagners

Mu|si|ker ⟨m.5⟩ jmd., der beruflich Musik (1) ausübt oder ein Musikinstrument spielt

Mu|sik|kon|ser|ve ⟨f.11⟩ Schallplatte, bespieltes Tonband

Mu|sik|korps ⟨[-koːr] n., -[-koːrs], -[-koːrs]⟩ Militärmusikkapelle

Mu|sik|mei|ster ⟨m.5; †⟩ **1** Musiklehrer **2** Leiter einer Militärmusikkapelle

Mu|si|ko|lo|ge ⟨m.11⟩ Musikwissenschaftler

Mu|sik|the|ra|peut ⟨m.10⟩ jmd., der die Musiktherapie ausübt

Mu|sik|the|ra|pie ⟨f.10⟩ Heilmethode für Nervenkranke mit Hilfe der Musik

Mu|sik|tru|he ⟨f.11⟩ Möbelstück mit eingebautem Radio, Plattenspieler und (meist) Tonbandgerät

Mu|si|kus ⟨m.1; †; noch scherzh.⟩ Musiker

Mu|sik|wis|sen|schaft ⟨f., -, nur Sg.⟩ Wissenschaft von der Geschichte, Entwicklung und den Formen der Musik

mu|sisch ⟨Adj.⟩ **1** ⟨o.Steig.⟩ zu den Musen gehörend, von ihnen stammend **2** aufgeschlossen, empfänglich für die Kunst, kunstliebend, kunstbegabt; ein ~er Mensch **3** zu den schönen Künsten gehörend, auf sie gerichtet; ~es Gymnasium Gymnasium, das die musische Erziehung besonders betont

mu|siv ⟨Adj.⟩ → *musivisch*

Mu|siv|ar|beit ⟨f.10⟩ eingelegte Arbeit, Mosaik

Mu|siv|gold ⟨n., -(e)s, nur Sg.⟩ → *Goldbronze*

mu|si|visch ⟨Adj., o.Steig.⟩ eingelegt, mosaikartig; Syn. *musiert*, *musiv* [< lat. *museus*, *musivus*, → *Mosaik*]

mu|si|zie|ren ⟨V.3, hat musiziert⟩ **I** ⟨o.Obj.⟩ gemeinsam Musik machen; an den Wochenenden wird musiziert; wir haben früher viel zusammen musiziert **II** ⟨mit Akk.⟩ (in kleinem Kreis) zu Gehör bringen, vorspielen; ein Konzert von Bach m.

Mus|ka|rin ⟨n., -s, nur Sg.⟩ Gift des Fliegenpilzes (früher auch als illegales Rauschmittel) [< *Amanita muscaria*, dem botan. Namen für „Fliegenpilz", zu *musca* „Fliege"; man hat den Pilz früher in Milch gelegt, um Fliegen anzulocken und zu töten]

Mus|kat ⟨m., auch [mʊs.] m., -s, nur Sg.⟩ harter Samen des tropischen Muskatnußbaums, der als Gewürz gerieben wird [< frz. *muscade* „Muskatnuß", < prov. *muscat* „nach Moschus duftend" < lat. *muscatum* „Moschusduft"]

Mus|kat|blü|te ⟨f.11⟩ Samenmantel der Muskatnuß, Gewürz

Mus|ka|tel|ler ⟨m.5⟩ **1** eine Rebensorte mit muskatartigem Geschmack **2** der daraus gewonnene Wein

Mus|kel ⟨m.14⟩ der Bewegung dienendes Organ des menschlichen und tierischen Körpers [< lat. *musculus* „Muskel", eigtl. „Mäuschen", Verkleinerungsform von *mus* „Maus", nach der Bewegung unter der Haut]

Mus|kel|atro|phie ⟨f.11⟩ Muskelschwund infolge Untätigkeit

Mus|kel|ka|ter ⟨m., -s, nur Sg.⟩ Muskelschmerz nach ungewohnter körperlicher Anstrengung

Mus|kel|protz ⟨m.1; ugs.⟩ Mann, der mit seinen Muskeln und seiner Stärke prahlt

Mus|ke|te ⟨f.11; früher⟩ großkalibriges Gewehr [< frz. *mousquet* < ital. *moschetto* in ders. Bed., ältere Bed. „Sperber"; Übertragungen von Vogelnamen auf Geschütze kamen früher hier und da vor]

Mus|ke|tier ⟨m.1; früher⟩ Soldat mit Muskete [frz.]

Mus|ko|vit ⟨m.1⟩ ein Mineral, heller Kaliglimmer [nach dem lat. Namen *Muskovia* für „Moskau"]

mus|ku|lär ⟨Adj., o.Steig.⟩ zu den Muskeln gehörig, von ihnen ausgehend

Mus|ku|la|tur ⟨f., -, nur Sg.⟩ Gesamtheit der Muskeln

mus|ku|lös ⟨Adj., o.Steig.⟩ mit vielen oder starken Muskeln versehen

Müs|li ⟨n.9⟩ Gericht aus rohen Haferflocken, Milch, Zucker, Obst oder Obstsaft, auch Rosinen [schweiz. Verkleinerungsform von *Mus*]

Mus|lim ⟨m.1⟩ → *Moslem*

Mus|li|me ⟨f.11⟩ → *Moslime*

mus|li|misch ⟨Adj.⟩ → *moslemisch*

Muß ⟨n., -, nur Sg.⟩ Notwendigkeit, Zwang; ein bitteres, hartes M.

Muß-Be|stim|mung ⟨f.10⟩ Bestimmung, die unbedingt befolgt werden muß; Syn. *Muß-Vorschrift*; Ggs. *Kann-Bestimmung*

Mu|ße ⟨f., -, nur Sg.⟩ Freizeit und Ruhe; etwas in (aller) M. tun; etwas mit M. betrachten; ich habe jetzt nicht die nötige M. dafür

Mus|se|lin ⟨m.1⟩ leichtes, feines Woll- oder Baumwollgewebe [< frz. *mousseline*, älter *mosulin*, ital. *mussola*, *mussolina*, nach der irak. Stadt *Mosul*, die früher für die Herstellung seidener Tücher berühmt war]

müs|sen ⟨V.87⟩ **I** ⟨als Modalverb mit Verben; hat müssen⟩ **1** gezwungen, verpflichtet sein (etwas zu tun), unbedingt zu geschehen haben, nicht anders gehen; ich hätte längst gehen m.; er muß mir helfen; er hätte mir helfen m.; ich muß mit dem ersten Zug fahren; ich muß immer an ihn denken; ich muß habe immer an ihn denken m.; das muß klappen; es muß sein **2** ⟨ugs.⟩ brauchen, sollen; so etwas mußt du nicht sagen *so etwas solltest du nicht sagen;* du mußt nicht, wenn du nicht willst ⟨das Verb ist aus dem Zusammenhang zu ergänzen⟩ *du brauchst nicht zu …;* du mußt nicht denken, sei immer so **3** ⟨im Konjunktiv zum Ausdruck eines Wunsches⟩ Geld müßte man haben; so gut müßte es immer gehen; so müßte das Wetter noch drei Wochen bleiben **II** ⟨ohne Verb; hat gemußt oder hat müssen⟩ ⟨weil das Verb immer ergänzt werden kann⟩ gezwungen, verpflichtet sein; ich muß zum Arzt (gehen); ich habe zum Arzt gemußt, ich habe zum Arzt (gehen) m.; das Kind muß mal (auf die Toilette gehen) ⟨ugs.⟩

Mu|ße|stun|de ⟨f.11⟩ ruhige, beschauliche Stunde

mü|ßig ⟨Adj.⟩ **1** arbeitsfrei, untätig; m. herumstehen; m. sein; vgl. *müßiggehen* **2** überflüssig; eine ~e Frage; es ist m., das zu versuchen

Mü|ßig|gang ⟨m., -(e)s, nur Sg.⟩ das Müßigsein, Leben ohne Arbeit

Mü|ßig|gän|ger ⟨m.5⟩ jmd., der müßiggeht; das schöne Wetter lockte die M. ins Freie; um diese Zeit sieht man im Park viele M.

mü|ßig|ge|hen ⟨V.47, ist müßiggegangen; o.Obj.⟩ müßig sein, nicht arbeiten, sich beschaulich mit Dingen beschäftigen, die nicht zur Berufsarbeit gehören

Muß-Vor|schrift ⟨f.10⟩ → *Muß-Bestimmung*

Mu|stang ⟨m.9⟩ verwildertes Hauspferd der Prärie [< span. *mustango* in ders. Bed., vermischt mit span. *mostrenco* und mexikan.-span. *mesteño*, beides „herrenlos, von der Herde entlaufen, verirrt"]

Mu|ster ⟨n.5⟩ **1** Bild, Vorlage (zur Herstellung von etwas); nach einem M. arbeiten

Mykologie

2 *Vorbild (in einer bestimmten Beziehung);* er ist ein M. an Gründlichkeit 3 *flächige Verzierung* (Stoff~, Tapeten~); Syn. *Musterung* 4 *kleines Stück von einem Material, an dem Farbe und Beschaffenheit geprüft werden kann;* jmdm. ein M. zeigen; M. anfordern

Mu|ster|bei|spiel ⟨n.1⟩ *besonders geeignetes Beispiel;* das ist ein M. dafür, wie man es nicht machen soll

Mu|ster|ex|em|plar ⟨n.1⟩ **1** *Gegenstand, der als Muster dient;* jmdm. ein M. schicken, vorlegen **2** ⟨übertr., ugs., iron.⟩ *besonders ausgeprägtes Exemplar;* er ist ein M. an Faulheit

Mu|ster|for|mer ⟨m.5⟩ → *Modelleur*

mu|ster|gül|tig ⟨Adj.⟩ *vorbildlich, nachahmenswert;* ~es Verhalten; Syn. *musterhaft*

Mu|ster|gül|tig|keit ⟨f., -, nur Sg.⟩

mu|ster|haft ⟨Adj., ~er, am musterhaftesten⟩ → *mustergültig*

Mu|ster|kna|be ⟨m.11; abwertend⟩ *Knabe, Schüler, der jede Aufgabe mustergültig ausführt, dessen Verhalten mustergültig ist*

Mu|ster|mes|se ⟨f.11⟩ *Messe, auf der nur (nicht verkäufliche) Warenmuster ausgestellt werden*

mu|stern ⟨V.1, hat gemustert; mit Akk.⟩ **1** *etwas oder jmdn. m. prüfend betrachten;* vorgelegte Arbeiten m.; ausgestellte Gegenstände m.; jmdn. kühl, spöttisch, von oben bis unten m. **2** jmdn. m. *auf seine Tauglichkeit zum Wehrdienst untersuchen;* er wird morgen gemustert **3** etwas m. *mit Muster(n) versehen;* gemusterter Stoff; der Stoff ist bunt gemustert

Mu|ster|pro|zeß ⟨m.1⟩ *Prozeß, bei dem ein bestimmtes Rechtsproblem geklärt werden soll und der als Beispiel für ähnliche Fälle gelten kann*

Mu|ster|schü|ler ⟨m.5⟩ *vorbildlicher Schüler*

Mu|ster|schutz ⟨m., -es, nur Sg.⟩ *rechtlicher Schutz für Gebrauchsmuster*

Mu|ste|rung ⟨f.10⟩ **1** *das Mustern* **2** *ärztliche Untersuchung auf Tauglichkeit für den Dienst beim Militär* **3** ⟨†⟩ *Inspektion* **4** *Muster (3)*

Mut ⟨m., -(e)s, nur Sg.⟩ *Furchtlosigkeit, Unerschrockenheit;* M. beweisen; den M. haben, etwas zu tun; jmdm. M. machen; sich den M. nehmen, etwas zu tun; den M. verlieren; frohen, guten ~es sein *fröhlich sein;* nur M.!

Mu|ta ⟨f., -, -tä; †⟩ *Explosivlaut, Verschlußlaut* [Fem. von lat. *mutus* „stumm"]

mu|ta|bel ⟨Adj., o.Steig.⟩ *veränderlich, wandelbar* [< lat. *mutabilis* in ders. Bed., zu *mutare* „verändern"]

Mu|ta|bi|li|tät ⟨f., -, nur Sg.⟩ *Wandelbarkeit*

mu|ta|gen ⟨Adj., o.Steig.⟩ *erbliche Veränderungen erzeugend* [< *Mutation* und ...*gen*]

Mu|tant ⟨m.10⟩, **Mu|tan|te** ⟨f.11⟩ *Individuum mit veränderten Erbeigenschaften* [< lat. *mutans*, Part. Präs. von *mutare* „bewegen, verändern"]

Mu|ta|ti|on ⟨f.10⟩ **1** *plötzlich auftretende Veränderung des Erbguts* **2** → *Stimmbruch* [< lat. *mutatio*, Gen. *-onis*, „Veränderung", zu *mutare* „bewegen, verändern"]

mu|ta|tis mu|tan|dis ⟨Abk.: m. m.⟩ *mit den nötigen Abänderungen (bei Vergleichen)* [lat.]

mu|ta|tiv ⟨Adj., o.Steig.⟩ *sich durch Mutation (1) ändernd*

Müt|chen ⟨n.; nur in der Wendung⟩ sein M. an jmdm. kühlen *seinen Zorn an jmdm. auslassen*

mu|ten ⟨V.2, hat gemutet⟩ **I** ⟨mit Akk.; Bgb.⟩ *etwas m. die Genehmigung zum Schürfen in etwas beantragen;* eine Fundgrube m. **II** ⟨mit Akk. oder o.Obj.; Handwerk;⟩ früher⟩ *die Erlaubnis beantragen, sein Meisterstück zu machen;* der Geselle mutet; sein Meisterstück m. [< mhd. *muoten*, ahd. *muoton* „begehren, wollen, haben wollen", zu *muot*

2 *Vorbild* (in einer ...)

„Erwartung, Hoffnung, Absicht; Mut, Eigenwille"]

Mu|ter ⟨m.5; Bgb.⟩ *jmd., der etwas mutet (I)*

mu|tie|ren ⟨V.3, hat mutiert; o.Obj.⟩ **1** *sich plötzlich erblich verändern* **2** *im Stimmbruch sein* [< lat. *mutare* „bewegen, verändern"]

mu|tig ⟨Adj.⟩ *Mut zeigend, furchtlos;* ein ~es Vorgehen; eine Sache m. anpacken

Mu|ti|la|ti|on ⟨f.10⟩ *Verstümmelung*

mu|ti|lie|ren ⟨V.3, hat mutiliert; mit Akk.⟩ *verstümmeln* [< lat. *mutilare* „verstümmeln, stutzen", zu *mutilus* „verstümmelt"]

Mu|tis|mus ⟨m., -, nur Sg.⟩ *seelisch bedingte Stummheit, krankhaftes Schweigen* [zu lat. *mutus* „stumm, schweigend, ohne Sprache"]

mut|los ⟨Adj., ~er, am mutlosesten⟩ *ohne Mut, furchtsam, niedergeschlagen;* m. sein; m. werden; m. den Kopf hängen lassen

Mut|lo|sig|keit ⟨f., -, nur Sg.⟩

mut|ma|ßen ⟨V.1, hat gemutmaßt; mit Akk.⟩ *annehmen, vermuten*

mut|maß|lich ⟨Adj., o.Steig.⟩ *vermutlich, wahrscheinlich;* der ~e Täter; das m. letzte Mal

Mut|ma|ßung ⟨f.10⟩ *Vermutung;* ~en anstellen

Mut|schein ⟨m.1; Bgb.⟩ *Abbaugenehmigung* [zu *muten (I)*]

Mut|ter I ⟨f.6⟩ **1** *Frau, die geboren hat (und in Pflege und Erziehung des Kindes eine wichtige Funktion ausübt);* werdende M. *Schwangere;* sie fühlt sich M. ⟨geh.⟩ *sie fühlt, daß sie schwanger ist;* bei M. Grün übernachten ⟨ugs.⟩ *im Freien;* M. Natur ⟨poet.⟩ *die Natur* **2** *weibliches Tier, das geboren hat* (Tier~, Katzen~); die Jungen sind von der M. verlassen worden **II** ⟨f.11⟩ *(meist sechskantig geformter) umschließender Teil einer Schraube, der mit dem Schraubenschlüssel festgezogen wird*

Müt|ter|be|ra|tungs|stel|le ⟨f.11⟩ *öffentliche Einrichtung zur Beratung von Schwangeren und jungen Müttern*

Mut|ter|bin|dung ⟨f., -, nur Sg.; Psych.⟩ *starke, gefühlsbetonte Bindung an die Mutter*

Mut|ter|bo|den ⟨m.8⟩ *fruchtbare Erde*

Müt|ter|chen ⟨n.7⟩ **1** ⟨Koseform für⟩ *Mutter* **2** *kleine, runzlige alte Frau;* ein altes M.

Mut|ter|freu|den ⟨Pl.; nur in den Wendungen⟩ M. entgegensehen *schwanger sein;* M. genießen *gerade ein Kind geboren haben*

Mut|ter|ge|stein ⟨n.1⟩ *Gestein, das nutzbare Mineralien und Rohstoffe enthält*

Mut|ter|got|tes ⟨f., -, nur Sg.⟩ *die Jungfrau Maria (als Mutter Jesu)*

Mut|ter|haus ⟨n.4⟩ *Stamm- und Versorgungshaus von Schwesternverbänden (auch des Roten Kreuzes) oder Orden*

Mut|ter|herr|schaft ⟨f., -, nur Sg.⟩ → *Matriarchat;* Ggs. *Vaterherrschaft*

Mut|ter|herz ⟨n., -herzens, nur Sg.; geh.⟩ *zärtliches Gefühl einer Mutter ihren Kindern gegenüber;* ihr M. ließ nicht zu, ihm die Bitte abzuschlagen; das war ein harter Schlag für ihr M.

Mut|ter|kir|che ⟨f.11⟩ *Kirche, von der aus andere Kirchen (Tochterkirchen) gegründet werden oder worden sind*

Mut|ter|kom|plex ⟨m.1; Psych.⟩ **1** *übertrieben starke Bindung eines Knaben an seine Mutter* **2** *zwanghaftes Bestreben, ständig zu bemuttern*

Mut|ter|korn ⟨n.1⟩ *Schmarotzerpilz am Getreide (in der Frauenheilkunde verwendet)*

Mut|ter|ku|chen ⟨m.7⟩ → *Plazenta (1)*

Mut|ter|land ⟨n.4⟩ **1** *Herstellungsland (von Produkten)* **2** *Staat im Verhältnis zu seinen Kolonien*

müt|ter|lich ⟨Adj.⟩ Ggs. *väterlich* **1** ⟨o.Steig.⟩ *zur Mutter gehörig, von der Mutter stammend;* das ~e Erbteil **2** *in der Art einer Mutter, liebevoll und fraulich, fürsorglich;* eine ~e Freundin; jmdn. m. umsorgen

Müt|ter|lich|keit ⟨f., -, nur Sg.⟩

müt|ter|li|cher|seits ⟨Adv.⟩ *von der Mutter her;* Ggs. *väterlicherseits;* sein Großvater m.

Mut|ter|mal ⟨n.1⟩ *angeborene, örtlich begrenzte Veränderung der Haut*

Mut|ter|milch ⟨f., -, nur Sg.⟩ *in den Brustdrüsen nach der Geburt gebildete Milch;* Syn. *Frauenmilch;* das habe ich mit der M. eingesogen *das ist mir von frühester Kindheit an vertraut*

Mut|ter|mund ⟨m.4⟩ *Öffnung des Gebärmutterhalskanals*

Mut|ter|recht ⟨n., -(e)s, nur Sg; bei manchen Naturvölkern⟩ *Erbfolge nach der mütterlichen Linie;* Ggs. *Vaterrecht*

Mut|ter|rol|le ⟨f.11⟩ **1** *Verzeichnis der Grundstücke einer Gemeinde* **2** *Rolle, die eine Frau als Mutter spielt;* die M. übernehmen

Mut|ter|schaft ⟨f., -, nur Sg.⟩ *das Muttersein*

Mut|ter|schiff ⟨n.1⟩ *Schiff, das kleineren Schiffen zur Versorgung, Reparatur usw. dient*

Mut|ter|schutz ⟨m., -es, nur Sg.⟩ *Gesamtheit der Rechtsvorschriften zum Schutz arbeitender Schwangerer und Wöchnerinnen*

mut|ter|see|len|al|lein ⟨Adj., o.Steig.⟩ *ganz allein* [die Wortteile *mutter* und *seele* sind verstärkend gebraucht, sie treten in dieser Funktion auch in vielen anderen älteren Zusammensetzungen auf; das Wort ist also eine zweimal verstärkte Form von „allein", nämlich „ganz und gar allein, völlig allein"]

Mut|ter|söhn|chen ⟨n.7; abwertend⟩ *verhätschelter Knabe oder Jugendlicher*

Mut|ter|spra|che ⟨f.11⟩ *Sprache, die jmd. als Kind erlernt hat*

Mut|ter|stel|le ⟨f.; nur in der Wendung⟩ an jmdm. M. vertreten *jmdm. die Mutter ersetzen*

Mut|ter|tag ⟨m.1⟩ *Ehrentag der Mütter am zweiten Sonntag im Mai*

Mut|ter|tier ⟨n.1⟩ **1** *Tier, das geboren hat und Junge versorgt* **2** *trächtiges Tier*

Mut|ter|trom|pe|te ⟨f.11⟩ → *Eileiter*

Mut|ter|witz ⟨m., -es, nur Sg.⟩ *angeborene Fähigkeit, etwas einfach und witzig auszudrücken*

Mut|ti ⟨f.9⟩ **1** ⟨Koseform für⟩ *Mutter* **2** ⟨ugs.⟩ *Hausmütterchen*

mu|tu|al ⟨Adj., o.Steig.⟩ *wechsel-, gegenseitig;* auch: *mutuell* [< lat. *mutuus* in ders. Bed., zu *mutare* „wegbewegen, verändern"]

Mu|tua|lis|mus ⟨m., -, nur Sg.⟩ **1** *gegenseitige Anerkennung, Duldung, einräumende Gegenseitigkeit* **2** ⟨Biol.⟩ *fördernde, aber nicht lebensnotwendige Wechselbeziehung zwischen zwei verschiedenen Lebewesen* [zu lat. *mutuus* „wechselseitig"]

Mu|tua|li|tät ⟨f., -, nur Sg.⟩ *Wechsel-, Gegenseitigkeit*

mu|tu|ell ⟨Adj.⟩ → *mutual*

Mu|tung ⟨f.10; Bgb.⟩ *Antrag auf Abbaugenehmigung* [zu *muten (I)*]

Mut|wil|le ⟨m., -ns, nur Sg.⟩ *leichtfertige, boshafte Absicht;* etwas mit ~n tun

mut|wil|lig ⟨Adj.⟩ *absichtlich;* etwas m. beschädigen

Müt|ze ⟨f.11⟩ **1** *weiche Kopfbedeckung* (Basken~, Zipfel~, Woll~, Strick~) **2** *Hülle in der Art einer Kopfbedeckung zum Warmhalten von Kannen* (Kaffee~)

Mu|zin ⟨n., -s, nur Sg.⟩ *abgesonderter Schleimstoff (bes. im Speichel)* [< lat. *mucus* „Schleim"]

m. v. ⟨Abk. für⟩ *mezza voce*

MW **1** ⟨Zeichen für⟩ *Megawatt* **2** ⟨Abk. für⟩ *Mittelwelle*

m. W. ⟨Abk. für⟩ *meines Wissens*

MwSt. ⟨Abk. für⟩ *Mehrwertsteuer*

My ⟨n.9; Zeichen für: μ, M⟩ *zwölfter Buchstabe des griechischen Alphabets*

My|al|gie ⟨f.11⟩ *Muskelschmerz* [< griech. *mys* „Muskel" und *algos* „Schmerz"]

Mye|li|tis ⟨f., -, -ti|den⟩ *Rückenmarkentzündung* [< griech. *myelos* „Mark" und ...*itis*]

My|ko|lo|gie ⟨f., -, nur Sg.⟩ *Wissenschaft von*

Mykorrhiza

My|kor|rhi|za ⟨f., -, -zen⟩ *Lebensgemeinschaft zwischen Pilzen und den Wurzeln höherer Pflanzen* [< griech. *mykes* ,,Pilz" und *rhiza* ,,Wurzel"]

My|ko|se ⟨f.11⟩ *Erkrankung durch Pilze* [< griech. *mykes* ,,Pilz" und *...ose*]

My|la|dy ⟨[mileidi] *engl. Anrede für eine Lady*⟩ *meine Dame, gnädige Frau*

My|lo|nit ⟨m.1⟩ *durch gebirgsbildende Vorgänge zerriebenes und wieder fest gewordenes Gestein* [zu griech. *mylos* ,,Mühle"]

My|lord ⟨[milɔd] *engl. Anrede für einen Lord*⟩ *mein Herr, gnädiger Herr*

Myn|heer ⟨[mənɛr] m.9⟩ → *Mijnheer*

Myo|kard ⟨n.9⟩ → *Herzmuskel* [< griech. *mys*, Gen. *myos*, ,,Muskel" und *kardia* ,,Herz"]

Myo|kar|die ⟨f.11⟩ *Kreislaufstörung mit Beteiligung des Herzmuskels* [zu *Myokard*]

Myo|kar|di|tis ⟨f., -, -ti|den⟩ *Herzmuskelentzündung* [< *Myokard* und *...itis*]

Myo|lo|gie ⟨f., -, nur Sg.⟩ *Wissenschaft von den Muskeln* [< griech. *mys*, Gen. *myos*, ,,Muskel" und *...logie*]

My|om ⟨n.1⟩ *gutartige Muskelgeschwulst* [< griech. *mys*, Gen. *myos*, ,,Muskel"]

My|opie ⟨f.11⟩ → *Kurzsichtigkeit* [< griech. *myops*, Gen. *myopos*, ,,kurzsichtig", < *myein* ,,sich schließen" (von Augen, Lippen, Wunden) und *ops*, Gen. *opos*, ,,Auge"]

Myo|sin ⟨n., -s, nur Sg.⟩ *Protein, das an der Zusammenziehung der Muskelfasern beteiligt ist* [zu griech. *mys*, Gen. *myos*, ,,Muskel"]

Myo|to|mie ⟨f.11⟩ *operative Durchtrennung von Muskeln* [< griech. *mys*, Gen. *myos*, ,,Muskel" und *tome* ,,Schnitt"]

My|ri|ade ⟨f.11⟩ **1** *Anzahl von 10000* **2** ⟨übertr.⟩ *große Menge, Unzahl* [< griech. *myrias*, Gen. *myriados*, in ders. Bed., zu *myrioi* ,,zehntausend"]

Myr|me|ko|lo|gie ⟨f., -, nur Sg.⟩ *Wissenschaft von den Ameisen* [< griech. *myrmex*, Gen. *myrmekos*, ,,Ameise" und *...logie*]

Myr|rhe ⟨f.11⟩ *wohlriechendes, aus einem ostafrikanischen Baum gewonnenes Gummiharz (als Räuchermittel sowie zusammenziehendes Arzneimittel verwendet)* [< lat., griech. *myrrha*, aus dem Semitischen]

Myr|te ⟨f.11⟩ *weiß blühender, kleinblättriger, immergrüner Strauch der Mittelmeerländer* [< griech. *myrtos* in ders. Bed.]

Myst|ago|ge ⟨m.11; Antike⟩ *in die (eleusinischen) Mysterien eingeweihter und einführender Priester* [< griech. *mystagogos* in ders. Bed., < *mystes* ,,Eingeweihter" (→ *Mysterium*) und *agogos* ,,Führer, Begleiter"]

My|ste|ri|en ⟨Pl. von⟩ *Mysterium*

My|ste|ri|en|spiel ⟨n.1; MA⟩ *Drama mit biblischem Stoff, geistliches Drama*

my|ste|ri|ös ⟨Adj., -er, am mysteriösesten⟩ *geheimnisvoll, rätselhaft*

My|ste|ri|um ⟨n., -s, -ri|en⟩ **1** ⟨urspr.⟩ *Geheimkult, Geheimlehre,* ⟨bes.⟩ *griechisch-römischer Götterkult, an dem nur Eingeweihte teilnehmen dürfen* **2** ⟨allg.⟩ *Geheimnis* [< griech. *mysterion* ,,Geheimnis, Geheimlehre (bes. der Göttin Demeter in Eleusis)", zu *mystes* ,,(in die eleusinische Geheimlehre) Eingeweihter", zu *myein* ,,einweihen"]

My|sti|fi|ka|ti|on ⟨f.10⟩ *das Mystifizieren*

my|sti|fi|zie|ren ⟨V.3, hat mystifiziert; mit Akk.⟩ **1** *etwas m. geheimnisvoll machen, mit einem mystischen Gepräge versehen; die Natur m.; einen Sachverhalt m.* **2** *jmdn. m.* ⟨†⟩ *täuschen, irreführen* [< *Mystik, Mysterium* und lat. *-ficere* (in Zus. für *facere*) ,,machen"]

My|stik ⟨f., -, nur Sg.⟩ *Form des religiösen Erlebens, bei der durch Versenkung schon im jetzigen Dasein die Vereinigung mit dem Göttlichen gesucht wird* [< griech. *mystikos* ,,zu den Geheimlehren gehörend, geheimnisvoll", → *Mysterium*]

My|sti|ker ⟨m.5⟩ *Vertreter der Mystik*

my̅|stisch ⟨Adj.⟩ **1** *zur Mystik gehörend, auf ihr beruhend* **2** *geheimnisvoll, dunkel*

My|sti|zis|mus ⟨m., -, nur Sg.⟩ *schwärmerisches religiöses Denken, Wunderglaube* **2** *schwärmerisches, unklares, unreales Denken*

My|the ⟨f.11⟩ → *Mythos*

my̅|thisch ⟨Adj., o.Steig.⟩ *zum Mythos, den Mythen gehörig, daraus stammend, von ihnen überliefert, sagenhaft*

My|tho|lo|gie ⟨f.11⟩ **1** *Lehre von den Mythen* **2** *Gesamtheit der Mythen (eines Volkes)* [< *Mythos* und *...logie*]

my|tho|lo|gisch ⟨Adj., o.Steig.⟩ *zur Mythologie gehörig, auf ihr beruhend*

my|tho|lo|gi|sie|ren ⟨V.3, hat mythologisiert; mit Akk.⟩ *als Mythos, in mythischer Form darstellen* **My|tho|lo|gi|sie|rung** ⟨f., -, nur Sg.⟩

My|thos, ⟨lat. Form⟩ **My|thus** ⟨m., -, -then⟩ *auch:* **Mythe** **1** *Überlieferung aus vorgeschichtlicher Zeit, Sage (von Göttern, Helden, Dämonen, Weltentstehung usw.)* **2** *Legende über eine geschichtlich bedeutende Person oder Begebenheit* [< griech. *mythos* ,,Erzählung, Sage (bes. von Göttern und Helden der Geschichte)", wahrscheinlich zu idg. (lautmalend) *my-* ,,lauten, tönen"]

Myx|ödem ⟨n.1⟩ *körperliche und geistige Erkrankung mit Hautschwellungen u.a. infolge Unterfunktion der Schilddrüse* [< griech. *myxa* ,,Schleim" und *Ödem*]

Myx|om ⟨n.1⟩ *gutartige Geschwulst aus Schleimgewebe* [< griech. *myxa* ,,Schleim"]

Myx|o|sar|kom ⟨n.1⟩ *bösartiges Myxom* [< *Myxom* und *Sarkom*]

My|zel, My|ze|li|um ⟨n., -s, -ze|li|en⟩ *der in oder auf dem Nährboden wachsende, aus einzelnen Fäden (Hyphen) bestehende Teil höherer Pilze, Gesamtheit der Pilzfäden;* Syn. *Pilzgeflecht* [< griech. *mykes* ,,Pilz"]

N

n 1 ⟨Zeichen für⟩ *Nano...* **2** ⟨Zeichen für⟩ *Neutron*
N 1 ⟨abkürzendes Länderkennzeichen für⟩ *Norwegen* **2** ⟨Zeichen für⟩ *Newton* **3** ⟨Zeichen für⟩ *Stickstoff (Nitrogenium)* **4** ⟨Abk. für⟩ *Norden*
na! ⟨Int.; Ausruf des Zuspruchs, der sanften Abwehr, der Erleichterung oder der Ungeduld⟩ na, dann fangen wir an; na warte! ⟨leichte Drohung⟩; na also! *du siehst, es geht!;* na endlich! *es wird höchste Zeit, daß du kommst!;* na gut! ⟨Ausdruck der zögernden Zustimmung⟩; na und? *ist dagegen etwas einzuwenden?;* na, und ob! *mehr als man erwartet hätte*
Na ⟨chem. Zeichen für⟩ *Natrium*
Na|be ⟨f.11⟩ *Mittelteil eines Rades, das die Achse hülsenartig umfaßt* [verwandt mit *Nabel*]
Na|bel ⟨m.5⟩ **1** ⟨durch Vernarbung des Restes der abgefallenen Nabelschnur entstandene⟩ *rundliche Vertiefung in der Mitte des Bauches* **2** ⟨Bot.⟩ *Abbruchstelle des Stielchens, mit dem der reife Samen an der Fruchtwand festgehalten war*
Na|bel|bin|de ⟨f.11; bei Neugeborenen⟩ *schützende Binde um die durch die abgefallene Nabelschnur zurückgebliebene Wunde*
Na|bel|bruch ⟨m.2⟩ *Hernie mit der Durchbruchstelle im Bereich des Nabels*
Na|bel|schau ⟨f., -, nur Sg.⟩ *übertriebene Beschäftigung mit der eigenen Person, Wichtignehmen der eigenen Person, des eigenen Charakters, Verhaltens;* N. betreiben
Na|bel|schnur ⟨f.2⟩ *spiralig gedrehter Strang, der von der Plazenta zum Nabel des ungeborenen Kindes verläuft*
Na|bob ⟨m.9⟩ **1** ⟨urspr.⟩ *islamischer Provinzstatthalter in Indien* **2** ⟨später⟩ *in Indien reich gewordener Engländer oder Holländer* **3** ⟨übertr.⟩ *sehr reicher Mann* [< arab. *nuwwāb*, Pl. von *naʾib* „Stellvertreter, Statthalter"]
nach I ⟨Präp. mit Dat.⟩ **1** ⟨räumlich⟩ **a** *in eine bestimmte Richtung;* n. links abbiegen; n. Hause gehen *in seine Wohnung gehen;* das Fenster liegt n. Osten; n. der Straßenseite, n. unten gehen **b** *auf ein bestimmtes Ziel zu;* n. München fahren; diese Straße führt n. Rom **2** ⟨zeitlich⟩ *im Anschluß an einen bestimmten Zeitpunkt, sobald ... vorbei sind (ist);* n. Ablauf der Frist; n. Abschluß der Verhandlungen; n. langem Hin und Her; n. Ostern; n. drei Stunden; n. langer Zeit **3** ⟨zur Bezeichnung einer Folge oder Rangordnung⟩ sie kommen nach mir dran; n. dem Inspektor kommt der Oberinspektor **4** ⟨in Verbindung mit bestimmten Verben⟩ n. jmdm. fragen; n. jmdm. schicken; sich n. etwas, jmdm. umsehen **5** *gemäß, entsprechend;* n. meiner Meinung; aller Wahrscheinlichkeit n.; dem Alter n. gehört er in eine höhere Schulklasse; Gulasch n. Art des Hauses; n. Belieben *ohne Beschränkung, so, wie man will;* n. altem Brauch; n. Diktat schreiben; n. Leistung bezahlt werden; n. Weisung handeln; es schmeckt n. Anis **6** ⟨bei Maßangaben⟩ *zugrunde legend;* nach Litern, Kilometern messen **II** ⟨Adv.; meist in Fügungen⟩ *hinten;* folgt mir!; n. und n. *allmählich, schrittweise;* n. wie vor *ohne Veränderung*
nach..., Nach... ⟨in Zus.⟩ **1** *hinterher,* z.B. nachschicken, nachspringen, nachliefern **2** *nochmals, ergänzend, zusätzlich,* z.B. nachbestellen, nachfordern, nachfüllen, Nachfüllung **3** *nochmals, prüfend,* z.B. nachrechnen, nachmessen, Nachmessung **4** *in der gleichen Art, ähnlich,* z.B. nachbilden, Nachbildung, nacherzählen, Nacherzählung
nach|äf|fen ⟨V.1, hat nachgeäfft; mit Akk.⟩ *spottend nachahmen;* jmdn., jmds. Gang, Sprechweise n.
nach|ah|men ⟨V.1, hat nachgeahmt; mit Akk.⟩ Syn. *imitieren* **1** *etwas n.* **a** *möglichst genauso machen (wie etwas anderes), nachmachen;* jmds. Bewegungen, Schrift, Stimme n.; Tierstimmen n. **b** *möglichst genauso, möglichst naturgetreu herstellen;* Perlen, Edelsteine n. **2** *jmdn. n. sich genauso verhalten, bewegen, genauso sprechen wie jmd.;* n. kann Menschen gut n.
nach|ah|mens|wert ⟨Adj., -er, am -esten⟩ *so beschaffen, daß es oder jmd. nachgeahmt werden sollte, vorbildlich, mustergültig;* Syn. *nachahmungswürdig*
nach|ah|mens|wür|dig ⟨Adj.⟩ →*nachahmenswert*
Nach|ah|mung ⟨f.10⟩ Syn. *Imitation* **1** ⟨nur Sg.⟩ *das Nachahmen* **2** *nachgeahmter Gegenstand;* diese Perlen sind eine sehr gute N.
nach|ar|ten ⟨V.2, ist nachgeartet⟩ →*nachschlagen (II)*
Nach|bar ⟨m.11⟩ **1** *jmd., der in jmds. unmittelbarer Nähe wohnt;* unsere ~n sind ausgezogen; ein neuer N. ist eingezogen **2** *jmd., der sich in jmds. unmittelbarer Nähe befindet* (Bank~, Tisch~); der N. Österreich
Nach|bar|dorf ⟨n.4⟩ *das nächste, in unmittelbarer Nähe befindliche Dorf*
nach|bar|lich ⟨Adj., o.Steig.⟩ **1** *dem Nachbarn gehörend;* das ~e Haus **2** *so, wie es unter Nachbarn üblich ist*
Nach|bar|schaft ⟨f., -, nur Sg.⟩ **1** *Gesamtheit der Nachbarn;* er schrie, daß es die ganze N. hörte **2** *unmittelbare Nähe;* in der N. der Fabrik **3** *Verhältnis zu den Nachbarn;* auf gute N.!
Nach|bars|leu|te ⟨nur Pl.⟩ *Nachbarn*
nach|be|rei|ten ⟨V.2, hat nachbereitet; mit Akk.⟩ *nachträglich, hinterher durchdenken und auswerten;* Unterrichtsstunden n. **Nach|be|rei|tung** ⟨f., -, nur Sg.⟩
nach|be|ten ⟨V.2, hat nachgebetet; mit Akk.⟩ *ohne Kritik und Urteilsvermögen wiederholen (und als eigene Meinung ausgeben), was ein anderer geäußert hat*
nach|bil|den ⟨V.1, hat nachgebildet; mit Akk.⟩ *etwas n. etwas möglichst genauso (wie etwas anderes) herstellen, möglichst naturgetreu nach einem Muster, Vorbild gestalten;* ein Tier in Ton n.
Nach|bil|dung ⟨f.10⟩ **1** ⟨nur Sg.⟩ *das Nachbilden* **2** *nachgebildeter Gegenstand;* das heutige Goethehaus in Frankfurt ist nur eine N.
nach|blei|ben ⟨V.17, ist nachgeblieben; o.Obj.⟩ **1** *zurückbleiben, nicht Schritt halten, nicht mitkommen;* hinter den anderen n.; im Unterricht, in der Schule n. **2** →*nachgehen (I);* die Uhr bleibt nach **3** →*nachsitzen*
nach|blu|ten ⟨V.2, hat nachgeblutet; o.Obj.⟩ *nachträglich, nochmals bluten;* die Wunde blutet nach **Nach|blu|tung** ⟨f.10⟩
Nach|bör|se ⟨f., -, nur Sg.⟩ *Börsenhandel nach amtlich festgelegter Zeit*
Nach|bür|ge ⟨m.11⟩ *zweiter Bürge, der zur Zahlung verpflichtet ist, wenn der erste Bürge eines Schuldners seinen Verpflichtungen nachkommen kann*

nach|christ|lich ⟨Adj., o.Steig.⟩ *nach der Geburt Christi;* Ggs. *vorchristlich;* in ~er Zeit
nach|da|tie|ren ⟨V.3, hat nachdatiert; mit Akk.⟩ *mit einem zurückliegenden Datum versehen;* Syn. *zurückdatieren;* Ggs. *vordatieren;* einen Brief n.
nach|dem ⟨Konj.⟩ **1** ⟨zeitlich⟩ *nach diesem Zeitpunkt;* n. er gegessen hatte; n. er sich wieder beruhigt hatte **2** ⟨landsch.⟩ *da, weil;* n. das so ist
nach|den|ken ⟨V.22, hat nachgedacht; o.Obj. oder mit Präp.obj.⟩ *etwas gründlich durchdenken, seine Gedanken auf etwas richten und es herauszufinden, zu durchschauen suchen;* denk mal nach!; er dachte (tief, angestrengt) nach und sagte dann ...; ich habe lange (darüber) nachgedacht, ob ...
nach|denk|lich ⟨Adj.⟩ **1** *in Gedanken versunken;* ein ~es Gesicht **2** *zum Nachdenken, Grübeln neigend;* ein ~er Mensch **3** *zum Nachdenken anregend;* das stimmt mich n. **Nach|denk|lich|keit** ⟨f., -, nur Sg.⟩
nach|dich|ten ⟨V.2, hat nachgedichtet; mit Akk.⟩ *übersetzen und in der eigenen Sprache in eine poetische, schöne Form bringen;* einen Roman, ein Epos n. **Nach|dich|tung** ⟨f.10⟩
Nach|druck ⟨m.1⟩ **1** ⟨Buchw.⟩ *erneuter Abdruck (eines bereits früher erschienenen Werkes);* ein N. der Lutherbibel **2** ⟨nur Sg.⟩ *Betonung (einer Sache), Energie, Tatkraft;* mit N. auf etwas hinweisen
nach|drucken ⟨-k|k-; V.1, hat nachgedruckt; mit Akk.⟩ *nochmals drucken;* ein literarisches Werk n. (wenn die Auflage vergriffen ist)
nach|drück|lich ⟨Adj.⟩ *mit Nachdruck, energisch;* n. auf etwas hinweisen **Nach|drück|lich|keit** ⟨f., -, nur Sg.⟩
nach|dun|keln ⟨V.1, ist nachgedunkelt; o.Obj.⟩ *im Lauf der Zeit dunkler werden;* das Bild, die Tapete ist nachgedunkelt; die Farben sind nachgedunkelt
nach|ei|fern ⟨V.1, hat nachgeeifert; mit Dat.⟩ *jmdm. n. jmds. Leistungen, Vorbild zu erreichen suchen* **Nach|ei|fe|rung** ⟨f., -, nur Sg.⟩
nach|ein|an|der ⟨Adv.⟩ **1** *einer, eins nach dem anderen;* sie stiegen n. in den Zug **2** *kurz hintereinander;* die Gäste trafen n. ein
nach|eis|zeit|lich ⟨Adj., o.Steig.⟩ →*postglazial*
Na|chen ⟨m.7; poet.⟩ *Kahn, Boot*
Nach|er|be ⟨m.11⟩ *jmd., der laut Testament Erbe eines Erben nach dessen Tod wird*
nach|er|zäh|len ⟨V.1, hat nacherzählt; mit Akk.⟩ *mit eigenen Worten wiederholend erzählen;* eine vorgelesene Geschichte n.
Nach|er|zäh|lung ⟨f.10⟩ *nacherzählte Geschichte*
Nachf. ⟨Abk. für⟩ *Nachfolger*
Nach|fahr ⟨m.10⟩, **Nach|fah|re** ⟨m.11; †⟩ *Nachkomme*
Nach|fol|ge ⟨f., -, nur Sg.⟩ **1** *das Nachfolgen, Übernahme eines Amtes;* jmdm. die N. übertragen **2** *Leben nach jmds. Vorbild;* in jmds. N., ~n in der N. Christi leben
nach|fol|gen ⟨V.1, ist nachgefolgt⟩ **I** ⟨o.Obj.; verstärkend⟩ *folgen;* die ~den Kapitel **II** ⟨mit Dat.⟩ **1** *jmdm. folgen;* jmdm. im Amt n. **2** *genauso leben wie jmd., nach jmds. Vorbild leben und handeln*
Nach|fol|ger ⟨m.5; Abk.: Nachf., Nchf.⟩ *jmd., der jmdm. in einem Amt o.ä. nachfolgt; zum N. bestimmt werden*

nach|for|schen ⟨V.1, hat nachgeforscht; o.Obj.⟩ *nach etwas forschen, etwas zu erfahren, zu ermitteln suchen;* wir werden n., ob ...
Nach|for|schung ⟨f.10⟩ *das Nachforschen;* ~en anstellen
Nach|fra|ge ⟨f.11⟩ **1** ⟨†⟩ *das Nachfragen, Erkundigen;* danke der N.! ich danke für die Erkundigung nach dem Befinden **2** *Bereitschaft zum Kauf (von bestimmten Waren);* die N. nach Motorrädern nimmt zu
nach|fra|gen ⟨V.1, hat nachgefragt; o.Obj.⟩ *nochmals fragen;* fragen Sie bitte in einer Woche wieder nach!; ich habe mehrmals nachgefragt
Nach|frist ⟨f.10; Rechtsw.⟩ *Verlängerung einer bereits abgelaufenen Frist*
nach|füh|len ⟨V.1, hat nachgefühlt; mit (Dat. und Akk.)⟩ *(jmdm.) etwas n. etwas so wie jmd. fühlen;* ich kann (dir) deinen Ärger, Schmerz, deine Freude (gut) n.
nach|ge|ben ⟨V.45, hat nachgegeben⟩ **I** ⟨o.Obj.⟩ **1** ⟨*auf Druck, Zug hin*⟩ *sich biegen, sich wölben, sich ausdehnen;* das Polster gibt nach **2** *schlaff, locker werden, zurückweichen;* der Boden unter seinen Füßen gab plötzlich nach **3** *den Widerstand aufgeben, nach anfänglichem Widerstand einverstanden sein;* der Klügere gibt nach; schließlich, endlich gab er nach **II** ⟨mit Dat. und Akk.⟩ **1** *jmdm. etwas n. jmdm. etwas (bei Tisch) nochmals, zusätzlich geben;* jmdm. Gemüse, Fleisch n. **2** *jmdm. nichts n. jmdm. gleichkommen;* er gibt seinem Bruder an Fleiß, Ausdauer, Faulheit, Frechheit nichts nach **III** ⟨mit Dat.⟩ *einer Sache nachfolgen, ihr nicht widerstehen, ihr erliegen;* einem Impuls, einer Laune n.; der Versuchung, Verlockung n.; seinem Schlafbedürfnis n.; jmds. Bitten n. *das tun, was jmd. erbittet*
nach|ge|bo|ren ⟨Adj., o.Steig.; nur als Attr. und mit „sein"⟩ **1** *nach dem Tode des Vaters oder nach der Scheidung der Ehe geboren* **2** *lange nach dem ersten Kind oder den übrigen Kindern geboren*
Nach|ge|bühr ⟨f.10⟩ *(vom Empfänger zu zahlende) Gebühr für eine nicht vorschriftsmäßig frankierte Postsendung;* Syn. Nachporto
Nach|ge|burt ⟨f.10⟩ **1** *Ausstoßung des Mutterkuchens nach der Geburt* **2** *dieser selbst*
nach|ge|hen ⟨V.47, ist nachgegangen⟩ **I** ⟨o.Obj.⟩ *zu wenig anzeigen, zu langsam gehen;* Syn. nachbleiben; die Uhr geht nach, geht fünf Minuten nach **II** ⟨mit Dat.⟩ **1** *jmdm. n. jmdm. zu Fuß folgen;* jmdm. heimlich, unauffällig n. **b** *jmdn. lange Zeit in Gedanken beschäftigen, zum Nachdenken anregen;* der Vorfall geht mir heute noch nach, ist mir wochenlang nachgegangen **2** *einer Sache n.* **a** *eine Sache untersuchen, nachprüfen;* bitte gehen Sie der Sache nach! **b** *den Ursprung einer Sache aufsuchen*
nach|ge|ra|de ⟨Adv.⟩ **1** *schließlich;* dann wurde es mir n. zuviel **2** *geradezu;* das ist ja n. lächerlich
nach|ge|ra|ten ⟨V.94, ist nachgeraten⟩ → *nachschlagen (II)*
Nach|ge|schmack ⟨m., -(e)s, nur Sg.⟩ **1** *Geschmack, der im Munde nach einer bestimmten Speise oder einem Getränk zurückbleibt;* ein süßer, bitterer, schlechter N. **2** ⟨übertr.⟩ *unangenehme Erinnerung;* der Vorfall hinterließ einen bitteren N.
nach|gie|big ⟨Adj.⟩ **1** *leicht verformbar;* ~es Material **2** ⟨übertr.⟩ *leicht, oft nachgebend, willig in etwas einwilligend, wenig beharrend, wenig durchsetzungsfähig;* er ist sehr n. **Nach|gie|big|keit** ⟨f., -, nur Sg.⟩
nach|grü|beln ⟨V.1, hat nachgegrübelt; o.Obj. oder mit Präp.obj.⟩ *immer wieder nachdenken;* über etwas n.
nach|gucken ⟨-k·k-; V.1, hat nachgeguckt⟩ → *nachsehen (I, II, III)*
Nach|hall ⟨m.1⟩ *schwächer werdendes Weiterklingen (eines Tones)* **2** ⟨übertr.⟩ *Erfolg, Wirkung*
nach|hal|tig ⟨Adj.⟩ *sich lange auswirkend;* einen ~en Eindruck hinterlassen
nach|hän|gen ⟨V.62, hat nachgehangen; mit Dat.⟩ *einer Sache n. (lange Zeit) traurig oder sehnsüchtig an etwas denken;* sie hängt diesem Ausflug, der so tragisch endete, immer noch nach; sie hängt diesen glücklichen Tagen immer noch nach; seinen Gedanken n. *in Gedanken versunken sein, sich seinen Gedanken überlassen;* er hing seinen Erinnerungen nach
Nach|hau|se|weg ⟨m.1⟩ *Weg nach Hause, Heimweg*
nach|hel|fen ⟨V.66, hat nachgeholfen; o.Obj.⟩ *helfen, daß eine Sache vorangeht, eine Sache (oft nicht ganz korrekt) vorantreiben;* bei den Schularbeiten, bei einer Bastelarbeit n.; bei einer Turnübung n.; er hat die Stellung bekommen, aber sein Vater hat ein bißchen nachgeholfen
nach|her ⟨auch [nax-] Adv.⟩ **1** *danach;* ich muß noch mal weggehen, n. werde ich dir helfen; ob die Entscheidung richtig war, wird sich erst n. herausstellen **2** *später;* er wird n. noch kommen **3** ⟨landsch.⟩ *vielleicht, womöglich;* wenn du dich jetzt nicht anstrengst, wirst du n. noch scheitern
Nach|hil|fe ⟨f., -, nur Sg.⟩ **1** *das Nachhelfen;* mit ein bißchen N. geht es schon **2** ⟨kurz für⟩ *Nachhilfeunterricht, Nachhilfestunden;* N. geben, nehmen
Nach|hil|fe|stun|de ⟨f.11, meist Pl.⟩ ~n → *Nachhilfeunterricht*
Nach|hil|fe|un|ter|richt ⟨m., -(e)s, nur Sg.⟩ *privater, bezahlter, zusätzlicher Unterricht, in dem der Stoff des Schulunterrichts wiederholt und geübt wird (für schlechte Schüler);* Syn. Nachhilfestunden; N. bekommen, nehmen, geben; N. in Englisch, Mathematik
nach|hin|ein ⟨Adv.⟩ *nur in der Wendung* im n. *hinterher, nachträglich*
nach|hin|ken ⟨V.1, ist nachgehinkt; o.Obj.⟩ **1** *später als die andern kommen, langsamer hinterherkommen* **2** *schlechtere Leistungen als die andern erbringen, mit den andern nicht Schritt halten;* in der Schule, in den Leistungen n.
Nach|hol|be|darf ⟨m., -s, nur Sg.⟩ *Bedürfnis, etwas nachzuholen, auf das man lange Zeit verzichten mußte;* einen großen N. an Schlaf haben
nach|ho|len ⟨V.1, hat nachgeholt; mit Akk.⟩ **1** *etwas n.* **a** *nachträglich erarbeiten, nachträglich tun, ausführen, erleben, auskosten (was man schon hätte tun sollen oder wollen);* Arbeit n.; versäumten Unterricht n.; versäumte Genüsse n.; das ausgefallene Konzert wird in einem Monat nachgeholt **b** ⟨ugs.⟩ *nochmals, zusätzlich holen;* Essen (aus der Küche) n. **2** *jmdn. n.* ⟨ugs.⟩ *nachträglich (zu sich) holen;* er ist nach Bonn versetzt worden und holt seine Familie jetzt nach
Nach|hut ⟨f.10⟩ *gemischter Kampfverband, der eine marschierende Truppe gegen Angriffe von hinten sichert* [zu *Hut* in der veralteten Bed. „Wache"]
nach|ja|gen ⟨V.1, ist nachgejagt; mit Dat.⟩ *hintereilen, eilig zu erreichen suchen;* einem flüchtigen Tier, Verbrecher n.; Vergnügungen n. *überall Vergnügungen suchen*
nach|klin|gen ⟨V.69, hat od. ist nachgeklungen; o.Obj.⟩ *weiterhin klingen;* der Ton klang lange im Raum nach; ein Erlebnis n. lassen *noch lange an ein Erlebnis denken und davon sprechen*
Nach|kom|me ⟨m.11⟩ *jmd., der von jmdm. in gerader Linie abstammt;* Ggs. Vorfahr; er hat keine ~n; etwas seinen ~n vererben
nach|kom|men ⟨V.71, ist nachgekommen⟩ **I** ⟨o.Obj.⟩ *hinterher-, später kommen;* geht schon voraus, ich komme nach!; ich komme nach! ⟨Entgegnung, wenn jmd. einem zutrinkt und das eigene Glas leer ist⟩ ich werde Ihnen später für Ihren Zutrunk danken; wir lassen die Kinder n.; nicht n. *nicht Schritt halten können;* beim Diktat nicht n. **II** ⟨mit Dat.⟩ *einer Sache n. eine Sache erfüllen, verwirklichen;* einer Pflicht, Verpflichtung n.; jmds. Bitte, Wunsch n.
Nach|kom|men|schaft ⟨f.10⟩ *Gesamtheit der Nachkommen*
Nach|kömm|ling ⟨m.1⟩ *lange nach den anderen Geschwistern geborenes Kind*
Nach|kriegs|zeit ⟨f.10⟩ *Zeit unmittelbar nach dem Ende eines Krieges*
Nach|laß ⟨m.1 oder m.2⟩ **1** *Gesamtheit dessen, was im Verstorbener hinterläßt;* literarischer N.; jmds. N. verwalten; einige seiner Werke befinden sich noch im N. **2** *Ermäßigung des Preises (für Waren;* Preis~) **3** *das Erlassen, Erlaß (von Sünden)*
nach|las|sen ⟨V.75, hat nachgelassen⟩ **I** ⟨o.Obj.⟩ **1** ⟨von Sachen⟩ *weniger, geringer werden;* der Regen, die Spannung, der Schmerz läßt nach; o Schreck, laß nach! ⟨scherzh.; Ausruf des Erschreckens⟩ **2** ⟨von Personen⟩ **a** *die Spannkraft, Energie (bei etwas) verlieren;* er läßt in seinen Leistungen, in seinem Fleiß nach **b** ⟨in verneinenden Sätzen⟩ *nicht n. nicht aufhören;* er ließ nicht nach mit Schelten, Bitten **II** ⟨mit Akk.⟩ *locker lassen;* laß das Seil ein wenig nach! **III** ⟨mit Dat. und Akk.⟩ *jmdm. etwas n. jmdm. etwas erlassen, weniger berechnen;* er hat mir 50 DM vom Preis nachgelassen
Nach|laß|ge|richt ⟨n.1⟩ *Gericht, das Nachlässe, Erbschaften regelt*
nach|läs|sig ⟨Adj.⟩ **1** *ohne Sorgfalt, unordentlich, ungenau;* n. arbeiten **2** *ohne Beachtung der gesellschaftlichen Formen;* n. gekleidet sein **3** *gleichgültig;* jmdn. n. behandeln
nach|läs|si|ger|wei|se ⟨Adv.⟩ *aus Nachlässigkeit*
Nach|läs|sig|keit ⟨f.10⟩ **1** ⟨nur Sg.⟩ *nachlässiges Verhalten* **2** *nachlässige Handlung*
Nach|laß|pfle|ger ⟨m.5⟩ *jmd., der von einem Gericht damit beauftragt ist, einen Nachlaß so lange zu verwalten, bis der Erbe oder die Erben ihn übernehmen*
Nach|lauf ⟨m.2⟩ **1** ⟨Fahrzeugbau⟩ *Rückversetzung des Auflagepunktes des Rades auf der Fahrbahn hinter den Drehpunkt der Radschwenkung* **2** ⟨Strömungsmechanik⟩ *Teil der Strömung, der sich bei einem angeströmten Körper, in Strömungsrichtung gesehen, hinter dem Körper befindet* **3** ⟨fraktionierte Destillation⟩ *letztes, in die Dampfphase übergehendes Destillat*
nach|lau|fen ⟨V.76, ist nachgelaufen; mit Dat.⟩ **1** *jmdm. n. hinter jmdm. herlaufen,* ⟨übertr.⟩ *sich sehr um jmds. Gunst bemühen;* einem Mädchen n.; ich laufe niemandem nach **2** *einer Sache n. sich bemühen, eine Sache zu bekommen;* ich bin dieser Schallplatte lange nachgelaufen
Nach|läu|fer ⟨m.5; Billard⟩ *der dem bespielten Ball nachrollende Ball*
nach|le|ben ⟨V.1, hat nachgelebt; mit Dat.; geh.⟩ *jmdm. n. wie jmd. leben, nach jmds. Vorbild leben*
Nach|le|ben ⟨n.7⟩ *Leben eines Verstorbenen in der Erinnerung der Hinterbliebenen*
nach|le|sen ⟨V.79, hat nachgelesen; mit Akk.⟩ **1** *nach der Lese noch ernten;* Ähren, Beeren n. **2** *(in einem Buch) suchen und lesen (um sich zu orientieren, zu vergewissern);* eine Stelle in einem Buch n.; ich weiß es nicht mehr genau, ich muß es noch einmal n.; das kann man bei Goethe n.
nach|lö|sen ⟨V.1, hat nachgelöst; mit Akk.⟩ *eine Fahrkarte n. erst im Zug lösen*
nachm. ⟨bei Zeitangaben Abk. für⟩ *nachmittag(s);* die Veranstaltung beginnt um vier Uhr nachm.
Nachm. ⟨Abk. für⟩ *Nachmittag*

nach|ma|chen ⟨V.1, hat nachgemacht⟩ **I** ⟨mit Akk.⟩ **1** etwas n. *a etwas genauso machen (wie etwas anderes), nachahmen;* jmds. Gebärden, Stimme, Schrift n. **b** *etwas möglichst genauso herstellen (wie etwas anderes);* Banknoten n. *Banknoten fälschen;* nachgemachte Perlen *Perlen aus unedlem Material, die echt erscheinen sollen* **c** ⟨ugs.⟩ *später noch machen, nachholen;* versäumte Schularbeiten n. **2** jmdn. n. ⟨ugs.⟩ *sich so bewegen, verhalten, so reden wie jmd., jmdn. nachahmen* **II** ⟨mit Dat. und Akk.⟩ jmdm. etwas n. *etwas so machen wie jmd.;* mach mir das mal nach!
Nach|mahd ⟨f.10⟩ → *Grummet*
nach|ma|lig ⟨Adj., o.Steig.; nur als Attr. und Adv.; †⟩ *später;* der ~e Besitzer des Hauses
nach|mals ⟨Adv.; †⟩ *später;* Friedrich, n. „der Große" genannt
Nach|mit|tag ⟨m.1; Abk.: Nachm.⟩ **1** *Zeit zwischen Mittag und dem frühen Abend;* mein freier N.; am frühen N.; er wird im Laufe des ~s anrufen **2** *Veranstaltung am Nachmittag;* ein bunter N.
nach|mit|tä|gig ⟨Adj., o.Steig.⟩ *am Mittag stattfindend;* ~e Schulstunden
nach|mit|täg|lich ⟨Adj., o.Steig.⟩ *jeden Nachmittag stattfindend;* mein ~er Spaziergang
nach|mit|tags ⟨Adv.; Abk.: nachm.⟩ *am Nachmittag;* er wollte n. kommen; die Veranstaltung findet um vier Uhr n. statt
Nach|nah|me ⟨f.11⟩ *Postsendung, die dem Empfänger nur gegen Bezahlung des vom Absender angegebenen Betrages ausgehändigt wird*
Nach|na|me ⟨m.15⟩ → *Familienname;* Ggs. *Vorname*
Nach|por|to ⟨n., -s, -ti⟩ → *Nachgebühr*
Nach|re|de ⟨f.11⟩ **1** ⟨†⟩ *Nachwort, Epilog* **2** ⟨in der Wendung⟩ schlechte, üble N. *beleidigende, unwahre Äußerungen über jmdn.;* üble N. verbreiten; in üble N. kommen; jmdn. wegen übler N. verklagen
nach|re|den ⟨V.2, hat nachgeredet⟩ **I** ⟨mit Akk.⟩ etwas n. *etwas wiederholen, was man von andern gehört hat, ohne es zu prüfen;* er hat das nicht selbst erlebt, er redet es nur nach **II** ⟨mit Dat. und Akk.⟩ jmdm. etwas n. *etwas (Nachteiliges) über jmdn. sagen;* jmdm. Übles, Schlechtes n.
Nach|rei|fe ⟨f., -, nur Sg.⟩ *das Nachreifen*
nach|rei|fen ⟨V.1, ist nachgereift; o.Obj.⟩ *nach der Ernte noch reifen, weicher werden;* die Bananen müssen noch n.
nach|ren|nen ⟨V.98, ist nachgerannt; mit Dat.⟩ *eilig, eifrig nachlaufen*
Nach|richt ⟨f.10⟩ **1** *Mitteilung, die von einer Neuigkeit berichtet;* eine aktuelle, gute, schlechte N.; jmdm. N. geben; jmdm. eine N. hinterlassen, überbringen, übermitteln **2** ⟨Pl.⟩ ~en *Übermittlung aktueller Ereignisse im Fernsehen oder Rundfunk;* etwas in den ~en bringen; ich habe es in den ~en gehört
Nach|rich|ten|bü|ro ⟨n.9⟩ *Unternehmen, das Nachrichten sammelt und an Medien weitervermittelt;* Syn. *Presseagentur, Pressebüro*
Nach|rich|ten|dienst ⟨m.1⟩ **1** ⟨†⟩ *Nachrichtenagentur* **2** ⟨†⟩ *Nachrichtensendung* **3** *staatliche Behörde, die geheime (bes. politische) Informationen beschafft, Geheimdienst*
Nach|rich|ten|sper|re ⟨f.11⟩ *Verbot der Verbreitung bestimmter Nachrichten*
Nach|rich|ten|trup|pe ⟨f.11⟩ → *Fernmeldetruppe*
Nach|rich|ter ⟨m.5⟩ **1** *Angehöriger einer Nachrichtentruppe* **2** ⟨früher⟩ *Scharfrichter, Henker*
nach|richt|lich ⟨Adj., o.Steig.; nur als Attr. und Adv.⟩ *Nachrichten betreffend;* der ~e Teil einer Rundfunksendung
nach|rücken ⟨-k·k-; V.1, ist nachgerückt;

o.Obj. oder mit Dat.⟩ **1** *an jmds. Stelle rücken, jmds. Stelle einnehmen, die dieser verlassen hat;* im Amt n.; sein Vorgänger ist versetzt worden, deshalb kann er (ihm) jetzt n.; Truppen rücken nach **2** *sich auf einen freien Platz vor oder neben sich (in einer Reihe) stellen oder setzen;* bitte rücken Sie nach!
Nach|ruf ⟨m.1⟩ *Würdigung für einen soeben Verstorbenen;* einen N. auf jmdn. schreiben
nach|ru|fen ⟨V.102, hat nachgerufen; mit Dat. und Akk.⟩ jmdm. etwas n. *etwas rufen, so daß es jmd., der fortgeht, hört;* jmdm. eine Mahnung, ein Lebewohl, Schimpfworte n.
Nach|ruhm ⟨m., -(e)s, nur Sg.⟩ *Ruhm, der jmds. Tod überdauert*
nach|rüh|men ⟨V.1, hat nachgerühmt; mit Dat. und Akk.⟩ jmdm. etwas n. *etwas zu jmds. Ruhm nach seinem Tod oder Weggang sagen;* man kann ihm Pünktlichkeit, Zuverlässigkeit n.; man rühmt ihm nach, er habe …
nach|rü|sten ⟨V.2, hat nachgerüstet⟩ **I** ⟨o.Obj.⟩ *die vorhandene Menge an Waffen vergrößern;* Staaten rüsten nach **II** ⟨mit Akk.⟩ *mit einem zusätzlichen Gerät versehen (um die Leistung zu verbessern);* die Stereoanlage mit einem Verstärker n. **Nach|rü|stung** ⟨f., -, nur Sg.⟩
nach|sa|gen ⟨V.1, hat nachgesagt⟩ **I** ⟨mit Akk.⟩ → *nachsprechen* **II** ⟨mit Dat. und Akk.⟩ jmdm. etwas n. *etwas (Nachteiliges) über jmdn. sagen;* man kann ihm in bezug auf Pünktlichkeit nichts n.; man kann ihm nicht n., er sei unpünktlich gewesen; so etwas lasse ich mir nicht n.
Nach|sai|son ⟨[-sɛzɔ̃] f.9⟩ *Zeit des nachlassenden, geringeren Betriebes in den Kur- und Erholungsorten*
Nach|satz ⟨m.2⟩ **1** *angefügter, ergänzender Satz* **2** ⟨Gramm.⟩ *nachgestellter Satz;* vgl. *Vordersatz, Zwischensatz*
nach|schau|en ⟨V.1, hat nachgeschaut⟩ → *nachsehen (I, II, III)*
Nach|schlag ⟨m.2⟩ **1** ⟨Mus.⟩ **a** *Abschluß eines Trillers* **b** *(meist) mehrere Noten, die als Verzierung einer Note folgen* **2** ⟨Soldatenspr.⟩ *zusätzliche Portion Essen;* sich einen N. holen; einen N. fassen
nach|schla|gen ⟨V.116⟩ **I** ⟨mit Akk.; nachgeschlagen⟩ etwas n. → *nachsehen (III);* ein Wort, einen Begriff im Wörterbuch, Lexikon n.; das muß ich erst n.; schlag (erg.: es) doch mal im Lexikon nach! **II** ⟨mit Dat.; ist nachgeschlagen⟩ jmdm. n. *sich so entwickeln wie jmd.;* Syn. *nacharten, nachgeraten;* er schlägt dem Vater nach
Nach|schla|ge|werk ⟨n.1⟩ *Buch in übersichtlicher, meist alphabetischer Anordnung, das eine schnelle Orientierung über etwas gibt, z.B. Lexikon, Wörterbuch*
Nach|schlüs|sel ⟨m.5⟩ *unrechtmäßig angefertigter Schlüssel*
nach|schmei|ßen ⟨V.122, hat nachgeschmissen; derb⟩ → *nachwerfen*
nach|schrei|ben ⟨V.127, hat nachgeschrieben; mit Akk.⟩ **1** *nach Diktat, nach Ansage schreiben;* einen Text, Brief n. **2** *mitschreiben, was man hört, was vorgetragen wird;* eine Vorlesung n. **3** *später als die übrigen schreiben;* einen Aufsatz n. *(den man wegen Krankheit o.ä. versäumt hat)*
nach|schrei|en ⟨V.128, hat nachgeschrien; mit Dat. und Akk.⟩ *laut nachrufen*
Nach|schrift ⟨f.10⟩ **1** *schriftliches Festhalten (eines Vortrages, einer Vorlesung o.ä.)* **2** *das dadurch entstehende Schriftstück;* jmdm. seine N. borgen **3** ⟨Abk.: NS⟩ *Zusatz (in einem Brief)*
Nach|schub ⟨m.2⟩ **1** ⟨nur Sg.⟩ *Versorgung (bes. von Truppen) mit Material (z.B. Munition, Lebensmitteln),* ⟨allg.⟩ *Versorgung mit bestimmten, gewünschten Gegenständen, Speisen usw.;* für N. klappt nicht, stockt; für N. sorgen; N. an alkoholischen Getränken für eine Party, an Schokolade für die Kinder

2 *das Material selbst, Vorrat;* keinen N. mehr haben; uns ist der N. ausgegangen
Nach|schur ⟨f.10⟩ *zweite Schur (der Schafe)*
Nach|schuß ⟨m.2⟩ **1** ⟨Wirtsch.⟩ *Einzahlung über die Stammeinlage hinaus* **2** ⟨Sport⟩ *Schuß auf das Tor, nachdem der Ball oder Puck zunächst abgeprallt ist oder abgewehrt wurde;* im N. ein Tor erzielen
Nach|schwa|den ⟨m.7⟩ *giftiges Verbrennungsgas aus Schlagwetter- oder Kohlenstaubexplosionen*
nach|se|hen ⟨V.136, hat nachgesehen⟩ **I** ⟨mit Dat.⟩ jmdm. oder einer Sache n. *zusehen, wie sich jmd. oder etwas entfernt;* Syn. *nachschauen,* ⟨ugs.⟩ *nachgucken;* dem davonlaufenden Kindern n.; dem abfahrenden Zug n.; das Nachsehen haben *etwas Gewünschtes nicht bekommen, benachteiligt werden;* wenn du dich nicht darum kümmerst dich beeilst, hast du das Nachsehen **II** ⟨o.Obj.⟩ *an eine Stelle gehen und prüfend schauen;* Syn. *nachschauen,* ⟨ugs.⟩ *nachgucken;* sieh doch mal nach, was das für ein Lärm ist!; ich weiß nicht, ob da ist, ich werde gleich n. **III** ⟨mit Akk.⟩ etwas n. *in einem Buch suchen und lesen;* Syn. *nachschauen, nachschlagen,* ⟨ugs.⟩ *nachgucken;* ein Wort im Wörterbuch, Lexikon n. **IV** ⟨mit Dat. und Akk.⟩ jmdm. etwas n. *jmdm. etwas nicht übelnehmen, etwas nicht wichtig nehmen (was jmd. gesagt oder getan hat),* jmdm. etwas verzeihen; ich will es dir nicht einmal n., aber das nächste Mal …; jmdm. eine Ungeschicklichkeit n.
nach|set|zen ⟨V.1, hat oder ist nachgesetzt; mit Dat.⟩ *einem Tier, jmdn. n., einem Tier eilig verfolgen;* einem Dieb n.; der Hund setzte dem Hasen nach
Nach|sicht ⟨f., -, nur Sg.⟩ *Güte, Milde, Verständnis (für jmds. Nöte oder Schwächen);* N. üben, zeigen; mit jmdm. N. haben; jmdn. mit N. behandeln
nach|sich|tig ⟨Adj.⟩ *Nachsicht übend, zeigend*
nach|sichts|voll ⟨Adj.; †⟩ *nachsichtig*
Nach|sicht|wech|sel ⟨m.5; Bankw.⟩ *an einem bestimmten Tag nach der Präsentation (Sicht) fälliger Wechsel*
Nach|sil|be ⟨f.11⟩ *einem Wort angefügte Silbe, z.B. -lich, -er;* Ggs. *Vorsilbe*
nach|sin|nen ⟨V.142, hat nachgesonnen⟩ **I** ⟨mit Dat.⟩ *einer Sache n. sich beschaulich an etwas erinnern und darüber nachdenken;* dem Vergangenen, einem Traum, einem Erlebnis n. **II** ⟨mit Präp.obj.⟩ *über etwas beschaulich über etwas nachdenken*
nach|sit|zen ⟨V.143, hat nachgesessen, o.Obj.; Schülerspr.; in der Fügung⟩ n. müssen *zur Strafe länger in der Schule bleiben müssen;* Syn. *nachbleiben;* er hat heute n. müssen; er mußte eine Stunde n.
Nach|sor|ge ⟨f., -, nur Sg.⟩ *Betreuung Kranker nach ihrem Krankenhausaufenthalt*
Nach|spann ⟨m.1; Film, Fernsehen⟩ *dem Vorspann entsprechende Angaben über die Mitwirkenden, den Autor usw. am Schluß eines Films*
Nach|spei|se ⟨f.11⟩ *(süße) Speise, die nach dem Hauptgericht gegessen wird;* Syn. *Dessert, Nachtisch*
Nach|spiel ⟨n.1⟩ **1** *kleines Stück, das nach dem Abschluß eines großen Theater- oder Musikstückes gespielt wird;* Ggs. *Vorspiel* **2** *Zärtlichkeiten nach dem Geschlechtsakt;* Ggs. *Vorspiel* **3** *unangenehme Folge;* die Sache wird noch ein gerichtliches N. haben
nach|spre|chen ⟨V.146, hat nachgesprochen; mit Akk.⟩ *etwas n. etwas sprechen, was jmd. vorgesprochen hat;* Syn. *nachsagen;* einen Satz, Wörter, die Eidesformel n.
nach|spü|ren ⟨V.1, hat nachgespürt; mit Dat.⟩ *einer Sache oder Person n. eine Sache oder Person suchend verfolgen, sie herauszufinden suchen;* einem Geheimnis, einem Verbrechen n.

nächst ⟨Superlativ von „nahe" I ⟨Adj., o.Steig.; nur als Attr.⟩ **1** *räumlich oder zeitlich) sehr nahe gelegen;* der, die, das ~e beste *irgendein(e); das* ~e *Dorf* **2** *unmittelbar folgend, anschließend;* der ~e bitte!; der ~e Patient; das ~e Jahr; als ~es werde ich etwas essen; bei der ~en Gelegenheit; fürs ~e *für die folgende Zeit;* im ~en Augenblick *sogleich danach;* in ~er Zeit **3** ⟨ugs.⟩ *kürzest;* das ist der ~e Weg in die Stadt II ⟨Präp. mit Dat.⟩ *gleich bei, gleich nach, gleich neben;* n. der Kirche; n. seinen Eltern

Nächst|be|ste(r, -s) ⟨m., f. oder n.17 oder 18⟩ *irgendein(e), beliebige(r);* nimm nicht gleich das Nächstbeste

nach|ste|hen ⟨V.151, hat nachgestanden; mit Dat.; meist in verneinenden Sätzen⟩ jmdm. oder einer Sache nicht n. *jmdm. oder einer Sache gleichkommen;* sie steht ihm an Fleiß, Ausdauer nicht nach; diese Sonate Beethovens steht den andern an Schwierigkeit, Schönheit nicht nach

nach|ste|hend ⟨Adj., o.Steig.; nur als Attr. und Adv.⟩ *folgend;* die ~en Anmerkungen; wie n. erläutert wird *wie im folgenden erläutert wird;* das Nachstehende betrifft nur Teilnehmer mit Kindern

nach|stei|gen ⟨V.153, ist nachgestiegen; mit Dat.⟩ jmdm. nach. **1** *steigend folgen;* dem Bergführer n. **2** ⟨ugs.⟩ *jmds. Nähe suchen und sich um jmds. Gunst, Neigung bemühen;* einem Mädchen n.; er ist ihr monatelang nachgestiegen

nach|stel|len ⟨V.1, hat nachgestellt⟩ I ⟨mit Akk.⟩ etwas n. **1** *etwas hinter etwas stellen;* ein Wort n.; im Japanischen wird der Vorname (dem Familiennamen) nachgestellt **2** *nochmals genau einstellen;* ein Gerät, den Zeiger einer Skala n. **3** die Uhr n. *die Zeiger der Uhr zurückdrehen;* Ggs. *vorstellen;* die Uhr um drei Minuten n. II ⟨mit Dat.⟩ jmdm. n. *sich aufdringlich um jmds. Gunst bemühen, jmdn. aufdringlich umwerben;* einem Mädchen n.

Nach|stel|lung ⟨f.10⟩ *aufdringliche Werbung (um jmdn.);* sie versuchte seinen ~en zu entgehen

Näch|sten|lie|be ⟨f., -, nur Sg.⟩ *Zuneigung zum Mitmenschen;* etwas mit dem Mantel christlicher N. zudecken *über eine unangenehme Angelegenheit nicht sprechen*

nach|ste|no|gra|fie|ren ⟨V.3, hat nachstenografiert; mit Akk.⟩ *in Stenografie nachschreiben;* einen Vortrag n.

nächs|tens ⟨Adv.⟩ **1** *bald, in der nächsten Zeit;* ich komme n. bei Ihnen vorbei **2** *am Ende, schließlich, man muß damit rechnen, daß ...,* man kann voraussehen, daß ...; die Hütte ist so baufällig – n. stürzt sie noch ganz zusammen

Näch|ste(r) ⟨m., f.17 oder 18⟩ *Mitmensch;* mein Nächster; jeder ist sich selbst der Nächste *jeder denkt zuerst an sich*

nächst|fol|gend ⟨Adj., o.Steig.; nur als Attr.⟩ *sofort, unmittelbar folgend;* am ~en Tag

nächst|hö|her ⟨Adj., o.Steig.; nur als Attr.⟩ *in der Höhe, im Rang unmittelbar folgend;* in die ~e Position aufsteigen

nächst|jäh|rig ⟨Adj., o.Steig.; nur als Attr.⟩ *im nächsten Jahr geschehend;* die ~e Saison

nächst|lie|gend ⟨Adj., o.Steig.; nur als Attr.⟩ *sehr nahe liegend;* die ~e Antwort, Reaktion wäre folgende

Nächst|lie|gen|de(s) ⟨n.17 oder 18⟩ *das, was einem sofort, als erstes einfällt, das, was als nächstes getan werden muß oder sollte;* das Nächstliegende ist doch, zu fragen, ob ...

nach|su|chen ⟨V.1, hat nachgesucht⟩ I ⟨o.Obj.; verstärkend⟩ *suchen;* ich habe überall nachgesucht II ⟨mit Präp.obj.⟩ um etwas n. *formell um etwas bitten, ein Gesuch wegen etwas einreichen;* um Versetzung, Gehaltserhöhung n.; um eine Genehmigung n.

Nacht ⟨Adv.; nachgestellt⟩ *in der Nacht;* Dienstag n.; heute n.; gestern n.

Nacht ⟨f.2⟩ *Zeit vom Anbruch der Abenddämmerung bis zum Beginn der Morgendämmerung;* der Einbruch der N.; Tag und N. *andauernd, ohne Unterbrechung;* die N. bricht an; es wurde ihm N. vor den Augen *er verlor das Bewußtsein;* die N. im Hotel zubringen; im Hotel übernachten; eine durchwachte N.; eine finstere, klare, kalte N.; gute N.! ⟨Abschiedsgruß am Abend oder in der Nacht⟩; na, dann gute N. ! ⟨ugs.; Ausruf der Enttäuschung⟩; italienische N. *Beleuchtung aus bunten Glühbirnen oder Lampions;* eine sternklare, stockdunkle N.; Tausendundeine N. *Sammlung orientalischer Märchen;* bei N. und Nebel *in aller Heimlichkeit;* ein Zimmer für eine N. nehmen *ein Zimmer für eine Übernachtung mieten;* mitten in der N.; über N. ganz plötzlich; sie ist so dumm wie die N. finster ⟨ugs.⟩ *sie ist sehr dumm;* schwarz wie die N. *sehr schwarz, tiefschwarz;* zur N. essen ⟨landsch.⟩ *das Abendessen einnehmen;* ich komm heut auf die N. zu dir ⟨bayr.⟩ *ich komme heute abend zu dir*

Nacht|ar|beit ⟨f.10⟩ **1** *das Arbeiten während der Nacht* **2** *nachts ausgeführte Arbeit*

Nacht|asyl ⟨n.1⟩ *Heim für die Übernachtung Obdachloser*

nacht|blau ⟨Adj., o.Steig.⟩ *schwarzblau, tief dunkelblau;* Syn. *nachtfarben*

nacht|blind ⟨Adj.⟩ *an Nachtblindheit leidend*

Nacht|blind|heit ⟨f., -, nur Sg.⟩ *Versagen des Lichtsinnes in Dämmerung und Halbdunkel*

Nacht|bo|gen ⟨m.7⟩ *unsichtbarer Teil der Kreisbahn (eines Gestirns), der unter dem Horizont liegt*

Nacht|dienst ⟨m.1⟩ *Dienst während der Nacht (von Krankenschwestern, von Apothekern u.a.)*

Nach|teil ⟨m.1⟩ *ungünstiger Umstand, ungünstige Lage, Eigenschaft;* Ggs. *Vorteil, Vorzug;* der N. dieses Wagens ist ...; die Sache hat einen großen N.; die Sache hat den N., daß ...; es erwuchsen, entstanden ihm ~e; es erweist sich als N.; jmdm. gegenüber im N. sein *benachteiligt sein;* das wird sich zu seinem N. auswirken; dies gereicht ihm zum N. *zum Schaden*

nach|tei|lig ⟨Adj.⟩ *Nachteile hervorbringend, schädlich;* dies ist für seinen Ruf n.

näch|te|lang ⟨Adv., o.Steig.; nur als Attr. und Adv.⟩ *mehrere, viele Nächte (dauernd);* ~es Arbeiten; ~es Wachen am Krankenbett; er hat n. gearbeitet

näch|ten ⟨V.2, hat genachtet; o.Obj.; unpersönl., mit „es"⟩ *es nachtet es wird Nacht, die Nacht bricht herein*

näch|tens ⟨Adv.; poet.⟩ *während der Nacht*

Nacht|es|sen ⟨n.7; österr., schwäb.⟩ → *Abendessen*

Nacht|eu|le ⟨f.11; ugs., scherzh.⟩ → *Nachtmensch*

Nacht|fal|ter ⟨m.5⟩ *(meist nach Sonnenuntergang fliegender) Schmetterling, der seine Flügel in Ruhe dachförmig über den Rücken legt (z.B. Eulenfalter, Schwärmer, Spanner)*

nacht|far|ben ⟨Adj., o.Steig.⟩ → *nachtblau*

Nacht|frost ⟨m.2⟩ *nächtliches Sinken der Temperatur unter 0 °C*

Nacht|ge|bet ⟨n.1⟩ *Gebet, das vor dem Schlafengehen gesprochen wird*

Nacht|ge|schirr ⟨n.1; †⟩ → *Nachttopf*

Nacht|ge|wand ⟨n.4; †⟩ → *Nachthemd, Schlafanzug*

Nacht|glei|che ⟨f.11⟩ → *Tagundnachtgleiche*

Nacht|hau|be ⟨f.11; früher⟩ *während der Nacht im Bett getragene Haube*

Nacht|hemd ⟨n.12⟩ *längeres Hemd, das im Bett getragen wird*

näch|tig ⟨Adj., o.Steig.; nur als Attr. und mit „sein"⟩ **1** *dunkel (zur Nachtzeit);* der ~ Park **2** ⟨Jägerspr.⟩ *in der vergangenen Nacht getreten;* ~e Fährte

Nach|ti|gall ⟨f.10⟩ *unscheinbarer, oberseits brauner Singvogel mit melodischem Gesang (meist nachts)* [< mhd. *nachtegal,* ahd. *nahtagala,* < *Nacht* und germ. *galan „singen"]

Nach|ti|gal|len|schlag ⟨m., -(e)s, nur Sg.⟩ *Gesang der Nachtigall*

näch|ti|gen ⟨V.1, hat genächtigt; o.Obj.⟩ *übernachten, die Nacht verbringen;* bei jmdm. n.; im Freien, auf der Couch n.

Nach|tisch ⟨m.1⟩ → *Nachspeise*

Nacht|käst|chen ⟨n.7; bayr.-österr.⟩ → *Nachttisch*

Nacht|ker|ze ⟨f.11⟩ *(u.a. an Bahndämmen und Wegrändern wachsende) hohe Staude mit gelben Blüten, die sich erst in den Abendstunden öffnen*

Nacht|klub ⟨m.9⟩ *bis spät in die Nacht geöffnetes Vergnügungslokal*

Nacht|la|ger ⟨n.5⟩ *Platz zur Übernachtung;* sich ein N. zurechtmachen

Nacht|le|ben ⟨n., -s, nur Sg.⟩ **1** *Vergnügungsbetrieb während der Nacht;* das Berliner N. **2** *nächtliche Vergnügungen;* er hat ein reiches N.

nächt|lich ⟨Adj., o.Steig.; nur als Attr. und Adv.⟩ *bei Nacht (geschehend);* ~es Aufschrecken (aus dem Schlaf); ~e Stille

nächt|li|cher|wei|le ⟨Adv.; geh.⟩ *nachts, in der Nacht*

Nacht|lo|kal ⟨n.1⟩ *bis spät in die Nacht geöffnetes Vergnügungslokal*

Nacht|mahl ⟨n.4 oder n.1; bes. österr.⟩ → *Abendessen*

nacht|mah|len ⟨V.1, hat genachtmahlt; o.Obj.; österr.⟩ *das Nachtmahl einnehmen, zu Abend essen*

Nacht|mahr ⟨m.1⟩ → Alp^2

Nacht|mensch ⟨m.10; ugs.⟩ *jmd., der erst abends unternehmungslustig wird, der abends gern lange aufbleibt;* Syn. ⟨scherzh.⟩ *Nachteule*

Nacht|müt|ze ⟨f.11⟩ → *Schlafmütze*

Nacht|pfau|en|au|ge ⟨n.14⟩ *großer Nachtfalter mit Augenflecken*

Nacht|por|tier ⟨[-tje:] m.9⟩ *nachts diensttuender Portier*

Nacht|quar|tier ⟨n.1⟩ *Unterkunft für die Nacht*

Nach|trab ⟨m.1; †⟩ *berittene Nachhut*

Nach|trag ⟨m.2⟩ *Zusatz, Ergänzung (zu einer Schrift)*

nach|tra|gen ⟨V.160, hat nachgetragen⟩ I ⟨mit Akk.⟩ etwas n. *etwas nachträglich einschreiben, buchen, einfügen;* Ergänzungen, Geschäftsvorgänge, Daten n. II ⟨mit Dat. und Akk.⟩ jmdm. etwas n. **1** *jmdm. etwas hinterhertragen, ihm folgen und für ihn etwas tragen;* jmdm. den Koffer n.; der Junge vergißt ständig irgend etwas, man muß ihm alles n. **2** ⟨übertr.⟩ *jmdm. etwas lange Zeit übelnehmen;* trag es ihm nicht nach, daß er ...!; jmdm. eine Beleidigung jahrelang n.

nach|tra|gend ⟨Adj.; nur als Attr. und mit „sein"⟩ *lange Zeit etwas nicht vergessend, was man einmal jmdm. übelgenommen hat;* ein ~er Mensch; er ist n.; sei nicht so n.!

nach|trä|ge|risch ⟨Adj.⟩ *nachtragend, nachtragende Einstellung verratend;* ein ~er Mensch; ~e Kleinlichkeit

nach|träg|lich ⟨Adj., o.Steig.⟩ *im nachhinein, hinterher;* ich möchte Ihnen noch n. zum Geburtstag gratulieren; das ist mir erst n. klargeworden

nach|trau|ern ⟨V.1, hat nachgetrauert; mit Dat.⟩ **1** jmdm. n. *lange um jmdn. trauern, bedauern, daß jmd. tot oder nicht mehr da ist;* sie trauern ihrem freundlichen Chef sehr nach **2** einer Sache n. *bedauern, daß eine Sache vorbei, nicht mehr vorhanden ist;* einer schönen Zeit n.; einem verlorenen Gegenstand n.

Nacht|ru|he ⟨f., -, nur Sg.⟩ *Schlaf, nächtliche Ruhe;* die Sorgen rauben mir die N.; jmds. N. stören; Störung der allgemeinen N.
nachts ⟨Adv.⟩ *in, während der Nacht*
Nacht|schat|ten ⟨m.7⟩ *violett-gelb blühende Kletterpflanze;* Syn. *Bittersüß, Solanum*
Nacht|schat|ten|ge|wächs ⟨n.1⟩ *(häufig Alkaloide enthaltende) Blütenpflanze (z.B. Kartoffel, Nachtschatten, Tabak, Tomate)*
Nacht|schicht ⟨f.10⟩ **1** *Schichtarbeit während der Nacht* **2** *Gesamtheit der Arbeiter in dieser Schicht*
nacht|schla|fend ⟨Adj.; nur in der Wendung⟩ *zu, bei ~er Zeit während, in der Zeit, da man normalerweise schläft*
Nacht|schränk|chen ⟨n.7⟩ →*Nachttisch*
Nacht|schwal|be ⟨f.11⟩ →*Ziegenmelker*
Nacht|schwär|mer ⟨m.5⟩ **1** ⟨Biol.⟩ *Nachtfalter* **2** ⟨übertr., ugs.⟩ *jmd., der nachts zu seinem Vergnügen unterwegs ist und spät nach Hause kommt*
Nacht|schweiß ⟨m., -es, nur Sg.⟩ *(krankhafter oder seelisch bedingter) nächtlicher Schweißausbruch*
Nacht|schwe|ster ⟨f.11⟩ *Krankenschwester, die während der Nacht Dienst tut*
Nacht|sei|te ⟨f.11; poet.⟩ *dunkle, negative Seite;* Ggs. *die N. des Lebens*
Nacht|sich|tig|keit ⟨f., -, nur Sg.⟩ *bei Tag herabgesetztes, bei Nacht jedoch relativ gutes Sehvermögen;* Syn. *Tagblindheit*
Nacht|strom ⟨m., -(e)s, nur Sg.⟩ *während der Nacht verbilligter elektrischer Strom*
Nacht|stück ⟨n.1⟩ **1** ⟨Mal.⟩ *Gemälde, das einen Gegenstand bei Nacht zeigt* **2** ⟨Mus.; eindeutschend für⟩ *Notturno*
Nacht|stuhl ⟨m.2⟩ *tragbares Zimmerklosett (für Kranke)*
nachts|über ⟨Adv.⟩ *während der Nacht*
Nacht|ta|rif ⟨m.1⟩ *besonderer, während der Nacht gültiger Tarif (für Strom, bestimmte Dienstleistungen o.ä.)*
Nacht|tisch ⟨m.1⟩ *kleines Schränkchen oder Tischchen, das neben dem Bett steht;* Syn. *Nachtschränkchen;* (bayr.-österr.) *Nachtkästchen*
Nacht|topf ⟨m.2⟩ *topfförmiges Gefäß, das zur Verrichtung der Notdurft am oder im Bett dient;* Syn. *Nachtgeschirr*
nach|tun ⟨V.167, hat nachgetan; mit Dat. und Akk.⟩ **1** *jmdm. etwas n. jmdm. etwas nachmachen;* jmdm. ein Kunststück n. **2** *es jmdm. n. jmdm. nacheifern, sich bemühen, jmdm. gleichzukommen, etwas so zu machen wie jmd.;* die Kinder tun es ihm an Ausdauer nach
Nacht|wa|che ⟨f.11⟩ **1** *Wache während der Nacht;* N. am Krankenbett halten **2** *jmd., der nachts einen Wachdienst versieht*
Nacht|wäch|ter ⟨m.5⟩ **1** (früher) *Wächter, der nachts die Straßen einer Stadt bewacht und die Stunden ausruft* **2** *jmd., der nachts etwas bewacht* **3** ⟨ugs., abwertend⟩ *träger, geistig wenig beweglicher Mensch*
nacht|wan|deln ⟨V.1, ist oder hat genachtwandelt; o.Obj.⟩ *nachts im Schlaf umhergehen;* Syn. *schlafwandeln, traumwandeln;* er nachtwandelt
nacht|wand|le|risch ⟨Adj., o.Steig.⟩ *in der Art eines Nachtwandlers, aus dem Gefühl heraus sicher;* Syn. *schlafwandlerisch;* mit ~er Sicherheit auf etwas zugehen, das Richtige treffen
Nacht|zeug ⟨n.1⟩ *alle Gegenstände, die man zum Übernachten braucht*
Nacht|zug ⟨m.2⟩ *in der Nacht fahrender Zug;* den N. nehmen
Nach|ver|mächt|nis ⟨n.1⟩ *Vermächtnis, das bestimmt, daß dem eigentlichen Erben eine dritte Person etwas erbt*
nach|voll|zieh|bar ⟨Adj., o.Steig.⟩ *so beschaffen, daß es nachvollzogen werden kann;* diese Reaktion ist für mich nicht n.
nach|voll|zie|hen ⟨V.187, hat nachvollzo-

gen; mit Akk.⟩ *etwas n. etwas empfinden und verstehen, als ob man es selbst erlebt hätte;* ich kann sein Verhalten, seine Reaktion, seine Wünsche (nicht) n.
nach|wach|sen ⟨V.172, ist nachgewachsen; o.Obj.⟩ *neu wachsen;* es wachsen immer wieder junge Triebe nach; die beschnittenen Zweige, die gekürzten Haare sind nachgewachsen
Nach|wahl ⟨f.10⟩ *nach der ersten Wahl notwendig gewordene zweite Wahl*
Nach|währ|schaft ⟨f., nur Sg.; schweiz.⟩ *Gewähr für erst nach dem Kauf eines Hauses oder Haustieres entdeckte Mängel*
Nach|we|hen ⟨f.11, Pl.⟩ **1** *wehenähnliche Zusammenziehungen der Gebärmutter in den ersten Tagen des Wochenbettes* **2** ⟨übertr.⟩ *unangenehme Nachwirkungen*
nach|wei|nen ⟨V.1, hat nachgeweint; mit Dat. oder mit Dat. und Akk.⟩ *jmdm., einer Sache n. bedauern, daß jmd. oder eine Sache nicht mehr da ist;* ich weine ihm nicht nach; ich weine ihm keine Träne nach; sie hat ihm lange, hat ihm manche Träne nachgeweint
Nach|weis ⟨m.1⟩ *Beweis, daß etwas richtig und genauso ist, wie es dargestellt worden ist;* den N. führen, liefern, erbringen, daß ...; zum N. dessen, daß es so ist, habe ich ...
nach|wei|sen ⟨V.177, hat nachgewiesen⟩ **I** ⟨mit Akk.⟩ *etwas n. den Nachweis für etwas erbringen, beweisen, daß etwas vorhanden oder richtig ist;* Bakterien im Blut n.; das läßt sich ohne weiteres n.; er kann glaubhaft n., daß er ... **II** ⟨mit Dat. und Akk.⟩ **1** *jmdm. etwas n. beweisen, daß jmd. etwas getan oder gesagt hat;* jmdm. einen Diebstahl, Fehler n.; man kann ihm nichts n.; aufgrund eines Tonbands jmdm. eine Äußerung n. **2** *jmdm. etwas oder jmdn. n. jmdm. etwas oder jmdn. vermitteln, nennen;* jmdm. eine Arbeitsmöglichkeit n.; können Sie mir einen Augenarzt n.?
nach|weis|lich ⟨Adj., o.Steig.⟩ *durch einen Nachweis bestätigt, erwiesenermaßen;* er ist n. dort gewesen
Nach|welt ⟨f., -, nur Sg.⟩ *die später, künftig lebenden Menschen, Generationen;* ein Denkmal der N. erhalten; etwas der N. überliefern
nach|wer|fen ⟨V.181, hat nachgeworfen; mit Dat. und Akk.⟩ Syn. ⟨derb⟩ *nachschmeißen;* jmdm. etwas n. **1** *hinterherwerfen;* jmdm. einen Stein n.; jmdm. (den man hinauswirft) seine Sachen n. **2** ⟨übertr., ugs.⟩ *jmdm. etwas zu sehr niedrigem Preis verkaufen;* sie werfen einem die Ware nach
nach|wir|ken ⟨V.1, hat nachgewirkt; o.Obj.⟩ *nachhaltig wirken, weiterhin wirken;* das Schlafmittel wirkt noch nach; dieses Erlebnis wirkte lange in ihr nach
Nach|wir|kung ⟨f.10⟩ *das Nachwirken, anhaltende Wirkung;* das Medikament hat eine lange N.; er spürt die ~en des Unfalls noch heute
nach|wol|len ⟨V.185, hat nachgewollt; mit Dat.; ugs.⟩ *hinterherlaufen, -fahren wollen;* der Hund wollte mir, wollte dem Hasen, dem Ball nach; wir wollten dem Flüchtling sofort nach
Nach|wort ⟨n.1⟩ *erläuternder Text am Ende eines größeren Schriftstückes*
Nach|wuchs ⟨m., -es, nur Sg.⟩ **1** *alle Kinder einer Familie* **2** *junge, neue Kräfte (in einem bestimmten Bereich);* der literarische, wissenschaftliche N.
nach|zah|len ⟨V.1, hat nachgezahlt; mit Akk.⟩ *nachträglich, ergänzend zahlen;* Steuern n.
nach|zäh|len ⟨V.1, hat nachgezählt; mit Akk.⟩ *prüfend noch einmal zählen;* Wechselgeld n.
Nach|zah|lung ⟨f.10⟩ *nachträgliche, ergänzende Zahlung* (Steuer~)
Nach|zäh|lung ⟨f.10⟩ *nachträgliche, prüfende Zählung;* eine N. hat ergeben, daß ...

Nach|zei|tig|keit ⟨f., -, nur Sg.; Sprachw.⟩ *die Zeitenfolge im Satzgefüge (die Handlung des Nebensatzes folgt der des Hauptsatzes);* Ggs. *Vorzeitigkeit*
nach|zie|hen ⟨V.187⟩ **I** ⟨mit Akk.; hat nachgezogen⟩ **1** *noch einmal ziehen;* eine Linie n.; (sich) die Augenbrauen n. *schminken* **2** *hinter sich herziehen;* den kranken Fuß n. *schleifen lassen* **3** *zur Folge haben;* eine Erkältung zieht oft eine weitere Krankheit nach **II** ⟨mit Dat.; ist nachgezogen⟩ *jmdm. n. (bes. in Mengen, scharenweise) folgen;* die Ratten und Mäuse zogen dem Rattenfänger nach; die Kinder zogen den Zigeunern eine Weile nach **III** ⟨o.Obj.; ist nachgezogen⟩ *endlich, nach einiger Zeit auch mitmachen;* einige Bundesländer haben diese Regelung bereits durchgeführt, und die anderen ziehen jetzt nach
Nach|zucht ⟨f.10⟩ **1** *Nachkommen (eines Tieres, bes. Haustieres)* **2** *weiteres Züchten*
Nach|züg|ler ⟨m.5⟩ *jmd., der später als die anderen kommt*
Nach|zugs|al|ter ⟨n., -s, nur Sg.⟩ *(bes. für Kinder ausländischer Arbeitnehmer) bestehende Altersgrenze für einen Nachzug*
Nacke|dei ⟨-k|k-; m.9; ugs., scherzh.⟩ **1** *nacktes kleines Kind* **2** *jmd., der nackt ist*
Nacken ⟨-k|k-; m.7⟩ *Rückseite des Halses zwischen unterem Haaransatz und oberem Schulterbereich*
nackend ⟨-k|k-; Adj., o.Steig.⟩ *nackt*
Nacken|he|bel ⟨-k|k-; m.5; Ringen⟩ *am Nacken ansetzender Hebelgriff;* Syn. *Nelson*
Nacken|rol|le ⟨-k|k-; f.11⟩ *walzenförmiges Kissen als Stütze für den Nacken*
Nacken|schlag ⟨-k|k-; m.2; ugs.⟩ *schwerer Schicksalsschlag, empfindliche Niederlage;* er mußte in letzter Zeit einige Nackenschläge einstecken
Nacken|stand ⟨-k|k-; m.2; Turnen⟩ *Übung am Boden, wobei der senkrecht nach oben gestreckte Körper auf Schultern und Nacken ruht*
Nacken|stüt|ze ⟨-k|k-; f.11; beim Kfz⟩ *über der Rückenlehne der Vordersitze angebrachte Stütze (zum Schutz von Kopf und Nacken bei Unfällen);* Syn. *Kopfstütze*
Nack|frosch ⟨m.2; ugs. für⟩ *Nacktfrosch*
nackig ⟨-k|k-; Adj.; ugs.⟩ *nackt*
nackt ⟨Adj., o.Steig.⟩ **1** *unbekleidet, unbedeckt;* ~e Arme, Beine; sich n. ausziehen *sich ganz ausziehen* **2** *unbehaart;* am ganzen Körper n. sein; junge Mäuse sind n. **3** *ohne Bewuchs, ohne Blätter;* ~e Äste; ein ~er Felsen **4** *ohne Schmuck, ohne Einrichtung;* ~e Wände; ein ~es Zimmer **5** *unbedeckt;* auf dem ~en Boden schlafen **6** *unverblümt, schonungslos;* die ~e Wahrheit **7** *bloß;* das ~e Leben retten *nichts weiter als das Leben retten*
Nackt|frosch ⟨m.2; ugs., scherzh.⟩ *nacktes kleines Kind*
Nackt|heit ⟨f., -, nur Sg.⟩ *Zustand des Nacktseins*
Nackt|kul|tur ⟨f., -, nur Sg.⟩ →*Freikörperkultur*
Nackt|sa|mer ⟨m.5⟩ *Pflanze, deren Samen nicht von einem Fruchtknoten umschlossen sind;* Syn. *Gymnospermer;* Ggs. *Bedecktsamer*
Nackt|schnecke ⟨-k|k-; f.11⟩ *landbewohnende Lungenschnecke mit ganz oder weitgehend rückgebildeter Schale (z.B. Wegschnecke)*
Na|del ⟨f.11⟩ **1** *spitzes, stäbchenförmiges Werkzeug (zum Stechen, Nähen, Stricken und Befestigen* (Steck~, Näh~, Häkel~, Strick~, Hut~); *eine N. einfädeln; an der N. hängen* ⟨ugs.⟩ *rauschgiftsüchtig sein;* wie auf ~n sitzen *in peinlicher Ungeduld sein* **2** *schmale Brosche* (Brillant~); *eine N. am Kleid; sich eine N. anstecken* **3** *schmaler, einer Nadel (1) ähnlicher Teil eines Gerätes* (Kompaß~) **4** *sehr schmales, spitzes Gebilde* (Fels~) **5** *Blatt der Nadelhölzer* [zu *nähen*]

Na|del|ar|beit ⟨f.10⟩ *Arbeit mittels Nadel (Näh-, Häkel-, Stricknadel) und Faden;* Syn. *Handarbeit;* ~en machen

Na|del|baum ⟨m.2⟩ *als Baum wachsendes Nadelholz*

Na|del|ei|sen|erz ⟨n.1⟩ → *Goethit*

Na|del|geld ⟨n.3⟩ **1** *(früher) Taschengeld für die Hausfrau* **2** *staatlicher Unterhalt für unverheiratete Prinzessinnen*

Na|del|holz ⟨n.4⟩ *Nachtsamer mit nadel- oder schuppenförmigen Blättern;* Syn. *Konifere*

Na|del|kis|sen ⟨n.7⟩ *kleines Kissen zum Aufbewahren von Näh- und Stecknadeln (die man häufig braucht)*

Na|del|ma|le|rei ⟨f.10⟩ *Plattstickerei, die Figuren darstellt*

na|deln ⟨V.1, hat genadelt; o.Obj.⟩ *Nadeln verlieren;* der Weihnachtsbaum nadelt

Na|del|öhr ⟨n.1⟩ *kleine Öffnung am Ende der Nähnadel zum Einziehen des Fadens*

Na|del|schüt|te ⟨f., -, nur Sg.⟩ → *Schütte*

Na|del|stich ⟨m.1⟩ **1** *Stich mit der Nadel* **2** *dadurch verursachte Wunde* **3** *(übertr.) boshafte Anspielung, boshaftes, auf kaum spürbare Weise bösartiges Verhalten;* jmdm. ~e versetzen

Na|del|strei|fen ⟨m.7, Pl.⟩ *sehr feine, sich von der Farbe des übrigen Stoffes abhebende Streifen;* blauer Stoff mit weißen N.

Na|del|wald ⟨m.4⟩ *Wald aus Nadelbäumen*

Na|dir ⟨auch [na-] m., -s, nur Sg.⟩ *dem Zenit gegenüberliegender Punkt auf dem Himmelskugel* [über frz., ital. *nadir* < arab. *naẓīr* ,,ähnlich, entsprechend, gegenüberstehend'', eigtl. *naẓīr as-samt* ,,der (dem Zenit) gegenüberliegende Punkt''; vgl. *Zenit*]

Na|gai|ka ⟨f.9⟩ *Peitsche aus geflochtenen Lederriemen* [russ., ,,Kosakenpeitsche'', nach einem turktatar. Stammesnamen, krimtatar. und kirgis.-tatar. *nogai*, ,,kasanischer Tatar'']

Na|ga|na ⟨f., -, nur Sg.⟩ *durch die Tsetsefliege übertragene Krankheit afrikanischer Huftiere* [Zulu]

Na|gel ⟨m.6⟩ **1** *(mit einem flächigen Kopfstück versehener) Metallstift, der durch Eintreiben mit dem Hammer feste Stoffe miteinander verbindet;* seinen Beruf an den N. hängen *seinen Beruf aufgeben;* den N. auf den Kopf treffen *genau das Richtige sagen,* den Kern einer Sache erkennen; du bist ein N. zu meinem Sarg *(ugs.) du machst mir großen Kummer* **2** *durchscheinende Hornplatte auf der Rückseite der Endglieder von Fingern und Zehen;* Syn. *Fingernagel, Zehennagel, Fußnagel;* die Arbeit brennt mir auf den Nägeln, unter den Nägeln *(ugs.) die Arbeit ist sehr dringend, bringt mich in Zeitnot;* sich etwas unter den N. reißen *(ugs.) sich etwas aneignen, ohne zu fragen* **3** *verschlauterter unterer Teil mancher Blütenblätter (bes. der Nelken)*

Na|gel|bett ⟨n.12, auch n.1⟩ *Teil des Fingers bzw. der Zehe, auf dem der Nagel (2) aufliegt*

Na|gel|bürs|te ⟨f.11⟩ *Handbürste zum Reinigen der Nägel (2)*

Na|gel|fei|le ⟨f.11⟩ *feine Feile zur Pflege der Nägel (2)*

Na|gel|fluh ⟨f., -, nur Sg.⟩ *(nagelförmig aus Steilhängen herausragendes) Gesteinskonglomerat*

Na|gel|haut ⟨f.2⟩ *den Nagel (2) umsäumende, ständig nachwachsende Haut*

Na|gel|lack ⟨m.1⟩ *gut verstreichbarer, rasch trocknender Lack zum Glänzendmachen oder Färben der Finger- und Zehennägel*

Na|gel|mond ⟨m.1⟩ *Stelle am unteren Finger- und Zehennagel, an der die weißliche Nagelwurzel halbmondförmig hervortritt; auch:* Mond

na|geln ⟨V.1, hat genagelt; mit Akk.⟩ *mit Nagel oder Nägeln befestigen, zusammenfügen;* einen gebrochenen Knochen n.; ein Schild an einen Pfahl n.; genagelte Stiefel *mit Nägeln (an den Sohlen) versehene Stiefel*

na|gel|neu ⟨Adj., o.Steig.; ugs.⟩ *völlig neu*

Na|gel|pro|be ⟨f.11⟩ **1** *Umkehren des Trinkglases mit dem Daumennagel zum Zeichen, daß man ausgetrunken hat;* die N. machen **2** *(übertr.) Probe (für die Leistungsfähigkeit von etwas)*

Na|gel|rei|ni|ger ⟨m.5⟩ *Instrument zur Reinigung von Finger- und Zehennägeln*

Na|gel|sche|re ⟨f.11⟩ *gebogene Schere zum Kürzen von Finger- und Zehennägeln*

Na|gel|schmied ⟨m.1; früher⟩ *jmd., der berufsmäßig Nägel schmiedet*

Na|gel|schuh ⟨m.1⟩ *Schuh mit genagelter, griffiger Sohle (zum Bergsteigen)*

Na|ge|lung ⟨f., -, nur Sg.⟩ *das Nageln, das Genageltwerden*

Na|gel|wur|zel ⟨f.11⟩ *weiche Wachstumsstelle des Finger- und Zehennagels*

na|gen ⟨V.1, hat genagt⟩ ⟨mit Präp.obj.⟩ **1** an etwas n. **a** *mit den Schneidezähnen kleine Stücke von etwas schälen;* der Hund nagt an einem Knochen; an der Unterlippe n. *die Unterlippe mehrmals langsam durch die Schneidezähne ziehen* **b** *(übertr.) kleine Stücke von etwas loslösen;* das Meer nagt an der Küste **2** *an etwas oder jmdm. n. schmerzvoll an etwas oder in jmdm. spürbar sein;* der Kummer, die Sorge nagt an ihrem Herzen; das böse Gewissen nagt an ihm **II** ⟨mit Akk.⟩ *etwas n. mit den Schneidezähnen etwas (von etwas) abschälen;* Fleisch vom Knochen n.; Rinde vom Baumstamm n.

Na|ger ⟨m.5⟩, **Na|ge|tier** ⟨n.1⟩ *Säugetier mit je einem Paar zum Nagen geeigneter, wurzelloser, meißelförmiger Schneidezähne im Ober- und Unterkiefer (z.B. Biber, Maus, Murmeltier)*

nah ⟨Adj.⟩ → *nahe (I)*

Nah|auf|nah|me ⟨f.11; Film, Fot.⟩ *Aufnahme aus geringer Entfernung*

Nah|bril|le ⟨f.11⟩ *Brille für das Sehen im sehr nahen Bereich, Lesebrille;* Ggs. *Fernbrille*

na|he **I** ⟨Adj., näher, am nächsten⟩ auch: nah **1** *nicht weit entfernt;* die n. Umgebung; aus, von n. und fern *von allen Gegenden;* er ist n. daran *er steht kurz davor;* jmdm. zu n. kommen *jmdn. bedrängen;* jmdm. zu n. treten *jmdn. kränken* **2** *unmittelbar bevorstehend, bald eintretend;* das n. Ende *der baldige Tod;* die Rettung ist n. **3** *in enger Beziehung stehend;* ein ~r Verwandter; die n. Umwelt **II** ⟨Präp. mit Dat.⟩ *nicht weit entfernt (von etwas);* n. dem Haus

Nä|he ⟨f., -, nur Sg.⟩ *das Nahesein, geringe Entfernung, Vorhandensein in geringer Entfernung;* die N. des Waldes; etwas aus menschlicher N.; etwas aus der N. betrachten; bleib in der N.!; der See liegt ganz in der N., in unserer N.; ich traue mich nicht in die N. des Hundes; die Ferien rücken nun schon in greifbare N.

na|he|bei ⟨Adv.⟩ *in der Nähe;* er wohnt n.

na|he|brin|gen ⟨V.21, hat nahegebracht; mit Dat. und Akk.⟩ *jmdm. etwas oder jmdn. n. jmdm. mit etwas oder jmdm. vertraut machen;* jmdm. die alte Musik, die klassische Literatur n.; die gemeinsame Sorge hat uns einander (innerlich) nahegebracht

na|he|ge|hen ⟨V.47, ist nahegegangen; mit Dat.⟩ *jmdm. n. jmdn. innerlich bewegen, rühren, ergreifen;* sein Schicksal, sein Tod geht mir nahe

na|he|kom|men ⟨V.71, ist nahegekommen; mit Dat.⟩ **1** *jmdm. oder einer Sache n. sich jmdm. oder einer Sache n. nähern;* die Erklärung kommt der Wahrheit nahe; dieser Preis kommt meiner Vorstellung nahe; wir sind uns in letzter Zeit (innerlich) nahegekommen **2** *einer Sache n. einer Sache fast gleichkommen;* diese Bemerkung kommt einer Unverschämtheit nahe; vgl. *näherkommen*

na|he|le|gen ⟨V.1, hat nahegelegt; mit Dat. und Akk.⟩ *jmdm. etwas n. jmdm. etwas vorschlagen, empfehlen, raten;* ich habe ihm (dringend) nahegelegt, sich bei ihr zu entschuldigen

na|he|lie|gen ⟨V.80, hat nahegelegen; o.Obj.⟩ *etwas liegt nahe etwas fällt einem gleich ein, kommt einem gleich in den Sinn;* der Gedanke, die Vermutung liegt nahe, daß …; das ist ein ~der Gedanke; vgl. *näherliegen*

na|hen ⟨V.1; o.Obj. oder mit Dat., ist genaht, oder refl., hat genaht⟩ *sich nähern, näher kommen;* der Abend, der Winter naht; naht sich; die Prüfung naht; jmdm. n., sich jmdm. n. ⟨poet.⟩ *sich (jmdm.) nähern, auf jmdn. zugehen, zukommen;* der Schlummer nahte mir; er nahte sich (mir) mit düsterer Miene

nä|hen ⟨V.1, hat genäht⟩ **I** ⟨mit Akk.⟩ **1** *mit Nadel und Faden zusammenfügen;* der Arzt mußte die Wunde n.; etwas an, auf, in etwas n. *mit Nadel und Faden an, auf, in etwas befestigen;* einen Knopf an ein Kleidungsstück n. **2** *mit Nadel und Faden herstellen, anfertigen;* eine Bluse n. **II** ⟨o.Obj.⟩ *mit Nadel und Faden arbeiten;* sie kann n.; sie näht an einem Kleid

nä|her ⟨Adj.; Komparativ von *nahe*⟩ **1** *weniger weit entfernt* **2** *genauer, ausführlicher;* ~e Erkundigungen einholen; bei ~er Betrachtung, Bekanntschaft; sich etwas, jmdn. n. anschauen; sich mit etwas, jmdn. n. befassen; jmdn. n. kennen

nä|her|brin|gen ⟨V.21, hat nähergebracht; mit Dat. und Akk.⟩ *jmdm. etwas oder jmdn. n. jmdm. mit etwas oder jmdm. vertrauter machen, in jmdm. Verständnis für etwas oder jmdm. wecken;* der Film hat mir diese Menschen, dieses Land nähergebracht; die Arbeit hat uns einander nähergebracht

Nä|he|rei ⟨f.10⟩ **1** ⟨ugs.⟩ *(lästiges, anhaltendes) Nähen* **2** *zu nähende Sache;* sie setzte sich mit einer N. zu mir

Nä|he|re(s) ⟨n.17 oder 18⟩ *genauere Einzelheiten, Informationen;* alles Nähere später; er wollte nichts Näheres mitteilen

Nah|er|ho|lung ⟨f., -, nur Sg.⟩ *Erholung in Gebieten in geringer Entfernung von einem (städtischen) Ballungsraum*

Nä|he|rin ⟨f.10⟩ *Frau, die gewerbsmäßig näht*

nä|her|kom|men ⟨V.71, ist nähergekommen; mit Dat.⟩ **1** *einer Sache n. sich einer Sache nähern, stärker nähern;* diese Erklärung kommt der Wahrheit näher (als die übrigen); jetzt kommen wir der Sache schon näher *jetzt verstehe ich die Sache schon besser, jetzt wird mir die Sache schon klarer* **2** *jmdm. n. jmdm. langsam etwas nahekommen, vertrauter mit jmdm. werden;* wir sind uns durch unsere Arbeit nähergekommen; ich möchte dem Kind gern n.

nä|her|lie|gen ⟨V.80, hat nähergelegen⟩ **I** ⟨o.Obj.⟩ *etwas liegt näher etwas kommt einem eher in den Sinn, fällt einem eher ein, scheint vernünftiger, scheint leichter zu verwirklichen;* nichts liegt näher als das; es liegt doch näher, sofort hinzugehen, als noch länger untätig zu warten **II** ⟨mit Dat.⟩ **1** *einer Sache n. einer Sache näher sein als andere;* diese Erklärung liegt der Wahrheit näher (als die übrigen) **2** *jmdm. n. jmdm. vertrauter sein, leichter verständlich sein (als anderes);* diese Vorstellung, dieser Gedanke liegt mir näher als …

nä|hern ⟨V.1, hat genähert; refl.⟩ *sich (jmdm., einer Sache) n. näher kommen, sich näher heranbewegen, sich in Richtung auf etwas, jmdn. zubewegen;* der Hund näherte sich (uns) vorsichtig; wir n. uns langsam unserem Ziel; der Vortrag nähert sich seinem Ende

nä|her|ste|hen ⟨V.151, hat nähergestanden;

mit Dat.) jmdm. oder einer Sache n. *vertrauter mit jmdm. oder einer Sache sein;* ich stehe ihm näher als seiner Schwester; seine Auffassung steht mir näher als deine; er hat dem Toten nähergestanden, als er sich hat merken lassen

nä|her|tre|ten ⟨V.163, ist nähergetreten⟩ **I** ⟨o.Obj.⟩ *ein paar Schritte näher herankommen, näher herantreten;* bitte treten Sie näher!; wollen Sie nicht n.? *wollen Sie nicht hereinkommen?* **II** ⟨mit Dat.⟩ **1** *einer Sache n. sich einer Sache nähern, eine Sache positiver betrachten;* ich bin dieser Auffassung, diesem Standpunkt allmählich nähergetreten; ich könnte diesem Vorschlag vielleicht n., wenn ... **2** *jmdm. n. mit jmdm. Verbindung aufnehmen, in Verbindung kommen*

Nä|he|rungs|wert ⟨m.1⟩ *Annäherung an den wahren Wert (einer Größe);* Syn. Approximation

na|he|ste|hen ⟨V.151, hat nahegestanden; mit Dat.⟩ **1** *einer Sache n. eine Sache gut finden, sie positiv betrachten;* einer politischen Richtung n. **2** *jmdm. n. mit jmdm. vertraut, befreundet sein, mit jmdm. innerlich verbunden sein;* wir haben uns früher einmal sehr nahegestanden; dem Toten ~de Personen; vgl. *nahezu.*

na|he|zu ⟨Adv.⟩ *fast, beinahe*

Nah|kampf ⟨m.2⟩ **1** *Kampf Mann gegen Mann* (z.B. im Boxen) *mit blanker Waffe)* **2** *Kampf mit Nahkampfmitteln*

Nah|kampf|mit|tel ⟨n.5⟩ *Waffe für den bis auf etwa 30 m Entfernung geführten Kampf* (z.B. Flammenwerfer, Handgranate, Maschinenpistole.)

Näh|ka|sten ⟨m.8⟩ *Kasten, in dem Nähzeug aufbewahrt wird*

Näh|ma|schi|ne ⟨f.11⟩ *(mechanisches oder elektrisches) Gerät zum Nähen (von Stoff)*

Nähr|bo|den ⟨m.8⟩ **1** *(bei der Züchtung von Mikroorganismen) mit einer Nährlösung getränkter Stoff* **2** *günstige Grundlage für etwas sich Entwickelndes (bes. für negative Entwicklungen);* N. für den Faschismus

näh|ren ⟨V.1, hat genährt⟩ **I** ⟨mit Akk.⟩ **1** jmdn., ein Tier n. **a** *stillen, säugen;* ein Kind, ein Junges n. **b** *ernähren, für seine Nahrung sorgen;* jmdn. n. und kleiden; die Kinder sehen gut genährt aus **2** etwas n. *wachsen lassen, Gestalt gewinnen lassen;* eine Hoffnung (in sich) n. **II** ⟨o.Obj.⟩ *nahrhaft sein;* Milch, Schokolade nährt **III** ⟨refl.⟩ *sich von etwas n. sich ernähren;* er nährt sich nur von Obst und Gemüse

Nähr|ge|biet ⟨n.1⟩ *Gebiet, in dem der Zuwachs eines Gletschers größer ist als das Abschmelzen;* Ggs. Zehrgebiet

nahr|haft ⟨Adj., -er, am nahrhaftesten⟩ *mit hohem Nährwert;* Syn. nutritiv

Nähr|lö|sung ⟨f.10⟩ *in Wasser gelöster Nährstoff*

Nähr|mit|tel ⟨n.5, Pl Sammelbez. für⟩ *aus Getreide gewonnene Nahrungsmittel (mit Ausnahme von Mehl, z.B. Grieß, Haferflocken, Nudeln)*

Nähr|mut|ter ⟨f.6⟩ **1** ⟨†⟩ *Pflegemutter, Amme* **2** ⟨poet.⟩ *Ernährerin;* die N. Erde

Nähr|salz ⟨n.1⟩ *für die Ernährung von Pflanzen notwendiges anorganisches Mineralsalz*

Nähr|scha|den ⟨m.8⟩ *durch mangelhafte oder falsche Ernährung entstandener Schaden*

Nähr|stoff ⟨m.1⟩ *für den Aufbau des Körpers und die Energiegewinnung der Lebewesen dienender Stoff*

Nah|rung ⟨f., -, nur Sg.⟩ *Gesamtheit der Nährstoffe, die ein Lebewesen zu sich nimmt;* mit dieser Verhalten gibst du dem Gerede der Leute nur noch mehr N. ⟨übertr.⟩

Nah|rungs|mit|tel ⟨n.5⟩ *dem Menschen als Nahrung dienender Stoff;* Syn. Nutriment

Nah|rungs|mit|tel|ver|gif|tung ⟨f.10⟩ *Erkrankung infolge Genusses giftiger oder verdorbener Nahrungsmittel;* Syn. Lebensmittelvergiftung

Nah|rungs|stoff ⟨m.1⟩ → *Nährstoff*

Nähr|va|ter ⟨m.6; †⟩ → *Pflegevater*

Nähr|wert ⟨m., -(e)s, nur Sg.⟩ *Gehalt eines Nahrungsmittels an Kalorien (Joule)*

Naht ⟨f.2⟩ **1** *genähte Verbindung (von Teilen von Textilien);* Ärmel~, Rock~, Hosen~; eine N. geht auf, platzt; es platzt aus allen Nähten ⟨ugs., scherzh.⟩ *er ist zu dick;* jmdm. auf den Nähten knien ⟨ugs.⟩ *jmdn. bedrängen (etwas zu tun);* eine N. wegarbeiten, wegschaffen ⟨ugs.⟩ *durch intensives Arbeiten ein großes Stück vorankommen* **2** *operative Zusammenfügung, Verbindung von Wundrändern* (Operations~) **3** *durch Nieten, Schweißen, Löten, Gießen entstandene Verbindungslinie;* eine N. schweißen **4** *Verbindung zweier Schädelknochen* (Schädel~) **5** *Verbindung zweier Gewölbeflächen*

Naht|band ⟨n.4⟩ *festes Band zum Einfassen von Stoffrändern*

Näh|tisch ⟨m.1⟩ *kleiner Tisch mit Schubladen und Fächern für Nähzeug*

naht|los ⟨Adj., o.Steig.⟩ **1** *ohne Naht, ohne Unterbrechung;* ~e Strümpfe; n. braun sein **2** *ohne sichtbare, hörbare Unterbrechung;* die Arbeitsgänge gehen n. ineinander über

Naht|stel|le ⟨f.11⟩ **1** *Stelle, an der sich eine Naht befindet* **2** ⟨übertr.⟩ *Stelle, an der sichtbar wird, daß etwas aus mehreren Teilen besteht*

Na|hu|atl ⟨n., -(s), nur Sg.⟩ *Sprache einer indianischen Völkergruppe in Mexiko und Mittelamerika*

Nah|ver|kehr ⟨m., -s, nur Sg.⟩ *Eisenbahn- und Kraftfahrzeugverkehr über geringe Entfernungen*

Näh|zeug ⟨n., -s, nur Sg.⟩ *alle Gegenstände, die man zum Nähen braucht*

na|iv ⟨Adj.⟩ **1** *kindlich, einfältig, treuherzig,* eine ~e Freude an etwas haben **2** *einfältig, töricht;* er ist wirklich n.; es ist n., zu glauben, daß ... [< frz. naïf, naïve, „natürlich, ungekünstelt;" kindlich, unbefangen, einfältig;" altfrz. auch „echt, wirklich, angeboren", < lat. nativus „angeboren, natürlich, ursprünglich", zu natus „Geburt"]

Nai|ve ⟨f.18; in der Fügung⟩ *jugendliche N.* ⟨Theater⟩ *Rollenfach der jugendlichen Liebhaberin*

Nai|vi|tät ⟨[nai-] f., -, nur Sg.⟩ *naives Denken oder Verhalten*

Nai|iv|ling ⟨m.1; ugs.⟩ *törichter, allzu vertrauensseliger Mensch*

Na|ja|de ⟨f.11⟩ **1** ⟨griech. Myth.⟩ *Quell-, Flußnymphe* **2** *eine im Süßwasser lebende Flußmuschel* [< griech. naias, Gen. naiados „Quell-, Flußnymphe", zu nein „fließen, schwimmen"]

Na|me ⟨m.15⟩ **1** *Wort, das einen Gegenstand oder Menschen bezeichnet;* welchen ~n hat diese Hunderasse?; die Sache beim ~n nennen *die Sache deutlich aussprechen* **2** *Eigenname, Bezeichnung eines Menschen, Ortes, Tieres oder einer Sache;* im ~n Gottes; in Gottes ~n! ⟨ugs.⟩ *meinetwegen, ich bin einverstanden;* mein N. ist Hase; ich weiß von nichts ⟨ugs.⟩ *ich will mit dieser Sache nichts zu tun haben;* in drei Teufels ~n ⟨Fluch⟩ *dem Kind einen ~n geben etwas benennen;* das Kind muß einen ~n haben *die Sache, Angelegenheit muß irgendwie bezeichnet werden;* mein N. ist Hans; ein richtiger N. ist Müller; er hat einen ~n; einen ~n für jmdn. suchen; etwas im ~n der Wahrheit sagen; in jmds. ~n sprechen *stellvertretend für jmdn. sprechen;* jmdn. mit ~n nennen, mit vollem ~n Müller; jmdn. nach seinem ~n fragen; er ist auch bekannt unter dem ~n Trotzki **3** *guter Ruf, Ansehen;* er hat einen ~n; er ist *ein* bekannter, berühmter N.; sein N. hat einen guten Klang; sich einen ~n machen *berühmt, bekannt werden*

Na|men|for|schung ⟨f.10⟩ → *Namenkunde*

Na|men-Je|su-Fest ⟨n.1; kath. Kirche⟩ *Fest am zweiten Sonntag nach Epiphanias*

Na|men|kun|de ⟨f., -, nur Sg.⟩ *Wissenschaft von der Herkunft, Geschichte und Verbreitung von Namen;* Syn. Namenforschung, Onomastik, Onomatologie

na|men|kund|lich ⟨Adj., o.Steig.⟩ *zur Namenkunde gehörend;* ~e Hilfe *mit Hilfe der Namenkunde, die Namenkunde betreffend*

na|men|los ⟨Adj., o.Steig.⟩ **1** *keinen Namen besitzend* **2** ⟨übertr.⟩ *nicht aussprechbar, unendlich;* ~es Leid; er ist n. unglücklich

na|mens I ⟨Adv.⟩ *mit Namen;* ein Mann n. XY **II** ⟨Präp. mit Gen.⟩ *im Namen von, im Auftrag von;* n. des Gerichtes

Na|mens|ak|tie ⟨[-tsja] f.11⟩ *auf den Namen des Inhabers ausgestellte Aktie*

Na|mens|fest ⟨n.1⟩ → *Namenstag*

Na|men(s)|ge|bung ⟨f.10⟩ **1** *das Benennen, Bezeichnen (von jmdm. oder etwas)* **2** ⟨DDR⟩ *der Taufe ähnliche Feier anläßlich der Benennung eines Kindes*

Na|men(s)|ge|dächt|nis ⟨n., -ses, nur Sg.⟩ *Fähigkeit, Eigennamen zu behalten;* ein gutes, schlechtes N. haben

Na|men(s)|nen|nung ⟨f.10⟩ *Angabe des Namens*

Na|mens|pa|pier ⟨n.1⟩ *Wertpapier, das auf den Namen des Inhabers eingetragen ist;* Ggs. Inhaberpapier

Na|mens|schild ⟨n.3⟩ **1** *an der Haus- oder Wohnungstüre angebrachtes Schildchen mit dem Namen des Wohnungsinhabers* **2** *an der Kleidung gut sichtbar befestigtes Schildchen mit dem Namen (der Verkäuferin, des Beamten o.ä.)*

Na|mens|schwe|ster ⟨f.11⟩ *Frau, Mädchen mit dem gleichen Vornamen (oder Nachnamen);* vgl. *Namensvetter*

Na|mens|tag ⟨m.1; kath. Kirche⟩ *Festtag des Heiligen, dessen Namen jmd. trägt;* Syn. Namensfest

Na|mens|vet|ter ⟨m.14⟩ *Mann, Knabe mit dem gleichen Vornamen (oder Nachnamen);* vgl. *Namensschwester*

Na|mens|zei|chen ⟨n.7⟩ *abgekürztes Zeichen des Namens*

Na|mens|zug ⟨m.2⟩ **1** *für jmdn. typische Unterschrift* **2** ⟨†⟩ *kunstvoll gestaltetes Monogramm*

na|ment|lich **1** ⟨Adj., o.Steig.⟩ *mit, beim Namen;* ~er Aufruf; jmdn. n. ausrufen, nennen; er ist hier n. bekannt **2** ⟨als Adv.⟩ *vor allem, besonders;* n. er hat viel dafür getan; diese Krankheit tritt n. bei Männern auf

nam|haft ⟨Adj., -er, am namhaftesten⟩ **1** *bekannt, angesehen;* eine ~e Persönlichkeit **2** *groß, beträchtlich;* eine ~e Spende **3** ⟨in der Wendung⟩ *jmdn. n. machen jmds. Namen herausfinden, nennen*

näm|lich I ⟨Adv.⟩ **1** ⟨zur genaueren Erklärung, Begründung⟩ *man muß hinzufügen, daß ...;* wir wollten n. gerade weggehen; er hatte n. gar kein Geld bei sich **2** *genauer gesagt, und zwar;* einmal am Tag, n. morgens **3** ⟨nachgestellt⟩ *denn;* am gleichen Tag n., als wir abfahren wollten ... *denn am gleichen Tag* **II** ⟨Adj., o.Steig.; nur als Attr.⟩ *der-, die-, dasselbe;* am ~en Tag ging er fort; es sind die ~en Leute, die schon damals dabei waren

Nan|du ⟨m.9⟩ *flugunfähiger, straußenähnlicher Vogel Südamerikas mit graubraunem Gefieder* [Tupi]

Nä|nie ⟨[-nja] f.11⟩ *altrömische Totenklage* [< lat. naenia, nenia „Totenlied", weitere Herkunft nicht bekannt]

Na|nis|mus ⟨m., -, nur Sg.⟩ → *Zwergwuchs* [< lat. nanus, griech. nanos, nannos „Zwerg"]

Nan|king ⟨m.9 oder m.1⟩ *gelbliches Baumwollgewebe* [nach der chin. Stadt *Nanking*]

Na|no|fa|rad ⟨n., -, -; Zeichen: nF⟩ *ein mil-*

Nanometer

Nanometer ⟨n.5; Zeichen: nm⟩ ein milliardstel Meter [< griech. *nanos* „Zwerg" und *Meter*]

Nanosomie ⟨f., -, nur Sg.⟩ → *Zwergwuchs* [< griech. *nanos* „Zwerg" und *soma* „Körper"]

Napalm ⟨n., -s, nur Sg.⟩ schwer löschbarer Füllstoff für Brandbomben [< *Naphten* und *Palmitinsäure*]

Napf ⟨m.2⟩ niedrige, runde Schüssel (Blech-, Futter-)

Napfkuchen ⟨m.7⟩ Kuchen aus Rührteig, der in einer runden, seitlich geriffelten, in der Mitte mit einem zylinderförmigen Teil versehenen Form gebacken wird; Syn. *Aschkuchen*, ⟨oberdt.⟩ *Gugelhupf*

Naphtha ⟨n., -s, nur Sg. oder f., -, nur Sg.; †⟩ *Roherdöl* [< griech. *naphtha* „Bergöl", aus dem Altpersischen]

Naphthalin ⟨n.1⟩ ein aromatischer Kohlenwasserstoff (dient zur Herstellung von Farbstoffen, keimtötenden Mitteln, Mottenpulver u.a.) [< *Naphtha*]

Naphthen ⟨n.1⟩ → *Cycloalkan* [< *Naphtha*, da es im Roherdöl enthalten ist]

Naphthol ⟨n.1⟩ Hydroxylabkömmling des Naphthalins (für künstliche Farbstoffe)

Napoleondor ⟨m., -s, -e oder -⟩ Goldmünze zur Zeit Napoleons I. und III. [< frz. *Napoléond'or* < *Napoléon* (nach dem eingeprägten Bild) und *d'or* „aus Gold"]

Napoleonide ⟨m.11⟩ Abkömmling der Familie Napoleons

napoleonisch ⟨Adj., o.Steig.⟩ 1 Napoleon betreffend, wie Napoleon 2 zur Zeit Napoleons (geschehen, hergestellt)

Napolitaine [-tɛ̃] ⟨f., -, nur Sg.⟩ ein weiches, flanellähnliches Wollgewebe [frz., „Neapolitanerin"]

Nappa, Nappaleder ⟨n., -s, nur Sg.⟩ ein abwaschbares Glacéleder [nach der kaliforn. Stadt *Napa*]

Narbe ⟨f.11⟩ 1 blutgefäßarmes Bindegewebe, das einen Verlust an Körpergewebe ersetzt (bes. als sichtbare Hautveränderung nach einer verheilten Hautwunde) 2 ⟨bei Blüten⟩ oberer Teil des Stempels

Narben ⟨m.7⟩ Vertiefung auf der Haarseite des Fells, Musterung des Leders

Narbenseite ⟨f.11⟩ äußere, behaarte Seite (einer zu bearbeitenden Tierhaut); Ggs. *Aasseite*

narbig ⟨Adj.⟩ voller Narben

Narde ⟨f.11; Sammelbez. für⟩ verschiedene wohlriechende Pflanzen, die für Salben, Salböl u.ä. verwendet werden [< griech. *nardos*, aus dem Semit.]

Nargileh ⟨f.9 oder n.9⟩ orientalische Wasserpfeife [< türk. *nargile* < pers. *nārgīl* „Kokosnuß; Tabakspfeife"; das Wasser zum Kühlen des Rauches befindet sich urspr. in einem aus Kokosnuß hergestellten Gefäß]

Narkoanalyse ⟨f.11; Psychoanalyse⟩ unter Narkose oder deren Nachwirkung durchgeführte Befragung (des Patienten)

Narkolepsie ⟨f.11⟩ mehrmals täglich auftretende kurze Anfälle von Schlafsucht [< *Narkose* und griech. *lambanein* „erfassen, greifen, packen"]

Narkomanie ⟨f., -, nur Sg.⟩ → *Narkotismus* [< *Narkose* und *Manie*]

Narkose ⟨f.11⟩ (vom Arzt herbeigeführte) Ausschaltung des Bewußtseins und der Schmerzempfindung [< griech. *narke* „Krampf, Lähmung, Erstarrung", *narkodes* „erstarrt, gelähmt"]

Narkotikum ⟨n., -s, -ka⟩ → *Betäubungsmittel* [< *Narkose*]

narkotisch ⟨Adj., o.Steig.⟩ auf Narkose beruhend, sie herbeiführend

narkotisieren ⟨V.3, hat narkotisiert; mit Akk.⟩ in Narkose versetzen, betäuben

Narkotismus ⟨m., -, nur Sg.⟩ Sucht nach Narkotika; Syn. *Narkomanie*

Narr ⟨m.10⟩ 1 ⟨früher⟩ Possenreißer, Hanswurst (im Theater und an Fürstenhöfen; Hof~); einen ~en an jmdm., an etwas gefressen haben *jmdn., etwas bis zur Lächerlichkeit lieben*; einen ~en aus jmdm. machen *jmdn. lächerlich machen*; ich lasse doch keinen ~en aus mir machen!; jmdn. zum ~en haben, halten *jmdn. necken, täuschen* 2 dummer, einfältiger Mensch 3 verkleideter Teilnehmer am Karneval

narrativ ⟨Adj., o.Steig.⟩ erzählend, in erzählender Form [< mlat. *narrativus* „erzählend", zu lat. *narrare* „erzählen"]

narren ⟨V.1, hat genarrt; mit Akk.⟩ 1 veralbern, zum besten haben 2 täuschen; ein Schatten hat mich genarrt

Narrenfest ⟨n.1⟩ Faschingsfest

Narrenfreiheit ⟨f., -, nur Sg.⟩ bestimmte Freiheiten für jmdn., der nicht ganz ernst zu nehmen ist; Syn. *N.* genießen

Narrenhaus ⟨n.4; †⟩ Heim für Geisteskranke; ⟨nur noch in Wendungen wie⟩ hier geht's ja zu wie im ~!

Narrenkappe ⟨f.11⟩ Kappe mit Hörnern aus Stoff und mehreren kleinen Schellen als Kopfbedeckung eines Narren (1,3)

Narrenseil ⟨n.1; nur in der Wendung⟩ jmdn. am N. führen *jmdn. an der Nase herumführen, immer wieder vertrösten*

narrensicher ⟨Adj.; ugs.⟩ so einfach und sicher, daß selbst ein Narr damit umgehen kann; vgl. *idiotensicher*

Narren(s)posse ⟨f.11⟩ (dummer) Scherz, Schabernack; laß doch die ~n!; allerlei ~n treiben

Narrenstreich ⟨m.1⟩ lustiger, übermütiger, einfacher (oft derber) Streich

Narretei ⟨f.10⟩ Dummheit, Unsinn, Narrheit

Narrheit ⟨f.10⟩ 1 ⟨nur Sg.⟩ Denkweise eines Narren, Dummheit, Torheit; es ist N., zu glauben, man könnte ... 2 dummer Streich; ~en verüben, treiben

narrisch ⟨Adj.; bayr.⟩ 1 närrisch (1,3) 2 ⟨als Adv.⟩ sehr, überaus; das gefällt mir n. gut

närrisch ⟨Adj.⟩ 1 in der Art eines Narren, verrückt; ~e Ideen haben; ganz n. auf etwas sein ⟨ugs.⟩ etwas oder jmdn. überaus gern haben; er ist ganz n. auf Kinder; der Junge ist ganz n. auf Eis; sie war ganz n. vor Glück *sie war überglücklich* 2 der Faschingszeit gehörend; die ~e Zeit; ~es Treiben auf den Straßen 3 sehr groß; einen ~en Spaß an etwas haben; ~ närrisch

Narthex ⟨m., -, -thi[es -tse:s]⟩ 1 Vorhalle der frühchristlichen und byzantinischen Basilika 2 eine mittelmeerische Doldenpflanze [griech., Name der Pflanze sowie „Kästchen, Büchse"]

Narwal ⟨m.1⟩ bis zu 5 m langer, im nördlichen Eismeer lebender Wal [< dän., schwed. *narhval* < altnord. *nar* „Leiche" und *hvalr* „Wal", also eigtl. „Leichenwal", wohl wegen der weißfleckigen Haut]

Narziß ⟨m., - oder -sses, -sse⟩ bes. eitler, sich selbst bewundernder Mensch [nach dem schönen Jüngling der griechischen Sage, *Narkissos*, der in sein eigenes Spiegelbild verliebt war]

Narzisse ⟨f.11⟩ (weiß oder gelb blühende) Zwiebelpflanze mit riemenförmigen Blättern, Frühjahrsblüher in Gärten [< griech. *narkissos*, vielleicht zu *narke* „Krampf, Erstarrung" und *narkan* „erstarren"; früher wurde ihre Zwiebel als Brechmittel sowie bei Wunden und Verbrennungen verwendet]

Narzißmus ⟨m., -, nur Sg.⟩ krankhafte Verliebtheit in sich selbst, erotische Hinwendung zum eigenen Körper

Narzißt ⟨m.10⟩ jmd., der an Narzißmus leidet

narzißtisch ⟨Adj.⟩ in der Art eines Narzißten, übermäßig eitel, voller Selbstbewunderung; eine ~e Darstellung des eigenen Lebens

NASA ⟨Kurzw. für⟩ *National Aeronautics and Space Administration:* die US-amerikanische Weltraumbehörde

nasal ⟨Adj., o.Steig.⟩ 1 zur Nase gehörend, von ihr ausgehend 2 durch die Nase (gesprochen); ~e Laute; ~e Aussprache

Nasal ⟨m.1⟩ durch die Nase gesprochener Laut (m, n, ng); Syn. *Nasallaut, Nasenlaut*; vgl. *Nasalvokal*

nasalieren ⟨V.3, hat nasaliert; mit Akk.⟩ durch die Nase aussprechen, nasal klingen lassen; einen Laut n. **Nasalierung** ⟨f., -, nur Sg.⟩

Nasallaut ⟨m.1⟩ → *Nasal*

Nasalvokal ⟨m.1⟩ durch die Nase gesprochener Vokal, z.B. ã, ẽ, õ

naschen ⟨V.1, hat genascht⟩ I ⟨o.Obj.⟩ häufig kleine Mengen von etwas, bes. Süßigkeiten (nicht aus Hunger, sondern zum Genuß), essen; sie nascht gern, viel II ⟨mit Präp.obj. oder mit Akk.⟩ etwas n., von etwas n. *in kleiner Menge etwas von etwas (meist heimlich) nehmen und essen*; vom Kuchen, Kartoffelsalat n.; die Marmelade genascht! III ⟨nur mit Präp.obj., übertr.⟩ von etwas n. *sich nur ein wenig und nur oberflächlich mit etwas befassen*; er hat von allem nur genascht

Nascher, Näscher ⟨m.5⟩ naschhafter Mensch

Nascherei, Näscherei ⟨f.10⟩ 1 ⟨nur Sg.⟩ häufiges Naschen 2 Süßigkeit

naschhaft ⟨Adj., -er, am naschhaftesten⟩ gerne naschend; Syn. *genäschig* **Naschhaftigkeit** ⟨f., -, nur Sg.⟩

Naschkatze ⟨f.11; ugs.⟩ jmd., der naschhaft ist

Naschmaul ⟨n.4; ugs., abwertend⟩ jmd., der sehr (unangenehm) naschhaft ist

Naschsucht ⟨f., -, nur Sg.⟩ krankhaftes Naschen

naschsüchtig ⟨Adj.⟩ übertrieben naschhaft

Naschwerk ⟨n., -(e)s, nur Sg.; †⟩ *Süßigkeiten*

Nase ⟨f.11⟩ 1 (beim Menschen) aus der Mitte des Gesichts vorragendes Organ des Geruchssinnes (Haken-, Stups~); sich die N. putzen, schneuzen; ihr gefällt seine N. nicht ⟨ugs.⟩ *er ist ihr nicht sympathisch*; die N. hoch tragen ⟨ugs.⟩ *hochmütig sein*; er sieht nicht weiter, als seine N. reicht ⟨ugs.⟩ *er hat keinen Weitblick, er ist engstirnig*; er muß seine N. in alles stecken ⟨ugs.⟩ *er ist neugierig, er kümmert sich um Dinge, die ihn nichts angehen*; sich die N. begießen ⟨ugs.⟩ *Alkohol trinken*; jmdm. eine N. drehen ⟨ugs.⟩ *jmdn. auslachen*; jmdm. eine lange N. machen *den Daumen der gespreizten Hand an die Nasenspitze legen und sich ihm zuwenden (als Zeichen des Spotts, des Triumphes)*; zupf dich an deiner eigenen N.! ⟨ugs.⟩ *kritisiere nicht andere, sondern erkenne deine eigenen Fehler!*; jmdn. an der N. herumführen ⟨ugs.⟩ *jmdn. täuschen, irreführen*; auf der N. liegen ⟨ugs.⟩ *krank sein*; jmdm. etwas auf die N. binden ⟨ugs.⟩ *jmdm. etwas erzählen, was er nicht zu wissen braucht*; jmdm. auf der N. herumtanzen ⟨ugs.⟩ *tun, was man will, ohne Rücksicht auf den andern zu nehmen*; das ist mir in die N. gefahren ⟨ugs.⟩ *das hat mich geärgert*; jmdm. mit der N. auf etwas stoßen ⟨ugs.⟩ *jmdm. etwas deutlich machen (was er selbst nicht gemerkt hat)*; jmdm. etwas unter die N. reiben ⟨ugs.⟩ *jmdm. etwas deutlich sagen, was für ihn unangenehm ist*; jmdm. vor der N. weggefahren ⟨ugs.⟩ *der Zug ist mir vor der N. weggefahren, als ich gerade kam*; jmdm. einen Mitarbeiter, Vorgesetzten vor die N. setzen ⟨ugs.⟩ *jmdm. einen Mitarbeiter, einen Vorgesetzten geben, der seine Möglichkeiten zur

Entfaltung, seine Aussichten auf Beförderung verhindert **2** *Geruchssinn, Spürsinn; eine feine N. haben; er hat eine N. dafür er hat ein Gespür, ein feines Gefühl dafür* **3** ⟨ugs.⟩ *Person; es kostet pro N. fünf DM* **4** *Vorsprung des Festlandes, Vorsprung eines Felsens* (Felsen~) **5** *hakenförmiger Teil (an einem Gerät, einem Gegenstand)* **6** *(beim Streichen von Türen, Fensterrahmen) herabgelaufener und getrockneter Lacktropfen* **7** *in Flüssen lebender Karpfenfisch mit vorgetriebener Schnauzenspitze*

Na|se|lang ⟨Adj.⟩ → *nasenlang*

nä|seln ⟨V.1, hat genäselt; o.Obj.⟩ *durch die Nase sprechen;* ~*d durch die Nase;* ~*d sprechen;* ~*de Aussprache*

Na|sen|bär ⟨m.10⟩ *katzengroßer, langschwänziger Kleinbär Südamerikas mit rüsselförmiger Nase*

Na|sen|bein ⟨n.1⟩ *jeder der beiden Knochen im oberen Abschnitt der Nase*

Na|sen|blu|ten ⟨n., -s, nur Sg.⟩ *(oft ohne erkennbare Ursache auftretendes, manchmal krankhaftes) Bluten aus der Nase*

Na|sen|brem|se ⟨f.11⟩ **1** *Schlinge, die um die Oberlippe des Pferdes gelegt und mit einem Hölzchen festgedreht wird (Hilfsmittel zum Ruhigstellen von nervösen Pferden)* **2** → *Rachenbremse*

Na|sen|flü|gel ⟨m.5⟩ *jede der zwei fleischigen Außenwände der menschlichen Nase*

na|sen|lang ⟨Adj., o.Steig.; ugs.; nur in der Wendung⟩ *alle n. in kurzen Abständen immer wieder; auch: naselang, naslang*

Na|sen|län|ge ⟨f.11⟩ **1** *kleiner Vorsprung; jmdm. um eine N. voraus sein; jmdn. um eine N. schlagen* **2** ⟨Reitsport⟩ *Länge eines Pferdekopfes*

Na|sen|laut ⟨m.1⟩ → *Nasal*

Na|sen|loch ⟨n.4⟩ *jede der beiden röhrenförmigen Höhlungen der Nase beiderseits der Nasenscheidewand;* Syn. *(bes. beim Pferd)* Nüster

Na|sen|ring ⟨m.1⟩ *einem Stier (auch Tanzbären) durch die Nase gezogener Ring zum Führen*

Na|sen|schei|de|wand ⟨f.2⟩ *knorplige Trennwand im Innern der Nase*

Na|sen|spü|lung ⟨f.10⟩ *Durchspülung der Nase mit lauwarmer Kochsalzlösung (bes. bei chronischem Schnupfen)*

Na|sen|stü|ber ⟨m.5⟩ **1** *leichter Schlag gegen die Nase* **2** ⟨übertr.⟩ *Tadel*

Na|sen|trop|fen ⟨Pl.⟩ *schleimhautabschwellend wirkende Flüssigkeit, die in die Nasenhöhle geträufelt wird*

na|se|weis ⟨Adj., -er, am naseweisesten⟩ *vorlaut, vorwitzig, sich ungefragt einmischend (von Kindern)*

Na|se|weis ⟨m.1⟩ *jmd. (meist Kind), der sich naseweis verhält*

nas|füh|ren ⟨V.1, hat genasführt; mit Akk.⟩ *an der Nase herumführen, täuschen, zum besten haben*

Nas|horn ⟨n.4⟩ *großes, dickhäutiges Huftier mit einem oder zwei Hörnern auf dem Nasenbein* (Breitmaul~, Panzer~, Spitzmaul~); Syn. *Rhinozeros*

Nas|horn|kä|fer ⟨m.5⟩ *Blatthornkäfer mit Chitinhörnern auf Hals und Kopf*

Nas|horn|vo|gel ⟨m.6⟩ *(in Afrika und im indoaustralischen Raum vorkommender) Vogel mit horn- oder helmförmigem Schnabelaufsatz (z.B. der Hornrabe)*

Na|si-go|reng ⟨n., -(s), -s⟩ *indonesisches Reisgericht mit Fleisch, Krabben und Gemüse* [eigtl. „gebratener Reis"]

nas|lang ⟨Adj., o.Steig.⟩ → *nasenlang*

naß ⟨Adj., nasser, am nassesten oder nässer, am nässesten⟩ **1** *mit Wasser durchtränkt oder bedeckt; sich nasse Füße holen; nasses Grab* ⟨geh.⟩ *Tod durch Ertrinken; nasse Kleider haben; nasser Schnee teilweise getauter Schnee; durch und durch n. werden; für n.*

⟨ugs.⟩ *umsonst, unentgeltlich* **2** *regenreich; ein nasser Sommer, Herbst; nasses Wetter*

Naß ⟨n., -, selten auch: Nas|ses, nur Sg., poet.⟩ *Wasser, Wein; ein kühles N.; das edle N.*

Nas|sau|er ⟨m.5; ugs.⟩ **1** *Einwohner von Nassau* **2** *jmd., der Hilfe oder Beratung in Anspruch nimmt, ohne dafür zu bezahlen, oder sich auf Kosten anderer einen Genuß verschafft*

nas|sau|ern ⟨V.1, hat genassauert; o.Obj.⟩ *in der Art eines Nassauers (2) unentgeltlich jmds. Hilfe, Rat erbitten*

Näs|se ⟨f., -, nur Sg.⟩ *das Naßsein, starke Feuchtigkeit; die N. dringt durch die Mauern, die Kleider; es trieft vor N.*

näs|sen ⟨V.1, hat genäßt⟩ **I** ⟨o.Obj.⟩ *Flüssigkeit absondern; die Wunde näßt; ein* ~*des Ekzem* **II** ⟨mit Akk.⟩ *naß, feucht machen; der Tau näßt das Gras, näßte mir das Haar; das Bett n. im Bett Harn lassen*

Naß|fäu|le ⟨f., -, nur Sg.⟩ *durch Bakterien hervorgerufene Fäulnis der Kartoffelknollen, die breiig werden und übel riechen*

naß|fest ⟨Adj., o.Steig.⟩ *in nassem Zustand belastbar;* ~*e Fasern*

naß|forsch ⟨Adj.; ugs.⟩ *unverfroren, dreist*

naß|kalt ⟨Adj., o.Steig.; nur als Attr. und mit „sein"⟩ *feucht und kalt;* ~*es Wetter*

näß|lich ⟨Adj.⟩ *etwas naß*

Naß|koh|le ⟨f.11⟩ *aus feuchtem, bitumenreichem Braun- oder Steinkohlenstaub gepreßtes Brikett*

Naß|zel|le ⟨f.11; Bauw.⟩ *Raum, in dem Wasserleitungen liegen*

Na|stie ⟨f.11⟩ *durch Reiz ausgelöste Bewegung von Organen festgewachsener Pflanzen (wobei die Richtung des Reizes nicht ausschlaggebend ist)* [< griech. *nastos* „fest", zu *nassein* „fest sein"]

Nas|tuch ⟨n.4; landsch.; veraltend⟩ → *Taschentuch*

nas|zie|rend ⟨Adj., o.Steig.⟩ *entstehend, werdend (von chemischen Stoffen)* [< lat. *nasci* „entstehen"]

Na|ta|li|tät ⟨f., -, nur Sg.⟩ *Geburtenhäufigkeit* [< lat. *natalis* „zur Geburt gehörig", zu *natus* „Geburt"]

Na|ti|on ⟨f.10⟩ *durch gemeinsame Herkunft, Sprache, Kultur und politische Entwicklung gekennzeichnete Menschengemeinschaft, Staatsvolk* [< lat. *natio,* Gen. *-onis* „Geburt, das Geborenwerden", übertr. „Volksstamm", dessen Angehörige durch gemeinsame Abstammung verbunden sind", zu *nasci* „geboren werden"]

na|tio|nal ⟨Adj., o.Steig.⟩ **1** *zu einer Nation gehörig, ihr eigentümlich, für eine Nation charakteristisch;* ~*e Unabhängigkeit;* ~*e Interessen* **2** *die Selbständigkeit, die Eigeninteressen einer Nation betonend;* ~*e Partei; n. gesinnt sein*

Na|tio|nal|bank ⟨f.10⟩ *zentrale Notenbank (eines Landes)*

Na|tio|nal|be|wußt|sein ⟨n., -s, nur Sg.⟩ *meist mit Stolz verbundenes Bewußtsein, zu einer bestimmten Nation zu gehören;* Syn. *Nationalgefühl*

Na|tio|nal|cha|rak|ter ⟨m., -s, -te|re⟩ *besondere Wesensart einer Nation, eines Volkes*

Na|tio|na|le ⟨n.5; österr.⟩ *Personalangaben (Name, Geburtsdatum, Wohnort usw.); das N. einer Person aufnehmen*

Na|tio|nal|ein|kom|men ⟨n.7⟩ → *Sozialprodukt*

Na|tio|nal|elf ⟨f.10; Fußb., Handb., Hockey⟩ → *Nationalmannschaft*

Na|tio|nal|epos ⟨n., -, -epen⟩ *für ein Volk bes. charakteristisches Epos*

Na|tio|nal|ge|fühl ⟨n.1⟩ → *Nationalbewußtsein*

Na|tio|nal|ge|richt ⟨n.1⟩ *Speise, die in einem Land besonders gern und oft gegessen wird; Spaghetti sind das N. der Italiener*

nativistisch

Na|tio|nal|held ⟨m.10⟩ *Persönlichkeit, die als Held verehrt wird; Simón Bolívar ist der N. Boliviens*

Na|tio|nal|hym|ne ⟨f.11⟩ *bei feierlichen Anlässen gespieltes oder/und gesungenes Lied einer Nation*

na|tio|na|li|sie|ren ⟨V.3, hat nationalisiert; mit Akk.⟩ **1** *etwas n. verstaatlichen; einen Betrieb n.* **2** *jmdn. n. die Staatsbürgerschaft verleihen* **Na|tio|na|li|sie|rung** ⟨f.10⟩

Na|tio|na|lis|mus ⟨m., -, nur Sg.⟩ *übersteigertes Nationalbewußtsein*

Na|tio|na|list ⟨m.10⟩ *Anhänger des Nationalismus*

na|tio|na|li|stisch ⟨Adj.⟩ *die eigene Nation einseitig in den Vordergrund stellend*

Na|tio|na|li|tät ⟨f.10⟩ **1** *Staatsangehörigkeit* **2** *völkische Minderheit (in einem Staat)*

Na|tio|na|li|tä|ten|staat ⟨m.12⟩ *Staat, der mehrere, weitgehend eigenständige Nationalitäten (2) umfaßt;* Ggs. *Nationalstaat*

Na|tio|nal|kon|vent ⟨m.1⟩ **1** *(1792–1795) die französische Nationalversammlung* **2** ⟨USA⟩ *Versammlung von Delegierten einer Partei, die den Präsidentschaftskandidaten nominieren*

na|tio|nal|li|be|ral ⟨Adj., o.Steig.⟩ **1** *nationalistisch-liberal eingestellt* **2** *der nationalliberalen Partei angehörend*

Na|tio|nal|li|ga ⟨f., -, -gen; Fußb., österr., schweiz.⟩ *höchste Spielklasse*

Na|tio|nal|li|te|ra|tur ⟨f.10⟩ *die gesamte Literatur eines Volkes, einer Nation*

Na|tio|nal|mann|schaft ⟨f.10⟩ *Auswahlmannschaft eines Landes für internationale Wettkämpfe;* Syn. *(Fußb., Handb., Hockey)* Nationalelf

Na|tio|nal|öko|no|mie ⟨f., -, nur Sg.⟩ → *Volkswirtschaftslehre*

Na|tio|nal|park ⟨m.9⟩ *vom Staat eingerichtetes Naturschutzgebiet*

Na|tio|nal|rat ⟨m.2; in Österreich und der Schweiz⟩ **1** *die gewählte Volksvertretung* **2** *deren Mitglied*

Na|tio|nal|so|zia|lis|mus ⟨m., -, nur Sg.⟩ *radikale nationalistische Bewegung in Deutschland, die von 1933 bis 1945 eine totalitäre Diktatur ausübte; während der Zeit des N., während des N.*

Na|tio|nal|so|zia|list ⟨m.10⟩ *Anhänger des Nationalsozialismus*

na|tio|nal|so|zia|li|stisch ⟨Adj., o.Steig.⟩ *zum Nationalsozialismus gehörig, auf ihm beruhend, ihn betreffend*

Na|tio|nal|spie|ler ⟨m.5; Sport⟩ *Spieler in der Nationalmannschaft eines Landes*

Na|tio|nal|staat ⟨m.12⟩ *hauptsächlich von einer einzigen Nation gebildeter Staat;* Ggs. *Nationalitätenstaat*

Na|tio|nal|stra|ße ⟨f.11; schweiz.⟩ *Autobahn*

Na|tio|nal|thea|ter ⟨n.5⟩ **1** *Theater, in dem vor allem die Schauspiele der betreffenden Nation aufgeführt werden* **2** *(auch) repräsentatives Theater eines Landes oder einer Stadt*

Na|tio|nal|tracht ⟨f.10⟩ *Art der Bekleidung, die für eine bestimmte Nation typisch ist und nicht modisch verändert wird*

Na|tio|nal|ver|samm|lung ⟨f.10⟩ *zu einem besonderen Zweck (meist dem Ausarbeiten einer Verfassung) einberufene, gewählte Volksvertretung*

na|tiv ⟨Adj., o.Steig.⟩ **1** *angeboren* **2** *im natürlichen Zustand befindlich* [< lat. *nativus* in denselben Bed., zu *natus* „geboren"]

Na|ti|vis|mus ⟨m., -, nur Sg.⟩ **1** *Lehre, daß bestimmte Denk- und Verhaltensweisen dem Menschen angeboren sind* **2** ⟨Politik⟩ *Bevorzugung der Angehörigen des eigenen Staates gegenüber Einwanderern*

Na|ti|vist ⟨m.10⟩ *Anhänger des Nativismus (1)*

na|ti|vi|stisch ⟨Adj., o.Steig.⟩ *zum Nativismus gehörig, auf dem Nativismus beruhend*

Nativität

Na|ti|vi|tät ⟨f.10⟩ **1** ⟨†⟩ *Geburt, Geburtsstunde* **2** ⟨Astrol.⟩ *Stand der Gestirne bei der Geburt* [zu *nativ*]

NATO, Na|to ⟨f., -, nur Sg.; Kurzw. für⟩ *North Atlantic Treaty Organization (Nordatlantikpakt)*

Na|tri|um ⟨n., -s, nur Sg.; Zeichen: Na⟩ *sehr leichtes und weiches, silbrig glänzendes Metall* [neulat., Ableitung von *Natron*]

Na|tri|um|bi|car|bo|nat ⟨n., -s, nur Sg.⟩ → *Natron*

Na|tri|um|car|bo|nat ⟨n., -s, nur Sg.⟩ → *Soda*

Na|tri|um|chlo|rid ⟨n., -s, nur Sg.⟩ → *Kochsalz*

Na|tri|um|sul|fat ⟨n., -s, nur Sg.⟩ *schwefelsaures Natrium (z.B. als Glaubersalz vorkommend)*

Na|tron ⟨n., -s, nur Sg.⟩ *doppeltkohlensaures Salz des Natriums;* Syn. *Natriumbicarbonat* [< arab. *naṭrūn*, ägypt. *netri* „Göttliches, zum Gott gehörig"; Natron wurde zur Räucherung in religiösen Kult verwendet]

Na|tron|lau|ge ⟨f., -, nur Sg.⟩ *ätzende, wäßrige Lösung von Natriumhydroxid;* Syn. *Ätznatron*

Nat|té ⟨[-tẹ] m.9; Textil⟩ *Gewebe in sogenannter Würfelbindung, bei der Kett- und Schußfäden Gruppen bilden* [< frz. *natté* „geflochten"]

Nat|ter ⟨f.11⟩ *(meist ungiftige) Schlange mit (im Unterschied zur Otter) runder Pupille* (Ringel~, Würfel~); *eine N. am eigenen Busen nähren* ⟨übertr.⟩ *(unwissend) einen Feind unterstützen* [< mhd. *natere*, ahd. *natara* < got. *nadrs*, zu lat. *natrix* „Wasserschlange", wohl zur idg. Wurzel **sne-*, **ne-* „sich winden, drehen"]

Nat|tern|brut ⟨f., -, nur Sg.; übertr.⟩, **Nat|tern|ge|zücht** ⟨n., -(e)s, nur Sg.; übertr.⟩ *falsche, böse Menschen*

Nat|tern|hemd ⟨n.12⟩ *von der Schlange beim Häuten abgestreifte Haut*

Na|tur ⟨f.10⟩ **1** ⟨nur Sg.⟩ *die den Menschen umgebende, erzeugende, nicht von ihm geschaffene Welt;* die belebte, unbelebte N.; die Gewalten der N. **2** ⟨nur Sg.⟩ *Gesamtheit der Tiere, Pflanzen, Gesteine, Gewässer, unberührte Landschaft;* draußen in der freien N.; in die N. hinauswandern; nach der N. malen **3** ⟨nur Sg.⟩ *Ursprüngliches, von selbst Gewachsenes;* hier ist alles noch N.; sind deine Locken N. (oder künstlich gelegt)? **4** ⟨nur Sg.⟩ *angeborene Wesensart, Veranlagung;* er hat eine glückliche N.; er ist von N. aus freundlich, schwermütig; das widerstrebt seiner N.; er kann nicht gegen seine N. handeln; das Frühaufstehen ist ihm zur zweiten N. geworden *zu einer Gewohnheit, die er nicht mehr ablegen kann* **5** ⟨nur Sg.⟩ *Beschaffenheit, Eigenart (einer Sache);* das ist eine Frage von grundsätzlicher N. *das ist eine grundsätzliche Frage;* das liegt in der N. der Sache *das gehört zur Sache, zu dieser Sache* **6** *Person in ihrer Eigenart;* er ist eine glückliche, sonnige N. [< lat. *natura* „Geburt", übertr. „Beschaffenheit, Wesen, Eigenart", zu *nasci* „geboren werden"]

Na|tu|ral|be|zü|ge ⟨m.2, Pl.⟩ *Lohn, Entgelt in Form von Naturalien*

Na|tu|ra|li|en ⟨Pl.⟩ **1** *Naturprodukte, Lebensmittel* **2** ⟨†⟩ *Gegenstände einer naturkundlichen Sammlung* [< lat. *naturalis* „zur Natur gehörig"]

Na|tu|ra|li|sa|ti|on ⟨f.10⟩ **1** *Einbürgerung, Verleihung der Staatsbürgerschaft;* Ggs. *Denaturalisation* **2** *Anpassung von Tieren und Pflanzen (auch Menschen) an einen neuen Lebensraum* **3** *Ausstopfen (von Tierbälgen)*

na|tu|ra|li|sie|ren ⟨V.3, hat naturalisiert⟩ **I** ⟨mit Akk.⟩ **1** *etwas n. naturgetreu herstellen, ausstopfen;* Tierbälge n. **2** *jmdn. n. jmdm. die Staatsbürgerschaft verleihen;* Ggs. *denaturalisieren* **II** ⟨refl.⟩ *sich n. sich einem neuen Lebensraum anpassen;* Tiere, Pflanzen n. sich

Na|tu|ra|lis|mus ⟨m., -, -men⟩ **1** ⟨nur Sg.⟩ *Wirklichkeitstreue* **2** ⟨nur Sg.⟩ *Kunstrichtung (bes. Ende des 19.Jh.), die eine genaue, nicht beschönigende Darstellung der Wirklichkeit anstrebt* **3** *naturalistischer Zug (eines Kunstwerks)*

Na|tu|ra|list ⟨m.10⟩ *Vertreter des Naturalismus*

na|tu|ra|li|stisch ⟨Adj.⟩ **1** ⟨o.Steig.⟩ *auf dem Naturalismus beruhend, in der Art des Naturalismus* **2** *wirklichkeitsgetreu*

Na|tu|ral|lei|stung ⟨f.10⟩ *Bezahlung in Naturalien oder Dienstleistungen*

Na|tu|ral|lohn ⟨m.2⟩ *ganz oder zum Teil in Naturalien gezahlter Lohn;* Syn. *Sachbezüge*

Na|tu|ral|ob|li|ga|ti|on ⟨f.10⟩ *nicht einklagbare Schuld (z.B. Spielschuld)*

Na|tu|ral|re|sti|tu|ti|on ⟨f.10⟩ *Schadenersatz durch Wiederherstellung des ursprünglichen Zustands*

Na|tu|ral|wirt|schaft ⟨f.10⟩ **1** *Wirtschaftsform, in der die Produkte getauscht und nicht in Geld bezahlt werden, Tauschwirtschaft* **2** *Produktion nur für den eigenen Bedarf*

Na|tu|ra na|tu|rans ⟨f., --, nur Sg.; Philos.⟩ *die schaffende Natur, Gott* [lat.]

Na|tu|ra na|tu|ra|ta ⟨f., --, nur Sg.; Philos.⟩ *die geschaffene Natur, die Welt* [lat.]

Na|tur|apo|stel ⟨m.5; ugs.⟩ *jmd., der eine äußerst einfache, natürliche Lebensweise führt*

na|tur|be|las|sen ⟨Adj., o.Steig.; bei Nahrungsmitteln⟩ *nur mit herkömmlichen Methoden behandelt, ohne chemische Zusätze;* Syn. *naturrein*

Na|tur|bur|sche ⟨m.11⟩ *urwüchsiger Mensch*

Na|tur|denk|mal ⟨n.4⟩ *schönes oder merkwürdiges und meist auch altes Gebilde der Natur, der Landschaft*

na|ture [-tyr], **na|tu|rell** ⟨Adj., o.Steig., o.Dekl.⟩ *natürlich, ohne Zusatz;* Zitronenwasser n. [frz.]

Na|tu|rell ⟨n.1⟩ *Naturanlage, Wesensart;* fröhliches, sonniges N.

Na|tur|er|eig|nis ⟨n.1⟩, **Na|tur|er|schei|nung** ⟨f.10⟩ *außergewöhnliches Ereignis in der Natur, das nur unter bestimmten Bedingungen zu beobachten ist (z.B. Nordlicht);* Syn. *Naturschauspiel*

na|tur|far|ben ⟨Adj., o.Steig.⟩ *nicht künstlich gefärbt;* ~e Wolle

Na|tur|fa|ser ⟨f.11⟩ *aus Faserpflanzen gewonnene Fäden oder Garn*

Na|tur|film ⟨m.1⟩ *Film, der sich mit bestimmten Bereichen der Natur befaßt*

Na|tur|gas ⟨n., -es, nur Sg.; †⟩ → *Erdgas*

Na|tur|ge|fühl ⟨n., -(e)s, nur Sg.⟩ *innere Verbundenheit (eines Menschen) mit der Natur*

na|tur|ge|ge|ben ⟨Adj., o.Steig.⟩ *von Natur aus gegeben, unveränderbar;* eine ~e Veranlagung; dieser Zustand ist ja nicht n.

na|tur|ge|mäß ⟨Adj., -er, am naturgemäßesten⟩ **1** *der Natur entsprechend;* ~e Lebensweise **2** *wie es (für die betreffende Sache) natürlich ist;* das ist n. nicht leicht zu überwinden

Na|tur|ge|schich|te ⟨f.11⟩ **1** ⟨nur Sg.; veraltend⟩ *Beschreibung der Natur;* N. Mitteleuropas **2** ⟨nur Sg.⟩ *Beschreibung der stammesgeschichtlichen Entwicklung;* N. des Menschen **3** *Erzählung, Geschichte über die Natur, aus der Natur;* Sammlung von ~n

na|tur|ge|schicht|lich ⟨Adj., o.Steig.⟩ *die Naturgeschichte (1,2) betreffend;* Syn. *naturhistorisch;* ~es Museum

Na|tur|ge|setz ⟨n.1⟩ **1** ⟨i.w.S.⟩ *jeder in gleicher Weise wiederholbare Ablauf;* das Auf und Ab der gesellschaftlichen Entwicklung als N. **2** ⟨i.e.S.⟩ *durch die Naturwissenschaften beschreibbarer Ablauf;* die Gesetze der Mechanik als N.

na|tur|ge|treu ⟨Adj., -er, am naturgetreu(e)sten⟩ *genau wie in der Natur;* ein ~es Abbild; einen Gegenstand n. darstellen

Na|tur|ge|walt ⟨f.10⟩ *starke (häufig zerstörerische) Naturkraft*

Na|tur|heil|kun|de ⟨f., -, nur Sg.⟩ *Behandlung durch natürliche Methoden (z.B. Diät und Bewegungsmaßnahmen) bei möglichst geringer Anwendung von Arzneimitteln*

na|tur|hi|sto|risch ⟨Adj.⟩ → *naturgeschichtlich*

Na|tu|ris|mus ⟨m., -, nur Sg.; veraltend⟩ *Freikörper-, Nacktkultur*

Na|tu|rist ⟨m.10⟩ *Anhänger des Naturismus*

Na|tur|ka|ta|stro|phe ⟨f.11⟩ *durch Naturkräfte verursachtes Ereignis mit katastrophalen Auswirkungen (für die Menschen)*

Na|tur|kind ⟨n.3⟩ *urwüchsiger, unverdorbener junger Mensch*

Na|tur|kon|stan|te ⟨f.11⟩ *unveränderliche physikalische Größe, die sich durch Experimente erhält und für die gesamte Physik von grundlegender Bedeutung ist*

Na|tur|kun|de ⟨f., -, nur Sg.; veraltend⟩ *Lehre von der Natur (als Schulfach), bes. Biologie;* Syn. *Naturlehre*

na|tur|kund|lich ⟨Adj., o.Steig.⟩ *die Naturkunde betreffend, zu ihr gehörig*

Na|tur|land|schaft ⟨f.10⟩ *Landschaft, die frei von menschlichen Eingriffen ist*

Na|tur|leh|re ⟨f., -, nur Sg.⟩ → *Naturkunde*

Na|tur|lehr|pfad ⟨m.1⟩ *Wanderweg mit Hinweisschildern auf hier vorkommende Tiere und Pflanzen*

na|tür|lich I ⟨Adj.⟩ **1** ⟨o.Steig.⟩ *in der Natur vorkommend;* eine ~e Grenze; ~es Licht **2** ⟨o.Steig.⟩ *den Gesetzen der Natur entsprechend;* ein ~es Ereignis; eines ~en Todes sterben; das geht nicht mit ~en Dingen zu; ein ~es Kind ⟨†⟩ *uneheliches Kind* **3** *naturgetreu;* ~es Bild **4** *selbstverständlich, klar;* die ~ste Sache der Welt; das ist ganz n. **5** *ungezwungen, einfach, unverbildet;* ~e Anmut; sie ~es Wesen haben; er benimmt sich, er gibt sich ganz n. **II** ⟨Adv.⟩ **1** *gewiß, selbstverständlich;* er hat es n. gewußt; du hast n. recht **2** *wie erwartet, wie gewöhnlich;* er hat die Verabredung n. wieder vergessen **3** *zwar;* du kannst ihn n. anzeigen, aber nützen wird es nichts

na|tür|li|cher|wei|se ⟨Adv.⟩ *wie man erwarten kann, wie es dem natürlichen Lauf der Dinge, den Gesetzen der Natur entspricht;* das wird sich n. so ergeben, entwickeln

Na|tür|lich|keit ⟨f., -, nur Sg.⟩ *natürliche, unverbildete Wesensart, natürliches, ungezwungenes Benehmen*

Na|tur|mensch ⟨m.10⟩ **1** *urwüchsiger, unverbildeter Mensch* **2** *Angehöriger eines Naturvolkes* **3** ⟨ugs.⟩ *Naturliebhaber*

na|tur|not|wen|dig ⟨Adj., o.Steig.⟩ **1** *aufgrund der Naturgesetze notwendig* **2** ⟨übertr., ugs.⟩ *aufgrund eines bestimmten (hohen) Lebensstandards oder einer bestimmten Lebens-, Arbeitsweise notwendig, unumgänglich, unbedingt notwendig*

Na|tur|not|wen|dig|keit ⟨f.10⟩ **1** ⟨nur Sg.⟩ *naturnotwendige Beschaffenheit* **2** *naturnotwendige Sache;* das sind ~en

Na|tur|park ⟨m.9⟩ *großräumiges Gebiet, das überwiegend Landschafts- oder Naturschutzgebiet ist und nach den Grundsätzen der Landesplanung vor allem der Erholung dienen soll*

Na|tur|phi|lo|soph ⟨m.10⟩ *Vertreter der Naturphilosophie*

Na|tur|phi|lo|so|phie ⟨f.11⟩ *Richtung der (klassischen) Philosophie, die sich vorwiegend mit der Natur und den Ergebnissen der Naturwissenschaft befaßt, um zu einer ganzheitlichen Weltdeutung zu gelangen*

Na|tur|recht ⟨n.1⟩ *im Wesen des Menschen begründetes, von Zeit und Ort sowie menschlicher Rechtsprechung unabhängiges Recht*

(im Unterschied zum staatlich gesetzten, veränderlichen Recht)

na|tur|rein ⟨Adj.⟩ →*naturbelassen*

Na|tur|re|li|gi|on ⟨f.10⟩ *Religion, in der Naturgegenstände und -kräfte als göttliche Wesen verehrt werden*

Na|tur|schau|spiel ⟨n.1⟩ →*Naturereignis*

Na|tur|schutz ⟨m., -es, nur Sg.⟩ *Gesamtheit der Maßnahmen zum Schutz und zur Erhaltung der Natur; diese Pflanze steht unter N. diese Pflanze darf nicht gepflückt werden*

Na|tur|schutz|ge|biet ⟨n.1⟩ *rechtsverbindlich begrenztes Gebiet, in dem ein gewisser Schutz von Natur und Landschaft erforderlich ist*

Na|tur|spiel ⟨n.1⟩ **1** *abnorme Bildung, Mißbildung* **2** *merkwürdige, an andere Gegenstände erinnernde Bildung (z.B. Eisblumen)*

Na|tur|ta|lent ⟨n.1; ugs.⟩ **1** *natürliche, außergewöhnliche Begabung (eines Menschen)* **2** *Mensch mit einer solchen Begabung; er ist ein N.*

Na|tur|treue ⟨f., -, nur Sg.⟩ *Genauigkeit der Wiedergabe (bei einer Nachbildung)*

na|tur|trüb ⟨Adj., o.Steig.; bei Säften⟩ *von Natur aus trüb; ein ~er Apfelsaft*

Na|tur|volk ⟨n.4⟩ *Volk, das keine Schrift besitzt und aufgrund geringen technischen Wissens die Natur nicht beherrscht*

na|tur|wid|rig ⟨Adj.⟩ *gegen die Gesetze, Gegebenheiten der Natur verstoßend, ihnen nicht entsprechend, unnatürlich; ~e Lebensweise*

Na|tur|wis|sen|schaft ⟨f.10⟩ *Gesamtheit der Wissenschaften, die sich mit den Erscheinungen der belebten und unbelebten Natur und ihrem gesetzmäßigen Ablauf beschäftigen;* Ggs. *Geisteswissenschaft*

Na|tur|wis|sen|schaft|ler ⟨m.5⟩ *jmd., der Naturwissenschaft betreibt*

na|tur|wis|sen|schaft|lich ⟨Adj., o.Steig.⟩ *die Naturwissenschaft betreffend, zu ihr gehörig*

Nau|arch ⟨m.10; im alten Griechenland⟩ *Befehlshaber eines Schiffes oder einer Flotte* [< griech. *nauarchos* in ders. Bed., < *naus* ,,Schiff'' und *archos* ,,Anführer, Oberhaupt'', zu *archein* ,,herrschen'']

Naue ⟨f.11⟩, **Nau|en** ⟨m.7; süddt., schweiz.⟩ *Kahn, Boot*

'nauf ⟨Adv.; ugs.; kurz für⟩ *hinauf,* ⟨oft, bes. norddt.⟩ *'rauf*

Nau|pli|us ⟨m., -, -pli|en⟩ *frei schwimmende Larvenform verschiedener niederer Krebstiere* [< griech. *naus* ,,Schiff'' und *plein* ,,schwimmen, mit dem Schiff fahren'']

Nau|sea ⟨f., -, nur Sg.⟩ *Übelkeit, Brechreiz* [< lat. *nausea,* griech. *nausia, nautia* ,,Seekrankheit, Übelkeit'', zu *naus* ,,Schiff'']

Nau|tik ⟨f., -, nur Sg.⟩ *Wiss. von der Führung eines Schiffes, von der Schiffsstandortbestimmung sowie den Wind-, Wasser- und Wetterverhältnissen usw.;* Syn. *Schiffahrtskunde* [< griech. *nautika* ,,Schiffahrt, Seewesen'', zu *naus* ,,Schiff'']

Nau|ti|ker ⟨m.5⟩ *jmd., der sich (wissenschaftlich) mit Nautik beschäftigt*

Nau|ti|lus ⟨m., -, - oder -lus|se⟩ *Kopffüßer mit spiraliger, vielkammeriger Schale;* Syn. *Perlboot* [< griech. *nautilos* ,,Schiffer, Seefahrer'', zu *naus* ,,Schiff'']

nau|tisch ⟨Adj., o.Steig.⟩ *zur Nautik gehörig, auf ihr beruhend, mit ihrer Hilfe*

Na|vel|oran|ge ⟨[-ʒə] auch [neɪ-] f.11⟩ *kernlose Orangensorte* [zu engl. *navel* ,,Nabel'', nach der nabelähnlichen Nebenfrucht]

Na|vi|cu|la ⟨f., -, -lae [-leː]⟩ **1** ⟨kath. Kirche⟩ *Gefäß zum Aufbewahren von Weihrauch* **2** *Angehörige einer Algengattung* [< lat. *navicula* ,,kleines Schiff, Boot, Kahn'', Verkleinerungsform von *navis* ,,Schiff'']

Na|vi|ga|ti|on ⟨f., -, nur Sg.⟩ *Orts- und Kursbestimmung (von Schiffen, Raumschiffen und Flugzeugen)* [< lat. *navigatio,* Gen. *-onis,* ,,Schiffahrt'', zu *navigare,* →*navigieren*]

Na|vi|ga|ti|ons|of|fi|zier ⟨m.1⟩ *für die Navigation verantwortlicher Offizier*

na|vi|ga|to|risch ⟨Adj., o.Steig.⟩ *die Navigation betreffend, auf ihr beruhend, mit ihrer Hilfe*

na|vi|gie|ren ⟨V.3, hat navigiert; o.Obj.⟩ *den Standort und Kurs eines Schiffes, Raumschiffes oder Flugzeugs bestimmen* [< lat. *navigare* ,,mit dem Schiff fahren'', < *navis* ,,Schiff'' und *agere* ,,führen, lenken'']

Na|za|rä|er ⟨m.5⟩ **1** ⟨nur Sg.; Bez. für⟩ *Jesus Christus* **2** *Angehöriger der ersten Christengemeinden, Urchrist*

Na|za|re|ner ⟨m.5⟩ **1** ⟨nur Sg.; Bez. für⟩ *Jesus Christus* **2** *Einwohner von Nazareth* **3** *Angehöriger einer Malergruppe der Romantik, die eine Erneuerung der Kunst auf religiöser Grundlage erstrebte*

Na|zi ⟨m.9; abfälliges Kurzw. für⟩ *Nationalsozialist*

Na|zis|mus ⟨m., -, nur Sg.; abfälliges Kurzw. für⟩ *Nationalsozialismus*

Nb ⟨Zeichen für⟩ *Niob*

NB ⟨Abk. für⟩ *notabene*

n. Br. ⟨Abk. für⟩ *nördliche(r) Breite*

Nchf. ⟨Abk. für⟩ *Nachfolger*

n.Chr. ⟨Abk. für⟩ *nach Christus, nach Christi Geburt*

Nd ⟨Zeichen für⟩ *Neodym*

Ne ⟨Zeichen für⟩ *Neon*

'ne ⟨ugs.; kurz für⟩ *eine*

Ne|an|der|ta|ler ⟨m.5⟩ *vorgeschichtlicher Mensch der Altsteinzeit* [nach dem Fundort Neandertal bei Düsseldorf]

Nea|po|li|ta|ner ⟨m.5⟩ *Einwohner von Neapel*

nea|po|li|ta|nisch ⟨Adj., o.Steig.⟩ *Neapel betreffend, zu ihm gehörig, aus ihm stammend*

Ne|ark|tis ⟨f., -, nur Sg.⟩ *tier- und pflanzengeographischer Bereich, der Nordamerika bis Nordmexiko umfaßt;* vgl. *Paläarktis* [< *Neo-* und *Arktis*]

ne|ark|tisch ⟨Adj., o.Steig.⟩ *die Nearktis betreffend, zu ihr gehörig, aus ihr stammend*

Ne|ar|thro|se ⟨f.11⟩ **1** *krankhafte Bildung eines Gelenks* **2** *operative Neubildung eines verlorenen Gelenks* [< *Neo-* und *Arthrose*]

neb|bich! ⟨Int.⟩ *leider!, schade!, wenn schon!* [jidd.]

Neb|bich ⟨m.1; ugs.⟩ *unbedeutender Mensch, Nichtsnutz*

Ne|bel ⟨m.5⟩ **1** *(dem Erdboden aufliegende oder dicht über dem Erdboden liegende) Wolke aus kleinen Wassertröpfchen oder Eiskristallchen, die durch Kondensation von Wasserdampf entstanden ist (Boden~, Hoch~)* **2** ⟨Astron.⟩ *schwach leuchtendes, flächenhaftes Gebilde des Himmels; galaktischer N.*

Ne|bel|bank ⟨f.2⟩ *dichter Bodennebel*

Ne|bel|bo|gen ⟨m.4⟩ *(einem Regenbogen ähnelnder) farbloser Bogen auf Nebelwänden*

ne|bel|haft ⟨Adj., -er, am nebelhaftesten; übertr.⟩ *unklar, verschwommen; ~e Vorstellungen*

Ne|bel|hau|fen ⟨m.7⟩ *Ansammlung von Sternsystemen*

Ne|bel|horn ⟨n.4⟩ *Signalhorn, das auf Schiffen oder an der Küste bei Nebel benutzt wird;* Syn. *Foghorn*

ne|be|lig ⟨Adj.⟩ →*neblig*

Ne|bel|kam|mer ⟨f.11⟩ *wasserdampfgesättigtes Gas in einem Behälter enthaltendes Gerät zum Sichtbarmachen der Bahnen von Ionen*

Ne|bel|krä|he ⟨f.11⟩ *Krähe mit hellgrauen Gefiederteilen, die sich mantelartig vom schwarzen Gefieder abheben;* vgl. *Rabenkrähe*

Ne|bel|mo|nat ⟨m.1⟩, **Ne|bel|mond** ⟨m.1; alter Name für⟩ *November*

Ne|bel|schein|wer|fer ⟨m.5; beim Kfz⟩ *tief am Fahrzeug montierter Zusatzscheinwerfer, dessen Licht bei Nebel unmittelbar vor dem Fahrzeug auf die Straße gerichtet wird*

Ne|be|lung ⟨m.1; alter Name für⟩ *November;* auch: *Neblung*

Ne|bel|wer|fer ⟨m.5⟩ *Kampfmittel, das chemischen Nebel verschießt*

ne|ben ⟨Präp. mit Dat. und Akk.⟩ **1** ⟨mit Dat.⟩ **a** *dicht bei, nahe bei, an der Seite von; sie saß bei Tisch n. ihm; n. dem Haus befindet sich die Garage; er hat sein Auto n. dem meinen geparkt; dort steht Strandkorb n. Strandkorb* **b** *außer; er beherrscht n. dem Englischen auch Französisch und Spanisch* **c** *im Vergleich zu; n. ihm bist du in Muster an Pünktlichkeit* **2** ⟨mit Akk.⟩ *dicht hin zu, an die Seite von; wir setzen sie bei Tisch n. ihn; wir bauen die Garage n. das Haus; stell dein Auto n. das meine!*

ne|ben..., Ne|ben... ⟨in Zus.⟩ *daneben, zusätzlich, nebenbei, ergänzend, z.B. Nebenabgabe, Nebenarbeit, Nebenhandlung*

ne|ben|an ⟨Adv.⟩ **1** *benachbart, seitlich angrenzend; das Zimmer, die Wohnung n.* **2** *im seitlich angrenzenden Raum, in der benachbarten Wohnung; er sitzt, schläft, wohnt n.*

Ne|ben|an|schluß ⟨m.2; Telefon⟩ *weiterer Anschluß unter der gleichen oder zum Teil gleichen Nummer;* Syn. *Nebenstelle*

Ne|ben|be|deu|tung ⟨f.10⟩ *zusätzliche, weitere und weniger wichtige Bedeutung (bes. eines Wortes)*

ne|ben|bei ⟨Adv.⟩ **1** *zusätzlich, außerdem; er arbeitet n. als Kellner* **2** *beiläufig; n. gesagt*

Ne|ben|be|ruf ⟨m.1⟩ *zusätzlicher Beruf;* Ggs. *Hauptberuf; er ist im N. Journalist*

ne|ben|be|ruf|lich ⟨Adj., o.Steig.⟩ Ggs. *hauptberuflich* **1** *als Nebenberuf ausgeübt; ~e Tätigkeit; ~e Arbeit* **2** *im Nebenberuf; er arbeitet n. als Reporter*

Ne|ben|buh|ler ⟨m.5⟩ *jmd., der sich neben einem anderen um etwas oder jmdn. (bes. um eine Frau) bewirbt*

'ne|ben|ein|an|der ⟨Adv.⟩ **1** *einer neben dem anderen; n. hergehen; n. wohnen* **2** *gleichzeitig miteinander; hier bestehen alte Bräuche und moderne Auffassungen n.*

ne|ben|ein|an|der... ⟨in Zus.⟩ *einer, eines neben dem anderen, eines neben dem anderen, eins neben das andere, z.B. nebeneinandersitzen, -setzen, -legen, -stehen, -stellen,* ⟨aber⟩ *nebeneinander sitzen (nicht stehen)*

ne|ben|ein|an|der|her ⟨Adv.⟩ *einer, eins neben dem anderen her; die beiden leben nur noch n.*

ne|ben|ein|an|der|schal|ten ⟨V.2, hat nebeneinandergeschaltet⟩ →*parallelschalten*

Ne|ben|ein|nah|me ⟨f.11⟩ *zusätzliche Einnahme*

Ne|ben|fach ⟨n.4⟩ *weniger wichtiges Fach (in der Schule, bei einem Studium mit mehreren Fächern);* Ggs. *Hauptfach*

Ne|ben|fluß ⟨m.2⟩ *Fluß, der in einen anderen Fluß mündet*

Ne|ben|ge|dan|ke ⟨m.15⟩ *zusätzlicher, heimlicher Gedanke*

Ne|ben|ge|räusch ⟨n.1⟩ *störendes Geräusch, Geräusch, das auf eine Betriebsstörung hinweist; N. bei der Klangwiedergabe; N. eines Motors*

Ne|ben|ge|stein ⟨n.1⟩ *einen Gesteinskörper begleitendes oder umgebendes Gestein*

Ne|ben|hand|lung ⟨f.10⟩ *neben der eine Dichtung, einen Film o.ä. tragenden Handlung parallellaufende Handlung;* Ggs. *Haupthandlung*

ne|ben|her ⟨Adv.⟩ *zusätzlich, ergänzend; n. geht er noch zur Schule; diese künstlerischen Arbeiten macht er n. oder nur n.*

ne|ben|hin ⟨Adv.⟩ *beiläufig, zusätzlich; das ist nur so n. gesagt*

Ne|ben|ho|den ⟨m.7⟩ *Teil des Hodens, in dem die reifen Samen gespeichert werden*

Ne|ben|höh|le ⟨f.11⟩ *Hohlraum im Schädelknochen, der dem Innenraum der Nase benachbart ist*

Nebenklage

Ne|ben|kla|ge ⟨f.11; Rechtsw.⟩ Klage, mit sich jmd. an die vom Staatsanwalt erhobene Klage anschließt (sofern er mitbetroffen ist)

Ne|ben|klä|ger ⟨m.5⟩ jmd., der eine Nebenklage erhoben hat

Ne|ben|kos|ten ⟨nur Pl.⟩ **1** zusätzliche Kosten **2** Kosten, die für den Mieter einer Wohnung neben der Miete entstehen (für Wasser, Gas, Strom, Müllabfuhr u.ä.)

Ne|ben|mann ⟨m.4⟩ jmd., der neben jmdm. sitzt, steht; vom N. abschreiben

Ne|ben|meer ⟨n.1⟩ **1** Teilgebiet der Ozeane, das von größeren Landmassen umschlossen ist (z. B. das Mittelmeer) **2** →Randmeer

Ne|ben|nie|re ⟨f.11⟩ jedes der zwei Hormone produzierenden Organe, die haubenartig den Nieren aufsitzen

ne|ben|ord|nen ⟨V.2, hat nebengeordnet; mit Akk.; bes. Gramm.⟩ gleichrangig nebeneinanderstellen; ~de Konjunktion Konjunktion, die zwei Hauptsätze miteinander verbindet, z. B. und, oder, aber, sondern, deshalb; Syn. koordinierende Konjunktion; Ggs. unterordnende Konjunktion; **Ne|ben|ord|nung** ⟨f., -, nur Sg.⟩

Ne|ben|pro|dukt ⟨n.1⟩ bei der Herstellung eines Produktes entstehendes, weniger wichtiges Produkt

Ne|ben|sa|che ⟨f.11⟩ unwichtige, unbedeutende Sache; Ggs. Hauptsache; etwas als N. behandeln, betrachten; es ist für mich N.

ne|ben|säch|lich ⟨Adj.⟩ unwichtig, unbedeutend; Ggs. hauptsächlich; ~e Aussagen, Dinge; du solltest seine Krankheit nicht als n. behandeln **Ne|ben|säch|lich|keit** ⟨f.10⟩

Ne|ben|satz ⟨m.2⟩ Satz, der anstelle eines Satzteiles steht, abhängiger Satz; Syn. Gliedsatz; Ggs. Hauptsatz

Ne|ben|schluß ⟨m.2⟩ Parallelschaltung eines Stromverbrauchers zu einem anderen in einem Stromkreis

Ne|ben|son|ne ⟨f.11⟩ Sonnenspiegelung in den Wolken

Ne|ben|spie|ler ⟨m.5; Sport⟩ Mitspieler (in Mannschaftsspielen) in unmittelbar benachbarter Position

ne|ben|ste|hend ⟨Adj., o.Steig.⟩ neben dem Text stehend, am Rand angeführt

Ne|ben|stel|le ⟨f.11⟩ **1** einer Hauptstelle untergeordnete Stelle **2** →Nebenanschluß

Ne|ben|ver|dienst ⟨m.1⟩ zusätzlicher Verdienst; Ggs. Hauptverdienst (II)

Ne|ben|win|kel ⟨m.5⟩ jeder von zwei Winkeln, die sich zu einem Winkel von 180° ergänzen

Ne|ben|wir|kung ⟨f.10⟩ zusätzliche, meist unerwünschte Wirkung (bes. von Arzneimitteln)

Ne bis in idem ⟨Rechtsw.⟩ Niemand darf wegen derselben Sache zweimal angeklagt werden [lat.]

neb|lig ⟨Adj.⟩ auch: nebelig **1** voller Nebel; ~es Wetter; ein ~er Morgen **2** häufig Nebel aufweisend; ein ~es Tal

Neb|lung ⟨m.1⟩ →Nebelung

nebst ⟨Präp. mit Dat.⟩ zusammen mit; Herr X n. Tochter

ne|bu|los, ne|bu|lös ⟨Adj., -er, am -esten⟩ nebelhaft, unklar, verschwommen; ~e Vorstellungen haben; das klingt alles recht n.

Ne|ces|saire ⟨[nesɛsɛ:r] n.9⟩ Behältnis für Utensilien (z.B. Toilettengegenstände oder Nähzeug) [< frz. necessaire, nécessaire ‹ lat. necessarius, necesse „unumgänglich, unvermeidlich, unentbehrlich", < ne „nicht" und cessare „zurückbleiben"]

Neck ⟨m.10; dt. Myth.⟩ Wassergeist [schwed.]

necken ⟨-k·k-; V.1, hat geneckt; mit Akk.⟩ jmdn. n. mit Worten oder Gebärden Scherz mit jmdm. treiben, jmdn. freundlich, gutmütig verspotten; einander, ⟨ugs.⟩ sich n.

Necke|rei ⟨-k·k-; f.10⟩ **1** ständiges Necken **2** kleiner Scherz

Necking ⟨'k·k-; n.9⟩ Schmuserei (unter Jugendlichen)

neckisch ⟨-k·k-; Adj.⟩ **1** scherzhaft und etwas albern **2** hübsch und etwas gewagt (bes. von Kleidungsstücken); eine ~e Bluse

nee ⟨ugs., bes. mdt., norddt.⟩ nein

Neer ⟨f.10; nddt.⟩ Wasserstrudel, Wirbel

Nef|fe ⟨m.11⟩ Sohn des Bruders oder der Schwester

Ne|ga|ti|on ⟨f.10⟩ **1** Verneinung, Ablehnung; Ggs. Position (5) **2** Verneinungswort

ne|ga|tiv ⟨auch [ne-] Adj.⟩ **1** verneinend, ablehnend; Ggs. positiv (1); ~e Antwort; er verhält sich zu allem, was wir vorschlagen, n. **2** ungünstig, unangenehm; Ggs. positiv (2); ~e Charakterzüge **3** ergebnislos; die Sache ist n. verlaufen **4** ⟨o.Steig.; Math.⟩ kleiner als Null; Ggs. positiv (4); ~e Zahl **5** ⟨o.Steig.; Elektr.⟩ positiv (5); ~e Ladung den Elektronen eigene Ladung (im Unterschied zur positiven Ladung der Protonen); ~er Pol Minuspol **6** ⟨o.Steig.; Fot.⟩ in den Hell-Dunkel-Werten bzw. in den Farben vertauscht; Ggs. positiv (6) **7** ⟨o.Steig.; Med.⟩ vermutete Krankheitserreger o.ä. nicht aufweisend; Ggs. positiv (7); ~er Befund [< lat. negativus „verneinend", zu negare, →negieren]

Ne|ga|tiv ⟨auch [ne-] n.1⟩ fotografisches Bild nach dem Entwickeln, das gegenüber dem Original vertauschte Hell-Dunkel-Werte bzw. die Komplementärfarben aufweist; Ggs. Positiv (II)

Ne|ga|ti|vis|mus ⟨m., -, nur Sg.⟩ **1** verneinende, ablehnende Haltung **2** ⟨bei Geisteskranken⟩ Widerstand gegen Beeinflussung

Ne|ga|ti|vi|tät ⟨f., -, nur Sg.⟩ negatives Wesen oder Verhalten

Ne|ger ⟨m.3⟩ Ureinwohner des größten Teils von Afrika südlich der Sahara mit dunkler Hautfarbe und krausem Haar; Syn. ⟨†⟩ Mohr, ⟨Rassenkunde⟩ Negride(r), ⟨Politikerspr.⟩ Schwarzafrikaner, Schwarze(r) [< frz. nègre „Neger", < lat. niger, nigra, nigrum „dunkelfarbig, schwarz"]

Ne|ger|kuß ⟨m.2⟩ kleines Gebäck aus weicher Schaummasse mit Schokoladenüberzug auf Waffelboden

ne|gie|ren ⟨V.3, hat negiert; mit Akk.⟩ **1** ⟨Gramm.⟩ verneinen; Ggs. affirmieren; einen Satz n. **2** ablehnen; einen Vorschlag n.; er negiert alles, was man ihm vorschlägt; jmds. Auffassung n. [< lat. negare „nein sagen, verneinen, versichern, daß nicht", vielleicht < ne „nicht" und dem unvollständigen Verb aio „ich sage ja, bejahe"] **Ne|gie|rung** ⟨f., -, nur Sg.⟩

Ne|gli|gé ⟨[-ʒe] n.9⟩, **Né|gli|gé** ⟨n.9; schweiz.⟩ leichte, bequeme Morgenkleidung (bei Frauen); sie war noch im N. sie war noch nicht vollständig angezogen [< frz. négligé „Morgenrock, lässiges, bequemes Gewand", zu négliger „vernachlässigen, nicht beachten, sich nicht kümmern" < lat. negligere, Nebenform von neglegere „nicht beachten, vernachlässigen", < nec „nicht" und legere „aussuchen, sammeln"]

ne|gli|gie|ren ⟨[-ʒi-] V.3, hat negligiert; mit Akk.; †⟩ vernachlässigen, nicht beachten

ne|go|zi|a|bel ⟨Adj., o.Steig.; †⟩ handelsfähig; eine negoziable Ware; ein negoziables Wertpapier

ne|grid ⟨Adj., o.Steig.⟩ **1** zu den Negriden gehörend **2** Rassenmerkmale der Negriden aufweisend

Ne|gri|de(r) ⟨m., f.17 oder 18; Rassenkunde⟩ →Neger

Ne|gri|to ⟨m.9⟩ Angehöriger einer kleinwüchsigen negroiden Rasse auf den Philippinen, Andamanen und auf Malakka [span. „Negerlein"]

Né|gri|tude ⟨[-tyd] f., -, nur Sg.⟩ Gesamtheit der kulturellen Werte der Neger

ne|gro|id ⟨Adj., o.Steig.⟩ den Negriden ähnlich [< negrid und ...oid]

Ne|gro|ide(r) ⟨m., f.17 oder 18⟩ Angehörige(r) einer negroiden Rasse

Ne|gro Spi|ri|tu|al ⟨[nigrou spiritjuəl] m. oder n., --s, --s⟩ geistliches Volkslied der Neger in den südlichen USA

Ne|gus ⟨m., -, -s|se; früher Titel für den⟩ Kaiser von Äthiopien

neh|men ⟨V.88, hat genommen⟩ **I** ⟨mit Akk.⟩ **1** etwas n. **a** ergreifen, fassen und festhalten; er nahm seinen Hut und verabschiedete sich; sie nahm seinen Arm sie hängte sich bei ihm ein; ich nehme ihnen Koffer ich trage dir deinen Koffer **b** annehmen, sich geben lassen; ein Trinkgeld n.; er ist vom Stamme Nimm ⟨ugs., scherzh.⟩ er nimmt alles, was man ihm anbietet; er nimmt alles, was ihm in die Finger kommt; er hat für seine Dienste; er hat für die Reparatur 200 DM genommen; n. Sie meinen herzlichsten Dank ⟨förmlich⟩ **c** ergreifen und an eine Stelle am Körper tun; er nahm die Schier auf die Schulter; ein Kind auf den Schoß n.; einen Gegenstand in die Hand n.; einen Gegenstand mit der Hand ergreifen und festhalten; er nahm seine Mappe unter den Arm; ein solches Wort nehme ich nicht in den Mund ⟨übertr.⟩ ein solches Wort benutze ich nicht (weil es zu derb ist); einen Grashalm zwischen die Zähne n.; eine Verantwortung auf sich n. ⟨übertr.⟩ übernehmen **d** ergreifen und von einer Stelle wegtun; ein Glas aus dem Schrank n.; ein Buch vom Regal n.; die Mütze vom Kopf n. **e** wegnehmen, sich aneignen, Besitz von etwas ergreifen; einen Stein, einen Läufer n. (im Spiel); er hat Geld genommen er hat Geld gestohlen; einen Gegenstand an sich n. (um ihn aufzubewahren); sich etwas nicht n. lassen auf etwas bestehen, beharren, etwas unbedingt tun wollen; ich lasse es mir nicht n., dich vom Bahnhof abzuholen; ich lasse es mir nicht n. - es war ganz bestimmt so ich beharre darauf, ich lasse mir von meiner Meinung nicht ab, daß es so war **f** essen oder trinken; wir n. den Kaffee auf der Terrasse; er nimmt zum Frühstück nur ein Glas Milch; n. Sie Medikamente?; ich muß heute noch n. Tropfen n. **g** zum Essen oder zu einem Getränk hinzufügen, als Zutat benutzen; ich nehme Zucker zum Tee, Salz aufs Ei?; ich nehme fünf Eier für diesen Kuchen **h** auswählen und behalten, auswählen und kaufen; nimm dir ein Stück Torte!; ich habe den neuen Mantel doch nicht genommen; ich habe zwei Theaterkarten im ersten Rang genommen **i** sich für etwas entscheiden; eine angebotene Stelle (nicht) n.; ich nehme den Zug um acht Uhr **k** mieten; ein Zimmer, eine Wohnung n. **l** sich geben lassen, sich erteilen lassen; Unterricht, Stunden in Französisch n. **m** auffassen; eine Sache ernst, wichtig n.; wie man's nimmt! ⟨ugs.⟩ es kommt darauf an, wie man es auffaßt, man kann es so und auch anders auffassen; eine Bemerkung als Scherz, als Anspielung n. **n** übernehmen; ein Hindernis n.; den Graben mit einem großen Sprung n. **2** jmdn. oder etwas n. **a** ertragen, dulden, hinnehmen; man muß die Dinge, die Menschen n., wie sie sind; er ist hart im Nehmen ⟨ugs.⟩ er kann einen kräftigen Schlag, Hieb vertragen **b** vorübergehend bei sich aufnehmen und versorgen; sie nimmt die Kinder, die Blumen, den Dackel, während wir verreist sind **3** jmdn. n. **a** behandeln; du nimmst den Jungen immer noch als Kind; ich weiß, wie sie ihren Mann n. muß **b** eine Frau n. **1.** mit einer Frau den Beischlaf ausüben, **2.** eine Frau heiraten; einen Mann n. einen Mann heiraten; du hättest ihn, sie ja nicht zu n. brauchen **c** sich gegen Entgelt von jmdm. raten, helfen lassen; einen Anwalt, einen Bergführer n. **II** ⟨mit Dat. u. Akk.⟩ jmdm. etwas oder jmdn. n. jmdm. etwas stehlen, jmdn. einer Sache berauben, jmdm. eine Person entziehen; er nimmt niemandem etwas; sie haben ihm mit dem Kind seinen Lebensinhalt genommen; sie haben ihm bei der Scheidung das Kind genommen III ⟨als Funktionsverb⟩ in Angriff n. *beginnen;* in Anspruch n. *beanspruchen;* in Betrieb n. *beginnen zu benutzen;* Einblick, Einsicht in etwas n. *sich etwas prüfend ansehen;* eine bestimmte Entwicklung n. *sich auf bestimmte Weise entwickeln*

Neh|rung ⟨f.10⟩ *schmaler Landstreifen vor einem Haff*

Neid ⟨m., -(e)s, nur Sg.⟩ *Mißgunst, ungute Empfindung gegenüber jmdm., der mehr besitzt oder erfolgreicher ist;* der N. der Besitzlosen ⟨ugs.⟩ *die Kritik derer, die sich nicht bemühen;* jmds. N. erregen; das muß ihm der N. lassen *das muß man auf jeden Fall anerkennen;* vor N. blaß, gelb, grün werden ⟨ugs., scherzh.⟩; vor N. erblassen *plötzlich sehr mißgünstig werden;* vor N. fast bersten, platzen ⟨ugs.⟩

nei|den ⟨V.2, hat geneidet; mit Dat. und Akk.⟩ jmdm. etwas n. *jmdm. etwas nicht gönnen, neidisch auf jmdn. sein, weil jmd. etwas hat;* jmdm. sein Glück, seinen Erfolg, sein Talent n.

Nei|der ⟨m.5⟩ *jmd., der jmdm. etwas nicht gönnt;* er hat viele N.

Neid|ham|mel ⟨m.5; ugs.⟩ *neidischer Mensch*

nei|dig ⟨Adj.; landsch.⟩ *neidisch*

nei|disch ⟨Adj.⟩ *von Neid erfüllt, mißgünstig;* ~e Blicke auf etwas, jmdn. werfen; n. auf jmds. Begabung, Reichtum sein

Neid|kopf ⟨m.2⟩ *fratzenhafter Tier- oder Menschenkopf an Haustüren, -giebeln oder -mauern* [nach altem Volksglauben wehrt er Unheil, d.h. neidische Mächte, Geister ab]

neid|los ⟨Adj., o.Steig.⟩ *ohne Neid; etwas n. anerkennen*

Neid|na|gel ⟨m.6⟩ →*Niednagel*

Nei|ge ⟨f.11⟩ *Rest, Ende;* ein Glas bis zur N. leeren; der Vorrat geht zur N.

nei|gen ⟨V.1, hat geneigt⟩ I ⟨mit Akk.⟩ *in schräge Lage bringen;* den Kopf n.; den Oberkörper nach vorn, zur Seite n. II ⟨mit Präp.obj.⟩ zu etwas n. 1 *eine Vorliebe, eine Schwäche für etwas haben;* er neigt zum Trunk; er neigt dazu, alles zu schwarz zu sehen; er neigt zu Erkältungen *er bekommt leicht Erkältungen* 2 *im Begriff sein, sich für etwas zu entscheiden, etwas auszuwählen;* ich neige zu der Auffassung, daß ...; ich neige eher zu dem blauen Kleid III ⟨refl.⟩ sich n. 1 *eine schräge Lage, gebeugte Stellung einnehmen;* sich zu jmdm. n.; sich zur Seite n. 2 *schräg verlaufen;* die Straße neigt sich hier (zum Meer); eine geneigte Ebene, Fläche 3 *sich auf ein bestimmtes Ende zu bewegen;* der Tag neigt sich *es wird Abend;* das Fest neigt sich (zum Ende) IV ⟨als Part. Perf.⟩ geneigt sein, etwas zu tun *die Absicht, den Willen haben, etwas zu tun;* ich bin geneigt, zuzustimmen, ihm zu glauben; ich bin nicht geneigt, dabei mitzumachen

Nei|gung ⟨f.10⟩ 1 ⟨nur Sg.⟩ *das Neigen (I), das Sichneigen* 2 *schräge Lage oder Stellung, Gefälle;* der Hang hat nur eine geringe N. 3 *Vorliebe, Freude (an etwas);* künstlerische, musikalische ~en haben; er hat eine N. zur alten Musik 4 *Anlage, Anfälligkeit;* eine N. zur Fettsucht haben 5 *Lust (etwas zu tun);* ich verspüre wenig N., dabei mitzumachen 6 *Zuneigung, liebevolle Hinwendung;* jmds. N. erwidern; eine N. zu jmdm. fühlen; jmds. N. gewinnen

Nei|gungs|ehe ⟨f.11⟩ *aufgrund von Zuneigung und harmonischer Übereinstimmung geschlossene Ehe*

nein I ⟨Adv.⟩ 1 ⟨Ausdruck der Ablehnung, Verneinung⟩ Ggs. *ja;* „Kommst du mit?" „Nein!"; aber n., wirklich nicht!; ach n., lieber nicht!; o n., keineswegs!; n. doch, ganz bestimmt nicht!; n. sagen *etwas ablehnen;* er kann nicht, er kann nicht n. sagen *er kann nichts ablehnen, nur schwer etwas ablehnen* 2 ⟨als Frage Ausdruck des Zweifels⟩ n.? *wirklich nicht?* II ⟨als Füllwort⟩ 1 ⟨zum Ausdruck von etwas Unerwartetem oder der Bekräftigung⟩ n. so was!; n., so eine Überraschung, so eine Freude!; n., wie er das gemacht hat! 2 ⟨als Berichtigung und Steigerung⟩ ich schätze, n., ich bewundere ihn

'nein ⟨Adv.; ugs.; kurz für⟩ *hinein,* ⟨oft, bes. norddt.⟩ *'rein*

Nein|sa|ger ⟨m.5⟩ *jmd., der grundsätzlich zunächst alles ablehnt*

ne|kro..., Ne|kro... ⟨in Zus.⟩ *tot..., toten..., Toter..., Leichen...* [< griech. *nekros* „tot; Toter"]

Ne|kro|bi|o|se ⟨f.11⟩ *langsames Absterben einzelner Zellen im Geweberverband* [< *Nekro...* und griech. *bios* „Leben"]

Ne|kro|log ⟨m.1⟩ 1 *Nachruf auf einen Verstorbenen* 2 →*Nekrologium* [< griech. *nekros* „tot; Toter" und *logos* „Wort, Rede"]

Ne|kro|lo|gi|um ⟨n., -s, -gi|en; in mittelalterlichen Klöstern, Orden, Stiften⟩ *Verzeichnis von Toten, derer man durch Fürbitten gedachte*

Ne|kro|mant ⟨m.10; bes. im Altertum⟩ *Toten-, Geisterbeschwörer*

Ne|kro|man|tie ⟨f.11⟩ *Weissagung mit Hilfe der Totenbeschwörung;* Syn. *Psychomantie* [< griech. *nekros* „tot; Toter" und *...mantie*]

Ne|kro|pha|ge ⟨m.11⟩ *Tier, das sich nur von toten Organismen ernährt* [< *Nekro...* und *...phage*]

Ne|kro|phi|lie ⟨f., -, nur Sg.⟩ *krankhafter Drang zur sexuellen Befriedigung an Toten* [< *nekros* „Toter" und *...philie*]

Ne|kro|po|le ⟨f.11⟩, **Ne|kro|po|lis** ⟨f., -, -po|len⟩ *weiträumige vorgeschichtliche oder antike Begräbnisstätte, Totenstadt* [< griech. *nekros* „tot; Toter" und *polis* „Stadt"]

Ne|kro|psie ⟨f.11⟩ *Leichenöffnung* [< *Nekro...* und griech. *opsis* „das Sehen", zu *ops* „Auge"]

Ne|kro|se ⟨f.11⟩ *Absterben von Organen, Geweben und Gewebsteilen* [< griech. *nekrosis* „Tod, Absterben", zu *nekros* „tot"]

Ne|kro|sper|mie ⟨f., -, nur Sg.⟩ *Zeugungsunfähigkeit infolge Absterbens der Samenzellen* [< *Nekro...* und *Sperma*]

ne|kro|tisch ⟨Adj., o.Steig.⟩ *auf Nekrose beruhend, abgestorben*

Nek|tar ⟨n., -s, nur Sg.⟩ 1 ⟨griech. Myth.⟩ *Unsterblichkeit verleihender Trank der Götter;* Syn. *Göttertrank;* vgl. *Ambrosia* 2 *zuckerhaltige, dufterfüllte Absonderung der Blüten* 3 *Getränk aus Apfelscheiben, Weißwein und Sekt* 4 *Getränk aus Fruchtfleisch, Wasser und Zucker*

Nek|ta|ri|ne ⟨f.11⟩ *Pfirsich mit glatter Haut* [zu *Nektar*]

Nek|ta|ri|um ⟨n., -s, -ri|en⟩ *Nektar absondernde Drüse der Blüten*

Nek|tar|vo|gel ⟨m.6⟩ *kolibriähnlicher Singvogel Afrikas und Asiens, dessen Zunge zum Saugorgan umgewandelt ist*

Nek|ton ⟨n., -s, nur Sg.⟩ *Gesamtheit der sich im Wasser aktiv fortbewegenden Tiere;* Ggs. *Plankton* [< griech. *nektos* „schwimmend", zu *nechein* „schwimmen"]

Nel|ke ⟨f.11⟩ 1 *(meist rosa bis dunkelrot blühende) Pflanze mit lockerem Blütenstand, Zierpflanze* 2 *getrocknete Blütenknospe des auf den Molukken und Philippinen heimischen Gewürznelkenbaumes, die als Gewürz verwendet wird* [< nddt. *negelke* „Nägelchen", oberdt. *Nägelein;* die Gewürznelke hat die Form eines handgeschmiedeten Nagels; wegen des Duftes wurde die Bezeichnung auf die Gartennelke übertragen]

Nel|ken|öl ⟨n., -(e)s, nur Sg.⟩ *aus Nelken (2) hergestelltes, stark duftendes ätherisches Öl mit desinfizierender Wirkung*

Nel|ken|zimt ⟨m., -(e)s, nur Sg.⟩ *Rinde eines brasilianischen Lorbeergewächses (zur Herstellung von Kassiaöl)*

Nel|son ⟨[-sən] m., -(s), -(s)⟩ →*Nackenhebel* [engl., nach einem Eigennamen]

Ne|ma|to|de ⟨m.11⟩ →*Fadenwurm* [< griech. *nema,* Gen. *nematos,* „Faden"]

Ne|me|sis ⟨f., -, nur Sg.⟩ *strafende Gerechtigkeit;* die N. hat ihn ereilt [< griech. *nemesis* „Strafe, Rache", nach *Nemesis,* der Göttin der Rache und Vergeltung, zu *nemein* „verteilen, zuteilen, zukommen lassen"]

NE-Me|tall ⟨n.1; kurz für⟩ *Nichteisenmetall*

'nen ⟨ugs.; kurz für⟩ *einen;* nimmst du 'nen Koffer mit?

Nenn|be|trag ⟨m.2⟩ →*Nennwert*

nen|nen ⟨V.89, hat genannt; mit Akk.⟩ jmdn., etwas oder sich n. 1 *mit einem Namen, Spitznamen, Kosenamen bezeichnen;* ein Kind Hans, Ingrid n.; sie nannten ihn Mops, Dicker, Wölfchen; man hat den Platz „Königsplatz" genannt; die Münchner nennen den Karlsplatz „Stachus"; Theodor, genannt ⟨Abk.: gen.⟩ Ted Müller; jmdn., etwas, sich nach jmdm. n. *jmdn., etwas, sich mit jmds. Namen bezeichnen;* er nennt sich nach seiner Mutter; wir haben den Jungen nach seinem Vater genannt; man hat die Universität nach ihrem Gründer genannt 2 *mit Namen aufzählen, den Namen sagen, mitteilen;* er nannte mehrere Personen, die dabeigewesen waren; können Sie jmdn. n., der nähere Angaben machen kann?; nenne mir drei europäische Hauptstädte! 3 *als etwas bezeichnen;* er nannte ihn einen Betrüger; ich kann ihn Freund n.; und so jmd. nennt sich Dichter! ⟨ugs.⟩ *und so jmd. behauptet, Dichter zu sein!,* und so jmd. *betrachtet sich als Dichter!;* und so etwas nennt sich Kunst! ⟨ugs.⟩ *und von so etwas behauptet man, es sei Kunst!*

nenn|ens|wert ⟨Adj., -er, am -esten⟩ *wichtig und deshalb wert, genannt zu werden;* ein ~er Betrag; es entstand kein ~er Schaden

Nen|ner ⟨m.5; bei Bruchzahlen⟩ *unter dem Bruchstrich stehende Zahl;* Ggs. *Zähler;* mehrere Dinge auf einen N. bringen *sie in gleicher Weise berücksichtigen;* wir müssen einen gemeinsamen N. finden *eine gemeinsame Grundlage finden*

Nenn|fall ⟨m.2; eindeutschend für⟩ *Nominativ*

Nenn|form ⟨f.10⟩ →*Infinitiv*

Nenn|on|kel ⟨m.5⟩ *Mann, den jmd. Onkel nennt, ohne mit ihm verwandt zu sein*

Nenn|tan|te ⟨f.11⟩ *Frau, die jmd. Tante nennt, ohne mit ihr verwandt zu sein*

Nen|nung ⟨f.10⟩ *das Nennen (1,2);* mit, ohne N. des Namens

Nenn|wert ⟨m.1⟩ *einer Münze oder einem Wertpapier aufgeprägter bzw. aufgedruckter Wert;* Syn. *Nennbetrag, Nominalwert;* Ggs. *Kurswert*

Nenn|wort ⟨n.4⟩ →*Substantiv*

neo..., Neo... ⟨in Zus.⟩ *neu..., Neu...* [< griech. *neos* „neu"]

Neo|dym ⟨n., -s, nur Sg.; Zeichen: Nd⟩ *Metall der seltenen Erden* [< griech. *neos* „neu" und *didymos* „zweifach, doppelt, verschieden, Zwilling", zu *dyo* „zwei"; das Element wurde zusammen mit dem Praseodym aus einem Mineralgemisch getrennt]

Neo|fa|schis|mus ⟨m., -, nur Sg.⟩ *faschistische Strömungen nach dem Zweiten Weltkrieg*

neo|fa|schi|stisch ⟨Adj., o.Steig.⟩ *zum Neofaschismus gehörig, auf ihm beruhend*

Neo|gen ⟨n., -s, nur Sg.⟩ *Jungtertiär (Miozän und Pliozän)* [< *Neo...* und *...gen*]

Neo|im|pres|sio|nis|mus ⟨m., -, nur Sg.⟩ →*Pointillismus*

Neo|klas|si|zis|mus ⟨m., -, nur Sg.⟩ *Kunstform des 20. Jahrhunderts, die an den Klassizismus anknüpft*

Neo|klas|si|zist ⟨m.10⟩ *Vertreter des Neoklassizismus*

neo|klas|si|zi|stisch ⟨Adj., o.Steig.⟩ *zum Neoklassizismus gehörig, auf ihm beruhend, in der Art des Neoklassizismus*

Neokolonialismus

Ne|o|ko|lo|nia|lis|mus ⟨m., -, nur Sg.⟩ *Politik der Industrienationen gegenüber ehemaligen Kolonial- und Entwicklungsländern mit dem Ziel, sie in wirtschaftlicher und politischer Abhängigkeit zu halten*

Neo|kom ⟨n., -s, nur Sg.⟩ *Abschnitt der Erdgeschichte, älteste Stufe der Unterkreide* [< lat. *Neocomium*, dem latinisierten Namen der Stadt *Neuenburg* in der Schweiz]

neo|kon|ser|va|tiv ⟨Adj., o.Steig.⟩ *rückwärtsgewandt (in politischer Hinsicht)*

Neo|li|thi|kum ⟨n., -s, nur Sg.⟩ *Kulturepoche, die durch Ackerbau und Tierhaltung gekennzeichnet ist;* Syn. *Jungsteinzeit* [< *Neo...* und griech. *lithos* „Stein"]

neo|li|thisch ⟨Adj., o.Steig.⟩ *zum Neolithikum gehörig, aus ihm stammend*

Neo|lo|ge ⟨m.11; †⟩ *Verkünder einer neuen Lehre, (bes.) Spracherneuerer*

Neo|lo|gie ⟨f.11; †⟩ *Neuerung, Erneuerung, Neubildung*

Neo|lo|gis|mus ⟨m., -, -men⟩ *neue (häufig künstliche) sprachliche Bildung*

Neo|mar|xis|mus ⟨m., -, nur Sg.⟩ *politische und wissenschaftliche Strömung, die den Marxismus den veränderten gesellschaftlichen und politischen Bedingungen nach dem Zweiten Weltkrieg anzupassen*

Ne|on ⟨n., -s, nur Sg.; Zeichen: Ne⟩ *ein Edelgas* [< griech. *neos, neon* „neu"]

Neo|na|zi ⟨m.9; kurz für⟩ *Neonazist*

Neo|na|zis|mus ⟨m., -, nur Sg.⟩ *politische Strömung nach 1945, die auf eine Wiederbelebung des Nationalsozialismus gerichtet ist*

Neo|na|zist ⟨m.10⟩ *Anhänger des Neonazismus*

Ne|on|licht ⟨n.3⟩ *in einer Neonröhre erzeugtes Licht*

Ne|on|röh|re ⟨f.11⟩ *mit Neon gefüllte Leuchtröhre*

Ne|on|salm|ler ⟨m.5⟩ *farbenprächtiger Salmler mit durchscheinend blau-rotem Körper, Aquarienfisch*

Neo|phyt ⟨m.10⟩ **1** *(im Urchristentum) Neugetaufter* **2** *(in Geheimbünden) Neuaufgenommener* [< griech. *neos* „neu" und *phytos* „Geschöpf, Wesen", zu *phyteuein* „pflanzen, entstehen, hervorbringen"]

Neo|plas|ma ⟨n., -s, -men⟩ *abnorme Gewebsneubildung* [< *Neo...* und *Plasma*]

Neo|pren ⟨n., -s, nur Sg.⟩ *künstlicher Kautschuk* [< *Neo...* und *Chloropren*]

Neo|te|nie ⟨f., -, nur Sg.⟩ *Verbleiben im Larvenstadium trotz erreichter Geschlechtsreife (z.B. beim Axolotl)*

Neo|tro|pis ⟨f., -, nur Sg.⟩ *tier- und pflanzengeographisches Reich von Mittelmexiko bis zur Südspitze Feuerlands* [< *Neo...* und *Tropen*]

neo|tro|pisch ⟨Adj., o.Steig.⟩ *zur Neotropis gehörig, aus ihr stammend*

Neo|ve|ris|mus ⟨m., -, nur Sg.⟩ *Erneuerung des Verismus nach dem Zweiten Weltkrieg*

Neo|zo|i|kum ⟨n., -s, nur Sg.⟩ *jüngstes Zeitalter der Erdgeschichte (Tertiär und Quartär);* Syn. *Erdneuzeit, Känozoikum* [< *Neo...* und griech. *zoon* „Lebewesen, bes. Tier" und *zoikos* „tierisch"]

Ne|pa|le|se ⟨m.11⟩ *Einwohner von Nepal*

Ne|per ⟨n., -s, -; Zeichen: Np⟩ *Maßeinheit für die Dämpfung oder Verstärkung elektrischer oder akustischer Schwingungen* [nach dem schott. Mathematiker John *Napier*]

Ne|phe|lin ⟨m.1⟩ *(weißes oder farbloses) Mineral, Kaliumnatriumaluminiumsilicat* [< griech. *nephele* „Nebel"]

Ne|phe|lo|me|ter ⟨n.5⟩ *Gerät zum Messen der Trübung von Flüssigkeiten und Gasen;* Syn. *Trübungsmesser* [< griech. *nephele* „Nebel" und *...meter*]

ne|phisch ⟨Adj., o.Steig.⟩ *zu den Wolken gehörig, von ihnen ausgehend* [< griech. *nephele* „Nebel, Wolke"]

Ne|pho|me|ter ⟨n.5⟩ *Gerät zum Messen der Wolkendichte* [< griech. *nephele* „Nebel, Wolke" und *...meter*]

Ne|pho|skop ⟨n.1⟩ *Gerät zum Bestimmen der Zugrichtung und -geschwindigkeit der Wolken* [< griech. *nephele, nephos* „Nebel, Wolke" und *...skop*]

Ne|phri|di|um ⟨n., -s, -di|en⟩ *bei wirbellosen Tieren und einfachen Wirbeltieren Ausscheidungsorgan* [< griech. *nephridios* „zu den Nieren gehörend", zu *nephros* „Niere"]

Ne|phrit ⟨m.1⟩ *graugrünes, zähes Mineral mit faserigen Kristallen* [< griech. *nephros* „Niere"; bis ins 18. Jh. war man der Meinung, der Stein helfe gegen Nierensteine]

Ne|phri|tis ⟨f., -, -ti|den⟩ *Nierenentzündung* [< griech. *nephros* „Niere" und *...itis*]

Ne|phrom ⟨n.1⟩ *bösartige Nierengeschwulst* [< griech. *nephros* „Niere"]

Ne|phro|pye|li|tis ⟨f., -, -ti|den⟩ *Nierenbeckenentzündung* [< griech. *nephros* „Niere", *pyelos* „Wanne, Becken" und *...itis*]

Ne|phro|se ⟨f.11⟩ *entzündliche Nierenerkrankung mit Entartung des Gewebes* [< griech. *nephros* „Niere" und *...ose*]

Ne|po|tis|mus ⟨m., -, nur Sg.⟩ *Vetternwirtschaft, Begünstigung von Verwandten (beim Verleihen von Ämtern)* [< lat. *nepos*, Gen. *nepotis*, „Enkel, Neffe"]

Nepp ⟨m., -s, nur Sg.⟩ *zu hohe Preisforderung, Übervorteilung, Gaunerei* [zu *neppen*]

Nep|pe ⟨f.11; derb⟩ *Prostituierte* [zu mhd. *noppen*, *stoßen, schaukeln*, weitere Herkunft unbekannt]

nep|pen ⟨V.1, hat geneppt; mit Akk.⟩ *preislich überfordern, übervorteilen* [< rotw. *neppen* „unechte Sachen als echte verkaufen, betrügen", vielleicht über frühnhd. *nappen* „(jmdn.) rupfen", < mhd. *noppen* „Wollknoten aus dem Gewebe entfernen", also ebenfalls „rupfen", zu *Noppe*]

Nepp|lo|kal ⟨n.1⟩ *übermäßig teures Lokal*

Nep|tu|ni|um ⟨n., -s, nur Sg.; Zeichen: Np⟩ *radioaktives silberweißes, sprödes Metall* [nach *Neptun*, dem röm. Gott des Meeres]

Ne|re|i|de ⟨f.11⟩ **1** ⟨griech. Myth.⟩ *Meerjungfrau, eine der Töchter des Meergottes Nereus* **2** ⟨Biol.⟩ *Angehörige einer Familie der Borstenwürmer*

Nerf|ling ⟨m.1⟩ → *Orfe* [zusammengezogen aus *ein Orfling*, → *Orfe*]

ne|ri|tisch ⟨Adj., o.Steig.⟩ *zur Flachsee, zum Küstenmeer, zu Flachmeerablagerungen gehörig* [nach *Nerites*, dem Sohn des griech. Meergottes *Nereus*]

Ne|ro|li|öl ⟨n., -(e)s, nur Sg.⟩ *aus den Blüten der Nerolipomeranze gewonnenes, für Parfüm verwendetes ätherisches Öl* [nach einem ital. Eigennamen]

Nerv ⟨m.12; Med., fachsprachl.: m.10⟩ **1** *faser- oder faserbündelartiges Gebilde zur Weiterleitung von Reizen im Körper; der hat ~en!* ⟨ugs.⟩ 1. ⟨bewundernd⟩ *der ist nicht aus der Ruhe zu bringen*, 2. ⟨abwertend⟩ *der ist wohl verrückt?; keine ~en haben* ⟨ugs.⟩ *durch nichts aus der Ruhe zu bringen sein; ich habe nicht die (erg.: starken) ~en, das zu tun* ⟨ugs.⟩ *ich kann das nicht tun, das ertrage ich nicht; das kostet ~en* ⟨ugs.⟩ *das verlangt viel seelische Kraft, viel Selbstbeherrschung; die ~en behalten die Ruhe bewahren; die ~en verlieren die Selbstbeherrschung, die Fassung verlieren; der Lärm, dieser Mensch geht, fällt mir auf die ~en* ⟨ugs.⟩ *der Lärm, dieser Mensch ist mir äußerst lästig, macht mich nervös; du raubst mir noch den letzten N.* ⟨ugs.⟩ *du machst mich kribblig, nervös* **2** *Rippe des Blattes* **3** *Ader im Flügel der Insekten* **4** ⟨übertr., ugs.⟩ *Verständnis, Sinn; dafür habe ich keinen N.* **5** ⟨übertr.⟩ *kritische, empfindliche Stelle, wunder Punkt; den N. von etwas treffen; bei jmdm. einen N. treffen* [< lat. *nervus* „Sehne"]

ner|val ⟨Adj., o.Steig.⟩ *die Nerven betreffend, durch Nerven bewirkt*

Ner|va|tur ⟨f.10⟩ *Gesamtheit der Nerven (des Blattes)*

ner|ven ⟨V.1, hat genervt; mit Akk.; ugs.⟩ *jmdn. n. jmdm. auf die Nerven gehen, jmdn. nervös machen, jmdm. lästig fallen; du nervst mich; der Lärm nervt mich*

Ner|ven|arzt ⟨m.2; ugs.⟩ → *Neurologe*

ner|ven|auf|rei|bend ⟨Adj.⟩ *die Nerven stark beanspruchend; eine ~e Tätigkeit*

Ner|ven|bahn ⟨f.10⟩ → *Nervenstrang*

Ner|ven|bün|del ⟨n.5⟩ **1** → *Nervenstrang* **2** ⟨übertr.⟩ *jmd., der übernervös ist; er ist nur noch ein N.*

Ner|ven|ent|zün|dung ⟨f.10⟩ *schmerzhafte Erkrankung peripherer Nerven, die zu Ausfallserscheinungen im Bewegungsablauf führt;* Syn. *Neuritis*

Ner|ven|fa|ser ⟨f.11⟩ *langer, die Erregung ableitender Teil einer Nervenzelle*

Ner|ven|gas ⟨n.1⟩ *die Nerven schädigender chemischer Kampfstoff*

Ner|ven|ge|we|be ⟨n., -s, nur Sg.⟩ *aus den Nervenzellen und deren Stützgewebe bestehende Gewebeart*

Ner|ven|gift ⟨n.1⟩ *die Nerven schädigendes Gift (z.B. Nikotin, Alkohol);* Syn. *Neurotoxin*

Ner|ven|heil|an|stalt ⟨f.10⟩ → *Nervenklinik*

Ner|ven|kit|zel ⟨m.5⟩ *starke nervliche Erregung, die bewußt herbeigeführt wird (z.B. durch Filme, Bücher, gefährliche Situationen)*

Ner|ven|kli|nik ⟨f.10⟩ Syn. *Nervenheilanstalt* **1** *neurologische Klinik* **2** *psychiatrische Klinik*

Ner|ven|krank|heit ⟨f.10⟩ **1** *Krankheit des Nervensystems;* Syn. *Neuropathie* **2** ⟨ugs.⟩ *psychische Krankheit*

Ner|ven|krieg ⟨m.1; ugs.⟩ *Auseinandersetzung über einen langen Zeitraum hinweg, die auf eine Überbelastung der Nerven, der Standfestigkeit des Gegners zielt*

Ner|ven|kri|se ⟨f.11⟩ **1** ⟨Med.⟩ *Nervenerkrankung* **2** ⟨i.w.S.⟩ *Zustand äußerster seelischer Belastung*

Ner|ven|pro|be ⟨f.11⟩ *starke Belastung der Nerven, starke seelische Belastung*

Ner|ven|sä|ge ⟨f.11; ugs., scherzh.⟩ *jmd. oder etwas, der bzw. das einen sehr nervös macht*

Ner|ven|schock ⟨m.9⟩ *durch starke seelische Belastung ausgelöster Schock*

Ner|ven|strang ⟨m.2⟩ *Bündel von Nervenfasern;* Syn. *Nervenbahn, Nervenbündel*

Ner|ven|sy|stem ⟨n.1⟩ *Gesamtheit des die Reize aufnehmenden und verarbeitenden Nervengewebes; peripheres N. Gesamtheit der vom Zentralnervensystem ausgehenden Nerven; vegetatives N. Gesamtheit der Nerven, deren Tätigkeit sich ohne Mitwirkung des Bewußtseins und Willens vollzieht*

Ner|ven|zel|le ⟨f.11⟩ *Erregungen aufnehmender und verarbeitender Teil des Nervengewebes*

Ner|ven|zu|sam|men|bruch ⟨m.2⟩ *Versagen der Nerven bei seelischer, geistiger oder/und körperlicher Überbeanspruchung*

ner|vig ⟨Adj.⟩ *kräftig und empfindsam zugleich; ~e Hände*

nerv|lich ⟨Adj., o.Steig.⟩ *die Gesamtheit der Nerven betreffend, hinsichtlich der Nerven, des Zustandes der Nerven; n. zerrüttet; er ist n. am Ende*

ner|vös ⟨Adj., -er, am nervösesten⟩ **1** ⟨o.Steig.⟩ *die Nerven betreffend; ~e Erkrankung; ~e Erschöpfung* **2** ⟨o.Steig.⟩ *auf den Nerven beruhend, zum Nervensystem gehörig; ~e Reizleitung* **3** *unruhig, erregt, leicht reizbar; du machst mich n.; der Lärm macht mich n.; sie ist heute sehr n.* [< frz. *nerveux, -euse* in denselben Bed., zu *nerf* „Nerv"]

Ner|vo|si|tät ⟨f., -, nur Sg.⟩ *leichte Reizbarkeit, Überempfindlichkeit*

nerv|tö|tend ⟨Adj.; ugs.⟩ *unerträglich nervös machend; ein ~er Lärm*

Ner|vus re|rum ⟨m., - -, nur Sg.⟩ **1** *Triebkraft, Triebfeder, Hauptsache* **2** ⟨übertr., scherzh.⟩ *das Geld* [lat., „Nerv der Dinge"]

Nerz ⟨m.1⟩ **1** ⟨als Wildtier⟩ *tiefbrauner Marder sumpfiger Gebiete Osteuropas und des nördlichen Asiens* **2** *dessen Pelz* [< russ. *norka* in ders. Bed., < ukrain. *noryca* „Taucher", zu russ. *nora* „Höhle", ukrain. *nora* „Erdloch, Quelle"]

Nes|ca|fé ⟨m.9; Wz.⟩ *löslicher Pulverkaffee* [nach der Schweizer Firma *Nestlé*]

Nes|chi ⟨[nɛski] oder [nɛsçi] f. oder n., -, nur Sg.⟩ *die arabische Kurrentschrift*

Nes|sel I ⟨f.11⟩ **1** *Pflanze mit Brennhaaren (bes. Brennessel)* **2** *Pflanze mit brennesselähnlichen Blättern* (Taub~) **II** ⟨m., -s, nur Sg.⟩ *rohes Baumwollgewebe aus mittelstarken Garnen (das urspr. aus Fasern liefernden Nesseln (1) hergestellt wurde)*

Nes|sel|aus|schlag ⟨m., -s, nur Sg.⟩, **Nes|sel|fie|ber** ⟨n., -s, nur Sg.⟩ ⟨f., -, nur Sg.⟩ *ein juckender Hautausschlag mit Bläschen oder Quaddeln*

Nes|sel|tier ⟨n.1⟩ *Hohltier, dessen Außenhaut ein brennendes, giftiges Ausscheidungsprodukt enthält (Hydrozoon, Qualle oder Korallentier)*

Nes|sus|ge|wand ⟨n., -(e)s, nur Sg.⟩, **Nes|sus|hemd** ⟨n., -(e)s, nur Sg.⟩ *verderbenbringendes Geschenk* [in der griech. Sage ein Gewand, das mit dem Blut des von Herakles erschlagenen Kentauren Nessos gefärbt war und das den Träger vergiftete]

Nest ⟨n.3⟩ **1** *von Tieren errichteter, rundlicher Wohnbau* (Ameisen~, Eichhörnchen~, Vogel~); *sich ein N. bauen* ⟨übertr.⟩ *sich ein eigenes Heim gründen; das eigene N. beschmutzen abwertend über die eigene Familie (oder über die Gemeinschaft, in der man lebt) sprechen; sich ins warme, gemachte N. setzen* ⟨ugs.⟩ *durch Heirat eine sichere Stellung erlangen* **2** ⟨ugs.⟩ *abgelegener, kleiner Ort; es ist nichts los in diesem N.* **3** ⟨scherzh.⟩ *Bett; morgens nicht aus dem N. finden; ins N. steigen* **4** *getarnter Unterschlupf* (Diebes~, Guerilla~) **5** ⟨landsch.⟩ *(geflochtene) zusammengesteckte Haare am Hinterkopf*

Nest ⟨n.3⟩ *künstliches, der Henne ins Nest gelegtes Ei (um sie zum Brüten anzuregen)*

Ne|stel ⟨f.11; †, noch süddt.⟩ *Band, Schnur, Schnürsenkel*

ne|steln ⟨V.1, hat genestelt⟩ **I** ⟨mit Akk.⟩ *knüpfen oder lösen; eine Brosche vom Kleid n.; eine Schleife aus dem Haar n.* **II** ⟨mit Präp.obj.⟩ *an etwas n. versuchen, mit den Fingern etwas zu öffnen oder zu schließen; an einem Knoten, einer Schleife, einem Verschluß n.*

Nest|flüch|ter ⟨m.5⟩ *Vogeljunges, das sich sehr bald seine Nahrung selbst sucht; Ggs. Nesthocker*

Nest|häk|chen ⟨n.7⟩ *jüngstes Kind der Familie* [eigtl. „Nesthocker"]

Nest|hocker ⟨-k|k-; m.5⟩ *Vogeljunges, das sehr lange im Nest gefüttert wird; Ggs. Nestflüchter*

Nest|ling ⟨m.1⟩ *Vogel, der noch nicht flügge ist*

Ne|stor ⟨m., -s, -sto|ren⟩ *Ältester in einer Gemeinschaft (bes. in einer Wissenschaft), alter, weiser Berater* [nach *Nestor*, dem alten König von Pylos im Trojanischen Krieg]

Ne|sto|ria|ner ⟨m.5⟩ *Anhänger des Nestorianismus*

Ne|sto|ria|nis|mus ⟨m., -, nur Sg.⟩ *Lehre, daß in Christus die Menschheit und Göttlichkeit getrennt sei* [nach dem Patriarchen *Nestorius* von Konstantinopel]

nest|warm ⟨Adj., o.Steig.; bei Eiern⟩ *noch warm vom brütenden Vogel im Nest*

Nest|wär|me ⟨f., -, nur Sg.⟩ *Geborgenheit (eines Kindes) bei den Eltern*

nett ⟨Adj.⟩ **1** *freundlich, angenehm, liebenswert; einen ~en Abend verbringen; ein ~er Mensch; n. zueinander sein; das ist n. von dir* **2** *ziemlich groß; eine ~e Summe* **3** ⟨als Adv.; ugs.⟩ *sehr viel, sehr stark; wir haben ganz n. geschwitzt* **4** ⟨ugs., iron.⟩ *unangenehm, übel; das sind ja ~e Aussichten!; das kann ja n. werden!*

Nęt|tig|keit ⟨f.10⟩ **1** ⟨nur Sg.⟩ *das Nettsein* **2** *Freundlichkeit, Schmeichelei; jmdm. ~en sagen*

nęt|to ⟨Adv.⟩ *rein, nach Abzug der Unkosten, Verpackung oder Abgaben; Ggs. brutto* [ital., < lat. *nitidus* „sauber, fein, schön aussehend"]

Nęt|to... (in Zus.) Ggs. Brutto... **1** *ohne Verpackung, z.B. Nettogewicht* **2** *nach Abzug von Steuern und Abgaben, z.B. Nettoeinkommen, Nettoertrag, Nettogehalt*

Nęt|to|re|gi|ster|ton|ne ⟨f.11; Abk.: NRT⟩ *Maßeinheit für den Nutzraum eines Schiffes; Ggs. Bruttoregistertonne*

Netz ⟨n.1⟩ **1** *längs und quer verknüpftes Maschenwerk* (Draht~, Fisch~, Einkaufs~, Haar~); *seine ~e auswerfen* ⟨übertr.⟩ *Verbindungen schaffen, Beziehungen anknüpfen; jmdm. ins N. gehen* ⟨ugs.⟩ *sich von jmdm. überlisten lassen und damit in seine Gewalt geraten* **2** ⟨Math.⟩ *der Oberfläche eines Körpers aufgeprägtes Koordinatensystem* (Grad~, Würfel~) **3** *verzweigtes System (von Verkehrswegen, Leitungen, Einrichtungen und Vorgängen;* Eisenbahn~, Kanal~, Straßen~, Rohr~, Strom~, Spionage~)

Netz|an|schluß ⟨m.2⟩ *Anschluß an das Stromnetz*

Netz|ball ⟨m.2; bei Spielen mit einem Netz⟩ *Ball, der nach Berühren der Oberkante des Netzes ins gegnerische Spielfeld gelangt und dabei meist seine Flugbahn völlig verändert*

nęt|zen ⟨V.1, hat genetzt; mit Akk.; poet.⟩ *benetzen, befeuchten; der Tau netzte ihr Haar*

Netz|flüg|ler ⟨m.5⟩ *Insekt mit zwei Paar großen, netzartig geäderten Flügeln (z.B. Florfliege)*

Netz|fre|quenz ⟨f.10⟩ *Frequenz des öffentlichen Stromversorgungsnetzes*

Netz|ge|rät ⟨n.1⟩ *Gerät oder Geräteteil, das die Netzspannung in die vom angeschlossenen Gerät benötigte Form umwandelt*

Netz|ge|wöl|be ⟨n.5⟩ *spätgotisches Gewölbe, dessen Rippen ein netzförmiges Muster bilden*

Netz|haut ⟨f.2⟩ *innerste lichtempfindliche Schicht des Augapfels; Syn. Retina*

Netz|hemd ⟨n.12⟩ *netzartig gewebtes Herrenunterhemd*

Netz|kar|te ⟨f.11; bei öffentl. Verkehrsmitteln⟩ *Fahrausweis, der innerhalb eines bestimmten Zeitraumes für ein bestimmtes Gebiet zu beliebig vielen Fahrten berechtigt*

Netz|ma|gen ⟨m.7⟩ *zweiter Magen im Magensystem der Wiederkäuer*

Netz|mit|tel ⟨n.5⟩ *Stoff, der die Oberflächenspannung seines Lösungsmittels herabsetzt* [zu *benetzen*]

Netz|plan ⟨m.2⟩ **1** *graphische Darstellung der Verbindungswege eines Stromnetzes* **2** ⟨Wirtsch.⟩ *graphische Darstellung des Ablaufs eines Projektes, bei der Termine, Kosten, Einsatzmittel usw. berücksichtigt werden*

Netz|span|nung ⟨f.10⟩ *Spannung in elektrischen Leitungsnetzen*

Netz|stecker ⟨-k|k-; m.5; Elektr.⟩ *Anschlußstecker (eines elektrischen Gerätes) für das Stromnetz*

Netz|werk ⟨n.1⟩ *aus elektrischen Schaltelementen aufgebautes Schaltungsnetz*

Netz|werk|tech|nik ⟨f., -, nur Sg.⟩ *Entwicklung und Prüfung elektrischer Netzwerke*

neu ⟨Adj., -er, am neuesten⟩ Ggs. alt **1** *erst vor kurzem hergestellt; ein ~ Auto; ein ~es Kleid; ~e Möbel* **2** *noch ungebraucht; eine ~e Tube aufmachen; ~e Wäsche anziehen* **3** *noch nicht lange bestehend, erst seit kurzem vorhanden; die ~este Mode; ein ~er Staat; er ist n. in dieser Stadt* **4** *bislang noch nicht bekannt; die ~este Entdeckung; eine ~e Erfahrung machen; die ~esten Nachrichten; das ist mir n.; hast du schon das Neueste gehört?; ein ~er Mitarbeiter, Mitbewohner; der Neue wird gleich kommen* **5** *aus der letzten Ernte stammend; ~e Kartoffeln; ~er Wein* **6** *noch nicht lange vergangen, bis in die Gegenwart reichend; die ~e Zeit; seit ~estem seit kurzer Zeit* **7** *anders geformt, beschaffen; eine ~e Frisur tragen; das Geschäft trägt einen ~en Namen* **8** *soeben begonnen habend; das ~e Jahr; das Rennen geht in die ~e Runde* **9** *weitere(r, -s); eine ~e Auflage dieses Buches* **II** ⟨Adv.⟩ **1** *anders; sich n. einkleiden* **2** *noch einmal, wieder (und anders); etwas n. formulieren; n. beginnen* **3** *seit kurzem; er ist n. hinzugekommen*

neu|ar|tig ⟨Adj.⟩ *anders als bisher, bisher nicht bekannt; ein ~es Verfahren* **Neu|ar|tig|keit** ⟨f., -, nur Sg.⟩

Neu|auf|la|ge ⟨f.11⟩ *erneute Auflage (eines Buches); diese Schauspielerin ist eine N. von Marilyn Monroe* ⟨ugs.⟩ *diese Schauspielerin ist eine moderne Imitation von Marilyn Monroe*

Neu|bau ⟨m., -(e)s, -bau|ten⟩ **1** *noch im Bau befindliches Gebäude* **2** *vor kurzem fertiggestellter Bau; Ggs. Altbau*

Neu|druck ⟨m.1⟩ *neuer Abdruck (eines Buches)*

Neue ⟨f., -, nur Sg.; Jägerspr.⟩ *frisch gefallene Schneedecke*

neu|eng|lisch ⟨Adj., o.Steig.⟩ *aus dem Nordosten der USA stammend*

neu|er|dings ⟨Adv.⟩ **1** *seit kurzer Zeit; er fährt n. einen Mercedes* **2** ⟨österr., schweiz.⟩ *nochmals, wiederum, erneut*

Neue|rer ⟨m.5⟩ *jmd., der eine Neuerung durchsetzt oder entwickelt*

neu|er|lich ⟨Adj., o.Steig.; nur Attr. und Adv.⟩ *vor kurzem (geschehen), erneut; ~e Versuche haben dies ergeben; er hat n. einen Preis gewonnen*

Neue|rung ⟨f.10⟩ *Änderung, neue Entwicklung oder Sache; einige ~en durchführen; es stehen große ~en bevor*

neue|stens ⟨Adv.; ugs.⟩ *neuerdings*

Neu|fund|län|der ⟨m.5⟩ *dem Bernhardiner ähnlicher schwarzer, langhaariger Hund* [nach der Insel *Neufundland* vor der Ostküste Kanadas]

neu|ge|backen ⟨-k|k-; Adj., o.Steig.; nur als Attr.; übertr., ugs.⟩ *eine neue Stellung, einen neuen Status erreicht habend; ein ~er Lehrer*

neu|ge|bo|ren ⟨Adj., o.Steig.⟩ *soeben erst geboren; ~e Kinder; sich wie n. fühlen frisch, voller Schwung und Energie fühlen*

Neu|ge|bo|re|ne(s) ⟨n.17 oder 18⟩ *Kind, das gerade auf die Welt gekommen ist*

neu|ge|schaf|fen ⟨Adj., o.Steig.; nur als Attr.⟩ *soeben erst geschaffen; ein ~es Gesetz*

Neu|ge|stal|tung ⟨f.10⟩ *Erneuerung, Umbau, Renovierung; die N. des Raumes*

Neu|ge|würz ⟨n., -es, nur Sg.⟩ → *Piment*

Neu|gier, Neu|gier|de ⟨f., -, nur Sg.⟩ *starker Wunsch, neues, noch unbekanntes Dinge zu erfahren; wissenschaftliche N.; jmds. N. anstacheln, aufreizen, befriedigen, stillen, wecken; etwas aus N. tun; vor N. brennen*

neu|gie|rig ⟨Adj.⟩ *voller Neugier, begierig nach Neuigkeiten, erwartungsvoll; ~e Blicke; er ist sehr n.; sich n. umschauen*

Neu|go|tik ⟨f., -, nur Sg.; seit dem 18. Jh.⟩ *an die Gotik anknüpfender Baustil*

Neu|grad ⟨n.1; nicht mehr zulässige Bez. für⟩ *die Winkeleinheit Gon*

neu|grie|chisch ⟨Adj., o.Steig.⟩ *das heutige Griechenland betreffend, zu ihm gehörig; ~e Sprache eine indogermanische Sprache*

Neu|heit ⟨f.10⟩ **1** ⟨nur Sg.⟩ *das Neusein; das ist der Reiz der N.* **2** *neues Produkt; dieses Auto ist eine N.* **3** *neue Nachricht; ~en erfahren*

neu|hoch|deutsch ⟨Adj., o.Steig.⟩ ~e Sprache *die deutsche Sprache vom 15. Jh. bis zur Gegenwart*

Neu|ig|keit ⟨f.10⟩ **1** *neue Nachricht, neue Begebenheit;* jmdm. ~en berichten **2** *neues Produkt;* die ~en auf der Herbstmesse

Neu|jahr ⟨auch [-ˈjaːr] n., o.Dekl.⟩ *der 1. Januar;* Syn. *Neujahrstag;* an, zu N.

Neu|jahrs|tag ⟨m.1⟩ →*Neujahr*

Neu|kan|tia|ner ⟨m.5⟩ *Vertreter, Anhänger des Neukantianismus*

Neu|kan|tia|nis|mus ⟨m., -, nur Sg.⟩ *die Erneuerung der Lehre Kants im 19. Jh. und Anfang des 20. Jh.*

Neu|land ⟨n., -(e)s, nur Sg.⟩ **1** *neu erworbenes Land* **2** *neues, noch unbekanntes Gebiet;* das ist N. für mich; N. betreten

neu|la|tei|nisch ⟨Adj., o.Steig.⟩ ~e Sprache *die von den Humanisten entwickelte Form der lateinischen Sprache*

neu|lich ⟨Adv.⟩ *vor kurzer Zeit;* ich war n. dort; unser Gespräch von N.

Neu|ling ⟨m.1⟩ *jmd., der noch neu und unerfahren ist;* er ist ein N. auf diesem Gebiet

Neu|me ⟨f.11; MA⟩ *Notenzeichen, das nur die ungefähre Tonhöhe angibt* [< griech. *neuma* „das Zunicken, Wink", zu *neuein* „nikken, zunicken, winken"]

neu|miert ⟨Adj., o.Steig.⟩ **1** *in Neumen geschrieben;* ~e Melodie **2** *mit Neumen versehen;* ~er Text

neu|mo|disch ⟨Adj.; meist abwertend⟩ *sehr modern;* ~e Sitten

Neu|mond ⟨m., -(e)s, nur Sg.⟩ *Zeitabschnitt, während dessen der Mond zwischen Sonne und Erde steht und dieser seine unbeleuchtete Seite zuwendet*

neun ⟨Num.; Schreibung in Buchstaben für⟩ *9;* vgl. *acht;* Ableitungen und Zus. vgl. *acht;* alle ~e werfen, schieben ⟨Kegeln⟩ *mit einem einzigen Wurf alle neun Kegel zum Fallen bringen*

Neun ⟨f.10; Num.⟩ *die Ziffer 9;* vgl. *Acht¹;* ach, du grüne ~! ⟨ugs.⟩ *Ausruf des Erschreckens, der Verblüffung*

Neun|au|ge ⟨n.14⟩ *aalförmiges Wirbeltier mit rundem, trichterförmigem Maul;* Syn. *Lamprete* [das Geruchsorgan hat vor seiner Öffnung, dazu kommen das Auge und sieben Kiemenlöcher, so daß das Tier auf jeder Körperseite vier „Augen" zu haben scheint]

neun|hun|dert ⟨Num.; Schreibung in Buchstaben für⟩ *900;* vgl. *achthundert*

neun|mal|klug ⟨Adj., o.Steig.⟩ **1** *sich für sehr klug haltend, alles besser wissen wollend;* ein ~er Kerl; ein ~es Kind; er ist so n.; er ist so ein Neunmalkluger **2** *sehr klug erscheinen sollend;* ~es Gerede

neun|schwän|zig ⟨Adj.; nur in der Fügung⟩ ~e Katze *Lederpeitsche mit neun Riemen*

Neun|tö|ter ⟨m.5⟩ *Singvogel aus der Familie der Würger (mit kastanienbraunem Rücken, blaugrauem Scheitel und schwarzer Gesichtsmaske beim Männchen)* [wegen seiner Gewohnheit, kleine Tiere auf Dornen seines Nestes aufzuspießen; mit der Zahl *Neun* ist vermutlich „viele" gemeint]

neun|zehn ⟨Num.; Schreibung in Buchstaben für⟩ *19;* vgl. *achtzehn*

neun|zig ⟨Num.; Schreibung in Buchstaben für⟩ *90;* vgl. *achtzig*

Neu|phi|lo|lo|ge ⟨m.11⟩ *Wissenschaftler auf dem Gebiet der Neuphilologie;* Syn. *Neusprachler*

Neu|phi|lo|lo|gie ⟨f., -, nur Sg.⟩ *Sprach- und Literaturwissenschaft auf dem Gebiet der neuen Sprachen, bes. der germanischen, romanischen und slawischen Sprachen*

Neu|pla|to|ni|ker ⟨m.5⟩ *Vertreter des Neuplatonismus*

Neu|pla|to|nis|mus ⟨m., -, nur Sg.⟩ *an die Philosophie Platons anknüpfende philosophische Lehre*

neu|ral ⟨Adj., o.Steig.⟩ *die Nerven betreffend, von einem Nerv ausgehend* [< griech. *neura, neuron* „Nerv, Sehne"]

Neur|al|gie ⟨f.11⟩ *anfallsweise auftretender Nervenschmerz* [< *Neuro...* und griech. *algos* „Schmerz"]

Neur|al|gi|ker ⟨m.5⟩ *jmd., der an einer Neuralgie leidet*

neur|al|gisch ⟨Adj., o.Steig.⟩ **1** *auf Neuralgie beruhend* **2** ⟨übertr.⟩ *Spannungen hervorrufend;* ~er Punkt *heikler, schwieriger Punkt*

Neur|asthe|nie ⟨f.11⟩ *Nervenschwäche* [< *Neuro...* und *Asthenie*]

Neur|asthe|ni|ker ⟨m.5⟩ *jmd., der an Neurasthenie leidet*

neu|reich ⟨Adj., o.Steig.; abwertend⟩ *rasch und erst vor kurzem reich geworden*

Neur|ek|to|mie ⟨f.11⟩ *operative Entfernung eines Nervenstücks, Nervenschnitt* [< *Neuro...* und griech. *ek* „aus, heraus" und *tome* „Schnitt"]

Neu|ries ⟨n.1⟩ *ein Papiermaß, 1000 Bogen*

Neu|rin ⟨n., -s, nur Sg.⟩ *bei der Fleischfäulnis entstehende, sehr giftige organische Verbindung*

Neu|rit ⟨m.1⟩ *funktionelle Einheit des Nervengewebes* [< griech. *neuron* „Nerv, Sehne"]

Neu|ri|tis ⟨f., -, -ti|den⟩ →*Nervenentzündung* [< *Neuro...* und *...itis*]

neu|ro..., Neu|ro... ⟨in Zus.⟩ *nerven..., Nerven...* [< griech. *neura, neuron* „Sehne, Nerv"]

Neu|ro|chir|ur|gie ⟨f., -, nur Sg.⟩ *Chirurgie der Nerven-, Gehirn- und Rückenmarkserkrankungen* [< *Neuro...* und *Chirurgie*]

Neu|ro|der|ma|to|se ⟨f.11⟩ *nervöse Hautkrankheit* [< *Neuro...* und *Dermatose*]

Neu|ro|der|mi|tis ⟨f., -, nur Sg.⟩ *chronische Hauterkrankung mit starkem Juckreiz* [< *Neuro...*, griech. *derma* „Haut" und *...itis*]

neu|ro|gen ⟨Adj., o.Steig.⟩ *von den Nerven ausgehend* [< *neuro...* und *...gen*]

Neu|ro|glia ⟨f., -, nur Sg.⟩ →*Glia*

Neu|ro|lo|ge ⟨m.11⟩ *Facharzt für Neurologie;* Syn. ⟨ugs.⟩ *Nervenarzt*

Neu|ro|lo|gie ⟨f., -, nur Sg.⟩ *Wiss. von den Nerven und ihren Krankheiten* [< *Neuro...* und *...logie*]

neu|ro|lo|gisch ⟨Adj., o.Steig.⟩ *die Neurologie betreffend, zu ihr gehörig, mit ihrer Hilfe*

Neu|rom ⟨n.1⟩ *Geschwulst aus Nervenfasern, Nervenzellen und Bindegewebe* [< griech. *neuron* „Sehne, Nerv"]

Neu|ron ⟨n., -s, -ren oder -ro|nen⟩ *Einheit des Nervensystems, Nervenzelle mit Fortsätzen* [griech., „Sehne, Nerv"]

Neu|ro|pa|thie ⟨f.11⟩ **1** *angeborene Neigung zu Erkrankungen, besonders des vegetativen Nervensystems* **2** →*Nervenkrankheit* (1) [< *Neuro...* und *...pathie*]

Neu|ro|pa|tho|lo|gie ⟨f., -, nur Sg.⟩ *Wiss. von den Nervenkrankheiten* [< *Neuro...* und *Pathologie*]

Neu|ro|se ⟨f.11⟩ *meist auf verdrängten seelischen Konflikten mit der Umwelt beruhende psychische Störung, auch mit körperlichen Symptomen* [< *Neuro...* und *...ose*]

Neu|ro|ti|ker ⟨m.5⟩ *jmd., der an einer Neurose leidet*

neu|ro|tisch ⟨Adj., o.Steig.⟩ **1** *auf einer Neurose beruhend* **2** *an einer Neurose leidend*

Neu|ro|to|mie ⟨f.11⟩ *operative Durchtrennung von Nerven (bei Neuralgie)* [< *Neuro...* und griech. *tome* „Schnitt"]

Neu|ro|to|xin ⟨n.1⟩ →*Nervengift* [< *Neuro...* und *Toxin*]

Neu|satz ⟨m.2; Buchw.⟩ *neugesetzter Schriftsatz*

Neu|schnee ⟨m., -s, nur Sg.⟩ *frisch gefallener Schnee*

Neu|sil|ber ⟨n., -s, nur Sg.⟩ *silberweiß glänzende Kupfer-Nickel-Zink-Legierung;* Syn. *Argentan*

Neu|sprach|ler ⟨m.5⟩ →*Neuphilologe*

Neu|stadt ⟨f.2⟩ *erst vor kurzem erbauter Teil der Stadt;* Ggs. *Altstadt*

neu|te|sta|ment|lich ⟨Adj., o.Steig.⟩ *zum Neuen Testament gehörig*

Neu|tö|ner ⟨m.5⟩ *Vertreter der neuen Musik*

Neu|tra ⟨österr. auch [ne|utra] Pl. von⟩ *Neutrum*

neu|tral ⟨Adj., o.Steig.⟩ **1** *unbeteiligt, ohne Stellungnahme, unparteiisch;* sich n. verhalten **2** *nicht an einem bestehenden Krieg beteiligt;* ~e Staaten **3** *keinem Staatenbündnis angehörend* **4** *weder sauer noch basisch, weder positiv noch negativ;* ~e Lösung; n. reagieren **5** ⟨Gramm.⟩ *sächlich;* ~es Substantiv [< lat. *neuter* „keiner von beiden", Adv. *neutro* „nach keiner von beiden Seiten hin", < *ne* „nicht" und *uter* „welcher von beiden"]

Neu|tra|li|sa|ti|on ⟨f., -, nur Sg.⟩ *das Neutralisieren*

neu|tra|li|sie|ren ⟨V.3, hat neutralisiert; mit Akk.⟩ **1** *in den Zustand der Neutralität überführen;* ein Land n. **2** *unwirksam machen;* ein Gift n. **3** ⟨Chem.⟩ *eine Lösung n. die saure bzw. basische Reaktion einer Lösung durch Zugabe einer Base bzw. Säure verhindern* **4** ⟨Sport⟩ *einen Wettkampf n. die Wertung innerhalb eines Wettkampfes unterbrechen* **5** *ein Gebiet n. Truppen aus einem Gebiet abziehen und Befestigungen darin abbauen*

Neu|tra|lis|mus ⟨m., -, nur Sg.⟩ *Grundsatz der Nichteinmischung (bes. in politischen Angelegenheiten)*

Neu|tra|li|tät ⟨f., -, nur Sg.⟩ *Unbeteiligtsein, Nichteinmischung, neutrales Verhalten*

Neu|tren ⟨Pl. von⟩ *Neutrum*

Neu|tri|no ⟨n.9⟩ *elektrisch neutrales, im Ruhezustand masseloses Elementarteilchen, das nur geringe Wechselwirkung mit anderen Elementarteilchen zeigt* [ital., „kleines Neutron"]

Neu|tron ⟨n.13; Zeichen: n⟩ *elektrisch neutrales Elementarteilchen, Baustein des Atomkerns* [zu *neutral*]

Neu|tro|nen|bom|be ⟨f.11⟩ *Kernwaffe, die Lebewesen durch starke Neutronenstrahlung tötet, Gegenstände aber unbeschädigt läßt*

Neu|tro|nen|waf|fe ⟨f.11⟩ *Waffe, die nach erfolgter Explosion eine starke Neutronenstrahlung auslöst und dadurch Leben tötet oder schädigt, aber Sachobjekte unbeschädigt läßt*

Neu|trum ⟨n., -s, -tra oder -tren⟩ *sächliches Geschlecht, sächliches Substantiv*

neu|ver|mählt ⟨Adj., o.Steig.; nur als Attr.⟩ *erst seit kurzem verheiratet;* das ~e Paar

Neu|wahl ⟨f.10⟩ *erneute Wahl*

neu|welt|lich ⟨Adj., o.Steig.⟩ *zur Neuen Welt, zu Amerika gehörend, von dort stammend, dort vorkommend;* Ggs. *altweltlich*

Neu|wert ⟨m.1⟩ **1** *Wert im neuen, ungebrauchten Zustand;* der Teppich hatte einen N. von 1000 DM **2** ⟨Marxismus⟩ *im Arbeitsprozeß neugeschaffener Wert, Wertprodukt*

neu|wer|tig ⟨Adj., o.Steig.⟩ *so gut wie neu;* ein ~er Teppich

Neu|wort ⟨n.4⟩ *neugebildetes Wort,* z.B. *poppig*

Neu|zeit ⟨f., -, nur Sg.⟩ *Zeit vom Mittelalter bis zur Gegenwart*

neu|zeit|lich ⟨Adj., o.Steig.⟩ *zur Neuzeit gehörig, aus der Neuzeit stammend*

New|co|mer [ˈnjukəmər] ⟨m.5⟩ *Neuling, Neuankömmling* [< engl. *new* „neu" und *to come* „kommen"]

New Look [nju:ˈluk] m., - -(s), - -s⟩ *neuer Stil, neue Linie (bes. in der Mode)* [< engl. *new* „neu" und *look* „Aussehen"]

New|ton [ˈnjutn] ⟨n., -s, -; Zeichen: N⟩ *Maßeinheit der Kraft, etwa 0,1 kp* [nach dem engl. Physiker Isaac *Newton*]

Ne|xus ⟨m., -, -⟩ *Zusammenhang, Verbindung* [lat., „das Zusammenknüpfen"]

nF ⟨Zeichen für⟩ *Nanofarad*
NF ⟨Zeichen für⟩ *Niederfrequenz*
N. F. ⟨Abk. für⟩ *Neue Folge*
N. H. ⟨Abk. für⟩ *Normalhöhenpunkt*
Ni ⟨Zeichen für⟩ *Nickel*
nicht ⟨Adv.⟩ **1** ⟨drückt eine Verneinung aus⟩ n. eine ist gekommen ⟨betonend⟩ *keiner;* er kann es n.; ich kann n. mehr; ich weiß es n.; das ist n. gut, n. richtig, n. schön; n. doch! *nein, keinesfalls!,* ⟨auch⟩ *laß das sein!;* er hat sich n. einmal bedankt; er ist noch n. gekommen; er wird überhaupt n. kommen; warum n.? **2** ⟨drückt mit einem verneinenden Satz die Erwartung einer bejahenden Antwort aus⟩ n. wahr? ⟨kurz für⟩ ist es n. wahr? *so ist es doch, oder?;* ist das n. schön?; habt ihr euch n. getroffen? [< ahd. *niowiht, niwiht* „nicht etwas"]
nicht..., Nicht... ⟨in Zus. zur Verneinung des folgenden Wortes⟩ z.B. nichtchristlich, nichtamtlich, Nichtbeachtung, Nichterscheinen, Nichtgewünschtes
Nicht|ach|tung ⟨f., -, nur Sg.⟩ **1** *das Nichtbeachten;* jmdn. mit N. strafen **2** *Mangel an Achtung vor jmdm.;* diese Bemerkung ist ein Ausdruck der N.
Nich|te ⟨f.11⟩ *Tochter des Bruders oder der Schwester*
Nicht-Ich ⟨n., -(s), nur Sg.; Philos.⟩ *alles, was außerhalb des eigenen Ichs existiert*
nich|tig ⟨Adj.⟩ **1** *ohne Wert, unwichtig, belanglos,* zukunftige *~e Freuden, Sorgen;* ein ~er Grund, Vorwand **2** ⟨o.Steig.⟩ Rechtsw.⟩ *ungültig;* der Vertrag ist n.
Nich|tig|keit ⟨f.10⟩ **1** ⟨nur Sg.⟩ *Unwichtigkeit* **2** *unwichtige, unbedeutende, belanglose Sache;* dies und andere ~en
Nicht|lei|ter ⟨m.5⟩ *Stoff, der Wärme und Elektrizität nicht weiterleitet*
Nicht|me|tall ⟨n.1⟩ *chemisches Element, das kein Metall ist*
nicht|ro|stend ⟨Adj.⟩ →*rostfrei*
nichts ⟨unbestimmtes Pron.⟩ **1** ⟨mit Partikeln⟩ *kein Ding, keine Sache;* gar n.; alles oder n.; der Kranke hat auf n. Appetit; sie unterscheiden sich in n. voneinander; er ist mit n. zufrieden; das sieht nach n. aus; um n. in der Welt *auf gar keinen Fall;* so gut wie n.; das geht wie n. ⟨ugs.⟩ *das geht ungeheuer schnell;* er hat zu n. Lust; er hat es zu n. gebracht *er hat nie Erfolg gehabt* **2** ⟨mit Subst. und Verben⟩ *nicht das geringste, nicht das mindeste;* er hat n. Böses getan; ich weiß n. Genaues; wir haben n. erfahren; du brauchst n. zu fürchten; das macht n.; das nützt, schadet n.; wir haben n. unversucht gelassen; daraus wird n. **3** ⟨in der Fügung⟩ n. weniger als *gar nicht;* n. weniger als klug
Nichts ⟨n.1⟩ **1** ⟨nur Sg.; Philos.⟩ *Fehlen von Sein, Leere* **2** *Geringfügigkeit, Wertloses;* sich um ein N. streiten; du bist ein N. gegen ihn **3** ⟨nur Sg.⟩ *Fehlen von Besitz* (infolge finanziellen Zusammenbruchs oder anderer unglücklicher Umstände); er steht vor dem N.
Nichts|chen ⟨n.; nur in Wendungen wie⟩ ein goldenes N. in einem silbernen Büchschen ⟨als Antwort auf eine neugierige Frage⟩ *gar nichts*
Nicht|schwim|mer ⟨m.5⟩ *jmd. (bes. Erwachsener), der nicht schwimmen kann*
nichts|de|sto|min|der ⟨Adv.; †⟩ *nichtsdestoweniger*
nichts|de|sto|trotz ⟨Adv.; ugs.⟩ *nichtsdestoweniger, trotzdem*
nichts|de|sto|we|ni|ger ⟨Adv.⟩ *trotzdem, dennoch*
Nichts|kön|ner ⟨m.5⟩ *jmd., der nichts kann, der unfähig ist*
Nichts|nutz ⟨m.1⟩ *jmd. (bes. Jugendlicher), der zu nichts zu gebrauchen ist und nur dumme Sachen treibt*
nichts|nut|zig ⟨Adj.; bes. von Jugendlichen⟩ *zu nichts nutze, faul, dumme Sachen treibend oder alles falsch machend*

nichts|sa|gend ⟨Adj., o.Steig.⟩ *ohne Aussage, ohne Inhalt;* ~e Phrasen; der Film ist ziemlich n.
Nichts|tu|er ⟨m.5⟩ *jmd., der nichts arbeitet, Faulpelz*
nichts|tue|risch ⟨Adj., o.Steig.⟩ *in der Art eines Nichtstuers*
Nichts|tun ⟨n., -s, nur Sg.⟩ *Untätigkeit, Müßiggang;* das süße N.
nichts|wür|dig ⟨Adj.⟩ *moralisch verwerflich, gemein;* n. handeln **Nichts|wür|dig|keit** ⟨f., -, nur Sg.⟩
nicht|zie|lend ⟨Adj., o.Steig.⟩ →*intransitiv;* Ggs. *zielend*
Nicht|zu|tref|fen|de(s) ⟨n.17 oder 18⟩ *etwas, das nicht gilt, nicht zutrifft;* Nichtzutreffendes ist zu streichen ⟨auf Formularen⟩
Nickel¹ ⟨-k|k-; m.5⟩ **1** *eigensinniges Kind, heftiger, rasch aufbrausender Mensch* (Zorn~) **2** *Kobold* **3** ⟨kurz für⟩ *Nickelmann* [Kurzform des Vornamens *Nikolaus*]
Nickel² ⟨-k|k-⟩ **I** ⟨n., -s, nur Sg.; Zeichen: Ni⟩ *silberweißes, sehr zähes Metall* **II** ⟨m.5; †⟩ *Münze aus Nickel²* (I), *Zehnpfennigstück* [das Nickel wurde 1751 entdeckt und kurz danach auch im Kupfernickel gefunden und danach benannt; *Kupfernickel* ist ein Metall, das kein Kupfer enthält, aber durch seine Schwere und rötliche Farbe Kupfergehalt vortäuscht und dadurch früher den Bergmann wie ein *Nickel* (Kobold) foppte (vgl. *Kobalt*)]
Nickel|mann ⟨-k|k-; m.4⟩ *Wassergeist*
nicken¹ ⟨-k|k-; V.1, hat genickt⟩ **I** ⟨o.Obj.⟩ **1** (beim Menschen) *den Kopf (einmal oder mehrmals) senken und heben (als Zeichen der Zustimmung, als Gruß);* „Hast du schon gegessen?" fragte er; freundlich n.; ⟨verstärkend⟩ mit dem Kopf n. **2** (bei manchen Tieren) **a** *beim Gehen den Kopf senken oder nach vorn strecken und wieder zurückziehen;* Pferde, Tauben n. **b** *sich senken und heben;* die ~den Köpfe der Pferde; die Ähren, die Zweige der Bäume n. im Wind **3** ⟨übertr.⟩ *leicht schlummern* **II** ⟨mit Akk.; geh.⟩ *durch Nicken¹ (I,1) ausdrücken;* einen Dank n.; ein „Ja" n. [zu *neigen*]
nicken² ⟨-k|k-; V.1, hat genickt; mit Akk.; Jägerspr.⟩ *durch Schlag oder Stich ins Genick töten;* ein Stück Wild n. [zu *Genick*]
Nicker|chen ⟨-k|k-; n.7; ugs.⟩ *kurzer, leichter Schlaf*
Nick|fang ⟨m.2⟩ →*Genickfang*
Nick|fän|ger ⟨m.3⟩ →*Genickfänger*
Nick|haut ⟨f.2⟩ **1** (bei Haien, Froschlurchen, Reptilien und Vögeln) *Bindehautfalte, die als einem inneren Augenwinkel rasch über das Auge gezogen wird* **2** (beim Menschen) *entsprechende halbmondförmig rückgebildete Falte*
Nicki ⟨-k|k-; m.9⟩ *Pullover aus Baumwolle mit samtartiger Oberseite*
Ni|co|tin ⟨n., -s, nur Sg.⟩ →*Nikotin*
nid ⟨Präp. mit Dat.; schweiz.⟩ *unter, unterhalb;* n. dem Berg
Ni|da|ti|on ⟨f.10⟩ *Einnistung der befruchteten Eizelle in die Gebärmutterschleimhaut* [< lat. *nidus* „Nest"]
Ni|del ⟨m., -s, oder f., -, beides nur Sg.; schweiz.⟩ →*Sahne*
nie ⟨Adv.⟩ **1** *zu keiner Zeit, in keinem Augenblick;* besser jetzt als n.; so gut war es noch n. zuvor **2** *kein einziges Mal;* ich habe n. gehört **3** ⟨ugs.⟩ *auf keinen Fall, niemals;* das wird n. funktionieren; das schafft er n.
nie|der **I** ⟨Adj.⟩ **1** ⟨landsch.⟩ *niedrig;* ~e Häuser; ~e Preise **2** (in einer Rangordnung) *auf einer der unteren Stufen stehend;* der ~e Adel; von ~em Stande sein; die ~e Jagd *Jagd auf Niederwild;* hoch und n. *Angehörige der sozial höher und tiefer stehenden Klassen,* arm und reich; die **3** (in der biolog. Systematik) *auf einer tieferen Entwicklungsstufe stehend;* ~e Tiere *wirbellose Tiere;* ~e Pflanzen **II** ⟨Adv.⟩ *nach unten, zu Boden;* n. mit ihm!; die Waffen n.!; auf und n. *nach oben und nach unten;* im Zimmer auf und n. gehen *hin und her gehen*
nie|der... ⟨in Zus.⟩ *nach unten, zu Boden,* z.B. niederbeugen, niedersinken
nie|der|bren|nen ⟨V.20⟩ **I** ⟨mit Akk.; hat niedergebrannt⟩ *anzünden und ganz verbrennen lassen;* ein Gebäude n.; Sträucher n. **II** ⟨o.Obj.; ist niedergebrannt⟩ *bis auf den Grund, ganz verbrennen;* ein Gebäude brennt nieder; die Kerzen sind niedergebrannt
nie|der|brin|gen ⟨V.21, hat niedergebracht; mit Akk.; Bgb.⟩ *nur in den Wendungen* einen Schacht, ein Bohrloch n. *bohren, herstellen*
nie|der|deutsch ⟨Adj., o.Steig.⟩ ~e *Mundarten die deutschen Mundarten, die von der zweiten (hochdeutschen) Lautverschiebung nicht betroffen wurden, die niederfränkischen und niedersächsischen Mundarten;* Syn. *plattdeutsch*
nie|der|drücken ⟨-k|k-; V.1, hat niedergedrückt; mit Akk.⟩ **1** *etwas n. zu Boden, nach unten drücken;* niedergedrücktes Gras **2** *jmdn. n. entmutigen, bedrücken, jmdm. den Mut, die Zuversicht nehmen;* die Angst drückt sie nieder; ~e Nachrichten; es ist ~d, zu sehen, wie ...; er ist niedergedrückt *er ist bedrückt, ohne Mut, ohne Zuversicht*
nie|der|fal|len ⟨V.33, ist niedergefallen; o.Obj.⟩ **1** ⟨geh.⟩ *herunterfallen, auf den Boden fallen;* die Blätter fallen nieder **2** *sich zu Boden sinken lassen;* vor jmdm. (demütig, flehend) n.; auf die Knie n. *auf die Knie sinken*
Nie|der|fre|quenz ⟨f.10; Zeichen: NF⟩ *Schwingung im Frequenzbereich von 10 bis etwa 30000 Hertz*
Nie|der|gang ⟨m.2⟩ **1** ⟨nur Sg.⟩ *Untergang, Verfall;* der N. des Dritten Reiches **2** (auf Schiffen) *schmale Treppe*
nie|der|ge|hen ⟨V.47, ist niedergegangen; o.Obj.⟩ **1** *nach unten, zur Erde gleiten;* ein Flugzeug geht nieder **2** *fallen, herabstürzen;* eine Lawine ging nieder; ein Hagelschlag, Regenguß ging nieder; sich entladen; ein Gewitter ging nieder; ein Donnerwetter ging auf ihn nieder ⟨übertr.⟩ *er bekam eine scharfe, laute Zurechtweisung* **4** *sich senken;* der Vorhang ging nieder **5** *zu Boden sinken, zu Boden stürzen;* der Boxer ging nieder
nie|der|ge|schla|gen ⟨Adj.⟩ *bedrückt, mutlos, ratlos*
nie|der|hal|ten ⟨V.61, hat niedergehalten; mit Akk.⟩ **1** *am Boden, in geneigter Lage halten;* Zweige n. **2** ⟨übertr.⟩ *unterdrücken, an der Bewegungsfreiheit hindern;* ein Volk n. **3** ⟨übertr.⟩ *zurückhalten;* seinen Zorn, ein Schluchzen n.
nie|der|ho|len ⟨V.1, hat niedergeholt; mit Akk.⟩ *herunterziehen, einziehen;* die Fahne n.; ein Segel n.
Nie|der|jagd ⟨f., -, nur Sg.⟩ *Jagd auf Niederwild;* Ggs. *Hochjagd*
nie|der|kämp|fen ⟨V.1, hat niedergekämpft; mit Akk.⟩ *bekämpfen, mit Anstrengung zurückhalten;* seine Erregung, einen Niesreiz n.
nie|der|knal|len ⟨V.1, hat niedergeknallt; ugs.⟩ →*niederschießen* (I)
nie|der|knüp|peln ⟨V.1, hat niedergeknüppelt; mit Akk.⟩ **1** *mit Knüppeln niederschlagen;* Demonstranten, Flüchtlinge n. **2** ⟨übertr., ugs.⟩ *mit heftig, grob vorgebrachten Argumenten zum Schweigen bringen;* einen Redner n.
nie|der|kom|men ⟨V.71, ist niedergekommen; o.Obj.⟩ *ins Kindbett kommen;* sie wird im Mai n.; sie ist mit einem Mädchen, einem Jungen niedergekommen *sie hat ein Mädchen, einen Jungen geboren*
Nie|der|kunft ⟨f.2; geh.⟩ *Entbindung* [zu *niederkommen*]

Nie|der|la|ge ⟨f.11⟩ **1** *das Besiegtwerden, Unterliegen;* eine vernichtende N. erleiden; jmdm. eine N. beibringen **2** *Lager (Bier~)* **3** ⟨†⟩ *Zweiggeschäft*

Nie|der|län|der ⟨m.5⟩ *Einwohner der Niederlande;* Syn. *Holländer*

nie|der|län|disch ⟨Adj., o.Steig.⟩ *die Niederlande betreffend, zu ihnen gehörig, aus ihnen stammend;* Syn. *holländisch;* ~e Sprache *eine westgermanische Sprache*

nie|der|las|sen ⟨V.75, hat niedergelassen⟩ **I** ⟨mit Akk.⟩ *herunterlassen;* die Fahne n. **II** ⟨refl.⟩ **1** *sich hinsetzen; laß dich nieder!;* kann ich mich hier irgendwo n.?; der Vogel ließ sich auf dem Dach, auf einem Ast nieder; sich auf einen Sessel n.; sich auf die Knie n. *sich hinknien* **2** *seinen Wohnsitz nehmen, ein Geschäft, eine Praxis eröffnen;* sie haben sich in Berlin niedergelassen; er hat sich als Arzt, Rechtsanwalt niedergelassen; sich häuslich n. ⟨ugs.⟩ *sich auf längeres Wohnen, auf längeren Aufenthalt einrichten,* (auch) *es sich (in einem Raum) gemütlich machen*

Nie|der|las|sung ⟨f.10⟩ **1** *Siedlung, Ansiedlung* **2** *Teil eines größeren Geschäfts oder Betriebes an einem anderen Ort* **3** ⟨nur Sg.⟩ *Gründung eines Betriebes, einer Praxis;* das Recht auf die ärztliche N. erhalten

nie|der|le|gen ⟨V.1; hat niedergelegt⟩ **I** ⟨mit Akk.⟩ **1** *etwas n.* **a** *auf den Boden legen;* eine Last n.; einen Kranz an einem Denkmal n.; ich möchte noch nicht, wo ich heute mein müdes Haupt n. soll ⟨ugs.; scherzh.⟩ ich weiß noch nicht, wo ich heute übernachten soll **b** ⟨selten⟩ *abbrechen, einreißen;* ein Gebäude n. **c** *mit etwas aufhören;* die Behandlung eines Patienten n.; die Arbeit n. *streiken;* ein Mandat n. **d** *aufgeben, auf etwas verzichten, etwas abgeben;* ein Amt n.; die Krone n. **e** *schriftlich festhalten, aufzeichnen;* seine Gedanken über etwas (schriftlich) n. **2** *ein Kind n.* ins Bett legen **II** ⟨refl.⟩ *sich n. sich hinlegen, ins Bett gehen*

Nie|der|le|gung ⟨f.10⟩ *das Niederlegen (I,1);* Amts~, Arbeits~, Kranz~

nie|der|ma|chen ⟨V.1, hat niedergemacht; mit Akk.⟩ *brutal niederschlagen*

nie|der|met|zeln ⟨V.1, hat niedergemetzelt; mit Akk.⟩ *massenweise brutal töten*

nie|der|rei|ßen ⟨V.96, hat niedergerissen; mit Akk.⟩ **1** ⟨wegen Baufälligkeit oder zwecks Neubau⟩ *zerstören;* ein Gebäude n. **2** ⟨übertr.⟩ *beseitigen;* trennende Schranken, eine Barriere (zwischen Menschen, Völkern) n.

nie|der|rin|gen ⟨V.100, hat niedergerungen; mit Akk.⟩ **1** *ringend zu Boden zwingen;* den Gegner n. **2** *mit Anstrengung unterdrücken;* ein Gefühl, eine Erregung n.

nie|der|schie|ßen ⟨V.113⟩ **I** ⟨mit Akk.; hat niedergeschossen⟩ *bedenkenlos, ohne nachzudenken erschießen;* Syn. ⟨ugs.⟩ *niederknallen* **II** ⟨o.Obj.; ist niedergeschossen⟩ *rasch herunterfliegen;* der Vogel schoß auf seine Beute nieder

Nie|der|schlag ⟨m.2⟩ **1** ⟨Meteor.⟩ *Ausscheidung von flüssigen oder festen Wasserteilchen aus der Atmosphäre* **2** ⟨Chem.⟩ *Feststoff, der sich beim Ausfällen aus einer homogenen Flüssigkeit absetzt* **3** ⟨Boxen⟩ *das Niedergeschlagenwerden* **4** *schriftlicher Ausdruck, schriftliches Festgehaltenwerden;* dieser Gedanke, diese Ideen fand seinen N. in seinem Roman **5** *Erscheinungsform;* diese Ideen fanden ihren N. in der Frauenemanzipation

nie|der|schla|gen ⟨V.116, hat niedergeschlagen⟩ **I** ⟨mit Akk.⟩ **1** *jmdn. n.* jmdn. so schlagen, daß er zu Boden fällt (und liegenbleibt) **2** *etwas n.* **a** *zu Boden drücken;* der Hagel hat das Getreide niedergeschlagen **b** *zum Sinken bringen;* mit Medikamenten das Fieber n. **c** *senken;* die Augen, Lider n. **d** *mit Gewalt unterdrücken, am Sichausbreiten hindern;* einen Aufstand n. **e** *nicht weiterführen, nicht weiterverfolgen;* einen Prozeß n. **II** ⟨refl.⟩ **1** *sich in fester Form absetzen;* ein gelöster Stoff schlägt sich in Kristallen auf dem Boden des Gefäßes nieder; Wasserdampf schlägt sich in Tröpfchen an den Fensterscheiben nieder **2** ⟨übertr.⟩ *seinen Ausdruck finden, zum Ausdruck kommen;* das Erlebnis hat sich in seinem dichterischen Werk, in seiner Musik niedergeschlagen

Nie|der|schla|gung ⟨f., -, nur Sg.⟩ *das Niederschlagen (I,2d,e)*

nie|der|schmet|tern ⟨V.1, hat niedergeschmettert; mit Akk.⟩ **1** *heftig niederschlagen;* den Gegner im Boxkampf n. **2** ⟨übertr.⟩ *stark, heftig bedrücken, entmutigen, enttäuschen;* die Nachricht hat mich niedergeschmettert; ein ~des Ergebnis

nie|der|schrei|ben ⟨V.127, hat niedergeschrieben; mit Akk.⟩ *aufschreiben, schriftlich festhalten;* seine Erinnerungen n.; einen Vortrag in Gedanken vorbereiten und dann n.

nie|der|schrei|en ⟨V.128, hat niedergeschrien; mit Akk.⟩ *jmdn. durch Schreien hindern, seine Meinung zu äußern*

Nie|der|schrift ⟨f.10⟩ **1** *das Niederschreiben;* bei der N. seines Vortrages **2** *das, was niedergeschrieben wird oder niedergeschrieben worden ist;* eine N. einer Verhandlung anfertigen

nie|der|set|zen ⟨V.1, hat niedergesetzt⟩ **I** ⟨mit Akk.⟩ (aus den Händen, Armen) *auf den Boden, auf einen Tisch o.ä. setzen;* einen Koffer, ein Tablett n. **II** ⟨refl.⟩ *sich n. sich hinsetzen;* setz dich nieder!; ich mußte mich einen Augenblick n. (um mich auszuruhen)

nie|der|sit|zen ⟨V.143, ist niedergesessen; o.Obj.⟩ ⟨süddt., schweiz.⟩ *sich niedersetzen, sich (hin)setzen;* sitz nieder! setz dich (hin)!

Nie|der|span|nung ⟨f., -, nur Sg.⟩ *elektrische Spannung bis 1000 Volt;* Ggs. *Hochspannung*

nie|der|ste|chen ⟨V.149, hat niedergestochen; mit Akk.⟩ *jmdn. so stechen, daß er zu Boden stürzt (und liegenbleibt), roh erstechen*

nie|der|sto|ßen ⟨V.157⟩ **I** ⟨mit Akk.; hat niedergestoßen⟩ *jmdn. n.* jmdn. so stoßen, daß er zu Boden stürzt (und liegenbleibt); jmdn. mit einem Messer n. *niederstechen* **II** ⟨o.Obj.; ist niedergestoßen⟩ *rasch herunterfliegen und sich auf etwas stürzen;* der Vogel stieß auf seine Beute nieder

nie|der|strecken ⟨-k|k-; V.1, hat niedergestreckt; mit Akk.; geh.⟩ *niederschlagen, niederstechen, niederstoßen;* jmdn. mit einem Faustschlag n.

Nie|der|tracht ⟨f., -, nur Sg.⟩ **1** *niederträchtige Gesinnung;* auch: *Niederträchtigkeit;* das hat er nur aus N. getan **2** *niederträchtiges Tun;* das ist eine N.!

nie|der|träch|tig ⟨Adj.⟩ *bösartig, gemein, heimtückisch;* eine ~e Lüge, Verleumdung; sich n. verhalten

Nie|der|träch|tig|keit ⟨f., -, nur Sg.⟩ → *Niedertracht (1)*

nie|der|tre|ten ⟨V.163, hat niedergetreten; mit Akk.⟩ *durch Treten zu Boden drücken;* Gras, Blumen n.

Nie|de|rung ⟨f.10⟩ **1** *flaches, tiefliegendes Land (bes. an Flußläufen)* **2** ⟨übertr.⟩ *sozial, moralisch niedriges Milieu, niedrige geistige Vorstellungen;* in die ~en (des Geistes, der Moral) hinabsteigen; sich in ~en begeben

Nie|der|wald ⟨m., -(e)s, nur Sg.⟩ *aus Laubbäumen und Sträuchern bestehendes Gehölz, das sich aus Stockausschlägen selbst verjüngt*

nie|der|wärts ⟨Adv.⟩ *nach unten, herunter, hinunter*

nie|der|wer|fen ⟨V.181, hat niedergeworfen⟩ **I** ⟨mit Akk.⟩ **1** *jmdn. n.* zu Boden werfen **2** *etwas n.* unterdrücken; einen Aufstand n. **II** ⟨refl.⟩ *sich n. sich auf den Boden werfen;* sich vor jmdm. (auf die Knie) n. (als Zeichen der Unterwerfung, der Demut)

Nie|der|wild ⟨n., -(e)s, nur Sg.⟩ *kleines Wild (alle jagdbaren Vögel außer Auerwild, Hase, Dachs, Fuchs, Marder u.a.);* Ggs. *Hochwild*

nie|der|zwin|gen ⟨V.188, hat niedergezwungen; mit Akk.⟩ **1** *etwas n. mit Anstrengung unterdrücken;* seinen Zorn, Unmut n. **2** *jmdn. n.* jmdn. mit Gewalt auf den Boden drücken, zwingen, in die Knie zu gehen, jmdn. besiegen

nied|lich ⟨Adj.⟩ **1** (von Kindern, jungen Menschen, kleinen Tieren und kleinen Dingen) *hübsch, Gefallen erregend, Zuneigung weckend;* ein ~es Kind; ein ~er Hund; ein ~es Kleid; sie sieht sehr n. aus **2** ⟨ugs., iron.⟩ *unangenehm;* das kann ja n. werden!

Nied|na|gel ⟨m.6⟩ *kleines, vom Fingernagel losgelöstes Hornstückchen;* auch: *Neidnagel* [< ndrl. *nijdnagel,* was als „Neidnagel" erklärt wurde, weil er nach dem Volksglauben durch neidische Blicke hervorgerufen werde; vielleicht auch < älterem *nijpnagel,* zu *nijpen* „kneifen"]

nied|rig ⟨Adj.⟩ **1** *nicht hoch;* ein ~es Haus, Zimmer **2** *sich in geringer Höhe befindend;* ein Raum mit ~er Decke **3** *flach;* Schuhe mit ~en Absätzen **4** *wenig, gering;* ~es Einkommen; ~e Preise **5** *gemein, niederträchtig, moralisch minderwertig;* eine ~e Gesinnung haben; n. denken **6** *wenig geachtet, wenig angesehen;* ~e Arbeiten **7** *gesellschaftlich gering;* von ~er Herkunft, Geburt

Nied|rig|keit ⟨f., -, nur Sg.⟩ *niedrige Beschaffenheit;* nichts stört die N. des Zimmers; die N. seines Charakters, seiner Handlungsweise

Nied|rig|was|ser ⟨n.5⟩ **1** *niedrigster Wasserstand bei Ebbe* **2** (bei Flüssen und Seen) *Wassertiefstand infolge Trockenheit*

ni|el|lie|ren ⟨V.3, hat nielliert; mit Akk.⟩ *mit Niello verzieren;* Edelmetall n.

Ni|el|lo ⟨n., -s, -s oder -li, auch -len⟩ *in Gold oder Silber eingeritzte, mit schwarzer Schmelzmasse ausgefüllte Zeichnung* [ital. < lat. *nigellus* „schwärzlich", Verkleinerungsform von *niger* „dunkel, schwarz"]

nie|mals ⟨Adv.⟩ *nie;* das habe ich noch n. gesehen

nie|mand ⟨unbestimmtes Pron.; Gen. -es, Dat. -em, auch -, Akk. -en, auch -⟩ *kein Mensch, keine Person;* es ist n. hiergewesen; er ist ~es Freund; ich habe ~em etwas davon gesagt; ich habe n. gesehen, getroffen; n. anders; ich habe mit n. anderem, mit ~em anders darüber gesprochen; ich habe n. anderen, ~en anders gesehen

Nie|mand ⟨m., -(e)s, nur Sg.⟩ *Mensch ohne jede Bedeutung;* er ist ein N.

Nie|mands|land ⟨n., -(e)s, nur Sg.⟩ **1** *Land, das zwischen zwei Fronten oder Grenzen liegt* **2** *unerforschtes, unbesiedeltes Land*

Nie|re ⟨f.11⟩ *jedes der zwei bohnenförmigen, in der Bauchhöhle liegenden Organe, die schädliche Stoffe (im Harn) aus dem Körper ausscheiden;* die Sache ist mir an die ~n gegangen ⟨ugs.⟩ *die Sache hat mich sehr aufgeregt, sehr angegriffen*

Nie|ren|becken ⟨-k|k-; n.7⟩ *einem fächerförmigen Sammelbecken ähnelnder innerer Teil der Niere, in dem der Harn gesammelt und an den Harnleiter weitergegeben wird*

Nie|ren|bra|ten ⟨m.7⟩ **1** *Teil des Kalbsrückens, an dem eine Niere liegt* **2** *mit der losgelösten Niere gefüllter, gerollter Braten, der daraus zubereitet wird*

Nie|ren|stein ⟨m.1⟩ *in der Niere gebildeter, harter Körper, der (bes. beim Austritt aus der Niere in den Harnleiter) Beschwerden verursachen kann*

Nie|ren|wä|sche ⟨f., -, nur Sg.⟩ *Reinigung des Blutes mit einer künstlichen Niere*

nie|seln ⟨V.1, hat genieselt; o.Obj.; unpersönl., mit „es"⟩ *es nieselt es regnet fein*

Nie|sel|priem ⟨m.1; ugs.⟩ langweiliger, mürrischer Mensch

nie|sen ⟨V.1, hat geniest⟩ **I** ⟨o.Obj.⟩ infolge eines Reizes in der Nase Luft einziehen und krampfartig wieder durch Nase (und Mund) ausstoßen **II** ⟨mit Akk.; ugs.; in der Wendung⟩ ich werde dir eins n.! das könnte dir so passen!, das kommt nicht in Frage!

Nies|pul|ver ⟨n., -s, nur Sg.⟩ zum Niesen reizendes Pulver (Scherzartikel für Kinder)

Nieß|brauch ⟨m., -(e)s, nur Sg.⟩ Nutzungsrecht an fremden Gegenständen, Häusern o.ä.; Syn. Nießnutz; jmdm. ein Grundstück zum N. überlassen [zu Genuß (genießen) und Gebrauch]

nieß|brau|chen ⟨V.1, hat genießbraucht; mit Akk.; fast nur im Infinitiv⟩ etwas n. den Nießbrauch von etwas haben, etwas nutzen; Syn. Jeans

Nieß|nutz ⟨m., -es, nur Sg.⟩ →Nießbrauch

nieß|nut|zen ⟨V.1, hat genießnutzt⟩ →nießbrauchen

Nies|wurz ⟨f.10⟩ Hahnenfußgewächs, aus dessen Wurzeln Niespulver hergestellt wird

Niet ⟨m.1; Tech.⟩ →Niete²

Nie|te¹ ⟨f.11⟩ **1** Los ohne Gewinn **2** Fehlschlag **3** ⟨übertr., ugs.⟩ Mensch, der zu gebrauchen ist

Nie|te² ⟨f.11⟩ Metallbolzen mit Kopf; auch: Niet

nie|ten ⟨V.2, hat genietet; mit Akk.⟩ mit Nieten befestigen, zusammenfügen

Nie|ten|ho|se ⟨f.11; bes. DDR⟩ Hose mit Nieten (am Rand der Taschen und als Verschluß), Jeans

niet- und na|gel|fest ⟨Adj., o.Steig.; nur als Attr. und mit „sein"⟩ gut befestigt; ⟨bes. in der Wendung⟩ alles, was nicht n. ist alles, was mitgenommen werden kann

Ni|fe ⟨[-fe:] n., -, nur Sg.⟩ der wahrscheinlich überwiegend aus Nickel und Eisen bestehende Erdkern [Kurzw. < Nickel und lat. ferrum „Eisen"]

Nifl|heim ⟨n., -(e)s, nur Sg.⟩ Reich der Kälte und der Finsternis, Totenreich [< altnord. niflheimr „Nebelheim"]

ni|gel|na|gel|neu ⟨Adj., o.Steig.; ugs.⟩ ganz neu

Nig|ger ⟨m.5; abwertend⟩ Neger [engl., < frz. nègre „Neger"]

Ni|gro|sin ⟨n.1⟩ schwarzer Teerfarbstoff [< lat. niger, nigra, nigrum „schwarz"]

Ni|hi|lis|mus ⟨m., -, nur Sg.; Philos.⟩ Verneinung aller Werte, Auffassung, daß alles Sein sinnlos und nichtig sei [< lat. nihil, nihilum „nichts", < ni = ne „nicht" und hilum „etwas Geringes", eigtl. „Härchen, Faser"]

Ni|hi|list ⟨m.10⟩ Vertreter des Nihilismus

ni|hi|li|stisch ⟨Adj.⟩ zum Nihilismus gehörig, auf ihm beruhend, in der Art des Nihilismus

Ni|ko|laus ⟨m.1, ugs. scherzh. auch: m.2⟩ als hl. Nikolaus verkleidete Person, die am Nikolaustag (6. Dez.) den Kindern Geschenke bringt oder sie auch straft [nach dem hl. Nikolaus]

Ni|ko|laus|tag ⟨m.1⟩ dem hl. Nikolaus geweihter Tag, 6. Dezember

Ni|ko|tin ⟨n., -s, nur Sg.⟩ giftiges Alkaloid im Tabak; nach: Nicotin (nach dem frz. Gesandten am port. Hof, Jean Nicot, der 1560 die Tabakpflanze in Frankreich einführte]

Ni|ko|ti|nis|mus ⟨m., -, nur Sg.⟩ Nikotinvergiftung

Nil|gau ⟨m.1⟩ rinderähnliche Antilope Indiens [< Hindi nīlā gava „blaue Kuh", nach der blaugrauen Fellfärbung des Männchens]

Ni|lo|te ⟨m.11⟩ Angehöriger einer Gruppe von Negervölkern am oberen Nil

ni|lo|tisch ⟨Adj., o.Steig.⟩ die Niloten betreffend, zu ihnen gehörig, von ihnen stammend; ~e Sprache die afrikanische Sprachgruppe

Nil|pferd ⟨n.1⟩ →Flußpferd

Nim|bo|stra|tus ⟨m., -, -; Met.⟩ tief herabhängende Regenwolke [< lat. nimbus „Wolke, Regenwolke" und stratus „hingebreitet", zu sternere „hin-, ausbreiten"]

Nim|bus ⟨m., -, -s|se⟩ **1** Heiligenschein **2** Ansehen, Ruhmesglanz (einer Person oder Sache); der äußere Rahmen verleiht dem Fest einen besonderen, gewissen N.; er umgibt sich gern mit dem N. des großen Dichters [< lat. nimbus „Wolke, Nebelhülle", übertr. „Heiligenschein"]

nim|mer ⟨Adv.⟩ **1** niemals; nie und n.; nun und n. **2** ⟨süddt.⟩ nicht mehr, nicht weiter; ich kann n.

Nim|mer|leins|tag ⟨m.1; nur in den Wendungen⟩ am N., ⟨auch⟩ am Sankt N. niemals; etwas bis zum Sankt N. aufschieben etwas aufschieben, um es nie zu tun

nim|mer|mehr ⟨Adv.⟩ niemals wieder; nun und n.

nim|mer|mü|de ⟨Adj., o.Steig.⟩ niemals ermüdend, unermüdlich; ein ~r Arbeiter, Helfer; mit ~m Eifer, Interesse

nim|mer|satt ⟨Adj., o.Steig.; nur als Attr.; ugs.⟩ unersättlich; die ~en Jungvögel

Nim|mer|satt ⟨m.1⟩ **1** jmd., der nie genug bekommt **2** in Afrika, Indien, Malaysia und Südamerika beheimateter Storch mit auffällig nackten Gesichtspartien und gekrümmtem Schnabel

Nim|mer|wie|der|se|hen ⟨n.; nur in der Wendung⟩ auf N. verschwinden für alle Zeiten verschwinden

Nim|rod ⟨m.9⟩ großer Jäger [nach Nimrod, dem sagenhaften Gründer von Babylon, der ein großer Jäger gewesen sein soll]

Ni|ob ⟨n., -s, nur Sg.; Zeichen: Nb⟩ hellgrau glänzendes, gut schmiedbares Metall; auch: Niobium; Syn. (†) Columbium [nach der griech. Sagengestalt Niobe, der Tochter des Tantalos, wegen der Ähnlichkeit mit dem Tantal]

Nio|bi|um ⟨n., -s, nur Sg.⟩ →Niob

Nip|pel ⟨m.5⟩ **1** kurzes Rohrstück mit Gewinde **2** vorstehendes Stück (zur Verbindung) [< engl. nipple „Brustwarze"]

nip|pen ⟨V.1, hat genippt; o.Obj.⟩ einen sehr kleinen Schluck trinken; vom Wein (nur) n.; du trinkst einmal aus meinem Glas n.

Nip|pes ⟨nur Pl.⟩ kleine Ziergegenstände aus Porzellan oder Glas; Syn. Nippsachen [< frz. nippes „Putzsachen, alles, was zur Kleidung gehört"; abgetragene Kleidungsstücke", < prov. nipo „Lumpen, Fetzen"]

Nipp|flut ⟨f.20⟩ flache Flut [zu nippen]

Nipp|sa|chen ⟨f.11, Pl.⟩ →Nippes

nir|gend ⟨Adv.; †⟩ nirgends

nir|gend|her ⟨Adv.⟩ aus keiner Richtung, von keinem Ort her; auch: nirgendsher

nir|gends ⟨Adv.⟩ an keinem Ort, an keiner Stelle; n. habe ich etwas gesehen, gefunden

nir|gends|her ⟨Adv.⟩ →nirgendher

nir|gend(s)|wo ⟨Adv.⟩ an keinem Ort, nirgends

Ni|ro|sta ⟨m., -s, -; Wz.; Kurzw. aus⟩ nichtrostender Stahl

Nir|wa|na ⟨n., -(s), nur Sg.⟩ im Buddhismus, Dschainismus⟩ Erlöschen aller Lebenstriebe, selige Ruhe nach dem Tode (von den Heiligen schon im Diesseits erreicht) [< Sanskrit nirvāna „erloschen"; < nir- „aus-, weg" und der Wurzel vā- „wehen", auch „verlöschen"]

Ni|sche ⟨f.11⟩ kleine Vertiefung (in einem Raum oder in einer Wand); ökologische N. Gebiet, in dem eine bestimmte Pflanzen- oder Tierart überleben kann

Ni|schel ⟨m.5; sächs.; scherzh.⟩ Kopf

Ni|schen|pro|dukt ⟨n.1; übertr.⟩ bestimmtes Erzeugnis (nicht aus der Massenproduktion)

Nis|se ⟨f.11⟩ Ei (der Laus)

Nis|sel|sa|lat ⟨m., -(e)s, nur Sg.; bayr.⟩ →Feldsalat

Nis|sen|hüt|te ⟨f.11⟩ halbrunde Wellblechbaracke [nach dem engl. Konstrukteur Peter Norman Nissen]

ni|sten ⟨V.2, hat genistet; o.Obj.⟩ ein Nest bauen, ein Nest haben; in unserem Garten n. Meisen

Ni|trat ⟨n.1⟩ Salz der Salpetersäure [< lat. nitrum, griech. nitron, Bez. für verschiedene Salze]

Ni|trid ⟨n.1⟩ Verbindung von Stickstoff mit einem anderen Element (meist Metall) < lat. nitrum, griech. nitron, Bez. für verschiedene Salze]

ni|trie|ren ⟨V.3, hat nitriert; mit Akk.⟩ mit Nitriersäure behandeln

ni|trier|här|ten ⟨V.2, nur im Infinitiv; mit Akk.⟩ Stahl n. in Stickstoff abgebenden Mitteln glühen (um seine Oberfläche zu härten)

Ni|trier|säu|re ⟨f., -, nur Sg.⟩ konzentrierte Salpetersäure

Ni|tri|fi|ka|ti|on ⟨f.10⟩ Oxidation von Ammoniak durch Bodenbakterien

ni|tri|fi|zie|ren ⟨V.3, hat nitrifiziert; o.Obj.⟩ Nitrate bilden; ~de Bakterien [< lat. nitrum, griech. nitron, Bez. für verschiedene Salze, und lat. ...ficere (in Zus. für facere) „machen"]

Ni|trit ⟨n.1⟩ **1** Salz der salpetrigen Säure **2** organisch-chemische Cyanverbindung [< lat. nitrum, griech. nitron, Bez. für verschiedene Salze]

ni|tro..., Ni|tro... ⟨in Zus.⟩ die Molekülgruppe -NO₂ enthaltend [< griech. nitron, Bez. für verschiedene Salze, →Natron]

Ni|tro|gen, Ni|tro|ge|ni|um ⟨n., -s, nur Sg.; Zeichen: N⟩ →Stickstoff [< lat. nitrum, griech. nitron, Bez. für verschiedene Salze und griech. gennan „erzeugen"]

Ni|tro|gly|ce|rin ⟨n., -s, nur Sg.⟩ ein hochexplosiver Sprengstoff [< Nitro... und Glycerin]

ni|tros ⟨Adj., o.Steig.⟩ mit Stickstoffoxiden gemischt; ~e Autoabgase [Ableitung von Nitrogenium]

Ni|tros|amin ⟨n.1⟩ chemische Verbindung, die durch Reaktion von Nitriten oder salpetriger Säure mit Aminen entsteht (und u.a. in geräuchertem Fleisch und dunklem Bier enthalten ist); ~e lösen im Tierversuch Krebstumore aus

Ni|tro|zel|lu|lo|se ⟨f., -, nur Sg.⟩ ein Explosivstoff; Syn. Schießbaumwolle [< Nitro... und Zellulose]

Ni|trum ⟨n., -s, nur Sg.; †⟩ Salpeter [< lat. nitrum, Bez. für verschiedene Salze]

Nit|schel ⟨f.11; Textilindustrie⟩ Vorrichtung zur Erzeugung von zylindrischen Garnen aus Flor

ni|tsche|wo! ⟨[-vɔ] ugs., scherzh.⟩ macht nichts! [russ.]

ni|val ⟨Adj., o.Steig.⟩ schneeig, Schnee... [< lat. nivalis „zu Schnee gehörig", zu nix, Gen. nivis, „Schnee"]

Ni|val|or|ga|nis|mus ⟨m., -, -men⟩ im Bereich des ewigen Schnees lebender Organismus (z.B. Gletscherfloh, bestimmte Flechten)

Ni|veau ⟨[-vo] n.9⟩ **1** waagerechte Fläche **2** Höhe, Höhenlage, Höhenstufe; beide Straßen verlaufen auf dem gleichen N.; wir befinden uns hier auf dem gleichen N. wie die Berghütte **3** Rang, Stufe, (Bildungs-)Stand; kein N. haben auf niedriger geistiger Höhe stehen, geistig anspruchslos sein; das geistige N. der Veranstaltung war gut, hoch, schlecht [< frz. niveau „Nivellierwaage, waagerechte Fläche", < altfrz. livel „Wasserwaage"; gleiche Wurzel], < lat. libella „kleine Waage, Wasserwaage", zu libra „Waage"]

ni|veau|frei ⟨[-vo-] Adj., o.Steig.⟩ auf ungleichen Ebenen; ~e Kreuzung [zu Niveau (2)]

Ni|veau|li|nie ⟨[-vo-] f.11⟩ Höhenlinie

Ni|vel|le|ment ⟨f.-vɛl(ə)mã] n., -s, nur Sg.⟩ das Nivellieren (1,2)

ni|vel|lie|ren ⟨V.3, hat nivelliert; mit Akk.⟩ **1** gleichmachen, einebnen, auf gleiche Höhe bringen; Gelände n. **2** Punkte im Gelände n. die Höhenunterschiede von Punkten im Ge-

Nivellierinstrument

lände messen **3** *ausgleichen und dadurch beseitigen, aufheben;* Unterschiede, Gegensätze n. [< frz. *niveler* „mit der Wasserwaage messen, einebnen", zu *niveau*, →Niveau]

Ni|vel|lier|in|stru|ment ⟨n.1⟩ *Meßfernrohr auf Stativ zum Bestimmen von Höhenunterschieden*

Ni|vel|lie|rung ⟨f., -, nur Sg.⟩ *das Nivellieren*

nix ⟨unbestimmtes Pron.; ugs.⟩ *nichts*

Nix ⟨m.1; dt. Myth.⟩ *Wassergeist*

Ni|xe ⟨f.11; dt. Myth.⟩ *Wasserjungfrau*

n. J. ⟨Abk. für⟩ *nächsten Jahres*

NKFD ⟨früher; Abk. für⟩ *Nationalkomitee freies Deutschland*

nkr ⟨Abk. für⟩ *norwegische Krone*

nm ⟨Zeichen für⟩ *Nanometer*

n. M. ⟨Abk. für⟩ *nächsten Monats*

NN, N.N. ⟨Abk. für⟩ *Normalnull*

N. N. ⟨Abk. für⟩ *Name unbekannt* [eigtl. Abk. für lat. *nomen nescio* „den Namen weiß ich nicht"]

NNO ⟨Abk. für⟩ *Nordnordost(en)*

NNW ⟨Abk. für⟩ *Nordnordwest(en)*

No[1] ⟨Zeichen für⟩ *Nobelium*

No[2] ⟨n., -(s), -(s)⟩ →*No-Spiel*

NO ⟨Abk. für⟩ *Nordost(en)*

No., N° ⟨Abk. für⟩ *Numero*

Noa|chi|de ⟨[-xi-] m.11⟩ *Nachkomme Noahs*

no|bel ⟨Adj., nobler, am nobelsten⟩ **1** *edel, vornehm;* nobles Verhalten; noble Denkweise; das ist n. von ihm **2** *großzügig;* in nobles Geschenk [< frz. *noble* „adelig; edel, edelmütig, würdevoll", < lat. *nobilis* „adelig, von edler Herkunft, vornehm", eigtl. „weithin bekannt, berühmt", zu *noscere* „kennen, kennenlernen"]

No|bel... ⟨in Zus.; ugs.; scherzh.⟩ *vornehm, luxuriös, Luxus...,* z.B. Nobelhotel

No|be|li|um ⟨n., -s, nur Sg.; Zeichen: No⟩ *künstliches radioaktives Element* [nach dem schwed. Chemiker Alfred *Nobel*]

No|bel|preis ⟨m.1⟩ *von dem schwedischen Chemiker und Industriellen Alfred Nobel gestifteter Preis für bedeutende wissenschaftliche und literarische Leistungen sowie Verdienste um den Weltfrieden*

No|bel|stif|tung ⟨f., -, nur Sg.⟩ *Stiftung Alfred Nobels, von deren Zinsen der Nobelpreis gezahlt wird*

No|bi|li|tät ⟨f., -, nur Sg.⟩ **1** *Adel* **2** *Berühmtheit*

No|bi|li|ta|ti|on ⟨f.10; früher⟩ *das Nobilitieren, Erhebung in den Adelsstand*

no|bi|li|tie|ren ⟨V.3; hat nobilitiert; mit Akk.; früher⟩ *in den Adelsstand erheben, adeln*

No|bles|se ⟨f., -, nur Sg.⟩ *Vornehmheit, vornehme Gesinnung, vornehmes Verhalten;* N. oblige [nɔblɛs ɔbliʒ] ⟨eigtl.⟩ *Adel verpflichtet (edel zu handeln),* ⟨heute nur noch scherzh.⟩ *eine hohe gesellschaftliche Stellung verpflichtet dazu, sich höflicher, korrekter zu verhalten, als es von anderen erwartet wird* [frz., zu *nobel*]

noch I ⟨Adv.⟩ **1** *bis jetzt;* es ist n. nicht soweit; n. habe ich nicht zugestimmt; n. immer *bis jetzt;* er ist n. immer krank; ich habe n. immer nichts von ihm gehört **2** *weiterhin;* das hat n. Zeit; ich kann kaum n. laufen **3** *irgendwann, schließlich, später einmal;* er wird schon n. kommen; man wird dich n. darum bitten; das wird dir n. leid tun **4** *vielleicht, sogar;* du wirst n. den Zug versäumen; er wird sich n. was antun **5** *zusätzlich, außerdem;* ich gebe dir n. etwas (dazu); dumm und auch n. frech ⟨ugs.⟩; er hat n. ein weiteres Geschäft; n. und n. ⟨ugs.⟩ *in großen Mengen;* n. und nöcher ⟨ugs., scherzh. für⟩ *n. und n.;* n. ein einmal *immer wieder* **6** *knapp;* das ist (gerade) n. gutgegangen **7** *zuerst, vorher;* ich mache das schnell n. fertig (dann komme ich) **8** *wie man es heute kaum mehr findet;* das sind n. Männer!; das ist n. Qualität!; auf dich kann man sich doch n. verlassen **9** ⟨in der Fügung⟩ nur n. *lediglich, nicht mehr als;* ich habe dieses Jahr nur n. einen Tag Urlaub; du hast nur n. zehn Minuten Zeit **10** ⟨verstärkend in der Fügung⟩ n. so; es kann n. so regnen, wir gehen doch hinaus **11** ⟨verstärkend bei Zeitangaben⟩ n. gestern; n. heute; n. vor zwanzig Jahren hätte das niemand für möglich gehalten; das ist n. keine drei Tage her **12** ⟨verstärkend beim Komparativ⟩ das ist n. schöner, n. größer **13** ⟨ugs.⟩ *wohl;* man wird doch n. fragen dürfen! **14** ⟨ugs.⟩ *doch;* wie war das n.? II ⟨Konj.; oft in der Verbindung⟩ weder ... n. *weder ... und auch nicht;* er ist weder besonders groß n. besonders klein; er ist weder angerufen, n. hat er Freunde n. Verwandte hier

Noch|ge|schäft ⟨n.1⟩ *Termingeschäft, bei dem der Käufer oder Verkäufer über die vereinbarte Menge hinaus noch mehr liefern oder abnehmen kann*

noch|mal ⟨auch [nɔx-] Adv.; ugs.⟩ *noch einmal;* mach das nicht n.!; wenn das n. vorkommt, werde ich ...

noch|ma|lig ⟨Adj., o.Steig.; nur als Attr.⟩ *erneut, wiederholt;* eine ~e Aufforderung

noch|mals ⟨Adv.⟩ *noch einmal, ein weiteres Mal;* ich mache n. darauf aufmerksam, daß ...

Nock ⟨n.1 oder f.10⟩ *über das Segel hinausragendes Ende eines Rundholzes*

Nöck ⟨m.10; dt. Myth.⟩ *Wassergeist, Wassermann;* vgl. *Neck* [schwed.]

Nocken ⟨-k|k-; m.7⟩ *Vorsprung auf einer Welle oder Scheibe zur Steuerung*

Nocken|wel|le ⟨-k|k-; f.11⟩ *mit Nocken versehene Welle (in Getrieben)*

Nockerl ⟨-k|k-; n.14; österr.⟩ *Klößchen (als Suppeneinlage)* Grieß~; Salzburger ~n *überbackene Klößchen aus Eischnee und Zucker*

Noc|turne ⟨[-tyrn] n.9 oder f.9; frz. Form von⟩ *Notturno*

no|dös ⟨Adj., o.Steig.; Med.⟩ *knotig, mit Knötchenbildung* [zu *Nodus*]

No|dus ⟨m., -, -di⟩ **1** ⟨Med.⟩ *Knoten (z.B. Gichtknoten)* **2** ⟨Bot.⟩ *Ansatzstelle des Blattes* **3** *Verdickung (am Stiel eines Trinkglases, an Leuchtern)* [lat., „Knoten"]

Noe|ma ⟨n., -, -ma|ta⟩ *geistig Wahrgenomenes, Denkinhalt, Gedanke* [griech.]

Noe|ma|tik ⟨f., -, nur Sg.⟩ *Lehre von den Denkinhalten (eines Werkes)*

Noe|sis ⟨f., -, nur Sg.⟩ *Denkvorgang, Denken* [griech.]

Noe|tik ⟨f., -, nur Sg.⟩ *Denklehre, Erkenntnislehre* [< griech. *noetikos* „geistig", zu *noetos* „geistig wahrnehmbar", auch „Denkkraft", zu *noein* „denken"]

no iron [nou aiən] *Vermerk in Textilien bügelfrei* [engl., „kein Bügeln", im Englischen: *non-iron,* „bügelfrei"]

NOK ⟨Abk. für⟩ *Nationales Olympisches Komitee*

Nokt|am|bu|lis|mus ⟨m., -, nur Sg.⟩ *Mondsüchtigkeit, Nachtwandeln, Schlafwandeln* [< lat. *nox,* Gen. *noctis,* „Nacht" und *ambulare,* „hin und her gehen, spazierengehen"]

nö|len ⟨V.1, hat genölt; o.Obj.; norddt.⟩ *langsam sein, trödeln;* er nölt wieder ewig

no|lens vo|lens *halb wider Willen, wohl oder übel* [lat., „nicht wollend wollend"]

No|li|me|tan|ge|re ⟨n., -, -⟩ **1** *Springkraut* **2** *Darstellung des auferstandenen Christus, wie er Maria Magdalena erscheint* [lat., „rühr mich nicht an"]

Nöl|pe|ter ⟨m.5; norddt.⟩, **Nöl|su|se** ⟨f.11; norddt.⟩ *trödelndes Kind, trödelnde Person*

Nom. ⟨Abk. für⟩ *Nominativ*

No|ma|de ⟨m.11⟩ *Angehöriger eines nichtseßhaften Volkes* [< griech. *nomas,* Gen. *nomados,* „Hirt", der mit einer Herde umherzieht", zu *nomeus* „Hirt"]

no|ma|disch ⟨Adj., o.Steig.⟩ *zu Nomaden gehörend, in der Art von Nomaden;* ~e Lebensform; n. lebende Bevölkerungsteile

no|ma|di|sie|ren ⟨V.3, hat nomadisiert; o.Obj.⟩ *wie, als Nomaden leben, wandern, umherziehen*

No|men ⟨n., -s, -mi|na; Gramm.⟩ *deklinierbares Wort (Substantiv, Adjektiv, Pronomen)* [lat., „Name"]

No|men est omen *Der Name hat zugleich eine Vorbedeutung, im Namen liegt schon ein Hinweis* [lat., „Der Name ist (zugleich) Zeichen"]

no|men|kla|to|risch ⟨Adj., o.Steig.; nur als Attr. und Adv.⟩ *in der Art einer Nomenklatur*

No|men|kla|tur ⟨f.10⟩ **1** *Gesamtheit der Fachausdrücke eines Wissensgebietes* **2** *Verzeichnis darüber* [< lat. *nomenclatura* „Namensverzeichnis", zu *nomenclatio* „Benennung, Bezeichnung, Verzeichnis", < *nomen* „Name" und *calare* „zurufen, ausrufen"]

No|mi|na (Pl. von) *Nomen*

no|mi|nal ⟨Adj., o.Steig.⟩ **1** *zu einem Nomen gehörend, als Nomen* **2** ⟨Wirtsch.⟩ *zum Nennwert*

No|mi|nal|ein|kom|men ⟨n.7⟩ *Einkommen ohne Berücksichtigung der Kaufkraft;* Ggs. *Realeinkommen*

No|mi|na|lis|mus ⟨m., -, nur Sg.⟩ **1** *Theorie, daß die Begriffe nur Namen sind und nichts Wirkliches bedeuten* **2** *Theorie, daß das Geld nur Symbolcharakter habe*

No|mi|nal|lohn ⟨m.2⟩ *Lohn ohne Berücksichtigung der realen Kaufkraft;* Ggs. *Reallohn*

No|mi|nal|prin|zip ⟨n., -s, nur Sg.⟩ *das Prinzip „Mark = Mark" ohne Rücksicht auf die Änderung der Kaufkraft*

No|mi|nal|stil ⟨m., -(e)s, nur Sg.⟩ *Nomina (Substantive) bevorzugender Stil*

No|mi|nal|wert ⟨m.1⟩ *der eine Münze aufgeprägte oder einem Wertpapier aufgedruckte Wert;* Syn. *Nennwert*

No|mi|na|ti|on ⟨f.10; †⟩ *das Nominieren, Ernennung, Benennung* [< lat. *nominatio,* Gen. -*onis,* „Benennung", zu *nominare,* →*nominieren*]

No|mi|na|tiv ⟨m.1⟩ *erster Fall der Deklination;* Syn. *Werfall* [< lat. *casus nominativus* „benennender Fall, das Nomen bezeichnender Fall", „benennen"]

no|mi|nell ⟨Adj., o.Steig.⟩ **1** *zum Nomen gehörig* **2** *(nur) dem Namen nach, nicht wirklich;* er ist nur n. der Leiter des Betriebes

no|mi|nie|ren ⟨V.3, hat nominiert; mit Akk.⟩ *benennen, bestimmen;* jmdn. als Nachfolger n.; jmdn. als Kandidaten für eine Wahl n. [< lat. *nominare,* „benennen, bezeichnen", zu *nomen,* „Name"] **No|mi|nie|rung** ⟨f.10⟩

No|mo|gramm ⟨n.1⟩ *Schaubild, Zeichnung zum zeichnerischen Rechnen* [< griech. *nomos* „Gesetz" und *...gramm*]

No|mo|gra|phie ⟨f.11⟩ *Verfahren, mit Nomogrammen rechnerische Probleme zeichnerisch zu lösen* [< griech. *nomos* „Gesetz" und *...graphie*]

No|mos ⟨m., -, -moi⟩ **1** *Gesetz, Ordnung (des menschlichen Lebens)* **2** ⟨altgriech. Mus.⟩ *ein Melodietypus*

Non ⟨f.10⟩ →*None (1, 2)*

No|na ⟨f., -, -nen⟩ →*None (3)*

No|na|gon ⟨n.1⟩ *Neuneck* [< lat. *nona (pars),* „neunter Teil, Neuntel" und griech. *gonia* „Ecke"]

Non|cha|lance ⟨[nɔ̃ʃalɑ̃s] f., -, nur Sg.⟩ *liebenswürdige Lässigkeit, Ungezwungenheit* [zu *nonchalant*]

non|cha|lant ⟨[nɔ̃ʃalɑ̃] Adj.; -er [nɔ̃ʃalɑ̃tər], am -esten [-təstən]⟩ *liebenswürdig-lässig, ungezwungen* [< frz. *nonchalant,* „nachlässig, gleichgültig", < *non* „nicht" und *chalant,* Part. Präs. von veraltetem *chaloir* „sich angelegen sein lassen, sich kümmern um"]

Non|co|ope|ra|tion ⟨[nɔnkouɔpəreiʃn] f., -, nur Sg.⟩ *Nicht-Zusammenarbeit (Schlagwort Gandhis für den passiven Widerstand gegen die Engländer in Indien)* [engl.]

No|ne ⟨f.11⟩ **1** neunter Ton der diatonischen Tonleiter; auch: Non **2** Intervall von neun Tonstufen; auch: Non **3** Teil des kath. Stundengebets zur neunten Tagesstunde (3 Uhr nachmittags); auch: Nona **4** ⟨Pl.; im altröm. Kalender⟩ der neunte Tag vor den Iden

No|nen|ak|kord ⟨m.1⟩ Akkord aus Grundton, Terz, Quinte und None

No|nett ⟨n.1⟩ **1** Komposition für neun Instrumente **2** deren Spieler [< ital. *nonetto* in ders. Bed., zu *nono* „der Neunte", gebildet nach *Duett*]

Non|fic|tion-Li|te|ra|tur ⟨[-fıkʃən-] f., -, nur Sg.⟩ Sach- und Fachbücher (im Unterschied zur schöngeistigen Literatur) [erster Bestandteil < engl. *non fiction* „nicht Erdachtes", →*Fiktion*]

non|fi|gu|ra|tiv ⟨Adj., o.Steig.; Mal.⟩ ungegenständlich

No|ni|us ⟨m., -, -ni|en oder -nus|se; an Meßgeräten⟩ verschiebbarer Hilfsmaßstab zum Ablesen von Zehntelgrößen [nach *Nonius*, dem latinisierten Namen des port. Mathematikers Pedro Nuñez (1492–1577), dem die Erfindung des Gerätes zugeschrieben wird]

Non|kon|for|mis|mus ⟨m., -, nur Sg.⟩ Nichtübereinstimmung mit den herrschenden Ansichten, individualistische Einstellung

Non|kon|for|mist ⟨m.10⟩ **1** jmd., der mit den herrschenden Ansichten nicht übereinstimmt **2** ⟨Pl.⟩ ~en, →*Dissenters*

Non|kon|for|mi|tät ⟨f., -, nur Sg.⟩ Nichtübereinstimmung

non li|cet es ist nicht erlaubt, es gehört sich nicht [lat.]

non li|quet ⟨Rechtsw.⟩ der Sachverhalt ist nicht geklärt, die Sache ist nicht zu entscheiden [lat., „es ist nicht klar"]

non mul|ta, sed mul|tum nicht vielerlei, sondern viel; vgl. *multum, non multa* [lat.]

Non|ne ⟨f.11⟩ **1** Angehörige eines weiblichen kath. Ordens **2** nach unten gewölbter Ziegel, Nonnenziegel **3** ein Schmetterling [< kirchenlat. *nonna* „Nonne", auch „Kinderwärterin, Erzieherin", zu *nonnus* „Mönch", auch „Kinderwärter, Erzieher", Lallwort der Kindersprache]

non olet man merkt dem Geld seine (unsaubere) Herkunft nicht an [lat., „es stinkt nicht", angeblicher Ausspruch Kaiser Vespasians, als man ihm die Besteuerung öffentlicher Bedürfnisanlagen zum Vorwurf machte]

Non|pa|reille ⟨[nɔ̃parɛj] f., -, nur Sg.⟩ ein Schriftgrad (6 Punkt) **2** winzige bunte Zuckerperlen zum Bestreuen von Kleingebäck oder Schokolade [< frz. *nonpareille* „das Kleinste (in seiner Art)", zu *nonpareil* „unvergleichlich", eigtl. „nicht Gleiches"]

Non|plus|ul|tra ⟨n., -(s), nur Sg.⟩ das Höchste, Beste, Schönste [lat., „nicht darüber hinaus"]

non pos|su|mus wir können nicht (Weigerungsformel der römischen Kurie gegenüber der weltlichen Macht) [lat.]

Non|pro|li|fe|ra|tion ⟨[nɔnproulıfəreıʃn] f., -, nur Sg.⟩ Nichtweitergabe (von Atomwaffen) [< engl. *non* „nicht" und *proliferation* „üppiges Wachstum, starke Vermehrung, Wucherung", →*Proliferation*]

Non scho|lae, sed vi|tae dis|ci|mus Nicht für die Schule, sondern für das Leben lernen wir [lat., abgewandelt nach Seneca]

Non|sens ⟨m., -, nur Sg.⟩ Unsinn, törichtes Gerede [< engl. *nonsense* in ders. Bed., < *non*... „nicht" und *sense* < lat. *sensus* „Sinn"]

Non|stop... ⟨[-stɔp] in Zus.⟩ fortlaufend, ununterbrochen

Non|stop|flug ⟨m.2⟩ Flug ohne Zwischenlandung

non tan|to ⟨Mus.⟩ nicht so sehr [ital.]

non trop|po ⟨Mus.⟩ nicht zuviel [ital.]

Non|va|leur ⟨[nɔ̃valœr] m.9⟩ **1** entwertetes oder wertlos scheinendes Wertpapier **2** Investition, die keine Rendite abwirft **3** unverkäufliche Ware [frz., „Unwert, Ertraglosigkeit", < *non* „nicht" und *valeur* „Wert"]

non|ver|bal ⟨Adj., o.Steig.⟩ nichtsprachlich, nicht durch Worte; ~e Verständigung

Noo|lo|gie ⟨[noːɔ-] f., -, nur Sg.⟩ ⟨von R. Eucken begründete⟩ Lehre, die sich mit dem selbständigen Eigenleben des Geistes befaßt [< griech. *nous* „Geist" und ...*logie*]

noo|lo|gisch ⟨[noːɔ-] Adj., o.Steig.⟩ zur Noologie gehörig, auf ihr beruhend, sie betreffend

Noor ⟨n.1; nddt.⟩ →*Haff* [< dän. *nor* in ders. Bed.]

Nop|pe ⟨f.11; bei Garnen und Geweben⟩ **1** Knoten, verdickte Stelle **2** Zierschlinge

Nop|pei|sen ⟨n.7⟩ Gerät zum Entfernen von Noppen (1)

nop|pen ⟨V.1, hat genoppt; mit Akk.⟩ **1** ein Gewebe n. von Noppen befreien, die Noppen aus einem Gewebe zupfen **2** mit Noppen (als Schmuck) versehen; genopptes Garn

Nord ⟨m.1⟩ **1** ⟨nur Sg.; Seemannsspr., in postal. und geograph. Angaben⟩ →*Norden*; der Wind kommt aus N., von N. **2** ⟨poet.⟩ Nordwind; es weht ein eisiger N.

nord|deutsch ⟨Adj., o.Steig.⟩ Norddeutschland betreffend, zu ihm gehörig, aus ihm stammend, in Norddeutschland üblich

nor|den ⟨V.2, hat genordet; mit Akk.⟩ nach Norden ausrichten

Nor|den ⟨m., -s, nur Sg.⟩ **1** ⟨Abk.: N⟩ die zum Nordpol weisende Himmelsrichtung; auch: ⟨Seemannsspr., in postal. und geograph. Angaben⟩ *Nord* **2** nördlich der Erde gelegenen Länder **3** nördlicher Teil, nördliches Gebiet; im N. der Stadt

nor|disch ⟨Adj., o.Steig.⟩ zum Norden (der Erde) gehörend, von dort stammend; ~e Länder; ~e Kombination ⟨Schisport⟩ Verbindung von Lang- und Sprunglauf

Nor|dist ⟨m.10⟩ Wissenschaftler auf dem Gebiet der Nordistik

Nor|di|stik ⟨f., -, nur Sg.⟩ Wissenschaft von den nordischen Sprachen und Literaturen

Nord|län|der ⟨m.5⟩ Einwohner eines nördlichen Landes (bes. Isländer, Norweger, Schwede, Däne, Finne)

nörd|lich I ⟨Adj.⟩ **1** im Norden (1) liegend; die ~en Teile des Landes **2** nach Norden (1) zu; in ~er Richtung fahren **3** von Norden (1) kommend; ~ Luftströmungen **4** zum Norden (2) gehörend; die ~en Länder II ⟨Präp. mit Gen.⟩ auf der nach Norden gelegenen Seite; n. von Berlin

Nord|licht ⟨n.3⟩ **1** in nördlichen Zonen auftretendes Polarlicht **2** ⟨scherzh., besonders bayr.⟩ Norddeutscher (bes. als Persönlichkeit des öffentlichen Lebens)

Nord|nord|ost ⟨m.1⟩ **1** ⟨nur Sg.; Abk.: NNO; in geograph. Angaben⟩ →*Nordnordosten* **2** ⟨poet.⟩ Nordnordostwind

Nord|nord|os|ten ⟨m., -s, nur Sg.; Abk.: NNO⟩ Himmelsrichtung zwischen Norden und Nordosten

Nord|nord|west ⟨m.1⟩ **1** ⟨nur Sg.; Abk.: NNW; in geograph. Angaben⟩ →*Nordnordwesten* **2** ⟨poet.⟩ Nordnordwestwind

Nord|nord|we|sten ⟨m., -s, nur Sg.; Abk.: NNW⟩ Himmelsrichtung zwischen Norden und Nordwesten

Nord|ost ⟨m.1⟩ **1** ⟨nur Sg.; Abk.: NO; in postal. und geograph. Angaben⟩ →*Nordosten* **2** ⟨poet.⟩ Nordostwind

Nord|os|ten ⟨m., -s, nur Sg.⟩ **1** ⟨Abk.: NO⟩ Himmelsrichtung zwischen Norden und Osten **2** nordöstlich gelegener Teil; im N. der Stadt

Nord|pol ⟨m., -(e)s, nur Sg.⟩ **1** ⟨Geogr.⟩ Schnittpunkt aller Meridiane in 90 ° nördlicher Breite **2** ⟨Astron.⟩ Schnittpunkt der über den Nordpol verlängerten Rotationsachse der Erde mit dem Himmelsgewölbe

Nor|dung ⟨f., -, nur Sg.⟩ das Norden, Ausrichten nach Norden

Normalverbraucher

Nord|west ⟨m.1⟩ **1** ⟨nur Sg.; Abk.: NW; in postal. und geograph. Angaben⟩ →*Nordwesten* **2** ⟨poet.⟩ Nordwestwind

Nord|we|sten ⟨m., -s, nur Sg.⟩ **1** ⟨Abk.: NW⟩ Himmelsrichtung zwischen Norden und Westen **2** nordwestlich gelegener Teil; im N. der Stadt

nör|ge|lig ⟨Adj.⟩ ständig nörgelnd, immer unzufrieden; auch: *nörglig*

nör|geln ⟨V.1, hat genörgelt; o.Obj.⟩ kleinlich tadeln, kleinlich kritisieren; er nörgelt ständig; er hat an allem etwas zu n. *er hat an allem etwas auszusetzen*

nörg|lig ⟨Adj.⟩ →*nörgelig*

Norm ⟨f.10⟩ **1** Richtschnur, Regel, Vorbild; das ist nicht die N. *das ist in der Regel nicht so;* eine N. aufstellen **2** Größenvorschrift (DIN-Norm) **3** Leistungssoll; die N. erfüllen **4** ⟨Buchw.⟩ auf der ersten Seite eines Druckbogens unten links stehende Bogenziffer mit Namen des Autors und abgekürztem Titel des Buches [< lat. *norma* „Regel, Richtschnur", eigtl. „Winkelmaß"]

nor|mal ⟨Adj.⟩ **1** der Norm entsprechend; ~e Größe; ~es Gewicht; der Blutdruck ist n.; das ist der ~e Verlauf der Krankheit **2** üblich, herkömmlich, wie gewöhnt; unter ~en Bedingungen, Verhältnissen **3** geistig gesund; das Kind ist nicht ganz n. [< lat. *normalis* „nach dem Winkelmaß gemacht, dem Winkelmaß entsprechend", übertr. „der Regel entsprechend", zu *norma*, →*Norm*]

nor|mal..., Nor|mal... ⟨in Zus.⟩ der Norm, der Regel entsprechend, z.B. Normalfall

Nor|ma|le ⟨f.11⟩ **1** Richtmaß, Richtgröße **2** ⟨Math.⟩ Senkrechte auf der Tangente

nor|ma|ler|wei|se ⟨auch [-ma-] Adv.⟩ unter gewöhnlichen Umständen, das ist n. nicht so; n. gehe ich morgens um sieben aus dem Haus

Nor|mal|hö|hen|punkt ⟨m.1; Abk.: N.H.⟩ Höhe eines Punktes der Erdoberfläche über dem Meeresspiegel

Nor|ma|li|en ⟨Pl.⟩ Regeln, Vorschriften, Grundformen

nor|ma|li|sie|ren ⟨V.3, hat normalisiert⟩ I ⟨mit Akk.⟩ der Norm angleichen, normal gestalten, auf ein normales Maß bringen; seinen Lebensrhythmus wieder n. II ⟨refl.⟩ sich n. *wieder in einen normalen Zustand zurückkehren;* unsere Beziehungen, die Verhältnisse haben sich normalisiert **Nor|ma|li|sie|rung** ⟨f., -, nur Sg.⟩

Nor|ma|li|tät ⟨f., -, nur Sg.⟩ normale Beschaffenheit

Nor|mal|lö|sung ⟨f.10⟩ Lösung, die in 1 Liter Flüssigkeit 1 Mol des betreffenden Stoffes enthält

Nor|mal|null ⟨n., -, nur Sg.; Abk.: NN oder N.N.⟩ bei Höhenmessungen *die vom mittleren Meeresniveau abgeleitete Ausgangsfläche* (für Deutschland die Höhe des mittleren Wasserstandes des Amsterdamer Pegels); Syn. Meereshöhe

Nor|mal|pro|fil ⟨n.1⟩ **1** genormter Querschnitt (von Baustoffen, z.B. Walzeisen) **2** genormte lichte Höhe und Weite (von Brücken, Durchfahrten u.a.) **3** genormter Ladequerschnitt (z.B. von Eisenbahnwagen)

nor|mal|sich|tig ⟨Adj., o.Steig.; nur als Attr. und mit „sein"⟩ weder weit- noch kurzsichtig

Nor|mal|spur ⟨f.10⟩ Spurweite der Eisenbahnschienen von 1,435 m (im Unterschied zur Breit- und Schmalspur); Syn. Vollspur

Nor|mal|ton ⟨m., -(e)s, nur Sg.; Mus.⟩ →*Kammerton*

Nor|mal|uhr ⟨f.10⟩ **1** ⟨in Sternwarten⟩ astronomische Hauptuhr **2** ⟨bei elektr. Uhranlagen⟩ Uhr, von der aus die übrigen Uhren betrieben werden **3** ⟨auf Straßen und Plätzen stehende⟩ Uhr, die die Ortszeit anzeigt

Nor|mal|ver|brau|cher ⟨m.5⟩ **1** Person mit durchschnittlichem Verbrauch an Lebensmitteln und anderem täglichen Bedarf **2** ⟨ugs., scherzh.⟩ Durchschnittsmensch

703

Nor|mal|zeit ⟨f.10⟩ *für ein größeres Gebiet festgelegte Zeit (im Unterschied zur Ortszeit);* Syn. *Zonenzeit*

Nor|mal|zu|stand ⟨m.2⟩ **1** *üblicher, gewöhnlicher Zustand* **2** ⟨Phys., Tech.⟩ *Zustand unter normalen Bedingungen*

Nor|man|ne ⟨m.11⟩ **1** → *Wikinger* **2** *Einwohner der Normandie*

nor|man|nisch ⟨Adj., o.Steig.⟩ *die Normannen betreffend, zu ihnen gehörig, von ihnen stammend*

nor|ma|tiv ⟨Adj., o.Steig.⟩ *als Norm, Richtschnur dienend, maßgebend*

Nor|ma|ti|ve ⟨f.11⟩ *grundlegende Bestimmung*

nor|men ⟨V.1, hat genormt; mit Akk.⟩ *Gegenstände n. nach einer Norm gestalten, Gegenständen bei der Herstellung bestimmte, festgelegte Maße geben;* auch: *genormte Ersatzteile n.;* Glühbirnen haben genormte Gewinde; Maße n. *Maße einheitlich festlegen;* die Maße der Papierformate sind nach DIN genormt

Nor|men|aus|schuß ⟨m.2⟩ *Ausschuß, der in Deutschland unter dem Zeichen DIN bestimmte Normen festlegt;* Deutscher N.

Nor|men|kon|trol|le ⟨f.11⟩ *gerichtliche Überprüfung der Vereinbarkeit von Rechtsnormen, bes. mit dem Grundgesetz*

nor|mie|ren ⟨V.3, hat normiert⟩ → *normen*

Nor|mie|rung ⟨f., -, nur Sg.⟩

Nor|mung ⟨f., -, nur Sg.⟩ *das Normen, das Genormtsein*

Nor|ne ⟨f.11; germ. Myth.⟩ *jede der drei Schicksalsgöttinnen*

Nor|we|ger ⟨m.5⟩ *Einwohner von Norwegen*

nor|we|gisch ⟨Adj., o.Steig.⟩ *Norwegen betreffend, zu ihm gehörig, aus ihm stammend;* ~e Sprache *eine nordgermanische Sprache*

No|se|ma|seu|che ⟨f., -, nur Sg.⟩ *eine Bienenkrankheit* [< griech. *nosema* „Krankheit"]

No|so|lo|gie ⟨f., -, nur Sg.⟩ *Wiss. von den Krankheiten, systematische Beschreibung der Krankheiten* [< griech. *nosos* „Krankheit" und …*logie*]

Nō-Spiel ⟨n.1⟩ *formstrenges altjapanisches Singspiel mit historischen oder mythischen Stoffen;* Syn. *Nō* [< jap. *no* „Kunst, Kunstfertigkeit, Geschick, Können"]

Nost|al|gie ⟨f., -, nur Sg.⟩ *Heimweh, Sehnsucht nach der (als besser erscheinenden) Vergangenheit* [im 17.Jh. in Anlehnung an das schweizerische Wort „Heimweh" gebildet, < griech. *nostos* „Rückkehr, Heimkehr" und *algos* „Schmerz, Trauer, Kummer", also „Sehnsucht heimzukehren"]

Nost|al|gi|ker ⟨m.5⟩ *jmd., der an Nostalgie leidet, der sich der Nostalgie hingibt*

nost|al|gisch ⟨Adj., o.Steig.⟩ *auf Nostalgie beruhend, an Nostalgie leidend*

No|stri|fi|ka|ti|on ⟨f., -, nur Sg.⟩ *das Nostrifizieren*

no|stri|fi|zie|ren ⟨V.3, hat nostrifiziert; mit Akk.⟩ **1** *jmdn. n. einbürgern* **2** *etwas n. staatlich anerkennen;* ein ausländisches Diplom n. [< lat. *noster*, Gen. *nostri*, „uns" und …*ficere* (in Zus. für *facere*) „machen"]

No|stro|kon|to ⟨n., -s, -ten⟩ *Konto eines Geldinstitutes bei einem anderen;* vgl. *Lorokonto*

not ⟨Adv.⟩ *nötig* (nur in den Wendungen⟩ n. sein, n. tun *nötig sein;* Eile ist, tut n.; hier tut Hilfe n.

Not ⟨f.2⟩ **1** ⟨nur Sg.⟩ *Elend, Armut;* jmds. N. erleichtern; N. leiden; N. lindern; bittere N.; finanzielle, wirtschaftliche N.; jmdm. aus der N. helfen; in N. geraten **2** *Bedrängnis, Gefahr;* jmdm. in der Stunde der N. beistehen; Rettung aus, in höchster N. **3** ⟨nur Sg.⟩ *Qual, Leid;* große, innere, seelische N. **4** *Schwierigkeit, Sorge, Mühe;* die Nöte des Lebens; seine liebe N. mit jmdm. haben; mit genauer, knapper N. *gerade noch* **5** *Zwang,*

äußerer Druck; der N. gehorchend; das hat keine N. *das muß nicht unbedingt sofort geschehen;* aus einer Tugend machen *aus einer ungünstigen Lage das beste machen;* wenn, wo N. am Mann ist *wenn, wo Hilfe nötig ist;* ohne N. *ohne zwingende Notwendigkeit;* zur N. *mit Mühe, wenn es sich nicht umgehen läßt*

No|ta ⟨f.9⟩ **1** *Aufzeichnung, Anmerkung* **2** *kleine Rechnung* **3** *Auftrag;* in N. geben *in Auftrag geben;* in N. nehmen *vermerken* [lat., „Zeichen, Schriftzeichen"]

No|ta|beln ⟨Pl.⟩ **1** ⟨in Frankreich vom 14.Jh. bis 1789⟩ *die gebildete, führende Oberschicht, Mitglieder der königlichen Ratsversammlungen* **2** ⟨allg.⟩ *auf Grund ihres Ranges, Vermögens oder Bildungsstandes angesehene Persönlichkeiten* [< frz. *notable* „angesehener Bürger", < lat. *notabilis* „bemerkenswert, denkwürdig", zu *notare* „wahrnehmen, bemerken"]

no|ta|be|ne ⟨Abk.: NB⟩ **1** *wohlgemerkt* **2** *übrigens, was ich noch sagen wollte* [lat., „paß gut auf, merke gut auf", < *nota* Imperativ von *notare* „bemerken, beobachten" und *bene* „gut, wohl"]

No|ta|be|ne ⟨n., -(s), -(s)⟩ *Merkzeichen, Merkzettel*

Not|an|ker ⟨m.5⟩ **1** *zusätzlicher Anker* **2** ⟨übertr.⟩ *letzter Halt, letzte Reserve*

No|tar ⟨m.1⟩ *staatlich bestellter Jurist, der Rechtsgeschäfte beurkundet, Unterschriften beglaubigt usw.* [< lat. *notarius* „Schreiber, Sekretär, Schnellschreiber", zu *notare* „schreiben", bes. „mit Abkürzungen schreiben", zu *nota* „Schriftzeichen, Geheimschrift"]

No|ta|ri|at ⟨n.1⟩ *Amt, Büro eines Notars*

no|ta|ri|ell ⟨Adj., o.Steig.⟩ *von einem Notar (ausgeführt);* ~e Beglaubigung; ein Schriftstück n. beglaubigen lassen

no|ta|risch ⟨Adj., o.Steig.; selten⟩ *notariell*

Not|arzt ⟨m.2⟩ **1** *Arzt, der Bereitschaftsdienst hat* **2** *Arzt, der in einem Einsatzwagen im Notfall zum Patienten kommt*

No|ta|ti|on ⟨f.10⟩ **1** *Aufzeichnung (eines Musikstückes) in Notenschrift* **2** *Aufzeichnung einer Schachpartie* [< lat. *notatio*, Gen. -*onis*, „Bezeichnung", zu *notare* „durch Zeichen darstellen, schreiben", zu *nota* „Schriftzeichen"]

Not|auf|nah|me ⟨f.11⟩ **1** *Genehmigung zur Aufnahme in die BRD für Deutsche aus der DDR* **2** *Aufnahme von akuten Notfällen in ein Krankenhaus* **3** *Raum in einem Krankenhaus für akute Notfälle*

Not|aus|gang ⟨m.2⟩ *für Notfälle gedachter Ausgang (in Gebäuden)*

Not|be|helf ⟨m.1⟩ *kurzfristig verwendetes Mittel als Ersatz, vorläufige Lösung oder Maßnahme*

Not|brem|se ⟨f.11; in Eisenbahnwagen⟩ *Vorrichtung, die beim Ziehen des Handgriffes alle Wagenbremsen des Zuges betätigt*

Not|brem|sung ⟨f.10⟩ *das Ziehen der Notbremse*

Not|durft ⟨f., -, nur Sg.⟩ **1** *Entleerung von Darm und/oder Harnblase;* seine N. verrichten **2** ⟨†⟩ *das (zum Leben) Notwendige;* des Lebens N.

not|dürf|tig ⟨Adj.⟩ *knapp ausreichend;* ein ~er Schutz gegen den Regen; etwas n. ausbessern

No|te ⟨f.11⟩ **1** *Beurteilung, Zensur;* eine gute, schlechte N. bekommen; heute gibt es ~n (in der Schule); N. Eins, N. Zwei **2** ⟨Sport⟩ *(in Punkten ausgedrückte) Bewertung;* niedrige, hohe N. **3** *Bemerkung, Anmerkung* (Fuß~) **4** *musikalisches Schriftzeichen;* ~n lesen können; nach ~n singen, spielen; jmdn. nach ~n verhauen ⟨ugs.⟩ *jmdn. kräftig, ordentlich verhauen* **5** ⟨Pl.⟩ -n *Notenbuch, Notenheft;* sie hat ihre ~n vergessen; die ~s aufs Klavier stellen; mit in die ~n schauen **6** *Mit-*

teilung (einer Regierung an eine andere); diplomatische N.; jmdm. eine N. überreichen **7** *Banknote, Geldschein;* hundert Mark in ~n **8** ⟨nur Sg.; übertr.⟩ *Prägung, Eigenart, Besonderheit;* das ist seine persönliche N.; der Raum hat eine besondere N. [< lat. „Zeichen, Kennzeichen; Bemerkung des Zensors hinter dem Namen eines Bürgers (in Protokollen, Verzeichnissen)", mlat. auch „musikalisches Zeichen", zu *notare* „kennzeichnen, bezeichnen"]

No|ten|bank ⟨f.10⟩ *Bank, die zur Ausgabe von Banknoten berechtigt ist*

No|ten|buch ⟨n.4⟩ *Buch mit den Noten für ein Musikstück*

No|ten|heft ⟨n.1⟩ **1** *Heft mit Notenlinien* **2** *Heft mit den Noten für ein Musikstück*

No|ten|li|ni|en ⟨f.11, Pl.⟩ *fünf Linien, auf die die Noten (4) gezeichnet werden*

No|ten|pa|pier ⟨n., -s, nur Sg.⟩ *mit Notenlinien bedrucktes Papier*

No|ten|pult ⟨n.1⟩ *Pult zum Auflegen von Noten;* Syn. *Notenständer*

No|ten|schlüs|sel ⟨m.5⟩ *Zeichen am Beginn der Notenlinien, das die Tonlage der Noten anzeigt (z.B. Baßschlüssel, Violinschlüssel)*

No|ten|stän|der ⟨m.5⟩ → *Notenpult*

No|ten|wech|sel ⟨m.5⟩ *Wechsel, Austausch von diplomatischen Noten*

Not|fall ⟨m.2⟩ *Eintreten einer Notlage;* in Notfällen bitte diese Nummer anrufen; für den N. Geld einstecken; im N. *falls es nötig ist;* im N. kannst du bei uns übernachten

not|falls ⟨Adv.⟩ *falls es unbedingt nötig ist;* n. kannst du bei uns anrufen

not|ge|drun|gen ⟨Adv.⟩ *gezwungenermaßen, aus Notwendigkeit;* wir haben n. auf halbem Wege umkehren müssen

Not|ge|mein|schaft ⟨f.10⟩ **1** *Menschen, die sich gemeinsam in einer Notlage befinden* **2** *Gemeinschaft von Menschen, die eine Notlage beheben will*

Not|gro|schen ⟨m.7⟩ *für den Notfall gespartes Geld*

Not|hel|fer ⟨m.5⟩ *Helfer in einer Notlage;* die vierzehn N. *14 katholische Heilige, die man in bestimmten Notfällen um Beistand anruft*

Not|hil|fe ⟨f., -, nur Sg.⟩ *Hilfeleistung für jmdn., der sich in Not oder Gefahr befindet*

no|tie|ren ⟨V.3, hat notiert; mit Akk.⟩ **1** *etwas n.* **a** *in kurzer Form aufschreiben, schriftlich festhalten;* (sich) jmds. Namen, Adresse, Wünsche n.; ich habe einen Einfall, Gedanken n. **b** ⟨Mus.⟩ *in Notenschrift aufzeichnen;* ein Musikstück n.; diese Stelle ist in meiner Ausgabe anders notiert **c** ⟨Börse⟩ *einen Kurs n. einen Kurs festsetzen;* eine Aktie n. *den Kurs einer Aktie festsetzen* **2** *jmdn. n. jmds. Namen (und Adresse) aufschreiben* [< lat. *notare* „durch Zeichen darstellen, schreiben", zu *nota* „Zeichen, Schriftzeichen"]

No|tie|rung ⟨f.10⟩ **1** *das Notieren* **2** ⟨Mus.⟩ *Art des Notiertseins*

No|ti|fi|ka|ti|on ⟨f., -, nur Sg.⟩ *das Notifizieren*

no|ti|fi|zie|ren ⟨V.3, hat notifiziert; mit Akk.⟩ **1** ⟨†⟩ *anzeigen, mitteilen* **2** *in einer diplomatischen Note mitteilen* [< lat. *notificare* „bekanntmachen", < *notus* „bekannt" und …*ficare* (in Zus. für *facere*) „machen"]

No|ti|fi|zie|rung ⟨f., -, nur Sg.⟩

nö|tig ⟨Adj.⟩ *unbedingt erforderlich, unentbehrlich;* ~e Hilfe; die ~en Mittel zu etwas haben; das ist nicht n.; am ~sten braucht er Geld; ich halte das nicht für n.; er hat es nicht n. gehalten, sich zu entschuldigen *er hat sich unhöflicherweise nicht entschuldigt;* wenn n., komme ich heute **II** ⟨Adv.⟩ *unbedingt;* etwas n. brauchen; er hat Schlaf n. *er braucht unbedingt Schlaf;* er hat es gerade n.! *gerade er sollte das nicht tun;* hast du das n.? *das müßtest du eigentlich nicht tun*

nö|ti|gen ⟨V.1, hat genötigt; mit Akk.⟩

1 mit Gewalt oder Drohung zwingen (etwas zu tun oder zu dulden); jmdn. n., Geld herauszugeben, ein Schriftstück zu unterschreiben; jmdn. zum Geschlechtsverkehr n. **2** zwingend veranlassen; dein Verhalten nötigt mich zu dieser Maßnahme; die Umstände n. mich, sofort abzureisen; ich fühle mich, sehe mich genötigt einzugreifen **3** (bei Tisch) mehrmals oder dringend auffordern, zuzugreifen, sich etwas zu nehmen; jmdn. zum Essen n.

nö|ti|gen|falls ⟨Adv.⟩ falls es nötig ist; n. können wir dort übernachten

Nö|ti|gung ⟨f., -, nur Sg.⟩ das Nötigen; sich der N. schuldig machen

No|ti|on ⟨f.10⟩ Begriff, Gedanke [< lat. notio, Gen. -onis, „Begriff, Sinn"]

No|tiz ⟨f.10⟩ **1** aufgeschriebene Bemerkung, schriftliche Angabe, Mitteilung; eine kurze N.; sich ~en machen **2** Kenntnis, Beachtung; von jmdm. oder etwas keine N. nehmen ihn bzw. es nicht beachten [< lat. notitia „schriftliches Verzeichnis; Bekanntsein, Wissen, Kenntnis, zu notus „bekannt (mit etwas)", zu noscere „kennen, kennenlernen"]

No|tiz|buch ⟨n.4⟩ kleines Buch (oft mit Kalender) für Notizen; Syn. Merkbuch

Not|la|ge ⟨f.11⟩ schwierige, bedrängende Situation; in eine N. geraten; aus einer N. heraus handeln; jmds. N. zum eigenen Vorteil ausnutzen

not|lan|den ⟨V.2, ist notgelandet, o.Obj.⟩ eine Notlandung durchführen; er notlandete, mußte n.

Not|lan|dung ⟨f.10⟩ durch eine Notlage erzwungene Landung (eines Flugzeugs) (auf dafür nicht geeignetem Platz)

Not|lö|sung ⟨f.10⟩ vorübergehende, nicht befriedigende, aber unter den gegebenen Umständen einzig mögliche Lösung

Not|lü|ge ⟨f.11⟩ aufgrund einer Notlage ausgesprochene Lüge, um jmdn. nicht zu kränken, um Schlimmeres zu verhindern o.ä.

Not|na|gel ⟨m.6; ugs.⟩ Ersatz, Behelf

no|to|risch ⟨Adj., o.Steig.⟩ allbekannt; gewohnheitsmäßig; ein ~er Lügner [< lat. notorius „kundtuend, anzeigend", zu notare „durch Zeichen kenntlich machen, bezeichnen", → Note]

not|reif ⟨Adj., o.Steig.⟩ vorzeitig reif (bevor die Frucht voll ausgebildet ist)

Not|rei|fe ⟨f., -, nur Sg.⟩ vorzeitige Reife, Zustand der Reife vor beendeter Ausbildung der Frucht

Not|ruf ⟨m.1⟩ **1** Ruf, Anruf um Hilfe **2** Rufnummer von Polizei, Notarzt oder Feuerwehr

not|schlach|ten ⟨V.2, hat notgeschlachtet, nur im Infinitiv und Perf.; mit Akk.⟩ eine Notschlachtung vornehmen

Not|schlach|tung ⟨f.10⟩ vorzeitiges Schlachten eines (vom Tod bedrohten) Tieres

Not|sitz ⟨m.1; in Omnibussen, Eisenbahnwagen u.ä.⟩ (hochklappbarer) nur bei Platznot gebrauchter Sitz

Not|stand ⟨m.2⟩ **1** Notlage **2** Zustand der Gefährdung des Staates; allgemeiner, öffentlicher N.

Not|stands|ge|setz ⟨n.1⟩ Gesetz für den Notfall, durch das die Grundrechte erheblich eingeschränkt werden

Not|strom|ag|gre|gat ⟨n.1⟩ technische Anlage zur kurzzeitigen Eigenstromversorgung bei Ausfall des öffentlichen Stromnetzes (z.B. in Krankenhäusern, Kühlanlagen)

Not|tau|fe ⟨f.11⟩ Taufe durch einen Nichtgeistlichen, wenn für den Täufling akute Lebensgefahr besteht

not|tau|fen ⟨V.1, hat notgetauft, nur im Infinitiv und Perf.; mit Akk.⟩ ein Kind n. an einem Kind die Nottaufe vornehmen

Not|tur|no ⟨n., - s, -s oder -ni⟩ schwermütiges Musikstück; Syn. Nachtstück [ital., < lat. nocturnus „nächtlich", zu nox, Gen. noctis „Nacht"]

Not|ver|band ⟨m.2⟩ behelfsmäßiger, notdürftig angebrachter Verband (einer Wunde)

not|was|sern ⟨V.1, ist notgewassert; o.Obj.⟩ eine Notwasserung durchführen; er notwasserte, mußte n.

Not|was|se|rung ⟨f.10⟩ durch eine Notlage erzwungenes Wassern (eines Flugzeugs)

Not|wehr ⟨f., -, nur Sg.⟩ Abwehr eines tödlichen Angriffs (die nicht bestraft wird); aus, in N. handeln

not|wen|dig ⟨Adj.⟩ **1** unbedingt nötig, unerläßlich; ~e Anschaffungen; die ~en Schritte einleiten; die ~en Voraussetzungen erfüllen; das Notwendige veranlassen; nur mit dem Notwendigsten ausgerüstet sein; nur das Notwendigste mitnehmen **2** zwangsläufig, unvermeidbar; das ist die ~e Folge; das wird sich n. so ergeben **3** ⟨als Adv.⟩ unbedingt; etwas n. brauchen

Not|wen|dig|keit ⟨auch [-vɛn-] f.10⟩ **1** ⟨nur Sg.⟩ das Notwendigsein; die N. einer Sache erkennen; von der N. einer Sache überzeugt sein **2** etwas, das unbedingt erforderlich ist; das Auto ist für ihn eine N.; das ist eine dringende N.

Not|zucht ⟨f., -, nur Sg.⟩ Vergewaltigung

Nou|gat ⟨[nu-] n.9, auch m.9⟩ Süßware aus Kakao, Zucker, fein zerriebenen Mandeln oder Nüssen u.a.; auch: Nugat [frz., „Nuß-, Mandelkuchen", < prov. noga „Nuß", < lat. nux, Gen. nucis, „Nuß"]

Nou|veau Ro|man ⟨[nuvo rɔmɑ̃] m., - -, nur Sg.⟩ in Frankreich entwickelte Richtung des modernen Romans [frz., „neuer Roman"]

Nou|veau|té ⟨[nuvote] f.9⟩ Neuheit, Neuigkeit

No|va ⟨f., -, -vä oder -vae [-vɛ:]⟩ **1** neuer Stern, dessen Helligkeit plötzlich zunimmt [lat., „die Neue"]

No|va|ti|on ⟨f.10⟩ **1** Erneuerung **2** Umwandlung einer Schuld [< lat. novatio, Gen. -onis, „Erneuerung, Veränderung", zu novus „neu"]

No|vel|le ⟨f.11⟩ **1** Nachtrag zu einem Gesetz **2** in sich geschlossene Prosaerzählung [< ital. novella „Nachricht, Neuigkeit, Erzählung", zu novello „neu, jung, frisch", < lat. novellus, Verkleinerungsform von novus „neu, jung"]

No|vel|let|te ⟨f.11⟩ kleine Novelle

no|vel|lie|ren ⟨V.3, hat novelliert; mit Akk.⟩ ergänzen oder neu formulieren; ein Gesetz n.

No|vel|list ⟨m.10⟩ Novellendichter

No|vel|li|stik ⟨f., -, nur Sg.⟩ Novellendichtung

no|vel|li|stisch ⟨Adj., o.Steig.⟩ in der Art einer Novelle

No|vem|ber ⟨m., -(s), -; Abk.: Nov.⟩ elfter Monat des Jahres [< lat. mensis november „neunter Monat" (da der altrömische Kalender mit dem 1. März begann), zu novem „neun" und ...ber von unklarer Herkunft]

No|ve|ne ⟨f.11; kath. Kirche⟩ neuntägige Andacht [< mlat. novena in ders. Bed., zu lat. novem „neun"]

No|vi|tät ⟨f.10⟩ Neuheit, Neuigkeit, Neuerscheinung [< lat. novitas, Gen. -atis, „Neuheit", zu novus „neu"]

No|vi|ze ⟨m.11⟩ Mönch während der Probezeit [< lat. novicius, „Neuling", zu novus „neu"]

No|vi|zi|at ⟨n.1⟩ Probezeit (im Kloster)

No|vi|zin ⟨f.10⟩ Nonne während der Probezeit

No|vo|ca|in ⟨n., -s, nur Sg.⟩ künstliches Mittel zur örtlichen Betäubung [< lat. novum „neu" und Kokain]

No|vum ⟨auch [no-] n., -s, -va⟩ Neuheit, neu hinzukommende Tatsache, neuer Gesichtspunkt [lat., „Neues"]

No|xe ⟨f.11⟩ krankheitserregende Ursache, Schädlichkeit [< lat. noxa „Schaden", zu nocere „Schaden, Unheil anrichten"]

No|xin ⟨n.1⟩ aus abgestorbenem Körpereiweiß stammender Giftstoff [< Noxe und Toxin]

Np ⟨Zeichen für⟩ Neptunium

Nr. ⟨Abk. für⟩ Nummer

NRT ⟨Abk. für⟩ Nettoregistertonne

NS... ⟨in Zus. Abk. für⟩ nationalsozialistisch, z.B. NS-Herrschaft, NS-Parole

Nt ⟨Zeichen für⟩ Niton

NT ⟨Abk. für⟩ Neues Testament

Nu ⟨m.; nur in den Wendungen⟩ im N., in einem N. blitzschnell

Nu|an|ce ⟨[nyãsə], österr. [nyãs] f.11⟩ feine Tönung, feine Abstufung, winzige Kleinigkeit, Spur; eine N. heller, dunkler, lauter, leiser [frz., zu nue (< lat. nubes) „Wolke", im Hinblick auf die feinen Farbtönungen der Wolken]

nu|an|cie|ren ⟨[nyãsi-] V.3, hat nuanciert; mit Akk.⟩ **1** fein abstufen, kaum merklich verändern; den Tonfall n.; die Farbgebung n. **2** in allen Bedeutungsunterschieden darstellen; einen Begriff n.

'nü|ber ⟨Adv., ugs. kurz für⟩ hinüber, ⟨oft, bes. norddt.⟩ 'rüber

Nu|buk ⟨n., -, nur Sg.⟩ wildlederähnliches Rinds- oder Kalbsleder [engl.]

nüch|tern ⟨Adj.⟩ **1** ⟨o.Steig.⟩ nicht betrunken, trotz Alkoholgenuß bei Sinnen; wieder n. werden **2** ⟨o.Steig.⟩ ohne etwas gegessen oder getrunken zu haben; morgens n. zu einer Untersuchung kommen; auf ~en Magen auf leeren Magen; ich bin noch n. **3** wirklichkeitsnah, sachlich, ein ~er Geschäftsmann; eine ~e Einschätzung der Lage; n. denken **4** nur auf das Zweckmäßige gerichtet, ohne Verzierung; ein ~er Raum **5** auf das Notwendigste beschränkt; mit ~en Worten **6** wenig gewürzt; die Suppe schmeckt etwas n. **Nüch|tern|heit** ⟨f., -, nur Sg.⟩

Nucke, Nücke ⟨-k|k-; f.11; nddt.⟩ Laune, Grille; seine ~n haben; Nücken und Tücken

Nuckel ⟨-k|k-; m.5; landsch.⟩ → Schnuller

nuckeln ⟨-k|k-; V.1, hat genuckelt; mit Akk. oder Präp.obj.⟩ in kleinen Schlucken saugen; das Kind nuckelt seine Milch, nuckelt an der Flasche

Nuckel|pin|ne ⟨-k|k-; f.11; ugs.⟩ kleines, langsames (altes) Motorfahrzeug

nuckisch, nückisch ⟨-k|k-; Adj.; nddt.⟩ launisch, eigensinnig

Nu|cle|in ⟨n.1⟩ **Nu|cle|in|säu|re** ⟨f.11⟩ hochmolekulare organische Verbindung (Träger der Erbinformation) [zu Nucleus]

Nu|cle|o|id ⟨n.1; bei Bakterien⟩ dem Zellkern äquivalente Struktur [< Nucleus und ...oid]

Nu|cleo|pro|te|id ⟨n.1⟩ Verbindung von Nucleinsäuren mit Eiweiß

Nu|cleo|tid ⟨n.1⟩ eine organische Basenverbindung, Baustein der Nucleinsäuren

Nu|cle|us ⟨m., -, -clei [-klei]⟩ auch: Nukleus **1** → Zellkern **2** Gallertkern, Zentrum der Zwischenwirbelscheibe **3** Nervenkern, Verdichtung im Zentralnervensystem [< lat. nucleus < nuculeus „Kern", bes. „eßbarer Kern der Nuß", zu nucula, „Nüßchen", Verkleinerungsform von nux, Gen. nucis, „Nuß"]

Nu|del ⟨f.11⟩ **1** (verschiedenartig geformtes) Teigstück (Band); Syn. Teigwaren; flache ~n **2** fingerstarkes Röllchen aus Teig zum Nudeln von Gänsen **3** ⟨landsch.⟩ in schwimmendem Fett gebackenes Hefegebäck **4** ⟨scherzh.⟩ Person; er, sie ist eine ulkige, lustige N.

Nu|del|brett ⟨n.3⟩ Brett zum Ausrollen von Teig

nu|del|dick ⟨Adj., o.Steig.; ugs.⟩ sehr dick, mit gerundeten Körperformen

Nu|del|holz ⟨n.4⟩ hölzerne Rolle mit zwei Griffen zum Ausrollen von Teig; Syn. ⟨oberdt.⟩ Nudelwalker, ⟨landsch.⟩ Wälgerholz, ⟨schweiz.⟩ Wallholz

nu|deln ⟨V.1, hat genudelt; mit Akk.⟩ **1** ⟨früher⟩ durch gewaltsames Füttern mit

Nudeln mästen; Syn. *schoppen, stopfen;* Gänse n.; ich bin wie genudelt ⟨ugs.⟩ *ich habe zuviel gegessen* **2** ⟨übertr., ugs.⟩ *überfüttern; ihr nudelt mich ja geradezu*

Nu|del|wal|ker ⟨m.5; oberdt.⟩ →*Nudelholz*

Nu|dis|mus ⟨m., nur Sg.⟩ →*Freikörperkultur* [< lat. *nudus* „nackt"]

Nu|dist ⟨m.10⟩ *Anhänger des Nudismus*

nu|dis ver|bis *mit dürren Worten* [lat., „mit nackten Worten"]

Nu|di|tät ⟨f.10⟩ **1** ⟨nur Sg.⟩ *Nacktheit* **2** *Darstellung von nackten Körpern* [< lat. *nuditas*, Gen. *-atis*, *„Blöße, Nacktheit"*, zu *nudus* „nackt"]

Nu|gat ⟨n.9, auch m.9⟩ →*Nougat*

Nug|get ⟨[na-] n.9⟩ *natürliches Goldklümpchen* [engl., Verkleinerungsform von *nug* „Stück, Block, ungeformte Masse"]

nu|kle|ar ⟨Adj., o.Steig.⟩ **1** *zum Atomkern gehörend, von ihm ausgehend* **2** *auf Kernspaltung beruhend;* ~e *Waffen Kernwaffen* [zu *Nucleus*]

Nu|kle|ar|me|di|zin ⟨f., -, nur Sg.⟩ *Teilgebiet der Strahlenmedizin*

Nu|kle|on ⟨n.13⟩ *Baustein eines Atomkerns, Proton bzw. Neutron* [zu *Nucleus*]

Nu|kle|us ⟨m., -, -klei [-kle|i]-⟩ →*Nucleus*

Nu|klid ⟨n.1⟩ *durch Angabe von Protonen- und Massenzahl genau bestimmte Kernart* [zu *Nucleus*]

null ⟨Num.⟩ **1** *nicht einmal ein(s), nicht einmal eine(n), kein;* n. *Fehler im Diktat;* n. *Grad Gefrierpunkt;* n. *Uhr zwei zwei Minuten nach 24 Uhr, nach 12 Uhr nachts; der Vertrag ist* n. *und nichtig der Vertrag ist ungültig;* er *hat* n. *Verständnis* ⟨Jugendjargon⟩ *er hat überhaupt kein Verständnis* [< lat. *nullus* „keiner"; < *ne* „nicht" und *ullus* „irgendeiner", Verkleinerungsform von *unus* „einer"]

Null ⟨f.10⟩ **1** *die Zahl 0; das geht in* N. *Komma nichts* ⟨ugs., scherzh.⟩ *sehr schnell* **2** *Gefrierpunkt; das Thermometer steht auf* N. **3** ⟨übertr.⟩ *bedeutungsloser Mensch* **4** ⟨Skat⟩ *Spiel, bei dem der Spieler keinen Stich machen darf, um zu gewinnen;* Syn. *Nullspiel*

Null... ⟨in Zus.⟩ *kein(e), ohne, auf ein Mindestmaß herabgesetzt,* z.B. *Nullkosten, Nullzinsen*

null-acht-fünf|zehn ⟨Adj., o.Steig., o.Dekl.; ugs.⟩ *nach allzu bekanntem Schema; ein Haus im Stil* n.; *eine* n. *eingerichtete Wohnung; ein* n. *Kantinenessen* [nach einem 1915 im deutschen Heer eingeführten Maschinengewehr und dem eintönigen Unterricht im Waffengebrauch]

Null-acht-fünf|zehn-... ⟨in Zus.⟩ *unoriginell, schematisch,* z.B. *Null-acht-fünfzehn-Haus*

Null|di|ät ⟨f.10⟩ *Diät, die nur aus Wasser, Mineralstoffen und Vitaminen besteht (zur Abmagerung)*

Null|lei|ter ⟨-ll|l-; m.5; in elektr. Stromkreisen mit mehreren Leitern⟩ *der spannungslose, geerdete mittlere Leiter*

nul|len ⟨V.1, hat genullt⟩ **I** ⟨mit Akk.⟩ *mit dem Nulleiter verbinden; eine elektrische Maschine* n. **II** ⟨refl.⟩ *sich* n. ⟨ugs., scherzh.⟩ *einen Geburtstag mit der Zahl Null feiern; er hat sich zum dritten Mal genullt er ist 30 Jahre alt geworden*

Nul|li|fi|ka|ti|on ⟨f.10⟩ *das Nullifizieren, Ungültigkeitserklärung, Aufhebung, Nichtigmachung*

nul|li|fi|zie|ren ⟨V.3, hat nullifiziert; mit Akk.⟩ *für ungültig erklären, aufheben* [< lat. *nullificare*, „geringschätzen", zu *nullum* „nichts" (→*null*) und *ficare* (in Zus. für *facere*) „machen"]

Null|li|nie ⟨-ll|l-; [-njə] f.11; auf Skalen⟩ *Anfangsstrich*

Null|in|stru|ment ⟨n.1⟩ *sehr empfindliches Meßinstrument, das bei der Nullmethode verwendet wird*

Nul|li|pa|ra ⟨f., -, -pa|ren⟩ *Frau, die noch nicht geboren hat;* vgl. *Multipara, Primipara* [< lat. *nulli,* Plural von *nullus* „kein(er)" (→*null*) und *parere* „gebären, hervorbringen"]

Nul|li|tät ⟨f.10⟩ **1** ⟨nur Sg.⟩ *Nichtigkeit* **2** *Ungültigkeit* **3** *bedeutungslose Sache oder Person*

Null|me|ri|di|an ⟨m., -s, nur Sg.⟩ *Meridian von Greenwich*

Null|me|tho|de ⟨f.11⟩ *elektrische Meßmethode, bei der die Wirkung der zu messenden Größe durch die einer bekannten Größe kompensiert wird; sie wird überprüft mit dem Nullinstrument, das keinen Ausschlag zeigen darf*

Null|ni|veau ⟨[-vo:] n.9⟩ *Höhenlage als Ausgangspunkt für kartographische Vermessungen*

Null|null ⟨n.9; ugs.⟩ *Toilette* [vermutlich zuerst in Hotels zur Kennzeichnung eines Raumes, der keine Zimmernummer hat]

Null|ope|ra|ti|on ⟨f.10⟩ *Eingabe einer Information in den Computer ohne Rechenvorgang*

Null|ou|vert ⟨[-uvɛːr] m.9; Skat⟩ *Nullspiel, bei dem der Spieler seine Karten nach dem ersten Stich offen hinlegen muß* [< *Null* und frz. *ouvert* „offen"]

Null|punkt ⟨m.1; auf Skalen⟩ *Punkt, der den Wert Null angibt; die Stimmung ist auf dem* N. ⟨übertr.⟩ *die Stimmung kann nicht mehr schlechter werden*

Null|punkts|en|er|gie ⟨f., -, nur Sg.⟩ *stets vorhandene Schwingungsenergie (eines Moleküls)*

Null|se|rie ⟨f.11⟩ *Versuchsserie vor der Serienproduktion*

Null|spiel ⟨n.1; Skat⟩ →*Null (4)*

Null|stel|lung ⟨f.10; bei elektr. Geräten⟩ *Stand des Zeigers, des Schalters auf dem Nullpunkt*

Null|ta|rif ⟨m.1⟩ *Tarif von 0 Pfennig; zur Einweihung der neuen U-Bahn-Strecke kann jeder zum* N. *fahren unentgeltlich*

Null|wachs|tum ⟨n., -s, nur Sg.⟩ *Aufhören des wirtschaftlichen Wachstums und Gleichbleiben auf einer erreichten Höhe*

Nul|pe ⟨f.11; ugs.⟩ *Dummkopf, unbedeutender Mensch*

Nu|men ⟨n., -s, nur Sg.⟩ *göttliches Wesen ohne personliche Gestalt, aber mit der Fähigkeit zu positiven oder negativen Wirkungen, göttliche Macht* [lat., „Wink, Geheiß der Gottheit", dann „göttliche Macht" sowie „Gottheit", zu *nuere* „neigen, winken"]

Nu|me|ra|le ⟨n., -s, -lia oder -li|en⟩ *Zahlwort,* z.B. *eins, zehn, zweiter, dreifach*

Nu|me|ro ⟨nur mit nachfolgender Zahlenangabe; †; Abk.: No., Nº⟩ *Nummer;* N. *vier*

nu|me|rie|ren ⟨V.3, hat numeriert; mit Akk.⟩ *mit Nummern versehen, beziffern;* Syn. *benummern; die Seiten eines Textes* n.; *numerierte Plätze (im Kino* u.a.⟩

Nu|me|rie|rung ⟨f.10⟩ **1** ⟨nur Sg.⟩ *das Numerieren, das Numeriertsein* **2** *Gesamtheit der Nummern; die* N. *stimmt nicht*

nu|me|risch ⟨Adj., o.Steig.⟩ *der Zahl nach, hinsichtlich der Zahl*

Nu|me|ro ⟨nur mit nachfolgender Zahlenangabe; †; Abk.: No., Nº⟩ *Nummer;* N. *vier*

Nu|me|rus ⟨m., -, -ri⟩ **1** *Zahl* **2** *Zahlform* ⟨Sammelbez. für⟩ *Singular und Plural* [lat., „Zahl"]

Nu|me|rus clau|sus ⟨m., - -, nur Sg.⟩ *begrenzte Zahl (für die Zulassung zu einem Studium, einem Beruf)* [< lat. *numerus* „Zahl, Anzahl" und *clausus* „geschlossen, gesperrt", zu *claudere* „schließen, sperren"]

nu|mi|nos ⟨Adj., o.Steig.⟩ *göttlich* [zu *Numen*]

Nu|mis|ma|tik ⟨f., -, nur Sg.⟩ *Wiss. von den Münzen;* Syn. *Münzkunde, Münzwissenschaft* [< lat. *numisma,* Nebenform von *nomisma*, Gen. *-atis,* < griech. *nomisma* „(im Gebrauch befindliche) Münze", zu *nomos* „Brauch, Sitte"]

Nu|mis|ma|ti|ker ⟨m.5⟩ *jmd., der sich (wissenschaftlich) mit Numismatik beschäftigt*

nu|mis|ma|tisch ⟨Adj., o.Steig.⟩ *die Numismatik betreffend, zu ihr gehörig*

Num|mer ⟨f.11; Abk.: Nr.⟩ **1** *Zahl, Kennzahl;* N. *eins, zwei; auf* N. *Sicher gehen* ⟨übertr., ugs.⟩ *kein Risiko eingehen; bei jmdm. eine* N. *haben* ⟨ugs.⟩ *bei jmdm. etwas gelten; laufende* N. **1** →*laufend* **2** *einzelnes Exemplar (einer Zeitschrift); die vorige, nächste* N. **3** *einzelne Darbietung (im Kabarett, Varieté, Zirkus); eine neue* N. *entwickeln; eine* N. *proben* **4** *die Größe (von Schuhen, Kleidungsstücken) angebende Zahl; eine* N. *größer, kleiner; ich brauche* N. *38* **5** ⟨kurz für⟩ **a** *Autonummer; ein Wagen mit einer ausländischen, mit einer Münchner* N. **b** *Telefonnummer; er ist unter der* N. *14013 zu erreichen; ich gebe Ihnen meine* N. **c** *Zimmernummer (im Hotel); der Herr von* N. *15* **6** ⟨derb⟩ *Geschlechtsverkehr; eine* N. *schieben* **7** ⟨ugs., scherzh.⟩ *Person; er ist eine ulkige, komische* N.; *das ist ja eine* N.! [< lat. *numerus* „Zahl, Abteilung, Teil", zur idg. Wurzel **nem-*, „zählen, ordnen"]

num|me|risch ⟨Adj., o.Steig.; selten⟩ *numerisch*

Num|mern|schei|be ⟨f.11; am Telefon⟩ *Scheibe mit den Nummern zum Wählen des Anschlusses, Wählscheibe*

Num|mern|schild ⟨n.3⟩ **1** *Schild mit einer oder mehreren Nummern* **2** ⟨an Kfz⟩ *Schild mit Buchstaben und Zahlen (zur Kennzeichnung)*

Num|mu|lit ⟨m.10⟩ *versteinerter Wurzelfüßer aus dem Tertiär* [< lat. *nummulus,* Verkleinerungsform von *nummus* „Geldstück, Münze", wegen des scheibenförmigen Gehäuses, das an eine Münze erinnert, daher auch „Münzenstein" genannt]

nun I ⟨Adv.⟩ **1** n. *ist es soweit; es ist ja* n. *schon besser geworden;* n. *weißt du's!;* n. *und nimmer niemals; von* n. *an* **2** *also;* n. *gut;* n., *wennn du bald?;* n., *wie geht's?* **3** *denn, halt; das ist* n. *mal so* **4** *etwa, vielleicht; hat er das* n. *gewußt?* **5** ⟨in der Fügung⟩ n. *ja* ⟨Ausdruck der Gleichmütigkeit⟩ **II** ⟨Konj.; †, noch poet.⟩ *weil, da;* n. *du gekommen bist, so...*

nun|mehr ⟨Adv.⟩ *jetzt, von jetzt an*

nun|meh|rig ⟨Adj., o.Steig.; nur als Attr.⟩ *jetzig; wir hatten viel Personalwechsel, der* ~e *Leiter der Abteilung ist XY*

'nun|ter ⟨Adv.; ugs. kurz für⟩ *hinunter,* ⟨oft, bes. norddt.⟩ *'runter*

Nun|tia|tur ⟨[-tsja-] f.10⟩ *Amt und Büro eines Nuntius*

Nun|ti|us ⟨[-tsjus] m., -, -ti|en⟩ *päpstlicher Botschafter bei einer weltlichen Regierung* [< lat. *nuntius* „Bote, Melder"; vielleicht aus der Sprache der Auguren urspr. im Sinne von „Vogelschrei" (als Omen), zu *nuntiare* „anzeigen, melden"]

nup|ti|al ⟨[-tsjal] Adj., o.Steig.; nur als Attr.; †⟩ *ehelich, Ehe..., hochzeitlich, Hochzeits...; die* ~en *Gebräuche* [< lat. *nuptiae* „Hochzeit", zu *nubere* „heiraten"]

nur I ⟨Adv.⟩ **1** *lediglich, nicht mehr als; wir bleiben* n. *zwei Tage;* n. *er ist nicht krank,* n. *erschöpft;* n. *noch eine Stunde* **2** *nichts anderes als; niemand anders als; es gab* n. *Kartoffeln; es konnte* n. *Gutes berichtet werden; es war* n. *mein Sohn, der geklingelt hat; „Warum fragst du?" „Ach,* n. *so!" aus keinem besonderen Grund* **3** ⟨in Wunschsätzen⟩ *doch; wenn er* n. *endlich käme!; wenn er mir* n. *jetzt jmd. helfen würde!* **4** ⟨verstärkend⟩ *nimm* n.!; *was kann er damit* n. *gemeint haben?; wenn das* n. *gutgeht!; er wird kommen, sobald er* n. *kann*

Nürn|ber|ger Leb|ku|chen →*Lebkuchen*

Nürn|ber|ger Trich|ter →*Trichter*

Nurse ⟨[nəs] f., -, *Nurses* [-siz] oder *Nursen;* engl. Bez. für⟩ *Kindermädchen*

nu|scheln ⟨V.1, hat genuschelt⟩ **I** ⟨o.Obj.⟩ *undeutlich reden* **II** ⟨mit Akk.⟩ *undeutlich sagen, undeutlich antworten;* er hat irgendetwas genuschelt, was ich nicht verstanden habe

Nuß ⟨f.2⟩ **1** *trockene, einsamige Schließfrucht, deren holzige, harte Fruchtwand mit dem Samen nicht verwachsen ist* (Hasel~, Wal~); jmdm. eine N. zu knacken geben *jmdm. eine schwierige Aufgabe oder Frage stellen;* eine harte N. *eine schwierige Aufgabe, eine schwer zu lösende Sache* **2** *nur der Samen,* ⟨Nüsse essen; geriebene Nüsse **3** ⟨bei einigen Schlachttieren⟩ *Fleischstück aus der Keule* (Kalbs~) **4** ⟨Jägerspr.; beim weibl. Wolf, Otter, Hund⟩ *äußeres Geschlechtsteil* **5** ⟨ugs.⟩ *Person,* ⟨bes.⟩ *dumme Person* [wahrscheinlich nach der Vorstellung der hohlen Nuß]

Nuß|baum ⟨m.2⟩ **1** ⟨kurz für⟩ *Walnußbaum* **2** *dessen Holz;* ein Schrank aus N.

Nuß|knacker ⟨-k|k-; m.5⟩ **1** *zangenähnliches Gerät zum Knacken von Nußschalen* **2** *entsprechende Vorrichtung in Gestalt eines buntuniformierten Holzmännchens, zwischen dessen Kiefer die Nuß geschoben wird*

Nuß|koh|le ⟨f.11⟩ *(nußähnliche) Handelsform der Steinkohle*

Nüß|li|sa|lat ⟨m., -(e)s, nur Sg.; schweiz.⟩ → *Feldsalat*

Nuß|öl ⟨n.1⟩ *aus frischen Walnüssen kalt gepreßtes, gelbliches Öl*

Nü|ster ⟨auch [ny-] f.11; bes. beim Pferd⟩ → *Nasenloch*

Nut ⟨f.10⟩ *längliche Vertiefung (in die ein Stift, Keil, Zapfen o.ä. eingeschoben wird);* auch: ⟨ugs.⟩ *Nute*

Nu|ta|ti|on ⟨f.10⟩ **1** *Schwankung (z.B. der Erdachse gegen den Himmelspol);* **2** *Krümmungsbewegung (von Pflanzen infolge ungleichen Wachstums)* [< lat. *nutatio,* Gen. *-onis,* „das Schwanken", zu *nutare* „schwanken"]

Nu|te ⟨f.11; ugs.⟩ → *Nut*

nu|ten ⟨V.2, hat genutet; mit Akk.⟩ *etwas n. mit einer Nut versehen, eine Nut an etwas anbringen*

Nu|tria ⟨f.9⟩ **1** *aus Südamerika stammendes Nagetier mit Schwimmhäuten an den Hinterfüßen;* Syn. Biberratte, Sumpfbiber **2** *dessen brauner Pelz* [span., der Name geht auf die Kreuzung eines lat. mit einem griech. Namen zurück, jedoch für ein anderes Tier, nämlich den Fischotter: lat. *lutra* und griech. *enydris* „Wasserratte"]

nu|trie|ren ⟨V.3, hat nutriert; mit Akk.⟩ *ernähren* [< lat. *nutrire* „nähren"]

Nu|tri|ment ⟨n.1; Med.⟩ → *Nahrungsmittel* [< lat. *nutrimentum* in ders. Bed., zu *nutrire* „ernähren" und *...ment* zur Bez. eines Mittels]

Nu|tri|ti|on ⟨f., -, nur Sg.; Med.⟩ *Ernährung* [< lat. *nutritio,* Gen. *-onis,* „das Säugen, Nähren", zu *nutrire* „säugen, nähren"]

nu|tri|tiv ⟨Adj.; Med.⟩ → *nahrhaft* [zu *Nutrition*]

Nut|sche ⟨f.11⟩ *Gerät zum Filtrieren mit Sieb und Filterpapier*

nut|schen ⟨V.1, hat genutscht; mit Akk.⟩ **1** *mit der Nutsche filtern* **2** ⟨mdt.⟩ *lutschen;* ein Bonbon n.

Nut|te ⟨f.11; derb⟩ → *Prostituierte* [< *Nut* „Spalte, Ritze", hier auf das weibliche Geschlechtsteil bezogen]

nutz ⟨Adj.; oberdt.⟩ *nütze;* er ist zu nichts n.

Nutz ⟨m., -es, nur Sg.; †⟩ *Nutzen* ⟨nur noch in der Wendung⟩ zu N. und Frommen der, des ... *zum Nutzen der, des ...*

Nutz|an|wen|dung ⟨f.10⟩ *nutzbringender Gebrauch*

nutz|brin|gend ⟨Adj.⟩ *Nutzen bringend*

nüt|ze ⟨Adj., nur mit „sein"⟩ *nützlich, brauchbar;* wozu ist das n.?

Nutz|ef|fekt ⟨m.1⟩ *Nutzen, Wirkung;* ein Mittel mit wenig N.

nut|zen, nüt|zen ⟨V.1, hat genutzt, genützt⟩ **I** ⟨mit Akk.⟩ *etwas n. Nutzen aus etwas ziehen, etwas zum Vorteil gebrauchen;* Bodenschätze nutzen; eine Gelegenheit nutzen, nützen; die freie Zeit nutzen, nützen **II** ⟨o.Obj. oder mit Dat.⟩ ⟨*jmdm.*⟩ *Nutzen, Vorteil bringen, nützlich sein;* das nützt, nutzt nichts, wenig, viel; deine Vorwürfe nützen mir nichts

Nut|zen ⟨m., -s, nur Sg.⟩ *Vorteil, Gewinn, Ertrag;* viel N. aus etwas ziehen; wenig N. von etwas haben; zum N. aller

Nutz|fahr|zeug ⟨n.1⟩ *Kraftfahrzeug zum Transport von Gütern oder Personen*

Nutz|flä|che ⟨f.11⟩ *nutzbare Bodenfläche*

Nutz|ki|lo|me|ter ⟨m.5, auch n.5⟩ *von einem Nutzfahrzeug mit Ladung zurückgelegte Strecke von 1 km*

Nutz|last ⟨f.10⟩ **1** *Last, die ein Bauwerk außer den Eigengewicht tragen kann* **2** *Last, die ein Transportfahrzeug aufnehmen kann* **3** *beförderte Last*

Nutz|lei|stung ⟨f.10; Tech.⟩ *die von einer Kraftmaschine erzeugte, nutzbare Energiemenge*

nütz|lich ⟨Adj.⟩ *brauchbar, Nutzen bringend;* Ggs. *schädlich;* ein ~es Haustier; sich n. machen *helfen* **Nütz|lich|keit** ⟨f., - nur Sg.⟩

Nütz|lich|keits|prin|zip ⟨n., -s, nur Sg.; Philos.⟩ *Prinzip, nach dem das Nützliche auch das moralisch Gute ist*

Nutz|ling ⟨m.1⟩ *dem Menschen nützliches Lebewesen (Pflanze oder Tier);* Ggs. *Schädling*

nutz|los ⟨Adj., o.Steig.⟩ *ohne Nutzen, keinen Nutzen bringend;* das ist ⟨völlig⟩ n.; ein ~es Unterfangen; n. herumsitzen

nutz|nie|ßen ⟨V.1, hat genutzgenießt; mit Präp.obj.⟩ *von etwas n. Nutzen, Vorteil von etwas haben, Nutzen, Vorteil aus etwas ziehen;* ich nutznieße von dem Obst in seinem Garten [eigtl. „den Nutzen (von etwas) genießen"]

Nutz|nie|ßer ⟨m.5⟩ *jmd., der von etwas nutznießt, der Nutzen, Vorteil aus etwas zieht;* der Garten gehört uns nicht, wir sind nur die N.

Nutz|nie|ßung ⟨f., -, nur Sg.⟩ *das Nutznießen*

Nutz|pflan|ze ⟨f.11⟩ *vom Menschen genützte Pflanze*

Nut|zung ⟨f., -, nur Sg.⟩ *das Nutzen;* jmdm. ein Grundstück zur N. überlassen

Nut|zungs|recht ⟨n.1⟩ *Recht auf die Nutzung fremden Eigentums*

Nutz|was|ser ⟨n.5⟩ **1** *Wasser, das von Pflanzen dem Boden entnommen werden kann* **2** → *Brauchwasser*

NVA ⟨DDR; Abk. für⟩ *Nationale Volksarmee*

NW ⟨Abk. für⟩ *Nordwest(en)*

Ny ⟨n.9; Zeichen: ν, N⟩ *13. Buchstabe des griechischen Alphabets*

Nyk|ti|na|stie, Nyk|ti|tro|pie ⟨f.11⟩, **Nyk|ti|tro|pis|mus** ⟨m., -, -men⟩ *Schlafbewegung der Pflanzen, z.B. Senken, Zusammenlegen der (Blüten-) Blätter* [< griech. *nykti* „nachts", zu *nyx,* Gen. *nyktos,* „Nacht", und *Nastie* bzw. *Tropismus*]

Ny|lon ⟨[nai-] n.9⟩ **1** ⟨nur Sg.⟩ *glänzende Kunstfaser* **2** ⟨Pl.⟩ ~s ⟨ugs., veraltend⟩ *Damenstrümpfe daraus* [engl.]

Ny|lon|sackerl ⟨-k|k-; [nai-] n.14; österr.⟩ *Plastiktüte*

Nym|phäa, Nym|phäe ⟨f., -, -phä|en⟩ *See-, Wasserrose*

Nym|phä|um ⟨n., -s, -phä|en⟩ **1** ⟨urspr.⟩ *Heiligtum einer Nymphe, einer Nymphe geweihter Brunnen* **2** ⟨dann⟩ *mit Figuren, Säulen, Nischen verzierte Brunnenanlage*

Nym|phe ⟨f.11⟩ **1** ⟨griech. Myth.⟩ *weibliche Naturgottheit* (Quell~, Baum~) **2** *Entwicklungsstadium mancher Insekten zwischen Larve und Puppe* [< griech. *nymphe* „Braut, junge Frau"; weiblicher Gottheit niederen Ranges"]

nym|pho|man ⟨Adj., o.Steig.⟩ → *mannstoll*

Nym|pho|ma|nie ⟨f., -, nur Sg.⟩ → *Mannstollheit* [< *Nymphe* und *Manie*]

Nym|pho|ma|nin ⟨f.10⟩ *an Nymphomanie leidende Frau*

Ny|norsk ⟨n., -, nur Sg.; neuere Bez. für⟩ *Landsmål*

Ny|stag|mus ⟨m., -, nur Sg.⟩ → *Augenzittern* [< griech. *nystagmos* „Schläfrigkeit", zu *nystazein* „einschlafen, einnicken, schläfrig sein"]

O

ō ⟨im Buchhandel Zeichen für⟩ *fehlt, nicht vorhanden* [< lat. *ō*, dem Kürzel in den → *Tironischen Noten* für *non* „nicht"]
O **1** ⟨Zeichen für⟩ *Sauerstoff (Oxygenium)* **2** ⟨Abk. für⟩ *Osten*
O' ⟨vor irischen Namen Abk. für⟩ *Sohn des*, z.B. in *O'Connor*
o.ä. ⟨Abk. für⟩ *oder ähnliches*
OAS 1 ⟨Abk. für⟩ *Organisation de l'Armée Secrète (frz. Geheimorganisation zur Bekämpfung der Algerienpolitik de Gaulles)* **2** ⟨Abk. für⟩ *Organization of American States*
Oa|se ⟨f.11⟩ **1** ⟨in Trockenzonen⟩ *Gebiet reichen Pflanzenwuchses an Quelle oder Wasserlauf* **2** ⟨übertr.⟩ *vom Lärm und Getriebe der Welt abgeschlossener Ort;* eine O. des Friedens, der Stille [< griech. *oasis*, < altägypt. *wh't*, gesprochen *wahe*, „Niederung", urspr. „Kessel, Topf"]
ob¹ ⟨Konj.⟩ **1** ⟨zur Einleitung eines indirekten abhängigen oder unabhängigen Fragesatzes⟩ ich frage mich, ob das richtig war; ich weiß nicht, ob er noch kommt; ob er wohl kommen kann?; ob das wohl gut geht? **2** ⟨mit „als"⟩ *wie wenn;* er tut so, als ob er es schon wüßte **3** ⟨mit „auch"; †⟩ *obwohl;* er tat es, ob es ihm auch schwerfiel **4** ⟨mit „gleich"; †⟩ *wenn auch;* und ob ich mit Engelszungen redete **5** *sei es (daß);* sie müssen sich fügen, ob sie wollen oder nicht **6** *ob ..., ob ... sowohl ..., als auch ...;* ob Freund, ob Feind **7** ⟨mit „und" zur Bekräftigung⟩ und ob ich das weiß! *ich weiß es sehr wohl!,* ich weiß es ganz genau!
ob² ⟨Präp.⟩ **1** ⟨mit Gen.; †, noch poet.⟩ *wegen;* o. dieses Vorfalls **2** ⟨mit Dat.; †, noch schweiz.⟩ *oberhalb;* Rothenburg o. der Tauber; ob dem Wasserfall
oB ⟨Abk. für⟩ *ohne Befund*
OB ⟨ugs.; Abk. für⟩ *Oberbürgermeister*
ob. ⟨Abk. für⟩ *obiit*
o:B. ⟨Abk. für⟩ *ohne Befund*
Ob|acht ⟨f., -, nur Sg.⟩ *Achtung, Aufmerksamkeit;* O.! Vorsicht!; gib O.! paß auf!; auf etwas O. geben *auf etwas aufpassen*
ÖBB ⟨Abk. für⟩ *Österreichische Bundesbahnen*
Ob|dach ⟨n., -(e)s, nur Sg.⟩ *Unterkunft, Wohnung;* jmdm. O. gewähren
ob|dach|los ⟨Adj., o.Steig.⟩ *ohne Wohnung, ohne Unterkunft*
Ob|dach|lo|sen|für|sor|ge ⟨f., -, nur Sg.⟩ *staatliche Betreuung obdachloser Personen*
Ob|duk|ti|on ⟨f.10⟩ *medizinische Untersuchung und Öffnung einer Leiche, um die Todesursache festzustellen;* Syn. *Leichenöffnung* [< lat. *obducere* „nachträglich noch hinzuziehen, später noch zugeben", < *ob* „zu hin" und *ducere* „ziehen, führen"; die Obduktion dient nach dem Tod noch zur Kontrolle der Diagnose]
ob|du|zie|ren ⟨V.3, hat obduziert; mit Akk.⟩ eine Leiche o. *eine Obduktion an einer Leiche vornehmen*
Ob|edi|enz ⟨f., -, nur Sg.⟩ **1** *Gehorsam der Kleriker gegenüber ihren geistlichen Vorgesetzten* **2** ⟨früher auch bei Papst- und Bischofswahlen⟩ *Anhängerschaft der Wahlkandidaten* [< lat. *obedientia, oboedientia* „Gehorsam", zu *obedire* „gehorchen"]
O-Bei|ne ⟨n.1, Pl.⟩ *nach außen gebogene Beine*
o-bei|nig ⟨Adj., o.Steig.⟩ *mit O-Beinen*

Obe|lisk ⟨m.10⟩ *frei stehender, vierkantiger, sich nach oben verjüngender Pfeiler mit pyramidenförmiger Spitze* [< griech. *obeliskos* „kleiner Spieß, Bratspieß, Nadel", zu *obelos* „Spieß, Bratspieß; spitz zulaufende Säule", vielleicht zu *belos* „Geschoß, Wurfspieß"]
oben ⟨Adv.⟩ Ggs. *unten* **1** *an einer höheren Stelle;* das Buch steht o. im Regal; o. ohne ⟨ugs.; bei Frauen⟩ *mit unbekleidetem Oberkörper;* nicht (mehr) wissen, was o. und unten ist *sich nicht (mehr) auskennen;* er war von o. bis unten mit Schmutz bespritzt *am ganzen Körper;* jmdn. von o. bis unten betrachten, mustern; jmdn. von o. herab behandeln *geringschätzig, herablassend;* o. im Norden *weit im Norden* [nach der Anordnung der nördlichen Himmelsrichtungen auf Landkarten] **2** *an einen hochgelegenen Ort, an einem hochgelegenen Ort;* nach o. fahren; hier o., dort o. **3** *in einem höheren Stockwerk, in ein höheres Stockwerk;* wir wohnen o.; nach o. ziehen, steigen; die Kinder sind o. **4** *auf der Oberfläche;* das Holz schwimmt o.; o. bleiben ⟨ugs.⟩ *nicht untergehen, Schwierigkeiten überwinden* **5** *in einer hohen gesellschaftlichen oder beruflichen Stellung, in eine hohe gesellschaftliche, berufliche Stellung;* er steht ganz o. (in der Hierarchie); nach o. wollen, streben; die da o. haben ja keine Ahnung ⟨ugs.⟩ *die Vorgesetzten, die Politiker in hohen Stellungen* **6** *weiter vorn im Text;* siehe o. ⟨Abk.: s.o.⟩; wie o. bereits erwähnt
oben|an ⟨Adv.⟩ *ganz oben, an erster Stelle;* sein Name steht auf der Liste o.
oben|auf ⟨Adv.⟩ **1** *an oberster Stelle;* der Zettel liegt o. **2** *gesund, wohlauf;* er ist wieder o. **3** *munter, selbstbewußt;* er ist immer o.
oben|aus ⟨Adv.; †⟩ *oben hinaus*
oben|drauf ⟨Adv.⟩ *auf alles andere;* noch etwas o. legen; die Decke liegt o. *auf allem anderen*
oben|drein ⟨Adv.⟩ *zusätzlich, noch dazu, außerdem;* er hat den Schaden gehabt und o. noch Vorwürfe bekommen
oben|hin ⟨Adv.⟩ *flüchtig, oberflächlich;* das war nur o. gesagt
oben|hin|aus ⟨Adv.; nur in der Wendung⟩ o. wollen *sehr ehrgeizig sein*
Oben-oh|ne-... ⟨in Zus.; ugs.; bei Frauen⟩ *mit bloßem Oberkörper,* z.B. Oben-ohne-Bedienung, *den Oberkörper unbedeckt lassend,* z.B. Oben-ohne-Badeanzug
ober ⟨Präp. mit Dat.; oberdt.⟩ *über;* er wohnt o. uns
Ober ⟨m.5⟩ **1** ⟨im dt. Kart.⟩ *der Dame (im frz. Kart.) entsprechende Spielkarte* **2** ⟨kurz für⟩ *Oberkellner;* Herr O.!
ober..., Ober... ⟨in Zus.⟩ **1** *oben befindlich,* z.B. oberirdisch, Oberkörper, Oberteil **2** *im Rang höherstehend (als die übrigen),* z.B. Oberleutnant, Oberkassierer **3** ⟨in geograph. Namen⟩ *höher, weiter nördlich gelegen,* z.B. oberbayrisch, Berner Oberland, Oberitalien **4** *der, die, das umfassende, höchste, übergeordnete,* z.B. Oberaufsicht
Ober|arm ⟨m.1⟩ *Teil des Armes vom Ellenbogen bis zum Schultergelenk;* Ggs. *Unterarm*
Ober|arzt ⟨m.2; in Krankenhäusern⟩ *Vertreter des Chefarztes*
Ober|bau ⟨m., -(e)s, -bau|ten⟩ **1** ⟨bei Schienenbahnen⟩ *die Gleise mit ihrer Verankerung* **2** ⟨Straßenbau⟩ *obere Straßendecke*
Ober|bauch ⟨m.2⟩ *Teil des Bauches über dem Nabel;* Ggs. *Unterbauch*

Ober|be|fehl ⟨m., -s, nur Sg.; Mil.⟩ *höchste Befehlsgewalt;* Syn. *Oberkommando;* den O. haben
Ober|be|fehls|ha|ber ⟨m.5⟩ *Führer eines Großverbandes von Streitkräften*
Ober|be|griff ⟨m.1⟩ *übergeordneter Begriff;* „Mensch" ist der O. für Mann, Frau, Kind
Ober|be|klei|dung ⟨f.10⟩ *Kleidung, die über der Unterwäsche getragen wird*
Ober|bett ⟨n.12⟩ Ggs. *Unterbett* **1** *Deckbett, Federbett* **2** ⟨bei übereinanderstehenden Betten⟩ *oberes Bett*
Ober|bür|ger|mei|ster ⟨m.5; Abk.: OB; in größeren Städten⟩ *leitender Bürgermeister*
ober|deutsch ⟨Adj., o.Steig.⟩ *die schwäbisch-alemannischen, bayrisch-österreichischen Mundarten (und die ostfränkische Mundart) betreffend, zu ihnen gehörig*
obe|re(r, -s) ⟨Adj.⟩ *über dem anderen, über den anderen befindlich, weiter oben befindlich;* Ggs. *untere;* die oberen Ränge im Theater; in der oberen Reihe; am oberen Rhein *an dem Teil des Rheins, der Quelle am nächsten liegt;* die Oberen *die Vorgesetzten, die Regierenden*
ober|faul ⟨Adj., o.Steig.; nur als Attr. und mit „sein"; ugs.⟩ *sehr fragwürdig, sehr bedenklich*
Ober|feld|arzt ⟨m.2⟩ *im Rang eines Oberstleutnants stehender Sanitätsoffizier;* Syn. ⟨Marine⟩ *Flottillenarzt*
Ober|flä|che ⟨f.11⟩ **1** *alle Flächen, die einen Körper begrenzen;* die O. des Würfels **2** *obere Grenze (einer Flüssigkeit);* Wasser~; an der O. schwimmen; wieder an die O. kommen; der Roman bleibt an der O. ⟨übertr.⟩ *der Roman besitzt keinen bedeutenden Inhalt, beschränkt sich auf Äußerlichkeiten, behandelt keine Probleme*
Ober|flä|chen|span|nung ⟨f.10⟩ *an der Oberfläche von Flüssigkeiten wirkende Kraft*
ober|fläch|lich ⟨Adj.⟩ **1** *an der Oberfläche befindlich;* eine ~e Verletzung **2** *nicht gründlich, oberflächig* **3** ⟨übertr.⟩ *keine tiefgründigen Fragen behandelnd, sich auf Äußerlichkeiten beschränkend* **4** *ohne tiefer gehende Gefühle, ohne Ernst;* ein ~er Mensch; sie ist sehr o.; ein ~es Buch **Ober|fläch|lich|keit** ⟨f., -, nur Sg.⟩
ober|gä|rig ⟨Adj., o.Steig.; bei Biersorten⟩ *mit nach Beendigung der Gärung (bei niedriger Temperatur) auf der Flüssigkeit schwimmender Hefe;* Ggs. *untergärig*
Ober|ge|frei|te(r) ⟨m.17 oder 18⟩ *Soldat im Mannschaftsdienstgrad unmittelbar über dem Gefreiten*
Ober|ge|schoß ⟨n.1⟩ *Stockwerk, das höher liegt als das Erdgeschoß;* Syn. *Oberstock*
ober|halb ⟨Präp. mit Gen.⟩ *über ... gelegen;* Ggs. *unterhalb;* o. des Hauses
Ober|hand ⟨f., -, nur Sg.⟩ *Überlegenheit;* ⟨nur in den Wendungen⟩ die O. behalten, gewinnen, haben
Ober|haupt ⟨n.4⟩ *Führer, höchste Autorität;* das O. der Familie, der Kirche
Ober|haus ⟨n.4; bes. in Großbritannien⟩ *erste Kammer (des Parlaments);* Ggs. *Unterhaus*
Ober|haut ⟨f., -, nur Sg.⟩ → *Epidermis* (1)
Ober|hemd ⟨n.12⟩ *(über dem Unterhemd getragenes) Hemd für Männer;* Ggs. *Unterhemd*
Ober|herr|schaft ⟨f., -, nur Sg.⟩ *oberste Herrschaft;* Syn. *Oberhoheit*

Ober|hir|te ⟨m.11; †⟩ *hoher Geistlicher*
Ober|hit|ze ⟨f.11, nur Sg.; bei Backöfen⟩ *von oben wirkende Hitze;* Ggs. *Unterhitze*
Ober|ho|heit ⟨f., -, nur Sg.⟩ →*Oberherrschaft*
Obe|rin ⟨f.10⟩ **1** *Leiterin eines Nonnenklosters* **2** *Leiterin eines von Ordensschwestern geführten Heimes*
ober|ir|disch ⟨Adj., o.Steig.⟩ *über dem Erdboden gelegen;* Ggs. *unterirdisch*
Ober|kell|ner ⟨m.5; veraltend⟩ *Kellner (bei dem man die Rechnung bezahlt)*
Ober|kir|chen|rat ⟨m.2⟩ **1** *höchstes Verwaltungsorgan einiger evangelischer Landeskirchen* **2** *dessen Mitglied*
Ober|kom|man|do ⟨n., -s, nur Sg.⟩ **1** *oberster militärischer Führungsstab* **2** →*Oberbefehl*
Ober|kör|per ⟨m.5⟩ *obere Hälfte des (menschlichen) Körpers;* Ggs. *Unterkörper*
Ober|land ⟨n., -(e)s, nur Sg.⟩ *höher gelegener Teil eines Landes;* Ggs. *Unterland;* bayerisches *O.*
Ober|län|der ⟨m.5⟩ *Einwohner des Oberlandes*
Ober|lan|des|ge|richt ⟨n.1; Abk.: OLG⟩ *höchstes Gericht (eines Bundeslandes)*
ober|län|disch ⟨Adj., o.Steig.⟩ *das Oberland betreffend, zu ihm gehörig, aus ihm stammend*
Ober|län|ge ⟨f.11⟩ *Teil eines Buchstabens, der oben über die Kleinbuchstaben hinausreicht;* Ggs. *Unterlänge*
ober|la|stig ⟨Adj., o.Steig.; bei Schiffen⟩ *zu hoch beladen, mit zu hoch liegendem Schwerpunkt*
Ober|lauf ⟨m.2⟩ *unweit der Quelle liegender Lauf eines Flusses;* Ggs. *Unterlauf*
Ober|le|der ⟨n., -s, nur Sg.⟩ *weiches Leder des Oberteiles (vom Schuh)*
Ober|leh|rer ⟨m.5⟩ **1** ⟨früher⟩ *Studienrat* **2** ⟨nur Sg.; früher Titel für⟩ *älterer Volksschullehrer* **3** ⟨nur Sg.; DDR; Ehrentitel für⟩ *Lehrer*
ober|leh|rer|haft ⟨Adj.⟩ *schulmeisterlich, überlegen-belehrend*
Ober|lei|tung ⟨f.10⟩ **1** *obere Leitung; O. einer Organisation* **2** *über einer Fahrbahn aufgehängte elektrische Leitung aus blanken Drähten (z.B. für Busse)*
Ober|licht ⟨n.3⟩ **1** *oberer Fensterflügel, Fenster über der Tür* **2** *von oben einfallendes Licht, Fenster in der Decke;* der Raum hat *O.,* hat gutes *O.*
Ober|lich|te ⟨f.11; österr. für⟩ *Oberlicht (1)*
Ober|li|ga ⟨f., -, -li|gen⟩ **1** ⟨BRD⟩ *Spielklasse unter der zweiten Bundesliga* **2** ⟨DDR⟩ *oberste Spielklasse*
Ober|lip|pe ⟨f.11⟩ **1** *oberer Teil der Lippe;* ein Bläschen auf der *O.;* ein Bärtchen auf der *O.* **2** *darüber liegender Gesichtsteil;* ein Bärtchen auf der *O.*
Ober|pri|ma ⟨auch [o̱-] f., -, -men; veraltend⟩ *9. Klasse des Gymnasiums [die Klassen wurden früher von oben nach unten gezählt]*
Ober|pri|ma|ner ⟨auch [o̱-] m.5⟩ *Schüler der Oberprima*
Ober|real|schu|le ⟨f.11; †⟩ *mathematisch-naturwissenschaftliches und/oder neusprachliches Gymnasium*
Obers ⟨n., -, nur Sg.; österr.⟩ *süße Sahne* (Schlag~)
Ober|schen|kel ⟨m.5⟩ *über dem Knie liegender Teil des Beines;* Syn. *Schenkel,* ⟨landsch., norddt.⟩ *Dickbein,* ⟨beim Schlachtvieh und Geflügel⟩ *Keule;* Ggs. *Unterschenkel*
Ober|schen|kel|hals ⟨m.2⟩ *oberer Teil des Oberschenkelknochens zwischen dessen Kopf und Schaft*
ober|schläch|tig ⟨Adj., o.Steig.⟩ *durch Wasser von oben her betrieben;* Ggs. *unterschlächtig;* ~es *Mühlrad*
Ober|schu|le ⟨f.11⟩ **1** ⟨ugs.⟩ *höhere Schule (bes. Gymnasium)* **2** ⟨DDR⟩ *allgemeinbildende Schule*
Ober|sei|te ⟨f.11⟩ *obere, sichtbare Seite;* Ggs. *Unterseite*
Ober|se|kun|da ⟨auch [o̱-] f., -, -den; veraltend⟩ *7. Klasse des Gymnasiums [die Klassen wurden früher von oben nach unten gezählt]*
Ober|se|kun|da|ner ⟨m.5⟩ *Schüler der Obersekunda*
Oberst ⟨m.10 oder m.12⟩ Syn. ⟨engl., frz. und span.⟩ *Colonel,* ⟨†⟩ *Obrist* **1** ⟨nur Sg.⟩ *höchster Dienstgrad der Stabsoffiziere* **2** *Offizier in diesem Rang* [urspr. „oberster Führer" eines im Felde stehenden Heeres]
Ober|stabs|arzt ⟨m.2; Bundeswehr⟩ *im Rang eines Majors stehender Sanitätsoffizier*
ober|stän|dig ⟨Adj., o.Steig.⟩ **1** ⟨beim Fruchtknoten⟩ *über dem Ansatz der Blütenhülle und der Staubblätter liegend* **2** ⟨bei Fischen⟩ *mit vorstehendem Oberkiefer*
Oberst|arzt ⟨m.2; Bundeswehr⟩ *im Rang eines Obersten stehender Sanitätsoffizier*
ober|ste(-r, -s) ⟨Adj., Superlativ von obere⟩ *an höchster Stelle befindlich, die höchste Stellung, den höchsten Rang einnehmend;* die oberste *Stufe;* der oberste *Rat;* das oberste *Gebot* das wichtigste *Gebot*
Ober|stim|me ⟨f.11; im mehrstimmigen musikal. Satz⟩ *obere Stimme*
Ober|stock ⟨m.2⟩ →*Obergeschoß*
Ober|stüb|chen ⟨n.7; ugs.⟩ *Kopf, Gehirn* ⟨nur in Wendungen wie⟩ *bei dir stimmt's wohl nicht im O.? du bist wohl verrückt?*
Ober|stu|di|en|di|rek|tor ⟨m.10; Amtsbez.⟩ *Leiter einer höheren Schule*
Ober|stu|fe ⟨f.11⟩ *die drei obersten Klassen der höheren Schule;* Ggs. *Unterstufe*
Ober|tas|se ⟨f.11⟩ *Tasse (ohne Untertasse);* Ggs. *Untertasse*
Ober|teil ⟨m.1 oder n.1⟩ *oberer Teil (eines Kleidungsstückes oder Möbels)*
Ober|ter|tia ⟨auch [o̱-] f., -, -ti|en [-tsjən] veraltend⟩ *5. Klasse des Gymnasiums [die Klassen wurden früher von oben nach unten gezählt]*
Ober|ter|tia|ner ⟨[-tsja-] m.5⟩ *Schüler der Obertertia*
Ober|ton ⟨m.1⟩ *Ton, der über dem Grundton liegt, kaum hörbar ist und die Klangfarbe wesentlich mitbestimmt;* Syn. *Aliquotton, Partialton*
Ober|was|ser ⟨n.5⟩ *oberhalb eines Wehres gestautes Wasser;* Ggs. *Unterwasser; O. haben* ⟨übertr.⟩ *im Vorteil, im Vorwärtsdrang sein; wieder in bessere Verhältnisse gelangt sein*
Ober|wei|te ⟨f.11⟩ *Brustumfang;* sie hat eine beachtliche *O.* ⟨ugs.⟩ *einen großen Busen*
ob|gleich ⟨Konj.⟩ →*obwohl*
Ob|hut ⟨f., -, nur Sg.⟩ *Fürsorge, Schutz, Aufsicht;* jmdn., etwas in seine *O. nehmen;* unter jmds. *O. stehen;* jmdn. *etwas in O. geben*
obig ⟨Adj., o.Steig.⟩ *oben genannt;* der, die *Obige* (Abk.: d. *O.*): *Unterschrift anstelle des Namens unter einer Nachschrift im Brief;* die ~e *Bemerkung*
Ob|jekt ⟨n.1⟩ **1** *Sache, Gegenstand (der Verhandlung, Betrachtung, des Wahrnehmens);* Ggs. *Subjekt (1)* **2** ⟨Gramm.⟩ *Satzteil, der das durch das Verb ausgedrückte Geschehen ergänzt;* Syn. *Satzergänzung* [< lat. *obiectum* „das Entgegengestellte", eigtl. „das Entgegengeworfene", < *ob* „gegen, entgegen" und *iacere* „werfen"]
Ob|jekt|ero|tik ⟨f., -, nur Sg.; Psych.⟩ *sexuelle Befriedigung an einem Objekt*
Ob|jek|ti|on ⟨f.10⟩ *Übertragung von Empfindungen auf einen Gegenstand*
ob|jek|tiv ⟨Adj.⟩ **1** ⟨o.Steig.⟩ *tatsächlich, gegenständlich* **2** *vorurteilsfrei, sachlich, unparteiisch;* Ggs. *subjektiv (2);* eine Sache *o. betrachten;* ein ~es *Urteil*
Ob|jek|tiv ⟨n.1; bei opt. Geräten⟩ *dem Beobachtungsgegenstand zugewendete Linse;* Ggs. *Okular*
Ob|jek|ti|va|ti|on ⟨f.10⟩ **1** *das Objektivieren, Vergegenständlichung* **2** *objektivierte Darstellung*
ob|jek|ti|vie|ren ⟨[-vi-] V.3, hat objektiviert; mit Akk.⟩ **1** *zum Objekt machen, vergegenständlichen* **2** *von subjektiven, emotionalen Einflüssen befreien;* eine Auffassung *o.*
Ob|jek|ti|vie|rung ⟨f.10⟩
Ob|jek|ti|vis|mus ⟨m., -, nur Sg.⟩ *Lehre, daß es vom Subjekt unabhängige Wahrheit und Werte gibt;* Ggs. *Subjektivismus (1)*
ob|jek|ti|vi|stisch ⟨Adj., o.Steig.⟩ *auf dem Objektivismus beruhend*
Ob|jek|ti|vi|tät ⟨f., -, nur Sg.⟩ *Sachlichkeit, Vorurteilslosigkeit;* Ggs. *Subjektivität*
Ob|jekt|satz ⟨m.2⟩ *Nebensatz, der ein Objekt vertritt;* Syn. *Ergänzungssatz*
Ob|jekt|schutz ⟨m., -es, nur Sg.⟩ *militärischer, polizeilicher o.ä. Schutz (für Gelände, Anlagen, Gegenstände)*
Ob|jekt|steu|er ⟨f.11⟩ *Steuer, die auf ein Objekt erhoben wird;* Ggs. *Subjektsteuer*
Ob|jekt|trä|ger ⟨m.5⟩ *Glasplättchen für das unter dem Mikroskop zu untersuchende Objekt*
Ob|last ⟨f.1; in der UdSSR⟩ *Verwaltungsbezirk* [russ. *oblast,* altruss. *obolast* „Gebiet"]
Ob|la|te I ⟨f.11⟩ **1** *noch nicht geweihte Hostie* **2** *dünnes, aus Weizenmehl gebackenes Scheibchen (als Unterlage für Kleingebäck)* **3** *eine Art Waffel* **II** ⟨m.11; MA⟩ *für das Kloster bestimmtes und dort erzogenes Kind* [< lat. *oblatus,* f. *oblata* „entgegengetragen, dargebracht", zu *offerre,* < *of-...* (in Zus. vor f für *ob*) „gegen, entgegen" und *ferre* „tragen, bringen"]
Ob|la|ti|on ⟨f.10⟩ **1** →*Offertorium* **2** *freiwillige Gabe (der Gemeinde an die Kirche)*
Ob|leu|te ⟨Pl. von⟩ *Obmann*
ob|lie|gen ⟨V.80, hat obgelegen; mit Dat.⟩ *jmdm. o. jmdm. als Pflicht, Aufgabe gegeben, zugeteilt sein;* ihm obliegt das *Sortieren der täglich eingehenden Post,* ⟨oder⟩ *das Sortieren liegt ihm ob* [eigtl. „über jmdn. liegen" (als Aufgabe)]
Ob|lie|gen|heit ⟨auch [-lí-] f.10⟩ *Pflicht, Aufgabe;* seine täglichen ~en *versehen*
ob|li|gat ⟨Adj., o.Steig.⟩ **1** *erforderlich, unentbehrlich* **2** ⟨Mus.⟩ *als Begleitstimme selbständig geführt* [< lat. *obligatus* „verbindlich, verpflichtet", zu *obligare* „verbindlich machen, verbinden, verpflichten", < *ob* „nach hin" und *ligare* „binden"]
Ob|li|ga|ti|on ⟨f.10⟩ **1** *Verbindlichkeit, Verpflichtung* **2** *Schuldverschreibung, festverzinsliches Wertpapier*
Ob|li|ga|tio|när ⟨m.1; schweiz.⟩ *Inhaber von Obligationen (2)*
ob|li|ga|to|risch ⟨Adj., o.Steig.⟩ *vorgeschrieben, verbindlich;* Ggs. *fakultativ;* diese *Vorlesungen sind o.* [zu *obligat*]
Ob|li|ga|to|ri|um ⟨n., -s, -ri|en; schweiz.⟩ **1** *Verpflichtung* **2** *Pflichtfach*
Ob|li|go ⟨n.9⟩ *Verpflichtung, Haftung, Gewähr;* ohne *O.* (Abk. o. *O.*) *unverbindlich, ohne Gewähr*
Ob|li|te|ra|ti|on¹ ⟨f.10⟩ *Tilgung, Löschung* [< lat. *oblit(t)eratio,* Gen. *-onis,* „das Löschen aus dem Gedächtnis, das Vergessen", < *ob* „gegen" und *littera* „Geschriebenes, Schrift"]
Ob|li|te|ra|ti|on² ⟨f.10; Med.⟩ *Ausfüllung von Hohlräumen durch krankhaft einwachsendes Gewebe* [< lat. *oblitum* „das Zugeschmierte, Verstopfte", zu *oblinere* „bestreichen, zuschmieren, verstopfen", < *ob* „nach hin" und *linere* „schmieren, bestreichen"]
ob|li|te|rie|ren¹ ⟨V.3, hat obliteriert; mit Akk.; Wirtsch.⟩ *tilgen, löschen* [zu *Obliteration¹*]
ob|li|te|rie|ren² ⟨V.3, hat obliteriert; mit Akk.; Med.⟩ *verstopfen;* ein Blutgerinnsel *obliteriert ein Blutgefäß* [zu *Obliteration²*]
ob|long ⟨Adj., o.Steig.; †⟩ *länglich, rechteckig*

Obmann

Ob|mann ⟨m.4, Pl. auch -leu|te⟩ *Vertrauensmann (von Parteien, Vereinen)*

Ob|män|nin ⟨f.10⟩ *weiblicher Obmann*

Oboe ⟨f.11⟩ *ein Holzblasinstrument mit Doppelrohrblatt und konischer Bohrung;* O. d'amore *Oboe mit birnenförmigem Schallbecher und zartem Klang;* O. da caccia [katʃa] *halbkreisförmig gebogene Oboe mit Schallbecher aus Messing* [< frz. *hautbois* ,,Oboe", < *haut* ,,hoch" (im altfrz. auch ,,laut") und *bois* ,,Holz", < lat. *altus boscus* ,,hoch und laut der hell und laut klingendes Holz"; O. d'amore ,,Liebesoboe", O. da caccia ,,Jagdoboe"]

Obo|ist ⟨m.10⟩ *Musiker, der die Oboe spielt*

Obo|lus ⟨m., -, - oder -lus|se⟩ **1** *kleine altgriechische Münze sowie Gewichtseinheit* **2** *kleiner Beitrag, Scherflein;* seinen O. entrichten **3** *versteinerter Armfüßer des Kambriums* [< griech. *obolos* ,,kleine athenische Münze im Wert von etwa 13 Pfennig", zu *obelos* ,,Spieß, Metallstab als Münze und Gewicht"]

Ob|rig|keit ⟨f.10⟩ *Träger der Macht, der weltlichen oder geistlichen Herrschaft*

ob|rig|keit|lich ⟨Adj., o.Steig.⟩ †⟩ *von der Obrigkeit ausgehend, die Obrigkeit betreffend*

Ob|rig|keits|den|ken ⟨n.7⟩ *Denken, das die Obrigkeit uneingeschränkt und unkritisch anerkennt*

Ob|rig|keits|staat ⟨m.12⟩ *Staat, in dem die Obrigkeit uneingeschränkt herrscht*

Obrist ⟨m.10⟩ **1** ⟨†⟩ *Oberst* **2** *jmd., der einer Militärjunta angehört*

ob|schon ⟨Konj.⟩ → *obwohl*

Ob|se|qui|en ⟨Pl.⟩ → *Exequien*

Ob|ser|vant ⟨m.10⟩ *der strengeren Richtung eines Mönchsordens angehörender Mönch*

Ob|ser|vanz ⟨f.10⟩ **1** *das Bestehen von zwei Richtungen eines Mönchsordens* **2** *Gewohnheitsrecht* [< lat. *observantia* ,,Beobachtung, Aufmerksamkeit, Befolgung", zu *observare*, → *observieren*]

Ob|ser|va|ti|on ⟨f.10⟩ *wissenschaftliche (auch kriminalistische) Beobachtung*

Ob|ser|va|tor ⟨m.13⟩ *wissenschaftlicher Beobachter (Beamter) an einem astronomischen Observatorium*

Ob|ser|va|to|ri|um ⟨n., -s, -ri|en⟩ *(astronomische, meteorologische oder geophysikalische) Beobachtungsstation* [< lat. *observator* ,,Beobachter", zu *observare* ,,beobachten, auf etwas aufpassen, achtgeben"]

ob|ser|vie|ren ⟨[-vi-] V.3, hat observiert; mit Akk.⟩ **1** *(wissenschaftlich) beobachten;* den Lauf der Gestirne o. **2** *überwachen;* einen Verdächtigen o. [< lat. *observare* ,,beobachten, aufpassen, achten"]

Ob|ses|si|on ⟨f.10⟩ → *Zwangsvorstellung* [< lat. *obsessio*, Gen. *-onis*, ,,das Besetztsein, Blockierung, Einschließung", < *ob* ,,vor" und *sedere* ,,sitzen"]

ob|ses|siv ⟨Adj., o.Steig.⟩ *in der Art einer Obsession*

Ob|si|di|an ⟨m.1⟩ *dunkles, kieselsäurereiches, glasiges, vulkanisches Gestein* [< lat. *obsianus lapis, obsius lapis;* laut Plinius nach einem gewissen *Obsius*, der das Gestein in Äthiopien zuerst gefunden haben soll; die Form *Obsidian* beruht auf einer falschen Lesart]

ob|sie|gen ⟨V.1, hat obgesiegt oder hat obsiegt; o.Obj.⟩ *siegen, den Sieg davontragen;* schließlich obsiegte doch die Vernunft, ⟨oder⟩ schließlich siegte doch die Vernunft ob [eigtl. ,,über jmdn. siegen"]

ob|skur ⟨Adj.⟩ *dunkel, unklar, verdächtig* [< lat. *obscurus* ,,dunkel, unklar, unverständlich", eigtl. ,,bedeckt"]

Ob|sku|rant ⟨m.10; †⟩ *Dunkelmann, Feind der Aufklärung* [zu *obskur*]

Ob|sku|ran|tis|mus ⟨m., -, nur Sg.⟩ *Feindseligkeit gegenüber Aufklärung und Fortschritt*

Ob|sku|ri|tät ⟨f., -, nur Sg.⟩ *obskure Beschaffenheit, Unklarheit*

ob|so|let ⟨Adj.⟩ *ungebräuchlich, veraltet* [< lat. *obsoletus* ,,abgenutzt, abgetragen", zu *obsolescere* ,,sich abnutzen, alt werden", übertr. ,,Geltung und Ansehen verlieren", < *obs...* (in Zus. vor Vokal für *ob*) ,,gar nicht" und *solere* ,,gewohnt sein"]

Ob|sor|ge ⟨f., -, nur Sg.; †⟩ *Pflege, Sorge, sorgende Aufsicht (bes. amtlich)* [zu *ob* in der veralteten Bed. ,,über"]

Obst ⟨n., -(e)s, nur Sg.⟩ *roh genießbare Früchte von Kulturpflanzen* [< ahd. *obaz* ,,Obst"]

ob|sten ⟨V.2, hat geobstet; o.Obj.⟩ *Obst ernten*

Obst|es|sig ⟨m.1⟩ *schwach sauer schmeckender Essig aus Obstwein*

Ob|ste|trik ⟨f., -, nur Sg.⟩ *(Lehre von der) Geburtshilfe* [< lat. *obstetricare* ,,Hebammendienst tun", zu *obstetrix* ,,Hebamme", zu *obstare* ,,bei etwas oder jmdm. stehen"]

ob|sti|nat ⟨Adj.⟩ *halsstarrig, eigensinnig, widerspenstig* [< lat. *obstinatus* ,,hartnäckig auf etwas bestehend", < *ob* ,,gegen hin, zu hin, vor" und über *stanare zu *stare* ,,stehen" bzw. *tenere* ,,halten"]

Ob|sti|na|ti|on ⟨f.10⟩ *Eigensinn, Widerspenstigkeit, Halsstarrigkeit*

Ob|sti|pa|ti|on ⟨f.10⟩ → *Verstopfung (2)* [zu *obstipieren*]

ob|sti|pie|ren ⟨V.3, hat obstipiert; o.Obj.⟩ *stopfen, Verstopfung bewirken;* Kakao, Rotwein obstipiert [< lat. *ob* ,,gegen, entgegen" und *stipare* ,,stopfen, zusammendrängen"]

Obst|ler ⟨m.5⟩ *Branntwein aus Kernobst*

Obst|mes|ser ⟨n.5⟩ *kleines Messer zum Schälen und Zerteilen von Obst*

ob|stru|ie|ren ⟨V.3, hat obstruiert; mit Akk.⟩ **1** *behindern, hemmen* **2** *verzögern, hinausschieben; Parlamentsbeschlüsse durch Anträge, Dauerreden o.* [< lat. *obstruere* ,,aufbauen gegen, verbauen, versperren", < *ob...* ,,gegen hin" und *struere* ,,aufbauen, aufschichten"]

Ob|struk|ti|on ⟨f.10⟩ *Behinderung, planmäßige Störung parlamentarischer Verhandlungen (durch Dauerreden, Lärm, Verlassen der Sitzung u.a.)* [< lat. *obstructio*, Gen. *-onis*, ,,das Versperren", zu *obstruiere*]

ob|struk|tiv ⟨Adj.⟩ *hindernd, hemmend*

Obst|tag ⟨m.1⟩ *Tag, an dem man nur Obst ißt (um abzumagern)*

ob|szön ⟨Adj.⟩ *schamlos, unanständig* [< lat. *obscenus, obscaenus* ,,schmutzig, anstößig", < *obs...* (in Zus. für *ob*) ,,nach hin, zu hin" und *cenum, caenum* ,,Schmutz, Kot, Unflat", oder eigtl. *ob scenum* = ,,außerhalb der Szene, gewohnt sein" = der Öffentlichkeit", d.h. ,,außerhalb des Schauplatzes bleiben müssend, für die Öffentlichkeit nicht geeignet"]

Ob|szö|ni|tät ⟨f.10⟩ **1** ⟨nur Sg.⟩ *Schamlosigkeit, Unanständigkeit* **2** *obszöne Bemerkung oder Darstellung*

Ob|tu|ra|ti|on ⟨f.10⟩ *Verstopfung (von Hohlräumen, Hohlorganen)* [< lat. *obturare* ,,verschließen"]

Ob|tu|ra|tor ⟨m.13⟩ *Platte zum Schließen abnormer Körperöffnungen (bes. von Gaumenlücken)*

Obus ⟨m.1⟩ *elektrisch angetriebener Omnibus, der seinen Strom aus einer Oberleitung bezieht;* Syn. ⟨schweiz.⟩ *Trolleybus* [Kurzw. für *Oberleitungs-Omnibus*]

ob|wal|ten ⟨V.2, hat obgewaltet; o.Obj.⟩ †⟩ *wirksam sein, vorhanden sein, herrschen;* hier o. andere Regeln; hier walten merkwürdige Sitten ob; ⟨fast nur noch in der Wendung⟩ unter den ~den Umständen

ob|wohl ⟨Konj.⟩ *wenn auch, ungeachtet dessen, daß ...;* Syn. *obgleich, obschon,* ⟨geh.⟩ *obzwar;* ich ging mit, o. ich keine Lust dazu hatte; o. klein und zart, ist er im Wandern unermüdlich

ob|zwar ⟨Konj.; geh.⟩ → *obwohl*

Oc|ca|mis|mus ⟨m., -, nur Sg.⟩ → *Ockhamismus*

Och|lo|kra|tie ⟨f.11⟩ *Pöbelherrschaft, entartete Demokratie* [< griech. *ochlokratia* ,,Pöbelherrschaft", < *ochlos* ,,Volksmenge, ungeordneter Haufe, Pöbel" und *kratein* ,,herrschen"]

och|lo|kra|tisch ⟨Adj., o.Steig.⟩ *in der Art einer Ochlokratie*

Ochs ⟨[ɔks] m.10; oberdt. oder veraltend⟩ → *Ochse;* da stehst du da wie der O. am Berg, wie der O. vorm Tor *da bist du verblüfft, fassungslos*

Och|se ⟨[ɔksə] m.11⟩ **1** *als Kalb kastriertes männliches Rind;* auch: ⟨oberdt.⟩ *Ochs* **2** ⟨derb⟩

och|sen ⟨V.1, hat geochst; ugs.⟩ → *büffeln*

Och|sen|au|ge ⟨n.14⟩ **1** *Korbblütler mit großen, gelbbraunen Blütenköpfen* **2** *Augenfalter mit weißgekernten, schwarzen Augenflecken auf den Flügeln* **3** *kreisrundes Fenster* ⟨bes.⟩ *Dachfenster* **4** ⟨landsch.⟩ *Spiegelei*

Och|sen|fie|sel ⟨m.5⟩ → *Ochsenziemer*

Och|sen|frosch ⟨m.2⟩ *sehr großer nordamerikanischer Frosch, dessen Quaken dem Brüllen eines Ochsen ähnelt*

Och|sen|maul|sa|lat ⟨m.1⟩ *mit Essig und Öl angemachtes, streifig geschnittenes, gekochtes Ochsenmaul*

Och|sen|schlepp ⟨m.1; österr.⟩, **Och|sen|schwanz** ⟨m.2⟩ *Fleischstück vom Schwanz des Rindes (bes. für Suppe)*

Och|sen|tour ⟨[-tu:r] f.10; ugs.⟩ **1** *sehr anstrengende Arbeit oder Tätigkeit;* diese Wanderung war eine O. **2** *langsamer, mühevoller beruflicher Aufstieg*

Och|sen|zie|mer ⟨m.5⟩ auch: ⟨kurz⟩ *Ziemer;* Syn. *Ochsenfiesel* **1** *getrockneter Penis des Stieres, der als Prügel benützt wird* **2** *Peitsche mit mehreren Riemen und kurzem Holzstiel* **3** ⟨landsch., österr.⟩ *Stirnjoch für Rindergespanne*

Och|sen|zun|ge ⟨f.11⟩ **1** *Rinderzunge (als Speise)* **2** *ein Rauhblattgewächs (z.B. eine blau oder violett blühende Staude trockener Stellen)* **3** *braunroter Baumpilz*

Öchs|le ⟨[œks-] m., -, -, -⟩, **Öchs|le|grad** ⟨m., -(e)s, -⟩ *Maßeinheit für das spezifische Gewicht des Mostes* [nach dem Goldschmied Ferdinand *Öchsle*, dem Erfinder der Mostwaage]

Ocker ⟨-k|k-; m.5 oder n.5⟩ **1** *eisenoxidreiche Tonerde* **2** *daraus hergestellte gelbbraune Farbe* **3** *der Farbton selbst* [< lat. *ochra* ,,Ocker, Berggelb" < griech. *ochros* ,,blaß, bleich, gelb; Blässe"]

Ock|ha|mis|mus ⟨m., -, nur Sg.⟩ *Lehre des englischen Theologen W. von Ockham, des Begründers des spätmittelalterlichen Nominalismus;* auch: *Occamismus*

Oc|tan ⟨n.1⟩ *ein Kohlenwasserstoff mit acht Kohlenstoffatomen im Molekül;* auch: *Oktan* [< lat. *octo* ,,acht"]

öd ⟨Adj.⟩ → *öde*

Odal ⟨n.1; im germ. Recht⟩ *Sippeneigentum an Grund und Boden*

Oda|lis|ke ⟨f.11; früher⟩ *weiße türkische Haremssklavin* [< frz. *odalisque*, < türk. *odalık* ,,Sklavin der Haremsdamen", eigentlich ,,Zimmermädchen", < *oda* ,,Zimmer" und der Nachsilbe *-lık* ,,etwas zu etwas Gehöriges"]

Odd Fel|lows ⟨[ɔd fɛloʊz] Pl.; eigtl.⟩ *Independent Order of Odd Fellows: Unabhängiger Orden überzähliger Gesellen (im 18.Jh. englische freimaurerische Vereinigung zur Unterstützung arbeitsloser Handwerker)*

Odds ⟨nur Pl.⟩ **1** *Wette mit ungleichen Einsätzen* **2** ⟨Sport⟩ *Vorgaben* [< engl. *odd* ,,ungrade"]

öde ⟨Adj.⟩ auch: *öd* **1** *menschenleer;* ö. Straßen **2** *unfruchtbar, eintönig;* eine ö. Gegend **3** *langweilig;* ein ~s Buch; das Fest war ziemlich ö.

Ode ⟨f.11⟩ *feierliches lyrisches Gedicht in freien Rhythmen* [< griech. *ode* „Gesang, Lied", bes. „Lob-, Klagelied", < *aoide* „Gesang, Gesangskunst", zu *aeidein* „singen, zwitschern"]

Öde ⟨f., -, nur Sg.⟩ **1** *Menschenleere, Einsamkeit;* in dieser Ö. könnte ich nicht leben **2** *Unfruchtbarkeit (einer Landschaft);* die Ö. der Wüste **3** *Langeweile, Leere;* geistige Ö.

Odel ⟨m., -s, nur Sg.; bes. bayr.-österr.⟩ → *Jauche*

Odem ⟨m., -s, nur Sg.; poet.⟩ *Atem*

Ödem ⟨n.1⟩ *Ansammlung von Wasser im Unterhautzellgewebe* [< griech. *oidema* „Schwellung, Beule", zu *oidein*, *oidan* „schwellen, anschwellen"]

öde|ma|tös ⟨Adj., o.Steig.⟩ *ödemartig, mit Ödemen einhergehend*

Ode|on ⟨n.9; Musik-, Theatersaal, Kino, Vergnügungsstätte* [< griech. *odeion* „(meist überdachtes) Gebäude für musikalische Darbietungen, Rezitationen, Vorträge", zu *ode* „Gesang, Lied"]

oder ⟨Konj.⟩ **1** ⟨drückt aus, daß nur eine von zwei, unter mehreren Möglichkeiten in Frage kommt, oft in Verbindung mit „entweder"⟩ *jetzt o. nie;* entweder ich o. du; er stammt (entweder) aus München o. aus Augsburg; rechts o. links; kommst du mit o. nicht?; habe ich recht o. nicht?; er heißt Obermeier o. (so) ähnlich **2** *aus ... geheißen;* Mischling o. Bastarde; Sonnabend o. (schwäbisch und bayrisch) Samstag **3** *andernfalls;* wir müssen uns beeilen o. wir erreichen den Zug nicht mehr **4** ⟨ugs. kurz für⟩ *oder nicht* (→ *oder 1);* du kommst doch mit, o.?; man kann es doch so ausdrücken, o.? **5** ⟨nachgestellt mit „so"⟩ *ungefähr, soweit ich mich erinnern kann;* das geschah im 15.Jh. o. so; es waren zwanzig Leute o. so

Oder|men|nig ⟨m.1⟩ *staudiges Rosengewächs mit langen, gelben Blütenähren* [entstellt < lat. *agrimonia* < griech. *argemone*, weitere Herkunft unbekannt]

Ode|um ⟨n., -s, -de|en; Antike⟩ *rundes Gebäude für musikalische Darbietungen* [latinisierte Form von → *Odeon*]

Odeur ⟨[odœr] n.9 oder n.1⟩ **1** *wohlriechender Stoff* **2** *Duft, Geruch;* mit einem O. von Rosen; was ist das für ein merkwürdiges O.? [frz., < lat. *odor* „Geruch"]

Ödig|keit ⟨f., -, nur Sg.⟩ *Öde, Langweiligkeit;* die Ö. dieser verregneten Urlaubstage

odi|os, odi|ös ⟨Adj.⟩ **1** *widerwärtig, verhaßt* **2** *unausstehlich, gehässig* [< lat. *odiosus* „Ärgernis erregend, widerwärtig, lästig", zu *odium* „Widerwille, Abneigung"]

Ödi|pus|kom|plex ⟨m., -es, nur Sg.; Psych.⟩ *in früher Kindheit sich entwickelnde, übersteigerte Bindung des Sohnes an den andersgeschlechtlichen Elternteil;* vgl. *Elektrakomplex* [nach dem altgriechischen König *Ödipus* von Theben, der in Unwissenheit seinen Vater tötete und seine Mutter heiratete]

Odi|um ⟨n., -s, Odi|en⟩ *schlechter Beigeschmack, übler Hauch, unangenehme Note;* ihm haftet ein O. von Verruchtheit an; mit dem O. einer anrüchigen Vergangenheit behaftet [< lat. *odium* „Unangenehmes, Verdrießliches", eigtl. „Haß, Widerwille, Abneigung"]

Öd|land ⟨n.4, auch n., -(e)s, -län|de|rei|en⟩ *nicht kultiviertes Land (z.B. Moor, Heide)*

Odon|to|lo|gie ⟨f., -, nur Sg.⟩ → *Zahnheilkunde* [< griech. *odous*, auch *odon*, Gen. *odontos*, „Zahn" (zu *edein* „essen", eigentlich „der Essende") und *...logie*]

Odo|rier|mit|tel ⟨n.5⟩ *stark riechende Verbindung, die geruchlosen Gasen zugesetzt wird, um deren Austreten aus Rohrleitungen anzuzeigen*

Odys|see ⟨f., -, -se|en⟩ *Irrfahrt, langwierige, schwierige Reise* [nach Homers Epos über die Irrfahrt und Heimkehr des *Odysseus*]

odys|se|isch ⟨Adj., o.Steig.⟩ *in der Art einer Odyssee*

Oe ⟨Zeichen für⟩ *Oersted*

OECD ⟨Abk. für⟩ *Organization for Economic Cooperation and Development: Organisation für wirtschaftliche Zusammenarbeit und Entwicklung*

Oer|sted ⟨[œr-] n., -(s), -; Zeichen: Oe; veraltend⟩ *Maßeinheit der magnetischen Feldstärke* [nach dem dän. Physiker Hans Christian *Oersted*]

Œuvre ⟨[œvr(ə)] n.9⟩ **1** ⟨frz. Bez. für⟩ *Opus, Werk* **2** *Gesamtheit der Werke (eines Künstlers);* dieser Roman ist in seinem O. einzigartig

OEZ ⟨Abk. für⟩ *osteuropäische Zeit*

Ofen ⟨m.8⟩ **1** *fest eingebaute, allseitig umschlossene Feuerstelle* (Back~) **2** *ähnliches Gerät zur Wärmeerzeugung* (Heiz~, Kachel~); nur hinterm O. sitzen, hocken ⟨ugs.⟩ *immer zu Hause sein, nie ausgehen;* dann ist der O. aus ⟨ugs.⟩ *dann ist's vorbei;* dann ist bei mir der O. aus ⟨ugs.⟩ *dann verliere ich die Geduld, dann mache ich, was ich will, es ist mir heißer O.* ⟨ugs.⟩ *Kraftfahrzeug mit besonders leistungsstarkem Motor*

Ofen|set|zer ⟨m.5⟩ *jmd., der berufsmäßig Kachelöfen, Kamine u.ä. baut und repariert;* Syn. ⟨oberdt.⟩ *Hafner*

off (auf elektr. Geräten, Weckern) *aus(geschaltet);* Ggs. *on* [engl.]

Off ⟨n.9; Film, Fernsehen⟩ *Bereich außerhalb der Leinwand oder des Bildschirmes;* Ggs. *On;* Stimme aus dem O. [engl., „außerhalb, weg von"]

of|fen ⟨Adj., o.Steig.⟩ **1** *nicht geschlossen, geöffnet;* ein ~er Brief *in einer Zeitung veröffentlichter, für die Öffentlichkeit geschriebener Brief;* Tag der ~en Tür *Tag, an dem Unternehmen, Institutionen, Ämter usw. frei besichtigt werden können;* eine ~e Hand haben *freigebig sein;* ein ~es Haus führen *gastfrei sein;* eine ~e Gesellschaft *Gesellschaft ohne Klassenschranken;* ~e Psychiatrie *Form der Psychiatrie, bei der die Heilanstalt jederzeit verlassen werden kann;* am ~en Grab stehen; mit ~em Mund dastehen; heute ist das Museum auch abends o. **2** *nicht zusammengebunden, nicht geflochten;* sie trägt das Haar o. **3** *ohne Hindernisse, frei zugänglich;* der Fluß ist o. *der Fluß ist nicht mehr zugefroren;* der Paß ist o. *der Paß ist frei befahrbar;* ~em Feld in einem Feld ohne Häuser, Zäune o.ä.; auf das ~e Meer hinausfahren *auf das vom Festland nicht mehr geschützte Meer hinausfahren;* ~e Strecke *entfernt von Ansiedlungen* **4** ⟨Sprachw.⟩ *a mit geöffnetem Mund gesprochen;* ein ~es a, o **b** *mit einem Vokal endend;* ~e Silbe **5** *unbezahlt, ungeglichen;* die Rechnung ist noch o. **6** *nicht industriell abgefüllt;* ~e Milch; ~er Wein **7** *ungewiß, unentschieden;* der Ausgang der Wahlen ist noch o. **8** *frei, unbesetzt;* der Posten des Direktors ist noch o.; einige ~e Stellen **9** *freimütig, aufrichtig;* ein ~es Bekenntnis ablegen; o. gestanden *ehrlich gesagt;* etwas o. sagen; seinen Zorn o. zeigen **10** *klar, deutlich;* offen tritt zutage **11** *unverheilt, unverkrustet;* eine ~e Wunde haben **12** *unverhüllt;* eine ~e Feindschaft; das ist ein ~es Geheimnis **13** ⟨Sport⟩ **a** *mehrere Möglichkeiten eröffnend* **b** *Raumdeckung* **c** *ohne besondere Vorschriften und Einschränkungen;* ~e Meisterschaften **14** ⟨Jägerspr.⟩ *nicht mehr der Schonzeit unterliegend;* die Jagd ist o.

of|fen|bar ⟨auch [ɔf-] Adj., o.Steig.⟩ **1** *deutlich erkennbar;* ein ~er Widerspruch **2** ⟨als Adv.⟩ *wie es scheint;* wir kommen o. zu spät

of|fen|ba|ren ⟨V.1, hat offenbart⟩ **I** ⟨mit Akk.⟩ *enthüllen, zeigen, sehen lassen;* sein merkwürdiges Verhalten offenbart seine Unsicherheit; jmdm. ein Geheimnis, seine Pläne o. **II** ⟨refl.⟩ sich o. **1** ⟨auch: hat geoffenbart; geh.⟩ *sich zu erkennen geben;* Gott hat sich dem Johannes geoffenbart **2** *sich zeigen;* in diesem Werk offenbart sich seine große Begabung **3** sich jmdm. o. *sich jmdm. anvertrauen, jmdm. seine Sorgen vertrauensvoll, vertraulich mitteilen*

Of|fen|ba|rung ⟨f.10⟩ **1** *das Offenbaren, interessante Mitteilung;* einige ~en über die Hintergründe **2** *Mitteilung eines göttlichen Willens;* die O. Gottes in der Bibel *Vermittlung einer Einsicht, Vermittlung wichtiger Kenntnisse oder Erkenntnisse;* die Beschäftigung mit der Philosophie war für ihn eine O.

Of|fen|ba|rungs|eid ⟨m.1⟩ *eidliche Versicherung eines Schuldners, daß er seinen Vermögensstand richtig angegeben hat*

of|fen|blei|ben ⟨V.17, ist offengeblieben; o.Obj.⟩ **1** *geöffnet bleiben;* das Fenster soll o.; der Mund blieb ihm vor Staunen offen **2** *ungeklärt, ungelöst bleiben;* die Frage, ob ..., muß zunächst o.

of|fen|hal|ten ⟨V.61, hat offengehalten; mit Akk. (sich) und Akk.⟩ **1** *geöffnet halten;* die Tür, das Fenster o.; wir halten die Gaststätte auch sonntags offen; er will sich noch eine Möglichkeit zum Rückzug o.; die Augen o. *aufmerksam sein, wachsam sein* **2** *geöffnet hinhalten;* die Hand o. *ein Trinkgeld erwarten*

Of|fen|heit ⟨f., -, nur Sg.⟩ **1** *Ehrlichkeit, Freimut;* er sagt es in aller O. **2** *Vorurteilslosigkeit, Zugänglichkeit;* O. für alle Probleme zeigen

of|fen|her|zig ⟨Adj.⟩ **1** *freimütig, unverhohlen;* ein ~es Bekenntnis **2** ⟨ugs., scherzh.⟩ *weit ausgeschnitten;* ein ~es Kleid **Of|fen|her|zig|keit** ⟨f., -, nur Sg.⟩

of|fen|kun|dig ⟨auch [-kʊn-] Adj.⟩ *deutlich, klar;* ein ~er Irrtum; etwas o. machen *etwas bekannt machen;* etwas wird o. *etwas wird bekannt* **Of|fen|kun|dig|keit** ⟨f., -, nur Sg.⟩

of|fen|las|sen ⟨V.75, hat offengelassen; mit Akk. oder mit Dat. (sich) und Akk.⟩ **1** *geöffnet lassen;* das Fenster, die Tür o.; sich eine Möglichkeit, einen Ausweg o. **2** *ungeklärt lassen;* wir lassen diese Frage zunächst noch offen

of|fen|le|gen ⟨V.1, hat offengelegt; mit Akk.; ugs.⟩ *aufdecken, offen erklären;* seine Pläne, Absichten o.

Of|fen|markt|po|li|tik ⟨f., -, nur Sg.⟩ *Beeinflussung des Geldmarktes durch An- und Verkauf von Wertpapieren seitens der staatlichen Notenbank*

of|fen|sicht|lich ⟨auch [ɔf-] ⟩ **I** ⟨Adj.⟩ *deutlich, offenkundig;* ~er Betrug **II** ⟨Adv.⟩ *wie es scheint;* das ist o. Unsinn

of|fen|siv ⟨Adj.⟩ *angreifend, angriffslustig;* Ggs. *inoffensiv, defensiv*

Of|fen|si|ve ⟨f.11⟩ *Angriff, Angriffsschlacht;* Ggs. *Defensive* [frz. *offensive* „Angriff", zu *offenser* „beleidigen, verletzen" < lat. *offendere* „anstoßen, verletzen, beschädigen, beleidigen", < *of...* (in Zus. vor f für *ob*) „gegen" und *...fendere* (nur in Zus.) „stoßen"]

of|fen|ste|hen ⟨V.151, hat offengestanden⟩ **I** ⟨o.Obj.⟩ **1** *geöffnet sein;* die Tür hat die ganze Nacht offengestanden **2** *frei sein;* es stehen noch etliche Lehrstellen offen; die Zeitung nach ~den Stellen durchsehen **3** *unbezahlt sein;* auf Ihrem Konto steht noch ein Betrag von 250 DM offen **II** ⟨mit Dat.⟩ **1** jmdm. o. *für jmdn. geöffnet sein;* nach diesem guten Examen stehen ihm alle Türen offen **2** jmdm. zugänglich sein; die Bibliothek steht allen Personen offen **3** *für jmdn. ausführbar sein, zu verwirklichen sein, freistehen;* nach seinem Examen stehen ihm viele Möglichkeiten offen; es steht dir offen, ob du das tust oder das andere

öf|fent|lich ⟨Adj., o.Steig.⟩ **1** *die Allgemeinheit, die Gesellschaft, die Bürger, das Publi-*

Öffentlichkeit

kum betreffend, davon ausgehend; das ~e Leben; die ~e Meinung; die ~e Ordnung; ~es Recht *alle Vorschriften, die die Rechtsbeziehungen zwischen dem einzelnen und der übergeordneten Gewalt sowie zwischen Staat, Gemeinden, Körperschaften regeln;* Ggs. *Privatrecht* **2** *allgemein zugänglich;* ~e Gerichtsverhandlung; ~er Spielplatz; ~es Schwimmbad **3** *zur Verwaltung einer Gemeinde gehörig;* ~e Gelder; im ~en Dienst arbeiten **4** *für alle deutlich, sichtbar;* ö. auftreten; etwas ö. bekanntmachen, äußern; etwas ö. behaupten

Öf|fent|lich|keit ⟨f., -, nur Sg.⟩ *Gesamtheit der Menschen, Publikum;* etwas in aller Ö. tun, verkünden; etwas in die Ö. tragen; unter Ausschluß der Ö.

Öf|fent|lich|keits|ar|beit ⟨f., -, nur Sg.⟩ → *Public Relations*

of|fe|rie|ren ⟨V.3, hat offeriert⟩; mit Dat. und Akk., ugs. auch nur mit Akk. oder o. Obj. *jmdm. etwas o. jmdm. etwas (zum Kauf, zum Essen oder Trinken) anbieten;* Produkte o. (erg: den Kunden, Käufern); wir o. unseren Kunden hiermit einen neuen Artikel; diese Druckerei hat das günstigste Angebot offeriert (ugs.) *hat das günstigste Angebot gemacht;* jmdm. einen Imbiß o.; kann ich dir eine Erfrischung o.? [< lat. *offero*, *erste Person Sg. von offerre*, „entgegentragen, -bringen", < *of-* ... (in Zus. vor *f* für *ob*) „entgegen" und *ferre* „tragen, bringen"]

Of|fert ⟨n.1; österr.⟩ → *Offerte*

Of|fer|te ⟨f.11⟩ *schriftliches Angebot;* auch: ⟨österr.⟩ Offert [frz., Part. Präs. von *offrir* „anbieten"]

Of|fer|to|ri|um ⟨n., -s, -ri|en⟩ *Teil der kirchlichen Liturgie, Darbringung von Brot und Wein;* Syn. *Oblation* [lat., „Opferstätte", zu *offerre* „entgegenbringen, darbringen"]

Of|fice **1** [ɔfis] ⟨n., -, -s [ɔfisiz]⟩ *Büro* **2** [ɔfis] ⟨n., -, -s [ɔfis]⟩; schweiz. (in Gaststätten) *Anrichteraum* [engl. bzw. frz., lat. *officium* „Pflicht, Geschäft, Amt"]

Of|fi|ci|um ⟨n., -s, -ci|en; ältere Schreibung für⟩ *Offizium*; O. divinum ⟨kath. Kirche⟩ *die dem Geistlichen vorbehaltenen liturgischen Handlungen, (bes.) das tägliche Stundengebet* [lat., „Pflicht, Amt"]

Of|fi|zi|al ⟨m.1⟩ **1** ⟨kath. Kirche⟩ *Vertreter des Bischofs bei der Ausübung der Gerichtsbarkeit* **2** ⟨österr.⟩ *ein Beamtentitel (Post~)*

Of|fi|zia|lat ⟨n.1; kath. Kirche⟩ *bischöfliche Gerichtsbarkeit*

Of|fi|zi|al|de|likt ⟨n.1⟩, **Of|fi|zi|al|ver|ge|hen** ⟨n.7⟩ *Vergehen, das von Amts wegen verfolgt wird*

Of|fi|zi|al|ver|tei|di|ger ⟨m.5⟩ *amtlich bestellter Verteidiger, Pflichtverteidiger*

Of|fi|zi|ant ⟨m.10⟩ **1** ⟨kath. Kirche⟩ *den Gottesdienst durchführender Geistlicher* **2** *unterer Beamter* **3** ⟨süddt.; †⟩ *Schulhausmeister*

of|fi|zi|ell ⟨Adj., o.Steig.⟩ Ggs. *inoffiziell* **1** *öffentlich;* die Sache ist noch nicht o.; etwas o. mitteilen; ~e Verlobung **2** *von einer Behörde, Dienststelle ausgehend, amtlich, verbürgt;* eine ~e Verlautbarung, Meldung **3** *förmlich, feierlich;* ~er Anzug; einen ~en Besuch machen; wir stehen sehr o. miteinander *wir sind nicht vertraut miteinander, stehen in keinem freundschaftlichen, kollegialen Verhältnis* [< frz. *officiel* „amtlich", < lat. *officialis* „zum Dienst, zum Amt gehörig", zu *officium* „Pflicht, Dienst, Obliegenheit"]

Of|fi|zier ⟨m.1⟩ *Soldat in einem Rang vom Leutnant an aufwärts* [< frz. *officier*, in ders. Bed. sowie „Beamter", < lat. *officium* „Dienst, Amt, Obliegenheit"]

Of|fi|zin ⟨f.10⟩ **1** *Arbeitsraum in einer Apotheke* **2** ⟨†⟩ *Druckerei* [< lat. *officina*, eigtl. *opificina* „Werkstatt", zu *opifex*, Gen. *-ficis*, „Handwerker, Arbeiter, Künstler"; < *opus* „Werk, Arbeit" und ...*ficere* (in Zus. für) *facere* „machen"]

of|fi|zi|nal, of|fi|zi|nell ⟨Adj., o.Steig.⟩ *als Heilmittel anerkannt, arzneilich* [zu *Offizin*]

of|fi|zi|ös ⟨Adj., o.Steig.⟩ *halbamtlich, nicht verbürgt;* eine ~e Nachricht

Of|fi|zi|um ⟨n., -s, -zi|en; †⟩ *Amts-, Dienstpflicht* [lat., → *Offizium*]

off li|mits *Zutritt verboten* [amerik., eigtl. „weg von (diesen) Grenzen"]

off line ⟨ɔf lain⟩ *nur indirekt mit einer EDV-Anlage verbunden, für Zwischenspeicher bestimmt;* vgl. *on line* [engl., „ohne Verbindung"]

öff|nen ⟨V.2, hat geöffnet⟩ **I** ⟨mit Akk.⟩ *etwas ö.* **1** *machen, daß etwas offen ist;* die Augen, den Mund ö.; einen Verschluß ö. **2** *den Verschluß von etwas lösen;* den Kragen, den Mantel ö. **3** *den Deckel von etwas abnehmen, hochklappen;* einen Koffer, Kasten ö. **4** *bewirken, daß den Durchgang freigibt;* die Tür, die Bahnschranke ö. **5** *Einlaß in etwas gewähren,* wir öffnen das Geschäft um neun Uhr; das Geschäft ist von 9 bis 18 Uhr geöffnet **II** ⟨mit Dat.⟩ *jmdm. ö. jmdm. den Eingang freigeben* **III** ⟨mit Dat. und Akk.⟩ *jmdm. etwas ö. machen, daß jmdm. die Tür o., jmdm. sein Herz ö. jmdm. im Vertrauen seine Gedanken, Gefühle mitteilen* **IV** ⟨refl.⟩ *sich ö.* **1** *aufgehen, in den Zustand des Offenseins übergehen;* die Knospen ö. sich **2** *sich jmdm. oder einer Sache innerlich und äußerlich zuwenden, Interesse für jmdn. oder eine Sache zeigen oder gewinnen;* sich der Kunst ö. **3** *sichtbar werden;* vor uns öffnete sich ein Tal, eine Ebene; es ö. sich ganz neue Möglichkeiten, Wege **V** ⟨o.Obj.; ugs.⟩ *Einlaß gewähren;* die Geschäfte, Museen ö. wieder um neun Uhr; das Geschäft hat von 8 bis 18 Uhr geöffnet

Öff|ner ⟨m.5⟩ *Gerät, mit dem Dosen, Gläser o.ä. geöffnet werden (Büchsen~)*

Öff|nung ⟨f.10⟩ **1** ⟨nur Sg.⟩ *das Öffnen;* die Ö. der Kasse, des Museums **2** *offene Stelle, Loch, Lücke;* eine Ö. in der Wand

Öff|nungs|zei|ten ⟨f.10; Pl.⟩ *Zeiten, in denen ein Geschäft, eine öffentliche Einrichtung, Institution o.ä. geöffnet ist*

Off|set ⟨m.9; Funk, Fernsehen⟩ *Frequenzversetzung* [engl., „das Absetzen, Versetzen"]

Off|set|druck ⟨m.1⟩ **1** ⟨nur Sg.⟩ *ein Flachdruckverfahren, bei dem die Druckfarbe durch einen Gummizylinder von der Druckplatte auf das Papier übertragen wird* **2** *dessen Erzeugnis* [< engl. *to offset* „absetzen, wegsetzen"]

Off-shore... ⟨[-ʃɔː] in Zus.⟩ *entfernt von der Küste (z.B. Off-shore-Bohrung)* [engl., „weg von der Küste"]

Off-shore-Ge|schäft ⟨[-ʃɔː] n.1⟩ *internationales Geldgeschäft, das von nationalen Gesetzen und Regelungen der Zentralbanken nicht erfaßt wird* [in übertr. Sinne nach *Off-shore...* gebildet]

Off-Spre|cher ⟨m.5; Film, Fernsehen⟩ *auf dem Bildschirm, der Leinwand nicht sichtbarer Sprecher* [zu *Off*]

Off-Stim|me ⟨f.11; Film, Fernsehen⟩ *Stimme eines (auf der Leinwand, dem Bildschirm) nicht sichtbaren Sprechers;* Ggs. *On-Stimme* [zu *Off*]

oft ⟨Adv., öfter, am öftesten⟩ **1** *mehrmals, viele Male;* du bin schon oft, recht oft, ziemlich oft dort gewesen; ich bin öfter dort gewesen als du; dieser Bus verkehrt von allen am öftesten; des öfteren ⟨betonend⟩ *mehrmals* **2** *häufig, immer wieder;* er ist oft krank; es kommt oft anders als man denkt

öf|ter ⟨Adv., absoluter Komparativ von „oft"⟩ *ziemlich oft,* → *öfters*

öf|ters ⟨Adv.⟩ *ziemlich oft, ziemlich häufig;* ich bin ö. dort; ich besuche ihn ö.; so etwas kommt ö. vor

oft|mals ⟨Adv.; leicht betonend⟩ *oft, mehrmals, viele Male;* ich habe o. beobachtet, daß ...

Oger ⟨m.5; im frz. Märchen⟩ *Menschenfresser, Riese* [frz. *ogre*, in der Gralssage Bezeichnung für einen fremden Volksstamm, wohl zu mittelgriech. *Ogor* „Ugrer, Ungar"]

Oheim ⟨m.1; †⟩ *Onkel*

OHG, oHG ⟨Abk. für⟩ *Offene, offene Handelsgesellschaft*

Ohm[1] ⟨m.1; †⟩ *Onkel*

Ohm[2] ⟨n., -s, -; Zeichen: Ω⟩ *Maßeinheit des elektrischen Widerstandes* [nach dem Physiker Georg Simon *Ohm*]

Ohm[3] ⟨n., -s, -⟩ *altes Flüssigkeitsmaß, 134 bis 175 l* [< mhd. *ame, ome* in ders. Bed., sowie „Maß" schlechthin, < lat. *ama* „Eimer"]

Ohm ⟨m.1; süddt.⟩ *Onkel*

Ohmd ⟨n., -(e)s, nur Sg.; südwestdt.⟩ → *Grummet* [< mhd. *amat, uomat*, < *a-* ... „übrig", *uo* „nach" und *mad* „Mähen, Mahd"]

öh|men ⟨V.1, hat geöhmt; süddt.⟩ *zum zweiten Mal mähen, nachmähen;* Syn. ⟨schweiz.⟩ *emden*

Ohm|me|ter ⟨n.5⟩ *Maßgerät zur Bestimmung von elektrischen Widerständen* [< *Ohm* und ...*meter*]

oh|ne **I** ⟨Präp. mit Akk.⟩ **1** *nicht ausgestattet mit, frei von, unter Weglassung von;* das ist o. Bedeutung; er ist o. Geld; er ging o. Gruß, o. Jahr ⟨Abk.: o.J.; in bibliograph. Angaben⟩ *Angabe des Erscheinungsjahres fehlt;* o. Ort ⟨Abk.: o.O.; in bibliograph. Angaben⟩ *Angabe des Erscheinungsortes fehlt;* o. Ort und Jahr ⟨Abk.: o.O. u. J.; in bibliograph. Angaben⟩ *Angabe von Erscheinungsort und -jahr fehlt;* er ist nicht o. ⟨ugs.⟩ *er ist nicht übel, er hat Qualitäten;* das ist nicht o. ⟨ugs.⟩ *das ist, das klingt ganz gut;* o. weiteres **2** *unter Abrechnung von;* Gewicht o. Zuladung **II** ⟨Konj.; in der Fügungen⟩ o. daß ..., o. zu ... *unter Vermeidung von, vermeidend;* o. nachzudenken; o. daß er gefragt hätte

oh|ne|dies ⟨auch [-dɪs] Adv.⟩ → *sowieso*

oh|ne|glei|chen ⟨Adv.⟩ *so beschaffen, daß ihm nichts gleicht, einzigartig;* ein Lärm o.; das ist eine Unverschämtheit o.; ihre Freude, Seligkeit war o.

oh|ne|hin ⟨auch [-hɪn] Adv.⟩ → *sowieso*

Ohn|macht ⟨f.10⟩ **1** *leichte Bewußtlosigkeit;* in O. fallen **2** *Handlungsunfähigkeit, Machtlosigkeit;* Gefühl der O. [wörtl. „ohne Macht"]

ohn|mäch|tig ⟨Adj., o.Steig.⟩ **1** *vorübergehend ohne Bewußtsein;* sie ist o. geworden **2** ⟨übertr.⟩ *machtlos, unfähig zu handeln;* o. zusehen müssen

Ohr ⟨n.12⟩ *Organ des Gehörsinnes;* Syn. *Gehörorgan;* der Hund legt die ~en an; die ~en anlegen ⟨übertr., ugs.⟩ *sich beeilen, seine Kräfte anspannen;* mach deine ~en auf!, mach doch die ~en auf! ⟨ugs., derb⟩ *hör doch zu!;* die ~en hängenlassen ⟨ugs.⟩ *niedergeschlagen sein;* jmdm. sein O. leihen *jmdm. (wohlwollend) zuhören;* die ~en spitzen *genau zuhören;* mit den ~en wackeln; hast du keine ~en?, hast du Dreck in den ~en? ⟨derb⟩ *kannst du nicht hören?;* gute, schlechte ~en haben ⟨ugs.⟩ *gut, schlecht hören;* tauben ~en predigen *vergeblich mahnen;* ein offenes O. für jmdn. haben *Verständnis für jmdn. haben, sich jmds. Wünsche, Sorgen wohlwollend anhören;* ich bin ganz O. *ich bin taub;* auf diesem O. bin ich taub, auf diesem O. höre ich schlecht ⟨ugs., scherzh.⟩ *so etwas höre ich nicht gern, davon will ich nichts hören;* sitzt du auf den ~en? ⟨ugs.⟩ *hörst du nicht?;* sich aufs O. legen *schlafen gehen;* den muß ich den ~en nehmen ⟨ugs.⟩ *dem muß ich die Meinung sagen;* das ist nicht für fremde ~en bestimmt *das soll nicht jeder hören;* einem Kind eins hinter die ~en geben ⟨ugs.⟩ *einem Kind eine Ohrfeige geben;* schreib dir das hinter die ~en! ⟨ugs.⟩ *merk* *dir das!;* er hat es faustdick hinter den ∼en *er ist schlau, ohne es sich merken zu lassen;* er ist noch nicht trocken hinter den ∼ *en* (ugs.) *er ist noch unreif;* die Melodie geht ins O. *die Melodie läßt sich leicht merken;* jmdm. ständig in den ∼en liegen (ugs.) *jmdn. ständig bitten, ständig auf jmdn. einreden;* jmdm. übers O. hauen (ugs.) *jmdn. betrügen, übervorteilen;* bis über die ∼en, bis über beide ∼en in der Arbeit, in Schulden stecken *sehr viel Arbeit, viele Schulden haben;* bis über die ∼en, bis über beide ∼en verliebt sein *sehr verliebt sein;* es ist mir zu ∼en gekommen, daß ... *ich habe gehört, daß ...*, es ist mir erzählt worden, *daß ...;* die Mahnungen gehen ihm zum einen O. hinein und zum anderen wieder hinaus (ugs.) *er hört nicht auf die Mahnungen*

Öhr ⟨n.1⟩ *kleines Loch (bes. an der Nähnadel zum Einziehen des Fadens;* Nadel∼)

Oh|ren|beich|te ⟨f.11; kath. Kirche⟩ *im Beichtstuhl abgelegte Beichte*

oh|ren|be|täu|bend ⟨Adj., o.Steig.⟩ *so beschaffen, daß die Ohren betäubt werden, sehr laut;* ein ∼er Lärm

Oh|ren|blä|ser ⟨m.5⟩ *jmd., der andere heimlich, versteckt verleumdet, der andere unbemerkt schlecht beeinflußt*

Oh|ren|krie|cher ⟨m.5; landsch.⟩ →*Ohrwurm*

Oh|ren|rob|be ⟨f.11⟩ *Robbe, die (im Unterschied zum Seehund) Ohrmuscheln besitzt.*

Oh|ren|sau|sen ⟨n., -s, nur Sg.⟩ *bei bestimmten Erkrankungen im Ohr selbst entstandene Hörempfindung, bei der ein sausendes Geräusch wahrgenommen wird*

Oh|ren|schmalz ⟨n., -es, nur Sg.⟩ *hell rötlichbraune Talgabsonderung des äußeren Gehörganges*

Oh|ren|schmaus ⟨m.2; übertr.⟩ *etwas, das man mit Genuß anhört*

Oh|ren|schüt|zer ⟨m.5⟩ *zwei ovale, an einem Bügel befestigte Klappen aus Stoff oder Wolle als Kälteschutz für die Ohrmuscheln*

Oh|ren|ses|sel ⟨m.5⟩ *Lehnsessel mit zwei seitlichen Kopfstützen an der Rückenlehne*

Oh|ren|zeu|ge ⟨m.11⟩ *jmd., der etwas mitanhört, der bezeugen kann, daß er es mitangehört hat*

Oh|ren|zwang ⟨m., -(e)s, nur Sg.⟩ *bei Hunden⟩ Entzündung des äußeren Ohres*

Oh|ren|zwi|cker ⟨-k|k-; m.5; landsch.⟩ →*Ohrwurm*

Ohr|fei|ge ⟨f.11⟩ *Schlag mit der Hand auf die Backe;* Syn. Backpfeife, Backenstreich, Maulschelle, Schelle, ⟨österr.⟩ Dachtel, ⟨bayr.⟩ Watschen, ⟨bayr., oberdt.⟩ Fotzen [wahrscheinlich umgebildet < ndrl. *oorveeg* in ders. Bed., zu *veeg* „Hieb, Streich"]

ohr|fei|gen ⟨V.1, hat georhfeigt; mit Akk.⟩ *jmdn. o. jmdm. eine Ohrfeige geben*

Ohr|fei|gen|ge|sicht ⟨n.3; ugs.⟩ *freches Gesicht*

Ohr|ge|hän|ge ⟨n.5⟩ *großer, herabhängender Ohrschmuck*

Ohr|läpp|chen ⟨n.7⟩ *weicher, fleischiger Teil der unteren Ohrmuschel*

Ohr|mar|ke ⟨f.11; bei Schlacht-, Weide- und Zuchttieren⟩ *Metallmarke mit Nummer zur Kennzeichnung, die in die Ohrmuschel eingezogen wird*

Ohr|mu|schel ⟨f.11⟩ *äußerer Teil des Ohres*

Ohr|ring ⟨m.1⟩ *am Ohr getragener, ringförmiger Schmuck*

Ohr|spei|chel|drü|se ⟨f.11⟩ *vor dem inneren Ohr am Kaumuskel liegende Speicheldrüse;* Syn. Parotis

Ohr|trom|pe|te ⟨f.11⟩ →*Eustachische Röhre*

Ohr|wa|schel, Ohr|waschl ⟨n.14; bayr.⟩ *Ohr* [zum veralteten Waschel, Waschl „Putzlappen, Fetzen"]

Ohr|wurm ⟨m.4⟩ **1** *(bei den meisten Arten flügellos erscheinendes) Insekt mit großen, zangenähnlichen Gebilden am Hinterleib;* Syn. ⟨landsch.⟩ *Ohrenkriecher, Ohrenzwicker* [vermutlich läßt seine Vorliebe für Ritzen ihn als Bedrohung für die Ohren erscheinen, „Wurm" steht hier für „kleines, niederes Tier"; vielleicht auch nach den beiden Gebilden am Hinterleib, die gemeinsam fast ein Öhr bilden, oder nach den ohrenförmigen Hinterflügeln] **2** ⟨ugs., scherzh.⟩ *leicht ins Ohr gehende, einschmeichelnde Melodie*

...oid ⟨in Zus.⟩ *...ähnlich,* z.B. mongoloid [< griech. *eidos* „Aussehen, Gestalt"]

o.J. ⟨Abk. für⟩ *ohne Jahr* (→*ohne*)

o je!, o je|mi|ne! ⟨Ausruf des Erschreckens, Bedauerns⟩ [verkürzt < lat. *o Jesu, o Jesu Domine* „o (Herr) Jesus!"]

o.k., O.K. ⟨[ɔkeː] Abk. für⟩ *okay* [die Herkunft ist umstritten, man vermutete eine Abkürzung für *okay, okeh* und glaubte darin ein indianisches Wort mit der Bedeutung „es ist so" gefunden zu haben; wahrscheinl. ist die Abkürzung für *O.K. Club* „Old Kinderhook Club", eine Organisation von Anhängern von Martin van Buren, der aus Kinderhook stammte und 1840 zum zweiten Mal für die Präsidentschaft der USA kandidierte. Sie ging dann auf die Mitglieder des Klubs über. Ihre politischen Gegner behaupteten jedoch spottend, die O.K.-Anhänger könnten nicht einmal richtige Orthographie schreiben und glaubten, *O.K.* sei auch eine Abkürzung für *Oll Korrect* (All correct) „Alles in Ordnung"]

Oka|pi ⟨n.9⟩ *den Giraffen nahestehendes Tier des Kongo-Urwaldes mit zebraähnlicher Streifung auf den Beinen und sonst dunkel kastanienbraunem Fell* [aus einer Sprache Zentralafrikas]

Oka|ri|na ⟨f., -, -nen⟩ *kleines, flötenartiges Musikinstrument aus Ton oder Porzellan in Form eines spitz zulaufenden Gänseeis mit Mundstück* [< ital. *ocarina* in ders. Bed., eigtl. „Gänschen", mundartliche Verkleinerungsform von *oca* „Gans"]

okay ⟨[ɔkeː] Abk.: o.k., O.K.⟩ *in Ordnung;* geht das o.?; *er gab sein Okay* er gab seine Zustimmung [→*o.k.*]

Okea|ni|de ⟨f.11⟩ →*Ozeanide*

Ok|ka|si|on ⟨f.10; †⟩ *Gelegenheit, Gelegenheitskauf* [< lat. *occasio*, Gen. *-onis*, „Gelegenheit"]

Ok|ka|sio|na|lis|mus ⟨m., -, nur Sg.⟩ *Lehre, die die Wechselwirkung von Leib und Seele verneint und die Übereinstimmung zwischen beiden auf Gott zurückführt*

Ok|ka|sio|na|list ⟨m.10⟩ *Vertreter, Anhänger des Okkasionalismus*

ok|ka|sio|na|li|stisch ⟨Adj., o.Steig.⟩ *auf dem Okkasionalismus beruhend*

ok|ka|sio|nell ⟨Adj., o.Steig.; †⟩ *gelegentlich, Gelegenheits...*

Ok|ki|spit|ze ⟨f.11⟩ *mit einem schiffchenförmigen Werkzeug hergestellte Knüpfspitze, Schiffchenarbeit* [< ital. *occhio* „Auge, Öhr, kleines Loch" (< lat. *oculus* „Auge"), wegen der vielen kleinen Löcher, mit denen die Spitze durchsetzt ist]

ok|klu|die|ren ⟨V.3, hat okkludiert; mit Akk.⟩ *einschließen, verschließen* [< lat. *occludere* in ders. Bed., zu *claudere* „schließen"]

Ok|klu|si|on ⟨f.10⟩ **1** *Verschluß, Sperre, Hemmung* **2** *normale Bißstellung der Zähne* **3** *Zusammentreffen von Warm- und Kaltluftfront* [zu *okkludieren*]

ok|klu|siv ⟨Adj.; †⟩ *hemmend, sperrend*

ok|kult ⟨Adj.⟩ *geheim, verborgen, übersinnlich* [< lat. *occultus* „verborgen, heimlich", zu *occulere* „verdecken, verbergen", < *oc...* (in Zus. vor c für *ob*) „gegen hin" und *celare* „verbergen, verborgen halten"]

Ok|kul|tis|mus ⟨m., -, nur Sg.⟩ *Lehre von den (vermuteten) außer- oder übersinnlichen Kräften* (z.B. von der Telepathie)

Ok|kul|tist ⟨m.10⟩ *Vertreter, Anhänger des Okkultismus*

ok|kul|ti|stisch ⟨Adj., o.Steig.⟩ *auf dem Okkultismus beruhend, in der Art des Okkultismus*

Ok|ku|pant ⟨m.10⟩ *jmd., der etwas okkupiert*

Ok|ku|pa|ti|on ⟨f.10⟩ **1** *Besetzung (fremden Staatsgebietes)* **2** *Aneignung (herrenlosen Gutes)* [zu *okkupieren*]

ok|ku|pa|to|risch ⟨Adj., o.Steig.⟩ *in der Art einer Okkupation, durch Okkupation*

ok|ku|pie|ren ⟨V.3, hat okkupiert; mit Akk.⟩ *besetzen, mit Beschlag belegen;* ein Land o.; *er okkupiert schon seit zwei Stunden das Bad* (ugs.); *ich bin zur Zeit sehr okkupiert* (ugs.) *ich bin zur Zeit sehr beschäftigt, ich habe sehr viel Arbeit; er ist von seiner Arbeit völlig okkupiert er denkt an nichts anderes mehr als an seine Arbeit* [< lat. *occupare* „besetzen, einnehmen, mit Beschlag belegen", < *oc...* (in Zus. vor c für *ob*) „für, zum Entgelt für" und *capere* „fassen, ergreifen"]

Öko|la|den ⟨m.8; ugs.⟩ *Laden, in dem nur unter ökologischen Gesichtspunkten vertretbare Waren verkauft werden*

Öko|lo|ge ⟨m.11⟩ *Wissenschaftler auf dem Gebiet der Ökologie*

Öko|lo|gie ⟨f., -, nur Sg.⟩ **1** *Gesamtheit der Wechselbeziehungen zwischen den Lebewesen und ihrer Umwelt* **2** *Wiss. davon* [< griech. *oikos* „Haus, Wohnung" und *...logie*]

öko|lo|gisch ⟨Adj., o.Steig.⟩ **1** *die Ökologie betreffend, zu ihr gehörig* **2** *die Umwelt der Lebewesen betreffend, zu ihr gehörig;* ∼e Nische *Teil der Umwelt, an dessen Lebensbedingungen eine bestimmte Art von Lebewesen angepaßt ist*

Öko|nom ⟨m.10; veraltend⟩ *Landwirt, Gutsverwalter* [zu *Ökonomie*]

Öko|no|me|trie ⟨f., -, nur Sg.⟩ *mathematisch-statistisches Verfahren zur Untersuchung ökonomischer Zusammenhänge* [< *Ökonomie* und *...metrie*]

Öko|no|mie ⟨f., -, nur Sg.⟩ **1** ⟨†⟩ *Landwirtschaftsbetrieb* **2** *Wirtschaft, wirtschaftliche Struktur* **3** *Wirtschaftlichkeit, Sparsamkeit* [< griech. *oikonomia* „Haushaltung, Verwaltung", < *oikos* „Haus, Haushalt" und *nomos* „Gesetz, Brauch, Verfahren"]

Öko|no|mik ⟨f., -, nur Sg.⟩ **1** *Wirtschaftswissenschaft* **2** *wirtschaftliche Gegebenheiten, wirtschaftliche Verhältnisse* **3** *Wirtschaftlichkeit, Sparsamkeit;* die Ö. seiner Maßnahmen, seiner Planung

öko|no|misch ⟨Adj.⟩ **1** ⟨o.Steig.⟩ *zur Ökonomie gehörend* **2** *wirtschaftlich, sparsam*

Öko|no|mis|mus ⟨m., -, nur Sg.⟩ *(einseitige) Betrachtungsweise nur vom wirtschaftlichen Standpunkt aus*

öko|no|mi|stisch ⟨Adj., o. Steig.⟩ *in der Art des Ökonomismus*

Öko|pax|be|we|gung ⟨f., -, nur Sg.⟩ *Bestrebungen einer größeren Zahl von Menschen für die Erhaltung der natürlichen Umwelt und des Friedens*

Öko|sy|stem ⟨n.1⟩ *Einheit von Lebewesen und ihrem Lebensraum* [< griech. *oikos* „Haus, Wohnung" und *System*]

Öko|top ⟨n.1⟩ *ökologisches einheitliches Gebiet* [< griech. *oikos* „Haus, Wohnung" und *topos* „Ort"]

Öko|tro|pho|lo|gie ⟨f., -, nur Sg.⟩ *Haushalts- und Ernährungswissenschaft* [< griech. *oikos* „Haus, Haushalt", *trophe* „Nahrung" und *...logie*]

Öko|ty|pus ⟨m., -, -pen⟩ *einem bestimmten Standort angepaßte Gruppe von Tieren oder Pflanzen* [< griech. *oikos* „Haus, Wohnung" und *Typus*]

Okt. ⟨Abk. für⟩ *Oktober*

Ok|ta|chord ⟨[-kɔrd] n.1⟩ *Musikinstrument mit acht Saiten*

Ok|ta|eder ⟨m.5 oder n.5⟩ *von acht Flächen begrenzter Körper;* Syn. Achtflach, Achtflächner [< griech. *okto* „acht" und *hedra* „Grundlage, Fläche"]

oktaedrisch

ok|ta|ed|risch 〈Adj., o.Steig.〉 *achtflächig* [zu *Oktaeder*]
Ok|ta|gon 〈n.1〉 → *Oktogon*
Ok|tan 〈n.1〉 → *Octan*
Ok|tant 〈m.10〉 **1** *Achtelkreis* **2** *nautisches Winkelmeßgerät* [< griech. *okto* „acht" und *gonia* „Winkel, Ecke"]
Ok|tan|zahl 〈f.10; Abk.: Oz〉 *Maßzahl für die Klopffestigkeit von Treibstoffen* [< *Octan* und *Zahl*]
Ok|tav 〈n.1; Zeichen: 8°; kurz für〉 *Oktavformat*
Ok|ta|ve 〈f.11〉 **1** *achter Ton der diatonischen Tonleiter* **2** *Intervall von acht Tönen* [< lat. *octava* „die achte", zu *octo* „acht"]
Ok|tav|for|mat 〈n.11〉 *Buchformat in der Größe eines Achtelbogens*
ok|ta|vie|ren 〈V.3, hat oktaviert; o.Obj.〉 *eine Oktave höher spielen als angegeben*
Ok|tett 〈n.1〉 **1** *Musikstück für acht Instrumente oder Singstimmen* **2** *Gruppe von acht Instrumentalisten oder Sängern* **3** 〈Phys.〉 *Anwesenheit von acht Elektronen in der äußeren Schale eines Atoms*
Ok|to|ber 〈m., -(s), -〉 *zehnter Monat des Jahres* [< lat. *mensis october* „achter Monat" (da der altrömische Kalender mit dem 1. März begann), zu *octo* „acht" und *-ber* von unklarer Herkunft]
Ok|to|ber|fest 〈n.1〉 *Ende September bis Anfang Oktober in München stattfindendes großes Volksfest*
Ok|to|ber|re|vo|lu|ti|on 〈f., -, nur Sg.〉 *die Revolution vom 25./26. Oktober 1917 in Rußland*
Ok|to|de|ka|gon 〈n.1〉 *Achtzehneck* [< griech. *okto* „acht", *deka* „zehn" und *gonia* „Winkel, Ecke"]
Ok|to|gon 〈n.1〉 *Achteck*; auch: *Oktagon* [< griech. *okto* „acht" und *gonia* „Winkel, Ecke"]
ok|to|go|nal 〈Adj., o.Steig.〉 *achteckig*
Ok|to|pus 〈m., -, -pus|se〉 *achtarmiger Kopffüßer* [< griech. *okto* „acht" und *pous*, Gen. *podos*, „Fuß"]
ok|troy|ie|ren 〈[-troai-], meist [-troj-] V.3, hat oktroyiert; mit Dat. und Akk.〉 *jmdm. etwas o. auferlegen, aufzwingen; der Bevölkerung harte Gesetze o.; einem Land eine Verfassung o.; jmdm. eine Verpflichtung o.* [< frz. *octroyer* „verleihen, gewähren, bewilligen", < mlat. *auctorare* „bestätigen, bekräftigen, verbindlich machen", zu *auctor* „Urheber, Veranlasser", zu *augere* „wachsen lassen, gedeihen lassen, fördern"]
oku|lar 〈Adj., o.Steig.〉 *mit dem Auge, für das Auge* [< lat. *ocularis* „zu den Augen gehörig", zu *oculus* „Auge"]
Oku|lar 〈n.1; bei optischen Geräten〉 *die dem Auge zugewendete Linse*; Ggs. *Objektiv*
Oku|la|ti|on 〈f.10〉 *das Okulieren*
Oku|li 〈o.Art.〉 *vierter Sonntag vor Ostern*; an, zu O. [< lat. *oculi* „Augen", nach den Anfangsworten von Psalm 25,15, der an diesem Tag im Gottesdienst gesungen wird: „Meine Augen sehen stets zu dem Herrn"]
oku|lie|ren 〈V.3, hat okuliert; mit Akk.〉 *Pflanzen o. durch Einsetzen von Knospen (Augen) veredeln* [< lat. *oculus* „Auge"]
Öku|me|ne 〈f.11, nur Sg.〉 **1** *die bewohnte Erde* **2** 〈kurz für〉 *ökumenische Bewegung* **3** *Gesamtheit der Christen und christlichen Kirchen* [< lat. *oecumene* < griech. *oikoumene* „bebautes, bewohntes Land", wörtlich „die (von Griechen) bebaute, bewohnte (Erde)", zu *oikos* „Haus"]
öku|me|nisch 〈Adj., o.Steig.〉 *zur Ökumene (1) gehörig*; ~e *Bewegung Bestreben aller Christen zur Einigung in religiösen Fragen*; ~es *Konzil Versammlung der Vertreter aller kath. Kirchen*; ~e *Trauung Trauung eines Brautpaares verschiedener Konfessionen durch je einen Geistlichen der betreffenden Konfessionen*

Ok|zi|dent 〈m., -s, nur Sg.〉 *Westen, Abendland*; Ggs. *Orient* [< lat. *occidens*, Gen. *-entis*, „niederfallend, untergehend; im Westen (wo die Sonne untergeht) liegendes Land, Abendland", Part. Präs. von *occidere* „niederfallen, untergehen"]
ok|zi|den|tal, **ok|zi|den|ta|lisch** 〈Adj., o.Steig.〉 *abendländisch*; Ggs. *orientalisch*
ok|zi|pi|tal 〈Adj., o.Steig.〉 *zum Hinterhaupt gehörig* [< lat. *occipitium* „Hinterhaupt"]
ö.L. 〈Abk. für〉 *östliche(r) Länge*
Öl 〈n.1〉 **1** *dickliche Flüssigkeit, die sich glatt, schmierig anfühlt* (Erd~, Maschinen~, Pflanzen~, Sonnen~); *ätherisches Ö.* **2** 〈kurz für〉 *Ölgemälde, Ölmalerei; ein Bild in Ö. gemalt* [< lat. *oleum* „(Oliven-)Öl"]
Öl|ba|ron 〈m.1; ugs.〉 *jmd., der durch Erdöl reich geworden ist*
Öl|baum 〈m.2〉 *immergrüner Baum des Mittelmeergebietes mit schmalen, an der Unterseite silbrig glänzenden Blättern und Oliven als Früchten*; Syn. *Olivenbaum*
Ol|den|bur|ger 〈m.5〉 **1** *Einwohner von Oldenburg* **2** *robustes Warmblutpferd*
Ol|die 〈[ouldi] m.9; ugs.〉 **1** *alter, wertvolle Schallplatte* **2** *alter, wieder aktueller Schlager* **3** *alter, wiederaufgeführter Film* **4** *Person der älteren Generation; ein Ausflug für unsere, mit unseren ~s* [Ableitung von *Oldtimer*]
Öl|druck 〈m.1〉 **1** 〈nur Sg.〉 *ein Farbendruck* **2** *nach diesem Verfahren hergestelltes Bild* **3** 〈nur Sg.〉 *Druck, durch den das Motoröl in den Motor gelangt*
Old|ti|mer 〈[ouldtai-] m.5〉 **1** *altes Modell eines Fahrzeugs aus der Anfangszeit der Technik (z. B. Auto, Schiff, Flugzeug, Eisenbahnzug)* **2** 〈scherzh.〉 *langjähriges Mitglied eines Vereins* [< engl. *old-time* „aus alter Zeit", < *old* „alt" und *time* „Zeit"]
olé! *los!, vorwärts!, hurra!* [span.]
Ole|an|der 〈m.5〉 *weiß bis rot blühender immergrüner Strauch des Mittelmeergebietes mit lanzettlichen Blättern, Kübelpflanze* [aus der Vermischung von lat. *olea* „Ölbaum" (Nebenform von *oliva*) und spätlat. *rodandrum* < griech. *rhododendron* entstanden; die Blüten ähneln der Rhododendrons, die Blätter denen des Olivenbaumes]
Ole|at 〈n.1〉 *Salz der Ölsäure* [zu *Oleum*]
Ole|fin 〈n.1〉 *geradkettiger Kohlenwasserstoff mit einer Doppelbindung* [frz. *oléfiant* „Öl erzeugend"]
Ole|in 〈n.1〉 → *Ölsäure* [zu *Oleum*]
ölen 〈V.1, hat geölt; mit Akk.〉 *mit Öl einreiben, bestreichen*; *wie ein geölter Blitz* 〈ugs., scherzh.〉 *blitzschnell, sehr schnell*
Ole|um 〈n., -s, Olea〉 **1** 〈Pharm.〉 *(fettes oder ätherisches) Öl* **2** *rauchende Schwefelsäure* [lat., „(Oliven-)Öl"]
ol|fak|to|risch 〈Adj., o.Steig.〉 **1** *zum Riechnerv gehörend, von ihm ausgehend* **2** *auf den Geruchssinn bezogen* [< lat. *olfactorius* „riechend", zu *olfacere* „riechen, Geruch haben" < *olere* „riechen" und *facere* „machen"]
Öl|far|be 〈f.11〉 *sehr haltbare Farbe mit trocknendem Öl als Bindemittel*
OLG 〈Abk. für〉 *Oberlandesgericht*
Öl|ge|mäl|de 〈n.11〉 *mit Ölfarben gemaltes Bild*
Öl|göt|ze 〈m.11; ugs.; nur in Wendungen wie〉 *dastehen, dasitzen wie ein Ö. steif und stumm dastehen, dasitzen* [eigtl. *Ölberggötze*, nach der spottende Bez. für die (nach Matthäus 26,43) am Ölberg eingeschlafenen Jünger Jesu]
Öl|hei|zung 〈f.10〉 *mit Heizöl betriebene Heizungsanlage*
Oli|fant 〈auch [o-] m.1〉 *mittelalterliches Jagd- und Trinkhorn* [frz., „Elfenbeinhorn", < lat. *elephantus*, Nebenform von *elephas*, Gen. *-antis*, „Elfenbein; Elefant"]
ölig 〈Adj.〉 **1** *voller Öl*; ~e *Finger* **2** *wie Öl*; ~e *Flüssigkeit* **3** 〈übertr.〉 *sich gespielt freundlich verhaltend*; ~er *Typ*

Olig|ämie 〈f.11〉 *Blutarmut infolge Verringerung der Gesamtblutmenge* [< griech. *oligos* „wenig" und *haima* „Blut"]
Olig|arch 〈m.10〉 *Mitglied einer Oligarchie*
Olig|ar|chie 〈f.11〉 *Herrschaft nur einer kleinen (aristokratischen) Schicht* [< griech. *oligarchia* „Herrschaft weniger (Personen oder Familien)", < *oligos* „wenig, in geringer Anzahl" und *archein* „herrschen"]
olig|ar|chisch 〈Adj., o.Steig.〉 *auf einer Oligarchie beruhend, in der Art einer Oligarchie*
oli|go|dy|na|misch 〈Adj., o.Steig.〉 *in kleinsten Mengen wirksam* [< griech. *oligos* „wenig" und *dynamos* „Kraft"]
Oli|go|phre|nie 〈f., -, nur Sg.〉 *erblicher oder früh erworbener Schwachsinn* [< griech. *oligos* „wenig" und *phren* „Verstand, Gemüt"]
Oli|go|pol 〈n.1〉 *Marktbeherrschung durch wenige Anbieter* [< griech. *oligos* „wenig" und dem zweiten Teil von *Monopol*]
oli|go|troph 〈Adj., o.Steig.〉 *humus-, nährstoffarm*; Ggs. *eutroph*; ~er *Boden*; ~es *Gewässer* [< griech. *oligos* „wenig" und *trophe* „Nahrung"]
Oli|go|zän 〈n., -s, nur Sg.〉 *mittlere Abteilung des Tertiärs* [< griech. *oligos* „wenig" und *kainos* „neu"]
Olim 〈ugs., scherzh.; nur in den Wendungen〉 *seit Olims Zeiten seit jeher; zu Olims Zeiten vor langer Zeit* [< lat. *olim* „einst"]
oliv 〈Adj., o.Steig., o.Dekl.; kurz für〉 *olivfarben*
Oli|ve 〈f.11〉 *(grüne bis schwarze) Steinfrucht des Ölbaumes* [< lat. *oliva* „Ölbaum, Olive", zu *oleum* „Öl" < griech. *elaia* „Ölbaum, Olive"]
Oli|ven|baum 〈m.2〉 → *Ölbaum*
Oli|ven|öl 〈n., -s, nur Sg.〉 *aus Oliven gepreßtes Speiseöl*
oliv|far|ben 〈Adj., o.Steig.〉 *wie eine reife Olive gefärbt, graugrün*; Syn. *olivgrün*
oliv|grün 〈Adj., o.Steig.〉 → *olivfarben*
Oli|vin 〈n.1〉 *olivgrünes Mineral, Eisenmagnesiumsilicat*
Öl|ku|chen 〈m.7〉 *Rückstand beim Gewinnen von Pflanzenöl*
oll 〈Adj.; berlin., norddt.〉 **1** *alt*; *der* ~e *XY*; *deine Olle deine Frau, deine Mutter; dein Oller dein Mann, dein Vater*; **2** *abgetragen, abgenutzt*; *diese* ~n *Kleider*; *die Schuhe ziehe ich nicht mehr an, die sind mir zu o.* **3** *unangenehm; dieser* ~e *Kerl* **4** *lästig*; *die* ~en *Fliegen, Brummer* **5** *unschön, ungemütlich; hier ist es aber o.*
Ol|la po|dri|da 〈f., - -, nur Sg.〉 *spanisches Eintopfgericht aus Fleisch, geräucherter Wurst und Gemüse* [span., „verfaulter Topf"]
Olm 〈m.1〉 *weißlicher Schwanzlurch jugoslawischer Karstgebiete mit büschelförmigen äußeren Kiemen* [< ahd. *olm* „Molch, Salamander"]
Öl|ma|le|rei 〈f.10〉 *Malerei mit Ölfarben*
Öl|mo|tor 〈m.12; †〉 → *Dieselmotor*
Öl|pal|me 〈f.11〉 *tropische Palme, aus deren Früchten Palmöl gepreßt wird*
Öl|pa|pier 〈n.1〉 *wasserdichtes Packpapier*
Öl|pest 〈f., -, nur Sg.〉 *Verschmutzung von Meeresflächen und Küsten durch Erdöl oder Erdölprodukte*
Öl|pflan|ze 〈f.11〉 *Pflanze, aus deren Samen oder Früchten Öl gepreßt wird (z. B. Ölbaum, Raps)*
Öl|sar|di|ne 〈f.11〉 *in Olivenöl eingelegte Sardine*
Öl|säu|re 〈f., -, nur Sg.〉 *(in den meisten Fetten und fetten Ölen vorkommende) ungesättigte Fettsäure*; Syn. *Olein*
Öl|scheich 〈m.1; ugs.〉 *Scheich, der durch Erdölvorkommen reich geworden ist*
Öl|schie|fer 〈m.5〉 *dunkles, bitumenreiches Sedimentgestein, aus dem Schieferöl gewonnen werden kann*
Öl|süß 〈n., -, nur Sg.; †〉 → *Glycerin*

Ölung ⟨f.10⟩ *das Ölen;* letzte Ö. ⟨kath. Kirche⟩ *Salbung eines Kranken unmittelbar vor dem Tode*

Olymp ⟨m., -s, nur Sg.⟩ **1** ⟨griech. Myth.⟩ *Wohnsitz der Götter* **2** ⟨ugs., scherzh.⟩ *oberster Rang (im Theater)* [nach dem *Olympos*, einem Berg in Nordgriechenland, der Sage nach dem Sitz der Götter]

Olym|pi|a|de ⟨f.11⟩ **1** ⟨im alten Griechenland⟩ **a** *Jahr, in dem die Olympischen Spiele stattfanden, Olympiadenjahr* **b** *Zeitraum von vier Jahren (zwischen zwei Olympischen Spielen)* **c** *Wettkämpfe in Olympia* **2** ⟨heute⟩ *in vierjährigem Rhythmus wiederholte Veranstaltung, bei der Sportler aus vielen Ländern Wettkämpfe in zahlreichen Disziplinen ausführen* [< griech. *Olympias,* Gen. *Olympiados,* „im Stadion von Olympia veranstaltete Sportspiele"]

Olym|pi|er ⟨m.5⟩ **1** ⟨griech. Myth.⟩ *Bewohner des Olymps (1)* **2** ⟨übertr.⟩ *Mann von majestätischer Ruhe und Überlegenheit*

Olym|pio|ni|ke ⟨m.11⟩ *Teilnehmer, insbesondere Sieger an den Olympischen Spielen*

olym|pisch ⟨Adj., o.Steig.⟩ **1** *zum Olymp (1) gehörend* **2** *zu den Olympischen Spielen gehörend;* ~es *Feuer* **3** ⟨übertr.⟩ *majestätisch;* ~er *Ruhe, Gelassenheit*

Öl|zeug ⟨n., -s, nur Sg.⟩ *wasserdichte Oberbekleidung (für Seeleute)*

Öl|zweig ⟨m.1⟩ *Zweig des Ölbaumes (Sinnbild des Friedens)*

Oma ⟨f.9; Kinderspr.⟩ *Großmutter* [gekürzt < *Omama*]

Oma|ma ⟨f.9; Kinderspr.⟩ *Großmutter* [kinderspachl. < *Großmama*]

Om|bro|graph ⟨m.10⟩ *selbsttätig aufzeichnender Regenmesser* [< griech. *ombros* „Regen" und …*graph*]

Om|bro|me|ter ⟨n.5⟩ *Regenmesser* [< griech. *ombros* „Regen" und …*meter*]

Om|buds|mann ⟨m.4⟩ **1** *Beauftragter des Parlaments, an den sich jeder Bürger zum Schutz gegen Behördenwillkür wenden kann* **2** ⟨auch allg.⟩ *jmd., an den man sich mit Beschwerden wenden kann* [< schwed. *ombudsmann* in ders. Bed., zu *ombud* „Vertreter, Anwalt", zu *bjuda* „befehlen, gebieten, anbieten"]

Ome|ga ⟨n.9; Zeichen: ω, Ω⟩ *letzter Buchstabe des griech. Alphabets;* vgl. *Alpha*

Ome|lett ⟨[ɔm-] n.9⟩, **Ome|lette** ⟨[ɔmlɛt] f.9⟩ → *Eierkuchen;* O. aux confitures [-o kɔ̃fityr] *mit Marmelade gefüllter Eierkuchen;* O. aux fines herbes [-o finzɛrb] *mit Kräutern gefüllter Eierkuchen;* O. soufflé [-sufle] *mit Eischnee aufgelockerter Eierkuchen* [< frz. *omelette* in ders. Bed., unter Einfluß von *oeuf* „Ei" < älterem *amelette,* dieses < *alamette,* zu altfrz. *lemelle* „Blättchen, kleine Platte"]

Omen ⟨n., -s, *Omi|na*⟩ *Zeichen, Vorzeichen, Vorbedeutung;* vgl. *Nomen (1)*

Omi|kron ⟨n.9; Zeichen: ο, Ο⟩ *15. Buchstabe des griechischen Alphabets*

omi|nös ⟨Adj.⟩ **1** ⟨urspr.⟩ *von schlimmer Vorbedeutung* **2** *bedenklich, verdächtig;* ein ~es *Paket;* ein ~er *Unbekannter* [< lat. *ominosus* „eine Vorbedeutung habend", zu *omen,* Gen. *ominis,* „Zeichen, Vorzeichen, Vorbedeutung"]

Omis|siv|de|likt ⟨n.1⟩ *strafbare Unterlassung einer gebotenen Handlung (z. B. unterlassene Hilfeleistung)* [< lat. *omissio,* Gen. *-onis,* „Unterlassung", zu *omittere* „sein lassen, unterlassen, unbenutzt lassen" und *Delikt*]

Om|ni|bus ⟨m.1⟩ *vielsitziger Verkehrskraftwagen;* auch: ⟨kurz⟩ *Bus (1);* Syn. *Autobus* [< lat. *omnibus,* „für alle", zu *omnes* „alle"]

om|ni|po|tent ⟨Adj., o.Steig.⟩ *allmächtig* [< lat. *omnipotens,* Gen. *-entis,* „allmächtig", < *omnis, omne* „aller, alle, alles" und *potens* „vermögend, könnend", Part. Präs. von *posse* (verkürzt aus *potesse*) „können"]

Om|ni|po|tenz ⟨f., -, nur Sg.⟩ *Allmacht*

om|ni|prä|sent ⟨Adj., o.Steig.⟩ *allgegenwärtig* [< lat. *omni...* „all…" und *präsent*]

Om|ni|prä|senz ⟨f., -, nur Sg.⟩ *Allgegenwart (Gottes)*

Om|ni|um ⟨n., -s, -ni|en⟩ **1** ⟨Radsport⟩ *aus mehreren Wettbewerben zusammengesetzter Wettkampf im Bahnrennen* **2** ⟨Reitsport⟩ *Rennen, an dem jedes Pferd teilnehmen kann* [< lat. *omnium* „aller", zu *omnes* „alle"]

Om|ni|vo|re ⟨m.11⟩ → *Allesfresser* [< lat. *omnia* „alles" und *vorare* „fressen"]

Om|pha|li|tis ⟨f., -, -ti|den⟩ *Nabelentzündung bei Neugeborenen* [< griech. *omphalos* „Nabel" und …*itis*]

on ⟨auf elektr. Geräten, Weckern⟩ *an(geschaltet);* Ggs. *off* [engl.]

On ⟨n.9; Film, Fernsehen⟩ *Bereich innerhalb der Leinwand oder des Bildschirms;* Ggs. *Off;* *Stimme im O.: Sprecher im O.* [engl., „auf"]

Ona|ger ⟨m.5⟩ **1** *altrömische Wurfmaschine* **2** *südwestasiatischer Halbesel* [< griech. *onos agrios* „Wildesel", < *onos* „Esel" und *agrios* „wild" (zu *agros* „Feld, Acker"); die Übertragung auf die Wurfmaschine im Hinblick auf die Lasten aufnehmenden Esel]

Ona|nie ⟨f., -, nur Sg.⟩ → *Masturbation* [fälschlich nach dem biblischen *Onan,* der sich weigerte, für seinen verstorbenen Bruder mit dessen Frau Kinder zu zeugen, und seinen Samen auf die Erde fließen ließ (1. Buch Mosis, 38,8–9)]

ona|nie|ren ⟨V.3, hat onaniert; o.Obj.⟩ → *masturbieren*

Ona|nist ⟨m.10⟩ *jmd., der (gewohnheitsmäßig) onaniert*

On|dit ⟨[ɔ̃di] n.9⟩ *Gerücht;* einem O. zufolge *hat er …* [< frz. *on dit* „man sagt"]

On|du|la|ti|on ⟨f.10⟩ *das Ondulieren*

on|du|lie|ren ⟨V.3, hat onduliert; mit Akk.⟩ *das Haar o. (mit der Brennschere) in Wellen legen* [< frz. *onduleux,* „wellenförmig", zu *onde* „Welle", < lat. *unda* „Welle"]

One|ra ⟨Pl. von⟩ *Onus*

One|step ⟨[wʌnstep] m.9; nach 1900⟩ *ein schneller Gesellschaftstanz im 2/4- oder 6/8-Takt* [engl., „ein Schritt"]

on|ga|re|se ⟨[-ŋg-] Adj., o.Steig.; Mus.⟩ *auf ungarische Art*

On|kel¹ ⟨m.5; ugs. auch m.9⟩ *Bruder des Vaters bzw. der Mutter* [< frz. *oncle* in ders. Bed., < lat. *avunculus,* „Onkel, Bruder der Mutter", Verkleinerungsform von *avus* „Großvater, Ahn"]

On|kel² ⟨m.5⟩ *Fußknöchel, Enkel;* ⟨nur in der Wendung⟩ über den O. gehen, laufen *mit nach innen gerichteten Füßen gehen, laufen* [zu *Enkel* „Knöchel"]

On|kel|ehe ⟨f.11; ugs., scherzh.⟩ *Zusammenleben einer Witwe mit einem Mann, den sie nicht heiraten will, um ihre Rente nicht zu verlieren*

on|kel|haft ⟨Adj., o.Steig.⟩ **1** *freundlich und gutmütig* **2** ⟨iron.⟩ *herablassend, gönnerhaft*

on|keln ⟨V.1, hat geonkelt; o.Obj.⟩ *über den Onkel gehen, beim Laufen die Fußspitzen einwärts setzen* [zu *Onkel²*]

On|ko|lo|gie ⟨f.11⟩ *Wiss. von den Geschwulstkrankheiten* [< griech. *onkos* „Masse, Haufen, Umfang" und …*logie*]

on line ⟨[ɔn laın]⟩ *direkt mit einer EDV-Anlage verbunden;* vgl. *off line* [engl., „mit Verbindung"]

ONO ⟨Abk. für⟩ *Ostnordost(en)*

Öno|lo|ge ⟨m.11⟩ *jmd., der sich mit Önologie beschäftigt*

Öno|lo|gie ⟨f., -, nur Sg.⟩ *Lehre vom Wein und Weinbau* [< griech. *oinos* „Wein" und …*logie*]

Ono|ma|sio|lo|gie ⟨f., -, nur Sg.⟩ *Begriffs-, Bezeichnungslehre, Lehre von den Wörtern, die jeweils für einen Begriff verwendet werden oder im Lauf der Zeit verwendet worden sind* [< griech. *onomasia* „Benennung" (zu *onoma, onyma* „Name") und …*logie*]

Ono|ma|stik ⟨f., -, nur Sg.⟩ → *Onomatologie* [< griech. *onomastikos* „zum Nennen dienend", zu *onomazein* „benennen", zu *onoma, onyma* „Name"]

Ono|ma|sti|kon ⟨n., -s, -ka⟩ **1** *Namensverzeichnis* **2** *Namenstags- oder Geburtstagsgedicht* [zu *Onomastik*]

Ono|ma|to|lo|gie ⟨f., -, nur Sg.⟩ → *Namenkunde* [< griech. *onoma,* Gen. *onomatos,* „Name" und …*logie*]

ono|ma|to|lo|gisch ⟨Adj., o.Steig.⟩ *zur Onomatologie gehörend, in der Art der Onomatologie*

Ono|ma|to|pö|ie ⟨f., -, nur Sg.⟩ *Nachahmung von Geräuschen und Klängen durch sprachliche Mittel, Lautmalerei;* Syn. *Onomatopoesie* [< griech. *onoma,* Gen. *onomatos,* „Name, Bezeichnung" und *poietos* „gemacht, gebildet, hergestellt", also „nachgemachter, nachgebildeter Name"]

Ono|ma|to|poe|sie ⟨f.11⟩ → *Onomatopöie*

ono|ma|to|poe|tisch ⟨Adj., o.Steig.⟩ *lautmalend;* ~e *Wörter laut-, schallnachahmende Wörter, z.B. surren, klirren, rattern*

Öno|me|ter ⟨n.5⟩ *Gerät zum Messen des Alkoholgehalts des Weins* [< griech. *oinos* „Wein" und …*meter*]

Önorm ⟨f.10; Kurzw. für⟩ *österreichische Norm (dem deutschen DIN entsprechend)*

On parle français ⟨[ɔ̃ parl frãsɛ]⟩ *Hier wird Französisch gesprochen*

On-Stim|me ⟨f.11; Film, Fernsehen⟩ *Stimme eines sichtbaren Sprechers;* Ggs. *Off-Stimme* [zu *On*]

on the rocks ⟨[ɔn ðə -]⟩ *auf Eiswürfel gegossen;* *Cocktail, Whisky on the rocks* [engl., wörtl. „auf den Felsen"]

on|tisch ⟨Adj., o.Steig.⟩ *dem Sein gemäß, seiend, Seins...* [< griech. *on,* Gen. *ontos,* „seiend"]

On|to|ge|ne|se ⟨f.11⟩ *Entwicklung des Lebewesens von der befruchteten Eizelle bis zum Tod;* Syn. *Ontogenie* [< griech. *on,* Gen. *ontis,* „seiend" und *genesis* „Entstehen"]

on|to|ge|ne|tisch ⟨Adj., o.Steig.⟩ *auf Ontogenese beruhend*

On|to|ge|nie ⟨f.11⟩ → *Ontogenese*

On|to|lo|gie ⟨f., -, nur Sg.⟩ *philosophische Lehre vom Sein* [< griech. *on,* Gen. *ontos,* „seiend, wirklich" (zu *einai* „sein, bestehen") und …*logie*]

on|to|lo|gisch ⟨Adj., o.Steig.⟩ *zur Ontologie gehörend, auf ihr beruhend*

Onus ⟨n., -, *One|ra;* †⟩ *Last, Pflicht, Steuer* [lat.]

Onyx ⟨m.1⟩ *(schwarzweiß) gestreifter Chalzedon, Schmuckstein* [< griech. *onyx* „Nagel, Fingernagel, Kralle"; man glaubte früher, die Bezeichnung rühre von den weißen Streifen her, die der Onyx manchmal aufweist und die sich auch oft im Fingernagel bilden]

o.O. **1** ⟨Abk. für⟩ *ohne* → *Obligo* **2** ⟨Abk. für⟩ *ohne Ort* (→ *ohne*)

Oo|ge|ne|se ⟨[o|o-] f.11⟩ *Entwicklung, Bildung der Eizelle;* auch: *Ovogenese* [< griech. *oon* bzw. lat. *ovum* „Ei" und *Genese*]

oo|ge|ne|tisch ⟨Adj., o.Steig.⟩ *aus dem Ei (entstanden)*

Oo|lith ⟨[o|o-] m.10⟩ *aus schaligen Kalkkügelchen aufgebautes Gestein* [< griech. *oon* „Ei" und …*lithos* „Stein"]

Oo|lo|gie ⟨[o|o-] f., -, nur Sg.⟩ *Lehre vom Vogelei* [< griech. *oon* „Ei" und …*logie*]

o.O.u.J. ⟨Abk. für⟩ *ohne Ort und Jahr* (→ *ohne*)

OP ⟨m.9; Abk. für⟩ *Operationssaal*

op. ⟨Abk. für⟩ *Opus*

o.P. ⟨Abk. für⟩ *ordentlicher Professor*

O.P. ⟨Abk. für⟩ *Ordinis Praedicatorum: vom Orden der Prediger (Dominikaner)*

Opa ⟨m.9; Kinderspr.⟩ *Großvater* [gekürzt < *Opapa*]

opak ⟨Adj., o.Steig.⟩ *undurchsichtig, aber durchscheinend, trübe* [< lat. *opacus* „schattig, dunkel"; < *op* = *ob* „entgegen" und Suffix *-acus* „liegend, befindlich", also „entgegengesetzt, hinter etwas liegend und daher nicht vom Licht getroffen"]

Opal ⟨m.1⟩ **1** *Mineral mit schillerndem Farbenspiel, Schmuckstein* **2** *feines Baumwollgewebe* [< lat. *opalus*, griech. *opallios*, < Sanskrit *upala* „Stein"]

opa|len ⟨Adj., o.Steig.⟩ **1** *aus Opal;* ~e *Halskette* **2** *wie Opal;* ~er *Morgenhimmel*

Opa|les|zenz ⟨f., -, nur Sg.⟩ *Schimmern, Schillern infolge Lichtbeugung wie beim Opal*

opa|les|zie|ren ⟨V.3, hat opalesziert; o.Obj.⟩ *wie ein Opal schimmern;* auch: ⟨gebräuchlicher⟩ *opalisieren*

opa|li|sie|ren ⟨V.3, hat opalisiert⟩ → *opaleszieren*

Opan|ke ⟨f.11⟩ *südosteuropäischer, absatzloser Schuh mit aufgebogener Spitze* [< serbokroat. *opanak*, poln. *opanky* in hrv. Bed., zum slaw. Stamm *pen-* „sich nach oben winden, sich hochranken"]

Opa|pa ⟨m.9; Kinderspr.⟩ *Großvater* [kindersprachl. < *Großpapa*]

Op-Art ⟨f., -, nur Sg.⟩ *Kunstrichtung, bei der optische Effekte (durch bestimmte Farbsetzung) erstrebt werden* [Kurzw. < engl. *optical art* „optische Kunst"]

Opa|zi|tät ⟨f., -, nur Sg.⟩ *Undurchsichtigkeit, Lichtundurchlässigkeit* [zu *opak*]

Open-air-Festival ⟨[oupen ɛr festivəl] n.9⟩ *kulturelle Veranstaltung im Freien (bes. für Popmusik)* [engl.]

Open-end-Dis|kus|si|on ⟨[oupən-] f.10⟩ *Diskussion ohne vorher festgelegtes Ende* [< engl. *open* „offen" und *end* „Ende" und *Diskussion*]

Oper ⟨f.11⟩ **1** *in Musik gesetztes Bühnenstück; erzähl' doch keine* ~*n! (ugs.) rede nicht so viel Unsinn!* **2** *Gebäude für Aufführungen solcher Werke* [< ital. *opera* „Werk, Arbeit", in der Bedeutung „Oper" verkürzt < *opera musicale* „musikalisches Werk", < lat. *opera*, Pl. von *opus* „Werk, Arbeit"]

Ope|ra **1** ⟨ital. Form von⟩ *Oper* **2** ⟨Pl. von⟩ *Opus*

ope|ra|bel ⟨Adj., o.Steig.⟩ *so beschaffen, daß man es operieren kann; eine operable Geschwulst*

Ope|ra buf|fa ⟨f., - -, -re -fe⟩ *komische Oper* [ital.]

Ope|ra se|ria ⟨f., - -, -re -rie⟩ *ernste Oper* [ital.]

Ope|ra|teur ⟨[-tør] m.1⟩ **1** *Arzt, der operiert* **2** ⟨selten für⟩ *Operator*

Ope|ra|ti|on ⟨f.10⟩ **1** *chirurgischer Eingriff in den (menschlichen oder tierischen) Organismus; eine O. vornehmen; sich einer O. unterziehen* **2** *Verfahren, Arbeitsvorgang; Handlung, Unternehmung; die* ~en *einstellen* **3** *militärische Unternehmung* **4** *Rechenvorgang (Rechen-)* ~ [< lat. *operatio*, Gen. *-onis*, „Arbeit, Verrichtung, Gewerbe", zu *operari* „ins Werk setzen, bereiten", zu *opus*, Gen. *operis*, „Werk, Arbeit"]

Ope|ra|ti|ons|ba|sis ⟨f., -, -ba|sen⟩ **1** *Ausgangsgebiet einer (militärischen) Operation* **2** *Voraussetzung (für eine geschäftliche Handlung)*

Ope|ra|tions-Re|search ⟨[ɔpəreiʃns rizətʃ] f., -, nur Sg.⟩ *betriebswirtschaftliche Verfahrensforschung, Planungsforschung* [engl.]

Ope|ra|ti|ons|saal ⟨m., -(e)s, -sä|le; Abk.: OP⟩ *Raum für Operationen (1)*

Ope|ra|ti|ons|schwe|ster ⟨f.11; Kurzw.: OP-Schwester⟩ *Krankenschwester, die bei der Operation dem Arzt die Instrumente reicht*

ope|ra|tiv ⟨Adj., o.Steig.⟩ **1** *mit Hilfe einer Operation (1), chirurgisch;* ~e *Entfernung eines Organs oder Organteils* **2** *mit Hilfe einer militärischen Operation;* ~e *Maßnahmen*

Ope|ra|tor ⟨m.13⟩ **1** *Mittel zur Durchführung mathematischer, logischer Operationen* **2** *jmd., der eine EDV-Anlage bedient und ihr Programme eingibt* [engl., „Arbeiter"]

Ope|ret|te ⟨f.11⟩ *unterhaltsames, heiteres Bühnenstück mit Musik und zum Teil gesprochenen Dialogen* [< ital. *operetta* „kleines Werk in Poesie oder Prosa; Operette", Verkleinerungsform von *opera* „Oper"]

ope|rie|ren ⟨V.3, hat operiert⟩ **I** ⟨mit Akk.⟩ **1** *jmdn. o. jmdm. einen chirurgischen Eingriff vornehmen; jmdn. am Magen o.* **2** *etwas o. chirurgisch entfernen; einen Tumor o.* **II** ⟨o.Obj.⟩ **1** *eine Operation (1, 3) durchführen; die Truppen o. in der Nähe der Küste; der Professor operiert selbst, hat den ganzen Vormittag operiert* **2** *(in bestimmter Weise) handeln, vorgehen; geschickt, vorsichtig o.* **III** ⟨mit Präp.obj.⟩ *mit etwas o. etwas benützen, mit etwas umgehen; mit Tricks o.; man operiert dort mit viel größeren Summen als wir es gewöhnt sind; er operiert zuviel mit Fremdwörtern*

Opern|glas ⟨n.4⟩ *kleines Fernglas, das in der Oper und im Theater benutzt wird;* Syn. *Operngucker, Theaterglas*

Opern|gucker ⟨-k|k-; m.5⟩ → *Opernglas*

Op|fer ⟨n.5⟩ **1** *Gabe (an eine Gottheit, meist verbunden mit einer kultischen Handlung); den Göttern ein O. bringen; einen Menschen, ein Tier als O. darbringen* **2** *Gabe, Handlung, die persönlichen Verzicht erfordert; ein O. für seine Karriere bringen; sich opfern, um jmdm. zu helfen; jmdm. große O. auferlegen; große O. an Zeit bringen* **3** *jmd., der durch jmdn. oder etwas getötet oder dem großer Schaden zugefügt worden ist; ein O. der Flammen, einer Intrige, einer Kugel, eines Mordes; der Unfall forderte drei O.; jmdm. oder einer Sache zum O. fallen durch jmdn. oder etwas getötet oder vernichtet werden; das alte Haus ist der Sanierung zum O. gefallen*

op|fer|be|reit ⟨Adj.⟩ *bereit, Opfer zu bringen;* Syn. *opferwillig*

Op|fer|be|reit|schaft ⟨f., -, nur Sg.⟩ *Bereitschaft, Opfer zu bringen;* Syn. *Opferwilligkeit*

Op|fer|lamm ⟨n.4⟩ **1** *Lamm, das als Opfer dargebracht wird* **2** ⟨nur Sg.; Bez. für⟩ *Christus als Gott und Mensch, der sich für die Menschheit hingegeben hat* **3** ⟨übertr., ugs.⟩ *Mensch, der etwas unschuldig erleiden muß*

Op|fer|mut ⟨m., -(e)s, nur Sg.⟩ *mutige Bereitschaft, sich für jmdn. oder etwas zu opfern*

op|fern ⟨V.1, hat geopfert⟩ **I** ⟨mit Akk.⟩ **1** *zum Opfer bringen; ein Tier (am Altar) o.; früher opferte man den Göttern auch Menschen* **2** *hergeben (obwohl man es eigentlich nicht hergeben möchte); (im Spiel) einen Stein o. (um einen bestimmten Zug tun zu können); er hat sein Vermögen für seine Erfindung geopfert; seinen Urlaub o., um Kranken zu betreuen; er hat mir viele Stunden seiner Zeit geopfert* **II** ⟨refl.⟩ *sich o.* **1** *sein Leben hingeben* **2** ⟨ugs., scherzh.⟩ *etwas tun, was man eigentlich nicht tun möchte; ich habe mich geopfert und die zwei Hunde in Pflege genommen* **III** ⟨mit Dat.⟩ ⟨in scherzh. Wendung⟩ *Neptun o. sich (ins Wasser) übergeben (wenn man seekrank ist)*

Op|fer|stock ⟨m.2; in Kirchen⟩ *auf einem Sockel stehender Behälter für Spenden*

Op|fer|tod ⟨m., -(e)s, nur Sg.⟩ *freiwilliger Tod als Opfer für andere; der O. Christi*

Op|fe|rung ⟨f.10⟩ *das Opfern (1)*

op|fer|wil|lig ⟨Adj.⟩ → *opferbereit*

Ophio|la|trie ⟨f., -, nur Sg.⟩ *religiöse Verehrung der Schlange, Schlangenanbetung* [< griech. *ophis*, Gen. *opheos* „Schlange" und *...latrie*]

Ophir ⟨n., -s, nur Sg.; meist ohne Artikel; im AT⟩ *sagenhaftes Goldland*

Ophit **I** ⟨m.10⟩ *Schlangenanbeter* **II** ⟨m.1⟩ *ein Mineral* [< griech. *ophis* „Schlange", auf das Mineral übertragen, weil die oft gefleckten Stücke an eine Schlangenhaut erinnern]

ophi|tisch ⟨Adj., o.Steig.⟩ *zur Ophiolatrie gehörend, auf ihr beruhend*

Oph|thal|mia|trie ⟨f., -, nur Sg.⟩

Oph|thal|mia|trik ⟨f., -, nur Sg.⟩ **Oph|thal|mo|lo|gie** ⟨f., -, nur Sg.⟩ → *Augenheilkunde* [< griech. *ophthalmos* „Auge" und *iatrie* „Heilkunst, Heilkunde" (zu *iatros* „Arzt") bzw. *...logie*]

Oph|thal|mo|skop ⟨n.1⟩ → *Augenspiegel* [< griech. *ophthalmos* „Auge" und *...skop*]

Oph|thal|mo|sko|pie ⟨f.11⟩ *Untersuchung mit dem Ophthalmoskop*

Opi|at ⟨n.1⟩ *opiumhaltiges Arzneimittel*

Opi|ni|on-lea|der ⟨[-li:dər] m.5⟩ *Meinungsbildner (z.B. Publizist)* [< engl. *opinion* „Meinung" und *leader* „Führer"]

Opi|um ⟨n., -s, nur Sg.⟩ *eingetrockneter Milchsaft der unreifen Fruchtkapseln des Schlafmohns (als illegales Rauschmittel)* [< lat. *opium* < griech. *opion* „Mohnsaft", *opos* „Pflanzensaft"]

Opo|del|dok ⟨m. oder n., -s, nur Sg.; früher⟩ *durchblutungsförderndes Heilmittel* [ältere Formen: *Opodeltoch, Opodelloch*, ein von Paracelsus geprägtes Wort aus *Opopanax* (Chironium Koch, deren Wurzel einen arzneilich verwendeten Milchsaft liefert), *Bdellium* (Harz von Balsamodendron myrrha Ehrenbergianum) und *Aristolochia* (serpentaria)]

Opos|sum ⟨n.9⟩ **1** *nordamerikanische Beutelratte* **2** *deren Pelz* [< Algonkin *āpasūm*, *āpasūm*, „weißes Tier", auch *wābasim* „weißer Hund", wegen des weißlich-grauen Fells]

Op|po|nent ⟨m.10⟩ *jmd., der opponiert, Gegner (im Redestreit)*

op|po|nie|ren ⟨V.3, hat opponiert⟩ **I** ⟨o.Obj.⟩ *die gegenteilige Meinung vertreten; er muß immer o.; jmdm. o. jmdm. gegenüber die gegenteilige Meinung vertreten* **II** ⟨mit Präp.obj.⟩ *gegen etwas oder jmdn. o. gegen eine Sache sprechen, jmdm. widersprechen; gegen einen Vorschlag, Antrag o.* [< lat. *opponere* „entgegenstellen, -setzen", < *op...* (in Zus. vor p für *ob*) „entgegen" und *ponere* „setzen, stellen, legen"]

op|por|tun ⟨Adj.⟩ *(augenblicklich) günstig, angebracht, vorteilhaft;* Ggs. *inopportun* [< lat. *opportunus* „bequem, günstig, geeignet", < *op...* (in Zus. vor p für *ob*) „gegen hin, nach hin" und *portus* „Hafen, Einfahrt, Eingang"]

Op|por|tu|nist ⟨m.10⟩ *jmd., der so handelt, wie es im Augenblick für ihn selbst am günstigsten ist*

Op|por|tu|nis|mus ⟨m., -, nur Sg.⟩ *Handeln unter dem Gesichtspunkt, was im Augenblick das Günstigste, Vorteilhafteste ist, Anpassung an die jeweilige Lage*

op|por|tu|ni|stisch ⟨Adj.⟩ *auf Opportunismus beruhend, in der Art des Opportunismus*

Op|por|tu|ni|tät ⟨f.10⟩ *günstige, passende Gelegenheit, Vorteil*

Op|po|si|ti|on ⟨f.10⟩ **1** *Gegensatz, Widerstand; O. machen (ugs.) opponieren, widersprechen* **2** *Gesamtheit der zur Regierung in Gegensatz stehenden Parteien* **3** *Stellung eines Gestirns zur Sonne und zur Erde, bei der alle drei in einer Geraden liegen* **4** *Stellung gegenüber; O. des Daumens zu den anderen Fingern; O. der beiden Könige im Schachspiel* [< lat. *oppositio*, Gen. *-onis*, „das Entgegensetzen", zu *oppositus* „gegenüberliegend, entgegengesetzt, widersprechend", zu *opponere*, → *opponieren*]

op|po|si|tio|nell ⟨Adj.⟩ **1** *gegensätzlich* **2** *der Opposition angehörend;* ~e *Partei* **3** *widersetzlich;* ~e *Jugendliche*

op. post., op. posth. ⟨Abk. für⟩ *opus postumum, opus posthumum*

o. Prof. ⟨Abk. für⟩ *ordentlicher Professor*

OP-Schwe|ster f.11; Kurzw. für⟩ *Operationsschwester*

Op|tant ⟨m.10⟩ *jmd., der optiert*

op|ta|tiv ⟨Adj., o.Steig.⟩ *einen Wunsch ausdrückend; im Optativ stehend;* ~e Verbform [< lat. *optativus* in ders. Bed., zu *optare* „wünschen, verlangen"]

Op|ta|tiv ⟨m.1⟩ *Wunschform des Verbums, im Deutschen durch den Konjunktiv wiedergegeben*

op|tie|ren ⟨V.3, hat optiert; mit Präp.obj.⟩ **1** *für jmdn. oder einen Staat o. sich für jmdn. oder für die Zugehörigkeit zu einem Staat entscheiden* **2** *auf etwas o. vom Recht der Anwartschaft auf etwas, vom Vorkaufsrecht Gebrauch machen; auf ein Grundstück o.* [< lat. *optare* „sich etwas aussuchen, wünschen"]

Op|tik ⟨f.10⟩ **1** ⟨nur Sg.⟩ *Wiss. vom Licht* **2** ⟨an optischen Geräten⟩ *Linsensystem* **3** ⟨nur Sg.⟩ *optischer Eindruck, optische Wirkung* **4** ⟨ugs.⟩ *Sehweise, Blickwinkel; er hat eine andere O.; etwas unter einer anderen O. sehen* [< griech. *optike* „Lehre vom Sichtbaren", *optikos* „zum Sehen gehörig", zu *opsis* „das Sehen"]

Op|ti|ker ⟨m.5⟩ *Fachmann für Herstellung und Verkauf optischer Geräte*

Op|ti|ma ⟨Pl. von⟩ *Optimum*

op|ti|ma fi|de *im besten Glauben* [lat.]

op|ti|mal ⟨Adj., o.Steig.⟩ *bestmöglich;* die ~e *Lösung; dieser Ausweg ist nicht o., aber erträglich* [zu *Optimum*]

Op|ti|mat ⟨m.10; im alten Rom⟩ *Angehöriger der herrschenden Geschlechter und Mitglied des Senats* [< lat. *optimas*, Gen. *-atis*, „einer von den Besten", zu *optimus* „der Beste"]

Op|ti|me|ter ⟨n.5⟩ *Gerät zum Feinmessen von Länge und Dicke mit optischer Übertragung der Werte zum Ablesen* [< *Optik* und *...meter*]

op|ti|mie|ren ⟨V.3, hat optimiert; mit Akk.⟩ *bestmöglich gestalten; den Gewinn o. den größtmöglichen Gewinn erzielen* **Op|ti|mie|rung** ⟨f., -, nur Sg.⟩

Op|ti|mis|mus ⟨m., -, nur Sg.⟩ *positive Lebenseinstellung, Lebensbejahung, Zuversichtlichkeit allen Dingen gegenüber;* Ggs. *Pessimismus* [< lat. *optimum* „das Beste", Superlativ neutrum von *bonus* „gut"]

Op|ti|mist ⟨m.10⟩ **1** *jmd., der dem Leben und den augenblicklichen Gegebenheiten bejahend, zuversichtlich gegenübersteht;* Ggs. *Pessimist* **2** *kleinster Segelboottyp*

op|ti|mi|stisch ⟨Adj.⟩ *zuversichtlich, das Beste erhoffend, erwartend, in der Art des Optimismus*

Op|ti|mum ⟨n., -s, -ma⟩ *das Beste, Wirksamste, Höchstmaß;* Ggs. *Pessimum*

Op|ti|on ⟨f.10⟩ **1** *Wahl, Entscheidung (für jmdn. oder die Zugehörigkeit zu einem Staat)* **2** *Wunsch nach Verlängerung eines Vertrages* **3** *Vorkaufsrecht* [< lat. *optio*, Gen. *-onis*, „freie Wahl", zu *optare* „wünschen"]

Op|ti|ons|an|lei|he ⟨f.11⟩ *Schuldverschreibung eines Unternehmens mit dem Recht, innerhalb einer Frist einen bestimmten Anteil (Aktien) an einem Unternehmen zu erwerben*

Op|ti|ons|schein ⟨m.1⟩ *Dokument, das das Recht verbrieft, eine Option aus einer Optionsanleihe auszuüben*

op|tisch ⟨Adj., o.Steig.⟩ *zur Optik, zum Sehen, zum Licht gehörig, darauf beruhend, vom äußeren Eindruck her;* ~e *Täuschung infolge einer falschen Wahrnehmung durch die Augen*

Op|to|elek|tro|nik ⟨f., -, nur Sg.⟩ *Technik zur Nutzung der Wechselwirkungen zwischen Licht und elektrischem Strom* [< *Optik* und *Elektronik*]

Op|to|me|trie ⟨f., -, nur Sg.⟩ *Messung der Sehschärfe* [< *Optik* und *...metrie*]

opu|lent ⟨Adj.⟩ *reichlich, reichhaltig, üppig;* Ggs. *frugal;* eine ~e *Mahlzeit* [< lat. *opulentus* „reichlich ausgestattet", zu *opes* (Pl. des im Sing. ungebräuchlichen *ops*) „Macht, Vermögen, Reichtum"]

Opu|lenz ⟨f., -, nur Sg.⟩ *Reichlichkeit, Üppigkeit;* Ggs. *Frugalität*

Opun|tie [-tsjə] ⟨f.11⟩ → *Feigenkaktus* [nach der altgriech. Stadt *Opus*, Gen. *Opuntos*]

Opus ⟨auch [ɔpʊs] n., -, *Ope|ra;* Abk.: op.⟩ *Werk, Kunstwerk, einzelnes Werk (aus dem Gesamtschaffen eines Künstlers, bes. Komponisten); O. post(h)umum* (Abk.: op. post., op. posth.) *nachgelassenes Werk* [lat., „Werk", *postumum* „nachkommendes"]

Ora et la|bo|ra *Bete und arbeite (alte Mönchsregel)*

Ora|kel ⟨n.5⟩ **1** ⟨im alten Griechenland⟩ *Stätte, an der Götter Weissagungen erteilten* **2** *Weissagung, Zukunftsdeutung* **3** *rätselhafter Ausspruch; er spricht in* ~n **4** ⟨nach altem Volksbrauch⟩ *Versuch, Zukünftiges, Unbekanntes durch bestimmte Vorgänge (z.B. Bleigießen) zu erforschen* [< lat. *oraculum* „Stätte, an der der Spruch der Götter verkündet wird; dieser selbst", übertr. „weissagender Ausspruch", zu *orare* „reden, sprechen"]

ora|keln ⟨V.1, hat orakelt; o.Obj.⟩ *in rätselhaften Andeutungen sprechen*

oral ⟨Adj., o.Steig.⟩ *zum Mund gehörig, mit dem Mund, durch den Mund;* ~e *Phase Abschnitt der frühkindlichen Entwicklung mit sexuellen Lustempfindungen im Mundbereich;* ~e *Tradition mündliche Weitergabe von Sprachgut* [< lat. *os*, Gen. *oris*, „Mund"]

orange [ɔrãʒ] ⟨Adj., o.Steig.; Dekl. nur ugs.⟩ *rötlichgelb, apfelsinenfarbig;* Syn. *orangenfarben;* ein ~s *Kleid* ⟨ugs.⟩

Orange I [ɔrãʒə] ⟨f.11; auch [-ʒn] n., -, nur Sg.⟩ *orange Farbe* **II** [ɔrãʒə] auch [ɔrãʒn] ⟨f.11⟩ *Zitrusfrucht mit gelbroter, bitterer Schale und süßsaurem Fruchtfleisch;* Syn. *Apfelsine* [< frz. *orange* < ital. *arancia* < span. *naranja* (das anlautende n ist im Ital. weggefallen, da es als unbestimmter Artikel mißverstanden wurde), < pers. *narang* in ders. Bed.]

Oran|gea|de [ɔrãʒadə] ⟨f.11⟩ *Orangenlimonade* [frz.]

Oran|geat [ɔrãʒat] ⟨n., -s, nur Sg.⟩ *kandierte Orangenschale* [frz.]

oran|ge(n)|far|ben ⟨[ɔrãʒə(n)-] Adj., o.Steig.⟩ → *orange*

Oran|ge|rie [ɔrãʒə-] ⟨f.11; bes. in barocken Schloßanlagen⟩ **1** *Gewächshaus mit Orangen* **2** *Orangengarten (in Parks)* [frz.]

Orang-Utan ⟨m.9⟩ *baumbewohnender Menschenaffe Borneos und Sumatras mit langem, rotbraunem Fell* [< mal. *orang* „Mensch" und *(h)utan* „Wald, Wildnis", also „Waldmensch"; die Bezeichnung ist jedoch nur bei Europäern üblich, die Malaien nennen ihn *mawas* „Ungeheuer, Untier"]

Ora|ni|er ⟨m.5⟩ *Angehöriger des niederländischen Fürstengeschlechts von Oranien*

Orant ⟨m.10; bildende Kunst⟩ *betende Gestalt*

Oran|ten|stel|lung ⟨f.10⟩ *Stellung mit vor der Brust gekreuzten Armen oder betend zusammengelegten Händen*

Ora pro no|bis ⟨im kath. Gottesdienst bei Anrufung eines Heiligen⟩ *Bitte für uns* [lat.]

Ora|tio ob|li|qua ⟨f., - -, nur Sg.; Sprachw.⟩ *indirekte Rede* [lat.]

Ora|tio rec|ta ⟨f., - -, nur Sg.; Sprachw.⟩ *direkte Rede* [lat.]

Ora|tor ⟨m.13; Antike⟩ *(begabter) Redner* [lat., zu *orare* „reden"]

Ora|to|ria|ner ⟨m.5⟩ *Mitglied eines Oratoriums (2)*

ora|to|risch ⟨Adj.; †⟩ *rednerisch, rednerisch-schwungvoll, mitreißend*

Ora|to|ri|um ⟨n., -s, -ri|en⟩ **1** *Betraum, kleine Kapelle für den Gottesdienst, Hauskapelle (in Klöstern u.a.)* **2** *Kongregation von Priestern und Laien für Erziehung und Seelsorge, bes. die des Gründers F. Neri* **3** *geistliches, episch-dramatisches Musikwerk für Chor, Soli und Orchester* [lat. *oratorium* „Betraum,

ordentlich

Betsaal" (zu *orare* „beten"); die Musik wurde anfangs in den Betsälen verschiedener geistlicher Bruderschaften zu deren religiösen Übungen gespielt und gesungen]

Or|bis ⟨m., -, nur Sg.⟩ *Kreis, Erdkreis* [lat.]

Or|bis pic|tus ⟨m., - -, nur Sg.⟩ *von J.A. Comenius herausgegebenes, volkstümliches, bebildertes Sprachlehrbuch, Bilderfibel* [lat., „gemalter Erdkreis, gemalte Welt"]

Or|bit ⟨m.9⟩ *Umlaufbahn eines Satelliten um einen Himmelskörper* [< lat. *orbitus* „kreisförmig", zu *orbis* „Rundung, Kreis"]

or|bi|tal ⟨Adj., o.Steig.⟩ **1** ⟨Med.⟩ *zur Augenhöhle (Orbita) gehörig* **2** *in einem Orbit befindlich*

Or|bi|tal ⟨n.1⟩ *Bereich um einen Atomkern mit bestimmter, energetisch bedingter Elektronenverteilung*

Or|che|ster ⟨[-kɛ-] österr., süddt. auch [-çɛ-] n.5⟩ **1** ⟨Theater⟩ *vertiefter Raum für die Musiker vor der Bühne* **2** *unter einem Dirigenten zusammenspielende größere Gruppe von Musikern mit verschiedenen Instrumenten* [< griech. *orchestra* „Tanzplatz" (im Theater für den Chor), zu *orcheisthai* „tanzen, hüpfen, einen Reigen aufführen"]

Or|che|ster|gra|ben ⟨[-kɛ-] m.8⟩ *tiefliegender Raum zwischen Bühne und Publikum für das Orchester*

or|che|stral ⟨[-kɛ-] Adj., o.Steig.⟩ *zum Orchester gehörend, wie von einem Orchester gespielt;* ~er *Klang*

Or|che|stra|tion ⟨[-kɛ-] f.10⟩ *Bearbeitung (eines Musikstücks) für Orchester*

or|che|strie|ren ⟨[-kɛ-] V.3, hat orchestriert; mit Akk.⟩ *für Orchester bearbeiten, instrumentieren; ein Musikstück, ein Lied o.* **Or|che|strie|rung** ⟨f.10⟩

Or|che|stri|on ⟨[-kɛ-] n., -s, -stri|en⟩ *ein automatisches Musikinstrument, Vorläufer des Grammophons*

Or|chi|dee ⟨f.11⟩ *Pflanze mit bizarr geformten und (oft) leuchtend bunten Blüten (z.B. Knabenkraut, Vanille)* [< griech. *orchis* „Hoden", wegen der Form der Wurzelknollen]

Or|chi|tis ⟨f., -, -ti|den⟩ *Hodenentzündung* [< griech. *orchis* „Hoden" und *...itis*]

Or|den ⟨m.7⟩ **1** *weltliche Gemeinschaft mit bestimmter, weltanschaulich begründeter Lebensform* **2** *Klostergenossenschaft, die nach bestimmter Regel lebt und bestimmte Gelübde abgelegt hat* **3** *Auszeichnung, Ehrenzeichen; jmdm. einen O. verleihen* [< mhd. *orden* „Stand, Art, Stufe, Regel, Ordnung", < lat. *ordo*, Gen. *ordinis*, „Stand, Klasse, Einrichtung", eigtl. „Ordnung, Reihe"]

Or|dens|bru|der ⟨m.5⟩ *Mitglied eines Männerordens*

Or|dens|burg ⟨f.10⟩ *Burg eines Ritterordens*

Or|dens|frau ⟨f.10⟩ → *Ordensschwester*

Or|dens|geist|li|cher ⟨f.1⟩ *kath. Priester, der einem Orden angehört*

Or|dens|mei|ster ⟨m.5⟩ *Vorsteher eines Ritterordens*

Or|dens|re|gel ⟨f.11⟩ *Gesamtheit der Vorschriften, die das Leben eines Ordens regeln*

Or|dens|rit|ter ⟨m.5⟩ *Angehöriger eines Ritterordens*

Or|dens|schwe|ster ⟨f.11⟩ *Mitglied eines Frauenordens;* Syn. *Ordensfrau*

Or|dens|stern ⟨m.1⟩ **1** *Orden in Form eines Sterns* **2** ⟨Bot.⟩ *Aasblume, Stapelia*

Or|dens|tracht ⟨f.10⟩ *einheitliche Kleidung, die von den Angehörigen eines Ordens getragen wird*

or|dent|lich I ⟨Adj.⟩ **1** *die Ordnung liebend; ein sehr* ~er *Mensch* **2** *geordnet, aufgeräumt; der Raum sieht o. aus* **3** *den Gesetzen entsprechend; ein* ~er *Vertrag* **4** *einer bestimmten Ordnung entsprechend; ein* ~er *Prozeß;* ~er *Professor* ⟨Abk.: o.P., o.Prof.⟩ *Professor, der einen Lehrstuhl innehat* **5** ⟨ugs.⟩ *wie es sich gehört, den gesellschaftlichen Normen entsprechend; setz dich hin!;*

717

sich o. anziehen; er stammt aus ~en Verhältnissen, von ~en Eltern **6** *wie man es sich vorstellt, wie es wünschenswert ist;* die Hütte hat keine ~en Wände, Fenster; in einem ~en Bett schlafen **7** ⟨ugs.⟩ *kräftig, umfangreich, groß;* eine ~e Mahlzeit; ein ~er Schluck **II** ⟨Adv.; ugs.⟩ *sehr, gehörig;* er hat sich o. betrunken; hier ist es o. kühl; jmdn. o. verhauen

Or|der ⟨f.11 oder f.9⟩ **1** ⟨†⟩ *Befehl;* eine O. erteilen; O. parieren *gehorchen* **2** *Auftrag, Bestellung;* eine O. aufgeben [< engl. *order* „Erlaß, Verordnung, Weisung, Befehl", < lat. *ordo*, Gen. *ordinis*, „Ordnung, ordentliche Einrichtung oder Beschaffenheit, Reihe, Reihenfolge"]

or|dern ⟨V.1, hat geordert; mit Akk.⟩ etwas o. *eine Order für etwas erteilen, etwas bestellen;* Waren o.

Or|der|pa|pier ⟨n.1⟩ *Wertpapier, das durch Indossament an eine andere Person übertragen werden kann*

Or|di|na|le ⟨f.11⟩, **Or|di|nal|zahl** ⟨f.10⟩ *einordnendes Zahlwort, z.B. erster;* Syn. Ordnungszahl; Ggs. Kardinalzahl [< lat. *ordinalis* „eine Ordnung anzeigend", zu *ordo*, Gen. *ordinis*, „Ordnung, Reihe, Reihenfolge"]

or|di|när ⟨Adj.⟩ **1** *alltäglich, landläufig, allgemein* **2** *zum Mahlzeiten;* ein Buch kostet o. 10,50 DM **3** ⟨übertr.⟩ *gewöhnlich, unanständig;* eine ~e Person; ein ~er Witz [< lat. *ordinarius* „in der richtigen Ordnung stehend, wie gewohnt, gewöhnlich", zu *ordo*, Gen. *ordinis*, „Ordnung"; im Deutschen urspr. im Sinne von „nicht besonders, nicht außergewöhnlich", dann „nicht vornehm, nicht fein"]

Or|di|na|ri|at ⟨n.1⟩ **1** *Amt eines ordentlichen Professors, Lehrstuhl* **2** *Verwaltungsbehörde des Bischofs, Generalvikariat*

Or|di|na|ri|um ⟨n., -s, -ri|en⟩ **1** *ordentlicher Staatshaushalt* **2** *kath. Gottesdienstordnung*

Or|di|na|ri|us ⟨m., -, -ri|en⟩ **1** *ordentlicher Professor mit Lehrstuhl* **2** ⟨früher, vor allem österr.⟩ *Klassenlehrer (an einer höheren Schule)* **3** *Träger der kirchlichen Rechtsprechung (z.B. Papst, regierender Bischof, Abt)* [< lat. *ordinarius* „ordentlich, in richtiger Ordnung stehend", zu *ordo*, Gen. *ordinis*, „Ordnung"]

Or|di|när|preis ⟨m.1⟩ *Marktpreis, Ladenpreis (bes. eines Buches)*

Or|di|na|te ⟨f.11; Math.⟩ *parallel zur Ordinatenachse abgemessener Linienabschnitt* [< lat. *ordinatus* „geordnet"]

Or|di|na|ten|ach|se ⟨[-ks-] f.11⟩ *senkrechte Achse im Koordinatensystem*

Or|di|na|ti|on ⟨f.10⟩ **1** ⟨kath. Kirche⟩ *Priesterweihe* **2** ⟨evang. Kirche⟩ *Einsetzung, Berufung (eines Pfarrers)* **3** *ärztliche Verordnung* **4** *ärztliche Sprechstunde* **5** ⟨österr. auch⟩ *ärztlicher Behandlungsraum* [< lat. *ordinatio*, Gen. *-onis*, „Anordnung, Regelung, Bestellung zu einem Amt", zu *ordinare* „ordnen, regeln", zu *ordo*, Gen. *ordinis*, „Ordnung"]

or|di|nie|ren ⟨V.3, hat ordiniert⟩ **I** ⟨mit Akk.⟩ jmdn. o. **1** ⟨kath. Kirche⟩ *(zum Priester) weihen;* jmdn. o.; jmdn. zum Priester o. **2** ⟨evang. Kirche⟩ *in das Amt des Pfarrers einsetzen* **3** *ärztlich verordnen;* ein Medikament o. **II** ⟨o.Obj.⟩ *ärztliche Sprechstunde halten;* er ordiniert von 9 bis 12 Uhr [< lat. *ordinare* „ordentlich einrichten, regeln, verfügen, in ein Amt einsetzen", zu *ordo*, Gen. *ordinis*, „Ordnung"]

ord|nen ⟨V.2, hat geordnet⟩ **1** ⟨mit Akk.⟩ *in (eine bestimmte) Ordnung bringen;* Briefe, Bilder o.; sich das Haar o.; Gegenstände nach der Größe, in Fächer o.; Wörter, Namen nach dem Alphabet o.; seine Gedanken o. *wieder ruhig zu denken beginnen;* in geordneten Verhältnissen leben *in klaren, überschaubaren, durchschaubaren Verhältnissen leben* **II** ⟨refl.⟩ sich o. *sich in bestimmter Reihenfolge, in bestimmter Ordnung aufstellen;* sich in, zu Dreierreihen o.

Ord|ner ⟨m.5⟩ **1** *jmd., der für Ordnung sorgt (z.B. bei öffentlichen Veranstaltungen)* **2** *aus Pappdeckeln hergestellte Mappe zum Ordnen und Einheften von gelochten Blättern*

Ord|nung ⟨f.10⟩ **1** ⟨nur Sg.⟩ *das Ordnen, das Sichordnen;* bei der O. meiner Schreibsachen **2** ⟨nur Sg.⟩ *geordneter Zustand, Übersichtlichkeit; peinliche O.;* O. halten, machen, schaffen; auf O. achten, halten; der O. halber, *wegen weil es so üblich ist;* in O.! *ich bin einverstanden!;* etwas in O. bringen *etwas regeln, ordnen;* das geht in O. ⟨ugs.⟩ *das wird erledigt, gemacht;* wieder in O. kommen ⟨ugs.⟩ *wieder in einem geordneten Zustand kommen;* es ist alles in (schönster, bester) O. *es ist alles ordentlich, zufriedenstellend;* bin wieder in O. ⟨ugs.⟩ *ich bin wieder gesund;* der neue Mitarbeiter ist in O. ⟨ugs.⟩ *der neue Mitarbeiter ist angenehm, sympathisch, er arbeitet gut* **3** ⟨nur Sg.⟩ *geordnete Lebensweise, geordnete Lebensumstände;* er braucht seine übliche O. **4** ⟨nur Sg.⟩ *Einhaltung von Disziplin, von Regeln, Vorschriften;* die O. in der Gruppe wieder herstellen; jmdn. zur O. rufen *jmdn. tadeln, zurechtweisen* **5** ⟨nur Sg.⟩ *Gesamtheit der Regeln des Zusammenlebens;* die öffentliche O. **6** *Gesetz, System (Gesellschafts~);* kosmische O. **7** *Anordnung, Reihenfolge;* in alphabetischer, zeitlicher O. **8** ⟨Biol.⟩ *systemat. Bez. für) mehrere Familien zusammenfassende Gruppe (von Pflanzen oder Tieren)* **9** ⟨Math.⟩ *Grad (einer Gleichung); Gleichung zweiter O.;* Kurve erster O. **10** *Stufe in einer nach bestimmten Gesichtspunkten hergestellten Reihenfolge, Qualitätsstufe;* Straße erster, zweiter, o.; ein Unsinn erster O. ⟨ugs.⟩ *ein großer Unsinn*

ord|nungs|ge|mäß ⟨Adj., o.Steig.⟩ *nach einer bestimmten Ordnung, wie es die Ordnung vorschreibt;* vgl. ordnungsmäßig; sich o. ab- und anmelden; einen Auftrag o. ausführen

ord|nungs|mä|ßig ⟨Adj., o.Steig.⟩ *nach Ordnungen, in gewisser Ordnung;* vgl. ordnungsgemäß; Pflanzen, Tiere o. einteilen

Ord|nungs|ruf ⟨m.1; im Parlament⟩ *Ruf zur Ordnung, zur Disziplin (durch den Vorsitzenden)*

Ord|nungs|stra|fe ⟨f.11⟩ *Strafe für eine Ordnungswidrigkeit*

Ord|nungs|wid|rig ⟨Adj., o.Steig.⟩ *gegen eine Vorschrift handelnd*

Ord|nungs|wid|rig|keit ⟨f., -, nur Sg.⟩ *Verstoß gegen eine gesetzliche Vorschrift*

Ord|nungs|zahl ⟨f.10⟩ **1** → Ordinalzahl; Ggs. Grundzahl **2** *Stellenzahl (eines chemischen Elements im Periodensystem der Elemente)*

Or|don|nanz ⟨f.10⟩ *Soldat, der einem Offizier für bestimmte Aufgaben (bes. das Übermitteln von Befehlen) zugeteilt ist* [< frz. *ordonnance* in ders. Bed. sowie „Ordnung, Anordnung", < lat. *ordo* „Ordnung, Verordnung, Einrichtung"]

Or|don|nanz|of|fi|zier ⟨m.1⟩ *den Stabsoffizieren zugeteilter jüngerer Offizier*

Or|do|vi|zi|um ⟨n., -s, nur Sg.⟩ *ältere Formation des Paläozoikums [nach den Ordoviziern, einer Völkerschaft im nördlichen Wales, in deren Gebiet die Formation zuerst entdeckt wurde]*

Or|dre ⟨f.9; frz. Schreibung von⟩ Order

Öre ⟨n., -s, - auch f., -, -⟩ *in Dänemark, Norwegen und Schweden Währungseinheit,* $1/100$ *Krone* [< dän., norw. *øre*, schwed. *öre*, < lat. *nummus aureus* „Goldmünze", zu *aurum* „Gold"]

Ore|ade ⟨f.11; griech. Myth.⟩ *Bergnymphe*

ORF ⟨Abk. für⟩ *Österreichischer Rundfunk*

Or|fe ⟨f.11⟩ *ein Karpfenfisch;* Syn. Aland, Nerfling [< griech. *orphos* „Fisch aus der Familie der Barsche"]

Or|gan ⟨n.1⟩ **1** *Sinneswerkzeug, Körperteil mit bestimmter Funktion (z.B. Nase, Leber); ich habe dafür kein O.* ⟨übertr., ugs.⟩ *keinen Sinn* **2** ⟨ugs.⟩ → *Stimme;* ein lautes, volltönendes, angenehmes O. haben **3** *Zeitung oder Zeitschrift, die im Sinne einer Partei, für einen Verein, ein Fachgebiet schreibt* **4** *Person oder Personengruppe in Staat, Gemeinde usw. mit bestimmten Aufgaben; ausführendes O. Beauftragter;* beratendes O. *Beirat* [< griech. *organon* „Werkzeug, Musikinstrument, Sinneswerkzeug", zu *ergon* „Werk, Arbeit"]

Or|gan|bank ⟨f.10⟩ *Sammelstelle für Organkonserven*

Or|gan|din ⟨m.9; österr.⟩, **Or|gan|dy** ⟨m.9⟩ *feines, steifes, durchscheinendes Baumwollgewebe* [< frz. *organdi*]

Or|ga|nell ⟨n.12⟩, **Or|ga|nel|le** ⟨f.11; bei Einzellern⟩ *organartige Plasmabildung* [< neulat. *organella*, Verkleinerungsform zu lat. *organum* „Organ"]

Or|ga|nik ⟨f., -, nur Sg.⟩ → Organologie

Or|ga|ni|sa|ti|on ⟨f.10⟩ **1** ⟨nur Sg.⟩ *das Organisieren;* die O. eines Festes **2** *planmäßiger Aufbau, Gliederung;* die O. einer Partei, eines Staates **3** *Gruppe, Verband mit bestimmtem Zweck*

Or|ga|ni|sa|tor ⟨m.13⟩ *jmd., der etwas organisiert (hat), Gestalter*

or|ga|ni|sa|to|risch ⟨Adj., o.Steig.⟩ *bezüglich der Organisation;* die Veranstaltung war o. ein Meisterstück; ~e Begabung *Begabung, etwas zu organisieren*

or|ga|nisch ⟨Adj., o.Steig.⟩ **1** *zu einem Organ gehörig, davon ausgehend, hinsichtlich der Organe;* er ist o. gesund **2** *zur belebten Natur gehörend, tierisch und pflanzlich;* Ggs. anorganisch; ~e Chemie *Chemie der Kohlenstoffverbindungen* **3** *durchdacht gegliedert, einheitlich zusammengesetzt, mit aufeinander abgestimmten Einzelheiten;* ~er Aufbau (eines Werkes) **4** *folgerichtig, einer gewissen Gesetzmäßigkeit folgend;* das hat sich o. entwickelt

or|ga|ni|sie|ren ⟨V.3, hat organisiert⟩ **I** ⟨mit Akk.⟩ *planvoll gestalten;* Arbeitsabläufe o.; den politischen Widerstand o.; die Verwaltung straffer o. **II** ⟨refl.⟩ sich o. **1** *sich (in Gruppen) zusammenschließen;* sich zu Banden o. **2** *sich in politischen Organisationen zusammenschließen;* die Arbeiter haben sich in Gewerkschaften organisiert; sind Sie politisch organisiert? [< frz. *organiser* „mit Organen ausstatten", übertr. „einrichten", zu *organe* „Organ, Sinneswerkzeug", < lat. *organum* „Werkzeug", < *Organ*]

or|ga|nis|misch ⟨Adj., o.Steig.⟩ *zu einem Organismus gehörig, wie ein Organismus*

Or|ga|nis|mus ⟨m., -, -men⟩ **1** *einheitliches, gegliedertes Ganzes, Gefüge* **2** *Lebewesen (als Einheit und Ganzheit betrachtet)* [zu *Organ*]

Or|ga|nist ⟨m.10⟩ *Musiker, der Orgel spielt*

Or|gan|kon|ser|ve ⟨f.11⟩ *konservierte Organ (1) (zur Organverpflanzung)*

Or|gan|neu|ro|se ⟨f.11⟩ *durch seelische Einflüsse hervorgerufene organische Erkrankung*

or|ga|no|gen ⟨Adj., o.Steig.⟩ **1** ⟨Geol.⟩ *unter Mithilfe von Organismen entstanden* **2** *Organe bildend* [< *Organ* und *...gen*]

Or|ga|no|gra|phie ⟨f.11⟩ **1** *Beschreibung der Organe* **2** ⟨Mus.⟩ *Lehre vom Bau der Musikinstrumente* [< *Organ* und *...graphie*]

or|ga|no|id ⟨Adj., o.Steig.; Biol.⟩ *organähnlich* [< *Organ* und *...oid*]

Or|ga|no|lo|gie ⟨f., -, nur Sg.⟩ *Wiss. von den Organen;* Syn. Organik [< *Organ* und *...logie*]

Or|ga|non ⟨n., -s, nur Sg.⟩ **1** ⟨urspr.⟩ *Bez. der logischen Schriften des Aristoteles, die als Werkzeug zur Erkenntnis der Wahrheit betrachtet wurden* **2** ⟨danach allg.⟩ *logische Schrift, methodische Anleitung* [griech., „Werkzeug"]

Or|gan|the|ra|pie ⟨f.11⟩ *Verwendung von Heilmitteln, die aus menschlichen oder tierischen Organen oder deren Sekreten gewonnen wurden*

Or|ga|num ⟨n., -s, -na⟩ **1** *mehrstimmige Musik des MA* **2** ⟨†⟩ *Orgel*

Or|gan|za ⟨f., -, nur Sg.⟩ *sehr feines Gewebe aus Naturseide* [ital.]

Or|gas|mus ⟨m., -, -men⟩ *Höhepunkt der geschlechtlichen Erregung* [< griech. *organ* „schwellen, strotzen; vor Eifer glühen, leidenschaftlich sein, heftig verlangen", zu *orge* „Trieb, Leidenschaft"]

or|ga|stisch ⟨Adj., o.Steig.⟩ *zum Orgasmus gehörig;* ∼e *Hautrötung*

Or|gel ⟨f.11⟩ **1** *großes Musikinstrument mit Manualen und einer Klaviatur für die Füße, bei dem die Töne durch unterschiedlich große Pfeifen erzeugt werden* **2** ⟨schweiz. auch⟩ *Handharmonika* [< mhd. *orgel, orgele, organa,* ahd. *organa,* < lat. *organa* „Orgel", Plural von *organum* „Werkzeug, Instrument, bes. Musikinstrument,* < griech. *organon,* → *Organ*]

or|geln ⟨V.1, hat georgelt; o.Obj.⟩ **1** *auf der Orgel spielen* **2** *in tiefen Tönen brausen; der Wind orgelt in den Bäumen*

Or|gel|pfei|fe ⟨f.11⟩ **1** *nach unten spitz zulaufendes Rohr, in dem durch Zuführen von Luft ein Ton in bestimmter Höhe und Klangfarbe erzeugt wird; sie standen da wie die* ∼n ⟨ugs., scherzh.⟩ *sie standen der Größe nach nebeneinander; er hat Kinder wie die* ∼n ⟨ugs., scherzh.⟩ *er hat viele Kinder in allen Größen (Altersstufen)*

Or|gel|punkt ⟨m.1⟩ *lange ausgehaltener Baßton, über dem sich die anderen Stimmen bewegen*

Or|gi|as|mus ⟨m., -, nur Sg.; im altgriech. Dionysoskult⟩ *ausschweifendes Feiern der Orgien*

Or|gi|ast ⟨m.10⟩ *ausgelassener, zügelloser Schwärmer*

or|gi|a|stisch ⟨Adj.⟩ *zügellos, hemmungslos*

Or|gie ⟨[-gjə] f.11⟩ **1** ⟨im alten Griechenland⟩ *mit wilder Trunkenheit gefeiertes kultisches Fest* **2** ⟨übertr.⟩ *zügelloses Gelage, wilde Ausschweifung;* ∼n *feiern; hier feiert der Kitsch* ∼n *alles, was man hier sieht, ist sehr kitschig* [< lat. *orgia* „in wilder Trunkenheit gefeiertes Bacchusfest", < griech. *orgia* „religiöser Brauch, bes. bei den Mysterien der Demeter und des Dionysos", wohl zu *ergon* „Werk, Arbeit, Handlung"]

Ori|ent ⟨m., -s, nur Sg.⟩ *Osten, Morgenland;* Ggs. *Okzident* [< lat. *oriens,* Gen. *-entis,* „aufsteigend, aufgehend; im Osten (wo die Sonne aufgeht) liegendes Land, Morgenland", Part. Präs. von *oriri* „sich erheben, aufsteigen"]

Ori|en|ta|le ⟨m.11⟩ *Bewohner des Orients*

Ori|en|ta|lia ⟨Pl.⟩ *Bücher, Bilder über den Orient*

ori|en|ta|lisch ⟨Adj., o.Steig.⟩ *zum Orient gehörend, aus ihm stammend;* Ggs. *okzidental(isch)*

Ori|en|ta|list ⟨m.10⟩ *Wissenschaftler auf dem Gebiet der Orientalistik*

Ori|en|ta|li|stik ⟨f., -, nur Sg.⟩ *Wissenschaft von den orientalischen Sprachen und Kulturen*

ori|en|ta|li|stisch ⟨Adj., o.Steig.⟩ *zur Orientalistik gehörend*

ori|en|tie|ren ⟨V.3, hat orientiert⟩ **I** ⟨mit Akk.⟩ **1** *etwas o. (nach einer Richtung, Himmelsrichtung) einstellen, ausrichten; eine Kirche nach Osten o.* **2** *jmdn.* ⟨über etwas⟩ *jmdn. (von etwas) in Kenntnis setzen, benachrichtigen; bitte o. Sie mich, wenn es soweit ist; ich möchte auf jeden Fall orientiert werden, wenn sich etwas Neues ergibt; sind Sie über die neuesten Ereignisse orientiert?; ich bin leider nicht orientiert worden* **II** ⟨refl.⟩ **1** *seinen Standort bestimmen; ich muß mich o., wo wir sind* **2** *sich Kenntnis, einen Überblick verschaffen; sich über ein Wissensgebiet, über die politische Lage o.* **3** *sich an etwas oder jmdm. o. seinen Standpunkt nach etwas oder jmdn. ausrichten, sich etwas oder jmdn. für sein Verhalten, Denken zum Vorbild nehmen; er orientiert sich ausschließlich an seinem Vater; das Kind orientiert sich am Verhalten seiner Mutter; das Kind hat ja nichts, woran es sich o. kann* **4** *sich nach etwas o. etwas als Merkzeichen nehmen, um sich zurechtzufinden; sich nach der Sonne, nach den Sternen o.* [< frz. *orienter* „nach einer Himmelsrichtung einstellen; sich zurechtfinden", zu *orient* „Osten, Morgen, Morgenland", → *Orient*]

Ori|en|tie|rung ⟨f., -, nur Sg.⟩ **1** *das Orientieren, das Sichorientieren* **2** *das Orientiertsein, Wissen, wo man sich befindet; ich habe die O. verloren*

Ori|en|tie|rungs|sinn ⟨m., -(e)s, nur Sg.⟩ *Fähigkeit zur Orientierung;* Syn. *Ortssinn;* einen guten, schlechten O. haben

Ori|flam|me ⟨f., -, nur Sg.⟩ *Kriegsfahne der französischen Könige mit goldenen Sternen auf rotem Grund* [mlat., „Goldflamme"]

Ori|ga|no ⟨m., -(s), nur Sg.⟩ **1** *Blätter und Triebspitzen des Dostes (als Gewürz)* **2** ⟨als Pflanze⟩ = *Dost* [die Ableitung aus griech. *oros* „Berg" und *ganos* „Glanz, Schmuck, Zierde" ist wahrscheinlich eine volksetymologische Umdeutung, das Wort stammt vermutlich aus Nordafrika]

ori|gi|nal ⟨Adj., o.Steig.⟩ **1** *ursprünglich, urschriftlich, eigenhändig, echt; dieses Schriftstück ist nicht o.* **2** *eigen, schöpferisch; eine* ∼e *künstlerische Leistung*

Ori|gi|nal ⟨n.1⟩ **1** *Urschrift, erste Niederschrift* **2** *Urtext, fremdsprachiger Text, der übersetzt worden ist oder werden soll* **3** *Urbild, vom Künstler geschaffenes Bild oder Standbild* **4** *eigenartiger, meist auch witziger Mensch, Sonderling, Kauz* [< lat. *originalis* „ursprünglich, vom Ursprung an", zu *origo,* Gen. *originis,* „Ursprung", zu *oriri* „entstehen, entspringen"]

Ori|gi|nal|aus|ga|be ⟨f.11⟩ *Erstausgabe*

Ori|gi|na|li|tät ⟨f., -, nur Sg.⟩ **1** *Ursprünglichkeit, Echtheit* **2** *Besonderheit, Eigenart, Eigentümlichkeit*

Ori|gi|nal|über|tra|gung ⟨f.10⟩ *Rundfunk, Fernsehen* *Direktübertragung*

ori|gi|när ⟨Adj., o.Steig.⟩ *ursprünglich, nicht abgeleitet; ein Wert in seiner* ∼en *Form*

ori|gi|nell ⟨Adj.⟩ **1** *ursprünglich, echt, schöpferisch; (meist dafür) original* **2** *neu, neuartig und treffend; ein* ∼er *Ausspruch* **3** *eigenartig, merkwürdig auch komisch oder erheiternd; ein* ∼er *Mensch*

Or|kan ⟨m.1⟩ *Sturm der höchsten Windstärke* [< ndrl. *orkaan,* < frz. *ouragan* in dems. Bed., < span. *huracán* „Wirbelsturm in Mittelamerika", < karib.]

Or|kus ⟨m., -, nur Sg.; röm. Myth.⟩ *Unterwelt, Totenreich*

Or|lea|nist ⟨m.10⟩ *Anhänger des Hauses Orléans*

Or|log|schiff ⟨n.1; †⟩ *Kriegsschiff* [< ndrl. *orlog(e)* „Krieg", ahd. *urliuga* „Krieg", eigtl. „vertragsloser Zustand" < got. *ur-, us-* „aus-" und *liuga* „Vertrag"]

Or|lon ⟨n., -s, nur Sg.; Wz.⟩ *wollähnliche Kunstfaser*

Or|na|ment ⟨n.1⟩ *Verzierung, Schmuckform* [< lat. *ornamentum* „Zierde, Schmuck", eigtl. „Ausrüstung", zu *ornare* „schmücken, ausrüsten"]

or|na|men|tal ⟨Adj., o.Steig.⟩ *in der Art eines Ornaments, schmückend*

or|na|men|tie|ren ⟨V.3, hat ornamentiert; mit Akk.⟩ *mit Ornamenten ausstatten, verzieren, schmücken*

Or|na|men|tik ⟨f., -, nur Sg.⟩ **1** *Kunst des Verzierens* **2** *Gesamtheit der Ornamente (eines Bauwerks o.ä.)*

Or|nat ⟨m.1 oder n.1⟩ *feierliche Amtstracht* [< lat. *ornatus* „Ausstattung, angelegte Kleidung, Ausschmückung", zu *ornare* „ausstatten, ausrüsten"]

Or|nis ⟨f., -, nur Sg.⟩ *Vogelwelt (einer Landschaft, eines Landes)* [< griech. *ornis* „Vogel"]

Or|ni|tho|ga|mie ⟨f., -, nur Sg.⟩ *Bestäubung (von Blüten) durch Vögel;* Syn. *Ornithophilie* [< griech. *ornis,* Gen. *ornithos,* „Vogel" und *gamein* „heiraten"]

Or|ni|tho|lo|ge ⟨m.5⟩ *Wissenschaftler auf dem Gebiet der Ornithologie*

Or|ni|tho|lo|gie ⟨f., -, nur Sg.⟩ *Wiss. von den Vögeln;* Syn. *Vogelkunde* [< griech. *ornis,* Gen. *ornithos,* „Vogel" und *...logie*]

Or|ni|tho|phi|lie ⟨f., -, nur Sg.⟩ = *Ornithogamie* [< griech. *ornis,* Gen. *ornithos,* „Vogel" und *...philie*]

Or|ni|tho|se ⟨f.11⟩ *(auf den Menschen übertragbare) Infektionskrankheit der Vögel* [< griech. *ornis,* Gen. *ornithos,* „Vogel" und *...ose*]

Oro|ge|ne|se ⟨f.11⟩ *Gesamtheit der Vorgänge, die zur Entstehung eines Gebirges führen;* Ggs. *Epirogenese* [< griech. *oros* „Berg, Gebirge" und *Genese*]

oro|ge|ne|tisch ⟨Adj., o.Steig.⟩ *die Orogenese betreffend, zu ihr gehörig*

Oro|gra|phie ⟨f., -, nur Sg.⟩ *Beschreibung der Geländeformen der Erdoberfläche* [< griech. *oros* „Berg, Gebirge" und *...graphie*]

Or|phik ⟨f., -, nur Sg.⟩ *altgriechisch-religiöse Bewegung sowie deren Geheimlehren über die Entstehung der Welt und das Schicksal des Menschen nach dem Tode* [< griech. *Orphikos* „zum Orpheus gehörend", dem Sohn des Apoll und sagenhaften Dichter und Sänger]

Or|phi|ker ⟨m.5⟩ *Anhänger der Orphik*

or|phisch ⟨Adj., o.Steig.⟩ **1** *zur Orphik gehörend, auf ihr beruhend* **2** ⟨übertr.⟩ *dunkel, geheimnisvoll*

Or|ping|ton ⟨n.9⟩ *ledergelbe Hühnerrasse* [nach der Stadt *Orpington* in Südengland]

Or|plid ⟨n., -s, meist ohne Artikel⟩ *sagenhaftes, schönes Land; diese gemalte Landschaft ist kein fernes O.* [von E. Mörike geprägter Phantasiename]

Ort **I** ⟨m.1⟩ **1** *Siedlung, Dorf, Gemeinde; ein kleiner, großer, hübscher O.; in einen anderen O. ziehen; sie wohnen jetzt in einem anderen O.; wir wohnen am, im gleichen O.* **2** *Gesamtheit der Bewohner einer Gemeinde, einer Siedlung; der ganze O. lief zusammen, war in Aufregung* **3** *Platz, Stelle (Stand*∼, *Wohn*∼, *Aufenthalts*∼); *O. und Zeit der Veranstaltung werden noch bekanntgegeben; der O. des Verbrechens; der schöne, stille O.* ⟨verhüllend⟩ *die Toilette; an O. und Stelle angekommen sein dort, wo man hin wollte; das muß an O. und Stelle geklärt werden dort wo es geschehen ist; das Klavier steht jetzt wieder an O. und Stelle dort, wo es hingehört, wo es immer stand; am angegebenen O.* (Abk.: a.a.O.; bei Zitaten) *in dem schon zitierten Werk* **II** ⟨m.4; Math., Astron.; Seew.⟩ *durch Koordinaten angegebene Stelle, Stelle, für die dieselben geometrischen Bedingungen gelten (Sternörter)* **III** ⟨n.4; Bgb.⟩ *Ende einer Strecke (meist in der Wendung) vor O. arbeiten dort arbeiten, wo abgebaut wird* **IV** ⟨m.1 oder n.1; †, aber noch in geographischen Namen⟩ *Spitze (einer Halbinsel);* Darßer Ort **V** ⟨m.1 oder n.1; †⟩ *Schusterwerkzeug, Ahle*

Ört|chen ⟨n.7; ugs., verhüllend⟩ *Toilette*

or|ten ⟨V.2, hat geortet; mit Akk.⟩ *etwas o. den Standort, die Lage von etwas bestimmen; ein Flugzeug, Schiff o.; ein Geräusch o. feststellen, woher ein Geräusch kommt*

or|tho..., Ortho... ⟨in Zus.⟩ *gerade, aufrecht, richtig..., recht..., Recht...* [< griech. *orthos* „richtig, recht, wahr"]

Orthochromasie

Or|tho|chro|ma|sie ⟨[-kro-] f., -, nur Sg.; Fot.⟩ richtige Wiedergabe aller Farben (außer Rot) in entsprechenden Grauwerten [< Ortho... und griech. chroma, Gen. chromatos, „Farbe"]

Orth|odon|tie ⟨f.11⟩ Zahnregulierung [< Ortho... und griech. odon, Gen. odontos, „Zahn"]

or|tho|dox ⟨Adj.⟩ 1 → rechtgläubig; ~e Kirche, griechisch-~e Kirche die von Rom getrennte kath. Kirche, Ostkirche 2 einer überkommenen Anschauung oder Lehrmeinung genau entsprechend, sie streng vertretend; ~e Denkweise [< griech. orthos „recht, richtig, wahr" und doxa „Vorstellung, Meinung, Glaube", zu dokein „meinen, glauben"]

Or|tho|do|xie ⟨f.,-,nur Sg.⟩ 1 Rechtgläubigkeit 2 starres Festhalten an einer Lehrmeinung oder überkommenen Anschauung

or|tho|drom ⟨Adj., o.Steig.⟩ in der Art der Orthodrome, geradläufig

Or|tho|dro|me ⟨f.11⟩ kürzeste Verbindung zweier Punkte auf einer gekrümmten Fläche, bes. auf der Erdoberfläche [< Ortho... und griech. dromos „Lauf"]

Or|tho|ge|ne|se ⟨f., -, nur Sg.⟩ gerichtete, nicht umkehrbare stammesgeschichtliche Entwicklung der Lebewesen [< Ortho... und Genese]

Or|tho|ge|stein ⟨n.1⟩ durch Umwandlung entstandenes Gestein magmatischer Herkunft; Ggs. Paragestein

Or|tho|gna|thie ⟨f.11⟩ gerader, senkrechter Stand der Zähne; vgl. Prognathie [< Ortho... und griech. gnathos „Kinnbacken, Gebiß"]

Or|tho|gon ⟨n.1⟩ → Rechteck [< Ortho... und griech. gonia „Winkel, Ecke"]

or|tho|go|nal ⟨Adj., o.Steig.⟩ → rechtwinklig [zu Orthogon]

Or|tho|gra|phie ⟨f.11⟩ richtige Schreibung (der Wörter), Rechtschreibung [< griech. orthos „richtig, recht" und graphein „schreiben"]

or|tho|gra|phisch ⟨Adj., o.Steig.⟩ hinsichtlich der Orthographie, rechtschreiblich; das ist o. richtig, falsch

Or|tho|klas ⟨m.1⟩ (weißes oder hellgefärbtes) Mineral, Kaliumaluminiumsilicat [< Ortho... und griech. klasis „Brechen, Zerbrechen, Bruch", wegen der zwei Hauptspaltungsebenen, die bei Orthoklasen genau senkrecht zueinander verlaufen]

Or|tho|pä|de ⟨m.11⟩ Facharzt für Orthopädie

Or|tho|pä|die ⟨f.1⟩ Heilkunde der Bewegungsorgane (Knochen, Gelenke, Muskeln) [< Ortho... und griech. paideia „Ausbildung, Übung", zu pais, Gen. paidos, „Kind"]

or|tho|pä|disch ⟨Adj., o.Steig.⟩ die Orthopädie betreffend, zu ihr gehörig, mit ihrer Hilfe (durchgeführt, hergestellt); ~es Turnen; ~e Stiefel

Or|tho|pä|dist ⟨m.10⟩ Hersteller orthopädischer Geräte

Orth|op|ti|stin ⟨f.10⟩ Helferin des Augenarztes, die bes. Prüfungen der Sehschärfe vornimmt und mit schielenden Kindern Übungen der Augenmuskeln durchführt [< Ortho... und Ableitung von Optik]

Or|tho|skop ⟨n.1⟩ Gerät zum Untersuchen von Kristallen [< Ortho... und ...skop]

Or|tho|sko|pie ⟨f.11⟩ richtige Wiedergabe (ohne Verzerrung) durch Linsen [< Ortho... und ...skopie]

Or|tho|ver|bin|dung ⟨f.10⟩ 1 ⟨anorgan. Chem.⟩ bei mehreren Säuren das mit Bez. für die beständigste Säure 2 ⟨organ. Chem.⟩ Möglichkeit der Anordnung zweier Substituenten in organischen Ringverbindungen

ört|lich ⟨Adj., o.Steig.⟩ 1 einen Ort betreffend; das ist ö. verschieden; die ~en Gegebenheiten berücksichtigen 2 auf einen Ort begrenzt; ~e Betäubung

Ört|lich|keit ⟨f.10⟩ 1 Gegend, Landschaft; die ~en kennen 2 ⟨verhüllend, meist Pl.⟩ die ~en die Toilette

Or|to|lan ⟨m.1⟩ zu den Ammern gehörender Singvogel trockener, warmer Gebiete mit zimtfarbener Unterseite, gelber Kehle und rötlichem Schnabel [< ital. ortolano „Gärtner"]

orts|an|säs|sig ⟨Adj., o.Steig.⟩ an einem Ort (I,1) wohnend

orts|be|weg|lich ⟨Adj., o.Steig.⟩ nicht fest eingebaut; Ggs. ortsfest

Ort|schaft ⟨f.10⟩ Gemeinde, Dorf

Ort|scheit ⟨n.1⟩ Querholz zum Befestigen der Geschirrstränge, Zugscheit

orts|fest ⟨Adj., o.Steig.⟩ nicht beweglich, fest eingebaut; Ggs. ortsbeweglich; ~e Geräte, Maschinen

orts|fremd ⟨Adj.⟩ 1 nicht ortskundig 2 nicht am betreffenden Ort ansässig

Orts|ge|spräch ⟨n.1⟩ Telefongespräch innerhalb eines Ortsnetzes

Orts|grup|pe ⟨f.11⟩ örtliche Gruppe (eines Vereins, Verbandes oder einer Partei)

Orts|klas|se ⟨f.11⟩ jede der Klassen, in die die Gemeinden je nach Lebenshaltungskosten eingeteilt sind und nach denen im öffentlichen Dienst der Ortszuschlag berechnet wird

orts|kun|dig ⟨Adj.⟩ sich in einem Ort auskennend, Kenntnis über die örtlichen Gegebenheiten habend

Orts|netz ⟨n.1⟩ Telefonnetz innerhalb eines Ortes oder einer Gruppe von Orten

Orts|sinn ⟨m., -(e)s, nur Sg.⟩ → Orientierungssinn

orts|üb|lich ⟨Adj., o.Steig.⟩ an einem bestimmten Ort gebräuchlich

Orts|zeit ⟨f.10⟩ die wirkliche Sonnenzeit eines Ortes (im Unterschied zur Normalzeit)

Orts|zu|la|ge ⟨f.11⟩, **Orts|zu|schlag** ⟨m.2⟩ je nach Ortsklasse gezahlter Zuschlag zum Grundgehalt für Beschäftigte im öffentlichen Dienst

Or|tung ⟨f.10⟩ 1 ⟨nur Sg.⟩ das Orten 2 mittels Orten festgestellter Standort

Os ⟨Zeichen für⟩ Osmium

Os|car ⟨m.9; volkstüml. Bez. für⟩ Academy Award, eine als Filmpreis verliehene Statue [auf Grund einer Anekdote nach Mr. Oscar Herrick, dem Onkel einer Mitarbeiterin der Akademie, dem diese Statue ähnlich gesehen haben soll]

Öse ⟨f.11⟩ kleine Schlinge, meist aus Metall (zum Durchziehen einer Schnur, Einhängen eines Hakens)

...ose ⟨Nachsilbe⟩ 1 zur Bez. eines Vorgangs, z.B. Mitose 2 zur Bez. einer Vereinigung, Zusammenfassung, z.B. Symbiose 3 zur Bez. eines krankhaften Vorgangs oder Zustandes, z.B. Sklerose [< griech. ...osis Ableitung von bestimmten Verben zur Substantivierung] 4 zur Bez. eines bestimmten Zuckers, z.B. Fructose [nach dem Muster von Glukose, < griech. glykys „süß", gebildet]

Os|ku|la|ti|on ⟨f.10; Geometrie⟩ Berührung zweiter Ordnung (von Kurven) [< lat. osculatio, Gen. -onis, „das Küssen"]

Os|ma|ne ⟨m.11⟩ türkischer Bewohner des osmanischen Reiches [nach dem türkischen Sultan Osman I.]

os|ma|nisch ⟨Adj., o.Steig.⟩ türkisch

Os|mi|um ⟨n., -s, nur Sg.; Zeichen: Os⟩ sehr hartes, sprödes Metall von blauweißer Farbe, chemisches Element [< griech. osme „Geruch", wegen des scharfen Geruchs der Osmiumverbindungen]

Os|mo|lo|gie ⟨f., -, nur Sg.⟩ Lehre von den Riechstoffen [< griech. osme „Geruch" und ...logie]

Os|mo|se ⟨f.11⟩ Ausgleich von Lösungskonzentrationen an halbdurchlässigen Wänden [< griech. osmos „das Stoßen, Drängen", zu othein „drängen, vorwärtsdringen"]

os|mo|tisch ⟨Adj., o.Steig.⟩ auf Osmose beruhend

OSO ⟨Abk. für⟩ Ostsüdost(en)

Öso|pha|gus ⟨m., -, -gi⟩ → Speiseröhre [< griech. oisein „tragen werden" und phagein „essen"]

Os|sa|ri|um ⟨n., -s, -ri|en⟩ auch: Ossuarium 1 ⟨Altertum⟩ Urne zum Aufbewahren von Gebeinen 2 Beinhaus [< lat. oss(u)arium „Behältnis für die Gebeine von Toten, Totenurne", zu os, Gen. ossis, „Knochen"]

Os|si|fi|ka|ti|on ⟨f.10⟩ Knochenbildung, Verknöcherung [zu ossifizieren]

os|si|fi|zie|ren ⟨V.3, hat oder ist ossifiziert; o.Obj.⟩ verknöchern [< lat. os, Gen. ossis, „Knochen" und ...ficere (in Zus. für facere) „machen"]

Os|sua|ri|um ⟨n., -s, -ri|en⟩ → Ossarium

Ost ⟨m.1⟩ 1 ⟨nur Sg.; Seemannsspr., in postal. und geograph. Angaben⟩ → Osten; der Wind kommt aus O., von O.; Stuttgart-O. 2 ⟨poet.⟩ Ostwind; ein scharfer O.

Ost|block ⟨m., -s, nur Sg.⟩ Gruppe von sozialistisch regierten Ländern in Europa und Asien

Ost|el|bi|er ⟨m.5; früher Bez. für⟩ Großgrundbesitzer östlich der Elbe

ost|el|bisch ⟨Adj., o.Steig.⟩ östlich der Elbe

osten ⟨V.2, hat geostet; mit Akk.⟩ nach Osten ausrichten; die klar geostete Anlage der Kirche, des Schlosses

Osten ⟨m., -s, nur Sg.⟩ 1 ⟨Abk.: E, O⟩ gegen den Sonnenaufgang weisende Himmelsrichtung; auch: ⟨Seemannsspr., in postal. und geogr. Angaben⟩ Ost 2 die im Osten der Erde gelegenen Länder; Naher O. Vorderasien, Vorderer Orient; Mittlerer O. Vorderindien und Iran; Ferner O. Südost- und Ostasien (bes. China und Japan) 3 östlicher Teil, östliches Gebiet; im O. der Stadt

os|ten|ta|tiv ⟨Adj.⟩ augenfällig, betont, herausfordernd; jmdm. o. aus dem Wege gehen; o. den Raum verlassen [< lat. ostentare „zeigen, vor Augen halten", Intensivum von ostendere „zeigen, darbieten", < os..., obs... (in Zus. für ob) „entgegen" und tendere „halten"]

Oste|ek|to|mie ⟨f.11⟩ Herausmeißelung eines Knochenstücks [< griech. osteon „Knochen", ek „aus, heraus" und tome „Schnitt"]

Osteo|lo|gie ⟨f., -, nur Sg.⟩ Lehre von den Knochen [< griech. osteon „Knochen" und ...logie]

Oste|om ⟨n.1⟩ gutartige Geschwulst des Knochengewebes [< griech. osteon „Knochen"]

Osteo|ma|la|zie ⟨f.11⟩ → Knochenerweichung [< griech. osteon „Knochen" und malakos „weich"]

Osteo|pla|stik ⟨f.10⟩ operative Schließung einer Knochenlücke durch Knochenersatz [< griech. osteon „Knochen" und Plastik]

Osteo|syn|the|se ⟨f.11⟩ Ruhigstellung eines gebrochenen Knochens durch Verschraubung am benachbarten Knochen (z.B. bei Schienbein oder Wadenbein) [< griech. osteon „Knochen" und Synthese]

Oster|ei ⟨n.3⟩ buntes Hühnerei oder Schokoladenei, das zu Ostern verschenkt wird

Oster|fest ⟨n.1⟩ → Ostern

Oster|glocke ⟨f; -k|k-; f.11⟩ gelbe Narzisse

Oster|ha|se ⟨m.11; im Volksbrauch⟩ Hase, der den Kindern die Ostereier bringt

Oste|ria ⟨f., -, -ri|en⟩ italienische Gaststätte [ital., zu oste „Wirt"]

Oster|lamm ⟨n.4; nach jüd. Brauch⟩ Lamm als Speise zum Osterfest

öster|lich ⟨Adj., o.Steig.⟩ Ostern betreffend, zu Ostern gehörig

Oster|lu|zei ⟨auch [ostər-] f.10⟩ kletterndes Gewächs mit schwefelgelben Kesselfallenblüten [durch volksetymologische Umdeutung < griech. aristolochia „die Geburt förderndes Kraut", < aristos „der beste", arista „am besten" und locheia „Geburt"]

Oster|mon|tag ⟨m.1⟩ *zweiter Osterfeiertag*

Ostern ⟨n., -, -; meist o.Art.; auch Pl.⟩ *Fest der Auferstehung Christi;* Syn. *Osterfest;* an, zu O.; letzte, nächste O.; frohe O.!; die letzte, nächste O.; O. fällt dieses Jahr früh, spät; wenn O. und Pfingsten auf einen Tag fallen, zusammenfallen (scherzh.) *nie* [< mhd. *ostern,* ahd. *ostarun,* auch *ostra* "Osterfest"; vielleicht nach dem Namen der germanischen Göttin des Frühlings und der Morgendämmerung, überhaupt des Lichts, *Ostara,* altengl. *Eastre;* ahd. *ostar* bedeutet zugleich "östlich", was ebenfalls auf die Vorstellung des aus dem Osten wiederkehrenden Lichts, der zunehmenden Tage hinweist]

Oster|sonn|tag ⟨m.1⟩ *erster Osterfeiertag*

Oster|spiel ⟨n.1⟩ *älteste Form des geistlichen Dramas, in dem die Szene am Grabe Christi nach der Auferstehung geschildert wird*

Oster|wo|che ⟨f.11⟩ *Woche vor Ostern;* Syn. *Karwoche*

osti|nat ⟨Adj.⟩ *ständig wiederkehrend, ständig wiederholt* [< ital. *ostinato,* "hartnäckig", < lat. *ostinatus, obstinatus,* → *obstinat*]

ost|in|disch ⟨Adj., o.Steig.⟩ *verdeutlichend für* indisch *(im Unterschied zu westindisch)*

Osti|tis ⟨f., -, -sti|ti|den⟩ *Knochenentzündung* [< griech. *osteon* "Knochen" und *...itis*]

Ost|kir|che ⟨f.11⟩ *in Osteuropa und Vorderasien beheimatete christliche Kirche, die den Papst nicht anerkennt;* Syn. *griechisch-orthodoxe Kirche*

öst|lich I ⟨Adj.⟩ **1** *im Osten (1) liegend; die ~en Teile des Landes; der ~e Ausläufer des Gebirges* **2** *nach Osten (1) zu; in ~er Richtung fahren* **3** *von Osten (1) kommend; ~e Luftströmungen* **4** *zum Osten (2) gehörend; die ~en Länder* **II** ⟨Präp. mit Gen.⟩ *an der nach Osten gelegenen Seite;* ö. *von Berlin; die Straße verläuft ö. des Hauses*

Ost|mark ⟨f.10⟩ **1** (urspr.) *die Grenzländer im Osten des Deutschen Reiches: Ostpreußen, Posen, Oberschlesien* **2** (nur Sg.) *1938–1945 Bez. für* Österreich **3** ⟨f., -, -; ugs.⟩ *Mark der DDR*

Ost|nord|ost ⟨m.1⟩ **1** ⟨nur Sg.; Abk.: ONO; in geograph. Angaben⟩ → *Ostnordosten* **2** (poet.) *Wind aus Ostnordosten*

Ost|nord|osten ⟨m., -s, nur Sg.; Abk.: ONO⟩ *Himmelsrichtung zwischen Osten und Nordosten*

Ostra|ka ⟨Pl. von⟩ *Ostrakon*

Ostra|kon ⟨n., -s, -ka⟩ *Scherbe eines Tongefäßes, in Ägypten und im alten Griechenland als Schreibmaterial verwendet* [< griech. *ostrakon,* "knöcherne, harte Schale von Schnecken, Muscheln, Schildkröten u.a., gebrannter Ton, Tongefäß, Tonscherbe", zu *osteon* "Knochen"]

Ostra|zis|mus ⟨m., -, nur Sg.⟩ *Volksgericht im alten Athen, auf Grund dessen ein Bürger verbannt werden konnte; Scherbengericht* [< griech. *ostrakismos* "Scherbengericht" (Ostraka wurden als "Stimmzettel" verwendet), → *Ostrakon*]

Östro|gen ⟨n.1⟩ *weibliches Geschlechtshormon* [< griech. *oistros* "Leidenschaft" und *...gen*]

Ost|süd|ost ⟨m.1⟩ **1** ⟨nur Sg.; Abk.: OSO; in geograph. Angaben⟩ → *Ostsüdosten* **2** (poet.) *Wind aus Ostsüdosten*

Ost|süd|osten ⟨m., -s, nur Sg.; Abk.: OSO⟩ *Himmelsrichtung zwischen Osten und Südosten*

Ostung ⟨f., nur Sg.⟩ *das Osten, Ausrichtung nach Osten*

ost|wärts ⟨Adv.⟩ *nach Osten, in Richtung Osten*

Os|zil|la|ti|on ⟨f., -, nur Sg.⟩ *das Oszillieren*

Os|zil|la|tor ⟨m.13⟩ *Gerät zum Erzeugen von Schwingungen* **2** *eine Ruhelage schwingendes Teilchen* [zu *oszillieren*]

os|zil|lie|ren ⟨V.3, hat oszilliert; o.Obj.⟩ **1** *schwingen, pendeln; die Stimmung oszillier-te zwischen Ernst und Lachen* (übertr.) **2** *sich heben und senken; Teile der Erdkruste o.* [< lat. *oscillare* "schaukeln"]

Os|zil|lo|gramm ⟨n.1⟩ *aufgezeichnete Schwingung, Schwingungsbild* [< *oszillieren* und *...gramm*]

Os|zil|lo|graph ⟨m.10⟩ *Gerät zum Aufzeichnen von Schwingungen, Schwingungsschreiber* [< *oszillieren* und *...graph*]

Ot|al|gie ⟨f.11⟩ *Ohrenschmerz* [< griech. *ous,* Gen. *otos,* "Ohr" und *algos* "Schmerz"]

Oti|a|trie ⟨f., -, nur Sg.⟩ → *Otologie* [< griech. *ous,* Gen. *otos,* "Ohr" und *iatrika* "Heilkunst", → *Iatrik*]

Oti|tis ⟨f., -, Oti|ti|den⟩ *Ohrenentzündung;* O. media *Mittelohrentzündung* [< griech. *ous,* Gen. *otos,* "Ohr" und *...itis*]

oto|gen ⟨Adj., o.Steig.⟩ *vom Ohr ausgehend, zum Ohr gehörend* [< griech. *ous,* Gen. *otos,* "Ohr" und *...gen*]

Oto|lith ⟨m.10⟩ *Steinchen im Gleichgewichtsorgan des Ohres* [< griech. *ous,* Gen. *otos,* "Ohr" und *lithos* "Stein"]

Oto|lo|gie ⟨f., -, nur Sg.⟩ *Ohrenheilkunde;* Syn. *Otiatrie* [< griech. *ous,* Gen. *otos,* "Ohr" und *...logie*]

Oto-Rhi|no-La|ryn|go|lo|gie ⟨f., -, nur Sg.⟩ → *Hals-Nasen-Ohren-Heilkunde* [< griech. *ous,* Gen. *otos,* "Ohr", *rhis,* Gen. *rhinos,* "Nase", *larynx,* Gen. *laryngos,* "Kehle, Schlund" und *...logie*]

Oto|skle|ro|se ⟨f.11⟩ *zur Schwerhörigkeit führende Verknöcherung des Mittelohres* [< griech. *ous,* Gen. *otos,* "Ohr" und *Sklerose*]

Oto|skop ⟨n.1⟩ *Gerät zur Untersuchung des Ohres, Ohrenspiegel* [< griech. *ous,* Gen. *otos,* "Ohr" und *...skop*]

Oto|sko|pie ⟨f.11⟩ *Untersuchung des Ohres mit dem Otoskop*

Ot|ta|ve|ri|me ⟨f.11⟩ *italienische Stanze mit paarigem Reim in der 7. und 8. Zeile* [ital., "die achten Reime"]

Ot|ter¹ ⟨m.5⟩ *dem Wasserleben angepaßter Marder mit Schwimmhäuten (Fisch~, See~)* [< mhd. *otter,* ahd. *ottar,* zur idg. Wurzel **ued-, *uod-* "Wasser"]

Ot|ter² ⟨f.11⟩ *Giftschlange mit schlitzförmiger, senkrechter Pupille* [< ostmdt. *nater,* mhd. *nater;* → *Natter;* der Wegfall des anlautenden n erklärt sich durch eine falsche Abtrennung des unbestimmten Artikels "ein"]

Ot|tern|brut ⟨f.11; nur Sg.⟩ → *Otternzücht*

Ot|tern|ge|zücht ⟨n., -s, nur Sg.⟩ (übertr.) *böse, schlechte Menschen;* Syn. *Otternbrut*

Ot|to|man ⟨m.1⟩ *ein gerippebtes Mischgewebe* [< frz. *ottoman* "osmanisch"]

Ot|to|ma|ne ⟨f.11; †⟩ *breites Ruhebett ohne Rückenlehne* [< frz. *ottoman* "türkisch" oder "osmanisch", nach der türk. Dynastie der Osmanen]

Ot|to|mo|tor ⟨m.13⟩ *Explosionsmotor mit Fremdzündung, der im Viertaktverfahren arbeitet* [nach dem Ingenieur N. A. *Otto*]

Ot|to|nen ⟨m.11; Pl.; Bez. für⟩ *die drei römisch-deutschen Kaiser Otto I., II. und III.*

ot|to|nisch ⟨Adj., o.Steig.⟩ *die (Zeit der) Ottonen betreffend*

Ounce [auns] ⟨f., -, -s [aunsiz]; Zeichen: oz.⟩ *britische und amerikanische Gewichtseinheit, 28,35 g* [engl., "Unze"]

out [aut] **1** (†, noch österr. und schweiz.; bei Ballspielen) *aus, draußen* **2** (in der ugs. Wendung) *to be* out *nicht modern sein, nicht auf der Höhe der Zeit sein, nicht Bescheid wissen (innerhalb einer bestimmten Gesellschaftsgruppe);* Ggs. *in (2)*

Out [aut] ⟨n.9; †, noch österr. und schweiz.; bei Ballspielen⟩ *Raum außerhalb des Spielfeldes; der Ball ist im* Out

Out|cast [autkа:st] ⟨m.9; engl. Bez. für⟩ *Paria, Ausgestoßener* [engl. *out-cast,* < *to cast out* "ausstoßen, hinauswerfen, verbannen", *to cast* "werfen" und *out* "aus, hinaus"]

Out|put [autput] ⟨m.9⟩ **1** *Ausgangsleitung einer Antenne oder eines Verstärkers* **2** (Wirtsch.) → *Ausstoß* **3** (EDV) → *Ausdruck²(3);* Ggs. *Input* [engl. *out-put* "Arbeitsleistung, Ausstoß, Fördermenge", < *out* "aus, heraus, hinaus" und *to put* "setzen, stellen, legen, tun"]

ou|trie|ren ⟨[u-] V.3, hat outriert; mit Akk.⟩ *übertreiben; outrierte Ausdrucksweise* [< frz. *outrer* "übertreiben", zu *outre,* < lat. *ultra* "über hinaus, jenseits"]

Out|si|der ⟨[autsaidər] m.5⟩ *Außenseiter (einer Gesellschaftsgruppe)* [engl. *outsider* "Nichteingeweihter, Nichtfachmann, Außenstehender", zu *outside* "außen, außerhalb, Außenseite", < *out* "aus, außen" und *side* "Seite"]

Ou|ver|tü|re ⟨[uver-] f.11⟩ **1** *Vorspiel (zu einer Oper oder Operette)* **2** *Einleitungssatz der Orchestersuite* **3** (auch, bes. bei Bach) → *Suite (2)* [frz. *ouverture* "Anfang, Eröffnung, Einleitung", eigtl. "Öffnung" < lat. *apertura* "Öffnung, Eröffnung", zu *aperire* "öffnen, ans Licht bringen"]

Ou|zo [uzo] ⟨m.9⟩ griech. *Anisschnaps* [neugriech.]

oval ⟨Adj., o.Steig.⟩ *eiförmig, länglichrund* [< frz. *ovale,* zu *œuf,* < lat. *ovum* "Ei"]

Oval ⟨n.1⟩ *ovale Form, ovale Fläche; das O. ihres Gesichts*

ova|ri|al ⟨Adj., o.Steig.⟩ *zum Ovarium gehörig*

Ova|ri|ek|to|mie, Ova|ri|o|to|mie ⟨f.11⟩ *operative Entfernung eines oder beider Eierstöcke* [< *Ovarium,* griech. *ek* "heraus" und *tome* "Schnitt"]

Ova|ri|um ⟨n., -s, -ri|en⟩ → *Eierstock (1)* [< lat. *ovum* "Ei" mit Suffix *-arium* "Behälter für etwas"]

Ova|ti|on ⟨[ɔvatsjon] f.10⟩ *Beifallssturm* [< lat. *ovatio,* Gen. *-onis,* "kleiner Triumph" (wenn der siegreiche Feldherr nicht im Wagen, sondern zu Pferd oder zu Fuß in die Stadt einzieht), zu *ovare* "frohlocken, jubeln", vgl. *euoé, euhoé,* den Jubelruf der Bacchantinnen beim Bacchusfest, eigtl. *eua, euoi* "gut! rufen", zu griech. *eu* "gut"]

OvD, O.v.D. ⟨Abk. für⟩ *Offizier vom Dienst*

Over|all ⟨[ouvərɔ:l, österr.: overal] m.9⟩ *Schutz-, Arbeitsanzug aus einem Stück (auch als Kleidungsstück für Damen)* [engl. *overall* "Schutzkittel, Arbeitsanzug", < *over* "über" und *all* "alles"]

Over|drive ⟨[ouvərdraiv] m.9⟩ *Schnell-, Schongang (bes. beim Auto)* [engl., zu *to overdrive* "zu schnell oder zu weit fahren; übertreiben"]

Over|head-Pro|jek|tor ⟨[ouvərhed-] m.13⟩ *Gerät, das Bild und Text von einer beleuchteten Folie über einen Spiegel an die Wand hinter dem Vortragenden wirft, so daß dieser frontal im Blickkontakt mit den Zuhörern bleiben kann;* Syn. *Tageslichtprojektor* [< engl. *overhead* "über dem Kopf" und *Projektor*]

Over|kill ⟨[ouvər-] m.9⟩ *Zustand, in dem ein Staat mehr Waffen besitzt als nötig wären, um den potentiellen Gegner völlig zu vernichten* [< engl. *over* "über" und *to kill* "töten"]

Over|state|ment ⟨[ouvərsteitmənt] n.9⟩ *Übertreibung, übertreibende, betonte Ausdrucksweise;* Ggs. *Understatement*

Ovi|dukt ⟨m.1⟩ → *Eileiter* [< lat. *ovum* "Ei" und *ductus* "Gang"]

ovi|par ⟨Adj., o.Steig.⟩ *Eier legend;* Ggs. *vivipar* [< lat. *ovum* "Ei" und *parere* "gebären"]

Ovi|pa|rie ⟨f., -, nur Sg.⟩ *Fortpflanzung durch Eiablage* [zu *ovipar*]

Ovo|ge|ne|se ⟨f.11⟩ → *Oogenese* [< lat. *ovum* "Ei" und *Genese*]

ovo|id ⟨Adj., o.Steig.⟩ *eiförmig* [< lat. *ovum* "Ei" und *...oid*]

ovo|vi|vi|par ⟨Adj., o.Steig.⟩ *Eier mit mehr*

Ovulation

oder weniger entwickelten Embryonen legend [< lat. *ovum* „Ei" und *vivipar*]

Ovu|la|ti|on ⟨f.10⟩ →*Eisprung* [< neulat. *ovulum* „kleines Ei"]

Oxa|lat ⟨n.1⟩ *Salz der Oxalsäure*

Oxal|säu|re ⟨f., -, nur Sg.⟩ *einfachste Dicarbonsäure;* Syn. *Kleesäure* [< lat., griech. *oxalis* „Sauerampfer" (zu griech. *oxys* „scharf"), nach dem Vorkommen in Sauerampfer, Sauerklee u.a.]

Oxer ⟨m.5⟩ **1** *Zaun zwischen Viehweiden* **2** ⟨beim Springreiten⟩ *Hindernis aus zwei hintereinanderstehenden Barrieren, die ihrerseits aus waagerecht übereinanderliegenden Stangen bestehen* [engl., zu *ox* „Ochse"]

Ox|ford ⟨n.9⟩ *gestreifter oder karierter Baumwollhemdenstoff* [nach der südostengl. Stadt *Oxford*]

Oxid ⟨n.1⟩ *Verbindung eines Elementes mit Sauerstoff;* auch: ⟨†⟩ *Oxyd* [< frz. *oxyde*, zu griech. *oxys* „scharf"]

Oxi|da|ti|on ⟨f.10⟩ *Aufnahme von, Verbindung mit Sauerstoff* [zu *oxidieren*]

oxi|die|ren ⟨V.3, hat oxidiert⟩ **I** ⟨o.Obj.⟩ *Sauerstoff aufnehmen, sich mit Sauerstoff verbinden* **II** *eine chemische Verbindung o. einer chemischen Verbindung Sauerstoff zuführen;* Ggs. *reduzieren (2)* [< frz. *oxyder* in ders. Bed., < griech. *oxys* „scharf, sauer"]

Oxyd ⟨n.1; †⟩ →*Oxid*

Oxy|gen ⟨n., -s, nur Sg.⟩, **Oxy|ge|ni|um** ⟨n., -s, nur Sg.; †⟩ →*Sauerstoff* [< griech. *oxys* „scharf, sauer" und *gennan* „erzeugen"]

Oxy|mo|ron ⟨n., -s, -ra⟩ *Stilfigur, Verbindung zweier sich eigentlich ausschließender Begriffe, z.B. alter Knabe, beredtes Schweigen* [< griech. *oxys* „scharfsinnig, fein" und *moros* „stumpfsinnig, töricht, dumm", weil die Verbindung von zwei nicht zusammenpassenden Begriffen einerseits töricht, andererseits aber auch witzig bis sogar scharfsinnig ist, da mit ihr etwas Bestimmtes ausgedrückt werden soll]

Oxy|to|non ⟨n., -s, -na; im Griechischen⟩ *auf der Endsilbe betontes Wort* [< griech. *oxys* „scharf" und *tonos* „Ton, Klang"]

OZ ⟨Abk. für⟩ *Oktanzahl*

oz. ⟨Zeichen für⟩ *Ounce*

Oze|an ⟨m.1⟩ *zusammenhängende Wassermasse der Erde;* Syn. *Weltmeer* [< griech. *okeanos* „Weltmeer", nach antiker Auffassung „der die Erdscheibe umfließende Weltstrom", nach *Okeanos*, Vater von 3000 Söhnen (Flüssen, Bächen, Quellen)]

Oze|a|na|ri|um ⟨n., -s, -ri|en⟩ *großes Meerwasseraquarium* [< *Ozean* und lat. Suffix *...arium* „Behälter für etwas"]

Oze|an|damp|fer ⟨m.5; ugs.⟩ *(Dampf-)Schiff im Überseeverkehr*

Oze|a|ni|de ⟨f.11; griech. Myth.⟩ *Meernymphe;* auch: *Okeanide*

oze|a|nisch ⟨Adj., o.Steig.⟩ **1** *zum Ozean gehörig;* ~*es Klima* **2** *Ozeanien betreffend, zu ihm gehörig, aus ihm stammend;* ~*e Sprachen die melanesischen und polynesischen Sprachen*

Oze|a|ni|stik ⟨f., -, nur Sg.⟩ *Wiss. von den Sprachen und Kulturen der ozeanischen Völker*

Oze|a|no|gra|phie ⟨f., -, nur Sg.⟩, **Oze|a|no|lo|gie** ⟨f., -, nur Sg.⟩ *Wiss. vom Meer;* Syn. *Meereskunde* [< *Ozean* und *...graphie* bzw. *...logie*]

Oze|an|rie|se ⟨m.11; ugs.⟩ *großer Ozeandampfer*

Ozel|le ⟨f.11⟩ *Lichtsinnesorgan niederer Tiere* [< lat. *ocellus* „kleines Auge", zu *oculus* „Auge"]

Oze|lot ⟨m.9 oder m.1⟩ **1** *mittelgroße südamerikanische Wildkatze mit rötlichgelbem, schwarzgeflecktem Fell* **2** *deren Pelz* [< span. *ocelote* < Nahuatl *ocelotl* „Jaguar", die wörtliche Bedeutung ist nicht bekannt, doch wird der Name häufig in Zus. für „tapfer, stark" verwendet]

Ozo|ke|rit ⟨m., -s, nur Sg.⟩ *bräunlichgelbe, wachsartige Masse (als Bestandteil des Bitumens)* [< griech. *ozein* „riechen" und *keros* „Wachs"]

Ozon ⟨n., -s, nur Sg. oder m., -s, nur Sg.⟩ *unstabile, giftige Form des Sauerstoffs* [< griech. *ozein* „riechen", da es in starker Konzentration übel riecht]

ozo|ni|sie|ren ⟨V.3, hat ozonisiert; mit Akk.⟩ *mit Ozon behandeln, anreichern (zur Abtötung von Mikroorganismen)*

Ozo|no|sphä|re ⟨f., -, nur Sg.⟩ *ozonreiche Schicht der Erdatmosphäre (die die UV-Strahlung absorbiert)*

P

p 1 ⟨Abk. für⟩ *piano* 2 ⟨Abk. für⟩ *Penni, Penny* 3 ⟨Zeichen für⟩ *Piko...* 4 ⟨Zeichen für⟩ *Pond* 5 ⟨Zeichen für⟩ *Proton* 6 ⟨Abk. für⟩ *Punkt (II)*
P 1 ⟨abkürzendes Länderkennzeichen für⟩ *Portugal* 2 ⟨Zeichen für⟩ *Poise* 3 ⟨chem. Zeichen für⟩ *Phosphor*
p. 1 ⟨Abk. für⟩ *Pagina* 2 ⟨Abk. für⟩ *pinxit*
P. 1 ⟨Abk. für⟩ *Pastor* 2 ⟨Abk. für⟩ *Pater* 3 ⟨Abk. für⟩ *Papa (2)* 4 ⟨Börse; Abk. für⟩ *Papier (2)*
Pa ⟨Zeichen für⟩ *Protactinium*
pa. ⟨Abk. für⟩ *prima*
p. a. ⟨Abk. für⟩ *pro anno, per annum*
p. A. ⟨Abk. für⟩ *per Adresse*
Pä|an ⟨m.1⟩ 1 ⟨urspr.⟩ *altgriechischer feierlicher Dank-, Bitt- und Preisgesang an Apoll* 2 ⟨später⟩ *Kampf-, Siegeslied* [< griech. *paian* „Lob-, Danklied", zu Paian (Beiname Apolls) „Retter, Helfer"]
paar I ⟨unbestimmtes Pron., o.Dekl.⟩ 1 *ein p. mehrere, einige; ein p. Äpfel; alle p. Tage immer nach einigen Tagen; ein p. zwanzig* ⟨ugs.⟩ *einige über zwanzig; ein p. Hundert mehrere Hundert* 2 *die p.* ⟨ugs.⟩ *die wenigen; die p. Minuten kannst du schon noch warten; mit den p. Pfennigen komme ich nicht aus mit dem wenigen Geld* II ⟨Adj., o.Steig.; Biol.⟩ →*paarig*; Ggs. *unpaar*
Paar[1] ⟨n.1⟩ *zwei zusammengehörige Personen, Tiere oder Dinge; ein P. neue,* ⟨oder⟩ *neuer Socken; sie sind heute ein P. geworden sie haben heute geheiratet*
Paar[2] ⟨nur in der Wendung⟩ *zu ~en treiben in die Enge treiben, in die Flucht schlagen* [eigtl. „zu den baren treiben", < mhd. *ber* „Fischnetz", < lat. *pera* „Beutel"]
Paar|bil|dung ⟨f., -, nur Sg.⟩ 1 ⟨bei Tieren⟩ *Bildung von Paaren* 2 *Umwandlung von Energie in Materie in Form eines Paares von Elementarteilchen*; Ggs. *Paarvernichtung*
Paar|bin|dung ⟨f., -, nur Sg.; Verhaltenslehre⟩ *dauerndes Miteinanderleben in Einehe*
paa|ren ⟨V.1, hat gepaart⟩ I ⟨mit Akk.⟩ 1 *paarweise zur Begattung zusammenbringen (zur Zucht);* Hunde *p.; ein Pferd mit einer Eselstute p.* 2 ⟨übertr.⟩ *verbinden; er paart in seinem Stil Treffsicherheit mit Witz* II ⟨refl.⟩ *sich p.* 1 *einander begatten (bes. von Tieren, auch von Menschen)* 2 ⟨übertr.⟩ *eine Verbindung eingehen; bei ihr paart sich Anmut mit Geist; bei ihm ist Tatkraft mit Besonnenheit gepaart*
Paar|hu|fer ⟨m.5⟩ *Huftier, bei dem die 3. und 4. Zehe am stärksten entwickelt ist und die übrigen rückgebildet sind (z.B. Schwein, Schwielensohler, Wiederkäuer);* Syn. *Paarzeher;* Ggs. *Unpaarhufer*
paa|rig ⟨Adj., o.Steig.⟩ *in einem Paar, zu zweien, paarweise; auch: paar;* Ggs. *unpaarig; p. gefiederte Blätter*
Paar|lauf ⟨m.2; Eiskunstlauf, Rollkunstlauf⟩ *Wettbewerb für Paare*
paar|mal ⟨Adv.⟩ *einige wenige Male; etwas ein p. wiederholen*
Paar|reim ⟨m.1⟩ *Reim in zwei aufeinanderfolgenden Zeilen*
Paa|rung ⟨f.10⟩ 1 ⟨bei Tieren⟩ *Zusammengesellung zu einem Paar, das Sichpaaren, Begattung* 2 *Zusammenstellung zu einem Paar, sportliche P.*
Paar|ver|nich|tung ⟨f., -, nur Sg.⟩ *Zerstrahlung von Materie und Antimaterie;* Ggs. *Paarbildung (2)*

paar|wei|se ⟨Adv.⟩ *in Paaren; sich p. anstellen*
Paar|ze|her ⟨m.5⟩ →*Paarhufer*
Pace ⟨[peɪs] f., -, nur Sg.⟩ 1 *Gangart des Pferds, Schritt* 2 *Geschwindigkeit, in der ein Pferderennen gelaufen wird* [< engl. *pace* „Schritt, Gangart, Paßgang", < mengl., altfrz. *pas* „Schritt", < lat. *passus* „Schritt"]
Pa|cer ⟨[peɪsər] m.5⟩ *im Paßgang gehendes Pferd* [engl., zu *Pace*]
Pacht ⟨f.10⟩ 1 *Nutzung einer Sache gegen Entgelt; jmdm. ein Grundstück in P. geben; ein Grundstück in P. nehmen* 2 *Entgelt für die Pacht (1);* Syn. *Pachtzins;* P. *zahlen* 3 *Vertrag über eine Pacht (1); die P. läuft ab*
pach|ten ⟨V.2, hat gepachtet; mit Akk.⟩ *etwas p. Entgelt in Gebrauch nehmen, in Pacht übernehmen; ein Grundstück, ein Jagdrevier p.; er glaubt, er habe die Klugheit gepachtet* ⟨iron.⟩ *er hält sich für sehr klug*
Päch|ter ⟨m.5⟩ *jmd., der etwas gepachtet hat*
Pach|tung ⟨f., -, nur Sg.⟩ *das Pachten*
Pacht|ver|trag ⟨m.2⟩ *schriftliche Aufzeichnung der Vereinbarungen über eine Pacht (1)*
Pacht|zins ⟨m.12⟩ →*Pacht (2)*
Pa|chul|ke ⟨[-xul-] m.11⟩ *ungehobelter Mensch* [< tschech., poln. *pachołek* „Knecht, Lümmel, Flegel"]
Pa|chy|der|mie ⟨f.11⟩ →*Elefantiasis* [< griech. *pachys* „dick" und *derma* „Haut"]
Pack I ⟨m.1 oder m.2⟩ →*Packen* II ⟨n., -s, nur Sg.⟩ *moralisch niedrigstehende Menschen, Gesindel; rohes P.*
Package Tour ⟨[pækɪdʒ tuːr] f., -, - -s⟩ *von einem Reisebüro organisierte Pauschalreise im eigenen Auto* [< engl. *package* „Paket" und *tour* „(Rund-)Reise"]
Päck|chen ⟨n.7⟩ 1 *kleines Paket; ein P. Zigaretten; sein P. zu tragen haben* ⟨ugs.⟩ *seine Sorgen ertragen müssen* 2 *kleine Paketsendung mit einem bestimmten Höchstgewicht*
Pack|eis ⟨n., -es, nur Sg.⟩ *übereinandergeschobene Eisschollen*
packeln ⟨-k·k-; V.1, hat gepackelt; o.Obj.; österr.⟩ *heimlich etwas miteinander verabreden*
packen ⟨-k·k-; V.1, hat gepackt⟩ I ⟨mit Akk.⟩ 1 *etwas oder jmdn. p. kräftig (mit der Hand, mit dem Maul) anfassen, ergreifen; jmdn. am Arm p.; einen Hund am Nackenfell p.; einen Ast p. und sich daran hochziehen; der Hund packte den Dieb am Bein* 2 *etwas p.* a *etwas mit etwas schichtweise füllen; den Koffer p.; ein Paket p.; hast du den Schulranzen für morgen gepackt?; Möbel auf einen Wagen p.* b *etwas in ein Behältnis legen, schichten; seine Sachen p. seine Sachen für die Abreise in den Koffer tun; Bücher in ein Paket p.* c ⟨süddt., ugs.⟩ *fortsetzen, weiterführen;* ⟨nur in Wendungen wie⟩ *p. wir's wieder! machen wir weiter!; ich pack nimmer ich habe geglaubt, ich kann nicht mehr* 3 *jmdn. p.* a *hinlegen und fürsorglich einpacken; jmdn. ins Bett, auf die Couch p.* b *innerlich stark bewegen, ergreifen, fesseln; das Buch hat mich sehr gepackt; ein ~den Bericht; das packt einen ja das Grausen, wenn man das hört* II ⟨refl.⟩ *sich p.* ⟨derb⟩ *machen, daß man fortkommt; pack dich!; pack dich endlich!; 1*
Packen ⟨-k·k-; m.7⟩ *Gepacktes, Bündel; auch: Pack; ein P. Briefe, Bücher; ein P. Wäsche*
Packer ⟨-k·k-; m.5⟩ 1 *jmd., der gewerbsmä-*

ßig Waren verpackt 2 ⟨Jägerspr.⟩ *Hund, der auf das Packen von Sauen abgerichtet ist*
Pack|esel ⟨m.5⟩ 1 *als Lasttier benutzter Esel* 2 ⟨übertr.⟩ *jmd., dem man viele Lasten aufbürdet; ich bin doch nicht dein P.!; er ist nur der P. für die anderen*
Pack|la|ge ⟨f.11⟩ *Unterbau (einer Straße)*
Pack|lei|nen ⟨n., -s, nur Sg.⟩, **Pack|lein|wand** ⟨f., -, nur Sg.⟩ *Verpackungsmaterial in Leinwandbindung (aus Jute und Bast)*
Pack|pa|pier ⟨n., -(e)s, nur Sg.⟩ *festes Papier zum Verpacken*
Pack|pferd ⟨n.1⟩ *Pferd, das Lasten trägt*
Packung ⟨-k·k-; f.10⟩ 1 *verpackte Ware (Zigaretten~)* 2 *die Verpackung selbst (Leer~)* 3 ⟨Med.⟩ *große Abschnitte des Körpers bedeckende Umhüllung zu Heilzwecken (Fango~); heiße, feuchte P.* 4 *Dichte von Schaltelementen in einer Raumeinheit; elektronische P.* 5 ⟨ugs.; Sport⟩ *hohe Niederlage; eine P. bekommen*
Päd|ago|ge ⟨m.1⟩ 1 *Erzieher, Lehrer* 2 *jmd., der sich wissenschaftlich mit Pädagogik befaßt* [< griech. *paidagogos* „Erzieher, Leiter", eigtl. „Knabenführer", < *pais,* Gen. *paidos,* „Knabe", bes. „Schulknabe" und *agogos* „Führer, Weiser, Begleiter", zu *agein* „führen, leiten"]
Päd|ago|gik ⟨f., -, nur Sg.⟩ 1 *Erziehungswissenschaft* 2 *Kunst des Erziehens*
päd|ago|gisch ⟨Adj., o.Steig.⟩ *die Pädagogik betreffend, zu ihr gehörig, mit ihrer Hilfe, erzieherisch*
Pad|del ⟨n.5⟩ *frei zu führendes Ruder oder Doppelruder* [< engl. *paddle* in ders. Bed., < mengl. *padell,* „kleiner Spaten"]
Pad|del|boot ⟨n.1⟩ *mit einem Paddel bewegtes Boot (z. B. Faltboot, Kanu)*
pad|deln ⟨V.1, ist oder hat gepaddelt; o.Obj.⟩ 1 *mit dem Paddelboot fahren; wir sind,* ⟨oder⟩ *haben gestern zwei Stunden gepaddelt; wir sind bis ans Ufer gepaddelt; der Junge kann noch nicht schwimmen, er paddelt nur* 2 *sich im Wasser fortbewegen, indem man die Hände und Füße bewegt; der Hund ist vom Boot ans Ufer gepaddelt*
Padd|ler ⟨m.5⟩ *jmd., der paddelt (1)*
Pad|dock ⟨[pɛdɔk] m.9⟩ *Gehege, Laufgarten für Pferde* [engl., „eingefriedigtes Stück Wiese", zu mundartl. *parrock,* zu *parc* „Park"]
Pad|dy[1] ⟨[pædi] m., -, nur Sg.⟩ *ungeschälter Reis* [engl., < mal. *padi* in ders. Bed.]
Pad|dy[2] ⟨[pædi] m., -s, -dies; scherzh.⟩ *Ire, Irländer* [Koseform für *Patrick,* den Namen des irischen Nationalheiligen]
Pä|der|ast ⟨m.10⟩ *jmd., der Päderastie betreibt;* vgl. *Kinäde*
Pä|der|a|stie ⟨f., -, nur Sg.⟩ *geschlechtliche Beziehung zwischen Männern und Knaben;* Syn. *Knabenliebe* [< griech. *pais,* Gen. *paidos,* „Kind, Knabe" und *erastes* „Liebhaber", zu *erasthai* „lieben"]
Päd|ia|ter ⟨m.5⟩ *Facharzt für Pädiatrie, Kinderarzt*
Päd|ia|trie ⟨f., -, nur Sg.⟩ →*Kinderheilkunde* [< griech. *pais,* Gen. *paidos,* „Kind" und *iatreia* „Heilung, ärztliche Behandlung", →*Iatrik*]
Pa|di|schah ⟨m.9; früher⟩ *islamischer Fürst* [< pers. *pādšāh* „König", zu *pād* „Schützer" und *šāh* „König, Herrscher"]
Päd|odon|tie ⟨f., -, nur Sg.⟩ *Kinderzahnheilkunde* [< griech. *pais,* Gen. *paidos,* „Kind" und *odous,* Gen. *odontos,* „Zahn"]

Pä|do|ge|ne|se, Pä|do|ge|ne|sis ⟨f., -, nur Sg.⟩ *Fortpflanzung im Jugend-, Larvenstadium* [< griech. *pais*, Gen. *paidos*, „Kind" und *Genese*]

Pä|do|lo|gie ⟨f., -, nur Sg.; †⟩ *Kinder-, Jugendpsychologie* [eigtl. „Lehre vom Kind", < griech. *pais*, Gen. *paidos*, „Kind, Knabe" und *...logie*]

Pä|do|phi|lie ⟨f., -, nur Sg.⟩ *starke, gefühlsbetonte Neigung zu Kindern (meist einschließlich intimer körperlicher Kontakte)* [< griech. *pais*, Gen. *paidos*, „Kind" und *...philie*]

Pa|dre ⟨m.9; Anrede für⟩ *italienischer oder spanischer Ordenspriester* [< ital., span. *padre* „Vater"]

Pa|dro|na ⟨f., -, -ne; ital. Bez. für⟩ *Wirtin, Hausherrin*

Pa|dro|ne ⟨m., -s, -ni; ital. Bez. für⟩ *Wirt, Hausherr, Chef* [< ital. *padre* „Vater" und Vergrößerungsendung *...one*]

Pa|el|la ⟨[-ɛl]a] f.9⟩ *spanisches Gericht aus Reis mit Fleisch, Fisch oder Muscheln* [katalan., eigtl. „Metalltopf, Pfanne", zu lat. *patella* „kleine Pfanne"]

Pa|fe|se ⟨f.11, meist Pl.; bayr.-österr.⟩ *in Milch eingeweichte, in Fett gebackene Weißbrotscheibe;* auch: *Pofese* [< ital. *pavese* „überbackene Suppe aus Brühe mit gerösteten Brotscheiben und darübergeschlagenem rohem Ei", zu *pavese* „aus Pavia (in Oberitalien)"]

paf|fen ⟨V.1, hat gepafft⟩ **I** ⟨mit Akk.⟩ **1** *rauchen und große Wolken Rauch dabei ausstoßen;* behaglich seine Pfeife p. **2** *beim Rauchen ausstoßen;* er paffte große Wolken aus seiner Pfeife **II** ⟨o.Obj.; abwertend⟩ *rauchen, ohne zu inhalieren;* er pafft nur

pag. ⟨Abk. für⟩ *Pagina*

Pa|gaie ⟨f.11⟩ *Paddel mit nur einem Blatt (für den Kanadier)* [mal.]

Pa|ga|nis|mus ⟨m., -, -men⟩ **1** ⟨nur Sg.⟩ *Heidentum* **2** *heidnisches Element (im christlichen Brauchtum)* [zu lat. *paganus* „Heide", eigtl. „Zivilperson, Bauer, Landmann", zu *pagus* „Dorfgemeinschaft, Dorf"]

Pa|gat ⟨m.1; Tarock⟩ *Trumpfkarte*

Page ⟨[-ʒə] m.11⟩ **1** ⟨früher⟩ → *Edelknabe* **2** ⟨heute⟩ *livrierter junger Hoteldiener oder Bote* [frz., < ital. *paggio* „Edelknabe", vielleicht < griech. *pais*, Gen. *paidos*, „Knabe, Kind"]

Pa|gen|kopf ⟨[-ʒən-] m.2; veraltend⟩ → *Bubikopf*

Pa|gi|na ⟨f., -, -nae; †; Abk.: p., pag.⟩ *Buchseite, Seitenzahl* [lat.]

pa|gi|nie|ren ⟨V.3, hat paginiert; mit Akk.⟩ *mit Seitenzahlen versehen;* ein Manuskript p. [zu *Pagina*]

Pa|gi|nie|rung ⟨f.10⟩ **1** *das Paginieren* **2** *Gesamtheit der Seitenzahlen*

Pa|go|de I ⟨f.11; europ. Bez. für⟩ *(buddhistischer) Tempel in Indien und Ostasien* **II** ⟨m.11 oder f.11; falsche Bez. für⟩ *kleine, sitzende ostasiatische Götterfigur mit beweglichem Kopf* [Herkunft umstritten]

Pah|la|wi ⟨n., -(s), nur Sg.⟩ → *Pehlewi*

Pail|di|bett ⟨n.12; Wz.⟩ *Kinder-Gitterbett mit verstellbarem Boden*

paille ⟨[paj(ə)] Adj., o.Steig.; †⟩ *strohfarben, gelb* [frz.]

Pail|let|te ⟨[pajɛtə] f.11⟩ *kleines, rundes, aufnähbares Metallplättchen (für Abendkleider)* [frz., „Flitter, Körnchen, Blättchen", Verkleinerungsform von *paille* „Fleck, brüchige Stelle im Metall", eigtl. „Stroh, Spreu"]

Paint-in ⟨[peint-] n.9⟩ *Ausstellung, in der das Publikum selbst Bilder malen kann*

pair ⟨[pɛr] Adj., o.Steig.; o.Dekl.; Roulette⟩ *gerade;* Ggs. *impair* [frz., < lat. *par* „gleich"]

Pair ⟨[pɛr] m.9; früher in Frankreich⟩ *Mitglied des Hochadels*

Pai|rie ⟨[pɛ-] f., -, -rien⟩ *Pairswürde*

Pak ⟨f.9; Kurzw. für⟩ *Panzerabwehrkanone*

Pa|ket ⟨n.1⟩ **1** *etwas in Papier o.ä. Verpacktes* **2** *verschnürtes Bündel (Akten~)* **3** ⟨übertr.⟩ *mehrere zusammengehörige Pläne, Vorschläge u.ä.* [< frz. *paquet* „Bündel, Paket", < ndrl. *pak* „Bündel"]

pa|ke|tie|ren ⟨V.3, hat paketiert; mit Akk.⟩ *zum Paket verschnüren, verpacken;* Bücher, Waren p.

Pa|ke|tie|rung ⟨f., -, -en⟩

Pa|ki|sta|ni ⟨m.9⟩ *Einwohner von Pakistan*

Pakt ⟨m.1⟩ **1** *Bündnis, Vertrag* **2** *(heimliche) Vereinbarung* [< lat. *pactum* „Vertrag, Verabredung", zu *pacisci* „verabreden, übereinkommen"]

pak|tie|ren ⟨V.3, hat paktiert; o.Obj.⟩ **1** *einen Pakt abschließen* **2** ⟨übertr.⟩ *etwas im geheimen vereinbaren, gemeinsame Sache mit jmdm. machen;* mit jmdm. p.

Pa|lä|an|thro|po|lo|gie ⟨f., -, nur Sg.⟩ *Wissenschaft vom vorgeschichtlichen Menschen* [< *Paläo...* und *Anthropologie*]

Pa|lä|ark|tis ⟨f., -, nur Sg.⟩ *tier- und pflanzengeographischer Bereich, der Europa, Zentral- und Ostasien sowie Nordafrika umfaßt;* vgl. *Nearktis* [< *Paläo...* und *Arktis*]

pa|lä|ark|tisch ⟨Adj., o.Steig.⟩ *die Paläarktis betreffend, zu ihr gehörig, aus ihr stammend*

Pa|la|din ⟨m.1⟩ **1** ⟨urspr.⟩ *einer der zwölf Begleiter Karls des Großen* **2** ⟨danach⟩ *treuer Gefolgsmann* [< mhd. *palatin* „Held", < lat. *palatinus* „Diener im Kaiserpalast", zu *Palatium*, dem Namen eines der sieben Hügel Roms, auf dem der Kaiserpalast stand]

Pa|lais ⟨[-lɛ] n., -, -[lɛs], -[lɛs]⟩ *Palast, Schloß* [frz., altfrz. „großer, festlicher Raum, der für sich ein Gebäude ausmacht", < lat. *palatium*, → *Palast*]

Pa|lan|kin ⟨m.1 oder m.9⟩ *indische Sänfte* [< frz. *palanquin* < Sanskrit *palyaṅka* „Bett", eigtl. „Sitzen mit untergeschlagenen Beinen"]

pa|läo..., Pa|läo... ⟨in Zus.⟩ *alt..., Alt..., ur...* [< griech. *palaios* „alt"]

Pa|läo|bio|lo|gie ⟨f., -, nur Sg.⟩ *Geologie und Biologie verbindendes Forschungsgebiet, das ausgestorbene Organismen und ihre Lebensweise rekonstruiert*

Pa|läo|bo|ta|nik ⟨f., -, nur Sg.⟩ *Wiss. von den ausgestorbenen, versteinerten Pflanzen*

Pa|läo|geo|gra|phie ⟨f., -, nur Sg.⟩ *Wissenschaft von der geographischen Gestalt der Erde in vergangenen Erdzeitaltern*

Pa|läo|gra|phie ⟨f., -, nur Sg.⟩ *Wissenschaft von den Schriften und Schreibmaterialien des Altertums und des Mittelalters;* Syn. *Handschriftenkunde* [< *Paläo...* und *...graphie*]

Pa|läo|lith ⟨m.10⟩ *Steinwerkzeug des Paläolithikums* [< *Paläo...* und griech. *lithos* „Stein"]

Pa|läo|li|thi|ker ⟨m.5⟩ *Mensch des Paläolithikums*

Pa|läo|li|thi|kum ⟨n., -s, nur Sg.⟩ *älteste Kulturperiode der vorgeschichtlichen Menschheit;* Syn. *Altsteinzeit* [< *Paläo...* und griech. *lithos* „Stein"]

Pa|lä|on|to|lo|gie ⟨f., -, nur Sg.⟩ *Wissenschaft von den Tieren und Pflanzen vergangener Erdzeitalter* [< *Paläo...* und griech. *on*, Gen. *ontos*, „seiend" und *...logie*]

Pa|läo|tro|pis ⟨f., -, nur Sg.⟩ *pflanzengeographischer Bereich, der die Tropen der Alten Welt umfaßt* [< *Paläo...* und *Tropen*]

pa|läo|tro|pisch ⟨Adj., o.Steig.⟩ *die Paläotropis betreffend, zu ihr gehörig, aus ihr stammend*

Pa|läo|zän ⟨n., -s, nur Sg.⟩ *unterste Abteilung des Tertiärs* [< *Paläo...* und griech. *kainos* „neu", also „die älteste Abteilung des jüngsten (neuesten) Erdzeitalters"]

Pa|läo|zoi|kum ⟨n., -s, nur Sg.⟩ *Altertum der Erdgeschichte* [< *Paläo...* und griech. *zoon* „Lebewesen"]

Pa|läo|zoo|lo|gie ⟨f., -, nur Sg.⟩ *Wissenschaft von den in der geologischen Vergangenheit ausgestorbenen Tieren*

Pa|las ⟨m., -, -lasse⟩ *Hauptgebäude der mittelalterlichen Burg*

Pa|last ⟨m.2⟩ *Schloß, schloßartiges Gebäude* [< mhd. *palas* „großes Gebäude", < lat. *palatium* „Palast", bes. der Kaiserpalast auf dem Hügel *Palatium* in Rom]

Pa|lä|stra ⟨f., -, -stren; im alten Griechenland⟩ *Schule für Ringen, Fechten und Leibesübungen* [< griech. *palaistra* in ders. Bed., zu *palaiein* „ringen, kämpfen"]

Pa|last|re|vo|lu|ti|on ⟨f.10⟩ **1** *Empörung des Hofes gegen einen Herrscher oder Staatsmann* **2** ⟨scherzh.⟩ *Auflehnung, Aufruhr gegen den Chef, gegen Vorgesetzte*

pa|la|tal ⟨Adj., o.Steig.⟩ *zum Gaumen gehörend, am Gaumen gebildet, Gaumen...*

Pa|la|tal ⟨m.1⟩ *am vorderen Gaumen gebildeter Laut, g, k (vor e und i)* [< lat. *palatum* „Gaumen"]

pa|la|ta|li|sie|ren ⟨V.3, hat palatalisiert⟩ → *mouillieren*

Pa|la|tin ⟨m.1⟩ *Pfalzgraf* [< mhd. *palatin* „Held, Begleiter Karls des Großen", < mlat. *palatinus* „hoher weltlicher Würdenträger", < lat. *Palatini* (Pl.) „die kaiserlichen Palastdiener", d.h. die Diener im *Palatium*, → *Palast*]

Pa|la|ti|nat ⟨n.1⟩ *Pfalzgrafschaft*

pa|la|ti|nisch ⟨Adj., o.Steig.⟩ *pfalzgräflich*

Pa|la|tschin|ke ⟨f.11; meist Pl.⟩ *dünner, gefüllter Eierkuchen (Nuß~, Topfen~)* [< ungar. *palacsinta* in ders. Bed., < rumän. *placinta* „Kuchen", < lat. *placenta* „Kuchen"]

Pa|la|tum ⟨n., -s, -ta⟩ → *Gaumen* [lat.]

Pa|la|ver ⟨n.5⟩ **1** *(langes) Gespräch, Unterredung;* wir haben ein langes P. miteinander gehabt **2** *überflüssiges Gerede;* mach kein solches P.! [< port. *palavra* „Wort, Sprache", < kirchenlat. *parabola* „Gleichnis", < griech. *parabole*, → *Parabel*]

pa|la|vern ⟨V.3, hat palavert; o.Obj.⟩ **1** *endlos verhandeln* **2** *sich angeregt unterhalten*

Pa|laz|zo ⟨m., -s, -zi; ital. Bez. für⟩ *Palast, großes Wohnhaus in der Stadt*

Pa|le ⟨f.11; nddt.⟩ → *Schote*

pa|len ⟨V.1, hat gepalt; mit Akk.; nddt.⟩ *aus den Schoten lösen;* Erbsen p.

Pa|le|tot ⟨[-to] m.9; †⟩ *zweireihiger Herrenmantel* [< frz. *paletot* „weiter Überrock, Mantel", erster Wortteil < lat. *pallium* „Mantel, Hülle", Herkunft des zweiten Wortteils nicht bekannt]

Pa|let|te ⟨f.11⟩ **1** *runde Holz- oder Metallscheibe mit Loch für den Daumen zum Mischen der Farben beim Malen* **2** *Untersatz zum Stapeln für Versandgüter, die dadurch leichter gehoben und bewegt werden können* **3** ⟨übertr.⟩ *reiche Auswahl, großes Angebot* [< frz. *palette* „Farbenbrett, Schulterblatt", zu lat. *pala* „Schaufel, Spaten, Grabscheit, Schulterblatt"]

pa|let|tie|ren ⟨V.3, hat palettiert; mit Akk.⟩ *auf die Palette (2) stapeln und von da aus verladen*

Pa|li ⟨n., -(s), nur Sg.⟩ *mittelindische Sprache, religiöse Sprache auf Ceylon, in Birma und Thailand*

Pa|lim|psest ⟨n.1; Antike und Mittelalter⟩ *beschriebenes, abgeschabtes und wieder neu beschriebenes Pergament* [< griech. *palin* „wiederum, von neuem" und *psestos* „abgekratzt", zu *psen, psan* „reiben, streichen"]

Pa|lin|drom ⟨n.1⟩ *Wort oder Satz, das bzw. der vorwärts und rückwärts sinnvoll gelesen werden kann, z.B. Neger – Regen, Reittier* [< griech. *palin* „rückwärts" und *dromos* „Lauf, das Laufen"]

Pa|lin|ge|ne|se, Pa|lin|ge|ne|sie ⟨f.11⟩

Pa|lin|ge|ne|sis ⟨f., -, -ne|sen⟩ **1** ⟨Buddhismus u.a.⟩ *Wiedergeburt (durch Seelenwanderung)* **2** *Wiederholung von Entwicklungsstufen der Stammesgeschichte während der Embryonalentwicklung* **3** *Mischgesteinsbildung* beim nochmaligen Schmelzen und Emporsteigen von Eruptivgesteinen [< griech. *palin* „wiederum, von neuem" und *Genese*]

Pa|li|sa|de ⟨f.11⟩ **1** Befestigungspfahl **2** Hindernis aus Pfählen [< frz. *palissade* „Pfahlwerk, Hecke", zu *palisser* „Bäume an Pfählen oder Spalier befestigen", zu *pal* „Pfahl"]

Pa|li|san|der ⟨m.5⟩ sehr hartes, duftendes und schön gemasertes, südamerikanisches Edelholz [< span. *palisandro*, verderbt < kastellan. *palo santo* „heiliges Holz"]

Pal|la ⟨f., -, nur Sg.⟩ **1** ⟨im alten Rom⟩ weiter Frauenmantel **2** ⟨kath. Kirche⟩ Leinentuch über dem Meßkelch

Pal|la|di|um ⟨n., -s, -di|en⟩ **1** Kultbild der griechischen Göttin Pallas Athene **2** Schutzbild, schützendes Heiligtum [< lat. *palladium*, Bild der Göttin *Pallas* Athene] **3** ⟨nur Sg.; Zeichen: Pd⟩ chemisches Element, ein Metall [nach dem 1802 entdeckten Planetoiden *Pallas*]

Pal|lasch ⟨m.1⟩ schwerer Degen [< russ. *palasch* „Degen der schweren Reiter", < türk. *pala* „Krummschwert, Dolch"]

Pal|li|a|tiv ⟨n.1⟩, **Pal|li|a|ti|vum** ⟨n., -s, -va⟩ Mittel, das nur die Symptome einer Krankheit, nicht aber deren Ursache beseitigt [zu lat. *palliare* „verbergen", eigtl. „mit einem Mantel bedecken", zu *pallium* „Mantel"]

Pal|li|um ⟨n., -s, -li|en⟩ **1** ⟨im alten Rom⟩ mantelartiger Umhang **2** ⟨MA⟩ Mantel der Kaiser ⟨Krönungs~⟩ **3** ⟨kath. Kirche⟩ lange, weiße, mit Kreuzen verzierte Binde um Schultern, Brust und Rücken als Abzeichen der Päpste und Erzbischöfe **4** ⟨Biol.⟩ Großhirnrinde [< lat. *pallium* „Hülle, Bedeckung"]

Palm|a|rum ⟨o.Art.⟩ Sonntag vor Ostern; Syn. *Palmsonntag*; an, zu P.

Pal|me ⟨f.11⟩ (meist) hoher, schlanker Baum tropischer Küsten und Oasen mit einem Schopf riesiger Blätter an sonst unverzweigtem Stamm ⟨Dattel~, Kokos~⟩; die P. des Sieges ⟨übertr.⟩ der Siegespreis [im alten Rom wurde der Sieger mit einem Palmzweig geehrt]; jmdn. auf die P. bringen ⟨ugs.⟩ jmdn. in Zorn bringen; da war ich ganz oben auf der P. ⟨ugs.⟩ da war ich sehr wütend [< lat. *palma* „offene oder flache Hand", wegen der gefächerten Blätter mancher Arten, die einer ausgestreckten Hand ähneln]

Pal|men|dieb ⟨m.1⟩ tropischer Einsiedlerkrebs, der Kokospalmen erklettert und die Nüsse frißt

Pal|met|te ⟨f.11; Baukunst⟩ dem Palmenblatt ähnliche Verzierung

Palm|farn ⟨m.1⟩ palmenähnlicher, tropischer Nacktsamer

Pal|min ⟨n., -s, nur Sg.; Wz.⟩ aus der Kokosnuß gewonnenes Fett [zu *Palme*]

Pal|mi|tin ⟨n.1⟩ Fett der Palmitinsäure [< frz. *palmite* „Palmenmark"]

Pal|mi|tin|säu|re ⟨f., -, nur Sg.⟩ im Palmöl sowie in den meisten tierischen Fetten vorkommende Fettsäure

Palm|kätz|chen ⟨n.7⟩ → *Weidenkätzchen* [weil man sie zu Sträußen verwendet, die am *Palmsonntag* geweiht werden]

Palm|öl ⟨n., -(e)s, nur Sg.⟩ aus den Früchten der Ölpalme gewonnenes Öl

Palm|sonn|tag ⟨m.1⟩ → *Palmarum*

Palm|we|del ⟨m.5⟩ Blatt der Palme oder des Palmfarns

Palm|wein ⟨m.1⟩ alkoholisches Getränk, das aus zuckerhaltigen Teilen verschiedener Palmen gewonnen wird

Pa|lo|lo|wurm ⟨m.4⟩ eßbarer grüner Borstenwurm der Südsee [polynes.]

pal|pa|bel ⟨Adj., o.Steig.; Med.⟩ tastbar, fühlbar; eine palpable Geschwulst [zu *palpieren*]

Pal|pa|ti|on ⟨f.10⟩ Untersuchung durch Palpieren

Pal|pe ⟨f.11; bei Insekten⟩ fühlerartiger Anhang der Mundwerkzeuge; Syn. *Taster* [zu *palpieren*]

pal|pie|ren ⟨V.3, hat palpiert; mit Akk.; Med.⟩ tastend, klopfend untersuchen [< lat. *palpare* „sanft klopfen, streicheln", zu *palpus* „Striegel, Klopfer"]

Pal|pi|ta|ti|on ⟨f.10⟩ beschleunigter Pulsschlag, Herzklopfen [< lat. *palpitatio*, Gen. *-onis*, „häufige, schnelle Bewegung"]

pal|pi|tie|ren ⟨V.3, hat palpitiert; o.Obj.⟩ beschleunigt schlagen; sein Herz, Puls palpitiert [< lat. *palpitare* „zucken"]

PAL-Sy|stem ⟨n., -s, nur Sg.⟩ Fernseh-Übertragungssystem, das bei von Zeile zu Zeile wechselnder Phasenlage der Farbträger die Übertragungsfehler weitgehend kompensiert [Erstkurzwort < engl. *phase alternating line* „phasenverändernde Zeile"]

Pamp ⟨m., -s, nur Sg.; nddt.⟩ → *Pamps*

Pam|pa ⟨f.9⟩ südamerikanische Grassteppe [< Ketschua *pampa* „flaches Land, Fläche"]

Pam|pas|gras ⟨n.4⟩ silberweißes, mannshohes südamerikanisches Gras, Gartenzierpflanze

Pam|pe ⟨f., -, nur Sg.; mdt.⟩ **1** dicker Brei ⟨Eier~⟩ **2** Schlamm, nasser Sand

Pam|pel|mu|se ⟨f.11⟩ **1** kleiner Baum mit länglich ovalen Blättern **2** dessen große, gelbe, dickschalige Frucht, Zitrusfrucht [< ndrl. *pompelmoes*, zu *pompel* „dicker, runder Gegenstand" und *limoes* „Zitrone"; das Wort stammt nicht, wie oft vermutet, < Tamil *pampalimasu*, sondern dieses aus dem Niederländischen]

Pam|pe|ro ⟨m.9⟩ kalter Südsturm in Argentinien und Uruguay [span. „der aus der Pampa (Kommende)"]

Pampf ⟨m., -(e)s, nur Sg.⟩ → *Pamps*

Pam|phlet ⟨n.1⟩ Streit-, Schmähschrift [über engl. *pamphlet* „kleine, ungebundene Abhandlung, Broschüre" < altengl. *pamflet*, weitere Herkunft unsicher]

Pam|phle|tist ⟨m.10⟩ Verfasser eines Pamphlets

pam|pig ⟨Adj.⟩ **1** breiig **2** ⟨übertr., ugs.⟩ derb-frech, unverschämt

Pamps ⟨m., -es, nur Sg.⟩ dicker Brei, dick zusammengekochtes Essen; auch: *Pamp*, *Pampf*

Pam|pu|sche ⟨f.11⟩ → *Babusche*

Pan ⟨m., -, -ni; poln. Anrede⟩ Herr

pan..., **Pan...** ⟨in Zus.⟩ alles umfassend, all..., All..., gesamt... [< griech. *pan* „all, gesamt"]

Pa|na|ché [-ʃe] ⟨n.9⟩ → *Panaschee*

Pa|na|de ⟨f.11⟩ **1** Mischung aus Weißbrot und Ei (für Füllungen und Suppeneinlagen) **2** Semmelbrösel (mit Ei und Mehl vermischt) zum Panieren [< frz. *panade* < ital. *panata* „Brotsuppe", zu *pane* < lat. *panis* „Brot"]

Pa|na|ma ⟨m.9⟩ **1** ein poröses Gewebe für Sporthemden, Sportanzüge u.a. **2** Strohhut mit breiter Krempe [nach dem Staat *Panama* in Mittelamerika]

pan|ame|ri|ka|nisch ⟨Adj., o.Steig.⟩ auf dem Panamerikanismus beruhend, ganz Amerika betreffend

Pan|ame|ri|ka|nis|mus ⟨m., -, nur Sg.⟩ Bestrebung zur Zusammenarbeit aller amerikanischen Staaten

Pa|na|me|se ⟨m.11⟩ Einwohner von Panama, ⟨heute meist⟩ *Panamaer*

Pan|ara|bis|mus ⟨m., -, nur Sg.⟩ Bestrebung zur politischen Vereinigung aller arabischen Staaten

Pa|na|ri|ti|um ⟨n., -s, nur Sg.⟩ → *Fingerentzündung* [< lat. *panaricium*, Krankheit am Fingernagel, wahrscheinlich < *paronychium*, griech. *paronychion* „Niednagel", < griech. *para* „neben" und *onyx*, Gen. *onychos*, „Nagel, Kralle, Klaue"]

Pa|nasch ⟨m.1⟩ Federbusch, Helmzier [< frz. *panache* in ders. Bed., < ital. *pennacchio* „Federbusch", < lat. *pinnaculum* „kleiner Flügel", Verkleinerungsform von *pinna*, *penna* „Feder, Schwungfeder"]

Pa|na|schee ⟨n.9; veraltend⟩ auch: *Panaché* **1** gemischtes Kompott oder Eis **2** gemischtes Getränk [< frz. *panaché* „bunt gestreift, gefleckt; gemischt"]

pa|na|schie|ren ⟨V.3, hat panaschiert⟩ **I** ⟨mit Akk.⟩ buntstreifig mustern **II** ⟨o.Obj.⟩ mehrere Kandidaten verschiedener Parteien zugleich wählen [< frz. *panacher* „buntstreifig mustern", auch „mischen", zu *panache* „farbiger Streifen", → *Panasch*]

Pa|na|schie|rung ⟨f.10⟩, **Pa|na|schü|re** ⟨f.11⟩ Weißfleckigkeit (von Blättern) infolge Mangels an Blattgrün [zu *Panaschee*]

pan|chro|ma|tisch ⟨[-kro-] Adj., o.Steig.⟩ für alle Farben gleich empfindlich; ~er Film [< *pan...* und griech. *chroma*, Gen. *chromatos*, „Farbe"]

Pan|da ⟨m.9⟩ **1** weiß-schwarzer Kleinbär der Hochgebirge Szetschuans; Großer P. **2** rot-schwarzer Kleinbär mit weißen Gesichtspartien, die er auch in der lichten Himalajaregion bewohnt; Kleiner P. [vermutlich aus dem Nepalesischen]

Pan|dai|mo|ni|on, **Pan|dä|mo|ni|um** ⟨n., -s, -ni|en⟩ Versammlungsort aller bösen Geister, aller Dämonen [< *Pan...* und griech. *daimonion*, *daimon* „Gottheit, göttliches Wesen"]

Pan|dek|ten ⟨Pl.⟩ Sammlung altrömischer Rechtsgrundsätze als Grundlage für das *Corpus Iuris Civilis* [< griech. *pandektes* „alles enthaltend", eigtl. „alles in Empfang genommen habend"; < *pan* „alles" und *dektes* „Empfänger", zu *dekesthai*, *dechesthai* „in Empfang nehmen, auf-, annehmen"]

Pan|de|mie ⟨f.11⟩ Epidemie von großem Ausmaß [< griech. *pandemios* „das ganze Volk umfassend, allgemein", < *pan* „all, gesamt" und *demos* „Volk, Land, Gebiet"]

Pan|dit ⟨m.1; ind. Titel für⟩ Gelehrter [< Sanskrit *pandita-* „gelehrt, lebensklug"]

Pan|dscha|bi **I** ⟨m., -(s), -(s)⟩ Einwohner des Pandschabs **II** ⟨n., -(s), nur Sg.⟩ im Pandschab gesprochene neuindische Sprache

Pan|dur ⟨m.10⟩ **1** (früher) bewaffneter ungarischer Diener **2** ⟨17./18.Jh.⟩ ungarischer Fußsoldat [< ungar. *pandúr* „türkischer Infanterist" sowie „Büttel; Räuber; Gerichtsdiener", weitere Herkunft nicht bekannt]

Pa|neel ⟨n.1⟩ **1** Holztäfelung **2** einzelnes Feld der Täfelung [< ndrl. *paneel* „Täfelung, Sattelkissen", eigtl. „Holz oder Tuch in einem Rahmen", < mlat. *pannellus*, *panellus* „Tuch(stück)", < lat. *pannus* „Tuchstück"]

pa|nee|lie|ren ⟨V.3, hat paneeliert; mit Akk.⟩ mit Paneel versehen, täfeln

Pan|egy|ri|ker ⟨m.5⟩ Verfasser eines Panegyrikos, Lobredner

Pan|egy|ri|kos ⟨m., -, -koi⟩, **Pan|egy|ri|kus** ⟨m., -, -ken⟩ Fest-, Lobrede [< griech. *panegyrikos* „festlich, zum Festvolk gehörig; Festrede, Lobrede", zu *panegyris* „Versammlung des ganzen Volkes, Volksfest", < *pan* „all, gesamt" und *agyris* „Versammlung"]

pan|egy|risch ⟨Adj.⟩ lobhudelnd, schmeichelnd

Pa|nel ⟨[pɛnl] n.9⟩ **1** ⟨Sozial-, Meinungsforschung⟩ für eine bestimmte Aufgabe ausgewählte Gruppe (z.B. Diskussionsrunde) **2** isolierter, typographisch umgrenzter Teil eines Werbemittels [engl., „Gruppe von (in einer Liste erfaßten) Personen, Ausschuß; vertieftes viereckiges Feld in einer Einfassung", → *Paneel*]

pa|nem et cir|cen|ses ⟨[-tsɪrtsɛnse:s]⟩ Brot und (Zirkus-)Spiele (Forderung der römischen Bevölkerung in der Zeit des wirtschaftlichen Verfalls während der Kaiserzeit) [lat.]

Pan|en|the|is|mus ⟨m., -, nur Sg.⟩ Lehre, daß das Weltall in Gott eingeschlossen sei; vgl. *Pantheismus* [< *Pan...* und griech. *en* „in, darin" und *theos* „Gott"]

pan|en|the|is|tisch ⟨Adj., o.Steig.⟩ *auf dem Panentheismus beruhend, in der Art des Panentheismus*

Pan|flö|te ⟨f.11⟩ *antike Hirtenflöte aus fünf bis sieben nebeneinanderliegenden Pfeifen ohne Grifflöcher* [nach dem griech. Hirtengott Pan, der in der Kunst meist mit einer solchen Flöte dargestellt wird]

Pan|ger|ma|nis|mus ⟨m., -, nur Sg.; früher⟩ *Bestrebung, alle Deutschen in einem Staat zu vereinigen*

Pan|has ⟨m., -, nur Sg.⟩ *westfälisches Gericht aus gehacktem Fleisch und Buchweizenmehl, in der Pfanne gebraten* [⟨westfäl. *Pannharst*, gesprochen meist *Pannhas*, < mnddt. *pannharst* in ders. Bed., < *panne* „Pfanne" und *harst* „Rost" sowie „auf dem Rost gebratenes Fleisch"]

Pan|hel|le|nis|mus ⟨m., -, nur Sg.; früher⟩ *Bestrebung, alle Griechen in einem Staat zu vereinigen*

Pa|ni 1 ⟨Pl. von⟩ *Pan* **2** ⟨f., -, -; poln. Anrede⟩ *Frau, Herrin*

Pa|nier¹ ⟨n.1⟩ **1** ⟨†⟩ *Banner* **2** *Wahlspruch* [hier sind wahrscheinlich zwei Bedeutungen zusammengefallen: mhd. *paner, panner, panier* < altfrz. *baniere* „Fahne, Banner" und frz. *banir* „ankündigen, ausrufen", zu *ban* „Bekanntmachung, Aufruf zum Kriegsdienst"]

Pa|nier² ⟨f., -, nur Sg.; österr.⟩ *Mischung zum Panieren*

pa|nie|ren ⟨V.3, hat paniert; mit Akk.⟩ *in einer Mischung aus Ei und Mehl oder geriebener Semmel wälzen; paniertes Schnitzel* [< frz. *paner* „mit geriebenem Brot bestreuen", zu lat. *panis* „Brot"]

Pa|nik ⟨f.10⟩ *plötzliches, die Vernunft ausschaltendes Erschrecken, allgemeine Verwirrung* (bes. bei Menschenansammlungen) [zu griech. *panikos* „von Pan herrührend", nach *Pan*, dem griech. Gott der Hirten und Herden, der durch sein plötzliches Erscheinen oft Schrecken auslöste]

pa|nisch ⟨Adj., o.Steig.⟩ *alles, das ganze Innere erfüllend, alle ergreifend, sinnlos, wild;* ~e *Angst;* ~es *Entsetzen* [zu *Panik*]

Pan|is|la|mis|mus ⟨m., -, nur Sg.⟩ *Bestrebung, alle islamischen Völker zu vereinigen*

Pan|je ⟨m.9; scherzh. oder abwertend⟩ *russischer Bauer* [zu *Pan*]

Pan|je|pferd ⟨n.12⟩ *kleines, robustes, genügsames Arbeitspferd in Osteuropa* (bes. in der UdSSR)

Pan|je|wa|gen ⟨m.7⟩ *von einem Pferd gezogener kleiner Wagen*

Pan|kar|di|tis ⟨f.-, -ti|den⟩ *Herzentzündung* [< *Pan*... und griech. *kardia* „Herz" und ...*itis*]

Pan|kra|ti|on ⟨f., -s, nur Sg.⟩ *im alten Griechenland) Verbindung von Faust- und Ringkampf nach großzügigen Regeln* [< griech. *pankration*, eigtl. „Allkampf, Gesamtkampf", < *pan* „all, gesamt" und *kratos* „Kraft"]

Pan|kre|as ⟨f., -, -krea|ten⟩ → *Bauchspeicheldrüse* [< *Pan*... und griech. *kreas* „Fleisch", wegen ihrer fleischigen Beschaffenheit]

Pan|lo|gis|mus ⟨m., -, nur Sg.⟩ *Lehre, daß das ganze Weltall von logischer, vernünftiger Natur sei* [< *Pan*... und griech. *logos* „Vernunft, Denkvermögen"]

Pan|mi|xie ⟨f.11⟩ *wahllose Vermischung von Erbanlagen bei unbehinderter Kreuzung von Tieren oder Pflanzen einer Population* [< *Pan*... und griech. *mixis, meixis* „Mischung, Vermischung"]

Pan|ne ⟨f.11⟩ **1** *Schaden* (am Fahrzeug) (Reifen~, Auto~) **2** *Betriebsstörung; eine technische P. legte den Rost lahm* **3** *Fehler, Mißgeschick*

Pan|nen|dienst ⟨m.1⟩ *(bei Autopannen) Hilfsdienst*

Pan|op|ti|kum ⟨n., -s, -ken⟩ *Wachsfigurenkabinett, Kuriositätenkabinett* [< *Pan*... und griech. *optikon* „zum Sehen gehörig", zu *ops* „Auge"]

Pan|ora|ma ⟨n., -s, -men⟩ **1** *Rundblick, Ausblick* **2** *Rundgemälde* **3** *Rundbild (als hinterer Abschluß der Bühne zur Vortäuschung einer Landschaft)* [in England gebildete Zus. < griech. *pan* „all, gesamt" und *horama* „Anblick, Schauspiel", zu *horan* „sehen"]

Pan|ora|ma|auf|nah|me ⟨f.11⟩ *aus mehreren genau aneinanderpassenden fotografischen Aufnahmen zusammengesetzte Aufnahme*

pan|ora|mie|ren ⟨V.3, hat panoramiert; o.Obj.; Film⟩ *durch langsames Schwenken der Kamera eine weite Landschaft vor Augen führen*

Pan|psy|chis|mus ⟨m., -, nur Sg.⟩ *Lehre, daß die gesamte Natur, auch die unbelebte, beseelt sei* [< *Pan*... und griech. *psyche* „Seele"]

pan|schen ⟨V.1, hat gepanscht⟩ **I** ⟨mit Akk.⟩ *mit Wasser mischen (und dadurch verfälschen); Wein, Milch p.* **II** ⟨o.Obj.⟩ *(mit Wasser, im Wasser) spielen; die Kinder p. im Wasser, p. mit Wasser*

Pan|scher ⟨m.5⟩ *jmd., der Wein, Milch panscht*

Pan|sen ⟨m.7⟩ *erster Magen der Wiederkäuer;* Syn. ⟨beim Schalenwild⟩ *Weidsack* [< mhd. *panze* „Magen, Wanst", < lat. *pantex*, Gen. *panticis*, „Wanst"]

Pan|se|xu|a|lis|mus ⟨m., -, nur Sg.⟩ *abwertende Bez. für die) Psychologie Freuds, der alle Triebkräfte auf die Sexualität zurückführte*

Pan|sla|wis|mus ⟨m., -, nur Sg.⟩ *Bestrebung, alle slawischen Völker zu vereinigen*

Pan|sla|wist ⟨m.10⟩ *Anhänger, Vertreter des Panslawismus*

pan|sla|wi|stisch ⟨Adj., o.Steig.⟩ *auf dem Panslawismus beruhend*

Pan|so|phie ⟨f., -, nur Sg.⟩ **1** *Gesamt-, Allweisheit* **2** ⟨bes. im 16./17.Jh.⟩ *Versuch, alle Wissenschaften und die Religion zu vereinigen* [< *Pan*... und griech. *sophia* „Wissenschaft, Weisheit"]

Pan|ta|lo|ne ⟨m., -s, -ni⟩ *Figur der Commedia dell'arte, komischer Alter* [nach dem heiligen Pantaleon, dem sich die Venezianer besonders verbunden fühlten und auf dessen Namen sie häufig getauft waren; da der Pantalone immer in venezian. Tracht auftrat (lange, rote Strumpfhose, schwarzer Mantel und Pantoffeln), ging der Name auf ihn über]

Pan|ta|lons ⟨[pãtalɔ̃s] Pl.⟩ *während der Französischen Revolution in Mode gekommene lange Hose* [nach dem *Pantalone*, zu dessen Kostüm lange Hosen gehörten]

pan|ta rhei (angeblicher Ausspruch Heraklits) *alles Sein beruht auf ständigem Werden und Vergehen* [griech., „alles fließt"]

Pan|the|is|mus ⟨m., -, nur Sg.⟩ *Lehre, daß Gott überall in der Natur sei, daß Gott und die Welt eine Einheit seien;* vgl. *Panentheismus* [< *Pan*... und griech. *theos* „Gott"]

pan|the|is|tisch ⟨Adj., o.Steig.⟩ *auf dem Pantheismus beruhend, in der Art des Pantheismus*

Pan|the|on ⟨n.9⟩ **1** ⟨Antike⟩ *Tempel für alle Götter* **2** *Gesamtheit aller Götter eines Volkes* **3** *Ehrentempel* [< *Pan*... und griech. *theos* „Gott"]

Pan|ther ⟨m.5; bes. als Bez. für schwarze Tiere⟩ → *Leopard* [schon griech. *panther* Fremdwort, Ursprung nicht bekannt]

Pan|ther|pilz ⟨m.1⟩ *giftiger Wulstling mit eckigen, weißen Schuppen auf dem erdbraunen Hut*

Pan|ti|ne ⟨f.11, meist Pl.⟩ *Holzpantoffel* [ältere Form *Patin* (mit frz. Aussprache), < frz. *patin* „Holzschuh, Überschuh", zu *patte* „Pfote, Tatze"]

Pan|tof|fel ⟨m.14, meist Pl.⟩ *Hausschuh ohne Ferse; unter dem P. stehen* ⟨ugs., scherzh.⟩ *zu Hause nichts zu sagen haben, unter dem Regiment der Ehefrau stehen* [< ital. *pantofola* „Hausschuh", sizilian. *pantofala* „Hausschuh; dünne Dachplatte", wahrscheinlich < mittelgriech. *pantophellos* „Vollkork, Ganzkork", < griech. *panto*... „ganz" und *phellos* „Kork"]

Pan|tof|fel|blu|me ⟨f.11⟩ *Rachenblütler, dessen Blüten Pantoffeln ähneln, Zierpflanze;* Syn. *Froschgoscherl, Kalzeolarie*

Pan|tof|fel|held ⟨m.10; ugs., scherzh.⟩ *Ehemann, der zu Hause nichts zu sagen hat*

Pan|tof|fel|ki|no ⟨n.9; ugs., scherzh.⟩ *Fernsehen (zu Hause)* [weil man die Pantoffeln, das heißt bequeme Kleidung, anbehalten kann, sich nicht umzuziehen braucht]

Pan|tof|fel|tier|chen ⟨n.7⟩ *Einzeller in Form eines rundlichen Filzpantoffels*

Pan|to|graph ⟨m.10⟩ → *Storchschnabel* (2) [< griech. *pan*, Gen. *pantos*, „all, gesamt" und ...*graph*]

Pan|to|gra|phie ⟨f.11⟩ *mit dem Pantographen hergestellte Zeichnung*

Pan|to|kra|tor ⟨m., -s, nur Sg.⟩ *Allesbeherrscher* (Bezeichnung für Gott und den auferstandenen Christus sowie für den thronenden Christus in der Kunst) [< griech. *pantokrator*, eigtl. „Alleinherrscher", < *pan*, Gen. *pantos*, „all, gesamt" und -*krator* (in Zus.) „Herrscher", zu *kratein* „herrschen"]

Pan|to|let|te ⟨f.11⟩ *leichter Sommerschuh ohne Fersenteil*

Pan|to|me|ter ⟨n.5⟩ *Gerät zum Messen von Längen und Winkeln* [< griech. *pan*, Gen. *pantos*, „all, gesamt" und ...*meter*]

Pan|to|mi|me I ⟨f.11⟩ *Darstellung von Szenen ohne Worte, nur mit Gebärden, Mienenspiel und Bewegungen* **II** ⟨m.11⟩ *Künstler, der Pantomimen darstellt* [< griech. *pan*, Gen. *pantos*, „all, gesamt" und *mimos* „Schauspieler, Darsteller"]

Pan|to|mi|mik ⟨f., -, nur Sg.⟩ *Kunst der Pantomime, Gebärden- und Mienenspiel*

pan|to|mi|misch ⟨Adj., o.Steig.⟩ *in der Art einer Pantomime; einen Vorgang p. darstellen, schildern*

Pan|to|pha|ge ⟨m.11⟩ → *Allesfresser* [< griech. *pan*, Gen. *pantos*, „all, gesamt" und ...*phage*]

Pan|try ⟨[pɛn-] f.9; auf Schiffen und in Flugzeugen⟩ *Speisekammer, Anrichteraum* [engl., < mlat. *panetarium* „Behälter für Brot", zu *panis* „Brot"]

Pant|schen-La|ma ⟨m., -(s), -s⟩ *zweites Oberhaupt des Lamaismus nach dem Dalai-Lama* [tibet.]

Pän|ul|ti|ma ⟨f., -, -mä oder -men⟩ *vorletzte Silbe (eines Wortes)* [< lat. *paenultimus* „vorletzter", < *paene* „beinahe, fast" und *ultimus* „der letzte, am weitesten entfernte"]

Pan|zer ⟨m.5⟩ **1** ⟨früher⟩ *feste Hülle zum Schutz des Körpers beim Kampf* (Leder~, Metall~); *er umgibt sich mit einem P.* ⟨übertr.⟩ *er ist verschlossen, er teilt seine Gedanken und Empfindungen nicht mit* **2** *gepanzertes, geländegängiges Räder- oder Ketten-Kampffahrzeug* (Jagd~, Späh~) **3** ⟨bei Tieren⟩ *feste äußere Körperbegrenzung* (Chitin~, Knochen~) [< mhd. *panzer*, < mlat. *panzerium* „Panzer(hemd)", < lat. *pantex*, Gen. *panticis*, „Wanst"]

Pan|zer|ab|wehr|ka|no|ne ⟨f.11; Kurzw.: *Pak*⟩ *motorisiertes Geschütz mit hoher Feuergeschwindigkeit*

Pan|zer|ech|se ⟨f.[-ek-]f.11⟩ → *Krokodil*

Pan|zer|faust ⟨f.2; im 2.Weltkrieg⟩ *Handfeuerwaffe der Infanterie zur Nahbekämpfung von Panzern*

Pan|zer|glas ⟨n.4⟩ *schußsicheres Glas*

Pan|zer|hemd ⟨n.12; MA⟩ *Panzer (1) aus kleinen Einzelteilen, Schuppenpanzer, Kettenpanzer*

Pan|zer|kreu|zer ⟨m.5; früher⟩ *kleines, schwächer als ein Schlachtschiff gepanzertes Kriegsschiff*

pan|zern ⟨V.1, hat gepanzert⟩ **I** ⟨mit Akk.⟩ **1** *mit Panzerplatten verkleiden;* ein Fahrzeug, Schiff p. **2** ⟨übertr., poet.⟩ *mit einem Panzer (1) umgeben;* sein Herz p. **II** ⟨refl.⟩ **1** *sich p.* ⟨früher⟩ *einen Panzer (1) anlegen; gepanzerte Krieger* **2** *sich gegen etwas p.* ⟨übertr.⟩ *sich hart gegen etwas machen; sich gegen jmds. Vorwürfe p.*

Pan|zer|plat|te ⟨f.11⟩ *Platte aus Stahl oder Eisen zum Verkleiden von Kriegsschiffen, Kampffahrzeugen u.a.*

Pan|zer|schrank ⟨m.2⟩ → *Geldschrank*

Pan|ze|rung ⟨f., -, nur Sg.⟩ **1** *das Panzern (I,1)* **2** *Gesamtheit der schützenden Panzerplatten*

Pä|o|nie ⟨[-njə] f.11⟩ *Pfingstrose* [< griech. *paionios* ,,heilend, rettend, schützend", abgeleitet von dem Namen des griech. Heilgottes, *Paion* oder *Paian*]

p. a p. ⟨Abk. für⟩ *poco a poco*

Pa|pa I ⟨[pa-] m., -(s), nur Sg.⟩ **1** ⟨in der kath. Kirche Bez. für⟩ *Papst* **2** ⟨Abk.: P.; in der Ostkirche Titel für⟩ *höherer Geistlicher* **II** ⟨[papa] m.9; ugs.⟩ *Vater* [< lat. *papa* ,,Bischof", urspr. Lallwort der Kinderspr. für ,,Vater"]

Pa|pa|bi|le ⟨[-le:] m., -s, -li⟩ *Kardinal, der Aussicht hat, zum Papst gewählt zu werden* [< ital. *papabile* ,,zum Papst wählbar"]

Pa|pa|gal|lo ⟨m., -s, -s oder -li; in Mittelmeerländern⟩ *einheimischer, zu Liebesabenteuern mit Touristinnen aufgelegter junger Mann* [ital., ,,Papagei", übertr., jmd., der etwas nachplappert, ohne es zu verstehen"; dann ,,jmd., der andere nachäfft", dann ,,junger Mann, der Frauen auf der Straße anspricht oder belästigt"]

Pa|pa|gei ⟨m.12⟩ *bunter, tropischer Vogel mit kräftigen, zum Halten der Nahrung geeigneten Füßen und starkem, gebogenem Oberschnabel (z.B. Ara, Sittich, Kakadu)* [vermutlich aus einer Sprache Westafrikas]

Pa|pa|gei|en|krank|heit ⟨f., -, nur Sg.⟩ *bei Papageien auftretende, auf Menschen übertragbare, gefährliche Viruskrankheit;* Syn. Psittakose

Pa|pa|gei|fisch ⟨m.1⟩ *Korallenfisch mit schnabelähnlichem Oberkiefer*

Pa|pa|gei|tau|cher ⟨m.10 oder m.12⟩ *nordatlantischer Alk mit buntem Oberschnabel* [der Schnabel ähnelt dem des *Papageis*]

pa|pal ⟨Adj., o.Steig.⟩ *päpstlich* [zu *Papa (I)*]

Pa|pa|lis|mus ⟨m., -, nur Sg.⟩, **Pa|pal|sys|tem** ⟨n., -s, nur Sg.⟩ *kirchliches System, in dem der Papst die oberste Gewalt ausübt;* Ggs. Episkopalismus [zu *papal*]

Pa|pas ⟨m., -, -; Ostkirche⟩ *Weltgeistlicher*

Pa|pat ⟨m.1 oder n.1⟩ *Amt, Würde des Papstes* [zu *Papa (I)*]

Pa|pa|ve|rin ⟨n., -s, nur Sg.⟩ *im Opium enthaltenes Alkaloid (als krampflösendes, blutdrucksenkendes und Schlafmittel verwendet)* [< lat. *papaver* ,,Mohn"]

Pa|pa|ya ⟨f.9⟩ **1** *immergrüner Melonenbaum Westindiens* **2** *dessen melonenähnliche, orangegelbe Frucht mit vielen schwärzlichen Kernen im Innern* [karibisch]

Pa|pel ⟨f.11⟩ *entzündliche Hauterhebung, Bläschen, Knötchen* [< lat. *papula* ,,Bläschen", zu idg. **pap-* ,,schwellen"]

Pa|per|back ⟨[peɪpɐbæk] n.9⟩ *kartoniertes Buch;* Ggs. Hardcover [engl., ,,Buch in Papiereinband", < *paper* ,,Papier" und *back* ,,Rücken"; bei diesen Büchern besteht auch der Rücken aus Papier, nicht nur die Einbanddeckel (wie bei Halbleinen- und häufig Halblederbänden)]

Pa|pe|te|rie ⟨f.11; schweiz.⟩ *Schreibwarenhandlung* [frz., zu *papier* ,,Papier"]

Pa|pier ⟨n.1⟩ **1** *Material zum Beschreiben, Bedrucken, Verpacken;* ein Blatt P.; eine Rolle P.; etwas in P. einwickeln; P. ist geduldig ⟨ugs.⟩ *man kann viel schreiben und drukken (ohne Rücksicht darauf, ob es wahr, richtig ist)* **2** ⟨Abk.: P.; Börse⟩ *Wertpapier;* ~e kaufen; sein Geld in ~en anlegen; festverzinsliche ~e **3** *Schriftstück (Entwurf, Vertrag u.ä.);* ein P. unterzeichnen **4** ⟨Pl.⟩ ~e *Ausweise;* er hatte keine ~e bei sich [< lat. *papyrus*, griech. *papyros* ,,Schreibstoff aus den Fasern der Papyrusstaude", → *Papyrus*]

Pa|pier|deutsch ⟨n., -(s), nur Sg.⟩ *unlebendige, trockene Ausdrucksweise*

pa|pie|ren ⟨Adj., o.Steig.⟩ **1** *aus Papier, wie Papier* **2** ⟨übertr.⟩ *langweilig, trocken, unlebendig;* ~er Stil

Pa|pier|geld ⟨n., -(e)s, nur Sg.⟩ *aus Papier bestehendes Geld, Banknoten*

Pa|pier|korb ⟨m.2⟩ *Behälter für Papierabfälle*

Pa|pier|krieg ⟨m., -(e)s, nur Sg.; ugs.⟩ *zuviel Briefwechsel, Ausfüllen zu vieler Formulare*

Pa|pier|ma|ché ⟨[-ʃe:] n.9⟩ *formbare Masse aus feuchtem Papier, Leim u.a.;* auch: *Pappmaché* [< frz. *papier mâché* ,,zerkautes Papier", zu *mâcher* ,,(zer)kauen"]

Pa|pier|ti|ger ⟨m.5; ugs.⟩ *Person oder Sache, die gefährlich oder mächtig erscheint, es aber in Wirklichkeit nicht ist*

Pa|pier|wäh|rung ⟨f.10⟩ *Währung, bei der hauptsächlich Banknoten im Umlauf sind*

pa|pil|lar ⟨Adj., o.Steig.⟩ *warzenartig* [zu *Papille*]

Pa|pil|lar|li|nie ⟨f.11⟩ *feine, lineare Hauterhebung der Handflächen (bes. der Fingerkuppen) und Fußsohlen*

Pa|pil|le ⟨f.11⟩ *warzenförmige Hauterhebung* [< lat. *papilla* ,,Brustwarze, Zitze", zu *papula* ,,Bläschen"]

Pa|pil|lom ⟨n.1⟩ *warzenartige Geschwulst* [zu *Papille*]

Pa|pil|lon ⟨[-pijɔ̃] m.9⟩ **1** *einfarbiger oder gefleckter Zwergspaniel* [< frz. *papillon* ,,Schmetterling", < lat. *papilio* ,,Schmetterling", wegen der Form der Ohren, die an Schmetterlingsflügel erinnern] **2** *weicher, geschmeidiger Kleiderstoff*

Pa|pil|lo|te ⟨[papijɔt] auch [papilɔtə] f.11⟩ *dünner Lockenwickler aus Papier;* neu: papilotes [ã papijɔt] *Zubereitung (von Fleisch, Fisch) in Folie* [frz., ,,Lockenwickler", zu *papillon* ,,Schmetterling", lat. *papilio* ,,Schmetterling", wegen der Form; die Übertragung auf die in Folie zubereitete Speise in Anlehnung an *papier* ,,Papier"]

Pa|pi|ros|sa ⟨f., -, -sy⟩ *russische Zigarette mit langem, hohlem Pappmundstück* [russ., zu *Papyrus*]

Pa|pis|mus ⟨m., -, nur Sg.⟩ **1** *Papsttum* **2** *engherzige Papsttreue*

Pa|pist ⟨m.10; abwertend⟩ *Anhänger des Papsttums*

pa|pis|tisch ⟨Adj., o.Steig.; abwertend⟩ *sehr papsttreu*

Papp ⟨m., -(e)s, nur Sg.; ugs.⟩ *dickliche Masse, schmierig-klebriger Stoff*

Pap|pa|ta|ci|fie|ber ⟨[-tʃi-] n., -s, nur Sg.⟩ → *Dreitagefieber (2)* [zu ital. *pappataci* ,,Stechmücke", < *pappare* ,,fressen" und *tacere* ,,schweigen", wegen des lautlosen Flugs der Mücke]

Papp|band ⟨m.2⟩ *in Pappdeckel eingebundenes Buch*

Papp|deckel ⟨-k|k-; m.5⟩ *ein Stück Pappe;* auch: *Pappendeckel*

Pap|pe ⟨f.11⟩ *durch Zusammenpressen mehrerer Faserfilzbahnen erzeugtes, steifes Material*

Pap|pel ⟨f.11⟩ *schlanker, schnell wachsender Laubbaum, oft mit langgestielten Blättern und schmaler Krone (Pyramiden~, Schwarz~)* [umgedeutet < lat. *populus* ,,Pappel" und in Zusammenhang gebracht mit *pappeln* ,,schwatzen", da die Zitterpappel beim geringsten Luftzug raschelnd die Blätter bewegt]

Pap|pel|bock ⟨m.2⟩ *graugelber Bockkäfer, dessen Larve in Pappelholz lebt;* Syn. Holzbock, Sägebock

päp|peln ⟨V.1, hat gepäppelt; mit Akk.; ugs.⟩ **1** *sorgsam und liebevoll füttern, ernähren,* ⟨meist⟩ *aufpäppeln, hochpäppeln;* ein krankes Tier, einen Kranken p. **2** *zu sorgsam, ängstlich ernähren (und dadurch verweichlichen);* ein Kind p.

pap|pen ⟨V.1, hat gepappt⟩ **I** ⟨o.Obj.⟩ *kleben, haftenbleiben;* das Etikett pappt jetzt, pappt nicht; der Schnee pappt **II** ⟨mit Akk.; ugs.⟩ *etwas an, auf etwas p. etwas an, auf etwas kleben;* eine Marke auf den Brief p.; ein Schildchen ans Auto p.

Pap|pen|deckel ⟨-k|k-, m.5⟩ → *Pappdeckel*

Pap|pen|hei|mer ⟨m.5⟩ *Angehöriger eines Reiterregiments unter Wallenstein;* meist in der Wendung: ich kenne meine P.! ich kenne diese Leute, ich weiß Bescheid

Pap|pen|stiel ⟨m.1; übertr., ugs.⟩ *etwas Wertloses, Geringfügigkeit;* das ist schließlich kein P.!; etwas für einen P. hergeben *etwas für wenig Geld hergeben*

pap|pig ⟨Adj.⟩ **1** *klebrig;* ~e Finger **2** *formlos, breiig;* ~es Gemüse; ~er Reis

Papp|ma|ché ⟨[-ʃe:] n.9⟩ → *Papiermaché*

Papp|schnee ⟨m., -s, nur Sg.⟩ *nasser, klebender Schnee*

Pap|pus ⟨m., -, - oder -pus|se⟩ *Haarkrone der Korbblütlerfrüchte* [< griech. *pappos* ,,Großvater", nach der Ähnlichkeit mit einem weißen Haarschopf]

Pa|pri|ka ⟨m.1⟩ **1** *krautiges, weiß blühendes Nachtschattengewächs* **2** *dessen (grüne bis rote) Beerenfrucht;* Syn. Paprikaschote **3** ⟨nur Sg.⟩ *aus den gemahlenen roten Früchten gewonnenes Gewürz* [< russ. *paprika* in ders. Bed., weitere Herkunft nicht geklärt]

Pa|pri|ka|scho|te ⟨f.11⟩ → *Paprika (2)*

Papst ⟨m.2⟩ *Oberhaupt der kath. Kirche und Bischof von Rom* [< lat. *papa* ,,Bischof", → *Papa (I)*]

päpst|lich ⟨Adj.⟩ **1** *den Papst betreffend, dem Papst gehörend;* die ~en Gemächer **2** *vom Papst ausgehend;* ~e Bulle **3** *dem Papst treu ergeben;* p. gesinnt

Papst|tum ⟨n., -s, nur Sg.⟩ *Amt, Herrschaft des Papstes*

Pa|pua ⟨m., -(s), -(s)⟩ *Eingeborener von Neuguinea*

Pa|py|ri ⟨Pl. von⟩ *Papyrus*

Pa|py|rin ⟨n.1⟩ *Pergamentpapier*

Pa|py|ro|lo|gie ⟨f., -, nur Sg.⟩ *Wissenschaft von den Papyri* [< *Papyrus* und ...*logie*]

Pa|py|rus ⟨m., -, -ri⟩ **1** *in der Antike verwendetes, aus der Papyrusstaude gewonnenes Schreibblatt* **2** *Schriftstück daraus* [< griech. *papyros* ,,aus der Papyruspflanze hergestelltes Papier", wahrscheinlich < altägypt. *pa per-aa* ,,das königliche (Schreibmaterial)" oder ,,das (Schreibmaterial) des Königs", < *pa* ,,das, das ..." und *per-aa* ,,König, Pharao"; nach dem Schreibstoff wurde dann die Pflanze benannt]

Pa|py|rus|stau|de ⟨f.11⟩ *tropisch-afrikanisches Riedgras, dessen Stengelmark den Grundstoff für Papyrus bildet*

Pa|ra ⟨m., -s, -⟩ **1** ⟨18./19.Jh.⟩ *kleinste türkische Währungseinheit,* 1/40 Piaster **2** ⟨20.Jh.⟩ *kleinste jugoslawische Währungseinheit,* 1/100 Dinar

Pa|ra|bel ⟨f.11⟩ **1** ⟨Math.⟩ *ebene, symmetrische, ins Unendliche laufende, offene Kurve* **2** *lehrhafte Erzählung, Gleichnis* [< griech. *parabole* ,,Nebeneinanderstellung; Gleichnis, Beispiel", zu *paraballein* ,,neben etwas werfen, an die Seite stellen, vergleichen"]

Pa|ra|bio|se ⟨f.11⟩ *Zusammenleben zweier miteinander verwachsener Lebewesen* [< griech. *para* ,,bei, neben" und *bios* ,,Leben"]

pa|ra|bo|lisch ⟨Adj., o.Steig.⟩ *in der Art einer Parabel, gleichnishaft*

pa|ra|bo|li|sie|ren ⟨V.3, hat parabolisiert; mit Akk.⟩ *in der Art einer Parabel darstellen*

Pa|ra|bo|lo|id ⟨n.1⟩ **1** *durch Rotation einer Parabel entstehender Körper* **2** *parabolisch gekrümmte Fläche* [< *Parabel* und *...oid*]

Pa|ra|de ⟨f.11⟩ **1** *(prunkvoller) Vorbeimarsch (von Truppen), Aufzug der Wache* (Truppen~, Wach~) [frz., zu *parer* „schmücken, vorbereiten, zurechtmachen"] **2** ⟨Sport⟩ *Abwehr (eines Angriffs);* jmdm. in die P. fahren ⟨übertr., ugs.⟩ *jmdm. energisch entgegentreten, energisch widersprechen* [frz., zu *parer* „ablenken, abwehren", < ital. *parare*, span. *parar* „ablenken, abwehren"] **3** ⟨Reiten⟩ *Verkürzen der Gangart oder Anhalten des Pferdes* [frz., < span. *parada* „Aufenthalt, Stillstand", zu *parar* „anhalten, festhalten", in allen Bedeutungen < lat. *parare* „Vorkehrungen treffen"]

Pa|ra|deis ⟨n.1; †, poet.⟩ *Paradies*

Pa|ra|dei|ser ⟨m.5; österr.⟩ →*Tomate* [< *Paradiesapfel*]

Pa|ra|deis|mark ⟨n., -s, nur Sg.; österr.⟩ →*Tomatenmark*

Pa|ra|de|marsch ⟨m.2⟩ *Marsch im Tempo, Rhythmus des Paradeschritts*

Pa|ra|den|ti|tis ⟨f., -, -ti|ti|den⟩ →*Parodontitis* [< griech. *para* „neben, bei" und lat. *dens*, Gen. *dentis*, „Zahn"]

Pa|ra|den|to|se ⟨f.11⟩ →*Parodontose*

Pa|ra|de|schritt ⟨m., -(e)s, nur Sg.⟩ →*Stechschritt*

Pa|ra|de|stück ⟨n.1⟩ *Gegenstand, mit dem man jmdm. imponieren kann;* diese alte Goldmünze ist das P. seiner Sammlung

pa|ra|die|ren ⟨V.3, hat paradiert; o.Obj.⟩ **1** *in einer Parade vorbeimarschieren* **2** *an einem günstigen Platz auffällig aufgestellt sein;* auf dem Wandbrett p. ein paar wertvolle Porzellanteller **3** mit etwas p. *mit etwas prunken;* er paradiert gern mit seinen Kenntnissen

Pa|ra|dies ⟨n.1⟩ **1** ⟨nur Sg.⟩ *Garten Gottes, Garten Eden, Himmel* **2** ⟨in der altchristl. Basilika⟩ *Vorhof mit Brunnen* **3** ⟨übertr.⟩ *Ort der Glückseligkeit, besonders schöner Ort* [< griech. *paradeisos* „eingefriedigter Park, Tierpark, Garten der Seligen", < altpers. *pairidaēza* „Garten, umzäuntes Landstück", < *pairi* „rundum" und *daēza* „Mauer"]

Pa|ra|dies|ap|fel ⟨m.6⟩ **1** *Zwergapfel* **2** ⟨landsch.⟩ *Tomate* [eigtl. Bez. für eine besonders schöne, rotbackige Apfelsorte; der Name ging dann auf die aus Südamerika eingeführte Tomate über, die man wegen ihrer leuchtenden Farbe mit der schönen, verbotenen Frucht des Paradieses verglich]

pa|ra|die|sisch ⟨Adj.⟩ **1** *sehr schön, himmlisch, wunderbar;* ~e Ruhe **2** ⟨als Adv.⟩ *sehr, überaus;* sich wohl fühlen

Pa|ra|dies|vo|gel ⟨m.6⟩ *(in vielen Arten bes. in Neuguinea vorkommender, etwa taubengroßer) Waldvogel mit leuchtend gefärbten Schmuckfedern beim Männchen*

Pa|ra|dig|ma ⟨n., -s, -men oder -ma|ta⟩ **1** *Muster, Beispiel, Grundannahme, Erklärungsmodell* **2** ⟨Sprachw.⟩ *Flexionsmuster* [< griech. *paradeigma* „Beispiel, Muster", < *para* „neben" und *deiknynai* „zeigen, begreiflich machen"]

pa|ra|dig|ma|tisch ⟨Adj.⟩ *musterhaft, beispielhaft*

Pa|ra|dor ⟨m.1; in Spanien⟩ *(meist in historischen Gebäuden eingerichtetes) staatliches Luxushotel besonders für Touristen* [span., „Gasthaus, Wirtshaus", zu *parar* „anhalten, zu einem Aufenthalt"]

pa|ra|dox ⟨Adj., -er, am paradoxesten⟩ *widersinnig, widersprüchlich* [< griech. *paradoxos* „unerwartet, unglaublich, sonderbar", *paradoxon* „Seltenheit, Ausnahme", < *para* „daneben, neben ... vorbei, dagegen, wider" und *doxa* „Meinung, Ansicht, Vorstellung"]

Pa|ra|dox ⟨n.1⟩ →*Paradoxon*

Pa|ra|do|xie ⟨f.11⟩ *Widersinnigkeit, Widersprüchlichkeit*

Pa|ra|do|xon ⟨n., -s, -xa⟩ *widersinnige Folgerung oder Äußerung, die dem gesunden Menschenverstand zuwiderläuft;* auch: *Paradox*

Par|af|fin ⟨n.1⟩ **1** *Gemisch gesättigter Kohlenwasserstoffe;* Syn. Grenzkohlenwasserstoff **2** ⟨Pl.⟩ *~e homologe Reihe der gesättigten Kohlenwasserstoffe* [< lat. *parum* „wenig" und *affinis* „teilnehmend, beteiligt", da die Paraffine sehr reaktionsträge sind]

Pa|ra|ge|ne|se ⟨f.11⟩ *gemeinsames Vorkommen bestimmter Mineralien auf einer Lagerstätte* [< griech. *para* „neben" und *Genese*]

Pa|ra|ge|stein ⟨n.1⟩ *durch Umwandlung aus einem Sediment gebildetes Gestein;* Ggs. Orthogestein [< griech. *para* „neben" und *Gestein*]

Pa|ra|gramm ⟨n.1⟩ *Veränderung von Buchstaben, um ein Wortspiel zu bilden* [< griech. *para* „neben, daneben" und *...gramm*]

Pa|ra|graph ⟨m.10; Zeichen: §, Pl. §§⟩ *Abschnitt, Absatz (in Texten)* [< spätlat. *paragraphus* „Zeichen für einen Absatz", < griech. *paragraphos gramme* „daneben (d.h. auf den Rand von Schriftrollen) geschriebenes Zeichen", < *para* „neben, daneben" und *graphein* „schreiben"]

Pa|ra|gra|phen|rei|ter ⟨m.5⟩ *jmd., der sich sklavisch an die Vorschriften hält*

Pa|ra|gra|phie ⟨f., -, nur Sg.⟩ *Störung der Schreibfähigkeit, Verwechslung von Buchstaben oder Wörtern* [< griech. *para* „gegen" und *...graphie*]

Pa|ra|ki|ne|se ⟨f.11⟩ *Störung im koordinierten Bewegungsablauf* [< griech. *para* „neben" und *kinesis* „Bewegung"]

Pa|ra|kla|se ⟨f.11; Geol.⟩ *durch Verwerfung entstandene Spalte* [< griech. *para* „neben" und *klasis* „das Zerbrechen"]

Pa|ra|klet ⟨m.10 oder m.1⟩ *Helfer, Fürsprecher vor Gott (bes. der Heilige Geist)* [< griech. *parakletos*, „Verteidiger, Fürsprecher", zu *paraklesis* „das Herbeirufen", < *para* „in die Nähe, zu ... hin" und *kalein* „rufen"]

Pa|ra|li|po|me|non ⟨n., -s, -me|na⟩ *Ergänzung, Nachtrag (zu einem literarischen Werk)* [griech., eigtl. „Beiseitegelassenes", < *para* „neben" und *leipein* „lassen, übriglassen"]

par|al|lak|tisch ⟨Adj., o.Steig.⟩ *auf Parallaxe beruhend*

Par|al|la|xe ⟨f.11⟩ **1** *Winkel zwischen zwei Sehstrahlen, der entsteht, wenn ein Punkt von zwei verschiedenen Punkten auf einer Geraden betrachtet wird* **2** ⟨Fot.⟩ *Unterschied zwischen dem Bildausschnitt im Sucher und dem, der dann auf dem Film erscheint* [< griech. *parallaxis*, „Wechsel, Hinundherbewegung", < *para* „neben, daneben" und *allos* „anders"]

Par|al|la|xen|se|kun|de ⟨f.11; Zeichen: pc; Kurzw.: Parsec, Parsek⟩ *Maßeinheit für die Entfernung zwischen Sternen, etwa 3,25 Lichtjahre*

par|al|lel ⟨Adj., o.Steig.⟩ **1** *in gleichbleibendem Abstand nebeneinander (verlaufend);* ~e Linien; die Straßen laufen p. **2** ⟨übertr.⟩ *einander entsprechend und gleichzeitig;* ~e Entwicklungen, Vorgänge [< griech. *parallelos* „nebeneinanderstehend, gleichlaufend", < *para* „neben" und *allelon* „einander, gegenseitig", zu *allos* „ein anderer, der andere"]

Par|al|le|le ⟨f.11⟩ **1** *Gerade, die mit einer anderen Geraden in gleichbleibendem Abstand verläuft* **2** ⟨übertr.⟩ *etwas Ähnliches, ähnlicher Fall, ähnliches Ereignis*

Par|al|lel|epi|ped ⟨n.1⟩, **Par|al|lel|epi|pe|don** ⟨n., -s, -da oder -pe|den⟩ *von drei Paaren paralleler Ebenen begrenzter Körper;* Syn. Parallelflach [< *parallel* und griech. *epi* „auf" und *pedon* „Ebene, Boden"]

Par|al|lel|flach ⟨n.1⟩ →*Parallelepiped(on)*

par|al|le|li|sie|ren ⟨V.3, hat parallelisiert; mit Akk.⟩ *(vergleichend) nebeneinanderstellen*

Par|al|le|lis|mus ⟨m., -, -men⟩ **1** *Übereinstimmung, Ähnlichkeit* **2** *gleicher Bau (von Sätzen oder Satzteilen)*

Par|al|le|li|tät ⟨f., -, nur Sg.⟩ *das Parallelsein, parallele Beschaffenheit;* die P. von Linien, von Abläufen

Par|al|lel|kreis ⟨m.1⟩ →*Breitenkreis*

Par|al|le|lo|gramm ⟨n.1⟩ *Viereck mit zwei Paar paralleler Seiten* [< *parallel* und *...gramm*]

Par|al|lel|pro|jek|ti|on ⟨f.10⟩ *Darstellung eines räumlichen Gebildes auf einer Ebene durch parallele Strahlen*

par|al|lel|schal|ten ⟨V.2, hat parallelgeschaltet; mit Akk.⟩ *durch eine Parallelschaltung verbinden;* Syn. nebeneinanderschalten

Par|al|lel|schal|tung ⟨f.10⟩ *Verbindung der Aus- und Eingänge zweier Schaltelemente*

Par|al|lel|ton|art ⟨f.11⟩ *Tonart mit dem gleichen Vorzeichen, z.B. C-Dur gegenüber a-Moll*

par|al|lel|ver|wandt ⟨Adj., o.Steig.⟩ →*affin*

Par|al|lel|ver|wandt|schaft ⟨f., -, nur Sg.⟩ →*Affinität*

Pa|ra|lo|gie ⟨f.11⟩ **1** *Vernunftwidrigkeit* **2** *krankhaftes Vertauschen von Wörtern und Begriffen* [< griech. *para* „gegen" und *...logie*]

Pa|ra|lo|gis|mus ⟨m., -, -men⟩ *Fehlschluß* [< griech. *para* „neben" und *logos* „Behauptung, Ausspruch, Satz"]

Pa|ra|lo|gi|stik ⟨f., -, nur Sg.⟩ *Anwendung von Trugschlüssen*

Pa|ra|ly|se ⟨f.11⟩ **1** *völlige Lähmung;* progressive P. **2** *Gehirnerweichung (im Spätstadium der Syphilis)* [< griech. *paralysis* „Lähmung der Glieder an einer Körperseite", < *para* „neben, zur Seite" und *lysis* „Lösung, Erschlaffung"]

pa|ra|ly|sie|ren ⟨V.3, hat paralysiert; mit Akk.⟩ **1** *lähmen;* Gliedmaßen p.; er war vor Schreck wie paralysiert **2** *unwirksam machen, lahmlegen;* Bestrebungen, Bemühungen p.

Pa|ra|ly|ti|ker ⟨m.5⟩ *jmd., der an Paralyse erkrankt ist*

pa|ra|ly|tisch ⟨Adj., o.Steig.⟩ *zur Paralyse gehörig, an ihr leidend*

Pa|ra|ment ⟨n.1, meist Pl.⟩ *Stoffgegenstand (Fahne, Decke) für gottesdienstliche Zwecke* [< lat. *paratum* „das Bereitstehende, Gerüstete", zu *parare* „vorbereiten, Vorkehrungen treffen, zurüsten", und Infix *...men...* zur Bez. des Mittels, Werkzeugs, also eigtl. „Mittel zur Vorbereitung des Gottesdienstes"]

Pa|ra|me|ter ⟨m.5⟩ ⟨Math.⟩ *Hilfsgröße bei Berechnungen, die entweder konstant gelassen wird oder sich innerhalb bestimmter Werte ändern kann* **2** ⟨Tech.⟩ *Annahme von bestimmten Bedingungen beim theoretischen Durchspielen von Betriebsabläufen u.ä.* [< griech. *para* „neben, bei" und *...meter*]

pa|ra|mi|li|tä|risch ⟨Adj., o.Steig.⟩ *halbmilitärisch, dem Militär ähnlich* [< griech. *para* „neben, daneben" und *militärisch*]

Par|äne|se ⟨f.11⟩ **1** *Ermahnung* **2** *Nutzanwendung am Schluß einer Rede oder Predigt* [< griech. *parainesis* „Ermahnung, Warnung, Lehre", < *para* „gegen, nur zum Teil" und *ainein* „loben"]

par|äne|tisch ⟨Adj., o.Steig.⟩ *wie eine Paränese, mahnend*

Pa|ra|noia ⟨f., -, nur Sg.⟩ *mit festen Wahnvorstellungen verbundene seelische Störung* [< griech. *paranoia* „Wahnsinn", < *para* „daneben, vorbei" und *noein* „denken"]

pa|ra|no|id ⟨Adj., o.Steig.⟩ *an Paranoia leidend*

Pa|ra|noi|ker ⟨m.5⟩ jmd., der an Paranoia leidet

Pa|ra|nuß ⟨f.2⟩ dreikantiger, harter Samen des Paranußbaums; Syn. Brasilnuß [nach der brasilan. Hafenstadt Pará]

Pa|ra|pha|sie ⟨f.11⟩ Sprachstörung mit Verwechslung von Buchstaben, Silben, Wörtern [< griech. para „daneben, vorbei" und phasis „Aussage, Äußerung"]

Pa|ra|phe ⟨f.11⟩ Namenszug, Stempel mit dem Namenszug; Syn. Handzeichen [frz. „Schnörkel, verschlungener Namenszug", zu paragraphe, → Paragraph]

pa|ra|phie|ren ⟨V.3, hat paraphiert; mit Akk.⟩ unterzeichnen [zu Paraphe]

Pa|ra|phra|se ⟨f.11⟩ 1 verdeutlichende Umschreibung (eines Textes, Sachverhalts) 2 freie Übertragung 3 ⟨Mus.⟩ Verzierung (einer Melodie) [< griech. paraphrasis in denselben Bed., < para „neben" und phrasis „Ausdruck, Ausdrucksweise"]

pa|ra|phra|sie|ren ⟨V.3, hat paraphrasiert; mit Akk.⟩ 1 mit anderen Worten ausdrücken, umschreiben; einen Ausdruck p. 2 mit einer Paraphrase (2) verzieren; eine Melodie p.

pa|ra|phra|stisch ⟨Adj., o.Steig.⟩ in der Art einer Paraphrase

Pa|ra|phre|nie ⟨f.11⟩ Form der Schizophrenie [< griech. para „neben" und dem zweiten Teil von Schizophrenie]

Pa|ra|pla|sie ⟨f.11⟩ → Mißbildung [< griech. para „daneben, vorbei" und plasis „Gebilde, Gestalt"]

Pa|ra|ple|gie ⟨f.11⟩ Lähmung zweier symmetrischer Gliedmaßen, doppelseitige Lähmung [< griech. para „neben, zur Seite" und plege „Schlag, Hieb"]

Pa|ra|pluie ⟨[-ply] m.9 oder n.9; †⟩ Regenschirm [frz., nach dem Muster von Parasol < para... „Schutz vor, gegen" (zu parer „abwehren, hindern") und pluie „Regen"]

Pa|ra|psy|cho|lo|gie ⟨f.11⟩ Teilgebiet der Psychologie, das sich mit den außersinnlichen (okkulten) Erscheinungen befaßt [< griech. para „neben, daneben" und Psychologie]

Pa|ra|sit ⟨m.10⟩ Syn. Schmarotzer 1 Lebewesen, daß sich auf Kosten anderer ernährt 2 ⟨übertr.⟩ jmd., der sich auf Kosten anderer ernährt [< griech. parasitos „jmd., der mitißt, Schmarotzer", zu parasitein „bei oder mit jmdm. essen", < para „neben, daneben" und sitos „Speise, Nahrung"]

pa|ra|si|tär, pa|ra|si|tisch ⟨Adj., o.Steig.⟩ in der Art eines Parasiten

Pa|ra|si|tis|mus ⟨m., -, nur Sg.⟩ Leben eines Schmarotzers; Syn. Schmarotzertum

Pa|ra|si|to|lo|gie ⟨f., nur Sg.⟩ Wissenschaft von den Parasiten (1) (bes. den Krankheitserregern)

Pa|ra|sol ⟨m.9; †⟩ Sonnenschirm [frz., < ital. parasole in ders. Bed., eigtl. para il sole „halte die Sonne ab", < parare „abwehren" und sole „Sonne"]

Pa|ra|sol|pilz ⟨m.1⟩ → Schirmling

Par|äs|the|sie ⟨f.11⟩ unangenehme, anomale Körperempfindung (z.B. Kribbeln) [< griech. para „neben" und aisthesis „Wahrnehmung, Sinneseindruck, Empfindung"]

Pa|ra|sym|pa|thi|kus ⟨m., -, nur Sg.⟩ dem Sympathikus entgegengesetzt wirkender Teil des Nervensystems [< griech. para „neben" und Sympathikus]

pa|rat ⟨Adj., o.Steig.⟩ bereit, gebrauchsfertig; eine Antwort p. haben [< lat. paratus „bereit, gerüstet", zu parare „zurüsten, Vorkehrungen treffen"]

pa|ra|tak|tisch ⟨Adj., o.Steig.⟩ in der Art einer Parataxe, nebenordnend; Ggs. hypotaktisch

Pa|ra|ta|xe, Pa|ra|ta|xis ⟨f., -, -xen⟩ Nebenordnung, Nebeneinander (von Sätzen oder Satzteilen); Ggs. Hypotaxe [< griech. parataxis „Schlachtordnung, Aufstellung nebeneinander", < para „neben" und taxis „Ordnung"]

Pa|ra|ty|phus ⟨m., -, nur Sg.⟩ dem Typhus ähnliche, aber leichter verlaufende Infektionskrankheit [< griech. para „neben" und Typhus]

Pa|ra|vent ⟨[-vã] m.9⟩ Wand-, Ofenschirm [frz., nach dem Muster von Parasol < para... „Schutz vor, gegen" (zu parer „abwehren, hindern") und vent „Wind"]

par avion ⟨[paravjõ]⟩ Vermerk auf Postsendungen ins Ausland⟩ durch Luftpost [frz., „durch das Flugzeug"]

Pa|ra|zen|te|se ⟨f.11⟩ Einstich, Durchstechung (bes. des Trommelfells) [< griech. para „gegen" und kentein „durchbohren"]

parbleu! ⟨[-blø] †⟩ Donnerwetter! [< frz. parbleu! „bei Gott", < par „bei" (in Beteuerungsformeln) und bleu, verhüllend für Dieu „Gott"]

Pär|chen ⟨n.7; Verkleinerungsform von⟩ Paar (Zwillings~), ⟨oft abwertend⟩ ein anrüchiges, verdächtiges Paar

Par|cours ⟨[-kur] m., - [-kurs], - [kurs]⟩ 1 ⟨bei Hindernisrennen⟩ Reitbahn 2 Verlauf einer (Renn-)Strecke; Trimm-P. [frz., „durchlaufene Strecke", < par „durch, querdurch", und cours „Strecke, Lauf", zu courir „laufen"]

par di|stance ⟨[-distãs] geh.⟩ aus der Entfernung; ich verkehre mit ihm nur p. d. nicht persönlich, nicht freundschaftlich [frz.]

Par|don ⟨[-dõ] m., -, nur Sg.; †⟩ Verzeihung, Gnade; (kein) P. geben; um P. bitten [frz., zu pardonner „verzeihen", < par „darüber hinaus, völlig" und donner „geben, schenken"]

pardon! ⟨[-dõ]⟩ Verzeihung!, Entschuldigung! [frz.]

par|do|nie|ren ⟨V.3, hat pardoniert; mit Akk.; †⟩ jmdn. p. jmdm. Pardon geben, verzeihen

Par|dun ⟨n.9⟩, **Par|du|ne** ⟨f.11; Seew.⟩ Tau, das Masten und Stengen abstützt [ndrl.]

Par|en|chym ⟨n.1⟩ 1 dünnwandiges, großräumiges Pflanzengewebe, das besonders dem Stoffaustausch dient, Grundgewebe 2 Funktionsgewebe der Organe (im Unterschied z.B. zum Fettgewebe) [< griech. para „neben, daneben" und enchymos „saftig, mit Saft drin", < en „in, hinein" und chymos, Nebenform von chylos „Saft, Pflanzensaft"]

par|en|chy|ma|tös ⟨Adj., o.Steig.⟩ aus Parenchym, mit Parenchym ausgefüllt

pa|ren|tal ⟨Adj., o.Steig.⟩ zur Elterngeneration gehörig, von ihr herrührend [< lat. parentalis „elterlich, zu den Eltern gehörig", zu parentes „Eltern"]

Pa|ren|ta|li|en ⟨Pl.; im alten Rom⟩ Totenfest (zu Ehren von Verwandten) [< lat. parentalia in ders. Bed., zu parentes „Großeltern, Vorfahren"]

Pa|ren|tel ⟨f.10⟩ der Stammvater und alle seine Nachkommen [< lat. parentela „Verwandtschaft", zu parentes „Eltern"]

pa|ren|te|ral ⟨Adj., o.Steig.⟩ nicht über den Verdauungsweg; ~e Ernährung, Aufnahme (von Stoffen) durch Injektion oder Infusion [< griech. para „neben" und enteron „Darm"]

Par|en|the|se ⟨f.11⟩ 1 Klammer; darauf sei nur in P. hingewiesen nur in Klammern, nur nebenbei 2 eingeschobener Satz oder Satzteil, Schaltsatz [< griech. parenthesis „Einschaltung, Einschiebsel", < para „daneben" und en „hinein" und thesis „das Setzen, Stellen, Legen; Satz"]

par|en|the|tisch ⟨Adj., o.Steig.⟩ eingeschoben, nebenbei

Par|er|ga ⟨Pl. von⟩ Parergon

Par|er|gon ⟨n., -s, -ga; †⟩ 1 Anhang, Nachtrag 2 gesammelte kleine Schriften [griech., „Beiwerk, Nebensache, Anhängsel", < para „neben, bei" und ergon „Werk, Arbeit"]

Pa|re|se ⟨f.11⟩ unvollständige Lähmung, Erschlaffung, Schwäche [< griech. paresis „Erschlaffung"]

par ex|cel|lence ⟨[-ɛksəlɑ̃s]⟩ schlechthin, beispielhaft, im wahrsten Sinn des Wortes [frz., zu excellence „Vortrefflichkeit", → exzellent]

par force ⟨[-fɔrs] †⟩ mit Gewalt [frz.]

Par|force|jagd ⟨[-fɔrs-] f.10⟩ Hetzjagd zu Pferd mit Hunden [→ Parforceritt]

Par|force|ritt ⟨[-fɔrs-] m.1⟩ 1 sehr anstrengender Ritt über eine weite Strecke, Gewaltritt 2 ⟨übertr.⟩ durch Überbeanspruchung erreichte Leistung [zu frz. par force „mit Gewalt", < par „durch, mittels" und force „Kraft, Gewalt, Macht"]

Par|fum ⟨[-fœ̃] n.9; frz. Schreibung für⟩ Parfüm

Par|füm ⟨n.9 oder n.1⟩ wohlriechende, wäßrige Flüssigkeit, alkoholische Lösung von Duftstoffen [< frz. parfum „Wohlgeruch, Duft", zu parfumer „mit Duft erfüllen, durchräuchern", < par „ganz, völlig" und fumer „rauchen, räuchern"]

Par|fü|me|rie ⟨f.11⟩ 1 ⟨nur Sg.⟩ Industriezweig zur Herstellung von Parfüm 2 Geschäft für Parfums, Seifen, Kosmetika u.ä.

par|fü|mie|ren ⟨V.3, hat parfümiert; mit Akk.⟩ mit Parfüm versetzen oder einstäuben

pa|ri vgl. al pari

pa|ri ⟨in den Fügungen⟩ über, unter p. über, unter dem Nennwert [ital. pari „gleich", < lat. par, Gen. paris, „gleich"]

Pa|ria ⟨m.9⟩ 1 ⟨europ. Bez. für⟩ Angehöriger einer niederen Kaste in Indien 2 ⟨übertr.⟩ Ausgestoßener, Entrechteter [< Tamil paraiyan „Angehöriger der Paraiya-Kaste", einer Kaste der Diener und Ackerbauern, zu parai „Trommel", da die Paraiyan früher meist Dorfmusikanten waren]

pa|rie|ren¹ ⟨V.3, hat pariert; mit Akk.⟩ 1 abwehren, auffangen; einen Hieb, Angriff p. [< frz. parer „abwehren, verhindern, sich vom Leib halten" < lat. parare „Vorkehrungen treffen"] 2 zum Stehen bringen; das Pferd p. [< span. parar „anhalten, festhalten", < lat. parare „Vorkehrungen treffen"]

pa|rie|ren² ⟨V.3, hat pariert; o.Obj.⟩ gehorchen; der Hund pariert aufs Wort; wenn die Kinder nicht p., kann ich sie auf diesen Ausflug nicht mitnehmen [< lat. parere „sich zeigen, sichtbar werden, erscheinen, sich ergeben, zum Vorschein kommen", daraus übertr. „sich fügen, nachgeben, gehorchen"]

pa|rie|tal ⟨[-rie-] Adj., o.Steig.⟩ 1 ⟨Bot.⟩ wandständig, seitlich 2 zum Scheitelbein gehörig [< lat. parietalis „zur Wand gehörig", zu paries, Gen. -etis, „Wand"]

Pa|rie|tal|au|ge ⟨[-rie-] n.14⟩, **Pa|rie|tal|or|gan** ⟨[-rie-] n.1⟩ → Scheitelauge

Pa|ri|si|enne ⟨[-sjɛn] f., -, nur Sg.⟩ 1 mit Metallfäden durchzogenes Seidengewebe 2 französisches Freiheitslied nach der Julirevolution 1830 3 eine veraltete Schriftgattung

pa|ri|syl|la|bisch ⟨Adj., o.Steig.⟩ in allen Kasus gleichsilbig

Pa|ri|syl|la|bum ⟨n., -s, -ba⟩ Substantiv, das in allen Kasus die gleiche Silbenzahl aufweist [< lat. par, Gen. paris, „gleich" und syllaba „Silbe"]

Pa|ri|tät ⟨f.10⟩ 1 Gleichstellung, Gleichberechtigung; Ggs. Imparität 2 Tauschverhältnis zwischen zwei Währungen [< lat. paritas, Gen. -atis, „Gleichheit", zu par, Gen. paris, „gleich"]

pa|ri|tä|tisch ⟨Adj., o.Steig.⟩ gleichberechtigt, gleichgestellt

Park ⟨m.9⟩ sehr großer Garten [< engl. park in ders. Bed., < mlat. parricus „eingefriedigter Platz, Viehpferch"]

Par|ka ⟨m.9⟩ knielanger, oft gefütterter Anorak mit Kapuze [über amerik.-engl. < eskimoisch (Aleuten) parka „Kleidungsstück aus Vogel- oder Seehundshaut"]

Park-and-ride-System ⟨[paːrkəndraɪd-] n.1⟩ *Verkehrssystem, bei dem Kraftfahrer ihre Fahrzeuge am Stadtrand parken und mit öffentlichen Verkehrsmitteln in die Stadt fahren* [engl., zu *to park* „parken" und *to ride* „fahren"]

Park|bahn ⟨f.10⟩ *Umlaufbahn eines Weltraumfahrzeugs um einen Himmelskörper, von der aus weitere Manöver erfolgen*

par|ken ⟨V.1, hat geparkt⟩ *auch:* ⟨schweiz.⟩ *parkieren* **I** ⟨o.Obj.⟩ **1** *Kraftfahrzeug vorübergehend stehenlassen; kann ich hier p.?; unter einer Laterne, am Straßenrand p.* **2** *vorübergehend* (*an einem Ort*) *stehen; eine Straße voller ~der Autos* **II** ⟨mit Akk.⟩ *vorübergehend hinstellen; sein Auto in einer Nebenstraße p.* [engl. *to park* „an einem bestimmten Platz stellen und vorübergehend dort stehenlassen", zu *park* „eingezäunter Platz, Gehege"]

Par|kett ⟨n.1⟩ **1** *Fußbodenbelag aus Holzbrettchen oder -tafeln, die in einem bestimmten Muster verlegt sind* **2** ⟨Theat.⟩ *die Sitzreihen im Zuschauerraum zu ebener Erde* **3** ⟨Pariser Börse⟩ *Raum zum Abwickeln der Geschäfte,* (*auch*) *Börsenverkehr* [frz. *parquet*, eigtl. *Bed., zu parc* „eingefriedeter Platz, Gehege", < mlat. *parricus* „Einfriedigung, Pferch"]

Par|ket|te ⟨f.11; österr.⟩ *einzelnes Brettchen des Parkettbodens*

par|ket|tie|ren ⟨V.3, hat parkettiert; mit Akk.⟩ *mit Parkett belegen;* den *Fußboden p.*

Park|haus ⟨n.4⟩ *Gebäude, in dem Autos geparkt werden können*

par|kie|ren ⟨V.3, hat parkiert; schweiz.⟩ → *parken*

Par|kin|son|sche Krank|heit ⟨f., -n -, nur Sg.⟩ *Gehirnerkrankung, die u.a. durch ständiges Zittern des daran Leidenden gekennzeichnet ist;* Syn. *Schüttellähmung* [nach dem engl. Arzt *James Parkinson*]

Park|leuch|te ⟨f.11; beim Kfz.⟩ *vorn weiß, hinten rot strahlende Markierungsleuchte, die beim Parken während der Dunkelheit eingeschaltet werden kann*

Park|o|me|ter ⟨m.5 oder n.5; veraltend⟩ *Parkuhr* [< *parken* und *...meter*]

Park|schei|be ⟨f.11⟩ *Pappscheibe mit verstellbarer Zahleneinteilung, auf der beim Parken mit zeitlich beschränkter Erlaubnis die Ankunftszeit eingestellt wird*

Park|uhr ⟨f.10⟩ *auf einer kleinen Säule stehender Automat am Straßenrand, der nach Einwurf einer Münze anzeigt, wann die Zeit zu Ende geht, die man an dieser Stelle parken darf*

Par|la|ment ⟨n.1⟩ *gewählte Volksvertretung mit beratender und gesetzgebender Funktion, Abgeordnetenhaus* [< engl. *parliament* in ders. Bed., < altfrz. *parlement* „Gespräch, Unterredung, Erörterung", zu *parler* „sprechen, reden", → *parlieren*]

Par|la|men|tär ⟨m.1⟩ *Unterhändler* (*zwischen feindlichen Heeren*)

Par|la|men|ta|ri|er ⟨m.5⟩ *Angehöriger eines Parlaments*

par|la|men|ta|risch ⟨Adj., o.Steig.⟩ *zum Parlament gehörend, das Parlament betreffend*

Par|la|men|ta|ris|mus ⟨m., -, nur Sg.⟩ *eine Form der Demokratie, in der das Parlament an der Regierung teilhat*

par|lan|do ⟨Mus.⟩ *im Sprechgesang, mehr sprechend als singend* [ital., „sprechend"]

Par|lan|do ⟨n., -s, -s oder -di⟩ *Sprechgesang*

par|lie|ren ⟨V.3, hat parliert; m.Obj.⟩ *angeregt sprechen, fließend Konversation machen; sie parliert munter italienisch* [< frz. *parler* „sprechen, reden, plaudern", zu *parole* „Wort, Rede", → *Parole*]

Par|mä|ne ⟨f.11⟩ → *Goldparmäne* [< engl. *pearmain* < altfrz. *permain*, weitere Herkunft nicht bekannt]

Par|me|san ⟨m., -s, nur Sg.⟩ *italienischer Hartkäse* (*der meist gerieben zu Nudelgerichten, Suppen u.a. verwendet wird*) [nach der ital. Stadt *Parma*]

Par|naß ⟨m., - oder -nas|ses, nur Sg.⟩ *Reich der Dichtkunst, geistige Wohnstätte der Dichter* [nach dem *Parnassos*, einem Berg in Griechenland, nach der Sage Sitz Apolls und der Musen]

par|nas|sisch ⟨Adj., o.Steig.⟩ *zum Parnaß gehörend*

par|o|chi|al ⟨[-ɔxjal] Adj., o.Steig.⟩ *zur Parochie gehörend*

Par|o|chi|al|kir|che ⟨[-ɔxjal-] f.11⟩ *Pfarrkirche*

Par|o|chie ⟨[-ɔxi] f.11⟩ → *Pfarrbezirk* [< mlat. *parochia* „Pfarrgemeinde, Kirchspiel", < spätgriech. *paroikia* „Aufenthalt in der Fremde, das Wohnen eines Fremden an einem Ort", < griech. *paroikos* „Nachbar", < *para* „neben" und *oikos* „Haus"]

Par|o|die ⟨f.11⟩ **1** *komische, übertreibende Nachahmung eines literarischen Werkes in der gleichen Form, aber mit anderem, lächerlichem Inhalt;* vgl. *Travestie* **2** *Unterlegung von Musik mit anderem Text oder umgekehrt* **3** *Austausch von Kompositionen innerhalb des eigenen Gesamtwerkes* [< griech. *parodia* „Neben-, Gegengesang", < *para* „neben, daneben" und *ode* „Lied"]

par|o|die|ren ⟨V.3, hat parodiert; mit Akk.⟩ *mit einer, in einer Parodie verspotten; jmdn. p.; jmds. Ausdrucksweise p.; ein Gedicht p.*

Par|o|dist ⟨m.10⟩ *Verfasser von Parodien*

par|o|di|stisch ⟨Adj., o.Steig.⟩ *in der Art einer Parodie (1)*

Par|o|don|ti|tis ⟨f., -, -ti|ti|den⟩ *Zahnfleischentzündung;* auch: *Paradentitis* [< griech. *para* „neben, bei" und *odous*, Gen. *odontos*, „Zahn" und *...itis*]

Par|o|don|to|se ⟨f.11⟩ *Zurückweichen des Zahnfleisches und Lockerung der Zähne* [< griech. *para* „neben, bei" und *odous*, Gen. *odontos*, „Zahn" und *...ose*]

Pa|ro|le ⟨f.11⟩ **1** *Kennwort;* Syn. *Losung* **2** *Leit-, Wahlspruch* [< frz. *parole* „Wort", < *parabole*, vulgärlat. „Wort", lat. „Gleichnis", → *Parabel*]

Pa|ro|li ⟨n.9; beim Pharaospiel⟩ *Verdopplung des Einsatzes; jmdm. Paroli bieten* ⟨übertr.⟩ *jmdm. etwas doppelt heimzahlen,* ⟨auch⟩ *jmdm. Widerstand leisten* [frz., wahrscheinlich < ital. *paro*, ältere Form für *pari* „gleich", < lat. *par*, Gen. *paris*, „gleich(kommend)"]

Par|ö|mie ⟨f.11⟩ *altgriechisches Sprichwort* [< griech. *paroimia* „Sprichwort, sinnbildliche Rede", < *para* „neben, daneben" und *oime* „Lied, Sage", eigtl. „etwas, das neben einer Aussage steht"]

Par|ö|mio|lo|gie ⟨f.11, nur Sg.⟩ *Sprichwortkunde*

Par|ony|chie ⟨f.11⟩ *Fingerentzündung, Nagelentzündung* [< griech. *para* „neben" und *onyx*, Gen. *onychos*, „Finger-, Fußnagel"]

Par|ony|mie ⟨f., -, nur Sg.; †⟩ *Ableitung von einem Stammwort* [< griech. *para* „neben" und *onyma*, *onoma*, „Name"]

Par|ony|mon ⟨n., -s, -ma; †⟩ *mit anderen Wörtern zusammen vom gleichen Stamm abgeleitetes Wort*

Par|o|tis ⟨f., -, -oti|den⟩ → *Ohrspeicheldrüse* [< griech. *para* „neben, daneben" und *ous*, Gen. *otos*, „Ohr"]

Par|o|ti|tis ⟨f., -, -oti|ti|den⟩ *Entzündung der Ohrspeicheldrüse* [< *Parotis* und *...itis*]

Par|oxys|mus ⟨m., -men⟩ **1** *höchste Steigerung einer Krankheit, Anfall* **2** *aufs höchste gesteigerte vulkanische Tätigkeit* [< griech. *paroxysmos* „Antrieb, Anregung; Reizung", < *para* „nach ... hin, zu ... hin" (verstärkend) und *oxynein* „schärfen, aufregen", zu *oxys* „scharf, spitz"]

Par|oxy|to|non ⟨n., -s, -to|na⟩ *auf der vor-* letzten Silbe betontes Wort (im Griechischen) [< griech. *para* „neben" und *Oxytonon*]

Par|se ⟨m.11⟩ *Anhänger des Parsismus*

Par|sec, Par|sek ⟨f., -, -; Kurzw. für⟩ *Parallaxensekunde*

par|sisch ⟨Adj., o.Steig.⟩ *zu den Parsen, zum Parsismus gehörend, von ihnen, ihm ausgehend*

Par|sis|mus ⟨m., -, nur Sg.⟩ *auf der Lehre Zarathustras beruhende Religion* (*urspr. in Persien*)

Pars pro to|to ⟨n., - - -, - - -⟩ *Stilfigur, bei der ein Teilbegriff für einen Gesamtbegriff verwendet wird, z.B. „Herd" statt „Haus"* [lat., „ein Teil für das Ganze"]

Part ⟨m.1⟩ **1** *Teil, Anteil* **2** *Stimme eines Gesangs- oder Instrumentalstücks* (*Klavier~*) **3** *Rolle* (*in einem Theaterstück*) [< lat. *pars*, Gen. *partis*, „Teil"]

part., Part. ⟨Abk. für⟩ *parterre, Parterre*

Par|te[1] ⟨f.11; mdt.⟩ → *Partei (2); in unserem Haus wohnen fünf ~n*

Par|te[2] ⟨f.11; österr.⟩ *Todesanzeige* [< ital. *dare parte* „mitteilen", eigtl. „teilhaben lassen", zu *dare* „geben" und *parte* „Teil", zu lat. *pars*, Gen. *partis*, „Teil"]

Par|tei ⟨f.10⟩ **1** *Vereinigung von Personen mit gleichen politischen Ansichten zur Verwirklichung bestimmter politischer Ziele; konservative, bürgerliche P.; eine P. gründen* **2** *Mieter* (*einer Wohnung im Mietshaus*); auch: ⟨mdt.⟩ *Parte*, *in unserem Haus wohnen drei* ~*n* **3** *Beklagter bzw. Kläger* (*im Rechtsstreit*) **4** ⟨Sport, Spiel⟩ *eine von mehreren, gegeneinander spielenden Gruppen* **5** *Gruppe von Gleichgesinnten; bei der Diskussion bildeten sich zwei* ~*en; P. ergreifen den Standpunkt eines von mehreren Streitenden vertreten; für jmdn. P. ergreifen jmds. Standpunkt vertreten; gegen jmdn. P. ergreifen jmdm. widersprechen, den gegenteiligen Standpunkt vertreten* [< mhd. *partie* „Teil", < frz. *partie* „Teil, Fach, Stand", zu *partir* „teilen"]

Par|tei|chi|ne|sisch ⟨n., -, nur Sg.; ugs., iron.⟩ *der in einer Partei gesprochene, für Außenstehende unverständliche Jargon*

Par|tei|en|staat ⟨m.12⟩ *Staat, in dem die Parteien eine wichtige Funktion haben*

par|tei|isch ⟨Adj.⟩ *für eine von mehreren streitenden Parteien eingenommen, nicht objektiv, voreingenommen, befangen*

par|tei|lich ⟨Adj., o.Steig.⟩ **1** *eine Partei (1) betreffend;* ~*e Interessen, Angelegenheiten* **2** (*im kommunistischen Sprachgebrauch*) **a** (*i.w.S.*) *die Interessen einer Partei (1) vertretend* **b** (*i.e.S.*) *die Interessen der Arbeiterklasse vertretend* **Par|tei|lich|keit** ⟨f., -, nur Sg.⟩

Par|tei|li|nie ⟨[-njə] f., -, nur Sg.⟩ *politische Linie einer Partei*

Par|tei|tag ⟨m.1⟩ **1** *Tagung von Anhängern und Vorsitzenden einer Partei* **2** *Gesamtheit der an einem Parteitag (1) teilnehmenden Parteimitglieder*

Par|tei|ung ⟨f.10⟩ *Zerfall in Parteien (1, 5)*

par|terre ⟨[-tɛr] Adv.; Abk.: *part.*⟩ *im Erdgeschoß; p. wohnen; p. sein* ⟨übertr., ugs.⟩ *niedergeschlagen, enttäuscht sein*

Par|terre ⟨[-tɛr] n.9; Abk.: *Part.*⟩ **1** *Erdgeschoß* **2** ⟨Theat.⟩ *Saalplatz, mittlere und hintere Reihen des Zuschauerraums* **3** *kunstvoll angelegte, ein Ganzes bildende Blumenbeete* [< frz. *parterre* „Gartenbeet; Platz im Zuschauerraum", < *par* „an, auf" und *terre* „Erde"]

Par|terre|akro|ba|tik ⟨[-tɛr-] f., -, nur Sg.⟩ *Bodenakrobatik, Akrobatik ohne Geräte*

Par|the|no|ge|ne|se ⟨f.11⟩ **1** *Entwicklung einer Eizelle ohne vorhergehende Befruchtung;* Syn. *Jungfernzeugung* **2** *Geburt* (*eines Gottes, Religionsstifters oder Helden*) *durch eine Jungfrau* [< griech. *parthenos* „Jungfrau" und *Genese*]

Par|the|no|kar|pie ⟨f.11⟩ *Entstehung von Früchten ohne Befruchtung und ohne Samenbildung* [< griech. *parthenos* ,,Jungfrau" und *karpos* ,,Frucht"]
par|ti|al ⟨[-tsjəl] Adj., o.Steig.; †⟩ *partiell*
Par|ti|al|ob|li|ga|ti|on ⟨[-tsjəl-] f.10⟩ → *Teilschuldverschreibung*
Par|ti|al|ton ⟨[-tsjəl-] m.2⟩ → *Oberton*
Par|tie ⟨f.11⟩ **1** *Ausschnitt, Teil, Stück;* die obere, untere P. ihres Gesichts **2** *einzelne Gesangsrollen (in Opern, Oratorien usw.);* die P. des Papageno singen, übernehmen **3** *Warenmenge, Restposten (von Waren);* eine P. Oberhemden **4** ⟨Sport, Spiel⟩ *Einzelspiel;* eine P. Schach [< frz. *partie* ,,Teil, Bestandteil, Menge", zu *partir* ,,teilen"] **5** *Heirat, Heiratsmöglichkeit;* sie hat eine gute P. gemacht; sie ist eine gute P. *sie bringt viel Geld mit in die Ehe* [< frz. *parti* in ders. Bed., zu *partir* ,,teilen", also eigtl. ,,das, was einem vom Schicksal zugeteilt wird"] **6** *Ausflug;* eine P. ins Grüne machen [< frz. *partie* ,,Ausflug", zu *partir* ,,abreisen", eigtl. ,,sich trennen, sich loslösen"; alle Bedeutungen < lat. *partire* ,,teilen, zuteilen"]
Par|tie|füh|rer ⟨m.5; österr.⟩ → *Vorarbeiter*
par|ti|ell ⟨[-tsjɛl] Adj., o.Steig.⟩ *teilweise (vorhanden, ein-, auftretend);* auch: ⟨†⟩ *partial;* ~e Mondfinsternis; ein ~er Erfolg [< frz. *partiel* ,,einzeln, besonders", < lat. *partialis* ,,teilig, teilweise", zu *pars*, Gen. *partis*, ,,Teil"]
Par|ti|kel ⟨f.11⟩ **1** *Teilchen, kleinster Bestandteil* **2** ⟨Gramm.⟩ *unflektierbares Wort (z. B. Adverb, Präposition)* [< lat. *particula* ,,kleiner Teil, Stückchen", Verkleinerungsform von *pars*, Gen. *partis*, ,,Teil"]
par|ti|ku|lar, par|ti|ku|lär ⟨Adj., o.Steig.⟩ *nur als Teil vorhanden, einzeln*
Par|ti|ku|la|ris|mus ⟨m., -, nur Sg.⟩ **1** *Bestrebung (von staatlichen Teilgebieten oder kleinen Ländern), die eigenen Interessen gegenüber dem Ganzen durchzusetzen* **2** *Klein-, Vielstaaterei* [zu lat. *particularis* ,,einen Teil betreffend", zu *particula* ,,kleiner Teil", zu *pars*, Gen. *partis*, ,,Teil"]
Par|ti|ku|la|rist ⟨m.10⟩ *Anhänger, Vertreter des Partikularimus*
par|ti|ku|la|ri|stisch ⟨Adj., o.Steig.⟩ *zum Partikularismus gehörend, in der Art des Partikularismus*
Par|ti|ku|lar|recht ⟨n.1⟩ *Recht des Einzel- oder Gliedstaates, Sonderrecht*
Par|ti|ku|lier ⟨m.1; Binnenschiffahrt⟩ *Schiffseigentümer, der sein Schiff selbst fährt* [< frz. *particulier* ,,besonder-, Privat..."]
Par|ti|san ⟨m.12 oder m.10⟩ *bewaffneter Widerstandskämpfer im Hinterland* [frz., ,,Anhänger, Parteigänger; Guerillakämpfer, Freischärler", < ital. *partigiano* in ders. Bed., zu *parte* ,,Teil, Partei" und Endung ...*iano* zur Bez. der Zugehörigkeit, der Herkunft]
Par|ti|sa|ne ⟨f.11; 15.–17. Jh.⟩ *Stoßwaffe mit zweischneidiger Klinge* [eigtl. ,,Waffe eines Partisans"]
Par|ti|ta ⟨f., -, -ten⟩ → *Suite (2)* [< ital. *partita* (Fem.), eigtl. ,,geteilt", zu *partire* ,,teilen", zu *parte* ,,Teil"]
Par|ti|te ⟨f.11⟩ *Waren-, Rechnungsposten, Geldsumme*
Par|ti|ti|on ⟨f.10⟩ **1** *Teilung, Einteilung* **2** ⟨Logik⟩ *Zerlegung eines Begriffs in seine Merkmale* [< lat. *partitio*, Gen. *-onis*, ,,Teilung", zu *partire* ,,teilen"]
par|ti|tiv ⟨Adj., o.Steig.⟩ *eine Teilung ausdrückend, teilend*
Par|ti|tiv|zahl ⟨f.10⟩ *Teilungs-, Bruchzahl,* z. B. drei Viertel
Par|ti|tur ⟨f.10⟩ *Aufzeichnung sämtlicher Stimmgruppen eines Orchester- oder Chorwerkes Takt für Takt untereinander* [< ital. *partitura* in ders. Bed., zu ital., lat. *partire* ,,teilen", zu lat. *pars*, Gen. *partis*, ,,Teil"]
Par|ti|zip ⟨n.1⟩ *Mittelwort;* P. Präsens *Mittelwort der Gegenwart;* P. Perfekt *Mittelwort der Vergangenheit* [< lat. *participium*, eigtl. ,,Teilnahme, Teilhabe", zu *participare* ,,teilnehmen, teilhaben", weil das Partizip in seiner Mittelstellung zwischen Verb und Adjektiv an beiden teilhat]
Par|ti|zi|pa|ti|on ⟨f., -, nur Sg.⟩ *das Partizipieren, Teilnahme*
Par|ti|zi|pa|ti|ons|ge|schäft ⟨n.1⟩ *Handelsgeschäft, zu dessen Abwicklung sich mehrere Personen für befristete Zeit zusammengeschlossen haben*
par|ti|zi|pi|al ⟨Adj., o.Steig.⟩ *mit Hilfe eines, in der Art eines Partizips, mittelwörtlich*
par|ti|zi|pie|ren ⟨V.3, hat partizipiert; mit Präp.obj.⟩ *an etwas p. an etwas teilhaben, etwas von etwas abbekommen;* am Gewinn p. [< lat. *participare* ,,teilnehmen, teilhaben" < *pars*, Gen. *partis*, ,,Teil" und *-cipare* (in Zus. für *capere*) ,,fassen, ergreifen"]
Part|ner ⟨m.5⟩ **1** *jmd., der mit einem etwas zusammen unternimmt, tut* (Tanz~); er ist ein guter P. zum Wandern **2** *jmd., mit dem man ständig zusammenlebt* (Ehe~) **3** *jmd., der an derselben Sache beteiligt ist* (Geschäfts~) **4** ⟨Sport, Spiel⟩ *jmd., der mit einem (oder gegen einen) spielt* (Tennis~); ich habe keinen P. zum Spielen; er ist ein ebenbürtiger P. **5** ⟨Theat., Film⟩ *jmd., der mit einem zusammen ein Stück, einen Film schauspielerisch gestaltet;* er ist in dem Film ihr P. [engl., über mengl. und altfrz. Formen < mlat. *partionarius* ,,jmd., der an etwas teilhat", zu lat. *pars*, Gen. *partis*, ,,Teil"]
Part|ner|look ⟨[-luk] m., -s, nur Sg.⟩ *dem Partner gleichendes Aussehen;* im P. gekleidet
Part|ner|schaft ⟨f., -, nur Sg.⟩ *das Partnersein*
Part|ner|tausch ⟨m., -(e)s, nur Sg.⟩ *gegenseitiger Austausch der Partner von Ehe- oder Liebespaaren zum sexuellen Verkehr*
par|tout ⟨[-tu] Adv.⟩ *unbedingt, um jeden Preis;* sie will p. (nicht) mitkommen [frz., ,,überall, nach allen Seiten", < *par* ,,an, auf" und *tout* ,,alles"]
Par|tus ⟨m., -, -⟩ *Geburt, Entbindung* [< lat. *partus* ,,Geburt"]
Par|ty ⟨[ˈpaːti] f., -, -s oder -ties⟩ *zwangloses Fest, geselliges Beisammensein* [engl., ,,Gesellschaft, geselliges Beisammensein", < frz. *partie* ,,Teil, Menge", zu *partir* ,,teilen"]
Par|usie ⟨f., -, nur Sg.⟩ **1** *Wiederkunft Christi beim Jüngsten Gericht* **2** ⟨bei Platon⟩ *die Anwesenheit der Ideen in den Dingen* [< griech. *parousia* ,,Anwesenheit, Dabeisein", < *para* ,,neben, daneben" und *ousia* ,,das Sein, Dasein"]
Par|ve|nü ⟨m.9⟩ *Emporkömmling* [< frz. *parvenu* ,,Emporkömmling", eigtl. ,,der Empor-, Angekommene", zu *parvenir* ,,gelangen (zu, an), emporkommen"]
Par|zel|le ⟨f.11⟩ *kleines, vermessenes Stück Bau- oder Gartenland, Grundstück* [< frz. *parcelle* ,,Stückchen, Teilchen", über vulgärlat. **particella* < lat. *particula*, → *Partikel*]
par|zel|lie|ren ⟨V.3, hat parzelliert; mit Akk.⟩ *in Parzellen aufteilen;* ein Grundstück, Bauland p.
Par|zen ⟨Pl.; röm. und griech. Myth.⟩ *die drei Schicksalsgöttinnen*
Pas ⟨[pa] m., -, -⟩ *Tanzschritt* [frz., ,,Schritt"]
Pasch ⟨m.1 oder m.2⟩ **1** *Wurf mit der gleichen Augenzahl auf mehreren Würfeln* (Dreier~) **2** *Dominostein mit gleicher Punktzahl auf beiden Hälften* [< ndrl. *paschendise, passediesje* ,,Würfelspiel", < frz. *passe-dix* (,,überschreite zehn"), dem Namen eines Spiels mit drei Würfeln, bei dem derjenige gewinnt, der elf oder mehr Augen bei gleicher Augenzahl auf zwei Würfeln wirft]
Pa|scha ⟨m.9⟩ **1** *(früher in der Türkei Titel für) höherer Offizier oder Beamter* **2** ⟨übertr.⟩ *herrischer Mann, der sich gern bedienen läßt* [< türk. *paşa*, Grundbedeutung ,,jüngerer Bruder"]
Pas|cha ⟨Nebenform von⟩ *Passah*
pa|schen[1] ⟨V.1, hat gepascht; o.Obj.⟩ *würfeln* [zu *Pasch*]
pa|schen[2] ⟨V.1, hat gepascht; mit Akk.⟩ *schmuggeln* [< hebr. *pāsaḥ* ,,(die Grenze) überschreiten"]
Pa|scher ⟨m.5⟩ *Schmuggler*
Pasch|tu ⟨n., -(s), nur Sg.⟩ *Amtssprache in Afghanistan*
Pas de deux ⟨[padədø] m., - - -, - - -; Ballett⟩ *Tanz zu zweit* [frz., ,,Schritt von zweien"]
Pa|so do|ble ⟨m., -, - -⟩ *rascher Gesellschaftstanz* [span., ,,Doppelschritt"]
Pas|pel ⟨f.11⟩ *schmaler Zierstreifen (an Nähten), Vorstoß;* auch: ⟨†, noch österr.⟩ *Passepoil* [< frz. *passepoil* ,,Streifen, Vorstoß, Litze", < *passer* ,,hervorstehen, hervorlugen" und *poil* ,,Haar (des Tuches)"]
pas|pe|lie|ren ⟨V.3, hat paspeliert; mit Akk.⟩ *mit einer Paspel verzieren;* auch: *paspeln*
pas|peln ⟨V.1, hat gepaspelt⟩ → *paspelieren*
Pas|quill ⟨n.1⟩ *Schmäh-, Spottschrift* [über untergegangenes ital. *pasquillo* < *pasquinata* in ders. Bed., nach *Pasquino*, dem Namen einer Statue in Rom, die Menelaos mit dem toten Patroklos darstellt; an dieser Statue wurden in der Renaissancezeit von anonymen Verfassern Schmäh- und Spottschriften angeheftet]
Pas|quil|lant ⟨m.10⟩ *Verfasser eines Pasquills*
Paß ⟨m.2⟩ **1** *schmaler Einschnitt im Gebirge, der als Übergang dient* **2** *Personalausweis für Reisen ins Ausland* **3** ⟨Jägerspr.⟩ *Wechsel (mancher Wildarten)* **4** *eine gotische Maßwerkfigur aus mehreren Dreiviertelkreisen* (Drei~, Vier~) **5** ⟨Sport, bes. Fußb.⟩ *Zuspiel* [< ital. *passo* ,,Schritt; Durchgang, Engpaß", < lat. *passus* ,,Schritt"]
pas|sa|bel ⟨Adj., passabler, am -sten⟩ *annehmbar, leidlich;* ,,Wie geht es dir?" ,,Ganz p.!" [< frz. *passable* ,,erträglich, annehmbar", eigtl. ,,überschreitbar, begehbar", zu *passer* ,,gehen, überschreiten"]
Pas|sa|ca|glia ⟨[-kalja] f., -, -gli|en [-kaljən]⟩ **1** ⟨urspr.⟩ *feierlicher spanisch-italienischer Tanz* **2** ⟨dann⟩ *langsames Instrumentalstück mit ostinatem Baß* [ital., < span. *pasacalle* ,,lebhafter volkstümlicher Marsch", < *pasar una calle* ,,eine Gasse entlanggehen", womit in Spanien der Gang einer Musikantengruppe durch die Straßen gemeint war, die marschartige Stücke spielte]
Pas|sa|caille ⟨[-kaj] f.11; frz. Form für⟩ *Passacaglia*
Pas|sa|de ⟨f.11⟩ *leichter Galopp über eine kurze Strecke und zurück mit Fußwechsel bei der Wendung* [< frz. *passade* in ders. Bed. sowie ,,flüchtige Durchreise", zu *passer* ,,gehen"]
Pas|sa|ge ⟨[-ʒə] f.11⟩ **1** *Durchgang, Durchfahrt* **2** *überdachte Ladenstraße* **3** *Überfahrt, Reise mit Schiff oder Flugzeug übers Meer* **4** ⟨Mus.⟩ *Lauf, rasche Tonfolge* **5** ⟨Hohe Schule⟩ *langsamer Trab mit kräftig gehobenen Vorderbeinen* **6** → *Passus (2)* [< frz. *passage* ,,Durchgang", zu *passer* ,,gehen, überschreiten"; auf die Übung der Hohen Schule übertragen, weil die Gangart einem ausgeprägten Gehen ähnelt]
Pas|sa|gier ⟨[-ʒiːr] m.1⟩ *Fahrgast, Fluggast* [zu *Passage*]
Pas|sah ⟨m., -s, nur Sg.⟩ *achttägiges jüdisches Fest zum Andenken an den Auszug aus Ägypten;* auch: *Pascha* [< hebr. *pæsaḥ* ,,Osterfest", zu *pāsaḥ* ,,hüpfen"; wahrscheinlich geht das Fest auf einen alten kultischen Hirtentanz (Springtanz) zurück und wurde dann auf das ,,Vorübergehen" des Herrn (2. Buch Mosis, 12, 13) bezogen, dem das Her-

ausführen des Volkes Israel aus Ägypten folgte]
Pas|sant ⟨m.10⟩ *Fußgänger, Vorübergehender* [< frz. *passant* „Vorübergehender", zu *passer* „gehen, vorbeigehen"]
Pas|sat ⟨m.1⟩ *gleichmäßiger tropischer Wind, wechselnd zwischen Nordost und Südost* [< ndrl. *passat(wind)*, ältere Form *passade(wind)*, „Passagewind, guter Wind für die Überfahrt"]
Paß|bild ⟨n.3⟩ *kleines fotografisches Porträt in einem oder für einen Ausweis*
Pas|se ⟨f.11; an Kleidungsstücken⟩ *auf- oder eingesetzter Stoffstreifen (bes. an den Schultern)* [zu *passen*]
pas|sé ⟨[-se] Adj., o.Steig.; nur mit „sein"⟩ *vergangen, vorbei, nicht mehr modern;* diese Kragen sind p. [frz., Part. Perf. von *passer* „vorübergehen"]
pas|sen ⟨V.1, hat gepaßt⟩ **I** ⟨o.Obj.⟩ **1** *den Körperformen entsprechen;* das Kleid paßt; die Schuhe p. nicht **2** *geeignet sein;* die Bemerkung paßt jetzt nicht; bei der Gelegenheit; einen Betrag (den man zahlen muß) ~d haben *genau in der geforderten Höhe zahlen (so daß kein Wechselgeld herausgegeben werden muß)* **3** ⟨Kart.⟩ **a** *nicht mehr reizen können (und deshalb auf das Spiel verzichten);* ich passe **b** ⟨übertr.⟩ *keine Antwort, keine Erklärung geben können;* ich muß leider p. **4** ⟨mit verschiedenen Präp.⟩ **a** zu etwas oder jmdm. p. *einer Sache oder jmdm. entsprechen, gemäß sein, passend für etwas oder jmdn. sein;* der Hut paßt nicht zum Mantel; die Farbe der Vorhänge paßt genau zu der des Teppichbodens; solche Witze p. nicht zu dir; die beiden p. zueinander **b** in, auf etwas p. *genau die Größe von etwas haben;* der Deckel paßt auf den Topf; das Kissen paßt in den Überzug **c** auf jmdn. oder etwas p. ⟨landsch.⟩ *auf jmdn. oder etwas aufpassen, achten;* paß auf deine Kinder!; paß lieber auf deine eigenen Sachen! **II** ⟨mit Dat.⟩ jmdm. p. *jmdm. gefallen, recht sein, angenehm sein;* seine anzüglichen Bemerkungen p. mir nicht; das könnte dir so p.! ⟨ugs.⟩ *das denkst du dir so, aber daraus wird nichts!;* der neue Mitarbeiter paßt ihr nicht; paßt es dir heute nachmittag? *ist es dir recht, wenn wir uns heute nachmittag treffen, hast du Zeit?* **III** ⟨mit Akk.⟩ *etwas in, auf etwas p. etwas so herrichten, daß es sich genau auf, in etwas fügen läßt;* einen Schrank in eine Nische p.; einen Deckel auf einen Karton p. **IV** ⟨refl.; ugs.⟩ *sich p. sich schicken, sich gehören;* dein Benehmen paßt sich nicht für einen erwachsenen Menschen
Pas|se|par|tout [paspartu] **I** ⟨n.3⟩ **1** *Bilderrahmen aus Karton* **2** ⟨†, noch schweiz.⟩ *längere Zeit geltende Eintritts-, Fahrkarte* **II** ⟨n.9 oder m.9⟩ *Hauptschlüssel* [frz., eigtl. „paßt (geht) überall", zu *passer* „gehen" und *partout* „überall"]
Passe|pied [paspje] ⟨m.9⟩ *altfranzösischer Rundtanz* [frz., wahrscheinlich < *passer* „vorbeigehen, übersetzen" und *pied* „Fuß", weil man dabei einen Fuß über den anderen setzen muß]
Passe|poil ⟨[paspoal] m.9; †, noch österr.⟩ → *Paspel*
Paß|form ⟨f.10⟩ *passende Form, maßgerechter Sitz (der Kleidung);* die Schuhe haben eine gute P.
Paß|gang ⟨m., -(e)s, nur Sg.⟩ *Gangart mancher Säugetiere, bei der beide Beine einer Seite gleichzeitig gehoben und vorgesetzt werden*
pas|sie|ren ⟨V.3⟩ **I** ⟨mit Akk.; hat passiert⟩ ⟨auch⟩ ⟨ist⟩ **1** *überschreiten, überfliegen;* die Grenze p.; das Bahngleis, eine Brücke p. **2** *an etwas vorübergehen, vorüberfahren;* wir mußten zuerst die Wachposten p.; Sie p. zuerst die Kirche und biegen dann in die nächste Straße rechts ein **3** ⟨ungehindert⟩ *durch etwas hindurchgehen;* der Brief hat die Zensur passiert; die Sperre p.;

der Posten ließ uns (erg.: die Sperre, die Grenze) p. **4** *rühren;* Quark durch ein Sieb p. **II** ⟨o.Obj.; ist passiert⟩ *sich ereignen, geschehen;* ist etwas passiert?; es ist nichts passiert; es ist etwas Schreckliches passiert **III** ⟨mit Dat.; ist passiert⟩ jmdm. p. *jmdm. geschehen, zustoßen;* ihm ist ein Mißgeschick passiert; bei dem Zusammenstoß ist ihm nichts passiert; so etwas kann jedem einmal p.; falls mir etwas p. sollte ⟨verhüllend⟩ *falls ich plötzlich sterben sollte* [< frz. *passer* „gehen, vorbei-, durchgehen; vergehen, verfließen", *se passer* „sich ereignen, stattfinden", < ital. *passare* „vorbei-, durchgehen", < mlat. *passare* „hinübergehen, überschreiten, übersetzen", zu lat. *passus* „Schritt"]
Pas|sier|gewicht ⟨n.1⟩ *gesetzlich festgelegtes Mindestgewicht einer umlaufenden Münze*
Pas|sier|schein ⟨m.1⟩ *Ausweis, der dazu berechtigt, einen bestimmten Bereich zu betreten*
Pas|si|flo|ra ⟨f., -, -ren⟩ → *Passionsblume* [< lat. *passio* „Leiden" und *flos*, Gen. *floris*, „Blume"]
pas|sim ⟨Adv.; bei Zitaten⟩ *hier und da, verstreut*
Pas|si|on ⟨f.10⟩ **1** *starke Vorliebe, Leidenschaft;* das Musizieren ist seine P. **2** ⟨nur Sg.⟩ *Leidensgeschichte Christi* **3** *Darstellung der Leidensgeschichte Christi in bildender Kunst und Musik* [< lat. *passio*, Gen. *-onis*, „Leiden, Krankheit", zu *pati* „leiden"]
Pas|sio|nal ⟨n.1⟩, **Pas|sio|na|le** ⟨n.5⟩, **Pas|sio|nar** ⟨n.1⟩ *Sammlung von Heiligenlegenden des MA* [zu *Passion (2)*]
pas|sio|nie|ren ⟨Mus.⟩ *leidenschaftlich* [ital.]
pas|sio|nie|ren ⟨V.3, hat passioniert; refl.; †, noch schweiz.⟩ *sich für etwas p. sich für etwas begeistern;* vgl. *passioniert;* für Fußball habe ich mich nie passioniert [< frz. *passionner* „in Leidenschaft versetzen, entflammen", zu *passion* „Leidenschaft, Leiden", → *Passion*]
pas|sio|niert ⟨Adj., o.Steig.; nur als Attr.⟩ *leidenschaftlich, begeistert;* er ist ein ~er Reiter; ein ~er Sammler von alten Gläsern
Pas|si|ons|blu|me ⟨f.11⟩ *Rankengewächs mit eßbaren Früchten (Grenadillen);* Syn. Passiflora [*man glaubte in den verschiedenen Teilen der Blüte die Marterwerkzeuge aus der Leidensgeschichte Christi zu erkennen (Dornenkrone, Nägel, Geißel usw.)*]
Pas|si|ons|sonn|tag ⟨m.1⟩ *zweiter Sonntag vor Ostern, Judika*
Pas|si|ons|spiel ⟨n.1⟩ *geistliches Drama über die Passion Christi*
Pas|si|ons|wo|che ⟨f.11⟩ *Karwoche*
Pas|si|ons|zeit ⟨f.10⟩ *Zeit zwischen Aschermittwoch und Ostern*
pas|siv ⟨auch [pas-] Adj.⟩ Ggs. *aktiv* **1** *untätig, teilnahmslos, (still) duldend;* sich p. verhalten; er ist zu p.; ~es Wahlrecht *das Recht, gewählt zu werden;* ~er Wortschatz *Wortschatz, den man zwar in Gedächtnis gespeichert hat, den man aber selbst nicht verwendet* **2** ⟨Gramm.⟩ *in der Leideform stehend;* ~es Verb [< frz. *passif, -ive*, „leidend, duldend, untätig", < lat. *passivus* „empfindsam, der Empfindung fähig", zu *pati* „sich in großer Gemütserregung befinden, leiden"]
Pas|siv ⟨n.1⟩ *Aktionsform des Verbs, die ausdrückt, daß etwas mit dem Subjekt geschieht, daß das Subjekt von etwas betroffen wird;* Syn. *Leideform;* Ggs. *Aktiv (1)*
Pas|si|va ⟨Pl.⟩ *Schulden;* Ggs. *Aktiva*
Pas|siv|bür|ger ⟨m.5; in Staaten mit Wahlbeschränkungen⟩ *Bürger ohne aktives und passives Wahlrecht;* Ggs. *Aktivbürger*
Pas|siv|ge|schäft ⟨n.1⟩ *Bankgeschäft, bei dem die Bank (in der Regel durch Annahme verzinslicher Einlagen) bei ihren Kunden zum Schuldner wird*
pas|si|vie|ren ⟨V.3, hat passiviert; mit Akk.⟩ **1** *in der Bilanz erfassen;* Verbindlich-

keiten p. **2** *mit einer gegen chemische Einflüsse widerstandsfähigen Schutzhaut überziehen;* unedle Metalle p. **3** *ins Passiv setzen;* einen Ausdruck, eine Aussage p.
pas|si|visch ⟨Adj., o.Steig.⟩ *im Passiv stehend*
Pas|si|vi|tät ⟨f., -, nur Sg.⟩ **1** *Untätigkeit, Teilnahmslosigkeit;* Ggs. *Aktivität* **2** *Widerstandsfähigkeit unedler Metalle gegen chemische Einflüsse*
Pas|so|me|ter ⟨n.5⟩ → *Wegmesser* [< ital. *passo* < lat. *passus* „Schritt" und *...meter*]
Pas|sung ⟨f.10⟩ *die Art, wie Maschinenteile oder Werkstücke zusammengesetzt sind*
Pas|sus ⟨m., -, -⟩ **1** *altrömisches Längenmaß, Doppelschritt* **2** *Abschnitt (aus einem Schriftwerk oder Abschnitt einer Rede);* Syn. Passage; einen P. vorlesen, zitieren [< mlat. *passus* „Abschnitt", eigtl. „Maße, Abmessungen, Abgemessenes", zu lat. *passus* „Schritt"]
Paß|wort ⟨n.4; †⟩ *Losung, Parole*
Pa|sta ⟨f., -, -sten⟩ → *Paste* ⟨f., -, -ste⟩ *italienisches Nudelgericht* [→ *Paste*]
Pa|sta asci|ut|ta ⟨[pastaʃuta] f., - -, -ste -te [pasteʃute]⟩ *italienisches Nudelgericht mit Tomaten- oder Hackfleischsoße* [ital., „getrockneter Teig", → *Paste*]
Pa|ste ⟨f.11⟩ *streichbare Masse (Zahn~);* auch: *Pasta* [< ital. *pasta* „Teig", < lat. *pasta* „Gericht aus gemischten, eingebrockten Speisen"]
Pa|stell ⟨n.1; kurz für⟩ *Pastellzeichnung* [< ital. *pastello* in ders. Bed., zu *pasta* „Teig, Paste, Kleister"]
Pa|stell|far|be ⟨f.11⟩ *mit Bindemittel versetzte Farbe aus Kreide und Ton von zarter, samtiger Tönung*
Pa|stell|zeich|nung ⟨f.10⟩ *Zeichnung mit Pastellfarben*
Pa|ste|te ⟨f.11⟩ **1** *mit Fleisch, Fisch oder Gemüse gefülltes Gebäck (meist aus Blätterteig)* **2** *sehr feine Leberwurst* [über nicht bekannte Zwischenformen < ital. *pasta* „Teig", → *Paste*]
pa|steu|ri|sie|ren ⟨[-stø-] V.3, hat pasteurisiert; mit Akk.⟩ *durch Erhitzen entkeimen und haltbar machen;* Milch, Fruchtsaft p. [nach dem frz. Arzt Louis *Pasteur*] **Pa|steu|ri|sie|rung** ⟨[-stø-] f., -, nur Sg.⟩
Pa|stic|cio ⟨[-stitʃo] n., -s, -s oder -stic|ci [-stitʃi]⟩ **1** *in betrügerischer Absicht in der Manier eines Künstlers gemaltes Bild* **2** *aus Teilen der Werke eines oder mehrerer Komponisten zusammengesetzte Oper mit neuem Libretto, Flickoper* [ital., „Pastete; unordentliche, schlecht ausgeführte Arbeit; verwickelte Geschichte; Flickoper", über vulgärlat. *pasticium* < lat. *pasta* „Gericht aus gemischten, eingebrockten Speisen"]
Pa|sti|che ⟨[-stiʃ] f.11; frz. Bez. für⟩ *Pasticcio*
Pa|stil|le ⟨f.11⟩ *Kügelchen zum Lutschen (bes. ein süßes Arzneimittel)* [< lat. *pastillus* „Kügelchen aus Mehlteig oder Arznei" und *pastillum* „Brötchen", wahrscheinlich unter Einfluß von *pasta* (→ *Paste*) Verkleinerungsformen von *panis* „Brot"]
Pa|sti|nak ⟨m.1⟩, **Pa|sti|na|ke** ⟨f.11⟩ **1** *gelb blühendes Doldengewächs* **2** *dessen eßbare Wurzel* [< lat. *pastinaca*, vielleicht zu *pastinum* „zweizinkige Hacke"]
Pa|stor ⟨auch [-stor] m.13; Abk.: P.⟩ *Geistlicher, Pfarrer* [lat. *pastor* „Hirt", zu *pascere* „weiden lassen, Viehzucht treiben"]
pa|sto|ral ⟨Adj., o.Steig.⟩ **1** *ländlich, in der Art der Hirten* **2** ⟨ugs.⟩ *in der Art eines Pastors, gemessen und belehrend*
Pa|sto|ra|le **I** ⟨f.11⟩ **1** *Hirtenmusik, ländlich-idyllisches Musikstück* **2** ⟨Barockzeit⟩ *musikalisches Schäferspiel* **3** ⟨Mal.⟩ *Darstellung einer Hirtenszene* **II** ⟨n.5⟩ *Bischofsstab*
Pa|sto|ral|theo|lo|gie ⟨f.11; kath. Kirche⟩ *praktische Theologie, Seelsorge*

Pa|sto|rat ⟨n.1⟩ Amt, Amtsräume, Wohnung eines Pastors, Pfarramt, Pfarrhaus

Pa|sto|rel|le ⟨f.11⟩ Hirtenliedchen, Zwiegesang zwischen Schäfer und Schäferin [< ital. *pastorella* in ders. Bed., zu *pastore* ,,Hirt"]

Pa|sto|rin ⟨f.10⟩ weiblicher Pastor

pa|stös ⟨Adj., o.Steig.⟩ **1** dick aufgetragen (Ölfarbe) **2** dickflüssig, breiig [< ital. *pastoso* ,,weich, teigig", zu *pasta*, → *Paste*]

pa|stös ⟨Adj., -er, am pastösesten; Med.⟩ aufgedunsen, aufgeschwemmt zu pasta, → Paste

Pa|sto|si|tät ⟨f., -, nur Sg.⟩ Teigigkeit, Dickflüssigkeit (der Schrift)

Pa|stou|rel|le ⟨[-stu-] f.11⟩ frz. Form für → *Pastorelle*

Pat|chen ⟨n.7⟩ Patenkind

Patch|work ⟨[pɛtʃwəːk] n.9⟩ Gegenstand aus Stoff oder Leder, der aus vielen kleinen Stücken in verschiedenen Farben und Formen zusammengesetzt ist [< engl. *patch-work* ,,Flickwerk", < *patch* ,,Lappen, Flicken" und *work* ,,Arbeit, Werk"]

Pa|te ⟨m.11⟩ Zeuge bei der Taufe bzw. Firmung, der gemeinsam mit den Eltern die Verantwortung für die (christliche) Erziehung des Kindes übernimmt (Tauf~, Firm~); Syn. Patenonkel, ⟨österr.⟩ Göd, ⟨schweiz.⟩ Götti, ⟨landsch.⟩ Gote; bei einem Kind P. stehen die Patenschaft für ein Kind übernehmen; bei etwas P. stehen ⟨ugs.⟩ Einfluß, Wirkung auf etwas ausüben; bei diesen Streichquartetten Mozarts hat Haydn P. gestanden [< mlat. *pater spiritualis* ,,geistlicher Vater", der das Kind aus der Taufe hebt, zu lat. *pater* ,,Vater"]

Pa|tel|la ⟨f., -, -len⟩ → *Kniescheibe* [< lat. *patella* ,,Platte, flache Schüssel", übertr. ,,Kniescheibe", wegen der Form]

pa|tel|lar ⟨Adj., o.Steig.⟩ zur Patella gehörig, von ihr ausgehend

Pa|tel|lar|re|flex ⟨m.1⟩ Reflex beim Schlag gegen die Kniescheibe, Kniesehnenreflex [zu *Patella*]

Pa|te|ne ⟨f.11⟩ Teller zur Darreichung der Hostie [< lat. *patena, patina* ,,Schüssel"]

Pa|ten|kind ⟨n.3⟩ Kind, dessen Patenschaft jmd. übernommen hat

Pa|ten|on|kel ⟨m.5⟩ → *Pate*

Pa|ten|schaft ⟨f.10⟩ **1** Mitverantwortung des Paten für ein Kind (bes. für dessen christliche Erziehung) **2** ⟨DDR⟩ vertraglich festgelegte Förderung, Unterstützung (einer Person, eines Betriebs, einer Schule u.ä.)

pa|tent ⟨Adj., -er, am patentesten⟩ **1** geschickt, tüchtig und zugleich freundlich und sympathisch; ein ~er Kerl; ein ~es Mädchen **2** praktisch, brauchbar; ein ~es Verfahren; das ist p.! [zu *Patent*, da die durch Patent geschützten Dinge, wie Patentknöpfe, -verschlüsse usw., brauchbare, praktische Dinge sind]

Pa|tent ⟨n.1⟩ **1** Urkunde über die Erwerbung eines Berufsgrades (Offiziers~) **2** Urkunde über das Recht zur alleinigen Benutzung und gewerblichen Verwertung einer Erfindung [< mlat. *patens littera* ,,offener Brief", mit dem etwas beglaubigt wird, im Unterschied zu den versiegelten Geheimschreiben, zu lat. *patens*, Gen. *patentis*, ,,offen, unversperrt"]

Pa|tent|amt ⟨n.4⟩ Behörde, die Patente (2) verwaltet

Pa|ten|tan|te ⟨f.11⟩ → *Patin*

Pa|tent|an|walt ⟨m.2⟩ juristischer Fachmann für Patentangelegenheiten

pa|tent|fä|hig ⟨Adj., o.Steig.⟩ so beschaffen, daß es als Patent angemeldet werden kann; ~e Erfindung

pa|ten|tie|ren ⟨V.3, hat patentiert; mit Akk.⟩ **1** durch Patent vor Nachahmung und Auswertung schützen; eine Erfindung p. **2** durch Eintauchen in Salz- oder Bleibad veredeln; eine Metalloberfläche p.

Pa|tent|lö|sung ⟨f.10⟩ einfache Lösung, die eine Schwierigkeit aus der Welt schafft; eine P. wissen

Pa|tent|re|zept ⟨n.1⟩ einfaches, in vielen Schwierigkeiten anwendbares Rezept

Pa|tent|schrift ⟨f.10⟩ einem Patent beigefügte Beschreibung und Zeichnung

Pa|tent|schutz ⟨m., -es, nur Sg.⟩ rechtlicher Schutz einer Erfindung durch ein Patent

Pa|ter ⟨m., -s, - oder -tres; Abk.: P., Pl. PP.⟩ Anrede für Ordenspriester Vater [lat.]

Pa|ter|fa|mi|li|as ⟨m., -, -; altröm. Bez. für⟩ Familien-, Hausvater [lat.]

Pa|ter|na|lis|mus ⟨m., -, nur Sg.; Soziologie⟩ väterliche Bevormundung (bes. durch den Arbeitgeber oder Staat) [zu lat. *paternus* ,,väterlich", zu *pater* ,,Vater"]

pa|ter|na|li|stisch ⟨Adj., o.Steig.⟩ bevormundend

Pa|ter|ni|tät ⟨f., -, nur Sg.; †⟩ Vaterschaft

Pa|ter|no|ster I ⟨n.5⟩ →*Vaterunser* II ⟨m.5⟩ **1** offener Aufzug, der dauernd fährt **2** Becherwerk, Wasserhebewerk [nach den Anfangsworten des lat. Vaterunsers *Pater noster*]

Pa|ter|pec|ca|vi ⟨n., -, -⟩ reuiges Geständnis, Sündenbekenntnis [lat., ,,Vater, ich habe gesündigt"]

Pa|the|tik ⟨f., -, nur Sg.⟩ übertriebene, unnatürliche Feierlichkeit

pa|the|tisch ⟨Adj.⟩ erhaben, feierlich, salbungsvoll, voller Pathos [< griech. *pathetikos* (spätgriech. *pathetos*) ,,für Eindrücke empfänglich, gefühlvoll, leidenschaftlich", zu *paschein (pathein)* ,,leiden, erleben, erfahren"]

pa|tho|gen ⟨Adj., o.Steig.⟩ krankheitserregend [< griech. *pathos* ,,Leiden" und *Genese*]

Pa|tho|ge|ne|se ⟨f.11⟩ Entstehung und Entwicklung einer Krankheit [< griech. *pathos* ,,Leiden" und *Genese*]

Pa|tho|lo|gie ⟨f., -, nur Sg.⟩ Wissenschaft von den Krankheiten [< griech. *pathos* ,,Leiden" und ...*logie*]

pa|tho|lo|gisch ⟨Adj., o.Steig.⟩ **1** zur Pathologie gehörig, auf ihr beruhend **2** zu einer Krankheit gehörig, krankhaft

Pa|tho|psy|cho|lo|gie ⟨f., -, nur Sg.⟩ Wissenschaft von den Krankheitserscheinungen im Seelenleben; Syn. Psychopathologie [< griech. *pathos* ,,Leiden" und *Psychologie*]

Pa|thos ⟨n., -, nur Sg.⟩ **1** Feierlichkeit, erhabene Leidenschaftlichkeit **2** übertriebener Gefühlsausdruck [< griech. *pathos* ,,Gemütsbewegung, Gefühl, Leidenschaft; Leiden"]

Pa|ti|ence ⟨[-sjãs] f.11⟩ ein Kartengeduldsspiel [frz., ,,Geduld, Geduldsspiel", < lat. *patientia* ,,Geduld"]

Pa|ti|ens ⟨n., -, -⟩ Ziel des Geschehens im Satz, Akkusativobjekt; Ggs. Agens (3)

Pa|ti|ent ⟨[-tsjɛnt] m.10⟩ Kranker in ärztlicher Behandlung [< lat. *patiens*, Gen. *-entis*, ,,duldend, geduldig, leidend, Leiden ertragend", zu *pati* ,,leiden, dulden"]

Pa|tin ⟨f.10⟩ weiblicher Pate; Syn. Patentante, ⟨österr.⟩ Gode, Godel, Godl, ⟨schweiz.⟩ Gotte, ⟨landsch.⟩ Gote

Pa|ti|na ⟨f., -, nur Sg.⟩ **1** grüner Überzug auf Kupfer und Kupferlegierungen; Syn. Edelrost **2** ⟨übertr.⟩ Spuren häufigen Gebrauchs [ital., ,,Rost, Edelrost; Lack, Firnis, Glanzmittel für Felle"]

pa|ti|nie|ren ⟨V.3, hat patiniert; mit Akk.⟩ mit künstlicher Patina überziehen

Pa|tio ⟨[-tjo] m.9⟩ Innenhof des südspanischen Hauses

Pa|tis|se|rie ⟨f.11⟩ **1** ⟨†, noch schweiz.⟩ feines Backwerk **2** ⟨in Hotels⟩ Raum zur Herstellung von Backwerk **3** ⟨†, noch schweiz.⟩ → *Konditorei* [< frz. *pâtisserie* in ders. Bed., zu *pâtisser* ,,kneten, Kuchen backen", zu *pâte* ,,Teig"]

Pa|tis|sier ⟨[-sje] m.9⟩ Konditor (bes. in Hotels) [zu *Patisserie*]

Pa|tois ⟨[-toa] n., -, nur Sg.⟩ **1** auf dem Land gesprochene französische Mundart **2** ⟨allg.⟩ Mundart, Provinzsprache [frz., zu altfrz. *patoier* ,,grob anfassen, mit den Händen gestikulieren", also gewissermaßen ,,sich auf einfache Weise verständlich machen", zu *patte* ,,Pfote", familiär auch ,,Hand"]

Pa|tres ⟨Pl. von⟩ Pater

Pa|tri|arch ⟨m.10⟩ **1** ⟨AT⟩ Stammvater (z.B. Abraham); Syn. Altvater, Erzvater **2** Vorsteher mehrerer Kirchenprovinzen (z.B. der Bischof von Rom) **3** (in der Ostkirche sowie in vielen Einzelkirchen Titel für) Oberbischof [< griech. *patriarches* ,,Stammvater (eines Geschlechts)", < *pater*, Gen. *patros*, ,,Vater" und *archos* ,,Anführer, Oberhaupt"]

pa|tri|ar|cha|lisch ⟨[-ça-] Adj., o.Steig.⟩ **1** zu den Patriarchen gehörig, von ihnen ausgehend **2** vaterrechtlich **3** altväterlich, ehrwürdig **4** ⟨übertr.⟩ väterlich-bevormundend, Ehrfurcht und Gehorsam fordernd

Pa|tri|ar|chat ⟨[-çat] n.1⟩ **1** Gesellschaftsform, in der der Vater die bevorrechtete Stelle in Familie und Staat einnimmt; Syn. Vaterherrschaft; Ggs. Matriarchat **2** Amt, Würde eines kirchlichen Patriarchen

pa|tri|ar|chisch ⟨Adj., o.Steig.⟩ einem Patriarchen entsprechend, ehrwürdig

pa|tri|mo|ni|al ⟨Adj., o.Steig.⟩ zum Patrimonium gehörend, erbherrlich

Pa|tri|mo|ni|al|ge|richts|bar|keit ⟨f., -, nur Sg.; früher⟩ Gerichtsbarkeit des Gutsherrn über seine Untergebenen

Pa|tri|mo|ni|al|staat ⟨m.12⟩ Staat, dessen Gebiet vom Herrscher vererbt wird

Pa|tri|mo|ni|um ⟨n., -s, -nien; röm. Recht⟩ väterliches Erbgut; P. Petri ⟨urspr.⟩ der Grundbesitz der römischen Kirche, ⟨dann⟩ der Kirchenstaat [< lat. *patrimonium* ,,vom Vater ererbtes Gut oder Vermögen", zu *pater*, Gen. *patris*, ,,Vater" und Nachsilbe ...*monium*, die das Ergebnis einer Handlung oder Bedingung bezeichnet]

Pa|tri|ot ⟨m.10⟩ jmd., der sein Vaterland liebt [< lat. *patrioticus* ,,vaterländisch, heimatlich", zu *patria* ,,Vaterland", zu *pater*, Gen. *patris*, ,,Vater"]

pa|trio|tisch ⟨Adj.⟩ vaterländisch gesinnt, vaterlandsliebend

Pa|trio|tis|mus ⟨m., -, nur Sg.⟩ Vaterlandsliebe

Pa|tri|stik ⟨f., -, nur Sg.⟩ Lehre von den Schriften der Kirchenväter; Syn. Patrologie

Pa|tri|sti|ker ⟨m.5⟩ Kenner der Patristik; Syn. Patrologe [zu lat. *pater*, Gen. *patris*, ,,Vater"]

pa|tri|stisch ⟨Adj., o.Steig.⟩ zur Patristik gehörend, auf der Patristik beruhend

Pa|tri|ze ⟨f.11⟩ Stempel, Prägestock mit erhaben herausgearbeitetem Bild; Ggs. Matrize [zu lat. *pater*, Gen. *patris*, ,,Vater"]

Pa|tri|zi|at ⟨n., -s, nur Sg.⟩ Gesamtheit der Patrizier

Pa|tri|zi|er ⟨m.5⟩ **1** ⟨im alten Rom⟩ Angehöriger des Adels **2** ⟨MA⟩ wohlhabender Bürger [< lat. *patricius* ,,Patrizier", zu *pater*, Gen. *patris*, ,,Vater" als Anrede und Titel für hohe Persönlichkeiten]

pa|tri|zisch ⟨Adj.⟩ in der Art eines Patriziers, vornehm

Pa|tro|lo|ge ⟨m.11⟩ → *Patristiker*

Pa|tro|lo|gie ⟨f., -, nur Sg.⟩ → *Patristik* [< griech. *pater*, Gen. *patros*, ,,Vater" und ...*logie*]

Pa|tron ⟨m.1⟩ **1** ⟨im alten Rom⟩ Herr (seiner freigelassenen Sklaven) **2** ⟨kath. Kirche⟩ Schutzheiliger (einer Kirche oder eines Berufsstands); Syn. Patronatsheiliger **3** Stifter (einer Kirche) **4** ⟨allg.⟩ Schirmherr, Schutzherr, Gönner **5** Schiffseigentümer **6** ⟨abwertend⟩ Kerl; ein unverschämter, ungehobelter P. [< lat. *patronus* ,,Schutzherr, Verteidiger, Vertreter", zu *pater*, Gen. *patris*, ,,Vater"]

Pa|tro|na ⟨f., -, -nä⟩ Schutzheilige

Pa|tro|na|ge ⟨[-ʒə] f.11⟩ Günstlingswirt-

Patronat

schaft, Bevorzugung von Günstlingen [< *frz. patronage* ,,Schutzrecht, Schutzherrschaft", zu *patron*, → *Patron*]

Pa|tro|nat ⟨n.1⟩ 1 ⟨im alten Rom⟩ *Amt, Würde eines Patrons (1)* 2 *Rechtsstellung eines Kirchenstifters* 3 *Schirmherrschaft*

Pa|tro|nats|fest ⟨n.1⟩ → *Patrozinium*

Pa|tro|ne ⟨f.11⟩ 1 *mit Sprengstoff gefüllte und mit Zündvorrichtung versehene Metallhülse* 2 *lichtundurchlässiger Behälter für einen Kleinbildfilm* 3 ⟨Jacquardweberei⟩ *auf kariertem Papier aufgezeichnetes Muster* [< frz. *patron* ,,Modell, Schablone", eigtl. ,,Musterform, Vaterform", zu lat. *pater*, Gen. *patris*, ,,Vater"]

pa|tro|nie|ren ⟨V.3, hat patroniert; mit Akk.⟩ österr.⟩ *mit Hilfe von Schablonen bemalen*

Pa|tro|nin ⟨f.10⟩ *Schutzheilige, Schutzherrin*

Pa|tro|ny|mi|kon, Pa|tro|ny|mi|kum ⟨n., -s, -ka⟩ *vom Namen des Vaters abgeleiteter Name*, z.B. Hansen, Petrowitsch, Macmillan; Ggs. *Matronymikon* [< griech. *patronymikon* in ders. Bed., < *pater*, Gen. *patros*, ,,Vater" und *onyma* ,,Name"]

pa|tro|ny|misch ⟨Adj., o.Steig.⟩ *vom väterlichen Namen abgeleitet*

Pa|trouil|le ([-truljə] f.11⟩ 1 *zwei oder mehrere Soldaten, die zur Erkundung von etwas ausgesandt werden, Wachtrupp, Streife* 2 *die Erkundung selbst; P. gehen; auf P. gehen* [frz., zu *patrouiller*, urspr. ,,im Schlamm, Schmutz herumpatschen", dann ,,im Rundgang der Wache gehen", zu mundartl. *patrouil* ,,Mistpfütze", sowie *patouiller* ,,im Schmutz patschen", < altfrz. *patoer* ,,die Füße, die Pfoten bewegen", zu *patte* ,,Pfote"]

pa|trouil|lie|ren ([-trulji-] V.3, hat oder ist patrouilliert; o.Obj.⟩ *als Wachposten auf und ab gehen, Streife gehen; vor einem Gebäude p.; durch die Straßen p.*

Pa|tro|zi|ni|um ⟨n., -s, -ni|en⟩ 1 ⟨im alten Rom⟩ *Vertretung durch einen Patron vor Gericht* 2 ⟨MA⟩ *Rechtsschutz des Gutsherrn für seine Untergebenen* 3 *Schutzherrschaft eines Heiligen über eine Kirche* 4 *Fest des Schutzheiligen*; Syn. *Patronatsfest* [< lat. *patrocinium* ,,Vertretung (vor Gericht), Schutz durch einen Patron", eigtl. *patronocinium*, zu *patronus* ,,Vertreter, Schutzherr", zu *pater*, Gen. *patris*, ,,Vater"]

Pät|sche ⟨f.11⟩ 1 *Händchen, ⟨bes.⟩ Kinderhand* 2 *unangenehme Lage, Notlage; in der P. sitzen; jmdm. aus der P. helfen*

pat|schen ⟨V.1, o.Obj.; ugs.⟩ 1 ⟨ist gepatscht⟩ *mit klatschendem Geräusch laufen; durch die Pfützen p.* 2 ⟨hat gepatscht⟩ ⟨kindlich-ungeschickt⟩ *klatschen; das Kind patschte vor Freude in die Hände* 3 ⟨hat gepatscht⟩ *klatschend leicht schlagen; das Kind patschte (mit den Händen) gegen die Fenster, patschte mir ins Gesicht* 4 ⟨ist gepatscht⟩ *klatschend fallen, schlagen; der Regen patscht gegen die Scheiben*

Pat|schen ⟨m.⟩ ⟨Pl.⟩ → *Hausschuh*

pat|sche|naß ⟨Adj.⟩ → *patschnaß*

Patsch|hand ⟨f.2; ugs.⟩ *Kinderhand*

patsch|naß ⟨Adj., o.Steig.⟩ *ganz naß, völlig durchnäßt*; auch: *patschenaß*

Pat|schu|li ⟨n.9⟩ *südostasiatischer Lippenblütler, aus dessen Blättern ein ätherisches Öl gewonnen wird* [< engl. *patchouli* in ders. Bed., < Tamil *paccai* ,,grün" und *ilai* ,,Blatt"]

patt ⟨Adj., o.Steig.⟩ ⟨Schach-, Damespiel⟩ *zugunfähig* [< ital. *patta* ,,quitt, patt" in den Wendungen *far patta* ,,remis machen", *essere patta* ,,quitt sein", vielleicht zu *patto* ,,Vertrag, Übereinkunft, Pakt"]

Patt ⟨n.9; Schach-, Damespiel⟩ 1 *zugunfähige Stellung, unentschiedener Ausgang* 2 ⟨übertr.⟩ *Situation, aus der keine Partei einen Vorteil ziehen kann; parlamentarisches P.; politisches P.*

Pat|te ⟨f.11; an Kleidungsstücken⟩ 1 *Stoffstück als Klappe über der Tasche* 2 *Stoffstück, das an einem Ende aufgenäht und am anderen Ende mit Knopf befestigt ist* [< frz. *patte* in ders. Bed. sowie ,,Pfote, Tatze, Pranke"]

Pat|tern ⟨[pɛtərn] n.9⟩ *Muster, Modell, Denkschema* [engl.]

pat|tie|ren ⟨V.3, hat pattiert; mit Akk.⟩ *mit Raster, mit Notenlinien versehen* [zu frz. *patte* ,,Gerät zum Ziehen von Notenlinien, Rastral"]

pat|zen ⟨V.1, hat gepatzt; o.Obj.; ugs.⟩ 1 ⟨bes. beim Spielen eines Instruments⟩ *einen Fehler machen* 2 ⟨österr.⟩ *klecksen*

Pat|zer ⟨m.5; ugs.⟩ 1 *Fehler (bes. beim Spielen eines Instruments)* 2 *jmd., der viel patzt, Stümper* 3 ⟨österr.⟩ *jmd., der viel kleckst*

pat|zig ⟨Adj.⟩ 1 *derb-frech, grob, unfreundlich* 2 ⟨österr.⟩ *klebrig* **Pat|zig|keit** ⟨f., -, nur Sg.⟩

Pauk|ant ⟨m.10; Studentenspr.⟩ *Fechter (bei einer Mensur)*

Pauk|arzt ⟨m.2; Studentenspr.⟩ *Arzt bei der Mensur*

Pauk|bo|den ⟨m.8; Studentenspr.⟩ *Fechtboden*

Pau|ke ⟨f.11⟩ *kesselförmiges, mit einem Fell überspanntes Instrument, auf dem mit hölzernen Schlegeln Töne erzeugt werden*; Syn. *Kesselpauke, Tympanum*; *auf die P. hauen* ⟨übertr., ugs.⟩ *fröhlich, ausgelassen, leichtsinnig sein*; ⟨auch⟩ *großsprecherisch reden, sich wichtig tun; mit ~n und Trompeten durchs Examen fallen* ⟨ugs.⟩ *wegen völligen Versagens durchfallen*

pau|ken ⟨V.1, hat gepaukt; o.Obj.⟩ 1 *die Pauke schlagen (im Orchester)* 2 ⟨Studentenspr.⟩ *eine Mensur fechten* 3 ⟨Schülerspr.⟩ *intensiv lernen; er hat vor der Prüfung tüchtig gepaukt;* ⟨auch mit Akk.⟩ *Vokabeln p.*

Pau|ken|höh|le ⟨f.11; bei Wirbeltieren und beim Menschen⟩ *Teil des Mittelohres*; Syn. ⟨†⟩ *Tympanum* [nach der Form]

Pau|ker ⟨m.5⟩ 1 *Musiker, der die Pauke schlägt* 2 ⟨Schülerspr.⟩ *Lehrer*

pau|li|nisch ⟨Adj., o.Steig.⟩ *der Lehre des Apostels Paulus entsprechend, auf ihr beruhend*

Pau|li|nis|mus ⟨m., -, nur Sg.⟩ *Lehre des Apostels Paulus*

pau|pe|rie|ren ⟨V.3, hat pauperiert; o.Obj.; Bot.⟩ *sich kümmerlich entwickeln, Merkmale der Eltern weniger ausgeprägt zeigen*; Ggs. *luxurieren (1)* [< lat. *pauperare* ,,arm machen", zu *pauper* ,,arm"]

Pau|pe|ris|mus ⟨m., -, nur Sg.⟩ *Massenarmut, allgemeine Verelendung* [zu lat. *pauper* ,,arm", < *pauci-parus* ,,der wenig Erwerbende", zu *paucus*, Pl. *pauci*, ,,wenig" und *parere* ,,erwerben"]

Pau|per|tät ⟨f., -, nur Sg.; †⟩ *Armut, Dürftigkeit*

Pau|per|täts|eid ⟨m.1; österr. Zivilprozeß⟩ *eidliche Versicherung, die Prozeßkosten nicht zahlen zu können*

Paus|back ⟨m.1⟩ *Mensch, Kind mit dicken Backen*

Paus|backen ⟨-k|k-; Pl.⟩ *dicke Backen*

paus|backig, paus|bäckig ⟨-k|k-; Adj.⟩ *mit dicken Backen versehen*

pau|schal ⟨Adj., o.Steig.⟩ 1 *alles zusammen(gerechnet)* 2 *sehr allgemein, undifferenziert; ein ~es Urteil*

Pau|scha|le ⟨f.11⟩ *einmalige, ab- oder aufgerundete Bezahlung (statt Einzelzahlungen)* [zu *Bausch* in der Wendung *in Bausch und Bogen*; bei der Pauschale spielen (wie bei in Bausch und Bogen) kleine Differenzen keine Rolle]

pau|scha|lie|ren ⟨V.3, hat pauschaliert; mit Akk.⟩ *zu einer Pauschalsumme zusammenrechnen, auf-, abrunden; Kosten p.*

pau|scha|li|sie|ren ⟨V.3, hat pauschalisiert; mit Akk.⟩ *pauschal behandeln, zu sehr verallgemeinern, zu pauschal (2)*

Pau|scha|li|tät ⟨f., -, nur Sg.⟩ *Verallgemeinerung, Undifferenziertheit*

Pau|schal|preis ⟨m.1⟩ *Preis, der ohne genaue Feststellung der Einzelheiten festgesetzt wurde*

Pau|schal|rei|se ⟨f.11⟩ *Gesellschaftsreise, bei der Fahrt, Unterbringung, Verpflegung, Besichtigungen o.ä. pauschal bezahlt werden*

Pau|sche ⟨f.11⟩ 1 *Wulst (am Sattel)* 2 *Bügel (am Turnpferd)*

Pau|se^1 ⟨f.11⟩ *Unterbrechung, Rast; eine P. einlegen; eine P. machen* [< lat. *pausa* ,,Innehalten, Stillstand, Ende", < griech. *pausis* ,,Ruhe, Rast", zu *pauein* ,,beenden, zur Ruhe bringen"]

Pau|se^2 ⟨f.11⟩ *Durchzeichnung, Kopie mittels durchsichtigen Papiers* [Ableitung zu *pausen*, < frz. *poncer* ,,durchpausen, durchstäuben", zu *ponce* ,,Bausch mit Staub zum Durchstäuben"; früher stellte man eine Pause mittels Kreide-, Kohlen- oder Bimssteinstaub her, der durch eine perforierte Zeichnung geklopft wurde, die dann in Umrissen auf dem Malgrund erschien]

pau|sen ⟨V.1, hat gepaust; mit Akk.⟩ *durchzeichnen,* ⟨meist⟩ *durchpausen* [zu *Pause^2*]

Pau|sen|brot ⟨n.1⟩ → *Schulbrot*

pau|sen|los ⟨Adj., o.Steig.⟩ *ohne Pause, ständig*

Pau|sen|zei|chen ⟨n.7⟩ 1 ⟨Mus.⟩ *Zeichen, das in der Notenschrift eine Pause^1 anzeigt* 2 ⟨Rundfunk, Fernsehen⟩ *akustisches Zeichen, das eine Sendepause anzeigt*

pau|sie|ren ⟨V.3, hat pausiert; o.Obj.⟩ *eine Pause^1 machen*

Paus|pa|pier ⟨n.1⟩ 1 *durchsichtiges Papier, das zum Durchpausen dient* 2 *Kohlepapier*

Pa|va|ne ⟨f.11⟩ 1 ⟨urspr.⟩ *Schreittanz, Reigentanz* 2 ⟨dann⟩ *Satz der Suite (2)* [< ital. *pavana* in ders. Bed., eigtl. *padovana* ,,Tanz aus Padua, paduanischer Tanz"]

Pa|vi|an ⟨m.1⟩ *Affe mit langer Schnauze und großen Eckzähnen (Männchen oft mit Mähne) (Mantel~)* [< frz. *babouin*, ital. *babbuino* ,,Dummkopf, törichter Mensch", auch ,,groteskes kleines Tier", zu frz. *baboue* ⟨†⟩ ,,Maul"]

Pa|vil|lon ⟨[-vijõ] auch [-viljõ] m.9⟩ 1 *kleines, frei stehendes Gartenhaus* 2 *Ausstellungskiosk* 3 ⟨bes. an Barockbauten⟩ *kleiner An-, Vorbau* 4 *Festzelt* [frz., ,,Zelt, Vorbau, Lusthäuschen", < lat. *papilio*, Gen. *-onis*, ,,Schmetterling", sowie ,,großes Zelt, Hauszelt", wegen der Form des ausgespannten Zeltes, das einem fliegenden Schmetterling ähnelt]

Pa|vil|lon|bau|wei|se ⟨[-vijõ-] f., -, nur Sg.⟩ *lockere, in Einzelgebäude aufgelöste Bauweise*

Pax ⟨f., -, nur Sg.⟩ *Friede; P. Christi 1944 in Lourdes entstandene kath. Weltfriedensbewegung; P. Dei* ⟨[- dɛi] MA⟩ *Gottesfriede; P. Romana die Zeit des befriedeten Römischen Reiches von Augustus bis zur Völkerwanderung;* ⟨auch⟩ *1921 in Freiburg entstandene kath. Studentenbewegung; P. vobiscum!* ⟨Gruß des kath. Bischofs⟩ *Friede sei mit euch!* [lat.]

Pay|back ⟨[peɪbɛk] n.9⟩ *Rückgewinnung investierten Kapitals*; Syn. *Payout* [< engl. *to pay back* ,,zurückzahlen"]

Pay|ing Guest ⟨[peɪɪŋ gɛst] m., - -(s), - -s⟩ *Gast, der in einer Familie aufgenommen wird, aber für Unterkunft und Verpflegung etwas bezahlt* [engl., ,,zahlender Gast"]

Pay|out ⟨[peɪaʊt] n.9⟩ → *Payback* [< engl. *to pay out* ,,auszahlen"]

Pa|zi|fi|ka|ti|on ⟨f., -, nur Sg.⟩ *das Pazifizieren, Befriedung*

pa|zi|fisch ⟨Adj., o.Steig.⟩ *den Pazifik betreffend, ihm gehörig; im ~en Raum*

Pa|zi|fis|mus ⟨m., -, nur Sg.⟩ *Ablehnung des Krieges, Bestreben, den Frieden um jeden Preis zu erhalten* [< frz. *pacifisme* in ders.

Bed., < lat. *pacificus* ,,Frieden bringend, stiftend", zu *pacificare* ,,versöhnen, besänftigen", < *pax*, Gen. *pacis*, ,,Frieden" und *...ficare* (in Zus. für *facere*) ,,machen"]

Pa|zi|fist ⟨m.10⟩ *Anhänger des Pazifismus*

pa|zi|fi|stisch ⟨Adj., o.Steig.⟩ *auf dem Pazifismus beruhend, den Pazifismus vertretend*

pa|zi|fi|zie|ren ⟨V.3, hat pazifiziert; mit Akk.⟩ *in den Friedenszustand versetzen, befrieden; ein Land p.* [< lat. *pacificari* ,,Frieden schließen", < *pax*, Gen. *pacis*, ,,Frieden" und *...ficare* (in Zus. für *facere*) ,,machen"]

Pb ⟨chem. Zeichen für⟩ *Blei (Plumbum)*

pc ⟨Abk. für⟩ *Parallaxensekunde*

p. c. ⟨Abk. für⟩ *per centum, pro centum;* vgl. *Prozent*

p. Chr. ⟨Abk. für⟩ *post Christum (natum): nach Christi Geburt*

Pd ⟨chem. Zeichen für⟩ *Palladium*

p. e. ⟨Abk. für⟩ *per exemplum*

Pe-Ce-Fa|ser ⟨f.11⟩ *eine Kunstfaser* [gekürzt < *Polyvinylchlorid*]

Pech ⟨n.1⟩ **1** *schwarzer, klebriger Rückstand bei der Destillation von Stein- und Braunkohleteer und Erdöl; zusammenhalten wie P. und Schwefel* (übertr., ugs.) *sehr fest, unerschütterlich zusammenhalten* **2** ⟨nur Sg., übertr.⟩ *unglücklicher Zufall, Mißgeschick;* P. *haben; vom P. verfolgt sein; so ein P.!*

Pech|blen|de ⟨f.11⟩ *Abart des Minerals Uranpecherz*

Pech|koh|le ⟨f.11⟩ *dunkle, steinkohlenähnliche Braunkohle*

Pech|na|se ⟨f.11; an Festungen⟩ *Vorsprung, aus dem heißes Pech auf die Angreifer gegossen wurde*

Pech|nel|ke ⟨f.11⟩ *rot blühendes Nelkengewächs mit klebrigem Stengel*

pech|ra|ben|schwarz, pech|schwarz ⟨Adj., o.Steig.⟩ *völlig, ganz schwarz*

Pech|sträh|ne ⟨f.11⟩ **1** *Reihe von unglücklichen Zufällen* **2** *Zeit, in der man oft Pech hat;* Ggs. *Glückssträhne*

Pech|vo|gel ⟨m.6⟩ *jmd., der oft Pech hat*

Pe|dal ⟨n.1⟩ **1** *Vorrichtung zur Übertragung von Bewegungen mit dem Fuß (Gas~, Fahrrad~)* **2** ⟨am Klavier⟩ *Fußhebel zum Nachschwingenlassen oder Dämpfen der Töne* **3** ⟨an der Harfe⟩ *Fußhebel zum Umstimmen der Saiten* **4** ⟨an der Orgel⟩ *mit den Füßen zu spielende Tastenreihe;* Ggs. *Manual* **5** ⟨ugs., scherz.⟩ *Fuß;* mir tun ⟨nach der langen Wanderung⟩ die ~e weh [< lat. *pedalis* ,,zum Fuß gehörig, Fuß...", zu *pes*, Gen. *pedis*, ,,Fuß"]

pe|dant ⟨Adj., -er, am pedantesten; österr.⟩ *pedantisch*

Pe|dant ⟨m.10⟩ *übertrieben genauer Mensch, Kleinigkeitskrämer* [< frz. *pédant* ,,Schulmeister, Pedant", < ital. *pedante* ,,Schulmeister, kleinlich genauer Mensch", wahrscheinlich zu griech. *paideuein* ,,erziehen, unterrichten", → *Pädagoge*]

Pe|dan|te|rie ⟨f., -, nur Sg.⟩ *übertriebene Genauigkeit*

pe|dan|tisch ⟨Adj.⟩ *übertrieben ordentlich, äußerst genau*

Ped|dig|rohr ⟨n.1⟩ *Rohr aus dem Stamm der Rotangpalme* ⟨zu mnddt. *ped(d)ik, ped(d)ek* ,,Mark, Innerstes" (von Bäumen und Sträuchern), < mndrl. *peddic* ,,Mark", zu *pit* ,,Kern"]

Pe|dell ⟨m.1; †⟩ *Hausmeister (an Schulen, Hochschulen)* [< mlat. *pedellus, bedellus* ,,Gerichtsdiener, Bote, Gehilfe eines Magistratsbeamten" < ahd. *bitil, butil* ,,Gerichtsdiener", das ins Romanische wanderte und aus dem Mittellateinischen zurückentlehnt wurde]

Pe|di|gree ⟨[pεdigri:] m.9⟩ *Stammbaum von Tieren (bes. von Pferden)* [engl., ,,Stammbaum"]

Pe|di|kü|re ⟨f.11⟩ **1** ⟨nur Sg.⟩ *Pflege, Behandlung der Füße, schneiden der Fußnägel usw.;* Ggs. *Maniküre* **2** *Fußpflegerin* [< frz. *pédicure* ,,Fußpflege", < lat. *pes*, Gen. *pedis*, ,,Fuß" und *cura* ,,Sorge, Pflege"]

pe|di|kü|ren ⟨V.3, hat pediküriert; mit Akk. oder mit Dat. und Akk.⟩ *jmdn. p., (oder) jmdm. die Füße p. jmdn. die Füße pflegen, behandeln, die Fußnägel schneiden usw.;* Ggs. *maniküren*

Pe|di|ment ⟨n.1⟩ *aus festem Gestein bestehende, mäßig geneigte Fläche am Fuß eines Berges* [vermutlich < lat. *pes*, Gen. *pedis*, ,,Fuß" und *Fundament*]

Pe|di|skript ⟨n.1⟩ *mit den Füßen geschriebener Text (z. B. von Armamputierten);* vgl. *Manuskript* [< lat. *pes*, Gen. *pedis*, ,,Fuß" und *scriptum* ,,das Geschriebene", zu *scribere* ,,schreiben"]

Pe|do|lo|gie ⟨f., -, nur Sg.⟩ → *Bodenkunde* [< griech. *pedon* ,,Boden, Erdboden" und *...logie*]

Pe|do|me|ter ⟨n.5⟩ *Schrittmesser, Schrittzähler* [< lat. *pes*, Gen. *pedis*, ,,Fuß" und *...meter*]

Peep|show ⟨[pip∫ou] f.9⟩ *Zurschaustellung einer nackten Frau (in Bewegung), die gegen Entgelt durch ein Fensterchen beobachtet werden kann* [engl., < *to peep* ,,verstohlen schauen, lugen" und *show* ,,Anblick, Schau"]

Peer ⟨[pir] m.9⟩ **1** *Angehöriger des englischen Hochadels* **2** *Mitglied des Oberhauses im englischen Parlament*

Pee|rage ⟨[piridʒ] f., -, nur Sg.⟩ **1** *Peerswürde* **2** *Gesamtheit der Peers*

Pe|ga|sus ⟨m., -, nur Sg.⟩ *geflügeltes Roß (Sinnbild der dichterischen Phantasie)* [< griech. *Pegasos* in ders. Bed., zu *pege* ,,Quelle", in der unter seinen Hufschlägen die Quellen auf dem Berg Helikon, dem Sitz der Musen, entsprangen]

Pe|gel ⟨m.5⟩ **1** *Gerät, Latte zum Messen des Wasserstandes* **2** *der Wasserstand selbst* [nddt.]

Peg|ma|tit ⟨m.1⟩ *aus Magma entstandenes, grobkörniges Gestein* [< griech. *pegma* ,,Festgewordenes"]

Pah|le|wi ⟨[pεx-] n., -, nur Sg.⟩ *mittelpersische Sprache und Schrift;* auch: *Pahlawi*

Pei|es ⟨Pl.⟩ *Schläfenlocken (der orthodoxen Juden)*

pei|len ⟨V.1, hat gepeilt⟩ **I** ⟨mit Akk.⟩ *etwas p. den Standort von etwas bestimmen; ein Schiff, einen Ort an der Küste p.; die Lage p.* ⟨ugs.⟩ *die Lage, die Situation, die Stimmung erkunden* **II** ⟨o.Obj.⟩ *die Wassertiefe bestimmen*

Pei|ler ⟨m.5⟩ **1** *Gerät zum Peilen* **2** *jmd., der peilt*

Pei|lung ⟨f.10⟩ *das Peilen*

Pein ⟨f., -, nur Sg.⟩ *starkes, quälendes Unbehagen, quälender Schmerz; sein Rheuma bereitet ihm* (große) P.; *schon der Gedanke daran macht mir* P.; *jmdm. das Leben zur* P. *machen*

pei|ni|gen ⟨V.1, hat gepeinigt; mit Akk.⟩ *jmdn. p. jmdm. Pein zufügen, jmdn. quälen; der Schmerz peinigt mich; jmdn. mit Fragen, Vorwürfen p.* **Pei|ni|gung** ⟨f.10⟩

pein|lich ⟨Adj.⟩ **1** ⟨Rechtsw.; früher⟩ *an Leib und Leben gehend;* ~e *Befragung Verhör mit Folter; er wurde p. befragt* **2** *unangenehm, Scham, Verlegenheit erzeugend; ein* ~er *Vorfall; die Sache ist mir* (äußerst) p. **3** *äußerst sorgfältig, sehr genau;* überall *herrscht* ~e *Ordnung* **4** ⟨als Adv.⟩ *sehr, überaus;* hier ist es p. *sauber*

Pein|lich|keit ⟨f.10⟩ **1** ⟨nur Sg.⟩ *das Peinlichsein* **2** *peinliche Handlung, peinliche Rede; das und andere* ~en

Peit|sche ⟨f.11⟩ *Schlaginstrument aus einem langen, dünnen Lederriemen oder einem Stock mit einer daran befestigten Schnur; dem Pferd die P. geben*

peit|schen ⟨V.1⟩ **I** ⟨mit Akk.; hat gepeitscht⟩ **1** *mit der Peitsche schlagen* **2** *in heftige Bewegung bringen; der Sturm peitscht die Wellen, die Bäume* **II** ⟨o.Obj.; ist gepeitscht⟩ *mit hellem, scharfem Geräusch, wie Peitschenschläge zu hören sein; Schüsse peitschten durch die Straßen*

Pe|jo|ra|ti|on ⟨f.10⟩ *Verschlechterung der Bedeutung eines Wortes, z.B. ordinär* [→ *Pejorativum*]

pe|jo|ra|tiv ⟨Adj., o.Steig.⟩ *bedeutungsverschlechternd*

Pe|jo|ra|ti|vum ⟨n., -s, -va⟩ *Wort mit bedeutungsverschlechterndem Bildungselement, z.B. frömmeln, kindisch* [nach dem Muster von → *Meliorativum* gebildet < lat. *peiorare* ,,verschlechtern", zu *peior* ,,schlechter", Komparativ zu *malus* ,,schlecht, übel"]

Pe|ka|ri ⟨n.9⟩ *amerikanischer wildschweinähnlicher Paarhufer* [< einer mittelamerik. Eingeborenenspr. *begare* in ders. Bed.]

Pe|ke|sche ⟨f.11⟩ **1** *mit Pelz und Schnüren verzierter polnischer Mantelrock* **2** *mit Schnüren verzierte Festjacke der Verbindungsstudenten*

Pe|ki|ne|se ⟨m.1⟩ *kleine, langhaarige Hunderasse mit stumpfer Schnauze* [nach *Peking,* der Hauptstadt Chinas]

Pe|koe ⟨[pikou] m., -s, nur Sg.⟩ *Teesorte aus dünnen, feinen Blättern oder aus Blattspitzen* [< chin. *pai* ,,weiß" und *hao* ,,Unterseite von Pflanzenblättern", wegen der feinen weißen Härchen auf der Unterseite der Teeblätter]

Pek|tin ⟨n.1⟩ *quellfähiger, leicht gelierender Stoff in Pflanzen (bes. in unreifen Früchten)* [< griech. *pektos* ,,festgemacht, festgefügt", zu *pegnynai* ,,fest, steif machen, gerinnen oder gefrieren lassen"]

pek|to|ral ⟨Adj., o.Steig.⟩ *zur Brust gehörig, brust...* [zu lat. *pectus*, Gen. *pectoris*, ,,Brust"]

Pek|to|ra|le ⟨n.5, Pl. auch -lien⟩ **1** ⟨Antike, MA⟩ *Brustschmuck* **2** *verziertes, auf der Brust getragenes Kreuz für Bischöfe und Äbte;* Syn. *Brustkreuz* **3** *Schließe am Bischofsmantel* [< lat. *pectoralis* ,,zur Brust gehörig, Brust...", zu *pectus*, Gen. *pectoris*, ,,Brust"]

pe|ku|ni|är ⟨Adj., o.Steig.⟩ *geldlich, hinsichtlich des Geldes; wie geht es ihm p.?;* seine ~en *Verhältnisse sind schlecht, gut* [< lat. *pecuniarius* ,,zum Geld gehörig, geldlich", zu *pecunia* ,,Geld, Vermögen", zu *pecus* ,,Vieh"; früher war Vieh Zahlungsmittel und der Besitz an Vieh Maßstab für den Reichtum]

pek|zie|ren ⟨V.3, hat pekziert; mit Akk.⟩ *etwas p. einen Fehler, eine Dummheit machen, etwas Böses begehen;* auch: *pexieren* [< lat. *peccare* ,,einen Fehler machen, sündigen"]

pe|la|gi|al ⟨Adj.⟩ → *pelagisch*

Pe|la|gi|al ⟨n., -s, nur Sg.⟩ **1** *Lebensraum des Meeres und großer Binnenseen* **2** *Gesamtheit der Organismen im Meer und in großen Binnenseen* [< griech. *pelagos* ,,Meer", zu *plax*, Gen. *plagos*, ,,Ebene, Fläche, Meeresfläche"]

Pe|la|gia|ner ⟨m.5⟩ *Anhänger des Pelagianismus*

Pe|la|gia|nis|mus ⟨m., -, nur Sg.⟩ *Lehre des irischen Mönchs Pelagius (5.Jh.), der entgegen der Gnadenlehre Augustins die Erbsünde ablehnte und die menschliche Willensfreiheit vertrat*

pe|la|gisch ⟨Adj., o.Steig.⟩ *im Meer und in großen Binnenseen lebend;* auch: *pelagial* [zu *Pelagium*]

Pe|lar|go|nie ⟨[-njə] f.11⟩ *in großen Dolden blühendes, südafrikanisches Storchschnabelgewächs, Balkonpflanze;* Syn. (volkstümlich) *Geranie; eingehen wie eine* P. ⟨ugs.⟩ *eine schwere Niederlage erleiden* [< griech. *pelargos* ,,Storch"; die Früchte erinnern an einen Vogelkopf mit langem Schnabel]

Pe|las|ger ⟨m.5⟩ *Angehöriger der sagenhaften Urbevölkerung Griechenlands*

Pele|mele ⟨[pεlmεl] n., -(s), nur Sg.⟩ **1** *Durcheinander, Mischmasch* **2** *Süßspeise aus Vanillecreme und Früchten* [< frz. *pêle-*

mêle < altfrz. *pesle-mesle* „bunt durcheinander; Wirrwarr", zu *mesler* < lat. *miscere* „mischen"]

pê|le-mê|le ⟨[pɛlmɛl] Adj., o.Steig., o.Dekl.⟩ nur als Adv. und mit „sein"⟩ *durcheinander* [frz.]

Pe|le|ri|ne ⟨f.11⟩ *ärmelloser (Regen-)Umhang* [< frz. *pèlerine* „Umhang", eigtl. „Pilgermantel", zu *pèlerin* „Pilger" < lat. *peregrinus* „Fremder"]

Pe|li|kan ⟨m.1⟩ *schwerer Wasservogel mit häutigem Kehlsack und Schwimmhäuten zwischen den Zehen* [< griech. *pelekan*, auch *pelekinos* in ders. Bed., wohl zu *pelekys* „Axt, Beil", wegen des langen Schnabels, dessen oberer Teil am Ende einen hakenförmigen Fortsatz hat]

Pell|agra ⟨n., -, nur Sg.⟩ *besonders durch Hautausschlag gekennzeichnete Krankheit infolge Mangels an Vitamin B_2 (früher bes. in Oberitalien)* [nach dem Muster von →*Podagra* gebildet, zu ital. *pelle* „Haut", < lat. *pellis* < griech. *pella* „Fell, Haut"]

Pel|le ⟨f.11⟩ **1** *dünne Schale (Kartoffel~)* **2** *Umhüllung der Wurst* [< lat. *pellis* „Fell, Haut"]

pel|len ⟨V.1, hat gepellt; mit Akk.⟩ *etwas p. die Pelle von etwas entfernen, schälen; Kartoffeln p.*

Pell|kar|tof|fel ⟨f.11⟩ *in der Schale gekochte Kartoffel*

pel|lu|zid ⟨Adj., o.Steig.⟩ *durchscheinend, lichtdurchlässig (von Mineralien)* [< lat. *pellucidus, perlucidus* „durchsichtig", < *per* „durch" und *lucidus* „hell, lichtvoll", zu *lux*, Gen. *lucis*, „Licht"]

Pe|lo|ta ⟨f., -, nur Sg.⟩ *baskisches Ballspiel, Rückschlagspiel* [span. „Ball"]

Pe|lot|te ⟨f.11⟩ *Knäuel, Ball, Druckpolster (z.B. gegen Spreizfuß)* [< frz. *pelote* „Knäuel"]

Pelz ⟨m.1⟩ **1** *(bearbeitetes) Fell eines Pelztieres; einem Tier eins auf den P. brennen auf ein Tier schießen; jmdm. auf den P. rücken* ⟨ugs.⟩ *jmdn. mit einem Anliegen belästigen* **2** *daraus hergestellter Mantel; den P. anziehen; die Damen erschienen in kostbaren ~en* **3** ⟨Spinnerei⟩ *dicker Wollflor aus mehreren Faserschichten* [< lat. *pellicia (vestis)* „Fell(kleid)", zu *pellis* „Fell, Haut"]

pel|zen ⟨V.1, hat gepelzt⟩ **I** ⟨mit Akk.⟩ *ein Tier p. einem Tier den Pelz abziehen* **II** ⟨o.Obj.; landsch.⟩ *faulenzen*

pel|zig ⟨Adj.⟩ **1** *wie ein Pelz (2); ~e Oberfläche* **2** *voller Pelz (1); ~es Tier* **3** *(gefühlsmäßig) rauh und trocken; ~e Zunge; sich p. anfühlen (von Körperstellen, z.B. nach einer Spritze)*

Pelz|tier ⟨n.1⟩ *einen Pelz (1) tragendes Säugetier*

Pelz|werk ⟨n., -(e)s, nur Sg.⟩ *Gesamtheit von bearbeiteten Pelzen;* Syn. ⟨auf Wappen⟩ *Kürsch;* mit P. verbrämter Mantel

Pem|mi|kan ⟨m., -s, nur Sg.⟩ **1** *(bei den nordamerik. Indianern) zerstampftes, getrocknetes Fleisch und Fett, Dauerfleisch* **2** ⟨danach⟩ *Fleischpulverkonserve* [< einem Algonkin-Dialekt (Cree) *pimikan*, verarbeitetes Fett", < *pimikeu* „er, sie macht Fett", < *pimü* „Fett"]

Pem|phi|gus ⟨m., -, nur Sg.; Sammelbez. für⟩ *Hautkrankheit mit Blasenbildung* [< griech. *pemphix*, Gen. *pemphigos*, „Blase"]

PEN vgl. *PEN-Club*

Pe|nal|ty ⟨[-nəl-] m.9; Eishockey⟩ *Strafschuß* [engl., eigtl. „Strafe, Buße"]

Pe|na|ten ⟨Pl.⟩ **1** ⟨röm. Myth.⟩ *Götter von Haus und Herd* **2** ⟨übertr.⟩ *Heim und Wohnung; zu den P. zurückkehren heimkehren*

Pence ⟨[pɛns] Pl. von⟩ *Penny* [engl.]

Pen|chant ⟨[pãʃã] m.9; †⟩ *Vorliebe, Hang, Neigung* [frz., zu *pencher* „neigen"]

PEN-Club ⟨m., -s, nur Sg.⟩ *internationale Vereinigung von Schriftstellern* [gekürzt < engl. *poets, essayists, novellists* „Dichter, Essayisten, Romanschriftsteller"]

Pen|dant ⟨[pãdã] n.9⟩ *Gegenstück, Ergänzung; dieses Bild ist das P. zu jenem, das dort drüben hängt* [< frz. *pendant* „Gegen-, Seitenstück", eigtl. „Hängendes" (nämlich eine der beiden Waagschalen), zu *pendant* „hängend, schwebend"]

Pen|del ⟨n.5⟩ *frei hängender, um einen Punkt schwingender Körper (Uhr~)* [< mlat. *pendulum* „Teil des Gürtels, an dem das Messer oder Schwert hängt"; *Schwinggewicht*, < lat. *pendulus* „hängend, schwebend", zu *pendere* „hängen, herabhängen"]

pen|deln ⟨V.1; o.Obj.⟩ **1** ⟨hat gependelt⟩ *frei hängen und hin- und herschwingen; die Beine p. lassen* **2** ⟨ist gependelt; ugs.⟩ *zwischen zwei Orten,* ⟨bes.⟩ *zwischen Wohnsitz und Arbeitsstätte regelmäßig hin- und herfahren*

Pen|del|ver|kehr ⟨m., -s, nur Sg.⟩ *regelmäßig zwischen zwei Orten stattfindender Verkehr (von öffentlichen Verkehrsmitteln)*

Pen|den|tif ⟨[pãdã] n.9; Baukunst⟩ *jeder der vier Zwickel über den Ecken eines quadratischen Unterbaus als Verbindung zur runden Kuppel* [frz., zu *pendant* „hängend", zu *pendre* „hängen"]

Pendler ⟨m.5⟩ *jmd., der pendelt (2)*

Pen|dü|le ⟨[pã-] f.11⟩ *Tischpendeluhr, Stutzuhr* [< frz. *pendule* „Pendel, Pendeluhr", < lat. *pendulus* „hängend, schwebend", zu *pendere* „hängen"]

pe|ne|tra|bel ⟨Adj., o.Steig.; †⟩ *durchdringbar* [zu *penetrieren*]

pe|ne|trant ⟨Adj., -er, am penetrantesten⟩ **1** *durchdringend; ein ~er Geruch; das schmeckt p. nach Knoblauch* **2** ⟨übertr.⟩ *aufdringlich; ein ~er Frager, Bittsteller* [< lat. *penetrans*, Gen. *-antis*, Part. Präs. von *penetrare* „hinein-, eindringen, durchdringen"]

Pe|ne|tranz ⟨f., -, nur Sg.⟩ **1** *penetrante Beschaffenheit* **2** ⟨Biol.⟩ *Wahrscheinlichkeit der Ausbildung eines bestimmten Merkmals in der Entwicklung*

Pe|ne|tra|ti|on ⟨f.10⟩ *das Penetrieren, Durchdringung, Durchsetzung*

pe|ne|trie|ren ⟨V.3, hat penetriert; mit Akk.⟩ *etwas p. durch etwas hindurchdringen; Giftstoffe p. ein Gewebe; Flüssigkeit penetriert eine Scheidewand; eine Ideologie penetriert eine Gemeinschaft* ⟨übertr.⟩

pe|ni|bel ⟨Adj., penibler, am -sten⟩ *sehr sorgfältig, peinlich genau* [< frz. *pénible* „mühsam, peinlich, schmerzlich", zu *peine* „Kummer, Schmerz"]

Pe|ni|bi|li|tät ⟨f., -, nur Sg.⟩ *penible Art, große Sorgfalt*

Pe|ni|cil|lin ⟨n., -s, nur Sg.⟩ *aus dem Pinselschimmelpilz Penicillium notatum gewonnene Antibiotika-Gruppe;* auch: *Penizilin* [< lat. *penicillus* „Pinsel", zu *peniculus* „Pinsel, Schwänzchen", Verkleinerungsform von *penis* „Schwanz"; die Hyphen des Pilzes verzweigen sich pinselförmig]

Pen|in|su|la ⟨f., -, -lae [-lɛ:]⟩ →*Halbinsel* [< lat. *peninsula, paeninsula* „Halbinsel", < *paene* „beinahe, fast" und *insula* „Insel"]

pen|in|su|lar, pen|in|su|la|risch ⟨Adj., o.Steig.⟩ *zu einer Halbinsel gehörig, wie eine Halbinsel* [zu *Peninsula*]

Pe|nis ⟨m., -, -nes oder -nisse; beim Mann und vielen männl. Tieren⟩ *Begattungsorgan;* Syn. *Glied* [< lat. *penis* „Schwanz"]

Pe|nis|neid ⟨m., -(e)s, nur Sg.⟩ *Psych.) Unterlegenheitsgefühl des Mädchens im Kleinkindalter gegenüber den Jungen aufgrund des Geschlechtsunterschieds*

Pe|ni|zil|lin ⟨n., -s, nur Sg.⟩ →*Penicillin*

Pen|nal ⟨n.1; Schülerspr.; †⟩ *höhere Schule* [< mlat. *pennale, pennaculum* „Behälter für Federn", zu *penna* „Feder" (Vogel- und Schreibfeder)]

Pen|nä|ler ⟨m.5; ugs.⟩ *Schüler (einer höheren Schule), Gymnasiast* [zu *Pennal*]

Pen|n|bru|der ⟨m.6; ugs.⟩ *Landstreicher;* Syn. *Penner*

Pen|ne¹ ⟨f.11; Schülerspr.⟩ *(höhere) Schule* [zu *Pennal*]

Pen|ne² ⟨f.11⟩ *Kneipe, einfache Herberge* [ältere Form *Benne*, < hebr. *binjan* „Gebäude", angelehnt an *pennen*]

pen|nen ⟨V.1, hat gepennt; o.Obj.; ugs.⟩ *schlafen* [wahrscheinlich < jidd. *pannai* „müßig", zu hebr. *panai* „Zeit", also soviel wie „müßig sein, Zeit haben"]

Pen|ner ⟨m.5⟩ →*Pennbruder*

Pen|ni ⟨m., -(s), -niä; Abk.: p⟩ *finnische Währungseinheit, $^1/_{100}$ Markka* [< nddt. *Pennig* „Pfennig"]

Pen|ny ⟨m., -s, Pence [pɛns]* oder (bei wenigen Stücken) *-nies; Abk.: p⟩ *englische Währungseinheit, $^1/_{10}$ Shilling; das kostet fünf Pence; behalt deine paar Pennies!* [< mengl. *peni* < altengl. *penig, pening*, →*Pfennig*]

Pen|sa ⟨Pl. von⟩ *Pensum*

pen|see, pen|sée ⟨[pãse] Adj., o.Dekl.⟩ *dunkellila*

Pen|sée ⟨[pãse] n.9⟩ *Stiefmütterchen* [< frz. *pensée* in ders. Bed. sowie „Gedanke", zu *penser* „denken", vielleicht wegen der Blüte, die wie ein nachdenkliches Gesicht aussieht]

Pen|si|on ⟨[pã-] bayr.-österr., schweiz. [pɛn-] f.10⟩ **1** *Ruhestand; in P. gehen* **2** →*Ruhegehalt; P. beziehen* **3** *Fremdenheim* **4** *Unterkunft und Verköstigung* **5** ⟨†⟩ *Pensionat* [frz., eigtl. „Einrichtung, in der gegen Bezahlung eine Leistung erbracht wird", < lat. *pensio*, Gen. *-onis*, „Zahlung, Abgabe", eigtl. „das mit der Waage Abgewogene", also „das mit der Waage Abgemessene", zu *pendere* „hängen lassen" (nämlich die Waagschalen), „abwägen, zahlen"]

Pen|sio|när ⟨[pã-] bayr.-österr., schweiz. [pɛn-] m.1⟩ **1** *jmd., der im Ruhestand lebt* **2** *Gast in einer Pension* **3** ⟨†⟩ *Zögling eines Pensionats*

Pen|sio|nat ⟨[pã-], bayr.-österr. [pɛn-] n.1; †⟩ *Internat*

pen|sio|nie|ren ⟨[pã-] bayr.-österr., schweiz. [pɛn-] V.3, hat pensioniert; mit Akk.⟩ *in Ruhestand versetzen* **Pen|sio|nie|rung** ⟨[pã-] bayr.-österr., schweiz. [pɛn-] f.10⟩

Pen|sio|nist ⟨[pɛn-] m.10; süddt., österr., schweiz.⟩ *jmd., der Pension bezieht, Ruheständler*

Pen|sum ⟨n., -s, -sa oder -sen⟩ *in einer bestimmten Zeit zu erledigende Arbeit von bestimmtem Umfang* [< lat. *pensum* „Tagesarbeit, Aufgabe", eigtl. „die den Sklavinnen täglich zum Verarbeiten zugewogene Wolle", zu *pendere* „wiegen"]

Pen|ta|chord ⟨[-kɔrd] n.1⟩ *Streich- oder Zupfinstrument mit fünf Saiten* [< griech. *pente* „fünf" und *chorde* „Darm, Darmsaite"]

Pen|ta|de ⟨f.11⟩ *Zeitraum von fünf Tagen* [zu griech. *pente* „fünf"]

Pen|ta|eder ⟨n.5⟩ *von fünf Flächen begrenzter Körper;* Syn. *Fünfflächner* [< griech. *pente* „fünf" und *hedra* „Fläche, Grundfläche"]

Pen|ta|gon ⟨n.1⟩ **1** →*Fünfeck* **2** ⟨nur Sg.⟩ *das auf einem fünfeckigen Grundriß errichtete Verteidigungsministerium der USA in Washington* [< griech. *pente* „fünf" und *gonia* „Ecke"]

pen|ta|go|nal ⟨Adj., o.Steig.⟩ *fünfeckig*

Pen|ta|gramm ⟨n.1⟩ *fünfzackiger Stern, der in einem Zug gezeichnet werden kann* [< griech. *pente* „fünf" und *...gramm*]

Pent|ame|ron, Pent|ame|rone ⟨n., -(s), nur Sg.⟩ *Sammlung neapolitanischer Märchen, die an fünf Tagen erzählt werden* [< griech. *pente* „fünf" und *hemera* „Tag"]

Pent|ame|ter ⟨m.5⟩ *fünffüßiger daktylischer Vers (der zusammen mit einem Hexameter ein Distichon bildet)* [< griech. *pente* „fünf" und *...meter*]

Pen|tan ⟨n.1⟩ *ein gesättigter, aliphatischer Kohlenwasserstoff* [< griech. *pente* „fünf", nach den fünf Kohlenstoffatomen, die das Molekül enthält]
Pent|ar|chie ⟨f.11⟩ *Herrschaft von fünf Großmächten* [< griech. *pente* „fünf" und *archein* „herrschen"]
Pen|ta|teuch ⟨m., -(s), nur Sg.⟩ *die fünf Bücher Mosis im AT* [< griech. *pente* „fünf" und *teuchos* „Gerät, Werkzeug, Behälter"; eigtl. „das Zubereitete", zu *teuchein* „bereiten, anfertigen"]
Pent|ath|lon ⟨n., -s, nur Sg.⟩ *antiker Fünfkampf (Ringen, Laufen, Weitsprung, Diskus- und Speerwerfen)* [< griech. *pente* „fünf" und *athlos* „Wettkampf"]
Pen|ta|to|nik ⟨f., -, nur Sg.⟩ *auf einer Tonleiter von fünf Tönen beruhendes System der mittelalterlichen und orientalischen Musik sowie der Musik vieler Naturvölker;* Syn. *Fünftonmusik* [< griech. *pente* „fünf" und *tonos* „Ton, Klang"]
pen|ta|to|nisch ⟨Adj., o.Steig.⟩ *auf Pentatonik beruhend*
Pent|haus ⟨n.4⟩ *bungalowartige Wohnanlage auf einem Flachdach* [< engl. *penthouse* in ders. Bed., eigtl. „Schutzdach", in Anlehnung an *house* „Haus" volksetymologisch umgewandelt < *pentice* < altfrz. *apentis* „Schirm-, Wetterdach", < lat. *appensus* „aufgehängt"]
Pent|lan|dit ⟨n., -s, nur Sg.⟩ *gelbbraunes Mineral, Eisennickelkies* [nach dem Entdecker, dem engl. Naturforscher J.B. *Pentland*]
Pent|ode ⟨f.11⟩ *Elektronenröhre mit fünf Elektroden* [< griech. *pente* „fünf" und *Elektrode*]
Pe|nun|se ⟨f., -, nur Sg., ugs.⟩ *Geld* [< rotw. *Penunse, Penunge* „Geld", < poln. *pienigdzy* „Geld", < lat. *pecunia* „Geld"]
Pe|on ⟨m.10⟩ *lateinamerikanischer eingeborener Tagelöhner*
Peo|na|ge ⟨[-naʒə] engl. [piənidʒ] f., -, nur Sg.⟩ *Lohnsystem in Lateinamerika, das durch Lohnvorschüsse u.a. häufig zur Verschuldung und Leibeigenschaft der Peonen führt* [< engl.-amerik. *peonage* „Leibeigenschaft", zu span. *peonada* „Tagewerk eines Tagelöhners", zu *peón* „Tagelöhner, Hilfsarbeiter, Fußsoldat", < mlat. *pedo*, Gen. *pedonis*, „Fußsoldat", zu lat. *pes*, Gen. *pedis*, „Fuß"]
Pep ⟨m., -s, nur Sg.; ugs.⟩ *Schwung, Temperament, Mumm* [engl., verkürzt < *pepper* „Pfeffer", wegen seiner Schärfe]
Pe|pe|ro|ni ⟨f., -⟩ *spitze, scharf schmeckende, in Essig eingelegte Schote einer Sorte des Paprikas;* auch: ⟨bayr.-österr.⟩ *Pfefferoni* [Pl. von ital. *peperone* „Paprika-, Pfefferschote" < lat. *piper*, Gen. *piperis*, < griech. *peperi* „Pfeffer"]
Pep|i|ta I ⟨m., -(s), nur Sg.⟩ *kleines Hahnentrittmuster* II ⟨m.9⟩ *Stoff mit diesem Muster* [nach einer spanischen Tänzerin der Biedermeierzeit]
Pe|plon ⟨n., -s, -s oder -plen⟩, **Pe|plos** ⟨m., -, - oder -plen⟩ *altgriechisches Frauengewand*
Pep-Pill ⟨f.9⟩, **Pep|pille** ⟨f.11⟩ *Weckmittel (Suchtstoff)* [< *Pep* und engl. *pill* „Pille"]
Pep|sin ⟨n.1⟩ *ein Enzym des Magensaftes* [< griech. *pepsis* „das Kochen", übertr. „Verdauung", zu *pessein* „kochen", übertr. „verdauen"]
Pep|tid ⟨n.1⟩ *kurze Proteinkette aus Aminosäuren, die durch Säureamidbindung verknüpft sind*
pep|tisch ⟨Adj.; Biochemie⟩ *verdauungsfördernd* [< griech. *peptikos* „verdaulich"]
per ⟨Präp. mit Akk.⟩ *durch, mit;* p. Adresse ⟨Abk.: p.A.⟩ *bei;* vgl. *per annum, per cassa, per centum, per conto, per pedes, per procura, per saldo, per ultimo*
per an|num ⟨Abk.: p.a.; †⟩ *jährlich; das kostet p.a. 1000 DM* [lat., „für das Jahr"]
per as|pe|ra ad as|tra *durch Nacht zum Licht* [lat., „auf rauhen (Wegen) zu den Sternen"]
per cas|sa *in bar, gegen Barzahlung* [ital.]
per cen|tum → *pro centum;* vgl. *Prozent* [lat., „vom Hundert"]
Perch|ten ⟨nur Pl.; im bayr.-österr. Volksglauben⟩ *die in den Rauhnächten umherziehenden Geister der Toten;* auch: *Berchten* [nach der Frau *Bercht*, einer wohl germ. Sagengestalt, die die Mägde und Kinder schreckt, aber auch Gaben bringt]
Perch|ten|tanz ⟨m.2⟩ *ein alpenländischer, von maskierten und verkleideten Tänzern aufgeführter Springtanz*
per con|to *auf Rechnung* [ital.]
per de|fi|ni|tio|nem *wie das Wort, wie der Ausdruck schon sagt* [lat., „durch die Definition"]
per|du ⟨[-dy] Adj., o.Steig., o.Dekl.; nur mit „sein"; ugs.⟩ *verloren, weg; das ist p.* [frz., „verloren", zu *perdre* < lat. *perdere* „verlieren", eigtl. „verderben, vergeuden"]
Per|emp|ti|on ⟨f.10; †; Rechtsw.⟩ *Verfall, Verjährung;* auch: *Peremtion* [< lat. *peremptio*, Gen. *-onis*, „Vernichtung, Tötung", zu *perimere* „gänzlich wegnehmen, zerstören, vernichten"]
per|emp|to|risch ⟨Adj., o.Steig.; Rechtsw.⟩ *aufhebend, vernichtend;* Ggs. *dilatorisch* [< lat. *peremptorius*, „nötigend, den Streit beendend, tödlich", zu *Peremption*]
Per|em|ti|on ⟨f.10⟩ → *Peremption*
per|en|nie|rend ⟨Adj., o.Steig.⟩ 1 ⟨Bot.⟩ *überwinternd, wiederkommend, ausdauernd* 2 ⟨Geogr.⟩ *das ganze Jahr hindurch fließend;* ~er Fluß; ~e Quelle [zu lat. *perennis* „das ganze Jahr hindurch dauernd, bleibend", < *per* „durch" und *annus* „Jahr"]
per ex|em|plum ⟨Abk.: p.e.; †⟩ *zum Beispiel* [lat.]
per|fekt ⟨Adj., -er, am perfektesten⟩ 1 *vollkommen (ausgebildet);* sie ist im Maschinenschreiben ~er Koch 2 *fließend;* p. englisch sprechen 3 ⟨o.Steig.⟩ *abgemacht, abgeschlossen, gültig;* die Sache, der Vertrag ist p. [< lat. *perfectus*, „vollendet, vollkommen", zu *perficere* „ganz, völlig fertig machen", < *per...* „völlig" und *...ficere* (in Zus. für *facere*) „machen"]
Per|fekt ⟨auch [-pɛr-] n.1; Gramm.⟩ *Zeitform des Verbs, die eine Handlung, einen Zustand als vergangen, abgeschlossen kennzeichnet, Vergangenheitsform, zweite Vergangenheit;* z.B. ich bin gelaufen, ich habe gegessen
per|fek|ti|bel ⟨Adj., o.Steig.; †⟩ *fähig zur Vervollkommnung; ein perfektibles Verfahren* [zu *perfekt*]
Per|fek|ti|bi|li|tät ⟨f., -, nur Sg.; †⟩ *Fähigkeit zur Vervollkommnung*
Per|fek|ti|on ⟨f.10⟩ 1 *Vollkommenheit, Vollendung* 2 ⟨†⟩ *Abschluß eines Rechtsgeschäftes*
per|fek|tio|nie|ren ⟨V.3, hat perfektioniert; mit Akk.⟩ *vollkommen machen; eine Technik, eine Methode p.; perfektionierte Wiedergabe von Musik*
Per|fek|tio|nis|mus ⟨m., -, nur Sg.⟩ 1 *Lehre von der Vervollkommnung des Menschen als Sinn der Geschichte und Ziel der Menschheitsentwicklung* 2 ⟨allg.⟩ *übertriebenes Streben nach Vervollkommnung*
Per|fek|tio|nist ⟨m.10⟩ 1 *Anhänger des Perfektionismus* 2 *Angehöriger der methodistischen Sekte der Perfektionisten, die nach Sündlosigkeit durch innere Wiedergeburt streben*
per|fek|tio|ni|stisch ⟨Adj.⟩ *in der Art des Perfektionismus, sehr stark auf Perfektion ausgerichtet*
per|fek|tiv ⟨Adj., o.Steig.⟩ *eine zeitliche Begrenzung des Geschehens ausdrückend;* auch: *perfektivisch*
Per|fek|tiv ⟨n.1⟩ → *Perfektivum*
per|fek|ti|visch ⟨Adj.⟩ → *perfektiv*

Perihel

Per|fek|ti|vum ⟨n., -s, -va; in slaw. Sprachen⟩ *Aspekt des Verbs, der das Ende eines Geschehens bezeichnet, z.B. vergehen;* auch: *Perfektiv*
Per|fek|tum ⟨n., -s, -ta; ältere Bez. für⟩ *Perfekt*
per|fid, per|fi|de ⟨Adj., perfider, am perfidesten⟩ *treulos, heimtückisch, gemein; ein perfider Kerl; eine perfide Lüge* [< frz. *perfide* < lat. *perfidus* „treulos, wortbrüchig, unredlich", < *per* „unter den Schein, unter dem Vorwand" und *fides* „Treue, Redlichkeit"]
Per|fi|die ⟨f.11⟩ 1 ⟨nur Sg.⟩ *Treulosigkeit, Heimtücke;* auch: *Perfidität* 2 *perfide Tat, perfides Verhalten; es ist eine P., zu erklären, er sei ...*
Per|fi|di|tät ⟨f., -, nur Sg.⟩ → *Perfidie (1)*
Per|fo|ra|ti|on ⟨f.10⟩ 1 ⟨Med.⟩ *Durchlöcherung, Durchbohrung, Durchbruch* 2 *durchlochte Linie, Reißlinie* [zu *perforieren*]
Per|fo|ra|tor ⟨m.13⟩ 1 *Schreibmaschine zum Übertragen von Manuskripttexten auf Lochstreifen* 2 *chemisches Laborgerät zur Trennung von Flüssigkeiten in einem Lösungsmittel*
per|fo|rie|ren ⟨V.3, hat perforiert; mit Akk.⟩ *etwas p.* 1 *in gleichmäßiger Reihe mit Löchern versehen; perforierte Linie; perforierter Briefmarkenbogen; der Film hat perforierte Ränder* 2 *durch etwas hindurchdringen; das Geschwür hat die Magenwand perforiert* [< lat. *perforare* „durchlöchern, durchbohren"]
Per|ga|ment ⟨n.1⟩ 1 *zu Schreibpapier verarbeitete Tierhaut* 2 *Schriftstück auf solcher Haut* [nach der antiken Stadt *Pergamon* in Kleinasien]
Per|ga|ment|band ⟨m.2⟩ *in Pergament gebundenes Buch*
Per|ga|min ⟨n., -s, nur Sg.⟩ *pergamentähnliches, durchsichtiges Papier*
Per|go|la ⟨f., -, -golen⟩ *Laube oder Laubengang aus Säulen, meist mit Rankengewächsen umwachsen* [ital., < lat. *pergula* „Vorbau, Anbau, Erker; Geländer zum Anbinden von Weinstöcken", zu *pergere* „fortsetzen, eine Richtung verfolgen" (die Weinstöcke werden in eine bestimmte Richtung gezogen)]
per|hor|res|zie|ren ⟨V.3, hat perhorresziert; mit Akk.; †⟩ *mit Abscheu zurückweisen* [< lat. *perhorrescere* „aufschrecken", < *per...* „völlig" und *horrescere* „schaudern", zu *horror* „Schrecken"]
Pe|ri ⟨m.9 oder f.9; pers. Myth.⟩ *feenhaftes Wesen* [< pers. *parī* „guter Geist, Fee"]
Pe|ri|anth ⟨n.1⟩ *Blütenhülle aus Kelch und Blütenblättern* [< griech. *peri* „um ... herum, ringsherum" und *anthos* „Blüte"]
pe|ri|cu|lum in mo|ra *Gefahr ist in Verzug, schnelles Handeln wendet Unheil ab* [lat., „Gefahr (liegt) im Zögern"]
Pe|ri|derm ⟨n.1⟩ *sekundäres pflanzliches Abschlußgewebe* [< griech. *peri* „um ... herum" und *derma* „Haut"]
Pe|ri|dot ⟨m.1⟩ *gleichfarbig grüne, durchsichtige Abart des Minerals Olivin, Schmuckstein;* Syn. *Chrysolith* [< frz. *péridot* in ders. Bed., weitere Herkunft unbekannt]
Pe|ri|do|tit ⟨m.1⟩ *dunkles, überwiegend aus Olivin bestehendes Plutonitgestein* [zu *Peridot*]
Pe|ri|gä|um ⟨n., -s, -gä|en⟩ *der Erde am nächsten liegender Punkt einer Planetenbahn;* Syn. *Erdnähe;* Ggs. *Apogäum* [< griech. *peri* „an ... hin, in der Nähe" und *gaia, ge* „Erde"]
Pe|ri|gon ⟨n.1⟩, **Pe|ri|go|ni|um** ⟨n., -s, -ni|en⟩ *Blütenhülle mit gleichgestalteten Blättern* [< griech. *peri* „um ... herum, ringsherum" und *gony* „Knoten"]
Pe|ri|hel ⟨n.1⟩ *der Sonne am nächsten liegender Punkt einer Planetenbahn;* Syn. *Sonnennähe;* Ggs. *Aphel* [< griech. *peri* „an ... hin, in der Nähe" und *helios* „Sonne"]

Pe|ri|kard ⟨n.1⟩ *äußere Schicht des Herzbeutels* [< griech. *peri* „um ... herum" und *kardia* „Herz"]

Pe|ri|kar|di|tis ⟨f., -, -ti|den⟩ *Entzündung des Perikards*

Pe|ri|karp ⟨n.1⟩ *Fruchtwand, Fruchtschale* [< griech. *peri* „um ... herum, ringsherum" und *karpos* „Frucht"]

Pe|ri|ko|pe ⟨f.11⟩ **1** *zum Vorlesen im Gottesdienst vorgeschriebener Bibelabschnitt* **2** *größerer metrischer Abschnitt* **3** *zusammenhängende Strophengruppe* [< griech. *perikope* „Abschnitt, das Beschneiden, Abschneiden", zu *perikoptein* „ringsherum abschneiden"]

Pe|ri|me|ter ⟨n.5⟩ *Gerät zum Bestimmen des Umfangs des Gesichtsfeldes* [< griech. *peri* „um ... herum" und *...meter*]

Pe|ri|ode ⟨f.11⟩ **1** *Zeitraum, Zeitabschnitt* **2** *Umlaufszeit (eines Gestirns)* **3** *Menstruation, Regel* **4** *mehrgliedriger, kunstvoll gebauter Satz, Großsatz* **5** *sich unendlich wiederholende Ziffernfolge hinter dem Komma eines Dezimalbruches* **6** *zweiteilige Melodie, deren beide Teile meist mit dem gleichen Takt beginnen* **7** ⟨Phys.⟩ *zeitliche Abfolge einer Schwingung* [< griech. *periodos* „das Herumgehen, Weg um etwas herum; regelmäßige Wiederkehr", < *peri* „um ... herum" und *hodos* „Weg"]

Pe|ri|oden|sy|stem ⟨n., -, nur Sg.⟩ *Tabelle der chemischen Elemente, in der die Elemente nach Zahl der Protonen im Kern und gleichen chemischen Eigenschaften zusammengefaßt sind*

Pe|ri|odi|kum ⟨n., -s, -ka⟩ *mehr oder weniger regelmäßig erscheinende Zeitschrift*

pe|ri|odisch ⟨Adj., o.Steig.⟩ *regelmäßig (wiederkehrend), in gleichen Abständen;* die Beschwerden treten p. auf

pe|ri|odi|sie|ren ⟨V.3, hat periodisiert; mit Akk.⟩ *in Perioden, in Zeitabschnitte einteilen;* geschichtliche Abläufe p. **Pe|ri|odi|sie|rung** ⟨f., -, nur Sg.⟩

Pe|ri|odi|zi|tät ⟨f., -, nur Sg.⟩ *periodische Wiederkehr*

Pe|ri|odon|ti|tis ⟨f., -, -ti|ti|den⟩ *Entzündung der Zahnwurzelhaut* [< griech. *peri* um ... herum" und *odous*, Gen. *odontos*, „Zahn" und *...itis*]

Pe|ri|öke ⟨m.11⟩ *freier, aber politisch rechtloser Einwohner Spartas* [< griech. *perioikos* „Nachbar, im Umkreis Wohnender", < *peri* „um ... herum, in der Nähe" und *oikos* „Haus, Wohnung"]

Pe|ri|ost ⟨n.1⟩ →*Knochenhaut* [< griech. *peri* „um ... herum" und *osteon* „Knochen"]

Pe|ri|osti|tis ⟨f., -, -osti|ti|den⟩ *Knochenhautentzündung* [< *Periost* und *...itis*]

Pe|ri|pa|te|ti|ker ⟨m.5⟩ *Schüler des Aristoteles* [nach dem *Peripatos*, dem Wandelgang, in dem Aristoteles auf und ab gehend lehrte, < *peripatos* „Spaziergang", zu *peri* „um ... herum" und *patein* „wandeln"]

Pe|ri|pe|tie ⟨f.11⟩ *Umschwung, Wendung (im Drama)* [< griech. *peripeteia* „Umschwung, Wende, Wendepunkt", < *peri* an ... hin" und *piptein* „in etwas geraten, fallen"]

pe|ri|pher ⟨Adj., o.Steig.⟩ **1** *am Rande liegend* **2** ⟨übertr.⟩ *im Augenblick nicht so wichtig;* ein ~es Problem; diese Frage ist nur p. [< griech. *peripheres* „kreisförmig", zu *periphereia, periphora* „das Herumtragen, Umdrehung, Kreislauf", < *peri* „um ... herum" und *pherein* „tragen"]

Pe|ri|phe|rie ⟨f.11⟩ **1** *Umfangslinie* **2** *Rand (bes. einer Großstadt)*

Pe|ri|phe|rie|win|kel ⟨m.5⟩ *Winkel, den die Endpunkte einer Sehne mit dem Mittelpunkt eines Kreises bilden*

Pe|ri|phra|se ⟨f.11⟩ *Umschreibung (eines Begriffes)* [< griech. *periphrasis* „Umschreibung", < *peri* um ... herum" und *phrasis* „Ausdruck, Ausdrucksweise"]

pe|ri|phra|sie|ren ⟨V.3, hat periphrasiert; mit Akk.⟩ *mit einer Periphrase umschreiben*

pe|ri|phra|stisch ⟨Adj., o.Steig.⟩ *in der Art einer Periphrase, umschreibend*

Pe|rip|te|ros ⟨m., -, -pte|ren⟩ *griechischer Tempel mit ihn umgebender Säulenhalle* [< griech. *peri* „um ... herum" und *pteron* „Flügel, flügelähnlicher Gegenstand", auch im Sinne von „Gebäudeteil", in diesem Fall „Säulenreihe"]

Pe|ri|skop ⟨n.1⟩ *Fernrohr mit geknicktem Strahlengang (für U-Boote)* [< griech. *peri* „um ... herum" und *...skop*]

Pe|ri|stal|tik ⟨f., -, nur Sg.⟩ *fortschreitende, wellenförmige Bewegung von muskulösen Hohlorganen (z.B. der Speiseröhre)* [< griech. *peristellein* „ringsum instand setzen, zurechtmachen", < *peri* „um ... herum" und *stellein* „zurechtmachen, schicken", von Hippokrates im Sinne von „zusammenziehen" verwendet]

pe|ri|stal|tisch ⟨Adj., o.Steig.⟩ *in der Art der Peristaltik, wellenförmig fortschreitend*

Pe|ri|sta|se ⟨f.11⟩ *Gesamtheit der Umwelteinflüsse, die auf ein Lebewesen vor und nach der Geburt einwirken* [< griech. *peristasis* „äußerer Zustand, Befinden, Lage", < *peri* „um ... herum" und *stasis* „Stellung, Stand, Lage"]

Pe|ri|styl ⟨n.1⟩, **Pe|ri|sty|li|um** ⟨n., -s, -li|en⟩ *in altgriech. Häusern: von Säulen umgebener Innenhof* [< griech. *peristylon* „Säulengang", < *peri* „um ... herum" und *stylos* „Säule"]

Pe|ri|to|ne|um ⟨n., -s, -ne|en⟩ →*Bauchfell* [< griech. *peritonaion* „das Herumgespannte", < *peri* „um ... herum" und *tonos* „Spannung", zu *teinein* „spannen, strecken"]

Pe|ri|to|ni|tis ⟨f., -, -ti|ti|den⟩ *Bauchfellentzündung* [< *Peritoneum* und *...itis*]

Per|kal ⟨m.1⟩ *feinfädiges, dichtes Baumwollgewebe* [pers.]

Per|ka|lin ⟨n.1⟩ *appretierter Perkal (für Bucheinbände)*

Per|ko|lat ⟨n.1; Pharm.⟩ *mittels Perkolation hergestellter Auszug*

Per|ko|la|ti|on ⟨f.10⟩ *ein Lösungsverfahren zur Gewinnung pflanzlicher Wirkstoffe* [< lat. *percolatio*, Gen. *-onis*, „das Durchseihen" zu *percolare* „durchseihen"]

per|ko|lie|ren ⟨V.3, hat perkoliert; mit Akk.⟩ *durch Perkolation gewinnen*

Per|kus|si|on **I** ⟨[-sjon] f.10⟩ **1** *Erschütterung, Stoß* **2** *Zündung (eines Explosivstoffes) durch Stoß oder Schlag* **3** *Vorrichtung am Harmonium, bei der zur präziseren Tongebung ein Hämmerchen an die Metallzunge schlägt* **4** ⟨Med.⟩ *Untersuchung innerer Organe durch Beklopfen der Körperoberfläche* **II** ⟨[pəkaʃn] f.9; Jazz⟩ →*Schlagzeug* [< lat. *percussio*, Gen. *-onis*, „das Schlagen", zu *percutere*, → *perkutieren*]

per|kus|so|risch ⟨Adj., o.Steig.⟩ *mittels Perkussion (I,4); auch: perkutorisch*

per|ku|tan ⟨Adj., o.Steig.; Med.⟩ *durch die Haut hindurch* [< lat. *per* „durch" und *cutis* „Haut"]

per|ku|tie|ren ⟨V.3, hat perkutiert; mit Akk.⟩ *mit dem Perkussionshammer oder den Fingern beklopfen* [< lat. *percutere* „schlagen, stoßen", < *per* „durch" und *quatere* „stoßen, erschüttern"]

per|ku|to|risch ⟨Adj.⟩ →*perkussorisch*

Perl ⟨f., -, nur Sg.⟩ *ein Schriftgrad (5 Punkt)*

Per|la|tor ⟨m.13; Wz.⟩ *kleine Vorrichtung mit Sieb zum Aufschrauben auf Wasserhähne, die ein gleichmäßiges, weiches Fließen des Wassers ermöglicht* [neulat. Bildung zu *perlen*]

Perl|boot ⟨n.1⟩ →*Nautilus*

Per|le ⟨f.11⟩ **1** *von in einer Muschel erzeugtes, überwiegend aus Calciumcarbonat bestehendes, glänzendes Kügelchen, mit dem sie einen eingedrungenen Fremdkörper umhüllt hat* **2** *Schmuckstück daraus;* eine Kette aus ~n; dir wird keine P. aus der Krone fallen (wenn du das tust) ⟨ugs.⟩ *du wirst nicht an Ansehen verlieren (wenn du das tust);* ~n vor die Säue werfen ⟨ugs.⟩ *etwas Wertvolles Leuten geben, die keinen Sinn dafür haben* **3** *runder Tropfen (Schweiß~)* **4** *kleine, durchbohrte Kugel (zum Auffädeln)* (Holz~, Glas~) **5** ⟨am Geweih, Gehörn⟩ *kleine Erhebung* **6** ⟨o.Art.⟩ *hellfrüchtige Rebsorte* **7** *besonders schönes Erzeugnis;* eine P. der Dichtkunst, der Musik **8** ⟨scherzh.⟩ *sehr tüchtiger Mensch, der alle Arten von Arbeiten verrichten kann;* er, sie ist eine P. **9** ⟨scherzh.⟩ *Haushälterin;* unsere P. [vielleicht < lat. *pirula* „kleine Birne", oder *perna* „kleine Muschel" oder < *perna* und *spherula* „kleine Kugel" vermischt; die ältere dt. Form *berle* brachte man mit „Beere" zusammen]

per|len ⟨V.1; o.Obj.⟩ **1** ⟨ist geperlt⟩ *in Perlen (1, 2, 3) erscheinen, sich in Form von Perlen bilden, in Perlen fließen;* Schweiß perlt ihm auf der, von der Stirn **2** ⟨hat geperlt⟩ *sich in Form von Perlen (3) bewegen;* der Sekt perlt im Glas **3** ⟨hat geperlt⟩ *wie Perlen (2, 4) ebenmäßig aneinandergereiht rasch tönen;* ~de Läufe beim Singen, beim Spielen auf einem Musikinstrument); ~de Koloraturen; ein ~des Lachen

Per|len|stic|ke|rei ⟨-k|k-; f.10⟩ *Stickerei, bei der kleine Perlen dem Stoff genäht werden*

Perl|garn ⟨n.1⟩ *glänzendes, sehr fest gedrehtes Baumwollgarn*

Perl|huhn ⟨n.4⟩ *afrikanischer Hühnervogel mit blaugrauem, perlig gemustertem Gefieder, Hausgeflügel*

per|lig ⟨Adj.⟩ *wie eine Perle (1,2), perlenförmig*

Per|lit ⟨m.1⟩ *graues, perlmutterglänzendes, nicht kristallisiertes Vulkanitgestein, bei dem sich die Masse in erbsengroße Kügelchen aufgliedert* [zu *Perle*]

Perl|mu|schel ⟨f.11⟩ *Muschel, die Perlen erzeugen kann (Fluß~, See~)*

Perl|mutt ⟨n., -s, nur Sg.⟩, **Perl|mut|ter** ⟨f., -, nur Sg. oder n., -s, nur Sg.⟩ **1** *von manchen Muscheln und Schnecken abgesonderter Stoff, aus dem die Innenschicht der Schale (und die Perle) gebildet wird* **2** *Innenschicht der Schale einer Perlmuschel*

Perl|mut|ter|fal|ter ⟨m.5⟩ *(in zahlreichen Arten vorkommender) Tagfalter mit perlmutterartig glänzenden Flecken auf den Hinterflügeln*

perl|mut|tern ⟨Adj., o.Steig.⟩ *aus Perlmutt(er)*

Per|lon ⟨n., -s, nur Sg.; Wz.⟩ *eine Kunstfaser*

Perl|schrift ⟨f.10⟩ *eine (Maschinen-)Schriftart*

Per|lu|stra|ti|on ⟨f.10; österr.⟩ *Untersuchung (eines Verdächtigen zur Feststellung der Identität)* [zu *perlustrieren*]

per|lu|strie|ren ⟨V.3, hat perlustriert; mit Akk.⟩ *österr.) genau untersuchen;* einen Verdächtigen p. [< lat. *perlustrare* „besichtigen, überblicken", < *per* „durch" und *lustrare* „betrachten", eigtl. „hell machen", zu *lucere* „leuchten"]

Perl|wein ⟨m.1⟩ *Kohlendioxid enthaltender Wein, der im Glas perlt;* Syn. ⟨schweiz.⟩ *Sternliwein*

Perl|zwie|bel ⟨f.11⟩ *kleine, weiße Gewürzzwiebel;* Syn. ⟨norddt.⟩ *Rockenbolle*

Perl|zwirn ⟨m.1⟩ *sehr fest gedrehter Zwirn*

Perm ⟨n., -s, nur Sg.⟩ *oberste Formation des Paläozoikums;* Syn. (†) *Dyas* [nach der Stadt Perm in der UdSSR]

Per|ma|frost ⟨m., -(e)s, nur Sg.⟩, **Per|ma|frost|bo|den** ⟨m.8⟩ →*Dauerfrostboden* [< *permanent* und *Frost* (und *Boden*)]

per|ma|nent ⟨Adj., o.Steig.⟩ *dauernd, ständig, anhaltend, ununterbrochen* [< lat. *permanens*, Gen. *-entis*, Part. Präs. von *permanere* „bleiben, ausharren, fortdauern", < *per* „lang (während)" und *manere* „bleiben"]

Personenkult

Per|ma|nent|farb|stoff ⟨m.1⟩ *lichtechter Farbstoff*
Per|ma|nent|ma|gnet ⟨m.1⟩ → *Dauermagnet*
Per|ma|nenz ⟨f., -, nur Sg.⟩ *permanente Beschaffenheit, Dauerhaftigkeit*
Per|man|ga|nat ⟨n.1⟩ *Salz der Übermangansäure*
per|mea|bel ⟨Adj., permeabler, am -sten⟩ *durchdringbar, durchlässig;* Ggs. *impermeabel* [< lat. *permeabilis* „gangbar", zu *permeare* „durchgehen, durchdringen", < *per* „hindurch" und *meare* „sich in einer bestimmten Bahn fortbewegen"]
Per|mea|bi|li|tät ⟨f., -, nur Sg.⟩ **1** *Durchlässigkeit,* Ggs. *Impermeabilität;* P. *einer Membran* **2** ⟨Phys.⟩ *Verhältnis der magnetischen Induktion zur magnetischen Feldstärke*
Per|miß ⟨m.1; †⟩ *Erlaubnis, Erlaubnisschein* [< lat. *permissio* „Überlassung, Erlaubnis", zu *permittere* „hingehen lassen, überlassen"]
per|mis|siv ⟨Adj.⟩ *freizügig, Freizügigkeit gewährend, nicht autoritär* [zu *Permiß*]
per|mu|ta|bel ⟨Adj., o.Steig.⟩ *ver-, austauschbar; permutable Größen, Wörter* [< lat. *permutabilis* „veränderlich", zu *permutare*, → *permutieren*]
Per|mu|ta|ti|on ⟨f.10⟩ *Umstellung der Reihenfolge, Vertauschung*
per|mu|tie|ren ⟨V.3, hat permutiert; mit Akk.⟩ *vertauschen, in der Reihenfolge verändern;* mathematische Größen, Zahlen p.; Wörter im Satz sinnvoll p. [< lat. *permutare* „von der Stelle rücken, gänzlich verändern", < *per...* „völlig" und *mutare* „bewegen, verändern"]
Per|nam|buk|holz ⟨n.4⟩ *brasilianisches Rotholz* [nach dem brasilian. Staat *Pernambuco*]
Per|nio ⟨m., -, -ni<u>o</u>nen⟩ → *Frostbeule* [< lat. *pernio* „Frostbeule an den Füßen", zu *perna* „Hüfte, Schenkel"]
Per|ni|o|sis ⟨f., -, nur Sg.⟩ *Frostschaden (der Haut)* [zu *Pernio*]
per|ni|zi|ös ⟨Adj., o.Steig.⟩ *bösartig, unheilbar* [< frz. *pernicieux* „verderblich, schädlich", auch „bösartig" (von Krankheiten), < lat. *perniciosus* „schädlich, gefährlich", zu *pernicies* „Verderben, Untergang", < *per...* „ganz, völlig" und *nex,* Gen. *necis,* „Tod, Mord"]
Per|nod ⟨[-no] m.9; Wz.⟩ *gelbes, mit Anis aromatisiertes alkoholisches Getränk* [nach dem frz. Hersteller H.-L. *Pernod*]
per|oral ⟨Adj., o.Steig.⟩ *durch den Mund* [lat. *per* „hindurch" und *oral*]
Per|oxid ⟨n.1⟩ *sauerstoffreiche chemische Verbindung;* Syn. *Superoxid* [< lat. *per...* „gänzlich, völlig" und *Oxid*]
per pe|des ⟨ugs., scherzh.⟩ *zu Fuß* [lat., „mit den Füßen, durch die Füße"]
Per|pen|di|kel ⟨m.5 oder m.5⟩ **1** *Uhrpendel* **2** *Abstand zwischen den (gedachten) Senkrechten durch Vorder- und Hintersteven des Schiffes (gibt dessen Länge an)* [< lat. *perpendiculum* „Senkblei, Richtblei", zu *perpendere* „genau abwägen, genau untersuchen", < *per...* „gänzlich, völlig" und *pendere* „wägen", eigtl. „herabwägen lassen" (nämlich die Schalen der Waage)]
per|pen|di|ku|lar, per|pen|di|ku|lär ⟨Adj., o.Steig.⟩ *senkrecht* [zu *Perpendikel*]
Per|pen|di|ku|lar|stil ⟨m., -(e)s, nur Sg.; Baukunst⟩ *englische Spielart der Gotik* [zu *Perpendikel,* wegen der langen, gestreckten Formen]
per|pe|tu|ell ⟨Adj., †⟩ *beständig, fortwährend, dauernd* [< frz. *perpétuel* „fortdauernd", zu *perpétuer* „fortwährend erhalten, fortdauern lassen", < lat. *perpetuare* in ders. Bed.]
Per|pe|tu|um mo|bi|le ⟨n., -, - -oder -tua -bilia⟩ **1** *etwas ständig Bewegliches* **2** *nur theoretisch denkbare Maschine, die sich ständig ohne Energiezufuhr bewegt* **3** *virtuoses,*

gleichmäßig schnelles Musikstück [< lat. *perpetuus* „ununterbrochen" und *mobilis* „beweglich"]
per|plex ⟨Adj., -er, am perplexesten; ugs.⟩ *verblüfft, überrascht* [< lat. *perplexus* „verwirrt, durcheinander", eigtl. „verflochten, verschlungen", < *per...* „durch und durch" und *plexus* „geflochten", zu *plectere* „flechten"]
Per|ple|xi|tät ⟨f., -, nur Sg.⟩ *Bestürzung, Verwirrung*
per pro|cu|ra ⟨Abk.: pp., ppa.; vor Unterschriften⟩ *in Vollmacht* [lat., „durch, mit Vollmacht", → *Prokura*]
Per|ron ⟨[-r<u>õ</u>] m.9 oder österr., schweiz. [-ron] m.1⟩ **1** ⟨†⟩ → *Bahnsteig* **2** *Plattform (der Straßenbahn)* [< frz. *perron* in ders. Bed. sowie „Freitreppe", altfrz. auch „großer Stein", zu *pierre* „Stein", < lat. *petra* „Stein, Fels"]
per sal|do *aufgrund des Saldos, (als Rest) zum Ausgleich;* Sie haben p. s. noch 500 DM auf Ihrem Konto; es stehen p. s. noch einige Fragen offen ⟨übertr., ugs.⟩ *es stehen noch einige Fragen zur Klärung offen* [ital.]
per se *an sich, durch sich selbst* [lat.]
Per|sei|tät ⟨[-se|i-] f., -, nur Sg.; Scholastik⟩ *das Durch-sich-selbst-Sein*
Per|se|ku|ti|on ⟨f.10; †⟩ *Verfolgung* [< lat. *persecutio,* Gen. *-onis,* „Verfolgung", zu *persequi* „verfolgen"]
Per|sen|ning ⟨f.9 oder f.10⟩ *wasserdichtes Segeltuch,* auch: *Presenning* [< ndrl. *persenning* „Außenhaut" (des Schiffes), < frz. *préceinte* „Außenplanke", < altfrz. *porceinte* „Einfriedigung", zu *porceindre* „rundum einschließen", < lat. *praecingere* „umgürten"]
Per|ser ⟨m.5⟩ **1** → *Iraner* (1) **2** ⟨kurz für⟩ *Perserteppich*
Per|ser|tep|pich ⟨m.1⟩ *in Persien hergestellter (geknüpfter) Teppich;* auch: ⟨kurz⟩ *Perser*
Per|se|ve|ranz ⟨f., -, nur Sg.; †⟩ *Ausdauer, Beharrlichkeit* [zu *perseverieren*]
Per|se|ve|ra|ti|on ⟨f.10⟩ *Beharren oder Wiederkehr von Geschehenem oder Gehörtem im Bewußtsein* [zu *perseverieren*]
per|se|ve|rie|ren ⟨V.3, hat perseveriert; o.Obj.⟩ *ausdauern, beharrlich wiederkehren;* Bewußtseinsinhalte p. [< lat. *perseverare* „standhaft bleiben, verharren"]
Pershing ⟨[pəʃɪŋ] f.9⟩ *amerikanische Rakete, die einen nuklearen Sprengkopf trägt* [nach dem amerik. General John Joseph *Pershing*]
Per|sia|ner ⟨m.5⟩ **1** *Fell des neugeborenen Karakulschafes* **2** *Mantel aus diesem Fell* [zu *Persien,* dem früheren Herkunftsland]
Per|si|fla|ge ⟨[-ʒə] f.11⟩ *geistreiche, kritische Verspottung;* dieser Film ist eine P. auf die Machenschaften mancher Geschäftsleute [frz., „Spötteleien", zu *persifler,* → *persiflieren*]
per|si|flie|ren ⟨V.3, hat persifliert; mit Akk.⟩ *(mit kritischem Unterton, in kritischer Absicht) geistreich verspotten;* Zeitserscheinungen p.; einen literarischen Stil p. [< frz. *persifler* „verspotten", wohl < *per...*, *par...* „ganz, völlig" und *siffler* „auspfeifen, auszischen"]
per|sisch ⟨Adj., o.Steig.⟩ → *iranisch* (1)
per|sis|tent ⟨Adj., o.Steig.⟩ *anhaltend, dauernd* [< lat. *persistens,* Gen. *-entis,* Part. Präs. von *persistere* „stehenbleiben, verharren"]
Per|sis|tenz ⟨f., -, nur Sg.⟩ **1** ⟨Med., Biol.⟩ *Dauerhaftigkeit (eines Zustandes)* **2** *Ausdauer, Beharrlichkeit*
per|sis|tie|ren ⟨V.3, hat persistiert; mit Präp.obj.; *auf*⟩ *auf etwas p. auf etwas beharren* [< lat. *persistere* „stehenbleiben, verharren"]
Per|son ⟨f.10⟩ **1** *Mensch;* er ist eine merkwürdige P.; sie ist etwa fünfzehn ∼en anwesend; der Fahrstuhl faßt fünf ∼en; ich für meine P. ⟨ugs.⟩ *ich selbst, was mich betrifft;* in P. ⟨ugs.⟩ *selbst, durch und durch;* er ist die Neugier in P.; er ist Drehbuchautor und Re-

gisseur in einer P. er ist Drehbuchautor und Regisseur zugleich; männliche, weibliche P.; juristische P. *Körperschaft, Anstalt (als Träger bestimmter Rechte und Pflichten);* natürliche P. *der Mensch (als Träger bestimmter Rechte und Pflichten);* die drei göttlichen ∼en *Gott Vater, Sohn und Heiliger Geist* **2** *Mädchen, Frau;* sie ist eine reizende, eine unverschämte P.; die P. soll mir nicht wieder ins Haus kommen! ⟨ugs., abwertend⟩ **3** ⟨in Bühnenwerken⟩ *Figur, Gestalt;* die handelnden ∼en; die ∼en und ihre Darsteller **4** ⟨Gramm.⟩ *Sprecher, Angesprochener, jmd., von dem gesprochen wird;* erste, zweite, dritte P. [< lat. *persona* „Maske des Schauspielers; Bühnenrolle; Person, Persönlichkeit", zu *personare* „durch und durch ertönen, laut erschallen", d.h. „beim Spiel durch den Mund der Maske sprechen", < *per* „durch" und *sonare* „tönen"]
Per|so|na gra|ta ⟨f., - -, nur Sg.⟩ **1** *gerngesehener Mensch* **2** *zum Dienst in einem fremden Staat zugelassener Diplomat* [lat., „willkommene, angenehme Person"]
Per|so|na in|gra|ta ⟨f., - -, nur Sg.⟩ **1** *nicht (mehr) gerngesehener Mensch* **2** *in einem fremden Staat nicht mehr erwünschter Diplomat;* auch: *Persona non grata* [lat., „unwillkommene, unerwünschte Person"]
per|so|nal ⟨Adj.⟩ → *personell*
Per|so|nal ⟨n., -s, nur Sg.⟩ *Gesamtheit der Diener, Angestellten usw.*
per|so|nal..., Per|so|nal... ⟨in Zus.⟩ *zur Person gehörend, die Person(en) betreffend, Personen..., Persönlichkeits...*
Per|so|nal|aus|weis ⟨m.1⟩ *amtlicher Ausweis für eine Person mit Lichtbild und persönlichen Angaben*
Per|so|nal|form ⟨f.10⟩ *durch eine Person bestimmte (finite) Form eines Verbs,* z.B. ich gehe, wir essen
Per|so|na|li|en ⟨Pl.⟩ *Angaben über Name, Wohnung, Beruf, Personenstand einer Person;* jmds. P. aufnehmen; seine P. angeben
Per|so|na|lis|mus ⟨m., -, nur Sg.⟩ **1** *Glaube an einen persönlichen Gott* **2** *Richtung der Philosophie, nach der der Mensch als handelndes, unteilbares und nicht primär als denkendes) Wesen aufzufassen ist*
Per|so|na|list ⟨m.10⟩ *Anhänger des Personalismus*
per|so|na|lis|tisch ⟨Adj., o.Steig.⟩ *auf dem Personalismus beruhend*
Per|so|na|li|tät ⟨f.10⟩ *Gesamtheit der das Wesen einer Person ausmachenden Eigenschaften, das Personsein*
Per|so|na|li|täts|prin|zip ⟨n., -s, nur Sg.⟩ *Grundsatz, daß eine Straftat nach den im Heimatstaat des Täters gültigen Gesetzen bestraft wird;* Ggs. *Territorialprinzip*
per|so|na|li|ter ⟨Adv.; †⟩ *persönlich, selbst;* das muß er p. entscheiden
Per|so|nal|pro|no|men ⟨n., -s, - oder -mina⟩ *persönliches Fürwort,* z.B. ich, du
Per|so|nal|uni|on ⟨f.10⟩ **1** *Vereinigung zweier selbständiger Staaten unter einem Monarchen* **2** *Vereinigung mehrerer Ämter in der Hand einer Person*
Per|so|nal|we|sen ⟨n., -s, nur Sg.⟩ *alle das Personal (einer Firma, Behörde, Anstalt u.a.) betreffende Vorgänge und Einrichtungen*
Per|so|na non gra|ta ⟨f., - - -, nur Sg.⟩ → *Persona ingrata*
Per|sön|chen ⟨n.7⟩ *kleines, zierliches Mädchen, kleine, zierliche Frau*
per|so|nell ⟨Adj., o.Steig.⟩ Syn. *personal* **1** *personell* **2** *das Personal betreffend*
Per|so|nen|ge|dächt|nis ⟨n.1⟩ *Fähigkeit, sich an Personen zu erinnern*
Per|so|nen|kraft|wa|gen ⟨m.7; Abk.: Pkw, PKW⟩ *Kraftwagen zum Befördern von Personen*
Per|so|nen|kult ⟨m.1⟩ *starke Betonung der Führungsrolle, der Wichtigkeit einer Person*

739

Personenname

Per|so|nen|na|me ⟨m.15⟩ *Name einer Person, für eine Person (im Unterschied z.B. zu geographischen Namen)*

Per|so|nen|scha|den ⟨m.7⟩ *Verletzung von Personen und Todesfälle; Ggs. Sachschaden;* bei dem Unfall entstand kein P.

Per|so|nen|stand ⟨m.2⟩ *Stand einer Person hinsichtlich der Zugehörigkeit zu einer Familie, hinsichtlich dessen, ob sie ledig, verheiratet, geschieden, verwitwet ist;* Syn. *Familienstand*

Per|so|nen|stands|re|gis|ter ⟨n.5⟩ *(auf dem Standesamt geführtes) Register über die Einwohner und ihren Personenstand*

Per|so|nen|such|an|la|ge ⟨f.11; in Großbetrieben⟩ *Anlage, mit der einer Person während der Arbeitszeit durch ein hörbares Signal (Piepsen) mitgeteilt wird, daß sie gesucht wird;* vgl. *Piepser*

Per|so|ni|fi|ka|ti|on ⟨f.10⟩ *das Personifizieren, Vermenschlichung (von Göttern, leblosen Dingen, Begriffen)* [zu *personifizieren*]

per|so|ni|fi|zie|ren ⟨V.3, hat personifiziert; mit Akk.⟩ *als Menschen darstellen, vermenschlichen; eine Eigenschaft, einen Begriff p.;* das Glück wird oft als Frau mit einem Füllhorn personifiziert; er ist die personifizierte Güte [< *Person* und lat. *...ficare* (in Zus. für *facere*) „machen"] **Per|so|ni|fi|zie|rung** ⟨f., -, nur Sg.⟩

per|sön|lich I ⟨Adj.⟩ **1** *für eine bestimmte Person kennzeichnend;* das ist seine ~e Note; er schreibt einen ~en Stil **2** ⟨o.Steig.; Gramm.⟩ *eine Person bezeichnend;* ~es Fürwort **3** ⟨o.Steig.⟩ *als Person existierend, als Person vorgestellt;* an einen ~en Gott glauben **4** ⟨o.Steig.⟩ *zwischen zwei oder mehreren Personen vorkommend;* das muß in einem ~en Gespräch geklärt werden **5** *warm, vertraut;* in einem ~en Ton sprechen; nach diesem dienstlichen Gespräch wurde er wieder p. **6** *jmdn. selbst betreffend;* ~e Freiheit; seine ~en Unterlagen; seine ~e Bescheidenheit; er ist p. nicht anspruchsvoll; etwas p. nehmen *etwas auf sich selbst beziehen;* p. werden *anzüglich werden, seine Äußerungen deutlich auf jmdn. beziehen* **7** ⟨oft verstärkend⟩ *eigen;* das ist meine ~e Meinung; nach meinem ~en Empfinden; wenn ich mir eine ~e Bemerkung erlauben darf *eine Bemerkung aufgrund meiner eigenen Meinung* **II** ⟨Adv.⟩ *selbst;* der Minister kam p.; ich habe mich p. davon überzeugt; p.! *(Vermerk auf Briefen) nur für die adressierte Person bestimmt*

Per|sön|lich|keit ⟨f.10⟩ **1** ⟨nur Sg.⟩ *Gesamtheit aller Eigenschaften, Verhaltensweisen, Äußerungen eines Menschen;* die Entwicklung der P. fördern; seine P. ausbilden **2** *der Mensch als Einzelwesen;* er ist eine eigenwillige, starke P. **3** *bedeutender, sich aus den übrigen heraushebender Mensch;* eine P. des öffentlichen Lebens; hochgestellte ~en

Per|spek|tiv ⟨n.1⟩ *kleines Fernrohr*

Per|spek|ti|ve ⟨f.11⟩ **1** *scheinbares Zusammentreffen paralleler Linien in einem entfernten Punkt (Fluchtpunkt)* **2** *Darstellung eines Raumes oder räumlichen Körpers auf einer ebenen Fläche mit räumlicher Wirkung* **3** ⟨übertr.⟩ *Zukunftsaussicht* **4** *Blickwinkel* (Frosch-~, Vogel-~); du siehst das nur aus deiner P. [< mlat. *ars perspectiva* „Kunst des Sehens, Schauens" (bei der räumlichen Darstellung), zu *perspectivus* „zum Sehen, Schauen gehörig", < lat. *perspectare* „durch etwas hindurchsehen, etwas genau ansehen"]

per|spek|ti|visch ⟨Adj.⟩ *die Perspektive betreffend, mit Hilfe der Perspektive, räumlich;* ~es Sehen; etwas p. zeichnen

Per|spek|ti|vis|mus ⟨m., -, nur Sg.⟩ *Lehre, daß Erkenntnis nur unter dem Blickwinkel des Erkennenden möglich sei, daß es keine standpunktfreie Erkenntnis gebe*

Per|spek|tiv|pla|nung ⟨f.10⟩ *langfristige Planung*

Per|spi|ra|ti|on ⟨f., -, nur Sg.⟩ *Hautatmung* [zu lat. *perspirare* „überall atmen", < *per* „hindurch" und *spirare* „atmen"]

per|spi|ra|to|risch ⟨Adj., o.Steig.⟩ *die Ausdünstung, die Abgabe von Wasserdampf durch die Haut fördernd*

Per|tu|ba|ti|on ⟨f.10⟩ *Durchblasung des Eileiters* [zu lat. *per* „hindurch" und *tuba* „Eileiter", eigtl. „Röhre"]

Per|tur|ba|ti|on ⟨f.10; Astron.⟩ *Verwirrung, Störung (der Bewegung eines Gestirns)* [zu lat. *perturbare* „gänzlich verwirren, in Unordnung bringen", < *per...* „ganz, völlig" und *turbare* „verwirren"]

Per|tus|sis ⟨f., -, nur Sg.⟩ → *Keuchhusten* [< lat. *per...* (verstärkend) „sehr, gründlich" und *tussis* „Husten"]

Pe|ru|bal|sam ⟨m., -s, nur Sg.⟩ *aus einem mittelamerikanischen Baum gewonnener Balsam (zur Wundbehandlung und Parfümherstellung)*

Pe|rü|cke ⟨-k|k-; f.11⟩ **1** → *Haarersatz* **2** ⟨Jägerspr.⟩ *krankhafte Wucherung am Gehörn oder Geweih (von Reh, Elch und Hirsch)* [< frz. *perruque* in ders. Bed., früher „wallendes Haar", zu prov. *perucat* „mit schöner Frisur", weitere Herkunft nicht geklärt]

per ul|ti|mo *am Monatsletzten (zu liefern, zu zahlen)* [lat., „am letzten"]

per|vers ⟨Adj., -er, am perversesten⟩ **1** *widernatürlich, geschlechtlich unnormal empfindend* **2** ⟨ugs.⟩ *unnatürlich;* er hat eine ~e Freude am Bösen **3** ⟨ugs.⟩ *abscheulich, gemein, unerträglich;* faule Eier stinken p. [< lat. *perversus* „verkehrt, umgedreht", zu *pervertere* „umkehren, umstürzen, verkehren", < *per...* „ganz, völlig" und *vertere* „wenden"]

Per|ver|si|on ⟨f.10⟩ *krankhafte Abweichung vom Normalen*

Per|ver|si|tät ⟨f.10⟩ *perverse Wesensart, perverse Beschaffenheit, Widernatürlichkeit*

per|ver|tie|ren ⟨V.3⟩ **I** ⟨o.Obj.; ist pervertiert⟩ *sich zum Negativen verändern, verderben;* der ursprüngliche Schutz ist zur Unterdrückung pervertiert **II** ⟨mit Akk.; hat pervertiert⟩ *verfälschen, falsch und unheilvoll anwenden oder verstehen;* sie haben die Demokratie zur Anarchie pervertiert **Per|ver|tie|rung** ⟨f.10⟩

Per|zent ⟨n.1; österr.; Nebenform von⟩ → *Prozent*

per|zen|tu|ell ⟨Adj., o.Steig.; österr.; Nebenform von⟩ → *prozentual*

per|zep|ti|bel ⟨Adj., o.Steig.⟩ *wahrnehmbar, erfaßbar;* Ggs. *imperzeptibel* [zu *Perzeption*]

Per|zep|ti|bi|li|tät ⟨f., -, nur Sg.⟩ *Wahrnehmbarkeit, Wahrnehmungsfähigkeit*

Per|zep|ti|on ⟨f.10⟩ **1** *Wahrnehmung (als erste Stufe der Erkenntnis);* Ggs. *Apperzeption* **2** ⟨Physiol.⟩ *Aufnahme von Reizen (durch Sinneszellen oder Sinnesorgane)* [< lat. *perceptio*, Gen. *-onis*, „Erkenntnis, Auffassung, Begreifen", zu *percipere*, → *perzipieren*]

Per|zep|tio|na|lis|mus ⟨m., -, nur Sg.⟩ *Lehre, daß die Wahrnehmung die Grundlage allen Denkens sei*

per|zep|tiv, per|zep|to|risch ⟨Adj., o.Steig.⟩ *auf Perzeption beruhend, mit Hilfe der Perzeption*

per|zi|pie|ren ⟨V.3, hat perzipiert; mit Akk.⟩ *(sinnlich) wahrnehmen; äußere Reize p.* [< lat. *percipere* „ergreifen, fassen", „völlig" und *...cipere* (in Zus. für *capere*) „fassen, ergreifen"]

Pe|sa|de ⟨f.11⟩ → *Levade* [< frz. *pesade* „Steigen des Pferdes, Anhalten aus dem Galopp", < älterem *posade* < ital. *posata* „das Anhalten", zu lat. *pausa* „Innehalten, Stillstand"]

pe|san|te ⟨Mus.⟩ *schwer, wuchtig* [ital.]

Pe|sel ⟨m.5; im nordwestdt. Bauernhaus⟩ *Prachtstube* [< lat. *pensilis* „hängend", zu *balneum pensile* „auf Mauerbögen ruhendes Badezimmer mit heizbarem Boden"]

pe|sen ⟨V.1, ist gepest; o.Obj.; ugs.⟩ *rennen, eilen;* zum Unterricht, in die Stadt p.

Pe|se|ta ⟨f., -, -ten; Abk.: Pta⟩, **Pe|se|te** ⟨f.11⟩ *spanische Währungseinheit, 100 Centimos* [< span. *peseta*, eigtl. „kleine Münze", Verkleinerungsform von *peso* (Währungseinheit), < lat. *pensum* „Zugemessenes, Abgewogenes"]

Pe|so ⟨m.9⟩ *Währungseinheit in Süd- und Mittelamerika und auf den Philippinen* [span., → *Peseta, Pesete*]

Pes|sar ⟨n.1⟩ **1** *Stützring für die Gebärmutter bei Gebärmuttervorfall* **2** *Verschlußring zur Empfängnisverhütung* [< lat. *pessarium*, Nebenform von *pessum*, „Gebärmutterzapfen, -stöpsel", < griech. *pessos* „länglichrunder Stein"]

Pes|si|mis|mus ⟨m., -, nur Sg.⟩ *Neigung, besonders die Schattenseiten der Welt und des Lebens zu sehen, Schwarzseherei;* Ggs. *Optimismus* [zu lat. *pessimum* „das Schlechteste", Superlativ Neutr. zu *malus* „schlecht, übel, schlimm"]

Pes|si|mist ⟨m.10⟩ *jmd., der das Leben und die augenblicklichen Gegebenheiten nur von ihrer ungünstigen Seite her betrachtet;* Ggs. *Optimist*

pes|si|mis|tisch ⟨Adj.⟩ *nicht zuversichtlich, nur die negativen Seiten sehend;* Ggs. *optimistisch*

Pes|si|mum ⟨n., -s, -ma⟩ *schlechteste Bedingungen, das Ungünstigste;* Ggs. *Optimum*

Pest ⟨f.10; †⟩ **1** *schwere, epidemisch auftretende Infektionskrankheit,* auch ⟨†⟩: *Pestilenz* **2** ⟨übertr.⟩ *schweres Übel, schwerer Mißstand;* wenn die Touristen zur P. werden; etwas, jmdn. meiden, hassen wie die P. [< lat. *pestis* „ansteckende Krankheit, Verderben, Untergang"]

Pest|hauch ⟨m., -(e)s, nur Sg.; übertr.⟩ *giftiger Hauch, böser Einfluß*

Pes|ti|lenz ⟨f.10; †⟩ **1** → *Pest* (1) **2** *schwere Seuche* [< lat. *pestilentia* „Seuche, ansteckende Krankheit", zu *pestilens*, Gen. *-entis*, „der Gesundheit abträglich, schädlich", → *Pest*]

pe|sti|len|zia|lisch ⟨Adj., o.Steig.⟩ *verpestet, stinkend*

Pe|sti|zid ⟨n.1⟩ *Schädlingsbekämpfungsmittel aus den chemischen Pflanzenschutzes;* Syn. *Pflanzenschutzmittel* [< lat. *pestis* „ansteckende Krankheit" und *...cidere* (in Zus. für *caedere*) „töten"]

Pest|säu|le ⟨f.11⟩ *(oft plastisch gestaltete) Säule zur Erinnerung an eine Pest*

Pest|wurz ⟨f., -, nur Sg.⟩ *staudig wachsender Korbblütler mit großen, unterseits weißfilzigen Blättern*

Pe|tal ⟨n.12⟩ *Kronblatt (einer Blüte)* [< griech. *petalon* „Blatt", zu idg. *pet-*, *pat-* „ausbreiten"]

Pe|tar|de ⟨f.11⟩ *mit Sprengladung gefülltes Gefäß (früher zum Sprengen von Festungstoren, heute für Knalleffekte verwendet)* [< frz. *pétard* „Sprengbüchse, Knallfrosch", zu *péter* „knallen, zerspringen", zu *pet* „Darmwind, Blähung"]

Pe|te|chi|en ⟨Pl.⟩ *punktförmige Hautblutungen* [< lat. *petecchia* < lat. *petigo* „Ausschlag, Räude"]

Pe|ter|le ⟨n., -(s), nur Sg.; landsch.⟩ → *Petersilie*

Pe|ter|männ|chen ⟨n.7⟩ *ein Drachenfisch mit Stachelflossen und Giftdrüsen*

Pe|ters|fisch ⟨m.1⟩ → *Heringskönig*

Pe|ter|sil ⟨m., -, nur Sg.; österr.⟩, **Pe|ter|si|lie** ⟨[-ljə] f., -, nur Sg.⟩ *grünes Doldengewächs mit einer langen, möhrenähnlichen Wurzel;* auch: ⟨landsch.⟩ *Peterle;* Krause P.;

Glatte P. [< lat. *petroselinum* < griech. *petroselinon* in ders. Bed., < *petra, petros* „Fels" und *selinon* „Eppich", wegen des trockenen Standorts der Pflanze]

Pe|ters|pfen|nig ⟨m.1⟩ *freiwillige Abgabe der Katholiken an den Papst*

Pe|tit ⟨f., -, nur Sg.⟩ *ein Schriftgrad (8 Punkt)*

Pe|ti|ti|on ⟨f.10⟩ *Bittschrift, Eingabe* [< lat. *petitio,* Gen. *-onis,* „Verlangen, Gesuch", zu *petere* „verlangen, fordern, sich bewerben"]

pe|ti|tio|nie|ren ⟨V.3, hat petitioniert; o.Obj.; †⟩ *eine Petition einreichen* [zu *Petition*]

Pe|tits fours ⟨[ptifur] Pl.⟩ *feines, würfelförmiges, mit bunter Zuckerglasur überzogenes Gebäck* [frz., „kleines Backwerk", < *petit* „klein" und *four* „Backofen"]

Pe|trar|kis|mus ⟨m., -, nur Sg.⟩ *14./15. Jh.⟩ lyrischer Stil in der Art der Gedichte des italienischen Dichters Petrarca*

Pe|trar|kist ⟨m.1⟩ *Vertreter des Petrarkismus*

Pe|tre|fakt ⟨n.1 oder n.12⟩ → *Versteinerung* [< lat. *petra* (< griech. *petra, petros*) „Stein" und *factus* „gemacht", zu *facere* „machen"]

Pe|tri|fi|ka|ti|on ⟨f.10⟩ *Vorgang des Versteinerns* ⟨zu *petrifizieren*⟩

pe|tri|fi|zie|ren ⟨V.3, ist petrifiziert; o.Obj.⟩ *versteinern* [< lat. *petra* „Stein" und *...ficere* (in Zus. für *facere*) „machen"]

Pe|tri|jün|ger ⟨m.5; scherzh.⟩ *Angler* [nach *Petrus,* dem Schutzpatron der Fischer]

Pe|tro|che|mie ⟨f., -, nur Sg.⟩ **1** *Untersuchung von Gesteinen mit chemischen Mitteln* **2** → *Petrolchemie* [< griech. *petros* „Stein, Fels" und *Chemie*]

Pe|tro|ge|ne|se ⟨f.11⟩ *Entstehung der Gesteine* [< griech. *petros* „Stein, Fels" und *Genese*]

Pe|tro|gly|phe ⟨f.11⟩ *vorgeschichtliche Felszeichnung* [< griech. *petros* „Stein, Felsblock" und *glyphe* „Schnitzwerk, Skulptur"]

Pe|tro|gra|phie ⟨f.11⟩ *Wissenschaft von den Gesteinen, beschreibende Gesteinskunde;* Syn. ⟨†⟩ *Lithologie, Petrologie* [< griech. *petros* „Stein, Fels" und *...graphie*]

Pe|trol ⟨n., -s, nur Sg.; schweiz.⟩ → *Petroleum*

Pe|trol|che|mie ⟨f., -, nur Sg.⟩ *Zweig der Chemie, der sich mit der Verarbeitung von Erdöl und Erdgas befaßt;* auch: *Petrochemie* [< *Petroleum* und *Chemie*]

Pe|tro|le|um ⟨n., -s, nur Sg.⟩ *Destillationsprodukt des Erdöls;* auch: ⟨schweiz.⟩ *Petrol;* Syn. *Leuchtöl* [< griech. *petros* „Stein, Fels-block" und lat. *oleum* „Öl"]

Pe|tro|le|um|lam|pe ⟨f.11⟩ *Lampe, bei der über einen Docht Petroleum verbrannt wird*

Pe|tro|lo|gie ⟨f., -, nur Sg.⟩ → *Petrographie* [< griech. *petros* „Stein, Fels" und *...logie*]

Pet|schaft ⟨n.1⟩ *kleiner Stempel zum Siegeln* [< tschech. *pečet* „Siegel", zu slowak. *pečat* „drucken"]

pet|schie|ren ⟨V.3, hat petschiert; mit Akk.⟩ *mit Petschaft siegeln;* einen Brief p.

Pet|ti|coat ⟨[-ko:t] m.9⟩ *versteifter Halbunterrock* [engl., < *petty* „klein" und *coat* „Umhang"]

Pet|ting ⟨n.9⟩ *erotisch-sexuelles Spiel ohne Koitus* [engl., zu *pet* „Tier oder Stofftier als Lieblingsspielgefährte oder -spielzeug, Liebling, verhätscheltes Kind"]

pet|to → *in petto*

Pe|tu|nie ⟨[-nja] f.11⟩ *südamerikanisches Nachtschattengewächs mit trichterförmigen Blüten, Zierpflanze* [zu frz. *petun* (†) „Tabak", < Tupi *petume* „Tabak", wegen der Ähnlichkeit der Blätter mit Tabakblättern]

Petz ⟨m.1; scherzh.⟩ *Bär;* Meister P. [eigtl. Kurzform für den Vornamen *Bernhard*]

Pet|ze¹ ⟨f.11; landsch.⟩ *Hündin*

Pet|ze² ⟨f.11; Schülerspr.⟩ *jmd., der petzt*

pet|zen ⟨V.1, hat gepetzt; Schülerspr.⟩ Syn. *klatschen* **I** ⟨o.Obj.⟩ *melden, daß jmd. etwas getan oder gesagt hat* **II** ⟨mit Akk.⟩ *etwas p.*
etwas verraten, (dem Lehrer) melden; er hat (dem Lehrer) gepetzt, daß wir ...; er petzt alles

peu à peu [pøapø] *nach und nach, allmählich* [zu frz. *peu* „wenig"]

pe|xie|ren ⟨V.3, hat pexiert⟩ → *pekzieren*

Pey|otl [pej-] **I** ⟨f.11⟩ *ein Kaktus, liefert Meskalin* **II** ⟨n., -(s), nur Sg.⟩ *aus diesem Kaktus gewonnenes, berauschendes Getränk* [Nahuatl]

pF ⟨Zeichen für⟩ *Pikofarad*

Pf ⟨Abk. für⟩ *Pfennig*

Pf. ⟨Abk. für⟩ *Pfund*

Pfad ⟨m.1⟩ *schmaler Weg;* dornige ~e gehen ⟨übertr.⟩ *Schwierigkeiten im Leben haben;* die ausgetretenen ~e verlassen ⟨übertr.⟩ *neue Wege gehen, schöpferische Ideen haben*

Pfa|der ⟨m.5; schweiz.⟩ *Pfadfinder*

Pfad|fin|der ⟨m.5⟩ *Angehöriger einer 1907 in England gegründeten Jugendorganisation mit sozialer Ausrichtung*

Pfaf|fe ⟨m.11; abwertend⟩ *Geistlicher* [< ahd. *pfaffo* < mlat. *papas* < lat. *papa* „Papst"]

Pfaf|fen|hüt|chen ⟨n.7⟩ *Spindelbaumgewächs mit rosaroten, abgerundet vierkantigen Fruchtkapseln, die anfangs den von einem orangeroten Mantel umhüllten Samen umgeben* [die Fruchtkapseln ähneln dem Barett eines Priesters]

Pfahl ⟨m.2⟩ *länglicher, gerader, unten zugespitzter Körper;* einen P. im Fleische haben ⟨geh.⟩ *etwas, das einen peinigt* [< lat. *palus* „Pfahl"]

Pfahl|bau ⟨m., -(e)s, -bau|ten⟩ *Haus auf Pfählen (bes. am Rand von Gewässern)*

Pfahl|bür|ger ⟨m.5⟩ **1** ⟨urspr.⟩ *außerhalb der Grenzpfähle einer Stadt wohnender Bürger mit Bürgerrecht* **2** ⟨übertr.⟩ *engstirniger Mensch, Spießbürger*

pfäh|len ⟨V.1, hat gepfählt; mit Akk.⟩ **1** *etwas p.* **a** *mit Pfählen stützen,* an Pfähle binden; junge Bäume p. **b** *mit Pfählen befestigen;* Baugrund, Erdreich p. **2** *jmdn. p.* (im MA als Strafe) *mit einem Pfahl durchbohren (und dadurch töten)*

Pfahl|mu|schel ⟨f.11⟩ *an Pfählen haftende Miesmuschel*

Pfahl|wur|zel ⟨f.11⟩ *lange, gerade Wurzel (z.B. bei der Möhre)*

Pfalz ⟨f.10⟩ **1** *befestigte Wohnstätte eines Kaisers oder Königs, in der sich der auf Reisen durch das Reich aufhielt* **2** *das eine Pfalz (1) umgebende Gebiet* [< mhd. *phalze, phalenze,* „Wohnung eines weltlichen oder geistlichen Fürsten", < mlat. *palantium* < lat. *palatium,* → *Palast*]

Pfäl|zer ⟨m.5⟩ **1** *Einwohner der mittelrheinischen Landschaft Pfalz* **2** *Wein aus der mittelrheinischen Landschaft Pfalz* **3** *Würstchen mit etwas Majoran in der Füllung*

Pfalz|graf ⟨m.10; MA⟩ *Vertreter des Königs in seiner Pfalz mit richterlichen Befugnissen*

Pfand ⟨n.4⟩ **1** *Gegenstand, der als Sicherheit gegeben wird;* ein P. einlösen **2** *Geldbetrag, der bei der Rückgabe eines geliehenen Gegenstandes zurückgezahlt wird* (Flaschen~) **3** *Zeichen, Symbol für etwas;* ein Ring als P. seiner Zuneigung, seiner Treue

Pfand|brief ⟨m.1⟩ *eine festverzinsliche Schuldverschreibung*

pfän|den ⟨V.2, hat gepfändet; mit Akk.⟩ **1** *etwas p.* (behördlich) *beschlagnahmen* (um damit eine Geldforderung zu befriedigen); jmds. Möbel p.; jmdm. den Fernsehapparat p. **2** *jmdn. p. jmds. Eigentum* (behördlich) *beschlagnahmen*

Pfän|der ⟨m.5; süddt.⟩ *Gerichtsvollzieher*

Pfän|der|spiel ⟨n.1⟩ *Gesellschaftsspiel, bei dem ein Mitspieler, der die Aufgabe nicht gelöst hat, ein Pfand abgeben muß und dieses unter bestimmten lustigen Auflagen am Ende des Spieles wieder erhält*

Pfand|haus ⟨n.4; †⟩ *Leihhaus*

Pfand|lei|he ⟨f.11⟩ **1** *das Verleihen von Geld gegen Pfand (1)* **2** *Leihhaus*

Pfand|lei|her ⟨m.5⟩ *jmd., der Geld gegen ein Pfand verleiht*

Pfand|schuld|ner ⟨m.5⟩ *jmd., der sich gegen ein Pfand Geld geliehen hat*

Pfän|dung ⟨f.10⟩ *das Pfänden*

Pfan|ne ⟨f.11⟩ **1** *flaches Kochgeschirr mit langem Stiel* (Brat~, Schmor~); *Eier in der P. braten;* jmdn. in die P. hauen ⟨ugs.⟩ *jmdn. töten, vernichten,* ⟨abgeschwächt⟩ *jmdn. scharf, grob zurechtweisen* **2** (früher an Gewehren) *kleine Vertiefung für das Schießpulver;* noch etwas auf der P. haben ⟨übertr., ugs.⟩ *noch etwas in Bereitschaft* (als Überraschung) *haben* **3** ⟨Met.⟩ *Gefäß für den Transport von flüssigem Roheisen* **4** (bes. in Trockengebieten) *Mulde (die sich bei Regen mit Wasser füllt)* **5** → *Dachpfanne* [< ahd. *pfanna* < mlat. *panna* „Pfanne", vielleicht < lat. *patina* „Schüssel"]

Pfän|ner ⟨m.5; früher⟩ *Besitzer eines Anteils an einem Salzbergwerk* [nach der Siedepfanne in Salzsiedereien]

Pfann|ku|chen ⟨m.7⟩ **1** *in einer Pfanne gebackener Fladen aus Mehl, Milch, Eiern (und Zucker)* **2** ⟨landsch.⟩ → *Krapfen;* Berliner P.

Pfarr|amt ⟨n.4⟩ **1** *Amt eines Pfarrers* **2** *Amtssitz eines Pfarrers;* Syn. *Pfarrei*

Pfarr|be|zirk ⟨m.1⟩ *Bezirk, in dem ein Pfarrer sein Amt ausübt;* Syn. *Kirchensprengel, Kirchspiel, Pfarre, Pfarrei, Parochie*

Pfar|re ⟨f.11⟩ → *Pfarrbezirk*

Pfar|rei ⟨f.10⟩ **1** → *Pfarramt (2)* **2** → *Pfarrbezirk*

Pfar|rer ⟨m.5; Abk.: Pfr.⟩ *Geistlicher einer christlichen Kirche, der eine Gemeinde theologisch und seelsorgerisch betreut*

Pfar|re|rin ⟨f.10⟩ **1** ⟨evang.-reformierte Kirche⟩ *weiblicher Pfarrer* **2** ⟨evang.-luther. Kirche⟩ *Ehefrau eines Pfarrers*

Pfarr|hel|fer ⟨m.5; evang. Kirche⟩ *noch nicht voll ausgebildeter Theologe als Helfer eines Pfarrers, Hilfsprediger;* Syn. *Pfarrvikar*

Pfarr|kir|che ⟨f.11⟩ *Hauptkirche eines Pfarrbezirks*

Pfarr|ver|we|ser ⟨m.5⟩ *Verwalter eines nicht besetzten Pfarrbezirks*

Pfarr|vi|kar ⟨m.1⟩ **1** ⟨kath. Kirche⟩ *Stellvertreter oder Helfer eines Pfarrers* **2** ⟨evang. Kirche⟩ → *Pfarrhelfer*

Pfau ⟨m.12⟩ *großer Fasanenvogel mit sehr langen Schwanzdeckfedern und Federkrönchen;* eitel wie ein P.; aufgedonnert wie ein P. ⟨ugs.⟩ [< ahd. *pfawo* < lat. *pavo,* vielleicht lautmalend nach dem Ruf *fao*]

pfau|chen ⟨V.1, hat gepfaucht; österr.⟩ *fauchen*

Pfau|en|au|ge ⟨n.14⟩ **1** *Schmetterling mit Augenflecken auf den Flügeln, die den bunten Flecken auf den Schwanzfedern des Pfauhahns ähneln* (Abend~, Nacht~, Tag~) **2** ⟨nur Sg.⟩ *Anzugstoff aus Kammgarn mit Punktmusterung*

Pfau|hahn ⟨m.2⟩ *männlicher Pfau*

Pfd. ⟨Abk. für⟩ *Pfund*

Pfef|fer ⟨m.5⟩ **1** *strauchförmige, kletternde Pflanze Südostasiens* **2** *aus deren einsamigen Steinfrüchten hergestelltes Gewürz;* grüner P. *die noch unreifen, eingelegten Früchte;* schwarzer P. *die gemahlenen halbreifen Früchte;* weißer P. *die geschälten, gemahlenen reifen Früchte;* spanischer P. *Gewürz aus Paprika;* P. und Salz *feines, grau-weißes Muster;* jmdm. P. geben ⟨ugs.⟩ *jmdn. antreiben;* der soll bleiben, wo der P. wächst! ⟨derb⟩ *den will ich nicht sehen, der soll ja nicht kommen!*

Pfef|fer|fres|ser ⟨m.5⟩ → *Tukan*

pfef|fe|rig ⟨Adj.⟩ → *pfeffrig*

Pfef|fer|ku|chen ⟨m.7⟩ → *Lebkuchen*

Pfef|fer|minz ⟨auch [pfɛ-] n., -es, nur Sg.⟩ **1** *aus der Pfefferminze gewonnener Aromastoff;* das schmeckt, riecht nach P. **2** *Süßigkeit mit diesem Aroma;* eine Rolle P.

Pfefferminze

Pfef|fer|min|ze ⟨auch [pfɛ-] f., -, nur Sg.⟩ *als Staude wachsende Pflanze, deren Blätter ein ätherisches Öl enthalten, Heilpflanze*

Pfef|fer|müh|le ⟨f.11⟩ *Gerät zum Mahlen von Pfefferkörnern*

pfef|fern ⟨V.1, hat gepfeffert; mit Akk.⟩ *mit Pfeffer würzen; eine Suppe stark p.; eine gepfefferte Rechnung, gepfefferte Preise* ⟨übertr., ugs.⟩ *eine sehr hohe Rechnung, sehr hohe Preise*

Pfef|fer|nuß ⟨m.2⟩ *gewürztes Plätzchen aus Lebkuchenteig*

Pfef|fe|ro|ni ⟨n. oder m., -, -; bayr.-österr.⟩ → *Peperoni*

Pfef|fer|sack ⟨m.2; abwertend⟩ *reicher Kaufmann, Kapitalist*

pfef|frig ⟨Adj.⟩ *voller Pfeffer, stark mit Pfeffer gewürzt;* auch: *pfefferig*

Pfei|fe ⟨f.11⟩ **1** *kleines, der Flöte ähnelndes Musikinstrument; nach jmds. P. tanzen* ⟨übertr., ugs.⟩ *kritiklos jmds. Befehle ausführen* **2** *kleines Instrument aus Rohr und Mundstück, das beim Hineinblasen einen schrillen Ton von sich gibt (Triller~); die P. des Schiedsrichters* **3** *Vorrichtung an einem Gerät, die bei Austritt von Dampf einen hohen Ton erzeugt* **4** ⟨kurz für⟩ *Orgelpfeife* **5** ⟨kurz für⟩ *Tabakspfeife; P. rauchen* **6** ⟨ugs.⟩ *unfähiger Mensch, Trottel*

pfei|fen ⟨V.90, hat gepfiffen⟩ **I** ⟨o.Obj.⟩ **1** ⟨auch mit Akk.⟩ *mit gespitzten Lippen durch Ausblasen von Atemluft einen Ton, Töne, eine Melodie hervorbringen; er kann p.; ein Lied p.* **2** *(mittels der Finger oder mit der Pfeife oder einem anderen Gegenstand) einen hohen Ton hervorbringen; zum Beginn des Spiels p.; auf zwei Fingern p.; auf einem Schlüssel p.* **3** *langgezogene hohe Töne hervorbringen; der Wasserkessel pfeift; manche Vögel p.* **4** *mit hohen Tönen wehen; der Wind pfeift; der Wind pfeift ums Haus, pfeift mir um die Ohren* **5** ⟨auch mit Akk.; ugs.⟩ **a** *eine Missetat (die man mit anderen zusammen begangen hat) verraten; er hat gepfiffen* **b** *verraten, äußern, sagen; er hat nichts davon, er hat kein Wort davon gepfiffen* **II** ⟨mit Dat.⟩ *einem Hund p. einen Hund durch Pfiff herbeirufen* **III** ⟨mit Dat. und Akk.⟩ *jmdm. etwas p.* ⟨ugs.; in der Wendung⟩ *ich werd dir was p.! das könnte dir so passen, das kommt nicht in Frage!*

Pfei|fen|kopf ⟨m.2⟩ **1** *Kopf einer Tabakspfeife* **2** ⟨ugs.⟩ *unfähiger Mensch*

Pfei|fen|werk ⟨n.1⟩ *Gesamtheit der Pfeifen und Register einer Orgel*

Pfei|fer ⟨m.5⟩ **1** *jmd., der eine Pfeife (1) spielt* **2** *umg., der pfeift*

Pfeif|kon|zert ⟨n.1⟩ *anhaltendes, vielstimmiges Pfeifen in Konzert, Theater o.ä. als Ausdruck der Unzufriedenheit*

Pfeil ⟨m.1⟩ **1** *stabförmiges Geschoß mit Metallspitze und stabilisierenden Federn am Ende (das mit dem Bogen, der Armbrust oder dem Blasrohr verschossen wird)* **2** ⟨übertr.⟩ *bissige Bemerkung; er schießt aus sicherer Entfernung seine ~e ab* **3** ⟨Zeichen: →⟩ *vom Pfeil (1) abgeleitetes Symbol, das als Hinweis (z. B. in der Bedeutung „siehe!") [< lat. pilum „Wurfspieß"]*

Pfei|ler ⟨m.5⟩ *frei stehende oder aus der Wand heraustretende Stütze für Gewölbe, Dach oder Brücke* [< mlat. *pilarius* „Pfeiler"]

pfei|ler|ge|ra|de ⟨Adj., o.Steig.⟩ *ganz gerade*; vgl. *pfeilgrad*; *in ~r Richtung; p. auf etwas zugehen, zufliegen*

pfei|ler|ge|schwind ⟨Adj., o.Steig.⟩ *sehr geschwind*

Pfeil|gift ⟨n.1⟩ *bei Naturvölkern für Pfeilspitzen verwendetes Gift*

pfeil|grad ⟨Adv.; süddt.⟩ *genau, wirklich, aber p.!; das ist P. dasselbe*

Pfeil|kraut ⟨n., -(e)s, nur Sg.⟩ *Froschlöffelgewächs mit pfeilförmigen Luft- und riemenförmigen Wasserblättern*

pfeil|schnell ⟨Adj., o.Steig.⟩ *sehr schnell*

Pfeil|wurm ⟨m.4⟩ *glashelles, wirbelloses Tier von pfeilförmiger Gestalt, das im Plankton der Ozeane lebt*; Syn. *Borstenkiefer*

Pfeil|wurz ⟨f., -, nur Sg.⟩ *tropische Pflanze, aus deren Wurzeln Arrowroot gewonnen wird*

Pfen|nig ⟨m.1; Abk.: Pf⟩ *deutsche Währungseinheit, $1/100$ Mark* [< mhd. *phennic, phenninc*, < ahd. *phenning, phending, fening, fending* „Silbermünze, Denarius, Pfennig", weitere Herkunft nicht geklärt]

Pfen|nig|ab|satz ⟨m.2; an Damenschuhen⟩ *hoher, schmaler Absatz mit etwa pfenniggroßer Lauffläche*

Pfen|nig|fuch|ser ⟨m.5⟩ *geiziger, übertrieben genau rechnender Mensch*

pfen|nig|wei|se ⟨Adv.⟩ *in Pfennigen; bei ihm fällt der Groschen p.* ⟨übertr., ugs.⟩ *er begreift sehr langsam*

Pferch ⟨m.1⟩ *eingezäuntes Feldstück für Tiere*; Syn. *Hürde*

pfer|chen ⟨V.1, hat gepfercht; mit Akk.⟩ *etwas, Personen, Tiere in etwas p. etwas, Personen, Tiere auf engem Raum zusammendrängen, in etwas hineindrücken; Gefangene, Tiere in einen Eisenbahnwagen p.; Kleider in einen Schrank, in einen Koffer p.; wir pferchen uns zu sechst in den Wagen* [eigtl. „in einen Pferch sperren"]

Pferd ⟨n.1⟩ **1** *einzehiger Unpaarhufer mit langem Schweifhaar*; Syn. ⟨geh. oder oberdt.⟩ *Roß; das hält ja kein P. aus* ⟨ugs.⟩ *das ist kaum erträglich; arbeiten wie ein P.* ⟨ugs.⟩ *hart arbeiten; mach mir die ~e nicht scheu!; mach nicht solche Unruhe, sei nicht so aufgeregt!; ein P. am Schwanz aufzäumen eine Arbeit in der falschen Reihenfolge anfangen; mit ihm sind die ~e durchgegangen er hat die Beherrschung verloren; mit ihm kann man ~e stehlen* ⟨ugs.⟩ *mit ihm kann man alles wagen, er ist kameradschaftlich, er läßt einen nicht im Stich; er hat aufs falsche P. gesetzt* ⟨ugs.⟩ *er hat den Betreffenden falsch eingeschätzt, er ist vom Betreffenden enttäuscht worden* **2** *Turngerät aus Lederpolster mit zwei Griffen auf vier (in der Höhe verstellbaren) Beinen* **3** ⟨Schach⟩ → *Springer (4)* [< ahd. *pfärit, prärfrit* < mlat. *paraveredus* „Beipferd", aus dem Gallischen]

Pfer|de|ap|fel ⟨m.2⟩ *rundliches Kotstück vom Pferd*; Syn. ⟨südwestdt.⟩ *Roßbollen*

Pfer|de|boh|ne ⟨f.11⟩ → *Saubohne*

Pfer|de|decke ⟨k-k; f.11⟩ *grobe Decke*

Pfer|de|fuß ⟨m.2; übertr.⟩ *Nachteil, Haken; die Sache hat einen P.* [nach dem verunstalteten Fuß des Teufels, an dem man ihn auch in einer Verkleidung erkennt (im Volksglauben)]

Pfer|de|kur ⟨f.10⟩ → *Roßkur*

Pfer|de|län|ge ⟨f.11; bei Pferderennen⟩ *Länge eines Pferdes (als Maß für den Abstand); um eine P. voraus sein; er hat mit zwei ~n gewonnen*

Pfer|de|ren|nen ⟨n.7⟩ *Leistungsprüfung in Schnelligkeit und Ausdauer von durch Menschen gelenkten Pferden*

Pfer|de|schwanz ⟨m.2; übertr.⟩ *am Hinterkopf zusammengebundene, offen hängende Haare*

Pfer|de|stär|ke ⟨f.11; Zeichen: PS; †⟩ *Maßeinheit der Leistung, 0,73 kW*

Pfet|te ⟨f.11⟩ *waagrechter, die Sparren tragender Balken im Dachstuhl* [vielleicht < lat. *patena* „Krippe"]

Pfiff ⟨m.1⟩ **1** *durch Pfeifen erzeugter kurzer, schriller Ton* **2** ⟨übertr., ugs.⟩ *besonderer Reiz (einer Sache), besonderer Schick; ein Mantel mit P.; die Mütze gibt dem Anzug erst den richtigen P.; das ist ja gerade der P. an der Sache*

Pfif|fer|ling ⟨m.1⟩ *(blaß- bis dottergelber) Pilz mit flach trichterförmigem, oft wellig verbogenem Hut, Speisepilz;* Syn. ⟨bayr.-österr.⟩ *Eierschwamm, Rehling; der, das ist keinen P. wert der, das ist gar nichts wert; ich gebe keinen P. dafür ich gebe gar nichts dafür (ich will es nicht kaufen, weil es nichts wert ist)* [nach dem leicht pfefferähnlichen Geschmack]

pfif|fig ⟨Adj.⟩ **1** *schnell begreifend und gleich den richtigen Ausweg, die beste Möglichkeit findend, findig; ein ~er Junge* **2** *geistige Beweglichkeit verratend, lustig und schlau; ~e ~s Gesicht; er sieht p. aus* **3** *mit Pfiff (2), reizvoll und spannend; eine ~e Aufführung; das Stück ist p. gemacht*

Pfif|fig|keit ⟨f., -, nur Sg.⟩ *pfiffige Wesensart, Schlauheit, Findigkeit*

Pfif|fi|kus ⟨m., - oder -kus|ses, -kus|se; ugs.⟩ *pfiffiger Mensch*

Pfing|sten ⟨n., -, -; auch o.Art.⟩ *Fest der Ausgießung des Heiligen Geistes über die Jünger Jesu*; Syn. *Pfingstfest*; vgl. *Ostern; an, zu P.; das letzte, nächste P.; frohe P.!* [< mhd. *pfingesten, phingeste* < lat. *pentecoste* < griech. *pentekoste* „fünfzigster (Tag nach Ostern)", zu *pentekonta* „fünfzig"]

Pfingst|fest ⟨n.1⟩ → *Pfingsten*

Pfingst|mon|tag ⟨m.1⟩ *zweiter Pfingstfeiertag*

Pfingst|och|se ⟨m.11⟩ *mit Blumen und Kränzen geschmückter Ochse (zum Auftrieb auf die Alm)*

Pfingst|ro|se ⟨f.11⟩ *dunkelrot bis rosa blühendes staudiges Hahnenfußgewächs, Gartenpflanze;* Syn. *Päonie* [die Blüten öffnen sich um die Zeit des Pfingstfestes]

Pfingst|sonn|tag ⟨m.1⟩ *erster Pfingstfeiertag*

Pfir|sich ⟨m.1⟩ **1** *frostempfindlicher Steinobstbaum aus der Familie der Rosengewächse*; Syn. *Pfirsichbaum* **2** *dessen von einer samtigen Schale umgebene Frucht* [< mhd. *pfersich* < lat. *prunus persica* „persische Pflaume, persischer Steinobstbaum"]

Pfir|sich|baum ⟨m.2⟩ → *Pfirsich (1)*

Pfi|ster ⟨m.5; †⟩ *Bäcker, Brotbäcker* [über mhd. *phister* < lat. *pistor* „Müller", dann „Bäcker", eigtl. „Stampfer, jmd., der die Körner zerstampft", zu *pinsere* „zerstampfen, zerstoßen"]

Pfi|ste|rei ⟨f.10⟩ *Betrieb eines Pfisters*

Pflan|ze ⟨f.11⟩ **1** *Lebewesen, das Chlorophyll besitzt und alle lebensnotwendigen Stoffe aus anorganischen Verbindungen aufbauen kann (Blüten~, Sporen~);* Syn. *Gewächs* **2** ⟨übertr., ugs.⟩ *Person; eine seltsame P.* [< lat. *planta* „Pflanze"]

pflan|zen ⟨V.1, hat gepflanzt⟩ **I** ⟨mit Akk.⟩ *(zum Wachsen) mit den Wurzeln in die Erde setzen; Sträucher, Blumen p.* **II** ⟨refl.⟩ *sich (an eine Stelle) p.* ⟨ugs.⟩ *sich breit (und dreist) hinsetzen; sich in einen Sessel, mitten auf die Couch p.*

Pflan|zen|fres|ser ⟨m.5⟩ *Tier, das sich von Pflanzen ernährt*; Syn. *Herbivore*

Pflan|zen|geo|gra|phie ⟨f., -, nur Sg.⟩ → *Geobotanik*

Pflan|zen|ge|sell|schaft ⟨f.10⟩ *Gruppe von große Bestände bildenden, regelmäßig gemeinsam vorkommenden Pflanzenarten mit ähnlichen Ansprüchen an Klima und Boden*

Pflan|zen|kun|de ⟨f., -, nur Sg.⟩ → *Botanik*

Pflan|zen|schutz ⟨m., -es, nur Sg.⟩ **1** *Maßnahme zur Erhaltung der vom Aussterben bedrohten Pflanzen* **2** *Verhütung von Pflanzenkrankheiten*

Pflan|zen|schutz|mit|tel ⟨n.5⟩ → *Pestizid*

Pflan|zer ⟨m.5⟩ **1** ⟨bes. bei tropischen Völkern⟩ *jmd., der Pflanzen anbaut* **2** *Besitzer einer tropischen Pflanzung*

Pflanz|gar|ten ⟨m.7⟩ *Landstück zum Aufziehen von Waldpflanzen*

pflanz|lich ⟨Adj., o.Steig.⟩ *aus Pflanzen bestehend, von Pflanzen stammend; ~e Nahrung*

Pflänz|ling ⟨m.1⟩ *junge, zum Auspflanzen bestimmte Pflanze*

Pflan|zung ⟨f.10⟩ **1** ⟨nur Sg.⟩ *das Pflanzen*

pfundig

2 geschlossener Bestand von angepflanzten Gewächsen

Pfla|ster ⟨n.5⟩ **1** Straßen- und Wegdecke aus behauenen Steinen (Kopfstein~) **2** ⟨kurz für⟩ Heftpflaster; ein P. auf eine Wunde kleben; das ist ein P. auf mein blutendes Herz ⟨scherzh.⟩ das ist ein Trost für meinen Schmerz [< lat. emplastrum < griech. emplastron ,,Salbe, Pflaster", zu plassein ,,kneten, formen"]

Pfla|ste|rer ⟨m.5⟩, **Pfläs|te|rer** ⟨m.5; schweiz.⟩ jmd., der berufsmäßig pflastert

pfla|ster|müde ⟨Adj., o.Steig.; ugs.⟩ müde vom langen Gehen auf Pflaster

pfla|stern ⟨V.1, hat gepflastert; mit Akk.⟩ **1** mit Pflastersteinen belegen; eine Straße p. **2** an etwas, auf etwas p. etwas breit, groß an, auf etwas befestigen; ein Plakat, Schild an die Tür p.

Pfla|ste|rung ⟨f., -, nur Sg.⟩ **1** das Pflastern (1) **2** Gesamtheit der Pflastersteine

Pflatsch ⟨m.1⟩, **Pflat|schen** ⟨m.7; oberdt.⟩ **1** großer (nasser) Fleck; ein P. an der Wand, auf dem Kleid **2** großes, flaches, unförmiges Gebilde **3** Regenguß

pflat|schen ⟨V.1, hat gepflatscht; o.Obj.; oberdt.⟩ **1** klatschend aufschlagen; aufs Wasser p. **2** ⟨unpersönl., mit ,,es"⟩ stark regnen; es pflatscht

Pflau|me¹ ⟨f.11⟩ **1** weiß blühender Steinobstbaum aus der Familie der Rosengewächse; Syn. Pflaumenbaum **2** dessen rundliche, blauviolette Frucht **3** ⟨vulg.⟩ äußeres weibliches Geschlechtsteil **4** ⟨ugs.⟩ jmd., der schwach und unfähig ist [< mhd. pflume < ahd. pfruma < lat. prunum < griech. proumnon ,,Pflaume", weitere Herkunft unbekannt]

Pflau|me² ⟨f.11⟩ neckende Bemerkung [wohl Rückbildung zu pflaumen]

pflau|men ⟨V.1, hat gepflaumt; o.Obj.; ugs.⟩ neckende Bemerkungen machen [vielleicht zu nddt. plumen ,,Federn ausrupfen"]

Pflau|men|baum ⟨m.2⟩ → Pflaume¹ (1)

Pfle|ge ⟨f., -, nur Sg.⟩ das Pflegen (I,1), sorgfältige Behandlung, sorgfältige, liebevolle Betreuung (Kranken~, Körper~, Blumen~); die P. von freundschaftlichen Beziehungen; ein Kind in P. geben ein Kind gegen Entgelt jmdm. überlassen, der es ernährt und betreut; ein Kind in P. nehmen ein Kind gegen Entgelt ernähren und betreuen

Pfle|ge|el|tern ⟨nur Pl.⟩ Ehepaar, das ein Kind in Pflege genommen hat

Pfle|ge|fall ⟨m.2⟩ jmd., der (aufgrund einer Krankheit oder Gebrechlichkeit) ständig gepflegt werden muß

Pfle|ge|heim ⟨n.1⟩ Heim, in dem seelisch oder körperlich behinderte Menschen ständig gepflegt werden

Pfle|ge|kind ⟨n.3⟩ bei Pflegeeltern untergebrachtes Kind

pfle|ge|leicht ⟨Adj.⟩ leicht zu pflegen; ~e Textilien

Pfle|ge|mut|ter ⟨f.6⟩ Frau, die ein Kind in Pflege hat; Syn. Ziehmutter

pfle|gen ⟨V.1, hat gepflegt⟩ **I** ⟨mit Akk.⟩ **1** jmdn. oder etwas p. fürsorglich behandeln, betreuen (um ihn, es gesund zu machen oder gesund zu erhalten); einen Kranken p.; Blumen p.; der Kaufmann pflegt seine Ware p. der Kaufmann behandelt seine Ware gut (um ihr schönes Aussehen zu erhalten); seine Haut p. sie regelmäßig säubern und eincremen; Beziehungen zu anderen Menschen p. regelmäßig mit anderen Menschen gesellig zusammensein **2** etwas zu tun, zu sagen p. gewohnt sein, etwas zu tun, zu sagen p. gewohnt sein, etwas zu sagen; sie pflegt morgens früh, spät aufzustehen; sie pflegt viel Gesellschaft; er pflegt zu sagen, daß ...; etwas pflegt zu geschehen, einzutreten etwas geschieht regelmäßig, tritt häufig, oft ein; im November pflegt es viel zu regnen; so etwas pflegt im Alter aufzutreten so etwas tritt im Alter oft auf **II** ⟨refl.⟩ **1** sich regelmäßig und sorgfältig waschen, frisieren und sauber kleiden **2** gut essen und trinken und oft ruhen **III** ⟨mit Gen.; geh.⟩ einer Sache p. etwas tun; der Ruhe p. ruhen

Pfle|ger ⟨m.5⟩ **1** ⟨kurz für⟩ Krankenpfleger **2** vom Gericht bestellter Bevollmächtigter, der für jmdn. rechtliche Angelegenheiten erledigt

pfle|ge|risch ⟨Adj., o.Steig.⟩ die Pflege betreffend; p. tätig sein

Pfle|ge|va|ter ⟨m.6⟩ Mann, der ein Kind in Pflege hat; Syn. Ziehvater, ⟨†⟩ Nährvater

pfleg|lich ⟨Adj.⟩ sorgsam; etwas p. behandeln; mit etwas p. umgehen

Pfleg|ling ⟨m.1⟩ jmd., der gepflegt wird

Pfleg|schaft ⟨f.10⟩ gerichtlich angeordnete Fürsorge für einzelne Angelegenheiten einer Person oder für ein Vermögen

Pflicht ⟨f.10⟩ **1** Dienst, Aufgabe, die erledigt werden muß; seine P. und Schuldigkeit; seine P. erfüllen, tun, vernachlässigen; sich einer lästigen P. entledigen; berufliche, eheliche, elterliche ~en; jmdn. in die P. nehmen jmdn. dazu bringen, etwas bestimmtes zu tun **2** ⟨Sport⟩ bestimmte Übungen, die in einem Wettkampf vorgeschrieben sind und ausgeführt werden müssen; Ggs. Kür

pflicht|be|wußt ⟨Adj., -er, -esten⟩ seiner Pflichten bewußt; ein ~er Mensch

Pflicht|be|wußt|sein ⟨n., -s, nur Sg.⟩ Wissen um seine Pflichten, Bewußtsein, eine Pflicht, bestimmte Pflichten erfüllen zu müssen; Syn. Pflichtgefühl; er hat (kein) P.

Pflicht|ei|fer ⟨m., -s, nur Sg.⟩ Eifer beim Erfüllen der Pflichten

pflicht|ei|frig ⟨Adj.⟩ eifrig beim Erfüllen von Pflichten

Pflicht|ex|em|plar ⟨n.1⟩ Exemplar (eines Buches), das jmdm. (z.B. einer Bibliothek) zugesandt werden muß

Pflicht|ge|fühl ⟨n., -s, nur Sg.⟩ → Pflichtbewußtsein

pflicht|ge|mäß ⟨Adj., o.Steig.⟩ der Pflicht gemäß

pflicht|schul|digst ⟨Adv.⟩ wie es sich gehört, der Pflicht entsprechend, wie es erwartet wird; er lachte p. über den albernen Witz

Pflicht|teil ⟨m.1 oder n.1⟩ Erbteil, das einem Erbberechtigten zusteht

pflicht|ver|ges|sen ⟨Adj.⟩ seine Pflichten nicht erfüllend **Pflicht|ver|ges|sen|heit** ⟨f., -, nur Sg.⟩

Pflock ⟨m.2⟩ kurzer Pfahl

pflocken, pflöcken ⟨-k|k-; V.1, hat geplockt, gepflöckt; mit Akk.⟩ mit Pflock oder Pflöcken befestigen; Pflanzen p.

Pflücke ⟨-k|k-; f., -, nur Sg.; schwäb.⟩ Ernte (des Obstes, Hopfens)

pflücken ⟨-k|k-; V.1, hat gepflückt; mit Akk.⟩ abbrechen, einzeln von der Pflanze (vom Baum, vom Strauch) nehmen; Blumen, Äpfel p.

Pflücker ⟨-k|k-; m.5⟩ jmd., der berufsmäßig pflückend erntet (Obst~, Baumwoll~, Tee~)

Pflug ⟨m.2⟩ von Tieren oder Traktor gezogenes Gerät zum Lockern und Umbrechen der obersten Schicht des Erdbodens

pflü|gen ⟨V.1, hat gepflügt; mit Akk.⟩ **1** mit dem Pflug lockern; den Acker p.; er hat den ganzen Morgen (erg.: den Acker) gepflügt **2** wie mit dem Pflug zerteilen; das Schiff pflügt die Wellen

Pflü|ger ⟨m.5⟩ jmd., der mit dem Pflug arbeitet

Pflug|schar ⟨f.10, auch n.1⟩ waagrecht angeordnetes Eisen am Pflug; auch: ⟨kurz⟩ Schar

Pflug|schar|bein ⟨n.1⟩ Schädelknochen, der wie eine Pflugschar im Inneren der Nase steht und deren Knorpelgerüst stützt

Pflug|sterz ⟨m.1⟩, **Pflug|ster|zen** ⟨m.7⟩ Führungsgriff des Pfluges

Pfort|ader ⟨f.11⟩ große Vene, die der Leber das Blut aus dem Magen-Darm-Trakt zuführt

Pfor|te ⟨f.11⟩ **1** kleine Tür (Garten~) **2** bewachter Eingang (an Klöstern, Krankenhäusern o.ä.) **3** Bergsenke; Westfälische P.

Pfört|ner ⟨m.5⟩ jmd., der eine Pforte (2) bewacht

Pfört|ner|krampf ⟨m.2⟩ krampfhafte Verengung des Magenpförtners (Magenausgangs); Syn. Pylorospasmus

Pfo|sten ⟨m.7⟩ kurzer, dicker Pfeiler, runder Pfahl, massives Stützglied (Bett~, Sperr~, Tür~) [< lat. postis ,,Pfosten"]

Pfo|te ⟨f.11⟩ **1** ⟨bei Raubtieren, gelegentlich auch bei anderen Tieren, wie beim Schwein⟩ in Zehen gespaltener Fuß **2** ⟨scherzh., abwertend⟩ Hand; ~n weg!; jmdm. die P. drücken

Pfr. ⟨Abk. für⟩ Pfarrer

Pfriem ⟨m.1⟩ → Ahle

Pfrie|men|gras ⟨n.4⟩ → Federgras

Prille ⟨f.11⟩ → Elritze

Pfropf¹ ⟨m.1⟩ → Pröpfling [< ahd. pfropfo, phrofa in ders. Bed., < lat. propages ,,Setzling", zu propagare ,,durch Senker fortpflanzen"]

Pfropf² ⟨m.1⟩ → Pfropfen [< nddt. proppen < mnddt. prop, proppe, wahrscheinlich lautmalend]

pfrop|fen¹ ⟨V.1, hat gepfropft; mit Akk.⟩ durch Aufsetzen eines Reises (auf eine Schnittfläche) veredeln; Obstbäume p. [zu Pfropf¹]

pfrop|fen² ⟨V.1, hat gepfropft; mit Akk.⟩ etwas in etwas p. fest in etwas hineindrücken, -packen; Kleider in einen Koffer p.; Watte in die Ohren p.; der Schrank ist gepfropft voll [zu Pfropf²]

Pfrop|fen ⟨m.7⟩ Gegenstand, der etwas am Fließen hindert, verschließt (Blut~, Flaschen~); auch: Pfropf, ⟨nddt.⟩ Proppen [→ Pfropf²]

Pfröpf|ling ⟨m.1⟩, **Pfropf|reis** ⟨n.3⟩ Zweig zum Veredeln durch Pfropfen¹; auch: Pfropf

Pfrop|fung ⟨f., -, nur Sg.⟩ das Pfropfen¹; Syn. Transplantation

Pfrün|de ⟨f.11⟩ **1** ⟨kath. Kirche⟩ Einnahmen aus einem Kirchenamt **2** Kirchenamt mit Einkünften; auf einer P. sitzen **3** ⟨allg.⟩ Amt, das etwas einbringt, ohne entsprechende Gegenleistung zu fordern; eine fette P. [< mhd. phründe, phruonde < ahd. phruonta, phruanta in ders. Bed., < mlat. provenda < lat. praebende, → Präbende]

Pfründ|ner ⟨m.5⟩ Inhaber einer Pfründe (2)

Pfuhl ⟨m.1⟩ **1** kleiner schlammiger Teich **2** ⟨übertr.⟩ Sumpf (Sünden~)

Pfühl ⟨m.1; †⟩ Kissen, weiches Lager

pfui **1** Ausruf des Ekels, Mißfallens, Abscheus; p. über dich!; p., laß das!; p., leg das weg! lautmalend, nach dem Geräusch beim Ausspucken]

Pfui|ruf ⟨m.1⟩ der Ruf ,,pfui!" ⟨Ausdruck des Mißfallens, der schroffen Ablehnung, bes. in öffentlichen Versammlungen⟩

Pful|men ⟨m.7; schweiz.⟩ Kopfkissen [zu Pfühl]

Pfund ⟨n., -(e)s, -, ugs. in manchen Wendungen auch n.1⟩ **1** ⟨Zeichen: ℔, Abk.: Pf., Pfd.⟩ Gewichtseinheit, 500 g, ½ kg; zwei P. Äpfel; wie viele dieser Äpfel gehen auf ein P.?; überflüssige ~e loswerden wollen ⟨ugs.⟩ **2** ⟨Zeichen: £⟩ Währungseinheit in Großbritannien und Nordirland; ein P. Sterling; mit seinem ~e wuchern seine Fähigkeiten sein Wissen nutzbringend anwenden **3** Währungseinheit in Israel, in der Türkei und anderen Ländern [< lat. pondus ,,Gewicht", bes. ,,Gewicht von einem Pfund"]

...pfün|der ⟨in Zus.⟩ Gegenstand oder Lebewesen mit einem Gewicht von einem oder mehreren Pfund, z.B. Zehnpfünder (Fisch), Dreipfünder (Brot)

pfun|dig ⟨Adj.; ugs.⟩ prächtig, großartig; ~es Wetter; ein ~er Ausflug; das ist P.

...pfündig

...pfün|dig ⟨in Zus.⟩ *mit einem Gewicht von einem oder mehreren Pfund, z.B.* dreipfündig, mehrpfündig

Pfunds... ⟨ugs.; in Zus.⟩ *Mords..., großartig, z. B.* Pfundskerl, Pfundswetter

pfund|wei|se ⟨Adv.⟩ **1** *in Pfund (1);* etwas p. abmessen **2** ⟨ugs.⟩ *in großen Mengen;* Pralinen p. essen

pfu|schen ⟨V.1, hat gepfuscht; o.Obj.; ugs.⟩ *schlecht, stümperhaft, unsorgfältig arbeiten*

Pfu|sche|rei ⟨f.10⟩ **1** ⟨nur Sg.⟩ *das Pfuschen* **2** *gepfuschte Arbeit*

Pfüt|ze ⟨f.11⟩ *kleine Ansammlung einer Flüssigkeit;* Syn. ⟨nddt.⟩ Lusche; eine P. Wasser, Milch; in eine P. treten; durch die ~n platschen; der Hund hat eine P. gemacht *der Hund hat Harn gelassen, uriniert*

ph ⟨Zeichen für⟩ *Phot*

PH ⟨Abk. für⟩ *pädagogische Hochschule*

Phä|ake ⟨m.11; bei Homer⟩ *Angehöriger eines glücklichen, genußfreudigen Volkes auf einer griechischen Insel*

Phae|ton ⟨[fae-] m.9⟩ *leichte, offene Kutsche* [nach *Phaethon,* dem Sohn des griech. Sonnengottes *Helios* (zu griech. „Licht"), der sich von seinem Vater für einen Tag die Lenkung des Sonnenwagens erbat und dabei abstürzte]

...pha|ge ⟨in Zus.⟩ *...fresser, z.B.* Pantophage [< griech. *phagos* „Esser, Fresser", zu *phagein* „essen"]

...pha|gie ⟨in Zus.⟩ *Ernährungsweise* [< griech. *phagein* „essen"]

Pha|go|zyt ⟨m.10⟩ → *Freßzelle* [< griech. *phagos* „Esser, Fresser" (zu *phagein* „essen") und *kytos* „Höhlung, Gefäß, Zelle"]

Pha|lanx ⟨f., -, -lan|gen⟩ **1** ⟨Antike⟩ *lange, geschlossene, mehrere Glieder tiefe Schlachtreihe* **2** *Fingerknochen und Zehenknochen* **3** ⟨übertr.⟩ *geschlossene, Widerstand leistende Front* [über lat. *phalanx* < griech. *phalagx* „Schlachtreihe", eigtl. „Baumstamm, Balken"]

phal|lisch ⟨Adj., o.Steig.⟩ *in der Art eines Phallus, zum Phalluskult gehörig*

Phal|lus ⟨m., -, -li oder -len⟩ *(erigierter) Penis* [griech.]

Phal|lus|kult ⟨m.1; bei manchen Völkern⟩ *Verehrung des Phallus als Symbol der Fruchtbarkeit*

Pha|ne|ro|ga|me ⟨f.11; †⟩ → *Blütenpflanze* [< griech. *phaneros* „sichtbar, offenbar" und *gamein* „heiraten"]

Phä|no|lo|gie ⟨f., -, nur Sg.⟩ *Wissenschaft von den Lebensvorgängen bei Tieren und Pflanzen im Hinblick auf den Jahresablauf* [zu griech. *phainesthai* „erscheinen, sich zeigen, zum Vorschein kommen" und *...logie*]

Phä|no|men ⟨n.1⟩ **1** *mit den Sinnen wahrnehmbare Erscheinung* (Natur~) **2** *seltenes, eigenartiges Ereignis* **3** *hochbegabter, genialer Mensch;* er ist ein P. [< frz. *phénomène* „Erscheinung", < griech. *phainomenon* „Erscheinung, sichtbarer Vorgang", zu *phainesthai* „erscheinen, sich zeigen"]

phä|no|me|nal ⟨Adj., o.Steig.⟩ *unglaublich, erstaunlich, einzigartig;* eine ~e Leistung; er hat ein ~es Gedächtnis

Phä|no|me|na|lis|mus ⟨m., -, nur Sg.⟩ *Lehre, daß alle Dinge nur Erscheinungsformen eines unerkennbaren Dinges „an sich" seien*

Phä|no|me|no|lo|gie ⟨f., -, nur Sg.⟩ **1** *Beschreibung von sinnlich wahrnehmbaren Gegebenheiten* **2** *Lehre von den Erscheinungen des Dinges „an sich" (bei Kant), von den Erscheinungen des sich dialektisch aufwärtsbewegenden Bewußtseins (bei Hegel), von der „Wesenheit" der Dinge (bei Husserl)*

phä|no|me|no|lo|gisch ⟨Adj., o.Steig.⟩ *auf der Phänomenologie beruhend, in der Art der Phänomenologie*

Phä|no|typ ⟨auch [-typ] m.12⟩ *von Erbanlagen und Umwelt geprägtes Erscheinungsbild eines Lebewesens;* Ggs. *Genotyp* [< griech. *phainomos* „Erscheinung" und *Typ*]

Phan|ta|sie ⟨f.11⟩ **1** ⟨nur Sg.⟩ *Einbildungskraft, Erfindungsgabe, Einfallsreichtum;* vgl. *Fantasie;* er hat keine, hat viel P.; das Haus, das er angeblich besessen hat, besteht nur in seiner P. **2** *Erzeugnis, Bild, Vorstellung der Einbildungskraft;* alles, was er erzählt, ist (reine, bloße) P. **3** ⟨Pl.⟩ ~n *Fieberträume;* die ~n eines Kranken [< griech. *phantasia* „Erscheinung, Bild, Gestalt, Vorstellung", zu *phainein* „sichtbar"]

phan|ta|sie|ren ⟨V.3, hat phantasiert⟩ **I** ⟨o.Obj.⟩ **1** *sich den Bildern der Einbildungskraft hingeben, sich etwas ausdenken; von etwas p. von etwas sprechen, das man sich vorstellt (das aber nicht oder kaum zu verwirklichen ist);* er phantasiert von einem neuen, großen Haus **2** ⟨Med.⟩ *irre reden;* der Kranke phantasiert **3** ⟨Mus.⟩ *frei gestaltend spielen;* über ein gegebenes Thema auf dem Klavier p. **II** ⟨mit Akk.; ugs.⟩ *(als Unwahrheit) erzählen;* das phantasierst du ja bloß; er phantasiert alles mögliche, lauter Unsinn

phan|ta|sie|voll ⟨Adj.⟩ *mit viel Phantasie (1) ausgestattet;* ein ~es Kind **2** *Phantasie (1) verratend;* eine ~e Zeichnung

Phan|tas|ma ⟨n., -s, -men⟩ *Sinnestäuschung, Trugbild*

Phan|tas|ma|go|rie ⟨f.11⟩ *optische Vorspiegelung von Scheinbildern, Darstellung von Gespenstererscheinungen, Trugbildern auf der Bühne* [< griech. *phantasma* „Erscheinung, Trugbild, Traumbild" und *agora* „Versammlung"]

phan|tas|ma|go|risch ⟨Adj., o.Steig.⟩ *in der Art einer Phantasmagorie*

Phan|tast ⟨m.10⟩ *Schwärmer, Mensch mit überspannten Ideen*

Phan|ta|ste|rei ⟨f.10⟩ *überspannte Idee*

Phan|ta|stik ⟨f., -, nur Sg.⟩ *phantastische Beschaffenheit*

phan|ta|stisch ⟨Adj.⟩ **1** *nur in der Phantasie bestehend, unwirklich;* ~e Vorstellungen; eine ~e Geschichte; das, was er erzählt, klingt ziemlich p. **2** *großartig, herrlich*

Phan|tom ⟨n.1⟩ **1** *Trugbild* **2** ⟨Med.⟩ *Nachbildung von Körperteilen (für den Unterricht)* [< frz. *fantôme* „Gespenst", < griech. *phantasma* „Erscheinung", zu *phantos* „sichtbar"]

Phan|tom|bild ⟨n.3⟩ *nach Angaben von Zeugen hergestelltes Bild eines gesuchten Täters*

Phan|tom|schmerz ⟨m.12⟩ *scheinbarer Schmerz in einem amputierten Glied*

Pha|rao **I** ⟨m., -s, -rao|nen⟩ *altägyptischer König* **II** ⟨n., -s, nur Sg.⟩ *ein französisches Kartenglückspiel* [< altägypt. *per-aa* „großes Haus, Königspalast"]

pha|rao|nisch ⟨Adj., o.Steig.⟩ *von den Pharaonen stammend*

Pha|ri|sä|er ⟨m.5⟩ **1** *Angehöriger der altjüdischen gesetzesstrengen, religiös-politischen Partei* **2** ⟨übertr.⟩ *selbstgerechter, engstirniger Mensch* **3** in Nordfriesland *heißes Getränk aus Kaffee, Sahne und Rum* [über griech. *pharisaios* < hebr. *pərušīm* „Abgesonderter", zu *pāraš,* „abtrennen", also „der sich Absondernde"]

Pha|ri|sä|er|tum ⟨n., -s, nur Sg.⟩ *Verhaltensweise eines Pharisäers (2)*

pha|ri|sä|isch ⟨Adj.⟩ *in der Art eines Pharisäers (2), selbstherrlich*

Pha|ri|sä|is|mus ⟨m., -, nur Sg.⟩ **1** *Lehre der Pharisäer (1)* **2** *Selbstgerechtigkeit*

Phar|ma|ko|lo|gie ⟨f.11⟩ *Wissenschaft von den Arzneimitteln* [< *Pharmakon* und *...logie*]

Phar|ma|kon ⟨n., -s, -ka⟩ → *Arznei* [griech., „Heilmittel"]

Phar|ma|ko|pöe ⟨[-pø] f.11⟩ *amtliches Arzneibuch* [< *Pharmakon* und griech. *poiein* „tun, machen, hervorbringen"]

Phar|ma|zeut ⟨m.10⟩ *jmd., der sich wissenschaftlich mit der Pharmazeutik befaßt, Apotheker*

Phar|ma|zeu|tik, Phar|ma|zie ⟨f., -, nur Sg.⟩ *Wissenschaft von der Zubereitung und Anwendung der Arzneimittel* [zu griech. *pharmakeia* „Gebrauch von Heilmitteln", zu *pharmakon* „Heilmittel"]

Pha|ryn|gi|tis ⟨f., -, -ti|den⟩ *Rachenentzündung, Rachenkatarrh* [< *Pharynx* und *...itis*]

Pha|ryn|go|lo|gie ⟨f., -, nur Sg.⟩ *Lehre vom Rachen und seinen Erkrankungen* [< *Pharynx* und *...logie*]

Pha|ryn|go|skop ⟨n.1⟩ *mit einem Spiegel versehenes Gerät zur Untersuchung des Rachens, Rachenspiegel* [< *Pharynx* und *...skop*]

Pha|ryn|go|sko|pie ⟨f.11⟩ *Untersuchung mit dem Pharyngoskop*

Pha|rynx ⟨m., -, -ryn|gen⟩ → *Rachen* [< griech. *Pharygx,* Gen. *pharyggos,* „Schlund, Kehle"]

Pha|se ⟨f.11⟩ **1** *Abschnitt, Stufe (in einer Entwicklung, in einem Ablauf);* die letzte P. des Krieges; kritische P. **2** *Zeitraum, in dem ein nicht selbst leuchtender Himmelskörper zum Teil beleuchtet ist* (Mond~) **3** ⟨Phys.⟩ *Zustand eines schwingenden Körpers, bezogen auf den Anfangszustand* **4** ⟨Elektr.⟩ *Schwingungszustand von Strom und Spannung bei Wechselströmen* **5** *jeder der drei Leiter des Drehstromnetzes* [< griech. *phasis* „Anzeige", zu *phainein* „zeigen, sichtbar machen"]

Pha|sen|ge|schwin|dig|keit ⟨f.10⟩ *Ausbreitungsgeschwindigkeit einer (Welle)*

pha|sisch ⟨Adj., o.Steig.⟩ *in Phasen (1)*

Phel|lo|derm ⟨n.1⟩ *unter dem Phellogen liegendes Gewebe* [< griech. *phellos* „Kork" und *derma* „Haut"]

Phel|lo|gen ⟨n.1; Bot.⟩ *korkbildendes Gewebe* [< griech. *phellos* „Kork" und *...gen*]

Phe|nol ⟨n.1⟩ *mit einer Hydroxylgruppe substituiertes Benzol* [< *phainesthai* „leuchten" und lat. *oleum* „Öl"]

Phe|nol|harz ⟨n.1⟩ *durch Polymerisation von Phenolen gewonnener Kunststoff;* Syn. *Phenoplast*

Phe|nol|phtha|le|in ⟨n., -s, nur Sg.⟩ *organischer Farbstoff, dessen Färbung vom pH-Wert abhängig ist und der daher als Indikator für den pH-Wert verwendet wird*

Phe|no|plast ⟨m.1⟩ → *Phenolharz* [< *Phenol* und griech. *plassein* „bilden"]

Phe|nyl ⟨n., -s, nur Sg.⟩ *nach Abspaltung der OH-Gruppe bleibender, einwertiger Rest des Phenols*

Phe|ro|mon ⟨n.1; bei Tieren⟩ *Duftstoff mit bestimmter Signalwirkung zwischen Individuen derselben Art* (Alarm~, Sexual~) [< griech. *pherein* „tragen" und *Hormon*]

Phi ⟨n.9; Zeichen: φ, Φ⟩ *einundzwanzigster Buchstabe des griechischen Alphabets*

Phia|le ⟨f.11⟩ *altgriechische flache Opfer- oder Trinkschale*

...phil ⟨in Zus.⟩ *freundlich gesinnt, eine Vorliebe (für etwas) habend, z.B.* bibliophil [< griech. *philos* „Freund, Liebhaber", zu *philein* „lieben"]

Phil|an|throp ⟨m.10⟩ → *Menschenfreund;* Ggs. *Misanthrop* [< griech. *philos* „Freund" und *anthropos* „Mensch"]

Phil|an|thro|pie ⟨f., -, nur Sg.⟩ *Menschenfreundlichkeit;* Ggs. *Misanthropie*

Phil|an|thro|pi|nis|mus, Phil|an|thro|pis|mus ⟨m., -, nur Sg.; im 18. Jh.⟩ *pädagogische Bewegung, die eine auf der Lehre Rousseaus beruhende menschenfreundliche und naturgemäße Erziehung anstrebe*

phil|an|thro|pisch ⟨Adj.⟩ → *menschenfreundlich;* Ggs. *misanthropisch*

Phil|ate|lie ⟨f., -, nur Sg.⟩ *systematisches Sammeln und wissenschaftliche Beschäftigung mit Briefmarken* [< griech. *philos* „Freund, Liebhaber" und *ateleia* „Abgaben-, Steuerfreiheit", < *a...* „nicht" und *telos* „Abgabe, Steuer, Zoll", da der Poststempel den Absender von weiteren Abgaben befreit]

Phil|ate|list ⟨m.10⟩ *Kenner, Sammler von Briefmarken, Kenner der Philatelie*

Phil|har|mo|nie ⟨f.11⟩ **1** (Name für) *Gesellschaft zur Pflege des Musiklebens* **2** *Spitzenorchester* **3** *Konzertsaal* [< griech. *philos* „Freund, Liebhaber" und *Harmonie*]

Phil|har|mo|ni|ker ⟨m.5⟩ *Angehöriger eines philharmonischen Orchesters*

phil|har|mo|nisch ⟨Adj., o.Steig.⟩ *zur Musikliebe und -pflege gehörend, darauf beruhend;* ~es *Orchester die Musik pflegendes Orchester,* (auch) *Name von solchen*

Phil|hel|le|ne ⟨m.11⟩ *Freund der Griechen* [< griech. *philos* „Freund" und *Hellene*]

Phil|hel|le|nis|mus ⟨m., -, nur Sg.⟩ *Bewegung zur Unterstützung der Griechen in ihrem Freiheitskampf gegen die Türken*

...phi|lie ⟨in Zus.⟩ *Vorliebe (für etwas), Neigung (zu etwas),* z.B. *Bibliophilie* [< griech. *philia* „Liebe, Zuneigung", zu *philein* „lieben"]

Phil|ip|pi|ka ⟨f., -, -ken⟩ *leidenschaftliche, heftige Rede,* (bes.) *Strafrede* [nach den Reden des Demosthenes gegen König *Philipp* von Mazedonien]

Phi|li|ster ⟨m.5⟩ **1** (im Altertum) *Angehöriger eines nichtsemitischen Volkes in Palästina* **2** (übertr.) *engstirniger Mensch* [< hebr. pəlištīm pəlēšeth, der Bezeichnung für dieses Gebiet, die sich in dem Namen „Palästina" erhalten hat]

phi|li|strös ⟨Adj., -er, am philiströsesten⟩ *in der Art eines Philisters (2), engstirnig, spießbürgerlich*

Phi|lo|den|dron ⟨m., -s, -dren⟩ *tropische Kletterpflanze mit pfeilförmigen Blättern, Topfpflanze* [< griech. *philos* „liebend, zugetan" und *dendron* „Baum", wegen der baumartigen, mit Luftwurzeln besetzten Stengel oder weil das Philodendron sich gern an Bäumen emporrankt]

Phi|lo|lo|ge ⟨m.11⟩ *Wissenschaftler auf dem Gebiet der Philologie*

Phi|lo|lo|gie ⟨f., -, nur Sg.⟩ *Wissenschaft von Sprache und Literatur* [< griech. *philologia* „Liebe zur gelehrten Unterhaltung", auch „literarische Tätigkeit" < *philos* „Freund, Liebhaber" und *...logie*]

phi|lo|lo|gisch ⟨Adj., o.Steig.⟩ **1** *zur Philologie gehörend* **2** (übertr.) *allzu wissenschaftlich genau, wissenschaftlich-trocken*

Phi|lo|se|mit ⟨m.10⟩ *Freund der Juden*

Phi|lo|soph ⟨m.10⟩ *jmd., der nach Erkenntnis und Wahrheit strebt, der nach dem letzten Sinn des Seins fragt*

Phi|lo|so|phem ⟨n.1⟩ *Ergebnis der philosophischen Forschung, philosophischer Ausspruch*

Phi|lo|so|phie ⟨f.11⟩ *Lehre vom Sein, vom Ursprung und Wesen der Dinge, vom Denken, Streben nach Erkenntnis und Wahrheit* [< griech. *philosophia* „Liebe zur Wissenschaft, Wißbegier", < *philos* „Freund, Liebhaber" und *sophia* „Wissenschaft, Weisheit"]

phi|lo|so|phie|ren ⟨V.3, hat philosophiert; o.Obj.⟩ *Philosophie betreiben, sich mit philosophischen Fragen beschäftigen (und darüber reden);* über *das Leben* p.

phi|lo|so|phisch ⟨Adj.⟩ **1** ⟨o.Steig.⟩ *zur Philosophie gehörend, auf ihr beruhend* **2** *tiefgründig, weise*

Phi|mo|se ⟨f.11⟩ *Verengung der Vorhaut* [< griech. *phimos* „Maulkorb, Knebel", zu *phimoun* „das Maul verbinden, knebeln"]

Phi|o|le ⟨f.11⟩ *kleine, bauchige Glasflasche* [< mlat. *phiola* in ders. Bed., < griech. *phiale* „Kessel, Schale"]

Phle|bi|tis ⟨f., -, -ti|den⟩ *Venenentzündung* [< griech. *phleps*, Gen. *phlebos*, „Blutader", zu *phlyein* „sprudeln", und *...itis*]

Phleg|ma ⟨n., -s, nur Sg.⟩ *Mangel an Erregbarkeit, unerschütterliche Ruhe, Trägheit* [< griech. *phlegma* „zäher Schleim"; in der antiken Medizin galt der Schleim als einer der

vier Körpersäfte, der, wenn er überwiegt, den Menschen träge und gleichmütig macht]

Phleg|ma|ti|ker ⟨m.5⟩ *schwer erregbarer, träger Mensch*

Phleg|ma|ti|kus ⟨m., -, -kus|se; ugs., scherzh.⟩ *Phlegmatiker*

phleg|ma|tisch ⟨Adj.⟩ *nicht aus der Ruhe zu bringen, träge*

Phleg|mo|ne ⟨f.11⟩ *Zellgewebsentzündung* [griech., „Entzündung, Brand, Hitze", zu *phlegein* „brennen"]

Phlox ⟨m.1 oder f.1⟩ *(weiß, hellblau oder rosa blühende) Staude mit kugeligen, aus vielen großen Blüten bestehenden Blütenständen, Gartenpflanze* [< griech. *phlox* „Flamme, Feuer", wegen der leuchtendroten Farbe mancher verwandter Arten]

Phlo|xin ⟨n., -s, nur Sg.⟩ *roter Teerfarbstoff* [zu *Phlox*]

...phob ⟨in Zus.⟩ *eine Abneigung (gegen etwas), eine Scheu, krankhafte Furcht (vor etwas) habend* [griech., → *Phobie*]

Pho|bie ⟨f.11⟩ *krankhafte Furcht (vor etwas)* [< griech. *phobos* „Scheu, Furcht, Angst", zu *phobeisthai* „fürchten, scheuen"]

Phon ⟨n., -s, -⟩ *Maßeinheit der Lautstärke* [< griech. *phone* „Ton, Klang, Stimme"]

Pho|nem ⟨n.1; Phonologie⟩ *kleinste lautliche (gesprochene) Einheit, die bedeutungsunterscheidend wirkt,* z.B. *das* a *und* u *in „Hand" und „Hund"*; vgl. *Graphem*

Pho|ne|tik ⟨f., -, nur Sg.⟩ **1** *Lehre von der Art und Erzeugung der Laute, Lautlehre;* vgl. *Phonologie* **2** *Gesamtheit der Laute (einer Sprache) hinsichtlich ihrer Bildung und Aussprache* [< griech. *phonetikos* „zur Stimme gehörig, mit Stimme begabt", zu *phone* „Stimme, Ton, Klang"]

Pho|ne|ti|ker ⟨m.5⟩ *Wissenschaftler auf dem Gebiet der Phonetik (1)*

pho|ne|tisch ⟨Adj., o.Steig.⟩ **1** *zur Phonetik (1) gehörig, auf ihr beruhend, mit ihrer Hilfe;* ~e *Untersuchungen* **2** *auf Phonetik (2) beruhend*

...pho|nie ⟨in Zus.⟩ *Ton, Klang,* z.B. *Stereophonie* [< griech. *phonein* „tönen", zu *phone* „Ton, Klang, Stimme"]

pho|nisch ⟨Adj., o.Steig.⟩ *zur Stimme, zum Klang gehörend, auf ihr, ihm beruhend* [zu griech. *phone* „Ton, Klang, Stimme"]

Phö|nix ⟨m.1; griech. Myth.⟩ *Vogel, der sich im Feuer verjüngt (Sinnbild der Unsterblichkeit); wie ein P. aus der Asche steigen* [< griech. *phoinix* in ders. Bed., eigtl. „purpurrot"]

Pho|no|gramm ⟨n.1⟩ *Aufzeichnung von Schall oder Tönen auf Schallplatte oder Tonband* [< griech. *phone* „Ton, Klang, Stimme" und *...gramm*]

Pho|no|kof|fer ⟨m.5⟩ *tragbarer Plattenspieler mit Verstärker und Lautsprecher in Form eines Koffers*

Pho|no|lith ⟨m.10⟩ *beim Anschlagen hell klingendes Vulkanitgestein;* Syn. *Klingstein* [< griech. *phone* „Ton, Klang" und *lithos* „Stein"]

Pho|no|lo|gie ⟨f., -, nur Sg.⟩ *Lehre von den Lauten und Lautgruppen hinsichtlich ihrer Funktion für die Bedeutung der Wörter;* vgl. *Phonetik* [< griech. *phone* „Ton, Klang" und *...logie*]

pho|no|lo|gisch ⟨Adj., o.Steig.⟩ *zur Phonologie gehörend, auf ihr beruhend, mit ihrer Hilfe;* ~e *Untersuchungen*

Pho|no|me|ter ⟨n.5⟩ **1** *Schallmesser* **2** *Gerät zum Messen der Hörschärfe* [< griech. *phone* „Ton, Klang, Stimme" und *...meter*]

Pho|non ⟨n.1⟩ *zur mathematischen Veranschaulichung der Schwingungen der Atome eines Kristallgitters angenommenes Teilchen, dessen Wanderungsgeschwindigkeit mit der für den jeweiligen Stoff charakteristischen Schallgeschwindigkeit entspricht;* Syn. *Schallquant* [zu griech. *phone* „Ton, Klang"]

Pho|no|thek ⟨f.10⟩ *Sammlung von Tonbandaufnahmen* [< griech. *phone* „Ton, Klang, Stimme" und *theke* „Behälter, Kiste"]

Pho|no|ty|pi|stin ⟨f.10⟩ *Maschinenschreiberin, die in ein Diktiergerät gesprochene Texte schreibt* [< griech. *phone* „Ton, Klang, Stimme" und *...typistin*]

Phos|gen ⟨n., -s, nur Sg.⟩ *giftiges Gas (Kampfstoff), Kohlenoxidchlorid* [< griech. *phos* „Licht" und *...gen*]

Phos|phat ⟨n.1⟩ *Salz der Phosphorsäure*

Phos|phid ⟨n.1⟩ *Verbindung eines Metalls mit Phosphor*

Phos|phit ⟨n.1⟩ *Salz der phosphorigen Säure*

Phos|phor ⟨m., -s, nur Sg.; Zeichen: P⟩ *nichtmetallisches Element, das in einer weißen, einer roten und in einer schwarzen Modifikation vorkommt* [< griech. *phosphoros* „lichtgebend, lichttragend", zu *phos* „Licht" und *phoros* „tragend", zu *pherein, pherein* „tragen", nach dem im Dunkeln leuchtenden weißen Phosphor]

Phos|pho|res|zenz ⟨f., -, nur Sg.⟩ *Nachleuchten (von Stoffen) nach Bestrahlen mit Licht* [zu *phosphoreszieren*]

phos|pho|res|zie|ren ⟨V.3, hat phosphoresziert; o.Obj.⟩ *nach Bestrahlen mit Licht leuchten* [zu *Phosphor*]

phos|pho|rig ⟨Adj., o.Steig.⟩ *Phosphor enthaltend*

Phos|pho|rit ⟨m.1⟩ *feinkristalline Abart des Minerals Apatit, Calciumphosphat*

Phos|phor|säu|re ⟨f., -, nur Sg.⟩ *dreibasische, schwache Mineralsäure*

Phot ⟨n., -s, -; Zeichen: ph; †⟩ *Einheit der Leuchtstärke, 10000 Lux* [< griech. *phos*, Gen. *photos*, „Licht"]

pho|to..., **Pho|to...** ⟨in fachsprachlichen, umgangssprachlich weniger gebräuchlichen Fremdwörtern noch weitgehend erhaltene, ansonsten veraltende Schreibung für⟩ *foto..., Foto...* [< griech. *phos*, Gen. *photos*, „Licht"]

Pho|to|che|mie ⟨f., -, nur Sg.⟩ *Wissenschaft von den chemischen Wirkungen des Lichts* [< *Photo...* und *Chemie*]

Pho|to|che|mi|gra|phie ⟨f., -, nur Sg.⟩ *Herstellung von Ätzungen auf photochemischem Wege* [< *Photochemie* und *...graphie*]

Pho|to|ef|fekt ⟨m.1⟩ *Ablösung von Elektronen aus Metalloberflächen bei Einstrahlung von Licht, Gamma- oder Röntgenstrahlen* [< *Photo...* und *Effekt*]

Pho|to|elek|tri|zi|tät ⟨f., -, nur Sg.⟩ *durch Licht ausgelöste elektrische Erscheinungen*

Pho|to|ele|ment ⟨n.1⟩ *Gerät zur Umwandlung von Licht in Elektrizität*

Pho|to|gramm ⟨n.1⟩ → *Fotogramm*

Pho|to|gram|me|trie ⟨-mm|m-; f., -, nur Sg.⟩ *Verfahren zur maßstäblichen bildlichen Geländedarstellung bzw. Geländevermessung mittels fotografischer Aufnahmen*

Pho|to|graph ⟨m.10⟩ *ältere Schreibung für* Fotograf

pho|to|gra|phie|ren ⟨V.3, hat photographiert; ältere Schreibung für⟩ *fotografieren*

pho|to|ko|pie|ren ⟨V.3, hat photokopiert; ältere Schreibung für⟩ *fotokopieren*

pho|to|me|cha|nisch ⟨Adj., o.Steig.⟩ *mit Hilfe der Fotografie mechanisch hergestellt*

Pho|to|me|ter ⟨n.5⟩ *Gerät zum Messen der Lichtstärke* [< *Photo...* und *...meter*]

Pho|ton ⟨n., -s, -to|nen⟩ *kleinstes Teilchen einer elektromagnetischen Strahlung;* Syn. *Lichtquant* [< griech. *phos*, Gen. *photos*, „Licht"]

Pho|to|sphä|re ⟨f.11⟩ *leuchtende Gashülle der Sonne*

Pho|to|syn|the|se ⟨f.11⟩ *Aufbau von Stärke und Zucker in den Pflanzen aus Kohlendioxid und Wasser durch Chlorophyll, wobei die notwendige Energie durch das Sonnenlicht geliefert wird*

pho|to|tak|tisch ⟨Adj., o.Steig.⟩ *sich auf einen Lichtreiz hin bewegend* [zu *Phototaxis*]

745

Pho|to|ta|xis ⟨f., -, -xen; Bot.⟩ *auf einen Lichtreiz hin ausgelöste Bewegung*
Pho|to|the|ra|pie ⟨f., -, nur Sg.⟩ *Heilverfahren mittels Licht*
pho|to|trop, pho|to|tro|pisch ⟨Adj., o.Steig.⟩ *auf Phototropismus beruhend*
Pho|to|tro|pis|mus ⟨m., -, -men⟩ *Krümmung (von Pflanzenteilen) zum Licht hin bei einseitigem Lichteinfall;* Syn. *Heliotropismus, Lichtwendigkeit*
Pho|to|vol|ta|ik ⟨f., -, nur Sg.⟩ *Sammelbegriff für alle Verfahren zur Umwandlung des Sonnenlichts in elektrischen Strom*
Pho|to|zel|le ⟨f.11⟩ *Vorrichtung zur Umwandlung von Helligkeitsschwankungen in elektrische Stromschwankungen*
Phra|se ⟨f.11⟩ **1** *kleinster, selbständiger Abschnitt (eines Musikstücks), Tongruppe* **2** ⟨Sprachw.⟩ *Satz, Teilsatz* **3** *Redewendung* **4** ⟨übertr.⟩ *leere, abgegriffene Redensart;* ~n *dreschen* ⟨ugs.⟩ *leere Redensarten sagen, nichtssagend reden* [< griech. *phrasis* ,,Ausdruck, Ausdrucksweise'']
Phra|sen|dre|scher ⟨m.5⟩ *jmd., der schön, aber nichtssagend und unverbindlich redet*
phra|sen|haft ⟨Adj., -er, am phrasenhaftesten⟩ *in der Art einer Phrase, nichtssagend*
Phra|seo|lo|gie ⟨f.11⟩ **1** *Gesamtheit der für eine Sprache charakteristischen Redewendungen* **2** *Sammlung solcher Redewendungen* [< griech. *phrasis*, Gen. *phraseos*, ,,Ausdruck, Ausdrucksweise'' und *...logie*]
phra|seo|lo|gisch ⟨Adj., o.Steig.⟩ *auf Phraseologie (1) beruhend, in der Art einer Phraseologie (2);* ~es *Wörterbuch Wörterbuch für Redensarten und Redewendungen*
phra|sie|ren ⟨V.3, hat phrasiert; mit Akk.⟩ *in melodisch-rhythmische Abschnitte einteilen; ein Musikstück p.*
Phra|sie|rung ⟨f.10⟩ *Einteilung in melodisch-rhythmische Abschnitte; eine andere, richtige, falsche P.*
phre|ne|tisch ⟨Adj., o.Steig.⟩ *wahnsinnig;* vgl. *frenetisch* [→...*phrenie*]
...phre|nie (in Zus.; Bez. für eine Form von) *Wahnsinn* [zu griech. *phren* ,,Zwerchfell'', nach antiker Auffassung Sitz der Seele und des Gemütes, daher auch ,,Geist, Seele, Verstand'']
Phre|ni|tis ⟨f., -, -ti|den⟩ *Zwerchfellentzündung* [< griech. *phren* ,,Zwerchfell'' und *itis*]
Phtha|le|in ⟨n.1⟩ *synthetischer Farbstoff* [zu *Naphtha*]
Phthal|säu|re ⟨f., -, nur Sg.⟩ *dreibasische, starke, niedermolekulare Carbonsäure, Ausgangsstoff für Farb- und Sprengstoffe* [zu *Phthalein*]
Phthi|si|ker ⟨m.5⟩ *jmd., der an Phthisis leidet*
Phthi|sis ⟨f., -, -sen⟩ → *Lungentuberkulose* [griech., ,,Abnahme, Dahinschwinden, Schwindsucht'', zu *phthinein* ,,hinschwinden, abnehmen'']
phthi|tisch ⟨Adj., o.Steig.⟩ *an Phthisis leidend, auf ihr beruhend*
pH-Wert ⟨m.1⟩ *Maßzahl zur Bestimmung der Wasserstoffionenkonzentration in einer Lösung (Wasserstoffexponent)* [von der Abk. von lat. *potentia Hydrogenii* ,,Konzentration des Wasserstoffs'' und ,,Wert'']
Phy|le ⟨f.11; im alten Griechenland⟩ **1** ⟨urspr.⟩ *Geschlechterverband* **2** ⟨dann⟩ *Untergliederung der Gemeinden und Stadtstaaten* [griech., ,,Gattung, Geschlecht'']
phy|le|tisch ⟨Adj., o.Steig.⟩ *hinsichtlich der Abstammung* [zu *Phyle*]
Phyl|lit ⟨m.1⟩ *dünnblättriger, kristalliner Schiefer* [< griech. *phyllon* ,,Blatt'']
Phyl|lo|kak|tus ⟨m., -, -te|en⟩ *Blattkaktus* [< griech. *phyllon* ,,Blatt'' und *Kaktus*]
Phyl|lo|kla|di|um ⟨n., -, -di|en⟩ *blattartiger Pflanzensproß, Flachsproß* [< griech. *phyllon* ,,Blatt'' und *klados* ,,Zweig, Sproß'']

Phy|lo|ge|ne|se, Phy|lo|ge|nie ⟨f.11⟩ *Stammesgeschichte der Lebewesen* [< griech. *phyle* ,,Volksstamm'' und *Genese*]
Phy|sik ⟨f., -, nur Sg.⟩ *Wissenschaft von den Gesetzmäßigkeiten der unbelebten Materie* [< lat. *physica* < griech. *physike* ,,Lehre von der Natur'', zu *physis* ,,natürliche Beschaffenheit; das Geschaffene, Geschöpf, Weltall'', zu *phyein* ,,erzeugen, hervorbringen, wachsen lassen'']
phy|si|ka|lisch ⟨Adj., o.Steig.⟩ *zur Physik gehörig, auf ihr beruhend;* ~e *Chemie Behandlung der chemischen Erscheinungen mit physikalischen Methoden*
Phy|si|ker ⟨m.5⟩ *Wissenschaftler auf dem Gebiet der Physik*
Phy|si|ko|che|mi|ker ⟨m.5⟩ *Wissenschaftler auf dem Gebiet der physikalischen Chemie*
Phy|si|kum ⟨n., -s, -ka⟩ *Vorprüfung während des Medizinstudiums (nach dem fünften Semester) in naturwissenschaftlichen Fächern* [< lat. (*testamen*) *physicum* ,,Prüfung in den Naturwissenschaften'']
Phy|si|kus ⟨m., -, -kus|se; früher Bez. für⟩ *Arzt* (Kreis~) [< lat. *physicus* ,,Kenner der Natur, Arzt'']
Phy|si|ogno|mie ⟨f.11⟩ **1** *die für einen Menschen charakteristischen Gesichtszüge und der aus ihnen entstehende Gesichtsausdruck* **2** *äußere Erscheinung (eines Lebewesens)* [< griech. *physis* ,,natürliche Beschaffenheit'' und *gnoma* ,,Kennzeichen'']
Phy|si|ogno|mik ⟨f., -, nur Sg.⟩ *Deutung der Physiognomie*
phy|si|ogno|misch ⟨Adj., o.Steig.⟩ *die Physiognomie betreffend, zu ihr gehörig, mit ihrer Hilfe*
Phy|sio|lo|ge ⟨m.11⟩ *Wissenschaftler auf dem Gebiet der Physiologie*
Phy|sio|lo|gie ⟨f., -, nur Sg.⟩ *Wissenschaft von den Lebensvorgängen* [< griech. *physiologia* ,,Naturforschung, naturwissenschaftliche Untersuchung'' < *physis* ,,das Geschaffene, Geschöpf'' (zu *phyein* ,,erzeugen, hervorbringen, wachsen lassen'') und *...logie*]
phy|sio|lo|gisch ⟨Adj., o.Steig.⟩ *die Physiologie betreffend, zu ihr gehörig, mit ihrer Hilfe*
Phy|sio|the|ra|pie ⟨f., -, nur Sg.⟩ *Behandlung mit Wärme, Licht und Wasser* [< griech. *physis* ,,das Geschaffene, Geschöpf'' und *Therapie*]
Phy|sis ⟨f., -, nur Sg.⟩ *natürliche Beschaffenheit, natürliche Gestalt* [griech., ,,natürliche Beschaffenheit'']
phy|sisch ⟨Adj., o.Steig.⟩ **1** *natürlich, in der Natur begründet; eine* ~e *Reaktion* **2** *den Körper betreffend, zu ihm gehörig; eine* ~e *Krankheit; er ist p. völlig gesund; er ist dem anderen p. unterlegen, überlegen* [zu *Physis*]
phy|to|gen ⟨Adj., o.Steig.⟩ *aus Pflanzen entstanden* [< griech. *phyton* ,,Pflanze'' und *...gen*]
Phy|to|geo|gra|phie ⟨f., -, nur Sg.⟩ → *Geobotanik* [< griech. *phyton* ,,Pflanze'' und *Geographie*]
Phy|to|pa|tho|lo|gie ⟨f., -, nur Sg.⟩ *Wissenschaft von den Pflanzenkrankheiten* [< griech. *phyton* ,,Pflanze'' und *Pathologie*]
Phy|to|pha|ge ⟨m.11⟩ *Pflanzenfresser* [< griech. *phyton* ,,Pflanze'' und *...phage*]
Phy|to|plank|ton ⟨n., -s, nur Sg.⟩ *Gesamtheit der im Wasser schwebenden pflanzlichen Organismen* [< griech. *phyton* ,,Pflanze'' und *Plankton*]
Phy|to|the|ra|pie ⟨f., -, nur Sg.⟩ *Wissenschaft von den Heilverfahren mit pflanzlichen Stoffen* [< griech. *phyton* ,,Pflanze'' und *Therapie*]
Pi ⟨n.9; Zeichen: Π, π⟩ **1** *sechzehnter Buchstabe des griechischen Alphabets* **2** ⟨nur Sg.⟩ *Zahl, die angibt, wie oft der Durchmesser des Kreises in seinem Umfang enthalten ist* (π = 3,14...); Syn. *Ludolfsche Zahl*
Pi|af|fe ⟨f.11; Hohe Schule⟩ *Trab auf der Stelle* [< frz. *piaffement* in ders. Bed., zu *piaffer* ,,stampfen, auf der Stelle treten'' (vom Pferd), lautmalend]
pi|af|fie|ren ⟨V.3, hat piaffiert; o.Obj.; Hohe Schule⟩ *eine Piaffe ausführen*
Pia|ni|no ⟨n.9⟩ *kleines Klavier* [zu *Piano* mit ital. Verkleinerungsendung]
pia|nis|si|mo ⟨Abk.: pp; Mus.⟩ *sehr leise* [ital.]
pia|nis|sis|si|mo ⟨Abk.: ppp; Mus.⟩ *äußerst leise* [ital.]
Pia|nist ⟨m.10⟩ *Musiker, der (berufsmäßig) Klavier spielt* [zu *Piano*]
pia|ni|stisch ⟨Adj., o.Steig.⟩ *zum Klavierspiel gehörend, hinsichtlich des Klavierspiels*
pia|no ⟨Abk.: p; Mus.⟩ *leise* [ital., ,,flach, eben; leise'' < lat. *planus* ,,flach, eben, platt''; beim leisen Sprechen spricht man gewissermaßen mit kleiner, niedriger, flacher Stimme.]
Pia|no ⟨n.9⟩ **1** *leises Spiel, leises Singen, leise zu spielende oder zu singende Stelle* **2** *Klavier* [verkürzt < *Pianoforte* (→*piano* und *forte*), da auf dem Klavier im Unterschied zum Hammerflügel starke Kontraste von lautem und leisem Spiel möglich sind]
Pia|no|bar ⟨f.9⟩ *Bar mit leiser Musik*
Pia|no|for|te ⟨n., -s, -(s); ältere Bez. für⟩ *Piano (2)*
Pia|no|la ⟨n.9⟩ *selbsttätig spielendes Klavier*
Pi|as|sa|va ⟨f., -, -ven; Sammelbez. für⟩ *Palme, die Piassavefasern liefert* [Tupi]
Pi|as|sa|ve|fa|ser ⟨f.11⟩ *grobe Palmenfaser für Taue, Matten u. ä.*
Pi|as|ter ⟨m.5⟩ *Währungseinheit in Ägypten, Syrien, im Libanon und im Sudan, 1/100 Pfund* [< ital. *piastra (d'argento)* ,,(Silber-)Platte'']
Pi|at|ti ⟨nur Pl.; Mus.⟩ *türkisches Becken (Schlaginstrument)* [ital., Pl. von *piatto* ,,Teller'']
Pi|az|za ⟨f., -, -ze; ital. Bez. für⟩ *Marktplatz, Rathausplatz*
Pi|az|zet|ta ⟨f., -, -te oder -ten⟩ *kleine Piazza*
Pi|ca|dor ⟨m.1⟩ → *Pikador*
Pi|ca|ro ⟨m.9; span. Bez. für⟩ *Schelm;* vgl. *pikaresk*
pi|cheln ⟨V.1, hat gepichelt; o.Obj. oder mit Akk.; ugs.⟩ *(Alkohol) trinken; er pichelt gern; genüßlich seinen Wein p.; wir gehen einen p.*
Pi|chel|stei|ner ⟨m., -s, nur Sg.⟩ *Speise aus Gemüse, Kartoffeln und Fleischstückchen*
pi|chen ⟨V.1, hat gepicht⟩ **I** ⟨o.Obj.⟩ *kleben, klebrig sein; Teer picht (an den Schuhsohlen)* **II** ⟨mit Akk.⟩ *mit Pech bestreichen, ausfüllen; Fugen p.*
Pi|cke ⟨-k|k-; f.11⟩ → *Pickel[1]*
Pi|ckel[1] ⟨-k|k-; m.5⟩ *spitzes Werkzeug zum Hacken (Eis~, Gesteins~); auch: Picke;* Syn. *Spitzhacke* [zu *picken*]
Pi|ckel[2] ⟨-k|k-; m.5⟩ *kleine, entzündete Hauterhebung* [vermutlich zu *Pocke*]
Pi|ckel|hau|be ⟨-k|k-; f.11⟩ *bis 1915 in der dt. Truppe⟩ Lederhelm mit Metallbeschlag und Metallspitze* [zu *Pickel[1]*]
Pi|ckel|he|ring ⟨-k|k-; m.1⟩ **1** *gepökelter Hering* **2** *komische Bühnenfigur bei den englischen Komödianten, Vorläufer des deutschen Hanswursts*
pi|cke|lig ⟨-k|k-; Adj.⟩ *voller Pickel[2]; auch: picklig;* ~es *Gesicht*
pi|cken ⟨-k|k-; V.1, hat gepickt⟩ **I** ⟨o.Obj.⟩ *mit dem Schnabel leicht mehrmals stoßen; der Vogel pickt an die Fensterscheibe* **II** ⟨mit Akk.⟩ **1** *etwas p. mit dem Schnabel aufheben; Körner p.* **2** *jmdn. p. mit dem Schnabel leicht beißen; der Vogel hat mich in den Finger gepickt*
pi|ckern ⟨-k|k-; V.1, hat gepickert; mit Akk.; sächs.⟩ *(genüßlich) essen; belegte Brötchen p.; habt ihr was zu p. mitgenommen?*
Pickles ⟨[piklz] Pl.; kurz für⟩ → *Mixed Pickles*
pick|lig ⟨Adj.⟩ → *pickelig*

Picknick ⟨n.9 oder n.1⟩ *Mahlzeit im Freien während eines Ausflugs* [< engl. *picnic* „Landpartie, Mahlzeit im Freien", < frz. *piquenique* „Mahlzeit, zu der jeder seinen Beitrag liefert"; < *piquer* „anpicken" und wahrscheinlich *niquer* „nicken"]
picknicken ⟨-k|k-; V.1, hat gepicknickt; o.Obj.⟩ *ein Picknick halten*
Picot ⟨[-ko] m.9⟩ *1 kleine Zacke, Fadenöse am Rand von Spitzen* *2 Spitzkeil* [frz., „Splitter, kleine Zacke, Spitzkeil", zu *pic* „Hacke, Picke"]
Pidgin-Englisch ⟨[pɪdʒɪn-] n., -, nur Sg.⟩ auch: ⟨†⟩ *Pigeon-English* *1 vereinfachte, englisch-chinesische Mischsprache zur Verständigung zwischen Europäern und Ostasiaten* *2 vereinfachtes Englisch* [zu engl. *pidgin*, *pigeon*, verstümmelt < der chin. Aussprache des Wortes *business* „Geschäft", also „Geschäfts-Englisch"]
Piece ⟨[pjɛs] f.11; †⟩ *Musik- oder Theaterstück* [< frz. *pièce* „Stück, Musik-, Theaterstück"]
Piedestal ⟨[pje-] n.1⟩ *Sockel, kleines Podest* [< frz. *piédestal* „Sockel, Säulenfuß, Podest", < ital. *piedistallo* „Sockel, Gestell, Stütze", < *piede* „Fuß" und *stallo* „Sitz"]
Piek ⟨f.10; Seew.⟩ *1 spitzes Ende* *2 vorderster und hinterster Teil des Schiffsraumes*; vgl. *Pik*[1] [< engl. *peak* in ders. Bed. sowie „Spitze, Gipfel, Höhepunkt"]
pieken ⟨V.1, hat gepiekt; mit Akk. oder o.Obj., ugs.⟩ *stechen;* auch: *pieksen;* jmdn. mit einer Nadel in den Arm p.; ein Nagel im Schuh piekt mich; die Mücken p. (mich); au, das piekt!
piekfein ⟨Adj., ugs.⟩ *sehr fein* [< nddt. *pük, puck* „sauber, fein hübsch", auch „erlesen", vielleicht < engl. *pick* „Auswahl"]
pieksauber ⟨Adj., o.Steig.; ugs.⟩ *sehr sauber*
pieksen ⟨V.1, hat gepiekst⟩ →*pieken*
Piep ⟨m.1, Pl. nicht üblich⟩ *1 hoher, feiner Ton;* Syn. *Pieps, Piepser;* keinen P. von sich geben *2* ⟨übertr., ugs.⟩ *Klaps, Spleen;* du hast wohl einen P.?
piepe ⟨Adj., o.Steig.; nur mit „sein"; ugs.⟩ *gleichgültig, egal;* das ist mir p.
piepegal ⟨Adj., o.Steig.; nur mit „sein"; ugs.⟩ *ganz, völlig egal;* das ist mir p.
piepen ⟨V.1, hat gepiept; o.Obj.⟩ *1* (wiederholt) *einen feinen, hohen Ton ausstoßen;* die Küken p.; ein Vogel piept im Gesträuch; das ist ja zum Piepen! ⟨ugs.⟩ *das ist wirklich komisch* *2 feine, hohe Töne* (als Signal) *aussenden;* das Funkgerät piept *3* ⟨unpersönl., mit „es"⟩ bei jmdm. piept es ⟨ugs.⟩ *jmd. ist ein bißchen verrückt, jmd. hat merkwürdige Ansichten;* bei dir piept's wohl?
Piepen ⟨nur Pl.; ugs.⟩ *Geld;* ihm sind die P. ausgegangen (vielleicht nach dem auf Münzen eingeprägten Adler, der berlinisch scherzh. *Piepmatz* genannt wurde]
Pieper ⟨m.5⟩ *sperlingsgroßer, bräunlich gemusterter, unscheinbarer Singvogel* (Baum~, Wiesen~)
Piepmatz ⟨m.2; scherzh.; Kinderspr.⟩ *Vogel*
Pieps ⟨m.1⟩ →*Piep (1)*
piepsen ⟨V.1, hat gepiepst⟩ I ⟨o.Obj.⟩ *1 fein piepen* *2 in hohen Tönen sprechen* II ⟨mit Akk.⟩ *mit hoher Stimme sagen;* „...!" piepste sie
Piepser ⟨m.5⟩ *1* →*Piep (1)* *2* ⟨übertr., ugs.⟩ *Empfangs- und Signalgerät einer Personensuchanlage*
piepsig ⟨Adj.⟩ *hoch und fein oder dünn;* ~e Stimme; ~e Töne
Pier[1] ⟨m.1 oder m.9, seemannsspr.l. f.9 f.10⟩ *senkrecht zum Ufer verlaufender Damm, Anlegestelle* [< engl. *pier* < mlat. *pera* in ders. Bed.; weitere Herkunft nicht bekannt]
Pier[2] ⟨m.1⟩ →*Sandwurm* [nddt.]
Pierrette ⟨[pjɛ-] f.11⟩ *weibliches Gegenstück zum Pierrot*
Pierrot ⟨[pjɛro] m.9; in der frz. Pantomime⟩ *eine komische, melancholische Figur mit weißgeschminktem Gesicht* [frz., „Peterchen", zu *Pierre* „Peter"]
piesacken ⟨-k|k-; V.1, hat gepiesackt; mit Akk.; ugs.⟩ *1 bewußt peinigen, fein quälen* *2 schmerzen, quälen;* sein Rheuma piesackt ihn
pieseln ⟨V.1, hat gepieselt⟩ →*pinkeln*
Piesepampel ⟨m.5; ugs.⟩ *verdrießlicher Mensch*
Pietà ⟨[piˈɛta] f.9⟩ *Darstellung Marias mit dem Leichnam Christi auf dem Schoß;* Syn. *Vesperbild* [ital., eigtl. „Mitleid, Liebe", < lat. *pietas* „Mitleid, Frömmigkeit", zu *pius* „rechtschaffen, fromm, gütig"]
Pietät ⟨[pie-] f., -, nur Sg.⟩ *Ehrfurcht vor den Toten, vor der Religion und dem religiösen Empfinden anderer;* Ggs. *Impietät* [< lat. *pietas,* Gen. *-atis,* „Frömmigkeit, Pflichtgefühl", zu *pius* „fromm, pflichtgemäß handelnd, rechtschaffen"]
Pietismus ⟨[pie-] m., -, nur Sg.⟩ *seit dem 17. Jh.⟩ eine evangelische Bewegung zur Erneuerung der Kirche und des religiösen Lebens im Sinne einer gefühlsbetonten Frömmigkeit und der Nächstenliebe*
Pietist ⟨[pie-] m.10⟩ *Anhänger des Pietismus*
pietistisch ⟨[pie-] Adj., o.Steig.⟩ *zum Pietismus gehörend, in der Art des Pietismus*
pietschen ⟨V.1, hat gepietscht; mit Akk.; mdt.⟩ *(Alkohol) trinken;* ein Bier p.
Piezoelektrizität ⟨[pie-] f., -, nur Sg.⟩ *Eigenschaft gewisser Kristalle* (z. B. des Quarzes), *bei Kompression oder Dehnung längs bestimmter Richtungen an den Enden eine Spannung zu erzeugen* [zu griech. *piezein* „drücken, pressen"]
Piezometer ⟨[pie-] n.5⟩ *Gerät zum Messen der Kompressibilität von Flüssigkeiten* [< griech. *piezein* „drücken, pressen" und *...meter*]
Piezoquarz ⟨[pie-] m.1⟩ *speziell gezüchteter Quarzkristall aus Quarzschmelzen mit besonders ausgeprägten piezoelektrischen Eigenschaften*
Pigeon-English ⟨[pɪdʒɪn-ɪŋglɪʃ] n., -, nur Sg.⟩ →*Pidgin-Englisch*
Pigment ⟨n.1⟩ *1 Farbstoff im Gewebe von Lebewesen* *2 Farbstoff für Anstriche, der im Bindemittel fein verteilt, aber nicht aufgelöst wird* [< lat. *pigmentum* „Farbstoff, Farbe", zu *pingere* „malen, färben, bemalen, bunt machen"* (Perf. *pictum*) mit Infix *...men...* zur Bez. des Mittels, Werkzeugs, also eigtl. „Mittel zum Färben"]
Pigmentation ⟨f., -, nur Sg.⟩ →*Pigmentierung*
Pigmentdruck ⟨m.1⟩ *ein Färbeverfahren mit Pigmenten* (für Gewebe)
pigmentieren ⟨V.3, hat pigmentiert⟩ I ⟨mit Akk.⟩ *1 in kleinste Teilchen zerteilen;* Farbstoff p. *2 durch Pigment färben;* Haut p.; pigmentierte Hautstellen II ⟨o.Obj.⟩ *sich durch Pigment färben;* Haut hat pigmentiert
Pigmentierung ⟨f.10⟩ auch: *Pigmentation* *1* ⟨nur Sg.⟩ *das Pigmentieren* *2 das Pigmentiertsein, pigmentierte Stelle;* eine eigenartige P. an den Händen
Pignole ⟨[pɪnjo-] f.11⟩, **Pignolie** ⟨[pɪnˈjoljə] f.11; österr.⟩ *eßbarer Samenkern der Pinie* [< ital. *pignole* in ders. Bed., zu *pino* „Pinie"]
Pik[1] ⟨m.1 oder m.9⟩ *Bergspitze* [< engl. *peak* < mengl. *pic,* „Spitze", vielleicht < altfrz. *picois* „Spitzhacke"]
Pik[2] ⟨n.9⟩ *Farbe des französischen Kartenspiels;* Syn. *Schippe* [< frz. *pic* < altfrz. *picois* „Spitzhacke", aus dem Normannischen]
Pik[3] ⟨m., -s, nur Sg.⟩ *heimlicher Groll;* ⟨nur in der Wendung⟩ einen P. auf jmdn. haben [< frz. *pique* „kleiner Zwist, Groll", zu *piquer* „sticheln, ärgern", zu *pic,* →*Pik*[2]]
Pikador ⟨m.1⟩ *berittener Stierkämpfer, den Stier durch Lanzenstiche reizt;* auch: *Picador* [< span. *picador* in ders. Bed., zu *picar* „stechen"]
pikant ⟨Adj., -er, am pikantesten⟩ *1 scharf gewürzt* *2 schlüpfrig, anzüglich;* ~e Bemerkung; ~er Witz [< frz. *piquant* „stachlig, spitz, stechend; den Geschmack reizend; witzig, geistreich; anzüglich, verletzend, scharf", zu *piquer* „stechen", zu *pic* „Spitzhacke"]
Pikanterie ⟨f.11⟩ *1* ⟨nur Sg.⟩ *Schlüpfrigkeit, Anzüglichkeit* *2 pikante Bemerkung*
pikaresk ⟨Adj., o.Steig.⟩ *vom Picaro handelnd, in der Art des Picaros;* ~er Roman *Schelmenroman*
Pike ⟨f.11⟩ *Spieß* (des Landsknechts); von der P. auf dienen *von Anfang, von der untersten Stufe an dienen* [< frz. *pique* „Spieß", zu *piquer* „stechen", zu *pic* „Spitzhacke"]
Pikee ⟨m.9, österr. auch n.9⟩ *Baumwollgewebe mit leicht erhabenem Muster;* auch: *Piqué* [< frz. *piqué* in ders. Bed. sowie „Steppstich", zu *piquer* „stechen"]
Pikett ⟨n.1⟩ *1* ⟨schweiz.⟩ *einsatzbereite Mannschaft* (z. B. der Feuerwehr) *2* ⟨nur Sg.⟩ *ein französisches Kartenspiel* [< frz. *piquet* in denselben Bed., zu *piquer* „stechen"]
pikieren ⟨V.3, hat pikiert; mit Akk.⟩ *1 ins Freie pflanzen* (nachdem man mit dem Pikierholz Löcher in die Erde gestochen hat); vgl. *pikiert;* junge Pflanzen p. *2 mit festem Stoff unterlegen und mit großen* (außen nicht sichtbaren) *Stichen befestigen;* einen Kragen, Mantelaufschläge p. [< frz. *piquer* „stechen", zu *pic* „Spitzhacke"]
pikiert ⟨Adj., -er, am pikiertesten; meist mit „sein", auch als Attr.⟩ *etwas beleidigt, etwas entrüstet, verärgert;* über eine Bemerkung p. sein [zu *pikieren* im Sinne von frz. *piquer* „stechen"]
Pikkolo ⟨m.9⟩ *1 Kellnerlehrling* *2 kleine Flasche Schaumwein* (0,2 l) [< ital. *piccolo* „klein"]
Pikkoloflöte ⟨f.11⟩ *kleine* (Diskant-) *Querflöte*
Piko... ⟨Zeichen: p; in Zus.⟩ *Billionstel einer Maßeinheit,* z.B. Pikofarad
pikobello ⟨Adv., ugs.⟩ *sehr fein, ausgezeichnet* [erster Wortteil *piko* italienisiert < *piekfein,* zweiter Wortteil < ital. *bello* „schön"]
Pikofarad ⟨n., -(s), -; Zeichen: pF⟩ *ein Billionstel Farad*
Pikör ⟨m.1⟩ *Vorreiter bei der Parforcejagd* [< frz. *piqueur* „Vorreiter, reitender Jäger, der die Hunde führt", zu *piquer* „stechen, anstacheln, reizen" (nämlich die Hunde)]
Pikrinsäure ⟨f., -, nur Sg.⟩ *eine sehr explosive aromatische Säure* [zu griech. *pikros* „bitter, herb"]
Pikropege ⟨f.11⟩ *Quelle mit Bitterwasser* [< griech. *pikros* „bitter, herb" und *pege* „Quelle"]
Piktogramm ⟨n.1⟩ *bildliches Zeichen mit festgelegter, international verständlicher Bedeutung* (z. B. Verkehrszeichen) [< lat. *pictus* „gemalt" (zu *pingere* „malen") und *...gramm*]
Piktographie ⟨f., -, nur Sg.⟩ →*Bilderschrift*
Pilar ⟨m.10; bei der Pferdedressur⟩ *zwei Pfosten, zwischen denen das Pferd angebunden wird* [span., „Pfeiler, Säule"]
Pilaster ⟨m.5⟩ *Wandpfeiler mit Basis und Kapitell* [< ital. *pilastro* „Pfeiler", zu ital., lat. *pila* „Pfeiler"]
Pilau, Pilaw ⟨[-laf] m., -s, nur Sg.⟩ *orientalische Speise aus Reis und Hammelfleisch* [türk.-pers.]
Pilchard ⟨[pɪltʃəd] m.9⟩ →*Sardine* [engl.]
Pile ⟨[paɪl] m.9 oder n.9⟩ *Inneres eines Kernreaktors* [engl., „Säule"]

Pil|ger ⟨m.5⟩ jmd., der nach einem heiligen Ort wandert, Wallfahrer [< mhd. pilgerim < ahd. pilcrim, piligrim „Pilger, Wanderer, Kreuzfahrer", < lat. peregrinus „Fremder"]

Pil|ger|fahrt ⟨f.10⟩ Wallfahrt zu einem heiligen Ort

Pil|ger|mu|schel ⟨f.11⟩ eine Kammuschel [diente früher als Ansteckzeichen während einer Pilgerreise]

pil|gern ⟨V.1, ist gepilgert; o.Obj.⟩ **1** zu einem heiligen Ort wandern; nach Rom p. **2** beschaulich gehen; durch die Stadt p.

Pil|ger|vä|ter ⟨Pl.⟩ die ersten puritanischen Siedler in den USA (Neuengland)

Pil|grim ⟨m.1; †, poet.⟩ Pilger

pi|lie|ren ⟨V.3, hat piliert; mit Akk.⟩ zerstampfen, zerstoßen, zerreiben; Rohseife p. [< lat. pilare „zusammendrücken"]

Pil|le ⟨f.11⟩ **1** Arznei in Form eines Kügelchens ⟨nur mit bestimmtem Art., o.Pl.; kurz für⟩ → Antibabypille; die P. nehmen [< lat. pillula, pilula „kleiner Ball, Kügelchen", Verkleinerungsform von pila „Ball, Kugel"]

Pil|len|dre|her ⟨m.5⟩ **1** Käfer, der aus Kot kugelige Gebilde knetet; Syn. Skarabäus **2** ⟨scherzh.⟩ Apotheker

Pil|len|knick ⟨m., -(e)s, nur Sg.; seit Mitte der sechziger Jahre⟩ plötzliche Abnahme der Geburten in den Baumwollgewebe für Berufskleidung [⟨Pille (2)⟩]

Pi|lot ⟨m.10⟩ jmd., der ein Flugzeug steuert; Syn. Flieger, ⟨Amtsspr.⟩ Flugzeugführer **2** Autorennfahrer **3** ein Baumwollgewebe für Berufskleidung [< frz. pilote „Lotse", < ital. pilota, früher „Steuermann", heute „Lotse", < griech. pedalion „Steuerruder", zu pedon „Ruderblatt"]

Pi|lot|bal|lon ⟨[-lɔŋ], auch [-lõ] m.9⟩ kleiner, unbemannter Ballon zum Feststellen des Höhenwindes

Pi|lo|te ⟨f.11⟩ Rammpfahl [< frz. pilot „Pfahl", zu pile „Pfeiler"]

pi|lo|tie|ren ⟨V.3, hat pilotiert; mit Akk.; Motorsport⟩ steuern; einen Rennwagen p. [zu Pilot]

pi|lo|tie|ren² ⟨V.3, hat pilotiert; mit Akk.⟩ einrammen; Pfähle p. [zu Pilote]

Pi|lot|sen|dung ⟨f.10⟩ Fernsehsendung, die einer geplanten Serie vorausgeschickt wird, um das Interesse der Zuschauer zu testen

Pi|lot|stu|die ⟨[-diə] f.11⟩ vorbereitende Untersuchung für ein Projekt

Pils ⟨n., -, -⟩, **Pil|se|ner**, **Pils|ner** ⟨n.5⟩ stark schäumendes helles Bier mit großem Anteil an Hopfen, das in tulpenförmigen Gläsern gezapft wird [nach dem tschechoslowak. Stadt Pilsen, dem ursprünglichen Brauort]

Pilz ⟨m.1⟩ **1** Pflanze ohne Chlorophyll, die von organischen Stoffen lebt (Blätter~, Schleim~, Sporen~); Syn. ⟨für Arten mit großem Fruchtkörper⟩ Schwamm, ⟨bayr.-österr.⟩ Schwammerl **2** ⟨kurz für⟩ Hautpilz; sich einen P. holen [< lat. boletus < griech. bolites in ders. Bed.; weitere Herkunft unbekannt]

Pilz|ge|flecht ⟨n.1⟩ → Myzel

Pilz|kopf ⟨m.2⟩ **1** Frisur ohne Scheitel, bei der Stirn und Ohren bedeckt sind **2** jmd., der eine solche Frisur trägt [nach der Form, die dem Hut mancher Pilze ähnelt]

Pilz|ling ⟨m.1; österr.⟩ Pilz (bes. Steinpilz)

Pi|ment ⟨m.1 oder n.1⟩ aus den Früchten eines mittelamerikanischen Baumes gewonnenes Gewürz; Syn. Neugewürz [< span. pimienta < lat. pigmentum „Farbe", spätlat. auch „Kräutersaft"]

Pim|mel ⟨m., -s; derb⟩ Penis [vielleicht zu nddt. Pümmel „längliches Gerät zum Schlagen", wegen der Form]

pim|pe|lig ⟨Adj.; ugs.⟩ zimperlich, verweichlicht; auch: pimplig

pim|peln ⟨V.1, hat gepimpelt; o.Obj.; ugs.⟩ **1** wehleidig, zimperlich sein **2** kränklich sein [wahrscheinlich lautmalend nach den klagenden Äußerungen eines wehleidigen, kränkelnden Menschen]

pim|pern¹ ⟨V.1, hat gepimpert; o.Obj.⟩ leicht klappern, klimpern; im Kasten pimpert Geld, p. Münzen, Würfel [lautmalend]

pim|pern² ⟨V.1, hat gepimpert; o.Obj.; vulg.⟩ den Beischlaf ausüben

Pim|per|nell ⟨m.1⟩ → Bibernelle

Pim|per|nuß ⟨f.2⟩ Syn. Klappernuß **1** ⟨nur Sg.⟩ Strauch mit blasigen Kapseln, in denen die reifen Samen klappern **2** dessen eßbarer Samen [zu pimpern¹]

Pimpf ⟨m.1⟩ **1** ⟨ugs.⟩ kleiner Junge **2** ⟨1933-1945⟩ Angehöriger des nationalsozialistischen „Jungvolkes"

Pim|pi|nel|le ⟨f.11⟩ → Bibernelle

pimp|lig ⟨Adj.⟩ → pimpelig

Pi|na|ko|thek ⟨f.10; Name für⟩ Gemäldesammlung [< griech. pinax, Gen. pinakos, „Tafel, Gemälde, Bild" und theke „Behältnis, Kiste"]

Pi|nas|se ⟨f.11⟩ **1** ⟨früher⟩ dreimastiges Segelschiff **2** Beiboot (auf Kriegsschiffen) [< frz. pinasse, pinace „leichtes Schiff unterschiedlicher Größe", über vulgärlat. *pinacea < lat. pinus „Fichte, Kiefer, Pinie" sowie „aus Fichtenholz gebautes Schiff"]

Pince-nez ⟨[pɛ̃sne] n., - [pɛ̃sne̅s], - [pɛ̃sne̅s]; †⟩ Brille ohne Bügel, Zwicker [< frz. pincenez in ders. Bed., eigtl. „zwick die Nase", < pincer „zwicken, kneifen" und nez „Nase"]

Pin|ge ⟨f.11⟩ → Binge

pin|ge|lig ⟨Adj.; ugs.⟩ sehr genau, pedantisch

Ping|pong ⟨[-pɔŋ] n.9⟩ nicht wettkampfmäßig betriebenes Tischtennis

Pin|gu|in ⟨m.1⟩ flugunfähiger, dem Leben in kalten Meeren der Südhalbkugel angepaßter Vogel (Humboldt-, Königs~) [< engl. penguin in ders. Bed., vielleicht < walis. pen „Kopf" und gwyn „weiß"; ursprünglich wurde so der ausgestorbene, flugunfähige Riesenalk bezeichnet, der bis 1844 auf Felsinseln vor Island vorkam und von pinguinähnlicher Gestalt war]

Pi|nie ⟨[-njə] f.11⟩ Kiefer des Mittelmeergebietes mit schirmförmiger Krone [< lat. pinus „Pinie, Kiefer"]

pink ⟨Adj., o.Steig., o. Dekl.⟩ rosa [engl.]

Pink ⟨f.10⟩ dreimastiges Segelboot; auch: Pinke [nddt.]

Pin|ke¹ ⟨f.11⟩ → Pink

Pin|ke² ⟨f., -, nur Sg.; ugs.⟩ Geld; auch: Pinkepinke [Weiterentwicklung von Penunse]

Pin|kel ⟨m.5; ugs.⟩ Mann, Kerl, Bursche; ⟨meist in der Fügung⟩ ein feiner P. ein fein angezogener, geschniegelter Mann

pin|keln ⟨V.1, hat gepinkelt; o.Obj.; ugs.⟩ Wasser lassen, urinieren; Syn. pieseln [zu pinken, lautmalend]

pin|ken ⟨V.1, hat gepinkt; o.Obj.⟩ metallisch, hart auf etwas schlagen; das Hämmerchen pinkt [lautmalend]

Pin|ke|pin|ke ⟨f., -, nur Sg.⟩ → Pinke²

Pin|ne ⟨f.11⟩ **1** kleiner Nagel, Stift **2** Hebelarm des Steuerruders; Syn. Ruderpinne **3** flache Seite des Hammers [mnddt., „Pflock, Stift"]

pin|nen ⟨V.1, hat gepinnt; mit Akk.⟩ mit einer Pinne (1) befestigen; ein Bild an die Tür p.

Pinn|wand ⟨f.2⟩ mit weichem Material beschichtetes Wandbrett, Styroporplatte u.ä. zum Anheften von Merkzetteln [zu pinnen]

Pi|no|le ⟨f.11⟩ Teil der Spitzendrehbank zur Aufnahme der Spitze [zu Pignole]

Pin|scher ⟨m.5⟩ **1** kleiner, kurzschwänziger Hund mit Stehohren (und robustem, lautstarkem Wesen) (Affen~, Reh~) **2** ⟨übertr.; politisch⟩ bedeutungsloser Mensch [vielleicht zu engl. to pinch „abkneifen", weil man dem Hund Ohren und Schwanz stutzt, vielleicht auch entstellt < Pinzgauer]

Pin|sel¹ ⟨m.5⟩ Gerät aus (an einem Stiel befestigten) Haaren oder Borsten zum Auftragen von Farbe [< lat. penicillus „Pinsel", Verkleinerungsform von peniculus „Bürste, Pinsel", zu penis „Schwanz"]

Pin|sel² ⟨m.5⟩ einfältiger Mensch [Herkunft nicht bekannt]

Pin|sel|füh|rung ⟨f., -, nur Sg.⟩ (charakteristische) Malweise

pin|seln ⟨V.1, hat gepinselt; mit Akk., auch o.Obj.⟩ **1** mit dem Pinsel malen; ein Bild p.; Nummern auf Stühle p. **2** mit Farbe bestreichen; einen Zaun grün p. **3** mittels eines feinen Pinsels mit einem Arzneimittel bestreichen; eine Wunde p.; die Rachenmandeln p. **4** sorgfältig mit der Hand schreiben; einen Brief p.; ich habe lange an dem Brief gepinselt

Pin|sel|schim|mel ⟨m.5⟩ Schlauchpilz mit pinselähnlich angeordneten Sporen; vgl. Penicillin

Pin|se|lung ⟨f.10⟩ das Pinseln (3)

Pint ⟨[paint] n., -, -(s); Zeichen: pt⟩ englisches und amerikanisches Flüssigkeitsmaß, 0,5 Liter [engl., → Pinte]

Pin|te ⟨f.11⟩ **1** altes Flüssigkeitsmaß, 0,9 Liter **2** ⟨schweiz.⟩ Blechkanne **3** ⟨ugs.⟩ Kneipe, einfaches Wirtshaus [vermutlich zu lat. picta (< *pincta), „gemaltes Zeichen, Eichstrich, Wirtshauszeichen", zu pingere „malen"]

Pin-up-girl ⟨[pinapgə:l] n.9⟩ **1** Bild eines leichtbekleideten Mädchens (meist Foto zum Anheften) **2** Mädchen, das einem solchen Bild gleicht [< engl. to pin up „anheften" und girl „Mädchen"]

pinx. ⟨Abk. für⟩ pinxit

pin|xit ⟨Abk.: p., pinx.⟩ hat (es) gemalt [Vermerk auf Bildern vor oder nach dem Namen des Malers] [lat.]

Pin|zet|te ⟨f.11⟩ kleines Greifinstrument mit geraden, federnden Schenkeln [< frz. pincette „sehr feine bis größere Zange", zu pincer „kneifen, zwicken"]

Pinz|gau|er ⟨m.5⟩ **1** Einwohner des Pinzgaus **2** ein Kaltblutpferd **3** kastanienrote Rinderrasse mit weißer Zeichnung

Pio|nier ⟨m.1⟩ **1** für technische Aufgaben (Brückenbau, Sprengungen) ausgebildeter Soldat **2** ⟨übertr.⟩ Bahnbrecher, Wegbereiter **3** Mitglied einer Kinderorganisation der DDR [< frz. pionnier (formal ursprünglich < pion „Bauer im Schachspiel" < altfrz. peon „Fußsoldat", < lat. pedes, Gen. peditis, „Fußgänger, Fußsoldat", zu pes, Gen. pedis, „Fuß"]

Pio|nier|trup|pe ⟨f.11⟩ aus Pionieren (1) gebildete Truppe; Syn. ⟨schweiz.⟩ Geniekorps, Genietruppe

Pi|pa ⟨f.9⟩ viersaitige chinesische Laute

Pipe¹ ⟨[paip] f.9⟩ englisches und amerikanisches Maß für Wein und Spirituosen, 400-570 Liter [engl., eigtl. „Pfeife", wegen der Röhrenform]

Pi|pe² ⟨f.11⟩ **1** trichterartig nach oben erweiterte vulkanische Durchschlagsröhre **2** ⟨ugs., norddt.⟩ Tabakspfeife **3** ⟨österr.; veraltend⟩ Rohrleitung mit Verschluß [< vulgärlat. *pipa „Rohr"]

Pipe|line ⟨[paiplain] f.9⟩ **1** Rohrleitung (bes. für Erdöl) **2** ⟨übertr., ugs.⟩ gerade Verbindung; eine P. zum Verbraucher [< engl. pipe „Rohr" und line „Leitung, Linie"]

Pi|pet|te ⟨f.11⟩ kleines, mit einer Spitze versehenes Saugrohr aus Glas zur Entnahme oder Hinzufügung geringer Flüssigkeitsmengen [< frz. pipette „Saugglas, Pfeifchen", Verkleinerungsform von pipe „Tabakspfeife, Schalmei"]

Pi|pi ⟨n., -s, nur Sg.; Kinderspr.⟩ Harn, Urin; P. machen

Pip|pau ⟨m., -(e)s, nur Sg.⟩ gelb blühender, staudiger Korbblütler (Wiesen~) [slaw.]

Pips ⟨m., -es, nur Sg.⟩ durch ein Virus über-

tragene Geflügelkrankheit mit pockenähnlichem Ausschlag [lat. *pituita* in ders. Bed., eigtl. ,,zähe Flüssigkeit, eitrige Flüssigkeit", nach dem gelbbraunen, käsigen Belag im Schnabel- und Rachenraum]

Pique ⟨[pik] n.9; frz. Schreibung für⟩ *Pik²*

Piqué ⟨[-ke] m.9; frz. Schreibung für⟩ *Pikee*

Pi|ran|ha ⟨[-nja] m.9⟩ *südamerikanischer Fisch, der in Schwärmen auftritt, kleiner Salmler mit starkem Kiefer und scharfen Zähnen, mit denen er Beutetiere innerhalb von Minuten skelettiert;* auch: *Piraya* [< port., Tupi *piranha* ,,Schere", wegen des scharf schneidenden Mauls]

Pi|rat ⟨m.10⟩ →*Seeräuber* [< lat. *pirata* < griech. *peirates* ,,Seeräuber", zu *peiran, peirein* ,,wagen, unternehmen"]

Pi|ra|ten|sen|der ⟨m.5⟩ *Rundfunksender ohne amtliche Zulassung*

Pi|ra|te|rie ⟨f., -, nur Sg.⟩ →*Seeräuberei*

Pi|ra|ya ⟨m.9⟩ →*Piranha*

Pi|ro|ge ⟨f.11⟩ *Boot (Einbaum) der südamerikanischen Indianer und Südseeinsulaner* [karibisch]

Pi|rog|ge ⟨f.11⟩ *mit Fleisch, Fisch, Reis oder Kraut gefüllte Pastete* [< russ. *pirog* ,,Pastete, Kuchen", Ableitung von *pir* ,,Gastmahl, Schmaus"]

Pi|rol ⟨m.1⟩ *amselgroßer Vogel der Wipfelregion von Laubgehölzen, dessen Männchen durch grellgelben Körper mit schwarzen Flügeldecken gekennzeichnet ist* [lautmalend, nach dem Ruf *rrrlä*]

Pi|rou|et|te ⟨[-ru-] f.11⟩ 1 ⟨Eiskunstlauf, Ballett⟩ *rasche, mehrmalige Drehung um die eigene Längsachse* 2 ⟨Hohe Schule⟩ *Drehung im Galopp um einen Hinterfuß* 3 ⟨Ringen⟩ *Drehung, um aus einem Griff freizukommen* [frz., zu *pirouet* ,,Drehung", weitere Herkunft nicht bekannt]

pi|rou|et|tie|ren ⟨V.3, hat pirouettiert; o.Obj.⟩ *eine Pirouette (1, 2) ausführen*

Pirsch ⟨f., -, nur Sg.⟩ *Anschleichen (des Jägers) an das Wild;* auch: *Birsch;* Syn. *Pirschgang;* auf die P. gehen

pir|schen ⟨V.1; o.Obj.⟩ 1 ⟨hat gepirscht; Jägerspr.⟩ *möglichst geräuschlos durchs Jagdrevier gehen (um Wild zu beobachten oder zu erlegen)* 2 ⟨ist gepirscht; ugs.⟩ *schleichen;* (sich) ans Haus, über den Hof p.

Pirsch|gang ⟨m.2⟩ →*Pirsch*

Pi|sang|fa|ser ⟨f.11⟩ *aus Bananenfasern hergestellte Textilfaser* [< mal. *pisang* ,,Banane" und *Faser*]

Pis|ci|na ⟨[pistsi-] f., -, -nen⟩ 1 *Taufbecken im Baptisterium* 2 *Ausgußbecken im Chor neben dem Altar für das zur liturgischen Handwaschung und Reinigung der Gefäße verwendete Wasser* [< lat. *piscina* ,,Wasserbecken, Weiher, Teich", zu *piscis* ,,Fisch"]

Pi|see|bau ⟨m., -s, nur Sg.⟩ *Bauweise, bei der plastisches Material, das später erhärtet, zwischen oder auf Schalungen gestampft wird* [< frz. *pisé* ,,Stampferde" und *Bau*]

Pi|so|lith ⟨m.1⟩ *Erbsenstein* [< griech. *pisos* ,,Erbse" und *...lithos*]

Piß ⟨m., -s|ses, nur Sg.⟩, **Pis|se** ⟨f., -, nur Sg.; vulg.⟩ *Harn, Urin*

pis|sen ⟨V.1, hat gepißt; o.Obj.; vulg.⟩ *Wasser lassen, urinieren* [< frz. *pisser* in ders. Bed., lautmalend]

Pis|soir ⟨[-soar] n.9; †⟩ *Bedürfnisanstalt für Männer* [frz., zu *pisser* ,,harnen, urinieren", lautmalend]

Pi|sta|zie ⟨[-tsje] f.11⟩ 1 *kleiner Laubbaum des Mittelmeergebietes mit Fiederblättern und rötlichbraunen Blütenständen* 2 *dessen Frucht, die einen eßbaren grünen Kern hat* [< ital. *pistacchio* < griech. *pistake, pistakion* < pers. *pestāh* in ders. Bed.]

Pi|sta|zit ⟨m.1⟩ →*Epidot* [zu *Pistazie,* wegen der grünen Farbe]

Pi|ste ⟨f.11⟩ 1 *Hang, Bahn zum Rodeln und Schilaufen* 2 *Radrennbahn* 3 *Rollbahn (auf dem Flugplatz)* 4 *Einfassung der Manege* 5 *nicht ausgebauter Verkehrsweg* [frz., < ital. *pista* ,,Bahn, Rennbahn", < lat. *pistum* ,,das Gestampfte", zu *pistare* ,,stampfen, stoßen"]

Pi|still ⟨n.1⟩ 1 *Mörserstößel, Stampfer* 2 →*Stempel (4)* [< lat. *pistillum* ,,Stempel, Stößel", zu *pinsare* ,,zerstampfen, zerstoßen"]

Pi|sto|le¹ ⟨f.11⟩ *kleine Faustfeuerwaffe mit kurzem Lauf;* jmdm. die P. auf die Brust setzen *ihn zu einer Entscheidung zwingen* [vielleicht < tschech. *pišt'al* ,,Pistole, Rohr", urspr. ,,Pfeife", zu *pisk* ,,Pfiff"]

Pi|sto|le² ⟨f.11; früher⟩ *(spanische, französische) Goldmünze* [Herkunft nicht bekannt]

Pi|ston ⟨[-stõ] n.9⟩ 1 *Pumpkolben* 2 *Ventil der Blechblasinstrumente* 3 →*Kornett* 4 ⟨bei Gewehren⟩ *Zündkegel* [frz., < ital. *pistone* ,,Kolben, Stempel; Ventil", früher auch ,,Stampfer", zu *pistare* ,,stampfen, stoßen"]

Pi|ta|val ⟨[-val] m.9⟩ *Sammlung von Strafrechts- oder Kriminalfällen* [nach dem frz. Rechtsgelehrten F.G. de *Pitaval*]

Pitch-Pine ⟨[pitʃpain] f.9⟩ *Holz der nordamerikanischen Sumpf- oder Pechkiefer* [< engl. *pitchpine* ,,Pechkiefer" < *pitch* ,,Pech" und *pine* ,,Kiefer"]

pit|to|resk ⟨Adj., ~er am pittoreskesten⟩ *malerisch* [< ital. *pittoresco* ,,malerisch", zu *pittore* ,,Maler", < lat. *pictor,* Gen. *-oris,* ,,Maler", zu *pingere* ,,malen"]

più ⟨[pju] Mus.⟩ *mehr;* p. *vivace*

Pi|vot ⟨[-vo] m.9; an Geschützen, Drehkränen u.a.⟩ *Schwenkzapfen* [frz.]

Piz ⟨m.1⟩ *Spitze (in Namen von Bergen);* P. Palü [rätoroman., zu einer Grundform, die in zahlreichen Sprachen etwas Spitzes bezeichnet; vgl. engl. *peak,* frz. *pic*]

pizz. ⟨Abk. für⟩ *pizzicato*

Piz|za ⟨f., -, -s oder -zen oder ital. -ze⟩ *italienische Speise aus Hefeteig mit gewürztem Belag aus Tomaten und Käse (auch Wurst, Sardellen, Pilzen, Paprika u.a.)* [ital., Herkunft nicht bekannt]

Piz|ze|ria ⟨f., -, -ri|en⟩ *(italienische) Gaststätte, in der es besonders Pizza gibt*

piz|zi|ca|to ⟨Abk.: pizz.; bei Streichinstrumenten⟩ *gezupft (zu spielen)* [ital., ,,gezupft, gezwickt", zu *pizzicare* ,,mit Daumen und Zeigefinger zwicken, zupfen", wahrscheinlich lautmalend]

Piz|zi|ca|to ⟨n., -(s), -ti⟩ *Spiel mit gezupften Saiten*

Pkw, PKW ⟨[pekave:] oder [pekave] m., -(s), -(s); Abk. für⟩ *Personenkraftwagen*

Pla|ce|bo ⟨n.9⟩ *einem echten Arzneimittel in Geschmack und Aussehen ähnliches Scheinmedikament, das durch Suggestivkraft wirken soll* [< lat. *placebo* ,,ich werde gefallen, ich werde angenehm sein", d.h. ,,ich werde die Wirkung haben, die erwartet wird (wenn auch nur scheinbar)", zu *placere* ,,gefallen"]

Pla|ce|bo-Ef|fekt ⟨m.1⟩ *Wirkung eines Placebos, die nur aufgrund der erwarteten Wirkung der Droge eintritt*

Place|ment ⟨[plasmã] n.9⟩ 1 *Unterbringung, Anlage (von Kapital), Absatz (von Waren)* 2 *Sitzordnung (bei Tisch),* ⟨auch⟩ *Modell einer Sitzordnung* [frz., ,,das Placieren", →*placieren*]

Pla|che ⟨f.11⟩ →*Blahe*

pla|cie|ren ⟨[-tsi-] oder [-si-] V.3, hat placiert⟩ auch: *plazieren* I ⟨mit Akk.⟩ 1 *etwas p.* a *an einen günstigen, vorteilhaften, auffälligen Platz stellen, legen;* eine Vase, eine Lampe auf das Bücherbord p. b *anlegen, unterbringen;* Kapital günstig p. c *so schlagen, stoßen, daß es genau trifft;* einen Ball hinter den Gegner p.; einen Hieb, Schlag ans Kinn des Gegners p. 2 *jmdn.* p. *jmdm. einen Platz zuweisen;* jmdn. bei Tisch neben dem Hausherrn p. II ⟨refl.⟩ *sich p. einen (bestimmten) Platz, Rang erreichen;* ein Sportler hat sich auf den zweiten Platz placiert [< frz. *placer* in ders. Bed., zu *place* ,,Platz"]

Pla|cie|rung ⟨[-tsi-] oder [-si-] f.10⟩ 1 *das Placieren* 2 ⟨beim Wett-, bes. Pferderennen⟩ *Einlauf*

placken ⟨-k|k-; V.1, hat geplackt; refl.⟩ *sich p. sich sehr anstrengen, hart arbeiten (bes. körperlich), sich mühen und plagen*

plad|dern ⟨V.1, hat gepladdert; o.Obj.⟩ *heftig, mit Kraft oder starkem Geräusch fallen;* der Regen pladdert aufs Dach, gegen die Fensterscheiben

plä|die|ren ⟨V.3, hat plädiert; mit Präp.-obj.⟩ 1 *auf etwas p. etwas im Plädoyer beantragen;* der Anwalt plädierte auf Freispruch 2 *für etwas p. sich (mit Worten) für etwas einsetzen;* ich plädiere dafür, sofort hinzufahren [< frz. *plaider* ,,vor Gericht reden, verteidigen", zu *plaid* ,,Gerichtshof, -versammlung", < lat. *placitum* ,,Willens-, Meinungsäußerung", eigtl. ,,was einem gefällt", zu *placere* ,,gefallen"]

Plä|doy|er ⟨[-doaje] n.9⟩ 1 ⟨im Strafprozeß⟩ *zusammenfassende Rede (des Staatsanwalts oder Verteidigers)* 2 *Rede, mit der man für etwas eintritt, etwas befürwortet* [< frz. *plaidoyer* ,,Verteidigungsrede (vor Gericht)", zu *plaider* →*plädieren*]

Pla|fond ⟨[-fõ] m.9⟩ *(bes. künstlerisch gestaltete) Zimmerdecke* [frz., ältere Form *platfond* ,,Zimmerdecke", < *plat* ,,eben, flach" und *fond* ,,Grund, Hintergrund" (wahrscheinlich im Unterschied zur gewölbten Decke)]

pla|fo|nie|ren ⟨V.3, hat plafoniert; mit Akk.; schweiz.⟩ *nach oben hin begrenzen, beschränken* [zu *Plafond*]

Pla|ge ⟨f.11⟩ *etwas sehr Quälendes, Unangenehmes, Schlimmes* ⟨Lärm~, Mücken~⟩; es ist eine P.; mit jmdm. oder etwas seine P. haben

Pla|ge|geist ⟨m.3; ugs.⟩ *sehr lästiger Mensch, Kind, das immerfort etwas will oder quengelt*

pla|gen ⟨V.1, hat geplagt⟩ I ⟨mit Akk.⟩ *jmdn. p.* 1 *jmdm. viel Mühe und Arbeit aufbürden, jmdn. belästigen;* jmdn. mit Fragen, Bitten p. 2 *jmdn. quälen;* das Rheuma plagt ihn; von Schmerzen geplagt sein II ⟨refl.⟩ *sich p. sich sehr anstrengen, sich mühen;* sich p. mit einer Arbeit p.

Plag|ge ⟨f.11; nddt.⟩ *abgestochenes Rasen- oder Moorstück*

Pla|gi|at ⟨n.9⟩ *Veröffentlichung des geistigen Werkes eines anderen oder Teile davon als eigenes Werk oder Verwendung in eigenen Werk* [über frz. *plagiat* < lat. *plagium* ,,Menschendiebstahl, Seelenverkauf"]

Pla|gia|tor ⟨m.13⟩ *jmd., der ein Plagiat begangen hat*

pla|gi|ie|ren ⟨V.3, hat plagiiert⟩ I ⟨o.Obj.⟩ *ein Plagiat begehen* II ⟨mit Akk.⟩ *etwas p. etwas als geistiges Eigentum ausgeben, was ein anderer geschrieben, erfunden hat*

Pla|gio|klas ⟨m.1⟩ *eine Gruppe von Mineralien mit typischer Feinstreifung, Kalknatronfeldspat* [< griech. *plagios* ,,schräg, schief" und *klasis* ,,Brechen, Zerbrechen, Bruch", wegen der zwei Hauptspaltungsebenen, die bei Plagioklasen nicht ganz senkrecht zueinander verlaufen]

pla|gio|trop ⟨Adj., o.Steig.⟩ *zur Richtung der Schwerkraft orientiert wachsend;* ~e *Pflanzenteile* [< griech. *plagios* ,,schräg, schief" und *trope* ,,Drehung, Wendung"]

Plaid ⟨[pleid] n.9⟩ 1 *(meist karierte) Reisedecke* 2 *Umschlagtuch* [engl.]

Pla|kat ⟨n.1⟩ *öffentlicher Aushang in großem Format* [< ndrl. *plakaat* in ders. Bed., < mndrl. *plackaet, plackaert* < frz. *placard* ,,Anschlagzettel", zu *plaque* ,,Scheibe, Tafel, Brett"]

pla|ka|tie|ren ⟨V.3, hat plakatiert; mit Akk.⟩ 1 *durch Plakat bekanntmachen*

plakativ

2 ⟨übertr.⟩ *deutlich, betonend darstellen;* jmds. Handlungsweise p.

pla|ka|tiv ⟨Adj.⟩ **1** *in der Art eines Plakats* **2** ⟨übertr.⟩ *betont, demonstrativ*

Pla|ket|te ⟨f.11⟩ **1** *kleine Platte mit bildlicher Darstellung (auch Relief)* **2** *Gedenk-, Schaumünze* [frz. *plaquette* „kleine Platte oder Tafel", zu *plaque* „Platte, Metallblatt"]

Pla|ko|id|schup|pe ⟨f.11; bei Haien und Rochen⟩ *zahnförmige Schuppe* [< griech. *plax*, Gen. *plakos*, „Platte" und ...*oid* und *Schuppe*]

plan ⟨Adj., o.Steig.⟩ *eben, flach* [< lat. *planus* „flach, eben, platt"]

Plan¹ ⟨m.1; nur noch poet. und in bestimmten Wendungen⟩ *ebene Fläche, freier Platz* (Wiesen~); auf dem P. erscheinen in Erscheinung treten, hervorkommen [< mhd. *plan, plane* „freier Platz, Ebene", < lat. *planus*, →*plan*]

Plan² ⟨m.2⟩ **1** *Vorhaben, Absicht;* einen P. haben; Pläne machen, schmieden; diese Woche steht nichts auf dem P. *diese Woche ist nichts geplant* **2** *Entwurf;* das Referat ist im P. fertig **3** *kartographische Zeichnung* (Stadt~, Gelände~); den P. für ein Haus zeichnen [< frz. *plan*, ältere Form *plant* „Plan, Grundriß", < ital. *pianta* „Plan, Grundriß", auch „Fußsohle", < lat. *planta* „Fußsohle"]

plan|dre|hen ⟨V.1, hat plangedreht; mit Akk.; nur im Infinitiv und Perf.⟩ *etwas p. mittels Drehbank eine ebene Oberfläche auf etwas herstellen;* Werkstücke p.

Pla|ne ⟨f.11⟩ *Schutzdach oder -decke aus wasserdichtem Stoff*

pla|nen ⟨V.1, hat geplant; mit Akk.⟩ *etwas p.* **1** *einen Plan für etwas machen;* eine neue Forschungsarbeit p.; eine solche Unternehmung muß sorgfältig geplant werden **2** *zu tun beabsichtigen, ausführen, durchführen wollen;* wir p. eine Reise in die Türkei; wir haben für den Sommer ein großes Fest geplant

Plä|ner ⟨m.5⟩ *Kalkstein, der flache Geländeformen bildet* [zu *plan* „eben"]

Pla|net ⟨m.10⟩ *sich auf elliptischer Bahn um die Sonne bewegender, nicht selbst leuchtender Himmelskörper;* Syn. ⟨†⟩ *Wandelstern* [< griech. *planes*, Gen. *planetos*, „Umherschweifender, Wanderer", zu *planasthai* „irregehen, sich umhertreiben"]

pla|ne|ta|risch ⟨Adj., o.Steig.⟩ *zu den Planeten gehörig;* ~er Nebel *einem Planeten ähnelnder Gasnebel*

Pla|ne|ta|ri|um ⟨n., -s, -ri|en⟩ **1** *Gerät zum Darstellen der Lage, Größe und Bewegungen der Himmelskörper* **2** *Halle mit kuppelförmiger Decke, an der mittels Projektors die Erscheinungen am Sternhimmel gezeigt werden* [< *Planet* und lat. Suffix ...*arium* zur Bez. eines Behälters]

Pla|ne|ten|ge|trie|be ⟨n.5⟩ *Bauform eines Getriebes, bei der sich ein oder mehrere Zahnräder um zwei verschiedene Achsen drehen*

Pla|ne|to|id ⟨m.1⟩ *kleiner Planet;* Syn. *Asteroid* [< *Planet* und ...*oid*]

Plan|film ⟨m.1⟩ *flach gelagerter Film* (im Unterschied zum Rollfilm)

plan|ge|mäß ⟨Adj., o.Steig.⟩ *nach einem bestimmten Plan, wie geplant;* p. ankommen; einen Bau p. fertigstellen; es ist alles p. verlaufen

pla|nie|ren ⟨V.3, hat planiert; mit Akk.⟩ *einebnen, flach machen* [zu *plan*]

Pla|nier|rau|pe ⟨f.11⟩ *Fahrzeug zum Planieren*

Pla|ni|glob ⟨n.12⟩, **Pla|ni|glo|bi|um** ⟨n., -s, -bi|en⟩ *Darstellung einer Erdhalbkugel auf ebener Fläche* [< lat. *planus* „eben, flach" und *globus* „Kugel"]

Pla|ni|me|ter ⟨n.5⟩ *Gerät zum Messen des Flächeninhalts ebener Figuren* [< lat. *planus* „eben, flach" und ...*meter*]

Pla|ni|me|trie ⟨f., -, nur Sg.⟩ *Geometrie der Fläche, Geometrie der in einer Ebene liegenden Figuren* [< lat. *planus* „flach, eben" und ...*metrie*]

Plan|ke ⟨f.11⟩ *breites Brett* [< mlat. *planca* in ders. Bed.]

plän|keln ⟨V.1, hat geplänkelt; o.Obj.⟩ **1** ⟨†⟩ *ein kurzes Gefecht ausführen, Schüsse wechseln* **2** *sich ein wenig streiten, sich scherzhaft streiten*

plan|kon|kav ⟨Adj., o.Steig.⟩ *auf einer Seite plan, auf der anderen konkav;* ~e Linse

plan|kon|vex ⟨Adj., o.Steig.⟩ *auf einer Seite plan, auf der anderen konvex;* ~e Linse

Plank|ton ⟨n., -s, nur Sg.⟩ *Gesamtheit der frei im Wasser schwebenden Pflanzen und Tiere ohne Eigenbewegung;* Ggs. *Nekton* [< griech. *plankton* „das Umherirrende", zu *planasthai* „umherirren"]

Plank|tont ⟨m.10⟩ *einzelnes Lebewesen des Planktons* [< *Plankton* und griech. *on*, Gen. *ontos*, „seiend, Seiendes"]

plan|los ⟨Adj., -er, am planlosesten⟩ *ohne Plan, unüberlegt;* p. vorgehen, handeln; p. herumfahren **Plan|lo|sig|keit** ⟨f., -, nur Sg.⟩

plan|mä|ßig ⟨Adj., o.Steig.⟩ **1** *nach einem Plan, planvoll;* p. vorgehen **2** *plangemäß;* ~e Ankunft, Abfahrt

pla|no ⟨Adv.⟩ *flach, glatt, ungefalzt;* die Druckbogen liegen p. [lat., Adv. zu *planus*, →*plan*]

plan|par|al|lel ⟨Adj., o.Steig.⟩ *in parallelen Ebenen*

Plan|qua|drat ⟨n.1; bes. Mil.; auf Landkarten⟩ *durch parallele Längs- und Querlinien begrenztes Quadrat*

Plansch|becken ⟨-k|k-; n.7⟩ *kleines Wasserbecken für Kinder zum Planschen*

plan|schen ⟨V.1, hat geplanscht; o.Obj.⟩ *im Wasser, mit Wasser spielen*

Plan|schie|ßen ⟨n., -s, nur Sg.; Mil.⟩ *Schießen ohne Zielbeobachtung, lediglich aufgrund von Kartenunterlagen*

Plan|spiel ⟨n.1⟩ → *Planübung*

Plan|ta|ge ⟨[-ʒə] f.11⟩ *große Anpflanzung* (Baumwoll~, Erdbeer~) [< frz. *plantage* „Anpflanzung", zu *planter* „pflanzen"]

plan|tar ⟨Adj., o.Steig.⟩ *zur Fußsohle gehörig, von ihr ausgehend* [< lat. *plantaris* in ders. Bed., zu *planta* „Fußsohle"]

Plan|übung ⟨f.10⟩ *theoretische (wirklichkeitsnahe) Nachahmung von militärischen Handlungen;* Syn. *Kriegsspiel, Planspiel*

Pla|num ⟨n., -s, nur Sg.⟩ *eingeebnete Fläche für die Bettung des Eisen- oder Straßenbahnkörpers* [lat., „Fläche"]

Pla|nung ⟨f.10⟩ **1** ⟨nur Sg.⟩ *das Planen;* bei der P. ist ein Versehen passiert **2** *Gesamtheit der Pläne;* das bringt unsere ganze P. durcheinander

Plan|wirt|schaft ⟨f.10⟩ *Wirtschaftsform, bei der Produktion und Absatz staatlich gelenkt werden;* vgl. *Marktwirtschaft*

plan|zeich|nen ⟨V.2, hat plangezeichnet; mit Akk.; nur im Infinitiv und Perf.⟩ *etwas p. einen Grundriß von etwas, eine Landkarte von etwas zeichnen;* ein Gelände p.

Plap|per|maul ⟨n.4; derb⟩ → *Plappertasche*

plap|pern ⟨V.1, hat geplappert⟩ **I** ⟨o.Obj.⟩ **1** ⟨von kleinen Kindern⟩ *noch fehlerhaft sprechen, zu sprechen versuchen;* die Kleine plappert schon **2** *nichtssagend, oberflächlich reden;* sie plappert unaufhörlich **II** ⟨mit Akk.⟩ *ohne Überlegung sagen, sprechen;* sie plappert viel dummes Zeug

Plap|per|ta|sche ⟨f.11; ugs.⟩ *jmd., der viel plappert;* Syn. ⟨derb⟩ *Plappermaul*

plär|ren ⟨V.1, hat geplärrt⟩ **I** ⟨o.Obj.⟩ **1** *laut heulen* **2** *unschön, grob schreien* **II** ⟨mit Akk.⟩ *unschön und laut singen;* ein Lied p.

Plä|san|te|rie ⟨f.11; †⟩ *Scherz* [< frz. *plaisanterie* in ders. Bed., zu *plaisant* „drollig, kurzweilig", → *Pläsier*]

Plä|sier ⟨n.1; †⟩ *Vergnügen, Spaß* [< frz. *plaisir* „Vergnügen, Freude", zu *plaire* „gefallen, angenehm sein"]

Plä|sier|chen ⟨n.1; nur in der Wendung⟩ *jedem Tierchen sein P. jeder soll das Vergnügen haben, das er gern möchte* (auch wenn man es selbst nicht versteht)

plä|sier|lich ⟨Adj.; †⟩ *vergnüglich, heiter*

Plas|ma ⟨n., -s, -men⟩ **1** *Grundsubstanz der lebenden Zelle* (Blut~, Proto~) **2** *Zustandsform von Stoffen, ein hochaufgeheiztes, elektrisch leitendes Gas aus positiven Ionen und Elektronen* [< griech. *plasma* „Gebilde", zu *plassein* „gestalten, formen, bilden"]

Plas|ma|che|mie ⟨f., -, nur Sg.⟩ *Teilgebiet der Chemie, das sich mit den Reaktionen in einem Plasma (2) befaßt*

Plas|ma|phy|sik ⟨f., -, nur Sg.⟩ *Teilgebiet der Physik, das sich mit den Eigenschaften eines Plasmas (2) und dem Verhalten der Materie darin befaßt*

Plas|mo|di|um ⟨n., -s, -di|en⟩ **1** *Vertreter einer Gattung von Einzellern (Sporentierchen), Malariaerreger* **2** *vielkerniges Stadium der Schleimpilze* [< *Plasma* und griech. *eidos* „Gestalt"]

Plas|mon ⟨n., -s, nur Sg.⟩ *Gesamtheit der Erbfaktoren im Zytoplasma* [zu *Plasma*]

Plast ⟨m.1; DDR⟩, **Pla|ste** ⟨f.11; ugs.; DDR⟩ → *Kunststoff* [zu *Plastik*]

Pla|sti|de ⟨f.11⟩ *Körperchen in den meisten Pflanzenzellen* (z.B. Chloroplast) [zu griech. *plastos* „gebildet, geformt"]

Pla|sti|fi|ka|tor ⟨m.13⟩ *Stoff, der anderen Stoffen (z.B. Lack) zugesetzt wird, um sie geschmeidiger zu machen;* Syn. *Weichmacher* [< *plastisch* und lat. ...*ficare* (in Zus. für *facere*) „machen"]

pla|sti|fi|zie|ren ⟨V.3, hat plastifiziert; mit Akk.⟩ *weich, geschmeidig machen;* Kunststoffe p. [< *Plastik* und lat. ...*ficare* (in Zus. für *facere*) „machen"]

Pla|stik ⟨f.10⟩ **1** ⟨nur Sg.⟩ *Kunst, räumliche Gegenstände, Gestalten* (aus Ton, Wachs u.ä.) *zu formen* (auch mittels von außen hinzugefügten Materials, im Unterschied zur Skulptur); vgl. *Skulptur* **2** *Erzeugnis dieser Kunst* **3** *Wiederherstellung von Teilen des Körpers* (Dermo~) **4** → *Kunststoff* [< griech. *plastike* „bildnerische Kunst" und *plastos* „gebildet, geformt", zu *plassein* „bilden, formen"]

Pla|stik|bom|be ⟨f.11⟩ *plastisch verformbares Sprengmittel mit Initialzündung*

Pla|sti|lin ⟨n.1; Wz.⟩ *teigige, nicht klebende Modelliermasse* (in vielen Farben); Syn. ⟨ugs.⟩ *Knete, Knetmasse* [< ital. *plastilina* in ders. Bed., zu *plastico* „plastisch, formbar"]

pla|stisch ⟨Adj.⟩ **1** *zur Plastik gehörend, in der Art der Plastik, körperlich, dreidimensional* **2** ⟨o.Steig.⟩ *knetbar, formbar* **3** ⟨übertr.⟩ *anschaulich, bildhaft*

Pla|sti|zi|tät ⟨f., -, nur Sg.⟩ **1** *Formbarkeit* **2** ⟨übertr.⟩ *Anschaulichkeit, Bildhaftigkeit*

Pla|stron ⟨[-strɔ̃] m.9 oder n.9⟩ **1** *Brustplatte am Ringpanzer* **2** ⟨Fechten⟩ *Arm- oder Brustschutz* **3** *breite Krawatte* **4** (früher) *Zierlatz* (an Frauenkleidern) [frz., „Brustharnisch, Brustschutzleder, Vorderteil des Oberhemdes", < ital. *piastrone* „große Platte, Brustharnisch", Vergrößerungsform von *piastra* „Platte, Scheibe"]

Pla|ta|ne ⟨f.11⟩ *Laubbaum mit abblättern der Borke, die dem Stamm ein fleckenartiges Muster verleiht, südlicher Alleebaum* [< lat. *platanus* < griech. *platanos* „Platane", zu *platys* „breit, weit ausgebreitet, Baum mit weit ausgebreiteten Ästen"]

Pla|teau ⟨[-toː] n.9⟩ **1** → *Hochebene* **2** *obere ebene Fläche (eines Felsens)* [frz., „Brett, Platte (des Tisches, der Waage), Hochebene", zu *plat* „flach, eben"]

Pla|teau|wa|gen ⟨[-toː-] m.7; österr.⟩ → *Tafelwagen*

pla|te|resk ⟨Adj., o.Steig.⟩ *wunderlich ver-*

ziert; ~*er Stil ornamentaler Stil der spanischen Spätgotik und Frührenaissance* [< span. *plateresco* „geschnörkelt", zu *plateria* „Gold-, Silberschmiedearbeit", wegen der Ähnlichkeit der Verzierungen mit den kleinteiligen Gold- und Silberschmiedearbeiten]

Pla|tin (südd., österr. auch [-tin] n., -s, nur Sg.; Zeichen: Pt) *grauweiß glänzendes, weiches, schweres Edelmetall* [< span. *platina del Pinto* „kleines Silber vom Fluß Pinto" (in Südamerika), zu *plata* „Silber"]

Pla|tin|fuchs (m.2) **1** *blaugraue Farbvariante des Silberfuchses* **2** *Pelz daraus*

pla|ti|nie|ren (V.3, hat platiniert; mit Akk.) *mit Platin überziehen*

Pla|ti|nit (n., -s, nur Sg.) *Eisen-Nickel-Legierung als Ersatz für Platin*

Pla|ti|no|id (n.1) *Legierung aus Kupfer, Nikkel, Zink und Wolfram (für elektrische Widerstände)* [< *Platin* und *...oid*]

Pla|ti|tü|de (f.11) *nichtssagende, geistlose Redensart, Plattheit* [< frz. *platitude* „Schalheit (des Weins), Seichtheit, Plattheit (von Worten)", zu *plat* „eben, flach; platt, fad, geistlos"]

Pla|to|ni|ker (m.5) *Vertreter der Lehre des altgriechischen Philosophen Platon*

pla|to|nisch (Adj., o.Steig.) *von Platon stammend, der Lehre Platons entsprechend;* ~*e Liebe nichtsinnliche, rein seelisch-geistige Liebe*

Pla|to|nis|mus (m., -, nur Sg.) *Weiterentwicklung der Lehre Platons*

Plat|scha|ri (m.9; ugs., scherzh.) *übergroße, auffällige Plakette, übergroßes Bild* [vielleicht zu *Blatt* mit latinisierender Endung]

plat|schen (V.1, ist geplatscht; o.Obj.) **1** *mit lautem, klatschendem Geräusch fallen; ins Wasser p.; der Regen platscht gegen die Scheiben* **2** *mit klatschendem Geräusch gehen; durch die Pfützen p.*

plät|schern (V.1, o.Obj.) **1** ⟨ist geplätschert⟩ *mit leise klatschendem Geräusch fließen;* der Bach plätschert durch die Wiese; ihr Redefluß plätschert unaufhörlich (fig.); am ~*den Bach sitzen* ⟨hat geplätschert⟩ *mit leise klatschendem Geräusch fallen;* der Regen plätschert aufs Dach **3** ⟨hat geplätschert⟩ *ein leise klatschendes Geräusch verursachen, machen;* die defekte Wasserleitung hat die ganze Nacht geplätschert

platt (Adj., -er, am plattesten) **1** *flach;* auf dem ~*en Land wohnen; sich die Nase p. drücken;* da bin ich p. (ugs.) *da bin ich verblüfft, überrascht* **2** *geistlos, trivial;* ein ~*es Buch, Theaterstück* **3** *rein, schier;* das ist ~*er Wahnsinn*

Platt ⟨n., -(s), nur Sg.⟩ *das Plattdeutsche; Mecklenburger, Nordschleswiger P.*

platt|deutsch (Adj., o.Steig.) → *niederdeutsch*

Plat|te¹ (f.11) **1** *flache, ebene, dünne Scheibe aus festem Material* (Tisch~, Glas~); *eine dicke, dünne, hölzerne P.* **2** (kurz für) *Schallplatte; immer dieselbe P. auflegen, ablaufen lassen* (ugs.) *immer dasselbe reden;* die P. kenn ich (ugs.) *ich weiß, was du sagen wirst;* seine P. ablaufen lassen (ugs.) *Fähigkeiten haben* **3** (†) *viereckige Glasscheibe mit einer lichtempfindlichen Schicht für fotografische Aufnahmen;* etwas auf die P. bannen *fotografieren;* das kommt nicht auf die P.! (ugs.) *das kommt nicht in Frage!* **4** *flacher, größerer Teller zum Anbieten von Speisen;* eine garnierte P. *anrichten* **5** *Speisen auf einer Platte* (Salat~, Käse~) **6** *glatter, ebener, großer Felsen;* die P. *überschreiten* **7** (übertr., ugs.) → *Glatze* (1)

Plat|te² (f.; ugs.; nur in der Wendung) *die P. putzen verschwinden* [< hebr. *peleṭā* „Flucht, Entrinnen" (→ *Pleite*) und *pūš* „sich zerstreuen"]

Plät|te (f.11) **1** (norddt., mdt.) → *Bügeleisen* **2** (österr.) *flaches Schiff*

Plätt|ei|sen (n.7) → *Bügeleisen*

plät|teln (V.1, hat geplättelt; mit Akk.) *mit kleinen Platten belegen;* einen Hof, einen Bahnsteig p.

plät|ten (V.2, hat geplättet; mdt., norddt.) → *bügeln;* da war ich geplättet (ugs.) *da war ich platt, verblüfft*

Plat|ten|spie|ler (m.5) *Gerät zum Abspielen von Schallplatten*

Plat|ten|tel|ler (m.5) *Teil des Plattenspielers, auf dem die Schallplatte liegt*

Platt|erb|se (f.11) *(oft kletternder, staudiger) Schmetterlingsblütler mit Blüten, die denen der Gartenerbse ähneln, und flachen Samenkapseln*

plat|ter|dings (Adv.) *schlechterdings; das ist p. unmöglich völlig unmöglich*

Plät|te|rei (f.10) **1** (nur Sg.) *das Plätten* **2** *Betrieb, in dem gewerbsmäßig Wäsche geplättet wird*

Platt|fisch (m.1) *Knochenfisch mit scheibenförmigem, seitlich stark abgeflachtem Körper* (z.B. *Butt, Flunder, Scholle, Seezunge*)

Platt|form (f.10) **1** *erhöhter, flacher, offener Platz* **2** (übertr.) *Grundlage, Basis als Ausgangspunkt des Handelns;* eine politische P.

Platt|fuß (m.2) *menschlicher Fuß mit abgeflachtem Längs- und Quergewölbe*

platt|fü|ßig (Adj., o.Steig.) *mit Plattfüßen, auf Plattfüßen*

Platt|heit (f.10) **1** (nur Sg.) *das Plattsein* **2** (übertr.) *nichtssagende, geistlose Redensart;* das andere ~*en;* er gab nur ~*en von sich*

plat|tie|ren (V.3, hat plattiert; mit Akk.) **1** *mit einer Schicht aus edlerem Metall überziehen; mit Gold, Silber plattierter Schmuck* **2** *(beim Verarbeiten unterschiedlicher Garne) Fäden u. Fäden so legen, daß sie auf der rechten Seite von anderen Fäden bedeckt werden* [zu *Platte¹* (1)]

Platt|stich (m.1) *Nähstich, bei dem der Faden unmittelbar neben den vorhergehenden gelegt wird, so daß eine geschlossene Fläche entsteht*

Platt|stich|sticke|rei, Platt|sticke|rei ⟨-k|k-; f.10⟩ *Stickerei mit Plattstichen*

Platz (m.2) **1** *Ort, Stelle;* hier steht die Vase am richtigen P.; hier ist nicht der P. für solche Reden *solche Reden sind hier nicht angebracht;* das hat hier keinen P. *das paßt hier nicht hinein;* das ist das beste Hotel am P. *das ist das beste Hotel des ganzen Ortes;* das ist hier fehl am ~e *das ist hier unangebracht* **2** *(meist von Häusern umgebene oder von einem Gebäude gelegene) ebene Fläche* (Markt~, Schloß~, Rathaus~); *die Straßen und Plätze;* den P. überqueren **3** (kurz für) *Sitzplatz; ist der P. noch frei?; jmdm. einen P. anbieten;* bitte behalten Sie P.! (förmlich) *bitte nehmen Sie P.!;* bitte setzen Sie sich! **4** (nur Sg.) *Raum (für jmdn. oder etwas);* in der Kiste ist noch etwas P.; hier ist P. für vier Personen; P. da! (derb) *treten Sie beiseite!;* dieser Mißstand greift immer mehr P. *dieser Mißstand greift immer mehr um sich, breitet sich immer mehr aus;* jmdm. P. machen (auch übertr.) *seinen Arbeits-, Wirkungsbereich an jmdn. abgeben* **5** *Stellung, Rang;* den ersten, letzten P. einnehmen; jmdm. von einem P. verdrängen

Platz|angst (f., -, nur Sg.) **1** *krankhafte Angst, einen größeren Platz zu überqueren;* Syn. *Agoraphobie* **2** (ugs.) *Beklemmungsgefühl in geschlossenen (kleinen oder überfüllten) Räumen;* vgl. *Klaustrophobie*

Platz|an|wei|se|rin (f.10) *Frau, die in Kino, Theater o.ä. den Besuchern ihre Plätze zeigt*

Plätz|chen (n.7) **1** *kleiner Platz* **2** *kleines, flaches Gebäck* (Weihnachts~) **3** *kleines Stück Zuckerzeug* (Schokoladen~, Zucker~)

Plät|ze (f.; ugs.; nur in der Wendung) *da kann man ja die P. kriegen da könnte man ja platzen (vor Wut, Ungeduld o.ä.)*

plat|zen ⟨V.1, ist geplatzt; o.Obj.⟩ **1** *auseinanderspringen, zerspringen;* vgl. *hineinplatzen;* der Luftballon, der Reifen ist geplatzt; das Glas ist im heißen Wasser geplatzt; ich bin vor Lachen, vor Wut fast geplatzt (ugs.) **2** (übertr., ugs.) *in Zorn geraten und diesen plötzlich und laut äußern;* er ist lange ruhig geblieben, aber dann ist er geplatzt **3** *scheitern, zunichte werden;* unser Vorhaben ist geplatzt

plät|zen ⟨V.1, hat geplätzt; o.Obj.⟩ **1** (landsch.) *knallend schlagen, schießen,* **2** (Jägerspr.) *vom Rotwild und Ren mit den Vorderläufen den Boden aufscharren*

...plät|zer (in Zus.; schweiz.) *...sitzer, Fahrzeug mit einer bestimmten Anzahl von Plätzen,* z.B. *Vierplätzer*

Platz|hahn (m.2) *stärkster Auer- oder Birkhahn auf dem Balzplatz*

Platz|hirsch (m.1) *stärkster Hirsch auf dem Brunftplatz*

...plät|zig (in Zus.; schweiz.) *...sitzig, mit einer bestimmten Anzahl oder unbestimmt Anzahl von Sitzen, Plätzen versehen,* z.B. *vierplätziges Fahrzeug*

Platz|kar|te (f.11) **1** (Eisenbahn) *Karte, mit der man das Anrecht auf einen bestimmten Sitzplatz erwirbt* **2** (Fußb.) *für eine Spielsaison gültige Eintrittskarte*

Plätz|li ⟨n., -s, -; schweiz.⟩ *(gefülltes) flaches Klößchen, das gebraten wird* (Fleisch~, Käs~) [zu *Plätzchen* (2, 3)]

Platz|mie|te (f.11) → *Abonnement* (2)

Platz|pa|tro|ne (f.11; Mil.) *Patrone für Übungszwecke, die beim Verlassen der Gewehrmündung platzt*

Platz|re|gen (m.7) *(örtlich begrenzter) plötzlicher Regenschauer*

Platz|ver|weis (m.1; Sport) *vom Schiedsrichter verhängter Ausschluß vom Spiel bei grobem Regelverstoß*

Platz|wet|te (f.11; Pferderennen) *Wette darauf, daß ein bestimmtes Pferd als erstes, zweites oder drittes Pferd durchs Ziel geht*

Platz|wun|de (f.11) *durch Aufplatzen der Haut entstandene, stark blutende Wunde*

plau|dern (V.1, hat geplaudert; o.Obj.) **1** *sich zwanglos (und nicht tiefgründig) unterhalten; über die letzten Neuigkeiten p.* **2** *etwas verraten, etwas erzählen, was geheim bleiben sollte;* er plaudert gern; aus der Schule p. *etwas erzählen, was nicht für Außenstehende bestimmt ist*

Plau|der|stünd|chen (n.7; ugs., scherzh.) *kleine Zeitspanne, in der man plaudern kann oder geplaudert hat;* in P. mit jmdm. verbringen; Zeit für P. haben

Plau|der|ta|sche (f.11; scherzh.) *Person, die viel redet*

Plausch (m.1) *gemütliche Unterhaltung*

plau|schen (V.1, hat geplauscht; o.Obj.) *sich gemütlich unterhalten*

plau|si|bel (Adj., plausibler, am -sten) *einleuchtend, stichhaltig;* jmdm. etwas p. machen; er kann es mir erklären; eine plausible Begründung [< lat. *plausibilis* „Beifall verdienend, einleuchtend", zu *plaudere* „Beifall spenden"]

plau|si|bi|lie|ren, plau|si|bi|li|sie|ren (V.3, hat plausibiliert, plausibilisiert; mit Akk.) *plausibel machen, erweisen*

Plauz (m.1; ugs.) **1** *Fall, Sturz* **2** *Krach;* es gab einen P., als die Vase herunterfiel

Plau|ze (f.11; ugs.) *Lunge;* es auf der P. haben *einen starken oder festsitzenden Husten haben;* auf der P. liegen *krank sein*

plau|zen (V.1, ist oder hat geplauzt) **I** ⟨o.Obj.⟩ **1** ⟨ist geplauzt⟩ *krachend fallen;* die Tür plauzte ins Schloß **2** ⟨hat geplauzt⟩ *durch Schlagen Lärm machen;* mit den Türen p. *die Türen zuschlagen* **3** ⟨ist geplauzt⟩ (heftig) *stürzen, fallen;* auf die Nase, auf den Rücken p. **II** ⟨mit Akk.; hat geplauzt⟩ *krachend schließen, zuschlagen;* die Türen p.

Play-back ⟨[pleibɛk] n.9; Film, Fernsehen⟩ *nachträgliches Abstimmen der Bildaufnahme mit der schon vorliegenden Tonaufzeichnung* [< engl. *playback* „Wiedergabe"]

Play|boy ⟨[pleiboi] m.9⟩ *reicher junger Mann, der nicht arbeitet, sondern nur seinem Vergnügen lebt* [engl., < *to play* „spielen" und *boy* „Junge"]

Play|girl ⟨[pleigø:l] n.9; dem Playboy entsprechende Bez. für⟩ *reiches, attraktives junges Mädchen* [engl., < *to play* „spielen" und *girl* „Mädchen"]

Pla|zen|ta ⟨f., -, -s oder -ten⟩ **1** ⟨beim Menschen und bei höheren Säugetieren⟩ *während der Schwangerschaft in der Gebärmutter sich bildendes Organ, das der Ernährung des Embryos dient*; Syn. *Mutterkuchen* **2** ⟨Bot.⟩ *Verdickung des Fruchtblatts, auf der die Samenanlage entsteht* [< lat. *placenta* „Kuchen", < griech. *plakous*, Gen. *plakountos*, „Kuchen", zu *plax*, Gen. *plakos*, „Fläche, Platte"]

pla|zen|tal ⟨Adj., o.Steig.⟩ *zur Plazenta gehörig*

Pla|zen|ta|li|er ⟨m.5⟩, **Pla|zen|ta|tier** ⟨n.1⟩ *Säugetier, dessen Embryo mit dem mütterlichen Körper durch eine Plazenta (1) verbunden ist*

Pla|zet ⟨n.9⟩ *Einwilligung, Erlaubnis, Zustimmung*; sein P. zu etwas geben [< lat. *placet* „es gefällt (mir), es scheint mir gut"]

pla|zie|ren ⟨V.3, hat plaziert⟩ → *placieren*

Ple|be|jer ⟨m.5⟩ **1** ⟨im alten Rom⟩ *Angehöriger der Plebs* **2** ⟨übertr.⟩ *ungebildeter, ungehobelter Mensch* [< lat. *plebeius* „bürgerlich, nicht patrizisch, gemein, gewöhnlich", zu *plebs* „Bürgerstand, Volk"]

ple|be|jisch ⟨Adj.⟩ **1** *zu den Plebejern (1) gehörig* **2** ⟨übertr.⟩ *ungebildet, ungehobelt*

Ple|bis|zit ⟨n.1⟩ → *Volksabstimmung* [< lat. *plebis scitum* „Beschluß des Volkes", zu *plebs*, Gen. *plebis*, „das Volk, die Bürger" und *scitum* „Verordnung, Beschluß"]

ple|bis|zi|tär ⟨Adj., o.Steig.⟩ *durch ein Plebiszit*

Plebs **I** ⟨f., -, nur Sg.; im alten Rom⟩ *die niederen Volksschichten, das Volk* **II** ⟨m., -es, nur Sg., österr. f., -, nur Sg.; übertr.⟩ *das ungebildete Volk, Pöbel*

Plein|air ⟨[plɛ:nɛ:r] n., -s, nur Sg.⟩, **Plein|ai|ris|mus** ⟨[plɛ:nɛ-] m., -, nur Sg.⟩, **Plein|air|ma|le|rei** ⟨[plɛ:nɛ:r-] f., -, nur Sg.⟩ → *Freilichtmalerei* [zu frz. *pleinair*, *Freilichtmalerei*, *-gemälde*, < *plein* „voll, reichlich" und *air* „Luft"]

Plein|pou|voir ⟨[plɛ̃puvoar] n.9⟩ *unbeschränkte Vollmacht* [< frz. *plein* „voll, völlig, vollständig" und *pouvoir* „Macht, gesetzliche Gewalt, Ermächtigung, Vollmacht" sowie „können"]

plei|sto|zän ⟨Adj., o.Steig.⟩ *zum Pleistozän gehörig, aus ihm stammend*

Plei|sto|zän ⟨n., -s, nur Sg.⟩ *untere Abteilung des Quartärs*; Syn. ⟨†⟩ *Diluvium, Eiszeitalter* [< griech. *pleistos* „am meisten" und *kainos* „neu"]

plei|te ⟨Adj., o.Steig.⟩ *nur als Adv. und mit „sein"; ugs.⟩ zahlungsunfähig, bankrott*; ich bin p. *ich habe kein Geld mehr*

Plei|te ⟨f.11⟩ **1** *Zahlungsunfähigkeit*; P. machen **2** *Mißerfolg, Reinfall* [< rotw. *Pleite* „Flucht; Zahlungsunfähigkeit" < jidd. *pleto* „Flucht, Entrinnen; Bankrott" (*plete gehen* „fliehen"), < hebr. *palēṭā* „Flucht, Entrinnen, Rettung", zu *palaṭ* „retten", also eigtl. „Rettung des Bankrotteurs durch Flucht vor den Gläubigern"]

Plei|te|gei|er ⟨m.5; Sinnbild für⟩ *drohende Pleite*; der P. schwebt über ihm

Plek|tron, Plek|trum ⟨n., -s, -tren⟩ *Plättchen, mit dem die Saiten von Zupfinstrumenten angerissen werden* [< griech. *plektron* „Werkzeug zum Schlagen", bes. „Stab des Kitharaspielers", zu *plessein* „schlagen"]

Plem|pe ⟨f.11; mdt.⟩ *dünnes, schlechtes Getränk* [zu *plempern*, eigtl. wohl „mit Wasser verdünntes Getränk"]

plem|pern ⟨V.1, hat geplempert; mit Akk.; landsch.⟩ *spritzen, (unachtsam) tropfenweise gießen*; Kaffee auf die Tischdecke p.

plem|plem ⟨Adj.; nur mit „sein"; ugs.⟩ *verrückt, beschränkt*; du bist ja p.!; er ist ein bißchen p.

Ple|nar|sit|zung ⟨f.10⟩ *Sitzung aller Mitglieder*

ple|ni|po|tent ⟨Adj., o.Steig.⟩ *unbeschränkt ermächtigt* [< lat. *plenipotens*, Gen. *-entis*, „allmächtig", < *plenus* „vollständig, vollkommen" und *potens* „könnend, vermögend"]

Ple|ni|po|tenz ⟨f., -, nur Sg.⟩ *unbeschränkte Vollmacht*

ple|no or|ga|no ⟨bei der Orgel⟩ *mit allen Registern, mit vollem Werk* [< lat. Ablativ zu *plenus* „vollständig" und *organum* „Werk, Instrument"]

plen|tern ⟨V.1, hat geplentert; mit Akk.⟩ *Wald p.* *den Wald von kranken, abgestorbenen, zu dicht stehenden Bäumen befreien*

Plen|ter|wald ⟨m.4⟩ → *Femelwald* [zu *plentern*]

Ple|num ⟨n., -s, nur Sg.⟩ *Vollversammlung (bes. des Parlaments)* [< lat. *plenum* „das Vollständige", zu *plenus* „vollständig, vollzählig"]

Pleo|chro|is|mus ⟨[-kro-] m., -, nur Sg.⟩ *die Eigenschaft mancher Kristalle, in verschiedenen Richtungen verschiedene Farben zu zeigen* [zu griech. *pleon* „mehr" und *chros* „Farbe"]

pleo|morph ⟨Adj., o.Steig.⟩ → *polymorph* [< griech. *pleon* „mehr" und *morphe* „Gestalt"]

Pleo|nas|mus ⟨m., -, -men⟩ *Häufung sinnverwandter Ausdrücke*, z.B. *pechrabenschwarz* [zu griech. *pleonazein* „überflüssig sein, im Überfluß vorhanden sein", zu *pleon* „mehr"]

pleo|nas|tisch ⟨Adj., o.Steig.⟩ *in der Art eines Pleonasmus*

Ple|sio|sau|ri|er ⟨m.5⟩, **Ple|sio|sau|rus** ⟨m., -, -ri|er⟩ *ausgestorbenes Kriechtier der Jura- und Kreidezeit mit flossenartigen Gliedmaßen, langem Hals und eidechsenartigem Kopf* [< griech. *plesios* „nahe" und *Saurier*]

Pleu|el ⟨m.5⟩, **Pleu|el|stan|ge** ⟨f.11⟩ *Kurbelstange, Schubstange zum Umwandeln einer kreisförmigen Bewegung in eine hin- und hergehende und umgekehrt* [zu *Bleuel*]

Pleu|ra ⟨f., -, -ren⟩ *ein Sekret absondernde Haut, die die Lungen, die Brustkorbinnenseite und die Zwerchfelloberseite überzieht*; Syn. *Brustfell, Rippenfell* [griech., „Rippe; Seite"]

pleu|ral ⟨Adj., o.Steig.⟩ *zur Pleura gehörig, von ihr ausgehend*

Pleu|reu|se ⟨[plørø:zə] f.11⟩ **1** ⟨urspr.⟩ *Trauerflor* **2** ⟨seit 1900⟩ *lange Straußenfeder am Hut* [frz., zu *pleurer* „weinen"]

Pleu|ri|tis ⟨f., -, -ti|den⟩ → *Rippenfellentzündung* [< griech. *pleuritis*, *Seitenstechen, Rippenfellentzündung*, < *Pleura* und *...itis*]

Pleu|ro|pneu|mo|nie ⟨f.11⟩ *Rippenfell- und Lungenentzündung* [< *Pleura* und *Pneumonie*]

Pleu|ston ⟨n., -s, nur Sg.⟩ *Gesamtheit der an der Wasseroberfläche lebenden Tiere und Pflanzen* [< griech. *pleuston* „etwas, das schwimmen kann", zu *plein* „schwimmen"]

ple|xi|form ⟨Adj., o.Steig.; Med.⟩ *geflechtartig* [< lat. *plexus* „geflochten" und *formatus* „gestaltet, geformt"]

Ple|xi|glas ⟨n., -es, nur Sg.; Wz.⟩ *ein glasartiger, splitterfreier Kunststoff* [< lat. *plexus* „geflochten" und *Glas*]

Ple|xus ⟨m., -, -; Biol., Med.⟩ *Geflecht, netzartige Vereinigung (von Blut-, Lymphgefäßen, Nerven)* [< lat. *plexus* „geflochten", zu *plectere* „flechten"]

Plicht ⟨f.10; Seew.⟩ → *Cockpit (2)*

plie|ren ⟨V.3, hat gepliert; o.Obj.; norddt.⟩ **1** *aus halbgeschlossenen Augen schauen* **2** *weinen*

plie|rig ⟨Adj.; norddt.⟩ *schmutzig, naß, verweint*

plin|kern ⟨V.1, hat geplinkert; o.Obj.⟩ *die Augenlider mehrmals rasch schließen und öffnen (meist um etwas damit auszudrücken)*; mit den Augen p. ⟨verdeutlichend⟩

Plin|se ⟨f.11; ostmdt.⟩ *auch:* *Plinze* **1** → *Eierkuchen (häufig mit Hefe)* **2** → *Kartoffelpuffer* [slaw.]

plin|sen ⟨V.1, hat geplinst; o.Obj.; norddt.⟩ *in hohen Tönen weinen*

Plin|the ⟨f.11⟩ *Sockel, Fußplatte (unter Säulen, Pfeilern, Statuen)* [< lat. *plinthus* < griech. *plinthos* in ders. Bed.]

Plin|ze ⟨f.11⟩ → *Plinse*

Plio|zän ⟨n., -s, nur Sg.⟩ *oberste Abteilung des Tertiärs* [< griech. *pleon* „mehr" und *kainos* „neu"]

Plis|see ⟨n.9⟩ *gepreßte, schmale Falten*; Rock mit P. [< frz. *plissé* in ders. Bed., zu *plisser*, → *plissieren*]

plis|sie|ren ⟨V.3, hat plissiert; mit Akk.⟩ *in Falten legen und pressen*; einen Rock p. [< frz. *plisser* „in Falten legen", zu *pli* „Falte"]

PLO (Abk. für engl.) *Palestine Liberation Organization: Organisation der palästinensischen Befreiungsbewegungen*

Plock|wurst ⟨f.2⟩ *harte Rohwurst aus Rind- und Schweinefleisch* [vermutlich zu nddt. *plock* „Pflock", nach der Form]

Plom|be ⟨f.11⟩ **1** *Metallsiegel (zur Verschlußsicherung von Behältern, Wagentüren u.a.)* **2** *Masse zum Ersatz erkrankter Zahnsubstanz*; Syn. *Füllung* [Rückbildung < *plombieren*]

plom|bie|ren ⟨V.3, hat plombiert; mit Akk.⟩ **1** *mit einer Plombe (1) verschließen*; einen Eisenbahnwagen p. **2** *mit einer Plombe (2) füllen*; einen Zahn p. **Plom|bie|rung** ⟨f., -, nur Sg.⟩

Plör|re ⟨f.11; norddt.⟩ *dünner Kaffee oder Tee, dünne Suppe*

Plöt|ze ⟨f.11; norddt.⟩ → *Rotauge* [< poln. *płocica*, zu *płoć* „Rotkarpfen", zu *płaski* „flach"]

plötz|lich ⟨Adj., o.Steig.⟩ *unerwartet, in einem Augenblick (geschehend), schnell, jäh*; p. geschah es; ein ~er Entschluß; bitte etwas p.! ⟨scherzh.⟩ *bitte schnell, beeile dich!*

Plu|der|ho|se ⟨f.11⟩ **1** ⟨16.Jh.⟩ *halblange, weite, in Falten fallende, unterm Knie geschlossene Hose* **2** *weite, halblange oder lange Hose, die unter den Knien oder an den Knöcheln mit Band geschlossen wird*

plu|dern ⟨V.1, hat gepludert; o.Obj.⟩ *zu weit sein, sich bauschen*

Plum|bum ⟨n., -s, nur Sg.⟩ → *Blei* [< lat. *plumbum* „Blei", Fremdwort unbekannter Herkunft, vielleicht aus dem Iberischen]

Plu|meau ⟨[plymo] n.9⟩ *Federbett* [frz., „Federbesen, Federwisch; Federbett", zu *plume* „Feder"]

plump ⟨Adj.⟩ **1** *dick, massig*; ein ~er Körper **2** *ungeschickt, schwerfällig*; ~e Finger **3** *taktlos, unfein, wenig durchdacht*; ~e Annäherungsversuche; ~e Lüge; p. vertraulich *ungeschickt vertraulich, grob vertraulich*

Plum|pe ⟨f.11; ostmdt.⟩ *Pumpe, (bes.) Handpumpe*

plum|pen ⟨V.1, hat geplumpt; ostmdt.⟩ *mit der Plumpe heraufholen*; Wasser p.

Plumps ⟨m.1; ugs.⟩ **1** *Fall, Sturz*; ein P. in den Teich **2** *dumpf klatschendes Geräusch*; mit einem P. auf den Boden fallen

Plumps|sack ⟨m.2⟩ *dicker, schwerfälliger Mensch*

plump|sen ⟨V.1, ist geplumpst; o.Obj.⟩ *schwer fallen, mit dumpfem Geräusch fallen*; ins Wasser, auf den Boden p.; durchs Examen p. ⟨übertr., ugs.⟩

Plum|pud|ding ⟨[plʌm-] m.9⟩ *gewürzter Rosinenpudding, englisches Weihnachtsgericht* [< engl. *plum* „Pflaume, Rosine" und *Pudding*]

Plụn|der ⟨m., -s, nur Sg.⟩ **1** *wertloses, billiges oder unbrauchbar gewordenes Zeug, Kram* **2** ⟨kurz für⟩ *Plundergebäck*

Plụn|der|ge|bäck ⟨n., -(e)s, nur Sg.⟩ *Gebäck aus Plunderteig*

plụn|dern ⟨V.1, hat geplündert⟩ **I** ⟨o.Obj.⟩ *rücksichtslos stehlen, rauben;* ~*de Truppen* **II** ⟨mit Akk.⟩ *etwas p. rücksichtslos Früchte von etwas, den Inhalt von etwas wegnehmen; Obstbäume, Beerensträucher p.; die Speisekammer p.; Soldaten haben die Häuser, Wohnungen geplündert; den Weihnachtsbaum p. nach Weihnachten die letzten Süßigkeiten vom Weihnachtsbaum nehmen*

Plụn|der|teig ⟨m., -(e)s, nur Sg.⟩ *Blätterteig mit Hefe*

Plụn|de|rung ⟨f.10⟩ *das Plündern*

Plunger [plʌndʒər], **Plụn|scher** ⟨m.5⟩ *Maschinenteil (meist Kolben), das regelmäßige Taktbewegungen ausführt* [< engl. *plunger* „Tauchkolben", zu *to plunge* „(ein)tauchen, versenken"]

Plụn|ze ⟨f.11; ostmdt.⟩ →*Blutwurst*

Plu|ral ⟨m.1⟩ *Zahlform des Substantivs, Pronomens, Adjektivs und Verbs, die anzeigt, daß von mehreren einzelnen Lebewesen, Dingen oder Begriffen gesprochen wird;* Syn. *Mehrzahl;* Ggs. *Singular* [< lat. *numerus pluralis* „zu mehreren gehörige Zahl", zu *plus*, Gen. *pluris*, „mehr"]

Plu|ra|le|tan|tum ⟨n., -s, -s *oder* Plu|ra|lia|tan|tum⟩ *nur im Plural vorkommendes Wort, z.B. Leute;* Ggs. *Singularetantum* [< lat. *plurale* „aus mehreren bestehend" (zu (*numerus*) *pluralis* „Mehrzahl") und *tantum* „nur"]

plu|ra|lisch ⟨Adj., o.Steig.⟩ *im Plural (gebraucht)*

Plu|ra|lis ma|je|sta|tis ⟨m., - -, nur Sg.⟩ *die Form „wir" statt „ich"* ⟨Bez. von Fürsten oder von Autoren im eigenen Werk für sich selbst⟩ [lat., „Plural der Erhabenheit"]

Plu|ra|lis|mus ⟨m., -, nur Sg.⟩ **1** ⟨Philos.⟩ *Lehre, daß die Wirklichkeit aus vielen selbständigen Wesenheiten bestehe;* Ggs. *Singularismus* **2** ⟨Gesellschaftslehre⟩ *Nebeneinanderbestehen verschiedener Ordnungsprinzipien und Wertsysteme*

plu|ra|li|stisch ⟨Adj., o.Steig.⟩ *auf dem Pluralismus beruhend, im Sinne des Pluralismus*

Plu|ra|li|tät ⟨f., -, nur Sg.⟩ *Mehrheit*

plus ⟨Adv.; Zeichen: +⟩ Ggs. *minus* **1** *und, dazu, dazuzurechnen; zwei p. vier macht, gibt, ist sechs; zwei Erwachsene p. drei Kinder; Kapital p. Zinsen* **2** ⟨ugs.⟩ *über Null, über null Grad Celsius; es sind heute p. 10 Grad, 10 Grad p.* [lat., „mehr"]

Plus ⟨n., -, -⟩ Ggs. *Minus* **1** *Überschuß, Gewinn, Mehrbetrag; ein P. von 100 DM herauswirtschaften* **2** ⟨ugs.⟩ *Vorteil; das ist ein großes P. für ihn; das kann ich als P. für mich buchen als Vorteil,* ⟨*auch*⟩ *als Lob*

Plüsch ⟨m.1⟩ *Baumwollgewebe mit hohem Flor* [< frz. *peluche* „Wollsamt", < ital. *peluzzo* „Flaumhärchen", zu *pelo* < lat. *pilus* „Haar"]

Plụs|pol ⟨m.1⟩ *positiver Pol;* Ggs. *Minuspol*

Plụs|punkt ⟨m.1⟩ Ggs. *Minuspunkt* **1** *Punkt, der bei einem Fehler des einen Spielers dem anderen als Plus angerechnet wird* **2** →*Vorteil (4)*

Plụs|quam|per|fekt ⟨n.1⟩ *Vergangenheitsform des Verbs, Vorvergangenheit, vollendete Vergangenheit* [< lat. *plus* „mehr" und *quam* „als" und *perfectum* „vollendet", →*perfekt*]

plụ|stern ⟨V.1, hat geplustert⟩ **I** ⟨mit Akk.⟩ *sträuben, aufrichten; die Federn p.* **II** ⟨refl.⟩ *sich p.* **1** *die Federn aufrichten, sträuben* **2** ⟨übertr.⟩ *sich wichtig tun*

Plụs|zei|chen ⟨n.7; Zeichen: +⟩ *Zeichen, das für plus steht;* Ggs. *Minuszeichen*

Plu|to|krat ⟨m.10⟩ **1** *Angehöriger der Plutokratie* **2** ⟨ugs.⟩ *reicher Mann*

Plu|to|kra|tie ⟨f.11⟩ *Herrschaftsform, bei der die Macht von der reichen Oberschicht ausgeübt wird;* Syn. *Geldherrschaft* [< griech. *ploutos* „Reichtum, Überfluß" (vielleicht zu *polys* „viel") und *kratein* „herrschen"]

plu|to|kra|tisch ⟨Adj., o.Steig.⟩ *zur Plutokratie gehörend, in der Art der Plutokratie*

plu|to|nisch ⟨Adj., o.Steig.⟩ **1** ⟨griech. Myth.⟩ *zur Unterwelt gehörend* **2** ⟨Geol.⟩ *auf Plutonismus beruhend;* ~*e Gesteine Tiefengesteine* [nach *Pluto(n)*, dem griech. Gott der Unterwelt]

Plu|to|nis|mus ⟨m., -, nur Sg.⟩ *Gesamtheit der Vorgänge, die mit der Entstehung und dem Erstarren von glutflüssigen Gesteinsmassen zusammenhängen;* Syn. *Vulkanismus* [nach *Pluto(n)*, dem griech. Gott der Unterwelt]

Plu|to|nit|ge|stein ⟨n.1⟩ *in der Tiefe der Erdkruste entstandenes Magmatitgestein;* Syn. *Intrusivgestein, Tiefengestein* [< *Plutonismus* und *Gestein*]

Plu|to|ni|um ⟨n., -s, nur Sg.; Zeichen: Pu⟩ *metallisches, sehr giftiges Element aus der Reihe der Transurane* [nach dem Planeten *Pluto*]

Plu|vi|a|le ⟨n.5⟩ **1** *mantelähnliches, vorn offenes liturgisches Gewand der kath. Priester* **2** ⟨früher⟩ *Krönungsmantel der deutschen Kaiser und Könige* [< mlat. *pallium pluviale* „Regenmantel", zu lat. *pluvia* „Regen"]

Plu|vi|al|zeit ⟨f.11⟩ *Regenzeit in den tropischen und subtropischen Gebieten während der Eiszeit* [< lat. *pluvia* „Regen" und *Zeit*]

Plu|vio|graph ⟨m.10⟩ *Gerät zum Aufzeichnen der Niederschlagsmenge, selbstschreibender Regenmesser* [< lat. *pluvia* „Regen" und ...*graph*]

Plu|vio|me|ter ⟨n.5⟩ →*Regenmesser* [< lat. *pluvia* „Regen" und ...*meter*]

Pm ⟨chem. Zeichen für⟩ *Promethium*

p. m. **1** ⟨Abk. für⟩ *post meridiem* **2** ⟨Abk. für⟩ *pro mille* **3** ⟨Abk. für⟩ *pro memoria*

Pneu ⟨m.9⟩ **1** ⟨kurz für⟩ *Pneumothorax* **2** ⟨†, noch österr., schweiz.; kurz für⟩ *Pneumatik (1)*

Pneu|ma ⟨n., -s, nur Sg.⟩ **1** *luftartige Substanz, Hauch, Atem* **2** ⟨Philos.⟩ *Seele, Lebenskraft* [griech., „Atem, Hauch"]

Pneu|ma|tik ⟨f.10⟩ **1** ⟨österr.⟩ *Luftreifen* **2** ⟨nur Sg.⟩ *Lehre von den Bewegungen* **3** *Luftdruckmechanik der Orgel* **4** ⟨Tech.⟩ *Anwendung von Druckluft* [zu *Pneuma*]

Pneu|ma|ti|ker ⟨m.5⟩ **1** *Vertreter einer altrömischen Ärzteschule, die alle Lebenserscheinungen auf den Atem (Pneuma) zurückführte* **2** ⟨Gnosis⟩ *vom Geist Gottes Erleuchteter*

Pneu|ma|ti|sa|ti|on ⟨f.10⟩ *Bildung von luftgefüllten Hohlräumen im Körpergewebe*

pneu|ma|tisch ⟨Adj., o.Steig.⟩ **1** *zum Pneuma gehörig, darauf beruhend, Luft, Atem betreffend;* ~*e Kammer luftdicht abgeschlossene Kammer (für Operationen im Brustraum)* **2** ⟨Gnosis⟩ *vom Geist Gottes erleuchtet*

Pneu|ma|to|chord ⟨[-kɔrd] n.1⟩ *Windharfe, Äolsharfe* [< griech. *pneumatikos* „zur Luft, zum Atem gehörig" (zu *pneuma* „Hauch") und *chorde* „Saite"]

Pneu|ma|to|lo|gie ⟨f., -, nur Sg.⟩ **1** ⟨†⟩ *Psychologie* **2** ⟨Philos.⟩ *Lehre vom Geist* **3** ⟨Theol.⟩ *Lehre von den Engeln und Dämonen* [< griech. *pneumatikos* „zur Luft, zum Atem gehörig" (zu *pneuma* „Atem, Hauch") und ...*logie*]

Pneu|ma|to|me|ter ⟨n.5⟩ *Gerät zum Messen des Luftdrucks der Atemzüge* [< griech. *pneumatikos* „zur Luft, zum Atem gehörig" und ...*meter*]

Pneu|mo|graph ⟨m.10⟩ *Gerät zum Aufzeichnen der Ausdehnung und Verengung des Brustkorbs beim Ein- und Ausatmen* [griech. *pneumon* „Lunge" und ...*graph*]

Pneu|mo|kọk|kus ⟨m., -, -ken⟩ *ein Kugelbakterium, Erreger der Lungenentzündung* [griech. *pneumon* „Lunge" und *Kokkus*]

Pneu|mo|ko|ni|o|se ⟨f.11⟩ →*Staublunge* [griech. *pneumon* „Lunge" und *konos* „Staub"]

Pneu|mo|ly|se ⟨f.11⟩ *operative Ablösung der Lunge von der Brustwand (zur Ruhigstellung eines Lungenflügels)* [griech. *pneumon* „Lunge" und *lysis* „Lösung"]

Pneu|mo|nie ⟨f.11⟩ →*Lungenentzündung* [zu griech. *pneumon* „Lunge" (in Anlehnung an *pneuma* „Lufthauch", ältere Form *pleumon* „Lunge"]

Pneu|mo|tho|rax ⟨m.1⟩ *krankhafte oder künstlich herbeigeführte Luftansammlung im Brustfellraum;* auch: ⟨kurz⟩ *Pneu* [< griech. *pneumon* „Lunge" und *Thorax*]

Po[1] ⟨chem. Zeichen für⟩ *Polonium*

Po[2] ⟨m.9; ugs.; kurz für⟩ *Popo*

Pö|bel ⟨m., -s, nur Sg.⟩ *Menge ungebildeter, roher Menschen; der Wut des* ~*s ausgeliefert sein* [< mhd. *povel* „Volk", < altfrz. *poblus* < lat. *populus* „Volk"]

Poch ⟨n. oder m., -s, nur Sg.⟩ *ein Karten-, Brettglücksspiel;* Syn. *Pochspiel* [zu mnddt., frühnhd. *pochen* „trotzen, prahlen", nach dem herausfordernden Klopfen auf den Tisch]

Poch|brett ⟨n.3⟩ *runde Scheibe mit Vertiefungen am Rand für die gewonnenen Geldstücke oder Marken, in der Mitte die Karten, um die gespielt wird*

po|chen ⟨V.1, hat gepocht⟩ **I** ⟨o.Obj.⟩ **1** *klopfen; sein Herz pochte; an die Tür p.* **2** *das Pochspiel spielen* **II** ⟨mit Akk.; Bgb.; früher⟩ *zerkleinern;* Erz p. **III** ⟨mit Präp.obj.⟩ *auf etwas p. etwas nachdrücklich beanspruchen, vertreten; er pocht auf sein Recht; er pocht darauf, daß er einen Anteil zu bekommen hat*

po|chie|ren ⟨[-ʃi-] V.3, hat pochiert; mit Akk.⟩ *Eier p. aufschlagen, in kochendes Essigwasser legen und gar ziehen lassen;* auch: *poschieren* [< frz. *pocher* in ders. Bed., zu *poche* „Schöpflöffel"]

Poch|spiel ⟨n.1⟩ →*Poch*

Poch|werk ⟨n.1⟩ *Betrieb, in dem Erz zerkleinert wird*

Pọcke ⟨-k|k-; f.11⟩ *mit Eiter gefülltes Bläschen oder Knötchen*

Pọcken ⟨-k|k-; Pl.⟩ *sehr ansteckende Infektionskrankheit, die mit masernähnlichem Ausschlag verbunden ist;* Syn. *Blattern, Variola*

Pọcket|ka|me|ra ⟨-k|k-; f.9⟩ *kleiner, leicht zu handhabender Fotoapparat* [< engl. *pocket* „Tasche" und *Kamera*]

Pọck|holz ⟨n., -es, nur Sg.⟩ *Holz des Guajakbaumes* [früher als Heilmittel gegen *Pocken* verwendet]

pọ|co ⟨Mus.⟩ *wenig; p. a p. nach und nach* [ital.]

Pod|agra ⟨n., -s, nur Sg.⟩ *Gicht der großen Zehe* [< griech. *podagra* „Fußgicht", < *pous*, Gen. *podos*, „Fuß" und *agra* „Jagdbeute, Fang"; vgl. *Chiragra*]

Po|dest ⟨n.1⟩ **1** *erhöhter Teil des Fußbodens, größere Stufe, kleines Podium* **2** *Treppenabsatz*

Po|dex ⟨m.1; ugs, scherzh.⟩ *Gesäß, Popo* [< lat. *podex* „Darmöffnung, Hinterer", urspr. *pedex*, zu *pedere* „einen Wind fahren lassen"]

Po|di|um ⟨n., -s, -di|en⟩ *Erhöhung des Fußbodens, erhöhter Teil des Raumes, kleine Bühne* [lat., „trittartige Erhöhung, Untergestell für Säulen" < griech. *podion* „kleiner Fuß", zu *pous*, Gen. *podos*, „Fuß"]

Po|di|ums|ge|spräch ⟨n.1⟩ *Diskussion mehrerer Redner vor Zuhörern*

Po|do|me|ter ⟨n.5⟩ →*Wegmesser* [< griech. *pous*, Gen. *podos*, „Fuß" und ...*meter*]

Pod|sol ⟨m., -s, nur Sg.⟩ *Bodentyp kalter und gemäßigter Klimabereiche, auf dem nur anspruchslose Pflanzen gedeihen;* Syn. *Bleicherde* [< russ. *pod* „Grund, Boden, Unterteil" und *zola* „Asche", da der Boden im oberen Teil aus einer schwarzgrauen, im unteren aus einer heller grauen (aschgrauen) Schicht besteht]

Po|em ⟨n.1; gelegentlich abwertend⟩ *Gedicht* [< lat. *poema* < griech. *poiema* „Gedicht"]

Poe|sie ⟨f.11⟩ **1** *Dichtkunst* **2** *Dichtung in Versen oder gebundener Rede;* Ggs. *Prosa* **3** *Stimmungsgehalt, Verse, Zeichnungen usw. eintragen*

Poe|sie|al|bum ⟨n., -s, -ben⟩ *Album, in das Freunde, Eltern, Lehrer o.ä. zur Erinnerung Sprüche, Verse, Zeichnungen usw. eintragen*

Po|et ⟨m.10⟩ *Dichter* [< lat. *poeta* < griech. *poietes* „Schöpfer, Erfinder, Dichter"]

Poe|ta lau|rea|tus ⟨m., -, -tae [-te:] laurea|ti⟩ **1** ⟨Antike⟩ *mit dem Lorbeerkranz gekrönter Dichter* **2** *(im MA und noch heute in England mit bestimmten Rechten verbundener Titel) größter Dichter*

Poe|ta|ster ⟨m.5⟩ *schlechter Dichter, Verseschmied*

Poe|tik ⟨f., -, nur Sg.⟩ **1** *Lehre von der Poesie (1);* Syn. *Poetologie* **2** *poetische Beschaffenheit; die P. dieser Verse* **3** *Lehrbuch der Dichtkunst*

poe|tisch ⟨Adj.⟩ *in der Art der Poesie, dichterisch*

poe|ti|sie|ren ⟨V.3, hat poetisiert; mit Akk.⟩ *dichterisch gestalten oder verklären; einen Sachverhalt, ein Ereignis p.*

Poe|to|lo|gie ⟨f., -, nur Sg.⟩ → *Poetik (1)*

Po|fel ⟨m., -s, nur Sg.⟩ → *Bafel*

Po|fe|se ⟨f.11⟩ → *Pafese*

Po|grom ⟨m.1⟩ *Hetze, Ausschreitungen gegen religiöse oder rassische Gruppen* [< russ. *pogrom* „Verwüstung, Verheerung, Ungewitter", zu *pogromit* „durch Krieg verwüsten"]

Poi|ki|lo|ther|me ⟨m.11⟩ → *Kaltblüter* [< griech. *poikilos* „verschiedenartig, beweglich, veränderlich" und *therme* „Wärme"]

Poi|lu ⟨[poaly] m.9; im 1. Weltkrieg Spitzname für⟩ *französischer Soldat* [< frz. *poilu* „Soldat im Feld", eigtl. „der Behaarte", zu *poil* „Haar"]

Point ⟨[poẽ] m.9⟩ **1** ⟨Kart.⟩ *Stich* **2** ⟨Würfelspiel⟩ *Auge*

Poin|te ⟨[poẽtə] f.11⟩ *Schlußeffekt (des Witzes, Witz (einer Sache), Hauptsache* [< frz. *pointe* „Spitze, Schärfe, Würze, witziger Einfall", < lat. *punctum* „Stich"]

Poin|ter ⟨m.5⟩ *(meist weiß und gelbbraun gefärbter) englischer Vorstehhund* [engl., „Zeiger", zu *to point* „zeigen, vorstehen"]

poin|tie|ren ⟨[poẽ-] V.3, hat pointiert; mit Akk.⟩ *betonen, hervorheben; pointiert das Wesentliche betonend; einen Sachverhalt pointiert erzählen* [zu *Pointe*]

Poin|til|lis|mus ⟨[poẽ-] m., -, nur Sg.⟩ *spätimpressionistische Richtung der Malerei, die durch das dichte Nebeneinandersetzen von Farbpunkten gekennzeichnet ist;* Syn. *Neoimpressionismus* [zu frz. *pointiller* „punktieren, mit Punkten versehen", zu *point* „Punkt, Tüpfelchen"]

Poin|til|list ⟨[poẽ-] m.10⟩ *Vertreter des Pointillismus*

poin|til|li|stisch ⟨[poẽ-] Adj., o.Steig.⟩ *zum Pointillismus gehörend, in der Art des Pointillismus*

Poise ⟨[poaz] n., -, -; Zeichen: P⟩ *Maßeinheit für die Viskosität von Flüssigkeiten* [nach dem frz. Physiker Jean Louis Marie *Poiseuille*]

Po|kal ⟨m.1⟩ *Trinkgefäß aus Kristall oder Edelmetall mit Fuß und oft mit Deckel (auch als Preis bei Sportwettkämpfen)* [< ital. *boccale* „Krug, Humpen", in Anlehnung an *bocca* „Mund" < spätlat. *baucalis* „Trinkgefäß, Becher", < griech. *baukalis* „Kühlgefäß"]

Pö|kel ⟨m.5⟩ *Brühe zum Pökeln*

Pö|kel|fleisch ⟨n., -(e)s, nur Sg.⟩ *durch Pökeln haltbar gemachtes Fleisch*

pö|keln ⟨V.1, hat gepökelt; mit Akk.⟩ *in Salzlake einlegen, einsalzen; Fleisch, Fisch p.* [< nddt. *pekelen* in ders. Bed., zu *Pekel* < mnddt., mndrl. *pekel* „Salzlake"]

Po|ker ⟨n. und m., -s, nur Sg.⟩ *ein Kartenglücksspiel* [engl., wahrscheinlich zu dt. *pochen*, da das Spiel Ähnlichkeit mit dem *Pochspiel* hat]

po|kern ⟨V.1, hat gepokert; o.Obj.⟩ *Poker spielen*

po|ku|lie|ren ⟨V.3, hat pokuliert; o.Obj.⟩ *trinken, zechen, bechern* [zu lat. *poculum* „Becher", über eine unbelegte Zwischenform *potor* „Trinker" und *potare* „trinken"]

Pol ⟨m.1⟩ **1** *Drehpunkt, Mittel-, Zielpunkt* **2** *Endpunkt der Erdachse (Nord~, Süd~)* **3** ⟨Math.⟩ *Unendlichkeitsstelle einer komplexen Funktion* **4** ⟨Phys.⟩ *Aus- bzw. Eintrittsstelle von statischen Feldern (z.B. an Magneten oder Spulen)* **5** ⟨bei elektr. Stromquellen⟩ *Aus- bzw. Eintrittsstelle des Stromes (Plus~, Minus~)* [< lat. *polus* < griech. *polos* „Drehpunkt", auch „Erd-, Himmelsachse, Sonnenuhr", zu *pelein* „sich bewegen"]

po|lac|ca ⟨Mus.⟩ *nach polnischer Art, nach Art der Polonaise; Rondo alla p.* [ital.]

Po|lack ⟨m.10⟩, **Po|lacke** ⟨-k|k-; m.5; abwertend⟩ *Pole* [< poln. *Polak* „Pole"]

po|lar ⟨Adj., o.Steig.⟩ **1** *einen Pol oder die Pole (der Erde) betreffend, um einen Pol gelegen* **2** ⟨übertr.⟩ *Polarität aufweisend, gegensätzlich*

Po|la|re ⟨f.11; analyt. Geom.⟩ *Gerade als Verbindungslinie zwischen zwei Tangenten, die durch einen außerhalb eines Kreises liegenden Punkt gehen [der Punkt wird als Pol bezeichnet]*

Po|lar|front ⟨f.10⟩ **1** ⟨Meteor.⟩ *Grenzfläche zwischen polaren und subtropischen Luftmassen* **2** ⟨Ozeanographie⟩ *Trennungslinie zwischen polaren und subtropischen Wassermassen*

Po|lar|fuchs ⟨m.2⟩ *im Sommer grauschwarzer, im Winter grauweißer Fuchs des hohen Nordens;* Syn. *Eisfuchs*

Po|la|ri|me|ter ⟨n.5⟩ *Gerät zum Messen des Drehwinkels bei der optischen Aktivität von Flüssigkeiten* [< *Polarisation* und *...meter*]

Po|la|ri|sa|ti|on ⟨f.10⟩ **1** *das Sichbilden, Hervortreten von Gegensätzen* **2** *Ausrichtung von Transversalwellen in einer festen Schwingungsrichtung*

po|la|ri|sie|ren ⟨V.3, hat polarisiert⟩ **I** ⟨mit Akk.⟩ *in eine feste Schwingungsrichtung bringen; Licht p.* **II** ⟨refl.⟩ *sich p. sich zu Gegensätzen entwickeln, als Gegensätze hervortreten; Meinungen p. sich* [über frz. *polariser* in ders. Bed. zu lat. *polus* < griech. *polos* „Pol", eigtl. „Drehpunkt", zu *pelein* „sich bewegen"]

Po|la|ri|tät ⟨f., -, nur Sg.⟩ **1** *Vorhandensein, Ausbildung zweier Pole* **2** *Gegensätzlichkeit (bei ähnlicher Ausgangsbasis)*

Po|lar|kreis ⟨m.1⟩ *Breitenkreis von 66,5° nördlicher bzw. südlicher Breite*

Po|lar|licht ⟨n.3⟩ *besonders in den Polargegenden auftretende Lichterscheinung der höheren Atmosphäre*

Po|lar|meer ⟨n.1⟩ *mit Eis bedecktes Meer an den Polen der Erde;* Syn. *Eismeer*

Po|lar|nacht ⟨f.2; in den Polargegenden⟩ *Zeitraum, in dem die Sonne ständig unter dem Horizont bleibt*

Po|la|roid ⟨ugs. auch [-roit] f.9; Wz.⟩ *Fotoapparat mit sofortiger Bildentwicklung*

Po|lar|route ⟨[-ru:-] f., -, nur Sg.⟩ *kürzeste Verbindung zwischen Europa und Kalifornien über den Nordpol*

Po|lar|stern ⟨m.1⟩ *Stern im Sternbild des Kleinen Bären nahe dem Himmelsnordpol*

Pol|der ⟨m.5; ostfries.⟩ → *Koog*

Po|le ⟨m.11⟩ *Einwohner von Polen*

Po|le|mik ⟨f.10⟩ **1** *literarischer oder wissenschaftlicher, meist öffentlich ausgetragener Streit* **2** *scharfe, unsachliche, meist persönlich gefärbte Kritik* [< frz. *polémique* „wissenschaftlicher Streit" sowie „wissenschaftlich streitend"; < griech. *polemikos* „zum Krieg gehörig, kriegerisch", zu *polemos* „Krieg, Schlacht"]

po|le|misch ⟨Adj.⟩ **1** *in der Art einer Polemik* **2** *streitbar, feindselig, unsachlich; am Ende der Diskussion wurde er p.*

po|le|mi|sie|ren ⟨V.3, hat polemisiert; o.Obj.⟩ **1** *in der Art einer Polemik Kritik üben* **2** *feindselig, unsachlich mit jmdm. streiten; gegen jmdn. p.* [zu *Polemik*]

po|len ⟨V.1, hat gepolt; mit Akk.⟩ *an einen elektrischen Pol anschließen*

Po|len|ta ⟨f., -, nur Sg.⟩ *(bes. in Italien beliebte) Speise aus Maisgrieß* [< lat. *polenta* „Gerstengraupen", wahrscheinlich zu *pollen* oder *pollis* „sehr feines Mehl"]

Po|len|te ⟨f., -, nur Sg.; abwertend⟩ *Polizei* [urspr. waren damit nicht die Beamten gemeint, sondern die Behörde, < rotw. *Polent* „Burg, Schloß, Rathaus", < jidd. *paltin* „Burg, Schloß, Palast"]

Pol|flucht ⟨f.10⟩ *(angebliches) Wandern der Kontinente von den Polen weg in Richtung auf den Äquator*

Pol|hö|he ⟨f.11⟩ *Winkelabstand zwischen Horizont und Himmelspol*

Po|li|ce ⟨[-sə] f.11⟩ *Urkunde über eine abgeschlossene Versicherung;* auch: ⟨österr.⟩ *Polizze* [< frz. *police* in ders. Bed., < ital. *polizza* „Versicherungs-, Pfandschein u.ä.", < prov. *podissa* „Quittung", < mlat. *apodixis* „Quittung", < griech. *apodeixis* „Beweis, Nachweis, Quittung"]

Po|li|ci|nel|lo ⟨[-t∫i-] m., -(s), -li⟩ → *Pulcinella*

Po|lier ⟨m.1⟩ *Vorarbeiter der Maurer und Zimmerleute* [< mhd. *parlier, parlierer* „Geselle der Maurer und Zimmerleute, Stellvertreter des Meisters, der beim Richtfest die Festrede zu halten hat", zu *parlieren* < frz. *parler* „reden, sprechen" bzw. zu frz. *parleur* „Sprecher"]

po|lie|ren ⟨V.3, hat poliert; mit Akk.⟩ *glänzend machen, glätten, schleifen; eine Oberfläche p.; Holz p.; sich die Fingernägel p.* [< lat. *polire* „glätten, feilen"]

Po|li|kli|nik ⟨auch [po-] f.10⟩ *Krankenhaus oder Krankenhausabteilung zur ambulanten Behandlung* [< griech. *polis* „Stadt" und *Klinik*]

Po|lio ⟨f., -, nur Sg.⟩, **Po|lio|mye|li|tis** ⟨f., -, -ti|den⟩ → *Kinderlähmung* [< griech. *polios* „grau" und *myelos* „Mark" und *...itis*; es handelt sich um eine Entzündung der grauen Substanz des Rückenmarks]

Po|lis ⟨f., -, Po|leis⟩ *altgriechischer Stadtstaat*

Po|lit|bü|ro ⟨n.9; Kurzw. für⟩ *Politisches Büro (Zentralausschuß einer kommunistischen Partei)*

Po|li|tes|se[1] ⟨f., -, nur Sg.; †⟩ *Höflichkeit* [frz.]

Po|li|tes|se[2] ⟨f.11⟩ *Hilfspolizistin* [< *Polizei* und *Hostess* (→ *Hosteß*)]

po|li|tie|ren ⟨V.3, hat politiert; österr.⟩ *mit einem Poliermittel einreiben, polieren*

Po|li|tik ⟨f., -, -[-tɪk] f., -⟩ **1** *Führung und Erhaltung eines Gemeinwesens, Staatskunst* **2** ⟨übertr.⟩ *Berechnung, berechnendes Verhalten; eine kluge, berechnende P. treiben* [< griech. *politika* „Staatsgeschäfte, Angelegenheiten des Staates, öffentliches Wohl", zu *polis* „Stadt, Stadtstaat, Staat"]

Po|li|ti|ka|ster ⟨m.5⟩ *jmd., der über Politik*

(1) redet, ohne viel davon zu verstehen, Biertischpolitiker
Po|li|ti|ker ⟨m.5⟩ *jmd., der Politik (1) betreibt, der ein politisches Amt innehat*
Po|li|ti|kum ⟨n., -s, -ka⟩ *Ereignis oder Tatsache von politischer Bedeutung*
Po|li|ti|kus ⟨m., -, -kus|se; ugs., scherzh.⟩ *jmd., der sich mit Politik (1) beschäftigt*
po|li|tisch ⟨Adj., o.Steig.⟩ **1** *zur Politik gehörig, die Politik betreffend;* ~e *Bücher;* ~e *Gesinnung;* ~er *Häftling;* ~e *Karte Landkarte mit eingezeichneten Staatsgrenzen;* ~e *Ökonomie Volkswirtschaftslehre; die Unterhaltung, der Film ist mir zu p.* **2** ⟨selten⟩ *geschickt, berechnend im Umgang mit anderen*
po|li|ti|sie|ren ⟨V.3, hat politisiert⟩ **I** ⟨o.Obj.⟩ *über Politik (1) reden, sich über politische Ereignisse unterhalten* **II** ⟨mit Akk.⟩ **1** *etwas p. in den Bereich der Politik (1) bringen, politisch behandeln; die Rechtsprechung p.* **2** *jmdn. p. zur Teilnahme an der Politik (1) veranlassen; Arbeiter, junge Menschen p.*
Po|lit|öko|no|mie ⟨f., -, nur Sg.; Kurzw. für⟩ *politische Ökonomie*
po|lit|öko|no|misch ⟨Adj., o.Steig⟩ → *volkswirtschaftlich*
Po|li|to|lo|ge ⟨m.11⟩ *Wissenschaftler auf dem Gebiet der Politologie*
Po|li|to|lo|gie ⟨f., -, nur Sg.⟩ *Wissenschaft von der Politik (1)* [< *Politik* und *...logie*]
po|li|to|lo|gisch ⟨Adj., o.Steig.⟩ *zur Politologie gehörend, die Politologie betreffend*
Po|li|tur ⟨f.10⟩ **1** ⟨nur Sg.⟩ *durch Polieren erzeugter Glanz* **2** *(flüssiges) Mittel, das zum Polieren benutzt wird (Möbel~)* [< lat. *politura* „das Glätten", zu *polire* „glätten"]
Po|li|zei ⟨f., -, nur Sg.⟩ **1** *Behörde, die über die öffentliche Ordnung und Sicherheit zu wachen hat;* er ist bei der P. ⟨ugs.⟩ *er ist Polizist;* zur P., ⟨ugs.⟩ *auf die P. gehen (und etwas melden)* **2** *deren Amtsräume* **3** *Gesamtheit der Beamten der Polizei (1); die P. verständigen; die P. holen* [< lat. *policia* „Staatsverwaltung," < griech. *politeia* „Staatsverwaltung, Regierung", zu *polites* „Bürger", zu *lis* „Stadt"]
Po|li|zei|hund ⟨m.1⟩ *Wach- und Suchhund (meist Deutscher Schäferhund) der Polizei (1)*
po|li|zei|lich ⟨Adj., o.Steig.; nur als Attr. und Adv.⟩ **1** *zur Polizei (1) gehörig;* ~e *Dienststelle* **2** *von der Polizei (1) angeordnet;* ~e *Maßnahmen;* ~e *Bewachung* **3** *bei der Polizei (1);* p. gemeldet sein **4** *durch die Polizei (3);* unter ~em Schutz
Po|li|zei|prä|si|di|um ⟨n., -, -di|en⟩ *(in einer Stadt) oberste Behörde der Polizei (1)*
Po|li|zei|re|vier ⟨n.1⟩ **1** *Stadtbezirk, für den eine bestimmte Abteilung der Polizei (1) zuständig ist* **2** *Dienstraum einer Abteilung der Polizei (1);* Syn. *Polizeiwache*
Po|li|zei|staat ⟨m.12⟩ *Staat, in dem die Bürger der Willkür der Polizei (1) ausgesetzt sind*
Po|li|zei|stun|de ⟨f.11⟩ *polizeilich festgelegter Zeitpunkt, zu dem Restaurants und Vergnügungsstätten nachts geschlossen werden müssen;* Syn. *Sperrstunde*
Po|li|zei|wa|che ⟨f.11⟩ → *Polizeirevier* (2)
Po|li|zist ⟨m.10⟩ *Beamter der Polizei (1);* Syn. ⟨österr.⟩ *Wachmann*
Po|li|zze ⟨f.11; österr.⟩ → *Police*
Pol|je ⟨f.11 oder n.11; in Karstgebieten⟩ *allseits umschlossenes Becken mit ebenem Boden* [serbokroat., slowen., „Feld"]
Polk ⟨n.1 oder m.1; nddt.⟩ *kastriertes Schwein*
Pol|ka ⟨f.9⟩ *böhmischer Rundtanz im Wechselschritt* [< tschech. *polka* „polnischer Tanz"]
Pol|lack ⟨m.10⟩ *im östlichen Atlantik vorkommender Schellfisch, der keine Bartfäden hat;* Syn. *Steinköhler* [engl., vielleicht zu *poll* (†) „Kopf, Schädel"]

Pol|len ⟨m.7⟩ *Gesamtheit der in den Staubblättern der Blüte gebildeten, die männlichen Geschlechtszellen enthaltenden und der Befruchtung dienenden Körner;* Syn. *Blütenstaub* [< lat. *pollen* „Mehl, Puder"]
Pol|len|ana|ly|se ⟨f., -, nur Sg.⟩ *Untersuchung des in Ablagerungen aus früheren Zeiten enthaltenen Pollens*
Pol|ler ⟨m.5; auf Schiffen und Kaimauern⟩ *Metall- oder Holzpfosten mit verdicktem Kopf zum Festmachen der Trossen* [< ndrl. *polder* „Pfahl, Balken"]
Pol|lu|ti|on ⟨f.10⟩ *unwillkürlicher (nächtlicher) Samenerguß* [< lat. *pollutio*, Gen. *-onis*, „Verunreinigung", < *por* (statt *pro*) „vorn" und *lutum* „Schmutz"]
pol|nisch ⟨Adj., o.Steig.⟩ *Polen betreffend, zu ihm gehörig, aus ihm stammend;* ~e *Sprache eine westslawische Sprache*
Po|lo ⟨n., -s, nur Sg.⟩ *dem Hockey ähnliches Ballspiel zu Pferd (oder vom Fahrrad aus)* [< westtibet. *polo* oder *pulu* „Weidenwurzel", aus der der Poloball verfertigt wird]
Po|lo|hemd ⟨n.12⟩ *kurzärmeliges Trikothemd*
Po|lo|nai|se [-nε-], **Po|lo|nä|se** ⟨f.11⟩ *polnischer Tanz, meist zur Eröffnung eines Tanzfestes getanzt* [< frz. *polonaise* in ders. Bed. sowie „polnisch" (Fem.), zu *Pologne* < lat. *Polonia* „Polen"]
Po|lo|ni|um ⟨n., -s, nur Sg.; Zeichen: Po⟩ *silberweiß glänzendes, radioaktives Metall* [nach *Polonia*, dem lat. Namen für Polen, der Heimat von Marie Curie, die das Element entdeckte]
Pol|schuh ⟨m.1⟩ *besondere Ausbildung der Pole eines Elektromagneten zur Herstellung eines bestimmten Verlaufs der Feldlinien*
Pol|stär|ke ⟨f.11⟩ *Kraft, die von einem Magnetpol ausgeht*
Pol|ster **I** ⟨n.5⟩ **1** *dicke, federnde Auflage, Einlage oder Unterlage* **2** ⟨übertr.⟩ *etwas, das als Schutz oder Reserve dienen soll; finanzielles P.* **II** ⟨m.5; österr.⟩ *Kissen (Kopf~)*
Pol|ste|rer ⟨m.5⟩ *jmd., der berufsmäßig Möbel polstert*
pol|stern ⟨V.1, hat gepolstert; mit Akk.⟩ **1** *mit Polstern ausstatten;* Stühle p.; Türen p. (zur Schalldämmung) **2** *mit einer weichen Unter- oder Auflage ausstatten; Teile eines Kleidungsstücks mit Watte p.*
Pol|ster|pflan|ze ⟨f.11⟩ *Pflanze, die polsterförmig wächst*
Pol|ste|rung ⟨f., -, nur Sg.⟩ **1** *das Polstern* **2** *Gesamtheit der Polster*
Pol|ter|abend ⟨m.1⟩ *Abend vor der Hochzeit, der oft mit einem Fest gefeiert wird und bei dem nach altem Brauch Geschirr vor der Tür zerschlagen wird, was dem Brautpaar Glück verheißen soll*
Pol|te|rer ⟨m.5⟩ *jmd., der oft poltert*
Pol|ter|geist ⟨m.3⟩ → *Klopfgeist*
pol|te|rig ⟨Adj.⟩ *oft polternd (2);* auch: *poltrig*
pol|tern ⟨V.1; o.Obj.⟩ **1** ⟨hat gepoltert; oft unpersönl., mit „es"⟩ *wiederholt ein lautes, kurzes dumpfes Geräusch machen; draußen, über uns poltert es;* ~der Lärm **2** ⟨hat gepoltert; übertr.⟩ *laut, aber gutmütig schimpfen* **3** ⟨ist gepoltert⟩ *sich mit lauten, dumpfen Schlägen fortbewegen, fallen;* auf den Boden p.; der Wagen poltert über die Holzbrücke; Kartoffeln p. vom Wagen
pol|trig ⟨Adj.⟩ → *polterig*
po|ly..., Po|ly... [in Zus.] *viel..., Viel...* [< griech. *poly...* „viel...", zu *polys* „viel"]
Po|ly|amid ⟨n.1⟩ *ein elastischer, fadenbildender Kunststoff (z.B. Perlon)* [< *Poly...* und *Amid*]
Po|ly|an|drie ⟨f.11⟩ *Ehegemeinschaft einer Frau mit mehreren Männern;* Syn. *Vielmännerei;* vgl. *Polygynie* [< griech. *polyandros* „männerreich, volkreich, bevölkert", < *poly...* „viel..." und *aner*, Gen. *andros*, „Mann"]

Po|ly|ar|chie ⟨f.11⟩ *Herrschaft mehrerer Personen (im Unterschied zur Monarchie)* [< *Poly...* und griech. *arche* „Herrschaft, Regierung"]
Po|ly|ar|thri|tis ⟨f., -, -ti|den⟩ *Entzündung mehrerer Gelenke*
Po|ly|äthy|len ⟨n.1⟩ *durch Polymerisation von Äthylen entstehender, umweltfreundlicher Kunststoff*
po|ly|chrom ⟨Adj., o.Steig.⟩ *vielfarbig, bunt* [< *poly...* und griech. *chroma* „Farbe"]
Po|ly|chro|mie ⟨f., -, nur Sg.⟩ *Vielfarbigkeit*
po|ly|chro|mie|ren ⟨V.3, hat polychromiert; mit Akk.⟩ *bunt ausstatten (z.B. mit Mosaik)*
Po|ly|chro|mie|rung ⟨f., -, nur Sg.⟩
po|ly|cy|clisch ⟨Adj., o.Steig.⟩ *aus mehreren Molekülringen bestehend*
Po|ly|dak|ty|lie ⟨f.11⟩ *Ausbildung von mehr als fünf Fingern an einer Hand* [< *Poly...* und griech. *daktylos* „Finger"]
Po|ly|dä|mo|nis|mus ⟨m., -, nur Sg.⟩ *Glaube an eine Vielzahl von Geistern*
Po|ly|eder ⟨m.5 oder n.5⟩ *von mindestens drei ebenen Flächen begrenzter Körper;* Syn. *Vielflach, Vielflächner* [< *Poly...* und griech. *hedra* „Fläche, Grundfläche"]
Po|ly|ester ⟨m.5⟩ *aus mehrbasischen Carbonsäuren durch Veresterung mit mehrwertigen Alkoholen entstehender Kunststoff*
po|ly|gam ⟨Adj., o.Steig.⟩ **1** *in Vielehe lebend;* Ggs. *monogam* **2** *sich zu mehreren Frauen zugleich hingezogen fühlend* **3** *zwittrige und eingeschlechtige Blüten (auf einer Pflanze) aufweisend* [< *poly...* und griech. *gamein* „heiraten"]
Po|ly|ga|mie ⟨f., -, nur Sg.⟩ **1** *Ehegemeinschaft mit mehreren Frauen bzw. Männern (Polyandrie oder Polygynie);* Syn. *Vielehe;* Ggs. *Monogamie* **2** ⟨Biol.⟩ *das Zusammenleben eines Männchens mit mehreren Weibchen (oder eines Weibchens mit mehreren Männchen)* **3** ⟨Bot.⟩ *das Polygamsein*
po|ly|gen ⟨Adj., o.Steig.⟩ **1** *durch mehrere Erbfaktoren bestimmt* **2** *durch mehrere Ursachen hervorgerufen* [< *poly...* und *...gen*]
Po|ly|ge|nie ⟨f., -, nur Sg.⟩ *polygene Beschaffenheit*
Po|ly|ge|nis|mus ⟨m., -, nur Sg.⟩ *Ableitung der Menschenrassen aus mehreren Stammformen;* Syn. *Polyphyletismus, Polyphylie;* Ggs. *Monogenismus* [zu *Poly...* und *...gen*]
po|ly|glott ⟨Adj., o.Steig.; nur als Attr. und mit „sein"⟩ **1** *vielsprachig;* ~e *Buchausgabe* **2** *viele Sprachen sprechend*
Po|ly|glot|te **I** ⟨f.11⟩ *mehrsprachiges Wörterbuch, Buch (z.B. Bibel) mit Text in mehreren Sprachen* **II** ⟨m.11⟩ *jmd., der viele Sprachen spricht* [< *Poly...* und griech. *glotta*, Nebenform von *glossa* „Zunge, Sprache"]
Po|ly|gon ⟨n.1⟩ → *Vieleck* [< *Poly...* und griech. *gonia* „Ecke, Winkel"]
po|ly|go|nal ⟨Adj., o.Steig.⟩ → *vieleckig*
Po|ly|graph ⟨m.10⟩ **1** *Gerät zur Aufzeichnung von körperlichen Reaktionen, aus denen sich Erregungszustände erkennen lassen;* Syn. ⟨volkstümlich⟩ *Lügendetektor* **2** ⟨DDR⟩ *jmd., der im graphischen Gewerbe tätig ist* [< *Poly...* und *...graph*]
Po|ly|gra|phie ⟨f.11⟩ **1** ⟨Med.⟩ *Untersuchung durch mehrere Röntgenaufnahmen unmittelbar nacheinander (zur Darstellung der Bewegungen eines Organs)* **2** ⟨nur Sg.; DDR⟩ *Gesamtheit aller Zweige des graphischen Gewerbes* [< *Poly...* und *...graphie*]
Po|ly|gy|nie ⟨f., -, nur Sg.⟩ *Ehegemeinschaft eines Mannes mit mehreren Frauen;* Syn. *Vielweiberei;* vgl. *Polyandrie* [< *Poly...* und griech. *gyne* „Frau"]
Po|ly|hi|stor ⟨m.13⟩ *jmd., der auf vielen Gebieten bewandert ist, Vielwisser* [< *Poly...* und griech. *histor* „wissend, kundig; Sachverständiger"]
po|ly|hy|brid ⟨Adj., o.Steig.⟩ *sich in mehreren Erbmerkmalen unterscheidend*

Polyhybride

Po|ly|hy|bri|de ⟨m.11⟩ *Bastard von polyhybriden Eltern*

po|ly|karp ⟨Adj., o.Steig.⟩ *in einem bestimmten Zeitraum mehrmals Blüten und Früchte tragend* [<*poly...* und griech. *karpos* „Frucht"]

Po|ly|kon|den|sat ⟨n.1⟩ *durch Polykondensation gewonnener Stoff*

Po|ly|kon|den|sa|ti|on ⟨f.10⟩ *Reaktion niedermolekularer Verbindungen, die zu hochmolekularen Produkten führt*

po|ly|mer ⟨Adj., o.Steig.⟩ *vielteilig, aus vielen niedermolekularen Einheiten bestehend;* Ggs. monomer [< spätgriech. *polymeros* „vielfältig", < griech. *poly...* „viel..." und *meros* „Teil"]

Po|ly|mer ⟨n.1⟩, **Po|ly|me(r)s** ⟨n.17 oder 18⟩ *durch Polymerisation entstandener Stoff*

Po|ly|me|rie ⟨f.11⟩ **1** ⟨Genetik⟩ *additives Zusammenwirken von Erbfaktoren bei der Ausbildung eines Merkmals* **2** ⟨Chem.⟩ *Art des Aufbaues polymerisierter Verbindungen*

Po|ly|me|ri|sat ⟨n.1⟩ *durch Polymerisation entstandener Stoff*

Po|ly|me|ri|sa|ti|on ⟨f.10⟩ *Zusammenlagerung von Molekülen durch chemische Bindungen zu einem neuen Stoff*

po|ly|me|ri|sie|ren ⟨V.3, hat polymerisiert; mit Akk.⟩ *zu größeren Molekülen vereinigen*

Po|ly|me|ter ⟨n.5; Meteor.⟩ *Gerät zum Messen von Temperatur, Luftfeuchtigkeit u.a., Vielzweckmeßgerät* [<*Poly...* und *...meter*]

po|ly|morph ⟨Adj., o.Steig.⟩ *vielgestaltig, in mehreren Formen auftretend;* Syn. pleomorph; ~es Element; ~es Kristall [<*poly...* und griech. *morphe* „Gestalt, Form"]

Po|ly|mor|phie ⟨f., -, nur Sg.⟩, **Po|ly|mor|phis|mus** ⟨m., -, nur Sg.⟩ *polymorphe Beschaffenheit, Vielgestaltigkeit*

po|ly|ne|sisch ⟨Adj., o.Steig.⟩ *Polynesien betreffend, zu ihm gehörig, aus ihm stammend;* ~e Sprachen *Untergruppe der ozeanischen Sprachen*

Po|ly|ne|si|er ⟨m.5⟩ *(ursprünglicher) Einwohner Polynesiens*

Po|ly|nom ⟨n.1⟩ *aus mehreren, zu addierenden oder subtrahierenden Gliedern zusammengesetzter Ausdruck* [<*Poly...* und griech. *onoma* „Name"]

Po|lyp[1] ⟨m.12⟩ **1** *gutartige Schleimhautgeschwulst* **2** ⟨ugs.⟩ → Kopffüßer **3** *die festsitzende Form der Nesseltiere* [< griech. *pous* „Fuß"]

Po|lyp[2] ⟨m.12; ugs.; scherzh.⟩ *Polizist* [vielleicht < rotw. *Polipee, Polizei*, zusammengezogen < *Polizei* und *P* als Abk. für rotw. *Peizaddik* „Polizei"]

po|ly|phag ⟨Adj., o.Steig.⟩ *sich von verschiedenartigen Pflanzen oder Beutetieren ernährend;* Ggs. monophag; ~es Tier [→ *Polyphage*]

Po|ly|pha|ge ⟨m.11⟩ *Tier, das sich von verschiedenartigen Pflanzen oder Beutetieren ernährt;* Ggs. Monophage [<*Poly...* und *...phage*]

po|ly|phon ⟨Adj., o.Steig.; Mus.⟩ *vielstimmig;* Ggs. homophon (1)

Po|ly|pho|nie ⟨f., -, nur Sg.⟩ *Vielstimmigkeit, Musik mit mehreren, mehr oder minder selbständig geführten Stimmen;* Ggs. Homophonie [zu spätgriech. *polyphonos* „vielstimmig", < griech. *poly...* „viel..." und *phone* „Ton, Klang, Stimme"]

Po|ly|phy|le|tis|mus ⟨m., -, nur Sg.⟩, **Po|ly|phy|lie** ⟨f., -, nur Sg.⟩ → Polygenismus [zu *Poly...* und griech. *phyle* „Volksstamm"]

po|ly|plo|id ⟨Adj., o.Steig.; beim Zellkern⟩ *mit mehr als doppeltem Satz von Chromosomen* [<*poly...* und dem zweiten Teil von *diploid* oder *haploid*]

Po|ly|pty|chon ⟨n., -s, -chen oder -cha⟩ *Altar mit mehr als zwei Flügeln* [< griech. *polyptychos* „faltenreich", <*poly...* „viel..." und *ptyx*, Gen. *ptychos* „Falte"]

Po|ly|rhyth|mik ⟨f., -, nur Sg.⟩ *Nebeneinander verschiedener Rhythmen (in den Stimmen eines Musikstücks)*

po|ly|rhyth|misch ⟨Adj., o.Steig.⟩ *in mehreren Rhythmen gleichzeitig verlaufend*

Po|ly|sac|cha|rid ⟨[-saxa-] n.1⟩ *aus einfachen Zuckern aufgebaute Verbindung (z.B. Stärke, Zellulose)*

Po|ly|sper|mie ⟨f.11⟩ *Eindringen mehrerer Samenzellen in eine Eizelle bei der Befruchtung* [<*Poly...* und *Sperma*]

Po|ly|sty|rol ⟨n.1⟩ *durch Polymerisation von Styrol hergestellter Kunststoff*

po|ly|syl|la|bisch ⟨Adj., o.Steig.⟩ *mit mehreren Silben ausgestattet*

Po|ly|syl|la|bum ⟨n., -s, -ba⟩ *vielsilbiges Wort* [<*Poly...* und lat. *syllaba* < griech. *syllabe* „Silbe"]

Po|ly|syl|lo|gis|mus ⟨m., -, -men; Logik⟩ *Folge von Schlüssen, bei der die Folgerung zugleich die Prämisse des nächsten Schlusses ist;* Syn. Schlußkette

po|ly|syn|de|tisch ⟨Adj., o.Steig.⟩ *in der Art eines Polysyndetons;* vgl. syndetisch, asyndetisch

Po|ly|syn|de|ton ⟨n., -s, -ta⟩ *durch ein Bindewort verbundene Wort- oder Satzreihe, z.B.* Und es wallet und siedet und brauset und zischt; vgl. Asyndeton [<*Poly...* und griech. *syndetos* „zusammengebunden"]

Po|ly|syn|the|se, **Po|ly|syn|the|sis** ⟨f., -, -thē|sen⟩ *Zusammenfassung vieler Teile*

po|ly|syn|the|tisch ⟨Adj., o.Steig.⟩ *vielfach zusammengesetzt;* ~e Sprachen *Sprachen, bei denen Satzteile zu einem Wort zusammengesetzt werden, z.B. manche Indianersprachen, die Bantusprachen*

Po|ly|syn|the|tis|mus ⟨m., -, nur Sg.⟩ *polysynthetischer Sprachbau*

Po|ly|tech|ni|ker ⟨m.5⟩ *jmd., der ein Polytechnikum besucht*

Po|ly|tech|ni|kum ⟨n., -s, -ka⟩ *höhere technische Fachschule* [<*Poly...* und *Technik*]

Po|ly|the|is|mus ⟨m., -, nur Sg.⟩ *Glaube an mehrere Götter;* Syn. Vielgötterei; Ggs. Monotheismus [zu *Poly...* und griech. *theos* „Gott"]

Po|ly|the|ist ⟨m.10⟩ *Anhänger des Polytheismus*

po|ly|the|is|tisch ⟨Adj., o.Steig.⟩ *zum Polytheismus gehörend, in der Art des Polytheismus*

po|ly|to|nal ⟨Adj., o.Steig.⟩ *in mehreren Tonarten zugleich*

Po|ly|to|na|li|tät ⟨f., -, nur Sg.⟩ *Nebeneinander mehrerer Tonarten zugleich (in den Stimmen eines Musikstücks)*

po|ly|trop ⟨Adj., o.Steig.; Biol.⟩ *sehr anpassungsfähig* [<*poly...* und griech. *trope* „Wechsel, Wandlung, Veränderung"]

Po|ly|urie ⟨f.11⟩ *übermäßige Harnausscheidung* [<*Poly...* und griech. *ouron* „Harn"]

po|ly|va|lent ⟨Adj., o.Steig.⟩ *in mehrfacher Beziehung wirksam*

Po|ly|vi|nyl|ace|tat ⟨n.1⟩ *durch Polymerisation von Vinylacetat hergestellter Kunststoff*

Po|ly|vi|nyl|al|ko|hol ⟨m.1⟩ *durch Verseifung von Polyvinylacetat hergestellter Kunststoff*

Po|ly|vi|nyl|chlo|rid ⟨n., -s, nur Sg.; Abk.: PVC⟩ *durch Polymerisation des Kohlenwasserstoffs Vinylchlorid gewonnener Kunststoff*

po|ly|zen|trisch ⟨Adj., o.Steig.⟩ *mehrere Zentren besitzend*

Po|ly|zyt|hä|mie ⟨f.11⟩ *krankhafte Vermehrung der roten Blutkörperchen;* Syn. Rotblütigkeit [<*Poly...* und neulat. *cytus* „Zelle" (< griech. *kytos* „Hohlraum") und griech. *haima* „Blut"]

Po|ma|de ⟨f.11⟩ *wohlriechendes Fett (Haar~, Lippen~)* [< ital. *pomata* in ders. Bed., zu *pomo* „Apfel", da früher die Pomade mit Apfelessenz versetzt wurde]

po|ma|dig ⟨Adj.; ugs.⟩ *träge, langsam* [<*pomade* (†) „langsam, träge, gemächlich" (wohl in volksetymologischer Anlehnung an *Pomade*), < österr. *pomali* „langsam", < tschech., ukrain. ugs. *pomali* „langsam", poln. *pomalu, pomalej* „ohne Eile, gemächlich, allmählich"]

po|ma|di|sie|ren ⟨V.3, hat pomadisiert; mit Akk.⟩ *mit Pomade einreiben; sich das Haar p.*

Po|me|ran|ze ⟨f.11⟩ **1** *mittelgroßer Baum des Mittelmeergebietes mit ovalen Blättern* **2** *dessen rotorange gefärbte, einer kleinen Orange ähnelnde Frucht mit sehr saurem Fruchtfleisch* [< ital. *pomarancio* in ders. Bed., < *pomo* „Apfel" und *arancio* „Orangenbaum"]

Pom|mer ⟨m.5⟩ *altes Holzblasinstrument;* Syn. Bombarde [< ital. *bombarde* < ital. *bombardo* in ders. Bed., zu griech. *bombos* „das Brummen, dumpfes Getöse"]

pom|me|risch, **pom|mersch** ⟨Adj., o.Steig.⟩ *Pommern betreffend, zu ihm gehörig, aus ihm stammend*

Pommes chips ⟨[pɔm ʃip] Pl.⟩ *roh in Fett gebackene, knusprige Kartoffelscheibchen* [< frz. *pomme de terre* „Kartoffel" und *Chip*]

Pommes frites ⟨[pɔm frit] Pl.⟩ *roh in Fett gebackene Kartoffelstäbchen;* Syn. ⟨norddt. ugs.⟩ Fritten [< frz. *pomme de terre* „Kartoffel" und *frit* „gebraten", zu *frire* „braten"]

Po|mo|lo|gie ⟨f., -, nur Sg.⟩ *Lehre vom Obstbau* [< lat. *pomum* „Obstfrucht", *pomus* „Obstbaum" und *...logie*]

Pomp ⟨m., -(e)s, nur Sg.⟩ *übertriebene Pracht, übertriebener Aufwand, Prunk; eine mit großem P. eingerichtete Wohnung; jmdn. mit großem P. empfangen* [< frz. *pompe* „Pracht, Prunk", < lat. *pompa* „Festzug; Prunk, Gepränge", < griech. *pompe* „Sendung, Geleit; festlicher Aufzug, Festzug", zu *pempein* „schicken, senden"]

Pom|pa|dour ⟨[-du:r] m.1 oder m.9; früher⟩ *beutelförmige Damenhandtasche (nach der Mode zur Zeit der Marquise de Pompadour, der Mätresse Ludwigs XV.; die Bez. war in Frankreich nicht üblich, dort nannte man die Tasche* réticule)

Pom|pon ⟨[pɔ̃pɔ̃] m.9⟩ *dicke Quaste, Troddel* [frz., „kleiner Zierat, Flitter; Troddel, Quaste", < *pompe* „Pracht, Gepränge"]

pom|pös ⟨Adj., -er, am pompösesten⟩ *mit viel Pomp (ausgestattet), übermäßig prunkvoll; ein ~es Grabmal; ein p. eingerichtetes Haus; die Ausstattung der Oper war allzu p.*

pon|ceau ⟨[pɔ̃so] Adj., o.Steig., o.Dekl.⟩ *hochrot* [frz., „hochrote Farbe; Klatschmohn"]

Pon|ceau ⟨[pɔ̃so] n.9⟩ *hochroter Farbstoff*

Pon|cho ⟨[-tʃo] m.9⟩ **1** *viereckiger Umhang der mittel- und südamerikanischen Indianer mit einem Loch in der Mitte für den Kopf* **2** *ärmelloser Umhang* [< lateinamerik. Indianerspr., z.B. Ketschua *poncho, pontho*, araukan. *punchu* „grober, einfarbiger Umhang, ebensolche Decke"]

Pond ⟨n., -s, -; Zeichen: p⟩ *nicht mehr zulässige Maßeinheit für die Kraft, ersetzt durch die Einheit Newton* [< lat. *pondus* „Gewicht"]

Pö|ni|tent ⟨m.10; kath. Kirche⟩ *Beichtender, Büßender* [lat.]

Pö|ni|ten|ti|ar ⟨m.1⟩ *Beichtvater*

Pö|ni|tenz ⟨f.10⟩ *Buße, Bußübung* [lat. *poenitentia, paenitentia* „Reue", zu *poena* „Strafe", übertr. „Pein, Plage", da man bei der Buße Reue und die Reue als Pein, als Strafe für ein Vergehen empfindet]

Pon|ti|fex ⟨m., -, -ti|fi|zes [-tse:s]; im alten Rom⟩ *Oberpriester;* P. maximus *höchster Oberpriester,* (urspr. Titel für) *römischer Kaiser,* (dann für) *Papst* [wahrscheinlich < *pons*, Gen. *pontis*, „Brücke" und *facere* „machen", also „Brückenbauer"; diesen Beinamen sollen die Priester erhalten haben, da ihnen der Bau des Pons Sublicius, der ältesten Brücke Roms, zugeschrieben wird]

pon|ti|fi|kal ⟨Adj., o.Steig.⟩ *bischöflich* [lat. *pontificalis* „bischöflich, zum Bischof gehörig", zu *Pontifex*]
Pon|ti|fi|kal|amt ⟨n.4⟩ *vom Bischof gehaltene, feierliche Messe;* Syn. *Pontifikalmesse*
Pon|ti|fi|ka|le ⟨n., -s, -li|en⟩ *liturgisches Buch für die Amtshandlungen des Bischofs* [zu *Pontifex*]
Pon|ti|fi|ka|li|en ⟨Pl.⟩ **1** *dem Bischof vorbehaltene Amtshandlungen (z. B. Firmung, Ordination)* **2** *bei diesen Amtshandlungen getragene Gewänder und Abzeichen*
Pon|ti|fi|kal|mes|se ⟨f.11⟩ →*Pontifikalamt*
Pon|ti|fi|kat ⟨n.1⟩ *Amt, Amtszeit eines Bischofs oder des Papstes* [zu *Pontifex*]
Pon|ti|fi|zes ⟨Pl. von⟩ *Pontifex*
pon|tisch ⟨Adj., o.Steig.⟩ *aus der Steppe des Schwarzmeergebietes stammend* [nach dem einstigen *Pontischen Reich* am Schwarzen Meer]
Pon|ti|us ⟨m.; in der ugs. Wendung⟩ *von P. zu Pilatus laufen von einer Stelle zur anderen laufen (um etwas zu erreichen)*
Pon|ton ⟨auch [pɔ̃tɔ̃] m.9⟩ **1** *geschlossener Schwimmkörper (in Docks)* **2** *breites, flaches Boot als Teil einer schwimmenden Brücke* [frz. *ponton* „Brückenkahn, flaches Transportschiff für Lasten", < lat. *ponto*, Gen. *-onis*, „Brückenschiff, Fähre", zu *pons*, Gen. *pontis*, „Brücke"]
Po|ny ⟨n.9⟩ **1** *kleine Pferderasse* **2** ⟨Pl.⟩ ~*s kurzgeschnittene, die Stirn bedeckende Haare* [< engl. *pony*, vielleicht < frz. *poulain*, ältere Form *poulenet*, „Füllen", < lat. *pullus* „Tierjunges"]
poo|fen ⟨V.1, hat gepooft; Jugendspr.⟩ *schlafen*
Pool¹ ⟨[puːl] m.9⟩ **1** *Vereinigung von Firmen zur Gewinnverteilung, Interessengemeinschaft* **2** *Spieleinsatz* [< engl. *pool* „Einsatz beim Spiel", < frz. *poule* „Huhn" sowie „Spieleinsatz", Bedeutungsübertragung nicht bekannt]
Pool² ⟨[puːl] m.9; kurz für⟩ *Swimmingpool* [< engl. *pool* „Becken, Tümpel, Teich, Pfuhl"]
Pop... ⟨in Zus.⟩ *modern, auffallend, besonders Jugendliche ansprechend, in der Art der Pop-Art* [< engl. *pop*, dem zentralen Sperrpflock in amerik. Spielautomaten, der gute Gewinne bringt, wenn die Kugel daranstößt (zu *pop* „Puff, Knall"); 1956 nannte der amerik. Maler Ronald B. Kitaj eines seiner Bilder so, und aus der Bezeichnung entstand der Name für die neue Kunstrichtung Pop-Art]
Pop|anz ⟨m.1⟩ **1** *Schreckgestalt* **2** *Strohpuppe, Vogelscheuche* **3** *vom Willen anderer abhängiger Mensch* [< tschech. *bubák* „Schreckgestalt, Vogelscheuche", auch „jmd., der sich vor anderen fürchtet", lautmalend, als schreckender Ruf]
Pop-Art ⟨f., -, nur Sg.⟩ *moderne Kunstrichtung, die besonders Gegenstände aus Alltag und Technik darstellt oder montiert* [< *Pop...* und *engl. art* „Kunst"]
Pop|corn ⟨n., -s, nur Sg.⟩ *geröstete Maiskörner* [engl., < *pop* „Puff, Knall" und amerik. *corn* „Mais"]
Po|pe ⟨m.11; russ. und griech.-orthodoxe Kirche⟩ *niederer Geistlicher* [< russ. *pop* „Priester"]
Po|pel ⟨m.5; ugs.⟩ **1** *verhärteter Nasenschleim* **2** *(schmutziger) kleiner Junge*
po|pe|lig ⟨Adj.⟩ **1** *(unangemessen) dürftig, armselig;* auch: *poplig;* ein ~es *Geschenk; er hat mir ~e fünf Mark gegeben; die Wohnung ist ziemlich p.*
Po|pe|lin ⟨m.1⟩, **Po|pe|li|ne** ⟨f.11⟩ *fester Baumwollstoff für Hemden, Mäntel u. a.* [< frz. *popeline* in ders. Bed., weitere Herkunft unbekannt]
po|peln ⟨V.1, hat gepopelt; o.Obj.⟩ *mit dem Finger in der Nase bohren, Popel aus der Nase holen*

Pop-Far|be ⟨f.11⟩ *auffallende, grelle Farbe*
pop|lig ⟨Adj.; ugs.⟩ →*popelig*
Pop-Mu|sik ⟨f., -, nur Sg.⟩ *eine in England und den USA entstandene Unterhaltungsmusik (von Beat und Rock nicht eindeutig abzugrenzen)* [→*Pop...*]
Po|po ⟨m.9; scherzh.⟩ *Gesäß* [mit Verdoppelung der ersten Silbe < *Podex*]
Pop|per ⟨m.5; ugs.⟩ *unpolitischer, angepaßter, elegant gekleideter Jugendlicher*
pop|pig ⟨Adj.⟩ *in der Art der Pop-Art, der Pop-Farben, auffallend, bunt*
po|pu|lär ⟨Adj.⟩ **1** *für das Volk verständlich, allgemeinverständlich; das Buch ist p. geschrieben;* ~e *Ausdrucksweise* **2** *beim Volk beliebt, bekannt;* ein ~er *Politiker, Künstler; er ist sehr p.* **3** *beim Volk Anklang, Zustimmung findend;* ~e *Maßnahmen; er macht sich mit seinen Vorschriften nicht p.* [< lat. *popularis* in ders. Bed., zu *populus* „Volk"]
po|pu|la|ri|sie|ren ⟨V.3, hat popularisiert; mit Akk.⟩ *populär machen, dem Volk nahebringen, allgemeinverständlich machen;* ein *politisches Programm p.; die Ergebnisse wissenschaftlicher Forschungen p.*
Po|pu|la|ri|tät ⟨f., -, nur Sg.⟩ *populäre Beschaffenheit, Beliebtheit beim Volk*
po|pu|lär|wis|sen|schaft|lich ⟨Adj., ohne Steig.⟩ *allgemeinverständlich dargestellt, aber wissenschaftlich fundiert*
Po|pu|la|ti|on ⟨f.10⟩ **1** (†) →*Bevölkerung* **2** ⟨Biol.⟩ *Gesamtheit der Lebewesen einer Art oder Rasse in einem bestimmten Gebiet* **3** ⟨Astron.⟩ *Gesamtheit der jungen, heißen Sterne (P. I) bzw. der älteren Sterne späterer Spektralklassen (P. II)* [< lat. *populatio*, Gen. *-onis*, „Bevölkerung", zu *populus* „Volk"]
Po|pu|lis|mus ⟨m., -, nur Sg.⟩ *französische literarische Strömung seit 1929, die das Leben des einfachen Volkes wirklichkeitsnah darstellt*
Po|re ⟨f.11⟩ *feine Öffnung (bes. der Haut)* [< griech. *poros* „Durchgang, Meerenge, Weg", zu *poreuein* „hin- und herbringen, hinüberfahren"]
po|rig ⟨Adj., o.Steig.⟩ *voller Poren*
...po|rig ⟨in Zus.⟩ *mit einer bestimmten Art von Poren versehen, z.B. großporig, kleinporig*
Por|no ⟨m.9 oder n.9; Kurzw. für⟩ *pornographischer Film, Roman, pornographisches Foto*
Por|no|gra|phie ⟨f., -, nur Sg.⟩ *die geschlechtlichen Begierden (mit primitiven Mitteln) aufreizende Darstellung sexueller Vorgänge; dieser Roman ist reine P.* [< griech. *porne* „Hure" (zu *peran* „verkaufen") und *...graphie*]
por|no|gra|phisch ⟨Adj., o.Steig.⟩ *die geschlechtlichen Begierden mit primitiven Mitteln anreizend*
po|rös ⟨Adj., -er, am porösesten⟩ *durchlässig, undicht* [< frz. *poreux*, Fem. *poreuse*, in ders. Bed., →*Pore*]
Po|ro|si|tät ⟨f., -, nur Sg.⟩ *poröse Beschaffenheit*
Por|phyr ⟨m.1⟩ *aus erstarrter Magma entstandenes Gestein, in dessen glasiger Masse scharf begrenzte Kristalle eingelagert sind* [< griech. *porphyra* „Purpurschnecke" sowie „die aus ihr gewonnene Farbe"]
por|phy|risch ⟨Adj., o.Steig.⟩ **1** *aus Porphyr* **2** *(bei Vulkanit- und Ganggesteinen) große, allseitig scharf begrenzte Kristalle in einer sonst dichten oder glasigen Masse enthaltend*
Por|phy|rit ⟨m.1⟩ *(rötliches, grünes oder graues) Vulkangestein mit porphyrischer Struktur*
Por|ree ⟨m.9⟩ →*Lauch* [< lat. *porrum* < griech. *prason* „Lauch"]
Porst ⟨m.1⟩ *(bis 1,5 m hohes) Heidekrautgewächs mit ledrigen, stark riechenden roten oder weißen Blütendolden*

porträtieren

Port ⟨m.1⟩ **1** *Hafen* **2** ⟨übertr.⟩ *Zufluchtsort, Ort, an dem man sich sicher, geborgen fühlt; im sicheren P. gelandet sein; vom sicheren P. aus zuschauen*
Por|ta|ble ⟨[pɔrtəbl] n.9⟩ *transportables Fernsehgerät* [verkürzt (und auf das Fernsehgerät übertragen) < engl. *portable radio* „Kofferradio", zu *portable* „tragbar", zu lat. *portare* „tragen"]
Por|tal ⟨n.1⟩ *Tor, architektonisch verzierter Eingang* [< mlat. *portale* „Vorhalle", zu lat. *porta* „Tor, Stadttor, Zugang"]
Por|ta|men|to ⟨n., -s, -ti; Mus.⟩ *gleitendes Verbinden (von Tönen)* [< ital. *portamento* in ders. Bed. sowie „Haltung, Benehmen", eigtl. „die Art, wie man sich trägt", in der Musik „das Tragen der Töne", zu ital., lat. *portare* „tragen"]
Por|ta|tiv ⟨n.1⟩ *kleine, tragbare Orgel;* vgl. *Positiv (I, 2)*
por|ta|to ⟨Mus.⟩ *getragen, aber nicht gebunden* [ital.]
Por|te|chaise ⟨[pɔrtʃɛz] f.11; †⟩ *Sänfte* [frz., eigtl. „trag den Stuhl", < *porter* „tragen" und *chaise* „Stuhl, Sessel"]
Por|te|feuille ⟨[pɔrtfœj] n.9⟩ **1** (†) *Brieftasche, Aktentasche* **2** *Amtsbereich (eines Ministers)* **3** *Wertpapierbestand einer Bank* [< frz. *portefeuille* in ders. Bed., eigtl. „trag das Blatt", < *porter* „tragen" und *feuille* „Blatt"]
Por|te|mon|naie ⟨[-nɛ] n.9⟩ *Geldtasche* [< frz. *portemonnaie* in ders. Bed., eigtl. „trag das Geld", < *porter* „tragen" und *monnaie* „Geld, Münze", < lat. *moneta*, →*Moneten*]
Port|epee ⟨n.9⟩ *Quaste am Degen oder Säbel (des Offiziers)* [< frz. *porte-épée* „Degengehenk, Tragriemen am Degen", eigtl. „trag den Degen", < *porter* „tragen" und *épée* < altfrz. *spede* < lat. *spatha* „Schwert, Säbel"]
Port|epee|of|fi|zier ⟨m.1⟩ *Unteroffizier vom Feldwebel an*
Por|ter ⟨[pɔr-] m.5, österr. n.5⟩ *starkes, dunkelbraunes englisches Bier* [engl., „Lastträger", vermutlich weil es diesen Kraft verleihen sollte]
Por|tier ⟨[-tje] m.9⟩ *Pförtner, Hauswart* [frz., „Pförtner", zu *porte* „Tür"]
Por|tie|re ⟨[-tjɛrə] f.11⟩ *schwerer Türvorhang* [frz., zu *porte* „Tür"]
por|tie|ren ⟨V.3, hat portiert; mit Akk.; schweiz.⟩ *zur Wahl vorschlagen* [< frz. *porter* in ders. Bed. sowie „bringen, gelangen lassen", eigtl. „tragen"]
Por|tier|lo|ge ⟨[-tjelo:ʒə] f.11⟩ *Dienstraum des Portiers*
Por|ti|kus ⟨m., -, -⟩ *Säulenvorbau* [< lat. *porticus* „Säulenhalle, Säulengang", zu *porta* „Tor, Zugang"]
Por|ti|on ⟨f.10⟩ *abgemessene Menge (einer Speise); er ist nur eine halbe P.* ⟨ugs., scherzh.⟩ *er ist sehr klein und dünn* [< lat. *portio*, Gen. *-onis*, „zugemessener Teil, Anteil", zu *pars*, Gen. *partis*, „Teil"]
por|tio|nen|wei|se, **por|ti|ons|wei|se** ⟨Adv.⟩ *in Portionen; Essen p. verteilen*
Por|to ⟨n., -s, -s oder -ti⟩ *Gebühr für die Beförderung von Postsendungen* [< ital. *porto* in ders. Bed., eigtl. „ich trage, bringe", < ital., lat. *portare* „tragen, bringen"]
Por|to|ri|ka|ner ⟨m.5; †⟩ *Puertoricaner* [nach dem alten Namen *Porto Rico* für Puerto Rico]
Por|trait ⟨[-trɛ] n.9; frz. Schreibung für⟩ *Porträt*
Por|trät ⟨[-trɛ] auch [-trɛt] n.9⟩ →*Bildnis* [< frz. *portrait* „Bildnis", zu *portraire* (†) „abmalen, darstellen", altfrz. auch „bilden, entwerfen", < lat. *protrahere* „entdecken, offenbaren", eigtl. „hervorziehen, hervorbringen"]
por|trä|tie|ren ⟨V.3, hat porträtiert; mit Akk.⟩ *jmdn. p. jmds. Bildnis malen*

Porträtist

Por|trä|tist ⟨m.10⟩ Maler von Porträts

Por|tu|gie|se ⟨m.11⟩ Einwohner von Portugal

Por|tu|gie|ser ⟨m.5⟩ Syn. ⟨österr.⟩ Vöslauer **1** ⟨nur Sg.⟩ eine frühreife, rote Rebsorte **2** Wein daraus

por|tu|gie|sisch ⟨Adj., o.Steig.⟩ Portugal betreffend, zu ihm gehörig, aus ihm stammend; ~e Sprache eine romanische Sprache

Por|tu|lak ⟨m.1 oder m.9⟩ ⟨krautig oder staudig wachsende⟩ Pflanze mit kleinen, eiförmigen, verdickten Blättern, Gewürz-, Gemüsepflanze [vielleicht zu lat. portula „kleine Tür", wegen der Samenkapsel, die sich mit einem Deckelchen öffnet]

Port|wein ⟨m.1⟩ ein dunkler Süßwein [nach dem port. Ausfuhrhafen Porto]

Por|zel|lan ⟨n.1⟩ **1** dichte, weiße, feine Tonware **2** ⟨nur Sg.⟩ Tafelgeschirr, Gegenstand daraus [nach der Porzellanschnecke, wegen seines feinen Glanzes, der dem der Schnecke ähnelt; diese führt ihren Namen über ital. porcello, lat. porcellus, porculus „Ferkel, kleines Schwein" auf lat. porcus „Schwein", auch übertr. „weibliche Scheide, weibliches Geschlechtsteil", zurück; das Schneckengehäuse wird beim lebenden Tier durch einen von beiden Seiten her hochgeschlagenen Mantel umhüllt, der nur eine schmale Öffnung freiläßt, so daß die Schnecke dem weibl. Geschlechtsteil ähnelt]

por|zel|la|nen ⟨Adj., o.Steig.⟩ aus Porzellan

Por|zel|lan|er|de ⟨f., -, nur Sg.⟩ zur Herstellung von Porzellan verwendetes Kaolin

Por|zel|lan|ma|le|rei ⟨f.11⟩ künstlerisches Bemalen von Porzellan

Por|zel|lan|schnecke ⟨-k|k-; f.11⟩ → Kaurischnecke

Pos. ⟨Abk. für⟩ Position (4)

Po|sa|men|ten ⟨Pl.; Sammelbez. für⟩ Waren, die als Besatz für Kleidungsstücke dienen (z.B. Borten, Bänder, Schnüre, Quasten) [< frz. passement „Borte, Tresse", eigtl. „das, was über den Rand hinausgeht", zu passer „vorübergehen, überschreiten"]

Po|sa|men|te|rie ⟨f.11⟩ Geschäft für Posamenten

po|sa|men|tie|ren ⟨V.3, hat posamentiert; mit Akk.⟩ mit Posamenten besetzen

Po|sau|ne ⟨f.11⟩ ein Blechblasinstrument [< mhd. busûne, busîne < altfrz. buisine „Posaune", < lat. bucina „Kuhhorn, Hirten-, Jagdhorn", verkürzt < bovicina, < bos, Gen. bovis, „Rind" und canere „tönen"]

po|sau|nen ⟨V.1, hat posaunt⟩ **I** ⟨o.Obj.; selten⟩ die Posaune blasen **II** ⟨mit Akk.; übertr., ugs.⟩ laut verkünden, überall wichtig weitererzählen; etwas in die Welt p.

Po|sau|nen|en|gel ⟨m.5⟩ **1** ⟨bildende Kunst, Mal.⟩ Posaune blasender Engel mit aufgeblähten Backen **2** ⟨übertr., scherzh.⟩ pausbäckiges Kind

Po|sau|nist ⟨m.10⟩ Musiker, der Posaune bläst

po|schie|ren ⟨V.3, hat poschiert⟩ → pochieren

Po|se ⟨f.11⟩ **1** ⟨Kunst⟩ Haltung, Stellung; eine P. einnehmen **2** ⟨allg.⟩ gekünstelte, gezierte Haltung, Stellung, auf Wirkung berechnete Verhaltensweise; er gefällt sich in der P. des Salonlöwen [frz., „zu poser „hinsetzen, -legen, -stellen; (auf etwas) liegen, ruhen", < lat. pausare „innehalten, ruhen"]

Po|seur ⟨[-zør] m.1⟩ jmd., der gern posiert, Wichtigtuer

po|sie|ren ⟨V.3, hat posiert; o.Obj.⟩ **1** eine Pose einnehmen; er posiert auf dem Foto als Faust in der Studierstube **2** sich gekünstelt, geziert benehmen

Po|si|ti|on ⟨f.10⟩ **1** Stellung (im Beruf), Lage (in der jmd. befindet); er hat dort eine glänzende P.; er befindet sich in guter, in gehobener P. **2** ⟨Math.⟩ Lage, Stelle (einer Figur oder Zahl) **3** Standort (eines Schiffes oder Flugzeugs, eines Gestirns) **4** ⟨Abk.: Pos.⟩ Einzelposten (in einer Warenliste) **5** Bejahung; Ggs. Negation (1) [< lat. positio, Gen. -onis, „Lage, Stellung", eigtl. „das Gesetztsein", zu ponere „setzen, legen, stellen"]

po|si|tio|nell ⟨Adj., o.Steig.⟩ durch die Position (1–3) bedingt, hinsichtlich der Position

po|si|ti|ons|lang ⟨Adj., o.Steig.⟩ nur als Attr. und mit „sein"; antike Verslehre; in der Fügung ~e Silbe kurze Silbe, die als lang gilt, wenn sie mit zwei oder mehr Konsonanten endet

Po|si|ti|ons|län|ge ⟨f., -, nur Sg.; antike Verslehre⟩ metrische (nicht phonetische) Länge

Po|si|ti|ons|la|ter|ne ⟨f.11⟩, **Po|si|ti|ons|licht** ⟨n.3; an Schiffen und Flugzeugen⟩ jedes der international vorgeschriebenen weißen und farbigen Lichter, deren Gesamtheit die Position des Fahrzeugs angibt

po|si|tiv ⟨Adj.⟩ **1** bejahend; Ggs. negativ (1); eine ~e Antwort; er steht dem Leben p. gegenüber **2** günstig, angenehm; Ggs. negativ (2); diese Neuerung hat sehr ~e Folgen; ~e Charakterzüge **3** ⟨auch [-tif]; ugs.⟩ wirklich, bestimmt; das weiß ich p. **4** ⟨Math.⟩ größer als Null; Ggs. negativ (4); ~e Zahlen **5** ⟨Elektr.⟩ Ggs. negativ (5); ⟨in den Fügungen⟩ ~e Ladung den Protonen eigene Ladung (im Unterschied zur negativen Ladung der Elektronen); ~er Pol Pluspol **6** ⟨Fot.⟩ Licht und Schatten oder Farben der Wirklichkeit entsprechend wiedergebend; Ggs. negativ (6) **7** ⟨Med.⟩ Krankheitserreger aufweisend; Ggs. negativ (7); ~er Befund **8** ⟨Philos.⟩ wirklich, tatsächlich vorhanden, gegeben [< frz. positif, Fem. -ive, „bejahend; ausdrücklich, bestimmt; tatsächlich", < lat. positivus „gesetzt, gegeben", zu ponere „setzen, legen, stellen"]

Po|si|tiv I ⟨m.1⟩ die nicht gesteigerte Form der Adjektive, Grundstufe; vgl. Komparativ, Superlativ **II** ⟨n.1⟩ **1** ⟨auch [-tif]⟩ kleine Standorgel ohne Pedale; vgl. Portativ **2** Lichtbild in der wirklichkeitsgetreuen Wiedergabe von Licht, Schatten und Farben; Ggs. Negativ

Po|si|ti|vis|mus ⟨m., -, nur Sg.⟩ Lehre, daß nur das Wirkliche, Tatsächliche (Positive) die Erfahrung zur Erkenntnis führe und alle Metaphysik nutzlos sei

Po|si|ti|vist ⟨m.10⟩ Anhänger, Vertreter des Positivismus

po|si|ti|vi|stisch ⟨Adj., o.Steig.⟩ zum Positivismus gehörig, in der Art des Positivismus

Po|si|tron ⟨n.13; Zeichen: e⁺⟩ Elementarteilchen mit elektrisch positiver Ladung [< positiv und Elektron]

Po|si|tur ⟨f.10⟩ auf bestimmte Wirkung berechnete Haltung; auch: ⟨schweiz.⟩ Postur; sich in P. setzen

Pos|se ⟨f.11⟩ derb-komisches Bühnenstück [zu Possen]

Pos|sen ⟨m.7⟩ **1** Streich, Schabernack; jmdm. einen P. spielen **2** ⟨Pl.⟩ ~ Späße; P. reißen; allerlei P. treiben [urspr. „lustige, wasserspeiende Brunnenfiguren", daneben posse, bosse „Entwurf des Bildhauers, Zeichnung einer menschlichen Figur", < frz. ouvrage à bosse „bildhauerische erhabene Arbeit", zu bosse „Buckel, Beule, Anschwellung"]

Pos|sen|rei|ßer ⟨m.5; veraltend⟩ Spaßmacher

pos|ses|siv ⟨Adj., o.Steig.; Gramm.⟩ besitzanzeigend [< lat. possessivus „den Besitz anzeigend", zu possidere „besitzen, Grundbesitz haben", < potis „vermögend, mächtig" und sedere „sitzen"]

Pos|ses|siv ⟨n.1⟩, **Pos|ses|siv|pro|no|men** ⟨n., -s, - oder -mi|na⟩, **Pos|ses|si|vum** ⟨n., -s, -va⟩ besitzanzeigendes Fürwort, z.B. mein, dein, unser

pos|ses|so|risch ⟨Adj., o.Steig.; Rechtsw.⟩ den Besitz betreffend

pos|sier|lich ⟨Adj.⟩ klein und lustig, drollig; ein ~es Äffchen; ~e Sprünge machen [Ableitung von Posse, Possen]

Post ⟨f.10; Pl. kaum üblich⟩ **1** Wirtschaftsbetrieb zur Beförderung von Briefen, Paketen u.a.; staatliche P. **2** ⟨Pl. Postämter⟩ Gebäude dafür; Syn. Postamt; auf die, zur P. gehen; Briefe zur P. bringen **3** ⟨nur Sg.⟩ von der Post (1) eingerichtete Zustellung von Briefen, Paketen u.ä. (Brief~, Paket~); war die P. schon da?; auf die P. warten; einen Gegenstand mit der P. schicken **4** Sendung, die durch die Post (1) zugestellt wird oder worden ist; heute ist keine, viel P. gekommen; ist P. für mich da? **5** ⟨früher kurz für⟩ Postkutsche; mit der P. fahren; die nächste P. nehmen [< ital. posta, frz. poste, „Post", < mlat. posta „Standort", < lat. mansio posita „festgesetzter Aufenthaltsort, festgelegte Herberge, Station" (jeweils nach einer Tagesreise), zu ponere „festsetzen"]

post..., Post... ⟨in Zus.⟩ nach..., Nach..., hinter..., Hinter..., z.B. postembryonal [< lat. post „nach, hinter"]

po|sta|lisch ⟨Adj., o.Steig.⟩ die Post (1) betreffend, zur Post gehörig; ~e Angaben (in Adressen)

Po|sta|ment ⟨n.1⟩ Unterbau, Sockel [wahrscheinlich unter Anlehnung an Fundament zu ital. posto „Platz"]

Post|amt ⟨n.4⟩ → Post (2)

Post|an|stalt ⟨f.10⟩ Dienststelle der Post (1)

Post|an|wei|sung ⟨f.10⟩ Geldsendung, die durch die Post (1) zugestellt und bar ausgezahlt wird

post|bar ⟨Adj., o.Steig.⟩ mittels Postbarscheck

Post|bar|scheck ⟨m.9⟩ Barscheck im Postscheckverkehr

Post|bo|te ⟨m.11; süddt.⟩ → Briefträger

Pöst|chen ⟨n.7; ugs., iron.⟩ untergeordnete Stellung, untergeordnetes Amt; er hat dort irgendwo ein P.; ein P. ergattern [zu Posten (2)]

post Chri|stum (na|tum) ⟨Abk.; p. Chr. (n.)⟩ nach Christi Geburt, ⟨heute meist⟩ n. Chr.; Ggs. ante Christum (natum) [lat.]

post|em|bryo|nal ⟨Adj., o.Steig.⟩ nach der Geburt (eintretend, eingetreten) [< lat. post „nach" und embryonal]

po|sten ⟨V.2, hat gepostet; o.Obj.; schweiz.⟩ Einkäufe, Besorgungen machen, Botengänge ausführen [zu Posten (3)]

Po|sten ⟨m.7⟩ **1** Wache, Wachtposten; (auf) P. stehen; auf P. sein ⟨ugs.⟩ gesund und munter sein **2** Stellung, Amt; er hat einen P. beim Finanzamt; er bekleidet dort einen hohen P. **3** Anzahl gleichartiger Waren; ein P. Handtücher **4** Einzelbetrag (in einer Rechnung) [< ital. posto „Ort, Platz, Stelle, wo jmd. sollte oder etwas stehen oder sich befinden sollte; mit Soldaten besetzte Stelle", eigtl. „festgesetzter Aufenthaltsort", und < ital. posta „Spiel-, Wetteinsatz", also „eingesetzte Summe", beides < lat. positus, Fem. posita, „festgesetzt", zu ponere „festsetzen"]

Po|sten|jä|ger ⟨m.5⟩ jmd., der mit allen Mitteln einen Posten (2) zu erreichen sucht

Po|ster ⟨n.5 oder m.5⟩ (zu Dekorationszwecken entworfenes oder verwendetes) Plakat [engl., zu post (1), „anschlagen, ankleben, aufstellen", zu post „Pfosten, Pfahl, Säule"]

Po|ste|rio|ra ⟨Pl.⟩ Nachfolgendes [lat.]

Po|ste|rio|ri|tät ⟨f., -, nur Sg.⟩ **1** späteres Erscheinen, Auftreten **2** Nachfolgen, Nachstehen (im Amt, Rang) [zu lat. posterior „weiter hinten folgend", zu post „nach, hinter"]

Po|ste|ri|tät ⟨f., -, nur Sg.; †⟩ Nachkommenschaft, Nachwelt

Post|fach ⟨n.4⟩ → Postschließfach

post fe|stum hinterher, im nachhinein [lat., „nach dem Fest"]

post|frisch ⟨Adj., o.Steig.⟩ noch nicht aufgeklebt und noch nicht von der Post (1) gestempelt, noch nicht gebraucht; ~e Briefmarke

Post|ge|heim|nis ⟨n.1⟩ gesetzlicher Schutz aller Sendungen, die der Post (1) zur Beförderung übergeben worden sind, vor Kenntnisnahme durch Unbefugte

Post|gi|ro|amt ⟨n.4⟩ Einrichtung der Post (1) für bargeldlosen Zahlungsverkehr

post|gla|zi|al ⟨Adj., o.Steig.⟩ nach der Eiszeit (aufgetreten); Syn. nacheiszeitlich [< lat. post „nach" und glazial]

Post|hal|ter ⟨m.5⟩ **1** (früher) staatlicher oder privater Postunternehmer **2** Leiter einer Poststelle

Post|hal|te|rei ⟨f.10; früher⟩ Gebäude, in dem Pferde untergebracht und Postsendungen umgeladen werden konnten

Post|horn ⟨n.4⟩ Signalhorn des Postillions

Post|horn|schnecke ⟨-k|k-; f.11⟩ Lungenschnecke des Süßwassers, deren scheibenförmiges Gehäuse wie ein Posthorn gewunden ist

post|hum ⟨Adj.; falsch für⟩ postum

po|stie|ren ⟨V.3, hat postiert; mit Akk.⟩ (an einer bestimmten Stelle) aufstellen; er soll an der Tür einen Ordner, Aufseher p.; sich an einer Straßenecke p. [zu Posten (1)]

Po|stil|le ⟨f.11⟩ Erbauungs-, Andachts-, Predigtbuch [urspr. die einem Bibeltext folgende Erklärung, die immer mit den Worten begann Post illa verba „Nach jenen Worten (der Heiligen Schrift)", was zu Postilla gekürzt und dann in der Form Postille auf die gesamte Erklärung übertragen wurde]

Po|stil|li|on ⟨m.1⟩ **1** Fahrer einer Postkutsche **2** orangegelber Wanderfalter [< ital. postiglione in Bed. 1, zu Post „Post"]

Po|stil|lon d'amour ⟨[-jõ damur] m., -, -s [-jõ] -⟩ Überbringer einer Liebesbotschaft [frz., „Postillion der Liebe"]

Post|kar|te ⟨f.11⟩ Karte für schriftliche Mitteilungen, die ohne Umschlag versandt wird; Syn. ⟨österr.; veraltend⟩ Korrespondenzkarte

Post|ka|sten ⟨m.7⟩ → Briefkasten

Post|kut|sche ⟨f.11; früher⟩ Kutsche zur Beförderung von Personen und der Post (4)

post|la|gernd ⟨Adj., o.Steig.⟩ an ein bestimmtes Postamt adressiert und dort vom Empfänger abzuholen; ~er Brief; einen Brief p. schicken

Post|leit|zahl ⟨f.10⟩ Kennziffer für einen Ort im Zustellbereich der Post (1)

Pöst|ler ⟨m.5; süddt., österr.; ugs.⟩, **Pöstl̲er** ⟨m.5; schweiz.; ugs.⟩ jmd., der bei der Post (1) arbeitet

Post|lu|di|um ⟨n., -s, -di|en⟩ musikalisches Nachspiel; Ggs. Präludium [zu lat. post „nach, hinter" und ludere „spielen", nach dem Muster von Präludium gebildet]

Post|mei|ster ⟨m.5; früher⟩ Leiter eines Postamtes

post me|ri|di|em ⟨Abk.: p. m.; bei Zeitangaben im englischsprachigen Raum⟩ nach 12 Uhr mittags [lat., „nach Mittag"]

Post|mo|der|ne ⟨f., -, nur Sg.; Architektur⟩ Stilrichtung, die den strengen Funktionalismus aufgibt und individuelle Gestaltungsmöglichkeiten zuläßt

post|mor|tal ⟨Adj., o.Steig.; Med.⟩ nach dem Tod (eingetreten, eintretend); Ggs. prämortal [< lat. post „nach" und mortalis „den Tod betreffend"]

post mor|tem nach dem Tod [lat.]

post|na|tal ⟨Adj., o.Steig.; Med.⟩ nach der Geburt (eintretend, eintretend); Ggs. pränatal [< lat. post „nach" und natalis „die Geburt betreffend"]

post|nu|me|ran|do ⟨Adv.⟩ nach Empfang, nachträglich; Ggs. pränumerando; p. bezahlen [< lat. post „nach" und numerando „das zu Bezahlende"]

Post|nu|me|ra|ti|on ⟨f.10⟩ Nachzahlung; Ggs. Pränumeration

Po|sto ⟨m.⟩ Stand, Stellung, ⟨nur in der Wendung⟩ P. fassen sich aufstellen [ital.]

post|ope|ra|tiv ⟨Adj., o.Steig.⟩ nach der Operation (eintretend, eintretend) [< lat. post „nach" und operativ]

Post|schaff|ner ⟨m.5⟩ Postbeamter des unteren Dienstes

Post|scheck ⟨m.9⟩ Scheck zur Zahlungsanweisung durch die Post (1)

Post|scheck|amt ⟨n.4; bis 31.12. 1983 in der BRD Bez. für⟩ → Postgiroamt

Post|schließ|fach ⟨n.4⟩ von der Post (1) vermietetes Fach für Postsendungen, das vom Empfänger selbst abgeholt werden; auch: Postfach

Post|skript ⟨n.1⟩, **Post|skrip|tum** ⟨n., -s, -ta oder -te; Abk.: PS⟩ Nachschrift (unter Briefen) [< lat. post „nach" und scriptum „Geschriebenes", zu scribere „schreiben"]

Post|spar|kas|se ⟨f.11⟩ von der Post (1) eingerichteter Sparkassendienst

Post|stel|le ⟨f.11⟩ kleine, einem Postamt unterstellte Postanstalt

Post|sze|ni|um ⟨n., -s, -ni|en; früher⟩ Raum hinter der Bühne zum Umkleiden für die Schauspieler

Po|stu|lant ⟨m.10⟩ **1** Bewerber, Kandidat **2** Mitglied eines kath. Ordens während der Probezeit [< lat. postulans, Gen. -antis, Part. Präs. von postulare „fordern, verlangen"]

Po|stu|lat ⟨n.1⟩ **1** (sittliche) Forderung **2** nicht beweisbare, aber glaubhafte und einleuchtende Annahme **3** Probezeit bei der Aufnahme in einen kath. Orden [< lat. postulatum „Forderung, Verlangen", zu postulare „fordern, verlangen"]

po|stu|lie|ren ⟨V.3, hat postuliert; mit Akk.⟩ **1** fordern, für unbedingt notwendig erklären **2** als wahr, als gegeben darstellen, behaupten [< lat. postulare „fordern, verlangen"]

po|stum ⟨Adj., o.Steig.⟩ nach dem Tod des Verfassers oder Komponisten veröffentlicht, nachgelassen; ~es Werk; das Werk ist p. erschienen [< lat. postumus „der letzte, der zuletzt Geborene, der Nachgeborene" (nach dem Tod des Vaters), zu posterus „nachfolgend"]

Po|stu|mus ⟨m., -, -mi⟩ Spät-, Nachgeborener

Po|stur ⟨f.10; schweiz.⟩ → Positur

post ur|bem con|di|tam ⟨Abk.: p. u. c.; in der altröm. Jahreszählung⟩ nach Gründung der Stadt (Rom) [lat.]

Post|voll|macht ⟨f.10⟩ Bevollmächtigung eines Dritten zum Empfang von Post (4)

post|wen|dend ⟨Adj., o.Steig.⟩ **1** mit der nächsten Post (3); p. auf einen Brief antworten **2** ⟨übertr.⟩ sofort, umgehend

Post|wert|zei|chen ⟨n.7⟩ → Briefmarke

Post|wurf|sen|dung ⟨f.10⟩ Drucksache mit Sammelanschrift (z. B. „An alle Haushaltungen"), die durch die Post (3) zugestellt wird

Pot ⟨n., -s, nur Sg.; ugs.⟩ Haschisch, Marihuana [engl., weitere Herkunft unbekannt]

Po|tem|kin|sche Dör|fer ⟨[patjɔm-] ugs. [-pt-] Pl.⟩ Täuschung, Vorspiegelung, Blendwerk [nach dem russ. Staatsmann G. A. Potemkin, der zum Schein Dörfer errichten ließ, um Zarin Katharina II. Wohlstand vorzutäuschen]

po|tent ⟨Adj., -er, am potentesten; nur als Attr. und „sein"⟩ **1** mächtig, leistungsfähig; ein ~er Gegner **2** vermögend; ~e Kunden; ein ~er Gönner **3** fähig zum Geschlechtsakt; Ggs. impotent (1) [< lat. potens, Gen. -entis, „mächtig, kräftig, vermögend, könnend", zu posse (verkürzt < potesse) „können"]

Po|ten|tat ⟨m.10⟩ regierender Fürst, Machthaber

po|ten|ti|al ⟨Adj., o.Steig.⟩ eine Möglichkeit enthaltend, als Möglichkeit vorhanden [< spätlat. potentialis, „kräftig, nach Vermögen", zu potentia, → Potenz]

Po|ten|ti|al ⟨n.1⟩ **1** großes Maß (an Lei-stungsfähigkeit, Energie, Möglichkeiten) (Kraft~, Leistungs~); das P. ausschöpfen; dieses Land hat ein großes P. an Sportlern **2** ⟨Phys.⟩ Maß für die Stärke eines Kraftfeldes an einem Punkt im Raum

Po|ten|ti|al|dif|fe|renz ⟨f.10⟩, **Po|ten|ti|al|ge|fäl|le** ⟨n.5⟩ Unterschied der elektrischen Kräfte bei potentiellen Körpern

Po|ten|ti|a|lis ⟨m., -, -les⟩ Aussageweise des Verbs, die eine Möglichkeit ausdrückt

Po|ten|ti|a|li|tät ⟨f.10⟩ Möglichkeit, die zur Wirklichkeit werden kann

po|ten|ti|ell ⟨Adj., o.Steig.⟩ möglich, denkbar; auch: potenziell; ~e Käufer; ein ~er Schwiegersohn [< frz. potentiel < spätlat. potentialis, → potential]

Po|ten|til|la ⟨f., -, -len; Pharm.⟩ Fingerkraut [neulat., zu potent, nach der Heilwirkung]

Po|ten|tio|me|ter ⟨n.5⟩ → Spannungsteiler [< lat. potentia „Macht, Gewalt" und ...meter]

Po|ten|tio|me|trie ⟨f., -, nur Sg.⟩ chemisches Analyseverfahren, bei dem die Änderung des Potentials (2) einer in eine Lösung getauchten Elektrode gemessen wird [< lat. potentia „Macht, Gewalt" und ...metrie]

Po|tenz ⟨f.10⟩ **1** Leistungsfähigkeit, Kraft, Macht; politische, wirtschaftliche P. **2** Fähigkeit zum Geschlechtsakt; Ggs. Impotenz **3** ⟨Math.⟩ Produkt mehrerer gleichartiger Faktoren; eine Zahl in die dritte P. erheben sie dreimal mit sich selbst multiplizieren **4** ⟨Homöopathie⟩ Verdünnungsgrad (eines Medikaments) [< lat. potentia „Macht, Gewalt", → potent]

po|ten|zi|ell ⟨Adj.⟩ → potentiell

po|ten|zie|ren ⟨V.3, hat potenziert; mit Akk.⟩ **1** ⟨Math.⟩ in die Potenz erheben, eine Zahl mit sich selbst multiplizieren; eine Zahl in die dritte P. p. **2** etwas oder sich p. steigern, erhöhen; das Rütteln des Wagens potenziert seine Schmerzen; durch eine solche Behandlung potenziert sich seine Aggressivität

Pot|pour|ri ⟨[-puri] n.9⟩ **1** durch Übergänge verbundene Zusammenstellung mehrerer Musikstücke oder Melodien zu einem Musikwerk **2** ⟨übertr.⟩ buntes Allerlei [< frz. pot pourri in ders. Bed. sowie „Mischmasch", < pot „Topf" und pourri „verfault", wörtliche Übersetzung von span. olla podrida „Eintopfgericht aus Fleisch, Wurst, Speck, Gemüse und Kichererbsen", eigtl. „verfaulter Topf"]

Pott ⟨m.2; norddt., ugs.⟩ **1** Topf; zu ~e kommen mit etwas fertig werden [Pott hier im Sinne von „Nachttopf"] **2** altes Schiff **3** bestimmtes Gebiet (Kohlen~) **4** → Sasse [< spätlat. pottus, potus „Topf"]

Pott|asche ⟨f., -, nur Sg.⟩ weißer, wasseranziehender Stoff von körniger Beschaffenheit [< ndrl. potasch, engl. potash, < Pott und Asche; sie wurde früher durch Auslaugen von Holzasche mit Wasser und Eindampfen in Töpfen gewonnen]

Pott|harst, **Pott|has** ⟨m.1⟩ westfälische Speise aus Rindfleisch, das zusammen mit Gemüse geschmort wird (Pfeffer~) [< Pott und der zweiten Silbe von Panhas]

Pott|wal ⟨m.1⟩ (bis 23 m langer) Zahnwal mit großem Kopf [zu Pott (1); der mächtige, in Knochenhöhlen enthaltene Schädel wurde mit einem Topf verglichen]

Pou|lar|de ⟨[pu-] f.11⟩ gemästetes Huhn; Syn. Masthuhn [frz., Vergrößerungsform von poule „Huhn" < lat. pullus „junges Tier, Junges", bes. „Hühnchen"]

Poule ⟨[pul] f.11⟩ Spieleinsatz [frz.]

Pou|let ⟨[pulɛ] n.9⟩ leichte Poularde [frz., „Hühnchen"]

Pound ⟨[paund] n., -(s), -(s)⟩ **1** ⟨Abk.: lb., Pl. lbs.; Zeichen: £⟩ englische und nordamerikanische Gewichtseinheit, 453 g **2** britische Währungseinheit, Pfund [engl., „Pfund"]

Pour le mérite ⟨[puːr lə meriˑt] m., -, -, Pl. nicht üblich; 1740–1918 und seit 1952⟩ hoher deutscher Verdienstorden [frz. „für das Verdienst"]

Pous|sa|ge ⟨[pusaːʒə] f.11; ugs.⟩ Liebschaft, Liebesverhältnis [zu poussieren]

pous|sie|ren ⟨[pu–] V.3, hat poussiert⟩ I ⟨mit Akk.⟩ umwerben, umschmeicheln II ⟨o.Obj.⟩ ein Liebesverhältnis (mit jmdm.) beginnen, haben; mit jmdm. p. [< frz. pousser „stoßen, eifrig betreiben", über prov. polsar < lat. pulsare „erschütternd stoßen, schlagen"]

po|wer ⟨Adj., o.Steig.⟩ armselig, dürftig [< frz. pauvre „arm, dürftig", < lat. pauper „arm"]

Power ⟨[pauə] f., -, nur Sg., Jugendspr.⟩ Kraft, Stärke, Leistung; die Band hat unheimlich P. drauf die Band spielt hervorragend

Po|widl ⟨[–] m., -s, nur Sg., österr.⟩ Pflaumenmus [< tschech. povidla „Mus, gekochter Obstsaft" (bes. aus Pflaumen), kurz für švestková povidla „Pflaumenmus", ältere Form povidlo, „gereinigter Absud", vielleicht zu lat. purus „rein, lauter"]

pp ⟨Abk. für⟩ pianissimo
pp. ⟨Abk. für⟩ per procura
PP. ⟨Abk. für⟩ Patres
P. P. ⟨Abk. für⟩ praemissis praemittendis
ppa. ⟨Abk. für⟩ per procura
ppp ⟨Abk. für⟩ pianissimo
Pr ⟨chem. Zeichen für⟩ Praseodym
PR ⟨Abk. für⟩ Public Relations
Prä ⟨n.9⟩ Vorrang, Vorteil; das P. (vor jmdm.) haben; ein P. jmdm. gegenüber haben [< lat. prae „vor, voraus"]
prä..., Prä... ⟨in Zus.⟩ vor..., Vor..., z.B. Präfekt [< lat. prae „vor, voran, voraus"]

Prä|am|bel ⟨f.11⟩ 1 Einleitung (zu Staatsverträgen, Urkunden) 2 ⟨in der alten Lauten- und Orgelliteratur⟩ Vorspiel [< lat. praeambulus „vorangehend", < prae „voran" und ambulare „einhergehen, wandern"]

Prä|ben|dar ⟨m.1⟩ Inhaber einer Präbende, Pfründner

Prä|ben|de ⟨f.11⟩ kirchliche Pfründe [< lat. praebenda „der einem vom Staat zu gewährende Unterhalt", zu praebere „gewähren, darbieten, hinhalten", < prae „vor" und habere „halten"]

Pra|cher ⟨m.5; bes. norddt.⟩ zudringlicher Bettler [< mnddt. pracher „jmd., der gierig Geld zusammenscharrt, dürftiger Geizhals, Bettler", zu ndrl. prachen „betteln", pracheren „sparsam, knauserig leben", urspr. wahrscheinlich „scharren, kratzen, rupfen"]

pra|chern ⟨V.1, hat geprachert; o.Obj.; bes. norddt.⟩ zudringlich betteln

Pracht ⟨f.10 oder f.2, Pl. nur poet.⟩ reiche Ausstattung, Schönheit, Prunk; seine ganze P. entfalten; es ist eine (wahre) P. ⟨übertr.⟩ es ist wunderschön, herrlich; in vollen Prächten ⟨poet.⟩

Pracht|ex|em|plar ⟨n.1⟩ besonders schönes Exemplar

Pracht|fink ⟨m.10⟩ (wegen seiner Farbenpracht als Käfigvogel gehaltener) Singvogel mit finkenartigem Schnabel (z.B. der Zebrafink)

präch|tig ⟨Adj.⟩ 1 herrlich, großzügig ausgestattet; ein ~es Bau; eine ~e Kirche 2 wunderbar, großartig; eine ~e Idee; ein ~er Tag; mit geht es p.; ich habe mich p. erholt 3 tüchtig, zuverlässig und freundlich, viele positive Eigenschaften aufweisend; er ist ein ~er Kerl

Pracht|kerl ⟨m.1; ugs.⟩ ein Mensch, wie man ihn sich wünscht

Pracht|kleid ⟨n.1⟩ →Hochzeitskleid

Pracht|stück ⟨n.1⟩ 1 besonders schönes, auffallend schönes Stück; dies ist das P. seiner Sammlung 2 ⟨ugs., scherzh.⟩ prächtiger Kerl; du bist ein P.!

pracht|voll ⟨Adj.⟩ von eindrucksvoller Wirkung, bunt und leuchtend, reich gestaltet; eine ~e Kirche; ein ~er Blumenstrauß

Prä|de|sti|na|ti|on ⟨f., -, nur Sg.⟩ 1 Vorbestimmung 2 ⟨nach Augustin und Calvin⟩ Bestimmtsein des Menschen zur Gnade oder Verdamnis durch Gott

prä|de|sti|nie|ren ⟨V.3, hat prädestiniert; mit Akk.⟩ vorbestimmen; für etwas prädestiniert sein ⟨ugs.⟩ für etwas besonders geeignet sein [< lat. praedestinare „im voraus bestimmen", < prae „vorher" und destinare „festsetzen, bestimmen"]

Prä|de|ter|mi|na|ti|on ⟨f., -, nur Sg.⟩ →Determination (2)

Prä|di|kant ⟨m.10⟩ Hilfsprediger [< lat. praedicans, Gen. -antis, Part. Präs. von praedicare „verkünden"]

Prä|di|kat ⟨n.1⟩ 1 Titel, Rang (Adels~) 2 Bewertung; eine Arbeit mit dem P. „Sehr gut" versehen; ein Wein mit dem P. „Auslese" 3 Satzteil (Verb), der etwas über das Subjekt aussagt, z.B. Das Kind „schläft", wir „sind quitt", der Vater „war Flieger"; Syn. Satzaussage [< lat. praedicare „öffentlich bekanntmachen, äußern, rühmend erwähnen", < prae „vor" und dicare „feierlich ankündigen"]

prä|di|ka|tiv ⟨Adj., o.Steig.⟩ als Prädikat (3) gebraucht, zu ihm gehörend

Prä|di|ka|tiv ⟨n.1; veraltet⟩ Sinnteil des zusammengesetzten Prädikats, z.B. das Kind ist „brav"; vgl. Kopula

Prä|di|kats|no|men ⟨n., -s, -mi|na⟩ aus einem Nomen (Substantiv, Adjektiv) bestehendes Prädikativ, z.B. Er war „Flieger"

prä|dis|po|nie|ren ⟨V.3, hat prädisponiert; mit Akk.⟩ vorausbestimmen, empfänglich machen; für eine Krankheit prädisponiert sein

Prä|dis|po|si|ti|on ⟨f.10⟩ Anlage, Empfänglichkeit (für eine Krankheit) [zu prädisponieren]

Prä|do|mi|na|ti|on ⟨f., -, nur Sg.⟩ das Vorherrschen

prä|do|mi|nie|ren ⟨V.3, hat prädominiert; o.Obj.⟩ vorherrschen

prae|cox ⟨[prɛ–] Adj., o.Steig.; Med.⟩ vorzeitig (auftretend, stattfindend) [lat., „früh-, vorzeitig", zu praecoquere „vorher, frühzeitig, völlig reifen"]

prae|mis|sis prae|mit|ten|dis ⟨[prɛmɪsːiːs prɛmɪtːendiːs] †; Abk.: P. P.⟩ man nehme an, der Titel sei vorauszuschickt (in Rundschreiben statt Namen und Titel der einzelnen Empfänger) [lat., „nach Vorausschickung des Vorauszuschickenden"]

Prä|exi|stenz ⟨f.10⟩ 1 das Vorherdasein (z.B. der Seele vor dem Eintritt in den Körper, Christi bei Gott vor seiner Menschwerdung) 2 Existenz in einem früheren Leben

Prä|fa|ti|on ⟨f.10; kath. Messe⟩ Gesang des Priesters vor der Wandlung [< lat. praefatio, Gen. -onis, „Vorrede, Eingangsworte", zu praefari „vorher sagen, vorausschicken"]

Prä|fekt ⟨m.10⟩ 1 ⟨im alten Rom⟩ hoher Verwaltungsbeamter 2 oberster Verwaltungsbeamter eines Departements (in Frankreich) oder einer Provinz (in Italien) 3 ⟨in engl. Internaten⟩ älterer Schüler, der die Aufsicht über die jüngeren führt 4 ⟨in Deutschland⟩ Schüler eines Schulchores, den der Kantor als Dirigent vertritt 5 ⟨kath. Kirche⟩ leitender Geistlicher (in bestimmten Ämtern) [< lat. praefectus, „Vorgesetzter, Aufseher", zu praeficere „vorsetzen", < prae „vor, voran" und ...ficere (in Zus. für facere) „tun, machen"]

Prä|fek|tur ⟨f.10⟩ Amt, Amtsräume eines Präfekten (1, 2)

Prä|fe|renz ⟨f.10⟩ 1 Vorliebe, Vorrang, Vorzug 2 ⟨Kart.⟩ Trumpfkarte [< frz. préférence in ders. Bed., zu préférer „vorziehen, den Vorzug geben", < lat. praeferre in ders. Bed., eigtl. „voraustragen"]

Prä|fix ⟨auch [prɛː–] n.1⟩ Vorsilbe, z.B. ent-, ver- [< lat. praefixum „das vorn Angeheftete"]

Prä|for|ma|ti|on ⟨f., -, nur Sg.⟩ fälschlich angenommenes Vorgebildetsein des Organismus im Keim

prä|for|mie|ren ⟨V.3, hat präformiert; mit Akk.⟩ in der Entwicklung im voraus festlegen, im Keim vorbilden

Prä|ge|druck ⟨m.1⟩ Druck mit stark vertieft eingeschnittenem Stempel, so daß das Druckbild reliefartig hervortritt (z.B. bei Bucheinbänden)

prä|gen ⟨V.1, hat geprägt⟩ I ⟨mit Akk.⟩ 1 etwas p. a mittels Prägestock oder Prägestempel Schriftzeichen oder Ornamente in etwas eindrücken; Münzen p.; Leder, Pappe p.; Bucheinband mit geprägten Ornamenten b so zum Ausdruck bringen, so formulieren, daß es von anderen weiterhin benutzt wird; einen Spruch, einen Namen p. 2 etwas oder jmdn. p. eine bestimmte Eigenart in etwas oder jmdm. entwickeln, etwas oder jmdn. gestalten, formen; die strenge Erziehung, die bösen Erlebnisse haben den Jungen für immer geprägt; das Elternhaus prägt den Charakter; die Bäume, Pflanzen p. das Gesicht der Landschaft II ⟨refl.⟩ sich p. sich fest eindrücken; dieses Wort hat sich mir ins Gedächtnis geprägt

Prag|ma|ti|ker ⟨m.5⟩ 1 Vertreter des Pragmatismus 2 jmd., für den der praktische Nutzen im Handeln und Denken im Vordergrund steht

prag|ma|tisch ⟨Adj.⟩ 1 den Tatsachen, Erfahrungen entsprechend 2 dem praktischen Nutzen dienend

Prag|ma|tis|mus ⟨m., -, nur Sg.⟩ Lehre, daß nur das Handeln des Menschen mit seinen praktischen Konsequenzen als Grundlage der Erkenntnis dienen könne und das Handeln und Denken nur nach dem praktischen Nutzen zu werten seien [< griech. pragmateia „Beschäftigung mit einer Sache, eifriges Streben", zu pragma, Gen. pragmatos, „Tat, Handlung; wichtige Sache, Gewinn, Nutzen", zu prassein „ausführen, verwalten"]

prä|gnant ⟨Adj., -er, am prägnantesten⟩ kurz und treffend, knapp und genau; etwas p. formulieren [< lat. praegnans, Gen. -antis, „voll, strotzend, schwanger", zu praegnare „schwängern", < prae „vor" und gnasci, nasci „geboren werden"]

Prä|gnanz ⟨f., -, nur Sg.⟩ prägnante Art, Beschaffenheit; die P. seiner Formulierungen

Prä|gung ⟨f.10⟩ 1 ⟨nur Sg.⟩ das Prägen (I) 2 eingeprägtes Schriftzeichen oder Ornament; die P. einer Münze 3 Art des Geprägtseins, Aussehen, Gestalt, Eigenart; die P. einer Epoche

Prä|hi|sto|rie ⟨[–riə] f., -, nur Sg.⟩ →Vorgeschichte

Prä|hi|sto|ri|ker ⟨m.5⟩ Wissenschaftler auf dem Gebiet der Prähistorie

prä|hi|sto|risch ⟨Adj., o.Steig.⟩ →vorgeschichtlich

prah|len ⟨V.1, hat geprahlt; o.Obj.⟩ sich wichtig tun, etwas als großartig oder wichtig darstellen; mit seinen Kenntnissen p.

Prah|le|rei ⟨f.10⟩ 1 ⟨nur Sg.⟩ das Prahlen 2 prahlerische Äußerung

prah|le|risch ⟨Adj., o.Steig.⟩ prahlend, wichtigtuerisch

Prahl|hans ⟨m.2⟩ jmd., der viel prahlt

Prahm ⟨m.1⟩ flacher Lastkahn

Prä|ju|diz ⟨n.1⟩ 1 richterliche Entscheidung, die bei folgenden ähnlichen Fällen herangezogen wird 2 Vorwegnahme einer Entscheidung durch zwingendes Verhalten 3 vorgefaßte Meinung, Vorentscheidung

prä|ju|di|zi|al, prä|ju|di|zi|ell ⟨Adj., o.Steig.⟩ wichtig für spätere Entscheidungen in ähnlichen Fällen

präjudizieren ⟨V.3, hat präjudiziert; mit Akk.⟩ *eine Sache p. der Entscheidung über eine Sache vorgreifen* [< lat. *praeiudicare* „vorgreifen, eine vorläufige Entscheidung fällen", < *prae* „vor" und *iudicare*, →*judizieren*]

Präkambrium ⟨n., -s, nur Sg.; Sammelbez. für⟩ *Archaikum und Algonkium*

präkludieren ⟨V.3, hat präkludiert; mit Akk.; Rechtsw.⟩ *(wegen Versäumnis einer gesetzlichen Frist) einen Anspruch p.* [< lat. *praecludere* „verschließen, versperren", < *prae* „vor" (im Sinne von „vor jmdm.") und *...cludere* (in Zus. für *claudere*) „schließen"]

Präklusion ⟨f.10⟩ *Verweigerung* [< lat. *praeclusio*, Gen. *-onis*, „das Verschließen", zu *praecludere*, →*präkludieren*]

präklusiv ⟨Adj., o.Steig.; Rechtsw.⟩ *ausschließlich, das Recht verwirkend*

Präklusivfrist ⟨f.10⟩ *Frist, nach deren Ablauf ein Recht nicht mehr geltend gemacht werden kann*

Präkognition ⟨f.10⟩ *angebliches Vorherwissen von zukünftigen Ereignissen*

präkolumbisch ⟨Adj., o.Steig.⟩ *vor der Entdeckung durch Kolumbus; das ~e Amerika*

Präkonisation ⟨f.10⟩ *das Präkonisieren*

präkonisieren ⟨V.3, hat präkonisiert; mit Akk.⟩ *vor den Kardinälen feierlich zum Bischof ernennen* [zu lat. *praeconium* „Bekanntmachung, Veröffentlichung" < „Amt des Ausrufers", zu *praeco*, Gen. *-onis*, „Ausrufer, Herold", wahrscheinlich verkürzt < *praedico* „ich rufe aus"]

Prakrit ⟨n., -s, nur Sg.; Sammelbez. für⟩ *mittelindische Mundarten zwischen 500 v. Chr. und 1000 n. Chr., die neben den sanskrit, der Hochsprache, in der Literatur und Religion in Gebrauch waren* [zu Sanskrit *prakrta-* „natürlich, unverfeinert, gewöhnlich"]

praktifizieren ⟨V.3, hat praktifiziert; mit Akk.⟩ *in die Praxis umsetzen* [< *praktizieren*, erweitert durch verstärkendes *...fiziren*, < lat. *...ficere* (in Zus. für *facere*) „machen"]

Praktik ⟨f.10⟩ 1 *Ausübung, Handhabung, Verfahren; eine alte, bewährte P.; neue ~en einführen* 2 *Kniff, Kunstgriff; dunkle, üble ~en* 3 ⟨15.–17. Jh.⟩ *Anhang zu einem Bauernkalender mit Wettervorhersagen* [< mlat. *practica* „Ausübung", zu *practicus* „tätig", zu griech. *prassein* „tun, ausführen"]

Praktika ⟨Pl. von⟩ *Praktikum*

praktikabel ⟨Adj., praktikabler, am -sten⟩ 1 *brauchbar, benutzbar, zweckmäßig* 2 ⟨Theat.⟩ *fest, echt, begehbar (nicht markiert oder gemalt); praktikable Kulissenteile*

Praktikant ⟨m.10⟩ *jmd., der in der praktischen Ausbildung steht, der sein Praktikum macht*

Praktiker ⟨m.5⟩ *Mensch mit praktischer Erfahrung und Arbeitsweise; Ggs. Theoretiker*

Praktikum ⟨n., -s, -ka⟩ 1 *Ausbildung in der praktischen Arbeit als Teil eines Studiums* 2 *Kurs mit praktischen Übungen (bes. an Hochschulen)* [Weiterbildung zu *Praktik*]

Praktikus ⟨m., -, -kusse; ugs., scherzh.⟩ *Praktiker, praktischer Mensch*

praktisch ⟨Adj.⟩ 1 *in der Praxis, in Wirklichkeit, tatsächlich; Ggs. theoretisch; das ist p. dasselbe; theoretisch scheint das sehr einfach, aber p. ist es kaum durchführbar; ~er Arzt nicht spezialisierter Arzt* 2 *brauchbar, gut zu handhaben; Ggs. unpraktisch; ~es Gerät; das ist sehr p.* 3 *zu einem Praktikum gehörig; ~es Jahr* 4 *geschickt, findig; eine ~e Person; sie ist sehr p.* [< griech. *praktikos* „tätig", zu *prassein* „tun, ausführen"]

praktizieren ⟨V.3, hat praktiziert⟩ I ⟨mit Akk.⟩ 1 *in der Praxis anwenden, ins Werk setzen, verwirklichen; eine Methode, eine Idee p.* 2 *befördern, (geschickt) setzen, stellen, legen; etwas an eine andere Stelle p.; einen Gegenstand in seine Tasche p.* II ⟨o.Obj.⟩ 1 *als Arzt tätig sein; ~der Arzt in der Praxis tätiger Arzt (im Unterschied zum Hochschullehrer u.a.)* 2 *ein Praktikum durchlaufen* [< mlat. *practicare* „ausüben, zu tun pflegen, als Arzt tätig sein, eine Sache, Rechtssache betreiben", < griech. *prassein*, *prattein* „vollbringen, tun, ausführen"]

Praktizismus ⟨m., -, nur Sg.; im Sprachgebrauch der DDR⟩ *Tendenz, über den Erfordernissen der Praxis die ideologischen Grundlagen zu vernachlässigen*

Prälat ⟨m.10⟩ *geistlicher Würdenträger,* ⟨kath. Kirche auch⟩ *Inhaber eines hohen Ehrentitels,* ⟨in einigen evang. Landeskirchen⟩ *Leiter eines Kirchensprengels* [< mlat. *praelatus* „vorzüglich, vorgezogen", eigtl. „vorangetragen", zu *praeferre* „vortragen, vorantragen"]

Prälatur ⟨f.10⟩ *Amt, Amtsräume eines Prälaten*

Präliminarfrieden ⟨m.7⟩ *vorläufiger Frieden*

Präliminarien ⟨Pl.⟩ *diplomatische Vorverhandlungen, vorläufige Vereinbarungen* [< lat. *prae* „vor", *limen*, Gen. *liminis*, „Anfang", eigtl. „Schwelle"]

Praline ⟨f.11⟩, **Praliné** ⟨[-ne:] n.9; †⟩, **Pralinee** ⟨n.9; österr.⟩ *mit Schokolade überzogene Süßigkeit* [< frz. *pralin* „gebrannte Mandel", angeblich nach dem Maréchal du Plessis-Praslin, dessen Koch diese Süßigkeit als erster hergestellt haben soll]

prall ⟨Adj.⟩ 1 *voll und fest, dick und fest; ein ~er Sack; in der Sonne; eine p. gefüllte Tasche* 2 *stramm, gespannt; die Hose liegt p. an*

Prall ⟨m.1⟩ *kräftiger Stoß, kräftiges An-, Aufschlagen*

prallen ⟨V.1, ist geprallt; o.Obj.⟩ *hart auftreffen, hart stoßen, schlagen; der Wagen prallte gegen eine Mauer*

Praller ⟨m.5⟩, **Pralltriller** ⟨m.5; Zeichen: ⁓ ; Mus.⟩ *einmaliger, schneller Wechsel eines Tons mit der darüberliegenden Sekunde*

Prallhang ⟨m.2⟩ *der steilere, auf der Außenseite von Flußkrümmungen liegende Hang; Ggs. Gleithang*

prallvoll ⟨Adj., o.Steig.⟩ *völlig gefüllt; ein ~er Sack; meine Tasche ist p.*

präludieren ⟨V.3, hat präludiert; o.Obj.; Mus.⟩ *einleitend und frei gestaltend spielen*

Präludium ⟨n., -s, -dien⟩ *Vorspiel; Ggs. Postludium* [< lat. *praeludere* „vorspielen", < *prae* „vor" und *ludere* „spielen", zu *ludus* „Spiel"]

Prämaturität ⟨f., -, nur Sg.⟩ →*Frühreife*

Prämie ⟨[-mjə] f.11⟩ 1 *Preis, Belohnung, Entgelt für Sonderleistung* 2 *regelmäßig für eine Versicherung zu zahlende Gebühr* [< lat. *praemium*, „Belohnung, Preis, Auszeichnung", eigtl. „Vorteil, Vorrecht", wörtlich „das Vorausgenommene", < *prae* „vorher" und *emere* „nehmen"]

prämienbegünstigt ⟨Adj., o.Steig.⟩ *durch Prämien (1) besonders begünstigt; ~es Sparen*

Prämiengeschäft ⟨n.1⟩ *Geschäft, von dem man gegen Zahlung eines Betrages (einer Prämie) zurücktreten kann*

Prämiensparen ⟨n., -s, nur Sg.⟩ *mit einer Bank vertraglich festgelegtes Sparen, bei dem als Anreiz dem Sparer Prämien (1) gezahlt werden*

prämieren, prämiieren ⟨V.3, hat prämiert, prämiiert; mit Akk.⟩ *mit einer Prämie belohnen, auszeichnen; das beste Foto p.; jmdn. für eine gute Leistung p.*

Prämiierung ⟨f., -, nur Sg.⟩ *das Prämiieren*

Prämisse ⟨f.11⟩ *Voraussetzung, Vordersatz eines Schlusses* [< lat. *praemissum* „das Vorausgeschickte", zu *praemittere* „vorausschicken"]

Prämonstratenser ⟨m.5⟩ *Angehöriger eines kath. Ordens (in Deutschland bes. zur Missionierung der Ostgebiete)* [nach dem frz. Kloster Prémontré]

prämortal ⟨Adj., o.Steig.; Med.⟩ *vor dem Tod (eintretend, eingetreten); Ggs. postmortal* [< lat. *prae* „vorher" und *mortalis*, „den Tod betreffend"]

pränatal ⟨Adj., o.Steig.; Med.⟩ *vor der Geburt (eintretend, eingetreten); Ggs. postnatal* [< lat. *prae* „vorher" und *natalis*, „die Geburt betreffend"]

prangen ⟨V.1, hat geprangt; o.Obj.⟩ 1 *an auffallender Stelle stehen, liegen und deutlich sichtbar sein; auf dem Schreibtisch prangte ein Foto des Sohnes* 2 *sich in seiner ganzen Schönheit zeigen; der Garten prangt im Schmuck der Blumen, in allen Farben*

Pranger ⟨m.5; früher⟩ *Pfahl auf einem öffentlichen Platz, an dem Missetäter zur Schau gestellt wurden; Syn. Schandpfahl; jmdn. an den P. stellen* ⟨übertr.⟩ *jmdn. öffentlich bloßstellen oder scharf kritisieren*

Pranke ⟨f.11⟩ →*Tatze* [< spätlat. *branca* „Pfote", weitere Herkunft unbekannt]

Pränomen ⟨n., -s, -mina⟩ *Vorname*

pränotieren ⟨V.3, hat pränotiert; mit Akk.; †⟩ *vormerken; jmdn., eine Bestellung p.* **Pränotierung** ⟨f., -, nur Sg.⟩

Pränova ⟨f., -, -vä⟩ *Stern im Übergang zur Nova*

pränumerando ⟨Adv.⟩ *im voraus; Ggs. postnumerando; p. zahlen* [< lat. *prae* „vor, vorher" und *numerandum* „das zu Bezahlende"]

Pränumeration ⟨f.10⟩ *Vorauszahlung; Ggs. Postnumeration*

pränumerieren ⟨V.3, hat pränumeriert; mit Akk.⟩ *vorauszahlen*

Pranz ⟨m., -es, nur Sg.; nordostdt., ostmdt., mdt.⟩ *Prahlerei; was er erzählt, ist alles nur P.*

pranzen ⟨V.1, hat gepranzt; o.Obj.; nordostdt., ostmdt., mdt.⟩ *prahlen*

Präparat ⟨n.1⟩ 1 *Substanz, die durch ein sachgemäßes Verfahren für einen bestimmten Zweck hergestellt wurde; chemisches P.; kosmetisches P.* 2 *präpariertes Lebewesen (z.B. ausgestopftes Tier)* (Stopf~) 3 *präparierter Teil eines Lebewesens (z.B. für mikroskopische Untersuchungen)* (Gewebs~) [zu *präparieren*]

Präparation ⟨f.10; †⟩ 1 *Vorbereitung (für den Unterricht), Lernen der Hausaufgaben* 2 *Herstellung eines Präparates* [zu *präparieren*]

Präparator ⟨m.13⟩ *jmd., der berufsmäßig Präparate (2) herstellt*

präparieren ⟨V.3, hat präpariert⟩ I ⟨mit Akk.⟩ 1 *dauerhaft, haltbar machen; einen Gegenstand, Stoff mit einem chemischen Mittel p.; die Blumen sind präpariert (damit sie sich länger halten); einen Vogel p. ausstopfen* 2 *zu Studienzwecken zerlegen, zerschneiden; Leichenteile p.* 3 *vorbereitend lesen und übersetzen; einen Text (für den Unterricht) p.* II ⟨refl.⟩ *sich p. sich vorbereiten; sich für eine Prüfung, für den Unterricht p.* [< lat. *praeparare* „vorher zubereiten, vorbereiten", < *prae* „vorher" und *parare* „bereiten, einrichten"]

Präponderanz ⟨f., -, nur Sg.; †⟩ *Übergewicht, Vorherrschaft* [zu *präponderieren*]

präponderieren ⟨V.3, hat präponderiert; o.Obj.⟩ *das Übergewicht haben, überwiegen* [< lat. *praeponderare* in ders. Bed., < *prae* „vor" und *ponderare* „wägen, abwägen"]

Präposition ⟨f.10⟩ *Wort, das ein räumliches oder zeitliches Verhältnis oder eine logische Beziehung zu einem anderen Wort angibt, z.B. in, über, ohne, trotz; Syn. Verhältniswort* [< lat. *praepositio*, Gen. *-onis*, „das

präpositional

Vor-, Voransetzen", als grammatischer Fachausdruck "vorangesetztes Wort", zu *praeponere* "voransetzen"]

prä|po|si|tio|nal 〈Adj., o.Steig.〉 *an eine Präposition gebunden;* ~es *Attribut, Objekt*

Prä|po|si|tiv 〈m.1〉 *von einer Präposition abhängiger Kasus* (z. B. im Russischen)

Prä|po|si|tur 〈f.10〉 *Stelle eines Präpositus*

Prä|po|si|tus 〈m., -, - oder -ti〉 *Vorgesetzter, Vorsteher, Propst* [< lat. *praepositus* "Vorgesetzter, Vorsteher", zu *praeponere* "voransetzen"]

prä|po|tent 〈Adj., o.Steig.〉 **1** *übermächtig, überlegen* **2** 〈österr.〉 *aufdringlich, überheblich*

Prä|po|tenz 〈f.10〉 *Vorherrschaft, Übermacht*

Prä|pu|ti|um 〈n., -s, -tien〉 → *Vorhaut* [< lat. *praeputium* in ders. Bed., Herkunft des zweiten Wortteils unsicher]

Prä|raf|fae|lit [-fa-] 〈m.10〉 *Angehöriger einer Gruppe von englischen Malerdichtern, die nach dem Vorbild der Maler vor Raffael der Kunst einen neuen Sinn zu geben suchten*

Prä|rie 〈f.11〉 *Grassteppe im Mittelwesten Nordamerikas* [< frz. *prairie* in ders. Bed., eigtl. "Wiese", zu *pré*, ältere Form *pree*, "Wiese", < lat. *pratum* "Wiese"]

Prä|rie|hund 〈m.1〉 *murmeltierähnliches Nagetier der Prärien* [nach seinen Lauten, die an Hundegekläff erinnern]

Prä|rie|wolf 〈m.2〉 → *Kojote*

Prä|ro|ga|tiv 〈n.〉, **Prä|ro|ga|ti|ve** 〈f.11〉 *Vorrecht;* P. *des Herrschers, des Familienoberhauptes* [< lat. *praerogativus* "von anderen vorher befragt" und *praerogativa* "Vorrecht", zu *praerogare* "vorher befragen"]

Prä|sens 〈n., -, -sentia oder -senzien〉 *Zeitform des Verbs, die ein Geschehen als in der Gegenwart ablaufend, einen Zustand als gegenwärtig bezeichnet;* Syn. *Gegenwart, Gegenwartsform;* Praesens historicum *historisches Präsens, das bei lebendiger Schilderung vergangener Ereignisse gebraucht wird* [< lat. *praesens*, -*entis* "gegenwärtig, anwesend", als grammat. Fachausdruck in der Fügung *tempus praesens* "gegenwärtige Zeit, Gegenwart" eigtl. "vorn, an der Spitze stehend", zu *praeesse* "vorn sein, an der Spitze stehen"]

prä|sent 〈Adj., o.Steig.〉 **1** *anwesend, gegenwärtig;* Ggs. *absent;* ich war einen Augenblick nicht p. *ich war einen Augenblick geistig abwesend* **2** *im Gedächtnis;* ich habe den Ausdruck augenblicklich nicht p. [zu *Präsens*]

Prä|sent 〈n.1〉 *Geschenk* [< frz. *présent* "Geschenk", zu *présenter* "überreichen, darbieten", < lat. *praesentare* "zeigen"]

Prä|sen|tant 〈m.10〉 *jmd., der etwas (Urkunde, fälligen Wechsel) vorlegt*

Prä|sen|ta|ti|on 〈f., -, nur Sg.〉 *das Präsentieren (I), Vorlage, Vorzeigen*

Prä|sen|ta|ti|ons|recht 〈n.1〉 *Vorschlagsrecht* (z. B. für die Besetzung einer frei gewordenen Stelle)

prä|sen|tie|ren 〈V.3, hat präsentiert〉 **I** 〈mit Akk.〉 *vorlegen, vorzeigen;* einen Wechsel p.; jmdm. die Rechnung für etwas p. 〈übertr.〉 *jmdn. auffordern, die Folgen für seine Handlungsweise zu tragen;* das Gewehr p. *das Gewehr senkrecht (als Ehrenbezeigung) vor den Körper halten* **II** 〈refl.〉 *sich p. sich zeigen, sich zur Schau stellen;* er präsentierte sich von seiner besten Seite [< lat. *praesentare* "zeigen", eigtl. "gegenwärtig machen", zu *praesens*, Gen. -*entis* "gegenwärtig", → *Präsens*]

Prä|sen|tier|tel|ler 〈m.5〉 *Teller, auf dem Visitenkarten, Briefe usw. hereingebracht werden;* wie auf dem P. sitzen 〈ugs.〉 *an einem auffälligen, allen zugänglichen Platz sitzen*

Prä|senz 〈f., -, nur Sg.〉 **1** *Anwesenheit;* Ggs. *Absenz (1)* **2** *Zahl der Anwesenden;* Ggs. *Absenz (2)* [< lat. *praesentia* "Gegenwart", zu *praesens*, → *Präsens*]

Prä|senz|bi|blio|thek 〈f.10〉 *Bibliothek, deren Bücher nicht ausgeliehen werden, sondern nur im Lesesaal benutzt werden dürfen;* Ggs. *Ausleihbibliothek*

Pra|seo|dym 〈n., -s, nur Sg.; Zeichen: Pr〉 *silberweißes Metall aus der Gruppe der seltenen Erden* [< griech. *prasios* "grün" (wegen der Farbe seiner Verbindungen) und *didymos* "zweifach; Zwilling", zu *dyo* "zwei"; das Element wurde zusammen mit dem Neodym aus einem Mineralgemisch getrennt]

Prä|ser|va|ti|on 〈f., -, nur Sg.〉 *das Präservieren*

Prä|ser|va|tiv 〈n.1〉 *Schutz-, Verhütungsmittel* (bes. gegen Empfängnis); Syn. *Kondom* [zu lat. *prae* "vor" und *servare* "bewahren, in acht nehmen"]

Prä|ser|ve 〈f.11〉 *nicht völlig keimfreie Konserve* [< engl. *preserve* "Eingemachtes, Konserve", zu *to preserve* "bewahren, schützen"]

prä|ser|vie|ren 〈V.3, hat präserviert; mit Akk.; †〉 *(vor einem Übel) schützen, bewahren*

Prä|ses 〈m., -, -sides oder -siden〉 **1** *Vorstand eines kath. kirchlichen Vereins* **2** *Vorsitzender einer evangelischen Synode* (in Rheinland-Westfalen zugleich der Kirchenleitung), *Kirchenpräsident* [< lat. *praeses* "Vorsteher, Statthalter; schützend", eigtl. "vor etwas sitzend", zu *praesidere*, → *präsidieren*]

Prä|si|de 〈m.11; Studentenspr.〉 *Leiter eines Kommerses*

Prä|si|den 〈Pl. von〉 *Präses*

Prä|si|dent 〈m.10〉 **1** *Vorsitzender (einer Versammlung), Leiter (einer Behörde), Oberhaupt (eines Staates)* **2** 〈schweiz.〉 *Gemeindevorsteher* [< lat. *praesidens*, Gen. -*entis*, Part. Präs. von *praesidere* "den Vorsitz haben"]

Prä|si|dent|schaft 〈f.10〉 *Amt, Würde des Präsidenten*

prä|si|di|al 〈Adj., o.Steig.〉 *zum Präsidenten, Präsidium gehörend, von ihm ausgehend*

Prä|si|di|al|sys|tem 〈n.1〉 *Regierungsform, in der der Präsident weitgehende Vollmachten besitzt und zugleich Chef der Regierung ist*

prä|si|die|ren 〈V.3, hat präsidiert〉 **I** 〈o.Obj.〉 *das Präsidium (1) innehaben* **II** 〈mit Akk.; schweiz.〉 *eine Versammlung p. eine Versammlung leiten, einer Versammlung vorsitzen*

Prä|si|di|um 〈n., -s, -dien〉 **1** *Leitung, Vorsitz* **2** *leitendes Gremium* **3** *obere Behörde* (Polizei~) *sowie deren Gebäude*

prä|skri|bie|ren 〈V.3, hat präskribiert; mit Akk.; †〉 *vorschreiben, verordnen* [< lat. *prae* "vor" und *scribere* "schreiben"]

Prä|skrip|ti|on 〈f.10; †〉 *Vorschrift* [zu *präskribieren*]

prä|skrip|tiv 〈Adj., o.Steig.〉 *auf Vorschriften beruhend*

pras|seln 〈V.1; o.Obj.〉 **1** 〈ist geprasselt〉 *sich mit schnellen, kurzen, harten Geräuschen bewegen, fallen;* der Regen prasselte aufs Dach; ein Hagel von Steinen prasselte gegen die Angreifer **2** 〈hat geprasselt〉 *mit hellen, knackenden Geräuschen brennen;* im Kamin prasselt das Feuer, d. Pie Holzscheite

pras|sen 〈V.1, hat geprasst; o.Obj.〉 *verschwenderisch, üppig leben, üppig essen und trinken und viel Geld ausgeben*

prä|su|mie|ren 〈V.3, hat präsumiert; mit Akk.〉 **1** *annehmen, vermuten, voraussetzen* **2** *argwöhnen* [< lat. *praesumere* "voraussetzen, im voraus annehmen", < *prae* "voraus, vorher" und *sumere* "nehmen"]

Prä|sum|ti|on 〈f.10〉 *Annahme, Voraussetzung* [zu *präsumieren*]

prä|sum|tiv 〈Adj., o.Steig.〉 *vermutlich, voraussetzend*

Prä|ten|dent 〈m.10〉 *jmd., der Ansprüche auf etwas (Krone, Amt) erhebt, Bewerber* (Kron~) [< frz. *prétendant* "Bewerber", zu *prétendre* "Anspruch erheben, verlangen", < lat. *praetendere*, → *prätendieren*]

prä|ten|die|ren 〈V.3, hat prätendiert; mit Akk., auch mit Präp.obj.〉 *etwas p. fordern, beanspruchen;* einen Anteil p.; auf etwas p. *Anspruch auf etwas erheben, etwas beanspruchen* [< lat. *praetendere* "vorschützen, als Vorwand nehmen", eigtl. "vor sich halten", < *prae* "vor" und *tendere* "halten"]

Prä|ten|ti|on 〈f.10〉 *Anspruch, Forderung* [zu *prätendieren*]

prä|ten|ti|ös 〈Adj., -er, am -esten〉 *anmaßend, anspruchsvoll* [< frz. *prétentieux*, Fem. -*ieuse*, in ders. Bed., zu *prétendre* "beanspruchen, verlangen", → *prätendieren*]

Prä|te|ri|to|prä|sens 〈n.1, -, -sentia oder -sentien〉 *Verb, dessen Präsensform aus einer früheren Form des Präteritums entstanden ist*

Prä|te|ri|tum 〈n., -s, -ita〉 **1** (i.w.S.) *Vergangenheitsform des Verbs, Vergangenheit* **2** (i.e.S.) → *Imperfekt* [< lat. *praeteritum* "das Vorbeigegangene", zu *praeterire* "vorbei-, vorübergehen", < *praeter* "vorbei" und *ire* "gehen"]

prä|ter pro|pter, prä|ter|prop|ter 〈Adv.〉 *ungefähr* [lat., eigtl. "darüber und daneben"]

Prä|text 〈auch [prɛ-] m.1; †〉 *Vorwand, Scheingrund*

Prä|tor 〈m.13; im alten Rom〉 *hoher Justizbeamter* [< lat. *praetor*, wörtlich "Vorgesetzter, Anführer", eigtl. *prae-itor* "einer, der vorangeht", zu *praeire* "vorangehen"]

Prä|to|ria|ner 〈m.5; im alten Rom〉 *Angehöriger der Leibwache der Kaiser und Feldherren*

Prä|tur 〈f.10〉 *Amt, Amtszeit des Prätors*

Prat|ze 〈f.11〉 **1** *Metallstab mit gespreiztem Ende zum Befestigen von Tür- und Fensterrahmen in Mauerwerk* **2** 〈bes. bayr.-österr.〉 *große, derbe Hand* [< ital. *braccio* "Arm, Unterarm"]

Prau 〈f.11〉 *malaiisches Segelboot mit Auslegern* [< mal. *perahu* "Boot"]

prä|va|lent 〈Adj., o.Steig.〉 **1** *vorherrschend, überwiegend* **2** *überlegen* [< lat. *praevalens*, -*entis* "überwiegend, übermächtig", Part. Präs. von *praevalere* "sehr kräftig, stark sein", < *prae* "vor" und *valere* "bei Kräften, stark sein"]

prä|va|lie|ren 〈V.3, hat präavaliert; o.Obj.〉 *vorherrschen, überwiegen*

Prä|ven|ti|on 〈f.10〉 **1** *Zuvorkommen* **2** 〈Strafrecht〉 *Vorbeugung*

prä|ven|tiv 〈Adj., o.Steig.〉 *vorbeugend;* ~e *Maßnahmen* [< frz. *préventif*, Fem. -*ive*, "vorbeugend", zu *prévenir* "zuvorkommen", < lat. *praevenire* "zuvorkommen"]

Prä|ven|tiv|krieg 〈m.1〉 *Krieg, der geführt wird, um einem möglichen Angriff des Gegners zuvorzukommen*

Prä|ven|tiv|mit|tel 〈n.5〉 (bes. die Empfängnis) *verhütendes Mittel*

Pra|xis 〈f., -, -xen〉 **1** 〈nur Sg.〉 *praktische Anwendung (von Gedanken o.ä.);* Ggs. *Theorie;* einen Plan in die P. umsetzen; in der Theorie sieht das ganz einfach aus, aber in der P. ist es nur schwer durchzuführen **2** 〈nur Sg.〉 *praktische Erfahrung, Berufserfahrung;* er hat viel P. auf diesem Gebiet; ihm fehlt noch die P. **3** *Tätigkeitsbereich (eines Arztes, Rechtsanwalts oder Notars);* eine große P. haben; solche Fälle habe ich in meiner P. oft gehabt **4** *Raum für die Tätigkeit (bes. der Ärzte und Rechtsanwälte)* (Arzt~, Anwalts~); kommen Sie morgen in meine P.; eine Hilfe für die P. suchen; die P. ist nachmittags geschlossen **5** 〈ugs.〉 *Sprechstunde;* der Herr Doktor hat, hält heute keine P. [< griech. *praxis* "Tat, Handlung", zu *prassein* "ausführen, besorgen, verwalten"]

Prä|ze|dens 〈n., -, -denzien〉 *früherer Fall, früheres Beispiel* [→ *Präzedenz*]

Prä|ze|denz 〈f.10〉 *Vorrang, Vortritt (bes. in der Rangordnung der kath. Kirche bei Prozessionen)* [< lat. *praecedens*, Part. Präs. von *praecedere* ,,vorangehen", < *prae* ,,voran" und *cedere* ,,einhergehen"]

Prä|ze|denz|fall ⟨m.2⟩ *Fall, der für spätere Fälle beispielgebend ist oder sein kann*

Prä|zep|tor ⟨m.13; †⟩ *Lehrer, Erzieher* [< lat. *praeceptor* ,,Lehrer", zu *praecipere* ,,vortragen, unterrichten", eigtl. ,,vorausnehmen", < *prae* ,,vor" und ...*cipere* (in Zus. für *capere*) ,,nehmen, fassen"]

Prä|zes|si|on ⟨f.10⟩ *Schwanken der Achse eines rotierenden Körpers unter dem Einfluß äußerer Kräfte; P. eines Kreisels, der Erdachse* [< lat. *praecessio*, Gen. *-onis*, ,,das Vorangehen", zu *cedere* ,,gehen"]

Prä|zi|pi|tat ⟨n.1⟩ **1** ⟨†⟩ *Bodensatz, chemischer Niederschlag* **2** *quecksilber- und chlorhaltige Verbindung (zur Salbenherstellung)* [zu *präzipitieren*]

Prä|zi|pi|ta|ti|on ⟨f., nur Sg.⟩ *das Ausfällen, Ausfällung*

prä|zi|pi|tie|ren ⟨V.3, hat präzipitiert; mit Akk.; Chem.⟩ *ausfällen; einen Stoff p.* [< lat. *praecipitare* ,,jählings herabstürzen", zu *praeceps* ,,mit dem Kopf voran, kopfüber", < *prae* ,,voran" und *caput*, Gen. *capitis*, ,,Kopf"]

Prä|zi|pi|tin ⟨n.1⟩ *Antikörper, der Fremdstoffe im Blut (z.B. nach Infektion) ausfällt* [zu *präzipitieren*]

Prä|zi|pu|um ⟨n., -s, -pua⟩ *Betrag, der vor der Gewinnausschüttung einer Gesellschaft an einen Gesellschafter für besondere Leistungen gezahlt wird* [< lat. *praecipuum* ,,das Vorausgenommene", zu *praecipere* ,,vorausnehmen", < *prae* ,,vor, voraus" und ...*cipere* (in Zus. für *capere*) ,,fassen, nehmen"]

prä|zis, prä|zi|se ⟨Adj.⟩ *genau, exakt, treffend* [< lat. *praecisus* ,,abgeschnitten, abgebrochen" (von der Rede), eigtl. ,,vorn abgeschnitten", also ,,ohne Umschweife, ohne Einleitung, kurzgefaßt", < *praecidere* ,,abschneiden, abschneiden, kurz fassen", < *prae* ,,vorn" und ...*cidere* (in Zus. für *caedere*) ,,(ab)hauen"]

prä|zi|sie|ren ⟨V.3, hat präzisiert; mit Akk.⟩ *präziser, genauer ausdrücken; ich muß meine Frage, Aussage etwas p.*

Prä|zi|si|on ⟨f., nur Sg.⟩ *Genauigkeit, Exaktheit; das Gerät arbeitet mit äußerster P.*

Pre|del|la ⟨f., -, -s oder -len⟩ *(meist verzierter) Sockel des Flügelaltars* [< ital. *predella* ,,Schemel, Sockel, Altarstufe", < langobard. *pretil* ,,Brettchen"]

pre|di|gen ⟨V.1, hat gepredigt⟩ **I** ⟨o.Obj.⟩ *(im Gottesdienst) die Predigt halten; heute predigt Pfarrer X; über ein Bibelwort p.* **II** ⟨mit Akk. oder mit Dat. und Akk.; ugs.⟩ *etwas p. ausführlich, freundlich, mahnend fordern; Vernunft, Zurückhaltung p.; jmdm. etwas p. jmdn. zu etwas ermahnen; ich predige ihm immer wieder, er soll ...*

Pre|di|ger ⟨m.1⟩ **1** *jmd., der (berufsmäßig) predigt* **2** *jmd., der eine religiöse Lehre vor einem Publikum verkündet* **3** ⟨nur Sg.⟩ *Buch des AT*

Pre|digt ⟨f.10⟩ **1** *Ansprache eines Geistlichen an seine Gemeinde* **2** ⟨ugs.⟩ *ausführlicher Tadel, lange Ermahnung; jmdm. eine P. halten*

pre|i|en ⟨V.1, hat gepreit; mit Akk.; Seew.⟩ *anrufen; ein Schiff p.* [< ndrl. *praaien* < mengl. *preien* (engl. *to pray*) ,,bitten, beten, anrufen" < lat. *precari* in ders. Bed.]

Preis ⟨m.1⟩ **1** *Geldbetrag, der für eine Ware gezahlt werden muß; ein hoher, niedriger P.; einen P. für etwas fordern; die ~e fallen, sinken, steigen; ist auf einem alten P. einigen; etwas steigt, fällt im P.; hoch im P. stehen viel Wert haben; um jeden P. auf jeden Fall; um keinen P. auf keinen Fall; etwas unter dem P. verkaufen; ich habe das Bild zum P. von 300 DM gekauft* **2** *Belohnung in einem Wettkampf (Sieger~, Trost~); einen P. erringen, gewinnen* **3** *Belohnung für das Ergreifen eines Gesuchten, Verdächtigen, eines Flüchtlings; einen P. auf jmdn. aussetzen* **4** ⟨poet.⟩ *Lob; ein Lied zum P. Gottes singen*

Preis|auf|ga|be ⟨f.11⟩ *Aufgabe, für deren Lösung ein Preis (2) ausgesetzt ist*

Preis|aus|schrei|ben ⟨n.7⟩ *öffentlicher Wettbewerb um einen Preis (2)*

Prei|sel|bee|re ⟨f.11⟩ Syn. ⟨landsch.⟩ *Kranbeere, Kränbeere*, ⟨norddt.⟩ *Kronsbeere* **1** *immergrünes, als Zwergstrauch wachsendes Heidekrautgewächs mit weißlichen oder rötlichen Blüten* **2** *dessen rote, herb schmeckende Beerenfrucht* [< tschech. *brusina, brusinka, bruslinka*, russ. *brusnika* in ders. Bed., zu russ.-kirchenslaw. *brusiti* ,,streichen, streifen", weil sich die Beeren leicht abstreifen lassen]

prei|sen ⟨V.92, hat gepriesen; mit Akk.⟩ *mit starken Worten loben, rühmen; jmdn. p.; jmds. Verdienste p.; er pries ihn als den größten Dichter der Gegenwart; jmdn., sich glücklich p. jmdn., sich nachdrücklich als glücklich bezeichnen*

Preis|ga|be ⟨f., nur Sg.⟩ *das Preisgeben*

preis|ge|ben ⟨V.45, hat preisgegeben; mit Akk.⟩ **1** *jmdn. oder etwas nicht länger schützen, aufgeben, ausliefern; einen militärischen Stützpunkt p.; jmdn. oder etwas einem Zustand p.; jmdn. oder etwas nicht länger vor einem Zustand schützen; jmdn. dem Elend, dem Spott der Leute p.* **2** *etwas p. etwas nicht länger für sich behalten, hingeben, auf etwas verzichten; ein Geheimnis p.; seine Freiheit p.*

preis|ge|krönt ⟨Adj., o.Steig.; nur als Attr. und mit ,,sein"⟩ *mit einem Preis (2) versehen; der ~e Sieger*

preis|gün|stig ⟨Adj.⟩ *für einen günstigen Preis (1); einen Gegenstand p. erwerben, abgeben*

Preis|in|dex ⟨m., -es, -e oder -di|zes [-tse:s]⟩ *statistisch festgestellte Änderung von Preisen (1)*

Preis|la|ge ⟨f.11⟩ *Höhe des Preises (1), die gleichzeitig Auskunft über die Qualität gibt; ein Auto der mittleren P.*

preis|lich ⟨Adj., o.Steig.⟩ *den Preis (1) betreffend; das ist p. günstiger*

Preis|rich|ter ⟨m.5⟩ *Mitglied einer Jury bei Wettkämpfen*

Preis|schla|ger ⟨m.5⟩ *sehr günstig zu erwerbender Gegenstand; dieser Mantel ist ein P.*

Prei|ßel|bee|re ⟨f.11⟩ *veraltete Schreibung für* Preiselbeere

Preis|trä|ger ⟨m.5⟩ *jmd., der einen Preis (2) gewonnen hat*

Preis|trei|be|rei ⟨f., -, nur Sg.⟩ *Hinauftreiben von Preisen (1)*

preis|wert ⟨Adj., -er, am -esten⟩ *günstig, angemessen im Preis (1)*

pre|kär ⟨Adj.⟩ *peinlich, schwierig; eine ~e Situation*

Prell|ball ⟨m., -(e)s, nur Sg.⟩ *dem Faustball ähnliches Spiel, bei dem der Ball über eine Leine gespielt (,,geprellt") wird*

Prell|bock ⟨m.2⟩ **1** *Klotz am Ende von Gleisen* **2** ⟨übertr.⟩ *jmd., der Zusammenstöße auffangen, der für alles geradestehen muß*

prel|len ⟨V.1, hat geprellt⟩ **I** ⟨mit Akk.⟩ **1** *jmdn. p.* **a** *betrügen; jmdn. um 100 DM p.* **b** ⟨früher als Strafe⟩ *jmdn. (zu mehreren) auf den gegenseitig verschränkten Armen oder auf einem gespannten Tuch in die Höhe werfen und niederfallen lassen* **2** *etwas p.* ⟨in der Wendung⟩ *die Zeche p. die Zeche nicht bezahlen* **II** ⟨mit Dat. (sich) und Akk.⟩ *sich etwas p. sich durch stumpfe Gewalteinwirkung etwas verletzen*

Prell|schuß ⟨m.2⟩ *Schuß, bei dem das Geschoß aufschlägt, abprallt und dann erst trifft*

Prell|stein ⟨m.1⟩ *Schutzstein (an Toren und Hausecken)*

Prel|lung ⟨f.10⟩ *durch Aufprall auf einen stumpfen Gegenstand, durch einen Schlag u.ä. entstandene innere Verletzung*

Pre|lude ⟨[prelyd] n.9⟩ **1** ⟨frz. Bez. für⟩ *Präludium* **2** *der Fantasie ähnliches Musikstück für Klavier oder Orchester* [< frz. *prélude* ,,Vorspiel, Einleitungsstück", → *Präludium*]

Pre|mier ⟨[prəmje] m.9; kurz für⟩ *Premierminister*

Pre|mie|re ⟨[prəmjerə] f.11⟩ *Ur- oder Erstaufführung* [< frz. *première* in ders. Bed., Fem. zu *premier* < lat. *primus* ,,erster"]

Pre|mier|leut|nant ⟨[prəmje-] m.9; im alten dt. Heer⟩ *Oberleutnant*

Pre|mier|mi|nis|ter ⟨[prəmje-] m.5⟩ → *Ministerpräsident (2)*

Pre|no|nym ⟨n.1⟩ *aus den eigenen Vornamen gebildeter Deckname, z.B. ,,Jean Paul" aus ,,Jean Paul Friedrich Richter"* [< lat. *prae* ,,vor" und griech. *onyma* ,,Name"]

Pres|by|ter ⟨m.5⟩ **1** ⟨Urchristentum⟩ *Gemeindeältester* **2** ⟨kath. Kirche⟩ *Priester* **3** ⟨evang.-reformierte Kirche⟩ *Angehöriger des von der Gemeinde gewählten Kirchenvorstands* [zu *Presbyterium*]

Pres|by|te|ri|al|ver|fas|sung ⟨f.10; evang.-reformierte Kirche⟩ *Kirchenverfassung, nach der die Kirche durch Geistliche und das Presbyterium (3) verwaltet wird*

Pres|by|te|ria|ner ⟨m.5⟩ *Angehöriger der evangelisch-reformierten Kirche mit Presbyterialverfassung (in England und Amerika)*

pres|by|te|ria|nisch ⟨Adj., o.Steig.⟩ **1** *zum Kirchenvorstand gehörend* **2** *zu den Presbyterianern gehörend*

Pres|by|te|ria|nis|mus ⟨m., -, nur Sg.⟩ *Kirchenverwaltung durch Presbyterialverfassung*

Pres|by|te|ri|um ⟨n.1⟩ **1** *Chor(raum) der Kirche* **2** ⟨kath. Kirche⟩ *Priesterkollegium* **3** ⟨evang.-reformierte Kirche⟩ *von der Gemeinde gewählter Kirchenvorstand* [< griech. *presbyterion* ,,Versammlung oder Rat der Ältesten", zu *presbytes* ,,alter Mann, Greis", zu *presbys* ,,alt, ehrwürdig, angesehen; Greis"]

pre|schen ⟨V.1, ist geprescht; o.Obj.⟩ *schnell und heftig rennen, sehr schnell reiten oder fahren; durch die Straßen p.*

Prei|sen|ning ⟨f.1 oder f.10⟩ → *Persenning*

pres|sant ⟨Adj., -er, am -esten⟩ *eilig, dringlich* [frz., zu *pressieren*]

Preß|ball ⟨m.2; Fußb.⟩ *von zwei Spielern zugleich getretener Ball*

Pres|se ⟨f.11⟩ **1** *Maschine zum Formen, Glätten, Zerkleinern mittels Druck* **2** ⟨veraltend⟩ *Maschine zum Drucken* **3** *Gerät zum Auspressen von Obst* **4** ⟨nur Sg.⟩ *Gesamtheit aller Zeitungen; der Minister mußte sich den Fragen der P. stellen; eine gute, schlechte P. haben in den Zeitungen gut, schlecht beurteilt werden* **5** ⟨ugs.⟩ *Privatschule für lernschwache Schüler*

Pres|se|agen|tur ⟨f.10⟩ → *Nachrichtenagentur*

Pres|se|amt ⟨n.4⟩ *die Presse informierende Behörde*

Pres|se|bü|ro ⟨n.9⟩ → *Nachrichtenagentur*

Pres|se|frei|heit ⟨f., -, nur Sg.⟩ *Recht der Presse, Informationen und Meinungen ohne Einschränkung zu verbreiten; auch: Preßfreiheit*

pres|sen ⟨V.1, hat gepreßt; mit Akk.⟩ **1** *jmdn. oder etwas p. stark drücken; jmds. Arm p.; jmdn. oder etwas an sich p.; Sachen in einen Koffer p.; eine Stimme klang gepreßt; der Wagen war gepreßt voll.* **a** *durch Drücken bearbeiten, glätten; Papier, Pflanzen p.; Falten in einen Stoff p. durch Drücken Falten in einen Stoff bringen* **b** *durch Drücken herauslösen; Saft aus einer Zitrone p.; Wasser aus der Wäsche p.* **3** *jmdn. p. jmdn. (zu etwas) zwingen; jmdn. zum Kriegsdienst p.*

Pres|se|spre|cher ⟨m.5⟩ *Angehöriger einer Regierung, Institution o.ä., der die Presse zu informieren hat*

Pressestimme

Pres|se|stim|me ⟨f.11⟩ Meinungsäußerung in der Presse; ~n zufolge werden diese Maßnahmen nicht gutgeheißen

Preß|frei|heit ⟨f., -, nur Sg.⟩ → *Pressefreiheit*

pres|sie|ren ⟨V.3, hat pressiert; o.Obj.⟩ unpersönl. oder von Sachen⟩ *eilen, dringend sein;* die Sache pressiert; es pressiert, das pressiert's nicht ⟨ugs.⟩ *der läßt sich Zeit, der ist langsam, träge;* ich bin pressiert ⟨ugs.; eigtl.⟩ *es pressiert mir* ich habe es eilig [< frz. *presser* „zur Eile antreiben, beschleunigen, eilig, dringend sein", eigtl. „pressen, drücken", < lat. *pressare* in ders. Bed.]

Pres|si|on ⟨f.10⟩ *Druck, Zwang, Nötigung;* ~en ausgesetzt sein

Preß|kopf ⟨m., -(e)s, nur Sg.⟩ → *Preßsack*

Preß|ku|chen ⟨m.7⟩ *Rückstand beim Auspressen von Ölfrüchten*

Preß|ling ⟨m.1⟩ **1** *etwas Ausgepreßtes, Preßrückstand* **2** *gepreßtes Stück (z.B. Brikett)* (Metall~)

Preß|luft ⟨f., -, nur Sg.⟩ → *Druckluft*

Preß|luft|werk|zeug ⟨n.⟩ *mit komprimierter Luft angetriebenes maschinelles Werkzeug (z.B. Preßlufthammer, Schlagbohrer)*

Preß|pap|pe ⟨f., -, nur Sg.⟩ → *Preßspan*

Preß|sack ⟨m., -(e)s, nur Sg.⟩ *gekochte, in weiten Darm gepreßte Wurst aus Kopffleisch und Schwarten von Schwein oder Kalb;* Syn. *Preßkopf;* schwarzer P.; weißer P.

Preß|schlag ⟨m.2; Fußb.⟩ *Treten des Balles durch zwei Spieler zugleich*

Preß|span ⟨m., -(e)s, nur Sg.⟩ *holzfreie, harte, glänzende, bohr- und schleifbare, wasserfeste Pappe;* Syn. *Preßpappe*

Preß|stroh ⟨n., -(e)s, nur Sg.⟩ *in Ballen gepreßtes Stroh (bes. für Strohheizungen)*

Pres|sung ⟨f.10⟩ *das Pressen (2a), das Gepreßtwerden*

Pres|sure-Group ⟨[preʃəgru:p] f.9⟩ *Interessengruppe, die durch Druckmittel, Propaganda oder Lobby Einfluß zu gewinnen sucht (bes. auf Regierung und Gesetzgebung)* [< lat. *pressio,* Gen. *-onis,* „Drücken, Druck", zu *premere* „drücken, pressen"]

Preß|we|he ⟨f.11⟩ *Geburtswehe, die zur Austreibung des Kindes führt*

Pre|stige ⟨[-stiʒ] n., -s, nur Sg.⟩ *Ansehen, Geltung;* das P. wahren; er hat an P. verloren [< frz. *prestige* „Einfluß, Ansehen; Reiz, Zauber; Blendwerk", < lat. *prestigia,* ältere Form *praestrigia,* „Blendwerk", zu *praestringere* „(die Augen) blenden, verdunkeln, schwächen", eigtl. „vorn stumpf machen, vorn zubinden", < *prae* „vorn" und *stringere* „berühren, stumpf machen, verletzen"]

pre|stis|si|mo ⟨Mus.⟩ *sehr schnell* [ital.]

pre|sto ⟨Mus.⟩ *schnell* [ital.]

Pre|sto ⟨n., -(s), -s oder -sti⟩ **1** *schnell zu spielender Teil eines Musikstückes* **2** *Vortrag in schnellem Tempo*

Pre|tio|sen ⟨[-tsjo-] Pl.; †⟩ *kostbarer Schmuck, Juwelen; auch: Preziosen* [< lat. *pretiosus* „kostbar, wertvoll", zu *pretium* „Wert, Preis"]

Preu|ße ⟨m.11⟩ **1** *Einwohner von Preußen* **2** ⟨bayr.⟩ *jmd., der aus Deutschland nördl. von Bayern (und Baden-Württemberg) stammt*

preu|ßisch ⟨Adj., o.Steig.⟩ **1** *Preußen betreffend, zu ihm gehörig, aus ihm stammend* **2** ⟨bayr.⟩ *die Preußen (2) betreffend, in der Art der Preußen*

Preu|ßisch|blau ⟨n., -(s), nur Sg.⟩ *dunkelblaue Farbe, die etwas ins Grünliche geht;* Syn. *Berliner Blau*

pre|zi|ös ⟨Adj., -er, am -esten⟩ **1** ⟨†⟩ *kostbar* **2** *geziert, unnatürlich* [< frz. *précieux,* Fem. *-cieuse* in ders. Bed., < lat. *pretiosus,* → *Pretiosen*]

Pre|zio|sen ⟨Pl.⟩ → *Pretiosen*

Pria|mel ⟨f.11 oder n.5⟩ *scherzhaftes mittelalterliches Spruchgedicht* [mhd., entstellt < *preambel,* → *Präambel*]

Pria|pis|mus ⟨m., -, nur Sg.; Med.⟩ *andauernde, schmerzhafte Erektion des Penis* [nach dem griech. Fruchtbarkeitsgott *Priapos,* der meist mit dem Phallus dargestellt wird]

pri|ckeln ⟨-k|k-; V.1, hat geprickelt; o.Obj.⟩ **1** *ein Gefühl wie von feinen (nicht unangenehmen) Stichen hervorrufen;* das kalte Wasser, der Wind prickelt auf der Haut; der Sekt prickelt im Mund **2** *ein solches Gefühl verspüren;* die eingeschlafenen Füße p.; ⟨auch unpersönl., mit „es" und Dat.⟩ es prickelt mir in den Füßen *ich verspüre ein solches Gefühl in den Füßen* **3** *leicht erregen, leicht beunruhigen;* eine ~de Atmosphäre

Priel ⟨m.1⟩ *schmaler Wasserlauf im Watt*

Priem ⟨m.1⟩ → *Kautabak*

prie|men ⟨V.1, hat gepriemt; o.Obj.⟩ *einen Priem kauen*

Prieß|nitz|um|schlag ⟨m.2⟩ *Kaltwasserumschlag mit Wolltuch darüber* [nach dem Landwirt Vincenz Prießnitz]

Prie|ster ⟨m.5⟩ **1** ⟨i.w.S.⟩ *Träger eines religiösen Amtes, der zu bestimmten kultischen Handlungen berechtigt ist und als Mittler zwischen Gott (den Göttern) und dem Menschen gilt* **2** ⟨i.e.S.⟩ *kath. Geistlicher (der die Weihen empfangen hat);* jmdn. zum P. weihen

prie|ster|lich ⟨Adj., o.Steig.⟩ *zu einem Priester gehörig, in der Art eines Priesters*

Prie|ster|schaft ⟨f., -, nur Sg.⟩ *Gesamtheit der Priester (eines bestimmten Bereichs)*

Prie|ster|tum ⟨n., -s, nur Sg.⟩ **1** *Amt, Würde eines Priesters* **2** *Gesamtheit der Priester;* das P. hatte damals eine sehr große Macht

Prim ⟨f.10⟩ **1** *kath. Kirche⟩ Morgengebet des Breviers* **2** ⟨Fechten⟩ *eine bestimmte Haltung der Klinge* **3** ⟨Mus.⟩ → *Prime*

Prim. Abk. für *Primarius (2)*

pri|ma ⟨Adj., o.Steig., o.Dekl.⟩ **1** ⟨Abk.: pa., Ia⟩ *erster Güte, erstklassig;* p. Äpfel; eine p. Sorte **2** *hervorragend, sehr gut;* eine p. Leistung, Arbeit; das hast du p. gemacht; mit geht es p.; er kann p. Klavier spielen **3** *sehr tüchtig, mit vielen guten Eigenschaften ausgestattet;* er ist ein p. Kerl [lat., Fem. zu *primus* „der erste"]

Pri|ma ⟨f., -, -men⟩ *achte (Unterprima) und neunte Klasse (Oberprima) des Gymnasiums* [< lat. *prima* „die erste"; die Klassen wurden früher von oben nach unten gezählt]

Pri|ma|bal|le|ri|na ⟨f., -, -nen⟩ *erste Tänzerin (eines Balletts)*

Pri|ma|don|na ⟨f., -, -nen; †⟩ *erste Sängerin (bes. der Barockoper)*

Pri|ma|ge ⟨[-ʒə] f.11; Seew.⟩ Syn. *Primgeld* **1** *dem Schiffsführer von einem Ladungsbeteiligten gezahlter Frachtzuschlag, der an den Reeder herauszugeben ist* **2** *vom Reeder dem Kapitän gezahlter Frachtanteil* [frz., zu *prime* „Prämie, Aufgeld"]

Pri|ma|ner ⟨m.5⟩ *Schüler der Prima*

pri|mär ⟨Adj., o.Steig.⟩ *die Grundlage, Voraussetzung bildend, erst..., Anfangs...;* Ggs. *sekundär* [< frz. *primaire* „Anfangs..., Erst...", < lat. *primarius* „zu den ersten gehörig", zu *primus* „der erste"]

Pri|mär|af|fekt ⟨m.1⟩ *erstes Stadium oder Symptom einer Infektionskrankheit (bes. bei Lungen-Tbc und Syphilis)*

Pri|mar|arzt ⟨m.2; österr.⟩ *leitender Arzt einer Krankenhausabteilung; auch:* ⟨kurz⟩ *Primar;* Syn. *Primarius,* vgl. *Sekundararzt* [< *Primarius* und *Arzt*]

Pri|mär|ge|stein ⟨n.1⟩ *unmittelbar aus dem Magma entstandenes Gestein;* Ggs. *Sekundärgestein*

Pri|ma|ri|us ⟨m., -, -ri|en⟩ **1** → *Primgeiger* **2** ⟨Abk.: Prim.; österr.⟩ → *Primararzt* [< lat. *primarius,* → *primär*]

Pri|mär|kreis|lauf ⟨m.2; Kerntechnik⟩ *Wasserkreislauf, bei dem die Flüssigkeit die aus der Kernspaltung freigesetzte Wärme aufnimmt;* Ggs. *Sekundärkreislauf*

Pri|mär|li|te|ra|tur ⟨f., -, nur Sg.⟩ *die Werke oder die Quellen selbst (im Unterschied zur Sekundärliteratur)*

Pri|mar|schu|le ⟨f.11; schweiz.⟩ → *Volksschule*

Pri|mas 1 ⟨m., -, -mas|se oder -ma|ten⟩; *kath. Kirche;* Ehrentitel für *Erzbischof mit bestimmten Hoheitsrechten* **2** ⟨m., -, -mas|se⟩ *erster Geiger und Solist einer Zigeunerkapelle⟩* [< spätlat. *primas* für lat. *primarius* „einer der ersten", zu lat. *primus* „der erste"]

Pri|mat I ⟨m.1 oder n.1⟩ *erster Rang, erste Stelle, Vorrang* **II** ⟨m.10, meist Pl.⟩ *Vertreter der höchstentwickelten Ordnung der Säugetiere (Halbaffe, Affe und Mensch im biologischen Sinne);* Syn. ⟨veraltend⟩ *Herrentier* [< lat. *primatus* „erste Stelle, erster Rang", zu *primus* „der erste", da die Affen und Menschen in der stammesgeschichtlichen Entwicklung an oberster Stelle stehen]

pri|ma vi|sta ⟨Mus.⟩ *vom Blatt;* ein Stück p. v. spielen [ital., „beim ersten Blick"]

Pri|ma|wech|sel ⟨m.5⟩ *erste Ausfertigung eines Wechsels*

Pri|me ⟨f.11⟩ **1** *erster Ton der diatonischen Tonleiter* **2** *Intervall im Einklang;* vgl. *Prim* **3** ⟨Buchw.⟩ *Kurzfassung des Buchtitels auf der ersten Seite des Bogens links unten;* vgl. *Sekunde (4)*

Pri|mel ⟨f.11⟩ **1** ⟨i.w.S.⟩ *Pflanze mit strahligen, fünfzähligen Blüten (z.B. Alpenveilchen)* **2** ⟨i.e.S.⟩ → *Schlüsselblume* [< mlat. *primula* (Verkleinerungsform von *prima* „die erste") *veris* „erste des Frühlings"]

Pri|mel|krank|heit ⟨f., -, nur Sg.⟩ *auf Allergie beruhendes Ekzem, das durch eine Absonderung der Drüsenhaare einiger Primelarten hervorgerufen wird*

Prim|gei|ger ⟨m.5⟩ *erster Geiger (in der Kammermusik);* Syn. *Primarius*

Prim|geld ⟨n.3⟩ → *Primage*

Pri|mi|pa|ra ⟨f., -, -pa|ren⟩ → *Erstgebärende;* vgl. *Multipara, Nullipara* [< lat. *primipara* „zum ersten Mal gebärend, werfend", < *primus* „zum ersten Mal" und *parere* „gebären"]

pri|mis|si|ma ⟨Adj., o.Steig., o.Dekl.; ugs.⟩ **1** ⟨verstärkend⟩ *sehr fein, erstklassig; P. Qualität* **2** *vorzüglich, ausgezeichnet;* es ist alles p. verlaufen; mir geht es p. [italienisierende Bildung zu *prima*]

pri|mi|tiv ⟨Adj.⟩ **1** *ursprünglich, im Urzustand, urwüchsig, nicht zivilisiert;* ~e Völker ⟨besser⟩ *Naturvölker;* die Primitiven ⟨besser⟩ *Naturvölker* **2** *einfach, dürftig, behelfsmäßig;* eine ~e Hütte; ein ~es Gerät **3** *geistig wenig entwickelt, auf niedrigem geistigem Niveau stehend;* ein ~er Mensch **4** *sehr einfach, sehr vereinfacht;* wenn ich das einmal ganz p. ausdrücken darf; er denkt zu p. [< frz. *primitif,* Fem. *-ive,* „ursprünglich, uranfänglich; einfach", < lat. *primitivus* „das erste in seiner Art", zu *primus* „der erste"]

Pri|mi|ti|vis|mus ⟨m., -, nur Sg.⟩ *Kunstrichtung, die von der Kunst der primitiven Völker angeregt wird*

Pri|mi|ti|vi|tät ⟨f., -, nur Sg.⟩ *primitive Beschaffenheit*

Pri|mi|tiv|ling ⟨m.1; ugs.⟩ *primitiver Mensch*

Pri|miz ⟨f.10; kath. Kirche⟩ *erste Messe eines neugeweihten Priesters* [< lat. *primitiae* „die Erstlinge (der Früchte)", zu *primus* „der erste"]

Pri|mi|zi|ant ⟨m.10⟩ *neugeweihter kath. Priester*

Pri|mi|zi|en ⟨Pl.; im alten Rom⟩ *die den Göttern dargebrachten ersten Früchte des Jahres*

pri|mo ⟨Mus.⟩ *der oder das erste;* p. tempo *erstes (ursprüngliches) Tempo;* violino p. *erste Geige* [ital.]

Pri|mo ⟨n., -s, nur Sg.; Abk.: Iᵐᵒ⟩ *beim vierhändigen Klavierspiel⟩ erste Stimme;* Ggs. *Secondo*

Pri|mo|ge|ni|tur ⟨f.10⟩ *Erstgeburtsrecht,*

Erbfolge des Erstgeborenen; vgl. Sekundogenitur [< vulgärlat. primogenita „Recht der Erstgeburt", zu lat. primogenitus „Erstgeborener", <primus „der erste" und genitus „gezeugt, geboren", zu genere, ältere Form von gignere, „zeugen, gebären"]

Primus ⟨m., -, -mus|se oder -mi⟩ *Klassenbester*; P. inter pares *Erster unter Ranggleichen*

Primzahl ⟨f.10⟩ *Zahl, die nur durch 1 und sich selbst geteilt werden kann* (z.B. 7, 13) [< lat. primus „der erste" und Zahl]

Prin|te ⟨f.11⟩ *hartes, flaches, ähnlich wie ein Lebkuchen gewürztes Gebäck* [< ndrl. prent „Abdruck, Aufdruck, abgedrucktes Bild", < altfrz. preindre „drücken" < lat. premere „drücken", weil urspr. auf die Printe Heiligen- oder andere Figuren aufgeprägt wurden]

Printed in Germany [- dʒəmənɪ] *in Deutschland gedruckt* ⟨Vermerk in Büchern⟩ [engl.]

Prinz ⟨m.10⟩ *nicht regierendes Mitglied eines Fürstenhauses* [< mhd. prinze < altfrz. prince „Fürst, Statthalter", < lat. princeps, → Prinzeps]

Prin|zeps ⟨m., -, -zi|pes; im alten Rom⟩ **1** *Senator, der bei den Abstimmungen zuerst stimmte* **2** ⟨seit Augustus Titel für⟩ *römischer Kaiser* [< lat. princeps „der Erste, Gebieter", eigtl. „der die erste Stelle einnimmt", < primus „der erste" und capere „fassen, ergreifen"]

Prin|zes|sin ⟨f.10⟩ *weiblicher Prinz*

Prin|ze|mahl ⟨m.1⟩ *Gemahl einer regierenden Fürstin*

Prin|zip ⟨n., -s, -e oder -zi|pi|en⟩ **1** *Ursprung, Grundlage*; im P. *hast du recht im Grunde, eigentlich hast du recht* **2** *zugrundeliegende Gesetzmäßigkeit*; das P. *allen Seins*; nach einem bestimmten P. *arbeiten*; ich verstehe das P. dieser Methode noch nicht **3** *Grundsatz, Regel, Richtschnur*; sich etwas zum P. machen; das aus P. tun oder nicht tun [< lat. principium „Anfang, Ursprung, Grundlage", zu princeps „der Erste", → Prinzeps]

Prin|zi|pal I ⟨m.1; †⟩ *Lehrherr, Geschäftsinhaber* **II** ⟨n.1⟩ *ein Orgelregister, Hauptstimme* [< lat. principalis „der erste; Vorsteher", zu princeps, → Prinzeps]

Prin|zi|pal|gläu|bi|ger ⟨m.5⟩ *Hauptgläubiger*

prin|zi|pa|li|ter ⟨Adv.; †⟩ *vor allem, in erster Linie* [lat.]

Prin|zi|pal|stim|men ⟨Pl.⟩ *die im Prospekt der Orgel aufgestellten Pfeifen*

Prin|zi|pat ⟨n.1⟩ **1** *Vorrang* **2** *Verfassungsform der älteren römischen Kaiserzeit*

prin|zi|pi|ell ⟨Adj., o.Steig.⟩ **1** *einem Prinzip entsprechend oder folgend, grundsätzlich*; so etwas tue ich p. nicht **2** *soweit es das Prinzip betrifft*; ich habe p. nichts dagegen (aber im Einzelfall gefällt es mir nicht mehr) **3** *auf einem Prinzip beruhend, ein Prinzip betreffend*; ~e Fragen klären

Prin|zi|pi|en|rei|ter ⟨m.5⟩ *jmd., der unnachgiebig auf seinen Prinzipien (3) beharrt*

Prin|zi|pi|en|rei|te|rei ⟨f., -, nur Sg.⟩ *unnachgiebiges Beharren auf Prinzipien (3)*

Prinz|re|gent ⟨m.10⟩ *stellvertretend für den Monarchen regierender Prinz*

Prior ⟨m.13⟩ *Vorsteher (eines Klosters), Stellvertreter (eines Abtes)* [< lat. prior „der erste, vordere; eher, früher", zu altlat. pri... „vor"]

Prio|rat ⟨n.1⟩ *Amt, Würde eines Priors*

Prio|ri|tät ⟨f.10⟩ *Vorrang, Erst-, Vorzugsrecht*; ~en *Wertpapiere mit Vorzugsrechten* [< frz. priorité in ders. Bed., < lat. prior, → Prior]

Pris|chen ⟨n.7⟩ *kleine Prise (1)*

Pri|se ⟨f.11⟩ **1** *Menge (eines Pulvers), die man mit drei Fingern fassen kann* **2** *von einem kriegführenden Staat weggenommenes feindliches oder Konterbande führendes neutrales Schiff* **3** *dessen Ladung* [frz., „das Ergreifen, Nehmen, Wegnehmen; Beute, Fang, erbeutetes Schiff", zu prendre < lat. prendere „nehmen"]

Pri|sen|ge|richt ⟨n.1⟩ *Gericht, das darüber zu entscheiden hat, ob eine Prise (2) rechtmäßig genommen wurde*

Pris|ma ⟨n., -s, -men⟩ **1** ⟨Math.⟩ *Körper, dessen Grund- und Deckfläche parallele und kongruente Vielecke und dessen Seitenflächen sämtlich Parallelogramme sind* **2** ⟨Optik⟩ *Körper aus einer brechenden Substanz (z.B. Glas)* [< griech. prisma „das Zersägte, dreiseitige Säule", zu prisis „das Sägen", zu priein „sägen"]

pris|ma|tisch ⟨Adj., o.Steig.⟩ *in der Art eines Prismas*

Pris|ma|to|id ⟨n.1⟩ *prismenähnlicher Körper* [< Prisma und ...oid]

Prit|sche ⟨f.11⟩ **1** *flaches Holz zum Schlagen* **2** *Schlag- und Klapperinstrument des Hanswursts* **3** *Ladefläche der Lastkraftwagen mit herabklappbaren Seitenwänden* **4** *Liegestatt aus Holzbrettern*

prit|schen ⟨V.1, hat gepritscht; mit Akk.⟩ *mit der Pritsche (2) leicht schlagen*

Prit|schen|wa|gen ⟨m.7⟩ *kleiner Lastkraftwagen mit Pritsche (3)*

pri|vat ⟨[-vat] Adj., -er, am -esten⟩ **1** *eine Person angehend, persönlich*; das ist meine ~e Angelegenheit; aus ~en Gründen **2** *außerdienstlich, außergeschäftlich, außerberuflich*; ich kenne ihn nur beruflich, nicht p. **3** ⟨o.Steig.⟩ *nicht für die Öffentlichkeit bestimmt*; ~e Mitteilungen; ein ~es Gespräch **4** *vertraut, häuslich, familiär*; in ~em Kreise **5** ⟨o.Steig.⟩ *einer Person gehörend, von einer Person unterhalten, getragen*; eine ~e Schule; ein ~es Krankenhaus; an Privat ⟨ugs.⟩ *an eine Privatperson*; wir verkaufen auch, wir verkaufen nicht an Privat; *von Privat von einer Privatperson*; *Vermietung einer Wohnung von P. durch den Vermieter selbst, nicht durch einen Makler* [< lat. privatus „abgesondert, für sich; befreit (von öffentlichen Pflichten, von Verantwortung usw.), nicht fürstlich, kaiserlich oder staatlich", zu privus „für sich bestehend, einzeln, frei von"]

Pri|vat|an|ge|le|gen|heit ⟨f.10⟩ *ganz persönliche Sache*; das ist meine P.

Pri|vat|au|di|enz ⟨f.10⟩ *Audienz in privaten Angelegenheiten bei einer bedeutenden Persönlichkeit (z.B. beim Papst)*

Pri|vat|do|zent ⟨m.10⟩ *Hochschullehrer, der noch keine Professur und keine Beamtenstelle hat*

Pri|vat|ge|lehr|te(r) ⟨m., f.17 oder 18⟩ *nicht fest angestellte(r) Gelehrte(r)*

Pri|va|tier ⟨[-tje] m.9; †⟩ *jmd., der privatisiert*

Pri|va|tie|re ⟨[-tjerə] f.11; †⟩ *weiblicher Privatier*

pri|va|tim ⟨Adv.⟩ *persönlich, vertraulich, unter vier Augen* [lat.]

Pri|vat|in|i|tia|ti|ve ⟨f.11⟩ *Handeln aus eigenem Antrieb*

Pri|va|ti|on ⟨f.10⟩ **1** ⟨†⟩ *Beraubung, Entziehung* **2** *negative Aussage, bei der das Prädikat dem Subjekt Wesentliche nimmt, z.B. der Vogel kann nicht fliegen*

pri|va|ti|sie|ren ⟨V.3, hat privatisiert; o.Obj.⟩ *vom eigenen Vermögen leben, ohne beruflich zu arbeiten*

pri|va|tis|si|me ⟨Adv.⟩ *streng vertraulich, im engsten Kreis, unter vier Augen* [lat.]

Pri|va|tis|si|mum ⟨n., -s, -mi⟩ **1** *Vorlesung für einen kleinen, ausgewählten Hörerkreis* **2** *unter vier Augen erteilte Ermahnung*

Pri|vat|le|ben ⟨n., -s, nur Sg.⟩ *persönliches Leben, Leben des einzelnen außerhalb der Öffentlichkeit und der Arbeit*

Pri|vat|pa|ti|ent ⟨[-tsjent] m.10⟩ *Patient, der die Arzt- und Krankenhauskosten selbst bezahlt*

Pri|vat|per|son ⟨f.10⟩ *nicht an eine Behörde, eine Firma o.ä. gebundene Person*; ich komme nicht als Beauftragter, sondern als P.; wir verkaufen nicht an ~

Pri|vat|quar|tier ⟨n.1⟩ *Unterkunft bei einer Privatperson*

Pri|vat|recht ⟨n.1; zusammenfassende Bez. für⟩ *Vorschriften, die die Beziehungen privater Personen, Verbände und Gesellschaften untereinander regeln*; Ggs. *öffentliches Recht* (→ öffentlich)

Pri|vat|schu|le ⟨f.11⟩ *von Privatpersonen, Vereinen u.a. getragene Schule (im Unterschied zu einer öffentlichen, vom Staat unterhaltenen Schule)*

Pri|vat|sta|ti|on ⟨f.10⟩ *Krankenhausabteilung für Privatpatienten*

Pri|vat|ver|gnü|gen ⟨n.7⟩ *Vergnügen*, ⟨auch allg.⟩ *Angelegenheit, die jmdn. nur ganz privat angeht*; Sie sind nicht zu Ihrem P. hier!; das ist mein P. (und geht niemanden etwas an)

Pri|vat|wirt|schaft ⟨f., -, nur Sg.⟩ *Wirtschaft, die auf privater Initiative (und nicht auf staatlicher Lenkung) beruht*

Pri|vi|leg ⟨n., -s, -e oder -le|gi|en⟩ *alleiniges Recht, Vorrecht, Sonderrecht* [< lat. privilegium „Ausnahmegesetz, besondere Verordnung; Vorrecht", < privus „einzeln, in besonderer" und lex, Gen. legis, „Gesetz"]

pri|vi|le|gie|ren ⟨V.3, hat privilegiert; mit Akk.⟩ *jmdn. p. jmdm. ein Privileg gewähren, jmdn. mit Privilegien ausstatten*; privilegiert sein *Privilegien haben, genießen*; privilegierte Schichten

Prix ⟨[pri] m., -, -; frz. Bez. für⟩ *Preis*; Grand P. [grã pri] *Großer Preis*

pro I ⟨Präp. mit Akk.⟩ *für, je*; der Eintritt kostet p. Person 5 DM; p. Jahr zweimal **II** ⟨Adv.⟩ *für (eine bestimmte Sache, eine bestimmte Politik, Ideologie o.ä.)*; p. eingestellt sein [lat.]

Pro ⟨n., -s, nur Sg.⟩ *das Für*; Ggs. *Kontra*; das P. und das Kontra *das Für und Wider (einer Sache)*

pro..., Pro... ⟨in Zus.⟩ **1** *für, zugunsten von ..., z.B. progriechisch* **2** *vor..., vorwärts..., hervor..., z.B. Progression* **3** *für, anstelle von, vertretend, z.B. Prodekan* [< lat. pro „für, vor, voran"]

pro an|no ⟨Abk.: p. a.⟩ *jährlich*; das kostet p. a. 10000 DM [lat.]

pro|ba|bel ⟨Adj., o.Steig.⟩ *glaubhaft, annehmbar*; ein probabler Grund

Pro|ba|bi|lis|mus ⟨m., -, nur Sg.⟩ *Lehre, daß wahre Erkenntnis nicht möglich sei und alles Wissen nur Wahrscheinlichkeitswert habe*

Pro|band ⟨m.10⟩ **1** ⟨Genealogie⟩ *jmd., für den eine Ahnentafel aufgestellt werden soll* **2** *jmd., der in einer Anstalt untersucht und beobachtet wird* **3** ⟨Psych.⟩ *Versuchs-, Testperson* [< lat. probandus „einer, der geprüft, untersucht werden soll", zu probare „auf die Tüchtigkeit, Güte, Echtheit hin prüfen, untersuchen"]

pro|bat ⟨Adj., -er, am -esten⟩ *bewährt, erprobt*; ein ~es Mittel [< lat. probatus „erprobt, bewährt, tüchtig", zu probare „auf die Tüchtigkeit, Güte, Echtheit hin untersuchen"]

Pro|be ⟨f.11⟩ **1** *Versuch, bei dem die Eignung von jmd. oder etwas festgestellt wird*; eine P. seines Könnens geben; eine P. bestehen; etwas einer P. unterziehen; auf P.; P. Jahr kurze Zeit zur Prüfung; jmdn. auf die P. stellen jmds. Eignung überprüfen; etwas, jmdn. auf eine harte P. stellen jmdn. stark beanspruchen; ich nehme das Gerät auf P.; ein Gerät zur P. laufen lassen **2** *kleine Menge von etwas, die untersucht werden soll* (Gesteins-~, Wasser-~); eine P. nehmen **3** *Muster, kleines Stück (einer Ware)* (Waren-~); jmdm. eine P. zusenden **4** *vorbereitende Übung (vor einer Aufführung)* (General-~,

Probearbeit

Kostüm~); sie haben das Konzert nach nur drei ~n gespielt; wir haben heute P.

Pro|be|ar|beit ⟨f.10⟩ *zur Probe (1) anzufertigende oder angefertigte Arbeit;* vgl. *Probenarbeit*

pro|be|fah|ren ⟨V.32; nur im Infinitiv und Perf.⟩ **I** ⟨mit Akk.; hat probegefahren⟩ *etwas p. eine Probefahrt mit etwas machen; etwas durch Fahren ausprobieren;* einen Wagen p. **II** ⟨o.Obj.; ist probegefahren⟩ *eine Probefahrt machen, zur Probe fahren*

Pro|be|fahrt ⟨f.10⟩ *Fahrt, um die Tauglichkeit eines Fahrzeugs zu prüfen*

Pro|be|jahr ⟨n.1⟩ *ein Jahr dauernde Zeit der Probe;* ein P. abdienen

pröbeln ⟨V.1, hat gepröbelt; o.Obj.; schweiz.⟩ *Proben machen, herumprobieren*

pro|ben ⟨V.1, hat geprobt; mit Akk., auch o.Obj.⟩ *üben, probeweise sprechen, spielen;* Syn. *probieren;* im Theaterstück p. *noch;* wir haben den Auftritt wochenlang geprobt

Pro|be|n|ar|beit ⟨f.10⟩ *Arbeit bei den Proben für ein Theaterstück oder einen Film;* vgl. *Probearbeit*

Pro|be|num|mer ⟨f.11⟩ *einzelne Ausgabe einer Zeitschrift zum Zweck der Probe (3) oder Werbung*

pro|be|wei|se ⟨Adv.⟩ *auf Probe (1);* einen Wagen p. fahren

Pro|be|zeit ⟨f.10⟩ **1** *Zeit, in der ein Arbeitnehmer seine Befähigung beweisen muß* **2** ⟨Rechtsw.⟩ *Bewährungszeit*

pro|bie|ren ⟨V.3, hat probiert; mit Akk.⟩ *etwas p.* **1** *auf den Geschmack hin prüfen, kosten, versuchen;* eine Süßspeise p. **2** ⟨kurz für⟩ *anprobieren;* Schuhe, ein Kleid p. **3** *einen Versuch mit etwas machen, versuchen;* das Radfahren p.; probier (es) mal, ob du es kannst! **4** →*proben*

Pro|bier|glas ⟨n.4⟩ **1** *Glas, mit dem ein Getränk probiert wird* **2** →*Reagenzglas*

Pro|blem ⟨n.1⟩ **1** *schwierige Frage oder Aufgabe;* ein P. lösen; das ist ein unlösbares P. **2** *Schwierigkeit;* das ist kein P. ⟨ugs.⟩ *das ist schwierig;* bitte fragen Sie mich, wenn Sie ~e haben ⟨ugs.⟩ *wenn Sie nicht zurechtkommen;* sie hat ~e mit ihrem Sohn *sie hat Schwierigkeiten mit ihrem Sohn;* das ist nicht mein P. ⟨ugs.⟩ *das ist nicht meine Sache, das geht mich nichts an* [< griech. *problema* ,,Hindernis, Bollwerk", übertr. ,,Streitfrage, zweifelhafte Frage", eigtl. ,,das Vorgelegte, Hervorragende", zu *proballein* ,,vorwärts werfen, hinwerfen, entgegenstellen"]

Pro|ble|ma|tik ⟨f., -, nur Sg.⟩ **1** *Schwierigkeit (einer Frage oder Aufgabe);* jede Arbeit, Aufgabe hat ihre eigene P.; die P. der richtigen Menschenführung **2** *Komplex von Fragen oder Aufgaben*

pro|ble|ma|tisch ⟨Adj.⟩ **1** *schwierig;* eine ~e Aufgabe; das ist nicht p. ⟨ugs.⟩ **2** *fragwürdig;* den Konflikt auf diese Weise lösen zu wollen ist sehr p.

pro|ble|ma|ti|sie|ren ⟨V.3, hat problematisiert; mit Akk.⟩ *erschweren, zum Problem machen;* einen Sachverhalt p.; wir wollen die Sache nicht unnötig p.

Pro|blem|kind ⟨n.3⟩ *schwieriges, schwer erziehbares Kind*

pro|blem|los ⟨Adj., o.Steig.⟩ *keine Schwierigkeiten bietend*

Probst ⟨m.1⟩ *falsche Schreibung für* Propst

pro cen|tum ⟨Abk.: p. c.; †⟩ *für, auf hundert (Stück), vom Hundert;* auch: *per centum* [lat.]

Pro|de|kan ⟨m.1⟩ *Vertreter des Dekans (einer Hochschule)*

pro do|mo *für sich selbst, zum eigenen Nutzen;* p. d. sprechen [lat., ,,für das eigene Haus"]

Pro|drom, Pro|dro|mal|symp|tom ⟨n.1⟩ *eine Krankheit vorher anzeigende Erscheinung* [zu griech. *prodromos* ,,Vorläufer", < *pro* ,,voraus" und *dromos* ,,Lauf"]

Pro|duct-Ma|na|ger ⟨[prɔdʌkt mænidʒər] m., -s, -⟩ *jmd., der ein Produkt oder eine Produktgruppe eines Unternehmens in der Planung, Werbung, Verkaufsförderung usw. betreut* [engl.]

Pro|dukt ⟨n.1⟩ **1** *Erzeugnis, Ertrag;* pflanzliche ~e; landwirtschaftliche ~e **2** *Ergebnis (des Malnehmens);* das P. von drei mal vier ist zwölf **3** ⟨übertr.⟩ *Ergebnis (einer Handlung oder Arbeit);* das ist das P. deiner Erziehung! [< lat. *productum* ,,auf den Markt Gebrachtes, zum Verkauf Vorgeführtes", zu *producere,* →*produzieren*]

Pro|duk|ten|han|del ⟨m., -s, nur Sg.⟩ *Handel mit landwirtschaftlichen und Rohprodukten*

Pro|duk|ti|on ⟨f.10⟩ **1** *Herstellung, Erzeugung* **2** *Abteilung eines Betriebes, die sich mit der Produktion (1) befaßt;* er hat zuerst im Verkauf und dann in der P. gearbeitet **3** *Erzeugnis;* der Film ist eine französische P. **4** *Gesamtheit der Erzeugnisse (eines Betriebes, eines Landes);* bei dem Brand wurde ein Teil der P. zerstört [zu *produzieren*]

Pro|duk|ti|ons|mit|tel ⟨Pl.⟩ *Maschinen und Anlagen für die Produktion (1)*

Pro|duk|ti|ons|zweig ⟨m.1⟩ *Teil der industriellen Produktion, der bestimmte Waren herstellt*

pro|duk|tiv ⟨Adj.⟩ **1** *Produkte erzeugend, fruchtbar* **2** *schöpferisch;* ~e Arbeit; ein ~er Künstler

Pro|duk|ti|vi|tät ⟨f., -, nur Sg.⟩ **1** *Ergiebigkeit, Fruchtbarkeit* **2** *schöpferische Kraft*

Pro|du|zent ⟨m.10⟩ *Hersteller, Erzeuger;* Ggs. *Konsument*

pro|du|zie|ren ⟨V.3, hat produziert⟩ **I** ⟨mit Akk.⟩ **1** *hervorbringen, erzeugen, herstellen;* Waren p.; dieser Betrieb produziert Kleidung **2** ⟨oft iron.⟩ *zustande bringen;* einen Reinfall p.; er hat eine Fünf in Latein produziert **II** ⟨refl.⟩ *sich p. seine Fähigkeiten zur Schau stellen, etwas vormachen, was man kann;* produziert sich gern [< lat. *producere* ,,auf den Markt bringen, zum Verkauf vorführen", eigtl. ,,vor-, hervorführen"]

Prof. ⟨Abk. für⟩ *Professor*

pro|fan ⟨Adj.⟩ **1** *weltlich, nicht kirchlich;* Ggs. *sakral (2)* **2** ⟨übertr.⟩ *alltäglich* [< lat. *profanus* ,,nicht geheiligt, nicht geweiht, nicht für den Gottesdienst bestimmt", eigtl. ,,vor dem heiligen Bezirk, dem Tempel liegend", < *pro* ,,vor" und *fanum* ,,Heiligtum, geweihter Ort"]

Pro|fa|na|ti|on ⟨f., -, nur Sg.⟩ *das Profanieren*

Pro|fan|bau ⟨m., -(e)s, -bau|ten⟩ *Bau für weltliche Zwecke;* Ggs. *Sakralbau*

pro|fa|nie|ren ⟨V.3, hat profaniert; mit Akk.⟩ **1** *ins Alltägliche herabziehen, entweihen;* einen religiösen Ritus p. **2** *in weltlichen Gebrauch überführen, säkularisieren* **Pro|fa|nie|rung** ⟨f., -, nur Sg.⟩

Pro|fa|ni|tät ⟨f., -, nur Sg.⟩ *Unheiligkeit, Weltlichkeit, Alltäglichkeit*

Pro|feß I ⟨f.1⟩ *Ablegung der Ordensgelübde* **II** ⟨m.10⟩ *Ordensmitglied nach Ablegung der Ordensgelübde* [zu *Profession*]

Pro|fes|si|on ⟨f.10; †⟩ *Beruf* [< lat. *professio,* Gen. *-onis,* ,,öffentliche Erklärung, Bekenntnis; das (offiziell angegebene) Gewerbe, Geschäft", zu *profiteri* ,,sich öffentlich zu einem Fach, Beruf bekennen"]

Pro|fes|sio|nal ⟨[-fɛʃənəl] m.9; ältere Bez. für⟩ *Profi* [< engl. *professional* ,,beruflich", →*Profession*]

pro|fes|sio|na|li|sie|ren ⟨V.3, hat professionalisiert; mit Akk.⟩ *zur Erwerbsquelle, zum Beruf machen;* die kleinen Liebhaberkonzerte sind allmählich professionalisiert worden, Sport p.

Pro|fes|sio|na|lis|mus ⟨m., -, nur Sg.⟩ *Berufssportlertum, berufliche Ausübung (bes. des Sports)* [zu *Profession*]

pro|fes|sio|nell ⟨Adj., o.Steig.⟩ **1** *beruflich;* eine Tätigkeit p. ausüben **2** *in der Art eines Fachmannes;* ein ~es Urteil, Gutachten **3** *(eine Tätigkeit) als Beruf ausübend;* ~er Sportler

pro|fes|sio|niert ⟨Adj., o.Steig.⟩ *berufs-, gewerbsmäßig*

Pro|fes|sio|nist ⟨m.10; österr.⟩ *ausgebildeter Handwerker* [zu *Profession*]

Pro|fes|sor ⟨m.13; Abk.: Prof.⟩ **1** *Hochschullehrer in Beamtenstellung* **2** *(Titel für) verdienter Gelehrter, Künstler u.a.* **3** ⟨früher Titel für⟩ *Lehrer an einer höheren Schule* [< lat. *professor* ,,öffentlich tätiger Lehrer", zu *profiteri* ,,öffentlich lehren", eigtl. ,,öffentlich zu einem Fach, Beruf bekennen", < *pro* ,,für" und *fateri* ,,bekennen, zu erkennen geben"]

pro|fes|so|ral ⟨Adj.⟩ **1** ⟨o.Steig.⟩ *einen Professor betreffend* **2** ⟨scherzh.⟩ *lehrhaft, würdevoll und ein wenig wirklichkeitsfremd*

Pro|fes|sur ⟨f.10⟩ →*Lehrstuhl* [eigtl. ,,(Lehr-)Amt als Professor"]

Pro|fi ⟨m.9⟩ *jmd., der etwas professionell betreibt,* ⟨bes.⟩ *Berufssportler;* Ggs. *Amateur* [Kurzw. für *Professional*]

Pro|fil ⟨n.1⟩ **1** *Seitenansicht (bes. des Gesichts);* er hat ein gut geschnittenes P.; jmdn. im P. zeichnen **2** *senkrechter Schnitt durch die Erdkruste* **3** *Längsschnitt* **4** *Kerbung (von Gummireifen, Schuhsohlen)* **5** *Höhe und/oder Breite (eines Torbogens o.ä.)* **6** ⟨übertr.⟩ *eigener, klare Haltung oder Richtung;* der Verlag muß sich erst ein P. geben; seine Politik hat kein P. [< frz. *profile* in ders. Bed., < ital. *profilo* ,,Seitenansicht, Umriß(linie)", Rückbildung zu *profilare* ,,von der Seite abzeichnen, so bearbeiten, daß der Querschnitt eine besondere Form erhält", < lat. *pro* ,,für, zugunsten von" und *filum* ,,äußere Form, Gestalt"]

pro|fi|lie|ren ⟨V.3, hat profiliert⟩ **I** ⟨mit Akk.⟩ *mit einem Profil (4) versehen;* Schuhsohlen p.; Reifen p. **II** ⟨refl.⟩ *sich p. eine Eigenart, eine klare Haltung ausbilden, sich in bestimmter Richtung entwickeln;* er hat sich als Künstler profiliert; der Verlag hat sich profiliert

Pro|fil|neu|ro|se ⟨f.11⟩ *Störung des Selbstgefühls infolge geschmälerten Prestiges* [zu *Profil* im Sinne von ,,klare Richtung (die man eingeschlagen hat), Ansehen"]

Pro|fit ⟨auch -fit] m.1⟩ *Gewinn, Nutzen;* einen P. aus etwas ziehen; einen P. von etwas haben [frz., ,,Gewinn", < lat. *proficere* ,,vorwärtskommen, gewinnen; nützlich sein, helfen", < *pro* ,,für, vor, voran, voraus" und *ficere* (zu *facere*) ,,machen"]

pro|fi|ta|bel ⟨Adj., profitabler, am -sten⟩ *gewinnbringend;* ein profitables Geschäft

Pro|fit|chen ⟨n.7⟩ *kleiner (meist nicht ganz ehrlicher) Profit*

Pro|fi|teur ⟨[-tør] m.1⟩ *Profitmacher, rücksichtsloser Geschäftemacher*

pro|fi|tie|ren ⟨V.3, hat profitiert; mit Akk.⟩ *etwas p. einen Nutzen, Gewinn von etwas haben;* bei diesem Geschäft hat nur er etwas profitiert; ich habe von diesem Vortrag viel, nichts profitiert

pro for|ma ⟨nur⟩ *der Form wegen, zum Schein* [lat.]

Pro|fos ⟨m.1 oder m.10; in Landsknechtsheeren des MA⟩ *Leiter des Militärgerichts, Feldrichter* [< spätlat. *propositus* statt lat. *praepositus* ,,Vorgesetzter, Vorsteher", →*Propst*]

pro|fund ⟨Adj., -er, am -esten⟩ *tief, tiefgründig, gründlich;* ~es Wissen; ~e Kenntnisse [< lat. *profundus* ,,geistig tief eingehend, tiefgründig", eigtl. ,,unermeßlich tief", < *pro* ,,über ... hinaus" und *fundus* ,,Grund, Boden"]

pro|fus ⟨Adj., -er, am -esten; Med.⟩ *überreichlich, stark;* ~e Schweißabsonderung

[< lat. *profusus* „überreichlich", zu *profundere* „vorwärts fließen, hingießen, freigebig spenden"]

Pro|ge|nie ⟨f.11⟩ *Vorspringen des Unterkiefers, des Kinns;* Ggs. *Prognathie* [< griech. *progeneios* „mit vorstehendem Kinn", < *pro* „vorn, voran" und *geneion* „Kinn", zu *genys* „Kinnbacken, Gebiß, Zähne"]

Pro|ge|ste|ron ⟨n., -s, nur Sg.⟩ *ein Hormon des Gelbkörpers* [Kunstwort zu lat. *pro* „vor" und *gestatio* „das Tragen", da das Progesteron vor Eintreten einer Schwangerschaft eine Rolle spielt]

Pro|gna|thie ⟨f.11⟩ *Vorspringen des Oberkiefers;* Ggs. *Progenie;* vgl. *Orthognathie* [< griech. *pro* „vorn, voran" und *gnathos* „Kinnbacken, Gebiß"]

Pro|gno|se ⟨f.11⟩ *Voraus-, Vorhersage* (Wetter~); *eine P. stellen* [< spätgriech. *prognosis* „Vorauswissen, Voraussicht", zu *progignoskein* „im voraus erkennen, vorauswissen"]

Pro|gno|stik ⟨f., -, nur Sg.⟩ *Lehre von den Prognosen*

Pro|gno|sti|kon, Pro|gno|sti|kum ⟨n., -s, -ka⟩ *Vorzeichen (künftigen Geschehens, einer Krankheit)*

pro|gno|stisch ⟨Adj., o.Steig.⟩ *vorhersagend*

pro|gno|sti|zie|ren ⟨V.3, hat prognostiziert; mit Akk.⟩ **1** *voraussagen; künftige Ereignisse p.; daß es so kommen wird, hat er schon vor einem Jahr prognostiziert* **2** *vor dem Ausbreiten, Auftreten erkennen; eine Krankheit p.*

Pro|gramm ⟨n.1⟩ **1** *Plan, Vorhaben; hast du für heute abend schon ein P.?; das steht nicht auf meinem P.; das Spiel verlief nach P. wie geplant* **2** *Darlegung der Ziele und Grundsätze; das P. einer Partei, einer künstlerischen Bewegung; die Partei hat ein klares, fest umrissenes P.* **3** *Folge von Darbietungen* (Rundfunk~, Fernseh~); *auf dem P. stehen Werke von Mozart; das P. ansagen* **4** *Blatt, Heft mit der Folge der Darbietungen; ein P. kaufen* **5** *Gesamtheit der einander folgenden Szenen (in einem Werk der bildenden Kunst); der Maler hat ein ganzes P. dargestellt; das P. dieser Bilderfolge sind Szenen aus dem Leben Christi* **6** *verbal mitteilbarer Inhalt (eines Musikstückes des Programmsik)* **7** *Angebot mehrerer zusammengehöriger oder besonders zusammengestellter Waren* (Möbel~) **8** *einer EDV-Anlage eingegebene oder einzugebende Anweisung für Rechenvorgänge; ein P. aufstellen; ein P. eingeben* **9** ⟨bei automat. Maschinen⟩ *Aufeinanderfolge von Schaltvorgängen* [< spätgriech. *programma* < griech. *prographe* „schriftliche Bekanntmachung, öffentliche Ankündigung", zu *prographein* „öffentlich hinschreiben, vorzeichnen"]

Pro|gram|ma|ti|ker ⟨m.5⟩ *jmd., der ein Programm (2) aufstellt oder entwickelt*

pro|gram|ma|tisch ⟨Adj., o.Steig.⟩ *in der Art eines Programms (2)*

pro|gramm|ge|mäß ⟨Adj., o.Steig.⟩ *einem Programm gemäß, wie es ein Programm vorschreibt; der Abend ist p. abgelaufen*

pro|gram|mie|ren ⟨V.3, hat programmiert; mit Akk.⟩ *etwas p.* **1** *ein Programm für etwas aufstellen; der Ablauf, Verlauf des Festes ist folgendermaßen programmiert* **2** ⟨EDV⟩ *einem Computer p. einem Computer die Daten für ein Programm (8) eingeben; der Computer ist falsch programmiert* **3** *Unterricht p. den Lehrstoff für den Unterricht in kleine einzelne Schritte und Aufgaben gliedern, die sofort überprüft werden können* **4** *entwicklungsgeschichtlich festlegen; bestimmte Verhaltensweisen sind programmiert*

Pro|gram|mie|rer ⟨m.5⟩ *jmd., der Programme für EDV-Anlagen entwickelt*

Pro|gramm|mier|spra|che ⟨f.11; EDV⟩ *zum Programmieren geeignete Umsetzung einer natürlichen Sprache in eine für den Computer verständliche Form;* Syn. *Maschinensprache*

Pro|gram|mie|rung ⟨f., -, nur Sg.⟩ *das Programmieren*

Pro|gramm|u|sik ⟨-mm|m; f., -, nur Sg.⟩ *Musik, die außermusikalische Motive und Geräusche durch musikalische Mittel wiederzugeben versucht;* Ggs. *absolute Musik*

Pro|gre|di|enz ⟨f., -, nur Sg.⟩ *fortgeschrittenes Stadium (einer Krankheit)* [< lat. *progrediens*, Part. Präs. von *progredi* „fortschreiten"]

Pro|greß ⟨m.1⟩ *Fortschritt, Fortgang*

Pro|gres|si|on ⟨f.10⟩ *Steigerung, Zunahme* [< lat. *progressio*, Gen. *-onis*, „Fortschritt, Zunahme, Wachstum", zu *progredi* „vorwärts-, fortschreiten"]

Pro|gres|sist ⟨m.10⟩ *Anhänger einer Fortschrittspartei*

pro|gres|siv ⟨Adj.⟩ **1** *stufenweise fortschreitend, sich entwickelnd;* Ggs. *degressiv* **2** *fortschrittlich; ein ~er Politiker; eine ~e Anschauung*

Pro|gres|sive Jazz ⟨[-siv dʒæs] m., - -, nur Sg.⟩ *Richtung des Jazz seit 1940, gekennzeichnet durch afro-kubanische Rhythmen und Instrumente sowie scharfe Dissonanzen*

Pro|hi|bi|ti|on ⟨f.10⟩ *Verbot* (bes. *der Herstellung von Alkohol*) [< lat. *prohibitio*, Gen. *-onis*, „Verhinderung, Verbot", zu *prohibere* „fernhalten, verhindern"]

Pro|hi|bi|ti|o|nist ⟨m.10⟩ *Anhänger der Prohibition*

pro|hi|bi|tiv ⟨Adj., o.Steig.⟩ *verhindernd, vorbeugend*

Pro|hi|bi|tiv|zoll ⟨m.2⟩ *hoher Zoll zur Beschränkung der Einfuhr, Schutzzoll*

Pro|jekt ⟨n.1⟩ *Plan, Vorhaben, Entwurf* [< lat. *proiectum* „das vorwärts Hingeworfene oder Ausgestreckte", zu *proicere* „vorwärts werfen, nach vorn ausstrecken"]

Pro|jek|teur ⟨[-tør] m.1⟩ *jmd., der etwas projektiert, Planer*

pro|jek|tie|ren ⟨V.3, hat projektiert; mit Akk.⟩ *planen, entwerfen; einen Bau, eine Fabrikanlage p.; ein neues Kraftfahrzeugmodell p.*

Pro|jek|til ⟨n.1⟩ → *Geschoß (1)* [< frz. *projectile* in ders. Bed., zu *Projektion*, → *projizieren*]

Pro|jek|ti|on ⟨f.10⟩ **1** *zeichnerische Darstellung von Körpern oder der gekrümmten Erdoberfläche auf einer Ebene* **2** *Abbildung durchsichtiger oder undurchsichtiger Bilder mittels Lichtstrahlen auf eine Wand* **3** *Übertragung (von Gefühlen, Vorstellungen) auf andere in der Weise, daß Wünsche, Erwartungen usw. dem anderen zugeschrieben werden* [zu *projizieren*]

pro|jek|tiv ⟨Adj., o.Steig.⟩ *mit Hilfe der Projektion;* ~e *Abbildung*

Pro|jek|tor ⟨m.13⟩ *Gerät zur Projektion von Bildern*

pro|ji|zie|ren ⟨V.3, hat projiziert; mit Akk.⟩ **1** *etwas auf eine Fläche p.* **a** *etwas auf einer Fläche zeichnerisch darstellen; einen räumlichen Körper auf eine Fläche p.* **b** *mittels Lichtstrahlen auf einer Fläche darstellen; ein Bild auf eine Wand p.* **2** ⟨übertr.⟩ ~*übertragen; ein eigenes Gefühl auf jmdn. p. sich einbilden, jmd. müsse das gleiche Gefühl haben* [< lat. *proicere* „vorwärts werfen", < *pro* „vorwärts" und *...icere* (in Zus. für *iacere*) „werfen"]

Pro|ka|ta|lep|sis ⟨f., -, -lep|sen; Rhetorik⟩ *vorwegnehmende Widerlegung eines erwarteten Einwands* [< griech. *pro* „vor, vorher" und *katalepsis* „das Erfassen, Begreifen, Wahrnehmen"]

Pro|kla|ma|ti|on ⟨f.10⟩ *öffentliche Bekanntmachung, Aufruf* [zu *proklamieren*]

pro|kla|mie|ren ⟨V.3, hat proklamiert; mit Akk.⟩ *öffentlich bekanntmachen, verkünden;* politische Bestrebungen, Ziele p.; die Gleichheit aller Menschen vor dem Gesetz p. [< lat. *proclamare* „laut, heftig rufen, schreien"]

Pro|kli|se ⟨f.11⟩, **Pro|kli|sis** ⟨f., -, -kli|sen⟩ *Verkürzung eines unbetonten Wortes durch Anlehnung an das folgende, stärker betonte Wort, z.B. 's geht;* Ggs. *Enklise* [< griech. *pro* „vor" und *klisis* „Biegung, Neigung", zu *proklinein* „vorwärts beugen, hinlehnen"]

Pro|kli|ti|kon ⟨n., -s, -ka⟩ *unbetontes Wort, das sich an das folgende, stärker betonte anlehnt;* Ggs. *Enklitikon*

pro|kli|tisch ⟨Adj., o.Steig.⟩ *in der Art einer Proklise, eines Proklitikons;* Ggs. *enklitisch*

Pro|kon|sul ⟨m.11; im alten Rom⟩ *Statthalter (einer Provinz), der früher Konsul war*

Pro|kru|stes|bett ⟨n., -(e)s, nur Sg.⟩ *unangenehme Lage, in die jmd. hineingezwungen, oder Schema, in das etwas hineingepreßt werden soll* [nach *Prokrustes*, dem Unhold der griech. Sage, der vorbeikommende Wanderer, die bei ihm Unterkunft suchten, in ein Bett legte und ihnen, wenn sie nicht hineinpaßten, entweder die Füße abschlug oder die Glieder auseinanderzog]

Prok|ti|tis ⟨f., -, -ti|ti|den⟩ *Mastdarmentzündung* [< griech. *proktos* „After, Mastdarm" und *...itis*]

Prok|to|lo|gie ⟨f., -, nur Sg.⟩ *Lehre von den Erkrankungen des Mastdarms* [< griech. *proktos* „After, Mastdarm" und *...logie*]

Pro|ku|ra ⟨f., -, -ren⟩ *im Handelsregister eingetragene Vollmacht zur Vertretung eines Unternehmers oder Unternehmens* [< lat. *procura* „Vollmacht", zu ital., lat. *procurare* „für etwas Sorge tragen, etwas besorgen", < lat. *pro* „für" und *cura* „Sorge"]

Pro|ku|ra|ti|on ⟨f.10⟩ **1** *Stellvertretung durch einen Bevollmächtigten* **2** *Vollmacht*

Pro|ku|ra|tor ⟨m.13⟩ **1** ⟨im alten Rom⟩ *Provinzstatthalter* **2** ⟨in der Republik Venedig⟩ *einer der neun höchsten Staatsbeamten, unter denen der Doge gewählt wurde* **3** ⟨in Klöstern⟩ *Vermögens-, Wirtschaftsverwalter* **4** ⟨allg.⟩ *Bevollmächtigter, Vertreter*

Pro|ku|rist ⟨m.10⟩ *kaufmännischer Angestellter, der Prokura hat*

Pro|laps ⟨m.1⟩, **Pro|lap|sus** ⟨m., -, -⟩ *Hervortreten, Ausstülpung eines inneren Organs;* Syn. *Vorfall* [< lat. *prolapsus* „das Vorwärtsgleiten", zu *prolabi* „vorwärts gleiten"]

Pro|let ⟨m.10⟩ **1** ⟨abwertend⟩ *Proletarier* **2** ⟨übertr.⟩ *ungehobelter, ungebildeter Mensch*

Pro|le|ta|ri|at ⟨n.1⟩ *Gesellschaftsklasse der Lohnempfänger, die keine Produktionsmittel besitzen, Arbeiterklasse* [zu lat. *proletarius* „die Nachkommenschaft betreffend", übertr. als Subst. „Bürger der untersten Klasse" (der dem Staat nur mit seiner Nachkommenschaft, nicht mit seinem Vermögen dient), zu *proles* „Nachkomme, Kind"]

Pro|le|ta|ri|er ⟨m.5⟩ *Angehöriger des Proletariats*

pro|le|ta|risch ⟨Adj.⟩ **1** ⟨o.Steig.⟩ *zu den Proletariern gehörend, sie betreffend, von ihnen stammend* **2** ⟨abwertend⟩ *in der Art der Proletarier*

pro|le|ta|ri|sie|ren ⟨V.3, hat proletarisiert; mit Akk.⟩ *zum Proletarier, zu Proletariern machen; Bevölkerungsschichten p.*

Pro|li|fe|ra|ti|on **I** ⟨-[-tsjon] f.10⟩ *Sprossung, Gewebsvermehrung, -wucherung* **II** ⟨engl. [prouliforei∫n] f., -, nur Sg.⟩ *Weitergabe von Atomwaffen mit Mitteln zur ihrer Herstellung an Länder, die selbst keine produzieren* [< lat. *proles* „Nachkomme" und *ferre* „tragen", also eigtl. „das Tragen von Nachkommen (in sich); das Wuchern, Sichvermehren"]

pro|li|fe|ra|tiv ⟨Adj., o.Steig.⟩ *in der Art einer Proliferation (I)*

pro|li|fe|rie|ren ⟨V.3, hat proliferiert; o.Obj.; Med.⟩ *sprossen, wuchern*

Prolog

Pro|log ⟨m.1⟩ *Einleitung, Vorrede, Vorspiel; Ggs. Epilog* [< griech. *prologos* „erster Teil des Dramas bis zum ersten Chorgesang", < *pro* „vor" und *logos* „Wort, das Sprechen"]

Pro|lon|ga|ti|on ⟨f.10⟩ *Verlängerung (einer Frist), Stundung* [zu prolongieren]

pro|lon|gie|ren ⟨V.3, hat prolongiert; mit Akk.⟩ *etwas p. die Frist, den Termin zur Zahlung von etwas verlängern, hinausschieben; einen Kredit, einen Wechsel p.* [< lat. *prolongare* „verlängern", zu *pro* „vorwärts" und *longus* „lang"]

pro memoria ⟨Abk.: p. m.⟩ *zur Erinnerung (an), zum Gedächtnis (von)* [lat.]

Pro|me|mo|ria ⟨n., -s, -rien; †⟩ *Notizzettel*

Pro|me|na|de ⟨f.11⟩ **1** *Spaziergang* **2** *bequemer, ebener Spazierweg* [frz., zu *promener* „spazieren-, herumführen", *se promener* „spazierengehen", < lat. *prominare* „vor sich hertreiben"]

Pro|me|na|den|deck ⟨n.9⟩ *auf Passagierschiffen:* Deck über dem Hauptdeck

Pro|me|na|den|mi|schung ⟨f.10; scherzh.⟩ *nicht reinrassiger Hund*

pro|me|nie|ren ⟨V.3, ist promeniert; o.Obj.⟩ *geruhsam spazierengehen*

Pro|mes|se ⟨f.11⟩ **1** *schriftliches Versprechen, schriftliche Zusage* **2** *Schuldverschreibung* [frz., zu *promettre* < lat. *promittere* „versprechen"]

pro|me|the|isch ⟨Adj., o.Steig.⟩ *gewaltig, ungeheuer stark* [nach *Prometheus*, dem Titan der griech. Sage]

Pro|me|thi|um ⟨n., -s, nur Sg.; Zeichen: Pm⟩ *radioaktives Metall aus der Gruppe der seltenen Erden; Syn.* ⟨†⟩ *Illinium* [nach der griech. Sagengestalt *Prometheus*, der das Feuer vom Olymp stahl; vermutlich wegen der fluoreszierenden Eigenschaften des Elements]

pro mille ⟨Zeichen: ‰, Abk.: p.m.⟩ *für, auf tausend (Stück), vom Tausend* [lat.]

Pro|mil|le ⟨n., -s, -⟩ *ein Tausendstel*

Pro|mil|le|gren|ze ⟨f.11⟩ *auf den Blutalkoholgehalt bezogene Grenze der Fahrtüchtigkeit*

pro|mi|nent ⟨Adj., -er, am -esten⟩ *bedeutend, hervorragend, allgemein bekannt; eine ~e Persönlichkeit* [< lat. *prominens*, Gen. *-entis*, „hervorragend", zu *prominere* „hervorragen"]

Pro|mi|nenz ⟨f., -, nur Sg.⟩ *Gesamtheit prominenter Persönlichkeiten*

pro|mis|cue ⟨[-kue:]⟩ *Adv. vermengt, durcheinander*

Pro|mis|ku|i|tät ⟨f., -, nur Sg.⟩ *Geschlechtsverkehr mit verschiedenen Partnern ohne dauerhafte Bindung* [zu lat. *promiscus* „gemeinsam", zu *promiscere* „vorher mischen"]

Pro|mo|ter ⟨m.5⟩ *Veranstalter von Darbietungen mit Showcharakter (z.B. Popfestivals, Sechstagerennen)* [< engl. *promoter* „Förderer, Organisator", zu *to promote* „fördern, beleben" < lat. *promovere* „vorwärts bewegen"]

Pro|mo|ti|on **I** ⟨[-tsjon] f.10⟩ *Erlangung, Verleihung der Doktorwürde* **II** ⟨engl. [promouʃn] f., -, nur Sg.⟩ *Verkaufsförderung durch gezielte Werbe- und absatzpolitische Maßnahmen* [< lat. *promotio*, Gen. *-onis*, „Beförderung", zu *promovere*, → *promovieren*]

Pro|mo|tor ⟨m.13⟩ *Förderer, Manager*

pro|mo|vie|ren ⟨[-vi-] V.3, hat promoviert⟩ **I** ⟨o.Obj.⟩ *Syn. doktorieren* **1** *die Doktorwürde erwerben; zum Dr. med., Dr. phil. p.* **2** *die Doktorarbeit schreiben; über Thomas Mann p.* **II** ⟨mit Akk.⟩ *jmdn. p. jmdm. die Doktorwürde verleihen* [< lat. *promovere* „vorwärts treiben, aufrücken lassen", eigtl. „vorwärts bewegen", < *pro* „vorwärts" und *movere* „bewegen"]

prompt ⟨Adj., -er, am -esten⟩ *sofort, unverzüglich, rasch; ~e Erledigung eines Auftrags; die Antwort kam p.* [< lat. *promptus* „bereit, gleich zur Verfügung stehend, bereitwillig", eigtl. „hervorgeholt und daher sichtbar daliegend", zu *promere* „hervorholen, herausnehmen"]

Prompt|heit ⟨f., -, nur Sg.⟩ *prompte Beschaffenheit; die P. seines Handelns, Vorgehens*

Pro|mul|ga|ti|on ⟨f.10⟩ *Verbreitung, Veröffentlichung, Bekanntgabe (z.B. eines Gesetzes)* [zu promulgieren]

pro|mul|gie|ren ⟨V.3, hat promulgiert; mit Akk.⟩ *veröffentlichen, bekanntgeben; ein Gesetz p.* [< lat. *promulgare* in ders. Bed., vermischt < *provulgare* „öffentlich bekanntmachen" und *promere* „kundtun, äußern, vorbringen"]

Prong|horn ⟨n.9⟩ *Gabelantilope* [< engl. *prong* „Zinke, Zacke" und *horn* „Horn"]

Pro|no|men ⟨n., -s, - oder -mi|na⟩ *Wort, das für ein Nomen steht, z.B. er, dieser; Syn. Fürwort* [lat., < *pro* „für" und *nomen* „Name"]

pro|no|mi|nal ⟨Adj.⟩ *als Pronomen (gebraucht); Syn. fürwörtlich*

Pro|no|mi|nal|ad|jek|tiv ⟨n.1⟩ *unbestimmtes Für- oder Zahlwort, z.B. solche, viele*

Pro|no|mi|nal|ad|verb ⟨n., -s, -ver|bi|en⟩ *Adverb, das anstelle einer Fügung aus Verhältnis- und Fürwort steht, z.B. „damit" statt „mit dem", „mit welchem"*

pro|non|cie|ren ⟨[-nõsi-] V.3, hat prononciert; mit Akk.; †⟩ *öffentlich aussprechen;* ⟨noch als Part. Perf.⟩ *prononciert genau artikuliert und dadurch nachdrücklich, betont; etwas prononciert ausdrücken, sagen; er vertritt einen Standpunkt sehr prononciert nachdrücklich und deutlich* [< frz. *prononcer* „(ein Wort) aussprechen, (ein Urteil) verkünden", < lat. *pronuntiare* „laut aussprechen, rufen, melden"]

Pro|nun|zia|mien|to ⟨n.9⟩ **1** *(in Spanien und Lateinamerika) politische Demonstration* **2** *Aufruf zum Staatsumsturz*

Pro|ömi|on, Pro|ömi|um ⟨n., -s, -ömi|en; Antike⟩ **1** *Einleitung, Vorrede* **2** *kleine Hymne vor dem Vortrag eines Epos durch den Rhapsoden* [< griech. *prooimion*, „Vorspiel, Einleitung, Anfang", < *pro* „vor" und *oime* „Reihe von Liedern, Heldensage"]

Pro|pä|deu|tik ⟨f., -, nur Sg.⟩ *Einführung in eine Wissenschaft* [< griech. *propaideia*, „vorbereitender Unterricht", < *pro* „vor, vorher" und *paideuein* „erziehen, unterrichten", zu *pais*, Gen. *paidos*, „Kind"]

pro|pä|deu|tisch ⟨Adj., o.Steig.⟩ *einführend*

Pro|pa|gan|da ⟨f., -, nur Sg.⟩ *(bes. politische) Werbung, Verbreitung von Ideen, Zielen, Theorien; für etwas P. machen* [< lat. *propagare* „ausbreiten, ausdehnen", < *pro* „vornhin, über ... hinaus" und *pagere, pangere* „einsenken, pflanzen"]

Pro|pa|gan|dist ⟨m.10⟩ *jmd., der Propaganda treibt*

pro|pa|gan|dis|tisch ⟨Adj., o.Steig.⟩ *mit Hilfe von Propaganda*

Pro|pa|ga|ti|on ⟨f.10; Biol.⟩ *Ausbreitung, Vermehrung* [< lat. *propagatio*, Gen. *-onis*, „Ausbreitung"]

pro|pa|gie|ren ⟨V.3, hat propagiert; mit Akk.⟩ *etwas p. für etwas Propaganda machen, für etwas werben*

Pro|pan ⟨n., -s, nur Sg.⟩, **Pro|pan|gas** ⟨n., -es, nur Sg.⟩ *geruch- und farbloser, gasförmiger Kohlenwasserstoff, Brenn- und Treibstoff* [< *Propylen* und *Methan* (und *Gas*)]

pro patria *für das Vaterland* [lat.]

Pro|pel|ler ⟨m.5⟩ *Antriebsschraube (für Flugzeuge und Schiffe)* [engl., zu *to propel* „vorwärts treiben, forttreiben", < lat. *pellere* „vorwärts treiben, vorwärts stoßen"]

Pro|pen ⟨n., -s, nur Sg.⟩ *ungesättigter, aliphatischer Kohlenwasserstoff; Syn. Propylen*

pro|per ⟨Adj.⟩ *sauber und ordentlich; ein ~es Mädchen; das Zimmer sah immer p. aus* [< frz. *propre* „reinlich; geeignet, tauglich", < lat. *proprius* „eigentümlich, (jmdm.) eigen, zugehörig"]

Pro|per ⟨m., -s, nur Sg.⟩ *Handel auf eigene Rechnung und Gefahr, Eigenhandel* [< frz. *propre* „eigen" und *Handel*]

Pro|phet ⟨m.10⟩ *Weissager, Seher, Verkündiger* [< griech. *prophetes* „Verkünder der Orakelsprüche", allg. „Seher, Wahrsager", < *pro* „vorher" und *pheme* „Rede, das Sprechen"]

Pro|phe|tie ⟨f.11⟩ *Weissagung*

pro|phe|tisch ⟨Adj.⟩ *in der Art einer Prophetie, die Zukunft vorhersagend*

pro|phe|zei|en ⟨V.1, hat prophezeit; mit Akk.⟩ *vorhersagen, weissagen* [< *prophetieren, prophezieren* in ders. Bed., zu *Prophet*]

Pro|phe|zei|ung ⟨f.10⟩ *Vorhersage, Weissagung*

Pro|phy|lak|ti|kum ⟨n., -s, -ka⟩ *prophylaktisch wirkendes Mittel*

pro|phy|lak|tisch ⟨Adj., o.Steig.⟩ *in der Art der Prophylaxe, vorbeugend; ~e Maßnahme; das Mittel wirkt p.*

Pro|phy|la|xe ⟨f.11⟩ *Vorbeugung, Verhütung (bes. von Krankheiten)* [< griech. *prophylax* „Vorposten, Wachtposten", < *pro* „vor, voraus" und *phylax* „Wächter, Wachtposten, Beschützer"]

pro|po|nie|ren ⟨V.3, hat proponiert; mit Akk.; †⟩ *vorschlagen* [< lat. *proponere* „öffentlich hinstellen, öffentlich vortragen", < *pro* „vorn, vor" und *ponere* „setzen, stellen"]

Pro|por|ti|on ⟨f.10⟩ **1** *Maß-, Größenverhältnis; vgl. Disproportion; die ~en eines Körpers, Bauwerkes; ausgewogene ~en* **2** ⟨Math.⟩ *Verhältnisgleichung* [< lat. *proportio*, Gen. *-onis*, *Ebenmaß, ähnliches Verhältnis*, < *pro portione* „gemäß dem Verhältnis, nach Maßgabe"]

pro|por|ti|o|nal ⟨Adj., o.Steig.⟩ *hinsichtlich der Proportionen, im gleichen Verhältnis*

Pro|por|ti|o|na|le ⟨f.11; Math.⟩ *Glied einer Proportion*

Pro|por|ti|o|na|li|tät ⟨f., -, nur Sg.⟩ *Beschaffenheit hinsichtlich der Proportionen, Verhältnismäßigkeit*

Pro|por|ti|o|nal|wahl ⟨f.10⟩ → *Verhältniswahl*

pro|por|ti|o|niert ⟨Adj., o.Steig.⟩ *im Größen-, Maßverhältnis; ein Bauwerk, ein Körper ist gut, schlecht, richtig p.*

Pro|porz ⟨m.1⟩ **1** ⟨schweiz.⟩ → *Verhältniswahl; Ggs. Majorz* **2** ⟨österr.⟩ *Besetzung von Ämtern je nach der Stärke der Parteien*

Pro|po|si|ti|on ⟨f.10⟩ **1** ⟨†⟩ *Vorschlag, Angebot* **2** *Gesamtheit der für ein Pferderennen vorgesehenen Bedingungen, Ausschreibung* [< lat. *propositio*, Gen. *-onis*, „Vorstellung, Bekanntmachung", zu *proponere*, → *proponieren*]

propp|en|voll ⟨auch [-vɔll] Adj., ugs.⟩ *ganz voll*

Pro|prä|tor ⟨m.13; im alten Rom⟩ *Provinzstatthalter, der vorher Prätor war*

pro|pre ⟨Adj.; frz. Schreibung für⟩ *proper*

Pro|pre|tät ⟨f.10; †⟩ *Ordnung und Sauberkeit* [zu *propre*]

proprio motu *aus eigenem Antrieb* [lat.]

Propst ⟨m.2⟩ **1** ⟨kath. Kirche⟩ *Vorsteher eines Kapitels oder Stifts* **2** ⟨in einigen evang. Landeskirchen⟩ *Vorsteher mehrerer Superintendenturen* [< mhd. *brobest, probest* < ahd. *probist, probest* in ders. Bed., < mlat. *propostus* „Vorsteher" < lat. *praepositus* „Vorgesetzter, Vorsteher", zu *praeponere* „vor-, voransetzen"]

Prop|stei ⟨f.10⟩ *Amt, Amtsräume eines Propstes*

Pro|pusk ⟨m.1⟩ *Passierschein, Ausweis* [russ.]

768

Pro|py|lä|en ⟨Pl.⟩ **1** Säulenvorhalle **2** Ein- oder Durchgang aus Säulen [< griech. *propylaion* „Vorhalle, Vorhof", < *pro* „vor" und *pyle* „Tor, Tür, Eingang"]

Pro|py|len ⟨n., -s, nur Sg.; †⟩ → *Propen* [< griech. *protos* „erster" und *pion* „fett" und *hyle* „Stoff, Rohstoff, Materie"]

Pro|rek|tor ⟨m.13⟩ Stellvertreter des Rektors (einer Hochschule)

Pro|ro|ga|ti|on ⟨f.10⟩ Verlängerung, Amtsverlängerung, Vertagung, Aufschub [zu *prorogieren*]

pro|ro|ga|tiv ⟨Adj., o.Steig.⟩ aufschiebend, vertagend

pro|ro|gie|ren ⟨V.3, hat prorogiert; mit Akk.⟩ verlängern, aufschieben, vertagen [< lat. *prorogare* „beim Volk anfragen, ob etwas verlängert werden soll", danach „verlängern", < *pro* „für" und *rogare* „fragen"]

Pro|sa ⟨f., -, nur Sg.⟩ erzählende, nicht durch Rhythmus oder Reim gebundene Sprachform; Ggs. *Poesie* (2) [< spätlat. *prosa* „ungebundene Schreibart", < lat. *prorsa* „schlichte, ungebundene Rede", eigtl. *proversa* „die Vorwärtsgerichtete"]

Pro|sai|ker ⟨m.5⟩ **1** → *Prosaist* **2** nüchterner, prosaischer Mensch

pro|sa|isch ⟨Adj.⟩ **1** ⟨o.Steig.⟩ in Prosa (geschrieben) **2** ⟨übertr.⟩ nüchtern, alltäglich

Pro|sa|ist ⟨m.10⟩ Prosa schreibender Schriftsteller; Syn. *Prosaiker*

Pro|sek|tor ⟨m.13⟩ Leiter einer Prosektur

Pro|sek|tur ⟨f.10⟩ Abteilung eines Krankenhauses, in der Sektionen durchgeführt werden [< lat. *prosecare* „zerschneiden"]

Pro|se|ku|ti|on ⟨f.10⟩ gerichtliche Verfolgung [< lat. *prosecutio*, Gen. *-onis*, „Begleitung, Verfolgung", zu *prosequi* „verfolgen"]

Pro|se|ku|tor ⟨m.13⟩ Verfolger, Ankläger

Pro|se|lyt ⟨m.10⟩ jmd., der zu einer anderen Religion übergetreten ist, Neubekehrter [< griech. *proselytos* „Fremdling", eigtl. „der Hinzugekommene", zu *pros* „noch dazu, hinzu" und *eleuthein* „kommen"]

Pro|se|ly|ten|ma|cher ⟨m.5⟩ jmd., der eifrig und eilig andere bekehrt

Pro|se|ly|ten|ma|che|rei ⟨f., -, nur Sg.⟩ eilige Werbung für eine Religion oder Anschauung, ohne wirklich zu überzeugen

Pro|se|mi|nar ⟨n.1⟩ einführendes Seminar (an einer Hochschule)

Pros|en|chym ⟨n.1⟩ Verband von stark gestreckten Zellen im Parenchym (dient der Festigung und dem Stoffaustausch) [< griech. *pros* „zu, dazu" und *Parenchym*]

pro|sit! wohl bekomm's! [lat., „es möge (dir) nutzen", zu *prodesse* „nützlich sein, nutzen", < *pro* mit eingeschobenem d zur besseren Sprechbarkeit, „für" und *esse* „sein"]

Pro|sit ⟨n.9⟩ Zutrunk; einen P. auf jmdn. ausbringen

pro|skri|bie|ren ⟨V.3, hat proskribiert; mit Akk.⟩ (durch öffentlichen Anschlag) ächten, für vogelfrei erklären [< lat. *proscribere* in ders. Bed., eigtl. „schriftlich bekanntmachen", < *pro* „vorn, vor" und *scribere* „schreiben"]

Pro|skrip|ti|on ⟨f.10⟩ Ächtung [zu *proskribieren*]

Pros|odie, Pros|odik ⟨f., -, nur Sg.⟩ **1** Behandlung der Sprache im Vers, Messung der Silben nach Länge, Betonung usw. **2** ⟨Mus.⟩ ausgewogenes Verhältnis zwischen Ton und Wort **3** Gesamtheit der für die Gliederung der Rede wichtigen sprachlichen Erscheinungen (Tonfall, Akzent, Tonansatz usw.) [< griech. *prosodia* „richtige Betonung der Silben und Setzen der Akzente", zu *prosodos* „mitsingend", < *pros* „hinzu, noch dazu" und *ode* „Gesang, Lied"]

pros|odisch ⟨Adj., o.Steig.⟩ auf Prosodie beruhend, zur Prosodie gehörend

Pro|spekt ⟨m.1⟩ **1** Ansicht (eines Gebäudes, einer Straße) **2** ⟨Theat.⟩ → *Rundhorizont*

3 Schauseite (der Orgel) **4** (meist bebilderte) Werbeschrift; ein P. über eine Landschaft, eine Stadt, ein elektrisches Gerät [< lat. *prospectus* „Anblick, Blick auf etwas, Aussicht", zu *prospicere* „in die Ferne schauen, vor sich sehen"]

pro|spek|tie|ren ⟨V.3, hat prospektiert; mit Akk.⟩ durch geologische Beobachtungen erkunden, untersuchen; Lagerstätten p. [< lat. *prospectare* „sich umsehen", zu *prospicere* „hinschauen, hinausschauen"]

Pro|spek|ti|on ⟨f.10⟩ das Prospektieren

pro|spek|tiv ⟨Adj., o.Steig.⟩ der Aussicht, Möglichkeit nach, vorausschauend

Pro|spek|tor ⟨m.13⟩ jmd., der Bodenschätze erkundet [engl., „Schürfer", zu *prospect* „Schürfstelle"]

pro|spe|rie|ren ⟨V.3, hat prosperiert; o.Obj.⟩ gedeihen, blühen, vorankommen [< lat. *prosperare* „gedeihen machen, Erfolg verschaffen", zu *prosper* „erwünscht, günstig"]

Pro|spe|ri|tät ⟨f., -, nur Sg.⟩ das Gedeihen, wirtschaftliche Blüte

prost! (ugs. für) *prosit!*

Pro|sta|ta ⟨f., -, nur Sg.; beim Mann und männl. Säugetier⟩ am Anfang der Harnröhre liegende Drüse, deren Sekret die Samenflüssigkeit bildet; Syn. *Vorsteherdrüse* [< griech. *prostates* „Vorsteher", < *pro* „vor" und *statos* „stehend"]

Pro|sta|ti|tis ⟨f., -, -ti|ti|den⟩ Entzündung der Prostata [< *Prostata* und *...itis*]

pro|sti|tu|ie|ren ⟨V.3, hat prostituiert⟩ **I** (mit Akk.) (für einen niedrigen Zweck) mißbrauchen, preisgeben; **II** (refl.) sich p. sich um des Vorteils willen zu etwas hergeben

Pro|sti|tu|ier|te ⟨f.17 oder 18⟩ Frau, die gewerbsmäßig mit Männern Geschlechtsverkehr ausübt; Syn. *Dirne, Freudenmädchen, Hure (1), Nutte, Schnepfe*

Pro|sti|tu|ti|on ⟨f., -, nur Sg.⟩ gewerbsmäßige Ausübung des Geschlechtsverkehrs, Dirnenwesen [< lat. *prostitutio*, Gen. *-onis*, „Preisgabe (zur Unzucht)", zu *prostituere* „öffentlich preisgeben", eigtl. „vorn hinstellen", < *pro* „vorn" und *statuere* „hinstellen"]

Pro|stra|ti|on ⟨f.10⟩ **1** Fußfall, Sichniederwerfen (z.B. bei den kath. höheren Weihen) **2** Entkräftung, Erschöpfung [< lat. *prostratio*, Gen. *-onis*, „das Niederwerfen, Niederschlagen", zu *prosternere* „niederwerfen, -schlagen"]

Pro|sze|ni|um ⟨n., -s, -ni|en⟩ Teil der Bühne zwischen Vorhang und Orchester [< lat. *proscaenium* „Vordergrund der Bühne, wo die Schauspieler auftreten", < *pro* „vorn" und *scaena, scena* < griech. *skene* „Bühne"]

Pro|sze|ni|ums|lo|ge ⟨[-ʒə] f.11⟩ Loge im Zuschauerraum zu beiden Seiten des Prosze-
niums

prot. ⟨Abk. für⟩ *protestantisch*

Prot|ac|ti|ni|um ⟨n., -s, nur Sg.; Zeichen: Pa⟩ glänzend grauweißes, radioaktives Schwermetall [< griech. *protos* „erster" und *Actinium*, weil es durch radioaktiven Zerfall in Actinium übergeht]

Prot|ago|nist ⟨m.10⟩ **1** ⟨altgriech. Theat.⟩ erster Schauspieler **2** ⟨übertr.⟩ Vorkämpfer [< griech. *protagonistes* „Wortführer", zu *protos* „erster" und *agonizesthai* „wetteifern im Schauspiel", zu *agon* „Wettkampf"]

Prot|an|drie ⟨f., -, nur Sg.; bei zwittrigen Pflanzen und Tieren⟩ Reifwerden der männlichen Geschlechtsprodukte vor den weiblichen; Ggs. *Protogynie* [< griech. *protos* „erster" und *aner*, Gen. *andros*, „Mann"]

Pro|te|gé ⟨[-ʒe] m.9⟩ Schützling, Günstling [zu *protegieren*]

pro|te|gie|ren ⟨[-ʒi-] V.3, hat protegiert; mit Akk.⟩ schützen, begünstigen, fördern [< frz. *protéger* „beschirmen, beschützen", < lat. *protegere* „bedecken, beschützen", eigtl. „vorn

bedecken", < *pro* „vorn" und *tegere* „decken, bedecken"]

Pro|te|id ⟨n.1⟩ Protein, das neben dem Proteinanteil noch niedermolekulare Molekülgruppen enthält

Pro|te|in ⟨n.1⟩ hochmolekulare Verbindung, Kondensationsprodukt von Aminosäuren; Syn. *Eiweiß* [zu griech. *protos* „erster"]

pro|te|isch ⟨Adj., o.Steig.⟩ in der Art einer Proteusnatur, wandelbar, unzuverlässig

Pro|tek|ti|on ⟨f.10⟩ das Protegieren, Förderung, Begünstigung; er ist nur durch P. in diese Stellung gelangt [< lat. *protectio*, Gen. *-onis*, „Bedeckung (mit einem Vordach), Schutz", zu *protegere* „schützen", → *protegieren*]

Pro|tek|tio|nis|mus ⟨m., -, nur Sg.⟩ Schutz der einheimischen Produktion (durch Schutzzölle, Einfuhrverbote usw.) gegenüber ausländischer Konkurrenz

pro|tek|tio|ni|stisch ⟨Adj., o.Steig.⟩ in der Art des Protektionismus

Pro|tek|tor ⟨m.13⟩ **1** Schützer **2** Förderer, jmd., der einen anderen protegiert

Pro|tek|to|rat ⟨n.1⟩ **1** Schutzherrschaft **2** unter dem Schutzherrn eines Staates stehendes Land

pro tem|po|re ⟨Abk.: p.t.⟩ für jetzt, vorläufig [lat., „für die Zeit"]

Pro|te|ro|zo|ikum ⟨n., -s, nur Sg.⟩ → *Archäozoikum* [zu griech. *proteros* „früher" und *zoon* „Lebewesen", < *zoikos* „tierisch"]

Pro|test ⟨m.1⟩ **1** Einspruch, Widerspruch; P. erheben; unter P. den Raum verlassen **2** Beurkundung der vergeblichen Präsentation eines Wechsels; einen Wechsel zu P. gehen lassen *die Nichtlösung eines Wechsels beurkunden lassen* [< frz. *protester* „öffentlich beteuern, versichern, sich (gegen etwas) verwahren", < lat. *protestare* „öffentlich bezeugen; zum Zeugen anrufen", < *pro* „vor" und *testare* „Zeuge von etwas sein, bezeugen"]

Pro|te|stant ⟨m.10⟩ Angehöriger der protestantischen Kirche [< lat. *protestantes* „die Protestierenden", nämlich die Vertreter der Reichsstände, die auf dem Reichstag zu Speyer 1529 gegen die Wiederherstellung des teilweise aufgehobenen Wormser Edikts von 1521 protestierten; zu lat. *protestare* „öffentlich aussagen, erklären", → *Protest*]

pro|te|stan|tisch ⟨Adj., o.Steig.; Abk.: prot.⟩ auf dem Protestantismus beruhend, zur protestantischen Kirche gehörend; ~e Kirche die aus der Reformation hervorgegangene evangelische (lutherische und reformierte) Kirche

Pro|te|stan|tis|mus ⟨m., -, nur Sg.⟩ die protestantische Kirche, protestantische Konfession

pro|te|stie|ren ⟨V.3, hat protestiert; o.Obj.⟩ Protest, Einspruch erheben, widersprechen; heftig p.; gegen etwas p.

Pro|test|kund|ge|bung ⟨f.10⟩ öffentlicher Protest in Form einer Kundgebung, Demonstration o.ä.

Pro|test|song ⟨m.9⟩ Lied, in dem politische oder soziale Zustände kritisiert werden

Pro|teus|na|tur ⟨f.10⟩ wetterwendischer, schnell die Gesinnung wechselnder Mensch [nach *Proteus*, dem Meergreis der griech. Sage, der sich in viele Gestalten verwandeln kann]

Pro|the|se ⟨f.11⟩ **1** künstliches Glied, Ersatzglied (Arm~, Bein~); Syn. *Gliederersatz* **2** künstliche Zähne; Syn. *Zahnersatz* **3** Hinzufügung eines Lautes am Wortanfang zur Erleichterung der Aussprache, z.B. span. *estado* „Staat" [< griech. *prosthesis* „das Hinzusetzen, Dazufügen, Ansetzen", zu *pros* „dazu" und *thesis* „das Setzen, Stellen, Legen"; im Deutschen ist das *s* (in Anlehnung an griech. *prothesis* „das Davorsetzen") ausgefallen]

Pro|the|tik ⟨f., -, nur Sg.⟩ Herstellung von Prothesen (bes. Zahnprothesen)

pro|the|tisch ⟨Adj., o.Steig.⟩ *in der Art einer Prothese*

Pro|tist ⟨m.10⟩ →*Einzeller* [zu griech. *protos* „erster"]

pro|to|gen ⟨Adj., o.Steig.⟩ *am Fundort entstanden;* ~*e Erzlagerstätten* [< griech. *protogenes* „ursprünglich", < *protos* „erster" und *gennan* „erzeugen"]

Pro|to|gy|nie ⟨f., -, nur Sg.⟩ *bei zwittrigen Pflanzen und Tieren⟩ Reifwerden der weiblichen Geschlechtsprodukte vor den männlichen; Ggs. Protandrie* [< griech. *protos* „erster" und *gyne* „Frau"]

Pro|to|kla|se ⟨f.11⟩ *Zertrümmerung von Gestein infolge Pressungen innerhalb noch nicht verfestigten Magmas; vgl. Kataklase* [< griech. *protos* „erster" und *klasis* „Brechen, Zerbrechen"]

Pro|to|koll ⟨n.1⟩ **1** *(gleichzeitige) Niederschrift des Verlaufs oder Ergebnisses einer Versammlung, Verhandlung o.ä.; das P. führen* **2** *Gesamtheit der im diplomatischen Verkehr üblichen Formen; Chef des* ~*s* [< mlat. *protocollum* „Verhandlungsbericht", < spätgriech. *protokollon* „das an den Anfang einer Papyrusrolle geklebte Blatt (mit Daten über den Verfasser und die Entstehung des Blattes), < griech. *protos* „erster" und *kollan* „ankleben"]

Pro|to|kol|lant ⟨m.10⟩ *jmd., der etwas protokolliert*

pro|to|kol|la|risch ⟨Adj., o.Steig.⟩ *mittels Protokoll, als Protokoll;* *eine Verhandlung p. festhalten;* ~*e Niederschrift*

pro|to|kol|lie|ren ⟨V.3, hat protokolliert⟩ **I** ⟨mit Akk.⟩ *in einem Protokoll festhalten; eine Verhandlung p.* **II** ⟨o.Obj.⟩ *das Protokoll führen; wer protokolliert?*

Pro|ton ⟨n.13; Zeichen: p⟩ *positiv geladenes Elementarteilchen* [< griech. *proton* „erstes", weil es das erste Elementarteilchen war, das entdeckt wurde]

Pro|to|phyt ⟨m.10⟩, **Pro|to|phy|ton** ⟨n., -s, -phy|ten⟩ *einzellige Pflanze* [< griech. *protos* „erster" und *phyton* „Pflanze"]

Pro|to|plas|ma ⟨n., -, nur Sg.⟩ *Lebenssubstanz der pflanzlichen, tierischen und menschlichen Zelle;* Syn. *Urschleim* [< griech. *protos* „erster" und *Plasma*]

Pro|to|typ ⟨m.12⟩ **1** *Urbild, Vorbild, Muster* **2** *erste Ausführung eines Flug- oder Fahrzeugs oder einer Maschine, nach der dann die Serie gebaut wird* [< griech. *protos* „erster" und *Typ*]

pro|to|ty|pisch ⟨Adj., o.Steig.⟩ *vorbildlich, urbildlich*

Pro|to|zo|on ⟨n., -s, -zo|en⟩ *einzelliges Tier;* Syn. *Urtier, Urtierchen* [< griech. *protos* „erster" und *zoon* „Lebewesen", bes. „Tier"]

Pro|tu|be|ranz ⟨f.10⟩ **1** *Gaseruption (auf der Sonne)* **2** *Vorsprung (bes. an Knochen)* [< lat. *protuberans*, Part. Präs. von *protuberare* „hervorschwellen, hervorwachsen", zu *tuber* „Höcker, Auswuchs"]

Protz ⟨m.1; ugs.⟩ **1** *Angeber, Prahler* **2** ⟨nur Sg.⟩ *das Protzen, Protzerei; das ist doch nur P.*

Prot|ze ⟨f.11; früher⟩ *zweirädriger Vorderwagen für ein Geschütz* [< ital. *baroccio, biroccio* „zweirädriger Karren"]

prot|zen ⟨V.1, hat geprotzt; o.Obj.⟩ *prahlen, angeben;* *mit seinen Kenntnissen, seinen Fähigkeiten p.; mit seinem Reichtum p.*

prot|zig ⟨Adj.; ugs.⟩ *unangenehm, auffallend prunkvoll, den Reichtum herausstellend; ein* ~*es Haus*

Prov. ⟨Abk. für⟩ *Provinz (1)*

Pro|ve|ni|enz ⟨f.10⟩ *Herkunft, Ursprung; Waren überseeischer P.; Kurgäste meist ausländischer P.* [< lat. *proveniens*, Part. Präs. von *provenire* „hervorkommen, gedeihen, wachsen"]

Pro|ven|za|le ⟨m.11⟩ *Einwohner der Provence*

pro|ven|za|lisch ⟨Adj., o.Steig.⟩ *die Provence betreffend, zu ihr gehörig, aus ihr stammend;* ~*e Sprache eine romanische Sprache in Südfrankreich*

Pro|verb ⟨n., -s, -ver|bi|en⟩ *Sprichwort* [< lat. *proverbium* „Sprichwort, Spruch"]

Pro|vi|ant ⟨m., -s, nur Sg.⟩ *Verpflegung für einen begrenzten (kurzen) Zeitraum (während einer Reise)* [< ital. *provianda* in ders. Bed., vermischt < frz. *provende* „Mundvorrat" und *viande* „Speise", zu lat. *vivere* „leben"]

pro|vi|an|tie|ren ⟨V.3, hat proviantiert; †⟩ *verproviantieren*

pro|vi|den|ti|ell ⟨Adj., o.Steig.; †⟩ *von der Vorsehung bestimmt*

Pro|vi|denz ⟨f., -, nur Sg.; †⟩ *Vorsehung* [< lat. *providens*, Part. Präs. von *providere* „vorhersehen", < *pro* „vorher" und *videre* „sehen"]

Pro|vinz ⟨f.10⟩ **1** (Abk.: Prov.) *Landesteil, (staatliches oder kirchliches) Verwaltungsgebiet* **2** *Hinterland (einer Stadt), ländliches, (und daher meist) kulturell rückständiges Gebiet; er kommt aus der P.; hier sind wir ja in der finstersten P.* [< lat. *provincia* „Verwaltung eines unter römischer Oberherrschaft stehenden Landes außerhalb Italiens", eigtl. „Geschäfts-, Amtsbereich, Wirkungskreis"]

Pro|vin|zi|al ⟨m.1⟩ *Vorsteher einer Ordensprovinz*

Pro|vin|zia|lis|mus ⟨m., -, -men⟩ **1** *mundartlicher Ausdruck, z.B. bayr., österr.: Schmarrn, niederrhein.: jeck* **2** ⟨nur Sg.⟩ *Kleinbürgerlichkeit, Beschränktheit*

pro|vin|zi|ell ⟨Adj.⟩ *kleinbürgerlich, engstirnig, kulturell rückständig*

Pro|vinz|ler ⟨m.5; ugs., abwertend⟩ *Bewohner der Provinz (2), Kleinbürger, Mensch mit engem Horizont*

pro|vinz|le|risch ⟨Adj., abwertend⟩ *in der Art eines Provinzlers, kleinbürgerlich*

Pro|vi|si|on ⟨f.10⟩ *Vergütung durch prozentualen Anteil am Umsatz, Vermittlungsgebühr* [< lat. *provisio*, Gen. *-onis*, „Für-, Vorsorge, Vorsicht", eigtl. „Vorherwissen", < *providere* „vorhersehen, Vorkehrungen treffen"]

Pro|vi|sor ⟨m.13; †⟩ *Verwalter einer Apotheke* [lat., „Versorger, Beschaffer", zu *providere* „besorgen, Vorkehrungen treffen"]

pro|vi|so|risch ⟨Adj.⟩ *vorläufig, behelfsmäßig;* *einen Gegenstand p. befestigen; eine* ~*e Unterkunft* [< frz. *provisoire* „vorläufig, einstweilen", < lat. *provisio* „Vorsorge", → *Provision*]

Pro|vi|so|ri|um ⟨n., -s, -ri|en⟩ *vorläufiger Zustand, vorläufige Lösung*

Pro|vit|amin ⟨n.1⟩ *Vorstufe eines Vitamins*

Pro|vo ⟨m.9; in den sechziger Jahren⟩ *Angehöriger einer Bewegung von jungen Leuten, die sich (durch Verhalten, Lebensweise und -auffassung usw.) bewußt in Gegensatz zu ihrer Umwelt stellten, sich aber zur Umgestaltung der Gesellschaft bürgerlicher Methoden bedienten* [Kurzw. für *Provokateur*]

pro|vo|kant ⟨Adj., -er, am -esten⟩ →*provokatorisch*

Pro|vo|ka|teur ⟨[-tør] m.1⟩ *jmd., der andere provoziert*

Pro|vo|ka|ti|on ⟨f.10⟩ **1** *Herausforderung, Aufreizung zu unüberlegten Äußerungen oder Handlungen* **2** ⟨Med.⟩ *künstliches Hervorrufen von Krankheitserscheinungen*

pro|vo|ka|to|risch ⟨Adj.⟩ *in der Art einer Provokation (1);* Syn. *provokant;* ~*e Äußerungen*

pro|vo|zie|ren ⟨V.3, hat provoziert; mit Akk.⟩ **1** *jmdn. herausfordern, (zu unüberlegten Handlungen, Äußerungen) aufreizen; jmdn. zu etwas p.; er hat mich provoziert;* ~*des Auftreten; sein Benehmen ist* ~*d* **2** *etwas k. künstlich hervorrufen; eine Krankheitserscheinung p.* [< lat. *provocare* „hervor-, herausrufen, auffordern, aufreizen", < *pro* „vor, hervor" und *vocare* „rufen"]

pro|xi|mal ⟨Adj., o.Steig.; bes. bei Gliedmaßen und Zähnen⟩ *dem Körperzentrum oder einer gedachten Mittellinie näher gelegen als ein entsprechender anderer Teil* [zu lat. *proximus* „der nächste"]

pro|ze|die|ren ⟨V.3, hat prozediert; o.Obj.⟩ *(nach einer Methode) vorgehen, verfahren* [< lat. *procedere* „vorwärts gehen, vorgehen", < *pro* „voran" und *cedere* „einhergehen"]

Pro|ze|dur ⟨f.10⟩ *Verfahren, (schwierige oder unangenehme) Behandlung* [< lat. *procedurum* „etwas, das vor sich gehen soll oder wird", zu *procedere* „vor sich gehen, stattfinden, verlaufen"]

Pro|zent ⟨n.1, nach Mengenangaben Pl. -; Zeichen: %, Abk.: p.c.⟩ *auf 100 Teile bezogener Teil einer Größe;* auch: ⟨österr.⟩ *Perzent; fünfzig P.; er bekommt vom Gewinn ein paar* ~ *lat. pro centum*]

Pro|zent|satz ⟨m.2⟩ *Anzahl von Prozenten;* Syn. *Hundertsatz*

pro|zen|tu|al, pro|zen|tu|ell ⟨Adj., o.Steig.⟩ *in Prozenten gerechnet oder ausgedrückt, verhältnismäßig, im Verhältnis;* auch: ⟨österr.⟩ *perzentuell; ein* ~*er Anteil; p. am Gewinn beteiligt sein*

Pro|zeß ⟨m.1⟩ **1** *Gerichtsverfahren; einen P. gegen jmdn. führen, anstrengen; einen P. gewinnen, verlieren; jmdm. P. machen kurzentschlossen handeln* **2** *Ablauf, Verlauf, Vorgang; ein historischer P.; der P. des Wachstums* [< lat. *processus* „Fortgang, das Fortschreiten, Verlauf", eigtl. „das Vorwärtsgehen, Vorrücken", zu *procedere* „vor sich gehen, verlaufen"]

pro|zes|sie|ren ⟨V.3, hat prozessiert; o.Obj.⟩ *einen Prozeß führen; er hat jahrelang prozessiert; gegen jmdn.*

Pro|zes|si|on ⟨f.10⟩ **1** ⟨kath. Kirche⟩ *feierlicher Umzug (aus bestimmtem Anlaß)* (Bitt-, Dank-~) **2** ⟨allg.⟩ *Umzug, Aufzug, große Menge hintereinander hergehender Menschen* [zu *Prozeß*]

Pro|zes|si|ons|spin|ner ⟨m.5⟩ *Nachtfalter, dessen Raupen in Gruppen von mehreren Hundert zum Futterplatz ziehen (Eichen-~, Kiefern-~)*

pro|zy|klisch ⟨Adj., o.Steig.⟩ *einem (bestehenden) Zyklus gemäß; Ggs. antizyklisch*

prü|de ⟨Adj.⟩ *(in sexuellen Dingen) übertrieben empfindlich, sittsam, zimperlich* [< frz. *prude*, spröde, zimperlich* < *prudefemme,* eigtl. *preudefemme* „ehrbare, sittsame, tüchtige Frau", unter Einfluß von *preux* „tapfer, wacker, tüchtig" zu vulgärlat. *prodis* „nützlich"]

pru|de|lig ⟨Adj., ostmdt.⟩ *schlecht gearbeitet, gepfuscht;* auch: *prudlig*

pru|deln ⟨V.1, hat geprudelt⟩ **I** ⟨o.Obj.; ostmdt.⟩ *schlechte Arbeit leisten, pfuschen* **II** ⟨refl.⟩ *sich p.* ⟨vom Schwarzwild⟩ *sich suhlen*

Prü|de|rie ⟨f., -, nur Sg.⟩ *prüdes Wesen oder Verhalten*

prud|lig ⟨Adj.⟩ →*prudelig*

prü|fen ⟨V.1, hat geprüft⟩ **I** ⟨mit Akk.⟩ **1** *etwas p.* **a** *die Richtigkeit von etwas festzustellen suchen; eine Aussage, Behauptung p.; die Ausweispapiere p.; eine Rechnung p.* **b** *die Leistungsfähigkeit, Funktion von etwas festzustellen suchen; eine Maschine p.* **c** *den Zustand von etwas untersuchen; den Geschmack des Weins p.; jmds. Gehör, Sehfähigkeit p.; jmds. Wissen, Kenntnisse p.* **2** *jmdn. p.* **a** *jmdn. ansehen, anhören, beobachten, um sich einen Eindruck von ihm und seinen Kenntnissen oder Fähigkeiten zu verschaffen, sich ein Urteil über ihn zu bilden; einen Studenten, einen Schüler in Mathematik p.; jmdn. streng, wohlwollend p.; jmdn.* ~*d betrachten* **b** ⟨geh.⟩ *jmdn. Belastungen auferlegen; das Schicksal, das Leben hat ihn hart geprüft* **II** ⟨o.Obj.; ugs.⟩ *Prü-*

fungen abnehmen; Professor X prüft in Literatur III ⟨refl.⟩ sich p. *seine eigenen Gedanken und Empfindungen erforschen*
Prüf|feld ⟨n.3; in Fabrikbetrieben⟩ *Prüfstelle für die Endkontrolle der gefertigten Geräte und Maschinen*
Prüf|ling ⟨m.1⟩ *jmd., der geprüft wird*
Prüf|stand ⟨m.2⟩ **1** *Einrichtung zur Überprüfung von Maschinen (bes. von Antriebsmotoren im Stand)* **2** ⟨übertr.⟩ *das Überprüfen;* neue Fachbücher auf dem P.
Prüf|stein ⟨m.1⟩ *etwas, das als Probe dienen kann;* ein P. seiner Treue
Prü|fung ⟨f.10⟩ **1** *das Prüfen;* eine P. auf Haltbarkeit; einer P. standhalten; etwas, jmdn. einer P. unterziehen; nach eingehender P. **2** *Verfahren, durch das jmds. Eignung und Fähigkeiten zu untersuchen;* eine P. abhalten, ablegen; eine leichte, schwere P. **3** *schwerer Schicksalsschlag;* eine harte P. durchmachen
Prü|gel ⟨m.5⟩ **1** *derber Stock* **2** ⟨nur P.⟩ *Schläge;* Syn. ⟨ugs.⟩ *Dresche, Haue;* P. beziehen; jdmd. P. androhen
Prü|gel|kna|be ⟨m.11⟩ *jmd., der statt des Schuldigen bestraft wird;* als P. herhalten, dienen müssen
prü|geln ⟨V.1, hat geprügelt; mit Akk.⟩ *(zur Strafe oder aus Zorn) schlagen;* einander, ⟨ugs.⟩ sich p.
Prü|nel|le ⟨f.11⟩ *entsteinte, getrocknete Pflaume* [< frz. *prunelle,* Verkleinerungsform von *prune* „Pflaume"]
Prunk ⟨m., -(e)s, nur Sg.⟩ **1** *übermäßige Pracht;* eine Hochzeit mit großem P. begehen **2** *Gesamtheit von vielen, prächtigen, wertvollen Verzierungen, übermäßiger Schmuck;* der P. dieses Schlosses
prun|ken ⟨V.1, hat geprunkt; o.Obj.⟩ **1** *an auffallender Stelle stehen und die Aufmerksamkeit auf sich ziehen;* auf dem Kaminsims prunkt eine alte Standuhr **2** *sich in aller Schönheit zeigen;* die Gärten p. in herbstlichen Farben **3** *mit etwas p. etwas auffällig zur Schau stellen, zeigen;* mit seinen Kenntnissen, Erlebnissen p.
Prunk|sucht ⟨f., -, nur Sg.⟩ *starke Neigung zum Prunk (1)*
prunk|süch|tig ⟨Adj.⟩ *dem Prunk (1) sehr zuneigend*
prunk|voll ⟨Adj.⟩ *mit übermäßigem Prunk, voller Prunk;* ein ~es Fest; ein ~er Raum
Pru|ri|go ⟨m., -s, nur Sg. oder f., -, nur Sg.⟩ *juckende Hautflechte* [lat., „juckender Grind, Krätze", zu *prurire* „jucken"]
Pru|ri|tus ⟨m., -, nur Sg.⟩ *Hautjucken, Juckempfindung* [lat., „das Jucken", → *Prurigo*]
pru|sten ⟨V.2, hat geprustet⟩ **I** ⟨o.Obj.⟩ *plötzlich Luft durch den Mund ausstoßen;* vor Lachen p.; beim Niesen p.; ~d aus dem Wasser auftauchen **II** ⟨mit Akk.⟩ *heftig, spritzend blasen;* jmdm. Wasser ins Gesicht p.
Pru|ze ⟨m.11⟩ *Angehöriger eines ausgestorbenen baltisch-litauischen Volksstammes*
PS 1 ⟨Abk. für⟩ *Pferdestärke* **2** ⟨Abk. für⟩ *Postskriptum*
Psa|li|gra|phie ⟨f.11⟩ **1** *Kunst des Scherenschnittes* **2** *deren Erzeugnis, Scherenschnitt* [< griech. *psalis* „Schere" und *...graphie*]
psa|li|gra|phisch ⟨Adj., o.Steig.⟩ *zur Psaligraphie gehörend, in der Art der Psaligraphie*
Psalm ⟨m.12⟩ *geistliches Lied aus dem AT* [< kirchenlat. *psalmus,* „Lied zum Saitenspiel, geistliches Lied", < griech. *psalmos* „das Spielen (Zupfen) eines Saiteninstruments", übertr. „Lied zum Saitenspiel", zu *psallein* „zupfen"]
Psal|mist ⟨m.10⟩ *Psalmendichter, Psalmensänger*
Psal|mo|die ⟨f.11⟩ *Psalmengesang, überwiegend auf einem Ton im Wechsel zwischen Chor und Vorsänger* [< *Psalm* und griech. *ode* „Gesang, Lied"]

psal|mo|die|ren ⟨V.3, hat psalmodiert; o.Obj.⟩ *in der Art der Psalmodie singen*
psal|mo|disch ⟨Adj., o.Steig.⟩ *in der Art der Psalmodie, psalmartig*
Psal|ter ⟨m.5⟩ **1** ⟨nur Sg.⟩ *Buch der Psalmen im AT* **2** ⟨im Magensystem der Wiederkäuer⟩ *Blättermagen* [< griech. *psalterion,* „Saiteninstrument", zu *psalmos* „Saitenspiel, Gesang zum Saitenspiel" (→*Psalm*); die Übertragung auf den Magenteil der Wiederkäuer wegen der hohen Längsfalten, in die der Magen gegliedert ist und die den Saiten einer Harfe vergleichbar sind; die dt. Bez. „Blättermagen", weil die Falten auch mit Blättern verglichen wurden]
Psal|te|ri|um ⟨n., -s, -ri|en⟩ *meist dreieckiges, zitherähnliches Zupfinstrument* [< *psalterion* „Saiteninstrument", zu *psallein* „zupfen"]
Psamm|mit ⟨m.1⟩ *feines Trümmergestein (z.B. Sandstein)* [zu griech. *psammos* „Sand"]
pseud..., Pseud... ⟨in Zus.⟩ →*pseudo..., Pseudo...*
Pseud|an|thi|um ⟨n., -s, -thi|en⟩ *wie eine Einzelblüte aussehender Blütenstand;* Syn. *Scheinblüte* [< *Pseudo...* und griech. *anthos* „Blume"]
Pseud|arth|ro|se ⟨f.11⟩ *an schlecht verheilten Knochenbruchstellen entstehendes Falschgelenk* [< *Pseudo...* und *Arthrose*]
Pseu|de|pi|gra|phen ⟨Pl.⟩ *einem Schriftsteller fälschlich zugeschriebene Schriften*
pseu|de|pi|gra|phisch ⟨Adj., o.Steig.⟩ *fälschlich zugeschrieben, untergeschoben*
pseu|do..., Pseu|do... ⟨in Zus.⟩ *falsch, unecht, Schein...,* → *Pseudonym* [< griech. *pseudos* „Unwahrheit, Täuschung", zu *pseudein* „täuschen, irreführen"]
Pseu|do|lo|gie ⟨f., -, nur Sg.⟩ *krankhaftes Lügen* [< *Pseudo...* und *...logie*]
Pseu|do|mor|pho|se ⟨f.11⟩ *Stoff, der äußerlich das eines fremde Kristallform zeigt (z.B. ein überkrustetes Mineral)* [< *Pseudo...* und griech. *morphe* „Gestalt, Form"]
pseud|onym ⟨Adj., o.Steig.⟩ *unter einem Decknamen*
Pseud|onym ⟨n.1⟩ *Deckname* [< *Pseudo...* und griech. *onyma* „Name"]
Pseu|do|po|di|um ⟨n., -s, -di|en; bes. bei Wurzelfüßern⟩ *vorübergehend gebildeter, der Fortbewegung dienender Fortsatz aus Plasma;* Syn. *Scheinfüßchen* [< *Pseudo...* und griech. *pous,* Gen. *podos* „Fuß"]
pseu|do|wis|sen|schaft|lich ⟨Adj., o.Steig.⟩ *nur scheinbar wissenschaftlich*
Psi ⟨n.9; Zeichen: ψ, Ψ⟩ **1** *23. Buchstabe des griechischen Alphabets* **2** ⟨nur Sg.⟩ *Grundelement parapsychologischer Vorgänge*
Psi|lo|me|lan ⟨m.1⟩ *(braunes bis schwarzes) Mineral von knolliger, glasähnlicher Beschaffenheit, Manganoxid* [< griech. *psilos* „kahl, glatt" und *melas* „schwarz", wegen des Aussehens]
Psit|ta|ko|se ⟨f.11⟩ →*Papageienkrankheit* [< griech. *psittakos* „Papagei" (→ *Sittich*) und *...ose*]
Pso|ri|a|sis ⟨f., -, -ri|a|sen⟩ →*Schuppenflechte* [< griech. *psora* „Krätze, Räude", zu *psan, psen* „reiben, kratzen"]
psych..., Psych... ⟨in Zus.⟩ →*psycho..., Psycho...*
Psych|ago|ge ⟨m.11⟩ *jmd., der auf dem Gebiet der Psychagogik tätig ist*
Psych|ago|gik ⟨f., -, nur Sg.⟩ *seelische Führung, pädagogische und psychologische Einwirkung auf Gesunde und Kranke* [< griech. *psychagogia,* „Seelenführung" < *psyche* „Seele, Gemüt" und *agogos* „hinleitend, hinführend", zu *agein* „führen"]
Psy|che ⟨f.11⟩ **1** *Seele, Seelenleben* **2** ⟨österr.⟩ *Frisiertoilette* [griech., „Seele, Gemüt"]
psy|che|de|lisch ⟨Adj., o.Steig.⟩ *bewußtseinserweiternd;* ~e *Drogen* [< engl. *psyche-*

delic, psychodelic in ders. Bed., < griech. *psyche* „Seele, Gemüt" und *delos* „sichtbar, deutlich, klar"]
Psych|ia|ter ⟨m.5⟩ *Facharzt für Geistes- und Gemütskrankheiten* [zu *Psychiatrie*]
Psych|ia|trie ⟨f., -, nur Sg.⟩ *Wissenschaft von den Geistes- und Gemütskrankheiten* [< griech. *psyche* „Seele, Gemüt" und *Iatrik*]
psych|ia|trie|ren ⟨V.3, hat psychiatriert; mit Akk.; österr.⟩ *psychiatrisch untersuchen*
psych|ia|trisch ⟨Adj., o.Steig.⟩ *die Psychiatrie betreffend, zu ihr gehörig, mit ihrer Hilfe*
psy|chisch ⟨Adj., o.Steig.⟩ *seelisch, hinsichtlich des Seelen-, Gemütszustandes*
psy|cho..., Psycho... ⟨in Zus.⟩ *seelen..., Seelen...* [< griech. *psyche* „Seele, Gemüt"]
Psy|cho|ana|ly|se ⟨f.11⟩ *Methode zur Erkennung und Heilung seelischer Störungen*
Psy|cho|ana|ly|ti|ker ⟨m.5⟩ *jmd., der auf dem Gebiet der Psychoanalyse tätig ist*
psy|cho|ana|ly|tisch ⟨Adj., o.Steig.⟩ *zur Psychoanalyse gehörend, auf ihr beruhend, mit ihrer Hilfe*
Psy|cho|chir|ur|gie ⟨f., -, nur Sg.⟩ *Teilgebiet der Chirurgie, das sich mit der operativen Behandlung psychischer Erkrankungen befaßt*
Psy|cho|dra|ma ⟨n., -s, -men⟩ **1** *Monodrama, das die seelischen Konflikte der handelnden Person darstellt* **2** *(Psychotherapie) schauspielerische Darstellung der eigenen Konflikte durch den Patienten selbst*
psy|cho|gen ⟨Adj., o.Steig.⟩ *seelisch bedingt, seelisch verursacht* [< *psycho...* und *...gen*]
Psy|cho|ge|ne|se, Psy|cho|ge|ne|sis ⟨f., -, nur Sg.⟩ *Entstehung und Entwicklung der Seele und des Seelenlebens*
Psy|cho|gramm ⟨n.1⟩ *durch Psychographie gewonnenes Bild der Persönlichkeit*
Psy|cho|gra|phie ⟨f.11⟩ *psychologische Beschreibung einer Person aufgrund von mündlichen und schriftlichen Äußerungen* [< *Psycho...* und *...graphie*]
Psy|cho|lo|ge ⟨m.11⟩ **1** *Wissenschaftler auf dem Gebiet der Psychologie* **2** *jmd., der gut Menschen beurteilen kann*
Psy|cho|lo|gie ⟨f., -, nur Sg.⟩ *Wissenschaft von der Seele, vom Seelenleben* [< *Psycho...* und *...logie*]
psy|cho|lo|gisch ⟨Adj., o.Steig.⟩ *zur Psychologie gehörend, sie betreffend, mit ihrer Hilfe;* Syn. *seelenkundlich*
psy|cho|lo|gi|sie|ren ⟨V.3, hat psychologisiert; mit Akk.⟩ *unter psychologischen Gesichtspunkten betrachten, darstellen*
Psy|cho|lo|gis|mus ⟨m., -, nur Sg.⟩ *Überbewertung der Psychologie*
psy|cho|lo|gi|stisch ⟨Adj., o.Steig.⟩ *die Psychologie überbewertend*
Psy|cho|man|tie ⟨f.11⟩ →*Nekromantie*
Psy|cho|me|trie ⟨f., -, nur Sg.⟩ *Messung der Dauer psychischer Vorgänge*
psy|cho|me|trisch ⟨Adj., o.Steig.⟩ *zur Psychometrie gehörend, mit ihrer Hilfe;* ~e *Untersuchungen*
Psy|cho|mo|to|rik ⟨f., -, nur Sg.⟩ *Gesamtheit der durch Seele und Willen beeinflußbaren Bewegungen*
psy|cho|mo|to|risch ⟨Adj., o.Steig.⟩ *zur Psychomotorik gehörend, auf ihr beruhend*
psy|cho|nom ⟨Adj., o.Steig.⟩ *nach psychischen Gesetzen ablaufend* [< *psycho...* und griech. *nomos* „Gesetz"]
Psy|cho|path ⟨m.10⟩ *jmd., der an einer Psychopathie leidet*
Psy|cho|pa|thie ⟨f., -, nur Sg.⟩ *seelisch-charakterliche Störung* [< *Psycho...* und *...pathie*]
psy|cho|pa|thisch ⟨Adj., o.Steig.⟩ **1** *eine Psychopathie betreffend, zu ihr gehörig* **2** *an einer Psychopathie leidend*
Psy|cho|pa|tho|lo|gie ⟨f., -, nur Sg.⟩ →*Pathopsychologie*
Psy|cho|phar|ma|kon ⟨n., -s, -ka⟩ *auf den seelischen Zustand wirkende Arznei*

Psychophysik

Psy|cho|phy|sik ⟨f., -, nur Sg.⟩ Wissenschaft von den Wechselbeziehungen zwischen physischen Reizen und Sinnesempfindungen

Psy|cho|se ⟨f.11⟩ geistig-seelische Störung, Geistes-, Gemütskrankheit [< *Psyche* und *...ose*]

Psy|cho|so|ma|tik ⟨f., -, nur Sg.⟩ (auf der Einheit von Seele und Körper fußende) Wissenschaft von der Einwirkung seelischer Einflüsse auf körperliche Vorgänge [< *Psycho...* und griech. *soma* „Leib, Körper"]

psy|cho|so|ma|tisch ⟨Adj., o.Steig.⟩ die Psychosomatik betreffend, zu ihr gehörig, auf der Einheit von Seele und Körper beruhend, von seelischen Vorgängen beeinflußt

Psy|cho|the|ra|peut ⟨m.10⟩ Arzt oder Psychologe auf dem Gebiet der Psychotherapie

Psy|cho|the|ra|pie ⟨f., -, nur Sg.⟩ Behandlung seelisch gestörter Menschen durch seelische Einwirkung

Psy|cho|ti|ker ⟨m.5⟩ jmd., der an einer Psychose leidet

psy|cho|tisch ⟨Adj., o.Steig.⟩ zu einer Psychose gehörig, an einer Psychose leidend

Psy|chro|me|ter ⟨[-kro-] n.5⟩ Gerät zum Messen der Luftfeuchtigkeit [< griech. *psychros* „kalt, frisch" sowie *psychra* „Kälte", bes. „kaltes Wasser", und *...meter*]

Pt ⟨chem. Zeichen für⟩ Platin

pt. ⟨Zeichen für⟩ Pint

p. t. ⟨Abk. für⟩ pro tempore

Pta ⟨Abk. für⟩ Peseta

Pte|ro|po|de ⟨m.11⟩ → *Ruderschnecke* [< griech. *pteron* „Flügel" und *pous*, Gen. *podos*, „Fuß"]

Pte|ry|gi|um ⟨n., -s, -gia⟩ 1 zarte, dreieckige Wucherung der Bindehaut, die die Bewegungen des Augapfels einschränkt 2 Mißbildung in Form von häutigen Verbindungen (bes. zwischen Fingern und Zehen) [< griech. *pterygion* „Flügelchen", zu *pteryx, pteron* „Flügel"]

Pto|le|mä|er ⟨m.5⟩ Angehöriger eines ägyptischen Herrschergeschlechts

pto|le|mä|isch ⟨Adj., o.Steig.⟩ von dem Geographen Ptolemäus stammend

Pto|ma|in ⟨n., -s, nur Sg.⟩ bei der Verwesung von Leichen entstehendes Gift; Syn. *Leichengift* [zu griech. *ptoma* „Leichnam", eigtl. „das Gefallene", zu *piptein* „fallen, stürzen"]

Pty|a|lin ⟨n., -s, nur Sg.⟩ im Speichel enthaltenes Enzym [zu griech. *ptyalon* „Speichel"]

Pu ⟨chem. Zeichen für⟩ Plutonium

Pub ⟨[pᴧb] n.9; engl. Bez. für⟩ Gastwirtschaft

pu|ber|tär ⟨Adj., o.Steig.⟩ zur Pubertät gehörig, mit ihr zusammenhängend; ~e Erscheinungen; ~es Verhalten

Pu|ber|tät ⟨f., -, nur Sg.⟩ Zeit der beginnenden Geschlechtsreife [< lat. *pubertas*, Gen. *-atis*, „Geschlechtsreife", zu *puber*, Nebenform von *pubes*, Gen. *-eris*, „mannbar, erwachsen"]

pu|ber|tie|ren ⟨V.3, hat pubertiert; o.Obj.⟩ sich in der Pubertät befinden, in die Pubertät eintreten

Pu|bes|zenz ⟨f., -, nur Sg.⟩ Geschlechtsreifung [< lat. *pubescens*, Gen. *-entis*, „mannbar werdend", zu *pubescere* „heranwachsen, ins Jünglingsalter treten, mannbar werden"]

pu|bli|ce ⟨[-tse-] Adv.; †⟩ öffentlich

Pu|bli|ci|ty ⟨[pᴧblĭsĭtĭ] f., -, nur Sg.⟩ 1 Bekanntsein in der Öffentlichkeit, Aufsehen in der Öffentlichkeit 2 Verbreitung in der Öffentlichkeit, Bemühung um Aufsehen [engl., zu *public* „öffentlich", → *Publikum*]

Public Relations ⟨[pᴧblĭk rilĕĭʃnz] Pl.; Abk.: PR⟩ Arbeit mit der Öffentlichkeit, Öffentlichkeitsarbeit, Bemühung um Vertrauen in der Öffentlichkeit; Syn. *Öffentlichkeitsarbeit* [engl., eigtl. „öffentliche Beziehungen"]

pu|blik ⟨Adj., o.Steig.⟩ öffentlich, allgemein bekannt; eine Sache p. machen; die Sache ist schon längst p. [über frz. *public* < lat. *publicus* „öffentlich, dem Volk gehörig", → *Publikum*]

Pu|bli|ka|ti|on ⟨f.10⟩ 1 ⟨nur Sg.⟩ das Publizieren, Veröffentlichung 2 veröffentlichtes Druckwerk

Pu|bli|kum ⟨n., -s, nur Sg.⟩ 1 Öffentlichkeit, Allgemeinheit 2 Gesamtheit der Zuschauer, Zuhörer, Besucher oder Leser; vor einem großen P. sprechen, spielen; ein interessiertes, kritisches P.; er findet für seine Erzählungen bei den Kindern ein dankbares P. [< lat. *publicum* „Öffentlichkeit, öffentlicher Platz", zu *publicus* „dem Volk, dem Staat gehörig, öffentlich, zu *populus* „Volk", zu *plebes, plebs* „Volk"]

pu|bli|zie|ren ⟨V.3, hat publiziert; mit Akk.⟩ veröffentlichen; einen Roman p. [< lat. *publicare* „öffentlich zeigen", zu *publicus* „öffentlich", → *Publikum*]

Pu|bli|zist ⟨m.10⟩ 1 Zeitungswissenschaftler 2 Zeitungs-, Tagesschriftsteller

Pu|bli|zi|stik ⟨f., -, nur Sg.⟩ 1 → *Zeitungswissenschaft* 2 schriftstellerische Betätigung für Zeitungen, Zeitschriften, Film, Funk, Fernsehen

pu|bli|zi|stisch ⟨Adj., o.Steig.⟩ zur Publizistik gehörend, sie betreffend, in der Art der Publizistik

Pu|bli|zi|tät ⟨f., -, nur Sg.⟩ Bekanntsein in der Öffentlichkeit [zu *publik*]

p. u. c. ⟨Abk. für⟩ post urbem conditam

Puck¹ ⟨m.9⟩ Kobold, kleiner, lustiger Dämon [< mengl. *puke* < altengl. *puca* „Kobold", verwandt mit altnord. *puki* „Teufelchen"]

Puck² ⟨m.9; Eishockey⟩ Hartgummischeibe (als Spielball) [engl.]

puckern ⟨-k|k-; V.1, hat gepuckert; o.Obj.⟩ 1 leicht klopfen; sein Herz puckert 2 ⟨unpersönl., mit „es"⟩ es puckert man spürt ein leichtes Klopfen, eine stoßweise Bewegung; in dem entzündeten Finger puckert es

Pud ⟨n., -, -⟩ altes russisches Gewicht, 16,38 kg [russ., < lat. *pondus* „Gewicht"]

pud|deln¹ ⟨V.1, hat gepuddelt; o.Obj.; westmdt.⟩ im Wasser planschen

pud|deln² ⟨V.1, hat gepuddelt; o.Obj.⟩ aus Roheisen Schweißstahl gewinnen [< engl. *to puddle* „herumrühren"]

Pud|ding ⟨m.9⟩ 1 urspr. im Wasserbad gekochte Speise 2 kalte, halbfeste Süßspeise [< engl. *pudding* in der ersten Bed. sowie „Blutwurst" (d.h. in Tierdarm gefüllte Fleischmasse), < mengl. *poding* „Blutwurst", wahrscheinlich < lat. *botulus* „Wurst"]

Pu|del¹ ⟨m.5⟩ wollig behaarter Hund mit hängenden Ohren (und meist durch modische Schur beeinflußter Gestalt) (Königs-, Zwerg~) [verkürzt < *Pudelhund*, zu mundartl. (norddt.) *pudeln* „im Wasser plätschern", da der Pudel früher zur Jagd auf Wasservögel verwendet wurde]

Pu|del² ⟨m.5; Kegelspiel⟩ Fehlwurf [Herkunft nicht sicher]

Pu|del|müt|ze ⟨f.11⟩ dicke, rund gestrickte Mütze, die über die Ohren gezogen werden kann

pu|deln¹ ⟨V.1, hat gepudelt; o.Obj.; landsch.⟩ im Wasser planschen, paddeln (wie ein Hund) [< engl. *to puddle* „planschen, herumrühren"]

pu|deln² ⟨V.1, hat gepudelt; o.Obj.; Kegelspiel⟩ einen *Pudel²* machen, nicht treffen

pu|del|nackt ⟨Adj., o.Steig.; ugs.⟩ völlig nackt

pu|del|när|risch ⟨Adj., o.Steig.⟩ sehr vergnügt, lustig und ausgelassen

pu|del|naß ⟨Adj., o.Steig.; ugs.⟩ völlig naß, durchnäßt

pu|del|wohl ⟨Adv., ugs.⟩ sehr wohl; sich p. fühlen

Pu|der ⟨m.5⟩ feines Pulver [< frz. *poudre* in ders. Bed., < lat. *pulvis*, Gen. *pulveris*, „Staub"]

pu|de|rig ⟨Adj.⟩ wie Puder beschaffen; auch: *pudrig*

pu|dern ⟨V.1, hat gepudert; mit Akk.⟩ mit Puder bestreuen, einreiben; sich die Nase p.

Pu|der|zucker ⟨-k|k-; m., -s, nur Sg.⟩ staubfein gemahlener Zucker; Syn. *Staubzucker*

pud|rig ⟨Adj.⟩ → *puderig*

Pue|blo 1 ⟨m., -(s), -(s)⟩ Angehöriger eines Indianervolkes im Südwesten Nordamerikas 2 ⟨m.9⟩ zusammenhängende, terrassenartig übereinandergebaute Siedlung der Pueblo (1)

pue|ril ⟨[pue-] Adj., o.Steig.⟩ kindlich (geblieben), zurückgeblieben [< lat. *puerilis* „kindlich", zu *puer* „Kind, Knabe"]

Pue|ri|lis|mus ⟨m., -, nur Sg.⟩ kindisches Wesen

Pue|ri|li|tät ⟨f., -, nur Sg.⟩ Kindlichkeit, kindliches Wesen

Pu|er|pe|ral|fie|ber ⟨n., -s, nur Sg.⟩ → *Kindbettfieber* [zu lat. *puerpera* „Wöchnerin" und *puerperium* „Kindbett, Niederkunft", zu *puer* „Kind" und *parere* „gebären"]

Puer|to|ri|ca|ner ⟨m.5⟩ Einwohner von Puerto Rico

Puff I ⟨m.2⟩ Stoß; jmdm. einen P. versetzen; er kann einen P. vertragen er ist nicht empfindlich, nicht zimperlich II ⟨m.1 oder m.9⟩ 1 gebauschter Stoff, Bausch (an der Kleidung); auch: *Puffe* 2 festes Sitzkissen, niedriger Polstersitz ohne Lehne 3 Behälter für schmutzige Wäsche (Wäsche~) III ⟨n., -s, nur Sg.; kurz für⟩ Puffspiel IV ⟨n.9; ugs.⟩ Bordell

Puff|är|mel ⟨Pl.⟩ an der Schulter in Fältchen gelegte oder gezogene und am Oberarm anliegende Ärmel

Puff|boh|ne ⟨f.11⟩ → *Saubohne*

Puf|fe ⟨f.11⟩ → *Puff (II, 1)*

puf|fen ⟨V.1, hat gepufft⟩ I ⟨mit Akk.⟩ 1 jmdn. p. jmdm. einen Puff (I) geben; jmdn. in die Seite p. 2 etwas p. in Falten ziehen, so daß es bauschig wird; Ärmel p. II ⟨o.Obj.⟩ einen kurzen, dumpfen Knall von sich geben

Puf|fer ⟨m.5⟩ 1 ⟨Pl.; Eisenbahn⟩ an den Stirnseiten der Wagen angebrachte paarige, federnde Vorrichtung zum Dämpfen von Stößen 2 ⟨Kybernetik⟩ Zwischenspeicher, der Daten vorübergehend aufnimmt

Puf|fer|bat|te|rie ⟨f.11⟩ Batterie aus Akkumulatoren, die in einem Gleichstromnetz Strom speichert und bei Bedarf unabhängig von der momentanen Stromerzeugung abgibt

Puf|fer|staat ⟨m.12⟩ kleiner, zwischen zwei größeren Staaten liegender Staat, der Reibungen und Streitigkeiten verhindern soll

Puf|fe|rung ⟨f.10⟩ chemische Operation, die dazu dient, den pH-Wert einer Lösung stabil zu halten

Puf|fer|zo|ne ⟨f.11⟩ neutrale, entmilitarisierte Zone (zwischen zwei Staaten)

puf|fig ⟨Adj.⟩ gebauscht [zu *Puff (II, 1)*]

Puff|reis ⟨m., -es, nur Sg.⟩ unter hohem Druck gedämpfter, aufgequollener Reis

Puff|spiel ⟨n.1⟩ ein Würfelbrettspiel; Syn. *Puff, Trick-Track*

puh|len ⟨V.1, hat gepuhlt⟩ → *pulen*

Pül|cher ⟨m.5; österr.; ugs.⟩ kleiner Betrüger [urspr. „Vagabund", zu *Pilger*]

Pul|ci|nel|la ⟨[-tʃi-] m., -(s), -le; in der Commedia dell'arte⟩ Hanswurst [zu ital. *pulcino* „Hühnchen" (zu lat. *pullus* „Hühnchen"), wegen der großen, gebogenen Nase und der piepsenden Stimme]

pu|len ⟨V.1, hat gepult; norddt.; auch: *puhlen* I ⟨o.Obj.⟩ 1 bohren; in der Nase p. 2 an etwas herumkratzen; an einem Pickel p. II ⟨mit Akk.⟩ durch Bohren und Kratzen herauslösen; Kerne aus dem Fruchtfleisch p.

Pulk ⟨m.1⟩ 1 lockerer Verband (von Truppen, Kampfflugzeugen oder Fahrzeugen) 2 gedrängte Menge (Menschen~) [< poln. *pułk*, russ. *polk* „Regiment, Heer, Lager", < germ. **fulkaz* in ders. Bed. (ahd. *folk* „Heer, Schar")]

pul|len¹ ⟨V.1, hat gepullt; o.Obj.⟩ **1** *rudern* **2** ⟨vom Pferd⟩ *stark vorwärts drängen, ohne auf Zügelhilfen zu reagieren* [< engl. *to pull* „ziehen"]

pul|len² ⟨V.1, hat gepullt; o.Obj.; mdt., ostmdt.; vulg.⟩ *Wasser lassen, urinieren;* auch: *pullern*

pul|lern ⟨V.1, hat gepullert⟩ →*pullen²*

Pul|li ⟨m.9; ugs.; kurz für⟩ *Pullover,* ⟨urspr. nur⟩ *leichter, ärmelloser oder kurzärmeliger Pullover*

Pull|man|wa|gen ⟨m.7⟩ *bequem eingerichteter Eisenbahnwagen* [nach dem amerik. Hersteller George Mortimer *Pullman*]

Pull|over ⟨m.5⟩ *über den Kopf zu ziehendes, gestricktes oder gewirktes Kleidungsstück für den Oberkörper;* vgl. *Pulli* [engl., „*to pull over*", „über-, darüberziehen"]

Pull|un|der ⟨m.5⟩ *ärmelloser Pullover mit Ausschnitt, unter dem man eine Bluse trägt* [< engl. *to pull* „ziehen" und *under* „unter"]

pul|mo|nal ⟨Adj., o.Steig.⟩ *zur Lunge gehörig, von ihr ausgehend, Lungen...* [zu lat. *pulmo,* Gen. *-onis,* „Lunge", zu griech. *pleumon,* Nebenform von *pneumon* „Lunge"]

Pulp ⟨m.12⟩ auch: *Pulpe, Pülpe* **1** *Fruchtmark, Fruchtmus* **2** *Rückstand bei der Gewinnung von Stärke* **3** *Faserbrei zur Herstellung von Papier* [zu *Pulpa*]

Pul|pa ⟨f., -, -pae [-pɛ]⟩ *weiche, gefäßreiche Masse in der Zahnhöhle und in der Milz;* Syn. *Zahnmark* [lat., „Fleisch, weiches Mark"]

Pul|pe, Pül|pe ⟨f.11⟩ → *Pulp*

Pul|pi|tis ⟨f., -, -ti|den⟩ *Entzündung der Pulpa* [< *Pulpa* und *...itis*]

pul|pös ⟨Adj., o.Steig.⟩ *fleischig, markig, aus weicher Masse bestehend* [zu *Pulpa*]

Pul|que ([-kə] m., -s, nur Sg.) *mexikanisches Getränk aus gegorenem Agavensaft*

Puls ⟨m.1⟩ *an der Innenseite des Handgelenks fühlbare Druckwelle des Blutes;* Syn. *Pulsschlag* [< lat. *pulsus* „Pulsschlag", eigtl. „das Stoßen, Schlagen", zu *pellere* „stoßen, schlagen"]

Puls|ader ⟨f.11⟩ *Schlagader, Arterie*

Pul|sar ⟨m.1⟩ *Himmelskörper, der periodisch kurze Stöße von Radiostrahlung abgibt* [< engl. *pulse* „Impuls" und *Quasar*]

Pul|sa|ti|on ⟨f.10⟩ **1** *rhythmisches Zusammenziehen des Herzens und dadurch ausgelöste Druckwelle in den Blutgefäßen;* Syn. *Pulsschlag* **2** *periodische Veränderung des Durchmessers eines Sterns* [zu *pulsieren*]

Pul|sa|tor ⟨m.13⟩ *Gerät, das pulsierende Bewegungen erzeugt* (bes. in der Melkmaschine)

pul|sen ⟨V.1, hat gepulst; o.Obj.⟩ *durch stoßweises, wellenartiges Bewegen, durch Klopfen Leben zeigen;* auch: *pulsieren;* das *Blut pulst in den Adern, in den Schläfen*

pul|sie|ren ⟨V.3, hat pulsiert; o.Obj.⟩ **1** → *pulsen* **2** *lebhaft, wellenartig strömen;* ~*der Schmerz;* ~*des Leben in den Straßen;* ~*der Verkehr* [< lat. *pulsare* „erschütternd stoßen, stampfen, schlagen"]

Pul|si|on ⟨f.10⟩ *rhythmisches Stoßen, Schlagen* [zu *pulsieren*]

Pul|so|me|ter ⟨n.5⟩ *Dampfpumpe ohne Kolben mit Dampfkondensatoren* [< *Puls* und *...meter*]

Puls|schlag ⟨m.2⟩ **1** → *Puls* **2** → *Pulsation (1)*

Puls|wär|mer ⟨Pl.⟩ *wollene Hüllen zum Warmhalten der Handgelenke*

Pult ⟨n.1⟩ **1** *Tisch mit schräger Fläche, Aufsatz für einen Tisch mit schräger Fläche* (Schreib~, Lese~) **2** *Ständer mit schräger Fläche* (Dirigenten-, Noten~) [< mhd. *pult, pulpet* in ders. Bed. < lat. *pulpitum* „Brettergerüst, Bühne"]

Pul|ver ⟨n.5⟩ **1** *fein zerriebener, fester Stoff* **2** *Medikament in dieser Form* (Kopfweh~, Schlaf~) **3** ⟨kurz für⟩ *Schießpulver;* er *hat es nicht gerade das P. erfunden* ⟨übertr., ugs.⟩ *er ist nicht sehr klug;* er *hat sein P. zu früh verschossen* ⟨übertr.⟩ *er hat seine Einwände, Argumente verfrüht angebracht;* er *ist keinen Schuß P. wert* ⟨übertr.⟩ *er ist gar nichts wert* **4** ⟨ugs.⟩ *Geld* [< lat. *pulvis,* Gen. *pulveris,* „Staub, Asche, Erde"]

pul|ve|rig ⟨Adj., o.Steig.⟩ *sehr fein (gemahlen, zerkleinert) und locker, wie Pulver;* auch: *pulvrig;* ~*er Schnee*

Pul|ve|ri|sa|tor ⟨m.13⟩ *Maschine zum Herstellen von Pulver (3)* [zu *pulverisieren*]

pul|ve|ri|sie|ren ⟨V.3, hat pulverisiert; mit Akk.⟩ *zu Pulver (3) zermahlen oder zerstampfen*

Pul|ver|kam|mer ⟨f.11⟩ **1** ⟨bei Geschützen⟩ *Ladeloch* **2** ⟨auf Schiffen⟩ *Raum für Munition*

Pul|ver|schnee ⟨m., -s, nur Sg.⟩ *Schnee von pulvriger Beschaffenheit*

Pul|ver|turm ⟨m.2; früher⟩ *Turm, in dem ein Munitionslager untergebracht ist*

pulv|rig ⟨Adj.⟩ → *pulverig*

Pu|ma ⟨m.9⟩ *einem kleinen, mähnenlosen Löwen ähnelnde amerikanische Raubkatze;* Syn. ⟨veraltend⟩ *Silberlöwe* [Ketschua]

Pum|mel ⟨m.5; ugs., scherzh.⟩ *kleine, rundliche, dickliche Person*

pum|me|lig ⟨Adj.; ugs.⟩ *klein und dicklich, rundlich;* auch: *pummlig*

pumm|lig ⟨Adj.⟩ → *pummelig*

Pump ⟨m., -s, nur Sg.⟩ *Borg, Leihen;* einen *P. bei jmdm. aufnehmen;* etwas *auf P. bekommen* etwas *geliehen bekommen;* auf *P. leben*

Pum|pe ⟨f.11⟩ **1** *Einrichtung oder Maschine zur Förderung von Flüssigkeiten oder Gasen und zur Druckerhöhung* (Druck~, Saug~) **2** ⟨scherzh.⟩ *Herz;* die *P. macht nicht mehr mit* **3** ⟨ugs.⟩ *Spritze (für Rauschgift)*

pum|pen¹ ⟨V.1, hat gepumpt⟩ **I** ⟨mit Akk.⟩ *mittels Pumpe (1) heraufholen, hineinblasen, hinausfließen lassen;* Wasser *aus dem Brunnen, in den Eimer, aus der Felder p.;* Luft *in den Schlauch p.* **II** ⟨o.Obj.; übertr.⟩ *wie eine Pumpe (1) arbeiten;* das *Herz pumpt (nicht mehr)*

pum|pen² ⟨V.1, hat gepumpt; mit Dat. und Akk.⟩ *jmdm. etwas p. jmdm. etwas leihen;* jmdm. *Geld, das Fahrrad p.;* kannst du mir *100 DM p.?;* sich *etwas von jmdm. p. sich etwas von jmdm. leihen* [< rotw. *pumpen* „borgen, stechen" (rotw. *stechen* „geben, schenken")]

pum|pern ⟨V.1, hat gepumpert; o.Obj.; ugs.⟩ *laut klopfen, schlagen;* sein *Herz pumpert vor Angst*

Pum|per|nickel ⟨-k|k-; m.5⟩ *schwarzbraunes, süßliches, westfälisches Roggenbrot* [Herkunft nicht sicher; vielleicht urspr. für eine kleine, stämmige Person, auch für einen Menschen mit schlechten Manieren, < *pumpern* „Blähungen abgeben lassen" und *Nikkel*¹, dann auf das Schwarzbrot übertragen, weil es in kleinen, klotzartigen Laiben gebacken wird und blähende Wirkung haben kann]

Pump|hose ⟨f.11⟩ *weite, bauschige, halblange Hose, die unterm Knie geschlossen wird*

Pumps ⟨[pœmps] Pl.⟩ *ausgeschnittene Damenschuhe ohne Spangen oder Verschnürung* [engl., „Turn-, Tanzschuhe", weitere Herkunft nicht bekannt]

Punch¹ ⟨[pʌntʃ] m.9; im engl. Puppenspiel und in der engl. Komödie⟩ *Kasperle, Hanswurst* [verkürzt < *Punchinella,* entstellt < *Pulcinella*]

Punch² ⟨[pʌntʃ] m.9⟩ **1** *Boxhieb* **2** *Schlagkraft (eines Boxers)* [engl., „Schlag, Stoß"]

Pun|cher ⟨[pʌntʃər] m.1⟩ **1** *Boxer mit Training am Punchingball* **2** *Boxer mit besonders großer Schlagkraft* [engl., zu *to punch* „(mit der Faust) schlagen"]

Pun|ching|ball ⟨[pʌntʃiŋ-] m.2⟩ *an einer Leine frei hängender Ball zum Training für Boxer* [< engl. *punching* „das Schlagen (mit der Faust)" und *Ball*]

Punc|tum punc|ti ⟨n., -, -, nur Sg.⟩ *Hauptpunkt, Hauptsache* [lat., „Punkt des Punktes"]

Punc|tum sa|li|ens ⟨n., -, -, nur Sg.⟩ *springender Punkt, Kernpunkt, Hauptsache* [lat., „springender Punkt"]

Punk ⟨[pʌŋk] m.9⟩ **1** *Rockmusiker, der eine Musikrichtung mit sehr einfachen, lauten, schnell hämmernden Rhythmen und aggressiven Texten betreibt* **2** *jugendlicher Anhänger dieser Musik* [amerik. Slang, „Neuling in der Verbrecherwelt", zu *punk* „Landstreicher, junger Ganove, Tunichtgut"]

Punkt I ⟨m.1⟩ **1** *sehr kleiner Fleck;* das *Haus in der Ferne ist nur als P. zu erkennen* **2** ⟨Math.⟩ *geometrisches Gebilde ohne Ausdehnung, Stelle, an der sich zwei Linien schneiden* **3** *Satzzeichen am Ende eines Satzes;* einen *P. setzen;* nun *mach aber einen P.!* ⟨ugs.⟩ *nun hör aber auf!;* er *redet ohne P. und Komma* ⟨ugs.⟩ *er redet unaufhörlich* **4** *winziges, kreisrundes Zeichen;* der *P. auf dem i,* einen *P. zur Bezeichnung der Betonung einen P. unter einen Vokal setzen;* das *ist der springende P.* ⟨übertr.⟩ *das ist die Hauptsache, das ist es gerade, worauf es ankommt* **5** ⟨Mus.⟩ *Zeichen hinter einer Note, das diese um die Hälfte ihres Zeitwertes verlängert* **6** *Stelle, Ort* (Treff~, Aussichts~); *jeder erreicht einmal einen P., an dem er nicht mehr kann;* das *ist sein schwacher P. seine schwache Stelle, seine Schwäche* **7** *Sache, Angelegenheit;* in *diesem P. bin ich empfindlich, bin ich anderer Meinung;* strittiger *P.;* in *einem P. hast du recht* (im anderen nicht) **8** *Absatz, Abschnitt;* P. *eins;* P. *zwei* **9** ⟨Sport, Spiel⟩ *Einheit für die Bewertung* (Plus~, Minus~); *er verlor mit 15* ~*en;* das *Versehen wurde als schlechter P. gewertet* **10** *Zeitpunkt;* P. *acht Uhr,* ⟨österr., schweiz.⟩ *punkt acht Uhr* II ⟨m., -(e)s, -; Abk.: p⟩ *Maßeinheit für den Schriftsatz;* typographischer *P., eine Schrift von sieben P.* [< lat. *punctum* „(der mit dem Griffel in die Wachstafel gestochene oder mit dem Meißel in Stein eingegrabene) Punkt, kleines Loch, Stich", eigtl. „das Gestochene", zu *pungere* „stechen"]

Punkt|glas ⟨n.4⟩ *in bestimmter Weise geschliffenes Brillenglas, das optische Verzerrungen auch bei schrägem Durchblick aufhebt*

Punk|tat ⟨n.1⟩ *mittels Punktion entnommene Körperflüssigkeit*

Punk|ta|ti|on ⟨f.10⟩ **1** *Vorvertrag, vorläufige Festlegung der wichtigsten Punkte* **2** *Kennzeichnung der Vokale in der hebräischen Schrift durch Punkte unter (oder über) den Konsonanten* [zu *punktieren*]

Pünkt|chen ⟨n.7⟩ *kleiner Punkt;* das *P. auf dem i* ⟨übertr.⟩ *die Vollendung einer Sache, der letzte Schliff*

punk|ten ⟨V.2, hat gepunktet⟩ **I** ⟨mit Akk.⟩ **1** *mit Punkten mustern;* gepunkteter *Stoff;* gepunktetes *Kleid* **2** ⟨Sport⟩ *mit Punkten, nach Punkten bewerten;* eine *Leistung p.* **II** ⟨o.Obj.; bes. Boxen⟩ *Punkte sammeln*

punk|tie|ren ⟨V.3, hat punktiert; mit Akk.⟩ **1** *etwas p.* **a** *durch Punkte andeuten;* punktierte *Linie* **b** ⟨Mus.⟩ *mit einem Punkt versehen;* punktierte *Note* **2** *jmdn. p. an jmdm. eine Punktion vornehmen*

Punk|tier|na|del ⟨f.11⟩ *Hohlnadel für die Punktion*

Punk|ti|on ⟨f.10⟩ *Entnahme von Flüssigkeit aus einer Körperhöhle mittels Punktiernadel zu diagnostischen Zwecken;* auch: *Punktur* [zu *punktieren*]

pünkt|lich ⟨Adj.⟩ **1** *zum richtigen, vereinbarten Zeitpunkt;* seine *Steuern p. zahlen;* p. *kommen* **2** *sich an den vereinbarten Zeitpunkt haltend;* ein ~*er Mensch;* bitte *sei p.!* **3** *genau (zum vereinbarten Zeitpunkt);* p. *um vier Uhr fangen wir an;* er *erschien p. auf die Minute*

Pünktlichkeit

Pünkt|lich|keit ⟨f., -, nur Sg.⟩ *das Pünktlichsein* [→*pünktlich* (2)]
Punkt|licht ⟨n.3⟩ *gebündeltes, gezielt auf einen Gegenstand gerichtetes Licht (z.B. in Ausstellungsvitrinen);* Syn. *Spotlight*
Punkt|li|nie ⟨f.11⟩ *aus Punkten zusammengesetzte Linie*
punk|to →*in puncto*
Punkt|rich|ter ⟨m.5; in manchen Sportarten⟩ *Kampfrichter, der nach Punkten wertet*
Punkt|schrift ⟨f., -, nur Sg.⟩ →*Blindenschrift*
punk|tu|ell ⟨Adj., o.Steig.⟩ *punktweise, auf einen oder mehrere Punkte bezogen*
Punk|tum! *Schluß!;* und damit P.! [< lat. *punctum* „Punkt"]
Punk|tur ⟨f.10⟩ →*Punktion*
Punsch ⟨m.1⟩ *heißes Getränk (urspr.) aus Arrak, Zucker, Zitronensaft, Gewürz und Wasser* [< Sanskrit *pañca-* „fünf", wegen der fünf Bestandteile]
Pun|ze ⟨f.11⟩ **1** *meißelähnliches Werkzeug zum Treiben erhabener Muster am Metall* **2** *Stahlstift zur Lederbearbeitung* **3** ⟨österr.⟩ *Prüf-, Erkennungszeichen für den Gehalt an Edelmetall* [< ital. *punzone* in ders. Bed., < lat. *punctio*, Gen. *-onis*, „das Stechen", zu *pungere* „stechen"]
pun|zen ⟨V.3, hat gepunzt; mit Akk.⟩ auch: *punzieren* **1** *mit der Punze bearbeiten* **2** *mit dem Prüfzeichen stempeln;* Edelmetall p.
pun|zie|ren ⟨V.3, hat punziert⟩ →*punzen*
Pup ⟨m.1; ugs.⟩ *Darmwind, Blähung;* auch: *Pups*
pu|pen ⟨V.1, hat gepupt; o.Obj.; ugs.⟩ *einen Pup abgehen lassen;* auch: *pupsen*
pu|pil|lar ⟨Adj., o.Steig.⟩ **1** *zur Pupille gehörig* **2** →*pupillarisch*
pu|pil|la|risch ⟨Adj., o.Steig.⟩ *zum Mündel gehörig, das Mündel betreffend;* auch: *pupillar* [< lat. *pupillaris* „die Waisen betreffend, zu den Waisen gehörig", zu *pupillus* „Waisenkind", zu *pupulus* „kleiner Knabe", zu *pupus* „Knabe, Kind"]
Pu|pil|le ⟨f.11⟩ *Sehloch im Auge* [< lat. *pupilla* „Augapfel, Pupille", eigtl. „Püppchen, kleines Mädchen" (weil man in der Pupille des anderen sein eigenes verkleinertes Abbild sehen kann), Verkleinerungsform von *pupa* „Mädchen, Puppe"]
Pu|pin|spu|le ⟨f.11⟩ *Spezialspule für den Bau von Nachrichtenkabeln niederer Frequenzen* [nach dem jugoslaw. Physiker M. I. *Pupin*]
pu|pi|par ⟨Adj., o.Steig.⟩ *Puppen gebärend, Larven gebärend, die sich sofort verpuppen* [< lat. *pupa* „Puppe" und *parere* „gebären"]
Pup|pe ⟨f.11⟩ **1** *Spielzeug in Form einer menschlichen Gestalt (bes. eines Kindes);* mit ~n spielen; bis in die ~n ⟨ugs.⟩ *bis spät in die Nacht, bis zum frühen Morgen* [wahrscheinlich nach den Statuen im Tiergarten in Berlin, die *Puppen* genannt wurden und zu denen der Weg weit war] **2** *aus Plastik oder Holz hergestellte Nachbildung eines menschlichen Körpers* (Schaufenster~, Schneider~, Modell~) **3** *Marionette, Figur des Kasperletheaters* (Kasperle~) **4** ⟨Biol.⟩ *Hülle der Insektenlarve, in der sich diese zum Insekt entwickelt* **5** ⟨salopp, nur von Männern gesagt⟩ *Mädchen*
Pup|pen|ge|sicht ⟨n.3⟩ *hübsches Gesicht ohne persönlichen Ausdruck*
Pup|pen|haus ⟨n.4⟩ *kleines Haus für Spielzeugpuppen*
Pup|pen|spiel ⟨n.1⟩ **1** *Theaterspiel mit Stock- oder Handpuppen oder Marionetten* **2** *damit aufgeführtes Stück*
Pup|pen|stu|be ⟨f.11⟩ *kleine Stube für Spielzeugpuppen*
Pup|pen|thea|ter ⟨n.5⟩ **1** ⟨i.w.S.⟩ *Theater, in dem Puppenspiele aufgeführt werden (z.B. Marionettentheater)* **2** ⟨i.e.S.⟩ *Kasperletheater*

Pup|pen|wa|gen ⟨m.7⟩ *kleiner, einem Kinderwagen nachgebauter Wagen für Spielzeugpuppen*
pup|pern ⟨V.1, hat gepuppert; o.Obj.; ugs.⟩ *rasch klopfen, rasch schlagen;* sein Herz pupperte (vor Aufregung, Angst)
pup|pig ⟨Adj.⟩ *wie eine Puppe (1), klein und niedlich*
Pups ⟨m.1⟩ →*Pup*
pup|sen ⟨V.1, hat gepupst; o.Obj.⟩ →*pupen*
pur ⟨Adj., o.Steig.⟩ **1** *rein, unverfälscht, lauter, unverdünnt;* ~es Gold; den Wein p. trinken **2** ⟨ugs.⟩ *nichts (anderes) als;* er kam aus ~er Neugierde; es war ~er Zufall [< lat. *purus* „rein, lauter"]
Pü|ree ⟨n.9⟩ *feiner Brei* (Kartoffel~, Erbs~) [< frz. *purée* „Brei", zu altfrz. *purer* „durchs Sieb drücken, durchsieben, reinigen", zu lat. *purus* „rein, lauter"]
Pur|gans ⟨n., -, -gan|tia oder -gan|zi|en⟩ →*Abführmittel* [< lat. *purgans*, Part. Präs. von *purgare*, →*purgieren*]
Pur|ga|ti|on ⟨f.10; †⟩ **1** *Reinigung, (gerichtliche) Rechtfertigung* **2** ⟨Med.⟩ *das Abführen* [zu *purgieren*]
pur|ga|tiv ⟨Adj., o.Steig.⟩ *als Purgans wirkend, abführend*
Pur|ga|to|ri|um ⟨n., -s, nur Sg.⟩ *Fegefeuer* [lat., „das Reinigende", zu *purgare* < altlat. *purigare*, „reinigen, läutern", < griech. *pyr* „Feuer" und *agein* „führen" mit lat. Suffix *-orium*, „Behälter, Raum", also eigtl. „Feuer führender (und damit läuternder) Raum"]
pur|gie|ren ⟨V.3, hat purgiert⟩ **1** ⟨mit Akk.; †⟩ *reinigen, läutern* **2** ⟨o.Obj.⟩ *die Verdauung beschleunigen, abführen* [< lat. *purgare* „reinigen, abführen", →*Purgatorium*]
pü|rie|ren ⟨V.3, hat püriert; mit Akk.⟩ *zu Püree machen;* Kartoffeln, Möhren p.
Pu|ri|fi|ka|ti|on ⟨f., -, nur Sg.⟩ *liturgische Reinigung (bes. der Altargefäße während der Messe)* [zu *purifizieren*]
Pu|ri|fi|ka|to|ri|um ⟨n., -s, -ri|en⟩ *Tuch zum Trocknen des Kelchs bei der Purifikation*
pu|ri|fi|zie|ren ⟨V.3, hat purifiziert; mit Akk.; †⟩ *reinigen, läutern* [< lat. *purificare* „reinigen", < *purus* „rein, sauber, lauter" und *...ficare* (in Zus. für *facere*) „tun, machen"]
Pu|rim ⟨n., -s, nur Sg.⟩ *(im Buch Esther des AT beschriebenes) jüdisches Fest zur Erinnerung an die Rettung der persischen Juden*
Pu|rin ⟨n.1⟩ *stickstoffhaltige, heterocyclische Verbindung* [< lat. *purus* „rein" und *urina* „Harn", da es Bestandteil der Harnsäure ist]
Pu|ris|mus ⟨m., -, nur Sg.⟩ *übertriebenes Bestreben, die Sprache von Fremdwörtern und Verwilderungen oder ein Kunstwerk von stilfremden Elementen zu reinigen* [zu lat. *purus* „rein"]
Pu|rist ⟨m.10⟩ *Anhänger des Purismus*
pu|ri|stisch ⟨Adj., o.Steig.⟩ *auf dem Purismus beruhend, in der Art des Purismus*
Pu|ri|ta|ner ⟨m.5⟩ **1** *Anhänger des Puritanismus* **2** ⟨übertr.⟩ *übertrieben sittenstrenger Mensch*
Pu|ri|ta|nis|mus ⟨m., -, nur Sg.⟩ *streng calvinistische Puritanerbewegung in England im 16. und 17. Jahrhundert* [zu lat. *puritas* „Reinheit", zu *purus* „rein"]
Pu|ri|tät ⟨f., -, nur Sg.; †⟩ *Reinheit, Sittenstrenge*
Pur|pur ⟨m., -s, nur Sg.⟩ **1** *bläulichroter Farbstoff* **2** *feierliches Gewand in dieser Farbe;* in P. gekleidet [< lat. *purpura* „Purpurschnecke, Purpurfarbe", < griech. *porphyra* „Purpurschnecke"]
Pur|pu|ra ⟨f., -, -rae [-rɛː]⟩ *Blutung in der Haut und den Schleimhäuten ohne vorhergehende Gewalteinwirkung* [lat., „Purpur(farbe)"]
pur|pur|far|ben ⟨Adj., o.Steig.⟩ →*purpurrot*
Pur|pu|rin ⟨n., -s, nur Sg.⟩ *(in der Krappwurzel vorkommender) roter Farbstoff*

pur|purn ⟨Adj., o.Steig.⟩ →*purpurrot*
pur|pur|rot ⟨Adj., o.Steig.⟩ *bläulichrot;* Syn. *purpurfarben, purpurn*
Pur|pur|schnecke ⟨-k|k-; f.11⟩ *Schnecke des Mittelmeeres, aus deren Drüsenschleim früher Purpur gewonnen wurde*
pur|ren ⟨V.1, hat gepurrt⟩ **I** ⟨o.Obj.; norddt.⟩ **1** *stochern* **2** *dünsten, schmoren* **II** ⟨mit Akk.; Seew.⟩ *zur Wache wecken* [wahrscheinlich lautmalend]
pu|ru|lent ⟨Adj., o.Steig.⟩ *eitrig* [< lat. *purulentus* „eitrig", zu *pus*, Gen. *puris*, „Eiter"]
Pu|ru|lenz ⟨f., -, nur Sg.⟩ *Eiterung, das Eitern*
Pur|zel ⟨m.5; ugs.⟩ *niedliches, kleines Kind, Kerlchen*
Pür|zel ⟨m.5⟩ →*Bürzel* (2)
Pur|zel|baum ⟨m.2⟩ *Rolle über den Kopf um die Querachse des Körpers;* einen P. schlagen
pur|zeln ⟨V.1, ist gepurzelt; o.Obj.⟩ *bes. von kleinen Kindern) fallen;* aus dem Bett p.
Pu|schel, Pü|schel ⟨m.5 oder f.10; norddt.⟩ →*Quaste* [zu *Büschel*]
pu|schen ⟨V.1, hat gepuscht; mit Akk.⟩ *antreiben, in die Höhe treiben;* jmdn. zu höheren Leistungen p. [< engl. *to push* „stoßen"]
pu|shen [puʃən] ⟨V.1, hat gepusht; o.Obj.; ugs.⟩ *mit harten Drogen handeln,* ⟨allg. ersetzt durch⟩ *dealen* [< engl. *to push* „stoßen"]
Pu|sher [puʃər] ⟨m.5; ugs.⟩ *Rauschgifthändler, Händler mit Drogen,* ⟨heute ersetzt durch⟩ *Dealer* [engl., urspr. „Helfer des Taschendiebes", der den zu Bestehlenden anrempelt, zu *to push* „stoßen"]
pus|se|lig ⟨Adj.⟩ *übertrieben genau, übertrieben eifrig;* auch: *pußlig*
pus|seln ⟨V.1, hat gepusselt; o.Obj.⟩ **1** *geschäftig sein, sich mit Kleinigkeiten beschäftigen* **2** *kleine Reparaturen ausführen, Verschönerungen, Verbesserungen anbringen;* an seinem Auto p.
puß|lig ⟨Adj.⟩ →*pusselig*
Puß|ta ⟨f., -, -ten⟩ *Grassteppe (in Ungarn)* [< ungar. *puszta* „Heide; öde, brach; leer, nackt", auch „Landgut"]
Pu|ste ⟨f., -, nur Sg.; ugs.⟩ *Atem;* außer P. kommen, sein; keine P. mehr haben
Pu|ste|blu|me ⟨f.11⟩ *abgeblühter Löwenzahn (dessen eine Haarkrone tragende, kugelig angeordnete Samen weggepustet werden können)*
Pu|ste|ku|chen ⟨ugs.; in der Fügung⟩ P.!, P.! *ich denke nicht daran!*
Pu|stel ⟨f.11⟩ *kleine, eiterhaltige Hautblase* [< lat. *pustula* „Bläschen"]
pu|sten ⟨V.2, hat gepustet⟩ **I** ⟨o.Obj.⟩ **1** *stark blasen;* in die kalten Hände p.; jmdm. Rauch ins Gesicht p. **2** ⟨ugs.⟩ *atmen;* ich kann kaum noch p. ich bin außer Atem **II** ⟨mit Akk.; ugs.; in den Wendungen⟩ ich werde dir eines p., ich werde dir was p.! *das könnte dir so passen, das kommt nicht in Frage!*
Pu|ste|rohr ⟨n.1⟩ *Blasrohr*
pu|stu|lös ⟨Adj., o.Steig.⟩ *voller Pusteln, mit Pusteln einhergehend*
pu|ta|tiv ⟨Adj., o.Steig.⟩ *vermeintlich, irrtümlich für gültig gehalten* [< lat. *putativus* „vermeintlich", zu *putare* „glauben, meinen, etwas für etwas halten"]
Pu|ta|tiv|ehe ⟨f.11⟩ *ungültige, aber von den Partnern für gültig gehaltene Ehe*
Pu|ta|tiv|not|wehr ⟨f., -, nur Sg.⟩ *Notwehr bei vermeintlichem Angriff*
Pu|te ⟨f.11⟩ **1** →*Truthenne* **2** ⟨übertr., ugs.⟩ *weibliche Person;* eingebildete P.; dumme P.
Pu|ter ⟨m.5⟩ →*Truthahn*
pu|ter|rot ⟨Adj., o.Steig.⟩ *sehr rot (im Gesicht);* p. werden; vor Wut p. anlaufen [nach dem balzenden Truthahn, bei dem sich graue Hautpartien am Hals und Kopf plötzlich purpurrot verfärben]

Pu|tre|fak|ti|on ⟨f., -, nur Sg.⟩ → *Putreszenz* [< lat. *putrefactio*, Gen. *-onis*, „Fäulnis", < *puter* „faul" und *facere* „machen"]
Pu|tres|zenz ⟨f., -, nur Sg.⟩ *Verwesung, Fäulnis*; Syn. *Putrefaktion* [zu *putreszieren*]
pu|tres|zie|ren ⟨V.3, ist putresziert; o.Obj.⟩ *verfaulen, verwesen* [< lat. *putrescere* „verfaulen, vermodern", zu *puter* „faul, vermodert"]
Putsch ⟨m.1⟩ *politischer Umsturz oder Umsturzversuch* [< schweiz. mundartl. *Putsch* „Stoß (mit der Faust)", dann übertr. „Zusammenstoß, Auflauf"]
put|schen ⟨V.1, hat geputscht; o.Obj.⟩ *einen Putsch verüben oder versuchen*
Put|te ⟨f.11; Mal., bildende Kunst⟩ *kleine Engelsfigur*; auch: *Putto* [< ital. *putto* in ders. Bed., < lat. *putus*, volkstümlich *puttus* „Knabe", zu *pusus, puer* „Knabe, Kind"]
put|ten ⟨V.2, hat geputtet; mit Akk.; Golf⟩ *den Ball p. mit dem Putter so schlagen, daß er möglichst ins Loch rollt* [< engl. *to put* „setzen, legen"]
Put|ter ⟨m.5⟩ *besonderer Golfschläger zum Putten*
Put|to ⟨m., -s, -ten oder -ti⟩ → *Putte*
Putz¹ ⟨m.1; ugs.⟩ *kleines Kind*
Putz² ⟨m., -es, nur Sg.⟩ **1** *Überzug von Mauerwerk aus einem Gemisch von Sand, Wasser und Bindemitteln (Kalk, Gips o.ä.) zum Schutz gegen Witterung, zum Ausgleich von Unebenheiten; Mauern mit P. bewerfen; auf den P. hauen* ⟨ugs.⟩ *prahlen, sich wichtig tun, übertreiben* **2** *hübsche Kleidung mit schmückendem Zubehör; sie legt viel Wert auf den P.; sie gibt viel Geld für den P. aus* **3** ⟨süddt.⟩ *das Saubermachen (Haus~)*
Pütz ⟨f.10; Seew.⟩ *kleiner Eimer* [< ndrl. *putse* „Brunnen, Grube, Loch, Graben", < lat. *puteus* „Brunnen"]
put|zen ⟨V.1, hat geputzt⟩ **I** ⟨mit Akk.⟩ **1** *säubern und blank reiben; die Fenster, Schuhe p.; Silber p.* **2** ⟨süddt. auch o.Obj.⟩ *saubermachen, reinigen; die Wohnung p.; ich muß noch p.* ⟨süddt.⟩ *ich muß die Wohnung noch reinigen; sich die Nase p. die Nase durch Schneuzen reinigen; die Zähne p. mit Zahncreme bürsten; eine Kerze p. den Docht einer Kerze kürzer schneiden* **3** ⟨süddt.⟩ *schmücken, zieren; der bunte Sonnenschirm putzt das ganze Haus* **4** ⟨auch o.Obj.; landsch.⟩ *der Kleidung, dem Äußeren die letzte Zierde geben; die Schleife putzt* **II** ⟨refl.; landsch. sich p.⟩ *sich hübsch anziehen, Schmuck anlegen usw.*
Put|zer ⟨m.5⟩ **1** *jmd., der etwas putzt* **2** ⟨Mil.⟩ *Bursche (eines Offiziers oder Unteroffiziers)*
Put|ze|rei ⟨f.10⟩ **1** ⟨nur Sg.⟩ *das Putzen* (3), *Putzarbeit* **2** ⟨österr.⟩ *Anstalt für chemische Reinigung*
Putz|frau ⟨f.10⟩ *Frau, die gewerbsmäßig Räume putzt*; Syn. *Aufwartefrau*, ⟨mdt.⟩ *Aufwartung, Putzhilfe, Reinemachefrau*, ⟨geh.⟩ *Raumpflegerin*, ⟨schweiz.⟩ *Spetterin*
Putz|hil|fe ⟨f.11⟩ → *Putzfrau*
put|zig ⟨Adj.⟩ **1** *klein, niedlich und drollig* **2** *seltsam, eigenartig und erheiternd*
Putz|ma|che|rin ⟨f.10⟩ *Herstellerin von Damenhüten*; Syn. *Modistin*
Putz|sucht ⟨f., nur Sg.⟩ *übertriebene Neigung, sich zu putzen (II)*
putz|süch|tig ⟨Adj.⟩ *übertriebenen Wert auf Putz² (2) legend*

Putz|teu|fel ⟨m.5; ugs.⟩ **1** *Frau, die übertrieben oft putzt* **2** *übertrieben häufiges Putzen; den P. haben*
Putz|wol|le ⟨f., -, nur Sg.⟩ *Ballen aus weichen Fasern zum Reinigen*
Putz|zeug ⟨n., -s, nur Sg.⟩ *zum Putzen verwendetes Gerät*
puz|zeln [pʌzəln] oder [pazəln] ⟨V.1, hat gepuzzelt; o.Obj.⟩ *ein Puzzlespiel spielen*
Puzzle ⟨[pazl] n.9⟩, **Puzz|le|spiel** ⟨[pazl-] n.1⟩ *ein Geduldsspiel, bei dem aus kleinen ausgestanzten Stücken Bilder zusammengesetzt werden müssen* [zu engl. *puzzle* „Geduldsspiel, Rätsel, schwierige Frage", eigtl. „Verwirrung, Unschlüssigkeit", zu *to puzzle* „unschlüssig sein; sich mit schwierigen Problemen beschäftigen"]
Puz|zo|lan ⟨n.1⟩, **Puz|zo|lan|er|de** ⟨f.11⟩ *ein Bindemittel für Zement und Beton* [nach dem ital. Fundort *Pozzuoli*]
PVC ⟨Abk. für⟩ *Polyvinylchlorid*
Py|ämie ⟨f.11⟩ *Blutvergiftung durch Eitererreger in der Blutbahn* [< griech. *pyon* „Eiter" und *haima* „Blut"]
Py|ar|thro|se ⟨f.11⟩ *eitrige Gelenkentzündung* [< griech. *pyon* „Eiter" und *Arthrose*]
Pye|li|tis ⟨f., -, -ti|den⟩ *Nierenbeckenentzündung* [< griech. *pyelos* „Wanne, Becken" und *...itis*]
Pye|lo|gramm ⟨n.1⟩ *Röntgenbild der Niere* [< griech. *pyelos* „Wanne, Becken" und *...gramm*]
Pyg|mäe ⟨m.11⟩ *Angehöriger eines afrikanischen Zwergvolkes* [< griech. *pygmaioi* „die Pygmäen (Däumlinge)", < *pygmaios* „eine Faust groß", zu *pygme* „Faust; Längenmaß vom Ellenbogen bis zur Faust"]
Py|ja|ma ⟨[pydʒama] oder österr. [pidʒama] m.9⟩ → *Schlafanzug* [< Hindi *pajāma-*, Hose", verkürzt zu *pāyjāma*, zu Sanskrit *pāda-* „Fuß, Bein"]
Pyk|ni|ker ⟨m.5⟩ *Mensch mit pyknischem Körperbau*
pyk|nisch ⟨Adj., o.Steig.⟩ *gedrungen, untersetzt und zu Fettansatz neigend* [< griech. *pyknos* „dicht, fest, derb"]
Pyk|no|me|ter ⟨n.5⟩ *Gerät zum Messen der Dichte von Flüssigkeiten* [< griech. *pyknos* „dicht, dichtgedrängt" und *...meter*]
Py|lon ⟨m.10⟩, **Py|lo|ne** ⟨f.11⟩ **1** ⟨ägypt. Baukunst⟩ *von zwei wuchtigen Türmen flankiertes Eingangstor* **2** *die Kabel oder Ketten tragender Pfeiler einer Hängebrücke* [griech.]
Py|lo|ro|spas|mus ⟨m., -, -men⟩ → *Pförtnerkrampf* [< *Pylorus* und *Spasmus*]
Py|lo|rus ⟨m., -, -ren⟩ *Magenpförtner* [mit lat. Endung, < griech. *pyloros* „Torhüter, Torwächter", zu *pyle* „Tor, Tür"]
pyo|gen ⟨Adj., o.Steig.⟩ *Eiterung hervorrufend* [< griech. *pyon* „Eiter" und *...gen*]
Pyor|rhö ⟨f.10⟩, **Pyor|rhoe** ⟨[-rø] f.11⟩ *Eiterfluß* [< griech. *pyon* „Eiter" und *rhoos*, *rhous* „Fließen, Strömen, Fluß", zu *rhein* „fließen"]
py|ra|mi|dal ⟨Adj., o.Steig.⟩ *pyramidenartig*
Py|ra|mi|de ⟨f.11⟩ **1** *Körper mit einem Viereck als Grundfläche und dreieckigen, in einer Spitze zusammenlaufenden Seitenflächen* **2** *in dieser Form erbautes Grabmal der Pharaonen* [< griech. *pyramis*, Gen. *pyramidos*, in ders. Bed., weitere Herkunft nicht bekannt]
Pyr|ano|me|ter ⟨n.5⟩ *Gerät zum Messen der Sonnen- und Himmelsstrahlung* [< griech. *pyr* „Feuer" und *ano* „oben" und *...meter*]

Py|re|thrum ⟨n., -s, -thra⟩ *graugelbes Pulver, Insektengift* [< griech. *pyrethron* (Name einer Gewürzpflanze), zu *pyr* „Feuer"]
Py|re|ti|kum ⟨n., -s, -ka⟩ *Fieber erzeugendes Heilmittel* [zu griech. *pyretos* „Fieberhitze", zu *pyr* „Feuer"]
Py|rit ⟨m.1⟩ *messinggelbes, metallisch glänzendes Mineral*; Syn. *Eisenkies, Schwefelkies* [zu griech. *pyr* „Feuer"]
py|ro|gen ⟨Adj., o.Steig.⟩ **1** *Fieber hervorrufend* **2** ⟨Geol.⟩ *aus einem Schmelzfluß entstanden* [< griech. *pyr*, Gen. *pyros*, „Feuer" und *...gen*]
Py|ro|ly|se ⟨f.11⟩ *Zersetzung von chemischen Verbindungen durch Hitze, Abfallvernichtung durch Verschwelung bei hoher Temperatur* [< griech. *pyr*, Gen. *pyros*, „Feuer" und *lysis* „Lösung"]
Py|ro|ma|ne ⟨m.1⟩ *jmd., der an Pyromanie leidet*
Py|ro|ma|nie ⟨f.11⟩ *krankhafter Trieb zur Brandstiftung* [< griech. *pyr*, Gen. *pyros*, „Feuer" und *Manie*]
Py|ro|me|ter ⟨n.5⟩ *Gerät zum Messen hoher Temperaturen* [< griech. *pyr*, Gen. *pyros*, „Feuer" und *...meter*]
Py|ro|mor|phit ⟨m.1⟩ *(meist grünes oder braunes) Mineral, Bleiphosphat* [zu griech. *pyr*, Gen. *pyros*, „Feuer" und *morphe* „Gestalt", Form", weil er eine kristalline Form annimmt, wenn er erhitzt wird]
Py|ro|pho|bie ⟨f.11⟩ *krankhafte Furcht vor Feuer* [< griech. *pyr*, Gen. *pyros*, „Feuer" und *Phobie*]
py|ro|phor ⟨Adj., o.Steig.⟩ *bei relativ geringer Temperatur in feinster Verteilung an der Luft aufglühend, selbstentzündlich* [< griech. *pyr*, Gen. *pyros*, „Feuer" und *phoros* „tragend"]
Py|ro|tech|nik ⟨f., -, nur Sg.⟩ **1** *Herstellung und Abbrennen von Feuerwerkskörpern* **2** *Umgang mit Munition, Treib- und Sprengladungen* [< griech. *pyr*, Gen. *pyros*, „Feuer" und *Technik*]
Py|ro|tech|ni|ker ⟨m.5⟩ → *Feuerwerker*
Pyr|rhus|sieg ⟨m.1⟩ *mit zu großen Opfern erkaufter Sieg* [nach *Pyrrhos*, dem König von Epeiros, der mit einem unglücklichen Krieg gegen die Römer zuletzt in Apulien noch einen Sieg errang (279 v.Chr.), doch mit so großen Verlusten, daß er den Kampf aufgab]
Pyr|rol ⟨n.1⟩ *chemische Ringverbindung aus vier Kohlenstoffatomen mit einem Stickstoffatom* [< griech. *pyrrhos* „feuerrot" und lat. *oleum* „Öl", das mit Salzsäure angefeuchtetes Fichtenholz rot färben]
py|tha|go|re|isch ⟨Adj., o.Steig.⟩ *die Lehre des Pythagoras betreffend*; auch: ⟨österr.⟩ *pythagoräisch*; ~er *Lehrsatz*
Py|thia ⟨f., -, -s oder -thien⟩ *geheimnisvolle, orakelhafte Andeutungen machende Frau* [nach *Pythia*, der weissagenden griech. Priesterin in Delphi]
py|thisch ⟨Adj., o.Steig.⟩ *orakelhaft, rätselhaft* [zu *Pythia*]
Py|thon ⟨m., -s, -s oder -tho|nen⟩, **Py|thon|schlan|ge** ⟨f.11⟩ *eierlegende Riesenschlange* (Netz~, Tiger~) [nach *Python*, ältere Form *Pytho*, dem Drachen der griech. Sage, der von Apoll erlegt wurde]
Py|xis ⟨f., -, -xi|den oder -xi|des [-de:s]⟩ *Behälter für die Hostie im Tabernakel* [< griech. *pyxis* „Büchse", zu *pyxos* „Buchsbaum(holz)"]

Q

q ⟨Abk. für⟩ *Quintal*
Q ⟨Abk. für⟩ *Quetzal (II)*
qcm ⟨†; Abk. für⟩ *Quadratzentimeter*
qdm ⟨†; Abk. für⟩ *Quadratdezimeter*
q. e. d. ⟨Abk. für⟩ *quod erat demonstrandum*
Q-Fie|ber ⟨[kụ-] n., -s, nur Sg.⟩ urspr. Bez. für ⟩ *Queensland-Fieber* [< engl. *query* „Frage", wegen der lange Zeit unbekannten Ursache der Krankheit]
Qin|dar ⟨[kin-] m., -, -(s), -ka⟩ *albanische Währungseinheit*, $^{1}/_{100}$ Lek [alban., vermutl. zu arab. *qintar*; vgl. *Quintal*]
qkm ⟨†; Abk. für⟩ *Quadratkilometer*
qm ⟨†; Abk. für⟩ *Quadratmeter*
qmm ⟨†; Abk. für⟩ *Quadratmillimeter*
qr., qrs. ⟨Abk. für⟩ *Quarter(s)*
qua ⟨Präp.⟩ **1** *(in der Eigenschaft) als;* q. Theologe als Theologe **2** *mittels;* q. Vorstandsbeschluß [lat.]
Quab|be ⟨f.11; nddt.⟩ *quabbeliges Gebilde* (bes. Fettwulst)
Quab|bel ⟨m., -s, nur Sg.; ugs.⟩ *schwammige Masse, Gallert*
quab|be|lig ⟨Adj.⟩ *schwammig, weich, gallertartig*
quab|beln ⟨V.1, hat gequabbelt⟩ →*schwabbeln*
Quack|sal|ber ⟨m.5⟩ →*Kurpfuscher* [< nddt. *quacken* „prahlen" und *salben*]
quack|sal|bern ⟨V.1, hat gequacksalbert; o.Obj.⟩ *sich in der Art eines Quacksalbers betätigen, Kranke laienhaft behandeln*
Quad|del ⟨f.11⟩ *juckende Anschwellung der Haut (bes. nach Insektenstichen)* [nddt.]
Qua|der ⟨m.5⟩ **1** *von gleichen, rechteckigen, parallelen Flächen begrenzter Körper* **2** *behauener Steinblock in dieser Form* [< lat. *quadrus* „viereckig"]
Qua|dra|ge|si|ma ⟨f., -, nur Sg.⟩ *vierzigtägige Fastenzeit vor Ostern* [< lat. *dies quadragesima* „40. Tag"]
Qua|dran|gel ⟨n.5; †⟩ →*Viereck* [< lat. *quadrangulum* in ders. Bed.]
Qua|drant ⟨m.10⟩ **1** *Viertelkreis* **2** *(früher) Gerät zum Messen des Höhenwinkels und zum Bestimmen der Gestirnshöhe über dem Horizont* **3** *Viertel eines Meridians oder des Äquators* [< lat. *quadrans* „den vierten Teil bildend", zu *quadrare* „viereckig sein"]
Qua|drat I ⟨n.1⟩ **1** *Viereck mit rechtwinklig aufeinanderstehenden gleichen Seiten* **2** *zweite Potenz (einer Zahl);* eine Zahl ins Q. erheben **II** ⟨n.12; Buchw.⟩ *Metallstück zum Ausschließen (z. B. zum Füllen von Schlußzeilen)* [< lat. *quadratus* „viereckig", zu *quadrare* „viereckig machen, viereckig zuhauen, zurichten", zu *quadrus* „viereckig"]
Qua|drat|de|zi|me|ter ⟨m.5 oder n.5; Abk.: dm^2⟩ *Quadrat, dessen Seiten je 1 dm lang sind*
Qua|drat|fuß ⟨m., -, -⟩ *Quadrat, dessen Seiten je 1 Fuß lang sind*
qua|dra|tisch ⟨Adj., o.Steig.⟩ **1** *wie ein Quadrat, mit vier gleichen, senkrecht aufeinanderstehenden Seiten* **2** *in die zweite Potenz erhoben;* ~e *Gleichung* Gleichung zweiten Grades
Qua|drat|ki|lo|me|ter ⟨m.5 oder n.5; Abk.: km^2⟩ *Quadrat, dessen Seiten je 1 km lang sind*
Qua|drat|lat|schen ⟨m.12, Pl.; ugs., scherzh.⟩ **1** *große Füße* **2** *große Schuhe*
Qua|drat|mei|le ⟨f.11⟩ *Quadrat, dessen Seiten je 1 Meile lang sind*
Qua|drat|me|ter ⟨m.5 oder n.5; Abk.: m^2⟩ *Quadrat, dessen Seiten je 1 m lang sind*

Qua|drat|mil|li|me|ter ⟨m.5 oder n.5; Abk.: mm^2⟩ *Quadrat, dessen Seiten je 1 mm lang sind*
Qua|drat|schä|del ⟨m.5; ugs., scherzh.⟩ **1** *großer, eckiger Kopf* **2** *dickköpfiger Mensch*
Qua|dra|tur ⟨f.10⟩ **1** *Berechnung des Inhalts einer Fläche durch Integralrechnung* **2** *Umwandlung einer krummlinig begrenzten Fläche in ein Quadrat mit gleichem Flächeninhalt;* Q. *des Kreises* ⟨übertr.⟩ unlösbare Aufgabe (da ein Kreis nicht mit geometrischen Mitteln in ein Quadrat verwandelt werden kann) **3** ⟨Astron.⟩ *Stellung eines Planeten, wenn er, von der Erde aus gesehen, zur Sonne im rechten Winkel steht*
Qua|drat|wur|zel ⟨f.11⟩ *zweite Wurzel, Zahl, die, wenn sie mit sich selbst multipliziert wird, die unter dem Wurzelzeichen stehende Zahl ergibt*
Qua|drat|zahl ⟨f.10⟩ *zweite Potenz einer Zahl,* z. B. 9 (3^2)
Qua|drat|zen|ti|me|ter ⟨m.5 oder n.5; Abk.: cm^2⟩ *Quadrat, dessen Seiten je 1 cm lang sind*
Qua|drat|zoll ⟨m., -s, -⟩ *Quadrat, dessen Seiten je 1 Zoll lang sind*
Qua|dri|en|na|le ⟨f.11⟩ *alle vier Jahre stattfindende Ausstellung oder Vorführung von Werken der bildenden Kunst, der Musik u. a.*
Qua|dri|en|ni|um ⟨n., -s, -ni|en; †⟩ *Zeitraum von vier Jahren* [lat., < *quattuor* „vier" und *annus* „Jahr"]
qua|drie|ren ⟨V.3, hat quadriert; mit Akk.⟩ *ins Quadrat erheben, mit sich selbst multiplizieren;* eine Zahl q.
Qua|dri|ga ⟨f., -, -dri|gen; Antike⟩ *zweirädriger, mit vier Pferden (nebeneinander) bespannter Wagen* [lat., eigtl. *quadriiugae*, < *quattuor* „vier" und *iugum* „Joch"]
Qua|dril|le ⟨[kadrịljə] österr. [kadril] f.11⟩ *Tanz zu vieren oder vier Paaren* [frz., < span. *cuadrilla* in ders. Bed., zu *cuadra* „Viereck"]
Qua|dril|li|on ⟨f.10⟩ *Million in der vierten Potenz,* 10^{24}, *(USA) Billiarde;* vgl. *Quintillion* [< lat. *quattuor* „vier" und *Million*]
Qua|dri|nom ⟨n.1; Math.⟩ *viergliedrige Größe* [< lat. *quattuor* „vier" und *nomen* „Name"]
Qua|dri|vi|um ⟨n., -s, nur Sg.; MA⟩ *die letzten (höheren) vier der Sieben Freien Künste: Arithmetik, Geometrie, Astronomie, Musik;* vgl. *Trivium* [lat., eigtl. „Kreuzweg", < *quattuor* „vier" und *via* „Weg"]
Qua|dro|pho|nie ⟨f., -, nur Sg.⟩ *elektroakustische Wiedergabe über vier Kanäle von Lautsprecher* [< lat. *quattuor* „vier" und griech. *phone* „Stimme"]
Qua|dru|pe|de ⟨m.11; †⟩ *Wirbeltier (bes. Säugetier) mit vier Gliedmaßen;* Syn. *Vierfüßer* [< lat. *quadrupes,* Pl. *-pedes,* „Vierfüßer", < *quattuor* „vier" und *pes,* Gen. *pedis,* „Fuß"]
Qua|dru|pel ⟨n.5; Math.⟩ *vier zusammengehörige Größen* [< lat. *quadruplus* „vierfach"]
Quae|stio ⟨f., -, -stio|nes [-ne:s]⟩ *juristische Frage;* Q. *facti* Frage nach den Tatsachen, dem Sachverhalt (einer Straftat); Q. *iuris* Frage nach der Strafwürdigkeit, der rechtlichen Faßbarkeit (einer Tat) [lat., „Befragung, Untersuchung"]
Quag|ga ⟨n.9⟩ *ausgerottetes südafrikanisches Zebra mit weißem, nicht gestreiftem Hinterteil* [hottentott.]
Quai ⟨[kɛ] m.9; frz. Schreibung für⟩ *Kai*

Quä|ke ⟨f.11⟩ *Pfeife (zum Nachahmen des Klagelauts des Hasen, um kleines Raubwild anzulocken)*
qua|ken ⟨V.1, hat gequakt; o.Obj.⟩ **1** *(vom Frosch) rufen, Laute von sich geben;* Syn. *quarren* **2** ⟨übertr., ugs.⟩ *langweilig oder in lästiger Weise reden;* er quakt ununterbrochen **3** ⟨übertr., ugs.⟩ *in lästiger Weise Töne von sich geben;* das Radio quakt jetzt schon seit drei Stunden **4** ⟨übertr., ugs.⟩ *sich unterhalten, quasseln*
quä|ken ⟨V.1, hat gequäkt; o.Obj.⟩ **1** *jammernd leise schreien;* das Baby quäkt **2** ⟨übertr., ugs.⟩ *in hohen, gedehnten Tönen sprechen, in hohen, gedehnten Tönen zu hören sein;* er quäkt den ganzen Tag
Quä|ker ⟨m.5⟩ *Angehöriger der „Gesellschaft der Freunde", einer englisch-amerikanischen religiösen Gemeinschaft* [< engl. *quaker* „Zitterer", zu *to quake* „zittern"; der Gründer der Bewegung, George Fox, hatte 1650 bei einer Gerichtsverhandlung dem Richter zugerufen, er solle das Wort Gottes hören und vor dem Jüngsten Gericht zittern, woraufhin der Richter ihn spöttisch „Zitterer" nannte]
Qual ⟨f.10⟩ *großes, langanhaltendes Leiden;* jmds. ~en lindern, verstärken; die Q. der Wahl haben sich zwischen zwei oder mehreren Dingen, Möglichkeiten nicht entscheiden können; das zu hören, ist mir eine Q.
quä|len ⟨V.1, hat gequält⟩ **I** ⟨mit Akk.⟩ jmdn. q. **1** *jmdm. Pein bereiten; Schmerzen q. ihn;* ein ~der Husten; er lächelte gequält er lächelte mit Mühe, mit Anstrengung **2** *jmdm. seelische oder/und körperliche Schmerzen bereiten;* jmdn., ein Tier q. **3** *beunruhigen;* der Gedanke, daß ..., quält mich **4** *mit Bitten bedrängen;* die Kinder q. mich schon seit Tagen, ich soll ... **II** ⟨refl.⟩ **1** *sich mit etwas q. etwas mit viel Mühe tun (was einem schwerfällt);* sich mit einer Arbeit q. **2** ⟨ugs.⟩ *sich mühsam, mit Anstrengung bewegen;* sich auf einen Berg, durch den Schnee q.
Quä|le|rei ⟨f.10⟩ **1** *(dauerndes) Quälen (Tier~)* **2** *sehr schwere, mühsame Arbeit*
Qual|geist ⟨m.3; ugs.⟩ *jmd. (bes. Kind), der jmdn. bedrängt (z. B. mit Bitten)*
Qua|li|fi|ka|ti|on ⟨f.10⟩ **1** *das Qualifizieren, das Sichqualifizieren, Ausbildung* **2** *Eignung, Fähigkeit;* die Q. für eine Arbeit, einen Auftrag besitzen; sich eine Q. erwerben
Qua|li|fi|ka|ti|ons|run|de ⟨f.11; Sport⟩ *Ausscheidungswettbewerb, in dem sich der Sieger für die nächste Runde qualifiziert*
qua|li|fi|zie|ren ⟨V.3, hat qualifiziert⟩ **I** ⟨mit Akk.⟩ **1** *etwas q. etwas als beurteilen, bezeichnen;* ein Verbrechen als Totschlag q. **2** *jmdn. q.* **a** *geeignet machen;* seine Erfahrung qualifiziert ihn zum Leiter der Forschungsaufgabe **b** ⟨DDR⟩ *beruflich weiterbilden;* jmdn. zum Facharbeiter q. **II** ⟨refl.⟩ *sich q. sich bestimmte Fertigkeiten, Fähigkeiten aneignen; sich zum Facharbeiter q.;* ein Sportler qualifiziert sich für die Weltmeisterschaft [< mlat. *qualificare* „bezeichnen, kennzeichnen; ändern", < lat. *qualis* „irgendwie beschaffen" und *...ficare* (in Zus. für *facere*) „machen"]
qua|li|fi|ziert ⟨Adj.⟩ **1** *bestimmte Fähigkeiten, Fertigkeiten erfordernd oder zeigend;* er leistet eine ~e Arbeit **2** *besondere Fähigkeiten und Fertigkeiten besitzend, über eine be-*

stimmte Ausbildung verfügend; ein ~er Arbeiter, Fachmann; wir brauchen ~e Kräfte 3 (in bestimmten Fügungen) ~e Mehrheit für bestimmte Parlamentsbeschlüsse vorgeschriebene Mehrheit (z. B. Zweidrittelmehrheit); ~e Straftat *Straftat unter erschwerenden Umständen*

Qua|li|tät ⟨f.10⟩ **1** *Beschaffenheit, Güte, Sorte;* Ggs. *Quantität; Kaffee bester, erster Q.* **2** *Vokalfärbung* **3** *gute Eigenschaft; er hat seine ~en; sie hat menschliche, pflegerische ~en* [< lat. *qualitas,* Gen. *-atis,* „Beschaffenheit, Eigenart", zu *qualis* „irgendwie beschaffen"]

qua|li|ta|tiv ⟨Adj., o.Steig.⟩ *hinsichtlich der Qualität;* Ggs. *quantitativ; dieser Stoff ist q. besser als der andere, aber farblich nicht so schön*

Qua|li|täts|ar|beit ⟨f.10⟩ *sehr gute Arbeit, Wertarbeit*

Qua|li|täts|wa|re ⟨f.11⟩ *sehr gute Ware*

Qua|li|täts|wein ⟨m.1; gesetzl. Bez. für⟩ *Wein einer bestimmten Qualität*

Qual|le ⟨f.11⟩ *Nesseltier mit glockenförmigem, gallertigem Körper, große Meduse* [nddt., wörtl. „die Aufgequollene"]

Qualm ⟨m., -s, nur Sg.⟩ **1** *Rauch, Dunst, Dampf* **2** ⟨übertr., ugs.⟩ *Krach, Ärger; es hat Q. gegeben; wenn du das tust, dann gibt's Q.*

qual|men ⟨V.1, hat gequalmt; o.Obj.⟩ **1** *Qualm absondern, ausstoßen;* Syn. ⟨†⟩ *schwalchen; die Brandstätte qualmt noch; der Schornstein qualmt* **2** ⟨auch mit Akk.; ugs.⟩ *viel, stark rauchen; er qualmt zuviel; er qualmt täglich seine 30 Zigaretten*

qual|mig ⟨Adj.⟩ *voller Qualm, verqualmt*

Qual|ster ⟨m.5; norddt.⟩ *Schleim, Auswurf*

qual|ste|rig ⟨Adj.⟩ → *qualstrig*

qual|strig ⟨Adj.⟩ auch: *qualsterig* **1** *voller Qualster* **2** *wie Qualster*

qual|voll ⟨Adj.⟩ *Qual bereitend, quälend;* ~es *Leiden*

Quant ⟨n.12⟩ *nicht weiter teilbare physikalische Größe (bes. im Zusammenhang mit Energiemengen, Lichtstrahlen und Drehimpulsen gebraucht)* [< *Quantum*]

Quan|te ⟨f.11, meist Pl.; derb⟩ *Fuß* [vermutl. aus dem Rotw.]

quan|teln ⟨V.1, hat gequantelt; mit Akk.⟩ *in der Terminologie der Quantentheorie beschreiben;* Syn. *quantisieren*

Quan|ten|me|cha|nik ⟨f., -, nur Sg.⟩, **Quan|ten|theo|rie** ⟨f., -, nur Sg.⟩ *Theorie zur Beschreibung von submikroskopischen Vorgängen (z. B. innerhalb eines Atoms oder Atomkerns)*

quan|ti|fi|zie|ren ⟨V.3, hat quantifiziert; mit Akk.⟩ *etwas q. etwas in Zahlen, Mengenbegriffen beschreiben, Mengen, Zahlen für etwas angeben; Erträge q.; Rohstoffquellen q.* [< *Quantum* und lat. ...*ficare* (in Zus. für *facere*) „machen"]

quan|ti|sie|ren ⟨V.3, hat quantisiert⟩ → *quanteln*

Quan|ti|tät ⟨f.10⟩ **1** *Menge, Masse, Anzahl, Größe;* Ggs. *Qualität* **2** *Vokaldauer* [< lat. *quantitas,* Gen. *-atis,* „Menge, Anzahl, Größe", zu *quantus* „wie groß"]

quan|ti|ta|tiv ⟨Adj., o.Steig.⟩ *hinsichtlich der Quantität;* Ggs. *qualitativ*

Quan|ti|té né|gli|geable ⟨[kãtite negliʒabl] f., - -, -⟩ *wegen ihrer Geringfügigkeit außer acht zu lassende Menge oder Größe* [frz.]

quan|ti|tie|ren ⟨V.3, hat quantitiert; mit Akk.⟩ *Silben q. Silben nach ihrer Länge (nicht Betonung) messen*

Quan|tum ⟨n., -s, -ten⟩ *(abgemessene) Menge; ein größeres, kleineres Q.; ich nehme dazu das gleiche Q. Butter wie Zucker und Mehl* [< lat. *quantum,* „wieviel, so viel (wie)", zu *quam* „wie"]

Quap|pe ⟨f.11⟩ **1** → *Rutte* **2** ⟨kurz für⟩ *Kaulquappe* [im Altsächs. bezeichnete *quappa*

den Fisch, zur idg. Wurzel **guebh-* „schleimig, quabbelig"]

Qua|ran|tä|ne ⟨[ka-] f., -, nur Sg.⟩ *Absonderung, Isolierung (ansteckungsverdächtiger Personen oder Tiere)* [eigtl. „vorgeschriebene Wartezeit für einreisende Personen und eingelaufene Schiffe, die aus krankheitsverseuchten Gegenden kommen", < frz. *quarantaine* „Anzahl von vierzig; vierzigtägige Absonderung bei Ansteckungsverdacht", zu *quarante* („vierzig")]

Quar|gel ⟨m.14; österr.⟩ *kleiner, stark riechender, rundlicher Käse* [zu *Quark*[1]]

Quark[1] ⟨m., -(e)s, nur Sg.⟩ **1** *durch Säuerung der Milch und Abfiltern der Molke gewonnener Frischkäse;* Syn. ⟨südwestdt.⟩ *Schotten,* ⟨bayr.-österr.⟩ *Topfen,* ⟨landsch.⟩ *Weißkäse* **2** ⟨ugs.⟩ *Unsinn, dummes Zeug; erzähl keinen Q.!* [< mhd. *twarc,* aus einer slawischen Sprache, vgl. z. B. sorb. *twarog* „Quark"]

Quark[2] ⟨[kwɔk] n.9⟩ *hypothetisches Elementarteilchen* [von dem amerik. Physiker Murray Gell-Mann gewählter Name; die Zahlen 3 und 8 spielten bei der Erforschung der Quarks eine Rolle; so setzte er die 3 symmetrisch neben die 8 und wählte dann in James Joyces „Finnegan's Wake" auf Seite 383 das Nonsense-Wort *quark*]

Quark|käul|chen ⟨n.7⟩ → *Käsekäulchen*

Quark|ku|chen ⟨m.7⟩ → *Käsekuchen*

Quar|re ⟨f.11; nddt.⟩ **1** *weinerliches Kind* **2** *zänkische Frau* [zu *quarren*]

quar|ren ⟨V.1, hat gequarrt; o.Obj.⟩ **1** → *quaken* (1) **2** *(von manchen Vögeln) kehlige, metallische Laute von sich geben* **3** *kehlig, metallisch sprechen* **4** *jammernd schreien oder nörgeln; das Kind quarrt viel*

quar|rig ⟨Adj.⟩ *weinerlich nörgelnd; das Kind ist heute q.*

Quart I ⟨n., -s, -⟩ **1** *altes deutsches Hohlmaß, 0,26–1,14 l* **2** ⟨nur Sg.; kurz für⟩ *Quartformat* **II** ⟨f.10⟩ **1** ⟨Fechten⟩ *eine bestimmte Haltung der Klinge* **2** ⟨Mus.; Nebenform von⟩ *Quarte* [< lat. *quartus* „der vierte"]

Quar|ta ⟨f., -, -ten; veraltend⟩ *dritte Klasse des Gymnasiums* [< lat. *quarta* „die vierte"; die Klassen wurden früher von oben nach unten gezählt]

Quar|tal ⟨n.1⟩ *Vierteljahr* [< mlat. *quartale* „Viertel", zu lat. *quartus* „der vierte"]

Quar|tals|ab|schluß ⟨m.2⟩ *Bilanz am Ende eines Quartals*

Quar|tals|kün|di|gung ⟨f.10⟩ *vierteljährliche Kündigung*

Quar|tals|säu|fer ⟨m.5; ugs.⟩ *jmd., bei dem in bestimmten Zeitabständen Trunksucht auftritt*

Quar|ta|na ⟨f., -, -nen⟩, **Quar|ta|na|fie|ber** ⟨n.5⟩ *Art der Malaria mit Fieberanfällen an jedem vierten Tag;* auch: *Quartanfieber* [< lat. *quartana* (f.) „zum vierten Tag gehörig" und *Fieber*]

Quar|ta|ner ⟨m.5⟩ *Schüler der Quarta*

Quar|tan|fie|ber ⟨n.5⟩ → *Quartana*

quar|tär ⟨Adj., o.Steig.⟩ **1** *das Quartär betreffend, zu ihm gehörig, aus ihm stammend;* ~e *Ablagerung* **2** ⟨Chem.⟩ auch: *quaternär* **a** *aus vier Teilen bestehend;* ~e *Verbindung* **b** *an vier andere Kohlenstoffatome gebunden*

Quar|tär ⟨n., -s, nur Sg.⟩ *obere Formation des Känozoikums* [< lat. *quartus* „vierter", nach früherer Gliederung die vierte, auf das Tertiär folgende Teil der Erdgeschichte]

Quar|te ⟨f.11⟩ **1** *vierte Stufe der diatonischen Tonleiter* **2** *Intervall von vier Tönen*

Quar|tel ⟨n.5; bayr.⟩ **1** *kleines Bier* **2** *Viertelliter Wein* [zu *Quart* (I,1)]

Quar|ter ⟨[kwɔtər] m.9; Abk.: qr., Pl. qrs.⟩ **1** *englisches und amerikanisches Hohlmaß, 290 bzw. 242 l* **2** *englisches Handelsgewicht, 12,7 kg* **3** *amerikanisches Getreidemaß, 21,7 kg* [engl., „Viertel"]

Quar|ter|deck ⟨n.9⟩ → *Achterdeck*

Quar|ter|mei|ster ⟨m.5⟩ *Steuermann (eines Handelsschiffes)*

Quar|tett ⟨n.1⟩ **1** *Musikstück für vier Singstimmen oder Instrumente sowie die Ausführenden* **2** *Kartenspiel für Kinder (bei dem jeweils vier Karten zusammenpassen müssen)* [< ital. *quartetto,* zu *quarto* „Viertel", < lat. *quartus* „der vierte"]

Quart|for|mat ⟨n.1; Zeichen: 4°⟩ *altes Buchformat in der Größe eines Viertelbogens*

Quar|tier ⟨n.1⟩ **1** *Unterkunft, Wohnung; in einem Hotel, bei jmdm. Q. nehmen; in Q. liegen* ⟨Mil.⟩ **2** ⟨österr., schweiz.⟩ *Wohnviertel* [< frz. *quartier* „(Stadt-)Viertel, Gegend", < lat. *quarta (pars)* „vierter (Teil), Viertel", zu *quarta (pars)* „vierter (Teil)"]

quar|tie|ren ⟨V.3, hat quartiert; mit Akk.⟩ *jmdn. q. jmdm. ein Quartier geben;* ⟨meist mit Vorsilbe, z. B.⟩ *einquartieren, ausquartieren, umquartieren*

Quar|tier|ma|cher ⟨m.5; veraltend⟩ *Soldat, der neue Quartiere sucht*

Quar|tier|mei|ster ⟨m.5; im 1. und 2. Weltkrieg⟩ *für die Truppenversorgung verantwortlicher Offizier*

Quar|to|le ⟨f.11; Mus.⟩ *Figur aus vier Noten im Taktwert von drei oder sechs Noten*

Quart|sext|ak|kord ⟨m.1⟩ *Umkehrung eines Dreiklangs aus der Grundstellung, mit der Quinte als Grundton und darüberliegender Quarte und Sexte*

Quarz ⟨m.1⟩ *(in reinem Zustand klare, farblose Kristalle bildendes) hartes Mineral, Siliciumdioxid* [< westslaw. und poln. mundartl. *kwardy* „hart", zu *hart* „hart"]

Quarz|fa|ser ⟨f.11⟩ *Mineralfaser, die aus einer durch Spinndüsen gepreßten Quarzschmelze gewonnen wird*

Quarz|fil|ter ⟨n.5 oder m.5⟩ *elektronisches Filter, das mit Quarzkristallen arbeitet*

Quarz|glas ⟨n.4⟩ *säurebeständiges Glas aus Quarz mit sehr hohem Schmelzpunkt*

Quar|zit ⟨m.1⟩ *feinkörniges, sehr widerstandsfähiges Gestein, das vorwiegend Quarz enthält*

Quarz|steue|rung ⟨f.10⟩ *Stabilisierung der Frequenz einer elektromagnetischen Schwingung durch Quarzkristalle*

Quarz|uhr ⟨f.10⟩ *sehr genau gehende Uhr mit Quarzsteuerung*

Qua|sar ⟨m.1⟩ *sehr weit entferntes Objekt am Sternhimmel mit (meist) starker Radiostrahlung und großer Rotverschiebung im Spektrum* [zusammengezogen aus *quasistellare Radioquelle,* < lat. *quasi* „fast, ungefähr" und *stellarius* „zu den Sternen gehörig, sternähnlich", zu *stella* „Stern"]

qua|si ⟨Adv.⟩ *gleichsam, gewissermaßen* [lat., „wie wenn, als wenn"]

Qua|si|mo|do|ge|ni|ti ⟨o.Art.⟩ *erster Sonntag nach Ostern;* an, zu *Q.* [< lat. *Quasi modo geniti* „wie eben erst Geborene" (Anfangsworte der Messe dieses Tages)]

quas|seln ⟨V.1, hat gequasselt; o.Obj.; ugs.⟩ **1** *viel und oberflächlich oder dumm reden* **2** *sich unterhalten;* Syn. ⟨derb⟩ *quatschen; wir haben zwei Stunden (gemütlich, angeregt) gequasselt*

Quas|sel|strip|pe ⟨f.11; ugs., scherzh.⟩ **1** *Telefon* **2** *jmd., der unentwegt redet*

Quas|sie ⟨[-sjə] f.11⟩ *südamerikanischer Bitterholzbaum (liefert Bitterstoff, der als Heilmittel verwandt wird)* [angeblich nach einem Negersklaven namens *Coassi* oder *Quassi,* der die fiebersenkende Wirkung der Rinde des Baumes entdeckt haben soll]

Quast ⟨m.1⟩ *Büschel, breiter Pinsel*

Qua|ste ⟨f.11⟩ → *Troddel*

Qua|sten|flos|ser ⟨m.5⟩ *urtümlicher Meeresfisch (tropischer Gewässer) mit quastenförmigen Brust- und Bauchflossen*

Quä|sti|on ⟨f.10⟩ *wissenschaftliche Streitfrage (die in der Diskussion entwickelt und gelöst*

Quästor

wird) [< lat. *quaestio*, Gen. *-onis*, ,,Befragung, Untersuchung"]

Quä|stor 〈m.13〉 **1** 〈im alten Rom〉 hoher Finanzbeamter **2** 〈an Hochschulen〉 oberster Kassenbeamter **3** 〈schweiz.〉 Kassenwart (eines Vereins) [lat., zu *quaerere* ,,fragen, forschen, untersuchen"]

Quä|stur 〈f.10〉 **1** 〈im alten Rom〉 Amt des Quästors **2** 〈an Hochschulen〉 Kassenstelle [< lat. *quaestura* ,,Amt des Schatzmeisters", zu *quaestor* ,,Schatzmeister, Finanzbeamter", urspr. ,,Verfolger und Ankläger in Kriminalsachen", zu *quaerere* ,,untersuchen, befragen"]

Qua|tem|ber 〈m.5〉 **1** erster Tag eines Vierteljahres **2** 〈kath. Kirche〉 jeder der drei Buß- und Fastentage (Mittwoch, Freitag, Samstag) zu Beginn eines Vierteljahres (vom 3. Advent an gerechnet) [< mhd. *quattember* < lat. *quattuor tempora* ,,vier Zeiten"]

qua|ter|när 〈Adj., o.Steig.〉 →*quartär (2)*

Qua|ter|ne 〈f.11〉 vier Gewinnzahlen, Vierergewinn [über ital. *quaterna* ,,Vierergewinn, Vierzahl", < lat. *quaterni* ,,vier auf einmal, je vier", zu *quattuor* ,,vier"]

Qua|ter|nio 〈m., -s, -nio|nen〉 Zahl, Ganzes aus vier Einheiten [lat., ,,Vierzahl"]

Qua|ter|ni|on 〈f.10〉 mathematische Rechengröße (ähnlich den komplexen Zahlen)

Quatsch¹ 〈m., -(e)s, nur Sg.; nddt., österr.〉 feuchter Schmutz, Schneematsch

Quatsch² 〈m., -(e)s, nur Sg.; ugs.〉 **1** Unsinn, dummes Zeug; Q. reden; das ist doch Q., was du da sagst! **2** dummer Spaß; die Kinder haben nur Q. gemacht **3** Fehler; hier habe ich leider Q. gemacht

quat|schen¹ 〈V.1, hat gequatscht; o.Obj.〉 ein klatschendes Geräusch machen; der nasse, weiche Boden quatscht, wenn man auftritt

quat|schen² 〈V.1, hat gequatscht; o.Obj.; ugs.〉 **1** töricht, dumm reden **2** 〈derb〉 →*quasseln (2)* **3** etwas verraten, ausplaudern; er hat gequatscht; wehe, wenn du quatschst!

Quatsch|kopf 〈m.2; ugs.〉 jmd., der viel Unsinn redet

quatsch|naß 〈Adj., o.Steig.; ugs.〉 triefend naß

Quat|tro|cen|tist 〈[-tʃɛn-] m.10〉 Künstler des Quattrocento

Quat|tro|cen|to 〈[-tʃɛn-] n., -(s), nur Sg.〉 die künstlerische Stilepoche des 15. Jh. in Italien [ital., ,,vierhundert" (nach 1000)]

Que|bra|cho 〈[kebratʃo] m., -s, nur Sg.〉 sehr hartes, gerbstoffreiches Holz bestimmter argentinischer Bäume [span., < *quebrar* ,,zerbrechen" und *hacha* ,,Axt, Beil"]

Que|chua 〈[kɛtʃua] veraltende Schreibung für〉 *Ketschua*

Quęcke 〈-k|k-; f.11〉 weitverbreitetes Gras mit langen, unterirdischen Ausläufern; Kriechende Q. [vermutl. zu *quick*, weil sie sich als Unkraut rasch ausbreitet]

Quęck|sil|ber 〈n., -s, nur Sg.〉 silberglänzendes, bei Zimmertemperatur flüssiges Metall; Syn. 〈Pharm.〉 *Hydrargyrum*, 〈Alchimie〉 *Merkur* [< ahd. *quecsilibar, queksilbar* (*quec* = ,,lebendig, belebt", vgl. nhd. *quick* ,,munter, lebhaft", wörtliche Übersetzung von lat. *argentum vivum* ,,lebendiges Silber"]

Quęck|sil|ber|dampf|lam|pe 〈f.11〉 mit Quecksilberdampf gefüllte Gasentladungslampe, die vorwiegend ultraviolettes Licht liefert

quęck|sil|be|rig 〈Adj., ugs., scherzh.〉 lebhaft, unruhig; auch: *quecksilbrig*

Quęck|sil|ber|säu|le 〈f.11〉 mit Quecksilber gefüllte Glasröhre eines Thermometers; die Q. steigt *die Temperatur nimmt zu*

Quęck|sil|ber|ver|gif|tung 〈f.10〉 Vergiftung durch Dämpfe und Salze des Quecksilbers oder durch Rückstände von Quecksilber in Lebensmitteln und quecksilberhaltigen Präparaten

quęck|sil|brig 〈Adj.〉 →*quecksilberig*

Queen 〈[kwin] f.9〉 **1** 〈Titel für〉 englische Königin **2** 〈ugs.〉 im Mittelpunkt einer Gruppe stehende weibliche Person; sie spielt mal wieder die Q. [engl., ,,Königin"]

Queens|land-Fie|ber 〈[kwinzlənd-] n., -s, nur Sg.〉 auf den Menschen übertragbare Infektionskrankheit verschiedener Tiere, die ähnlich wie eine Lungenentzündung verläuft, auch: 〈urspr.〉 *Q-Fieber* [nach dem austral. Gliedstaat Queensland, wo die Krankheit zum ersten Mal beobachtet wurde]

Quell 〈m.1; poet. für〉 *Quelle*

Quęl|le 〈f.11〉 **1** Ursprung (eines Flusses), aus der Erde fließendes Wasser; die Q. des Rheins **2** Person, Zeitung, Verlautbarung u. a., von der man eine Nachricht oder eine Ware erhalten hat; etwas aus amtlicher, sicherer Q. wissen; sie verrät nicht, aus welcher Q. sie den billigen Kaviar bekommen hat **3** 〈meist Pl.〉 ~n Urkunden, literarische Werke, schriftliche Zeugnisse (zur Forschung); die ~n studieren; mit ~n arbeiten; ~n angeben, zitieren

quęl|len 〈V.93〉 **I** 〈o.Obj.; ist gequollen〉 **1** (in Menge oder mit Kraft) herausfließen, hervorkommen; Blut quoll aus der Wunde **2** durch Aufnehmen von Feuchtigkeit größer, dicker, weich werden; das Holz ist infolge des Regens gequollen; Reis, Erbsen q. lassen **II** 〈mit Akk.; hat gequollen〉 Flüssigkeit aufnehmen lassen (und dadurch erweichen und größer machen)

Quęl|len|kun|de 〈f., -, nur Sg.〉 Lehre von den Quellen (3) und ihrer Auswertung (eine historische Hilfswissenschaft)

Quęl|len|werk 〈n.1〉 Sammlung historischer oder literarischer Quellen (3)

Quęl|ler 〈m.5〉 fleischiges, grün- bis schmutzigrot gefärbtes Gänsefußgewächs auf salzhaltigen Böden (des Wattenmeeres) [zu *quellen*]

Quęll|ge|biet 〈n.1〉 (eine oder mehrere Quellen enthaltendes) Gebiet, in dem ein Fluß entspringt

Quęll|nym|phe 〈f.11; griech. Myth.〉 Nymphe, die an einer Quelle wohnt

Quęl|lung 〈f., -, nur Sg.〉 das Quellen (I,2; II)

Quęll|wol|ke 〈f.11〉 →*Cumulus*

Quęm|pas 〈m., -, nur Sg.; kurz für〉 *Quempaslieder*

Quęm|pas|lie|der 〈n.3; Pl.〉 Lieder über die Weihnachtsgeschichte [aus den ersten Silben des lat. Weihnachtsliedes *Quem pastores laudavere* ,,Den die Hirten lobten sehre" gebildet]

Quęm|pas|sän|ger 〈m.5, Pl.〉 Jugendliche, die früher im Gottesdienst oder in Umzügen die Quempaslieder sangen

Quęn|del 〈m.5〉 an trockenen, sonnigen Plätzen wildwachsender Thymian [< lat. *cunila* < griech. *konile*, weitere Herkunft unbekannt]

quęn|ge|lig 〈Adj.〉 weinerlich nörgelnd; auch: *quenglig*

quęn|geln 〈V.1, hat gequengelt; o.Obj.〉 Syn. 〈norddt.〉 *quesen* **1** anhaltend weinerlich bitten **2** weinerlich nörgeln

quęng|lig 〈Adj.〉 →*quengelig*

Quęnt 〈n., -s, -〉 altes deutsches Gewicht, 1,67 g [< lat. *quintus* ,,fünfter (Teil)"]

Quęnt|chen 〈n.7; übertr.〉 kleine Menge, ein wenig [Verkleinerungsform von *Quent*]

quer 〈Adj.〉 im rechten Winkel zur Längsachse; Ggs. *längs (II,1)*; eine Schnur q. über ein Beet spannen; kreuz und q. umherlaufen ziellos herumlaufen; q. durch *mitten durch*; diese Erscheinung kann man q. durch alle Gesellschaftsschichten verfolgen 〈übertr.〉 **2** 〈übertr.〉 störend, verquer; ihm läuft alles q. *ihm gelingt nichts* **3** 〈übertr.〉 mißtrauisch, argwöhnisch; jmdn. q. anschauen

quer|beet 〈Adv.; ugs.〉 ohne festgelegte Richtung; q. laufen, diskutieren

quer|durch 〈Adv.〉 mitten hindurch; er rannte einfach q.

Quę|re 〈f., -, nur Sg.〉 Querrichtung; die Kreuz und die Q. durch den Wald laufen; er kam mir in die Q. *er störte mich sehr, er hinderte mich;* das kommt mir sehr in die Q. 〈ugs.〉 *das kommt mir sehr ungelegen*

Quę|re|le 〈f.11, meist Pl.〉 Streit, Streitigkeit; mit jmdm. ~n haben [< lat. *querela* ,,Klage", zu *queri* ,,klagen, sich beschweren"]

que|ren 〈V.1, hat gequert; mit Akk.〉 etwas q. **1** sich quer über etwas hinwegbewegen; eine Straße q. **2** quer über etwas hinweg verlaufen; der Weg quert einen anderen; die beiden Straßen q. sich, 〈eigtl.〉 einander

quer|feld|ein 〈Adv.〉 ohne Weg durch die Felder und Wiesen; q. reiten, laufen

Quer|flö|te 〈f.11〉 vom Spieler quer gehaltene Flöte mit seitlicher Öffnung zum Blasen und Klappen über den Tonlöchern; Syn. *Traversflöte*

Quer|for|mat 〈n.1〉 Format, bei dem die Breite größer ist als die Höhe; ein Foto im Q.

Quer|fra|ge 〈f.11〉 unerwartete Zwischenfrage

quer|ge|hen 〈V.47, ist quergegangen; o.Obj.; ugs.〉 in den Absichten, Plänen nicht entsprechend verlaufen

Quer|haus 〈n.4〉 →*Querschiff*; Ggs. *Langhaus*

quer|kom|men 〈V.71, ist quergekommen; o.Obj.; ugs.〉 störend dazwischenkommen

Quer|kopf 〈m.2; ugs.〉 jmd., der sich nicht unterordnen kann, der häufig etwas anderes will als seine Umgebung

quer|köp|fig 〈Adj.〉 in der Art eines Querkopfes

quer|le|gen 〈V.1, hat quergelegt; refl.; ugs.〉 sich q. gegen etwas Widerstand leisten, jmds. Absichten verhindern

Quer|pfei|fe 〈f.11〉 kleine Querflöte

Quer|ru|der 〈n.5; bei Flugzeugen〉 Steuervorrichtung an der Hinterkante der Tragflächen

quer|schie|ßen 〈V.113, hat quergeschossen; o.Obj.; ugs.〉 jmds. Absichten behindern, stören; mußt du immer q.

Quer|schiff 〈n.1; Baukunst〉 das Längsschiff kreuzende und zu beiden Seiten darüber hinausragender Teil der Kirche; Syn. *Querhaus*; Ggs. *Langschiff*

quer|schiffs 〈Adv.; Seew.〉 in der Querrichtung des Schiffes; Ggs. *längsschiffs*

Quer|schlag 〈m.2; Bgb.〉 Strecke, die den Schacht mit den Lagerstätten verbindet; Syn. *Sohle*

Quer|schlä|ger 〈m.5〉 **1** Geschoß, das einen Gegenstand streift und dadurch quer zu seiner eigentlichen Flugbahn abgelenkt wird **2** 〈übertr., ugs.〉 jmd., der sich widersetzt

Quer|schnitt 〈m.1〉 **1** Schnitt durch einen Körper quer zu dessen Längsachse; Ggs. *Längsschnitt* **2** charakteristische Auswahl

Quer|schnitts|läh|mung 〈f.10〉 Lähmung der Körperteile an der Stelle, an der das Rückenmark verletzt und die Nervenbahnen unterbrochen wurden

Quer|schuß 〈m.2; übertr.〉 Durchkreuzung oder Behinderung der Pläne anderer

Quer|stra|ße 〈f.11〉 Straße, die eine andere (meist größere) Straße kreuzt oder senkrecht in eine andere (größere) Straße mündet

Quer|sum|me 〈f.11〉 Summe der einzelnen Ziffern einer Zahl

Quer|trei|ber 〈m.5〉 jmd., der ständig die Pläne anderer zu durchkreuzen oder zu behindern sucht

Quer|trei|be|rei 〈f.10〉 Versuch, andere in ihren Absichten, Plänen zu behindern

quer|über 〈Adv.; †〉 schräg gegenüber; dem Haus q.; er wohnt q.

Que|ru|lant 〈m.10〉 jmd., der häufig queruliert, Nörgler, Quengler [< lat. *querulus* ,,klagend, sich beklagend", zu *queri* ,,klagen"]

que|ru|lie|ren ⟨V.3, hat queruliert; o.Obj.⟩ nörgeln, ein eingebildetes Recht verteidigen, grundlos klagen

Quer|ver|bin|dung ⟨f.10⟩ **1** quer durch ein Gebiet, über eine Fläche verlaufende Verbindung (zwischen zwei Punkten, Orten) **2** Beziehung zwischen verschiedenen Themen oder Fachgebieten

Quer|ze|tin ⟨n., -s, nur Sg.⟩ gelber Farbstoff in der Rinde der nordamerikanischen Färbereiche und in einigen Blütenpflanzen [< lat. quercus „Eiche" und frz. citron „Zitrone"]

Quer|zit ⟨m., -s, nur Sg.⟩ in Eicheln enthaltener, süßer Alkohol [< lat. querceus „aus Eicheln, Eichel-", zu quercus „Eiche"]

Quer|zi|tron ⟨n.1⟩ gemahlene Rinde der nordamerikanischen Färbereiche [< lat. quercus „Eiche" und frz. citron „Zitrone"]

Que|se ⟨f.11⟩ → Drehwurm (1) [nddt.]

que|sen ⟨V.1, hat gequest; norddt.⟩ → quengeln

que|sig ⟨Adj., Steig. nur (1); norddt.⟩ **1** quengelig, nörgelig **2** an der Drehkrankheit leidend

Quet|sche[1] ⟨f.11; ugs.⟩ **1** Presse (Kartoffel~); in der Q. sein ⟨übertr.⟩ in der Klemme sein **2** ⟨abwertend⟩ kleine Gartenwirtschaft, kleines Gut, kleiner Laden oder Betrieb **3** kleiner Ort; der Zug hält an jeder Q. **4** ⟨kurz für⟩ Quetschkommode

Quet|sche[2] ⟨f.11; südwestdt.⟩ → Zwetschge

quet|schen ⟨V.1, hat gequetscht⟩ **I** ⟨mit Akk.⟩ **1** heftig drücken; Saft aus einer Zitrone q.; Kartoffeln q. durch ein Gerät mit grobem Sieb drücken (und dadurch zu Mus machen); das Auto quetsche ihn fast an die Mauer **2** durch starken Druck innerlich verletzen; sich, jmdm. den Finger q. **II** ⟨refl.⟩ sich in etwas q. ⟨ugs.⟩ sich eng in etwas zusammendrängen; sich zu sechst in ein Auto q.

Quetsch|hahn ⟨m.2⟩ → Schlauchklemme

Quetsch|kar|tof|feln ⟨Pl.; berlin.⟩ Kartoffelmus, Kartoffelbrei

Quetsch|kom|mo|de ⟨f.11; ugs., scherzh.⟩ Ziehharmonika, Akkordeon

Quet|schung ⟨f.10⟩ **1** das Quetschen **2** Verletzung durch Zusammenpressen von Körpergewebe; Syn. Kontusion

Quet|zal ⟨m.1⟩ mittelamerikanischer Trogon mit überwiegend goldgrünem Gefieder (und langer Federschleppe beim Männchen) **II** ⟨m., -s, -; Abk.: Q⟩ Währungseinheit in Guatemala, 100 Centavos [< span. quetzal(e) in Bed. I, < Nahuatl quetzalli „schöne grüne Feder"]

Queue ⟨[kø] **I** ⟨n.9, österr. m.9⟩ Billardstock **II** ⟨f.9; †⟩ **1** Ende (einer Marschkolonne); an der Q. marschieren **2** lange Reihe, Schlange (von Menschen) [< frz. queue „Schweif, Schwanz, Stiel (von Blumen); Billardstock (früher nur das dünne Ende des Billardstocks); Ende, die letzten Reihen einer Marschkolonne" < lat. cauda, coda „Schwanz"]

Quiche ⟨[kiʃ] f.9⟩ eine Art Speckkuchen; Q. lorraine [lorɛn] lothringischer Speckkuchen, der mit einer Eiercreme bedeckt ist [frz.; < alemann. Küchle]

quick ⟨Adj.; ugs.⟩ lebhaft, lebendig, munter, flink; ein ~es Kerlchen; eine ~e Person [nddt. Nebenform von keck]

Quick|born ⟨m.1; †⟩ Jungbrunnen

Quick|heit ⟨f., -, nur Sg.⟩ quickes Wesen, Lebendigkeit

quick|le|ben|dig ⟨Adj.; ugs.⟩ sehr lebendig, munter, frisch; er ist trotz seines Alters noch q.

Quick-Test ⟨m.9⟩ Test zur Bestimmung der Gerinnungszeit menschlichen Blutes [nach dem amerik. Arzt A. J. Quick]

Qui|dam ⟨m., -, nur Sg.; †⟩ ein gewisser Jemand, ein gewisser ... [lat.]

Qui|di|tät ⟨f., -, nur Sg.⟩ das Was-Sein, das Wesen (eines Dinges) [zu lat. quid „was"]

Quid|pro|quo ⟨n.9⟩ Mißverständnis, Verwechslung (zweier Dinge); vgl. Quiproquo [lat., „etwas für etwas"]

quie|ken ⟨V.1, hat gequiekt; o.Obj.⟩ in hohen, gepreßten, gedehnten Tönen schreien; auch: ⟨ugs.⟩ quieksen; das Ferkel quiekt; das Kind quiekte vor Vergnügen; es ist zum Quieken ⟨ugs.⟩ es ist sehr komisch, zum Lachen

quiek|sen ⟨V.1, hat gequiekst⟩ → quieken

Quiek|ser ⟨m.5⟩ hoher, gedehnter, gepreßter Ton (den ein Tier oder jmd. von sich gibt)

Quie|tis|mus ⟨[kvi̯e-] m., -, nur Sg.⟩ **1** Lehre, die das Einswerden mit Gott durch willen- und leidenschaftsloses Sichergeben in seinen Willen erstrebt **2** Streben nach völliger Ruhe des Gemüts, Verzicht auf aktives Handeln [< lat. quietus „ruhig, untätig", zu quies, Gen. quietis, „Ruhe"]

Quie|tist ⟨[kvi̯e-] m.10⟩ Anhänger des Quietismus

quie|ti|stisch ⟨[kvi̯e-] Adj., o.Steig.⟩ zum Quietismus gehörend, in der Art des Quietismus

quie|to ⟨Mus.⟩ ruhig

quiet|schen ⟨V.1, hat gequietscht; o.Obj.⟩ **1** ein schrilles, gedehntes Geräusch machen; die Räder q.; die Tür quietscht **2** einen hohen, gedehnten, fröhlichen Ton von sich geben; das Kind quietscht vor Vergnügen; es ist zum Quietschen ⟨ugs.⟩ es ist sehr komisch, zum Lachen

quietsch|ver|gnügt ⟨Adj., o.Steig.; ugs.⟩ sehr vergnügt, ausgelassen

Qui|nar ⟨m.1⟩ altrömische Silbermünze [< lat. quinarius „Fünfer"]

quin|ke|lie|ren ⟨V.3⟩ hat quinkeliert⟩ → quinquelieren

Quin|qua|ge|si|ma ⟨o.Art.⟩ 50. Tag vor Ostern, Fastnachtssonntag; an, zu Q. [< lat. dies quinquagesima „50. Tag"]

quin|que|lie|ren ⟨V.3, hat quinqueliert; o.Obj.⟩ trällern, vor sich hin singen; auch: quinkelieren [ältere Form: quinntelieren, nddt. auch: quintisieren; unter dem lautmalenden Einfluß von Wörtern wie trällern, lalala singen mit eingeschobenem -el- < mhd. quintieren „in Quinten singen", danach allg. „singen"]

Quin|quen|ni|um ⟨n., -, -ni|en⟩ Zeitraum von fünf Jahren, Jahrfünft [lat., < quinque „fünf" und annus „Jahr"]

Quin|quil|li|on ⟨f.10⟩ → Quintillion [< lat. quinque „fünf" und Million]

Quint ⟨f.10⟩ ⟨Mus.; Nebenform von⟩ Quinte **2** ⟨Fechten⟩ eine bestimmte Haltung der Klinge

Quin|ta ⟨f., -, -ten; veraltend⟩ zweite Klasse des Gymnasiums [lat., „die fünfte", die Klassen wurden früher von oben nach unten gezählt]

Quin|tal ⟨frz. [kɛtal], span. und port. [kintal] m., -s, -; Abk.: q; früher⟩ spanisches, mittel- und südamerikanisches Gewicht, 45–59 kg [< lat. qintar, vermutl. zu lat. centenarius „zum Hundert gehörig"]

Quin|ta|na ⟨f., -, nur Sg.⟩, **Quin|ta|na|fie|ber** ⟨n., -s, nur Sg.⟩ → Fünftagefieber [< lat. quintana „zum fünften Tag gehörig" und Fieber]

Quin|ta|ner ⟨m.5⟩ Schüler der Quinta

Quin|te ⟨f.11⟩ **1** fünfter Ton der diatonischen Tonleiter **2** Intervall von fünf Tönen

Quin|ten|zir|kel ⟨m.5⟩ Aufzeichnung sämtlicher Tonarten in Kreisform, jeweils in Quinten fortschreitend

Quin|ter|ne ⟨f.11⟩ fünf Gewinnzahlen, Fünfergewinn [nach dem Muster von → Quaterne gebildet, < lat. quini „je fünf, zusammen fünf", zu quinque „fünf"]

Quint|es|senz ⟨f.10⟩ Ergebnis, Hauptinhalt, Hauptgedanke, Wesen, Kern (einer Sache) [< lat. quinta essentia „das fünfte Seiende", schon von den Griechen als „feinster Luft-stoff, Äther" den von Aristoteles genannten vier Elementen als fünftes Element hinzugefügt, „das Beste" (von Getränken, Speisen, Heilmitteln usw.), < quinta „die fünfte" und essentia „Wesen einer Sache"]

Quin|tett ⟨n.1⟩ Musikstück für fünf Singstimmen oder Instrumente sowie die Ausführenden [< ital. quintetto, zu quinto „Fünftel", < lat. quintus „der fünfte"]

Quin|til|li|ar|de ⟨f.11⟩ 1000 Quintillionen, 10^{33} [< Quintillion und Milliarde]

Quin|til|li|on ⟨f.10⟩ fünfte Potenz einer Million, 10^{30}; auch: Quinquillion [< lat. quintus „der fünfte" und Million]

Quin|to|le ⟨f.11; Mus.⟩ Figur aus fünf Noten im Taktwert von drei, vier oder sechs Noten

Quint|sext|ak|kord ⟨m.1⟩ Umkehrung eines Dreiklangs aus der Grundstellung mit der Terz als Grundton und darüberliegender Quinte und Sexte

Qui|pro|quo ⟨n.9⟩ Verwechslung (zweier Personen); vgl. Quidproquo [lat., „wer für wen"]

Qui|pu ⟨[ki-] n., -(s), -(s), meist Pl.⟩ → Knotenschnüre [< Ketschua khipu „Knoten"]

Quirl ⟨m.1⟩ **1** aus einem Stiel mit gekerbtem Kopf bestehendes Küchengerät zum Rühren; Syn. ⟨österr.⟩ Sprudler **2** → Wirtel [< ahd. (gi)thweran „durcheinanderwirbeln"]

quir|len ⟨V.1, hat gequirlt; mit Akk.⟩ mit dem Quirl rasch rühren; eine Flüssigkeit q.; Mehl in Milch q.

quir|lig ⟨Adj.; übertr. scherzh.⟩ sehr lebhaft, unruhig

Qui s'ex|cu|se, s'ac|cu|se [ki sɛkskyz sakyz] Wer sich (unaufgefordert) verteidigt, klagt sich an [frz.]

Quis|ling ⟨m.1⟩ Verräter, Kollaborateur [nach dem norwegischen Faschistenführer V. Quisling]

Quis|qui|li|en ⟨Pl.⟩ Kleinigkeiten, Nichtigkeiten [< lat. quisquiliae „Abfall"]

quitt ⟨Adj., o.Steig., o.Dekl.⟩ nur mit „sein"⟩ ausgeglichen, frei von Verbindlichkeiten; wir sind q.

Quit|te ⟨f.11⟩ **1** (baum- oder strauchförmiges) Rosengewächs mit rötlichweißen, großen Blüten **2** dessen apfel- bis birnenförmige Frucht [< fränk. quitina, quitena < ital. cotogno < lat. cotoneum < griech. kydonia, verkürzt aus kydonia mela, nach Plinius „Äpfel aus Kydonia" (dem heutigen Chania auf Kreta)]

quit|te|gelb, quit|ten|gelb ⟨Adj., o.Steig.⟩ kräftig hell grünlichgelb (wie reife Quitten); q. aussehen eine ungesunde, gelbliche Gesichtsfarbe haben

quit|tie|ren ⟨V.3, hat quittiert; mit Akk.⟩ etwas q. **1** den Empfang von etwas bescheinigen; einen Betrag q.; eine Rechnung q. den Empfang des Betrages einer Rechnung durch Unterschrift bestätigen **2** ⟨in der Fügung⟩ den Dienst q. den Dienst aufgeben, aus dem Dienst ausscheiden **3** beantworten; eine Bemerkung mit einem Lächeln q. [eigtl. „sich einer Pflicht, Verbindlichkeit entledigen"; < frz. quitter „verlassen, sich trennen, sich entfernen"; < lat. quietare „ruhen, ausruhen, aufhören", zu quietus „ruhig"]

Quit|tung ⟨f.10⟩ **1** Empfangsbescheinigung; eine Q. über einen Betrag (aus)schreiben; jmdm. eine Q. geben **2** ⟨übertr.⟩ unangenehme Folgen (eines Verhaltens), Strafe (für ein Verhalten); das hast du die Q. für deinen Leichtsinn [zu quittieren]

Qui|vive ⟨[kiviːf] n.⟩ nur in der Wendung⟩ auf dem Q. sein auf der Hut sein, aufmerksam sein, aufpassen [urspr. Ruf des frz. Wachtpostens Qui vive? „Wer lebe?", d.h. „Wer soll leben (= hochleben)?", auf den der Betreffende zu antworten hatte „Vive le roi!" („Es lebe der König!" o. ä., womit er zu erkennen gab, daß er zur gleichen Truppe oder Partei gehörte]

Quiz

Quiz ⟨[kvɪs] n., -, -⟩ *Frage-und-Antwort-Spiel* [< engl. *quiz* „Befragung", Herkunft nicht bekannt, sicher nicht < lat. *quis* „wer"]

Quiz|ma|ster ⟨[kvɪs-] m.5⟩ *Fragesteller, Conférencier bei einer Quizveranstaltung*

quiz|zen ⟨[kvɪsən] V.1, hat gequizzt⟩ **I** ⟨o.Obj.⟩ *ein Quiz veranstalten* **II** ⟨mit Akk.⟩ jmdn. q. *jmdm. Quizfragen stellen*

quod erat de|mon|stran|dum ⟨Abk.: q. e. d.⟩ *Redensart am Schluß eines mathematischen oder logischen Beweises* [lat., „was zu beweisen war"]

Quod|li|bet ⟨n.9⟩ **1** *buntes Durcheinander* **2** *mehrstimmiges Gesangsstück mit lustigen Texten* **3** *ein Kartenspiel für 3–5 Personen* [< lat. *quod libet* „was gefällt, was beliebt"]

Quod li|cet Jo|vi, non li|cet bo|vi *Dasselbe schickt sich nicht für alle, nicht jeder darf dasselbe tun* [lat., „was dem Jupiter erlaubt ist, ist (noch lange) nicht dem Ochsen erlaubt"]

quor|ren ⟨V.1, hat gequorrt; o.Obj.; Jägerspr.; von der Schnepfe⟩ *balzen*

Quo|rum ⟨n., -s, nur Sg.⟩ *die zur Beschlußfassung notwendige Anzahl von Mitgliedern,* ⟨schweiz. auch⟩ *die zur Wahl eines Vertreters erforderliche Zahl von Wählern* [< lat. *quorum* „welcher, von welchen", erstes Wort der Formel, mit der in England bestimmten Richtern eine Vollmacht erteilt wurde: *quorum aliquem vestrum ... unum (duos, tres usw.) esse volumus* „unter denen irgendeiner (zwei, drei usw.) von euch sein muß (müssen)"]

Quo|ta|ti|on ⟨f.10⟩ **1** ⟨Börse⟩ *Kursnotierung* **2** *Berechnung eines Anteils* [zu *Quote*]

Quo|te ⟨f.11⟩ *auf jmdn. oder etwas entfallender Anteil, verhältnismäßiger Anteil* [< mlat. *quota (pars)* „der wievielte (Teil)", < lat. *quot* „wie viele"]

Quo|ti|ent ⟨[-tsjɛnt] m.10; Math.⟩ **1** *zweigliedriger, durch Bruchstrich oder Teilungszeichen verbundener Zahlenausdruck, z.B.* ⅔, 2:3 **2** *Ergebnis einer Division* [< lat. *quotiens* „wie oft, wievielmal", zu *quot* „wie viele"]

quo|tie|ren ⟨V.3, hat quotiert; mit Akk.; Wirtsch.⟩ etwas q. *etwas angeben, mitteilen; den Preis, Kurs von etwas q.* [Neubildung zu *Quote*]

quo|ti|sie|ren ⟨V.3, hat quotisiert; mit Akk.⟩ *in Quoten aufteilen, anteilgemäß verteilen;* eine Summe q.

R

r ⟨Zeichen für⟩ *Radius*
R **1** ⟨Zeichen für⟩ *elektrischer Widerstand* **2** ⟨Zeichen für⟩ *Röntgen* **3** ⟨Zeichen für⟩ *Reaumur* **4** ⟨Abk. für⟩ *recommandé* **5** ⟨auf Uhren Abk. für⟩ *Retard* **6** ⟨abkürzendes Länderkennzeichen für⟩ *Rumänien*
r. ⟨Abk. für⟩ *rechts*
Ra ⟨Zeichen für⟩ *Radium*
Ra|batt ⟨m.1⟩ *Preisnachlaß auf Handelsware* [< *untergegangenem ital. rabattere „von einer Summe abschlagen, abziehen",* < *ra...* (lat. *re...*) „zurück, wieder" und *battere* „schlagen"]
Ra|bat|te ⟨f.11⟩ **1** *schmales Pflanzenbeet* **2** ⟨†⟩ *Aufschlag an Jacke und Ärmel* [< ndrl. *rabat* „schmales Beet an Zaun oder Mauer, Randbeet", < frz. *rabat*, früher „umgeschlagener, auf die Brust herabfallender Kragen, zu *rabattre* „um-, niederschlagen, herunterlassen"; die Übertragung vom Kragen auf das Blumenbeet wegen der schmalen Form und der begrenzenden Funktion]
ra|bat|tie|ren ⟨V.3, hat rabattiert; mit Akk.⟩ *eine Ware r. auf eine Ware Rabatt gewähren*
Ra|batt|mar|ke ⟨f.11⟩ *Wertmarke über einen Rabatt (die in ein Sammelheft geklebt und dann eingelöst werden kann)*
Ra|batz ⟨m., -es, nur Sg.; ugs.⟩ *lautes Treiben, Unfug, Tumult; R. machen*
Ra|bau|ke ⟨m.11; ugs.⟩ *rüpelhafter junger Mann* [< ndrl. *raubauw, rabaut* „Lastträger, Bettler, Spitzbube"]
Rab|bi ⟨m., -(s), -s oder -bi|nen; im Judentum Ehrentitel für⟩ *Schriftgelehrter* [hebr., „mein Herr, mein Meister"]
Rab|bi|nat ⟨n.1⟩ *Amt eines Rabbiners*
Rab|bi|ner ⟨m.5⟩ *mosaischer Geistlicher*
rab|bi|nisch ⟨Adj., o.Steig.⟩ *zu einem Rabbiner gehörend, in der Art eines Rabbiners*
Räb|chen ⟨n.7; übertr., ugs.⟩ *wildes, keckes Kind, das oft Dummheiten macht*
Ra|be ⟨m.11⟩ *großer, schwarzer, starkschnäbliger Rabenvogel* (Erz~, Kolk~)
Ra|ben|aas ⟨n., -es, -äser; derb⟩ *gemeiner Mensch*
Ra|ben|el|tern ⟨nur Pl.; ugs.⟩ *schlechte Eltern*
Ra|ben|krä|he ⟨f.11⟩ *(einem kleinen Kolkraben ähnelnde) einfarbig schwarze Krähe*
Ra|ben|mut|ter ⟨f.6; ugs.⟩ *schlechte Mutter*
ra|ben|schwarz ⟨Adj., o.Steig.⟩ *schwarz wie ein Rabe, völlig schwarz*
Ra|ben|va|ter ⟨m.6; ugs.⟩ *schlechter Vater*
Ra|ben|vo|gel ⟨m.6⟩ *großer Singvogel mit starkem Schnabel, heiser-krächzenden Rufen und verhaltenem, selten zu hörendem Gesang (z.B. Dohle, Elster, Häher, Krähe, Rabe)*
ra|bi|at ⟨Adj., -er, am -esten⟩ *jähzornig, wütend, rücksichtslos angreifend; ein ~er Kerl; r. werden* [< lat. *rabia*, Nebenform von *rabies*, „Wut, Raserei", zu *rabere* „wüten, toben"]
Ra|bies ⟨f., -, nur Sg.⟩ → *Tollwut* [< lat. *rabies* „Wut, Tollheit", zu *rabere* „wüten, toben, toll sein"]
Ra|bitz|wand ⟨f.2⟩ *Wand mit einer Einlage aus Drahtgeflecht* [nach dem Erfinder Karl *Rabitz*]
Ra|bu|list ⟨m.10⟩ *Haarspalter, Wort-, Rechtsverdreher* [< lat. *rabula* „tobender, schreiender Sachwalter, Haarspalter, Rechtsverdreher", zu *rabere* „wüten, toben"]
Ra|bu|li|stik ⟨f., -, nur Sg.⟩ *Haarspalterei, Wort-, Rechtsverdrehung*

ra|bu|li|stisch ⟨Adj.⟩ *spitzfindig, haarspalterisch*
Ra|che ⟨f., -, nur Sg.⟩ *Vergeltung für ein Unrecht oder eine Untat; an jmdm. R. nehmen; jmdm. R. schwören; auf R. sinnen; nach R. dürsten; etwas aus R. tun*
Ra|che|durst ⟨m., -(e)s, nur Sg.⟩ *Gier nach Rache*
ra|che|dur|stig ⟨Adj.⟩ *begierig nach Rache*
Ra|chen ⟨m.7⟩ **1** *mit Schleimhaut ausgekleideter, von der Schädelbasis bis zum Beginn der Speiseröhre reichender Muskelschlauch, Verbindungsstück zwischen Mundhöhle und Speiseröhre* **2** *großes, aufgerissenes Maul (bes. von Raubtieren); jmdm. etwas in den R. werfen* (ugs.) *jmdm. etwas geben (obwohl es nicht nötig ist), nur um ihn zufriedenzustellen; er kann den R. nicht voll genug kriegen* (ugs.) *er hat nie genug, er will immer noch mehr haben*
rä|chen ⟨V.1, hat gerächt⟩ **I** ⟨mit Akk.⟩ *jmdn. oder etwas r. Vergeltung üben, Rache nehmen für ein Unrecht, das jmdm. geschehen ist; den Freund r.; jmds. Tod r.* **II** ⟨refl.⟩ *sich r. Rache nehmen, etwas Böses (das einem angetan worden ist) oder etwas, was als Beleidigung empfunden wird, durch Böses ausgleichen; sich für ein Unrecht, eine Beleidigung, eine anzügliche Bemerkung r.*
Ra|chen|blüt|ler ⟨m.5⟩ *Pflanze, deren Blüte (oft) eine rachenähnliche Form aufweist (z.B. Fingerhut, Löwenmaul)*
Ra|chen|brem|se ⟨f.11⟩ *parasitäre Fliege* (Pferde~, Schafs~), Syn. *Nasenbremse*
Ra|chen|man|del ⟨f.11⟩ → *Mandel (2b)*
Ra|chen|put|zer ⟨m.5; ugs.⟩ *scharfes alkoholisches Getränk*
Rä|cher ⟨m.5⟩ *jmd., der sich für etwas rächt, der jmdn. rächt*
Ra|chi|tis ⟨[-xi-] f., -, -ti|den⟩ *auf Mangel an Vitamin D beruhende, meist im Säuglingsalter auftretende Erkrankung der Knochen;* Syn. *englische Krankheit* [< griech. *rhachis* „Rückgrat, Rücken" und *...itis*]
ra|chi|tisch ⟨[-xi-] Adj., o.Steig.⟩ *zur Rachitis gehörig, durch sie hervorgerufen; ~er Körperbau*
Rach|sucht ⟨f., -, nur Sg.⟩ *übersteigertes Bedürfnis nach Rache*
rach|süch|tig ⟨Adj.⟩ *voller Rachsucht*
Rack ⟨[rɛk] n., -, -⟩ *Gestell für eine Stereoanlage* [engl., „Regal, Gestell"]
Rac|ke ⟨-k|k-; f.11⟩ *bunter, krähenähnlicher Vogel, in dessen Gefieder Blau die bestimmende Farbe ist* (Blau~, Hindu~)
Rac|kel|hahn ⟨-k|k-; m.2⟩ *Hahn des Rackelwildes*
rackeln ⟨-k|k-; V.1, hat gerackelt; o.Obj.; Jägerspr.⟩ *vom Hahn des Rackelwildes (während der Balz) dunkle, rauhe Laute ausstoßen*
Rac|kel|wild ⟨-k|k-; n., -(e)s, nur Sg.⟩ *durch Kreuzung von Birkhahn und Auerhenne oder Birkhenne und Auerhahn entstandene Mischlinge*
Rac|ker ⟨-k|k-; m.5; ugs.; scherzh.⟩ *kleines, keckes, drolliges Kind*
Racket[1] ⟨-k|k-; [rɛ-] n.9⟩ *Tennisschläger* [< ital. *racchetta* „Tennisschläger, Schneeschuh, Schneereifen", < frz. *raquette* „Hand-, Fußballen, Tennisschläger, Schneereifen"]
Racket[2] ⟨-k|k-; [rɛkət] n.9; in den USA⟩ *Verbrecherbande* [engl., „Trubel, Betrieb,

Schwindel, dunkle Machenschaften, verbrecherische Methode; Verbrecherbande"]
Ra|clette ⟨[-klɛt] f.11 oder n.11⟩ **1** *schweizerische Käsesorte* **2** *Speise aus heißem Raclettekäse mit Tomaten oder Weinbeeren auf Toast oder gerösteter Kartoffel* **3** *kleiner Grill zum Zubereiten dieses Gerichts* [frz., zu *racler* „abkratzen, abschaben", weil man den geschmolzenen Käse vom noch nicht geschmolzenen abstreift]
rad 1 ⟨Zeichen für⟩ *Radiant (2)* **2** ⟨Zeichen für⟩ *Rad²*
Rad[1] ⟨n.4⟩ **1** *im Mittelpunkt drehbar gelagerter, kreisförmiger Teil eines Fahrzeugs oder einer Maschine zur Fortbewegung* (Maschinen~, Wagen~); *das R. der Geschichte* (übertr.) *der Verlauf der Geschichte, der Ereignisse in der Welt; man kann das R. der Geschichte nicht zurückdrehen man kann Geschehenes nicht ungeschehen machen, nicht ändern; das fünfte R. am Wagen sein sich in einer Gruppe überflüssig fühlen und abseits stehen; unter die Räder kommen von einem Fahrzeug überfahren werden,* (übertr.) *auf die schiefe Bahn geraten, moralisch sinken, herunterkommen* **2** ⟨kurz für⟩ *Fahrrad; mit dem R. fahren* **3** ⟨MA⟩ *radförmiges Foltergerät;* vgl. *rädern* **4** ⟨Turnen⟩ *langsamer, seitlicher Überschlag, bei dem zuerst die Hände auf dem Boden aufgesetzt werden; ein R. schlagen* **5** *die aufgerichteten und ausgebreiteten Schwanzfedern des Pfaus; der Pfau schlägt ein R. der Pfau richtet seine Schwanzfedern auf*
Rad[2] ⟨n., -, -; Zeichen: rad⟩ *Maßeinheit für Strahlungsmenge* [Kurzw. < engl. *radiation absorbed dose* „absorbierte Strahlungsdosis"]
Ra|dar ⟨auch [ra-] m. oder n., -s, nur Sg.⟩ *Verfahren zur Erkennung, Ortung und Entfernungsmessung von Gegenständen durch sehr kurzwellige elektromagnetische Wellen;* Syn. *Funkmeßtechnik* [Kurzw. < engl. *radio detecting and ranging* „durch Radiowellen auffinden und (die Entfernung) bestimmen"]
Ra|dar|fal|le ⟨f.11; ugs.⟩ *für den Kraftfahrer nicht erkennbare polizeiliche Geschwindigkeitskontrolle mit Hilfe von Radar*
Ra|dar|schirm ⟨m.1⟩ *Leuchtschirm an einem Radargerät*
Ra|dar|sta|ti|on ⟨f.10⟩ *Bodenstation mit elektronischen Ortungs- und Entfernungsmeßgeräten;* vgl. *Radar*
Ra|dau ⟨m., -s, nur Sg.; ugs.⟩ *Lärm, Krach*
Ra|dau|bru|der ⟨m.6; ugs.⟩ *jmd., der gerne Krach schlägt oder Streit anfängt*
Rad|ball ⟨m., -(e)s, nur Sg.⟩ *Ballspiel auf Fahrrädern*
Rad|damp|fer ⟨m.5⟩ *mit Kraftübertragung durch Schaufelräder angetriebenes Dampfschiff*
ra|de|bre|chen ⟨V.1, hat geradebrecht; mit Akk.⟩ *eine Sprache r. eine Sprache unvollkommen, bruchstückhaft, fehlerhaft sprechen* [< mhd. *radebrechen* „auf dem Rad brechen, rädern", danach übertr. „eine Sprache gebrochen sprechen"]
ra|deln ⟨V.1, ist geradelt; o.Obj.⟩ *mit dem Fahrrad fahren*
rä|deln ⟨V.1, hat gerädelt; mit Akk.⟩ *ausrädeln* **1** *mit einem Rädchen herausschneiden; Formen aus dem Teig r.* **2** *mit einem scharf gezackten Rädchen durchpausen; ein Schnittmuster r.*
Rä|dels|füh|rer ⟨m.5⟩ *Haupt, Anführer ei-

...räderig

ner *Verschwörung, einer Rebellion* [eigtl. „Anführer von Landsknechten", zu frühnhd. *rädlein* „Zusammenrottung, Schar von Landsknechten"]

...de|rig 〈in Zus.〉 *mit einer bestimmten Anzahl von Rädern versehen, z. B. sechsräderig; auch: ...rädrig*

rä|dern 〈V.1, hat gerädert; mit Akk.; früher〉 *jmdn. r. jmdn. auf die Speichen eines Rades binden und dieses rollen (als Methode der Folterung oder Hinrichtung);* ich bin gerädert, alle Knochen tun mir weh

Rä|der|tier 〈n.1〉, **Rä|der|tier|chen** 〈n.7〉 *(bes. in Binnengewässern vorkommendes) mikroskopisch kleines, mehrzelliges Tier, dessen Kopf und Mund von einem radförmigen Wimperorgan umgeben ist, das zur Fortbewegung und zum Herbeistrudeln der Nahrung dient*

Rä|der|werk 〈n.1〉 *Gesamtheit der Räder (einer Maschine oder Antriebsvorrichtung);* in das R. der Bürokratie geraten 〈übertr.〉

rad|fah|ren 〈V.32, ist radgefahren; o.Obj.〉 **1** *mit dem Fahrrad fahren;* ich fahre gern Rad; er kann rad- und Auto fahren **2** 〈übertr., ugs.〉 *den Vorgesetzten gegenüber diensteifrig, unterwürfig sein und die Untergebenen unterdrücken*

Rad|fah|rer 〈m.5〉 **1** *jmd., der mit dem Fahrrad fährt;* Syn. 〈ugs.〉 *Radler* **2** 〈übertr.〉 *jmd., der den Vorgesetzten gegenüber diensteifrig, unterwürfig ist und die Untergebenen unterdrückt* [in der 2. Bed. nach der Haltung und Bewegung des Radfahrers: gekrümmter Rücken und tretende Bewegungen]

Ra|di 〈m.9; bayr.-österr.〉 → *Rettich*

ra|di|al 〈Adj., o.Steig.〉 *von einem Punkt strahlenförmig ausgehend* [zu *Radius*]

Ra|di|al|ge|schwin|dig|keit 〈f.10〉 *Geschwindigkeit, mit der sich ein Körper von einem Zentrum entfernt oder sich ihm nähert*

Ra|di|al|li|nie 〈[-nje] f.11; österr.〉 *durchgehende Verbindung zwischen Stadtmitte und Stadtrand (z. B. eine Omnibuslinie)*

Ra|di|ant 〈m.10〉 **1** *Punkt des Himmels, von dem her ein Sternschnuppenschwarm zu kommen scheint* **2** 〈Zeichen: rad〉 *in Grad gemessener Winkel, dessen Bogenmaß 1 ist* [< lat. *radians*, Gen. *-antis*, „strahlend"]

ra|di|är 〈Adj., o.Steig.〉 *strahlenförmig angeordnet;* ~e *Blüten* [zu *Radius*]

Ra|di|a|ti|on 〈f.10〉 *Strahlung* [< lat. *radiatio*, Gen. *-onis*, „das Strahlen"]

Ra|di|a|tor 〈m.13〉 *Heizkörper, der die Luft überwiegend durch Strahlung erwärmt;* Ggs. *Konvektor* [< lat. *radiare* „strahlen"]

Ra|dic|chio 〈[-dikjo] m., -s, -chi [-ki]〉 *etwas bitter schmeckende Salatpflanze mit dunkelroten, weiß geäderten Blättern* [ital., < lat. *radicula* „Würzelchen"]

ra|die|ren 〈V.3, hat radiert〉 **I** 〈mit Akk.〉 *mit der Radiernadel in eine bes. vorbereitete Kupferplatte ritzen;* eine Zeichnung r. **II** 〈mit Akk. oder o.Obj.〉 *mit dem Radiergummi oder Radiermesser auslöschen, entfernen;* einen Schreibfehler r.; radier nicht soviel! [< lat. *radere* „schaben, kratzen, glatt machen"]

Ra|die|rer 〈m.5〉 **1** *jmd., der Radierungen herstellt* **2** 〈ugs.〉 *Radiergummi*

Ra|dier|gum|mi 〈m.9〉 *kleiner Gegenstand aus Gummi oder Kunststoff zum Radieren*

Ra|dier|mes|ser 〈n.5〉 *kleines Messer zum Radieren*

Ra|dier|na|del 〈f.11〉 *Stahlstift zum Radieren (I)*

Ra|die|rung 〈f.10〉 **1** *dem Kupferstich ähnliches Verfahren, bei dem man mit einer Radiernadel eine Zeichnung in eine präparierte Kupferplatte ritzt und diese dann ätzt* **2** *Abdruck davon*

Ra|dies|chen 〈n.7〉 **1** *Abart des Rettichs* **2** *das runde, rotschalige Übergangsstück zwi-*

schen Stengel und Wurzel dieser Pflanze, das roh gegessen wird; sich die R. von unten ansehen 〈scherzh.〉 *im Grab liegen* [< lat. *radix*, Gen. *radicis*, „Wurzel"]

ra|di|kal 〈Adj.〉 **1** *gründlich, bis zum letzten, von Grund aus;* etwas r. beseitigen, entfernen; die Kinder haben den Kuchen r. aufgegessen **2** *rücksichtslos, bis zum Äußersten gehend, kompromißlos;* ein ~er Typ; ~e Maßnahmen **3** *übersteigerte politische Ansichten vertretend;* r. eingestellt sein **4** 〈o.Steig.; Math.〉 *auf die Wurzel bezogen* [< lat. *radicaliter*, Adv. zum nicht belegten Adj. **radicalis*, dafür *radicitus* „mit der Wurzel, von Grund aus, gründlich", zu *radix*, Gen. *radicis*, „Wurzel"]

Ra|di|kal 〈n.1〉 **1** 〈Math.〉 *Zeichen für das Wurzelziehen* (√) **2** 〈Chem.〉 *eine Atomgruppe, die freie chemische Bindungen aufweist und daher nur kurzzeitig bei chemischen Reaktionen als Zwischenprodukt auftritt* [zu *radikal*]

Ra|di|ka|le(r) 〈m.17 oder 18〉 *jmd. mit kompromißlosen (politischen) Ansichten*

Ra|di|ka|lin|ski 〈m.9; ugs., abwertend〉 *politisch extremer, zu Gewaltlösungen neigender Mensch*

ra|di|ka|li|sie|ren 〈V.3, hat radikalisiert; mit Akk.〉 *zum Radikalismus aufstacheln*

Ra|di|ka|lis|mus 〈m., -, nur Sg.〉 **1** *radikale politische Richtung* **2** *radikales Denken, radikales Anschauungen*

Ra|di|kal|kur 〈f.10〉 *Kur mit sehr starken Mitteln*

Ra|di|kal|ope|ra|ti|on 〈f.10〉 *völlige operative Entfernung eines kranken Organs*

Ra|di|kand 〈m.10〉 *Zahl, deren Wurzel zu ziehen ist* [zu *radizieren*]

Ra|dio 〈n.9〉 **1** → *Rundfunk* (3, 4) **2** 〈oberdt. m.9〉 → *Rundfunkgerät* [< engl. *radiotelegraphy* „Telegrafie durch Strahlen", < lat. *radius* „Strahl", zu *radiare* „Strahlen aussenden"]

ra|dio..., **Ra|dio...** 〈in Zus.〉 *strahl(en)..., Strahl(en)...* [< lat. *radius* „Strahl"]

ra|dio|ak|tiv 〈Adj.〉 *Radioaktivität besitzend*

Ra|dio|ak|ti|vi|tät 〈f., -, nur Sg.〉 *die Eigenschaft, ohne äußere Energiezufuhr Strahlung aussenden zu können*

Ra|dio|astro|no|mie 〈f., -, nur Sg.〉 *Teilgebiet der Astronomie, das sich mit Empfang und Auswertung der aus dem Weltraum kommenden elektromagnetischen Strahlung im Wellenlängenbereich der Radiowellen befaßt*

Ra|dio|bio|lo|gie 〈f., -, nur Sg.〉 *Teilgebiet der Biologie, das sich mit der Einwirkung radioaktiver Strahlung auf Lebewesen befaßt;* Syn. *Strahlenbiologie*

Ra|dio|che|mie 〈f., -, nur Sg.〉 *Teilgebiet der Chemie, das sich mit der Gewinnung, Verarbeitung und Anwendung radioaktiver Substanzen befaßt*

Ra|dio|ele|ment 〈n.1〉 *radioaktives Element*

Ra|dio|gramm 〈n.1〉 **1** → *Röntgenogramm* **2** 〈†〉 *drahtloses Telegramm* [< *Radio...* und *...gramm*]

Ra|dio|gra|phie 〈f.11〉 → *Röntgenographie* [< *Radio...* und *...graphie*]

Ra|dio|in|di|ka|tor 〈m.13; Med.〉 *Isotop eines radioaktiven chemischen Elements, das für Nachweiszwecke in wissenschaftlichen Untersuchungsverfahren verwendet wird*

Ra|dio|kar|bon|me|tho|de 〈f.11〉 *Methode zur Altersbestimmung von organischen Stoffen durch Feststellen des Gehalts an radioaktivem Kohlenstoff*

Ra|dio|la|rie 〈[-riə] f.11〉 *Wurzelfüßer mit strahlenförmigem Skelett;* Syn. *Strahlentierchen* [< lat. *radiolus* „kleiner Strahl", zu *radius* „Strahl"]

Ra|dio|la|ri|en|schlamm 〈m., -(e)s, nur Sg.〉 *kieselsäurehaltiges Meeressediment, das aus den Resten der Skelette von Radiolarien besteht*

Ra|dio|lo|gie 〈f., -, nur Sg.〉 *Wiss. von der Anwendung der Röntgenstrahlen* [< *Radio...* und *...logie*]

Ra|dio|ly|se 〈f.11〉 *durch Ionenstrahlung bewirkte Veränderung in chemischen Systemen* [< *Radio...* und griech. *lysis* „Auflösung"]

Ra|dio|me|ter 〈n.5〉 *Gerät zum Messen der von Körpern ausgehenden Wärmestrahlung* [< *Radio...* und *...meter*]

Ra|dio|pho|nie 〈f.11〉 *drahtloses Telefonieren*

Ra|dio|re|cor|der 〈m.5〉 *tragbares Rundfunkgerät mit Kassettenteil*

Ra|dio|son|de 〈f.11〉 *Meßgerät an einem Ballon in großer Höhe, das drahtlos meteorologische Daten an eine Bodenstation übermittelt*

Ra|dio|stern 〈m.1〉 *Stern, der nicht sichtbare elektromagnetische Strahlung aussendet*

Ra|dio|strah|lung 〈f., -, nur Sg.〉 *Bereich der elektromagnetischen Strahlung, der die Radiowellen umfaßt*

Ra|dio|te|le|skop 〈n.1〉 *großräumige Antennenanlage der Radioastronomie zum Empfang von Radiostrahlung aus dem Weltall*

Ra|dio|the|ra|pie 〈f.11〉 *Heilung von Krankheiten mit radioaktiven Strahlen oder Röntgenstrahlen*

Ra|dio|wel|le 〈f.11〉 *im Rundfunkdienst verwendete elektromagnetische Welle*

Ra|di|um 〈n., -s, nur Sg.; Zeichen: Ra〉 *radioaktives chemisches Element* [< lat. *radius* „Strahl", *radiare* „Strahlen aussenden"]

Ra|di|um|the|ra|pie 〈f.11〉 *Heilbehandlung mit Radiumstrahlen*

Ra|di|us 〈m., -, -di|en; Zeichen: r〉 *halber Durchmesser* [lat., „Stab, Speiche, Spindel, Strahl", übertr. „Halbmesser des Kreises"]

Ra|di|us|vek|tor 〈m.13〉 *vom Mittelpunkt eines Kreises oder einer Kugel ausgehender Vektor;* Syn. *Leitstrahl*

Ra|dix 〈f., -, -di|zes oder -di|ces〉 → *Wurzel* [lat.]

ra|di|zie|ren 〈V.3, hat radiziert; mit Akk.〉 *eine Zahl r. die Wurzel aus einer Zahl ziehen* [zu lat. *radix*, „Wurzel"]

Ra|dja 〈[-dʒa] auch [ra-] m.9; engl. Schreibung für〉 *Radscha*

Rad|kap|pe 〈f.11; beim Kfz〉 *schützende Kappe auf der Nabe des Rades*

Rad|kranz 〈m.2〉 *äußerer Ring eines Rades*

Rad|ler 〈m.5; ugs.〉 → *Radfahrer* (1) [zu *radeln*]

Rad|ler|maß 〈f., -, -; bayr.-österr.〉 *1 Liter eines Getränks aus Bier und Limonade*

Rad|man|tel 〈m.6〉 **1** *ärmelloser Umhang für Radfahrer* **2** *Gummireifen über dem Luftschlauch eines Rades*

Ra|dom 〈n.1〉 *Verkleidung von Radargeräten zum Schutz gegen Witterungseinflüsse* [Kurzw. < engl. *radar dome* „Radarkuppel"]

Ra|don 〈auch [-dɔn] n., -s, nur Sg.; Zeichen: Rn〉 *radioaktives Edelgas* [< lat. *radius* „Strahl", *radiare* „Strahlen aussenden"]

...rä|drig 〈in Zus.〉 → *...räderig*

Ra|dscha 〈auch [ra-] m.9; in Indien Titel für〉 *Herrscher, Fürst*

rad|schla|gen 〈V.116, hat radgeschlagen; o.Obj.〉 *ein Rad schlagen* (→ *Rad* 4); er schlägt Rad; er kann gut r.

Rad|stand 〈m., -(e)s, nur Sg.〉 *Abstand zwischen erster und letzter Achse (eines Fahrzeugs)*

Rad|sturz 〈m., -es, nur Sg.〉 *Schrägstellung der Räder (von Kraftfahrzeugen)*

Rad|wan|de|rung 〈f.10〉 *Ausflug mit dem Fahrrad*

RAF 〈Abk. für〉 *Rote-Armee-Fraktion*

R. A. F. 〈Abk. für〉 *Royal Air Force*

Raf|fel 〈f.11〉 **1** *grobes Reibeisen, Raspel* **2** 〈süddt., österr.〉 *zänkische Frau;* alte R.

raf|feln 〈V.1, hat geraffelt〉 **I** 〈mit Akk.〉 *mit der Raffel reiben, raspeln* **II** 〈o.Obj.; ugs., landsch.〉 *viel und laut reden*

raf|fen ⟨V.1, hat gerafft; mit Akk.⟩ **1** *schnell und gierig nehmen;* Gegenstände, Geld an sich r. **2** *in lockere Falten legen;* Stoff r.; die Vorhänge r. **3** *(beim Gehen) ein wenig hochziehen, hochheben;* das (lange) Kleid, die Schleppe r.
Raff|gier ⟨f., -, nur Sg.⟩ *Gier nach Besitz, Habgier*
raff|gie|rig ⟨Adj.⟩ *gierig nach Besitz, habgierig;* Syn. ⟨ugs.⟩ *raffig*
raf|fig ⟨Adj.; ugs.⟩ → *raffgierig*
Raf|fi|na|de ⟨f.11⟩ *gemahlener, gereinigter Zucker* [zu *raffinieren*]
Raf|fi|nat ⟨n.1⟩ *etwas, das raffiniert worden ist*
Raf|fi|na|ti|on ⟨f.10⟩ *das Raffinieren*
Raf|fi|ne|ment ⟨[-mã] n.9⟩ **1** *(bes. technische) Vollkommenheit, Verfeinerung, Feinheit;* eine mit R. ausgestattete Küche **2** *Durchtriebenheit, Schlauheit;* mit großem R. vorgehen [frz., „Verfeinerung", zu *raffiner* „feiner machen"]
Raf|fi|ne|rie ⟨f.11⟩ *Anlage zum Raffinieren (von Zucker, Öl, Kupfer u.a.)*
Raf|fi|nes|se ⟨f.11⟩ **1** *Verfeinerung, Überfeinerung;* mit allen ~n **2** *mit jedem nur erdenklichen Zubehör* **2** *Durchtriebenheit;* ein mit R. eingefädelter, ausgeklügelter Plan
Raf|fi|neur ⟨[-nør] m.1⟩ *Holzbearbeitungsmaschine, die Holzfasern zerkleinert* [frz., „Raffinierer"]
raf|fi|nie|ren ⟨V.3, hat raffiniert; mit Akk.⟩ *reinigen, verfeinern;* Zucker, Öl r. [< frz. *raffiner* „feiner machen, läutern; verfeinern"; < re... „wieder" und *affiner* „fein machen", zu *fin* „fein"]
raf|fi|niert ⟨Adj., -er, am -esten; übertr.⟩ *schlau, durchtrieben, gerissen;* ein ~er Kerl; ein ~er Betrug; die Sache ist r. ausgedacht [< frz. *raffiné* in ders. Bed., eigtl. „verfeinert", als Subst. „Freund feiner Genüsse", zu *raffiner* „feiner machen, verfeinern"] **Raf|fi|niert|heit** ⟨f., -, nur Sg.⟩
Raf|fi|no|se ⟨f.11⟩ *eine Zuckerart* [zu *raffinieren* und ...*ose*]
Raff|ke ⟨m.9; ugs.⟩ *raffgieriger Mensch*
Raff|le|sie ⟨[-sjə] f.11⟩ *Schmarotzerpflanze Sumatras mit riesigen Blüten;* Syn. *Riesenblume* [nach dem Engländer Stamford *Raffles*, der sie entdeckte]
Raff|zahn ⟨m.2; ugs.⟩ **1** *vorstehender Schneidezahn* **2** *(übertr., ugs.) besonders raffgieriger Mensch*
Rag ⟨[rɛɡ] m., -(s), nur Sg.; Kurzw. für⟩ *Ragtime*
Ra|ge ⟨[-ʒə] f., -, nur Sg.; ugs.⟩ *Wut;* in R. geraten; in R. sein [< frz. *rage* „Tollwut"; Grimm, heftige Leidenschaft", über vulgärlat. *rabia* < lat. *rabies* „Wut, Raserei; Tollwut", zu *rabere* „wüten, toben"]
ra|gen ⟨V.1, hat geragt; o.Obj.⟩ *sich steil, hoch erheben (über anderes);* vor uns ragte hohe Bäume in die Himmel; ragte ein Berg in die Höhe; ein Ast ragte aus dem Wasser
Ra|gio|ne ⟨[-dʒo-] f.11; schweiz.⟩ *ins Handelsregister eingetragene Firma* [ital., ⟨†⟩ „Firma"]
Rag|lan|är|mel ⟨m.5⟩ *am Halsausschnitt angesetzter Ärmel* [nach Lord *Raglan*, dem engl. Befehlshaber im Krimkrieg, der einen Mantel mit solchen Ärmeln getragen haben soll]
Ra|gna|rök ⟨f., -, nur Sg.; german. Myth.⟩ *Weltuntergang* [altnord.]
Ra|gout ⟨[-gu] n.9⟩ *Speise aus kleingeschnittenem Fleisch oder Fisch in gewürzter Soße* [< frz. *ragoût* in ders. Bed., eigtl. „appetitanregende Speise", zu *ragoûter* „den Appetit anregen, reizen", < re... „wieder" und *à goût* „zum oder für den Geschmack"] und *à goût* „zum oder für den Geschmack"]
Ra|gout fin ⟨[-gu fɛ̃] n., -, - -s -s [-gu fɛ̃]⟩ *feines Ragout (als Pastetenfüllung oder überbacken)* [frz.]
Rag|time ⟨[rɛgtaɪm] m., -(s), nur Sg.⟩ *stark synkopierter Vorläufer des Jazz* [engl., eigtl. *ragged time* „zerrissene (Schlag-)Zeit", < *ragged* „zerfetzt, zerrissen" (zu *rag* „Lumpen, Fetzen") und *time* „Zeit" (→*timen*)]
Rag|wurz ⟨f., -, nur Sg.⟩ *Orchidee, die in ihrer Blütenform Insekten nachahmt und von männlichen Insekten, die die vermeintlichen Weibchen begatten wollen, bestäubt wird*
Rah ⟨f.10⟩, **Ra|he** ⟨f.11⟩ *am Schiffsmast waagrecht angebrachtes Rundholz, an dem ein trapezförmiges Segel befestigt wird* [zu *regen*]
Rahm ⟨m., -(e)s, nur Sg.; bes. oberdt.⟩ →*Sahne;* den R. abschöpfen ⟨ugs.⟩ *sich das Beste von etwas nehmen*
rah|men ⟨V.1, hat gerahmt; mit Akk.⟩ *etwas r. einen Rahmen um etwas befestigen;* ein Bild, einen Rahmen
Rah|men ⟨m.7⟩ **1** *(ovale, runde oder viereckige) einfassende Leisten, Einfassung (für Bilder);* geschnitzter, vergoldeter R. **2** *einfassende Leisten, in denen das Fensterglas befestigt ist* (Fenster~) **3** *im Mauerwerk eingelassene Einfassung (zum beweglichen Befestigen von Fenstern und Türen)* **4** *Gestell zum Aufziehen von Gewebe* (Web~) **5** *zwei genau ineinanderpassende Holzreifen zum Einspannen von Stoff* (Stick~) **6** *Gestell als Träger (eines Kraftfahrzeugs, Fahrrades)* **7** *⟨übertr.⟩ Hintergrund, äußere Umrahmung, Umgebung; zur besonderen, einfacher, schöner R. für eine Veranstaltung;* aus dem R. fallen *vom Üblichen abweichen;* im R. bleiben *nicht über das Übliche hinausgehen;* in den R. passen *sich gut einfügen;* den R. sprengen *das Übliche weit überschreiten*
Rah|men|an|ten|ne ⟨f.11⟩ *(als Peilantenne verwendete) Antenne in Form einer auf einen Rahmen gewickelten Spule*
Rah|men|er|zäh|lung ⟨f.10⟩ *Erzählung, die eine andere oder mehrere Erzählungen wie ein Rahmen umschließt*
Rah|men|ge|setz ⟨n.1⟩ *Gesetz mit allgemeinen Vorschriften, das der Ergänzung durch Einzelgesetze bedarf;* Syn. *Mantelgesetz*
rah|mig ⟨Adj.; bes. oberdt.⟩ →*sahnig*
Rah|ne ⟨f.11; süddt.⟩ *rote Rübe*
Rah|se|gel ⟨n.5⟩ *an der Rah befestigtes, trapezförmiges Segel*
Raid ⟨[reɪd] m.9⟩ *(lokal begrenzter) Einfall in feindliches Gebiet, Überraschungsangriff* [engl.]
Rai|gras ⟨n.4⟩ →*Lolch* [< engl. *rye grass* in ders. Bed., zu *rye* „Roggen" und *grass* „Gras"]
Rain ⟨m.1⟩ *schmaler Streifen Boden (als Grenze zwischen Feldern)*
Rai|ne ⟨f.11⟩ →*Reine (2)*
rai|nen ⟨V.1, hat geraint; o.Obj.; †⟩ *angrenzen, an etwas stoßen;* das Feld raint an einen Bach
Rain|farn ⟨m.1⟩ *(bis 1,5 m hoher) Korbblütler mit halbkugeligen, gelben Blüten* [< *Rain* und (volksetymologisch umgedeutet) *Fahne*]
Rain|wei|de ⟨f.11⟩ →*Liguster*
Rai|son ⟨[rɛzɔ̃] frz. Schreibung für⟩ *Räson*
Ra|ja ⟨[-dʒa] m.9; eigtl. Schreibung für⟩ *Radscha*
Ra|jah ⟨m., -, -; früher⟩ *nichtislamischer (rechtloser) Untertan des Sultans* [türk.]
ra|jo|len ⟨V.1, hat rajolt; Nebenform von⟩ *rigolen*
Ra|kel ⟨f.11⟩ **1** *(Siebdruck) Gerät zum Quetschen der Druckfarbe durch das Sieb* **2** *(Tiefdruck) Gerät zum Wegstreichen der überschüssigen Farbe von der Druckplatte* [< frz. *racle* „Kratzeisen", zu *racler* „abkratzen, abschaben"]
rä|keln ⟨V.1, hat geräkelt⟩ →*rekeln*
Ra|ke|te ⟨f.11⟩ *durch Rückstoß angetriebener Flug- oder Feuerwerkskörper* [< ital. *rocchetto* „Spule, Rolle", zu *rocca* „Spinnrocken"]
Ra|ke|ten|ba|sis ⟨f., -, -sen⟩ *Anlage mit Startrampen für Raketen*
Ra|ke|ten|flug|zeug ⟨n.1⟩ *Flugzeug mit Antrieb durch Flüssigkeitsraketen-Motor*
Ra|ki ⟨m., -(s), nur Sg.⟩ *Branntwein aus Rosinen und Anissamen* [türk.]
rall. ⟨Abk. für⟩ *rallentando*
Ral|le ⟨f.11⟩ *hühnerähnlicher, kurzschwänziger Sumpfvogel mit langen, verbreiteten Zehen* (z. B. Bläßhuhn, Wachtelkönig) [< frz. *râle* in ders. Bed., zu *râler* „röcheln, schnarren", nach den Lautäußerungen vieler Arten]
ral|len|tan|do ⟨Abk.: rall.; Mus.⟩ *langsamer werdend* [ital.]
Ral|ly, Ral|lye ⟨[rɛli] oder [rali] f.9; Motorsport⟩ *Zuverlässigkeitsprüfung, Wettfahrt mit Sonderprüfungen* [< engl. *rally* in ders. Bed., eigtl. „Wiedervereinigung, Zusammenkunft", zu *to rally* „sammeln, vereinigen", < frz. *rallier* „wieder versammeln", eigtl. *re-allier* < re... „wieder" und *allier* „vereinigen"]
Ra|ma|dan ⟨m., -(s), nur Sg.⟩ *neunter Monat des mohammedanischen Jahres und Fastenmonat des Islams* [arab.]
Ra|mie ⟨f.11⟩ *ein süd- und ostasiatisches Nesselgewächs, Faserpflanze* [mal.]
Ra|mi|fi|ka|ti|on ⟨f.10⟩ *Verästelung, Verzweigung* [zu *ramifizieren*]
ra|mi|fi|zie|ren ⟨V.3, hat ramifiziert; o.Obj.⟩ *sich verästeln, sich verzweigen* [< lat. *ramus* „Ast, Zweig" und ...*ficere* (in Zus. für *facere*) „machen"]
Ramm|bär ⟨m.10⟩ *Fallgewicht an der Ramme;* Syn. *Rammbock*
Ramm|bock ⟨m.2⟩ **1** →*Rammbär* **2** *(früher) Balken zum Einbrechen von Festungsmauern*
Ramm|bug ⟨m.1; früher bei Kriegsschiffen⟩ *verstärkter oder zum Sporn ausgebildeter Bug zum Rammen feindlicher Schiffe*
ramm|dö|sig ⟨Adj.; ugs.⟩ *benommen, leicht erschöpft (von Hitze, Lärm)*
Ram|me ⟨f.11⟩ **1** *Gerät zum Eintreiben von Pfählen u.ä.* **2** *Stampfgerät zur Planierung von Erdreich*
ram|meln ⟨V.1, hat gerammelt⟩ **I** ⟨mit Akk.; Jägerspr.⟩ *von Kaninchen und Hasen begatten* **II** ⟨mit Akk. oder o.Obj.; mdt.⟩ *stoßend schieben, rücksichtslos drängen;* einen Schrank in eine Ecke r.; rammelt doch nicht so!; der Saal war rammelt voll *der Saal war gedrängt voll, war überfüllt* **III** ⟨refl.; mdt.⟩ *sich r. sich stoßen, sich durch Stoß verletzen oder weh tun;* sich an den Kopf r.
Ram|mel|zeit ⟨f.10; bei Hasen und Kaninchen⟩ →*Brunst (1)*
ram|men ⟨V.1, hat gerammt; mit Akk.⟩ *mit Kraft, Wucht stoßen;* einen Wagen, ein Schiff r.; einen Pfahl in die Erde r.
Ramm|ler ⟨m.5; bei Hasen und Kaninchen⟩ *männliches Tier* [zu *rammeln*]
Ramms|kopf ⟨m.2⟩ →*Rammsnase (2)*
Ramms|na|se ⟨f.11⟩ **1** *(bes. bei Elchen und Pferden) überstehende Oberlippe* **2** *(bes. bei Schafen und Pferden) nach vorn gewölbter Nasenrücken;* Syn. *Rammskopf* [< *Ramm* „Widder" und *Nase*]
Ram|pe ⟨f.11⟩ **1** *schiefe Ebene (zum Anfahren von Gütern beim Verladen oder als Verbindung zweier Ebenen in verschiedener Höhe)* **2** *erhöhter Rand der Bühne, an dem innen Lampen angebracht sind* [< frz. *rampe* „geneigte Fläche, Treppenstück zwischen zwei Absätzen", zu *ramper* „kriechen, sich hinschlängeln"]
Ram|pen|licht ⟨n.3; Theat.⟩ *Licht an der Rampe (zur Beleuchtung der Bühne);* im R. stehen ⟨übertr., ugs.⟩ *im Mittelpunkt des öffentlichen Interesses stehen*
ram|po|nie|ren ⟨V.3, hat ramponiert; mit Akk.⟩ *beschädigen;* ein ramponiertes Auto; sein Selbstbewußtsein war durch diese Niederlage ziemlich ramponiert ⟨ugs.⟩; er sieht etwas ramponiert aus ⟨übertr., ugs.⟩ *er sieht ungepflegt aus, trägt zerrissene Kleider* [eigtl.

„mit einem Haken bearbeiten", < ital. *rampone* „Harpune", *rampa, rampino* „Haken"]

Ramsch 1 ⟨m., -(e)s, nur Sg.⟩ *Warenreste, Ausschuß-, Schleuderware, Plunder* 2 ⟨m.1; Skat⟩ *Runde, in der niemand reizt und derjenige gewinnt, der die wenigsten Stiche macht* [< mnddt. *ramp* „Menge bunt zusammengewürfelter Dinge", beeinflußt von frz. *ramas* „Haufen Plunders, aufgesammelte, wertlose Dinge", zu *ramasser* „mühsam zusammenbringen, sammeln"]

ram|schen ⟨V.1, hat geramscht⟩ I ⟨mit Akk.⟩ *sehr billig und in Menge kaufen* II ⟨o.Obj.; Skat⟩ *einem Ramsch (2) spielen* [zu *Ramsch*]

Ramsch|laden ⟨m.8; ugs.⟩ *Laden, in dem Ramsch verkauft wird*

ran ⟨Adv.; ugs. für⟩ *heran; nun aber r.! nun aber vorwärts!, los!; r. an die Arbeit*

ran... ⟨in Zus. mit Verben ugs. für⟩ *heran..., daran...,* z.B. *rangehen, ranhalten*

Ranch ⟨[rɛntʃ] f., -, -es [-iz]; in Nordamerika⟩ *Viehfarm* [< span. (mexikan.) *rancho* „Unterkunft für Hirten und Bauern", < altspan. *ranchar* „untergebracht sein"]

Ran|cher ⟨[rɛntʃər] m.5⟩ *Besitzer einer Ranch*

Rand[1] ⟨m.4⟩ 1 *Begrenzung, Grenzstreifen (eines Gegenstandes oder Gebietes); der R. des Stuhles, des Tellers; am ~e nebenbei; am ~e der Stadt wohnen; das versteht sich am ~e das versteht sich von selbst; am ~e des Grabes stehen sehr alt oder todkrank sein; am ~ des Ruins stehen dem Ruin nahe sein; außer R. und Band sein sehr fröhlich und ausgelassen sein; mit etwas nicht zu ~ kommen etwas nicht fertigbringen, etwas nicht zustande bringen* [zu *Rand* „Ufer (des Flusses)", also eigtl. „nicht ans Ufer gelangen, nicht anlegen können"] 2 *Einfassung;* eine *Brille ohne R.* 3 ⟨meist Pl.⟩ *Ränder dunkle Halbkreise (unter den Augen)* 4 *unbedruckter oder unbeschriebener Streifen (als Rest) neben einem Text;* einen *R. freilassen; etwas an den R. schreiben* 5 ⟨derb⟩ *Mund; halt deinen R.!, halt den R.!; er hat immer den großen R. er tut sich immer wichtig*

Rand[2] ⟨auch [rɛnd] m., -(s), -(s)⟩ *Währungseinheit in der Republik Südafrika* [Afrikaans, nach den Goldvorkommen im Höhenzug Witwatersrand]

Ran|da|le ⟨f.10; Jugendspr.⟩ *Aufruhr, Krawall; R. machen randalieren*

Ran|da|leur ⟨[-lør] m.1; †⟩ → *Randalierer*

ran|da|lie|ren ⟨V.3, hat randaliert; o.Obj.⟩ *zügellos lärmen, toben* [< veraltetem *Randal* „Lärm", das in der Studentensprache aus *Radau* und *Skandal* entstand]

ran|da|liert ⟨m.1⟩ *jmd., der randaliert;* auch: ⟨†⟩ *Randaleur*

Rand|aus|gleich ⟨m.1; bei Schreibmaschinen⟩ *Ausgleich des rechten Randes (eines Textes)*

Rand|be|mer|kung ⟨f.10⟩ 1 *Bemerkung am Rand (eines Textes)* 2 ⟨†⟩ *unbedeutende (oft abwertende) Bemerkung*

Ran|de ⟨f.11; schweiz.⟩ *rote Rübe*

rän|deln ⟨V.1, hat gerändelt; mit Akk.⟩ *rauh machen, aufrauhen;* Metalloberflächen *r.*

Rän|del|schrau|be ⟨f.11⟩ *kleine Schraube mit gerieffeltem (gerändeltem) Rand*

...rän|de|rig ⟨in Zus.; selten⟩ → *...randig*

rän|dern ⟨V.1, hat gerändert; mit Akk.⟩ *mit einem Rand versehen, umranden; dunkel gerändete Augen; schwarz gerändeter Briefbogen*

Rand|er|schei|nung ⟨f.10⟩ *nicht besonders wichtige Erscheinung (innerhalb eines Zusammenhangs)*

Rand|fi|gur ⟨f.10⟩ *unwichtige Person (innerhalb einer Gruppe), Nebenfigur*

Rand|ge|biet ⟨n.1⟩ 1 *Gebiet am Rand (eines größeren Gebietes);* in den *~en der Stadt* 2 *weniger wichtiges Gebiet (innerhalb eines größeren);* die *~e einer Wissenschaft*

Rand|grup|pe ⟨f.11⟩ *Gruppe von Personen, die (aus sozialen oder ethischen Gründen) am Rande der Gesellschaft lebt*

...ran|dig ⟨in Zus.⟩ *eine bestimmte Art von Rand aufweisend,* z.B. *breitrandig;* auch: *...rändering, ...rändig*

Rand|meer ⟨n.1⟩ *Teilgebiet eines Ozeans, das von großen Landmassen umschlossen ist;* Syn. *Nebenmeer*

ran|do|mi|sie|ren ⟨V.3, hat randomisiert; mit Akk.⟩ *wahllos herausgreifen (für Experimente)* [< engl. *random, random* „zufällig", < *at random* „aufs Geratewohl, auf gut Glück, wahllos", eigtl. „in großer Eile"]

...rand|voll ⟨Adj., o.Steig.⟩ *voll bis zum Rand;* ein *~es Glas;* ein *Glas r. füllen; er war r. mit Erlebnissen, Neuigkeiten* ⟨übertr.⟩

Ranft ⟨m.1⟩ *Anschnitt oder Endstück (vom Brot)*

Rang[1] ⟨m.2⟩ 1 *Stellung, Stufe (in einer gegliederten Ordnung);* Syn. *Rangstufe;* einen *hohen R. einnehmen; ein Offizier im R. eines Obersten; alles, was R. und Namen hat* ⟨übertr.⟩ *alle wichtigen, bedeutenden Personen; zu R. und Würden kommen im Berufsleben aufsteigen; ein Hotel ersten, zweiten, mittleren ~es* 2 *Bedeutung, (gute) Beschaffenheit, Güte; der künstlerische R. dieser Erzählung ist groß; ein Kunstwerk von R. ein bedeutendes Kunstwerk* 3 *Stockwerk (im Zuschauerraum);* erster, zweiter *R.;* im oberen *R. sitzen; ein Theater ohne Ränge* 4 ⟨Lotto, Toto⟩ *Gewinnklasse* [< frz. *rang* „Stufe, Stellung (die jmdm. zukommt); Reihe, Ordnung", < altfrz. *renc* „Kreis" (der Gerichtsversammlung, in dem die Verhandlung stattfand), < fränk. *ring* „Kreis, Ring"]

Rang[2] ⟨m.; nur in den Wendungen⟩ *jmdm. den R. ablaufen, streitig machen mit jmdm. wetteifern, ihn übertreffen* [< schott., schweiz. *Rank, Wendung, Kurve, Wegkrümmung", < mhd. *ranc* „schnelle, drehende Bewegung"]

Ran|ge ⟨f.11; ugs.⟩ *wildes, ungebärdiges Kind*

ran|geln ⟨V.1, hat gerangelt; o.Obj. oder refl.⟩ *sich balgen, sich spielerisch raufen;* miteinander *r.;* sich um etwas *r.*

Ran|geln ⟨n., -s, nur Sg.⟩ *bayrisches Freistilringen*

Ran|ger ⟨[reɪndʒər] m.9⟩ 1 ⟨USA⟩ *Angehöriger bestimmter Polizeieinheiten, Aufseher in Nationalparks, Waldhüter* 2 *für den Guerillakrieg ausgebildeter Soldat* [< engl. *ranger* „Waldhüter, leichter Reiter", zu *to range* „durchstreifen, durchwandern"]

Rang|fol|ge ⟨f.11⟩ → *Rangordnung*

ran|gie|ren ⟨[rãʒi-], auch [raŋʒi-] V.3, hat rangiert⟩ I ⟨mit Akk.⟩ *von einem Gleis auf andere schieben, fahren; Eisenbahnwagen r.* II ⟨o.Obj.⟩ 1 *Eisenbahnwagen umstellen, an eine andere Stelle schieben; der Zug rangiert noch* 2 *einen Rang innehaben, eine Stelle (in einer Rangfolge) einnehmen; er rangiert als zweiter Bürgermeister; er rangiert hinter XY* [< frz. *ranger* „nach bestimmter Ordnung aufstellen, ordnen", zu *rang* „Reihe, Ordnung", → *Rang*[1]]

Ran|gie|rer ⟨[rãʒi-] oder [raŋʒi-] m.5; Eisenb.⟩ *jmd., der rangiert*

Rang|lis|te ⟨f.11⟩ 1 ⟨Mil.⟩ *nach Dienstalter aufgestelltes Verzeichnis aller Offiziere* 2 ⟨Sport⟩ *nach der jeweiligen Leistung zusammengestelltes Verzeichnis der Besten in einer Sportart*

Rang|ord|nung ⟨f.10⟩ *Abstufung nach Rang oder Bedeutung;* Syn. *Rangfolge*

Rang|stu|fe ⟨f.11⟩ → *Rang*[1] *(1)*

rank ⟨Adj.⟩ *geschmeidig, biegsam; r. und schlank*

Rank ⟨m.2⟩ 1 ⟨südd.⟩ *Wegkrümmung* 2 ⟨schweiz. auch⟩ *Dreh, Kniff; einen R. wissen* 3 ⟨Pl.⟩ *Ränke Intrigen*

Ran|ke ⟨f.11⟩ *schnurförmiges Kletterorgan (von Pflanzen)*

ran|ken ⟨V.1; refl.; hat gerankt; oder o.Obj.; ist gerankt⟩ *(sich) r. sich um etwas winden, an etwas emporwachsen; Zweige r. sich um einen Pfosten; der Wein rankt sich bis unter das Dach; an der Hauswand rankt Efeu; um die Gestalt des Helden r. sich viele Sagen* ⟨übertr., poet.⟩

Ran|ken ⟨m.7; landsch.⟩ *dickes Stück (bes. Brot);* auch: *Runken*

Ran|ken|fü|ßer ⟨m.5⟩ *festsitzender Meereskrebs mit harter, kalkiger Schale und langen, rankenförmigen Beinen zum Herbeistrudeln von Nahrung* (z. B. *Entenmuschel*)

Ran|ken|ge|wächs ⟨n.1⟩ *Pflanze, die mit einer natürlichen oder künstlichen Kletterhilfe klettern kann* (z.B. *Hopfen, Geißblatt*)

Ran|ken|werk ⟨n., -(e)s, nur Sg.⟩ 1 *Gesamtheit der Ranken; dichtes R.* 2 ⟨Kunst, bes. Baukunst⟩ *Verzierung aus Ranken*

Rän|ke|schmied ⟨m.1⟩ *jmd., der sich Ränke, Intrigen ausdenkt*

ran|kig ⟨Adj., o.Steig.⟩ *Ranken bildend; ~es Gewächs*

Ran|kü|ne ⟨f.11; †⟩ 1 ⟨nur Sg.⟩ *Groll, Rachsucht* 2 *aus Groll oder Rachsucht begangene Tat* [< frz. *rancune* „Rachsucht, nachtragende Gehässigkeit, Groll", zu *rancœur* „Groll", < altfrz. *raençon* „Haß, Groll", eigtl. „Ranzigkeit, ranziger Geschmack (den man lange im Magen fühlt", zu *rancere* „ranzig sein, stinken"]

ran|ma|chen ⟨V.1, hat rangemacht; refl.; Jugendspr.⟩ *sich r. sich heranmachen, flirten*

Ra|nun|kel ⟨f.11⟩ *(weiß, rosa oder rot blühendes) südosteuropäisches Hahnenfußgewächs, Gartenpflanze* [< lat. *ranunculus* „kleiner Frosch", zu *rana* „Frosch"; die Pflanze liebt einen feuchten Standort]

Ranz ⟨f., -, nur Sg.; bei Fuchs und Marder⟩ → *Brunst (1)* [zu *ranzen*[1]]

Ränz|chen ⟨n.7⟩, **Rän|zel** ⟨n.5⟩ *kleiner Ranzen*

ran|zen[1] ⟨V.1, hat geranzt; o.Obj.; Jägerspr.⟩ *vom Haarraubwild außer Bär und Luchs⟩ in der Brunft sein* [< mhd. *ranzen* „ungestüm hin und her springen", zu *ranz* „schnelle, heftige Bewegung"]

ran|zen[2] ⟨V.1, hat geranzt⟩ → *raunzen (1)*

Ran|zen ⟨m.7⟩ 1 *auf dem Rücken zu tragende viereckige Tasche (Schul~)* 2 ⟨†⟩ *Tornister* 3 ⟨übertr., ugs.⟩ *Bauch; sich den R. vollschlagen, vollhauen* ⟨vulg.⟩ *gierig sehr viel essen* 4 ⟨ugs.⟩ *Rücken;* jmdm. *den R. voll hauen* jmdn. *verprügeln*

ran|zig ⟨Adj.; bei Fetten und Ölen bzw. fett- und ölhaltigen Lebensmitteln⟩ *üblen Geruch und Geschmack aufweisend; ~e Butter* [< lat. *rancidus* „stinkend", zu *rancere* „ranzig sein, stinken"]

Ran|zi|on ⟨f.10; †⟩ *Lösegeld* [< frz. *rançon* in ders. Bed., < altfrz. *raençon* < lat. *redemptio,* Gen. *-onis,* „Loskaufung"]

Ränz|lein ⟨n.7; poet. für⟩ *Ranzen;* sein *R. schnüren Abschied nehmen, abreisen, loswandern*

Rap ⟨[rɛp] m., -, nur Sg.⟩ *Richtung der Rockmusik, bei der (in Reimen) zu rhythmus gesprochen wird* [engl., vermutl. zu amerik. (Slang) *to rap* „gewandt, wortreich sprechen"]

Rap|fen ⟨m.7⟩ *räuberischer, großschuppiger Karpfenfisch mit großem Maul;* Syn. *Schied*

Ra|phia ⟨f., -, -phi|en⟩ 1 *afrikanische Palme mit riesigen Fiederblättern* 2 *Bastfaser aus den Blättern einer in Madagaskar vorkommenden Art* [< griech. *rhaphe* „Naht", zu *rhaptein* „nähen"; die Frucht endet in einer nadelförmigen Spitze]

ra|pid, ra|pi|de ⟨Adj., rapider, am rapidesten⟩ *sehr schnell, reißend, schlagartig;* eine

Ra|pier ⟨n.1⟩ *Vorläufer des Floretts* [< frz. *rapière* „Degen", zu *râpe* „Reibeisen", wegen der Ähnlichkeit des Handschutzes mit einem Reibeisen]

ra|pie|ren ⟨V.3; hat rapiert; mit Akk.⟩ **1** *zerreiben*; *Tabakblätter für Schnupftabak r.* **2** *von Hautresten und Sehnen reinigen* [< frz. *râper* „abschaben, abreiben", zu *râpe* „Reibeisen, Raspel"]

Rap|pe ⟨m.1⟩ *(von weißen Abzeichen abgesehen) vollkommen schwarzes Pferd*; *auf Schusters* ∼*n Fuß* [Nebenform zu *Rabe*]

Rap|pel ⟨m.5; ugs.⟩ *fixe Idee, Anfall von Verrücktheit*; Syn. *Raptus*; *einen R. bekommen, haben*

rap|pe|lig ⟨Adj.; ugs.⟩ *nervös, ungeduldig*; auch: *rapplig*; *jmdn. r. machen*; *r. werden*

Rap|pel|kopf ⟨m.2; ugs.⟩ **1** *jmd. mit fixen Ideen* **2** *leicht aufbrausender Mensch* **3** *Dickkopf*

rap|peln ⟨V.1; hat gerappelt; o.Obj.⟩ **1** *klappern, bei Bewegung rasch klopfen*; *in dem Paket rappelt etwas* **2** ⟨unpersönl., mit „es"; süddt., in Wendungen wie⟩ *bei dem rappelt es er ist nicht bei Verstand*; *seine Idee (die er gerade geäußert hat) ist abwegig*

Rap|pen[1] ⟨m.7; Abk.: Rp.⟩ *schweizerische Währungseinheit, 1/100 Franken* [urspr. Münze der oberrhein. Gebiete, < mhd. *rappe*, nach dem Adler auf der Münze, der im Volksmund spöttisch als „Rabe" bezeichnet wurde]

Rap|pen[2] ⟨nur Pl.⟩ *aus Stielen und Stengeln bestehende Rückstände beim Weinkeltern* [< frz. *râpe* „Reibeisen"]

rapp|lig ⟨Adj.⟩ → *rappelig*

Rap|port ⟨m.1⟩ **1** ⟨Mil.⟩ *Bericht, Meldung*; *zum R. antreten*; *sich zum R. melden* **2** ⟨Psych.⟩ *Kontakt zwischen Psychotherapeut und Patient, auch zwischen Hypnotiseur und hypnotisierter Person* **3** *Aufeinanderfolge gleichartiger Muster (z.B. auf Tapeten) oder Bindungen (bei Geweben)* [< frz. *rapport*, „Meldung, Aussage", eigtl. „das Zurückerstatten, das Zurückbringen" (durch den Hund), zu *rapporter* „berichten", eigtl. „zurückerstatten, zurückbringen", < *re-*, „wieder" und *apporter*, →*apportieren*]

rap|por|tie|ren ⟨V.3; hat rapportiert; mit Akk. oder mit Dat. oder mit Akk. u. Dat.; bes. Mil.⟩ *eine Meldung machen, etwas melden, Bericht erstatten*; *etwas r.*; *jmdm. etwas r.*; *jmdm. über etwas r.* [zu *Rapport*]

Raps ⟨m.1⟩ *gelb blühender Kreuzblütler, aus dessen Samen Öl gewonnen wird* [Kurzform von norddt. *Rapsaat*, nddt. *rapsad* < lat. *rapum* „Rübe" und *Saat* (Samen), also eigentlich „Rübensamen"]

rap|schen, rap|sen ⟨V.1; hat gerapscht, gerapst; landsch. für⟩ *raffen*

Rap|tus ⟨m., -, *-tus*|*se*⟩ **1** *stürmischer Krankheitsanfall, heftige Erregung, Koller* **2** ⟨ugs., scherzh.⟩ → *Rappel* [< lat. *raptus* „fortgerissen, geraubt" (d.h. der Verstand, der Vernunft entrissen), zu *rapere* „fortwegreißen, rauben"]

Ra|pünz|chen ⟨n.7⟩, **Ra|pun|zel** ⟨f.11⟩ → *Feldsalat* [< lat. *rapulum* „Rübchen", zu *rapum* „Rübe", nach der rübenartigen Wurzel]

rar ⟨Adj.⟩ *selten*; *ein* ∼*es Stück in einer Sammlung*; *diese Exemplare werden allmählich r.*; *sich rar machen*; *sich selten zeigen* [< lat. *rarus*, „vereinzelt, verstreut, nur einzeln vorkommend", eigtl. „dünn, locker, nicht dicht"]

Ra|ra ⟨Pl.; Bibl.⟩ *seltene Bücher* [lat., Pl. neutr. von *rarus*, → *rar*]

Ra|re|fi|ka|ti|on ⟨f., -, nur Sg.; Med.⟩ *Schwund (von Körpergewebe)* [zu *rarefizieren* (II)]

ra|re|fi|zie|ren ⟨V.3⟩ **I** ⟨mit Akk.; hat rarefiziert⟩ *verdünnen, auflockern* **II** ⟨o.Obj.; ist rarefiziert⟩ *schwinden*; *Körpergewebe rarefiziert* [< lat. *rarus* „selten" und ...*ficere* in Zus. für *facere*, „machen"]

Ra|ri|tät ⟨f.10⟩ *Seltenheit, Kostbarkeit, wertvolles Sammlungsstück* [< lat. *raritas*, Gen. *-atis*, „geringe Anzahl, Seltenheit", zu *rarus*, → *rar*]

Ra|ri|tä|ten|ka|bi|nett ⟨n.1⟩ *Sammlung von seltenen und merkwürdigen Dingen*

ra|sant ⟨Adj., -er, am -esten⟩ **1** ⟨o.Steig.; urspr.⟩ *flach verlaufend*; ∼*e Geschoßbahn* **2** ⟨übertr., ugs.⟩ *äußerst schnell, rasend schnell*; ∼*es Tempo*; ∼*e Fortschritte* **3** ⟨übertr., ugs.; von Autos⟩ *durch die Form auf Schnelligkeit schließen lassend*; *ein* ∼*er Sportwagen*; *r. aussehen* **4** ⟨übertr., ugs.⟩ *voller Spannung, Schwung*; ∼*e Story* **5** ⟨übertr., ugs.⟩ *aufregend, rassig, temperamentvoll*; *eine* ∼*e Frau* **6** ⟨ugs., scherzh.⟩ *sehr schick, mit viel Pfiff*; *sie hat ja ein* ∼*es Kleid an* [< frz. *rasant*, „bestreichend" (durch Geschosse), „dicht über dem Boden" (vom Flug des Vogels), zu *raser* „streifen, fast berühren" (mit Geschossen) „bestreichen"; der Bedeutungswandel zu „schnell" durch Anlehnung an *rasand* „schnell", die Bedeutung „aufregend, toll" ist infolge Steigerung im Sinne von „rasend interessant, rasend machend" entstanden]

Ra|sanz ⟨f., -, nur Sg.⟩ **1** ⟨urspr.⟩ *flache Bahn (eines Geschosses)* **2** ⟨übertr., ugs.⟩ *hohes Tempo*; *mit R. überholen* **3** ⟨übertr., ugs.⟩ *Schwung, Spannung*; *der R. des Films, eine Sache mit großer R. erzählen, berichten* [zu *rasant*]

ra|sau|nen ⟨V.1, hat rasaunt; o.Obj.⟩ → *räsonieren*

rasch ⟨Adj., -er, am -(e)sten⟩ **1** *schnell, flink, behende*; *r. arbeiten*; *r. laufen*; *einen* ∼*en Gang haben*; *mit r*∼*en Bewegungen*; *ein paar* ∼*en Handgriffen* **2** *schnell, ohne Aufenthalt, ohne Verzögerung*; *sie gibt schnell r.* **3** *schnell und sofort(ig)*; ∼*e Hilfe*; *ein* ∼*er Entschluß*; *komm, faß r. mit an!*; *ich muß das r. noch fertigmachen*

ra|scheln ⟨V.1, hat geraschelt; o.Obj.⟩ *ein leises Geräusch machen (wie wenn Blätter, Papiere bewegt werden)*; *in der Ecke raschelt etwas*; *die Zeitung rascheln beim Umblättern*; *mit dem Papier r.*; *im Stroh r. Mäuse*

ra|sen ⟨V.1; o.Obj.⟩ **1** ⟨ist gerast⟩ *sehr schnell laufen oder fahren*; *wir sind gerast, um nicht zu spät zu kommen*; *auf der Autobahn r.*; *mit dem Auto durch die Stadt r.*; *er ist gegen einen Baum gerast* **2** ⟨hat gerast⟩ *außer sich sein (vor Wut), jubeln, toben (vor Begeisterung)*; *er raste vor Zorn*; *das Publikum raste*; *bring mich nicht zum Rasen!* ⟨ugs.⟩ *mach mich nicht wütend!*

Ra|sen ⟨m.7⟩ *(für Sport- und Erholungszwecke oder zur Zier angelegte) Grasfläche*; *ihn deckt der kühle R.* ⟨poet.⟩ *er ist tot*

ra|send ⟨Adj.⟩ **1** *sehr schnell*; *in* ∼*em Tempo* **2** *außer sich (vor Wut, Schmerz)*; *r. werden*; *mach mich nicht r.!* ⟨ugs.⟩ *bring mich nicht in Wut!* **3** *heftig, stark*; ∼*es Kopfweh* **4** ⟨als Adv.; ugs.⟩ *sehr, überaus*; *r. gern*; *r. schnell*

Ra|sen|ei|sen|erz ⟨n.1⟩ *Eisenerz, das sich durch Abscheidung aus Gewässern gebildet hat* [zu *Rasen* in der Nebenform. ⟨Bgb.⟩ „Erdoberfläche"]

Ra|sen|kraft|sport ⟨m., -(e)s, nur Sg.⟩ *aus Gewichtwerfen, Steinstoßen und Hammerwurf bestehende, schwerathletische Sportart*

Ra|sen|mä|her ⟨m.5⟩ *Gerät zum Mähen des Rasens* (Hand-, Motor-)

Ra|se|rei ⟨f.10⟩ **1** *Tobsuchtsanfall, große Wut*; *jmdn. zur R. bringen* **2** *äußerste heftige Leidenschaft, überstarkes Gefühl*; *jmdn. bis zur R. lieben* **3** ⟨ugs.⟩ *überschnelle Fahrweise*; *diese R. auf den Straßen*

ra|sie|ren ⟨V.3, hat rasiert; mit Akk.⟩ **1** *etwas r.* **a** *dicht an der Haut abschneiden*; (jmdm., sich) den Bart, die Augenbrauen r. **b** *durch Abschneiden der Haare dicht an der Haut glatt machen*; (jmdm.) den Kopf, das Kinn r. 2 *jmdn. oder sich r.* *dessen oder sich die Barthaare abschneiden*; Syn. (†) *barbieren*; *gut, schlecht rasiert sein völlig, nicht völlig abgeschnittene Barthaare haben* [< frz. *raser*, (Bart, Haare) schneiden, zu *ras* „kurzgeschoren, kahl", < lat. *rasus* „glattgeschoren", zu *radere* „schaben, kratzen"]

Ra|sier|pin|sel ⟨m.5⟩ *kurzstieliger, dicker Borstenpinsel zum Auftragen des Rasierschaumes* (Dachshaar∼)

Ra|sier|schaum ⟨m., -(e)s, nur Sg.⟩ *Seifenschaum, der vor der Naßrasur auf die Haut aufgetragen wird, damit die Klinge besser gleitet*

Ra|sier|spie|gel ⟨m.5⟩ *vergrößernder Spiegel zum Rasieren*

Ra|sier|was|ser ⟨n.6⟩ *alkoholhaltige, duftende, wäßrige Flüssigkeit, mit der die Haut vor oder nach dem Rasieren befeuchtet wird*

Ra|sier|zeug ⟨n., -(e)s, nur Sg.⟩ *Gesamtheit der Gegenstände, die zum Rasieren benötigt werden*

ra|sig ⟨Adj., o.Steig.⟩ *mit Rasen bedeckt*; ∼*es Gartenstück*

Rä|son ⟨[rɛˈzɔ̃], ugs. [rɛˈzoŋ] f., -, nur Sg.⟩ *Vernunft, Einsicht, Gehorsam*; *jmdn. zur R. bringen* [< frz. *raison*, „Vernunft, Vernunft", < lat. *ratio*, Gen. *-onis*, „vernünftige Überlegung, Einsicht"]

Rä|so|neur ⟨[-ˈnœr] m.1⟩ *jmd., der ständig räsoniert, Nörgler*

rä|so|nie|ren ⟨V.3, hat räsoniert; o.Obj.⟩ *viel und laut nörgeln, schimpfen*; Syn. *rasaunen* [< frz. *raisonner*, „Einwendungen machen; begründen, beurteilen", zu *raison* „Vernunft, Verstand", → *Räson*]

Ras|pa ⟨f.9⟩ *ein lateinamerikanischer Gesellschaftstanz*

Ras|pel ⟨f.11⟩ **1** *grobe Feile* (Holz∼, Küchen∼) **2** *durch Raspeln entstandene kleine Stückchen* (Kokos∼)

ras|peln ⟨V.1, hat geraspelt; mit Akk.⟩ *mit der Raspel kleinschneiden*; *Möhren, Äpfel, Schokolade r.*

raß, räß ⟨Adj., -er, am -esten; süddt., schweiz.⟩ **1** *scharf gewürzt, beißend* (im Geschmack) **2** ⟨schweiz. auch übertr.⟩ *derb*; *ein* ∼*er Witz*

Ras|se ⟨f.11⟩ **1** *(systematisch unterhalb der Art stehende) Gruppe von Lebewesen, die sich von der Gesamtgruppe durch bestimmte (infolge geographischer Trennung ausgebildete) erbliche Merkmale abhebt, deren Einzelwesen aber mit jedem Einzelwesen der Gesamtgruppe uneingeschränkt fortpflanzungsfähig sind*; Syn. *Unterart, Subspezies* **2** ⟨nur Sg.; ugs.⟩ *das Rassigsein*; *die Frau hat R.* *die Frau ist rassig* [< frz. *race*, ital. *razza* in ders. Bed., weitere Herkunft nicht bekannt]

Ras|se|hund ⟨m.1⟩ *Hund, der einer anerkannten Zuchtrasse angehört*

Ras|sel ⟨f.11⟩ *einfaches Instrument, das ein rasselndes Geräusch hervorbringt (häufig als Kinderspielzeug)*

Ras|sel|ban|de ⟨f.11; ugs., scherzh.⟩ *lärmende Kinderschar*

ras|seln ⟨V.1; o.Obj.⟩ **1** ⟨hat gerasselt⟩ *ein metallisch klapperndes Geräusch machen*; *die Rolladen rasseln*; *der Wecker rasselt*; *mit dem Säbel r.* ⟨übertr.⟩ *sich gefährlich, kampflustig geben* **2** ⟨ist gerasselt⟩ **a** *sich mit einem solchen Geräusch fortbewegen*; *Panzer r. durch die Straßen* **b** ⟨in den Wendungen⟩ *durchs Examen, durch die Prüfung r. beim Examen durchfallen, das Examen nicht bestehen*

Ras|sen|be|wußt|sein ⟨n., -s, nur Sg.⟩ *Bewußtsein, einer bestimmten Rasse anzugehö-*

Rassendiskriminierung

ren, (meist übersteigerter) Stolz auf diese Zugehörigkeit
Ras|sen|dis|kri|mi|nie|rung ⟨f., -, nur Sg.⟩ *Diskriminierung einer Rasse (von Menschen)*
Ras|sen|fra|ge ⟨f., -, nur Sg.⟩ *Gesamtheit der Probleme, die das Zusammenleben verschiedener Rassen betreffen*
Ras|sen|haß ⟨m., -hasses, nur Sg.⟩ *Haß gegen eine bestimmte Rasse (von Menschen)*
Ras|sen|hy|gie|ne ⟨[-gje:-] f., -, nur Sg.; bes. im Dritten Reich⟩ *das ausschließliche Zusammenleben bestimmter Menschengruppen zwecks Erhaltung der „Reinheit" ihrer Rasse*
Ras|sen|schan|de ⟨f., -, nur Sg.; in Dtld. 1933–1945⟩ *sexuelle Beziehungen zwischen Angehörigen verschiedener Rassen*
Ras|sen|tren|nung ⟨f.10⟩ *Trennung der Menschen (in einem Staat) nach ihrer Rassenzugehörigkeit*
ras|sig ⟨Adj.⟩ **1** *von edler Rasse;* ein ~er Hengst **2** *die Merkmale einer Rasse ausgeprägt zeigend;* r. aussehen; ein ~er Südeuropäer *mit ausgeprägten, schönen Gesichtszügen;* ein ~es Mädchen
ras|sisch ⟨Adj., o.Steig.⟩ *auf eine Rasse bezogen, zu einer Rasse gehörend;* ~e Merkmale
Ras|sis|mus ⟨m., -, nur Sg.⟩ *(von übersteigertem Rassenbewußtsein bestimmte) Auffassung, daß einige Rassen (von Menschen) den anderen geistig, moralisch und kulturell überlegen seien*
ras|si|stisch ⟨Adj.⟩ *auf dem Rassismus beruhend, in der Art des Rassismus*
Rast ⟨f.10⟩ **1** *Unterbrechung, Ruhepause;* eine R. einlegen; R. machen; ohne R. und Ruh' ohne Pause **2** ⟨Tech.⟩ *mittlerer Teil des Hochofens*
Ra|ste ⟨f.11⟩ **1** *Vorrichtung zum Einrasten* (Hebel~) **2** *Vorrichtung zum Rasten, Abstellen* (Fuß~)
Ra|stel ⟨n.5; österr.⟩ *Geflecht, Gittergestell* [< ital. *rastello* in ders. Bed., < lat. *rastellus* „kleiner Rechen", → *Raster*]
Ra|stel|bin|der ⟨m.5; österr.; †⟩ *wandernder Kesselflicker, Siebmacher;* ⟨noch in Wendungen wie⟩ fahren wie ein R. *übermäßig schnell fahren*
ra|sten ⟨V.2, hat gerastet; o.Obj.⟩ *ausruhen, eine Pause machen;* fünf Minuten r.; auf einer Bank r.
Ra|ster ⟨m.5⟩ **1** *netzähnliches Muster aus Punkten, Linien oder Flächen* **2** ⟨Drucktechnik⟩ *Glasplatte oder Folie mit einem Netz aus senkrecht sich kreuzenden Linien zum Zerlegen des zu druckenden Bildes in Punkte (um Zwischentöne zu erzielen)* **3** *Einheit im Fertigbau* **4** ⟨Fernsehtechnik⟩ *Anordnung der Punkte, aus denen sich ein Fernsehbild zusammensetzt* **5** *Denksystem, Denkschema;* solche Erscheinungen fallen aus dem üblichen R. heraus; Erscheinungen in einen R. einordnen [< lat. *raster* „zum Hacken, Jäten, Zerkrümeln, Rechen der Erde gebrauchte Hacke", zu *radere* „kratzen, scharren"]
Ra|ster|fahn|dung ⟨f.10; Kriminologie⟩ *Fahndung mit Hilfe von Computern, die einen größeren Personenkreis auf bestimmte Merkmale hin untersuchen, um verdächtige Personen herauszufinden*
ra|stern ⟨V.1, hat gerastert; mit Akk.⟩ *mit einem Raster versehen* **Ra|ste|rung** ⟨f., -, nur Sg.⟩
Rast|haus ⟨n.4⟩ *an einer Straße (bes. an einer Autobahn) gelegene Gaststätte;* Syn. Raststätte
rast|los ⟨Adj., -er, am -esten⟩ *unruhig, ruhelos, unermüdlich;* r. umhergehen **Rast|lo|sig|keit** ⟨f., -, nur Sg.⟩
Ra|stral ⟨n.5⟩ *fünfzinkiges Gerät zum Einritzen von Notenlinien auf einer Metallplatte* [< lat. *rastrum, raster* „zwei- oder mehrzinkige Hacke"]

ra|strie|ren ⟨V.3, hat rastriert; mit Akk.⟩ **1** *mittels Rastral mit Notenlinien versehen* **2** ⟨österr. auch⟩ *karieren;* Papier r.
Rast|stät|te ⟨f.11⟩ → *Rasthaus*
Ra|sur ⟨f.10⟩ **1** ⟨nur Sg.⟩ *das Rasieren* **2** *rasierte Stelle* **3** ⟨nur Sg.⟩ *das Radieren* **4** *ausradierte Stelle*
Rat ⟨m.2⟩ **1** ⟨nur Sg.⟩ *Vorschlag für ein bestimmtes Verhalten, Vorgehen;* einen R. befolgen; jmdm. einen R. geben; R. schaffen; ein guter, schlechter R.; jetzt ist guter R. teuer *jetzt weiß man nicht mehr weiter;* auf jmds. R. hören; jmdm. mit R. und Tat zur Seite stehen; jmdn. um R. angehen, fragen; ein Buch zu ~e ziehen *ein Buch befragen;* mit sich zu ~e gehen *nachdenken* **2** *Versammlung, Kollegium, Behörde zur Lenkung öffentlicher Angelegenheiten* (Gemeinde~); den R. einberufen; der Große R. ⟨schweiz.⟩ *Kantonsparlament* **3** *Mitglied eines Rats (2)* (Gemeinde~, Stadt~) **4** ⟨Amtstitel⟩ (Studien~, Regierungs~)
Rät ⟨n., -s, nur Sg.⟩ *Stufe des Keupers;* auch: *Rhät* [nach den *Rätischen Alpen*]
Ra|te ⟨f.11⟩ **1** *verhältnismäßiger Anteil, Teilbetrag;* etwas auf ~n kaufen **2** *in Zahlen ausgedrücktes Verhältnis zwischen zwei Größen* (Inflations~, Profit~) [< ital. *rata* in ders. Bed., verkürzt < lat. *pro rata parte* „nach dem berechneten Anteil", *ratus* „berechnet, bestimmt", zu *reri* „bei sich bestimmen, glauben, meinen"]
Ra|te|me|ter ⟨[reitmi:tɔr] m.5 oder n.5⟩ *Gerät zum Bestimmen von Mittelwerten in Frequenzmischungen und zum Messen der Frequenz kurzzeitiger Impulse* [engl., zu *rate* „Verhältniszahl, Quote" und *meter* „Messer, Meßgerät"]
ra|ten ⟨V.94, hat geraten⟩ **I** ⟨o.Obj.⟩ *etwas herauszufinden suchen, indem man Möglichkeiten, vermutlich Richtiges nennt;* das kann man durch Nachdenken nicht herausbekommen, da kann man nur r.; dreimal darfst du r.! ⟨iron., wenn jmd. eine törichte Frage stellt⟩ **II** ⟨mit Akk.⟩ *etwas r. herauszufinden, zu erkennen, zu erfahren suchen, die Lösung von etwas zu finden suchen;* ein Rätsel r.; jmdm. etwas zum Raten aufgeben; kannst du r., was dieses Bild bedeuten soll? **III** ⟨mit Dat. oder mit Dat. und Akk.⟩ jmdm. (etwas) r. *jmdm. den Rat geben, etwas zu sagen oder zu tun;* ich rate dir, es nicht zu tun, es anders zu machen; ich habe ihm geraten, sofort hinzugehen; ihm ist nicht zu r. *er nimmt keinen Ratschlag an,* ⟨oder⟩ *es gibt für ihn in seiner Lage keinen Ratschlag;* ich halte es für geraten, sofort umzukehren *ich halte es für richtig, für ratsam*
ra|ten|wei|se ⟨Adv.⟩ *in Raten;* etwas r. bezahlen
Ra|ten|zah|lung ⟨f.10⟩ **1** *Zahlung in Raten* **2** *Zahlung einer Rate*
Rä|ter ⟨m.5⟩ *Angehöriger eines Volksstammes in der altrömischen Provinz Rätien;* auch: *Rätier*
Rä|te|re|pu|blik ⟨f.10⟩ *Form der Volksherrschaft, bei der die Macht von direkt gewählten Räten und deren Versammlungen ausgeht*
Rat|ge|ber ⟨m.5⟩ **1** *jmd., der Ratschläge gibt, Berater* **2** *Buch mit Ratschlägen, Hinweisen für bestimmte Gebiete des täglichen Lebens*
Rat|haus ⟨n.4⟩ *Sitz einer Gemeinde- oder Stadtverwaltung*
Rä|ti|er ⟨m.5⟩ → *Räter*
Ra|ti|fi|ka|ti|on ⟨f.10⟩ *Bestätigung, Genehmigung (bes. von Staatsverträgen durch das Parlament)* [zu *ratifizieren*]
ra|ti|fi|zie|ren ⟨V.3, hat ratifiziert; mit Akk.⟩ *bestätigen, genehmigen;* einen Vertrag r. [< mlat. *ratificare* in ders. Bed., < lat. *ratus* „endgültig, bestimmt, rechtsgültig" und „*-ficare* (in Zus. für *facere*) „machen"] **Ra|ti|fi|zie|rung** ⟨f.10⟩
Rä|tin ⟨f.10⟩ *weiblicher Rat (3, 4)*

Ra|ti|né ⟨m.9⟩ *flauschiger Stoff mit lockigem Flor* [< frz. *ratiné* „gekräuselt", zu *ratinieren*]
ra|ti|nie|ren ⟨V.3, hat ratiniert; mit Akk.⟩ *auf der Oberfläche kräuseln;* Gewebe r. [< frz. *ratiner* „kräuseln"]
Ra|tio ⟨f., -, nur Sg.⟩ **1** *Vernunft* **2** *Vernunftgrund;* vgl. Ultima ratio **3** ⟨[reiʃou] f.9; Wirtsch.⟩ *das Verhältnis zweier Größen bezeichnende Kennziffer* [< lat. *ratio* „bewußte, vernünftige Überlegung", eigtl. „Berechnung"]
Ra|ti|on ⟨f.10⟩ *zugeteilte Menge, täglicher Bedarf an Lebensmitteln;* jeder bekommt seine R.; eine R. Brot, Zigaretten; eiserne R. *Vorrat für den Notfall* [frz., < lat. *ratio*, Gen. *-onis*, „Rechnung, Berechnung"]
ra|tio|nal ⟨Adj.⟩ *auf der Vernunft beruhend, vernunftgemäß;* Ggs. *irrational;* ~e Zahl *Zahl, die sich durch einen Bruch oder als unendliche, aber periodische Dezimalzahl darstellen läßt,* z.B. $^{10}/_3 = 3,333...$ [zu *Ratio*]
Ra|tio|na|le ⟨n., -s, -lia⟩ *liturgisches Schultertuch einiger katholischer Bischöfe*
Ra|tio|na|li|sa|tor ⟨m.13⟩ *jmd., der etwas rationalisiert*
ra|tio|na|li|sie|ren ⟨V.3, hat rationalisiert; mit Akk.⟩ **1** *zweckmäßig, wirtschaftlich einrichten;* Arbeitsabläufe r. **2** ⟨Psych.⟩ *nachträglich begründen;* Handlungen, Beweggründe r.
Ra|tio|na|lis|mus ⟨m., -, nur Sg.⟩ *Lehre von der Vernunft als oberstem Prinzip der Welt und des Erkennens;* Ggs. *Irrationalismus*
Ra|tio|na|list ⟨m.10⟩ **1** *Anhänger des Rationalismus* **2** *vernunftgemäß, nüchtern denkender Mensch*
ra|tio|na|li|stisch ⟨Adj., o.Steig.⟩ **1** *zum Rationalismus gehörig, auf ihm beruhend* **2** *vernünftig, nüchtern*
Ra|tio|na|li|tät ⟨f., -, nur Sg.⟩ **1** *rationale Beschaffenheit;* die R. eines Vorhabens; die R. seines Denkens, seines Verhaltens **2** *Eigenschaft von Zahlen, sich als Bruch wiedergeben zu lassen*
ra|tio|nell ⟨Adj.⟩ *zweckmäßig, mit sparsamen Mitteln;* einen Arbeitsablauf r.; ~er gestalten
ra|tio|nie|ren ⟨V.3, hat rationiert; mit Akk.⟩ *in Rationen einteilen, in begrenzten Mengen verteilen, ausgeben;* Lebensmittel r. **Ra|tio|nie|rung** ⟨f., -, nur Sg.⟩
rä|tisch ⟨Adj., o.Steig.⟩ *Rätien betreffend, zu ihm gehörig, aus ihm stammend*
rat|los ⟨Adj., o.Steig.⟩ *keinen Ausweg, keinen Rat wissend;* r. die Achseln zucken; ich war r. *ich wußte keinen Ausweg, keinen Rat* **Rat|lo|sig|keit** ⟨f., -, nur Sg.⟩
Rä|to|ro|ma|ne ⟨m.11⟩ *Nachkomme der rätischen Altbevölkerung in den Alpen*
rä|to|ro|ma|nisch ⟨Adj., o.Steig.⟩ *die Rätoromanen betreffend, zu ihnen gehörig, von ihnen stammend;* ~e Sprache *eine Gruppe romanischer Dialekte in der Schweiz, in den Dolomiten und in Friaul ohne einheitliche Schriftsprache*
rat|sam ⟨Adj.⟩ *anzuraten, empfehlenswert;* es ist (nicht) r., das jetzt zu tun *es ist (nicht) klug, (nicht) zu empfehlen, (nicht) zu raten, das jetzt zu tun*
Rat|sche, Rät|sche ⟨f.11⟩ **1** *kleines Handgerät (mit Stiel), an dem ein Brettchen beim Drehen an einem Zahnrad entlangläuft und knarrende Geräusche erzeugt (z.B. zum Vertreiben von Vogelschwärmen)* **2** *aus einem Zahnkranz und darüberschleifender Blattfeder oder Sperrklinke bestehende Vorrichtung zur Übertragung einer schwenkbaren Bewegung in eine einseitige Drehbewegung* **3** ⟨süddt., ugs.⟩ *schwatzhafte Frau*
rat|schen ⟨V.1, hat geratscht⟩ **I** ⟨o.Obj.⟩ **1** *mit der Ratsche ratschen* **2** *ein hartes Geräusch (wie von reißendem Stoff) machen* **3** ⟨süddt.⟩ **a** *sich (nicht tiefgründig) unterhalten;* wir haben zwei Stunden geratscht **b** *viel*

und oberflächlich reden II ⟨refl.⟩ *sich r.* ⟨mdt.⟩ *sich durch Reißen verletzen;* ich habe mich (am Finger) geratscht

Rat|schlag ⟨m.2⟩ *Rat (1); jmdm. einen R. erteilen, geben; gute, wohlmeinende Ratschläge*

rat|schla|gen ⟨V.1, hat geratschlagt; † für⟩ *beratschlagen*

Rat|schluß ⟨m.2⟩ *Beschluß, Urteil;* göttlicher R. *Wille Gottes*

Rats|die|ner ⟨m.5⟩ *vom Stadt- oder Gemeinderat angestellter Bote*

Rät|sel ⟨n.5⟩ **1** *Aufgabe, die durch Denken gelöst werden soll;* in R. lösen; jmdm. ein R. aufgeben, stellen; es ist mir ein R., wie das möglich war *es ist mir unbegreiflich;* in ~n sprechen *für andere unverständlich sprechen;* vor einem R. stehen *sich etwas nicht erklären können* **2** *(meist undurchdringliches) Geheimnis;* das R. des Lebens, des Todes

rät|sel|haft ⟨Adj., -er, am -esten⟩ *unverständlich, unklar;* das ist mir r.

rät|seln ⟨V.1, hat gerätselt; o.Obj.⟩ *raten, Vermutungen anstellen;* wir haben lange gerätselt, was das heißen soll, was geschehen sein könnte

Rats|herr ⟨m., -n, -s oder -en⟩ *Mitglied eines Rats (2)*

Rats|kel|ler ⟨m.5⟩ *im Rathaus befindliche Gaststätte*

Rat|te ⟨f.11⟩ *großes, mausähnliches Nagetier* (Bisam~, Haus~, Wander~); Syn. ⟨landsch.⟩ *Ratz* [vermutl. ein altes Wanderwort aus einer asiat. Sprache]

Rat|ten|fän|ger ⟨m.5⟩ **1** *Hund (bes. Pinscher), der nach Fang von Ratten abgerichtet ist;* Syn. *Rattler* **2** *eine deutsche Sagengestalt* **3** ⟨übertr.⟩ *jmd., der Menschen zu verführen versteht*

Rat|ten|gift ⟨n.1⟩ *zur Bekämpfung von Ratten u.a. Nagetieren verwendetes Gift (z.B. mit Thalliumsulfat vergiftete Getreidekörner)*

Rat|ten|kö|nig ⟨m.1⟩ **1** *an den Schwänzen oder Hinterbeinen zusammenklebende Jungtiere von Ratten u.a.* **2** ⟨übertr.⟩ → *Rattenschwanz (2)*

Rat|ten|schwanz ⟨m.2⟩ **1** *Schwanz einer Ratte* **2** ⟨übertr., ugs.⟩ *nicht enden wollende Folge;* Syn. *Rattenkönig;* ein R. von Fragen, Maßnahmen

Rät|ter ⟨m.5 oder f.11; Tech.⟩ *Sieb mit sich kreisförmig bewegendem Boden*

rat|tern ⟨V.1; o.Obj.⟩ **1** ⟨hat gerattert⟩ *ein hartes, rasch klopfendes Geräusch machen;* die Nähmaschine rattert **2** ⟨ist gerattert⟩ *sich mit einem solchen Geräusch bewegen;* der Wagen rattert über das Pflaster

rät|tern ⟨V.1, hat gerättert; mit Akk.⟩ *mit dem Rätter sieben;* Erz r.

Rät|ter|wä|sche ⟨f.11⟩ *das Sieben von Erzen*

Ratt|ler ⟨m.5⟩ → *Rattenfänger (1)*

Ratz ⟨m.1⟩ **1** ⟨landsch.⟩ → *Ratte* **2** → *Iltis;* schlafen wie ein R. ⟨ugs.⟩ *tief und lang schlafen*

rat|ze|kahl ⟨Adv.; ugs.⟩ *völlig, ganz;* alles r. aufessen

Rät|zel ⟨n.5⟩ *auch: Räzel* **1** *Haarbüschel zwischen den Augenbrauen* **2** *jmd. mit zusammengewachsenen Augenbrauen* [wörtl. „kleiner Ratz"]

Raub ⟨m., -(e)s, nur Sg.⟩ **1** *gewaltsame Wegnahme (eines Gegenstandes oder Menschen;* Bank~, Kinds~); einen R. begehen; wegen ~es angeklagt werden; ein R. der Flammen werden *verbrennen* **2** *geraubtes Gut;* den R. verteilen

Raub|bau ⟨m., -(e)s, nur Sg.⟩ *rücksichtslose Nutzung, Ausbeutung ohne Rücksicht auf Folgeschäden oder zukünftigen Mangel;* R. am Wald treiben; R. mit seiner Gesundheit treiben

Raub|druck ⟨m.1⟩ *Druck unter Mißachtung des Urheberrechts*

rau|ben ⟨V.1, hat geraubt; mit Akk.⟩ **1** *mit Gewalt nehmen und wegbringen;* Geld, Wertsachen r.; ein Kind r.; der Wolf hat ein Schaf geraubt **2** *nehmen, wegnehmen;* einem Mädchen einen Kuß r. ⟨†, scherzh.⟩ *ein Mädchen gegen dessen Willen küssen;* die Sorgen r. mir den Schlaf

Räu|ber ⟨m.5⟩ **1** *jmd., der raubt oder geraubt hat;* ~n in die Hände fallen; R. und Gendarm *ein Kinderspiel;* unter die R. fallen ⟨ugs., scherzh.⟩ *ausgebeutet werden* **2** ⟨ugs.⟩ *Raubtier;* ein nächtlicher R.

Räu|be|rei ⟨f.10⟩ *Raub;* kleine ~en begehen

Räu|ber|ge|schich|te ⟨f.11⟩ **1** *Geschichte von Räubern* **2** *unwahre, aufregende Erzählung;* Syn. *Räuberpistole*

Räu|ber|höh|le ⟨f.11⟩ *Behausung eines Räubers im Wald;* hier sieht es ja aus wie in einer R. ⟨scherzh.⟩ *hier sieht es sehr unordentlich aus*

räu|be|risch ⟨Adj., o.Steig.⟩ **1** *auf Raub beruhend, in der Art eines Raubes;* ~e Erpressung **2** ⟨Biol.⟩ *sich von anderen Tieren ernährend;* Fleisch r., ~es Tier

räu|bern ⟨V.1, hat geräubert⟩ *meist scherzh.* I ⟨o.Obj.⟩ *wie ein Räuber handeln, Dinge nehmen;* die Kinder haben im Obstgarten, in der Speisekammer geräubert II ⟨mit Akk.⟩ *raubend leer machen;* die Speisekammer r.

Räu|ber|pi|sto|le ⟨f.11⟩ → *Räubergeschichte*

Räu|ber|zi|vil ⟨n., -s, nur Sg.; ugs., scherzh.⟩ *nachlässige, der Gelegenheit nicht angepaßte Kleidung*

Raub|fisch ⟨m.1⟩ *sich von lebender tierischer Beute ernährender Fisch;* Ggs. *Friedfisch*

Raub|kat|ze ⟨f.11⟩ *großes Raubtier aus der Familie der Katzen*

Raub|mord ⟨m.1⟩ *Raub mit gleichzeitiger Tötung eines Menschen*

Raub|mör|der ⟨m.5⟩ *jmd., der einen Raubmord begeht oder begangen hat*

Raub|mö|we ⟨f.11⟩ *möwenähnlicher Seevogel mit dunklem Gefieder, der anderen Vögeln die Nahrung abjagt* (Schmarotzer~)

Raub|pres|sung ⟨f.10⟩ *illegale Neupressung von Schallplatten*

Raub|rit|ter ⟨m.5; MA⟩ *von Straßenraub lebender Ritter*

Raub|tier ⟨n.1⟩ *Säugetier, das sich hauptsächlich von anderen Wirbeltieren ernährt (z.B. Bär, Löwe);* Syn. *Beutegreifer*

Raub|über|fall ⟨m.2⟩ *Überfall auf jmdn., um ihn zu berauben*

Raub|vo|gel ⟨m.6; veraltend⟩ → *Greifvogel*

Raub|wild ⟨n., -(e)s, nur Sg.; Jägerspr.⟩ *Gesamtheit der jagdbaren Raubtiere*

Raub|zeug ⟨n., -(e)s, nur Sg.; Jägerspr.⟩ *alle nicht jagdbaren, dem Nutzwild schädlichen Tiere*

Raub|zug ⟨m.2⟩ *auf Raub ausgerichtete Unternehmung;* Syn. *Beutezug*

Rauch ⟨m., -(e)s, nur Sg.⟩ *bei der Verbrennung entstehendes Gemisch aus Abgasen, Ruß und Flugasche;* in R. aufgehen *völlig verbrennen,* ⟨übertr.⟩ *zunichte werden;* ihre Pläne gingen in R. auf

Rauch|bier ⟨n.1⟩ *(in Bamberg hergestelltes) dunkles Bier mit rauchigem Geschmack*

rau|chen ⟨V.1, hat geraucht⟩ **I** ⟨o.Obj.⟩ **1** *beim Verbrennen, Explodieren oder Verdunsten Rauch entwickeln;* ~des Pulver; ~de Säure **2** *Rauch absondern, Rauch ausstoßen;* die Brandstätte raucht noch; der Ofen, der Schornstein raucht **3** *gewohnheitsmäßig den Rauch von verbrennendem Tabak in Mund (und Lunge) ziehen;* r. Sie?; danke, ich rauche nicht; er raucht zuviel; er raucht nicht mehr **4** ⟨unpersönl. mit „es"; übertr., ugs.⟩ *hier raucht's! hier ist etwas Unangenehmes geschehen, hier ist die Stimmung gespannt* **II** ⟨mit Akk.⟩ *etwas r. den Rauch von etwas einziehen;* eine Zigarette, Zigarre r.; Pfeife r.

Rau|cher **I** ⟨m.5⟩ *jmd., der (gewohnheitsmäßig) raucht* **II** ⟨m., -s, nur Sg.; ugs.; kurz für⟩ *Raucherabteil*

Rau|cher|ab|teil ⟨n.1; Eisenb.⟩ *Abteil, in dem das Rauchen gestattet ist*

Rau|cher|bein ⟨n.1⟩ *schwere Durchblutungsstörung am Bein infolge starken Rauchens (von Zigaretten)*

Räu|cher|faß ⟨n.4⟩, **Räu|cher|ge|fäß** ⟨n.1⟩ *Gefäß, in dem Weihrauch verbrannt wird*

Rau|cher|hu|sten ⟨m., -s, nur Sg.⟩ *(chronischer) Husten bei Rauchern*

Räu|cher|kam|mer ⟨f.11⟩ *Raum zum Räuchern*

Räu|cher|ker|ze ⟨f.11⟩ *Mittel zum Räuchern in Form eines kleinen Kegels*

rau|chern ⟨V.1, hat geraucht; mit Akk.; unpersönl., mit „es"; ugs.⟩ *mich raucherts, es raucht mich ich möchte rauchen, ich habe das Bedürfnis nach einer Zigarette, einer Zigarre*

räu|chern ⟨V.1, hat geräuchert⟩ **I** ⟨mit Akk.⟩ *durch Rauch haltbar und würzig machen;* Fleisch r.; geräucherter Schinken **II** ⟨o.Obj.⟩ *Räuchermittel verbrennen*

Räu|cher|stäb|chen ⟨n.7⟩ *Stäbchen, das beim Abbrennen einen wohlriechenden Rauch erzeugt*

Räu|cher|wa|re ⟨f.11⟩ *geräucherte Fleisch- oder Fischware*

Räu|cher|werk ⟨n., -s, nur Sg.⟩ *Gesamtheit aller Materialien, die beim Abbrennen Wohlgeruch erzeugen*

Rauch|fah|ne ⟨f.11⟩ *in einer schmalen, langgestreckten Wolke nach oben abziehender Rauch*

Rauch|fang ⟨m.2⟩ **1** *Zwischenstück zwischen Herd und Schornstein* **2** ⟨österr.⟩ → *Schornstein*

Rauch|fang|keh|rer ⟨m.5; österr.⟩ → *Schornsteinfeger*

rauch|far|ben ⟨Adj., o.Steig.⟩ *dunkelgrau (wie Rauch);* ~s Mineral

Rauch|fleisch ⟨n., -(e)s, nur Sg.⟩ *geräuchertes Fleisch*

Rauch|gas ⟨n.1⟩ *Abgas von Verbrennungsanlagen;* Entschwefelung des ~es

Rauch|glas ⟨n., -es, nur Sg.⟩ *rauchfarbenes Glas*

rau|chig ⟨Adj.⟩ **1** *voller Rauch;* ~es Zimmer **2** *tief und heiser;* ~e Stimme **3** *nach Rauch schmeckend;* ~er Tee

Rauch|mel|der ⟨m.5⟩ *Gerät, das bei Rauchentwicklung selbsttätig Alarmsignale auslöst*

Rauch|näch|te ⟨f.2, Pl.⟩ *Nebenform von Rauhnächte*

Rauch|op|fer ⟨n.5⟩ *Opfer, bei dem der geopferte Gegenstand verbrannt wird*

Rauch|quarz ⟨m.1⟩ *bräunliches Mineral aus der Gruppe der Quarze, Schmuckstein;* Syn. *Rauchtopas*

Rauch|schwal|be ⟨f.11⟩ *Schwalbe mit tief gegabeltem Schwanz und roter Kehle* [vermutl. nach der gelegentl. Nistort in Rauchfängen]

Rauch|sig|nal ⟨n.1⟩ *mit Hilfe von Rauch sichtbar gemachtes Signal*

Rauch|tee ⟨m.9⟩ *schwarzer Tee mit rauchigem Geschmack*

Rauch|to|pas ⟨m.1⟩ → *Rauchquarz*

Rauch|wa|ren[1] ⟨f.11, Pl.⟩ *Tabakwaren*

Rauch|wa|ren[2] ⟨f., Pl.⟩ *Felle, die dem Kürschner zur Verarbeitung zu Pelzwerk dienen* [< *rauch* ⟨†⟩ „behaart, rauh" und *Ware*]

Rauch|zei|chen ⟨n.7⟩ *Signal, das mit rauchendem Feuer erzeugt wird*

Rauch|zim|mer ⟨n.5⟩ *Zimmer, in dem das Rauchen erlaubt ist*

Räu|de ⟨f., -, nur Sg.; bes. bei Säugetieren⟩ *durch Milben hervorgerufene Hautkrankheit mit Haarausfall, Krustenbildung und Juckreiz*

räu|dig ⟨Adj., o.Steig.⟩ *an der Räude leidend*

rauf... (in Zus. mit Verben ugs. für) *herauf..., hinauf...,* z.B. *raufkommen, raufgehen*

Rauf|bold ⟨m.1⟩ *jmd., der oft und gerne rauft* [< *raufen* und →...*bold*]
Rau|fe ⟨f.11⟩ *Gestell für Heu, Stroh oder Gras, zwischen dessen senkrechten Stäben die Tiere das Futter mit dem Maul herausziehen* [zu *raufen* „herausziehen, rupfen"]
rau|fen ⟨V.1, hat gerauft⟩ **I** ⟨mit Akk.⟩ *reißen; Unkraut aus den Beeten r.* **II** ⟨mit Dat. (sich) und Akk.; nur in den Wendungen⟩ *sich den Bart r.* ⟨†⟩, *sich die Haare r.* ⟨eigtl. *sich den Bart, die Haare durcheinanderbringen*, ⟨übertr.⟩ *sich sehr ärgern (aus Ungeduld oder ohnmächtigem Zorn, weil man nicht weiß, was man tun soll, weil man etwas machen machen möchte)* **III** ⟨o.Obj. oder refl.⟩ (sich) *r. einander prügeln, schlagen, sich balgen*
Rauf|han|del ⟨m.6⟩ *Rauferei, Schlägerei*
Rauf|lust ⟨f., -, nur Sg.⟩ *Lust am Raufen* (III)
rauf|lu|stig ⟨Adj.⟩ *gerne raufend* (III)
rauh ⟨Adj., -er, am -esten⟩ **1** *mit vielen kleinen Unebenheiten versehen, nicht glatt; eine ~e Oberfläche;* **2** *kalt und oft windig; ein ~es Klima* **3** *kalt und etwas schneidend oder beißend; ~e Luft; ein ~er Wind* **4** ⟨Seew.⟩ *vom Sturm aufgewühlt; ~e See* **5** *heiser, kratzig; ~e Stimme; einen ~en Hals haben* ⟨ugs.⟩ *heiser sein, eine belegte Stimme haben (bes. infolge einer Erkältung);* „,...", *sagte er r. sagte er mit vor innerer Bewegung belegter Stimme* **6** *barsch, unzart; jmdn. r. behandeln; hier herrscht ein ~er Ton; r., aber herzlich* ⟨ugs.⟩ *barsch, aber nicht böse gemeint*
Rauh|bauz ⟨m.1; ugs.⟩ *im Umgang barscher (aber nicht böser) Mensch*
rauh|bau|zig ⟨Adj.⟩ *wie ein Rauhbauz*
Rauh|bein ⟨n.1; übertr., ugs.⟩ **1** *gutmütiger Mensch mit rauhem Umgangston* **2** ⟨Sport⟩ *jmd., der rauh, grob spielt*
rauh|bei|nig ⟨Adj.⟩ *wie ein Rauhbein, derb, aber herzlich*
Rauh|brand ⟨m.2; Weinbrand-Destillation⟩ *erster Abzug;* vgl. *Feinbrand*
Rau|he ⟨f.11; bei jagdbaren Vögeln⟩ → *Mauser;* R. *des Auerhuhns, der Wildente*
Rauh|heit ⟨f., -, nur Sg.⟩ **1** *das Rauhsein, rauhe Beschaffenheit, die R. einer Oberfläche* **2** *rauhes Wesen, rauhes Benehmen*
rau|hen ⟨V.1, hat gerauht; mit Akk.⟩ *rauh machen; eine Oberfläche r.*
Rauh|fa|ser|ta|pe|te ⟨f.11⟩ *Tapete mit unebener, rauher Oberfläche*
Rauh|frost ⟨m.2⟩ → *Rauhreif*
Rauh|fuß|huhn ⟨n.4⟩ *Hühnervogel mit befiederten Füßen (z.B. Auer-, Birk-, Schneehuhn)*
Rauh|fut|ter ⟨n., -s, nur Sg.⟩ *sperriges, rohfaserreiches Futter (z.B. Stroh)*
Rauh|ge|wicht ⟨n.1⟩ *Gesamtgewicht einer Edelmetallegierung;* vgl. *Feingehalt*
Rauh|haar|dackel ⟨-k|k-; m.5⟩ *Dackel mit Drahthaar*
Rauh|näch|te ⟨f.2, Pl.⟩ *die zwölf Nächte zwischen Weihnachten und Dreikönigstag;* auch: *Rauchnächte*
Rauh|putz ⟨m., -es, nur Sg.⟩ *Verputz mit rauher Oberfläche*
Rauh|reif ⟨m., -(e)s, nur Sg.⟩ *bei Nebel entstehender Reif mit großen Eiskristallen;* Syn. *Rauhfrost*
Rauh|wacke ⟨-k|k-; f.11⟩ *Dolomit oder Kalkstein, der wegen zahlreicher Hohlräume porig aussieht*
raum ⟨Adj., o.Steig.⟩ **1** ⟨Seew.⟩ **a** *schräg von hinten kommend; ~er Wind* **b** *weit; ~e See hohe See* **2** ⟨Forstw.⟩ *licht, offen; ~er Wald* [zu *Raum*]
Raum ⟨m.2⟩ **1** *in sich geschlossener Teil eines Gebäudes, den man betreten, verlassen; ein Problem steht im R. ein Problem ist vorhanden; ein Problem im R. stehenlassen ein Problem nicht lösen, sich nicht weiter um es kümmern;* eine Frage in den R. stellen *eine Frage stellen, aufwerfen* **2** *nicht genau begrenzte Ausdehnung; in den Räumen des Ozeans; der R. des Denkens* **3** *Weltall, Weltraum; einen Satelliten in den R. schießen* **4** *Platz, über den verfügt werden kann; dieses Auto bietet viel R.; R. für etwas schaffen; einer Sache R. geben für eine Sache Platz schaffen; den R. decken* ⟨Ballspiele⟩ *bestimmte Plätze des Spielfeldes abschirmen; auf engstem R. zusammenleben* **5** ⟨Mil.⟩ *Gebiet für Operationen; in den offenen R. vorstoßen* **6** *unter einem bestimmten Gesichtspunkt betrachtetes Gebiet; der geographische, politische R.; im R. dieser Sprache*
Raum|an|pas|sungs|syn|drom ⟨n., -s nur Sg.⟩ *nach einigen Stunden Aufenthalt im Weltraum auftretende Gruppe von Symptomen: Schwindelgefühl, Schweißausbruch, Appetitlosigkeit, Übelkeit;* Syn. *Raumkrankheit*
Raum|an|zug ⟨m.2⟩ *Anzug für Weltraumfahrer*
Raum|aus|stat|ter ⟨m.5⟩ *jmd., der berufsmäßig textile Inneneinrichtungen macht (Teppichböden verlegt, Wände bespannt u.a.)*
Raum|bild ⟨n.3⟩ → *Stereofotografie*
räu|men ⟨V.1, hat geräumt; mit Akk.⟩ **1** *leer machen (und verlassen); die Wohnung r.; das Feld r.* ⟨übertr.⟩ *sich geschlagen geben und zurückziehen; seinen Platz (für eine andere Person) r.; eine Straße r. eine Straße von Schnee, herabgefallenen Ästen, Schutt usw. leer, frei machen; die Straßen sind (noch nicht) geräumt* **2** *wegbringen, wegschaffen; Schnee r.* **3** *an eine bestimmte Stelle schaffen; Bücher in ein Regal r.*
Raum|ent|we|sung ⟨f., -, nur Sg.⟩ *Bekämpfung von Ungeziefer im Haus*
Räu|mer ⟨m.5; kurz für⟩ *Räumfahrzeug*
Raum|fäh|re ⟨f.11⟩ *bemanntes Weltraumfahrzeug mit Eigenantrieb*
Raum|fah|rer ⟨m.5; kurz für⟩ *Weltraumfahrer*
Raum|fahrt ⟨f., -, nur Sg.⟩ *Betrieb von bemannten und unbemannten Fahrzeugen außerhalb der Erdatmosphäre*
Raum|fahr|zeug ⟨n.1⟩ *Fahrzeug, das Hindernisse (z.B. Schnee) beiseite räumt*
Raum|film ⟨m.1⟩ *stereoskopischer Film*
Raum|flug ⟨m.2⟩ → *Weltraumflug*
raum|grei|fend ⟨Adj.⟩ *weit ausgreifend (in der Bewegung); er kam mit ~en Schritten auf uns zu*
räu|mig ⟨Adj.; norddt.⟩ *geräumig* **Räu|mig|keit** ⟨f., -, nur Sg.⟩
Raum|kap|sel ⟨f.11⟩ → *Raumschiff*
Raum|klang ⟨m.2⟩ *durch Stereophonie entstehender, räumlicher Klangeindruck*
Raum|kli|ma ⟨n., -s; nur Sg.⟩ *Zusammenwirken von Temperatur, Luftfeuchtigkeit und Luftbewegungen im Inneren eines Raumes*
Raum|krank|heit ⟨f., -, nur Sg.⟩ → *Raumanpassungssyndrom*
Raum|krüm|mung ⟨f.10⟩ *angenommene Eigenschaft des Weltraumes*
Raum|kunst ⟨f., -, nur Sg.⟩ *Kunst der Gestaltung von Innenräumen*
Raum|kur|ve ⟨f.11⟩ *durch ein räumliches Koordinatensystem darstellbare Kurve*
Raum|la|bor ⟨n.9 oder n.1⟩ *Raumstation zu wissenschaftlichen Zwecken;* Syn. *Spacelab*
Raum|leh|re ⟨f., -, nur Sg.⟩ → *Geometrie*
räum|lich ⟨Adj., o.Steig.⟩ **1** *den Raum betreffend; ~e Begrenztheit; sie wohnen r. sehr beengt; danke, r. unmöglich!* ⟨ugs., scherzh.⟩ *danke, ich kann nichts mehr essen, mein Magen ist voll* **2** *wie in einem Raum; ~es Hören* **Räum|lich|keit** ⟨f.10⟩ **1** ⟨meist Pl.⟩ *Raum, Zimmer; jmdm. die ~en zeigen* **2** ⟨nur Sg.⟩ *räumliche Wirkung; die R. eines Tones*
Raum|maß ⟨n.1⟩ → *Hohlmaß*
Raum|me|ter ⟨m.5 oder n.5; Abk.: rm⟩ *Raummaß für geschichtetes Holz, mit Zwischenräumen 1 m³;* Ggs. *Festmeter*
Raum|ord|nung ⟨f., -, nur Sg.⟩ *Gesamtheit der Leitvorstellungen über die Ordnung und Entwicklung des Staatsgebietes;* Syn. *Raumplanung*
Raum|pfle|ge|rin ⟨f.10; geh., bes. im Sprachgebrauch von Behörden, Büros⟩ → *Putzfrau*
Raum|pla|nung ⟨f., -, nur Sg.⟩ → *Raumordnung*
Raum|schiff ⟨n.1⟩ *dem Raumflug dienendes, bemanntes Luftfahrzeug;* Syn. *Raumkapsel*
Raum|son|de ⟨f.11⟩ *dem Raumflug dienendes, unbemanntes Luftfahrzeug, das mit Registrier- und Aufnahmegeräten, Übertragungsanlagen u.a. ausgestattet ist*
Raum|sta|ti|on ⟨f.10⟩ *in der Erdumlaufbahn errichteter, bemannter Flugkörper*
Räum|te ⟨f.11; Seew.⟩ **1** *offenes Meer* **2** *Schiffsladeraum*
Raum|tei|ler ⟨m.5⟩ *Regal oder Schrankwand zur Unterteilung eines Wohnraumes*
Raum|ton ⟨m., -(e)s, nur Sg.⟩ *als räumlich empfundener Ton, Stereoton*
Raum|trans|por|ter ⟨m.5⟩ *Raumfahrzeug, das immer wieder verwendet werden kann;* Syn. *Space shuttle*
Räu|mung ⟨f.10⟩ **1** ⟨nur Sg.⟩ *das Räumen; R. einer Wohnung; R. der Straßen von Schnee* **2** ⟨Forstw.⟩ → *Abtrieb* (2)
Räu|mungs|kla|ge ⟨f.11⟩ *Klage auf Räumen einer Wohnung oder eines Geschäfts*
Räu|mungs|ver|kauf ⟨m.2⟩ *Ausverkauf von Waren (wegen Geschäftsaufgabe o.ä.)*
rau|nen ⟨V.1, hat geraunt⟩ **I** ⟨mit Akk.⟩ *leise und mit dumpfer Stimme sagen;* „,...", *raunte er; jmdm. etwas ins Ohr r.* **II** ⟨o.Obj.; poet.⟩ *ein dunkles, dumpfes Geräusch machen; der Wind, der Bach raunt*
raun|zen ⟨V.1, hat geraunzt⟩ **I** ⟨mit Akk.⟩ *etwas in barschem Ton sagen;* auch: *ranzen;* „,...!" *raunzte er* **II** ⟨o.Obj.; österr.⟩ *weinerlich nörgeln, klagen; das Kind raunzt*
Rau|pe ⟨f.11⟩ **1** *Larve der Schmetterlinge* **2** ⟨ugs.⟩ → *Gleiskettenfahrzeug*
rau|pen ⟨V.1, hat gerauupt; mit Akk.; †, noch landsch.⟩ *von Raupen befreien*
Rau|pen|helm ⟨m.1⟩ *Helm mit raupenförmigem Kamm*
raus ⟨Adv.; ugs. für⟩ *hinaus; Raus! Geh, gehen Sie hinaus!*
raus... ⟨in Zus. mit Verben ugs. für⟩ *heraus..., hinaus...,* z.B. *rauskommen, rausgehen, rauswerfen*
Rausch ⟨m.2⟩ **1** *durch Alkohol oder Drogen verursachter Zustand der Bewußtseinstrübung; sich im R. antrinken; seinen R. ausschlafen; eine Tat im R. begehen* **2** ⟨übertr.⟩ *großes Glücksgefühl, das mit einer gewissen Verwirrung einhergeht; im R. der Leidenschaft, der Sinne*
Rausch|bee|re ⟨f.11⟩ *ein Heidekrautgewächs* **2** *dessen heidelbeerähnliche Frucht, die (in größeren Mengen genossen) rauschartige Zustände hervorrufen kann;* Syn. *Trunkelbeere*
Rausch|brand ⟨m., -(e)s, nur Sg.; bei Rindern und Schafen⟩ *durch einen Bazillus verursachte Seuche mit gashaltigen Schwellungen der Haut, die bei Berührung knistern („,rauschen")*
Rau|sche ⟨f., -, nur Sg.; beim Haus- und Wildschwein⟩ → *Brunst* (1)
Rau|sche|bart ⟨m.2; ugs., scherzh.⟩ **1** *Vollbart* **2** *Mann mit Vollbart*
rau|schen¹ ⟨V.1; o.Obj.⟩ **1** ⟨hat gerauscht⟩ *ein anhaltendes, dunkles, weiches Geräusch machen, sich mit einem solchen Geräusch bewegen; der Wind rauscht in den Bäumen; die Bäume r. im Wind; das Meer, der Regen rauscht; ~der Beifall Beifall durch lautes Händeklatschen vieler Menschen; ein ~des Fest* ⟨übertr.⟩ *ein Fest, auf dem es fröhlich und laut zugeht* **2** ⟨ist gerauscht⟩ *sich mit einem solchen Geräusch fortbewegen; das Boot*

rauscht durch die Wellen **3** ⟨ist gerauscht; übertr.⟩ *mit auffallendem Gehabe, mit wichtigtuerischer Haltung und Miene gehen;* sie rauschte würdevoll, beleidigt aus dem Zimmer [lautmalend]

rau|schen² ⟨V.1, hat gerauscht; o.Obj.; Jägerspr.⟩ *vom Schwarzwild, auch vom Hausschwein) in der Brunft sein* [vielleicht < veraltetem *reischen*, zu mhd. *reien* „brünstig sein" (von der Hündin)]

Rau|scher ⟨m.5⟩ → *Federweiße(r)*

Rausch|gift ⟨n.1⟩ *Mittel, das einen Rauschzustand erzeugt (und dessen Genuß gesetzlich verboten ist);* Syn. *Rauschmittel*

Rausch|gold ⟨n., -(e)s, nur Sg.⟩ *dünn ausgewalztes Messingblech, das bei Bewegungen knistert*

Rausch|mit|tel ⟨n.5⟩ → *Rauschgift*

Rausch|sil|ber ⟨n., -s, nur Sg.⟩ *dünn ausgewalztes Neusilberblech, das bei Bewegungen knistert*

Rausch|zeit ⟨f.10; beim Haus- und Wildschwein⟩ → *Brunst* (1)

Räus|pe|rer ⟨m.5⟩ **1** *jmd., der sich räuspert;* störende R. im Theater **2** *einmaliges Räuspern;* ein lauter R.

räus|pern ⟨V.1, hat geräuspert; refl.⟩ sich r. *die Luft beim Ausatmen leicht pressend ausstoßen (um Schleim aus der Kehle zu entfernen oder sich taktvoll bemerkbar zu machen, auch aus Verlegenheit)*

Raus|schmei|ßer ⟨m.5⟩ **1** ⟨ugs.⟩ *jmd., der unliebsame gewordene Gäste aus einem Nachtlokal o.ä. hinauswirft* **2** ⟨übertr., ugs.⟩ *letzter Tanz (vor dem Ende einer Veranstaltung)*

Raus|schmiß ⟨m.1; ugs.⟩ **1** *Hinauswurf (aus einem Lokal o.ä.)* **2** *sofortige Entlassung (aus einer Stellung)*

Rau|te ⟨f.11⟩ **1** *Pflanze warmer Gebiete mit vier- bis fünfzähligen, strahligen Blüten (Wein~)* **2** *dieser ähnliche Pflanze (Edel~)* **3** *Farn mit rhombusförmigen Blättern (Mauer~)* **4** → *Rhombus* < ahd. *ruta*, < lat. *ruta* „balsamisch riechende, scharfbitter schmeckende Pflanze"]

Ra|vio|li ⟨Pl.⟩ *mit Fleisch gefüllte Vierecke aus Nudelteig* [< ital. *ravioli* (Pl. von *raviolo*) in ders. Bed., < mlat. *rabiola* „Fleischkügelchen", vulgärlat. *rabiola* „Leckerbissen"]

Ra|yé ⟨auch [reje] m.9⟩ *Gewebe mit Längsstreifenmusterung* [< frz. *rayé* „gestreift"]

Ray|on¹ ⟨[rɛjɔ̃] m.9⟩ **1** *Abteilung (eines Kaufhauses)* **2** ⟨österr.⟩ *Dienstbereich (z.B. eines Polizeibeamten), Verwaltungsbezirk* [< frz. *rayon* „Strahl, Radius", übertr. „Umkreis" im Sinne von „Bereich, in dem man handeln, sich bewegen kann"]

Ray|on² ⟨[rɛjɔ̃] m., -s, nur Sg.⟩ → *Reyon* [engl.]

Ray|on|chef ⟨[rɛjɔ̃ʃɛf] m.9⟩ *Abteilungsleiter (im Kaufhaus)*

rayo|nie|ren ⟨[rɛjo-] V.3, hat rayoniert; mit Akk.; österr.⟩ *in Bezirke, Rayons einteilen*

Rä|zel ⟨n.5⟩ → *Rätsel*

ra|ze|mos, ra|ze|mös ⟨Adj., o.Steig.; Bot.⟩ *traubenförmig* [< lat. *racemus* „Traube"]

Raz|zia ⟨f., -, -s oder -zi|en⟩ *Durchsuchungs- und Festnahmeaktion der Polizei* [< frz. *razzia* „Plünderungszug" < *gâziya*, nordafrikan. Dialektform zu arab. *gazwa* „Kriegszug"]

Rb (Zeichen für) *Rubidium*

Rbl. (Abk. für) *Rubel*

Rc. (Abk. für) *recipe!*

rd. (Abk. für) *rund* (II, 2)

Re¹ (Zeichen für) *Rhenium*

Re² ⟨n.9; Skat⟩ *Erwiderung auf ein Kontra;* Re bieten, ansagen

re..., Re... ⟨in Zus.⟩ *wieder, erneut, noch einmal, gegen, zurück, Wieder..., Gegen..., Zurück...* [lat.]

Rea|dy-made ⟨[rɛdimeid] n., -, -s⟩ *industriell erzeugter Gegenstand (z.B. Teil der Automobilkarosserie, Flaschenständer, Rad), der zum Kunstgegenstand erhoben wird* [< engl. *ready made* „vorbereitet", Part.Perf. von *to make ready* „vorbereiten", < *to make* „machen" und *ready* „bereit, fertig"]

Re|agens ⟨n., -, -gen|zi|en⟩, **Re|agenz** ⟨n., -es, -zi|en, Chem.⟩ *Stoff, der bei Berührung mit einem andern Stoff auf bestimmte Weise reagiert und daher zum Nachweis oder zur Mengenbestimmung von Substanzen dient*

Re|agenz|glas ⟨n.4⟩ *schmales, hohes Glas für chemische Versuche;* Syn. *Probierglas*

rea|gi|bel ⟨Adj., o.Steig.⟩ *reaktionsfähig, gut reagierend*

rea|gie|ren ⟨V.3, hat reagiert; o.Obj.⟩ **1** ⟨Chem.⟩ *eine Reaktion (2) eingehen* **2** *eine Wirkung zeigen, zeigen, daß man etwas gehört, gesehen, verstanden, bemerkt hat, sich auf einen Reiz hin auf bestimmte Weise verhalten;* das Kind reagiert nicht, wenn man es anspricht; er hat auf meinen Brief hin nicht, sofort reagiert; das Gerät reagiert bei der leisesten Bewegung; er reagierte mit einem Zornausbruch; heftig, beleidigt, erfreut r.; sauer r. mißmutig, beleidigt, böse werden (auf eine Bemerkung o.ä. hin) [< lat. *re...* „zurück" und *agieren*]

Re|akt ⟨n.m.1; Psych.⟩ *Handlung, die als Antwort auf bestimmte mitmenschliche Verhaltensweisen zustande kommt*

Re|ak|tanz ⟨f.10; in Wechselstromkreisen⟩ *zu überwindender Widerstand, der durch Kapazitäten und Induktivitäten bewirkt wird* [zu *Reaktion*]

Re|ak|ti|on ⟨f.10⟩ **1** *das Reagieren, Beantwortung eines Reizes, Rückwirkung* **2** ⟨Chem.⟩ *Vorgang, der eine stoffliche Veränderung der beteiligten Substanzen zur Folge hat* **3** ⟨nur Sg.⟩ *Bestreben, an veralteten politischen, kirchlichen o.ä. Institutionen festzuhalten oder sie wiederzuerrichten* **4** ⟨nur Sg.⟩ *Gesamtheit der Reaktionäre*

re|ak|tio|när ⟨Adj.⟩ *(politisch) rückschrittlich*

Re|ak|tio|när ⟨m.1⟩ *jmd., der am Veralteten festhält und fortschrittliche Entwicklungen bekämpft*

re|ak|tiv ⟨Adj., o.Steig.⟩ *auf etwas zurückwirkend*

Re|ak|tiv ⟨n.1⟩ *durch Reizerlebnisse bedingtes psychisches Verhalten*

re|ak|ti|vie|ren ⟨V.3, hat reaktiviert; mit Akk.⟩ **1** *wieder beleben, wieder in Tätigkeit setzen* **2** ⟨Chem.⟩ *wieder wirksam machen* **Re|ak|ti|vie|rung** ⟨f., -, nur Sg.⟩

Re|ak|ti|vi|tät ⟨f., -, nur Sg.⟩ **1** ⟨Psych.⟩ *das Reaktivsein* **2** ⟨Phys.⟩ *Maß für das Abweichen eines Kernreaktors vom kritischen Zustand*

Re|ak|tor ⟨m.13⟩ **1** ⟨i.w.S.⟩ *(kessel- oder behälterartiges) Gerät, in dem eine physikalische oder chemische Reaktion abläuft* **2** ⟨i.e.S. kurz für⟩ → *Kernreaktor*

re|al ⟨Adj.⟩ **1** ⟨o.Steig.⟩ *wirklich, in der Wirklichkeit vorhanden;* die ~en Gegebenheiten **2** *der Wirklichkeit entsprechend;* Ggs. *irreal;* r. denken; ~e Vorstellungen von etwas haben [< mlat. *realis* „wirklich", zu lat. *res*, Gen. *rei*, „Sache, Wirklichkeit"]

Re|al ⟨m., -, span. -es, port. Reis; in Spanien, Portugal, Brasilien u.a.⟩ *alte Silbermünze* [< span. *real* „königlich", < lat. *regalis* (*moneta*) „(Königs'münze)"]

Re|al|akt ⟨m.1; Rechtsw.⟩ **1** *tatsächliche Handlung* **2** ⟨österr.⟩ *ein Grundstück betreffende Gerichtshandlung*

Re|al|ein|kom|men ⟨n.7⟩ *tatsächliches Einkommen im Hinblick auf die Kaufkraft des Geldes;* Syn. *Reallohn;* Ggs. *Nominaleinkommen*

Re|al|en|zy|klo|pä|die ⟨f.11⟩ → *Reallexikon*

Re|al|gar ⟨m.2⟩ *glänzend rotes Mineral, Arsensulfid*

Re|al|gym|na|si|um ⟨n., -s, -si|en; früher⟩ *höhere Schule, in der neue Sprachen und Mathematik und Naturwissenschaften stärker betont wurden*

Rea|li|en ⟨nur Pl.⟩ **1** *Tatsachen, wirkliche Dinge* **2** *Sachkenntnisse* **3** *neusprachliche und naturwissenschaftliche Fächer*

Re|al|in|ju|rie ⟨[-riə] f.11; Rechtsw.⟩ *Beleidigung durch Tätlichkeit*

Rea|li|sa|ti|on ⟨f., -, -en/Pl.⟩ *das Realisieren*

rea|li|sie|ren ⟨V.3, hat realisiert; mit Akk.⟩ **1** *verwirklichen;* einen Plan, ein Vorhaben r. **2** *zu Geld machen, gegen Bargeld verkaufen;* Immobilien r. **3** *verstehen, sich klarmachen, einsehen;* ich habe erst lange danach realisiert, was dieser Vorfall eigentlich bedeutete [< frz. *réaliser* „verwirklichen, ausführen", in der Bed. „verstehen" beeinflußt von engl. *to realize* „verstehen, erkennen", < mlat. *realis* „sachlich, wirklich", < lat. *res*, Gen. *rei*, „Sache, Ding, Wirklichkeit"] **Rea|li|sie|rung** ⟨f., -, nur Sg.⟩

Rea|lis|mus ⟨m., -, nur Sg.⟩ **1** *Wirklichkeits-, Tatsachensinn* **2** *Lehre von einer Wirklichkeit außerhalb des menschlichen Bewußtseins* **3** ⟨Kunst⟩ *wirklichkeitsgetreue Darstellungsweise*

Rea|list ⟨m.10⟩ **1** *sachlich und nüchtern denkender Mensch* **2** *Vertreter des künstlerischen Realismus*

Rea|li|stik ⟨f., -, nur Sg.⟩ *Wirklichkeitstreue*

rea|li|stisch ⟨Adj., o.Steig.⟩ **1** *auf dem Realismus beruhend, ihm entsprechend* **2** *nüchtern, sachlich;* ~e Einschätzung der Lage **3** *der Wirklichkeit entsprechend;* ein ~es Bild der augenblicklichen Lage geben

Rea|li|tät ⟨f.10⟩ **1** *Gegebenheit, Wirklichkeit;* Ggs. *Irrealität* **2** ⟨Pl.⟩ ~en *Grundstücke*

rea|li|ter ⟨Adv.; †⟩ *in Wirklichkeit*

Re|al|ka|pi|tal ⟨n., -s, -e oder -li|en⟩ *angelegtes Kapital, Sachkapital*

Re|al|ka|ta|log ⟨m.1⟩ *nach Sachgebieten geordneter Bibliothekskatalog*

Re|al|kauf ⟨m.2⟩ *Kauf, bei dem Vertragsabschluß und Übergabe des Kaufgegenstandes zusammenfallen*

Re|al|kon|kur|renz ⟨f., -, nur Sg.⟩ *Verletzung mehrerer Strafgesetze durch mehrere Handlungen, Tatmehrheit;* vgl. *Idealkonkurrenz*

Re|al|kre|dit ⟨m.1⟩ *durch dingliche Sicherheitsleistung gedeckter Kredit*

Re|al|last ⟨f.10⟩ *Belastung eines Grundstücks durch regelmäßige Sach- oder Geldleistungen*

Re|al|le|xi|kon ⟨n., -s, -ka oder -ken⟩ *Lexikon der Sachbegriffe eines Wissensgebietes;* Syn. *Realenzyklopädie*

Re|al|lohn ⟨m.2⟩ → *Realeinkommen*

Re|al|ob|li|ga|ti|on ⟨f.10⟩ *Pfandbrief, Grundstückshaftung (bei der Hypothek)*

Re|al|po|li|tik ⟨f.10⟩ *Politik, die sich an die Gegebenheiten hält und das erreichbare Mögliche anstrebt*

Re|al|po|li|ti|ker ⟨m.5⟩ *jmd., der Realpolitik betreibt*

Re|al|schu|le ⟨f.11⟩ *Lehranstalt, die zum mittleren Bildungsabschluß führt;* Syn. *Mittelschule*

Re|al|steu|er ⟨f.11⟩ *auf einzelnen Vermögensgegenständen lastende Steuer*

Re|al|uni|on ⟨f.10⟩ *Vereinigung mehrerer selbständiger Staaten zu einer völkerrechtlichen Einheit*

Re|ani|ma|ti|on ⟨f.10⟩ *Wiederbelebung (z.B. durch künstliche Atmung)* [< lat. *re...* „zurück" und *Animation*]

Re|as|se|ku|ranz ⟨f.10⟩ *Rückversicherung*

Ré|au|mur ⟨[re:omyr] n., -, -; Zeichen: R⟩ *Maßeinheit des (veralteten) 80gradigen Thermometers* [nach dem frz. Physiker René Antoine Ferchault de *Réaumur*]

Reb|bach ⟨m., -s, nur Sg.; Gaunerspr.⟩ *Gewinn, Vorteil (bes. aus Betrug);* auch: *Reibach* [rotw., < jidd. *rewach* „Zins, Gewinn", < hebr. *ribbā* „mehren, verdienen"]

Re|be ⟨f.11⟩ **1** ⟨i.w.S.⟩ *rankendes und kletterndes Gewächs (Wald~)* **2** ⟨i.e.S.⟩ →*Wein (1)*

Re|bell ⟨m.10⟩ *Aufrührer, Empörer* [< frz. *rebelle* in ders. Bed., zu *rebeller* „sich empören, sich auflehnen", < lat. *rebellare* „den Krieg, den Kampf erneuern" (gegen den, der ihn soeben gewonnen hat), übertr. „sich auflehnen", < *re...* „wieder" und *bellare* „Krieg führen, kämpfen", zu *bellum* „Krieg"]

re|bel|lie|ren ⟨V.3, hat rebelliert; o.Obj.⟩ *sich empören, sich auflehnen*

Re|bel|li|on ⟨f.10⟩ *Empörung, Aufstand*

re|bel|lisch ⟨Adj.⟩ **1** *aufrührerisch, aufständisch, meuternd;* ~e *Truppen, Matrosen* **2** *widersetzlich, aufgebehrend, sich auflehnend;* ~e *Jugendliche;* andere r. machen *andere in Unruhe versetzen, zum Sichauflehnen bringen;* sei still, du machst ja das ganze Haus r. ⟨ugs.⟩ *du weckst ja die andern auf, beunruhigst, störst alle!;* die Kinder wurden allmählich r. *die Kinder wurden allmählich ungeduldig, sie begehrten auf;* mein Magen wurde r. *mir wurde schlecht*

re|beln ⟨V.1, hat gerebelt; mit Akk.⟩ **1** ⟨bayr.⟩ *abbeeren;* Trauben r. **2** ⟨landsch.⟩ *fein zerkleinern, reiben;* gerebelter Thymian

Re|ben|hü|gel ⟨m.5⟩ →*Weinberg*

Re|ben|saft ⟨m., -(e)s, nur Sg.⟩ ⟨geh.⟩ →*Wein (2)*

Reb|huhn ⟨n.4⟩ *Feldhuhn mit kurzem, rotbraunem Schwanz, überwiegend braun-graues Gefieder und dunklem Hufeisenfleck auf der Brust* [< ahd. *rebhuon, rebahuon,* wahrscheinlich zu russ. *rjab, rjabka* „Rebhuhn", < altslaw. *rebu* „bunt"; die Anlehnung an „Rebe" ist volksetymologisch]

Reb|laus ⟨f.2⟩ *Reben (2) schädigende Blattlaus*

Reb|ling ⟨m.1; beim Wein⟩ →*Schößling*

Re|bound [ribaund] ⟨m.9; Basketball⟩ *(vom Spielbrett oder Korbring) abprallender Ball* [engl., „Rückprall, Rückschlag"]

Reb|schnur ⟨f.2; österr.⟩ *starke Schnur* [eigtl. →*Reepschnur*]

Reb|stock ⟨m.2⟩ →*Wein (1)*

Re|bus ⟨m. oder n., -, - oder -s|se⟩ *Bilderrätsel* [< lat. *rebus* „durch Dinge", zu *res* „Sache, Ding, Gegenstand"]

Rec. ⟨Abk. für⟩ *recipe!*

Re|cei|ver [risivər] ⟨m.5⟩ **1** ⟨bei Verbunddampfmaschinen⟩ *Behälter, der den Dampf zwischen Hoch- und Niederdruckzylinder aufnimmt* **2** *Rundfunkempfänger mit Verstärker (für Hi-Fi-Wiedergabe)* [< engl. *receiver* „Empfänger", zu *to receive* „empfangen"]

Ré|chaud [rəʃo] ⟨m.9 oder n.9⟩ **1** *Wärmeplatte* **2** ⟨österr.⟩ *Gaskocher* [< frz. *réchaud* „Kohlenbecken, Wärmeplatte", in Anlehnung an *chaud* „warm", < *°réchauf,* zu *réchauffer* „aufwärmen", zu *chauffer* „warm machen"]

re|chen ⟨V.1, hat gerecht; mit Akk.⟩ **1** *mit dem Rechen glätten, ebnen;* ein Beet r. **2** *mit dem Rechen säubern;* Gartenwege r. **3** *mit dem Rechen sammeln,* ⟨meist⟩ *zusammenrechen;* Laub r.

Re|chen ⟨m.7⟩ **1** *Handgerät mit langem Stiel und einem Querholz am Ende, an dem Zinken angebracht sind zum Sammeln von kleinteiligem Material und Glätten von Erde;* Syn. ⟨norddt.⟩ *Harke* **2** ⟨in Wasserläufen⟩ *aus Stäben gebildetes Auffanggitter für grobes Treibgut* **3** ⟨kurz für⟩ *Kleiderrechen*

Re|chen|ma|schi|ne ⟨f.11⟩ *Gerät oder Maschine zum halbautomatischen oder mechanischen Rechnen;* elektrische R., mechanische R.

Re|chen|schie|ber ⟨m.5⟩, **Re|chen|stab** ⟨m.2⟩ *mechanisches Rechengerät aus Stäben mit logarithmischen Teilungen, die gegeneinander verschiebbar sind*

Re|chen|zen|trum ⟨n., -s, -tren⟩ *mit elektronischen Rechenmaschinen versehene zentrale Datenverarbeitungsanlage*

Re|cher|che [rəʃɛrʃə] ⟨f.11⟩ *Nachforschung;* ~n anstellen [frz., zu *rechercher,* →*recherchieren*]

Re|cher|cheur [rəʃɛrʃør] ⟨m.1⟩ *jmd., der (beruflich) recherchiert (z.B. für eine Zeitung)*

re|cher|chie|ren [rəʃɛrʃi-] ⟨V.3, hat recherchiert⟩ **I** ⟨o.Obj.⟩ *Ermittlungen anstellen, nachforschen;* gründlich, erfolglos r. **II** ⟨mit Akk.⟩ *ermitteln, herausfinden;* eine Straftat r. [< frz. *rechercher* „noch einmal suchen, sorgfältig suchen, nachforschen", < *re...* „wieder" und *chercher* „suchen", < lat. *circare* „durchsuchen", eigtl. „ringsherum gehen"]

rech|nen ⟨V.2, hat gerechnet⟩ **I** ⟨o.Obj.⟩ **1** *das Ergebnis einer mathematischen Aufgabe ermitteln;* er kann gut, schlecht r. **2** *sparsam sein, sparsam wirtschaften;* sie müssen sehr r.; sie versteht zu r.; sie r. mit jedem Pfennig **II** ⟨mit Akk.⟩ **1** *etwas r. mit Hilfe einer der Grundrechenarten lösen, das Ergebnis von etwas finden;* eine Aufgabe r.; etwas im Kopf r.; etwas falsch, richtig r. **2** *zählen;* eine Strecke nach Kilometern r.; vier Erwachsene, die Kinder nicht gerechnet; ich rechne ihn zu meinen besten Kunden **3** *berechnen, schätzen;* ich rechne für jede Person fünf Gläser Wein **III** ⟨mit Präp.obj.⟩ **1** *auf etwas oder jmdn. r. etwas oder jmdn. bestimmt erwarten, sich auf etwas oder jmdn. verlassen* **2** *mit etwas r. erwarten, daß etwas geschieht;* man muß damit r., daß ... **3** *mit jmdm. r. auf jmdn., daß jmd. kommt;* ich rechne heute nicht mehr mit ihm; ich rechne fest mit dir; ich rechne mit 15 Personen zum Mittagessen

Rech|ner ⟨m.5⟩ **1** *jmd., der rechnet (bes. in Geldangelegenheiten);* ein guter, schlechter, nüchterner R. sein **2** *Maschine oder Anlage, mit der gerechnet wird* (Taschen~)

rech|ne|risch ⟨Adj., o.Steig.⟩ *das Rechnen betreffend, zu ihm gehörig, mit seiner Hilfe;* eine Aufgabe r. lösen

Rech|nung ⟨f.10⟩ **1** *etwas, das gerechnet wird oder worden ist;* mathematische R.; die R. geht (nicht) auf;* vgl. *Rechnung (3)* **2** *Aufstellung über verkaufte Waren oder erbrachte Leistungen mit den dazugehörigen Geldforderungen;* das geht auf meine R.; das bezahle ich; eine Ware gegen R. kaufen *eine Ware nicht sofort bar bezahlen;* jmdm. etwas in R. stellen *jmdm. etwas berechnen, jmdm. für etwas präsentieren* ⟨übertr.⟩ an jmdn. eine unangenehme Forderung stellen; die R. ohne den Wirt machen *bei einem Plan, Vorhaben einen Faktor nicht berücksichtigen, der sich hindernd auswirkt* **3** ⟨nur Sg.⟩ *das Berechnen, Erwarten, Planen;* nach meiner R. müßten wir um vier Uhr dort sein; etwas in R. stellen *etwas berücksichtigen, in die Planung einbeziehen;* meine R. ist nicht aufgegangen *mein Plan ist gescheitert, ich habe mich in meinen Erwartungen getäuscht*

Rech|nungs|amt ⟨n.4⟩ →*Rechnungshof*

Rech|nungs|ein|heit ⟨f.10⟩ *nicht umlaufende Währungseinheit, die nur als Wertmesser dient*

Rech|nungs|füh|rung ⟨f.10⟩ *Buchhaltung, Buchführung*

Rech|nungs|hof ⟨m.2⟩ *Behörde, die die Ausgaben und Einnahmen anderer Behörden und Verwaltungseinheiten überprüft;* Syn. *Rechnungsamt, Rechnungskammer*

Rech|nungs|kam|mer ⟨f.11⟩ →*Rechnungshof*

Rech|nungs|le|gung ⟨f.10⟩ *Darlegung von Einnahmen und Ausgaben*

Rech|nungs|prü|fer ⟨m.5⟩ *jmd., der die Ein- und Ausgaben eines Betriebes oder einer Behörde überprüft*

Rech|nungs|we|sen ⟨n.7; Wirtsch.⟩ *Erfassung und Kontrolle aller dem Betriebszweck dienenden Vorgänge nach Menge und Wert*

recht I ⟨Adj., o.Steig.⟩ **1** *passend, geeignet;* der ~e Mann am ~en Ort; das kommt im ~en Moment; das ist nicht das Rechte; er hat die ~e Frau gefunden **2** *richtig;* alles in die ~e Ordnung bringen; habe ich r. gehört?; r. so!; gehe ich r. in der Annahme, daß ...? *ist es richtig, wenn ich annehme, daß ...?;* du tust r. daran, wenn du ... *du handelst richtig, wenn du ...;* du hast r. *es ist richtig, was du sagst;* du bist mir der Rechte! ⟨ugs., iron.⟩ *das könnte dir so passen!, so geht das nicht!;* da kommst du bei mir an den Rechten! ⟨ugs., iron.⟩ *das tue ich bestimmt nicht (was du dir denkst)!;* nach dem Rechten sehen *prüfen, ob alles in Ordnung ist, ob alles ordnungsgemäß abläuft* **3** *dem (Gefühl für) Recht entsprechend;* es ist nicht r. von dir zu lügen; r. handeln; das geschieht dir r.! *das hast du verdient!;* alles, was r. ist! ⟨ugs.⟩ *trotz aller Nachsicht, Duldsamkeit kann ich mich nicht einverstanden erklären* **4** *passend, angenehm;* wenn es dir r. ist; das ist mir r., das soll mir r. sein *ich bin damit einverstanden;* man kann es nicht jedem r. machen *man kann nicht so handeln, daß jeder damit einverstanden ist* **5** *wirklich, echt, so, wie man es sich wünscht;* ich habe keine ~e Lust dazu; der Junge ist nicht ihr ~es Kind *nicht ihr leibliches Kind;* ich werde aus ihm nicht r. klug *ich verstehe ihn nicht ganz;* aus ihm ist nichts Rechtes geworden **6** *ziemlich;* das ist ein ~er Unsinn; er ist von ~er Luftsaus **II** ⟨Adv.⟩ *sehr, ganz, einigermaßen;* er ist jetzt r. gut in der Schule; ich bin r. froh; er tut das r. gern; ich danke r. herzlich grüßen

Recht ⟨n.1⟩ **1** ⟨nur Sg.⟩ *Gesamtheit der Gesetze und Vorschriften* (Staats~, Völker~, Straf~, Zivil~); *bürgerliches, internationales R.; das R. brechen, verletzen; das R. beugen *Gesetze willkürlich anwenden;* R. sprechen *Urteile fällen;* R. haben und Gesetz; von ~s wegen *gemäß den Gesetzen* **2** ⟨meist Pl.⟩ *Jura, Gesetzeskunde;* die ~e studieren; Doktor beider ~e *Doktor des bürgerlichen und kirchlichen Rechts* **3** *Erlaubnis, durch das Gesetz festgelegte Berechtigung;* das R. auf Arbeit, Glück; das R. des Stärkeren; ~e und Pflichten; sein R. ausüben, fordern, geltend machen, überschreiten, wahrnehmen; jmds. R. verletzen; jmdm. die bürgerlichen ~e aberkennen; auf seinem R. bestehen; von seinem R. Gebrauch machen; jmdm. zu seinem R. verhelfen **4** ⟨nur Sg.⟩ *das, was richtig anerkannt wird, was dem Gefühl für Gerechtigkeit entspricht;* im R. sein; nach R. und Gewissen handeln; er hat sich zu R. aufgelehnt

Rech|te ⟨f.11⟩ Ggs. *Linke* **1** *rechte Hand;* jmdm. seine R. reichen **2** *rechte Seite;* jmdm. zur ~n sitzen *an jmds. rechter Seite* **3** ⟨Boxen⟩ *mit der rechten Hand ausgeführter Faustschlag* **4** *politische Gruppierung der konservativen Parteien* [nach ihren Sitzen im Parlament]

Recht|eck ⟨n.1⟩ *ebenes Viereck mit paarweise parallelen Seiten und vier rechten Innenwinkeln;* Syn. *Orthogon*

recht|eckig ⟨-k|k-; Adj., o.Steig.⟩ *die Form eines Rechtecks besitzend, in Form eines Rechtecks;* ein ~er Tisch; der Garten ist r. angelegt

Rech|te|hand|re|gel, Rech|te-Hand-Re|gel ⟨f., -, nur Sg.⟩ *Regel über den Richtungsverlauf elektromagnetischer Feldlinien um einen stromdurchflossenen Leiter (nach den Fingern der rechten Hand, wenn man den Leiter so umfaßt, daß der Daumen in Stromrichtung weist)*

rech|ten ⟨V.2, hat gerechtet; o.Obj. oder mit Präp.obj.⟩ *starr sein Recht vertreten, sein Recht geltend machen, streiten, um sein Recht zu behaupten;* er rechtet um jede Kleinigkeit; mit jmdm. r.

rech|tens ⟨Adv.⟩ *mit Recht, dem Recht entsprechend;* dies geschieht r.; das ist nicht r.

rech|te(r, -s) ⟨Adj., o.Steig.; nur als Attr.⟩ **1** *auf der der Herzseite gegenüberliegenden Seite; Ggs. linke(r, -s);* rechtes Bein; rechte Hand; rechter Hand *rechts;* jmds. rechte Hand sein ⟨übertr.⟩ *jmds. bester, engster Mitarbeiter sein;* rechte Masche ⟨Stricken⟩ *Masche, bei der der Faden hinter der Nadel liegt* **2** ⟨bei Kleidungsstücken, Stoffen⟩ *außen, vorne;* die rechte Seite des Mantels **3** *zur politischen Rechten gehörend;* der rechte Flügel; eine rechte Zeitung

rech|ter|hand ⟨Adv.⟩ →*rechterseits;* Ggs. *linkerhand*

rech|ter|seits ⟨Adv.⟩ *auf der rechten Seite;* Syn. *rechterhand;* Ggs. *linkerseits*

recht|fer|ti|gen ⟨V.1, hat gerechtfertigt; mit Akk.⟩ *etwas, jmdn. r. erklären, daß etwas recht sei, zu Recht bestehe, daß jmd. oder man (selbst) recht gehandelt habe;* jmds. Handlungsweise r.; jmdm. die Möglichkeit geben, sich zu r. **Recht|fer|ti|gung** ⟨f., -, nur Sg.⟩

recht|gläu|big ⟨Adj., o.Steig.⟩ *das Rechte glaubend;* Syn. *orthodox*

Recht|gläu|big|keit ⟨f., -, nur Sg.⟩ *der richtige Glaube;* Syn. *Orthodoxie*

Recht|ha|ber ⟨m.5; abwertend⟩ *jmd., der stets recht behalten will*

Recht|ha|be|rei ⟨f.10; abwertend⟩ *rechthaberisches Verhalten*

recht|ha|be|risch ⟨Adj.; abwertend⟩ *eigensinnig auf seinem Recht, auf seiner Meinung beharrend;* r. sein ⟨stets⟩ *auf seinem Recht, seiner Meinung beharren*

recht|läu|fig ⟨Adj., o.Steig.; Astron.⟩ *vom Nordpol der Ekliptik aus gesehen entgegen dem Uhrzeigersinn verlaufend;* Ggs. *rückläufig (2)*

Recht|lau|tung ⟨f., -, nur Sg.⟩ →*Hochlautung*

recht|lich ⟨Adj.⟩ **1** ⟨o.Steig.⟩ *dem Recht entsprechend;* ~es Gehör *Anspruch auf Vorbringen einer Sache bei Gericht;* jmdn. r. belangen, verfolgen **2** *ehrlich, redlich, rechtschaffen;* ein ~er, ein r. denkender Mensch **Recht|lich|keit** ⟨f., -, nur Sg.⟩

recht|los ⟨Adj., o.Steig.⟩ *keine Rechte besitzend;* r. sein, werden **Recht|lo|sig|keit** ⟨f., -, nur Sg.⟩

recht|mä|ßig ⟨Adj., o.Steig.⟩ *dem Recht entsprechend;* der ~e Besitzer **Recht|mä|ßig|keit** ⟨f., -, nur Sg.⟩

rechts Ggs. *links* I ⟨Adv.⟩ **1** *auf der rechten Seite;* nach r. abbiegen; sich r. halten **2** *mit der rechten Hand;* r. schreiben, nähen **3** *mit rechten Maschen;* r. gestrickt **4** *zur politischen Rechten gehörend;* er ist sehr r. II ⟨Präp. mit Gen.⟩ *auf der rechten Seite;* r. der Donau, der Straße

Rechts|ab|weich|ler ⟨m.5⟩ *jmd., der von der offiziellen Parteilinie nach rechts abweicht;* Ggs. *Linksabweichler*

Rechts|an|spruch ⟨m.2⟩ *Anspruch, der durch ein Recht begründet ist*

Rechts|an|walt ⟨m.2⟩ *Jurist, der die Angelegenheiten anderer vor Gericht vertritt;* sich einen R. nehmen

Rechts|au|ßen ⟨m., -, -; Fußb., Hockey u.a.⟩ *rechter Flügelstürmer;* Ggs. *Linksaußen*

Rechts|bei|stand ⟨m.2⟩ *Jurist, der jmdn. in rechtlichen Fragen berät*

Rechts|be|leh|rung ⟨f.10⟩ *Belehrung über gesetzliche Vorschriften*

Rechts|be|ra|ter ⟨m.5⟩ *jmd., der berufsmäßig jmdn. in Rechtssachen berät*

Rechts|beu|gung ⟨f.10⟩ *absichtliche Verdrehung des Rechts*

Rechts|bruch ⟨m.2⟩ *Verstoß gegen das Recht*

recht|schaf|fen ⟨Adj.⟩ **1** *ordentlich, redlich, gesetzestreu;* ein ~er Mann **2** ⟨ugs.⟩ *groß;* einen ~en Durst haben **3** ⟨als Adv.⟩ *sehr, viel;* sich r. plagen **Recht|schaf|fen|heit** ⟨f., -, nur Sg.⟩

recht|schrei|ben ⟨V.127, nur im Infinitiv; o.Obj.⟩ *nach den geltenden Regeln richtig schreiben*

recht|schreib|lich ⟨Adj., o.Steig.; nur als Attr. und Adv.⟩ *hinsichtlich der Rechtschreibung;* ~e Fehler; ein r. korrekter Brief

Recht|schrei|bung ⟨f.10⟩ *nach bestimmten Regeln festgelegte Schreibung (von Wörtern)*

Recht|ser ⟨m.5; ugs.⟩ →*Rechtshänder;* Ggs. *Linkser*

rechts|fä|hig ⟨Adj., o.Steig.⟩ *fähig, Rechte und Pflichten zu haben* **Rechts|fä|hig|keit** ⟨f., -, nur Sg.⟩

Rechts|fall ⟨m.2⟩ *Fall, der von einem Gericht entschieden werden muß*

rechts|ge|lehrt ⟨Adj., o.Steig.⟩ *in Gesetzeskunde ausgebildet*

Rechts|ge|lehr|te(r) ⟨m.17 oder 18; †⟩ *Jurist*

rechts|ge|rich|tet ⟨Adj., o.Steig.⟩ *der politischen Rechten nahestehend;* Ggs. *linksgerichtet*

Rechts|ge|schäft ⟨n.1⟩ *Geschäft mit dem Ziel der Änderung oder Aufhebung rechtlicher Beziehungen*

Rechts|grund|satz ⟨m.2⟩ *Grundsatz für rechtliche Entscheidungen*

rechts|gül|tig ⟨Adj., o.Steig.⟩ *nach bestehendem Recht gültig;* der Vertrag ist r.

Rechts|hän|der ⟨m.5⟩ *der rechtshändig ist;* Syn. ⟨ugs.⟩ *Rechtser;* Ggs. *Linkshänder*

rechts|hän|dig ⟨Adj., o.Steig.⟩ *mit der rechten Hand geschickter und kräftiger;* Ggs. *linkshändig*

Rechts|hand|lung ⟨f.10⟩ *Handlung, an die sich rechtliche Folgen knüpfen (z.B. der Abschluß eines Vertrages)*

rechts|her|um ⟨Adv.⟩ *nach rechts;* Ggs. *linksherum*

Rechts|kraft ⟨f., -, nur Sg.⟩ *Endgültigkeit einer rechtlichen Entscheidung;* ein Urteil hat, erlangt R.

rechts|kräf|tig ⟨Adj., o.Steig.⟩ *nach dem Recht gültig;* das Urteil ist r.

Rechts|kur|ve ⟨f.11⟩ *nach rechts gekrümmte Kurve;* Ggs. *Linkskurve*

Rechts|la|ge ⟨f.11⟩ *rechtliche Lage, Lage bezüglich des Rechts;* die R. in einem Sachverhalt klären

rechts|läu|fig ⟨Adj., o.Steig.⟩ *von links nach rechts zu schreiben, zu lesen;* Ggs. *linksläufig;* ~e Schrift

Rechts|mit|tel ⟨n.5⟩ *rechtlich zugelassenes Mittel zur Korrektur von Behörden- und Gerichtsentscheidungen (z.B. Berufung, Einspruch)*

Rechts|nach|fol|ger ⟨m.5⟩ *jmd., der die Rechte und Pflichten eines anderen übernimmt*

Rechts|par|tei ⟨f.10⟩ *politisch rechtsstehende Partei, konservative Partei;* Ggs. *Linkspartei*

Rechts|pfle|ge ⟨f., -, nur Sg.⟩ *Ausübung der Gerichtsbarkeit*

Rechts|pfle|ger ⟨m.5⟩ *Justizbeamter, dem bestimmte richterliche Aufgaben übertragen sind (z.B. Nachlaß-, Grundbuchsachen)*

Rechts|spre|chung ⟨f.10⟩ *Gesamtheit gerichtlicher Entscheidungen*

rechts|ra|di|kal ⟨Adj., o.Steig.⟩ *politisch auf der extrem rechten Seite stehend;* Ggs. *linksradikal*

Rechts-Rechts-Wa|re ⟨f.11⟩ *elastische Wirkware mit Rechtsmaschen auf beiden Seiten*

Rechts|re|gie|rung ⟨f.10⟩ *politisch rechtsstehende Regierung;* Ggs. *Linksregierung*

Rechts|sa|che ⟨f.11⟩ *Rechtsstreit, Prozeß*

Rechts|schutz ⟨m., -es, nur Sg.⟩ *Schutz der Rechte des Bürgers durch den Staat*

Rechts|staat ⟨m.12⟩ *Staat, in dem Gerichte die staatliche Macht kontrollieren und die Rechte des einzelnen gewährleistet sind*

Rechts|streit ⟨m.1⟩ *Auseinandersetzung um eine rechtliche Frage vor Gericht*

rechts|um ⟨Adv.⟩ *nach rechts herum (bes. in militär. Kommandos);* Ggs. *linksum*

rechts|un|gül|tig ⟨Adj., o.Steig.⟩ *nach bestehendem Recht ungültig*

rechts|ver|bind|lich ⟨Adj., o.Steig.⟩ *verbindlich aufgrund eines Gesetzes*

Rechts|ver|dre|her ⟨m.5⟩ *jmd., der das Gesetz bewußt falsch auslegt*

Rechts|ver|dre|hung ⟨f.10⟩ *bewußt falsche Auslegung des Gesetzes*

Rechts|ver|kehr ⟨m., -s, nur Sg.⟩ *Befahren der Straßen auf der rechten Fahrbahnseite;* Ggs. *Linksverkehr*

Rechts|ver|tre|ter ⟨m.5⟩ *jmd., der die Rechte eines anderen (z.B. vor Gericht) vertritt*

Rechts|weg ⟨m.1⟩ *Inanspruchnahme des Gerichts;* den R. beschreiten; etwas auf dem R. entscheiden

Rechts|wen|dung ⟨f.10⟩ *Wendung nach rechts;* Ggs. *Linkswendung*

rechts|wid|rig ⟨Adj., o.Steig.⟩ *gegen das Recht verstoßend;* ~e Handlung; sich r. verhalten

Rechts|wis|sen|schaft ⟨f.10⟩ *Wissenschaft vom Recht und seiner Anwendung;* Syn. *Jurisprudenz*

recht|wink|lig ⟨Adj., o.Steig.⟩ **1** *einen rechten Winkel bildend, senkrecht;* Syn. *orthogonal;* die Straßen kreuzen sich r. **2** *einen rechten Winkel aufweisend;* ~es Dreieck

recht|zei|tig ⟨Adj., o.Steig.⟩ *zum rechten Zeitpunkt, pünktlich;* das ~e Eintreffen des Zuges

re|ci|pe! ⟨[rẹtsipe:] Abk.: Rc., Rec., Rp.; auf ärztlichen Rezepten⟩ *nimm!* ⟨Formel vor der Anwendungsvorschrift⟩ [lat., zu *recipere,* →*rezipieren*]

Re|ci|tal ⟨[risaitəl] n.9⟩ *Veranstaltung, die nur von einem einzigen Künstler oder nur mit den Werken eines einzigen Künstlers bestritten wird* [< engl. *recital* „das Vorlesen, Vortragen", zu *to recite* „vortragen, aufsagen", →*rezitieren*]

re|ci|tan|do ⟨[retʃi-] Mus.⟩ *sprechend, rezitierend;* auch: *rezitando*

Reck ⟨n.9 oder n.1⟩ *Turngerät aus einer in der Höhe verstellbaren Stahlstange zwischen zwei Pfosten*

Recke ⟨-k·k-; m.11; poet.⟩ *Kämpfer, Krieger, Held*

recken ⟨-k·k-; V.1, hat gereckt⟩ I ⟨mit Akk.⟩ *strecken, ausstrecken, dehnen;* den Körper r.; die Arme seitwärts r.; sie reckten die Hälse, um alles genau zu sehen II ⟨refl.⟩ sich r. **1** *die Glieder dehnen;* sich r. und strecken **2** *sich hoch aufrichten*

Reck|ol|der ⟨-k·k-; m.5; alemann.⟩ →*Wacholder*

Re|cor|der ⟨m.5⟩ **1** *Gerät zum Aufzeichnen auf Tonträger (bes. auf Tonband)* **2** ⟨kurz für⟩ *Kassettenrecorder* **3** ⟨kurz für⟩ *Videorecorder* [< engl. *recorder* „Aufnahmegerät", zu *to record* „aufschreiben, aufzeichnen"]

rec|te ⟨[rẹkte:] Adv.⟩ *recht, richtig* [lat.]

Rec|tor ma|gni|fi|cus ⟨m., -s -, -to res -fi ci [-tsi]; †; Titel für⟩ *Hochschulrektor* [lat., „der erhabene Leiter"]

Re|cy|cling ⟨[risaik-] n., -(s), nur Sg.⟩ *Wiederverwertung von bereits benutzten Rohstoffen und Abfällen* [engl., eigtl. „Zurückführung in den Kreislauf", < engl., lat. *re...* „wieder, zurück" und engl. *cycle* < spätlat. *cyclus* „Kreis, Kreislauf"]

Re|dak|teur ⟨[-tør] m.1⟩ *Angestellter eines Verlages oder einer Zeitung, der Manuskripte beurteilt und für die Veröffentlichung bearbeitet* [< frz. *rédacteur* „Schriftleiter, -führer", zu *rédiger,* →*redigieren*]

Re|dak|ti|on ⟨f.10⟩ **1** *Manuskriptbearbeitung* **2** *Gesamtheit der Redakteure (eines Verlages oder einer Zeitung)* **3** *Arbeitsräume der Redakteure*

re|dak|tio|nell ⟨Adj., o.Steig.⟩ *zur Redaktion (1) gehörend, auf ihr beruhend, in der Redaktion (3);* ~e *Arbeiten;* ein Manuskript *r. bearbeiten*

Re|dak|ti|ons|schluß ⟨m., -sses, nur Sg.⟩ *Abschluß der Manuskriptbearbeitung*

Re|dak|tor ⟨m.13⟩ 1 *wissenschaftlicher Herausgeber* 2 ⟨schweiz.⟩ *Redakteur*

Re|dak|tri|ce ⟨[-sə] f.11; österr.⟩ *Redakteurin*

Re|de ⟨f.11⟩ 1 ⟨nur Sg.⟩ *das Reden, Äußerungen;* R. und Gegenrede; die R. auf etwas bringen *das Gespräch auf etwas bringen;* davon ist nicht die R.! *es geht nicht um dieses Thema!;* von wem ist die R.? *von wem wird gerade gesprochen?;* davon kann keine R. sein *das kommt nicht in Frage;* Rede und Antwort stehen *jmdm. genau und wahrheitsgemäß Auskunft geben;* es verschlägt jmdm. die R. *jmd. kann nicht mehr antworten (vor Verblüffung, vor Empörung), jmd. ist sprachlos;* das war immer schon meine R. *das habe ich immer schon behauptet;* das ist nicht der R. wert *das ist nicht wichtig;* jmdm. in die R. fallen *jmdn. unterbrechen;* jmdn. zur R. stellen *von jmdm. eine Rechtfertigung verlangen* 2 *Ansprache, Vortrag;* eine abgelesene, freie R.; eine R. halten; große ~n schwingen ⟨ugs.⟩ *angeberisch reden* 3 *Art und Weise des Redens;* direkte R. *wörtliche Wiedergabe (von etwas Gesagtem), z.B.* er sagte: ,,Ich will nicht"; indirekte R. *Wiedergabe der Aussage eines anderen nur dem Sinne nach, z.B.* er sagte, er wolle nicht; gebundene R. *Versform;* ungebundene R. *Prosa* 4 *Gerücht;* es ging die R., daß ...

Re|de|fi|gur ⟨f.10⟩ *von der üblichen Sprechweise abweichende, (meist) poetische Redewendung*

Re|de|frei|heit ⟨f., -, nur Sg.⟩ *Recht, seine Meinung frei zu äußern*

Re|de|kunst ⟨f., -, nur Sg.⟩ → *Rhetorik*

Red|emp|to|rist ⟨m.10⟩ *Angehöriger der Congregatio Sanctissimi Redemptoris (Kongregation vom Allerheiligsten Erlöser), eines kath. Ordens für Seelsorge und Volksmission*

re|den ⟨V.2, hat geredet⟩ I ⟨o.Obj.⟩ *etwas zum Ausdruck bringen, sich ausdrücken, sprechen;* viel, wenig r.; laut, leise r.; das hast gut r.! *du hast es leicht, du bist nicht betroffen!;* mit den Händen r. *viele Handbewegungen beim Sprechen machen;* mit ihm kann man r. ⟨ugs.⟩ *mit ihm kann man sich einigen;* er läßt mit sich r. *er ist bereit, sich eine andere Meinung anzuhören, so lasse ich nicht mit mir r.* ⟨ugs.⟩ *diese Ausdrucksweise, diese Tonart lasse ich mir nicht gefallen;* von sich r. machen *in der Öffentlichkeit bekannt werden* II ⟨refl.⟩ *durch Reden in einen bestimmten Zustand geraten;* sich heiser r.; sich in Zorn r.

Re|dens|art ⟨f.10⟩ 1 *feststehende sprachliche Wendung, z.B.* Wie geht's, wie steht's? 2 *unverbindliche Worte, Worte, die nicht ernst gemeint sind;* das sind nur (schöne) ~n

Re|de|rei ⟨f.10⟩ 1 *ständiges, nichtssagendes Reden* 2 *Gerücht;* die ~en um seine Frau; das ist alles nur R.

Re|de|schwall ⟨m.1⟩ *schnell hervorgebrachte, große Menge von Worten;* jmdn. mit einem R. empfangen; jmds. R. unterbrechen

Re|de|strom ⟨m.2⟩ *ständiges Reden;* jmds. R. unterbrechen

Re|de|wen|dung ⟨f.10⟩ *häufig gebrauchte, aber nicht feststehende (abwandelbare) sprachliche Ausdrucksweise, z.B.* jmdn. nicht riechen können

re|di|gie|ren ⟨V.3, hat redigiert; mit Akk.⟩ *inhaltlich und formal bearbeiten (für die Veröffentlichung);* ein Manuskript r. [< frz. *rédiger* ,,abfassen, niederschreiben", < lat. *redigere* ,,in Ordnung bringen, verwandeln"; eigtl. ,,wieder-, zurückbringen"; < *red...* (für *re...*) ,,wieder, zurück" und *igere* (in Zus. für *agere*) ,,treiben, führen, leiten"]

Re|dis|kont ⟨m.1⟩ *Weiterverkauf (eines diskontierten Wechsels)*

re|dis|kon|tie|ren ⟨V.3, hat rediskontiert; mit Akk.⟩ *weiterverkaufen;* einen Wechsel r.

red|lich ⟨Adj.⟩ 1 *ehrlich, rechtschaffen, aufrichtig;* ein ~er Mann; r. sein Brot verdienen 2 ⟨übertr.⟩ *viel;* sich ~e Mühe geben 3 ⟨als Adv.⟩ *sehr, viel;* sich r. bemühen **Red|lich|keit** ⟨f., -, nur Sg.⟩

Red|ner ⟨m.5⟩ 1 *jmd., der eine Rede hält* 2 *jmd., der auf eine bestimmte Weise redet;* ein guter, schlechter R.

red|ne|risch ⟨Adj., o.Steig.⟩ *das Reden betreffend;* ~e *Meisterleistung*

Re|doute ⟨[-du-] f.11⟩ 1 *(früher) Festungsschanze* 2 ⟨†⟩ *Festsaal, Tanzsaal* 3 ⟨†, noch bayr., österr.⟩ *(vornehmer) Maskenball;* auf die R. gehen [frz., in der 1. Bed. < ital. *ridotta* ,,Befestigung", in der 2. Bed. < ital. *ridotto* ,,Wandelhalle, kleiner Raum für Personen, Aufenthaltsraum der Schauspieler zwischen den Akten", zu lat. *reductus* ,,zurückgezogen"]

Red|ox|sy|stem ⟨n.1⟩ *System, bei dem sich ein Oxidations- und ein Reduktionsmittel im chemischen Gleichgewicht befinden* [Kurzw. < *Reduktions-Oxidations-System*]

Re|dres|se|ment ⟨[-mã] n.9⟩ 1 *Wiederenkung oder Einrichtung (eines ausgerenkten oder gebrochenen Knochens)* 2 *orthopädische Behandlung (bes. von Mißbildungen an Beinen und Füßen)* [frz., zu *redressieren*]

re|dres|sie|ren ⟨V.3, hat redressiert; mit Akk.⟩ 1 *wiedereinrenken, einrichten;* einen Knochen r. 2 *korrigieren;* Mißbildungen r.

red|se|lig ⟨Adj.⟩ 1 *gern und redend;* er ist sehr r. 2 *weitschweifig, sehr ausführlich, viel Nichtssagendes enthaltend;* ein ~er Brief, Bericht; das Buch ist r. geschrieben **Red|se|lig|keit** ⟨f., -, nur Sg.⟩

Re|duk|ti|on ⟨f.10⟩ 1 *Zurückführung, Verringerung, Herabsetzung* 2 *Entzug von Sauerstoff aus einer chemischen Verbindung oder Anlagerung von Wasserstoff an eine solche* [< lat. *reductio*, Gen. *-onis*, ,,Zurückführung, Zurückleitung", < *reducere* ,,reduzieren"]

Re|duk|ti|ons|mit|tel ⟨n.5⟩ *Stoff, der anderen Substanzen Sauerstoff entziehen kann*

Re|duk|ti|ons|tei|lung ⟨f.10⟩ → *Meiose*

red|un|dant ⟨Adj., o.Steig.⟩ 1 *überreichlich (vorhanden);* ~e *Merkmale* 2 *weitschweifig, Überflüssiges enthaltend;* ~e *Informationen* [→ *Redundanz*]

Red|un|danz ⟨f., -, nur Sg.⟩ 1 *Überreichlichkeit, Überflüssiges* 2 *(Informationstheorie) Überschuß (an Worten, Zeichen) über das zur Übermittlung einer Information notwendige Mindestmaß hinaus* [über engl. *redundance* ,,Überschuß, Übermaß", < lat. *redundantia* ,,Überfülle, Überströmen", zu *redundare* ,,überströmen, im Überfluß vorhanden sein", eigtl. ,,zurückströmen"; < *red...* (für *re...*) ,,zurück" und *undare* ,,wogen, wallen", zu *unda* ,,Welle"]

Re|du|pli|ka|ti|on ⟨f.10⟩ *Verdopplung (einer Silbe oder eines Wortes), z.B.* Mama

re|du|pli|zie|ren ⟨V.3, hat redupliziert; mit Akk.⟩ *verdoppeln, wiederholen;* ~de *Wörter, in denen eine Silbe, ein Buchstabe wiederholt wird, z.B.* Bonbon, Mama

re|du|zi|bel ⟨Adj., o.Steig.⟩ *so beschaffen, daß man es reduzieren kann*

re|du|zie|ren ⟨V.3, hat reduziert⟩ I ⟨mit Akk.⟩ 1 *verringern, kleiner machen;* die Ausgaben, Preise r.; den Verbrauch an Benzin r.; seine Ansprüche auf ein Mindestmaß r.; eine mathematischen Ausdruck r. *den Grad des Exponenten eines mathematischen Ausdrucks um eine Potenz verringern;* ich bin heute etwas reduziert ⟨ugs.⟩ *ich fühle mich noch etwas reduziert* er ist noch nicht ganz gesund 2 ⟨Chem.⟩ *eine Verbindung r. einer Verbindung Sauerstoff entzie-*

hen; Ggs. *oxidieren* II ⟨refl.⟩ sich r. *kleiner werden, an Zahl geringer werden;* die Unfälle, Einbrüche haben sich im vergangenen Jahr reduziert [< lat. *reducere* ,,zurückziehen, zurückführen"; < *re...* ,,zurück" und *ducere* ,,führen"]

Red|wood ⟨[redwud] m.9⟩ → *Mammutbaum* [engl., ,,Rotholz"]

Ree|de ⟨f.11⟩ *Ankerplatz für Schiffe* [< mnddt. *rede*, *reide*, ndrl. *reede* in ders. Bed., dazu engl. *roads* (Pl.) in ders. Bed., zu *road* ,,Weg, Straße", urspr. ,,Weg zum Reiten"; die Reede ist also ein Platz, an dem die Schiffe ,,vor Anker reiten"]

Ree|der ⟨m.5⟩ *Eigentümer eines dem Erwerb dienenden Schiffes;* Syn. ⟨Binnenschiffahrt⟩ *Schiffseigner* zu *Reede*

Ree|de|rei ⟨f.10⟩ *Unternehmen, das die Beförderung von Personen und Gütern auf eigenen Schiffen betreibt*

re|ell ⟨Adj.⟩ 1 *ehrlich, anständig, zuverlässig (bes. im Geschäftsleben)* 2 *wirklich vorhanden, begründet;* eine ~e *Chance haben* 3 *ordentlich, handfest;* eine ~e *Mahlzeit* [< frz. *réel* ,,zuverlässig", < mlat. *realis* ,,wirklich, sachlich", < lat. *res*, Gen. *rei*, ,,Sache, Wirklichkeit"]

Reep ⟨n.1; Seew.⟩ *Seil, Tau, starke Leine* [nddt., zu mhd. *reif* ,,Seil, Strick, Reif"]

Ree|per|bahn ⟨f.11; urspr.⟩ 1 *Platz, auf dem Reepe hergestellt werden, Seilerbahn* 2 ⟨nur Sg.⟩ *Vergnügungsstraße in St. Pauli (Hamburg)*

Reep|schnur ⟨f.2⟩ *starke Schnur, Lawinenschnur;* vgl. *Rebschnur*

ref. (Abk. für) *reformiert*

Re|fak|tie ⟨[-tsjə] f.11⟩ 1 *Vergütung (für beschädigte, fehlerhafte, unbrauchbar gewordene Ware)* 2 *Rückvergütung (von Frachtkosten)* [ndrl., eigtl. ,,Wiederherstellung", < lat. *re...* ,,wieder" und *facere* ,,machen"]

Re|fek|to|ri|um ⟨n., -s, -rien; in Klöstern⟩ *Speisesaal* [über mlat. *refectorium* < lat. *refectio* ,,Erholung, Erquickung", zu *reficere* ,,wieder kräftigen", eigtl. ,,wiederherstellen"; < *re...* ,,wieder" und *...ficere* (in Zus. für *facere*) ,,machen"]

Re|fe|rat ⟨n.1⟩ 1 *Vortrag, Bericht* 2 *Arbeitsgebiet eines Referenten* [< lat. *referat* er möge berichten, zu *referre* ,,berichten, mitteilen"]

Re|fe|ren|dar ⟨m.1⟩ *Beamtenanwärter (nach der ersten Staatsprüfung)* [< lat. *referendarius* ,,jmd., der Bericht zu erstatten hat", → *referieren*]

Re|fe|rent ⟨m.10⟩ *Vortragender, Berichterstatter, Sachbearbeiter*

Re|fe|renz ⟨f.11⟩ 1 *Empfehlung, Auskunft über eine Person* 2 *jmd., der eine Auskunft oder Empfehlung geben kann* 3 ⟨Sprachw.⟩ *Beziehung zwischen Sprachzeichen und Bezeichneten*

re|fe|rie|ren ⟨V.3, hat referiert⟩ I ⟨mit Akk.⟩ *etwas r. über etwas berichten;* einen Sachverhalt, Forschungsergebnisse r. II ⟨mit Präp.obj.⟩ *über etwas r. ein Referat über etwas halten* [< frz. *référer* ,,Bericht erstatten", < lat. *referre* ,,berichten, mitteilen", eigtl. ,,zurückbringen, zurücktragen"]

Reff 1 ⟨n.9⟩ *Vorrichtung zum Verkleinern der Segelfläche* 2 ⟨n.1⟩ *Rückentrage, Traggestell* 3 ⟨n.1; ugs.⟩ *unangenehme weibliche Person;* altes R.

ref|fen ⟨V.1, hat gerefft; mit Akk.⟩ *ein Segel r. durch Aufrollen ein Segel verkleinern*

re|fi|nan|zie|ren ⟨V.3, hat refinanziert; mit Akk.⟩ *einen Kredit r. einen Kredit durch Aufnahme eines Kredits finanzieren* **Re|fi|nan|zie|rung** ⟨f.10⟩

Re|fla|ti|on ⟨f.10⟩ *Erhöhung der umlaufenden Geldmenge (um das durch die Deflation gesunkene Preisniveau ansteigen zu lassen)*

re|fla|tio|när ⟨Adj., o.Steig.⟩ *mittels Reflation*

Re|flek|tant ⟨m.10⟩ jmd., der auf etwas (Amt, Stelle) reflektiert, Bewerber, Interessent
re|flek|tie|ren ⟨V.3, hat reflektiert⟩ I ⟨mit Akk.⟩ **1** zurückstrahlen, zurückwerfen; der Spiegel reflektiert das Licht; der Schnee reflektiert die Sonnenstrahlen **2** widerspiegeln; die Leserbriefe r. die Meinung der Öffentlichkeit II ⟨o.Obj.⟩ nachdenken (bes. über die eigene Person, die eigenen Gedanken, Handlungen und Empfindungen); über sein Leben r. III ⟨mit Präp.obj.⟩ **1** etwas haben wollen, sich um etwas bemühen; r. Sie noch auf das Buch?; auf eine in der Zeitung ausgeschriebene Stelle r. [eigtl. „sich in sein Inneres (zurück)wenden"; < lat. reflectere „zurückwenden", < re... „zurück" und flectere „biegen, wenden"]
Re|flek|tor ⟨m.13⟩ **1** Vorrichtung zur Rückstrahlung und Bündelung elektromagnetischer Wellen (bes. von Licht, z.B. Hohlspiegel); Syn. Rückstrahler **2** Hülle um spaltbares Material im Kernreaktor [zu reflektieren]
re|flek|to|risch ⟨Adj., o.Steig.⟩ durch einen Reflex ausgelöst
Re|flex ⟨m.1⟩ **1** Rückstrahlung (von Licht) **2** ⟨Biol.⟩ unwillkürliche Reizbeantwortung [zu reflektieren]
Re|flex|hand|lung ⟨f.10⟩ Handlung, die in schneller, nicht bewußter Reaktion auf etwas erfolgt
Re|fle|xi|on ⟨f.10⟩ **1** Zurückwerfen (von Teilchen oder Wellen, z.B. Licht) an Grenzflächen zwischen verschiedenen Medien (z.B. zwischen Luft und Glas) **2** auf die eigenen Handlungen und Gedanken gerichtetes, prüfendes Nachdenken [zu reflektieren]
re|fle|xiv ⟨Adj., o.Steig.; Gramm.⟩ sich auf etwas bereits Genanntes beziehend; Syn. rückbezüglich; ∼es Verb Verb, das sich auf das Subjekt bezieht, z.B. sich beeilen; ∼es Pronomen Pronomen, das sich auf das Subjekt bezieht [zu reflektieren]
Re|fle|xiv ⟨n.1⟩ auch: Reflexivum **1** Reflexivpronomen **2** reflexives Verb
Re|fle|xiv|pro|no|men ⟨n., -s, - oder -mi|na⟩ rückbezügliches Fürwort
Re|fle|xi|vum ⟨n., -s, - va⟩ →Reflexiv
Re|form ⟨f.10⟩ verbessernde Neu-, Umgestaltung
reform. ⟨Abk. für⟩ reformiert
Re|for|ma|ti|on ⟨f.10⟩ **1** Wiederherstellung (eines ursprünglichen Zustandes), Erneuerung **2** ⟨nur Sg.⟩ Glaubensbewegung des 16. Jh., die zur Entstehung des Protestantismus führte [< lat. reformatio, Gen. -onis, „Umgestaltung, Erneuerung", zu reformare „umgestalten, verbessern, wiederherstellen"]
Re|for|ma|ti|ons|fest ⟨n., -(e)s, nur Sg.⟩ protestantischer Gedenktag zur Erinnerung an Luthers Anschlag der 95 Thesen am 31. 10. 1517, 31. Oktober
Re|for|ma|tor ⟨m.13⟩ **1** Erneuerer, Neugestalter **2** Begründer der Reformation (2) (Luther, Zwingli, Calvin)
re|for|ma|to|risch ⟨Adj., o.Steig.⟩ **1** zur Reformation (1) gehörend; ∼e Schriften **2** in der Art eines Reformators neu gestaltend; ∼e Pläne, Strömungen
Re|form|haus ⟨n.4⟩ Ladengeschäft für Reformkost
re|for|mie|ren ⟨V.3, hat reformiert; mit Akk.⟩ verbessern, erneuern; das Schulwesen r.
re|for|miert ⟨Adj., o.Steig.; Abk.: ref., reform.⟩ zur reformierten Kirche gehörend; wir sind r.; ∼e Kirche die durch die Reformation Zwinglis und Calvins entstandene Kirche, im Unterschied zur lutherischen Kirche
Re|for|mis|mus ⟨m., -, nur Sg.⟩ **1** Streben nach Veränderung sozialer oder politischer Zustände durch Reformen **2** gemäßigter Sozialismus
Re|for|mist ⟨m.10⟩ Anhänger des Reformismus

re|for|mi|stisch ⟨Adj., o.Steig.⟩ zum Reformismus gehörend, auf ihm beruhend
Re|form|kost ⟨f., -, nur Sg.⟩ nicht chemisch behandelte, besonders nährstoffreiche, gesunde Kost
Re|frain ⟨[rəfrɛ̃] m.9⟩ →Kehrreim [frz., < lat. refringere „(Lichtstrahlen) brechen und zurückwerfen"; der Refrain ist also eigtl. „das, was immer wieder zurückgeworfen wird bzw. zurückkehrt"]
re|frak|tär ⟨Adj., o.Steig.; Biol., Med.⟩ unempfänglich, unbeeinflußbar, auf einen Reiz nicht reagierend [< lat. refractarius „ungeschmeidig, halsstarrig"]
Re|frak|tär ⟨m.1; schweiz.⟩ jmd., der sich der Militärdienstpflicht entzieht
Re|frak|tär|pha|se ⟨f.11⟩ Ruhezeit (von Muskel- und Nervenfasern unmittelbar nach Ablauf einer Erregungsphase)
Re|frak|ti|on ⟨f.10⟩ **1** Brechung (von Lichtwellen, bes. des Sternenlichtes beim Eintritt in die Erdatmosphäre) **2** Brechungswert (der Augenlinse) [< lat. refractus „gebrochen und zurückgeworfen", zu refringere „brechen und zurückwerfen" (von Lichtstrahlen), < re... „zurück" und ...fringere (in Zus. für frangere) „brechen"]
Re|frak|to|me|ter ⟨n.5⟩ optisches Meßgerät zur Bestimmung der Refraktion [< Refraktion und ...meter]
Re|frak|tor ⟨m.13⟩ Linsenfernrohr
Re|fri|ge|ra|ti|on ⟨f.10⟩ **1** →Erkältung **2** künstliche Unterkühlung (z.B. vor einem chirurgischen Eingriff) [< lat. refrigeratio, Gen. -onis, „Abkühlung"]
Re|fri|ge|ra|tor ⟨m.13⟩ Gefriermaschine
Re|fu|gié, Ré|fu|gié [rəfyʒje] m.9⟩ Flüchtling (aus Glaubensgründen, bes. Hugenotte) [< frz. réfugié in ders. Bed.]
Re|fu|gi|um ⟨n., -s, - gi|en⟩ Zufluchtsort [lat., zu refugere „zurückfliehen, seine Zuflucht suchen", < re... „zurück" und fugere „fliehen"]
re|fü|sie|ren ⟨V.3, hat refüsiert; mit Akk.⟩ ablehnen, abweisen; ein Gesuch r. [< frz. refuser in ders. Bed., < lat. refundere „zurückweisen", eigtl. „zurückgießen", zu fundere „gießen"]
reg. ⟨Abk. für⟩ registered
Reg. ⟨Abk. für⟩ Regiment (2)
re|gal ⟨Adj., o.Steig.; †⟩ königlich
Re|gal¹ ⟨n.1⟩ Gestell mit Fächern (für Bücher, Waren u.a.) [vielleicht zu ital. riga „Zeile, Reihe"]
Re|gal² ⟨n., -s, -li|en⟩ wirtschaftlich nutzbares Hoheitsrecht (Münz∼) [< mlat. regale „das dem König Zustehende, insbes. die ihm zustehenden Einkünfte", < lat. regalis „dem König zukommend, königlich", < rex, Gen. regis, „König"]
Re|ga|li|en ⟨Pl. von⟩ Regal²
Re|ga|li|tät ⟨f., -, nur Sg.; früher⟩ Anspruch auf Regalien
Re|gat|ta ⟨f., -, -ten⟩ Wettfahrt mit Booten (Ruder∼, Segel∼) [ital.]
Reg.-Bez. ⟨Abk. für⟩ Regierungsbezirk
re|ge ⟨Adj., reger, am regsten⟩ **1** betriebsam, lebhaft; ∼r Briefwechsel; ∼r Verkehr **2** munter, beweglich; er ist noch sehr r.
Re|gel ⟨f.11⟩ **1** Richtlinie, Vorschrift (Grammatik∼, Spiel∼); ungeschriebene ∼n; das ist gegen die R.; die Goldene R. das richtige Handeln; nach allen ∼n der Kunst so, wie es richtig ist, sehr sorgfältig; eine Ausnahme machen **2** ⟨nur Sg.⟩ das Übliche, gewöhnlich Praktizierte; das ist bei ihm die R.; in der R., in aller R. gewöhnlich, meist **3** ⟨kurz⟩ Klosterregel; nach der R. leben; die des hl. Benedikt **4** →Menstruation; sie hat ihre R. [< ahd. regula „Regel, Ordensregel", < lat. regula „Richtholz, Richtschnur, Maßstab, Regel, Grundsatz"]
Re|gel|blu|tung ⟨f.10⟩ →Menstruation
Re|gel|kreis ⟨m.1; bes. Kybernetik⟩ durch Rückkopplung geschlossener Wirkungsweg, der eine Regelung sicherstellt
re|gel|los ⟨Adj., o.Steig.⟩ ohne Regel, ungeordnet, durcheinander **Re|gel|lo|sig|keit** ⟨f., -, nur Sg.⟩
re|gel|mä|ßig ⟨Adj.⟩ **1** nach einer Regel, nach gewissen Regeln, einer Regel, den Regeln entsprechend; im r. Ablauf; in regelmäßigen Abständen; sich r. wiederholen **2** in gleichen Abständen (sich wiederholend); ∼e Herzschläge; ∼e Wiederkehr; r. ins Kino gehen; sein Herz schlägt r. **3** ebenmäßig, gleichmäßig; ∼e Gesichtszüge **4** ⟨o.Steig.⟩ nach einer bestimmten Regel (abwandelbar); die ∼en Verben; ∼e Pluralbildung **Re|gel|mä|ßig|keit** ⟨f., -, nur Sg.⟩
re|geln ⟨V.1, hat geregelt; mit Akk.⟩ **1** nach einer Regel, nach Regeln festlegen, regelmäßig gestalten; den Unterricht, den Verkehr r.; eine Sache vertraglich r.; geregelte Mahlzeiten zu bestimmten Zeiten **2** in einem bestimmten Maß erhalten; das Gerät regelt die Temperatur im Raum **3** ⟨ugs.⟩ klären und erledigen; ich werde das r.
re|gel|recht ⟨Adj., o.Steig.⟩ **1** einer Regel entsprechend, gemäß; ∼es Vorgehen **2** ⟨ugs.⟩ richtig, beinahe; das war eine ∼e Unverschämtheit
Re|gel|tech|nik ⟨f.10⟩ →Regelungstechnik
Re|ge|lung ⟨f.10⟩ **1** ⟨nur Sg.⟩ das Regeln **2** festgelegte Vorschrift; eine neue R.; die R. tritt in Kraft **3** ⟨Kybernetik⟩ ständige Steuerung eines Vorgangs, so daß ein gleicher Wert erhalten bleibt
Re|ge|lungs|tech|nik ⟨f.10; Kybernetik⟩ Gesamtheit der Verfahren, die technische Prozesse regeln; Syn. Regeltechnik
re|gel|wid|rig ⟨Adj., o.Steig.⟩ gegen eine Regel, Vorschrift verstoßend **Re|gel|wid|rig|keit** ⟨f., -, nur Sg.⟩
re|gen ⟨V.1, hat geregt⟩ I ⟨mit Akk.⟩ bewegen; er konnte kein Glied mehr r. (vor Kälte, vor Erschöpfung, vor Schmerzen) II ⟨refl.⟩ sich r. **1** sich bewegen, tätig sein; kein Blatt, kein Lufthauch regte sich; er lag da und (rührte und) regte sich nicht **2** entstehen, erwachen; ein Gefühl des Mitleids regte sich in ihr; in mir r. sich leise Zweifel, ob das stimmt
Re|gen ⟨m.7; nur Sg.⟩ **1** in großen Tropfen fallender flüssiger Niederschlag; in den R. kommen; vom R. in die Traufe kommen ⟨ugs.⟩ aus einer schlimmen Lage in eine noch schlimmere geraten **2** ⟨übertr.⟩ große Menge, die auf jmdn. zukommt (Blumen∼, Kugel∼)
Re|gen|bo|gen ⟨m.7⟩ Lichterscheinung, die sich auf einem Vorhang niedergehenden Regens in Form eines farbenprächtigen Bogens zeigt; siebenfarbiger R.
re|gen|bo|gen|far|ben ⟨Adj., o.Steig.⟩ die Farben des Regenbogens besitzend (von außen nach innen): rot-orange-gelb-grün-blau-indigoblau-violett)
Re|gen|bo|gen|haut ⟨f.2⟩ durch die Hornhaut hindurch sichtbarer, farbiger Teil des Augapfels, der die Pupille ringförmig umgibt; Syn. Iris
Re|gen|bo|gen|pres|se ⟨f., -, nur Sg.⟩ Gesamtheit der Wochenzeitungen, die mit Klatsch und trivialen Nachrichten bestimmte Leserschichten ansprechen
Ré|gence ⟨[reʒãs] f., -, nur Sg.⟩ französische Kunstrichtung zur Zeit der Regentschaft Philipps von Orléans [frz., „Regentschaft"]
Re|gen|cy ⟨[riːdʒənsi] m., -, nur Sg.⟩ englische Kunstrichtung zur Zeit der Regentschaft Georges IV. [engl., „Regentschaft"]
Re|gen|dach ⟨n.4⟩ etwas, das (vorübergehend) als Schutz vor dem Regen dient
Re|ge|ne|rat ⟨n.1; Chem.⟩ Rohstoff, der durch Aufarbeitung gewonnen wird (z.B. Kautschuk aus Altgummi) [zu regenerieren]
Re|ge|ne|ra|ti|on ⟨f.10⟩ **1** Wiederherstellung, Erneuerung **2** ⟨Med.⟩ Heilungsprozeß **3** ⟨Biol.⟩ Neubildung (zerstörter oder verlore-

regenerativ

ner Zellen, Gewebe und Körperteile); Ggs. Degeneration (2) **4** Wiedergewinnung bestimmter Rohstoffe aus Altstoffen (z.B. Kautschuk aus Altgummi) [zu regenerieren]

re|ge|ne|ra|tiv ⟨Adj., o.Steig.⟩ *durch Regeneration entstanden, Regeneration bewirkend;* Syn. regeneratorisch

Re|ge|ne|ra|tor ⟨m.13⟩ *Luftvorwärmer bei Industriefeuerungen* [zu regenerieren]

re|ge|ne|ra|to|risch ⟨Adj., o.Steig.⟩ → regenerativ

re|ge|ne|rie|ren ⟨V.3, hat regeneriert⟩ **I** ⟨mit Akk.⟩ **1** *wiederherstellen, erneuern* **2** ⟨Biol.⟩ *neu bilden*; Ggs. degenerieren; Zellen, Gewebe, Körperteile r. **3** ⟨Chem.⟩ *zurückgewinnen*; Rohstoffe aus Altmaterial r. **II** ⟨refl.⟩ *sich r. sich erholen, wieder Kraft gewinnen*; sich nach einer Anstrengung, einem langen Marsch r. [< lat. *regenerare* „wiedererzeugen", < *re*... „wieder, zurück" und *generare* „erzeugen", zu *genus* „Geburt"]

Re|gen|guß ⟨m.2⟩ *kurz, aber heftig niedergehender Regen*

Re|gen|haut ⟨f.2⟩ *wasserdichter Umhang oder Mantel*

Re|gen|man|tel ⟨m.6⟩ *regendichter Mantel*

Re|gen|mes|ser ⟨m.5⟩ *Gerät zum Messen von Niederschlägen;* Syn. Pluviometer

Re|gen|pfei|fer ⟨m.5⟩ *etwa lerchengroßer, kontrastreich gefärbter Watvogel, der am Erdboden nistet* (Fluß~, See~) [seine pfeifenden Rufe kündigen angeblich Regen an]

Re|gens ⟨m., -, -gen|ten⟩ *Vorsteher (bes. eines kath. Priesterseminars)*

Re|gen|schat|ten ⟨m.7⟩ *die niederschlagsarme Seite (eines Gebirges)*

Re|gen|schirm ⟨m.1⟩ *Schirm als Schutz gegen Regen;* gespannt sein wie ein R. (übertr., ugs.) *sehr gespannt sein*

Re|gens cho|ri ⟨[- kɔ-] m., -, -, -gen|tes -⟩ *Leiter eines kath. Kirchenchores*

Re|gent ⟨m.10⟩ *regierender Fürst oder dessen Stellvertreter* [< lat. *regens*, Gen. -*entis*, „lenkend, leitend", Part.Präs. von *regere*, →regieren]

Re|gen|tes ⟨Pl. von⟩ Regens

Re|gen|trop|fen ⟨m.7⟩ *einzelner Tropfen des Regens*

Re|gent|schaft ⟨f., -, nur Sg.⟩ *Amt bzw. Amtsdauer eines Regenten*; unter seiner R.; während seiner R.

Re|gen|wald ⟨m.4⟩ *(in äquatorialen Gebieten mit sehr hohen Niederschlägen vorkommender) immergrüner Urwald*

Re|gen|wurm ⟨m.4⟩ *(bes. nach Regen an der Erdoberfläche zu beobachtender) rosafarbener Ringelwurm mit zahlreichen Körpersegmenten*

Re|gen|zeit ⟨f.10⟩ *(im Wechsel mit einer Trockenzeit auftretende) Jahreszeit reicher Niederschläge*

Re|ges ⟨Pl. von⟩ Rex

Re|gest ⟨n.12⟩, **Re|ge|stum** ⟨n., -s, -sta⟩ *knappe Zusammenfassung des Rechtsinhalts einer Urkunde* [< lat. *regesta* „Verzeichnis, Katalog", zu *regerere* „einschreiben, eintragen", eigtl. „(dem Leser) zurückbringen, (ins Gedächtnis) zurücktragen", < *re*... „zurück" und *gerere* „führen, tragen"]

Reg|gae ⟨[rɛgei] m., -s, nur Sg.⟩ *aus Jamaika stammender Musikstil*

Re|gie ⟨[-ʒi] f.11⟩ **1** ⟨nur Sg.⟩ *künstlerische Gestaltung eines Schauspiels für die Aufführung auf der Bühne sowie Leitung der Proben;* Syn. Spielleitung; die R. führen **2** ⟨nur Sg.; Rundfunk, Fernsehen⟩ *künstlerische Gestaltung einer Sendung* **3** ⟨nur Sg.⟩ *Verwaltung von gemeinde- oder staatseigenen Betrieben durch die Gemeinde oder den Staat selbst* **4** ⟨nur Sg.; allg.⟩ *Leitung, Verwaltung;* ein Geschäft in eigener R. durchführen **5** ⟨Pl.; österr.⟩ *~n Verwaltungskosten, Spesen* **6** ⟨österr.⟩ *Monopol* (Tabak~) [< frz. *régie* „Verwaltung

der indirekten Staatseinkünfte", zu *régir* „lenken, leiten, verwalten", < lat. *regere* „lenken, leiten"]

Re|gie|an|wei|sung ⟨[-ʒi-] f.10⟩ *erläuternder Hinweis für die Regie (eines Theaterstücks, Films o.ä.)*

Re|gie|as|si|stent ⟨[-ʒi-] m.10⟩ *Mitarbeiter eines Regisseurs*

Re|gie|as|si|stenz ⟨[-ʒi-] f., -, nur Sg.⟩ *das Helfen bei der Regie (1, 2)*

Re|gie|be|trieb ⟨[-ʒi-] m.1⟩ *von einer öffentlichen Körperschaft (z.B. dem Staat) geführter Betrieb*

Re|gie|feh|ler ⟨[-ʒi-] m.5; ugs.⟩ *falsche, unbedachte Maßnahme bei der Organisation (von etwas)*

Re|gi|en ⟨[-ʒi-] f.11, Pl.; österr.⟩ *Verwaltungskosten, Unkosten* [zu Regie (3)]

re|gie|ren ⟨V.3, hat regiert⟩ **I** ⟨mit Akk.⟩ etwas r. **1** *über etwas die Herrschaftsgewalt haben, etwas beherrschen, lenken, leiten*; ein Land, ein Volk r. **2** ⟨Gramm.⟩ *nach sich ziehen, fordern;* die Präposition „auf" regiert den Dativ und Akkusativ **II** ⟨o.Obj.⟩ *die Herrschaftsgewalt innehaben, herrschen;* der König regierte 10 Jahre [< lat. *regere* in ders. Bed., eigtl. „geraderichten"]

Re|gie|rung ⟨f.10⟩ **1** *Leitung des Staates, Herrschaft;* die R. antreten, abgeben **2** *oberste Behörde des Staates, Gesamtheit der Minister;* die R. trat zurück

Re|gie|rungs|be|zirk ⟨m.1; Abk.: Reg.-Bez.⟩ *nächster Verwaltungsbezirk nach einem Bundesland*

Re|gie|rungs|rat ⟨m.2⟩ **1** ⟨Abk.: Reg.-Rat⟩ *ein Beamter des höheren Verwaltungsdienstes* **2** ⟨schweiz.⟩ *Mitglied einer Kantonsregierung*

Re|gie|rungs|sitz ⟨m.1⟩ **1** *Amtsgebäude der Regierung* **2** *Stadt, in der die Regierung sich ständig befindet*

Re|gie|rungs|spre|cher ⟨m.5⟩ *jmd., der im Auftrag der Regierung der Presse offizielle Mitteilungen macht*

Re|gie|rungs|vor|la|ge ⟨f.11⟩ *von der Regierung ausgearbeiteter Gesetzesentwurf*

Re|gime ⟨[-ʒim] n., -(s), -s oder [-ʒimə]⟩ *oft abwertend) Regierung, Regierungsform*

Re|gi|ment ⟨n.3⟩ **1** ⟨Abk.: Reg., Regt., Rgt.; Mil.⟩ *Verband aus mehreren Bataillonen der gleichen Waffengattung* **2** ⟨nur Sg.⟩ *Herrschaft, Leitung;* das R. über die Herrschaft, Leitung haben; ein strenges R. führen [< lat. *regimentum* „Leitung, Führung", zu *regere* „lenken, leiten, beherrschen", →regieren]

Re|gi|na coe|li ⟨[- tsœ-] f., --, nur Sg.⟩ *kath. Bez. für) Jungfrau Maria*

Re|gio|lekt ⟨m.1⟩ *Sprachgebrauch innerhalb einer Region* [aus Region und dem zweiten Teil von Dialekt gebildet]

Re|gi|on ⟨f.10⟩ *Bereich, Gegend;* in höheren ~en schweben (übertr., ugs.) *nicht in der Wirklichkeit leben* [< lat. *regio*, Gen. -*onis*, „Gegend, Gebiet", eigtl. „Richtung", zu *regere* „geraderichten, lenken"]

re|gio|nal ⟨Adj., o.Steig.⟩ *zu einer Region gehörig, sie betreffend;* ~e Unterschiede; ~e Besonderheiten

Re|gio|na|lis|mus ⟨m., -, nur Sg.⟩ **1** *Streben eines Landes nach (größerer) Eigenständigkeit im Staatsganzen* **2** *Streben nach Erhaltung und Förderung regionaler Eigenart (in Literatur, Kunst usw.)*

Re|gio|na|list ⟨m.10⟩ *Vertreter des Regionalismus (1)*

Re|gio|nal|pro|gramm ⟨n.1⟩ *Rundfunk- oder Fernsehprogramm für einen regionalen Sendebereich*

re|gio|när ⟨Adj., o.Steig.⟩ *zu einem bestimmten Abschnitt der Körperoberfläche gehörend*

Re|gis|seur ⟨[-ʒisør] m.1⟩ *jmd., der Regie (1,2) führt;* Syn. Spielleiter

Re|gis|ter ⟨n.5⟩ **1** *Verzeichnis, Liste* **2** *eingeschnittene Abecestufen (z.B. am Rand von Telefonbüchern)* **3** *alphabetisch geordnetes Personen- oder Sachverzeichnis (am Ende von Büchern)* **4** ⟨Rechtsw.⟩ *amtliches Verzeichnis über rechtlich wichtige Tatsachen* (Handels~) **5** ⟨Buchw.⟩ *Aufeinanderpassen der Druckzeilen von Vorder- und Rückseite;* R. halten **6** ⟨Mus.⟩ *Tonbereich, der von einem Sänger mit gleicher Stimmbandeinstellung gesungen werden kann* **7** *(bei der Orgel) Pfeifenreihe mit gleichem Klangcharakter;* alle R. ziehen, spielen lassen (übertr., ugs.) *etwas mit aller Energie betreiben* **8** ⟨in Datenverarbeitungsmaschinen⟩ *ein Speicher* [< mlat. *registrum, regestrum* „Verzeichnis, Aufzeichnung", < lat. *regestum* „das Eingeschriebene, Eingetragene", zu *regerere* „einschreiben, eintragen"]

re|gi|striert [reʒɪstad] **1** ⟨Zeichen: ®⟩ *in ein Register (4) eingetragen, gesetzlich geschützt* **2** ⟨Abk.: reg.; Post; engl. Bez. für⟩ *eingeschrieben*

Re|gis|ter|ton|ne ⟨f.11; Abk.: RT⟩ *Raummaß für Schiffe, 2,8 m³*

Re|gi|stra|tur ⟨f.10⟩ **1** *Abteilung für die Ablage des Schriftverkehrs* **2** *Aktenschrank* **3** *alle Registerzüge der Orgel*

re|gi|strie|ren ⟨V.3, hat registriert⟩ **I** ⟨mit Akk.⟩ **1** *in ein Register eintragen;* jmdn. als Einwohner, als Arbeitslosen r. **2** ⟨übertr.⟩ *bewußt wahrnehmen, geistig aufnehmen;* er hat den Vorfall gar nicht registriert; ich habe zwar nichts gesagt, habe aber seine Handlungsweise registriert **II** ⟨o.Obj.; Mus.⟩ *Orgelregister ziehen, Registerstimmen mischen*

Re|gi|strier|ge|rät ⟨n.1⟩ *Meßgerät zum Aufzeichnen von Meßwerten in ihrem zeitlichen Ablauf*

Re|gi|strier|kas|se ⟨f.11⟩ *Ladenkasse, die Beträge automatisch addiert, anzeigt und ausdruckt*

Re|gle|ment ⟨[reglamɑ̃] n.9, schweizerisch [-mɛnt] n.1⟩ *Dienstvorschrift, Geschäftsordnung, Regelwerk*

re|gle|men|ta|risch ⟨[-mɛn-] Adj., o.Steig.⟩ *nach dem Reglement*

re|gle|men|tie|ren ⟨V.3, hat reglementiert; mit Akk.⟩ *durch Vorschriften regeln, beaufsichtigen;* jmds. Tageslauf r. [< frz. *réglementer* „durch Verordnungen bestimmen", zu *règlement* „Bestimmung, Regelung", zu *régler* „regeln, ordnen", zu *règle* „Regel, Vorschrift", < lat. *regula* „Regel, Richtschnur"] **Re|gle|men|tie|rung** ⟨f.10⟩

Reg|ler ⟨m.5⟩ *regelndes Bauteil*

Re|glet|te ⟨f.11; Buchw.⟩ *nichtdruckender Metallstreifen für den Durchschuß* [< frz. *réglette* in ders. Bed., zu *régler* „regeln, einstellen"]

Re|gleur ⟨[-glør] m.1; in Uhren⟩ *den Gang regelnde Spirale* [< frz. *régleur* „Regler"]

re|glos ⟨Adj., o.Steig.⟩ *ohne sich zu regen;* r. dasitzen, daliegen

reg|nen ⟨V.2, hat geregnet; unpersönl., mit „es"⟩ **I** ⟨o.Obj.⟩ *es regnet Regen fällt;* es regnet in Strömen **II** ⟨mit Akk.; übertr.⟩ *es regnete Vorwürfe zahlreiche Vorwürfe wurden geäußert;* es regnete Beschwerden, Angebote *zahlreiche Beschwerden, Angebote gingen ein*

reg|ne|risch ⟨Adj.⟩ *zu Regen neigend, so beschaffen, daß dann und wann Regen fällt;* ein ~er Tag; ~es Wetter

Re|gnum ⟨n., -s, -gna⟩ *Herrschaft, (König-)Reich* [lat., „Königsherrschaft, Regierung", zu *rex*, Gen. *regis*, „König"]

Reg.-Rat ⟨Abk. für⟩ *Regierungsrat*

re|gre|die|ren ⟨V.3, hat regrediert; o.Obj.⟩ *zurückgehen, auf eine frühere Entwicklungsstufe zurückfallen;* ins Kleinkindalter r. [< lat. *regredi* „zurückgehen", zu *gredi* „gehen, schreiten", zu *gradus* „Schritt"]

Re|greß ⟨m.1⟩ **1** ⟨Philos.⟩ *Zurückschreiten*

von der Wirkung zur Ursache **2** ⟨Rechtsw.⟩ *Ersatz, Entschädigung, Ersatzanspruch an den Hauptschuldner;* Syn. *Rückgriff* [< lat. *regressus* „Ersatzanspruch; Rückhalt, Zuflucht"; zu *regredi* „Ersatzanspruch stellen, Rückhalt bei jmdm. suchen", eigtl. „zurückgehen"]

Re|gres|sat ⟨m.10⟩ *jmd., auf den ein Regreß (2) genommen wird*

Re|gres|si|on ⟨f.10⟩ *Rückbildung, Rückzug, Zurückbewegung*

re|gres|siv ⟨Adj., o.Steig.⟩ **1** *zurückgreifend* **2** *zurückgehend, sich zurückbildend*

Re|greß|kla|ge ⟨f.11⟩ *Klage, um einen Regreßanspruch durchzusetzen*

re|greß|pflich|tig ⟨Adj., o.Steig.⟩ *verpflichtet zum Regreß (2); r. sein; jmdn. r. machen*

reg|sam ⟨Adj.⟩ **1** *beweglich, rührig, rege;* geistig r. sein; er, sie ist noch sehr r. **Reg|sam|keit** ⟨f., -, nur Sg.⟩

Regt. ⟨Abk. für⟩ *Regiment (1)*

Re|gu|la fal|si ⟨f., -, nur Sg.; Math.⟩ *ein Verfahren zur Lösung von Gleichungen durch immer größere Näherung* [lat., „Regel des Falschen"]

Re|gu|la fi|dei ⟨[-dei] f., -, -lae -⟩ *die Grundlehren der christlichen Kirchen (bes. die Glaubensbekenntnisse)* [lat., „Regel des Glaubens"]

Re|gu|lar ⟨m.1⟩ *Mitglied einer Gemeinschaft, die nach festen Regeln lebt (z.B. einer Kongregation, eines Ordens);* auch: *Regulare* [→*regulär*]

re|gu|lär ⟨Adj., o.Steig.⟩ **1** *der Regel entsprechend, vorschriftsmäßig;* Ggs. *irregulär;* ~e Arbeit; ~e Truppen *vorschriftsmäßig ausgebildete und eingesetzte Truppen (im Unterschied zu Partisanen)* **2** ⟨Math.⟩ *regelmäßig;* ~er Körper [< lat. *regularis* „eine Richtschnur enthaltend, regelmäßig", zu *regula* „Richtholz, Richtschnur, Regel"]

Re|gu|la|re ⟨m.11⟩ →*Regular*

Re|gu|lar|geist|li|che(r) ⟨m.17 oder 18⟩ →*Regularkleriker (2)*

Re|gu|la|ri|tät ⟨f., -, nur Sg.⟩ *Regelmäßigkeit, Richtigkeit;* Ggs. *Irregularität*

Re|gu|lar|kle|ri|ker ⟨m.5⟩ **1** *Mönch, der nicht in dem Kloster lebt, in das er eingetreten ist* **2** *Ordensgeistlicher;* Syn. *Regulargeistlicher, regulierter Kleriker* **3** ⟨Pl.⟩ *den neuzeitlichen Formen der Seelsorge angepaßte Ordensgemeinschaft*

Re|gu|la|ti|on ⟨f.10⟩ *Regelung, Regulierung, Anpassung, Ausgleich*

re|gu|la|tiv ⟨Adj., o.Steig.⟩ *regelnd, als Regel dienend*

Re|gu|la|tiv ⟨n.1⟩ *regelnde Vorschrift, steuerndes Element*

Re|gu|la|tor ⟨m.13⟩ **1** *etwas, das etwas reguliert* **2** *Pendeluhr mit regulierbarem Pendel* **3** *Gangregler (einer Maschine)*

re|gu|lie|ren ⟨V.3, hat reguliert; mit Akk.⟩ **1** *etwas r.* **a** *den Ablauf von etwas regeln, für die richtige Stärke, Höhe usw. von etwas sorgen;* die Lautstärke, Temperatur r. **b** *beidigen;* einen Flußlauf r. **2** *jmdn. r. einer Ordensregel unterwerfen;* regulierter Kleriker →*Regularkleriker (2)* [< lat. *regulare* „regeln", zu *regula* „Richtscheit, Richtschnur, Regel", zu *regere* „geraderichten"]

Re|gu|lus ⟨m., -, -lus|se⟩ **1** *Metallklumpen unter der Schmelzofenschlacke* **2** *gediegenes Metall* [lat., „kleiner König"]

Re|gung ⟨f.10⟩ **1** *kleine Bewegung;* keine R. mehr zeigen **2** *Gefühlsaufwallung;* ~en des Herzens; *geheime, zarte* ~en; *einer inneren R. folgen*

re|gungs|los ⟨Adj., o.Steig.⟩ *ohne Bewegung, ohne Regung*

Reh ⟨n.1⟩ *(im Sommer rotbraune, im Winter graubraune) zierliche Hirschart (deren Bock ein Gehörn mit bis zu drei Enden trägt)*

Re|ha|bi|li|tand ⟨m.10⟩ *jmd., der rehabilitiert wird*

Re|ha|bi|li|ta|ti|on ⟨f., -, nur Sg.⟩ *das Rehabilitieren, das Sichrehabilitieren*

Re|ha|bi|li|ta|ti|ons|zen|trum ⟨n., -s, -tren⟩ *Einrichtung zum Rehabilitieren (3) Kranker, Süchtiger u.a.*

re|ha|bi|li|tie|ren ⟨V.3, hat rehabilitiert; mit Akk.⟩ *jmdn. r.* **1** *in die früheren Rechte wiedereinsetzen* **2** *jmdn. oder sich r. jmds. oder das eigene Ansehen wiederherstellen;* einen Verdächtigen r.; er hat sich glänzend rehabilitiert **3** *in die Gesellschaft zurückführen und wieder eingliedern;* Kranke, Verletzte mit Dauerschäden, Süchtige r.; Strafgefangene r. [< lat. *re...* „zurück, wieder" und mlat. *habilitare* „befähigen", →*habilitieren*]

Re|haut ⟨[roː] m.9⟩ *lichte Stelle (auf Gemälden)* [frz., „helle Stelle", zu *rehausser* „erhöhen, hervortreten lassen", zu *haut* „hoch", von Farben „hell, grell"]

Reh|bein ⟨n.1; bes. beim Pferd⟩ *krankhafter Knochenwulst an der Außenseite des Sprunggelenks*

reh|braun ⟨Adj., o.Steig.⟩ *hell rötlichbraun (wie das Sommerfell des Rehs)*

Re|he ⟨f., -, nur Sg.⟩ **Re|he|huf** ⟨m.1; bei Pferden⟩ *Entzündung der Hufled erhaut* [< mhd. *ræhe* „starr, steif"]

Reh|ling ⟨m.1⟩ →*Pfifferling*

Reh|po|sten ⟨m.7⟩ *gröbster Schrot*

Reh|wild ⟨n., -(e)s, nur Sg.; Jägerspr.; Sammelbez. für⟩ *Rehe*

Rei|bach ⟨m., -s, nur Sg.⟩ →*Rebbach*

Rei|b ahle ⟨f.11⟩ *Stahlstab mit Längsschneiden zur Abtragung von Material in Bohrungen*

Rei|be ⟨f.11⟩ *Küchengerät zum Reiben (Apfel~)*

Rei|bei|sen ⟨n.7⟩ *Gerät zum groben Reiben;* eine Haut wie ein R. haben *eine sehr rauhe Haut haben;* eine Stimme wie ein R. haben *eine unangenehm rauhe, heisere Stimme haben*

Rei|be|ku|chen ⟨m.7; rhein.⟩ →*Kartoffelpuffer*

Rei|be|laut ⟨m.1⟩ →*Frikativlaut*

rei|ben ⟨V.95, hat gerieben⟩ **I** ⟨mit Akk.⟩ *etwas r.* **1** *mit Druck auf einer Fläche oder zwischen den Händen hin und her bewegen;* den Kopf, die Wange an jmdn. r. Arm r.; Stoff (beim Waschen) r. **2** *mit Druck über etwas hin und her wischen;* den Tisch, die Fenster blank r. **3** *durch Reiben r. entfernen;* Staub vom Mantel r. **4** *durch Hinundherbewegen auf dem Reibeisen fein zerkleinern;* Schokolade, einen Apfel r.; geriebene Semmeln **II** ⟨mit Dat. (sich) und Akk.⟩ *sich einen Körperteil r. mit der Hand oder den Fingern auf einem Körperteil drückend hin und her gleiten;* sich die Augen, die Hände r.; sich eine schmerzende, juckende Stelle r. **III** ⟨refl.⟩ **1** *sich an etwas r. sich mit Druck an einer Fläche hin und her bewegen;* der Hund reibt sich an der Mauer **2** *sich an jmdm. r.* ⟨übertr.⟩ *mit jmdm. oft in Streit geraten* **IV** ⟨o.Obj.⟩ *sich schmerzhaft (an einer Fläche) hin und her bewegen;* der Schuh reibt (an der Zehe)

Rei|be|plätz|chen ⟨n.7; rhein.⟩ →*Kartoffelpuffer*

Rei|ber|dat|schi ⟨m.9; bayr.⟩ →*Kartoffelpuffer*

Rei|ber|druck ⟨m.1⟩ *Steindruck mittels Handpresse*

Rei|be|rei ⟨f.10; übertr., ugs.⟩ *Streit, Zwist*

Rei|brad ⟨n.4⟩ *Rad mit glatter Umgangsfläche, das ein anderes durch rollende Reibung antreibt*

Rei|bung ⟨f.10⟩ **1** ⟨nur Sg.⟩ *das Reiben* **2** ⟨Phys.⟩ *Kraft, die bei einer Bewegung zwischen zwei sich berührenden Körpern überwunden werden muß*

Rei|bungs|elek|tri|zi|tät ⟨f., -, nur Sg.⟩ *(z.B. beim Reiben entstehende) entgegengesetzte elektrische Aufladung zweier verschiedenartiger Körper;* Syn. *Berührungsspannung*

Rei|bungs|flä|che ⟨f.11⟩ **1** *Fläche, an der eine Reibung stattfindet* **2** ⟨ugs.⟩ *Anlaß, Möglichkeit für Unstimmigkeiten oder Streit*

rei|bungs|los ⟨Adj., -er, am -esten⟩ *ohne Schwierigkeiten, ohne Hindernisse (verlaufend);* ein ~er Ablauf ist gewährleistet; die Sache verlief r.

reich ⟨Adj.⟩ **1** *mit Geld und Gütern im Überfluß ausgestattet, sehr wohlhabend;* arm und r. *jedermann, alle;* ~e Leute; aus ~em Hause stammen *aus einer wohlhabenden Familie stammen* **2** *kostbar, üppig;* r. geschmückt; r. ausgestattet; ~e Ausstattung **3** *eine große Fülle aufweisend;* eine ~e Ernte; ~e Bodenschätze; *der Boden ist r. an Mineralien;* in ~em Maße *in hohem Maße, sehr stark* **4** *vielfältig, umfassend, zahlreich;* eine ~e Auswahl; ~e Erfahrungen sammeln; ein ~es Leben hinter sich haben

Reich ⟨n.1⟩ **1** *Herrschaftsbereich, Herrschaftsgebiet (Kaiser~, König~);* ein R. gründen, errichten, zerstören; das Römische R.; das Heilige Römische R. Deutscher Nation (Titel des Dt. Reiches vom 15.Jh. bis 1806) **2** *Bereich, Gebiet;* das R. der Pflanzen, Tiere, Mineralien; *etwas ins R. der Fabel verweisen* *etwas für erdichtet, nicht gegeben halten;* das R. der Toten ⟨Myth.⟩ *die Unterwelt*

rei|chen ⟨V.1, hat gereicht⟩ **I** ⟨o.Obj.⟩ **1** *genügen, genug sein, in genügender Menge vorhanden sein;* Syn. *ausreichen;* der Vorrat reicht; es reicht (mir)! ⟨ugs.⟩ *ich habe genug davon, ich will davon nichts mehr wissen!* **2** *sich erstrecken;* unser Grundstück reicht zum Wald **3** *lang genug sein;* die Leiter reicht bis zum ersten Stock; die Schnur reicht bis zum Boden **5** *Reichweite haben (bis zu etwas hin), greifen können;* kannst du bis an die Decke, bis an den Schrank r.?; soweit das Auge reicht *soweit man sehen kann* **II** ⟨mit Dat. und Akk.⟩ *jmdm. etwas r. jmdm. etwas geben, hinhalten;* jmdm. (bei Tisch) das Brot r.; Gästen Getränke r.

reich|hal|tig ⟨Adj.⟩ *vieles enthaltend;* eine ~e Auswahl **Reich|hal|tig|keit** ⟨f., -, nur Sg.⟩

reich|lich ⟨Adj.⟩ **1** *in großer Menge (vorhanden), größer, mehr als unbedingt notwendig;* eine ~e Auswahl; ein ~es Mahl; hier ist noch r. Platz; ich habe den Stoff r. genommen ⟨ugs.⟩ *ich habe etwas mehr Stoff als nötig gekauft;* Kartoffeln sind noch r. vorhanden; der Mantel ist r. ⟨ugs.⟩ *der Mantel ist etwas größer als notwendig* **2** *etwas mehr als;* es sind noch r. drei Kilometer; man braucht eine ~e Stunde **3** ⟨als Adv.; ugs.⟩ *ziemlich;* das war r. dumm von dir; er kommt r. spät; der Pullover ist r. groß

Reichs|acht ⟨f., -, nur Sg.; im alten Dt. Reich bis 1806⟩ *vom Kaiser ausgesprochene Acht*

Reichs|adel ⟨m., -s, nur Sg.⟩ *reichsunmittelbarer Adel*

Reichs|ap|fel ⟨m., -s, nur Sg.⟩ *eines der Reichsinsignien in Form einer Kugel mit einem daraufstehenden Kreuz*

Reichs|bahn ⟨f., -, nur Sg.⟩ **1** *(1920 bis 1945) Eisenbahnunternehmen des Deutschen Reiches* **2** *Eisenbahnunternehmen der DDR*

reichs|deutsch ⟨Adj., o.Steig.⟩ *von den Reichsdeutschen stammend, sie betreffend*

Reichs|deut|sche(r) ⟨m., f. 17 oder 18⟩ *Bürger des Deutschen Reiches in den Grenzen vor 1938*

reichs|frei ⟨Adj., o.Steig.⟩ →*reichsunmittelbar*

Reichs|frei|heit ⟨f., -, nur Sg.⟩ →*Reichsunmittelbarkeit*

Reichs|ge|richt ⟨n., -(e)s, nur Sg.; bis 1945⟩ *oberstes deutsches Gericht*

Reichs|in|si|gnien ⟨nur Pl.; im alten Dt. Reich bis 1806⟩ *bei der Krönung getragene, die Herrschaft symbolisierende Gegenstände des Kaisers oder Königs: Krone, Zepter,*

Reichsapfel, Schwert, Mantel u.a.; Syn. *Reichskleinodien*
Reichs|kanz|ler ⟨m.5⟩ **1** ⟨1871–1918⟩ *vom Kaiser eingesetzter höchster Minister, der die Richtlinien der Politik bestimmte* **2** ⟨1919–1933⟩ *Führer der Reichsregierung* **3** ⟨1933–1945⟩ *oberster Staatschef, Diktator*
Reichs|kar|te ⟨f.11⟩ → *Generalstabskarte*
Reichs|klein|odi|en ⟨nur Pl.⟩ → *Reichsinsignien*
Reichs|mark ⟨f., -, -; Abk.: RM; 1924–1948⟩ *deutsche Währungseinheit*
Reichs|prä|si|dent ⟨m.10; 1919–1934⟩ *Staatsoberhaupt des Deutschen Reiches*
Reichs|rat ⟨m.2⟩ **1** *Staatsorgan verschiedener Staaten in Europa* **2** ⟨nur Sg.; 1919–1933⟩ *Vertretung der Länder bei der Reichsregierung*
Reichs|re|gie|rung ⟨f.10⟩ **1** ⟨1871–1918⟩ *deutsche Regierung (bestehend aus Kaiser und Bundesrat)* **2** ⟨1919–1945⟩ *deutsche Regierung (bestehend aus dem Reichskanzler und den Reichsministern)*
Reichs|stadt ⟨f.2; bis 1806⟩ *reichsunmittelbare Stadt*
Reichs|stän|de ⟨m.2, Pl.; im alten Dt. Reich bis 1806⟩ *die reichsunmittelbaren Mitglieder des Reiches, die im Reichstag Sitz und Stimme hatten*
Reichs|tag ⟨m.1⟩ **1** ⟨im alten Dt. Reich bis 1806⟩ *Versammlung der Reichsstände* **2** ⟨1871–1918⟩ *Volksvertretung zur Gesetzgebung und Verwaltung* **3** ⟨1919–1933⟩ *für die Gesetzgebung zuständige Volksvertretung* **4** ⟨1933–1945⟩ *Volksvertretung* **5** ⟨in Dänemark, den Niederlanden, Schweden und Finnland⟩ *Parlament* **6** *Gebäude für die Versammlungen des (deutschen) Reichstages*
reichs|un|mit|tel|bar ⟨Adj., o.Steig.; im alten Dt. Reich bis 1806⟩ *nicht einem Landesherrn, sondern dem Kaiser unmittelbar unterstehend;* Syn. *reichsfrei*
Reichs|un|mit|tel|bar|keit ⟨f., -, nur Sg.⟩ *reichsunmittelbarer Zustand;* Syn. *Reichsfreiheit*
Reichs|ver|we|ser ⟨m.5⟩ **1** ⟨im alten Dt. Reich bis 1806⟩ *Stellvertreter des Kaisers bei Abwesenheit, Unmündigkeit oder Tod;* Syn. *Reichsvikar* **2** ⟨1848–1849⟩ *von der Frankfurter Nationalversammlung gewähltes Staatsoberhaupt*
Reichs|vi|kar ⟨m.1⟩ → *Reichsverweser (1)*
Reichs|wehr ⟨f., -, nur Sg.; 1921–1935⟩ *Gesamtheit der deutschen Streitkräfte*
Reich|tum ⟨m.4⟩ **1** *große Menge an Geld und Sachwerten;* R. erwerben, mehren; zu R. kommen **2** ⟨Pl.⟩ *Reichtümer einzelne Gegenstände aus einem großen Vermögen;* die Reichtümer des Waldes; damit sich keine Reichtümer zu erwerben ⟨ugs.⟩ *auf diese Weise wird man nicht reich* **3** ⟨nur Sg.⟩ *Fülle, Reichhaltigkeit;* ein großer R. an Bodenschätzen; R. an Ideen
Reich|wei|te ⟨f.11⟩ **1** *Entfernung, innerhalb derer etwas erreicht werden kann;* innerhalb meiner R. *innerhalb des Bereichs, den ich mit der Hand noch erreichen kann;* ein Geschoß mit großer R. *ein Geschoß, das sehr weit fliegt* **2** ⟨Flugw.⟩ *Entfernung, die ein Flugzeug ohne Auftanken zurücklegen kann* **3** ⟨Funk⟩ *Bereich, innerhalb dessen ein Sender empfangen werden kann* **4** ⟨übertr.⟩ *Bereich, innerhalb dessen jmd. Einfluß hat;* das liegt außerhalb meiner R.
reif ⟨Adj.⟩ **1** *biologisch völlig entwickelt, bereit zur Ernte;* ~e Äpfel, Tomaten; ~er Wein *gut abgelagerter Wein* **2** *ausgereift, lebenserfahren;* ein ~er Mensch; im ~en Alter *im vorgerückten Alter, in dem man Lebenserfahrungen besitzt* **3** *von Lebenserfahrung, Urteilskraft zeugend;* ein ~es Werk dieses Künstlers **4** r. für etwas sein *in einen Zustand gekommen sein, in dem etwas notwendig, ratsam ist;* dafür ist die Zeit noch nicht r. dafür

ist es noch zu früh; er ist r. fürs Krankenhaus, für den Urlaub *er muß dringend ins Krankenhaus, muß dringend Urlaub haben;* die Kinder sind r. für die Badewanne ⟨ugs., scherzh.⟩
Reif¹ ⟨m., -(e)s, nur Sg.⟩ **1** *gefrorener Wasserdampf der Luft, der an Gegenständen im Freien einen kristallartigen Überzug bildet* **2** *weiße Spitzen des Gamsbartes*
Reif² ⟨m.1; poet.⟩ *Ring* (Arm~, Stirn~); jmdm. einen R. an den Finger stecken
Rei|fe ⟨f., -, nur Sg.⟩ **1** *das Reifsein, Ende der Entwicklung* (Trauben~); zur R. kommen; die nötige R. erreicht haben; *Ausgereiftsein;* menschliche R.; zu dieser Aufgabe hat er noch nicht die R.; die R. seines Urteils **2** *Ende der Ausbildung;* mittlere R. *Schulabschluß der Realschule oder nach sechs Jahren höherer Schule;* Zeugnis der R. *Abiturzeugnis*
rei|fen¹ ⟨V.1⟩ I ⟨o.Obj.; ist gereift⟩ **1** *reif werden;* die Äpfel r. schon **2** *sich körperlich und geistig entwickeln;* er ist ⟨vom Jüngling⟩ zum Mann gereift **3** *sich entwickeln, eine Form annehmen;* der Plan, der Gedanke muß erst noch r. II ⟨mit Akk.; hat gereift⟩ *reif werden lassen, reif machen;* Sonne und Wind haben das Korn gereift; die Erfahrung hat ihn gereift
rei|fen² ⟨V.1, hat gereift; o.Obj.; unpersönl., mit „es"⟩ es reift *Rauhreif schlägt sich nieder*
rei|fen³ ⟨V.1, hat gereift; mit Akk.⟩ *ein Faß r. mit Reifen versehen*
Rei|fen ⟨m.7⟩ **1** *elastischer Ring um die Laufräder von Straßenfahrzeugen, Flugzeugen u.ä.* **2** *Metallband zum Zusammenpressen der Teile einer runden Konstruktion* (Faß~) **3** *Ring* (als Schmuck; Arm~) **4** *ringförmiger Gegenstand;* R. werfen; durch einen R. springen
Rei|fen|pan|ne ⟨f.11⟩ *Panne durch einen defekten Reifen (des Autos, Motorrads, Fahrrads)*
Rei|fe|prü|fung ⟨f.10⟩ → *Abitur*
Rei|fe|zeit ⟨f.10⟩ **1** *Zeit des Reifens¹* **2** *Pubertät*
Rei|fe|zeug|nis ⟨n.1⟩ *Abiturzeugnis*
reif|lich ⟨Adj.⟩ *eingehend, gründlich;* sich etwas r. überlegen; nach ~er Überlegung
Reif|rock ⟨m.2; 16.–18.Jh.⟩ *über einem runden Gestell (Reif) getragener Rock (für Frauen)*
Rei|fung ⟨f., -, nur Sg.⟩ *das Reifen¹*
Rei|fungs|tei|lung ⟨f.10⟩ → *Meiose*
Rei|gen ⟨m.7⟩ **1** *im Schreittanz;* Syn. *Reihen, Reihentanz* **2** ⟨übertr.⟩ *Menge, Vielzahl (aufeinanderfolgender Personen oder Dinge;* Besucher~); den R. eröffnen *den Anfang mit etwas machen, als erster etwas tun;* den R. beschließen *als letzter etwas tun;* ein bunter R. von Melodien
Rei|he ⟨f.11⟩ **1** *Gesamtheit von mehreren Personen oder Gegenständen einzeln nebenoder hintereinander;* eine R., zwei ~n von Bäumen **2** *Folge, Aufstellung, Anordnung neben- oder hintereinander;* in einer R. stehen; sich in eine R. stellen; in fünf ~n hintereinander; in Reih' und Glied ⟨verstärkend⟩ *genau neben-, hintereinander;* aus der R. tanzen ⟨ugs.⟩ *sich anders verhalten als die anderen (meist auf störende Weise);* etwas wieder in die R. bringen ⟨ugs.⟩ *etwas wieder in Ordnung bringen* **3** ⟨nur Sg.⟩ *geregelte Folge;* an der R. sein, an die R. kommen ⟨ugs.⟩ *derjenige sein, der behandelt, abgefertigt, bedient wird;* jmdn. außer der R. abfertigen; der R. nach, nach der R. *einer nach dem andern, eines nach dem andern* **4** ⟨nur Sg.⟩ *in der Fügung⟩ *eine R. mehrere, einige;* eine R. Kinder; ich habe das schon bei einer R. von Patienten beobachtet; eine ganze R. ziemlich viele
rei|hen ⟨V.1, hat gereiht⟩ I ⟨mit Akk.⟩ **1** *in einer Reihe aneinanderfügen;* Perlen auf eine

Schnur r. **2** *Stoff r. mit großen Stichen einen Faden durch den Stoff ziehen und diesen dann in kleine Fältchen ziehen;* einen Rock in der Taille r. II ⟨refl.⟩ *sich r. aneinanderfügen, (eins dem andern) folgen;* ein Fest reihte sich ans andere III ⟨o.Obj.; Jägerspr.⟩ *die Enten r. folgen den Enten (in der Paarungszeit) einer weiblichen Ente*
Rei|hen ⟨m.7⟩ → *Reigen (1)*
Rei|hen|dorf ⟨n.4⟩ → *Straßendorf*
Rei|hen|fol|ge ⟨f.11⟩ *geregelte Folge von etwas;* in alphabetischer R.
Rei|hen|haus ⟨n.4⟩ *eines von mehreren aneinandergebauten Einfamilienhäusern*
Rei|hen|schal|tung ⟨f.10⟩ *Anordnung mehrerer elektrischer Bauelemente, die vom selben Strom durchflossen werden sollen;* Syn. *Hintereinanderschaltung, Serienschaltung*
Rei|hen|tanz ⟨m.2⟩ → *Reigen (1)*
rei|hen|wei|se ⟨Adv.⟩ **1** *in Reihen;* sich r. aufstellen **2** ⟨übertr.⟩ *in großen Mengen;* es kamen Besucher r.
Rei|her ⟨m.5⟩ *schlanker, hochbeiniger Stelzvogel mit S-förmiger Halskrümmung im Flug und Schmuckfedern am Kopf* (Fisch~, Silber~) [< mhd. *reiger,* < ahd. *reigaro, heigaro,* zur idg. Wurzel *kraikr „heiser schreien"]
Rei|her|en|te ⟨f.11⟩ *Tauchente, deren schwarz-weiße Männchen durch einen Federschopf am Hinterkopf gekennzeichnet sind* [nach den ähnlich gebildeten Schmuckfedern bei Reihern]
rei|hern ⟨V.1, hat gereihert; o.Obj.; derb⟩ *sich übergeben* [weil der Reiher das Futter im Magen zum Horst bringt und den Jungen in den Schnabel oder auf den Nestrand erbricht]
...rei|hig ⟨in Zus.⟩ *mit einer bestimmten oder unbestimmten Zahl von Reihen versehen,* z.B. *zweireihig, mehrreihig*
reih|um ⟨Adv.⟩ **1** *im Kreis von einem zum andern;* r. gehen; er ging r. und sammelte das Geld ein; die Liste ging r. *die Liste wurde im Kreis von einem zum andern gegeben*
Rei|hung ⟨f., -, nur Sg.⟩ *das Reihen (I,1)*
Reih|zeit ⟨f.10; Jägerspr.⟩ *Paarungszeit der Enten* [zu reihen (III)]
Reim ⟨m.1⟩ *gleichartige Silbe(n) am Ende oder in der Mitte mehrerer Wörter;* männlicher, stumpfer R. *einsilbiger R.;* weiblicher, klingender R. *zweisilbiger R.;* reicher R. *drei- oder mehrsilbiger R.;* ~e drechseln, schmieden ⟨meist abwertend⟩ *(schlechte) Verse machen;* sich auf etwas einen R. machen können ⟨übertr., ugs.⟩ *sich etwas erklären können*
rei|men ⟨V.1, hat gereimt⟩ I ⟨o.Obj. oder mit Akk.⟩ *in Reimen dichten;* er kann gut r.; Verse r. II ⟨refl., auch o.Obj.⟩ *(sich) r. einen Reim bilden, im Reim zusammenklingen;* beide Wörter, Zeilen r. sich; in dieser Strophe reimt die zweite mit der vierten Zeile
Rei|me|rei ⟨f.10⟩ **1** ⟨nur Sg.⟩ *schlechtes Reimen* **2** *schlechtes Gedicht*
Reim|schmied ⟨m.1; abwertend⟩ *jmd., der auf plumpe Weise Reime zusammenstellt*
Reim|le|xi|kon ⟨n., -s, -ka⟩ *Nachschlagewerk, in dem Wörter mit gleichen Endsilben aufgeführt sind;* Syn. *Reimwörterbuch*
Reim|paar ⟨n.1⟩ *zwei Verszeilen mit demselben Reim*
Re|im|plan|ta|ti|on ⟨f.10; Med.⟩ *Wiedereinpflanzung;* Syn. *Replantation*
re|im|plan|tie|ren ⟨V.3, hat reimplantiert; mit Akk.; Med.⟩ *wiedereinpflanzen;* Syn. *replantieren*
Reim|wort ⟨n.4⟩ *Wort, das sich auf ein anderes reimt;* „Zwerg" ist ein R. zu „Berg"; ein R. zu „Wasser" suchen
Reim|wör|ter|buch ⟨n.4⟩ → *Reimlexikon*
rein ⟨Adj.⟩ **1** *klar, unverfälscht;* ~e Luft; ~es Wasser; ~er Ton; ~es Deutsch sprechen *fehlerloses Hochdeutsch sprechen;* jmdm. ~en Wein einschenken ⟨übertr., ugs.⟩

jmdn. über die Wahrheit aufklären **2** *unberührt, keusch;* eine ~e Jungfrau **3** *völlig sauber, makellos, gereinigt;* ein ~es Tischtuch auflegen; ein ~es Gewissen haben ein unbelastetes Gewissen haben; ~e Hände, ein ~es Hemd, eine ~e Weste haben (übertr., ugs.) *frei von Schuld sein;* ~en Mund halten (ugs.) *den Mund halten, über etwas schweigen;* die Luft ist r. (übertr., ugs.) *es besteht keine Gefahr mehr;* etwas r. halten, machen; mit sich über etwas im ~en sein *sich bezüglich einer Sache klar sein;* mit jmdm. im ~en sein *mit jmdm. einen Streit beigelegt haben;* mit etwas ins ~e kommen, etwas ins ~e bringen *etwas klären (und erledigen);* mit jmdm. ins ~e kommen *sich mit jmdm. einigen;* mit sich ins ~e kommen *sich über etwas klarwerden (und zu einem Entschluß gelangen);* etwas ins ~e schreiben *etwas in der endgültigen Fassung sauber niederschreiben* **4** *vollkommen, nichts anderes als; das ist ~e Theorie;* er spricht die ~e Wahrheit; das ist ein ~es Wunder **5** (als Adv.) *gänzlich, vollkommen, völlig;* er r. katholische Gegend; das ist r. unmöglich; r. weg sein (ugs.) *völlig begeistert sein;* r. gar nichts wissen

rein... (in Zus. mit Verben ugs. für) *herein..., hinein...,* z.B. reinfallen, reinkommen

Rei|ne ⟨f.11⟩ **1** ⟨nur Sg.; poet.⟩ *Reinheit* **2** ⟨süddt., österr.⟩ *länglicher, flacher Topf* (Brat~); auch: *Raine*

Rei|ne|clau|de ⟨[rɛːnəkloːdə] f.11; frz. Schreibung für⟩ *Renekelode*

Rei|ne|ke ⟨m., -, nur Sg.⟩ *in der Tierfabel Name für den Fuchs;* R. Fuchs

Rei|ne|ma|che|frau ⟨f.10; mdt., berlin.⟩ → *Putzfrau*

rei|ne|ma|chen ⟨n., -s, nur Sg.⟩ *das Säubern, Reinigen;* auch: *Reinmachen*

rein|er|big ⟨Adj., o.Steig.⟩ → *homozygot*

Rei|net|te ⟨[renɛtə] f.11; österr., schweiz.⟩ → *Renette*

rei|ne|weg ⟨Adv.; mdt.⟩ → *reinweg*

Rein|fall ⟨m.2; ugs.⟩ *Mißerfolg, üble Überraschung*

Rein|fek|ti|on ⟨f.10⟩ *Wiederansteckung (mit den gleichen Erregern)*

rein|fi|zie|ren ⟨V.3, hat reinfiziert; refl.⟩ sich r. *sich erneut anstecken*

Rein|ge|winn ⟨m.1⟩ *Gewinn nach Abzug aller Abgaben*

rein|gol|den ⟨Adj., o.Steig.; nur als Attr. und Adv.⟩ *aus reinem Gold;* ein ~er Ring

Rein|hal|tung ⟨f., -, nur Sg.⟩ *Erhaltung, Wiederherstellung des sauberen Zustandes*

Rein|heit ⟨f., -, nur Sg.⟩ **1** *Sauberkeit, Klarheit;* die R. der Gewässer, der Luft **2** *Unverfälschtheit;* die R. einer Lehre erhalten

rei|ni|gen ⟨V.1, hat gereinigt; mit Akk.⟩ **1** *von Schmutz, Flecken befreien, säubern;* die Wohnung r.; ein Kleid chemisch r. (lassen) **2** *frei machen;* jmdn., sich von Schuld, von einem Verdacht r.

Rei|ni|gung ⟨f.10⟩ **1** ⟨nur Sg.⟩ *das Reinigen;* chemische R.; einen Anzug zur R. geben; R. von Kleidern; R. von Schuld, von Sünde **2** ⟨kurz für⟩ *Reinigungsanstalt;* einen Anzug in die R. bringen

Rei|ni|gungs|an|stalt ⟨f.10⟩ *Unternehmen, in dem Textilien (bes. Kleidungsstücke) chemisch gereinigt werden*

Rein|kar|na|ti|on ⟨f.10⟩ *Wiederverkörperung, erneute Fleischwerdung (der Seele nach dem Tode)*

rein|kar|nie|ren ⟨V.3, hat reinkarniert; refl.⟩ sich r. *sich wiederverkörpern*

Rein|kul|tur ⟨f.10⟩ *Isolierung und Züchtung erbgleicher Mikroorganismen (z.B. von Bakterien);* in R. (übertr., ugs.) *ohne Einschränkung;* das ist Kitsch, Egoismus in R.

rein|lich ⟨Adj.⟩ **1** *auf Sauberkeit bedacht;* ein ~er Mensch **2** *sauber, ordentlich;* r. gekleidet **3** *genau, gründlich;* eine ~e Trennung

Rein|lich|keit ⟨f., -, nur Sg.⟩

Rein|ma|chen ⟨n., -s, nur Sg.⟩ → *Reinemachen*

rein|ras|sig ⟨Adj., o.Steig.⟩ *von nur einer Rasse stammend* **Rein|ras|sig|keit** ⟨f., -, nur Sg.⟩

Rein|schiff ⟨n., -(e)s, nur Sg.; Seew.⟩ *gründliche Schiffsäuberung;* R. machen

Rein|schrift ⟨f.10⟩ *saubere Abschrift in der endgültigen Fassung*

Re|in|te|gra|ti|on ⟨f.10⟩ *das Reintegrieren, das Reintegriertwerden*

re|in|te|grie|ren ⟨V.3, hat reintegriert; mit Akk.⟩ **1** *etwas r. wiederherstellen, erneuern* **2** *jmdn. wieder eingliedern;* jmdn. in eine Gruppe, in die Gesellschaft r.

re|in|ve|stie|ren ⟨V.3, hat reinvestiert; mit Akk.⟩ *erneut investieren*

Re|in|ve|sti|ti|on ⟨f.10⟩ *erneute Investition*

rein|wa|schen ⟨V.174, hat reingewaschen; mit Akk., meist refl.⟩ r. *(sich) von Schuld, von einem Verdacht befreien,* er will sich nur r.; er hat sich r. können

rein|weg ⟨Adv., ugs.⟩ *ganz und gar, regelrecht;* auch: reineweg; er hat sie r. an der Nase herumgeführt

rein|wol|len ⟨Adj., o.Steig.; nur als Attr. und Adv.⟩ *aus reiner Wolle*

Reis[1] ⟨n.3⟩ *einjähriger, verholzter Trieb (von Bäumen und Sträuchern)* [< ahd. *ris* in ders. Bed.]

Reis[2] ⟨m., -es, nur Sg.⟩ **1** *in überfluteten Äckern warmer Gebiete angebautes Getreide mit langer Rispe* **2** *dessen Frucht* (Langkorn~, Rundkorn~) [< mhd. *ris* < griech. *oryza* „Reis", aus einer asiat. Sprache]

Rei|se ⟨f.11⟩ *Fahrt (an einen anderen Ort, an andere Orte);* eine R. antreten, machen; eine lange, kurze, schöne R.; die letzte R. antreten (geh.) *sterben;* sich auf die R. begeben (geh.); auf R. gehen *verreisen;* auf ~ sein; etwas auf die R. schicken (ugs.) *etwas wegschicken;* R. ins Ausland, ins Gebirge, ans Meer

Rei|se|buch|han|del ⟨m., -s, nur Sg.⟩ *Buchverkauf durch Vertreter*

Rei|se|bü|ro ⟨n., 9⟩ *Unternehmen, das gegen Entgelt Reisen organisiert*

Rei|se|fie|ber ⟨n., -s, nur Sg.⟩ *leichter Erregungszustand vor einer Reise*

Rei|se|füh|rer ⟨m.5⟩ **1** *Handbuch über Sehenswürdigkeiten für Reisende* **2** *jmd., der Reisenden Sehenswürdigkeiten zeigt und erklärt*

Rei|se|land ⟨n.4⟩ *Land, das häufig Ziel von (Urlaubs)reisen ist;* das R. Italien

Rei|se|lei|ter ⟨m.5⟩ *jmd., der eine Gesellschaftsreise leitet*

Rei|se|lust ⟨f., nur Sg.⟩ *Freude am Reisen, Lust auf eine Reise;* die R. packte ihn wieder

rei|se|lu|stig ⟨Adj.⟩ *gerne verreisend, Lust auf eine Reise verspürend;* eine ~e alte Dame; ich bin zur Zeit nicht r.

Rei|se|mar|schall ⟨m.2⟩ **1** ⟨urspr.⟩ *Reisebegleiter und -organisator eines Fürsten* **2** ⟨scherzh.⟩ *dgl.*

rei|sen ⟨V.1, ist gereist; o.Obj.⟩ **1** *eine Reise machen, auf der Reise sein;* ins Ausland, ans Meer r.; r. tut gut! **2** *Reisen machen, um geschäftlich tätig zu sein, fremde Orte besuchen;* ich reise gern; er ist viel gereist **3** *eine Reise antreten, abreisen, abfahren;* wir r. morgen **4** *als Reisender, als Vertreter tätig sein;* er reist in ganz Bayern; er reist in Seife (ugs., scherzh.) *er arbeitet als Vertreter für Seife*

Rei|sen|de(r) ⟨m., f.17 oder 18⟩ **1** *jmd., der reist* **2** *Handlungsreisender, Vertreter;* R. in Süßwaren

Rei|se|ne|ces|saire ⟨[-sɛsɛːr] n.9⟩ *Reisetasche für Toilettenartikel*

Rei|se|paß ⟨m.2⟩ *Ausweis für Auslandsreisen*

Rei|se|zeit ⟨f.10⟩ **1** *Urlaubszeit* **2** *Zeit, in der viel Reiseverkehr herrscht*

Reis|holz ⟨n., -es, nur Sg.⟩ → *Reisig*

rei|sig ⟨Adj., o.Steig.; †⟩ *beritten, schwer bewaffnet, zum Kriegszug gerüstet* [< mhd. *reisic, reisec* „auf der Reise befindlich, zum Kriegszug gerüstet, beritten", zu reise „Aufbruch, Reise, Kriegszug"]

Rei|sig ⟨n., -(e)s, nur Sg.⟩ *dürre Zweige;* Syn. Reisholz [zu Reis[1]]

Rei|si|ge(r) ⟨m.17 oder 18⟩ **1** ⟨MA⟩ *Ritter, Knappe als Begleiter eines Fürsten im Krieg* **2** ⟨später⟩ *Landsknecht* [< mhd. *reisiger* „Krieger", zu reisig]

Reis|korn ⟨n.4⟩ *einzelnes Korn des Reises[2]*

Reis|lauf ⟨m., -(e)s, nur Sg.⟩ **Reis|lau|fen** ⟨n., -s, nur Sg.⟩ *früher in der Schweiz Söldnerdienst* [zu mhd. *reise* „Kriegszug"]

Reis|läu|fer ⟨m.5; früher in der Schweiz⟩ *Söldner*

Reis|pa|pier ⟨n., -(e)s, nur Sg.⟩ *Papier aus dem Mark der ostasiatischen Papieraralie*

Reiß|ah|le ⟨f.11⟩ *Werkzeug zum Linienziehen auf Holz oder Metall* [zu reißen (I, 8)]

Reiß|aus ⟨nur in der ugs. Wendung⟩ R. nehmen *fliehen, ausreißen* [urspr. Imperativ „reiß aus!"]

Reiß|brett ⟨n.3⟩ *viereckiges Brett mit erhabenen Kanten, auf denen die Reißschiene entlanggeführt werden kann;* Syn. Zeichenbrett

Reiß|brett|stift ⟨m.1⟩ *kurzer Nagel mit breitem Kopf;* Syn. Reißnagel, Reißzwecke, Tapezierenagel

Reiß|schleim ⟨m., -(e)s, nur Sg.⟩ *weichgekochter, durch ein Sieb gerührter Reis (als Diät bei Magen-Darm-Störungen und zum Verdünnen von Säuglingsnahrung)*

rei|ßen ⟨V.96⟩ **I** ⟨mit Akk.; hat gerissen⟩ **1** *durch heftiges Ziehen trennen, zertrennen;* Papier r. (nicht schneiden); etwas in Stücke r. **2** *heftig, grob ziehen;* jmdn. an den Haaren r.; jmdn., etwas zu Boden, in die Höhe, zur Seite, in die Tiefe r. **3** *heftig und rasch wegnehmen;* jmdm. die Kleider vom Leibe r.; jmdm. etwas aus der Hand r.; Pflanzen aus dem Boden, Blätter vom Strauch r.; jmdn. aus dem Schlaf, aus seinen Träumen r. ⟨übertr.⟩ **4** *durch heftiges Ziehen oder Stoßen entstehen lassen;* ein Loch in die Hose r., die Mauer r.; der Nagel hat mir eine Wunde in die Haut, ins Bein gerissen **5** ⟨Jägerspr.⟩ *mit den Reißzähnen tötbeißen;* der Fuchs hat einen Hasen gerissen **6** ⟨Gewichtheben⟩ *stemmen;* das Gewicht r. **7** ⟨Hochsprung, Hürdenlauf⟩ *streifen und zum Fallen bringen;* die Latte, die Hürde r. **8** ⟨†⟩ *zeichnen* **9** *in eine Metallplatte ritzen;* Linien r. **II** ⟨refl.; hat gerissen⟩ **1** *sich r. durch heftiges Streifen an etwas sich verletzen;* ich habe mich (an dem Nagel) gerissen **2** *sich um etwas oder jmdn. r. sich heftig bemühen, etwas zu bekommen oder jmdn. zu gewinnen;* die Leute rissen sich um die Ware; man reißt sich um ihn **III** ⟨o.Obj.; ist gerissen⟩ *durch starken Zug entzweigehen;* das Seil ist gerissen; der Stoff, das Papier reißt leicht; jetzt reißt mir die Geduld! ⟨übertr.⟩

Rei|ßen ⟨n., -s, nur Sg.; volkstüml.⟩ → *Rheumatismus;* das R. in den Füßen haben

rei|ßend ⟨Adj.⟩ **1** *ungestüm, rasch fließend;* ~er Strom; der Fluß ist r. **2** *rasch;* die Ware findet r. Absatz; er wird seine Bilder r. los **3** ⟨o.Steig.⟩ ~es Tier *Tier, das mit den Reißzähnen tötet, Raubtier*

Rei|ßer ⟨m.5; ugs.⟩ **1** *Ware, die guten Absatz findet* **2** *vielgelesenes Buch, aber nicht bes. wertvolles Buch* **3** *erfolgreicher, aber nicht bes. guter Film oder ebensolches Theaterstück*

rei|ße|risch ⟨Adj.⟩ *mit groben oder billigen Mitteln auf große Wirkung zielend;* eine r. aufgemachte Ware; ~e Reklame

Reiß|fe|der ⟨f.11⟩ *Feder zum Ziehen von Linien mit Tusche*

reiß|fest ⟨Adj., -er, am -esten⟩ *widerstandsfähig gegen Reißen (I, 1, III)*

Reiß|län|ge ⟨f., -, nur Sg.⟩ *Maß für die Reißfestigkeit (von Papier und Garnen)*

Reiß|lei|ne ⟨f.11⟩ Leine zum Öffnen des Fallschirms

Reiß|na|gel ⟨m.6⟩ →Reißbrettstift

Reiß|schie|ne ⟨f.11⟩ Lineal mit Querleiste an einem Ende zum Zeichnen auf dem Reißbrett

Reiß|ver|schluß ⟨m.2⟩ Verschluß an Kleidungsstücken, Taschen u. a. aus zwei Bändern, an denen Zähnchen sitzen, die durch einen Schieber ineinandergeschoben werden; Syn. (österr.) Zipp

Reiß|ver|schluß|sy|stem ⟨n., -s, nur Sg.⟩ das Sicheinordnen von Fahrzeugen aus zwei Richtungen jeweils eins ums andere in eine einzige Fahrspur

Reiß|wolf ⟨m.2⟩ Maschine mit einer zahnbesetzten Trommel zum Auflockern verfilzter Wollhaare, zum Aufreißen von alten Wollstoffen und zum Zerreißen von Papier (für die Wiederverwendung)

Reiß|wol|le ⟨f.11⟩ zerrissene Wollumpen als Spinnmaterial

Reiß|zahn ⟨m.2⟩ Eckzahn (im Gebiß von Raubtieren) zum Zerreißen der Beute

Reiß|zeug ⟨n., -(e)s, nur Sg.⟩ alle Geräte für technisches Zeichnen

Reiß|zir|kel ⟨m.5⟩ Zirkel mit Reißfeder

Reiß|zwecke ⟨-k·k-; f.11⟩ →Reißbrettstift

Rei|ste ⟨f.11; schweiz.⟩ →Riese² [Herkunft nicht bekannt]

rei|sten ⟨V.2, hat gereistet; mit Akk.; schweiz.⟩ auf einer Reiste ins Tal befördern; Holz r.

Reis|was|ser|stuhl ⟨m.2⟩ wässeriger, grauweißer Stuhlgang bei Cholera

Reis|wein ⟨m., -(e)s, nur Sg.⟩ →Sake

Reit|bahn ⟨f.10⟩ Raum für Reitunterricht und zum Zureiten von Pferden

Rei|tel ⟨m.5; mdt.⟩, **Rei|tel|holz** ⟨n.4⟩ kleiner Stock zum Durchstecken oder Drehen von Verschlüssen, Knebel

rei|teln ⟨V.1, hat gereitelt; mit Akk.; mdt.⟩ mittels Reitels schließen oder festdrehen

rei|ten ⟨V.97⟩ I ⟨o.Obj.; ist (auch: hat) geritten⟩ sich auf einem Tier fortbewegen; durch den Wald r.; er reitet gern; ich bin heute lange, zwei Stunden geritten; auf einem Esel, Elefanten r.; das Schiff reitet auf den Wellen ⟨übertr.⟩ das Schiff schaukelt auf den Wellen II ⟨mit Akk.⟩ 1 ⟨hat geritten⟩ ein Tier r. a sich auf einem Tier fortbewegen, als Reiter ein Tier benutzen oder an einen Ort bringen; ein teures Pferd, einen Schimmel, eine Stute r.; ein Pferd in die Schwemme r. b begatten; der Stier reitet die Kuh 2 etwas r. a ⟨hat geritten⟩ als Reiter zurücklegen; einen Weg r. b ⟨hat oder ist geritten⟩ als Reiter ausführen, bewältigen; im Rennen r.; Hohe Schule r.; (bei der Dressur) Figuren r. 3 ⟨hat geritten⟩ jmdn. r. ⟨nur in bestimmten Wendungen⟩ dich hat wohl der Teufel geritten? du bist wohl verrückt?; ich glaube, ihn reitet ein böser Geist er tut böse Dinge

Rei|ter¹ ⟨m.5⟩ 1 jmd., der reitet; Syn. ⟨poet.⟩ Reitersmann 2 berittener Soldat; leichter, schwerer R. 3 Gestell zum Trocknen (z.B. von Heu) 4 leicht auf- und abbaubares Gestell (für Werbezwecke) 5 metallene, farbige Klemme zum Kennzeichnen von Karteikarten 6 bewegliches Maschinenteil, das auf einer Stange entlanggeführt werden kann (z.B. Laufgewicht an Waagen) [< mhd. riter, zu ahd. ritan „reiten"]

Rei|ter² ⟨f.11; oberdt.⟩ grobes Sieb [< mhd. riter, zu ahd. rit(e)ron „sieben"]

Rei|te|rei ⟨f., -, nur Sg.⟩ 1 das Reiten; sein Hobby ist die R. 2 lästiges, andauerndes Reiten; nach tagelanger R. 3 →Kavallerie

rei|ter|lich ⟨Adj., o.Steig.⟩ das Reiten betreffend, als Reiter; ~es Können; sich r. betätigen

rei|tern ⟨V.1, hat gereitert; mit Akk.; süddt.⟩ durch die Reiter² sieben

Rei|ter|sitz ⟨m., -es, nur Sg.⟩ Sitzhaltung mit gespreizten Beinen; auch: Reitsitz

Rei|ters|mann ⟨m.4; poet.⟩ →Reiter¹ (1)

Rei|ter|trup|pe ⟨f.11⟩ →Kavallerie

Reit|ger|te ⟨f.11⟩ kleine Peitsche mit kurzer Schnur zum Lenken des Reitpferdes; Syn. Reitpeitsche

Reit|ho|se ⟨f.11⟩ an den Waden enganliegende Hose mit verstärktem Gesäßteil

Reit|kleid ⟨n.3⟩ Kleid mit langem, weitem Rock zum Reiten im Damensitz

Reit|knecht ⟨m.1; †⟩ Knecht, der die Reitpferde füttert und pflegt

Reit|kno|chen ⟨m.7⟩ Knochenbildung in den Schenkelmuskeln (eine Muskelerkrankung bei Reitern)

Reit|peit|sche ⟨f.11⟩ →Reitgerte

Reit|pferd ⟨n.1⟩ Pferd zum Reiten (im Unterschied zum Zugpferd, Wagenpferd)

Reit|schu|le ⟨f.11⟩ 1 Schule, in der Reitunterricht erteilt wird 2 ⟨südwestdt., schweiz.⟩ →Karussell

Reit|sitz ⟨m., -es, nur Sg.⟩ →Reitersitz

Reit|stall ⟨m.2⟩ 1 Stall für Reitpferde 2 Gesamtheit der Reitpferde; er hat einen großen R.

Reit|stock ⟨m.2⟩ Teil einer Drehmaschine

Reit|tier ⟨n.1⟩ Tier zum Reiten (z.B. Pferd, Esel, Kamel); einen Ochsen als R. benutzen

Reit|tur|nier ⟨n.1⟩ sportlicher Wettkampf im Reiten

Reit- und Fahr|tur|nier ⟨n.1⟩ sportlicher Wettkampf im Reiten und im Fahren von Pferdegespannen

Reit|weg ⟨m.1⟩ Sandweg für Reiter (neben der Fahrstraße oder im Wald)

Reiz ⟨m.1⟩ 1 etwas, das von außen auf einen Organismus einwirkt und in ihm physische oder psychische Vorgänge auslöst (z.B. Licht, Schall, Verhaltensweise); chemische, mechanische ~ 2 angenehme, lustvolle Wirkung; ein Anblick von eigenartigem R.; diese Musik übt einen starken R. aus; der R. der Neuheit läßt bald nach 3 Zauber, Liebreiz, Anmut, erotisch wirksame Eigenschaft; weibliche ~e; sie ließ ihre ~e spielen 4 Verlockung; der R. des Verbotenen; einem R. folgen

reiz|bar ⟨Adj.⟩ 1 fähig, Reize aufzunehmen und zu beantworten; Syn. reizempfänglich 2 leicht erregbar, ungeduldig, aufbrausend

Reiz|bar|keit ⟨f., -, nur Sg.⟩ 1 Fähigkeit, Reize aufzunehmen und zu beantworten 2 leichte Erregbarkeit, Ungeduld; seine R. heute ist unerträglich

Reiz|be|hand|lung ⟨f.10⟩ Heilbehandlung durch Reizen von Organen (z.B. durch Wärme, Massage); Syn. Reiztherapie

Reiz|be|we|gung ⟨f.10⟩ Bewegung von Pflanzen durch Reize von außen hin

reiz|emp|fäng|lich ⟨Adj.⟩ →reizbar (1)

reiz|emp|find|lich ⟨Adj.⟩ bes. empfindsam gegen Reize

rei|zen ⟨V.1, hat gereizt⟩ I ⟨mit Akk.⟩ 1 etwas r. einen Reiz auf etwas ausüben; das grelle Licht reizt die Augen; diese Creme reizt die Haut; dieser Anblick reizt meinen Appetit 2 jmdn. r. a ärgern, ungeduldig machen, peinigen; sein Verhalten reizt mich maßlos; reiz ihn doch nicht länger mehr!; er reizt mich bis zum Zorn, bis zu Tränen; gereizt ungeduldig, aufbrausend, verärgert; gereizt, in gereiztem Ton antworten; die Stimmung war gereizt b verlocken, stark anziehen; der Kuchen reizt mich; es reizt mich, dieses Spiel einmal auszuprobieren; kann mich nicht r.! 3 ⟨Jägerspr.⟩ Wild r. durch nachgeahmte Tierlaute anlocken II ⟨o.Obj.; Skat⟩ Zahlenwerte nennen, um das höchste Spiel zu ermitteln [vielleicht zu Faktitivum zu reißen, also „reißen machen, erregen"]

rei|zend ⟨Adj.⟩ 1 einen Reiz (3), Zauber ausübend, anziehend, erfreuend, lieblich; ein ~es Kind, Mädchen; sie ist r. 2 entgegenkommend, liebenswürdig und hilfreich; das ist r. von Ihnen! 3 ⟨iron.⟩ unangenehm; das ist ja eine ~e Bescherung eine unangenehme Überraschung; das kann ja r. werden!

Reiz|füt|te|rung ⟨f.10; Bienenzucht⟩ zusätzliche Fütterung

Reiz|hu|sten ⟨m., -s, nur Sg.⟩ anhaltender Husten, der durch einen Juckreiz im Hals hervorgerufen wird

Reiz|ker ⟨m.5⟩ Blätterpilz, dessen Fruchtkörper bei Verletzung (roten) Milchsaft ausscheidet (Blut~, Fichten~) [< sorb. ryzyk, zu ryzy „rötlich"]

Reiz|kli|ma ⟨n., -s, -s oder -ma|ta oder -ma|te⟩ Klima mit starker Reizwirkung auf den Organismus

Reiz|kör|per|the|ra|pie ⟨f.11⟩ Behandlung mit Reizstoffen (z.B. artfremdem Eiweiß) zur Anregung der Abwehrfunktionen

Reiz|lei|tungs|sy|stem ⟨n., -s, nur Sg.⟩ erregungsleitende Verbindung zwischen Herzvorhöfen und -kammern

reiz|los ⟨Adj., -er, am -esten⟩ 1 keinen Reiz (1) ausübend; ~e Kost 2 keinen Reiz (3) besitzend; ein ~es Mädchen

Reiz|mit|tel ⟨n.5⟩ 1 Mittel, das einen physischen Reiz ausübt (z.B. Koffein, Nikotin) 2 Mittel, das jmdn. verlocken soll (z.B. Versprechung)

Reiz|schwel|le ⟨f.11⟩ geringster Grad eines Reizes, der zur Wahrnehmung durch einen Organismus notwendig ist; eine hohe, niedrige R. haben einen starken, schwachen Reiz brauchen, um reagieren zu können

Reiz|stoff ⟨m.1; Med.⟩ 1 Substanz, die als Reiz auf bestimmte Organe wirkt 2 Substanz mit ätzender Wirkung auf Haut, Schleimhäute und Augen

Reiz|the|ra|pie ⟨f.11⟩ →Reizbehandlung

Reiz|über|flu|tung ⟨f.10⟩ Übermaß der täglich auf den Menschen einwirkenden Reize

Rei|zung ⟨f.10⟩ das Reizen (I,1), das Gereiztwerden; R. der Haut, der Augen

reiz|voll ⟨Adj.⟩ einen Reiz (3) ausübend, besitzend; eine ~e Beschäftigung; ein ~es Mädchen

Re|jek|ti|on ⟨f.10⟩ 1 ⟨Med.⟩ Wiederabstoßen eines eingepflanzten Organs durch den Körper 2 ⟨Rechtsw.⟩ Abweisung (eines Antrags, einer Klage) [zu rejizieren]

re|jek|to|ri|um ⟨n., -s, -ri|en⟩ abweisendes Urteil (eines übergeordneten Gerichtes)

re|ji|zie|ren ⟨V.3, hat rejiziert; mit Akk.⟩ 1 ⟨Rechtsw.⟩ abweisen; einen Antrag, eine Klage r. 2 ⟨Med.⟩ wieder abstoßen; ein eingepflanztes Organ r. [< lat. reicere „zurückstoßen, -werfen, ablehnen"; < re... „zurück" und ...icere (in Zus. für iacere) „werfen"]

Re|ka|pi|tu|la|ti|on ⟨f.10⟩ 1 Wiederholung, Zusammenfassung 2 ⟨Biol.⟩ Wiederholung der stammesgeschichtlichen Entwicklung (vor der Geburt) [zu rekapitulieren]

re|ka|pi|tu|lie|ren ⟨V.3, hat rekapituliert; mit Akk.⟩ zusammenfassend wiederholen; das Gesagte, Gehörte r.; ich will meine Ausführungen kurz r. [< lat. recapitulare „in den Hauptpunkten zusammenfassen, wiederholen"; < re... „wieder" und capitulum „Abschnitt", → Kapitel]

Re|kel ⟨m.5; norddt.⟩ grober Kerl

re|keln ⟨V.1, hat gerekelt; refl.; ugs.⟩ sich wohlig dehnen; auch: räkeln [zu nddt. Rekel „Flegel"]

Re|kla|mant ⟨m.10⟩ jmd., der eine Beschwerde führt, Einspruch erhebt [zu reklamieren]

Re|kla|ma|ti|on ⟨f.10⟩ Beschwerde, Beanstandung von Mängeln; wir bekommen wegen dieses Artikels immer wieder ~en [zu reklamieren]

Re|kla|me ⟨f.11⟩ das Anpreisen, Bekanntmachen (von Waren), Werbung; R. für etwas machen [< frz. réclame „marktschreierische Anpreisung", zu réclamer „begehren, fordern, beanspruchen" (nämlich Interesse), →reklamieren]

Re|kla|me|chef ⟨[-ʃɛf] m.9⟩ *Leiter der Werbeabteilung, Werbeleiter*

Re|kla|me|feld|zug ⟨m.2⟩ *Reklame in großem Stil über eine gewisse Zeit;* einen R. beginnen, führen

Re|kla|me|schild ⟨n.3⟩ *Schild mit Aufschrift (und Bild), das für etwas Reklame macht*

Re|kla|me|trom|mel ⟨f.11; nur in der Wendung⟩ die R. rühren, schlagen *für etwas Reklame machen*

Re|kla|me|zeich|ner ⟨m.5⟩ *Zeichner von Plakaten u.ä., auf denen für etwas Reklame gemacht wird*

re|kla|mie|ren ⟨V.3, hat reklamiert⟩ **I** ⟨mit Akk.⟩ etwas r. **1** *beanstanden, erklären, daß etwas nicht einwandfrei sei, und Ersatz oder Berichtigung verlangen;* eine Ware, einen Betrag r. **2** *erklären, daß etwas nicht angekommen sei, und verlangen, daß nachgeforscht wird;* eine Postsendung r. **II** ⟨o.Obj.⟩ *sich beschweren, Einspruch erheben;* wir müssen (wegen dieser Sache) r. [< frz. *réclamer* „Einspruch erheben, fordern", < lat. *reclamare* „laut dagegenrufen, laut widersprechen", < *re...* „entgegen" und *clamare* „laut rufen, schreien"]

Re|kli|na|ti|on ⟨f.10⟩ *Zurückbiegen (der krankhaft verkrümmten Wirbelsäule)* [< lat. *reclinatio* „das Zurückbiegen, -beugen", zu *reclinare* „zurückbiegen, -beugen"]

re|ko|gnos|zie|ren ⟨V.3, hat rekognosziert; mit Akk., auch o.Obj.; Mil.⟩ *erforschen, auskundschaften;* ein Gelände r.; r. gehen [< lat. *recognoscere* „wieder durchsehen, prüfen, besichtigen", < *re...* „wieder" und *cognoscere* „kennenlernen, untersuchen"]

Re|kom|bi|na|ti|on ⟨f.10⟩ **1** ⟨Biol.⟩ *Neuzusammenstellung (von Erbfaktoren)* **2** ⟨Phys.⟩ *Wiedervereinigung (verschieden geladener Ionen zu neutralen Gebilden)*

Re|kom|man|da|ti|on ⟨f.10⟩ **1** ⟨†⟩ *Empfehlung* **2** ⟨Post; österr.⟩ *Einschreiben* [zu *rekommandieren*]

re|kom|man|die|ren ⟨V.3, hat rekommandiert; mit Akk.⟩ **1** ⟨†⟩ *empfehlen* **2** ⟨Post; österr.⟩ *einschreiben lassen;* rekommandierter Brief *eingeschriebener Brief* [< lat. *re...* „wieder" und *commendare* „empfehlen, angvertrauen", → *kommandieren*]

Re|kom|pens ⟨f.10⟩, **Re|kom|pen|sa|ti|on** ⟨f.10⟩ *Entschädigung* [zu *rekompensieren*]

re|kom|pen|sie|ren ⟨V.3, hat rekompensiert; mit Akk.⟩ *entschädigen* [< lat. *recompensare* „wieder ausgleichen"]

re|kon|sti|tu|ie|ren ⟨V.3, hat rekonstituiert; mit Akk.⟩ *wiederherstellen* [< lat. *re...* „wieder" und *constituere* „aufstellen, einsetzen"]

Re|kon|sti|tu|ti|on ⟨f.10⟩ *Wiederherstellung* [zu *rekonstituieren*]

re|kon|stru|ie|ren ⟨V.3, hat rekonstruiert; mit Akk.⟩ **1** *in seinem ursprünglichen Zustand wiederherstellen, nachbilden;* ein antikes Bauwerk r. **2** *aus dem Gedächtnis möglichst genau berichten;* ein Gespräch, einen Vorgang r. [< lat. *re...* „wieder" und *construieren*]

Re|kon|struk|ti|on ⟨f.10⟩ **1** *Wiederherstellung des ursprünglichen Zustandes, genauer Nachbildung;* R. eines Bauwerks **2** *genauer Bericht nach der Erinnerung;* R. eines Vorgangs, Gesprächs [zu *rekonstruieren*]

re|kon|va|les|zent ⟨Adj., o.Steig.⟩ *genesend* [zu *Rekonvaleszenz*]

Re|kon|va|les|zent ⟨m.10⟩ *jmd., der von einer Krankheit gesundet, Genesender;* er ist noch R. *er ist noch nicht gesund, aber auf dem Weg der Besserung*

Re|kon|va|les|zenz ⟨f., -, nur Sg.⟩ *Genesung, Gesundung* [< lat. *re...* „wieder" und *Konvaleszenz*]

Re|kon|zi|li|a|ti|on ⟨f.10⟩ **1** *erneute Weihe (einer Kirche)* **2** *Wiederaufnahme (eines Büßers) in die Kirchengemeinschaft*

Re|kord ⟨m.1⟩ *Höchstleistung (eines Sport-*

lers) [< engl. *record* in ders.Bed., eigtl. „Aufzeichnung, Bericht", zu *to record* „aufschreiben, aufzeichnen", also eigtl. „höchste der bisher registrierten Leistungen"]

Re|kord... ⟨in Zus.⟩ *höchste Steigerung,* z.B. Rekordbesuch

Re|kord|ler ⟨m.5⟩ *jmd., der einen Rekord aufstellt*

Re|krea|ti|on ⟨f., -, nur Sg.; †⟩ *Erholung, Erfrischung*

re|kre|ie|ren ⟨V.3, hat rekreiert; refl.; †⟩ sich r. *sich erfrischen, sich erholen* [< lat. *recreare* „von neuem schaffen", < *re...* „wieder" und *creare* „schaffen"]

Re|krut ⟨m.10⟩ *Soldat in der Grundausbildung* [< frz. *recrue* „Nachwuchs; Aushebung; der Ausgehobene, Rekrut", zu *recroître* „nachwachsen", < *re...* „wieder" und *croître* < lat. *crescere* „wachsen"]

re|kru|tie|ren ⟨V.3, hat rekrutiert⟩ **I** ⟨mit Akk.⟩ *(als Rekrut) einberufen;* einen Jahrgang r. **II** ⟨refl.⟩ sich r. *sich ergänzen, sich zusammensetzen;* diese Gruppen r. sich aus Angehörigen aller Berufe **Re|kru|tie|rung** ⟨f., -, nur Sg.⟩

Rek|ta ⟨Pl.von⟩ *Rektum*

Rek|ta|in|dos|sa|ment ⟨n.1⟩, **Rek|ta|klau|sel** ⟨f.11⟩ *Verbot der Übertragung durch Indossament (auf Orderpapieren)*

rek|tal ⟨Adj., o.Steig.⟩ *zum Mastdarm gehörig, im, durch den Mastdarm;* Temperatur r. messen [zu *Rektum*]

Rek|ta|pa|pier ⟨n.1⟩ *auf den Namen des Berechtigten lautendes (unübertragbares) Wertpapier* [< lat. *recta,* Fem. von *rectus,* „gerade, richtig, wie es sich gehört", zu *regere* „geraderichten"]

Rek|ta|scheck ⟨m.9 oder m.1⟩ *Scheck mit Rektaindossament*

Rekt|as|zen|si|on ⟨f.10; in Sternkarten⟩ *Koordinate eines Sterns* [< lat. *recta* „gerade" und *ascensio,* Gen. *-onis,* „Aufstieg"]

rek|te ⟨schwundene Schreibung für⟩ *recte*

Rek|ti|fi|kat ⟨n.1; Chem.⟩ *Fraktion (nach wiederholter Destillation)* [zu *rektifizieren*]

Rek|ti|fi|ka|ti|on ⟨f.10⟩ **1** ⟨†⟩ *Berichtigung, Reinigung* **2** ⟨Chem.⟩ *wiederholte Destillation* **3** ⟨Math.⟩ *Längenbestimmung des Bogens einer gekrümmten Kurve* [zu *rektifizieren*]

rek|ti|fi|zie|ren ⟨V.3, hat rektifiziert; mit Akk.⟩ **1** ⟨†⟩ *berichtigen* **2** ⟨Chem.⟩ *wiederholt destillieren* **3** ⟨Math.⟩ *eine Kurve r. die Bogenlänge einer Kurve bestimmen* [< mlat. *rectificare* „berichtigen", zu lat. *rectus* „gerade, richtig, sachgemäß" und *...ficare* in Zus. für *facere* „machen"]

Rek|ti|on ⟨f.10⟩ *Fähigkeit eines Wortes, einen bestimmten Kasus eines von ihm abhängigen Wortes oder eine bestimmte Präposition zu fordern* [zu *regieren*]

Rek|to ⟨n.15⟩ *Vorderseite (eines Blattes im Buch);* Ggs. *Verso*

Rek|tor ⟨m.13⟩ **1** *Leiter (einer Hochschule oder Schule)* **2** *leitender Geistlicher (einer Nebenkirche o.ä.)* [< lat. *rector* „Leiter, Führer, Erzieher", zu *regere* „lenken, leiten", eigtl. „geraderichten, auf ein Ziel richten"]

Rek|to|rat ⟨n.1⟩ **1** *Amt, Amtszeit eines Rektors* **2** *Diensträume eines Rektors*

Rek|to|skop ⟨n.1⟩ *Mastdarmspiegel* [< *Rektum* und *...skop*]

Rek|to|sko|pie ⟨f.11⟩ *Untersuchung des Mastdarms mit dem Rektoskop*

Rek|tum ⟨n., -s, -ta⟩ → *Mastdarm* [< lat. *intestinum rectum* „gerade verlaufender Darm", zu *rectus,* „gerade" und *Intestinum*]

Re|ku|pe|ra|ti|on ⟨f., -, nur Sg.; bei Kokereiöfen⟩ *Verfahren zur Luftvorwärmung durch heiße Abgase* [< lat. *recuperare* „wiedererlangen"]

Re|ku|pe|ra|tor ⟨m.13⟩ *Luftvorwärmer*

re|kur|rie|ren ⟨V.3, hat rekurriert; o.Obj.; †⟩ **1** *(zu etwas) seine Zuflucht nehmen*

2 ⟨Rechtsw.⟩ *Beschwerde, Berufung einlegen* **3** auf etwas r. *auf etwas vorher, früher Erkanntes zurückgehen, Bezug nehmen* [< lat. *recurrere* „zurücklaufen, zurückkehren, seine Zuflucht nehmen", < *re...* „zurück" und *currere* „laufen"]

Re|kurs ⟨m.1; †⟩ **1** ⟨Rechtsw.⟩ *Beschwerde, Berufung* **2** *Bezugnahme, Rückgriff (auf etwas)* [< lat. *recursus* in ders.Bed., eigtl. „das Zurückgehen, Rückkehr", zu *recurrere,* → *rekurrieren*]

Re|kur|si|ons|for|mel ⟨f.11⟩ *mathematische Formel, durch deren immer wiederkehrende Anwendung ein Problem schließlich gelöst wird*

re|kur|siv ⟨Adj., o.Steig.; Math.⟩ *(auf bekannte Werte) zurückgehend* [zu *Rekurs*]

Re|lais ⟨[rəlɛ] n., - [rəlɛ(s)], - [rəlɛs]⟩ **1** *(früher) Poststelle* **2** *(früher) Station zum Wechseln der Postpferde* **3** *elektrisches Gerät, das mit Hilfe von kleinen Energien große schaltet* [frz., zu *relayer* „sich bei der Arbeit ablösen, frische Pferde nehmen", < altfrz. *relaier* „zurücklassen" (d.h. eigtl. „den einen nehmen und den anderen zurücklassen"), < *re...* „zurück" und altfrz. *laier* „verlassen"]

Re|lais|sta|ti|on ⟨f.10⟩ *Verstärkerstelle bei der Nachrichtenübertragung zur Auffrischung der durch Leitungsverluste geschwächten Signale*

Re|laps ⟨m.1⟩ *Rückfall (in eine Krankheit), erneuter Anfall (z.B. von Fieber)* [< lat. *relapsio,* Gen. *-onis,* „das Zurückgleiten"]

Re|la|ti|on ⟨f.10⟩ *Beziehung, Verhältnis (mehrerer Dinge zueinander);* die R. zwischen Form und Inhalt (eines Schriftwerkes); etwas zu etwas anderem in R. setzen [< lat. *relatio,* Gen. *-onis,* „Verhältnis, Beziehung", eigtl. „das (Hin- und) Zurücktragen", zu *referre* (Perfekt: *relatus*) „zurücktragen, -bringen"]

re|la|tiv ⟨Adj., o.Steig.⟩ **1** *auf etwas bezogen, im Verhältnis zu etwas stehend;* Ggs. *absolut (2);* ~e *Luftfeuchtigkeit Prozentsatz der Luftfeuchtigkeit bezogen auf die bei gleicher Temperatur größtmögliche Luftfeuchtigkeit;* ~es *Gehör Fähigkeit, einen Ton nach Intervalle zu bestimmen;* ~e *Mehrheit Mehrheit im Verhältnis zu den übrigen Gesamtzahlen der abgegebenen Stimmen (aber unter 50%);* ~e *Zahl Zahl mit einem negativen oder positiven Vorzeichen;* er ist r. groß *er ist groß im Vergleich zu seinen Altersgenossen;* das ist r. viel, wenig *viel, wenig im Verhältnis zur möglichen Gesamtmenge* **2** *eingeschränkt, verhältnismäßig, ziemlich;* es ist r. schnell gegangen; mir geht es wieder r. gut **3** ⟨Gramm.⟩ *auf ein vorher genanntes Wort bezüglich;* ~es *Pronomen* [< lat. *relativus* „bezüglich, sich auf etwas beziehend", zu *relatus* „zurückgewendet", zu *referre* „sich auf etwas zurückwenden, zurückkehren, zurückbringen, -tragen", < *re...* „zurück" und *ferre* „tragen, bringen"]

Re|la|tiv ⟨n.1⟩ → *Relativpronomen*

re|la|ti|vie|ren ⟨V.3, hat relativiert; mit Akk.⟩ etwas r. **1** *etwas zu etwas anderem in Beziehung setzen;* Werte, Größen r.; einen Gewinn, eine Leistung r. **2** *einschränken;* sein Einsatz für andere wird dadurch relativiert, daß er ja auch seinen Profit davon hat

Re|la|ti|vis|mus ⟨m., -, nur Sg.⟩ *Lehre, daß nur relative, keine absolute Erkenntnis möglich sei, daß alle Dinge nur in ihren Beziehungen zueinander, aber nicht an sich erkennbar seien*

Re|la|ti|vi|tät ⟨f.10⟩ **1** *Bezüglichkeit, Bezogenheit* **2** *eingeschränkte Gültigkeit*

Re|la|ti|vi|täts|the|o|rie ⟨f., -, nur Sg.⟩ *von Albert Einstein aufgestellte Theorie über Raum, Zeit, Masse und Energie, in der die Lichtgeschwindigkeit als die höchste für Materie erreichbare Geschwindigkeit angesehen wird und die Masse m und Energie E über die Lichtgeschwindigkeit c in der Beziehung* $E = mc^2$ *verbunden sind*

Relativpronomen

Re|la|tiv|pro|no|men ⟨n., -s, - oder -mi|na⟩ *bezügliches Fürwort;* Syn. *Relativ(um)*

Re|la|tiv|satz ⟨m.2⟩ *Nebensatz, der durch ein Relativpronomen an einen Hauptsatz angeschlossen ist;* Syn. *Bezugssatz*

Re|la|ti|vum ⟨n., -s, -va⟩ → *Relativpronomen*

Re|la|xans ⟨n., -, -xan|tia [-tsja] oder -xan|zi|en⟩ *Entspannung od. Erschlaffung bewirkendes Arzneimittel* [< lat. *relaxans* „lockernd", → *Relaxation*]

Re|la|xa|ti|on ⟨f.10⟩ **1** *Erschlaffung, Entspannung (z.B. von Muskeln)* **2** ⟨Phys.⟩ *das Zurückbleiben einer Wirkung hinter einer Ursache* **3** *Wiederherstellung eines chemischen Gleichgewichts nach einer vorangegangenen Störung* [< lat. *relaxatio*, Gen. *-onis*, „Entspannung, Erholung", zu *relaxare* „lockern, lösen"]

re|laxed ⟨ri|ɛkst⟩ Adj., o.Steig. ⟨ugs.⟩ *entspannt, locker, behaglich gelöst* [engl., zu *to relax* „sich entspannen"]

Re|lease-Zen|trum ⟨ri|li:z-⟩ n., -s, -tren⟩ *(durch Privatinitiative entstandene) Einrichtung zur Behandlung von Süchtigen* [< engl. *to release* „loslassen, befreien" und *Zentrum*]

Re|le|ga|ti|on ⟨f.10⟩ *Verweisung (von einer Schule oder Hochschule)*

re|le|gie|ren ⟨V.3, hat relegiert; mit Akk.⟩ *(von einer Schule oder Hochschule) verweisen* [< lat. *relegare* „fortschicken, verbannen, entfernen", < *re...* „zurück" und *legare* „senden"]

re|le|vant ⟨[-vant] Adj., -er, am -esten⟩ *von Belang, erheblich, wichtig;* Ggs. *irrelevant; das ist in diesem Zusammenhang nicht r.* [älterer Bed.: „richtig, schlüssig, beweiskräftig", < lat. *relevans*, Gen. *-antis*, Part. Präs. von *relevare* „aufheben, in die Höhe heben" (und dadurch sichtbar, erkennbar machen)]

Re|le|vanz ⟨f., -, nur Sg.⟩ *Wichtigkeit, Erheblichkeit;* Ggs. *Irrelevanz*

Re|lia|bi|li|tät ⟨f., -, nur Sg.; bei Testverfahren⟩ *Zuverlässigkeit, Meßgenauigkeit*

Re|lief ⟨[-ljɛf] n.9 oder n.1⟩ **1** *Form der Erdoberfläche* **2** *kartographische Nachbildung der Erdoberfläche* **3** *aus einer Fläche erhaben herausgearbeitete Plastik;* Syn. *Hochbild* [< frz. *relief* „erhabene Arbeit, Hervortreten", zu *relever* „höher machen, erhöhen"]

Re|li|ef|kar|te ⟨f.11⟩ **1** *Landkarte, in der die Erdoberfläche durch gute Geländedarstellung plastisch erscheint* **2** *Landkarte aus Kunststoffolie, in die Geländeformen wie im Relief geprägt worden sind*

Re|li|ef|sti|cke|rei ⟨-k|k-; f.10⟩ *Stickerei, bei der das Muster mit dichten Stichen überstickt wird, so daß es erhaben hervortritt;* Syn. *Hochstickerei*

Re|li|gi|on ⟨f.10⟩ **1** *Glaube an eine oder mehrere überirdische Mächte sowie deren Kult* **2** *Glaubensbekenntnis; christliche, jüdische R.* **3** ⟨kurz für⟩ *Religionsunterricht* [< lat. *religio*, Gen. *-onis*, „rücksichtsvolle, gewissenhafte Beachtung, bes. von Heiligem, Frömmigkeit, Gottesfurcht", zu *religens* „gottesfürchtig", wahrscheinlich zu *religere* „rücksichtsvoll beachten"]

Re|li|gi|ons|buch ⟨n.4⟩ *Lehrbuch für den Religionsunterricht*

Re|li|gi|ons|frie|de ⟨m.15⟩ *Friedensschluß nach dem Ende eines Religionskrieges*

Re|li|gi|ons|ge|mein|schaft ⟨f.10⟩ *Gesamtheit der Anhänger einer Religion;* Syn. *Glaubensgemeinschaft*

Re|li|gi|ons|krieg ⟨m.1⟩ *(angeblich) wegen Glaubenskonflikten geführter Krieg;* Syn. *Glaubenskrieg*

re|li|gi|ons|los ⟨Adj., o.Steig.⟩ *keiner Religion oder Kirche angehörend*

Re|li|gi|ons|phi|lo|so|phie ⟨f., -, nur Sg.⟩ **1** *Philosophie, die sich mit dem Wesen der Religion beschäftigt* **2** *Gesamtheit von religiös ausgerichteten philosophischen Theorien; christliche R.*

Re|li|gi|ons|so|zio|lo|gie ⟨f., -, nur Sg.⟩ *Teil der Soziologie, der die sozialen Hintergründe der Religionen untersucht*

Re|li|gi|ons|stif|ter ⟨m.5⟩ *Gründer einer Religion*

Re|li|gi|ons|wis|sen|schaft ⟨f., -, nur Sg.⟩ *Wissenschaft, die die Formen, Entwicklungen und Auswirkungen der Religionen untersucht*

re|li|gi|ös ⟨Adj., -er, am -esten⟩ **1** ⟨o.Steig.⟩ *zur Religion gehörend, auf ihr beruhend* **2** *einer Religion verbunden, gläubig, fromm;* Ggs. *irreligiös*

Re|li|gio|se(r) ⟨m., f.17 oder 18⟩ *Mitglied einer kath. religiösen Genossenschaft mit einfachen Gelübden*

Re|li|gio|si|tät ⟨f., -, nur Sg.⟩ *Verbundensein mit einer Religion, Gläubigkeit;* Ggs. *Irreligiosität*

re|likt ⟨Adj., o.Steig.⟩ *nur noch als Relikt vorkommend*

Re|likt ⟨n.1⟩ *Überrest, Überbleibsel aus der Vergangenheit (z. B. Pflanze, Tier, geologische Formation, Sprachform)* [< lat. *relictus* „zurückgelassen", zu *relinquere* „zurücklassen, übriglassen"]

Re|lik|ten ⟨nur Pl.; †⟩ *Hinterbliebene, Hinterlassenschaft*

Re|ling ⟨f.9 oder f.1⟩ *Schiffsgeländer* [auch: *Regeling*, < mnddt. *regel* „Riegel", auf Schiffen „Riegelwerk, Geländer"]

Re|li|qui|ar ⟨n.1⟩ *Reliquienbehälter*

Re|li|quie ⟨[-kvjə] f.11⟩ *kultisch verehrter Überrest (eines Heiligen), einem Heiligen einstmals gehörender Gegenstand* [< lat. *reliquiae* (Pl.) „Überreste, Trümmer", zu *reliquus* „zurück-, übriggeblieben", zu *relinquere* „zurück-, übriglassen"]

Re|luk|tanz ⟨f.10⟩ *magnetischer Widerstand* [< lat. *reluctans*, Part. Präs. von *reluctari* „widerstreben, sich widersetzen", < *re...* „entgegen" und *luctari* „ringen, kämpfen, sich widersetzen"]

Rem ⟨n., -, -; Zeichen: rem⟩ *Maßeinheit für absorbierte radioaktive Strahlung (zur Untersuchung ihrer biologischen Wirksamkeit);* vgl. *Rep* [Kurzw. < engl. *roentgen equivalent man* „Röntgen bezogen auf den Menschen"]

Re|make ⟨[ri:meik] n.9⟩ *Wiederholung, Neufassung,* (bes.) *Wiederverfilmung* [engl., zu *to remake* „wieder machen, erneuern"]

re|ma|nent ⟨Adj., o.Steig.⟩ *zurückbleibend* [< lat. *remanens*, Gen. *-entis*, Part. Präs. von *remanere* „zurückbleiben"]

Re|ma|nenz ⟨f.10⟩ **1** ⟨nur Sg.⟩ *remanenter Magnetismus (Restmagnetismus in Stahl und Eisen nach Verschwinden des magnetisierenden Feldes)* **2** *verbleibende Dauererregung (in gewissen Hirnzentren)*

Rem|bours ⟨[rãbu:r] m., -, -⟩ **1** *Erstattung (von Auslagen)* **2** *(Überseehandel) Zahlung durch Vermittlung einer Bank* [< frz. *remboursement* „Zurückzahlung", zu *rembourser*, eigtl. *re-embourser* „wieder in den Beutel stecken", zu *bourse* „(Geld-)Beutel"]

Rem|bours|ge|schäft ⟨[rãbu:r-] n.1⟩ *mit einem Rembourskredit durchgeführtes Geschäft*

Rem|bours|kre|dit ⟨[rãbu:r-] m.1⟩ *kurzfristiger Kredit einer Bank an einen Importeur von Waren*

Re|me|di|um ⟨n., -s, -dia oder -di|en⟩ **1** *Heil-, Arzneimittel* **2** *(bei Münzen) zulässige Abweichung vom festgelegten Gewicht und Feingehalt* [lat., „Heilmittel", < *re...* „wieder, zurück" und *mederi* „heilen, helfen"]

Re|mi|grant ⟨m.10⟩ *Rückwanderer;* vgl. *Emigrant*

re|mi|grie|ren ⟨V.3, ist remigriert; o.Obj.⟩ *(in sein Heimatland) zurückkehren, zurückwandern*

re|mi|li|ta|ri|sie|ren ⟨V.3, hat remilitarisiert; mit Akk.⟩ *wiederbewaffnen; ein Land r.*

Re|mi|li|ta|ri|sie|rung ⟨f., -, nur Sg.⟩

Re|mi|nis|zenz ⟨f.10⟩ *Erinnerung, Anklang,*

Nachwirkung [< lat. *reminiscentia* „Erinnerung", zu *reminisci* „sich erinnern, an etwas zurückdenken", < *re...* „zurück" und *meminisse* „sich erinnern, im Gedächtnis haben", zu *mens* „Sinn, Denkvermögen"]

Re|mi|nis|ze|re ⟨o.Art.⟩ *fünfter Sonntag vor Ostern; an, zu R.* [< lat. *reminiscere* „gedenke!"]

re|mis ⟨[rəmi] Adj., o.Dekl.; bes. Schach⟩ *unentschieden; die Partie steht r.* [< frz. *remis* „aufgeschoben", zu *remettre* „aufschieben"]

Re|mis ⟨[rəmi] n., -, - oder -mi|sen⟩ *unentschiedener Ausgang (eines Spiels)*

Re|mi|se ⟨f.11⟩ **1** ⟨†⟩ *Abstell-, Wagenschuppen* **2** ⟨Forstw.⟩ *Schutzgehölz für Niederwild* [frz., eigtl. „zurückgestellt", zu *remettre* „zurückstellen"]

re|mi|sie|ren ⟨V.3, hat remisiert; o.Obj.⟩ *unentschiedenen Ausgang erzielen* [zu *remis*]

Re|mis|si|on ⟨f.10⟩ **1** *Rückgabe, Rücksendung* **2** *vorübergehendes Nachlassen (von Krankheitserscheinungen)* **3** *Zurückwerfen (von Licht an undurchsichtigen Flächen)* **4** ⟨†⟩ *Milderung, Strafnachlaß* [< lat. *remissio*, Gen. *-onis*, „das Zurückschicken, Nachlassen", zu *remittere*, → *remittieren*]

Re|mit|ten|den ⟨f.11⟩ *nicht verkauftes Druckwerk, das dem Verlag zurückgegeben wird*

Re|mit|tent ⟨m.10; Bankw.⟩ *Wechselnehmer*

re|mit|tie|ren ⟨V.3, hat remittiert⟩ **I** ⟨mit Akk.⟩ *zurückgeben, zurücksenden; beschädigte Bücher r.* **II** ⟨o.Obj.; Med.⟩ *zeitweilig nachlassen; Krankheitserscheinungen r.; ~des Fieber* [< lat. *remittere* „zurücksenden, nachlassen", < *re...* „zurück, wieder" und *mittere* „senden"]

Rem|mi|dem|mi ⟨n., -(s), nur Sg.; ugs.⟩ *lautes Durcheinander, lautes, lustiges Treiben* [Herkunft nicht bekannt]

re|mo|ne|ti|sie|ren ⟨V.3, hat remonetisiert; mit Akk.⟩ *wieder als Zahlungsmittel zulassen; Münzen r.* [zu *Moneten*]

re|mon|strie|ren ⟨V.3, hat remonstriert, o.Obj.⟩ *Einwände, Widerspruch erheben* [< lat. *re...* „gegen" und *monstrare* „zeigen"]

re|mon|tant ⟨[-mõ-] Adj., o.Steig.⟩ *zweimal (im Jahr) blühend* [frz., „wieder aufsteigend", < *re...* „wieder" und *monter* „steigen, anwachsen"]

Re|mon|te ⟨auch [-mõtə] f.11⟩ **1** *in Ausbildung befindliches Militärpferd* **2** *Auffrischung des Pferdebestandes* [frz., zu *remonter* „sich wieder mit dem Nötigsten versehen, wieder ausrüsten", < *re...* „wieder" und *monter* „erhöhen, vermehren, ergänzen"]

re|mon|tie|ren ⟨V.3, hat remontiert⟩ **I** ⟨mit Akk.⟩ *wiederaufbauen, wieder zusammensetzen; Maschinen r.* **II** ⟨o.Obj.⟩ *zum zweiten Mal blühen* **III** ⟨mit Akk. od.Obj.; Mil.⟩ *den Pferdebestand ergänzen, Jungpferde kaufen*

Re|mon|tie|rung ⟨f., -, nur Sg.⟩

Re|mor|queur ⟨[-kør] m.1; österr.⟩ *(kleiner) Schleppdampfer* [frz., zu *remorquer*, älter: *remocquer* < vulgärlat. *remulcare* „schleppen, ziehen, bugsieren", zu lat. *remuculum* „Schlepptau"]

Re|mou|la|de ⟨[-mu-] f.11⟩ *pikante kalte Soße aus Öl, Ei und Gewürzen* [frz., älter: *remolade,* vielleicht < ital. *ramolaccio* „schwarzer Rettich", < lat. *armoracium* „Meerrettich"]

rem|peln ⟨V.1, hat gerempelt; mit Akk.⟩ **1** *grob stoßen,* (meist) *anrempeln* **2** ⟨Sport⟩ *durch Stoß vom Ball zu entfernen suchen; den Gegner r.*

Re|mu|ne|ra|ti|on ⟨f.10; †, noch österr.⟩ *Vergütung, Sonderzahlung, Belohnung (Weihnachts~)* [< lat. *remuneratio*, Gen. *-onis*, „Vergeltung, Erwiderung", zu *remunerari* „vergelten, belohnen", zu *munerare* „schenken", zu *munus* „Geschenk"]

Ren ⟨auch [rɛn] n.1 oder n.9⟩ *nördliche, in Herden lebende Hirschart, bei der Männchen und Weibchen asymmetrische, schaufelförmige Geweihe tragen;* Syn. *Rentier* [skandinav.]

Re|nais|sance ⟨[rənɛsãs] f.11⟩ Wiederaufleben früherer Kulturformen (bes. der Antike im 14. bis 16. Jh. in Europa) [frz., zu renaître „wiedergeboren werden, wiederaufleben"]

re|nal ⟨Adj., o.Steig.⟩ zu den Nieren gehörig, von ihnen ausgehend [zu lat. ren „Niere"]

Ren|con|tre ⟨[rãkõtrə] n.9⟩ →Renkontre

Ren|dant ⟨m.10; †⟩ Kassenverwalter (einer Gemeinde) [frz., zu rendre „zurückgeben, abliefern, zustellen"]

Ren|dan|tur ⟨f.10; †⟩ Kassenstelle, -behörde

Ren|de|ment ⟨[rãdəmã] n.9⟩ Ertrag, Ausbeute (von Produkten aus einem Rohstoff) [frz.]

Ren|dez|vous ⟨[rãdevu] n., - [-vus], - [-vus]⟩ 1 Verabredung, Stelldichein; ein R. haben 2 ⟨übertr.⟩ Annäherung von Weltraumfahrzeugen aneinander (zur Kopplung) [< frz. rendez-vous in ders. Bed., eigtl. „begeben Sie sich, kommen Sie", zu se rendre „sich an einen Ort begeben"]

Ren|dez|vous|tech|nik ⟨[rãdevu-] f.10⟩ Technik der Annäherung von Weltraumfahrzeugen

Ren|di|te ⟨f.11⟩ Gewinn, Zinsertrag (aus Kapitalanlage) [< ital. rendita „Einkommen, Rente, zu rendere „einbringen", unter Einfluß von ital. prendere „nehmen" < lat. reddere „wieder-, zurückgeben"]

Ren|di|ten|haus ⟨n.4; schweiz.⟩ Mietshaus

Re|ne|gat ⟨m.10⟩ Abtrünniger (eines Glaubens, ⟨im kommunistischen Sprachgebrauch auch⟩ einer politischen Überzeugung) [< lat. re... „wieder" und negare „nein sagen, verneinen, leugnen"]

Re|ne|klo|de ⟨f.11⟩ (blaurote, grüne oder gelbe) runde Pflaumensorte; auch: Reineclaude, ⟨österr.⟩ Ringlotte [< frz. Reine Claude „Königin Claudia", nach der ersten Gemahlin Franz' I. von Frankreich]

Re|net|te ⟨f.11⟩ zusammenfassende Bez. für⟩ mehrere Apfelsorten (Gold~); auch: ⟨österr., schweiz.⟩ Reinette [< frz. reinette, rainette, ältere Form renetia; Herkunft umstritten, vielleicht < frz. reine „Königin", weil die Renette ein feiner, „königlicher" Apfel sei; die Bezeichnung poma renana, die um 1700 bezeugt ist, legte der Ableitung von frz. Rhin „Rhein" nahe, also „rheinischer Apfel"]

Ren|for|cé ⟨[rãfɔrse] m.9 oder n.9⟩ ein Baumwollgewebe von großer Feinheit (für Wäsche) [< frz. renforcé „verstärkt"]

re|ni|tent ⟨Adj., -er, am -esten⟩ widerspenstig, widersetzlich [< lat. renitens, Gen. -entis, Part. Präs. von reniti „sich widersetzen", eigtl. „sich zurückstemmen"]

Re|ni|tenz ⟨f.10⟩ renitentes Verhalten

Ren|ke ⟨f.11; bayr.⟩ →Felchen

Ren|kon|tre ⟨[rãkõtrə] n.9⟩ 1 Zusammenstoß, unerwartete Feindberührung; auch: Rencontre [zu frz. rencontrer „treffen, begegnen, finden", < re... „wieder" und encontre „gegen, entgegen"]

ren|nen ⟨V.98⟩ I ⟨o.Obj.; ist gerannt⟩ 1 sehr schnell laufen; um die Wette r.; ich bin gerannt, um noch rechtzeitig zu kommen 2 ⟨abwertend⟩ sich eilig oder häufig ⟨zu jmdm., an einen Ort⟩ begeben; sie rennt wegen jeder Kleinigkeit zum Arzt; sie rennt in jeden Film, in dem der XY mitspielt 3 heftig stoßen; mit dem Kopf an die Tür, an eine Ecke r. II ⟨mit Dat. und Akk.; hat gerannt⟩ jmdm. etwas ⟨in einen Körperteil⟩ r. stoßen; jmdm. ein Messer in den Leib r. III ⟨mit Dat. (sich) und Akk.; hat gerannt⟩ sich durch heftigen Stoß zuziehen, durch heftigen Stoß bekommen; ich habe mir eine Beule an die Stirn, ein Loch in den Kopf gerannt

Ren|nen ⟨n.7⟩ Wettkampf, bei dem die Schnelligkeit bewertet wird (Pferde~, Wagen~); ein R. laufen, fahren, reiten; er hat das R. gemacht er hat den Sieg davongetragen, er hat sich durchgesetzt

Ren|ner ⟨m.5⟩ 1 Rennpferd 2 Rennauto 3 ⟨ugs.⟩ etwas, das gerade aktuell ist oder sich besonders gut verkauft (z. B. ein Musikstück oder eine Schallplatte)

Renn|fah|rer ⟨m.5⟩ Teilnehmer an einem Rennen im Motor- oder Radsport

Renn|pferd ⟨n.1⟩ für Rennwettbewerbe gezüchtetes Reitpferd

Renn|stall ⟨m.2⟩ 1 Gesamtheit der Rennpferde (eines Besitzers) 2 Zuchtbetrieb für Rennpferde

Renn|wa|gen ⟨m.7⟩ Kraftfahrzeug, das für sehr hohe Geschwindigkeiten gebaut ist

Re|nom|mee ⟨n.9⟩ Ruf, Leumund, Ansehen; ein gutes, zweifelhaftes R. haben; das Hotel hat ein großes R. hat einen guten Ruf [< frz. renommée „Ruf, Name, Berühmtheit", zu renommer „loben, rühmen, wieder ernennen oder erwähnen", < re... „wieder" und nommer < lat. nominare „nennen"]

re|nom|mie|ren ⟨V.3, hat renommiert; o.Obj.⟩ prahlen, aufschneiden [< frz. renommer „loben, rühmen", < re... „wieder" und nommer < lat. nominare „nennen"]

re|nom|miert ⟨Adj., -er, am -esten⟩ angesehen, namhaft; ein ~es Hotel; eine ~e Firma

Re|nom|mist ⟨m.10⟩ Prahler, Angeber [zu renommieren]

Re|nom|mi|ste|rei ⟨f., -, nur Sg.⟩ das Renommieren, Prahlerei

Re|non|ce ⟨[rənõs(ə)] f.11; Kart.⟩ Fehlfarbe [frz., eigtl. „das Nichtbedienen"]

Re|no|va|ti|on ⟨f.10⟩ Wiederherstellung, Instandsetzung, Erneuerung [zu renovieren]

re|no|vie|ren ⟨[-vi-] V.3, hat renoviert; mit Akk.⟩ erneuern, instand setzen [< lat. renovare „erneuern, wiederherstellen", < re... „wieder" und novare „erneuern", zu novus „neu"]

Re|no|vie|rung ⟨f.10⟩

ren|ta|bel ⟨Adj., rentabler, am -sten⟩ vorteilhaft, gewinnbringend [zu Rente]

Ren|ta|bi|li|tät ⟨f., nur Sg.⟩ Wirtschaftlichkeit, Verzinsung

Rent|amt ⟨n.4⟩ Dienststelle für Finanz-, Kassenverwaltung; Syn. Rentei

Ren|te ⟨f.11⟩ regelmäßiges Einkommen aus gesetzlicher Versicherung, Vermögen o. ä.; eine R. beziehen; jmdm. eine R. gewähren; in R. gehen ⟨ugs.⟩ das Alter erreicht haben, in dem die Altersversicherung in Kraft tritt [< frz. rente in ders. Bed. sowie „Zins", zu rendre „geben, gewähren, einbringen"]

Ren|tei ⟨f.10⟩ →Rentamt

Ren|ten|bank ⟨f.10⟩ Bank, die für landwirtschaftliche Vorhaben Kredite gibt

Ren|ten|mark ⟨f., -, -; 1923/1924⟩ deutsche Übergangswährung

Ren|ten|markt ⟨m.2⟩ Börsenmarkt für Rentenpapiere

Ren|ten|pa|pier ⟨n.1⟩ festverzinsliches Wertpapier

ren|ten|pflich|tig ⟨Adj., o.Steig.⟩ verpflichtet, eine Rente zu zahlen

Ren|ten|schuld ⟨f.10⟩ Grundschuld, die in Form einer regelmäßigen Rente ausgezahlt wird

Ren|ten|ver|si|che|rung ⟨f.10⟩ staatliche Versicherung, bei der jmd. gegen regelmäßige Zahlungen einen Anspruch auf Rente bei Erwerbsunfähigkeit erwerben kann

Ren|tier[1] ⟨n.1⟩ →Ren

Ren|tier[2] ⟨[-tje] m.9⟩ jmd., der von einer (privaten) Rente lebt; vgl. Rentner

Ren|tie|re ⟨[-tje-] f.11⟩ weiblicher Rentier[2]

ren|tie|ren ⟨V.3, hat rentiert; refl.⟩ sich r. 1 Zinsen tragen, Gewinn bringen 2 sich lohnen [< frz. renter „mit Einkünften versehen", zu rente, →Rente]

Ren|tier|flech|te ⟨f.11⟩ die Hauptnahrung der Rentiere bildende Flechte

Rent|meis|ter ⟨m.5⟩ Vorsteher eines Rentamtes

Rent|ner ⟨m.5⟩ Bezieher einer staatlichen Rente; vgl. Rentier[2]

Re|nu|me|ra|ti|on ⟨f.10⟩ Rückzahlung [zu renumerieren]

re|nu|me|rie|ren ⟨V.3, hat renumeriert; mit Akk.⟩ zurückzahlen

Re|nun|zia|ti|on ⟨f.10; †⟩ Abdankung [zu renunzieren]

re|nun|zie|ren ⟨V.3, hat renunziert; o.Obj.; †⟩ (als Herrscher) abdanken [< lat. renuntiare „absagen, sich lossagen", < re... „zurück" und nuntiare „melden, anzeigen"]

Re|ok|ku|pa|ti|on ⟨f.10; Mil.⟩ Wiederbesetzung (eines Gebietes)

re|ok|ku|pie|ren ⟨V.3, hat reokkupiert; mit Akk.⟩ (militärisch) von neuem besetzen

Re|or|ga|ni|sa|ti|on ⟨f.10⟩ Neuregelung, Umgestaltung

re|or|ga|ni|sie|ren ⟨V.3, hat reorganisiert; mit Akk.⟩ neu ordnen, neu gestalten; einen Betrieb r.; Arbeitsabläufe r.

Rep ⟨n., -, -; Zeichen: rep⟩ Maßeinheit für absorbierte radioaktive Strahlung; vgl. Rem [Kurzw. < engl. roentgen equivalent physical „Röntgen bezogen auf die Physik"]

rep. ⟨Abk. für⟩ repetatur

re|pa|ra|bel ⟨Adj., o.Steig.⟩ wiederherstellbar, so beschaffen, daß man es reparieren kann; Ggs. irreparabel

Re|pa|ra|ti|on ⟨f.10⟩ 1 eine Form der Regeneration, Ersatz von Körpergewebe 2 ⟨Pl.⟩ ~en Kriegsentschädigungen (zugunsten des Siegers) [< lat. reparatio, Gen. -onis, „Wiederherstellung, Wiederaufbau, zu reparare, →reparieren]

Re|pa|ra|tur ⟨f.10⟩ Ausbesserung, Instandsetzung

re|pa|rie|ren ⟨V.3, hat repariert; mit Akk.⟩ ausbessern, instand setzen; ein Gerät r.; der Fehler ist nicht mehr zu r. ⟨übertr.⟩ ist nicht mehr wiedergutzumachen [< lat. reparare „wiederherstellen", < re... „wieder" und parare „(zu)bereiten, ausrüsten, einrichten"]

re|par|tie|ren ⟨V.3, hat repartiert; mit Akk.⟩ 1 aufteilen, umlegen; Kosten r. 2 (anteilsmäßig) zuteilen; Wertpapiere r. [< frz. répartir in ders. Bed., < re... „wieder" und partir „teilen"]

Re|par|ti|ti|on ⟨f.10⟩ das Repartieren

re|pas|sie|ren ⟨V.3, hat repassiert; mit Akk.⟩ 1 ⟨†⟩ zurückweisen 2 aufnehmen; eine Laufmasche r. 3 nachbehandeln; ein Werkstück r. 4 ⟨†⟩ nochmals prüfen, durchsehen [< frz. repasser in ders. Bed., eigtl. „wieder vorbeikommen, zurückgehen", < re... „wieder" und passer „gehen"]

Re|pa|tri|ant ⟨m.10⟩ jmd., der repatriiert wird

re|pa|tri|ie|ren ⟨V.3, hat repatriiert; mit Akk.⟩ 1 in die Heimat entlassen; Gefangene r. 2 wieder einbürgern [< lat. repatriare „ins Vaterland zurückkehren", < re... „zurück" und patria „Vater-, Heimatland"]

Re|pa|tri|ie|rung ⟨f., -, nur Sg.⟩ das Repatriieren, das Repatriiertwerden

Re|pel|lent ⟨n.9⟩ Mittel, das Wasser u. ä. abstößt, ohne zu schaden, oder Schädlinge fernhält, ohne diese zu töten (z. B. Schutzanstrich, Räuchermittel) [< lat. repellens, Gen. -entis, Part. Präs. von repellere „zurücktreiben, abweisen, zurückschlagen, -schlagen"]

Re|per|kus|si|on ⟨f.10⟩ 1 Rückprall, Zurückwerfung 2 Sprechton (beim Psalmenvortrag) 3 ⟨Mus.⟩ a Durchführung des Themas durch alle Stimmen (bei der Fuge) b ⟨auch⟩ mehrfache Wiederholung des gleichen Tons [< lat. repercussio, Gen. -onis, „das Zurückschlagen, -prallen, Wiederertönen", < re... „zurück, wieder" und percussio „Schlag, Taktschlag"]

Re|per|toire ⟨[-toar] n.9⟩ bei Orchestern, Musikern, Schauspielern⟩ Bestand an eingeübten Stücken bzw. Rollen; ein großes, umfangreiches R. haben; ein Stück im R. haben [< frz. répertoire in ders. Bed. sowie „Samm-

Repetent

lung in übersichtlicher Anordnung, Register", < lat. *repertorium* ,,Verzeichnis", zu *reperire* ,,(Verlorenes) wiederfinden"]

Re|pe|tent ⟨m.10; †⟩ 1 → *Repetitor* 2 *Schüler, der eine Klasse wiederholt*

re|pe|tie|ren ⟨V.3, hat repetiert; mit Akk.⟩ *wiederholen;* Lehrstoff, Vokabeln r. [< lat. *repetere* ,,wiederholen, von neuem verlangen"]

Re|pe|tier|ge|wehr ⟨n.1⟩ *Mehrladegewehr*

Re|pe|tier|uhr ⟨f.10⟩ *Taschenuhr mit Schlagwerk*

Re|pe|ti|ti|on ⟨f.10⟩ *Wiederholung* [zu *repetieren*]

Re|pe|ti|tor ⟨m.13⟩ *Akademiker, der Studenten (bes. der juristischen Fakultät) durch Wiederholung des Lehrstoffes auf die Prüfung vorbereitet;* Syn. *Einpauker, Repetent* [zu *repetieren*]

Re|pe|ti|to|ri|um ⟨n., -s, -ri|en; †⟩ 1 *Wiederholungsunterricht* 2 *Wiederholungslehrbuch*

Re|plan|ta|ti|on ⟨f.10⟩ → *Reimplantation*

re|plan|tie|ren ⟨V.3, hat replantiert⟩ → *reimplantieren*

Re|plik ⟨f.10⟩ 1 *Erwiderung, Einrede (vor Gericht);* vgl. *Duplik* 2 *Nachbildung eines Kunstwerks durch den Künstler selbst;* vgl. *Kopie* (3) [< mlat. *replicatio*, Gen. *-onis*, ,,Wiederholung", eigtl. ,,Zurückfalten, Auffalten", < lat. *replicare* ,,wieder auseinanderfalten, wiederholen", < *re...* ,,wieder" und *plicare* ,,falten"]

re|pli|zie|ren ⟨V.3, hat repliziert⟩ I ⟨o.Obj.⟩ *mit einer Replik antworten;* auf einen Artikel, einen (schriftlichen) Angriff r. II ⟨mit Akk.⟩ *etwas r. auf etwas antworten*

re|po|ni|bel ⟨Adj., o.Steig.⟩ *so beschaffen, daß man es reponieren kann;* Ggs. *irreponibel;* reponibler Knochen; reponibles Organ

re|po|nie|ren ⟨V.3, hat reponiert; mit Akk.⟩ *wiedereinrichten;* einen gebrochenen Knochen, ein ausgekugeltes Gelenk, ein Organ r. [< lat. *reponere* ,,wieder an seinen vorigen Ort legen oder setzen, zurücklegen, -setzen", < *re...* ,,wieder, zurück" und *ponere* ,,setzen, legen, stellen"]

Re|port ⟨m.1⟩ 1 *ausführlicher Bericht, wissenschaftliche Untersuchung (eines aktuellen Ereignisses, einer aktuellen Entwicklung)* 2 *Vergütung dafür, daß eine Lieferung später als vereinbart erfolgt;* Ggs. *Deport* [engl.]

Re|por|ta|ge ⟨[-ʒə] f.11⟩ *(aktueller) Bericht eines Reporters* [< frz. *reportage* ,,Einziehen von Erkundigungen für eine Zeitung", zu *reporter* ,,zurückbringen"]

Re|por|ter ⟨m.5⟩ *Berichterstatter (für Presse, Funk, Fernsehen)*

Re|po|si|ti|on ⟨f.10⟩ *Wiedereinrichtung (von Brüchen oder Verrenkungen)* [< lat. *re...* ,,wieder" und *Position*]

re|prä|sen|ta|bel ⟨Adj., repräsentabler, am -sten⟩ *stattlich, wirkungsvoll;* sie besitzen ein repräsentables Haus; sie ist eine repräsentable Erscheinung; das kleine Auto ist ihm nicht mehr r. genug [zu *repräsentieren*]

Re|prä|sen|tant ⟨m.10⟩ 1 *Volksvertreter, Abgeordneter* 2 *jmd., der eine Gruppe, ein Unternehmen oder eine wissenschaftliche, politische, künstlerische oder andere Strömung in der Öffentlichkeit vertritt;* er ist der bedeutendste R. der neuen Kunstrichtung [zu *repräsentieren*]

Re|prä|sen|tan|ten|haus ⟨n.4⟩ *zweite Kammer des US-amerikanischen Parlaments*

Re|prä|sen|tanz ⟨f.10⟩ 1 *(geschäftliche) Vertretung* 2 *Interessenvertretung;* die R. der Rentner anstreben

Re|prä|sen|ta|ti|on ⟨f.10⟩ 1 *Vertretung einer Gruppe, einer Menge von Personen durch eine Person oder eine Gruppe;* die R. des neuen Kunststils durch einige Maler in einer Ausstellung 2 *gesellschaftliches Auftreten;* ihr Haus in der Stadt dient nur der R. 3 *Zurschaustellung;* diese Waren dienen nur der R.

re|prä|sen|ta|tiv ⟨Adj.⟩ 1 ⟨o.Steig.⟩ *vertretend, eine Personenmenge nach ihren Merkmalen widerspiegelnd;* ~er Querschnitt; ~e Auswahl von Personen, Arbeiten 2 *wirkungsvoll, würdig;* ein ~es Haus

Re|prä|sen|ta|tiv|er|he|bung ⟨f.10⟩ *Erhebung aufgrund einer Stichprobe, bei der das Ergebnis stellvertretend für das Ganze gewertet wird*

Re|prä|sen|ta|tiv|sy|stem ⟨n.1⟩ *auf Volksvertretung durch Abgeordnete beruhendes politisches System*

re|prä|sen|tie|ren ⟨V.3, hat repräsentiert⟩ I ⟨mit Akk.⟩ 1 *(der Öffentlichkeit gegenüber) vertreten;* er repräsentiert seine Firma, sein Institut bei der Tagung 2 *darstellen;* das Haus repräsentiert einen Wert von 300000 DM II ⟨o.Obj.⟩ *würdig auftreten, einen der gesellschaftlichen Stellung entsprechenden Aufwand treiben, sich der gesellschaftlichen, beruflichen Stellung entsprechend verhalten;* er hatte gelernt zu r.; die Sekretärin muß imstande sein, bei Besuchen von Geschäftspartnern zu r. [< lat. *repraesentare* ,,vorführen, vor Augen führen", < *re...* ,,wieder" und *praesentare* ,,zeigen", → *präsentieren*]

Re|pres|sa|lie ⟨[-ljə] f.11⟩ *Vergeltung, Gegenmaßnahme, Druckmittel* [< mlat. *repensalia, represalia* (Pl.) ,,Vergeltungsmaßnahmen durch Eroberung oder Gefangennahme", eigtl. ,,Zurückfassen des Genommenen", < lat. *reprendere*, zusammengezogen < *reprehendere* ,,wieder fassen, packen, festhalten"]

Re|pres|si|on ⟨f.10⟩ *Hemmung, Unterdrückung* [< lat. *repressio*, Gen. *-onis*, ,,das Zurückdrängen", zu *reprimere* ,,zurückdrängen"]

re|pres|siv ⟨Adj.⟩ *unterdrückend, entgegenwirkend;* ~e Maßnahmen

Re|print ⟨[ri:-] n.9⟩ *fotomechanischer Nachdruck* [engl., zu *to reprint* ,,neu drucken, nachdrucken"]

Re|pri|se ⟨f.11⟩ 1 ⟨allg.⟩ *Wiederaufnahme, Zurücknahme* 2 ⟨Börse⟩ *Steigen gefallener Kurse* 3 ⟨Mus.⟩ *Wiederholung* 4 ⟨Theat.⟩ *Wiederaufnahme eines Stückes in den Spielplan* 5 ⟨Seerecht⟩ *Zurückeroberung einer Prise* [frz., zu *reprendre* ,,wieder aufnehmen"]

re|pri|va|ti|sie|ren ⟨V.3, hat reprivatisiert; mit Akk.⟩ *in Privatbesitz zurückführen;* öffentliches Eigentum r.

Re|pro ⟨n.9; kurz für⟩ *Reproduktion* (4)

Re|pro|duk|ti|on ⟨f.10⟩ 1 *Wiedergabe, Nachbildung* 2 *Fortpflanzung, ständige Erneuerung* 3 *Wiederbeschaffung, Wiederherstellung* 4 *reproduziertes Bild;* farbige ~en

re|pro|duk|tiv ⟨Adj., o.Steig.⟩ 1 *nachschaffend* 2 ⟨Med.⟩ *wiedererzeugend*

re|pro|du|zie|ren ⟨V.3, hat reproduziert⟩ I ⟨mit Akk.⟩ 1 *(genauso) wieder hervorbringen* 2 *durch Fotografie oder Druck wiedergeben;* ein Bild r. 3 *wiederbeschaffen, wiederherstellen;* betrieblich genutzte Güter, verbrauchte Produktionsmittel r. 4 *aus dem Gedächtnis hervorholen und zum Ausdruck bringen;* einmal Gelerntes r. II ⟨refl.⟩ *sich r. sich fortpflanzen, sich vermehren*

Re|pro|gra|fie, Re|pro|gra|phie ⟨f.11⟩ *Verfahren der Reproduktion von Dokumenten (wie Fotokopie, Mikrokopie usw.)* [< *Reproduktion* und *...graphie*]

Rep|til ⟨n., -s, -e oder -li|en⟩ *Wirbeltier mit trockener, schuppiger Haut (z.B. Echse, Schildkröte, Schlange);* Syn. *Kriechtier* [< lat. *reptilis*, zu *reptere* ,,kriechen", Intensivbildung zu *repere* ,,kriechen"]

Re|pu|blik ⟨auch [-blik] f.10⟩ *Staatsform, in der die Regierung auf bestimmte Zeit gewählt wird;* Syn. ⟨veraltend⟩ *Freistaat* [über frz. *république* < lat. *res publica* ,,Gemeinwesen, Staat", eigtl. ,,öffentliche Sache", zu *res* ,,Sache, Angelegenheit" und *publicus* ,,öffentlich"]

Re|pu|bli|ka|ner ⟨m.5⟩ *Anhänger der republikanischen Staatsform oder einer republikanischen Partei*

re|pu|bli|ka|nisch ⟨Adj., o.Steig.⟩ 1 *eine Republik betreffend* 2 *eine Republik befürwortend* 3 *von einer republikanischen Partei stammend, zu ihr gehörend*

Re|pu|bli|ka|nis|mus ⟨m., -, nur Sg.; †⟩ *Streben nach republikanischer Staatsform*

Re|pu|blik|flucht ⟨f., -, nur Sg.⟩ *im Sprachgebrauch der DDR illegales, endgültiges Verlassen der DDR*

re|pu|blik|flüch|tig ⟨Adj., o.Steig.; im Sprachgebrauch der DDR⟩ *aus der DDR geflohen;* r. sein, r. geworden sein *aus der DDR geflohen sein, sie illegal verlassen haben*

Re|pu|gnanz ⟨f.10; Philos.⟩ *Gegensatz, Widerstreit* [< lat. *repugnantia* ,,Widerstand", übertr. ,,Widerstreit, Widerspruch", zu *repugnare* ,,dagegen kämpfen, widerstreben, Widerstand leisten"]

Re|puls ⟨m.1; †⟩ *Ablehnung (eines Gesuchs)*

Re|pul|si|on ⟨f.10; Tech.⟩ *Abstoßung, Rückstoß* [< lat. *repulsio*, Gen. *-onis*, ,,Abwehr, Abweisung", zu *repellere* ,,zurücktreiben"]

re|pul|siv ⟨Adj.⟩ *zurück-, abstoßend*

Re|pun|ze ⟨f.11⟩ *Feingehaltsstempel (auf Waren aus Edelmetall)* [< lat. *re...* ,,wieder" (verstärkend) und *Punze*]

re|pun|zie|ren ⟨V.3, hat repunziert; mit Akk.⟩ *mit einer Repunze versehen*

Re|pu|ta|ti|on ⟨f., -, nur Sg.⟩ *Ansehen, Ruf* [< lat. *reputatio*, Gen. *-onis*, ,,Erwägung, Betrachtung", zu *reputare* ,,erwägen, betrachten, überdenken"]

re|pu|tier|lich ⟨Adj.; †⟩ *achtbar, ehrbar, angesehen*

Re|qui|em ⟨[-kviɛm] n.9, Pl. österr. auch -qui|en⟩ 1 *kath. Totenmesse* 2 *deren Vertonung* [nach dem ersten Wort des Introitus *Requiem aeternam dona eis, Domine* ,,Die ewige Ruhe gib ihnen, Herr"]

Re|qui|es|cat in pa|ce ⟨Abk.: R.I.P.⟩ *er (sie) ruhe in Frieden* ⟨Grabinschrift⟩ [nach der Schlußformel der kath. Totenmesse]

re|qui|rie|ren ⟨V.3, hat requiriert; mit Akk.⟩ 1 ⟨†⟩ *erforschen, auskundschaften* 2 ⟨†⟩ *um Rechtshilfe ersuchen;* ein Gericht, eine Behörde r. 3 *(für militärische Zwecke) beschlagnahmen;* Lebensmittel, Waffen, Räume, Pferde r. 4 ⟨ugs., scherzh.⟩ *wegnehmen, stehlen* [< lat. *requirere* ,,nach etwas forschen, fragen", < *re...* ,,wieder, zurück" und *quaerere* ,,suchen, forschen, fragen"]

Re|qui|sit ⟨n.12⟩ 1 *Arbeitsgerät, Zubehör* 2 ⟨Pl.⟩ *~en Ausstattungsgegenstände (für Bühnenstücke oder Filme)* [< lat. *requisitum* ,,das Verlangte, Erforderliche, Nötige", zu *requirere* ,,verlangen, herbeisuchen", < *re...* ,,wieder" und *quaerere* ,,suchen, forschen, fragen"]

Re|qui|si|teur ⟨[-tør] m.1; Theat.⟩ *Verwalter der Requisiten*

Re|qui|si|ti|on ⟨f.10⟩ 1 *Beschlagnahme (für militärische Zwecke)* 2 *Ersuchen um Rechtshilfe*

resch ⟨Adj.; bayr.-österr.⟩ → *rösch*

Re|search ⟨[risətʃ] n., -(s), -s⟩ 1 *Forschung* 2 *(Markt-, Meinungs)forschung, Ermittlung, Feststellung* [< engl. *research* ,,Forschung, Untersuchung", < *re...* ,,wieder" und *search* ,,das Suchen, Forschen, Untersuchung", < lat. *circare* ,,rundum gehen"]

Re|se|da ⟨f.9⟩, **Re|se|de** ⟨f.11⟩ *Pflanze mit duftenden Blütenähren, Zierpflanze (Färber~, Garten~)* [aus der lat. Formel *reseda, morbos reseda* ,,stille die Krankheiten wieder" entstanden, zu *resedare* ,,wieder beruhigen"]

Re|sek|ti|on ⟨f.10⟩ *chirurgische Entfernung (eines Organs oder Organteils)* [< lat. *resectio*, Gen. *-onis*, ,,das Abschneiden, Beschnei-

Re|ser|vat ⟨[-vat] n.1⟩ **1** Rechtsvorbehalt, Sonderrecht **2** Schutzgebiet für Volksgruppen (bes. die Indianer in Nordamerika), für Tiere oder Pflanzen; Syn. Reservation [zu reservieren]

Re|ser|va|tio men|ta|lis ⟨f., - -, -tio|nes -ta-les; Rechtsw.⟩ geheimer Vorbehalt

Re|ser|va|tion ⟨f.10⟩ → Reservat (2)

Re|ser|ve ⟨f.11⟩ **1** ⟨nur Sg.⟩ Verschlossenheit, Zurückhaltung; jmdn. aus seiner R. herauslocken **2** Ersatz, Vorrat, Rücklage; die R. angreifen; die letzten ~n; etwas in R. haben vorrätig haben; stille ~n ⟨Wirtsch.⟩ Kapitalrücklage **3** ⟨Mil.⟩ **a** Gesamtheit der Reservisten **b** im Krieg bereitgehaltene Ersatztruppe **4** ⟨Sport⟩ Gesamtheit der Ersatzspieler [< frz. réserve, zu réserver „zurück-, zurückbehalten, aufsparen" < lat. reservare, →reservieren]

Re|ser|ve|of|fi|zier ⟨m.1⟩ jmd., der nach dem aktiven Wehrdienst zum Offizier der Reserve ernannt wurde und nur noch zu Wehrübungen einberufen wird; Ggs. aktiver Offizier

re|ser|vie|ren ⟨[-vi-] V.3, hat reserviert; mit Akk.⟩ **1** freihalten, nicht belegen, nicht verkaufen; bitte r. Sie mir zwei Plätze erster Klasse im Zug nach X; ich habe zwei Zimmer r. lassen; dies sind reservierte Plätze, Tische **2** zurücklegen, nicht verkaufen; ich habe für Sie zwei Karten für die Erstaufführung reserviert; können Sie mir den Mantel bis morgen r.? [< lat. reservare „aufbewahren, zurückbehalten"]

re|ser|viert ⟨Adj., -er, am -esten⟩ zurückhaltend, unnahbar, Abstand haltend; ein ~er Mensch; er verhält sich sehr r.

Re|ser|vie|rung ⟨f.10⟩ das Reservieren (Karten-, Platz-)

Re|ser|vist ⟨m.10⟩ aus dem aktiven Dienst ausgeschiedener Wehrpflichtiger [zu Reserve]

Re|ser|voir ⟨[-voar] n.1⟩ **1** Sammelbehälter, Speicher (z. B. für Wasser) **2** ⟨übertr.⟩ Bestand, Vorrat

re|se|zie|ren ⟨V.3, hat reseziert; mit Akk.⟩ chirurgisch entfernen, herausschneiden

Re|si|dent ⟨m.10; †⟩ **1** Gesandter der dritten Rangklasse **2** Vertreter einer Kolonialmacht bei einem eingeborenen Fürsten **3** Statthalter [→Residenz]

Re|si|denz ⟨f.10⟩ **1** Wohn-, Amtssitz eines weltlichen oder geistlichen Oberhauptes **2** Regierungssitz, Hauptstadt; Syn. Residenzstadt [< lat. residens, Part. Präs. von residere „verweilend sitzen, sitzen bleiben" < re... (verstärkend) „zurück" und sedere „sitzen, verweilen"]

Re|si|denz|stadt ⟨f.2⟩ →Residenz (2)

re|si|die|ren ⟨V.3, hat residiert; o.Obj.⟩ seinen Regierungs-, Amts- und Wohnsitz haben; der bayerische König residierte in München; er residiert im Sommer auf seinem Landsitz

re|si|du|al ⟨Adj., o.Steig.⟩ restlich, zurückbleibend [zu Residuum]

Re|si|du|um ⟨n., -s, -du|en⟩ Rest, Rückstand, Bodensatz [lat., „das Zurückgebliebene, Sitzengebliebene", zu residere „zurückbleiben, sitzen bleiben"]

Re|si|gna|tion ⟨[-zigna-] oder [-ziɲa-] f., -, nur Sg.⟩ Verzicht, Entsagung, Ergebung in den Lauf der Dinge [zu resignieren]

re|si|gna|tiv ⟨Adj.⟩ resigniert; in ~er Stimmung sein

re|si|gnie|ren ⟨[-zigni-] oder [-ziɲi-] V.3, hat resigniert; o.Obj.⟩ sich in sein Schicksal, in den Lauf der Dinge ergeben, auf Vorhaben, Pläne, Erfüllung von Wünschen verzichten [< lat. resignare „zurückgeben, verzichten auf", eigtl. „durch Ablösen des Siegels ungültig machen, vernichten", < re... „zurück" und signare „mit einem Zeichen, Siegel versehen", zu signum „Zeichen, Kennzeichen"]

re|si|gniert ⟨[-zigni̱rt] oder [-ziɲi̱rt] Adj., -er, am -esten⟩ verzichtend, entsagend, mutlos; er antwortete mit ~em Schweigen; er wandte sich r. ab; er ist sehr r.

Re|si|nat ⟨n.1⟩ Metallsalz der Harzsäure [< lat. resina „Harz"]

Ré|si|stance ⟨[rezistã̱s] f., -, nur Sg.⟩ französische Widerstandsbewegung im 2. Weltkrieg [frz., „Widerstand, Widerstandsfähigkeit", < lat. resistentia „Widerstand", zu resistere, →resistieren]

re|si|stent ⟨Adj., -er, am -esten⟩ Resistenz zeigend, widerstandsfähig [< lat. resistens, Gen. -entis, Part. Präs. von resistere „Widerstand leisten, sich widersetzen"]

Re|si|stenz ⟨f.10⟩ **1** ⟨allg.⟩ Widerstand, Gegenwehr **2** ⟨Med.⟩ Widerstandsfähigkeit (des Organismus gegen Krankheitserreger), Unempfindlichkeit (von Bakterien gegen bestimmte Arzneimittel) [zu resistent]

re|si|stie|ren ⟨V.3, hat resistiert⟩ **I** ⟨mit Dat.⟩ einer Sache r. einer Sache widerstehen, widerstandsfähig gegen die Sache sein; Witterungseinflüssen r. **II** ⟨o.Obj.⟩ ausdauern, zählebig sein [< lat. resistere „stehenbleiben, verharren, widerstehen", < re... „gegen" und stare „stehen"]

re|so|lut ⟨Adj., -er, am -esten⟩ beherzt, entschlossen, tatkräftig, energisch [< frz. résolu „entschlossen, beherzt", zu résoudre, eigtl. „eine Schwierigkeit lösen, eine Frage klären" und daher streng r. < lat. entschlossen sein", < lat. resolvere (Perfekt: resolutus) „auflösen, entwirren"]

Re|so|lu|tion ⟨f.10⟩ **1** →Entschließung **2** Rückgang (von Krankheitserscheinungen) [< frz. résolution „Entschluß", eigtl. „Auflösung", zu résoudre, →resolut]

Re|so|nanz ⟨f.10⟩ **1** Mittönen, Mitschwingen **2** ⟨nur Sg.; übertr.⟩ Anklang, Widerhall; der Vorschlag fand eine starke, fand keine R. [< lat. resonans, Part. Präs. von resonare „widerhallen, zurückschallen", zu sonus „Ton, Schall"]

Re|so|nanz|bo|den ⟨m.8; bei Saiteninstrumenten⟩ klangverstärkender Holzboden; Syn. Schallboden

Re|so|nanz|kör|per ⟨m.5⟩ Hohlraum, der Tonschwingungen verstärkt

Re|so|nanz|sai|te ⟨f.11⟩ mit der angeschlagenen Saite mitschwingende Saite; Syn. Aliquotsaite

Re|so|na|tor ⟨m.13⟩ mitschwingender Körper (z. B. das Holzgehäuse bei Saiteninstrumenten)

Re|so|pal ⟨n., -s, nur Sg.; Wz.⟩ gegen chemische Einflüsse widerstandsfähiger, harter Kunststoff

Re|sor|bens ⟨n., -, -ben|tia [-tsja] oder -ben|zi|en; Med.⟩ Mittel zur Anregung der Resorption

re|sor|bie|ren ⟨V.3, hat resorbiert; mit Akk.⟩ aufnehmen, ein-, aufsaugen; die Blut- und Lymphsystem resorbiert die Nährstoffe aus dem Magen-Darm-Trakt [< lat. resorbere „wieder (in sich) schlucken", < re... „zurück" und sorbere „zu sich nehmen, schlucken"]

Re|sorp|tion ⟨f.10, nur Sg.⟩ Aufnahme, Aufsaugen (eines gelösten Stoffes) [zu resorbieren]

re|so|zia|li|sie|ren ⟨V.3, hat resozialisiert; mit Akk.⟩ wieder fähig machen, in der Gesellschaft zu leben, wieder in die Gesellschaft einführen, wieder sinnvoll in die Gesellschaft eingliedern (bes. Strafgefangene) r. **Re|so|zia|li|sie|rung** ⟨f., -, nur Sg.⟩

resp. ⟨Abk. für⟩ respektive

Re|spekt ⟨m., -(e)s, nur Sg.⟩ **1** mit leiser Furcht vermischte Scheu; jmdm. R. einflößen; mit R. gebietender Gebärde **2** auf Anerkennung beruhende Achtung; R.! ⟨ugs.⟩ alle Achtung!, das hätte ich dir nicht zugetraut!; R. vor jmdm. haben; R. vor jmds. Leistung, Kenntnissen, Fähigkeiten haben; sich bei jmdm. in R. setzen jmds. Anerkennung erwerben **3** ⟨kurz für⟩ Respektrand [< lat. respect „Hochachtung, Ehrfurcht", < lat. respectus „Rücksicht, Berücksichtigung", eigtl. „das Zurückblicken", zu respicere „zurückblicken, hinter sich schauen, Rücksicht nehmen"]

re|spek|ta|bel ⟨Adj., respektabler, am -sten⟩ achtbar, achtunggebietend; eine respektable Leistung

Re|spekt|blatt ⟨n.4⟩ leeres Blatt (am Anfang eines Buches oder eines mehrseitigen Schriftstückes)

re|spek|tie|ren ⟨V.3, hat respektiert; mit Akk.⟩ **1** jmdm. r. ⟨veraltend⟩ jmdm. Respekt entgegenbringen, jmdn. achten **2** etwas r. **a** auf etwas Rücksicht nehmen, etwas anerkennen (und sich danach richten); jmds. Alter, jmds. Wünsche r.; jmds. Meinung r. **b** bezahlen; einen Wechsel r.

re|spek|tier|lich ⟨Adj., †⟩ achtbar

re|spek|ti|ve ⟨Konj.; Abk.: resp.⟩ beziehungsweise

re|spekt|los ⟨Adj., -er, am -esten⟩ keinen Respekt zeigend, frech

Re|spekt|lo|sig|keit ⟨f.10⟩ **1** ⟨nur Sg.⟩ respektloses Handeln **2** respektlose Äußerung oder Tat

Re|spekt|rand ⟨m.4⟩ leerer Rand (z. B. auf Brief- oder Buchseiten)

Re|spekts|per|son ⟨f.10⟩ jmd., dem Respekt (1, 2) entgegengebracht wird

Re|spekt|tag ⟨m.1; †⟩ Zahlungsfrist (nach dem Verfall eines Wechsels)

re|spekt|voll ⟨Adj.⟩ voller Respekt, großen Respekt zeigend

Re|spi|ra|tion ⟨f., -, nur Sg.⟩ Atmung [< lat. respiratio, Gen. -onis, „das Atemholen, Aufatmen", zu respirare „ausatmen, aufatmen, zurückblasen"]

Re|spi|ra|tor ⟨m.13⟩ Atemfilter, Atemgerät

re|spi|ra|to|risch ⟨Adj., o.Steig.⟩ die Atmung betreffend, zu ihr gehörig [zu Respiration]

re|spi|rie|ren ⟨V.3, hat respiriert; o.Obj.⟩ atmen [< lat. respirare „ausatmen"]

re|spon|die|ren ⟨V.3, hat respondiert; o.Obj.⟩ (im Wechselgesang) antworten; die Gemeinde respondiert (dem Vorsänger) [< lat. responder „antworten", eigtl. „dagegen versprechen, als gewiß versichern", < re... „zurück, wieder" und spondere „versprechen"]

Re|spons ⟨m.1; engl. Bez. für⟩ Reaktion (auf Anregung, Vorschlag hin) [< lat. responsum „Antwort", zu respondere, →respondieren]

Re|sponse ⟨[rispɔns] f.9⟩ **1** ⟨Verhaltensforschung⟩ Antwort, Reaktion im Verhalten (auf äußere Veränderungen hin) **2** ⟨Marktforschung⟩ Rücksendung von Testfragen mit den Antworten; Syn. Rücklauf [engl., →Respons]

Re|spon|so|ri|um ⟨n., -s, -ri|en⟩ kirchlicher Wechselgesang

Res pu|bli|ca ⟨f., - -, - -cae [-kɛ:]⟩ Gemeinwesen, Staat [lat., „öffentliche Sache"]

Res|sen|ti|ment ⟨[resãtimã̱ n.9⟩ gefühlsmäßige Ablehnung (meist aus früheren, teilweise nicht mehr bewußten Erfahrungen heraus); ~s negative Gefühle (z. B. Abneigung, Groll, Ärger) [< frz. ressentiment „Gefühl, Nachgefühl (bes. eines Schmerzes)", ~s „Groll, Rachegefühle", zu ressentir „lebhaft fühlen"]

Res|sort ⟨[resɔ̱r] n.9⟩ Amts-, Geschäftsbereich, Aufgabengebiet; das gehört nicht in mein R. [< frz. ressort „Bereich, Gebiet, Fach", zu ressortir (à) „gehören (zu)", < re... (verstärkend) und sortir „erhalten, erlangen"]

Res|source ⟨[-su̱rsə] f.11, meist Pl.⟩ ~n Rohstoff-, Hilfsquellen, Geldmittel [< frz. ressources in ders. Bed., < altfrz. resourdre „sich erholen, sich erheben, aufstehen", < lat. re-

surgere „wieder aufstehen, sich wieder aufrichten"]

Rest ⟨m.1, auch (bes. bei Stoffen) m.3, schweiz. m.12⟩ **1** *Übriges, Übrigbleibendes, Übriggebliebenes;* von der Mahlzeit ist ein R. geblieben; der letzte R. seines Geldes; R. machen *(norddt.) das Übriggebliebene aufessen, austrinken;* mach R.! **2** *letzter Teil einer Meterware* (Stoff~, Woll~); aus ~en noch ein Puppenkleid nähen; einer Sache den R. geben ⟨ugs.⟩ *eine Sache völlig ruinieren, völlig kaputtmachen;* jmdm. den R. geben ⟨ugs.⟩ *jmdn. völlig krank machen, völlig fassungslos machen, deprimieren* **4** ⟨Math.⟩ *Zahl, die übrigbleibt, wenn eine Division nicht aufgeht;* zehn geteilt durch drei gibt drei, R. eins

Re|stant ⟨m.10⟩ **1** *Schuldner im Zahlungsrückstand* **2** *unverkäufliche Ware, Ladenhüter* **3** *nicht abgehobenes Wertpapier*

Re|stanz ⟨f.10; schweiz.⟩ *Restbetrag*

Re|stau|rant ⟨[restorã] n.9⟩ *Gaststätte, in der man gepflegt essen kann;* Syn. ⟨†, noch österr.⟩ *Restauration* [zu *se restaurer* „sich erholen, sich erquicken", < lat. *restaurare*, → *restaurieren*]

Re|stau|ra|teur ⟨[restoratør] m.1⟩ *Gastwirt* [zu *Restaurant, Restauration (3)*]

Re|stau|ra|ti|on ⟨f.10⟩ **1** [-stau-] *Ausbesserung (eines beschädigten Kunstwerks, bes. Gemäldes)* **2** [-stau-] *Wiederherstellung (eines früheren politischen oder religiösen Zustandes)* **3** ⟨[-sto-] österr.⟩ → *Restaurant* [zu *restaurieren*]

re|stau|ra|tiv ⟨[-stau-] Adj., o.Steig.⟩ *auf die Wiederherstellung der Ordnungen gerichtet*

Re|stau|ra|tor ⟨[-stau-] m.13⟩ *Fachmann, der Kunstwerke restauriert*

re|stau|rie|ren ⟨V.3, hat restauriert⟩ **I** ⟨mit Akk.⟩ *etwas r. den ursprünglichen Zustand von etwas wiederherstellen, etwas in den ursprünglichen Zustand bringen;* ein (beschädigtes) Kunstwerk, (bes.) ein Gemälde r. **2** *wiederherstellen;* den alten politischen, religiösen Zustand r. **II** ⟨refl.⟩ sich r. ⟨ugs., scherzh.⟩ *sich frisch machen, frisieren, umziehen und sich (dabei) erholen* [< frz. *restaurer* in ders. Bed., < lat. *restaurare* „wiederherstellen, wieder erbauen", „wieder" und griech. *stauroun* „einen Pfahl errichten, einschlagen", zu *stauros* „Pfahl"]

Rest|be|stand ⟨m.2⟩ *restlicher, übriggebliebener Bestand;* davon sind nur noch Restbestände übrig

re|stie|ren ⟨V.3, hat restiert; o.Obj.; †⟩ **1** *als Rest vorhanden sein, als Rest zurückbleiben;* es r. noch 50 DM **2** *ausstehen, noch nicht bezahlt sein;* von der Rechnung r. noch 100 DM **3** *mit Zahlungen im Rückstand sein;* er restiert mit 500 DM

re|sti|tu|ie|ren ⟨V.3, hat restituiert; mit Akk.⟩ **1** *wiedereinsetzen, in seinen vorherigen Stand bringen;* ein abgesetztes Staatsoberhaupt r. **2** *wiederherstellen;* einen politischen Zustand r. **3** *zurückgeben;* beschlagnahmte Gegenstände r. [< lat. *restituere* in ders. Bed., < *re...* „wieder" und *statuere* „hinstellen, aufstellen"]

Re|sti|tu|ti|on ⟨f.10⟩ **1** *Rückgabe (entzogener Vermögensgegenstände), Wiedergutmachung (der einem geahndeten Staat zugefügten Rechtsverletzung)* **2** ⟨Biol.⟩ *Art der Regeneration* [< lat. *restitutio*, Gen. *-onis*, „Wiederherstellung, Wiedereinsetzung", zu *restituere* „wieder an die frühere Stelle setzen, wiederherstellen", zu *stare* „stehen"]

Re|sti|tu|ti|ons|kla|ge ⟨f.10⟩ *Klage zur Wiederaufnahme eines abgeschlossenen Verfahrens*

rest|lich ⟨Adj., o.Steig.; nur als Attr.⟩ *als Rest übriggeblieben;* das ~e Geld

rest|los ⟨Adj., o.Steig.⟩ *ganz, völlig;* sie haben alles r. aufgegessen; r. begeistert sein ⟨ugs.⟩

Rest|pos|ten ⟨m.7⟩ *kleine Menge noch nicht verkaufter Ware;* wir haben noch einige R. Wäsche am Lager

Re|strik|ti|on ⟨f.10⟩ **1** *Beschränkung, Einschränkung* **2** *Vorbehalt* [< lat. *restrictio*, Gen. *-onis*, „Einschränkung", zu *restringere* „beschränken, zurückhalten, hemmen"]

re|strik|tiv ⟨Adj.⟩ *einengend, einschränkend;* Ggs. *extensiv (3)*

re|strin|gie|ren ⟨V.3, hat restringiert; mit Akk.⟩ **1** *einschränken;* die Produktion, den Verbrauch r. **2** ⟨Med.⟩ *zusammenziehen*

Rest|sü|ße ⟨f., -, nur Sg.⟩ *in jungem Wein noch vorhandener unvergorener Fruchtzucker;* Syn. *Restzucker*

Rest|ur|laub ⟨m.1⟩ *Urlaub, der noch nicht in Anspruch genommen wurde*

Rest|zah|lung ⟨f.10⟩ *Zahlung eines noch ausstehenden Betrags*

Rest|zucker ⟨-k|k-; m., -s, nur Sg.⟩ → *Restsüße*

Re|sul|tan|te ⟨f.11⟩ **1** ⟨Math.⟩ *aus den Koeffizienten von Gleichungen gebildete Determinante* **2** ⟨Phys.⟩ *aus Überlagerung mehrerer Kräfte entstehende Kraft;* Syn. *Resultierende* [zu *resultieren*]

Re|sul|tat ⟨n.1⟩ *Ergebnis;* das R. einer Rechenaufgabe, einer Addition; ein befriedigendes, kümmerliches R.; das R. seiner Bemühungen wird sein, daß ... [< lat. *resultat* „Ergebnis", zu *résulter* „sich aus etwas ergeben, die Folge von etwas sein", < lat. *resultare* „zurückprallen, -springen"]

re|sul|ta|tiv ⟨Adj., o.Steig.⟩ *ein Resultat bewirkend*

re|sul|tie|ren ⟨V.3, hat resultiert; mit Präp.obj.⟩ **1** *aus etwas r. sich als Resultat, Ergebnis, Folge aus etwas ergeben;* sein mangelndes Selbstvertrauen resultiert aus der falschen Erziehung durch seine allzu ängstliche Mutter **2** *in etwas r. etwas bewirken, zu etwas führen;* solche Maßnahmen r. dann in oppositionellen Verhaltensweisen

Re|sul|tie|ren|de ⟨f.11⟩ → *Resultante (2)*

Re|su|mé ⟨[rezyme] n.9; österr., schweiz.⟩ für → **Re|su|mee** ⟨n.9⟩ *Übersicht, (abschließende) Zusammenfassung;* R. ziehen *das Wichtige, Wesentliche festhalten* [< frz. *résumé* in ders. Bed., zu *résumer* „kurz zusammenfassen, wiederholen", < lat. *resumere* „wiederholen", eigtl. „wieder nehmen, wieder an sich nehmen"]

re|sü|mie|ren ⟨V.3, hat resümiert; mit Akk.⟩ *(abschließend) in den wesentlichen Punkten zusammenfassen, abschließend feststellen;* einen Sachverhalt in einigen Sätzen r.; „...", resümierte er

Re|sur|rek|ti|on ⟨f.10⟩ *Auferstehung (der Toten)* [< lat. *resurrectio*, Gen. *-onis*, „Wiederauferstehung", zu *resurgere* „wieder aufstehen"]

Re|ta|bel ⟨n.5⟩ *Altaraufsatz, Altarwand* [< frz. *retable* in ders. Bed., eigtl. *reretable* < altfrz. *riere* „hinter" und *tr. table* „Tafel"]

Re|take ⟨[riteik] n.9; Film⟩ *Neuaufnahme (einer mißlungenen Einstellung)* [engl., eigtl. „wiedernehmen"]

Re|tard ⟨[rotar] m., -s, nur Sg.; Abk.: R; an Uhren⟩ *Verzögerung* [frz.]

Re|tar|da|ti|on ⟨f.10⟩ *Verzögerung, Verlangsamung (bes. der körperlichen oder geistigen Entwicklung);* Ggs. *Akzeleration* [zu *retardieren*]

re|tar|die|ren ⟨V.3, hat retardiert⟩ **I** ⟨mit Akk.⟩ *hemmen, verlangsamen;* ~des Moment *im Handlungsablauf (von Drama oder Roman) unterbrechender Einschub* **II** ⟨o.Obj.; †⟩ *nachgehen;* die Uhr retardiert [< lat. *retardare* „verzögern, aufhalten", < *re...* „zurück" und *tardare* „verzögern, hemmen", zu *tardus* „langsam"]

re|tar|diert ⟨Adj., o.Steig.⟩ *(geistig oder körperlich) zurückgeblieben*

Re|ten|ti|on ⟨f.10⟩ **1** *Zurückhaltung (auszuscheidender Körperflüssigkeiten)* **2** *Zurückbleiben (der Organentwicklung)* **3** *Erinnerungsvermögen* **4** ⟨†⟩ *Zurückbehaltung (einer Leistung)* [< lat. *retentio*, Gen. *-onis*, „Zurückhalten", zu *retinere* „zurück-, festhalten"]

Re|ti|kül ⟨m.1 oder n.1⟩ → *Ridikül*

re|ti|ku|lar, re|ti|ku|lär ⟨Adj., o.Steig.⟩ *netzförmig;* ~es Gewebe [zu *Retikulum*]

re|ti|ku|lo|en|do|the|li|al ⟨Adj., o.Steig.; in der Fügung⟩ ~es System *System zusammenwirkender Zellen zur Abwehr von Krankheiten* [< *Retikulum (1)* und *Endothel*]

Re|ti|ku|lum ⟨n., -s, -la⟩ **1** *netzartiges Gewebe* **2** *Netzmagen (der Wiederkäuer)* [< lat. *reticulum*, „kleines Netz", Verkleinerungsform von *rete*, Gen. *retis*, „Netz"]

Re|ti|na ⟨f., -, -nae [-nɛ:]⟩ → *Netzhaut* [mlat., „Netzhaut", zu lat. *rete*, „Netz"]

Re|ti|ni|tis ⟨f., -, -ti|den⟩ *Netzhautentzündung* [< *Retina* und *...itis*]

Re|ti|ra|de ⟨f.11; †⟩ *(militärischer) Rückzug* [zu *retirieren*]

re|ti|rie|ren ⟨V.3, ist retiriert; o.Obj.⟩ *sich zurückziehen, sich in Sicherheit bringen;* die Truppe retirierte sich in ein Waldgelände; der Hund zog den Schwanz ein und retirierte unter einen Tisch [< frz. *se retirer* „sich zurückziehen", < *re...* „zurück" und *tirer* „ziehen"]

Re|tor|si|on ⟨f.10⟩ *Gegenmaßnahme, Vergeltung (bes. eines Staates gegen die Maßnahme eines anderen Staates)* [frz., nach dem Muster von lat. *torsio*, Gen. *-onis*, „Marter, Plage" eigtl. „Verrenkung, Verdrehung", < lat. *retorquere* „rückwenden, -drehen"]

Re|tor|te ⟨f.11⟩ *birnenförmiges, gläsernes Destilliergefäß;* aus der R. ⟨ugs.⟩ *künstlich* [< lat. *retorta* „die rückwärts Gebeugte", zu *retorquere* „rückwärts drehen, beugen"]

Re|tor|ten|ba|by ⟨[-bebi] n.9; ugs.⟩ *durch künstliche Befruchtung entstandenes Kind*

re|tour ⟨[rətur] Adv.⟩ *zurück;* eine Fahrkarte hin und r.; r. fahren wir über Bernau [< frz. *retour* „Rückkehr, Rückreise", zu *retourner* „zurück-, umkehren", < *re...* „zurück" und *tourner* „drehen"]

Re|tour|bil|lett ⟨[-turbiljet] n.9 oder n.1; †, noch schweiz.⟩ *Rückfahrkarte*

Re|tou|re ⟨[-tu-] f.11, meist Pl.⟩ **1** *an den Lieferanten, Verkäufer zurückgesandte Ware* **2** *der Überbringer zurückgebrachter, nicht ausgezahlter Scheck oder Wechsel* **3** ⟨österr., veraltend⟩ *Rücksendung*

Re|tour|kar|te ⟨[-tur-] f.11; österr.⟩ *Rückfahrkarte*

Re|tour|kut|sche ⟨[-tur-] f.11; ugs.⟩ *Zurückgeben einer Beleidigung oder eines Vorwurfs mit ähnlichen Worten*

re|tour|nie|ren ⟨[-tur-] V.3, hat retourniert; mit Akk.⟩ *zurückgeben, zurücksenden;* beschädigte Ware, eingereichte Unterlagen r. [< frz. *retourner* in ders. Bed., < *re...* „zurück" und *tourner* „drehen, wenden"]

Re|trai|te ⟨f.11⟩ **1** *(militärischer) Rückzug* **2** *Zapfenstreich (der Kavallerie)* [frz., zum veralteten *retraire* „zurückziehen"]

Re|trak|ti|on ⟨f.10; Med.⟩ *Schrumpfung, Verkürzung* [< lat. *retractio*, Gen. *-onis*, „das Zurückziehen, Verminderung", zu *retrahere* „zurückziehen, verkürzen, vermindern"]

Re|tri|bu|ti|on ⟨f.10⟩ *Rückgabe, Erstattung, Vergütung* [< lat. *retributio*, Gen. *-onis*, „Erwiderung, Vergeltung", zu *retribuere* „wiedergeben"]

re|tro|ak|tiv ⟨Adj., o.Steig.; Psych.⟩ *zurückwirkend* [< lat. *retro* „rückwärts, zurück" und *aktiv*]

re|tro|da|tie|ren ⟨V.3, hat retrodatiert; mit Akk.; †⟩ *rückdatieren* [< lat. *retro* „zurück" und *datieren*]

Re|tro|fle|xi|on ⟨f.10⟩ *Knickung (von Organen) nach hinten* [< lat. *retro* ,,rückwärts" und *Flexion*]

re|tro|grad ⟨Adj., o.Steig.⟩ **1** ⟨Astron.⟩ *gegenläufig, rückläufig* **2** ⟨Med.⟩ *sich entgegen der physiologischen Verlaufsrichtung vollziehend (z. B. eine Infektion der Niere von der Blase aus)* **3** ⟨Med.⟩ *zurückreichend, zurückliegend (von Bewußtseinsinhalten)* [< lat. *retrogradi* ,,rückwärts gehend", zu *retrogradi* ,,rückwärts gehen, zurückgehen", zu *gradus* ,,Schritt"]

re|tro|spek|tiv ⟨Adj., o.Steig.⟩ *rückblickend* [< lat. *retro* ,,rückwärts" und *specere* (Perfekt: *spectus*) ,,schauen, spähen"]

Re|tro|spek|ti|ve ⟨f.11⟩ *Rückblick, Rückschau*

Re|tro|ver|si|on ⟨f.10⟩ **1** *Rückwärtsneigung (eines Organs)* **2** *Rückübersetzung (in die Originalsprache)* [zu *retrovertieren*]

re|tro|ver|tie|ren ⟨V.3, hat retrovertiert; o.Obj.⟩ bes. Med.⟩ *sich zurückneigen, zurückwenden* [< lat. *retro* ,,zurück, rückwärts" und *vertere* ,,wenden"]

Re|tro|zes|si|on ⟨f.10, Wirtsch.⟩ *Rückversicherung* [< lat. *retrocessio*, Gen. *-onis*, das Zurückweichen, zu *retrocedere* ,,zurückweichen"]

Ret|si|na ⟨m.9, griech. f.9⟩ *griechischer Wein, der in geharzten Fässern aufbewahrt oder mit Harz versetzt wird* [neugriech., < lat. *resina* ,,Harz"]

ret|ten ⟨V.2, hat gerettet; mit Akk.⟩ *jmdn., sich oder etwas r. (aus einer Gefahr) befreien, (vor dem Untergang, der Vernichtung, dem Tod) bewahren, in Sicherheit bringen;* auch: ⟨bei Personen⟩ *erretten;* jmdn. vor dem Ertrinken, vor dem finanziellen Ruin r.; jmdn. aus einer Notlage r.; jmdm. das Leben r.; sie konnten nur das Nötigste (aus dem brennenden Haus) r.; ich bin doch noch zu r.! ⟨ugs., scherzh.⟩ *ich bin doch nicht verrückt!*; er ist nicht mehr zu r. ⟨übertr., ugs.⟩ *man muß ihn bei seinen abwegigen Ideen lassen, er nimmt keine Vernunft an, er hört auf keine Ratschläge;* sie konnte sich vor Angeboten, Anrufen kaum r. *die Angebote, Anrufe wurden ihr fast zuviel;* sie kann sich vor seiner Zudringlichkeit kaum noch r.; sich an einen Ort r. *an einem Ort Zuflucht suchen;* er rettete sich ans Ufer; sie retteten sich ins Freie; sie rettet sich in die Welt ihrer Träume

Ret|ter ⟨m.5⟩ *jmd., der jmdn. rettet oder gerettet hat;* seinem R. danken; er erschien als R. in der Not

Ret|tich ⟨m.1⟩ Syn. ⟨bayr.-österr.⟩ *Radi* **1** *Kreuzblütler mit zarten, weißen, violett geäderten Blüten* **2** *dessen Rübenwurzel* [< ahd. *ratih* < lat. *radix* ,,Wurzel"]

rett|los ⟨Adj., o.Steig.; Seew.⟩ *unrettbar*

Ret|tung ⟨f.20⟩ **1** ⟨nur Sg.⟩ *das Retten, das Gerettetwerden;* R. aus großer Not; das ist meine letzte R.; die R. des alten Stadtkerns **2** ⟨österr. auch kurz für⟩ **a** *Rettungsdienst* **b** *Rettungswagen*

ret|tungs|los ⟨Adj., o.Steig.; nur als Adv.⟩ **1** *ohne die Möglichkeit einer Rettung;* r. verloren sein **2** ⟨ugs.⟩ *ganz, völlig;* r. betrinken

Ret|tungs|me|dail|le ⟨f.11⟩ *Medaille als Ehrung für Personen, die anderen unter Lebensgefahr das Leben gerettet haben*

Ret|tungs|ring ⟨m.1⟩ **1** *im Wasser tragfähiger, hohler Ring mit Haltetauen (zur Rettung Ertrinkender)* **2** ⟨scherzh.⟩ *Fett in der Hüftgegend*

Ret|tungs|schwim|men ⟨n., -s, nur Sg.⟩ *der Rettung Ertrinkender dienende schwimmerische Fertigkeit*

Re|turn ⟨[riʦn] m.9; Tennis⟩ *zurückgeschlagener Ball* [engl., zu *to return* ,,zurückgeben"]

Re|tu|sche ⟨f.11⟩ *Verbesserung, Überarbeitung (bes. von Fotografien)* [zu *retuschieren*]

Re|tu|scheur ⟨[-ʃøːɐ] m.1⟩ *jmd., der berufsmäßig Retuschen vornimmt*

re|tu|schie|ren ⟨V.3, hat retuschiert; mit Akk.⟩ **1** *(durch Retusche) überarbeiten, verbessern;* Fotografien r.; das Bild ist stark retuschiert *störende, unschöne Dinge (z. B. Falten im Gesicht) sind (durch Retusche) beseitigt* **2** ⟨übertr.⟩ *schönfärben;* einen Bericht r. [< frz. *retoucher* in ders. Bed., eigtl. ,,wieder berühren", < *re...* ,,wieder" und *toucher* ,,berühren"]

Reue ⟨f., -, nur Sg.⟩ *tiefes Bedauern (über etwas, was man getan oder gesagt hat und was man ungeschehen wünscht);* R. empfinden, fühlen, zeigen; tätige R. ⟨Rechtsw.⟩ *Versuch, eine strafbare Handlung zu verhindern*

reu|en ⟨V.1, hat gereut; mit Akk.⟩ *etwas reut jmdn. etwas tut jmdm. leid,* jmd. bedauert etwas; mich reut das Geld, das ich dafür ausgegeben habe; mich reut die Zeit, die ich dafür aufgewendet habe; es reut mich, daß ich ihm das Bild geschenkt habe

reue|voll ⟨Adj.⟩ *Reue zeigend, bereit zur Wiedergutmachung;* Syn. *reuig*; ein ~er Sünder

Reu|geld ⟨n.3⟩ *Abstandssumme (die bei Rücktritt von einem Reukauf zu zahlen ist)*

reu|ig ⟨Adj.⟩ → *reuevoll*

Reu|kauf ⟨m.2⟩ *Kaufvertrag mit Rücktrittsrecht*

reu|mü|tig ⟨Adj.⟩ *Reue zeigend;* r. heimkehren; er kehrte r. zurück

Re|uni|on **1** ⟨[reˈunjon] f.10; †⟩ *Vereinigung, Wiedervereinigung* **2** ⟨[reynjõ] f.9; †⟩ *gesellige Veranstaltung*

Re|uni|ons|kam|mern ⟨f.11, Pl.⟩ *Gerichte Ludwigs XIV. zur Begründung französischer Gebietsansprüche*

Reu|se ⟨f.11⟩ *trichterförmiges, verstärktes Netz (als Fischfalle)*

Reu|ße ⟨m.11; †⟩ *Russe*

re|üs|sie|ren ⟨V.3, hat reüssiert; o.Obj.⟩ *valierend* *Erfolg haben, Anerkennung finden;* er hat mit seinem letzten Roman beim Publikum reüssiert [< frz. *réussir* ,,Erfolg, Glück haben, gut fortkommen", < ital. *riuscire* in derselben Bed., < lat. *re...* (verstärkend) und *exire* ,,hinausgehen"]

reu|ten ⟨V.2, hat gereutet; mit Akk.; †⟩ *roden, urbar machen* / mhd. *riuten* ,,roden, urbar machen", zu ahd. *riute*, altnord. *ruð* ,,Rodung, urbar gemachtes Land"; urverwandt mit *reißen*]

Rev. ⟨Abk. für⟩ *Reverend, Reverendus*

Re|vak|zi|na|ti|on ⟨f.10⟩ *Wiederimpfung* [zu *revakzinieren*]

re|vak|zi|nie|ren ⟨V.3, hat revakziniert; mit Akk.⟩ *erneut impfen* [< lat. *re...* ,,wieder" und *vakzinieren*]

re|va|lie|ren ⟨V.3, hat revaliert⟩ **I** ⟨mit Akk.⟩ *bezahlen, begleichen, decken;* eine Schuld r. **II** ⟨o.Obj.; †⟩ *sich (für Ausgaben, Unkosten) schadlos halten* [< lat. *re...* ,,wieder" und *valere* ,,stark sein"]

re|va|lo|ri|sie|ren ⟨V.3, hat revalorisiert; mit Akk.⟩ *etwas auf den ursprünglichen (höheren) Wert bringen;* eine Währung r.

Re|va|lu|a|ti|on ⟨f.10⟩ *Aufwertung* [zu *revalvieren*]

re|val|vie|ren ⟨V.3, hat revalviert; mit Akk.⟩ *durch Wechselkursänderung aufwerten;* eine Währung r. *Vorsilbe re...* ,,wieder" nach dem Muster von *devalvieren* gebildet]

Re|van|che ⟨[rəvãʃ(ə)] f.11⟩ **1** *Rache, Vergeltung* **2** ⟨Sport⟩ *Sieg (nach vorheriger Niederlage gegen denselben Gegner);* jmdm. R. geben *jmdm. die Möglichkeit geben, seine Niederlage wettzumachen;* R. für zu *revancher vergelten", < re...* ,,wieder" und *venger* ,,rächen", ahden"; < lat. *vindicare*, → *Vindikation*]

Re|van|che|krieg ⟨[rəvãʃ-] m.1⟩ *Vergeltungskrieg*

Re|van|che|po|li|tik ⟨[rəvãʃ-] f., -, nur Sg.⟩ *auf Revanche gerichtete Politik*

re|van|chie|ren ⟨[rəvãʃi-] V.3, hat revanchiert; refl.⟩ sich r. **1** *sich rächen;* er hat sich gründlich revanchiert für die Beleidigung r. **2** *sich erkenntlich zeigen, eine Gegenleistung erbringen;* sich für ein Geschenk, eine Einladung r.; wie kann ich mich für Ihre Hilfe, Ihre Freundlichkeit r.?; er wird sich ja einmal r. müssen

Re|van|chis|mus ⟨[rəvãʃis-] m., -, nur Sg.; im kommunistischen Sprachgebrauch⟩ *Vergeltungspolitik, Streben nach Rückeroberung*

re|van|chi|stisch ⟨[rəvãʃi-] Adj., o.Steig.⟩ *zum Revanchismus gehörend, in der Art des Revanchismus*

Re|veille ⟨[rəvɛj] f.11; †⟩ *militärisches Signal zum Wecken* [< frz. *réveil* ,,Signal zum Wecken; das Erwachen", zu *réveiller* ,,aufwecken", *se réveiller* ,,aufwachen", zu lat. *vigilare* ,,wachen", zu *vigil* ,,wach, munter"]

Re|ve|la|ti|on ⟨f.10; Philos.⟩ *Enthüllung, Offenbarung* [< lat. *revelatio*, Gen. *-onis*, in ders. Bed., zu *revellere* ,,wegreißen, aufbrechen, öffnen"]

Re|ve|nue ⟨[rəvəˈnyː] f.11⟩ *Einkommen, Kapitalertrag* [frz., zu *revenir* ,,wiederkommen, nachwachsen"]

Re|ver|be|ra|ti|on ⟨f., -, nur Sg.⟩ *Rückstrahlung (z. B. von Wärme)* [zu *reverberieren*]

re|ver|be|rie|ren ⟨V.3, hat reverberiert; mit Akk.⟩ *zurückstrahlen;* Wärme r. [< lat. *reverberare* ,,zurückschlagen, -werfen", < *re...* ,,zurück" und *verberare* ,,schlagen, stoßen, werfen", zu *verber* ,,Schlag, Stoß, Wurf"]

Re|ve|rend ⟨[ˈrɛvərənd] m., -s, nur Sg.; Abk.: Rev.; in England und den USA Titel für evang. Geistlichen, etwa entsprechend dem dt.⟩ *Hochwürden* [engl., ,,ehrwürdig"]

Re|ve|renz ⟨f.20⟩ **1** *Ehrerbietung;* jmdm. seine R. erweisen **2** *Ehrenbezeigung, Verbeugung;* seine R. machen [< lat. *reverentia* ,,achtungsvolle Rücksicht, Ehrerbietung", zu *revereri* ,,Achtung, Rücksicht erweisen", eigtl. ,,fürchten, sich scheuen"]

Re|ve|rie ⟨[rəvəˈriː] f.11⟩ *Träumerei, träumerisches Musikstück* [frz., < *rêverie* in ders. Bed., zu *rêver* ,,träumen"]

Re|vers I ⟨[-vɛːɐ] n., österr. m., -[-vɛːɐs], -[-vɛːɐs]⟩ *an Jacken, Mänteln in Fortsetzung des Kragens umgeschlagener Stoffteil, Aufschlag;* eine Jacke ohne, mit R. [frz., < lat. *reversus* ,,umgekehrt"] **II** ⟨[-vɛrs] m.1⟩ **1** ⟨†, noch österr.⟩ *Rückseite (einer Münze);* Ggs. *Avers* [frz., < lat. *reversus* ,,umgewendet"] **2** *schriftliche Erklärung oder Verpflichtung;* einen R. unterschreiben [< mlat. *reversum* ,,Antwort", eigtl. ,,zurückgekehrtes Schreiben", zu lat. *revertere* ,,umdrehen, zurückkehren"]

re|ver|si|bel ⟨Adj., o.Steig.⟩ *umkehrbar;* Ggs. *irreversibel;* ein reversibler Ablauf [mit französisierender Endung < lat. *reversare* ,,umdrehen, zurückwenden", < *re...* ,,zurück" und *versare* ,,drehen, wenden"]

Re|ver|si|bi|li|tät ⟨f., -, nur Sg.⟩ *Umkehrbarkeit*

Re|ver|si|ble ⟨[-vɛrziːbəl] m.9⟩ **1** *Gewebe mit einer matten und einer glänzenden Seite* **2** *beidseitig tragbarer Stoff* [frz. *réversible* ,,umkehrbar"]

Re|ver|si|on ⟨f.10⟩ *Umdrehung, Umkehrung*

Re|ver|sys|tem ⟨n.1⟩ *Verfahren zur Sicherstellung der Preisbindung*

Re|vi|dent ⟨m.10⟩ **1** *jmd., der Revision beantragt* **2** *(in Österreich Titel für) Beamter im gehobenen Dienst* [< lat. *revidens*, Gen. *-entis*, ,,wieder hinsehend", zu *revidere*, → *revidieren*]

re|vi|die|ren ⟨V.3, hat revidiert; mit Akk.⟩ **1** *prüfen, prüfend durchsehen;* Geschäftsbücher r. **2** *(nach Prüfung) ändern;* die bisherige Politik r.; seine Meinung r. [< lat. *revidere* ,,wieder hinsehen", < *re...* ,,wieder" und *videre* ,,sehen"]

Re|vier ⟨[-viːɐ] n.1⟩ **1** *Bereich, Gebiet, Tätig-*

keitsbereich, Bezirk (Jagd~) **2** ⟨Bgb.⟩ Abbaugebiet (Kohlen~) **3** ⟨Mil.⟩ Krankenstation; auf dem R. liegen; sich im R. melden **4** kleine Polizeistation, Meldestelle (Polizei~) **5** ⟨Jägerspr.⟩ Wohn-, Brut- oder Jagdgebiet (eines Tieres); sein R. verteidigen, markieren [< ndrl. mndrl. rivier ,,Ufergelände für die Vogeljagd", < frz. rivière ,,ebenes Land entlang einem Wasserlauf", < lat. riparius ,,am Ufer befindlich", zu ripa ,,Ufer, Rand, Abhang"]

re|vie|ren ⟨[-vi-] V.3, hat reviert; o.Obj.⟩ **1** das Revier begehen; der Förster reviert **2** nach Wild suchen; der Jagdhund reviert

Re|view ⟨[rivju] f.9; engl. Bez. für⟩ Übersicht, Rundschau (oft Titel von Zeitschriften) [engl., < lat. re... ,,zurück" und engl. view ,,das Hinsehen, Ansehen, Blick"]

Re|vi|re|ment ⟨[rəvir(ə)mã] n.9⟩ **1** Umsetzung (von diplomatischen oder militärischen Posten) **2** Abrechnungsart zwischen Schuldner und Gläubiger [frz., ,,das Wenden, Übertragung", zu revirer ,,wenden"]

re|vi|si|bel ⟨Adj., o.Steig.; Rechtsw.⟩ durch Revision anfechtbar; ein revisibles Urteil

Re|vi|si|bi|li|tät ⟨f., -, nur Sg.; Rechtsw.⟩ Anfechtbarkeit

Re|vi|si|on ⟨f.10⟩ **1** Änderung (einer Meinung), Abänderung (eines Vertrages, einer Grenze) **2** ⟨Betriebswirtsch.⟩ Überprüfung, Kontrolle **3** ⟨Buchw.⟩ letztes Korrekturlesen (vor dem Druckbeginn) **4** Rechtsmittel zur Überprüfung der rechtlichen Seite eines Urteils durch ein höheres Gericht; R. einlegen [< frz. révision ,,nochmalige Durchsicht", zu réviser ,,nochmals durchsehen", < lat. revisere ,,nach jmdm. oder etwas sehen, nachsehen, besichtigen"]

Re|vi|si|o|nis|mus ⟨m., -, nur Sg.⟩ **1** Streben nach Änderung eines politischen Zustandes oder Programms **2** reformerische Richtung (in der Sozialdemokratie und im Kommunismus)

Re|vi|sor ⟨m.13⟩ **1** Korrektor, der Revision (3) liest **2** Buch-, Rechnungsprüfer

Re|vo|ka|ti|on ⟨f.10⟩ Widerruf, Rücknahme (eines Auftrags) [< lat. revocatio, Gen. -onis, ,,das Zurückrufen; Abrufen", zu revocare, → revozieren]

Re|voke ⟨[rivouk] f.9; Kart.⟩ falsches Bedienen [< engl. to revoke ,,nicht bedienen, nicht bekennen", eigtl. ,,widerrufen", < lat. revocare, → revozieren]

Re|vol|te ⟨f.11⟩ Aufruhr, Aufstand [< frz. révolte ,,Aufruhr", zu révolter ,,aufwiegeln", se révolter ,,sich auflehnen", < ital. rivoltare ,,umdrehen, umwenden", rivoltarsi ,,sich auflehnen", < vulgärlat. *revoltirare, zu lat. revolvere ,,zurückrollen, -wälzen"]

re|vol|tie|ren ⟨V.3, hat revoltiert; o.Obj.⟩ sich auflehnen, sich empören; gegen Unterdrückung, gegen Maßnahmen r.; sein Magen revoltierte ⟨übertr.⟩ sein Magen drehte sich herum, er mußte sich übergeben

Re|vo|lu|ti|on ⟨f.10⟩ **1** (bes. politischer) Umsturz, Umwälzung **2** ⟨Astron.⟩ Gestirnumlauf **3** Periode stürmischer erdgeschichtlicher Vorgänge, bes. Gebirgsbildung [< frz. révolution ,,Umwälzung, Umschwung, Staatssturz", < lat. revolutio, Gen. -onis, ,,das Zurückdrehen, Zurückwälzen", zu revolvere ,,zurückwälzen, -rollen, -drehen"]

re|vo|lu|ti|o|när ⟨Adj.⟩ **1** eine Revolution (1) erstrebend; ~e Bestrebungen, Ziele **2** solche Bestrebungen widerspiegelnd; ~e Lieder, Gedichte **3** eine Umwälzung bewirkend; eine ~e Entdeckung, Erfindung

Re|vo|lu|ti|o|när ⟨m.1⟩ jmd., der eine Revolution hervorruft oder an einer Revolution teilnimmt

re|vo|lu|ti|o|nie|ren ⟨V.3, hat revolutioniert; mit Akk.⟩ grundlegend umwandeln; diese Erkenntnis hat das damalige Weltbild revolutioniert; das war eine ~de Idee

Re|vo|luz|zer ⟨m.5; abwertend⟩ Revolutionär

Re|vol|ver ⟨m.5⟩ **1** Handfeuerwaffe mit Trommelmagazin; Syn. Trommelrevolver **2** drehbare Einspannvorrichtung (für verschiedene Werkzeuge, Optiken u.a.) [engl., eigtl. ,,Umdreher"; das Wort wurde vom Erfinder der Waffe, dem Amerikaner Samuel Colt, geprägt nach lat. revolvere ,,zurückrollen, -drehen"]

Re|vol|ver|blatt ⟨n.4; ugs.⟩ Zeitung auf niedrigem Niveau, die Ereignisse zu Sensationen aufbauscht

Re|vol|ver|held ⟨m.10; ugs.⟩ jmd., der (mit einer Waffe) den Helden spielt

Re|vol|ver|pres|se ⟨f., -, nur Sg.; ugs.⟩ Gesamtheit von Zeitungen auf niedrigem Niveau, die die berichteten Ereignisse zu Sensationen aufbauschen

Re|vol|ver|schnau|ze ⟨f.11; derb⟩ **1** freches Mundwerk; eine R. haben **2** jmd., der unaufhörlich, laut und prahlerisch redet

re|vol|vie|ren ⟨[-vi-] V.3, hat revolviert⟩ I ⟨mit Akk.; Tech.⟩ zurückdrehen, rückwärts drehen II ⟨o.Obj.; Wirtsch.⟩ erneuert werden, wiederkehren, sich wiederholen; ~der Kredit [< lat. revolvere ,,zurückdrehen, zurückrollen"]

Re|vol|ving|kre|dit ⟨m.1⟩ **1** Kredit, der laufend erneuert wird **2** langfristiger Kredit, der jeweils durch aneinander anschließende kurzfristige Kredite gedeckt wird [< engl. revolving credit < to revolve ,,drehen" (→ revolvieren) und credit ,,Kredit"]

re|vo|zie|ren ⟨V.3, hat revoziert; mit Akk.⟩ **1** widerrufen, zurücknehmen; eine Behauptung r. **2** zurückziehen; einen Antrag vor Gericht r. [< lat. revocare ,,zurückrufen", < re... ,,zurück" und vocare ,,rufen", zu vox, Gen. vocis, ,,Stimme"]

Re|vue ⟨[-vy] f.11⟩ **1** (frz. Bez. für) Überblick, Rundschau (oft Titel von Zeitschriften) **2** Bühnenstück mit Musik, Tanz und großer Ausstattung **3** (†) Truppenschau; Erlebnisse, Ereignisse R. passieren lassen ⟨übertr.⟩ (im Geist) an sich vorbeiziehen lassen [< frz. revue ,,Überblick, Rundschau; Heerschau, Parade; Durchsicht, Untersuchung", zu revoir ,,wiedersehen; noch einmal durchsehen, prüfen", < re... ,,wieder" und voir ,,sehen"]

Re|vue|girl ⟨[rəvygə:l] n.9⟩ Tänzerin in einer Revue (2)

Rex 1 ⟨m., -, Re|ges [-ge:s]; lat. Bez. für⟩ König **2** ⟨m., -, -e; Schülerspr.⟩ Rektor

Rey|on ⟨[rɛjɔ̃] m., -, nur Sg. oder n., -s, nur Sg.⟩ Kunstfaser mit seidenähnlichen Eigenschaften; auch: Rayon [engl., < frz. rayon ,,Strahl"]

Re|zen|sent ⟨m.10⟩ Verfasser einer Rezension (1)

re|zen|sie|ren ⟨V.3, hat rezensiert; mit Akk.⟩ kritisch besprechen; ein Theaterstück, ein Buch r. [< lat. recensere ,,wiederholt, sorgfältig prüfen, Stück für Stück in Augenschein nehmen", < re... ,,wieder" und censere ,,schätzen, zählen"]

Re|zen|si|on ⟨f.10⟩ **1** kritische Besprechung; R. eines neu erschienenen Buches, eines Theaterstücks **2** Bearbeitung eines alten Textes, die die Originalfassung möglichst wiederherstellen soll

Re|zen|si|ons|ex|em|plar ⟨n.1⟩ Buch, das einem Kritiker gratis zur Besprechung überlassen wird

re|zent ⟨Adj., o.Steig.⟩ **1** ⟨Biol., Ethnologie⟩ in der Gegenwart (noch) lebend; Ggs. fossil **2** ⟨Geol.⟩ in jüngerer Erdzeit entstanden; ~es Gestein [< lat. recenter ,,neuerdings, eben erst", zu recens ,,frisch, neu, jung"]

Re|zept ⟨n.1⟩ **1** Anleitung zum Kochen mit Angabe der Mengen für die Zutaten (Koch~); ein gutes R. für einen Apfelkuchen; genau nach R. kochen **2** ärztliche Verordnung, Anweisung des Arztes an den Apotheker, ein Arzneimittel abzugeben oder für den Patienten herzustellen; ein R. ausstellen; jmdm. ein R. schreiben; ein R. für ein Mittel gegen Husten **3** ⟨ugs.⟩ Vorschlag zum Vorgehen, zum Handeln; er hat für alles ein fertiges R. er hat für alles einen (einfachen) Vorschlag [< lat. receptum ,,(es ist) genommen", verwendet worden", Vermerk des Apothekers auf dem Rezept als Antwort auf die Anweisung des Arztes, die mit recipe ,,nimm" beginnt, dann Bez. für die Anweisung selbst, zu recipere ,,(an)nehmen"]

re|zept|frei ⟨Adj., o.Steig.⟩ ohne Rezept erhältlich; ~es Arzneimittel

re|zep|tie|ren ⟨V.3, hat rezeptiert; mit Akk.⟩ ein Medikament r. ein Rezept über ein Medikament ausstellen

Re|zep|ti|on ⟨f.10⟩ **1** Übernahme, Aufnahme; die R. fremden Gedanken- oder Kulturgutes **2** verstehendes Wahrnehmen, Aufnehmen **3** → Empfang (4) [< lat. receptio, Gen. -onis, ,,Aufnahme, Entgegennahme", zu recipere, → rezipieren]

re|zep|tiv ⟨Adj., o.Steig.⟩ **1** (nur) aufnehmend; ~es Verhalten; ich erlebe Musik nur r. **2** empfänglich [zu rezipieren]

Re|zep|ti|vi|tät ⟨f., -, nur Sg.⟩ Empfänglichkeit (für Eindrücke)

Re|zep|tor ⟨m.13⟩ nervöses Organ zur Aufnahme von Reizen; Syn. Sinneszelle [< lat. receptor ,,Empfänger"]

re|zept|pflich|tig ⟨Adj., o.Steig.⟩ nur auf Rezept erhältlich; Syn. verschreibungspflichtig; ~es Arzneimittel

Re|zep|tur ⟨f.10⟩ **1** Herstellung eines Medikaments nach Rezept **2** Vorschrift für das Zusammenstellen und Mischen von Chemikalien **3** (in Apotheken) Raum zur Arzneimittelherstellung

Re|zeß ⟨m.1⟩ **1** Auseinandersetzung **2** Vergleich **3** Vertrag [< lat. recessus ,,Rückzug, Zurückgehen"]

Re|zes|si|on ⟨f.10⟩ Rückgang (des wirtschaftlichen Wachstums) [< lat. recessio, Gen. -onis, ,,das Zurückweichen, Zurückgehen", zu recedere ,,zurückweichen, -gehen"]

re|zes|siv ⟨Adj., o.Steig.⟩ von anderen Erbfaktoren (ganz oder teilweise) überdeckt; Ggs. dominant (2) [zu Rezeß]

Re|zes|si|vi|tät ⟨f., -, nur Sg.⟩ rezessive Beschaffenheit

re|zi|div ⟨Adj., o.Steig.; Med.⟩ wiederkehrend, rückfällig [< lat. recidivus ,,wiederkehrend, wieder zum Vorschein kommend", zu recidere ,,zurückkommen, wieder eintreten", < re... ,,zurück, wieder" und ...cidere (in Zus. für cadere) ,,fallen, geraten, (hinein)kommen"]

Re|zi|div ⟨n.1⟩ → Rückfall (3)

re|zi|di|vie|ren ⟨[-vi-] V.3, hat rezidiviert; o.Obj.; Med.⟩ wiederkehren, im Rückfall auftreten; eine Krankheit rezidiviert [zu rezidiv]

Re|zi|pi|ent ⟨[-pjɛnt] m.10⟩ **1** Glasglocke, die luftleer gepumpt werden kann **2** Empfänger (einer Nachricht oder Information) **3** jmd., der etwas rezipiert; R. eines Textes

re|zi|pie|ren ⟨V.3, hat rezipiert; mit Akk.⟩ aufnehmen, übernehmen, sich zu eigen machen; Gedanken, Ideen r.; kulturelle Errungenschaften r. [< lat. recipere ,,nehmen", < re... (verstärkend) und ...cipere (in Zus. für capere) ,,fassen, ergreifen"]

re|zi|prok ⟨Adj., o.Steig.⟩ wechselseitig, gegenseitig; ~e Verhältnisse; ~e Brüche; ~er Wert → Kehrwert [< lat. reciprocus ,,auf demselben Weg zurückkehrend", < *recus und *procus ,,rückwärts" und ,,vorwärts"]

Re|zi|pro|zi|tät ⟨f., -, nur Sg.⟩ Wechselseitigkeit, Gegenseitigkeit [zu reziprok]

re|zi|tan|do ⟨Mus.⟩ → recitando

Re|zi|ta|ti|on ⟨f.10⟩ künstlerischer Vortrag (von Gedichten u.ä.) [zu rezitieren]

Re|zi|ta|tiv ⟨n.1; in Oratorien, Opern⟩

Sprechgesang [< ital. *recitativo* in ders. Bed., zu *recitare* ,,vortragen," < lat. *recitare* ,,vortragen, vorlesen"]

Re|zi|ta|tor ⟨m.13⟩ jmd., der Gedichte u.ä. rezitiert, Vortragskünstler

re|zi|ta|to|risch ⟨Adj., o.Steig.⟩ *in der Art einer Rezitation*

re|zi|tie|ren ⟨V.3, hat rezitiert; mit Akk., auch o.Obj.⟩ *(künstlerisch) vortragen;* Gedichte r.; der Autor rezitiert heute aus seinen Werken [< lat. *recitare* ,,laut vortragen, vorlesen", < *re...* ,,wieder, noch einmal" und *citare* ,,an-, aufrufen"]

Rf ⟨Zeichen für⟩ *Rutherfordium*

rf., rfz. ⟨Abk. für⟩ *rinforzando*

R-Ge|spräch ⟨[ɛr-] n.1⟩ *Ferngespräch, bei dem der Angerufene die Gebühren bezahlt* [kurz für *Rückfragegespräch*, weil die Post zuvor Rücksprache mit dem Angerufenen hält, ob er das Gespräch annehmen will]

Rgt. ⟨Abk. für⟩ *Regiment (1)*

rh ⟨Abk. für⟩ *Rhesusfaktor (negativ)*

Rh **1** ⟨Abk. für⟩ *Rhesusfaktor (positiv)* **2** ⟨Zeichen für⟩ *Rhodium*

Rha|bar|ber ⟨m.5⟩ **1** *staudiges Knöterichgewächs mit sehr großen Blättern* **2** *dessen Blattstiele (die roh oder als Kompott gegessen werden)* [< lat. *rhabarberum* < *rheum barbarum*, der Bez. für die ,,fremdländische Pflanze Rheum", < griech. *Rha barbaron* oder *Rheon barbaron*; *Rha* ist die griech. Bez. für die Wolga, an deren Ufern die Pflanze wuchs, *rheon* geht auf pers. *rewend* zurück, das ebenfalls die Pflanze bezeichnet, *barbaron* ist ,,fremdländisch", → *Barbar*]

Rhab|dom ⟨n.1⟩ *Sehstäbchen (im Facettenauge)* [< griech. *rhabdos* ,,Stab"]

Rhab|do|man|tie ⟨f., -, nur Sg.⟩ *Wahrsagerei mittels geworfener Stäbchen oder Wünschelrute* [< griech. *rhabdos* ,,Rute, Gerte, Stab" und *...mantie*]

Rha|ga|de ⟨f.11⟩ *Riß (in der Haut), Schrunde* [< griech. *rhagas*, Gen. *rhagados*, ,,Riß, Spalte, Kluft"]

Rhap|so|de ⟨m.11⟩ *altgriechischer fahrender Sänger*

Rhap|so|die ⟨f.11⟩ **1** *erzählendes Gedicht bzw. Gedicht in freien Rhythmen* **2** *balladenhaftes Musikstück* [< griech. *rhapsodia* ,,das Vortragen von epischen Gedichten", zu *rhaptein* ,,zusammennähen, zusammenfügen" und *ode* ,,Lied, Gesang"]

rhap|so|disch ⟨Adj., o.Steig.⟩ **1** *in Form einer Rhapsodie* **2** *bruchstückhaft, zusammenhanglos*

Rhät ⟨n., -s, nur Sg.⟩ → *Rät*

rhein|frän|kisch ⟨Adj., o.Steig.⟩ *~e Mundart die Mundart Hessens, der Pfalz und des Saarlandes*

Rhein|län|der ⟨m.5⟩ **1** *Einwohner des Rheinlandes* **2** *Gesellschaftstanz im 2/4-Takt*

Rhein|wein ⟨m.1⟩ *Wein des Rheintales (ausgenommen Baden und Elsaß)*

Rhe|ni|um ⟨n., -s, nur Sg.; Zeichen: Re⟩ *seltenes, weiß glänzendes, hartes Metall* [nach dem Rheinland (lat. *Rhenus* ,,Rhein"), der Heimat der Entdecker, Walther Noddack]

Rheo|lo|gie ⟨f., -, nur Sg.⟩ *Wiss. vom Verhalten fast fester oder zähflüssiger Körper* [< griech. *rheos*, ,,Fluß, Strom", zu *rhein* ,,fließen, strömen", und *...logie*]

Rheo|stat ⟨m.1⟩ *regelbarer elektrischer Widerstand* [< griech. *rheos* ,,Fluß" und lat. *status* ,,das Stehen"]

Rhe|sus ⟨m., -, -⟩, **Rhe|sus|af|fe** ⟨m.11⟩ *meerkatzenartiger Affe mit hell bräunlichem Haarkleid (wichtiges Versuchstier der Medizin)* [den zoologischen Namen *Simia Rhesus* gab ihm Jean-Baptiste Audebert, ein frz. Tiermaler und Naturforscher, um ihn von den übrigen kurzschwänzigen Makaken zu unterscheiden]

Rhe|sus|fak|tor ⟨m.13; Abk.: Rh bzw. rh⟩ *von der Blutgruppe unabhängiger, erblicher Faktor des Blutes, der bei Blutübertragung und Schwangerschaft zu schweren Störungen führen kann* [bei *Rhesusaffen* erstmalig festgestellt]

Rhe|tor ⟨m.13; im alten Griechenland⟩ *Redner, Lehrer der Beredsamkeit*

Rhe|to|rik ⟨f., -, nur Sg.⟩ **1** *Kunst, fließend und frei zu sprechen;* Syn. *Redekunst* **2** *Schönrednerei; das ist alles reine R. das ist alles schönes Gerede und bedeutet gar nichts* [< griech. *rhetorike techne* ,,Kunst des Redens, Sprechens"]

Rhe|to|ri|ker ⟨m.5⟩ *jmd., der die Rhetorik beherrscht, der fließend und frei sprechen kann*

rhe|to|risch ⟨Adj., o.Steig.⟩ **1** *auf Rhetorik beruhend, hinsichtlich der Rhetorik; ~e Frage Frage, auf die keine Antwort erwartet wird;* er ist r. sehr begabt **2** *schönrednerisch; das sind (rein) ~e Floskeln*

Rheu|ma ⟨n., -s, nur Sg.; kurz für⟩ *Rheumatismus*

Rheu|ma|ti|ker ⟨m.5⟩ *jmd., der an Rheumatismus leidet*

rheu|ma|tisch ⟨Adj., o.Steig.⟩ *auf Rheumatismus beruhend, daran leidend; ~e Beschwerden; ~e Kranke*

Rheu|ma|tis|mus ⟨m., -, -men⟩ *Entzündung der Gelenke, Muskeln und Sehnen;* auch: ⟨kurz⟩ *Rheuma;* Syn. ⟨volkstüml.⟩ *Reißen* [< griech. *rheumatismos* ,,Fluß, Strom, Strömen" mit Bezug auf die Körpersäfte, zu *rhein* ,,Strom, Strömung", zu *rhein* ,,fließen, strömen"; in der antiken Medizin verstand man darunter ein Fließen von Körpersäften]

Rheu|ma|to|lo|ge ⟨m.11⟩ *Facharzt für rheumatische Erkrankungen* [< *Rheumatismus* und griech. *logos* ,,Wort, Lehre, Kunde"]

Rheu|ma|wä|sche ⟨f., -, nur Sg.⟩ *gegen Rheumatismus wirkende, warme Unterwäsche (meist aus Angorawolle)*

Rh-Fak|tor ⟨m.13; Abk. für⟩ *Rhesusfaktor*

Rhi|ni|tis ⟨f., -, -tiden⟩ *Nasenschleimhautentzündung* [< griech. *rhis*, Gen. *rhinos*, ,,Nase" und *...itis*]

Rhi|no|lo|gie ⟨f., -, nur Sg.⟩ *Nasenheilkunde* [< griech. *rhis*, Gen. *rhinos*, ,,Nase" und *...logie*]

Rhi|no|pla|stik ⟨f.10⟩ *künstliche Nase, Nasenersatz* [< griech. *rhis*, Gen. *rhinos*, ,,Nase" und *Plastik*]

Rhi|no|skop ⟨n.1⟩ *Gerät mit Spiegel zur Untersuchung des Inneren der Nase, Nasenspiegel* [< griech. *rhis*, Gen. *rhinos*, ,,Nase" und *...skop*]

Rhi|no|sko|pie ⟨f.11⟩ *Untersuchung des Naseninneren mit dem Rhinoskop*

Rhi|no|ze|ros ⟨n., -(ses), -ros|se⟩ → *Nashorn* [< griech. *rhinokeros* < *rhis*, Gen. *rhinos*, ,,Nase" und *keras* ,,Horn"]

Rhi|zom ⟨n.1⟩ *unterirdischer, wurzelähnlicher Sproß;* Syn. *Wurzelstock* [< griech. *rhizoma* ,,das Wurzelschlagen, Anwurzeln", zu *rhiza* ,,Wurzel"]

Rho ⟨n., -(s), -s; Zeichen: ϱ, P⟩ *siebzehnter Buchstabe des griechischen Alphabets*

Rho|da|min ⟨n.1⟩ *roter, fluoreszierender Farbstoff* [< griech. *rhodon* ,,Rose" und *Amin*]

Rho|dan ⟨n., -s, nur Sg.⟩ *die einwertige Schwefel-Kohlenstoff-Stickstoff-Gruppe in chemischen Verbindungen* [< griech. *rhodon* ,,Rose"]

Rho|de|län|der ⟨m.5⟩ *einfarbig braunrote Hühnerrasse* [nach dem amerik. Bundesstaat Rhode Island]

Rho|di|um ⟨n., -s, nur Sg.; Zeichen: Rh⟩ *silberweißes, dehnbares Metall* [< griech. *rhodon* ,,Rose", nach der rosenroten Farbe vieler seiner Verbindungen]

Rho|do|den|dron ⟨n. oder m., -s, -dren⟩ *ein Heidekrautgewächs mit oft rosenähnlichen Blüten, Zierstrauch* [griech., < *rhodon* ,,Rose" und *dendron* ,,Baum"]

Rho|do|nit ⟨m.1⟩ *rotes Mineral mit schwarzen Einlagerungen, Schmuckstein* [< griech. *rhodon* ,,Rose"]

Rhod|op|sin ⟨n., -s, nur Sg.⟩ → *Sehpurpur* [< griech. *rhodon* ,,Rose" und *opsis* ,,das Sehen"]

rhom|bisch ⟨Adj., o.Steig.⟩ *in Form eines Rhombus*

Rhom|bo|eder ⟨n.5⟩ *durch sechs Rhomben begrenzter Körper* [< *Rhombus* und griech. *hedra* ,,Grundlage, Grundfläche"]

Rhom|bo|id ⟨n.1⟩ *schiefwinkliges Parallelogramm mit ungleich langen Seitenpaaren* [< *Rhombus* und *...oid*]

Rhom|bus ⟨m., -, -ben⟩ *gleichseitiges, schiefwinkliges Parallelogramm;* Syn. *Raute* [< griech. *rhombos* ,,Kreisel, Wirbel", zu *rhembein* ,,drehen"]

Rhön|rad ⟨n.4⟩ *aus zwei großen, durch Querstreben verbundenen Eisenringen bestehendes Turngerät* [nach dem Mittelgebirge *Rhön*, wo es entwickelt wurde]

Rho|ta|zis|mus ⟨m., -, -men⟩ *Wechsel eines stimmhaften s mit r in wurzelverwandten Wörtern, z.B.* Öse – *Ohr*

Rhyth|men ⟨Pl. von⟩ *Rhythmus*

Rhyth|mik ⟨f., -, nur Sg.⟩ **1** *Lehre vom Rhythmus* **2** *rhythmische Gymnastik*

Rhyth|mi|ker ⟨m.5⟩ *Komponist oder Musiker, der rhythmische Elemente stark betont*

rhyth|misch ⟨Adj., o.Steig.⟩ *Rhythmus aufweisend, auf ihm beruhend, hinsichtlich des Rhythmus*

rhyth|mi|sie|ren ⟨V.3, hat rhythmisiert; mit Akk.⟩ *in einen Rhythmus bringen; eine stark rhythmisierte Musik*

Rhyth|mus ⟨m., -, -men⟩ *Gliederung eines Ton- oder Bewegungsablaufs in zeitlich oder inhaltlich gleiche bzw. ähnliche, periodisch wiederkehrende Abschnitte (z.B. in der Musik), gleichmäßiger Wechsel* [über lat. *rhythmus* < griech. *rhythmos* ,,gleiche, gesetzte Bewegung; Ebenmaß, Gleichmaß", zu *rhytos* ,,fließend", zu *rhein* ,,fließen"]

Rhyth|mus|grup|pe ⟨f.11; Jazz⟩ *Gruppe der Rhythmusinstrumente*

Rhyth|mus|in|stru|ment ⟨n.1; Jazz⟩ *Musikinstrument, das den Beat (2) schlägt*

Ri|al ⟨m., -, -; Abk.: Rl.⟩ *Währungseinheit im Iran (100 Dinar), im Jemen (100 Fils), in Oman (1000 Baizas)* [pers., arab., → *Real*]

RIAS ⟨m., -, nur Sg.⟩ *Westberliner Rundfunkanstalt* [Kurzw. < *Rundfunk im amerikanischen Sektor*]

Ri|as|kü|ste ⟨f.11⟩ *Küstenform mit zahlreichen ertrunkenen Tälern senkrecht zur Küstenlinie* [< span. *ría* ,,Flußmündung" und *Küste*]

rib|beln ⟨V.1, hat geribbelt; mit Akk.⟩ *zwischen Daumen und Zeigefinger zerreiben*

Ri|bi|sel ⟨f.11; österr.⟩ → *Johannisbeere* [< frz. *ribes* ,,Johannisbeerstrauch" < lat. *ribes* ,,Johannisbeere"]

Ri|bo|fla|vin ⟨n., -s, nur Sg.⟩ *gelbfarbenes Vitamin* (B_2) [< *Ribose* und lat. *flavus* ,,gelb"]

Ri|bo|nu|kle|in|säu|re ⟨f.11; Abk.: RNS⟩ *ein hochmolekularer Stoff in den Zellen aller Lebewesen (wichtig für Eiweißsynthese)* [< *Ribose* und *Nukleinsäure*]

Ri|bo|se ⟨f.11⟩ *Einfachzucker mit 5 O-Atomen* gebildet aus einigen Buchstaben von *Arabinose* ,,Bestandteil des Gummiarabikums"]

Ri|bo|som ⟨n.12⟩ *Körnchen im Zellplasma (Ort der Eiweißsynthese)* [< *Ribose* und griech. *soma* ,,Körper"]

Ri|cer|car ⟨-tʃɛrkar] n.1⟩, **Ri|cer|ca|re** ⟨n., -s, -ri; Mus.⟩ *Vorform der Fuge* [< ital. *ricercare* in ders. Bed., als Verb ,,suchen, erforschen", < *ri...* (lat. *re...*) ,,wieder" und *cercare* ,,suchen"; urspr. bedeutete *ricercare* das Einstimmen des Instruments, das ,,Aufsuchen" und Prüfen der Stimmung und das Anstimmen der Tonart des folgenden Stückes, was alles in der Art eines Vorspiels geschah]

Ri|che|lieu|sticke|rei ⟨-k|k-; [-ʃəljø-] f.10⟩ Weißstickerei mit ausgestochenen, durch Stege verbundenen Mustern [nach dem frz. Staatsmann *Richelieu*]

Richt|an|ten|ne ⟨f.11⟩ Antenne, die elektromagnetische Schwingungen vorwiegend aus einer Richtung empfängt bzw. in eine Richtung abstrahlt

Richt|ba|ke ⟨f.11⟩ jedes von zwei Seezeichen, die den richtigen Kurs angeben

Richt|beil ⟨n.1⟩ **1** Stellmacherwerkzeug mit gebogener Schneide (zur Holzbearbeitung) **2** Beil des Henkers (zum Hinrichten)

Rich|te ⟨f., -, nur Sg.⟩ *landsch.*⟩ gerade Richtung; etwas in die R. bringen

rich|ten ⟨V.2, hat gerichtet⟩ **I** ⟨mit Akk.⟩ **1** jmdn. oder etwas r. **a** *in die richtige Stellung bringen*; ein Fernrohr, Geschütz r. in eine bestimmte Richtung stellen, bringen; die Augen auf etwas r.; die Waffe gegen jmdn. r.; den Blick in die Ferne r. **2** jmdn., etwas oder sich r. *vorbereiten, herrichten*; die Kinder für die Schule r.; sich fürs Theater, für den Empfang der Gäste r.; den Tisch fürs Essen r.; seine Sachen für die Reise r. **3** etwas r. **a** *(wieder) instand setzen;* das Haus neu r.; er hat mir mein Fahrrad wieder gerichtet **b** etwas an jmdn. *wenden;* sich mit etwas an jmdn. wenden; einen Brief an den Vater r.; das Wort an jmdn. r. **c** das Urteil über jmdn. fällen **b** *hinrichten;* jmdn. durch das Beil, den Strang r.; er hat sich selbst gerichtet *er hat sich dem richterlichen Urteil durch Selbstmord entzogen* **II** ⟨refl.⟩ sich r. **1** *sich in eine Richtung wenden;* ihre Augen richteten sich auf mich; seine Kritik richtet sich gegen die Geschäftsführung; die Pflanze richtet sich nach der, zur Sonne **2** sich nach etwas r. ⟨übertr.⟩ **a** *etwas richtet sich nach einer Sache etwas läuft entsprechend einer Sache ab, stellt sich entsprechend einer Sache ein, hängt von einer Sache ab;* das Angebot richtet sich nach der Nachfrage; wir werden morgen tun, richtet sich nach dem Wetter **b** *jmd. richtet sich nach etwas jmd. handelt entsprechend einer Sache, wie eine Sache erfordert;* ich richte mich nach meiner Uhr, nach den Gegebenheiten; bitte r. Sie sich nach meinen Anweisungen! **c** *jmd. richtet sich nach jmdm. jmds. Wünschen entsprechend, handelt so, wie es jmdm. angenehm ist;* ich richte mich ganz nach Ihnen; wir müssen uns nach ihm r. **III** ⟨o.Obj.⟩ *Recht sprechen; gerecht, hart, milde r.;* wir wollen nicht über ihn r., denn auch wir haben Fehler gemacht

Rich|ter ⟨m.5⟩ *Beamter des Staates, der Rechtsfälle entscheidet;* ein gütiger, strenger, weiser R.; der höchste, letzte R. ⟨übertr.⟩ Gott; jmdn. vor den R. bringen

rich|ter|lich ⟨Adj., o.Steig.⟩ *zu einem Richter und seinem Amt gehörend, von einem Richter ausgehend;* ~e Befugnisse; ~e Entscheidung

Rich|ter|spruch ⟨m.2⟩ *Urteil, Entscheidung eines Richters*

Rich|ter|stuhl ⟨m.2⟩ *Stuhl eines Richters;* auf dem R. sitzen *das Amt eines Richters ausüben*

Richt|fest ⟨n.1⟩ *Feier der Handwerker und des Bauherrn, sobald bei Neubauten der Dachstuhl aufgerichtet ist;* Syn. ⟨schweiz.⟩ *Aufrichte,* ⟨österr.⟩ *Gleichenfeier*

Richt|feu|er ⟨n.5⟩ *Leitsignal für Flugzeuge und Schiffe*

Richt|funk ⟨m.1⟩ *Funkverkehr in oder aus bestimmter Richtung mit Hilfe von Richtantennen*

Richt|funk|strecke ⟨-k|k-; f.11⟩ *Nachrichtenverbindung mit gebündelten Funkwellen zwischen Relaisstationen*

rich|tig **I** ⟨Adj.⟩ **1** *der Wirklichkeit, den Tatsachen entsprechend;* in ~e Aussage; in der ~en Erkenntnis, daß ...; das ist der ~e Weg; etwas r. beurteilen, berichten **2** *fehlerfrei;* er hat ~e Lösung; das ist r. geschriebenes Wort **3** *passend, geeignet;* das ist das Richtige!; der ~e Mann für diese Aufgabe; das ~e Werkzeug; wir seid nicht die Richtigen. ⟨ugs., iron.⟩ *ihr seid dazu nicht besonders gut geeignet,* ⟨auch⟩ *das könnte euch so passen, das kommt gar nicht in Frage* **4** *so, wie es sein soll;* er hat schon lange nichts Richtiges mehr gegessen; das ist ein ~er Winter; du bist r.! ⟨ugs.⟩; er ist nicht ganz r. im Kopf, im Oberstübchen ⟨ugs.⟩ *ist ein wenig verrückt* **5** *echt, wirklich;* ~es Geld; meine ~e Tante *meine leibliche Tante* **II** ⟨Adv., ugs.⟩ *tatsächlich, wirklich, sehr;* ja, es stimmt ja wirklich, ich habe es r. genossen; mir war r. schlecht

rich|ti|ge|hend ⟨Adj., o.Steig.; nur als Attr. und Adv., ugs.⟩ *tatsächlich, wirklich;* das war eine ~e Unverschämtheit; er hat mich r. überrumpelt

Rich|tig|keit ⟨f., -, nur Sg.⟩ *richtige Beschaffenheit;* die R. der Angaben überprüfen

rich|tig|lie|gen ⟨V.80, hat richtiggelegen; o.Obj.; ugs.⟩ *die richtige Meinung vertreten;* mit dieser Auffassung liegst du richtig, liege ich richtig, wenn ich vermute, daß ...? *ist es richtig, habe ich recht, wenn ich vermute, daß ...?*

rich|tig|stel|len ⟨V.1, hat richtiggestellt; mit Akk.⟩ *berichtigen;* eine Irrtum, eine Behauptung r. **Rich|tig|stel|lung** ⟨f.10⟩

Richt|kranz ⟨m.2⟩ *Kranz auf dem Dach beim Richtfest*

Richt|li|nie ⟨f.11⟩ *Vorschrift, Anweisung (nach der man sich richten kann, nach der man sich zu richten hat)*

Richt|mi|kro|fon ⟨n.1⟩ *auf eine bestimmte Geräuschquelle ausgerichtetes Mikrofon*

Richt|platz ⟨m.2; früher⟩ *Platz für Hinrichtungen;* Syn. *Richtstätte*

Richt|preis ⟨m.1⟩ **1** *von Behörden oder Herstellern empfohlener Preis* **2** *vorläufig kalkulierter Preis*

Richt|scheit ⟨n.1⟩ *Maurer- und Zimmermannswerkzeug zum Geraderichten von Mauern, Fußböden u.a.*

Richt|schnur ⟨f.2 oder f.10⟩ **1** *Schnur (des Maurers oder Gärtners) zum Bezeichnen einer geraden Linie* **2** ⟨nur Sg.⟩ *Grundsatz, Leitsatz (nach dem man sich richten kann);* sich etwas zur R. machen

Richt|schwert ⟨n.3⟩ *Schwert des Henkers*

Richt|stät|te ⟨f.11⟩ → *Richtplatz*

Richt|strah|ler ⟨m.5⟩ *Richtantenne, die elektromagnetische Wellen vorwiegend in eine Richtung abstrahlt*

Richt|strecke ⟨-k|k-; f.11; Bgb.⟩ *in der Richtung des Schichtenverlaufs angelegte Strecke*

Rich|tung ⟨f.10⟩ **1** *das Gerichtetsein auf ein Ziel;* die R. ändern; eine andere R. einschlagen; zwölf Kilometer in dieser R. liegt die Stadt; die R. verlieren; der Unterhaltung eine bestimmte R. geben *die Unterhaltung auf ein bestimmtes Thema bringen;* das ist nicht meine R. *das entspricht nicht meinem Geschmack;* die R. stimmt *das ist die richtige Vorgehensweise* **2** *bestimmte Bewegung, Strömung auf einem geistigen Gebiet;* eine politische, literarische, künstlerische R.

rich|tung|ge|bend, rich|tung|wei|send ⟨Adj., o.Steig.⟩ *die künftige Richtung anzeigend oder bestimmend;* ein ~es Kunstwerk

Richt|wert ⟨m.1⟩ *(durch Erfahrung oder Untersuchung ermittelter) Zahlenwert, der bei Planungen und Berechnungen zugrunde gelegt wird*

Ricke ⟨-k|k-; f.11⟩ *weibliches Reh*

Rickett|sie ⟨-k|k-; [-sjə] f.11⟩ *bakterienähnlicher Mikroorganismus, Erreger von bestimmten Krankheiten (den sogenannten Rikkettsiosen, z.B. Fleckfieber)* [nach dem amerik. Pathologen Howard Taylor *Ricketts*]

Ri|deau ⟨n.7; schweiz.⟩ *Vorhang, Gardine* [frz., zu *rider* ,,in Falten ziehen, kräuseln"]

ri|di|kül ⟨Adj.; †⟩ *lächerlich* [< frz. *ridicule* ,,lächerlich", < lat. *ridiculus* ,,Lachen erregend", zu *ridere* ,,lachen"]

Ri|di|kül ⟨m.1 oder n.1; †⟩ *Handarbeitstasche;* Syn. *Retikül* [< frz. *réticule* ,,Handarbeitstasche oder -beutel, Täschchen; Haarnetz", < lat. *reticulum* ,,kleines Netz, Haarnetz", zu *rete*, Gen. *retis* ,,Netz"]

rie|chen ⟨V.99, hat gerochen⟩ **I** ⟨mit Akk.⟩ **1** *etwas r. mit dem Geruchssinn wahrnehmen;* ich rieche Gas; ich kann hier nicht r.; dieses Parfüm ist mir unangenehm; ich rieche nichts; hast du gerochen, daß wir schon da sind? ⟨ugs.⟩ *hast du geahnt, daß ...?;* das kann ich doch nicht r.! ⟨ugs.⟩ *das kann ich doch nicht ahnen!* **2** *jmdn. r.* ⟨ugs., nur in Wendungen⟩ *den kann ich nicht r. den kann ich nicht leiden;* Syn. *schmecken* **II** ⟨o.Obj.⟩ *einen Geruch ausströmen;* etwas riecht gut, schlecht, angenehm; ich liebe die Flüssigkeit riecht nach Zitronen; er geht allem aus dem Weg, was nach Arbeit riecht ⟨ugs.⟩ *er geht allem aus dem Weg, was Arbeit für ihn bedeuten könnte*

Rie|cher ⟨m.5; ugs.⟩ *Nase;* einen R. für etwas haben ⟨übertr., ugs.⟩ *ein Ahnungsvermögen haben, ob etwas richtig, günstig, erfolgversprechend ist*

Riech|fläsch|chen ⟨n.7; früher⟩ *mit Riechsalz oder Parfüm gefülltes Fläschchen*

Riech|salz ⟨n.1; früher⟩ *(bei Ohnmachten angewandtes) stark riechendes Mittel aus Salmiak, ätherischen Ölen u.a.*

Ried[1] ⟨n.1⟩ **1** *Schilfsumpf an Ufern von Gewässern* **2** *mit Riedgras bewachsene, nasse Wiese* **3** ⟨landsch.⟩ *Moor, Sumpf* [< ahd. *riot* ,,Ried"]

Ried[2] ⟨n.1; österr.⟩ *eine Flurbezeichnung (z.B. für den Weinbaugebiet)* [zu *roden*]

Ried|bock ⟨m.1⟩ *in Afrika heimische Antilope mit buschigem Schwanz*

Ried|gras ⟨n.4⟩ *grasähnliche Pflanze mit markhaltigem Stengel und scharfkantigen Blättern (z.B. Segge, Simse);* Syn. *Sauergras*

Rie|fe ⟨f.11⟩ *Furche, Längsrinne*

rie|feln, rie|fen ⟨V.1, hat gerieftelt, gerieft; mit Akk.⟩ *etwas r. Riefen in etwas anbringen*

rie|fig ⟨Adj., o.Steig.⟩ *mit Riefen versehen, voller Riefen;* auch: *riefelig, riefelig*

rie|fe|lig ⟨Adj.⟩ → *riefig*

Rie|ge ⟨f.11⟩ *Gruppe von Turnern (unter Leitung eines Vorturners)* [nddt. ,,Reihe"]

Rie|gel ⟨m.5⟩ **1** *einfache Schließvorrichtung, verschieb- oder drehbarer Stab, der in eine Nut im feststehenden Teil eingreift;* einer Sache einen R. vorschieben ⟨übertr.⟩ *eine Sache verhindern;* hinter Schloß und R. ⟨übertr.⟩ *im Gefängnis* **2** *(bei Fachwerkbauten) waagerechter Verbindungsbalken* **3** *von Truppen oder Panzern gebildetes Hindernis;* einen R. bilden, durchbrechen **4** *(oft gleichmäßig unterteiltes) rechteckiges Stück Schokolade oder Teil einer Tafel Schokolade;* Syn. *Rippe* **5** *Stoffstreifen auf dem Rücken von Kleidungsstücken (als Andeutung eines Gürtels)* **6** ⟨Jägerspr.; im Hochgebirge⟩ *Wildwechsel*

Rie|gel|hau|be ⟨f.11; MA bis 19.Jh.⟩ *leinene Haube für Frauen mit Gold- und Silberstickerei, zuletzt auch mit Spitzenrüschen;* Syn. *Ringelhaube* [< mhd. *rigel* ,,zu bindende Kopfbedeckung", < lat. *ricula*, Verkleinerungsform von *rica* ,,Kopftuch"]

Rie|gel|stel|lung ⟨f.10; Mil.⟩ *befestigte Verteidigungslinie*

Riem|chen|schuh ⟨m.1⟩ *Schuh, der mit kleinen Riemen befestigt wird*

Rie|men[1] ⟨m.7⟩ **1** *schmaler Streifen aus*

Stoff, Leder oder Plastik (Treib~) **2** *Gürtel; den R. enger schnallen* ⟨übertr.⟩ *sich einschränken; sich an R. reißen* (übertr., ugs.) *sich zusammennehmen, sich anstrengen*

Rie|men² ⟨m.7; Seew.⟩ →*Ruder (1); sich in die R. legen* ⟨übertr.⟩ *sich anstrengen* [< lat. *remus* ,,Ruder"]

Rie|men|schei|be ⟨f.11⟩ *radförmiger Teil eines Riementriebes*

Rie|men|trieb ⟨m.1⟩ *Getriebe zur Übertragung von Drehkräften zwischen Wellen durch Riemenscheiben und darübergelegten Treibriemen*

Rien ne va plus [riɛ̃ nə va ply] *Es geht nichts mehr* ⟨Ansage beim Roulettespiel⟩ [frz.]

Ries ⟨n., -, -⟩ *Mengeneinheit für Papier, 1000 Bogen* [< mhd. *ris* in ders.Bed. < mlat. *rismus* < arab. *rizma* ,,Paket, Ballen"]

Rie|se¹ ⟨m.11⟩ **1** (*im Märchen*) *übergroße menschliche Gestalt; der R. Rübezahl* **2** ⟨übertr.⟩ *sehr großer Mensch*

Rie|se² ⟨f.11; oberdt.⟩ *Holzrutsche (im Gebirge); Syn.* ⟨schweiz.⟩ *Reiste* [< mhd. *risen* ,,sich von oben nach unten bewegen"]

Rie|se³ ⟨f.11; 13./14.Jh.⟩ *Haube aus Leinen oder Schleierstoff für Frauen, die den Kopf samt Stirn, Kinn und Ohren bedeckt;* auch: *Rise* [< mhd. *rise* ,,herabfallender Schleier", zu *risen* ,,fallen"]

Rie|sel|feld ⟨n.3⟩ *Bodenfläche, auf die vorgereinigte städtische Abwässer zur Verwertung der enthaltenen Düngestoffe aufgebracht werden*

rie|seln ⟨V.1; o.Obj.⟩ **1** ⟨ist gerieselt⟩ *sich in geringer Menge fließend, sacht fließend fortbewegen; ein Bach rieselt durch die Wiesen; eine Quelle rieselt aus dem Felsen; aus der Wunde rieselt Blut; ein Schauer rieselte mir über den Rücken; ich spürte auf dem Rücken einen Schauer* **2** ⟨hat gerieselt⟩ *mit fein plätscherndem Geräusch fließen; die Quelle rieselt immer noch*

rie|sen ⟨V.1, hat geriest; mit Akk.; süddt.⟩ *auf der Riese² wegschaffen; Holz r.*

rie|sen..., **Rie|sen...** ⟨in Zus.⟩ *sehr groß, z.B. riesenlang, Riesenarbeit, Riesenanstrengung*

Rie|sen|blu|me ⟨f.11⟩ →*Rafflesie*

Rie|sen|da|me ⟨f.11⟩ *sehr große, dicke Dame (früher auf Jahrmärkten zu besichtigen)*

Rie|sen|fel|ge ⟨f.11⟩ *Umschwung mit gestrecktem Körper und gestreckten Armen (am Reck); Syn. Riesenwelle*

rie|sen|groß ⟨Adj., o.Steig.; ugs.⟩ *sehr groß*

rie|sen|haft ⟨Adj., o.Steig.⟩ **1** *wie ein Riese; ein ~er Mensch* **2** *sehr groß, gewaltig; ein ~es Bauwerk*

Rie|sen|kraft ⟨f.2⟩ *Kraft eines Riesen, sehr große Kraft*

Rie|sen|rad ⟨n.4; auf Jahrmärkten, Volksfesten u.ä.⟩ *riesiges Rad mit Sitzgondeln, das sich senkrecht um die eigene Achse dreht*

Rie|sen|schild|krö|te ⟨f.11⟩ →*Elefantenschildkröte*

Rie|sen|schlan|ge ⟨f.11⟩ *sehr große, ungiftige tropische Schlange (Boa oder Python)*

Rie|sen|schritt ⟨m.1⟩ *sehr großer Schritt; mit ~en sehr schnell*

Rie|sen|sla|lom ⟨m.9⟩ *Slalom mit in weitem Abstand gesteckten Toren (alpiner Schiwettbewerb)*

rie|sen|stark ⟨Adj., o.Steig.⟩ *stark wie ein Riese*

Rie|sen|tor|lauf ⟨m.1; Schisport⟩ *Schnelligkeitswettbewerb über Strecken mit einem Höhenunterschied von 250 bis 500 m und mindestens 30 zu durchfahrenden Toren*

Rie|sen|weib ⟨n.3; derb⟩ *sehr große, starke Frau*

Rie|sen|wel|le ⟨f.11⟩ →*Riesenfelge*

Rie|sen|wuchs ⟨m., -es, nur Sg.; Biol., Med.⟩ *übermäßiges Wachstum des ganzen Körpers; Syn. Gigantismus, Makromelie, Makrosomie*

rie|sig ⟨Adj.⟩ **1** *außerordentlich groß; ein ~es Haus; ein ~er Mann* **2** *gewaltig, schrecklich; einen ~en Hunger haben* **3** ⟨als Adv.; ugs.⟩ *sehr, außerordentlich; das war r. nett von Ihnen; ich habe mich r. gefreut*

rie|sisch ⟨Adj., o.Steig.⟩ *zu den Riesen¹ gehörend*

Ries|ling ⟨m.1⟩ **1** ⟨nur Sg.⟩ *hellfrüchtige Rebsorte* **2** *daraus hergestellter Wein*

Riet ⟨n.1; am Webstuhl⟩ *Vorrichtung aus senkrechten Metallstäben in waagrechten Schienen (zur Halterung der Kettfäden)* [< *Ried* ,,Riedgras, Schilfrohr"; die Stäbe wurden früher daraus hergestellt]

Riff¹ ⟨n.1⟩ *bis dicht unter den Meeresspiegel aufragender Fels* [nddt., ,,Rippe"]

Riff² ⟨m.9; Jazz⟩ *mehrmals wiederholtes, rhythmisch betontes Motiv* [Herkunft nicht sicher, vielleicht zu *Refrain*]

Rif|fel ⟨f.11⟩ **1** *Kamm aus Eisenzähnen (zum Reinigen von Flachsstengeln)* **2** *Handgerät mit kammartig angebrachten Zähnen und Auffangvorrichtung zum Pflücken von Heidel- und Preiselbeeren*

rif|feln ⟨V.1, hat geriffelt; mit Akk.⟩ **1** *Flachs r. mit einem Kamm die Samenkapseln des Flachses von den Halmen lösen* **2** *rauh machen, mit kleinen Riefen versehen; eine Oberfläche r.*

Ri|gau|don [-godõ] ⟨m.9⟩ *provenzalischer Volkstanz des 17.Jh.* [Herkunft nicht sicher]

Rigg ⟨n.9⟩, **Rig|gung** ⟨f.10⟩ *Masten und Takelung* [< engl. *rig*, *rigging* in ders. Bed.]

ri|gid, **ri|gi|de** ⟨Adj., rigider, am rigidesten⟩ **1** ⟨Med.⟩ *starr, steif* **2** *unnachgiebig, streng; ~e Vorschriften* [< lat. *rigidus* ,,starr, steif, unbeugsam", zu *rigere* ,,starr, steif sein, starren"]

Ri|gi|di|tät ⟨f., -, nur Sg.⟩ **1** ⟨Med.⟩ *Starrheit, Steifheit, Versteifung; R. des Rückgrats* **2** *Unnachgiebigkeit, Strenge; die R. seiner Haltung*

Ri|go|le ⟨f.11⟩ *Rinne, Entwässerungsgraben* [< frz. *rigole* ,,Kanal", Rückbildung zu *rigoler*, →*rigolen*]

ri|go|len ⟨V.1, hat rigolt; mit Akk.⟩ *tief pflügen, umgraben; Syn. rajolen* [< frz. *rigoler* ,,mit Rinnen, Furchen, Gräben durchziehen", wahrscheinlich < mndrl. *rigelen* ,,Kanäle, Rinnen ziehen", eigtl. ,,mit dem Lineal messen", vielleicht < lat. *regula* ,,Richtscheit, Lineal"]

Ri|go|ris|mus ⟨m., -, nur Sg.⟩ *übermäßige Strenge, starres Festhalten an Grundsätzen, Unerbittlichkeit* [zu *rigoros*]

Ri|go|rist ⟨m.10⟩ *jmd., der eine starre Grundhaltung einnimmt*

ri|go|ri|stisch ⟨Adj.⟩ *auf Rigorismus beruhend, in der Art des Rigorismus, unerbittlich, hart, streng; r. reagieren; eine ~e Haltung einnehmen; dieses ~e Festhalten an Vorschriften*

ri|go|ros ⟨Adj., -er, am -esten⟩ *rücksichtslos, sehr streng, hart; ~e Maßnahmen; r. vorgehen, durchgreifen; sich r. über die Wünsche anderer hinwegsetzen* [< mlat. *rigorosus* ,,streng, hart", < lat. *rigor*, Gen. *rigoris*, ,,Steifheit, Unbiegsamkeit, Härte", zu *rigere* ,,starr, steif sein"]

Ri|go|ro|si|tät ⟨f., -, nur Sg.⟩ *rigorose Beschaffenheit, Unerbittlichkeit, Rücksichtslosigkeit; die R. dieser Maßnahmen, seines Vorgehens*

ri|go|ro|so ⟨Mus.⟩ *genau im Takt*

Ri|go|ro|sum ⟨n., -s, -sa⟩ *mündlicher Teil der Doktorprüfung* [< lat. (*examen*) *rigorosum* ,,strenge (Prüfung)"]

Ri|kam|bio ⟨m., -s, -bien⟩ *Wechsel, den ein Rückgriffsberechtigter eines zu Protest gegangenen Wechsels auf den Vorbesitzer zieht; Syn. Rückwechsel, Ritratte* [< ital. *ricambio* ,,Austausch, Ersatz, Entgelt", zu *ricambiare* ,,austauschen, vergelten"]

Rik|scha ⟨f.9; in Ostasien⟩ *zweirädriges, von einem Mann zu Fuß oder mit dem Fahrrad gezogenes Fahrzeug zur Personenbeförderung* [verkürzte Form < jap. *jinrikisha* < *jin* ,,Mensch", *riki* ,,Kraft" und *sha* ,,Fahrzeug"]

Riks|mål ⟨[-moːl] n., -(s), nur Sg.⟩ *norwegische, neben dem Landsmål gültige Schriftsprache*

Ril|le ⟨f.11⟩ *kleine, schmale, längliche Vertiefung, Furche, Rinne* (Schallplatten~)

ril|len ⟨V.1, hat gerillt; mit Akk.⟩ *mit Rillen versehen; eine gerillte Oberfläche*

ril|lig ⟨Adj., o.Steig.⟩ *Rillen aufweisend, voller Rillen*

Ri|mes|se ⟨f.11⟩ **1** *Begleichung einer Schuld durch Übersendung eines Wechsels* **2** *der übersandte Wechsel* [< ital. *rimessa* ,,(Geld-)Sendung", zu *rimettere* ,,senden, übergeben"]

Ri|na|sci|men|to ⟨[-ʃi-] n., -(s), nur Sg.; ital. Bez. für⟩ *Renaissance*

Rind ⟨n.3⟩ **1** (i.w.S.) *wiederkäuender Paarhufer mit Hörnern* (Auerochse, Büffel, Wild~) **2** (i.e.S.) *Haustierform des Auerochsen* (Haus~) **3** ⟨nur Sg.⟩ *dessen Fleisch; ein Stück R. zum Kochen*

Rin|de ⟨f.11⟩ **1** *(bei Bäumen und Sträuchern) (in den äußeren Schichten korkartige, trockene) Zellschicht, die den Stamm, die Äste und Wurzeln schützend umgibt* **2** *Hülle, die etwas Weiches umgibt* (Brot~, Hirn~)

Rin|der|bra|ten ⟨m.7⟩ *gebratenes Fleischstück vom Rind;* auch: ⟨oberdt.⟩ *Rindsbraten*

rin|de|rig ⟨Adj., o.Steig.⟩ *bei Kühen* →*brünstig (1)*

rin|dern ⟨V.1, hat gerindert; o.Obj.; von der Kuh⟩ *brünstig sein*

Rin|der|pest ⟨f., -, nur Sg.; bes. bei Rindern⟩ *durch ein Virus hervorgerufene Seuche mit Fieber und blutigem Durchfall*

Rinds|bra|ten ⟨m.7; oberdt.⟩ →*Rinderbraten*

Rind|vieh ⟨n.3; ugs.⟩ **1** *Tier aus der Familie der Paarhufer* **2** ⟨übertr., ugs.⟩ *Dummkopf;* auch: *Rindvieh*

Rind|vieh ⟨n., -(e)s, nur Sg.⟩ **1** *Gesamtheit der Rinder (eines Bauernhofes)* **2** →*Rindvieh (2)*

rin|for|zan|do ⟨Abk.: rf., rfz.; Mus.⟩ *stärker werdend* [ital., Part. Präs. von *rinforzare* ,,verstärken", < *re...* ,,nochmals, wieder" und *inforzare* ,,stärken", zu *forza* ,,Kraft"]

rin|for|za|to ⟨Mus.⟩ *plötzlich verstärkt*

Ring ⟨m.1⟩ **1** *geschlossener, kreisförmiger Gegenstand* (Gold~, Schlüssel~); *der R. schließt sich die Angelegenheit findet zu ihrem Ausgangspunkt zurück* **2** *am Finger getragenes Schmuckstück* (Ehe~); *die ~e wechseln, tauschen sich verheiraten* **3** *kurz für Boxring; in den R. steigen* **4** ⟨Pl.⟩ *~e Turngerät, das aus zwei an Seilen von der Decke hängenden Ringen (1) besteht* **5** *Kreis (auf der Schießscheibe)* **6** *kreisförmiges Gebilde; die feuchte Flasche hat einen R. auf dem Tisch hinterlassen; ~e unter den Augen haben* **7** *Gruppe von Personen, die das gleiche Ziel verfolgen* (Rauschgifthändler~, Verbrecher~); *einen R. organisieren*

Ring|buch ⟨n.4⟩ *Mappe mit zwei festen Deckeln und halbringförmigen Bügeln, in die lose, gelochte Blätter eingeheftet werden können*

Rin|gel ⟨m.5⟩ *etwas kreisförmig Gewundenes* (Haar~)

Rin|gel|blu|me ⟨f.11⟩ *gelborange blühender Korbblütler mit ringelförmigen Früchten, Gartenblume*

Rin|gel|chen ⟨n.7⟩ *kleiner, schmaler Ring*

Rin|gel|ge|dicht ⟨n.1; im Barock Bez. für⟩ *Rondeau (1)*

Rin|gel|hau|be ⟨f.11⟩ →*Riegelhaube*

rin|ge|lig ⟨Adj., o.Steig.⟩ *geringelt, sich ringelnd*

rin|geln ⟨V.1, hat geringelt⟩ **I** ⟨mit Akk.⟩ *zu Ringen, zu Spiralen drehen* **II** ⟨refl.⟩ *sich r.* **1** *Ringe, Locken bilden; ihr Haar ringelt* sich; die Hobelspäne r. sich **2** *sich in Ringen, kreisförmig bewegen;* die Natter ringelte sich um seine Hand

Rin|gel|nat|ter ⟨f.11⟩ *(in Wassernähe lebende) Natter mit zwei gelben, halbmondförmigen Flecken seitlich hinter dem Kopf*

Rin|gel|piez ⟨m.1; ugs., scherzh.⟩ *volkstümliche Tanzveranstaltung* [Herkunft des zweiten Bestandteils nicht bekannt, vielleicht aus dem Slawischen]

Rin|gel|rei|hen ⟨m.7⟩ *Rundtanz (von Kindern);* Syn. *Ringeltanz*

Rin|gel-s ⟨n., -, nur Sg.; Zeichen: ẞ; in der alten dt. Schreibschrift⟩ *Schluß-s*

Rin|gel|spiel ⟨n.1; österr.⟩ *Karussell*

Rin|gel|ste|chen ⟨n., -, nur Sg.⟩ *ein Geschicklichkeitsspiel, bei dem vom Pferd aus mit einer Lanze ein aufgehängter Ring herabgeholt werden muß;* Syn. *Rolandsreiten*

Rin|gel|tanz ⟨m.2⟩ → *Ringelreihen*

Rin|gel|tau|be ⟨f.11⟩ *große Wildtaube mit weißem, halbringförmigem Halsfleck*

Rin|gel|wurm ⟨m.4⟩ *Gliedertier, dessen Körper in zahlreiche ringförmige Abschnitte gegliedert ist (z.B. Regenwurm);* Syn. *Annelide*

rin|gen ⟨V.100, hat gerungen⟩ **I** ⟨mit Akk.; in der Wendung⟩ *die Hände r.* (eigtl.) *die Hände zusammendrücken und umeinander drehen (vor Verzweiflung o.ä.),* ⟨übertr.⟩ *verzweifelt sein, außer sich sein (vor Angst, Kummer o.ä.)* **II** ⟨mit Dat. und Akk.; in der Wendung⟩ *jmdm. etwas mit Mühe und Kraft aus der Hand nehmen* **III** ⟨o.Obj.⟩ **1** *mit den Händen (nach bestimmten Regeln) kämpfen;* erbittert r.; miteinander r. **2** ⟨allg.⟩ *kämpfen;* mit sich r. *mit sich selbst kämpfen, sich mit Mühe zu etwas entschließen;* er ringt noch mit der fremden Sprache ⟨übertr.⟩ *er spricht die fremde Sprache noch mit Mühe;* um Anerkennung r. **3** *etwas mit Anstrengung etwas zu erhalten, zu finden suchen;* nach Luft r. *mühsam Luft holen;* nach Worten r. *mühsam (vor Erregung) nach Worten suchen, sich unter Schwierigkeiten ausdrücken* **IV** ⟨refl.; poet.⟩ *sich aus etwas r. mit Anstrengung aus etwas hervorkommen;* ein Stöhnen rang sich aus seiner Brust

Rin|gen ⟨n., -s, nur Sg.⟩ *(wettkampfmäßig betriebener) Zweikampf, bei dem jeder der beiden Gegner versucht, den anderen mit Griffen zu Boden zu zwingen (Freistil~);* griechisch-römisches R.

Rin|ger ⟨m.5⟩ *jmd., der Ringen als Sport betreibt*

Ring|fin|ger ⟨m.5⟩ *vierter Finger der Hand (vom Daumen aus gezählt);* Syn. *Goldfinger*

Ring|kampf ⟨m.2⟩ *einzelner Kampf beim Ringen*

Ring|glot|te ⟨f.11; österr.⟩ → *Reneklode*

Ring|mau|er ⟨f.11⟩ *ringförmige Mauer (um eine Burg oder Stadt)*

Ring|mus|kel ⟨m.14⟩ *ringförmiger Muskel, der Hohlorgane verschließt*

Ring|ofen ⟨m.8⟩ *Industrieofen zum Brennen von Tonwaren, bei dem die Brennkammern ringförmig nebeneinander angeordnet sind*

Ring|rich|ter ⟨m.5; Boxen, Ringen⟩ *Schiedsrichter, der den Kampf im Ring überwacht*

rings ⟨Adv.⟩ *um (etwas oder jmdn.) herum, im Kreis, im Bogen;* r. an den Wänden hingen Bilder; sich r. im Kreis umsehen; r. um mich her

rings|her|um ⟨Adv.⟩ *im Kreis (um jmdn. oder etwas) herum, auf allen Seiten;* Syn. *rundherum;* man sah r. nur Wald, nur Wasser; die Kinder standen r. und schauten zu; ich bin einmal r. gelaufen

Ring|stra|ße ⟨f.11⟩ *ringförmige Straße (um ein Zentrum)*

rings|um ⟨Adv.⟩ *im Kreis;* Syn. *rundum;* r. waren an den Wänden Stühle aufgestellt; er ließ seine Blicke r. wandern; r. war nichts als Wasser

rings|um|her ⟨Adv.⟩ *überall in der Umgebung;* Syn. *rundumher;* r. herrschte Stille; r. war nur Meer

Ring|tausch ⟨m., -(e)s, nur Sg.⟩ *Tausch zwischen mehreren Partnern*

Ring|wall ⟨m.2⟩ *ringförmiger Wall (um eine Burg oder Stadt)*

Rin|ne ⟨f.11⟩ **1** *lange, schmale Vertiefung (durch die Wasser fließt oder fließen kann)* **2** *langes, schmales (im waagerechten Verlauf meist oben offenes) Rohr (durch das Wasser abfließen kann)* (Dach~, Regen~)

rin|nen ⟨V.101, ist geronnen; o.Obj.⟩ *in dünnem Strahl, langsam fließen;* der Regen rinnt *der Regen fällt dünn und gleichmäßig;* Wasser rinnt aus der defekten Leitung; Blut rann aus der Wunde; Tränen rannen ihr über die Wangen; er ließ den Sand durch seine Finger r.; das Geld rinnt ihm durch die Finger ⟨übertr.⟩ *er kann nicht mit Geld umgehen, gibt das Geld zu schnell und unvernünftig aus*

Rinn|sal ⟨n.1⟩ *kleiner Wasserlauf;* Syn. *Gerinne* **2** *Flüssigkeit, die in kleinen Mengen rinnt*

Rinn|stein ⟨m.1⟩ *Abflußrinne neben dem Fußweg*

rip. ⟨Abk. für⟩ *ripieno*

R.I.P. ⟨Abk. für⟩ *Requiescat in pace*

ri|pie|no [-pjɛ-] ⟨Mus.⟩ *mit dem ganzen Orchester* [ital., „angefüllt"]

Ri|po|ste ⟨f.11; Fechten⟩ *Gegenangriff nach erfolgreicher Parade* [< ital. *riposta*, von *riposto*, Part. Perf. von *riporre* „wieder tun"]

Ripp|chen ⟨n.7⟩ → *Rippenspeer*

Rip|pe ⟨f.11⟩ **1** *bei Wirbeltieren und beim Menschen:* gebogener Knochen des Brustkorbs; dabei kann man sich die ~n brechen ⟨ugs.⟩ *das ist gefährlich;* bei ihm kann man die ~n zählen, durch die ~n blasen ⟨ugs.⟩ *ist sehr mager;* wo soll ich's denn hernehmen, ich kann mir's doch nicht aus den ~n schneiden ⟨ugs.⟩ *ich weiß wirklich nicht, wo ich es hernehmen soll* **2** *(beim Rind, Hammel) Fleischstück mit einem Stück der Rippe (1) zum Kochen oder Braten* **3** ⟨Bot.⟩ *dicke Blattader* **4** ⟨Baukunst⟩ *ein Gewölbe unterstützender und aus ihm hervortretender Bogen* **5** *(bei Dampf- und Warmwasserheizungen) jeder der senkrecht angeordneten Teile des Heizkörpers* (Heiz~) **6** → *Riegel* (4) **7** *Leiste, Erhöhung zwischen zwei Rillen*

Rip|pel|mar|ken ⟨f.11, Pl.⟩ *parallele, wellenförmige Furchen und Kämme an der Oberfläche feinkörnigen Material (im Flachwasser, am Strand und auf Dünen);* auch: *Rippeln*

rip|peln ⟨V.1, hat gerippelt; mit Akk.⟩ *mit kleinen Rippeln* (7) *versehen*

Rip|peln ⟨nur Pl.⟩ → *Rippelmarken*

rip|pen ⟨V.1, hat gerippt; mit Akk.⟩ *mit Rippen (1) versehen;* gerippter Samt

Rip|pen|fell ⟨n.1⟩ → *Pleura*

Rip|pen|fell|ent|zün|dung ⟨f.10⟩ *entzündliche Erkrankung des Brustfells;* Syn. *Pleuritis*

Rip|pen|speer ⟨m. oder n., -(e)s, nur Sg.⟩ *gebratenes oder gekochtes Rippenstück vom Schwein;* Kasseler R. *gepökeltes und geräuchertes Rippenstück vom Schwein;* Syn. *Rippchen*

Rip|pen|stoß ⟨m.2⟩ *Stoß in jmds. Rippen (meist mit der Faust oder dem Ellenbogen);* jmdm. einen R. geben, versetzen (*um ihn aufmerksam zu machen, ihn zum Schweigen zu bringen*)

Rips ⟨m.1⟩ *geripptes Gewebe* [< engl. *ribs* „Rippen"]

ri|pu|a|risch ⟨Adj., o.Steig.⟩ *~e Mundart Mundart im Raum Köln–Aachen* [< mlat. *ripuarius* < lat. *riparius* „der am Ufer (des Rheins) Lebende", zu *ripa* „Ufer"]

Ri|sa|lit ⟨m.1⟩ *senkrecht in ganzer Höhe vorspringender Teil (eines Gebäudes)* [< ital. *risalto* „Vorsprung", zu *risaltare* „vor-, hervorspringen", < *ri...* „entgegen" und *saltare* „springen"; die Endung *...it* ist vermutlich durch falsche Anlehnung an ital. *risalito*, Part. Perf. von *risalire* „wieder steigen" entstanden]

Ri|se ⟨f.11⟩ → *Riese³*

Ri|si|ko ⟨n., -s, -ken oder -s oder österr. auch Rs|ken⟩ **1** *Gefahr,* (bes.) *Verlustgefahr;* ein R. eingehen; das R. ist mir zu groß **2** *Sache, mit der möglicherweise eine Schwierigkeit, ein Verlust verbunden ist;* das ist ein (großes) R. [< frz. *risque*, ital. *rischio*, span. *riesgo* in ders. Bed., weitere Herkunft nicht geklärt]

Ri|si|pi|si, Ri|si-Pi|si ⟨n., -(s), -⟩ *Speise aus gekochtem Reis mit Erbsen, Butter und Parmesan* [< ital. *riso con piselli* „Reis mit Erbsen"]

ris|kant ⟨Adj., -er, am -esten⟩ *mit einem Risiko verbunden, gewagt, gefährlich*

ris|kie|ren ⟨V.3, hat riskiert; mit Akk.⟩ **1** *wagen, aufs Spiel setzen;* er riskiert nichts, wenn er das tut; er riskiert sein Leben; eine Lippe r. ⟨ugs.⟩ *es wagen, seine Meinung zu sagen;* er riskiert seine Stellung, wenn er das tut **2** *heraufbeschwören, bewirken;* du riskierst eine Blamage, wenn du das tust; ich will keinen Krach r. **3** *vorsichtig (zu tun) wagen;* das Kind riskierte ein Lächeln; der Hund riskierte ein schwaches Wedeln

Ris|kon|tro ⟨n.9⟩ → *Skontro*

Ri|sor|gi|men|to [-dʒi-] ⟨n., -(s), nur Sg.⟩ *italienische Einigungsbewegung zwischen 1815 und 1871* [ital., „Wiedererstehung"]

Ri|sot|to ⟨m., -s, -s⟩ *in Butter gerösteter, gewürzter, dick gekochter Reis mit Parmesan (und Fleischsoße oder Gemüse)* [< ital. *riso cotto* „gekochter Reis"]

Ris|pe ⟨f.11⟩ *Blütenstand, bei dem von einer Hauptachse mehrere Seitenachsen auf verschiedener Höhe ausgehen* [< mhd. *rispe* „Gezweig"]

Riß ⟨m.1⟩ **1** *durch Reißen entstandene Lücke, Verletzung;* ein R. in der Haut, im Stoff; seine Zuneigung bekam einen R. ⟨übertr.⟩; du hast wohl einen R. im Hirn, im Kopf? ⟨ugs.⟩ *du bist wohl verrückt?* **2** ⟨Jägerspr.⟩ *Beute (eines Großraubwildes)* **3** ⟨Tech.⟩ *Zeichnung, in der nur die wichtigsten Linien angegeben sind*

ris|sig ⟨Adj.⟩ *voller Risse;* ~e Hände

Rist ⟨m.1⟩ **1** *Oberseite der Handwurzel* **2** *Fußrücken;* Syn. *Spann*

Ri|ste ⟨f.11; landsch.⟩ *Flachsbündel*

ri|stor|nie|ren ⟨V.3, hat ristorniert; mit Akk.⟩ **1** ⟨†⟩ → *stornieren* (1) **2** *zurückerstatten;* die Versicherungsprämie r.

Ri|stor|no ⟨m.9 oder n.9⟩ **1** ⟨†⟩ → *Storno* **2** *Vergütung (einer Prämie)*

rit. ⟨Abk. für⟩ *ritenuto*

ri|tard. ⟨Abk. für⟩ *ritardando*

ri|tar|dan|do ⟨Abk.: rit., ritard.; Mus.⟩ *langsamer werdend;* Ggs. *accelerando* [ital., Part. Präs. von *ritardare* „zögern, verzögern", < *ri...* (verstärkend) und *tardare* „zögern, verzögern"]

ri|te [-te:] ⟨Adv.⟩ **1** *richtig, ordnungsgemäß* **2** *genügend, gerade noch ausreichend (niedrigste Note bei der Doktorprüfung)*

ri|ten. ⟨Abk. für⟩ *ritenuto*

Ri|ten ⟨Pl. von⟩ *Ritus*

Ri|ten|kon|gre|ga|ti|on ⟨f., -, nur Sg.⟩ *eine päpstliche Verwaltungsbehörde*

ri|te|nu|to ⟨Abk.: rit., riten.; Mus.⟩ *zurückhaltend* [ital., zu *ritenere* „zurückhalten"]

Ri|tor|nell ⟨n.1⟩ **1** *italienische Volksliedform mit dreizeiligen Strophen* **2** *instrumentales Zwischenspiel zwischen den Strophen eines Liedes* **3** *(im Concerto grosso)* → *Tutti* [< ital. *ritornello* in ders. Bed. sowie „Kehrreim", zu *ritornare* „zurückkehren"]

Ri|trat|te ⟨f.11⟩ → *Rikambio*

Ritt ⟨m.1⟩ **1** *das Reiten* **2** *reitend zurückgelegte Strecke;* etwas in einem R., auf einen R. erledigen ⟨ugs.⟩ *auf einmal, hintereinander, ohne Unterbrechung* **3** *Ausflug zu Pferde*

Ritt|ber|ger ⟨m.5; Roll- und Eiskunstlauf⟩

Sprung mit ganzer Drehung aus einem Bogen rückwärts [nach dem Eiskunstläufer W. Rittberger]

Rit|ter ⟨m.5⟩ **1** ⟨im alten Rom⟩ berittener Krieger **2** ⟨im MA⟩ **a** berittener, kriegführender Edelmann mit Pferd und Rüstung; ein R. ohne Furcht und Tadel ein tapferer Mann; der R. von der traurigen Gestalt ⟨Beiname des⟩ Don Quijote **b** Angehöriger des niederen Adels; einen Knappen zum R. schlagen; arme R. in Milch eingeweichte, in Ei und Zucker gewendete und in Fett gebackene Semmelscheiben **3** Träger eines hohen Ordens; der R. des Hosenbandordens **4** Angehöriger eines Ritterordens **5** ⟨übertr.; †⟩ Kavalier, Beschützer

Rit|ter|aka|de|mie ⟨f.11; 16.–18. Jh.⟩ Ausbildungsstätte für junge Ad(e)lige

Rit|ter|gut ⟨n.4; früher⟩ Gut, das einem Ad(e)ligen vom Landesfürsten verliehen wurde; Syn. Ritterlehen

Rit|ter|kreuz ⟨n.1⟩ hohe Stufe des Ordens vom Eisernen Kreuz

Rit|ter|le|hen ⟨n.7⟩ → Rittergut

rit|ter|lich ⟨Adj.⟩ **1** ⟨o.Steig.⟩ einen Ritter betreffend, einem Ritter gemäß **2** edel, fair; ~e Gesinnung; sich r. verhalten **3** beschützend, zuvorkommend gegen Frauen

Rit|ter|lich|keit ⟨f., -, nur Sg.⟩ ritterliche Gesinnung, ritterliches Verhalten

Rit|ter|ling ⟨m.1⟩ Blätterpilz mit am Stiel ausgebuchteten Lamellen

Rit|ter|or|den ⟨m.7; MA⟩ aus Rittern bestehender Orden zum Schutz der Pilger, des Hl. Landes und zur Krankenpflege

Rit|ter|ro|man ⟨m.1⟩ Roman, dessen Held ein Ritter (2) ist

Rit|ter|schlag ⟨m., -(e)s, nur Sg.; MA⟩ Schlag mit der flachen Seite des Schwertes, mit dem jmd. in den Ritterstand aufgenommen wird; den R. empfangen

Rit|ters|mann ⟨m., -(e)s, -leu|te; †; volkstüml. für⟩ Ritter (2)

Rit|ter|sporn ⟨m.1⟩ Hahnenfußgewächs, dessen in Trauben oder Rispen stehende, hell- oder dunkelblaue Blüten einen Fortsatz (Sporn) haben (Acker~)

Rit|ter|stand ⟨m.2⟩ Gesamtheit der ad(e)ligen Ritter

Rit|ter|tum ⟨n., -(e)s, nur Sg.⟩ **1** Wesen, Erscheinung und Lebensform der Ritter **2** Gesamtheit der Ritter

rit|tig ⟨Adj.; o.Steig.; nur als Attr. und mit „sein"; bei Pferden⟩ für das Reiten ausgebildet, zugeritten

ritt|lings ⟨Adv.⟩ im Reitersitz; r. auf einem Stuhl, einer Mauer sitzen

Ritt|meis|ter ⟨m.5⟩ **1** ⟨früher⟩ Anführer der Reiterei oder Reiterabteilung **2** ⟨im dt. Heer bis 1945⟩ dem Hauptmann entsprechender Dienstgrad bei der Kavallerie und Fahrtruppe

ri|tu|al ⟨Adj.⟩ → rituell

Ri|tu|al ⟨n., -s, -e oder -li|en⟩ **1** Gesamtheit der Riten (eines Kultes) **2** ⟨auch⟩ einzelner Ritus **3** ⟨ugs.⟩ gleichbleibendes, sich wiederholendes Verhalten, Vorgehen, z.B. des Gutenachtsagens [< lat. ritualis „zum religiösen Brauch gehörig", zu ritus „religiöser Brauch"]

Ri|tu|a|le ⟨n., -(s), nur Sg.⟩ Buch mit Anweisungen für die kath. Liturgie

ri|tu|a|li|sie|ren ⟨V.3, hat ritualisiert; mit Akk.⟩ zum Ritus werden lassen, in immer derselben, sich allmählich festigenden Form durchführen; die weihnachtliche Bescherung ist mit der Zeit ritualisiert worden, ist streng ritualisiert

Ri|tu|a|lis|mus ⟨m., -, nur Sg.⟩ Bestrebung in der anglikanischen Kirche, die kath. Riten wiedereinzuführen

Ri|tu|a|list ⟨m.10⟩ Anhänger des Ritualismus

Ri|tu|al|mord ⟨m.1⟩ Mord zu rituellem Zweck, Menschenopfer

ri|tu|ell ⟨Adj.; o.Steig.⟩ auf einem Ritus beruhend, nach einem Ritus, in der Art eines Ritus; auch: ritual

Ri|tus ⟨m., -, -ten⟩ kultischer Brauch, religiöse Handlung [lat.]

Ritz ⟨m.1⟩ **1** kleine Verletzung einer Oberfläche **2** → Ritze

Rit|ze ⟨f.11⟩ kleine, schmale Öffnung, kleiner Spalt; auch: Ritz; eine R. in der Wand, im Boden; ~n verstopfen; der Wind pfiff durch die ~n

Rit|zel ⟨n.5⟩ **1** kleines Zahnrad, das ein größeres antreibt **2** kleines Zahnrad auf der Welle von Antriebsmotoren

rit|zen ⟨V.1, hat geritzt⟩ **I** ⟨mit Akk.⟩ **1** etwas in etwas r. etwas mit einem spitzen Gegenstand in etwas mit Druck einritzen, eine Zeichnung in einen Stein, in eine Metallplatte r.; ein Zeichen in einen Baum r. **2** etwas r. mit einem spitzen Gegenstand eine schmale, feine Rinne, Verletzung an etwas anbringen; die Haut r.; die Sache ist geritzt ⟨ugs.⟩ die Sache ist abgemacht, du kannst dich darauf verlassen **II** ⟨refl.⟩ sich r. sich mit einem spitzen Gegenstand eine schmale, feine Verletzung zufügen; ich habe mich an dem Nagel geritzt

Ri|va|le ⟨[-va-] m.11⟩ Nebenbuhler, Mitbewerber [über frz. < lat. rivalis „jmd., der an der Nutzung eines Bewässerungsgrabens durch die Äcker mit beteiligt ist", zu rivus „Bach, Wasserlauf, Bewässerungsgraben"]

ri|va|li|sie|ren ⟨V.3, hat rivalisiert; o.Obj.⟩ wetteifern, um den Vorrang kämpfen; die beiden r. um die Gunst des Lehrers

Ri|va|li|tät ⟨f.10⟩ Nebenbuhlerschaft, Wettbewerb, Kampf um den Vorrang

Ri|yal ⟨m., -, -; Abk. für Rl.⟩ Währungseinheit in Saudi-Arabien, 100 Dirham [→ Rial]

Ri|zi|nus ⟨m., -, - oder -nus|se⟩ ⟨in warmen Gebieten vorkommendes⟩ Wolfsmilchgewächs mit großen, ahornähnlichen Blättern; Syn. Wunderbaum [< lat. ricinus, der Bez. für ein „Ungeziefer an Schaf, Hund und Rind" sowie für den Strauch „Ricinus communis", dessen Samen dem Ungeziefer (Holzbock oder Zecke) ähneln]

Ri|zi|nus|öl ⟨n., -(e)s, nur Sg.⟩ aus den Samen des Rizinus gewonnenes Öl (als technisches Öl und Abführmittel); Syn. ⟨Handelsbez.⟩ Kastoröl

r.-k. ⟨Abk. für⟩ römisch-katholisch

R. K. ⟨Abk. für⟩ Rotes Kreuz

Rl. 1 ⟨Abk. für⟩ Rial **2** ⟨Abk. für⟩ Riyal

rm ⟨Abk. für⟩ Raummeter

RM ⟨Abk. für⟩ Reichsmark

Rn ⟨Zeichen für⟩ Radon

RNS ⟨Abk. für⟩ Ribonukleinsäure

Road|ster ⟨[roʊdstər] m.5⟩ offener zweisitziger Sportkraftwagen [engl. < road „Straße, Weg" und Nachsilbe ...ster mit leicht herabsetzender Bed.]

Roast|beef ⟨[ˈroʊstbiːf] ugs. auch [rɔst-] n.9⟩ Rindslendenbraten, der innen oft noch halb roh ist [< engl. roast beef „auf dem Rost gebratenes Rindfleisch", < roast „Rost" und beef „Rind"]

Rob|be ⟨f.11⟩ dem Wasserleben angepaßtes Raubtier mit zu Flossen umgebildeten Gliedmaßen und spindelförmigem Körper mit kurzem, dichtem Fell (z.B. Seehund, Walroß) [< nddt. rub, rubbe, ndrl. rob < germ. *rubjo „Raupe", wegen der kriechenden Bewegungsweise an Land]

rob|ben ⟨V.1, ist gerobbt; o.Obj.⟩ sich auf dem Bauch nur mit Hilfe der Ellenbogen (und mit den Fußspitzen nachhelfend) fortbewegen [nach der Fortbewegungsart der Robbe]

Rob|ben|schlä|ger ⟨m.5⟩ jmd., der als Hilfskraft des Pelzhandels Robben mit dem Knüppel erschlägt

Rob|ber ⟨m.5; Bridge, Whist⟩ Doppelpartie, Spiel aus zwei Gewinnpartien [< engl. rubber in ders. Bed.; Herkunft nicht bekannt]

Ro|be ⟨f.11⟩ **1** Amtstracht (der Richter, Geistlichen u.ä.) **2** Abendkleid, festliches Kleid; die Damen erschienen in großen ~n **3** ⟨scherzh.⟩ Kleid; sich in einer neuen R. zeigen [< frz. robe „langes Kleid, langes Amtskleid, Schleppe, < fränk., got. rauba „Beute, Raub, Kleid", eigtl. „die dem Feind abgenommene Rüstung"]

Ro|bi|nie ⟨[-njə] f.11⟩ amerikanischer Schmetterlingsblütler, Zierbaum mit tiefrissiger Rinde [entweder nach dem frz. Gärtner Jean Robin oder nach dessen Sohn Vespasien; einer von beiden soll (1601 oder 1635) die Pflanze zuerst im Jardin des Plantes in Paris angepflanzt haben]

Ro|bin|so|na|de¹ ⟨f.11⟩ **1** Roman über die Abenteuer eines Schiffbrüchigen **2** abenteuerliches Erlebnis [nach Robinson Crusoe, der Titelgestalt eines Romans von Daniel Defoe]

Ro|bin|so|na|de² ⟨f.11; Fußb., Handb.⟩ Hechtsprung des Torwarts [nach dem engl. Torwart J. Robinson]

Ro|bo|rans ⟨n., -, -ran|tia [-tsja] oder -ran|zi|en; Med.⟩ Stärkungsmittel [lat., Part. Präs. von roborare „stärken, kräftigen"]

ro|bo|ten ⟨V.2, hat geroboted; o.Obj.⟩ hart arbeiten [< poln., tschech. robota „Fronarbeit", < kirchenslaw., ukrain. rab „Diener, Sklave"]

Ro|bo|ter ⟨m.5⟩ **1** „Maschinenmensch", elektronisch gesteuerter Automat mit beweglichen Gliedern **2** ⟨ugs.⟩ jmd., der viel und mechanisch arbeitet [< tschech. robota „Fronarbeit", zu roboten]

ro|bust ⟨Adj., ~er, am ~esten⟩ **1** derb, stämmig und kräftig; ein ~er Mann **2** widerstandsfähig; eine ~e Gesundheit **3** ⟨ugs.⟩ ausdauernd; ein ~er Motor [< lat. robustus „kräftig, rüstig", eigtl. „aus Kernholz, aus Hartholz", zu altlat. robus „Kern-, Hartholz, bes. Eichenholz"]

Ro|cail|le ⟨[rɔkajə] n.9 oder f.9 oder f.11⟩ muschelförmiges Ornament (bes. im Rokoko) [frz., eigtl. „kleine, aufgehäufte Steine", Verkleinerungsform von roc „Felsen, Steinmasse"]

Roch ⟨m., -, nur Sg.; in pers. und arab. Märchen⟩ Riesenvogel; auch: Rock; Vogel R.

Ro|cha|de ⟨[-ʃa-] f.11⟩ **1** ⟨Schach⟩ Doppelzug mit König und Turm **2** ⟨Sport⟩ Stellungswechsel (z.B. der Fußballspieler) [Ableitung von rochieren „einen Doppelzug mit König und Turm ausführen", < frz. roquer in ders. Bed., zu roc „Turm" (im Schach), aus dem Arab. und Pers.]

rö|cheln ⟨V.1, hat geröchelt; o.Obj.⟩ schwer, stöhnend, schnarchend atmen

Ro|chen ⟨m.5⟩ Knorpelfisch mit abgeplattetem, etwa rautenförmigem Körper und langem, dünnem Schwanz (Stech~, Zitter~) [nddt., zu rauh, nach der Hautbeschaffenheit]

Ro|chett ⟨[rɔʃet] n.9⟩ Chorhemd (kath. Geistlicher)

ro|chie|ren ⟨[-ʃi-] V.3, hat rochiert; o.Obj.⟩ eine Rochade (1, 2) ausführen

Ro|chus ⟨m., -, nur Sg.; ugs.⟩ Zorn, Ärger; ⟨nur in der Wendung⟩ auf jmdn. einen R. haben jmdn. nicht ausstehen können

Rock¹ ⟨m.2⟩ **1** weibliches Oberbekleidungsstück von der Taille abwärts (Falten~, Schotten~); ein kurzer, langer R.; hinter jedem R. hersein ⟨ugs.⟩ allen Frauen nachlaufen **2** Jacke (des Herrenanzugs und der Uniform; Uniform~) **3** ⟨früher⟩ mantelartiges Oberbekleidungsstück (für Männer; Geh~, Schoß~); der schwarze Rock des (protestantischen) Geistlichen **4** Anzug, Kleidung, bes. feldgraue R. der Soldaten die Uniform des Soldaten; der grüne R. des Jägers; des Kaisers, Königs R. anziehen ⟨früher, übertr.⟩ die Uniform anziehen, Soldat werden

Rock² ⟨m., -, nur Sg.⟩ → Roch

Rock³ ⟨m., -(s), nur Sg.; kurz für⟩ Rock and Roll; R. tanzen, spielen

Rock and Roll ⟨[rɔk ənd roʊl] m., -, - -, nur

rocken

Sg.⟩ **1** ein amerikanischer, den Rhythmus stark betonender Stil der Jazzmusik **2** ein stark synkopierter Tanz im ⁴/₄-Takt [engl., eigtl. *to rock and to roll* „schaukeln, wiegen und rollen, sich drehen, schlenkern"]

rock|en ⟨-k|k-; V.1, hat gerockt; o.Obj.⟩ **1** Rockmusik machen **2** nach Rockmusik tanzen

Rock|en ⟨-k|k-; m.7⟩ **1** ⟨am Spinnrad⟩ Holzstab, um den die zu spinnenden Fasern gewickelt werden **2** Trockengestell für Heu

Rock|en|bol|le ⟨-k|k-; f.11; norddt.⟩ → *Perlzwiebel* [vermutl. zu *Rocken* und *Bölle*]

Rock|en|stu|be ⟨-k|k-; f.11; früher⟩ *Spinnstube*

Rock|er ⟨-k|k-; m.5⟩ Angehöriger einer Gruppe von Jugendlichen, die Anhänger der Rockmusik sind, meist in schwarzer Lederkleidung und mit schweren Motorrädern auftreten

Rock|mu|sik ⟨f.10⟩ Gesamtheit aller Musikstile, die sich aus dem Blues und dem Rock and Roll entwickelt haben

Rock 'n' Roll ⟨[rɔknrɔul] kurz für⟩ *Rock and Roll*

Rock|schoß ⟨m.2⟩ **1** jede der beiden Verlängerungen des Rückteils der Herrenjacke **2** in der Taille angesetzte Falbel eines Frauenrocks; noch an Mutters Rockschößen hängen ⟨übertr.⟩ noch unselbständig sein; sich an jmds. Rockschöße hängen ⟨übertr.⟩ sich aus Unselbständigkeit von anderen beschützen lassen; mit fliegenden Rockschößen ⟨scherzh.⟩ in eiligem Lauf, eilig

Rock|well|här|te ⟨f., -, nur Sg.⟩ Maß für die Härte von Werkstoffen [nach dem amerik. Metallurgen S. P. Rockwell]

Rock|zip|fel ⟨m.5⟩ Zipfel eines Frauenrockes; an jmds. R. hängen ⟨übertr., ugs.⟩ unselbständig sein

Ro|del¹ ⟨m.6 oder f.11; alemann.-schweiz.⟩ *Akten-, Schriftrolle* [< lat. *rotula* „Rädchen"]

Ro|del² ⟨m.5⟩ flacher, mit den Füßen gesteuerter Schlitten [vielleicht < ladin. *rodella* „kleine Scheibe, Rädchen"]

Ro|de|land ⟨n.4⟩ Land, das gerodet ist

ro|deln ⟨V.1, ist oder hat gerodelt; o.Obj.⟩ mit dem *Rodel²* fahren; wir haben, ⟨oder⟩ sind zwei Stunden gerodelt

Ro|del|schlit|ten ⟨m.7⟩ Schlitten zum Rodeln (im Unterschied z.B. zum Pferdeschlitten)

ro|den ⟨V.2, hat gerodet; mit Akk.⟩ **1** durch Fällen der Bäume, Abschneiden der Sträucher und Ausgraben der Stümpfe und Wurzeln urbar machen; Land, Wald r. **2** ⟨auch⟩ fällen, abschneiden und die Wurzeln ausgraben; Bäume, Sträucher r. [nddt., mnddt. *roden*, Nebenform von mhd. *riuten* „reuten", → *reuten*]

Ro|deo ⟨n.9 oder m.9⟩ **1** ⟨in den westl. USA⟩ Zusammentreiben von Vieh **2** Reiterschau der Cowboys [engl., < span. *rodeo* „Zusammentreiben des Großviehs", zu *rodear* „umzingeln, zusammentreiben", zu *rueda* < lat. *rota* „Rad, Kreis"]

Rod|ler ⟨m.5⟩ jmd., der (wettkampfmäßig) rodelt

Ro|do|mon|ta|de ⟨f.11⟩ Großtuerei, Prahlerei [< ital. *rodomontata* in ders. Bed., nach *Rodomonte*, dem prahlerischen Helden in Ariosts „Orlando furioso", < *rodere* „zernagen, zerfressen" und *monte* „Berg", also etwa „Bergzerstörer, Bergzertrümmerer"]

Ro|dung ⟨f.10⟩ **1** ⟨nur Sg.⟩ das Roden **2** Stelle, an der Wald gerodet wurde

Ro|ga|te ⟨o.Art.⟩ fünfter Sonntag nach Ostern; an, zu R. [lat., „Bittet!"]

Ro|gen ⟨m.7⟩ *Eier (der Fische)*

Ro|ge|ner ⟨m.5⟩ → *Rogner*

Ro|gen|stein ⟨m.1⟩ körniger, sandigkalkiger *Oolith* [urspr. hielt man ihn für versteinerten Fischrogen]

Rog|gen ⟨m.7⟩ **1** Getreide mit dickkörnigen Ähren und kurzen Grannen (Sommer-~, Winter-~) **2** dessen Frucht

Rog|gen|muh|me ⟨f.11; dt. Myth.⟩ weiblicher Dämon, der sich in Kornfeldern aufhält, *Korngespenst*

Rog|ner ⟨m.5⟩ weiblicher Fisch mit Rogen; auch: *Rogener*

roh ⟨Adj., -er, am -esten⟩ **1** ⟨o.Steig.⟩ nicht gekocht oder gebraten; ein ~es Ei; ~e Fleisch, ~ Wurst essen; ~e Klöße aus ungekochten Kartoffeln hergestellte Klöße; Obst, Gemüse r. essen **2** ⟨o.Steig.⟩ nicht behandelt, unbearbeitet; ~es Holz, Leder **3** ⟨o.Steig.⟩ nicht genau ausgearbeitet; ein ~er Entwurf; r. behauener Stein nur grob, noch nicht fein behauener Stein **4** gefühllos, brutal, grausam; jmdn. r. behandeln; sich mit ~er Gewalt durchsetzen; hier hilft nur ~e Gewalt ⟨ugs.⟩ hier muß man Gewalt anwenden; ~e Worte; ~e Späße

Roh|bau ⟨m., -(e)s, -bau|ten⟩ Neubau, bei dem im wesentlichen nur die Mauern stehen (und der Dachstuhl aufgesetzt ist); das Haus ist noch im R.

Roh|bi|lanz ⟨f.10⟩ vorläufige Bilanz vor einer Jahresbilanz

Roh|heit ⟨f.10⟩ **1** ⟨nur Sg.⟩ das Rohsein, Gefühllosigkeit; sein Vorgehen ist an R. kaum zu überbieten; die R. dieser Tat ist erschreckend **2** rohe Handlung

Roh|ge|wicht ⟨n.1⟩ ursprüngliches Gewicht (einer Ware) vor Beginn der Verarbeitung

Roh|kost ⟨f., -, nur Sg.⟩ überwiegend aus frischem, ungekochtem Obst und Gemüse sowie Milcherzeugnissen bestehende Nahrung

Roh|köst|ler ⟨m.5⟩ jmd., der sich von Rohkost ernährt

Roh|ling ⟨m.1⟩ **1** roher Mensch **2** unpoliertes Gußstück **3** unbearbeitetes Werkstück

Roh|maß ⟨n.1⟩ Maß einer unbearbeiteten Werkstückfläche

Roh|ma|te|ri|al ⟨n., -s, -li|en⟩ Material, das zur weiteren Verarbeitung dient

Roh|milch ⟨f., -, nur Sg.⟩ Milch, die nicht erhitzt worden ist

Roh|pro|dukt ⟨n.1⟩ Zwischenprodukt eines Verarbeitungsprozesses

Rohr ⟨n.1⟩ **1** zylindrischer, fester Hohlkörper zur Leitung von Flüssigkeit, Gasen u.ä.; Wasser-~, Gas-~, Abfluß-~); Syn. *Röhre* **2** ⟨Mil.⟩ Lauf (eines Geschützes); aus allen ~en feuern; volles R. mit höchster Kraft, Leistung, Geschwindigkeit **3** (heißer) Backofen; Syn. ⟨bes. norddt.⟩ *Röhre*; etwas ins R. stellen, im R. backen **4** Pflanze mit hohlem Stengel (bes. Schilf) **5** ⟨nur Sg.⟩ damit bewachsenes Gebiet, Schilfbestand

Rohr|bein ⟨n.1; bei Pferden⟩ Hauptmittelfußknochen mit den beiden Griffelbeinen

Rohr|blatt ⟨n.4⟩ Blatt aus Schilf- oder Zuckerrohr im Mundstück mancher Holzblasinstrumente

Rohr|bruch ⟨m.2⟩ Bruch eines Leitungsrohres

Rohr|dom|mel ⟨f.11⟩ großer, reiherartiger Schilfvogel mit braunem, gebändertem Gefieder; auch: ⟨kurz⟩ *Dommel*; Syn. ⟨landsch.⟩ *Moorochse* [< *Rohr* (5) und lautmalend nach dem dumpfen, brüllenden Balzruf]

Röh|re ⟨f.11⟩ **1** → *Rohr* (1) **2** ⟨bes. norddt.⟩ → *Rohr* (3) **3** ⟨kurz für⟩ *Elektronenröhre* **4** ⟨bei Fuchs, Dachs, Otter und Kaninchen⟩ oberirdisches Einschlupfloch und unterirdischer Gang im Bau; in die R. schliefen **5** ⟨ugs.⟩ *Fernsehgerät*; in die R. glotzen

röh|ren ⟨V.1, hat geröhrt; o.Obj.⟩ **1** ⟨vom Hirsch⟩ schreien **2** ⟨ugs., von Männern⟩ unschön schreien; er röhrte vor Lachen; „...!" röhrte er

Röh|ren|kno|chen ⟨m.7⟩ hohler, röhrenförmiger Knochen

Röh|ren|pilz ⟨m.1⟩ → *Röhrling*

Röh|ren|flö|te ⟨f.11⟩ **1** Flöte, die aus einem Stück Rohr besteht **2** Panflöte

Röh|richt ⟨n.1⟩ Ufergebiet ruhiger Gewässer mit Schilfbewuchs [< *Rohr* (4)]

röh|rig ⟨Adj., o.Steig.⟩ wie eine Röhre; ~er Knochen

Rohr|kol|ben ⟨m.7⟩ schilfähnliche Sumpfpflanze, deren Blüten in einem braunen, walzenförmigen Kolben angeordnet sind

Rohr|kre|pie|rer ⟨m.5⟩ Geschoß, das im Geschützrohr detoniert

Röhr|ling ⟨m.1⟩ Pilz, der an der Hutunterseite eine dichte, ablösbare Röhrenschicht trägt (z.B. der Steinpilz); Syn. *Röhrenpilz*

Rohr|nu|del ⟨f.11⟩ im Rohr gebackener, süßer Hefekloß

Rohr|post ⟨f., -, nur Sg.⟩ Anlage zur Postbeförderung, bei der die Post in verschlossenen Hülsen durch Rohre geblasen wird

Rohr|sän|ger ⟨m.5⟩ kleiner, unauffälliger Singvogel, dessen abwechslungsreicher Gesang besonders im Rohr (5) zu hören ist

Rohr|spatz ⟨m.12; nur in der Wendung⟩ schimpfen wie ein R. heftig schimpfen [vermutl. nach den lauten Gesängen der Rohrsänger oder dem sperlingsähnlichen Gesang der Rohrammer]

Rohr|stock ⟨m.2⟩ dünner, aus Bambusrohr bestehender Stock (früher oft als Prügelinstrument verwendet)

Rohr|zucker ⟨-k|k-; m., -s, nur Sg.⟩ (u.a. aus Zuckerrohr gewonnener) aus Frucht- und Traubenzucker bestehender Zucker; Syn. *Saccharose*

Roh|sei|de ⟨f.11⟩ naturfarbene, noch nicht von den leimartigen Hüllen befreite Seide; Syn. *Ekrüseide*

Roh|stoff ⟨m.1⟩ unbearbeiteter oder aufbereiteter Stoff aus der Natur (der weiter bearbeitet wird); Syn. *Grundstoff*

Roh|über|set|zung ⟨f.10⟩ vorläufige, noch nicht ausgefeilte Übersetzung

Roh|wurst ⟨f.2⟩ Wurst aus zerkleinertem, rohem Fleisch, Gewürz, Speck u.a. (z.B. Salami)

ro|jen ⟨V.2, hat oder ist gerojet; o.Obj.; Seew.⟩ *rudern* [mndt.]

Ro|ko|ko ⟨auch [rɔkoko] österr. auch [rɔkoko] n., -(s), nur Sg.⟩ Stilrichtung Anfang des 18.Jh. mit beschwingten, zierlichen Formen [< frz. *rococo*, scherzhafte Ableitung von *Rocaille*, wegen der vielen, den Rocaillen ähnlichen Ornamente]

Ro|lands|rei|ten ⟨n., -s, nur Sg.⟩ → *Ringelstechen*

Ro|lands|säu|le ⟨f.11⟩ (in nord- und nordmitteldeutschen Städten verbreitete, mittelalterliche) Bildsäule mit der Darstellung eines geharnischten Ritters [Herkunft nicht bekannt]

Roll|la|den ⟨-ll|l-; m.8⟩ aufrollbarer Fensterladen

Roll|bahn ⟨f.10; auf Flughäfen⟩ Verbindungsweg zu den Start- und Landebahnen

Roll|bra|ten ⟨m.7⟩ zusammengerolltes, mit Faden oder Netz umwickeltes Bratenstück

Roll|brett ⟨n.3⟩ → *Skateboard*

Rol|le ⟨f.11⟩ **1** länglicher Körper mit rundem Querschnitt; eine R. Garn; eine R. Tesa **2** etwas zur Rolle (1) Zusammengewickeltes, mehrere zu einer Rolle (1) zusammengelegte Gegenstände (Papier-, Geld-~) **3** Kugel, Walze, Scheibe (auf der etwas rollen kann); ein Gestell auf ~n; der Teewagen fährt auf ~n **4** Scheibe mit einer Rille am senkrechten Rand, die ein im Seil laufen kann **5** → *Mangel²* **6** drehbare Walze am hinteren Ende eines Motorrades oder Autos, die es einem Radfahrer ermöglicht, dahinter im Windschatten zu fahren und dadurch hohe Geschwindigkeiten zu erzielen; jmdn. von der R. bringen ⟨ugs.⟩ dafür sorgen, daß jmd. nicht mithalten kann; von der R. sein ⟨ugs.⟩ durcheinander, verwirrt sein **7** Übung im Bodenturnen, bei der der Körper sich um seine Querachse dreht; eine R. rückwärts, vorwärts **8** ⟨Kunstflug⟩ Drehung (des Flugzeugs) um die Längsachse 9 von einem Schauspieler verkörperte Gestalt in einem Film oder einem Bühnenstück; die R. des Kommissars, des Wallenstein; eine R. übernehmen; seine R. gut, schlecht spielen; aus der R. fallen (übertr., ugs.) sich unpassend benehmen; das spielt keine R. (ugs.) das ist nicht weiter wichtig; bei etwas eine R. spielen ⟨ugs.⟩ bei etwas wichtig sein 10 Text (den ein Schauspieler lernt); seine R. gut, schlecht gelernt haben 11 ⟨Soziol.⟩ Art des Verhaltens in der Gesellschaft, die von jmdm. erwartet wird; die R. der Ehefrau, der Hausfrau und Mutter; die R. des Managers, des gut erzogenen Kindes; er spielt bei ihr die R. des Beschützers; sie ist seine R. ausgespielt er hat keinen Einfluß mehr

rol|len ⟨V.1⟩ I ⟨mit Akk.; hat gerollt⟩ 1 schieben und stoßen, so daß es sich in ständiger, senkrechter Drehung fortbewegt; ein Faß, einen Ball r. 2 auf eine Rolle wickeln; einen Schlauch r. 3 zu einer Rolle drehen; Papier r.; einen Teppich r. 4 kreisförmig bewegen; den Kopf, die Augen r. 5 →mangeln²; Wäsche r. 6 mit einer Rolle flach machen; Teig r. 7 vibrierend mit der Zunge am vorderen Gaumen hinter den oberen Schneidezähnen hervorbringen; das R r. II ⟨o.Obj.⟩ 1 ⟨ist gerollt⟩ sich auf eine eigene Achse drehend auf einer Fläche bewegen, fortbewegen; der Ball rollte unter den Tisch; Tränen rollten ihr übers Gesicht; Geld muß r. ⟨übertr.⟩ Geld muß in Bewegung sein, muß ausgegeben werden; das Schiff rollt schlingert und stampft zugleich; die Sache ist im Rollen ⟨ugs.⟩ die Sache ist im Gang, die Sache geht voran; die Sache kommt ins Rollen die Sache beginnt, kommt in Gang; etwas ins Rollen bringen etwas in Gang, in Bewegung bringen 2 ⟨ist gerollt⟩ sich auf Rädern fortbewegen; der Wagen rollt über die Straße 3 ⟨hat gerollt⟩ dumpf tönen; der Donner rollt III ⟨refl.; hat gerollt⟩ sich r. sich im Liegen um die eigene Achse bewegen, sich auf die Seite r.

Rol|len|be|set|zung ⟨f.10⟩ Besetzung verschiedener Rollen eines Schauspiels mit verschiedenen Schauspielern; Syn. Rollenverteilung

Rol|len|er|war|tung ⟨f., -, nur Sg.⟩ Erwartung, daß sich eine Person aufgrund ihrer sozialen Stellung in bestimmter Weise verhält; eine R. (nicht) erfüllen

Rol|len|fach ⟨n.4; Theat.⟩ bestimmte Art von Rollen; das R. des jugendlichen Liebhabers

Rol|len|kon|flikt ⟨m.1⟩ Widerspruch zwischen verschiedenen Rollen, die jmd. in der Gesellschaft spielt, bzw. zwischen der Rolle, die von ihm erwartet wird, und seiner Veranlagung, seinen Neigungen

Rol|len|spiel ⟨n.1; Soziol.⟩ spielerisches Rollenverhalten

Rol|len|ver|hal|ten ⟨n., -s, nur Sg.⟩ Verhalten gemäß der Rolle in der Gesellschaft, die von jmdm. erwartet wird

Rol|len|ver|tei|lung ⟨f.10⟩ →Rollenbesetzung

Rol|ler ⟨m.5⟩ 1 Kinderfahrzeug, das aus einem Brett, je einem Rad vorn und hinten und einer Lenkstange besteht und durch Abstoßen mit einem Fuß fortbewegt wird 2 ⟨österr.⟩ Rolladen 3 ein Kanarienvogel 4 ⟨kurz für⟩ Motorroller 5 ⟨Fußb.⟩ Schuß, bei dem der Ball über den Boden rollt

rol|lern ⟨V.1, ist gerollert; o.Obj.; ugs.⟩ mit dem Roller (1) fahren

Roll|feld ⟨n.3⟩ von Flugzeugen befahrbare Flächen auf einem Flugplatz vor dem Start und nach der Landung

Roll|film ⟨m.1⟩ Film, der auf eine Rolle gewickelt wird

Roll|fuhr|dienst ⟨m.1⟩ im Auftrag der Bahn arbeitendes Unternehmen zum Befördern von Stückgut

Roll|geld ⟨n.3⟩ Gebühr für die Beförderung durch den Rollfuhrdienst

Roll|ger|ste ⟨f., -, nur Sg.⟩ →Graupe

Roll|gut ⟨n.4⟩ mit Rollfuhrdienst zu beförderndes Frachtgut

Roll|hü|gel ⟨m.5⟩ Knochenhöcker am oberen Ende des Oberschenkelknochens; Syn. Trochanter; großer, kleiner R.

Rol|li ⟨m.9; ugs.⟩ dünner Pullover mit Rollkragen (zum Unterziehen unter eine Bluse o.ä.)

rol|lie|ren ⟨V.3, hat rolliert⟩ I ⟨o.Obj.⟩ regelmäßig wechseln, indem eins dem andern folgt; auch: ⟨†⟩ roulieren; die Reihenfolge rolliert; Plätze ~d vergeben II ⟨mit Akk.⟩ 1 Stoff r. den Rand eines Stoffes einrollen und mit Zierstichen befestigen 2 Werkstücke r. zwischen rotierenden Scheiben glätten, polieren

rol|lig ⟨Adj., o.Steig.; bei Katzen⟩ brünstig [nach den rollenden Bewegungen der Katze in dieser Zeit]

Rol|lig|keit ⟨f., -, nur Sg.; bei Katzen⟩ →Brunst (2)

Roll|kom|man|do ⟨n.9⟩ 1 motorisierte Militär- oder Polizeistreife 2 bezahlte Schlägertruppe, die ihre Aktionen sehr rasch ausführt

Roll|kra|gen ⟨m.7⟩ umschlagbarer Halsteil (eines Pullovers)

Roll|kunst|lauf ⟨m.2⟩ künstlerische Form des Rollschuhlaufens (als sportlicher Wettbewerb)

Roll|kur ⟨f.10; bei Magenschleimhautentzündung⟩ Behandlungsform, bei der der Kranke ein Heilmittel einnimmt und in fünfminütigem Wechsel von der Rückenlage auf die rechte und linke Seite und auf den Bauch rollt

Roll|mops ⟨m.2⟩ eingelegter, gewürzter, zusammengerollter halber Hering

Rol|lo ⟨auch [-lo] n.9⟩ aufrollbarer Vorhang; Syn. Rouleau

Roll|loch ⟨-ll|l-; n.4; Bgb.⟩ steiler Grubenbau zum Befördern von Fördergut zur nächsten abwärts gelegenen Förderstrecke

Roll|schin|ken ⟨m.7⟩ zusammengerollter, mit Fäden umwickelter, magerer Räucherschinken

Roll|schrank ⟨m.2⟩ Büroschrank mit einer Jalousie statt einer Tür an der Vorderseite

Roll|schuh ⟨m.1; meist Pl.⟩ ~e feste, sehr kurze Stiefel mit Stahlsohle, an denen je vier auf Kugellagern laufende Rollen befestigt sind

Roll|sie|gel ⟨n.5; im alten Orient⟩ mit Schriftzeichen und bildlichen Darstellungen in Relief versehener Zylinder, der auf Schrifttafeln abgerollt wurde; Syn. Siegelzylinder

Roll|sitz ⟨m.1; in Rennruderbooten⟩ auf vier Laufrollen in zwei Schienen verschiebbares Sitzbrett

Roll|stuhl ⟨m.2⟩ Sessel auf Rädern (der geschoben, mechanisch oder elektrisch angetrieben wird, als Fortbewegungsmittel für gehunfähige Personen)

Roll|trep|pe ⟨f.11⟩ Treppe mit maschinell bewegten Stufen (zur Personenbeförderung)

Roll|wen|de ⟨f.11; Schwimmen⟩ wettkampfmäßige Wende

Rom ⟨m., -(s), -; Selbstbez. für den⟩ Zigeuner [Zigeunerspr., „Mensch"]

Ro|ma|dur ⟨österr. [-dur] m.9⟩ ein halb- oder vollfetter Weichkäse [Herkunft nicht bekannt]

Ro|man ⟨m.1⟩ große Erzählung in Prosa, in der die Auseinandersetzung einer Person mit ihrer Umwelt gezeigt wird [frz., früher „geschichtliche Erzählung aus vergangener Zeit", eigtl. „in der lingua romana geschriebenes Buch"; die lingua romana war die im Röm. Reich übliche Volkssprache, < lat. romanus „römisch"]

Ro|man|cier ⟨[-mãsje:] m.9⟩ Romanschriftsteller [frz.]

Ro|ma|ne ⟨m.11⟩ Angehöriger eines europäischen Volkes mit romanischer Sprache; vgl. Lateinamerikaner

Ro|man|held ⟨m.10⟩ Hauptfigur eines Romans

Ro|ma|ni ⟨n., -(s) nur Sg.⟩ eine Zigeunersprache

Ro|ma|nia ⟨f., -, nur Sg.; Sammelbez. für⟩ alle Länder, in denen eine romanische Sprache gesprochen wird

Ro|ma|nik ⟨f., -, nur Sg.⟩ europäischer Kunststil von etwa 1000 bis 1250 [nach den in der Baukunst verwendeten römischen Elementen]

ro|ma|nisch ⟨Adj., o.Steig.⟩ 1 zu den Romanen gehörig, von ihnen stammend; ~e Sprachen indogermanische, aus dem Vulgärlatein entstandene Sprachen (z.B. Französisch, Portugiesisch, Rumänisch) 2 zur Romanik gehörig, in der Art der Romanik

ro|ma|ni|sie|ren ⟨V.3, hat romanisiert; mit Akk.⟩ nach Art der Romanen gestalten, romanisch (1) machen

Ro|ma|nis|mus ⟨m., -, nur Sg.⟩ 1 römisch-katholische Einstellung 2 Richtung der niederländischen Malerei im 16.Jh., die sich bes. an die italienische Malerei anlehnte

Ro|ma|nist ⟨m.10⟩ Wissenschaftler auf dem Gebiet der Romanistik

Ro|ma|ni|stik ⟨f., -, nur Sg.⟩ 1 Wissenschaft von den romanischen Sprachen und Literaturen 2 Lehre vom römischen Recht

Ro|man|tik ⟨f., -, nur Sg.⟩ 1 europäische geistig-künstlerische Bewegung von etwa 1800 bis 1830 2 Träumerei, Schwärmerei 3 abenteuerliche, phantastische Beschaffenheit [< frz. romantique „dichterisch angehaucht, schwärmerisch; abenteuerlich, phantastisch, romanhaft"; urspr. „in der Art der mittelalterlichen Ritterdichtung" < altfrz. romant „nach römischer Art" < lat. romanus „römisch"]

Ro|man|ti|ker ⟨m.5⟩ 1 Anhänger der Romantik (1) 2 ⟨übertr.⟩ verträumter, phantasiereicher Mensch

ro|man|tisch ⟨Adj.⟩ 1 ⟨o.Steig.⟩ zur Romantik (1) gehörend, sie betreffend 2 verträumt, phantasiereich, schwärmerisch; ein ~er Mensch 3 das Gemüt ansprechend, malerisch, reizvoll, geheimnisvoll; eine ~e Umgebung

ro|man|ti|sie|ren ⟨V.3, hat romantisiert; mit Akk.⟩ 1 im Stil der Romantik gestalten 2 romantisch darstellen, verklären, schönfärben; einen Sachverhalt r.

Ro|man|ti|zis|mus ⟨m., -, nur Sg.⟩ Nachahmung der Romantik (1)

Ro|mantsch ⟨n., -(s), nur Sg.⟩ →Romaunsch

Ro|man|ze ⟨f.11⟩ 1 lyrische, volkstümliche Verserzählung in Trochäen 2 (seit dem 18.Jh.) liedartiges Gesangsstück 3 (auch) stimmungsvolles Instrumentalstück 4 Liebeserlebnis [< span. romance in der ersten Bed. und romanza in der zweiten, < altfrz. romanz „in der lingua romana (der lat. Volkssprache) geschriebenes Buch"]

Ro|man|ze|ro ⟨m.9⟩ spanische Romanzensammlung

Ro|maunsch, Ro|mauntsch ⟨n., -(s), nur Sg.⟩ Mundart der rätoromanischen Sprache; auch: Romantsch

Rö|mer¹ ⟨m.5⟩ Einwohner von Rom

Rö|mer² ⟨m.5⟩ kunstvoll geschliffenes, oft farbiges Weinglas mit hohem Stiel [entweder „römisches Glas" oder < ndrl. roemer „Prunkglas", mit dem Trinksprüche aufgebracht wurden, zu roemen „rühmen"]

Rö|mer|stra|ße ⟨f.11⟩ von den Römern erbaute Straße

Rö|mer|topf ⟨m.2; Wz.⟩ nach kurzer Wässerung im Rohr langsam zu erhitzender Tontopf mit Deckel (zum Zubereiten von Speisen, bes. von Fleisch im eigenen Saft)

Rö|mer|zins|zahl ⟨f.10⟩ →Indikation (3)

rö|misch ⟨Adj., o.Steig.⟩ *zu Rom, zum Römischen Reich gehörig, daraus stammend*

rö|misch-ka|tho|lisch ⟨Adj., o.Steig.; Abk.: röm.-kath., r.-k.⟩ *der katholischen Kirche angehörend*

röm.-kath. ⟨Abk. für⟩ *römisch-katholisch*

Rom|mé ⟨[-me:] n., -s, nur Sg.⟩ *ein Kartenspiel;* auch: ⟨österr.⟩ *Rummy*

Ron|de [rõdə] f.11; früher⟩ **1** *nächtlicher Rundgang zur Überprüfung der Wachen* **2** *der diesen Rundgang ausführende Offizier mit seinen Leuten* **3** *rundes Blech, aus dem ein Werkstück hergestellt wird* [frz., „Runde"]

Ron|deau [rõdo] n.9⟩ **1** *aus Frankreich stammendes Gedicht mit nur zwei Reimen in der Strophe, an deren Ende jeweils die Anfangsworte wiederholt werden;* Syn. *Ringelgedicht* **2** ⟨österr.⟩ *rundes Beet, runder Platz* [frz., zu *rond* „rund"]

Ron|dell ⟨n.1⟩ *rundes Beet, runder Platz, runder Festungsturm;* auch: *Rundell* [< frz. *rondelle* „runde Scheibe", zu *rond* „rund"]

Ron|do ⟨n.9⟩ *Musikstück mit mehrmals wiederkehrendem Hauptthema* [< ital. *rondò* in ders. Bed., < frz. *rondeau* in ders. Bed., altfrz. *rondel*, zu *rond* „rund"; Syn. „Rundtanz" sowie allg. „runder Gegenstand, Rolle", zu *rond* „rund"]

rönt|gen ⟨V.1, hat geröntgt [-rɔŋçt]; mit Akk.⟩ *mittels Röntgenstrahlen durchleuchten;* auch: ⟨österr.⟩ *röntgenisieren*

Rönt|gen ⟨n., -s, -; Zeichen: R⟩ *Maßeinheit für Strahlendosis* [nach dem Entdecker der Röntgenstrahlen, Conrad Wilhelm *Röntgen*]

Rönt|gen|auf|nah|me ⟨f.11⟩ *fotografische Aufnahme mit Hilfe von Röntgenstrahlen;* Syn. ⟨fachsprachl.⟩ *Röntgenogramm, Schirmbildaufnahme*

Rönt|gen|bild ⟨n.3⟩ *fotografisches Bild mit Hilfe von Röntgenstrahlen*

Rönt|gen|dia|gno|se ⟨f.11⟩ *ärztliche Diagnose mittels einer röntgenologischen Untersuchung*

Rönt|gen|durch|leuch|tung ⟨f.10⟩ *Untersuchung vor dem Röntgenschirm ohne fotografische Aufnahme*

rönt|ge|ni|sie|ren ⟨V.3, hat röntgenisiert; österr.⟩ → *röntgen*

Rönt|gen|kar|zi|nom ⟨n.1⟩ *Hautkrebs infolge Röntgenbestrahlung*

Rönt|ge|no|gramm ⟨n.1⟩ → *Röntgenaufnahme;* Syn. *Radiogramm* [< *Röntgen* und *…gramm*]

Rönt|ge|no|gra|phie ⟨f.11⟩ *Untersuchung mit Röntgenstrahlen;* Syn. *Radiographie* [< *Röntgen* und *…graphie*]

Rönt|ge|no|lo|ge ⟨m.11⟩ *auf dem Gebiet der Röntgenologie arbeitender Arzt*

Rönt|ge|no|lo|gie ⟨f., -, nur Sg.⟩ *Wiss. von Untersuchungen, Diagnostik und Therapie mit Röntgenstrahlen* [< *Röntgen* und *…logie*]

rönt|ge|no|lo|gisch ⟨Adj., o.Steig.; nur als Attr. und Adv.⟩ *zur Röntgenologie gehörend, mit ihrer Hilfe;* ~e *Untersuchung*

Rönt|ge|no|sko|pie ⟨f.11⟩ *Durchleuchtung mit Röntgenstrahlen* [< *Röntgen* und *…skopie*]

Rönt|gen|schirm ⟨m.1⟩ *Leuchtschirm eines Röntgengerätes*

Rönt|gen|strah|len ⟨m.12, Pl.⟩ *elektromagnetische Strahlung mit äußerst kurzer Wellenlänge und daher großem Durchdringungsvermögen;* Syn. ⟨†⟩ *X-Strahlen* [nach dem Entdecker Conrad Wilhelm *Röntgen*]

Roo|ming-in ⟨[ru:-] n., -s, nur Sg.⟩ *auf Entbindungsstationen: Unterbringen des Säuglings im Zimmer der Mutter* [engl., „das In-einem-Raum-Unterbringen"]

Roque|fort ⟨[rɔkfo:r] m.9⟩ *von blaugrünem Schimmelpilz durchzogener Edelpilzkäse aus Schafsmilch* [nach dem Herstellungsort *Roquefort* im frz. Département Aveyron]

Ror|schach-Test ⟨m.9 oder m.1⟩ *psychologischer Test mit Klecksbildern* [nach dem Schweizer Psychologen H. *Rorschach*]

ro|sa ⟨Adj., o.Steig., o.Dekl.⟩ **1** *zart hellrot* **2** ⟨ugs.⟩ *homosexuell*

Ro|sa ⟨n., -s, -(s)⟩ *rosa Farbe*

Ro|sa|ri|um ⟨n., -s, -ri|en⟩ *Rosenpflanzung, Rosengarten* [< *Rose* und lat. Suffix *…arium* zur Bez. eines Behälters]

rösch ⟨Adj., -er, am -esten⟩ **1** ⟨o.Steig.; Bgb.⟩ *grobstückig* **2** *knusprig;* auch: ⟨bayr.-österr.⟩ *resch*

Rös|chen ⟨n.7⟩ **1** *kleine Rose* **2** *kleines Stück vom Blumenkohl, einzelnes Stück des Rosenkohls*

Ro|se ⟨f.11⟩ **1** *dorniger Strauch mit Hagebutten als Früchten (Garten~, Wild~)* **2** *dessen vielblättrige Blüte mit Stengel;* jmdm. ~n *schenken; sie sind nicht auf* ~n *gebettet sie haben es im Leben nicht leicht* **3** → *Erysipel (Wund~)* **4** *den Stirnzapfen der Schädeldecke aufsitzender verdickter Teil des Geweihes* [< lat. *rosa* „Rose"]

ro|sé ⟨[-ze] Adj., o.Steig., o.Dekl.⟩ *rosa* [frz.]

Ro|sé ⟨m.9⟩ *sehr heller Rotwein, bei dem die farbstoffreichen Schalen rasch ausgekeltert wurden;* Syn. *Roséwein, Weißherbst*

Ro|sen|ge|wächs ⟨n.7⟩ *Pflanze mit strahligen, meist fünfzähligen Blüten (z.B. Apfel, Erdbeere, Rose)*

Ro|sen|hoch|zeit ⟨f.10⟩ *zehnter Jahrestag der Hochzeit*

Ro|sen|holz ⟨n.4⟩ *Holz mit rötlicher Farbe und rosenähnlichem Duft (von Bäumen der Gattung Dalbergia)*

Ro|sen|kä|fer ⟨m.5⟩ *leuchtend goldgrün gefärbter Blatthornkäfer, der u.a. an Rosenblüten frißt*

Ro|sen|kohl ⟨m., -(e)s, nur Sg.⟩ **1** *Abart des Kohls* **2** *die Knospen der unteren Blattachseln dieser Pflanze (als Gemüse u.a.)*

Ro|sen|kranz ⟨m.2⟩ **1** ⟨kath. Kirche⟩ *Gebetskette aus sechs großen, 53 kleineren Kugeln und einem Kreuz* **2** ⟨kath. Kirche⟩ *Aneinanderreihung bestimmter Gebete, die hintereinander gesprochen werden* **3** ⟨Med.⟩ *Verdickung des Knorpelgewebes der Rippen bei schwerer Rachitis*

Ro|sen|kreu|zer ⟨m.5, Pl.⟩ *Name mehrerer geheimer Bruderschaften*

Ro|sen|mon|tag ⟨m.1⟩ *Montag vor Fastnacht* [zu westmdt. *rosen* „rasen, tollen"]

Ro|sen|no|bel ⟨auch [-no-] m.5⟩ *alte englische Goldmünze* [< engl. *rosenoble* < *rose* „Rose" (wegen der auf der Vorder- und Rückseite dargestellten Rosen) und *noble* „Nobel, engl. Goldmünze", zu *noble* „prächtig, edel"]

Ro|sen|öl ⟨n., -(e)s, nur Sg.⟩ *aus Rosenblüten gewonnenes ätherisches Öl*

Ro|sen|quarz ⟨m.1⟩ *rosafarbener Quarz, Schmuckstein*

Ro|sen|was|ser ⟨n., -s, nur Sg.⟩ *Mischung von vier Tropfen Rosenöl mit einem Liter destillierten Wassers (z.B. in der Konditorei verwendet)*

Ro|seo|la, Ro|seo|le ⟨f., -, -len⟩ *rotfleckiger Hautausschlag (z.B. bei Typhus)* [< lat. *roseus* „rosenrot"]

Ro|set|te ⟨f.11⟩ **1** *rosenartiges Ornament (oft als Fensteröffnung)* **2** *kleine, runde Stoffschleife* **3** *rosenartige Schliffform (von Edelsteinen)* [frz., „Röschen"]

Ro|sé|wein ⟨m.1⟩ → *Rosé*

ro|sig ⟨Adj., o.Steig.⟩ **1** *zartrot* **2** ⟨übertr.⟩ *günstig; die Lage ist nicht r.; alles in einem* ~en *Licht sehen*

Ro|si|nan|te ⟨f.11⟩ *altes Pferd, Klepper* [nach *Rosinante*, dem Pferd des Don Quijote]

Ro|si|ne ⟨f.11⟩ *getrocknete Weinbeere;* Syn. ⟨oberdt.⟩ *Weinbeere,* ⟨veraltend⟩ *Zibebe* [< mhd. *rosine* „Weinbeere", über vulgärlat. **racimus* < lat. *racemus* „Weinbeere, Weintraube", < griech. *rax*, Gen. *ragos*, „Weinbeere"]

Ros|ma|rin ⟨m., -s, nur Sg.⟩ **1** *hellviolett blühender, immergrüner, strauchiger Lippenblütler des Mittelmeergebietes* **2** *dessen duftende Blätter (als Gewürz)* [< lat. *rosmarinus* „Meertau, Meertropfen"]

Ros|ma|rin|hei|de ⟨f., -, nur Sg.⟩ *wintergrünes Heidekrautgewächs, Zwergstrauch;* Syn. *Gränke*

Roß¹ ⟨geh. n.1, ugs., bes. oberdt. n.4⟩ **1** → *Pferd; auf dem hohen R. sitzen* ⟨ugs.⟩ *eingebildet, herablassend sein; komm mal von deinem hohen R. herunter!* ⟨ugs.⟩ **2** ⟨nur n.4; ugs.⟩ *Dummkopf*

Roß² ⟨n.1; mdt.⟩ → *Wabe;* auch: *Roße*

Roß|bol|len ⟨m.7; südwestdt.⟩ → *Pferdeapfel* [zu *Bollen,* → *Bölle*]

Roß|brei|te ⟨f.11⟩ *jede von zwei Zonen mit nur schwachen Winden 25–35° nördlicher und südlicher Breite* [in diesen Gebieten sollen häufig auf Segelschiffen mitgenommene *Rösser* aus Futtermangel umgekommen sein]

Ro|ße ⟨f.11⟩ → *Roß²*

Rös|sel ⟨n.5⟩ **1** ⟨süddt.⟩ *Rößlein* **2** ⟨Schach⟩ → *Springer (4)*

Rös|sel|sprung ⟨m., -(e)s, nur Sg.⟩ *Rätsel, bei dem in Feldern verteilte Wortteile in der Art des Sprungs vom Rössel im Schachspiel in der richtigen Reihenfolge zusammengesucht werden müssen*

ros|sen ⟨V.1, hat geroßt; o.Obj.; von der Stute⟩ *brünstig sein, rossig sein*

Roß|haar ⟨n., -(e)s, nur Sg.⟩ *Schweif- und Mähnenhaare des Pferdes (als Matratzenfüllung)*

ros|sig ⟨Adj., o.Steig.; bei Pferden⟩ → *brünstig (1)*

Ros|sig|keit ⟨f., -, nur Sg.; bei Pferden⟩ → *Brunst (2)*

Roß|kamm ⟨m.2⟩ **1** *Pferdestriegel* **2** ⟨†, abwertend⟩ *Pferdehändler*

Roß|ka|sta|nie ⟨[-njə] f.11⟩ *Baum mit siebenfingrigen Blättern, weißen Blütenkerzen und Kastanien als Früchten* [die Kastanien wurden als Heilmittel für Pferde verwendet]

Roß|kur ⟨f.10; ugs.⟩ *Heilmethode mit derben, stark wirkenden Mitteln;* Syn. *Pferdekur*

Roß|li|spiel ⟨n.1; schweiz.⟩ → *Karussell*

Roß|täu|scher ⟨m.5; †⟩ *Pferdehändler* [zu *Roß* und *tauschen*]

Rost¹ ⟨m.1⟩ **1** ⟨nur Sg.⟩ *durch Feuchtigkeit auf Gegenständen aus Stahl oder Eisen entstehende, rotbraune, lockere Schicht von Eisenoxiden, die den Gegenstand langsam zerstört* **2** ⟨bei Pflanzen⟩ *Pilzkrankheit, die durch rotbraune Flecken und Streifen gekennzeichnet ist* [wohl zu *rot*]

Rost² ⟨m.1⟩ *gitterförmige Konstruktion aus Drähten, Stäben, Latten u.ä. (Grill~, Latten~)* [< mhd., ahd. *rost*, „Rost, Scheiterhaufen"]

Röst|brot ⟨auch [rø-] n.1⟩ → *Toast*

Rö|ste ⟨f.11⟩ **1** *Vorrichtung zum Rösten* **2** *Erhitzen (von Erzen oder Hüttenprodukten) mit Luft*

ro|sten ⟨V.2, ist, auch hat gerostet; o.Obj.⟩ *Rost ansetzen, sich in Rost verwandeln; sich Bewegung machen, damit man nicht rostet* ⟨übertr., ugs.⟩ *damit man gelenkig, beweglich bleibt*

rö|sten¹ ⟨auch [rø-] V.2, hat geröstet; mit Akk.⟩ **1** *durch trockenes Erhitzen bräunen; Brot r.; sich von der Sonne r. lassen* ⟨ugs.⟩ *sich von der Sonne stark bräunen lassen* **2** *trocken auf dem Rost oder mit Fett in der Pfanne bräunen, braten; Fleisch, Wurst r.; Kartoffeln r.* **3** *stark erhitzen; Erz r.* [zu *Rost²*]

rö|sten² ⟨auch [rø-] V.2, hat geröstet; mit Akk.⟩ *in fließendem Wasser wässern und die Holzteile faulen lassen (und damit entfernen); Flachs, Hanf r.* [< mhd. *roezen*, „faulen, faul machen", zu *roz* „mürbe"]

Rö|ster ⟨auch [rø-] m.5⟩ **1** *Gerät zum Brotrösten* **2** ⟨österr.⟩ *Zwetschgen- oder Holunderbeerkompott*

rost|far|ben ⟨Adj., o.Steig.⟩ *braunrot (wie Rost¹)*; Syn. *rostrot*
rost|frei ⟨Adj., o.Steig.⟩ *keinen Rost ansetzend*; Syn. *nichtrostend*; ~*er Stahl*
Rö|sti ⟨f., -, nur Sg.; schweiz.⟩ *Speise aus geraspelten und gebratenen Pellkartoffeln*
ro|stig ⟨Adj.⟩ **1** *voller Rost*; ~*es Auto* **2** *(mehr oder weniger) rostfarben; braun mit einem* ~*en Schimmer*
Röst|kar|tof|fel ⟨auch [røst] f.11, meist Pl.; norddt.⟩ → *Bratkartoffel*
Ro|stra ⟨f., -, -stren; im alten Rom⟩ *Rednertribüne*
rost|rot ⟨Adj.⟩ →*rostfarben*
rot ⟨Adj., röter, am rötesten⟩ **1** *in der Farbe des Blutes*; *der* ~*e Faden ist das, was einen Gedanken oder ein Werk als Grundmotiv durchzieht; die* ~*e Rasse die Indianer; ein Glas Roter ein Glas Rotwein; r. vor Wut, Zorn, Scham werden; das wirkt wie ein* ~*es Tuch (auf einen Stier) das reizt zum Zorn; heute r., morgen tot heute gesund und frisch, morgen tot, das Leben endet oft schnell* **2** ⟨ugs.⟩ *kommunistisch, sozialistisch, linksgerichtet, revolutionär; die Rote Armee die Armee der UdSSR; Rote-Armee-Fraktion* ⟨Abk.: RAF; in der BRD⟩ *linke Terroristengruppe; die Roten* ⟨ugs., abwertend⟩ *die Kommunisten*
Rot ⟨n., -s, -(s)⟩ **1** *rote Farbe, rotes Licht; die Ampel zeigt, steht auf R.; bei R. an der Kreuzung stehenbleiben; sie trägt gern R. rote Kleidung;* **2** *R. auflegen rote Schminke, Wangenrot auflegen* **2** ⟨dt. Kart.⟩ *eine Farbe; R. ausspielen*
Röt ⟨n., -(e)s, nur Sg.⟩ *oberste Stufe des Buntsandsteins* [zu *rot*]
Ro|ta ⟨f., -, nur Sg.⟩ → *Rota Romana*
Ro|tang ⟨m.1⟩ **1** *eine Palme, aus deren rotem Harz Farbstoff hergestellt wird* **2** *eine Palme mit langem, kletterndem Stamm, aus dem Peddigrohr hergestellt wird* [< mal. *rotan* „Rohr"]
Ro|ta|print ⟨f.9; Wz.⟩ *Druckmaschine für kleinformatigen Offsetdruck* [< lat. *rotare* „drehen" und engl. *to print* „drucken"]
Ro|ta|ri|er ⟨m.5⟩ *Angehöriger des Rotary Clubs*
Rot|ar|mist ⟨m.10⟩ *Angehöriger der Roten Armee*
Ro|ta Ro|ma|na ⟨f., - -, nur Sg.⟩ *oberste Gerichtsbehörde der katholischen Kirche, Berufungsbehörde;* auch: *Rota, Sacra Rota*
Ro|ta|ry Club ⟨auch [-təri] m.9⟩ *internationale Vereinigung für Freundschaft, geistigen Austausch, Dienst am Nächsten* [engl. < *rotary* „kreisend" und *club* „Klub", weil die Versammlungen reihum von den einzelnen Mitgliedern gestaltet werden]
Ro|ta|ti|on ⟨f.10⟩ **1** *Drehung, Umdrehung um eine Achse* **2** *Wechsel, Austausch* [< lat. *rotatio*, Gen. *-onis*, „kreisförmige Umdrehung", zu *rotare* „sich kreisförmig drehen", zu *rota* „Rad"]
Ro|ta|ti|ons|druck ⟨m.1⟩ *Druckverfahren mit runder, rotierender Druckform*
Ro|ta|ti|ons|el|lip|so|id ⟨n.1⟩ *durch Rotation einer Ellipse entstehender Körper;* Syn. *Sphäroid*
Rot|au|ge ⟨n.14⟩ *kleiner Karpfenfisch mit roten Augen und Flossen;* Syn. ⟨norddt.⟩ *Plötze*
rot|backig ⟨-k|k-; Adj.⟩ *mit roten Backen versehen;* ein ~*er Apfel*
Rot|barsch ⟨m.1⟩ *hellroter nordatlantischer Meeresfisch, Speisefisch;* Syn. *Goldbarsch*
Rot|bart ⟨m.2⟩ *Mann mit rotem Bart; Kaiser R. Beiname Kaiser Friedrichs I.*
rot|bär|tig ⟨Adj., o.Steig.⟩ *mit einem roten Bart versehen*
rot|blond ⟨Adj., o.Steig.⟩ *rötlich blond*
Rot|blü|tig|keit ⟨f., -, nur Sg.⟩ → *Polyzythämie*
rot|braun ⟨Adj., o.Steig.⟩ *braun mit rötlichem Schimmer*

Rot|bruch ⟨m., -(e)s, nur Sg.⟩ *Bruch von Metallen bei Rotglut*
Rot|buch ⟨n.4⟩ *mit rotem Umschlag versehenes* → *Farbbuch Österreichs*
Rot|bu|che ⟨f.11⟩ → *Buche (1)*
Rot|dorn ⟨m.1⟩ *Abart des Weißdorns mit roten, gefüllten Blüten*
Rö|te ⟨f., -, nur Sg.⟩ *rote Färbung, das Rotsein; die R. des Morgenhimmels; die R. stieg ihm ins Gesicht (vor Scham)*
Ro|te-Kreuz-Schwe|ster ⟨f.19⟩ *Krankenschwester des Roten Kreuzes;* auch: *Rotkreuzschwester*
Ro|tel ⟨n.9; Kurzw. aus⟩ *rollendes Hotel (Anhänger eines Reisebusses mit Schlafkojen für die Fahrgäste)*
Rö|tel ⟨m.5⟩ **1** *roter Mineralfarbstoff* **2** *Zeichenstift aus Rötel*
Rö|teln ⟨nur Pl.⟩ *Infektionskrankheit mit kleinfleckigem, blaßrotem Ausschlag*
Rö|tel|zeich|nung ⟨f.10⟩ *mit Rötel hergestellte Zeichnung*
rö|ten ⟨V.2, hat gerötet⟩ **I** ⟨mit Akk.; selten⟩ *rot färben* **II** ⟨refl.⟩ *sich r. rot werden; ihre Wangen röteten sich; der Himmel rötet sich; gerötete Augen; mit geröteten Wangen*
Rot|feder ⟨f.11⟩ *kleiner Karpfenfisch mit roten Flossen*
Rot|fuchs ⟨m.2; verdeutlichend⟩ → *Fuchs (1)*
rot|glü|hend ⟨Adj., o.Steig.⟩ *in Rotglut befindlich*
Rot|glut ⟨f., -, nur Sg.⟩ *rotes Glühen (eines stark erhitzten Feststoffes)*
Rot|grün|blind|heit ⟨f., -, nur Sg.⟩ *Form der Farbenblindheit, bei der Rot und Grün nicht unterschieden werden können*
Rot|gül|tig|erz ⟨n.1⟩ *rötliches Silbererz*
Rot|guß ⟨m.2⟩ *rötliche Kupferlegierung*
rot|haa|rig ⟨Adj., o.Steig.⟩ *mit roten Haaren versehen*
Rot|haut ⟨f.2; scherzh.⟩ *nordamerikanischer Indianer* [eigtl. „rotbemalte Haut"]
Rot|hirsch ⟨m.1⟩ *im Sommer rotbraun gefärbter Hirsch (mit Halsmähne und Stangengeweih mit Kronenbildung beim erwachsenen männlichen Tier);* auch: ⟨kurz⟩ *Hirsch;* Syn. *Edelhirsch*
ro|tie|ren ⟨V.3, hat rotiert; o.Obj.⟩ **1** *sich (um etwas oder um die eigene Achse) drehen;* ~*de Scheiben, Zylinder* **2** ⟨ugs., scherzh.⟩ *sehr viel arbeiten; ich rotiere zur Zeit* **3** ⟨ugs., scherzh.⟩ *sich über Gebühr aufregen; er fängt bei jeder Kleinigkeit gleich an zu r.* **4** ⟨Pol.⟩ *die eigene Position, Funktion freiwillig zugunsten eines anderen aufgeben* [< lat. *rotare* „sich kreisförmig drehen", zu *rota* „Rad, Töpferscheibe"]
Ro|tis|se|rie ⟨f.11⟩ *Restaurant mit Spezialitäten vom Grill* [frz., zu *rôtissoire* „Gerät zum Braten und Rösten", zu *rôtir* „braten, rösten"]
Ro|tis|seur ⟨[-sør] m.1⟩ *der in großen Restaurants für die Zubereitung von Braten zuständige Koch* [frz., zu „Griller", → *Rotisserie*]
Rot|kehl|chen ⟨n.7⟩ *brauner, zierlicher Singvogel mit orangeroter Kehle*
Rot|kohl ⟨m., -(e)s, nur Sg.⟩ Syn. *Blaukraut, Rotkraut* **1** *Abart des Kohls mit dunkelrotvioletten Blättern* **2** *Gemüse daraus*
Rot|kopf ⟨m.2; ugs., scherzh.⟩ *Mensch mit rotem Haar*
Rot|kraut ⟨n., -(e)s, nur Sg.⟩ → *Rotkohl*
Rot|kreuz|schwe|ster ⟨f.11⟩ → *Rote-Kreuz-Schwester*
Rot|lauf ⟨m., -(e)s, nur Sg.; bei Schweinen⟩ *durch ein Bakterium verursachte Infektionskrankheit, die durch gerötete Hauterhebungen gekennzeichnet ist*
röt|lich ⟨Adj., o.Steig.⟩ *leicht rot, mit rotem Schimmer*
Rot|licht ⟨n., -(e)s, nur Sg.⟩ **1** *rotes Licht* **2** *auf Rot geschaltete Verkehrsampel; bei R. stehenbleiben*

Rotzunge

Rot|lie|gen|de(s) ⟨n.17 oder 18⟩ *ältere Abteilung des Perms*
Rot|mi|lan ⟨m.1⟩ *Greifvogel mit rotbrauner Oberseite und tief gegabeltem Schwanz;* Syn. *Gabelweihe*
Rot|nickel|kies ⟨-k|k-; m., -es, nur Sg.⟩ *hell kupferrotes Mineral, Arsennickel*
Ro|ton|de ⟨f.11⟩ → *Rotunde*
Ro|tor ⟨m.13⟩ **1** *umlaufendes Maschinen- oder Geräteteil* **2** *Drehflügel (des Hubschraubers)* [zu *rotieren*]
Ro|tor|an|ten|ne ⟨f.11⟩ *(vom Zimmer aus) drehbare Antenne*
Rot|schim|mel ⟨m.5⟩ *Pferd mit rotem und überwiegend weißem Haar*
Rot|schwanz ⟨m.2⟩, **Rot|schwänz|chen** ⟨n.7⟩ *überwiegend schwarzer Singvogel mit rotem Schwanz (Haus-~, Garten-~)*
Rot|spon ⟨m.1; norddt.⟩ *Rotwein* [< *rot* und nddt. *Spon* „Span", nach den frischen Buchen- und Eichenspänen, mit denen der Wein geläutert wurde]
Rot|stift ⟨m.1⟩ *roter Farbstift; den R. ansetzen* ⟨übertr.⟩ *zu korrigieren, zu streichen beginnen*
Rot|tan|ne ⟨f.11⟩ → *Fichte*
Rot|te ⟨f.11⟩ **1** *ungeordnete Gruppe, Schar (bes. von Kriminellen); eine wilde R.; eine R. Jugendlicher* **2** ⟨Jägerspr.⟩ *Gruppe (von Sauen oder Wölfen)* **3** ⟨Mil.⟩ *zwei zusammen agierende Flugzeuge oder Schiffe* **4** *Gruppe von Arbeitern (z.B. Waldarbeitern)*
Rott|wei|ler ⟨m.5⟩ *schwarz mit rotbraun gefärbter, stämmiger, kurzhaariger Hund mit Hängeohren und Stummelrute* [nach der Stadt Rottweil]
Ro|tun|de ⟨f.11⟩ *kleiner Rundbau;* auch: *Rotonde* [< lat. *rotundus* „rund und scheibenförmig", zu *rota* „Rad"]
Rö|tung ⟨f.10⟩ **1** ⟨nur Sg.⟩ *das Rotwerden* **2** *gerötete Stelle;* ~*en auf der Haut*
Rot|ver|schie|bung ⟨f.10⟩ *Verschiebung von Spektrallinien zum roten Ende des Spektrums*
rot|wan|gig ⟨Adj.⟩ *mit roten Wangen*
Rot|wein ⟨m.1⟩ *aus roten und/oder blauen Trauben gekelterter Wein;* Syn. ⟨norddt.⟩ *Rotspon*
rot|welsch ⟨Adj., o.Steig.⟩ *zum Rotwelsch gehörig, in der Art des Rotwelschs*
Rot|welsch ⟨n., -(s), nur Sg.⟩ *Gaunersprache, Jargon der Landstreicher* [< Gaunerspr. *rot, rott* „Bettler, Gauner, Landstreicher" und *welsch* „unverständliche Sprache" (wie in *Kauderwelsch*)]
Rot|wild ⟨n., -(e)s, nur Sg.; Jägerspr.; Sammelbez. für⟩ *Rothirsche;* Syn. *Edelwild*
Rot|wurst ⟨f.2⟩ → *Blutwurst*
Rotz ⟨m., -es, nur Sg.⟩ **1** *Nasenschleim;* auch: ⟨mdt.⟩ *Rotze; er hat R. und Wasser geheult* ⟨derb⟩ *er hat sehr geheult; was soll der ganze R. kosten?* ⟨derb⟩ *was soll das ganze Zeug kosten?* **2** *(bei Pferden) durch Bakterien hervorgerufene Krankheit mit Ausfluß aus der Nase, Knötchen und Geschwüren*
Rotz|ben|gel ⟨m.5⟩ → *Rotzlöffel*
Rot|ze ⟨f., -; mdt.; nur Sg.⟩ → *Rotz (1)*
rot|zen ⟨V.1, hat gerotzt; o.Obj.; derb⟩ **1** *sich laut die Nase schneuzen* **2** *laut Schleim aus der Nase in den Mund holen* **3** *Schleim ausspucken; in den Papierkorb r.*
Rotz|fah|ne ⟨f.11; vulg.⟩ *Taschentuch*
rot|zig ⟨Adj.; derb⟩ **1** *voller Rotz;* ~*es Taschentuch* **2** *frech, unverschämt, respektlos, herausfordernd*
Rotz|löf|fel ⟨m.5; derb⟩ *kleiner, ungepflegter, frecher Junge;* Syn. *Rotzbengel*
Rotz|na|se ⟨f.11; ugs.⟩ **1** *triefende Nase* **2** *freches, vorlautes Kind*
rotz|nä|sig ⟨Adj.⟩ **1** *mit einer Rotznase;* ~*es Kind* **2** *wie eine Rotznase (2), unverschämt, frech*
Rot|zun|ge ⟨f.11; Handelsbez.⟩ *rötlicher Plattfisch (Limande oder Zungenbutt)*

815

Roué ⟨[rue] m.9; †⟩ *Wüstling mit äußerlich gesittetem Auftreten [frz., eigtl. „Geräderter", zu* rouer *„rädern", vielleicht im Sinne von „jmd., der ermüdet, erschöpft von Ausschweifungen ist"]*

Rouge ⟨[ruʒ] n., -(s), nur Sg.⟩ **1** *rote Schminke, Wangenrot;* R. auflegen **2** *Rot (Farbe beim Roulette);* auf R. setzen

Rouge et noir, Rouge-et-noir ⟨[ruːʒɛˈnoɐ̯] n., - - - bzw. -, nur Sg.⟩ *Kartenglücksspiel*

Rou|la|de ⟨[ru-] f.11⟩ *gefüllte, gebratene Fleischrolle;* Syn. ⟨schweiz.⟩ *Fleischvogel [frz., zu* rouler *„rollen, zusammenrollen", zu lat.* rotula *„Rädchen", zu* rota *„Rad"]*

Rou|leau ⟨[rulo] n.9; frz. Schreibung für⟩ *Rollo [frz., „Rolle"]*

Rou|lett ⟨[rulet] n.1 oder n.9⟩ **Rou|lette** ⟨[rulet] n.9⟩ *ein Glücksspiel mit sich drehender Scheibe und darauf rollender Kugel, die bei Stillstand auf einer Zahl oder Farbe (Rot oder Schwarz) liegenbleibt und dadurch Gewinn oder Verlust anzeigt [< frz.* roulette *in ders. Bed., eigtl. „Rädchen", zu* roue *< lat.* rota *„Rad"]*

rou|lie|ren ⟨[ru-] V.3, hat rouliert; o.Obj.; †⟩ **1** *umlaufen* **2** →*rollieren* (I)

Round-table-Kon|fe|renz ⟨[raund teibl -] f.10⟩ *Konferenz am runden Tisch, d.h. von Gleichberechtigten [engl.]*

Rou|te ⟨[ru-] f.11⟩ *(vorgeschriebener oder geplanter) Reiseweg, Marsch-, Flugstrecke [< frz.* route *„Fahrstraße, Landstraße, Weg, Bahn", < lat.* via rupta *„durchgebrochener Weg", d.h. „durch den Wald gebrochener, gehauener Weg"]*

Rou|ti|ne ⟨[ru-] f., -, nur Sg.⟩ *Übung, durch Übung und Erfahrung gewonnene Fertigkeit;* R. in etwas haben *[frz., urspr. „Gewohnheit, sich auf gebahnten Wegen zu halten", dann auch „Wegkundigkeit, Wissen um den richtigen Weg", zu* Route*]*

Rou|ti|nier ⟨[rutinje] m.9⟩ *jmd., der Routine in einer Tätigkeit besitzt (gelegentlich etwas abwertend im Unterschied zum schöpferischen Menschen)*

rou|ti|niert ⟨[ru-] Adj., -er, am -esten⟩ *geübt, (durch Übung) geschickt; ein* ~er *Fachmann, Schauspieler; sehr r. sein*

Row|dy ⟨[raudi] m.9⟩ *roher, Streit suchender Mensch, brutaler Raufbold [engl., zu* row *„Lärm, Krach, Rauferei"]*

Row|dy|tum ⟨[rau-] n., -s, nur Sg.⟩ *Art und Weise von Rowdys, gewalttätiges Auftreten*

Roya|lis|mus ⟨[roaja-] m., -, nur Sg.⟩ *Königstreue, Eintreten für das Königtum [< frz.* royalisme *in ders. Bed., zu* royal *„königlich", < lat.* regalis *„königlich", zu* rex, *Gen.* regis, *„König"]*

Roya|list ⟨m.10⟩ *jmd., der für die Monarchie eintritt*

roya|li|stisch ⟨Adj., o.Steig.⟩ *für die Monarchie eintretend, königstreu*

Rp ⟨Abk. für⟩ *Rupiah*

Rp. **1** ⟨Abk. für⟩ *recipe* **2** ⟨Abk. für⟩ *Rappen*

RSFSR ⟨Abk. für⟩ *Russische Sozialistische Föderative Sowjetrepublik*

RT ⟨Abk. für⟩ *Registertonne*

Ru ⟨Zeichen für⟩ *Ruthenium*

ru|ba|to ⟨Mus.⟩ *frei im Tempo*

Ru|ba|to ⟨n., -(s), -ti oder -s; Mus.⟩ *im Tempo freier Vortrag [eigtl. Tempo* rubato *„gestohlener Zeitwert", < Tempo und ital.* rubato *„geraubt, gestohlen", zu* rubare *„rauben"]*

rub|be|lig ⟨Adj.⟩ *rauh, mit rauher Oberfläche;* ~er *Stoff*

rub|beln ⟨V.1, hat gerubbelt; mit Akk.; ugs.⟩ *reiben, frottieren;* Stoff beim Waschen r.; ein Kind, sich mit dem Handtuch r.

Rub|ber ⟨[rabər] m., -s, nur Sg.; engl. Bez. für⟩ *Gummi, Kautschuk [engl., „Gummi"]*

Rü|be ⟨f.11⟩ **1** *(eßbare) verdickte Hauptwurzel;* gelbe R. ⟨oberdt.⟩ → *Möhre;* rote R. *dunkelrote Abart der Runkelrübe* **2** *Pflanze mit solcher Wurzel;* ~n anbauen **3** ⟨ugs., scherzh.⟩ *Kopf;* jmdm. eins auf die R. geben *jmdm. einen Schlag auf den Kopf versetzen;* eins auf die R. kriegen *einen Schlag auf den Kopf bekommen* **4** ⟨ugs., scherzh.⟩ *Person,* ⟨bes.⟩ *Bursche;* freche R.; das ist eine R.! *das ist ein frecher, kecker Kerl!*

Ru|bel ⟨m.5; Abk.: Rbl.⟩ *Währungseinheit in der UdSSR, 100 Kopeken [< russ.* rubl *„Münze", im Altruss. auch „Stück abgehauenes Holz"; urspr. in Nowgorod ein Silberbarren von 200–250 g Gewicht; die davon abgehauene und gestempelte, als Münze verwendete Hälfte wurde* rubl *genannt, zu* rubit *„abhauen, abschneiden"]*

rü|ber ⟨in Zus. mit Verben ugs. für⟩ *herüber..., hinüber...,* z.B. rüberkommen, rübergehen

Ru|bi|di|um ⟨n., -s, nur Sg.; Zeichen: Rb⟩ *glänzend weißes, weiches Metall [< lat.* rubidus *„dunkelrot", weil es zwei dunkelrote Spektrallinien aufweist]*

Ru|bin ⟨m.1⟩ *lebhaft rote Abart des Korunds, Edelstein [< lat.* rubens *„rot, rötlich", zu* rubere *„rot sein, rötlich glänzen"]*

Ru|bin|glas ⟨n.4⟩ *durch kolloidales Gold rot gefärbtes Glas*

ru|bin|rot ⟨Adj., o.Steig.⟩ *leuchtend rot, tiefrot (wie Rubin)*

Rüb|kohl ⟨m.1; schweiz.⟩ →*Kohlrabi*

Rüb|öl ⟨n.1⟩ *aus Raps und Rüben gewonnenes Öl*

Ru|bra, Ru|bren ⟨Pl. von⟩ *Rubrum*

Ru|brik ⟨f.10⟩ **1** *Titel, Überschrift; eine Anzeige unter der R. „Verschiedenes"* **2** *Spalte, Abschnitt, Abteilung [< mhd.* rubrik(e) *„rote Tinte", mit der man in alten Handschriften die Überschriften über die einzelnen Abschnitte schrieb, < lat.* rubrica *„rote Erdfarbe, Rötel", zu* ruber *und* ruber *„rot"]*

ru|bri|zie|ren ⟨V.3, hat rubriziert; mit Akk.⟩ **1** *mit Überschriften versehen* **2** *in Rubriken* (2) *ordnen, einordnen*

Ru|brum ⟨n., -s, -bra oder -bren; †⟩ *Aktenaufschrift, kurze Inhaltsangabe*

Rüb|sa|men ⟨m., -s, nur Sg.⟩ **1** *Frucht von Zucker- und Futterrübe* **2** →*Rübsen*

Rüb|sen ⟨m.7⟩ *Abart des Rübenkohls, die als Ölpflanze angebaut wird;* Syn. *Rübsamen*

Ruch ⟨m.1 [rʊx] m.2; poet.⟩ **1** *Geruch* **2** *Ruf;* im R. der Heiligkeit stehen

ruch|bar ⟨auch [rʊx-] Adj., o.Steig.⟩ *(durch Gerüchte) bekannt;* es wurde r., daß ...

Ruch|gras ⟨n.4⟩ *(im getrockneten Zustand) ähnlich wie Waldmeister duftendes Gras; Gemeines R.* ⟨zur Geruch⟩

Rüch|lein ⟨n.7; poet.⟩ *feiner, schwacher Geruch*

ruch|los ⟨auch [rʊx-] Adj., -er, am -esten⟩ **1** *ehrfurchtslos, gewissenlos;* ein ~es Leben führen **2** *gemein, niederträchtig;* ein ~er Mord *[< mhd.* ruocheloss *„unbekümmert, sorglos", zu* ruoch(e) *„Sorge, Wunsch"]*

Ruch|lo|sig|keit ⟨auch [rʊx-] f., -, nur Sg.⟩

Ruck ⟨m.1⟩ *kurze, plötzliche Bewegung;* einen R. mit dem Kopf machen; es gab einen R.; sich einen R. geben sich überwinden

rück..., Rück... ⟨in Zus.⟩ **1** *Rücken..., von hinten,* z.B. R. Rückansicht **2** *zurück..., Zurück...,* z.B. rückentwickeln, Rückentwicklung

Rück|an|sicht ⟨f.10⟩ *Ansicht von hinten*

Rück|ant|wort ⟨f.10⟩ **1** *Beantwortung eines Briefes oder einer Anfrage* **2** *bereits bezahltes Telegramm, frankierter Brief oder frankierte Postkarte (zum kostenlosen Senden der Antwort)*

rück|be|züg|lich ⟨Adj., o.Steig.⟩ →*reflexiv*

Rück|blen|de ⟨f.11⟩ *Film o.ä.: Einschieben einer Szene, die Vergangenes schildert, in die Handlung*

Rück|blick ⟨m.1⟩ *Erinnerung an die Vergangenheit (Lebens~)*

rück|blik|kend ⟨-k|k-; Adj., o.Steig.⟩ *nachträglich, nach heutiger Beurteilung;* r. kann man sagen, es war ja gut so war

rück|da|tie|ren ⟨V.3, hat rückdatiert; mit Akk.⟩ *mit einem zurückliegenden Datum versehen; ein Schriftstück r.*

ruckeln ⟨-k|k-; V.1, hat geruckelt; o.Obj.⟩ *holpern, holpernd fahren; der Wagen ruckelt*

rucken[1] ⟨-k|k-; V.1, hat geruckt; o.Obj.⟩ *sich mit einem Ruck ein kleines Stück bewegen; der Zug ruckte und fuhr dann langsam an*

rucken[2] ⟨-k|k-; V.1, hat geruckt; o.Obj.; von Tauben⟩ *dunkle, glucksende Kehllaute von sich geben, gurren*

rücken ⟨-k|k-; V.1⟩ **I** ⟨mit Akk.; hat gerückt⟩ *an eine andere Stelle schieben; einen Stuhl zur Seite r.; einen Tisch an die Wand r.; den Hut r. zudrehen* (um einen Gruß anzudeuten) **II** ⟨o.Obj.⟩ **1** ⟨ist gerückt⟩ *sich (im Sitzen oder Stehen) ein wenig weiterbewegen;* r. doch mal ein Stück! **2** ⟨ist gerückt⟩ *sich langsam vorwärts bewegen; der Zeiger rückt auf zehn* **3** ⟨ist gerückt⟩ *an einen Ort bewegen; die Truppen r. ins Feld* **4** ⟨hat gerückt⟩ *an etwas r. etwas ein Stück bewegen; bitte rück nicht an den Figuren!; an der Krawatte r.* (aus Verlegenheit o.ä.)

Rücken ⟨-k|k-; m.7⟩ **1** *(beim Menschen) hinterer, (bei Tieren) oberer Teil des Rumpfes;* jmdm. den R. zudrehen; einer Sache den R. kehren, wenden *mit einer Sache aufhören, sich von einer Sache lossagen; sich den R. freihalten* sich sichern, einen Rückzug offenhalten; jmdm. den R. decken *jmdn. Sicherheit geben, jmdn. sichern, jmdn. vor einem heimtückischen Angriff schützen;* jmdm. den R. stärken *jmdm. Mut machen, jmdn. in seiner Meinung bestärken;* verlängerter R. ⟨ugs., scherzh.⟩ *Gesäß;* ich bin fast auf den R. gefallen vor Schreck ⟨ugs.⟩ *ich war sehr erschrocken;* hinter jmds. R. über eine Sache verhandeln *über eine Sache verhandeln, daß jmd. es weiß;* jmdm. in den R. fallen *für jmdn. unerwartet Stellung gegen ihn nehmen;* du mußt sehen, daß du mit dem R. an die Wand kommst ⟨ugs.⟩ *du mußt versuchen, dich gegen heimtückische, unerwartete Angriffe zu sichern;* es ist mir kalt, heiß über den R. gelaufen *es hat mich gegraust* **2** ⟨übertr.⟩ *länglicher, oberer Teil (Berg~, Messer~, Nasen~)* **3** ⟨kurz für⟩ *Rückenstück* (Schweine~) **4** ⟨o.Art.; kurz für⟩ *Rückenschwimmen;* 200 Meter R.

Rücken|deckung ⟨-k|k-; f.10⟩ **1** *Deckung gegen Angriffe von hinten* **2** ⟨übertr.⟩ *Deckung gegen negative Auswirkungen, Kritik, Angriffe o.ä.;* jmdm. R. geben

rücken|frei ⟨-k|k-; Adj., o.Steig.⟩ *den Rücken frei lassend; ein* ~es *Kleid*

Rücken|lehne ⟨-k|k-; f.11; an Sitzmöbeln⟩ *Lehne für den Rücken*

Rücken|mark ⟨-k|k-; n., -(e)s, nur Sg.⟩ *im Wirbelkanal der Wirbelsäule liegender Teil des Zentralnervensystems*

rücken|schwim|men ⟨-k|k-; V.132, nur im Infinitiv; o.Obj.⟩ *auf dem Rücken schwimmen;* er kann (gut) r.

Rücken|schwim|men ⟨-k|k-; n., -s, nur Sg.⟩ *(wettkampfmäßig betriebenes) Schwimmen auf dem Rücken*

Rücken|stärkung ⟨-k|k-; f.10; übertr.⟩ *Beistand, Stärkung der Haltung, der Einstellung;* jmdm. eine R. geben

Rücken|wind ⟨-k|k-; m.1⟩ *von hinten kommender Wind*

rück|er|stat|ten ⟨V.2, hat rückerstattet; mit Akk.; verstärkend⟩ *erstatten* **Rück|er|stat|tung** ⟨f.10⟩

Rück|fahr|kar|te ⟨f.11⟩ *Fahrkarte für die Hin- und Rückfahrt*

Rück|fahrt ⟨f.10⟩ *Fahrt zurück zum Ausgangspunkt*

Rück|fall ⟨m.2⟩ **1** das Rückfälligwerden **2** strafverschärfende Wiederholung einer Straftat **3** erneutes Auftreten einer für überwunden gehaltenen Krankheit; Syn. Rezidiv
Rück|fall|fie|ber ⟨n., -s, nur Sg.⟩ durch Bakterien verursachte Krankheit, die durch Kleiderläuse und Zecken übertragen wird
rück|fäl|lig ⟨Adj., o.Steig.⟩ **1** ⟨bei Krankheiten⟩ einen Rückfall erkennen lassend, wieder auftretend; ~e Beschwerden **2** etwas (scheinbar Überwundenes) wiederholend; ein ~er Dieb, Trinker; r. werden das gleiche (was schon überwunden schien) erneut tun
Rück|fluß ⟨m.2⟩ das Zurückfließen (von Blut, Geld, Kapital u.ä.)
Rück|fra|ge ⟨f.11⟩ Frage an jmdn., der gewissermaßen im Hintergrund steht; auch: Zurückfrage; der Bericht hat eine R. an den Verfasser nötig gemacht; R. an den Bearbeiter, an den Chef
rück|fra|gen ⟨V.1, hat rückgefragt; o.Obj.⟩ eine Rückfrage stellen, fragen, anfragen; um Ihre Frage beantworten zu können, muß ich erst beim Sachbearbeiter r.
Rück|füh|rung ⟨f.10⟩ das Zurückführen; R. von Soldaten, Gefangenen in die Heimat; R. eines Wortes auf ein Ursprungswort
Rück|ga|be ⟨f.11⟩ **1** ⟨nur Sg.⟩ das Zurückgeben; R. von ausgeliehenem, gestohlenem Gut **2** ⟨Sport⟩ Schuß zum eigenen Torwart
Rück|gang ⟨m., -(e)s, nur Sg.⟩ das Zurückgehen, Verminderung; R. der Zuschauerzahlen
rück|gän|gig ⟨Adj., o.Steig.⟩ **1** ⟨selten⟩ rückläufig **2** einen Rückgang erkennen lassend; ~e Tier- und Pflanzenarten **3** ⟨in der Wendung⟩ etwas r. machen etwas in den früheren Zustand versetzen
Rück|ge|winn|ung ⟨f., -, nur Sg.⟩ das Zurückgewinnen; R. verlorener Gebiete; R. der alten Kräfte
Rück|grat ⟨n.1⟩ → Wirbelsäule; kein R. haben ⟨übertr.⟩ nicht standhaft sein, einen schwachen Charakter haben; jmdm. das R. brechen jmds. Willen brechen, ⟨auch⟩ jmds. Existenz vernichten
Rück|griff ⟨m.1⟩ **1** ⟨Rechtsw.⟩ → Regreß (2) **2** das Wiederaufnehmen bereits vorhandener Ideen oder Dinge; im R. auf frühere Erkenntnisse
Rück|halt ⟨m.1⟩ Halt, Stütze; bei jmdm. einen R. haben, finden
rück|halt|los ⟨Adj., o.Steig.⟩ völlig, ohne Vorbehalt; ~e Aufrichtigkeit; jmdm. r. vertrauen [eigtl. „ohne Zurückhaltung"]
Rück|hand ⟨f., -, nur Sg.; Tennis, Tischtennis, Badminton und Squash⟩ Schlag, bei dem der Handrücken in Schlagrichtung zeigt; Ggs. Vorhand; eine gute R. haben
Rück|kauf ⟨m.2⟩ Kauf von etwas, das früher von einem selbst an jmdn. verkauft worden ist; Syn. Wiederkauf
Rück|kehr ⟨f., -, nur Sg.⟩ das Zurückkehren, das Zurückkommen (zum Ausgangspunkt), Heimkehr; Syn. ⟨geh.⟩ Rückkunft; nach seiner R. rief er sofort an
Rück|kop|peln ⟨V.1, hat rückgekoppelt; mit Akk.⟩ etwas r. eine Rückkopplung bei etwas bewirken
Rück|kopp|lung ⟨f.10⟩ Rückwirkung eines Faktors innerhalb eines Systems (z.B. Ausgangssignal, Folgeerscheinung) auf den auslösenden Faktor (z.B. Eingangssignal, Ursache)
Rück|kreu|zung ⟨f.10; Biol.⟩ Kreuzung eines Bastards mit einer seiner Elternteile
Rück|kunft ⟨f., -, nur Sg.⟩ → Rückkehr
Rück|la|ge ⟨f.11⟩ **1** erspartes Geld; Ersparnisse; keine ~n haben; ~n machen **2** ⟨in Betrieben⟩ Kapital zur Reserve **3** ⟨nur Sg.; Schilauf⟩ Haltung, in der die Körpergewicht auf die Enden der Schier verlagert wird
Rück|lauf ⟨m.1⟩ **1** das Zurücklaufen (z.B. eines Maschinenteiles) **2** → Response (2)

Rück|läu|fer ⟨m.5⟩ zurückgesandte Postsendung
rück|läu|fig ⟨Adj., o.Steig.⟩ **1** zurücklaufend, sich zurück bewegend; die Entwicklung ist r. **2** ⟨Astron.⟩ vom Nordpol der Ekliptik aus gesehen im Uhrzeigersinn verlaufend; Ggs. rechtläufig
Rück|licht ⟨n.3⟩ (hinten am Fahrzeug angebrachtes) rotes Licht
rück|lings ⟨Adv.⟩ mit dem Rücken zuerst; sich r. auf den Boden fallen lassen; r. ins Wasser stürzen
Rück|marsch ⟨m.2⟩ Marsch zurück (zum Ausgangspunkt)
Rück|nah|me ⟨f., -, nur Sg.⟩ das Zurücknehmen (von etwas Gekauftem oder Ausgeliehenem)
Rück|paß ⟨m.2; Sport⟩ Zurückspielen des Balles in die eigene Spielhälfte
Rück|por|to ⟨n.9, auch n., -s, -ti⟩ für die Rückantwort beigelegte Briefmarke(n)
Rück|pro|jek|ti|on ⟨f.10; Theater, Film⟩ Darstellung des Hintergrundes durch Projektion von hinten auf eine lichtdurchlässige Wand
Rück|rei|se ⟨f.11⟩ Reise zurück (zum Ausgangspunkt oder nach Hause)
Rück|ruf ⟨m.1⟩ **1** ⟨Rechtsw.⟩ das Zurücknehmen, Widerrufen **2** das Zurückrufen, Ruf zur Umkehr, zur Heimkehr **3** Antwort auf ein soeben geführtes Telefongespräch
Rück|sack ⟨m.2⟩ auf dem Rücken zu tragender Sack mit Schulterriemen (zur Beförderung bes. von Proviant und kleinem Gepäck); Syn. ⟨österr.⟩ Schnerfer
Rück|schau ⟨f.10⟩ Erinnerung an vergangene Ereignisse (Lebens~); R. halten
Rück|schlag ⟨m.2⟩ **1** plötzliche Verschlechterung; R. erleiden; in jeder Entwicklung gibt es Rückschläge **2** ⟨Sport⟩ Zurückschlagen (des Balles)
Rück|schluß ⟨m.2⟩ Folgerung aus etwas Vorausgegangenem; Rückschlüsse aus etwas, von etwas auf etwas ziehen
Rück|schritt ⟨m.1⟩ Rückfall in einen bereits als überwunden geglaubten Zustand; Ggs. Fortschritt
rück|schritt|lich ⟨Adj.⟩ Ggs. fortschrittlich **1** gegen den Fortschritt eingestellt, reaktionär **2** überholt, veraltet; ~e Produktionsmethoden
Rück|sei|te ⟨f.11⟩ die hintere Seite; Syn. Hinterseite; Ggs. Vorderseite
rück|sei|tig ⟨Adj., o.Steig.⟩ auf der Rückseite befindlich
rück|seits ⟨Adv.⟩ auf der hinteren Seite
Rück|sen|dung ⟨f.10⟩ Sendung zurück an den Absender
Rück|sicht ⟨f.10⟩ **1** Beachtung der Gefühle und Bedürfnisse anderer, Beachtung (eines Zustandes, von Möglichkeiten); auf jmdn. R. nehmen; mit R. auf seine Gesundheit; ohne jede R.; ohne R. auf Verluste auch Verluste in Kauf nehmend **2** Sicht nach hinten (im Auto)
rück|sicht|lich ⟨Präp. mit Gen.⟩ mit Rücksicht auf; in Anbetracht
Rück|sicht|nah|me ⟨f., -, nur Sg.⟩ Berücksichtigung der Gefühle und Bedürfnisse anderer
rück|sichts|los ⟨Adj., -er, am -esten⟩ keine Rücksicht kennend, brutal, hart; eine ~e Fahrweise; ~e Forderungen; sich r. durchsetzen; er ist r.
Rück|sichts|lo|sig|keit ⟨f., -, nur Sg.⟩ rücksichtsloses Wesen oder Verhalten
rück|sichts|voll ⟨Adj.⟩ Rücksicht zeigend; jmdn. r. behandeln
Rück|sitz ⟨m.1; beim Kfz⟩ hinterer Sitz
Rück|spie|gel ⟨m.5; beim Kfz⟩ Spiegel, mit dem die hinter dem Fahrzeug liegende Fahrbahn beobachtet werden kann
Rück|spra|che ⟨f.11⟩ Besprechung (um sich zu vergewissern, um sich Anweisungen geben zu lassen o.ä.); mit jmdm. R. nehmen sich mit jmdm. besprechen; nach R. mit dem Chef

Rück|stand ⟨m.2⟩ **1** etwas, das bei der Bearbeitung zurückbleibt; Rückstände entfernen **2** das Zurückbleiben (bei einer Verpflichtung); mit der Arbeit in R. geraten; mit Zahlungen im R. sein; Rückstände aufholen **3** noch nicht bezahlter Betrag; Rückstände bezahlen, eintreiben **4** ⟨Sport⟩ Abstand zwischen Konkurrenten; der R. des Hauptfeldes beträgt zwei Minuten
rück|stän|dig ⟨Adj.⟩ **1** unmodern, nicht zeitgemäß, nicht mit der Entwicklung Schritt haltend; ~e Ansichten; ~e Produktionsmethoden; er ist r. **2** ⟨o.Steig.⟩ noch nicht bezahlt; ~e Beträge; ~e Rechnungen
Rück|stän|dig|keit ⟨f., -, nur Sg.⟩ das Rückständigsein; die R. seiner Ansichten
Rück|stau ⟨m.1 oder m.9⟩ **1** Stau infolge Zurückfließens; R. eines Flusses **2** ⟨verstärkend für⟩ Stau
Rück|stel|lung ⟨f.10⟩ **1** das Zurückstellen; R. vom Wehrdienst **2** noch unbekannte Ausgaben in der Bilanz
Rück|stoß ⟨m.2⟩ Kraft, die auftritt, wenn zwei ursprünglich zusammengehörende Körper durch eine zwischen ihnen wirksame Kraft auseinandergetrieben werden
Rück|strah|ler ⟨m.5⟩ → Reflektor
rück|tau|schen ⟨V.1, hat rückgetauscht; mit Akk.⟩ wieder in die eigene Währung umtauschen; umgetauschtes Geld r.; D-Mark in italienische Lire umtauschen und den nicht verbrauchten Betrag r.
Rück|teil ⟨n.1⟩ hinteres Teil, die hintere Seite bedeckendes Teil; Ggs. Vorderteil; das R. eines Kleidungsstückes
Rück|tritt ⟨m.1⟩ **1** das Zurücktreten; R. von einem Amt, Vertrag; seine R. einreichen **2** ⟨kurz für⟩ Rücktrittbremse; den R. betätigen
Rück|tritt|brem|se ⟨f.11⟩ bei Fahr- und Krafträdern⟩ Bremse, die beim Rückwärtstreten der Pedale ausgelöst wird
Rück|tritts|ge|such ⟨n.1⟩ Gesuch, von einem Amt zurücktreten zu dürfen
Rück|tritts|recht ⟨n.1⟩ Recht, von einem Vertrag zurückzutreten
rück|über|set|zen ⟨V.1, hat rückübersetzt; mit Akk.⟩ wieder in die Originalsprache übersetzen; einen übersetzten Text r. **Rück|über|set|zung** ⟨f.10⟩
rück|ver|gü|ten ⟨V.2, hat rückvergütet; mit Akk.; verstärkend⟩ vergüten; wir werden Ihnen die Auslagen r.
rück|ver|si|chern ⟨V.1, hat rückversichert⟩ **I** ⟨mit Akk.⟩ jmdn. r. mit jmdm. eine Rückversicherung abschließen **II** ⟨refl.⟩ sich r. **1** ⟨bei Versicherungsgesellschaften⟩ sich bei einer anderen Versicherungsgesellschaft finanziell sichern **2** ⟨ugs.⟩ sich überzeugen, daß man wirklich gesichert ist **Rück|ver|si|che|rung** ⟨f.10⟩
rück|ver|wei|sen ⟨V.177, hat rückverwiesen⟩ **I** ⟨mit Akk.⟩ jmdn. r. jmdn. an eine Stelle (Dienststelle) verweisen, an der er schon einmal vorstellig geworden ist **II** ⟨o.Obj.⟩ auf eine Stelle (in einem Nachschlagewerk o.ä.) verweisen, die schon behandelt worden ist
Rück|wand ⟨f.2⟩ hintere Wand
rück|wan|dern ⟨V.1, ist rückgewandert; o.Obj.⟩ (nach längerem Aufenthalt im Ausland) wieder für dauernd in die Heimat zurückkehren **Rück|wan|de|rung** ⟨f.10⟩
rück|wär|tig ⟨Adj., o.Steig.⟩ hinten gelegen; die ~en Plätze; der ~e Eingang
rück|wärts ⟨Adv.⟩ **1** nach hinten; r. blicken **2** mit dem Rücken voran; r. gehen **3** in die Vergangenheit; den Blick r. richten **4** ⟨ugs.⟩ von hinten nach vorn; ein Buch r. lesen zuerst das Ende und dann den Anfang lesen
Rück|wärts|gang ⟨m.2⟩ **1** ⟨nur Sg.⟩ das Rückwärtsgehen **2** ⟨beim Kfz⟩ Gang für das Rückwärtsfahren; den R. einschalten

rück|wärts|ge|hen ⟨V.47, ist rückwärtsgegangen; o.Obj; meist unpersönl., mit „es"; übertr.⟩ *sich verschlechtern;* mit seiner Gesundheit, mit seinem Geschäft geht es rückwärts

Rück|wärts|ver|si|che|rung ⟨f.10⟩ *Versicherung gegen Schäden, die vor Abschluß der Versicherung bereits vorhanden, aber nicht bekannt waren*

Rück|wech|sel ⟨m.5⟩ → *Rikambio*

Rück|weg ⟨m.1⟩ *Weg zurück, nach Hause;* den R. antreten

ruck|wei|se ⟨Adv.⟩ *in Rucken;* sich r. vorwärtsbewegen; bei dem kommt's r. ⟨ugs.⟩ *der begreift nur langsam*

rück|wir|kend ⟨Adj., o.Steig.⟩ **1** *von einem zurückliegenden Zeitpunkt an;* das Gesetz gilt r. ab 1. Oktober vorigen Jahres **2** *Rückwirkung ausübend*

Rück|wir|kung ⟨f.10⟩ **1** *Wirkung auf eine Person oder Sache, die eine Sache ausgelöst hat* **2** *Wirkung von einem zurückliegenden Zeitpunkt an;* mit R. vom 1. Oktober vorigen Jahres

rück|zahl|bar ⟨Adj., o.Steig.⟩ *so beschaffen, daß es zurückgezahlt werden muß*

Rück|zah|lung ⟨f.10⟩ **1** *das Zurückzahlen* **2** *zurückgezahlter Betrag*

Rück|zie|her ⟨m.5⟩ **1** *das Aufgeben einer vorher aufgestellten Forderung oder Ankündigung oder eines Zieles;* einen R. machen ⟨umg.⟩ *einlenken, nachgeben* **2** ⟨Fußb.⟩ *rückwärts über den eigenen Kopf gespielter Ball*

ruck, zuck ⟨Adv.; ugs.⟩ *sehr schnell;* das geht r., z.

Rück|zug ⟨m.2⟩ *das Sichzurückziehen, Bewegung nach hinten;* der R. der Truppen; ein geordneter R.; auf dem R. sein; den R. antreten ⟨auch übertr.⟩ *nachgeben, einlenken, eine Forderung, ein Ziel aufgeben*

Rud|beckie ⟨-k|k-; f.11⟩ → *Sonnenhut* (2) [nach dem schwed. Arzt und Botaniker Olof Rudbeck]

rü|de ⟨Adj., rüder, am rüdesten⟩ *rücksichtslos;* ~s Benehmen

Rü|de ⟨m.11⟩ *bei Hunden, Hundeartigen und Mardern) männliches Tier* (Dachs~, Wolfs~)

Ru|del ⟨n.5⟩ **1** *Gruppe von Säugetieren der gleichen Art* (Hirsch~, Wolfs~) **2** ⟨übertr.⟩ *Schar (von Menschen);* ein R. Kinder; „Haben sie Kinder?" „Ein ganzes R.!"

Ru|der ⟨n.5⟩ **1** *Stange mit einer leicht gewölbten, blattartigen Verlängerung an einem Ende (zur Fortbewegung von Booten);* Syn. ⟨Seew.⟩ *Riemen* **2** ⟨an Schiffen⟩ *blattartige, am Heck angebrachte, drehbare Vorrichtung zum Steuern;* ans R. kommen ⟨übertr.⟩ *an die Macht kommen, die Führung übernehmen;* am R. bleiben *die Macht, die Führung beibehalten* **3** ⟨an Flugzeugen⟩ *Vorrichtung zum Steuern* (Höhen-, Seiten-) **4** ⟨Jägerspr.; Pl.⟩ *Füße mit Schwimmhäuten (bes. beim Schwan)*

Ru|de|ral|pflan|ze ⟨f.11⟩ *Pflanze, die auf stickstoffreichen Schuttplätzen wächst* [< lat. *rudera,* Plural von *rudus,* „zerbröckeltes Gestein, Schutt" und *Pflanze*]

Ru|der|boot ⟨n.1⟩ *Boot, das durch zwei oder mehr Ruder* (1) *fortbewegt wird*

Ru|de|rer ⟨m.5⟩ *jmd., der (wettkampfmäßig) rudert*

Ru|der|fü|ßer ⟨m.5⟩ *Wasservogel mit Schwimmhäuten zwischen allen vier Zehen* (z.B. Kormoran, Pelikan)

Ru|der|fuß|krebs ⟨m.1⟩ *wasserbewohnendes Krebstier mit verzweigter, borstenbesetzter Schwanzgabel* (z.B. Hüpferling)

Ru|der|gän|ger ⟨m.5⟩, **Ru|der|gast** ⟨m.1⟩ *Matrose, der nach Anweisung das Ruder* (2) *bedient*

Ru|de|rin ⟨f.10⟩ *weibliche Ruderer*

ru|dern ⟨V.1⟩ **I** ⟨o.Obj.⟩ **1** ⟨ist oder hat gerudert⟩ *mit dem Ruderboot fahren;* wir sind, ⟨oder⟩ haben zwei Stunden gerudert; wir sind über den See gerudert **2** ⟨hat gerudert⟩ *mit den Armen r. beim Gehen die Arme stark schwingen;* mit den Armen in der Luft r. *mit den Armen heftige, kreisende Bewegungen machen* **II** ⟨mit Akk.; hat gerudert⟩ *mit dem Ruderboot bringen;* jmdn., Gegenstände über den See r.

Ru|der|pin|ne ⟨f.11⟩ → *Pinne* (2)

Ru|der|schnecke ⟨-k|k-; f.11⟩ *im Meer lebende Schnecke mit ruderförmigem Fuß;* Syn. *Pteropode*

Ru|di|ment ⟨n.1⟩ **1** *Rest, Überbleibsel* **2** ⟨Biol.⟩ *Überrest eines im Lauf der Stammesgeschichte funktionslos gewordenen Organs* (z.B. Appendix) [< lat. *rudimentum* „Anfang, erster Versuch", zu *rudis,* „ungebildet, unbearbeitet, ungeschickt, unerfahren"]

ru|di|men|tär ⟨Adj., o.Steig.⟩ *nicht ausgebildet, verkümmert;* ~es Organ

Ruf ⟨m.1⟩ **1** *laute Äußerung* (Hilfe~); der R. des Wächters; einen R. erschallen lassen; auf seinen R. hin erschien ein Diener **2** *Lautäußerung (eines Tieres);* der R. der Nachtigall **3** *Aufforderung;* der R. zu den Waffen; dem R. seines Herzens folgen **4** *Forderung (einer Menschengruppe);* der R. nach mehr Urlaub **5** ⟨bes. bei Professoren⟩ *Berufung in ein Amt;* einen R. auf einen Lehrstuhl erhalten; ein R. nach München **6** ⟨kurz für⟩ *Rufnummer* (Taxi~) **7** *Ansehen, Wertschätzung, Meinung, die jmd. oder eines bei (anderen) Personen genießt;* einen guten, schlechten R. haben; sich eines ~es erfreuen; das Hotel hat einen zweifelhaften R.; er ist besser als sein R.; das schadet seinem R.; seinen R. aufs Spiel setzen; er steht in dem R., ein hervorragender Fachmann zu sein

Ru|fe, Rü|fe ⟨f.11; schweiz.⟩ *Steinlawine, Erdrutsch*

ru|fen ⟨V.102, hat gerufen⟩ **I** ⟨mit Akk.⟩ **1** jmdn. r. *durch Ruf herbeiholen, veranlassen, daß jmd. kommt;* ich werde ihn sofort r.; r. Sie bitte Herrn X; ich habe Sie r. lassen, weil ich mit Ihnen sprechen möchte; den Arzt r.; jmdn. zu Hilfe r.; Geschäfte, Pflichten riefen ihn nach Berlin ⟨übertr.⟩ *veranlaßten ihn, nach Berlin zu fahren;* du kommst wie gerufen *du kommst im richtigen Augenblick, ich brauche dich gerade;* dein Angebot, dein Geschenk kommt wie gerufen **a** *nennen, anreden;* sie r. ihn „Heini"; jmdn. bei seinem Namen, beim Namen r. **2** etwas r. *etwas laut, mit erhobener Stimme sagen;* „Hier!" rief **II** ⟨mit Dat. und Akk.; in der Wendung⟩ jmdm. oder sich etwas ins Gedächtnis, in Erinnerung r. *jmdn. oder sich an etwas erinnern* **III** ⟨o.Obj.⟩ **1** *laut, weithin hörbar, mit erhobener Stimme sprechen;* ich habe dreimal gerufen; nach jmdm. r. *laut jmds. Namen nennen (damit der Betreffende kommt);* nach etwas r. *etwas laut fordern (damit es gebracht wird)* **2** *die Stimme ertönen lassen;* ein Vogel rief im Gebüsch; die Arbeit, die Pflicht ruft ⟨übertr.⟩ *man muß wieder an die Arbeit gehen, wieder seinen Pflichten nachgehen*

Ruf|fall ⟨m.2⟩ → *Vokativ*

Rüf|fel ⟨m.5; ugs.⟩ *Verweis, Rüge, Tadel*

rüf|feln ⟨V.1, hat gerüffelt; mit Akk.⟩ jmdn. r. *jmdm. einen Rüffel erteilen, jmdn. grob tadeln*

Ruf|mord ⟨m.1⟩ *schwere Verleumdung, durch die jmds. Ruf zerstört wird*

Ruf|nä|he ⟨f., -, nur Sg.⟩ *Entfernung, in der ein Ruf (noch) gehört werden kann;* bleib in R.!

Ruf|na|me ⟨m.15⟩ *Vorname, mit dem jmd. üblicherweise gerufen, genannt wird;* er hat drei Vornamen, und sein R. ist Hans

Ruf|num|mer ⟨f.11⟩ *Telefonnummer*

Ruf|wei|te ⟨f., -, nur Sg.⟩ *Entfernung, in der ein Ruf (noch) hörbar ist;* in R. bleiben

Ruf|zei|chen ⟨n.7⟩ **1** → *Freizeichen* **2** ⟨österr.⟩ *Ausrufezeichen*

Rug|by ⟨[rag-] n., -s, nur Sg.⟩ *Ballspiel zwischen zwei Mannschaften, bei dem ein eiförmiger Ball unter Einsatz der Hände, der Füße und des Körpers in das gegnerische Feld gebracht wird* [nach der *Rugby School* in Warwickshire in Mittelengland, wo das Spiel zuerst aufkam]

Rü|ge ⟨f.11⟩ *Tadel, Zurechtweisung;* eine amtliche R.; eine R. erhalten; jmdm. eine R. erteilen

rü|gen ⟨V.1, hat gerügt; mit Akk.⟩ **1** jmdn. r. *jmdm. eine Rüge erteilen, jmdn. leicht tadeln* **2** *beanstanden, kritisieren;* jmds. Faulheit r.; einen Mangel r.

Ru|he ⟨f., -, nur Sg.⟩ **1** *Schweigen, Stille; friedliche R.;* die nächtliche R. **R. geben** *still sein;* er gibt keine R. *er bedrängt mich ständig (mit Bitten, Forderungen, Vorwürfen);* R. trat ein **2** *Entspannung, Erholung;* R. gönnen; er findet keine R.; angenehme R.! ⟨Gutenachtgruß⟩ **3** ⟨kurz für⟩ *Ruhestand;* er ist seit einem Jahr in R.; sich zur R. setzen *sich in den Ruhestand begeben* **4** *Friede, Zustand ohne Kampf, Streit oder Erregung;* ich will nichts weiter als R. und Frieden ⟨verstärkend⟩; die ewige R. ⟨geh.⟩ *der Tod;* in die ewige R. eingehen ⟨geh.⟩ *sterben;* jmdn. zur ewigen R. tragen, geleiten ⟨geh.⟩ *jmdn. beerdigen;* jmdn. nicht mit seinen immer neuen Ratschlägen in R.!; hier habe ich endlich R. vor ihm **5** *Kaltblütigkeit, Gelassenheit;* er hat die R. weg ⟨ugs.⟩ *er läßt sich durch nichts beunruhigen;* sich durch nichts aus der R. bringen lassen **6** *Bewegungslosigkeit;* ein Motor im Zustand der R.

Ru|he|bett ⟨n.12; †⟩ *Liegestatt, Sofa*

Ru|he|ge|halt ⟨n.4⟩ *Gehalt eines Beamten im Ruhestand;* Syn. *Pension*

Ru|he|geld ⟨n.3⟩ *Altersrente*

Ru|he|kis|sen ⟨n.7; †, nur noch in der Wendung⟩ *ein gutes Gewissen ist ein sanftes R. mit einem guten Gewissen läßt es sich gut schlafen*

ru|he|los ⟨Adj., -er, am -esten⟩ *keine Ruhe findend, nervös;* **Ru|he|lo|sig|keit** ⟨f., -, nur Sg.⟩

ru|hen ⟨V.1, hat geruht; o.Obj.⟩ **1** *ruhig, entspannt liegen oder sitzen und sich erholen;* eine Stunde r. **2** *nicht arbeiten und sich dadurch erholen;* am Sonntag soll man r.; nicht r. noch rasten ⟨geh., verstärkend⟩ *ständig tätig sein* **3** ⟨geh.⟩ *schlafen;* r. Sie wohl! **4** *zum Stillstand gekommen sein, nicht in Gang sein;* die Arbeit ruht; der Verkehr ruht; die Sache ruht vorläufig *die Sache wird vorläufig nicht weiter verfolgt, nicht weiter betrieben* **5** *liegen;* die Briefe r. wohlverwahrt in seinem Schreibtisch; sein Blick ruhte auf ihr; seine Hände ruhten auf den Armlehnen; die Verantwortung ruht auf mir; den Teig eine Stunde r. lassen **6** *sich stützen;* das Dach ruht auf Säulen

ru|hen|las|sen ⟨V.75, hat ruhenlassen; mit Akk.; übertr.⟩ eine Sache r. *eine Sache nicht weiter verfolgen, sich mit einer Sache vorläufig nicht beschäftigen*

Ru|he|stand ⟨m., -(e)s, nur Sg.⟩ *Zustand, Lebensabschnitt nach dem Ausscheiden aus dem Amt, aus dem Dienst (bes. bei Beamten und Offizieren);* in den R. treten; im R. ⟨Abk.: i.R.⟩ *Inspektor im R.*

Ru|he|ständ|ler ⟨m.5⟩ *jmd., der im Ruhestand ist*

Ru|he|statt ⟨f., -, -stät|ten⟩, **Ru|he|stät|te** ⟨f.11⟩ *Platz zum Ausruhen, Ruheplatz;* die letzte R. *das Grab*

Ru|he|stö|rer ⟨m.5⟩ *jmd., der die Ruhe der anderen stört*

Ru|he|tag ⟨m.1⟩ *arbeitsfreier Tag;* dieses Lokal hat heute R.

ru|hig I ⟨Adj.⟩ **1** *nahezu unbewegt;* ~e Meer mit wenig Seegang; ~es Wetter *schönes, fast windstilles Wetter* **2** *frei von Lärm;* eine ~e Wohnung; in einer ~en Gegend wohnen; es ist um dieses Ereignis recht r. geworden *es* wird nicht mehr oder kaum noch davon gesprochen **3** *still, leise, keinen Lärm, keine Geräusche machend;* ein ~er Mieter; der Motor läuft r.; die Kinder spielen r. in ihrem Zimmer; sei doch mal r.! *schweig doch einmal!* **4** *frei von Trubel, von Störungen;* auf der Straße ist es r.; ein ~es Leben führen; sei ganz r.! *mach dir keine Sorgen!* **5** *friedlich, ohne Streit, ohne Erregung;* ein ~es Gespräch führen; r. miteinander sprechen; ein gutes Gewissen **II** ⟨Adv.⟩ *ohne weiteres, getrost, meinetwegen;* das kannst du r. glauben; du kannst r. kommen; er soll das r. wissen

ru|hig|stel|len ⟨V.1, hat ruhiggestellt; mit Akk.⟩ **1** *etwas r. etwas in eine Stellung bringen, in der es ruhen, sich nicht bewegen kann;* ein gebrochenes Bein r.; die Lunge r. **2** *jmdn. r. dessen Beruhigungsmittel in seiner Bewegungsfreiheit stark einschränken;* einen Patienten r. **Ru|hig|stel|lung** ⟨f., -, nur Sg.⟩

Ruhm ⟨m., -(e)s, nur Sg.⟩ *hohes Ansehen, das jmd. in der Öffentlichkeit genießt;* das hat seinen R. begründet; den Gipfel des ~es erreichen; da hast du dich ja (gerade) mit R. bekleckert (ugs.) *da hast du ja keine besonders gute Leistung vollbracht*

rüh|men ⟨V.1, hat gerühmt⟩ **I** ⟨mit Akk.⟩ *sehr loben;* jmdn. r.; jmds. Handlungsweise r.; sein Roman wird sehr gerühmt **II** ⟨refl. mit Gen. oder mit Infinitiv mit „zu"⟩ *sich einer Sache r. auf eine Sache stolz sein und dies verkünden;* er rühmt sich seiner Tat; er rühmt sich seiner Freundschaft mit dem Präsidenten; ich will nichts dessen nicht r., aber ich muß doch sagen, daß ...; ich kann mich r., ihn noch gekannt zu haben

Ruh|mes|blatt ⟨n.4⟩ *ruhmwürdige Tat oder Begebenheit;* ein R. in der Geschichte; dieser Krieg ist kein R. in unserer Geschichte

rühm|lich ⟨Adj.⟩ *rühmenswert, löblich;* ~es Verhalten

ruhm|los ⟨Adj., o.Steig.⟩ *ohne Ruhm, schimpflich;* ein ~es Ende

ruhm|re|dig ⟨Adj.; †⟩ *prahlerisch;* ein Schloß, wie er sein Haus r. nannte

ruhm|reich ⟨Adj.⟩ *viel Ruhm habend;* der ~e Feldherr

Ruhr ⟨f., -, nur Sg.⟩ *durch verschiedene Bakterien verursachte Dickdarmentzündung mit sehr häufigen, schmerzhaften Durchfällen;* Syn. *Dysenterie* [zu *rühren* „heftig bewegen"]

Rühr|ei ⟨n.3⟩ *Speise aus Eiern, die während des Bratens verrührt werden;* Syn. österr. *Eierspeise*

rüh|ren ⟨V.1, hat gerührt⟩ **I** ⟨mit Akk.⟩ **1** *etwas oder sich r. bewegen;* die Glieder r. *sich kräftig Bewegung machen;* er konnte vor Müdigkeit kein Glied mehr r.; rühr dich nicht (vom Fleck)!; kein Lüftchen rührte sich; im ganzen Haus rührte sich nichts, als ich klingelte; der Wagen war so voll, daß man sich nicht mehr r. konnte; ein menschliches Rühren verspüren ⟨scherzh.⟩ *das Bedürfnis verspüren, seine Notdurft zu verrichten* **2** *etwas r. in kreisende Bewegung bringen;* die Suppe r.; etwas in etwas r. *etwas mit kreisender Bewegung des Löffels in etwas mischen;* ein Ei in die Soße r. **3** ⟨†; bei Musikinstrumenten⟩ *schlagen, zupfen;* die Trommel r.; die Saiten r. **3** *jmdn. r. jmdn. innerlich bewegen, jmdm. ein warmes Gefühl im Herzen verursachen;* seine Bitte, seine Anhänglichkeit rührte mich; ich war über sein Geschenk sehr gerührt; der Vorfall rührte mich (bis) zu Tränen; daß sie unter seinen Launen leidet, rührt ihn überhaupt nicht **II** ⟨o.Obj. oder refl.; Mil.⟩ *Rühren!* ⟨militär. Kommando⟩ *die stramme Haltung lockern;* Rührt euch! ⟨militär. Kommando⟩; Lassen Sie r.! ⟨militär. Aufforderung⟩ *Lassen Sie die Leute bequem stehen!* **III** ⟨mit Präp.obj.⟩ *an etwas r. etwas anfassen;* rühr bitte nicht an die

Vase, sie fällt leicht um **2** *an etwas erinnern, von etwas sprechen (was für den andern unangenehm oder schmerzlich ist);* rühre nicht daran!

rüh|rend ⟨Adj.⟩ **1** *innerlich bewegend, ein warmes Gefühl im Herzen rufhrend;* es ist r., zu sehen, wieviel Mühe sich das Kind gibt; ein ~er Anblick; am ~sten fand ich die Szene, wie ... ⟨ugs.⟩ **2** *sehr hilfsbereit, selbstlos;* er hat sich ~ um mich bemüht; du bist r.! **3** *herablassendmitleidiges Staunen hervorrufend;* sie ist von einer ~en Naivität

rüh|rig ⟨Adj.⟩ *tätig, fleißig, emsig, voller Unternehmungslust;* ein ~er Unternehmer **Rüh|rig|keit** ⟨f., -, nur Sg.⟩

Rühr|mich|nicht|an ⟨n., -, -⟩ → *Springkraut;* sie ist ein Kräutlein, Blümchen R. ⟨übertr.⟩ *sie ist sehr empfindlich, sehr prüde*

rühr|se|lig ⟨Adj.⟩ **1** *sich leicht rühren lassend;* r. sein **2** *übertrieben gefühlvoll;* ein ~er Film **Rühr|se|lig|keit** ⟨f., -, nur Sg.⟩

Rühr|stück ⟨n.1⟩ *rührseliges Theaterstück;* Syn. *Melodrama*

Rüh|rung ⟨f., -, nur Sg.⟩ *innere Bewegtheit, gefühlvolle Stimmung;* vor R. weinen

Ru|in ⟨m., -s, nur Sg.⟩ *Zusammenbruch, Verfall, Vermögensverlust*

Ru|i|ne ⟨f.11⟩ *verfallenes Gebäude* [< frz. *ruine* „Ruine, Trümmer; Verfall"; < lat. *ruina* „Einsturz, Sturz, Untergang"; eingestürztes Gebäude", zu *ruere* „stürzen, einstürzen"]

ru|i|nie|ren ⟨V.3, hat ruiniert; mit Akk.⟩ **1** *jmdn. oder sich r. jmdn. oder sich zugrunde richten, jmdm. oder sich die Lebensgrundlage nehmen;* er hat sich mit seiner Lebensweise (gesundheitlich, wirtschaftlich) ruiniert; jmdn. ruinieren; r. der Alkohol hat ihn ruiniert; er ist völlig ruiniert *er hat sein ganzes Vermögen verloren* **2** *etwas r. zerstören, vernichten;* er ruiniert mit seiner Lebensweise seine Gesundheit, sein Geschäft; ein Gerät (durch unsachgemäße oder fahrlässige Handhabung) r.

ru|i|nös ⟨Adj., -er, am -esten⟩ *zum Ruin führend, verderblich, zerstörerisch*

Ru|län|der ⟨m.5⟩ **1** ⟨nur Sg.⟩ *eine weiße Rebsorte* **2** *daraus hergestellter Wein*

Rülps ⟨m.1; ugs.⟩ **1** *Rülpser* **2** *Rüpel, Flegel*

rülp|sen ⟨V.1, hat gerülpst; o.Obj.⟩ *laut Luft aus dem Magen durch den Mund entweichen lassen, ungeniert, laut aufstoßen* [lautmalend]

Rülp|ser ⟨m.5; ugs.⟩ *Rülpsen, lautes Aufstoßen*

Rum ⟨m, -s, -(s)⟩ *Branntwein aus Zuckerrohr* [engl., Herkunft nicht bekannt]

rum... ⟨in Zus. mit Verben ugs. für⟩ *herum...,* z.B. rumlaufen, rumalbern

Ru|mä|ne ⟨m.11⟩ *Einwohner von Rumänien*

ru|mä|nisch ⟨Adj., o.Steig.⟩ *Rumänien betreffend, zu ihm gehörig, aus ihm stammend;* ~e Sprache *eine romanische Sprache*

Rum|ba ⟨f.9, ugs. auch m.9⟩ *ein Gesellschaftstanz*

Rum|ford|sup|pe ⟨f.11⟩ *Suppe aus Knochenbein, Erbsen, Graupen, Kartoffelwürfeln, Fleisch- und Speckwürfeln und Gewürzen* [nach dem amerik. Physiker und Politiker Benjamin Thompson Grafen Rumford, der in München ein Arbeitshaus gründete, in dem Bettler Arbeit und ein warmes Essen bekamen; Rumford erfand eine billige, nahrhafte und schmackhafte Suppe]

rum|hän|gen ⟨V.62, hat rumgehangen; o.Obj.; ugs.⟩ **1** *herumhängen* **2** *eine sinnvolle Beschäftigung sein* **3** *sich irgendwo zum Zeitvertreib aufhalten;* sie hängt in der Disko rum

Rum|mel ⟨m., -s, nur Sg.; ugs.⟩ **1** *lärmender Betrieb, lautes Treiben* **2** *Jahrmarkt;* auf den R. gehen

rum|meln ⟨V.1, hat gerummelt; o.Obj.⟩ *dumpf poltern, dumpf rollen;* in der Ferne

rummelt es, rummelt der Donner; in seinem Bauch rummelt es

Rum|mel|platz ⟨m.2⟩ *Jahrmarkt, Vergnügungsplatz*

Rum|my ⟨[rǫmi] oder [rąmi] n., -s, nur Sg.; österr.⟩ → *Rommé*

Ru|mor ⟨m., -s, nur Sg.; †⟩ *Lärm, Tumult* [lat.]

ru|mo|ren ⟨V.1, hat rumort; o.Obj.⟩ **1** *poltern, dumpf lärmen;* im Keller rumort irgend jemand **2** ⟨übertr., scherzh.⟩ *zum Ausdruck drängen;* der Gedanke rumort schon lange in mir; in ihm rumort es *etwas in ihm drängt zum Ausdruck* [< lat. *rumor* „dumpfes Geräusch, Summen, Murmeln"]

Rum|pel ⟨f.11; süddt., österr.⟩ *Waschbrett* [zu *rumpeln*]

rum|pe|lig ⟨Adj.⟩ → *rumplig*

Rum|pel|kam|mer ⟨f.11⟩ *Kammer zum Aufbewahren von Gerümpel*

rum|peln ⟨V.1⟩ **I** ⟨o.Obj.⟩ **1** ⟨hat gerumpelt; unpersönl., mit „es"⟩ *es rumpelt ein dumpfes, rollendes Geräusch ertönt;* in seinem Bauch rumpelt es; in der Ferne rumpelt es (von einem Gewitter) **2** ⟨ist gerumpelt⟩ *sich mit dumpfem, rollendem Geräusch bewegen;* der Wagen rumpelt über das Pflaster; die Äpfel r. in der Kiste (beim Fahren, Bewegen) **II** ⟨hat gerumpelt; mit Akk.⟩ *Wäsche auf dem Waschbrett reibend waschen*

Rumpf ⟨m.2⟩ **1** *Körper ohne Kopf und Gliedmaßen;* den R. beugen **2** *Schiff ohne Aufbauten* **3** *Flugzeug ohne Fahrgestell und Tragflächen*

Rumpf|beu|ge ⟨f.11⟩ *Turnübung, bei der man den Oberkörper beugt*

rümp|fen ⟨V.1, hat gerümpft; mit Akk.⟩ *kraus ziehen, in Falten ziehen;* (eine Nase in der Wendung:) die Nase r.; die Nase über etwas r. ⟨übertr.⟩ *Mißfallen, hochmütige Ablehnung über etwas zum Ausdruck bringen*

Rumpf|flä|che ⟨f.11⟩ *flach welliges oder fast ebenes Gebiet mit breiten Tälern und flachen Schwellen;* Syn. *Fastebene*

rump|lig ⟨Adj.⟩ *holperig, so beschaffen, daß ein Fahrzeug rumpelt; auch: rumpelig;* eine ~e Straße

Rump|steak ⟨[rạmpstek] dt. meist [rụmpste:k] n.9⟩ *kurz gebratene Lendenschnitte vom Rind* [< engl. *rump* „Hinterteil" und *steak,* → *Beefsteak*]

Rum|topf ⟨m.2⟩ *Früchte, die gezuckert und mit Rum gemischt in einem Topf eingelegt werden*

Run ⟨[ran] m.9⟩ *Ansturm (auf Banken, auf Mangelware)* [< engl. *run* „das Laufen, Rennen, Dauerlauf", zu *to run* „rennen"]

rund ⟨Adj., o.Steig.⟩ **1** *kugel- oder kreisförmig, keine Ecken und Kanten aufweisend;* ein ~es Fenster **2** *dick, rundlich;* er sieht dick und r. aus **3** *ab- oder aufgerundet, mit einer Null endend;* eine ~ Zahl; ein ~er Geburtstag *ein Geburtstag, dessen Zahl mit einer Null endet;* die ~e Summe von 5000 DM **4** ⟨übertr.⟩ *schön, vollendet;* ein ~es Fest; eine ~e Sache; ein ~er Geschmack **5** *gleichmäßig, ruhig;* der Motor läuft r. **6** ⟨als Adv.⟩ **a** *im Kreis;* r. um etwas oder jmdn. *um jmdn., etwas herum;* die Kinder saßen r. um den Erzähler; r. um die Uhr *Tag und Nacht;* vgl. *rundgehen* **b** ⟨Abk.: rd.⟩ *ungefähr, etwa;* in r. fünf Stunden

Rund ⟨n., -(e)s, nur Sg.⟩ *runde Form, runde Fläche;* im R. sitzen *im Kreis;* das zarte R. ihrer Wangen

Rund|bild ⟨n.3⟩ *halbkreisförmiges Bild*

Rund|blick ⟨m.1⟩ *Blick, Aussicht nach allen Seiten, Möglichkeit, nach allen Seiten zu schauen;* von hier hat man einen herrlichen R.; Syn. *Rundsicht*

Rund|bo|gen ⟨m.7 oder m.8; Baukunst⟩ *halbkreisförmiger Bogen*

Rund|brief ⟨m.1⟩ **1** *Brief, der von einem Empfänger zum anderen geschickt wird* **2** *(oft*

vervielfältigtes) Schreiben, das von einer zentralen Stelle aus verschickt wird; Syn. Rundschreiben, Zirkular(schreiben)

Rund|dorf ⟨n.4⟩ Dorf, in dem die Häuser mit der Giebelseite kreisförmig zur Dorfmitte stehn; Syn. Rundling

Run|de ⟨f.11⟩ **1** Gang, der zum Ausgangspunkt zurückführt; eine R. durch den Garten, die Stadt machen; das Foto machte die R. *das Foto wurde herumgereicht*; sein Ausspruch machte im ganzen Betrieb die R. *sein Ausspruch wurde überall im Betrieb weitererzählt* **2** kleinerer, zusammengehöriger Personenkreis; eine fröhliche R.; in die R. blicken; jmdn. in seine R. aufnehmen **3** alkoholische Getränke für eine beisammensitzende Menschengruppe; eine R. Schnaps; eine R. ausgeben, spendieren **4** ⟨Sport⟩ Rennstrecke, die mehrmals durchlaufen oder durchfahren werden muß; die dritte R. des Fünftausendmeterlaufs **5** ⟨Sport⟩ zeitlich begrenzter Abschnitt eines Wettkampfes; die erste, dritte R.; jmdm. über die R. helfen ⟨übertr., ugs.⟩ *jmdm. helfen;* über die ~n kommen ⟨übertr., ugs.⟩ *finanziell zurechtkommen, über einen gewissen Zeitraum hinwegkommen;* wir hatten uns nichts zu sagen und wußten kaum, wie wir über die ~n kommen sollten **6** ⟨Sport, Kart.⟩ Serie (von Spielen); eine R. Skat spielen

Rün|de ⟨f., -, nur Sg.; poet.⟩ *das Rundsein, Rundung*

Run|dell ⟨n.1⟩ →*Rondell*

run|den ⟨V.2, hat gerundet⟩ **I** ⟨mit Akk.⟩ **1** *rund machen;* gerundete Formen abrunden, ergänzen; einen Besitz durch Kauf eines Grundstücks r. **II** ⟨refl.⟩ sich r. **1** *rund werden;* ihre Wangen r. sich langsam wieder; das Jahr rundet sich ⟨übertr.⟩ *das Jahr geht seinem Ende zu* **2** ⟨geh.⟩ *sich wölben, sich spannen;* ein Regenbogen rundet sich über dem Wald **3** *deutliche Form annehmen;* durch seine Aussagen, Schilderungen rundet sich das Bild

rün|den ⟨V.2, hat gerundet; mit Akk. oder refl.; poet.; †⟩ *runden*

rund|er|neu|ern ⟨V.1, hat runderneuert; mit Akk.⟩ *die Lauffläche eines abgefahrenen Reifens durch Vulkanisieren mit neuem Profil versehen;* runderneuerte Reifen

Rund|fahrt ⟨f.10⟩ Fahrt mit Rückkehr zum Ausgangspunkt; eine R. auf dem See, durch die Stadt

Rund|fra|ge ⟨f.11⟩ Frage an einen größeren Personenkreis

Rund|funk ⟨m., -s, nur Sg.⟩ **1** Sendung und Empfang von Wort und Musik mit Hilfe elektromagnetischer Wellen **2** Unternehmen, das solche Sendungen herstellt; er ist beim R. angestellt; Süddeutscher R.; der R. überträgt heute ein Konzert in Wien **3** *Rundfunkgerät;* Syn. Radio; den R. anstellen, einschalten, ausschalten **4** *durch den Rundfunk ausgestrahlte Sendung;* Syn. Radio; R. hören; im R. kam die Nachricht, daß ...

Rund|funk|emp|fän|ger ⟨m.5⟩ →*Rundfunkgerät*

Rund|funk|ge|rät ⟨n.1⟩ Empfangsgerät für den Rundfunk; Syn. Radio, Rundfunkempfänger

Rund|gang ⟨m.2⟩ **1** Gang im Kreis (zur Kontrolle oder Besichtigung); ein R. durch die Stadt, durch die Ausstellung **2** *kreisförmiger Gang, kreisförmige Strecke (in einem Gebäude, Schiff u.ä.)*

rund|ge|hen ⟨V.47, ist rundgegangen; o.Obj.⟩ **1** *einen Rundgang, den gewohnten Rundgang machen;* der Nachtwächter, der stündlich rundgeht **2** *im Kreis herumgereicht werden;* das Glas, das Foto ging rund **3** ⟨unpersönl., mit „es"; ugs.⟩ *es geht rund es gibt sehr viel Arbeit, es ist viel Betrieb, man kommt nicht zur Ruhe*

Rund|ge|sang ⟨m.2⟩ **1** Gesang in einer Runde (2) **2** Gesang, der am Ende wieder von vorn begonnen wird

rund|her|aus ⟨Adv.⟩ *ohne Umschweife, offen;* etwas r. sagen

rund|her|um ⟨Adv.⟩ →*ringsherum*

Rund|ho|ri|zont ⟨m.1⟩ *halbrund gespannte Leinwand mit darauf gemalter oder projizierter Darstellung (als Bühnenhintergrund);* Syn. Prospekt

Rund|lauf ⟨m.2⟩ **1** Lauf mit Rückkehr zum Ausgangspunkt **2** *Turngerät aus Strickleitern, die an einer Drehscheibe (an der Decke des Raumes) befestigt sind (zum Laufen und Springen im Schwung des sich drehenden Gerätes)*

rund|lich ⟨Adj.⟩ **1** *beinahe rund* **2** *dicklich, leicht dick;* sie ist r. geworden; eine kleine, ~e Dame

Rund|ling ⟨m.1⟩ →*Runddorf*

Rund|na|del ⟨f.11⟩ →*Rundstricknadel*

Rund|rei|se ⟨f.11⟩ *Reise mit Rückkehr zum Ausgangspunkt*

Rund|ruf ⟨m.1⟩ *Ruf über Funk oder Telefon an alle Angehörigen einer bestimmten Menschengruppe;* ein R. des ADAC

Rund-s ⟨n., -, -⟩ →*Schluß-s*

Rund|schau ⟨f.10⟩ *Blick in die Umgebung (oft Titel von Zeitschriften)*

Rund|schrei|ben ⟨n.7⟩ →*Rundbrief*

Rund|sicht ⟨f., -, nur Sg.⟩ →*Rundblick*

Rund|spruch ⟨m., -(e)s, nur Sg.; schweiz.⟩ *Rundfunk*

Rund|stab ⟨m.2; Baukunst⟩ *stabförmiges Ornament mit halbrundem Querschnitt*

Rund|strah|ler ⟨m.5⟩ *in alle Richtungen strahlende Antenne*

rund|stricken ⟨-k·k-; V.1, hat rundgestrickt; mit Akk.⟩ *auf einer einzigen, biegsamen Nadel (oder mit einer bestimmten Maschine) stricken, ohne zu wenden, so daß ein geschlossenes Teil entsteht (das nicht zusammengenäht zu werden braucht);* einen Rock r.; ich stricke den Pullover zuerst rund

Rund|strick|na|del ⟨f.11⟩ *lange, biegsame Stricknadel zum Rundstricken;* auch: *Rundnadel*

Rund|stück ⟨n.1; hamburg.⟩ *(mit einer Kerbe versehene) Semmel*

Rund|stuhl ⟨m.2⟩ *Wirkmaschine mit kreisförmig angeordneten Nadeln (für nahtlose, schlauchförmige Gewirke)*

Rund|tanz ⟨m.2⟩ *wechselnd paarweise im Kreis getanzter Tanz*

rund|um ⟨Adv.⟩ →*ringsum*

rund|um|her ⟨Adv.⟩ →*ringsumher*

Run|dung ⟨f.10⟩ *Wölbung, runde Form;* eine flache R.; ~en haben ⟨ugs.⟩ *eine üppige Figur haben*

rund|weg ⟨Adv.⟩ *ohne Umschweife, unmißverständlich;* er hat ihre Bitte r. abschlagen

Ru|ne ⟨f.11⟩ *germanisches Schriftzeichen* [< altnord. *run* „Zauberzeichen, Geheimnis", Herkunft nicht geklärt]

Ru|nen|stein ⟨m.1⟩ *Stein mit eingeritzten Runen*

Run|ge ⟨f.11⟩ *an Leiterwagen* Stange zwischen Radnabe und oberem Rand der Leiter

Run|kel|rü|be ⟨f.11⟩ *Gänsefußgewächs mit dicker Rübenwurzel (z.B. Futterrübe, rote Rübe, Zuckerrübe)*

Run|ken ⟨m.7; landsch.⟩ →*Ranken*

Runks ⟨m.1; ugs.⟩ *grober, rücksichtsloser Mensch, Rüpel, Flegel*

runk|sen ⟨V.1, hat gerunkst; o.Obj.; ugs.⟩ **1** *sich grob, flegelhaft bewegen, andere rücksichtslos stoßen, beiseite drängen;* runks doch nicht so! **2** ⟨Fußb.⟩ *grob, rücksichtslos spielen*

Ru|no|lo|ge ⟨m.11⟩ *Kenner, Erforscher der Runen*

Runs ⟨m.1⟩, **Run|se** ⟨f.11⟩ **1** *Rinne an Bergabhängen* **2** *Bachbett*

run|ter ⟨Adv.; ugs. für⟩ *herunter;* r. mit dir! geh, steig herunter!

run|ter... ⟨in Zus. mit Verben ugs. für⟩ *herunter..., hinunter...,* z.B. runterfallen, runterschauen

Run|zel ⟨f.11⟩ *kleine Falte (bes. im Gesicht)*

run|ze|lig ⟨Adj.⟩ *voller Runzeln;* auch: *runzlig;* r. werden *Runzeln bekommen*

run|zeln ⟨V.1, hat gerunzelt⟩ **I** ⟨mit Akk.⟩ *in Falten, in Runzeln ziehen;* die Stirn r. **II** ⟨refl.⟩ sich r. *Runzeln, Falten bekommen;* seine Haut runzelt sich

runz|lig ⟨Adj.⟩ →*runzelig*

Rü|pel ⟨m.5⟩ *grober, rücksichtsloser, unhöflicher Mensch, Flegel*

Rü|pe|lei ⟨f.10⟩ *rüpelhaftes Benehmen*

rup|fen¹ ⟨V.1, hat gerupft⟩ **I** ⟨mit Akk.⟩ **1** *etwas mit einem Ruck reißen, ziehen;* Unkraut r.; das Pferd rupft Blätter von den Zweigen; jmdn. an den Haaren r.; das Kind rupfte sie an der Nase, am Ohr **2** *Geflügel r. ihm vor dem Braten die Federn herausziehen* **3** *jmdn. r.* ⟨übertr., ugs.⟩ *jmdn. veranlassen, Geld herzugeben;* sie haben ihn tüchtig gerupft **II** ⟨o.Obj.; ugs.⟩ *ungleichmäßig stoßen, ruckweise gleiten;* der Motor rupft; die Schier r. (weil sie falsch gewachst sind); das Tonband rupft

rup|fen² ⟨Adj.; o.Steig.; nur als Attr.⟩ *aus Rupfen;* ~e Vorhänge

Rup|fen ⟨m.7⟩ *grobes Jutegewebe*

Ru|pi|ah ⟨f., -; Abk.: Rp⟩ *Währungseinheit in Indonesien, 100 Sen* [→ *Rupie*]

Ru|pie ⟨[-pjə] f.11⟩ *Währungseinheit in Indien (100 Paise), in Pakistan (100 Paisa), in Sri Lanka (100 Cents)* [< Hindi *rupaiya* < Sanskrit *rupya-* „schön gestaltet; Silbergeld", zu *rupa-* „Gestalt, Form, Schönheit"]

rup|pig ⟨Adj.⟩ *grob, unhöflich, barsch;* eine ~e Antwort; er ist zu seiner Schwester sehr r.

Rup|pig|keit ⟨f., -, nur Sg.⟩ *ruppiges Benehmen*

Ru|precht ⟨m.; nur in der Fügung⟩ *Knecht R. Gestalt des Volksglaubens, Begleiter des heiligen Nikolaus oder des Christkindes*

Rup|tur ⟨f.10; Med.⟩ →*Zerreißung* [< lat. *ruptura* „Bruch eines Knochens, Reißen einer Ader", zu *rumpere* „zerbrechen, zerreißen"]

ru|ral ⟨Adj.; †⟩ *ländlich, bäuerlich* [< lat. *ruralis* „ländlich", zu *rus,* Gen. *ruris,* „Land, Feld, Landgut"]

Rü|sche ⟨f.11⟩ *in Falten gezogener Stoffstreifen (als Besatz am Kleid, an der Bluse, an der Schürze)*

Ru|schel ⟨f.11; ugs.⟩ *unordentliche, hastig arbeitende Person*

ru|sche|lig ⟨Adj.; landsch.⟩ *unordentlich, schlampig;* eine ~e Person; sie arbeitet r.

ru|scheln ⟨V.1, hat geruschelt; o.Obj.; landsch.⟩ **1** *sich heftig, wild bewegen;* das Kind ruschelt im Wagen, im Bett **2** *schnell und unordentlich arbeiten*

Rush ⟨[raʃ] m.9; Sport⟩ *plötzlicher Vorstoß (eines Läufers oder Pferdes)* [< engl. *rush* „das Dahineilen, Ansturm", zu *to rush* „eilen, rennen, stürmen", wahrscheinlich < lat. *rursus* „zurück"]

Rush-Hour ⟨[raʃauə] f.9; engl. Bez. für⟩ *Zeit der größten Verkehrsdichte* [engl., < *rush* „das Dahineilen, Ansturm" und *hour* „Stunde"]

Ruß ⟨m., -es, nur Sg.⟩ *bei unvollständiger Verbrennung entstehendes Kohlenstoffpulver;* Syn. ⟨nddt.⟩ *Solt*

Rus|se ⟨m.11⟩ **1** *Einwohner von Rußland* **2** ⟨ugs.⟩ *Einwohner der Sowjetunion*

Rüs|sel ⟨m.5⟩ **1** *(bei manchen Säugetieren) röhrenförmige Verlängerung der Nase;* Syn. ⟨bei Wildschweinen⟩ *Gebrech* **2** *(bei Insekten, Schnecken, Würmern) röhrenförmige Verlängerung am Kopf*

Rüs|sel|kä|fer ⟨m.5⟩ *(in sehr vielen Arten vorkommender) Käfer mit rüsselartig verlängertem Kopf;* Syn. *Rüßler*

ru|ßen ⟨V.1, hat gerußt; o.Obj.⟩ *Ruß abson-*

dern; der Ofen rußt; das Öl rußt stark *das Öl sondert beim Verbrennen viel Ruß ab*

ru|ßig ⟨Adj.⟩ *voller Ruß;* Syn. ⟨nddt.⟩ *soltig*

rus|sisch ⟨Adj., o.Steig.⟩ *Rußland betreffend, zu ihm gehörig, aus ihm stammend;* ~e Sprache *eine ostslawische Sprache;* ~es Brot *knuspriges, sprödes, leicht süßes Gebäck in Form von Großbuchstaben*

Rüß|ler ⟨m.5⟩ → *Rüsselkäfer*

Rüst|bal|ken ⟨m.7⟩, **Rüst|baum** ⟨m.2⟩ *Rundholz für den Gerüstbau*

Rü|ste¹ ⟨f., -, nur Sg.; norddt.⟩ *Rast, Ruhe;* die Sonne geht zur R. *die Sonne geht unter;* der Tag geht zur R. *es wird Abend* [< mhd. nddt. *rust* „Ruhe, Rast"]

Rü|ste² ⟨f.11; Seew.⟩ *Planke an der Schiffswand zum Befestigen von Ketten u.a.* [zu *sten*]

rü|sten ⟨V.2, hat gerüstet⟩ I ⟨mit Akk.⟩ *etwas oder sich r. vorbereiten, fertigmachen, herrichten;* das Essen r.; alles für die Reise r.; sich für eine Einladung, fürs Theater r. *sich anziehen, frisieren (und schminken), alles Nötige einstecken* II ⟨o.Obj.⟩ *sich mit Waffen versehen, die Anzahl der Waffen, der Munition u.ä. vergrößern;* die Staaten r. weiter

Rü|ster ⟨f.11⟩ → *Ulme* [< mhd. *rust* in ders. Bed. (weitere Herkunft unbekannt) und germ. Nachsilbe ...*dra*, die allg. den „Baum" bezeichnet]

rü|stig ⟨Adj.⟩ *tatkräftig, munter, leistungsfähig;* ein ~er alter Mann; er ist für sein Alter (noch) sehr r. **Rü|stig|keit** ⟨f., -, nur Sg.⟩

Ru|sti|ka ⟨f., -, nur Sg.⟩ **1** *Mauerwerk aus roh behauenen Quadern* **2** *eine altrömische Schriftart, Sonderform der Kapitalis*

rus|ti|kal ⟨Adj.⟩ *ländlich, bäuerlich, schlicht",* zu *rus,* Gen. *ruris,* „Land, Feld"]

Ru|sti|zi|tät ⟨f., -, nur Sg.; †⟩ *Plumpheit*

Rüst|kam|mer ⟨f.11⟩ *Raum zum Aufbewahren von Waffen, Rüstungen u.ä.*

Rüst|tag ⟨m.1⟩ *Vorabend eines kirchlichen Festes*

Rü|stung ⟨f.10⟩ **1** *den Körperformen ungefähr angepaßter Panzer aus Metall* **2** ⟨nur Sg.⟩ *das Rüsten (II)* **3** *Gesamtheit aller Einrichtungen und Vorgänge, die der Bewaffnung eines Staates dienen;* in der R. arbeiten

Rü|stungs|kon|trol|le ⟨f.11⟩ *internationale Begrenzung der Rüstung (2)*

Rü|stungs|wett|lauf ⟨m.2⟩ *das Wettrüsten*

Rüst|zeit ⟨f.10; evang. Kirche⟩ *Zusammenkunft von Gläubigen mit Andachten, Gesprächen u.ä.*

Rüst|zeug ⟨n., -(e)s, nur Sg.⟩ *für eine Tätigkeit nötige Werkzeuge oder Kenntnisse*

Ru|te ⟨f.11⟩ **1** *langer, gerader, biegsamer Zweig, Gerte;* jmdm. die R. spüren lassen *jmdn. züchtigen;* mit eiserner R. regieren *hart und rücksichtslos regieren* **2** *altes deutsches Längenmaß, 3,8 m* **3** ⟨Jägerspr.; beim Raubwild, Hund, Eichhörnchen⟩ *Schwanz* **4** ⟨übertr., derb⟩ *männliches Glied*

Ru|ten|gän|ger ⟨m.5⟩ *jmd., der mit einer Wünschelrute Erz- oder Wasseradern sucht*

Ru|the|ne ⟨m.11⟩ *Angehöriger eines in Ostgalizien, Nordostungarn und einem Teil der Bukowina lebenden ukrainischen Volksstammes*

Ru|the|ni|um ⟨n., -s, nur Sg.; Zeichen: Ru⟩ *sehr hartes und sprödes, silberweißes Metall* [nach *Ruthenia,* dem lat. Namen für Rußland, da es von einem russ. Chemiker (Carl Ernst Claus, russ. Karl Karlowitsch Klaus) zum erstenmal rein dargestellt wurde]

Ru|ther|for|di|um ⟨[radər-] n., -s, nur Sg.; Zeichen: Rf⟩ *Transuran 104, ein chemisches Element*

Ru|til ⟨m.1⟩ *(gelbliches bis blutrotes) Mineral, Titandioxid* [< lat. *rutilus* „rötlich"]

Ru|ti|lis|mus ⟨m., -, nur Sg.⟩ **1** *Rothaarigkeit* **2** ⟨Med.⟩ *krankhaftes Erröten* [< lat. *rutilus* „rötlich"]

Rutsch ⟨m.1⟩ **1** *gleitendes Rutschen nach unten;* guten R. ins neue Jahr! {Neujahrswunsch}; auf einen, in einem R. ⟨ugs.⟩ *in einem Zug, schnell* **2** *kleiner Ausflug;* einen R. nach Salzburg machen

Rutsch|bahn ⟨f.10⟩, **Rut|sche** ⟨f.11⟩ **1** ⟨auf Spielplätzen⟩ *Gerüst mit einer steilen Bahn zum Rutschen (im Sitzen)* **2** ⟨Bgb.⟩ *Gleitbahn zur Beförderung von Schüttgut*

rut|schen ⟨V.1, ist gerutscht; o.Obj.⟩ **1** *sich gleitend bewegen;* auf seinem Platz hin und her r.; das Essen rutscht nicht ⟨ugs.⟩ *das Essen schmeckt nicht (und man schluckt es deshalb nicht gern);* auf der Rutschbahn r.; vor jmdm. auf den Knien r. ⟨eigtl.⟩ *sich jmdm. kniend nähern,* ⟨übertr.⟩ *sich vor jmdm. demütigen, jmdn. demütig um etwas bitten;* der Kuchen ist vom Teller gerutscht **2** *beim Gehen unabsichtlich gleiten, auf glatter Fläche nicht sicher gehen können, nicht sicher auftreten können;* Vorsicht, hier rutscht man; paß auf, daß du nicht rutschst! **3** ⟨ugs.⟩ *sich im Sitzen ein wenig fortbewegen, Platz machen;* rutsch doch mal ein Stück! **4** *störend nach unten gleiten;* der Rock, die Hose rutscht; der Hut rutscht ihm über die Ohren; der Schnee rutscht vom Dach **5** ⟨ugs.⟩ *(für kurze Zeit) eine kleine Strecke (bes. mit dem Auto) fahren;* übers Wochenende nach Salzburg r.

rut|schig ⟨Adj.⟩ *glatt (so daß man leicht rutscht);* die Straße, der Griff ist r.

Rutsch|par|tie ⟨f.11; ugs., scherzh.⟩ *Gehen, Fahren, Fortbewegung mit häufigem Ausrutschen*

Rut|te ⟨f.11⟩ *im Süßwasser lebender Dorschfisch;* Syn. *Quappe, Trüsche*

rüt|teln ⟨V.1⟩ I ⟨mit Akk.; hat gerüttelt⟩ *heftig und in kurzen Rucken hin und her bewegen;* eine Büchse r. (damit der körnige Inhalt zusammenfällt); einen Obstbaum r.; Getreidekörner r. *sieben;* ein gerütteltes Maß *ein gutes, volles Maß (ohne Zwischenräume, die man durch Rütteln des Gefäßes beseitigt hat);* ein gerütteltes Maß an Arbeit ⟨übertr.⟩ *eine tüchtige Menge an Arbeit, viel Arbeit;* er hat auch ein gerütteltes Maß an Schuld II ⟨mit Präp.obj.; hat gerüttelt⟩ an etwas r. **1** *etwas heftig und ruckweise hin und her bewegen;* an der Tür, an der Klinke r. **2** ⟨übertr., meist in verneinenden Sätzen⟩ **a** *versuchen, etwas zu ändern;* an der Vorschrift, Maßnahme ist nicht (mehr) zu r. **b** *an etwas zweifeln;* daran ist nicht zu r. *das steht fest, ist sicher* III ⟨o.Obj.⟩ **1** ⟨hat oder ist gerüttelt⟩ *mit ruckhaften, stoßenden Bewegungen fahren;* der Wagen hat tüchtig gerüttelt; der Wagen ist über die holprige Straße gerüttelt **2** ⟨hat gerüttelt; von Greifvögeln⟩ *mit raschen Flügelschlägen an einer Stelle in der Luft verweilen*

Rütt|ler ⟨m.5⟩ *Gerät zum Erzeugen von Rüttelbewegungen (z.B. zum Verdichten von Baumaterial)*

S

s 1 ⟨Astron.; (hochgestellt) Abk. für⟩ *Sekunde* **2** ⟨Abk. für⟩ *Shilling*
S 1 ⟨Abk. für⟩ *Süden* **2** ⟨Abk. für⟩ *Schilling* **3** ⟨Zeichen für⟩ *Schwefel* **4** ⟨Zeichen für⟩ *Siemens* **5** ⟨abkürzendes Länderkennzeichen für⟩ *Schweden*
$ ⟨Zeichen für⟩ *Dollar*
s. 1 ⟨Abk. für⟩ *siehe* **2** ⟨Abk. für⟩ *Segno*
S. 1 ⟨Abk. für⟩ *San, Sant, Santa, Santo, São* **2** ⟨Abk. für⟩ *Seite* **3** ⟨Abk. für⟩ *Schwester*
Sa ⟨Abk. für⟩ *Samstag*
Sa. ⟨Abk. für⟩ *Summa*
SA ⟨Abk. für⟩ *Sturmabteilung* (bewaffnete Kampftruppe der NSDAP)
s.a. ⟨Abk. für⟩ *sine anno*
Saal ⟨m., -(e)s, Säle⟩ **1** großer Raum (in einem Gebäude; Tanz~, Warte~) **2** Menschengruppe, die sich in einem solchen Raum befindet; der ganze S. lachte, tobte
Saal|schlacht ⟨f.10⟩ in einem Saal stattfindende handgreifliche Auseinandersetzung (früher oft bei politischen Versammlungen)
Saal|toch|ter ⟨f.6; schweiz.⟩ Kellnerin, Bedienerin im Speisesaal
Saat ⟨f.11⟩ **1** das Einbringen von Samen einer Kulturpflanze in Erde (Frühjahrs~); die S. ist aufgegangen (auch übertr., oft in negativem Sinne) hat man vorbereitet hat, trägt jetzt Früchte **2** die aufgegangenen Pflanzen selbst; die junge S. **3** → *Saatgut*
Saat|gut ⟨n., -(e)s, nur Sg.⟩ Gesamtheit der zur Saat bestimmten Samen; Syn. Saat
Saat|korn ⟨n.4⟩ einzelnes Korn des Saatgutes
Saat|krä|he ⟨f.11⟩ Krähe mit weißgrauer Schnabelgegend, die in Schwärmen auf Saatfeldern nach Insektenlarven sucht)
Sa|ba|dil|le ⟨f.11⟩ mittelamerikanisches Liliengewächs, dessen Samen als Heil- und Ungezieferbekämpfungsmittel verwendet werden [< span. *cebadilla*, eigentlich „Wilde Gerste", Verkleinerungsform von *cebada* „Gerste", < lat. *cibus* „Speise"]
Sab|bat ⟨m.1⟩ der jüdische Ruhetag der Woche, Samstag; Syn. Schabbes [< hebr. *šabbāth* „Feiertag", eigentlich „Ruhe, Aufhören der Arbeit", zu *šābath* „aufhören, von der Arbeit ausruhen, feiern"]
Sab|ba|ta|ri|er ⟨m.5⟩, **Sab|ba|tist** ⟨m.10⟩ Angehöriger einer der christlichen Sekten, die den Sabbat feiern
Sab|bat|jahr ⟨n.1; nach dem jüd. Kalender⟩ jedes siebente Jahr, in dem die Felder nicht bebaut werden, Ruhejahr
Sab|bat|ru|he, Sab|bat|stil|le ⟨f., -, nur Sg.⟩ Arbeitsruhe am Sabbat
Sab|bel ⟨m.5; norddt., ostmdt.⟩ ausfließender Speichel; Syn. Sabbat
sab|beln ⟨V.1, hat gesabbelt; o.Obj.; ugs.⟩ ununterbrochen langweilige oder oberflächliche Dinge reden
Sab|ber ⟨m.5⟩ → *Sabbel*
sab|bern ⟨V.1, hat gesabbert; o.Obj.⟩ Speichel ausfließen lassen; Syn. (landsch.) seibern
Sä|bel ⟨m.5⟩ **1** gekrümmte, einschneidige Hiebwaffe mit Griffschutz (Türken~); mit dem S. rasseln (übertr.) sich drohend, kriegerisch gebärden **2** ⟨Sport⟩ Hieb- und Stoßwaffe mit gerader Klinge und rechteckigem Klingenquerschnitt (Fecht~) [< ungar. *szablya* „Schneide"]
Sä|bel|bein ⟨n.1; ugs.; meist Pl.⟩ ~e mißgestaltete, nach außen gebogene Beine
Sä|bel|ge|ras|sel ⟨n., -s, nur Sg.⟩ übertr. Drohung mit kriegerischen Maßnahmen

sä|beln ⟨V.1, hat gesäbelt; mit Akk.⟩ grob, in großen Stücken abschneiden, ⟨meist⟩ heruntersäbeln; dicke Scheiben vom Brot s.
Sä|bel|schnäb|ler ⟨m.5⟩ hochbeiniger, taubengroßer, schwarz-weißer Watvogel mit säbelartig aufwärts gebogenem Schnabel
Sa|bi|ner ⟨m.5⟩ Angehöriger eines ehemaligen Volksstammes in Mittelitalien
Sa|bo|ta|ge ⟨[-ʒə] f.11⟩ Vereitelung der Ziele anderer durch passiven Widerstand, Beschädigung oder Zerstörung von Produktionsmitteln o.ä.; S. treiben [frz., „absichtliches Verpfuschen einer Arbeit, Unbrauchbarmachen von Produktionsmitteln", eigtl. „Holzschuhfabrikation", zu *saboter* „Holzschuhe herstellen, in Holzschuhen herumtappen, mit Holzschuhen treten", dann auch übertr. „pfuschen, unbrauchbar machen, zerstören", zu *sabot* „Holzschuh"]
Sa|bo|teur ⟨[-tør] m.1⟩ jmd., der Sabotage treibt oder verübt hat
sa|bo|tie|ren ⟨V.3, hat sabotiert; mit Akk.⟩ durch Sabotage vereiteln, behindern
Sa|bre ⟨m.9⟩ in Israel geborenes jüdisches Kind
Sac|cha|ra|se ⟨[-xa-] f.11⟩ Saccharose spaltendes Enzym
Sac|cha|ri|me|ter ⟨[-xa-] n.5⟩ Gerät zum Bestimmen der Konzentration von Rohrzuckerlösungen [< *Saccharose* und *...meter*]
Sac|cha|rin ⟨[-xa-] n., -s, nur Sg.⟩ künstlicher Süßstoff; auch: Sacharin [< *Saccharose*]
Sac|cha|ro|se ⟨[-xa-] f., -, nur Sg.⟩ → *Rohrzucker* [< griech. *sakchar*, Gen. *sakcharos*, „Zucker", < sanskrit *šarkarā-* „Körnerzucker, Kies" und *...ose*]
Sach|an|la|gen ⟨f.11, Pl.⟩ aus Sachwerten bestehendes Vermögen (eines Betriebes)
Sa|cha|rin ⟨n., -s, nur Sg.⟩ Saccharin
Sach|be|ar|bei|ter ⟨m.5; bes. in der Verwaltung⟩ jmd., der ein bestimmtes Sachgebiet bearbeitet
Sach|be|schä|di|gung ⟨f.10⟩ vorsätzliche Beschädigung von fremden Sachen
Sach|be|zü|ge ⟨m.2, Pl.⟩ → *Naturallohn*
Sach|buch ⟨n.4⟩ Buch, das ein bestimmtes Sachgebiet allgemeinverständlich behandelt
sach|dien|lich ⟨Adj.; nur als Attr. und mit „sein"⟩ einer Sache dienlich, nützlich; ~e Auskünfte
Sa|che ⟨f.11⟩ **1** nicht genau bestimmter Gegenstand, Ding; viele schöne ~n; es gab viele gute ~n zu essen; eine scharfe S. ⟨ugs.⟩ hochprozentiges alkoholisches Getränk, ⟨auch⟩ pornographische Zeitschrift o.ä.; jmds. ~n **1**. Dinge, mit denen sich jmd. gerade beschäftigt; nimm bitte deine ~n hier weg; **2**. jmds. Kleidung; kann ich meine ~n hier ablegen?; warme ~n einpacken **3**. jmds. Besitztümer, Habseligkeiten; seine ~n packen **2** nicht genau bestimmte Angelegenheit; das ist meine S.! das geht nur mich an, das entscheide ich selbst; das ist eine S. des Taktes; es liegt in der Natur der S. das ist vorgegeben und daher unvermeidlich; eine S. aufschieben, sich einer S. annehmen; eine S. auskosten; eine S. erledigen, fallenlassen; ~n gibt's! ⟨ugs.⟩ erstaunlich, was es alles gibt!; die S. ist die ... ⟨ugs.⟩ ist es so, daß ...; das ist nicht jedermanns S. *das ist nicht nach jedermanns Geschmack*; seine S. gut machen *seine Aufgaben gut erledigen*; die S. steht gut, schlecht *die Angelegenheit entwickelt sich zum Guten, Schlechten*; er versteht seine S. *er hat*

gute Kenntnisse auf seinem Tätigkeitsgebiet; eine böse, schlimme, schwierige S.; für eine gute, große S. kämpfen; seiner S. gewiß sein *meinen, etwas genau zu wissen*; das ist keine große S. *das ist nichts Bedeutendes*; es ist nichts Wahres an der S.; bei der S. bleiben *von einer Aufgabe, einem Thema nicht abschweifen*; nicht recht bei der S. sein *unaufmerksam sein*; mit jmdm. gemeinsame S. machen *mit jmdm. in einer (heiklen) Angelegenheit zusammenarbeiten*; zur S.! kommen wir, Sie endlich zum Thema; das tut nichts zur S. *das ist in diesem Zusammenhang nicht wichtig* **3** ⟨kurz für⟩ Rechtssache, Rechtsangelegenheit; in ~n Müller gegen Schulze **4** ⟨Pl.; ugs.⟩ ~n Kilometer in der Stunde; mit 80 ~n gegen einen Baum rasen
Sach|ein|la|gen ⟨f.11, Pl.⟩ bei der Gründung einer Firma eingebrachte Sachwerte
Sä|chel|chen ⟨n.7, Pl.⟩ kleine Sachen
Sa|chen|recht ⟨n.1⟩ Gesamtheit der Gesetze, die Angelegenheiten bezüglich von Sachen regeln; auch: Sachrecht
Sa|cher|tor|te ⟨f.11⟩ schwere, süße Schokoladentorte [nach dem Wiener Hotelier F. *Sacher*]
Sach|fir|ma ⟨f., -, -men⟩ Firma, deren Name auf den Gegenstand des Unternehmens hinweist (im Unterschied zur Personenfirma)
sach|fremd ⟨Adj., -er, am -esten⟩ einer Sache, Angelegenheit nicht gemäß, nicht entsprechend, nicht zugehörig; eine ~e Diskussion
Sach|ge|biet ⟨n.1⟩ Wissens-, Arbeitsgebiet
sach|ge|mäß, sach|ge|recht ⟨Adj., -er, am -esten⟩ so, wie es einer Sache angemessen ist, richtig; ein elektrisches Gerät s. anschließen
Sach|grün|dung ⟨f.10⟩ Gründung eines Unternehmens durch das Einbringen von Sacheinlagen
Sach|ka|ta|log ⟨m.1⟩ nach Sachgebieten geordneter Katalog; Ggs. Verfasserkatalog
Sach|kennt|nis ⟨f.10⟩ Kenntnis auf einem Sachgebiet; mit großer S. über etwas sprechen; er hat fundierte ~se
Sach|kun|de ⟨f., -, nur Sg.⟩ **1** Sachkenntnis **2** ⟨kurz für⟩ Sachkundeunterricht
Sach|kun|de|un|ter|richt ⟨m., -(e)s, nur Sg.; in Grundschulen⟩ Unterricht, der Biologie, Geographie, Geschichte u.a. umfaßt
sach|kun|dig ⟨Adj.⟩ **1** Sachkunde, Sachkenntnis besitzend; wir brauchen einen ~en Helfer **2** Sachkunde verratend, zeigend; ein ~es Urteil
Sach|lei|stung ⟨f.10⟩ Leistung in Sachen (nicht in Bargeld)
sach|lich ⟨Adj.⟩ **1** auf eine Sache bezogen, ohne Gefühlsbeteiligung; ein ~er Bericht; ein ~es Urteil **2** nüchtern, nur die Sache betrachtend; ein ~er Mensch; s. über etwas sprechen; bitte bleib s.! **3** die Sache betreffend; das ist nicht s. richtig **4** ohne Verzierung, rein zweckmäßig; ein s. eingerichteter Raum
säch|lich ⟨Adj., o.Steig.; Gramm.⟩ **1** weder männlich noch weiblich **2** mit dem Artikel „das" verbunden; ~es Substantiv
Sach|lich|keit ⟨f., -, nur Sg.⟩ das Sachlichsein, Nüchternheit; die S. seines Urteils; Neue S. *Kunstrichtung um 1925*
Sach|recht ⟨n.1⟩ → *Sachenrecht*
Sach|re|gi|ster ⟨n.5⟩ nach Sachen, Begriffen geordnetes Register (im Unterschied zum Namens- oder Wortregister)

Sachs ⟨[saks] m.1⟩ *germanisches Kurzschwert;* auch: *Sax* [< ahd. *sahs* „Messer", dazu *saga* „Säge"]

Sach|scha|den ⟨m.8⟩ *Schaden an Gegenständen;* Ggs. *Personenschaden*

Sach|se ⟨m.11⟩ **1** *Angehöriger eines westgermanischen Volksstammes* **2** *Einwohner von Sachsen*

säch|seln ⟨V.1, hat gesächselt; o.Obj.⟩ *sächsisch reden*

säch|sisch ⟨Adj., o.Steig.⟩ *die Sachsen betreffend, zu ihnen gehörig, von ihnen stammend;* ~*e Mundart Mundart im Süden und Westen der DDR*

Sach|spen|de ⟨f.11⟩ *Spende in Form von Naturalien oder Sachwerten*

sacht ⟨Adj., -er, am -esten⟩ *leise, sanft, behutsam;* ~*e*, ~*e!* ⟨ugs.⟩ *vorsichtig!, langsam!;* sich jmdm., einem Gegenstand s. nähern; es geht s. nach oben

Sach|ver|halt ⟨m.1⟩ *Stand der Dinge, bestimmte Umstände;* einen S. erkennen, prüfen, schildern

Sach|ver|si|che|rung ⟨f.10⟩ *Versicherung gegen Schäden an Sachen*

Sach|ver|stand ⟨m., -(e)s, nur Sg.⟩ *Fähigkeit aufgrund von Sachkenntnissen, bestimmte Dinge richtig einzuschätzen und zu beurteilen;* er besitzt großen technischen S.

sach|ver|stän|dig ⟨Adj.⟩ *Sachverstand besitzend, voller Sachverstand;* etwas s. prüfen, begutachten

Sach|ver|stän|di|ge(r) ⟨m., f.17 oder 18⟩ *jmd., der ein Gebiet so gut kennt, daß er (z.B. bei Gericht) als Gutachter bestellt werden kann*

Sach|wal|ter ⟨m.5⟩ **1** *Verwalter einer Sache* **2** ⟨übertr.⟩ *Fürsprecher;* sich zum S. der Unterdrückten machen

Sach|wert ⟨m.1⟩ **1** *Wert, den eine Sache unabhängig von Geldschwankungen hat* **2** *wertvoller Gegenstand*

Sach|wör|ter|buch ⟨n.4⟩ *Wörterbuch, das nur Erklärungen von Sachen und Begriffen (nicht von Personen) enthält*

Sach|zwang ⟨m.2⟩ *durch die sachlichen Umstände auferlegter Zwang*

Sack ⟨m.2; als Maßangabe Pl. -⟩ **1** *länglicher Behälter aus Stoff, Papier oder Kunststoff, der dazu dient, Schüttgut zu befördern* (Kartoffel~, Müll~); einen S. ausleeren, zubinden; einen S. Flöhe hüten ⟨ugs., scherzh.⟩ *auf sehr muntere Kinder aufpassen;* jmdm. in den S. stecken ⟨ugs.⟩ *mit jmdm. fertigwerden, jmdm. gewachsen sein, (auch) jmdn. betrügen;* in S. und Asche *als Büßer;* mit S. und Pack *mit allen Besitztümern;* S. voll guter Ratschläge; schlafen wie ein (nasser) S. ⟨ugs.⟩ *sehr tief und fest schlafen;* vgl. *Katze* **2** ⟨südd., österr., schweiz.⟩ *Hosentasche, Jackentasche;* einen Gegenstand in den S. stecken **3** ⟨bes. südd., österr., schweiz.⟩ *Geldbeutel;* kein Geld im S. haben **4** ⟨Maßbezeichnung⟩ drei S. Kaffee; er hat zehn S. Kartoffeln geladen; ⟨aber⟩ kannst du noch ein paar Säcke aufladen? **5** ⟨kurz für⟩ *Tränensack;* Säcke unter den Augen **6** ⟨derb⟩ *Hodensack;* eine auf den S. bekommen, kriegen *getadelt, verprügelt werden, unterliegen* **7** ⟨= D⟩ *Kerl, Bursche;* alter S., blöder S.

Sack|bahn|hof ⟨m.2⟩ →*Kopfbahnhof*

Säckel ⟨-k|k-; m.5; oberdt.⟩ **1** *Hosentasche* **2** *Geldbeutel, Kasse* [zu *Sack*]

säckeln ⟨-k|k-; V.1, hat gesäckelt; mit Akk.⟩ *in (kleine) Säcke füllen*

sacken¹ ⟨-k|k-; V.1, hat gesackt; mit Akk.⟩ *in Säcke füllen;* Kartoffeln, Körner s.

sacken² ⟨-k|k-; V.1, ist gesackt; o.Obj.⟩ *sinken;* das Haus sackt in den Boden

sacker|lot! ⟨-k|k-; Interj.; ugs.⟩ *Ausruf der Überraschung, des Zorns oder Unwillens;* Syn. *sackerment!, sapperlot!* [wahrscheinl. nach *sakrament!* < frz. *sacrelot* „Heiliges Los, heilige Bestimmung" gebildet]

Sacker|lo|ter, Sacker|lö|ter ⟨-k|k-; m.5; ugs.⟩ *Teufelskerl, Schlaukopf;* Syn. *Sackermenter*

sacker|ment! ⟨-k|k-; Interj.; ugs.⟩ →*sackerlot*

Sacker|men|ter ⟨-k|k-; m.5; ugs.⟩ →*Sackerloter*

Sack|gas|se ⟨f.11⟩ **1** *Gasse, kleine Straße ohne Ausgang* **2** ⟨übertr.⟩ *ausweglose Situation;* in eine S. geraten

sack|grob ⟨Adj., o.Steig.; ugs.⟩ *sehr grob*

Sack|hüp|fen, Sack|lau|fen ⟨n., -s, nur Sg.⟩ *ein Wettspiel, bei dem Kinder jeweils bis zur Hüfte mit den Beinen in einem Sack stecken und so um die Wette hüpfen*

sack|lei|nen ⟨Adj., o.Steig.⟩ *aus Sackleinwand*

Sack|lei|nen ⟨n., -s, nur Sg.⟩ →*Sackleinwand*

Sack|lein|wand ⟨f., -, nur Sg.⟩ *grobes Leinen aus Hanf oder Jute;* Syn. *Sackleinen*

Sack|ler ⟨m.5; schwäb.⟩ *jmd., der berufsmäßig Lederhosen u.ä. herstellt*

Sack|pfei|fe ⟨f.11⟩ →*Dudelsack*

Sack|pfei|fer ⟨m.5⟩ →*Dudelsackpfeifer*

Sack|tuch ⟨n.4⟩ **1** *grobes Tuch* **2** ⟨südd., österr.⟩ *Taschentuch*

sack|wei|se ⟨Adv.⟩ *in Säcken;* Getreide s. liefern

Sa|cra Ro|ta ⟨f., - -, nur Sg.⟩ →*Rota Romana* [lat., „heiliges Rad"]

Sad|du|zä|er ⟨m.3⟩ *Angehöriger einer altjüdischen Partei, Gegner der Pharisäer*

Sa|de|baum ⟨m.2⟩ *(u.a. in den Alpen wachsendes) Zypressengewächs mit niederliegendem Stamm und nadelförmigen Blättern* [ältere Form: *Sebenbaum* < lat. *herba Sabina* „Kraut der Sabiner"]

Sa|dis|mus ⟨m., -, nur Sg.⟩ **1** *geschlechtliche Erregung durch Zufügen von körperlichen Schmerzen;* vgl. *Masochismus* **2** ⟨allg.⟩ *Lust an Grausamkeiten* [nach dem frz. Schriftsteller Donatien-Alphonse-François Marquis *de Sade*, der in seinen Romanen die Lust an Grausamkeiten schilderte]

Sa|dist ⟨m.10⟩ *jmd., der (geschlechtliche) Befriedigung darin findet, andere körperlich oder seelisch zu quälen*

sa|di|stisch ⟨Adj.⟩ *auf dem Sadismus beruhend, in der Art des Sadismus, grausam*

Sa|do|ma|so|chis|mus ⟨m., -, nur Sg.⟩ *geschlechtliche Erregung durch Ausführen oder Erdulden von Mißhandlungen* [zusammengezogen < *Sadismus* und *Masochismus*]

sä|en ⟨V.1, hat gesät; mit Akk., auch o.Obj.⟩ *Samenkörner ausstreuen;* Getreide, Petersilie s.; wir müssen heute noch s.

Sa|fa|ri ⟨f.9⟩ **1** *Karawanenreise in Afrika* **2** *Gesellschaftsreise in Afrika, zur Jagd oder zur Beobachtung von Tieren* (Foto~) [über Suaheli *safari* < arab. *safar, safra, safarīya* „Reise, Fahrt, Abreise"]

Safe [seif] ⟨m. und n.9⟩ **1** *Geldschrank aus Stahl* **2** *mietendes Sicherheitsfach in den Stahlkammern einer Bank* [engl., „Geldschrank", als Adj. „sicher, geschützt" < lat. *salvus* „heil, unbeschädigt"]

Saf|fi|an ⟨m., -s, nur Sg.⟩, **Saf|fi|an|le|der** ⟨n., -s, nur Sg.⟩ *feines Ziegenleder* [< poln. *safian* < türk. *sahtiyan*, pers. *sahtiyān* „Ziegenleder", zu pers. *saht* „hart, fest"]

Saf|flor, Sa|flor ⟨m.1⟩ →*Färberdistel* [< ital. *asf(i)ori*, arab. Ursprungs]

Sa|fran ⟨m.1⟩ **1** *mit dem Krokus verwandte Pflanze des Mittelmeergebietes mit großer, orangefarbener Narbe* **2** ⟨nur Sg.⟩ *aus deren Narbe hergestelltes, färbendes Gewürz* (z.B. für Fischsuppen, Reis) [< ital. *zafferano* < arab. *zaʿfarān*, der Bezeichnung für diese Pflanze]

Saft ⟨m.2⟩ **1** *(im Gewebe enthaltene oder davon abgesonderte) Flüssigkeit von Lebewesen oder Organen* (Magen~, Pflanzen~) **2** *durch Auspressen von Pflanzen gewonnene, trinkbare Flüssigkeit* (Frucht~, Brennessel~, Gemüse~) **3** ⟨antike Medizin⟩ *Flüssigkeit des Körpers;* der Schleim als einer der vier Säfte des Körpers **4** *beim Kochen oder Braten vom Fleisch abgesonderte Flüssigkeit* (Braten~, Fleisch~); jmdn. im eigenen S. schmoren lassen ⟨übertr.⟩ *jmdm. in einer schwierigen Lage nicht helfen* **5** ⟨übertr.⟩ *Flüssigkeit;* Blut ist ein besonderer S. **6** ⟨übertr.⟩ *Lebens-, Leistungskraft;* keinen S. in den Knochen haben *ohne Lebens-, Leistungskraft sein;* ohne S. und Kraft

Saft|bra|ten ⟨m.7⟩ *geschmorter Rinderbraten*

saf|ten ⟨V.2, hat gesaftet; o.Obj.⟩ **1** *Früchte auspressen und Saft herstellen* **2** ⟨auch, selten⟩ *Saft abgeben, Saft ziehen;* Beeren in Zucker s. lassen

saf|tig ⟨Adj.⟩ **1** *voller Saft* (1, 4); ~es Obst; ~er Braten **2** ⟨übertr., ugs.⟩ *kräftig;* eine ~e Ohrfeige **3** ⟨übertr., ugs.⟩ *schlüpfrig, derb;* ein ~er Witz

Saf|tig|keit ⟨f.10; bei Pflanzen, Fleisch⟩ *das Saftigsein*

Saft|la|den ⟨m.8; ugs.⟩ *schlecht geführtes Unternehmen*

saft|los ⟨Adj., o.Steig.⟩ **1** *ohne Saft* (2) **2** ⟨fast nur übertr.⟩ *ohne Kraft;* saft- und kraftlos *ohne Temperament und Inhalt*

Saft|mal ⟨n.1; auf Blüten⟩ *Farbmuster, das den bestäubenden Insekten den Weg zum Nektar weist*

Sa|ga ⟨f.9⟩ *isländische Prosaerzählung bes. des 11. bis 14.Jh.* [altisländ., „Erzählung, Bericht"]

Sa|ge ⟨f.11⟩ **1** *überlieferter Bericht über eine historische oder mythologische Begebenheit* (Götter~, Helden~) **2** *Gerücht;* es geht die S., daß …

Sä|ge ⟨f.11⟩ *Werkzeug mit gezähnter Schneidefläche zum Durchtrennen von harten Stoffen* (Holz~, Metall~)

Sä|ge|blatt ⟨n.4⟩ *Teil der Säge, schmales Stahlstück, das an einer Seite eingefräste Zacken (Zähne) hat*

Sä|ge|bock ⟨m.2⟩ **1** *Gestell zum Auflegen großer Holzstücke, die durchgesägt werden sollen;* Syn. *Holzbock* **2** →*Pappelbock*

Sä|ge|fisch ⟨m.1⟩ *tropischer Rochen mit schwertähnlich verlängertem Oberkiefer, der auf jeder Seite eine sägeblattähnliche Zahnreihe trägt*

Sä|ge|mehl ⟨n., -(e)s, nur Sg.⟩ *beim Sägen von Holz entstehender, mehlähnlich-pulveriger Abfall*

Sä|ge|müh|le ⟨f.11⟩ →*Sägewerk*

Sä|ge|mül|ler ⟨m.5; veraltend⟩ *Besitzer eines Sägewerkes*

sa|gen ⟨V.1, hat gesagt⟩ **I** ⟨mit Akk.⟩ **1** *äußern, zum Ausdruck bringen;* seine Meinung s.; die Wahrheit s.; wie (schon) gesagt, hat er gestern …; sag mal, hast du eigentlich …?; na, sage mal! ⟨ugs.⟩ *das ist doch merkwürdig!;* was du nicht sagst! ⟨ugs.⟩ *Ausdruck des Erstaunens;* bitte sag, wenn du genug hast!; ⟨in folgenden Wendungen ist das Akk.obj. „es" so leichthin⟩; ehrlich gesagt, ich habe keine Lust (= ich sage es ehrlich) **2** *behaupten, erklären;* du sagst ja nicht, daß er unfair gehandelt hat, aber …; das z. Sie – aber ich bin anderer Meinung; das ist nicht gesagt ⟨ugs.⟩ *das ist nicht sicher, das muß nicht so sein;* ich will nichts gesagt haben ⟨ugs.⟩ *ich will nichts behaupten, ich weiß es nicht genau* **3** *befehlen, anordnen;* was er sagt, muß geschehen; du hast hier gar nichts zu s.!; das ließ er sich nicht zweimal s. *als er das hörte, tat er es sofort, ergriff er sofort die (günstige) Gelegenheit;* das Sagen haben *zu bestimmen haben* **II** ⟨mit Dat. und Akk.⟩ *jmdm. etwas s.* **1** *jmdm. etwas mitteilen, erzählen;* jmdm. Dank s.; sagt dir dein Gefühl, dein Verstand nicht, daß das nicht richtig ist?; ich habe mir

823

sägen

s. lassen, daß ... ich habe (auf Fragen hin) erfahren, daß ...; bitte sag deinem Vater, er soll ... 2 jmdm. etwas befehlen; ich lasse mir von dir nichts s.!; laß es dir gesagt sein! ⟨mahnend⟩ merke dir! III ⟨o.Obj.⟩ etwas ausdrücken, sich ausdrücken; wie soll ich s. wie soll ich mich ausdrücken; wie soll ich es ausdrücken; wie lang wird der Vortrag dauern? – s. wir zwei Stunden nehmen wir an, wahrscheinlich zwei Stunden; ich habe sage und schreibe fünf Stunden dazu gebraucht ⟨betonend⟩ IV ⟨refl.⟩ sich etwas s. 1 einen Gedanken fassen, etwas überlegen; ich habe mir gesagt, es ist besser, wenn ... 2 ⟨unpersönl.⟩ das sagt sich so leicht das wird so leichthin ausgesprochen

sä|gen ⟨V.1, hat gesägt⟩ I ⟨mit Akk.⟩ etwas s. 1 mit der Säge zertrennen; Holz s. 2 mit der Säge herstellen; Bretter s. II ⟨o.Obj.⟩ ugs., scherzh.⟩ 1 schnarchen 2 ein Streichinstrument schlecht spielen; er sägt auf seiner Geige, daß es kaum anzuhören ist

sa|gen|haft ⟨Adj., o.Steig.⟩ 1 in der Sage vorkommend, aus der Sage stammend; der ~e König Arthur 2 nur aus Berichten, Erzählungen bekannt; ein ~es Land 3 ⟨übertr., ugs.⟩ unvorstellbar; ~er Reichtum; eine s. schöne Gegend 4 ⟨als Adv.⟩ überaus, sehr, ungeheuer

Sa|gen|kreis ⟨m.1⟩ Reihe von Sagen, die dasselbe Thema oder dieselbe Person behandeln

Sä|ger ⟨m.5⟩ 1 jmd., der sägt 2 Entenvogel mit spitzem Schnabel, der sägeblattähnliche Hornlamellen trägt (Gänse~)

Sä|ge|spä|ne ⟨m.2, Pl.⟩ beim Sägen von Holz entstehender, grober Abfall

Sä|ge|werk ⟨n.1⟩ Betrieb mit Maschinensägen (zum Zuschneiden von Baumstämmen); Syn. Sägemühle

Sä|ge|zahn ⟨m.2⟩ einzelne Zacke am Sägeblatt

sa|git|tal ⟨Adj., o.Steig.; Biol.⟩ parallel zur Mittelachse (liegend), von vorn nach hinten (verlaufend) [< lat. sagitta „Pfeil"]

Sa|git|tal|naht ⟨f.2⟩ Mittelnaht der Schädelknochen [< sagittal und Naht; sie wurde mit einem Pfeil verglichen, da sie die Kranz- oder Kronennaht kreuzt wie ein Pfeil den Bogen]

Sa|go ⟨m., -s, nur Sg.; österr. auch n., -s, nur Sg.⟩ gekörnte Stärke aus dem Mark der Sagopalme oder aus Kartoffeln [< mal. sagu „mehliges Mark" (nicht nur der Sagopalme, sondern auch anderer Bäume)]

Sa|hib ⟨m.9⟩ früher in Persien und Indien Bez. und Anrede für Europäer) Herr

Sah|ne ⟨f.; -, nur Sg.⟩ 1 (sich an der Oberfläche der Milch absetzende) Schicht aus Fettkügelchen; Syn. ⟨schweiz.⟩ Nidel, ⟨oberdt.⟩ Rahm, ⟨norddt.⟩ Schmant, ⟨schles.⟩ Schmetten 2 ⟨kurz für⟩ ~Schlagsahne; ein Eis mit S.; Apfelkuchen mit S.

sah|nig ⟨Adj.⟩ 1 (viel) Sahne enthaltend, voller Sahne; Syn. rahmig; ~e Soße; ~es Eis 2 wie Sahne; s. geschlagener Quark

Saib|ling ⟨m.1⟩ in kalten Gewässern vorkommender, kleiner Lachsfisch (Bach~, Wander~) [Nebenform zu Sälmling „kleiner Salm"]

sai|ger ⟨Adj.⟩ →seiger

saint [sɛ̃] 1 ⟨vor frz. männl. Heiligennamen⟩ der heilige, z.B. s. Paul 2 ⟨vor Ortsnamen⟩ →Saint (2)

Saint 1 ⟨[sənt] vor engl. Heiligennamen und in von solchen abgeleiteten Ortsnamen; Abk.: St.⟩ z.B. S. Peter 2 ⟨[sɛ̃] in frz., von Heiligennamen abgeleiteten Ortsnamen; Abk.: St⟩ der, die heilige, z.B. Saint-Bernard, St-Bernard; vgl. saint

sainte ⟨[sɛ̃t] vor frz. weibl. Heiligennamen⟩ die heilige, z.B. s. Marie; vgl. Sainte

Sainte ⟨[sɛ̃t] in frz., von weibl. Heiligennamen abgeleiteten Ortsnamen; Abk.: Ste⟩ die heilige, z.B. Sainte-Marie, Ste-Marie

Saint-Si|mo|nis|mus ⟨[sɛ̃-] m., -, nur Sg.⟩ französische sozialistische Lehre [nach C. H. Graf von Saint-Simon]

Sai|son ⟨[sɛzɔ̃] f.9⟩ Hauptbetriebs-, -geschäftszeit, Hauptreisezeit, Theaterspielzeit [frz., „Jahreszeit, Zeitraum, Lebensalter", auch „günstiger Zeitpunkt (für etwas)", < lat. satio, Gen. -onis, „das Säen, Pflanzen"]

sai|so|nal ⟨[sɛ-] Adj., o.Steig.⟩ von der Saison hervorgerufen, durch sie bedingt; ~e Arbeitslosigkeit

Sai|son|ar|bei|ter ⟨[sɛzɔ̃-] m.5⟩ nur für eine Saison beschäftigter Arbeiter

Sai|son|aus|ver|kauf ⟨[sɛzɔ̃-] m.2⟩ Ausverkauf am Ende einer Saison

Sai|te ⟨f.11⟩ 1 Faden (aus Tierdarm, Pflanzenfasern, Metall oder Kunststoff); die ~n auf die Geige spannen; andere ~n aufziehen ⟨übertr.⟩ strenger durchgreifen; in die ~n greifen ⟨geh.⟩ beginnen, ein Saiteninstrument zu spielen 2 ⟨übertr.⟩ Gefühl; in jmdm. eine S. zum Klingen bringen 3 ⟨Sport⟩ Schnur, Draht zum Bespannen von Tennis- und Federballschlägern [< mhd. seite, ahd. seito „Strick, Schlinge; Saite", seit dem 17.Jh. zur Unterscheidung von Seite mit ai geschrieben]

Sai|ten|hal|ter ⟨m.3⟩ Teil eines Saiteninstruments, an dem die Saiten befestigt werden

Sai|ten|in|stru|ment ⟨n.1⟩ Musikinstrument, bei dem die Saiten durch Streichen, Schlagen oder Zupfen zum Klingen gebracht werden (z.B. Geige, Klavier, Zither)

Sai|ten|spiel ⟨n., -(e)s, nur Sg.; poet.⟩ das Spielen auf einem Saiteninstrument

...sai|tig ⟨in Zus.⟩ mit einer bestimmten oder unbestimmten Zahl von Saiten versehen, z.B. fünfsaitig, mehrsaitig

Sait|ling ⟨m.1⟩ Schafsdarm (für Saiten, als Wursthülle)

Sa|ke ⟨m., -, -(s), nur Sg.⟩ (in Japan hergestelltes, meist warm getrunkenes Getränk aus vergorenem Reis; Syn. Reiswein [jap.]

Sak|ko ⟨m., -s, fachsprachl. sowie österr. n.9⟩ Jacke (des Herrenanzuges) [< ital. sacco, das in dieser Bedeutung engl. sack „Sack" nachahmt, < lat. saccus, griech. sakkos „Sack"; urspr. (19.Jh.) war der Sakko ein kurzer Männerrock ohne Taille, also gleichsam „sackförmig" geschnitten]

sa|kra! ⟨Interj.; ugs.⟩ verdammt! [verkürzt aus Sakrament!]

sa|kral ⟨Adj., o.Steig.⟩ 1 zum Gottesdienst, zur Kirche gehörend, heilig; Ggs. profan; ~e Gegenstände [< lat. sacer, neutr. sacrum „heilig"] 2 zum Kreuzbein gehörend, von ihm ausgehend [< neulat. os sacrum „Kreuzbein", eigtl. „heiliger Knochen"]

Sa|kral|bau ⟨m., -(e)s, -bau|ten⟩ kirchlicher Bau, Kirche; Ggs. Profanbau

Sa|kra|ment ⟨n.1⟩ 1 Glaubensgeheimnis 2 göttliches Gnadenzeichen 3 gottesdienstliche Handlung, bei der göttliche Gnadengaben vermittelt werden (z.B. Taufe, Abendmahl) [< lat. sacramentum „Weihe, Verpflichtung", im Kirchenlat. „religiöses Geheimnis", zu sacrare „einer Gottheit weihen, zu einer Gottheit erheben" (zu sacer „einer Gottheit geweiht, heilig") und Infix ...men... zur Bez. eines Mittels oder Werkzeugs]

Sa|kra|ment! ⟨Interj.; ugs.⟩ Donnerwetter!

sa|kra|men|tal ⟨Adj., o.Steig.⟩ zum Sakrament gehörig, heilig

Sa|kra|men|ta|li|en ⟨Pl.⟩ 1 den Sakramenten ähnliche gottesdienstliche Handlungen (z.B. Besprengung mit Weihwasser) 2 die geweihten Dinge (z.B. Weihwasser)

Sa|kra|men|tar ⟨n.1⟩, **Sa|kra|men|ta|ri|um** ⟨n., -s, ...ta|ri|en; MA⟩ Buch mit den Gebeten zur Messe (Vorläufer des Meßbuchs)

Sa|kra|men|ter ⟨m., -s, -; ugs.⟩ jmd., über den man sich ärgert oder um den man sich (wegen seines Leichtsinns) sorgt

Sa|kra|ments|häus|chen ⟨n.7⟩ Behälter, in dem früher das Gefäß für die Hostie stand (oft turmartig und reich verziert)

Sa|kri|fi|zi|um ⟨n., -s, -zi|en⟩ Opfer, ⟨bes.⟩ katholisches Meßopfer [< lat. sacrificium „Opfer, Opfertier", zu sacrificare „als Opfer darbringen", sacer „einer Gottheit geweiht, heilig" und ...ficare (in Zus. für facere) „machen"]

Sa|kri|leg ⟨n.1⟩, **Sa|kri|le|gi|um** ⟨n., -s, -gi|en⟩ Vergehen gegen Heiliges (z.B. Gotteslästerung, Kirchenraub) [< lat. sacrilegium „Tempelraub, Religionsfrevel", < sacrum „Geheiligtes" und legere „sammeln, auflesen, stehlen"]

sa|kri|le|gisch ⟨Adj., o.Steig.⟩ gotteslästerlich

sa|krisch ⟨Adj., o.Steig.; bayr.⟩ 1 verdammt; eine ~e Angelegenheit 2 sehr, ungeheuer; er kann das s. gut

Sa|kri|stan ⟨m.1; kath. Kirche⟩ →Küster

Sa|kri|stei ⟨f.10⟩ Nebenraum in der Kirche für den Geistlichen und die gottesdienstlichen Geräte [< mhd. sacristîe „Sakristei", < mlat. sacristia „Amt und Ort der Aufbewahrung heiliger Gegenstände" [< lat. sacer „heilig"]

sa|kro|sankt ⟨Adj., o.Steig.⟩ geheiligt, unantastbar

Sä|ku|la ⟨Pl. von⟩ Säkulum

sä|ku|lar ⟨Adj., o.Steig.⟩ 1 alle hundert Jahre wiederkehrend 2 weltlich 3 einmalig, herausragend; ein ~es Ereignis

Sä|ku|lar|fei|er ⟨f.11⟩ Hundertjahrfeier

Sä|ku|la|ri|sa|ti|on ⟨f., -, nur Sg.⟩ das Säkularisieren

sä|ku|la|ri|sie|ren ⟨V.3, hat säkularisiert; mit Akk.⟩ 1 in weltlichen Besitz überführen; kirchliches Besitz s. 2 aus weltlicher Sicht betrachten [über frz. séculariser < lat. saecularis „weltlich, (irdisch-)zeitlich", zu saeculum „Menschen-, Zeitalter" (im Gegensatz zu Gottes Ewigkeit)]

Sä|ku|la|ri|sie|rung ⟨f., -, nur Sg.⟩ das Säkularisieren, Überführung in weltliche Hand, in weltlichen Besitz

Sä|ku|lar|kle|ri|ker ⟨m.5⟩ →Weltgeistlicher

Sä|ku|lum ⟨n., -s, -la⟩ Jahrhundert [< lat. saeculum „Menschenalter, Zeitalter"]

Sa|lam! ⟨islamisches Grußwort⟩ Friede!; auch: Salem!

Sa|la|man|der ⟨m.5⟩ 1 überwiegend landbewohnender Schwanzlurch mit rundem Schwanz (Alpen~, Feuer~) 2 (in Burschenschaften) studentischer Trinkbrauch; einen S. reiben [bei Paracelsus ein Feuer-Elementargeist; < lat., griech. salamandra, weitere Herkunft unbekannt]

Sa|la|mi ⟨f., -, -(s)⟩ stark gewürzte, an der Luft getrocknete Rohwurst mit (grau)weißer Hülle; italienische S., ungarische S. [< ital. salame „gehacktes, gesalzenes Schweinefleisch mit Speck und Gewürzen", zu sale „Salz"]

Sa|la|mi|tak|tik ⟨f., -, nur Sg.; ugs., scherzh.⟩ Taktik, mit kleinen Forderungen und Übergriffen bestimmte (bes. politische) Ziele zu erreichen, nach den dünnen Scheiben, die man von der Salami abschneidet

Sa|lan|ga|ne ⟨f.11⟩ südostasiatischer Vogel, dessen Nester zu Schwalbennestersuppe verarbeitet werden (Schwarznest~) [mal.]

Sa|lär ⟨n.1; schweiz.⟩ Gehalt, Lohn [< frz. salaire „Lohn", < lat. salarium „Sold, Gehalt", eigtl. „Ration an Salz", die die Soldaten beim Heer und im Zivilleben die Magistratspersonen auf Reisen zugeteilt bekamen, zu sal „Salz"]

sa|la|rie|ren ⟨V.3, hat salariert; mit Akk.; schweiz.⟩ besolden, entlohnen [zu Salär]

Sa|lat ⟨m.1⟩ 1 Pflanze mit eßbaren Blättern (bes. Kopfsalat); S. anpflanzen; der S. schießt 2 kalte Speise daraus; S. mit Essig und Öl; grüner S. 3 kalte, gewürzte Speise aus verschiedenen (zerkleinerten) Lebensmitteln

(Kartoffel~, Nudel~, Obst~, Reis~) 4 ⟨ugs.⟩ *unangenehmes Durcheinander* (*Beziehungs~, Kabel~*) 5 ⟨ugs.⟩ *unangenehme Folge(n);* da haben wir den S.! [< frz. *salade* < ital. *insalata* „Eingesalzenes", zu *sale*, lat. *sal* „Salz"]
Sa|lat|be|steck ⟨n.1⟩ *Besteck, das aus einem großen Löffel und einem gabelähnlichen Gerät mit breiten Zinken besteht (zum Zubereiten und Entnehmen von Salat)*
Sa|la|tie|re ⟨[-tje-] f.11; †⟩ *Schüssel für Salat* [< frz. *saladier* „Salatschüssel, -korb"]
Sa|lat|pflan|ze ⟨f.11⟩ *Pflanze, aus der Salat (2) zubereitet werden kann*
Sal|ba|der ⟨m.5⟩ *frömmelnder Schwätzer* [Herkunft nicht bekannt, vielleicht zu *salben* im Sinne von „jmd., der salbungsvoll daherredet"]
sal|ba|dern ⟨V.1, hat salbadert; o.Obj.⟩ *frömmelnd, heuchlerisch und oberflächlich reden*
Sal|band ⟨n.4⟩ **1** ⟨Bgb.⟩ *Berührungsfläche eines Ganges mit dem Nebengestein* **2** *Geweberand, Webkante;* Syn. **Salkante** [< mhd. *selbende, selpende* „Zettelende eines Gewebes", < *selp, selb(st),* eigen" und *Ende*]
Sal|be ⟨f.11⟩ *(meist fetthaltige) streichfähige Masse, die äußerlich auf den Körper aufgetragen wird und kosmetischen oder medizinischen Zwecken dient* (*Augen~, Haut~, Nasen~, Schönheits~*); Syn. *Unguentum*
Sal|bei ⟨m~, f., -, nur Sg.⟩ *(im typischen Fall violettblau blühender, in den Blättern ätherische Öle enthaltender) Lippenblütler mit zwei Staubblättern* (*Wiesen~*) [< mhd. *salbeie, salveie* < lat. *salvia* „Salbei", zu *salvus* „wohl, gesund"]
sal|ben ⟨V.1, hat gesalbt; mit Akk.⟩ **1** *etwas s. mit Salbe bestreichen, einreiben; eine Wunde s.; die entzündeten Lippen s.* **2** *jmdn. s.* **a** *jmdn. Stirn, Mund, Hände und Füße mit geweihtem Öl befeuchten* (*bes. kurz vor dem Tod*)*; einen Kranken s.* **b** *jmdn. mit geweihtem Öl benetzen und ihn damit in ein Amt einsetzen; jmdn. zum Priester s.*
Sal|bung ⟨f.10⟩ *Bestreichen bestimmter Körperstellen mit Salböl (zu kultischen Zwecken)*
sal|bungs|voll ⟨Adj.⟩ *übertrieben feierlich, süßlich-feierlich*
Säl|chen ⟨n.7⟩ *kleiner Saal*
Sal|chow ⟨[-ço] m., -s, -s; Eiskunstlaufen, Rollkunstlaufen⟩ *einbeiniger Sprung mit ganzer Drehung aus einem Bogen rückwärts-einwärts in einen Bogen rückwärts-auswärts* [nach dem schwedischen Eiskunstläufer U. Salchow]
sal|die|ren ⟨V.3, hat saldiert; mit Akk.⟩ **1** *ein Konto s. den Saldo eines Kontos feststellen* **2** *eine Rechnung s. eine Rechnung ausgleichen, bezahlen,* ⟨österr.⟩ *die Bezahlung einer Rechnung bestätigen*
Sal|do ⟨m., -s, -s oder -den oder -di; Buchführung⟩ *Unterschiedsbetrag zwischen der Soll- und der Habenseite (eines Kontos)* [ital., zu *saldare* „ein Konto abschließen, ausgleichen", zu *saldo* „fest, ganz"]
Sä|le ⟨Pl. von⟩ *Saal*
Sa|lem ⟨n.⟩ → *Salam!* Salem aleikum! *Friede sei mit euch!*
Sa|lep ⟨m.9⟩ **1** *(bei verschiedenen Erdorchideen) schleimhaltige Knolle* **2** *daraus gewonnene, pulverisierte Droge* [arab.]
Sales|ma|na|ger ⟨[seɪlzmænɪdʒər] m.5⟩ *Verkaufsleiter* [engl., < *sale* „Verkauf" und *Manager*]
Sales|pro|mo|ter ⟨[seɪlzprəmoʊtər] m.5⟩ *Vertriebskaufmann mit der Aufgabe der Absatzsteigerung* [engl., < *sale* „Verkauf" und *promoter* „Förderer"]
Sales|pro|mo|tion ⟨[seɪlzprəmoʊʃn] f., -, nur Sg.⟩ *Verkaufsförderung* [engl.]
Sa|let|tel, Sa|lettl ⟨n.14; österr.⟩ *Laube, Gartenhaus, Lusthäuschen, Loggia* [< ital. *saletta* „kleiner Saal", zu *sala* „Saal"]

Sa|li|cy|lat ⟨n.1⟩ *Salz der Salicylsäure*
Sa|li|cyl|säu|re ⟨f., -, nur Sg.⟩ *eine organische Säure (als Konservierungsmittel, zur Fiebersenkung u.a.)* [< lat. *salix* „Weide", griech. *hyle* „Holz" und *Säure*; sie kommt in der Natur u.a. in Weidenholz vor]
Sa|li|er[1] ⟨m.5; im alten Rom⟩ *Angehöriger eines Priesterkollegiums, das zu bestimmten Zeiten kultische Tänze aufführte*
Sa|li|er[2] ⟨m.5⟩ **1** *Angehöriger eines fränkischen Volksstammes* **2** *Angehöriger eines deutschen Kaisergeschlechts*
Sa|li|ne ⟨f.11⟩ *Anlage zur Gewinnung von Kochsalz durch Sieden oder Verdunstung* [< lat. *salinae* (Pl.) „Salzgrube, -lager, -werk", zu *salinus* „zum Salz gehörig", zu *sal*, Gen. *salis*, „Salz"]
sa|lisch ⟨Adj., o.Steig.⟩ *zu den Saliern[2] (1) gehörig;* die ~en Franken
Sal|kan|te ⟨f.11⟩ = *Salband (2)*
Salk|imp|fung ⟨engl. [sɔk-] f.10⟩ *Schutzimpfung gegen Kinderlähmung* [nach dem amerik. Bakteriologen Jonas E. *Salk*]
Salm[1] ⟨m.1⟩ → *Lachs* [< lat. *salmo* „Lachs"]
Salm[2] ⟨m.1⟩ *langweiliges Gerede* [< mhd. *salm, salme* „Psalm", < lat. *psalm* (→ *Psalm*), wegen der eintönigen, „psalmodierenden" Art des Gesanges]
Sal|mi|ak ⟨auch [sal-] m. oder n., -s, nur Sg.⟩ *Ammoniumchlorid, eine salzige Verbindung aus Ammoniak und Chlorwasserstoff* [< lat. *sal ammoniacus* „Salz aus der Oase Ammonium" (heute Siwah), wo der Tempel des ägypt. Gottes Ammon steht]
Sal|mi|ak|geist ⟨m., -(e)s, nur Sg.⟩ *wäßrige Ammoniaklösung*
Salm|ler ⟨m.5⟩ *tropischer, karpfenähnlicher Süßwasserfisch, Aquarienfisch* (*Scheiben~*) [zu *Salm*]
Sal|mo|nel|le ⟨f.11⟩ *stäbchenförmiges Bakterium (das u.a. Darmvergiftungen bewirkt)* [nach dem amerik. Bakteriologen Daniel E. Salmon]
Sal|mo|ni|de ⟨m.11⟩ *lachsartiger Fisch* [< lat. *salmo* „Lachs"]
sa|lo|mo|nisch ⟨Adj., o.Steig.⟩ *in der Art des Salomo, des biblischen Königs von Israel und Juda;* ~es *Urteil weises Urteil*
Sa|lon ⟨[-lɔ̃], österr. [-lɔn] m.9⟩ **1** *Empfangszimmer, Besuchszimmer, elegant eingerichteter Raum für gesellschaftliche Veranstaltungen (z.B. auf Schiffen)* **2** *Mode- oder Frisörgeschäft* (*Mode~, Frisier~*) **3** *Ausstellungsraum* (*Auto~*) **4** *(17.–19. Jh.) regelmäßig zusammentreffender Kreis literarisch oder künstlerisch interessierter Menschen* [frz., *Empfangs-, Gesellschaftszimmer*, < ital. *salone* „großer Saal", Vergrößerungsform von *sala* „Saal"]
Sa|lon|da|me ⟨[-lɔ̃-] f.11; Theater⟩ *Rollenfach der Dame aus der vornehmen, intriganten Gesellschaft*
sa|lon|fä|hig ⟨[-lɔ̃-] Adj.⟩ *in eine vornehme Gesellschaft passend, schicklich;* ~es *Benehmen; dieser Witz ist nicht s.*
Sa|lon|kom|mu|nist ⟨[-lɔ̃-] m.10; abwertend⟩ *jmd., der die kommunistische Weltanschauung lediglich mit Worten vertritt*
Sa|lon|lö|we ⟨[-lɔ̃-] m.11⟩ *eleganter, etwas oberflächlicher Mann der Gesellschaft*
Sa|lon|mu|sik ⟨[-lɔ̃-] f.10⟩ *gefällige Unterhaltungsmusik*
Sa|lon|wa|gen ⟨[-lɔ̃-] m.7⟩ *luxuriös ausgestatteter Eisenbahnwagen*
sa|lopp ⟨Adj., -er, am -(e)sten⟩ **1** *nachlässig, bequem;* ~e *Kleidung* **2** *ungezwungen, burschikos;* ~e *Ausdrucksweise* [< frz. *salope* „schlampig, schmutzig", zu *sale* „schmutzig"; von Wahrig *nicht ungeklärt*]
Sal|pe ⟨f.11⟩ *glasartig durchsichtiges Manteltier mit tonnen- oder walzenförmigem Körper* [< griech. *salpe*, der Bez. für einen Fisch]
Sal|pe|ter ⟨m.5; Sammelbez. für⟩ *natürlich*

vorkommende oder künstlich hergestellte Alkalimetallsalze der Salpetersäure [< lat. *sal petrosum, sal petrae* „Felsensalz", zu *sal* „Salz" und *petra* „Felsen, Stein", weil es sich an Felsen und Mauern bildet]
Sal|pe|ter|säu|re ⟨f., -, nur Sg.⟩ *starke, einwertige Mineralsäure*
Sal|pin|gi|tis ⟨f., -, -ti|den⟩ *Eileiterentzündung* [< griech. *salpigx*, Gen. *salpiggos* „Trompete" (→ *Salpinx*) und *...itis*]
Sal|pinx ⟨f., -, -pin|gen⟩ **1** *altgriechische Signaltrompete aus Bronze oder Eisen* **2** *trichterförmig erweiterte Röhre (z.B. Ohrtrompete, Eileiter)* [< griech. *salpigx* „Trompete"]
Sal|se ⟨f.11⟩ **1** ⟨†⟩ *salzige Soße* **2** ⟨*in Erdölgebieten*⟩ *Schlammsprudel* [< ital. *salsa* „die Salzige", zu *sal* „Salz"; die aus einer Salse ausgeworfenen Substanzen enthalten häufig Salz]
SALT ⟨Abk. für⟩ *Strategic Arms Limitation Talk (die seit 1969 zwischen den USA und der UdSSR geführten Gespräche über Begrenzung und Abbau strategischer Waffensysteme)*
Sal|ta|rel|lo ⟨m., -s, -li⟩ **1** *italienischer Springtanz* **2** *Teil der Lautensuite* [ital., „kleiner Sprung, Springtanz", Verkleinerungsform von *salto* „Sprung"]
sal|ta|to ⟨Mus.⟩ *mit springendem Bogen (zu spielen)*
Sal|tim|boc|ca ⟨n.9⟩ *zwei aufeinandergelegte Kalbfleischscheiben mit rohem Schinken und Salbei dazwischen, paniert und gebraten, mit Weißweinsoße* [ital., eigtl. *salta in bocca* „spring in den Mund", weil es so köstlich ist, daß man nicht widerstehen kann]
Sal|to ⟨m., -s, -s oder -ti⟩ *Überschlag in der Luft* [< ital. *salto* „Sprung", zu *saltare* „springen"]
Sal|to mor|ta|le ⟨m., -, - - oder -ti -li⟩ *mehrfacher Salto* [< *Salto* und ital. *mortale* „tödlich, Tod..., Todes...", < lat. *mortalis* „zum Tod gehörig", zu *mors*, Gen. *mortis*, „Tod"]
Sa|lü ⟨auch [sa-] schweiz., ugs.; Grußformel⟩ *Sei gegrüßt!* [< frz. *salut* in ders. Bed., → *Salut*]
sa|lu|ber ⟨Adj., salubrer, am -sten⟩ *gesund, heilsam* [lat., zu *salus* „Heil, Wohl, Gesundheit"]
Sa|lu|bri|tät ⟨f., -, nur Sg.⟩ *Gesundheit, Heilsamkeit*
Sa|lut ⟨m.1⟩ *militärischer Ehrengruß (durch Abfeuern einer Salve von Schüssen);* S. *schießen* [< lat. *salus*, Gen. *salutis*, „Wohlsein, Gesundheit" < *salvus* „wohl, heil, gesund"]
sa|lu|tie|ren ⟨V.3, hat salutiert; o.Obj.⟩ *militärisch grüßen* [zu *Salut*]
Sa|lu|tis|mus ⟨m., -, nur Sg.⟩ *Lehre der Heilsarmee* [< lat. *salus*, Gen. *salutis*, „Wohlsein, Gesundheit"]
Sa|lu|tist ⟨m.10⟩ *Angehöriger der Heilsarmee*
Sal|var|san ⟨n., -s, nur Sg.; Wz.; früher⟩ *Arzneimittel zur Bekämpfung der Syphilis* [Kunstw., < lat. *salvus* „heil" und *sanus* „gesund"]
Sal|va|tion ⟨f.10; †⟩ *Rettung* [< lat. *salvatio*, Gen. *-onis*, „Rettung", zu *salvare* „retten"]
Sal|va|tion Ar|my ⟨[sælveɪʃn ɑːrmɪ] f., -, nur Sg.; engl. Bez. für⟩ *Heilsarmee*
Sal|va|tor ⟨m.13⟩ *Retter, Erlöser, Heiland* [lat., „Erretter, Erhalter", kirchenlat. „Erlöser", zu *salvare* „retten, heilen, erlösen"]
Sal|va|to|ria|ner ⟨m.5⟩ *Angehöriger einer katholischen Priesterkongregation für Seelsorge und Mission*
sal|va ve|nia ⟨†; Abk.: s.v.⟩ *mit Erlaubnis, mit Verlaub (zu sagen)* [lat.]
Sal|ve ⟨f.11⟩ *Gesamtheit gleichzeitig abgefeuerter Schüsse;* eine S. *von Gewehr-, Kanonenschüssen; eine S. abgeben* [frz., < lat. *salve!* „sei gegrüßt, bleib gesund, leb wohl!", zu *salvere* „gesund sein, sich wohlfühlen", zu *salvus* „heil, wohl, gesund", vgl. *Salut*]

sal|ve! *sei gegrüßt!* [lat.]
sal|vie|ren ⟨[-vi-] V.3, hat salviert⟩ **I** ⟨mit Akk.; †⟩ *retten, in Sicherheit bringen* **II** ⟨refl.⟩ *sich s. sich von einem Verdacht befreien*
sal|vis omis|sis ⟨†; Abk.: s.o.⟩ *unter Vorbehalt von Auslassungen* [lat.]
sal|vo er|ro|re cal|cu|li ⟨Abk.: s.e.c.⟩ *unter Vorbehalt eines Rechenfehlers (beim Kontokorrent)* [lat.]
sal|vo er|ro|re et omis|sio|ne ⟨Abk.: s.e.e.o.⟩ *Irrtum und Auslassung vorbehalten (beim Kontokorrent)* [lat.]
sal|vo ti|tu|lo ⟨†; Abk.: S.T.⟩ *mit Vorbehalt des richtigen Titels* [lat.]
Sal|wei|de ⟨f.11⟩ *strauchartiges Weidengewächs mit breiten, elliptischen Blättern und silbrig behaarten Kätzchen* [< ahd. sal(a)ha „Weide" und Weide, also doppelte Benennung]
Salz ⟨n.1⟩ **1** ⟨nur Sg.⟩ *weißer, kristalliner Stoff mit typischem Geschmack, pulvriges Kochsalz (mit unterschiedlichen Beimengungen) als Gewürz;* sie haben nicht das S. zur Suppe ⟨veraltend⟩ *sie leiden Not;* Karlsbader S. *abführendes Salzmischung mit ähnlicher Zusammensetzung wie die Karlsbader Quellen* **2** *feste chemische Verbindung aus Säureresten und Kationen von Metallen* (Kali~, Magnesium~)
Salz|bild|ner ⟨m.5⟩ → *Halogen*
sal|zen ⟨V.190, hat gesalzen; mit Akk.⟩ *mit Salz würzen, mit Salz bestreuen;* eine Suppe, Fleisch s.; eine gesalzene Rechnung ⟨übertr., ugs.⟩ *eine hohe Rechnung;* gesalzene Preise *hohe Preise*
Salz|gar|ten ⟨m.8⟩ *künstlich angelegtes, flaches Becken zur Gewinnung von Salz (1) aus Meerwasser*
Salz|gur|ke ⟨f.11⟩ *in Salzwasser eingelegte Gurke*
Salz|he|ring ⟨m.1⟩ *eingesalzener Hering (der vor dem Verzehr gewässert wird)*
sal|zig ⟨Adj.⟩ **1** *(viel) Salz enthaltend;* ~es Essen **2** *voller Salz;* ~e Haut **3** *mit Salz gewürzt, nicht süß;* ~er Eierkuchen; die Brezel ist mir zu s.
Salz|kar|tof|fel ⟨f.11, meist Pl.⟩ *geschälte, in Salzwasser gekochte Kartoffel*
Salz|lecke ⟨-k|k-; f.11⟩ *Stelle im Wald, wo Salz für das Wild ausgestreut ist*
Salz|pfan|ne ⟨f.11⟩ *weiträumige, flache Bodensenke, die mit Salz überkrustet ist (z.B. ein ausgetrockneter Salzsee)*
Salz|pflan|ze ⟨f.11⟩ → *Halophyt*
Salz|säu|le ⟨f.11; in der Wendung⟩ *zur S. erstarren starr werden vor Schreck o.ä.* [nach 1. Mosis, 19, 26]
Salz|säu|re ⟨f., -, nur Sg.⟩ *farblose, scharf ätzende, stechend riechende, wäßrige Lösung von Chlorwasserstoff*
Salz|see ⟨m.14⟩ *abflußloser, infolge hoher Verdunstung salzreicher See*
Salz|sie|der ⟨m.5⟩ → *Salzwerker*
Salz|stan|ge ⟨f.11⟩ **1** *sehr dünnes, stangenförmiges, mit Salzstückchen bestreutes Gebäck (zum Knabbern)* **2** ⟨bayr., österr.⟩ *dickes, stangenförmiges, mit Salzstückchen (und Kümmel) bestreutes Gebäck aus Semmelteig*
Salz|step|pe ⟨f.11⟩ *Halbwüste, bei der die vegetationsfreien Stellen teilweise von einer Kruste aus Salz überzogen sind*
Salz|was|ser ⟨n.5⟩ **1** *Meerwasser* **2** *Wasser, in dem Kochsalz gelöst ist;* Kartoffeln in S. kochen
Salz|wer|ker ⟨m.5⟩ *jmd., der berufsmäßig Salz für Speisezwecke aufbereitet;* Syn. *Salzsieder*
Sam ⟨[sæm] engl. Abk. für⟩ *Samuel;* Uncle S. (Onkel S.) ⟨scherzh.⟩ *die USA*
...sam ⟨Nachsilbe⟩ *eine bestimmte Eigenschaft besitzend, etwas Bestimmtes tuend, z.B.* in heilsam, strebsam
Sä|mann ⟨m.4; geh.⟩ *Bauer, der sät*

Sa|ma|ri|ter ⟨m.5⟩ *freiwilliger Krankenpfleger* [nach dem barmherzigen Mann aus Samaria in der Bibel]
Sa|ma|ri|ter|dienst ⟨m.1⟩ *selbstlose Hilfe (für Kranke oder Bedürftige)*
Sa|ma|ri|um ⟨n., -s, nur Sg.; Zeichen: Sm⟩ *chemisches Element, silberweißes Metall aus der Gruppe der Seltenen Erden* [nach dem Mineral Samarskit, in dem es entdeckt wurde]
Sa|mar|kand ⟨m.9⟩ *handgeknüpfter Teppich mit Medaillonmuster* [nach der Stadt Samarkand in der Usbekischen Sowjetrepublik]
Sa|mar|skit ⟨m.1⟩ *samtschwarzes Mineral komplexer Zusammensetzung* [nach dem Entdecker, dem russischen Bergbaubeamten V. E. Samarsky]
Sam|ba[1] ⟨f.9; ugs. und österr.: m.9⟩ *(aus Brasilien stammender) Gesellschaftstanz*
Sam|ba[2] ⟨n., -, nur Sg.⟩ *leichtes, weiches westafrikanisches Holz*
Sa|me ⟨m.15; geh.⟩ → *Samen (1)*
Sa|men ⟨m.7⟩ **1** ⟨bei höheren Pflanzen⟩ *der Vermehrung dienender, von einer Schale umschlossener ruhender Keimling mit Nährgewebe;* auch: ⟨geh.⟩ *Same* **2** ⟨nur Sg.⟩ → *Sperma* **3** ⟨übertr.⟩ *Grundlage, Keim;* der S. des Hasses **4** ⟨im AT⟩ *Gesamtheit der Nachkommen*
Sa|men|an|la|ge ⟨f.11; Bot.⟩ *Teil des Fruchtblattes, der sich nach der Befruchtung zum Samen (1) entwickelt*
Sa|men|bank ⟨f.10; Med.⟩ *Einrichtung zur Aufbewahrung und Weiterverwendung von Sperma*
Sa|men|bläs|chen ⟨n.7⟩, **Sa|men|bla|se** ⟨f.11⟩ *jede der zwei Drüsen, deren Sekret die Samenzellen in Bewegung versetzt*
Sa|men|er|guß ⟨m.2⟩ → *Ejakulation*
Sa|men|fa|den ⟨m.8⟩ → *Samenzelle*
Sa|men|fluß ⟨m., -flus|ses, nur Sg.⟩ → *Spermatorrhö*
Sa|men|lei|ter ⟨m.5⟩ *Ausführungsgang für die Samenzellen*
Sa|men|pflan|ze ⟨f.11⟩ → *Blütenpflanze*
Sa|men|zel|le ⟨f.11; bei mehrzelligen Tieren und beim Menschen⟩ *männliche Keimzelle;* Syn. *Samenfaden, Spermatozoon, Spermium*
Sä|me|rei ⟨f.10⟩ **1** *bestimmte Menge von Pflanzensamen* **2** *Saatgut* **3** *Samenhandlung*
Sa|mi|el ⟨m., -s, nur Sg.; in der dt. und jüd. Sage⟩ *Satan*
sä|mig ⟨Adj.⟩ *dickflüssig, breiig;* eine ~e Soße [Nebenform von *seimig*]
sä|misch ⟨Adj., o.Steig.⟩ *mit Öl, Fisch- oder Robbentran gegerbt, fettgegerbt* [< mhd. sæmisch in ders. Bed., vielleicht zu *Samland*]
Sä|misch|le|der ⟨n.5⟩ *sämisch gegerbtes, weiches Leder, stoffähnliches Wild- oder Ziegenleder*
Sa|mi|sen ⟨f., -, -⟩ *japanische Gitarre mit drei Saiten, die mit einem Kiel angerissen werden* [japan.]
Säm|ling ⟨m.1⟩ *aus einem Samen entstandene, junge Pflanze*
Sam|mel|an|schluß ⟨m.2⟩ *Telefonanschluß für mehrere Teilnehmer mit Vermittlungszentrale (z.B. in Betrieben)*
Sam|mel|auf|trag ⟨m.2⟩ *Überweisung von einem Postscheckkonto auf mehrere andere;* Syn. *Sammelüberweisung*
Sam|mel|band ⟨m.2⟩ *Buch mit Beiträgen mehrerer Autoren;* Syn. *Sammelwerk*
Sam|mel|becken ⟨-k|k-; n.7⟩ **1** *Becken, das dazu dient, etwas zu sammeln (z.B. Regenwasser)* **2** ⟨übertr., meist negativ⟩ *Bereich, in dem sich Menschen, Ansammlung;* diese Gruppe ist ein S. nationalistischer Bestrebungen
Sam|mel|be|griff ⟨m.1⟩ → *Kollektivum*
Sam|mel|be|stel|lung ⟨f.10⟩ *gemeinsame Bestellung (von Waren) durch mehrere Abnehmer*
Sam|mel|de|pot ⟨[-po:] n.9⟩ *Depot einer Bank, in dem Wertpapiere verschiedener Inhaber aufbewahrt werden;* Ggs. *Streifbanddepot*
Sam|mel|fahr|schein ⟨m.1⟩ *Fahrschein für eine Personengruppe*
Sam|mel|lin|se ⟨f.11⟩ *optische Linse, die in der Mitte dicker ist als am Rand und die parallel auftreffende Strahlen in einem Brennpunkt vereinigt*
Sam|mel|map|pe ⟨f.11⟩ *Mappe zum Sammeln von Papieren oder Gegenständen*
sam|meln ⟨V.1, hat gesammelt⟩ **I** ⟨mit Akk.⟩ **1** *suchen und einstecken;* Beeren, Pilze s. **2** *suchen, zusammentragen und zur eigenen Freude aufbewahren;* Bilder, Gläser, Briefmarken s.; am Strand Muscheln s.; gesammelte Werke *alle Werke (eines Dichters) in einer Ausgabe;* Goethes gesammelte Werke **3** *um sich vereinigen;* seine Leute s. ⟨Mil.⟩; seine Kinder, seine Lieben um sich s.; seine Gedanken s. ⟨übertr.⟩ **II** ⟨refl.⟩ *sich s.* **1** *an einem Ort zusammenkommen (zu einem bestimmten Zweck);* wir s. uns um 9 Uhr auf dem Marktplatz; zum Sammeln blasen *das Signal zum Zusammenkommen geben* **2** *zusammenlaufen, -fließen, sich vereinigen;* das Regenwasser sammelt sich in einem dafür aufgestellten Behälter **3** *seine Gedanken ordnen und vereinigen, um nachzudenken;* ich muß mich nach dem Schrecken erst wieder s.; er wirkte sehr gesammelt *er wirkte sehr konzentriert;* man merkte ihm an, daß seine Gedanken auf das gerichtet waren, was er sagen, hören, besprechen wollte
Sam|mel|na|me ⟨m.15⟩ → *Kollektivum*
Sam|mel|num|mer ⟨f.11⟩ *Telefonnummer für mehrere Anschlüsse eines Teilnehmers*
Sam|mel|platz ⟨m.2⟩ **1** *Ort, an dem Personen sammeln* **2** *Platz, an dem Gesammeltes gelagert wird;* Syn. *Sammelpunkt, Sammelstelle*
Sam|mel|punkt ⟨m.1⟩ → *Sammelplatz (2)*
Sam|mel|schie|ne ⟨f.11; Elektr.⟩ *Stück eines Leiters zum Sammeln der über mehrere Zuleitungen zugeführten elektrischen Energie für gemeinsamen Weitertransport*
Sam|mel|stel|le ⟨f.11⟩ → *Sammelplatz (2)*
Sam|mel|su|ri|um ⟨n., -s, -ri|en; ugs.⟩ *Ansammlung der verschiedensten Dinge* [< nddt. Sammelsur „Mischmasch, Durcheinander, Ragout", weitere Herkunft unsicher]
Sam|mel|trans|port ⟨m.1⟩ *gemeinsamer Transport (von Personen, Tieren, Gütern)*
Sam|mel|über|wei|sung ⟨f.10⟩ → *Sammelauftrag*
Sam|mel|werk ⟨n.1⟩ → *Sammelband*
Sam|mel|wut ⟨f., -, nur Sg.⟩ *übersteigerter Trieb, etwas zu sammeln*
Sam|met ⟨m.1.; †⟩ → *Samt*
Samm|ler ⟨m.5⟩ *jmd., der etwas sammelt (um es zu verbrauchen oder zu seiner Freude aufzubewahren;* Beeren~, Briefmarken~)
Samm|ler|wert ⟨m., -(e)s, nur Sg.⟩ *Wert, den ein Gegenstand für einen Sammler hat, Liebhaberwert;* die Briefmarke hat einen hohen S.
Samm|lung ⟨f.10⟩ **1** *das Sammeln (I, 1, 2);* eine S. für einen guten Zweck **2** *das Sichsammeln (II, 3), das Ausrichten der Gedanken auf etwas;* ich brauche vor dem Auftreten einige Sekunden der S.; etwas Ruhe zur geistigen S. **3** *Gruppe, Vereinigung;* eine S. von fortschrittlichen Kräften **4** *gesammelte Gegenstände* (Briefmarken~, Münz~) **5** *Ort, an dem gesammelte Gegenstände gelagert werden;* die S. ist sonntags geschlossen
Sa|moa|ner ⟨m.5⟩ *Einwohner von Samoa*
Sa|mo|je|de ⟨m.11⟩ **1** *Angehöriger eines sibirischen Nomadenvolkes* **2** *(meist weißer) spitzartiger Schlittenhund mit buschigem Fell*
sa|mo|je|disch ⟨Adj., o.Steig.⟩ *die Samojeden (1) betreffend, zu ihnen gehörig, von ihnen stammend;* ~e Sprachen *Zweig der uralischen Sprachen*

Sangeslust

Sa|mos ⟨m., -, -⟩ *süßer Wein von der griechischen Insel Samos*

Sa|mo|war ⟨m.1⟩ *russische Teemaschine* [russ., < *sam* „selbst" und *warit* „kochen"]

Sam|pan ⟨m.9⟩ *chinesisches Wohnboot* [chines., „kleines Boot", < *san* „drei" und *pan* „Brett"]

Samp|ler ⟨[sɛmp-] m.5⟩ *Langspielplatte mit verschiedenen Hits eines oder mehrerer Interpreten* [engl., eigtl. „Probierer", zu *sample* „Probe, Muster"]

Sams|tag ⟨m.1; Abk.: Sa; oberdt.⟩ → *Sonnabend* [< mhd. *samztac, sameztac* < ahd. *sambaztac* < lat. *sabbata, sabbatum* „Sabbat", über griech. *sabbaton* < hebr. *Sabbat*]

samt ⟨Präp. mit Dat.⟩ *zusammen mit, einschließlich;* er kam s. seinen Kindern; das ganze Haus s. (allem) Inventar; s. und sonders *alle(s) zusammen*

Samt ⟨m.1⟩ *Gewebe mit dichter, feiner, weicher Flordecke;* auch: ⟨†⟩ *Sammet* [< mhd. *samit* < mlat. *samitum* < griech. *hexamiton* „sechsfädiger Stoff", zu *hex* „sechs" und *mitos* „Faden"]

sam|ten ⟨Adj.⟩ **1** ⟨o.Steig.⟩ *aus Samt;* ~es Gewand **2** ⟨auch⟩ → *samtig (2)*

Samt|hand|schuh ⟨m.1⟩ *Handschuh aus Samt;* jmdn. mit ~en anfassen (müssen) *jmdn. vorsichtig behandeln (müssen)*

sam|tig ⟨Adj.⟩ **1** *wie Samt* **2** ⟨übertr.⟩ *weich und geschmeidig;* auch: *samten;* eine ~e Stimme

sämt|lich ⟨*unbestimmtes Pronomen und Num.*⟩ *alle, alle zusammen, ganz;* ich habe die Briefe s. aufgehoben; die Arbeiten sind s. erledigt; ~es vorhandene Geld; ~e neuen Bücher; die Titel ~er neuer, ⟨auch⟩ neuen Bücher; mit ~en neuen Büchern; die Namen ~er Angestellter, ⟨auch⟩ Angestellten

Samt|pföt|chen ⟨n.7, Pl.⟩ *weiche Pfötchen (bes. von Katzen);* *weiche Händchen*

samt|weich ⟨Adj., o.Steig.⟩ *weich wie Samt;* mit ~er Stimme

Sa|mum ⟨ugs. auch [sa-] m.1⟩ *heißer Wüstenwind in Nordafrika und Vorderasien*

Sa|mu|rai ⟨m., -(s), -(s)⟩ *Angehöriger des japanischen Kriegeradels* [japan., eigtl. „Diener", zu *saburau, samurau* „dienen"]

San ⟨vor ital. und span. männl. Heiligennamen und in von solchen abgeleiteten Ortsnamen, die mit einem Konsonanten beginnen (ital. außer Sp und St, span. außer Do und To; Abk.: S.⟩ *der heilige,* z.B. San Pietro; vgl. *Sant', Santa, Santo*

Sa|na|to|ri|um ⟨n., -s, -ri|en⟩ *Heilstätte, Genesungsheim, Erholungsheim* [< lat. *sanator,* Gen. *-oris,* „Heiler", zu *sanus* „heil, gesund"]

San|cho Pan|sa ⟨[-tʃo -] m., -, -, -s⟩ *derber, pfiffiger, wirklichkeitsnaher Mensch* [nach *Sancho Pansa,* dem Knappen des Don Quijote, des Helden eines Romans von Cervantes]

Sanc|ta Se|des ⟨f., - -, nur Sg.⟩ **1** *lat. Bez. für* Heiliger Stuhl **2** ⟨übertr.⟩ *Papst und päpstliche Gewalt*

sanc|ta sim|pli|ci|tas! *heilige Einfalt!* ⟨Ausruf angesichts einer von jmdm. begangenen Torheit⟩ [lat.]

Sanc|ti|tas ⟨f., -, nur Sg.⟩ *Heiligkeit* (Titel des Papstes)

Sanc|tus ⟨n., -, -; kath. Kirche⟩ *Lobgesang (in der Messe)* [lat., „heilig", nach dem Anfangswort des vierten Teilstücks der Messe]

Sand ⟨m.1 oder m.2⟩ **1** *lockeres Trümmergestein mit geringem Durchmesser der Körner (etwa 0,02 bis 2 mm);* Dünen~, Meeres~, Quarz~) **2** ⟨Seew.⟩ *Sandbank;* auf S. auflaufen

Sand|aal ⟨m.1⟩ *kleiner, barschartiger Fisch mit aalähnlichem Körper, der sich bei Ebbe in den Sand eingräbt*

San|da|le ⟨f.11⟩ *leichter, durch Riemchen zusammengehaltener Schuh* [< griech. *sandalon* „Holz- oder Ledersohle zum Unterbinden unter die Füße", aus dem Altpersischen]

San|da|let|te ⟨f.11⟩ *leichte Sommersandale für Damen*

San|da|rak ⟨m., -s, nur Sg.⟩ *Harz einer tropischen Zypresse (für Lack, Kitt u.a.)* [griech.]

Sand|bad ⟨n.4⟩ **1** ⟨Med.⟩ *Heilbehandlung mit heißem Sand* **2** ⟨Chem.⟩ *mit feinem Sand gefüllter Blech- oder Porzellantopf (zum vorsichtigen Erhitzen eines Kochkolbens)*

Sand|bahn ⟨f.10; Motorradsport⟩ *Rennstrecke in sandigem Gelände*

Sand|bank ⟨f.2; in Flüssen, Seen und im Meer⟩ *rückenartige Anhäufung von Sand (die über die Wasseroberfläche ragt oder dicht darunter liegt)*

Sand|blatt ⟨n.4; bei der Tabakpflanze⟩ *unterstes Blatt*

Sand|dorn ⟨m.1⟩ **1** *dorniger Strauch mit schmalen, unterseits silbergrauen Blättern, dessen orangefarbene Steinfrucht, die reich an Vitamin C ist* [nach dem Vorkommen bes. in sandigen Küstendünen]

San|del|baum ⟨m.2⟩ *ein indomalaiischer Laubbaum*

San|del|holz ⟨n., -es, nur Sg.⟩ *wohlriechendes Holz des Sandelbaumes (für Schnitzarbeiten und Räuchermittel)*

san|deln ⟨V.1, hat gesandelt⟩ **I** ⟨mit Akk.⟩ → *sandstrahlen* **II** ⟨o.Obj.⟩ *im Sand spielen*

San|der ⟨m.5⟩ *Sand- oder Schotterfläche vor den Endmoränen eines Gletschers* [< island. *sandr* in ders. Bed.]

sand|far|ben, sand|far|big ⟨Adj., o.Steig.⟩ *hell gelbbraun (wie Sand)*

Sand|floh ⟨m.2⟩ *tropischer Floh, der sich tief in die Haut einbohrt und gefährliche Entzündungen hervorruft*

Sand|form ⟨f.10⟩ *aus Sand gefertigte Gußform*

Sand|förm|chen ⟨n.7⟩ *kleine Form aus Plastik, mit der Kinder aus Sand kleine, kuchenartige Gebilde herstellen*

Sand|guß ⟨m., -gus|ses, nur Sg.⟩ *Gießverfahren, bei dem das Modell in Formsand geformt und der entstandene Hohlraum mit flüssigem Metall ausgegossen wird*

Sand|ho|se ⟨f.11⟩ *senkrechter Luftwirbel, der emporgerissenen Sand mit sich führt*

san|dig ⟨Adj.⟩ *voller Sand;* ~er Boden, ~e Kleidung

Sand|ka|sten ⟨m.8⟩ **1** *mit Sand gefüllter, großer Kasten, der Kindern zum Spielen dient;* Syn. *Sandkiste* **2** *flacher, mit Sand gefüllter Kasten, mit dessen Hilfe militärische Planspiele durchgeführt werden können*

Sand|ki|ste ⟨f.11⟩ → *Sandkasten (1)*

Sand|korn ⟨n.4⟩ *einzelnes Korn des Sandes*

Sand|ku|chen ⟨m.7⟩ *lockerer Kuchen aus Rührteig*

Sand|le|rin ⟨f.10⟩ *attraktive Frau, die Touristen dazu verleitet, in Nepplokale mitzugehen*

Sand|mann ⟨m.4⟩, **Sand|männ|chen** ⟨n.7⟩ *Märchengestalt, die angeblich Kindern Sand in die Augen streut, um sie zum Einschlafen zu bringen*

Sand|pa|pier ⟨n.1⟩ *mit Leim bestrichenes und mit Sand bestreutes Papier (zum Glätten und Schleifen)*

Sand|sack ⟨m.2⟩ *mit Sand gefüllter Sack (z.B. als frei hängendes Trainingsgerät für Boxer, als Ballast, zum Abdichten)*

San|dschak ⟨m.9⟩ **1** ⟨früher⟩ *türkische Standarte (als Hoheitszeichen)* **2** *ehemaliger türkischer Verwaltungsbezirk*

Sand|stein ⟨m.1⟩ *aus verfestigtem Sand entstandenes Sedimentgestein*

sand|strah|len ⟨V.1, hat gesandstrahlt; nur im Infinitiv und Perfekt; mit Akk.⟩ *mit einem Sandstrahlgebläse reinigen oder aufrauhen;* Syn. *sandeln;* die Oberfläche s.; Stein s.

Sand|strahl|ge|blä|se ⟨n.5⟩ *Gerät zum Reinigen oder Entrosten harter Oberflächen, wobei durch Druckluft Sand herausgeschleudert wird*

Sand|sturm ⟨m.2; in warmen Gebieten⟩ *Sturm, der Sand mit sich führt*

Sand|uhr ⟨f.10⟩ *zur Zeitmessung gedachtes Gerät, das aus zwei bauchigen, miteinander durch ein dünnes Rohr verbundenen Glasbehältern besteht, in denen langsam Sand vom oberen Behälter in den unteren rieselt*

Sand|wich ⟨[zɛndwitʃ] n., -(e)s, -(e)s oder -e⟩ *belegte doppelte Weißbrotschnitte* [< engl. *sandwich* „belegtes Butterbrot", nach John Montagu, Earl of *Sandwich* (1718–1792), der viele Stunden ununterbrochen am Spieltisch zubrachte und währenddessen nur solche belegte Brote zu sich nahm, bei denen er sich, da sie zusammengeklappt waren, die Finger nicht fettig machte]

Sand|wich|bau|wei|se ⟨[zɛndwitʃ-] f., -, nur Sg.⟩ *Bauweise, bei der Teile aus Platten bestehen, die aus verschiedenem Material und in unterschiedlicher Stärke zusammengefügt wurden*

Sand|wich|man ⟨[sændwitʃmæn] m., -s, -men [-mən]⟩, **Sand|wich|mann** ⟨m.4; ugs., scherzh.⟩ *jmd., der mit je einem Reklameschild auf Brust und Rücken durch die Straßen geht*

Sand|wurm ⟨m.4⟩ *(u.a. in der Gezeitenzone der Nord- und Ostsee vorkommender) großer Borstenwurm, der Gänge in den Sand gräbt, Angelköder;* Syn. *Pier*

san|fo|ri|sie|ren ⟨V.3, hat sanforisiert; mit Akk.⟩ *Gewebe s. durch Hitze schrumpfen lassen, damit sie beim Waschen nicht eingehen, krumpfecht machen* [nach dem Erfinder, Sanford L. Cluett] **San|fo|ri|sie|rung** ⟨f., -, nur Sg.⟩

sanft ⟨Adj., -er, am -esten⟩ **1** *freundlich, ruhig und mild;* ~e Augen; von ~em Wesen; etwas s. sagen; jmdn. s. zurechtweisen **2** *zart, behutsam, freundlich und leicht;* eine ~e Berührung; jmdm. s. übers Haar streichen; jmdn. mit ~er Gewalt hinausbefördern ⟨scherzh.⟩ *freundlich, aber bestimmt, mit festem, aber nicht schmerzhaftem Griff* **3** *mild, schwach, leicht;* ~es Lüftchen; ein ~er Regen **4** *zart, nicht stark, nicht laut;* ~e Farben; ~e Musik **5** *wenig ansteigend, nicht steil;* s. ansteigender Weg; ~e Hügel **6** *friedlich, ruhig;* s. ruhen; ein ~er Tod **Sanft|heit** ⟨f., -, nur Sg.⟩

Sänf|te ⟨f.11⟩ *zwischen zwei Stangen befestigter, kastenförmiger Sitz, der von zwei Personen getragen wird*

sänf|ti|gen ⟨V.1, hat gesänftigt; poet.⟩ **I** ⟨mit Akk.⟩ *besänftigen* **II** ⟨refl.⟩ *sich s. nachlassen, schwächer, milder werden;* der Sturm sänftigte sich

sänf|tig|lich ⟨Adj.; †; poet.⟩ *sanft*

Sanft|mut ⟨f., -, nur Sg.⟩ *sanfte, milde Wesensart*

sanft|mü|tig ⟨Adj.⟩ *Sanftmut besitzend, voller Sanftmut*

Sang ⟨m.2; †⟩ *Gesang;* nur noch in der Wendung mit S. ⟨heute nur noch in der Wendung⟩ mit S. und Klang *mit Gesang und Musik;* er ist mit S. und Klang durch die Prüfung gefallen ⟨scherzh.⟩

sang|bar ⟨Adj.⟩ *leicht, gut zu singen;* Syn. *sanglich*

Sän|ger ⟨m.5⟩ **1** *jmd., der (gewerbsmäßig) singt;* ein erfolgreicher S.; die S. des Waldes ⟨übertr.⟩ *die Vögel;* ein gefiederter S. ⟨übertr.⟩ *ein Vogel* **2** ⟨†⟩ *Dichter, der etwas verherrlicht;* ein S. der Liebe **3** ⟨†⟩ *Versdichter, Poet;* die S. der Edda

Sän|ger|bund ⟨m.2⟩ *Zusammenschluß mehrerer Chöre oder Gesangsvereine*

Sän|ger|schaft ⟨f.10⟩ **1** *Gesamtheit der Sänger (eines Chores)* **2** *Studentenverbindung, die den Chorgesang pflegt*

San|ges|bru|der ⟨m.6⟩ *jmd., der dem gleichen Gesangverein angehört*

San|ges|lust ⟨f., -, nur Sg.⟩ *Freude am Singen*

827

sangeslustig

san|ges|lu|stig ⟨Adj.⟩ gerne singend
sang|lich ⟨Adj.⟩ →sangbar; auch: gesanglich
sang|los ⟨Adj., o.Steig.; nur in der Wendung⟩ sang- und klanglos unbemerkt, unbeachtet; sang- und klanglos verschwinden
San|gria ⟨f., -, -s⟩ bowleähnliches Getränk aus Rotwein, Zitrusfrüchten und Zucker [< span. sangria in ders. Bed. (eigentlich „Aderlaß"), < sangre „Blut"]
San|gui|ni|ker ⟨m.5⟩ Mensch mit lebhaftem, heiterem Temperament [< lat. sanguis, Gen. -inis, „Blut-"; der Sanguiniker gilt als lebendig, beweglich, aber nicht gefühlstief]
san|gui|nisch ⟨Adj.⟩ in der Art eines Sanguinikers
San|he|drin ⟨m., -s, nur Sg.; hebr. Form von⟩ Synedrium
Sa|ni ⟨m.9; ugs., kurz für⟩ →Sanitäter
sa|nie|ren ⟨V.3, hat saniert⟩ **I** ⟨mit Akk.⟩ etwas s. **1** gesund machen; jmds. Gebiß s. **2** gesunde, hygienisch einwandfreie, moderne Verhältnisse in etwas schaffen; alte Stadtteile s.; eine Altbauwohnung s. **3** wieder leistungsfähig machen, die finanziellen Verhältnisse von etwas ordnen, verbessern; einen Betrieb s. **II** ⟨refl.⟩ **1** sich s. seine finanziellen Schwierigkeiten überwinden **2** sich auf Kosten von wirtschaftlich gesund machen, sich bereichern [< lat. sanare „heilen, gesund machen", zu sanus „heil, gesund"] **Sa|nie|rung** ⟨f.10⟩
sa|ni|tär ⟨Adj., o.Steig.⟩, **sa|ni|ta|risch** ⟨schweiz.⟩ der Gesundheit, Hygiene dienend; ~e Anlagen Kanalisation, Toiletten usw. [< frz. sanitaire in ders. Bed.; →Sanität]
Sa|ni|tät ⟨f., -, nur Sg.; schweiz.⟩ militärisches Sanitätswesen [< lat. sanitas, Gen. -atis, „Gesundheit", zu sanus „heil, gesund"]
Sa|ni|tä|ter ⟨m.5⟩ in der Ersten Hilfe ausgebildeter Krankenpfleger; auch: ⟨ugs.⟩ Sani [zu Sanitätspersonal]
Sa|ni|täts|per|so|nal ⟨n., -s, nur Sg.⟩ Personal der Sanitätstruppe
Sa|ni|täts|trup|pe ⟨f.11; Mil.⟩ Gesamtheit der Einheiten und Verbände, die in der Verwundeten- und Krankenbetreuung tätig sind
Sa|ni|täts|we|sen ⟨n., -s, nur Sg.⟩ Gesamtheit der Vorgänge und Einrichtungen zur Förderung und Erhaltung der Volksgesundheit und der Krankenfürsorge
Sankt ⟨vor dt. männl. und weibl. Heiligennamen und in von solchen abgeleiteten Ortsnamen; Abk.: St.⟩ der, die heilige, z.B. Sankt Andreas, St. Andreas, Sankt Andreasberg, St. Andreasberg, Sankt-Peters-Kirche, St.-Peters-Kirche
Sank|ti|fi|ka|ti|on ⟨f.10⟩ Heiligsprechung
sank|ti|fi|zie|ren ⟨V.3, hat sanktifiziert; mit Akk.⟩ heiligsprechen [< lat. sanctificare < sanctus „heilig" und ...ficare (in Zus. für facere) „machen"] **Sank|ti|fi|zie|rung** ⟨f.10⟩
Sank|ti|on ⟨f.10⟩ **1** Anerkennung, Bestätigung, Erteilung der Gesetzeskraft **2** ⟨Pl.⟩ ~en Zwangs-, Strafmaßnahmen [< lat. sanctio, Gen. -onis „Verordnung, Strafgesetz", zu sancire „bestätigen, unverletzlich machen, genehmigen"]
sank|tio|nie|ren ⟨V.3, hat sanktioniert; mit Akk.⟩ **1** öffentlich billigen und dadurch gültig machen **2** mit Sanktionen (2) belegen
Sank|tis|si|mum ⟨n., -s, nur Sg.; kath. Kirche⟩ Allerheiligstes, geweihte Hostie [< lat. sanctissimum < sanctus „heilig" und Suffix ...issimum (neutr.) zur Kennzeichnung des Superlativs]
Sankt-Nim|mer|leins|tag ⟨m.1⟩ →Nimmerleinstag
Sank|tu|ar ⟨n.1⟩, **Sank|tua|ri|um** ⟨n., -rien⟩ **1** Heiligtum **2** ⟨kath. Kirche⟩ Altarraum **3** Aufbewahrungsort für Reliquien, Reliquienschrein [< lat. sanctuarium „Heiligtum, Ort, wo Heiligtümer aufbewahrt werden", zu sanctus „heilig", zu sacer „heilig"]

Sans|cu|lot|ten [sãskylɔtən] m.11, Pl.; in der Frz. Revolution Spottname für⟩ revolutionäre Proletarier [< sans „ohne" und culotte „Kniehose", zu culot „unterer Teil (des Anzuges)", zu cul „hinterer Teil"; die Sansculotten trugen keine Kniehosen wie die oberen Stände, sondern lange Hosen (Pantalons)]
San|se|vie|ria, San|se|vie|rie ⟨[-ria] f., -, -ri|en⟩ in den Tropen der Alten Welt vorkommendes Liliengewächs, Zierpflanze, Faserpflanze (z. B. die Bajonettpflanze) [nach Raimondo di Sangro, Fürst von Sanseviero (San Severo) (1710–1771)]
Sans|krit ⟨n., -s, nur Sg.⟩ altindische, noch heute gesprochene Literatur- und Wissenschaftssprache [< altind. saṃskṛta, „zusammengeordnet, vollendet"]
sans|kri|tisch ⟨Adj., o.Steig.⟩ zum Sanskrit gehörend, das Sanskrit betreffend, aus dem Sanskrit (stammend)
Sans|kri|tist ⟨m.10⟩ Kenner des Sanskrits
Sans sou|ci [sɑ̃susi] Name von Schlössern, bes. eines Rokokoschlößchens in Potsdam [frz., „ohne Sorge"]
Sant' ⟨vor ital. männl. und weibl. Heiligennamen und von solchen abgeleiteten Ortsnamen, die mit einem Vokal beginnen; Abk.: S.⟩ der, die heilige, z.B. Sant' Angelo, Sant' Agata; vgl. San, Santa, Santo
San|ta ⟨vor ital., span. und port. weibl. Heiligennamen und in manchen Ortsnamen, die mit einem Konsonanten beginnen; Abk.: ital. S.; span., port. Sta.⟩ die heilige, z.B. Santa Clara, Santa Cruz; vgl. Sant', Santo, São
San|te ⟨Pl.; vor ital. weibl. Heiligennamen; Abk.: SS.⟩ die heiligen, z.B. Sante Maria e Maddalena
San|ti ⟨Pl.; vor ital. männl. Heiligennamen; Abk.: SS.⟩ die heiligen, z.B. Santi Pietro e Paolo, Santi Apostoli
San|to ⟨vor ital., span. und port. männl. Heiligennamen und von solchen abgeleiteten Ortsnamen, die mit St oder Sp (ital.) bzw. mit Do oder To (span.) oder mit Vokal (port.) beginnen; Abk.: S.⟩ der heilige, z.B. Santo Stefano, Santo Spirito, Santo Domingo, Santo Tomàs, Santo André; vgl. San, Sant', Santa
São ⟨[sãu] vor port. männl. Heiligennamen und von solchen abgeleiteten Ortsnamen, die mit einem Konsonanten beginnen; Abk.: S.⟩ der heilige, z.B. São Paolo; vgl. San, Santo, Santa
Sa|phir ⟨auch [za-] m.1⟩ **1** (meist blaue) Abart des Korunds, Edelstein **2** (daraus hergestellte) Abtastnadel für Plattenspieler; den S. auswechseln [< mhd. saphir, saffir < spätlat. sapphirus < lat. sappirus < griech. sappheiros „Saphir"]
sa|pi|en|ti sat für den Eingeweihten ist keine weitere Erklärung nötig [lat., „dem Weisen (ist es) genug"]
Sa|pi|ne ⟨f.11⟩ Werkzeug zum Wegziehen gefällter Bäume; Syn. Sappel [frz., „tannener Balken; Art Lastenaufzug", zu sapin „Tanne"]
Sa|po|nin ⟨n.1⟩ ein Glykosid, Reinigungs- und Arzneimittel [< lat. sapo, Gen. saponis, „Seife", weil es wie Seife schäumt, wenn es geschüttelt wird]
Sap|pe ⟨f.11; früher⟩ Laufgraben (im Stellungskrieg) [< frz. sape in ders. Bed.]
Sap|pel ⟨m.5⟩ →Sapine
sap|per|lot! ⟨Nebenform von⟩ sackerment!
Sap|per|lo|ter ⟨m.5; Nebenform von⟩ Sackerloter
sap|per|ment ⟨Nebenform von⟩ sackerment!
Sap|per|men|ter ⟨m.5; Nebenform von⟩ Sackermenter
sa(p)|phisch ⟨[zapfɪʃ] oder [zafɪʃ] Adj., o.Steig.; nur in den Fügungen⟩ ~e Liebe Homosexualität zwischen Frauen, lesbische Liebe; ~e Strophe eine Strophe aus drei elfsilbi-

gen Versen und einem abschließenden fünfsilbigen Vers [nach der altgriech. Dichterin Sappho]
sa|pri|sti! ⟨†⟩ potztausend! ⟨Ausruf der Überraschung⟩
Sa|pro|bie ⟨[-bjə] f.11⟩, **Sa|pro|bi|ont** ⟨m.10⟩ sich von toten organischen Stoffen ernährendes Lebewesen [< griech. sapros „faul" und bios „Leben"]
sa|pro|gen ⟨Adj., o.Steig.⟩ fäulniserregend [< griech. sapros „faul" und ...gen]
Sa|pro|pel ⟨n.1⟩ →Faulschlamm [< griech. sapros „faul" und pelos „Schlamm"]
Sa|pro|pha|ge ⟨m.11⟩ Organismus, der sich von faulenden Stoffen ernährt [< griech. sapros „faul" und phagein „essen, fressen"]
Sa|pro|phyt ⟨m.10⟩ als Saprobionte lebende Pflanze [< griech. sapros „faul, verfault" und phyton „Pflanze"]
Sa|ra|ban|de ⟨[-bãd] f.11⟩ **1** (17./18.Jh.) ein ruhiger französischer Gesellschaftstanz **2** Satz der Suite (2) [über frz. sarabande < span. zarabanda in ders. Bed., Herkunft nicht bekannt]
Sa|ra|fan ⟨m.1; 18./19.Jh.⟩ russischer Frauen-Trachtenrock mit Leibchen [russ., über turktatar. < pers. sarapa „langer Schleier", eigentlich „vom Kopf bis zu den Füßen", < sar „Kopf" und pā „Fuß"]
Sa|ra|ze|ne ⟨m.11; MA⟩ **1** (Bez. für) Araber **2** (Bez. für) Moslem
sa|ra|ze|nisch ⟨Adj., o.Steig.⟩ zu den Sarazenen gehörend, von ihnen stammend
Sar|de ⟨m.11⟩ Einwohner von Sardinien
Sar|del|le ⟨f.11⟩ kleiner, heringsartiger Schwarmfisch warmer Meere (z.B. Anchovis) [< ital. sardella, Verkleinerungsform von sarda, kleiner, silberblauer Meeresfisch", zu sardo, sarda „sardinisch", zu Sardegna „Sardinien"]
Sar|del|len|pa|ste ⟨f.11⟩ aus Sardellen hergestellte, salzige Paste (als Brotaufstrich)
Sar|di|ne ⟨f.11⟩ (etwas größer als eine Sardelle werdender) Heringsfisch; Syn. Pilchard [< ital. sardina, Verkleinerungsform von sarda; →Sardelle]
sar|disch ⟨Adj., o.Steig.⟩ Sardinien betreffend, zu ihm gehörig, aus ihm stammend; ~e Sprache eine dem Italienischen nahestehende Sprache
sar|do|nisch ⟨Adj., o.Steig.⟩ **1** krampfhaft; ~es Lachen ⟨auch übertr.⟩ bitteres, hämisches Lachen **2** ⟨Med.⟩ scheinbares Lachen bei krampfhafter Gesichtsverzerrung [< griech. sardonios, sardanios „höhnisch, bitter"]
Sard|onyx ⟨m.1⟩ braun und weiß gestreifter Onyx [< griech. sardios „sardisch" und Onyx]
Sarg ⟨m.2⟩ länglicher Kasten mit Deckel, in den ein Leichnam gelegt wird; du bist ein Nagel zu meinem S. ⟨ugs.⟩ du machst mir sehr viel Kummer
Sa|ri ⟨m.9⟩ kunstvoll gewickeltes indisches Frauengewand
Sar|kas|mus ⟨m., -, -men⟩ **1** ⟨nur Sg.⟩ bitterer Spott **2** sarkastische Äußerung [< griech. sarkasmos „grimmiger Hohn", zu sarkazein „Fleisch zerreißen, abreißen" (von Hunden), später „...bitter, grimmig verhöhnen", zu sarx, Gen. sarkos, „Fleisch"]
sar|ka|stisch ⟨Adj.⟩ bitter spöttisch
Sar|kom ⟨n.1⟩, **Sar|ko|ma** ⟨n., -s, -ma|ta⟩ bösartige Bindegewebsgeschwulst [< griech. sarx, Gen. sarkos, „Fleisch"]
sar|ko|ma|tös ⟨Adj., o.Steig.⟩ in der Art eines Sarkoms
Sar|ko|phag ⟨m.1⟩ prunkvoller Sarg, Steinsarg [< griech. sarkophagos „fleischfressend, Fleischfresser" < sarx, Gen. sarkos, „Fleisch" und phagos „Esser, Fresser", zu phagein „essen"; Sarkophage wurden urspr. häufig aus einem Kalkstein von Assos in Kleinasien hergestellt, dem lithos sarkopha-

Sau

gos, dem „fleischfressenden Stein", der das Fleisch der Leichen rasch zerstört haben soll]

Sa|rong ⟨m.9⟩ *bunter, gewickelter indonesischer Frauenrock* [mal., „Scheide (des Kris), Bedeckung"]

Sar|raß ⟨m.1⟩ *Säbel mit schwerer Klinge* [< poln. *za* „für" und *raz* „Hieb"]

Sar|sa|pa|ril|le ⟨f.11; Sammelbez. für⟩ *mehrere mittel- und südamerik. Stechwinden, aus deren Wurzeln ein blutreinigendes, schweiß- und harntreibendes Mittel gewonnen wird* [< span. *zarzaparilla*, zu *zarza* „Dornbusch" und *parilla* „Ranke des Wilden Weins", zu *parra* „Weinstock", wegen der rebenähnlichen Wurzel]

Saß ⟨m., Sas|sen, Sas|sen⟩ → *Sasse* (I)

Sas|sa|fras ⟨m., -, -⟩, **Sas|sa|fras|baum** ⟨m.2⟩ *nordamerikanischer Baum, aus dessen Wurzel ein ätherisches Öl gewonnen wird* [aus einer nordamerik. Indianersprache]

Sas|sa|ni|de ⟨m.11⟩ *Angehöriger eines persischen Herrschergeschlechts vom 3. bis ins 7. Jh.*

sas|sa|ni|disch ⟨Adj., o.Steig.⟩ *zu den Sassaniden gehörend, von ihnen stammend*

Sas|se **I** ⟨m.11; †⟩ *Grundbesitzer*; auch: *Saß* **II** ⟨f.11⟩ *Lager (des Feldhasen)*; Syn. ⟨norddt., ugs.⟩ *Pott* [zu nddt. *sassen* „sich niederlassen", zu *sitzen*]

Sa|tan ⟨m.1⟩ **1** *Teufel, Widersacher Gottes* **2** ⟨übertr.⟩ *boshafter, grausamer Mensch* [< hebr. *śātān* „Widersacher, Ankläger (des Menschen bei Gott)", zu *śātan* „anklagen, anfeinden"]

Sa|ta|nas ⟨m., -, -s|se⟩; kirchenlat. Form von⟩ *Satan* (1)

sa|ta|nisch ⟨Adj.⟩ *teuflisch*

Sa|tans|bra|ten ⟨m.7; ugs.⟩ *durchtriebener Kerl, Schlingel*; Syn. *Teufelsbraten*

Sa|tans|kerl ⟨m.1⟩ **1** *böser, grausamer Mensch* **2** *Draufgänger, verwegener Mensch*

Sa|tans|pilz ⟨m.1⟩ *giftiger Röhrling mit hellgrauem Hut und dickem, rotem Stiel*

Sa|tans|weib ⟨n.3; ugs.⟩ **1** *unverträchtiges, böses Weib* **2** ⟨auch⟩ *sehr temperamentvolle Frau*

Sa|tel|lit ⟨m.10⟩ Syn. *Trabant* **1** *einen Planeten umkreisender Himmels- oder künstlicher Raumkörper* **2** ⟨abwertend⟩ *ständiger Begleiter, ergebener Gefolgsmann* [< lat. *satelles*, Gen. *-itis*, „(schützender) Begleiter eines Fürsten, Trabant", weitere Herkunft unbekannt, vielleicht aus dem Etruskischen]

Sa|tel|li|ten|bild ⟨n.3⟩ *mit einem Satelliten hergestellte Fotografie eines Teils der Erdoberfläche*

Sa|tel|li|ten|staat ⟨m.12⟩ *formal selbständiger, in Wirklichkeit aber von einer Großmacht abhängiger Staat*

Sa|tel|li|ten|stadt ⟨f.2⟩ → *Trabantenstadt*

Sa|tem|spra|chen ⟨f.11, Pl.⟩ *früher Bez. für⟩ die indogermanischen Sprachen, die das Wort „hundert" nach iranisch „satem" bilden*; vgl. *Kentumsprachen*

Sa|ter|tag ⟨m.1; westfäl., ostfries.⟩ → *Sonnabend* [< lat. *Saturni dies* „Saturnstag"]

Sa|tin ⟨[-tẽ] m.9⟩ *atlasähnlicher Stoff* [< frz. *satin* „Seidenatlas", ältere Formen *satanin, zatanin*, < arab. *zaitūnī*, nach der arab. Form *Zaitūn* (in der eine chin. Stadt (vielleicht *Tsiatung*), aus der diese Stoffe ausgeführt wurden]

Sa|ti|na|ge ⟨[-ʒə] f.11⟩ *Glättung (von Papier, Stoff)* [frz., „das Satinieren"]

Sa|ti|né|pa|pier ⟨n.1⟩, **Sa|tin|pa|pier** ⟨[-tẽ-] n.1⟩ *Papier mit glänzender, glatter Oberfläche*

sa|ti|nie|ren ⟨V.3, hat satiniert; mit Akk.⟩ *unter Druck glätten und glänzend machen* [< frz. *satiner* in ders. Bed., zu *Satin*]

Sa|ti|re ⟨f.11⟩ *mit Ironie und scharfem Spott menschliche Schwächen und Laster geißelnde Dichtung* [< lat. *satira* „Gedicht über die verschiedensten historischen oder ethischen Torheiten der Menschen, in dem menschliche Torheiten gegeißelt werden", < altlat. *satura* „Allerlei, buntes Gemenge", eigtl. *satura lanx* „volle Schüssel, bes. Fruchtschüssel" als Opfergabe für die Götter, zu *satur* „reichlich, voll"]

Sa|ti|ri|ker ⟨m.5⟩ **1** *Satirendichter* **2** *Spötter*

sa|ti|risch ⟨Adj.⟩ *in der Art einer Satire, beißend-spöttisch*

Sa|tis|fak|ti|on ⟨f.10⟩ *Genugtuung (durch Ehrenerklärung oder Duell)*; jmdm. S. geben, gewähren [< lat. *satisfactio*, Gen. *-onis*, „Genugtuung, Befriedigung eines Gläubigers", zu *satisfacere* „Genugtuung leisten, befriedigen", < *satis* „genügend, hinreichend" und *facere* „machen"]

Sa|trap ⟨m.10; im alten Persien⟩ *Provinzstatthalter*

Sa|tsu|ma ⟨f.9⟩ *eine (meist kernlose) Mandarinensorte* [jap.]

satt ⟨Adj., -er, am -esten⟩ **1** *nicht mehr hungrig, gesättigt*; s. sein; sich s. essen, trinken *so viel essen, trinken, daß man nicht mehr hungrig, durstig ist*; etwas s. haben ⟨übertr., ugs.⟩ *genug von etwas oder jmdm. haben, einer Sache oder jmds. überdrüssig sein* **2** *den Bedarf deckend, genug, um den Hunger zu stillen*; s. zu essen haben **3** ⟨von Farben⟩ *kräftig*; ein ~es Blau, Rot **4** ⟨ugs.⟩ *ansehnlich, ziemlich hoch*; eine ~e Summe zahlen; er Preise **5** *selbstzufrieden*; ein ~es Lächeln; ein ~er Spießbürger

Sat|te ⟨f.11; norddt.⟩ *flache Schüssel (bes. für Milch)*

Sat|tel ⟨m.6⟩ **1** *Sitzvorrichtung zum Reiten*; das Pferd warf ihn aus dem S.; in den S. steigen; ich bin drei Stunden ununterbrochen geritten; er ist in allen Sätteln gerecht ⟨geh.⟩ *er wird mit jeder Aufgabe fertig, die man ihm stellt*; fest im S. sitzen *seine Stellung fest behaupten*; jmdn. aus dem S. heben *jmdn. aus seiner Stellung verdrängen* **2** ⟨beim Fahr- und Motorrad⟩ *Sitzvorrichtung* **3** *Einsenkung auf einer Wasserscheide im Gebirge* **4** *aufgewölbter Teil einer geologischen Falte* **5** ⟨bei Streichinstrumenten⟩ *am oberen Ende des Griffbrettes ausgearbeitete Erhöhung, auf der die Saiten* (1) *aufliegen*

Sat|tel|dach ⟨n.4⟩ *Dach, dessen zwei schräge Flächen am First zusammenstoßen*

sat|tel|fest ⟨Adj., -er, am -esten⟩ **1** *fest im Sattel sitzend, gut reitend* **2** *sicher, bewandert (auf einem Gebiet)* **3** ⟨übertr.⟩ *sicher, unbeirrbar*; ein ~er Ehemann

Sat|tel|knopf ⟨m.2⟩ *vorderes, kugelförmiges Ende eines Reitsattels*

sat|teln ⟨V.1, hat gesattelt; mit Akk.⟩ *ein Pferd s. einem Pferd den Sattel auflegen*

Sat|tel|na|se ⟨f.11⟩ *Nase mit sattelförmig nach innen gewölbtem Rücken*

Sat|tel|pferd ⟨n.1⟩ *das im Gespann links gehende Pferd*; Ggs. *Handpferd*

Sat|tel|schlep|per ⟨m.5⟩ *Kraftfahrzeug mit kurzem Lastwagengestell, an dem im Anhänger ohne Vorderachse angebracht ist*

Sat|tel|ta|sche ⟨f.11⟩ **1** *seitlich am Sattel* (1) *angebrachte Tasche* **2** *unter dem Fahrradsattel angebrachte, kleine Werkzeugtasche*

Satt|heit ⟨f., -, nur Sg.⟩ **1** *das Sattsein* **2** *Selbstzufriedenheit*

sät|ti|gen ⟨V.1, hat gesättigt⟩ **I** ⟨mit Akk.⟩ **1** *jmdn. s. satt machen, jmds. Hunger stillen* **2** *etwas s. so viel hinzufügen, daß die Aufnahmefähigkeit erschöpft ist*; Syn. *saturieren*; eine Lösung s. ⟨Chem.⟩; die Luft ist mit Wasserdampf gesättigt; der Markt ist mit Büchern dieser Art gesättigt **II** ⟨refl.⟩ sich s. an einer Speise, satt essen **III** ⟨o.Obj.⟩ ⟨von Speisen, Mehlspeisen s.

Sät|ti|gung ⟨f., -, nur Sg.⟩ *das Sättigen, das Gesättigtsein*

Satt|ler ⟨m.5⟩ *jmd., der berufsmäßig Grobleder zu Sätteln, Geschirren, Koffern u.a. verarbeitet*

Satt|le|rei ⟨f.10⟩ **1** ⟨nur Sg.⟩ *Handwerk eines Sattlers* **2** *Werkstatt eines Sattlers*

satt|sam ⟨Adv.⟩ *(mehr als) genügend*; es ist s. bekannt, daß ...

Sa|tu|ra|ti|on ⟨f.10⟩ *Verfahren bei der Zuckerproduktion* [zu *saturieren*]

sa|tu|rie|ren ⟨V.3, hat saturiert; mit Akk.⟩ **1** *etwas s.* → *sättigen* (I,2) **2** *jmdn. s. jmds. Ansprüche befriedigen*; saturiert sein *von allen materiellen Gütern (mehr als) genug haben* [< lat. *saturare* „sättigen, befriedigen", zu *satur* „gesättigt, satt, befriedigt; reichlich"]

Sa|tur|na|li|en ⟨Pl.⟩ *altrömisches Fest zu Ehren des Saturn*

sa|tur|nisch ⟨Adj., o.Steig.⟩ **1** *zum römischen Gott Saturn gehörend, ihn betreffend*; Saturnisches Zeitalter *Goldenes Zeitalter* **2** ⟨übertr.⟩ *groß, schrecklich*

Sa|tyr ⟨m., -s oder -n, -n⟩ **1** ⟨griech. Myth.⟩ *lüsterner Naturdämon im Gefolge des Dionysos, halb Bock, halb Mensch* **2** ⟨übertr.⟩ *geiler, grob sinnlicher Mensch* [griech.]

Sa|ty|ri|a|sis ⟨f., -, nur Sg.⟩ *krankhaft übersteigerter Geschlechtstrieb (beim Mann)* [zu *Satyr*]

Sa|tyr|spiel ⟨n.1⟩ *altgriechische Posse, bei der Satyrn den Chor bilden*

Satz ⟨m.2⟩ **1** *(meist) aus mehreren Wörtern bestehende und eine Aussage, Frage, Aufforderung enthaltende sprachliche Einheit*; einen Sachverhalt in wenigen, kurzen Sätzen schildern; das läßt sich nicht in einem (einzigen) S. erklären; ein selbständiger, abhängiger S.; in abgerissenen Sätzen sprechen; mitten im S. stocken, innehalten **2** *Grundgedanke, Lehrsatz*; der S. von der Erhaltung der Energie, einen S. beweisen **3** *das Setzen in Drucklettern*; ein Buch, Manuskript geht in den S. **4** *Abschnitt eines mehrteiligen Musikwerkes*; der erste S. der Sinfonie **5** *Kompositionsweise (eines Musikstückes)*; einstimmiger, mehrstimmiger S. **6** *festgelegter Betrag (Zins~)*; den S. der Steuer neu festlegen **7** *Menge gleichartiger, zusammengehöriger Gegenstände*; ein S. Schraubenschlüssel; ein S. Geschirr **8** ⟨Jägerspr.⟩ *Wurf*; ein S. Kaninchen **9** ⟨Fischerei⟩ *Besatz, Anzahl gleicher Fische*; ein S. Forellen **10** *Rückstand, Niederschlag* (Boden-~, Kaffee-~) **11** *Sprung*; in einem S. war er vom Baum; mit einem S. über den Bach springen **12** ⟨Ballspiele⟩ *Spielabschnitt*; ein Spiel im dritten S. verlieren

Satz|aus|sa|ge ⟨f.11⟩ → *Prädikat*

Satz|bau ⟨m.1⟩ *Aufbau, Gestaltung eines Satzes* (1)

Satz|er|gän|zung ⟨f.10⟩ → *Objekt*

Satz|feh|ler ⟨m.5⟩ *Fehler beim Satz* (3)

satz|fer|tig ⟨Adj., o.Steig.⟩ *bereit, fertig zum Satz* (3); ein Manuskript s. machen

Satz|ge|fü|ge ⟨n.5⟩ *aus Hauptsatz und einem oder mehreren Nebensätzen zusammengesetzter Satz, Gliedersatz*; vgl. *Satzverbindung*

Satz|ge|gen|stand ⟨m.2⟩ → *Subjekt* (2)

Satz|glied ⟨n.3⟩ → *Satzteil*

Satz|leh|re ⟨f., -, nur Sg.⟩ → *Syntax*

Satz|spie|gel ⟨m.5⟩ *bedruckter Teil einer Seite*

Satz|teil ⟨m.1⟩ *Teil eines Satzes (z.B. Subjekt, Attribut)*; Syn. *Satzglied*

Sat|zung ⟨f.10⟩ *schriftlich niedergelegte Rechtsvorschrift, Regel (Vereins~)*

Satz|ver|bin|dung ⟨f.10⟩ *aus zwei oder mehreren Hauptsätzen bestehender Satz*; vgl. *Satzgefüge*

satz|wei|se ⟨Adv.⟩ *Satz für Satz*; einen Abschnitt s. lesen

Satz|zei|chen ⟨n.7⟩ *Zeichen, das zur Gliederung eines Satzes dient (z.B. Punkt, Komma)*

Sau **I** ⟨f., -, Säue⟩ *weibliches Hausschwein, Mutterschwein*; er benimmt sich wie eine S. ⟨derb⟩ *er macht, hinterläßt viel Schmutz*; er fährt (Auto, Motorrad) wie eine gesengte S. ⟨derb⟩ *er fährt viel zu schnell und unvor-*

829

Sauarbeit

Sau|ar|beit ⟨f.10; derb⟩ schwere, mühselige Arbeit

sau|ber ⟨Adj.⟩ **1** rein, frei von Verschmutzung, frisch gewaschen; ein ~es Hemd; ~e Luft; ~es Wasser; s. sein ⟨übertr., ugs.⟩ kein Rauschgift mehr nehmen **2** so, wie es sein soll, ordentlich, sorgfältig; ~e Arbeit; ~e Schrift; s. geführte Rechnungsbücher **3** ⟨übertr., ugs.⟩ einwandfrei, anständig, lauter; ein ~er Charakter; ~es Verhalten **4** ⟨iron.⟩ nichtsnutzig, nicht anständig; ~es Bürschchen; deine ~e Verwandtschaft **5** ⟨ugs.⟩ reichlich, beachtlich; das hat eine ~e Stange Geld gekostet **6** ⟨südd., österr., schweiz.⟩ hübsch anzusehen; ein ~es Mädchen

sau|ber|hal|ten ⟨V.61, hat saubergehalten; mit Akk.⟩ in sauberem Zustand erhalten; eine Wohnung s.; die Kinder s.

Sau|ber|keit ⟨f., -, nur Sg.⟩ saubere Beschaffenheit, sauberer Zustand; für Ordnung und S. sorgen; die S. eines Zimmers bemängeln; die S. seines Charakters

säu|ber|lich ⟨Adj.⟩ ordentlich, genau; etwas s. schreiben, zeichnen, verpacken; die ~e Trennung von Begriffen; fein s. sehr ordentlich

sau|ber|ma|chen ⟨V.1, hat saubergemacht; mit Akk.⟩ säubern, reinigen; die Wohnung s.; ⟨ugs. auch o.Obj.⟩ ich habe heute noch nicht saubergemacht (erg.: die Wohnung)

Sau|ber|mann ⟨m.4; ugs.⟩ jmd., der besonders ordentlich, anständig wirkt und sich öffentlich für die Einhaltung moralischer Grundsätze einsetzt

säu|bern ⟨V.1, hat gesäubert; mit Akk.⟩ von Schmutz befreien; die Wohnung s.; die Schuhe vor der Tür s.

Säu|be|rung ⟨f.10⟩ **1** das Säubern, Reinigen; die S. des Zimmers **2** Entfernung mißliebiger Personen; die S. der Armee, der Partei

sau|blöd ⟨Adj., o.Steig.; derb⟩ sehr blöd

Sau|boh|ne ⟨f.11⟩ Syn. dicke Bohne, Pferdebohne, Puffbohne, weiße Bohne **1** weißschwarz blühende Wicke, die keine Ranken bildet **2** deren große, rundliche, eßbare Samen

Sau|ce ⟨[zosə] f.11; frz. Schreibung von⟩ → Soße (1)

Sau|cie|re ⟨[zosjɛrə] f.11⟩ Soßenschüssel [< frz. saucière in ders. Bed.]

sau|cie|ren ⟨[zosi-] V.3, hat sauciert; mit Akk.⟩ mit einer Soße behandeln; auch: soßen, soßieren; Tabakblätter s.

sau|dumm ⟨Adj., o.Steig.; derb⟩ sehr dumm; ~es Geschwätz; sich s. anstellen

sau|er ⟨Adj., sau(e)rer, am -sten⟩ **1** im Geschmack ähnlich dem Essig oder der Zitrone; einen Salat s. anmachen; saure Trauben → Trauben; saurer Wein; jmdm. stößt etwas s. auf ⟨übertr., ugs.⟩ jmd. ärgert sich über etwas; gib ihm Saures! ⟨übertr., ugs.⟩ schlag ihn kräftig! **2** infolge Gärung geronnen, gestockt; saure Milch **3** Säure enthaltend; saurer Boden; saure Mineralien; saurer Regen **4** ⟨übertr.⟩ schwer, hart, mühselig; sein Brot s. verdienen; s. ersparstes Geld; die Arbeit wird mir s. die Arbeit fällt mir schwer **5** ⟨übertr.⟩ griesgrämig, verdrießlich; ein saures Gesicht machen; mit saurer Miene; s. sein, werden verärgert sein, werden; der Motor ist s. ⟨übertr., ugs.⟩ der Motor arbeitet nicht richtig

Sau|er|amp|fer ⟨m.5⟩ Ampfer mit kleinen, rötlichen Blüten und sauer schmeckenden, spießförmigen Blättern

Sau|er|bra|ten ⟨m.7⟩ (in Essig, geronnener Milch u.a.) sauer eingelegter Rinderbraten

Sau|er|brun|nen ⟨m.7⟩ → Säuerling

Sau|er|dorn ⟨m.1⟩ → Berberitze

Saue|rei ⟨f.10; derb⟩ **1** ⟨nur Sg.⟩ schmutzige Angelegenheit; diese Arbeit ist eine S.; mach nicht solche S.! **2** unanständige Angelegenheit, Unanständigkeit; sein Verhalten war eine S. **3** das, was da gemacht hast, ist eine S. **4** unanständiger Witz, unanständige Äußerung; ~en erzählen; Spaß an ~en haben

Sau|er|gras ⟨n.4⟩ → Riedgras

Sau|er|kir|sche ⟨f.11⟩ Syn. ⟨bayr., österr.⟩ Weichsel **1** (meist als kleiner Baum mit flacher, runder Krone wachsende) Art der Kirsche **2** deren rote, säuerlich-süß schmeckende Frucht

Sau|er|klee ⟨m., -s, nur Sg.⟩ kleeähnliche Pflanze mit oxalsäurehaltigen, sauer schmeckenden Blättern

Sau|er|kohl ⟨m., -(e)s, nur Sg.; norddt.⟩ → Sauerkraut

Sau|er|kraut ⟨n., -(e)s, nur Sg.⟩ feingehobelter, mit Salz und Gewürzen eingestampfter und nach Milchsäuregärung haltbar gewordener Weißkohl

säu|er|lich ⟨Adj.⟩ **1** schwach sauer; ein ~er Geschmack **2** verdrießlich, mißvergnügt; mit ~er Miene; s. lächeln

Säu|er|ling ⟨m.1⟩ Quelle mit hohem Gehalt an Kohlendioxid; Syn. Sauerbrunnen

Sau|er|milch ⟨f., -, nur Sg.⟩ → Dickmilch

säu|ern ⟨V.1⟩ **I** ⟨mit Akk.; hat gesäuert⟩ **1** sauer werden lassen; Milch s. **2** sauer machen; mit Essig gesäuertes Wasser **II** ⟨o.Obj.; auch: ist gesäuert⟩ sauer werden

Sau|er|stoff ⟨m., -(e)s, nur Sg.; Zeichen: O⟩ chemisches Element, farb-, geruch- und geschmackloses Gas (als wichtiger Bestandteil der Luft sowie des Wassers und vieler anderer Verbindungen der Erdkruste); Syn. ⟨†⟩ Oxygen, Oxygenium

Sau|er|stoff|ge|rät ⟨n.1⟩ tragbares Gerät zur Versorgung mit künstlicher Atemluft

Sau|er|stoff|zelt ⟨n.1⟩ Kunststoffzelt über dem Krankenbett, unter dem sauerstoffreiche Atemluft zugeführt wird

sau|er|süß ⟨Adj., o.Steig.⟩ → süßsauer (2)

Sau|er|teig ⟨m.1⟩ durch Milchsäurebakterien gegorener Teig (als Treibmittel beim Brotbacken)

Sau|er|topf ⟨m.2; übertr., ugs.⟩ mürrischer, verdrießlicher Mensch, Griesgram [eigtl. „Gefäß, in dem Weinreste zur Essigherstellung aufbewahrt werden"]

sau|er|töp|fisch ⟨Adj.; übertr., ugs.⟩ verdrießlich, griesgrämig

Säue|rung ⟨f., -, nur Sg.⟩ das Säuern, das Sauerwerden

Sauf|aus ⟨m., -, -; nur in der veralteten Fügung⟩ Bruder S. Trinker, Säufer

Sauf|bold ⟨m.1⟩, **Sauf|bru|der** ⟨m.6; ugs.⟩ Säufer, Trinker

Sau|fe|der ⟨f.11⟩ früher, bei der Sauhatz schwere, speerähnliche Stichwaffe mit zweiseitig geschliffener Klinge (zum Töten von Wildschweinen)

sau|fen ⟨V.103, hat gesoffen⟩ **I** ⟨mit Akk.⟩ **1** (bei Tieren) trinken **2** ⟨ugs., derb⟩ trinken; er hat den ganzen Wein allein gesoffen; einen s. gehen in eine Kneipe gehen und Alkoholisches trinken **II** ⟨o.Obj.⟩ trunksüchtig sein, gewohnheitsmäßig zuviel Alkohol trinken; er säuft seit drei Jahren; er säuft wie ein Loch

Säu|fer ⟨m.5; derb⟩ jmd., der ohne Maß alkoholische Getränke trinkt, gewohnheitsmäßiger Trinker

Sau|fe|rei ⟨f.10; derb⟩ **1** ⟨nur Sg.⟩ unmäßiger Genuß von alkoholischen Getränken **2** geselliges Zusammensein, bei dem übermäßig viel alkoholische Getränke getrunken werden

Säu|fer|le|ber ⟨f.11; ugs.⟩ durch Alkoholismus hervorgerufene Leberzirrhose

Säu|fer|wahn ⟨m., -(e)s, nur Sg.⟩ → Delirium tremens

Sauf|ge|la|ge ⟨n.5⟩ Festlichkeit, Feier, bei der unmäßig Alkohol getrunken wird

Sauf|fraß ⟨m., -es, nur Sg.; vulg.⟩ sehr schlechtes Essen

saug|boh|nern ⟨V.1, hat gesaugbohnert; nur im Infinitiv und Perfekt; mit Akk.⟩ mit einem Staubsauger, der zugleich bohnert, reinigen

sau|gen ⟨V.1 oder 104, hat gesaugt oder gesogen; im technischen Bereich: gesaugt⟩ **I** ⟨mit Akk.⟩ **1** mit den Lippen oder (bei Tieren) mit dem Rüssel unter gleichzeitigem Einziehen von Luft in sich ziehen; an etwas s.; Bienen s. Honig; mit einem Röhrchen Blut aus einem Reagenzglas s.; wir haben die frische Luft tief in die Lungen gesogen **2** (von Pflanzen) mit den Wurzeln in sich ziehen; Wasser, Feuchtigkeit s. **3** mit dem Staubsauger reinigen; den Teppich s.; ⟨ugs. auch o.Obj.⟩ ich habe heute noch nicht gesaugt (erg.: den Teppich, den Boden) **II** ⟨refl.⟩ sich (voll von etwas) s. etwas Flüssiges in sich aufnehmen; der Schwamm hat sich voll Wasser gesogen **III** ⟨mit Präp.obj.⟩ an etwas s. mit Lippen und Zunge an etwas ziehen; das Kind saugt am Schnuller

säu|gen ⟨V.1, hat gesäugt; mit Akk.⟩ an der Brust, an den Zitzen, am Euter trinken lassen und dadurch ernähren; ein Kind s.; die Hündin säugt ihre Jungen

Säu|ger ⟨m.5⟩, **Säu|ge|tier** ⟨n.1⟩ Wirbeltier, das lebende Junge zur Welt bringt und diese einige Zeit säugt; Syn. ⟨Pl.⟩ Mammalia

saug|fä|hig ⟨Adj.⟩ fähig, Flüssigkeit aufzunehmen; ~es Papier; ~er Stoff **Saug|fä|hig|keit** ⟨f., -, nur Sg.⟩

Saug|fla|sche ⟨f.11⟩ chemisches Gerät zum beschleunigten Filtrieren

Saug|he|ber ⟨m.5⟩ hufeisenförmiges Glasröhrchen zum Entnehmen von Flüssigkeit aus einem Gefäß, das dabei nicht gekippt werden braucht

Saug|kap|pe ⟨f.11⟩ Aufsatz auf Schornsteinen, der gleichmäßigen Rauchabzug ermöglichen soll

Säug|ling ⟨m.1⟩ kleines Kind, das noch an der Flasche oder von der Mutterbrust Milch saugt

Säug|lings|heim ⟨n.1⟩ Heim, in dem Säuglinge betreut werden

Säug|lings|schwe|ster ⟨f.11⟩ für die Pflege von Säuglingen ausgebildete Krankenschwester

Säug|lings|sterb|lich|keit ⟨f., -, nur Sg.⟩ Zahl der Todesfälle bei Säuglingen, bezogen auf eine Bevölkerungsgruppe

Saug|napf ⟨m.2⟩ **1** (bei manchen Tieren, z.B. Blutegeln, Bandwürmern) napfförmige Erhöhung an der Körperoberfläche zum Ansaugen an einer Unterlage **2** leicht nach innen gewölbte Gummischeibe, die durch Andrücken an glatter Fläche haften bleibt

Saug|re|flex ⟨m.1⟩ bei Säuglingen durch Berührungsreiz hervorgerufene Saugbewegung

sau|grob ⟨Adj., o.Steig.; derb⟩ sehr grob; er kann s. werden

Saug|rohr ⟨n.1⟩ Rohrleitung, in der Unterdruck herrscht (zum Fördern von Flüssigkeiten)

Sau|hatz ⟨f.10⟩ Jagd auf Wildschweine

Sau|hau|fen ⟨m.7; ugs.⟩ Menschengruppe, die einen ungeordneten, schlechten Eindruck macht

Sau|igel ⟨m.5; ugs.⟩ jmd., der oft unanständige Witze erzählt; Syn. Saukerl

sau|igeln ⟨V.1, hat gesauigelt; o.Obj.; ugs.⟩ unanständige Witze erzählen

säu|isch ⟨Adj.; vulg.⟩ **1** unanständig; ~e Witze erzählen **2** sehr groß; ~en Hunger haben

Sau|käl|te ⟨f., -, nur Sg.; derb⟩ große Kälte

Sau|kerl ⟨m.1; derb⟩ **1** gemeiner Kerl **2** ⟨auch⟩ → Sauigel

Säu|le ⟨f.11⟩ **1** länglicher, zylindrischer, in Schaft, Basis und Kapitell gegliederter Körper (der zum Stützen von Gebäuden dient); dorische, ionische, korinthische S.; eine S. der Gesellschaft ⟨übertr.⟩ eine Stütze der Gesellschaft **2** schmales Gebilde, das gerade nach oben steigt (Rauch~) **3** ⟨kurz für⟩ Marschsäule

Säu|len|gang ⟨m.2⟩ aus zwei Reihen von Säulen gebildeter, (meist überdachter) Gang

Säu|len|hal|le ⟨f.11⟩ durch Säulen gestützte, mit Säulen eingefaßte Halle

Säu|len|hei|li|ge(r) ⟨m.17 oder 18; Altertum und MA⟩ auf einer Säule lebender christlicher Asket

Säu|len|kak|tus ⟨m., -, -te|en⟩ hoher, säulenförmiger Kaktus

Säu|len|ord|nung ⟨f.10⟩ Eigenart, Stil hinsichtlich Proportionen, Verzierung usw. von Säulen einschließlich des darüberliegenden Gebälks

Säu|len|por|tal ⟨n.1⟩ mit Säulen verziertes Portal

Saum ⟨m.2⟩ **1** ⟨einfach oder doppelt⟩ umgebogener und mit Stichen befestigter Rand (Rock~); einen S. nähen; der S. ist aufgegangen; den S. herauslassen (um das Kleidungsstück zu verlängern) **2** ⟨geh.⟩ Rand (Wald~, Wolken~)

sau|mä|ßig ⟨Adj., o.Steig.; derb⟩ **1** sehr groß; eine ~e Kälte **2** sehr schlecht; es geht mir s.; eine ~e Arbeit **3** sehr, überaus; ich habe s. gefroren

säu|men¹ ⟨V.1, hat gesäumt; mit Akk.⟩ **1** mit einem Saum (1) versehen; einen Rock s. **2** mit einem Saum (2) einfassen; Blumenbeete s. den Weg; golden gesäumte Abendwolken

säu|men² ⟨V.1, hat gesäumt; o.Obj.; geh.⟩ zögern, andere auf sich warten lassen; sie kamen, ohne zu s.

Säu|mer ⟨m.5; †⟩ **1** → Saumtier **2** jmd., der ein Saumtier treibt

säu|mig ⟨Adj.⟩ **1** zögernd, langsam **2** nachlässig in Zahlen; ein ~er Schuldner **Säu|mig|keit** ⟨f., -, nur Sg.⟩

Säum|nis ⟨f.1 oder n.1⟩ **1** ⟨nur Sg.⟩ das Säumen², Zögern **2** Verspätung

Saum|pfad ⟨m.1⟩ Gebirgspfad (für Saumtiere)

Saum|sat|tel ⟨m.6⟩ Sattel für Saumtiere

saum|se|lig ⟨Adj.⟩ langsam, sich Zeit lassend; er ist s.; er ist ein ~er Arbeiter **Saum|se|lig|keit** ⟨f., -, nur Sg.⟩

Saum|tier ⟨n.1⟩ Last-, Tragtier (im Gebirge) [zum veralteten Saum „Traglast eines Lasttieres", < lat., griech. sagma „Packsattel" und Tier]

Sau|na ⟨f., -, -s oder -nen⟩ **1** Heißluftbad im Wechsel mit Kaltwassergüssen nach finnischer Art **2** Raum oder Räume dafür [finn.]

sau|nen ⟨V.1, hat gesaunt⟩, **sau|nie|ren** ⟨V.3, hat sauniert; o.Obj.⟩ ein Bad in der Sauna nehmen

Säu|re ⟨f.11⟩ **1** ⟨nur Sg.⟩ das Sauersein, saure Beschaffenheit (eines Stoffes); milde S. eines Weines **2** ⟨Chem.⟩ Wasserstoff enthaltende Verbindung mit saurem Geschmack und (meist) ätzender Wirkung

Sau|re|gur|ken|zeit ⟨f.10; ugs., scherzh.⟩ geschäftlich oder politisch ruhige Zeit, Flaute

Säu|re|man|tel ⟨m.6⟩ aus Säureabsonderungen bestehender Film auf der Hautoberfläche (des Menschen)

Säu|re|wecker ⟨-k|k-; m.5⟩ **1** Kultur von Milchsäurebakterien, die zur Entwicklung von Säure und Aroma verwendet wird **2** Stoff, der die Produktion von Magensäure anregt

Sau|ri|er ⟨m.5⟩ ausgestorbenes (meist riesenhaftes) Reptil (Dino~, Plesio~) [< griech. saura, sauros „Eidechse", weitere Herkunft unklar]

Saus ⟨m.; nur noch in der Wendung⟩ in S. und Braus herrlich und in Freuden, üppig und sorglos; in Saus und Braus leben

säu|seln ⟨V.1, hat gesäuselt; o.Obj.⟩ **1** leise rauschend und sacht wehen; der Wind säuselt in den Bäumen **2** ⟨mit Akk.; übertr., ugs.⟩ etwas übermäßig und gespielt liebenswürdig sagen; „Aber gern!" säuselte sie

sau|sen ⟨V.1; o.Obj.⟩ **1** ⟨hat gesaust⟩ rauschend, zischend wehen; der Wind saust ums Haus **2** ⟨ist gesaust⟩ sich schnell und mit rauschendem oder zischendem Geräusch fortbewegen; die Autos s. durch die Straßen; einen s. lassen ⟨derb⟩ einen Darmwind abgehen lassen; vgl. sausenlassen **3** ⟨ist gesaust; ugs.⟩ sehr schnell laufen oder fahren; ich bin rasch in die Stadt gesaust (um etwas zu besorgen); mit dem Fahrrad zur Schule s.; ich muß s. ich muß mich beeilen, ich muß jetzt sofort, schnell gehen

sau|sen|las|sen ⟨V.75, hat sausenlassen; mit Akk.⟩ etwas s. zu etwas nicht hingehen, auf etwas verzichten; Syn. schießenlassen; eine Verabredung, einen Theaterabend, einen Plan s.

Sau|ser ⟨m.5; landsch.⟩ → Federweiße(r)

Sau|se|wind ⟨m.1; poet., auch übertr.⟩ leichtsinniger junger Mensch, fröhliches, lebhaftes Kind

Sau|stall ⟨m.2⟩ **1** ⟨mundartl.⟩ Stall für Schweine **2** ⟨derb⟩ sehr schmutziger Raum oder Haushalt **3** ⟨derb⟩ schlecht geführtes Unternehmen, Gesamtheit schlecht durchgeführter Arbeitsabläufe; das ist ja hier ein S.; einen S. vorfinden

Sau|ter|nes ⟨sotɛrn] m., -, -⟩ süßer französischer Weißwein mit hohem Alkoholgehalt [nach dem gleichnamigen Weinbaugebiet südlich von Bordeaux]

sau|tie|ren ⟨[so-] V.3, hat sautiert; mit Akk.⟩ **1** kurz in Fett braten **2** nochmals kurz in Fett braten, in Fett schwenken; gebratenes Fleisch s. [< frz. sauter in ders. Bed., eigtl. „springen"]

Sau|wet|ter ⟨n., -s, nur Sg.; derb⟩ sehr schlechtes, naßkaltes Wetter, Regen oder Schnee und Wind

Sau|wirt|schaft ⟨f., -, nur Sg.; derb⟩ sehr schlechte Wirtschaftsführung, schlecht geführtes Unternehmen

sau|wohl ⟨Adj., o.Steig.; derb⟩ sehr wohl; sich s. fühlen

Sau|wut ⟨f., -, nur Sg.; derb⟩ sehr große Wut

Sa|van|ne ⟨f.11; in trop. Gebieten⟩ Grassteppe mit einzeln stehenden Bäumen oder Baumgruppen [< aruak. savana, sabana „weite Ebene"]

Sa|voir-vi|vre [savoarvivrǝ] ⟨n., -, nur Sg.⟩ kultivierte Lebensart [frz., „zu leben wissen"]

Sa|voy|ar|de ⟨m.11⟩ Einwohner von Savoyen

Sax ⟨m.1⟩ → Sachs

Sa|xi|fra|ga ⟨f., -, -gen⟩ → Steinbrech [< lat. saxifragus „felsenbrechend, steinbrechend", < saxum, Gen. saxi, „Fels" und frangere (Perfekt: fractus) „brechen, zerbrechen"; die Pflanze liebt felsige Standorte und galt zu (Unrecht) als Mittel gegen Blasen-, Nierensteine u.ä.]

Sa|xo|phon ⟨n.1⟩ ein Metallblasinstrument [nach dem belg. Erfinder, Adolphe Sax, und griech. phone „Stimme"]

Sa|xo|pho|nist ⟨m.10⟩ Musiker, der Saxophon spielt

sa|zer|do|tal ⟨Adj., o.Steig.⟩ priesterlich [zu Sazerdotium]

Sa|zer|do|ti|um ⟨n., -s, nur Sg.⟩ Priesteramt, geistliche Gewalt des Papstes [lat. sacerdotium „Priesteramt, -würde", zu sacerdos, Gen. -dotis, „Priester"; < sacer „heilig" und dos, Gen. dotis, „Gabe", also „der die heilige Gabe gibt", d.h. den Göttern opfert]

sb ⟨Zeichen für⟩ Stilb

Sb ⟨Zeichen für⟩ Antimon [< lat. stibium „Antimon"]

S-Bahn ⟨f.10⟩ auf Schienen geführtes Nahverkehrsmittel [Kurzw. < Schnellbahn]

SBB ⟨Abk. für⟩ Schweizerische Bundesbahnen

Sbir|re ⟨m.11; früher⟩ italienischer Polizei-, Gerichtsdiener

s.Br. ⟨Abk. für⟩ südliche(r) Breite

Sbrinz ⟨m., -(es), nur Sg.⟩ schweizerischer Reibkäse [nach der Stadt Brienz im Kanton Bern]

Sc ⟨Zeichen für⟩ Scandium

sc. ⟨Abk. für⟩ scilicet, sculpsit

Scam|pi ⟨Pl.; Handelsbez.⟩ → Garnele [ital., vielleicht < griech. hippo(s)kampos „Seepferdchen", < hippos „Pferd" und kampe „Krümmung"]

Scan|di|um ⟨n., -s, nur Sg.; Zeichen: Sc⟩ chemisches Element, seltenes, silberweißes Leichtmetall [neulat., nach seinem Vorkommen in skandinavischen Mineralien]

Scan|ner [skɛnǝr] ⟨m.9; Tech.⟩ Gerät, das zwecks bildlicher Wiedergabe ein Objekt zeilen- oder punktweise (mit einem Licht- oder Elektrostrahl) abtastet [< engl. to scan „abtasten, genau prüfen"]

Sca|ra|mouche ⟨[-muʃ] m.9; frz. Bez. für⟩ Skaramuz

Scat [skɛt] ⟨m., -s, nur Sg.; Jazz⟩ ein Gesangsstil, bei dem mit einzelnen Silben improvisiert wird [verkürzt < engl. to scatter „verteilen, verstreuen"]

Sce|na|rio ⟨[ʃɛ-] n., -s, -ri|en⟩ → Szenarium (2)

Schab|bes ⟨m., -, -; jidd.⟩ → Sabbat

Scha|be ⟨f.11⟩ **1** → Schabmesser (2) **2** Insekt mit flachem Körper, kauenden Mundwerkzeugen, fadenförmigen Fühlern und kräftigen Laufbeinen (Küchen~)

Schä|be ⟨f.11⟩ Holzteilchen im Flachs

Schab|e|fleisch ⟨n., -(e)s, nur Sg.; norddt.⟩ rohes, geschabtes (oder durch den Wolf gedrehtes), fett- und sehnenfreies Rindfleisch; Syn. ⟨bes. ostmdt.⟩ Geschabtes

Schab|ei|sen ⟨n.7⟩ **1** (in der Schabkunst verwendetes) Werkzeug zum Herausschaben der Zeichnung aus der Platte

scha|ben ⟨V.1, hat geschabt⟩ **I** ⟨mit Akk.⟩ **1** mit einem Messer o.ä. abreiben und dabei säubern oder glätten; Möhren s.; Leder s. **2** rasch in sehr feine Stückchen schneiden; rohes Fleisch s. **3** ein Bild s. ein Bild aus einer aufgerauhten Metallplatte herausarbeiten, indem man sie mit dem Schabeisen stellenweise glättet **II** ⟨o.Obj.⟩ bei Bewegung ständig etwas berühren; das Rad schabt am Schutzblech; der Schuh schabt an der Ferse

Scha|ber ⟨m.5⟩ **1** ⟨i.w.S.⟩ Werkzeug zum Schaben (Teig~) **2** ⟨i.e.S.⟩ → Schabmesser (1)

Scha|ber|nack ⟨m.1; Pl. nicht üblich⟩ **1** übermütiger Streich; jmdm. einen S. spielen; allerlei S. treiben **2** ⟨auch⟩ kleines, übermütiges Kind

schä|big ⟨Adj.⟩ **1** armselig, dürftig, abgenutzt, ungepflegt; ~e Kleidung; das Buch sieht schon ziemlich s. aus **2** aus eine gute Tat unangemessen reagierend, sich aus Geiz oder Egoismus unangemessen verhaltend; Syn. schofel; noch nicht das täte, kann mir keiner s. vor; sein Verhalten ist. sein Verhalten ist (aus Geiz, Egoismus) unangemessen **3** unangemessen gering, geringwertig, dürftig; ein ~er Betrag; eine ~e Belohnung; ein ~er Rest

Schä|big|keit ⟨f., -, nur Sg.⟩ **1** schäbige Beschaffenheit; die S. seiner Kleidung **2** schäbiges Verhalten; seine S. ist empörend

Schab|kunst ⟨f., -, nur Sg.⟩ → Mezzotinto

Scha|blo|ne ⟨f.11⟩ **1** ausgeschnittenes Muster, ausgeschnittene Vorlage **2** ⟨übertr.⟩ herkömmliche, übliche Form; er gestaltet alles nach derselben S. [< mnddt. schampelion, schampelûn „Muster, Modell"; weitere Herkunft nicht bekannt]

scha|blo|nie|ren ⟨V.3, hat schabloniert; mit Akk.⟩ mittels Schablone herstellen

scha|blo|ni|sie|ren ⟨V.3, hat schablonisiert; mit Akk.⟩ *in eine Schablone (2) pressen, nach einer vorgegebenen Form gestalten*

Schab|mes|ser ⟨n.5⟩ **1** *scharfkantiges Eisen mit zwei Handgriffen zur Bearbeitung von Holz oder Leder;* Syn. *Schaber* **2** *messerähnliches Werkzeug aus der Altsteinzeit;* Syn. *Schabe*

Scha|bot|te ⟨f.11⟩ *(aus Stahl oder Beton bestehender) Unterbau für einen Maschinenhammer* [< frz. *chabotte* in ders. Bed.; weitere Herkunft unbekannt]

Scha|bracke ⟨-k|k-; f. 11; früher⟩ **1** *lange, verzierte Decke unter dem Sattel* **2** ⟨abwertend⟩ *altes Pferd* **3** ⟨ugs., abwertend⟩ *abgenutzter Gegenstand* **4** ⟨abwertend⟩ *böse alte Frau* [< türk. *çaprak* „Sattel-, Pferdedecke", < dem Verbalstamm *çap*... „bedecken" und der Nachsilbe ...*rak*, der urspr. die Richtung auf etwas hin bezeichnete]

Schab|sel ⟨n.5⟩ *Gesamtheit abgeschabter Teile*

Schab|zie|ger ⟨m., -s, nur Sg.⟩ *schweizerischer Kräuterkäse* [< *schaben* und *Zieger*]

Schach ⟨n., -s, nur Sg.⟩ **1** *altes, urspr. orientalisches Brettspiel für zwei Personen;* Syn. *Schachspiel; eine Partie S. spielen* **2** *S. (dem König)!* ⟨Warnruf an den König in diesem Spiel⟩ *S. (und) matt* ⟨Mitteilung an den Spielgegner, daß er besiegt ist⟩; *jmdm. S. bieten* ⟨übertr.⟩ *sich jmdm. widersetzen; jmdn. in S. halten* ⟨übertr.⟩ *jmdn., der gefährlich ist, in seinem Handeln behindern* [< pers. *šāh* „König"; der erste Teil des Rufes *Schach matt!* zum Ende des Spiels wurde auf das ganze Spiel übertragen; der pers. Ausdruck *šāh māt* bedeutet „der König ist ratlos, kann nicht mehr weiter"]

Schach|auf|ga|be ⟨f.11⟩ *(meist in einer Zeitschrift aufgeführtes) Problem des Schachspiels, das jmd. allein, ohne Gegner lösen kann*

Schach|blu|me ⟨f.11⟩ *Liliengewächs mit purpurroten, schachbrettartig gemusterten Blüten*

Schach|brett ⟨n.3⟩ *quadratisches Brett mit 64 weißen und schwarzen Feldern, das zum Schachspielen dient*

schach|brett|ar|tig ⟨Adj., o.Steig.⟩ *gemustert wie ein Schachbrett*

Schachen ⟨m.7⟩ **1** ⟨süddt., österr.⟩ *Waldgebiet* **2** ⟨schweiz.⟩ *Niederung, Uferland*

Schacher ⟨m., -s, nur Sg.⟩ **1** *Handel mit vielem Feilschen, kleinliches Geschäftemachen* [< hebr. *sākar* „Erwerb, Gewinn", zum Verb *sakār* „als Händler herumziehen"] **2** ⟨m.5; †⟩ *Räuber, Mörder* [zu mhd. *schach* < ahd. *scah* „Raub"]

scha|chern ⟨V.1, hat geschachert; o.Obj.⟩ *Schacher treiben, kleinlich und hartnäckig handeln, feilschen; er schachert um jede Mark*

Schach|fi|gur ⟨f.10⟩ *Figur des Schachspiels; du bist in seinem Plan nur eine S.* ⟨übertr.⟩ *er benutzt dich bei seinem Plan nach seinem Willen*

schach|matt ⟨Adj., o.Steig.⟩ **1** ⟨Schachspiel⟩ *mattgesetzt, zugunfähig;* vgl. *Schach* **2** ⟨übertr.⟩ *erschöpft, sehr müde*

Schach|mei|ster ⟨m.5⟩ *Sieger in einem Schachwettkampf*

Schach|par|tie ⟨f.11⟩ *einzelnes Spiel (beim Schach)*

Schach|spiel ⟨n.1⟩ → *Schach*

Schacht ⟨m.2⟩ **1** ⟨Bgb.⟩ *als (meist senkrechte) Verbindung zwischen der Erdoberfläche und dem Untertagebau hergestellter Grubenbau; einen S. abteufen* **2** *hoher, schmaler, senkrechter Hohlraum (Brunnen~, Luft~)* [nddt., „Schaft"]

Schach|tel ⟨f.11⟩ **1** *kleiner Behälter aus Holz, Metall, Papier oder Pappe mit Deckel (Schuh~, Zündholz~)* **2** ⟨übertr., ugs.; abwertend⟩ *altjüngferliche Frau; alte S.*

Schach|tel|ge|sell|schaft ⟨f.10⟩ *an anderen Gesellschaften beteiligte Kapitalgesellschaft*

Schach|tel|halm ⟨m., -(e)s, nur Sg.⟩ *Farnpflanze, deren einzelne Stengelglieder ineinandergeschachtelt sind (Acker~, Wiesen~);* Syn. ⟨norddt.⟩ *Duwock, Zinnkraut*

schach|teln ⟨V.1, hat geschachtelt; mit Akk.⟩ *Gegenstände s. Gegenstände mehrfach ineinanderschieben, so zusammenfügen, daß sie möglichst wenig Platz beanspruchen*

Schach|tel|satz ⟨m.2⟩ *verwickelt konstruiertes Satzgefüge*

schach|ten ⟨V.2, hat geschachtet⟩ **I** ⟨mit Akk.⟩ *in der Art eines Schachtes herstellen; eine Höhlung s.* **II** ⟨o.Obj.⟩ *einen Schacht, Schächte herstellen; sie haben gestern angefangen zu s.*

schäch|ten ⟨V.2, hat geschächtet; mit Akk.⟩ *nach jüdischem Ritus (ohne Betäubung) durch Öffnen der Halsschlagader und Ausblutenlassen schlachten* [< hebr. *šaḥaṭ* „schlachten"]

Schacht|mei|ster ⟨m.5⟩ *Vorarbeiter bei Erdarbeiten*

Schacht|ofen ⟨m.8⟩ *schachtförmiger Metallschmelzofen*

Schäch|tung ⟨f., -, nur Sg.⟩ *das Schächten*

Schach|tur|nier ⟨n.1⟩ *Wettbewerb von Schachspielern*

Schach|zug ⟨m.2⟩ **1** *Zug im Schachspiel* **2** ⟨übertr.⟩ *geschickte Handlungsweise; ein guter S.*

scha|de ⟨Adj., o.Steig.; nur mit „sein"⟩ **1** *bedauerlich; es ist s., daß du nicht kommst; wie s.!; es ist s. um etwas, um jmdn. es ist bedauerlich, daß etwas mit etwas oder jmdm. geschieht* **2** ⟨in den Wendungen⟩ *etwas, jmd. ist zu s. ist zu wertvoll; das ist mir zu s.; dazu bin ich mir zu s.*

Scha|de ⟨m.; alter Nominativ von⟩ *Schaden;* ⟨nur noch in der Wendung⟩ *es soll dein S. nicht sein du wirst keinen Schaden davon haben, du wirst deinen Vorteil dabei haben*

Schä|del ⟨m.5⟩ **1** *knöchernes Gerüst, Skelett des Kopfes* **2** ⟨oft abwertend⟩ *Kopf; sich (an etwas) den S. einrennen; mir brummt der S.* ⟨ugs.⟩ *ich habe Kopfschmerzen, mir ist wirr im Kopf; das geht ihm nicht in den S. einfach nicht hinein* ⟨ugs.⟩ *das begreift er einfach nicht; einen harten, dicken S. haben* ⟨ugs.⟩ *ein Dickkopf sein, eigensinnig sein*

Schä|del|ba|sis ⟨f., -, -sen⟩ *(aus mehreren Knochen bestehende) Basis des Schädelteils, der das Gehirn umschließt*

Schä|del|leh|re ⟨f., -, nur Sg.⟩ → *Kraniologie*

Schä|del|lo|se(r) ⟨m.17 oder 18⟩ *fischähnliches Chordatier ohne gesonderten Kopfabschnitt*

Schä|del|meß|leh|re ⟨f., -, -⟩ → *Kraniometrie*

Schä|del|naht ⟨f.2⟩ *(meist im Zickzack verlaufende) Linie zwischen den aneinandergrenzenden Schädelknochen*

Schä|del|stät|te ⟨f., -, nur Sg.⟩ *die Kreuzigungsstätte Christi, Golgatha*

scha|den ⟨V.2, hat geschadet⟩ **I** ⟨o.Obj.⟩ *Nachteile verursachen; das schadet nicht(s) das ist nicht schlimm; es kann nicht(s) s., wenn wir ...* **II** ⟨mit Dat.⟩ *jmdm. oder einer Sache s. jmdm. oder einer Sache Schaden zufügen, nachteilig für jmdn. oder eine Sache sein; sein Verhalten hat ihm in der Firma sehr geschadet; der kalte Sommer hat dem Obst geschadet; mit dieser Äußerung würdest du ihm sehr s.*

Scha|den ⟨m.8⟩ **1** *Beeinträchtigung, Verlust, Nachteil; es entstand ein hoher S.; einen S. ersetzen; es ist dein eigener S.; etwas zu S. nehmen an etwas geschädigt werden; durch S. wird man klug; für einen S. aufkommen; fort mit S.!* ⟨ugs.⟩ *weg damit!; tu das nicht, du hast nur den S. davon!* **2** *Zerstörung, Beschädigung; einen S. am Auto haben; bei dem Unfall entstand nur geringer S.* **3** *(körperliche oder geistige) Verletzung; einen schweren S. davontragen; zu S. kommen verletzt werden*

Scha|den|er|satz ⟨m., -es, nur Sg.; im BGB⟩ *Ausgleich, der für einen Schaden gezahlt werden muß; S. leisten;* auch: *Schadensersatz*

Scha|den|freu|de ⟨f., -, nur Sg.⟩ *Freude über das Mißgeschick, Unglück anderer*

scha|den|froh ⟨Adj., -er, am -esten⟩ *erfreut über das Mißgeschick, Unglück anderer*

Scha|dens|er|satz ⟨m., -es, nur Sg.⟩ → *Schadenersatz*

Scha|dens|fall ⟨m.2⟩ *Fall, in dem ein Schaden eintritt; S. zahlt die Versicherung einen Teil der Kosten*

Schad|fraß ⟨m., -es, nur Sg.⟩ *Schaden durch tierische Schädlinge*

schad|haft ⟨Adj., -er, am -esten⟩ *beschädigt, fehlerhaft, mit einem Schaden, mit Schäden behaftet* **Schad|haf|tig|keit** ⟨f., -, nur Sg.⟩

schä|di|gen ⟨V.1, hat geschädigt; mit Akk.⟩ *jmdn. oder etwas s. jmdm. oder einer Sache einen Schaden, eine Verletzung zufügen; jmds. Ruf, Ansehen s.; die Pflanzen sind durch den Frost geschädigt worden; ~de Einflüsse*

Schä|di|gung ⟨f.10⟩ **1** ⟨nur Sg.⟩ *das Schädigen* **2** *Schaden (Hirn~)*

Schad|in|sekt ⟨n.12⟩ *schädliches Insekt*

schäd|lich ⟨Adj.⟩ *Schaden bringend oder verursachend, gefährlich;* Ggs. *nützlich; Rauchen ist s.* **Schäd|lich|keit** ⟨f., -, nur Sg.⟩

Schäd|ling ⟨m.1⟩ *den Menschen direkt oder indirekt schädigender Organismus (Gesundheits~, Pflanzen~, Vorrats~);* Ggs. *Nützling*

schad|los ⟨Adj.; nur in den Wendungen⟩ *sich an etwas s. halten, sich für etwas s. halten sich etwas nehmen, weil man etwas anderes nicht bekommen hat oder bekommen kann; da der Dieb kein Bargeld fand, hielt er sich am Schmuck und an elektrischen Geräten*

Schad|stoff ⟨m.1⟩ *chemischer Stoff, der Pflanzen, Tiere und Menschen schädigt, wenn er in einem bestimmten Ausmaß auftritt; krebserzeugender S.*

Schad|wir|kung ⟨f.10⟩ *schädliche Wirkung*

Schaf ⟨n.1⟩ **1** *in Herden lebender, wiederkäuender Paarhufer (dessen Männchen im Unterschied zu den Ziegen oft schneckenförmig gedrehte Hörner haben; Haus~, Wild~); das schwarze S.* ⟨ugs.⟩ *in der Gemeinschaft Außenseiter sein, sich anders, nicht im Sinne der Gemeinschaft verhalten; er ist das schwarze S. der Familie* **2** ⟨ugs.⟩ *törichter Mensch* ⟨auch als Schimpfwort⟩ **3** *übermäßig gutmütiger Mensch; er ist ein liebes, treues S.* **4** ⟨Pl.⟩ ⟨übertr.⟩ *~e Menschen, die einem andern anvertraut sind;* vgl. *Schäflein*

Schaf|bock ⟨m.2⟩ *männliches Schaf (Widder oder Hammel)*

Schäf|chen|wol|ke ⟨f.11⟩ *jede von mehreren kleinen, weißen Wolken, die wie Wollflocken aussehen;* Syn. *Lämmerwolke*

Schä|fer ⟨m.5⟩ *jmd., der berufsmäßig Schafe hütet*

Schä|fer|dich|tung ⟨f.10⟩ → *Hirtendichtung*

Schä|fer|hund ⟨m.1⟩ *großer, wolfsähnlicher Hund (der ursprünglich von Schäfern zur Bewachung der Herden gehalten wurde); Deutscher S.*

Schä|fer|stünd|chen ⟨n.7⟩ *kurzes, zärtliches Beisammensein*

Schaff ⟨n.1; oberdt.⟩ **1** *Trog, Zuber, Waschfaß* **2** *kleiner Schrank, Regal*

Schaf|fe ⟨f., -, nur Sg.; ugs.; †⟩ *Arbeit, Möglichkeit, Geld zu verdienen*

Schaf|fel ⟨n.14; österr.⟩ *kleines Schaff (1)*

Schaf|fell ⟨n.1⟩ *Fell eines Schafes;* vgl. *Schafspelz*

schaf|fen ⟨V.105 oder V.1, hat geschaffen oder hat geschafft⟩ **I** ⟨mit Akk.; hat gescha-

Schalom

fen⟩ **1** *hervorbringen, erzeugen; ein Kunstwerk s.; am Anfang schuf Gott Himmel und Erde; er ist dafür wie geschaffen er eignet sich ausgezeichnet dafür* **2** *gründen, ins Leben rufen; ein Heim für Obdachlose s.* **3** ⟨Imperfekt: schaffte⟩ *dafür sorgen, daß etwas geschieht oder entsteht; Ordnung, Platz s.; Abhilfe s.; das schafft nur Ärger* **II** ⟨mit Akk.; hat geschafft⟩ **1** *etwas s.* **a** *zustande, zuwege bringen, fertigbringen; eine Arbeit s.; ich schaffe das Pensum nicht bis heute abend; du schaffst das schon* **b** *bewältigen, essen, trinken können; er hat fünf Klöße geschafft; so einen großen Teller schaffe ich nicht* **c** *tragen, bringen; Möbel auf den Speicher s.; Bücher zu jmdm. s.; etwas beiseite s. etwas heimlich für sich wegbringen* **2** *jmdn.* ⟨ugs.⟩ *jmdn. zur Verzweiflung bringen, körperlich oder/und seelisch erschöpfen; so haben wir den Lehrer geschafft; die Hitze hat mich geschafft; ich bin geschafft ich bin erschöpft* **III** ⟨o.Obj.; hat geschafft; schwäb.⟩ *fleißig sein, rege tätig sein, wirksam sein; er schafft den ganzen Tag* **IV** ⟨mit Infinitiv und „zu"⟩ **1** *sich zu s. machen sich beschäftigen, arbeiten; sich im Garten zu s. machen* **2** *sich an etwas zu s. machen sich* ⟨*ohne ersichtlichen Zweck*⟩ *mit etwas beschäftigen; sich am Türschloß zu s. machen* **3** *mit etwas oder jmdm. zu s. haben zu tun haben, sich um etwas oder jmdn. kümmern; ich will mit ihm, ich will damit nichts zu s. haben; damit habe ich nichts zu s.*

Schaffen ⟨n., -s, nur Sg.⟩ **1** *das Arbeiten, Wirken* **2** *Werk in seiner Gesamtheit; das S. dieses Künstlers; dieses Gedicht ist in seinem gesamten S. einmalig*

Schaffens|drang ⟨m., -(e)s, nur Sg.⟩ *Bedürfnis nach Tätigkeit*

Schaffens|freu|de ⟨f., -, nur Sg.⟩ *Freude an der Arbeit, an schöpferischer Tätigkeit*

schaffens|freu|dig ⟨Adj.⟩ *gerne arbeitend*

Schaffens|kraft ⟨f., -, nur Sg.⟩ *Kraft zu arbeiten, sich zu betätigen*

Schaffer ⟨m.5; 1⟩ ⟨schwäb.⟩ *Arbeiter; er ist ein tüchtiger, unermüdlicher S.* **2** ⟨Seew.⟩ *jmd., der die Schiffsmahlzeit besorgt* **3** ⟨süddt., österr.⟩ → *Schaffner (2)*

schaf|fig ⟨Adj., schweiz., südwestdt.⟩ *gern schaffend, arbeitsam*

Schäff|ler ⟨m.5; bayr.⟩ → *Böttcher* [zu *Schaff (1)*]

Schäff|ler|tanz ⟨m.2⟩ *Reigentanz der Münchener Schäffler*

Schaff|ner ⟨m.5⟩ **1** ⟨in öffentl. Verkehrsmitteln⟩ *jmd., der berufsmäßig Fahrkarten prüft und verkauft (Eisenbahn~, Straßenbahn~); Syn.* ⟨österr., schweiz.⟩ *Kondukteur* **2** ⟨†⟩ *Gutsverwalter, -aufseher; auch* ⟨süddt., österr.⟩ *Schaffer* [zu *(an)schaffen* „(an)ordnen"]

Schaf|fung ⟨f., -, nur Sg.⟩ *das Schaffen (1,1,2); S. einer sozialen Einrichtung*

Schaf|gar|be ⟨f.11⟩ *weiß oder rosa blühender Korbblütler mit Trugdolden und Fiederblättern*

Schaf|haut ⟨f.2⟩ → *Amnion*

Scha|fi|it ⟨m.10⟩ *Angehöriger einer islamischen Rechtsschule*

Schafs|käl|te ⟨f., -, nur Sg.⟩ *plötzlich erneut auftretendes kaltes Wetter zwischen dem 10. und 20.Juni* [*die Wettererscheinung fällt in die Zeit der Schafschur*]

Schaf|kä|se ⟨m.5⟩ → *Schafskäse*

Schaf|kopf ⟨m., -(s), nur Sg.⟩ *ein Kartenspiel für vier Personen; vgl. Schafskopf*

schaf|kop|fen ⟨V.1, hat geschafkopft; o.Obj., ugs.⟩ *Schafkopf spielen*

Schäf|lein ⟨n.7⟩ **1** ⟨poet.⟩ *kleines Schaf* **2** ⟨Pl.⟩ *Menschen, die jmdm.* ⟨*bes. einem Pfarrer, auch* ⟨scherzh.⟩ *einem Reiseleiter*⟩ *anvertraut sind; seine S. um sich sammeln*

Scha|fott ⟨n.1⟩ *erhöhte Hinrichtungsstätte; Syn. Blutgerüst* [< ndrl. *schavot* in ders. Bed., < mndrl. *schavot, scafot, scafaut* „Gerüst", < mlat. *catafalcus* „Brettergerüst", → *Katafalk*]

Schaf|pelz ⟨m.1; in der Wendung⟩ *der Wolf im S. sich freundlich stellender, aber heimtückischer, böser Mensch; auch: Schafspelz*

Schafs|kä|se ⟨m.5⟩ *aus Schafmilch zubereiteter Käse*

Schafs|kopf ⟨m.2; ugs.⟩ *Dummkopf*

...schaft *Nachsilbe, die einen Zustand oder eine Gesamtheit bezeichnet, z.B. Mutterschaft, Schwesternschaft*

Schaft I ⟨m.2⟩ *langer, röhren- oder stangenförmiger Teil (Baum~, Säulen~, Ruder~)* **II** ⟨n.2; schweiz.⟩ *Regal, Gestell (Bücher~)*

schäf|ten ⟨V.2, hat geschäftet; mit Akk.⟩ **1** *etwas s.* **a** *mit Schaft versehen; eine Axt s.* **b** *veredeln; Pflanzen s.* **2** *jmdn. s.* ⟨†, noch landsch.⟩ *verprügeln*

Schaft|stie|fel ⟨m.5⟩ *Stiefel mit hohem Schaft*

Schah ⟨m.9; in Iran Titel für⟩ *Herrscher*

Scha|kal ⟨m.1⟩ *mittelgroßer Wildhund warmer Gebiete der Alten Welt (Gold~, Streifen~)* [< türk. *şakal*, pers. *šagal* < Sanskrit *sṛgāla*, der Bezeichnung für das Tier]

Scha|ke ⟨f.11⟩ *Kettenglied (bes. vom Anker)* [nddt.]

Schä|kel ⟨m.5⟩ *mit Bolzen verschließbarer, U-förmiger Haken zum Verbinden von Ketten* [nddt.]

schä|keln ⟨V.1, hat geschäkelt; mit Akk.⟩ *mit Schäkel verbinden*

Schä|ker ⟨m.5⟩ **1** *mutwilliges Kind, das gern Spaß macht; kleiner S.!* **2** ⟨nur wenig spött.-herablassend⟩ *jmd., der schäkert, gern scherzt*

schä|kern ⟨V.1, hat geschäkert; o.Obj.⟩ **1** *scherzen, neckische Späße machen; mit Kindern s.* **2** *kokett, flirtend Späße machen (bes. mit der andern Geschlecht); er schäkert gern mit jungen Mädchen* [entweder < Rotw. *schäkern* „lügen", zu jidd. *schakron, schakren* „Lügner", < hebr. *šāqar* „lügen" oder zu jidd. *chek* „Busen, Schoß", < hebr. *ḥēq* „Busen, Brust" (als Sitz der Wünsche)]

schal ⟨Adj.⟩ **1** *fad, abgestanden, ohne würzigen Geschmack; ~es Bier; einen schalen Geschmack im Mund haben* ⟨auch übertr.⟩ *ein unangenehmes Gefühl der Enttäuschung haben* **2** ⟨geistlos, fad; ein ~er Witz*

Schal ⟨m.9 oder m.1⟩ **1** *langes, schmales Halstuch* **2** *jeder der beiden langen, rechts und links des Fensters herabhängenden Teile der Übergardine* [< engl. *shawl* < pers. *šāl* „Tuch oder Übergewand aus Wolle, wie die Derwische es tragen"]

Schal|brett ⟨n.3⟩ **1** *auf einer Seite noch nicht entrindetes Brett* **2** *Brett zum Verschalen*

Scha|le ⟨f.11⟩ **1** ⟨bei Früchten, Samen, Vogeleiern⟩ *äußere Hülle (Bananen~, Eier~, Kalk~, Nuß~); sich in S. werfen* ⟨übertr., ugs.⟩ *sich fein anziehen* **2** ⟨bei einigen wirbellosen Tieren⟩ *Außenskelett (Muschel~)* **3** *etwas Halbkugelförmiges (Büstenhalter~, Haft~)* **4** *Gefäß in flacher Muldenform, flache Schüssel (Obst~, Pflanz~)* **5** *flache Tasse (bes. ohne Henkel; Tee~)* **6** ⟨österr.⟩ → *Tasse* **7** ⟨beim Schalenwild⟩ *verhornter Huf* **8** ⟨beim Pferd⟩ *knorpelhafte Verhornung des Kron-, Huf- und Fesselgelenks* **9** *(einfach oder doppelt) gekrümmtes Flächentragwerk (Holz~, Spannbeton~)* **10** ⟨Phys.⟩ *Aufenthaltsort für Elektronen fast gleicher Energie*

schä|len ⟨V.1, hat geschält⟩ **I** ⟨mit Akk.⟩ *etwas s. die Schale von etwas entfernen; einen Apfel s.; ein hartgekochtes Ei s.; etwas aus seiner Umhüllung s. die Umhüllung von etwas entfernen* **II** ⟨refl.⟩ **1** *sich in Schuppen lösen; die Haut schält sich nach dem Sonnenbrand* **2** *Haut in kleinen Schuppen abstoßen; sein Gesicht schält sich* **3** *sich aus etwas s.* ⟨übertr.⟩ *sich von Hüllen befreien; sie schälte sich aus ihren Decken und Jacken*

Scha|len|frucht ⟨f.2⟩ *Frucht mit harter Schale (z.B. Kastanie, Walnuß)*

Scha|len|mo|dell ⟨n., -s, nur Sg.⟩ *Vorstellung, daß sich die den Atomkern umkreisenden Elektronen in Schalen (10) einordnen lassen*

Scha|len|tier ⟨n.1⟩ *Tier, das von einer Schale (2) oder von Schalen umschlossen ist*

Scha|len|wild ⟨n., -(e)s, nur Sg.; Jägerspr.⟩ *Paarhufer mit Schalen (7), Reh, Gemse, Hirsch, Wildschwein und Mufflon*

Schäl|hengst ⟨m.1⟩ *Zuchthengst, Beschäler*

Schalk ⟨m.1 oder m.2⟩ **1** ⟨†⟩ *hinterlistiger Mensch* **2** ⟨heute⟩ *lustiger, spitzbübischer Mensch, Schelm; den S. im Nacken haben immer zu Neckereien und Spaß aufgelegt sein*

schalk|haft ⟨Adj., -er, am -esten⟩ *wie ein Schalk, schelmisch* **Schalk|haf|tig|keit** ⟨f., -, nur Sg.⟩

Schalks|knecht ⟨m.1; †⟩ *nichtsnutziger, arglistiger Mensch*

Schalks|narr ⟨m.10; †⟩ **1** *Hofnarr* **2** ⟨auch⟩ *Schalk (2)*

Schäl|kur ⟨f.10⟩ *(kosmetische oder medizinische) Ablösung oberer Hautschichten (z.B. durch Salbe, Bestrahlung)*

Schall ⟨m.1 oder m.2⟩ **1** *hörbare Schwingung* **2** *Klang, Ton, Geräusch; der S. von Schritten; leeres S. nichtssagendes Gerede, Unbedeutendes, Bedeutungsloses*

Schall|ar|chiv ⟨n.1⟩ *Archiv mit auf Tonträgern gespeicherten Aufnahmen; Syn.* ⟨veraltend⟩ *Diskothek*

Schall|bla|se ⟨f.11; bei Froschlurchen⟩ *häutige, aufblasbare Ausstülpung, die mit der Mundhöhle in Verbindung steht und den Schall der Lautäußerung verstärkt*

Schall|bo|den ⟨m.8⟩ → *Resonanzboden*

Schall|dämp|fer ⟨m.5⟩ *Vorrichtung zur Verminderung des Schalls (2) bei Verbrennungsmotoren, Schußwaffen*

Schall|deckel ⟨-k|k-; m.5⟩ *Dach der Kanzel, das bewirkt, daß der Schall der Stimme des Sprechers sich besser ausbreitet*

schall|dicht ⟨Adj.⟩ *keinen Schall durchlassen; ~es Fenster*

Schall|druck ⟨m.2⟩ *von Schallwellen ausgeübter Druck; leise Töne durch Erhöhung des ~s hörbar machen*

schal|len ⟨V.1, veraltend 106; hat geschallt bzw. geschollen; o.Obj.⟩ *weithin hörbar sein, weithin tönen; ein Ruf schallte, scholl durch den Wald; Schritte schallten, schollen auf dem Gang; ~d lachen; ~des Gelächter; jmdm. eine ~de Ohrfeige geben*

Schall|ge|schwin|dig|keit ⟨f.10⟩ *Geschwindigkeit, mit der sich eine Schallwelle ausbreitet*

Schall|mau|er ⟨f., -, nur Sg.⟩ *schlagartige Zunahme des Luftwiderstandes für einen Körper bei Schallgeschwindigkeit; die S. durchbrechen die Schallgeschwindigkeit überschreiten*

Schall|plat|te ⟨f.11⟩ *flache Scheibe aus Kunststoff mit spiralförmigen Rillen, in denen Töne gespeichert sind; eine S. abspielen*

Schall|quant ⟨n.12⟩ → *Phonon*

schall|tot ⟨Adj., o.Steig.⟩ *keine Schallwellen reflektierend; ~er Raum*

Schall|trich|ter ⟨m.5⟩ **1** ⟨bei manchen Musikinstrumenten⟩ *trichterförmiger Teil, der den Schall verstärkt* **2** → *Megaphon*

Schall|wel|le ⟨f.11⟩ *sich als Schall ausbreitende Welle*

Schall|wort ⟨n.4⟩ *lautnachahmendes Wort, z.B. bäh, muh, kikeriki*

Schalm ⟨m.1; Forstw.⟩ *mit der Axt in einen Baum gehauenes Zeichen*

Schal|mei ⟨f.10⟩ **1** *ein Holzblasinstrument, Vorläufer der Oboe* **2** *ein Orgelregister* **3** *Melodiepfeife des Dudelsacks* [< mhd. *schalmīe* < mfrz. *chalemie*, mlat. *scalmeia* „Rohrpfeife", < lat. *calamus* „Rohr"]

Scha|lom! ⟨hebr. Grußwort⟩ *Friede!*

833

Schalotte

Scha|lot|te ⟨f.11⟩ **1** eine Lauchart **2** deren kleine, mild schmeckende Zwiebel [< frz. *échalote* < altfrz. *escaloigne* < lat. *caepa ascalonia* „Zwiebel aus Askalon", einer Stadt in Palästina]

Schalt|an|la|ge ⟨f.11⟩ **1** Anlage zum Ein- und Ausschalten elektrischer Anlagenteile **2** Anlage zur Verteilung der in Kraftwerken erzeugten elektrischen Energie

Schalt|bild ⟨n.3⟩ **1** zeichnerische Darstellung eines Schaltkreises; Syn. Schaltplan **2** zeichnerische Darstellung eines einzelnen Schaltelementes; Syn. Schaltzeichen

Schalt|brett ⟨n.3⟩ → Schalttafel

Schalt|ele|ment ⟨n.1⟩ elektrisch aktiver Bestandteil einer Schaltung

schal|ten ⟨V.2, hat geschaltet⟩ **I** ⟨mit Akk.⟩ durch Betätigung eines Schalters in einen bestimmten Zustand bringen; die Heizung auf „warm" s.; die Lüftung auf „ein", auf „aus", auf „schwach", auf „stark" s. **II** ⟨o.Obj.⟩ **1** ⟨Funk, Fernsehen⟩ eine Verbindung (zu einem anderen Sender) herstellen; wir s. ins Funkhaus **2** ⟨bei Kfz⟩ den Gang wechseln, einen bestimmten Gang einlegen; bei Bremsen rasch s.; in den ersten Gang s. **3** ⟨übertr.⟩ begreifen und sich entsprechend verhalten; er hat sofort geschaltet; er schaltet langsam **4** handeln, hantieren; sie kann dort s., wie sie will; nach eigenem Gutdünken s.; im Haus s. und walten

Schal|ter ⟨m.5⟩ **1** Vorrichtung zur Herstellung oder Unterbrechung einer elektrischen Verbindung (Dreh~, Druck~, Kipp~, Licht~) **2** (meist durch Glas abgeschlossener) Teil eines Raumes mit Theke, an dem Kunden abgefertigt werden (Bank~, Post~, Fahrkarten~)

Schal|ter|be|am|te(r) ⟨m.17 oder 18⟩ Beamter, der an einem Schalter (2) Dienst tut

Schal|ter|stun|den ⟨f.11, Pl.⟩ Stunden, in denen ein Schalter (2) geöffnet ist

Schalt|jahr ⟨n.1⟩ Jahr mit 366 Tagen alle vier Jahre, in das der 29. Februar eingeschaltet ist; Ggs. Gemeinjahr

Schalt|ka|sten ⟨m.7⟩ Kasten, der eine Schalttafel enthält

Schalt|kreis ⟨m.1⟩ arbeitsfähige Anordnung von Schaltelementen; Syn. Schaltung (3)

Schalt|pau|se ⟨f.11; Rundf., Fernsehen⟩ durch Umschalten bedingte, kurze Sendepause

Schalt|plan ⟨m.2⟩ → Schaltbild (1)

Schalt|pult ⟨n.1⟩ schrägliegende Schalttafel

Schalt|ta|fel ⟨f.11; bei elektrischen Anlagen⟩ übersichtliche Zusammenfassung von Schalt-, Meß- und Regelgeräten; Syn. Schaltbrett

Schalt|tag ⟨m.1⟩ alle vier Jahre eingeschalteter Tag, der 29. Februar

Schalt|uhr ⟨f.10⟩ Uhrwerk zum automatischen Ein- und Ausschalten elektrischer Stromkreise zu bestimmten Zeiten

Schal|tung ⟨f.10⟩ **1** ⟨nur Sg.⟩ das Schalten (I,II,1,2) **2** Einrichtung dafür **3** → Schaltkreis

Schalt|zei|chen ⟨n.7⟩ → Schaltbild (2)

Schal|ung ⟨f.10⟩ Vorrichtung, die den breiflüssigen Beton so lange aufnimmt, bis dieser erhärtet ist

Scha|lup|pe ⟨f.11⟩ **1** größeres Beiboot **2** ⟨†⟩ großes, einfaches Boot der Küstenschiffahrt [< frz. *chaloupe* in ders. Bed., früher in Flandern Bez. für holländ. Schiff, < ndrl. *sloep* „holländ. Schiff", zu *sluipen* „schlüpfen, gleiten"]

Schäl|wald ⟨m.4⟩ (etwa 15–20 Jahre alter) Niederwald aus Eichen, von dessen Stämmen durch Schälen Gerbrinde gewonnen wird

Scham ⟨f., -, nur Sg.⟩ **1** Gefühl des Bloßgestelltseins oder der Furcht, bloßgestellt zu werden, Gefühl oder Bewußtsein, etwas Unpassendes getan oder gesagt zu haben; etwas aus S. verschweigen; vor S. erröten; S. über etwas empfinden **2** Schamgefühl; hast du denn gar keine S. (im Leibe)?; die S. verbietet mir, darüber zu sprechen **3** ⟨geh.⟩ beim Menschen) Geschlechtsteil; seine S. bedecken

Scha|ma|ne ⟨m.11; bei Naturvölkern⟩ mit ungewöhnlichen seelischen Kräften begabter Mann, der Geister beschwört u.a. [entweder < tungus. *schaman*, für jemanden, der sich in Ekstase versetzen und dann entfernte Gegenden, Götter und Geister aufsuchen kann, oder < mittelind. *samana*-, Sanskrit *śramana*- „Bettelmönch, Asket", eigtl. „Selbstpeiniger"]

Scha|ma|nis|mus ⟨m., -, nur Sg.⟩ Glaube an die Fähigkeiten von Schamanen

Scham|bein ⟨n.1⟩ Knochen, unterer, vorderer Teil des Hüftbeins

Scham|bein|fu|ge ⟨f.11⟩ knorpelige Verbindung der beiden Schambeine

Scham|berg ⟨m.1⟩ etwas erhabener Teil der Bauchdecke über der Schambeinfuge (bei der Frau); Syn. Schamhügel, Venusberg

schä|men ⟨V.1, hat geschämt; refl.⟩ sich s. **1** Scham empfinden; schäm dich, so etwas zu sagen!; sich einer Sache s. Scham über eine Sache empfinden; er schämt sich seiner Armut nicht; du brauchst dich deswegen nicht zu s. **2** ⟨mit Infinitiv und „zu"⟩ sich s., etwas zu tun sich aus Scham, Verlegenheit scheuen, etwas zu tun; sich schämen, zugeben zu müssen, daß ...; das Kind schämt sich, allein dorthin zu gehen

scham|fi|len ⟨V.1, hat schamfilt; o.Obj.; Seew.⟩ durch Reibung schadhaft werden; das Tau schamfilt [< nddt. *schamferen* „verletzen, verhunzen", verwandt mit *schimpfieren*, zu *Schimpf*]

Scham|ge|fühl ⟨n.1⟩ Fähigkeit, Scham zu empfinden; jmds. S. verletzen

Scham|ge|gend ⟨f.10⟩ Körpergegend mit dem Geschlechtsteil

Scham|haar ⟨n.1⟩ Haar der Schamgegend

scham|haft ⟨Adj., -er, am -esten⟩ Scham empfindend, verschämt; Syn. schämig; s. die Augen senken **Scham|haf|tig|keit** ⟨f., -, nur Sg.⟩

Scham|hü|gel ⟨m.5⟩ → Schamberg

schä|mig ⟨Adj.⟩ → schamhaft

Scham|lip|pe ⟨f.11; am weibl. Geschlechtsteil⟩ jede von zwei Hautfalten; große S. jede von zwei wulstigen, behaarten Hautfalten; kleine S. jede von zwei haarlosen Hautfalten des Scheidenvorhofs

scham|los ⟨Adj., -er, am -esten⟩ **1** ohne Schamgefühl; eine ~e Person hat kein Schamgefühl anderer verletzend; eine ~e Darstellung sexueller Vorgänge; es ist s., darüber öffentlich zu sprechen **3** unverfroren, dreist; jmdn. s. belügen **4** skrupellos, brutal; jmdn. s. ausnutzen

Scham|lo|sig|keit ⟨f.10; nur Sg.⟩ das Schamloseins **2** schamlose Handlung

Scha|mott ⟨m., -s, nur Sg.; österr.⟩, **Scha|mot|te** ⟨f., -, nur Sg.⟩ feuerfester Ton (bes. für Öfen) [ältere Form: *Charmotte*, die angeblich aus *sciarmotti* gebildet wurde; so sollen die ital. Porzellanarbeiter im 18.Jh. in Thüringen das Wort *Scherben* in ihre Sprache umgesetzt haben, das in thüring. Mundart *Schärm* gesprochen wird]

scha|mot|tie|ren ⟨V.3, hat schamottiert; mit Akk.⟩ mit Schamott(e) auskleiden; einen Ofen s.

Scham|pon ⟨auch [ʃam-] n.9⟩ schaumbildendes Haarwaschmittel; auch: Schampun, Shampoon [< engl. *to shampoo* „das Haar waschen, den Körper abreiben, massieren", < neuind. *cāmpnā* „drücken, kneten"]

scham|po|nie|ren ⟨V.3, hat schamponiert; mit Akk.⟩ mit Schampon einreiben, behandeln; auch: schampunieren; Haar (zum Waschen) s.

Scham|poon ⟨[ʃɛmpu:n], österr. [ʃampoŋ] n.9⟩ → Schampon

Scham|pun ⟨n.9⟩ → Schampon

scham|pu|nie|ren ⟨V.3, hat schampuniert⟩ → schamponieren

Scham|pus ⟨m., -, nur Sg.; scherzh. Abk. für⟩ Champagner

Scham|rit|ze ⟨f.11⟩ → Schamspalte

scham|rot ⟨Adj., o.Steig.⟩ vor Scham errötet; sie war s. im Gesicht; s. werden vor Scham erröten

Scham|rö|te ⟨f., -, nur Sg.⟩ durch Scham hervorgerufene Röte (im Gesicht)

Scham|spal|te ⟨f.11⟩ Öffnung des weiblichen Geschlechtsteils; Syn. Schamritze

schand|bar ⟨Adj.⟩ schändlich, gemein

Schand|bu|be ⟨m.11; †⟩ schändlicher Kerl

Schan|de ⟨f., -, nur Sg.⟩ etwas, worüber sich jmd. schämen muß, was dem Ansehen schadet; jmdm. S. bringen; mach' mir keine S.!; das ist keine S. das ist nicht schlimm; etwas gereicht jmdm. zur S. etwas schadet jmdm.; zu meiner S. muß ich gestehen, daß ... obwohl es mir peinlich ist

schän|den ⟨V.2, hat geschändet; mit Akk.⟩ **1** etwas s. **a** entweihen, die Heiligkeit von etwas verletzen; eine Kirche (durch Beschädigung, unangemessenes Betragen) s.; ein Denkmal s.; ein Grab s. **b** beflecken, beschmutzen, verunglimpfen; jmds. Namen s. **c** ⟨poet.⟩ entstellen, verunstalten; der häßliche Anbau schändet das ganze Fassade **2** jmdn. s. ⟨†⟩ jmds. Ehre, Ansehen verletzen; eine Frau s. eine Frau zum unehelichen Beischlaf zwingen (und ihr damit die Jungfräulichkeit nehmen); einen Knaben s. an einem Knaben gewaltsam sexuelle Handlungen vornehmen

Schand|fleck ⟨m.1 oder m.12⟩ **1** häßlicher Fleck; ein S. in der Landschaft **2** ⟨übertr.⟩ Mensch, der seiner Familie oder einer anderen Personengruppe Schande macht; der S. der Klasse

schänd|lich ⟨Adj.⟩ **1** so beschaffen, daß es jmdm. (dem Täter, Sprecher selbst) Schande bereitet, niederträchtig, gemein; eine ~e Tat; es ist s., so etwas zu behaupten **2** sehr schlimm, sehr schlecht; die Gefangenen werden s. vernachlässigt, behandelt; die Wohnung sieht s. aus die Wohnung sieht sehr schmutzig, verwahrlost aus

Schand|maul ⟨n.4⟩ **1** unverschämtes Mundwerk; sie hat ein S. **2** jmd., der unverschämte Reden führt; sie ist ein S.

Schand|pfahl ⟨m.2⟩ → Pranger

Schand|preis ⟨m.1⟩ zu niedriger Preis; etwas zu einem S. verkaufen müssen

Schand|tat ⟨f.10⟩ schändliche, niederträchtige Tat; zu allen ~en bereit sein zu allem bereit sein, (auch ugs., scherzh.) zu allen Unternehmungen bereit sein, alles mitmachen, ohne Spielverderber zu sein

Schän|dung ⟨f.10⟩ das Schänden

schang|hai|en ⟨V.1, hat schanghait; mit Akk.; Seew.⟩ mit Gewalt oder durch Täuschung, List anheuern; Matrosen s. [nach der chines. Stadt Schanghai, da dieses Verfahren früher bes. in chines. Häfen angewendet wurde]

Scha|ni ⟨m., -s, -; österr., salopp⟩ **1** vertrauter Freund **2** dienstfertiger, unterwürfiger Freund [< frz. *Jean* „Johann, Hans", einem Namen, mit dem in der Literatur häufig Diener und Kellner benannt werden]

Schank ⟨f.2; österr.⟩ **1** Raum (der Gastwirtschaft), in dem die Getränke ausgeschenkt werden **2** Theke

Schan|ker ⟨m.5; bei Geschlechtskrankheiten⟩ an den Geschlechtsteilen auftretendes Geschwür; harter S. Geschwür im Frühstadium der Syphilis; weicher S. von einem Bakterium hervorgerufenes weiches Geschwür am Geschlechtsteil [< frz. *chancre* „Krebs"]

Schank|kon|zes|si|on ⟨f.10⟩ behördliche Genehmigung zum Ausschenken von alkoholischen Getränken

Schank|tisch ⟨m.1⟩ → Theke (1)

Schank|wirt ⟨m.1⟩ jmd., der eine Schankwirtschaft besitzt; auch: Schenkwirt
Schank|wirt|schaft ⟨f.10⟩ Gastwirtschaft, in der nur alkoholische Getränke ausgeschenkt werden
Schan|tung|sei|de ⟨f.11⟩ Seide mit ungleichmäßig starken Fäden [nach der chin. Provinz Schantung]
Schanz|ar|beit ⟨f.10⟩, **Schanz|bau** ⟨m., -(e)s, nur Sg.⟩ das Schanzen
Schan|ze¹ ⟨f.11⟩ 1 ⟨früher⟩ aus einem Graben mit Erddeckung bestehende militärische Verteidigungsanlage 2 ⟨bes. auf Kriegsschiffen⟩ hinteres Deck 3 ⟨kurz für⟩ Sprungschanze
Schan|ze² ⟨f.11; †⟩ Glück, Glücksumstand, Glückswurf; ⟨noch in der Wendung⟩ sein Leben in die S. schlagen sein Leben aufs Spiel setzen [< mhd. schanze ,,Fall der Würfel, Einsatz beim Würfelspiel, Wagnis (bei dem es auf Glück ankommt)"]
schan|zen ⟨V.1, hat geschanzt; o.Obj.; Mil.; früher⟩ 1 eine Schanze, Schanzen bauen, Befestigungen anlegen 2 Erdarbeiten ausführen 3 ⟨übertr.⟩ schwer arbeiten, schuften
Schan|zen|re|kord ⟨m.1; Schispringen⟩ größte auf einer Sprungschanze erzielte Weite
Schanz|werk ⟨n.1⟩ Festungsanlage, Verteidigungsanlage mit Schanzen¹ (1)
Schanz|zeug ⟨n., -(e)s, nur Sg.⟩ 1 Gesamtheit aller Werkzeuge zum Schanzen 2 ⟨beim einzelnen Soldaten⟩ Klappspaten
Scha|pel ⟨m.5⟩ auch: Schappel 1 ⟨MA und bei Volkstrachten⟩ Kopfschmuck unverheirateter Mädchen 2 ⟨bei Volkstrachten⟩ Brautkrone [< altfrz. chapel ,,Kappe"]
Schapf ⟨m.1⟩, **Schap|fe** ⟨f.11; schweiz.⟩ Gerät zum Schöpfen
Schapp ⟨m.9 oder n.9; Seemannsspr.⟩ kleiner Schrank, Regal [nddt., zu Schaff]
Schap|pe ⟨f.11⟩ 1 ⟨Bgb.⟩ Tiefenbohrer 2 Abfall bei der Seidenverarbeitung 3 daraus hergestelltes Garn [zu schaben]
Schap|pel ⟨m.5⟩ → Schapel
Schar ⟨f.10⟩ große Gruppe (Menschen~, Vogel~); eine S. Kinder; es war eine große S. von Kindern versammelt; sie kamen in ~en in großen Mengen
Scha|ra|de ⟨f.11⟩ 1 Silbenrätsel 2 lebendes Bild, dargestellte kurze Szene, deren Inhalt erraten werden muß [< frz. charade in ders. Bed., vielleicht < prov. charrado ,,Unterhaltung", zu charra ,,plaudern"]
Schar|baum ⟨m.2⟩ Garn- oder Kettenbaum des Webstuhls; auch: Scherbaum
Schar|be ⟨f.11⟩ 1 → Kormoran 2 Fisch aus der Familie der Schollen
Schar|bock ⟨m.1, nur Sg.; †⟩ → Skorbut
Schar|bocks|kraut ⟨n., -(e)s, nur Sg.⟩ zeitig im Frühjahr blühendes Hahnenfußgewächs mit gelben, glänzenden Blüten und rundlichherzförmigen Blättern [die Pflanze wurde früher als Heilmittel gegen den Scharbock verwendet]
Schä|re ⟨f.11⟩ kleine Felseninsel (bes. vor der finnischen und schwedischen Ostseeküste) [schwed.]
scha|ren ⟨V.1, hat geschart⟩ I ⟨mit Akk.⟩ Personen um sich s. Personen um sich versammeln; er scharte eine große Anzahl Schüler um sich; sie schart ihre Verehrer, Anbeter, Fans um sich II ⟨refl.⟩ sich um jmdn. oder etwas s. sich in großer Zahl um jmdn. oder einer Sache kommen; sich um einen Lehrer, Anführer s.; die Kinder scharten sich um das Wasserbecken, um den Delphinen zuzusehen
schä|ren ⟨V.1, hat geschärt; mit Akk.⟩ auf den Schärbaum aufziehen; Kettfäden s.
scha|ren|wei|se ⟨Adv.⟩ in Scharen, in großen Mengen; sie kamen s.; sie hat Freunde s.
scharf ⟨Adj., schärfer, am schärfsten⟩ 1 gut schneidend; ein ~es Messer; ~e Zähne; ~er Löffel ⟨Med.⟩ → Löffel 2 stark gewürzt; ~e Speisen; ~er Senf; ich esse gern s.; die Soße ist zu s. 3 viel Alkohol enthaltend; ~e Getränke; ~e Schnäpse alkoholreiche Schnäpse ohne Zucker 4 ätzend, beißend; ~er Geruch; ein ~es Putzmittel 5 durchdringend, schrill; ein ~er Pfiff 6 sehr kalt, eisig; ~er Wind 7 gut, genau wahrnehmend; ~e Augen, Ohren haben; ein ~es Gehör haben 8 aufmerksam, s. hinsehen; jmdn. s. beobachten, bewachen; s. nachdenken; einen ~en Blick für etwas haben etwas sofort erkennen; er hat ein Auge für wertvolle Gemälde; einen Sender, ein Fernglas s. einstellen 9 deutlich, gut in den Einzelheiten erkennbar; ein ~es Foto; ~e Umrisse 10 stark ausgeprägt; ~e Gesichtszüge; ~e Falten 11 das Wichtige vom Unwichtigen unterscheiden können, klar (denkend); ein ~er Verstand; ~es Urteilsvermögen; er kann s. denken 12 heftig, energisch; ein ~er Kampf; eine ~e Rüge; jmdn. s. zurechtweisen 13 tadelnd, hart abweisend; eine ~e Antwort; jmdn., etwas s. kritisieren; eine ~e Zunge haben beißende, verletzende Bemerkungen machen; häufig streng Kritik üben 14 streng; ein ~es Verhör; ~e Maßnahmen ergreifen; s. durchgreifen; der ist ein ganz Scharfer ⟨ugs.⟩ der ist sehr streng, der nimmt es sehr genau bei Vorgesetzten, Polizisten Aufsehern; 15 bissig, sehr wachsam; ~e Hunde; der Hund ist so dressiert der Hund ist so dressiert, daß er angreift und beißt 16 ⟨Sport⟩ wuchtig, energiegeladen; ein ~er Schuß auf Tor; ein ~er Ball mit Wucht geworfener oder gestoßener Ball 17 ⟨Mil.⟩ a bereit zur Explosion; die Bombe, Mine ist s. b mit Einsatzmunition; die Waffe ist s. geladen; s. schießen; Achtung, hier wird s. geschossen! ⟨auch übertr., scherzh.⟩ hier werden schlagfertige Antworten gegeben, hier wird aggressiv diskutiert 18 einen spitzen Winkel bildend; s. in die Kurve, Wendung; s. rechts abbiegen im spitzen Winkel rechts abbiegen; eine ~e Kante; ein Schiff mit ~em Bug 19 ⟨ugs.⟩ erstaunlich, interessant, aufregend; ist ja s.!; eine ganz ~e Sache 20 ⟨in der Wendung⟩ s. auf etwas sein heftiges Verlangen nach etwas empfinden, etwas sehr gern haben wollen, etwas sehr gern essen oder trinken; er ist s. auf Oliven, s. auf Süßes, s. auf Alkohol; er ist s. auf Popmusik 21 ⟨derb⟩ sexuell erregt, geil; s. sein, werden; auf jmdn. s. sein sexuelle Begierde nach jmdm. empfinden 22 ⟨derb⟩ sexuell aufreizend; ein ~er Bikini
Scharf|blick ⟨m., -(e)s, nur Sg.⟩ Fähigkeit, Zusammenhänge zu erkennen und zu durchschauen
scharf|blickend ⟨-k·k-; Adj., o.Steig.⟩ scharfsinnig Zusammenhänge durchschauend
Schär|fe ⟨f.11; nur Sg.⟩ das Scharfsein, scharfe Beschaffenheit; die S. des Messers, der Schere; die S. der Speisen, des Geruchs; die S. des Weines läßt an S. nichts verloren; die S. des Fotos läßt zu wünschen übrig; die S. seines Urteils ist manchmal verletzend; ein Argument von S. nehmen; ein Verhör mit aller S. führen; mit aller S. durchgreifen; die S. seiner Bälle ist gefürchtet 2 scharfe Bemerkung; er vermied im Gespräch alle S.
schär|fen ⟨V.1, hat geschärft⟩ I ⟨mit Akk.⟩ 1 scharf machen; das Messer s. 2 verbessern, verfeinern; seinen Blick für bestimmte Eindrücke, Fehler s.; seine Sinne im Umgang mit der Natur s. II ⟨refl.⟩ sich s. schärfer, feiner werden; sein Blick, Gehör schärft sich allmählich für Nuancen
Schär|fen|tie|fe ⟨f., -, nur Sg.⟩ → Tiefenschärfe
scharf|kan|tig ⟨Adj.⟩ mit scharfen Kanten
scharf|ma|chen ⟨V.1, hat scharfgemacht; mit Akk.⟩ jmdn., einen Hund s. jmdn. (gegen jmdn.) aufhetzen, einen Hund gegen jmdn. hetzen

Scharf|ma|cher ⟨m.5⟩ 1 jmd., der andere scharfmacht, aufhetzt 2 jmd., der scharfe Maßnahmen ergreift oder fordert
Scharf|rich|ter ⟨m.5⟩ jmd., der die Todesstrafe vollstreckt; vgl. Henker
Scharf|schie|ßen ⟨n., -s, nur Sg.⟩ Schießübung mit scharfer Munition
Scharf|schüt|ze ⟨m.11; Mil.⟩ bes. ausgebildeter und ausgerüsteter Soldat, der auch auf große Entfernung sehr genau schießt
scharf|sich|tig ⟨Adj.⟩ 1 gut sehend 2 Zusammenhänge durchschauend **Scharf|sich|tig|keit** ⟨f., -, nur Sg.⟩
Scharf|sinn ⟨m., -(e)s, nur Sg.⟩ scharfer Verstand, Fähigkeit, logisch und klar zu denken und Zusammenhänge zu durchschauen
scharf|sin|nig ⟨Adj.⟩ 1 Scharfsinn besitzend; er ist s. 2 Scharfsinn verratend, zeigend; eine ~e Folgerung
Schär|fung ⟨f., -, nur Sg.⟩ das Schärfen
scharf|zün|gig ⟨Adj.⟩ eine scharfe Zunge besitzend, oft boshaft, scharf redend; eine ~e Frau
Scha|ria ⟨f., -, nur Sg.⟩ → Scheria
Schar|lach ⟨m.1⟩ 1 leuchtendes Rot, Scharlachfarbe 2 ⟨nur Sg.⟩ eine Infektionskrankheit (meist) mit rotfleckigem Hautausschlag [< ital. scarlatto in denselben Bed., < mlat. scarlatum ,,roter Stoff", < arab., pers. saqirlat ,,leuchtend rot, mit Kermes rot gefärbtes Kleid"]
schar|la|chen ⟨Adj., o.Steig.⟩ → scharlachrot
schar|lach|rot ⟨Adj., o.Steig.⟩ leuchtendrot; Syn. scharlachen
Schar|la|tan ⟨m.1⟩ jmd., der von seinem Fach nichts versteht, ⟨bes.⟩ Kurpfuscher, Quacksalber [< ital. ciarlatano ,,Quacksalber, Marktschreier", wahrscheinlich gekreuzt < cerretano ,,Marktschreier" (eigtl. ,,Einwohner der Stadt Cereto" bei Spoleto, die im MA für ihre vielen Quacksalber und umherziehenden Händler bekannt war) und ciarlare ,,schwatzen" (lautmalend)]
Schar|la|ta|ne|rie ⟨f.11⟩ Vorgehen, Verhalten eines Scharlatans
Scharm ⟨m., -s, nur Sg.⟩ eindeutschend für Charme
schar|mant ⟨Adj., -er, am -esten; eindeutschend für⟩ charmant
Schar|müt|zel ⟨n.5⟩ kleines Gefecht, militärische Plänkelei [< mhd. scharmützel, scharmutzel < ital. scaramuccia in ders. Bed., vielleicht < schermire ,,fechten, abwehren", < germ. *skirmjan ,,(be)schirmen, schützen"]
schar|müt|zeln ⟨V.1, hat scharmützelt; o.Obj.⟩ ein Scharmützel führen
schar|mut|zie|ren ⟨V.3, hat scharmutziert; o.Obj.; †⟩ Frauen den Hof machen, Frauen schöne Augen machen, mit Frauen flirten [zu Scharmützel]
Schar|nier ⟨n.1⟩ Drehgelenk (an Türen) [< frz. charnière in ders. Bed., über galloroman. *cardone ,,Türangel" < lat. cardo, Gen. cardinis, ,,Türangel, Drehpunkt"]
Schär|pe ⟨f.11; früher⟩ zerzupfte Leinwand (anstelle von Watte) [< frz. charpie, charpi ,,Leinwandfasern", zu charpir ,,zupfen" < lat. carpere ,,zupfen, abreißen"]
Schar|pie ⟨f.11; früher⟩ zerzupfte Leinwand (anstelle von Watte) [< frz. charpie, charpi ,,Leinwandfasern", zu charpir ,,zupfen" < lat. carpere ,,zupfen, abreißen"]
Schar|re ⟨f.11⟩, **Scharr|ei|sen** ⟨n.7⟩ Werkzeug zum Scharren, Kratzen
schar|ren ⟨V.1, hat gescharrt⟩ I ⟨mit Akk.⟩ durch oberflächliches Graben, durch Kratzen herstellen; ein Loch, eine flache Grube s.; der Hund scharrt einen vergrabenen Knochen aus der Erde II ⟨o.Obj.⟩ 1 mit dem Fuß oder einem Gerät kratzen, den Fuß oder ein

Scharschmied

Gerät reibend und mit Druck auf einer Fläche hin und her bewegen; auf dem Boden, an der Tür s.; das Pferd scharrt mit dem Huf *2 die Füße geräuschvoll reibend auf dem Boden hin und her bewegen (als Zeichen des Mißfallens);* die Studenten scharrten bei dieser Äußerung des Vortragenden

Schar|schmied ⟨m.1⟩ *Schmied, der Pflugscharen herstellt und repariert*

Schar|te ⟨f.11⟩ *1 Einschnitt, Kerbe, Kratzer;* eine S. wieder auswetzen ⟨übertr.⟩ *einen Fehler, Mißerfolg wiedergutmachen 2 Spalt* (Schieß~) *3 Einschnitt in einem Bergrücken*

Schar|te|ke ⟨f.11⟩ *1 altes, wertloses Buch, Schmöker 2* ⟨abwertend⟩ *ältliche, altjüngferliche Frau* [< mnddt. *scharteke, scarteke* „Urkunde, Dokument; altes Buch"; Herkunft nicht geklärt, vielleicht zu *Charter*]

schar|tig ⟨Adj.⟩ *voller Scharten*

Scha|rung ⟨f.10; Geogr.⟩ *Zusammenlaufen von tektonischen Leitlinien*

Schar|wen|zel ⟨m.5⟩ *1* ⟨Kartenspiel⟩ *Wenzel, Unter, Bube 2* ⟨übertr.⟩ *jmd., der scharwenzelt, Liebediener* [< tschech. *červený* „rot" und *Wenzel* als „Unter, Bube" im Kartenspiel, also „roter Bube (Herzbube)"]

schar|wen|zeln ⟨V.1, ist, auch: hat scharwenzelt; o.Obj.⟩ *sich eifrig um jmds. Gunst bemühen, dienstfertig sein;* um jmd. s., ⟨meist⟩ *herumscharwenzeln*

schar|wer|ken ⟨V.1, hat gescharwerkt; o.Obj.; †, noch landsch.⟩ *Scharwerk tun, hart arbeiten*

Schar|wer|ker ⟨m.5; veraltend⟩ *landwirtschaftlicher Arbeiter im Tagelohn*

Schasch|lik ⟨m.9 oder n.9⟩ *am Spieß gebratene Fleisch-, Speck- und Zwiebelstückchen* [< russ. *schaschlik* in ders. Bed., < dem Tatar., zu krimtatar. *schischlik*, zu *schisch* „Spieß"]

schas|sen ⟨V.1, hat geschaßt; mit Akk.; urspr. Schüler-, Studentenspr.⟩ *schimpflich (aus der Schule, von der Hochschule, aus dem Betrieb) entlassen, hinauswerfen* [< frz. *chasser* „jagen, vertreiben"]

schat|ten ⟨V.2, hat geschattet; o.Obj.; poet.⟩ *Schatten geben, einen Schatten werfen*

Schat|ten ⟨m.7⟩ *1 dunkle Fläche, die auf der lichtabgewandten Seite eines Körpers entsteht, der von einem Licht angestrahlt wird;* der S. des Baumes, Berges; seine S. vorauswerfen *sich durch (schlechte) Vorzeichen ankündigen;* er ist nur noch der S. seiner selbst *er ist sehr krank, sehr geschwächt;* über seinen S. springen ⟨übertr.⟩ *sich überwinden, etwas tun, was man seiner Natur nach eigentlich nicht tun kann;* sich vor dem eigenen S. fürchten *sehr ängstlich sein;* er folgt ihr wie ein S.; er ist ihr getreuer S. ⟨übertr.⟩ *er folgt ihr überall,* er ist immer in ihrer Nähe; S. nachjagen *ein unerreichbares Ziel verfolgen;* in jmds. S. stehen ⟨übertr.⟩ *infolge der überragenden Bedeutung eines andern selbst keine Anerkennung finden 2 Bereich, der nicht vom Licht getroffen wird;* den S. aufsuchen; sich im S. ausruhen *2* den S. aufsuchen; sich im S. ausruhen *alles in den S. stellen, alles verdunkeln,* was vorher war ⟨übertr.⟩ dieses Ereignis übertrifft alles ...; jmdn. in den S. stellen *jmdn. übertreffen, besser, tüchtiger sein, mehr sein als jmd.* *3 dunkler Fleck, dunkle Erscheinung;* einen S. auf der Lunge haben *die Lunge zeigt auf dem Röntgenbild einen krankhaften dunklen Fleck;* einen S. haben ⟨übertr.⟩ *nicht ganz normal sein;* S. unter den Augen haben *4* ⟨Myth.⟩ *Geist eines Toten;* das Reich der S. *Totenreich;* ins Reich der S. hinabsteigen *sterben*

Schat|ten|bild ⟨n.3⟩ → *Schattenriß*

Schat|ten|blu|me ⟨f.11⟩ *kleines, weiß blühendes Liliengewächs schattiger Wälder*

Schat|ten|bo|xen ⟨n., -s, nur Sg.⟩ *Trainingsart, bei der man Boxbewegungen gegen einen nur vorgestellten Gegner ausführt*

Schat|ten|da|sein ⟨n., -s, nur Sg.⟩ *unbeachtetes Dasein;* ein S. führen; aus seinem S. heraustreten *bekannt werden*

schat|ten|haft ⟨Adj., -er, am -esten⟩ *undeutlich, schlecht erkennbar*

Schat|ten|holz ⟨n.4⟩ *Waldbaum, der in der Jugend Schutz vor Übersonnung braucht;* Ggs. *Lichtholz*

Schat|ten|ka|bi|nett ⟨n.1⟩ *von der Opposition in Aussicht genommene Regierungsmannschaft (für den Fall der Regierungsübernahme)*

Schat|ten|kö|nig ⟨m.1⟩ *König ohne Macht*

Schat|ten|mo|rel|le ⟨f.11⟩ *Sauerkirsche mit großen, braunroten Früchten;* auch: ⟨kurz⟩ *Morelle* [volksetymolog. Bildung zu frz. *château* „Schloß" und *Morelle*]

Schat|ten|pflan|ze ⟨f.11⟩ *Pflanze, die auch bei geringer Lichtintensität noch ausreichend Photosynthese durchführen kann;* Ggs. *Sonnenpflanze*

schat|ten|reich ⟨Adj.⟩ *viel Schatten habend*

Schat|ten|reich ⟨n.1; Myth.⟩ *Reich der Toten*

Schat|ten|riß ⟨m.1⟩ *dem Schatten auf einer weißen Fläche nachgezeichneter, schwarz ausgefüllter Umriß (bes. des Gesichtsprofils);* Syn. *Schattenbild, Silhouette*

Schat|ten|sei|te ⟨f.11⟩ *1 dem Licht abgewandte Seite 2 nachteilige, negative Seite;* Ggs. *Lichtseite;* die ~n des Lebens, des Ruhms

Schat|ten|spiel ⟨n.1⟩, **Schat|ten|thea|ter** ⟨n.5⟩ *ostasiatische Form des Puppenspiels, bei der Schatten kunstvoll gearbeiteter Figuren auf einem lichtdurchlässigen, weißen Wandschirm erscheinen*

Schat|ten|wirt|schaft ⟨f., -, nur Sg.⟩ *Teil der Wirtschaft, der vom Fiskus nicht erfaßt wird*

schat|tie|ren ⟨V.3, hat schattiert; mit Akk.⟩ *1 Schatten in etwas einzeichnen 2 in den Farbtönen abstufen*

Schat|tie|rung ⟨f.10⟩ *1* ⟨nur Sg.⟩ *das Schattieren 2 farbliche Abstufung, Tönung;* Blumen, Stoffe in allen ~en; Teilnehmer aller politischen ~en ⟨übertr.⟩ *aller politischen Richtungen 3 feiner Farbton, Farbnuance;* eine S. dunkler, heller

schat|tig ⟨Adj.⟩ *viel Schatten aufweisend, im Schatten befindlich;* ein ~er Garten

Scha|tul|le ⟨f.11⟩ *1* ⟨früher⟩ *Kasse eines Fürsten 2 Geld-, Schmuckkasten* [< ital. *scatola* „Schachtel", < mlat. *scatula* „Geldkasten, Börse", < got. *skatts* „Geld, Geldstück", < germ. **skatta* „Vieh" (das früher als Maßstab des Vermögens galt)]

Schatz ⟨m.2⟩ *1 große Menge an sehr wertvollen Gegenständen;* die Schätze der Erde; einen S. ausgraben, heben; seine Sammlung birgt Schätze; seine Schätze vor jmdm. ausbreiten *2 Geldbetrag für Notfälle* (Staats~) *3 Geliebter, Geliebte;* seinem S. einen Brief schreiben; sie hat einen S. *4* ⟨nur Sg.; Kosewort⟩ *lieber Mensch, liebes Kind, Liebling;* komm, mein S.!; mein lieber S.! *5* ⟨nur Sg.⟩ *freundlicher, hilfsbereiter Mensch;* du bist ein S.!

Schatz|amt ⟨n.4⟩ *Finanzbehörde (eines Staates)*

Schatz|an|wei|sung ⟨f.10⟩ *Anweisung (I) der Finanzverwaltung auf die Staatskasse*

Schätz|chen ⟨n.7⟩ *1 Kosewort kleiner Schatz (4) 2 Geliebte;* er hat ein S.

schat|zen ⟨V.1, hat geschatzt; mit Akk.; †⟩ *1 besteuern, mit Steuer belegen 2 mit Strafe belegen*

schät|zen ⟨V.1, hat geschätzt; mit Akk.⟩ *1 etwas s.* **a** *ungefähr berechnen, ungefähr bewerten;* einen Wert s.; eine Entfernung s. **b** *vermuten, annehmen;* ich schätze, es wird noch lange dauern **c** *für gut halten;* ich schätze es nicht, wenn man ...; ich weiß seine Fähigkeiten zu s.; er schätzt sich glücklich, weil er ... er hält sich für glücklich, weil er ..., daß er ... *2 jmdn. s.* **a** *jmds. Alter vermuten;* ich schätze ihn auf 40 Jahre; ich schätze ihn älter, jünger **b** *hochachten, anerkennen und gern haben;* ich schätze ihn sehr; ich schätze ihn wegen seiner Aufrichtigkeit; ein geschätzter Arzt; ein beliebter, anerkannter Arzt

schät|zen|ler|nen ⟨V.1, hat schätzengelernt; mit Akk.⟩ *etwas, jmdn. s. etwas, jmdn. allmählich in seiner Bedeutung, in seinem Wert erkennen*

schät|zens|wert ⟨Adj., -er, am -esten⟩ *so beschaffen, daß man es schätzen muß;* eine ~e Eigenschaft

Schät|zer ⟨m.5⟩ *jmd., der Wertgegenstände schätzt* (in 1a); Syn. *Taxator*

Schatz|grä|ber ⟨m.5⟩ *jmd., der einen vergrabenen Schatz sucht*

Schatz|kam|mer ⟨f.11⟩ *1* ⟨früher⟩ *Aufbewahrungsort des Staatsschatzes 2 Raum, in dem sich wertvolle Gegenstände befinden*

Schatz|käst|chen ⟨n.7; †⟩ *Kästchen für wertvolle Dinge, bes. Schmuck*

Schatz|mei|ster ⟨m.5⟩ *Kassenverwalter*

Schätz|preis ⟨m.1⟩ *Preis, der für eine Sache geschätzt wird*

Schatz|schein ⟨m.1⟩ → *Schatzwechsel*

Schat|zung ⟨f.10; †⟩ *das Schatzen*

Schät|zung ⟨f.10⟩ *das Schätzen (1a,b);* nach meiner S. müßten wir bald da sein

schät|zungs|wei|se ⟨Adv.⟩ *soweit man es schätzen kann, ungefähr;* es dauert s. noch drei Stunden

Schatz|wech|sel ⟨m.5⟩ *unverzinsliche Schatzanweisung in Form eines Wechsels;* Syn. *Schatzschein*

Schätz|wert ⟨m.1⟩ *geschätzter Wert einer Sache;* einen alten Schrank zum S. verkaufen

Schau ⟨f.10⟩ *1 Ansicht, Blickwinkel;* aus meiner S. sieht die Sache anders aus *2 auf Betrachtung, Versenkung beruhendes Erfassen (geistiger Zusammenhänge);* innere S.; religiöse S. *3 Ausstellung* (Blumen~, Tier~) *4 Vorführung, Darbietung;* eine S. abziehen ⟨ugs.⟩ *etwas wirkungsvoll darstellen, vorführen;* das ist eine S.! ⟨ugs.⟩ *das ist wunderbar;* jmdm. die S. stehlen ⟨ugs.⟩ *jmdn. um seine Wirkung bringen;* etwas zur S. stellen *etwas ausstellen;* etwas zur S. tragen *etwas (auffällig) zeigen;* eine freundliche Miene zur S. tragen

Schaub ⟨m.1 oder m.2, nach Zahlenangaben Pl. -; oberdt.⟩ *Garbe, Strohbund* [eigtl. „Zusammengeschobenes", zu *schieben*]

Schau|be¹ ⟨f.11; 15./16. Jh.⟩ *langer, offener Überrock mit weiten Ärmeln für Männer (oft mit Pelz verbrämt)* [< mhd. *schube, schoube* in ders. Bed., < ital. *giubba* „Jacke, Joppe"]

Schau|be² ⟨f.11; landsch.⟩ *Fruchthülle, Schale*

Schau|bild ⟨n.3⟩ → *Diagramm*

Schau|bu|de ⟨f.11⟩ *auf Jahrmärkten Bude, in der anspruchslose Vorführungen gezeigt werden*

Schau|büh|ne ⟨f.11⟩ *Theater*

Schau|der ⟨m.5⟩ *plötzliche, unangenehme, mit Zittern verbundene Empfindung;* ein S. der Kälte; ein S. der Angst; mich erfaßte ein S. des Grauens

schau|der|bar ⟨Adj., ugs., scherzh.⟩ *schauderhaft* [nach Wörtern wie *wunderbar* gebildet]

schau|der|haft ⟨Adj., -er, am -esten⟩ *1 so, daß einen ein Schauder erfaßt, schrecklich, ein ~es Verbrechen 2* ⟨ugs.⟩ *sehr groß, sehr unangenehm;* eine ~e Kälte *3* ⟨ugs.⟩ *sehr, überaus;* hier ist es s. kalt

schau|dern ⟨V.1, hat geschaudert⟩ **I** ⟨o.Obj.⟩ *von Entsetzen, Grauen erfaßt werden;* er schauderte bei dem Gedanken, daß... **II** ⟨mit Dat. oder Akk.; unpersönl.⟩ *mit Entsetzen, Grauen erfüllen;* es schaudert mich, ⟨oder⟩ mir, ⟨auch⟩ mir schaudert, wenn ich daran denke; mich, mir schaudert vor ihm

836

schau|der|voll ⟨Adj.⟩ *Schauder erregend;* Syn. *schauervoll*
schau|en ⟨V.1, hat geschaut⟩ **I** ⟨o.Obj.⟩ **1** *den Blick auf etwas richten, blicken;* schau mal! sieh einmal her!; jmdm. in die Augen s.; zum Himmel s. **2** *den Blick auf der Umgebung ruhen lassen;* er saß nur da und schaute **3** ⟨in Ausrufen⟩ schau, schau! das hätte man nicht gedacht!, so ist das also! **4** ⟨als Aufforderung zur Ansicht, zur Aufmerksamkeit⟩ schau (mal), was ich hier habe!; schau, du mußt das verstehen ... **II** ⟨mit Präp.obj.⟩ *nach jmdm. s. sich um jmdn. kümmern, auf jmdn. achten;* nach einem Kranken s.; ich mußte nur rasch nach de Kindern **III** ⟨mit Akk.; poet.⟩ **1** *etwas s. bewußt, beglückt wahrnehmen;* das Licht, die Sonne, die Welt, den Himmel s. **2** *Gott s. durch innere Schau Gott erkennen*
Schau|er[1] ⟨m.5⟩ **1** *kurzer, heftiger Niederschlag* (Regen~, Schnee~) **2** *plötzliches mit Zittern, Frösteln verbundene Empfindung* (Kälte~, Fieber~, Angst~); ein S. lief mir den Rücken hinunter **3** *ehrfürchtige Empfindung;* ein heiliger S. überlief ihn [< mhd. *schur, schour* „Unwetter, Hagel", < ahd. *scur,* got. *skura* „Unwetter, Sturm"]
Schau|er[2] ⟨m.5 oder n.5; landsch.⟩ **1** → *Scheune* **2** *Schutzdach* [Nebenform von *Scheuer*]
Schau|er[3] ⟨m.5; kurz für⟩ → *Schauermann*
Schau|er|ge|schich|te ⟨f.11⟩ *Geschichte mit unheimlichen, grauenvollen Geschehnissen;* Syn. *Schauermärchen*
schau|er|lich ⟨Adj.⟩ **1** *Schauer (des Grauens) erzeugend;* ein ~es Verbrechen **2** ⟨ugs.⟩ *sehr geschmacklos;* ein ~es Möbel **3** ⟨ugs.⟩ *sehr schlecht;* ein ~er Film; das Wetter war s. **4** ⟨als Adv.; ugs.⟩ *sehr, überaus;* es war s. kalt
Schau|er|mann ⟨m., -leute⟩ *jmd., der berufsmäßig Schiffe be- und entlädt;* auch: ⟨kurz⟩ *Schauer* [zu ndrl. *sjouwen* „hart arbeiten" und *Mann*]
Schau|er|mär|chen ⟨n.7⟩ **1** → *Schauergeschichte* **2** ⟨ugs.⟩ *übertriebene, auf Wirkung berechnete Erzählung;* erzähl doch keine S.!
schau|ern ⟨V.1, hat geschauert; o.Obj.⟩ *von einem Schauer überlaufen werden, plötzlich zittern;* er schauerte vor Kälte, vor Schreck
schau|er|voll ⟨Adj.⟩
Schau|fel ⟨f.11⟩ **1** *Gerät mit einer dünnen, leicht gewölbten, in eine flache Spitze auslaufenden Metallplatte an einem Stiel zum Aufnehmen von krümeligem Material* (Garten~, Kehricht~) **2** ⟨beim Damhirsch und Elch⟩ *flächig-tellerartig ausgebildetes Geweih* **3** ⟨Jägerspr., beim Auerhahn⟩ *Schwanzfeder* **4** ⟨an manchen Geräten⟩ *schaufelähnliche, plattenförmige Vorrichtung* (Bagger~, Ruder~, Turbinen~) **5** ⟨ugs.⟩ *große, breite, grobe Hand, breiter, ungepflegter Fingernagel*
schau|fe|lig ⟨Adj.; o.Steig.⟩ *wie eine Schaufel;* auch: *schauflig;* ~es Geweih; ~e Spitze
schau|feln ⟨V.1, hat geschaufelt; mit Akk.⟩ *mit der Schaufel aufnehmen und (an eine andere Stelle) befördern;* Syn. *schippen;* Sand auf eine Schubkarre s.; Schnee (auf einen Haufen) s.
Schau|fel|rad ⟨n.4⟩ *mit Schaufeln (4) besetztes Antriebsrad*
Schau|fen|ster ⟨n.5⟩ *großes Fenster zur Straße, in dem Waren ausgestellt sind;* ein S. dekorieren; S. betrachten
Schau|fen|ster|bum|mel ⟨m.5⟩ *Spaziergang, bei dem Schaufenster besichtigt werden*
Schau|fen|ster|pup|pe ⟨f.11⟩ *lebensgroße Gliederpuppe (in Schaufenstern), an der Kleidung ausgestellt wird*
Schau|fen|ster|wett|be|werb ⟨m.1⟩ *Wettbewerb, bei dem das schönste Schaufenster prämiert wird*
Schauf|ler ⟨m.5⟩ *Elch oder Damhirsch mit Schaufeln (2)*

schauf|lig ⟨Adj.⟩ → *schaufelig*
Schau|flug ⟨m.2⟩ *fliegerische Vorführung für ein Publikum*
Schau|ge|prän|ge ⟨n., -s, nur Sg.; veraltend⟩ *wirkungsvolle Entfaltung von Pracht*
Schau|ge|schäft ⟨n.1; eindeutschend für⟩ *Showgeschäft*
Schau|kampf ⟨m.2⟩ *Boxkampf außerhalb eines Wettbewerbs*
Schau|ka|sten ⟨m.8⟩ *Glaskasten, in dem Gegenstände ausgestellt werden*
Schau|kel ⟨f.11⟩ *an Ketten oder Seilen aufgehängter Sitz, auf dem man sich hin- und herschwingt;* Syn. ⟨österr.⟩ *Hutsche*
schau|keln ⟨V.1, hat geschaukelt⟩ **I** ⟨o.Obj.⟩ **1** *sich auf der Schaukel hin und her schwingen* **2** *sich wiegend bewegen;* das Boot schaukelt auf den Wellen; schaukelt stark **II** ⟨mit Akk.⟩ **1** *jmdn., der auf der Schaukel sitzt, zum Schwingen bringen* **2** *etwas s.* ⟨ugs.⟩ *etwas erfolgreich erledigen;* wir werden die Sache, das Kind schon s. wir werden die Sache schon zustande bringen, wir werden das schon richtig machen
Schau|kel|pferd ⟨n.1⟩ *auf gebogenen Kufen stehendes Holzpferd (auf dem Kinder schaukeln können)*
Schau|kel|po|li|tik ⟨f., -, nur Sg.; abwertend⟩ *Politik, die keine eigene Linie verfolgt, sondern sich nur den jeweiligen Umständen anpaßt*
Schau|kel|reck ⟨n.9 oder n.1⟩ → *Trapez (2)*
Schau|kel|stuhl ⟨m.2⟩ *auf gebogenen Kufen stehender Stuhl (zum Schaukeln)*
Schau|lauf ⟨m.2; Eiskunstlauf⟩ *Vorführung außerhalb eines Wettbewerbs*
Schau|lust ⟨f., -, nur Sg.⟩ **1** *Lust zum Schauen, zum Betrachten;* die S. der Kunden, Käufer anregen **2** *Lust am Zuschauen;* die S. Neugieriger (bei Unfällen)
schau|lu|stig ⟨Adj.⟩ **1** *gerne schauend, betrachtend;* ~es Publikum **2** *gerne zuschauend*
Schaum ⟨m.2⟩ **1** *aus Blasen bestehendes Gebilde an der Oberfläche von Flüssigkeiten* (Bier~); Syn. *Feim;* S. schlagen ⟨übertr.⟩ *übertreiben, etwas übertreibend erzählen, prahlen* **2** *aus Bläschen bestehender Speichel, Geifer;* S. vorm Mund haben **3** ⟨übertr.⟩ *Unbedeutendes, Nichtigkeit;* Träume sind Schäume
Schaum|bad ⟨n.4⟩ **1** *Zusatz zum Badewasser, der Schaum entwickelt* **2** *das Baden in einem solchen Wasser* **3** *mit einem schäumenden Zusatz versetztes Badewasser*
Schaum|be|ton ⟨[-tɔn] m., -s, nur Sg.⟩ *Leichtbeton, dem schaumbildende Emulsionen zugesetzt wurden;* Syn. *Zellbeton*
schäu|men ⟨V.1, hat geschäumt; o.Obj.⟩ **1** *Schaum bilden;* Sekt schäumt (im Glas); die Wellen schlagen ~d an die Felsen **2** ⟨übertr.⟩ *heftig erregt, wütend sein;* er schäumte (vor Zorn)
Schaum|ge|bäck ⟨n.1⟩ *(Eischnee enthaltendes) schaumiges Gebäck*
schaum|ge|bo|ren ⟨Adj., o.Steig.; nur als Attr.; Myth.⟩ *aus dem Schaum des Meeres geboren;* die ~e Aphrodite
schaum|ge|bremst ⟨Adj., o.Steig.⟩ *mit verminderter Schaumbildung;* ~es Waschmittel
Schaum|gum|mi ⟨m.9⟩ *luftiges, weiches Material aus Latex oder synthetischem Kautschuk von großer Weichheit und Elastizität*
schau|mig ⟨Adj.⟩ *aus Schaum bestehend;* ~e Creme; Eiweiß s. schlagen *Eiweiß schlagen, so daß es zu Schaum wird* **2** *mit Schaum bedeckt;* ~es Wasser
Schaum|kel|le ⟨f.11⟩ → *Schaumlöffel*
Schaum|kro|ne ⟨f.11⟩ **1** *auf einem Wellenberg gleitender Schaum* **2** *beim Eingießen einer schäumenden Flüssigkeit entstehender, auf der Oberfläche ruhender Schaum;* die S. auf dem Pils
Schaum|löf|fel ⟨m.5⟩ *Löffel zum Abschöpfen von Schaum;* Syn. *Schaumkelle*

Scheckbuchjournalist

Schaum|lö|scher ⟨m.5⟩ *Feuerlöschgerät, das mit einem schaumbildenden Stoff gefüllt ist*
Schaum|rei|ni|ger ⟨m.5⟩ *Reinigungsmittel mit starker Schaumentwicklung*
Schaum|schlä|ger ⟨m.5⟩ **1** ⟨selten⟩ *Schneebesen* **2** ⟨übertr.⟩ *jmd., der Schaum schlägt* (→ *Schaum 1*), *Angeber, Aufschneider, Prahler*
Schaum|schlä|ge|rei ⟨f., -, nur Sg.; übertr.⟩ *Angeberei, Prahlerei*
Schaum|stoff ⟨m.1⟩ *leichter, weicher, poröser Kunststoff*
Schaum|tep|pich ⟨m.1⟩ *bei der Notlandung eines Flugzeugs auf die Landebahn aufgesprühte Schicht aus Schaum, die eine durch Reibung entstehende Explosion verhindern soll*
Schau|mün|ze ⟨f.11; †⟩ *Gedenkmünze ohne Geldwert*
Schaum|wein ⟨m.1⟩ → *Sekt*
Schau|packung ⟨-k·k-; f.10⟩ *zu Werbezwecken ausgestellte, leere Packung*
Schau|platz ⟨m.2⟩ *Ort eines Geschehens;* der S. des Verbrechens; vom S. abtreten *sich zurückziehen (bes. aus dem öffentlichen Leben)*
Schau|pro|zeß ⟨m.1⟩ *öffentlicher Prozeß, der auf die Massen wirken soll*
schau|rig ⟨Adj.⟩ **1** *einen Schauer (des Grauens) erzeugend;* ein ~es Verbrechen; hier ist es s. **2** ⟨ugs.⟩ *sehr schlecht;* das Zeugnis ist ja s.; der Film war s. **3** ⟨als Adv.; ugs.⟩ *sehr, überaus;* er ist s. dumm
Schau|sei|te ⟨f.11⟩ *schönere Seite (die gewöhnlich betrachtet wird)*
Schau|spiel ⟨n.1⟩ **1** ⟨i.w.S.⟩ *Bühnenwerk* **2** ⟨i.e.S.⟩ *ernstes Bühnenwerk ohne tragisches Ende* **3** *Vorgang, Anblick, der Schaulust erregt* (Natur~); ein fesselndes S.
Schau|spie|ler ⟨m.5⟩ **1** *jmd., der berufsmäßig auf der Bühne, im Fernsehen oder im Film Gestalten darstellt* (Film~) **2** ⟨übertr., abwertend⟩ *jmd., der sich verstellt, der vorgibt, anders zu sein, als er ist;* er ist ein S.
Schau|spie|le|rei ⟨f., -, nur Sg.⟩ **1** *das Auftreten als Schauspieler, das Ausüben des Berufs eines Schauspielers* **2** ⟨übertr.⟩ *Verstellung*
schau|spie|lern ⟨V.1, hat geschauspielert; o.Obj.⟩ **1** *als Schauspieler tätig sein* **2** *etwas vortäuschen, so tun, als ob;* laß dich nicht täuschen, er schauspielert nur
Schau|spiel|haus ⟨n.4⟩ *Theater, in dem bes. Schauspiele aufgeführt werden, Sprechtheater*
Schau|spiel|schu|le ⟨f.11⟩ *Ausbildungsanstalt für Schauspieler*
schau|ste|hen ⟨V.151, hat schaugestanden; nur im Infinitiv und Perfekt; o.Obj.⟩ *dastehen und (zu Werbezwecken) etwas zeigen*
Schau|stel|ler ⟨m.5⟩ *jmd., der auf Jahrmärkten etwas zeigt, vorführt oder ein Fahrgeschäft betreibt*
Schau|stel|lung ⟨f.10⟩ *das Zeigen, Vorführen, Ausstellen*
Schau|stück ⟨n.1⟩ *Gegenstand, der ausgestellt oder vorgezeigt wird*
Schech ⟨m.1; Nebenform von⟩ *Scheich*
Scheck[1] ⟨m.10⟩ → *Schecke*
Scheck[2] ⟨m.9, † m.1⟩ *eine Zahlungsanweisung an Bank oder Post;* auch: ⟨schweiz.⟩ *Check* [< engl. *cheque,* frz. *chèque* „Zahlungsanweisung an eine Bank", < arab. *šakk* „Vertragsurkunde, Dokument, Scheck", < pers. *čak* „Kaufvertrag, Beglaubigungsschreiben" und *ček* „Zahlungsanweisung"]
Scheck|be|trug ⟨m., -(e)s, nur Sg.⟩ *Bezahlung mit ungedecktem Scheck*
Scheck|buch ⟨n.4⟩ *zu einem Heft gebundete Scheckformulare;* Syn. *Scheckheft*
Scheck|buch|jour|na|list ⟨[-ʒur-] m.10⟩ *Journalist, der gegen hohes Honorar zwielichtigen Personen ihre Memoiren abkauft und diese in einer Zeitschrift veröffentlicht*

Schecke

Sche|cke ⟨-k|k-; f.11 oder m.11⟩ *scheckiges Tier (bes. Pferd oder Rind);* auch: **Scheck**

Scheck|fäl|schung ⟨f.10⟩ *Fälschung der Unterschrift oder des Betrages eines Schecks*

Scheck|heft ⟨n.1⟩ →*Scheckbuch*

sche|ckig ⟨-k|k-; Adj.⟩ *gefleckt;* ~*es Pferd;* wir haben uns s. gelacht ⟨übertr.⟩ ugs. *wir haben sehr gelacht*

Scheck|kar|te ⟨f.11⟩ *zum Scheckheft gehörende Karte, die eine Kennummer und die Unterschrift des Inhabers enthält und mit der ein Geldinstitut garantiert, die Schecks des Inhabers bis zu einer bestimmten Höhe einzulösen*

Sched|dach ⟨n.4⟩ →*Sheddach*

scheel ⟨Adj.⟩ **1** *schielend, schief* **2** ⟨übertr.⟩ *mißtrauisch, neidisch;* jmdn. s., mit ~en Blicken ansehen

scheel|äu|gig ⟨Adj.⟩ *neidisch, mißtrauisch dreinschauend*

Schee|lit ⟨m.1⟩ *(meist gelbliches) diamantglänzendes Mineral;* Syn. *Tungstein* [nach dem Chemiker Carl Wilhelm *Scheele*]

Scheel|sucht ⟨f., -, nur Sg.⟩ *Neid*

scheel|süch|tig ⟨Adj.⟩ *neidisch*

Schef|fel ⟨m.5⟩ **1** *altes Hohlmaß für Schüttgut (13 bis 222 l)* **2** *offenes Gefäß aus Holz, Bottich;* sein Licht nicht unter den S. stellen *zeigen, was man kann* **3** *altes Flächenmaß, Ackerfläche, für die ein Scheffel Saatgut notwendig ist, 12–42 a*

schef|feln ⟨V.1, hat gescheffelt; mit Akk.⟩ **1** *(früher) mit dem Scheffel aufhäufen* ⟨Getreide, Körner s.⟩ **2** ⟨übertr.⟩ *in großer Menge erlangen und anhäufen;* Geld s.

Schei|be¹ ⟨f.11⟩ **1** *beiderseits glattes, flaches, geschnittenes Stück* ⟨Brot~, Fenster~⟩; eine S. Brot, Fleisch; davon kannst du dir eine S. abschneiden ⟨ugs.⟩ *das solltest du dir zum Vorbild nehmen* **2** *flacher, kreisrunder Gegenstand, kreisrundes Gebilde* ⟨Dreh~, Diskus~, Mond~⟩ **3** ⟨kurz für⟩ *Zielscheibe;* auf die S. schießen **4** ⟨beim Wildschwein⟩ *Nasenplatte* **5** ⟨ugs.⟩ *Schallplatte;* eine heiße S. **6** ⟨derb, verhüllend⟩ *Scheiße*

Schei|be² ⟨f.11; bayr., österr.⟩ *Kegelkugel* [zu *scheiben*]

schei|ben ⟨V., schob, hat geschoben; mit Akk.; bayr., österr.⟩ **1** *schieben, rollen;* ein Faß s. **2** *kegeln* [Nebenform von *schieben*]

Schei|ben|brem|se ⟨f.11; bes. bei Kfz⟩ *Radbremse, bei der die Bremsbacken beiderseits gegen eine Stahlscheibe gepreßt werden*

Schei|ben|eg|ge ⟨f.11⟩ *Egge mit nebeneinanderlaufenden, walzenförmig angeordneten Scheiben*

Schei|ben|gar|di|ne ⟨f.11⟩ *am Fensterrahmen befestigte Gardine*

Schei|ben|ho|nig ⟨m., -s, nur Sg.⟩ **1** *Wabenhonig in Scheiben* **2** ⟨ugs., verhüllend⟩ *Scheiße;* Syn. *Scheibenkleister;* das ist alles S., so ein S.! [wegen der Gleichheit der Anfangslaute]

Schei|ben|klei|ster ⟨m., -s, nur Sg.⟩ **1** *(früher) Lieferform für Kleister* **2** ⟨ugs., verhüllend⟩ →*Scheibenhonig (2)*

Schei|ben|kupp|lung ⟨f.10⟩ *Kupplung mit einer Kupplungsscheibe*

Schei|ben|rad ⟨n.4⟩ *scheibenähnliches Rad ohne Felge und Speichen*

Schei|ben|schie|ßen ⟨n., -s, nur Sg.⟩ *Schießen auf eine Schießscheibe*

Schei|ben|wi|scher ⟨m.5; bes. bei Kfz⟩ *über ein Hebelgetriebe von einem Elektromotor bewegter Arm mit Gummikante, der bei Niederschlägen die Frontscheibe frei hält*

Scheib|tru|he ⟨f.11; österr.⟩ →*Schubkarre*

Scheich ⟨m.1 oder m.9⟩ **1** *Scheck, Scheik (im Vorderen Orient Titel für)* **a** *Häuptling eines Beduinenstammes* **b** *Ortsvorsteher* **c** *Person vor Rang* **2** ⟨übertr., ugs., abwertend⟩ *Freund, Geliebter;* sie hat einen S.; sie bringt ihren S. mit **3** ⟨ugs.⟩ *unangenehmer Kerl* [< arab. *šaiḫ* „alter Mann, Ältester, Häuptling", zu *šāḫa* „alt werden"]

Scheich|tum ⟨n.4⟩ *Herrschaftsbereich eines Scheichs (1a)*

Schei|de ⟨f.11⟩ **1** *(der geschlechtlichen Vereinigung und dem Austritt des Kindes bei der Geburt dienender) Verbindungsgang zwischen Gebärmutter und äußerem weiblichem Geschlechtsteil;* Syn. *Vagina* **2** *Behälter, in den die Klinge einer Waffe gesteckt wird* ⟨Dolch~, Schwert~⟩ **3** *Basis von Laubblättern, die den Sproß umfaßt* ⟨Blatt~⟩ **4** ⟨geh.⟩ *trennende Linie* ⟨Mark~, Wasser~⟩

Schei|de|brief ⟨m.1; †⟩ *Scheidungsurkunde*

Schei|de|gruß ⟨m.2; poet.⟩ *Abschiedsgruß*

Schei|de|kunst ⟨f., -, nur Sg.⟩ *früher Bez. für* Chemie

Schei|de|mün|ze ⟨f.11⟩ *kleine Münze, die einen höheren Geldwert hat, als ihr nach ihrem Feinmetallgehalt zusteht*

schei|den ⟨V.107 / mit Akk.; hat geschieden⟩ **1** *etwas s.* **a** *trennen;* Erze s. *Erze vom tauben Gestein trennen;* eine Ehe s. *eine Ehe gerichtlich trennen, auflösen* **b** ⟨geh.⟩ *Unterschied (zwischen zwei Dingen) machen;* man muß s. zwischen dem, was erwünscht, und dem, was möglich ist; das Gute vom Schlechten s. **2** *etwas s.* **a** *jmdn. von jmdm. trennen;* unsere gegensätzliche Meinung in diesen Fragen scheidet uns (voneinander) **b** *jmds. Ehe trennen;* ⟨meist in der Wendung⟩ sich s. lassen *sich von seinem Ehepartner durch Gerichtsurteil trennen;* ein geschiedener Mann *ein Mann, dessen Ehe getrennt wurde;* wenn du das tust, dann sind wir geschiedene Leute *dann will ich mit dir nichts mehr zu tun haben* **II** ⟨refl.; hat geschieden⟩ sich s. *(voneinander) trennen, auseinandergehen;* an dieser Frage s. sich die Geister, die Meinungen **III** ⟨o.Obj.; ist geschieden⟩ **1** *Abschied nehmen;* wir müssen s.; von jmdm. s. **2** *zu Ende gehen;* das ~de Jahr; der ~de Tag **3** untergehen; die ~de Sonne

Schei|den|ent|zün|dung ⟨f.10⟩ *entzündliche Erkrankung der Scheide;* Syn. *Kolpitis, Vaginitis*

Schei|den|krampf ⟨m.2⟩ *krampfartige Zusammenziehung der Muskeln der Scheide bei Berührung des Scheideneingangs;* Syn. *Vaginismus*

Schei|de|stun|de ⟨f.11; geh.⟩ *Abschiedsstunde*

Schei|de|wand ⟨f.2⟩ *Trennwand*

Schei|de|was|ser ⟨n., -s, nur Sg.⟩ *fünfzigprozentige Salpetersäure, die aus Gold-Silber-Legierungen das Silber herauslöst (um reines Gold zu erhalten)*

Schei|de|weg ⟨m.1⟩ *Ort, an dem sich zwei Wege trennen;* am S. stehen ⟨übertr.⟩ *vor einer wichtigen Entscheidung stehen*

Schei|ding ⟨m.1; alter Name für⟩ *September* [eigtl. „der Monat, der den Sommer vom Herbst scheidet"]

Schei|dung ⟨f.10⟩ **1** ⟨nur Sg.⟩ *das Scheiden (I), Trennung;* S. von Erzen **2** *Ehescheidung, Trennung der Ehe;* vor, nach seiner S.; in S. leben *im Begriff sein, sich scheiden zu lassen*

Schei|dungs|grund ⟨m.2⟩ *Grund für eine Scheidung (2)*

Schei|dungs|kla|ge ⟨f.11⟩ *Klage auf Scheidung (einer Ehe)*

Scheik ⟨m.9⟩ →*Scheich (1)*

Schein ⟨m.1⟩ **1** ⟨nur Sg.⟩ *Licht, Lichtschimmer, Glanz;* der S. der Kerze, der Sonne; beim S. der Lampe **2** ⟨nur Sg.⟩ *Kleinigkeit, Geringfügigkeit;* ihr Haar ist einen S. dunkler als seines; sie wurde noch um einen S. blasser **3** ⟨nur Sg.⟩ *Aussehen, Wirkung nach außen;* den S. aufrechterhalten; den S. wahren; den S. bloßer S.; das ist nur der äußere S. **4** ⟨nur Sg.⟩ *Täuschung;* zum S. etwas tun, sagen **5** *Bescheinigung, schriftliche Bestätigung, Beleg, Quittung* ⟨Gut~, Schuld~⟩; einen S. machen ⟨Universitätsjargon⟩ *ein Seminar besuchen und sich vom Dozenten darüber eine Bestätigung ausstellen lassen* **6** ⟨kurz für⟩ *Geldschein* (Zehnmark~); können Sie mir bitte einen S. geben (statt Münzen)?

schein|bar ⟨Adj., o.Steig.⟩ *nur so scheinend, nicht wirklich;* ein ~er Erfolg; die Sonne dreht sich s. um die Erde; vgl. *anscheinend*

Schein|blü|te ⟨f.11⟩ →*Pseudanthium*

Schein|dol|de ⟨f.11⟩ *doldenähnlicher Blütenstand, dessen Blütenstiele an verschiedenen Stellen der Sproßachse entspringen;* Syn. *Trugdolde*

Schein|ehe ⟨f.11⟩ *vorgetäuschte Ehe*

schei|nen ⟨V.108, hat geschienen; o.Obj.⟩ **1** *Helligkeit, Licht ausstrahlen;* die Sonne scheint; die Sonne scheint durch die Büsche **2** *so aussehen (als ob), den Eindruck erwecken (als ob);* das Wetter scheint sich zu ändern; er scheint nicht mehr kommen zu wollen; er scheint fröhlich, ist es aber nicht; mir scheint, es ist kühler geworden *ich glaube, es ist kühler geworden;* er hat scheint's (= wie es scheint) keine Lust

Schein|fir|ma ⟨f., -, -men⟩ *im Handelsregister eingetragene, aber nicht wirklich existierende Firma*

Schein|füß|chen ⟨n.7⟩ →*Pseudopodium*

Schein|ge|schäft ⟨n.1⟩ *nur vorgetäuschtes Geschäft*

Schein|grund ⟨m.2⟩ *nur vorgetäuschter Grund*

schein|hei|lig ⟨Adj.⟩ *Ehrlichkeit, gute Absichten vortäuschend* **Schein|hei|lig|keit** ⟨f., -, nur Sg.⟩

Schein|kauf ⟨m.2⟩ *vorgetäuschter Kauf*

Schein|tod ⟨m., -(e)s, nur Sg.⟩ *dem Tod naher und im Erscheinungsbild ähnlicher Zustand*

schein|tot ⟨Adj., o.Steig.⟩ *sich im Zustand des Scheintodes befindend*

Schein|wer|fer ⟨m.5⟩ *Gerät zur gebündelten Abstrahlung von Licht in eine Richtung* ⟨Auto~, Bühnen~⟩

Schein|wi|der|stand ⟨m.2⟩ *Teilwiderstand einer Wechselstromschaltung, der zusammen mit dem ohmschen Widerstand den Gesamtwiderstand bildet*

Scheiß ⟨m., -es, nur Sg.; vulg.⟩ **1** *Unsinn, dummes Zeug;* red nicht solchen S.; wegen so einem S. habe ich jetzt zwei Stunden gewartet **2** *schlechte, unbrauchbare Sache;* da hast du dir ja einen schönen S. gekauft, andrehen lassen

Scheiß|dreck ⟨m.1; vulg.⟩ **1** *Kot* **2** ⟨übertr.⟩ *unangenehme Angelegenheit;* das geht dich einen S. an *das geht dich überhaupt nichts an*

Schei|ße ⟨f., -, nur Sg.; vulg.⟩ **1** *Kot;* jmdm. steht die S. bis zum Hals, jmd. sitzt in der S. *jmd. befindet sich in einer üblen Lage;* jmdn. aus der S. ziehen *jmdm. helfen;* aus der (größten) S. heraus sein *das Schlimmste hinter sich haben;* jmdn. durch die S. ziehen *jmdn. übel kritisieren;* jmdn., etwas mit S. bewerfen *jmdn., etwas verleumden* **2** *unangenehme, schlechte Sache, Angelegenheit;* so ein S.!; das ist doch alles S.; der Film war S.

schei|ßen ⟨V.109, hat geschissen; o.Obj.; vulg.⟩ *Kot ausscheiden, den Darm entleeren;* er hat ins Bett, der Hund hat auf den Teppich geschissen; auf etwas s. *von etwas nichts wissen wollen, sich nicht um etwas kümmern;* ich scheiße auf deine Ratschläge; scheiß drauf!; *das ist doch völlig egal!*

Schei|ßer ⟨m.5; vulg.⟩ **1** *übler Kerl* **2** *Feigling* **3** ⟨landsch., vertraul.⟩ *kleines Kind*

scheiß|egal ⟨Adj., o.Steig.; nur mit „sein"; vulg.⟩ *völlig egal;* das ist doch s.; das ist mir s.

Schei|ße|rei ⟨f., -, -en; vulg.⟩ *Durchfall*

scheiß|freund|lich ⟨Adj., o.Steig.; vulg.⟩ *geheuchelt und übertrieben freundlich*

Scheiß|hau|fen ⟨m.7; vulg.⟩ *Haufen Kot*

Scheiß|haus ⟨n.4; vulg.⟩ *Abort, Toilette*

Scheiß|kerl ⟨m.1; vulg.⟩ *übler, feiger Kerl*

scheiß|vor|nehm ⟨Adj., o.Steig.; vulg.⟩ *sehr vornehm*

Scheit ⟨n.1 oder n.3⟩ *zugehauenes, längliches Stück Holz*

Schei|tel ⟨m.5⟩ **1** *Linie, die das Kopfhaar in zwei Teile teilt;* einen S. ziehen; den S. rechts, links tragen **2** *äußerer oberster Teil des Kopfes;* jmdm. die Hand auf den S. legen; ein Käppchen auf dem S. tragen; vom S. bis zur Sohle von oben bis unten, von Kopf bis Fuß **3** *höchster Punkt, höchster Teil (eines Bogens, einer Wölbung)* **4** ⟨Geometrie⟩ **a** *Schnittpunkt der Schenkel (eines Winkels)* **b** *Spitze (eines Kegels)* **c** *Endpunkt der Achse (von Kegelschnitten)*

Schei|tel|au|ge ⟨n.14; bei einigen Reptilien⟩ *von Haut überdecktes, rückgebildetes Auge auf dem Schädeldach;* Syn. Parietalauge, Parietalorgan

Schei|tel|bein ⟨n.1⟩ *jeder der beiden Schädeldachknochen entlang der Mittellinie des Schädels*

Schei|tel|hö|he ⟨f.11⟩ **1** *höchste Stelle einer Bodenerhebung, eines Berges* **2** *höchster Punkt einer Geschoßflugbahn*

Schei|tel|käpp|chen ⟨n.7⟩ *Käppchen der katholischen Geistlichen und der orthodoxen Juden*

Schei|tel|kreis ⟨m.1⟩ *Kreis durch Zenit, Himmelskörper und Nadir*

schei|teln ⟨V.1, hat gescheitelt; mit Akk.⟩ *durch einen Scheitel teilen;* sie hat das Haar in der Mitte (des Kopfes) s.; links, rechts gescheiteltes Haar

Schei|tel|punkt ⟨m.1⟩ *höchster Punkt (auf einer Kurve, Bahn o.ä.)*

Schei|tel|wert ⟨m.1⟩ *höchster Betrag, den eine Größe erreichen kann (z.B. die Amplitude einer Schwingung)*

Schei|tel|win|kel ⟨m.5⟩ *jeder von zwei einander gegenüberliegenden Winkeln bei zwei sich schneidenden Geraden*

Schei|ter|hau|fen ⟨m.7⟩ **1** *Holzstoß zum Verbrennen von Toten, Hexen, Ketzern oder verbotenen Büchern* **2** ⟨⟩ *Semmelauflauf*

schei|tern ⟨V.1, ist gescheitert; o.Obj.⟩ **1** ⟨*von Personen*⟩ *nicht zum Ziel gelangen, Pläne nicht verwirklichen können;* er ist mit seinem Vorhaben gescheitert **2** ⟨*von Sachen*⟩ *nicht gelingen, mißlingen;* sein Plan scheiterte am Widerstand der Familie; die Sache war von vornherein zum Scheitern verurteilt

Sche|kel ⟨m.5⟩ →*Sekel (2)*

Schelch ⟨m.1; rhein., ostfränk.⟩ *größerer Kahn*

Schelf ⟨m.1 oder n.1⟩ *vom Meer bedeckter Rand eines Kontinents;* Syn. Festlandssockel [< engl. *shelf* „Brett, Sims"]

Schel|fe ⟨f.11; landsch.⟩ **1** *Fruchtschale* **2** *Hautschuppe;* auch: Schilfe

schel|fe|rig ⟨Adj.⟩ →*schilferig*

schel|fern ⟨V.1, hat geschelfert⟩ →*schilfern*

Schel|lack ⟨m.1⟩ *wie zähes, elastisches natürliches Harz (das z.B. früher zur Herstellung von Schallplatten verwendet wurde)* [< ndrl. *schellak,* zu *schel* „Schuppe", nach dem Rohstoff, der meist von Schildläusen produziert wird]

Schel|lack|plat|te ⟨f.11; früher⟩ *aus Schellack hergestellte Schallplatte*

Schel|le[1] ⟨f.11⟩ **1** *Klingel, Glocke, Glöckchen* **2** →*Ohrfeige* (Maul~, ~) ; ~n austeilen

Schel|le[2] ⟨f.11⟩ **1** ⟨kurz für⟩ *Handschelle* **2** *zusammenschraubbarer Halterung für Rohre*

schel|len ⟨V.1, hat geschellt; o.Obj.⟩ *südwestdt.* *läuten, klingeln;* an der Tür s.; die Türglocke schellt; es schellt *die Türglocke läutet*

Schel|len ⟨f.11, Pl., meist o.Art.⟩ *Farbe (im dt. Kartenspiel)*

Schel|len|baum ⟨m.2⟩ *Feldzeichen der Militärmusik, Tragestange mit Querbügeln, an den Glocken hängen;* Syn. Halbmond

Schel|len|kap|pe, Schel|len|müt|ze ⟨f.11⟩ *Narrenkappe mit kleinen Glöckchen*

Schell|fisch ⟨m.1⟩ *dem Dorsch verwandter Meeresfisch mit auffallendem schwarzem Fleck über der Brustflosse, Speisefisch* [< nddt. *Schelle* „Schale" und *Fisch,* nach dem in schalenförmigen Schichten auseinanderfallenden Fleisch]

Schell|ham|mer ⟨m.6⟩ →*Döpper*

Schelm ⟨m.1⟩ **1** *durchtriebener, verfolgter Bursche, Held des Schelmenromans* **2** *immer zu Spaß und Neckerei aufgelegter junger Mann oder ebensolches Kind;* er hat den S. im Nacken, ihm sitzt der S. im Nacken ⟨übertr.⟩ *er ist immer zu Spaß und Neckerei aufgelegt*

Schel|men|ro|man ⟨m.1⟩ *Roman, dessen Held ein Schelm (1) ist*

Schel|men|streich ⟨m.1⟩ *lustiger Streich eines Schelms*

Schel|men|stück ⟨n.1⟩ *lustiger und trickreicher Streich eines Schelms*

Schel|me|rei ⟨f.10⟩ **1** *nur Sg.*⟩ *schelmisches Verhalten* **2** *lustiger Streich*

schel|misch ⟨Adj.⟩ *wie ein Schelm, verschmitzt;* s. lächeln

Schel|te ⟨f., -, ⟨nur Sg.⟩⟩ *Vorwürfe, energische Tadelworte,* Syn. ⟨ugs.⟩ Schimpfe; S. bekommen

schel|ten ⟨V.110, hat gescholten⟩ **I** ⟨mit Akk.⟩ **1** *jmdn. s. jmdm. heftige Vorwürfe machen, jmdm. energisch erklären, daß er falsch gehandelt hat;* Syn. ausschelten, ausschimpfen, auszanken, ⟨ugs.⟩ schimpfen **2** *jmdn. etwas s. erklären, daß jmd. etwas (Negatives) sei;* jmdn. einen dummen Jungen s.; sie schilt ihn faul und rücksichtslos **II** ⟨o.Obj.⟩ *seinem Unmut, Zorn mit Worten Ausdruck geben;* sie schilt den ganzen Tag; er entfernte sich laut ~d

Schelt|wort ⟨n.1⟩ *tadelndes Wort, Schimpfwort*

Sche|ma ⟨n., -s, -s oder -men oder -mata⟩ **1** *vereinfachte zeichnerische Darstellung* **2** *Muster, Vorbild;* etwas nach einem bestimmten S. gestalten; ein S. für einen Arbeitsablauf entwerfen **3** *vorgeschriebenes Vorgehen, Verfahren;* nach Schema F ⟨ugs.⟩ *immer auf die gleiche, übliche Art* [< griech. *schema* „Gestalt, Form, Stellung, Haltung", zu *echein* „halten, haben, innehaben"]

Sche|ma|brief ⟨m.1⟩ *Brief mit festgelegtem Wortlaut, der bei gleichen Gelegenheiten immer wieder verwendet wird*

sche|ma|tisch ⟨Adj.⟩ *in der Art eines Schemas, vereinfacht;* einen Ablauf s. darstellen; das ist allzu s. *allzu sehr vereinfacht*

sche|ma|ti|sie|ren ⟨V.3, hat schematisiert; mit Akk.⟩ **1** *in ein Schema bringen, nach einem Schema gestalten;* einen Arbeitsablauf s. **2** *durch ein Schema darstellen;* einen Sachverhalt s. **Sche|ma|ti|sie|rung** ⟨f., -, nur Sg.⟩

Sche|ma|tis|mus ⟨m., -, -men⟩ **1** ⟨nur Sg.⟩ *allzu schematische, vereinfachte Behandlung oder Betrachtung* **2** *Rangliste von Amtspersonen*

Schem|bart ⟨m.1⟩ *Maske mit Bart* [< *Schemen* und *Bart*]

Schem|bart|lau|fen ⟨n., -s, nur Sg.⟩ *Fastnachtszug zur Austreibung des Winters*

Sche|mel ⟨m.5⟩ **1** *niedriger Stuhl ohne Lehne;* Syn. ⟨schweiz.⟩ Stabelle **2** ⟨süddt.⟩ *Fußbank*

Sche|men ⟨m.7, auch n.7⟩ **1** *Trugbild, Gespenst* **2** ⟨bayr.⟩ *Maske* **3** ⟨Pl.⟩ *Umrisse;* im Nebel waren nur S. zu erkennen

sche|men|haft ⟨Adj., -er, am -esten⟩ *wie Schemen (1,3), undeutlich*

Schen, Scheng ⟨n., -(s), -⟩ *chinesische Mundorgel*

Schenk ⟨m.10⟩ **1** ⟨urspr.⟩ *Wein einschenkender Diener, Mundschenk;* auch: Schenke **2** ⟨MA⟩ *Kellermeister* **3** ⟨heute⟩ *Schankwirt*

Schen|ke I ⟨m.11⟩ →*Schenk (1)* **II** ⟨f.11⟩ *kleines Wirtshaus (Dorf~, Wein~)*

Schen|kel ⟨m.5⟩ **1** ⟨kurz für⟩ *Oberschenkel;* sich auf die S. schlagen **2** ⟨Math.⟩ **a** *jede der zwei Seiten eines Winkels* **b** *nicht parallele Seite eines Trapezes* **3** *jeder der zwei von einem gemeinsamen Ansatzpunkt ausgehenden Teile eines Gerätes;* die S. eines Zirkels

Schen|kel|hals ⟨m.2; kurz für⟩ *Oberschenkelhals*

Schen|kel|hil|fe ⟨f.11; Reitsport⟩ *Hilfe (für das Pferd) durch Druck mit dem Schenkel oder den Schenkeln;* vgl. Zügelhilfe

schen|ken ⟨V.1, hat geschenkt⟩ **I** ⟨mit Akk.⟩ *eingießen;* jmdm. ein Glas s. ⟨meist⟩ einschenken **II** ⟨mit Dat. und Akk.⟩ *jmdm. etwas s.* **1** *jmdm. etwas kostenlos und freiwillig geben;* jmdm. etwas zum Geburtstag s.; das möchte ich nicht geschenkt haben ⟨ugs.⟩ das möchte ich nicht haben, auch wenn ich nichts dafür bezahlen müßte; der Mantel ist geschenkt ⟨ugs.⟩ der Mantel ist sehr billig **2** ⟨in Verbindung mit verschiedenen Subst.⟩ *geben (im weitesten Sinne);* jmdm. Aufmerksamkeit s. *jmdn. beachten;* jmdm. Gehör s. *jmdm. zuhören;* jmdm. Glauben s. *jmdm. glauben;* jmdm. Vertrauen s. *jmdm. vertrauen;* einem Kind das Leben s. *ein Kind zur Welt bringen;* einem Gefangenen das L. s. *einen Gefangenen nicht töten;* die Reise hat mir neue Kraft geschenkt **III** ⟨mit Dat. (sich) und Akk.⟩ *sich etwas s. etwas nicht tun, nicht zu tun brauchen (weil es nicht nötig ist), sich nicht mit etwas befassen brauchen (weil es sich nicht lohnt);* das Gießen schenke ich mir heute, kann ich mir später nachholen; das Buch, den Film kannst du dir s. *das Buch brauchst du nicht zu lesen, den Film brauchst du nicht anzusehen, weil das nichts bringt, uninteressant ist*

Schen|kung ⟨f.10; Rechtsw.⟩ *Zuwendung, Geschenk aus dem eigenen Vermögen (an jmdn.)*

Schen|kungs|steu|er ⟨f.11⟩ *Steuer, die bei einer Schenkung abzuführen ist*

Schen|kungs|ur|kun|de ⟨f.11⟩ *Urkunde über eine Schenkung*

Schenk|wirt ⟨m.1⟩ →*Schankwirt*

schepp ⟨Adj.; nur als Adv. und mit „sein"; landsch.⟩ →*schief*

schep|pern ⟨V.1, hat gescheppert; o.Obj.⟩ *klappernden, klirrenden Lärm machen, ein Getöse verursachen;* die Büchsen, Eimer s. beim Fahren auf dem Lastwagen; jetzt hat's gescheppert ⟨ugs.⟩ *jetzt hat es einen Zusammenstoß gegeben*

scheps ⟨Adj., -er, am -esten; landsch.⟩ →*schief*

Scher ⟨m.1; oberdt.⟩ →*Maulwurf* [< ahd. *scero,* zu *scharren*]

Scher|baum ⟨m.2⟩ *Teil der zweiteiligen Gabeldeichsel*

Scher|be ⟨f.11⟩ *Bruchstück (eines gläsernen oder tönernen Gegenstandes);* auch: ⟨bayr., österr.⟩ Scherben; ~n auflesen, aufsammeln; sich an einer S. schneiden; vor den ~n seiner Hoffnung stehen *vor der zerstörten Hoffnung stehen*

Scher|bel ⟨m.5; landsch.⟩ *kleine Scherbe*

Scher|ben ⟨m.7⟩ **1** ⟨Keramik⟩ *der gebrannte Werkstoff unter der Glasur* **2** ⟨bayr., österr.⟩ →*Scherbe*

Scher|ben|ge|richt ⟨n.1⟩ →*Ostrazismus*

Scher|ben|ko|balt ⟨m., -(e)s, nur Sg.⟩ *natürlich vorkommendes, gediegenes Arsen;* Syn. Fliegenstein

Scher|bett ⟨m.9⟩ →*Sorbet*

Sche|re ⟨f.11⟩ **1** *Schneidwerkzeug zum Durchtrennen von Material durch Einklemmen zwischen zwei Schneiden* (Garten~, Papier~, Schneider~) **2** *bei manchen Gliederfüßern Greiforgan und Waffe* (Krebs~) **3** ⟨Gerätturnen⟩ *Übung am Pferd, Seitwärtsschwung, bei dem die gestreckten Beine einzeln wechselnd vor und hinter das Gerät geschwungen werden* **4** ⟨Ringen⟩ *Griff mit*

scheren

scherenförmig verschränkten Armen oder Beinen

sche|ren[1] ⟨V.111, hat geschoren⟩ **I** ⟨mit Dat. und Akk.⟩ jmdm., sich oder einem Tier etwas s. *kurz abschneiden;* jmdm., sich den Bart, die Haar s.; einem Tier das Fell s. **II** ⟨mit Akk.⟩ etwas s. *kürzen, beschneiden;* eine Hecke s.

sche|ren[2] ⟨V.1, hat geschert; derb⟩ **I** ⟨mit Akk.⟩ *Sorgen, sorgende Gedanken machen, interessieren, kümmern, angehen;* was schert mich das Kind, der Hund?; seine Meinung schert mich nicht **II** ⟨refl.⟩ **1** sich um etwas s. *sich um etwas kümmern, auf etwas achten;* er schert sich um keine Vorschrift; er schert sich um Dreck, den Teufel darum; er kümmert sich überhaupt nicht darum, ob ..., es ist ihm völlig gleichgültig, ob ... **2** sich an einen Ort s. *sich schleunigst an einen Ort begeben;* er soll sich nach Hause s.; scher dich zum Teufel! mach, daß du wegkommst!, verschwinde!

Sche|ren|fern|rohr ⟨n.1; früher⟩ *Doppelfernrohr mit seitwärts veränderlichem Abstand der Objektive*

Sche|ren|schnitt ⟨m.1⟩ *aus (schwarzem) Papier ausgeschnittene Figur, Person oder Szene*

Sche|rer ⟨m.5⟩ *jmd., der etwas schert* (Bart~, †, Schaf~)

Sche|re|rei ⟨f.10; meist Pl.⟩ *(unnötige) Unannehmlichkeit, Schwierigkeit;* ~en bekommen, haben

Scherf ⟨m.1; MA⟩ *halber Pfennig*

Scherf|lein ⟨n.7; übertr.⟩ *kleiner Betrag;* sein S. zu etwas beitragen [Verkleinerungsform von *Scherf* „halber Pfennig" (im MA), < mhd. *scherf, scherpf* „kleinste Münze", vielleicht zu *scherben, scharben* „in kleine Stücke, blättchenweise schneiden"]

Scher|ge ⟨m.11⟩ **1** ⟨früher⟩ *Häscher, Büttel, Gerichtsdiener* **2** ⟨heute⟩ *käuflicher Verräter, jmd., der die Befehle eines Machthabers vollstreckt*

Sche|ria ⟨f., -, nur Sg.⟩ *das im Koran niedergelegte Rechtssystem des Islams;* auch: **Scharia**

Sche|rif ⟨m.1 oder m.10⟩ *Titel der Nachkommen Mohammeds*

Scher|kopf ⟨m.2; an elektr. Rasierapparaten⟩ *oberer Teil mit den Schneiden*

Scher|kraft ⟨f.2⟩ *Scherung bewirkende Kraft*

Scher|maus ⟨f.2⟩ → *Wasserratte*

Sche|rung ⟨f., -, nur Sg.⟩ *Verformung eines Materials durch zwei parallel in entgegengesetzter Richtung wirkende Kräfte*

Scherz ⟨m.1⟩ *witzige, lustige Äußerung oder Handlung;* ~ machen; sich einen S. mit jmdm. erlauben *jmdn. necken;* solche und ähnliche ~e ⟨ugs.⟩ *solche und ähnliche Dinge;* ein schlechter S. *ein Spaß mit üblen Folgen;* etwas aus, zum S. sagen, tun; etwas im S. sagen, tun *etwas nicht Ernstzunehmendes sagen, tun*

scher|zan|do ⟨[sker-] Mus.⟩ *scherzend*

Scherz|ar|ti|kel ⟨m.5⟩ *Gegenstand, der zu Späßen und Neckereien dient*

Scher|zel ⟨n.5 oder n.14⟩ auch: **Scherzl** **1** ⟨bayr.-österr.⟩ *Anschnitt oder Endstück vom Brotlaib* **2** ⟨österr.⟩ *oberes Stück oder Endstück von Rindfleischteilen* (Schulter~) [vielleicht < ital. *scorza* „Rinde"]

scher|zen ⟨V.1, hat gescherzt; o.Obj.⟩ *Scherz, Spaß machen;* er meint es nicht ernst, er scherzt nur; mit einem Kind s.; damit ist nicht zu s.; das muß man ernst nehmen, das darf man nicht unbeachtet lassen

Scherz|fra|ge ⟨f.11⟩ *lustiges Rätsel in Form einer Frage*

scherz|haft ⟨Adj., -er, am -esten⟩ *als Scherz (gemeint), lustig*

Scherzl ⟨n.5 oder n.14⟩ → *Scherzel*

Scherz|na|me ⟨m.15⟩ *lustiger Beiname*

Scher|zo ⟨[skεr-] n., -s, -s oder -zi⟩ **1** *kurzes, heiteres Musikstück,* **Scherzstück 2** *Satz der Sonate* [ital., zu *scherzare* < langobard. *skerzōn* „scherzen"]

Scherz|rät|sel ⟨n.5⟩ *Rätsel mit lustiger Auflösung*

Scherz|wort ⟨n.1⟩ *lustige Bemerkung*

sche|sen ⟨V.1, ist geschest; o.Obj.; norddt.⟩ *rasch gehen, eilen;* durch die Straßen s. [zu frz. *chaise* „Wagen", so eigtl. „mit der Chaise fahren, die Chaise sehr schnell fortbewegen, wie eine Chaise fährt"]

scheu ⟨Adj., -er, am -(e)sten⟩ **1** *ängstlich, furchtsam (menschen~);* ein ~es Wesen haben; jmdn. s. anblicken **2** *schüchtern, zurückhaltend;* ein ~es Mädchen **3** *schnell fliehend;* ~es Wild **4** *schnell erregbar, wild;* das Pferd wird s.; die Pferde s. machen *die Pferde in Aufregung versetzen*

Scheu ⟨f., -, nur Sg.⟩ **1** *ängstliche Zurückhaltung;* S. vor Menschen zeigen **2** *Ehrfurcht;* heilige S. empfinden

Scheu|che ⟨f.11⟩ **1** *Bild, Gestalt, die Tiere abschreckt* (Vogel~) **2** ⟨abwertend⟩ *unangenehme Frau;* alte S.

scheu|chen ⟨V.1, hat gescheucht; mit Akk.⟩ **1** *jmdn., ein Tier s. zum raschen Weggehen, Wegfliegen veranlassen, treiben, jagen;* die Kinder aus dem Zimmer s.; Hühner aus den Blumenbeeten, in den Stall s.; Fliegen von den Speisen s. **2** *jmdn. energisch veranlassen, an einen Ort zu gehen, zu jmdm. zu gehen;* sie hat ihn auf die Berge, zum Arzt gescheucht; die Kinder ins Bett s.

scheu|en ⟨V.1, hat gescheut⟩ **I** ⟨o.Obj.⟩ *erschrecken und zur Seite springen, zurückweichen;* das Pferd scheute, als das Auto an ihm vorbeifuhr; der Hund scheute vor der ihm unbekannten Gestalt **II** ⟨mit Akk.⟩ *etwas s. sich vor etwas fürchten, mit etwas nichts zu tun haben wollen;* die Arbeit, das Wasser s.; er scheut jedes Gespräch mit ihr; etwas nicht s. *etwas auf sich nehmen;* er scheut keine Mühe, keine Kosten, wenn er uns helfen kann **III** ⟨refl.⟩ sich s. (etwas zu tun) *Bedenken, Hemmungen haben, sich fürchten (etwas zu tun);* ich scheue mich, dorthin zu gehen; er scheut sich nicht, mir das ins Gesicht zu sagen; er scheut sich vor keiner Arbeit *er tut willig jede Arbeit*

Scheu|er ⟨f.11; landsch.⟩ → *Scheune*

Scheu|er|leis|te ⟨f.11⟩ *Leiste an der Kante zwischen Fußboden und Wand*

scheu|ern ⟨V.1, hat gescheuert⟩ **I** ⟨mit Akk.⟩ **1** *mit Wasser und Bürste unter Anwendung von Druck reibend reinigen;* den Boden, das Treppenhaus s. **2** *auf diese Weise in einen Zustand bringen;* den Tisch blank, sauber s. **II** ⟨o.Obj.⟩ *bei Bewegung heftig reiben;* der Schuh scheuert (an der Ferse) **III** ⟨mit Dat. und Akk.⟩ jmdm. etwas s. *jmdn. durch Reiben bei Bewegung etwas in einen Zustand bringen;* der Schuh hat mir die Ferse blutig gescheuert; jmdm. eine s. ⟨ugs.⟩ *jmdm. eine Ohrfeige geben* **IV** ⟨refl.⟩ sich s. *sich heftig reiben;* die Kuh scheuert sich an der Mauer

Scheu|klap|pen ⟨f.11, Pl.⟩ *am Zaumzeug der Pferde zwei Lederklappen seitlich der Augen, die die Sicht nach den Seiten und nach hinten und damit das Scheuen verhindern sollen;* S. tragen ⟨übertr.⟩ *einseitig denken, kein Interesse für andere Meinungen haben*

Scheu|ne ⟨f.11⟩ *landwirtschaftliches Gebäude zur Aufbewahrung von Heu, Stroh u.a.;* Syn. ⟨landsch.⟩ **Schauer, Scheuer**

Scheu|nen|dre|scher ⟨m.5; nur in der Wendung⟩ *fressen, essen wie ein S. übermäßig viel essen* [*Scheunendrescher* waren früher Arbeiter, die das Dreschen besorgten und im Akkord arbeiteten, also viel und schnell arbeiteten und daher einen großen Appetit hatten]

Scheu|re|be ⟨f.11⟩ *hellfrüchtige Rebsorte* [nach dem Züchter G. *Scheu*]

Scheu|sal ⟨n.1, ugs. auch n.4⟩ **1** *Ungeheuer* **2** *roher, gemeiner, grausamer Mensch* **3** *sehr häßlicher Mensch*

scheuß|lich ⟨Adj.⟩ **1** *sehr häßlich;* ein ~es Gebäude **2** *grauenerregend, abscheulich;* ein ~es Verbrechen **3** *ekelerregend;* ein ~er Gestank; ~es Gewürm **4** *hinterhältig, gemein;* ein ~er Kerl; sich s. benehmen **5** *äußerst unangenehm;* ~es Wetter; es war s. kalt; das ist wirklich s.; ~e Schmerzen

Scheuß|lich|keit ⟨f.10⟩ **1** ⟨nur Sg.⟩ *scheußliche Beschaffenheit;* das Verbrechen, der Film war an S. nicht zu überbieten **2** *scheußliche Handlung;* diese und andere ~en; er hat noch andere ~en begangen **3** ⟨meist Pl.⟩ *scheußlicher Gegenstand;* die Möbel waren reine ~en

Schi ⟨m., -s, -er oder -⟩ *Sportgerät, das aus zwei langen, schmalen an beiden Enden nach oben gebogenen Brettern mit aufgebogenen Spitzen besteht, die an den Stiefeln befestigt werden, so daß man damit über Schnee gleiten kann;* auch: **Ski;** Syn. ⟨†⟩ **Schneeschuh,** ⟨Pl.⟩ **Bretter,** ⟨bayr., österr.⟩ **Brettln;** S. laufen, fahren [< norw. *ski* „Schneeschuh", < altnord. *skið* „Schneeschuh", eigtl. „Scheit"]

Schi|a ⟨f., -, nur Sg.⟩ *eine der beiden Hauptrichtungen des Islams, die Partei Alis, des Schwiegersohns Mohammeds, und seiner Nachkommen;* vgl. *Schiit*

Schi|bob ⟨m.9⟩ *lenkbarer Schlitten mit nur einer Kufe und sattelähnlichem Sitz, der Fahrer hat Schier an den Füßen;* auch: **Skibob**

Schicht ⟨f.10⟩ **1** *(bedeckende oder bedeckte) flache, einheitliche Masse (Gesteins~, Luft~, Schnee~, Staub~);* auch: ⟨österr.⟩ **Schichte;** lichtempfindliche S. eines Films; Tomaten und Fleisch in ~en in eine Auflaufform füllen; eine Straße mit einer S. Schotter bedecken **2** ⟨Soziologie⟩ *Gruppe von Personen (einer Gesellschaft) mit ähnlicher wirtschaftlicher Lage und Zielsetzung* (Ober~, Unter~); alle ~en der Gesellschaft **3** *Abschnitt eines Arbeitstages in Betrieben mit durchgehender Arbeitszeit* (Früh~, Spät~, Nacht~); in ~en arbeiten **4** *Gruppe von Arbeitern oder Angestellten, die zur gleichen Zeit in einer Schicht (3) arbeitet*

Schicht|ar|beit ⟨f., -, nur Sg.⟩ *Arbeit in Schichten (3)*

Schicht|auf|nah|me ⟨f.11⟩ *Gesamtheit von mehreren Röntgenaufnahmen, bei denen jeweils nur eine Schicht des Organs genau aufgenommen wird;* Syn. **Tomographie**

Schich|te ⟨f.11; österr.⟩ → *Schicht (1)*

schich|ten ⟨V.2, hat geschichtet; mit Akk.⟩ etwas s. **1** *gleichmäßig, Schicht für Schicht aufeinanderlegen;* Holz, Kohlen s. **2** ⟨Med., Jargon⟩ *Schichtaufnahmen von etwas anfertigen;* ein inneres Organ s.

Schicht|holz ⟨n., -es, nur Sg.⟩ *aus mehreren miteinander verleimten Holzschichten bestehende Holzplatte;* z.B. dickes Sperrholz

...schich|tig ⟨in Zus.⟩ *aus einer bestimmten oder unbestimmten Anzahl von Schichten bestehend,* z.B. zweischichtig, vielschichtig

Schicht|kä|se ⟨m.5⟩ *dem Speisequark ähnlicher Frischkäse aus drei Schichten, deren mittlere fettreicher ist als die beiden anderen*

Schicht|lohn ⟨m.2⟩ *nach Arbeitsschichten bezahlter Lohn*

schicht|spe|zi|fisch ⟨Adj.; Soziol.⟩ *einer sozialen Schicht eigentümlich, für eine soziale Schicht charakteristisch*

Schich|tung ⟨f.10⟩ *das Schichten (1)*

Schicht|un|ter|richt ⟨m., -, nur Sg.⟩ *Schulunterricht in mehreren Schichten am Tag*

Schicht|wech|sel ⟨m.5⟩ *Wechsel der Belegschaft am Ende einer Schicht (3)*

schick ⟨Adj.⟩ **1** *modisch, elegant;* ein ~es rotes Kleid; s. angezogen sein; sich s. machen **2** ⟨ugs. auch⟩ *sehr schön, sehr gut, erfreulich, großartig;* das ist s., daß du mitkommst [< frz. *chic* „ausgezeichnet, großartig, fein;* Geschmack, Eleganz; Geschicklichkeit, Geschick", < nddt. Schick „richtige Ordnung, richtige Art und Weise"]

Schick ⟨m., -s, nur Sg.⟩ **1** *Eleganz, modische Feinheit* **2** ⟨schweiz.⟩ **a** *vorteilhafter Handel* **b** *Glück, guter Fund*

schicken ⟨-k|k-; V.1, hat geschickt⟩ **I** ⟨mit Akk.⟩ Syn. ⟨geh.⟩ *senden* **1** *etwas s. veranlassen, daß etwas an einen Ort, zu jmdm. gebracht, befördert wird;* jmdm. Blumen s.; ein Paket nach Berlin s. **2** *jmdn. veranlassen, mit einem Auftrag an einen Ort, zu jmdm. zu gehen, zu fahren;* ich schicke Ihnen einen Boten; meine Mutter schickt mich, ich soll Ihnen sagen ...; ein Kind ins Bett, in die Schule s.; nach jmdm. s. ⟨eigtl.⟩ jmdn. s., um jmdn. zu holen; nach dem Arzt s. **II** ⟨refl.⟩ *sich s.* **1** ⟨von Personen⟩ **a** ⟨bayr.-österr., hess.⟩ *sich beeilen;* schick dich!; wir müssen uns s., um noch rechtzeitig zu kommen **b** *sich in etwas fügen, sich mit einer Lage zufriedengeben;* sich in die Umstände, ins Unvermeidliche s.; sich in sein Los s. **2** ⟨von Sachen⟩ **a** *auf bestimmte Weise ablaufen, geschehen;* es hat sich alles gut geschickt; es hat sich eben so geschickt **b** *sich gehören, den allgemein herrschenden Anstandsregeln entsprechen;* ein solches Benehmen schickt sich nicht; eines schickt sich nicht für alle

Schicke|ria ⟨-k|k-; f., -, nur Sg.⟩ *reiche Gesellschaftsschicht mit extravagantem Lebensstil*

schick|lich ⟨Adj.⟩ *so, wie es sich schickt, wie es sich gehört;* das ist nicht s. **Schick|lich|keit** ⟨f., -, nur Sg.⟩

Schick|sal ⟨n.1⟩ *Gesamtheit der Dinge, für die der Mensch nicht selbst verantwortlich ist, (angeblich) höhere Macht, die das Leben lenkt;* die Gunst, Macht des ~s; S. spielen versuchen, eine Situation zu beeinflussen; jmdn., etwas seinem S. überlassen *sich um jmdn., etwas nicht kümmern;* ein blindes, böses, freundliches S.; sich in sein S. fügen; sich seinem S. ergeben

schick|sal|haft ⟨Adj., -er, am -esten⟩ **1** ⟨o.Steig.⟩ *vom Schicksal bestimmt;* ein ~es Unglück **2** *lebensentscheidend*

Schick|sals|ge|fähr|te, **Schick|sals|ge|nos|se** ⟨m.11⟩ *jmd., der das gleiche Schicksal erleidet*

Schick|sals|ge|mein|schaft ⟨f.10⟩ *Gruppe von Menschen, die durch das gleiche schwere Schicksal verbunden sind*

Schick|sals|glau|be ⟨m., -ns, nur Sg.⟩ → *Fatalismus*

Schick|sals|schlag ⟨m.2⟩ *schweres, bitteres Erlebnis*

Schick|se ⟨f.11⟩ **1** ⟨urspr.⟩ *nichtjüdisches Mädchen* **2** ⟨heute⟩ *unangenehme, übertrieben auftretende, weibliche Person* [< jidd. schicks „Mädchen", < schickzo, schickzel „nichtjüd. Mädchen", < hebr. šékeṣ „Greuel, Abscheu vor Unreinem", daher für alle nichtjüd. Kinder (auch Knaben) gebraucht, später auf Mädchen eingeengt]

Schickung ⟨-k|k-; f.10⟩ *Fügung, Schicksal*

Schie|be|büh|ne ⟨f.11⟩ **1** *Vorrichtung zum Verlagern von Eisenbahnwagen auf ein parallellaufendes Gleis* **2** *Bühne mit fahrbaren Dekorationsteilen;* Syn. *Wagenbühne*

Schie|be|dach ⟨n.4; bei Kfz⟩ *Dach, das man durch Schieben zum Teil öffnen kann*

schie|ben ⟨V.112⟩ **I** ⟨mit Akk.; hat geschoben⟩ **1** *durch Drücken bewegen, gleiten machen, fortbewegen;* einen Schrank in eine Ecke s.; einen Karren s.; das Auto springt nicht an, wir müssen es s.; die Brille auf die Stirn s. **2** *durch leichtes Drücken zum Gehen veranlassen;* jmdn. ins Zimmer, in den Zug s. **3** *etwas auf jmdn. s.* *jmdn. für etwas verantwortlich machen;* einen Fehler auf jmdn. s.; die Schuld auf jmdn. s. **4** ⟨in Verbindung mit bestimmten Subst.⟩ Kegel s. ⟨süddt., österr.⟩ *kegeln;* der Rehbock schiebt Gehörn, der Hirsch schiebt Geweih *bildet Gehörn, Geweih aus;* Wache s. *Wache stehen, auf Wache sein* **II** ⟨o.Obj.⟩ **1** ⟨ist geschoben; scherzh.⟩ *mit leicht vorgebeugtem Oberkörper gehen* **2** ⟨hat geschoben; bes. nach dem 2.Weltkrieg⟩ *mit dem schwarzen Markt handeln;* mit Zigaretten s. **3** ⟨hat geschoben; Skat⟩ *den Skat weitergeben, ohne ihn anzusehen*

Schie|ber ⟨m.5⟩ **1** *Vorrichtung zum Schieben (z.B. eine absperrende Platte in Rohrleitungen)* **2** *flache Schüssel mit Henkel, die bettlägerigen Kranken zum Verrichten der Notdurft unter den Leib geschoben wird;* Syn. *Bettpfanne,* ⟨scherzh.⟩ *Thron* **3** ⟨ugs.⟩ *jmd., der schiebt* (→ *schieben II,2*) **4** ⟨ugs., †⟩ *langsamer Tanz*

Schieb|fach ⟨n.4; landsch.⟩ → *Schubfach*

Schieb|ka|sten ⟨m.8; landsch.⟩ → *Schubfach*

Schieb|la|de ⟨f.11; landsch.⟩ → *Schubfach*

Schieb|leh|re ⟨f.11⟩ → *Schublehre*

Schie|bung ⟨f.10⟩ **1** *Betrug, unsauberes Geschäft* **2** *ungerechtfertigte Bevorzugung*

schiech ⟨Adj.; landsch.⟩ *häßlich, unschön*

Schied ⟨m.1⟩ → *Rapfen*

schied|lich ⟨Adj.⟩ **1** *ohne Streit, friedlich;* eine Unstimmigkeit s. beilegen **2** *versöhnlich, verträglich, nachgiebig*

Schieds|ge|richt ⟨n.1⟩ **1** *Institution, die Rechts- oder Sportstreitigkeiten beilegt* **2** *Personengruppe, die in einem Schiedsgericht sitzt*

schieds|ge|richt|lich ⟨Adj., o.Steig.⟩ *nur als Attr. und Adv.⟩ in der Art eines Schiedsgerichts, mit Hilfe eines Schiedsgerichts;* eine Frage s. lösen; einen Streit s. beilegen

Schieds|mann ⟨m.4⟩ *Angehöriger des Schiedsgerichts, Unparteiischer*

Schieds|rich|ter ⟨m.5⟩ **1** *Angehöriger eines Schiedsgerichts* **2** ⟨Ballspiele⟩ *jmd., der die Einhaltung der Regeln überwacht*

Schieds|rich|ter|ball ⟨m.2; Sport⟩ *nach einer Spielunterbrechung vom Schiedsrichter (durch Werfen) wieder ins Spiel gebrachter Ball*

schieds|rich|ter|lich ⟨Adj., o.Steig.; nur als Attr. und Adv.⟩ *in der Art eines Schiedsrichters, mit Hilfe eines Schiedsrichters;* eine ~e Funktion ausüben; einen Streit s. schlichten

schieds|rich|tern ⟨V.1, hat geschiedsrichtert; o.Obj.; ugs.⟩ *als Schiedsrichter tätig sein, den Schiedsrichter machen*

Schieds|spruch ⟨m.2⟩, **Schieds|ur|teil** ⟨n.1⟩ *Entscheidung eines Schiedsgerichts*

Schieds|ver|fah|ren ⟨n.7⟩ *Klärung einer Rechtsstreitigkeit durch ein Schiedsgericht*

Schieds|ver|trag ⟨m.2⟩ *Vertrag zur Zusammensetzung eines Schiedsgerichts*

schief ⟨Adj.⟩ Syn. ⟨landsch.⟩ *schepp, scheps* **1** *geneigt, nicht gerade, krumm;* auf die ~e Bahn geraten ⟨übertr.⟩ *moralisch sinken;* den Hut s. aufsetzen; in ein ~es Licht geraten ⟨übertr., ugs.⟩ *falsch angesehen werden;* einen ~en Mund machen ⟨übertr.⟩ *schlecht gelaunt dreinschauen;* jmdn. s. ansehen ⟨übertr.⟩ *jmdn. kritisch und mißtrauisch betrachten;* s. geladen haben ⟨übertr., landsch.⟩ *betrunken sein* **2** *entstellend, falsch;* ein ~er Vergleich; etwas s. ausdrücken; das ergibt ein ~es Bild das ergibt nicht genau der Wirklichkeit entsprechende Darstellung; das Buch liegt s.; ⟨aber⟩ → *schiefliegen*

Schie|fe ⟨f., -, nur Sg.⟩ *schiefe Lage*

Schie|fer ⟨m.5⟩ **1** *Gestein, das sich in dünne Platten spalten läßt* **2** ⟨Geol.⟩ *Gestein mit Schieferung (2) (z.B. Glimmer)* **3** ⟨kurz für⟩ → *Tonschiefer* **4** *Splitter (den man sich eingezogen hat)* [< mhd. schiver „Stein-, Holzsplitter", zu schiveren „splittern"]

schie|fer|grau ⟨Adj., o.Steig.⟩ *blaugrau wie Tonschiefer*

schie|fe|rig ⟨Adj., o.Steig.⟩ *wie Schiefer; auch: schiefrig;* ~e Ablagerungen; ein ~es Grau

schie|fern ⟨V.1, hat geschiefert; refl.⟩ *sich s. sich in flachen Scheiben (wie Schiefer) spalten*

Schie|fer|ta|fel ⟨f.11⟩ *Schieferplatte mit Randeinfassung für Schulkinder, auf der man mit Griffel oder Kreide schreiben oder malen kann*

Schie|fe|rung ⟨f.10⟩ **1** *das Schiefern* **2** *Gesteinsstruktur, bei der einzelne Mineralien in einer bestimmten Richtung angeordnet sind*

schief|ge|hen ⟨V.47, ist schiefgegangen; o.Obj.⟩ *nicht gelingen, mißlingen, schlecht, böse enden*

schief|ge|wickelt ⟨-k|k-; Adj.; ugs.; nur in der Wendung⟩ *s. sein sich täuschen, sich irren, eine falsche Auffassung haben*

Schief|hals ⟨m., -es, nur Sg.⟩ *angeborene, einseitige Verdickung und Verkürzung des Kopfnickmuskels*

Schief|heit ⟨f., -, nur Sg.⟩ *das Schiefsein, Unrichtigkeit;* die S. eines Ausdrucks, eines Vergleichs, einer Darstellung

schief|la|chen ⟨V.1, hat schiefgelacht; refl.; ugs.⟩ *sich s. sehr lachen*

schief|lie|gen ⟨V.80, hat schiefgelegen; o.Obj.; ugs.⟩ *nicht die richtige Meinung haben, eine Sache falsch betrachten;* du liegst schief, wenn du glaubst ...

schief|mäu|lig ⟨Adj.; ugs.⟩ **1** ⟨o.Steig.⟩ *mit einem schiefen Maul behaftet* **2** ⟨übertr.⟩ *neidisch, mißgünstig*

schief|rig ⟨Adj.⟩ → *schieferig*

schief|wink|lig ⟨Adj., o.Steig.⟩ *ohne rechten Winkel;* Syn. *loxogonal*

schie|len ⟨V.1, hat geschielt; o.Obj.⟩ **1** *einen Augenfehler haben, bei dem ein Auge nicht in der gleichen Richtung blickt wie das andere;* auf dem linken, rechten Auge s.; s. können beide Augen aus der parallelen Richtung zur Mitte drehen können **2** ⟨ugs.⟩ *auf bestimmte Weise blicken;* begehrlich, mißtrauisch auf etwas s.

Schie|mann ⟨m.4; †⟩ *Bootsmannsmaat, Matrose* [nddt.]

Schien|bein ⟨n.1⟩ *Unterschenkelknochen neben dem Wadenbein*

Schie|ne ⟨f.11⟩ **1** *profilierte Metallstange zur Führung (z.B. der Laufräder von Fahrzeugen;* Bahn~⟩ **2** *schmale Stange, an der etwas geführt wird;* Reißbrett~, Vorhang~⟩ **3** *Vorrichtung zur Ruhigstellung erkrankter oder gebrochener Gliedmaßen (Bein~)* **4** *(einen Arm oder ein Bein bedeckender) Teil der Rüstung (Arm~, Bein~)*

schie|nen ⟨V.1, hat geschient; mit Akk.⟩ *an einer Schiene befestigen und dadurch stützen;* einen gebrochenen Arm s.

Schie|nen|brem|se ⟨f.11⟩ *bei Schienenfahrzeugen⟩ direkt auf die Schienen wirkende, elektromagnetische Bremse*

Schie|nen|bus ⟨m.1⟩ *Schienenfahrzeug mit ein oder zwei Waggons zur Personenbeförderung*

Schie|nen|räu|mer ⟨m.5⟩ *(an Schienenfahrzeuge montierbares) Gerät, das Hindernisse von den Schienen räumt*

Schie|nen|stoß ⟨m.2⟩ *Stelle, an der zwei Schienen zusammengefügt sind, sowie die Lücke dazwischen*

Schie|nen|strang ⟨m.2⟩ *Verlauf von Eisenbahnschienen über eine längere Strecke*

Schie|nen|weg ⟨m.1⟩ *Eisenbahn (als Verbindungsweg);* auf dem S. mit der Eisenbahn

schier[1] ⟨Adj., o.Steig.⟩ *rein, lauter, ohne Beimengung;* ~es Fleisch *Fleisch ohne Fett und Knochen;* der ~e Neid [< mhd. schir „rein, lauter"]

schier[2] ⟨Adv.⟩ *beinahe, fast;* man möchte s. meinen ...; das ist s. unmöglich [< mhd. schier, schiere „schnell, bald; fast, beinahe"]

Schier|ling ⟨m.1⟩ *(giftige Stoffe enthaltendes) weiß blühendes Doldengewächs* [< mhd. scherlinc < mnddt. scharn, zu altnord. skarn „Mist"; entweder wegen des Geruchs oder wegen des Standorts]

Schierlingsbecher

Schier|lings|be|cher ⟨m.5; nur noch poet.⟩ Becher mit Gift; den S. trinken ⟨im alten Griechenland⟩ das Todesurteil an sich selbst vollstrecken

Schier|lings|tan|ne ⟨f.11⟩ → Hemlocktanne

Schieß|baum|wol|le ⟨f., -, nur Sg.⟩ → Nitrozellulose

Schieß|be|fehl ⟨m.1; Polizei, Mil.⟩ Befehl, von der Schußwaffe Gebrauch zu machen; S. erteilen

Schieß|bu|de ⟨f.11; auf Jahrmärkten⟩ Bude, Stand, wo man gegen Geld auf Ziele schießen kann und bei bestimmter Trefferzahl einen Preis erhält

Schieß|bu|den|fi|gur ⟨f.10⟩ als Zielscheibe dienende Figur in einer Schießbude; er ist eine S. ⟨ugs.⟩ er ist, macht eine (äußerlich) lächerliche Figur

Schieß|ei|sen ⟨n.7; scherzh.⟩ Gewehr, Pistole

schie|ßen ⟨V.113⟩ I ⟨o.Obj.⟩ 1 ⟨ist geschossen⟩ ein Geschoß in Bewegung setzen, abfeuern; auf jmdn. s.; gegen jmdn. s. ⟨ugs.⟩ jmdn. mit Worten angreifen; mit dem Gewehr s.; nach der Scheibe s.; zu hoch, zu weit s. 2 ⟨ist geschossen⟩ rasch wachsen; der Spargel, der Salat schießt; der Junge ist im letzten Jahr tüchtig geschossen 3 ⟨ist geschossen⟩ rasch, eilig laufen oder fliegen, sich rasch, heftig bewegen; der Hund schoß aus dem Haus, durch den Garten; aus dem Gebüsch schossen zwei Vögel; das Blut schoß aus der Wunde; Wasser schießt aus der Leitung; ein Gedanke schoß mir durch den Kopf ⟨übertr.⟩ II ⟨mit Akk.; hat geschossen⟩ 1 durch Schuß treffen oder töten; ein Tier s.; jmdn. in den Arm s. 2 mit dem Fuß oder der Hand in rasche Bewegung bringen; einen Ball übers Spielfeld, durchs Fenster s. 3 mit dem Fotoapparat herstellen; ein paar Fotos, Aufnahmen s. 4 ⟨in den Wendungen⟩ einen Purzelbaum s., Kobolz s. einen Purzelbaum machen; das ist zum Schießen ⟨ugs.⟩ das ist sehr drollig, komisch

schie|ßen|las|sen ⟨V.75, hat schießenlassen⟩ → sausenlassen

Schieß|ge|wehr ⟨n.1; scherzh., Kinderspr.⟩ Gewehr

Schieß|hund ⟨m.1; nur in der Wendung⟩ aufpassen wie ein Sch. sehr genau aufpassen [urspr. „Hund, der angeschossenes Wild aufspürt"]

Schieß|prü|gel ⟨m.5; scherzh.⟩ Gewehr

Schieß|pul|ver ⟨n.5⟩ explosiver Stoff für Feuerwaffen; vgl. Pulver

Schieß|schar|te ⟨f.11; in Befestigungsanlagen⟩ schmale Mauerspalte zum Schießen

Schieß|schei|be ⟨f.11; Schießsport⟩ ⟨häufig mit Motiven gestaltetes⟩ Brett mit Zielscheibe; auch: ⟨kurz⟩ Scheibe; Syn. Schützenscheibe

Schieß|sport ⟨m., -(e)s, nur Sg.⟩ wettkampfmäßiges Schießen (mit Handfeuerwaffen, Bogen oder Armbrust)

Schieß|stand ⟨m.2⟩ Anlage für übungs- und wettkampfmäßiges Schießen

Schiet ⟨m., -(s), nur Sg.; norddt.⟩ Scheiße

Schiet|kram ⟨m., -s, nur Sg.; derb⟩ 1 lästige, unangenehme Angelegenheit 2 lästige, unbrauchbare Dinge

Schiff ⟨n.1⟩ 1 großes Wasserfahrzeug (Motor~, Segel~); ein S. vom Stapel lassen; das S. schlingert, stampft, rollt; das S. der Wüste ⟨poet.⟩ das Kamel 2 langgestreckter Raum einer Kirche (Lang~, Quer~, Seiten~) 3 ⟨Drucktech.⟩ zum Sammeln des Satzes benutzte Metallplatte mit an drei Seiten aufgebogenem Rand

Schiffahrt ⟨-ff|f-; f., -, nur Sg.⟩ Beförderung von Personen und Sachen auf Schiffen (Binnen~, See~); vgl. Schiffahrt

Schiffahrts|kun|de ⟨-ff|f-; f., -, nur Sg.⟩ → Nautik

Schiffahrts|stra|ße ⟨f.11⟩, **Schiffahrts|weg** ⟨-ff|f-; m.1⟩ → Wasserstraße

schiff|bar ⟨Adj., o.Steig.⟩ mit Schiffen befahrbar; einen Fluß s. machen **Schiff|bar|keit** ⟨f., -, nur Sg.⟩

Schiff|bau ⟨m., -(e)s, nur Sg.⟩ Bau von Schiffen; vgl. Schiffsbau

Schiff|bau|er ⟨m.5⟩ jmd., der berufsmäßig als Handwerker am Bau von Schiffen mitwirkt

Schiff|bein ⟨n.1⟩ → Kahnbein

Schiff|bruch ⟨m.2⟩ Untergang, Zerstörung eines Schiffes durch schweren Unfall auf See; S. erleiden ⟨übertr.⟩ einen Mißerfolg haben, scheitern

schiff|brü|chig ⟨Adj., o.Steig.⟩ nur als Attr. und mit „sein" und „werden"⟩ Schiffbruch erlitten habend; ~e Mannschaft; sie sind s. geworden sie haben Schiffbruch erlitten

Schiff|chen ⟨n.7⟩ 1 kleines Schiff 2 ⟨kurz für⟩ Weberschiffchen 3 kleines Gerät in der Form eines Schiffes zur Herstellung von Okkispitzen 4 ⟨Mil.⟩ Käppi 5 ⟨in der Nähmaschine⟩ Behälter mit Spule für den unteren Faden 6 ⟨Chemie⟩ kleiner, länglicher, feuerfester Keramikbehälter

schif|feln ⟨V.1, hat geschiffelt; o.Obj.; oberdt.⟩ mit dem Kahn fahren

schif|fen ⟨V.1; o.Obj.⟩ 1 ⟨ist geschifft; †⟩ mit dem Schiff fahren 2 ⟨hat geschifft; derb⟩ Wasser lassen, urinieren 3 ⟨hat geschifft; derb, scherz.⟩ regnen; es schifft [zu Schiff in der veralteten Bed. „Gefäß", Studentenspr. „Nachtgeschirr"]

Schif|fer ⟨m.5⟩ jmd., der ein Schiff führt, lenkt

Schif|fer|kla|vier ⟨n.1⟩ → Akkordeon

Schif|fer|kno|ten ⟨m.7⟩ auf bestimmte Art geknüpfter, nicht durch Ziehen lösbarer Knoten

Schif|fer|müt|ze ⟨f.11⟩ dunkelblaue Schirmmütze

Schiffs|bau ⟨m., -(e)s, nur Sg.⟩ Bau eines (einzelnen) Schiffes; vgl. Schiffbau

Schiffs|ber|gung ⟨f.10⟩ Rettung von Schiffen, Besatzung und Ladung (meist durch Bergungsreedereien, die Anspruch auf einen gesetzlich festgelegten Lohn haben); auch: ⟨kurz⟩ Bergung

Schiffs|bohr|wurm ⟨m.4⟩ Bohrmuschel, die sich von Holz ernährt und an Hafenbauten und Schiffsböden Schäden anrichtet

Schiffs|brü|cke ⟨-k|k-; f.11⟩ 1 auf Pontons schwimmende Brücke 2 → Kommandobrücke

Schiff|schau|kel ⟨f.11; auf Jahrmärkten u.ä.⟩ Schaukel in Form eines kleinen Schiffes, in der man stehend bis zum Überschlag schwingen kann

Schiffs|eig|ner ⟨m.5⟩ jmd., der ein Schiff besitzt; vgl. Reeder

Schiffs|fahrt ⟨f.10⟩ Fahrt mit dem Schiff; vgl. Schiffahrt

Schiffs|hal|ter ⟨m.5⟩ Fisch warmer Meere, der sich mit einer Saugscheibe an der Oberseite des Kopfes an Haien, Rochen und Schiffen festsaugt

Schiffs|he|be|werk ⟨n.1⟩ Anlage für die Schiffahrt zur Überwindung großer Unterschiede im Wasserstand

Schiffs|jun|ge ⟨m.11⟩ jmd., der zum Matrosen ausgebildet wird

Schiffs|mak|ler ⟨m.5⟩ Makler, der die Vermittlung von Schiffsraum, -fracht und -liegeplätzen betreibt

Schiffs|raum ⟨m., -(e)s, nur Sg.⟩ 1 Rauminhalt eines Schiffes 2 Gesamtraum aller Schiffe (einer Reederei oder eines Landes), gemessen in Bruttoregistertonnen

Schiffs|schrau|be ⟨f.11⟩ Propeller zum Antrieb von Schiffen

Schiffs|ta|ge|buch ⟨n.4⟩ Buch, in das alle wichtigen Vorkommnisse und Beobachtungen während der Fahrt eingetragen werden; Syn. Logbuch

Schiffs|tau|fe ⟨f.11⟩ feierliche Namensgebung für ein Schiff vor dem Stapellauf

Schiffs|zwie|back ⟨m.2 oder m.1⟩ haltbarer Zwieback (als eiserne Ration)

Schi|flug ⟨m.2⟩ Schispringen (mit besonders großen Weiten) von einer Spezialsprungschanze

schif|ten¹ ⟨V.2, hat geschiftet; o.Obj.; Seew.⟩ 1 ein Segel vor dem Wind auf die andere Seite bringen 2 die Lage verändern; die Ladung schiftet [< engl. to shift „verschieben, verändern"]

schif|ten² ⟨V.2, hat geschiftet; mit Akk.⟩ 1 Balken s. a schräg zuschneiden b ⟨nur⟩ durch Nägel verbinden 2 einem Beizvogel falsche Schwungfedern einsetzen [< mhd. schiften, scheften „mit einem Schaft versehen, an einem Schaft befestigen"]

Schif|ter ⟨m.5⟩ an den Schnittflächen abgeschrägter Balken [zu schiften]

Schi|is|mus ⟨m., -, nur Sg.⟩ Lehre der Schi'a

Schi|it ⟨m.10⟩ Anhänger der Schi'a; vgl. Sunnit

schi|i|tisch ⟨Adj., o.Steig.⟩ zu den Schiiten gehörend, von den Schiiten stammend

Schi|ka|ne ⟨f.11⟩ 1 absichtlich bereitete Schwierigkeit 2 ⟨ugs.⟩ Kniff, Feinheit; mit allen ~n 3 ⟨Autorennsport⟩ schwieriger Abschnitt mit vielen Kurven [< frz. chicane „Rechtsverdrehung, Trick, Kniff, in böswilliger Absicht begonnener Prozeß", dazu das Verb chicaner „betrügen"; weitere Herkunft dunkel]

schi|ka|nie|ren ⟨V.3, hat schikaniert; mit Akk.⟩ jmdn. s. jmdn. bewußt plagen, jmdm. bewußt Schwierigkeiten machen

schi|ka|nös ⟨Adj., am -esten⟩ Schikanen (1) bereitend; ~e Behandlung; er ist s. er bereitet (andern) Schikanen (1), er schikaniert andere

Schi|kjö|ring ⟨n., -s, nur Sg.⟩ Schifahren, bei dem man sich von Pferden, Pferdeschlitten oder Motorfahrzeug ziehen läßt [< Schi und norweg. kjøring „das Fahren"]

Schi|lauf ⟨m., -(e)s, nur Sg.⟩ sportlich betriebene Fortbewegung auf Schiern

Schil|cher ⟨m.5; kärntner.⟩ → Schillerwein

Schild I ⟨n.3⟩ Tafel, Platte mit Aufschrift oder Bild zur Erkennungszeichen, Hinweis o.ä.; Verkehrs~, Hinweis~, Wirtshaus~ II ⟨m.1⟩ 1 am Arm getragene Platte als Schutz; jmdn. auf den S. heben jmdn. zu seinem Anführer machen; etwas gegen jmdn. im ~e führen im geheimen etwas gegen jmdn. planen [nach dem auf den Schild (II,1) gemalten Wappen, das als Erkennungszeichen diente] 2 schildförmiger Teil des Wappens; den Adler im ~e führen 3 Knochenpanzer (von Schildkröten, Krebsen u.a.) 4 steifer, leicht gewölbter, die Augen beschatteter Teil der Mütze

Schild|bür|ger|streich ⟨m.1⟩ törichte, unüberlegte, nicht durchdachte Handlung [nach den Schildbürgern, den Einwohnern der sächsischen Stadt Schilda, den Helden einer Schwanksammlung des 16. Jahrhunderts]

Schild|drü|se ⟨f.11⟩ aus Bläschen bestehende Drüse mit innerer Sekretion, die die Luftröhre umgreift [nach ihrer Lage am Schildknorpel]

Schil|der|haus ⟨n.4⟩ schmales Schutzhäuschen für den Wache stehenden Soldaten

Schil|der|ma|ler ⟨m.5⟩ Handwerker, der Schilder malt

schil|dern ⟨V.1, hat geschildert; mit Akk.⟩ anschaulich beschreiben, lebendig erzählen; einen Sachverhalt, ein Erlebnis s.

Schil|de|rung ⟨f.10⟩ anschauliche Beschreibung, lebendige Erzählung

Schil|der|wald ⟨m.4; ugs., scherzh.⟩ große Menge von Verkehrsschildern

Schild|hal|ter ⟨m.5⟩ Tier- oder Menschenfigur an den Seiten eines Wappenschildes

Schild|knap|pe ⟨m.11; MA⟩ Knappe, der den Schild eines Ritters trägt

Schild|knor|pel ⟨m.5⟩ *wie ein Schild (II,1) geformter, größter Knorpel des Kehlkopfs*
Schild|krot ⟨n., -(e)s, nur Sg.; österr.⟩ → *Schildpatt*
Schild|krö|te ⟨f.11⟩ *Reptil, dessen Körper von einem Knochenpanzer umschlossen ist (Land~, Wasser~)*
Schild|krö|ten|sup|pe ⟨f.11⟩ *aus dem Fleisch von Meeresschildkröten hergestellte Suppe*
Schild|laus ⟨f.2⟩ *Insekt, bei dem die flügellosen Weibchen von einem Schutzschild aus eigenem Sekret bedeckt sind (Kermes~, Koschenille~)*
Schild|müt|ze ⟨f.11⟩ *Mütze mit Schild (II,4)*
Schild|patt ⟨n., -s, nur Sg.⟩ *durchscheinende, gemusterte Hornplatten vom Rückenpanzer der Karettschildkröte (für Kämme, Brillenfassungen u.a.);* Syn. ⟨österr.⟩ *Schildkrot*
Schild|wa|che ⟨f.11; früher⟩ *militärischer Posten als (symbolische) Wache (bes. vor Eingängen)*
Schilf ⟨n.1; meist Sg.⟩ **1** *hohes Rispengras am Rande verlandender Gewässer;* Syn. *Schilfrohr* **2** *Gesamtheit ähnlicher, hoher Uferpflanzen ohne auffällige Blüten (z.B. Binsen, Riedgräser, verblühte Rohrkolben)*
Schil|fe ⟨f.11⟩ → *Schelfe (2)*
schil|fen ⟨Adj., o.Steig.⟩ *aus Schilf (1);* ~es *Dach*
schil|fe|rig ⟨Adj., o.Steig.⟩ *kleine Schuppen bildend, schuppig;* auch: *schilfrig, schelferig*
schil|fern ⟨V.1, hat geschilfert; o.Obj.⟩ *sich in kleinen Schuppen ablösen;* auch: *schelfern;* Haut schilfert
schil|fig ⟨Adj.⟩ *voller Schilf;* ~es *Ufer*
schilf|rig ⟨Adj.⟩ → *schilferig*
Schilf|rohr ⟨n., -(e)s, nur Sg.⟩ → *Schilf (1)*
Schi|lift ⟨m.1⟩ *Seilbahn für Schifahrer zur Schipiste*
Schill ⟨m.1; österr.⟩ → *Zander*
Schil|ler ⟨m., -s, nur Sg.⟩ **1** *flächenhaftes Farbenspiel, wechselnder Farbenglanz* **2** → *Schillerwein*
Schil|ler|fal|ter ⟨m.5⟩ *(u.a. in Mitteleuropa vorkommender) Schmetterling mit bei schrägem Lichteinfall blau und violett schimmernder Flügeloberseite*
Schil|ler|kra|gen ⟨m.7⟩ *offen über den Jackenkragen gelegter Hemdkragen [nach einer Mode zu Friedrich Schillers Zeit]*
Schil|ler|locke ⟨-k|k-; f.11⟩ **1** *gerolltes Stück vom Bauchlappen des Dornhais, das sich beim Räuchern leicht gekringelt hat* **2** *mit Schlagsahne gefüllte Gebäckrolle [nach Friedrich Schiller, der von dem Bildhauer Johann Heinrich von Dannecker in einer Büste mit zwei lang herabhängenden Locken dargestellt worden ist]*
schil|lern ⟨V.1, hat geschillert; o.Obj.⟩ *rasch wechselnd glänzen, in allen Farben s.;* ein ~der *Charakter* ⟨übertr.⟩ *ein zwiespältiger, sich einmal so, einmal anders zeigender Charakter;* ein ~der *Begriff ist mehrdeutig, unterschiedlich auslegbarer Begriff*
Schil|ler|wein ⟨m.1⟩ *aus roten und weißen Trauben gekelterter Wein;* auch: *Schiller,* ⟨kärntner.⟩ *Schilcher*
Schil|ling ⟨m., -s, -e oder (nach Zahlenangaben) -⟩; Abk.: S⟩ *österreichische Währungseinheit, 100 Groschen* [< mhd. *schilling* < ahd. *skilling* < got. *skilliggs* als Bez. für den röm. solidus]
schil|pen ⟨V.1, hat geschilpt⟩ → *tschilpen*
Schi|mä|re ⟨f.11⟩ *Trugbild, Hirngespinst;* vgl. *Chimära*
schi|mä|risch ⟨Adj., o.Steig.⟩ *trügerisch*
Schim|mel ⟨m.5⟩ **1** *weißes Pferd;* ich habe ihr zugeredet wie einem lahmen S. ⟨ugs.⟩ *ich habe ihr eindringlich zugeredet* **2** *weißer, grünlicher oder grauer Überzug aus Schimmelpilzen;* das Brot hat S. angesetzt
Schim|mel|bo|gen ⟨m.7 oder m.8⟩ *versehentlich nur einseitig bedruckter Bogen*

schim|me|lig ⟨Adj.⟩ *mit Schimmel bedeckt, voller Schimmel (2);* auch: *schimmlig*
schim|meln ⟨V.1, hat oder ist geschimmelt; o.Obj.⟩ **1** *sich mit Schimmel bedecken, schimmelig werden;* das Brot schimmelt **2** ⟨übertr., ugs.⟩ *lange Zeit unbeachtet, ungebraucht (herum)liegen;* die Akten s. inzwischen
Schim|mel|pilz ⟨m.1⟩ *auf feuchten oder fauligen organischen Stoffen wachsender Pilz*
Schim|mel|rei|ter ⟨m.5⟩ **1** *Gestalt der germanischen Sage, die auf einem Schimmel durch die Lüfte reitet* **2** ⟨häufiger⟩ *Figur Hauke Heien (aus Theodor Storms gleichnamiger Novelle)*
Schim|mer ⟨m.5⟩ **1** *sehr schwacher Lichtschein, leichter Glanz;* im S. der Kerzen **2** ⟨übertr., ugs.⟩ *leichte Spur, Hauch;* keinen (blassen) S. von etwas haben *keine Ahnung von etwas haben*
schim|mern ⟨V.1, hat geschimmert; o.Obj.⟩ *schwach glänzen, ein wenig leuchten;* ein Licht schimmert durch die Fensterläden; die See schimmert durch die Bäume; ~des *Gold*
schimm|lig ⟨Adj.⟩ → *schimmelig*
Schim|pan|se ⟨m.11⟩ *(in Urwäldern West- und Zentralafrikas vorkommender) mittelgroßer Menschenaffe mit braunschwarzem Fell* [über engl. *chimpanzee* < ein süd- oder westafrik. Sprache, Näheres nicht bekannt]
Schimpf ⟨m.1⟩ *Beleidigung, Schmach;* jmdm. einen S. antun; mit S. und Schande davongejagt werden
Schimp|fe ⟨f., -, nur Sg.; ugs.⟩ → *Schelte;* S. kriegen
schimp|fen ⟨V.1, hat geschimpft⟩ **I** ⟨o.Obj.⟩ *seinem Unmut, Zorn mit Worten Ausdruck geben;* laut, unflätig s.; auf jmdn., über jmdn. oder etwas s. **II** ⟨mit Akk.; ugs.⟩ → *schelten*
schimp|fie|ren ⟨V.3, hat schimpfiert; mit Akk.; †⟩ *jmdn. verunglimpfen, jmds. Ehre, Ansehen verletzen*
Schimpf|ka|no|na|de ⟨f.11; ugs.⟩ *Flut, Schwall von Schimpfreden, von derben Vorwürfen*
schimpf|lich ⟨Adj.⟩ *entehrend, schmachvoll;* eine ~e *Strafe;* s. davongejagt werden
Schimpf|na|me ⟨m.15⟩ *entehrende Bezeichnung (für jmdn.)*
Schimpf|wort ⟨n.4⟩ *beleidigende, ordinäre Äußerung*
Schi|na|kel ⟨n.5 oder n.14; österr.⟩ *kleines Ruderboot* [< ungar. *csónak* „Boot, Kahn"]
Schind|an|ger ⟨m.5⟩ *Platz zum Verscharren von Tierkadavern;* Syn. ⟨oberdt.⟩ *Wasen*
Schin|del ⟨f.11⟩ *Holzbrettchen (zum Dachdecken und zur Verkleidung von Hauswänden)*
schin|deln ⟨V.1, hat geschindelt; mit Akk.⟩ *mit Schindeln belegen, decken;* geschindeltes *Dach*
schin|den ⟨V.114, hat geschunden⟩ **I** ⟨mit Akk.⟩ **1** *jmdm. zuviel Arbeit aufgeben und ihn dadurch quälen* **2** *ein Tier zu stark beanspruchen und es dadurch mißhandeln* **3** *Vieh s.* ⟨urspr.⟩ *den Kadavern von Vieh das Fell abziehen* **4** *etwas s. mit allen Mitteln herausholen, erreichen, erlangen;* ⟨in Verbindung mit bestimmten Subst.⟩ Eindruck s. *mit allen Mitteln Eindruck machen;* Geld s. *mit allen Mitteln Geld bei einem Geschäft für sich erübrigen;* Zeilen s. *beim Abfassen eines Manuskripts (das nach Zeilen bezahlt wird) so schreiben, daß möglichst viele Zeilen entstehen;* Zeit s. *möglichst viel Zeit für etwas brauchen;* ⟨bei Sportlern⟩ sich s. *sich bis zur letzten Reserve anstrengen* **II** ⟨refl.⟩ sich s. *in großem Umfang schwere, mühsame Arbeit leisten;* er muß sich s., um seine Familie zu erhalten
Schin|der ⟨m.5⟩ **1** → *Abdecker* **2** *jmd., der Menschen oder Tiere schindet, quält (Menschen~)*
Schin|de|rei ⟨f., -, nur Sg.; ugs.⟩ **1** *ständiges*

Schinden (1, 2) **2** *anstrengende, mühsame, schwere Arbeit*
Schind|lu|der ⟨n.5; †⟩ *dem Sterben nahes Vieh;* ⟨nur noch in der Wendung⟩ mit jmdm. S. treiben *jmdn. schändlich, schmachvoll behandeln* [zu *schinden* in der veralteten Bed. „enthäuten" und *Luder* „Kadaver, totes Tier"]
Schind|mäh|re ⟨f.11; verstärkend⟩ *Mähre, altes verbrauchtes Pferd*
Schin|ken ⟨m.7⟩ **1** *gepökeltes und geräuchertes Stück vom Schwein (von Keule, Schulter oder Lende);* gekochter S., roher S. **2** ⟨scherzh.⟩ *etwas, das aufwendig gestaltet ist, (z.B. ein großes Buch oder Gemälde, ein langer Film mit läppischer Handlung)*
Schin|ken|wurst ⟨f.2⟩ *Wurst aus Schinken, Speck und Schweinefleisch*
Schin|ne ⟨f.11, meist Pl.; nddt.⟩ *Kopfschuppe*
Schin|to|is|mus ⟨m., -, nur Sg.⟩ *die ursprüngliche Religion der Japaner, Glaube an Naturgottheiten, verbunden mit Ahnenkult;* auch: *Shintoismus*
Schin|to|ist ⟨m.10⟩ *Anhänger, Vertreter des Schintoismus*
schin|to|is|tisch ⟨Adj., o.Steig.⟩ *zum Schintoismus gehörend, auf ihm beruhend*
Schipp|chen ⟨n.7⟩ **1** *kleine Schippe* **2** ⟨ugs., scherzh.⟩ *Schmollmund (von Kindern);* ein S. ziehen *die Lippen vorschieben*
Schip|pe ⟨f.11; landsch.⟩ **1** → *Schaufel (1);* jmdn. auf die S. nehmen ⟨ugs.⟩ *jmdn. veralbern* **2** → *Pik²*
schip|pen ⟨V.1, hat geschippt⟩ → *schaufeln;* Schnee s.
Schip|pen ⟨f.11, Pl., meist o. Art.⟩ *Farbe (im französischen Kartenspiel);* Syn. *Pik¹*
schip|pern ⟨V.1; ugs.⟩ **I** ⟨o.Obj.⟩ *ist geschippert mit dem Schiff fahren;* über die Ostsee s. **II** ⟨mit Akk.; hat geschippert⟩ *mit dem Schiff bringen, transportieren*
Schi|ras ⟨m., -, -⟩ *ein persischer, geknüpfter Teppich* [nach der iranischen Stadt *Schiras*]
Schirm ⟨m.1⟩ **1** *mit Stoff bespanntes, im aufgeklappten Zustand halbkugelig geformtes Gestell (zum Schutz gegen Regen oder Sonne);* den S. aufspannen, zusammenklappen **2** *Schutzvorrichtung gegen grelles Licht (Lampen~, Mützen~)* **3** *kleine, tragbare Schutzwand gegen Wärme oder Funken (Ofen~)* **4** *Gesamtheit schützender Einrichtungen;* der atomare, militärische S. **5** ⟨kurz für⟩ **a** *Röntgenschirm* **b** *Fallschirm* **6** ⟨kurz für⟩ *Fernsehschirm;* ein Film geht über den S. *ein Film wird gesendet*
Schirm|bild ⟨n.3⟩ *Röntgenbild (auf einem Bildschirm)*
Schirm|bild|auf|nah|me ⟨f.11; fachsprachl.⟩ → *Röntgenaufnahme*
schir|men ⟨V.1, hat geschirmt; mit Akk.⟩ *schützen,* ⟨meist⟩ *beschirmen;* etwas oder jmdn. gegen etwas s. ⟨meist⟩ *abschirmen*
Schir|mer ⟨m.5⟩ **1** ⟨früher⟩ *Handwerker, der Schirme herstellt* **2** *Schirmherr, Beschützer*
Schirm|git|ter ⟨n.5⟩ *Bauelement (bei Elektronenröhren)*
Schirm|herr ⟨m., -n oder -en, -en⟩ *prominenter Betreuer (einer Veranstaltung)*
Schirm|herr|schaft ⟨f.10⟩ *Betreuung, Schutz durch einen Schirmherrn*
Schirm|ling ⟨m.1⟩ *Blätterpilz mit im Zustand der Reife schirmförmig ausgebreitetem Hut;* Syn. *Parasolpilz*
Schirm|müt|ze ⟨f.11⟩ *Mütze mit einem steifen, leicht gewölbten Teil an der Stirnseite, der die Augen beschattet*
Schirm|stän|der ⟨m.5⟩ *Gerät, Behälter für die Aufbewahrung von Schirmen*
Schi|rok|ko ⟨m.9⟩ *warmer, oft stürmischer Wind in den Mittelmeerländern* [< ital. *scirocco* < arab. *šalūq (šulūq)* „heißer Südostwind"]

schir|ren ⟨V.1, hat geschirrt; mit Akk.⟩ *ins Geschirr spannen;* Pferde an den Wagen s.

Schirr|mei|ster ⟨m.5; früher⟩ **1** *Aufseher im Pferdestall* **2** *Verwalter der Fahrzeuge einer Kompanie*

Schir|ting ⟨m.1 oder m.9⟩ *starkes Baumwollgewebe für Möbelbezüge und Bucheinbände* [< engl. *shirting* „Hemdenstoff", zu *shirt* „Hemd"]

Schir|wan ⟨m.9⟩ *Teppich mit geometrischem Muster* [nach der Landschaft *Schirwan* im Kaukasus]

Schis|ma ⟨auch [sçis-] n., -s, -men⟩ → *Kirchenspaltung* [< spätgriech. *schisma* „Spalt, Riß", übertr. „Entzweiung, Trennung, Zwiespalt", < griech. *schizein* „spalten, verschneiden, trennen"]

Schis|ma|ti|ker ⟨m.5⟩ *jmd., der ein Schisma verursacht, jmd., der von der kirchlichen Lehre abweicht, Abtrünniger*

schis|ma|tisch ⟨Adj., o.Steig.⟩ *auf einem Schisma beruhend, ein Schisma betreibend*

Schi|sport ⟨m., -(e)s, nur Sg.⟩ *Gesamtheit aller auf Schiern betriebenen Wintersportarten*

Schi|sprin|gen ⟨n.7⟩ *Weitsprung auf Schiern von einer Sprungschanze*

Schiß ⟨m.1⟩ **1** ⟨derb⟩ *Kot* (Fliegen~) **2** ⟨nur Sg.; derb⟩ *Angst;* S. haben

Schis|ser ⟨m.5; derb⟩ *ängstlicher, feiger Mensch, Angsthase*

schi|zo|gen ⟨Adj., o.Steig.; Biol.⟩ *durch Spaltung entstanden* [< griech. *schizein* „spalten" und ...*gen*]

Schi|zo|go|nie ⟨f.11⟩ *Form der ungeschlechtlichen Fortpflanzung, bei der durch Zellteilung eine Vielzahl von Zellen entsteht* [< griech. *schizein* „spalten" und *gone* „Erzeugung"]

schi|zo|id ⟨Adj., o.Steig.⟩ *seelisch gespalten* [< griech. *schizein* „spalten" und ...*oid*]

schi|zo|phren ⟨Adj., o.Steig.⟩ **1** *an Schizophrenie leidend* **2** ⟨übertr.⟩ *widersprüchlich im Denken und Handeln*

Schi|zo|phre|nie ⟨f., -, nur Sg.⟩ *Gruppe von Geisteskrankheiten mit gestörtem Zusammenhang zwischen Wollen, Denken und Fühlen;* Syn. *Spaltungsirresein* [< griech. *schizein* „spalten" und *phren* „Zwerchfell", nach antiker Auffassung Sitz der Seele und des Gemütes, daher auch soviel wie „Geist, Seele, Verstand"]

schi|zo|thym ⟨Adj., o.Steig.⟩ *zur Absonderung neigend, in sich gekehrt;* ~er Charakter, ~er Mensch [< griech. *schizein* „spalten" und *thymos* „Gemüt"]

schlab|be|rig ⟨Adj.⟩ **1** *weit und locker in Falten fallend;* ~e Hosen **2** ⟨von Speisen⟩ *dünn und flau;* ~e Suppe

Schlab|ber|maul ⟨n.4; ugs.⟩ *Mensch, der sehr viel und nichtssagend redet*

schlab|bern ⟨V.1, hat geschlabbert⟩ **I** ⟨mit Akk.; von Tieren⟩ *geräuschvoll trinken;* Milch s. **II** ⟨o.Obj.⟩ **1** (beim Trinken) *schlürfen oder Flüssigkeit wieder ausfließen lassen oder verspritzen* **2** *zu weit sein und beim Gehen große Falten werfen;* die Hosen s. ihm um die dünnen Beine **3** ⟨übertr.⟩ (unaufhörlich) *schwatzen*

Schlacht ⟨f.10⟩ **1** *heftige, längerdauernde, militärische Auseinandersetzung* (Entscheidungs~); die beiden Heere lieferten sich, (eigtl.) einander eine S. **2** ⟨übertr.⟩ *kleinere Prügelei, Wettkampf* (Schneeball~, Kissen~)

Schlach|ta ⟨f., -, nur Sg.; früher⟩ *der polnische Adel* [< poln. *szlachta* < slowen. *zlachta* „verwandt", < ahd. *slahta* „Geschlecht"]

Schlacht|bank ⟨f.2⟩ *Bank, Gestell zum Schlachten und zum Zerteilen der geschlachteten Tiere*

schlach|ten ⟨V.2, hat geschlachtet; mit Akk.⟩ *fachgerecht töten;* ein Huhn, ein Schwein s.

Schlach|ten|bumm|ler ⟨m.5⟩ **1** ⟨früher⟩ *Zuschauer bei kriegerischen Kämpfen* **2** ⟨heute⟩ *jmd., der (häufig) auswärtige sportliche Veranstaltungen besucht*

Schlach|ter ⟨m.5; norddt.⟩ → *Fleischer*

Schläch|ter ⟨m.5⟩ **1** ⟨norddt.⟩ → *Fleischer* **2** ⟨übertr.⟩ *jmd., der kaltblütig tötet, Massenmörder*

Schlacht|feld ⟨n.3⟩ *Ort, an dem eine Schlacht stattfindet oder stattgefunden hat*

Schlacht|fest ⟨n.1⟩ *Hausschlachtung (bei der mehrere Personen mithelfen) und anschließendes gemeinsames Essen (verbunden mit bestimmten Bräuchen)*

Schlacht|ge|wicht ⟨n.1⟩ *Gesamtgewicht eines geschlachteten Tieres (ohne Kopf, Füße, Haut, bestimmte Eingeweide, Blut, Fett u.a.);* Ggs. *Lebendgewicht*

Schlacht|haus ⟨n.4⟩, **Schlacht|hof** ⟨m.2⟩ *Gebäude oder Gebäudekomplex, in dem Tiere geschlachtet werden*

Schlacht|op|fer ⟨n.5⟩ *kultisches Tieropfer*

Schlacht|ord|nung ⟨f.10; früher⟩ *Art der Gliederung von Truppen zum Kampf mit einem aufmarschierten Feind*

Schlacht|plan ⟨m.2; Mil.⟩ *Plan, wie man eine Schlacht führen will, um zu siegen;* einen S. entwerfen ⟨ugs.⟩ *überlegen, wie man vorgehen will*

Schlacht|plat|te ⟨f.11⟩ *aus frischer Wurst (und Wellfleisch) bestehende Mahlzeit (mit Kraut)*

Schlacht|schiff ⟨n.1⟩ *kampfstarkes und gepanzertes, mit schweren Geschützen bestücktes Schiff*

Schlacht|schitz ⟨m.10⟩ *Angehöriger der Schlachta*

Schlach|tung ⟨f.10⟩ *das Schlachten* (Haus~)

Schlacht|vieh ⟨n., -s, nur Sg.⟩ *Gesamtheit aller zum Schlachten und zum Verzehr bestimmten Haustiere*

Schlack ⟨m., -(e)s, nur Sg.; nddt.⟩ *breiige Masse, Schneematsch*

Schlack|darm ⟨m.2; norddt.⟩ → *Mastdarm*

Schlacke ⟨-k·k-; f.11⟩ **1** *Rückstand beim Verbrennen und Schmelzen* **2** *Abfallprodukte des Stoffwechsels (im Gewebe und Verdauungskanal)* **3** *Ballaststoffe (in Nahrungsmitteln)* **4** ⟨übertr.⟩ *Unreines* [nddt., zu *schlagen*]

schlacken[1] ⟨-k·k-; V.1, hat geschlackt; o.Obj.⟩ *Schlacken bilden;* Kohle schlackt (beim Verbrennen)

schlacken[2] ⟨-k·k-; V.1, hat geschlackt; norddt.⟩ → *schlackern*

schlackern[1] ⟨-k·k-; V.1, hat geschlackert; o.Obj.⟩ **1** *lose herabhängen und sich hin und her bewegen;* die ~den Glieder des Hampelmannes **2** *lockere Bewegungen ausführen;* mit den Ohren s. ⟨übertr.⟩ *sehr erstaunt, überrascht sein*

schlackern[2] ⟨-k·k-; V.1, hat geschlackert; o.Obj.; norddt.; unpersönl., mit „es"⟩ *regnen und schneien zugleich;* auch: *schlacken;* es schlackert [lautmalend]

Schlacker|schnee ⟨-k·k-; m., -s, nur Sg.⟩ *nasser Schnee*

Schlacker|wet|ter ⟨-k·k-; n., -s, nur Sg.⟩ *Schneeregen*

schlackig[1] ⟨-k·k-; Adj.⟩ *Schlacken enthaltend*

schlackig[2] ⟨-k·k-; Adj.⟩ *breiig, matschig*

Schlack|wurst ⟨f.2⟩ *Wurstsorte mit Fleisch und Speckstückchen* [eigtl. „in den Schlackdarm gefüllte Wurstmasse"]

Schlaf ⟨m., -(e)s, nur Sg.⟩ *Zustand der Entspannung mit geschlossenen Augen, ausgeschaltetem Bewußtsein und verlangsamten Körperfunktionen;* den S. des Gerechten schlafen *gut, tief (und mit reinem Gewissen) schlafen;* S. haben ⟨süddt.⟩ *schläfrig, müde sein;* er hat einen gesegneten S. *er wird nicht leicht munter;* keinen S. finden; der ewige S. *der Tod;* sich den S. aus den Augen reiben; etwas im S. können *etwas sehr gut können*

Schlaf|an|zug ⟨m.2⟩ *während des Schlafes getragene Bekleidung aus Jacke und Hose;* Syn. *Pyjama*

Schlaf|au|gen ⟨n.14, Pl.; bei Puppen⟩ *Augen mit beweglichen Oberlidern, die in waagerechter Stellung zu- und in senkrechter Stellung aufklappen*

Schlaf|baum ⟨m.2⟩ *Baum, auf dem ein Vogel regelmäßig schläft*

Schläf|chen ⟨n.14⟩ *kurzer Schlaf;* ein S. machen, halten *kurze Zeit schlafen*

Schlä|fe ⟨f.11⟩ *seitlicher Schädelbereich über dem Schläfenbein;* Syn. ⟨Med.⟩ *Temporalis* [eigtl. „Stelle, auf man beim Schlafen liegt"]

schla|fen ⟨V.115, hat geschlafen⟩ **I** ⟨o.Obj.⟩ **1** *sich im Schlaf befinden;* s. gehen *zu Bett gehen;* sich s. legen; darüber muß ich eine Nacht s. *das muß ich mir bis morgen überlegen, dazu muß ich erst Abstand gewinnen;* die Sorge um das Kind ließ sie nicht s. **2** ⟨übertr.⟩ *unaufmerksam sein, nicht aufpassen, an andere Dinge denken;* mit offenen Augen s.; schlaf nicht! paß auf!; im Unterricht s. **3** *übernachten, die Nacht zubringen;* du kannst bei uns auf der Couch s. **4** *den Beischlaf, Geschlechtsverkehr ausüben;* mit jmdm. s.; sie haben zusammen geschlafen **II** ⟨refl.; ugs.⟩ sich s. **1** ⟨unpersönl., mit „es"⟩ es schläft sich ... *man kann schlafen;* auf dieser Couch schläft es sich gut, schlecht **2** *sich durch Schlaf in einen Zustand bringen;* sich gesund s.

Schlä|fen|bein ⟨n.1⟩ *Knochen am seitlichen Übergang vom Gesichts- zum Gehirnschädel*

Schla|fens|zeit ⟨f.10⟩ *Zeit am Abend, ins Bett zu gehen;* es ist (längst) S.

schlä|fern ⟨V.1, hat geschläfert; mit Akk.⟩ mich schläfert, es schläfert mich *ich bin, werde schläfrig, ich möchte schlafen*

schlaff ⟨Adj.⟩ **1** *nicht gespannt, locker;* ein ~es Seil **2** *ohne Kraft, ohne Halt;* die Arme s. hängen lassen; ~e Haut; ein ~er Händedruck **3** *ohne Energie, ohne Initiative;* ein ~er Kerl; eine ~e Organisation **4** ⟨Jugendsprache⟩ *reizlos, fade;* eine ~e Sache

Schlaff|heit ⟨f., -, nur Sg.⟩

Schlaf|gän|ger ⟨m.5; †⟩ *Mieter einer Schlafstelle*

Schlaf|gast ⟨m.2⟩ *Übernachtungsgast*

Schlaf|ge|le|gen|heit ⟨f.10⟩ **1** *Möglichkeit zum Schlafen, zum Übernachten* **2** *Möbelstück, auf dem man schlafen, übernachten kann;* Zimmer mit S.

Schlaf|ge|mach ⟨n.4; poet.⟩ *Schlafzimmer*

Schla|fitt|chen ⟨n.7; urspr.⟩ *Schwungfeder, Rockschoß;* (nur noch in der Wendung) jmdn. beim S. kriegen, packen, jmdn. zu fassen kriegen (um ihn zu strafen oder zurechtzuweisen) [Herkunft nicht sicher, vielleicht < *Schlagfittich*, und zwar im Hinblick darauf: Gänse können, wenn sie kämpfen oder sich wehren, mit dem Flügelknochen, an dem sie einen mit Hornhaut überzogenen Knochenfortsatz haben, starke Schläge austeilen, und wenn man sie packen und festhalten will, greift man sie am Flügelansatz, um sie wehrlos zu machen; dazu die ältere Form *Schlafitten* in der übertr. Bedeutung „lose, wehende Kleiderenden, Rockschöße", an denen man ebenfalls jmdn. „kriegen" kann]

Schlaf|kam|mer ⟨f.11⟩ *kleines Schlafzimmer*

Schlaf|krank|heit ⟨f., -, nur Sg.⟩ *durch Trypanosomen verursachte und durch Tsetsefliegen übertragene afrikanische Tropenkrankheit, die u.a. durch Schlafsucht gekennzeichnet ist*

Schlaf|lied ⟨n.3⟩ *Lied, mit dem man ein Kind in den Schlaf singt;* Syn. *Wiegenlied*

schlaf|los ⟨Adj., o.Steig.⟩ *keinen Schlaf findend;* eine ~e Nacht; s. liegen

Schlaf|lo|sig|keit ⟨f., -, nur Sg.⟩ *Unfähigkeit einzuschlafen*

Schlaf|maus ⟨f.2⟩ (*maus- bis eichhörnchengroßes*) *nächtlich lebendes Nagetier mit buschigem Schwanz (z.B. der Siebenschläfer);* Syn. *Bilch*

Schlaf|mittel ⟨n.5⟩ *chemische Verbindung, die den Schlaf künstlich herbeiführt;* Syn. *Hypnotikum*

Schlaf|mohn ⟨m.1⟩ *Mohnpflanze, aus der Opium hergestellt wird*

Schlaf|müt|ze ⟨f.11⟩ Syn. *Nachtmütze* **1** ⟨*früher*⟩ *während der Nacht im Bett getragene Mütze* **2** ⟨übertr., ugs.⟩ *schläfriger, unaufmerksamer, (meist auch) nicht sehr intelligenter Mensch*

schlaf|müt|zig ⟨Adj.⟩ *wie eine Schlafmütze (2), träge, unaufmerksam*

Schlaf|müt|zig|keit ⟨f., -, nur Sg.⟩ *Trägheit, Langsamkeit*

Schlaf|rat|te ⟨f.11; ugs.⟩, **Schlaf|ratz** ⟨m.1; ugs.⟩ *jmd., der viel und gerne schläft*

schläf|rig ⟨Adj.⟩ **1** *müde, nahe am Einschlafen;* s. sein, s. werden; *ich s. fühlen* **2** ⟨übertr.⟩ *träge, unaufmerksam;* ein ~er Kerl; s. herumsitzen **3** ⟨übertr.⟩ *ohne Kraft, ohne Festigkeit;* ~e Augen; ~er Blick

Schläf|rig|keit ⟨f., -, nur Sg.⟩

Schlaf|rock ⟨m.2⟩ *langes, mantelartiges Kleidungsstück, das man statt der Oberbekleidung nach dem Aufstehen oder vor dem Zubettgehen tragen kann*

Schlaf|saal ⟨m., -(e)s, -säle⟩ *bes. in Internaten) Schlafraum für viele Personen*

Schlaf|sack ⟨m.2⟩ *sackförmige Hülle, die anstelle des Bettzeugs benutzt werden kann*

Schlaf|stadt ⟨f.2; ugs.⟩ *Trabantenstadt ohne umfassendes gesellschaftliches Leben (in der man sich eigentlich nur nachts zum Schlafen aufhält)*

Schlaf|stät|te ⟨f.11⟩ *Platz, an dem jmd. schläft oder schlafen kann (z.B. Bett, Sofa);* wir haben in unserer Wohnung keine weitere S.

Schlaf|stel|le ⟨f.11⟩ *kleines, gemietetes Zimmer, das nur zum Schlafen (nicht zum Wohnen) benutzt wird*

Schlaf|sucht ⟨f., -, nur Sg.⟩ *krankhaft gesteigertes Schlafbedürfnis;* Syn. *Sopor*

Schlaf|ta|blet|te ⟨f.11⟩ *tablettenförmiges Medikament gegen Schlafstörungen*

Schlaf|trunk ⟨m.1⟩ *den Schlaf förderndes Getränk*

schlaf|trun|ken ⟨Adj.⟩ *vom Schlaf benommen, noch nicht ganz wach* **Schlaf|trun|ken|heit** ⟨f. -, nur Sg.⟩

Schlaf|wa|gen ⟨m.7⟩ *Eisenbahnwagen mit Klappbetten und Waschgelegenheit in jedem Abteil*

schlaf|wan|deln ⟨V.1, hat oder ist geschlafwandelt⟩ →*nachtwandeln*

schlaf|wand|le|risch ⟨Adj.⟩ →*nachtwandlerisch*

Schlaf|zim|mer ⟨n.5⟩ *Zimmer, in dem jmd. gewöhnlich schläft*

Schlag ⟨m.2⟩ **1** *heftige, kurze Berührung, Hieb* (Faust~); *ein S. vor die Brust; Schläge austeilen; jmdm. einen S. versetzen; auf einen S. alles erledigen* alles zur gleichen Zeit erledigen; *S. auf S.* schnell hintereinander; *mit einem S.* plötzlich; *ein S. ins Gesicht* eine schwere Beleidigung; *ein S. ins Kontor* ⟨ugs.⟩ *eine schwere Enttäuschung; ein S. ins Wasser* ⟨ugs.⟩ *ein Mißerfolg; ein S. unter die Gürtellinie* ⟨ugs.⟩ *eine unfaire Beleidigung;* zum entscheidenden S. ausholen *eine Entscheidung herbeiführen* **2** ⟨für eine Person⟩ *schlimmes Ereignis, Unglück* (Schicksals~); es war ein schwerer S. für ihn; sich von einem S. noch nicht erholt haben **3** *plötzliches, lautes, kurzes Geräusch;* es tat einen S.; man hörte einen S. **4** *kurzer Ton, kurzer Klang* (Glocken~); *der S. der Uhr;* die Uhr tat zwei Schläge; *S. eins stand er vor der Tür* pünktlich um ein Uhr **5** *sich regelmäßig mit kurzem Geräusch wiederholende Bewegung* (Herz~, Wellen~, Pendel~, Flügel~) **6** *den Körper durchfahrender Stromstoß;* einen S. bekommen **7** ⟨kurz für⟩ *Schlaganfall;* er ist vom S. getroffen worden; ich dachte, mich trifft der S. ⟨ugs.⟩ *ich war verblüfft;* er war wie vom S. getroffen ⟨ugs.⟩ *er war sehr verblüfft;* er war starr vor Staunen **8** *Portion;* ein S. Suppe **9** ⟨Seew.⟩ *einfacher Knoten, Schlinge* **10** ⟨Forstw.⟩ **a** *Fällen mehrerer Bäume in kurzer Zeit* (Kahl~) **b** *Waldstück mit vielen gefällten Bäumen* **11** *kleines Stück einer Landschaft, auf dem eine Pflanzenart angebaut wird oder wild wächst* (Himbeer~) **12** ⟨Segeln⟩ *Strecke zwischen zwei Wenden* **13** ⟨†⟩ *Tür eines Fahrzeugs* (Wagen~); *den S. öffnen* **14** *Verschlag, kleiner Stall* (Tauben~) **15** *Gruppe von Lebewesen mit bestimmten charakteristischen gemeinsamen Merkmalen* (Menschen~); *das ist ein besonderer S.;* er ist noch einer vom alten S.

Schlag|ab|tausch ⟨m., -(e)s, nur Sg.⟩ **1** *kurze Folge wechselseitiger Boxhiebe* **2** ⟨übertr.⟩ *wechselseitige Meinungsäußerung zweier gegensätzlich denkender Personen;* politischer S.

Schlag|ader ⟨f.11⟩ →*Arterie*

Schlag|an|fall ⟨m.2⟩ *plötzlich eintretender Funktionsausfall von Gehirnabschnitten;* Syn. *Apoplexie,* ⟨†⟩ *Schlagfluß*

schlag|ar|tig ⟨Adj., o.Steig.; nur als Attr. und Adv.⟩ *sehr schnell und unerwartet, plötzlich;* s. wurde es still; die Krankheit kommt s.; es ging s.

Schlag|ball ⟨m.2⟩ **1** ⟨nur Sg.⟩ *dem Baseball ähnliches Mannschaftsspiel* **2** *dazu benutzter Ball, lederner Ball zum Weitwerfen*

Schlag|baum ⟨m.2⟩ *Schranke (an Grenzübergängen, Werkstoren, Kasernen);* Syn. *Grenzbaum*

Schlag|boh|rer ⟨m.5⟩ *elektrische Bohrmaschine, bei der sich der Bohrer während der Drehung hammerartig vor- und zurückbewegt*

Schlag|ei|sen ⟨n.7⟩ *Falle, bei der zwei zusammenschlagende Bügel das Tier festhalten oder töten;* Syn. *Fangeisen*

Schlä|gel ⟨m.5⟩ *Hammer (des Bergmanns)* [zu *schlagen*]

schla|gen ⟨V.116⟩ **I** ⟨mit Akk.; hat geschlagen⟩ **1** *jmdn. oder ein Tier s.* **a** *jmdm. oder einem Tier einen Schlag, Schläge versetzen;* das Kind, der Hund wird zuviel geschlagen; jmdn. ins Gesicht s. **b** *jmdn. oder ein Tier durch Schläge in einen Zustand bringen;* jmdn. ein Tier blutig s.; jmdn. bewußtlos, zum Krüppel s. **2** *jmdn. s.* **a** *jmdn. besiegen, über jmdn. den Sieg erringen;* jmdn. im Kampf, im Wettkampf, im Spiel s.; sich geschlagen geben *sich für besiegt erklären,* den Kampf, das Spiel aufgeben **b** *jmdm. großes Leid bringen, jmdn. hart, schmerzlich treffen;* das Schicksal hat ihn geschlagen; sie ist mit diesem Mann geschlagen *dieser Mann verursacht ihr viel Leid, Schwierigkeiten* (eigtl.: das Schicksal geschlagen, indem es ihr diesen Mann in den Weg führte); *ein vom Schicksal geschlagener Mensch* **c** ⟨sich s.⟩ ⟨eigtl.⟩ *einander s. einander Schläge versetzen, sich prügeln, sich duellieren;* sie haben sich um die Theaterkarten fast geschlagen *sie haben sich alle fast rücksichtslos bemüht, Theaterkarten zu bekommen* **3** *etwas s.* **a** *mit der Axt zum Umstürzen bringen, fällen;* Bäume s. **b** *durch Schläge herstellen;* ein Loch in Eis, in die Wand s. **c** *durch Schläge entfernen;* Putz von der Wand s. **d** *durch rasche, kreisende Bewegungen in einen Zustand bringen;* Eiweiß schaumig, zu Schnee s. **e** *entstehen lassen;* die Hose schlägt Falten; eine Brücke über einen S. s. *eine Brücke zu jmdm. herstellen (z.B. zur Versöhnung)* **f** *eine bestimmte Bewegung ausführen;* einen Bogen um einen Ort s. *im Bogen um einen Ort gehen oder fahren;* ein Kreuz s. *das Zeichen des Kreuzes machen;* ein Rad s. →*Rad* **g** *durch Schläge in eine Richtung bewegen, in etwas befestigen;* einen Ball ins Netz s.; einen Nagel in die Wand, einen Pfahl in die Erde s. **h** *rasch bewegen;* die Hände vors Gesicht s. **i** *mit rascher Bewegung (um etwas) s.;* ein Tuch um den Kopf, um die Schultern s. **k** *durch Rühren durch etwas hindurchbewegen;* Quark durch ein Sieb s. **l** *öffnen und hineinleiten lassen;* Eier in die Pfanne s. **m** *einpacken;* einen Gegenstand in Papier, in ein Tuch s. ⟨meist⟩ *einschlagen* **n** *durch Bewegungen mit Schlegeln, mit den Fingern zum Klingen bringen;* die Trommel, die Laute s. **o** *durch bestimmte Bewegungen angeben, bezeichnen;* den Takt s.; mit den Finger den Rhythmus s. **p** *hinzurechnen, hinzufügen;* Unkosten zum Verkaufspreis s.; die Zinsen zum Kapital s. **II** ⟨refl.⟩ *sich s.* **1** *sich (im Kampf, im Wettkampf, im Examen) behaupten, standhaft sein, gute Leistungen bringen;* die Mannschaft hat sich wacker geschlagen; er hat sich in der Prüfung gut geschlagen **2** *sich auf etwas s. sich unangenehm in etwas bemerkbar machen;* der Ärger hat sich auf die Galle geschlagen **3** *sich wenden und weitergehen;* sich seitwärts (in die Büsche) s. **III** ⟨mit Dat. und Akk.; hat geschlagen⟩ *jmdm. etwas s.* **1** *jmdm. mit etwas in heftiger Bewegung (an einem Körperteil) treffen;* jmdm. ein Buch um die Ohren s.; jmdm. einen Stock auf den Kopf s. **2** *jmdm. etwas durch Schlag (von einem Körperteil) entfernen;* jmdm. einen Gegenstand aus der Hand s.; jmdm. die Mütze vom Kopf s. **IV** ⟨o.Obj.⟩ **1** ⟨hat geschlagen⟩ *einen Schlag ausführen;* mit der Faust an die Tür s.; um sich s.; mit den Flügeln (im Stehen) rasch bewegen; mit den Fäusten nach jmdm. s. **2** ⟨hat geschlagen⟩ *sich heftig und hörbar bewegen;* irgendwo schlug eine Tür; der Regen schlägt gegen die Scheiben; die Wellen s. an den Felsen **3** ⟨ist geschlagen⟩ *heftig stoßen, prallen;* er schlug bei dem Sturz mit dem Kopf aufs Pflaster; ~es Wetter →*Schlagwetter* **4** ⟨ist geschlagen⟩ *sich rasch bewegen;* eine Flamme schlug aus dem Fenster; die Flammen s. zum Himmel **5** ⟨hat geschlagen⟩ *sich gleichmäßig in Abständen bewegen;* sein Herz schlug ruhig; sein Puls schlägt rasch **6** ⟨hat geschlagen⟩ *ertönen und damit ein Zeichen geben;* die Uhr schlägt jede halbe Stunde; die Uhr schlägt eins *die Uhr zeigt durch Töne an, daß es ein Uhr ist;* eine geschlagene Stunde ⟨betonend⟩ *eine volle Stunde* **V** ⟨mit Präp.obj.; ist geschlagen⟩ *nach jmdm. s. sich wie jmd. entwickeln, jmdm. ähnlich werden;* er ist ganz nach dem Vater geschlagen

schla|gend ⟨Adj.⟩ **1** *überzeugend, eindeutig, klar;* ein ~er Beweis; er hat die Behauptung s. widerlegt **2** ⟨o.Steig.; in der Fügung⟩ ~e Wetter ⟨Bgb.⟩ **a** *explosives Gasgemisch* **b** *dadurch verursachte Grubenexplosion*

Schla|ger ⟨m.5⟩ **1** *eine Zeitlang bes. beliebtes Lied* **2** *erfolgreiches Theaterstück* **3** *Ware, die reißenden Absatz findet* (Verkaufs~)

Schlä|ger ⟨m.5⟩ **1** *jmd., der schnell und bedenkenlos zuschlägt* **2** ⟨Sport⟩ *Gerät, mit dem ein Ball oder der Puck fortbewegt wird* (Golf~, Tennis~, Hockey~) **3** ⟨Fechten⟩ *Hiebwaffe mit gerader Klinge*

Schlä|ge|rei ⟨f.10⟩ *Streit, bei dem die Beteiligten handgreiflich werden, einander schlagen, Prügelei*

schlag|fer|tig ⟨Adj.⟩ **1** *einfallsreich und rasch im Antworten;* sie ist sehr s. **2** *rasch und originell;* eine ~e Antwort; s. antworten

Schlag|fer|tig|keit ⟨f., -, nur Sg.⟩ *Raschheit und Einfallsreichtum im Antworten;* sie verfügt über große S.

Schlag|fluß ⟨m.2; †⟩ →*Schlaganfall;* vom S. getroffen werden

Schlag|holz ⟨n.4⟩ *Gerät für manche Ballspiele*
Schlag|in|stru|ment ⟨n.1⟩ *Musikinstrument, das geschlagen wird (z.B. Trommel, Becken, Triangel)*
Schlag|kraft ⟨f., -, nur Sg.⟩ **1** *Fähigkeit, harte, wuchtige Schläge auszuführen; ein Boxer mit enormer S.* **2** *Wirksamkeit; die S. seiner Argumente* **3** *Kampfstärke; die S. der Truppen*
schlag|kräf|tig ⟨Adj.⟩ **1** *Schlagkraft (1) besitzend; ein ~er Boxer* **2** *fähig, einen harten Kampf zu führen; ~e Truppen* **3** *überzeugend; ~e Argumente*
Schlag|licht ⟨n.3⟩ **1** *starker Lichtstrahl* **2** ⟨bes. Fot.⟩ *Licht, durch das im Gegensatz hervorgehoben wird; die S. auf etwas werfen etwas hervorheben*
Schlag|loch ⟨n.4⟩ *Loch in der Straßendecke*
Schlag|mann ⟨m.4; Rudersport⟩ *vorderster Ruderer, der den Schlag angibt*
Schlag|obers ⟨n., -, nur Sg.; österr.⟩ →*Schlagsahne*
Schlag|rahm ⟨m., -(e)s, nur Sg.; süddt.⟩ →*Schlagsahne*
Schlag|ring ⟨m.1⟩ *aus vier Ringen bestehende und mit Zacken besetzte Schlagwaffe, die über die Finger gestreift wird*
Schlag|sah|ne ⟨f., -, nur Sg.⟩ *schaumig-steif geschlagene süße Sahne; auch:* ⟨kurz⟩ *Sahne;* Syn. ⟨österr.⟩ *Schlagobers,* ⟨süddt.⟩ *Schlagrahm*
Schlag|schat|ten ⟨m.7; Mal., Fot.⟩ *stark markierter Schatten (einer Figur oder eines Gegenstandes)*
Schlag|sei|te ⟨f., -, nur Sg.⟩ *Schräglage (des Schiffes); das Schiff hat S.; er hat (leichte) S.* ⟨scherzh.⟩ *er hat einen Rausch*
Schlag|werk ⟨n.1; in Uhren⟩ *Vorrichtung, die das Schlagen der Uhr zu bestimmten Zeiten auslöst*
Schlag|wet|ter ⟨n.5; in Kohlen- und Kaligruben⟩ *explosives Gemisch aus Luft und Methan;* Syn. *schlagende Wetter*
Schlag|wort **1** ⟨n.4 oder n.1⟩ *Wort, das, kurze Formulierung, die eine Zeiterscheinung o.ä. treffend charakterisiert, z.B. Platz an der Sonne, Konsumterror* **2** ⟨n.4; Bibl.⟩ *(meist dem Titel entnommenes) Wort, das den Inhalt eines Buches kennzeichnet*
Schlag|wort|ka|ta|log ⟨m.1⟩ *nach Schlagwörtern (2) geordneter Katalog*
Schlag|zahl ⟨f.10⟩ *Anzahl der Ruderschläge pro Minute*
Schlag|zei|le ⟨f.11⟩ *in die Augen fallende Überschrift einer Zeitung; die Sache hat ~n geliefert, gemacht, für ~n gesorgt die Sache ist durch die Presse allgemein bekannt geworden*
Schlag|zeug ⟨n.1⟩ *Gruppe von Schlaginstrumenten, die vom gleichen Spieler bedient werden;* Syn. *Perkussion*
Schlag|zeu|ger ⟨m.5⟩ *Musiker, der das Schlagzeug bedient*
Schlaks ⟨m.1; norddt., mdt.⟩ *schlaksiger junger Mann*
schlak|sig ⟨Adj.⟩ *lang, dünn und etwas ungeschickt in den Bewegungen*
Schla|mas|sel ⟨m.5 oder n.5⟩ *ärgerliche, verfahrene Angelegenheit* [< jidd. *schlamassel* "Unglück; Unglücksrabe, Pechvogel", < dt. *schlimm* und jidd. *mäsel* < hebr. *mazzál* "Sternbild, günstiges Geschick, Glück"]
Schlamm ⟨m.1 oder m.2⟩ **1** *aufgeweichter Boden, breiiger Boden, Mischung aus Erde oder Sand und Wasser; der Weg war voller S.* **2** *weicher, breiiger Schmutz* ⟨Klär~⟩ **3** *Bodensatz in Gewässern, Schlick*
Schlamm|bei|ßer ⟨m.5⟩ →*Schlammpeitzger*
schläm|men ⟨V.1, hat schlammt⟩ **I** ⟨o.Obj.⟩ *Schlamm bilden, schlammig werden* **II** ⟨mit Akk.⟩ *zu Schlamm machen; Erde s.*
schläm|men ⟨V.1, hat geschlämmt; mit Akk.⟩ **1** *von Schlamm befreien; ein Gewässer s.* **2** *reichlich gießen; Pflanzen s.* **3** *mit Wasser mischen, sich absetzen lassen und dabei filtern; Sand, Gesteinsgemische s.*
schlam|mig ⟨Adj.⟩ **1** *voller Schlamm; ~es Gewässer* **2** *aufgeweicht; ~er Boden; ~er Weg*
Schlamm|ka|sten ⟨m.8⟩ →*Gumpe (2)*
Schlämm|krei|de ⟨f.11⟩ *durch Schlämmen in Wasser gereinigte Kreide (für Zahnpulver und Reinigungsmittel)*
Schlamm|peitz|ger ⟨m.5⟩ *zu den Schmerlen gehörender, kleiner Bodenfisch der Binnengewässer mit langgestrecktem Körper und dunklen Seitenstreifen;* Syn. *Schlammbeißer*
schlam|pam|pen ⟨V.1, hat schlampampt; o.Obj.⟩ *schlemmen, schwelgen* [zu mndl. *slampen* "schmatzend, schlürfend essen und trinken"]
Schlam|pe ⟨f.11⟩ Syn. ⟨landsch.⟩ *Schlumpe, Schlunze* **1** *unordentliche Frau* **2** *Frau, die ein liederliches Leben führt*
schlam|pen ⟨V.1, hat schlampt; o.Obj.⟩ *unordentlich arbeiten, unordentlich sein* [zu mhd. *slampen* "schlaff herabhängen"]
Schlam|per ⟨m.5⟩ *unordentlicher Mensch*
Schlam|pe|rei ⟨f.10⟩ **1** *schlampiges Arbeiten, Liederlichkeit, Schlampigkeit; Schluß mit dieser S.!; diese S. muß aufhören* **2** *Unordnung, Durcheinander*
schlam|pig ⟨Adj.⟩ *unordentlich, liederlich;* Syn. ⟨landsch.⟩ *schlunzig* **Schlam|pig|keit** ⟨f., -, nur Sg.⟩
Schlan|ge ⟨f.11⟩ **1** *Reptil ohne Gliedmaßen und mit langer, zweizipfliger Zunge (z.B. Natter, Otter, Viper)* **2** *er hat eine S. an Busen genährt* ⟨übertr.⟩ *er hat jmdn. begünstigt, gefördert, der ihm später geschadet hat,* ⟨oder⟩ *der ihm nicht geschadet hat* **2** ⟨übertr.⟩ *lange Reihe wartender Personen oder Fahrzeuge (Auto~, Menschen~); S. stehen* →*anstehen (I,1)* **3** ⟨übertr.⟩ *Frau, die ihre Bösartigkeit mit freundlichem Wesen tarnt; sie ist eine S.* [zu *schlingen*]
schlän|geln ⟨V.1, hat geschlängelt⟩ **I** ⟨refl.⟩ *sich s.* **1** *sich in Windungen bewegen; die Natter schlängelt sich durchs Gras* **2** *sich wie eine Schlange bewegen; sich durch eine Menschenmenge s.* **3** *in Windungen verlaufen; der Bach schlängelt sich durch die Wiese; die Straße schlängelt sich durch die Felsen* **II** ⟨mit Akk.⟩ *als Schlangenlinie zeichnen; eine Linie s.*
Schlan|gen|be|schwö|rer ⟨m.5⟩ *jmd., der mittels Musik Schlangen in rhythmische Bewegungen versetzt*
Schlan|gen|ei ⟨n.3; übertr.⟩ *etwas, das Unheil in sich birgt*
Schlan|gen|fraß ⟨m., -es, nur Sg.; derb⟩ *schlechtes Essen*
Schlan|gen|li|nie ⟨f.11⟩ *in Windungen verlaufende Linie; in ~n fahren betrunken fahren*
Schlan|gen|mensch ⟨m.10; ugs.⟩ *Artist, der Übungen vorführt, für die große Gelenkigkeit der Glieder erforderlich ist;* Syn. *Kontorsionist*
Schlan|gen|stern ⟨m.1⟩ *Stachelhäuter mit kleiner Körperscheibe und langen, sehr beweglichen Armen (B. Fadenstern)*
schlank ⟨Adj.⟩ **1** *dünn, schmal und gut gebaut; ~e Figur; eine ~e Taille; auf die ~e Linie achten* ⟨ugs.⟩ *auf die gute Figur achten, wenig essen, um die gute Figur zu erhalten; im ~en Trab im leichten Trab* **2** *wohlklingend, aber nicht sehr voll und dabei beweglich; eine ~e (Sing-)Stimme; der Geiger hat einen ~en Ton* **Schlank|heit** ⟨f., -, nur Sg.⟩
Schlank|heits|kur ⟨f.10⟩ *Kur zur Gewichtsabnahme*
Schlank|ma|cher ⟨m.5⟩ *Mittel für eine Abmagerungskur*
schlank|weg ⟨Adv.⟩ *ohne weiteres, ohne Umstände, ohne Bedenken; er behauptete s., daß ...*
Schläp|fen ⟨m.7; österr.⟩ →*Schlappen*
Schlapp ⟨Adj.⟩ **1** *kraftlos, schwunglos, matt; ein ~er Kerl; sich s. fühlen* **2** *nicht gespannt; ein ~es Seil*
Schlap|pe ⟨f.11⟩ *Niederlage; eine S. einstecken müssen, erleiden*
schlap|pen ⟨V.1, hat geschlappt⟩ **I** ⟨o.Obj.⟩ **1** *zu weit sein und deshalb ständig vom Fuß rutschen; die Schuhe s.* **2** *schlaff herabhängen; die Hosen s. ihm über die Füße* **II** ⟨mit Akk.; von Tieren⟩ *schlürfend, hörbar trinken; der Hund schlappt Wasser*
Schlap|pen ⟨nur Pl.; ugs.⟩ *Pantoffel, weiche Hausschuhe;* Syn. *Schlappschuhe,* ⟨österr.⟩ *Schlapfen*
Schlapp|hut ⟨m.2⟩ *weicher, breitkrempiger Hut*
schlapp|ma|chen ⟨V.1, hat schlappgemacht; o.Obj.⟩ *eine Anstrengung nicht aushalten und sie deshalb beenden, plötzlich erschöpft sein und nicht weiterkönnen*
Schlapp|ohr ⟨n.12⟩ **1** ⟨bei Tieren⟩ *hängendes Ohr* **2** ⟨scherzh.⟩ *Mensch ohne Antrieb, Schlappschwanz*
Schlapp|sack ⟨m.2, ugs.⟩ →*Schlappschwanz*
Schlapp|schu|he ⟨m.1, Pl.; ugs.⟩ →*Schlappen*
Schlapp|schwanz ⟨m.2; ugs.⟩ *schlapper, schwacher, energieloser Mensch;* Syn. *Schlappsack*
Schla|raf|fen|land ⟨n., -(e)s, nur Sg.⟩ *märchenhaftes Land der Schlemmer und Müßiggänger* [< mhd. *slûraffe, slûderaffe* "Müßiggänger; jmd., der herumschlendert", < *slûr* "das Herumschlendern, Faulenzen; Faulenzer, langsame, träge Person" und *affe* "Affe, übertr. ,,Tor"]
Schla|raf|fen|le|ben ⟨n., -s, nur Sg.⟩ *Leben wie im Schlaraffenland*
schla|raf|fisch ⟨Adj.⟩ *wie im Schlaraffenland, üppig, schlemmerhaft*
schlau ⟨Adj.⟩ **1** *immer einen Ausweg, eine Möglichkeit findend, findig, listig; ein ~er Kerl, Bursche* **2** *intelligent, leicht begreifend, leicht lernend; ein ~es Bürschchen; er ist nicht sehr s.* **3** *klug, geschickt; ein ~er Plan; eine Sache s. einfädeln; s. vorgehen; es wäre nicht s., das zu tun; wie machen wir das denn jetzt am ~(e)sten?; aus jmdm., aus einer Äußerung nicht s. werden nicht klug werden, jmdn., eine Äußerung nicht verstehen* **4** ⟨ugs., scherzh.⟩ *viele Informationen enthaltend, zum Nachschlagen gut geeignet; ein ~es Buch*
Schlau|ber|ger ⟨m.5; auch iron.⟩ *schlauer, gewitzter Mensch;* Syn. *Schlaukopf, Schlaumeier*
Schlauch ⟨m.2⟩ **1** *lange, biegsame Röhre aus Gummi oder Kunststoff (zum Leiten von Flüssigkeiten); Gas~, Wasser~* **2** *aufblasbarer, ringförmiger Teil eines Reifens (Fahrrad~)* **3** *länglicher Flüssigkeitsbehälter (Wein~)* **4** *etwas Schlauchförmiges (z.B. ein langes, dunkles Zimmer)* **5** ⟨ugs.⟩ *mühselige, langanhaltende Sache, große Anstrengung; die Wanderung war ein S.* [< mhd. *sluch* "Schlangenhaut", verwandt mit *schlüpfen*]
Schlauch|boot ⟨n.2⟩ *ovales Boot mit aufblasbaren Wülsten aus gummierten Textilien an den Seiten*
schlau|chen ⟨V.1, hat geschlaucht; mit Akk.; ugs.⟩ *jmdn. s. jmdn. sehr anstrengen, stark ermüden; die weiten Wanderungen s. mich; ich bin sehr geschlaucht ich bin sehr angestrengt, erschöpft*
Schlauch|klem|me ⟨f.11; bei Schläuchen⟩ *Metallklemme zur Regelung des Durchflusses;* Syn. *Quetschhahn*
Schlauch|pilz ⟨m.1⟩ *Pilz, dessen Sporen im Innern schlauchförmiger Zellen entstehen (z.B. Becherling, Morchel)*

Schläue ⟨f., -, nur Sg.⟩ *das Schlausein;* Syn. *Schlauheit*

schlau|er|wei|se ⟨Adv.⟩ **1** *aus Schlauheit* 2 *weil man schlau ist, weil es besser ist*

Schlau|fe ⟨f.11⟩ **1** *ringförmig geschlungenes Band, ringförmig geschlungene Schnur* **2** *Schleife* **3** *Lederriegel über einer Lasche*

Schlau|fen|zwirn ⟨m.1⟩ *mit Schlaufen versehener Zwirn, Effektzwirn*

Schlau|heit ⟨f., -, nur Sg.⟩ →*Schläue*

Schlau|kopf ⟨m.2⟩ →*Schlauberger*

Schlau|mei|er ⟨m.5⟩ →*Schlauberger*

Schlau|wi|ner ⟨m.⟩ **1** ⟨süddt.⟩ *pfiffiger, durchtriebener Bursche* **2** ⟨österr.⟩ *Nichtsnutz* [entstellt < *Slowene;* die slowenischen Hausierer galten als schlau und geschäftstüchtig]

schlecht ⟨Adj., -er, am -esten⟩ **1** ⟨urspr., †⟩ *schlicht, einfach;* ⟨noch in der Wendung⟩ *s. und recht* **den Umständen entsprechend, nicht besonders gut* **2** *minderwertig, viele Mängel aufweisend, nicht gut;* ~es Essen; ~e Arbeit liefern **3** *ungenügend;* ~e Bezahlung; der Besuch (der Veranstaltung) war s.; das Geschäft geht s. **4** *moralisch nicht einwandfrei, übel, böse;* ~e Menschen; einen ~en Ruf haben; ~e Tat; in ~e Hände geraten *zu Menschen kommen, die einen ungünstigen Einfluß ausüben* **5** *ungünstig, nachteilig;* sich in einer ~en Lage befinden; eine ~e Presse haben *in der Presse ungünstig, unfreundlich beurteilt werden;* das wird ihm s. bekommen *er wird keine Freude daran haben* **6** *kränklich, ungesund;* s. aussehen; sich s. fühlen; mir ist s. *ich fühle mich nicht wohl, ich werde mich übergeben müssen;* ~e Laune haben; er steht s. um ihn *seine Gesundheit ist sehr angegriffen, er ist dem Tode nahe* **7** *verdorben, unbrauchbar;* das Fleisch ist s. geworden **8** *unangenehm;* ~e Angewohnheit; ~e Manieren **9** *kaum;* heute paßt es mir s.; das kann ich ihm s. sagen; die beiden vertragen sich s. **10** ⟨Jägerspr.⟩ *ungesund, verkümmert;* ein ~er Hirsch *ein Hirsch mit verkümmertem Geweih* **11** ⟨in der Fügung⟩ nicht s. *ganz gut, recht gut;* (es geht ihm s.); er hat nicht s. gestaunt, als ich ihm das sagte *er war recht erstaunt*

schlech|ter|dings ⟨Adv.⟩ *durchaus, geradezu, ganz und gar;* das ist s. unmöglich; noch schneller kann ich s. nicht machen

schlecht|ge|hen ⟨V.47, ist schlechtgegangen; mit Dat., unpersönl., mit „es"⟩ *es geht jmdm. schlecht jmd. befindet sich in einer üblen Lage, jmd. ist sehr krank, jmd. hat kaum die nötigen Mittel zum Leben*

schlecht|hin ⟨Adv.⟩ *vollkommen, typisch, ganz und gar;* er ist der Idealist s.; Schöpferkraft ist die Eigenschaft des Künstlers s. und nicht etwa nur einzelner Künstler

schlecht|weg ⟨Adj., o.Steig.⟩ *nur als Attr.⟩ uneingeschränkt, vollkommen, in reinster Ausprägung;* er ist der ~e Dramatiker

Schlech|tig|keit ⟨f.10⟩ **1** ⟨nur Sg.⟩ *das Schlechtsein;* die S. der Welt **2** *schlechte Handlung*

schlecht|ma|chen ⟨V.1, hat schlechtgemacht; mit Akk.⟩ *jmdn. s. schlecht, nachteilig über jmdn. reden*

schlecht|weg ⟨Adv.⟩ *ganz einfach und deutlich ausgedrückt;* das ist s. unverschämt

Schleck ⟨m.1; süddt.⟩ *Leckerbissen, Näscherei*

schle|cken ⟨-k|k-; V.1, hat geschleckt⟩ **I** ⟨mit Akk.⟩ **1** *lecken, durch Lecken säubern;* die Katze schleckt ihr Fell, ihre Jungen **2** *leckend zu sich nehmen;* Milch; eine Eiswaffel s. **3** *genießerisch essen* ⟨nur von süßen Sachen⟩ Pralinen s.; hast du etwas was zu s. für mich? **II** ⟨o. Obj.⟩ *naschen, Süßes essen;* auch: *schleckern;* sie schleckt gern

Schlecke|rei ⟨-k|k-; f.10⟩ *Naschwerk*

schle|cke|rig ⟨-k|k-; Adj.⟩ *gern Süßes essend;* auch: *schleckrig;* ~es Kind; er ist s. *er ißt gern Süßes*

Schlecker|maul ⟨-k|k-; n.4; ugs.⟩ *jmd., der gerne schleckt*

schle|ckern ⟨-k|k-; V.1, hat geschleckert⟩ →*schlecken (II)*

schleck|rig ⟨Adj.⟩ →*schleckerig*

Schle|gel ⟨m.5⟩ **1** *Werkzeug zum Schlagen oder Geschlagenwerden;* Hammer und S. **2** *Keule* ⟨vom Schlachttier oder Wild⟩ **3** *Schlagwerkzeug für Musikinstrumente* ⟨Trommel~⟩ [zu *schlagen*]

Schleh|dorn ⟨m., -(e)s, nur Sg.⟩ →*Schlehe (1)*

Schle|he ⟨f.11⟩ **1** *weiß blühendes, dorniges Rosengewächs an Waldrainen und Feldrainen;* Syn. *Schlehdorn, Schwarzdorn;* **2** *dessen einer kleinen Pflaume ähnelnde Frucht*

Schlei ⟨m.1⟩ →*Schleie*

schlei|chen ⟨V.117⟩ **I** ⟨o.Obj.; ist geschlichen oder refl.; hat geschlichen⟩ **1** *leise und vorsichtig gehen;* (sich) ins Haus s.; (sich) aus dem Haus s.; durch den Garten s.; sich in ihr Vertrauen geschlichen ⟨übertr.⟩ *er hat (in unredlicher Absicht) ihr Vertrauen gewonnen;* Mißtrauen, Argwohn hat sich in ihr Herz geschlichen ⟨übertr.⟩ *Mißtrauen, Argwohn ist in ihr erwacht;* ~d sich fast unbemerkt ausbreitend, aber kaum merklich verschlimmernd; ~de Krankheit; ~de Inflation **2** *mühsam, mit Anstrengung und langsam gehen;* ich war so müde, daß ich nur noch geschlichen bin **II** ⟨refl.; hat geschlichen⟩ sich ⟨süddt., ugs.⟩ *sich entfernen, weggehen, verschwinden;* schleich dich!

Schlei|cher ⟨m.5; ugs., abwertend⟩ *jmd., der durch falsche Freundlichkeit einen Vorteil für sich zu erlangen sucht*

Schleich|han|del ⟨m., -s, nur Sg.⟩ →*Schwarzhandel*

Schleich|kat|ze ⟨f.11⟩ *etwa katzengroßes langschwänziges Raubtier mit spitzer Schnauze* (z.B. die Genette)

Schleich|weg ⟨m.1⟩ **1** *verborgener, nur wenigen Personen bekannter Weg;* auf ~en ein Ziel gelangen **2** *verkehrsarme Straße (für Autofahrer)*

Schleich|wer|bung ⟨f., -, nur Sg.; Film, Funk, Fernsehen⟩ *unauffällige Werbung durch beiläufige Nennung oder Darstellung eines Fabrikats innerhalb einer nicht der Werbung dienenden Sendung*

Schleie ⟨f.11⟩ *grünlicher kleinschuppiger Karpfenfisch schlammiger Gewässer;* auch: *Schlei* ⟨ahd. *slio* in ders. Bed., zu *Schleim*⟩

Schlei|er ⟨m.5⟩ **1** *dünnes, meist durchsichtiges Gewebe, das den Kopf oder das Gesicht bedeckt;* den S. nehmen *als Nonne ins Kloster gehen;* den S. eines Geheimnisses lüften *ein Geheimnis preisgeben;* den S. der christlichen Nächstenliebe, des Vergessens über etwas breiten *eine peinliche Angelegenheit nicht berühren;* er sieht alles wie durch einen S. *er kann nicht richtig sehen,* ein S. vor den Augen; eine dünne Hülle; ein S. (aus Nebel, von Dunst) lag über dem Tal; unter dem S. der Nacht; über dem Foto liegt ein S. **2** *bei manchen Vögeln⟩ Kranz von Federn um die Augen* **4** ⟨bes. bei Farnen und Pilzen⟩ *Häutchen um die Frucht*

Schlei|er|eu|le ⟨f.11⟩ *Eule, deren weißes Gesichtsgefieder vom Kopfgefieder schleierähnlich-herzförmig abgesetzt ist*

schlei|er|haft ⟨Adj., -er, am -esten; ugs.⟩ *unerklärlich, rätselhaft;* das ist mir s.

Schlei|er|kraut ⟨n., -(e)s, nur Sg.⟩ →*Gipskraut*

Schlei|er|schwanz ⟨m.2⟩ *Zuchtform des Goldfisches mit schleierartig fallender Schwanzflosse*

Schleif|bank ⟨f.2⟩ *Drehbank zum Schleifen*

Schleif|bür|ste ⟨f.11⟩ *stromzuführender Teil eines Elektromotors oder Generators, der auf dem Kollektor schleift*

Schlei|fe[1] ⟨f.11⟩ **1** *aus einem Band oder einer Schnur geknüpfte Schlinge(n);* Syn. ⟨nddt.⟩ *Schluppe,* ⟨österr.⟩ *Masche;* einfache S.; doppelte S.; eine S. binden **2** *starke Biegung, Kurve;* der Fluß macht, bildet hier eine S. **3** *sich selbst kreuzende Linie*

Schlei|fe[2] ⟨f.11; landsch.⟩ →*Schlitterbahn*

schlei|fen ⟨V.118, hat geschliffen⟩ **I** ⟨mit Akk.⟩ **1** *etwas s.* **a** *durch wiederholtes Reiben an einer rauhen Fläche schärfen;* ein Messer s. **b** *mit einem rasch drehenden Gerät regelmäßige Flächen oder feine Verzierungen an etwas anbringen;* Diamanten, Gläser s.; vgl. *geschliffen* **c** ⟨in der Wendung⟩ eine Festung s. *niederreißen* **2** *etwas oder jmdn. s. hinter sich her über den Boden ziehen;* einen Sack über den Hof s.; einen Ohnmächtigen, Toten aus dem Raum s. **3** jmdn. s. **a** ⟨Soldatenspr.⟩ *hart, rücksichtslos ausbilden* **b** ⟨ugs., scherzh.⟩ *jmdn. gegen dessen Willen mitnehmen;* jmdn. in ein Lokal s.; einen Gast durch die Stadt s. (um ihm Sehenswürdigkeiten zu zeigen) **II** ⟨o.Obj.⟩ **1** *bei Bewegungen ständig etwas berühren;* der Mantel schleift am Boden; das Kabel schleift (beim Abrollen) an der Mauer; die Arbeit s. lassen ⟨übertr.⟩ *die Arbeit achtlos, langsam, ohne Sorgfalt verrichten, sich kaum um sie kümmern und sie von andern ohne Aufsicht tun lassen*

Schlei|fer ⟨m.5⟩ **1** *jmd., der berufsmäßig schleift* (Maschinen~) **2** ⟨Soldatenspr.⟩ *Vorgesetzter, der einen schleift* (→*schleifen I, 3 a*) **3** ⟨Mus.⟩ *Vorschlag aus zwei oder drei Tönen* **4** *alter, langsamer Bauerntanz (Vorform des Walzers)*

Schleif|kon|takt ⟨m.1⟩ *elektrischer Kontakt, bei dem ein bewegliches Kontaktstück auf dem Gegenpol unter Druck schleift*

Schleif|lack ⟨m.1⟩ *in mehreren Schichten aufgetragener Lack für Möbel, bei dem jede Schicht geschliffen wird*

Schleif|pa|pier ⟨n.1⟩ *Gewebe oder festes Papier mit aufgeklebten, körnigen Schleifmitteln;* Syn. *Sandpapier*

Schleif|ring ⟨m.1⟩ *mit den Schleifbürsten zusammen stromübergebendes Teil (einer elektrischen Maschine)*

Schleif|stein ⟨m.1⟩ *harter Stein zum Schleifen*

Schleim ⟨m.1⟩ **1** *zähflüssiges, schlüpfriges, leicht klebriges Sekret* (Nasen~, Schnecken~) **2** *dickflüssige, pflanzliche Speise (als Schonkost;* Hafer~, Reis~)

Schleim|beu|tel ⟨m.5⟩ *kleiner, Schleim absondernder Beutel, der Reibung zwischen Knochen, Muskeln und Sehnen verhindert*

schlei|men ⟨V.1, hat geschleimt; o.Obj.⟩ **1** *Schleim absondern* **2** ⟨übertr., ugs.⟩ *mit primitiver Freundlichkeit frömmelnd oder heuchlerisch reden*

Schleim|haut ⟨f.2⟩ *aus Bindegewebe und Epithel bestehende Haut, die Hohlorgane auskleidet und Schleim absondernde Drüsen enthält* (Magen~, Nasen~)

schlei|mig ⟨Adj.⟩ **1** *mit Schleim bedeckt;* eine ~e Haut **2** *Schleim enthaltend;* Syn. ⟨Med.⟩ *mukös;* ~e Absonderung **3** *wie Schleim;* ~er Belag, Brei **4** ⟨übertr.⟩ *widerwärtig freundlich und dabei hinterhältig*

Schleim|pilz ⟨m.1⟩ *aus einer (lebhaft gefärbten) Masse von Protoplasma bestehender Pilz, der sich kaum wahrnehmbar kriechend fortbewegt* (z.B. die Lohblüte)

Schleim|schei|ßer ⟨m.5; vulg.⟩ *kriecherischer, falsch-liebenswürdiger, scheinheiliger Mensch*

schlei|ßen ⟨V.119, hat geschlissen; mit Akk.⟩ **1** ⟨urspr., †⟩ *zerreißen,* ⟨noch erhalten in⟩ *verschleißen, zerschleißen* **2** *Federn s. die Fahnen der Vogelfedern von den Kielen trennen* **3** *Holz s.* ⟨†⟩ *Holz in feine Späne spalten*

schlei|ßig ⟨Adj.; landsch.⟩ *abgenützt, verschlissen*

Schle|mihl ⟨m.1; ugs.⟩ *vom Pech verfolgter Mensch, Pechvogel, Unglücksrabe* [< hebr. *šelo-mo'il* „jmd., der zu nichts taugt, der in allem ungeschickt ist", < *šelo* „(jmd.) der nicht" und *mo'il* „nützlich Seiender"]

schlemm ⟨Bridge, Whist; in der Wendung⟩ s. *machen alle Stiche bekommen*

Schlemm ⟨m.1; Bridge, Whist⟩ *höchstes Spiel mit fast allen oder allen Stichen, die jmd. bekommt*

schlem|men ⟨V.1, hat geschlemmt; o.Obj.⟩ *üppig und gut essen und trinken;* heute haben wir mal geschlemmt [< mhd. *slemmen* in ders. Bed., vielleicht zu nddt. *slampen* „schmatzend und schlürfend essen und trinken", wohl beeinflußt von *slam* „Schlamm", nach dem Schlürfen von flüssigen Speisen]

schlem|me|risch ⟨Adj.⟩ **1** *wie für einen Schlemmer;* ein ~es Mahl **2** *wie ein Schlemmer;* ~es Leben

Schlem|mer|lo|kal ⟨n.1⟩ *Restaurant mit besonders gutem Essen*

Schlem|mer|mahl ⟨n.4 oder m.1⟩ *sehr üppige Mahlzeit*

Schlem|pe ⟨f.11⟩ *Rückstand bei der Herstellung von Spiritus (als Viehfutter)* [zu *schlampen*]

schlen|dern ⟨V.1, ist geschlendert; o.Obj.⟩ *langsam, gemächlich, genießend gehen;* durch die Stadt s.

Schlen|dri|an ⟨m., -s, nur Sg.⟩ *langsames, träges, nachlässiges Arbeiten*

Schlen|ge ⟨f.11; nddt.⟩ *Reisigbündel, Flechtwerk (als Uferschutz)* [zu *schlingen*]

Schlen|ker ⟨m.5; ugs.⟩ **1** ⟨beim Fahren⟩ *kurzes, seitliches, bogenförmiges Ausweichen;* der Radfahrer rettete sich durch einen S. **2** *kleinerer Umweg;* auf unserer Rückreise machten wir einen S. nach Nürnberg

schlen|kern ⟨V.1, hat geschlenkert⟩ **I** ⟨mit Akk.⟩ *lässig hin und her schwingen;* schlenkere den Schirm nicht so! ⟨o.Obj.⟩ *lässig schwingende Bewegungen ausführen;* mit den Armen, Beinen s.

Schlen|kerich ⟨m.1; sächs.⟩ **1** *schlenkernde Bewegung* **2** *kleiner Umweg* **3** *Schnörkel*

schlen|krig ⟨Adj.⟩ *schlenkernd;* ~e Bewegungen

schlen|zen ⟨V.1, hat geschlenzt; mit Akk.⟩ ⟨Hockey, Eishockey, Fußb.⟩ *den Ball s. den Ball schlagen oder stoßen, ohne auszuholen* [frühere Bed.: „schlendern", < veraltetem *scharlenzen* „schlendern"]

Schlen|zer ⟨m.5⟩ *geschlenzter Ball*

Schlepp ⟨m., nur in bestimmten Wendungen; ugs.⟩ **1** *das Schleppen, das Abschleppen;* ein Boot, ein Auto in S. nehmen *ein Boot, ein Auto abschleppen;* jmdn. im S. haben *von jmdm. verfolgt, begleitet werden* **2** *das Geschleppt-, Abgeschlepptwerden;* im S. fahren *abgeschleppt werden*

Schlep|pe ⟨f.11⟩ **1** *sehr langer Teil an der Rückseite eines Kleides oder Rockes, der beim Gehen auf dem Boden nachschleift oder von einer anderen Person getragen wird* **2** *durch einen Köder (der eine Strecke über die Erde gezogen wird) entstehende Fährte (zum Anlocken von Wild oder zum Abrichten von Hunden)* **3** ⟨Jägerspr.; bei Wildenten⟩ *Fährte* **4** *über die Erde zu ziehendes Gerät zum Einebnen, Glätten*

schlep|pen ⟨V.1, hat geschleppt⟩ **I** ⟨mit Akk.⟩ **1** *mit Anstrengung, mühsam tragen;* einen Koffer s. **2** *hinter sich her ziehen;* der Schlepper schleppt einen Lastkahn **II** ⟨o.Obj.⟩ *beim Bewegtwerden ständig schwer den Boden berühren;* der Rock schleppt hinten **III** ⟨refl.⟩ **1** *sich s. mühsam, mit Anstrengung gehen;* der Verletzte konnte sich noch bis zur Polizei s. **2** *etwas längere Zeit mit Anstrengung tragen*

schlep|pend ⟨Adj.⟩ **1** *schwerfällig und langsam;* mit ~en Schritten; s. gehen **2** *langsam;* die Arbeit geht nur s. voran; ~er Ge-

schäftsgang **3** *zu langsam, zu getragen, zu gedehnt;* ein Musikstück s. spielen

Schlep|per ⟨m.5⟩ **1** *kleines Schiff mit Einrichtung zum Bugsieren oder Schleppen größerer Schiffe* **2** → *Traktor* **3** ⟨übertr., ugs.⟩ *jmd., der Personen dazu verleitet, für betrügerische Unternehmen Geld herzugeben*

Schlepp|flug ⟨m.2⟩ *Flug (eines Segelflugzeugs) am Schlepptau hinter einem Motorflugzeug*

Schlepp|kahn ⟨m.2⟩ *Kahn ohne eigenen Antrieb, der von einem Schiff geschleppt wird (zum Befördern von Lasten)*

Schlepp|lift ⟨m.1 oder m.9⟩ *Schilift, bei dem man auf angeschnallten Schiern (in einem Bügel stehend) den Berg hinauf gezogen wird*

Schlepp|netz ⟨n.1⟩ *großes Fischernetz, das vom Schiff aus durch das Wasser nachgezogen wird;* Syn. *Trawl*

Schlepp|start ⟨m.9 oder m.1⟩ *Start (eines Segelflugzeuges) durch Schleppflug*

Schlepp|tau ⟨n.1⟩ *Tau zum Schleppen;* jmdn. ins S. nehmen ⟨übertr.⟩ *jmdn. mitnehmen, ohne ihn ausdrücklich zu fragen*

Schlepp|zug ⟨m.2⟩ *mehrere von einem Schlepper gezogene Lastkähne*

schle|sisch ⟨Adj., o.Steig.⟩ *Schlesien betreffend, zu ihm gehörig, aus ihm stammend;* ~e Mundart *die ostmitteldeutsche Mundart*

Schleu|der ⟨f.11⟩ **1** ⟨Antike⟩ *Lederriemen zum Schleudern von Steinen* **2** *Stück einer Astgabel mit daran befestigtem, kräftigem Gummiband und einem taschenähnlichen Lederstück zum Schleudern von Steinen* **3** *als Zentrifuge wirkendes Gerät (Honig~, Wäsche~)*

Schleu|der|ball ⟨m.2⟩ *Ball an einer langen Schlaufe, der vor dem Werfen kreisförmig geschwungen wird*

schleu|dern ⟨V.1⟩ **I** ⟨mit Akk.; hat geschleudert⟩ *etwas s.* **1** *mit Kraft werfen;* einen Stein s.; ein Buch in die Ecke, an die Wand s.; jmdm. einen Vorwurf ins Gesicht s. ⟨übertr.⟩ **2** *mit einer rasch rotierenden Trommel auspressen, von Wasser befreien;* Wäsche s. **3** *mit einem rasch rotierenden Gerät aus etwas herauspressen;* Honig (aus den Waben) s. **II** ⟨o.Obj.; ist geschleudert⟩ *sich unkontrolliert hierhin und dorthin bewegen;* das Auto schleuderte, kam ins Schleudern; das Auto schleuderte gegen einen Lichtmast; ins Schleudern kommen ⟨übertr., ugs.⟩ *die Übersicht, die Kontrolle verlieren, eine Arbeit, eine Situation nicht mehr beherrschen;* ~e Bewegungen ⟨bei manchen Krankheiten⟩ *unkontrollierte, ausfahrende Bewegungen (der Gliedmaßen)*

Schleu|der|preis ⟨m.1⟩ *zu niedriger Preis;* etwas zu ~en verkaufen

Schleu|der|sitz ⟨m.1; bei Kampfflugzeugen⟩ *Sitzgestell, das im Notfall mit dem Piloten aus dem Rumpf des Flugzeugs ausgestoßen wird und eine automatische Fallschirmlandung einleitet*

Schleu|der|wa|re ⟨f.11⟩ *zu Schleuderpreisen verkaufte Ware*

schleu|nig ⟨Adj.⟩ *bald, rasch;* zur ~en Erledigung

schleu|nigst ⟨Adv.⟩ *sehr bald, sehr rasch, sofort;* etwas s. erledigen

Schleu|se ⟨f.11⟩ **1** ⟨in Wasserstraßen⟩ *Becken mit wasserdicht schließenden Toren auf beiden Seiten, in dem der Wasserstand verändert werden kann, um Schiffen die Überwindung von Höhenunterschieden zu ermöglichen* **2** *Kammer mit zwei gasdichten Türen (Druck~, Gas~)*

schleu|sen ⟨V.1, hat geschleust; mit Akk.⟩ **1** *etwas s. mittels Schleuse leiten, bringen, fahren lassen;* ein Schiff durch einen Kanal s. **2** *jmdn. s.* ⟨übertr., ugs.⟩ *jmdn. leiten, führen*

(bes. unter Umgehung von Vorschriften); jmdn. durch die Kontrolle, über die grüne Grenze s.; jmdn. durch ein Kaufhaus in die richtige Abteilung s.

Schlich ⟨m.1⟩ **1** *feinkörniges Erz* **2** ⟨meist Pl.⟩ *heimliches Tun, heimlicher Umweg, verborgene Möglichkeit;* alle ~e kennen; jmdm. auf die ~e kommen *jmds. Vorgehen, Vorhaben durchschauen*

schlicht ⟨Adj., -er, am -esten⟩ **1** *einfach, auf das Notwendigste beschränkt;* eine ~e Einrichtung; ein ~es Mahl **2** *ohne Schmuck, durch Einfachheit wirkungsvoll;* ein ~es Bauwerk; von ~er Schönheit **3** *geistig nicht sehr anspruchsvoll, bescheiden;* ein ~es Gemüt; ein ~er Mensch; alle ~e kennen; jmdm. **4** *einfach, ohne weitere Zusätze, ohne weitere Beschreibung;* das sind die ~en Tatsachen **5** *ganz einfach ausgedrückt;* das ist s. erlogen

Schlich|te ⟨f.11⟩ *klebrige Flüssigkeit zum Glätten und Verfestigen von Gewebe*

schlich|ten ⟨V.2, hat geschlichtet; mit Akk.⟩ **1** *glätten;* die Oberfläche eines metallischen, hölzernen Werkstücks s. **2** *weich, geschmeidig machen;* Leder s. **3** *mit klebriger Flüssigkeit durchtränken;* Kettfäden s. (um sie widerstandsfähiger zu machen) **4** *einen Streit s.* ⟨übertr.⟩ *einen Streit vermitteln, versöhnend beenden, schlichten*

Schlicht|heit ⟨f., -, nur Sg.⟩ **1** *schlichte Beschaffenheit* **2** *schlichte Wesens-, Gemütsart, Bescheidenheit*

Schlich|tung ⟨f., -, nur Sg.⟩ *das Schlichten (4) (bes. im Arbeitskampf)*

Schlick ⟨m.1⟩ *abgelagerter, feiner Tonschlamm mit organischen Beimengungen (bes. im Wattenmeer)* [nddt., zu *sliken* „gleiten"]

schlicken ⟨-k·k-; V.1, hat geschlickt; o.Obj.⟩ *Schlick ablagern;* ein Gewässer schlickt

schlicke|rig ⟨-k·k-; Adj.⟩ auch: *schlickrig* **1** *dick geworden, geronnen;* ~e Milch **2** *weich, schwabbelig;* ~er Pudding **3** *glatt, zum Rutschen verleitend;* ~e Straße **4** *weich, schlammig;* ~er Boden

Schlicker|milch ⟨-k·k-; f., -, nur Sg.; landsch.⟩ *saure Milch*

schlickern ⟨-k·k-; V.1, hat geschlickert; o.Obj.⟩ **1** *gerinnen, dick werden;* die Milch schlickert schon **2** → *schwabbeln;* der Pudding schlickert **3** → *schlittern (1)*

schlickig ⟨-k·k-; Adj.⟩ *voller Schlick, wie Schlick*

schlick|rig ⟨Adj.⟩ → *schlickerig*

schlie|fen ⟨V., wie 120, ist geschloffen; o.Obj.⟩ ⟨Jägerspr.⟩ *in den Dachs- oder Fuchsbau kriechen;* der Jagdhund schlieft [< mhd. *slifen* „gleiten", verwandt mit *schlüpfen*]

Schlie|fer ⟨m.5⟩ **1** *Jagdhund, der in Fuchs- und Dachsbaue schlieft* **2** *kaninchengroßes, kurzohriges Säugetier mit hufartigen Nägeln, das warme Felsgebirge Afrikas und Asiens bewohnt;* Syn. *Klippschliefer*

Schlier ⟨m., -(e)s, nur Sg.; bayr., österr.⟩ → *Mergel*

Schlie|re ⟨f.11⟩ **1** *fadenförmige, streifige Stelle in Gestein, Glas, Flüssigkeit* **2** ⟨sächs.⟩ *schleimige Masse, Schleim* **3** *schmieriger Streifen (z.B. auf einer Glasscheibe)*

schlie|ren ⟨V.1, hat oder ist geschliert; o.Obj.; Seew.⟩ *rutschen, gleiten*

schlie|rig ⟨Adj.⟩ *wie Schliere (2), voller Schliere, schlüpfrig*

Schlie|ße ⟨f.11⟩ *Verschluß, Schnalle (Gürtel~)*

schlie|ßen ⟨V.120, hat geschlossen⟩ **I** ⟨mit Akk.⟩ **1** *etwas s.* **a** *bewirken, daß etwas nicht mehr offen ist, daß der Inhalt oder ein Teil nicht mehr sichtbar ist;* einen Topf s.; die Augen s. **b** *etwas in eine Stellung bringen, daß ein Raum, Gefäß nicht mehr offen ist;* die Tür s.; den Kühlschrank s. **c** *veranlassen, daß etwas nicht mehr zugänglich ist,*

Schlot

daß in etwas nicht mehr gearbeitet wird; wir s. den Laden um 18 Uhr; die Museen sind montags geschlossen *sind montags nicht zugänglich;* die Schulen sind wegen der Grippe-Epidemie geschlossen; er mußte (wegen Auftragsrückgang) seinen Betrieb s.; vgl. *geschlossen* **d** *beenden;* er schloß seine Rede mit den Worten ...; ich will für heute s. (erg.: meinen Brief) **e** ⟨mit bestimmten Subst.⟩ einen Vertrag, Vergleich, Kompromiß s. *vereinbaren;* mit jmdm. Freundschaft s. *sich mit jmdm. befreunden;* eine Bekanntschaft s. *mit jmdm. bekannt werden, jmdn. kennenlernen* **f** *als Schluß, als Folgerung ableiten;* ich schließe aus seinen Worten, seinem Verhalten, daß er ... **2** ⟨etwas od. jmdn. in etwas s. *etwas in einen Behälter legen, jmdn. in einen Raum bringen und diesen zusperren;* Geld in die Schublade s.; jmdn. in einen Keller s.; jmdn. in die Arme s.⟩ ⟨übertr.⟩ *die Arme um jmdn. legen und ihn an sich drücken;* er hat das Kind in sein Herz geschlossen ⟨übertr.⟩ *er hat das Kind liebgewonnen* **II** ⟨o.Obj.⟩ **1** *den Publikumsverkehr beenden;* die Läden s. hier erst um 19 Uhr **2** *sich in eine Stellung bewegen (lassen), die für den Raum nicht mehr zugänglich ist;* die Tür schließt nicht, schließt schlecht **3** *sich im Türschloß bewegen lassen;* der Schlüssel schließt nicht, schließt schwer **III** ⟨mit Präp.obj.⟩ **1** ⟨von etwas⟩ auf etwas s. ⟨von etwas⟩ *einen Schluß auf etwas ziehen;* man kann s. von seinem Verhalten auf seinen Charakter s. **2** von sich auf andere s. *annehmen, daß andere so denken und handeln wie man selbst* **IV** ⟨refl.⟩ **1** *sich in eine Stellung bringen, daß ein Hohlraum oder ein Teil bedeckt wird, daß ein Raum unzugänglich wird;* die Blüten s. sich am Abend; seine Augen schlossen sich für immer geschlossen ⟨geh.⟩ *er ist gestorben;* die Tür schließt sich von selbst; das Tor schloß sich hinter ihr **2** *sich einer Sache unmittelbar folgen;* an den Vortrag schloß sich eine Diskussion

Schlie|ßer ⟨m.5⟩ **1** *Pförtner, Hausmeister* **2** ⟨kurz für⟩ *Türschließer*

Schließ|fach ⟨n.4⟩ **1** ⟨auf Bahnhöfen u.ä.⟩ *abschließbares Fach für Gepäckaufbewahrung für kurze Zeit* **2** ⟨kurz für⟩ *Postschließfach*

Schließ|frucht ⟨f.2⟩ *Frucht, in der der Samen während der Verbreitung eingeschlossen bleibt*

schließ|lich ⟨Adv.⟩ **1** *am Ende, zuletzt;* s. wurden sie sich doch einig; s. und endlich ⟨ugs., verstärkend⟩ **2** *wenn man es recht bedenkt, es leuchtet doch wohl ein, daß ...;* ich kann s. nicht alles aufgeben; er hat s. nur seine Pflicht getan

Schließ|muskel ⟨m.14⟩ **1** *Muskel, der die Öffnung zu einem Hohlorgan verschließt;* Syn. *Konstriktor* **2** *Muskel, der eine Muschelschale verschließt*

Schlie|ßung ⟨f., -, nur Sg.⟩ *das Schließen (I, 1a, c)*

Schliff ⟨m.1⟩ **1** ⟨nur Sg.⟩ *das Schleifen;* während des ~es sprang der Diamant; einer Sache den letzten S. geben *eine Sache vollkommen machen* **2** *Art des Geschliffenseins;* das Glas hat einen schönen S. **3** ⟨nur Sg.⟩ *gutes Benehmen, gute Umgangsformen;* er hat keinen S.; jmdm. den nötigen S. beibringen **4** ⟨nur Sg.⟩ *fettige, nicht durchgebackene Stelle (im Kuchen);* der Kuchen ist S. geworden, ist mit einem S. bak|ken ⟨übertr.⟩ *einen Mißerfolg haben* **5** ⟨nur Sg.⟩ *loses Holzfasermaterial zur Papierherstellung* (Holz~)

schlif|fig ⟨Adj.⟩ *nicht durchgebacken* [zu *Schliff* (4)]

Schliff|fläche ⟨f.11⟩ *Fläche, die durch Schleifen (I, 1b) entsteht;* die ~n eines Edelsteins

Schlig|ger ⟨m., -s, nur Sg.⟩ *flüssiges Porzellan* [nddt.]

schlimm ⟨Adj.⟩ **1** *sehr nachteilig, übel, unangenehm;* das wird ~e Folgen haben; das ist s. für ihn; das ist nicht so s. *das macht nichts;* es hätte noch ~er kommen können **2** *böse Folgen habend;* ein ~er Fehler, Irrtum; ein ~er Unfall; es wird hoffentlich nichts Schlimmes passiert sein; wir befürchten das Schlimmste **3** ⟨veraltend⟩ *unartig, widerspenstig;* ein ~es Kind **4** ⟨veraltend⟩ *draufgängerisch (gegenüber Frauen);* er ist ein ganz Schlimmer **5** *wund, entzündet;* ein ~es Bein haben

schlimm|sten|falls ⟨Adv.⟩ *im schlimmsten Falle, falls das Unangenehmste geschieht*

Schlin|ge ⟨f.11⟩ **1** *ringförmig oder oval in sich selbst verknüpftes Stück Schnur, Draht o.ä., das sich unter Zug zusammenzieht;* die S. zuziehen; jmdm. die S. um den Hals legen *jmdn. bedrohen, um ihn zu vernichten;* den Kopf aus der S. ziehen *im letzten Moment aus einer schlimmen Lage befreien* **2** *aus einer Drahtschlinge bestehende Falle, Fanggerät;* ~n legen; der Hase ist in die S. gegangen, tappt in die Falle **3** *Figur des Eiskunstlaufes*

Schlin|gel ⟨m.5⟩ **1** *durchtriebener Bursche, Tunichtgut* **2** *vergnügtes Kerlchen*

schlin|gen[1] ⟨V.121, hat geschlungen; mit Akk.⟩ **1** *im Kreis (um etwas oder jmdn.) legen, schlangenförmig herumlegen;* ein Tuch um den Hals, den Kopf s.; ein Band um ein Päckchen s.; die Arme um jmdn. s. **2** *in Windungen legen;* ein Band in den Zopf s. **3** *umeinander winden;* Fäden zum Knoten s. **II** ⟨refl.⟩ *sich s. um etwas (herum) wachsen;* die Pflanze schlingt sich um den Baumstamm [< mhd. *slingen* < ahd. *slingan* „winden, flechten, schwingen"]

schlin|gen[2] ⟨V.121, hat geschlungen; o.Obj. oder mit Akk.⟩ *gierig essen, schlucken (ohne zu kauen);* er kaut nicht, er schlingt nur; hastig sein Futter s. [< mhd. *slinden* < ahd. *slintan* „schlingen"]

Schlin|ger|kiel ⟨m.1⟩ *Seitenkiel zum Vermindern des Schlingerns*

schlin|gern ⟨V.1; o.Obj.⟩ **1** ⟨hat geschlingert; Seew.⟩ *sich (infolge des Seegangs) ständig von einer Seite auf die andere legen;* das Schiff schlingert **2** ⟨ist geschlingert; scherzh.⟩ *schwankend gehen (bei Trunkenheit);* über die Straße s.

Schlin|ger|tank ⟨m.9⟩ *Wassertank auf jeder Seite des Schiffes zum Vermindern des Schlingerns*

Schling|nat|ter ⟨f.11⟩ *graubraune, ungiftige Schlange;* Syn. *Glattnatter*

Schling|pflan|ze ⟨f.11⟩ *Pflanze, die sich um etwas herumschlingt*

Schlipf ⟨m.1; schweiz.⟩ *Erdrutsch, Bergrutsch*

Schlipp ⟨m.1⟩ → *Slip (2)*

Schlip|pe ⟨f.11⟩ **1** ⟨norddt.⟩ *Rockzipfel* **2** ⟨mdt.⟩ *schmales Gäßchen, enger Durchgang;* auch: *Schluppe*

schlip|pen ⟨V.1, hat geschlippt⟩ → *slippen*

Schlip|per ⟨m.5; ostmdt.⟩ *saure Milch;* Syn. *Schlippermilch*

schlip|pe|rig ⟨Adj., o.Steig.; ostmdt.⟩ *sauer werdend;* auch: *schlipprig;* ~e Milch

Schlip|per|milch ⟨f., -, nur Sg.⟩ → *Schlipper*

schlipp|rig ⟨Adj., o.Steig.⟩ → *schlipperig*

Schlips ⟨m.1⟩ *Krawatte;* jmdm. auf den S. treten ⟨übertr., ugs.⟩ *jmdm. zu nahe treten, jmdn. leicht kränken, etwas für jmdn. Unangenehmes sagen oder tun;* sich auf den S. getreten fühlen ⟨übertr., ugs.⟩ *sich gekränkt fühlen*

Schlit|tel ⟨n.5; schweiz.⟩ *kleiner Schlitten*

schlit|teln ⟨V.1, hat geschlittelt; o.Obj.; bayr., österr., schweiz.⟩ *Schlitten fahren, rodeln*

Schlit|ten ⟨m.7⟩ **1** *Fahrzeug, das auf schmalen, stahlbeschlagenen Kufen über Schnee- und Eisflächen gleitet* (Hunde~, Motor~, Rodel~); S. fahren; mit jmdm. S. fahren ⟨ugs.⟩ *jmdn. schikanieren, ihn bei der Arbeit herumhetzen, ihn heftig zurechtweisen* **2** *Maschinenteil, das längsgeführte, gleitende Bewegungen ausführt* **3** *Gesamtheit der Gestelle, auf denen ein Schiff beim Stapellauf ins Wasser gleitet* **4** ⟨ugs.⟩ *großes (schnelles) Auto*

Schlit|ten|hund ⟨m.1⟩ *Hund, der dazu abgerichtet ist, einen Schlitten zu ziehen*

Schlit|ter|bahn ⟨f.10⟩ *Rutschbahn auf dem Eis;* Syn. ⟨landsch.⟩ *Schleife,* ⟨nordostdt.⟩ *Schurre*

schlit|tern ⟨V.1⟩ **1** ⟨hat geschlittert⟩ *sich stehend mit den Füßen über eine Eisfläche rutschen;* Syn. *schlickern* **2** ⟨ist geschlittert⟩ *auf glatter Fläche gleiten, rutschen, immer wieder ausgleitend,* über die vereiste Straße s. **3** ⟨ist geschlittert; übertr.⟩ *in etwas s. unbeabsichtigt in eine Lage geraten, (meist) hineinschlittern;* ich bin in diese Tätigkeit, in diese Abhängigkeit geschlittert, ohne zu wissen, wie

Schlitt|schuh ⟨m.1⟩ *Halbstiefel mit angeschraubten, geschliffenen Schienen;* S. laufen *sich auf Schlittschuhen über eine Eisfläche bewegen;* Syn. *eislaufen*

Schlitz ⟨m.1⟩ **1** *schmale Öffnung, schmaler Einschnitt* (Augen~, Briefkasten~); einen S. im Kleid haben **2** ⟨ugs.; kurz für⟩ *Hosenschlitz* **3** ⟨vulg.⟩ *Vagina*

Schlitz|au|ge ⟨n.14⟩ *Auge mit Mongolenfalte*

schlitz|äu|gig ⟨Adj., o.Steig.⟩ *mit Schlitzaugen*

schlit|zen ⟨V.1, hat geschlitzt; mit Akk.⟩ *etwas s. einen Schlitz in etwas machen, mit einem Schlitz versehen, der Länge nach ein Teil aufschneiden;* geschlitzte Ärmel

Schlitz|flü|gel ⟨m.5⟩ *Flugzeugflügel mit Schlitzen nahe der Vorderkante*

Schlitz|ohr ⟨n.12; ugs.⟩ *durchtriebener, gerissener Bursche, Gauner, Betrüger* [im MA und noch in der Neuzeit wurden Betrüger u.a. durch Abschneiden oder Aufschlitzen eines Ohres bestraft; das geschlitzte Ohr diente dann in der Form Schlitzohr als Bezeichnung für die Person]

schlitz|oh|rig ⟨Adj.; ugs.⟩ *durchtrieben, schlau*

Schlitz|ver|schluß ⟨m.2; Fot.⟩ *Kameraverschluß aus einer lichtundurchlässigen Fläche und einem senkrechten, beweglichen Schlitz*

schloh|weiß ⟨Adj., o.Steig.⟩ *ganz weiß, schneeweiß;* ~es Haar [ältere Form: *schloßweiß*, zu *Schloße*]

schlor|ren ⟨V.1, ist geschlorrt; landsch.⟩ → *schlurfen*

Schloß ⟨n.4⟩ **1** *Vorrichtung zum Verschließen von Türen oder Behältern, die nur mit einem passenden Schlüssel oder nur bei bestimmter Stellung ihrer Einzelteile zu öffnen ist* (Sicherheits~, Vorhänge~, Kombinations~); er hat ein S. vor dem Mund ⟨ugs.⟩ *er schweigt beharrlich;* hinter S. und Riegel sitzen *im Gefängnis sitzen;* jmdn. hinter S. und Riegel bringen *dafür sorgen, daß jmd. ins Gefängnis kommt* **2** ⟨bei Handfeuerwaffen⟩ *hinterer Verschluß des Laufes* (Perkussions-, Zündnadel~) **3** *großes, früher meist vom Adel bewohntes, repräsentatives Gebäude*

Schlo|ße ⟨f.11⟩ *großes Hagelkorn*

schlo|ßen ⟨V.1, hat geschloßt; o.Obj.; unpersönl., mit „es"⟩ *es schloßt es hagelt in Schloßen*

Schlos|ser ⟨m.5⟩ *jmd., der berufsmäßig Metall be- oder verarbeitet* (Auto~, Bau~, Kunst~) [urspr. „jmd., der Türschlösser herstellt"]

Schlos|se|rei ⟨f.10⟩ **1** ⟨nur Sg.⟩ *Handwerk des Schlossers* **2** *Werkstatt eines Schlossers*

schlos|sern ⟨V.1, hat geschlossert; o.Obj.⟩ *(aus Liebhaberei) Schlosserarbeit tun*

Schloß|herr ⟨m., -n oder -en, -en⟩ *Eigentümer eines Schlosses*

Schlot ⟨m.1⟩ **1** ⟨landsch.⟩ → *Schornstein;*

Schlotbaron

rauchen wie ein S. *sehr viel rauchen* **2** ⟨Geol.⟩ **a** *Doline* **b** *ins Erdinnere reichende Verbindung zum Magma, durch die Lava und Gase aufsteigen können* **3** ⟨ugs.⟩ *oberflächlicher, leichtsinniger Mensch*

Schlot|ba|ron ⟨m.1; ugs., abwertend⟩ *Großindustrieller* [eigtl. „Besitzer von Fabriken mit vielen Schloten"; diese Industriellen wurden oft aufgrund ihrer wirtschaftlichen Macht geadelt]

Schlot|fe|ger ⟨m.5; landsch.⟩ →*Schornsteinfeger*

Schlot|te¹ ⟨f.11⟩ *Blatt der Zwiebel* [zusammengezogen aus *Schalotte*]

Schlot|te² ⟨f.11; in lösl. Gestein⟩ *durch Sickerwasser ausgelaugte, steilwandige Vertiefung*

schlot|te|rig ⟨Adj.⟩ **1** *zu weit, Falten schlagend;* auch: *schlottrig;* ~e *Hosen* **2** *zitternd, wacklig;* ~e *Knie (vor Angst) haben*

schlot|tern ⟨V.1, hat geschlottert; o.Obj.⟩ **1** *zu weit sein und Falten schlagen, sich in Falten bewegen; seine Kleidung schlottert am ganzen Körper; seine Hosen s. ihm um die Beine* **2** *stark zittern; er schlottert vor Kälte, vor Angst; mit* ~*den Knien dastehen*

schlott|rig ⟨Adj.⟩ →*schlotterig*

schlot|zen ⟨V.1, hat geschlotzt; mit Akk.; schwäb.⟩ **1** *lutschen; ein Bonbon s.* **2** *genüßlich trinken, schlürfen; Wein s.*

Schlucht ⟨f.10, poet. † auch f.2⟩ *tiefes, enges Tal (Fels*~⟩; auch: ⟨†⟩ *Schluft*

schluch|zen ⟨V.1, hat geschluchzt; I ⟨o.Obj.⟩ *stoßweise atmen und dabei weinen;* Syn. ⟨oberdt.⟩ *flennen* II ⟨mit Akk.⟩ *weinend äußern;* „,...!" schluchzte sie

Schluch|zer ⟨m.5⟩ *einmaliges Schluchzen*

Schluck ⟨m.1⟩ *Menge einer Flüssigkeit, die man auf einmal in den Mund nehmen kann; einen S. trinken; ein guter S. eine gehörige Menge; das ist ein guter S.* ⟨übertr.⟩ *ein wohlschmeckendes alkoholisches Getränk*

Schluck|auf ⟨m., -s, nur Sg.⟩ *krampfartiges Einatmen in kurzen Abständen infolge Zusammenziehung des Zwerchfells;* Syn. *Schlucken,* ⟨ugs.⟩ *Schlucker, Schluckser,* ⟨österr.⟩ *Schnackerl,* ⟨schwäb.⟩ *Gluckser*

schlucken ⟨-k|k-; V.1, hat geschluckt; I ⟨mit Akk.⟩ **1** *durch die Kehle in den Magen bringen; einen Bissen s.* **2** ⟨übertr., ugs.⟩ *sich einverleiben; der große Betrieb hat die kleinen geschluckt* **3** ⟨übertr., ugs.⟩ *sich schweigend, widerstandlos anhören; eine Beleidigung, einen Vorwurf s.; die werden was zu s. kriegen die werden noch manches hinnehmen müssen (was ihnen nicht gefällt)* **4** ⟨ugs.⟩ *einatmen; Staub s.* II ⟨o.Obj.⟩ *die Schluckbewegung machen; sie schluckte, ehe sie antwortete; ich mußte dreimal s., ehe ich meine Verblüffung überwunden hatte ich brauchte einige Augenblicke, bis ...*

Schlucker ⟨-k|k-; m.5⟩ **1** ⟨in der Fügung⟩ *armer S. armer, hungriger Kerl, mittelloser Mensch* [eigtl. „jmd., der gierig alles hinunterschluckt"] **2** ⟨nur Sg.⟩ →*Schluckauf* [zu *schlucken*]

Schluck|imp|fung ⟨f.10⟩ *Impfmethode, bei der der Impfstoff geschluckt wird (bes. zur Vorbeugung der Kinderlähmung)*

schluck|sen ⟨V.1, hat geschluckst; o.Obj.⟩ *den Schluckauf haben, einen Schluckauf hören lassen*

Schluck|sen ⟨m., -s, nur Sg.; landsch.⟩ →*Schluckauf*

Schluck|ser ⟨m.5; ugs.⟩ **1** *Geräusch beim Schluckauf* **2** ⟨nur Sg.⟩ →*Schluckauf*

schluck|wei|se ⟨Adv.⟩ *in einzelnen Schlucken*

Schlu|der|ar|beit ⟨f.10⟩ *unordentlich ausgeführte Arbeit*

schlu|de|rig ⟨Adj.⟩ *unordentlich, unsorgfältig, flüchtig;* auch: *schludrig;* ~er *Stil; s. arbeiten; der Aufsatz ist s. geschrieben*

schlu|dern ⟨V.1, hat geschludert; o.Obj.⟩ *unordentlich, unsorgfältig, flüchtig arbeiten*

schlud|rig ⟨Adj.⟩ →*schluderig*

Schluff ⟨m.1 oder m.2⟩ *feiner Gesteinssand*

Schluft ⟨f.2; poet., †⟩ →*Schlucht*

Schlum|mer ⟨m., -s, nur Sg.⟩ *leichter, sanfter Schlaf*

schlum|mern ⟨V.1, hat geschlummert; o.Obj.⟩ **1** *leicht schlafen; sanft, ruhig s.* **2** ⟨übertr.⟩ *unbemerkt, ungeweckt vorhanden sein; in ihm schlummert eine große Begabung* **3** ⟨übertr., ugs.⟩ *ungenutzt daliegen; die Briefe, Unterlagen s. in Archiven*

Schlum|mer|rol|le ⟨f.11⟩ *Kissen für den Nacken in Form einer Rolle*

Schlum|pe ⟨f.11; landsch.⟩ →*Schlampe*

schlum|pe|rig, schlump|rig ⟨Adj.⟩ *lässig, unordentlich, zu weit;* ~e *Kleidung; s. angezogen sein*

Schlumpf ⟨m.2⟩ **1** ⟨landsch.⟩ *Schlingel; so ein S.!* **2** *sehr kleiner Mensch* **3** ⟨Comicliteratur⟩ *zwergenhafte, groteske Gestalt* **4** ⟨ugs.⟩ *jmd., der sich sonderbar-lächerlich verhält und/oder komisch aussieht; die oben im Vertrieb sind vielleicht Schlümpfe* [nach einer Gruppe von blauhäutigen Zwergen gleichen Namens in Comics]

Schlund ⟨m.2⟩ **1** *Verbindung zwischen Mundhöhle und Speiseröhre* **2** ⟨Jägerspr.; beim Schalenwild⟩ *Speiseröhre* **3** ⟨übertr.⟩ *Abgrund* [zu *schlingen*²]

Schlun|ze ⟨f.11; norddt., westdt.⟩ →*Schlampe*

schlun|zen ⟨V.1, hat geschlunzt; o.Obj.; landsch.⟩ **1** *nachlässig arbeiten* **2** *nachlässig gehen, umhergehen* [zu *schlenzen*]

schlun|zig ⟨Adj.; norddt., westdt.⟩ →*schlampig*

Schlup ⟨f.9 oder f.10⟩ auch: *Slup, Sloop* **1** *kleines, kutterartiges Boot* **2** *Polizeiboot* [< engl. *sloop* „Schaluppe"]

Schlupf ⟨m.2 oder m.1⟩ **1** ⟨süddt.⟩ *Durchschlupf, Schlupfloch* **2** *das Schlüpfen (von Jungtieren)* **3** *das Zurückbleiben eines getriebenen Teils gegenüber dem antreibenden (z. B. bei einer Kupplung)*

schlup|fen ⟨V.1, ist geschlupft; süddt., österr.⟩ →*schlüpfen (1)*

schlüp|fen ⟨V.1, ist geschlüpft; o.Obj.⟩ **1** *sich behende, gleitend bewegen;* auch: ⟨süddt., österr.⟩ *schlupfen; die Eidechse schlüpfte in ein Mauerloch; der Fisch ist mir aus der Hand geschlüpft; er schlüpfte unbemerkt ins Haus; durch eine Lücke s. in ein Kleidungsstück s. ein Kleidungsstück flink anziehen* **2** *aus dem Ei kriechen; die jungen Vögel sind heute geschlüpft*

Schlüp|fer ⟨m.5⟩ *kurze Unterhose (für Frauen)*

Schlupf|loch ⟨n.4⟩ **1** *Loch zum Durchschlüpfen; ein S. im Zaun* **2** *Loch zum Hineinschlüpfen* **3** →*Schlupfwinkel*

schlüpf|rig ⟨Adj.⟩ **1** *feucht, schmierig und glatt* **2** ⟨übertr.⟩ *zweideutig, anstößig; ein* ~er *Witz*

Schlüpf|rig|keit ⟨f.10⟩ **1** ⟨nur Sg.⟩ *schlüpfrige Beschaffenheit* **2** *zweideutige, anstößige Äußerung*

Schlupf|wes|pe ⟨f.11⟩ *Hautflügler, der seine Larven in Körperinnern eines angestochenen Wirbeltiers schlüpfen läßt (Kohlraupen*~⟩

Schlupf|win|kel ⟨m.5⟩ *Versteck (von Tieren, Verbrechern)*

Schlup|pe ⟨f.11⟩ **1** ⟨nddt.⟩ *Schleife* **2** ⟨mdt.⟩ →*Schlippe*

schlur|fen ⟨V.1, ist geschlurft; o.Obj.⟩ *gehen, ohne die Fersen vom Boden zu heben;* Syn. ⟨landsch.⟩ *schlorren, schlurren; durchs Haus s.;* ~de *Schritte Schritte, bei denen die Fersen nicht gehoben werden*

schlür|fen ⟨V.1, hat geschlürft⟩ I ⟨o.Obj.⟩ *Flüssigkeit hörbar einziehen, einsaugen; beim Trinken, beim Essen der Suppe s.* II ⟨mit Akk.⟩ **1** *hörbar trinken, hörbar (Flüssiges) essen; Suppe s.* **2** *genießerisch trinken; seinen Wein s.*

Schlur|re ⟨f.11; norddt.⟩ →*Hausschuh*

schlur|ren ⟨V.1, ist geschlurrt⟩ →*schlurfen*

Schluß ⟨m.2⟩ **1** *Ende, Abschluß; S. der Vorstellung; jetzt ist S. damit! das hört jetzt auf!; keinen S. finden nicht aufhören können; mit etwas S. machen mit etwas aufhören, abschließen; mit jmdm. S. machen* ⟨ugs.⟩ *ein Verhältnis mit jmdm. beenden; mit ihm ist S.* ⟨ugs.⟩ *jmd. ist am Ende, erledigt; mit seinem Leben S. machen sich das Leben nehmen; noch eine Bemerkung zum S.; und zum S. wird doch alles noch geändert zuletzt, am Ende* **2** *dichtes Schließen; einen guten S. haben ein Pferd gut zwischen den Schenkeln festhalten* **3** *logische Ableitung, Folgerung; einen S. (aus etwas) ziehen*

Schluß|akt ⟨m.1⟩ **1** *abschließender Akt eines Bühnenstückes* **2** ⟨übertr.⟩ *letzte Handlung*

Schlüs|sel ⟨m.5⟩ **1** *Gegenstand, der zum Öffnen und Schließen eines Schlosses dient; den S. abziehen; den S. zweimal (im Schloß) umdrehen; den S. übergeben* ⟨übertr.⟩ *die Herrschaft übergeben* **2** ⟨kurz für⟩ *Schraubenschlüssel* **3** ⟨kurz für⟩ *Notenschlüssel (Violin*~, *Baß*~⟩ **4** *Schema zur Aufteilung; nach diesem S. werden die Gehälter errechnet* **5** *Gesamtheit von Zeichen, Verfahren zum Verschlüsseln und Entziffern von verschlüsselten Texten* **6** *Mittel zum Zugang; das ist der S. zum Erfolg*

Schlüs|sel|bart ⟨m.2⟩ *Teil des Schlüssels, der das Schloß bewegt*

Schlüs|sel|bein ⟨n.1⟩ *jeder der zwei leicht S-förmig gebogenen Knochen, die Brustbein und Schulterblatt verbinden* [Lehnübersetzung von lat. *clavicula* „Schlüsselchen", nach der Form altgriechischer Schlüssel]

Schlüs|sel|blu|me ⟨f.11⟩ *gelb blühendes Primelgewächs;* Syn. *Himmelschlüssel, Himmelsschlüssel, Primel* [die Blüten erinnern entfernt an einen Schlüssel]

Schlüs|sel|brett ⟨n.3⟩ *kleines Brett mit Haken, an denen Schlüssel aufgehängt werden*

Schlüs|sel|bund ⟨m.2⟩ *Anzahl von Schlüsseln, die an einem Ring hängen*

Schlüs|sel|dienst ⟨m.1⟩ *Betrieb zum Öffnen versehentlich verschlossener Haustüren*

Schlüs|sel|er|leb|nis ⟨n.1⟩ *Erlebnis, das große Bedeutung für jmds. weiteres Leben hat*

schlüs|sel|fer|tig ⟨Adj., o.Steig.; bei Neubauten⟩ *soweit fertig, daß der Schlüssel übergeben werden kann, bezugsfertig*

Schlüs|sel|fi|gur ⟨f.10⟩ *wichtige, bedeutungsvolle, einflußreiche Person (während eines Vorgangs)*

Schlüs|sel|ge|walt ⟨f., -, nur Sg.⟩ **1** *Recht der katholischen Kirche, Sündern zu vergeben* **2** *Recht eines Ehepartners, innerhalb des häuslichen Wirkungskreises Geschäfte ohne die Zustimmung des anderen Partners zu besorgen*

Schlüs|sel|in|du|strie ⟨f.11⟩ *Industriezweig, von dem andere Industrien abhängen*

Schlüs|sel|kind ⟨n.3⟩ *Kind einer berufstätigen Mutter, das tagsüber sich selbst überlassen ist und den Wohnungsschlüssel bei sich trägt*

Schlüs|sel|loch ⟨n.4⟩ *Loch im Schloß, in das der Schlüssel gesteckt wird*

Schlüs|sel|po|si|ti|on ⟨f.10⟩ *günstige, wichtige Stellung, von der aus man Entscheidungen treffen, Einfluß ausüben kann;* Syn. *Schlüsselstellung*

Schlüs|sel|ring ⟨m.1⟩ **1** *oberer Teil des Schlüssels* **2** *Ring, an dem Schlüssel getragen werden*

Schlüs|sel|ro|man ⟨m.1⟩ *Roman, in dem lebende Personen und tatsächliche Ereignisse verschlüsselt, aber für Eingeweihte erkennbar dargestellt werden*

Schlüs|sel|stel|lung ⟨f.10⟩ →*Schlüsselposition*

Schlüs|sel|zahl ⟨f.10⟩ *Kennzahl zum Öffnen eines Kombinationsschlosses*

schluß|folgern ⟨V.1, hat geschlußfolgert; mit Akk.; verstärkend⟩ *folgern; daraus kann man s., daß ...*

Schluß|folge|rung ⟨f.10; verstärkend⟩ *Folgerung, Schluß* (den man aus etwas zieht)

schlüs|sig ⟨Adj.⟩ **1** *stichhaltig, überzeugend, folgerichtig; ein ~er Beweis; sich über etwas s. sein* **2** *entschlossen sein; ich bin mir noch nicht s., ob ich das tun werde; sich über etwas s. werden sich zu etwas entschließen*

Schlüs|sig|keit ⟨f., -, nur Sg.⟩ *das Schlüssigsein, Stichhaltigkeit, Folgerichtigkeit; die S. dieses Beweises*

Schluß|ket|te ⟨f.11⟩ → *Polysyllogismus; vgl. Kettenschluß*

Schluß|leuch|te ⟨f.11⟩ *an Fahrzeugen) rot strahlender Beleuchtungskörper zur Markierung des hinteren Endes; auch: Schlußlicht*

Schluß|licht ⟨n.3⟩ **1** → *Schlußleuchte* **2** ⟨ugs.⟩ *schlechtester, letzter (unter vielen); ein Fußballverein als S. der Tabelle; er kam als S.*

Schluß|mann ⟨m.4⟩ **1** ⟨bei Staffelläufen⟩ *letzter Läufer* **2** *Torwart* **3** ⟨Rugby⟩ *letzter Spieler vor dem Tor*

Schluß|punkt ⟨m.1⟩ **1** *Punkt am Ende eines Textes* **2** ⟨übertr.⟩ *Endpunkt, Abschluß; einen S. unter, hinter eine Sache setzen eine Sache beenden*

Schluß|rech|nung ⟨f.10⟩ **1** → *Dreisatz* **2** *Abrechnung der Einkünfte und Ausgaben am Ende eines Wirtschaftsjahres, eines Konkurses*

Schluß-s ⟨n., -, -; Zeichen: s, ß⟩ *in der deutschen Schrift gerundetes s am Ende eines Wortes; Syn. Ringel-s, Rund-s*

Schluß|sprung ⟨m.2; Turnen⟩ *Sprung mit geschlossenen Beinen (als Abschluß einer Übung)*

Schluß|stein ⟨m.1⟩ *(häufig verzierter) Stein im Scheitel eines Bogens oder Kreuzgewölbes*

Schluß|strich ⟨m.1⟩ *abschließender Strich am Ende eines Schriftstückes oder einer Rechnung; unter eine Angelegenheit einen S. ziehen* ⟨ugs.⟩ *eine Angelegenheit beenden*

Schluß|ver|kauf ⟨m.1⟩ *Ausverkauf am Ende einer Saison (Sommer~, Winter~)*

Schluß|wort ⟨n.1⟩ *abschließendes, zusammenfassendes Wort*

Schmach ⟨f., -, nur Sg.⟩ *Schande, Demütigung; es ist eine S., wie man hier mit Menschen umgeht; die S. seiner Niederlage*

schmach|ten ⟨V.1, hat geschmachtet; o.Obj.⟩ **1** *Essen und Trinken entbehren, Hunger und Durst leiden; im Kerker s.* ⟨poet.⟩ **2** ⟨poet.⟩ *sich sehnen; nach etwas oder jmdm. s. sehnsüchtig nach etwas oder jmdm. verlangen; nach Wasser, nach Liebe s.* **3** *sich hingebungsvoll, übertrieben gefühlvoll gebärden; ~de Blicke übertrieben gefühlvolle Blicke*

Schmacht|fet|zen ⟨m.7; ugs.⟩ *rührseliges Lied, rührseliger Film o.ä.*

schmäch|tig ⟨Adj.⟩ *zart, dünn und klein; ein ~es Bürschchen* **Schmäch|tig|keit** ⟨f., -, nur Sg.⟩

Schmacht|lap|pen ⟨m.7; ugs.⟩ *übertrieben sentimentaler Mensch, lächerlich-verliebter Jüngling*

Schmacht|locke ⟨-k|k-; f.11; ugs., scherzh.⟩ *in die Stirn fallende Locke*

Schmacht|rie|men ⟨m.7; ugs., scherzh.⟩ *Gürtel*

schmach|voll ⟨Adj.⟩ *Schmach bereitend, demütigend; ein ~er Frieden; eine ~e Niederlage*

Schmack ⟨f.10⟩, **Schmacke** ⟨-k|k-; f.11⟩ *flaches Küstenfischerboot*

Schmackes ⟨-k|k-; nur Pl.; ugs.⟩ **1** ⟨süddt.⟩ *Schläge, Prügel* **2** *Kraft, Schwung; etwas mit S. tun* [< ndt. *Smack* „sehr kleines Seeschiff ohne Kiel, Segel", Herkunft unbekannt]

schmack|haft ⟨Adj., -er, am -esten⟩ *gut gewürzt, gut schmeckend; ~es Essen; jmdm. etwas s. machen etwas so darstellen, daß jmd. Lust darauf bekommt* **Schmack|haf|tig|keit** ⟨f., -, nur Sg.⟩

Schmad|der ⟨m.5; nddt.⟩ *Matsch, nasser Schmutz*

schmad|dern ⟨V.1, hat geschmaddert; o.Obj.⟩ ⟨unpersönl., mit „es"⟩ *regnen und schneien zugleich; es schmaddert* **2** *beim Essen sich und das Tischzeug beschmutzen*

Schmäh ⟨m., -s, nur Sg.; österr.; ugs.⟩ **1** *kleine, liebenswürdige Schwindelei* **2** *wertloses Zeug* **3** *nichtssagende Verbindlichkeit, Freundlichkeit*

schmä|hen ⟨V.1, hat geschmäht; mit Akk.⟩ *beleidigen, beschimpfen*

schmäh|lich ⟨Adj.⟩ *beleidigend, schmachvoll; jmdn. s. im Stich lassen, sitzenlassen*

Schmäh|re|de ⟨f.11⟩ *beleidigende Rede, Beschimpfung*

Schmäh|schrift ⟨f.10⟩ *Schrift, in der jmd. oder etwas geschmäht wird, beleidigende Schrift*

Schmä|hung ⟨f.10⟩ *Beleidigung, Beschimpfung*

schmal ⟨Adj., -er, auch: schmäler, am -sten, auch: am schmälsten⟩ **1** *von geringer Breite; Ggs. breit (1); ein ~er Durchgang, Weg* **2** *dünn, mager; ein ~es Gesicht; er ist recht s. geworden* **3** *gering, kaum genügend; ~es Einkommen; ~e Kost*

schmal|brü|stig ⟨Adj.⟩ *mit einem schmalen Brustkorb versehen; ein ~er Junge*

schmä|len ⟨V.1, hat geschmält; mit Akk. oder Obj.; †⟩ *etwas schmälern* **1** *herabsetzen, verächtlich, nachteilig über etwas oder jmdn. reden, sich bitter über etwas oder jmdn. beklagen*

schmä|lern ⟨V.1, hat geschmälert; mit Akk.⟩ *verringern, vermindern; jmds. Verdienste s., indem man ihn angreift; die Erkältung hat meine Stimmung etwas s.; sein Gerede kann mir das Vergnügen nicht s.*

Schmä|le|rung ⟨f., nur Sg.⟩

Schmal|film ⟨m.1⟩ *Film von 8 oder 16 mm Breite*

Schmal|hans ⟨m.; nur in der Wendung⟩ *dort ist S. Küchenmeister dort muß sehr am Essen gespart werden*

Schmal|heit ⟨f., -, nur Sg.⟩ *das Schmalsein, schmale Beschaffenheit*

Schmal|nase ⟨f.11⟩ *Affe der Alten Welt; Ggs. Breitnase*

Schmal|reh ⟨n.1⟩ *weibliches Reh vor der ersten Brunft*

Schmal|sei|te ⟨f.11⟩ *jede der (beiden) schmaleren Seiten (eines Rechtecks); an der S. des Hauses, des Gartens*

Schmal|spur ⟨f.10⟩ *Schienenspurweite der Eisenbahn unter 1,435 m; Ggs. Breitspur*

Schmal|spur... ⟨in Zus.; übertr., abwertend⟩ *jmd., der für etwas nicht voll ausgebildet ist oder etwas nur nebenbei betreibt, z.B. Schmalspurakademiker, Schmalspuringenieur*

schmal|spu|rig ⟨Adj.⟩ **1** ⟨o.Steig.⟩ *auf Schmalspur laufend; ~es Schienenfahrzeug* **2** ⟨übertr., ugs.⟩ *ohne Niveau; dürftig; ~e Darbietung*

Schmalt ⟨m.1⟩ → *Email* [< ital. *smalto* in ders. Bed.]

Schmal|te ⟨f.11⟩ *Kobaltschmelzmasse zum Blaufärbung von Glasuren; auch: Smalte* [< ital. *smalto* „Email"]

schmal|ten ⟨V.2, hat geschmaltet; mit Akk.; †⟩ *emaillieren*

Schmal|tier ⟨n.1; beim Rot- und Damwild⟩ *weibliches Tier vor der ersten Brunft; Ggs. Alttier*

Schmalz I ⟨n., -es, nur Sg.⟩ *ausgelassenes Fett von Gänse- oder Schweinefleisch (Grieben~)* II ⟨m., -es; ugs.⟩ *übertriebene Betonung des Gefühls (in einem Lied, Schau-*

spiel, in der Darstellung); S. in der Stimme; er singt mit viel S.

schmal|zen ⟨V.1 oder 190, hat geschmalzt oder geschmalzen; mit Akk.⟩ *mit Schmalz zubereiten*

schmäl|zen ⟨V.1, hat geschmälzt; mit Akk.⟩ *vor dem Spinnen einfetten; Wolle s.*

Schmalz|ge|backe|ne(s) ⟨-k|k-; n.17 oder 18⟩ *in siedend heißem Fett gebackenes Backwerk; Syn. Küchel*

schmal|zig ⟨Adj.⟩ **1** *viel Schmalz enthaltend, fettig* **2** ⟨übertr. ugs.⟩ *rührselig, kitschig; ein ~er Film*

Schman|kerl ⟨n.14; bayr., österr.⟩ *leckere Speise, leckere Kleinigkeit (zu essen)*

Schmant ⟨m., -(e)s, nur Sg.⟩ **1** ⟨norddt.⟩ → *Sahne* **2** ⟨ostmdt.⟩ *Matsch, nasser Schmutz*

schma|rot|zen ⟨V.1, hat schmarotzt; o.Obj.⟩ **1** *von Tieren und Pflanzen) in oder auf einem anderen Lebewesen leben und sich von diesem ernähren* **2** ⟨übertr.⟩ *auf Kosten anderer leben; bei Verwandten s.* [Herkunft unbekannt]

Schma|rot|zer ⟨m.5⟩ → *Parasit*

schma|rot|ze|risch ⟨Adj., o.Steig.⟩ *wie ein Schmarotzer, andere ausnützend*

Schma|rot|zer|tum ⟨n., -s, nur Sg.⟩ *schmarotzerisches Leben; Syn. Parasitismus*

Schmar|re ⟨f.11⟩ **1** *Kratzer, Riß* **2** *Hiebwunde, Narbe*

Schmar|ren, Schmarrn ⟨m., -s, nur Sg.⟩ **1** ⟨bayr., österr.⟩ *eierkuchenähnliche Mehlspeise (Kaiser~)* **2** *Unsinn, dummes Zeug; das ist doch alles ein S.!; der Film war ein S.; der Film war anspruchslos, aber nett; einen S. werde ich tun! ich denke gar nicht daran, das zu tun!*

Schmatz ⟨m.1; ugs.⟩ *(lauter) Kuß*

schmat|zen ⟨V.1, hat geschmatzt⟩ I ⟨o.Obj.⟩ **1** *geräuschvoll, mit immer wieder laut sich öffnenden Lippen essen* **2** ⟨unpersönl., mit „es"⟩ *es schmatzt ein Geräusch von sich öffnenden Lippen ertönt; er küßte sie, daß es schmatzte* II ⟨mit Akk.⟩ *jmdn. s. jmdn. laut küssen*

Schmät|zer ⟨m.5⟩ *sperlingsgroßer Singvogel offener Landschaften (z.B. das Braunkehlchen; Stein~)* [nach dem *schmatzenden Rufen*]

Schmauch ⟨m., -(e)s, nur Sg.⟩ **1** *Rauch, Qualm* **2** *Verbrennungsrückstand (bei Stoffen, die ohne Flamme verbrennen, z.B. Schießpulver, Tabak)*

schmau|chen ⟨V.1, hat geschmaucht; mit Akk.⟩ *(mit Genuß) rauchen; gemütlich seine Pfeife s.*

Schmauch|spur ⟨f.10⟩ *Reste von Schmauch (2) auf der Haut, der Kleidung vom Opfer oder Täter, auf der Waffe o.ä.*

Schmaus ⟨m.2⟩ *genüßreiche Mahlzeit; ein festlicher S.; vgl. Ohrenschmaus*

schmau|sen ⟨V.1, hat geschmaust; o.Obj. oder mit Akk.⟩ *mit Genuß essen und trinken; fröhlich s.; einen Rehbraten s.*

schmecken ⟨-k|k-; V.1, hat geschmeckt⟩ I ⟨o.Obj.⟩ **1** *eine bestimmte geschmackliche Wirkung hervorrufen; das Essen schmeckt gut, schlecht, nicht; etwas schmeckt süß, sauer, bitter, scharf; etwas schmeckt nach Zimt, nach Fisch; das schmeckt nach mehr, scherzh.) das ist so gut, daß man noch mehr davon essen möchte* II ⟨mit Dat.⟩ *jmdm. s.* **1** *jmdm. angenehm im Geschmack sein; das Essen schmeckt mir (nicht), schmeckt mir gut; laß es dir gut s.!; er hat sich s. lassen er hat mit Genuß gegessen* **2** ⟨übertr.⟩ *jmdm. angenehm sein, jmdm. gefallen, behagen, passen, recht sein; es schmeckt mir nicht, daß du ...; gelt, das würde dir s.?* ⟨iron.⟩ *das könnte dir so passen, daraus wird nichts!* III ⟨mit Akk.⟩ **1** *etwas s. mit den Geschmacksnerven wahrnehmen; ich schmecke dieses Gewürz nicht; wegen meiner Erkäl-*

Schmeichelei

tung schmecke ich nichts; ich schmeckte das Salz (des Meerwassers) auf den Lippen; etwas zu s. bekommen ⟨übertr.⟩ *zu spüren bekommen;* die Peitsche, den Stock zu s. bekommen *mit der Peitsche, dem Stock Schläge bekommen* **2** jmdn. s. ⟨ugs.⟩ →*riechen (I, 2);* den kann ich nicht s.

Schmei|che|lei ⟨f.10⟩ *lobende, schmeichelnde Äußerung;* Syn. ⟨nddt.⟩ Fladuse

schmei|chel|haft ⟨Adj., -er, am -esten⟩ *angenehm, das Selbstbewußtsein steigernd;* ~es Foto *Foto, auf dem jmd. besser aussieht als in Wirklichkeit;* seine Bemerkung ist sehr s. für mich

Schmei|chel|kätz|chen ⟨n.7⟩, **Schmei|chel|kat|ze** ⟨f.11⟩ *sehr anschmiegsames, zärtliches Mädchen oder Kind*

schmei|cheln ⟨V.1, hat geschmeichelt⟩ **I** ⟨mit Dat.⟩ **1** jmdm. s. *jmdm. Angenehmes, Liebenswürdiges über seine Person sagen* **2** etwas schmeichelt jmdm. *etwas ist für jmdn. angenehm, macht jmdn. eitel, hebt sein Selbstgefühl;* seine Bewunderung schmeichelt ihm **3** ⟨in der Wendung⟩ ich schmeichle mir, sagen zu können *ich darf lobend von mir sagen;* ich schmeichle mir, sagen zu können, daß ich der erste war, der dies damals erkannt hat **II** ⟨o.Obj.⟩ **1** *kleidsam sein, jmdm. gut zu Gesicht stehen;* die Farbe, dieser weiche Stoff schmeichelt **2** mit jmdm. s. *jmdm. liebkosen, mit jmdm. zärtlich sein*

Schmeich|ler ⟨m.5⟩ *jmd., der einem anderen schmeichelt*

schmeich|le|risch ⟨Adj.⟩ **1** *jmdm. häufig, viel schmeichelnd;* ein ~er Kerl **2** *übertrieben schmeichelnd;* ~e Worte

schmei|ßen I ⟨V.122, hat geschmissen; mit Akk.; ugs.⟩ **1** etwas s. **a** →*werfen (I, 1)* **b** *zustande bringen, regeln, durchführen, leiten, lenken, führen;* sie schmeißt den Laden, den Haushalt ganz allein **c** *zum Scheitern bringen;* eine Aufführung s. **2** jmdn. s. ⟨unpersönl., mit ,,es"⟩ mich hat's geschmissen *mir wurde schlecht, ich wurde krank* **II** ⟨V.1, hat geschmissen; o.Obj.; Jägerspr.; von Greifvögeln⟩ *Kot ausscheiden*

Schmeiß|flie|ge ⟨f.11⟩ *metallisch glänzender Zweiflügler, der sich auf faulenden Stoffen aufhält;* Syn. Aasfliege [zu *schmeißen (II)*]

Schmelz ⟨m.1⟩ **1** *glänzende Schicht;* der S. einer Perle **2** ⟨nur Sg.⟩ *liebliche Weichheit;* der S. der Farben; der S. seiner Stimme

Schmel|ze ⟨f.11⟩ **1** ⟨nur Sg.⟩ *das Schmelzen (I, 1)* **2** *geschmolzener Stoff (Glas~)*

schmel|zen ⟨V.123⟩ **I** ⟨o.Obj.; ist geschmolzen⟩ **1** *durch Wärme weich, flüssig werden;* Butter, Eis schmilzt in der Sonne **2** ⟨übertr.⟩ *innerlich weich werden;* ihr Herz schmolz, als sie das hörte **II** ⟨mit Akk.; hat geschmolzen⟩ *weich, flüssig machen;* Schnee (zu Wasser) s.; Fett in der Pfanne s.

Schmelz|far|be ⟨f.11⟩ *mit Pigment gefärbte Farbe (für Glasuren)*

Schmelz|kä|se ⟨m.5⟩ *aus geschmolzenem Käse und Gewürzen hergestellter, streichfähiger Käse*

Schmelz|laut ⟨m.1⟩ →*Liquida*

Schmelz|ofen ⟨m.8⟩ *Anlage zum Schmelzen (II)* (Glas~, Metall~)

Schmelz|punkt ⟨m.1⟩ *Temperatur, bei der ein Stoff schmilzt*

Schmelz|schwei|ßer ⟨m.5⟩ *jmd., der berufsmäßig bestimmte industrielle Schweißverfahren ausübt*

Schmelz|tie|gel ⟨m.5⟩ *Keramikgefäß zum Schmelzen (II);* die Stadt ist ein S. der verschiedensten Rassen ⟨übertr., ugs.⟩ *in dieser Stadt treffen und vermischen sich die Angehörigen der verschiedensten Rassen*

Schmelz|wär|me ⟨f., -, nur Sg.⟩ *Wärmemenge, die notwendig ist, um 1 kg eines festen Stoffes nach Erreichen des Schmelzpunktes zu verflüssigen*

Schmelz|was|ser ⟨n.5⟩ *Wasser, das aus geschmolzenem Eis oder Schnee entstanden ist*

Schmer ⟨n., -(e)s, nur Sg.⟩ *rohes Bauchfett vom Schwein*

Schmer|bauch ⟨m.2; abwertend⟩ *dicker Bauch*

schmer|bäu|chig ⟨Adj.⟩ *einen Schmerbauch habend, sehr dick*

Schmer|le ⟨f.11⟩ **1** ⟨i.w.S.⟩ *am Boden von Gewässern lebender, kleiner Fisch mit langgestrecktem Körper (z. B. der Schlammpeitzger)* **2** ⟨i.e.S.⟩ →*Bartgrundel*

Schmerz ⟨m.12⟩ **1** *sehr unangenehme, wehtuende körperliche Empfindung (infolge Krankheit oder Verletzung);* ~en betäuben, erdulden, erleiden; ein plötzlicher S. durchzuckt jmdn.; jmdm. ~en zufügen; bohrende, nagende, reißende, ziehende ~en; rasender S. **2** *wehtuende seelische Empfindung, Leid;* der S. übermannt jmdn.

schmerz|emp|find|lich ⟨Adj.⟩ **1** *leicht Schmerzen empfindend* **2** *empfindlich für Schmerz;* die verletzte Stelle ist noch s.

Schmerz|emp|find|lich|keit ⟨f., -, nur Sg.⟩

schmer|zen ⟨V.1, hat geschmerzt; mit Akk., auch o.Obj.⟩ *jmdn. s. Schmerzen, Kummer verursachen;* die Wunde schmerzt höllisch; dein Verhalten schmerzt mich; es schmerzt mich, daß ...; ~e Füße; geschmerzt sein ⟨ugs., scherzh.⟩ *Kummer haben*

Schmer|zens|geld ⟨n.3⟩ *materielle Entschädigung für ein erlittenes Unrecht*

Schmer|zens|kind ⟨n.3; †⟩ *Sorgenkind*

Schmer|zens|mann ⟨m., -(e)s, nur Sg.⟩ *Darstellung des leidenden Christus*

Schmer|zens|mut|ter ⟨f., -, nur Sg.⟩ *Darstellung der trauernden Mutter Gottes, Mater dolorosa*

schmer|zens|reich ⟨Adj.; poet.⟩ *starke Schmerzen empfindend;* die ~e Maria

Schmer|zens|schrei ⟨m.1⟩ *lautes Aufschreien vor Schmerz*

schmerz|frei ⟨Adj., o.Steig.⟩ *ohne Schmerzen, keine Schmerzen empfindend;* der Kranke war heute s.

schmerz|haft ⟨Adj., -er, am -esten⟩ *mit Schmerzen verbunden;* eine ~e Spritze; ein ~er Druck im Magen

schmerz|lich ⟨Adj.⟩ *seelischen Schmerz bereitend, leidvoll;* ein ~er Abschied, Verlust; es war mir sehr s., das hören zu müssen

schmerz|los ⟨Adj., o.Steig.⟩ *keinen Schmerz empfindend;* ~e Betäubung; das ging kurz und s. ⟨ugs.⟩ *das ging reibungslos*

Schmerz|lo|sig|keit ⟨f., -, nur Sg.⟩

Schmet|ten ⟨m., -s, nur Sg.; schles.⟩ →*Sahne* [< tschech. smetana in ders. Bed.]

Schmet|ter|ball ⟨m.2⟩ *bes. heftig geschlagener oder geworfener Ball*

Schmet|ter|ling ⟨m.1⟩ *Insekt mit zwei Paar häutigen, von winzigen Farbschuppen bedeckten Flügeln (Nacht~, Tag~);* Syn. Falter, ⟨schweiz.⟩ Sommervogel [vermutlich zu *Schmetten,* weil manche Schmetterlinge angeblich gern Gefäße mit Sahne aufsuchen]

Schmet|ter|lings|blüt|ler ⟨m.5⟩ *Hülsenfrüchtler mit gefiederten Blättern und schmetterlingsähnlich angeordneten Blütenkronblättern (z.B. Erbse, Goldregen, Wicke)*

Schmet|ter|lings|schwim|men ⟨n., -s, nur Sg.⟩ *Schwimmen im Schmetterlingsstil*

Schmet|ter|lings|stil ⟨m., -(e)s, nur Sg.⟩ →*Butterfly*

schmet|tern ⟨V.1, hat geschmettert⟩ **I** ⟨mit Akk.⟩ **1** *mit Wucht, Kraft werfen oder schlagen;* einen Ball s.; die Tür ins Schloß s.; einen Gegenstand auf den Boden, an die Wand s. **2** *laut erklingen lassen, laut spielen oder singen;* der Fink schmettert sein Lied; die Musikkapelle schmettert einen Marsch, Tusch **II** ⟨o.Obj.⟩ *laut tönen;* die Trompeten s.

Schmi|cke ⟨-k|k-; f.11; norddt.⟩ *Ende der Peitschenschnur* [zu nddt. *schmacken* ,,schlagen"]

Schmied ⟨m.1⟩ **1** *jmd., der berufsmäßig Pferde beschlägt (Huf~)* **2** *jmd., der berufsmäßig Metall be- und verarbeitet (Kessel~, Kupfer~, Pflug~)*

Schmie|de ⟨f.11⟩ *Werkstatt eines Schmiedes*

Schmie|de|ei|sen ⟨n., -s, nur Sg.⟩ **1** *schmiedbar gemachtes Eisen im Unterschied zum Gußeisen* **2** *(kunstvoll) geschmiedetes Eisen*

schmie|de|ei|sern ⟨Adj., o.Steig.⟩ *aus Schmiedeeisen;* ~er Zaun

Schmie|de|ham|mer ⟨m.5⟩ *schwerer Hammer zum Schmieden*

schmie|den ⟨V.2, hat geschmiedet; mit Akk.⟩ **1** etwas s. **a** *in glühendem Zustand formen;* Eisen s. **b** *aus glühendem Eisen mit Hammer und Amboß herstellen;* Hufeisen, Waffen s. **c** ⟨übertr.⟩ *sich ausdenken, ersinnen;* Pläne s.; Ränke s.; Verse. s. dichten **2** jmdn. s. ⟨poet., in Wendungen wie⟩ in Ketten s. *jmdn. mit Ketten fesseln;* jmdn. in Ketten an die Mauer (des Kerkers) s. *die Ketten, mit denen jmd. gefesselt ist, an der Mauer unlösbar befestigen;* jmdn. zum Manne s. *jmdn. zum kraftvollen Mann machen*

Schmie|ge ⟨f.11⟩ **1** ⟨sächs.⟩ *zusammenklappbarer Zollstock* **2** *Winkelmaß mit beweglichen Schenkeln*

schmie|gen ⟨V.1, hat geschmiegt; mit Akk.⟩ *etwas oder sich in, an etwas s., an jmdn. s. etwas oder sich in, an etwas sanft legen oder drücken, an jmdn. drücken;* das Kinn in die Hand s.; das Gesicht ins Kissen, an jmds. Schulter s.; sich an jmdn. s.; sich in jmds. Arme s.; der Fuß schmiegt sich gut in diesen weichen Schuh; an den Fuß des Berges schmiegt sich ein Dorf ⟨übertr.⟩ *dicht am Fuß des Berges liegt (malerisch) ein Dorf*

schmieg|sam ⟨Adj.⟩ **1** *sich leicht anschmiegend;* ~e Schuhe **2** ⟨übertr.⟩ *sich leicht anpassend* **Schmieg|sam|keit** ⟨f., -, nur Sg.⟩

Schmie|le ⟨f.11⟩ *Gras mit pyramidenförmiger Blütenrispe (Rasen~)* [< mhd. smele, smelehe in ders. Bed., vielleicht zu smelhe ,,Schmalheit"]

Schmie|ra|ge ⟨[-ʒə] f.11; ugs.⟩ *Schmiererei, Geschmier*

Schmie|re[1] ⟨f.11⟩ **1** *Schmiermittel, Schmierfett* **2** ⟨nur Sg.⟩ *zähflüssiger, klebriger Schmutz* **3** ⟨landsch.⟩ **a** *Brotaufstrich* **b** *Brot mit Aufstrich;* sich eine S. machen **4** ⟨landsch.⟩ *Prügel* **5** *schlechtes, kleines Provinztheater, Wanderbühne*

Schmie|re[2] ⟨f.11; nur in der Wendung⟩ S. stehen *Wache stehen (bei Streichen und Verbrechen)* [< jidd. schmiro ,,Wächter, Bewachung", < hebr. š*e*mīrā ,,Wache, Bewachung", zu šāmar ,,bewachen"]

schmie|ren ⟨V.1, hat geschmiert⟩ **I** ⟨mit Akk.⟩ **1** etwas s. **a** *mit Schmiere einreiben;* ein Rad, ein Schloß s.; das geht wie geschmiert ⟨ugs.⟩ *das geht reibungslos und schnell* **b** *streichen, bestreichen;* sich eine Scheibe Brot mit Aufstrich bestreichen; Salbe auf eine Wunde s.; du hast Farbe an deinen Rock geschmiert **c** →*bestechen (I, 1)* **II** ⟨mit Dat. und Akk.; ugs., in der Wendung⟩ jmdm. eine s. *jmdm. eine Ohrfeige geben* **III** ⟨o.Obj.⟩ **1** *unsauber, zu dick schreiben;* schmier nicht so!; der Füller schmiert **2** *(beim Singen oder beim Spielen eines Streichinstruments) die Töne ineinanderziehen; nicht voneinander absetzen*

Schmie|ren|ko|mö|di|ant ⟨m.10⟩ *Schauspieler an einer Schmiere (5), schlechter Schauspieler*

Schmie|re|rei ⟨f.10⟩ **1** ⟨nur Sg.⟩ *das Schmieren (III, 1)* **2** *(an Hauswände u.ä.) geschmierte Worte;* antisemitische ~

Schmier|fink ⟨m.10; ugs.⟩ **1** *jmd. (bes. Kind), der sich oft beschmiert* **2** *jmd. (bes. Kind), der unschön schreibt* **3** *jmd., der Wände und Türen mit hetzerischen oder (bes. in* öffentlichen Toiletten) obszönen Äußerungen beschmiert 4 Journalist, der unwahre oder entstellte Berichte veröffentlicht

Schmier|geld ⟨n.3⟩ Bestechungsgeld

Schmier|heft ⟨n.1⟩ Heft für Skizzen und Entwürfe

schmie|rig ⟨Adj.⟩ 1 klebrig und feucht; eine ~e Treppe 2 schmutzig, ungepflegt; ~e Wäsche 3 widerlich, unangenehm; ein ~er Kerl 4 grob zweideutig, unanständig; ~e Witze

Schmie|rig|keit ⟨f., -, nur Sg.⟩

Schmier|papier ⟨n., -s, nur Sg.⟩ Papier zum Schmieren, für Entwürfe, rasch hingeworfene Aufzeichnungen

Schmier|sei|fe ⟨f.11⟩ (aus billigen Pflanzenölen, Kalilauge und Pottasche gewonnene) glycerinhaltige Kaliseife

Schmie|rung ⟨f.10⟩ das Schmieren (I, 1a)

Schmin|ke ⟨f.11⟩ kosmetische Färbemittel für Haut und Lippen

schmin|ken ⟨V.1, hat geschminkt; mit Akk.⟩ 1 etwas s. Schminke auf etwas streichen; die Lippen, Wangen s. 2 jmdn. oder sich s. jmdm. oder sich das Gesicht mit Schminke färben (um ihm ein bestimmtes Aussehen zu geben); einen Schauspieler für eine Rolle s.

Schmir|gel ⟨m.5⟩ als Poliermittel verwendeter Korund [< ital. smeriglio ~ griech. smyris, smyreia „Schmirgel", vielleicht zu smaein, smegein „einreiben, salben"]

schmir|geln ⟨V.1, hat geschmirgelt; mit Akk.⟩ 1 mit Schmirgel schleifen, glätten 2 wie Schmirgel wirken

Schmir|gel|papier ⟨n., -s, nur Sg.⟩ mit Schmirgel beklebtes Papier

Schmiß ⟨m.1⟩ 1 Wunde von einem Säbelhieb sowie deren Narbe 2 ⟨nur Sg., ugs.⟩ lebhaftes Temperament, Schwung; eine Rede mit S.; er hat S.

schmis|sig ⟨Adj.⟩ mitreißend, schwungvoll

Schmitz ⟨m.1⟩ 1 Hieb, Schlag 2 Narbe 3 unscharfer Druck am Rand einer Druckspalte

Schmock ⟨m.9 oder m.1⟩ gesinnungsloser Journalist [nach der Gestalt aus Gustav Freytags Schauspiel „Die Journalisten"]

Schmok ⟨m., -(e)s, nur Sg.; nddt.⟩ Rauch, Qualm [nddt., zu Schmauch]

Schmö|ker ⟨m.5⟩ 1 ⟨norddt.⟩ Raucher 2 ⟨ugs.⟩ Buch der leichten Unterhaltungsliteratur [< nddt. Smöker „Raucher", eigtl. „Räucherer", auch „vergilbtes, altes Buch", zu nddt. schmöken, smöken „schmauchen (= rauchen)"; also urspr. ein altes, schlechtes Buch, das gerade noch gut genug zum Räuchern ist, d.h. dazu, aus seinen Seiten Fidibusse zu drehen]

schmö|kern ⟨V.1, hat geschmökert; o.Obj.⟩ 1 behaglich in einem Buch blättern und lesen 2 gern leichte Literatur zur Unterhaltung lesen; er liest keine anspruchsvollen Bücher, er schmökert nur

Schmol|le ⟨f.11; österr.⟩ das Weiche im Brot, Brotkrume

Schmoll|ecke ⟨-k·k-; f.11⟩ fast nur in der ugs. Wendung; in der S. sitzen schmollen; Syn. Schmollwinkel

schmol|len ⟨V.1, hat geschmollt; o.Obj.⟩ beleidigt sein und die andern merken lassen; mit jmdm. s. jmdm. böse sein

schmol|lis ⟨Studentenspr., Zuruf beim Trinken⟩ mit jmdm. Schmollis trinken mit jmdm. Brüderschaft trinken; vgl. fiduzit [Herkunft unbekannt]

Schmoll|mund ⟨m.4⟩ schmollender Mund mit vorgeschobenen Lippen; einen S. machen

Schmoll|win|kel ⟨m.5⟩ →Schmollecke

Schmon|zes ⟨m., -, nur Sg.⟩ dummes Gerede [jidd., Herkunft unbekannt]

Schmon|zet|te ⟨f.11; ugs.⟩ kitschiges, geistloses literarisches Werk [zu Schmonzes]

Schmor|bra|ten ⟨m.7⟩ geschmorter Rinderbraten

schmo|ren ⟨V.1, hat geschmort⟩ I ⟨mit Akk.⟩ 1 in Fett anbraten und in wenig Flüssigkeit gar machen; Fleisch, Gemüse s. 2 in wenig Wasser kochen; Obst s.; getrocknete Pflaumen II ⟨o.Obj.⟩ 1 in wenig Flüssigkeit gar werden; das Fleisch muß eine Stunde s.; jmdn. s. lassen ⟨übertr., ugs.⟩ jmdn. im Ungewissen lassen; etwas s. lassen ⟨ugs.⟩ etwas unbearbeitet liegen lassen; in der Sonne s. ⟨ugs.⟩ sich von der heißen Sonne bräunen lassen 2 ⟨Elektr.⟩ infolge mangelhaften Kontakts Hitze entwickeln und anfangen zu schwelen; das Kabel schmort

Schmor|pfan|ne ⟨f.11⟩ Pfanne mit Deckel (zum Schmoren), Syn. Kasserolle

Schmu ⟨m., -s, nur Sg.; ugs.⟩ leichter Betrug (bes. beim Spiel); S. machen [< jidd. schmuo, hebr. šəmūʿā „Erzählung, Gerücht, Gerede", also wohl urspr. „durch (sch)laues, betrügerisches) Reden erzielter kleiner, unerlaubter Gewinn"]

schmuck ⟨Adj.⟩ sauber und nett, hübsch und gepflegt; ein ~es Kleid; sie sieht immer sehr s. aus

Schmuck ⟨m., -(e)s, nur Sg.⟩ 1 das Geschmücktsein, Zierde; die Wiesen prangen im S. der Blumen; die Kissen dienen nicht zum Gebrauch, sondern nur zum S. 2 schmückende Gegenstände, schmückende Ausstattung; plastischer, ornamentaler S. (an Bauwerken) 3 Gegenstände zur Verschönerung der Kleidung oder einer Person (z.B. Ringe, Ketten, Broschen); S. tragen; sie behängt sich mit S.; alter, kostbarer S.; echter, unechter, billiger S.

schmücken ⟨-k·k-; V.1, hat geschmückt; mit Akk.⟩ 1 etwas, jmdn. oder sich s. mit Schmuck ausstatten, durch Schmuck verzieren, festlich herrichten; ein Zimmer mit Blumen s.; den Weihnachtsbaum s.; die Braut für die Hochzeit s. 2 etwas s. etwas als Schmuck verschönern, festlich gestalten; Blumen und Fähnchen schmückten die Häuser; ein großer Leuchter schmückt den Tisch; ~des Beiwort Adjektiv, das nicht zur näheren Bezeichnung, sondern nur der Anschaulichkeit dient, z.B. herrlich

Schmuck|käst|chen ⟨n.7⟩ Kästchen zum Aufbewahren von Schmuck; ihre Wohnung ist ein S. ⟨übertr.⟩ ihre Wohnung ist hübsch, immer blitzblank und aufgeräumt

schmuck|los ⟨Adj., o.Steig.⟩ ohne Schmuck, ohne Verzierung, einfach; ein ~es Zimmer **Schmuck|lo|sig|keit** ⟨f., -, nur Sg.⟩

Schmuck|sa|chen ⟨f.11, Pl.⟩ Gesamtheit von Schmuckstücken

Schmuck|stein ⟨m.1⟩ schön aussehendes Mineral, das für Schmuckstücke verwendet wird; Syn. (↑) Halbedelstein

Schmuck|stück ⟨n.1⟩ 1 wertvoller Schmuckgegenstand 2 wertvolles, anziehendes Stück (in einer Sammlung o.ä.); diese Kirche ist das S. der Stadt

Schmuck|te|le|gramm ⟨n.1⟩ telegrafische Nachricht (bes. Glückwunsch) auf einem mit einem Bild geschmückten Blatt

Schmud|del ⟨m., -s, nur Sg.; ugs.⟩ Unsauberkeit, Schmutz

schmud|de|lig ⟨Adj.⟩ leicht schmutzig, ungepflegt; auch: schmuddlig, ⟨mdt.⟩ schmuddelig; ~e Kleidung; er sieht immer s. aus

schmud|deln ⟨V.1, hat geschmuddelt; o.Obj.⟩ 1 unsauber arbeiten, flüchtig arbeiten und dabei Schmutz machen 2 schmutzig, unansehnlich werden; dieser Stoff schmuddelt leicht, schnell

Schmud|del|wet|ter ⟨n.5; ugs.⟩ naßkaltes Wetter, Schnee und Regen

schmudd|lig ⟨Adj.⟩ →schmuddelig

Schmu|geld ⟨n.3⟩ Geld aus einem Etat, das man heimlich für andere als die vorgesehenen Zwecke erübrigt

Schmug|gel ⟨m., -s, nur Sg.⟩ ungesetzliches Aus- und Einführen von Waren

schmug|geln ⟨V.1, hat geschmuggelt⟩ I ⟨mit Akk.⟩ 1 ungesetzlich, unter Umgehung des Zolls über die Staatsgrenze bringen; Syn. paschen ⟨österr.⟩; Waren s. 2 heimlich bringen; jmdn., einen Gegenstand ins Haus, aus dem Haus s. II ⟨o.Obj.⟩ Schmuggel treiben [< nddt. smuggeln in ders. Bed., zu angelsächs. smugan „kriechen, schlüpfen"]

Schmugg|ler ⟨m.5⟩ jmd., der Schmuggel betreibt

Schmugg|ler|pfad ⟨m.1⟩ bes. von Schmugglern benützter Pfad über die Grenze

schmun|zeln ⟨V.1, hat geschmunzelt; o.Obj.⟩ wohlwollend, behaglich lächeln

schmur|geln ⟨V.1, hat geschmurgelt; o.Obj.; ugs.⟩ in Fett und wenig Flüssigkeit in der Pfanne gar werden; Fleisch eine halbe Stunde s. lassen

Schmus ⟨m., -es, nur Sg.; ugs.⟩ schmeichlerisches, übertrieben liebenswürdiges Gerede; er macht, redet viel S. [< jidd. schmuo „Erzählung, Gerede, Gerücht", < hebr. šəmūʿā, Pl. šəmūʿôth in ders. Bed., dazu jidd. schmuessen „reden, unterhalten"]

schmu|sen ⟨V.1, hat geschmust; o.Obj.⟩ zärtlich sein, Liebkosungen austauschen; das Kind schmust gern; mit jmdm. s.

Schmu|ser ⟨m.5; ugs.⟩ 1 jmd., der gerne schmust 2 ⟨abwertend⟩ jmd., der gerne Schmus redet, schmeichelt

Schmutt ⟨m., -(e)s, nur Sg.; norddt.⟩ feiner Regen [nddt. Form von Schmutz]

Schmutz ⟨m., -es, nur Sg.⟩ 1 Verunreinigendes (Staub, Abfälle, Erdklümpchen usw.); den S. aufwischen, hinaustragen; jmdn. mit S. bewerfen ⟨übertr.⟩ über jmdn. schlecht reden; das geht dich einen feuchten S. an! ⟨ugs.⟩ das geht dir gar nichts an; etwas, jmdn. durch den S. ziehen ⟨übertr.⟩ über etwas, jmdn. herabsetzend reden, etwas, jmdn. beschimpfen, verunglimpfen 2 Anstößiges, Unanständiges; S. und Schund sehr minderwertige Literatur 3 ⟨alemannisch auch⟩ Fett

schmut|zen ⟨V.1, hat geschmutzt; o.Obj.⟩ schmutzig werden, Schmutz annehmen; der Mantel schmutzt leicht, schnell

Schmutz|fän|ger ⟨m.5⟩ 1 ⟨ugs., scherzh.⟩ Gegenstand, an dem sich leicht Schmutz festsetzt; dieses Bild ist ein rechter S. 2 Gummischürze hinter den Rädern von Fahrzeugen, die das Hochschleudern von Schmutz verhindern soll

Schmutz|fink ⟨m.10⟩ unsauberer Mensch, unsauberes Kind; Syn. Schmutzian

Schmutz|fleck ⟨m.1⟩ durch Schmutz entstandener Fleck

Schmutz|zi|an ⟨m.1⟩ 1 →Schmutzfink 2 ⟨österr.⟩ Geizhals

schmut|zig ⟨Adj.⟩ 1 unsauber, voller Schmutz; ~e Arbeit Arbeit, bei der man sich beschmutzt; ~e Schuhe; sich s. machen; er will sich die Hände nicht s. machen, er will keine körperliche Arbeit tun; ⟨übertr.⟩ er ist für die Unredlichkeit verantwortlich, aber er will sie nicht ausführen; er kann mir die Hände nicht s. ⟨übertr.⟩ ich tue keine Arbeit, die ich nicht vor meinem Gewissen verantworten kann 2 unanständig; ~e Witze 3 niedrig, gemein; ~e Handlungsweise; ein ~es Geschäft ein unredliches Geschäft 4 frech, respektlos; s. lachen

schmutzig|grau ⟨Adj., o.Steig.⟩ von trübem, schmutzigem Grau

Schmutz|li|te|ra|tur ⟨f., -, nur Sg.⟩ pornographische Literatur

Schmutz|ti|tel ⟨m.5⟩ erstes Blatt (eines Buches) mit abgekürztem Titel

Schmutz|was|ser ⟨n.6⟩ verunreinigtes Wasser, Abwasser

Schna|bel ⟨m.6⟩ 1 (bei verschiedenen Tieren, bes. Vögeln) zahnloser, von Hornleisten überzogener Kiefer (Greif~, Seih~) 2 (an

...schnäbelig

Kannen, Töpfen, Tassen) *schnabelförmiger Ausguß;* Syn. ⟨landsch.⟩ *Schnaupe,* ⟨mdt.⟩ *Schneppe* **3** ⟨scherzh.⟩ *Mund;* mach mal den S. auf!; halt den, deinen S.! *halt den Mund!, sei still!;* reden, wie einem der S. gewachsen ist *frei, ungezwungen reden*

...schnä|be|lig ⟨in Zus.⟩ →...schnäblig

Schna|bel|igel ⟨m.5⟩ *eierlegendes australisches Säugetier mit Stacheln und röhrenförmigem Hornschnabel;* Syn. *Ameiseigel*

Schna|bel|kerf ⟨m.1⟩ *Insekt mit langgestreckten, stechend-saugenden Mundwerkzeugen (z.B. Wanze, Zikade)*

schnä|beln ⟨V.1, hat geschnäbelt; o.Obj.⟩ **1** ⟨von Vögeln, bes. Tauben⟩ *die Schnäbel aneinander reiben* **2** ⟨übertr., scherzh.⟩ *einander küssen*

Schna|bel|schuh ⟨m.1; 13.–15. Jh.⟩ *Halbschuh mit schnabelartig nach oben gebogener Spitze*

Schna|bel|tas|se ⟨f.11⟩ *Tasse mit röhrenförmigem Ausguß zum Trinken im Liegen*

Schna|bel|tier ⟨n.11⟩ *eierlegendes australisches Säugetier mit braunem Pelz und breitem, entenartigem Hornschnabel*

...schnäb|lig ⟨in Zus.⟩ *mit einer bestimmten Art von Schnabel versehen, z.B. breit-, kurz-, langschnäblig;* auch: *...schnäbelig*

schna|bu|lie|ren ⟨V.3, hat schnabuliert; mit Akk.⟩ *behaglich, genüßlich essen* [latinisierende Bildung zu *Schnabel*]

Schnack ⟨m.9; norddt.⟩ **1** *Unterhaltung, Plauderei;* ein gemütlicher S. **2** *leeres Gerede, Unsinn;* was soll der S.?

schnackeln ⟨-k|k-; V.1, hat geschnackelt; o.Obj.; bayr., schwäb.⟩ **1** *ein knackendes Geräusch hervorbringen;* mit den Fingern s. **2** ⟨unpersönl., mit „es", meist im Perf.⟩ *es hat geschnackelt* **a** *ein knackendes Geräusch war zu hören;* in den Knochen hat es geschnackelt *einer der Knochen ist mit knackendem Geräusch in die richtige Lage zurückgesprungen* **b** *es hat leicht gekracht, leicht geknallt;* dort hat's geschnackelt *dort hat es einen Zusammenstoß gegeben* **c** *jetzt hat's geschnackelt* 1. *jetzt ist es geklappt, funktioniert,* 2. *jetzt hat er, sie endlich begriffen,* 3. *jetzt bin ich mit meiner Geduld am Ende*

schnacken ⟨-k|k-; V.1, hat geschnackt; norddt.⟩ **I** ⟨o.Obj.⟩ *sich (gemütlich) unterhalten, plaudern* **II** ⟨mit Akk.⟩ *reden;* was schnackt er da wieder (*für dummes Zeug*)?

Schnackerl ⟨-k|k-; m. oder n., -s, nur Sg.; österr.⟩ **1** *Schluckauf*

Schna|da|hüpfl, Schna|der|hüp|ferl ⟨n.14; bayr.-österr.⟩ *neckendes, vierzeiliges Stegreifliedchen* [vielleicht zu *schnadern* „plaudern, schwatzen, schnattern" (wegen der lustigen Verse) und zu *hüpfen,* da das Liedchen urspr. zum Tanz gesungen wurde]

Schna|ke¹ ⟨f.11⟩ **1** *große, langbeinige, nicht stechende Mücke* **2** ⟨ugs.⟩ →*Stechmücke*

Schna|ke² ⟨f.11; norddt.; †⟩ *lustiger Einfall, lustige Erzählung* [zu *schnacken*]

schna|kig ⟨Adj.; norddt.⟩ *schnurrig, lustig*

Schnal|le ⟨f.11⟩ **1** *Vorrichtung an Gürteln, Riemen o.ä. zum Schließen* **2** ⟨österr.⟩ *Türklinke* **3** ⟨ugs.⟩ *leichtes Mädchen, Prostituierte*

schnal|len ⟨V.1, hat geschnallt; mit Akk.⟩ **1** *mittels Schnalle in eine bestimmte Weite bringen;* den Gürtel enger, weiter s. **2** *mittels Riemen und Schnalle(n) befestigen;* sich den Rucksack auf den Rücken s.; eine Tasche aufs Rad s. **3** ⟨salopp⟩ *begreifen;* hast du's endlich geschnallt?

Schnall|schuh ⟨m.1⟩ *Schuh mit einer Schnalle zu schließender Schuh*

schnal|zen ⟨V.1, hat geschnalzt; o.Obj.⟩ *einen kurzen, leicht knallenden Laut hervorbringen;* mit den Fingern, mit der Zunge, Peitsche s.

Schnal|zer ⟨m.5⟩ *kurzer, leicht knallender Laut (Zungen~)*

Schnalz|laut ⟨m.1⟩ *in afrikanischen Sprachen vorkommender Laut, der durch Schnalzen mit der Zunge erzeugt wird*

schnap|pen ⟨V.1, hat geschnappt⟩ **I** ⟨mit Akk.⟩ **1** *etwas s.* **a** *in rascher Bewegung mit den Zähnen, dem Maul packen, ergreifen;* der Hund schnappte den Knochen; der Fisch schnappte den Brotbrocken; frische Luft s. ⟨übertr.⟩ *ins Freie gehen, um frische Luft einzuatmen* **b** ⟨ugs.⟩ *verstehen, begreifen;* hast du's endlich geschnappt? **2** *jmdn. s.* **a** *jmdn. verhaften, ergreifen, fangen;* einen Dieb, Schmuggler, Spion ´s. **b** ⟨unpersönl., „es", ugs.⟩ *es hat ihn geschnappt er ist krank geworden, verwundet worden* **II** ⟨mit Dat. (sich) und Akk.⟩ **1** *sich etwas s. rasch ergreifen und an sich nehmen;* er schnappte sich ein Stück Kuchen und verschwand; ich habe mir gleich einen Kofferkuli geschnappt (ehe die andern kamen) **2** *sich jmdn. s. jmdn. anreden und für sich etwas tun lassen;* sich einen Fremdenführer, eine Verkäuferin s. **III** ⟨mit Präp.obj.⟩ *nach etwas oder jmdm. s.* **1** *etwas oder jmdn. mit den Zähnen, dem Maul zu fassen versuchen;* der Hund schnappte nach mir, nach meiner Hand **2** ⟨in der Wendung⟩ *nach Luft s. rasch und heftig Luft einzuziehen versuchen;* er stürzte zu Boden und schnappte nach Luft **IV** ⟨o.Obj.⟩ **1** *sich rasch und ruckartig an eine Stelle, in eine Richtung bewegen;* die Tür schnappte ins Schloß; der Deckel schnappte in die Höhe **2** ⟨unpersönl., mit „es"⟩ *jetzt hat's geschnappt jetzt ist es zuviel, das geht zu weit*

Schnap|per ⟨m.5⟩ **1** ⟨landsch.⟩ *kleiner, hingehaltener Bissen;* ein S. Wurst **2** *das Schnappen (I,1), das Zuschnappen;* der Hund tat eins s.; mit einem S. hatte der Hund ihn ein Loch in die Hose gerissen **3** *lautes Zuschnappen, Sichschnappen, Sichschließen;* mit einem S. fiel die Tür ins Schloß **4** *kleiner Sperriegel, der das Schließen der Türschlosses ermöglicht, das Verschließen aber verhindert (so daß die Tür von außen geöffnet werden kann)* **5** *kurzes, rasches Einatmen;* noch ein S. (Luft) vor dem Tauchen

Schnäp|per ⟨m.5⟩ **1** *stiftförmiges, medizinisches Gerät mit einem herausschnellenden Messerchen, das kleine Hautwunden zur Blutentnahme schafft;* auch: *Schnepper* **2** ⟨kurz für⟩ *Fliegenschnäpper (Grau~)* **3** ⟨früher⟩ *mit einem Hebel zu spannende Armbrust* **4** *etwas, das einschnappt (z.B. Sprungfeder, Vorhängeschloß)*

Schnapp|hahn ⟨m.2; früher⟩ *Wegelagerer, Raubritter*

Schnapp|mes|ser ⟨n.5⟩ *Messer, dessen Klinge (auf Druck) herausschnappt*

Schnapp|sack ⟨m.2; †⟩ *Ranzen, Rucksack*

Schnapp|schloß ⟨n.4⟩ *Schloß mit einer Vorrichtung, die durch Einschnappen schließt*

Schnapp|schuß ⟨m.2; Fot.⟩ *für eine Person, einen Vorgang charakteristische Momentaufnahme*

Schnaps ⟨m.2⟩ *klarer, starker Branntwein (z.B. Korn, Obstler)* [< nddt. *Snaps,* urspr. „Mundvoll", zu *schnappen*]

Schnaps|bru|der ⟨m.6; abwertend⟩ *Gewohnheitstrinker*

schnäp|seln ⟨V.1, hat geschnäpselt; o.Obj.; ugs.⟩ *einen Schnaps trinken;* er schnäpselt gern

Schnaps|glas ⟨n.4⟩ *kleines Glas für einen Schnaps*

Schnaps|idee ⟨f.11⟩ *verrückte Idee;* Syn. *Bieridee*

Schnaps|na|se ⟨f.11; ugs.⟩ **1** *vom vielen Alkoholtrinken rote, dicke Nase* **2** *jmd., der gern alkoholische Getränke trinkt*

Schnaps|num|mer ⟨f.11⟩, **Schnaps|zahl** ⟨f.10⟩ *Zahl, die aus drei gleichen Ziffern besteht* [beim Skatspiel wird beim Erreichen einer solchen Punktzahl eine Runde *Schnaps* ausgegeben]

schnar|chen ⟨V.1, hat geschnarcht; o.Obj.⟩ *beim Schlafen die Luft hörbar (bes. durch den Mund) ein- und ausatmen;* laut s.

Schnar|re ⟨f.11⟩ *Lärminstrument, das ein schnarrendes Geräusch hervorbringt (im Fasching verwendet)*

schnar|ren ⟨V.1, hat geschnarrt; o.Obj.⟩ **1** *ein Geräusch wie von aneinander reibenden, rauhen Flächen von sich geben;* die Klingel ist kaputt, sie schnarrt nur; das Uhrwerk schnarrte, und dann schlug die Glocke; eine ~de Stimme *eine klanglose, heisere Stimme*

Schnat ⟨f.10⟩, **Schna|te** ⟨f.11; landsch.⟩ **1** *abgeschnittenes junges Reis* **2** *Schneise, Flurgrenze*

Schnä|tel ⟨n.5; landsch.⟩ *Pfeifchen aus Weidenrinde*

Schnat|ter|en|te ⟨f.11; ugs.⟩ *ständig schnatternde weibliche Person;* Syn. *Schnattergans, Schnatterliese*

Schnat|ter|gans ⟨f.2; ugs.⟩ →*Schnatterente*

Schnat|ter|lie|se ⟨f.11⟩ →*Schnatterente*

schnat|tern ⟨V.1, hat geschnattert; o.Obj.⟩ **1** ⟨von der Ente und Gans⟩ *rasch aufeinanderfolgende, klappernde und näselnde Laute von sich geben* **2** ⟨ugs., bes. von Frauen⟩ *viel und schnell und nichtssagend reden*

Schnatz ⟨m.2; hess.⟩ *Kopfschmuck (der Braut or der Taufpatin)*

schnat|zen ⟨V.1, hat geschnatzt; refl.; hess.⟩ *sich s.* **1** *sich das Haar aufstecken* **2** *sich festlich anziehen*

schnau|ben ⟨V.1, hat geschnaubt, oder 124 (Perfekt nicht mehr üblich)⟩ **I** ⟨o.Obj.⟩ *Luft hörbar durch die Nase ausstoßen;* das Pferd schnaubte; das Pferd schnob mir ins Gesicht **II** ⟨o.Obj. oder mit Dat. (sich) und Akk.⟩ *sich die Nase schneuzen;* laut ins Taschentuch s.; er schnaubte sich die Nase *er schneuzte sich die Nase* **III** ⟨mit Akk.; übertr.⟩ *laut, zornig äußern;* „,...!" schnaubte, ⟨auch⟩ schnob er

schnäu|big ⟨Adj.; hess.⟩ *wählerisch (im Essen)*

Schnauf ⟨m.1; landsch.⟩ *Atemzug*

schnau|fen ⟨V.1, hat geschnauft; o.Obj.⟩ **1** *hörbar, heftig durch den Mund atmen;* er schnaufte vor dem raschen Lauf; ~d die Treppe hinaufsteigen **2** ⟨süddt.⟩ *atmen;* ich kann kaum noch s.; das Schnaufen fällt dem Kranken schwer

Schnau|fer ⟨m.5; bayr.-österr.⟩ *heftiger Atemzug;* jmdm. geht der S. aus ⟨ugs.⟩ *jmd. hat Atembeschwerden, keine Kraft mehr;* den letzten S. tun ⟨ugs.⟩ *aufhören zu atmen, sterben*

Schnau|ferl ⟨n.14; österr.⟩ *historisches, fahrtüchtiges Automobil*

Schnau|pe ⟨f.11; landsch.⟩ →*Schnabel (2)*

Schnauz|bart ⟨m.2⟩ *großer Schnurrbart;* auch: *Schnauzer*

schnauz|bär|tig ⟨Adj., o.Steig.⟩ *einen Schnauzbart tragend*

Schnau|ze ⟨f.11⟩ **1** ⟨bei manchen Tieren, bes. Hunden⟩ *Maul und Nase;* spitze, stumpfe S. **2** ⟨derb⟩ →*Mund;* die S. voll haben *es satt haben;* jmdm. eins auf die, in die S. geben ⟨vulg.⟩ *jmdn. ins Gesicht schlagen;* die große S. haben *prahlerisch reden, wichtigtuerisch reden;* S.!, halt die S.! ⟨vulg.⟩ *halt den Mund!, sei still!*

schnau|zen ⟨V.1, hat geschnauzt⟩ **I** ⟨o.Obj.⟩ *laut und grob schelten* **II** ⟨mit Akk.⟩ *laut und grob äußern;* „,...!" schnauzte er

Schnau|zer ⟨m.5⟩ **1** *Hund mit schnauzbartähnlichen Haaren um Maul und Nase, buschigen Augenbrauen und drahtigem Fell (Riesen~, Zwerg~)* **2** →*Schnauzbart*

schnau|zig ⟨Adj.; ugs.⟩ *barsch, oft schimpfend*

Schneck ⟨m.12⟩ **1** ⟨oberdt.⟩ →*Schnecke (1)* **2** ⟨Kosewort⟩ *(drolliges) Kind*

Schnecke ⟨-k|k-; f.11⟩ **1** *(oft ein Schnek-*

kenhaus tragendes) Weichtier mit langen Fühlern am Kopf (Land~, Wasser~); auch: ⟨oberdt.⟩ Schneck; Syn. Gastropode; etwas zur S. machen ⟨ugs.⟩ etwas durch unsachgemäße Behandlung entzwei machen; jmdn. zur S. machen ⟨ugs.⟩ jmdn. grob zurechtweisen 2 schneckenförmiger, innerer Teil des Ohres 3 zylindrische Schraube großer Gangtiefe 4 spiralig gewundener Metallstab oder ebensolches Metallband zum Fördern von zerkleinertem, flüssigem oder pulvrigem Material 5 flaches, spiralig zusammengelegtes Hefegebäck (Nuß~) 6 Frisur mit auf den Ohren spiralig verschlungenen Zöpfen 7 ⟨bei Wildschafen⟩ großes, gewundenes Horn 8 ⟨bei Streichinstrumenten⟩ gewundener, oberer Abschluß des Halses 9 → Volute
Schnecken|gang ⟨-k|k-; m.2⟩ Gewinde mit starker Steigung
Schnecken|ge|trie|be ⟨-k|k-; n.5⟩ Schnecke (3) mit Schneckenrad
Schnecken|haus ⟨-k|k-; n.4⟩ aus Kalk bestehendes, spiralig gewundenes Gehäuse mancher Schnecken; sich in sein S. zurückziehen ⟨übertr.⟩ 1. sich absondern 2. (aus Schüchternheit oder infolge Kränkung) zu sprechen aufhören
Schnecken|post ⟨-k|k-; f., -, nur Sg.; scherzh.⟩ sehr langsames Verkehrsmittel
Schnecken|rad ⟨-k|k-; n.4⟩ in das Gewinde einer Schnecke (3) eingreifendes Zahnrad
Schnecken|tem|po ⟨-k|k-; n., -s, nur Sg.; ugs.⟩ sehr langsames Tempo
Schnee ⟨m., -s, nur Sg.⟩ 1 fester, weißer Niederschlag, der in sechsstrahligen Eiskristallen, die zu Flocken verklebt sind, niedergeht (Neu~, Pulver~); und wenn der ganze S. verbrennt (die Asche bleibt uns doch) ⟨scherzh.⟩ wir lassen uns nicht entmutigen 2 ⟨kurz für⟩ → Eierschnee; Eiweiß zu S. schlagen 3 ⟨ugs.⟩ → Kokain 4 Unsinn, dummes Zeug; so ein S.!
Schnee|ball ⟨m.2⟩ 1 mit den Händen geformte Kugel aus Schnee (1) 2 strauchiges Geißblattgewächs mit rundlichem, weißem Blütenstand
schnee|bal|len ⟨V.1, hat geschneeballt; o.Obj.; fast nur im Infinitiv und Perf.⟩ mit Schneebällen werfen
Schnee|ball|schlacht ⟨f.10; als Kinderspiel⟩ gegenseitiges Bewerfen mit Schneebällen
Schnee|ball|sy|stem ⟨n.1⟩ 1 (in der Bundesrepublik Deutschland verbotenes) System des Warenabsatzes, bei dem der Käufer gewisse Vorteile eingeräumt bekommt, wenn er neue Kunden wirbt 2 Informationsweitergabe von einem Empfänger zu mehreren anderen
Schnee|bee|re ⟨f.11⟩ nordamerikanisches Geißblattgewächs mit weißen Beeren, die beim Zerdrücken knacken, Zierstrauch; Syn. Knallerbse
Schnee|be|sen ⟨m.7⟩ Küchengerät aus einem etwa birnenförmigen Drahtgeflecht an einem Stiel (zum Schlagen von Eierschnee); Syn. ⟨österr.⟩ Schneerute
schnee|blind ⟨Adj., o.Steig.⟩ an Schneeblindheit leidend
Schnee|blind|heit ⟨f., -, nur Sg.⟩ zwanghaftes Schließen der Augen infolge heftiger Entzündung der Bindehaut bei längerem Aufenthalt auf stark besonnten Schneefeldern
Schnee|brett ⟨n.3⟩ feste, vom Wind gepreßte Schneedecke an Luvhang eines Berges; ein als Lawine abgehendes S.
Schnee|bril|le ⟨f.11⟩ vor Schneeblindheit schützende, dunkle Brille
Schnee|bruch ⟨m.2⟩ Abbrechen von Baumästen infolge zu großer Schneelast
Schnee-Eu|le ⟨f.11⟩ weiße, mehr oder weniger dunkel gefleckte Eule der Tundra
Schnee|fang ⟨m.2⟩ am Dachrand angebrachtes, senkrechtes Gitter zum Schutz gegen herabrutschenden Schnee

Schnee|fink ⟨m.10⟩ weiß-schwarzer Sperlingsvogel des Hochgebirges
Schnee|flocke ⟨-k|k-; f.11⟩ zusammengebackene Schneekristalle
Schnee|frä|se ⟨f.11⟩ motorbetriebenes Gerät mit vorgespannter rotierender Schaufeltrommel oder Förderschnecke zum Schneeräumen
Schnee|gans ⟨f.2⟩ weiße, nordische Wildgans mit schwarzen Flügelspitzen
Schnee|ge|stö|ber ⟨n.5⟩ massenhaft wirbelnde Schneeflocken
Schnee|glöck|chen ⟨n.7⟩ im Vorfrühling blühendes Narzissengewächs mit glockig-nickender, weiß-grüner Blüte
Schnee|gren|ze ⟨f.11⟩ Linie, die das mit Schnee bedeckte Land vom schneefreien Land trennt
Schnee|ha|se ⟨m.11⟩ (u.a. in den Alpen vorkommender) Hase mit im Sommer rotbraunem, im Winter weißem Fell
Schnee|hemd ⟨n.12⟩ weißer, hemdartiger Mantel (als Tarnung für Soldaten im Winter)
Schnee|huhn ⟨n.4⟩ → Alpenschneehuhn
schnee|ig ⟨Adj.⟩ 1 voller Schnee, mit Schnee bedeckt 2 wie Schnee; ~es Weiß
Schnee|ka|no|ne ⟨f.11⟩ Gerät zum Erzeugen und Verteilen von künstlichem Schnee
Schnee|ket|te ⟨f.11⟩ über den Autoreifen zu befestigende Kette zum besseren Fahren bei Schneeglätte
Schnee|kö|nig ⟨m.1; ostmdt.⟩ Zaunkönig; sich freuen wie ein S. ⟨ugs.⟩ sich kindlich freuen
Schnee|leo|pard ⟨m.10⟩ → Irbis
Schnee|mann ⟨m.4⟩ ⟨bes. von Kindern geformte⟩ menschenähnliche Figur aus Schnee
Schnee|pflug ⟨m.2⟩ 1 Fahrzeug mit Stahlblech an der Vorderseite, mit der der Schnee zur Seite geschoben wird 2 ⟨Schilauf⟩ Art des Bremsens, bei der die Enden der Schier auseinandergedrückt werden und sich die Spitzen fast berühren
Schnee|rau|pe ⟨f.11⟩ Raupenfahrzeug zum Präparieren von Schipisten
Schnee|rei|fen ⟨m.7⟩ mit Flechtwerk aus Leder versehener Holzreifen, der an den Füßen befestigt wird und das Einsinken im Schnee verhindert
Schnee|ro|se ⟨f.11; österr.⟩ → Christrose
Schnee|ru|te ⟨f.11; österr.⟩ → Schneebesen
Schnee|schuh ⟨m.1⟩ 1 ⟨bei nördlichen Völkern⟩ mit einem Geflecht aus Sehnen bespannter Reifen, der an die Schuhe gebunden wird und das Einsinken im Schnee verhindert 2 ⟨†⟩ → Schi
Schnee|trei|ben ⟨n., -s, nur Sg.⟩ Schneegestöber im Wind
Schnee|ver|we|hung ⟨f.10⟩ durch Wind hervorgerufene Anhäufung von Schnee
Schnee|we|he ⟨f.11⟩ vom Wind zusammengewehter Schneehaufen
Schne|gel ⟨m.5; österr.⟩ Schnecke ohne Gehäuse
Schneid ⟨m., -s, nur Sg.; bayr., österr. f., -, nur Sg.⟩ Mut, forsches Wesen; er hat S.; dazu habe ich keinen, keine S.; jmdm. den, die S. abkaufen jmdm. den Mut zu etwas nehmen; laß dir nicht den, die S. abkaufen!
Schneid|boh|rer ⟨m.3⟩ Bohrer, der gleichzeitig ein Gewinde schneidet
Schneid|bren|ner ⟨m.5⟩ ein Schweißbrenner zum Schneiden von Stahl und Eisen
Schnei|de ⟨f.11⟩ geschärfter Teil einer Klinge
Schnei|dei|sen ⟨n.7⟩ Werkzeug zum Herstellen eines Außengewindes (bei Schrauben)
Schnei|del|holz ⟨n.4⟩ abgeschnittene Zweige von Nadelbäumen
schnei|den ⟨V.125, hat geschnitten⟩ I ⟨mit Akk.⟩ 1 etwas s. a mit Messer, Schere oder einem ähnlichen Gerät zerteilen; Brot, Fleisch s.; einen Film s. einen Film auseinandertrennen und nach künstlerischen Gesichtspunkten

wieder zusammensetzen; die Luft ist zum Schneiden ⟨dick⟩ die Luft ist sehr schlecht, sehr verbraucht, verqualmt; Wurst in die Suppe s. Wurst zerteilen und in die Suppe geben b mit Messer, Schere oder ähnlichem Gerät abtrennen, loslösen; Rosen s.; Gras s. c mit Messer, Schere oder ähnlichem Gerät kürzen; eine Hecke s.; jmdm. die Haare s. d mit Messer oder Schere formen, herstellen; sich eine Gerte, ein Pfeifchen s.; Figuren aus Holz, Papier s. e mit Messer oder Meißel durch Herauslösen von kleinen Stücken vertieft in etwas anbringen; Figuren in Holz s.; eine in Stein geschnittene Inschrift f einander s., ⟨ugs.⟩ sich s. einander kreuzen; Linien s. sich g ⟨in Verbindung mit bestimmten Subst.⟩ einem Ball s. einem Ball eine Drehung geben, so daß er nach dem Aufprallen anders zurückspringt als erwartet; ein Geschwür s.; eine Fratze, eine Grimasse s. das Gesicht zu einer Grimasse verziehen; eine Kurve s. am Innenrand einer Kurve fahren; ein anderes Auto s. so dicht an einem anderen Auto vorbeifahren, daß dieses gefährdet wird; eine gut geschnittene Wohnung eine Wohnung mit günstiger, angenehmer Raumaufteilung 2 jmdn. oder sich s. mit Messer, Schere o.ä. verletzen; jmdn. oder sich beim Rasieren in die Wange, beim Maniküren in den Finger s.; sich ⟨übertr., ugs.⟩ sich täuschen; wenn du glaubst, das tun zu können, dann hast du dich geschnitten 3 jmdn. s. ⟨übertr.⟩ jmdn. ⟨wissentlich und auffällig⟩ nicht beachten II ⟨o.Obj.⟩ scharf sein, imstande sein, zu zerteilen, abzutrennen; das Messer schneidet nicht, schneidet nicht gut; der Wind schneidet ins Gesicht ⟨übertr.⟩ der Wind ist scharf und kalt, ist schmerzhaft im Gesicht spürbar; es schneidet einem ins Herz, wenn man sieht, hört, wie ... ⟨übertr.⟩ es tut einem im Herzen weh; der Griff, die Schnur schneidet mir in die Hand der Griff, die Schnur drückt sich mir schmerzhaft in die Hand; ~de Mundwerkzeuge ⟨von Insekten⟩; ~de Stimme ⟨übertr.⟩ scharfe Stimme; ~d etwas sagen scharf und feindselig etwas sagen
Schnei|der ⟨m.5⟩ 1 jmd., der berufsmäßig Bekleidung nach Maß herstellt; frieren wie ein S. ⟨scherzh.⟩ sehr frieren [der S. wurde früher meist als kleiner, dünner Mensch dargestellt, von dem man annehmen mußte, daß er wegen seiner Schwachheit und kälteempfindlich sei] 2 Gerät zum Schneiden (Ei~) 3 ⟨Jägerspr.⟩ schwacher Hirsch 4 kleiner Karpfenfisch mit dunklen Schuppen an der Seitenlinie, die an eine Naht erinnern 5 ⟨ugs.⟩ langbeiniges Insekt (bes. Schnake, Weberknecht) 6 ⟨nur Sg.; Tischtennis⟩ Punktzahl unter 11; im S. sein 7 ⟨Skat⟩ Karten im Wert von weniger als 30 Punkten; im S. sein weniger als 30 Punkte haben; aus dem S. sein 30 Punkte oder mehr haben, ⟨übertr.⟩ eine Schwierigkeit überstanden haben
Schnei|de|rei ⟨f.10⟩ 1 ⟨nur Sg.⟩ Handwerk des Schneiders 2 Werkstatt eines Schneiders
Schnei|der|krei|de ⟨f.11⟩ Kreide, mit der man auf Stoff zeichnen kann; Syn. Federweiß
Schnei|der|lei|nen ⟨n., -, nur Sg.⟩ steifer Leinenstoff für Einlagen in Mänteln, Kostüme u.a.; Syn. Steifleinen
Schnei|der|mus|kel ⟨m.14⟩ vom Darmbein schräg über die Vorderseite des Oberschenkels und die Innenseite des Knies zum Schienbein ziehender Muskel
schnei|dern ⟨V.1, hat geschneidert⟩ 1 ⟨o.Obj.⟩ Oberbekleidung zuschneiden und nähen; sie kann (gut) s.; sie hat das S. gelernt 2 zuschneiden und nähen; jmdm., sich ein Kleid s.
Schnei|der|pup|pe ⟨f.11⟩ Puppenmodell, an das die einzelnen Teile eines Kleidungsstückes vor dem Zusammennähen geheftet werden, so daß man sie passend abstecken kann

Schneider|sitz ⟨m., -es, nur Sg.⟩ Sitz mit gekreuzten Beinen [in der Art, wie früher *Schneider* bei der Arbeit saßen]

Schnei|de|tisch ⟨m.1⟩ mit Vorrichtungen zum Schneiden von Filmen ausgestatteter Tisch

Schnei|de|zahn ⟨m.2; bei Menschen und Säugetieren⟩ jeder der vorn im Gebiß liegenden Zähne, mit denen abgebissen wird; Syn. Inzisiv, Inzisivus, Inzisivzahn

schnei|dig ⟨Adj.⟩ 1 *forsch, selbstbewußt, draufgängerisch*; ein ~er Offizier, Kerl; ~es Vorgehen 2 *sportlich-elegant*; s. aussehen

Schnei|dig|keit ⟨f., -, nur Sg.⟩

Schneid|klup|pe ⟨f.11⟩ Schneideisen mit zwei verstellbaren Profilbacken (für Außengewinde)

schnei|en ⟨V.1, hat geschneit; o.Obj.; unpersönl., mit „es"⟩ es schneit 1 *Schnee fällt*; jmdm. ins Haus s. ⟨übertr., ugs.⟩ *unerwartet bei jmdm. auftauchen, jmdn. unangemeldet besuchen* 2 ⟨übertr., Fernsehen⟩ *das Fernsehbild flimmert*

Schnei|se ⟨f.11⟩ *schmaler, von Bäumen freigehauener Waldstreifen* [zu *schneiden*]

schnei|teln ⟨V.1, hat geschneitelt; mit Akk.⟩ *Bäume, Reben s. kürzer schneiden, Triebe aus Bäumen, Reben herausschneiden* [< mhd. *sneiten*, *sneiteln* „beschneiden"]

schnell ⟨Adj.⟩ 1 *mit hoher Geschwindigkeit*; s. laufen, fahren, fliegen; ~e Fahrt; er reagiert sehr s.; er ist nicht gerade der Schnellste ⟨ugs.⟩ *er handelt, denkt ziemlich langsam* 2 *rasch, ohne langes Überlegen*; ein ~er Entschluß; es ist s. nötig; mach s.! beeil dich! 3 *kurze Zeit in Anspruch nehmend*; eine ~e Drehung, Bewegung; ein ~es Mittagessen; ~e Rezepte ⟨ugs.⟩ *Rezepte für Speisen, die rasch zubereitet werden können* 4 *in kurzer Zeit; etwas s. erledigen; wir waren s. dort; es ist s. gegangen; warte, das geht sehr s.* 5 *hohe Fahrgeschwindigkeit ermöglichend*; ein ~es Auto; eine ~e Strecke 6 ⟨in der Wendung⟩ auf die Schnelle; vgl. *Schnelle* (1)

Schnell|as|ter ⟨-ll|l-; m.5⟩, **Schnell|last|wa|gen** ⟨-ll|l-; m.7⟩ *Lastwagen, der mit großer Geschwindigkeit fahren kann*

Schnell|läu|fer ⟨-ll|l-; m.5⟩ 1 *Stern, der sich mit hoher Geschwindigkeit bewegt* 2 *schnelllaufender Elektromotor*

Schnell|boot ⟨n.1⟩ *kleines, besonders schnelles und wendiges Kriegsschiff*

Schnell|dienst ⟨m.1⟩ *Einrichtung zur sofortigen Ausführung von Aufträgen* (z.B. bei Wäschereien; Hemden~, Studenten~)

Schnell|drucker ⟨-k|k-; m.5; in EDV-Anlagen⟩ *Gerät, das Daten sehr schnell ausdruckt*

Schnel|le ⟨f.11⟩ *Schnelligkeit*; auf die S. ⟨ugs.⟩ 1. *ganz schnell und kurz, in kurzer Zeit; ich komme auf die S. bei dir vorbei; ich kann auf die S. einen trinken; das kann ich auf die S. nicht erledigen* 2. *flüchtig, unsorgfältig; er hat das nur so auf die S. gemacht* 2 ⟨kurz für⟩ *Stromschnelle*

schnel|le|big ⟨-ll|l-; Adj.⟩ *sich schnell verändernd, schnell wechselnd*; unsere ~e Zeit; eine ~e Mode

schnel|len ⟨V.1⟩ I ⟨mit Akk.; hat geschnellt⟩ Syn. ⟨ugs.⟩ *schnipsen* 1 *mit rascher, reibender Bewegung des Zeigefingers am Daumen mit Schwung zum Wegfliegen bringen*; eine Fussel, ein Krümchen vom Mantel, vom Tisch s. 2 *mittels Gummiband mit Schwung zum Wegfliegen bringen*; Papierkügelchen durchs Zimmer s. II ⟨refl.; hat geschnellt oder o.Obj.; ist geschnellt⟩ (sich) s. *mit rascher, schwungvoller Bewegung springen*; der Fisch schnellte (sich) aus dem Wasser; sich vom Sprungbrett ins Wasser s.; sich vom Sprungbrett ins Wasser s.; sich vom Bach s.

Schnel|ler ⟨m.5⟩ 1 ⟨landsch.⟩ *schnellendes, mit den Fingern erzeugtes Geräusch* 2 ⟨landsch.⟩ → *Murmel*

Schnell|feu|er ⟨n., -s, nur Sg.⟩ *von einer automatischen Waffe abgegebene, schnelle Schußfolge*

schnell|fü|ßig ⟨Adj.⟩ *mit schnellen Schritten, flink*

Schnell|ge|richt ⟨n.1⟩ 1 ⟨Rechtsw.⟩ *Gericht für Schnellverfahren* 2 *schnell zubereitete Speise*

Schnell|hef|ter ⟨m.5⟩ *Aktendeckel mit Vorrichtung zum Befestigen von Papierblättern zur Aufbewahrung von Schriftstücken*

Schnell|lig|keit ⟨f., -, nur Sg.⟩ 1 *Geschwindigkeit (der Fortbewegung)*; die S. erhöhen, herabsetzen, vermindern; mit großer S. 2 *das Schnellsein, große Geschwindigkeit*; die S. seiner Reaktion verblüffte alle; in dieser S. kann ich das nicht machen

Schnell|im|biß ⟨m.1⟩ *kleine Gaststätte oder Verkaufsstand zum sofortigen Verzehr kleiner Speisen*

Schnell|ko|cher ⟨m.5⟩, **Schnell|koch|topf** ⟨m.2⟩ → *Dampfkochtopf*

Schnell|kraft ⟨f., -, nur Sg.⟩ → *Elastizität*

Schnell|kurs ⟨m.1⟩ *Kurs, in dem in kurzer Zeit Fertigkeiten und Kenntnisse vermittelt werden*

Schnell|mer|ker ⟨m.5; meist iron.⟩ *jmd., der schnell etwas erkennt, bemerkt, der aufmerksam ist*; Syn. Blitzmerker

Schnell|rich|ter ⟨m.5⟩ *Richter im Schnellverfahren*

Schnell|schuß ⟨m.2; scherzh.⟩ *außergewöhnlich rasch zu erledigender Auftrag*

schnell|stens ⟨Adv.⟩ *möglichst schnell*

schnellst|mög|lich ⟨Adv.⟩ *so schnell wie möglich*

Schnell|stra|ße ⟨f.11⟩ *gut ausgebaute Straße für den Schnellverkehr, die nur für bestimmte Fahrzeuge zugelassen ist*

Schnell|ver|fah|ren ⟨n.7⟩ *verkürztes Strafverfahren ohne schriftliche Anklage*

Schnell|zug ⟨m.2⟩ → *D-Zug*

Schnep|fe ⟨f.11⟩ 1 ⟨oft hochbeiniger⟩ *feuchte Gebiete bewohnender Vogel mit langem, dünnem Schnabel* (Sumpf~, Wald~) 2 ⟨ugs.⟩ *Prostituierte*; auch: **Schneppe** [< mhd. *snepfe*, ahd. *snepfa*, ndd. *sneppe* in Bed. (1), zu mndt. *snippe* „Schuhschnabel", *snibbe* < mnd. *sneb*, ndrl. *sneb*; zur Bedeutungsübertragung auf „Prostituierte" vgl. Schnepfenstrich]

Schnep|fen|strauß ⟨m.1; †⟩ → *Kiwi¹*

Schnep|fen|strich ⟨m. -(e)s, nur Sg.⟩ 1 *Balzflug der Waldschnepfe* 2 ⟨ugs.⟩ *Bereich der Straßenprostitution*

Schnep|pe¹ ⟨f.11; mdt.⟩ → *Schnabel* (2)

Schnep|pe² ⟨f.11; ugs.⟩ → *Schnepfe* (2)

Schnep|per ⟨m.5⟩ → *Schnäpper*

Schner|fer ⟨m.5; österr.⟩ *Rucksack*

schnet|zeln ⟨V.1, hat geschnetzelt; mit Akk.; schweiz.⟩ *fein schneiden*; geschnetzeltes Kalbfleisch

Schneuß ⟨m.1; Baukunst⟩ *Ornament in Form einer Fischblase* [< *Schneuse*, *Schneise* „Schlinge zum Vogelfang", *ausgehauene Stelle im Wald*"; in den *Schneisen* wurden früher die Vogelschlingen gelegt]

Schneu|ze ⟨f.11⟩ → *Lichtputzschere* [zu *schneuzen* (I)]

schneu|zen ⟨V.1, hat geschneuzt⟩ I ⟨mit Akk.; †⟩ *eine Kerze s. den Docht einer Kerze kürzer schneiden* II ⟨mit Dat. (sich) und Akk. oder refl.⟩ sich s., sich die Nase s. *durch Herausstoßen von Luft die Nase von Schleim säubern*

Schnick|schnack ⟨m., -s, nur Sg.⟩ 1 *leeres Gerede, Geschwätz*; du redest lauter S. 2 *nette Kleinigkeit jeglicher Art*; modischer S.

schnie|fen ⟨V.1, hat geschnieft; o.Obj.⟩ *hörbar durch die Nase atmen (von Hunden oder von Personen mit Schnupfen)*

schnie|geln ⟨V.1, hat geschniegelt⟩ I ⟨mit Akk.; selten⟩ *putzen* II ⟨refl.⟩ sich s. *sich elegant anziehen und fein frisieren*; ein geschniegelter Kerl ⟨ugs.⟩; geschniegelt und gebügelt ⟨ugs.⟩ *fein und gepflegt angezogen und frisiert*

schnie|ke ⟨Adj., -r, am schnieksten; berlin., norddt.⟩ 1 *schick* 2 *wunderbar*

Schnipp|chen ⟨n.7; mdt., norddt.⟩ *Schnalzer mit den Fingern*; jmdm. ein S. schlagen *jmds. Absichten durchkreuzen, jmdm. einen Streich spielen*

Schnip|pel ⟨m.5 oder n.5; mdt., berlin.⟩ → *Schnipsel*

schnip|peln ⟨V.1, hat geschnippelt; mit Akk.; mdt., berlin.⟩ *schneiden, klein schneiden*; Bohnen s.; Papier s.

schnip|pen ⟨V.1, hat geschnippt⟩ I ⟨mit Akk.⟩ *leicht, ein kleines Stück weit schnellen* (I,1) II ⟨o.Obj.⟩ *ein knallendes Geräusch hervorbringen*; mit den Fingern s.

schnip|pisch ⟨Adj.; meist von Mädchen⟩ *kurz angebunden, von oben herab*; ein ~es Ding; s. antworten

Schnip|sel ⟨m.5 oder n.5⟩ *kleines Stück (bes. Papier)*; auch: ⟨mdt., berlin.⟩ *Schnippel*

schnip|seln ⟨V.1, hat geschnipselt; mit Akk.⟩ *in kleine Stücke schneiden*; Papier s.

schnip|sen ⟨V.1, hat geschnipst; mit Akk.⟩ → *schnellen* (1,2)

Schnir|kel|schnecke ⟨-k|k-; f.11⟩ *Landlungenschnecke mit gestreiftem Gehäuse*

Schnitt ⟨m.1⟩ 1 *das Schneiden, Einschneiden, Abschneiden, Beschneiden*; ein schneller S.; der S. von Obstbäumen 2 *Ergebnis des Schneidens*; ein sauberer S.; ich habe mir einen S. im Finger 3 *das Ernten, Abschneiden*; der erste S.; seinen S. bei etwas machen ⟨ugs.⟩ *einen Gewinn bei etwas machen* 4 *durch Schneiden entstandene Form*; der S. des Anzugs, des Kleides; der S. des Hauses *die äußere Form und die Raumaufteilung des Hauses* 5 ⟨Biol.; kurz für⟩ *Dünnschnitt* 6 ⟨Film⟩ *Auseinanderschneiden des Films und neues Zusammensetzen der Teile nach künstlerischen Gesichtspunkten*; rascher S. *rasch wechselnde Szenenfolge* 7 ⟨kurz für⟩ *Schnittmuster*; ein S. für ein Kleid 8 *sichtbare Außenkanten der Seiten eines Buches* (Gold~) 9 ⟨Geometrie⟩ a *zweidimensionale Darstellung eines von einer Ebene geschnittenen Körpers* (Quer~, Kegel~) b *alle gemeinsamen Punkte zweier sich berührender geometrischer Gebilde* 10 ⟨kurz für⟩ *Durchschnitt*; er verdient im S. 2000 DM 11 ⟨Ballspiele, bes. Tennis⟩ *besonderer, schwer berechenbarer Drall des Balles*

Schnitt|blu|me ⟨f.11⟩ *mit dem Stengel abgeschnittene Gartenblume*

Schnit|te ⟨f.11; landsch.⟩ *(belegte oder bestrichene) Scheibe Brot* (Wurst~, Käse~)

Schnit|ter ⟨m.5⟩ *jmd., der mit der Sense mäht*

schnitt|fest ⟨Adj., o.Steig.⟩ 1 *hinreichend fest, um geschnitten zu werden*; ~er Käse 2 *gegen Schnitte unempfindlich*; ~e Unterlage

Schnitt|holz ⟨n.4⟩ *zu Bohlen oder Brettern verarbeitetes Holz*

schnit|tig ⟨Adj.⟩ 1 *schnittreif* 2 ⟨ugs.⟩ *elegant, gut geformt*; ein ~er Wagen

Schnitt|lauch ⟨m., -(e)s, nur Sg.⟩ 1 *eine dicht wachsende Lauchart* 2 *deren kleingeschnittene, röhrenförmige Blätter (als Gewürz)*

Schnitt|mei|ster ⟨m.5⟩ → *Cutter* (1)

Schnitt|mu|ster ⟨n.5⟩ *auf Papier aufgezeichnete Vorlage, nach der Kleider aus Stoff ausgeschnitten werden können*

Schnitt|mu|ster|bo|gen ⟨m.7⟩ *Papierbogen mit aufgezeichneten Schnittmustern*

Schnitt|punkt ⟨m.1⟩ 1 ⟨Geom.⟩ *Punkt, in dem sich Linien schneiden*; der S. einer Geraden und einer Kurve 2 *Ort, an dem sich Straßen oder Strecken kreuzen* (Verkehrs~)

Schnitt|wa|re ⟨f.11⟩ *Stoff, der nach gewünschtem Maß vom Ballen geschnitten und verkauft wird*

Schnitz ⟨m.1; bayr.⟩ *Stückchen (von Obst; Apfel~)*
Schnitz|bank ⟨f.2⟩ *Bank mit Klemmvorrichtung für Stellmacher und Böttcher*
Schnit|zel ⟨n.5⟩ **1** *kleines, abgeschnittenes Stück* (Papier~) **2** *dünne Fleischscheibe* (Kalbs~, Schweins~) **3** *dasselbe Fleischstück gebraten;* Wiener S. *panierte gebratene Kalbfleischscheibe*
Schnit|zel|bank ⟨f.2⟩ *Bänkelsängerverse (oft mit Bildern)*
Schnit|zel|jagd ⟨f.10⟩ *Geländespiel zwischen zwei Gruppen, von denen eine mit Papier- oder Stoffschnitzeln eine Spur legt und danach von der anderen verfolgt wird*
schnit|zeln ⟨V.1, hat geschnitzelt; mit Akk.⟩ *in kleine Stücke, in Schnitze schneiden;* Möhren s.
schnit|zen ⟨V.1, hat geschnitzt; mit Akk.⟩ *mit dem Messer aus Holz herausarbeiten;* eine Figur s.; Löffel s.; er ist aus anderem Holz geschnitzt als du ⟨übertr.⟩ *er hat eine andere Wesensart als du*
Schnit|zer ⟨m.5⟩ **1** *jmd., der schnitzt* (Holz~) **2** ⟨ugs.⟩ *Fehler, Unachtsamkeit;* sich einen groben S. geleistet haben; einen S. machen
Schnit|ze|rei ⟨f.10⟩ **1** ⟨nur Sg.⟩ *Holzschneidekunst* **2** *aus Holz geschnitzter Gegenstand;* Syn. Schnitzwerk
Schnitz|mes|ser ⟨n.5⟩ *Messer für Holzschneidearbeiten*
Schnitz|werk ⟨n.1⟩ → Schnitzerei (2)
schno|bern ⟨V.1, hat geschnobert⟩ → schnuppern (I,1); auch: *schnopern;* das Pferd schnobert an meiner Hand
Schnod|der ⟨m., -s, nur Sg.⟩ landsch.⟩ *Nasenschleim*
schnod|de|rig ⟨Adj.⟩ *vorlaut, unhöflich, respektlos;* auch: *schnoddrig;* eine ~e Antwort, Bemerkung; ein ~er Kerl
Schnod|de|rig|keit ⟨f., -, nur Sg.⟩ *schnodderiges Reden*
schnodd|rig ⟨Adj.⟩ → schnodderig
schnö|de ⟨Adj., schnöder, am -sten⟩ **1** *erbärmlich, verachtenswert;* um des ~n Geldes willen **2** *gemein, beleidigend, geringschätzig und verletzend;* jmdn. s. im Stich lassen
Schnöd|heit, Schnö|dig|keit ⟨f., -, nur Sg.⟩ *schnödes Verhalten*
schno|feln ⟨V.1, hat geschnofelt; o.Obj.; österr.⟩ **1** *durch die Nase reden* **2** ⟨mundartl.⟩ *schnüffeln* (2)
schno|pern ⟨V.1, hat geschnopert; Nebenform von⟩ *schnobern,* → *schnuppern* (1)
Schnor|chel ⟨m.5⟩ **1** ⟨bei U-Booten, Panzern⟩ *Rohr, das zur Luftversorgung über die Wasseroberfläche führt* **2** *kurzes Rohr (zum Atmen) mit Schutzbrille zum Tauchen in Flachwasser*
schnor|cheln ⟨V.1, hat geschnorchelt; o.Obj.⟩ *mit dem Schnorchel tauchen*
Schnör|kel ⟨m.5⟩ **1** *gewundene, spiralige Verzierung* **2** ⟨übertr.⟩ *zierendes Beiwerk (bei einer Rede)*
schnör|ke|lig ⟨Adj.; auch: *schnörklig*⟩ **1** *mit (vielen) Schnörkeln;* ~e Schrift; s. schreiben **2** *aus Schnörkeln bestehend;* eine ~e Verzierung
schnör|keln ⟨V.1, hat geschnörkelt; mit Akk.⟩ *mit Schnörkeln verzieren;* ⟨meist im Part. Perf.⟩ *geschnörkelte Schrift; geschnörkelte Stuhllehne*
schnörk|lig ⟨Adj.⟩ → schnörkelig
schnor|ren ⟨V.1, hat geschnorrt; mit Akk. oder o.Obj.⟩ *(etwas) kostenlos zu erhalten suchen, betteln, etwas erbetteln;* ein paar Zigaretten s.; er schnorrt überall; er ist überall zu finden, wo es etwas zu s. gibt
Schnor|rer ⟨m.5⟩ *jmd., der oft schnorrt*
Schnö|sel ⟨m.5⟩ *blasierter, dumm-frecher Bursche*
schnö|se|lig, schnös|lig ⟨Adj.⟩ *wie ein Schnösel, blasiert*

Schnucke ⟨-k|k-; f.11; kurz für⟩ *Heidschnucke*
schnucke|lig ⟨-k|k-⟩, **schnuck|lig** ⟨Adj.⟩ *klein und niedlich, puppenhaft hübsch und ansprechend;* ein ~es Mädchen; ein ~es Häuschen
schnud|de|lig, schnudd|lig ⟨Adj.; mdt.⟩ → schmuddelig
schnüf|feln ⟨V.1, hat geschnüffelt⟩ **I** ⟨o.Obj.⟩ **1** *Nasenschleim hörbar in die Nase hochziehen* **2** ⟨von Tieren, bes. Hunden⟩ *an, in etwas s. mit der Nase rasch und wiederholt Luft einziehend etwas suchen, etwas untersuchen;* nach Mäusen, nach einer Fährte **3** ⟨übertr.⟩ *in anderer Leute Sachen kramen, herumsuchen (aus Neugierde oder um etwas Verdächtiges zu finden)* **4** ⟨ugs.⟩ *ätherische Stoffe einatmen (um sich in einen Rauschzustand zu versetzen)* **II** ⟨mit Akk.⟩ *etwas s. durch den Geruchssinn finden;* der Hund hat darauf abgerichtet, Heroin zu s.
Schnüff|ler ⟨m.5⟩ **1** *unangenehm neugieriger Mensch, der durch Fragen oder Sichumschauen überall etwas zu erfahren sucht* **2** ⟨abwertend⟩ *Detektiv, Spion* **3** *jmd., der gewohnheitsmäßig schnüffelt (1,4)*
schnul|len ⟨V.1, hat geschnullt; mit Akk.; bayr.⟩ *lutschen*
Schnul|ler ⟨m.5⟩ *kleiner, länglicher Ballon mit einer senkrecht dazu stehenden Plastikscheibe und einem daran befestigten Ring (zum Saugen für Säuglinge und Kleinkinder);* Syn. Nuckel
Schnul|ze ⟨f.11⟩ *rührseliges Lied oder Theater-, Fernseh-, Kinostück*
schnul|zig ⟨Adj.⟩ *in der Art einer Schnulze, rührselig*
schnup|fen ⟨V.1, hat geschnupft⟩ **I** ⟨mit Akk.⟩ *in die Nase einziehen (um des Geruchs willen und um einen Niesreiz zu erzeugen);* Tabak s. **II** ⟨o.Obj.⟩ **1** *oft Schnupftabak gebrauchen;* er raucht nicht mehr, dafür schnupft er **2** ⟨oberdt.⟩ → *schluchzen* (I)
Schnup|fen ⟨m.7⟩ *Entzündung der Nasenschleimhaut, die mit vermehrter Absonderung von Schleim verbunden ist*
Schnupf|ta|bak ⟨m.1⟩ *fein gemahlener Tabak mit Zusätzen (zum Schnupfen)*
Schnupf|tuch ⟨n.4; südt., bes. bayr.⟩ → Taschentuch
schnup|pe ⟨Adj.; nur mit „sein"; ugs.⟩ *egal, gleichgültig;* Syn. *schnurz;* das ist mir s.; es ist völlig s., wie man das macht [wohl eigtl. „wertlos, gleichgültig wie eine Schnuppe"]
Schnup|pe ⟨f.11; nddt.⟩ *verkohltes Ende vom Docht*
schnup|pern ⟨V.1, hat geschnuppert⟩ **I** ⟨o.Obj.⟩ **1** *mehrmals rasch Luft durch die Nase einziehen, um einen Geruch wahrzunehmen;* Syn. *schnobern;* der Hund schnuppert **2** *an, in etwas s. etwas auf diese Weise untersuchen;* der Hund schnuppert an meiner Hand, im Gras **3** ⟨ugs., scherzh.⟩ *Geruch ausströmen, riechen;* das schnuppert nach gebratenen Zwiebeln **II** ⟨mit Akk.⟩ *etwas s. den Geruch von etwas wahrnehmen, riechen;* ich schnuppere Küchenduft
Schnur ⟨f.2⟩ **1** ⟨auch f.10⟩ *aus Fasern gedrehter, dicker Faden;* eine S. umwickeln; über die S. hauen ⟨ugs.⟩ *übermütig feiern* **2** *Kordel;* Uniformjacke mit Schnüren **3** ⟨auch f.10; ugs.⟩ *(im Haushalt verwendetes) Kabel* (Verlängerungs~); am Bügeleisen ist die S. kaputt
Schnür|bo|den ⟨m.8; Theater⟩ *Raum über der Bühne zum Herablassen und Heraufziehen der Kulissen*
Schnür|chen ⟨n.7⟩ *kleine Schnur;* das klappt wie am S. ⟨ugs.⟩ *das klappt reibungslos*
schnü|ren ⟨V.1⟩ **I** ⟨mit Akk.; hat geschnürt⟩ **1** *zusammenpacken oder -legen und zubinden, festbinden;* sein Bündel s. ⟨übertr., †⟩ *sich auf die Reise begeben, fortwandern;* jmdm. die Hände auf den Rücken s. **2** *mittels Schnürsenkel (der durch Ösen geführt wird) zubinden, (meist) zuschnüren;* die Stiefel s. **II** ⟨o.Obj.; ist geschnürt; Jägerspr.; vom Fuchs, Wolf und Luchs⟩ *beim Traben die Tritte in gerader Linie (wie auf einer Schnur) hintereinandersetzen*
schnur|ge|ra|de ⟨Adj., o.Steig.⟩ *so gerade wie eine gespannte Schnur, völlig gerade;* der Weg führt s. aufs Rathaus zu
Schnur|ke|ra|mik ⟨f., -, nur Sg.⟩ *Kultur der Jungsteinzeit, die durch schnurförmige Verzierungen der Tongefäße gekennzeichnet ist*
Schnür|leib ⟨m.3; †⟩ *Korsett zum Schnüren*
Schnür|re|gen ⟨m., -s, nur Sg.; bayr., österr.⟩ *anhaltender, gleichmäßiger Regen*
Schnürl|samt ⟨m.1; österr.⟩ → Kordsamt
schnur|psen ⟨V.1, hat geschnurpst⟩ **I** ⟨o.Obj.; ostmdt.⟩ *ein leise krachendes, reibendes Geräusch hervorbringen;* Nüsse, Äpfel kauen, daß es schnurpst **II** ⟨mit Akk.⟩ *mit einem solchen Geräusch essen;* einen Apfel s.
Schnurr|bart ⟨m.2⟩ *Bart auf der Oberlippe*
schnurr|bär|tig ⟨Adj., o.Steig.⟩ *mit einem Schnurrbart;* ~er Mann; ~es Gesicht
Schnur|re ⟨f.11⟩ *komische, possenhafte Erzählung*
schnur|ren ⟨V.1, hat geschnurrt; o.Obj.⟩ *ein leises, anhaltendes, reibendes Geräusch von sich geben;* die Katze schnurrt (wenn sie sich behaglich fühlt); das Spinnrad schnurrt
Schnurr|haar ⟨n.1, meist Pl.⟩ *bei manchen Säugetieren, bes. Katzen* ~e *lange, steife, links und rechts von der Oberlippe abstehende, als Tastwerkzeug dienende Haare;* Syn. Spürhaar
Schnür|rie|men ⟨m.7⟩ *Riemen, mit dem etwas zugeschnürt wird*
schnur|rig ⟨Adj.⟩ *komisch, drollig, possenhaft* Schnurrigkeit ⟨f.⟩
Schnurr|pfei|fe|rei ⟨f.10; meist Pl.; †⟩ *lustiger Einfall, närrische Sache* [zu Schnurrpfeife, Schnarrpfeife „Pfeife mit schnarrendem, schnurrendem Ton", mit der sich früher umherziehende Lumpensammler (Schnurrpfeifer) ankündigten, um Lumpen gegen allerlei Kleinkram, Schnurrpfeifereien, zu erhalten]
Schnür|schuh ⟨m.1⟩ *Schuh, der geschnürt werden muß*
Schnür|sen|kel ⟨m.5⟩ *Band, mit dem ein Schuh zugeschnürt wird;* Syn. Schuhband
Schnür|stie|fel ⟨m.5⟩ *Stiefel, der geschnürt werden muß*
schnur|stracks ⟨Adv.⟩ *sofort, ohne zu zögern, auf kürzestem Wege*
Schnü|rung ⟨f.10⟩ **1** ⟨nur Sg.⟩ *das Schnüren* **2** *Ergebnis des Schnürens, Befestigung durch Schnüre*
schnurz ⟨Adj.⟩ → schnuppe [Herkunft unbekannt]
Schnu|te ⟨f.11; ugs.⟩ **1** *Mund* **2** *Mund mit vorgeschobenen Lippen;* eine S. ziehen *Verdrossenheit zeigen, schmollen*
Scho|ber ⟨m.5; bayr., österr.⟩ **1** *geschichteter Haufen (von Heu, Stroh, Getreide;* Heu~) **2** *überdachter Platz zum Aufbewahren von Heu, Getreide oder Stroh* [zu *schieben*]
Schock[1] ⟨m.9⟩ *plötzliche Nervenerschütterung* [< frz. *choc* „Stoß, Erschütterung, Schicksalsschlag", zu *choquer* „stoßen", mitteldrl. *schockeren, schocken* „zusammenstoßen, erschüttern"]
Schock[2] ⟨n., -s, -⟩ *altes Zählmaß, 60 Stück* [< mhd. *schock* „Haufen, Menge von 60 Stück"]
schock|ant ⟨-k|k-; Adj., -er, am -esten⟩ *anstößig, schockierend*
Schock|be|hand|lung ⟨f.10⟩ *künstlich hervorgerufener Schock zur Beeinflussung von Geisteskrankheiten;* Syn. Schocktherapie
schocken ⟨-k|k-; V.1, hat geschockt; mit Akk.⟩ **1** *jmdn. s.* **a** *jmdm. einen elektrischen*

Schocker

Schock versetzen (zu Heilzwecken) **b** jmdn. mit Grauen, Entsetzen erfüllen, jmdn. tief erschrecken, empören; der Anblick hat mich geschockt; ich bin geschockt ich bin tief erregt vor Grauen, Schrecken, Empörung **2** etwas s. ⟨Handball, Kugelstoßen⟩ aus dem Stand mit gestrecktem Arm, von unten nach oben auslösend, werfen; den Ball, die Kugel s.

Schocker ⟨-k|k-; m.5⟩ schockierender Film oder Roman, Gruselfilm

schockie|ren ⟨-k|k-; V.3, hat schockiert; mit Akk.⟩ jmdn. s. jmdn. mit Entrüstung, Empörung erfüllen, jmdm. Grauen, Schrecken einjagen; sein Benehmen hat mich schockiert, ist ~d

schocking ⟨-k|k-⟩ Adj.; eindeutschende Schreibung von⟩ shocking

Schock|the|ra|pie ⟨f.11⟩ →Schockbehandlung

Schof ⟨m.1⟩ **1** ⟨nddt.⟩ Strohdecke (zum Dachdecken) **2** ⟨Jägerspr.⟩ kleinere Gruppe von Wildenten [nddt., „Zusammengeschobenes"]

scho|far ⟨m., -(s), -fa|roth; im jüdischen Kult⟩ Widderhorn, das am Neujahrstag geblasen wird

scho|fel ⟨Adj., schofler, am -sten⟩ →schäbig (2); Syn. schoflig [< jidd. schofel „ärmlich, erbärmlich, schäbig, gemein", neuhebr. „niedrig" im Hinblick auf Lebenslage und Gesinnung, < hebr. šafal „niedrig, gering, tiefstehend"]

Scho|fel ⟨m.5; ugs.⟩ schlechte Ware

Schöf|fe ⟨m.11⟩ ehrenamtlicher Laienrichter eines Schöffengerichtes oder einer Strafkammer; Syn. Geschworener

Schöf|fen|bank ⟨f.2⟩ Sitzplatz der Schöffen (im Gerichtssaal)

Schöf|fen|ge|richt ⟨n.1⟩ Gericht, das aus einem Berufsrichter und mehreren Schöffen besteht

Schof|för ⟨m.1; eindeutschende Schreibung von⟩ Chauffeur

Scho|gun ⟨m.1⟩ →Shogun

Scho|ko|la|de ⟨f.11⟩ **1** Nahrungs- und Genußmittel aus Kakao, Milch und Zucker **2** heißes Getränk daraus [< Nahuatl chocolatl, der Bezeichnung für ein Nahrungsmittel aus den Samen des Kakaobaumes und eines pochotl genannten Baumes (Kapokbaum)]

scho|ko|la|den ⟨Adj., o.Steig.⟩ aus Schokolade; eine ~e Figur

Scho|ko|la|den|sei|te ⟨f., -, nur Sg.; ugs.⟩ bessere, angenehme Seite; er kennt das Leben bisher nur von seiner S.; er zeigt sich von seiner S.

Scho|lar ⟨m.10; MA⟩ fahrender Schüler, fahrender Student

Schol|arch ⟨m.10; MA⟩ Vorsteher, Aufseher an einer Klosterschule

Scho|la|stik ⟨f., -, nur Sg.⟩ **1** die auf der antiken Philosophie beruhende christliche Philosophie und Wissenschaft des MA **2** ⟨auch übertr.⟩ engstirnige Schulweisheit [< lat. scholasticus „zur Schule, zum Studium gehörig", < griech. scholastikos „mit wissenschaftlichen Studien beschäftigt", zu schole, →Schule]

Scho|la|sti|ker ⟨m.5⟩ **1** Vertreter der Scholastik **2** ⟨bes. bei den Jesuiten⟩ junger Ordensgeistlicher während des Studiums **3** ⟨übertr.⟩ Buchstabengelehrter

scho|la|stisch ⟨Adj.⟩ **1** ⟨o.Steig.⟩ zur Scholastik gehörend, sie betreffend **2** ⟨übertr., abwertend⟩ spitzfindig

Scho|la|sti|zis|mus ⟨m., -, nur Sg.⟩ **1** Überwertung der Scholastik **2** ⟨übertr.⟩ Haarspalterei, Spitzfindigkeit

Scho|lie ⟨[-ljə] f.11⟩, **Schol|li|on** ⟨n., -s, -lien; in antiken Literaturwerken⟩ erklärende Randbemerkung [< griech. scholion „kurze Erklärung, Auslegung", zu schole, →Schule]

Schol|le ⟨f.11⟩ **1** grobes, großes, zusammenhängendes Erdstück, das durch den Pflug oder beim Umgraben aufgeworfen wird **2** ⟨nur Sg.; geh.⟩ Boden, Erde (der Heimat, eines Landes) **3** flächiges, dickes Eisstück, das auf dem Wasser treibt **4** ⟨Geol.⟩ allseits durch Verwerfungen begrenzter Teil der Erdkruste **5** im Meer lebender Plattfisch mit vollenförmig abgeflachtem Körper (z.B. die Flunder)

schol|lern[1] ⟨V.1, ist geschollert; o.Obj.⟩ mit dumpfem Geräusch rollen; die Steine, Erdklumpen schollerten vom Hang über die Straße [lautmalend]

schol|lern[2] ⟨V.1, hat geschollert; mit Akk.⟩ mit der Hacke lockern und zerkleinern; (gefrorenes) Erdreich s. [zu Scholle (1)]

schol|lig ⟨Adj., o.Steig.⟩ Schollen (1) aufweisend; ~er Boden

Schöll|kraut ⟨n., -(e)s, nur Sg.⟩ häufig an Mauern, Wegrändern u.a. wachsendes, gelb blühendes Mohngewächs mit lappig gefiederten Blättern

schon ⟨Adv.⟩ **1** früher als gedacht; er geht s.; s. bald wird es soweit sein **2** unmittelbar danach; er stand auf, und s. sprang der Hund auf ihn los **3** ganz sicher, bestimmt; es wird s. wieder gut werden **4** bereits; er hat es s. gewußt; er war s. gegangen **5** nur, allein; s. der Gedanke daran ist mir unangenehm **6** ohnehin; es ist s. kalt genug **7** ⟨Ausdruck der Ungeduld⟩ endlich; nun mach s.!; nun komm s. **8** ⟨verstärkend⟩ du wirst es s. merken! **9** ⟨Ausdruck der Erwartung⟩ es wird s. gut gehen; er wird dir s. helfen **10** ⟨Ausdruck der Einschränkung⟩ was habe ich s. davon? **11** ⟨Ausdruck der zögernden Zustimmung⟩ ich möchte s. kommen

schön ⟨Adj.⟩ **1** äußerlich ansprechend, anziehend, dem Auge gefallend; ein ~es Bild; eine ~e Frau; der Raum war s. geschmückt **2** angenehm, eine angenehme Empfindung hervorrufend; es ist s. warm hier; ~e Worte schmeichelnde Worte; (ich wünsche dir, Ihnen) ein ~es Wochenende! **3** verdienstvoll, lobenswert; eine ~e Leistung; das ist ein ~er Zug an ihm; das habt ihr s. gemacht **4** gut, einverstanden; na s.!; also s., machen wir es so!; s., ich werde es gleich erledigen **5** ⟨verstärkend⟩ danke s.!; bedanke dich s.!; sei s. brav! **6** ⟨ugs.⟩ beträchtlich, groß; das kostet ein ~es Stück Geld; es sind ein ~es Stück vorangekommen **7** viel ✩ bes. in der Wendung ⟩ ~en, ~sten Dank! **8** ⟨als Adv.⟩ sehr; er wird s. staunen; da hat er dich s. hereingelegt **9** ⟨ugs., iron.⟩ unschön, unerfreulich; das sind ja ~e Aussichten; das ist eine ~e Bescherung, Geschichte das ist eine unerfreuliche Geschichte, Angelegenheit; du bist mir ein ~er Kamerad! du verhältst dich wenig kameradschaftlich!; das wäre ja noch ~er! das ist ganz unerhört, das kommt nicht in Frage!

Schön|druck ⟨m.1⟩ Ggs. Widerdruck **1** die zuerst bedruckte Seite eines Bogens **2** der betreffende Druckvorgang

Schö|ne ⟨f.11⟩ **1** ⟨nur Sg.; poet.⟩ Schönheit **2** schöne Frau, schönes Mädchen (Dorf~)

scho|nen ⟨V.1, hat geschont⟩ **I** ⟨mit Akk.⟩ **1** etwas s. nicht oder nur wenig gebrauchen, vorsichtig mit etwas umgehen; das verletzte Bein s.; Gegenstände s.; er schont seinen Wein s.; er gießt nicht gern von seinem Wein etwas ab; dieses Waschmittel schont die Wäsche greift die Wäsche nicht an; jmds. Gefühle s. versuchen, nicht zu verletzen **2** jmdn. s. jmdm. nicht die ganze, bittere Wahrheit sagen, jmdm. nicht die ganze Arbeit aufbürden, jmdn. behutsam behandeln **II** ⟨refl.⟩ sich s. Anstrengungen vermeiden, Rücksicht auf seine Gesundheit, auf die Grenzen seiner Kraft nehmen; der Kranke muß sich noch s.; sie schont sich nicht, sie arbeitet (zu) viel

schö|nen ⟨V.1, hat geschönt; mit Akk.⟩ etwas s. **1** schöner aussehend machen, die Farben von etwas leuchtender, stärker machen **2** den Geschmack von etwas künstlich verbessern; Lebensmittel s. **3** künstlich klar machen; Wein s.

Scho|ner[1] ⟨m.5⟩ schützende Bedeckung, schützender Überzug (Knie~, Ärmel~)

Scho|ner[2] ⟨m.5⟩ mehrmastiges Segelschiff [< engl. schooner, ältere Form: scooner in ders. Bed., zu to scoon „(über etwas hinweg) gleiten"]

schön|fär|ben ⟨V.1, hat schöngefärbt; mit Akk.⟩ zu günstig, zu vorteilhaft darstellen; einen Sachverhalt, einen Zustand s.

Schön|fär|be|rei ⟨f., -, nur Sg.⟩ das Schönfärben, zu günstige, der Wahrheit nicht entsprechende Darstellung

Schon|frist ⟨f.10⟩ Zeitraum, bis eine Maßnahme oder die Kritik einsetzt

Schon|gang ⟨m.2⟩ **1** ⟨bei Kfz⟩ Schnellgang mit verminderter Drehzahl des Motors **2** ⟨bei Waschmaschinen⟩ wäscheschonender Waschgang

Schön|geist ⟨m.3⟩ (schwärmerischer) Freund des Schönen, der schönen Künste

schön|gei|stig ⟨Adj.⟩ die schönen Künste liebend, in der Art eines Schöngeistes; ~e Literatur Literatur, die nicht zur Sach- oder Fachliteratur gehört

Schön|heit ⟨f.10⟩ **1** ⟨nur Sg.⟩ das Schönsein, schöne Beschaffenheit; die S. eines Kunstwerkes **2** schöne Sache, schöner Anblick; die ~en der Natur **3** schöne Frau; eine reife S.; sie ist eine S.

Schön|heits|feh|ler ⟨m.5⟩ kleiner, (nur) die Schönheit beeinträchtigender Fehler; eine Arbeit mit kleinen ~n

Schön|heits|fleck ⟨m.1⟩ →Schönheitspflästerchen

Schön|heits|kö|ni|gin ⟨f.10⟩ Siegerin bei einem Schönheitswettbewerb

Schön|heits|pflä|ster|chen ⟨n.7⟩ schwarzes Pflästerchen in der Form eines Leberfleck auf der Wange; Syn. Schönheitsfleck

Schön|heits|sinn ⟨m., -(e)s, nur Sg.⟩ ausgeprägte Empfänglichkeit für alles Schöne

Schön|heits|wett|be|werb ⟨m.1⟩ Wettbewerb, bei dem unter einer Anzahl junger Mädchen das schönste ausgesucht wird

Schon|kost ⟨f., -, nur Sg.⟩ leicht verdauliche, schlackenarme Kost vor allem bei Erkrankung der Verdauungsorgane; jmdn. auf S. setzen; jmdm. S. verordnen

Schön|ling ⟨m.1; abwertend⟩ gut aussehender, (meist) jüngerer Mann mit sehr gepflegtem Aussehen

schön|re|den ⟨V.2, hat schöngeredet, Imperfekt kaum üblich; o.Obj.⟩ nur Günstiges, Vorteilhaftes reden, schmeicheln

Schön|re|de|rei ⟨f., -, nur Sg.⟩ das Schönreden, allzu liebenswürdiges, schmeichelhaftes Gerede

schon|sam ⟨Adj.⟩ schonend, pfleglich; ~e Behandlung

schön|stens ⟨Adv.⟩ sehr schön, aufs beste; es ist alles s. geregelt

Schön|tue|rei ⟨f., -, nur Sg.⟩ das Schöntun, betont liebenswürdiges Benehmen (jmdm. gegenüber)

schön|tun ⟨V.167, hat schöngetan; mit Dat.⟩ jmdm. s. jmdm. schmeicheln, sich jmdm. gegenüber betont liebenswürdig benehmen

Scho|nung ⟨f.10⟩ **1** ⟨nur Sg.⟩ das Schonen, das Sichschonen; der Kranke braucht noch S.; er kennt keine S. **2** ⟨Forstw.⟩ junger, durch Zaun geschützter Waldbestand

scho|nungs|be|dürf|tig ⟨Adj.⟩ Schonung benötigend

scho|nungs|los ⟨Adj., -er, am -esten⟩ ohne Schonung, ohne Zurückhaltung; ~e Kritik; jmdm. s. etwas ins Gesicht sagen; **Scho|nungs|lo|sig|keit** ⟨f., -, nur Sg.⟩

Schön|wet|ter|wol|ke ⟨f.11⟩ flache Haufenwolke

Schon|zeit ⟨f.10⟩ *Zeitraum, in dem jagdbare Tiere nicht erlegt werden dürfen;* Syn. ⟨veraltend⟩ *Hegezeit*
Schopf ⟨m.2⟩ **1** *Haarbüschel auf dem Kopf* **2** *Kopfhaar;* ein blonder S. **3** *Büschel am oberen Ende, am Kopf* (Blätter~, Feder~) **4** ⟨schweiz.⟩ a → *Schuppen* **b** *Wetterdach*
schöp|fen ⟨V.1, hat geschöpft⟩ **I** ⟨mit Akk.⟩ **1** *mit einem Gefäß oder mit der hohlen Hand aufnehmen;* Wasser aus dem Boot s.; Brühe aus dem Topf s. **2** ⟨in Verbindung mit bestimmten Subst.⟩ Atem, Luft s. *tief frische Luft einatmen;* Kraft, Glauben, Hoffnung, Mut, Zuversicht s. *gewinnen, erlangen;* er hat Verdacht geschöpft *in ihm ist Verdacht erwacht* **3** ⟨übertr.⟩ *für sich entnehmen (um es zu verwerten);* er schöpft seine Ideen aus alten Quellen; dieses Motiv hat er aus einem Werk Goethes geschöpft **II** ⟨o.Obj.⟩ **1** ⟨in der Wendung⟩ aus dem vollen s. *ohne Einschränkung über etwas verfügen können* **2** ⟨Jägerspr.; vom Wild und Hund⟩ *trinken*
Schöp|fer[1] ⟨m.5⟩ *Schöpflöffel, Schöpfkelle* [zu *schöpfen*]
Schöp|fer[2] ⟨m.5⟩ **1** *jmd., der etwas (Bedeutendes) geschaffen hat, hervorgebracht hat;* der S. eines Kunstwerkes; der S. dieser Oper ist ... **2** ⟨Bez. für⟩ *Gott;* der S. der Welt [zu *schaffen*]
Schöp|fer|hand ⟨f.2⟩ *schöpferisches Handeln, Wirken;* die S. Gottes; mit S. geschaffenes Werk
schöp|fe|risch ⟨Adj.⟩ *fähig, etwas Eigenes, künstlerisch Bedeutendes zu schaffen;* ein ~er Mensch; ~e Pause *Pause, die dazu dient, neue Ideen zu sammeln*
Schöp|fer|kraft ⟨f.2⟩ *schöpferische Kraft*
Schöpf|rad ⟨n.4; in warmen Ländern⟩ *mit Eimern besetztes, fortlaufend Wasser aus einem Wasserlauf auf höher gelegene Äcker schöpft*
Schöp|fung ⟨f.10⟩ **1** ⟨nur Sg.⟩ *Erschaffung der Welt durch Gott* **2** *(vom Menschen geschaffenes) Kunstwerk;* diese Statue ist eine S. Michelangelos
Schöp|fungs|be|richt ⟨m., -(e)s, nur Sg.; in der Bibel⟩ *Bericht von der Erschaffung der Welt;* Syn. *Schöpfungsgeschichte*
Schöp|fungs|ge|schich|te ⟨f., -, nur Sg.⟩ → *Schöpfungsbericht*
Schöpf|werk ⟨n.1⟩ *Vorrichtung zum Wasserschöpfen*
schöp|peln ⟨V.1, hat geschöppelt⟩ **I** ⟨o.Obj.; landsch.⟩ *einen Schoppen trinken;* er schöppelt gern **II** ⟨mit Akk.; schweiz.⟩ *ein Kind s. einem Kind die Flasche (den Schoppen) geben*
schop|pen ⟨V.1, hat geschoppt⟩ **I** ⟨mit Akk.; süddt., österr., schweiz.⟩ Gänse s. → *nudeln (1)* **II** ⟨o.Obj.; veraltend⟩ *sich bauschen; geschoppte Ärmel*
Schop|pen ⟨m.7⟩ **1** *altes Flüssigkeitsmaß für Bier oder Wein,* ¼l*, im Hotelgewerbe:* ½l **2** *Glas, das diese Flüssigkeitsmenge enthält* **3** ⟨schweiz.⟩ *Saugflasche für Babys* **4** ⟨landsch.⟩ → *Schuppen*
Schop|pen|wein ⟨m.1⟩ *in Schoppen (viertelliterweise) ausgeschenkter Wein*
Schöps ⟨m.1; ostmdt., österr.⟩ → *Hammel* [< tschech. skopec „Hammel", zu altslaw. skopiti „kastrieren"]
Schöp|sen|bra|ten ⟨m.7; ostmdt., österr.⟩ *Hammelbraten*
Schöp|ser|ne(s) ⟨n.17 oder 18; österr.⟩ *Hammelfleisch*
Schorf ⟨m.1⟩ **1** *Kruste auf einer Hautwunde;* Syn. *Grind* **2** *durch Pilze hervorgerufene Pflanzenkrankheit mit krustenartigen Bildungen an der Oberfläche der Blätter und Früchte* (Kartoffel~, Obst~)
schor|fig ⟨Adj.⟩ **1** *voller Schorf;* ~e Kopfhaut **2** *wie Schorf, trocken, rauh und rissig;* ~e Schale
Schörl ⟨m.1⟩ *schwarzer Turmalin*

Schor|le, Schor|le|mor|le ⟨f.11, auch n.9⟩ *etwa zur Hälfte Mineralwasser enthaltendes Mischgetränk* (Apfel~, Wein~)
Schorn|stein ⟨m.1⟩ *gemauerter Schacht, der die Rauchgase über das Dach ableitet;* Syn. ⟨landsch.⟩ *Schlot,* ⟨ostmdt.⟩ *Esse,* ⟨bayr., schwäb.⟩ *Kamin,* ⟨österr.⟩ *Rauchfang* [< mnddt. schore „Schutz, Schirm" und *Stein*]
Schorn|stein|fe|ger, Schorn|stein|keh|rer ⟨m.5⟩ *jmd., der berufsmäßig Schornsteine von Ruß reinigt;* Syn. ⟨landsch.⟩ *Schlotfeger,* ⟨ostmdt.⟩ *Essenkehrer,* ⟨schwäb.⟩ *Kaminfeger,* ⟨bayr.⟩ *Kaminkehrer,* ⟨österr.⟩ *Rauchfangkehrer*
Scho|se ⟨f.11; eindeutschende Schreibung für⟩ → *Chose*
Schoß[1] **I** ⟨m.2⟩ **1** *(beim Sitzen) von Unterkörper und Oberschenkeln gebildeter Winkel;* ein Kind auf den S. nehmen; die Hände in den S. legen ⟨übertr.⟩ *untätig sein;* etwas fällt jmdm. in den S. *etwas fällt jmdm. ohne eigene Anstrengung zu;* wie in Abrahams S. wohlbehütet **2** ⟨Sinnbild für⟩ *Geborgenheit,* in den S. der Familie zurückkehren; in den S. der Kirche zurückkehren **3** ⟨geh.⟩ *weibliches Geschlechtsteil* **4** ⟨poet.⟩ *Mutterleib* **5** *(bei manchen Kleidungsstücken) in der Hüfte angesetztes Teil* (Frack~, Rock~) **II** ⟨f.2 oder f.10; österr.⟩ *Frauenrock; Jacke* und S. **III** ⟨f.10; schweiz.⟩ *Arbeitsschürze oder -mantel*
Schoß[2] ⟨m.1⟩ → *Schößling*
schos|sen ⟨V.1, hat geschoßt; o.Obj.⟩ *zu rasch wachsen; Salat schoßt*
Schoß|hund ⟨m.1⟩ *kleiner, wenig robuster Hund (der im Schoß sitzend verwöhnt wird)*
Schoß|kind ⟨n.3⟩ *verwöhntes Kind;* ein S. des Glücks *Mensch, der stets Glück hat*
Schöß|ling ⟨m.1⟩ auch: *Schoß;* Syn. ⟨beim Wein⟩ *Rebling* **1** *junger Pflanzentrieb* **2** *aus ihm gezogene Pflanze*
Schot ⟨f.10⟩ *Segelleine* [nddt., zu *Schoß* „Kleiderzipfel"]
Scho|te ⟨f.11⟩ *Frucht, die aus zwei miteinander verwachsenen Fruchtblättern besteht;* Syn. ⟨nddt.⟩ *Pale*
Schott[1] ⟨n.12 oder n.1; auf Schiffen⟩ *wasserdichte Trennwand unter Deck* (Längs~, Quer~) [nddt., urspr. „Riegel", eigtl. „Hineingeschossenes", zu *schießen*]
Schott[2] ⟨n.9⟩ *Salzwüste in Nordafrika*
Schot|te[1] ⟨m.11⟩ *Einwohner von Schottland*
Schot|te[2] ⟨m.11; nddt.⟩ *junger Hering*
Schot|te[3] ⟨f.11; süddt., schweiz.⟩ → *Molke*
Schot|ten[1] ⟨m., -, nur Sg.; landsch.⟩ → *Quark (1)*
Schot|ten[2] ⟨m.7⟩ *köperbindiger, großkarierter, bunter Kleiderstoff [nach den ebenso gemusterten Kilts der Schotten*[1]*]*
Schot|ter ⟨m.5⟩ **1** *von Flüssen abgelagertes Geröll* **2** *zerkleinerte Steine (zum Straßenbau)* **3** ⟨ugs.⟩ *Geld* [Lautvariante zu *Schutt*]
schot|tern ⟨V.1, hat geschottert; mit Akk.⟩ *mit Schotter bedecken;* einen Weg s.
schot|tisch ⟨Adj., o.Steig.⟩ *Schottland betreffend, zu ihm gehörig, aus ihm stammend*
Schraf|fe ⟨f.11⟩ *Strich einer Schraffur*
schraf|fen ⟨V.1, hat geschrafft⟩ → *schraffieren*
schraf|fie|ren ⟨V.3, hat schraffiert; mit Akk.⟩ *mit parallelen, schrägen Strichen ausfüllen;* auch: *schraffen;* eine Fläche (in einer Zeichnung) s. [< ital. sgraffiare „kratzen"]
Schraf|fie|rung ⟨f.10⟩ **1** ⟨nur Sg.⟩ *das Schraffieren* **2** → *Schraffur*
Schraf|fur ⟨f.10⟩ *Gesamtheit der Linien, mit denen etwas schraffiert ist;* die S. wegnehmen
schräg ⟨Adj.⟩ **1** *von der geraden Linie abweichend;* eine ~ e Linie; etwas s. stellen **2** ⟨ugs.⟩ *ungewohnt, seltsam;* eine ~e Idee; ~e Musik **3** *etwas außerhalb der Legalität stehend;* ~er Vogel → *Ganove*

Schrankenlosigkeit

Schrä|ge ⟨f.11⟩ **1** ⟨nur Sg.⟩ *Schrägheit* **2** *schräge Fläche*
Schra|gen ⟨m.7⟩ *Gestell aus kreuzweise miteinander verbundenen oder schräg gegeneinandergestellten Stäben (bes. Sägebock)*
schrä|gen ⟨V.1, hat geschrägt; mit Akk.⟩ *schräg machen, schräg stellen;* → *abschrägen*
Schräg|heit ⟨f., -, nur Sg.⟩ *schräge Beschaffenheit, schräge Lage, schräge Stellung*
schräg|lau|fend ⟨Adj., o.Steig.; nur als Attr.⟩ *in schräger Richtung verlaufend*
Schräg|schrift ⟨f.10⟩ *schräglaufende Schrift, Kursivschrift*
Schräg|strei|fen ⟨m.7⟩ *schräg aus dem Stoff geschnittener Streifen (zum Versäubern von Nähten)*
Schräg|strich ⟨m.1⟩ **1** *schräger Strich* **2** ⟨Zeichen: /⟩ *von rechts oben nach links unten verlaufender Strich*
schräg|über ⟨Adv.; ugs.⟩ *schräg gegenüber*
Schrä|gung ⟨f.10⟩ *schräge Fläche oder Kante*
schral ⟨Adj.; Seew.⟩ *schwach, ungünstig;* ~er Wind [nddt.]
Schram ⟨m.2; Bgb.⟩ *waagerechter oder schräger Einschnitt ins abzubauende Gestein* [< mhd. schram, schramme „lange Hautwunde, Riß"]
schrä|men ⟨V.1, hat geschrämt; o.Obj.; Bgb.⟩ *einen Schram herstellen*
Schräm|ma|schi|ne ⟨f.11⟩ *Maschine zum Herausarbeiten eines Schrams*
Schram|me ⟨f.11⟩ *kleine Beschädigung, Kratzer;* eine S. im Lack, am Arm
Schram|mel|mu|sik ⟨f., -, nur Sg.⟩ *von einem Schrammelquartett gespielte, volkstümliche Wiener Musik*
Schram|mel|quar|tett ⟨n.1⟩ *Quartett aus zwei Violinen, Gitarre und (früher) Klarinette bzw. (heute) Ziehharmonika [nach den Wiener Musikern Johann und Josef Schrammel]*
schram|men ⟨V.1, hat geschrammt; mit Akk.⟩ *etwas s. hart streifen, reibend streifen, eine Schramme in etwas machen*
schram|mig ⟨Adj.⟩ *mit Schrammen bedeckt, verschrammt*
Schrank ⟨m.2⟩ **1** *höheres, meist verschließbares Möbelstück, in dem Kleider, Schuhe, Bücher u.a. aufbewahrt werden* (Bücher~, Kleider~, Schuh~) **2** ⟨Jägerspr.⟩ *Abweichung der Tritte von der (gedachten) geraden Linie* **3** ⟨österr., ugs., scherzh.⟩ *großer, breitschultriger Mann* [< mhd. schranc „etwas Absperrendes, Gitter, Einfriedung, durch Geflecht abgeschlossener Raum"]
Schrank|bett ⟨n.12⟩ *hochklappbares Bett*
Schran|ke ⟨f.11⟩ **1** *zur Absperrung dienende, waagerechte Stange* (Bahn~, Grenz~); auch: ⟨österr.⟩ *Schranken;* die S. durchbrechen, herunterlassen, öffnen; jmdn. in die ~n fordern *zur Auseinandersetzung auffordern;* für jmdn. in die ~n treten *sich für jmdn. einsetzen [nach der Einfriedigung der Turnierplätze]* **2** ⟨übertr.⟩ *Grenze;* die ~n des Gesetzes, der Moral; sich ~n auferlegen; etwas hält sich in ~n *etwas übersteigt nicht das übliche Maß;* jmdn. in seine ~n verweisen *jmdn. zurechtweisen*
Schrän|kei|sen ⟨n.7⟩ *Werkzeug zum Schränken*
schrän|ken ⟨V.1, hat geschränkt⟩ **I** ⟨mit Akk.⟩ *eine Säge s. die Zähne einer Säge abwechselnd nach links und rechts biegen* **II** ⟨o.Obj.; Jägerspr.; vom Rotwild⟩ *die Tritte etwas nach auswärts setzen;* der Hirsch schränkt [< mhd. schranken „mit schrägen, wankenden Beinen gehen"]
Schran|ken ⟨m.7; österr.⟩ → *Schranke (1)*
schran|ken|los ⟨Adj., o.Steig.⟩ **1** *ohne Schranken;* ~er Egoismus; ~er Leichtsinn **2** ⟨übertr.⟩ *zügellos, unbeherrscht;* er ist s. in seinen Forderungen
Schran|ken|lo|sig|keit ⟨f., -, nur Sg.⟩ *Zügellosigkeit, Unbeherrschtheit*

Schrankkoffer

Schrank|kof|fer ⟨m.5⟩ → *Kabinenkoffer*
Schrank|wand ⟨f.2⟩ *über eine ganze Wand reichender, eingebauter Schrank*
Schran|ne ⟨f.11; oberdt., veraltend⟩ *überdachter Marktstand, Markthalle*
Schranz ⟨m.2; schweiz.⟩ *Riß (im Stoff)*
Schran|ze ⟨f.11⟩ **1** ⟨kurz für⟩ *Hofschranze* **2** *jmd., der ständig in der Nähe einer höhergestellten Persönlichkeit ist und ihr schmeichelt* [< mhd. *schranz* „junger, geputzter Mann", zu *schranz* „Schlitz, Spalte, geschlitztes Kleid"]
Schra|pe ⟨f.11; norddt.⟩ → *Schrapper*
schra|pen ⟨V.1, hat geschrapt⟩ → *schrappen*
Schrap|nell ⟨n.1 oder n.9⟩ **1** *mit Kugeln gefülltes Geschoß, das kurz vor dem Ziel zerspringt* **2** ⟨ugs., derb⟩ *unschöne, ältere Frau* [nach dem Erfinder, dem britischen Offizier Henry *Shrapnell*]
schrap|pen ⟨V.1, hat geschrappt⟩ **I** ⟨mit Akk.⟩ auch: *schrapen* **1** *mit dem Messer kratzend säubern;* Möhren s.; eine Pfanne s. **2** *kratzend entfernen;* Tünche von der Wand s. **II** ⟨o.Obj.⟩ *reibend (über etwas) gleiten;* das Boot schrappt über den Sand, den Grund
Schrap|per ⟨m.5⟩ auch: ⟨norddt.⟩ *Schrape* **1** *Gerät zum Schrappen* **2** *unten offener Kasten, der über das Ladegut gezogen wird und sich dabei füllt*
Schrap|sel ⟨n.5⟩ *Abfall beim Schrappen (I)*
Schrat ⟨m.1⟩, **Schrä|tel** ⟨m.5⟩, **Schratt** ⟨m.1⟩, **Schrät|tel** ⟨m.5⟩ ⟨Myth.⟩ *zottiger Waldgeist, Kobold;* Syn. *Waldschrat*
Schrat|ten ⟨f.11, Pl.⟩ → *Karren²*
Schrau|be ⟨f.11⟩ **1** *zylindrischer Körper mit Außengewinde für lösbare Verbindungen;* das ist eine S. ohne Ende ⟨ugs.⟩ *eine Sache, die kein Ende nehmen will;* bei dem ist eine S. locker ⟨ugs.⟩ *er ist nicht verrückt* **2** ⟨kurz für⟩ *Schiffsschraube* **3** ⟨Sport⟩ *freie Drehung um die Körperachse* **4** ⟨ugs.⟩ *übellaunige Frau* ⟨Schreck~⟩; alte S.
Schrau|bel ⟨f.11⟩ *schraubenförmig angeordneter Blütenstand*
schrau|ben ⟨V.1, hat geschraubt⟩ **I** ⟨mit Akk.⟩ **1** *mit Schraube(n) befestigen;* ein Brett an die Wand s.; etwas fester, lockerer s.; **2** *langsam, aber sicher steigern;* Preise in die Höhe s. ⟨übertr.⟩ Preise ansteigen lassen, erhöhen; vgl. *geschraubt* **II** ⟨refl.⟩ sich s. *sich in einer Spirale bewegen;* das Flugzeug schraubt sich in die Höhe
Schrau|ben|gang ⟨m.2⟩ *einzelne Windung im Gewinde einer Schraube*
Schrau|ben|schlüs|sel ⟨m.5⟩ *Werkzeug zum Festziehen und Lösen von Schrauben und Muttern*
Schrau|ben|zie|her ⟨m.5⟩ *Werkzeug zum Festziehen und Lösen von Schrauben mit geschlitztem Kopf*
Schrau|ben|zwin|ge ⟨f.11⟩ *Werkzeug zum Zusammenpressen, das mittels Schraube geöffnet und geschlossen wird*
Schraub|glas ⟨n.4⟩ *Glas mit Deckel zum Schrauben*
Schraub|stock ⟨m.2⟩ *Werkzeug mit zwei durch Schraube bewegten Backen, in die ein Werkstück zum Bearbeiten eingeklemmt wird*
Schraub|ver|schluß ⟨m.2⟩ *Verschluß (eines Gefäßes) mit Gewinde zum Zuschrauben*
Schre|ber|gärt|ner ⟨m.8⟩ *Kleingarten in einer Gartenkolonie* [nach dem Arzt Daniel Gottlieb Moritz *Schreber*]
Schre|ber|gärt|ner ⟨m.5⟩ *jmd., der einen Schrebergarten besitzt;* Syn. *Kleingärtner*
Schreck ⟨m.1, Pl. nicht üblich⟩ → *Schrecken;* ach, du S.!, du mein S.! ⟨Ausrufe der Überraschung, des leichten Erschreckens⟩
...schreck ⟨in Zus.⟩ *jmd. oder etwas, vor dem andere erschrecken,* z.B. Bürgerschreck, Kinderschreck
schre|cken ⟨-k|k-; V.1, hat geschreckt⟩ **I** ⟨mit Akk.⟩ *jmdn. s. jmdn. in Schrecken versetzen, jmdm. einen Schrecken einjagen;* das schreckt mich nicht; damit kannst du mich nicht s. **II** ⟨o.Obj.; Jägerspr.; bes. vom Rotwild und Rehwild⟩ *warnende Laute ausstoßen (bei Gefahr);* ein Reh schreckt
Schre|cken ⟨-k|k-; m.7⟩ **1** *plötzliche, heftige Angst, plötzliche Furcht vor einer Bedrohung;* auch: *Schreck;* einen S. bekommen; jmdm. einen S. bereiten, einjagen; der S. fuhr ihm in die Glieder; der S. stand noch auf seinem Gesicht; ein böser, jäher, panischer, tödlicher S.; vor S. zittern **2** *furchteinflößender, entsetzlicher Vorgang;* die S. des Hungers, Krieges, der Not **3** *jmd., der Entsetzen verbreitet;* er ist der S. der Schule
schreckens|bleich ⟨-k|k-; Adj., o.Steig.⟩ *bleich vor Schrecken*
Schreckens|bot|schaft ⟨-k|k-; f.10⟩ *schlimme Nachricht;* Syn. *Schreckensnachricht*
Schreckens|herr|schaft ⟨-k|k-; f., -, nur Sg.⟩ *Herrschaft, die Schrecken verbreitet und dadurch die Macht erhält;* Syn. *Schreckensregiment*
Schreckens|nach|richt ⟨-k|k-; f.10⟩ → *Schreckensbotschaft*
Schreckens|re|gi|ment ⟨-k|k-; n., -(e)s, nur Sg.⟩ → *Schreckensherrschaft*
Schreckens|zeit ⟨-k|k-; f.10⟩ *Zeit, in der viele schreckliche Dinge, Gewalttaten usw. geschehen;* die S. des Krieges, der Luftangriffe
Schreck|ge|spenst ⟨n.3⟩ **1** *jmd., der Furcht und Schrecken verbreitet* **2** *drohende Gefahr;* das S. des Hungers
schreck|haft ⟨Adj., -er, am -esten⟩ *leicht erschreckend* **Schreck|haf|tig|keit** ⟨f., -, nur Sg.⟩
schreck|lich ⟨Adj.⟩ **1** *Schrecken hervorrufend, entsetzlich;* die zerstörte Stadt bot einen ~en Anblick; ein ~es Ende nehmen; eine ~e Nachricht **2** *sehr unangenehm, unleidlich;* ein ~er Mensch; er hat sich s. benommen **3** ⟨ugs.⟩ *sehr groß, schwer erträglich;* eine ~e Hitze **4** ⟨als Adv.⟩ *sehr, ungemein;* ich habe s. gefroren; es ging s. schnell **Schreck|lich|keit** ⟨f., -, nur Sg.⟩
Schreck|nis ⟨n.1⟩ *etwas, das Schrecken hervorruft*
Schreck|schrau|be ⟨f.11; ugs., derb⟩ *unangenehme Frau*
Schreck|schuß ⟨m.2⟩ **1** *Schuß, durch den jmd. erschreckt, aber nicht getroffen werden soll;* einen S. abgeben **2** ⟨übertr.⟩ *drastische Warnung*
Schreck|se|kun|de ⟨f.11⟩ *Zeitspanne, die vergeht, bis man auf einen Schrecken hin reagiert;* eine kurze, lange S. haben
Schreck|star|re ⟨f., -, nur Sg.⟩ → *Kataplexie*
Schrei ⟨m.1⟩ **1** *lauter Ausruf;* ein S. der Freude, der Angst, des Entsetzens; einen S. ausstoßen; gellender S.; der letzte S. ⟨ugs.⟩ *die neueste Mode* ⟨von Tieren⟩ *Lautäußerung;* der S. eines Vogels; der S. des Hirsches **3** *starkes Verlangen;* der S. nach Gerechtigkeit; der S. der Unterdrückten nach Befreiung **4** *laute Äußerung vieler Personen;* ein S. der Empörung ertönte im Saal
Schrei|be ⟨f., -, nur Sg.; ugs.⟩ **1** *Geschriebenes;* ihre S. ist keine Rede *man muß sich schriftlich anders ausdrücken als beim Sprechen* **2** *Art zu schreiben, Stil;* eine charakteristische S. haben
schrei|ben ⟨V.127, hat geschrieben⟩ **I** ⟨o.Obj.⟩ **1** *Buchstaben, Zahlen, Zeichen sinnvoll mit Material (bes. Papier) aufbringen;* er kann s., er lernt lesen und s.; mit einem Stift, mit der Maschine s.; schön, leserlich, deutlich s. **2** *als Schreibgerät in bestimmter Weise arbeiten;* der Stift schreibt gut, schlecht, hart, weich; die Maschine schreibt sehr groß, klein **3** *als Schriftsteller tätig sein;* er schreibt für eine Zeitung **4** *in bestimmter Weise etwas schriftlich ausdrücken;* er schreibt gut, lebendig **II** ⟨mit Akk.⟩ **1** *auf einem Material (bes. Papier) in Buchstaben festhalten;* Wörter, Sätze s. **2** *in schriftlicher Form herstellen, anfertigen, verfassen;* einen Brief, ein Buch, ein Theaterstück s. **3** *schriftlich berichten;* er schreibt darüber folgendes **4** *komponieren;* eine Oper, ein Konzert s. **III** ⟨mit Dat. oder Präp.obj.⟩ jmdm. s., an jmdn. s. *jmdm. eine schriftliche Nachricht senden, mit jmdm. schriftlich plaudern;* einem Freund, an einen Freund s.; ich muß ihm wieder einmal s.; einander, ⟨ugs.⟩ sich s. *miteinander Briefe wechseln* **IV** ⟨mit Dat. und Akk.⟩ jmdm. etwas s. *jmdm. etwas schriftlich mitteilen;* schreib mir deine Ankunft! **V** ⟨mit Präp.obj.⟩ an etwas s. *mit der Niederschrift von etwas beschäftigt sein;* er schreibt an einem Roman **VI** ⟨refl.⟩ sich s. **1** *rechtschreiblich angeordnet werden;* wie schreibt sich dein Name?; das Wort „Zierat" schreibt sich mit nur einem r; Goethe schreibt sich mit oe **2** ⟨†⟩ *heißen;* sie schreibt sich seit ihrer Verheiratung Zöllner **3** ⟨unpersönl., mit „es"⟩ es schreibt sich ... man kann schreiben; mit diesem Kuli schreibt es sich gut; auf diesem Papier schreibt es sich schlecht, schwer
Schrei|ben ⟨n.7⟩ *geschriebene Mitteilung;* ein S. der Direktion; ein amtliches S.
Schrei|ber ⟨m.5⟩ **1** *jmd., der etwas schreibt oder geschrieben hat;* der S. dieser Zeilen **2** ⟨†⟩ *jmd., der gewerbsmäßig schreibt* ⟨Amts~⟩ **3** ⟨oft abwertend⟩ *Autor, Verfasser*
Schrei|be|rei ⟨f.10⟩ ⟨nur Sg.⟩ *ständiges, vieles, lästiges Schreiben;* ich habe viel S. wegen der Umbestellung gehabt; überflüssige S. **2** *kleine schriftstellerische Arbeit;* meine bescheidenen ~en
Schrei|ber|ling ⟨m.1; abwertend⟩ **1** *Schreiber, emsiger, kleiner Büroangestellter* **2** *schlechter Schriftsteller, mäßiger Autor*
Schrei|ber|see|le ⟨f.11; übertr.⟩ *kleinlich denkender Mensch*
schreib|faul ⟨Adj.⟩ *ungern, selten Briefe schreibend* **Schreib|faul|heit** ⟨f., -, nur Sg.⟩
Schreib|feh|ler ⟨m.5⟩ *beim Schreiben entstandener Fehler, Flüchtigkeitsfehler beim Schreiben*
Schreib|kraft ⟨f.2⟩ *Büroangestellte, Stenotypistin*
Schreib|kunst ⟨f.2⟩ *Kunst der Schönschrift*
Schreib|map|pe ⟨f.11⟩ *Mappe für Schriftstücke und Briefe*
Schreib|ma|schi|ne ⟨f.11⟩ *Gerät, mit dem durch Betätigen einer Tastatur Buchstaben auf Papier gedruckt werden* ⟨Speicher~⟩; elektrische S., mechanische S.
Schreib|ma|schi|nen|pa|pier ⟨n.1⟩ *für die Schreibmaschine geeignetes Papier*
Schreib|pa|pier ⟨n.1⟩ *zum Schreiben geeignetes Papier*
Schreib|satz ⟨m., -es, nur Sg.⟩ *Verfahren zum Setzen von Texten mittels elektrischer Schreibmaschine;* Syn. *Composersatz*
Schreib|schrank ⟨m.2⟩ *Schrank mit herausklappbarer Platte zum Schreiben*
Schreib|schrift ⟨f.10⟩ *mit der Hand geschriebene Schrift;* Syn. *Kurrentschrift;* Ggs. *Druckschrift (1)*
Schreib|stoff ⟨m.1⟩ *Material zum Schreiben (z.B. Papier, Tonscherben)*
Schreib|stu|be ⟨f.11; Mil.⟩ *Büro*
Schreib|tisch ⟨m.1⟩ *Möbelstück mit Fächern an einer oder an beiden Seiten, an dem Schreibarbeiten ausgeführt werden*
Schreib|tisch|tä|ter ⟨m.5⟩ *jmd., der ein Verbrechen nicht selbst begeht, sondern (vom Schreibtisch aus) befiehlt*
Schrei|bung ⟨f.10⟩ *bestimmte Art, etwas zu schreiben* ⟨Recht~⟩; die S. eines Wortes; falsche, richtige S.
Schreib|wa|ren ⟨f.11, Pl.⟩ *Gerätschaften zum Schreiben, zum Bearbeiten und Aufbewahren von Schriftstücken*
Schreib|wei|se ⟨f.11⟩ **1** *Art, wie ein Wort geschrieben wird* **2** *Art des Schreibens, Stil*

Schrotsäge

Schreib|zeug ⟨n., -(e)s, nur Sg.⟩ *alle zum Schreiben benötigten Gegenstände*
schrei|en ⟨V.128, hat geschrie(e)n⟩ **I** ⟨o.Obj.⟩ **1** *einen Schrei, Schreie ausstoßen, laut die Stimme ertönen lassen;* das Baby schreit; laut, gellend s.; um Hilfe s.; wir haben geschrien vor Lachen ⟨ugs.⟩ *wir haben sehr gelacht;* nach etwas, nach jmdm. s. *die Stimme laut ertönen lassen (zum Zeichen, daß man nach etwas verlangt, daß man etwas will, daß jmd. kommen soll), laut eine Bezeichnung, einen Namen rufen;* das Baby schreit nach Nahrung; das Junge schreit nach der Mutter; auf dem Gang schrie jemand nach Verbandwatte; ich habe schon dreimal nach ihm geschrien, aber er hat es anscheinend nicht gehört; diese leere Wand schreit nach einem Bild ⟨übertr., ugs.⟩ *an dieser leeren Wand sollte unbedingt ein Bild hängen;* dieses Unrecht schreit zum Himmel ⟨übertr.⟩ *dieses Unrecht ist unerträglich;* ~de Farben *grelle Farben;* ein ~des Unrecht ⟨übertr.⟩ *ein schlimmes, unerträgliches Unrecht;* ~d *bunte Stoffe;* es ist zum Schreien ⟨ugs.⟩ *es ist sehr komisch* **2** *sehr laut sprechen;* du brauchst nicht so zu s., ich höre gut! ⟨iron.⟩ **II** ⟨mit Akk.⟩ *etwas s. etwas mit sehr lauter Stimme äußern;* er schrie ihr seine Wut, seinen Kummer ins Gesicht; Ach und Weh s.; Zeter und Mordio s.; „,..!" schrie er **III** ⟨refl.⟩ *sich s. sich durch Schreien (I,1) in einen Zustand bringen;* sich heiser s.
Schrei|er ⟨m.5⟩ **1** *jmd., der zu laut spricht;* alle drehten sich nach dem S. um **2** *jmd., der oft laut nörgelt, sich mit andern laut streitet usw.;* er wirft den größten S. einfach hinaus
Schrei|hals ⟨m.2; ugs.⟩ **1** *Kind, das viel schreit* **2** *jmd., der seiner Meinung übertrieben laut und übertrieben oft Ausdruck gibt, der viel Geschrei macht*
Schrei|krampf ⟨m.2⟩ *Anfall von unkontrolliertem, lautem Schreien*
Schrein ⟨m.1; geh.⟩ *kastenförmiger, verschließbarer Behälter* (Reliquien~)
Schrei|ner ⟨m.5; süddt., westmdt.⟩ → *Tischler*
schrei|nern ⟨V.1, hat geschreinert⟩ → *tischlern*
schrei|ten ⟨V.129, ist geschritten; o.Obj.⟩ **1** *langsam (und feierlich), mit festen Schritten gehen* **2** *zu etwas s.* ⟨übertr.; geh.⟩ *etwas beginnen;* zur Tat s.; zur Wahl s.
Schreit|tanz ⟨m.2⟩ *in langsamen Schritten ausgeführter Tanz*
Schreit|vogel ⟨m.6⟩ → *Stelzvogel*
Schrenz|pa|pier ⟨n.1⟩ *Verpackungspapier aus minderwertigem Altpapier* [< *Schranz* und *Papier*]
Schrieb ⟨m.1; ugs., scherzh.⟩ *Brief, Schreiben;* ein S. vom Finanzamt
Schrift ⟨f.10⟩ **1** *System von Zeichen, das dem Festhalten und der Weitergabe von sprachlichen Äußerungen dient;* die deutsche, griechische, lateinische S. **2** *in diesen Zeichen aufgezeichnete Äußerungen (Dichtungen usw.);* nach der S. sprechen *mundartfrei sprechen* **3** *geschriebener Text bestimmten Inhalts, Abhandlung, Aufzeichnung* (Streit~, Schmäh~)*; politische, religiöse, wissenschaftliche S.; in seinen ~en vertritt er eine natürliche Lebensweise;* die ~en des Waldschulmeisters; die Heilige S. **4** ⟨kurz für⟩ *Handschrift;* eine leserliche, schöne S. **5** ⟨Pl.; schweiz.⟩ → *en Ausweispapiere*
Schrift|art ⟨f.10⟩ *Art, in der eine Druckschrift erscheint*
Schrift|bild ⟨n.3⟩ *Erscheinungsform einer Schrift;* ebenmäßiges, harmonisches, wirres S.
schrift|deutsch ⟨Adj., o.Steig.⟩ *dem Hochdeutschen entsprechend niedergeschrieben, mundartfrei;* er spricht s. *er spricht so, wie das Hochdeutsche schriftlich festgehalten wird*
Schrift|deutsch ⟨n., -(s), nur Sg.⟩ *schriftlich niedergelegtes Hochdeutsch*
Schrift|deu|tung ⟨f.10⟩ → *Graphologie*
Schrift|füh|rer ⟨m.5⟩ *jmd., der in Vereinen, Ausschüssen u.ä. für den Schriftverkehr zuständig ist und bei Verhandlungen für die Anfertigung des Protokolls usw. sorgt*
Schrift|ge|lehr|te(r) ⟨m.17 oder 18; im frühen Judentum⟩ *Gelehrter mit gründlichen Kenntnissen der religiösen Überlieferung und der Gesetze, Rechtsberater*
schrift|ge|mäß ⟨Adj., o.Steig.⟩ *der Schriftsprache gemäß*
Schrift|gie|ßer ⟨m.5⟩ *jmd., der berufsmäßig Drucklettern gießt*
Schrift|grad ⟨m.1⟩ *(in Punkt angegebenes) Maß der Größe einer Druckschrift*
Schrift|lei|ter ⟨m.5⟩ *Redakteur bei einer Zeitung oder Zeitschrift*
Schrift|lei|tung ⟨f.10⟩ *Redaktion einer Zeitung oder Zeitschrift*
schrift|lich ⟨Adj., o.Steig.⟩ *mit Hilfe von Schrift niedergelegt, niedergeschrieben;* Ggs. *mündlich;* ~e Aussage, Prüfung; etwas s. beantworten, niederlegen; das kann ich dir s. geben! ⟨übertr., ugs.⟩ *da kannst du dich darauf verlassen*
Schrift|lich|keit ⟨f., -, nur Sg.⟩ *schriftliche Niederlegung*
Schrift|pro|be ⟨f.11⟩ **1** *kurzer, gedruckter Text (in verschiedenen Schriftarten) als Probe* **2** *kurzer, handgeschriebener Text (als Probe der Handschrift)*
Schrift|sach|ver|stän|di|ge(r) ⟨m., f.17 oder 18⟩ *Sachverständige(r), bzw. die die Echtheit von Urkunden, Handschriften prüft*
Schrift|satz ⟨m.2⟩ **1** *schriftlicher Antrag, schriftliche Erklärung; eine S. verfassen* **2** *für den Druck zusammengestellte (gesetzte) Lettern*
Schrift|set|zer ⟨m.5⟩ *jmd., der berufsmäßig Manuskripte setzt;* Syn. *Setzer* (→ *setzen*)
Schrift|spra|che ⟨f.11⟩ *dem schriftlichen Ausdruck dienende, mundartfreie Form einer Sprache, Hochsprache*
schrift|sprach|lich ⟨Adj., o.Steig.⟩ *die Schriftsprache betreffend, in der Art der Schriftsprache*
Schrift|stel|ler ⟨m.5⟩ *jmd., der schöngeistige oder fachgebundene Bücher verfaßt*
Schrift|stel|le|rei ⟨f., -, nur Sg.⟩ *Tätigkeit eines Schriftstellers*
schrift|stel|le|risch ⟨Adj., o.Steig.; nur als Attr., vom Schriftsteller; s. tätig sein;* ~e Tätigkeit; ~e Arbeit
Schrift|stück ⟨n.1⟩ *etwas schriftlich Niedergelegtes, Schreiben; amtliches S.*
Schrift|tum ⟨n., -s, nur Sg.⟩ *Gesamtheit der veröffentlichten Schriften auf einem bestimmten Gebiet; naturwissenschaftliches S.*
Schrift|ver|kehr ⟨m., -s, nur Sg.⟩ **1** *Austausch von schriftlichen Mitteilungen, Äußerungen (zwischen Behörden, Ämtern, Firmen u.ä.);* Syn. *Schriftwechsel* **2** *Gesamtheit der ausgetauschten schriftlichen Mitteilungen;* den S. der Firma durchsehen, prüfen
Schrift|wech|sel ⟨m.5⟩ → *Schriftverkehr*
Schrift|zei|chen ⟨n.7⟩ *beim Schreiben oder Drucken verwendetes schriftliches Zeichen;* gedruckte S.; persische S.
Schrift|zug ⟨m.2⟩ **1** ⟨Pl.⟩ *Schriftzüge bestimmte, charakteristische Schreibweise;* energische, klare, wirre Schriftzüge **2** *in bestimmter Weise geschriebenes Wort (oder geschriebene Worte);* der S. seiner Unterschrift, seines Namens
schrill ⟨Adj.⟩ *hell, hoch und durchdringend, grell;* ~e Stimme; ein ~er Ton; s. schreien; wenn sie sich aufregt, wird sie s. *schreit sie mit greller Stimme*
schril|len ⟨V.1, hat geschrillt; o.Obj.⟩ *schrill tönen;* die Klingel schrillte; ihre Stimme schrillte durchs Haus
Schrip|pe ⟨f.11; berlin.⟩ → *Semmel* [zu nddt. *schrippen* „aufreißen", nach der eingeschnittenen Oberfläche]

Schritt ⟨m.1⟩ **1** *das Setzen des einen Fußes vor den andern beim Gehen;* große, kleine, lange ~e machen; einen S. nähertreten; auf S. und Tritt *überall*, *wo man auch hingeht*; ich möchte noch ein paar ~e gehen *ich möchte mir noch etwas Bewegung machen;* bis dorthin sind es nur ein paar ~e *es ist nicht weit;* einen S. zu weit gehen *die Grenze des Erträglichen, Schicklichen überschreiten;* mit jmdm. S. halten *genauso schnell gehen wie jmd.;* mit einer Entwicklung S. halten *sich einer Entwicklung im Denken, in der Auffassung anpassen;* der erste S. ist getan ⟨übertr.⟩ *ein Anfang ist gemacht;* die ersten ~e tun ⟨übertr.⟩ *mit etwas beginnen;* den ersten S. tun ⟨übertr.⟩ *nach einer Auseinandersetzung sich als erster versöhnlich zeigen;* den zweiten S. vor dem ersten tun *etwas tun, was man besser erst später nach einer anderen Handlung hätte tun sollen;* S. für S. *nach und nach* **2** ⟨als Maßangabe, Pl. auch -⟩ *Länge eines Schrittes* (1), *etwa 80 cm;* der Raum ist fünf S. breit; in drei S. Entfernung; (bleib mir) drei S. vom Leibe! ⟨fig.⟩ *komm mir ja nicht nahe!* **3** *Art des Gehens;* wiegender S. **4** *Tempo des Gehens;* einen zügigen, raschen S. haben; Sie haben einen guten S.! *Sie gehen rüstig, munter und rasch!;* S. fahren *so langsam fahren, daß jmd. nebenhergehen könnte;* im S. gehen (vom Pferd) **5** *Maßnahme;* entscheidende ~e einleiten **6** *Teil der Hose, an dem die Beine zusammentreffen;* der S. ist zu kurz, zu eng
Schritt|ma|cher ⟨m.5⟩ **1** *Sinusknoten des Herzens, in dem die Eigenreize der Herzbewegung entstehen* **2** ⟨kurz für⟩ *Herzschrittmacher* **3** *(bei Steherrennen) der den Radfahrer führende und das Tempo bestimmende Motorradfahrer* **4** ⟨übertr.⟩ *jmd., der eine fortschrittliche Entwicklung einleitet*
schritt|wei|se ⟨Adv., ugs. auch als Adj.⟩ *Schritt für Schritt, allmählich;* sich jmdm., einer Sache s. nähern; s. vorgehen, vorankommen; eine s. Annäherung ⟨ugs.⟩; ~s Vorgehen ⟨ugs.⟩
Schritt|zäh|ler ⟨m.5⟩ → *Wegmesser*
schroff ⟨Adj.⟩ **1** *beinahe senkrecht;* ~e Felswände; s. aufragende Felsen **2** *unhöflich, barsch, kurz angebunden und unfreundlich;* eine ~e Antwort; jmdn. s. abweisen, zurückweisen **3** *plötzlich, unerwartet;* ein ~er Übergang (zu etwas anderem)
Schroff ⟨m.12 oder m.10⟩, **Schrof|fe** ⟨f.11⟩, **Schrof|fen** ⟨m.7; oberdt.⟩ *steil abfallender bzw. aufragender Fels*
Schroff|heit ⟨f., -, nur Sg.⟩ *schroffe Beschaffenheit, schroffes Verhalten*
schroh ⟨Adj.; fränk., hess.⟩ *rauh, grob*
schröp|fen ⟨V.1, hat geschröpft; mit Akk. jmdn. s.⟩ **1** *jmdm. mit Schröpfköpfen Blut in die Haut saugen oder Blut entnehmen (zu Heilzwecken)* **2** ⟨übertr.⟩ *jmdn. veranlassen, viel Geld herzugeben, jmdn. geldlich ausnutzen*
Schröpf|kopf ⟨m.2; Med.⟩ *kugelförmiges Gerät aus Glas oder Metall zum Absaugen von Blut*
Schrot ⟨m.1 oder n.1, Pl. kaum üblich⟩ **1** *Bleikügelchen (für Patronen von Jagdgewehren), die mit einem einzigen Schuß abgeschossen werden;* von altem, ⟨oder⟩ echtem S. und Korn ⟨veraltend⟩ *ein durch und durch redlicher, tüchtiger Mann* **2** *grob gemahlene Getreidekörner*
schro|ten ⟨V.2, hat geschrotet; mit Akk.⟩ *zu Schrot* (2) *zerkleinern;* Getreidekörner s.
Schroth|kur ⟨f.10⟩ *Kur zur Gewichtsabnahme, bei der eine wasserarme Diät verabreicht wird* [nach dem Naturheilkundigen Johann *Schroth*]
Schrot|müh|le ⟨f.11⟩ *Mühle zum Schroten von Getreidekörnern*
Schrot|sä|ge ⟨f.11⟩ *grobe Baumsäge mit bogenförmigem Blatt*

861

Schrot|schnitt ⟨m.1⟩ *Form des Holz- oder Metallschnitts, bei der Punkte oder Ringe in eine Holz- oder Metallplatte geschlagen werden*

Schrot|schuß|krank|heit ⟨f., -, nur Sg.; an Steinobstbäumen⟩ *durch einen Pilz verursachte Krankheit, bei der die Blätter wie von Schrot durchschossen aussehen*

Schrott ⟨m., -(e)s, nur Sg.⟩ **1** *Metallabfall, alte unbrauchbare Metallgegenstände* **2** ⟨ugs.⟩ *wertloses Zeug*

schrott|reif ⟨Adj.; ugs.⟩ *reif zum Verschrotten;* ein Auto s. fahren

schrub|ben ⟨V.1, hat geschrubbt; mit Akk.⟩ *mit Wasser, Seife und Bürste reinigen;* den Boden s.; sich s. ⟨ugs.⟩ *sich sehr gründlich waschen*

Schrub|ber ⟨m.5⟩ *Bürste an einem langen Stiel zum Schrubben (von Böden)*

Schrul|le ⟨f.11⟩ **1** *wunderliche Angewohnheit, Laune, sonderbarer Einfall;* er hat seine ~n; das ist so eine S. von ihm **2** ⟨ugs.⟩ *unangenehme Frau;* alte S.

schrul|lig ⟨Adj.⟩ *voller Schrullen, sonderbar, wunderlich;* ein ~er Alter; er wird im Alter etwas s. *er bekommt im Alter Schrullen*

Schrum|pel ⟨f.11⟩ *Falte, Runzel*

schrum|pe|lig ⟨Adj.⟩ *voller Runzeln;* auch: *schrumplig*

schrum|peln ⟨V.1, ist geschrumpelt; o.Obj.⟩ *runzlig werden;* die Äpfel s.

schrump|fen ⟨V.1, ist geschrumpft; o.Obj.⟩ *kleiner werden, sich verringern, an Umfang verlieren;* die Vorräte s.; der Stoff schrumpft beim Waschen

Schrumpf|kopf ⟨m.2; bei südamerik. Indianern⟩ *getrockneter, eingeschrumpfter Kopf eines getöteten Feindes (als Trophäe);* Syn. *Tsantsa*

Schrumpf|nie|re ⟨f.11⟩ *geschrumpfte und verhärtete Niere (als Endzustand verschiedener Nierenerkrankungen)*

schrump|lig ⟨Adj.⟩ → *schrumpelig*

Schrund ⟨m.2; oberdt.⟩ *Spalt, Riß (im Fels oder Gletscher)*

Schrun|de ⟨f.11⟩ *kleiner Hautriß*

schrun|dig ⟨Adj.⟩ *voller Schrunden, rauh und rissig;* ~e Hände

schrup|pen ⟨V.1, hat geschruppt; mit Akk.⟩ *grob feilen, grob hobeln*

Schub ⟨m.2⟩ **1** *das Schieben;* ein leichter S. genügte, um den Wagen ins Rollen zu bringen **2** *Antrieb nach vorne;* der S. des Triebwerkes **3** ⟨kurz für⟩ *Schubfach, Schubkasten, Schublade;* im obersten S. liegt die Wäsche; eine Kommode mit fünf Schüben **4** *Gruppe von gleichartigen Personen oder Dingen, die eingelassen oder an einen Ort transportiert werden;* der erste S. Kunden; ein S. Flüchtlinge **5** *einzelner Höhepunkt einer Krankheit (Fieber~);* ein depressiver S.

Schu|ber ⟨m.5⟩ *an einer Schmalseite offener Schutzkarton für Bücher*

Schub|fach ⟨n.4⟩ *herausziehbarer Kasten unter Tischen, in Schränken und Kommoden;* Syn. *Schubkasten, Schublade,* ⟨landsch.⟩ *Schiebfach, Schiebkasten, Schieblade*

Schu|bi|ack ⟨m.1 oder m.9; norddt.⟩ **1** *Bettler* **2** *Lump, Gauner* [< nddt. *Schubjack, Schuwjak* in ders. Bed., < ndrl. *schobbejak* „abgewetzte Jacke" sowie „einer, der seine Jacke abwetzt", also „zerlumpter Kerl", zu nddt. *schubben,* mndrl. *scobben* „reiben, wetzen"]

Schub|kar|re ⟨auch [ʃup-] f.11⟩, **Schub|kar|ren** ⟨m.7⟩ **1** *Karre mit einem Rad an der Vorderseite, die hinten an zwei Griffen angehoben und geschoben wird;* Syn. ⟨schweiz.⟩ *Benne, Karrette,* ⟨österr.⟩ *Scheibtruhe* **2** *Turnübung, bei der man an den Beinen gehalten wird und auf den Händen geht*

Schub|ka|sten ⟨m.8⟩ → *Schubfach*

Schub|kraft ⟨f.2⟩ *Energiemenge, die in Schub (2) umgesetzt wird*

Schub|la|de ⟨f.11⟩ → *Schubfach*

Schub|leh|re ⟨f.11⟩ *Längenmeßgerät mit einer festen und einer beweglichen Meßschneide;* Syn. *Schiebelehre*

Schub|mo|dul ⟨m.1⟩ → *Gleitmodul*

Schubs ⟨m.1⟩ *leichter Stoß;* auch: ⟨landsch.⟩ *Schups,* ⟨oberdt.⟩ *Schupf*

Schub|schiff ⟨n.1; Binnenschiffahrt⟩ *Schiff, das einen oder mehrere Leichter vor sich herschiebt*

schub|sen ⟨V.1, hat geschubst; mit Akk.⟩ *jmdn. s. jmdm. einen Schubs geben, jmdn. leicht stoßen;* Syn. ⟨süddt., österr., schweiz.⟩ *schupfen,* ⟨sächs., norddt.⟩ *schuppen;* jmdn. ins Wasser s.; jmdn. zur Seite s.

schub|wei|se ⟨Adv.⟩ *in Schüben (4, 5)*

schüch|tern ⟨Adj.⟩ **1** *ängstlich, gehemmt, scheu, zurückhaltend;* ein ~es Kind; s. etwas sagen, fragen **2** *vorsichtig, zaghaft;* ~e Versuche **Schüch|tern|heit** ⟨f., -, nur Sg.⟩

schuckeln ⟨-k·k-; V.1; o.Obj.⟩ **1** ⟨hat geschuckelt⟩ *rütteln, rumpeln;* der Wagen schuckelt auf dem unebenen Pflaster **2** ⟨ist geschuckelt⟩ *sich rüttelnd fortbewegen;* der Wagen schuckelt durch die Ortschaft

Schuft ⟨m.1⟩ *gemeiner, niederträchtiger Mensch* [< ndrl. *schavuit* „Spitzbube", < mndrl. *scufuut, schofuyt* „Bettler, Halunke", < altfrz. *chouette* „Nachteule"; wenn nicht auch volksetymologische Anlehnung mitgewirkt hat, dann ist die Übertragung vom Vogel auf den Spitzbuben im Gedanken an die lautlose Fortbewegung und nächtliche Lebensweise des Vogels und die Lichtscheu des Spitzbuben zustandegekommen]

schuf|ten ⟨V.2, hat geschuftet; o.Obj.⟩ *schwer arbeiten;* er schuftet täglich bis in die Nacht [zu *schaffen*]

Schuf|te|rei[1] ⟨f., -, nur Sg.⟩ *anstrengende, schwere Arbeit*

Schuf|te|rei[2] ⟨f.10⟩ *Tat eines Schuftes*

schuf|tig ⟨Adj.⟩ *gemein, hinterhältig, niederträchtig* **Schuf|tig|keit** ⟨f., -, nur Sg.⟩

Schuh ⟨m.1⟩ **1** *Bekleidung für den Fuß etwa bis zum Knöchel (und meist aus Leder);* die ~e anziehen, ausziehen, putzen; sich die ~e nach etwas ablaufen ⟨ugs.⟩ *sich um etwas sehr bemühen;* jmdm. etwas in die ~e schieben *jmdn. fälschlich die Schuld für etwas geben;* umgekehrt wird ein S. daraus! ⟨übertr.⟩ *umgekehrt ist es richtig!; wissen, wo jmdn. der S. drückt wissen, worum jmd. Kummer oder Sorgen hat* **2** ⟨†⟩ *Maß von der Länge eines Schuhs (1);* drei S. in der Länge, Breite **3** *Hülle aus Eisen oder Kunststoff am unteren Ende von Pfählen, Lanzen o.ä.*

Schuh|an|zie|her ⟨m.5⟩ *löffelartiger Gegenstand, der hilft, die Ferse in den Schuh gleiten zu lassen;* Syn. *Schuhlöffel*

Schuh|band ⟨n.4⟩ → *Schnürsenkel*

Schuh|bür|ste ⟨f.11⟩ *Bürste zum Reinigen von Schuhen*

Schuh|creme ⟨f.9⟩ *Creme zum Schutz und zur Pflege von Schuhen;* auch: *Schuhkrem*

Schuh|krem ⟨f.9⟩ *eindeutschend für* → *Schuhcreme*

Schuh|löf|fel ⟨m.5⟩ → *Schuhanzieher*

Schuh|ma|cher ⟨m.5⟩ *jmd., der berufsmäßig Schuhe anfertigt und repariert;* Syn. *Schuster*

Schuh|ma|che|rei ⟨f.10⟩ **1** ⟨nur Sg.⟩ *Handwerk des Schuhmachers* **2** *Werkstatt eines Schuhmachers*

Schuh|platt|ler ⟨m.5⟩ *oberbayerischer Volkstanz, bei dem sich die Tänzer auf Ober- und Unterschenkel und die Absätze schlagen*

Schuh|put|zer ⟨m.5⟩ *jmd., der gewerbsmäßig Schuhe putzt*

Schuh|soh|le ⟨f.11⟩ *Laufsohle des Schuhs;* das habe ich mir schon an den ~n abgelaufen ⟨übertr.⟩ *das kenne ich, kann ich längst;* sich die ~n nach etwas ablaufen *überall und sehr lange etwas suchen*

Schuh|span|ner ⟨m.5⟩ *in den Schuh einzuspannendes Instrument, das die Form des Schuhs erhält, wenn er nicht getragen wird*

Schuh|werk ⟨n.1, -(e)s, nur Sg.⟩ *Schuhe;* Syn. *Schuhzeug;* festes, gutes S.

Schuh|zeug ⟨n.1, -s, nur Sg.⟩ → *Schuhwerk*

Schu|ko... *Elektr., in Zus., Kurzw. für Schutzkontakt...,* z.B. *Schukostecker*

Schul|ar|beit ⟨f.10⟩ **1** ⟨meist Pl.⟩ ~en *vom Lehrer aufgegebene, zu Hause zu erledigende Arbeiten für die Schule;* Syn. *Hausaufgabe, Schulaufgabe;* ~en machen **2** → *Klassenarbeit*

Schul|auf|ga|be ⟨f.11⟩ **1** ⟨meist Pl.⟩ ~n → *Schularbeit (1);* ~n machen **2** → *Klassenarbeit;* eine S. schreiben

Schul|bei|spiel ⟨n.1⟩ *Musterbeispiel, typisches Beispiel*

Schul|bil|dung ⟨f., -, nur Sg.⟩ *Bildung, die man in der Schule vermittelt bekommt;* eine gute S. haben

Schul|brot ⟨n.1⟩ *belegtes Brot, das ein Kind fürs zweite Frühstück in die Schule mitnimmt;* Syn. *Pausenbrot*

Schul|bus ⟨m.1⟩ *Bus, mit dem die Schulkinder (kostenlos) in die Schule gefahren werden*

schuld ⟨Adj., o.Steig.; nur mit „sein"⟩ *schuldig;* an etwas s. sein; das schlechte Wetter ist s., daß wir so spät kommen

Schuld ⟨f.10⟩ **1** *Verpflichtung zur Rückzahlung geliehenen Geldes;* eine S. begleichen, zurückzahlen; ~en haben; mehr ~en als Haare auf dem Kopf haben ⟨ugs.⟩ *tief verschuldet sein;* bis über beide Ohren in ~en stecken ⟨ugs.⟩ *viele Schulden haben;* frei von ~en sein **2** *Verantwortung für eine Straftat, eine unrechtmäßige Tat;* eine S. abtragen, büßen, sühnen; die S. für etwas tragen; ihn trifft keine S.; jmdm. die S. für etwas in die Schuhe schieben, zuschreiben; jmdm. die S. für etwas geben *jmdn. für etwas verantwortlich machen* **3** ⟨Religion⟩ *Übertretung eines göttlichen Gebotes;* S. und Sühne; mit S. beladen sein

Schuld|be|kennt|nis ⟨n.1⟩ *Eingeständnis, Bekenntnis einer Schuld*

Schuld|be|trei|bung ⟨f.10; schweiz.⟩ *Zwangsvollstreckung*

schuld|be|wußt ⟨Adj., o.Steig.⟩ *um die eigene Schuld wissend und daher verlegen, bedrückt*

Schuld|be|wußt|sein ⟨n., -s, nur Sg.⟩ *Bewußtsein der eigenen Schuld*

schul|den ⟨V.2, hat geschuldet; mit Dat. und Akk.⟩ *jmdm. etwas s.* **1** *verpflichtet sein, jmdm. geliehenes Geld zurückzugeben;* er schuldet mir 50 DM **2** *verpflichtet sein, sich verpflichtet fühlen, jmdm. etwas zu geben, entgegenzubringen;* jmdm. Dank, Achtung, Respekt s.; jmdm. Rechenschaft s.

schul|den|frei ⟨Adj., o.Steig.⟩ *frei von Schulden, unbelastet;* das Haus ist s.

schuld|fä|hig ⟨Adj., o.Steig.; Rechtsw.⟩ *(aufgrund seiner geistig-seelischen Verfassung oder Entwicklung fähig), seine Schuld einzusehen;* Ggs. *schuldunfähig;* der Angeklagte ist (nicht) s.

Schuld|fra|ge ⟨f.11⟩ *Frage nach der Schuld (bes. eines Angeklagten);* die S. klären

schuld|haft ⟨Adj., o.Steig.⟩ *eine Schuld mit sich bringend, so beschaffen, daß eine Schuld daraus entsteht;* ein Versäumnis; eine ~e Verstrickung in böse Umstände

Schuld|haft ⟨f., -, nur Sg.; früher⟩ *Haft aufgrund von Schulden*

Schul|dienst ⟨m., -(e)s, nur Sg.⟩ *Dienst im Schulwesen;* im S. sein *Lehrer sein*

schul|dig ⟨Adj.⟩ **1** *Schuld tragend, verantwortlich;* s. an einem Unfall sein; sich s. bekennen; jmdn. s. sprechen *jmdm. die Schuld an einer Tat zusprechen* **2** *gebührend, nötig;* die ~e Achtung, Ehrfurcht **3** *verpflichtet, (geliehenes) Geld zurückzuzahlen;* jmdm. noch etwas s. sein; was bin ich s.?; *was muß ich bezahlen?;* jmdm. die Antwort s.

Schultüte

bleiben *jmdm. nicht antworten (können)*; jmdm. nichts s. bleiben *jmdm. alles Geld zurückbezahlen*, ⟨auch übertr.⟩ *jmdm. geschickt erwidern*

Schul|di|ger ⟨m.5; †⟩ *jmd., der sich schuldig gemacht hat*, ⟨auch⟩ *Schuldner*

Schul|dig|keit ⟨f., -, nur Sg.⟩ *Verpflichtung; das ist deine Pflicht die S.* ⟨verstärkend⟩ *seine S. getan haben seine Pflicht erfüllt haben*

Schuld|knecht|schaft ⟨f., -, nur Sg; MA⟩ *Leibeigenschaft infolge Unfähigkeit, Schulden zu bezahlen*

Schuld|kom|plex ⟨m.1⟩ *Schuldgefühl, das sich zu einem Komplex gesteigert hat*

schuld|los ⟨Adj., o.Steig.⟩ *ohne Schuld, unschuldig* **Schuld|lo|sig|keit** ⟨f., -, nur Sg.⟩

Schuld|ner ⟨m.5⟩ *jmd., der einem anderen etwas schuldet (bes. Geld)*

Schuld|dra|ma ⟨n., -s, -men⟩ *das in der Reformationszeit in Deutschland entstandene lehrhafte Drama, das bes. in den Lateinschulen aufgeführt wurde*

Schuld|schein ⟨m.1⟩ *schriftliche Bestätigung einer Schuld*

Schuld|spruch ⟨m.2⟩ *Spruch (eines Gerichts), mit dem jmd. schuldig gesprochen wird*

Schuld|ti|tel ⟨m.5⟩ *Urkunde über eine Zahlungsverpflichtung*

Schuld|turm ⟨m.2; früher⟩ *Gefängnis für Schuldner, die nicht zahlen können [früher häufig im Turm der Stadtmauer oder einer Befestigung untergebracht]*

Schuld|über|nah|me ⟨f.11⟩ *Übernahme einer Schuld (durch einen Dritten)*

schuld|un|fä|hig ⟨Adj., o.Steig.; Rechtsw.⟩ *(aufgrund seiner geistig-seelischen Verfassung oder Entwicklung) nicht fähig, seine Schuld einzusehen;* Ggs. *schuldfähig*

Schuld|ver|hält|nis ⟨n.1⟩ *rechtliches Verhältnis zwischen Gläubiger und Schuldner*

Schuld|ver|schrei|bung ⟨f.10⟩ *ein festverzinsliches Wertpapier*

Schu|le ⟨f.11⟩ *1 (öffentliche oder private) Anstalt für den Unterricht (Haupt~, Real~, Mittel~); in die S. gehen; er ist bei Goethe in die S. gegangen* ⟨übertr.⟩ *er hat von Goethe viel gelernt, hat von Goethes Art zu schreiben und zu denken viel angeeignet; ein Kind in die S. schicken, aus der S. nehmen; er kommt nächstes Jahr in die S.; er wird nächstes Jahr schulpflichtig; wir sind zusammen zur S. gegangen; er geht in unsere S.; ein Junge aus unserer S. 2 Unternehmen, das bestimmte Fertigkeiten, Kenntnisse vermittelt (Sprachen~, Fahr~) 3 der in der Schule (1) erteilte Unterricht; die S. ist aus; die S. beginnt um acht Uhr; aus der S. plaudern →plaudern 4 Gebäude, in dem der Unterricht erteilt wird; eine alte S. 5 Lehr- und Übungsbuch (Gitarren~) 6 (von einer bestimmten Gruppe oder einer Person ausgehende) Denkweise, Methode, an der man sich orientiert; ein Maler aus der S. Raffaels; sein Vorbild hat S. gemacht sein Vorbild ist beispielgebend für viele andere geworden 7 Ausbildung, Erziehung, Schulung; ein Künstler mit ausgezeichneter S.; sein Aufenthalt im Ausland war eine gute S. für ihn; Hohe S. Art der Reitkunst mit bestimmten Dressurübungen; ein Kavalier der alten S. ein Mann, der sich so verhält, wie man früher Männer zu Kavalieren erzogen hat 8 Gesamtheit der Lehrer und Schüler einer Schule (1); die ganze S. versammelte sich im Hof [< lat. schola „Vortrag, Vorlesung, Schule", < griech. scholē „Muße, freie Zeit, Arbeitsruhe", übertr. „Beschäftigung während der Muße, Erzeugnisse der Mußestunden"]*

schu|len ⟨V.1, hat geschult; mit Akk.⟩ *1 jmdn. s. unterrichten, ausbilden, jmdm. Fertigkeiten vermitteln; geschultes Personal; geschulte Arbeitskräfte; jmdn. in Abendkursen*

s. 2 *etwas s. durch Üben ausbilden, schärfen; seinen Blick für bestimmte Dinge s.; sein Gehör s.; sein Gedächtnis durch Auswendiglernen s.; sein geschulter Blick erkannte sofort den Fehler*

Schü|ler ⟨m.5⟩ *1 jmd., der eine Schule besucht (und noch nicht erwachsen ist) 2 jmd., der einer Schule (5) anhängt; ein S. Raffaels*

Schü|ler|aus|tausch ⟨m.1⟩ *vorübergehender Austausch von Schülern verschiedener Staaten (zur Förderung der Völkerverständigung)*

schü|ler|haft ⟨Adj., o.Steig.⟩ *in der Art eines Schülers, unreif, unfertig; er benimmt sich s.; eine ~e Arbeit, Ausdrucksweise*

Schü|ler|lot|se ⟨m.11⟩ *Schüler, der auf verkehrsreichen Straßen dafür sorgt, daß jüngere Schüler die Straße ungefährdet überqueren können*

Schü|ler|mit|ver|wal|tung ⟨f.10; Abk. SMV⟩ *1 Mitwirkung der Schüler in bestimmten Belangen des Schullebens 2 zu diesem Zweck gebildete Gruppe von Schülern*

Schü|ler|par|la|ment ⟨n.1⟩ *Vertretung aller Gruppen der Schülermitverwaltung (einer Stadt)*

Schü|ler|schaft ⟨f., -, nur Sg.⟩ *Gesamtheit der Schüler an einer Schule (1)*

Schü|ler|zei|tung ⟨f.10⟩ *von Schülern gestaltete und herausgegebene Zeitung*

Schul|fach ⟨n.4⟩ *Unterrichtsfach an einer Schule*

Schul|freund ⟨m.1⟩ *Freund, den man in der Schule kennengelernt hat*

Schul|funk ⟨m.1⟩ *Rundfunksendung für Schüler zur Unterstützung und Ergänzung des Schulunterrichts*

Schul|ge|lehr|sam|keit ⟨f., -, nur Sg.; geh.⟩ *einseitig theoretisches Wissen ohne praktische Erfahrung*

Schul|haus ⟨n.4⟩ *Gebäude, in dem sich eine Schule befindet*

Schul|hof ⟨m.2⟩ *Hof beim Schulhaus für den Aufenthalt in den Pausen*

schu|lisch ⟨Adj., o.Steig.⟩ *die Schule (1) betreffend, zu ihr gehörig, von ihr ausgehend; ~e Angelegenheiten; seine ~en Leistungen*

Schul|jahr ⟨n.1⟩ *1 Zeitraum (eines Jahres), in dem der im Lehrplan vorgeschriebene Unterrichtsstoff abgehandelt sein muß; das neue S. beginnt am Montag 2 Schulklasse; er ist im 5. S.*

Schul|ju|gend ⟨f., -, nur Sg.⟩ *diejenigen Kinder und Jugendlichen, die eine Schule besuchen*

Schul|ka|me|rad ⟨m.10⟩ *jmd., der mit jmdm. in die gleiche Schule geht; wir sind, waren ~en*

Schul|kind ⟨n.3⟩ *Kind, das eine Schule besucht*

schul|klug ⟨Adj., o.Steig.⟩ *in der Schule ausgebildet, aber ohne Lebenserfahrung*

Schul|land|heim ⟨n.1⟩ *auf dem Land gelegenes Heim, in dem Schüler und Lehrer kurze Zeit gemeinsam leben, arbeiten und spielen*

Schul|mann ⟨m.4; †⟩ *jmd., der im Schulwesen tätig ist*

Schul|map|pe ⟨f.11⟩ *Mappe für alle Gegenstände, die ein Schüler in der Schule braucht;* Syn. *Schultasche*

schul|mä|ßig ⟨Adj.⟩ *1 die Schule betreffend, zu ihr gehörig 2 einer bestimmten Schule, Ausbildung entsprechend, mustergültig; ein ~er Abgang vom Reck*

Schul|me|di|zin ⟨f., -, nur Sg.⟩ *die allgemein anerkannte, an den Universitäten gelehrte Heilkunde*

Schul|mei|ster ⟨m.5⟩ *1* ⟨†⟩ *Lehrer 2* ⟨abwertend⟩ *jmd., der andere überlegen belehrt, belehrend kritisiert*

schul|mei|ster|lich ⟨Adj.; abwertend⟩ *in der Art eines Schulmeisters, überlegen belehrend*

schul|mei|stern ⟨V.1, hat geschulmeistert;

mit Akk.⟩ *jmdn. s. jmdn. allzu genau, sehr überlegen belehren, jmdn. belehrend kritisieren, maßregeln*

Schul|mu|sik ⟨f., -, nur Sg.⟩ *in der Schule gelehrte Musik (auch als Fach an Musikhochschulen)*

Schul|mu|si|ker ⟨m.5⟩ *jmd., der Schulmusik ausübt oder lehrt*

Schul|or|che|ster ⟨[-kɛ-] n.5⟩ *aus Schülern bestehendes Orchester (einer Schule)*

Schul|ord|nung ⟨f.10⟩ *Gesamtheit der Vorschriften für das Schulleben*

Schulp ⟨m.1; bei Kopffüßlern⟩ *rückgebildete, vom Mantel überwachsene Schale*

Schul|pflicht ⟨f., -, nur Sg.⟩ *gesetzliche Pflicht der Erziehungsberechtigten, ihre Kinder durch die Schule besuchen zu lassen*

schul|pflich|tig ⟨Adj., o.Steig.⟩ *das Alter der Schulpflicht erreicht habend, im vorgeschriebenen Alter für die Schulpflicht stehend; ~e Kinder; das Kind wird dieses Jahr s.*

Schul|ran|zen ⟨m.7⟩ *auf dem Rücken zu tragende Schultasche*

Schul|rat ⟨m.2⟩ *Beamter der Schulaufsichtsbehörde*

Schul|rei|fe ⟨f., -, nur Sg.⟩ *Fähigkeit (eines Kindes), eine Schule (1) zu besuchen; die S. besitzen; er hat die S. noch nicht*

Schul|schiff ⟨n.1⟩ *zur Ausbildung von Seeleuten bestimmtes Schiff (der Handelsmarine oder von Marinestreitkräften)*

Schul|schluß ⟨m.2⟩ *1 Ende der täglichen Unterrichtszeit 2 Beendigung der Schule vor den Ferien*

Schul|ta|sche ⟨f.11⟩ →Schulmappe

Schul|ter ⟨f.11⟩ *Körperteil zwischen Halsansatz und Oberarm; ein Kind auf die ~n nehmen, auf den ~n reiten lassen; etwas auf die leichte S. nehmen etwas nicht ernst nehmen, die Gefahr von etwas nicht erkennen oder beachten; jmdm. die kalte S. zeigen jmdn. gleichgültig behandeln, jmdn. absichtlich nicht beachten; auf jmds. ~n stehen jmds. Erkenntnisse als Grundlage benutzen (und weiterentwickeln); jmdn. über die S. ansehen jmdn. geringschätzig betrachten, beurteilen*

Schul|ter|blatt ⟨n.4⟩ *jeder der zwei etwa dreieckigen Rückenknochen unter der Schulter*

schul|ter|frei ⟨Adj., o.Steig.⟩ *die Schultern unbedeckt lassend; ein ~es Kleid*

Schul|ter|ge|lenk ⟨n.1⟩ *Kugelgelenk zwischen Schulterblatt und Oberarm*

Schul|ter|gür|tel ⟨m.5⟩ *aus Schulterblatt und Schlüsselbein bestehender Teil des Skeletts*

Schul|ter|klap|pe ⟨f.11⟩ →Achselklappe

schul|ter|lang ⟨Adj., o.Steig.⟩ *bis zu den Schultern reichend; ~es Haar*

schul|tern ⟨V.1, hat geschultert; mit Akk.⟩ *1 etwas s. auf die Schulter nehmen; das Gewehr, die Schier, den Spaten s. 2* ⟨Ringen⟩ *den Gegner s. den Gegner auf den Rücken zwingen, so daß er mit beiden Schultern den Boden berührt, und ihn eine bestimmte Zeit festhalten (und ihn dadurch besiegen)*

Schul|ter|pol|ster ⟨n.5⟩ *Polster (in Mänteln und Jacken), das die Schultern gerade und breiter erscheinen läßt*

Schul|ter|rie|men ⟨m.7⟩ *über eine Schulter, Brust und Rücken reichender, am Gürtel befestigter Riemen (bes. an Uniformen)*

Schul|ter|schluß ⟨m., -sses, nur Sg.⟩ *1 enges Zusammenstehen Schulter an Schulter 2* ⟨übertr.⟩ *Zusammenhalten; der S. Gleichgesinnter*

Schul|ter|stand ⟨m.2⟩ *Turnübung, bei der der Körper nur auf einer oder zwei Schultern ruht*

Schul|ter|stück ⟨n.1⟩ →Achselklappe

Schult|heiß ⟨m.10; †⟩ *1 Gemeindevorsteher 2* ⟨schweiz., im Kanton Luzern⟩ *Präsident des Regierungsrates*

Schul|tü|te ⟨f.11⟩ *große, verzierte, mit Süßigkeiten gefüllte Papptüte, die Schulanfän-*

Schulung

gern am ersten Schultag geschenkt wird; Syn. Zuckertüte

Schu|lung ⟨f.10⟩ **1** ⟨nur Sg.⟩ das Schulen; durch S. sein Gedächtnis verbessern, seinen Blick für etwas schärfen **2** Unterricht, Lehrgang; zweitägige S.

Schul|weg ⟨m.1⟩ Weg zwischen Wohnung und Schule

Schul|weis|heit ⟨f., -, nur Sg.⟩ ⟨geh.⟩ einseitig theoretisches Wissen ohne praktische Erfahrung

Schul|we|sen ⟨n., -s, nur Sg.⟩ alle Einrichtungen und Vorgänge, die mit der Schule (1) zu tun haben

Schul|ze ⟨m.11; †⟩ Vorsteher (eines Dorfes, einer ländlichen Gemeinde)

schum|meln ⟨V.1, hat geschummelt⟩ → mogeln

Schum|mer ⟨m., -s, nur Sg.; norddt.⟩ Dämmerung

schum|me|rig ⟨Adj., nur als Attr. und mit „sein"⟩ auch: schummrig **1** dämmerig; es wird schon s. **2** ⟨meist auf gemütliche Weise⟩ halbdunkel, schwach beleuchtet; ein ∼er Raum; in der Gaststube war es s. **3** schwach, wenig Helligkeit verbreitend; ∼es Licht

schum|mern ⟨V.1, hat geschummert⟩ I ⟨o.Obj.⟩ dämmerig werden II ⟨mit Akk.⟩ auf Landkarten in Grautönen schattieren und dadurch als Bodenerhebung kenntlich machen

Schum|mer|stun|de ⟨f.11⟩ Dämmerstunde

Schum|me|rung ⟨f.10⟩ Darstellung von Bodenerhebungen durch Schummern (II)

schumm|rig ⟨Adj.⟩ → schummerig

Schund ⟨m., -(e)s, nur Sg.⟩ Wertloses, Minderwertiges [< rotwelsch Schund „Dreck, Kot, Erde", weitere Herkunft nicht bekannt]

Schund|li|te|ra|tur ⟨f., -, nur Sg.⟩ minderwertige Literatur

Schund|ro|man ⟨m.1⟩ minderwertiger Roman

Schund|wa|re ⟨f.11⟩ schlechte Ware, Ausschuß

schun|keln ⟨V.1, hat geschunkelt; o.Obj.⟩ im Sitzen sich bei den Nachbarn einhaken und sich (zu Musik oder zum Singen) hin und her wiegen

Schun|kel|wal|zer ⟨m.5⟩ Walzer, nach dem geschunkelt wird

Schupf ⟨m.1; oberdt.⟩ → Schubs

schup|fen ⟨V.1, hat geschupft; mit Akk.; oberdt.⟩ **1** schubsen **2** werfen

Schup|fen ⟨m.7; oberdt.⟩ → Schuppen

Schu|po ⟨f., -, -s; Kurzw. für⟩ Schutzpolizei II ⟨m.9; †; Kurzw. für⟩ Schutzpolizist

Schup|pe ⟨f.11⟩ **1** ⟨bei Tieren⟩ plattenförmiges Gebilde der Haut (Fisch∼, Schmetterlings∼); es fällt mir wie ∼n von den Augen jetzt verstehe, durchschaue ich die Sache **2** etwas Schuppenähnliches (Metall∼, Pflanzen∼) **3** abgestoßener Zellverband der Haut (Kopf∼) **4** ⟨Geol.⟩ Gesteinsmasse, die auf einer anderen dachziegelartig geschoben ist

schup|pen¹ ⟨V.1, hat geschuppt⟩ I ⟨mit Akk.⟩ einen Fisch s. die Schuppen von einem toten Fisch entfernen II ⟨refl.⟩ sich in Schuppen bilden, in Schuppen abfallen; die Haut schuppt sich

schup|pen² ⟨V.1, hat geschuppt; norddt., sächs.⟩ → schubsen

Schup|pen ⟨m.7⟩ **1** hausähnlich gebauter, kleiner Abstellraum ⟨auch: landsch.⟩ Schoppen, ⟨oberdt.⟩ Schupfen, ⟨schweiz.⟩ Schopf **2** ⟨scherzh.⟩ Lokal (in dem Rockmusik gespielt wird)

Schup|pen|flech|te ⟨f., -, nur Sg.⟩ Hautkrankheit, die durch scharf begrenzte rote Hautstellen, die von einer Schuppenschicht bedeckt sind, gekennzeichnet ist; Syn. Psoriasis

Schup|pen|tier ⟨n.7⟩ (in Afrika und Südostasien vorkommendes) Säugetier, das mit seinem durch Hornschuppen gepanzerten Körper wie ein riesiger Tannenzapfen aussieht

schup|pig ⟨Adj.⟩ **1** mit Schuppen bedeckt; ∼e Haut **2** wie Schuppen; s. aussehen

Schups ⟨m.1; landsch.⟩ → Schubs

Schur¹ ⟨f.10⟩ **1** das Scheren (von Schafen) **2** das Mähen (von Wiesen), Beschneiden (von Hecken)

Schur² ⟨m., -s, nur Sg.; nur in der Wendung⟩ jmdm. etwas zum ∼e tun jmdm. etwas zum Ärger tun, etwas tun, damit sich jmd. ärgert [< mhd. schur „Plage, Schererei", eigtl. „Hagelschlag"]

Schür|ei|sen ⟨n.7⟩ an der Spitze gebogene Eisenstange zum Schüren des Feuers; Syn. Schürhaken

schü|ren ⟨V.1, hat geschürt; mit Akk.⟩ **1** anfachen, zum Lodern bringen; das Feuer s. **2** vergrößern, steigern, stärker, heftiger machen; jmds. Leidenschaft, Zorn, Haß s.

Schurf ⟨m.2; Bgb.⟩ Stelle, an der geschürft wird

schür|fen ⟨V.1, hat geschürft⟩ I ⟨o.Obj.⟩ **1** die oberen Bodenschichten abtragen und nach Bodenschätzen suchen; nach Gold s. **2** intensiv, eingehend suchen, forschen; wenn wir das feststellen wollen, müssen wir noch tiefer s. II ⟨mit Akk.⟩ **1** durch Graben suchen, ans Licht bringen; Erz, Gold s. **2** oberflächlich aufkratzen; (jmdm., sich) die Haut s.

Schür|ha|ken ⟨m.7⟩ → Schüreisen

...schü|rig ⟨in Zus.⟩ eine bestimmte Anzahl von Schuren (zu Schur¹) erlaubend, z.B. einschürige, zweischürige Wiese

schu|ri|geln ⟨V.1, hat geschurigelt; mit Akk.⟩ jmds. s. jmdm. dauernd Schwierigkeiten bereiten, jmdm. (aus Bosheit, Gehässigkeit) die Arbeit, das Leben schwer machen [erweitert < mhd. schurgen, schürgen „stoßen, treiben"]

Schur|ke ⟨m.11⟩ gemeiner Mensch, Schuft, Verbrecher

Schur|ken|streich ⟨m.1⟩ Tat eines Schurken; Syn. Schurkerei

Schur|ke|rei ⟨f.10⟩ → Schurkenstreich

schur|kisch ⟨Adj.⟩ in der Art eines Schurken, böse, niederträchtig, gemein

Schur|re ⟨f.11; nordostdt.⟩ → Schlitterbahn

schur|ren ⟨V.1, hat geschurrt; o.Obj.; nordostdt.⟩ geräuschvoll rollen, reibend gleiten; mit den Füßen über den Boden s.

Schurr|murr ⟨m., -s, nur Sg.; norddt.⟩ Durcheinander; Gerümpel

Schur|wol|le ⟨f.11⟩ durch Schur¹ am lebenden Schaf gewonnene Wolle

Schurz ⟨m.1⟩ **1** um die Hüften gebundenes Tuch (bes. zum Schutz der Kleidung) **2** ⟨kurz für⟩ Lendenschurz

Schür|ze ⟨f.11⟩ die Vorderseite des Körpers bedeckendes, zum Schutz der Kleidung bei der Arbeit getragenes Kleidungsstück; an jmds. S. hängen ⟨übertr.⟩ unselbständig sein; hinter jeder S. her sein ⟨übertr., ugs.⟩ jeder Frau nachstellen

schür|zen ⟨V.1, hat geschürzt; mit Akk.⟩ **1** heben (und feststecken); den Rock s. **2** ein wenig hochziehen; hochmütig, verächtlich die Lippen s. **3** ⟨geh.⟩ knüpfen, binden; einen Knoten s.; (im Drama) den Knoten s. den Konflikt entstehen lassen, entwickeln [zu Schurz]

Schür|zen|jä|ger ⟨m.5; ugs.⟩ Mann, der ständig Frauen nachstellt

Schuß ⟨m.2⟩ **1** das Schießen, das Abfeuern eines Geschosses; ein S. mit dem Gewehr; weitab vom S. sitzen ⟨ugs.⟩ weit entfernt von einer Gefahr, in Sicherheit; zum S. kommen die Möglichkeit zu schießen haben (bei der Jagd), ⟨auch übertr.⟩ die Gelegenheit haben, etwas zu tun; er im S. ins Schwarze ⟨übertr.⟩ eine richtige, zutreffende Antwort oder Bemerkung **2** der dabei hörbare Knall; ein S. fiel **3** Geschoß mit Treibladung, Patrone; ein Magazin mit 20 S.; er keinen S. Pulver wert er ist gar nichts wert **4** ⟨Sport⟩ getretener oder geschlagener Ball, wuchtig geworfener Ball; ein S. ins Tor **5** kleine Flüssigkeitsmenge; ein S. Zitronensaft, Kognak, Cola mit S. Cola mit Branntwein; Berliner Weiße mit S. mit einer kleinen Menge Himbeersaft **6** (Schilauf) Fahrt ohne Schwünge; Syn. Schußfahrt; eine Strecke im S. fahren **7** Fahrt, Ablauf, Tätigkeit ohne Behinderung, ohne Bremsen; die Sache ist in S., kommt in S.; ich bin gerade (schön) in S. **8** ⟨Weberei⟩ **a** ⟨kurz für⟩ → Schußfaden; Ggs. Kette **b** das Eintragen des Schußfadens; Syn. Einschuß **9** Zünden des Sprengstoffs in einem Bohrloch **10** ⟨ugs.⟩ eingespritzte Dosis von Rauschgift; ein S. Heroin; der goldene S. tödliche Dosis Rauschgift

Schüs|sel ⟨m.5 oder f.11; ugs.⟩ fahriger, unkonzentrierter, ungeschickter Mensch

Schüs|sel ⟨f.11⟩ **1** rundes, offenes Gefäß zum Anrichten oder Servieren von Speisen; eine S. voll Erbsen; aus einer S. essen ⟨übertr.⟩ gemeinsame Sache machen; vor leeren ∼n sitzen ⟨übertr.⟩ hungern **2** ⟨ugs.⟩ aufgetragene Speise; eine herrliche S. Salat

schus|se|lig ⟨Adj.; ugs.⟩ flüchtig, zu schnell arbeitend, oft etwas vergessend, ungeschickt, unaufmerksam, unsorgfältig; auch: schußlig; sie ist s.

schus|seln ⟨V.1, hat geschusselt; o.Obj.; ugs.⟩ flüchtig und zu schnell arbeiten, unaufmerksam, unsorgfältig arbeiten

Schus|ser ⟨m.5; süddt.⟩ → Murmel

schus|sern ⟨V.1, hat geschussert; o.Obj.⟩ mit Schussern spielen

Schuß|fa|den ⟨m.8; Weberei⟩ querlaufender Faden; auch: Schuß; Ggs. Kettfaden

Schuß|fahrt ⟨f.10⟩ → Schuß (6)

schuß|ge|recht ⟨Adj.; Jägerspr.⟩ ein gutes Ziel bildend; das Wild steht s. das Wild steht so, daß es ein gutes Ziel bildet

Schuß|ge|rin|ne ⟨n.5⟩ Kanal für schnellfließendes Wasser

Schuß|ka|nal ⟨m.2; bei Schußverletzungen⟩ Weg des Geschosses durch den Körper

schuß|lig ⟨Adj.⟩ → schusselig

Schuß|li|nie ⟨[-njə] f.11⟩ Linie zwischen einer Schußwaffe und dem Ziel; in die S. geraten ⟨übertr.⟩ öffentlich kritisiert werden; geh mir aus der S.! ⟨ugs.⟩ geh mir aus dem Weg, versperr mir nicht die Aussicht!

Schuß|waf|fe ⟨f.11⟩ Waffe, bei der ein Geschoß durch einen Lauf getrieben wird

Schu|ster ⟨auch [ʃu-] m.5⟩ → Schuhmacher

Schu|ster|draht ⟨m.2⟩ mit Pech getränkter Faden

Schu|ster|jun|ge ⟨m.11⟩ **1** ⟨†⟩ Lehrling eines Schusters; es regnet ∼n ⟨übertr., ugs.⟩ es regnet sehr stark **2** ⟨Buchw.⟩ erste Zeile eines neuen Absatzes am Ende einer Seite; vgl. Hurenkind

Schu|ster|ku|gel ⟨f.11⟩ wassergefüllte Glaskugel, die Licht sammelt

schu|stern ⟨V.1, hat geschustert⟩ I ⟨o.Obj.⟩ (aus Liebhaberei) Schusterarbeit tun II ⟨mit Akk.⟩ in schlechter Arbeit herstellen, ⟨meist in Zus. wie⟩ zurechtschustern, zusammenschustern

Schu|te ⟨f.11⟩ **1** offenes Boot (ohne Takelwerk und ohne Eigenantrieb) zum Befördern von Lasten **2** ⟨Biedermeierzeit⟩ Hut mit Krempe nur vorn und an den Seiten, der unter dem Kinn gebunden wird; auch: Schutenhut

Schu|ten|hut ⟨m.2⟩ → Schute (2)

Schutt ⟨m., -(e)s, nur Sg.⟩ Gesteinsabfall, Reste von Mauerwerk, Ziegeln o.ä.; S. wegräumen; etwas in S. und Asche legen etwas völlig zerstören; in S. und Asche sinken völlig zerstört werden

Schutt|ab|la|de|platz ⟨m.2⟩ Lagerplatz für Schutt; Syn. Schutthalde, Müllkippe, Müllponie

Schütt|bo|den ⟨m.8⟩ Boden zum Lagern von Getreide und Stroh; Syn. Schütte

Schüt|te ⟨f.11⟩ **1** Behälter zum Schütten (Grieß~) **2** ⟨Jägerspr.⟩ Platz, an dem Futter ausgestreut wird (Fasanen~) **3** → Schüttboden **4** → Schüttstroh **5** ⟨nur Sg.⟩ Pilzkrankheit der Kiefern, die zum Abfall der Nadeln führt; Syn. Nadelschütte

Schüt|tel|frost ⟨m., -(e)s, nur Sg.⟩ zu Beginn einer Infektionskrankheit auftretendes Kältegefühl und Zittern des ganzen Körpers; Syn. ⟨ndtd.⟩ Grieselfieber

Schüt|tel|läh|mung ⟨f.10⟩ → Parkinsonsche Krankheit

schüt|teln ⟨V.1, hat geschüttelt⟩ I ⟨mit Akk.⟩ **1** etwas s. schnell und ruckartig hin und her bewegen; einen Baum s.; seine Haarmähne s.; Äpfel, Pflaumen s. durch rasches Hinundherbewegen des Baumstammes Äpfel, Pflaumen zum Herunterfallen bringen; die Fäuste s. ohnmächtig zornig sein; die Fäuste gegen jmdn. s. jmdm. mit den Fäusten drohen; jmdm. die Hand s. jmds. Hand ergreifen und sie mehrmals schnell auf und ab bewegen (zur Begrüßung, zur Gratulation u.a.); den Kopf s. (zum Zeichen der Verneinung, der Ablehnung) **2** jmdn. s. jmdn. an den Schultern fassen und heftig, schnell nach vorn und zurück bewegen (zum Zeichen der Ungeduld, um ihn zum Handeln, zum Reagieren zu bringen); ich hätte ihn s. mögen, so sehr habe ich mich über ihn geärgert; das Lachen schüttelte ihn ⟨übertr.⟩ er mußte sehr lachen; von Ekel, Grauen, von Fieberschauern geschüttelt s. zittern vor Ekel, Grauen, vor Fieber II ⟨refl.⟩ sich s. den Rumpf (bes. die Schultern) rasch hin und her bewegen; der Hund schüttelt sich (um Wasser aus seinem Fell zu entfernen); sich s. vor Ekel; sich vor Lachen s.

Schüt|tel|reim ⟨m.1⟩ Versspaar mit Konsonantenvertauschung, z.B. Ein Tanz euch lachend wiegt, denkt ihr an den, der wachend liegt?

Schüt|tel|rost ⟨m.1⟩ beweglicher Rost (im Ofen), mit dem die Asche durchgeschüttelt werden kann

Schüt|tel|rut|sche ⟨f.11⟩ ruckartig sich hin und her bewegende Gleitbahn zum Weiterbefördern von Schüttgut

schüt|ten ⟨V.1, hat geschüttet⟩ I ⟨mit Akk.⟩ fließen lassen, strömen lassen, in einem Schwall gießen; Wasser auf die Straße s.; Körner in einen Sack s.; jmdm. versehentlich Kaffee aufs Kleid s. II ⟨o.Obj.⟩ **1** viel Ertrag bringen; in diesem Jahr schüttet das Korn **2** ⟨unpersönl., mit „es"⟩ es schüttet es regnet stark, es regnet in Strömen

schüt|ter ⟨Adj.⟩ dünn (geworden), gelichtet; ~es Haar

schüt|tern ⟨V.1, hat geschüttert; o.Obj.⟩ stark zittern, stark beben; das ganze Haus schütterte bei der Detonation; der Wagen schüttert auf dem holprigen Pflaster

Schütt|gut ⟨n.4⟩ lockeres, unverpacktes Gut (z.B. Körner, Sand, Kohle)

Schütt|hal|de ⟨f.11⟩ **1** → Schuttabladeplatz **2** ⟨Geol.⟩ Haufen aus Gesteinsschutt (am Fuß von Bergwänden)

Schütt|ofen ⟨m.8⟩ Ofen, in den das Heizmaterial von oben hineingeschüttet wird

Schütt|stroh ⟨n., -(e)s, nur Sg.⟩ langes, gebündeltes Stroh; Syn. Schütte

Schüt|tung ⟨f.10⟩ **1** das Schütten **2** Art des Geschüttetseins; Kohle in lockerer S. **3** Ergiebigkeit (einer Quelle)

Schutz ⟨m., -es, nur Sg.⟩ **1** das Schützen, schützendes Verhalten, schützende Funktion; jmds. S. genießen; den S. des Gesetzes genießen; den S. eines Baumes (vor dem Regen) aufsuchen; auf jmds. S. angewiesen sein; jmdn. in S. nehmen jmdn. beschützen, verteidigen; unter jmds. S. stehen **2** das Geschütztwerden; das geschieht zum S. der Kinder, zu Ihrem S.; etwas zu jmds. S. tun **3** etwas, das jmdn. schützt, Gefahr oder Unannehmlichkeiten von jmdm. fernhält; ein Pelz zum S. gegen Kälte; eine Brille zum S. vor Funken; ein Mittel zum S. vor, gegen Ansteckung

Schütz¹ ⟨m.10; †⟩ → Schütze (1)

Schütz² ⟨n.1⟩ **1** plattenförmige Vorrichtung zum Schließen und Öffnen von Wehren; auch: Schütze **2** ⟨Elektr.⟩ automatisch wirkender Schalter

Schutz|auf|sicht ⟨f., -, nur Sg.⟩ Überwachung Minderjähriger durch das Jugendamt, um sie vor körperlichen Schäden oder Verwahrlosung zu bewahren

Schutz|be|foh|le|ne(r) ⟨m., f.17 oder 18⟩ jmd., der jmds. Schutz anbefohlen, unterstellt ist

Schutz|blech ⟨n.1; an Fahrzeugen⟩ (vor aufspritzendem Straßenschmutz) schützendes Blech über den Rädern

Schutz|brief ⟨m.1⟩ **1** Urkunde mit einer staatlichen Zusage des Schutzes **2** Versicherung gegen Notfälle für Kraftfahrer (Auslands~, Inlands~)

Schutz|bünd|nis ⟨n.1⟩ Bündnis, das zum gegenseitigen Schutz verpflichtet

Schüt|ze¹ ⟨m.11⟩ **1** jmd., der schießt (Bogen~, Gewehr~); auch: ⟨†⟩ Schütz¹ **2** jmd., der bei einem Schützenverein ist **3** ⟨nur Sg.⟩ unterster Mannschaftsdienstgrad der Infanterie **4** jmd., der diesen Dienstgrad hat [zu schießen]

Schüt|ze² ⟨f.11⟩ → Schütz² (1)

schüt|zen ⟨V.1, hat geschützt; mit Akk.⟩ **1** jmdn. oder sich s., ein Lebewesen, einen Gegenstand s. dafür sorgen, daß jmdm., einem selbst, einem Lebewesen oder Gegenstand nichts geschieht; die Tiermutter schützt ihre Jungen; Pflanzen vor Kälte s.; sich gegen Ansteckung s.; eine kostbare Sammlung vor Dieben s. **2** eine Idee, ein Warenzeichen s. unter gesetzlichen Schutz stellen; eine Erfindung durch ein Patent s.; ein Denkmal s.; der Name dieses Fabrikats ist geschützt **3** Pflanzen, Tiere s. unter Naturschutz stellen; diese Pflanzen, Tiere sind geschützt diese Pflanzen dürfen nicht gepflückt und nicht ausgegraben werden, diese Tiere dürfen nicht gefangen und nicht getötet werden

Schüt|zen ⟨m.7⟩ → Weberschiffchen

Schüt|zen|fest ⟨n.1⟩ Volksfest mit Schießwettbewerb

Schutz|en|gel ⟨m.5; christl. Religion⟩ Engel, der jmdn. ständig beschützt

Schüt|zen|ge|sell|schaft ⟨f.10⟩, **Schüt|zen|gil|de** ⟨f.11⟩ → Schützenverein

Schüt|zen|gra|ben ⟨m.8; Mil.⟩ mannstiefer, schmaler Graben als Deckung; im S. liegen

Schüt|zen|hil|fe ⟨f.11⟩ Unterstützung, Hilfe; jmdm. S. leisten jmdn. (bes. in einer Diskussion) unterstützen, ihm hilfreich beispringen

Schüt|zen|kö|nig ⟨m.1⟩ der beste Schütze beim Schützenfest

Schüt|zen|li|nie ⟨f.11; Mil.⟩ in gleichmäßigen Abständen nebeneinander vorrückende Infanterieeinheit

Schüt|zen|schei|be ⟨f.11⟩ → Schießscheibe

Schüt|zen|steu|e|rung ⟨f.10⟩ Steuerung durch Schütz (2)

Schüt|zen|ver|ein ⟨m.1⟩ Verein zur Pflege traditionellen Schießsports und bestimmten Brauchtums; Syn. Schützengesellschaft, Schützengilde

Schutz|frist ⟨f.10⟩ Zeitraum, während dessen jmd. oder etwas geschützt ist

Schutz|ge|biet ⟨n.1⟩ **1** Gebiet, das unter fremder Oberhoheit steht **2** Naturschutzgebiet

Schutz|ge|bühr ⟨f.10⟩ **1** Gebühr für etwas, durch die gewährleistet werden soll, daß nur wirklich Interessierte den Gegenstand erhalten **2** von Verbrecherorganisationen erhobene, mit Gewalt erpreßte Gebühr (für Gaststätten, Geschäfte u.a.)

Schutz|haft ⟨f., -, nur Sg.⟩ Haft, die verhindern soll, daß jmd. den Häftling verletzt

Schutz|hei|li|ge(r) ⟨m., f.17 oder 18⟩ Heilige(r), der bzw. die eine Stadt oder einen Beruf besonders beschützt; Syn. Schutzpatron; der heilige Hubertus als S. der Jäger

Schutz|herr ⟨m., -n oder -en, -en⟩ jmd., der eine beschützende Macht schützend ausübt

Schutz|herr|schaft ⟨f.10⟩ Ausübung bestimmter Rechte über ein fremdes Gebiet

Schutz|holz ⟨n.4⟩ Waldbestand zum Schutz des Bodens oder eines anderen Waldbestandes

Schutz|hüt|te ⟨f.11⟩ einfache Hütte zum Schutz gegen Unwetter und Kälte (bes. im Gebirge)

schutz|imp|fen ⟨V.1, hat schutzgeimpft; nur im Infinitiv und Perf.; mit Akk.⟩ zum Schutz gegen Infektion impfen; jmdn. gegen Pocken, gegen Grippe s.

Schutz|imp|fung ⟨f.10⟩ Impfung zum Schutz gegen eine Infektion

Schütz|ling ⟨m.1⟩ jmd., der jmds. Schutz und Fürsorge anvertraut ist

schutz|los ⟨Adj., -er, am schutzlosesten⟩ hilflos, ohne Schutz; s. preisgegeben sein

Schutz|lo|sig|keit ⟨f., -, nur Sg.⟩

Schutz|macht ⟨f.2⟩ **1** Staat, der einen anderen Staat (angeblich) beschützt **2** Staat, der die Angehörigen eines dritten Staates gegenüber einem feindlichen Staat schützt

Schutz|mann ⟨m.4; ugs.⟩ Polizist

Schutz|man|tel ⟨m.6⟩ **1** schützender Mantel **2** ⟨Kunst⟩ großer, weiter, ausgebreiteter Mantel (einer Madonna)

Schutz|man|tel|ma|don|na ⟨f., -, -nen⟩ Darstellung der Mutter Gottes, die mit ihrem ausgebreiteten Mantel Gläubige umfängt

Schutz|mar|ke ⟨f.11⟩ → Warenzeichen

Schutz|pa|tron ⟨m.1⟩ → Schutzheiliger

Schutz|zoll ⟨m.2⟩ Zoll auf eingeführte Waren, der die einheimische Wirtschaft vor ausländischer Konkurrenz schützen soll

Schw. ⟨Abk. für⟩ Schwester

schwab|be|lig ⟨Adj.⟩ schwabbelnd, weich und bei Bewegung sich hin und her und nieder bewegend; ~er Pudding; ~er Busen

schwab|beln ⟨V.1, hat geschwabbelt; o.Obj.⟩ sich rasch und weich hin und her bewegen; Syn. quabbeln, schwabbern, ⟨nur vom Pudding⟩ schlickern; der Pudding schwabbelt; seine Fettpolster s. beim Laufen, beim Lachen

Schwab|ber ⟨m.5; Seew.⟩ eine Art Besen, Wischer

schwab|bern ⟨V.1, hat geschwabbert⟩ I ⟨o.Obj.⟩ **1** → schwabbeln **2** in kleinen Wellen überfließen; die Milch schwabbert über den Rand der Schüssel **3** beim Gehen, Tragen, Eingießen Flüssigkeit überfließen lassen; paß auf, daß du nicht schwabberst! II ⟨mit Akk.⟩ überfließen lassen; ich habe leider Kaffee auf die Untertasse, auf die Tischdecke geschwabbert

Schwa|be ⟨m.11⟩ **1** Einwohner von Schwaben, jmd., der schwäbische Mundart spricht **2** deutschsprechender Einwohner bestimmter Gebiete Ungarns und Rumäniens; Siebenbürger S. **3** ⟨elsäss.⟩ Bundesdeutscher; wenn die S. zur Weinprobe kommen

schwä|beln ⟨V.1, hat geschwäbelt; o.Obj.⟩ schwäbisch reden

Schwa|ben|spie|gel ⟨m.5⟩ Sammlung von Rechtsvorschriften im MA

Schwa|ben|streich ⟨m.1⟩ lächerliche Handlung [nach dem Märchen von den sieben Schwaben]

schwä|bisch ⟨Adj., o.Steig.⟩ Schwaben betreffend, zu ihm gehörig, aus ihm stammend; ~e Mundart Mundart im Osten Baden-Württembergs und im Westen Bayerns

schwach ⟨Adj., schwächer, am schwächsten⟩ Ggs. stark **1** wenig Körperkraft besitzend, mit wenig Kraft; ein ~es Kind; das ~e Geschlecht ⟨scherzh.⟩ die Frauen; mach mich nicht s.! ⟨ugs.⟩ mach mich nicht nervös!; sich nur s. wehren; sie lächelte s. **2** zart, dünn; ~e Ärmchen; ein ~er Ast **3** kränklich, anfällig;

Schwäche

ein ~es Herz; ~e Nerven haben *psychisch nicht sehr belastbar sein* **4** *wenig leistend*; ein ~er Schüler; er ist in Mathematik sehr s. **5** *wenig wirksam*; eine ~e Brille; ein ~es Mittel; ein ~er Kaffee **6** *gering, kaum in Erscheinung tretend, kaum vorhanden*; eine ~e Begabung; eine ~e Hoffnung; ein ~es Lächeln; das ist ein ~er Trost; ein ~er Wind; der Beifall war nur s. **7** *der Anzahl nach gering*; ein s. besiedeltes Gebiet; die Vorstellung war s. besucht **8** *nachgiebig, nicht standhaft*; s. werden *einer Versuchung nachgeben*; sie ist zu s. mit den Kindern; er ist auch nur ein ~er Mensch (ugs.) *er hat seine Fehler und Schwächen wie wir alle* **9** *unzulänglich, enttäuschend*; eine ~e Arbeit, Leistung; das war s. von dir! (ugs.); das Theaterstück ist s. **10** *ungenau, unklar*; ich habe davon nur eine ~e Vorstellung **11** (Gramm.) **a** *in allen Formen den gleichen Stammvokal aufweisend und im Perfekt mit der Endung -t gebildet*; ~e Konjugation; ~e Verben **b** *in den meisten Fällen mit der Endung -n gebildet*; ~e Deklination; ~e Substantive

Schwä|che ⟨f.11⟩ **1** *Mangel an Kraft und Leistungsfähigkeit*; eine S. der Augen, des Herzens; eine plötzliche S. überfiel ihn **2** *Unzulänglichkeit*; wirtschaftliche, politische S.; seine große S. sind die Sprachen **3** *Nachgiebigkeit, Mangel an Widerstandskraft*; jmds. S. ausnützen; das war ein Zeichen von S. **4** *kleiner Fehler*; eine verzeihliche S.; menschliche ~n; wir haben alle unsere ~n **5** *Vorliebe*; er hat eine S. für sie; ich habe eine S. für Mandelkonfekt **6** *Nachteil, Mangel*; eine S. des Buches, Filmes

schwä|chen ⟨V.1, hat geschwächt; mit Akk.⟩ **1** *etwas oder jmdn. s. schwach machen, jmdm. oder einer Sache Kraft entziehen*; das viele Sprechen schwächt den Kranken; sein Körper ist noch geschwächt **2** *etwas s. vermindern, herabsetzen*; jmds. Ansehen, Macht s.; jmds. Widerstandskraft s.

Schwach|heit ⟨f.10⟩ **1** ⟨nur Sg.⟩ *schwache Beschaffenheit, Zustand des Schwachseins, Mangel an Kraft*; die S. des Alters **2** ⟨Pl.; nur in der ugs. Wendung⟩ bilde dir nur keine ~en ein *glaube nicht, daß du deinen Willen durchsetzen kannst*

Schwach|kopf ⟨m.2; ugs.⟩ *Dummkopf*
schwach|köp|fig ⟨Adj.; ugs.⟩ *dumm*
schwäch|lich ⟨Adj.⟩ *kraftlos, kränklich*; blaß und s. **Schwäch|lich|keit** ⟨f., -, nur Sg.⟩
Schwäch|ling ⟨m.1⟩ **1** *kraftloser Mensch* **2** *willensschwacher Mensch*
Schwach|ma|ti|kus ⟨m., -, -kus|se; ugs.; scherzh.⟩ *schwächlicher Mensch*
schwach|sich|tig ⟨Adj.⟩ *an herabgesetztem Sehvermögen leidend* **Schwach|sich|tig|keit** ⟨f., -, nur Sg.⟩
Schwach|sinn ⟨m., -(e)s, nur Sg.⟩ **1** ⟨Med.⟩ *Geistesschwäche, starker Mangel an Intelligenz* **2** ⟨ugs.⟩ *Unsinn, unsinniges Reden, Handeln, unsinnige Äußerung*
schwach|sin|nig ⟨Adj.⟩ **1** *an Schwachsinn leidend* **2** ⟨ugs.⟩ *auf Schwachsinn (2) beruhend*

Schwach|strom ⟨m.2; veraltend⟩ *elektrischer Strom in Anlagen mit Spannungen unter 24 Volt*; Ggs. Starkstrom
Schwä|chung ⟨f., -, nur Sg.⟩ *das Schwächen*
Schwa|de ⟨f.11⟩, **Schwa|den**[1] ⟨m.7⟩ *Streifen gemähten Grases oder Getreides*
Schwa|den[2] ⟨m.7⟩ **1** *Streifen aus Dampf, Dunst oder Nebel* **2** ⟨Bgb.⟩ *gefährliche Grubenluft*
Schwa|dron ⟨f.10⟩ *kleinste Einheit der Kavallerie*; Syn. Eskadron [< ital. *squadrone* „größere Einheit der Kavallerie", zu *squadro, squadra* „kleinste militärisches Einheit, Korporalschaft", eigtl. „Viereck, im Viereck aufgestellte Mannschaft"]
Schwa|dro|na|de ⟨f.11⟩ *prahlerisches Gerede, lauter Wortschwall* [zu *schwadronieren*]

Schwa|dro|neur ⟨[-nør] m.1⟩ *jmd., der schwadroniert*
schwa|dro|nie|ren ⟨V.3, hat schwadroniert; o.Obj.⟩ **1** ⟨urspr., †⟩ *mit dem Säbel um sich schlagen* **2** ⟨†⟩ *sich herumtreiben, sich tummeln* **3** ⟨übertr.⟩ *laut und unbekümmert reden, etwas laut und wortreich erzählen* [zu *Schwadron* „Schlachthaufe der Reiterei"]
schwa|feln ⟨V.1, hat geschwafelt; ugs.⟩ **I** ⟨o.Obj.⟩ *viel und nichtssagend oder töricht reden*; er schwafelt stundenlang über dieselbe Sache **II** ⟨mit Akk.⟩ *etwas s. wortreich und töricht etwas erzählen*; Unsinn s.; was schwafelst du da?
Schwa|ger ⟨m.6⟩ **1** ⟨†⟩ *Postkutscher* **2** *Ehemann der Schwester oder Bruder des Ehepartners* [vielleicht < frz. *chevalier* „Reiter, Postreiter", < lat. *caballarius* „Pferdewärter", in Anlehnung an die frühere Anrede *Schwager* für befreundete oder verwandte Personen]
Schwä|ge|rin ⟨f.10⟩ *Ehefrau des Bruders oder Schwester des Ehepartners*
schwä|ger|lich ⟨Adj., o.Steig.⟩ *zum Schwager bzw. zur Schwägerin gehörend, ihn bzw. sie betreffend, auf Schwägerschaft beruhend*; ~e Beziehung
Schwä|ger|schaft ⟨f., -, nur Sg.⟩ *verwandtschaftlicher Grad eines Schwagers bzw. einer Schwägerin*
Schwä|her ⟨m.5; †⟩ *Schwager, Schwiegervater*; vgl. Schwieger
Schwai|ge ⟨f.11; bayr., österr.⟩ **1** *Sennhütte mit Alm* **2** *entlegener Gutshof* [< ahd. *sweiga* „Weideplatz"]
schwai|gen ⟨V.1, hat geschwaigt; o.Obj.; bayr., österr.⟩ **1** *eine Schwaige bewirtschaften* **2** *(in einer Schwaige) Käse herstellen*
Schwai|ger ⟨m.5⟩ *jmd., der eine Schwaige besitzt oder bewirtschaftet*
Schwal|be ⟨f.11⟩ **1** *kleiner, schlanker Singvogel mit langen, spitzen Flügeln, gegabeltem Schwanz und kleinem Schnabel mit weitem Rachen* (Mehl~, Rauch~) **2** ⟨Kinderspr.⟩ *gefaltetes Papierflugzeug* **3** ⟨Fußb.; ugs.⟩ *gespielter schwerer Sturz*; die S. machen
Schwal|ben|nest ⟨n.3⟩ **1** *Nest einer Schwalbe* **2** *Nest einer Salangane (das als Delikatesse gegessen wird)* **3** ⟨früher, auf Kriegsschiffen⟩ *vorragender Geschützstand*
Schwal|ben|schwanz ⟨m.2⟩ **1** *ein gelbschwarz-blau gemusterter Falter mit schwanzähnlichen Verlängerungen an den Hinterflügeln* **2** *trapezförmiger Teil einer Maschine, der in eine ebenso geformte Aussparung als Verbindung eingreift (z.B. eine bestimmte Gehrung)* **3** *die Rockschöße eines Fracks* **4** *trapezförmige, ineinandergreifende Holzverbindung*
Schwalch ⟨m.1; landsch.⟩ → *Schwalk*
schwal|chen ⟨V.1, hat geschwalcht; †⟩ → *qualmen (1)*
Schwalk ⟨m.1; nddt.⟩ *Dampf, Rauch, Qualm*; auch: *Schwalch*
Schwall ⟨m.1⟩ *große, sich auf einmal bewegende Menge (bes. von Flüssigkeit)*; ein S. schmutziges Wasser; ein S. von Menschen quoll aus der Tür; ein S. von Worten brach über sie herein
Schwamm ⟨m.2⟩ **1** *einfach gebautes Tier von (oft) sackartig-poriger Gestalt* (Kalk~); Syn. Spongie **2** *aus dem Kiesel-Horn-Skelett des Echten Badeschwammes bestehender Reinigungsgegenstand* (Saug~) **4** ⟨für Arten mit großem Fruchtkörper⟩ → *Pilz* **5** ⟨kurz für⟩ *Hausschwamm*; im Keller haben
Schwam|merl ⟨n.14; bayr.-österr.⟩ → *Pilz*
schwam|mig ⟨Adj.⟩ **1** *weich, porös (und feucht) wie ein Schwamm*; Syn. *spongiös*; ~e Hutunterseite eines Pilzes **2** *dick und aufgedunsen*; ~ Figur; ~e Formen **3** *unklar formuliert*; ~e Definition
Schwan ⟨m.2⟩ *(meist weiß gefärbter) großer Entenvogel mit langem Hals* (Höcker~, Sing~); Schwarzer S.
schwa|nen ⟨V.1, hat geschwant; mit Dat.⟩ *etwas vermuten, ahnen*; mir schwant Böses; mir schwant, daß er ...
Schwa|nen|ge|sang ⟨m.2; übertr.⟩ *letztes Werk (eines Dichters oder Komponisten)* [die Schwäne angeblich vor ihrem Tod zu singen anheben]
Schwa|nen|hals ⟨m.2⟩ **1** *Hals eines Schwans* **2** ⟨scherzh.⟩ *langer, schlanker, schöner Frauenhals* **3** ⟨beim Pferd⟩ *unschöner, S-förmiger Hals* **4** *Schlageisen (bes. für Füchse)*
Schwa|nen|jung|frau ⟨f.10; dt. Myth.⟩ *halbgöttliches weibliches Wesen in Schwanengestalt*
Schwang ⟨m.; nur in der Wendung⟩ *etwas ist im ~e etwas ist üblich, gebräuchlich, in Mode*
schwan|ger ⟨Adj., o.Steig.⟩ *sich im Zustand der werdenden Mutter befindend*; Syn. *gravid*, ⟨bei Säugetieren⟩ *trächtig*; mit einem Gedanken s. gehen *sich mit einem Gedanken längere Zeit beschäftigen und ihn entwickeln* [< ahd. *swangar* „schwanger", eigtl. „schwerfällig, träge"]
schwän|gern ⟨V.1, hat geschwängert; mit Akk.⟩ **1** *eine Frau schwanger machen* **2** *etwas s.* ⟨übertr.⟩ *erfüllen*; ⟨meist im Perf. Passiv⟩ die Luft ist mit Rosenduft geschwängert
Schwan|ger|schaft ⟨f.10⟩ *das Schwangersein*; Syn. *Gravidität*
schwank ⟨Adj.; †; poet.⟩ *biegsam, unsicher, schwankend*; auf ~em Steg; ein ~es Rohr im Wind; vgl. *schwanken (1)*
Schwank ⟨m.2⟩ *derb-komisches Bühnenstück oder ebensolche Erzählung*
schwan|ken ⟨V.1, o.Obj.⟩ **1** ⟨hat geschwankt⟩ *sich weich hin und her, auf und nieder bewegen*; die Ähren s. im Wind; die Brücke schwankt unter unseren Tritten; das Boot schwankte als er einstieg; er ist (wie) ein ~des Rohr im Winde *er hat keinen inneren Halt, keine feste Gesinnung; s. handelt einmal so, einmal anders, (auch) er wendet sich einmal dieser, einmal jener Frau zu* **2** ⟨hat geschwankt⟩ *(im Stehen oder Gehen) den Halt verlieren, sich unsicher hin und her bewegen*; der Baum schwankte und stürzte um; er schwankte und wurde ohnmächtig **3** ⟨hat geschwankt⟩ *sich nicht entscheiden können, sich nicht entschließen können, überlegen*; ich schwanke, ich habe lange geschwankt, ob ich mitgehen soll **4** ⟨hat geschwankt⟩ *sich ständig verändern*; die Preise für das Art von Schuhen s. zwischen 100 und 120 DM; die Temperatur schwankte in diesen Tagen zwischen 10 und 15 Grad **5** ⟨ist geschwankt⟩ *mit unsicheren Schritten gehen, ohne feste Haltung, in stets wechselnder Richtung gehen*; der Betrunkene schwankte über die Straße
Schwank|punkt ⟨m.1⟩ → *Metazentrum*
Schwan|kung ⟨f.10⟩ *das Schwanken* (Kurs~)
Schwanz ⟨m.2⟩ **1** *(bei vielen Wirbeltieren) (beweglicher) Körperteil am hinteren Ende der Wirbelsäule*; Syn. ⟨beim Haarwild, bes. Fuchs⟩ *Lunte*; einen S. machen (ugs.) ⟨beim Staatsexamen⟩ *einen nicht bestandenen Teil der Prüfung wiederholen*; mit dem S. wedeln; darum kümmert sich doch kein S. (ugs., verhüllend für) *darum kümmert sich doch kein Schwein (darum kümmert sich niemand)* **2** ⟨bei Wirbeltieren⟩ ⟨zugespitztes⟩ *Hinterende* (Krebs~) **3** ⟨derb⟩ *Penis* [< mhd. *swanz* „wiegende, tanzartige Bewegung, Schleppe; männliches Glied"]
schwän|zeln ⟨V.1, hat geschwänzelt; o.Obj.⟩ **1** *mit dem Schwanz wedeln* **2** ⟨übertr.⟩ *tänzelnd, geziert gehen*; um jmdn. s. *sich dienstfertig um jmdn. bewegen*

schwän|zen ⟨V.1, hat geschwänzt; mit Akk.⟩ **1** *mit einem Schwanz versehen;* geschwänzte Noten **2** ⟨in Wendungen wie⟩ die Schule, den Unterricht, Vorlesungen s. *nicht in die Schule usw. gehen (weil man keine Lust dazu hat)* [< mhd. swenzen „sich schwingend bewegen; umherstreifen", zu swanz „Schwanz"]

Schwän|zer ⟨m.5⟩ *jmd., der schwänzt (2;* Schul~*); er ist ein notorischer S.*

Schwanz|flos|se ⟨f.11⟩ *hinterste Flosse;* Syn. ⟨bei Walen⟩ *Fluke*

schwanz|la|stig ⟨Adj., o.Steig.; bei Flugzeugen⟩ *hinten zu sehr beladen*

Schwanz|lurch ⟨m.1⟩ *Amphibie mit eidechsenförmigem Körper (z.B. Molch, Salamander)*

Schwanz|mei|se ⟨f.11⟩ *meisenähnlicher Singvogel mit weiß-schwärzlichem Gefieder und sehr langem Schwanz*

Schwapp ⟨m.1⟩ *kleine Menge Flüssigkeit;* auch: *Schwaps;* ein S. Wasser, Suppe

schwap|pen ⟨V.1, ist geschwappt; o.Obj.⟩ **1** *sich in Wellen bewegen;* das Wasser schwappt im Schwimmbecken, schwappt über den Rand

schwap|pern ⟨V.1, ist geschwappert⟩ →*schwäppern*

schwäp|pern ⟨V.1, o.Obj.; ugs.⟩ **1** ⟨hat geschwäppert⟩ *Flüssigkeit beim Tragen überlaufen lassen, vergießen;* paß auf, daß du nicht schwäpperst! **2** ⟨ist geschwäppert⟩ *beim Transportiertwerden überlaufen;* der Kaffee ist leider aufs Tablett geschwäppert

Schwaps ⟨m.1⟩ →*Schwapp*

Schwä|re ⟨f.11; †⟩ *Geschwür*

schwä|ren ⟨V.1, hat geschwärt; o.Obj.; †⟩ *eitern, ein Geschwür bilden;* die Wunde schwärt; eine ~de Wunde

schwä|rig ⟨Adj.; †⟩ *voller Schwären*

Schwarm ⟨m.2⟩ **1** *(dauernder oder zeitweiliger) Verband gleichartiger Tiere (Bienen~)* **2** ⟨nur Sg.; ugs.⟩ *jmd., für den man schwärmt;* der Sänger ist ihr S.

schwär|men ⟨V.1, o.Obj.⟩ **I** ⟨ist geschwärmt⟩ *durcheinanderlaufen, hierhin und dorthin laufen;* die Kinder schwärmten durch den Wald **2** ⟨ist geschwärmt⟩ *im Schwarm durcheinanderfliegen;* die Mücken s. über dem Wasser; die Fliegen s. über dem Kadaver **3** ⟨hat geschwärmt⟩ *(zur Bildung eines neuen Staates) ausfliegen;* die Bienen s. werden vermutlich bald s. **II** ⟨mit Präp.obj.; hat geschwärmt⟩ **1** *von etwas s. begeistert reden;* von alten Zeiten s.; von seinen Reiseerlebnissen s.; von einer Stadt s. **2** *für etwas oder jmdn. s. für etwas oder jmdn. begeistert sein, jmdn. verehren, gefühlvoll bewundern;* für einen Schauspieler s.; sie schwärmt für Bergwanderungen; ich schwärme für alte Musik

Schwär|mer ⟨m.5⟩ **1** *jmd., der leicht in Begeisterung gerät* **2** *Nachtfalter mit langen, schmalen Vorderflügeln (Kiefern~)* **3** *Feuerwerkskörper, der sich nach dem Werfen taumelnd in der Luft bewegt*

schwär|me|risch ⟨Adj.⟩ **1** *in der Art eines Schwärmers* **2** *begeistert, verzückt;* jmdn. s. anschauen; s. von jmdm. reden

Schwarm|geist ⟨m.3⟩ *religiöser Eiferer*

Schwärm|zeit ⟨f.10; bes. bei Bienen⟩ *Zeit, in der sich ein Schwarm zum Hochzeitsflug bildet*

Schwar|te ⟨f.11⟩ **1** *dicke Haut* **2** ⟨Jägerspr.⟩ *Haut (von Dachs und Wildschwein)* **3** *verwachsene Stelle von Brust- und Rippenfell (nach Entzündung)* **4** *altes, wertloses Buch* **5** *die nach dem Zersägen übrigbleibenden äußeren Teile des Baumstamms*

schwar|ten ⟨V.2, hat geschwartet; o.Obj.; ugs.⟩ *viel und gierig lesen*

Schwar|ten|ma|gen ⟨m.8⟩ *in Schweinsmagen gestopfte Preßwurst mit Schwarte*

schwarz ⟨Adj., schwärzer, am schwärzesten⟩ **1** *das Licht nicht zurückwerfend, sehr dunkel;* ~es Haar; ~er Stoff; dort hinten ist der Himmel schon ganz s.; ~ Blattern ⟨†⟩ *Pocken;* Schwarzes Brett *Anschlagbrett;* ~e Diamanten ⟨übertr.⟩ *Kohle;* ~e Kunst ⟨übertr.⟩ *Buchdruckerkunst;* ~es Loch →*Loch;* Schwarzer Peter *in Kartenspiel für Kinder;* jmdm. den Schwarzen Peter zuschieben ⟨ugs.⟩ *jmdm. die Verpflichtung, die Verantwortung für etwas zuschieben;* der ~e Mann *Kinderschreck;* das ~e Schaf →*Schaf;* Schwarzer Tod ⟨MA⟩ *Beulenpest;* Schwarze Spinne ⟨Biol.⟩ *eine amerikanische Giftspinne;* sich s. ärgern ⟨ugs.⟩ *sich sehr ärgern;* etwas s. färben; da kannst du warten bis du s. wirst ⟨ugs.⟩ *da wirst du vergeblich warten;* s. werden ⟨Skat⟩ *keinen Stich bekommen;* s. auf weiß ⟨ugs.⟩ *gedruckt und damit verläßlich;* der Platz war s. von Menschen *auf dem Platz standen sehr viele Menschen;* mir wird s. vor den Augen *ich werde gleich ohnmächtig;* ins Schwarze treffen *in den Mittelpunkt der Zielscheibe treffen,* ⟨übertr.⟩ *etwas treffend, genau erkennen und bezeichnen* **2** *von sehr dunkler Hautfarbe;* die Schwarzen *die Neger;* vgl. schwarz (7) **3** *schmutzig;* ~e Finger, Hände; sich s. machen; er gönnt ihr nicht das Schwarze unter den Fingernägeln ⟨übertr.⟩ **4** *dunkel und gehaltvoll;* ~es Brot **5** *düster, unheilvoll;* das war ein ~er Tag heute; du siehst alles zu s.; ~e Gedanken haben; *trübe, düstere Gedanken,* ⟨auch⟩ *böse, hinterhältige Gedanken* **6** *ungesetzlich, illegal;* ~e Liste *Liste verdächtiger Personen;* ~er Markt *ungesetzlicher Handel zu überhöhten Preisen* **7** ⟨ugs.⟩ *sehr konservativ, katholisch;* die Schwarzen *die Anhänger der konservativen Parteien und der kath. Kirche*

Schwarz ⟨n., -, nur Sg.⟩ *schwarze Farbe;* vgl. *Rot, Blau;* S. ist am Zug ⟨Schach⟩ *die schwarze Partei ist am Zug;* in S. gehen *Trauer tragen*

Schwarz|afri|ka|ner ⟨m.5; Politikerspr.⟩ →*Neger*

Schwarz|ar|beit ⟨f.10⟩ *Lohnarbeit unter Umgehung der gesetzlichen Bestimmungen*

schwarz|ar|bei|ten ⟨V.2, hat schwarzgearbeitet; o.Obj.⟩ *Schwarzarbeit ausführen*

schwarz|äu|gig ⟨Adj., o.Steig.⟩ *schwarze Augen habend*

schwarz|bär|tig ⟨Adj., o.Steig.⟩ *einen schwarzen Bart tragend*

Schwarz|bee|re ⟨f.11⟩ →*Heidelbeere*

Schwarz|bei|nig|keit ⟨f., -, nur Sg.; beim Getreide, bei Kartoffeln u.a.⟩ *Absterben der Stengelbasis*

schwarz|blau ⟨Adj., o.Steig.⟩ *blau mit schwarzem Schimmer*

schwarz|braun ⟨Adj., o.Steig.⟩ *braun mit schwarzem Schimmer*

Schwarz|bren|ner ⟨m.5⟩ *jmd., der ohne behördliche Genehmigung Schnaps brennt*

Schwarz|bren|ne|rei ⟨f., -, nur Sg.⟩ *Schnapsbrennerei ohne behördliche Genehmigung*

Schwarz|brot ⟨n.1⟩ *Roggenvollkornbrot*

Schwarz|dorn ⟨m.1⟩ →*Schlehe*

Schwär|ze ⟨f., -, nur Sg.⟩ **1** *das Schwarzsein* **2** *schwarzer Farbstoff;* Drucker~

schwär|zen ⟨V.1, hat geschwärzt; mit Akk.⟩ **1** *schwarz färben;* sich das Gesicht s.; der Ruß hat die Mauern im Lauf der Zeit geschwärzt **2** ⟨österr.⟩ →*schmuggeln*

Schwar|ze(r) ⟨f., m.17 oder 18⟩ →*Neger*

Schwarz|er|de ⟨f., -, nur Sg.⟩ *durch hohen Gehalt an Humus tiefdunkel gefärbter Bodentyp*

schwarz|fah|ren ⟨V.32, ist schwarzgefahren; o.Obj.⟩ **1** *ein öffentliches Verkehrsmittel benutzen, ohne dafür zu bezahlen* **2** *ohne Führerschein ein Kraftfahrzeug lenken*

Schwarz|fahrt ⟨f.10⟩ *Fahrt ohne Fahrschein, ohne Führerschein*

Schwarz|fäu|le ⟨f., -, nur Sg.⟩ →*Braunfäule*

Schwarz|fleisch ⟨n., -es, nur Sg.⟩ *geräucherter Schweinespeck*

schwarz|grau ⟨Adj., o.Steig.⟩ *grau mit schwarzem Schimmer*

schwarz|grün ⟨Adj., o.Steig.⟩ *grün mit schwarzem Schimmer*

schwarz|haa|rig ⟨Adj., o.Steig.⟩ *schwarze Haare tragend*

Schwarz|han|del ⟨m., -s, nur Sg.⟩ *ungesetzlicher Handel (bes. in Notzeiten);* Syn. *Schleichhandel*

Schwarz|händ|ler ⟨m.5⟩ *jmd., der Schwarzhandel betreibt*

Schwarz|hem|den ⟨n.12, Pl.; ugs. Bez. für⟩ *die italienischen Faschisten*

schwarz|hö|ren ⟨V.1, hat schwarzgehört; o.Obj.⟩ **1** *ein Rundfunkgerät besitzen und benutzen, ohne Gebühren dafür zu bezahlen* **2** *Vorlesungen hören, ohne Gebühren dafür zu bezahlen*

Schwarz|ju|ra ⟨m., -s, nur Sg.⟩ →*Lias*

Schwarz|kehl|chen ⟨n.7⟩ *zu den Schmätzern gehörender Singvogel (dessen Männchen einen schwarzen Kopf und eine schwarze Kehle hat)*

Schwarz|kit|tel ⟨m.5; scherzh.⟩ **1** *Wildschwein* **2** *Geistlicher* **3** *Schiedsrichter*

Schwarz|kunst ⟨f., -, nur Sg.⟩ *Mezzotinto*

schwärz|lich ⟨Adj., o.Steig.⟩ *leicht schwarz*

schwarz|ma|len ⟨V.1, hat schwarzgemalt; mit Akk.⟩ *in düsteren Farben darstellen, pessimistisch beurteilen;* die Zukunft s.

Schwarz|pul|ver ⟨n., -s, nur Sg.⟩ *grauschwarzer Explosivstoff aus Salpeter, Holzkohle und Schwefel* [nach dem angebl. Erfinder, dem Mönch Bertold *Schwarz* (13.Jh.)]

Schwarz|rock ⟨m.2; scherzh.⟩ *Geistlicher*

schwarz|rot ⟨Adj., o.Steig.⟩ *rot mit schwarzem Schimmer*

Schwarz|sau|er ⟨n., -s, nur Sg.⟩ *säuerliches Ragout mit Soße aus dem Blut des betreffenden Tieres (Gänse~)*

schwarz|schlach|ten ⟨V.2, hat schwarzgeschlachtet; mit Akk.⟩ *ohne behördliche Genehmigung schlachten* **Schwarz|schlach|tung** ⟨f.10⟩

schwarz|se|hen ⟨V.136, hat schwarzgesehen⟩ **I** ⟨mit Akk.⟩ *etwas s. pessimistisch beurteilen;* du siehst die Lage, die Zukunft zu schwarz **II** ⟨o.Obj.⟩ *fürchten, daß etwas nicht klappen wird;* ich sehe schwarz; ich sehe schwarz für unseren Ausflug

Schwarz|sen|der ⟨m.5⟩ *ohne behördliche Genehmigung betriebener Rundfunksender*

Schwarz|specht ⟨m.1⟩ *krähengroßer Specht mit einfarbig schwarzem Gefieder und roter Kopfplatte*

Schwär|zung ⟨f.10⟩ **1** *das Schwärzen (1)* **2** *Schwarzfärbung;* die S. eines Negativs

Schwarz|was|ser|fie|ber ⟨n., -s, nur Sg.⟩ *schwere Form der Malaria mit Schwarzfärbung des Urins*

schwarz-weiß ⟨Adj., o.Steig.⟩ *schwarz und weiß;* s. gestreift; s. kariert

Schwarz|weiß|film ⟨m.1⟩ *Film, der die Farben als Schwarz-, Weiß- und Grautöne wiedergibt*

Schwarz|weiß|ma|le|rei ⟨f.10⟩ *einseitig positive oder negative Beschreibung oder Beurteilung (von etwas oder jmdm.)*

Schwarz|wild ⟨n., -(e)s, nur Sg.⟩ →*Wildschwein*

Schwarz|wur|zel ⟨f.11⟩ **1** *(rötlich oder gelb blühender) Korbblütler* **2** *dessen schwarzbraune Pfahlwurzel (die geschält ähnlich wie Spargel verwendet wird)*

Schwatz ⟨m.1⟩ *gemütliche Unterhaltung, Geplauder;* einen S. halten

Schwatz|ba|se ⟨f.11⟩ *Frau, die viel schwatzt;* Syn. *Schwatzliese*

schwat|zen ⟨V.1, hat geschwatzt⟩ auch: ⟨bes. süddt.⟩ *schwätzen* **I** ⟨o.Obj.⟩ **1** *viel (und nichtssagend) reden;* sie schwatzt unun-

Schwätzer

terbrochen; über die neuesten Ereignisse s. **2** *im Unterricht mit dem Nachbarn, der Nachbarin leise reden* **3** *sich gemütlich unterhalten, plaudern* **4** ⟨ugs.⟩ *etwas ausplaudern, verraten, was geheim bleiben sollte* II ⟨mit Akk.⟩ *reden, erzählen; Unsinn s.; dummes Zeug s.*

Schwät|zer ⟨m.5⟩ *jmd., der viel und wichtigtuerisch redet, der viel redet und nicht handelt*

schwatz|haft ⟨Adj., -er, am schwatzhaftesten⟩ *gerne schwatzend, zuviel ausplaudernd*

Schwatz|haf|tig|keit ⟨f., -, nur Sg.⟩

Schwatz|lie|se ⟨f.11⟩ → *Schwatzbase*

Schweb ⟨m., -s, nur Sg.⟩ → *Flußtrübe*

Schwe|be ⟨f., -, nur Sg.⟩ *Zustand des Schwebens;* ⟨nur in der Fügung⟩ *in der S.; die Sache ist noch in der S.* ⟨übertr.⟩ *die Sache ist noch nicht entschieden; sich in der Schwebe halten schweben*

Schwe|be|bahn ⟨f.10⟩ *Schienenbahn mit Wagen, die an einer Trag- und Führungsschiene hängen;* Syn. *Hängebahn*

Schwe|be|bal|ken ⟨m.7; Frauenturnen⟩ *5 m langer und 10 cm breiter Holzbalken, auf dem Turnübungen ausgeführt werden*

sch|we|ben ⟨V.1, ist geschwebt; o.Obj.⟩ **1** *ohne Antrieb, ohne Flügelschläge fliegen; das Flugzeug schwebte zur Erde; ein Vogel schwebte über die Bäume, über den Bäumen* **2** *vom Wind getragen werden, sich ohne Halt bewegen; Spinnweben, Drachen s. in der Luft; ein Blatt Papier schwebte mir vor die Füße* **3** *sich frei hängend durch die Luft bewegen; die Gondel der Seilbahn schwebte über den, über dem Wald* **4** *ohne Antrieb sacht schwimmen; Algen s. im Wasser* **5** *im Gang sein, nicht entschieden sein; die Angelegenheit schwebt (noch); das Verfahren schwebt* ⟨Rechtsw.⟩ **6** *sich befinden; in Angst, Sorgen, Gefahr s.; der Kranke schwebt zwischen Leben und Tod*

Schwe|be|reck ⟨n.9 oder n.1⟩ → *Trapez (2)*

Schweb|flie|ge ⟨f.11⟩ *(bunter, blütenbestäubender) Zweiflügler, der oft stehend in der Luft schwebt*

Schwebe|stoff ⟨m.1⟩ *feinverteilter, in einer Flüssigkeit oder einem Gas schwebender Stoff*

Schwe|bung ⟨f.10⟩ *Überlagerung zweier Schwingungen mit geringem Frequenzunterschied*

Schwe|de ⟨m.11⟩ *Einwohner von Schweden; alter S.!* ⟨ugs.⟩ *alter Freund!*

Schwe|den|plat|te ⟨f.11⟩ *garnierte Platte mit pikanten Happen und belegten Brötchen*

Schwe|den|punsch ⟨m., -(e)s, nur Sg.⟩ *heißes alkoholisches Getränk mit Arrak, Wein und Zucker*

Schwe|den|trunk ⟨m., -(s), nur Sg.; im 30jährigen Krieg⟩ *zwangsweises Einflößen von Jauche o.ä. (als Foltermethode)*

sch|we|disch ⟨Adj., o.Steig.⟩ *Schweden betreffend, zu ihnen gehörig, aus ihnen stammend;* ~*e Sprache eine nordgermanische Sprache*

Schwe|fel ⟨m., -s, nur Sg.; Zeichen: S⟩ *(meist) gelbes, kristallines Element;* Syn. *Sulfur* [< mhd. *swebel, swevel,* ahd. *swebul,* < got. *swibls* „Schwefel"]

Schwe|fel|ban|de ⟨f.11; ugs.⟩ *sich übel benehmende Menschengruppe*

Schwe|fel|blü|te ⟨f., -, nur Sg.⟩ *in reiner Form gehandelter Schwefel*

Schwe|fel|di|oxid ⟨n., -s, nur Sg.⟩ *gasförmige, stechend riechende Sauerstoffverbindung des Schwefels*

schwe|fel|gelb ⟨Adj., o.Steig.⟩ *hell grünlichgelb (wie Schwefel)*

schwe|fe|lig ⟨Adj.⟩ → *schweflig*

Schwe|fel|kies ⟨m.1⟩ → *Pyrit*

Schwe|fel|koh|len|stoff ⟨m., -(e)s, nur Sg.⟩ *giftige, farblose Flüssigkeit, die aus Schwefeldämpfen und glühender Kohle gewonnen wird*

sch|we|feln ⟨V.1, hat schwefelt; mit Akk.⟩ *mit Schwefel behandeln; geschwefeltes getrocknetes Obst*

Schwe|fel|re|gen ⟨m., -s, nur Sg.⟩ *große Menge des Pollens von Windblütlern (die z.B. eine Wasserfläche schwefelgelb überzieht)*

Schwe|fel|säu|re ⟨f., -, nur Sg.⟩ *starke, auf der Grundlage von Schwefeldioxid hergestellte Säure*

Schwe|fel|was|ser|stoff ⟨m., -(e)s, nur Sg.⟩ *nach faulen Eiern riechendes Gas (das u.a. in Schwefelquellen vorkommt)*

schwef|lig ⟨Adj., o.Steig.⟩ *Schwefel enthaltend (und danach riechend);* auch: *schwefelig;* ~*e Säure durch Einleiten von Schwefeldioxid in Wasser entstehende Säure*

Schweif ⟨m.1⟩ *langer, buschiger Schwanz (Pferde~),* ⟨übertr.⟩ *Kometen~*

sch|wei|fen ⟨V.1⟩ I ⟨mit Akk.; hat geschweift⟩ **1** *mit Bogen versehen, bogenförmig sägen, schneiden, zeichnen, schreiben; geschweifte Stuhllehne; geschweifte Klammer* ⟨Zeichen: { }⟩ **2** *mit Schweif versehen* (nur im Part. Perf.); *geschweifter Stern Komet* **3** ⟨südd.⟩ *spülen; Wäsche s.* II ⟨o.Obj.; ist geschweift⟩ *ohne bestimmtes Ziel wandern; durch den Wald s.; seine Blicke schweiften über die hohen Regale an den Wänden; seine Gedanken in die Vergangenheit s. lassen*

Schweif|reim ⟨m.1⟩ *Reim, bei dem sich nach einem Reimpaar die dritte und sechste Zeile wieder reimen*

Schweif|stern ⟨m.1; †⟩ → *Komet*

Schweif|wed|ler ⟨m.5; †⟩ *kriecherischer Mensch*

Schwei|ge|geld ⟨n.3⟩ *Geld, das jmdm. bezahlt wird, damit er über etwas schweigt*

Schwei|ge|marsch ⟨m.2⟩ *schweigend durchgeführter Marsch (als Protest)*

Schwei|ge|mi|nu|te ⟨f.11⟩ *gemeinsames kurzes Schweigen (als Zeichen des Gedenkens)*

sch|wei|gen ⟨V.120, hat geschwiegen; o.Obj.⟩ **1** *nicht antworten, nicht sprechen, nicht weitersprechen, im Sprechen innehalten, aufhören zu sprechen; so schweig doch endlich!; er schwieg bestürzt; er schwieg auf alle ihre Fragen, er schwieg zu allen ihren Fragen er antwortete nicht auf keine ihrer Fragen; davon ganz zu s. davon wollen wir gar nicht reden (denn es ist selbstverständlich, es ist klar); jmdn. zum Schweigen bringen* **2** *etwas für sich behalten; bist du sicher, daß er schweigt?; s. können; er kann s. wie ein Grab* ⟨ugs., scherzh.⟩ **3** *aufhören zu tönen, zu klingen; die Musik schwieg*

Sch|wei|gen ⟨n., -s, nur Sg.⟩ **1** *das Nichtsprechen, Gesprächspause; das S. brechen, unterbrechen; er befahl, gebot S.; in S. hüllen nichts sagen, nichts verraten; eisiges, betretenes S.* **2** *Stille; das S. des Waldes*

Schwei|ge|pflicht ⟨f.; bei einigen Berufsgruppen⟩ *Verpflichtung zum Schweigen über im Dienst Anvertrautes; ärztliche S.*

schweig|sam ⟨Adj.⟩ *wenig oder nichts sprechend, wortkarg; ein* ~*er Mensch; er verhielt sich s. er sprach nichts oder nur sehr wenig*

Schweig|sam|keit ⟨f., -, nur Sg.⟩

Schwein ⟨n.1⟩ **1** *Paarhufer mit rüsselartig verlängerter Schnauze;* Syn. ⟨meist scherzh.⟩ *Borstentier, Borstenvieh* (Haus~, Wild~); *du siehst ja aus wie ein S.* ⟨derb⟩ *du siehst fürchterlich schmutzig aus; darum kümmert sich doch kein S.* ⟨derb⟩ *darum kümmert sich niemand; er ist ein armes S.* ⟨derb⟩ *ein armer Kerl, ein bedauernswerter Mensch; S. haben* ⟨ugs.⟩ *Glück haben; da hast du aber S. gehabt!* **2** ⟨übertr.⟩ **1** *schmutziger, unreinlicher Mensch* **3** *jmd. (bes. Kind), der sich sehr beschmutzt hat oder Unsauberkeit verursacht hat* **4** ⟨derb⟩ *gemeiner, niederträchtiger, hinterhältiger Mensch mit schlechten Charaktereigenschaften* (Charakter~); *das S. hat mich betrogen; ist S.!*

Schwei|ne|bra|ten ⟨m.7⟩ auch: ⟨bes. oberdt.⟩ *Schweinsbraten* **1** *zum Braten geeignetes Fleischstück vom Hausschwein* **2** *Braten daraus*

Schwei|ne|geld ⟨n.; nur in Wendungen wie⟩ *das kostet ein S. das kostet sehr viel Geld; dafür habe ich ein S. bezahlt dafür habe ich sehr viel Geld bezahlt*

Schwei|ne|hund ⟨m.1; vulg.⟩ *niederträchtiger Mensch; seinen inneren S. überwinden* ⟨ugs.⟩ *seine Feigheit, die Versuchung, unanständig zu handeln, überwinden*

Schwei|ne|pest ⟨f., -, nur Sg.⟩ *(oft tödlich verlaufende) ansteckende Blut- und Blutgefäßerkrankung der Hausschweine*

Schwei|ne|rei ⟨f.10⟩ **1** ⟨nur Sg.⟩ *schmutziger, unordentlicher Zustand* **2** *etwas moralisch Verwerfliches* **3** *etwas sexuell Anstößiges;* Syn. *Ferkelei*

Schwei|ner|ne(s) ⟨n.17 oder 18; oberdt.⟩ *Fleisch vom Hausschwein*

Schwein|igel ⟨m.5⟩ **1** *unreinlicher Mensch* **2** *jmd., der oft schweinigelt*

sch|wein|igeln ⟨V.1, hat geschweinigelt; o.Obj.; ugs.⟩ *unanständige Witze erzählen, unanständige Reden führen*

sch|wei|nisch ⟨Adj.⟩ **1** *unordentlich, schmutzig* **2** *anstößig, (bes. in sexueller Hinsicht) sehr derb, unanständig;* ~*e Witze*

Schweins|bra|ten ⟨m.7; oberdt.⟩ → *Schweinebraten*

Schweins|ga|lopp ⟨m., -s, nur Sg.; ugs., scherzh.⟩ *eiliges, etwas ungeschicktes Laufen; im S. davonlaufen*

Schweins|ha|xe ⟨f.11; bayr.-österr.⟩ *Schweinefuß (als Mahlzeit)*

Schweins|ohr ⟨n.12⟩ **1** *Ohr eines Schweines* **2** *ein knuspriges Blätterteiggebäck*

Schweins|wal ⟨m.1⟩ *kleiner, kurzköpfiger Zahnwal* [vermutl. nach seinem „Speck"]

Schweins|wür|stel ⟨n.14; bayr.⟩ *kleine, würzige Bratwurst aus Schweinefleisch*

Schweiß ⟨m., -es, nur Sg.⟩ **1** *aus Hautdrüsen ausgeschiedene, überwiegend Wasser, Salze und Fettsäuren enthaltende Flüssigkeit; er war (wie) in S. gebadet; das hat mich viel S. gekostet das war sehr mühsam, anstrengend; im* ~*e meines Angesichts unter großer Mühe* (nach 1. Buch Mosis, 3,19) **2** ⟨Jägerspr.⟩ *aus dem Körper ausgetretenes Blut (von krankgeschossenem Wild oder verletzten Hunden)*

Schweiß|bren|ner ⟨m.5⟩ *Gerät zum Schweißen, bei dem ein Brenngas mit Sauerstoff zusammengeführt wird und eine heiße Flamme erzeugt*

Schweiß|bril|le ⟨f.11⟩ *Schutzbrille beim Schweißen*

sch|wei|ßen ⟨V.1, hat geschweißt⟩ I ⟨mit Akk.⟩ *durch Druck oder Schmelzen fest miteinander verbinden; Werkstücke aus Metall, Kunststoff s.; eine saubere Naht s.; zwei Werkstücke sauber und geradlinig miteinander verbinden* II ⟨o.Obj.⟩ **1** ⟨landsch.⟩ *Schweiß absondern; seine Füße s.* **2** ⟨Jägerspr.⟩ *Blut verlieren; das (krankgeschossene) Reh schweißt*

Schwei|ßer ⟨m.5⟩ *jmd., der berufsmäßig schweißt*

Schweiß|frie|sel ⟨m., -s, nur Sg.⟩ → *Hitzeausschlag*

Schweiß|hund ⟨m.1⟩ *Jagdhund, der angeschossenes Wild verfolgt* (Gebirgs~)

sch|wei|ßig ⟨Adj.⟩ *voller Schweiß;* ~*e Hände,* ~*e Fährte*

Schweiß|naht ⟨f.2⟩ *Stelle, an der zwei Metall- oder Kunststoffteile zusammengeschweißt sind*

schweiß|trei|bend ⟨Adj.⟩ *den Schweiß austreibend, anstrengend;* ~*e Arbeit*

sch|weiß|trie|fend ⟨Adj., o.Steig.⟩ *naß vor Schweiß*

Schweiß|tuch ⟨n.4; †⟩ *Taschentuch*

Schwei|ßung ⟨f.10⟩ **1** *das Schweißen (I)* **2** *durch Schweißen (I) hergestellte Verbindung und deren Umgebung*

Schweiß|wol|le ⟨f., -, nur Sg.⟩ *noch mit Verunreinigungen enthaltende Schurwolle*

Schwei|zer ⟨m.5⟩ **1** *Einwohner der Schweiz* **2** *ausgebildeter Melker* **3** *jmd., der bei der Schweizergarde ist*

Schwei|zer|de|gen ⟨m.7⟩ *jmd., der als Schriftsetzer und Drucker ausgebildet ist*

Schwei|zer|deutsch ⟨n., -(s), nur Sg.⟩ *die stark mundartlich gefärbte Umgangssprache der deutschsprachigen Schweizer (1); auch:* ⟨schweiz.⟩ *Schwyzerdütsch*

Schwei|zer|rei ⟨f.10⟩ *private, ländliche Molkerei* [zu *Schweizer (2)*]

Schwei|zer|gar|de ⟨f., -, nur Sg.⟩ *Leibwache des Papstes*

schwei|ze|risch ⟨Adj., o.Steig.⟩ *die Schweiz betreffend, zu ihr gehörig, aus ihr stammend;* ~*e Mundart eine oberdeutsche Mundart*

Schwei|zer Kä|se ⟨m., - -s, nur Sg.; Handelsbez.⟩ → *Emmentaler*

schwe|len ⟨V.1, hat geschwelt⟩ **I** ⟨o.Obj.⟩ **1** *ohne Flamme u. meist stark rauchend brennen; Holz schwelt* **2** *unbemerkt, äußerlich nicht sichtbar wirksam sein, weiterleben;* ~*der Haß* **II** ⟨mit Akk.⟩ *unter Luftabschluß erhitzen und langsam verbrennen;* Kohle s.

Schwel|gas ⟨n.1⟩ *durch Schwelung gewonnenes Gas*

schwel|gen ⟨V.1, hat geschwelgt; o.Obj.⟩ *genußvoll, reichlich und gut essen und trinken;* in etwas s. *etwas in vollen Zügen genießen;* in Kaviar und Sekt s. *in Wohlleben s. üppig leben;* in Musik s. *viel und mit Genuß Musik hören;* in Erinnerungen s. *Erinnerungen hervorholen und wortreich erzählen;* der Künstler schwelgt in Farben und Formen *er verwendet üppig leuchtende Farben und reichhaltige Formen*

schwel|ge|risch ⟨Adj.⟩ *üppig, reichhaltig;* ein ~es Mahl

Schwel|koh|le ⟨f.11⟩ *zum Verschwelen geeignete Art der Braunkohle*

Schwel|le ⟨f.11⟩ **1** *untere Begrenzung und Anschlag einer Tür;* an der S. zu etwas stehen ⟨übertr.⟩ *an der Grenze zu etwas stehen* **2** *Querbalken (unter Eisenbahnschienen)* **3** ⟨Geol.⟩ *Aufwerfung (zwischen zwei Senken)* **4** *Abschluß (eines Wehrs)* **5** *⟨kurz für⟩ Reizschwelle*

schwel|len **I** ⟨V.131, ist geschwollen, o.Obj.⟩ *dick werden, sich vergrößern, sich erweitern;* der verletzte Knöchel schwillt; geschwollene Füße; eine geschwollene Backe; das Herz schwoll ihm vor Stolz, vor Freude ⟨übertr.⟩; ~de Knospen, Früchte; der Wind schwoll zum Sturm; vgl. *geschwollen* **II** ⟨V.1, hat geschwellt; mit Akk.⟩ *mit Luft füllen, blähen, dick, prall machen;* der Wind schwellt die Segel; mit vor Freude geschwellter Brust

Schwel|len|angst ⟨f.2⟩ *Angst vor neuen Situationen, bedrohlichen Institutionen u.ä.* [eigtl. „Angst, eine Schwelle zu überschreiten"]

Schwel|len|land ⟨n.4⟩ *Entwicklungsland, das sich im Übergang zu einem entwickelten Industrieland befindet;* die S. Brasilien

Schwel|ler ⟨m.5; an Orgel und Harmonium⟩ *Vorrichtung zum An- und Abschwellenlasse des Tons;* Syn. *Schwellwerk*

Schwell|kör|per ⟨m.5⟩ *schwammartiges Gewebe (bes. in den äußeren Geschlechtsteilen), das durch Blutstauung anschwillt* **2** ⟨Bot.⟩ *Gewebe, das durch Aufnahme von Flüssigkeit aus benachbarten Zellen sein Volumen vergrößert*

Schwel|lung ⟨f.10⟩ **1** ⟨nur Sg.⟩ *das Schwellen* **2** *das Geschwollensein;* die S. ist zurückgegangen **3** *geschwollene Stelle;* ~en auf der Haut

Schwell|werk ⟨n.1⟩ → *Schweller*

Schwel|ung ⟨f., -, nur Sg.⟩ *das Schwelen, trockene Entgasung fester Brennstoffe unter Luftabschluß*

Schwem|me ⟨f.11⟩ **1** *seichte Stelle am Ufer eines Gewässers (als Pferdetränke, zum Wäscheswaschen)* **2** ⟨bayr.; in Großgaststätten⟩ *einfach ausgestatteter Gastraum* **3** *Überangebot von Waren (Pflaumen~)* [zu *schwemmen*]

schwem|men ⟨V.1, hat geschwemmt; mit Akk.⟩ **1** *(in fließendem Wasser) fortbewegen, treiben;* das Meer hat Muscheln, Tang, eine Leiche an den Strand geschwemmt; der Fluß schwemmt Sand, Geröll ans Ufer **2** ⟨südd.⟩ *spülen;* Wäsche s. **3** ⟨Gerberei⟩ *in Wasser einweichen, wässern;* Felle s.

Schwemm|ke|gel ⟨m.5⟩ *flache, kegelförmige Ablagerung von Kies und Sand (an Stellen, wo die Fließgeschwindigkeit eines Flusses rasch abnimmt)*

Schwemm|land ⟨n., -(e)s, nur Sg.⟩ *angeschwemmtes, fruchtbares Land*

Schwemm|sand ⟨m.1⟩ *angeschwemmter Sand (z.B. im Küstenschutz verwendet)*

Schwen|de ⟨f.11; früher⟩ *Stelle, an der durch Abbrennen des Waldes Nutzfläche gewonnen wurde*

Schwen|gel ⟨m.5⟩ **1** *Griff (eines Pumpbrunnens; Pumpen~)* **2** *großer Klöppel (einer Glocke; Glocken~)*

Schwenk ⟨m.10⟩ **1** *Drehung* **2** *Drehung (einer laufenden Filmkamera) über ein Objekt hin oder zu einer neuen Einstellung*

schwen|ken ⟨V.1⟩ **I** ⟨mit Akk.; hat geschwenkt⟩ **1** *hin und her, im Kreis durch die Luft bewegen;* Syn. *schwingen;* eine Fahne s.; er schwenkte den Hut zum Gruß; ein Tuch s. (um auf sich aufmerksam zu machen); er schwenkte triumphierend einen Brief; ein kleines Kind durch die Luft s.; ein Mädchen beim Tanz im Kreis s. **2** *im Wasser hin und her bewegen;* Gläser (zum Säubern) s.; Wäsche s. *spülen* **3** *nach einer Seite drehen;* einen Kran s.; die Kamera s. **II** ⟨o.Obj.; ist geschwenkt⟩ **1** *die Richtung ändern, im kleinen Bogen gehen;* um die Ecke s.; rechts, links schwenkt, marsch! ⟨militär. Kommando⟩ **2** *sich nach der Seite drehen;* der Kran, die Kamera schwenkt nach rechts, nach links

Schwen|ker ⟨m.5⟩ *bauchiges Glas (Kognak~)*

Schwenk|glas ⟨n.4⟩ *Kognakschwenker*

Schwen|kung ⟨f.10⟩ **1** *Änderung der Richtung;* eine S. machen **2** *Änderung der Meinung;* eine S. vollziehen

schwer ⟨Adj.⟩ **1** *großes Gewicht besitzend, von großem Gewicht;* Ggs. *leicht (1);* ein ~es Gerät; ein ~er Wagen *ein großer Wagen mit starkem Motor;* ein Fahrzeug s. beladen *mit Gegenständen von großem Gewicht beladen;* s. geladen haben ⟨ugs.⟩ *stark betrunken sein* **2** ⟨mit Gewichtsangaben⟩ *ein bestimmtes Gewicht aufweisend;* das Brot ist drei Pfund s. **3** *massig, massiv;* ~er Boden *fester, dichter Boden;* ~e Pferde; das Geschütz auffahren ⟨übertr., ugs.⟩ *sich sehr deutlich und energisch ausdrücken* **4** *anstrengend, schwierig, körperliche Kraft, geistige Fähigkeiten erfordernd;* Ggs. *leicht (2);* eine ~e Bergtour; eine ~e Geburt; eine ~e Aufgabe; es mit jmdm. s. haben *mit jmdm. Schwierigkeiten, Mühe, Kummer, Sorgen haben* **5** *mit Mühe, mit Anstrengung, mühsam;* Ggs. *leicht (3);* s. atmen; er lernt s.; ich will etwas s. tun ⟨ugs.⟩ *ich will bei etwas sehr anstrengen müssen, etwas nur mit Mühe zustande bringen* **6** *schlimm, besorgniserregend, Kummer, Sorgen bereitend;* Ggs. *leicht (4);* eine ~e Krankheit; ein ~es Schicksal; Schweres durchmachen, erleiden, erdulden **7** *groß, stark;* Ggs. *leicht (4);* eine ~e Beleidigung; ein ~er Unfall; ~e Strafe; ~e Verluste **8** *sehr gehaltvoll;* Ggs. *leicht (6);* ~es Essen; ein ~er Wein **9** *mit starken Waffen ausgerüstet;* Ggs. *leicht (6);* ~e Artillerie; ~er Reiter (früher) s. bewaffnet sein **10** *schwerwiegend, schlimm;* ein ~er Fehler; ein ~es Verbrechen ⟨Jargon der Kriminalistik⟩ *gefährlicher Verbrecher, jmd., der schwere Verbrechen begangen hat* **11** *lastend, betäubend;* Ggs. *leicht (7);* ~er Duft; ein ~es Parfüm **12** *ernst, schwierig zu verstehen;* Ggs. *leicht (8);* ein ~es Buch; ~e Musik **13** *rauh, stürmisch;* ~e See; ~es Wetter **14** *schwerfällig;* s. gehen; sich s. hinsetzen; s. von Begriff sein ⟨ugs.⟩ *geistig schwerfällig sein;* eine ~e Hand haben *nur schwerfällig, langsam schreiben können* **15** *heftig, sehr;* jmdn. s. beleidigen; s. büßen; das will ich s. hoffen! ⟨ugs.⟩; davor werde ich mich s. hüten! ⟨ugs.⟩; das macht mir s. zu schaffen ⟨ugs.⟩ *macht mir viel zu schaffen, damit fertigzuwerden macht mir viel Mühe* **16** *größere Atom-, Molekülmasse als normal aufweisend;* schweres Wasser

Schwer|ar|beit ⟨f.10⟩ *schwere, körperlich sehr anstrengende, viel Körperkraft erfordernde Arbeit*

Schwer|ath|le|tik ⟨f., -, nur Sg.; Sammelbez. für⟩ *Boxen, Ringen, Gewichtheben und Rasenkraftsport*

schwer|blü|tig ⟨Adj.⟩ *nicht leicht erregbar, zur Melancholie neigend;* Ggs. *leichtblütig*

Schwer|blü|tig|keit ⟨f., -, nur Sg.⟩

Schwe|re ⟨f., -, nur Sg.⟩ **1** *schwere Beschaffenheit, großes Gewicht;* die S. des Tisches macht es fast unmöglich, ihn zu verschieben **2** *schwerwiegende Beschaffenheit;* die S. des Fehlers; die S. eines Verbrechens

Schwe|re|feld ⟨n.3; Astron.⟩ *Gravitationskraftfeld (eines Himmelskörpers)*

schwe|re|los ⟨Adj., o.Steig.⟩ *von der Erdanziehung befreit* **Schwe|re|lo|sig|keit** ⟨f., -, nur Sg.⟩

Schwe|re|not ⟨f.; †; als Ausruf und in den Wendungen⟩ S. noch einmal! Donnerwetter noch einmal!; es ist, um die S. zu kriegen *es ist zum Verrücktwerden!* [urspr. verhüllende Bez. für die Epilepsie]

Schwe|re|nö|ter ⟨m.5⟩ *liebenswürdiger Draufgänger (bes. gegenüber Frauen)* [urspr. „gerissener, durchtriebener Kerl, dem man die Schwerenot wünscht", wenn man sich über ihn ärgert]

Schwe|re|sinn ⟨m., -(e)s, nur Sg.⟩ → *Gleichgewichtssinn*

schwer|fal|len ⟨V.33, ist schwergefallen; mit Dat.⟩ jmdm. s. *jmdm. Mühe machen, jmdn. Anstrengung, Überwindung kosten;* diese Arbeit, das Bücken ist ihm schwer; es fällt ihm schwer, seine Schuld zuzugeben

schwer|fäl|lig ⟨Adj.⟩ **1** *langsam und mühsam;* sich s. bewegen; s. aufstehen **2** *langsam, schwer begreifend;* s. im Denken sein **3** *ungeschickt, umständlich;* einen ~en Stil schreiben; sich s. ausdrücken **Schwer|fäl|lig|keit** ⟨f., -, nur Sg.⟩

Schwer|ge|wicht ⟨n.1⟩ **1** ⟨nur Sg.⟩ *eine Gewichtsklasse (z.B. im Boxen ab 91 kg)* **2** *Sportler, der dieser Gewichtsklasse angehört;* auch: *Schwergewichtler*

Schwer|ge|wicht|ler ⟨m.1⟩ → *Schwergewicht (2)*

schwer|hal|ten ⟨V.61, hat schwergehalten; o.Obj.; unpersönl., mit „es"⟩ *schwierig sein;* es wird s., ihm das klarzumachen, das durchzusetzen

schwer|hö|rig ⟨Adj.⟩ *mit vermindertem Hörvermögen;* Syn. ⟨veraltend⟩ *harthörig* **Schwer|hö|rig|keit** ⟨f., -, nur Sg.⟩

Schwer|in|dus|trie ⟨f.11; Sammelbez. für⟩ *Großeisen-, Stahlindustrie und Bergbau;* Ggs. *Leichtindustrie*

Schwer|kraft ⟨f., -, nur Sg.⟩ → *Gravitation*

schwer|lich ⟨Adv.⟩ *kaum;* das wird dir s. gelingen

schwer|ma|chen ⟨V.1, hat schwergemacht; mit Dat. und Akk.⟩ jmdm. etwas s. *jmdm. Schwierigkeiten, Ärger, Kummer bei etwas bereiten;* jmdm. die Arbeit, das Leben s.

Schwer|me|tall ⟨n.1⟩ *Metall mit einer Dichte von über 5 g/cm³;* Ggs. *Leichtmetall*

Schwer|mut ⟨f., -, nur Sg.⟩ *Trauer, gedrückte Stimmung, Niedergeschlagenheit (meist ohne erkennbaren oder bewußten Grund);* Syn. *Schwermütigkeit*

schwer|mü|tig ⟨Adj.⟩ **1** voller Schwermut; s. etwas sagen; s. seufzen **2** an Schwermut leidend; ein ~er Mensch

Schwer|mü|tig|keit ⟨f., -, nur Sg.⟩ → Schwermut

schwer|neh|men ⟨V.88, hat schwergenommen; mit Akk.⟩ etwas s. sich Sorgen wegen etwas machen, etwas als schlimm empfinden; sie nimmt alles viel zu schwer

Schwer|öl ⟨n.1⟩ bei der Destillation von Erdöl und Steinkohlenteer entstehendes Öl

Schwer|punkt ⟨m.1; Phys.⟩ **1** Punkt im Innern eines Körpers, in dem man sich die Gesamtmasse des Körpers vereinigt denken kann; Syn. ⟨veraltend⟩ Massemittelpunkt **2** wichtigster Punkt; der S. eines Gespräches, einer Arbeit **3** Hauptgewicht; der S. seiner Tätigkeit liegt im Kontakt mit Schülern

schwer|reich ⟨Adj., o.Steig.; ugs.⟩ sehr reich, ungeheuer reich; er ist s. sich schwerreich; ein ~er Mann

Schwer|spat ⟨m.1⟩ → Baryt

Schwerst|ar|bei|ter ⟨m.5⟩ jmd., der extrem schwere körperliche Arbeit leistet

Schwert ⟨auch [ʃvɐt], n.3⟩ **1** ⟨Altertum, MA⟩ ein- oder zweischneidige Hieb- und Stichwaffe mit kurzem Griff und breiter Klinge; das S. ziehen; die ~er mit jmdm. kreuzen ⟨übertr.⟩ mit jmdm. kämpfen; ein zweischneidiges S. ⟨übertr.⟩ eine Sache mit Vor- und Nachteilen; mit Feuer und S. mit Gewalt; zum S. greifen **2** ⟨bei Jollen⟩ in der Mitte des Bootes angebrachtes, längliches, auf und nieder zu bewegendes Holz- oder Kunststoffbrett (anstelle eines Kiels)

Schwer|tel ⟨n.5; österr.⟩ → Schwertlilie

Schwer|ter|tanz ⟨m.2⟩ germanischer und asiatischer Tanz mit gezogenen Schwertern

Schwert|fe|ger ⟨m.5; früher⟩ jmd., der berufsmäßig Schwerter herstellt

Schwert|fisch ⟨m.1⟩ Hochseefisch mit schwertförmigem Oberkiefer

Schwert|le|hen ⟨n.7; MA⟩ nur in der männlichen Linie vererbbares Lehen

Schwert|lei|te ⟨f.11; MA⟩ feierliche Übergabe des Schwertes an den Knappen (bei der Aufnahme in den Ritterstand)

Schwert|li|lie ⟨[-lja] f.11⟩ Staude mit schwertförmigen Blättern und auffälligen Blüten; Syn. Iris, ⟨österr.⟩ Schwertel

Schwert|schlucker ⟨-k·k-; m.5; Zirkus⟩ Artist, der ein Schwert oder einen Degen in die Speiseröhre einführt

Schwert|streich ⟨m.1⟩ Hieb mit dem Schwert; auf einen S. mit einem einzigen Hieb; ⟨übertr.⟩ auf einmal, plötzlich

Schwert|trä|ger ⟨m.5⟩ amerikanischer Zahnkarpfen (mit beim Männchen schwertförmig verlängerter Schwanzflosse), Aquarienfisch

schwer|tun ⟨V.167, hat schwergetan; refl.⟩ sich s. Mühe haben; sich mit dem Schreiben s.; sich mit jmdm. s. nicht recht wissen, wie man jmdn. behandeln soll

Schwer|ver|bre|cher ⟨m.5⟩ jmd., der ein schweres Verbrechen begangen hat

schwer|wie|gend ⟨Adj., schwerer wiegend, am schwersten wiegend⟩ von großer Tragweite, ernstzunehmend; ~e Bedenken; ein ~er Fehler, Irrtum

Schwe|ster ⟨f.11⟩ **1** weibliche Person, die von denselben Eltern (wie jmd.) abstammt; meine ältere, jüngere S.; wir sind ~n **2** ⟨Abk.: Schw.; kurz für⟩ Krankenschwester **3** ⟨Abk.: S.⟩ Nonne; S. Adelheid **4** weiblicher Mitmensch; unsere Brüder und ~n in aller Welt

Schwe|ster|fir|ma ⟨f., -, -men⟩ jede von mehreren Firmen, die zu demselben Unternehmen gehören

Schwe|ster|kind ⟨n.3; †⟩ Kind der Schwester, Nichte, Neffe

schwe|ster|lich ⟨Adj., o.Steig.⟩ von der Schwester stammend, in der Art einer Schwester; ~e Zuneigung

Schwe|stern|paar ⟨n.1⟩ zwei Schwestern

Schwe|stern|schaft ⟨f., -, nur Sg.⟩ Gesamtheit der Schwestern (eines Krankenhauses)

Schwe|ster|schiff ⟨n.1⟩ Schiff vom gleichen Typ (wie ein anderes)

Schwib|bo|gen ⟨m.8⟩ Bogen zwischen zwei Gebäuden (z.B. über engen Gassen) [eigtl. Schwebebogen, zu schweben]

Schwie|ger ⟨f.11; †⟩ Schwiegermutter, vgl. Schwäher

Schwie|ger|el|tern ⟨nur Pl.⟩ Eltern des Ehepartners

Schwie|ger|mut|ter ⟨f.6⟩ Mutter des Ehepartners

Schwie|ger|sohn ⟨m.2⟩ Ehemann der Tochter

Schwie|ger|toch|ter ⟨f.6⟩ Ehefrau des Sohnes; Syn. ⟨†, landsch.⟩ Söhnerin

Schwie|ger|va|ter ⟨m.6⟩ Vater des Ehepartners

Schwie|le ⟨f.11⟩ örtliche Verdickung und Verhornung der obersten Hautschicht; Syn. Hornhaut

Schwie|len|soh|ler ⟨m.5⟩ → Kamel

schwie|lig ⟨Adj.⟩ voller Schwielen

Schwie|mel ⟨m.5⟩ **1** ⟨norddt.⟩ Schwindel, Taumel **2** ⟨mdt.⟩ jmd., der leichtsinnig lebt, Bummler, Zecher; auch: Schwiemler

schwie|me|lig ⟨Adj.⟩ ⟨norddt.⟩ schwindlig, taumelig; auch: schwiemlig

schwie|meln ⟨V.1, hat geschwiemelt; o.Obj.⟩ **1** ⟨norddt.⟩ schwindlig sein, taumeln **2** ⟨ostmdt.⟩ liederlich leben [< mittelniederdt. swimen „schwindlig sein", zu swim „Schwindel, Taumel"]

Schwie|mler ⟨m.5⟩ → Schwiemel

schwiem|lig ⟨Adj.⟩ → schwiemelig

schwie|rig ⟨Adj.⟩ **1** viel Mühe, Anstrengung, geistige Fähigkeiten oder körperliche Geschicklichkeit erfordernd; eine ~e Arbeit, Übung; eine ~e Aufgabe **2** verwickelt, fast ohne Ausweg; sich in einer ~en Lage befinden **3** schwer zu behandeln; ein ~es Kind, ein ~er Mensch; das Kind ist s.

Schwie|rig|keit ⟨f.10⟩ **1** ⟨nur Sg.⟩ schwierige Beschaffenheit; die S. der Aufgaben **2** etwas Mühsames, Schwieriges; die erste S. ergab sich, als ... **3** ⟨meist Pl.⟩ ~en Unannehmlichkeiten, Probleme; ~en bekommen; jmdm. ~en bereiten; es wird ~en geben; berufliche, finanzielle ~en haben; mit großen ~en kämpfen; das ist mit ~en verbunden

Schwie|rig|keits|grad ⟨m., -(e)s, -e⟩ Grad der Schwierigkeit; eine Bergtour mit dem S. III

Schwimm|bla|se ⟨f.11; bei Knochenfischen⟩ gasgefülltes Hohlorgan, das u.a. dem Druckausgleich dient

Schwimm|dock ⟨n.9⟩ schwimmendes und versenkbares Dock

schwim|men ⟨V.132, ist, auch: hat geschwommen⟩ **I** ⟨o.Obj.⟩ **1** sich im oder auf dem Wasser bewegen; ich habe, bin zwei Stunden geschwommen; ich bin über den See geschwommen; Enten, Gänse s. auf dem See; im Teich s. Karpfen; er schwimmt gut, gern, schnell; ans Ufer s.; auf dem Rücken s.; unter Wasser s. **2** vom Wasser oder von einer anderen Flüssigkeit getragen werden; die Kinder lassen im Bach Schiffchen s.; auf dem Fluß s. Holzstücke; auf der Suppe s. Fettaugen, schwimmt Petersilie; es schwimmt im Geld ⟨übertr., ugs.⟩ er hat sehr viel Geld, er ist sehr reich; sie schwamm in Glück, in Seligkeit ⟨übertr.⟩ sie war überglücklich, selig; sie schwamm in Tränen sie weinte heftig; in seinem Blut s. daliegen ein stark und blutend; Kartoffelscheibchen in ~dem Fett braten ⟨eigtl.⟩ in Fett ~d braten in so viel Fett braten, daß sie darin schwimmen **3** schwimmfähig sein; das Boot schwimmt wieder **4** nicht untergehen, sich auf der Wasseroberfläche halten; Kork schwimmt **5** ⟨ugs.⟩ völlig naß sein, Pfützen aufweisen; der Boden in der Küche schwimmt; das ganze Bad schwimmt **6** ⟨übertr.⟩ unsicher sein, den zu sprechenden Text, eine bestimmte Arbeit (noch) nicht können; der Schauspieler schwimmt; vorläufig schwimme ich noch (da die Arbeit mir neu ist) **II** ⟨mit Akk.⟩ **1** beim Schwimmen (1) zurücklegen; einen Kilometer s. **2** beim Schwimmen (1) erzielen; einen Rekord s.

schwim|men|las|sen ⟨V.75, hat schwimmenlassen⟩ → sausenlassen

Schwim|mer ⟨m.5⟩ **1** jmd., der (gerade) schwimmt **2** jmd., der schwimmen kann **3** ⟨Angeln⟩ auf dem Wasser schwimmende Kugel, die den Angelhaken trägt **4** ⟨Tech.⟩ auf einer Flüssigkeit schwimmender Hohlkörper, der den Flüssigkeitsstand anzeigt **5** ⟨bei Wasserflugzeugen⟩ Schwimmkörper anstelle eines Fahrwerks

Schwimm|flos|se ⟨f.11⟩ wie ein Schuh zu tragende Nachbildung einer Flosse; auch: ⟨kurz⟩ Flosse (Gummi~)

Schwimm|gür|tel ⟨m.5⟩ (einen Nichtschwimmer im Wasser tragender) Gürtel aus Korkstücken oder anderen Auftriebskörpern

Schwimm|haut ⟨f.2; bei Wasservögeln⟩ Haut zwischen den Zehen

Schwimm|sand ⟨m., -(e)s, nur Sg.⟩ feiner, vom Wasser durchtränkter Sand in bestimmten Erdschichten, der leicht in Bewegung kommt; Syn. Treibsand

Schwimm|we|ste ⟨f.11⟩ meist aufblasbares, westenartiges Rettungsgerät, das Personen in Seenot über Wasser hält

Schwin|del ⟨m., -s, nur Sg.⟩ **1** Störung des Gleichgewichtssinnes; von S. erfaßt werden **2** Lüge, Betrug **3** ⟨ugs.⟩ wertloses Zeug; was kostet der ganze S.?

Schwin|de|lei ⟨f.10⟩ **1** das Schwindeln **2** kleiner Betrug

schwin|del|er|re|gend ⟨Adj.⟩ Schwindel hervorrufend; in ~er Höhe; ~e Preise ⟨übertr., ugs.⟩

schwin|del|frei ⟨Adj., o.Steig.⟩ in großen Höhen kein Gefühl von Schwindel (1) bekommend

schwin|de|lig ⟨Adj., o.Steig.; nur als Attr. und mit „sein" und „werden"⟩ ein Gefühl von Schwindel (1) habend; auch: schwindlig; mir ist, wird s.

schwin|deln ⟨V.1, hat geschwindelt⟩ **I** ⟨o.Obj.⟩ (bei geringfügigen Anlässen) lügen, nicht die Wahrheit sagen **II** ⟨mit Akk.⟩ erzählen, behaupten, was nicht wahr ist; hat er geschwindelt **III** ⟨mit Dat., unpersönl.⟩ jmdm. schwindelt jmdm. wird schwindlig, jmd. wird von Schwindel befallen; mir schwindelt, wenn ich nur daran denke; in ~der Höhe ⟨eigtl.⟩ in einer Höhe, daß einem beim Hinunterschauen schwindelt

schwin|den ⟨V.133, ist geschwunden⟩ **I** ⟨o.Obj.⟩ **1** kleiner, weniger werden, sich verringern; die Vorräte s.; Holz schwindet beim Trocknen; Kohle schwindet (durch Reibung) beim Transport, beim Verladen; meine Kräfte s.; sein Einfluß schwindet immer mehr; sein Ruhm ist im Schwinden (begriffen) **2** geringer werden und ganz vergehen; meine Hoffnung, Zuversicht ist geschwunden **3** sich entfernen; die Sonne schwindet die Sonne geht unter; das Schiff schwindet aus unserem Blickfeld **II** ⟨mit Dat.⟩ in Verbindung) jmdm. s. die Sinne jmd. wird ohnmächtig

Schwind|ler ⟨m.5⟩ **1** jmd., der schwindelt; der Junge ist ein notorischer S. **2** Betrüger; sie ist einem S. zum Opfer gefallen

schwind|lig ⟨Adj.⟩ → schwindelig

Schwind|ling ⟨m.1⟩ kleiner, zäher Blätterpilz

Schwind|maß ⟨n.1⟩ Maß, um das sich Werkstoffe beim Trocknen oder Erstarren zusammenziehen

Schwind|sucht ⟨f., -, nur Sg.; veraltend⟩ → Lungentuberkulose

schwind|süch|tig ⟨Adj., o.Steig.⟩ **1** *an Schwindsucht leidend* **2** ⟨ugs.⟩ *sehr dünn, ausgemergelt*

Schwin|dung ⟨f.10⟩ *Veränderung der Größe eines Gußstückes vom Erstarren bis zur Abkühlung*

Schwin|ge ⟨f.11⟩ **1** ⟨bei Vögeln⟩ *großer Flügel* **2** ⟨am Handwebstuhl⟩ *ein Hebel* **3** *Gerät zum Schwingen des Flachses* **4** ⟨landsch.⟩ *flacher Korb*

Schwin|gel ⟨m., -s, nur Sg.⟩ *Gras mit rispenförmigem Blütenstand* (Wiesen~)

schwin|gen ⟨V.134⟩ **I** ⟨mit Akk.; hat geschwungen⟩ **1** →*schwenken (1)* **2** *bogenartig formen;* geschwungene Stuhlbeine; geschwungenes Dach; schön geschwungene Lippen, Augenbrauen **3** ⟨in Verbindung mit bestimmten Subst.⟩ *Flachs s. die Holzteile des Flachses durch Schlagen lösen;* die große Klappe s. ⟨ugs.⟩ *prahlerisch, großsprecherisch reden;* den Pantoffel s. ⟨ugs.⟩ *den Ehemann beherrschen, unterdrücken;* eine Rede s. *eine Rede halten* **II** ⟨refl.⟩ sich s. **1** *sich mit Schwung (auf etwas) setzen;* sich aufs Pferd, aufs Rad s. **2** *sich mit Schwung an eine Stelle, in eine Richtung bewegen;* der Vogel schwang sich in die Luft, auf einen Ast, auf ein Turngerät s. **III** ⟨o.Obj.⟩ **1** *sich gleichmäßig hin- und herbewegen;* das Pendel schwingt; eine Saite schwingt beim Gezupft-, Gestrichenwerden; (beim Turnen) am Reck s.; die Brücke geriet unter unseren Tritten ins Schwingen **2** *sich in Wellen (fort)bewegen;* ein Ton schwingt; der letzte Akkord schwang noch im Raum, als ... **3** *mitklingen, beim Sprechen erkennbar sein;* in ihrer Stimme schwang Bitterkeit; in seinen Worten schwang ein leiser Vorwurf **4** ⟨schweiz.⟩ *ringen (indem man den Gegner am Gürtel und am aufgerollten Hosenbein zu fassen und dann auf den Boden zu legen versucht)* **5** ⟨Schilauf⟩ *in gleichmäßigen Bogen bergab fahren*

Schwin|ger ⟨m.5⟩ **1** *Schlag mit gestrecktem Arm und Körperschwung* **2** ⟨schweiz.⟩ *jmd., der das Schwingen (III,4) betreibt* **3** *Damenhut mit sehr breiter Krempe*

Schwin|get ⟨m., -s, nur Sg.; schweiz.⟩ *Veranstaltung im Schwingen (III,4)*

Schwing|kölb|chen ⟨n.7; bei Zweiflüglern⟩ *umgewandeltes, hinteres Flügelpaar;* Syn. Haltere

Schwing|kreis ⟨m.1⟩ *elektrische Schaltung mit Kondensator und Spule, die zu elektrischen Schwingungen angeregt werden kann*

Schwing|laut ⟨m.1⟩ → Liquida

Schwing|tür ⟨f.10⟩ *in Angeln nach innen und außen schwingende zu öffnende Tür*

Schwin|gung ⟨f.10⟩ **1** ⟨nur Sg.⟩ *das Schwingen, periodische Auf- und Ab-, Hin- und Herbewegung;* elektromagnetische S. ⟨übertr.⟩ **2** ⟨geh.; meist Pl.⟩ *seelische Regung (zwischen Personen)* **3** *geschwungener Verlauf;* S. eines Horns

Schwip|pe ⟨f.11⟩ *biegsames Ende (einer Gerte oder Peitsche)*

schwip|pen ⟨V.1, hat geschwippt; o.Obj.; norddt.⟩ *schwanken, wippen*

Schwipp|schwa|ger ⟨m.5⟩ **1** *Ehemann der Schwägerin* **2** *Bruder des Schwagers oder der Schwägerin* [zu *schwippen*, eigtl. „schiefer Schwager"]

Schwipp|schwä|ge|rin ⟨f.10⟩ **1** *Ehefrau des Schwagers* **2** *Schwester des Schwagers oder der Schwägerin* [→ *Schwippschwager*]

Schwips ⟨m.1⟩ *leichter Rausch, leichte Betrunkenheit*

schwir|be|lig ⟨Adj., landsch.⟩ *schwindlig;* mir ist ganz s. von all dem Lärm

schwir|beln ⟨V.1, hat geschwirbelt; mit Akk.; landsch.⟩ *im Kreis drehen*

Schwirl ⟨m.1⟩ *unscheinbarer brauner Vogel mit schwirrendem Gesang* (Feld~, Rohr~)

schwir|ren ⟨V.1; o.Obj.⟩ **1** ⟨hat geschwirrt⟩ *ein leises, sausendes Geräusch machen;* die Sehne des Bogens schwirrt; der Draht, Faden schwirrt, wenn er plötzlich gespannt wird; mir schwirrt der Kopf von all den neuen Eindrücken ⟨übertr., ugs.⟩ **2** ⟨ist geschwirrt⟩ *mit leise sausendem Geräusch fliegen;* im Vogel schwirrte über unsere Köpfe; Mücken s. ums Licht; Pfeile schwirrten durch die Luft; Gedanken schwirrten mir durch den Kopf ⟨übertr.⟩; Gerüchte s. durch die Stadt ⟨übertr.⟩

Schwirr|flug ⟨m., -(e)s, nur Sg.⟩ *Flug mit extrem hoher (nicht sichtbarer) Schlagfolge der Flügel (z.B. bei Kolibris)*

Schwit|ze ⟨f.11; kurz für⟩ *Mehlschwitze,* → *Einbrenne*

schwit|zen ⟨V.1, hat geschwitzt⟩ **I** ⟨o.Obj.⟩ **1** *Schweiß erzeugen, Schweiß absondern;* ich schwitze; er schwitzte vor Aufregung; seine Hände s.; sich ins Bett legen und s. (bei Erkältung) **2** *sich mit Feuchtigkeit bedecken;* die Wände des Hauses s.; die Fensterscheiben s. **3** *braun werden;* Mehl in Fett s. lassen **II** ⟨mit Akk.⟩ **1** *absondern;* Bäume s. Harz; ich kann's nicht durch die Rippen s.! ⟨derb⟩ *ich muß dringend auf die Toilette (auch wenn es im Augenblick nicht passend ist);* Blut s., Blut und Wasser s. ⟨ugs.⟩ *sich (vor Angst, vor Spannung) sehr aufregen;* Angst s. ⟨ugs.⟩ *große Angst haben* **2** *durch Schwitzen (I,1) in einen Zustand bringen;* sein Hemd naß s.; sich naß s.

schwit|zig ⟨Adj.; ugs.⟩ *schwitzend, schweißig;* ~e Hände

Schwitz|ka|sten ⟨m.8⟩ **1** *hölzerner Kasten mit einer Öffnung für den Kopf, in dem jmd. zum Schwitzen sitzt* **2** ⟨Ringen⟩ *Griff, bei dem man Hals und Kopf des Gegners in der Armbeuge preßt*

Schwitz|kur ⟨f.10⟩ *künstlich herbeigeführtes Schwitzen (zur Abwehr von Infektionen u.a.)*

Schwof ⟨m.1; obersächs.⟩ *öffentliche, billige Tanzveranstaltung;* auf den S. gehen [obersächs. Form von *Schweif*, auch im Sinne von „Gefolge", dazu mhd. *sweif* „schwingende Bewegung", daher auch übertr. „Tanz (auf dem Dorf)"]

schwo|fen ⟨V.1, hat geschwoft; o.Obj.; obersächs.⟩ *im Lokal tanzen;* sie haben die ganze Nacht geschwoft; s. gehen

schwoi|en, schwo|jen ⟨V.1, hat geschwoit, geschwojt; o.Obj.; Seew.⟩ *sich vor Anker drehen;* das Schiff schwoit, schwojt

schwö|ren ⟨V.135, hat geschworen⟩ **I** ⟨mit Akk.⟩ **1** ⟨in den Wendungen⟩ *einen Eid ablegen, die Eidesformel sprechen (um etwas zu versichern, zu bestätigen);* einen Meineid s. *einen falschen Eid ablegen;* ich schwöre drei heilige Eide, daß ich ... ⟨ugs., verstärkend⟩ *ich versichere mit Nachdruck;* ich schwöre Stein und Bein, daß er ... ⟨ugs., verstärkend⟩ **2** *durch Schwur versichern, bestätigen,* ⟨meist nur verstärkend⟩ *mit Nachdruck versichern;* ich schwöre, daß ich die Wahrheit gesagt habe, daß es so ist; ich schwöre bei Gott, bei allen Heiligen, daß ...; ich schwöre es dir; ein geschworener Feind, Gegner von etwas (z.B. des Alkohols, der Todesstrafe) sein *ein unerbittlicher Feind, Gegner* **II** ⟨mit Dat. und Akk.⟩ jmdm. etwas s. *jmdm. etwas fest versprechen, geloben;* jmdm. Freundschaft, Treue s.; jmdm. Tod und Verderben, Rache s. **III** ⟨mit Präp.obj.⟩ auf etwas s. **1** *fest glauben, daß etwas so ist;* ich könnte darauf s., daß es ein blauer Volkswagen war **2** *fest an die Wirkung von etwas glauben, von der Wirkung von etwas überzeugt sein;* ich schwöre auf dieses Mittel

schwul ⟨Adj., o.Steig.; vulg.⟩ *homosexuell*

schwül ⟨Adj.⟩ **1** *feuchtwarm;* ~es Wetter; ~e Luft **2** *drückend, beklemmend;* eine ~ Atmosphäre **3** *sinnlich anreizend, leicht erotisch gefärbt;* ~e Träume; eine ~e Darstellung **4** *schwer, betäubend;* ein ~er Duft

Schwü|le ⟨f., -, nur Sg.⟩ **1** *drückende Wärme* **2** *erotische Atmosphäre*

Schwu|li|bus ⟨m.; nur in der ugs. Wendung⟩ in S. sein *in Bedrängnis, in Verlegenheit sein* [zu *schwul (2)*]

Schwu|li|tät ⟨f.10⟩ *Schwierigkeit, Bedrängnis, Verlegenheit;* in ~en sein, kommen [zu *schwul (2)*]

Schwulst ⟨m., -(e)s, nur Sg.⟩ *Überladenheit, übertriebener Aufwand, allzu starkes Verziertsein;* der S. seiner Ausdrucksweise

schwul|stig ⟨Adj.⟩ **1** *aufgequollen, geschwollen* **2** ⟨österr.⟩ →*schwülstig*

schwül|stig ⟨Adj.⟩ **1** *voller Schwulst, überladen, allzu stark verziert, allzu starke, schmückende Mittel benutzend;* auch: ⟨österr.⟩ *schwulstig;* ~ schreiben

Schwulst|stil ⟨m., -(e)s, nur Sg.⟩ *überladener Stil (bes. der Barockzeit)*

schwum|me|rig, schwumm|rig ⟨Adj.; ugs.⟩ **1** *schwindelig* **2** *etwas ängstlich;* mir ist, wird s.

Schwund ⟨m., -(e)s, nur Sg.⟩ **1** *das Schwinden* (Muskel~) **2** *Gewichts- oder Volumenverlust* **3** ⟨Rundfunk⟩ *Geringerwerden der Lautstärke*

Schwund|stu|fe ⟨f.11; Sprachw.⟩ *Stufe des Ablauts, bei der der Vokal nahezu verschwindet*

Schwung ⟨m.2⟩ **1** *schnelle, kreisende Bewegung, Bewegung im Bogen;* mit einem (kühnen) S. über eine Mauer setzen; in Bewegten talwärts fahren (Schilauf) **2** *in Bewegtheit;* der S. der Linien, Formen **3** *lebhafte Bewegung, Antrieb;* S. in eine Sache bringen; S. in eine langweilige Gesellschaft bringen; in S. geraten, kommen; eine Sache ist in S.; ich bin gerade so schön in S. ⟨ugs.⟩ *die Arbeit, meine Tätigkeit geht gerade so gut voran* **4** *Begeisterung, freudiger Eifer;* mit S. an eine Sache herangehen **5** ⟨ugs.⟩ *größere Menge;* ein S. Arbeit erledigen

schwung|haft ⟨Adj., -er, am -esten⟩ *lebhaft, erfolgreich;* einen ~en Handel aufziehen, betreiben

Schwung|kraft ⟨f.2⟩ → Zentrifugalkraft

schwung|los ⟨Adj., o.Steig.⟩ *ohne Schwung, ohne Antrieb, ohne Energie;* ich fühle mich so s.

Schwung|rad ⟨n.4⟩ *Rad, das infolge seiner Drehenergie als Energiespeicher wirkt*

schwung|voll ⟨Adj.⟩ **1** *mit viel Schwung, lebhaft;* s. ins Wasser springen **2** *in einem kühnen Schwung ausgeführt;* eine ~e Geste, Linie

Schwupp ⟨m.1⟩ *plötzliche Bewegung, plötzlicher Stoß;* etwas in einem S. erledigen ⟨ugs.⟩ *etwas sehr schnell erledigen*

Schwur ⟨m.2⟩ →*Eid*

Schwur|fin|ger ⟨m.5, Pl.⟩ *Finger, die man beim Schwören ausstreckt (Daumen, Zeige- und Mittelfinger)*

Schwur|ge|richt ⟨n.1; in der BRD bis 1974⟩ *Gericht aus Berufsrichtern und Geschworenen (Laienrichtern);* vgl. Geschworenengericht

Schwur|hand ⟨f.2⟩ *rechte Hand mit dem ausgestreckten Daumen, Zeige- und Mittelfinger, die man zum Schwur erhebt*

Schwy|zer|dütsch ⟨n., -(s), nur Sg.; schweiz.⟩ → Schweizerdeutsch

Sci|ence Fic|tion, Sci|ence-fic|tion ⟨[ˈsaɪəns-fɪkʃən] f., -, -s⟩ *phantasievolle, utopische Schilderungen auf naturwissenschaftlich-technischer Grundlage* [engl., < *science* „Wissenschaft" und *fiction*, → Fiktion]

scil. ⟨Abk. für⟩ scilicet

sci|li|cet ⟨Abk.: sc., scil.⟩ *nämlich* [lat.]

Scor|da|tu|ra ⟨f., -, -ren⟩ ital. Form von *Skordatur*

Score ⟨[skɔːr] m.9⟩ **1** ⟨Sport⟩ *Punktzahl, Spielstand* **2** ⟨Psych.⟩ *in Zahlen ausgedrückte Leistung (im Experiment oder Test)* [engl., < altnord. *skor* „Einschnitt"]

Scotch|ter|ri|er ⟨[skɔtʃ-] m.5⟩ kleiner, kurzbeiniger, schwarzer Hund mit langem Haar um die Schnauze und über den Augen [< engl. *scotch* „schottisch" und *Terrier*]

Scout ⟨[skaut] m.5; engl. Bez. für⟩ **1** Pfadfinder **2** ⟨im Buchwesen⟩ Kontaktperson zwischen Verlagen und Agenten

Scrab|ble ⟨[skrɛbl] n., -s, nur Sg.⟩ Gesellschaftsspiel, bei dem Buchstaben zu Wörtern zusammengesetzt werden müssen [< engl. *to scrabble* „scharren"]

Scrib|ble ⟨[skrɪbl] m.9⟩ erster Entwurf für eine graphische Arbeit [< engl. *scribble* „Geschmier, Gekritzel", zu *to scribble* „schmieren, kritzeln", eigtl. „unsorgfältig schreiben", < lat. *scribere* „schreiben"]

Scrip ⟨m.9⟩ **1** Gutschein über nicht gezahlte Zinsen **2** ⟨in England und den USA⟩ Zwischenschein für neu auszugebende Aktien [< engl. *script*, „Interimsschein, provisorische Bestätigung", verkürzt < *subscription* „das Unterschreiben, Unterzeichnen"]

Script|girl ⟨[-gə:l] n.9⟩ Sekretärin des Regisseurs bei Filmaufnahmen; auch: *Skriptgirl* [< engl. *script* „Geschriebenes; Drehbuch" und → *Girl*]

Scu|do ⟨m., -s, -di⟩ alte italienische Münze [ital., „Schild"]

sculps. ⟨Abk. für⟩ *sculpsit*

sculp|sit ⟨Abk.: sc., sculps.⟩ hat (es) gestochen ⟨Vermerk auf Kupfer- oder Stahlstichen hinter dem Namen des Künstlers⟩ [lat.]

Scyl|la ⟨[stsy-] oder [sky-] f., -, nur Sg.⟩ **1** antiker Name für eine gefährliche Felsklippe gegenüber der Charybdis, einem Felsenschlund und Meeresstrudel in der Straße von Messina **2** ⟨griech. Myth.⟩ Seeungeheuer auf dieser Klippe, das die Vorüberfahrenden verschlingt; zwischen S. und Charybdis ⟨übertr.⟩ zwischen zwei Gefahren oder Zwangslagen

s.d. ⟨Abk. für⟩ siehe dieses (→ sehen II,5)

Se ⟨chem. Zeichen für⟩ Selen

Se. ⟨Abk. für⟩ Seine; S. Exzellenz; S. Majestät

s. e. ⟨Abk. für⟩ *salvo errore*

Seal ⟨[si:l] m.9⟩ Fell des Seebären; Syn. *Sealskin* [engl., „Robbe"]

Seal|skin ⟨[si:l-] m.9 oder n.9⟩ **1** → *Seal* **2** Plüschgewebe, Nachahmung des *Seals* [< *Seal* und engl. *skin* „Haut, Fell"]

Sé|ance ⟨[seãs] f.11⟩ spiritistische Sitzung [frz., „Sitzung", zu *seoir* „sitzen"]

Se|bor|rhö ⟨f.10⟩, **Se|bor|rhoe** ⟨[-rø] f.11⟩ übermäßige Absonderung der Talgdrüsen der Haut [< lat. *sebum* „Talg" und griech. *rhoos, rhous* „das Fließen, Strömen", zu *rhein* „fließen"]

sec[1] **1** ⟨Abk. für⟩ *Secans* **2** ⟨Abk. für⟩ *Sekunde*

sec[2] ⟨Adj., o.Steig., o.Dekl.; beim Sekt⟩ herb, trocken [frz., „trocken"]

s. e. c. ⟨Abk. für⟩ *salvo errore calculi*

Sec|co|ma|le|rei ⟨f.10⟩ Malerei auf trockenen Putz; vgl. *al secco* [zu ital. *secco* „trocken", < lat. *siccus* „trocken"]

Se|cen|tis|mus ⟨[-tʃen-] m., -, nur Sg.⟩ überladener Stil der italienischen Barockdichtung des 17. Jahrhunderts [zu *Secento*]

Se|cen|tist ⟨[-tʃen-] m.10⟩ Vertreter des Secentismus sowie des *Secentos*

Se|cen|to ⟨[-tʃen-] n., -(s), nur Sg.⟩ die künstlerische Stilepoche des 17. Jahrhunderts in Italien; auch: *Seicento* [ital., „sechshundert" (nach 1000)]

sechs ⟨Num.; Schreibung in Buchstaben für⟩ *6*; vgl. *acht*; Ableitungen und Zus. vgl. *acht*

Sechs ⟨f.10⟩ **1** die Ziffer 6 **2** ⟨als Schulnote⟩ ungenügend; vgl. *Drei*

Sechs|eck ⟨n.1⟩ Vieleck mit sechs Ecken; Syn. *Hexagon*

Sechs|ser ⟨m.5⟩ **1** ⟨süddt.⟩ **a** die Ziffer 6 **b** ⟨als Schulnote⟩ → *Sechs* (2) **2** ⟨berlin.; †⟩ Fünfpfennigstück; ich habe nicht für einen S. Lust ⟨ugs.⟩ ich habe überhaupt keine Lust **3** ⟨ugs.; Lotto⟩ sechs richtige Zahlen

Sechs|flach ⟨n.1⟩, **Sechs|fläch|ner** ⟨m.5⟩ → *Hexaeder*

Sechs|paß ⟨m.2; got. Baukunst⟩ aus sechs Dreiviertelkreisen zusammengesetztes Ornament

Sechs|stern ⟨m.1⟩ → *Hexagramm*

Sechs|ta|ge|ren|nen ⟨n.7⟩ sechs Tage (und Nächte) dauerndes, auf Bahnen gefahrenes Radrennen für Berufsfahrer

Sechs|ta|ge|werk ⟨n., -(e)s, nur Sg.⟩ die in sechs Tagen vollendete Erschaffung der Welt

sech|ste(r, -s) ⟨Num.⟩ Schreibung → *er|ste(r, -s)*

Sechs|und|sech|zig ⟨n., -, nur Sg.⟩ ein Kartenspiel

Sech|ter ⟨m.5⟩ **1** altes Hohlmaß, etwa 7 l; auch: *Sester* **2** ⟨österr.⟩ Milchkübel [< lat. *sextarius* „sechster Teil (eines Hohlmaßes)"]

sech|zehn ⟨Num.; Schreibung in Buchstaben für⟩ *16*; vgl. *achtzehn*

sech|zig ⟨Num.; Schreibung in Buchstaben für⟩ *60*; vgl. *achtzig*

Se|cond-hand-Ge|schäft ⟨[sɛkəndhænd-] n.1⟩ Geschäft mit Waren aus zweiter Hand, mit gebrauchten Waren [zu engl. *second hand* „zweite Hand"]

Se|con|do ⟨n.9; beim vierhändigen Klavierspiel⟩ zweite Stimme; Ggs. *Primo*

Se|cret Ser|vice ⟨[si:krɪt sə:vɪs] m., -, nur Sg.⟩ der britische Geheimdienst

SED ⟨Abk. für⟩ Sozialistische Einheitspartei Deutschlands

se|da|tiv ⟨Adj., o.Steig.⟩ als Sedativ wirkend, beruhigend, einschläfernd

Se|da|tiv ⟨n.1⟩, **Se|da|ti|vum** ⟨n., -s, -va⟩ → *Beruhigungsmittel* [< lat. *sedare* „beruhigen", eigtl. „sinken machen", zu *sedere* „sich setzen, sich senken"]

Se|dez ⟨n.1; Zeichen: 16°⟩, **Se|dez|for|mat** ⟨n.1⟩ altes Buchformat in der Größe eines Sechzehntelbogens [< lat. *sedecim* „sechzehn", < *sex* „sechs" und *decem* „zehn"]

se|die|ren ⟨V.3, hat sediert; mit Akk.⟩ mit einem Sedativ behandeln, beruhigen

Se|di|ment ⟨n.1⟩ → *Ablagerung* (2) [< lat. *sedimentum*, „Bodensatz", zu *sedere* „sich setzen, sich senken"]

se|di|men|tär ⟨Adj., o.Steig.⟩ durch Sedimentation entstanden

Se|di|men|ta|ti|on ⟨f.10⟩ → *Ablagerung* (1)

Se|di|ment|ge|stein ⟨n.1⟩ ⟨meist geschichtetes⟩ Gestein, das durch Sedimentation entstanden ist; Syn. *Absatzgestein*

Se|dis|va|kanz ⟨f.10⟩ Zeitraum, während dessen der päpstliche oder ein bischöflicher Stuhl nicht besetzt ist [< lat. *sedes*, Gen. *sedis*, „Sitz" und *Vakanz*]

Se|dum ⟨n., -s, -da⟩ → *Fetthenne* [lat.]

See **I** ⟨m.14⟩ großes, stehendes Binnengewässer **II** ⟨f.11⟩ **1** ⟨nur Sg.⟩ → *Meer*; an die S. fahren; auf S.; auf hoher S. *weit draußen auf dem Meer* **2** ⟨kurz für⟩ *Seegang* (Quer~); stürmische, ruhige S. **3** hohe Welle (Sturz~); von einer S. erfaßt und über Bord gespült werden

See|ad|ler ⟨m.5⟩ großer Greifvogel, der an Seen und Meeresküsten Wasservögel jagt

See|amt ⟨n.1⟩ Behörde zur Untersuchung von Seeunfällen der Handelsschiffe

See|ane|mo|ne ⟨f.11⟩ → *Aktinie*

See|bär ⟨m.10⟩ **1** große Robbe mit dichtem, braunem Fell **2** ⟨scherzh.⟩ erfahrener Seemann

See|be|ben ⟨n.7⟩ Erdbeben, dessen Herd unter dem Meeresboden liegt

See-Ele|fant ⟨m.10⟩ ⟨in südlichen Meeren vorkommende⟩ sehr große Robbe mit rüsselförmiger Schnauze

see|fah|rend ⟨Adj., o.Steig.; nur als Attr.⟩ Seefahrt betreibend; ~e Völker

See|fah|rer ⟨m.5⟩ jmd., der (bes. als Kapitän) zur See fährt, der Entdeckungsreisen übers Meer macht

See|fahrt ⟨f.10⟩ **1** ⟨nur Sg.⟩ Schiffahrt auf dem Meer; S. treiben, betreiben **2** Fahrt mit dem Schiff auf dem Meer; eine S. machen

See|fahrts|buch ⟨n.4⟩ Arbeitsbuch für Seeleute

see|fest ⟨Adj., -er, am -esten⟩ **1** → *seetüchtig*; ~es Schiff **2** nicht seekrank werdend; s. sein nicht seekrank werden

See|fisch ⟨m.1⟩ im Meer lebender Fisch

See|gang ⟨m., -(e)s, nur Sg.⟩ Wellenbewegung des Meeres; auch: ⟨kurz⟩ *See*

See|gras ⟨n., -es, nur Sg.⟩ **1** auf Meeresböden wachsende Wasserpflanze mit langen, bandförmigen Blättern **2** Polstermaterial daraus

See|gur|ke ⟨f.11⟩ → *Seewalze*

See|han|del ⟨m., -s, nur Sg.⟩ Handel, der über das Meer abgewickelt wird

See|ha|se ⟨m.11⟩ plumper Seefisch, dessen Körper mit Knochenplatten bedeckt ist (und dessen Eier als deutscher Kaviar gehandelt werden)

See|hecht ⟨m.1⟩ Seefisch mit schlankem, hechtähnlichem Körper, Speisefisch; Syn. *Hechtdorsch*

See|herr|schaft ⟨f., -, nur Sg.⟩ auf eine starke Flotte gegründete Herrschaft, Herrschaft über die Meere

See|hund ⟨m.1⟩ (u.a. in der Nord- und Ostsee vorkommende) Robbe mit gelbgrauem Fell

See|igel ⟨m.5⟩ (meist kugelförmiger) Stachelhäuter, der sich mit Hilfe langer Stacheln am Meeresboden fortbewegt (Lanzen~, Stein~)

See|jung|frau ⟨f.10; Myth.⟩ junger weiblicher Wassergeist mit Fischschwanz

See|kar|te ⟨f.11⟩ Karte für die Navigation auf dem Meer

see|klar ⟨Adj., o.Steig.; bei Schiffen⟩ fertig zum Auslaufen

See|kli|ma ⟨n., -s, nur Sg.⟩ Klima über und in der Nähe großer Wasserflächen mit geringen Temperaturunterschieden; Ggs. *Landklima*

see|krank ⟨Adj., o.Steig.⟩ an Seekrankheit leidend

See|krank|heit ⟨f., -, nur Sg.⟩ auf Schiffsreisen bei Seegang auftretende Krankheitserscheinung mit Schwindel, Übelkeit und Erbrechen

See|krei|de ⟨f., -, nur Sg.⟩ feinkörnige Ablagerung (in Seen und Mooren); Syn. *Alm*

See|kuh ⟨f.2⟩ dem Wasserleben angepaßtes robbenähnliches Säugetier mit fast unbehaarter Haut; Syn. *Sirene*

See|lachs ⟨m.1; Handelsbez.⟩ → *Köhler* (2)

See|lchen ⟨n.7; ugs.; scherzh.⟩ sehr empfindsamer Mensch

See|le ⟨f.11⟩ **1** das Innere des Menschen, das Denken, Fühlen und Empfinden; ein Herz und eine S. sein *sich sehr gut verstehen*; zwei ~n wohnen in meiner Brust *ich bin zwischen zwei Gefühlen hin- und hergerissen*; eine edle, schöne S. haben; eine gute S. haben *mitfühlend sein*; eine schwarze S. haben *einen schlechten Charakter haben*; jmdm. auf der S. knien *jmdn. sehr bedrängen*; etwas liegt jmdm. auf der S. *etwas bedrückt jmdn.*; jmdm. etwas auf die S. binden *jmdm. etwas einschärfen*; jmdm. die S. aus dem Leib fragen *jmdn. mit Fragen bedrängen*; sich die S. aus dem Leib schreien *sehr laut und lange schreien*; jmdm. aus der S. sprechen *jmds. Überzeugung ausdrücken*; so ganzer, tiefster, voller S. *mit innerer Überzeugung*; etwas tut jmdm. in der S. weh *etwas bedrückt jmdn. sehr*; etwas schneidet jmdm. in die S. *etwas grämt jmdn.*; etwas ist jmdm. in tiefster S. zuwider *etwas ist jmdm. sehr zuwider*; von ganzer S. zutiefst; sich etwas von der S. reden, schreiben *etwas Bedrängendes aussprechen,*

niederschreiben 2 ⟨Religion⟩ *der unsterbliche Teil des Menschen; Schaden an seiner S. nehmen moralisch gefährdet sein* 3 ⟨übertr.⟩ *Mensch; weit und breit war keine S. zu sehen; eine durstige S.* ⟨ugs.⟩ *jmd., der gern trinkt; er ist eine S. von Mensch er ist ein guter, mitfühlender Mensch; die armen ~n im Fegefeuer* ⟨kath. Kirche⟩ *die Sünder im Fegefeuer; hinter etwas her sein wie der Teufel hinter der armen S. etwas unbedingt haben wollen, versessen auf etwas sein* 4 ⟨†⟩ *Einwohner; ein Dorf mit hundert ~n* 5 *Person, die für den reibungslosen und schnellen Ablauf sorgt; er ist die S. der Firma* 6 *innerer Hohlraum (des Gewehrlaufs oder Geschützrohres)* 7 *innerster Strang (eines Kabels oder Taues)* 8 *(bei Streichinstrumenten) Stimmstock*
See|len|ach|se ⟨f.11; bei Feuerwaffen⟩ *gedachte Mittellinie durch die Längsrichtung des Rohres*
See|len|amt ⟨n.4; kath. Kirche⟩ *Totenmesse*
See|len|blind|heit ⟨f., -, nur Sg.⟩ → *Agnosie*
See|len|bräu|ti|gam ⟨m., -s, nur Sg.; kath. Kirche⟩ *Christus als Bräutigam der Seele*
See|len|freund ⟨m.1⟩ *jmd., mit dem man seelisch stark verbunden ist*
See|len|frie|den ⟨m., -s, nur Sg.⟩ *innerer Frieden*
See|len|grö|ße ⟨f., -, nur Sg.⟩ *edle, großzügige Gesinnung*
see|len|gut ⟨Adj., o.Steig.⟩ *sehr gutartig, sehr gutmütig; auch: seelensgut*
See|len|gü|te ⟨f., -, nur Sg.⟩ *große Güte*
See|len|heil ⟨n., -(e)s, nur Sg.⟩ *Heil der Seele, Freisein von Sünden; auf jmds. S. bedacht sein, um jmds. S. besorgt sein* ⟨ugs., scherzh.⟩ *darum besorgt sein, daß jmd. nicht moralisch gefährdet wird*
See|len|hirt ⟨m.10; poet.⟩ *Geistlicher*
See|len|kraft ⟨f.2⟩ *innere Kraft, seelische Kraft;* Syn. *Seelenstärke*
See|len|kun|de ⟨f., -, nur Sg.; †⟩ → *Psychologie*
see|len|kund|lich ⟨Adj., o.Steig.; †⟩ → *psychologisch*
See|len|le|ben ⟨n., -s, nur Sg.⟩ *inneres Leben, seelisches Leben*
see|len|los ⟨Adj., -er, am -esten⟩ 1 *ohne Seele, ohne Gemüt, ohne innere Wärme* 2 *keine Wärme ausstrahlend, nicht anheimelnd, nicht ansprechend oder anziehend; ~e Neubauten*
See|len|mas|sa|ge ⟨[-ʒə] f.11; ugs., scherzh.⟩ 1 *tröstender Zuspruch* 2 *Versuch, jmdn. innerlich zu beeinflussen*
See|len|mes|se ⟨f.11; kath. Kirche⟩ *einfache Totenmesse*
See|len|qual ⟨f.10⟩ *innere Qual, seelische Qual; ~en leiden*
See|len|ru|he ⟨f., -, nur Sg.⟩ 1 *innere Ruhe* 2 ⟨ugs.⟩ *Gelassenheit, Gleichmut; in aller S. frühstücken*
See|lens|gut ⟨Adj., o.Steig.⟩ → *seelengut*
See|len|stär|ke ⟨f., -, nur Sg.⟩ → *Seelenkraft*
See|len|ver|käu|fer ⟨m.5⟩ 1 ⟨früher⟩ *Anwerber von Soldaten (bes. für die Kolonien)* 2 ⟨übertr.⟩ *jmd., der Menschen an andere ausliefert* 3 ⟨übertr., ugs.⟩ *nicht (mehr) voll seetüchtiges Schiff*
see|len|ver|wandt ⟨Adj., o.Steig.⟩ *nur als Attr. und mit „sein"] innerlich verwandt, in der Gesinnung, in den Auffassungen übereinstimmend*
See|len|ver|wandt|schaft ⟨f., -, nur Sg.⟩ *innere, geistige, gefühlsmäßige Verwandtschaft*
See|len|voll ⟨Adj.⟩ *gefühlvoll, empfindsam; mit ~em Augenaufschlag*
See|len|wan|de|rung ⟨f.10; in verschiedenen Religionen⟩ *Wiederverkörperung der Seele nach dem Tod in einem anderen Lebewesen*
See|len|wär|mer ⟨m.5; ugs., scherzh.⟩ *Schnaps*

See|li|lie ⟨[-ljə] f.11⟩ → *Haarstern*
see|lisch ⟨Adj., o.Steig.⟩ *zur Seele (1) gehörend, die Seele betreffend; ~es Gleichgewicht; sie kann dieses Erlebnis nicht verkraften*
See|lö|we ⟨m.11⟩ *Ohrenrobbe, deren Fell nur aus Grannenhaaren besteht*
Seel|sor|ge ⟨f., -, nur Sg.⟩ *seelische Hilfe für Mitglieder einer christlichen Gemeinde*
Seel|sor|ger ⟨m.5⟩ *Geistlicher im Gemeindedienst*
seel|sor|ge|risch, seel|sor|ger|lich, seel|sorg|lich ⟨Adj., o.Steig.⟩ *die Seelsorge betreffend; als Seelsorger; s. tätig sein; s. wirken*
See|macht ⟨f.2⟩ 1 *Gesamtheit der Seestreitkräfte; über eine starke S. verfügen* 2 *Staat, der über starke Seestreitkräfte verfügt*
See|mann ⟨m., -(e)s, -leu|te⟩ *jmd., der berufsmäßig auf einem Seeschiff arbeitet;* Syn. ⟨Seemannsspr.⟩ *Fahrensmann*
see|män|nisch ⟨Adj., o.Steig.⟩ *einen Seemann betreffend, zu ihm gehörig, ihm angemessen; ~e Erfahrung*
See|manns|amt ⟨n.4⟩ *staatliche Behörde, die für die An- und Abmusterung von Seeleuten zuständig ist*
See|manns|garn ⟨n., -(e)s, nur Sg.⟩ *abenteuerliche, phantasievoll übertriebene, von einem Seemann erzählte Geschichte; ein S. spinnen*
See|manns|spra|che ⟨f., -, nur Sg.⟩ *Berufssprache der Seeleute*
See|mei|le ⟨f.11; Zeichen: sm⟩ *für Entfernungsangaben in der Luft- und Schiffahrt benutzte Längeneinheit, 1852 m*
See|na|del ⟨f.11⟩ *Seefisch mit röhrenförmiger Schnauze und dünnem, langgestrecktem Körper*
Seen|kun|de ⟨f., -, nur Sg.⟩ → *Limnologie*
See|not ⟨f., -, nur Sg.⟩ *höchste Gefahr auf dem Meer; in S. sein; in S. geraten*
Seen|plat|te ⟨f.11⟩ *flache Landschaft mit zahlreichen Seen*
s. e. e. o. ⟨Abk. für⟩ *salvo errore et omissione*
See|pferd ⟨n.1⟩, **See|pferd|chen** ⟨n.7⟩ *Seenadel mit Greifschwanz und pferdeähnlichem Kopf*
See|pocke ⟨-k|k-; f.11⟩ *vornehmlich an Pfosten und Steinen festgewachsener Rankenfüßer mit kegelförmigem Gehäuse*
See|räu|ber ⟨m.5⟩ *jmd., der fremde Schiffe kapert oder ausraubt;* Syn. *Pirat*
See|räu|be|rei ⟨f., -, nur Sg.⟩ *das Ausrauben fremder Schiffe;* Syn. *Piraterie*
see|räu|be|risch ⟨Adj., o.Steig.⟩ *in der Art eines Seeräubers*
See|recht ⟨n., -(e)s, nur Sg.⟩ *Gesamtheit aller Vorschriften, die die Seefahrt betreffen*
See|rei|se ⟨f.11⟩ *Reise über das Meer, auf dem Meer*
See|ro|se ⟨f.11⟩ *Wasserpflanze ruhiger Binnengewässer mit breiten Schwimmblättern und großen Blüten; Weiße S.*
See|schiff ⟨n.1⟩ *seetüchtiges Schiff*
See|schlacht ⟨f.10⟩ *auf dem Meer stattfindende Schlacht*
See|schlan|ge ⟨f.11⟩ 1 *riesenhaftes, schlangenähnliches Fabeltier* 2 *giftige Schlange tropischer Meere*
See|schwal|be ⟨f.11⟩ *möwenähnlicher Vogel mit gegabeltem Schwanz, schlanken Flügeln und spitzem Schnabel (Fluß~, Zwerg~)*
See|sper|re ⟨f.11⟩ *Absperrung eines Teils des Meeres*
See|stern ⟨m.1⟩ *(in vielen Arten vorkommender) Stachelhäuter, dessen Arme strahligsymmetrisch (wie ein Stern) angeordnet sind*
See|streit|kräf|te ⟨Pl.⟩ *Gesamtheit der zur Marine gehörenden Streitkräfte*
See|teu|fel ⟨m.5⟩ → *Anglerfisch*
see|tüch|tig ⟨Adj., o.Steig.; von Schiffen⟩ *für die Fahrt auf dem Meer geeignet;* Syn. *seefest*
See|tüch|tig|keit ⟨f., -, nur Sg.⟩
See|wal|ze ⟨f.11⟩ *(am Meeresgrund kriechender) Stachelhäuter mit walzenförmigem*

Körper ohne Arme; Syn. *Holothurie, Seegurke*
see|wärts ⟨Adv.⟩ *zur See hin;* Ggs. *landwärts; der Wind weht s.*
See|weg ⟨m.1⟩ *Weg übers Meer; ein Land auf dem S. erreichen*
See|wind ⟨m.1⟩ *vom Meer her wehender Wind;* Ggs. *Landwind*
See|wolf ⟨m.2⟩ *(in nördlichen Meeren vorkommender) Fisch mit dickem Kopf, breitem Maul und kräftigen Zähnen, Speisefisch*
See|zei|chen ⟨n.7⟩ *(feste oder schwimmende) Markierung für Schiffe (als Hilfsmittel zur Navigation), z.B. Boje*
See|zun|ge ⟨f.11⟩ *Plattfisch mit langgestrecktem, ovalem Körper, Speisefisch*
Se|gel ⟨n.5; bei Segelschiffen⟩ *drei- oder viereckiges Tuch, das am Mast aufgespannt wird, so daß sich der Wind darin fängt und das Schiff vorwärts treibt; die S. hissen, reffen, streichen; vor etwas, vor jmdm. die S. streichen den Kampf, den Widerstand gegen etwas oder jmdn. aufgeben; mit vollen ~n* ⟨übertr.⟩ *mit aller Energie, mit vollem Einsatz*
Se|gel|boot ⟨n.1⟩ *kleines Wasserfahrzeug mit Segel*
se|gel|flie|gen ⟨V.38, ist segelgeflogen; o.Obj.⟩ *mit dem Segelflugzeug fliegen; er kann, lernt s.*
Se|gel|flie|ger ⟨m.5⟩ *jmd., der segelfliegt*
Se|gel|flug ⟨m.2⟩ *Flug ohne Motorantrieb, nur mit Hilfe des Windes*
Se|gel|flug|zeug ⟨n.1⟩ *Flugzeug ohne Eigenantrieb, das nur im Gleitflug fliegen kann;* Syn. *Segler*
se|geln ⟨V.1⟩ I ⟨o.Obj.⟩ 1 ⟨hat oder ist gesegelt⟩ *mit dem Segelboot fahren; wir haben,* ⟨oder⟩ *sind über fünf Stunden gesegelt; wir sind über den See gesegelt* 2 ⟨ist gesegelt, ugs., scherzh.⟩ *(schwungvoll) fallen; er ist vom Stuhl gesegelt; er ist durchs Examen gesegelt* 3 ⟨ist gesegelt⟩ *sich in der Luft vom Wind tragen lassen, beim Fliegen den Wind ausnutzen und ohne Flügelschlag gleiten* II ⟨mit Akk.; hat gesegelt⟩ *ein Boot s. steuern, lenken; er hat bei der Regatta ein Dingi gesegelt* III ⟨refl.⟩ *es ist gesegelt es man kann segeln; bei dem Wind segelt es sich gut; bei dem Wellengang segelt es sich schlecht*
Se|gel|schiff ⟨n.1⟩ *großes Wasserfahrzeug mit Segeln*
Se|gel|tuch ⟨n.1⟩ *kräftiges, leinwandbindiges Gewebe (aus Baumwolle, Flachs oder Hanf)*
Se|gen ⟨m., -s, nur Sg.⟩ 1 *göttliche Gunst, Gnade; der S. des Himmels* 2 *Formel, Gebärde, mit der jmd. um die göttliche Gunst für jmdn. bittet; der S. des Bischofs, des Papstes; jmdm. den S. geben; den S. über jmdn. sprechen* 3 *segensreiche Wirkung, Glück, Erleichterung; der S. der Arbeit; den S. einer Arbeit zu spüren bekommen; auf solchem Tun ruht, liegt kein S.; das bringt keinen S.; es ist ein S., daß du gekommen bist!* 4 *Ertrag; der S. der Ernte* 5 ⟨ugs.⟩ *Zustimmung; meinen S. hast du!*
se|gens|reich ⟨Adj.⟩ *Segen, Nutzen, Erleichterung bringend; eine ~e Erfindung*
Se|gens|wunsch ⟨m.2⟩ 1 *Bitte um göttlichen Segen* 2 *Wunsch für Glück und gutes Gelingen; meine Segenswünsche begleiten dich!*
Se|ger|ke|gel ⟨m.5⟩ *kleines, kegelförmiges Gerät zum Temperaturmessen in keramischen Brennöfen [nach dem Chemiker Hermann Seger]*
Seg|ge ⟨f.11⟩ *Riedgras mit dreikantigem Stengel ohne Knoten (Sand~) [nddt.]*
Seg|ler ⟨m.5⟩ 1 *jmd., der den Segelsport betreibt; er ist ein leidenschaftlicher S.* 2 *mit Segeln ausgestattetes Wasserfahrzeug, Segelboot, Segelschiff; ein schneller S.* 3 → *Segel-*

flugzeug **4** *schwalbenähnlicher, der Fortbewegung in der Luft besonders gut angepaßter Vogel* (Mauer~) **5** *Vogel, der gut segeln (I,3) kann;* die Möwe ist ein guter, gewandter S.

Seg|ment ⟨n.1⟩ *Abschnitt, Teilstück* (Kugel~, Körper~) [< lat. *segmentum* ,,Einschnitt, Abschnitt", zu *secare* ,,schneiden"]

seg|men|tal ⟨Adj., o.Steig.⟩ *in der Art eines Segments, als Segment*

seg|men|tär ⟨Adj., o.Steig.⟩ *aus Segmenten (bestehend)*

Seg|men|ta|ti|on ⟨f.10⟩ **1** ⟨allg.⟩ *Aufgliederung* **2** *Aufgliederung des Marktes in Marktsegmente (z.B. nach Käufergruppen oder Absatzräumen)* **3** ⟨Meinungsforschung⟩ *Aufgliederung der zu befragenden Personen*

Seg|ment|bo|gen ⟨m.7; Baukunst⟩ *Flachbogen*

seg|men|tie|ren ⟨V.3, hat segmentiert; mit Akk.⟩ *in Segmente teilen*

seg|nen ⟨V.2, hat gesegnet; mit Akk.⟩ *jmdn. oder etwas mit dem Segen (2) über jmdn. oder etwas sprechen, das Kreuzzeichen über jmdn. oder etwas machen;* Konfirmanden s.; Brot und Wein s.

Seg|nung ⟨f.10⟩ **1** ⟨nur Sg.⟩ *das Segnen* **2** ⟨oft iron.⟩ *segensreiche Sache;* das sind die ~en der modernen Technik

Se|gre|gat ⟨n.1; †⟩ *Ausgeschiedenes*

Se|gre|ga|ti|on ⟨f.10⟩ **1** ⟨†⟩ *Ausscheidung* **2** ⟨amerik. Bez. für⟩ *Absonderung von andersgearteten Minderheiten der Bevölkerung*

se|gre|gie|ren ⟨V.3, hat segregiert; mit Akk.⟩ *trennen, sondern;* nach Rassen, Bekenntnissen segregierte Klassen [< lat. *segregare* ,,trennen, absondern", eigtl. ,,von der Herde trennen", zu *grex*, Gen. *gregis*, ,,Herde"]

Se|gui|dil|la ⟨[segidilja] f., -, nur Sg.⟩ *ein spanischer Tanz* [span., Verkleinerungsform von *seguida* ,,Folge, Reihe; Suite", zu *seguir* < lat. *sequi* ,,folgen"]

se|hen ⟨V.136, hat gesehen⟩ **I** ⟨mit Akk.⟩ **1** *etwas oder jmdn.* **a** *mit dem Gesichtssinn wahrnehmen;* ich kann bei dieser Dunkelheit nichts s.; ich habe dich schon von weitem gesehen; siehst du den Vogel dort?; ich möchte ich s., der das kann! ⟨ugs.⟩ den gibt es nicht, der das kann!; ich kann das, ich kann ihn nicht mehr s.! ⟨ugs.⟩ *ich habe genug davon, von ihm!;* und hast du nicht gesehen (erg.: es), war er wieder verschwunden *im gleichen Augenblick war er schon wieder verschwunden;* ich habe ihn noch nie so böse gesehen ⟨ugs., eigtl.⟩ *ich habe noch nie erlebt, daß er so böse war* **b** *beurteilen, einschätzen;* du siehst das falsch, richtig; ich sehe das, sehe ihn heute ganz anders; du siehst daraus, daß ... **2** *jmdn. s. jmdn. begegnen;* wir s. ihn oft im Theater! wir s. sie oft bei uns im Besuch ⟨erg., eigtl.⟩ *einander oft* **3** *etwas s.* **a** *ansehen, betrachten;* laß (es) mich mal s.! *zeig es mir einmal!;* er will die Welt s., er will etwas von der Welt s. *er will viel reisen und die Welt kennenlernen* **b** *erleben;* wir haben schon bessere, schlechtere Zeiten gesehen **c** *erkennen, durchschauen;* ich sehe deutlich, klar, was er meint, was er will **II** ⟨o.Obj.⟩ **1** ⟨ugs.; in den Wendungen⟩ siehst du!, siehste!, na, siehst du! *ich habe also doch recht gehabt, du hast es mir nur nicht glauben wollen!;* sieh da! ⟨Ausruf des Erstaunens, auch des Triumphes⟩ *also doch!* **2** *etwas mit dem Gesichtssinn wahrnehmen;* nach der Operation wird er wieder s. können; mit dieser Brille kann ich gut, schlecht s.; ich dachte, ich seh nicht recht! ⟨ugs.⟩ *ich dachte, ich täusche mich;* ich kann vor Arbeit nicht aus den Augen s. *ich habe sehr viel, zu viel Arbeit;* er läuft mit ~den Augen in sein Unglück **3** *abwarten, was sich ergibt;* wir werden s. **4** *prüfen;* ich werde s.,

was sich tun läßt, ob ich etwas tun kann **5** *nachsehen, nachschauen;* es hat geklingelt, sieh mal, wer es ist!; siehe dieses (Abk.: s.d.; in Büchern) *Aufforderung, unter dem genannten Stichwort nachzuschlagen;* siehe oben (Abk.: s.o.; in Büchern) *Aufforderung, das eben Gelesene mit dem oben Erwähnten zu vergleichen;* siehe unten (Abk.: s.u.) **6** *hinsehen, den Blick auf etwas oder jmdn. richten;* alle sahen auf das Kind und achteten nicht auf das herankommende Auto; man sollte nicht so düster in die Zukunft s. **7** *den Blick auf etwas werfen;* nach Süden, nach der Straße **III** ⟨mit Präp.obj.⟩ **1** *nach jmdm. oder etwas s. sich um jmdn. oder etwas kümmern, prüfen, ob mit jmdm. oder etwas alles in Ordnung ist;* nach dem Kranken, nach den Kindern s.; nach dem Essen s. **2** *auf etwas s. auf etwas achten, Wert auf etwas legen;* er sieht auf seine Kleidung; er sieht aufs Geld *er ist sparsam, er will das Geld zusammenhalten;* er sieht nur aufs Geld *ihm ist Geld das am allerwichtigsten* **IV** ⟨refl.⟩ *sich s. durch Sehen (1) in einen Zustand geraten;* ich kann mich an den Bildern nicht satt s.; ich sehe mich leider gezwungen, einzugreifen

se|hens|wert ⟨Adj., -er, am -esten⟩ *wert, gesehen oder besichtigt zu werden;* Syn. sehenswürdig

se|hens|wür|dig ⟨Adj.⟩ →sehenswert

Se|hens|wür|dig|keit ⟨f.10⟩ *sehenswertes Kunst- oder Bauwerk*

Se|her ⟨m.5⟩ **1** *jmd., der (angeblich) in die Zukunft sehen kann, Prophet* **2** ⟨Jägerspr.⟩ *bei Hasen und niederem Raubwild⟩ Auge*

se|he|risch ⟨Adj., o.Steig.⟩ *in der Art eines Sehers, prophetisch*

Seh|kraft ⟨f., -, nur Sg.⟩ *Fähigkeit (eines Auges) zu sehen;* die S. einbüßen, verlieren, wiedergewinnen; meine S. läßt nach

Seh|ne ⟨f.11⟩ **1** ⟨bei Muskeln⟩ *aus Bindegewebe bestehender Endteil* **2** ⟨Math.⟩ *Strecke zwischen zwei Punkten einer Kurve* **3** *Schnur zum Bogenschießen*

seh|nen ⟨V.1, hat gesehnt; refl.⟩ *sich s. Sehnsucht haben;* sich nach etwas s. *etwas sehr gern haben, empfinden wollen;* sich nach Liebe, Wärme; sich nach jmdm. s. *jmdn. sehr gern bei sich haben wollen, sehr gern bei jmdm. sein wollen;* sich sehr nach ihren Kindern; sich schmerzlich nach etwas oder jmdn. s.; sie sehnt sich, heimzukommen *sie kann es nicht erwarten, heimzukommen*

Seh|nen|schei|de ⟨f.11⟩ *eine Sehne (1) schützende, doppelwandige Hülle mit Gleitflüssigkeit*

Seh|nerv ⟨m.12, fachsprachl. m.10⟩ *Nerv, der die Sehempfindung von der Netzhaut zum Gehirn leitet*

seh|nig ⟨Adj.⟩ **1** *voller Sehnen (1);* ~es Fleisch **2** *kräftig und mager, durchtrainiert;* ~er Körper

sehn|lich ⟨Adj.⟩ *verlangend, voll Sehnsucht;* jmdn. s. erwarten

Sehn|sucht ⟨f.2⟩ *starkes Verlangen, schmerzliche Erwartung;* S. nach jmdm. haben; sich vor S. verzehren

sehn|süch|tig ⟨Adj.⟩ *voller Sehnsucht, schmerzlich verlangend;* Syn. sehnsuchtsvoll; s. warten

sehn|suchts|voll ⟨Adj.⟩ →sehnsüchtig

Seh|pur|pur ⟨m., -s, nur Sg.⟩ *roter Farbstoff in der Netzhaut;* Syn. Rhodopsin

sehr ⟨Adv.⟩ *in hohem Maß oder Grad, überaus;* s. heiß, kalt; s. fröhlich; s. gut; s. traurig; bitte s.!; danke s.!; sich s. anstrengen, bemühen; ich freue mich; ich wünsche es mir so s.; zu s. *im Übermaß*

Seh|win|kel ⟨m.5⟩ →Gesichtswinkel

Sei|ber ⟨m., -s, nur Sg.; landsch.⟩ *ausfließender Speichel;* auch: Seifer [zu mhd. *sifen* ,,tröpfeln"]

sei|bern ⟨V.1, hat geseibert; landsch.⟩ →sabbern

Sei|cen|to ⟨[seitʃɛnto] n., -(s), nur Sg.⟩ →Secento

Seich ⟨m., -s, nur Sg.⟩ **1** →Seiche **2** *oberflächliches, sich bedeutend gebendes Geschwätz;* ich kann diesen S. nicht mehr hören!

Sei|che ⟨f., -, nur Sg.; derb⟩ *Harn, Urin;* auch: Seich

sei|chen ⟨V.1, hat geseicht; o.Obj.; derb⟩ **1** *harnen, urinieren* **2** *oberflächlich daherreden*

Seiches ⟨[sɛʃ] Pl.; in Binnenseen⟩ *Schwankungen des Wasserspiegels* [frz., zu *sec*, Fem. *sèche*, ,,trocken"]

seicht ⟨Adj., -er, am -esten⟩ **1** *flach;* ~es Wasser; der Fluß ist hier s. **2** ⟨übertr., ugs.⟩ *oberflächlich;* ~es Gerede; der Film ist mir zu s. **Seicht|heit** ⟨f., -, nur Sg.⟩

Sei|de ⟨f.11⟩ **1** *aus dem Kokon des Seidenspinners erzeugte Textilfaser* (Roh~) **2** *Gewebe daraus;* ein Kleid aus S. [< lat. *seta* ,,Haar"]

Sei|del ⟨n.5⟩ auch: Seitel **1** *altes Flüssigkeitsmaß, 0,3–0,5 l* **2** ⟨österr.⟩ *Bierglas, Bierkrug* [< lat. *situla* ,,Eimer, Krug"]

Sei|del|bast ⟨m.1⟩ *kleiner Strauch, dessen violettrosa Blüten vor den Blättern erscheinen;* Syn. Kellerhals [< mhd. *zidelbast* zu *Zeidler* und *Bast*, im Sinne von ,,Honigweide"; später an *Seide* angelehnt]

sei|den ⟨Adj., o.Steig.⟩ *aus Seide;* ~e Strümpfe

Sei|den|rau|pe ⟨f.11⟩ *Raupe des Seidenspinners*

Sei|den|schwanz ⟨m.2⟩ *nordischer Singvogel mit Federhaube, gelbem Schwanzsaum und seidenweichem Gefieder*

Sei|den|spin|ner ⟨m.5⟩ *als Haustier gehaltener, flugunfähiger Schmetterling Ostasiens, dessen Raupe sich in einem Kokon aus Seide verspinnt*

Sei|den|spin|ne|rei ⟨f.10⟩ **1** ⟨nur Sg.⟩ *das Verspinnen von Seide* **2** *Betrieb, in dem Seide versponnen wird*

Sei|den|stra|ße ⟨f., -, nur Sg.⟩ *alte Karawanenstraße von China nach Westasien, auf der besonders Seide (aus China) transportiert wurde*

sei|den|weich ⟨Adj., o.Steig.⟩ *weich wie Seide*

sei|dig ⟨Adj.⟩ *wie Seide;* ein ~er Glanz; s. glatt

Sei|fe ⟨f.11⟩ **1** ⟨Chem.⟩ *zum Waschen verwendete Natrium- und Kaliumsalze höherer Fettsäuren* (Kali~, Natron~) **2** *daraus hergestelltes, etwa faustgroßes, rundes, ovales oder viereckiges Produkt* (Kern~); ein Stück S. **3** ⟨Geol.⟩ *Ablagerung von schweren und widerstandsfähigen, nutzbaren Mineralien in Lockergestein* (Diamant~, Metall~) [zu mhd. *sifen* ,,tröpfeln"]

sei|fen ⟨V.1, hat geseift; mit Akk.; Geol.⟩ *auswaschen;* Mineralien s.

Sei|fen|bla|se ⟨f.11⟩ *bunt schillernde Blase aus Seifenwasser;* seine Wünsche, Hoffnungen, Ideen zerplatzten wie ~n

Sei|fen|kraut ⟨n., -(e)s, nur Sg.⟩ *(rosa bis weiß blühendes Nelkengewächs, dessen Wurzel Saponine enthält*

Sei|fen|sie|der ⟨m.5; früher⟩ *jmd., der berufsmäßig Seife herstellt;* mir geht ein S. auf ⟨ugs.⟩ *mir wird etwas klar* [Seifensieder waren früher auch Hersteller von Kerzen; daher wurde die Wendung im Sinne von ,,mir geht ein Licht auf" verwendet, wobei der Hersteller scherzh. anstelle des Produktes gesetzt wurde]

Sei|fer ⟨m.5⟩ →Seiber

sei|fig ⟨Adj.⟩ **1** *Seife (1) enthaltend* **2** *wie Seife (1)*

Sei|ge ⟨f.11; Bgb.⟩ *vertiefte Rinne zum Ablaufen des Grubenwassers* [zu mhd. *seigen* ,,sinken machen"]

sei|gen ⟨V.1, hat geseigt; landsch.⟩ →*seihen*
sei|ger ⟨Adj.; Bgb.⟩ *senkrecht oder nahezu senkrecht verlaufend;* auch: *saiger;* ~e Gesteinsschicht [zu *Seiger* im Sinne von „Waage"]
Sei|ger ⟨m.5; †⟩ *Sand-, Wasseruhr* [zu *Seige*]
sei|gern ⟨V.1, hat geseigert⟩ **I** ⟨mit Akk.⟩ **1** ⟨landsch.⟩ →*seihen* **2** *Metalle s. beim Schmelzen und Erstarren ausscheiden, aus den Erzen trennen* **II** ⟨o.Obj.; landsch.⟩ →*sickern*
Sei|ger|riß ⟨m.1⟩ *Längsschnitt eines Bergwerks*
Sei|gneur ⟨[senjœr] m.9⟩ **1** ⟨im alten Frankreich⟩ *Lehnsherr* **2** ⟨heute⟩ *vornehmer, weltgewandter Herr* [frz., < lat. *senior* „der ältere"]
Sei|he ⟨f.11⟩ **1** →*Seiher* **2** *geseihte Flüssigkeit*
sei|hen ⟨V.1, hat geseiht; mit Akk.⟩ *sickern lassen, rinnen, fließen lassen, filtern;* Syn. ⟨landsch.⟩ *seigen, seigern*
Sei|her ⟨m.5; landsch.⟩ *Tuch, Gerät zum Seihen, Sieb, Filter;* auch: *Seihe*
Seih|pa|pier ⟨n.1⟩ *Filterpapier*
Seih|tuch ⟨n.4⟩ *Tuch zum Seihen, Filtertuch*
Seil ⟨n.1⟩ *dickerer Strick aus Fasern oder Draht;* ein S. spannen; ein Tanz auf dem S. ⟨übertr.⟩ *ein gefährliches Unternehmen*
Seil|bahn ⟨f.10⟩ **1** *(bes. zur raschen Überwindung von Höhenunterschieden dienendes) Beförderungsmittel, das auf Schienen läuft und von einem Drahtseil gezogen wird;* Syn. *Drahtseilbahn* **2** →*Seilschwebebahn*
sei|len ⟨V.1, hat geseilt⟩ **I** ⟨o.Obj.; †⟩ *Seile herstellen* **II** ⟨mit Akk.⟩ *mit Seilen (an eine Stelle) ziehen;* ein restauriertes Standbild auf seinen alten Platz über dem Tor s.
Sei|ler ⟨m.5; früher⟩ *jmd., der berufsmäßig Seile u.ä. herstellt*
seil|hüp|fen ⟨V.1, ist seilgehüpft⟩ →*seilspringen*
Seil|schaft ⟨f.10⟩ *Gruppe von Bergsteigern, die aus Sicherheitsgründen durch ein Seil verbunden ist*
Seil|schwe|be|bahn ⟨f.10⟩ *(bes. zur raschen Überwindung von Höhenunterschieden dienendes) Beförderungsmittel, bei dem Gondeln (an Seilen hängend) an einem motorbetriebenen Drahtseil geführt werden;* Syn. *Seilbahn*
seil|sprin|gen ⟨V.148, ist seilgesprungen, o.Obj.; fast nur im Infinitiv⟩ *immer wieder über ein Seil springen, das man mit beiden Händen an den Enden hält und seinerseits um sich schwingt;* Syn. *seilhüpfen;* er kann gut s.
seil|tan|zen ⟨V.1, hat seilgetanzt; o.Obj.; fast nur im Infinitiv⟩ *auf einem frei gespannten Drahtseil balancieren, Kunststücke vollführen*
Seil|tän|zer ⟨m.5⟩ *Artist, der auf einem frei gespannten Drahtseil balanciert und Kunststücke vollführt;* Syn. *Drahtseilkünstler*
Seim ⟨m.1⟩ *dicker Saft* (Honig~)
sei|mig ⟨Adj.⟩ *dickflüssig*
sein¹ ⟨V.137, ist gewesen⟩ **I** ⟨o.Obj.⟩ **1** *sich (an einem Ort, an einer Stelle) befinden;* er ist im Haus; er ist noch da; wo bist du?; die Kinder sind schon im Bett; er ist zur Zeit in England **2 a** ⟨persönl.⟩ *sich (in einem Zustand) befinden;* er ist krank; er ist wieder gesund; ich bin müde **b** ⟨auch mit Dat.⟩ ihm ist kalt, warm; ist dir nicht gut?; ist dir schlecht? *fühlst du dich nicht wohl?* **c** ⟨unpersönl., mit „es"⟩ *es ist herrschen ein Zustand;* es ist kalt, dunkel hier; es ist ganz gleichgültig **d** ⟨im Imperativ⟩ *sich in einen Zustand versetzen;* sei ruhig!; sei nicht so ängstlich!; sei wieder gut! **3** *sich (in jmds. Besitz) befinden, (jmdm.) gehören;* das Schloß ist heute im Besitz der Freiherrn von X; das Buch ist das ihre **4** *eine Eigenschaft, ein Merkmal haben;* er ist gut, dumm, intelligent; das Bild ist sehr schön; er ist blond; seine Beine sind krumm **5** *sich verhalten;* er ist sehr nett; er ist unverschämt; sei doch nicht so! ⟨ugs.⟩ *benimm dich nicht so ablehnend, so unfreundlich!* **6** *stammen;* er ist aus Berlin; der Wein ist aus Italien, von der Mosel; er ist aus gutem Haus **7** *geschehen; sich als Möglichkeit zeigen;* ist etwas (mit ihm)?; was war denn?; das darf nicht s., kann nicht s.!; muß das (gerade jetzt) s.? **II** ⟨mit Gleichsetzungsnominativ⟩ **1** *den Beruf (eines …) haben, die Tätigkeit (eines …) ausüben;* er ist Arzt, Lehrer, Maler **2** *das Verhalten (eines …) zeigen;* er ist ein netter Kerl; er ist ein Verbrecher **3** *in einem Verhältnis zu jmdm. stehen;* er ist mein Freund; er ist mein Bruder; sie ist unsere Lehrerin **4** ⟨mit „es", wobei „es" einen Sachverhalt vertritt⟩ *ich bin es (nicht) gewesen ich habe es (nicht) getan;* zuletzt will es keiner gewesen sein ⟨ugs.⟩ *zuletzt will keiner die Schuld auf sich nehmen* **5** ⟨unpersönl.⟩ *eine bestimmte Tageszeit zeigen;* es ist Abend, Morgen, Mitternacht; es ist fünf Uhr **6** *geschehen, sich als Möglichkeit zeigen;* ist etwas (mit ihm)?; was war denn?; das darf nicht s., kann nicht s.!; muß das (gerade jetzt) s.? **III** ⟨mit Dat. und Gleichsetzungsnominativ⟩ *jmdm. etwas s. für jmdn. etwas bedeuten;* ich will dir etwas s. *ich will dir helfen, dir zur Seite stehen* **IV** ⟨im Infinitiv mit „zu", „es" …⟩ *man kann:* es ist nicht zu glauben *man kann es nicht glauben* **2** *müssen* ⟨mit Passiv⟩; die Bücher sind sofort abzuliefern *die Bücher müssen sofort abgeliefert werden* **V** ⟨als Hilfsverb in Verbindung mit dem Part. Perf.⟩ ich bin rasch gelaufen; ich war schon gegangen, als er kam; er wird wohl schon gekommen sein

sein² **I** ⟨Pers.pron.⟩ →*seiner* **II** ⟨Possessivpron.⟩ *ihm gehörig, ihm zugehörig;* sein Sohn, seine Tochter, seine Kinder; das ~e Sache *damit muß er allein fertig werden, das muß er allein entscheiden, das muß er selbst tun;* er muß ~e Aufgaben noch machen
Sein ⟨n., -s, nur Sg.⟩ *Dasein, Vorhandensein, Existenz;* S. oder Nichtsein; S. und Schein
sei|ne ⟨Possessivpron. abs. Subst.⟩ **1** auch: *seinige;* der, die, das s. *der, die, das ihm Gehörige, Zukommende* **a** ⟨Kleinschreibung bei vorausgehendem Subst.⟩ *dieser Wagen ist der s.* **b** ⟨Großschreibung⟩ *die Seine sie ist seine Frau, seine Geliebte;* das Seine *das, was ihm zukommt, sein Beitrag;* er muß auch das Seine dazutun *o muß auch seinen Beitrag leisten* **2** ⟨in Titeln⟩ Seine Magnifizenz; Seine Exzellenz; Seine Majestät (der König)
sei|ner ⟨Pers.pron., Gen. von „er"⟩ auch: *sein;* wir denken s.
sei|ner|seits ⟨Adv.⟩ *von ihm aus, von seiner Seite her;* er muß auch s. etwas dazutun; er hat s. schon mehrmals darauf aufmerksam gemacht
sei|ner|zeit ⟨Adv.⟩ *damals;* s. hatten wir noch ein Auto; das war s. anders; hier stand s. noch Wald
sei|nes|glei|chen ⟨Pron., o.Dekl.⟩ *Leute wie er;* und s.; er bleibt lieber unter s.
sei|net|hal|ben ⟨Adv.⟩ →*seinetwegen*
sei|net|we|gen ⟨Adv.⟩ *für ihn, weil er es ist, weil es sich um ihn handelt;* Syn. *seinethalben;* ich bin nur s. gekommen; ich habe s. viel leiden müssen; ich tue es nur s.
sei|net|wil|len ⟨Adv.; in der Fügung⟩ um s. *seinetwegen;* ich habe es um s. getan; es geschieht um s.
sei|ni|ge ⟨Possessivpron.⟩ →*seine* (1)
sein|las|sen ⟨V.75, hat seingelassen oder seinlassen; mit Akk.⟩ *Neues s. 1 etwas Geplantes nicht tun;* wir sollten das lieber s. **2** *mit etwas aufhören;* laß das sein!; laß endlich das Pfeifen sein; **3** *nicht von etwas sprechen;* ach, lassen wir das sein!
Sei|sing ⟨n.1; Seew.⟩ *kurzes Tau;* auch: *Zeising* [ndt.]
Seis|mik ⟨f., -, nur Sg.⟩ →*Seismologie* [zu griech. *seismos* „Erschütterung", zu *seiein* „erschüttern, beben machen"]
seis|misch ⟨Adj., o.Steig.⟩ *Erdbeben betreffend, auf Erdbeben beruhend;* ~e Schwankungen, Erschütterungen; ~e Messungen
seis|mo…, Seis|mo… ⟨in Zus.⟩ *erdbeben…, Erdbeben…* [< griech. *seismos* „Erschütterung", bes. „Erdbeben", zu *seiein* „schütteln, schwingen, erschüttern, beben machen"]
Seis|mo|gramm ⟨n.1⟩ *Aufzeichnung eines Erdbebens* [< *Seismo…* und …*gramm*]
Seis|mo|graph ⟨m.10⟩ *Gerät zum Aufzeichnen von Erdbeben* [< *Seismo…* und …*graph*]
Seis|mo|lo|gie ⟨f., -, nur Sg.⟩ *Wissenschaft von den Erdbeben;* Syn. *Seismik* [< *Seismo…* und …*logie*]
seis|mo|lo|gisch ⟨Adj., o.Steig.⟩ *zur Seismologie gehörend, mit ihrer Hilfe;* ~e Untersuchungen, Messungen
Seis|mo|me|ter ⟨n.5⟩ *Gerät zum Messen der Erdbebenstärke* [< *Seismo…* und …*meter*]
seit **I** ⟨Präp. mit Dat.⟩ *von einem (mehr oder minder) bestimmten Zeitpunkt an;* s. drei Jahren; s. drei Stunden; s. Wochen; s. kurzem; s. eh und je *schon immer* **II** ⟨Konj.⟩ *von einem Zeitpunkt an;* auch: *seitdem;* s. er bei uns ist
seit|ab ⟨Adv.⟩ **1** *abseits;* s. weidendes Vieh; eine s. liegende Hütte **2** *zur Seite, seitwärts*
seit|dem **I** ⟨Adv.⟩ *von dem (genannten) Zeitpunkt an;* Syn. *seither;* ich habe s. nichts mehr von ihm gehört; ich bin s. nicht mehr dort gewesen; s. ist viel Zeit vergangen **II** ⟨Konj.⟩ →*seit* (II); s. sie operiert worden ist, geht es ihr sehr gut
Sei|te ⟨f.11⟩ **1** *Ebene, die einen Körper begrenzt* (Hinter~, Rück~, Vorder~, Ober~, Unter~); rechte, linke S. **2** *vordere bzw. hintere Fläche eines flachen Gegenstandes;* die vordere S. der Münze; die beiden s einer Schallplatte; alles hat zwei ~n *alles hat Vor- und Nachteile* **3** *Linie, die eine Figur begrenzt;* die ~n des Dreiecks, Quadrats **4** *rechte oder linke Körperhälfte;* eine Tasche an der S. tragen; sich S. legen; auf der rechten, linken S. schlafen; S. an S. *dicht nebeneinander* **5** *Teil des Körpers (von Menschen und vierbeinigen Tieren) in der Hüftgegend;* jmdn. in die S. stoßen, puffen; dem Pferd die Sporen in die ~n drücken; eine S. Speck *ein Stück Speck vom geschlachteten Schwein* **6** *Bereich rechts oder links von etwas, vor oder hinter etwas, von der Mitte;* die rechte S., die linke S. des Gartens; auf der anderen S. des Hauses; auf der einen S. – auf der anderen S. ⟨übertr.⟩ *einesteils – andernteils, wenn man es so betrachtet – wenn man es anders betrachtet* **7** *Bereich unmittelbar neben dem Körper;* vgl. *grün;* jmds. sitzen neben jmdm. sitzen; an jmds. S. gehen *neben jmdm. gehen;* das Kind weicht ihm nicht von der S.; jmdm. zur S. stehen *jmdm. helfen, jmdn. unterstützen;* jmdn. von der S. ansehen ⟨auch übertr.⟩ *jmdn. leicht verachten* **8** *Bereich außerhalb der Reichweite, abseits liegender Bereich;* etwas auf der S. haben ⟨ugs.⟩ *etwas Geld gespart haben;* etwas auf die S. legen ⟨ugs.⟩ *etwas Geld sparen;* etwas auf die S. schaffen ⟨ugs.⟩ *etwas stehlen;* jmdn. auf die S. schaffen ⟨ugs.⟩ *jmdn. ermorden;* etwas zur S. legen *etwas weglegen, beiseite legen;* rasch zur S. springen *sich mit einem Sprung aus dem Gefahrenbereich entfernen* **9** *Richtung;* nach allen ~n auseinanderlaufen; nach allen Richtungen **10** ⟨Abk.: S.⟩ *jede der beiden beschriebenen oder bedruckten Flächen eines Blattes in einem Heft oder Buch, in einer Zeitung;* die S. 5 aufschlagen; das steht oben auf der S.; das Buch hat 150 ~n; ein paar ~n lesen **11** *beide Flächen eines Blattes in einem Buch oder Heft, in einer Zeitung, Blatt;* die ~n umblättern **12** *Erscheinungsform;* die Dinge von der heiteren S. sehen; einer Sache die komische S. abgewinnen **13** *Eigentüm-*

lichkeit, Eigenart; eine andere S. an jmdm. kennenlernen; das ist seine schwache, starke S. *das ist seine Schwäche, Stärke;* sich von der guten, schlechten S. zeigen **14** *Person oder Personengruppe, die einen bestimmten Standpunkt, eine bestimmte Auffassung vertritt oder die über gewisse Informationen verfügt;* beide ~n behaupten, sie trügen keine Schuld; wie wir von unterrichteter S. erfahren haben; ich weiß das von anderer S. **15** *Bereich, in dem bestimmte Standpunkte, Auffassungen vertreten werden;* auf der konservativen S. stehen; jmdn. auf seine S. ziehen *jmdn. dazu veranlassen, die gleiche Auffassung zu vertreten wie man selbst;* von kirchlicher, staatlicher S. bestehen keine Bedenken **16** *Familie, Linie (innerhalb einer Geschlechterfolge);* die Eigenschaft hat sie von der mütterlichen S.; von der väterlichen S. her eine Neigung zu etwas haben

Sei|tel 〈n.5〉 →*Seidel*

Sei|ten|an|sicht 〈f.10〉 *Ansicht von der Seite (1);* die S. des Gebäudes

Sei|ten|aus|gang 〈m.2〉 *seitlicher Ausgang, Ausgang an der Seite (1)*

Sei|ten|blick 〈m.1〉 *Blick von der Seite (7) her;* jmdn. mit einem S. streifen

Sei|ten|ein|gang 〈m.2〉 *seitlicher Eingang, Eingang an der Seite (1)*

Sei|ten|ge|wehr 〈n.1〉 *an der Seite (5) getragene Klinge, die als Stich- oder Hiebwaffe dienen kann;* Syn. *Bajonett*

Sei|ten|hieb 〈m.1〉 **1** *Hieb von der Seite (7)* **2** *bissige Bemerkung oder Anspielung*

Sei|ten|la|ge 〈f.11〉 *Lage auf der Seite (5)*

Sei|ten|lang 〈Adj., o.Steig.〉 *mehrere Seiten (10) lang;* ein ~er Brief; 〈aber〉 der Brief ist mehrere Seiten lang

sei|ten|rich|tig 〈Adj., o.Steig.〉 *im Hinblick auf die Lage der rechten und linken Seite richtig;* Ggs. *seitenverkehrt;* ~e Abbildung

Sei|ten|ru|der 〈n.5〉 *am Flugzeugleitwerk) senkrechte Ruderfläche für Drehbewegungen seitwärts*

sei|tens 〈Präp. mit Gen.〉 *von jmds. Seite;* ~ des Anklägers wurden folgende Vorwürfe erhoben

Sei|ten|schei|tel 〈m.5〉 *Scheitel auf einer Seite des Kopfes;* vgl. *Mittelscheitel*

Sei|ten|schiff 〈n.1〉 *seitliches (und meist kleineres) Schiff einer mehrschiffigen Kirche;* vgl. *Mittelschiff*

Sei|ten|schnei|der 〈m.5〉 *mit Schneiden versehene Zange*

Sei|ten|sprung 〈m.2〉 **1** *Sprung zur Seite* **2** 〈übertr.〉 *erotische Beziehung außerhalb der Ehe oder einer festen Beziehung*

Sei|ten|ste|chen 〈n., -s, nur Sg.〉 *stechender Schmerz unter den Rippenbögen bei raschem Gehen in der Verdauungsphase (bes. im Wachstumsalter)*

Sei|ten|stra|ße 〈f.11〉 *abzweigende, kleinere Straße*

sei|ten|ver|kehrt 〈Adj., o.Steig.〉 *im Hinblick auf die Lage der rechten und linken Seite falsch;* Ggs. *seitenrichtig;* ~e Abbildung; das Bild ist s.

Sei|ten|wind 〈m.1〉 *Wind aus seitlicher Richtung, von der Seite (7)*

Sei|ten|zahl 〈f.1〉 **1** *Gesamtzahl der Seiten (eines Buches, Heftes o.ä.)* **2** *Zahl als Bezeichnung einer einzelnen Seite;* die S. angeben

seit|her 〈Adv.〉 →*seitdem (I)*

seit|he|rig 〈Adj., o.Steig.〉 *seitdem, seither bestehend;* unsere ~en Beziehungen; seine ~en Beschwerden

...sei|tig 〈in Zus.〉 **1** *mit einer bestimmten oder unbestimmten Zahl von Seiten (10) versehen;* **2** *auf einer oder mehreren Seiten (10,2), z.B.* einseitig, beidseitig, zweiseitig bedruckt **3** *einen bestimmten Raum einer Seite (10) einnehmend, z.B.* halbseitige, ganzseitige Anzeige

4 *eine bestimmte Seite (5,1) betreffend, an einer bestimmten Seite gelegen, z.B.* rechtsseitige Lähmung, an der rückseitigen Haustür

seit|lich I 〈Adj., o.Steig.〉 *an der Seite, von der Seite, nach der Seite;* der ~e Ausgang; die ~en Fenster des Wagens; ~er Wind; s. *ausweichen* **II** 〈Präp. mit Gen.〉 *an der Seite,* Syn. *seitwärts;* s. des Hauses

...seits 〈in Zus.〉 *von einer bestimmten Seite (15), z.B.* ärztlicherseits, meinerseits

seit|wärts I 〈Adv.〉 *nach der Seite (7);* sich s. wenden; von s. *von der Seite;* der Wind kommt von s. **II** 〈Präp. mit Gen.〉 →*seitlich (II)*

Sejm 〈[sɛjm] m.1〉 **1** *(im Königreich Polen) Reichstag* **2** 〈heute〉 *polnische Volksvertretung*

sek., Sek. 〈Abk. für〉 *Sekunde*

Se|kans 〈m., -, -kan|ten; Zeichen: sec〉 *eine Winkelfunktion, Verhältnis der Hypotenuse zur Ankathete* [→*Sekante*]

Se|kan|te 〈f.11〉 *Gerade, die eine Kurve schneidet* [< lat. *secans,* Gen. *secantis,* „schneidend", zu *secare* „schneiden"]

Se|kel 〈m.5〉 **1** *alte hebräische, phönizische und babylonische Gewichtseinheit, etwa 15 Gramm* **2** *(seit 1980) israelische Währungseinheit;* auch: *Schekel*

sek|kant 〈Adj., -er, am -esten; †; noch österr.〉 *lästig, zudringlich* [< ital. *seccante* „langweilig, lästig", eigtl. „leicht austrocknend", also gewissermaßen „ohne Saft und Kraft", zu *seccare* „trocknen"]

sek|kie|ren 〈V.3, hat sekkiert; mit Akk.; †; noch österr.〉 *belästigen, ärgern* [< ital. *seccare* in ders. Bed. sowie „langweilen, austrocknen"]

Se|kond 〈f.10; Fechten〉 *eine bestimmte Haltung der Klinge* [< ital. *seconda* „die zweite (Lage)"]

se|kret 〈Adj., -er, am -esten; †〉 *geheim, abgesondert*

Se|kret 〈n.1〉 **1** *Ausscheidung, nach außen abgesonderte Flüssigkeit (z.B. von Drüsen);* Ggs. *Inkret* **2** 〈kath. Kirche〉 *stilles Gebet des Priesters während der Messe* [< ital. *secretum* „das Abgesonderte", zu *secernere* „absondern, ausscheiden", < *se* „beiseite, besonders" und *cernere* „scheiden"]

Se|kre|tär 〈m.1〉 *Geschäftsführer (einer gelehrten Körperschaft)*

Se|kre|tär 〈m.1〉 **1** *kaufmännischer Angestellter, der die Korrespondenz führt u.a.* **2** *Dienstbezeichnung für bestimmte Beamte* **3** *hoher Funktionär (Partei)* ~ **4** *Schreibschrank* **5** *ein afrikanischer Raubvogel* [< lat. *secretarius* „Geheimschreiber, dem das königliche Siegel anvertraut ist", dann auch (unter Einfluß von frz. *secrétaire*) „Pult des Geheimschreibers" und allg. „Schreibschrank"; in der Bed. *secretus* ist auch der Name des Vogels rührt von dem langen Federbusch am Hinterkopf her, der wie eine Schreibfeder aussieht, wie sie sich der Schreiber früherer Tage hinters Ohr steckte]

Se|kre|ta|ri|at 〈n.1〉 *Dienststelle eines Sekretärs*

Se|kre|tä|rin 〈f.10〉 *weiblicher Sekretär (1)*

Se|kre|ta|ri|us 〈m., -, -ri|i; †〉 *Sekretär (1,2)*

se|kre|tie|ren 〈V.3, hat sekretiert; mit Akk.〉 **1** *absondern, als Sekret ausscheiden;* Eiter, Lymphe s. **2** *geheimhalten, verschließen;* Dokumente, Beweismaterial s. [zu lat. *secretus* „geheim", zu *secernere* „absondern, abtrennen", →*Sekret*]

Se|kre|ti|on 〈f.10〉 *Absonderung von Sekret;* vgl. *Inkretion*

se|kre|to|risch 〈Adj., o.Steig.〉 *auf Sekretion beruhend*

Sekt 〈m.1〉 *Wein, der viel Kohlendioxid enthält und daher schäumt;* Syn. *Schaumwein* [urspr. süßer, schwerer Wein aus Trockenbeeren, d.h. Beeren, die am Stock fast eingetrocknet sind; erst im 20.Jh. für „Champa-

gner" gebraucht; < älterem *Seck* < frz. *vin sec* „trockener Wein, Trockenbeerwein", zu lat. *siccus* „trocken"]

Sek|te 〈f.11〉 *religiöse Gemeinschaft, die sich von einer größeren Glaubensgemeinschaft gelöst hat (und meist von dieser abgelehnt wird)* [< lat. *secta* „philosophische Schule, Lehre", eigtl. „befolgte (Grundsätze)", zu *sequi* „folgen"]

Sekt|glas 〈n.4〉 *hohes, tütenförmiges oder flaches, schalenförmiges Glas (mit Stiel und Fuß) zum Trinken von Sekt*

Sek|tie|rer 〈m.5〉 **1** *Angehöriger einer Sekte* **2** *politischer Eigenbrötler*

Sek|ti|on 〈f.10〉 **1** *Abteilung, Gruppe* **2** *Streckenabschnitt, Bereich* **3** *das Sezieren* [< lat. *sectio,* Gen. *-onis,* „das Zerschneiden, Zerteilen", zu *secare* „schneiden"]

Sek|ti|ons|chef 〈[-ʃɛf] m.9〉 *Leiter einer Sektion (1)*

Sekt|kelch 〈m.1〉 *hohes, tütenförmiges Sektglas*

Sek|tor 〈m.13〉 **1** *Sachgebiet;* er ist ein Fachmann auf diesem S. **2** *Abschnitt, Gebietsteil* **3** 〈nach 1945〉 *jedes der vier Besatzungsgebiete in Berlin und Wien* **4** 〈Math.〉 *Ausschnitt (eines Kreises, einer Kugel)* [< lat. *sector* „Ausschnitt", zu *secare* „schneiden"]

Sek|to|ren|gren|ze 〈f.11〉 *Grenze zwischen Sektoren (3)*

Sekt|scha|le 〈f.11〉 *flaches, schalenförmiges Sektglas*

Se|kun|da 〈f., -, -den; veraltend〉 *sechste (Unter~) und siebente Klasse (Ober~) des Gymnasiums* [< lat. *secunda* „die zweite (Klasse)"; die Klassen wurden früher von oben nach unten gezählt]

Se|kund|ak|kord 〈m.1; Mus.〉 *dritte Umkehrung des Dominantseptimenakkords*

Se|kun|da|ner 〈m.5; veraltend〉 *Schüler der Sekunda*

Se|kun|dant 〈m.10〉 **1** *Betreuer, Beistand (beim Duell, Boxkampf)* **2** 〈allg.〉 *Helfer, Beschützer* [< lat. *secundans,* Gen. *-antis,* Part. Präs. von *secundare* „begünstigen, begleiten, gefällig sein", zu *secundus* „folgend, begleitend" zu *sequi* „folgen"]

se|kun|där 〈Adj., o.Steig.〉 **1** *zweitrangig, in zweiter Linie in Betracht kommend* **2** *nachträglich hinzugekommen;* Ggs. *primär* [< lat. *secundarius* „der zweite in der Ordnung", zu *secundus* „folgender, zweiter", zu *sequi* „folgen"]

Se|kun|dar|arzt 〈m.2; österr.〉 *Krankenhausarzt ohne eigene Abteilung;* vgl. *Primararzt*

Se|kun|där|emis|si|on 〈f.10〉 *die beim Auftreffen einer Primärstrahlung auf einen Stoff zu beobachtende Aussendung von Teilchen (z.B. Elektronen)*

Se|kun|där|ge|stein 〈n.1〉 *Gestein, das aus einem anderen Gestein entsteht;* Ggs. *Primärgestein*

Se|kun|där|in|fek|ti|on 〈f.10〉 *zweite Infektion (mit anderen Erregern) eines bereits befallenen Organismus*

Se|kun|där|kreis|lauf 〈m.2; Kernreaktortechnik〉 *Wasserkreislauf, bei dem die Flüssigkeit die aufgenommene Wärme abgibt;* Ggs. *Primärkreislauf*

Se|kun|dar|leh|rer 〈m.5; schweiz.〉 *Lehrer an einer Sekundarschule*

Se|kun|där|li|te|ra|tur 〈f., -, nur Sg.〉 *Literatur über Werke der Dichtkunst (im Unterschied zur Primärliteratur)*

Se|kun|dar|schu|le 〈f.11; schweiz.〉 *höhere Volksschule*

Se|kun|där|strom 〈m.2〉 *elektrischer Strom der Sekundärwicklung*

Se|kun|där|wick|lung 〈f.10〉 *Wicklung eines Transformators, an der die umgewandelte Spannung abgenommen werden kann*

Se|kun|da|wech|sel 〈m.5〉 *zweite Ausfertigung eines Wechsels*

Se|kun|de ⟨f.11⟩ **1** ⟨Zeichen: s., sec, sek, Sek., Astron.: ˢ⟩ *60. Teil einer Minute* **2** ⟨übertr.⟩ *sehr kurze Zeit, Augenblick;* eine S. bitte!; *einen Augenblick bitte!;* es dauert nur eine S.; ich bin in einer S. wieder da **3** ⟨Mus.⟩ **a** *zweite Stufe der diatonischen Tonleiter* **b** *Intervall von zwei Stufen* **4** ⟨Buchw.⟩ *Signatur auf der dritten Seite (also dem zweiten Blatt) eines Druckbogens;* vgl. Prime (3) [< lat. *pars minuta secunda* „zweiter kleiner Teil", d.h. (im Sexagesimalsystem des Ptolemäus) „jeder Teil einer zum zweiten Mal durch 60 geteilten Größe", zu *secundus* „folgender, zweiter", zu *sequi* „folgen"]

Se|kun|den|zei|ger ⟨m.5; an der Uhr⟩ *Zeiger, der die Sekunden anzeigt;* vgl. Stundenzeiger, Minutenzeiger

se|kun|die|ren ⟨V.3; hat sekundiert; mit Dat.⟩ jmdm. s. **1** *jmdm. beistehen, jmdn. betreuen* (im Duell, Boxkampf) **2** *jmdm. helfen, jmdn. schützen, jmds. Meinung unterstützen;* jmdm. in einer Auseinandersetzung, in einem Streit s.

se|kund|lich, se|künd|lich ⟨Adj., o.Steig.⟩ *in jeder Sekunde (1)*

Se|kun|do|ge|ni|tur ⟨f.10⟩ *Besitzrecht des zweiten Sohnes (eines Herrscherhauses) und seiner Nachkommen;* vgl. Primogenitur

Se|ku|rit ⟨n., -s, nur Sg.; Wz.⟩ *nicht splitterndes Sicherheitsglas* [zu engl. *secure* „sicher"]

Se|ku|ri|tät ⟨f., -, nur Sg.; †⟩ *Sicherheit*

sel. ⟨Abk. für⟩ selig

Se|la ⟨n.9; in den Psalmen des AT⟩ *Musikzeichen*

se|la! ⟨ugs.; †⟩ *abgemacht!, in Ordnung!, Schluß!* [hebr.]

se|la|don [-dʒ] ⟨Adj., o.Steig., o.Dekl.⟩ *zartgrün* [nach der Kleiderfarbe des → Seladon]

Se|la|don [-dʒ] **I** ⟨m.9; †⟩ *schmachtender Liebhaber* [nach Seladon, dem Helden eines frz. Schäferromans] **II** ⟨n., -s, nur Sg.⟩ *altes chinesisches Porzellan mit grüner Glasur;* Syn. Seladonporzellan [zu seladon]

Se|la|don|por|zel|lan [-dʒ-] ⟨n., -s, nur Sg.⟩ → Seladon (II)

Se|lam = Salam

selb ⟨Pron.; nur mit vorangehender Präp., die mit dem Art. verschmolzen ist⟩ *der-, die-, dasselbe;* auch: ⟨†⟩ *selbig;* am Tisch; im ~en Augenblick; zur ~en Zeit

selb|an|der ⟨Num.; †⟩ *zu zweit*

selb|dritt ⟨Num.; †⟩ *zu dritt*

sel|ber ⟨Pron., o.Dekl.; ugs.⟩ *selbst;* der Chef s.; mach es doch s.!

sel|big ⟨Pron.; †⟩ = *selb;* zur ~en Stunde

selbst I ⟨Pron., o.Dekl.⟩ *persönlich, in eigener Person;* ich s.; der Maler s.; ich habe ihn s. gesprochen; er hat es gesagt; er kann es s. machen *er braucht keine fremde Hilfe;* sich s. überlassen sein *allein gelassen sein;* um seiner s. willen *etwas um eigenen Interesse tun;* von s. *ohne Hilfe, ohne Anstoß;* das kommt, geht von s.; das versteht sich von s. *das ist selbstverständlich;* zu sich s. finden *sich erkennen und entsprechend handeln* **II** ⟨Adv.⟩ *sogar;* s. ich weiß es nicht; s. bei schlechtem Wetter; s. wenn ... *sogar dann, wenn ...*

Selbst ⟨n., -, nur Sg.⟩ *die eigene Person, Ich;* mein besseres S.; ein Stück meines S.; da zeigte er sein wahres S.

Selbst|ach|tung ⟨f., -, nur Sg.⟩ *Achtung vor sich selbst, Bewußtsein des eigenen Wertes;* keine S. besitzen; die S. verlieren

Selbst|ana|ly|se ⟨f.11⟩ *Analyse des eigenen Ichs*

selb|stän|dig ⟨Adj.⟩ **1** *nicht angestellt, unabhängig;* ein ~er Kaufmann, Unternehmer **2** *frei, unabhängig;* ~er Staat; ein ~es Unternehmen; sich s. machen *ein eigenes Unternehmen gründen, auf eigene Rechnung und Kosten arbeiten;* ⟨übertr., scherzh.⟩ *abhanden kommen, verlorengehen;* mein Schlüssel hat sich s. gemacht **3** *ohne fremde Hilfe, allein;* das Kind kann sich s. anziehen; das hat er ganz s. gebastelt **4** *allein, ohne fremde Hilfe handelnd;* ein sehr ~es Kind; er ist sehr s.

Selb|stän|dig|keit ⟨f., -, nur Sg.⟩ **1** *Zustand der Unabhängigkeit* **2** *Fähigkeit, allein, selbständig zu handeln*

Selbst|an|kla|ge ⟨f.11⟩ *Anklage gegen sich selbst;* sie erging sich in (lauten) ~n

Selbst|an|zei|ge ⟨f.11⟩ **1** *Anzeige gegen die eigene Person* **2** *Anzeige eines Buches durch den Autor*

Selbst|auf|op|fe|rung ⟨f., -, nur Sg.⟩ *Hingabe an jmdn. oder eine Aufgabe ohne Rücksicht auf die eigene Person*

Selbst|aus|lö|ser ⟨m.5; Fot.⟩ *Vorrichtung an einer Kamera, die nach einiger Zeit den Verschluß auslöst (so daß man die Kamera nicht zu bedienen braucht)*

Selbst|be|die|nung ⟨f., -, nur Sg.⟩ *selbständiges Aussuchen von Waren oder Essen (und anschließende Bezahlung an der Kasse)*

Selbst|be|die|nungs|ge|schäft ⟨n.1⟩ *Geschäft mit Selbstbedienung*

Selbst|be|fleckung ⟨-k|k-; f., -, nur Sg.; †⟩ → Masturbation

Selbst|be|frie|di|gung ⟨f., -, nur Sg.⟩ → Masturbation

Selbst|be|herr|schung ⟨f., -, nur Sg.⟩ *Beherrschung der eigenen Gefühle und Bedürfnisse;* Syn. Selbstdisziplin, Selbstzucht; die S. verlieren

Selbst|be|stä|ti|gung ⟨f., -, nur Sg.⟩ *Bestätigung der eigenen Werte (durch besondere Leistungen oder Anerkennung durch andere)*

Selbst|be|stäu|bung ⟨f.10⟩ *Bestäubung einer Pflanze mit zwittrigen Blüten durch ihren eigenen Blütenstaub;* Ggs. Fremdbestäubung

Selbst|be|stim|mung ⟨f., -, nur Sg.⟩ **1** *Bestimmung der eigenen Handlungen* **2** ⟨Philos.⟩ *Herrschaft über die eigenen Begierden* **3** *Freiheit (eines Volkes), seine Regierungsform und Verfassung selbst wählen und bestimmen zu können*

Selbst|be|stim|mungs|recht ⟨n.1⟩ *Recht auf Selbstbestimmung (von Personen oder Völkern)*

Selbst|be|tei|li|gung ⟨f., -, nur Sg.; bei Versicherungen⟩ *Beteiligung (des Versicherten) an den Kosten, die bei einem Schadensfall entstehen*

Selbst|be|trug ⟨m., -(e)s, nur Sg.⟩ *Täuschung einer Person über sich selbst;* Syn. Selbsttäuschung

Selbst|be|weih|räu|che|rung ⟨f., -, nur Sg.⟩ *eitle Herausstellung der eigenen Person und der eigenen Handlungen*

Selbst|be|wun|de|rung ⟨f., -, nur Sg.⟩ *Bewunderung der eigenen Person*

selbst|be|wußt ⟨Adj., -er, am -esten⟩ **1** *Selbstbewußtsein besitzend;* ein ~er Mensch; er ist sehr s. *er besitzt viel Selbstbewußtsein* **2** *Selbstbewußtsein verratend;* ~es Benehmen; ~e Ausdrucksweise

Selbst|be|wußt|sein ⟨n., -s, nur Sg.⟩ **1** *Bewußtsein von sich selbst als denkendes, fühlendes Wesen* **2** *Überzeugtheit von der eigenen Person, den eigenen Fähigkeiten;* Syn. Selbstgefühl

Selbst|bild|nis ⟨n.1⟩ *Bildnis (eines Künstlers) von sich selbst;* Syn. Selbstporträt

Selbst|bin|der ⟨m.5; †⟩ *Krawatte, die man selbst binden muß (die man nicht nur vorzustecken braucht)*

Selbst|bio|gra|phie ⟨f.11⟩ → Autobiographie

Selbst|dis|zi|plin ⟨f., -, nur Sg.⟩ → Selbstbeherrschung

Selbst|ein|schät|zung ⟨f., -, nur Sg.⟩ *Einschätzung der Fähigkeiten und Fehler der eigenen Person*

Selbst|ent|lei|bung ⟨f.10; geh.⟩ → Selbstmord

Selbst|er|hal|tung ⟨f., -, nur Sg.⟩ *Erhaltung des eigenen Lebens*

Selbst|er|kennt|nis ⟨f.1⟩ *Erkennen der eigenen Fähigkeiten und Fehler*

Selbst|er|re|gung ⟨f.10; Elektr.⟩ *eine über alle Schranken wachsende Verstärkung eines beliebig kleinen Eingangssignals durch das System selbst*

Selbst|fah|rer ⟨m.5⟩ **1** *jmd., der ein Kraftfahrzeug selbst fährt;* Urlaubsangebote für S. **2** *Rollstuhl, den der Kranke selbst fortbewegen kann*

Selbst|fahr|la|fet|te ⟨f.11⟩ *Motorfahrzeug, auf dem ein Geschütz fest eingebaut ist*

Selbst|fi|nan|zie|rung ⟨f.10⟩ *Finanzierung mit eigenen Mitteln*

selbst|ge|fäl|lig ⟨Adj.⟩ *von der eigenen Erscheinung und den eigenen geistigen Fähigkeiten überzeugt;* s. lächeln **Selbst|ge|fäl|lig|keit** ⟨f., -, nur Sg.⟩

Selbst|ge|fühl ⟨n., -(e)s, nur Sg.⟩ → Selbstbewußtsein (2)

selbst|ge|macht ⟨Adj., o.Steig.; nur als Attr.⟩ *selbst hergestellt;* ~e Marmelade

selbst|ge|nüg|sam ⟨Adj.⟩ **1** *mit sich selbst zufrieden* **2** *der Gesellschaft nicht bedürftig* **Selbst|ge|nüg|sam|keit** ⟨f., -, nur Sg.⟩

selbst|ge|recht ⟨Adj., -er, am -esten⟩ *überzeugt von der Richtigkeit des eigenen Handelns und Tuns* **Selbst|ge|rech|tig|keit** ⟨f., -, nur Sg.⟩

Selbst|ge|spräch ⟨n.1⟩ *Gespräch mit sich selbst;* Ggs. Wechselgespräch

selbst|herr|lich ⟨Adj.⟩ *sich über die Gefühle, Absichten anderer hinwegsetzend;* s. handeln **Selbst|herr|lich|keit** ⟨f., -, nur Sg.⟩

Selbst|hil|fe ⟨f., -, nur Sg.⟩ **1** ⟨Rechtsw.⟩ *Durchsetzung eigener Ansprüche ohne behördliche Genehmigung* **2** *das Sichselbsthelfen, Hilfe bei Handlungen, ohne andere Personen in Anspruch zu nehmen*

Selbst|hyp|no|se ⟨f.11⟩ → Autohypnose

Selbst|iro|nie ⟨f., -, nur Sg.⟩ *Ironie in bezug auf die eigenen Fehler und Schwächen*

selbst|stisch ⟨Adj., o.Steig.⟩ *nur an sich selbst denkend, egoistisch*

Selbst|ko|sten ⟨nur Pl.⟩ *Kosten, die einem Unternehmen bei der Produktion von Waren oder Dienstleistungen entstehen*

Selbst|ko|sten|preis ⟨m.1⟩ *Preis, der nur die Kosten deckt, die einem Unternehmen selbst entstehen, Preis ohne Gewinnspanne*

Selbst|kri|tik ⟨f., -, nur Sg.⟩ *Kritik an den eigenen Fehlern und Schwächen*

selbst|kri|tisch ⟨Adj.⟩ *die eigenen Fehler und Schwächen kritisierend;* er ist sehr s.; ich muß s. zugeben, daß ...

Selbst|la|der ⟨m.5⟩ *Handfeuerwaffe, die sich automatisch lädt*

Selbst|laut ⟨m.1⟩ → Vokal; vgl. Mitlaut

Selbst|lie|be ⟨f., -, nur Sg.⟩ *Liebe zur eigenen Person*

Selbst|lob ⟨n., -(e)s, nur Sg.⟩ → Eigenlob

selbst|los ⟨Adj., -er, am -esten⟩ *nicht auf den eigenen Vorteil bedacht, opferbereit zum Wohl anderer;* ein ~er Mensch; s. sein; s. handeln **Selbst|lo|sig|keit** ⟨f., -, nur Sg.⟩

Selbst|me|di|ka|ti|on ⟨f., -, nur Sg.⟩ *Selbstbehandlung Kranker, bes. durch Hausmittel und nicht rezeptpflichtige Medikamente*

Selbst|mord ⟨m.1⟩ *Töten der eigenen Person;* Syn. Freitod, ⟨geh.⟩ Selbstentleibung, Suizid; S. begehen; durch S. enden; jmdm. mit S. drohen

Selbst|mör|der ⟨m.5⟩ *jmd., der Selbstmord begangen hat*

selbst|mör|de|risch ⟨Adj.⟩ **1** *das eigene Leben (sinnlos) gefährdend;* ein ~es Wagnis **2** *einen Selbstmord herbeiführend, bezweckend;* in ~er Absicht

Selbst|por|trät ⟨[-trɛ] auch [-trɛt] n.9⟩ → Selbstbildnis

Selbst|quä|le|rei ⟨f.10⟩ *übertriebene Selbstkritik*

selbst|quä|le|risch ⟨Adj.⟩ *übertrieben selbstkritisch*

selbst|re|dend ⟨Adv.⟩ selbstverständlich; er hat s. das Nötige schon veranlaßt
Selbst|schutz ⟨m., -es, nur Sg.⟩ Schutz der eigenen Person
selbst|si|cher ⟨Adj.⟩ **1** voller Selbstsicherheit; ein ~er Mensch **2** Selbstsicherheit verratend; ~es Auftreten, Handeln
Selbst|si|cher|heit ⟨f., -, nur Sg.⟩ Sicherheit (im Auftreten, Handeln) aufgrund von Selbstbewußtsein (2)
Selbst|sucht ⟨f., -, nur Sg.⟩ → Egoismus
selbst|süch|tig ⟨Adj.⟩ → egoistisch
Selbst|täu|schung ⟨f.10⟩ → Selbstbetrug
Selbst|tor ⟨n.1⟩ → Eigentor
Selbst|über|he|bung ⟨f., -, nur Sg.⟩ übertriebenes, anmaßendes Selbstbewußtsein, übertriebene Betonung der eigenen Fähigkeiten und Eigenschaften
Selbst|über|win|dung ⟨f., -, nur Sg.⟩ Überwindung eigener Unlust, innerer Widerstände
Selbst|ver|ach|tung ⟨f., -, nur Sg.⟩ Verachtung der eigenen Person
selbst|ver|ges|sen ⟨Adj., o.Steig.⟩ die Umwelt nicht mehr wahrnehmend **Selbst|ver|ges|sen|heit** ⟨f., -, nur Sg.⟩
Selbst|ver|lag ⟨m.1⟩ Verlegen (I,3) eines Buches durch den Autor auf eigene Kosten
Selbst|ver|leug|nung ⟨f., -, nur Sg.⟩ Verleugnung der eigenen Wünsche und Vorstellungen zugunsten von jmdm. anderen. oder etwas
Selbst|ver|sor|ger ⟨m.5⟩ **1** jmd., der sich selbst aus eigener Herstellung, aus eigenem Anbau mit Naturprodukten, Lebensmitteln versorgt **2** ⟨ugs., scherzh.⟩ jmd., der sich (z.B. im Urlaub) selbst versorgt
selbst|ver|ständ|lich ⟨Adj.⟩ **1** keiner Frage, keiner Bitte, keiner Aufforderung bedürfend; mit ~er Freundlichkeit; seine ~e Hilfsbereitschaft; Genauigkeit, Sorgfalt ist ihm s. bei ihm s.; daß ich dir helfe, ist doch s. **2** ⟨als Adv.⟩ natürlich, auf jeden Fall; ich werde s. kommen; ich werde s. nichts davon erwähnen
Selbst|ver|ständ|lich|keit ⟨f.10⟩ **1** etwas, das sich von selbst versteht, das selbstverständlich ist, das keiner Aufforderung bedarf; sofortige Hilfe ist eine S.; das sind doch ~en! **2** Unbefangenheit; er nimmt mit der größten S. Geld von uns an
Selbst|ver|stüm|me|lung ⟨f.10⟩ vorsätzliche Verstümmelung des eigenen Körpers (bes. um sich dem Kriegsdienst zu entziehen)
Selbst|ver|such ⟨m.1⟩ medizinischer Versuch am eigenen Körper
Selbst|ver|trau|en ⟨n., -s, nur Sg.⟩ Vertrauen zur eigenen Kraft, zu den eigenen Fähigkeiten
Selbst|ver|wal|tung ⟨f., -, nur Sg.⟩ selbständige Verwaltung (von Einrichtungen, Aufgaben) in eigener Verantwortung durch gewählte Vertreter
Selbst|wähl|fern|dienst ⟨m., -(e)s, nur Sg.⟩ Fernsprechsystem, bei dem die Gesprächsverbindung zwischen entfernten Ortsnetzen automatisch hergestellt wird
Selbst|zucht ⟨f., -, nur Sg.⟩ → Selbstbeherrschung
selbst|zu|frie|den ⟨Adj.⟩ mit sich selbst zufrieden, nichts von sich selbst forderend **Selbst|zu|frie|den|heit** ⟨f., -, nur Sg.⟩
Selbst|zweck ⟨m., -(e)s, nur Sg.⟩ Zweck, der kein äußeres Ziel hat, der in der Sache selbst liegt; ein Spiel als S.
selb|viert ⟨Num., †⟩ zu viert
Selch ⟨f., -, nur Sg., österr.⟩ Raum, in dem geselcht wird
sel|chen ⟨V.1, hat geselcht; mit Akk.; bayr.-österr.⟩ räuchern; Fleisch, Schinken s. [< mhd. selhen „trocknen, trocken werden"]
Sel|cher ⟨m.5; österr.⟩ jmd., der selcht, Fleischer, der Geselchtes verkauft; Fleischhauer und S.
Sel|dschu|ke ⟨m.11⟩ Angehöriger eines türkischen Herrschergeschlechts
se|lek|tie|ren ⟨V.3, hat selektiert; mit Akk.⟩ auswählen (bes. zur Zucht); auch: ⟨schweiz.⟩ selektionieren [< lat. seligere (Perf. selectus) „auswählen, auslesen", < se „beiseite" und legere „sammeln, auslesen, wählen"]
Se|lek|ti|on ⟨f.10⟩ **1** fortwährend stattfindende Auslese und Weiterentwicklung der an die jeweilige Umgebung bestangepaßten Lebewesen; Syn. Zuchtwahl **2** ⟨geh.⟩ Auswahl, Auslese (von Personen) [zu selektieren]
se|lek|tio|nie|ren ⟨V.3, hat selektioniert; mit Akk.; schweiz.⟩ → selektieren
Se|lek|ti|ons|druck ⟨m., -(e)s, nur Sg.⟩ Aussonderung der weniger angepaßten Lebewesen durch Selektion (1)
se|lek|tiv ⟨Adj., o.Steig.⟩ **1** auswählend **2** ⟨von Rundfunkempfängern⟩ trennscharf [zu selektieren]
Se|lek|ti|vi|tät ⟨f., -, nur Sg.⟩ → Trennschärfe
Se|len ⟨n., -s, nur Sg.; Zeichen: Se⟩ dem Schwefel ähnliches chemisches Element [< griech. selene „Mond, Mondschein", zu selas „Glanz, Schein", wegen des Glanzes]
Se|le|no|gra|phie ⟨f., -, nur Sg.⟩ Beschreibung der physikalischen und topographischen Beschaffenheit des Mondes [< griech. selene „Mond" und ...graphie]
Se|le|no|lo|gie ⟨f., -, nur Sg.⟩ Wissenschaft vom Mond [< griech. selene „Mond" und ...logie]
Se|len|zel|le ⟨f.11⟩ ein Photoelement mit Selensperrschicht
Se|leu|ki|de, Se|leu|zi|de ⟨m.11⟩ Angehöriger eines syrischen Herrschergeschlechts mazedonischer Abstammung
Self|ap|peal ⟨[-əpi:l] m., -s, nur Sg.⟩ Werbewirkung, die eine Ware durch sich selbst ausübt [engl., < -self „selbst" und appeal „Anklang, Anziehung"]
Self|made|man ⟨[-meidmɛn] m., -s, -men [-mən]⟩ jmd., der sich aus eigener Kraft hochgearbeitet hat [engl., < -self „selbst" und made „gemacht, getan" (zu to make „machen, tun") und man „Mann"]
se|lig ⟨Adj.⟩ **1** nach dem Tod die paradiesischen Freuden genießend; seliger Fasson s. werden **2** ⟨kath. Kirche⟩ seliggesprochen; die Seligen **3** ⟨Abk.: sel.; †⟩ verstorben; der ~e Großvater; mein Großvater s. **4** sehr glücklich; sie war s. über das schöne Geschenk **5** ⟨ugs., scherzh.⟩ angetrunken
Se|lig|keit ⟨f., -, nur Sg.⟩ **1** freudige Einheit mit Gott nach dem Tod; in ihm gehen **2** großes Glücksgefühl; von tiefer S. erfüllt sein
se|lig|prei|sen ⟨V.92, hat seliggepriesen; mit Akk.; poet.⟩ **1** als selig, als wunschlos glücklich preisen **2** ⟨christl. Religion⟩ als der ewigen Seligkeit teilhaftig preisen **Se|lig|prei|sung** ⟨f.10⟩
se|lig|spre|chen ⟨V.146, hat seliggesprochen; mit Akk.; kath. Kirche⟩ einen Toten s. einen Toten für selig erklären, in einen Stand erheben, in dem er bis zu einem gewissen Grad verehrt werden darf; vgl. heiligsprechen **Se|lig|spre|chung** ⟨f.10⟩
Sel|le|rie ⟨österr. auch [-ri] m.9, österr. f.11 oder f., -, -⟩ **1** ein Doldengewächs **2** dessen eßbare Knolle [< griech. selinon „Sellerie", weitere Herkunft nicht bekannt]
sel|ten ⟨Adj.⟩ **1** nicht oft (vorkommend), nur ab und zu (vorkommend); ein ~es Ereignis; das ist sehr s.; ich komme nur s. dorthin; ~e Erden → Erde (6) **2** ⟨als Adv.; ugs.⟩ außerordentlich, sehr; ein s. schöner Ort; er ist ein s. dämlicher Kerl
Sel|ten|heit ⟨f.10⟩ **1** ⟨nur Sg.⟩ seltenes Vorkommen **2** seltener Gegenstand
Sel|ten|heits|wert ⟨m.; nur in den Wendungen⟩ etwas hat S. etwas kommt selten vor; ein Gegenstand von, mit S. ein seltener Gegenstand
Sel|ters ⟨n. oder f., -, -⟩, **Sel|ters|was|ser** ⟨n.6; bes. norddt.⟩ → Mineralwasser [urspr. nach der Mineralquelle in Selters im Taunus]

selt|sam ⟨Adj.⟩ merkwürdig, sonderbar, wunderlich, nicht leicht verständlich; ein ~es Gefühl; ein ~er Mensch; sich s. benehmen; sich s. schwach fühlen
selt|sa|mer|wei|se ⟨Adv.⟩ es ist seltsam, daß ...; er ist s. nicht gekommen
Selt|sam|keit ⟨f.10⟩ **1** seltsame Beschaffenheit **2** ⟨ugs.⟩ seltsames Verhalten; das sind so seine ~en
Se|man|tik ⟨f., -, nur Sg.⟩ **1** Lehre von der Bedeutung der Wörter, Silben usw. **2** Lehre von den in einer Wissenschaft verwendeten Zeichen und Symbolen [< griech. semantikos „bezeichnend, anzeigend", zu semainein „bezeichnen", zu sema „Zeichen, Merkmal"]
se|man|tisch ⟨Adj., o.Steig.⟩ zur Semantik gehörend, auf ihr beruhend
Se|ma|phor ⟨n.1 oder m.1⟩ Signalmast mit schwenkbaren Armen [< griech. sema „Zeichen" und phoros „tragend", zu phorein, pherein „tragen"]
Se|ma|sio|lo|gie ⟨f., -, nur Sg.⟩ ältere Bez. für⟩ Semantik (1) [< griech. semasia „Anzeige" (zu sema, semeion „Zeichen") und ...logie]
Se|meio|gra|phie ⟨f.11⟩ **1** Lehre von den musikalischen Zeichen **2** Zeichen-, Notenschrift [< griech. sema, semeion „Zeichen" und ...graphie]
Se|mem ⟨n.1⟩ Bedeutung eines Morphems [zu griech. sema „Zeichen"]
Se|me|ster ⟨n.5⟩ **1** Studienhalbjahr **2** ⟨übertr.⟩ Student eines bestimmten Semesters (1); er ist schon ein älteres, höheres S. [< lat. semestris, korrekt semestris „halbjährlich, sechsmonatlich", < sex „sechs" und mensis „Monat"]
Se|mi|fi|na|le ⟨n.5⟩ Spielrunde, in der die Teilnehmer am Finale ermittelt werden; Syn. Halbfinale, Vorschlußrunde [< lat. semi... „halb" und Finale]
Se|mi|ko|lon ⟨n., -s, -s oder -la; Zeichen: ;⟩ Satzzeichen zur Trennung von Sätzen oder Satzteilen; Syn. Strichpunkt [< lat. semi... (< griech. hemi...) „halb" und Kolon]
se|mi|lu|nar ⟨Adj., o.Steig.⟩ halbmondförmig [< lat. semi... „halb" und lunar]
Se|mi|nar ⟨n.1, österr. n., -s, -na|ri|en⟩ **1** Übungskurs (an Hochschulen) **2** Hochschulinstitut **3** Ausbildungsanstalt (für Geistliche, Lehrer u.a.) [< lat. seminarium „Baum-, Pflanzschule", < semen, seminis „Same, Setzling" mit Suffix ...arium als Bez. für einen Raum oder Behälter]
Se|mi|na|rist ⟨m.10⟩ Angehöriger eines Seminars (3)
Se|mio|lo|gie ⟨f., -, nur Sg.⟩ → Semiotik (1) [< griech. semeion „Zeichen" und ...logie]
Se|mio|tik ⟨f., -, nur Sg.⟩ **1** ⟨Med.⟩ Lehre von den Krankheitserscheinungen; Syn. Semiologie, Symptomatologie **2** ⟨Sprachw.⟩ Lehre von den Zeichen (Verkehrszeichen, Formeln usw.) [< griech. semeiotikos „bezeichnend", zu semeiein, semainein „bezeichnen", zu semeion, sema „Zeichen"]
se|mio|tisch ⟨Adj., o.Steig.⟩ zur Semiotik gehörend, auf ihr beruhend
se|mi|per|mea|bel ⟨Adj., o.Steig.⟩ halbdurchlässig [< lat. semi... „halb" und permeabel]
Se|mit ⟨m.10⟩ Angehöriger einer vorderasiatischen und nordafrikanischen Völkergruppe [nach Sem, einem Sohn Noahs]
se|mi|tisch ⟨Adj., o.Steig.⟩ die Semiten betreffend, zu ihnen gehörig, von ihnen stammend; ~e Sprachen eine Sprachfamilie in Vorderasien und Nordafrika
Se|mi|tist ⟨m.10⟩ Wissenschaftler auf dem Gebiet der Semitistik
Se|mi|ti|stik ⟨f., -, nur Sg.⟩ Wissenschaft von den semitischen Sprachen und Literaturen
se|mi|ti|stisch ⟨Adj., o.Steig.⟩ zur Semitistik gehörend, auf ihr beruhend
Sem|mel ⟨f.11⟩ etwa faustgroßes, leicht ge-

salzenes Gebäck; Syn. *Brötchen,* ⟨berlin.⟩ *Schrippe* [< mhd. *semel, semele, simele* „feines Weizenmehl; Semmel", < ahd. *semala* in ders. Bed., < lat. *simila* „feinstes Weizenmehl"]

Sem|mel|blond ⟨Adj., o.Steig.⟩ *gelblich blond*

Sem|mel|brö|sel ⟨n.5, meist Pl.; bayr.-österr.⟩ *geriebene Semmeln oder geriebenes Weißbrot (zum Panieren)*

Sem|mel|kloß ⟨m.2; mdt.⟩, **Sem|mel|knö|del** ⟨m.5; bayr.-österr.⟩ *Kloß aus kleingeschnittenen, altbackenen Semmeln*

Sem|per al|iquid hae|ret *etwas bleibt immer hängen (von bösem Gerede)* [lat.]

sem|per idem *immer dasselbe* [lat.]

Sen ⟨m., -(s), -(s)⟩ **1** *japanische Währungseinheit, 1/100 Yen* **2** *indonesische Währungseinheit, 1/100 Rupiah* [chin.-japan.]

sen. ⟨Abk. für⟩ *senior*

Se|nat ⟨m.1⟩ **1** ⟨im alten Rom⟩ *Rat der Ältesten, oberste Regierungsbehörde* **2** ⟨in verschiedenen Staaten⟩ *erste Kammer des Parlaments* **3** ⟨in Hamburg, Bremen und Westberlin Bez. für die⟩ *Regierung* **4** ⟨an den Hochschulen⟩ *Selbstverwaltungsbehörde* **5** ⟨an dt. höheren Gerichten⟩ *Richterkollegium* (Straf~) [< lat. *senatus* „Rat der Ältesten, oberste Regierungsbehörde, zu *senex* „der Alte, Greis"]

Se|na|tor ⟨m.13⟩ *Mitglied des Senats (1-4)*

se|na|to|risch ⟨Adj., o.Steig.⟩ *zum Senat gehörend, ihn betreffend*

Send ⟨m.1; †⟩ **1** ⟨kurz für⟩ *Sendgericht* **2** ⟨norddt.⟩ *Jahrmarkt*

Send|bo|te ⟨m.11; †⟩ *Bote*

Sen|de|fol|ge ⟨f.11; Funk, Fernsehen⟩ **1** *Folge von Sendungen* **2** *Sendung in Fortsetzungen*

Sen|de|lei|ter ⟨m.5⟩ *Leiter einer Funksendung*

sen|den I ⟨V.138, hat gesandt; mit Akk.; geh.⟩ →*schicken;* jmdm. Glückwünsche s.; *dich hat mir der Himmel gesandt* **II** ⟨V.2, hat gesendet; mit Akk.⟩ **1** *durch Funk, Fernsehen verbreiten, ausstrahlen;* ein Hörspiel, einen Film s. **2** *durch Funk ausstrahlen; Morsezeichen s.;* einen Notruf s.

Sen|der ⟨m.5⟩ *Vorrichtung, Anlage, Gerät zum Senden (II,1)* (Fernseh~, Rundfunk~)

Sen|de|rei|he ⟨f.11; Funk, Fernsehen⟩ *Reihe von Sendungen zu einem gemeinsamen Thema*

Sen|de|zei|chen ⟨n.7; Rundfunk⟩ *akustisches Zeichen in Pausen zwischen zwei Sendungen, das für einen Sender charakteristisch ist*

Sen|de|zeit ⟨f.10; Funk, Fernsehen⟩ **1** *Zeit, die eine Sendung beansprucht; der Film hat eine S. von 90 Minuten* **2** *Zeit, zu der eine Sendung ausgestrahlt wird; die S. am Abend ist zu spät*

Send|ge|richt ⟨n.1; früher⟩ *kirchliches Gericht für ein kirchliches Vergehen von Laien*

Send|ling ⟨m.1; †, noch schweiz.⟩ *Abgesandter, Bote*

Send|schrei|ben ⟨n.7⟩ *offener Brief*

Sen|dung ⟨f.10⟩ **1** ⟨nur Sg.⟩ *das Senden, Schicken* **2** *Gegenstand, der jmdm. gesandt wird oder worden ist* (Brief~, Paket~); wir haben Ihre S. erhalten; postlagernde S.; eine S. Bücher **3** ⟨geh.⟩ *innere Berufung;* er ist erfüllt von seiner S. **4** ⟨Funk, Fernsehen⟩ *Ausstrahlung eines Programms;* eine S. über Australien; politische ~en; wir sind schon auf S. ⟨Jargon⟩ *es wird schon gesendet, das Programm läuft schon* **5** *gesendetes Programm;* eine S. anhören, ansehen

se|ne|ga|le|sisch ⟨Adj., o.Steig.⟩ *den Senegal betreffend, zu ihm gehörig, aus ihm stammend*

Se|ne|schall ⟨m.1; im merowing. Reich⟩ *oberster Hofbeamter* [< frz. *sénéchal* in ders. Bed., über altfränk. < ahd. *senescalh* zu got.

sinista „Ältester" (< lat. *senex* „Greis") und *skalks* „Knecht"]

Se|nes|zenz ⟨f., -, nur Sg.⟩ *das Altern, Altwerden* [< lat. *senescere* „alt werden"]

Senf ⟨m.1⟩ **1** *gelb blühender Kreuzblütler; Schwarzer S.* **2** *aus dessen Samen hergestellte Gewürzpaste;* Syn. ⟨nordwestdt.⟩ *Mostert,* ⟨nordostdt.⟩ *Mostrich;* scharfer S.; süßer S. [< ahd. *senef* < lat., griech. *sinapi* in denselben Bed., weitere Herkunft unbekannt]

senf|far|ben ⟨Adj., o.Steig.⟩ *gelbbraun (wie Senf)*

Senf|gas ⟨n., -es, nur Sg.⟩ *giftiges, nach Senf riechendes Gas, chemischer Kampfstoff;* Syn. *Gelbkreuz, Lost*

Senf|gur|ke ⟨f.11⟩ *reife, zerschnittene Gurke, die mit Senfkörnern, Essig u.a. eingelegt wurde*

Senf|korn ⟨n.4⟩ *Samen vom Senf (1)*

Senf|öl ⟨n.1⟩ *u.a. aus Senf (1) gewonnenes, für medizinische Einreibungen verwendetes, ätherisches Öl*

Sen|ge ⟨Pl.; mdt., norddt.⟩ *Prügel, Schläge* [zu *sengen*]

sen|gen ⟨V.1, hat gesengt⟩ **I** ⟨mit Akk.⟩ *Geflügel s. dem gerupften Geflügel die letzten Federkiele über einer Flamme abbrennen* **II** ⟨o.Obj.⟩ *heftig brennen;* in ~der Sonne marschieren

sen|ge|rig ⟨Adj., o.Steig.⟩ *als wenn etwas versengt wäre; ein ~er Geruch; hier riecht es s.*

Senhor ⟨[senjor] m., -s, -no|res; port. Anrede, alleinstehend oder vor dem Namen⟩ *Herr*

Sen|ho|ra ⟨[senjora] f.9; port. Anrede, alleinstehend oder vor dem Namen⟩ *Frau, Dame*

Sen|ho|ri|ta ⟨[senjo-] f.9; port. Anrede, alleinstehend oder vor dem Namen⟩ *Fräulein*

se|nil ⟨Adj.⟩ *greisenhaft, altersschwach;* Ggs. *juvenil* [< lat. *senilis* „greisenhaft, zu den Greisen gehörig", zu *senex,* Gen. *senis,* „Greis"]

Se|ni|li|tät ⟨f., -, nur Sg.⟩ *Greisenhaftigkeit, Altersschwäche;* Ggs. *Juvenilität*

se|ni|or ⟨Abk.: sen.; hinter Namen⟩ *älter, der Ältere;* Ggs. *junior*

Se|ni|or ⟨m.13⟩ **1** *der Ältere;* Ggs. *Junior* **2** *Vorsitzender, Altersprosident* **3** ⟨Sport⟩ *Angehöriger einer bestimmten Altersklasse* **4** ⟨Pl.⟩ *~en Menschen über 60 bzw. 65 Jahre, Rentner, alte Menschen* [lat., „der Ältere", zu *senex* „der Alte"]

Se|nio|rat ⟨n.1⟩ **1** →*Majorat;* Ggs. *Juniorat* **2** ⟨†⟩ *Ältestenwürde*

Se|ni|or|chef ⟨[-ʃɛf] m.9⟩ *der ältere von zwei Chefs (eines Betriebes);* Ggs. *Juniorchef*

Se|nio|ren|paß ⟨m.2⟩ *von der Deutschen Bundesbahn ausgestellte Bescheinigung, die Senioren zu verbilligten Fahrten berechtigt*

Senk|blei ⟨n.1⟩ →*Lot (3)*

Sen|ke ⟨f.11⟩ *flache Bodenvertiefung, große, flache Mulde*

Sen|kel ⟨m.5⟩ *Schnürband, Schnürsenkel*

sen|ken ⟨V.1, hat gesenkt⟩ **I** ⟨mit Akk.⟩ **1** *sinken lassen;* den Kopf, die Arme s.; einen Sarg in die Erde s.; die Stimme s. *leiser sprechen* **2** *niedriger machen;* den Preis s. **II** ⟨refl.⟩ *sich s.* **1** *sich nach unten bewegen, sinken;* die Bahnschranke senkte sich; der Abend senkt sich über die Stadt; das Haus hat sich gesenkt **2** *nach unten verlaufen;* der Weg senkt sich hier

Sen|ker ⟨m.5⟩ **1** →*Ableger* **2** *kleines Gewicht, das ein Netz oder eine Angel zum Gewässergrund zieht* **3** *dem Fräser ähnliches Werkzeug zur Herstellung zylindrischer oder kegelförmiger Vertiefungen*

Senk|fuß ⟨m.2⟩ *Fuß, dessen Längsgewölbe sich gesenkt hat*

Senk|gru|be ⟨f.11⟩ *Grube zur Aufnahme von Fäkalien;* Syn. *Sickergrube*

Senk|ka|sten ⟨m.8⟩ →*Caisson*

senk|recht ⟨Adj., o.Steig.⟩ **1** *einen Winkel von 90° zu einer Ebene bildend;* Syn. *lotrecht, vertikal;* Ggs. *waagerecht;* ~e Felsen, Wände; bleib s.! ⟨ugs., scherzh.⟩ *fall nicht hin!;* das ist das einzig Senkrechte ⟨ugs.⟩ *das ist das einzig Richtige, Wahre* **2** ⟨schweiz.⟩ *rechtschaffen*

Senk|rech|te ⟨f.11⟩ *senkrechte Linie, senkrechte Stellung, Lage*

Senk|recht|star|ter ⟨m.5⟩ **1** *Flugzeug, das senkrecht starten und landen kann* **2** ⟨übertr.⟩ *jmd., der sehr rasch Karriere gemacht hat*

Sen|kung ⟨f.10⟩ Ggs. *Hebung* **1** ⟨nur Sg.⟩ *das Senken, Herabsetzen;* eine S. der Preise, Löhne **2** ⟨Geol.⟩ *das Sichsenken eines Teils der Erdkruste* **3** ⟨Metrik⟩ *unbetonte Silbe (im Vers)*

Senk|waa|ge ⟨f.11⟩ →*Aräometer*

Senn ⟨m.1⟩, **Sen|ne** ⟨m.11⟩ *Hirt auf einer Alm, der auch die Butter- und Käsezubereitung besorgt, Almwirt;* auch: *Senner*

sen|nen ⟨V.1, hat gesennt; o.Obj.; bayr.-österr.⟩ *als Senn arbeiten*

Sen|ner ⟨m.5⟩ →*Senn*

Sen|nes|blät|ter ⟨n.4, Pl.⟩ *als Abführmittel verwendete Blätter der Kassia,* [< mlat. *senna, sena, sene* < arab. *sanā* in ders. Bed.]

Se|non ⟨n., -s, nur Sg.⟩ *Stufe der oberen Kreideformation* [nach der frz. Stadt *Sens*]

Se|ñor ⟨[senjor] m., -s, -ño|res; span. Anrede, alleinstehend oder vor dem Namen⟩ *Herr*

Se|ño|ra ⟨[senjora] f.9; span. Anrede, alleinstehend oder vor dem Namen⟩ *Frau, Dame*

Se|ño|ri|ta ⟨[senjo-] f.9; span. Anrede, alleinstehend oder vor dem Namen⟩ *Fräulein*

Sen|sal ⟨m.1; österr.⟩ **1** *Vermittler bei Warenkäufen, Warenmakler* **2** *Börsenmakler* [< ital. *sensale* „Makler"]

Sen|sa|lie [-lǐə], **Sen|sa|rie** ⟨[-riə] f.11; österr.⟩ *Maklergebühr* [< ital. *sensale* „Makler", aus dem Arabischen]

Sen|sa|ti|on ⟨f.10⟩ **1** ⟨urspr.⟩ *Sinnesempfindung* **2** ⟨heute⟩ *aufsehenerregendes Ereignis, Aufsehen, große Überraschung* [< frz. *sensation,* „sinnliche Empfindung, Eindruck"; übertr. „Aufsehen", zu lat. *sensus* „Empfindung, Gefühl, Bewußtsein, Verstand"]

sen|sa|tio|nell ⟨Adj.⟩ *aufsehenerregend;* ein ~es Ereignis, eine ~e Nachricht; der Erfolg des Films war s.

Sen|se¹ ⟨f.11⟩ *landwirtschaftliches Gerät aus einer langen, leicht gebogenen Metallschneide mit langem Stiel (und Handgriff auf halber Höhe) zum Mähen von Gras und Getreide;* jetzt ist aber S.! ⟨ugs.⟩ *ist aber Schluß!;* bei mir ist S.! ⟨ugs.⟩ *ich habe genug davon!*

Sense² ⟨[sɛns] m., -, nur Sg.⟩ *Sinn (für etwas);* er hat keinen S. für moderne Kunst [engl., „Sinn, Verstand"]

Sen|sen|baum ⟨m.2⟩ *mit Handgriff versehener Stiel der Sense;* Syn. *Sensenwurf*

Sen|sen|mann ⟨m., -(e)s, nur Sg.; volkstümlich⟩ *der mit der Sense dargestellte Tod*

Sen|sen|wurf ⟨m.2⟩ →*Sensenbaum*

sen|si|bel ⟨Adj., sensibler, am -sten⟩ *reizempfindlich, empfindsam, feinfühlig;* Ggs. *insensibel* [< lat. *sensibilis* „mit Empfindung, Gefühl begabt, sinnlich", zu *sensus* „Empfindung, Gefühl, Bewußtsein"]

Sen|si|bi|li|sa|tor ⟨m.13⟩ *Farbstoff, der die Farbempfindlichkeit fotografischer Schichten erhöht* [zu *sensibilisieren*]

sen|si|bi|li|sie|ren ⟨V.3, hat sensibilisiert; mit Akk.⟩ *empfindlich machen*

Sen|si|bi|li|tät ⟨f., -, nur Sg.⟩ Ggs. *Insensibilität* **1** *Reizempfindlichkeit, Empfindsamkeit* **2** ⟨bei Rundfunk- und Meßgeräten⟩ *Empfangsempfindlichkeit*

sen|si|tiv ⟨Adj.⟩ *leicht reizbar, überempfindlich* [< frz. *sensitif,* Fem. *sensitive,* „empfindsam, empfindlich", zu *sentir* < lat. *sentire* „fühlen, empfinden"]

Sen|si|ti|vi|tät ⟨f., -, nur Sg.⟩ *leichte Reizbarkeit, Überempfindlichkeit*

Sensitometer

Sen|si|to|me|ter ⟨n.5⟩ *Gerät zum Messen der Lichtempfindlichkeit fotografischer Schichten* [< frz. *sensitif* „empfindlich" (zu lat. *sensus* „Empfindung, Wahrnehmung") und *...meter*]

Sen|si|to|me|trie ⟨f., -, nur Sg.⟩ *Messung der Lichtempfindlichkeit mit dem Sensitometer*

sen|so|mo|to|risch ⟨Adj., o.Steig.⟩ *die Koordination von Sinneswahrnehmung und Bewegungen bewirkend* [< lat. *sensus* „das Wahrnehmen, Beobachtung" und *motorisch*]

Sen|sor ⟨m.13⟩ *Einrichtung, die Informationen über ein System vermittelt oder über die auf ein System eingewirkt werden kann; elektrochemischer S.; elektronischer S.* [zu lat. *sensus* „das Wahrnehmen, Beobachtung", zu *sentire* „fühlen, wahrnehmen"]

sen|so|ri|ell, sen|so|risch ⟨Adj., o.Steig.⟩ *zu den Sinnesorganen gehörend, auf ihnen beruhend* [zu *Sensor*]

Sen|so|ri|um ⟨n., -s, nur Sg.⟩ *Gesamtheit der Sinnesorgane, Wahrnehmungsapparat, Bewußtsein* [zu *Sensor*]

Sen|sua|lis|mus ⟨m., -, nur Sg.⟩ *Lehre, daß alle Erkenntnis nur auf den Sinneswahrnehmungen beruht* [zu lat. *sensualis* „sinnlich", zu *sensus* „Sinn, Gefühl"]

Sen|sua|list ⟨m.10⟩ *Anhänger, Vertreter des Sensualismus*

sen|sua|lis|tisch ⟨Adj., o.Steig.⟩ *zum Sensualismus gehörig, auf ihm beruhend*

Sen|sua|li|tät ⟨f., -, nur Sg.⟩ *Empfindungsvermögen*

sen|su|ell ⟨Adj., o.Steig.⟩ *auf den Sinnen beruhend, sinnlich wahrnehmbar, Sinnes...*

Sen|sus ⟨m., -, -⟩ *Sinn, Empfindung* [lat.]

Sen|sus com|mu|nis ⟨m., - -, nur Sg.⟩ *gesunder Menschenverstand* [lat., „allgemeine Auffassungsweise, allgemeiner Geschmack"]

Sen|te ⟨f.11; nddt.⟩ *dünne, biegsame Latte*

Sen|tenz ⟨f.10⟩ **1** *allgemeingültiger, einprägsamer, knapp formulierter Ausspruch, Sinnspruch* **2** *richterlicher Urteilsspruch* [< lat. *sententia* „denkwürdiger Satz, Ausspruch", eigtl. „Gedanke, Sinn, Meinung", zu *sensus* „Empfindung, Bewußtsein"]

sen|ten|zi|ös ⟨Adj.⟩ *in der Art einer Sentenz, knapp formuliert, einprägsam*

Sen|ti|ment ⟨[sātimā] n.9⟩ *Empfindung, Gefühl, Gefühlsäußerung* [frz.]

sen|ti|men|tal ⟨Adj.⟩ *(übertrieben) gefühlvoll, gefühls-, rührselig* [< frz. *sentimental* „empfindsam", zu *sentiment* „Empfindung, Gefühl, Meinung, Gesinnung", zu *sentir* < lat. *sentire* „empfinden, wahrnehmen", zu *sensus* „Empfindung"]

Sen|ti|men|ta|le ⟨f.11; in der Fügung⟩ *jugendliche S. Rollenfach des jungen, gefühlvollen Mädchens*

Sen|ti|men|ta|li|tät ⟨f.10⟩ **1** ⟨nur Sg.⟩ *Gefühlsüberschwang, Rührseligkeit* **2** *übertriebene Gefühlsäußerung; bitte keine ~en!*

sen|za ⟨Mus.⟩ *ohne; s. pedale ohne Pedal* [ital.]

se|pa|rat ⟨Adj., o.Steig.⟩ *abgesondert, einzeln* [< lat. *separatus* „abgesondert, getrennt", zu *separare* „trennen, absondern"]

Se|pa|rat|frie|de ⟨m.15⟩ *Sonder-, Einzelfriede*

Se|pa|ra|ti|on ⟨f.10⟩ *Abtrennung, Absonderung*

Se|pa|ra|tis|mus ⟨m., -, nur Sg.; meist abwertend⟩ *Streben nach Abtrennung, Loslösung, Verselbständigung (in politischer, religiöser, rassischer oder geistiger Hinsicht)*

Se|pa|ra|tist ⟨m.10⟩ *Anhänger, Vertreter des Separatismus*

Se|pa|ra|tor ⟨m.13⟩ *Schleuder zum Trennen von Stoffgemischen (z.B. Milchzentrifuge, Erzscheider)* [zu *separare*]

Sé|pa|rée ⟨[-re] n.9; in Restaurants⟩ *abgetrennter Raum (neben dem allgemeinen Speiseraum), große Nische*

se|pa|rie|ren ⟨V.3, hat separiert; mit Akk.⟩ **1** *etwas s. etwas mit Hilfe eines Separators trennen* **2** *jmdn. oder sich s. absondern, trennen; Kranke (von den Gesunden) s.; sich (von den anderen) s.*

Se|phar|dim ⟨auch [-dim] Pl.⟩ *die spanisch-portugiesischen Juden und ihre Nachkommen; vgl. Aschkenasim* [< hebr. *səfārādī*, Ableitung von *səfārād*, in der Bibel (Obadja, 20) Bez. für eine Landschaft in Kleinasien, später mit der Pyrenäenhalbinsel gleichgesetzt, im Neuhebräischen = Spanien]

se|pia ⟨Adj., o.Steig.⟩ *dunkelbraun, schwarzbraun (wie Sepia)*

Se|pia ⟨f., -, -pien⟩ **1** *(u.a. in der Nordsee vorkommender) zehnarmiger Kopffüßer* **2** ⟨nur Sg.⟩ *aus dessen Drüsensekret gewonnene Farbe* [griech., „Tintenfisch"]

Se|pia|zeich|nung ⟨f.10⟩ *mit Sepia (2) angefertigte Zeichnung*

Se|pio|lith ⟨m.1⟩ → *Meerschaum* [< griech. *sepion* „Knochen des Tintenfisches" und *lithos* „Stein"]

Se|poy ⟨[sipoi] m.9⟩ *Soldat der aus Eingeborenen bestehenden früheren britischen Kolonialtruppe in Indien* [engl., < pers. *sipāhī* „berittener Soldat"]

Sep|pu|ku ⟨n.1 [-pu-] n., -(s), -s⟩ → *Harakiri* [< jap. *setsu* „schneiden" und *fuku* „Bauch" (die Aussprache *seppuku* ergab sich durch Angleichung und Verschleifung der Laute)]

Sep|sis ⟨f., -, -sen⟩ → *Blutvergiftung (1)* [< griech. *sepsis* „Fäulnis", zu *sepesthai* „faul werden, verfaulen"]

Sept. ⟨Abk. für⟩ *September*

Sept|ak|kord ⟨m.1⟩ → *Septimenakkord*

Sep|tem|ber ⟨m., -(s), -; Abk.: Sept.⟩ *neunter Monat des Jahres* [< lat. *mensis september* „siebenter Monat" (da der altröm. Kalender mit dem 1. März begann), zu *septem* „sieben" und *...ber* von unklarer Herkunft]

Sep|ten|nat ⟨n.1⟩, **Sep|ten|ni|um** ⟨n., -s, -nien⟩ *Zeitraum von sieben Jahren* [< lat. *septem* „sieben" und *annus* „Jahr"]

Sep|tett ⟨n.1⟩ **1** *Musikstück für sieben Instrumente oder Singstimmen* **2** *die Ausführenden selbst* [nach dem Muster von *Duett* gebildet, < lat. *septem* „sieben"]

Sep|tim ⟨f.10; österr.⟩ *Septime*

Sep|ti|ma ⟨f., -, -men; österr.⟩ *siebente Klasse des Gymnasiums* [lat., „die siebente"]

Sep|ti|ma|ner ⟨m.5; österr.⟩ *Schüler der Septima*

Sep|ti|me ⟨auch [-ti-] f.11⟩ **1** *siebenter Ton der diatonischen Tonleiter* **2** *Intervall von sieben Tönen*

Sep|ti|men|ak|kord ⟨auch [-ti-] m.1⟩ *Akkord aus Grundton, Terz, Quinte und Septime; auch: Septakkord*

Sep|ti|mo|le ⟨f.11⟩ → *Septole*

sep|tisch ⟨Adj., o.Steig.⟩ **1** *Krankheitserreger enthaltend* **2** *Sepsis hervorrufend*

Sep|to|le ⟨f.11⟩ *Gruppe von sieben Noten mit dem Taktwert von sechs oder acht Noten; auch: Septimole*

Sep|tua|ge|si|ma ⟨o.Art.⟩ *neunter Sonntag vor Ostern; an, zu S.* [< lat. *dies septuagesima* „der 70. Tag" (vor Ostern)]

Sep|tua|gin|ta ⟨f., -, nur Sg.⟩ *im 3. Jahrhundert von angeblich 70 Gelehrten angefertigte griechische Übersetzung des AT*

Sep|tum ⟨n., -s, -ta oder -ten⟩ *Scheidewand (in einem Organ, z.B. im Herzen)* [< lat. *saeptum* „Einfriedigung", zu *saepire* „einzäunen"]

seq. ⟨Abk. für⟩ *sequens*

seqq. ⟨Abk. für⟩ *sequentes*

se|quens ⟨Abk.: seq.; †⟩ *folgend* [lat.]

se|quen|tes ⟨Abk.: seqq.; †⟩ **1** *die folgenden (Seiten)* **2** *die Folgenden, die Nachkommen; vivant s.! die Folgenden sollen leben!* [lat.]

Se|quenz ⟨f.10⟩ **1** *Folge, Reihe* **2** ⟨in der Liturgie des MA⟩ *hymnusähnlicher Gesang* **3** ⟨Mus.⟩ *auf einer anderen Tonstufe wiederholte Tonfolge* **4** ⟨Film⟩ *im Handlungsablauf aufeinanderfolgende Reihe von Einstellungen* **5** ⟨Kart.⟩ *mindestens drei aufeinanderfolgende Karten der gleichen Farbe* **6** ⟨im programmierten Unterricht⟩ *Lerneinheit* [< lat. *sequens*, Part. Präs. von *sequi* „folgen"]

Se|que|ster **I** ⟨n.5⟩ *abgestorbenes Gewebe-, Knochenstück* **II** ⟨m.5⟩ *behördlich eingesetzter Verwalter oder Verwahrer* [lat., „Mittelsperson, bei der eine Streitsache, meist Geld, bis zum Ende des Prozesses niedergelegt werden kann", dann auch „niedergelegte (= von den Parteien abgelöste) Sache", dann übertragen auf „abgelöstes, totes Gewebe"]

Se|que|stra|ti|on ⟨f.10⟩ *Verwaltung, Verwahrung durch einen Sequester*

se|que|strie|ren ⟨V.3, hat sequestriert; mit Akk.⟩ *durch einen Sequester verwalten, verwahren*

Se|quo|ia, Se|quo|ie ⟨[-jə] f.11⟩ → *Mammutbaum* [nach dem indian. Häuptling und Gelehrten *Sequoyah*]

Se|rac ⟨[serak] m.9⟩ *durch Gletscherbruch entstandener, turm- oder pyramidenförmiger Eisblock* [< frz. *sérac* in ders. Bed., eigtl. „Ziegenkäse", < lat. *serum* „Molke"]

Se|rail ⟨auch [-raj] n.9⟩ *Palast (des türkischen Sultans)* [< türk. *seray*, pers. *sarāy* „großes Haus, Palast"]

Se|raph ⟨m., -s, -e oder -phim; im AT⟩ *sechsflügeliger Engel* [< hebr. *śārāf*, Pl. *sərāfīm* in ders. Bed., zu *śāraf* „brennen"]

se|ra|phisch ⟨Adj., o.Steig.⟩ *engelsgleich*

Ser|be ⟨m.11⟩ *Einwohner von Serbien*

ser|bisch ⟨Adj., o.Steig.⟩ *Serbien betreffend, zu ihm gehörig, aus ihm stammend*

se|ren ⟨Adj.; †⟩ *heiter*

Se|re|na|de ⟨f.11⟩ **1** *abendliches Ständchen, Abendmusik* **2** *mehrsätziges Musikstück* [< ital. *serenata* „im Freien, meist abends, aufgeführtes Musikstück, Abendständchen", eigtl. „unter klarem, wolkenlosem Himmel aufgeführt, zu *sereno* „heiter, wolkenlos, klar", wird aber auch mit ital. *sera* „Abend" in Zusammenhang gebracht]

Se|re|nis|si|mus ⟨m., -, -mi⟩ **1** ⟨Titel für regierender Fürst, Durchlaucht⟩ **2** ⟨scherzh.⟩ *Fürst eines Kleinstaates* [lat., „der heiterste, glücklichste", als Titel „der Huldreichste, Erlauchteste", zu *serenus* „heiter, glücklich"]

Se|re|ni|tät ⟨f., -, nur Sg.⟩ *Heiterkeit*

Serge ⟨[zɛrʒ] f.11, österr. auch m.11⟩ *Futterstoff aus Seide, Baum- oder Zellwolle in Köperbindung* [< frz. *serge* < lat. *sericum* „Seide", nach den *Serern*, einem Volk im östl. Asien, das berühmt für seine Seidenstoffe war]

Ser|geant ⟨[zɛrʒant] m.10⟩ → *Unteroffizier* [< engl. *sergeant* mit halb frz. Aussprache, < frz., altfrz. *sergent* „Feldwebel; Gerichtsdiener, Polizist", altfrz. auch „Diener", zu lat. *servus* „Diener"]

Se|rie ⟨[-riə] schweiz. [-ri] f.11⟩ *Reihe, Folge, gleichartige Gruppe (z.B. von Sammelgegenständen)* [< lat. *series* „Reihe, Kette", zu *serere* „aneinanderfügen, -reihen, -knüpfen"]

se|ri|ell ⟨Adj., o.Steig.⟩ **1** *zeitlich und logisch aufeinanderfolgend* **2** ⟨Mus.⟩ *nach Toneigenschaften gegliederte und in Zahlenreihen festgelegte Tonreihen verwendend, darauf aufbauend; ~e Musik Form der Zwölftonmusik*

Se|ri|en|pro|duk|ti|on ⟨f.10⟩ *Produktion einer größeren Anzahl gleichartiger Produkte*

Se|ri|en|schal|tung ⟨f.10⟩ → *Reihenschaltung*

se|ri|en|wei|se ⟨Adv.⟩ **1** *in Serien* **2** ⟨ugs.⟩ *in großen Mengen*

Se|ri|fe ⟨f.11; in Antiquaschriften⟩ *kleiner Querstrich am Kopf und Fuß mancher Buchstaben* [< engl. *serif, ceriph* in ders. Bed., wahrscheinlich < ndrl. *schreef* „Strich", zu *schrijven* „schreiben"]

Se|ri|gra|phie ⟨f.11⟩ *Siebdruck* [< lat. *sericus* „seiden" (eigtl. „zu den Serern gehörig, von ihnen stammend"; die *Serer*, ein Volk im östl. Asien, waren berühmt wegen ihrer Seidenstoffe) und *...graphie*]

se|rio ⟨Mus.⟩ *ernst* [ital.]

se|ri|ös ⟨Adj., -er, am -esten⟩ **1** *ernst, feierlich;* ~e *Kleidung* **2** *gediegen, zuverlässig, vertrauenswürdig;* ein ~er *Mensch, Partner;* eine ~e *Firma* **3** *ernstgemeint, mit solider Grundlage;* ein ~es *Angebot* [< frz. *sérieux* „ernst", < lat. *serius* „ernst"]

Se|rio|si|tät ⟨f., -, nur Sg.⟩ *seriöse Beschaffenheit, seriöse Wesensart*

Se|rir ⟨f.1⟩ *afrikanische Geröll- oder Kieswüste* [arab.]

Ser|mon ⟨m.1⟩ **1** ⟨†⟩ *Rede* **2** ⟨*heute*⟩ *langweiliger Vortrag, Strafpredigt* [< lat. *sermo*, Gen. *sermonis*, „Wechselrede, Unterhaltung, gelehrtes Gespräch", zu *serere* „aneinanderreihen, -knüpfen"]

Se|ro|dia|gno|stik ⟨f.10⟩ *Erkennung von Krankheiten an dem Blutserum (der Gehirn- und Rückenmarkflüssigkeit* [< *Serum* und *Diagnostik*]

Se|ro|lo|gie ⟨f., -, nur Sg.⟩ *Lehre vom Blutserum* [< *Serum* und *...logie*]

se|rös ⟨Adj., o.Steig.⟩ **1** *serumhaltig* **2** *serumähnliche Flüssigkeit absondernd;* ~e *Drüse*

Ser|pen|tin ⟨m.1⟩ *(meist grünliches, oft seidenglänzendes) Mineral, Magnesiumsilicat (mit unterschiedlichen Gemengteilen)* [< lat. *lapis serpentinus* „Schlangenstein", wegen des gefleckten Aussehens, das einer Schlangenhaut ähnelt]

Ser|pen|ti|ne ⟨f.11⟩ **1** *Windung, Kehre (eines in Schlangenlinien verlaufenden Weges)* **2** ⟨Pl.⟩ *in Schlangenlinien verlaufender Weg (zur Überwindung großer Höhenunterschiede)* [< lat. *serpens*, Gen. *-entis*, „Schlange", zu *serpere* „kriechen, sich leise auf der Erde fortbewegen"]

Se|rum ⟨n., -s, -ra oder -ren⟩ *wäßriger, nicht gerinnbarer Bestandteil des Blutes und der Lymphe* [lat., „wäßriger Teil von etwas"]

Ser|val ⟨m.1 oder m.9⟩ *afrikanische Wildkatze mit geflecktem Fell* [< port. *cerval* „Luder"]

Ser|ve|lat|wurst ⟨f.2⟩ → *Zervelatwurst*

Ser|vice I ⟨[-vɪs] n., -, - [-vɪsəs], -[-vɪsə]⟩ *zusammengehöriges Eßgeschirr* (*Kaffee*~) [< frz. *service* „Dienst, Dienstleistung; Tafelgerät, Tischgeschirr"] **II** ⟨[sɔːvɪs] m., -, -s [-vɪsɪz]⟩ *Kundendienst, Bedienung;* die Firma hat einen ausgezeichneten *S.* [engl., „Dienst, Dienstleistung, Hilfe", < altfrz. *servise, service* in ders. Bed., < lat. *servitium* „Dienst", zu *servus* „Diener"]

Ser|vice|wel|le ⟨[sɔːvɪs-] f.11⟩ *Rundfunksendung mit Unterhaltungsmusik, Angaben über den Autoverkehr, Suchmeldungen u.ä.*

ser|vie|ren ⟨-[v]-⟩ V.3, hat serviert⟩ **I** ⟨o.Obj.⟩ *Speisen auftragen, bei Tisch bedienen;* er lernt *s.;* es ist serviert *die Speisen stehen auf dem Tisch zum Essen bereit* **II** ⟨mit Akk.⟩ *auftragen, auf den Tisch bringen;* die Suppe, den Nachtisch *s.* **III** ⟨mit Dat. und Akk.⟩ jmdm. etwas *s.* ⟨ugs.⟩ **1** *jmdm. etwas deutlich, betont mitteilen, überreichen;* diese Nachricht werde ich ihm heute abend *s.;* solche Märchen kannst du anderen *s.;* jmdm. die Rechnung *s.;* jmdm. die Quittung für etwas *s.* *jmdm. die Folgen seines Handelns energisch deutlich machen;* jmdm. etwas mundgerecht *s. etwas für jmdn. vorbereiten und ihm dann vorlegen, so daß es nur noch zu benutzen braucht* **2** ⟨Sport⟩ [< frz. *servir* „dienen, bei Tisch bedienen"] < lat. *servire* „dienen", zu *servus* „Diener"]

Ser|vie|re|rin ⟨f.10⟩ *Frau, die in einem Lokal die Gäste bedient, Kellnerin*

Ser|vier|tisch ⟨m.1⟩ *Tisch zum Abstellen oder Bereitstellen von Geschirr, Speisen u.ä.*

Ser|vi|et|te ⟨f.11⟩ *Tuch zum Schutz der Kleidung beim Essen und zum Abwischen des Mundes und der Hände;* Syn. ⟨†⟩ *Mundtuch* [< frz. *serviette* „Teller-, Handtuch", zu *servir* „dienen", → *servieren*]

Ser|vi|et|ten|ring ⟨m.1⟩ *Ring, der die eingerollte Serviette zusammenhält*

ser|vil ⟨[-vɪl] Adj.⟩ *unterwürfig* **Ser|vi|li|tät** ⟨f., -, nur Sg.⟩ [< lat. *servilis* „sklavisch", zu *servus* „Sklave", eigtl. „Hüter des Viehs", zu *servare* „achtgeben auf, hüten, sorgen", „Hüter, Wächter"]

Ser|vit ⟨m.10⟩ *Angehöriger des Bettelordens der Diener Mariä*

Ser|vi|tut ⟨n.1⟩ *Nutzungsrecht an einer fremden Sache* [< lat. *servitus*, Gen. *-utis*, „Dienstbarkeit; auf Grundstücken, Häusern lastende Verbindlichkeit, Verpflichtung", zu *servus* „Diener, Sklave", eigtl. „Hüter", → *Wächter*]

Ser|vo... ⟨in Zus.⟩ *mit Zusatzeinrichtung, Hilfsmechanismus, z.B. Servolenkung, Servomotor* [< lat. *servus* „Diener"]

Ser|vus! ⟨bayr.-österr.⟩ *Guten Tag!, Auf Wiedersehen!* [< lat. *servus* „Diener", eigtl. „ich bin dein, Ihr Diener!"]

Se|sam ⟨m.9⟩ **1** *tropisches Kraut mit weißen, dünnhäutigen Blüten* **2** *dessen ölreicher Samen* [< lat. *sesamum*, < griech. *sesamon*, Fremdwort aus einer semit. Sprache, in ders. Bed.]

Se|sam|bein ⟨n.1⟩ *kleiner, rundlicher Knochen, der in gelenknahe Anteile von Sehnen eingelagert ist*

Ses|sel ⟨m.5⟩ *bequemer, gepolsterter Stuhl mit Armlehnen;* Syn. ⟨†⟩ *Fauteuil*

Ses|sel|lift ⟨m.1 oder m.9⟩ *Seilschwebebahn mit frei hängenden Sitzen*

seß|haft ⟨Adj., o.Steig.⟩ **1** *einen festen Wohnsitz besitzend;* ein ~es *Volk* **2** *nicht gern den Ort wechselnd* **Seß|haf|tig|keit** ⟨f., -, nur Sg.⟩

ses|sil ⟨Adj., o.Steig.⟩ *bei manchen Wassertieren) festgewachsen, festsitzend* [< lat. *sessilis* „fest aufsitzend", zu *sedere* „sitzen"]

Ses|si|on ⟨f.10⟩ *Sitzung, Sitzungsperiode* [< lat. *sessio*, Gen. *-onis*, „das Sitzen, Sitzplatz"]

Se|ster ⟨m.5⟩ → *Sechter* (1)

Se|sterz ⟨m.1⟩ *altrömische Silbermünze, 2½ As oder ¼ Denar* [< lat. *sestertius*, eigtl. *semis-tertius* „drittehalb" (= zweieinhalb)]

Se|sti|ne ⟨f.11⟩ **1** *sechszeilige Strophe* **2** *Gedicht aus sechs Strophen zu je sechs Zeilen und einer dreisilbigen Strophe am Ende* [< ital. *sestina* in ders. Bed., zu *sesta* „sechste"]

Set **I** ⟨n.9⟩ **1** *mehrere gleiche zusammengehörige Gegenstände, Satz* **2** *kleines Tischdeckchen aus Stoff oder Bast für ein Gedeck* **3** ⟨nach Zahlenangaben Pl. -; Buchw.⟩ *Maßeinheit für die Dicke der Monotypeschrift* **II** ⟨-(s), -⟩ *körperlicher Zustand eines Rauschgiftsüchtigen* [< engl. *set* in ders. Bed. sowie „Reihe, Folge", zu *to set* „setzen, einrichten, anordnen, anlegen"]

Set|te|cen|tist ⟨[-tʃɛn-] m.10⟩ *Künstler des Settecento*

Set|te|cen|to ⟨[-tʃɛn-] n., -(s), nur Sg.⟩ *die künstlerische Stilepoche des 18. Jahrhunderts in Italien* [ital., „siebenhundert" (nach 1000)]

Set|ter ⟨m.5⟩ *(meist einfarbiger) langhaariger englischer Vorsteh- und Stöberhund, Irish S.* [zu engl. *to set* „vorstehen" (vom Jagdhund)]

Set|ting ⟨n.9⟩ *unmittelbare Umgebung eines Rauschgiftsüchtigen während des Rauschzustandes* [< engl. *setting* „Umgebung, Rahmen, Schauplatz, Milieu, Einfassung", zu *to set*, „(ein)setzen, einfassen, herrichten"]

Sett|le|ment ⟨[sɛtl̩-] n.9; engl. Bez. für⟩ *Niederlassung, Ansiedlung*

Set|zei ⟨n.3; nordostdt.⟩ → *Spiegelei*

set|zen ⟨V.1, hat gesetzt⟩ **I** ⟨mit Akk.⟩ **1** etwas *s.* **a** *an eine Stelle, auf eine Unterlage bringen;* einen Topf auf den Herd *s.;* einen Stein *s.* (beim Brettspiel); jmdm., sich eine Mütze auf den Kopf *s.* **b** *an einer Stelle in die Erde bringen;* junge Pflanzen (ins Freie) *s.;* Bäume, Sträucher *s.* **c** *einpflanzen* **d** *festlegen, bestimmen;* einen Termin *s.;* jmdm. eine Frist *s.;* sich etwas zum Ziel *s.* **e** *errichten, aufstellen;* jmdm. ein Denkmal *s.;* einen Ofen *s.;* einer Sache Grenzen *s.* **e** *schreiben;* einen Punkt, ein Komma *s.;* seinen Namen unter ein Schriftstück *s.* **f** *mit der Setzmaschine (oder mit der Hand) mit Lettern zu Zeilen fügen;* einen Text, ein Manuskript *s.* **g** *als Einsatz zahlen, wetten;* 100 DM *s.* **h** *an eine Stelle ziehen, stecken;* Segel *s.;* Positionslampen *s.* **i** ⟨mit verschiedenen Subst.⟩ *Vertrauen in jmdn., in etwas s. auf jmdn., auf etwas vertrauen;* seine Hoffnung auf, in jmdn. oder etwas *s.* *auf jmdn. oder etwas hoffen;* eine Maschine in Betrieb, in Gang *s.* *eine Maschine in Bewegung, in Gang bringen;* eine Dichtung in Musik *s.* *vertonen, komponieren* **k** ⟨unpersönl., mit „es"; ugs.⟩ es setzt gleich etwas, es setzt Hiebe, Prügel *es wird gleich Prügel bekommen* **2** *jmdn. oder etwas s.* ⟨an einen Ort⟩ *bringen;* ein Boot ins Wasser *s.;* etwas oder jmdn. über den Fluß *s.* *etwas oder jmdn. mit dem Boot über den Fluß bringen;* Passagiere an Land *s.* **3** *jmdn., ein Tier s.* *an einer Stelle in sitzende Stellung bringen, anordnen, veranlassen, daß jmd. an einer (bestimmten) Stelle sitzt;* ein Kind, einen Hund auf einen Stuhl *s.;* ein Kind aufs Töpfchen *s.;* wen möchten Sie bei Tisch neben Frau X *s.?* wen können wir Frau X als Tischnachbarn geben?; einen Schüler neben einen anderen *s. anordnen, daß ein Schüler künftig neben einem anderen sitzt* **II** ⟨o.Obj.⟩ *mit einem Satz springen;* über einen Graben *s.* **III** ⟨mit Präp.obj.⟩ **1** auf etwas, auf ein Pferd *s. auf etwas, auf ein Pferd wetten, einen Einsatz zahlen, in der Hoffnung, daß etwas, daß ein Pferd gewinnt;* auf Rot, Schwarz, auf etwas oder jmdn. als Favoriten *s.* **2** *auf jmdn. s. hoffen, annehmen, daß jmd. etwas tut;* ich setze auf ihn, auf dich, daß ... **IV** ⟨refl.⟩ sich *s.* **1** *sich aus dem Stehen in sitzende Stellung begeben, einen Sitzplatz einnehmen;* bitte *s.* Sie sich!; sich auf einen Stuhl *s.;* sich ans Fenster *s.;* sich neben jmdn. *s.* **2** *auf den Grund (eines Gefäßes) sinken;* Kaffee setzt sich **3** *zusammensinken, dichter werden;* das Erdreich muß sich erst *s.*

Set|zer ⟨m.5; kurz für⟩ → *Schriftsetzer*

Setz|ha|se ⟨m.11; Jägerspr.⟩ *weiblicher Hase*

Setz|lat|te ⟨f.11⟩ *Latte, die zum Messen von Neigungen waagerecht an eine senkrecht stehende Latte mit Maßeinteilung angelegt wird*

Setz|ling ⟨m.1⟩ **1** *auf Anzuchtboden herangezogene Jungpflanze (die in die Erde gesetzt wird)* **2** *junger Fisch, der in einen Teich (zur Zucht) gesetzt wird*

Setz|ma|schi|ne ⟨f.11⟩ **1** ⟨Drucktechnik⟩ *Maschine zur Herstellung von Schriftsatz* **2** ⟨Bgb.⟩ *Gerät zum Trennen von stückigem Gut mit unterschiedlichem spezifischen Gewicht*

Setz|waa|ge ⟨f.11⟩ *hölzernes Gerät in Form eines gleichschenkligen Dreiecks, das in Verbindung mit dem Lot zur waagerechten Ausrichtung von Bauteilen dient*

Seu|che ⟨f.11⟩ *epidemisch auftretende, gefährliche Infektionskrankheit* [zu *siech*]

seuf|zen ⟨V.1, hat geseufzt⟩ **I** ⟨o.Obj.⟩ *tief einatmen und die Luft hörbar ausatmen (als Zeichen von Kummer, Ungeduld o.ä.)* er seufzte tief **II** ⟨mit Akk.⟩ *mit einem Seufzer sagen,* „...!" seufzte er

Seuf|zer ⟨m.5⟩ *einmaliges tiefes Einatmen und hörbares Ausatmen*

Sèvres|por|zel|lan ⟨[sɛvrə-] n., -s, nur Sg.⟩ *Porzellan aus der französischen Stadt Sèvres*

Sex ⟨m., -(es), nur Sg.⟩ **1** ⟨kurz für⟩ *Sexualität;* die Gespräche drehten sich nur um S. **2** *Geschlechtsverkehr, sexuelle Betätigung;* S. machen ⟨derb⟩; ehelicher S. **3** ⟨kurz für⟩ *Sex-Appeal;* sie strahlt S. aus; sie hat S. ⟨ugs.⟩

Se|xa|ge|si|ma ⟨o.Art.⟩ *achter Sonntag vor Ostern;* an, zu S. [< lat. *dies sexagesima* „60.Tag" (vor Ostern)]

se|xa|ge|si|mal ⟨Adj., o.Steig.⟩ *auf der Zahl 60 aufbauend, sechzigteilig*

Se|xa|ge|si|mal|sys|tem ⟨n.1⟩ *Zahlensystem, das auf der Zahl 60 aufgebaut ist*

Sex|ap|peal [-əpiːl] ⟨m., -s, nur Sg.⟩ *Anziehungskraft (bes. einer Frau) auf das andere Geschlecht* [< engl. *sex* „Geschlecht" und *appeal* „Anziehungskraft, Anklang"]

Sex|bom|be ⟨f.11; derb⟩ *Frau mit starkem Sex-Appeal*

Sex|muf|fel ⟨m.5; ugs., scherzh.⟩ *jmd., der für Sexuelles, für Erotik keinen Sinn hat*

Se|xo|lo|ge ⟨m.11⟩ *Wissenschaftler auf dem Gebiet der Sexologie*

Se|xo|lo|gie ⟨f., -, nur Sg.⟩ →*Sexualforschung* [< lat. *sexus* „Geschlecht" und *...logie*]

Sex|shop [-ʃɔp] ⟨m.9⟩ *Geschäft, in dem Bücher sexuellen Inhalts und Gegenstände zur sexuellen Anregung verkauft werden* [< *Sex* und engl. *shop* „Laden, Geschäft"]

Sex|ta ⟨f., -, -ten; veraltend⟩ *unterste Klasse des Gymnasiums* [lat., „die sechste"; die Klassen wurden früher von oben nach unten gezählt]

Sext|ak|kord ⟨m.1⟩ *erste Umkehrung eines Dreiklangs, Akkord aus Grundton, Terz und Sexte*

Sex|ta|ner ⟨m.5⟩ *Schüler der Sexta*

Sex|tant ⟨m.16⟩ *astronomisches und nautisches Winkelmeßinstrument zum Ermitteln der Gestirnshöhen über dem Horizont* [< lat. *sextans*, „Sechstel", nach dem Sechstelkreis, der als Meßskala gebraucht wurde]

Sex|te ⟨f.11⟩ **1** *sechster Ton der diatonischen Tonleiter* **2** *Intervall von sechs Tönen*

Sex|tett ⟨n.1⟩ **1** *Musikstück für sechs Instrumente oder Singstimmen* **2** *die Ausführenden selbst* [nach dem Muster von *Duett* gebildet, < lat. *sex* „sechs"]

Sex|to|le ⟨f.11⟩ *Gruppe von sechs Noten im Taktwert von vier Noten*

se|xu|al..., Se|xu|al... ⟨in Zus.⟩ *das Geschlechtliche betreffend, geschlechts..., Geschlechts...,* z.B. Sexualkunde

Se|xu|al|auf|klä|rung ⟨f., -, nur Sg.⟩ *Aufklärung (bes. in der Schule) über sexuelle Vorgänge*

Se|xu|al|for|schung ⟨f.10⟩ *Erforschung der sexuellen Vorgänge und des sexuellen Verhaltens;* Syn. Sexologie, Sexualwissenschaft

Se|xu|al|hor|mon ⟨n.1⟩ →*Geschlechtshormon*

Se|xu|al|hy|gie|ne [-gje-] ⟨f., -, nur Sg.⟩ *Hygiene des Geschlechtslebens*

se|xua|li|sie|ren ⟨V.3, hat sexualisiert; mit Akk.⟩ **1** *etwas s. etwas mit Sexualität erfüllen, in Verbindung bringen, die Sexualität bei etwas in den Vordergrund stellen;* Beziehungen s.; eine Atmosphäre s. **2** *jmdn. s. die Sexualität in jmdm. wecken;* Kinder, Jugendliche s.

Se|xua|li|sie|rung ⟨f., -, nur Sg.⟩

Se|xua|li|tät ⟨f., -, nur Sg.⟩ *Geschlechtlichkeit, Gesamtheit dessen, was mit dem Geschlechtsleben zusammenhängt*

Se|xu|al|le|ben ⟨n., -s, nur Sg.⟩ →*Geschlechtsleben*

Se|xu|al|or|gan ⟨n.1⟩ →*Geschlechtsorgan*

Se|xu|al|rhyth|mus ⟨m., -, -men⟩ *Rhythmus der sexuellen Erregung, der Bereitschaft zur geschlechtlichen Vereinigung*

Se|xu|al|ver|bre|chen ⟨n.7⟩ →*Sittlichkeitsverbrechen*

Se|xu|al|ver|bre|cher ⟨m.5⟩ →*Sittlichkeitsverbrecher*

Se|xu|al|wis|sen|schaft ⟨f., -, nur Sg.⟩ →*Sexualforschung*

se|xu|ell ⟨Adj., o.Steig.⟩ *Geschlechtliches betreffend, auf ihm beruhend, geschlechtlich* [über frz. *sexuel* < lat. *sexualis* „zum Geschlecht gehörig", zu *sexus* „Geschlecht"]

Se|xus ⟨m., -, -⟩ *Geschlecht, Geschlechtlichkeit, Sexualität* [lat., „Geschlecht"]

se|xy ⟨Adj., o.Dekl.; ugs.⟩ *geschlechtlich anziehend, geschlechtlich reizvoll;* sie ist s.

se|zer|nie|ren ⟨V.3, hat sezerniert; mit Akk.; Med.⟩ *absondern;* Eiter s. [< lat. *secernere* „ab-, ausscheiden, ab-, aussondern, trennen", < *se* „beiseite" und *cernere* „sichten, scheiden, unterscheiden"]

Se|zes|si|on ⟨f.10⟩ **1** *Trennung, Loslösung* **2** *Name einer Künstlergruppe, die sich von einer bestehenden Künstlergemeinschaft losgelöst hat* **3** *Streben der nordamerikanischen Südstaaten, sich von den Nordstaaten zu trennen (1861-1865)* [< lat. *secessio*, Gen. -onis, „Absonderung, Trennung", zu *secedere* „sich entfernen, weggehen"]

Se|zes|sio|nist ⟨m.10⟩ *Angehöriger einer Sezession (2)*

se|zes|sio|ni|stisch ⟨Adj., o.Steig.⟩ *zu einer Sezession gehörend, sie betreffend*

Se|zes|si|ons|stil ⟨m., -(e)s, nur Sg.⟩ *Stil der Wiener Sezession, österreichische Richtung des Jugendstils*

se|zie|ren ⟨V.3, hat seziert; mit Akk.⟩ **1** *anatomisch untersuchen, zerlegen;* eine Leiche s. **2** ⟨übertr., ugs.⟩ *genau untersuchen;* einen Sachverhalt s. [< lat. *secare* „(zer-)schneiden"]

sf ⟨Abk. für⟩ *sforzando, sforzato*

sfor|zan|do ⟨Mus.⟩ →*sforzato*

sfor|za|to ⟨Abk.: sf; Mus.⟩ *betont, mit starkem Ton, akzentuiert;* auch: *forzando, forzato, sforzando* [ital., „verstärkt", zu *sforzare* „Gewalt antun, nötigen", zu *forza* „Gewalt, Kraft"]

sfr ⟨Abk. für⟩ (Schweizer) Franken

sfu|ma|to ⟨Adv.⟩ *mit weichen, verschwimmenden Umrissen (gemalt)* [ital., Part. Perf. von *sfumare* „verschwimmen, dünner, feiner werden, sich zerstreuen", zu *fumo* „Rauch"]

Sgraf|fi|to ⟨n., -s, -s oder -ti⟩ *wetterbeständige Zeichnung, die in den noch feuchten Putz eingeritzt wird* [ital., „Kratzputz", zu *graffiare* „kratzen"]

sh ⟨Abk. für⟩ *Shilling*

Shag ⟨[ʃɛg] m., -s, nur Sg.⟩ *feingeschnittener Pfeifentabak* [engl. *shag* „Feinschnittabak, rauhes Tuch, zottiges Haar"]

Shake [ʃeik] **I** ⟨m.9⟩ *ein Mischgetränk* **II** ⟨m.9; Jazz⟩ **1** *Trompeten- oder Posaunenvibrato über einer Note* **2** *Betonung einer Note* **3** *Tanz mit schüttelnden Körperbewegungen* [engl., zu *to shake* „schütteln"]

Shake|hands ⟨[ʃeikhɛndz] n., -, nur Sg.⟩ *Händeschütteln, Händedruck;* S. machen

Sha|ker ⟨[ʃeikər] m.5⟩ *Becher zum Mixen* [engl., zu *Shake*]

Sham|poo ⟨[ʃɛmpuː] oder [ʃampoː] n.9⟩

Sham|poon ⟨[ʃɛmpuːn] oder [ʃampoːn] n.9; engl. Schreibung für⟩ →*Schampon* [engl., zu *to shampoo* „das Haar waschen, den Körper abreiben, frottieren, massieren", < neuind. *cāmpnā* „drücken, kneten, massieren"]

sham|poo|nie|ren ⟨[ʃɛmpu-] V.3, hat shampooniert⟩ →*schamponieren*

Shan|ty ⟨[ʃɛnti] n.9, Pl. auch -ties⟩ *Seemannslied* [engl., eigtl. *chantey, chanty* < frz. *chantez!* „singt!", zu *chanter* „singen"]

Sha|ping|ma|schi|ne ⟨[ʃei-] f.11⟩ *Waagerechtstoßmaschine, eine Metallhobelmaschine* [< engl. *shaping* „das Gestalten, Zurichten, Formen" und *Maschine*]

Share ⟨[ʃɛːr] m.9⟩ *Kapitalanteil, Aktie* [engl.]

sharp ⟨[ʃaːp] Mus.; engl. Bez. für die⟩ *Erhöhung eines Tons um einen halben Ton;* Ggs. *flat;* F s. *Fis*

Shed|dach ⟨[ʃɛd-] n.4⟩ *Dachkonstruktion mit sägezahnähnlichem Verlauf der einzelnen Dachabschnitte;* auch: *Scheddach* [zu engl. *shed* „Wetterdach, Schuppen, Hütte", Nebenform von *shade* „Schatten"]

Sheng ⟨[ʃɛŋ] n.9⟩ *ein chinesisches Blasinstrument, Mundorgel*

She|riff ⟨[ʃɛ-] m.9; in England und den USA⟩ *höchster Vollzugsbeamter einer Grafschaft, in den USA auch mit richterlichen Befugnissen* [engl., < mengl. *shereva* < altengl. *scir-gerefa* „Präsident einer shire", < *scir* „Grafschaft" und *gerefa* „Statthalter"]

Sher|pa ⟨[ʃɛr-] m., -(s), -(s)⟩ **1** *Angehöriger eines Volksstammes im Himalaja* **2** *Lastenträger (bei Gebirgsexpeditionen im Himalaja)* [tibet.]

Sher|ry ⟨[ʃɛri] m.9⟩ *gelber Süßwein aus der spanischen Stadt Jerez de la Frontera* [engl., ältere Form *sherries* (die irrtüml. als Pl. verstanden wurde, daher Wegfall des s]

Shet|land ⟨[ʃɛt-] m.9⟩ *grober, gekräuselter, graumelierter Wollstoff* [nach den brit. Shetlandinseln]

Shil|ling ⟨[ʃil-] m.9, nach Zahlenangaben Pl. -; Abk.: s, sh⟩ *Währungseinheit in Großbritannien (bis 1971), 1/20 Pfund Sterling* [engl., verwandt mit Schilling]

Shim|my ⟨[ʃimi] m.9⟩ *ein nordamerikanischer Gesellschaftstanz der zwanziger Jahre*

Shin|to|is|mus ⟨[ʃin-] m., -, nur Sg.⟩ →*Schintoismus*

Shit ⟨[ʃit] m., -s, nur Sg.; ugs.⟩ *Haschisch* [engl., eigtl. „Scheiße"]

shocking ⟨-k|k-; [ʃɔkiŋ] Adj., o.Dekl.; nur als Adv. u. mit „sein"⟩ *anstößig, den Anstand, die gute Sitte verletzend* [engl.]

Shod|dy ⟨[ʃɔdi] n., -, nur Sg.⟩ *Garn aus zerrissenen Woll- oder Seidenlumpen, Reißgarn* [engl., weitere Herkunft unbekannt]

Sho|gun ⟨[ʃɔ-] m.1; früher jap. Titel für⟩ *Feldherr;* engl. Bez. für: *Schogun*

Shop ⟨[ʃɔp] m.9; engl. Bez. für⟩ *Laden, Geschäft*

Shop|ping-Cen|ter ⟨[ʃɔpiŋsɛntər] n.9; engl. Bez. für⟩ *Einkaufszentrum*

Shorts ⟨[ʃɔrts] nur Pl.⟩ *kurze Sommerhose* [engl., zu *short* „kurz"]

Short Sto|ry ⟨[ʃɔrt stɔri] f., -, - -s oder - -ries; engl. Bez. für⟩ *Kurzgeschichte, Kurznovelle*

Shor|ty ⟨[ʃɔrti] m.9⟩ *Schlafanzug mit kurzem Höschen (für Damen)* [zu Shorts]

Show ⟨[ʃou] f.9⟩ *Schau, Darbietung, Vorführung* [engl., zu *to show* „sehen lassen, zeigen"]

Show|down ⟨[ʃoudaun] n.9 oder m.9⟩ **1** ⟨Poker⟩ *Aufdecken der Karten* **2** ⟨in Wildwestfilmen⟩ *entscheidender Kampf zwischen den beiden Helden* **3** ⟨allg.⟩ *Macht-, Kraftprobe* [engl., < *to show* „zeigen" und *down* „hinunter"]

Show|ge|schäft ⟨[ʃou-] n., -(e)s, nur Sg.⟩ *mit öffentlichen Darbietungen verbundene Vergnügungs- und Unterhaltungsindustrie*

Show|man ⟨[ʃouman] m., -s, -men [-mən]⟩ *im Showgeschäft beschäftigte männliche Person*

Show|ma|ster ⟨[ʃoumaːstər] m.9⟩ *Conférencier bei einer Show* [< *Show* und engl. *master* „Meister, Lehrer"]

Shred|der ⟨[ʃrɛd-] m.5⟩ *Maschine zum Verschrotten von Autowracks* [engl., „Zerschneidemaschine, Reißwolf", zu *shred* „Fetzen, Schnitzel, Bruchstück", zu *to shred* „zerreißen, zerschneiden"]

Shrimp ⟨[ʃrimp] m.9; Handelsbez.⟩ *Garnele* [engl., < engl. „Garnele", < mengl. *shrimpe*, zu altengl. *scrimman* „biegen, (sich) krümmen, (sich) zusammenziehen"]

Shunt ⟨[ʃant] m.9⟩ *Vorschaltwiderstand zur Veränderung des Meßbereichs (z.B. eines Amperemeters)* [engl., zu *to shunt* „beiseite schieben, nebenschließen"]

Si ⟨chem. Zeichen für⟩ *Silicium*
Si|al ⟨n., -s, nur Sg.⟩ *oberster Teil der Erdkruste* [Kurzw. < *Silicium* und *Aluminium*, deren Verbindungen im Sial vorherrschen]
Sia|me|se ⟨m.11; veraltend⟩ → *Thai*
sia|me|sisch ⟨Adj., o.Steig.; veraltend⟩ → *thailändisch;* ~e *Zwillinge eineiige Zwillinge, die miteinander teilweise verwachsen sind*
Si|bi|lant ⟨m.10⟩ *Zischlaut, z.B. s, sch* [< lat. *sibilans,* Gen. *-antis,* Part. Präs. von *sibilare* „zischen"]
si|bi|risch ⟨Adj., o.Steig.⟩ *Sibirien betreffend, ihm gehörig, aus ihm stammend;* eine ~e *Kälte* ⟨scherzh.⟩
Si|byl|le ⟨f.11; im alten Griechenland⟩ *Wahrsagerin*
si|byl|li|nisch ⟨Adj., o.Steig.⟩ *weissagend, geheimnisvoll (wie eine Sibylle)*
sic! ⟨[sik] als Randbemerkung bei ungewöhnl. Ausdrücken oder Schreibungen im Text⟩ *wirklich so!* [lat.]
sich ⟨Reflexivpron., 3.Pers. Sg. und Pl.⟩ *s. beeilen; s. täuschen; s. verstecken; an s. eigentlich;* (nur) an s. denken; an s. halten *sich beherrschen;* etwas auf s. nehmen; das hat nichts auf s. *das bedeutet nichts;* aus s. herausgehen *gesprächig werden;* das ist eine Sache für s. *das ist eine eigene, andere Sache;* für s. sein wollen *allein sein wollen;* etwas hinter s. haben *etwas überstanden haben;* diese Sache hat es in s. *diese Sache enthält mehr, ist schwieriger, als man hineinsieht;* etwas von s. aus tun *etwas freiwillig tun;* etwas noch vor s. haben *etwas noch erledigen müssen,* etwas *noch nicht erwarten dürfen;* jmdn. bitten, zu kommen; (wieder) zu s. kommen *aus einer Ohnmacht erwachen*
Si|chel ⟨f.11⟩ **1** *der Sense ähnliches Gerät mit kurzem Stiel* **2** ⟨Jägerspr.⟩ *einzelne krumme Schwanzfeder des Birkhahns* [< lat. *secula* „Sichel", zu *secare* „schneiden"]
si|cheln ⟨V.1, hat gesichelt; mit Akk.⟩ *mit der Sichel mähen,* Gras s.
si|cher **I** ⟨Adj.⟩ **1** *ungefährdet, geschützt;* ein ~er Unterschlupf; hier bist du s.; Geld s. anlegen **2** *verbürgt, zuverlässig;* eine ~e Sache; etwas aus ~er Quelle wissen **3** *geübt, erfahren und daher vertrauenswürdig;* ein ~er Autofahrer; eine ~e Hand haben; er hat ein ~es Urteil **4** *aufgrund von Selbstbewußtsein ohne Hemmung, ohne Scheu, selbstsicher;* ~es Auftreten **5** *feststehend, zweifelsfrei, keinen Zweifel erlaubend;* der Sieg ist s.; sich einer Sache s. sein *fest glauben, daß sich eine Sache so und so verhält;* ich bin mir meiner Sache s.; ich bin mir nicht ganz s. *ich weiß es nicht genau* **II** ⟨Adv.⟩ **1** *wahrscheinlich, vermutlich;* das wird s. nicht leicht; er hat s. verschlafen; du hast s. nicht daran gedacht **2** *ganz gewiß; Kommst du auch wirklich?* S.!, Aber s.!; das weiß ich (ganz) s.
si|cher|ge|hen ⟨V.47, ist sichergegangen; o.Obj.⟩ *sich einer Sache vergewissern, um sicher zu sein;* ich will s., daß alles klappt
Si|cher|heit ⟨f.10⟩ **1** ⟨nur Sg.⟩ *sichere Beschaffenheit;* die S. dieses Verstecks; die S. seines Auftretens, seines Beweises behauptet; es verblüffend **2** ⟨nur Sg.⟩ *das Sichersein, Geschütztsein, Ungefährdetsein;* für jmds. S. sorgen; hier gibt mir das Gefühl der S. **3** ⟨nur Sg.⟩ *Bestimmtheit;* ich kann es nicht mit S. behaupten; ich habe mit aller S. erklärt, daß ... **4** *Bürgschaft, Pfand;* gewisse ~en fordern, geben
Si|cher|heits|glas ⟨n.4⟩ *splitterfreies Glas*
Si|cher|heits|gurt ⟨m.1; in Autos, Flugzeugen⟩ (am Sitz oder an der Seitenwand befestigter) *Gurt, den man sich um den Körper legt, um bei einem Unfall nicht vom Sitz geschleudert zu werden*
si|cher|heits|hal|ber ⟨Adv.⟩ *der Sicherheit* (2) *halber, um ganz sicher zu sein*
Si|cher|heits|na|del ⟨f.11⟩ *gebogene Nadel mit Verschluß (zum Zusammenhalten von Textilien)*
Si|cher|heits|rat ⟨m., -(e)s, nur Sg.⟩ *Organ der UNO, das sich besonders mit der Beilegung von Konflikten zwischen den Mitgliedsstaaten befaßt*
Si|cher|heits|ri|si|ko ⟨n., -s, -s oder -ken⟩ *Sache oder Person, die die Sicherheit gefährdet*
Si|cher|heits|schloß ⟨n.4⟩ *Schloß mit mehreren unter Federdruck stehenden Bügeln, die mit Hilfe eines entsprechend gezähnten Schlüssels gleichzeitig angehoben werden müssen*
Si|cher|heits|ven|til ⟨n.1⟩ *Ventil, das sich öffnet, wenn der zulässige Druck überschritten wird*
si|cher|lich ⟨Adv.⟩ *sicher, ganz bestimmt, gewiß;* es wird s. gutgehen
si|chern ⟨V.1, hat gesichert⟩ **I** ⟨mit Akk.⟩ **1** jmdn. oder etwas s. *sicher machen, schützen;* Menschen vor Gefahren s.; ein Kunstwerk gegen Diebstahl s.; Kinder durch Vorsichtsmaßnahmen s. **2** etwas s. **a** *fest verschließen;* eine Tür, einen Schrank mit einem Schloß, einem Riegel s. **b** *dafür sorgen, daß etwas nicht verändert wird;* die Polizei hat die Spuren gesichert **II** ⟨mit Dat. und Akk.⟩ jmdn. (oder seinen) Besitz bringen, dafür sorgen, daß jmd. (oder man selbst) etwas wirklich bekommt; ich habe mir Theaterkarten gesichert; ich habe dir einen Platz neben mir gesichert **III** ⟨o.Obj.; Jägerspr.⟩ *den Wind prüfen, lauschen (ob Gefahr droht);* das Reh sichert
si|cher|stel|len ⟨V.1, hat sichergestellt; mit Akk.⟩ **1** *dafür sorgen, daß etwas in genügender Menge vorhanden ist, daß etwas nicht gefährdet ist;* Reserven, Vorräte s.; die Versorgung der Bevölkerung s. **2** *in Sicherheit bringen, dafür sorgen, daß etwas unangetastet bleibt;* Beweismaterial, gefundenes Diebesgut s. **Si|cher|stel|lung** ⟨f., -, nur Sg.⟩
Si|che|rung ⟨f.10⟩ **1** ⟨nur Sg.⟩ *das Sichern;* zur S. seiner Stellung; zur S. der Nachkommenschaft **2** *Schutzmaßnahme, Maßnahme, um etwas zu sichern;* jmds. S. **3** ⟨Elektr.⟩ *Vorrichtung, die das Stromnetz bei Überlastung abschaltet;* bei dem ist eine S. durchgebrannt *der ist nicht verrückt* **4** ⟨an Schußwaffen⟩ *Hebel, der das unbeabsichtigte Auslösen eines Schusses verhindert* **5** *Vorrichtung, die das selbsttätiges Öffnen, Lösen eines Geräteteils verhindert*
Si|che|rungs|ver|wah|rung ⟨f., -, nur Sg.⟩ *Verwahrung (eines Verbrechers) über die Gefängnisstrafe hinaus zur Wahrung der öffentlichen Sicherheit*
Sich|ler ⟨m.5⟩ *Stelzvogel mit langem, sichelförmig gebogenem Schnabel*
Sicht ⟨f.10⟩ **1** ⟨nur Sg.⟩ *Möglichkeit, über weite Entfernung zu sehen;* von hier aus hat man gute, weite, schlechte S. **2** *Entfernung, über die hin man sehen kann;* der Hund ist mir außer S. gekommen; Land in S.! **3** *Gesichtswinkel;* aus meiner S. sieht das anders aus **4** ⟨nur Sg.⟩ *absehbare Zeit;* etwas auf lange, kurze S. planen **5** *das Vorzeigen, Vorlage;* Wechsel auf S.; der Wechsel ist zwei Wochen nach S. zahlbar
sicht|bar ⟨Adj., o.Steig.⟩ **1** *wahrnehmbar, erkennbar* **2** *etwas sichtbar machen* **2** *sichtlich, deutlich;* er hat sich s. gefreut **Sicht|bar|keit** ⟨f., -, nur Sg.⟩
sicht|bar|lich ⟨Adj.; †⟩ *sichtlich*
sich|ten ⟨V.2, hat gesichtet; mit Akk.⟩ **1** (in größerer Entfernung) *erblicken;* ein Schiff am Horizont s.; Land s. **2** *prüfend durchsehen;* Akten, Manuskripte s.; jmds. Nachlaß s.
Sicht|ge|schäft ⟨n.1⟩ *Geschäft mit bestimmten Fristen*
sich|tig ⟨Adj., o.Steig.; Seew.⟩ *klar;* ~es Wetter

...sich|tig ⟨in Zus.⟩ *auf eine bestimmte Art und Weise sehend, z.B. kurzsichtig, normalsichtig, weitsichtig*
sicht|lich ⟨Adj., o.Steig.; nur als Attr. und Adv.⟩ *deutlich, offenkundig;* mit ~em Unbehagen, Wohlbehagen; er hat sich s. gefreut; die Ruhe tut ihm s. gut
Sicht|li|nie ⟨f.11⟩ *Linie, von der ab eine Kreuzung, Straße o.ä. eingesehen werden kann*
Sicht|tag ⟨m.1⟩ *Tag, an dem etwas vorgezeigt, vorgelegt wird (z.B. ein Wechsel)*
Sich|tung ⟨f., -, nur Sg.⟩ *das Sichten*
Sicht|ver|merk ⟨m.1⟩ *Vermerk (im Paß) über die Erlaubnis zur Einreise in ein fremdes Land*
Sicht|wech|sel ⟨m.5⟩ → *Avistawechsel*
Sicht|wei|te ⟨f.11⟩ *Entfernung, bis zu der etwas noch gesehen oder erkannt werden kann;* außer S. kommen; in S. sein
Sicht|wer|bung ⟨f.10⟩ *Werbung an weithin sichtbarer Stelle (z.B. an Außenwänden oder Litfaßsäulen)*
Si|ci|lia|na ⟨[-tʃi-] f., -, -nen⟩ *langsamer Satz eines Musikstücks in wiegendem Rhythmus* [ital., eigtl. *danza siciliana* „sizilianischer Tanz"]
Si|ci|lia|no ⟨[-tʃi-] m., -(s), -s oder -ni⟩ *langsamer sizilianischer Hirtentanz*
Si|ci|li|enne ⟨[sisiliɛn] f.11; frz. Bez. für⟩ *Siciliano*
Sicke ⟨-k|k-; f.11⟩ *Randwulst, Randversteifung, bogenförmige Rille*
Sicker|gru|be ⟨-k|k-; f.11⟩ → *Senkgrube*
sickern ⟨-k|k-; V.1, ist gesickert; o.Steig.⟩ *dünn, langsam fließen,* Syn. ⟨landsch.⟩ *seigern;* Regen sickert durchs Dach; Blut sickert aus der Wunde, auf den Boden
Sicker|was|ser ⟨-k|k-; n., -s, nur Sg.⟩ *durchsickerndes Wasser (z.B. Wasser aus Niederschlägen, das das Grundwasser speist)*
Sic tran|sit glo|ria mun|di *so vergeht der Ruhm der Welt* [lat.]
Side|board ⟨[saidbɔːd] n.9⟩ *niedriger, breiter Schrank auf hohen Beinen (bes. für Geschirr)* [engl., eigtl. „Seitenbrett"]
si|de|risch[1] ⟨Adj., o.Steig.⟩ *zu den Fixsternen gehörig, auf die Fixsterne bezogen;* ~es *Jahr Sternenjahr* [< lat. *sidereus* „zu den Sternen gehörig", zu *sidus,* Gen. *sideris,* „Gestirn, Sternbild"]
si|de|risch[2] ⟨Adj., o.Steig.⟩ *aus Eisen bestehend; Siderisches Pendel Pendel, das (angeblich) in der Hand mancher Menschen über Wasser- oder Erzadern ausschlägt* [zu griech. *sideros* „Eisen"]
Si|de|rit ⟨m.1⟩ *(gelbes bis dunkelbraunes) Mineral, Eisencarbonat,* Syn. *Eisenspat, Spateisenstein* [zu griech. *sideros* „Eisen"]
Si|de|ro|lith ⟨m.1 oder m.10⟩ *eisenhaltiger Meteorit* [< griech. *sideros* „Eisen" und *...lith*]
Si|de|ro|sphä|re ⟨f., -, nur Sg.⟩ *innerster Teil der Erde, überwiegend aus Nickel und Eisen besteht* [< griech. *sideros* „Eisen" und *Sphäre*]
sie **I** ⟨Pers.pron., 3.Pers. Sg. f.⟩ s. wird bald kommen; er ist Architekt, und s. ist Malerin *seine Frau, seine Freundin;* ein Er und eine Sie ⟨ugs., scherzh.⟩ *ein Mann und eine Frau* **II** ⟨Pers.pron., 3.Pers. Pl. m., f., n.⟩ s. werden bald kommen; ⟨ugs. als Bez. für Personen, die man nicht kennt, bes. im behördl. oder polit. Bereich⟩ hier wollen s. im Schwimmbad bauen *hier wollen die Behörden ein Schwimmbad bauen*
Sie ⟨Pers.pron.⟩ **1** ⟨als Anrede für eine Person oder für Personen, zu der bzw. zu denen man nicht „du" sagen kann⟩ S. müssen noch einen Augenblick warten; per S. sein; zu jmdm. S. sagen **2** ⟨†; Anrede für eine Untergebene⟩ das wird S. schön bleiben lassen; geh S. und sehe S. nach!
Sieb ⟨n.1⟩ **1** *schüsselähnliches Gerät mit*

durchlöchertem Boden, mit dem feste Stoffe von Flüssigkeiten getrennt werden (Nudel~, Tee~) **2** *ähnliches Gerät, dessen Unterseite aus Geflecht besteht, mit dem Stoffe unterschiedlicher Korngrößen getrennt werden; Kies und Sand durch ein S. trennen* **3** 〈*Siebdruck*〉 *Druckform aus sehr feiner Gaze*

Sieb|**bein** 〈n.1〉 *durchlöcherter Schädelknochen, der die Stirn- von der Nasenhöhle trennt*

Sieb|**druck** 〈m.1〉 *Druckverfahren, bei dem die Farbe durch ein Sieb (3) gepreßt wird;* Syn. *Serigraphie*

sie|**ben**[1] 〈V.1, hat gesiebt〉 **I** 〈mit Akk.〉 *durch ein Sieb schütten, laufen lassen; Mehl, Sand s.* **II** 〈o.Obj.; übertr.〉 *fähige von unfähigen Personen trennen, einwandfreie von fehlerhaften Gegenständen trennen; vor den Prüfungen wird noch einmal gründlich gesiebt werden schlechte Schüler ausgesondert*

sie|**ben**[2] 〈Num.〉 *Schreibung in Buchstaben für;* **7**; *Ableitungen und Zus. vgl. acht; die Sieben Weltwunder* (→ *Weltwunder*); *die sieben Freien Künste* → *frei*

Sie|**ben** 〈Num.〉 *die Ziffer 7; die böse S.* 〈im Volksglauben〉 *Unglückszahl [nach einer alten dt. Spielkarte mit der Zahl 7, die alle anderen stach und die das Bild eines alten Weibes trug]*

Sie|**ben**|**mei**|**len**|**stie**|**fel** 〈Pl.; im Märchen〉 *Stiefel, in denen man sieben Meilen mit einem Schritt zurücklegt; mit ~n* 〈ugs.〉 *sehr schnell*

Sie|**ben**|**mo**|**nats**|**kind** 〈n.3〉 *nach siebenmonatiger Schwangerschaft geborenes Kind*

Sie|**ben**|**punkt** 〈m.1〉 *roter Marienkäfer mit sieben schwarzen Punkten*

Sie|**ben**|**sa**|**chen** 〈nur Pl.; ugs.〉 *Habseligkeiten, kleines Gepäck*

Sie|**ben**|**schlä**|**fer** 〈m.5〉 **1** 〈nur Sg.〉 *der 27. Juni als Lostag (nach altem Volksglauben regnet es sieben Wochen lang täglich etwas, wenn es an diesem Tag regnet) [nach einer Legende von sieben Brüdern, die, als Christen verfolgt, in einer Höhle verborgen fast 200 Jahre lang geschlafen haben]* **2** *eichhörnchengroße, hell blaugraue Schlafmaus [nach dem langen Winterschlaf]*

Sie|**ben**|**schritt** 〈m., -(e)s, nur Sg.〉, **Sie**|**ben**|**sprung** 〈m., -(e)s, nur Sg.〉 *ein deutscher Volkstanz*

Sie|**ben**|**tel** 〈n.5〉 *der siebente Teil;* auch: *Siebtel;* vgl. *Achtel*

sie|**ben**|**te(r, -s)** 〈Num.〉 auch: *siebte(r, -s); Schreibung* → *erste(r, -s)*

Sieb|**ket**|**te** 〈f.11〉 *elektrische Kettenschaltung, die nur einen vorgegebenen Frequenzbereich durchläßt*

Sieb|**tel** 〈n.5〉 → *Siebentel*

sieb|**te(r, -s)** 〈Num.〉 → *siebente(r, -s)*

sieb|**zehn** 〈Num.; Schreibung in Buchstaben für〉 **17**; vgl. *achtzehn*

Sieb|**zehn**|**und**|**vier** 〈n., -, nur Sg.〉 *ein Kartenglücksspiel*

sieb|**zig** 〈Num.; Schreibung in Buchstaben für〉 **70**; vgl. *achtzig*

siech 〈Adj.; geh.〉 *lange krank und gebrechlich*

sie|**chen** 〈V.1, hat gesiecht; o.Obj.〉 *siech sein,* 〈meist〉 *dahinsiechen; der Kranke siecht nur noch*

Sie|**de** 〈f.11〉 *gesottenes Viehfutter*

sie|**deln** 〈V.1, hat gesiedelt; o.Obj.〉 *sich auf einem Stück Land niederlassen und eine Wohnstätte gründen; dort haben schon Germanen gesiedelt*

sie|**den** 〈V.2, hat gesiedet, hat gesotten〉 **I** 〈o.Obj.〉 *den Siedepunkt erreicht haben und Blasen werfen, sprudeln; das Wasser siedet; die Suppe ist ~d heiß; es überlief mich ~d heiß ich erschrak bis ins Innerste* **II** 〈mit Akk.〉 〈in Flüssigkeit, die den Siedepunkt erreicht hat, gar machen〉; *Fleisch s.*

Sie|**de**|**punkt** 〈m.1〉 *Temperatur, bei der ein Stoff durch Sieden vom flüssigen in den gasförmigen Zustand übergeht*

Sied|**fleisch** 〈n., -(e)s, nur Sg.; schwäb., schweiz.〉 *gekochtes Fleisch*

Sied|**ler** 〈m.5〉 **1** *jmd., der siedelt, Kolonist* **2** 〈landsch.〉 *Kleingärtner*

Sied|**lung** 〈f.10〉 **1** *Gruppe gleichartiger Wohnhäuser (meist mit kleinem Garten, am Rand von Großstädten)* **2** *Bewohner einer Siedlung (1), die ganze S. war entrüstet* **3** *menschliche Niederlassung mit Häusern und Stallungen; eine römische S.*

Sieg 〈m.1〉 *entscheidender Erfolg in einem Kampf oder Wettbewerb; ein knapper, leichter S; einen schweren S. errungen haben; den S. davontragen siegen; auf S. spielen* 〈Sport〉 *unbedingt gewinnen wollen*

Sie|**gel** 〈n.5〉 **1** *Instrument, das dazu dient, in einer weichen Masse einen Abdruck (als Zeichen) zu hinterlassen* **2** *mit Siegellack hergestellter Verschluß eines Briefes o.ä.; ein S. erbrechen, öffnen; das ist mir ein Buch mit sieben ~n das ist mir völlig unverständlich; etwas unter dem S. der Verschwiegenheit erzählen jmdm. etwas erzählen unter der Bedingung, daß er es nicht weitererzählt* **3** *Abdruck eines Stempels (Amts~, Dienst~)*

Sie|**gel**|**baum** 〈m.2〉 → *Sigillaria*

Sie|**gel**|**be**|**wah**|**rer** 〈m.5; im MA〉 *hoher Staatsbeamter, der das Staatssiegel aufbewahrte*

Sie|**gel**|**kun**|**de** 〈f., -, nur Sg.〉 *Wissenschaft von den Siegeln (2);* Syn. *Sphragistik*

Sie|**gel**|**lack** 〈m.1〉 *rotes, schmelzbares Harz zum Siegeln*

sie|**geln** 〈V.1, hat gesiegelt; mit Akk.〉 *mit Siegel verschließen; einen Brief s.*

Sie|**gel**|**ring** 〈m.1〉 *Fingerring mit graviertem Stein, der als Siegel (1) verwendet werden kann*

Sie|**gel**|**zy**|**lin**|**der** 〈m.5〉 → *Rollsiegel*

sie|**gen** 〈V.1, hat gesiegt; o.Obj.〉 *den Sieg erringen, einen Kampf, Wettkampf gewinnen; er hat gesiegt; er hat im Weitsprung gesiegt; über jmdn. s.; sein Humor siegte über seinen Zorn* 〈übertr.〉

Sie|**ger** 〈m.5〉 *jmd., der in einem Kampf oder Wettkampf gesiegt hat*

Sie|**ger**|**kranz** 〈m.2〉 *Lorbeerkranz, der einem Sieger umgehängt wird*

sie|**ges**|**be**|**wußt** 〈Adj., o.Steig.〉 → *siegessicher*

sie|**ges**|**ge**|**wiß** 〈Adj., o.Steig.〉 → *siegessicher*

Sie|**ges**|**säu**|**le** 〈f.11〉 *Säule, die zur Erinnerung an einen Sieg errichtet worden ist*

sie|**ges**|**si**|**cher** 〈Adj., o.Steig.〉 *sicher, daß man siegen wird;* Syn. *siegesbewußt, siegesgewiß*

sieg|**reich** 〈Adj.〉 **1** *gesiegt habend; die ~e Armee* **2** *reich an Siegen, oft gesiegt habend; ein ~er Wettkämpfer*

Sieg|**wurz** 〈f., -, nur Sg.〉 → *Gladiole*

Siel 〈m.1 oder n.1〉 **1** *unterirdischer Abwasserkanal* **2** *kleine Deichschleuse* [nddt.]

Sie|**le** 〈f.11〉 *Zuggeschirr am Sielengeschirr; in den ~n sterben* 〈übertr.〉 *mitten in der (schweren) Arbeit sterben*

sie|**len** 〈V.1, hat gesielt; refl.〉 *sich s. sich mit Behagen wälzen; der Hund sielt sich im Gras; die Kinder s. sich auf dem Teppich, in den Sofakissen [Nebenform von suhlen]*

Sie|**len**|**ge**|**schirr** 〈n.1〉, **Sie**|**len**|**zeug**, **Siel**|**zeug** 〈n., -(e)s, nur Sg.〉 *Pferdegeschirr mit breitem Brustblatt*

Sie|**mens** 〈n., -, -〉; Zeichen: **S** *Einheit für den elektrischen Leitwert [nach dem Ingenieur und Unternehmer Werner von Siemens]*

sie|**na** [[siɛ̯-]] 〈Adj., o.Dekl.〉 *rotbraun [nach der rotbraunen Erde um die ital. Stadt Siena]*

Sie|**na** [[siɛ̯-]] 〈n., -s, nur Sg.〉 *rotbraune Farbe*

Si|**er**|**ra** 〈f., -, -s oder -ren; in spanischsprachigen Gebieten〉 *Gebirgszug, Gebirgskette* [span., eigtl. „Säge"]

Sie|**sta** [[siɛ̯-]] 〈f., -, -sten〉 *Mittagsruhe*

[< ital., span. *siesta* „Mittagsruhe", < lat. *hora sexta* „sechste Stunde" (nach Sonnenaufgang)]

sie|**zen** 〈V.1, hat gesiezt; mit Akk.〉 *mit „Sie" anreden*

Sif|**flet** 〈-[flɛ] n.9〉, **Sif**|**flö**|**te** 〈f.11〉 *kleines Orgelregister, Flötenzug* [< frz. *sifflet* „Pfeife", zu *siffloter* „halblaut pfeifen, vor sich hin pfeifen", zu *siffler* „pfeifen"]

Si|**gel** 〈n.5〉 *Wortkürzungs-, Abkürzungszeichen (z.B. in der Kurzschrift);* Syn. *Sigle* [< lat. *sigillum* „kleine Figur, Zeichen, Spur", Verkleinerungsform von *signum* „Zeichen"]

Sight|**see**|**ing** [[saitsiːiŋ]] 〈n., -s, nur Sg.; engl. Bez. für〉 *Besichtigung von Sehenswürdigkeiten* [< engl. *sight* „Sehenswürdigkeit, Schauspiel, Anblick", eigtl. „das Sehen, Sicht", und *to see* „sehen"]

Si|**gil**|**la**|**rie** 〈[-riə] f.11〉 *ein Bärlappbaum des Devons, Karbons und Perms;* Syn. *Siegelbaum* [< lat. *sigillum* „Bildchen, Siegel", über *sigulum zu signum* „Bild, Zeichen"; *der Stamm des Baumes ist in dichten Reihen mit regelmäßigen, sechseckigen oder rundlichen Blattpolstern besetzt, die an Siegelabdrücke erinnern*]

Si|**gle** 〈f.11〉 → *Sigel* [frz.]

Sig|**ma** 〈n.9; Zeichen: σ, ς, Σ〉 *achtzehnter Buchstabe des griechischen Alphabets*

sign. 〈Abk. für〉 *signatum*

Sig|**na** 〈Pl. von〉 *Signum*

Si|**gnal** 〈auch [siŋnal] n.1〉 **1** *Zeichen mit festgelegter Bedeutung* **2** *Warnzeichen* **3** *Träger einer Information; ein Schlüsselreiz als S.; ein digitales S.* [< frz. *signal* „weithin wahrnehmbares Zeichen", zu *signe* „Zeichen, Schriftzeichen", < lat. *signum* „Zeichen"]

Si|**gna**|**le**|**ment** 〈[-mã] n.9, österr., schweiz. [-ment] n.1〉 *kurze Personenbeschreibung* [frz.]

Si|**gnal**|**flag**|**ge** 〈f.11; Seew.〉 *Flagge zum Zeichengeben nach einem im Signalbuch festgelegten Kode*

Si|**gnal**|**gast** 〈m.12〉 *Matrose, der die Signalflaggen bedient*

Si|**gnal**|**horn** 〈n.4〉 *Horn zum Blasen von Signalen (z.B. Jagdhorn, Posthorn)*

si|**gna**|**li**|**sie**|**ren** 〈V.3, hat signalisiert; mit Akk.〉 **1** *durch Signal(e) mitteilen, übermitteln; eine Nachricht s.; jmds. Kommen s.* **2** 〈übertr.〉 *ankündigen, durch Nachricht mitteilen; er hat seine Ankunft signalisiert*

Si|**gna**|**tar**|**macht** 〈f.2〉 *Macht, die einen Vertrag unterzeichnet (hat)*

si|**gna**|**tum** 〈Abk.: sign.〉 *unterzeichnet* [lat.]

Si|**gna**|**tur** 〈f.10〉 **1** *Zeichen, meist Buchstabe(n) oder Zahl(en)* **2** *abgekürzter Namenszug (bei Unterschriften)* **3** *(auf Landkarten) bildliches Zeichen zur Darstellung bestimmter Gegenstände, Kartenzeichen* **4** 〈Buchw.〉 *laufende Nummer auf der ersten Seite eines Druckbogens hinten unten* **5** 〈Buchw.〉 *Kerbe, Einschnitt am Fuß einer Letter* **6** 〈Bibl.〉 *Kennzeichen eines Buches, Buchnummer* [< mlat. *signatura* „Siegelzeichen, Unterschrift", zu lat. *signum* „Zeichen"]

Si|**gnet** 〈[sinje] oder [sinjɛt] oder [signet] n.9〉 **1** *Zeichen einer Druckerei oder eines Verlages* **2** *Schutzmarke, Warenzeichen* [< mlat. *signetum* „Stempel", zu lat. *signum* „Zeichen"]

si|**gnie**|**ren** 〈auch [siɲi-] V.3, hat signiert; mit Akk.〉 *mit einem Zeichen, mit dem Namenszug, mit seinem Signum versehen; ein Schriftstück s.; ein Buch s. in einem Buch seinen Namen schreiben (als Verfasser); ein von Picasso signiertes Bild* [< lat. *signare* „mit einem Zeichen", bes. „Siegel", „versehen", zu *signum* „Zeichen, Kennzeichen, Siegel, Bild"]

si|**gni**|**fi**|**kant** 〈Adj., -er, am -esten〉 *bezeichnend, bedeutsam* [< lat. *significans*, Gen. *-an-*

tis, Part. Präs. von *significare* ,,ein Zeichen geben, anzeigen, äußern, merken lassen", < *signum* ,,Zeichen" und *...ficare* (in Zus. für *facere*) ,,machen"]

Si|gnor ⟨[sinjor] m.⟩ ital. Anrede vor dem Namen; *Herr*; vgl. *Signore*

Si|gno|ra ⟨[sinjo:] f., -, -re⟩ ital. Anrede, alleinstehend oder vor dem Namen; *Frau, Dame*

Si|gno|re ⟨[sinjorə] m., -s, -ri⟩ ital. Anrede ohne Namen; *Herr*; vgl. *Signor*

Si|gno|ria ⟨[sinjo:] f., -, -rie [-riə] oder eindeutschend -rien; in den ital. Stadtstaaten⟩ *oberste Behörde, Rat der Stadt*

Si|gno|ri|na ⟨[sinjorina] f., -, -ne⟩ ital. Anrede, alleinstehend oder vor dem Namen; *Fräulein*

Si|gnum ⟨n., -s, -gna⟩ **1** *Zeichen, Kennzeichen* **2** (bei Unterschriften) *abgekürzter Name* [lat., ,,Zeichen"]

Si|grist ⟨auch [si-] m.10; †, noch schweiz.⟩ *Küster, Mesner* [< mhd. *sigriste* < ahd. *sigristo* < mlat. *sacrista* ,,Mönch, dem die Aufsicht über die Klosterkirche obliegt, Küster", zu lat. *sacrum* ,,Heiligtum, Gottesdienst"]

Sikh ⟨m.9⟩ *Anhänger des Sikhismus*

Si|khis|mus ⟨m., -, nur Sg.⟩ *indische, militärisch organisierte Religionsgemeinschaft im Pandschab*

Sik|ka|tiv ⟨n.1⟩ *Trockenmittel für Ölfarben* [< lat. *siccativus* ,,trocknend"]

Si|la|ge ⟨[-ʒə] f.11⟩ **1** *Einbringen von Grünfutter in den Silo* **2** *im Silo aufbewahrtes Grünfutter*; Syn. *Gärfutter* [< frz. *ensilage*, eigtl. *ensilotage* ,,Einbringen (von Korn) in Silos"]

Sil|be ⟨f.11⟩ *aus mehreren Lauten bestehende, abgegrenzte Einheit, die entweder Teil eines Wortes ist oder selbst ein Wort bildet*; eine kurze, lange S.; es wurde mit keiner S. erwähnt, daß ... es wurde überhaupt nicht davon gesprochen, daß ...

Sil|ben|rät|sel ⟨n.5⟩ *Rätsel, bei dem aus vorgegebenen Silben Wörter gebildet werden müssen*

Sil|ben|schrift ⟨f.10⟩ *Schrift, deren Zeichen für Silben stehen (nicht für Buchstaben oder Wörter) (z.B. die japanische Schrift);* vgl. *Begriffsschrift, Bilderschrift, Buchstabenschrift, Lautschrift*

Sil|ben|ste|cher ⟨m.5; †⟩ →*Wortklauber*

Sil|ben|tren|nung ⟨f.10⟩ *Trennung eines Wortes nach Silben (z.B. am Zeilenende)*

Sil|ber ⟨n., -s, nur Sg.⟩ **1** ⟨Zeichen: Ag⟩ *weißglänzendes Edelmetall* **2** ⟨ugs.⟩ *Tafelsteck oder Tafelgeschirr daraus;* S. putzen **3** ⟨veraltend⟩ →*Silbergeld*

Sil|ber|blick ⟨m., -(e)s, nur Sg.; ugs.⟩ *leichtes Schielen*

Sil|ber|braut ⟨f.2⟩ *Ehefrau am Tag ihrer silbernen Hochzeit*

Sil|ber|bräu|ti|gam ⟨m.1⟩ *Ehemann am Tag seiner silbernen Hochzeit*

Sil|ber|dis|tel ⟨f.11⟩ *distelähnlicher Korbblütler mit silbrig glänzenden Hüllblättern;* Syn. *Eberwurz*

Sil|ber|fisch|chen ⟨n.7⟩ *(u.a. an feuchten Stellen in Wohnräumen zu beobachtendes) flügelloses Urinsekt mit silbrig beschupptem Körper*

Sil|ber|fuchs ⟨m.2⟩ **1** *(im nördlichen Nordamerika vorkommende) Farbvariante des Rotfuchses mit schwarzem, an den Spitzen weißem Grannenhaar* **2** *dessen Pelz*

Sil|ber|geld ⟨n., -(e)s, nur Sg.; ugs.⟩ *(höheres) Hartgeld, Münzen;* auch ⟨veraltend⟩ *Silber*

Sil|ber|glanz ⟨m.1⟩ **1** ⟨nur Sg.; poet.⟩ *silberner Glanz* **2** *silberhaltiges Mineral (bes. Argentit und Akanthit)*

sil|ber|grau ⟨Adj., o.Steig.⟩ *grau mit silbernem Schimmer*

Sil|ber|haar ⟨n., -(e)s, nur Sg.; poet.⟩ *silbergraues Haar*

sil|ber|hell ⟨Adj.; poet.⟩ **1** *glänzend, klar;* ~es Bächlein **2** *hell, angenehm;* ~es Lachen

Sil|ber|hoch|zeit ⟨f.10⟩ *25. Wiederkehr des Hochzeitstages*

sil|be|rig ⟨Adj.⟩ →*silbrig*

Sil|ber|ling ⟨m.1; im NT⟩ *silberne Münze*

Sil|ber|lö|we ⟨m.11; veraltend⟩ →*Puma*

Sil|ber|mö|we ⟨f.11⟩ *große Küstenmöwe mit hellgrauer Oberseite*

sil|bern ⟨Adj., o.Steig.⟩ **1** *aus Silber;* eine ~e Münze; ein ~er Armreif; vgl. *Hochzeit* **2** *wie Silber;* s. glänzen; das ~e Licht des Mondes ⟨poet.⟩ **3** *hell und metallisch;* ~er Klang

Sil|ber|pa|pier ⟨n., -s, nur Sg.; ugs.⟩ *Aluminiumfolie, Stanniol*

Sil|ber|pap|pel ⟨f.11⟩ *Pappel mit unterseits weißfilzigen (silbrigen) Blättern*

Sil|ber|stift ⟨m.1⟩ *Zeichenstift mit silberner Spitze (zum Zeichnen auf besonders präpariertem Papier)*

Sil|ber|strei|fen ⟨m.7⟩ *silberner Streifen;* ⟨meist in der Wendung⟩ ein S. am Horizont *ein Anlaß zur Hoffnung*

Sil|ber|strich ⟨m.1⟩ →*Kaisermantel*

Sil|ber|wäh|rung ⟨f.10⟩ **1** *Währung, die durch Silber (1) gedeckt ist* **2** *Währung mit Silbermünzen*

sil|ber|weiß ⟨Adj., o.Steig.⟩ *weiß mit silbernem Schimmer*

Sil|ber|zeug ⟨n., -s, nur Sg.; ugs.⟩ *silbernes Geschirr und Besteck*

...sil|big ⟨in Zus.⟩ *aus einer bestimmten oder unbestimmten Zahl von Silben bestehend, z.B. dreisilbig, mehrsilbig, vielsilbig*

...sil|ber, ...sil|bner ⟨in Zus.⟩ *Vers mit einer bestimmten Anzahl von Silben, z.B. Achtsilber, Achtsilbner*

sil|brig ⟨Adj., o.Steig.⟩ auch: *silberig* **1** *silbern glänzend* **2** *hoch und angenehm klingend;* ~es Lachen

Sild ⟨m.1⟩ *in Kräutermarinade eingelegter junger Hering* [norweg.]

Si|len ⟨m.1; griech. Myth.⟩ **1** *dicker, trunkener Begleiter des Dionysos* **2** *alter Satyr, meist mit Bocksbeinen, stumpfer Nase und Glatze*

Si|len|ti|um ⟨n.; nur als Ausruf⟩ *S.! Schweigen!, Ruhe!* (oder in der Wendung) *S. gebieten Ruhe gebieten* [lat., ,,Stille, Schweigen", zu *silere* ,,still sein, schweigen"]

Sil|hou|et|te ⟨[silueˈtə] f.11⟩ →*Schattenriß* [nach dem frz. Finanzminister Etienne de Silhouette (1709-1767), der sich durch seine Sparmaßnahmen unbeliebt machte, so daß man alles, was armselig und dürftig war, *à la Silhouette* nannte; z.B. bezeichnete man die Schattenrisse, die damals anstelle der kostspieligen gemalten Bildnisse in Mode kamen und für armselige Porträts galten, als *portraits à la Silhouette* und dann kurz als *silhouettes*]

sil|hou|et|tie|ren ⟨[siluet-] V.3, hat silhouettiert; mit Akk.⟩ *in einer Silhouette darstellen, als Silhouette zeichnen oder schneiden*

Si|li|ca|gel ⟨n., -s, nur Sg.; österr.⟩ *glasharte Körnchen aus Siliciumdioxid (z.B. als Trockenmittel für Gase)* [< lat. *silex*, Gen. *silicis*, ,,Kiesel" und *Gel*]

Si|li|cat ⟨n.1⟩ *Salz der Kieselsäure* [zu *Silicium*]

Si|li|ci|um ⟨n., -s, nur Sg.; Zeichen: Si⟩ *(grau bis schwarz gefärbtes) metallisch glänzendes, hartes chemisches Element* [< lat. *silex*, Gen. *silicis*, ,,Kiesel", da es beim Verbrennen in Kieseloxid übergeht]

Si|li|con ⟨n.1⟩ *sehr beständiger Kunststoff* [zu *Silicium*, einem der Ausgangsprodukte]

Si|li|co|se ⟨f.11⟩ *Erkrankung der Lunge durch ständig eingeatmeten kieselsäurehaltigen Staub (z.B. bei Glasschleifern)* [zu lat. *silex*, Gen. *silicis*, ,,Kiesel"]

si|lie|ren ⟨V.3, hat siliert; mit Akk.⟩ *im Silo in verschiedenen Wachstumsschichten einstampfen;* Gras, Grünfutter s.

Si|li|fi|ka|ti|on ⟨f., -, nur Sg.⟩ *Verkieselung*

si|li|fi|zie|ren ⟨V.3, hat silifiziert; mit Akk.⟩ *verkieseln* [< *Silicium* und lat. *...ficare* (in Zus. für *facere*) ,,machen"]

Si|lo ⟨m.9, auch n.9⟩ *großer, röhrenförmiger Speicher für Schüttgüter (z.B. Gärfutter, Getreide, Zement)* [< span. *silo* < lat. *sirus* ,,unterirdische, luftdicht verschlossene Getreidekammer", < spätgriech. *siros* in ders. Bed. sowie allg. ,,Loch, Grube"]

Si|lur ⟨n., -s, nur Sg.⟩ *eine mittlere Formation des Paläozoikums*; Syn. ⟨†⟩ *Gotlandium* [nach dem vorkelt. Volksstamm der *Silurer* in Wales]

Sil|va|ner ⟨m.5⟩ Syn. ⟨österr.⟩ *Zierfandler* **1** ⟨nur Sg.⟩ *eine weiße Traubensorte* **2** *daraus hergestellter Wein*

Sil|ves|ter ⟨n., -s, nur Sg.⟩ *letzter Tag des Jahres, 31.Dezember* [nach dem Papst (und Heiligen) *Silvester I.* (314-335), dessen Namenstag der 31.Dezember ist]

Si|ma¹ ⟨f., -, -s oder -men; an antiken Tempeln⟩ *Regenrinne, Traufe* [lat., ,,Rinnleiste"]

Si|ma² ⟨n., -s, nur Sg.⟩ *vorwiegend aus Silicium- und Magnesiumverbindungen aufgebaute Magmazone unter der Erdkruste* [Kurzw. < *Silicium* und *Magnesium*]

Si|mi|li ⟨n.9 oder m.9⟩ *Nachahmung (von Edelsteinen)* [< lat. *similis* ,,ähnlich"]

Sim|mer|ring ⟨m.1; Wz.⟩ *Ring zum Dichten von Wellenlagerungen, Rollenlagern u.a.* [nach dem Ingenieur W. *Simmer*]

Si|mo|nie ⟨f.11⟩ **1** *Kauf und Verkauf von geistlichen Ämtern* **2** *Erschleichung eines Amtes* [nach *Simon*, dem Magier, der in Samarien als Zauberer umherzog und laut Apostelgeschichte 8, 5-24 von Petrus und Johannes die Macht, Wunder zu tun, für Geld kaufen wollte, von Petrus jedoch zurückgewiesen wurde]

si|mo|nisch, si|mo|ni|stisch ⟨Adj., ohne Steig.⟩ *auf Simonie beruhend*

sim|pel ⟨Adj., simpler, am -sten⟩ **1** *sehr einfach, so einfach, daß es ohne geistige Anstrengung zu begreifen, zu bewältigen ist;* eine simple Erklärung; eine simple Aufgabe; das Buch ist s. geschrieben; einen Sachverhalt auf eine simple Formel bringen **2** *einfach und anspruchslos;* in s. gemaltes Bild **3** *geistig anspruchslos, beschränkt;* sie ist ein wenig s. [< lat. *simplex*, Gen. *simplicis*, ,,einfach, schlicht, aufrichtig, unbefangen, harmlos"]

Sim|pel ⟨m.5; süddt.⟩ *Einfaltspinsel, Dummkopf*

Sim|pla ⟨Pl. von⟩ *Simplum*

Sim|plex ⟨n., -(es), -e oder -plizia⟩ *einfaches, nicht zusammengesetztes Wort, z.B. Kind, Freundschaft;* Ggs. *Kompositum* [< lat. *simplex*, ,,aus einem Teil, einfach", < *semel* ,,einmal" und *plaga* ,,Fläche"]

sim|pli|ci|ter ⟨Adv.; †⟩ *schlechthin* [lat.]

Sim|pli|fi|ka|ti|on ⟨f.10⟩ *das Simplifizieren, zu starke Vereinfachung*

sim|pli|fi|zie|ren ⟨V.3, hat simplifiziert; mit Akk.⟩ *zu sehr vereinfachen;* einen Sachverhalt s. [< *simpel* und lat. *...ficare* (in Zus. für *facere*) ,,machen"]

Sim|pli|zia ⟨Pl. von⟩ *Simplex*

Sim|pli|zia|de ⟨f.11⟩ *Nachahmung des Romans ,,Simplicissimus" von Grimmelshausen, Roman um einen einfältigen Menschen im Getriebe der Welt*

Sim|pli|zi|tät ⟨f., -, nur Sg.⟩ *Einfachheit, Einfalt* [< lat. *simplicitas*, Gen. *-atis*, ,,Einfachheit", zu *simplex* ,,einfach"]

Sim|plum ⟨n., -s, -pla; Wirtsch.⟩ *einfacher Steuersatz*

Sims ⟨m.1 oder n.1⟩ **1** →*Gesims* **2** *Mauervorsprung unter dem Fenster (Fenster~)* **3** *Wandbrett*

Sim|se ⟨f.11⟩ *binsenähnliches Riedgras (Hain~, Wald~)*

Si|mu|lant ⟨m.10⟩ *jmd., der eine Krankheit simuliert*

Si|mu|la|ti|on ⟨f.10⟩ *Vortäuschung (einer*

Simulator

Krankheit); Ggs. *Dissimulation* [zu *simulieren*]

Si|mu|la|tor ⟨m.13⟩ *Apparat, in dem zu Lehr- und Trainingszwecken Bedingungen hergestellt werden können, wie sie in der Natur gegeben sind (Flug~)* [zu *simulieren*]

si|mu|lie|ren ⟨V.3, hat simuliert⟩ I ⟨mit Akk.⟩ **1** *vortäuschen;* Ggs. *dissimulieren;* eine Krankheit s. **2** *unter künstlich herbeigeführten Bedingungen ablaufen lassen, herstellen;* einen technischen Vorgang s.; den Zustand der Schwerelosigkeit s. II ⟨o.Obj.⟩ *sich verstellen, so tun, als ob,* ⟨bes.⟩ *so tun, als sei man krank;* er simuliert nur

si|mul|tan ⟨Adj., o.Steig.⟩ *gemeinsam, gleichzeitig* [< mlat. *simultaneus* „gleichzeitig", zu lat. *simultas* „Wettstreit", zu *simul* „zugleich"]

Si|mul|tan|büh|ne ⟨f.11; MA⟩ *Bühne, die mehrere Spielorte neben- oder übereinander andeutet und dadurch ein Spiel ohne Szenenwechsel oder an mehreren Orten zugleich ermöglich*

Si|mul|tan|dol|met|scher ⟨m.5⟩ *Dolmetscher, der einen Text sofort Satz für Satz übersetzt*

Si|mul|ta|nei|tät ⟨[-ne|i-] f., -, nur Sg.⟩ *Gleichzeitigkeit, Gemeinsamkeit;* auch: *Simultanität*

Si|mul|ta|ne|um ⟨n., -s, nur Sg.⟩ *Nutzungsrecht an kirchlichen Einrichtungen für Angehörige verschiedener Bekenntnisse*

Si|mul|ta|ni|tät ⟨f., -, nur Sg.⟩ → *Simultaneität*

Si|mul|tan|kir|che ⟨f.11⟩ *Kirche, die von Angehörigen verschiedener Bekenntnisse benutzt wird*

Si|mul|tan|schu|le ⟨f.11⟩ → *Gemeinschaftsschule*

Si|mul|tan|spiel ⟨n.1⟩ *Schachspiel gegen mehrere Partner gleichzeitig*

sin ⟨Zeichen für⟩ *Sinus*

si|ne an|no ⟨Abk.: s.a.; Vermerk in bibliograph. Angaben, wenn das Erscheinungsjahr des Buches nicht angegeben ist⟩ *ohne Jahr* [lat.]

si|ne ira et stu|dio *ohne Haß oder Vorliebe, sachlich;* etwas s.i.e.s. *vortragen, erklären* [lat., „ohne Zorn und Eifer"]

Si|ne|ku|re ⟨f.11⟩ *Pfründe ohne Amtspflichten, einträgliches, müheloses Amt* [< lat. *sine cura* „ohne Sorge", d.h. „ohne Amtssorgen"]

si|ne lo|co ⟨Abk.: s.l.; Vermerk in bibliograph. Angaben, wenn der Erscheinungsort des Buches nicht angegeben ist⟩ *ohne Ort* [lat.]

si|ne lo|co et an|no ⟨Abk.: s.l.e.a.; Vermerk in bibliograph. Angaben⟩ *ohne Ort und Jahr* [lat.]

si|ne tem|po|re ⟨Abk.: s.t.; bei Zeitangaben für Vorlesungen an Hochschulen⟩ *ohne akademisches Viertel, pünktlich;* Ggs. *cum tempore;* die Vorlesung beginnt um 9 Uhr s.t. [lat., „ohne Zeit"]

Sin|fo|nie ⟨f.11⟩ *mehrsätziges Musikstück für Orchester;* auch: *Symphonie* [< griech. *symphonia* „musikalischer Einklang, Übereinstimmung" ⟨spätgriech.⟩ „Musik, Sinfonie", < *sym...* (in Zus. vor ph für *syn...*) „zusammen, zugleich" und *phonein* „tönen, schallen"]

Sin|fo|nie|or|che|ster ⟨[-kɛ-] n.5⟩ *großes Orchester*

Sin|fo|ni|et|ta ⟨f., -, -ten⟩ *kleine Sinfonie*

Sin|fo|nik ⟨f., -, nur Sg.⟩ **1** *Lehre von der sinfonischen Gestaltung* **2** *sinfonisches Schaffen;* in der klassischen S.

Sin|fo|ni|ker ⟨m.5⟩ auch: *Symphoniker* **1** *Komponist von Sinfonien* **2** *Mitglied eines Sinfonieorchesters*

Sing|dros|sel ⟨f.11⟩ *kleine Drossel mit abwechslungsreichem Gesang*

sin|gen ⟨V.140, hat gesungen⟩ I ⟨o.Obj.⟩ **1** *mit der Stimme eine Melodie, eine Tonfolge ertönen lassen;* er kann (gut, nicht) s.; zweistimmig s.; beim Wandern s.; im Chor s.; nach Noten s. **2** ⟨übertr.; Jargon⟩ *etwas oder andere verraten;* er hat gesungen **3** ⟨von Singvögeln⟩ *Rufe ertönen lassen* **4** *ein anhaltendes, gleichbleibendes, summendes Geräusch von sich geben;* das Wasser singt im Topf; der Dynamo singt II ⟨mit Präp.obj.; geh.⟩ *von etwas s. etwas poetisch erzählen, in gebundener Sprache berichten;* der Dichter singt von den Taten der Helden III ⟨mit Akk.⟩ *etwas s. mit der Stimme in einer Melodie, in bestimmten Tonfolgen ertönen lassen, vortragen;* ein Lied, eine Arie s.; das kann ich schon s.! ⟨ugs.⟩ *das habe ich schon allzu oft, bis zum Überdruß gehört;* ein Kind in den Schlaf s. *ein Kind durch Singen eines Wiegenliedes zum Einschlafen bringen*

Single [sɪŋl] I ⟨n.9⟩ **1** ⟨Tennis⟩ *Einzelspiel* ⟨zweier Spieler⟩ **2** *Einzelstück* II ⟨f.9⟩ *kleine Schallplatte mit nur je einem Titel auf der Vorder- und Rückseite* III ⟨m.9⟩ *allein und selbständig lebende Person;* die lebt als S. [< engl. *single* „einzeln, einzig; Einzelstück", über altfrz. *sengle* „einzeln" < lat. *singulus* „einzeln, allein, je einer"]

Sing|sang ⟨m., -s, nur Sg.⟩ **1** *leises Vorsichhinsingen* **2** *einfache Melodie*

Sing|spiel ⟨n.1⟩ *Bühnenstück mit musikalischen Einlagen*

Sing|stim|me ⟨f.11⟩ **1** *Stimme (des Menschen), wenn sie Gesang hervorbringt;* Ggs. *Sprechstimme* **2** *Teil (eines Musikstücks), der gesungen wird;* Komposition für Geige, Klavier und zwei ~n

Sin|gu|lar ⟨m.1⟩ *Zahlform des Verbs, Substantivs, Pronomens und Adjektivs, die anzeigt, daß nur von einem einzelnen Lebewesen, Ding oder Begriff gesprochen wird;* Syn. *Einzahl;* Ggs. *Plural* [< lat. *numerus singularis* „zum einzelnen gehörige Zahl"]

sin|gu|lär ⟨Adj., o.Steig.⟩ *einzeln, vereinzelt;* eine ~e Erscheinung

Sin|gu|la|re|tan|tum ⟨n., -s, -s oder -ria|tantum⟩ *Wort, das nur in der Einzahl vorkommt,* z.B. *Kälte, Hunger;* Ggs. *Pluraletantum* [< lat. *singularis* „einzeln", als grammat. Terminus „Einzahl", und *tantum* „nur"]

sin|gu|la|risch ⟨Adj., o.Steig.⟩ **1** *zum Singular gehörend* **2** *im Singular*

Sin|gu|la|ris|mus ⟨m., -, nur Sg.⟩ *Lehre, daß die Welt als Einheit aus nur scheinbar selbständigen Teilen und auf ein einziges Prinzip zurückzuführen sei;* Ggs. *Pluralismus (1)*

Sin|gu|la|ri|tät ⟨f., -, nur Sg.⟩ *vereinzelte Erscheinung, Seltenheit*

Sing|vogel ⟨m.6⟩ *Sperlingsvogel mit gut ausgebildetem Stimmapparat (z.B. Drossel, Meise, Fink, Star)*

Si|ni|ca ⟨nur Pl.⟩ *Bücher, Bilder, Dokumente über China* [vgl. *Sinologie*]

si|ni|ster ⟨Adj., o.Steig.⟩ *unheilvoll, unselig, unglücklich;* eine sinistre Sache [lat., „unglücklich, verkehrt, hinterlistig", eigtl. „auf der linken (bösen) Seite befindlich, links"]

sin|ken ⟨V.141, ist gesunken; o.Obj.⟩ **1** *sich ohne eigene Kraft nach unten bewegen, nach unten gleiten, langsam fallen;* zu Boden s.; in die Knie s. *sich langsam auf die Knie niederlassen;* das Schiff ist gesunken; die Sonne sinkt *die Sonne nähert sich dem Horizont;* auf einen Sessel s.; jmdm. in die Arme s.; ich sinke abends ins Bett *ich gehe abends sehr erschöpft zu Bett;* moralisch s. *in zunehmendem Maße sich moralisch nicht einwandfrei verhalten* **2** *geringer werden;* sein Ansehen ist gesunken; die Preise s.; der Wert des Geldes sinkt; das Fieber ist gesunken **3** *niedriger werden;* der Wasserstand sinkt **4** *einen niedrigeren Stand anzeigen;* das Barometer, Thermometer sinkt

Sink|ka|sten ⟨m.8; an Abwasseranlagen⟩ *kastenartige Vertiefung, in der sich Sinkstoffe absetzen können*

Sink|stoff ⟨m.1⟩ *von einer Flüssigkeit mitgeführter, langsam zu Boden sinkender Stoff*

Sinn ⟨m.1⟩ **1** *Fähigkeit eines lebenden Wesens, mit Hilfe bestimmter Organe seine Umwelt wahrzunehmen;* die fünf ~e *Sehen, Hören, Schmecken, Riechen, Tasten;* einen sechsten S. für etwas haben ⟨scherzh.⟩ *eine besondere Fähigkeit zur Wahrnehmung von etwas (Bestimmtem) haben;* seine fünf ~e beisammenhaben ⟨ugs.⟩ *vernünftig, real denken können;* seine fünf ~e zusammennehmen ⟨ugs.⟩ *sich konzentrieren* **2** ⟨Pl.⟩ *die ~e Denkfähigkeit, Bewußtsein;* der Schnaps umnebelt seine ~e; die ~e schwanden ihr *sie wurde ohnmächtig;* er war vor Schmerz wie von ~en *er war vor Schmerz außer sich;* bist du verrückt? **3** ⟨Pl.⟩ *die ~e sexuelles Verlangen, sexuelles Empfinden;* der Film, dieser Anblick erregte, reizte seine ~e **4** *Gefühl, Verständnis;* für etwas keinen S. haben; er handelt ohne S. und Verstand *ohne Einsicht und Überlegung* **5** *Gedanken, Denken;* etwas geht jmdm. nicht aus dem S. *jmd. muß ständig an etwas denken;* das mußt du dir aus dem S. schlagen *darauf darfst du nicht beharren;* etwas geht jmdm. durch den S. *jmd. denkt (plötzlich) an etwas;* er hat etwas anderes im ~e *er meint etwas anderes,* ⟨oder⟩ *er will, beabsichtigt etwas anderes;* damit habe ich nichts im ~e *das interessiert mich nicht;* in jmds. S. handeln *so handeln, wie es sich jmd. wünscht;* es will mir nicht in den S. *ich kann es nicht verstehen;* jmdm. steht der S. nach etwas *jmd. hat Lust auf etwas* **6** *Denkweise;* ein Mann mit hohem, edlem S. **7** *Bedeutung, innerer, geistiger Gehalt;* den tieferen S. von etwas erfassen; über den S. des Lebens nachdenken; im ~e des Gesetzes *so, wie das Gesetz es vorschreibt;* im eigentlichen ~e *so, wie es ursprünglich gemeint war;* im übertragenen S. *bildlich gesprochen;* im wahrsten ~e des Wortes *genau dem Wortlaut nach;* in dieser Bedeutung; etwas dem S. nach wiederholen *etwas nicht wörtlich, sondern der Bedeutung nach wiederholen;* diese Übersetzung ergibt keinen S. **8** *Zweck, Wert;* das hat keinen S. *das ist zwecklos*

Sinn|bild ⟨n.3⟩ *bildliche Darstellung eines abstrakten Begriffes oder Vorgangs;* ein Herz als S. der Liebe

sinn|bild|lich ⟨Adj., o.Steig.⟩ *durch ein Sinnbild, als Sinnbild;* einen Begriff s. darstellen, das ist nicht wörtlich, sondern s. gemeint

sin|nen ⟨V.142, hat gesonnen⟩ I ⟨o.Obj.⟩ **1** *in seine Gedanken versunken sein, seine Gedanken wandern lassen;* er sitzt im Dunkeln und sinnt **2** *betrachtend nachdenken, über etwas überlegen;* ich habe lange gesonnen, wie man es machen könnte; sein ganzes Sinnen und Trachten ist darauf gerichtet, sich selbständig zu machen; vgl. *gesinnt;* ich bin nicht gesonnen, das zu tun *ich habe nicht im Sinn, ich habe nicht die Absicht, das zu tun* II ⟨mit Präp.obj.⟩ *auf etwas s. überlegen, wie etwas zu verwirklichen sei;* auf Abhilfe s.; auf Rache s. III ⟨mit Akk.⟩ sinnt s. *etwas (in Gedanken) planen;* er sinnt Verrat

Sin|nen|freu|de ⟨f.11⟩ **1** ⟨i.w.S.⟩ *Freude für die Sinne (1);* die ~n des Lebens **2** ⟨i.e.S.⟩ *geschlechtliche, erotische Freude*

sin|nen|froh ⟨Adj., -er, am -(e)sten⟩ *den sinnlichen Freuden des Lebens zugetan*

Sin|nen|lust ⟨f.2⟩ *erotische Lust*

Sin|nen|mensch ⟨m.10⟩ *Mensch, der für alle sinnlichen Eindrücke aufgeschlossen ist, der das Leben hauptsächlich durch die Sinne (1) erfährt*

Sin|nen|rausch ⟨m., -(e)s, nur Sg.⟩ **1** ⟨i.w.S.⟩ *durch Sinnenfreuden hervorgerufene Erregung* **2** *erotische Leidenschaft*

sinn|ent|leert ⟨Adj., -er, am -esten⟩ *keine Bedeutung mehr besitzend;* ~e gesellschaftliche Formen und Formeln

Sittlichkeitsverbrechen

sinn|ent|stel|lend ⟨Adj.⟩ *die Bedeutung des Gesagten, Gemeinten verfälschend;* ~er Fehler

Sịn|nen|welt ⟨f.10⟩ *Welt, wie sie durch die Sinne (1) wahrgenommen wird*

Sịn|nes|än|de|rung ⟨f.10⟩ *Änderung der Einstellung, der Meinung;* Syn. Sinneswandel

Sịn|nes|art ⟨f.10⟩ *Denkungsart, Einstellung*

Sịn|nes|ein|druck ⟨m.2⟩ *äußerer Eindruck, auf die Sinne (1) wirkender Eindruck*

Sịn|nes|or|gan ⟨n.1⟩ *für die Aufnahme und Weiterleitung von äußeren Reizen ausgebildetes Organ (z. B. Auge, Ohr, Zunge)*

Sịn|nes|wan|del ⟨m., -s, nur Sg.⟩ → *Sinnesänderung*

Sịn|nes|zel|le ⟨f.11⟩ → *Rezeptor*

sịnn|fäl|lig ⟨Adj.⟩ *augenfällig, deutlich, einleuchtend, unmittelbar verständlich*

Sịnn|ge|dicht ⟨n.1⟩ *kurzes Gedicht, das einen Gedanken prägnant ausdrückt*

sinn|ge|mäß ⟨Adj., -er, am -esten⟩ *dem Sinn (7), nicht dem Wortlaut entsprechend; etwas Gehörtes, Gelesenes s. wiedergeben*

sịnn|ge|treu ⟨Adj., -er, am -(e)sten⟩ *dem Sinn (7) genau entsprechend; etwas Gehörtes, Gelesenes s. wiedergeben*

sịn|nie|ren ⟨V.3, hat sinniert; o.Obj.⟩ *sinnen, nachdenken, grübeln;* über etwas s.

sịn|nig ⟨Adj.⟩ **1** *gut durchdacht;* eine ~e Bemerkung **2** *gut ausgedacht und passend;* ein ~es Geschenk **3** ⟨ugs., iron.⟩ *überlegt, aber das Falsche treffend;* das s.!

sịnn|lich ⟨Adj.⟩ ⟨o.Steig.⟩ **1** *mit den Sinnen (1) wahrnehmbar;* ein ~er Eindruck, Reiz **2** *die Sinne (1) ansprechend, reizend;* ~e Freuden, Genüsse **3** *für alle äußeren Reize und Eindrücke empfänglich,* (bes.) *für alle erotischen Reize empfänglich;* ein ~er Mensch; er ist sehr s. **4** *auf das Erotische ausgerichtet;* ~es Verlangen **5** *eine erotische Veranlagung erkennen lassend;* ~er Mund

Sịnn|lich|keit ⟨f., -, nur Sg.⟩

sịnn|los ⟨Adj., -er, am -esten⟩ **1** *ohne Sinn (7), ohne Gehalt, ohne Inhalt;* Gs. sinnvoll (1); *ohne Hoffnung wie das Leben s.* **2** *ohne Sinn (3), ohne Zweck;* Gs. sinnvoll (3); eine ~e Arbeit; ein ~er Versuch; es ist s., darüber weiter nachzudenken; es ist s., das zu tun **3** *ohne Vernunft, ohne Überlegung;* ~e Worte stammeln; ihn erfaßte eine ~e Wut; sich s. betrinken; *sich betrunken völlig, bis zur Bewußtlosigkeit betrunken*

Sịnn|lo|sig|keit ⟨f., -, nur Sg.⟩ *sinnlose Beschaffenheit; die S. seiner Versuche einsehen; von der S. einer Sache überzeugt sein*

Sịnn|pflan|ze ⟨f.11⟩ → *Mimose*

sịnn|reich ⟨Adj.⟩ *gut ausgedacht und dem Zweck entsprechend;* eine ~e Vorrichtung

Sịnn|spruch ⟨m.2⟩ *Satz, der eine Lebensweisheit ausdrückt*

sịnn|ver|wandt ⟨Adj., o.Steig.⟩ *verwandt in der Bedeutung;* ~e Ausdrücke **Sịnn|ver|wandt|schaft** ⟨f., -, nur Sg.⟩

sịnn|voll ⟨Adj.⟩ **1** *mit Sinn (7) erfüllt;* Gs. sinnlos (1); ein ~es Leben **2** *gut durchdacht, zweckmäßig;* eine ~e Einrichtung; ~en Gebrauch von etwas machen **3** *einen Zweck, einen Sinn (8) habend;* Gs. sinnlos (2); eine ~e Tätigkeit; es wäre nicht s., länger zu warten

sịnn|wid|rig ⟨Adj.⟩ *dem Sinn von etwas nicht entsprechend;* ~e Auslegung **Sịnn|wid|rig|keit** ⟨f., -, nur Sg.⟩

Si|no|lo|ge ⟨m.11⟩ *Wissenschaftler auf dem Gebiet der Sinologie*

Si|no|lo|gie ⟨f., -, nur Sg.⟩ *Wissenschaft von der chinesischen Sprache und Kultur* [< *Sina*, dem spätlat. Namen für China (er soll auf das chin. Herrschergeschlecht der Ch'in, 221-206 v.Chr., zurückgehen, das zum ersten Mal einen einheitlichen, chin. Staat schuf) und *...logie*]

si|no|lo|gisch ⟨Adj., o.Steig.⟩ *zur Sinologie gehörend, sie betreffend*

sịn|te|ma|len ⟨Konj.; †, noch scherzh.⟩ *da, weil*

Sịn|ter ⟨m.5⟩ *mineralische Ablagerung aus fließendem oder tropfendem Wasser* (Kalk~, Kiesel~) [< mhd. *sinder* „Metallschlacke", < frz. *cendre* < lat. *cinis* „Asche"]

Sịn|ter|glas ⟨n.4⟩ *durch Sintern aus Glaspulver oder -körnern hergestellter Werkstoff (zur Herstellung von Filtern)*

Sịn|ter|me|tall ⟨n.1⟩ *durch Sintern gewonnene Metallegierung*

sịn|tern ⟨V.1, hat gesintert⟩ **I** ⟨o.Obj.⟩ *von feuerfesten Stoffen) sich erhitzen und zusammenbacken* **II** ⟨mit Akk.⟩ *erhitzen und schmelzen und dann zusammenbacken lassen;* körnige Stoffe s. **Sịn|te|rung** ⟨f., -, nur Sg.⟩

Sịnt|flut ⟨f., -, nur Sg.; im AT⟩ *große Überschwemmung der ganzen Erde durch göttlichen Beschluß;* vgl. *Sündflut* [zu mhd. *sint* „Meer", also „Meeresflut, große Flut"]

si|nu|ös ⟨Adj.; Med.⟩ *ausgebuchtet, mit vielen Vertiefungen* [zu *Sinus (2)*]

Sị|nus ⟨m., -, - und -nusse⟩ **1** ⟨Zeichen: sin; Math.⟩ *eine Winkelfunktion, Verhältnis der Gegenkathete zur Hypotenuse* **2** ⟨Med.⟩ *Hohlraum, Vertiefung, Ausbuchtung* [lat., „Krümmung"]

Sị|nus|kur|ve ⟨f.11⟩ *zeichnerische Darstellung des Sinus (1)*

Sị|nus|schwin|gung ⟨f.10⟩ *Schwingung, deren Verlauf zeichnerisch als Sinuskurve darstellbar ist*

Sioux ⟨[sjuks] auch (korrekt) [sy] m., -, -⟩ *Angehöriger einer Stammesgruppe der Prärieindianer*

Si|pho ⟨[-fo] m., -s, -pho|nen⟩ *Atemröhre (der Weichtiere)* [zu *Siphon*]

Si|phon ⟨[-fɔ̃] österr. [-fon] m.9⟩ **1** (in Abwasserleitungen) *U-förmiges Rohrstück, bei dem das darin stehende Wasser den Durchtritt von übelriechenden Gasen verhindert (z.B. beim WC);* Syn. Geruch(s)verschluß, Traps **2** *Gefäß mit Druckverschluß (für kohlensäurehaltige Getränke)* [frz., „Heber, Bergheber", < spätlat. *sipho* „Röhre, Heber, Feuerspritze", < griech. *siphon* „Röhre, Rinne"]

Sịp|pe ⟨f.11⟩ **1** ⟨Völkerk.⟩ *größere Gruppe blutsverwandter Menschen mit gleichen Vorschriften und Gebräuchen* **2** ⟨allg., meist scherzh.⟩ *Gesamtheit der Blutsverwandten, Großfamilie; sie bringt ihre ganze S. mit* **3** ⟨Biol.⟩ *Pflanzen- oder Tiergruppe mit gleicher Abstammung*

Sịp|pen|haf|tung ⟨f., -, nur Sg.⟩ *Haftung der Sippe (1) für das Vergehen eines einzelnen Angehörigen*

Sịpp|schaft ⟨f.10⟩ **1** ⟨abwertend⟩ *Verwandtschaft* **2** ⟨übertr.⟩ *Klüngel, Bande*

Sir ⟨[sə] m.9⟩ **1** ⟨engl. Anrede ohne Namen⟩ *Herr* **2** ⟨in Verbindung mit dem Vornamen engl. Titel für⟩ *Adeliger* [→ *Sire*]

Sire ⟨[sir] m.9; frz. Anrede ohne Namen⟩ *Majestät* [frz., verkürzt < *seigneur* „Herr", < lat. *senior* „der ältere"]

Si|re|ne ⟨f.11⟩ **1** ⟨meist Pl.; griech. Myth.⟩ *~n auf einer Insel lebende Mädchen mit Vogelleib, die vorbeifahrende Schiffer mit ihrem Gesang anlocken und töten* **2** *Gerät zum Erzeugen eines Warntones* **3** → *Seekuh* [< griech. *seirenes*, *Sirenen;* urspr. Bed. unbekannt; die Übertragung auf das Tier vielleicht nach den halbkugligen Brustdrüsen der Weibchen, die die Seefahrer an weibl. Wesen erinnert haben mögen]

Si|re|nen|ge|sang ⟨m.2⟩ **1** *Gesang der Sirenen (1)* **2** ⟨übertr.⟩ *betörende Rede*

sịr|ren ⟨V.1, hat gesirrt; o.Obj.⟩ *einen hohen, feinen, leicht vibrierenden Ton von sich geben; Telegrafendrähte s.; die Mücken s.*

Sịr|ta|ki ⟨m.9⟩ *ein griechischer Volkstanz;* auch: Syrtaki [< griech. *syrtos* „eine Art Rundtanz" (zu *syrein* „ziehen, schleppen, schleifen") und Verkleinerungsform *...aki*]

Si|rup ⟨m.1⟩ **1** *bei der Gewinnung von Zucker entstehender zähflüssiger Zuckersaft* (Rüben~) **2** *dickflüssiger Saft aus Obstsaft und Zucker* (Himbeer~) [< frz. *sirop*, ital. *sciroppo* „stark gezuckerter Fruchtsaft", < mlat. *sirupus* < arab. *šaräb* „Getränk"]

Sị|sal ⟨m., -s, nur Sg.⟩ **1** *Blattfaser des Sisalagave* **2** *daraus hergestelltes Garn* [nach der mexikan. Hafenstadt Sisal]

sị|stie|ren ⟨V.3, hat sistiert; mit Akk.⟩ **1** *etwas s.* ⟨Rechtsw.⟩ *aufheben, einstellen; ein Verfahren s.* **2** *jmdn. s. zur Feststellung der Personalien zur Polizeiwache bringen* [< lat. *sistere* „einstellen, hemmen, beenden; an einen Ort bringen, stellen", zu *stare* „stehen"]

Sịstrum ⟨n., -s, -stren⟩ *altägyptisches Rasselinstrument*

Sị|sy|phus|ar|beit ⟨f.10⟩ *mühevolle, vergebliche Arbeit* [nach der griech. Sagengestalt *Sisyphos*, der von den Göttern dazu verurteilt wurde, in der Unterwelt einen Felsblock einen Berg hinaufzuwälzen; doch sobald er oben angekommen war, rollte der Stein wieder hinunter]

Si|tar ⟨m.9⟩ *ein iranisches Zupfinstrument*

Sịt-in ⟨n.9⟩ *Sitzstreik (bes. von Studenten, um auf Mißstände hinzuweisen)*

Sịt|te ⟨f.11⟩ **1** *Gesamtheit ethischer, moralischer Vorschriften, die für eine bestimmte Gruppe von Menschen verbindlich sind;* S. und Anstand; gegen die guten ~n verstoßen gegen die Regeln des Anstands verstoßen **2** *Brauch, Gewohnheit;* das ist eine alte S.; ~n und Gebräuche **3** ⟨Pl.⟩ *~n Umgangsformen, Manieren;* merkwürdige, schlechte ~n haben **4** ⟨ugs.; kurz für⟩ *Sittenpolizei*

Sịt|ten|apo|stel ⟨m.5⟩ *jmd., der betont die guten Sitten vertritt und sie auch bei anderen gewahrt wissen möchte*

Sịt|ten|bild ⟨n.3⟩, **Sịt|ten|ge|mäl|de** ⟨n.5⟩ **1** → *Genrebild* **2** *Beschreibung von Sitten und Gebräuchen einer Epoche, einer Gesellschaftsschicht oder eines Volkes*

Sịt|ten|ge|schich|te ⟨f.11⟩ *Beschreibung der Entwicklung der Sitten (eines Volkes)*

Sịt|ten|ko|dex ⟨m., -(es), -e oder -di|zes⟩ *Kodex für das sittliche Verhalten (eines Volkes, einer Gesellschaftsschicht o.ä.)*

Sịt|ten|leh|re ⟨f.11⟩ *Moralehre, Ethik*

sịt|ten|los ⟨Adj., o.Steig.⟩ *die Sitten (1) nicht beachtend, unmoralisch, zuchtlos* **Sịt|ten|lo|sig|keit** ⟨f., -, nur Sg.⟩

Sịt|ten|po|li|zei ⟨f., -, nur Sg.⟩ *Abteilung der Polizei, die die Einhaltung der Sitten (1) in der Öffentlichkeit überwacht*

Sịt|ten|rich|ter ⟨m.5; nur noch übertr.⟩ *jmd., der (in überheblicher Form) über die Moral anderer urteilt; sich zum S. aufwerfen*

Sịt|ten|ro|man ⟨m.1⟩ *Roman, der die Sitten einer Zeit oder einer Gesellschaftsschicht schildert (und kritisiert)*

sịt|ten|streng ⟨Adj.⟩ *streng auf die Einhaltung der guten Sitten bedacht*

Sịt|ten|strolch ⟨m.1; ugs.⟩ *Mann, der Frauen und besonders Kinder unsittlich belästigt*

sịt|ten|wid|rig ⟨Adj.⟩ *gegen die guten Sitten verstoßend*

Sịt|tich ⟨m.1⟩ *kleiner, langschwänziger Papagei* (Wellen~) [< lat. *psittacus* < griech. *psittakos, sittakos*, wahrscheinlich < Sanskrit *śuka-* „Papagei"]

sịt|tig ⟨Adj.; †⟩ *sittsam*

sịtt|lich ⟨Adj., o.Steig.⟩ **1** *die Sittlichkeit betreffend, auf ihr beruhend, ihr entsprechend, ihr gemäß handelnd;* ~e Vorschriften, Regeln; ein ~er Mensch; s. hochstehende Menschen **2** *die Sittlichkeit betreffend, auf ihr beruhend;* mit ~er Entrüstung (scherzh.)

Sịtt|lich|keit ⟨f., -, nur Sg.⟩ **1** *Gesamtheit dessen, was in einer Gesellschaft, einem Volk als gut, richtig, anständig, ehrenhaft gilt; die öffentliche S. gefährden, einhalten* **2** *anständige, ehrenhafte innere Haltung*

Sịtt|lich|keits|ver|bre|chen ⟨n.7⟩ *Verbre-*

Sittlichkeitsverbrecher

chen aufgrund des Geschlechtstriebes; Syn. Sexualverbrechen

Sitt|lich|keits|ver|bre|cher ⟨m.5⟩ jmd., der ein Sittlichkeitsverbrechen begangen hat; Syn. Sexualverbrecher

sitt|sam ⟨Adj.; veraltend⟩ **1** bescheiden, wohlerzogen; s. neben den Eltern hergehen **2** keusch, züchtig; ein ~es Mädchen; s. die Augen niederschlagen **Sitt|sam|keit** ⟨f., -, nur Sg.⟩

Si|tua|ti|on ⟨f.10⟩ Lage, Sachlage, Zustand; die politische, wirtschaftliche S.; die damalige, augenblickliche S.; eine unangenehme S.; sich in jmds. S. versetzen; jmdn. in eine peinliche S. bringen; mit einer S. nicht fertig werden [frz. ,,Lage, Stellung, Zustand", zu situer ,,hinstellen, -setzen", zu lat. situs ,,Lage, Stellung"]

Si|tua|ti|ons|ko|mik ⟨f., -, nur Sg.⟩ Komik, die aufgrund einer lächerlichen Situation entsteht

si|tua|tiv ⟨Adj., o.Steig.⟩ durch die Situation hervorgerufen, auf einer bestimmten Situation beruhend

si|tu|iert ⟨Adj., o.Steig.⟩ in einer bestimmten Lebensstellung (befindlich); gut s. sein

Si|tu|la ⟨f., -, -tu|len⟩ eimerartiges Gefäß der Bronzezeit

Si|tus ⟨m., -, - [tu:s]⟩ natürliche Lage der Organe im Körper (bes. des Embryos in der Gebärmutter) [lat., ,,Lage, Stellung"]

sit ve|nia ver|bo man verzeihe das harte Wort, mit Verlaub zu sagen [lat.]

Sitz ⟨m.1⟩ **1** zum Sitzen geeignetes Möbelstück, geeigneter Ort, ein S. auf luftiger Höhe; der S. ist frei; jmdm. einen S. anbieten; das haut, reißt einen vom S. ⟨übertr., ugs.⟩ das ist großartig, begeisternd, verblüffend **2** Niederlassung, Wohnort (Firmen~, Wohn~) **3** Stelle mit Stimmberechtigung; S. und Stimme im Parlament haben **4** ⟨nur Sg.⟩ das Sitzen; einen guten S. auf dem Pferd haben; auf einen S. ⟨ugs.⟩ auf einmal **5** Paßform, Art des Anliegens am Körper; ein Anzug mit gutem, schlechtem S.

Sitz|bad ⟨n.4⟩ im Sitzen genommenes Bad, bei dem sich nur der untere Teil des Körpers im Wasser befindet

Sitz|ba|de|wan|ne ⟨f.11⟩ Badewanne für Sitzbäder

sit|zen ⟨V.143, hat, oberdt.: ist gesessen⟩ **I** ⟨o.Obj.⟩ **1** auf einer Unterlage mit dem Gesäß und (meist auch) auf der Unterseite der Oberschenkel ruhen (und die Füße auf den Boden oder auf die Unterlage stützen); s. auf einem Stuhl, auf dem Boden s.; im Bett s.; s. bleiben nicht aufstehen, ⟨aber⟩ →sitzenbleiben; eine ältere Person in der S-Bahn s. lassen, ⟨aber⟩ →sitzenlassen; gerade, krumm s.; sitzt du gut?; auf etwas s. ⟨übertr., ugs.⟩ etwas nicht hergeben; er sitzt auf seinem Geld; eine ~de Tätigkeit haben eine Tätigkeit haben, die man sitzend verrichten muß **2** ⟨von Vögeln⟩ stehen; der Vogel sitzt auf einem Zweig; die Hühner s. auf der Stange **3** sich befinden, (an einem Ort, einer Stelle) sein; beim Frisör s.; im Wirtshaus s.; im Gefängnis s. ⟨ugs.⟩ eine Gefängnisstrafe verbüßen; über den Büchern s. lesen und (geistig) arbeiten; an einer Arbeit s. gerade an etwas arbeiten; die Mütze sitzt ihm keck über einem Ohr **4** im Gefängnis sein; er hat drei Jahre gesessen **5** ⟨ugs., scherzh.⟩ eine Sitzung haben; der Herr Professor und die Assistenten s. immer noch **6** einen Sitzplatz haben; hinter, neben, vor jmdm. s.; ich saß hinter einer Säule und konnte nicht alles sehen **7** Mitglied von etwas sein; er sitzt im Vorstand **8** passen; der Anzug sitzt gut, sitzt nicht **9** treffen; der Hieb hat gesessen; das saß! das war eine treffende Anspielung! **10** im Gedächtnis eingeprägt sein; die Vokabeln s. jetzt, s. noch nicht **11** ⟨ugs.; nur in der Wendung⟩ einen s. haben einen leichten Rausch haben **II** ⟨mit

Dat.⟩ einem Maler s. sich von einem Maler malen lassen

sit|zen|blei|ben ⟨V.17, ist sitzengeblieben; o.Obj.; ugs.⟩ **1** (in der Schule) nicht (in die nächsthöhere Klasse) versetzt werden **2** nicht zum Tanzen aufgefordert werden; sie blieb an dem Abend oft sitzen **3** ⟨früher, abwertend⟩ keinen Ehemann finden, nicht geheiratet werden **4** auf etwas s. etwas nicht verkaufen, etwas nicht loswerden; er ist auf seinen Pfannkuchen sitzengeblieben **5** beim Backen nicht aufgehen; der Kuchen ist sitzengeblieben

sit|zen|las|sen ⟨V.75, hat sitzenlassen; mit Akk.⟩ jmdn. s. **1** im Stich lassen; ein Mädchen s. ⟨früher⟩ mit einem Mädchen ein Verhältnis anfangen und es dann nicht heiraten **2** eine Verabredung mit jmdm. nicht einhalten

Sitz|fleisch ⟨n.; ugs.; nur in der Wendung⟩ S. haben lange bleiben, lange nicht wieder gehen

Sitz|ge|le|gen|heit ⟨f.10⟩ etwas, worauf sich jmd. setzen kann; sich nach einer S. umsehen; in dem Raum gab es genügend, zu wenig ~en

Sitz|platz ⟨m.2⟩ Sitzgelegenheit in einem Verkehrsmittel, Theater o.ä.; jmdm. einen S. anbieten

Sitz|rie|se ⟨m.11⟩ Mensch mit kurzen Beinen, der im Sitzen größer wirkt, als er ist

Sitz|streik ⟨m.9⟩ Streik, bei dem die Demonstranten eine öffentliche Straße, einen Arbeitsraum o.ä. durch Hinsetzen blockieren

Sit|zung ⟨f.10⟩ **1** Zusammenkunft einer Personengruppe o.ä. zur Beratung; eine S. abhalten, eröffnen, unterbrechen **2** Zusammenkunft mit einem Maler zum Porträtieren bzw. Porträtiertwerden; er braucht für das Bild sechs ~en **3** Zusammenkunft mit einem Zahnarzt oder Therapeuten zur Behandlung

Si|zi|li|a|ner ⟨m.5⟩ Einwohner von Sizilien

si|zi|li|a|nisch ⟨Adj., o.Steig.⟩ Sizilien betreffend, zu ihm gehörig, aus ihm stammend

Si|zi|li|enne ⟨[-ljɛn] f.11⟩ eine Form der Stanze

SJ ⟨hinter dem Namen, Abk. für⟩ Societas Jesu: (von der) Gesellschaft Jesu

Ska|bies ⟨f., -, nur Sg.⟩ →Krätze [< lat. scabies ,,Räude, Krätze, Ausschlag, Jucken; Rauheit", zu scaber ,,rauh, unsauber, räudig", zu scabere ,,kratzen, reiben"]

ska|bi|ös ⟨Adj., o.Steig.⟩ an Skabies erkrankt

Ska|bio|se ⟨f.11⟩ **1** (meist violett blühende) krautige Staude auf Trockenwiesen (Tauben~) **2** dieser ähnliche Staude, Knautie; Syn. Witwenblume [zu lat. scaber ,,räudig, krätzig", zu scabies ,,Krätze"; die Pflanze wurde früher gegen Hautkrankheiten verwendet]

Skai ⟨n., -(s), nur Sg.; Wz.⟩ ein Kunstleder

Ska|la ⟨f., -, -len⟩ **1** ⟨an Meßgeräten⟩ Maßeinteilung **2** Reihe, Folge zusammengehöriger Dinge (Farb~) [< lat. scalae (Pl.) ,,Leiter, Treppe", über unbelegte Zwischenformen zu scandere ,,steigen"]

ska|lar ⟨Adj., o.Steig.⟩ durch eine Zahl darstellbar, richtungsunabhängig; ~e Größe [< lat. scalaris ,,zur Leiter gehörig"]

Ska|lar ⟨m.1⟩ richtungsunabhängige Größe (z.B. Zeit, Temperatur)

Skal|de ⟨m.11⟩ altnordischer Dichter und Sänger

Skalp ⟨m.1; früher bei nordamerik. Indianern⟩ abgezogene Kopfhaut des Feindes (als Siegestrophäe) [< engl. scalp ,,Kopfhaut, Skalp"]

Skal|pell ⟨n.1⟩ kleines chirurgisches Messer [< lat. scalpellum ,,chirurgisches Messer", zu scalprum ,,scharfes Schneidinstrument", zu scalpere ,,ritzen, schneiden"]

skal|pie|ren ⟨V.3, hat skalpiert; mit Akk.⟩ jmdn. s. jmdm. die Kopfhaut abziehen [zu Skalp]

Skan|dal ⟨m.1⟩ **1** aufsehenerregendes Ärgernis; es gibt einen S., wenn das heraus-

kommt **2** Unerhörtes, Empörendes; es ist ein S., wie er sich benimmt [< griech. skandalon ,,Ärgernis", eigtl. ,,Fallstrick"]

skan|da|lie|ren ⟨V.3, hat skandaliert; o.Obj.; †⟩ Lärm machen

skan|da|lös ⟨Adj., -er, am -esten⟩ unerhört, empörend

skan|die|ren ⟨V.3, hat skandiert; o.Obj.⟩ mit starker Betonung der Hebungen Verse lesen oder sprechen [< lat. scandere ,,steigen, sich erheben"]

Skan|di|na|vi|er ⟨m.5⟩ Einwohner von Skandinavien, Norweger, Schwede, Finne (und Däne)

skan|di|na|visch ⟨Adj., o.Steig.⟩ Skandinavien betreffend, zu ihm gehörig, aus ihm stammend

Ska|po|lith ⟨m.1 oder m.10⟩ (farbloses bis rötliches) Mineral [< lat. scapus ,,Schaft, Stiel, Stamm" (< griech. skapos ,,Stab") und ...lith, wegen der oft langgestreckten Kristalle]

Ska|pu|lier ⟨n.1; bei manchen Mönchstrachten⟩ bis zu den Füßen reichender Überwurf über Brust und Rücken [< mlat. scapula ,,Schulterblatt", < lat. scapulae (Pl.) ,,Schultern", wahrscheinlich eigtl. ,,Schaufel"]

Ska|ra|bä|us ⟨m., -, -bä|en⟩ **1** →Pillendreher (1) **2** (im alten Ägypten) Nachbildung des Käfers aus Stein, Ton oder Metall (als Siegel oder Amulett benutzt) [< lat. scarabaeus < griech. (s)karabos, das sowohl den Käfer als auch einen Meerkrebs bezeichnet, weitere Herkunft nicht bekannt]

Ska|ra|muz ⟨m.1; in der Commedia dell'arte und im frz. Lustspiel⟩ Figur des prahlerischen Soldaten [< ital. Scaramuccio, frz. Scaramouche, < ital. scaramuccia, ,,Wortstreit, kleines Gefecht", → Scharmützel]

Skarn ⟨m.1⟩ aus Kalken entstandene Kontaktlagerstätte (mit Eisen u.a.) [schwed., ,,Schmutz"]

Skat ⟨m., -s, nur Sg.⟩ **1** ein deutsches Kartenspiel für drei Personen **2** zwei Karten, die beim Skat (1) nicht verteilt werden [< ital. scarto ,,das Ablegen der Karten", bes. ,,die abgelegte Karte selbst" (carta scartata), zu scartare ,,(eine Karte) ablegen", zu carta ,,Karte"]

Skat|bru|der ⟨m.4⟩ **1** jmd., der gern Skat spielt **2** jeder aus einer Runde von drei Personen, die regelmäßig miteinander Skat spielen

Skate|board ⟨[skeɪtbɔːrd] n.9⟩ lenkbares Rollbrett, auf dem der Fahrer frei steht, zum Fahren auf der Ebene und am Hang; Syn. Rollbrett [< engl. to skate ,,Schlittschuh, Rollschuh laufen, leicht dahingleiten" und board ,,Brett"]

ska|ten ⟨V.2, hat geskatet; o.Obj.; ugs.⟩ Skat spielen

Ska|tol ⟨n., -s, nur Sg.⟩ übelriechende organische Verbindung (im Kot) [zu griech. skor, Gen. skatos, ,,Kot"]

Ska|to|lo|gie ⟨f., -, nur Sg.⟩ **1** ⟨Med.⟩ Untersuchung des Kots **2** →Fäkalsprache [< griech. skor, Gen. skatos, ,,Kot" und ...logie]

ska|to|lo|gisch ⟨Adj., o.Steig.⟩ **1** zur Skatologie (1) gehörend, auf ihr beruhend **2** auf Skatologie (2) beruhend, unanständig

Ska|to|pha|gie ⟨f., -, nur Sg.⟩ →Koprophagie [< griech. skor, Gen. skatos, ,,Kot" und ...phagie]

SKE ⟨Abk. für⟩ Steinkohleneinheit

Ske|le|ton ⟨m.9⟩ niedriger Sportschlitten [< engl. skeleton ,,Gerüst, Gestell, Rahmen; Skelett"; < griech. skeletos, → Skelett]

Ske|lett ⟨n.1⟩ **1** (beim Menschen und bei Wirbeltieren) aus Knochen und verbindenden Bändern, Kapseln und Knorpeln bestehendes Stütz- und Festigungssystem; Syn. Gerippe, Knochengerüst **2** (bei Wirbellosen) entsprechendes System (Außen~, Haut~) **3** stützende und tragende Baukonstruktion;

ein S. aus Säulen, Riegeln, Bindern und Deckenelementen [< griech. *skeletos* ,,ausgetrocknet; Mumie, Gerippe", zu *skellein* ,,austrocknen"]
ske|let|tie|ren ⟨V.3, hat skelettiert; mit Akk.⟩ einen Körper s. *das Skelett eines Körpers bloßlegen*
Ske|ne ⟨f.11; im altgriech. Theat.⟩ **1** Holzbau, aus dem die Schauspieler treten **2** erhöhte Spielfläche vor der Skene (1)
Skep|sis ⟨f., -, nur Sg.⟩ Zweifel, Ungläubigkeit; eine Sache mit S. betrachten [< griech. *skepsis* ,,Betrachtung, Prüfung, Überlegung", zu *skepsesthai, skopein* ,,sehen, betrachten, untersuchen, prüfen"]
Skep|ti|ker ⟨m.5⟩ **1** Anhänger des Skeptizismus **2** *jmd., der stets skeptisch ist,* Zweifler
skep|tisch ⟨Adj.⟩ zweifelnd, ungläubig
Skep|ti|zis|mus ⟨m., -, nur Sg.⟩ **1** philosophische Richtung, die die Möglichkeit der Erkenntnis der Wirklichkeit in Frage stellt und den Zweifel zum Denkprinzip erhebt **2** skeptische Einstellung, Zweifelsucht
Sketch ⟨skɛtʃ⟩ m.1⟩ kurzes Bühnenstück, meist mit witzigem Schlußeffekt [engl., eigtl. ,,Skizze, Studie, Entwurf", < ital. *schizzo,* → Skizze]
Ski ⟨[ʃi] m., -s, -er oder -⟩ → *Schi*
Ski|bob ⟨[ʃi-] m.9⟩ → *Schibob*
Skiff ⟨n.1⟩ *Einer (2)* [< engl. *skiff* ,,kleines Boot", < frz. *esquif* < ital. *schifo* in ders. Bed., < langobard. *skif* < ahd. *scif, schif* ,,Schiff"]
Ski|fu|ni ⟨[ʃi] m.9; schweiz.⟩ Schlittenlift, Schlittenseilbahn [< *Ski* und ital. *funicolare* ,,Drahtseilbahn" [< lat. *funiculus* ,,dünnes Seil", Verkleinerungsform von *funis* ,,Seil, Strick, Tau"]
Ski|kjö|ring ⟨[ʃi-] n., -s, nur Sg.⟩ → *Schikjöring*
Skin|ef|fekt ⟨m.1⟩ bei Leitern größeren Querschnitts zu beobachtende Erscheinung, daß der Strom nur in den äußeren Randschichten fließt; Syn. *Hauteffekt* [< engl. *skin* ,,Haut" und *Effekt*]
Skin|head ⟨[-hɛd] m.9⟩ *jmd, der zu einer Clique gewalttätiger Jugendlicher mit kurz- oder kahlgeschorenem Kopf gehört* [< engl. *skinhead* ,,Hautkopf"]
Skink ⟨m.1⟩ Echse warmer Länder mit glatten, glänzenden Schuppen und kurzen Gliedmaßen oder ohne solche (Apotheker~)
Skip|per ⟨m.5⟩ Kapitän einer Segeljacht [engl., ,,Schiffs-, Flugkapitän", < mndrl. *schipper* ,,Schiffer", zu *schip* ,,Schiff"]
Skiz|ze ⟨f.11⟩ **1** Entwurf, unfertige Zeichnung **2** kurze, nicht ganz ausgearbeitete Erzählung [< ital. *schizzo* in ders. Bed., eigtl. ,,Spritzer" (einer Flüssigkeit), zu *schizzare* ,,bespritzen, sprühen, skizzieren", wahrscheinlich lautmalend]
skiz|zen|haft ⟨Adj., o.Steig.⟩ wie eine Skizze *(1),* flüchtig hingeworfen
skiz|zie|ren ⟨V.3, hat skizziert; mit Akk.⟩ **1** in einer Skizze *(1)* darstellen; eine Landschaft, ein Gebäude s. **2** in kurzen Worten und nur in den wesentlichen Zügen schildern; einen Sachverhalt s. **Skiz|zie|rung** ⟨f., -, nur Sg.⟩
Skla|ve ⟨[-və] oder [-fə] m.11⟩ **1** Leibeigener **2** ⟨übertr.⟩ *jmd., der von etwas oder von jmdm. abhängig ist;* ein S. seiner Leidenschaften [< mlat. *sclavus* < mittelgriech. *sklabos* ,,Slawe", (nach *Slawe*), da im MA häufig Slawen zu Sklaven gemacht wurden"]
Skla|ven|hal|ter ⟨m.5⟩ *jmd., der Sklaven (1) besitzt*
Skla|ve|rei ⟨f., -, nur Sg.⟩ Leibeigenschaft, völlige Abhängigkeit eines Sklaven von einem Sklavenhalter
skla|visch ⟨Adj., o.Steig.⟩ völlig gehorsam, keinen eigenen Willen besitzend; ~ Ergebenheit; sich s. an eine Vorschrift halten
Skle|ra ⟨f., -, -ren⟩ Lederhaut (des Auges),

das Weiße im Auge [< griech. *skleros* ,,trocken, dürr, hart"]
Skle|ri|tis ⟨f., -, -ti|den⟩ Entzündung der Sklera
Skle|ro|der|mie ⟨f.11⟩ allmähliche Verlederung, Verhärtung der Haut [< griech. *skleros* ,,trocken, dürr, hart" und *derma* ,,Haut"]
Skle|rom ⟨n.1⟩ mit Knotenbildung verbundene Erkrankung der Rachen- und Kehlkopfschleimhaut [zu griech. *skleros* ,,trocken, hart"]
Skle|ro|me|ter ⟨n.5⟩ Gerät zum Bestimmen der Härte von Kristallen [< griech. *skleros* ,,hart, starr" und *-meter*]
Skle|ro|se ⟨f.11⟩ Verhärtung, Verkalkung (eines Organs) [< griech. *skleros* ,,trocken, starr, hart" und *-ose*]
Skle|ro|ti|ker ⟨m.5⟩ jmd., der an einer Sklerose leidet
skle|ro|tisch ⟨Adj., o.Steig.⟩ an Sklerose erkrankt; ~es Bindegewebe
Sko|li|on ⟨n., -s, -li|en⟩ altgriechisches Tischlied verschiedenen Inhalts, von den Gästen abwechselnd gesungen [griech., eigtl. ,,im Zickzack", d. h. ,,nicht in bestimmter Reihenfolge gesungenes Lied", zu *skolios* ,,krumm, gekrümmt"]
Sko|lio|se ⟨f.11⟩ Rückgratverkrümmung nach der Seite [zu griech. *skolios* ,,krumm"]
Sko|lo|pen|der ⟨m.5⟩ großer, in vielen Arten verbreiteter tropischer und subtropischer Hundertfüßer [< griech. *skolopendra* ,,Tausendfüßer", weitere Herkunft nicht bekannt]
skon|tie|ren ⟨V.3, hat skontiert; mit Akk.⟩ etwas s. *das Skonto von etwas abziehen;* eine Rechnung, einen Betrag s.
Skon|to ⟨n.9 oder m.9⟩ geringer Abzug vom Rechnungsbetrag bei sofortiger Zahlung; 3% S. gewähren [< ital. *sconto* ,,Abzug, Preisnachlaß", *< s...* (für *ex...* < lat. *ex*) ,,aus, heraus, weg von" und *conto* ,,Rechnung"]
Skon|tra|tion ⟨f., -, nur Sg.⟩ das Skontrieren
skon|trie|ren ⟨V.3, hat skontriert; mit Akk.⟩ etwas s. *die Zu- und Abgänge von etwas ständig ermitteln und schriftlich festhalten;* die Bestände eines Lagers s. [zu *Skontro*]
Skon|tro ⟨n.9⟩ Buch mit den Eintragungen der täglichen Zu- und Abgänge; Syn. *Riskontro* [< ital. *scontro* ,,Zusammenstoß, Treffen", *< s...* (verstärkend) und *contro* ,,gegen, wider"]
Skoo|ter ⟨[sku-] m.5; auf Jahrmärkten⟩ **1** elektrisches Kleinauto **2** Fahrbahn dafür [< engl. *scooter* ,,Kinder-, Motorroller", zu *to scoot* ,,flitzen, sausen, schießen"]
...skop ⟨in Zus.⟩ Gerät zum Betrachten, z.B. Episkop, Mikroskop [< griech. *skopein* ,,sehen, betrachten, untersuchen"]
...sko|pie ⟨in Zus.⟩ das Betrachten, Untersuchen [< griech. *skopein* ,,sehen, schauen"]
Skor|but ⟨m.1⟩ Krankheit infolge Mangels an Vitamin C; Syn. (†) *Scharbock* [< mlat. *scorbutus* als Bez. für diese Krankheit; die ältere Form *Scharbock* sowie mndt. *schorbuk, scherbuk* ebenfalls < mlat., weitere Herkunft nicht bekannt]
Skor|da|tur ⟨f.10⟩ bei Saiteninstrumenten Umstimmung (von Saiten) (z.B. zum Erzielen von Klangeffekten) [< ital. *scordatura* in ders. Bed., eigtl. ,,das Verlieren der Stimmung, Abweichen von der Stimmung", *< s...* (für *es...* < lat. *ex*) ,,aus, heraus, weg von" und *cordatura* ,,Besaitung"]
Skor|pi|on ⟨m.1⟩ Spinnentier mit scherenartigen Kiefertastern und schwanzartig gestrecktem Hinterleib mit Giftstachel [< lat. *scorpio,* Gen. *-onis,* < griech. *skorpios* in ders. Bed., wahrscheinlich zu idg. **sqerp-* ,,scharf sein, stechen, schneiden"]
Sko|tom ⟨n.1⟩ krankhafter Ausfall eines Teils des Gesichtsfeldes, dunkler Fleck vor dem Auge [< griech. *skotoma* ,,Schwindel, Ohnmacht", zu *skotos* ,,Dunkelheit, Dunkel vor den Augen, Blindheit"]

skr ⟨Abk. für⟩ schwedische Krone
Skri|bent ⟨m.10⟩ Vielschreiber, Schreiberling
Skri|bi|fax ⟨m.1; scherzh., †⟩ Vielschreiber [latinisierende Bildung zu lat. *scribere* ,,schreiben"]
Skript ⟨n.12⟩ **1** schriftliche Ausarbeitung, Schriftstück **2** Drehbuch [< lat. *scriptum* ,,Geschriebenes", zu *scribere* ,,schreiben"]
Skript|girl ⟨[-gə:l] n.9⟩ → *Scriptgirl*
Skrip|tum ⟨n., -s, -ten⟩ **1** (†) *Skript 2* ⟨österr.⟩ Vorlesungsmitschrift
Skro|fel ⟨f.11⟩ Halsdrüsengeschwulst, verdickter Halslymphknoten [< lat. *scrofula* ,,Ferkelchen", zu *scrofa* ,,Sau", nach einer Schweinekrankheit]
skro|fu|lös ⟨Adj., o.Steig.⟩ an Skrofulose erkrankt
Skro|fu|lo|se ⟨f.11⟩ tuberkulöse Haut- und Lymphknotenerkrankung bei Kindern [zu *Skrofel*]
skro|tal ⟨Adj., o.Steig.⟩ das Skrotum betreffend, dazu gehörig
Skro|tum ⟨n., -s, -ta⟩ → *Hodensack* [< lat. *scrotum* in ders. Bed.]
Skrubs ⟨[skrʌbs] Pl.⟩ minderwertige Tabakblätter [< engl. *scrub* ,,Gestrüpp, Buschwerk"]
Skru|pel ⟨m.5; meist Pl.⟩ Bedenken, Gewissensbisse; S. haben; er hat keine S. [< lat. *scrupulus* ,,spitzes Steinchen", übertr. ,,stechendes, ängstliches Gefühl, Ängstlichkeit, Besorgnis", Verkleinerungsform von *scrupus* ,,spitzer Stein"]
skru|pel|los ⟨Adj., -er, am -esten⟩ ohne Bedenken, ohne Gewissen **Skru|pel|lo|sig|keit** ⟨f., -, nur Sg.⟩
skru|pu|lös ⟨Adj., -er, am -esten⟩ bedenklich, ängstlich
Skru|ti|ni|um ⟨n., -s, -ni|en⟩ **1** (bei kirchl., selten auch bei polit.Wahlen) Sammlung und Prüfung der Stimmen **2** Prüfung der Kandidaten (durch den Bischof) für die Priesterweihe [< lat. *scrutinium* ,,Durchsuchung", zu *scrutari* ,,durchsuchen, durchwühlen", zu *scruta* ,,Gerümpel"]
Sku|ban|ki ⟨Pl.; wiener.⟩ Speise aus einer zu Nockerln verarbeiteten Kartoffelpüreemasse, die goldgelb gebacken und z.B. mit Mohn überstreut wird [< tschech. *škubánky* in ders. Bed.]
Skull|boot ⟨n.1⟩ Sportruderboot mit zwei Rudern für einen Ruderer; Syn. *Skuller* [< *skullen* und *Boot*]
skul|len ⟨V.1, hat geskullt; o.Obj.⟩ im Skullboot rudern [< engl. *to scull* in ders. Bed., zu *scull* ,,Ruder", Herkunft nicht bekannt]
Skul|ler ⟨m.5⟩ **1** → *Skullboot* **2** Ruderer im Skullboot
skulp|tie|ren ⟨V.3, hat skulptiert⟩ → *skulpturieren*
Skulp|tur ⟨f.10⟩ aus Holz oder Stein hergestelltes Bildwerk; vgl. *Plastik* [< lat. *sculptura* ,,das Bilden, Formen durch Graben, Stechen, Schnitzen", Pl. *sculpturae* ,,plastische Arbeiten", zu *sculpere* ,,schnitzen, meißeln"]
skulp|tu|rie|ren ⟨V.3, hat skulpturiert; mit Akk.⟩ *als Skulptur darstellen, bildhauerisch bearbeiten,* Syn. *skulptieren;* eine Säule s.; skulpturierte Ornamente
Skunk ⟨m.1 oder m.9⟩ **1** → *Stinktier* **2** dessen Pelz [Algonkin]
Skup|schti|na ⟨f.9⟩ das jugoslawische Parlament
skur|ril ⟨Adj., -er, am -sten⟩ possenhaft, drollig [< lat. *scurrilis* ,,lustig, possenhaft", zu *scurra* ,,lustiger Gesellschafter, Spaßmacher"]
Skur|ri|li|tät ⟨f.10⟩ **1** ⟨nur Sg.⟩ skurrile Wesensart **2** skurrile Äußerung oder Handlung
Skye|ter|ri|er ⟨[skai-] m.5⟩ grauer, kurzbeiniger, langhaariger Hund mit langer Rute [nach der Hebrideninsel *Skye* und *Terrier*]
Sky|jacker ⟨-k|k-; [skaidʒɛkər] m.5⟩ Luftpi-

rat, Flugzeugentführer [engl., *sky* „Himmel", Herkunft des zweiten Wortteils nicht bekannt, vgl. *Hijacker*]

Sky|light ⟨[skailait] n.9; auf Schiffen⟩ Oberlicht, Luke [engl., „Himmelslicht"]

Sky|line ⟨[skailain] f.9⟩ Horizont(linie), Silhouette (einer Stadt) [engl., „Horizont", < *sky* „Himmel" und *line* „Linie"]

Sky|phos ⟨m., -, -phoi⟩ altgriechischer Trinkbecher mit waagerechten Henkeln am oberen Rand

Sky|the ⟨m.11; im Altertum⟩ iranischer Bewohner der südrussischen Steppe; Syn. *Szythe*

s.l. ⟨Abk. für⟩ *sine loco*

Sla|lom ⟨m.9⟩ Schilauf (oder Kanufahrt) durch abgesteckte Tore; Syn. ⟨Schilauf⟩ Torlauf [< norw. *slalom* „schwach abschüssige Schispur", zu norw. mundartl. *slad* „Abhang"]

Slang ⟨[slɛŋ] m.9⟩ nachlässige Umgangssprache (bes. im Englischen) [engl., vielleicht zu *to sling out* „hinauswerfen" als „Sprache der Hinausgeworfenen", die nicht zur etablierten Gesellschaft gehören]

Slap|stick ⟨[slɛp-] m.9⟩ groteske, unwahrscheinliche Filmszene [engl., „Schwank, Posse, derbe Komödie", eigtl. „Narrenzepter, Narrenstock", < *slap* „Schlag mit der Hand, Ohrfeige" und *stick* „Stock"]

Sla|we ⟨m.11⟩ Angehöriger einer indogermanischen Völkergruppe

sla|wisch ⟨Adj., o.Steig.⟩ die Slawen betreffend, zu ihnen gehörig, von ihnen stammend; ~e Sprachen *eine indogermanische Sprachfamilie*

sla|wi|sie|ren ⟨V.3, hat slawisiert; mit Akk.⟩ slawisch machen, nach slawischem Vorbild, Muster gestalten

Sla|wis|mus ⟨m., -, -men⟩ in eine andere Sprache übernommene slawische Spracheigentümlichkeit

Sla|wist ⟨m.10⟩ Wissenschaftler auf dem Gebiet der Slawistik

Sla|wi|stik ⟨f., -, nur Sg.⟩ Wissenschaft von den slawischen Sprachen und Literaturen

sla|wi|stisch ⟨Adj., o.Steig.⟩ zur Slawistik gehörig, sie betreffend

Sla|wo|phil ⟨Adj.⟩ slawenfreundlich

Sla|wo|phi|lie ⟨f., -, nur Sg.⟩ Vorliebe für alles Slawische

s.l.e.a. ⟨Abk. für⟩ *sine loco et anno*

Sli|bo|witz ⟨m.1⟩ →*Sliwowitz*

Slip ⟨m.9⟩ **1** kurzes Unterhöschen **2** ⟨auf Werften⟩ schiefe Ebene; auch: *Schlipp* **3** ⟨Flugw.⟩ Gleitflug seitwärts und abwärts **4** ⟨Bankw.⟩ Abrechnungsbeleg [engl., „schiefe Ebene; Badehose; eigtl. „das Schlüpfen, Gleiten", zu *to slip* „gleiten, rutschen, schlüpfen"]

slip|pen ⟨V.1, hat geslippt⟩ **I** ⟨mit Akk.; Seew.⟩ **1** ein Schiff s. *ein Schiff über den Slip (2) ins Wasser lassen oder an Land ziehen*; auch: *schlippen* **2** *ein Tau, eine Ankerkette s. lösen* **II** ⟨o.Obj.; Flugw.⟩ *im Gleitflug seitwärts und abwärts fliegen*

Slip|per ⟨m.5⟩ **1** Straßenschuh ohne Schnürung **2** ⟨österr.⟩ leichter Mantel **3** ⟨Bankw.⟩ Formularstreifen (bes. bei Ausführung von Börsenaufträgen)

Sli|wo|witz ⟨m.1⟩ aus Pflaumen hergestellter Branntwein; auch: *Slibowitz* [zu kroat. *sljiva* „Pflaume"]

Slo|gan ⟨[-gən] m.9⟩ Schlagwort (bes. in der Werbung); z.B. *Persil bleibt Persil* [engl., „Schlagwort, Werbespruch", schott. „Schlachtruf", ältere Form *slogorn* „Losungs-, Kennwort", < gäl. *sluagh-gairm* „Schlachtruf" < *sluagh* „Heer" und *gairm* „Schrei, Lärm"]

Sloop ⟨[slup] f.9 oder f.10⟩ →*Schlup*

Slo|wa|ke ⟨m.11⟩ Einwohner der Slowakei

slo|wa|kisch ⟨Adj., o.Steig.⟩ die Slowakei betreffend, zu ihr gehörig, aus ihr stammend; ~e Sprache *eine westslawische Sprache*

Slo|we|ne ⟨m.11⟩ Einwohner von Slowenien

slo|we|nisch ⟨Adj., o.Steig.⟩ Slowenien betreffend, zu ihm gehörig, aus ihm stammend

Slow|fox ⟨[slou-] m.1⟩ ein Gesellschaftstanz, vom Blues beeinflußter, langsamer Foxtrott [< engl., *slow* „langsam" und *Foxtrott*]

Slow Mo|tion ⟨[slou mouʃən] f., -, -, nur Sg.⟩ →*Zeitlupe* [engl., eigtl. „langsame Bewegung"]

Slums ⟨[slamz] Pl.⟩ Elendsviertel (bes. in London) [engl., weitere Herkunft nicht bekannt]

Slup ⟨f.9 oder f.10⟩ →*Schlup*

sm ⟨Zeichen für⟩ Seemeile

Sm ⟨chem. Zeichen für⟩ Samarium

S.M. ⟨Abk. für⟩ Seine Majestät

Small Talk ⟨[smɔ:l tɔk] n., -, -, nur Sg.⟩ belangloses Gespräch, Geplauder [engl., < *small* „klein, unbedeutend" und *talk* „Unterhaltung"]

Smal|te ⟨f.11⟩ →*Schmalte*

Sma|ragd ⟨m.1⟩ grüne Abart des Berylls, Edelstein [< lat. *smaragdus* < griech. *smaragdos*, zu Sanskrit *marakata-* in ders. Bed., aus dem Semitischen]

sma|ragden ⟨Adj., o.Steig.⟩ **1** aus Smaragd **2** →*smaragdgrün*

sma|ragd|grün ⟨Adj., o.Steig.⟩ leuchtend grün wie Smaragd; auch: *smaragden*

smart ⟨Adj., -er, am -esten⟩ **1** hübsch und elegant, schneidig **2** findig, pfiffig, geschickt, durchtrieben; *ein ~er Geschäftsmann* [engl., „schick, forsch, flott; geschickt, gerissen; flink, lebendig, rührig; hart, derb (Schlag), beißend, stechend (Schmerz)", zu mengl. *smerte* < mndrl. *smerte*, eigtl. „stechend, beißend, derb, daß es Schmerz bereitet", dann übertr. „so gerissen, schlau, durchtrieben, daß man schmerzlich berührt ist"]

Smog ⟨m.9⟩ dichter, schmutziger Nebel (über Industriestädten) [engl., „Rauchnebel", vermischt < *smoke* „Rauch" und *fog* „Nebel"]

Smoke-in ⟨[smouk-] n.9; ugs.⟩ Beisammensein zum gemeinsamen Haschischrauchen [< engl. *to smoke* „rauchen" und *in* „in, hinein"]

smo|ken ⟨V.1, hat gesmokt; mit Akk.⟩ *mit einem Zierstich verzieren, wobei der Stoff in kleine Fältchen gezogen wird* [< engl. *to smock* „fälteln"]

Smo|king ⟨m.9, österr. m.1⟩ Herren-Gesellschaftsanzug mit seidenen Rockaufschlägen [< engl. *smoking-jacket* „Hausjacke", eigtl. „Jacke zum Rauchen" nach dem Essen, von dem man konventionelle oder festliche Kleidung getragen hat, daher Smoking als „kleiner Abendanzug" im Unterschied zum feierlichen Frack]

smor|zan|do ⟨Mus.⟩ ersterbend, verlöschend [ital.]

Smut|je ⟨m.9; Seemannsspr.⟩ Schiffskoch [< nddt. *smuttje* „schmutziger Mensch, Schmierfink", zu *smutt* „Schmutz"]

SMV ⟨Abk. für⟩ Schülermitverwaltung

Smyr|na ⟨m.9⟩ ein Teppich mit großer Musterung [nach der türk. Stadt *Smyrna*, heute Izmir]

Sn ⟨chem. Zeichen für⟩ Zinn [verkürzt < lat. *stannum* „Zinn"]

Snack ⟨[snɛk] m.9⟩ Imbiß, kleine Mahlzeit [engl., zu *to snack* „mit den Zähnen fassen", < mndrl. *snacken*, lautmalend]

Snack|bar ⟨[snɛk-] f.9⟩ Imbißstube, Schnellgaststätte, die Snacks anbietet

Snif|fing ⟨n., -s, nur Sg.⟩ Einatmen von Dämpfen mancher Stoffe, um einen Rauschzustand herbeizuführen [< engl. *to sniff* „(be)riechen, einschnüffeln"]

Snob ⟨m.9⟩ jmd., der sich (bes. infolge seines Reichtums und seiner gesellschaftlichen Stellung) anderen überlegen fühlt [engl., weitere Herkunft nicht bekannt]

Sno|bis|mus ⟨m., -, nur Sg.⟩ Einstellung, Verhalten eines Snobs

sno|bi|stisch ⟨Adj.⟩ in der Art eines Snobs, überheblich

so **I** ⟨Adv.⟩ **1** auf diese Art und Weise, in dieser Art und Weise; *s. habe ich es nicht gemeint; s. kann man das nicht sagen; s. ist das also!; s. kannst du nicht auf die Straße gehen in diesem Aufzug kannst du nicht auf die Straße gehen; s. kann das nicht bleiben; s. oder s. auf jeden Fall, in jedem Fall;* und s. weiter ⟨Abk.: usw.⟩ *weiter in derselben Art* **2** wie er sagt, im Sinne von …; s. Goethe; s. der Präsident **3** dermaßen, in einem solchen Ausmaß; *s. schön war das Wetter schon lange nicht mehr; er ist s. krank, daß er nicht kommen kann* **4** sehr, äußerst; *ich bin ja schon s. gespannt; es tut mir s. leid* **5** ebenso, genauso; *er ist s. alt wie ich; s. grün wie das Gras; er ist s. dumm wie faul* **6** ⟨ugs.⟩ ohnehin; *ich habe schon s. genug zu tun* **7** ⟨ugs.⟩ ungefähr; *s. in zwei Stunden; du wirst schon s. zwei Tage dazu brauchen* **8** ⟨als Abschluß einer Rede oder Handlung⟩ *s., das hätten wir!; und was jetzt?* **9** ⟨Ausdruck des Erstaunens oder Zweifels⟩ *„Er kommt morgen!" „So?" tatsächlich?* **10** ⟨mit „und, oder"; ugs.⟩ und, oder ähnliches, solche(s); *in einer Woche oder s.; er besitzt Häuser, Grundstücke und s.* **11** ⟨verstärkend⟩ *ich verstehe das nicht s. ganz, nicht s. recht; der Gedanke ist gar nicht s. schlecht; er hat s. etwas wie Grippe; ach s.! ach ja! ach, richtig! jetzt habe ich es verstanden!; „Warum machst du das?" „Nur s.!" aus keinem bestimmten Grund* **II** ⟨Pron.⟩ *solch; s. ein Pech!; s. ein Dummkopf!; du bist mir s. einer!* ⟨ugs.⟩ *du machst ja seltsame Sachen!; s. etwas! Ausruf des Erstaunens; das ist ja erstaunlich!* **III** ⟨Konj.⟩ **1** ⟨in der Fügung⟩ daß *folglich, infolgedessen; es regnete stark, s. daß das Konzert nicht im Freien stattfinden konnte* **2** ⟨geh.⟩ *wenn; es ist mir möglich ist; s. Gott will*

s.o. **1** ⟨Abk. für⟩ *siehe oben* **2** ⟨Abk. für⟩ *salvis omissis*

so|bald ⟨Konj.⟩ gleich wenn, sofort wenn; *s. ich etwas weiß, rufe ich dich an*

So|bra|nje ⟨f.11 oder n.11⟩ die bulgarische Volksvertretung

So|brie|tät ⟨[-briə-] f., -, nur Sg.; †⟩ Mäßigkeit [< lat. *sobrietas*, Gen. *-atis*, „Nüchternheit, Mäßigkeit", zu *sobrius* „nüchtern, mäßig"]

So|cie|tas Je|su ⟨[-tsjə-] f., -, -, nur Sg.; Abk.: SJ⟩ die Gesellschaft Jesu, der Jesuitenorden [lat.]

Söck|chen ⟨-k|k-; f.11⟩ kurzer Strumpf; ein Paar ~n; *sich auf die ~n machen* ⟨ugs.⟩ *losmarschieren, weggehen; von den ~n sein* ⟨übertr., ugs.⟩ *überrascht sein*

Sockel ⟨-k|k-; m.5⟩ **1** vorspringender Unterbau (von Gebäuden, Statuen) **2** unterer, durch Bemalung o.ä. abgesetzter Teil der Wand **3** Kontaktstück oder Aufnahmeteil (von Lampen, Röhren usw.)

Socke ⟨-k|k-; m.7; oberdt.⟩ Socke

Sod ⟨m.1; †⟩ Brühe

So|da **I** ⟨f., -, nur Sg. oder n., -s, nur Sg.⟩ →*Natriumcarbonat* **II** ⟨n., -s, nur Sg.⟩ kurz für →*Sodawasser*; *Campari mit S.* [< mlat., span., ital. *soda*, frz. *soude*, weitere Herkunft nicht bekannt]

So|da|le ⟨m.11⟩ Mitglied einer Sodalität

So|da|li|tät ⟨f.10⟩ kath. Bruderschaft oder Genossenschaft [< lat. *sodalitas*, Gen. *-atis*, „Kameradschaft, Verbrüderung", zu *sodalis* „Mitglied einer Verbindung, Tischgenosse, Kamerad, Freund"]

So|da|lith ⟨m.1⟩ graues oder blaues Mineral [< engl. *sodium* „Natrium" und *…lith*]

so|dann ⟨Adv.⟩ **1** danach, dann **2** außerdem

so|daß ⟨Konj.; österr. für⟩ *so daß*

Sodawasser ⟨n., -s, nur Sg.⟩ *mit Kohlensäure versetztes Mineralwasser (zum Verdünnen von alkoholischen Getränken);* auch: ⟨kurz⟩ *Soda*

Sodbrennen ⟨n., -s, nur Sg.⟩ *(aus dem Magen und der Speiseröhre) im Hals aufsteigendes brennendes Gefühl;* Syn. ⟨nddt.⟩ *Sohr* [< *Sod* „das Sieden, Wallen" und *brennen*]

Sode¹ ⟨f.11⟩ **1** *abgestochene Grasnarbe mit Erde und Wurzeln* **2** ⟨†⟩ *Salzsiedewerk* [zu *sieden*, in Bed. 1 vermutlich urspr. im Sinne von „Torfstück als Brennstoff, zum Sieden"]

Sode² ⟨f.11⟩ *bläulichgrünes Gänsefußgewächs, Salzpflanze* [vielleicht zu *Soda* im Sinne von „Sodakraut"]

Sodomie ⟨f.11⟩ *Geschlechtsverkehr mit Tieren* [nach der Stadt *Sodom* in Palästina, die nach biblischem Bericht (1. Buch Mosis, Kapitel 18 und 19) wegen ihrer Lasterhaftigkeit berüchtigt war]

sodomitisch ⟨Adj., o.Steig.⟩ *auf Sodomie beruhend;* ~e *Neigung;* ~e *Praktiken*

Sodomit ⟨m.10⟩ *jmd., der Sodomie betreibt*

soeben ⟨Adv.⟩ *eben, vor sehr kurzer Zeit; er ist s. gekommen*

Sofa ⟨n.9⟩ *gepolstertes Sitz- und Liegemöbel mit Rückenlehne und Armlehnen* [< arab. *suffa* „gemauerte, an den Wänden des Raumes umlaufende Erhöhung, auf die man Polster legen und sich setzen oder legen kann"]

sofern ⟨Konj.⟩ *wenn, falls; s. er heute noch kommt*

Soffitte ⟨f.11⟩ **1** *Dekorationsteil als oberer Abschluß des Bühnenbildes* **2** *lange Glühlampe mit Stromanschluß an beiden Enden;* Syn. *Soffittenlampe* [über frz. *soffite* < ital. *soffitta* in ders. Bed. < lat. *suffixus* „angeheftet", zu *suffigere* „unter etwas anheften"]

Soffittenlampe ⟨f.11⟩ → *Soffitte* (2)

sofort ⟨Adv.⟩ **1** *gleich, im nächsten Augenblick; er stand s. auf; er hat das s. verstanden; er bereute es s. (als er es gesagt hatte)* **2** *sehr bald; ich werde das s. erledigen; ich komme s.*

Soforthilfe ⟨f.11⟩ *unverzügliche, sofortige Hilfe*

sofortig ⟨Adj., o.Steig.⟩ *sofort, unverzüglich geschehend;* ~e *Maßnahmen; mit* ~er *Wirkung*

soft..., Soft... ⟨in Zus.⟩ *sanft..., weich..., Sanft..., Weich...,* z.B. *Software* [< engl. *soft* „sanft, weich"]

Soft Drink ⟨m.9⟩ *alkoholfreies Getränk;* Ggs. *Hard Drink* [< *Soft...* und *Drink*]

Softeis ⟨n., -es, nur Sg.⟩ *weiches Milchspeiseeis, das unter Zusatz von Luft gefroren ist* [< *Soft...* und *Eis*]

Softi ⟨m.9; ugs.⟩ *(jüngerer) Mann, der Schwächen und Ängste zugibt;* Syn. *Softie* [< engl. *softy* „Schwächling, Trottel"]

Software [-wɛə] ⟨f., -, nur Sg.⟩ *die einer EDV-Anlage eingespeicherten Programme;* vgl. *Hardware* [< *Soft...* und engl. *ware* „Waren, Artikel", also *die beweglichen, veränderlichen Teile der Anlage*]

Sog ⟨m.1⟩ **1** *saugende Luft- oder Wasserströmung; in einen S. geraten* **2** *verführerische Anziehungskraft; der S. der Großstadt*

sog. ⟨Abk. für⟩ *sogenannt*

sogar ⟨Adv.⟩ *obendrein, darüber hinaus, was gar nicht verlangt, erwartet worden war; er wird s. heute noch kommen; die Kinder bekamen s. noch ein Geschenk*

sogenannt ⟨Adj., o.Steig.; nur als Attr.⟩ **1** ⟨Abk.: sog.⟩ *mit dem Beinamen, der Bezeichnung ... tragend; die achte Sinfonie von Schubert, die* ~e *Unvollendete* **2** *die Bezeichnung unverdienterweise tragend; seine* ~en *Freunde*

sogleich ⟨Adv.⟩ *gleich, sofort;* auch: ⟨†⟩ *alsogleich*

sohin ⟨Adv.; †⟩ *somit*

Sohle ⟨f.11⟩ **1** *untere Fläche* (Tal~) **2** *kurz für: Fußsohle, Schuhsohle; sich die* ~n *nach etwas ablaufen viel, lange herumlaufen und suchen, um etwas zu finden; der Boden brennt ihm unter den* ~n *er fühlt sich nicht mehr sicher, er möchte fort; sich an jmds.* ~n *heften jmdm. überallhin folgen* **3** ⟨Bgb.⟩ **a** *alle in einer Ebene befindlichen Grubenbaue* **b** *untere Begrenzung (von Strecken und Schächten)* **c** → *Querschlag*

Sohlengänger ⟨m.5⟩ *Säugetier, das beim Gehen mit der ganzen Sohle auftritt (z.B. Dachs, Bär);* Ggs. *Zehengänger*

söhlig ⟨Adj., o.Steig.; Bgb.⟩ → *waagerecht*

Sohn ⟨m.2⟩ *unmittelbarer männlicher Nachkomme; er hat zwei Söhne; der ältere, jüngere S.; ein S. der Berge jmd., der aus dem Gebirge stammt und dort aufgewachsen ist; ein berühmter S. Englands im berühmter Vertreter Englands;* vgl. *verloren*

Söhnerin ⟨f.10; †; landsch.⟩ → *Schwiegertochter*

sohr ⟨Adj.; nddt.⟩ *dürr, trocken, welk*

Sohr ⟨m., -s, nur Sg.; nddt.⟩ → *Sodbrennen*

Söhre ⟨f., -, nur Sg.; nddt.⟩ *Dürre, Trockenheit*

soigniert [zoanjirt] ⟨Adj., -er, am -esten; veraltend⟩ *gepflegt und sehr gut angezogen; ein* ~er *Herr* [zu frz. *soigner* „pflegen, sorgen für, hüten", *se soigner* „sich pflegen", < galloroman. *soniare* „pflegen, hüten"]

Soiree [zoareː] ⟨f.11⟩ *Abendgesellschaft, Abendveranstaltung* [< frz. *soirée* „Abendzeit, Abendgesellschaft", zu *soir* „Abend"]

Soja ⟨f., -, -s⟩ *Samenweiß der Sojabohne*

Sojabohne ⟨f.11⟩ *ostasiatischer Schmetterlingsblütler, Nutzpflanze mit ölhaltigen Samen* [< chin. *chiang-yu* < *chiang* „Paste aus Sojabohnen" und *yu* „Öl", der Übersetzung von japan. *shoyu* (auch kurz *soy* oder *shoy*), der dt. Bez. für diese Pflanze, und *bohne*, nach der Ähnlichkeit der Pflanze mit einer Buschbohne]

Sokratiker ⟨m.5⟩ *Anhänger des altgriechischen Philosophen Sokrates und seiner Lehre*

sokratisch ⟨Adj., o.Steig.⟩ **1** *auf der Lehre des Sokrates beruhend, sie betreffend* **2** ⟨übertr.⟩ *weise, vernünftig*

Sol¹ ⟨n.1⟩ *kolloidale Lösung* [Kurzw. < lat. *solutio* „Lösung"]

Sol² ⟨m.9, nach Zahlenangaben Pl. -⟩ *peruanische Währungseinheit, 100 Centavos* [span., „Sonne"]

sola fide *allein durch den Glauben (Grundsatz der Rechtfertigungslehre Luthers)* [lat.]

solang, solange ⟨Konj.⟩ *für die Dauer der Zeit, während der, während; s. du da bist; s. ich nicht weiß, wann er kommt, kann ich nichts vorbereiten*

Solanin ⟨n.1⟩ *giftiges Alkaloid mehrerer Nachtschattengewächse* [zu *Solanum*]

Solanum ⟨n., -s, -la|nen⟩ → *Nachtschatten* [Herkunft unsicher, vielleicht verstümmelt < lat. *solamen*, „Trost, Linderung, medizinische Behandlung", zu *solari* „trösten, lindern, mildern", da eine Nachtschattengewächse in der mittelalterl. Med. gegen Entzündungen und als Schutzmittel gegen Zauberei verwendet wurden]

solar ⟨Adj., o.Steig.⟩ *zur Sonne gehörig, von ihr ausgehend* [< lat. *solaris* in ders. Bed., zu *sol* „Sonne"]

Solarenergie ⟨f., -, nur Sg.⟩ → *Sonnenenergie*

Solarisation ⟨f.10⟩ *bei extrem starker Überbelichtung eines Fotos (im Rahmen des Entwicklungsprozesses) auftretende Umkehrung der Kontraste (dunkle Flächen werden hell und umgekehrt)* [zu *solar*]

Solarium ⟨n., -s, -rilen⟩ *Anlage zur Höhensonnenbestrahlung* [< lat. *solarium* „der Sonne ausgesetzter Ort", zu *solar*]

Solarkonstante ⟨f.11⟩ *die auf der Erde ankommende Strahlungsintensität der Sonne (meist gemessen in Kilowatt pro m² und Sekunde)*

Solidarhaftung

Solarplexus ⟨m., -, -⟩ *Nervengeflecht unter dem Zwerchfell;* Syn. *Sonnengeflecht* [< lat. *solaris* „zur Sonne gehörig" (zu *sol* „Sonne") und *plexus* „Geflecht, Geflochtenes", zu *plectere* „flechten"]

Solarzelle ⟨f.11⟩ *Photoelement zur Erzeugung elektrischen Stroms aus Sonnenenergie*

Solawechsel ⟨m.5⟩ → *Eigenwechsel*

Solbad ⟨n.4⟩ **1** *Heilbad, Ort, dessen Wasser mehr als 1,5% Kochsalz enthält* **2** *Bad in diesem Wasser; ein S. nehmen*

solch(e, -er, -es) ⟨Demonstrativpron.⟩ **1** *derartig, von dieser Art; ein solcher Charakter, solch ein Charakter; ein solcher Unsinn, solch ein Unsinn; solche Blumen; einen solchen Wagen, solch einen Wagen haben wir früher auch gehabt* **2** *so groß; er hat solche Schmerzen; ich habe solche Sehnsucht nach den Kindern* **3** ⟨in der Fügung⟩ *als solche(r, -s) allein, an sich, für sich; die Arbeit als solche ist nicht schwer, aber unter diesen schlechten Bedingungen macht sie doch Mühe*

solcherart **I** ⟨Demonstrativpron.; ohne Dekl.⟩ *von dieser Art, so geartet; s. Leute kann ich nicht verstehen* **II** ⟨Adv.⟩ *auf solche Weise; Folgen, die s. entstehen*

solcherlei ⟨Adj., o.Dekl.⟩ **1** *so ähnliche(r, -s);* s. *Dinge;* s. *Kleinvieh;* s. *Unsinn* **2** *so ähnliche Dinge;* s. *habe ich auch schon gesehen*

solchermaßen ⟨Adv.⟩ *auf diese Art*

Sold ⟨m., -(e)s, nur Sg.⟩ *Lohn (des Soldaten)*

Soldanella, Soldanelle ⟨f., -, -len⟩ *zierliches Primelgewächs der Gebirge mit am Rand zerschlitzten Blüten (Alpen~)* [vielleicht zu ital. *soldo* „Münze", wegen der runden Blätter]

Soldat ⟨m.10⟩ **1** *Angehöriger der Streitmacht (eines Staates)* **2** ⟨bei Ameisen und Termiten⟩ *für die Verteidigung des Stockes sorgendes Insekt* **3** ⟨Schachspiel⟩ *Bauer* [< ital. *soldato* in ders. Bed., zu *soldare* „anwerben", *soldato* wohl assoldare < as... (in Zus. vor s für lat. *ad*) „zu hin" und *soldo* „Sold, Löhnung"]

Soldateska ⟨f., -, -ken⟩ *roher Soldatenhaufen, zügelloses Kriegsvolk* [< ital. *soldatesca* in ders. Bed.]

soldatisch ⟨Adj., o.Steig.⟩ *einen Soldaten (1) betreffend, zu ihm gehörig, ihm angemessen;* ~e *Ausrüstung;* ~e *Haltung*

Soldbuch ⟨n.4⟩ *bis 1945 Ausweis eines Soldaten*

Söldling ⟨m.1⟩ → *Mietling* (2)

Söldner ⟨m.5⟩ *Krieger, der sich gegen Sold zum Waffendienst verdingt*

Sole ⟨f.11⟩ *(stark) kochsalzhaltiges Wasser* [< mhd. *sol, sul* „Salzbrühe", zu russ., poln., bulgar., sorb. u.a. *sol*, < lat. *sal*]

Solei ⟨n.3⟩ *hartgekochtes Ei mit mehrmals geknickter Schale, das in starker Salzlösung eingelegt ist*

solenn ⟨Adj.; †⟩ *feierlich, festlich* [< lat. *solennis, sollemnis* „festlich, feierlich", eigtl. „jährlich gefeiert" < altlat. *sollus* „ganz all" und lat. *annus* „Jahr"]

Solennität ⟨f., -, nur Sg.⟩ *Feierlichkeit*

Soletti ⟨n.9; österr.⟩ → *Salzstange* (1)

Solfatara, Solfatare ⟨f., -, -ren⟩ *vulkanisches Ausströmen schwefelhaltiger Wasserdämpfe* [ital., zu *solfo* < lat. *sulfur* „Schwefel"]

solfeggieren [-dʒi-] V.3, hat *solfeggiert;* o.Obj.⟩ *ein Solfeggio singen*

Solfeggio [-fɛdʒo] ⟨n., -s, -feg|gi [-fɛdʒən]⟩ *mit den Solmisationssilben gesungenes Übungsstück* [ital., zu *solfa* „Note, Tonleiter", zu den Solmisationssilben *sol* und *fa*]

Soli ⟨Pl. von⟩ *Solo*

solid ⟨Adj.⟩ → *solide*

Solidarhaftung ⟨f., -, nur Sg.⟩ *Haftung mehrerer Personen als Gesamtschuldner*

so|li|da|risch ⟨Adj.⟩ *eng verbunden, übereinstimmend, einig; sich mit jmdm. s. erklären* [< frz. *solidaire* „wechselseitig haftend, gegenseitig verantwortlich", zu *solide* „rechtlich, rechtschaffen, gediegen"]

so|li|da|ri|sie|ren ⟨V.3, hat solidarisiert; refl.⟩ *sich mit jmdm. s. sich mit jmdm. solidarisch erklären, jmds. Meinung unterstützen, sich auf jmds. Seite stellen*

So|li|da|ris|mus ⟨m., -, nur Sg.⟩ *Lehre vom Verbundensein aller Menschen zum Zweck des allgemeinen Wohls*

So|li|da|ri|tät ⟨f., -, nur Sg.⟩ *Zusammengehörigkeitsgefühl, Verbundenheit*

So|li|dar|schuld|ner ⟨m.5⟩ *Gesamtschuldner*

so|li|de ⟨Adj., -r, am -sten⟩ auch: *solid* **1** *haltbar, fest, gut gebaut; ein ~r Schrank, Handwagen; das Gerät ist s. gebaut* **2** *charakterfest, anständig, zuverlässig, rechtschaffen; ein ~r Mensch; eine s. Firma* **3** *nicht ausschweifend, bis zu einem gewissen Grade enthaltsam, mäßig; s. Lebensweise; er lebt s.* [< lat. *solidus* „fest, stark, gediegen; wahrhaft, unerschütterlich"]

so|li|die|ren ⟨V.3, hat solidiert; mit Akk.; †⟩ *befestigen, sichern*

So|li|di|tät ⟨f., -, nur Sg.⟩ **1** *Haltbarkeit, Festigkeit* **2** *Anständigkeit, Zuverlässigkeit* **3** *solide Lebensweise*

So|ling ⟨n.9 oder m.9⟩ *Segelbootstyp, Dreimannkielboot* **2** *olympische Segelklasse*

Sol|ip|sis|mus ⟨m., -, nur Sg.⟩ *philosophische Lehre, daß nur das eigene Ich wirklich sei und die Welt nur in dessen Vorstellung existiere* [zu lat. *solus* „allein, einzig" und *ipse* „selbst"]

Sol|ip|sist ⟨m.10⟩ *Anhänger, Vertreter des Solipsismus*

So|list ⟨m.10⟩ *vom Orchester, Chor oder einem Instrument begleiteter, einzeln hervortretender Sänger oder Spieler, Einzelsänger, -spieler*

so|li|tär ⟨Adj., o.Steig.⟩ *einsam, nicht im Rudel (lebend), nicht staatenbildend; ~es Tier*

So|li|tär ⟨m.1⟩ *großer, einzeln gefaßter Diamant* [< frz. *solitaire* in ders. Bed., < lat. *solitarius* „einzeln, alleinstehend", zu *solus* „allein, einzig"]

So|li|tü|de ⟨f.11⟩ *Einsamkeit* (oft Name von Schlössern) [< frz. *solitude* in ders. Bed., < lat. *solitudo* „Einsamkeit", zu *solus* „allein"]

Soll¹ ⟨n.2; Geol.⟩ *kleine, runde, wassergefüllte Mulde aus der Eiszeit* [nddt.]

Soll² ⟨n.9⟩ **1** ⟨Buchführung⟩ *Belastung, Schuld, Gesamtheit der Ausgaben;* Ggs. *Haben; ein S. auf dem Konto haben* **2** *bestimmte Menge (die erreicht werden muß); ein S. festlegen; das S. erreichen* **3** *bestimmte Arbeitsleistung, Pensum; das S. erfüllen; mein tägliches S.*

Soll-Be|stand ⟨m.2⟩ *geplanter Bestand;* Ggs. *Ist-Bestand*

sol|len ⟨V.1⟩ **I** ⟨als Modalverb mit Verben; hat sollen⟩ **1** *die Pflicht, die Verpflichtung, die Aufgabe, die Anweisung haben (etwas zu tun); er soll kommen, gehen; ich soll um fünf Uhr dort sein; du hättest nicht kommen s.; was hätte ich denn sonst tun s.?; du hättest daran denken s.* **2** *aufgefordert sein (etwas zu tun); der soll nur kommen!* ⟨drohend⟩ *du sollst dich bei uns wohl fühlen; er soll sich keine Sorgen machen* **3** *eine innere Einstellung haben; man sollte meinen, das würde genügen; man sollte glauben, er habe jetzt genug davon* **4** *sich verpflichtet fühlen; du solltest eigentlich zu ihm gehen; du solltest dich bei ihm entschuldigen* **5** *man sagt ...* ⟨mit Konjunktiv Präs.⟩ *man sagt, er sei verhaftet worden; gestern soll dort ein Gewitter gegeben haben; er soll ein hervorragender Fachmann sein* **6** *jmd., etwas sollte ... es war jmdm., einer Sache bestimmt, beschieden; es sollte ganz anders kommen; als er ging, wußte er nicht, daß er seine Mutter nie wiedersehen sollte; es hat nicht sein s.; es hat nicht s. sein* ⟨geh.⟩ **7** *sollte es ...* ⟨mit Infinitiv⟩ *falls ...; sollte ich heute abend später kommen, rufe ich an* **8** ⟨zum Ausdruck eines Zweifels in Wendungen wie⟩ *sollte das tatsächlich wahr sein? ob das wirklich wahr ist?; sollte er schon gekommen sein?* **II** ⟨als Vollverb; hat gesollt⟩ *eine Aufgabe, eine Bestimmung, einen Auftrag haben* ⟨unter Wegfall des dazugehörigen Verbs⟩; *was soll ich hier?* (erg.: *tun*); *was hätte ich dort gesollt, wenn ich hingegangen wäre?; was soll das?* (erg.: *bedeuten*); *wohin soll der Schrank?* (erg.: *gestellt werden*); *soll ich oder soll ich nicht?* (erg.: *es tun*)

Söl|ler ⟨m.5⟩ **1** *erhöhter, offener Saal, offener Umgang, Balkon* **2** ⟨landsch.⟩ *Dachboden* **3** ⟨schweiz.⟩ *Fußboden*

Sol|li|zi|tant ⟨m.10; †⟩ *Bittsteller*

sol|li|zi|tie|ren ⟨V.3, hat sollizitiert; o.Obj.⟩ *ein Bittgesuch einreichen* [< lat. *sollicitare* „in Bewegung, in Trab setzen, veranlassen", zu *sollus* „ganz" und *citare* „herbei-, aufrufen"]

Soll|sei|te ⟨f., -, nur Sg.⟩ *diejenige Seite eines Kontos, auf der die Belastungen, Schulden aufgeführt sind;* Ggs. *Habenseite*

Sol|mi|sa|ti|on ⟨f.10⟩ *System für die Bezeichnung der Töne der diatonischen Tonleiter mit den sogenannten Solmisationssilben* [nach den beiden Solmisationssilben *sol* und *mi*]

Sol|mi|sa|ti|ons|sil|ben ⟨Pl.⟩ *die Silben do, re, mi, fa, sol, la, si zur Bezeichnung der Töne der diatonischen Tonleiter (anstatt c, d, e usw.)*

sol|mi|sie|ren ⟨V.3, hat solmisiert; o.Obj.⟩ *nach dem System der Solmisation singen, mit Solmisationssilben singen*

so|lo ⟨Adj., o.Dekl.⟩ *allein, für sich; s. singen, spielen; ich bin ganz s.* ⟨ugs. scherzh.⟩ *ich bin ganz allein* [ital., „allein, einzig; Einziger, Einzelstück, -gesang, -tanz"; < lat. *solus* „allein, einzig"]

So|lo ⟨n., -s, -li; Mus.⟩ **1** *Gesang bzw. Instrumentalspiel eines einzelnen Sängers bzw. Spielers;* Ggs. *Tutti* **2** *Tanz eines einzelnen Tänzers* [zu *solo*]

so|lo|nisch ⟨Adj., o.Steig.⟩ **1** *den athenischen Staatsmann Solon betreffend, zu ihm gehörend* **2** ⟨übertr.⟩ *weise, klug*

So|lö|zis|mus ⟨m., -, -men⟩ *grober sprachlicher Fehler* [< griech. *soloikismos* „Verstoß gegen die Sprachregeln", zu *soloikos* „fehlerhaft sprechend", nach den Einwohnern von *Soloi*, einer griech. Stadt in Kilikien (Kleinasien), die ihre Sprache durch den Umgang mit den „Barbaren" hatten verwildern lassen]

Sol|per ⟨m.5; hess., ndrhein.⟩ *Salzbrühe (für Pökelfleisch)*

Sol|quel|le ⟨f.11⟩ *solhaltige Quelle*

Sol|salz ⟨n.1⟩ *Salz aus einer Solquelle*

Sol|sti|ti|um ⟨n., -s, -ti|en [-tsjən]⟩ → *Sonnenwende* (1) [lat., „Sonnenstillstand, Sonnenwende", < *sol* „Sonne" und *statium* (nur in Zus. in der Form *...stitium* üblich) „Stillstand", zu *sistere* „stillstehen", zu *stare* „stehen"]

so|lu|bel ⟨Adj., o.Steig.; Chem.⟩ → *löslich; eine soluble Substanz* [< lat. *solubilis* „löslich, trennbar", zu *solvere* „lösen, auflösen"]

So|lu|tio ⟨[-tsjo] f., -, -tio|nes⟩, **So|lu|ti|on** ⟨f.10⟩ *Arzneimittellösung* [< lat. *solutio*, Gen. *-onis*, „Auflösung, Aufgelöstsein", zu *solvere* „lösen, auflösen"]

So|lu|tré|en ⟨[sɔlytreɛ̃] n., -, nur Sg.⟩ *Kulturstufe der jüngeren Altsteinzeit* [nach dem Fundort Solutré im frz. Departement Saône-et-Loire]

Sol|va|ta|ti|on ⟨f.10⟩ *Anlagerung von Molekülen eines Lösungsmittels an die in ihm gelösten Teilchen unter Bildung von Komplexen* [zu lat. *solvere* „lösen, auflösen"]

Sol|vens ⟨n., -, -ven|tia [-tsja] oder -ven|zien⟩ *schleimlösendes Mittel* [< lat. *solvens* „lösend, auflösend"]

sol|vent ⟨[-vɛnt] Adj., -er, am -esten⟩ *zahlungsfähig;* Ggs. *insolvent* [< lat. *solvens*, Gen. *-entis*, Part. Präs. von *solvere* „bezahlen, abzahlen, befreien (von Verbindlichkeiten)"]

Sol|venz ⟨[-vɛnts] f., -, nur Sg.⟩ *Zahlungsfähigkeit;* Ggs. *Insolvenz*

sol|vie|ren ⟨[-vj-] V.3, hat solviert; mit Akk.⟩ **1** ⟨Chem.⟩ *lösen, auflösen; einen Stoff s.* **2** *zahlen, abzahlen, tilgen; eine Schuld s.* [< lat. *solvare* „lösen, befreien"]

Sol|was|ser ⟨n.6⟩ *solehaltiges Wasser*

So|ma ⟨n., -s, -ma|ta; Biol., Med.⟩ *Leib, Körper* [griech.]

So|ma|li **I** ⟨m., -(s), Somal⟩ *Einwohner von Somalia* **II** ⟨n., -(s), nur Sg.⟩ *dessen Sprache*

so|ma|tisch ⟨Adj., o.Steig.⟩ *leiblich, körperlich* [zu *Soma*]

so|ma|to|gen ⟨Adj., o.Steig.⟩ **1** *körperlich bedingt, durch den Körper verursacht* **2** *von Körperzellen (nicht von der Erbmasse) gebildet* [< griech. *soma*, Gen. *somatos*, „Leib, Körper" und *...gen*]

So|ma|to|lo|gie ⟨f., -, nur Sg.⟩ *Lehre vom menschlichen Körper* [< griech. *soma*, Gen. *somatos*, „Leib, Körper" und *...logie*]

Som|bre|ro ⟨m.9; in Mittel- und Südamerika⟩ *breitrandiger Strohhut* [span., „Hut, Deckel", zu *sombra* „Schatten", also eigtl. „Schattenspender"]

so|mit ⟨auch [-'-] Adv.⟩ *also, folglich*

Som|mer ⟨m.5⟩ *wärmste, zwischen Frühling und Herbst liegende Jahreszeit;* Ggs. *Winter; ein warmer, verregneter S.*

Som|mer|fe|ri|en ⟨nur Pl.⟩ *lange Schulferien im Sommer*

Som|mer|fri|sche ⟨f.11⟩ **1** ⟨nur Sg.⟩ *Erholung im Sommer an einem Urlaubsort; zur S. ins Gebirge fahren* **2** *Urlaubsort für sommerliche Erholung*

Som|mer|frisch|ler ⟨m.5⟩ *jmd., der sich in der Sommerfrische befindet*

Som|mer|ge|trei|de ⟨n., -s, nur Sg.⟩ *Getreide, das im zeitigen Frühjahr gesät und im selben Jahr geerntet wird;* Ggs. *Wintergetreide*

Som|mer|kleid ⟨n.3⟩ *leichtes Kleid für den Sommer*

som|mer|lich ⟨Adj., o.Steig.⟩ *wie im Sommer, dem Sommer angemessen; ~e Temperaturen; s. gekleidet sein*

Som|mer|mo|nat ⟨m.1⟩ *jeder der Monate Juni, Juli, August*

som|mern¹ ⟨V.1, hat gesommert⟩ **I** ⟨o.Obj.; unpersönl., mit „es"⟩ *es sommert es wird Sommer* **II** ⟨mit Akk.⟩ → *sömmern*

som|mern² ⟨V.1, hat gesommert; mit Akk.⟩ *Reifen s. das Profil abgefahrener Reifen neu schneiden* [nach dem Erfinder des Verfahrens, P. Sommer]

söm|mern ⟨V.1, hat gesömmert; mit Akk.⟩ auch: *sommern* **1** *in die Sonne legen, in der Sonne lüften; Kleider, Betten s.* **2** *auf die Sommerweide treiben; Vieh s.* **3** ⟨Fischzucht⟩ *trockenlegen; einen Teich s.*

som|mers ⟨Adv.⟩ *im Sommer, während des Sommers*

Som|mer|sa|chen ⟨Pl.⟩ *leichte Kleidung für den Sommer*

Som|mer|schlaf ⟨m., -(e)s, nur Sg.⟩ → *Trockenstarre*

Som|mer|schluß|ver|kauf ⟨m.2⟩ *Verkauf von im Sommer benutzten Artikeln (bes. Kleidung) am Ende des Sommers zu ermäßigten Preisen;* Ggs. *Winterschlußverkauf*

Som|mer|spros|se ⟨f.11, meist Pl.⟩ *jeder von vielen bräunlichen Pigmentflecken auf der Haut, die besonders (bei Personen mit rötlichen Haaren) nach Sonnenbestrahlung vermehrt auftreten* [< *Sommer* und *sprießen*]

som|mer|spros|sig ⟨Adj.⟩ *voller Sommersprossen; ~e Nase*

Som|mers|zeit ⟨f., -, nur Sg.⟩ *Jahreszeit des Sommers;* vgl. *Sommerzeit; zur S.*

Som|me|rung ⟨f., -, nur Sg.⟩ **I** *das Sommern¹* **II** *das Sommern²*

Söm|me|rung ⟨f., -, nur Sg.⟩ *das Sömmern*

Som|mer|vo|gel ⟨m.6; schweiz.⟩ →*Schmetterling*

Som|mer|zeit ⟨f.10⟩ *Vorverlegung der Tageszeit-Zählung während des Sommers (meist um eine Stunde); vgl. Sommerzeit*

Som|mi|tä|ten ⟨Pl.; †⟩ *hochgestellte Personen* [< frz. *sommité* in ders. Bed. sowie „höchste Spitze", zu lat. *summus* „der höchste"]

som|nam|bul ⟨Adj., o.Steig.⟩ *nacht-, schlafwandlerisch, mondsüchtig* [< frz. *somnambule* in ders. Bed., < lat. *somnus* „Schlaf" und *ambulare* „umhergehen"]

Som|nam|bu|lis|mus ⟨m., -, nur Sg.⟩ *Mondsüchtigkeit, Schlaf-, Nachtwandeln*

som|no|lent ⟨Adj., o.Steig.⟩ **1** *benommen* **2** *schlafsüchtig, krankhaft schläfrig* [< lat. *somnolentus* „schlaftrunken", zu *somnus* „Schlaf"]

Som|no|lenz ⟨f., -, nur Sg.⟩ **1** *Benommenheit* **2** *krankhafte Schläfrigkeit, Schlafsucht*

so|nach ⟨Adv.⟩ *demnach, folglich*

So|nant ⟨m.10⟩ *selbstständiger, silbenbildender Laut, Vokal* [< lat. *sonans*, Gen. *-antis*, „tönend", zu *sonare* „tönen"]

So|na|te ⟨f.11⟩ *drei- oder viersätziges Musikstück für ein oder mehrere Instrumente* [< ital. *sonata* in ders. Bed., eigtl. „das Klingen, Blasen, Spielen", zu *sonare* „(ein Instrument) spielen", zu lat. *sonus* „Ton, Klang"]

So|na|ti|ne ⟨f.11⟩ *kleine Sonate*

Son|de ⟨f.11⟩ **1** *Instrument zum Einführen in Körperhöhlen (Magen~)* **2** *dünner Schlauch zur künstlichen Ernährung* **3** ⟨Bgb.⟩ *Probebohrung (nach Erdöl u.a.)* **4** *Instrument zum Messen von Druck, Richtung, Geschwindigkeit und Temperatur von Flüssigkeiten* **5** ⟨Weltraumfahrt⟩ *unbemannter Flugkörper (Raum~)* [< frz. *sonde* in ders. Bed., *Sonde, Lot, Senkblei*; zu *sonder* „mit der Sonde untersuchen", über vulgärlat. *subundare* „untertauchen" < lat. *sub* „unter" und *unda* „Woge"]

son|der ⟨Präp. mit Akk.; †⟩ *ohne; s. Tadel; s. Fehl*

Son|der... ⟨in Zus.⟩ *Einzel..., z.B. Sonderanfertigung, Sonderausgabe, Sonderfall*

son|der|bar ⟨Adj.⟩ *vom Üblichen abweichend, eigenartig, seltsam; eine ~e Angewohnheit; ein ~es Geräusch; ich finde das sehr s.; das klingt s.*

son|der|ba|rer|wei|se ⟨Adv.⟩ *es ist sonderbar, daß ...; er hat s. nichts gesagt*

son|der|glei|chen ⟨Adv.; nachgestellt⟩ *einmalig, einzigartig; das ist eine Unverschämtheit s.*

son|der|lich I ⟨Adj.⟩ *leicht verschroben; ein ~er Mensch* **II** ⟨Adv.⟩ **1** *besonders; er hat sich nicht s. bemüht* **2** *sehr; er war nicht s. freundlich*

Son|der|ling ⟨m.1⟩ *sich von anderen absondernder Mensch, jmd., der etwas sonderbar, sonderlich ist*

Son|der|müll ⟨m., -s, nur Sg.⟩ *Abfallstoff, der nicht schadlos zusammen mit normalem Haus- und Gewerbemüll beseitigt werden kann*

son|dern¹ ⟨V.1, hat gesondert; mit Akk.⟩ *etwas von etwas s. etwas aus etwas heraussuchen und beiseite legen, etwas von etwas trennen; die guten von den schlechten Beeren s.; eine Sache gesondert behandeln eine Sache getrennt, für sich behandeln*

son|dern² ⟨Konj.⟩ *vielmehr, richtiger gesagt; nicht er war es, s. ich; ich war nicht gestern, s. erst heute dort; nicht nur Blumen, s. auch Früchte; er hat nicht nur geweint, s. geschrien*

son|ders ⟨nur in der Wendung⟩ *samt und s. alles zusammen, alle miteinander*

Son|der|schu|le ⟨f.11⟩ *Schule zur Allgemein- und Berufsbildung für geistig, sozial oder körperlich behinderte Kinder und Jugendliche;* Syn. ⟨veraltend⟩ *Hilfsschule*

Son|de|rung ⟨f., -, nur Sg.⟩ *das Sondern¹*

son|die|ren ⟨V.3, hat sondiert; mit Akk.⟩ **1** *mit Hilfe einer Sonde (1) untersuchen; den Magen s.; eine Wunde s.; den Boden s.* **2** *messen, loten; die Wassertiefe s.* **3** *(vorsichtig) erkunden, auskundschaften; die Lage, das Gelände s.; wir müssen erst s., ob das möglich ist*

Son|die|rung ⟨f.10⟩

Son|die|rungs|ge|spräch ⟨n.1⟩ *Gespräch, in dem die Partner ihre Vorstellungen bekanntmachen, aber nicht verhandeln*

So|nett ⟨n.1⟩ *Gedicht aus zwei vier- und zwei dreizeiligen Strophen* [< ital. *sonetto* in ders. Bed., < altfrz. *sonet* „kleines Lied", zu *son* „Lied", < lat. *sonus* „Ton, Klang"]

Song ⟨m.9⟩ **1** *(seit B. Brecht) scharf satirisches, dem Bänkellied ähnliches und dem Jazz nahestehendes Lied* **2** *(danach allg.) Schlager, Lied*

Sonn|abend ⟨m.1⟩ *sechster Tag der Woche, Tag vor dem Sonntag;* Syn. ⟨oberdt.⟩ *Samstag,* ⟨westfäl., ostfries.⟩ *Satertag*

Son|ne ⟨f.11⟩ **1** ⟨nur Sg.⟩ *Fixstern, der dem Erdbewohner als gleißend helle, scharf begrenzte, völlig runde Scheibe erscheint; die S. scheint, geht auf, unter, sinkt, steigt; er fühlt sich als der glücklichste Mensch unter der S. er fühlt sich sehr glücklich* **2** *deren als Licht und Wärme empfundener Strahlungsanteil; in der S. liegen; sich von der S. bräunen lassen; geh mir aus der S.! (ugs.) verdeck mir die Aussicht nicht!* **3** ⟨übertr., poet.⟩ *etwas Helles, Warmes, Angenehmes; die S. des Glücks, der Liebe; sie ist die S. meines Lebens; S. im Herzen haben ein fröhliches Gemüt haben*

son|nen ⟨V.1, hat gesonnt⟩ **I** ⟨mit Akk.⟩ *in die Sonne legen, hängen; Betten, Kleider s.* **II** ⟨refl.⟩ *sich s. sich von der Sonne wärmen, bräunen lassen*

Son|nen|an|be|ter ⟨m.5⟩ **1** *jmd., der die Sonne als Gott anbetet* **2** ⟨ugs., scherzh.⟩ *jmd., der (gern) in der Sonne liegt und sich bräunen läßt*

Son|nen|an|be|tung ⟨f., -, nur Sg.⟩ *Anbetung der Sonne als Gott*

Son|nen|auf|gang ⟨m.2⟩ *Augenblick, in dem die Sonne über dem Horizont erscheint;* Ggs. *Sonnenuntergang*

Son|nen|bad ⟨n.4⟩ *nacktes oder fast nacktes Liegen in der Sonne*

Son|nen|ball ⟨m.2; poet.⟩ *Sonne*

Son|nen|blu|me ⟨f.11⟩ *(aus Amerika stammender) hochwachsender Korbblütler mit breiter, dunkler Blütenscheibe, die von leuchtendgelben Randblüten eingefaßt ist, Nutz- und Zierpflanze*

Son|nen|blu|men|kern ⟨m.1⟩ *ölhaltiger Samen der Sonnenblume*

Son|nen|brand ⟨m.2⟩ *Hautentzündung durch zu starke Sonnenbestrahlung*

Son|nen|dach ⟨n.4⟩ *Dach, Stoffbahn als Schutz gegen die Sonne*

Son|nen|deck ⟨n.9⟩ *auf Passagierschiffen oberstes Deck*

Son|nen|ener|gie ⟨f., -, nur Sg.⟩ *zur Nutzung umgewandelte Energie unmittelbar aus der Strahlung der Sonne;* Syn. *Solarenergie*

Son|nen|fer|ne ⟨f.11⟩ →*Aphel*

Son|nen|fin|ster|nis ⟨f.1⟩ *Verfinsterung der Sonne durch den Mond, wenn er zwischen Erde und Sonne hindurchläuft*

Son|nen|fleck ⟨m.1, meist Pl.⟩ *zeitweise erscheinender dunkler Fleck auf der Sonnenoberfläche*

Son|nen|ge|flecht ⟨n.1⟩ →*Solarplexus*

Son|nen|glanz ⟨m., -es, nur Sg.; poet.⟩,
Son|nen|glast ⟨m., -(e)s, nur Sg.; poet.⟩ *Glanz der Sonne*

Son|nen|gott ⟨m.4⟩ *die als Gottheit dargestellte und kultisch verehrte Sonne (z.B. Helios)*

son|nen|hell ⟨Adj., o.Steig.; poet.⟩ *durch die Sonne erhellt; ein ~es Zimmer*

Son|nen|hut ⟨m.2⟩ **1** *Hut, der vor der Sonne schützt* **2** ⟨Biol.⟩ *Korbblütler mit gelben Blüten und langem Stengel;* Syn. *Rudbeckie*

Son|nen|jahr ⟨n.1⟩ *Zeit eines Umlaufs der Erde um die Sonne*

son|nen|klar ⟨Adj., o.Steig.⟩ **1** [sɔn-] *klar und sonnig; ein ~er Tag* **2** ([sɔnənklar] ugs.) *völlig klar, völlig eindeutig; es ist doch s., daß ...*

Son|nen|kraft|werk ⟨n.1⟩ *Kraftwerk, das die Sonnenenergie zur Erzeugung elektrischen Stroms benutzt*

Son|nen|kult ⟨m.1⟩ *Verehrung der Sonne als göttliches Wesen*

Son|nen|licht ⟨n., -(e)s, nur Sg.⟩ *Licht der Sonne*

Son|nen|nä|he ⟨f.11⟩ →*Perihel*

Son|nen|pflan|ze ⟨f.11⟩ *Pflanze, die nur bei hoher Lichtintensität ausreichend Photosynthese durchführen kann;* Ggs. *Schattenpflanze*

Son|nen|rad ⟨n.4⟩ *die als Rad dargestellte Sonne*

Son|nen|re|gen ⟨m.7⟩ *Regen bei teilweise bedecktem Himmel*

Son|nen|rös|chen ⟨n.7⟩ *(meist gelb blühendes) niederliegendes Zistrosengewächs, dessen Einzelblüte oft nur einen Tag hält*

Son|nen|schein ⟨m., -(e)s, nur Sg.⟩ **1** *Licht, Schein der Sonne* **2** ⟨übertr.⟩ *jmd., der immer fröhlich ist, der andere erfreut; das Kind ist unser S., ist ein kleiner S.*

Son|nen|schirm ⟨m.1⟩ *Schirm zum Schutz gegen die Sonne*

Son|nen|schutz ⟨m., -es, nur Sg.⟩ **1** *Schutz gegen die Sonne; eine Markise, eine Creme als S.* **2** *Gegenstand, der gegen die Sonne schützt; einen S. anbringen*

Son|nen|se|gel ⟨n.5⟩ **1** *aufgespanntes Segeltuch zum Schutz gegen die Sonne* **2** *Vorrichtung an Raumflugkörpern, die dazu dient, die Sonnenenergie zu nutzen*

Son|nen|sei|te ⟨f.11⟩ **1** *der Sonne zugewandte Seite* **2** ⟨übertr.⟩ *schöne, angenehme Seite; die S. des Lebens*

Son|nen|stein ⟨m.1⟩ *rotbraune, glitzernde Abart des Minerals Oligoklas, Schmuckstein*

Son|nen|stich ⟨m.1⟩ *Kreislaufstörung durch zu starke Sonneneinwirkung auf den Kopf*

Son|nen|sy|stem ⟨n.1⟩ *die Sonne und alle Körper, die sie umkreisen*

Son|nen|tag ⟨m.1⟩ **1** *sonniger Tag* **2** *Zeit einer Umdrehung der Erde um sich selbst (von Mitternacht zu Mitternacht)*

Son|nen|tau ⟨m., -(e)s, nur Sg.⟩ *kleine, fleischfressende Pflanze, deren Blätter (mit klebrig-glitzernden Drüsenhaaren) Insekten anlocken*

Son|nen|tier|chen ⟨n.7⟩ *(in zahlreichen Arten vorkommender) kugeliger Einzeller mit strahlenähnlichen, starren Plasmafortsätzen*

Son|nen|uhr ⟨f.10⟩ *Vorrichtung zur Bestimmung der Uhrzeit aus der Schattenlänge und -richtung eines zum Himmelspol gerichteten Stabes*

Son|nen|un|ter|gang ⟨m.2⟩ *Augenblick, in dem die Sonne unter dem Horizont verschwindet;* Ggs. *Sonnenaufgang*

son|nen|ver|brannt ⟨Adj., -er, am -esten⟩ *von der Sonne stark gebräunt;* auch: *sonnverbrannt*

Son|nen|wa|gen ⟨m., -s, nur Sg.⟩ *griech. Myth. Wagen des Sonnengottes Helios*

Son|nen|war|te ⟨f.11⟩ *der Beobachtung der Sonne dienendes Observatorium*

Son|nen|wen|de ⟨f.11⟩ **1** *Zeitpunkt im Jahr, zu dem die Mittagshöhe der Sonne ihren höchsten oder tiefsten Punkt erreicht hat (Sommer~, Winter~);* auch: *Sonnwende;* Syn. *Solstitium* **2** →*Heliotrop*

Son|nen|wind ⟨m.1⟩ *von der Sonne ausgehende Teilchenstrahlung*

son|nig ⟨Adj.⟩ **1** *von der Sonne beschienen;*

ein ~er Standort; hier ist es mir zu s. **2** *heiter, fröhlich, unbeschwert;* ein ~es Wesen haben; ein ~es Kind

Sonn|tag ⟨m.1⟩ *siebenter Tag der Woche (und Ruhetag), Feiertag*

sonn|täg|lich ⟨Adj., o.Steig.⟩ *wie am Sonntag, feierlich;* ein s. feines Gewand; s. gekleidet sein

Sonn|tags|an|zug ⟨m.2⟩ *feierlicher Anzug für den Sonntag*

Sonn|tags|fah|rer ⟨m.5; ugs.⟩ *nur an Sonntagen fahrender (und daher ungeübter) Autofahrer*

Sonn|tags|jä|ger ⟨m.5⟩ *Jäger, der nur an Sonntagen auf die Jagd geht (und daher ungeübt ist)*

Sonn|tags|kind ⟨n.3⟩ *an einem Sonntag geborenes Kind und daher (nach dem Volksglauben) ein Glückskind*

Sonn|tags|ma|ler ⟨m.5⟩ *sich nur gelegentlich und aus Liebhaberei betätigender Maler*

Sonn|tags|schu|le ⟨f.11; †⟩ *Kindergottesdienst*

Sonn|tags|staat ⟨m., -(e)s, nur Sg.; scherzh., oft iron.⟩ *feierliche, sonntägliche Kleidung*

sonn|ver|brannt ⟨Adj.⟩ →*sonnenverbrannt*

Sonn|wen|de ⟨f.11⟩ →*Sonnenwende (1)*

Sonn|wend|fei|er ⟨f.11⟩ *Feier zur Sommersonnenwende*

so|nor ⟨Adj.⟩ *klangvoll, tönend;* ~e Stimme [< lat. *sonorus* „tönend, klangvoll", zu *sonor* „Ton, Klang"]

So|nor|laute ⟨Pl.; Sammelbez. für⟩ *Nasale und Liquiden*

sonst I ⟨Adv.⟩ **1** *in ähnlichen Fällen, normalerweise;* das tue ich s. nicht; dasselbe wie s. **2** *darüber hinaus;* ist s. noch jemand hier gewesen?; brauchst du s. etwas? wünschen Sie noch etwas? **II** ⟨Konj.⟩ *anderenfalls;* schnell, s. kommst du zu spät

sonst|ei|ner ⟨Pron.⟩ →*sonstjemand*

son|stig ⟨Adj., o.Steig.⟩ *darüber hinaus vorhanden, übrig;* die ~e Arbeit, Zeit; seine ~en Fähigkeiten kenne ich nicht

sonst|je|mand ⟨Pron.⟩ *irgend jemand, wer auch immer, jeder;* Syn. *sonsteiner,* ⟨ugs.⟩ *sonstwer;* da könnte ja s. kommen

sonst|was ⟨Pron.; ugs.⟩ *irgendwas, alles, was auch immer;* du kannst ihm s. erzählen, er glaubt alles

sonst|wem ⟨Pron.; ugs.⟩ *irgendwem, jedem;* du kannst es s. erzählen, mir ist es gleich

sonst|wen ⟨Pron.; ugs.⟩ *irgendwen, jeden;* du kannst s. fragen

sonst|wer ⟨Pron.; ugs.⟩ →*sonstjemand*

sonst|wie ⟨Adv.; ugs.⟩ *irgendwie;* ich werde klopfen oder rufen oder mich s. bemerkbar machen

sonst|wo ⟨Adv.; ugs.⟩ *irgendwo, überall;* ich habe s. gesucht, nur nicht im Garten

sonst|wo|her ⟨Adv.; ugs.⟩ *irgendwoher;* er hat es von ihm oder von ihr oder s.

sonst|wo|hin ⟨Adv.; ugs.⟩ *irgendwohin, überallhin;* er ist s. gelaufen, um ihn zu finden

so|oft ⟨Konj.⟩ *immer dann, wenn, wie oft auch immer;* s. ich ihn frage, weicht er mir aus

Soor ⟨m.1; bei Kindern⟩ *Pilzbelag in der Mundhöhle*

...so|phie ⟨in Zus.⟩ *Lehre, Wissenschaft, z.B.* Philosophie [< griech. *sophia* „Wissenschaft, Weisheit", zu *sophos* „geschickt, gewandt, geübt; gelehrt, weise"]

So|phis|ma ⟨n., -s, -men⟩, **So|phis|mus** ⟨m., -, -men⟩ *Scheinbeweis, Trugschluß* [→*Sophistik*]

So|phist ⟨m.10⟩ **1** ⟨urspr.⟩ *Denker, Wissenschaftler, wandernder Lehrer der Weisheit und Redekunst* **2** ⟨seit Sokrates⟩ *spitzfindiger Gelehrter, Wortklauber*

So|phis|te|rei ⟨f.10⟩ *Wortklauberei, spitzfindiges Philosophieren*

So|phis|tik ⟨f., -, nur Sg.⟩ **1** *Lehre der Sophisten* **2** *spitzfindige Weisheit, Scheinweis-*

heit [< griech. *sophistike* „Kunst der Sophisten", zu *sophistes* „Gelehrter, Weiser, Kunstkenner, Lehrer der Weisheit", zu *sophos* „geschickt, geübt, gewandt; klug, weise" und *sophia* „Weisheit"]

So|phis|ti|ka|ti|on ⟨f.10⟩ *Vernunftschluß, Schluß von etwas, das man kennt, auf etwas, das man nicht kennt und nicht beweisen kann*

so|phi|stisch ⟨Adj.⟩ *in der Art eines Sophisten, spitzfindig*

So|por ⟨m., -s, nur Sg.⟩ →*Schlafsucht* [lat. „Betäubung"]

so|po|rös ⟨Adj., o.Steig.⟩ *an Sopor leidend*

so|pra ⟨beim Spiel auf Tasteninstrumenten oben, über die andere Hand hinwegzuführen;* Ggs. *sotto* [ital.]

So|pran ⟨m.1⟩ **1** (bei Frauen und Knaben) *höchste Stimmlage* **2** *Sopransänger(in)* **3** *Gesamtheit der hohen Frauen- oder Knabenstimmen im Chor* **4** *höchste Stimmlage (von Musikinstrumenten)* [< ital. *soprano* in ders. Bed., eigtl. „oben stehend, oben oder hoch befindlich", über vulgärlat. *supranus, *superanus* < lat. *super* „oben"]

So|pra|nist ⟨m.10⟩ *Sopransänger*

So|pran|schlüs|sel ⟨m.5⟩ *Notenschlüssel, der den Ton c auf der untersten Notenlinie anzeigt*

So|pra|por|te ⟨f.11; bes. im Barock und Rokoko⟩ *Verzierung über der Tür;* auch: *Supraport, Supraporte* [< ital. *sopra* (< lat. *super*) „über" und lat. *porta* „Tür, Tor"]

Sor|be ⟨m.11⟩ *Angehöriger eines westslawischen Volksstammes in der Lausitz und im Spreewald;* Syn. *Wende*

Sor|bet ⟨auch [-be] m.9⟩, **Sor|bett** ⟨m.9⟩ auch: *Scherbett* **1** *Fruchtsaft mit Eis* **2** *Halbgefrorenes* [< ital. *sorbetto,* unter Einfluß von *sorbire* „trinken, schlürfen", < türk. *gerbet* „kühler Trank", < arab. *šarba* „Trank"]

Sor|bin|säu|re ⟨f.11⟩ *eine organische Säure, Konservierungsmittel* [zu lat. *sorbum,* „Vogelbeere"; sie ist in unreifen Vogelbeeren enthalten]

sor|bisch ⟨Adj., o.Steig.⟩ *die Sorben betreffend, zu ihnen gehörig, von ihnen stammend;* ~e Sprache *eine westslawische Sprache*

Sor|bit ⟨m., -s, nur Sg.⟩ *süßer Fruchtalkohol, der durch Reduktion aus Alkohol hergestellt wird* [zu lat. *sorbum,* „Vogelbeere", nach dem natürl. Vorkommen in diesen Früchten]

Sor|di|no ⟨m., -s, -ni; bei Musikinstrumenten⟩ *Dämpfer* [< ital. *sordina,* auch *sordino* in ders. Bed., zu *sordo* „gedämpft, taub", < lat. *surdus* „taub"]

Sor|dun ⟨m.1 oder n.1⟩ **1** *dem Fagott ähnliches Holzblasinstrument des 17. Jahrhunderts* **2** *ein Orgelregister*

Sor|ge ⟨f.11⟩ **1** *bedrückende Unruhe, Bangigkeit;* jmdm. S. bereiten; ~n haben; das macht mir ~n; (hab) keine S.! beunruhige dich nicht!; aller ~n ledig sein; große, lastende, schwere ~n; aus den ~n nicht herauskommen; in S. um jmdn. sein; sich ~n um etwas oder jmdn. machen **2** *Fürsorge, Pflege;* die S. für die Familie; für etwas S. tragen *sich um etwas (verantwortlich) kümmern;* das laß nur meine S. sein! darum kümmere ich mich schon!

sor|gen ⟨V.1, hat gesorgt⟩ **I** ⟨mit Akk., nur mit Nebensatz⟩ *aufpassen, achtgeben,* sorge, daß dem Kind nichts geschieht!; sorge, daß du rechtzeitig dort bist! **II** ⟨mit Präp.obj.⟩ **1 für etwas s. a** *darauf achten, sich darum kümmern, daß etwas (in ausreichender Menge) vorhanden ist;* für Nahrung, für Nachschub s.; für jmds. Kleidung s.; für Ruhe s.; für jmds. Sicherheit, Wohlbefinden s.; sorge dafür, daß er rechtzeitig weggeht! **b** *bewirken, zur Folge haben;* seine Rede wird schon dafür s., daß die Verantwortlichen endlich den Ernst der Lage begreifen; sein Erscheinen sorgte im Dorf für große Aufregung **2 für jmdn. oder etwas, für ein Tier s.** *auf*

jmdn. oder etwas, auf ein Tier achten, sich um jmdn. oder um ein Tier, um etwas kümmern, jmdn. oder etwas, ein Tier pflegen; sie sorgt in unserer Abwesenheit für den Hund, für die Blumen; sie hat für drei Kinder zu s. **III** ⟨refl.⟩ sich s. *sich Sorgen machen;* sorg dich nicht, es wird alles gutgehen!; sie sorgt sich um ihren Sohn; er sorgt sich um ihre Gesundheit

Sor|gen|bre|cher ⟨m.5; ugs., scherzh.⟩ *Alkohol, bes. Schnaps, der die Sorgen vertreiben helfen soll*

sor|gen|frei ⟨Adj., o.Steig.⟩ *ohne Sorgen;* Syn. *sorgenlos;* ein ~es Leben

Sor|gen|kind ⟨n.3⟩ **1** *Kind, um das sich die Eltern besondere Sorgen machen* **2** *jmd., um den sich andere besondere Sorgen machen;* der Patient in Zimmer 5 ist unser S. **3** ⟨übertr.⟩ *Angelegenheit, die Sorgen bereitet*

sor|gen|los ⟨Adj., o.Steig.⟩ →*sorgenfrei;* vgl. *sorglos*

Sor|gen|stuhl ⟨m.2; †⟩ *Lehnstuhl*

sor|gen|voll ⟨Adj.⟩ *voller Sorgen, bekümmert*

Sor|ge|recht ⟨n., -(e)s, nur Sg.⟩ *Recht (der Eltern), für ein minderjähriges Kind zu sorgen und zu bestimmen*

Sorg|falt ⟨f., -, nur Sg.⟩ *Genauigkeit, Gewissenhaftigkeit;* etwas mit (großer) S. anfertigen

sorg|fäl|tig ⟨Adj.⟩ *voller Sorgfalt, genau, s. arbeiten;* Papier s. zusammenlegen; eine ~e Arbeit

Sor|gho ⟨m.9⟩, **Sor|ghum** ⟨n.9⟩ →*Durra* [< ital. *sorgo,* Pl. *sorghi,* „Hirse"]

sorg|lich ⟨Adj.; †⟩ *sorgfältig und liebevoll, fürsorglich;* jmdn. s. zudecken

sorg|los ⟨Adj., -er, am -esten⟩ **1** *sich keine Sorgen machend;* s. dahinleben; eine brennende Zigarette s. in den Papierkorb werfen **2** *ohne Sorgfalt;* s. mit Gegenständen umgehen

Sorg|lo|sig|keit ⟨f., -, nur Sg.⟩

sorg|sam ⟨Adj.⟩ *sorgfältig und vorsichtig, sorgfältig und liebevoll;* Papier s. zusammenlegen; ein Kind s. zudecken **Sorg|sam|keit** ⟨f., -, nur Sg.⟩

Sorp|ti|on ⟨f.10⟩ *Aufnahme eines gasförmigen oder gelösten Stoffes;* vgl. *Absorption, Adsorption* [zu lat. *sorbere* „einschlürfen, verschlucken"]

Sor|te ⟨f.11⟩ **1** *Art, Güteklasse* **2** ⟨Pl.; Bankw.⟩ *~n ausländische Banknoten und Münzen*

sor|tie|ren ⟨V.3, hat sortiert; mit Akk.⟩ *(nach Sorten, nach Merkmalen) ordnen (und an eine Stelle legen);* Wäsche s.; Gegenstände nach der Größe, Form, Farbe s.; Bücher in ein Regal s.; Knöpfe in Fächer s.

sor|tiert ⟨Adj., o.Steig.⟩ **1** *ausgewählt, hochwertig;* ~e Waren **2** ⟨in den Fügungen⟩ gut, schlecht s. *reichhaltig bzw. dürftig, mangelhaft;* ein gut ~es (Waren-)Lager *ein Lager mit reichhaltigem Vorrat;* ein gut ~es Warenangebot

Sor|tie|rung ⟨f.10⟩ **1** ⟨nur Sg.⟩ *das Sortieren* **2** *Reichhaltigkeit (des Warenangebotes)*

Sor|ti|le|gi|um ⟨n., -s, -gi|en⟩ *Weissagung durch Lose* [< lat. *sortilegus,* „weissagerisch, prophetisch", < *sors,* Gen. *sortis,* „Losstäbchen, Orakelspruch", allg. „Los, das Losen", und *legere* „lesen"]

Sor|ti|ment ⟨n.1⟩ **1** *Gesamtheit der vorhandenen (Waren-)Sorten, Warenangebot* **2** ⟨kurz für⟩ *Sortimentsbuchhandel* [zu ital. *sorta* „Gattung, Sorte, Art, Typ", über vulgärlat. *sorta* < lat. *sors,* Gen. *sortis,* „Art, Sorte"]

Sor|ti|men|ter ⟨m.5⟩ *Buchhändler im Sortimentsbuchhandel*

Sor|ti|ments|buch|han|del ⟨m., -s, nur Sg.⟩ *Handel in Ladengeschäften mit Büchern der verschiedenen Verlage, Ladenbuchhandel*

SOS ⟨[eso:ɛs] n., -, nur Sg.⟩ **1** *Morsezeichen als Hilferuf von Schiffen in Seenot* **2** *Kennzeichnung von Notrufeinrichtungen;* S.-Tele-

fon [gedeutet als Abkürzung von engl. *save our souls* ,,rettet unsere Seelen" oder *save our ship* ,,rettet unser Schiff"; in Wirklichkeit eine Zusammenfolge von Zeichen, die sich bes. leicht morsen lassen]

so|sehr ⟨Konj.⟩ *wie sehr, wenn ... auch noch so;* s. ich mich über seinen Erfolg freue, habe ich doch einige Bedenken

so|so 1 ⟨Int.⟩ *s.! aha!, so ist das also!* **2** ⟨Adv.; ugs.⟩ *nicht besonders gut und nicht besonders schlecht;* es geht mir s., ⟨oft in der Fügung⟩ s. *lala mittelmäßig, leidlich* [*lala* < frz. *là là* ,,halb und halb"]

So|ße ⟨f.11⟩ **1** *(meist dickflüssige) gewürzte Flüssigkeit* (Braten~, Vanille~); auch: ⟨†⟩ *Sauce;* Syn. *Tunke* **2** *(schmutzige, dickflüssige) Flüssigkeit* [< frz. *sauce* ,,Tunke, Brühe", < lat. *salsus* ,,gesalzen", zu *sal* ,,Salz"]

so|ßen ⟨V.1, hat gesoßt⟩ →*saucieren*

so|ßie|ren ⟨V.3, hat soßiert⟩ →*saucieren*

so|ste|nu|to ⟨Mus.⟩ *breit, getragen* [ital., ,,zurückhaltend, ernst, wenig bewegt, getragen", zu *sostenere* ,,halten, tragen"]

so|tan ⟨Adj., o.Steig.; †⟩ *derartig, so beschaffen, solch;* unter ~en Umständen [< mhd. *sogetan* in ders. Bed.]

So|ter ⟨m.1⟩ **1** *(im alten Griechenland) Retter, Erlöser* **2** *(im NT) Beiname Christi* [< griech. *soter* ,,Retter, Schützer, Erhalter", zu *sozein* ,,retten, unversehrt" oder ,,am Leben erhalten"]

So|te|rio|lo|gie ⟨f., -, nur Sg.⟩ *Lehre vom Erlösungswerk Christi, Heilslehre*

Sott ⟨m. oder n., -(e)s, nur Sg.; nddt.⟩ *Ruß* [zu *setzen,* sich *absetzen*]

sot|tig ⟨Adj.; nddt.⟩ *rußig*

Sot|ti|se ⟨f.11; †⟩ **1** *Dummheit* **2** *Grobheit, Flegelei* **3** *Stichelei, freche Bemerkung* [frz., < älterer Form *sotie* ,,närrische Posse"]

sot|to (beim Spiel auf Tasteninstrumenten) *unten, bei gekreuzten Händen unten liegend;* Ggs. *sopra* [ital.]

sot|to vo|ce ⟨[- vọtʃə] Mus.⟩ *gedämpft, halblaut* [ital.]

Sou ⟨[su] m.9⟩ **1** ⟨urspr.⟩ *französische Silbermünze* **2** *5 Centimes* [frz., ältere Form (13.Jh.) *sol*, < lat. *solidus* ,,Goldmünze", als Adj. ,,dicht, gediegen" (von Metallen)]

Sou|bret|te ⟨[su-] f.11; Oper, Operette⟩ *Sopransängerin für heitere Rollen* [< frz. *soubrette* ,,verschmitzte Kammerzofe", < prov. *soubret* ,,gezierte Person"]

Sou|che ⟨[suʃə] f.11⟩ *Teil eines Wertpapiers, der zur Kontrolle der Echtheit zurückbehalten wird* [frz., ,,Stumpf, Stamm", früher ,,dasjenige der beiden Kerbhölzer, das der Kaufmann für sich behält"]

Sou|chong ⟨[sutʃɔŋ] m.9⟩ *Teesorte aus großen, breiten Blättern* [< chin. *hsiao* ,,klein" (wohl auch im Sinne von ,,geringwertig") und *chung* ,,Sorte"]

Souf|flé ⟨[sufle] n.9⟩ **1** *Speise aus geschlagenen, in der Pfanne gebackenen Eiern mit Zucker* **2** *lockerer Auflauf* (Käse~) [< frz. *soufflé* ,,aufgeblasen", zu *souffler* ,,blasen, wehen"]

Souf|fleur ⟨[suflør] m.1; Theat.⟩ *jmd., der während des Spiels die Rollen flüsternd mitliest und damit den Schauspielern einsagt* [frz., eigtl. ,,Bläser, Einbläser", zu *souffler* ,,blasen"]

Souf|fleu|se ⟨[sufløzə] f.11⟩ *weiblicher Souffleur*

souf|flie|ren ⟨[su-] V.3, hat souffliert⟩ **I** ⟨mit Dat.⟩ jmdm. s. *jmdm. die Anfangsworte des Textes, den er sprechen soll, flüsternd vorsagen;* Syn. *einsagen;* man muß einem Schauspieler s.; man muß ihm alles s. ⟨übertr.⟩ *man muß ihm alles, was er sagen soll, vorher genau mitteilen;* sie s. ihm alles, was er sagen soll, vorher alles, was er sagen soll, sie beeinflussen ihn, bevor er etwas sagt **II** ⟨o.Obj.⟩ *als Souffleur, als Souffleuse tätig sein;* wer soufflliert heute abend?

Soul ⟨[soul] m., -s, nur Sg.⟩ *gefühlsbetonter Jazz oder Beat* [engl., eigtl. ,,Seele"]

Sound ⟨[saund] m.9⟩ *Art des Klingens* (Disko~); im S. der alten Musik spielen [engl., ,,Ton, Klang", zu *to sound* ,,tönen, klingen", < lat. *sonare* ,,tönen, klingen"]

sound|so ⟨Adv.⟩ *unbestimmt, von unbestimmtem Maß;* s. groß, lang, viel; s. oft *sehr häufig;* Paragraph s. *Paragraph, dessen Ziffer nicht bekannt oder im Augenblick nicht wichtig ist;* Herr Soundso *jmd., dessen Name nicht bekannt oder im Augenblick nicht wichtig ist*

Sound|track ⟨[saundtrɛk] m.9⟩ *Tonstreifen oder Musik zu einem Ton- oder Fernsehfilm* [engl., < *sound* ,,Ton, Klang" und *track* ,,Spur"]

Sou|per ⟨[supe] n.9⟩ *großes, festliches Abendessen* [frz., ,,Abendessen", zu altfrz. *soupe* ,,Suppe, in die Suppe getunktes Brot"]

sou|pie|ren ⟨[su-] V.3, hat soupiert; o.Obj.⟩ *festlich zu Abend essen* [< frz. *souper* ,,die Abendmahlzeit einnehmen"]

Sou|ta|che ⟨[sutaʃ] f.11⟩ *Borte, Litze* [frz.]

sou|ta|chie|ren ⟨[sutaʃi-] V.3, hat soutachiert; mit Akk.⟩ *mit Borten, Litzen ausstatten*

Sou|ta|ne ⟨[su-] f.11⟩ *fußlanges Übergewand (der kath. Geistlichen)* [frz., < ital. *sottana* in ders. Bed., eigtl. ,,langes Unterkleid für Frauen", zu *sotto* ,,unter"]

Sou|ta|nel|le ⟨[su-] f.11⟩ *knielange Soutane*

Sou|ter|rain ⟨[sutɛrɛ̃] n.9⟩ *Kellergeschoß, unterirdisch; unterirdisches Gewölbe, Kellergeschoß,* < *sous* ,,unter" und *terrain* ,,Erdboden", zu *terre* ,,Erde"]

Sou|ve|nir ⟨[suvnir] n.9⟩ →*Andenken (2)* [frz., zu *se souvenir* ,,sich erinnern, denken (an)", < lat. *subvenire* ,,in die Gedanken kommen, einfallen; zu Hilfe kommen"]

sou|ve|rän ⟨[suvə-] Adj.⟩ **1** *unumschränkt herrschend, die Herrschergewalt ausübend* **2** *überlegen;* eine Situation s. meistern [< frz. *souverain,* ,,höchst, oberst; Herrscher, Oberhaupt"; <lat. *super* ,,oben, darüber, oben darauf"]

Sou|ve|rän ⟨[suvə-] m.1⟩ **1** *Herrscher* **2** ⟨schweiz.⟩ *Gesamtheit der Stimmbürger*

Sou|ve|rä|ni|tät ⟨[suvə-] f., -, nur Sg.⟩ **1** *Herrschergewalt, Oberhoheit* **2** *Unabhängigkeit* **3** *Überlegenheit*

So|ve|reign ⟨[sǫvərin] m.9, nach Zahlenangaben Pl. -⟩ *frühere englische Goldmünze, 20 Shilling* [engl., eigtl. ,,Landesherr, Souverän", nach dem aufgeprägten Bild des Herrschers]

so|viel I ⟨Konj.⟩ **1** *in welchem Maß auch immer, sosehr;* s. er sich auch anstrengt **2** *gemäß dem, was (jmd. sieht, weiß, hört o.ä.);* s. ich weiß, hat er ... **II** ⟨Pron.⟩ *genausoviel;* nimm s. du willst; noch einmal s. *s. wie von gleicher Größe, von gleicher Bedeutung wie;* wenn er das sagt, ist es s. *wie versprochen, gegeben*

So|wchos ⟨[-xɔs] oder [-çɔs] m., -, -cho|se [-çɔ-] oder [-xɔ-]⟩, **Sow|cho|se** ⟨f.11; in der UdSSR⟩ *Staatsgut*

so|weit I ⟨Konj.⟩ **1** *soviel;* s. ich sehe ... **2** *in dem Maße, wie;* s. ich mich daran erinnern kann **II** ⟨Adv.⟩ **1** *im allgemeinen;* es geht ihnen s. ganz gut **2** (in den Wendungen) er ist s. *er ist fertig;* es ist s. *der Zeitpunkt ist da*

so|we|nig I ⟨Konj.⟩ *in welch geringem Ausmaß auch immer;* s. er weiß, soviel redet er **II** ⟨Pron.⟩ *ebensowenig;* er kann das s. wie ich; s. wie möglich

so|wie ⟨Konj.⟩ **1** *und auch, außerdem;* Mehl s. Eier s. Zucker **2** *wenn, sobald;* s. er wieder zurück ist

so|wie|so ⟨Adv.⟩ *auf jeden Fall;* Syn. *ohnedies, ohnehin;* das hätte ich s. gemacht; s. alles egal; das s.! *das selbstverständlich!*

So|wjet ⟨auch [sɔ-] m.9⟩ **1** ⟨in der UdSSR; urspr.⟩ *Arbeiter- und Soldatenrat* **2** ⟨in der UdSSR; heute⟩ *Verwaltungsbehörde* **3** ⟨Pl.; ugs.⟩ *die* ~s *die Sowjetrussen* [< russ. *sowjet* ,,Rat, Versammlung"]

so|wje|tisch ⟨Adj., o.Steig.⟩ *zur Sowjetunion gehörend, sie betreffend;* Syn. *sowjetrussisch*

so|wje|ti|sie|ren ⟨V.3, hat sowjetisiert; mit Akk.⟩ *nach sowjetischem Muster gestalten*

So|wjet|re|gie|rung ⟨f.10⟩ *die Regierung der UdSSR*

So|wjet|rus|se ⟨auch [sɔ-] m.1⟩ *Einwohner der Sowjetunion*

so|wjet|rus|sisch ⟨auch [sɔ-] Adj., o.Steig.⟩ →*sowjetisch*

So|wjet|stern ⟨auch [sɔ] m.1⟩ *fünfzackiger, roter Stern als Symbol der Sowjetunion*

so|wohl ⟨Konj.⟩ *nur in den Fügungen* s. als auch, s. wie auch *der, die, das eine wie auch der, die, das andere;* s. die Kinder als auch die Lehrer; ich habe euch s. geschrieben als auch angerufen

Sgzi ⟨m.9; früher abwertendes Kurzw. für⟩ *Sozialdemokrat*

so|zia|bel ⟨Adj.⟩ *soziabler, am -sten⟩ **1** ⟨o.Steig.⟩ *gesellschaftlich* **2** *gesellig, umgänglich*

So|zia|bi|li|tät ⟨f., -, nur Sg.⟩ *Geselligkeit, Umgänglichkeit*

so|zi|al ⟨Adj.⟩ **1** ⟨o.Steig.⟩ *die Gesellschaft, Gemeinschaft betreffend;* das ~e Ansehen; die ~e Bewegung, Politik **2** *dem Gemeinwohl dienend, gemeinnützig, wohltätig;* eine ~e Aufgabe; ~e Abgaben, Lasten; ~e Berufe; ~er Wohnungsbau *Bau billiger Wohnungen für Einkommensschwache;* er denkt s. **3** *gesellig lebend;* ~e Tiere [< lat. *socialis* ,,die Gesellschaft betreffend, gesellschaftlich, gesellig", zu *socius* ,,Teilnehmer, Genosse, Kamerad"]

So|zi|al|ab|ga|ben ⟨Pl.⟩ *Abgaben für die gesetzlich vorgeschriebene Sozialversicherung*

So|zi|al|ar|beit ⟨f., -, nur Sg.⟩ *Betreuung sozial Benachteiligter*

So|zi|al|ar|bei|ter ⟨m.5⟩ *jmd., der hauptberuflich Sozialarbeit betreibt*

So|zi|al|de|mo|krat ⟨m.10⟩ *Angehöriger einer sozialdemokratischen Partei*

So|zi|al|de|mo|kra|tie ⟨f.11⟩ **1** *politische Richtung, die eine Umgestaltung der wirtschaftlichen, sozialen und politischen Verhältnisse mit demokratischen Mitteln anstrebt* **2** *Gesamtheit der sozialdemokratischen Parteien*

so|zi|al|de|mo|kra|tisch ⟨Adj., o.Steig.⟩ *die Sozialdemokratie betreffend, auf ihr beruhend*

So|zi|al|ethik ⟨f.10⟩ *Lehre vom (richtigen) sozialen Verhalten*

So|zi|al|ge|schich|te ⟨f., -, nur Sg.⟩ *Beschreibung der Entwicklung von gesellschaftlichen Klassen und Einrichtungen*

So|zi|al|hy|gie|ne ⟨[-gje:-] f., -, nur Sg.⟩ *öffentliche Gesundheitspflege*

So|zia|li|sa|ti|on ⟨f., -, nur Sg.⟩ *das Hineinwachsen, Sicheinordnen in die menschliche Gemeinschaft*

so|zia|li|sie|ren ⟨V.3, hat sozialisiert; mit Akk.⟩ **1** *etwas* s. *in staatlichen Besitz überführen, verstaatlichen;* Privateigentum, Fabriken s. **2** *jmdn.* s. *dafür sorgen, daß jmd. in die menschliche Gemeinschaft hineinwächst, sich in sie einfügt, jmdn. in die menschliche Gemeinschaft einordnen*

So|zia|li|sie|rung ⟨f.10⟩ *das Sozialisieren (1), Verstaatlichung*

So|zia|lis|mus ⟨m., -, nur Sg.⟩ *Bewegung zum Umsturz oder zur Umgestaltung der kapitalistischen Staats- und Wirtschaftsordnung mit dem Ziel der Sozialisierung der Produktionsmittel und Kontrolle der Produktion durch den Staat*

So|zia|list ⟨m.10⟩ *Vertreter, Anhänger des Sozialismus*

so|zia|li|stisch ⟨Adj., o.Steig.⟩ zum Sozialismus gehörend, auf ihm beruhend, ihn betreffend

So|zi|al|ka|pi|tal ⟨n., -s, nur Sg.⟩ alle Rücklagen für soziale Zwecke

So|zi|al|kri|tik ⟨f.10⟩ → Gesellschaftskritik

So|zi|al|la|sten ⟨Pl.⟩ Gesamtheit der Sozialabgaben und -leistungen

So|zi|al|lei|stun|gen ⟨Pl.⟩ Gesamtheit der Geld- und Dienstleistungen des Staates oder der Arbeitgeber zur Verbesserung der Lebensbedingungen und wirtschaftlichen Absicherung der Arbeitnehmer

So|zi|al|öko|no|mie ⟨f., -, nur Sg.⟩ → Volkswirtschaftslehre

So|zi|al|päd|ago|gik ⟨f., -, nur Sg.⟩ **1** Erziehung des einzelnen in seinem Verhältnis zur Gemeinschaft **2** an Fachschulen gelehrtes Fach dieses Inhalts

So|zi|al|part|ner ⟨m.5⟩ Arbeitnehmer und Arbeitgeber bzw. deren Vertreter

So|zi|al|po|li|tik ⟨f., -, nur Sg.⟩ alle Maßnahmen (des Staates) zur Verbesserung der sozialen Verhältnisse der Bevölkerung

so|zi|al|po|li|tisch ⟨Adj., o.Steig.⟩ zur Sozialpolitik gehörend, sie betreffend, auf ihr beruhend

So|zi|al|pre|sti|ge ⟨[-stiːʒə] n., -s, nur Sg.⟩ gesellschaftliches Ansehen, gesellschaftliche Geltung

So|zi|al|pro|dukt ⟨n.1⟩ der Geldwert aller jährlich produzierten Güter und Dienstleistungen einer Volkswirtschaft nach Abzug von Abgaben und Unkosten; Syn. Nationaleinkommen

So|zi|al|psy|cho|lo|gie ⟨f., -, nur Sg.⟩ Zweig der Psychologie, der sich mit dem Verhalten des einzelnen gegenüber der Gemeinschaft sowie mit sozialen Gruppen befaßt

So|zi|al|rent|ner ⟨m.5⟩ jmd., der eine Sozialrente bezieht

So|zi|al|ver|si|che|rung ⟨f.10⟩ (staatliche) Pflichtversicherung zur wirtschaftlichen Sicherung der Arbeitnehmer niedrigerer Einkommen im Alter, bei Krankheit oder Arbeitslosigkeit

So|zi|al|wis|sen|schaft ⟨f., -, nur Sg.⟩ → Soziologie

So|zi|al|woh|nung ⟨f.10⟩ im sozialen Wohnungsbau errichtete Wohnung für wirtschaftlich schwache Teile der Bevölkerungsgruppen

So|zi|e|tät ⟨[-tsi̯ɔ- f.10⟩ **1** Genossenschaft **2** ⟨Biol.⟩ Gesellschaft (von Tieren) **3** Zusammenschluß von Angehörigen freier Berufe (bes. von Ärzten, Anwälten) in gemeinsamer oder gemeinsam genutzter Praxis

so|zi|ie|ren ⟨V.3, hat soziiert; refl.⟩ sich s. sich wirtschaftlich vereinigen [< lat. sociare „vereinigen, verbinden"]

So|zio|gramm ⟨n.1⟩ graphische Darstellung der sozialen Beziehungen innerhalb einer Gruppe [< sozial und ...gramm]

So|zio|gra|phie ⟨f.11⟩ soziologische Untersuchung und Beschreibung einer gesellschaftlichen Einheit (z. B. einer Stadt, einer Institution) [< sozial und ...graphie]

So|zio|lekt ⟨m.1⟩ einer sozialen Schicht eigentümliche Sprachform [< sozial und dem zweiten Teil von Dialekt]

So|zio|lin|gui|stik ⟨f., -, nur Sg.⟩ Lehre vom Sprachverhalten sozialer Gruppen

So|zio|lo|ge ⟨m.11⟩ Wissenschaftler auf dem Gebiet der Soziologie

So|zio|lo|gie ⟨f., -, nur Sg.⟩ Wissenschaft vom Zusammenleben von Menschen (Tieren und Pflanzen) innerhalb einer Gemeinschaft; Syn. Gesellschaftswissenschaft, Sozialwissenschaft [< sozial und ...logie]

so|zio|lo|gisch ⟨Adj., o.Steig.⟩ zur Soziologie gehörend, auf ihr beruhend, sie betreffend

So|zio|me|trie ⟨f., -, nur Sg.⟩ Untersuchung der sozialen Beziehungen innerhalb einer Gruppe [< sozial und ...metrie]

so|zio|morph ⟨Adj., o.Steig.⟩ von der Gesellschaft geformt [< sozial und griech. morphe „Gestalt, Form"]

So|zi|us ⟨m., -, -us|se⟩ **1** Teilhaber **2** Beifahrer (auf dem Motorrad) [< lat. socius „Bundesgenosse, Geschäftsgenosse"]

so|zu|sa|gen ⟨Adv.⟩ wenn man es so ausdrücken will, gewissermaßen, gleichsam; er hat ihn s. hinausgeworfen

Sp. ⟨Abk. für⟩ Spalte (2)

Space|lab ⟨[speɪsləb] n.9⟩ → Raumlabor [engl., < space „Raum, Weltraum" und lab Kurzw. für laboratory „Laboratorium"]

Space Shuttle ⟨[speɪs ʃɑtl] n., -, -s, - -s⟩ → Raumtransporter [engl., < space „Raum, Weltall" und shuttle „Pendelverkehr", zu to shuttle „schnell hin- und herbefördern"]

Spach|tel ⟨f.11 oder m.5⟩ **1** Werkzeug mit breiter Klinge zum Abschaben von Flächen und Ausbreiten von plastischen Stoffen; Syn. Spatel **2** erhärtender Füllstoff für Löcher und Risse, Spachtelkitt

spach|teln ⟨V.1, hat gespachtelt⟩ **I** ⟨mit Akk.⟩ mit dem Spachtel hineinstreichen; Mörtel in Fugen s. **II** ⟨o.Obj.; ugs., scherzh.⟩ viel und mit großem Appetit essen; er hat ordentlich gespachtelt

spack ⟨Adj.; nddt.⟩ **1** dürr, trocken **2** eng, schmal **3** sparsam

Spa|da ⟨f.9⟩ degenähnliche Fechtwaffe [< span. espada in ders. Bed., < lat. spatha, → Spatel]

Spa|dil|le ⟨[-dɪljə] f.11; Lomber⟩ höchste Trumpfkarte, Pik-As

Spa|gat ⟨m.1⟩ **1** völliges Spreizen der Beine nach vorn und hinten **2** ⟨bayr.-österr.⟩ Bindfaden [< ital. spago „Schnur, Bindfaden", < spätlat. spacus „Schnur, Strick, Sehne", mit Metathese < lat. scapus „Stiel, Stengel, Schaft"; die Übertragung der Bedeutung „Schnur" auf die artistische Übung deshalb, weil die Beine eine gerade Linie wie eine Schnur bilden]

Spa|ghet|ti ⟨Pl.⟩ lange, dünne Nudeln [ital.]

spä|hen ⟨V.1, hat gespäht; o.Obj.⟩ aufmerksam, genau schauen; durch eine Mauerritze, über den Zaun s.

Spä|her ⟨m.5⟩ Kundschafter

Spa|hi ⟨m.9⟩ **1** (früher (urspr. adliger) Reitersoldat im türkischen Heer **2** Angehöriger einer aus nordafrikanischen Eingeborenen bestehenden französischen Reitertruppe [frz. < cipaye < pers. sipāhī, → Sepoy]

Späh|trupp ⟨m.9⟩ kleine, kundschaftende Gruppe von Soldaten

Spa|ke ⟨f.11; nddt.⟩ Hebebaum, Hebel

Spa|lett ⟨n.1; österr.⟩ hölzerner Fensterladen [< ital. spalletta „Brustwehr, Leibung (des Fensters oder der Tür)", zu spalla „Schulter"]

Spa|lier ⟨n.1⟩ **1** Holzgitter an einer Mauer zum Befestigen von Kletterpflanzen oder jungen Obstbäumen **2** eine Gasse bildende Doppelreihe von Personen zum Empfang hochgestellter Persönlichkeiten; S. stehen [< ital. spalliera in ders. Bed. sowie „Rückenlehne", zu spalla „Stütze, Schulter"]

Spa|lier|obst ⟨n., -(e)s, nur Sg.⟩ am Spalier (1) hochgezogenes Obst; Syn. Formobst

Spalt ⟨m.1⟩ schmale, längliche Öffnung; auch: Spalte; das Fenster steht einen S. weit offen; Licht drang durch den S.

spalt|bar ⟨Adj., o.Steig.⟩ so beschaffen, daß es gespalten werden kann (z.B. ein Nuklid im Kernprozeß); Syn. fissil **Spalt|bar|keit** ⟨f., -, nur Sg.⟩

Spal|te ⟨f.11⟩ **1** → Spalt (Fels~, Gletscher~) **2** ⟨Buchw.; Abk.: Sp.⟩ länglicher, aus Zeilen bestehender Block auf einer Seite; zwei ~n pro Seite; es kam in die ~n der Zeitung s. wurde in der Zeitung gedruckt **3** ⟨vulg.⟩ Vagina

spal|ten ⟨V.191, hat gespaltet oder gespalten⟩ **I** ⟨mit Akk.⟩ etwas s. **1** senkrecht in der Mitte zerteilen; Holz s.; Schiefer läßt sich gut s.; ein gespaltener Baum **2** ⟨Phys.⟩ zerlegen, zerteilen; Atomkerne s. **3** einen Spalt in etwas treiben; Hitze, Wasser hat den Stein allmählich gespalten (gespaltet) **4** teilen, entzweien; diese Frage hat die Partei in zwei Lager gespalten **II** ⟨refl.⟩ sich s. **1** sich der Länge nach teilen; meine Haare, Fingernägel s. sich **2** ⟨übertr.⟩ uneinig werden, sich (in kleine Gruppen) teilen; die Partei hat sich in einen linken und einen rechten Flügel gespalten

Spalt|flü|gel ⟨m.5; Flugw.⟩ (zur besseren Nutzung des Auftriebs) zwischen Ober- und Unterseite geschlitzter Flügel

Spalt|frucht ⟨f.2⟩ trockene Schließfrucht, die mehrere Samen enthält und bei der Reife in Teilfrüchte zerfällt

Spalt|fuß ⟨m.2; bei Gliederfüßern⟩ Gliedmaße mit paarigem Endglied

Spalt|fü|ßer ⟨m.5⟩ kleines Krebstier (z.B. der Reliktkrebs der Ostsee)

...spal|tig ⟨Adj., o.Steig.; in Zus.⟩ mit einer bestimmten oder unbestimmten Zahl von Spalten versehen, z.B. einspaltig, zweispaltig, mehrspaltig

Spalt|lam|pe ⟨f.11⟩ Lichtquelle mit spaltförmiger Blende zur Untersuchung des Auges

Spalt|le|der ⟨n.5⟩ billiges Leder aus der inneren Schicht in der Fläche gespaltener Häute

Spalt|öff|nung ⟨f.10; bei höheren Pflanzen⟩ mikroskopisch kleine Spalte in einer Zellschicht, die dem Gasaustausch und der Transpiration dient

Spalt|pflan|zen ⟨f.11, Pl.; Sammelbez. für⟩ Bakterien und Blaualgen [nach ihrer Vermehrung durch Querteilung]

Spalt|pilz ⟨m.1⟩ → Bakterium

Spalt|pro|dukt ⟨n.1⟩ bei der Kernspaltung entstehender Teilkern

Spal|tung ⟨f.10⟩ **1** das Spalten, Teilen **2** das Geteiltsein; die S. der Partei

Spal|tungs|ir|re|sein ⟨n., -s, nur Sg.⟩ → Schizophrenie

Span ⟨m.2; bei der Bearbeitung von festen Stoffen, bes. Holz, entstehendes) längliches, dünnes Teilchen (Hobel~, Fräs~)

span|ab|he|bend ⟨Adj., o.Steig.; bei Bearbeitungsverfahren⟩ mit Werkzeug Späne abhebend; ~e Formung

Span|dril|le ⟨f.11⟩ dreieckige Fläche zwischen einem Bogen und der rechteckigen Begrenzung der Maueröffnung; Syn. Bogenzwickel [mit italianisierender Endung < engl. spandrel, über anglofrz. espaundre < altfrz. espandre „ausbreiten", < lat. expandere „auseinanderbreiten, -spannen"]

spä|nen[1] ⟨V.1, hat gespänt; mit Akk.⟩ mit Metallspänen abreiben; Parkett s.

spä|nen[2] ⟨V.1, hat gespänt; mit Akk.⟩ **1** (bei Schweinen) säugen; Ferkel s. **2** ⟨landsch.⟩ entwöhnen; einen Säugling s. [< mhd. spanen „locken"]

Span|fer|kel ⟨n.5⟩ junges, noch saugendes Ferkel [< spanen und Ferkel]

Span|ge ⟨f.11⟩ **1** mit einem Dorn versehene Vorrichtung, mit der etwas verschlossen oder zusammengehalten wird (Gürtel~, Haar~, Schuh~) **2** nicht ganz geschlossener Armreifen, Armreifen mit Verschluß und Scharnier (Arm~) **3** (kurz für) Ordensspange **4** (kurz für) Zahnspange

Span|gen|schuh ⟨m.1⟩ Schuh, der mit einer Spange geschlossen wird

Spa|ni|el ⟨m.9⟩ mittelgroßer Hund mit seidigem, langem Haar, überlangen Hängeohren und zu zwei Dritteln kupierter Rute (Cocker~, Springer~) [< engl. spaniel < altfrz. espaignol „spanischer Wachtelhund"]

Spa|ni|er ⟨m.5⟩ Einwohner von Spanien

Spa|ni|o|le ⟨m.11⟩ von Spanien nach Nordafrika, dem Balkan u. a. Ländern ausgewanderter Jude

spa|nisch ⟨Adj., o.Steig.⟩ Spanien betreffend, zu ihm gehörig, aus ihm stammend; ~e Sprache eine romanische Sprache

Spann ⟨m.1⟩ →Rist
Spann|be|ton ⟨[-tɔ̃] auch [-tɔn] m., -s, nur Sg.⟩ *mit Hilfe von Stahleinlagen vorgespannter Beton*
Spann|dienst ⟨m.1; früher⟩ *Frondienst, den ein Bauer mit einem Pferde- oder Ochsengespann leisten mußte;* Hand- und Spanndienst *Arbeit mit Hand und Gespann für den Grundherrn*
Span|ne ⟨f.11⟩ **1** *altes Längenmaß, 20 cm* **2** *Zwischenraum, Unterschied* (Verdienst~, Zeit~)
span|nen ⟨V.1, hat gespannt⟩ **1** ⟨mit Akk.⟩ etwas s. **a** *ziehen, bis es straff ist;* ein Seil s.; die Muskeln s.; den Fotoapparat s. *einen Hebel am Fotoapparat bis zum Anschlag ziehen und damit den Apparat zum Fotografieren bereit machen* **b** ⟨übertr., ugs.⟩ *begreifen, merken;* endlich hat er es gespannt; hast du noch nicht gespannt, daß er dich nur ärgern will? **c** *etwas auf etwas, über etwas s. etwas über etwas legen und straffziehen;* Saiten auf ein Instrument s.; ein Seil über eine Spalte s. **2** *ein Tier* ⟨auch⟩ *jmdn. s. mit Gurten, Riemen vorn an einem Fahrzeug befestigen;* Pferde an, vor den Wagen s.; Hunde vor einen Schlitten s.; er spannte sich selbst vor den Wagen **3** *jmdn. s.* ⟨selten, fast nur im Partizip Perf.⟩ *jmdn. in unruhige Erwartung, in Ungeduld versetzen;* das Buch spannt mich so, daß ich kaum aufhören kann mit Lesen; vgl. gespannt **II** ⟨refl.⟩ sich s. **1** *straff werden, straffgezogen werden;* das Seil spannte sich **2** *sich wölben, sich erstrecken;* eine Brücke spannt sich über die Schlucht; ein strahlend blauer Himmel spannte sich über die Erde **III** ⟨o.Obj.⟩ *eine Spannweite haben von;* der Vogel spannt 1,50 m **IV** ⟨mit Präp.obj.; ugs.⟩ *auf etwas oder jmdn. s. etwas erwartungsvoll, mit Spannung warten, daß etwas eintritt oder jmd. kommt;* die Kinder s. auf sein Kommen, auf den Nikolaus; er spannt auf jeden Laut, auf jedes Wort
span|nend ⟨Adj.⟩ *Spannung erregend;* ein ~es Buch; ein ~er Film; mach's nicht so s.! ⟨ugs.⟩ *mach nicht so viele Umschweife, sondern erzähl endlich!*
span|nen|lang ⟨Adj., o.Steig.⟩ *eine Spanne lang*
Spann|ner ⟨m.5⟩ **1** *Vorrichtung zum Spannen* (Hosen~, Schuh~) **2** *(meist unscheinbar gefärbter) Nachtfalter, der seine Flügel in Ruhelage flach ausbreitet* (Frost~, Kiefern~) in Bed. 2 *nach der Fortbewegungsweise der Raupen durch wechselndes Sichkrümmen und Strecken*
...spän|ner ⟨in Zus.⟩ *mit einer bestimmten Zahl von Pferden bespannter Wagen,* z.B. Einspänner, Zweispänner
Spann|fut|ter ⟨n.5⟩ *Vorrichtung zum Einspannen von Werkzeugen*
...spän|nig ⟨Adj., o.Steig.; in Zus.⟩ *mit einer bestimmten Zahl von Pferden bespannt,* z.B. einspännig, zweispännig
Spann|klup|pe ⟨f.11; meist Pl.⟩ *Blech oder dünnes Holz zum Schutz des Werkstückes beim Einspannen in den Schraubstock*
Spann|kraft ⟨f., -, nur Sg.⟩ *Leistungsfähigkeit*
spann|kräf|tig ⟨Adj.⟩ *leistungsfähig*
Spann|rah|men ⟨m.7⟩ *zwei genau ineinanderpassende Holzreifen, in die der Stoff zum Besticken gespannt wird*
Span|nung ⟨f.10⟩ **1** ⟨nur Sg.⟩ *das Spannen, Straffen* **2** ⟨nur Sg.⟩ *gespannter Zustand;* die S. des Seils **3** ⟨nur Sg.⟩ *Kraft im Innern eines Körpers, deren äußere Einwirkung entsteht;* die S. des Gewölbes **4** ⟨nur Sg.⟩ *Zustand innerer Erregtheit;* seine S. löste sich allmählich **5** *Beschäftigung, die erregte, ungeduldige Erwartung erzeugt;* ein Roman voller S., mit viel S. **6** ⟨nur Sg.⟩ *ungeduldige Erwartung, ungeduldige Neugierde;* die S. stieg, erreichte ihren Höhepunkt; etwas, jmdn. mit S. erwarten **7** *Feindseligkeit, Unstimmigkeit;* die S. zwischen ihnen wuchs; politische, soziale, wirtschaftliche ~en **8** ⟨Elektr.⟩ *Stärke des elektrischen Stromes;* eine S. von 220 V

Span|nungs|ab|fall ⟨m., -(e)s, nur Sg.⟩ *in elektr. Stromkreisen zwischen Spannungsquelle und Spannungsausgang auftretender Spannungsunterschied*

Span|nungs|ir|re|sein ⟨n., -s, nur Sg.⟩ →Katatonie

Span|nungs|ko|ef|fi|zi|ent ⟨m.10⟩ *Faktor, um den der Gasdruck sich bei Erwärmung des Gases um 1°C und gleichbleibendem Gasvolumen erhöht*

Span|nungs|mes|ser ⟨m.5⟩ →Voltmeter

Span|nungs|tei|ler ⟨m.5⟩ *elektrischer Widerstand, der es ermöglicht, Teile der Gesamtspannung zu entnehmen;* Syn. Potentiometer

Spann|wei|te ⟨f.11⟩ **1** *(bei Flugzeugen, Insekten und Vögeln) Entfernung zwischen den Spitzen der (ausgebreiteten) Flügel* **2** *(bei Brücken, Deckenflächen u.a.) Entfernung zwischen den beiden Enden, zwischen benachbarten Auflagern*

Spant ⟨n.12; bei Flugzeug- und Schiffsrümpfen⟩ *rippenähnliches Bauteil zum Verstärken der Außenwand* [nddt., zu spannen]

Spar|becken ⟨-k|k-; n.7; bei Schleusen⟩ *Becken für die Speicherung abgelassenen Wassers und Wiederverwendung bei der nächsten Füllung*

Spar|buch ⟨n.4⟩ *kleines Heft, in das eine Bank von Kunden eingezahlte, gesparte Beträge und Zinsen einträgt;* Syn. Sparkassenbuch

Spar|büch|se ⟨f.11⟩ *Büchse, Tongefäß zum Aufbewahren von gesparten Münzen, die durch einen Schlitz eingesteckt werden*

Spar|ein|la|ge ⟨f.11⟩ *auf ein Sparkonto eingezahlte Geldsumme*

spa|ren ⟨V.1, hat gespart⟩ **I** ⟨mit Akk.⟩ **1** *nicht ausgeben, behalten und aufheben;* Geld s.; bei diesem Kauf habe ich 100 DM gespart **2** *nicht verwenden, nicht benutzen;* Kräfte s.; seine Nerven s. ⟨ugs.⟩ **II** ⟨Abk. (sich) und Akk.⟩ *sich etwas s. →ersparen (I);* den Weg hätte ich mir s. können; spar dir deine Ermahnungen! **III** ⟨o.Obj.⟩ *sparsam sein;* sie spart, wo sie nur kann; wir brauchen nicht s.; sie spart am Essen *sie gibt wenig Geld für Essen aus*

Spar|flam|me ⟨f.11; bei Gasöfen⟩ *kleinste Flamme mit sparsamem Energieverbrauch;* auf S. kochen ⟨auch übertr., ugs.⟩ *etwas mit geringem Energieaufwand betreiben*

Spar|gel ⟨m.5, auch f.11⟩ **1** *Liliengewächs mit dünnen, grünen Trieben, die bäumchenartig verzweigt sind* **2** *die über fingerdicken, fleischigen Sprossen seines Wurzelstockes (als Gemüse u.a.)* [< lat. *asparagus* < griech. *asp(h)aragos* „Spargel", weitere Herkunft unbekannt]

Spark ⟨m., -(e)s, nur Sg.⟩ *kleines Nelkengewächs mit knotig gegliedertem Stengel und fadenförmigen Blättchen* (Acker~) [nddt.]

Spar|kas|se ⟨f.11⟩ *öffentliches Geldinstitut (früher bes. für Spareinlagen, heute zur Abwicklung des Geldverkehrs)*

Spar|kas|sen|buch ⟨n.4⟩ →Sparbuch

Spar|kon|to ⟨n., -s, -ten⟩ *Konto für Beträge, die gespart werden sollen;* Ggs. Girokonto

spär|lich ⟨Adj.⟩ **1** *in geringem Maße;* ~e Vorräte; ~er Beifall; ~ Haarwuchs **2** *wenig, nicht ausreichend;* eine kleine Lampe spendete ~es Licht; der Raum war nur s. beleuchtet; sein Gehalt ist s.

Spar|maß|nah|me ⟨f.11⟩ *(oft staatliche) Maßnahme, die die Kosten oder den Verbrauch von etwas verringern soll*

Spar|pfen|nig ⟨m.1; ugs.⟩ *für den Notfall erspartes Geld*

Spar|prä|mie ⟨f.11⟩ *für das Prämiensparen ausgezahlte Prämie*

Spar|ren ⟨m.7⟩ *schräg vom First zur Traufe verlaufender Dachbalken;* er hat einen S. zuviel, zuwenig ⟨ugs.⟩ *er ist ein bißchen verrückt*

Spar|ring ⟨n., -s, nur Sg.⟩ *Boxtraining mit einem Partner* [engl., zu *to spar* „boxen"]

spar|sam ⟨Adj.⟩ **1** *wenig verbrauchend;* eine ~e Hausfrau; der Motor ist s.; der Motor braucht wenig Benzin; s. leben, wirtschaften; mit seinem Geld, seinen Kräften s. umgehen **2** *wenig, knapp;* Farbe s. auftragen

Spar|schwein ⟨n.1⟩ *Sparbüchse in Form eines Schweins*

Spar|ta|ki|a|de ⟨f.11; in den Ostblockstaaten⟩ *internationales Sportlertreffen mit Wettkämpfen* [< *Spartakist* oder *Spartakusbund* und *Olympiade*]

Spar|ta|kist ⟨m.10⟩ *Angehöriger des Spartakusbundes*

spar|ta|ki|stisch ⟨Adj., o.Steig.⟩ *zum Spartakusbund gehörend, von ihm stammend, ihn betreffend*

Spar|ta|kus|bund ⟨m., -(e)s, nur Sg.⟩ *Vereinigung linksstehender Sozialisten 1917, Vorläufer der kommunistischen Partei Deutschlands*

Spar|ta|ner ⟨m.5⟩ *Einwohner von Sparta*

spar|ta|nisch ⟨Adj.⟩ **1** ⟨o.Steig.⟩ *zu Sparta gehörend, aus Sparta stammend* **2** ⟨übertr.⟩ *genügsam, einfach;* ~e Lebensweise **3** ⟨übertr.⟩ *streng, hart;* ~e Erziehung

Spar|te ⟨f.11⟩ *Abteilung, Fach, Wissens-, Geschäftszweig* [verkürzt < ital. *spartizione* „Teilung, Verteilung", zu *spartire* „teilen, verteilen", zu lat. *pars,* Gen. *partis,* „Teil"]

Spar|te|rie ⟨f.11⟩ *Flechtwerk aus Span oder Bast*

Spar|ti|at ⟨m.10; im alten Sparta⟩ *Vollbürger mit allen politischen Rechten, im Unterschied zum Heloten und Periöken*

spar|tie|ren ⟨V.3, hat spartiert; mit Akk.⟩ *in Partitur setzen; in Musikwerk (das nur in einzelnen Stimmen aufgezeichnet ist) s.*

spas|ma|tisch, spas|misch, spas|mo|disch ⟨Adj., o.Steig.⟩ *in der Art eines Spasmus, krampfartig, krampfhaft;* auch: *spastisch*

Spas|mo|ly|ti|kum ⟨n., -s, -ka⟩ *krampflösendes Mittel* [< *Spasmus* und griech. *lytikos* „lösend"]

Spas|mo|phi|lie ⟨f., -, nur Sg.⟩ →Tetanie [< *Spasmus* und *...philie*]

Spas|mus ⟨m., -, -men⟩ →Krampf [< griech. *spasma, spasmos* „das Ziehen, Zucken, Krampf", zu *span* „ziehen, zerren, reißen"]

Spaß ⟨m.2⟩ **1** *witzige Äußerung, Scherz;* Späße machen; einen S. verstehen; ein alberner, dummer, schlechter S.; etwas aus S. sagen; etwas im S. sagen **2** ⟨nur Sg.⟩ *Vergnügen, Freude an etwas;* seinen S. an etwas haben; das macht S.; du machst mir S.! ⟨ugs., iron.⟩ *du ärgerst mich;* sich einen S. aus etwas machen; etwas zum S. tun

spa|ßen ⟨V.1, hat gespaßt; o.Obj.⟩ *Spaß machen;* nimm es nicht ernst, er spaßt nur!; mit den Kindern s.; damit ist nicht zu s. *das darf man nicht leichtnehmen (weil es gefährlich ist);* mit ihm ist nicht zu s.; er verträgt, versteht keinen Spaß

spa|ßes|hal|ber ⟨Adv.⟩ *zum Spaß, um es auszuprobieren*

spa|ßig ⟨Adj.⟩ **1** *witzig, komisch;* eine ~e Geschichte **2** *gerne Scherze machend;* ein ~er Kerl

Spaß|ma|cher ⟨m.5⟩ *jmd., der andere durch Späße unterhält*

Spaß|vo|gel ⟨m.5⟩ *jmd., der gerne Späße macht,* ⟨auch iron.⟩ *jmd. der schlechte Späße macht und andern dadurch schadet;* hier hat irgendein S. den Wegweiser umgedreht

Spa|sti|ker ⟨m.5⟩ **1** *jmd., der an einer spastischen Krankheit leidet* **2** ⟨ugs.⟩ *jmd., der geistig zurückgeblieben und schwächlich ist, Kretin*

spa|stisch ⟨Adj., o.Steig.⟩ **1** →*spasmatisch* **2** ⟨ugs.⟩ *wie ein Spastiker (2)*

Spat¹ ⟨m.1⟩ *ein gut spaltbares Mineral (Feld~, Fluß~, Kalk~)* [< mhd. *spat* „blättrig brechendes Gestein; Splitter"]

Spat² ⟨m., -(e)s, nur Sg.⟩ *bei Pferd und Rind) chronische, zu Mißbildungen führende Entzündung des Sprunggelenks* [< mhd. *spat* in ders. Bed.]

spät ⟨Adj., -er, am -esten⟩ **1** *zu vorgerückter Stunde; s. am Abend; s. in der Nacht; s. zu Bett gehen* **2** *am Ende eines Zeitraums, einer Entwicklung, Epoche liegend; im ~en Mittelalter; s. reifendes Obst; ein ~es Mädchen* ⟨ugs., scherzh.⟩ *lediges Mädchen jenseits des üblichen Heiratsalters* **3** *zeitlich fortgeschritten; wie s. ist es? welche Zeit ist es, haben wir?, was zeigt die Uhr?* **4** *nicht rechtzeitig; du kommst s.; wir kommen leider zu s.*

Spät... ⟨in Zus.⟩ *die letzte Zeit der, des ..., z.B. Spätherbst, Spätkapitalismus, Spätnachmittag, Spätromantik*

Spat|ei|sen|stein ⟨m.1⟩ →*Siderit*

Spa|tel ⟨m.5 oder f.11⟩ **1** *schmaler, flacher Stab (zum Aufstreichen von Salben u.ä.)* **2** →*Spachtel (1)* [< lat. *spatha* in ders. Bed. sowie „flacher Rührlöffel", auch „Säbel", < griech. *spathe* „Werkzeug des Webers zum Festschlagen und Dichtmachen des Gewebes" sowie „breites Schwert, breiter Streifen von Palmholz"]

Spa|ten ⟨m.7⟩ *Handgerät mit breitem, viereckigem Metallblatt, langem Stiel und Querholz am Stielende (zum Ausstechen von Rasensoden u.ä.)*

Spät|ent|wick|ler ⟨m.5⟩ *Jugendlicher, der in der Entwicklung etwas hinter seinen Altersgenossen zurückbleibt*

spä|ter ⟨Steigerung von spät⟩ **I** ⟨Adj.⟩ **1** *kommend, folgend; die ~e Generation* **2** *nachherig; ~e Notwendigkeit* **II** ⟨Adv.⟩ *zu einem nachfolgenden, nicht genau bestimmten Zeitpunkt; ich komme s. noch darauf zu sprechen; wir haben uns s. noch öfter gesehen; wir sehen uns s.!, bis s.!* ⟨Grußformeln zum Abschied⟩

spä|ter|hin ⟨Adv.⟩ *nachher, später*

spä|te|stens ⟨Adv.⟩ *nicht später als...; s. um drei Uhr mußt du hier sein*

Spa|tha ⟨f., -, -then⟩ **1** *germanisches Schwert* **2** ⟨bei Palmen u.a.⟩ *Hochblatt an kolbenförmigen Blütenständen* [griech., →*Spatel*]

Spät|heim|keh|rer ⟨m.5⟩ *jmd., der lange nach Kriegsende aus der Gefangenschaft entlassen wird*

Spa|ti|en ⟨[-tsjən] Pl. von⟩ *Spatium*

Spa|tio|naut ⟨m.; frz. Bez. für⟩ *Weltraumfahrer; vgl. Astronaut, Kosmonaut*

spa|tio|nie|ren ⟨V.3, hat spationiert; mit Akk.⟩ *mit Spatium versehen; Schriftsatz s.*

spa|ti|ös ⟨[-tsjøs] Adj., o.Steig.⟩ *weiträumig (gesetzt), mit Zwischenräumen; ~er Schriftsatz; der Text ist s. gesetzt* [zu *Spatium*]

Spa|ti|um ⟨n., -s, -tien; Buchw.⟩ *Zwischenraum (zwischen den Druckbuchstaben)* [< lat. *spatium* „Raum, Ausdehnung in Länge und Breite, Zwischenraum"]

Spät|le|se ⟨f.11⟩ **1** *Lese von vollreifen Trauben nach der Haupternteszeit* **2** *hochwertiger Wein aus solchen Trauben*

Spät|ling ⟨m.1⟩ **1** *spät im Jahr reifende Frucht* **2** *lange nach den Geschwistern geborenes Kind*

Spatz ⟨m.12 oder m.10; ugs.⟩ **1** →*Sperling* **2** *kleines Kind* ⟨Kosename⟩

Spät|zeit ⟨f.10⟩ *Zeit am Ende eines Zeitraumes; die S. des Barock*

Spätz|le ⟨Pl.⟩ *kleine, nudelähnliche Stücke aus einem Teig von Mehl, Eiern und Wasser, die in kochendes Salzwasser geschabt wurden (Käs~)* [schwäb. Verkleinerung zu *Spatz*]

Spät|zün|der ⟨m.5; scherzh.⟩ *jmd., der sich spät entwickelt, spät begreift*

Spät|zün|dung ⟨f.10⟩ **1** ⟨bei Verbrennungsmotoren⟩ *fehlerhafte, zu spät erfolgende Zündung* **2** ⟨scherzh.⟩ *verspätete Reaktion, langsames Begreifen*

spa|zie|ren ⟨V.3, ist spaziert; o.Obj.⟩ **1** *gemächlich, mit Genuß gehen; durch den Park s.; durch die Stadt s.* **2** *aus Freude (an einer Sache) gemächlich gehen; durch ein Museum s.; durch die neue Wohnung s.* **3** *unbekümmert gehen; eine Entenmutter spazierte mit ihren Jungen über die Straße*

spa|zie|ren|fah|ren ⟨V.32⟩ **I** ⟨o.Obj.; ist spazierengefahren⟩ *zur Erholung umherfahren* **II** ⟨mit Akk.; hat spazierengefahren⟩ *im Fahrzeug umherfahren; einen Kranken im Rollstuhl s.; ein Kind im Kinderwagen s.; jmdn. im Auto s.*

spa|zie|ren|füh|ren ⟨V.1, hat spazierengeführt; mit Akk.⟩ *im Freien umherführen; einen Kranken s.; den Hund s.*

spa|zie|ren|ge|hen ⟨V.47, ist spazierengegangen; o.Obj.⟩ *zur Erholung im Freien umhergehen; im Wald s.; täglich eine Stunde s.*

Spa|zier|gang ⟨m.2⟩ *kleine Wanderung, Gang im Freien zur Erholung; einen S. machen*

Spa|zier|gän|ger ⟨m.5⟩ *jmd., der einen Spaziergang macht*

Spa|zier|stock ⟨m.2⟩ *Stock, der das Gehen beim Spaziergang erleichtert*

SPD ⟨Abk. für⟩ *Sozialdemokratische Partei Deutschlands*

Spea|ker ⟨[spi-] m.5; im brit. Unterhaus und im Repräsentantenhaus der USA⟩ *Leiter der Sitzungen, Präsident* [engl., „Sprecher", zu *to speak* „sprechen"]

Specht ⟨m.1⟩ *(sperlings- bis krähengroßer) Vogel mit meißelförmigem, spitzem Schnabel und Stützschwanz (der an Baumstämmen Insektenlarven aus der Rinde hackt; Bunt~, Klein~, Schwarz~)*

Specht|mei|se ⟨f.11; veraltend⟩ →*Kleiber*

Speck ⟨m.1⟩ **1** ⟨bes. beim Schwein⟩ *Fett des Unterhautbindegewebes an Rücken, Seite und Bauch (das durch Einsalzen, Räuchern oder Trocknen haltbar gemacht wurde)* **2** ⟨nur Sg.; scherzh.⟩ *Ansammlung von Körperfett; S. auf den Rippen haben*

speck|ig ⟨-k|k-; Adj.⟩ **1** *voll Speck, dick; ein ~er Nacken* **2** *fettig, unsauber; ~e Kleidung* **3** *abgetragen und glänzend; ~e Stellen an den Ärmeln* **4** *nicht ganz durchgebacken; der Kuchen ist s.*

Speck|kä|fer ⟨m.5⟩ *kleiner, dunkler Käfer mit graugelber Zeichnung, der als Vorratsschädling in Wohnungen vorkommt*

Speck|sei|te ⟨f.11⟩ *großes Stück Speck mit Schwarte; der mit der Wurst nach der S. werfen* ⟨ugs.⟩ *versuchen, durch ein kleines Geschenk ein größeres zu erhalten*

Speck|stein ⟨m.1⟩ *feinschuppige Masse von Talk; Syn. Steatit*

spe|die|ren ⟨V.3, hat spediert; mit Akk.⟩ **1** *versenden, abschicken; Waren (mit der Bahn) s.* **2** *mit Lastwagen befördern; Möbel s.* **3** ⟨ugs., scherzh.⟩ *befördern; jmdn. an die (frische) Luft s.; jmdn. hinauswerfen; ein Kind ins Bett s.*

Spe|di|teur ⟨[-tør] m.1⟩ *Unternehmer, der Güter oder Möbel befördert; Syn.* ⟨schweiz.⟩ *Camionneur, Fergger, Spetter,* ⟨österr.⟩ *Expediteur*

Spe|di|ti|on ⟨f.10⟩ **1** *Unternehmen zur Beförderung von Gütern und Möbeln; Syn.* ⟨schweiz.⟩ *Camionnage* **2** *Versandabteilung (eines Betriebes)* [< ital. *spedizione* „Absendung, Beförderung", zu *spedire* „absenden, befördern"]

spe|di|tiv ⟨Adj.; schweiz.⟩ *rasch, zügig*

Speech ⟨[spitʃ] m.1, Pl. auch -es [-tʃiz]⟩ *Rede, Ansprache* [engl.]

Speed ⟨[spid] **I** ⟨m.9⟩ *Geschwindigkeit, Geschwindigkeitssteigerung (eines Läufers oder Pferdes)* **II** ⟨n., -s, nur Sg.; ugs.⟩ *Anregungs-, Aufputschmittel* [< engl. *speed* „Eile, Geschwindigkeit", zu *to speed* „sich beeilen, rasen, mit Höchstgeschwindigkeit fahren"]

Speed|way-Ren|nen ⟨[spidwei-] n.7; Motorradsport⟩ *Schnelligkeitswettbewerb auf Aschen- oder Eisbahn* [engl. *speedway* „Motorradrennbahn, Schnellstraße", < *speed* „Geschwindigkeit" und *way* „Weg"]

Speer ⟨m.1⟩ **1** ⟨früher⟩ *langer Stab mit Metallspitze (als Wurf- und Stoßwaffe)* **2** ⟨Sport⟩ *Wurfgerät aus Metall*

Speer|schleu|der ⟨f.11; früher⟩ *Schleuder zum Abschießen von Speeren; Syn. Wurfbrett, Wurfholz, Wurfschleuder*

Speer|wer|fen ⟨n., -s, nur Sg.; Leichtathletik⟩ *wettkampfmäßiges Werfen eines Holz- oder Kunststoffspeers*

Spei|che ⟨f.11⟩ **1** ⟨bei Rädern⟩ *dünner Stab zur Verbindung von Nabe und Felge* **2** *Knochen des Unterarmes an der Daumenseite*

Spei|chel ⟨m., -s, nur Sg.⟩ *u.a. aus Wasser, Salzen und Enzymen bestehendes Sekret von Drüsen in der Mundhöhle; Syn.* ⟨ugs.⟩ *Spuke* [zu *speien*]

Spei|chel|lecker ⟨-k|k-; m.5⟩ *kriecherischer Mensch, unangenehmer Schmeichler*

Spei|chel|leck|erei ⟨-k|k-; f., -, nur Sg.⟩ *Kriecherei, unterwürfige Schmeichelei*

spei|cheln ⟨V.1, hat gespeichelt; o.Obj.⟩ *Speichel aus dem Mund treten lassen; beim Schlafen, Reden s.*

Spei|chel|stein ⟨m.1⟩ *krankhaftes, festes Gebilde in den Ausführungsgängen der Drüsen des Speichels*

Spei|cher ⟨m.5⟩ **1** *Raum oder Gebäude, in dem Gegenstände oder Waren gelagert werden (Korn~, Wasser~)* **2** *Dachboden; unter dem S. wohnen*

Spei|cher|geld ⟨n., -(e)s, nur Sg.⟩ *Gebühr für das Aufbewahren von Möbeln oder Waren in einem Speicher*

Spei|cher|ge|stein ⟨n.1⟩ *aufgrund günstigen Porenvolumens zur Aufnahme von Grundwasser, Gas, Erdöl u.a. geeignetes Gestein*

Spei|cher|ge|we|be ⟨n.5⟩ *großzelliges, farbloses Pflanzengewebe, das Nährstoffe speichert*

Spei|cher|kraft|werk ⟨n.1⟩ *Wasserkraftwerk mit einem hochgelegenen Speicher, das ständig Energie produzieren kann*

spei|chern ⟨V.1, hat gespeichert; mit Akk.⟩ **1** *nicht verwenden und aufbewahren; Vorräte s.; Getreide in der Scheune s.; der Hamster speichert Nahrung in seinen Backentaschen* **2** *aufnehmen und aufbewahren; Informationen s. im Gedächtnis bewahren, sie merken; Daten, Musik auf Magnetbändern s.*

Spei|che|rung ⟨f., -, nur Sg.⟩ *das Speichern*

Spei|cher|ver|lust ⟨m.1; bei Getreide, Hülsenfrüchten u.a.⟩ *Verminderung des Volumens durch Speicherung*

Spei|cher|werk ⟨n.1; in EDV-Anlagen⟩ *Bereich für die Speicherung von Informationen*

spei|en ⟨V.144, hat gespien⟩ Syn. *spucken* **I** ⟨mit Akk.⟩ **1** *durch den Mund von sich geben; das Kind hat das Essen wieder gespien; der Kranke spie Blut; der Drache speit Feuer; Gift und Galle s.* ⟨ugs.⟩ *böse, giftige, wütende Reden von sich geben* **2** *fließen lassen; steinerne Figuren s. Wasser (in ein Brunnenbecken)* **II** ⟨o.Obj.⟩ **1** *Speichel, Schleim auswerfen; auf den Boden s.; in ein Taschentuch s.* **2** *sich erbrechen, sich übergeben; ich muß s.; es ist zum Speien* ⟨ugs.⟩ *es ist widerwärtig*

Spei|er|ling ⟨m.1⟩ **1** *der Eberesche ähnliches Rosengewächs warmer Gebiete* **2** *dessen eßbare, birnenförmige Frucht; Syn. Spierling* [vermutlich zu *Spier*]

Spei|gatt ⟨n.12 oder n.9⟩ *Öffnung in der Schiffswand (als Wasserablauf)*

Speik ⟨m.1⟩ **1** *alpine Baldrianart, aus deren*

Wurzeln Parfüm gewonnen wird; Echter S. **2** ein Kreuzkraut in Rasen und Zwergstrauchheiden; Gelber S. **3** eine Schafgarbe auf steinigen Matten; Weißer S. **4** (Sammelbez. für) mehrere Primelarten; Blauer S. [< lat. *spica* „Ähre"]

Speil ⟨m.1⟩ *Holzstäbchen, Span (z.B. am Wurstende);* Syn. *Speiler*

spei|len ⟨V.1, hat gespeilt; mit Akk.⟩ *mit einem Speil verschließen;* auch: *speilern;* Würste, Wurstenden s.

Spei|ler ⟨m.5⟩ →*Speil*

spei|lern ⟨V.1, hat gespeilert⟩ →*speilen*

Speis I ⟨f.10⟩ ⟨bayr.-österr.⟩ **1** *Speisekammer* **2** *Speise* ⟨nur in der Wendung⟩ S. und Trank *Essen und Getränk(e)* II ⟨m., -, nur Sg.; süddt.; österr.⟩ →*Trasskalk*

Spei|se ⟨f.11⟩ **1** ⟨geh.⟩ *(zubereitete) feste Nahrung, Gericht* **2** *flüssige Legierung (z.B. für den Glockenguß)* [zu *speisen*]

Spei|se|brei ⟨m., -(e)s, nur Sg.; im Magen und Darm⟩ *mit Verdauungssäften durchsetzte Nahrung*

Spei|se|eis ⟨n., -es, nur Sg.⟩ *durch Gefrieren in einen festen Zustand gebrachtes Gemisch von Milch, Zucker, Wasser, Obst u.a.;* auch: ⟨kurz⟩ *Eis;* Syn. *Eiscreme,* ⟨schweiz.⟩ *Glace*

Spei|se|fett ⟨n.1⟩ *Fett, das zum Verzehr geeignet ist*

Spei|se|kam|mer ⟨f.11⟩ *Raum, in dem Lebensmittel aufbewahrt werden;* Syn. ⟨bayr.-österr.⟩ *Speis*

Spei|se|kar|te ⟨f.11; in Gaststätten u.ä.⟩ *Verzeichnis der Speisen, die man bestellen kann;* auch: *Speisenkarte*

spei|sen ⟨V.1, hat gespeist⟩ I ⟨o.Obj.; geh.⟩ *die Mahlzeit einnehmen, essen;* zu Abend s.; mit jmdm. s. II ⟨mit Akk.⟩ **1** jmdn. s. ⟨geh.⟩ *jmdm. Speise geben, zu essen geben;* Arme s. **2** *etwas s.* **a** ⟨geh.⟩ *essen;* was wünschen Sie zu s.?; **b** *etwas mit etwas (Flüssigkeit, Betriebsstrom) s. versorgen;* ein Gerät mit Strom s.; der See wird durch unterirdische Quellen gespeist

Spei|sen|fol|ge ⟨f.11⟩ →*Menü*

Spei|sen|kar|te ⟨f.11⟩ →*Speisekarte*

Spei|se|op|fer ⟨n.5⟩ *Darbringung von Speise als Opfer für Götter oder Ahnen*

Spei|se|röh|re ⟨f.11⟩ *schlauchartige Verbindung zwischen Mundhöhle und Magen, deren Muskulatur den Transport der Nahrung bewirkt;* Syn. *Ösophagus*

Spei|se|wa|gen ⟨m.7⟩ *Eisenbahnwagen, in dem Speisen und Getränke an Tischen serviert werden*

Spei|se|was|ser ⟨n.5⟩ *Wasser zum Nachfüllen von Dampfkesseln*

Spei|se|zet|tel ⟨m.5⟩ →*Küchenzettel*

Spei|sung ⟨f.10⟩ *das Speisen (II,1)*

Spei|täub|ling ⟨m.1⟩ *brennend schmeckender, giftiger Täubling mit leuchtendrotem Hut*

spei|übel ⟨Adj., o.Steig.; nur mit „sein"; ugs.⟩ *zum Erbrechen übel;* mir ist s.

Spek|ta|bi|li|tät ⟨f.10; Titel für⟩ *Dekan einer Hochschule;* Eure ⟨Abk.: Ew.⟩ ~(en); Seine S. [< lat. *spectabilitas,* Gen. *-atis,* „hohe Würde", zu *spectabilis* „ansehnlich", zu *spectare* „ansehen, prüfend betrachten"]

Spek|ta|kel I ⟨m.5⟩ **1** *Lärm;* macht nicht solchen S.! **2** *Aufregung;* wenn das tust, gibt es einen großen S. II ⟨n.5; †⟩ **1** *aufsehenerregendes Schauspiel* **2** *aufsehenerregender Vorgang* [< lat. *spectaculum* „Anblick, Schauspiel; Wunderwerk, Weltwunder", zu *spectare* „ansehen, betrachten"]

spek|ta|keln ⟨V.1, hat spektakelt; o.Obj.⟩ *ein Spektakel (2) veranstalten, lärmen, Krach machen*

spek|ta|ku|lär ⟨Adj.⟩ *aufsehenerregend*

spek|ta|ku|lös ⟨Adj., -er, am -esten⟩ **1** ⟨†⟩ *seltsam* **2** ⟨ugs., scherzh. für⟩ *spektakulär*

spek|tral ⟨Adj., o.Steig.⟩ *das Spektrum betreffend, von ihm ausgehend*

Spek|tral|ana|ly|se ⟨f.11⟩ *Bestimmung der Zusammensetzung eines strahlenden Körpers aus der Art des ausgesandten Spektrums*

Spek|tral|far|be ⟨f.11⟩ *Licht von nur einer Wellenlänge;* ~n *die durch Zerlegung eines Spektrums entstehenden, reinen, unvermischten Farben*

Spek|tral|klas|se ⟨f.11⟩ *Gruppe von Sternen mit gemeinsamen Merkmalen ihres Spektrums*

Spek|tral|li|nie ⟨f.11⟩ *für eine bestimmte Lichtwellenlänge charakteristische Linie in bestimmter Farbe*

Spek|tro|graph ⟨m.10⟩ *Gerät zur Aufzeichnung von Spektren* [< *Spektrum* und *...graph*]

Spek|tro|gra|phie ⟨f., -, nur Sg.⟩ *Zerlegung von Licht in die Spektralfarben* [< *Spektrum* und *...graphie*]

Spek|tro|me|ter ⟨n.5⟩ *Gerät zur Ausmessung der Linien eines Spektrums* [< *Spektrum* und *...meter*]

Spek|tro|skop ⟨n.1⟩ *Gerät zur Spektroskopie*

Spek|tro|sko|pie ⟨f.11⟩ *Untersuchung von Spektren* [< *Spektrum* und *...skopie*]

Spek|trum ⟨n., -s, -tren oder -tra⟩ **1** *durch Zerlegung von Licht (oder anderer Strahlung) in seine einzelnen Farben (Wellenlängen) entstehendes farbiges Band* **2** ⟨übertr.⟩ *Gesamtheit vieler Dinge* [< lat. *spectrum* „Bild in der Vorstellung, in der Seele", zu *specere* „sehen"]

Spe|ku|lant ⟨m.10⟩ **1** *jmd., der spekuliert* **2** *jmd., der um des Gewinns willen gewagte Geschäfte macht*

Spe|ku|la|ti|on ⟨f.10⟩ **1** *Versuch, durch Überlegung über die Erfahrung hinaus zur Erkenntnis (bes. Gottes) zu gelangen* **2** *Geschäft (bes. mit Wertpapieren oder Grundstücken) aufgrund von Preisschwankungen* **3** *bloße Vermutung;* das ist alles nur S. [< lat. *speculatio,* Gen. *-onis,* „Auskundschaftung, Betrachtung, das Beschauen", zu *specere* „sehen"]

Spe|ku|la|ti|ons|pa|pier ⟨n.1⟩ *Wertpapier, dessen Kurs sich häufig ändert*

Spe|ku|la|ti|us ⟨m., -, -⟩ *würziges, flaches Hartgebäck mit bildlichen Darstellungen* [< lat. *speculator* „Späher, Beobachter"; *Spekulator* war der Beiname des hl. Nikolaus, der nach der Legende bes. den Kindern wohlgesonnen war und sie das Jahr über beobachtete; zu seinem Gedenken wurden (und werden noch) jährlich an seinem Festtag (6. Dezember) und an Weihnachten Gebildebrote mit seiner Gestalt gebacken]

spe|ku|la|tiv ⟨Adj., o.Steig.⟩ **1** *auf Spekulation beruhend* **2** *grüblerisch*

spe|ku|lie|ren ⟨V.3, hat spekuliert⟩ I ⟨o.Obj.⟩ *aufgrund von Spekulationen Handel treiben;* an der Börse s.; mit Grundstücken s. II ⟨mit Präp.obj.⟩ *auf etwas s.* ⟨ugs.⟩ *mit etwas rechnen, auf etwas warten;* er spekuliert aufs Geld; ich spekuliere darauf, daß er mich einlädt

Spe|ku|lum ⟨n., -s, -la⟩ *mit Spiegel versehenes Instrument zur Untersuchung von Körperhöhlen* [< lat. *speculum* „Spiegel"]

Spe|läo|lo|gie ⟨f., -, nur Sg.⟩ →*Höhlenkunde* [< griech. *spelaion, spelygx* „Höhle, Grotte" und *...logie*]

Spe|lun|ke ⟨f.11⟩ **1** *schlechte, verrufene Kneipe* **2** *schmutziger, verkommener Wohnraum* [< mlat. *spelunca* „überdachter Durchgang", lat. „Höhle, Grotte, Gruft", < griech. *spelygx* „Höhle, Grotte"]

Spelz ⟨m.1⟩ →*Dinkel*

Spel|ze ⟨f.11⟩ **1** ⟨beim Getreidekorn⟩ *Schale, Hülse* **2** ⟨bei der Grasblüte⟩ *trockenes Blatt*

spel|zig ⟨Adj.⟩ *voller Spelzen*

spen|da|bel ⟨Adj., spendabler, am -sten⟩ ⟨ugs.⟩ *freigebig, großzügig*

Spen|de ⟨f.11⟩ *freiwilliger Beitrag zur Unterstützung oder Förderung von etwas oder jmdm.*

spen|den ⟨V.2, hat gespendet; mit Akk.⟩ **1** *(an Bedürftige) geben, schenken;* Geld s.; Kleidung s.; Blut s. *sich Blut zur Konservierung (für Blutübertragungen) abnehmen lassen;* ⟨auch o.Obj.⟩ wir haben alle reichlich gespendet **2** *zum Ausdruck bringen;* Beifall s. (durch Händeklatschen); (jmdm.) Lob s.; der Priester spendet den Segen **3** *geben, hervorbringen;* die Kuh spendet Milch; eine Quelle spendete Wasser; ein Baum spendete kühlen Schatten

Spen|der ⟨m.5⟩ **1** *jmd., der etwas spendet, spenden wird oder gespendet hat;* Dank dem edlen S.! ⟨ugs.⟩; der S. will nicht genannt werden **2** *Gerät, das etwas (Wasser, Licht, Seife u.a.) spendet* (Heißwasser~)

spen|die|ren ⟨V.3, hat spendiert; mit Akk.⟩ *großzügig geben, zahlen, schenken;* er hat für die Reise 200 DM spendiert; eine Runde Bier s.; er hat den Kindern einen Besuch im Marionettentheater spendiert [zu *spenden*]

Spen|der|ho|sen ⟨f.11, Pl.; ugs., scherzh.⟩ *nur in der Wendung* die S. anhaben *etwas spendieren, großzügig etwas bezahlen*

Speng|ler ⟨m.5; bayr.-österr.⟩ →*Klempner* [< *Spange*]

Spen|ser ⟨österr.⟩, **Spen|zer** ⟨m.5; †⟩ *enganliegendes Jäckchen mit Schoß* [nach dem engl. Minister G. J. *Spencer*]

Sper|ber ⟨m.5⟩ *kleiner, unterseits weißbraun gestreifter, langschwänziger Greifvogel mit kurzen, runden Schwingen* [< ahd. *sparwari* „Sperlingsaar", nach seiner Hauptbeute]

sper|bern ⟨V.1, hat gesperbert⟩ I ⟨o.Obj.; schweiz.⟩ *scharf (wie ein Sperber) schauen* II ⟨mit Akk.; nur als Part. Perf.⟩ *gesperbert mit weiß-braunen Streifen versehen (wie die Brust des Sperbers)*

Spe|renz|chen, Spe|ren|zi|en ⟨nur Pl.; ugs.⟩ *Ausflüchte, Schwierigkeiten;* mach keine S.! [wohl < veraltetem *Sperr, Gesperr* „das Sichsperren, Sichsträuben", das mit höflichen Redensarten, dann auch mit Ausflüchten, zu *sich sperren* „sich sträuben" mit latinisierender Endung]

Sper|ling ⟨m.1⟩ **1** ⟨i.w.S.⟩ *dickschnäbliger, kräftiger, kleiner Vogel (der systematisch zwischen Webervögeln und Finken steht;* Feld~, Stein~) **2** ⟨i.e.S.⟩ *brauner Vogel aus dieser Gruppe mit tschilpendem Ruf;* Syn. ⟨nordwestdt.⟩ *Lüning,* ⟨ugs.⟩ *Spatz*

Sper|lings|kauz ⟨m.2⟩ *(in Gebirgen vorkommende) kleinste europäische Eule*

Sper|ma ⟨n., -s, -men oder -ma|ta; bei Mensch und Tier⟩ *weiße, dickflüssige, Sekrete und Samenzellen enthaltende Flüssigkeit;* Syn. *Samen* [< griech. *sperma,* Gen. *spermatos,* „Same", zu *speirein* „säen"]

Sper|ma|ti|tis ⟨f., -, -ti|ti|den⟩ *Entzündung des Samenstrangs* [< *Sperma* und *...itis*]

Sper|ma|to|ge|ne|se ⟨f.11⟩ *Spermienbildung in den Hoden;* auch: *Spermiogenese* [< *Sperma* und *Genese*]

Sper|ma|to|pho|re ⟨f.11; bei manchen Wirbellosen und Schwanzlurchen⟩ *Kapsel, die Samenzellen enthält und bei der Begattung dem Weibchen übergeben wird* [< *Sperma* und griech. *phorein, pherein* „tragen"]

Sper|ma|tor|rhö ⟨f.10⟩, **Sper|ma|tor|rhoe** ([-rø] f.11⟩ *Samenerguß ohne geschlechtliche Erregung;* Syn. *Samenfluß* [< *Sperma* und griech. *rhoos, rhous* „Fließen, Strömen", zu *rhein* „fließen"]

Sper|ma|to|zo|on ⟨n., -s, -zo|en⟩ →*Samenzelle* [< *Sperma* und griech. *zoon* „Lebewesen, Tier"]

Sper|ma|zet ⟨n., -(e)s, nur Sg.⟩, **Sper|ma|ze|ti** ⟨n., -s, nur Sg.⟩ →*Walrat* [< *Sperma* und griech. *ketos* „Wal"; die weiße Masse ähnelt *Sperma* und wurde urspr. dafür gehalten]

Spermiogenese

Sper|mio|ge|ne|se ⟨f.11⟩ →Spermatogenese

Sper|mi|um ⟨n., -s, -mi|en⟩ →Samenzelle [neulat., <*Sperma*]

Sperr|rad ⟨-rr|r-; n.4⟩ *Zahnrad in einem Sperrgetriebe*

sperr|an|gel|weit ⟨Adj., o.Steig.; nur als Adv.⟩ *so weit, wie es die Angel zuläßt;* die Tür steht s. offen

Sperr|bal|lon ⟨[-lɔŋ] auch [-lõ] m.9⟩ *Ballon mit herabhängenden Stahltrossen für Luftsperren*

Sperr|druck ⟨m., -(e)s, nur Sg.⟩ *Druck mit Zwischenräumen zwischen den Buchstaben*

Sper|re ⟨f.11⟩ **1** *Vorrichtung zum Sperren (I,1);* eine S. aufräumen, errichten **2** *schmaler, bewachter Durchgang, an dem eine Eintrittskarte o.ä. vorgezeigt werden muß;* durch die S. gehen **3** ⟨Sport⟩ *Verbot der Teilnahme an Wettkämpfen;* eine S. über jmdn. verhängen **4** *Verbot der Einfuhr oder der Ausfuhr* (Import~) **5** *Aufhebung bestimmter Vergünstigungen* (Beförderungs~, Urlaubs~) **6** *Hemmung, Unfähigkeit, etwas zu sagen oder etwas zu tun;* ich hatte in dem Augenblick eine S.

sper|ren ⟨V.1, hat gesperrt⟩ **I** ⟨mit Akk.⟩ **1** *etwas s.* **a** *den Zugang zu etwas, das Öffnen von etwas, die Bewegung von etwas* (durch Sperre, Riegel, Barrikade o.ä.) *verhindern;* eine Straße, einen Hafen, einen Eingang, ein Rad s. **b** *den Gebrauch von etwas verhindern;* (jmdm.) das Gas, das Licht, das Telefon s.; einem Kind das Taschengeld s. **c** ⟨Typ.⟩ *mit Zwischenraum setzen;* Wörter s. **d** *etwas unmöglich machen, unterbinden;* jmdm. die Einfuhr, Ausfuhr s. **2** jmdn., ein Tier in etwas s. *jmdn., ein Tier in einen Raum bringen und diesen verschließen;* jmdn. in eine Kammer, ins Gefängnis s.; Hühner in den Stall s. **3** jmdn. s. ⟨Sport⟩ **a** *jmdn. hindern, an den Ball zu kommen (ohne selbst im Ballbesitz zu sein)* **b** *von weiteren Wettkämpfen ausschließen* **II** ⟨o.Obj.⟩ *sich nicht schließen oder öffnen lassen;* die Tür, das Schloß sperrt **III** ⟨refl.⟩ *sich gegen etwas s.* **a** *sich weigern, etwas mit sich tun zu lassen, sich einer Sache widersetzen;* er sperrt sich gegen die (ärztliche) Behandlung

Sperr|feu|er ⟨n.5⟩ *schlagartig ausgelöstes, mit höchster Schußfolge abgegebenes Abwehrfeuer schwerer Waffen*

Sperr|frist ⟨f.10⟩ *Zeitraum, in dem bestimmte Handlungen nicht ausgeführt werden dürfen*

Sperr|ge|biet ⟨n.1⟩ *Gebiet, das nicht betreten werden darf*

Sperr|ge|setz ⟨n.1⟩ *Zollerhöhung veranlassendes Gesetz (zur Verminderung von Importen)*

Sperr|ge|trie|be ⟨n.5⟩ *Getriebe, das die Bewegung nur in eine Richtung gestattet;* Syn. *Sperrwerk*

Sperr|gut ⟨n.4⟩ *sperriges (zu beförderndes) Gut*

Sperr|gut|ha|ben ⟨n.7⟩ *Guthaben auf einem Sperrkonto*

Sperr|holz ⟨n., -es, nur Sg.⟩ *Holztafel, die aus mindestens drei Holzplatten mit gekreuzter Faserrichtung verleimt ist [durch dieses Verfahren wird das Verziehen des Holzes gesperrt,* „verhindert"]

sper|rig ⟨Adj.⟩ *lang, groß, unhandlich, schwer zu handhaben* **Sper|rig|keit** ⟨f., -, nur Sg.⟩

Sperr|kon|to ⟨n., -s, -ten⟩ *Konto, über das nicht oder nur begrenzt verfügt werden kann*

Sperr|kreis ⟨m.1⟩ *elektrische Schaltung, die alle Frequenzen außer einer bestimmten stark schwächt*

Sperr|ling ⟨m.1⟩ *Holzstück, das etwas verriegelt, sperrt*

Sperr|mi|no|ri|tät ⟨f.10⟩ *Minderheit, die trotz zahlenmäßiger Unterlegenheit bestimmte Beschlüsse verhindern kann*

Sperr|müll ⟨m., -s, nur Sg.⟩ *Müll, der wegen seiner Größe nicht in die Mülltonne gesteckt werden kann (bes. Möbel)*

Sperr|schicht ⟨f.10⟩ *dünne, schlecht durchlässige Grenzschicht*

Sperr|sitz ⟨m.1⟩ **1** ⟨im Zirkus⟩ *die vorderen Plätze* **2** ⟨im Kino⟩ *die hinteren Plätze*

Sperr|stun|de ⟨f.11⟩ →Polizeistunde

Sperr|syn|chro|ni|sie|rung ⟨f.10; in Maschinen mit mehrgängigem Getriebe⟩ *Mechanismus, der eine Gangschaltung nur bei gleicher Drehzahl von Motor und Getriebe ermöglicht*

Sperr|ung ⟨f.10⟩ *das Sperren (I,1), das Gesperrtsein;* die S. von Wörtern rückgängig machen; die S. des Hafens aufheben

Sperr|werk ⟨n.1⟩ →Sperrgetriebe

Sperr|zoll ⟨m.2⟩ *Zoll, der so hoch liegt, daß damit Importe verhindert werden*

Spe|sen ⟨nur Pl.⟩ *Auslagen, Unkosten* [<ital. *spese* (Pl.) „Kosten, Ausgaben", zu *spendere* „ausgeben"]

Spet|ter ⟨m.5; schweiz.⟩ **1** *Hilfskraft, Tagelöhner* **2** →Spediteur

Spet|te|rin ⟨f.10; schweiz.⟩ *Putzfrau, Aufwartefrau*

Spe|ze|rei ⟨f.10, meist Pl.; veraltend⟩ ~en *Gewürze;* Syn. *Spezereiwaren* [<ital. *spezerie* „Gewürze", <lat. *species* „Gewürze, Zutaten", eigtl. „einzelne Stücke"]

Spe|ze|rei|wa|ren ⟨f.11, Pl.⟩ **1** →Spezereien **2** ⟨schweiz.⟩ *Gemischtwaren*

Spe|zi ⟨m.9; oberdt.⟩ **1** *enger Freund, Kumpan* **2** *Mischgetränk aus Limonade und Cola* [kurz für *spezieller Freund*]

spe|zi|al ⟨Adj.; selten für⟩ *speziell*

Spe|zi|al..., Spe|zi|al... ⟨in Zus.⟩ *einzel..., Einzel..., sonder..., Sonder..., besonder..., Fach...,* z.B. Spezialvollmacht

Spe|zia|li|en ⟨nur Pl.; †⟩ *Besonderheiten, Einzelheiten*

Spe|zia|li|sa|ti|on ⟨f.10⟩ **1** *eingehendes Studium eines (einzigen, besonderen) Wissensgebietes* **2** ⟨selten⟩ *Gliederung*

spe|zia|li|sie|ren ⟨V.3, hat spezialisiert⟩ **I** ⟨refl.⟩ *sich auf etwas s. sich mit einem Wissensgebiet besonders eingehend beschäftigen, ein Fach besonders studieren;* sich auf Kinderheilkunde, auf Musik spezialisiert haben **II** ⟨mit Akk.; selten⟩ *gliedern, sondern* [<frz. *spécialiser* in ders. Bed., zu *spécial* „besonder", <lat. *species* „Art, einzelnes Stück; Begriff, Vorstellung"] **Spe|zia|li|sie|rung** ⟨f., -, nur Sg.⟩

Spe|zia|list ⟨m.10⟩ *jmd., der sich auf etwas spezialisiert hat, Fachmann, Facharzt;* er ist S. für Kinderkrankheiten, für alte Musik

Spe|zia|li|tät ⟨f.10⟩ **1** *Besonderheit, etwas Besonderes* **2** *Fach, Gebiet, mit dem man sich am meisten beschäftigt hat*

spe|zi|ell ⟨Adj.⟩ **1** *einzeln, besonder;* ~e Wünsche; auf dein Spezielles! (eigtl.) *auf dein* ~e *Wohl!* ⟨Wunsch beim Zutrinken⟩ **2** ⟨als Adv.⟩ *besonders, eigens;* das ist s. für mich angefertigt worden

Spe|zi|es ⟨f., -, -⟩ **1** *Art, Sorte;* er gehört zu einer anderen S. von Menschen; das ist eine andere S. von modernen Musikern **2** ⟨Biol.⟩ →Art (5) [<lat. *species* „Art"]

Spe|zi|es|ta|ler ⟨m.5; früher⟩ *Taler in Hartgeld*

Spe|zi|fi|ka ⟨Pl. von⟩ *Spezifikum*

Spe|zi|fi|ka|ti|on ⟨f., -, nur Sg.⟩ *das Spezifizieren, unterscheidende Gliederung, Aufschlüsselung*

Spe|zi|fi|kum ⟨n., -s, -ka⟩ **1** *etwas Besonderes, Eigentümliches* **2** *gegen eine bestimmte Krankheit wirkendes Mittel*

spe|zi|fisch ⟨Adj.⟩ *eigen, eigentümlich, arteigen, kennzeichnend;* eine ~e Eigenart; ~es Gewicht *Gewicht der Gewichtseinheit eines Stoffes;* ~e Wärme *Wärmemenge, die nötig ist, um 1g eines Stoffes um 1° zu erwärmen*

[<mlat. *specificus* „unterschieden", zu *specificare* „einzeln angeben, einzeln bezeichnen, gruppieren, einordnen", <lat. *species* „Art, einzelnes Stück"]

spe|zi|fi|zie|ren ⟨V.3, hat spezifiziert; mit Akk.⟩ *unterscheidend gliedern, aufschlüsseln, im einzelnen darlegen;* eine Rechnung (nach ihren einzelnen Beträgen) s.; Ausgaben s. **Spe|zi|fi|zie|rung** ⟨f., -, nur Sg.⟩

Spe|zi|men ⟨n., -s, -zi|mi|na; †⟩ **1** *Muster, Probe* **2** *Versuch, Probearbeit* [<lat. *specimen* „Kennzeichen, Muster, Beispiel, Probe", zu *specere* „(nach etwas) sehen"]

Sphä|re ⟨f.11⟩ **1** *Kugel, Himmelskugel* **2** *Kreis, Gesichtskreis, Wirkungskreis, Bereich, Machtbereich* [<griech. *sphaira* „Ball, Kugel"]

Sphä|ren|har|mo|nie, Sphä|ren|mu|sik ⟨f., -, nur Sg.; nach Pythagoras⟩ *durch die Bewegung der Himmelskörper entstehende, für den Menschen nicht hörbare Töne*

sphä|risch ⟨Adj., o.Steig.⟩ *zur Himmelskugel gehörig, auf sie bezüglich;* ~es *Dreieck auf der Oberfläche einer Kugel;* ~e *Trigonometrie Trigonometrie auf der Kugeloberfläche [zu Sphäre]*

Sphä|ro|guß ⟨m.2⟩ *elastisches, widerstandsfähiges Gußeisen* [<griech. *sphaira* „Kugel" und *Guß;* der Graphit wird beim *Guß* in Kugelform eingelagert]

Sphä|ro|id ⟨n.1⟩ **1** *fast kugelförmiger Körper* **2** →Rotationsellipsoid [<*Sphäre* und *...oid*]

Sphä|ro|lith ⟨m.10⟩ *kugelförmiges Gesteinsoder Kristallgebilde* [<*Sphäre* und *...lith*]

Sphä|ro|lo|gie ⟨f., -, nur Sg.⟩ *Teilgebiet der Geometrie, das sich mit der Kugel befaßt* [<*Sphäre* und *...logie*]

Sphä|ro|me|ter ⟨n.5⟩ *Gerät zum Messen von Krümmungen bei Kugelflächen* [<*Sphäre* und *...meter*]

Sphen ⟨m.1⟩ →Titanit [<griech. *sphen* „Keil", wegen der Keilform der Kristalle]

sphe|no|id ⟨Adj., o.Steig.⟩ *keilförmig;* auch: *sphenoidal*

Sphe|no|id ⟨n.1⟩ *keilförmige Kristallform* [<*Sphen* und *...oid*]

sphe|no|i|dal ⟨Adj., o.Steig.⟩ →sphenoid

Sphink|ter ⟨m., -s, -te|re⟩ *Schließmuskel* [griech., zu *sphingein* „fest zusammenbinden"]

Sphinx I ⟨m., -(es), -e, meist: Sphingen; ugs. auch f.1; ägypt. Myth.⟩ *Fabelwesen mit Löwenleib und Menschenkopf (Sinnbild des Herrschers)* **II** ⟨f.1⟩ **1** ⟨griech. Myth.⟩ *Ungeheuer mit Löwenleib und Frauenkopf, das jeden tötet, der das aufgegebene Rätsel nicht lösen kann* **2** ⟨übertr., scherzh.⟩ *sich geheimnisvoll gebende Person* [<griech. *sphigx*, das wahrscheinlich volksetymologisch an *sphiggein* „umfassen, zuschnüren, würgen" angelehnt wurde, die weitere Herkunft ist unsicher, vielleicht <ägypt. *schesep-anch*, jünger *schep-onch* „lebendes Götterbild"]

Sphra|gi|stik ⟨f., -, nur Sg.⟩ *Siegelkunde* [<griech. *sphragisma* „Siegelabdruck", zu *sphragis* „Siegel, Siegelring, Petschaft"]

Sphyg|mo|graph ⟨m.10⟩ *Gerät zum selbsttätigen Aufzeichnen des Pulses* [<griech. *sphygmos* „(heftiger) Puls", zu *sphyzein* „heftig pochen, zucken", und *...graph*]

Sphyg|mo|ma|no|me|ter ⟨n.5⟩ *Blutdruckmesser* [<griech. *sphygmos* „(heftiger) Puls" und *Manometer*]

spic|ca|to ⟨[spika-] Mus.⟩ *in deutlich voneinander abgesetzten Tönen, mit Springbogen (zu spielen)* [ital., „deutlich hervorgehoben, zurückprallend, springend", zu *spiccare* „abtrennen, hinüberspringen"]

Spic|ca|to ⟨[spika-] n., -s, -ti; Mus.⟩ *Spiel mit Springbogen*

Spick|aal ⟨m.1; norddt.⟩ *geräucherter Aal* [<nddt. *spicken* „räuchern" und *Aal*]

spicken ⟨-k|k-; V.1, hat gespickt⟩ **I** ⟨mit

Akk.⟩ **1** Fleisch s. *vor dem Braten Speckstreifchen durch die obere Schicht des Fleisches ziehen;* jmdm. oder sich den Beutel s. ⟨übertr., veraltend⟩ *jmdn. oder sich reichlich mit Geld versehen;* sein Aufsatz ist mit Fehlern gespickt ⟨übertr.⟩ *sein Aufsatz enthält viele Fehler* **2** jmdn. s. ⟨übertr.⟩ *jmdn. bestechen;* einen Beamten s. **II** ⟨o.Obj.; Schülerspr.⟩ *beim Nachbarn abschreiben* [< mndt. *specken* „spicken", zu *Speck;* in Bed. II vielleicht im Sinne von „die eigene Arbeit durch die Kenntnisse eines andern verbessern" wie das Fleisch durch *Speck*]

Spicker ⟨-k|k-; m.5⟩ → *Spickzettel*

Spick|na|del ⟨f.11⟩ *dicke, lange Nadel zum Spicken von Fleisch*

Spick|zet|tel ⟨m.5; Schülerspr.⟩ *Zettel mit Notizen, von dem man während der Klassenarbeit abschreiben kann;* Syn. Spicker

Spi|der ⟨[spai-] m.5⟩ *zweisitziger Sportwagen mit aufklappbarem Verdeck* [engl., eigtl. „Spinne"]

Spie|gel ⟨m.5⟩ **1** *blanker scheibenförmiger Gegenstand aus Glas oder Metall, der auftreffende Lichtstrahlen zurückwirft und das Abbild eines vor ihm befindlichen Gegenstandes zeigt;* sich in S. betrachten; jmdm. einen S. vorhalten *jmdn. auf seine Fehler hinweisen;* sich etwas hinter den S. stecken *etwas überheizen* **2** Oberfläche; der des Sees **3** *Höhe des Wasserstandes* (Meeres~) **4** ⟨Med.⟩ *Gehalt eines Stoffes in einer Körperflüssigkeit* (Hormon~, Zucker~) **5** *geteilter Kragen am Jackenaufschlag;* der S. des Fracks **6** *Kennzeichen an den Kragenecken einer Uniform* **7** ⟨Jägerspr.⟩ **a** *weißer Fleck um den After* **b** *(bei Entenvögeln) bunter Fleck auf dem Gefieder* **8** *(beim Rind und Pferd) weißer Fleck an der Stirn* **9** *Türfüllung* **10** ⟨Bauw.⟩ *mittlerer Teil eines Spiegelgewölbes* **11** ⟨MA⟩ *erzieherisches Buch* (Fürsten~) **12** *innerstes Feld einer Zielscheibe* **13** *schematische Darstellung* (Bevölkerungs~)

Spie|gel|bild ⟨n.3⟩ *seitenverkehrtes Bild in einem Spiegel oder auf einer spiegelnden Oberfläche;* der See zeigt das S. des Himmels

spie|gel|bild|lich ⟨Adj., o.Steig.⟩ *seitenverkehrt*

spie|gel|blank ⟨Adj., o.Steig.⟩ *völlig blank;* ~es Eis; den Fußboden s. bohnern

Spie|gel|ei ⟨n.3⟩ *Hühnerei, das aufgeschlagen und gebraten wird, ohne daß der Dotter zerfließt;* Syn. ⟨landsch.⟩ Ochsenauge, ⟨nordostdt.⟩ Setzei, ⟨schweiz.⟩ Stierenauge

Spie|gel|ei|sen ⟨n., -s, nur Sg.⟩ *im Hochofen gewonnene mangan- und kohlenstoffhaltige Eisenlegierung*

Spie|gel|fech|ter ⟨m.5⟩ *jmd., der etwas vorgibt, vortäuscht, Blender*

Spie|gel|fech|te|rei ⟨f.10⟩ **1** ⟨urspr.⟩ *Scheinkampf* **2** ⟨übertr.⟩ *Verhalten, das andern täuschen soll, Vorgeben von etwas, Blendwerk, Schwindel*

Spie|gel|ge|wöl|be ⟨n.5⟩ *in der Mitte flache, an den Rändern gewölbte Decke (eines Raumes)*

spie|gel|glatt ⟨Adj., o.Steig.⟩ *völlig glatt;* die Straße ist vereist und s.

spie|gel|gleich ⟨Adj., o.Steig.; †⟩ →*symmetrisch*

Spie|gel|gleich|heit ⟨f., -, nur Sg.; †⟩ →*Symmetrie*

Spie|gel|kar|pfen ⟨m.7⟩ *Karpfen mit wenigen großen Schuppen*

Spie|gel|ma|le|rei ⟨f.10⟩ *Hinterglasmalerei unter Verwendung von Metallfolien anstelle der Bemalung*

spie|geln ⟨V.1, hat gespiegelt⟩ **I** ⟨o.Obj.⟩ *Lichtstrahlen zurückwerfen und dadurch blenden, ein Spiegelbild zeigen;* eine blanke Oberfläche spiegelt; das Glas auf dem Bild spiegelt **II** ⟨mit Akk.⟩ etwas s. **1** *das Spiegelbild von etwas zeigen;* der See spiegelt die Wolken, die Bäume **2** *ein Abbild von etwas geben,* ⟨meist⟩ *widerspiegeln;* sein Roman spiegelt die Erlebnisse seiner Jugend, spiegelt die Sitten seiner Zeit **III** ⟨refl.⟩ sich s. *sich in einer blanken Oberfläche als Spiegelbild zeigen;* die Wolken s. sich im Wasser; seine Gedanken, Ideen s. sich in seinem Werk

Spie|gel|re|flex|ka|me|ra ⟨f.9⟩ *Kamera mit eingebautem Spiegel, auf dem das aufzunehmende Bild im richtigen Ausschnitt zu sehen ist*

Spie|gel|saal ⟨m., -(e)s, -sä|le⟩ *Saal mit Spiegeln an den Wänden*

Spie|gel|schrift ⟨f.10⟩ *seitenverkehrte Schrift*

Spie|gel|te|le|skop ⟨n.1⟩ *Fernrohr mit eingebautem Spiegel*

Spie|ge|lung ⟨f.10⟩ **1** ⟨nur Sg.⟩ *das Spiegeln, das Sichspiegeln* **2** *gespiegelte Gegenstände, Spiegelbild*

Spie|ker ⟨m.5; Seew.⟩ *großer Nagel* [nddt.]

spie|kern ⟨V.1, hat gespiekert; mit Akk.; Seew.⟩ *mit Spieker(n) befestigen*

Spiel ⟨n.1⟩ **1** *Tätigkeit ohne festes Ziel, die ihren Sinn in sich selbst trägt;* das S. der Kinder; das S. nur zum S. tun; wie im S. *ohne Mühe* **2** *Glücksspiel;* das S. machen gewinnen; sein Geld beim, im S. verlieren; Pech im S. haben; etwas aufs S. setzen *etwas riskieren;* sein Leben, seine Gesundheit aufs S. setzen; etwas steht auf dem S. *etwas ist in Gefahr, verlorenzugehen, vernichtet zu werden;* wir haben das S. in der Hand *wir können leicht überzeugen;* leichtes S. mit jmdm. haben *jmdn. leicht überzeugen können, jmdn. leicht zu etwas überreden können;* laß mich aus dem S.! *zieh mich nicht in die Sache hinein!;* etwas ins S. bringen ⟨übertr.⟩ *erwähnen* **4** *sportlicher Wettbewerb nach festen Regeln* (Fußball~, Handball~); ein S. verloren geben; faires, unfaires S. **5** *Abschnitt eines spielerischen Wettbewerbs;* das zweite S. gewinnen **6** ⟨nur Sg.⟩ *Art und Weise des Spielens;* faires S. **7** *Vorführung, Darstellung;* ein literarisches, musikalisches S. **8** ⟨nur Sg.⟩ *Darbietung eines Musikstückes, Darstellung einer Rolle, Verkörperung einer Gestalt;* das S. des Geigers; das eindringliche S. dieses Schauspielers **9** ⟨nur Sg.⟩ *leichte Bewegung;* das S. der Wellen, der Gesichtszüge **10** ⟨nur Sg.⟩ *Spielraum;* die Schraube hat zuviel S. **11** *zusammengehörige Gegenstände;* ein S. Karten, Stricknadeln **12** ⟨Jägerspr.; beim Fasan, Auerhahn, Birkhahn⟩ *Schwanz* **13** ⟨übertr.⟩ *(leichtsinnige) Handlungsweise;* ein S. mit dem Feuer, mit der Liebe

Spiel|art ⟨f.10⟩ *Abweichung innerhalb einer Art, Sonderform;* eine S. des Sozialismus

Spiel|au|to|mat ⟨m.10⟩ *Automat, bei dem durch Einwurf einer Geldmünze ein Spiel in Gang gesetzt wird, bei dem man Geld gewinnen kann*

Spiel|ball ⟨m.2⟩ **1** *Ball zum Spielen* **2** *Ball, der ein Spiel entscheidet* **3** ⟨übertr.⟩ *willenloser Mensch* (als Werkzeug anderer) **4** ⟨übertr.⟩ *ausgelieferte, preisgegebene Sache;* das Boot war ein S. der Wellen

Spiel|bank ⟨f.10⟩ *Unternehmen für Glücksspiele;* Syn. Spielkasino

Spiel|bein ⟨n.1; Sport, Kunst⟩ *das den Körper im Stehen nur stützende, nicht voll tragende Bein;* Ggs. Standbein

Spiel|brett ⟨n.3⟩ *Brett für Brettspiele*

Spiel|chen ⟨n.7; ugs., verhüllend⟩ *kurzes Spiel;* ein S. machen, wagen

Spiel|do|se ⟨f.11⟩ *Kästchen, das ein mechanisches Musikinstrument enthält, das aufgezogen werden kann und einfache Melodien spielt*

spie|len ⟨V.1, hat gespielt⟩ **I** ⟨o.Obj.⟩ **1** *ein Spiel machen, sich ohne Zweck, nur zur Freude (mit etwas) beschäftigen;* mit Bauklötzen, mit Puppen, mit der Eisenbahn s.; ich spiele mit dem Gedanken, im Winter nach Ägypten zu fahren *ich beschäftige mich mit dem Gedanken;* mit Wörtern s. *Wortspiele machen;* er läßt seine Beziehungen s., er setzt seine Beziehungen ein; mit andern Kindern s.; mit jmdm. s. ⟨übertr.⟩ *jmdm. Hoffnung machen und ihn dann enttäuschen* **2** *(nervös oder in Gedanken) in den Fingern, mit den Fingern bewegen;* er spielte mit dem Geld in seiner Hosentasche; sie spielte mit ihrer Halskette **3** *ein Glücksspiel betreiben;* er spielt jeden Abend; er spielt hoch; um Geld s. **4** *(als Schauspieler) eine Gestalt verkörpern, (als Musiker) ein Musikstück darbieten;* er spielt hervorragend; heute hat er schlecht gespielt; sie spielt am Schauspielhaus in Hamburg **5** *sich abspielen, ablaufen, vor sich gehen;* die Handlung des Romans spielt im 18. Jahrhundert **6** *sich leicht, fein bewegen;* die Wellen spielten um seine Füße; der Wind spielt in ihrem Haar; ein Lächeln spielte um ihre Lippen **7** *übergehen;* die Farbe spielt ins Grünliche **II** ⟨mit Akk.⟩ **1** *ein (bestimmtes) Spiel machen;* ein Gesellschaftsspiel s.; Fangen s.; Schach s.; wir wollen wir s.? **2** *in der Lage sein, ein Musikinstrument sinnvoll zum Klingen zu bringen;* er spielt Geige, Klavier **3** *auf einem oder mehreren Instrumenten erklingen lassen, darbieten;* der Pianist spielte Sonaten von Beethoven; sie haben ein Konzert von Mozart gespielt **4** *im Theater aufführen;* sie s. heute abend „Hamlet" **5** *in einer Rolle verkörpern;* er spielt den Wilhelm Tell **6** *etwas vortäuschen, so tun, als sei man etwas;* er spielt den starken Mann, den reichen Mann; sie spielt die Beleidigte, die Unwissende

spie|lend ⟨Adj., o.Steig.; nur als Attr. und Adv.⟩ *mühelos;* er bewegt sich mit ~er Leichtigkeit; er lernt s.; er schafft das s.; er hat die Aufgabe s. gelöst

spie|le|risch ⟨Adj.⟩ **1** ⟨o.Steig.⟩ *das Spiel betreffend;* der ~e Einsatz **2** *locker, lässig* **3** *im Spiel, mit Hilfe des Spielens;* die Kinder lernen das s.

Spiel|feld ⟨n.3⟩ *durch Markierungen abgegrenzte Fläche für wettkampfmäßige Spiele*

Spiel|film ⟨m.1⟩ *Film mit durchgehender Handlung (im Unterschied zum Dokumentar- oder Kulturfilm)*

spiel|frei ⟨Adj., o.Steig.; Theat., Sport⟩ *ohne Aufführung, ohne Wettkampf;* die Bundesliga war heute s., hatte ihren ~en Tag

Spiel|ge|fähr|te ⟨m.11⟩ *Gefährte (bes. Kind) zum Spielen;* Syn. Spielkamerad

Spiel|geld ⟨n., -(e)s, nur Sg.⟩ **1** *Einsatz beim Spiel* **2** *nachgemachtes Geld zum Spielen*

Spiel|hahn ⟨m.2; Jägerspr.⟩ → Birkhahn

Spiel|höl|le ⟨f.11; abwertend⟩ *Ort für Glücksspiele*

spie|lig ⟨Adj.; landsch.⟩ *verspielt;* ein ~es Kind

Spiel|ka|me|rad ⟨m.10⟩ → Spielgefährte

Spiel|kar|te ⟨f.11⟩ *Karte eines Kartenspiels;* ~n Karten zum Spielen von Kartenspielen

Spiel|ka|si|no ⟨n.9⟩ → Spielbank

Spiel|kind ⟨n.3⟩ *Kind im Spielalter, verspieltes Kind*

Spiel|klas|se ⟨f.11; Sport⟩ *Leistungsklasse (von Mannschaften);* höchste S. Bundesliga

Spiel|kreis ⟨m.1⟩ *Gruppe, die zur Freizeitgestaltung Theater oder Musik macht*

Spiel|lei|ter ⟨m.5⟩ **1** *jmd., der ein Spiel (Gesellschaftsspiel, Quiz o.ä.) leitet* **2** → Regisseur

Spiel|lei|tung ⟨f., -, nur Sg.⟩ **1** Leitung eines Spiels (Gesellschaftsspieles, Quiz o.ä.) **2** → Regie

Spiel|leu|te ⟨Pl. von⟩ Spielmann

Spiel|mann ⟨m., -(e)s, -leu|te⟩ **1** ⟨MA⟩ fahrender Musikant **2** Angehöriger eines Spielmannszuges

Spiel|manns|dich|tung ⟨f.10; MA⟩ von einem Spielmann (1) verfaßte oder vorgetragene Dichtung

Spiel|manns|zug ⟨m.2⟩ Musikkapelle eines militärischen (oder ähnlichen) Zuges

Spiel|mar|ke ⟨f.11⟩ kleine, runde Scheibe (aus Metall, Kunststoff, Pappe) für Gesellschaftsspiele (als Ersatz für Geld)

Spiel|mu|sik ⟨f., -, nur Sg.⟩ unkomplizierte Instrumentalmusik (in Anlehnung an die Barockmusik)

Spiel|oper ⟨f.11⟩ heitere Oper mit gesprochenen Dialogen

Spiel|plan ⟨m.2; Theater, Kino⟩ alle Stücke bzw. Filme, die in einem bestimmten Zeitraum vorgesehen sind

Spiel|platz ⟨m.2⟩ Platz (mit Spielgeräten), an dem Kinder spielen dürfen

Spiel|rat|te ⟨f.11; ugs.⟩ jmd., der gerne spielt

Spiel|raum ⟨m.2⟩ **1** freier Raum (zwischen Maschinenteilen oder Gegenständen); zwischen Wand und Schrank etwas S. lassen **2** Bewegungsfreiheit; jmdm. keinen S. lassen

Spiel|re|gel ⟨f.11⟩ Regel, nach der ein Spiel gespielt wird

Spiel|sa|chen ⟨f.11, Pl.⟩ **1** Gesamtheit aller zum Spielen für Kinder geeigneten Gegenstände; Syn. Spielwaren **2** Gegenstände, die ein Kind zum Spielen braucht; Syn. Spielzeug; räum deine S. noch auf!; auf eine Reise S. mitnehmen

Spiel|schuld ⟨f.10, meist Pl.⟩ ~en Schulden, die beim Glücksspiel entstanden sind (und die der Gewinner als Gläubiger nicht einklagen kann)

Spiel|schu|le ⟨f.11⟩ **1** ⟨†⟩ Kindergarten **2** Unterrichtsstätte für verhaltensgestörte Kinder

Spiel|stär|ke ⟨f.11; Sport⟩ **1** Leistung im Wettkampf **2** zahlenmäßige Stärke (einer Mannschaft)

Spiel|stein ⟨m.1⟩ Stein eines Brettspiels

Spiel|stra|ße ⟨f.11⟩ für den Verkehr gesperrte Straße, auf der Kinder spielen dürfen

Spiel|teu|fel ⟨m.5⟩ Leidenschaft für das Glücksspiel; vom S. besessen sein; der S. ist in ihn gefahren

Spiel|the|ra|pie ⟨f.11⟩ Therapie für psychisch gestörte Kinder mit Hilfe von Spielen

Spiel|tisch ⟨m.1⟩ **1** Tisch, an dem gespielt wird **2** bes. für bestimmte Spiele gefertigter Tisch (Roulett~) **3** ⟨bei der Orgel⟩ Manual(e), Registerknöpfe und Pedale umfassender Teil

Spiel|uhr ⟨f.10⟩ mit einem Uhrwerk betriebene Spieldose

Spiel|ver|der|ber ⟨m.5⟩ jmd., der anderen die Freude am Spiel, an einer Unternehmung nimmt

Spiel|wa|ren ⟨f.11, Pl.⟩ → Spielsachen (1)

Spiel|werk ⟨n.1⟩ Mechanismus einer Spieluhr

Spiel|wie|se ⟨f.11⟩ Wiese, Platz zum Spielen **2** ⟨übertr.⟩ Bereich (in dem sich gewisse Personen betätigen); das Bahnhofsviertel ist in vielen Städten eine S. für dunkle Existenzen

Spiel|zeit ⟨f.10⟩ **1** Zeitabschnitt, während dessen Theateraufführungen stattfinden; die S. dieses Jahres; nach den Theaterferien beginnt die neue S.; der Schauspieler hat einen Vertrag für eine S. bekommen **2** ⟨Sport⟩ Dauer eines Spiels

Spiel|zeug ⟨n., -s, nur Sg.⟩ **1** → Spielsachen (2) **2** einzelner Gegenstand zum Spielen; der Hund braucht ein S.; einem Kind ein S. mitbringen **3** ⟨übertr.⟩ jmd., der von einem anderen nur benutzt wird; er ist für sie nur ein S.

Spier ⟨m.1 oder n.1; norddt.⟩ eben durchs Erdreich durchbrechende Grasspitze

Spie|re ⟨f.11; Seew.⟩ Rundholz zur oberen Verlängerung der Masten [nddt.]

Spier|ling ⟨m.1⟩ → Speierling

Spier|strauch ⟨m.4⟩ (in zahlreichen Arten vorkommendes, weiß, rosa oder rot blühendes) Rosengewächs mit kleinen Blüten, Zierstrauch; Syn. Spiräe [< Spiräe und Strauch]

Spieß ⟨m.1⟩ **1** Stich- und Wurfwaffe, langer, spitzer Eisenstab; den S. umdrehen ⟨übertr.⟩ 1. eine Sache anders, entgegengesetzt betreiben, behandeln, 2. einen Angriff erwidern, indem man seinerseits auf die gleiche Weise angreift, jmds. Äußerung, Behauptung gegen ihn selbst verwenden; schreien wie am S. sehr laut schreien **2** ⟨Buchw.⟩ versehentlich mitgedrucktes Ausschlußstück **3** ⟨Soldatenspr.⟩ Feldwebel **4** ⟨Pl.; Jägerspr.⟩ ~e Geweihstangen ohne Enden

Spieß|bock ⟨m.2⟩ → Spießer (1)

Spieß|bür|ger ⟨m.5; abwertend⟩ Mensch mit beschränktem Gesichtskreis, engstirniger Mensch; Syn. Spießer

spieß|bür|ger|lich ⟨Adj.⟩ in der Art eines Spießbürgers; Syn. spießig

Spieß|bür|ger|tum ⟨n., -s, nur Sg.⟩ **1** Gesamtheit der Spießbürger **2** Art, Wesen eines Spießbürgers

spie|ßen ⟨V.1, hat gespießt; mit Akk.⟩ **1** etwas auf etwas s. etwas auf die Spitze(n) von etwas stecken; einen Bissen auf die Gabel s. **2** etwas an etwas s. etwas mit einem spitzen Gegenstand an einer Stelle befestigen; ein Poster an die Tür s.

Spie|ßer ⟨m.5⟩ **1** ⟨Jägerspr.⟩ junger Rehbock, Hirsch oder Elch mit Geweihstangen ohne Enden; Syn. Spießbock **2** → Spießbürger

Spieß|ge|sel|le ⟨m.11⟩ **1** urspr. Waffengefährte **2** ⟨dann⟩ Mittäter

spie|ßig ⟨Adj.⟩ → spießbürgerlich **Spie|ßig|keit** ⟨f., -, nur Sg.⟩

Spieß|ru|te ⟨f.11⟩ lange, spitze Gerte; ~n laufen (früher als militärische Strafe) durch eine Gasse von Soldaten laufen und sich von jedem mit einer Spießrute schlagen lassen, ⟨übertr.⟩ sich in Gesellschaft, unter anderen Leuten bewegen und von diesen angestarrt, heimlich verspottet werden

Spikes [spaiks] ⟨m.9, Pl.⟩ **1** Rennschuhe mit herausstehenden Stahldornen an der Sohle **2** Stahlstifte in Autoreifen **3** der Autoreifen selbst [< engl. spike „langer Nagel, Bolzen"]

Spill ⟨n.1; Seew.⟩ Winde mit senkrechter Achse (Anker~) [zu Spille]

Spill|age [-ʒə] ⟨f.11⟩ Warenverlust infolge Eindringens von Feuchtigkeit [< engl. to spill „verschütten" mit französisierender Endung]

Spil|le ⟨f.11⟩ Spindel, Kunkel

spil|le|rig ⟨Adj.⟩ schmächtig, dünn, mager; auch: spillrig

Spil|ling ⟨m.1⟩ gelbe Pflaume

spill|rig ⟨Adj.⟩ → spillerig

Spin ⟨m., -, nur Sg.⟩ V den Elementarteilchen zugeschriebene Eigendrehung [< engl. spin „schnelle Drehung, Herumwirbeln", zu to spin „spinnen = durch Drehen den Faden bilden"]

Spi|na ⟨f., -, -nae [nɛː]⟩ Knochenfortsatz, Knochendorn, Rückgrat [lat., „Rückgrat", eigtl. „Dorn"]

spi|nal ⟨Adj., o.Steig.⟩ zur Wirbelsäule gehörig, von ihr ausgehend; ~e Kinderlähmung [< lat. spinalis „zum Rückgrat gehörig", → Spina]

Spi|nat ⟨m.1⟩ **1** ein krautiges Gänsefußgewächs **2** ⟨nur Sg.⟩ dessen Blätter als Gemüse **3** ähnliche, zubereitete Pflanzenblätter (Brennessel~) [< ital. spinacio, spinace < mlat. spinacium < altfrz. espinache < arab. isfīnāǧ „Spinat"]

Spi|nat|wach|tel ⟨f.11; derb⟩ schrullige Frau

Spind ⟨n.1 oder m.1⟩ schmaler Schrank (bes. des Soldaten)

Spin|del ⟨f.11⟩ **1** ⟨an Spinnrädern und Spinnmaschinen⟩ die Garnspule tragender Teil **2** ⟨an Werkzeugmaschinen⟩ Welle mit Gewinde, die das Werkzeug oder Werkstück dreht **3** Säule der Wendeltreppe **4** ⟨Biol.⟩ Hauptachse der Blütenstandes oder gefiederter Blätter **5** ⟨allg.⟩ Achse, Stange

spin|del|dürr ⟨Adj., o.Steig.⟩ sehr dürr, sehr mager und knochig

Spin|del|öl ⟨n.1⟩ dünnflüssiges Öl zum Schmieren von Achsenlagern

Spin|del|trep|pe ⟨f.11⟩ → Wendeltreppe

Spi|nell ⟨m.1⟩ (in allen Farben vorkommendes) Mineral, Magnesiumaluminat, (roter) Edelstein [< ital. spinello, vielleicht < lat. spina „Dorn, Stachel", wegen der spitzen Kristalle]

Spi|nett ⟨n.1⟩ Tasteninstrument, bei dem die Saiten durch Tastendruck mit einem Kiel angerissen werden [< ital. spinetta in ders. Bed., zu ital. spina „Dorn"]

Spin|na|ker ⟨m.5⟩ großes dreieckiges Beisegel

Spinn|an|gel ⟨f.11⟩ Angel mit einem Spinner (4)

Spinn|drü|se ⟨f.11; bes. bei Spinnen⟩ Drüse, deren Sekret an der Luft als Faden erhärtet

Spinn|dü|se ⟨f.11; Spinnerei⟩ Düse, durch die eine Flüssigkeit gepreßt wird, die als synthetischer Faden erhärtet

Spin|ne ⟨f.11⟩ Gliederfüßer, dessen Kopfbruststück vier Paar Laufbeine und zwei Paar Mundwerkzeuge trägt und vom weichhäutigen, ungegliederten Hinterleib abgesetzt ist (Kreuz~, Vogel~, Wolfs~) [zu spinnen, wegen der Spinndrüsen]

spin|ne|feind ⟨Adj., o.Steig., o.Dekl.; nur mit „sein"⟩ jmdm. s. sein mit jmdm. sehr verfeindet sein; die beiden sind sich s. die beiden sind miteinander sehr verfeindet

spin|nen ⟨V.145, hat gesponnen⟩ I ⟨o.Obj.⟩ **1** mit der Hand mit Hilfe des Spinnrades oder mit der Spinnmaschine Fasern zum Faden drehen **2** ⟨bei manchen Gliedertieren⟩ eine Körperflüssigkeit absondern, die an der Luft zum Faden erstarrt; die Spinne, die Raupe spinnt **3** schnurren; die Katze spinnt **4** ⟨†⟩ im Gefängnis (Spinnhaus) sitzen **5** ⟨ugs.⟩ geistesgestört sein; sie spinnt seit einiger Zeit **6** ⟨ugs.⟩ nicht ganz richtig im Kopf haben, etwas verrückt sein; du spinnst wohl? **7** an etwas s. seine Gedanken mit etwas beschäftigen; an einem Plan, an einer Erzählung s. II ⟨mit Akk.⟩ **1** durch Spinnen (I,1) herstellen; Garn s.; ein Garn, ein Seemannsgarn s. eine (abenteuerliche, zum größten Teil erfundene) Geschichte erzählen; wir s. einen guten Faden miteinander wir verstehen uns gut, wir arbeiten gut zusammen **2** durch Spinnen (I,2) herstellen; ein Netz, einen Kokon s.

Spin|nen|tier ⟨n.1⟩ Gliederfüßer mit acht Beinen, Kopfbrust- und Hinterleibsstück (z.B. Milbe, Skorpion, Spinne)

Spin|ner ⟨m.5⟩ **1** jmd., der in einer Spinnerei arbeitet **2** ⟨Biol.⟩ Nachtfalter **3** ⟨ugs.⟩ jmd., der ganz ernstzunehmende Dinge redet oder sich sonderbar verhält **4** ⟨Angeln⟩ Blinker

Spin|ne|rei ⟨f.10⟩ **1** ⟨nur Sg.⟩ das Spinnen (Hand~) **2** Betrieb dafür (Maschinen~) **3** verrückter Gedanke, Phantasie; das sind ~en

spin|nig ⟨Adj.; ugs.⟩ ein bißchen verrückt; ein ~er Kerl; es ist doch s., das zu tun, zu sagen

Spinn|rad ⟨n.4⟩ mit dem Fuß in Bewegung zu setzendes Gerät, das beim Spinnen die Spindel antreibt

Spinn|rocken ⟨-k|k-; m.7; am Spinnrad⟩ langer, hölzerner Stab, um den die zu spinnenden Fasern aufgewickelt sind

Spinn|stu|be ⟨f.11; früher auf dem Dorf⟩

Stube, in der Frauen und Mädchen abends gemeinsam spannen und sich unterhielten

Spinn|we|be ⟨f.11⟩ einzelner, von einer Spinne erzeugter Faden

spi|nös ⟨Adj., -er, am -esten⟩ **1** schwierig, knifflig, spitzfindig **2** ⟨ugs.⟩ spinnig [< lat. *spinosus* „spitzfindig", eigtl. „dornig, stachlig, stechend wie Dornen", zu *spina* „Dorn, Stachel"; die Bed. „spinnig" ist volksetymologisch an *spinnen* „verrückt sein" angelehnt]

Spi|no|zis|mus ⟨m., -, nur Sg.⟩ Lehre des niederländischen Philosophen Baruch de Spinoza (1632-1677)

Spi|no|zist ⟨m.10⟩ Anhänger, Vertreter des Spinozismus

spi|no|zi|stisch ⟨Adj., o.Steig.⟩ zum Spinozismus gehörend, ihn betreffend, in der Art des Spinozismus

Spint ⟨m.1 oder n.1⟩ altes Trockenhohlmaß, 2,4-7 Liter

Spin|tha|ri|skop, Spin|the|ri|skop ⟨n.1⟩ Gerät zum Beobachten von Lichtblitzen mit einem Vergrößerungsglas [< griech. *spinther* „Funke" und ...*skop*]

spin|ti|sie|ren ⟨V.3, hat spintisiert; o.Obj.⟩ grübeln; du spintisierst zuviel [wahrscheinlich Weiterbildung zu *spinnen* im Sinne von „Gedanken (weiter)spinnen"]

Spi|on ⟨m.1⟩ **1** jmd., der Spionage treibt, Kundschafter, Horcher **2** Spiegel außen am Fenster, in dem man die Straße überblicken kann **3** (in Wohnungstüren) Guckloch [< frz. *espion* „Spion, Späher, Kundschafter", < ital. *spione*, eigtl. *spia* in ders. Bed., < got. *spaiha* „Späher"]

Spio|na|ge ⟨[-ʒə] f., -, nur Sg.⟩ heimliches Auskundschaften von politischen, wirtschaftlichen oder militärischen Geheimnissen eines fremden Staates

spio|nie|ren ⟨V.3, hat spioniert; o.Obj.⟩ als Spion tätig sein; in jmds. Sachen, Wohnung s. jmds. Sachen, Wohnung untersuchen, durchsuchen (um etwas Verdächtiges zu finden)

Spi|räe ⟨f.11⟩ →Spierstrauch [< lat. *spira* „Windung", < griech. *speira* „Windung, gewundener Gegenstand", wegen der Form der Blütenstände]

Spi|ra|le ⟨f.11⟩ **1** sich an einen Punkt oder eine Achse windende Linie **2** Gegenstand in dieser Form [< lat. *spira* „gewundener Körper (nach Art der Schneckenlinie)", < griech. *speira* „Windung, Gewinde, Geflecht"]

spi|ra|lig ⟨Adj.; o.Steig.⟩ wie eine Spirale

Spi|ral|ne|bel ⟨m.5⟩ Sternsystem in spiralig erscheinender Form

Spi|rans ⟨m., -, -ran|ten⟩, **Spi|rant** ⟨m.10⟩ →Frikativlaut; Syn. Reibelaut [< lat. *spirans*, Gen. *-antis*, Part. Präs. von *spirare* „blasen, schnauben"]

spi|ran|tisch ⟨Adj., o.Steig.⟩ wie ein Spirant

Spi|ril|le ⟨f.11⟩ schraubenförmiges Bakterium [< lat. *spirilla*, Verkleinerungsform von *spira* „Windung", < griech. *speira* „Windung, Schlinge"]

Spi|ril|lo|se ⟨f.11⟩ durch Spirillen hervorgerufene Infektionskrankheit

Spi|rit ⟨[ʃpi-] m.9, Okk.⟩ Geist (eines Verstorbenen) [engl.]

Spi|ri|tis|mus ⟨[ʃpi-] m., -, nur Sg.⟩ Glaube an Geister sowie an die Erscheinung der Seelen von Toten und an die Möglichkeit, mit ihnen zu verkehren [< engl. *spirit* „Geist", < lat. *spiritus* „Hauch, Atem, Leben, Seele", zu *spirare* „hauchen, atmen"]

Spi|ri|tist ⟨m.10⟩ Anhänger des Spiritismus

spi|ri|tis|tisch ⟨Adj.⟩ zum Spiritismus gehörend, in der Art des Spiritismus

spi|ri|tu|al ⟨Adj.; selten für⟩ spirituell

Spi|ri|tu|al **I** ⟨[-al] m.12 oder 10; in Klöstern, kath. Orden und Seminaren⟩ leitender Geistlicher, Seelsorger **II** ⟨[ʃpirituəl] n.9⟩ geistliches Lied der Neger in den nordamerikanischen Südstaaten

spi|ri|tu|a|li|en ⟨Pl.⟩ geistliche Dinge

spi|ri|tu|a|li|sie|ren ⟨V.3, hat spiritualisiert; mit Akk.⟩ vergeistigen **Spi|ri|tu|a|li|sie|rung** ⟨f., -, nur Sg.⟩

Spi|ri|tu|a|lis|mus ⟨m., -, nur Sg.⟩ Lehre, daß der Geist das einzig Wirkliche und das Körperliche nur seine Erscheinungsweise sei

Spi|ri|tu|a|list ⟨m.10⟩ Anhänger des Spiritualismus

spi|ri|tu|a|lis|tisch ⟨Adj., o.Steig.⟩ zum Spiritualismus gehörend, ihn betreffend

Spi|ri|tu|a|li|tät ⟨f., -, nur Sg.⟩ Geistigkeit

spi|ri|tu|ell ⟨Adj., o.Steig.⟩ geistig

spi|ri|tu|os, spi|ri|tu|ös ⟨Adj., o.Steig.⟩ Weingeist enthaltend [zu Spirituose]

Spi|ri|tu|o|se ⟨f.11, meist Pl.⟩ alkoholisches Getränk [< lat. *spiritus* „Atem, Leben, Seele, Geist", seit dem 16.Jh. übertr. für „Extrakt, bes. vom Wein, Weingeist"]

spi|ri|tu|o|so ⟨Mus.⟩ geistvoll, feurig [ital.]

Spi|ri|tus ⟨m., -, nur Sg.⟩ **1** [spi-] Hauch, Atem, Geist; S. asper ⟨Zeichen: ʽ⟩; in der griech. Schrift⟩ über Vokalen Zeichen für die Aussprache mit anlautendem h (z.B. ó = ho); S. rector führender Geist, treibende Kraft **2** [ʃpi-] Alkohol, in einem durch Zusätze ungenießbar gemachten Zustand (Brenn~, Hart~) [lat., „Atem, Leben, Seele, Geist", →Spirituose]

Spir|kel ⟨m.5; nordostdt.⟩ →Griebe

Spi|ro|chä|te ⟨[-çe-] f.11⟩ schraubenförmiges Bakterium [< lat. *spira*, griech. *speira* „Windung" und *chaite* „langes Haar, Mähne"]

Spi|ro|chä|to|se ⟨f.11⟩ durch Spirochäten hervorgerufene Infektionskrankheit (z.B. Syphilis)

Spi|ro|me|ter ⟨n.5⟩ Gerät zum Messen der Leistungsfähigkeit der Lunge [< lat. *spirare* „atmen, hauchen" und ...*meter*]

Spir|re ⟨f.11⟩ sich nach oben verjüngender Blütenstand [Lautvariante zu Spiere]

spis|sen ⟨V.1, hat gespißt; o.Obj.; Jägerspr.; beim Haselhahn⟩ Balzlaute von sich geben

Spi|tal ⟨n.4; österr., schweiz., kurz für⟩ →Hospital

Spit|tel ⟨n.5; landsch.; †⟩ **1** Hospital **2** Armenhaus

spitz ⟨Adj., -er, am -esten⟩ **1** mit einer Spitze versehen, in einer Spitze endend; ein ~er Nagel; eine ~e Nase **2** kleiner als 90°; ~er Winkel; die Straße biegt im ~en Winkel nach rechts ab **3** dünn, hager; ein ~es Gesicht; du bist s. geworden **4** hell, schrill; ein ~er Ton **5** ⟨übertr.⟩ boshaft, verletzend; eine ~e Bemerkung; eine ~e Zunge haben oft boshafte Bemerkungen machen; „..."‚ entgegnete sie s. **6** ⟨ugs.⟩ sinnlich, lüstern, sexuell erregt; s. sein, werden; jmdn. s. machen

Spitz ⟨m.1⟩ **1** ⟨kleiner bis mittelgroßer⟩ Wachhund mit spitzer Schnauze, spitzen Ohren, buschigem Fell und Ringelrute (Wolfs~, Zwerg~) **2** ⟨bayr.-österr.⟩ Tritt mit der Fußspitze

Spitz|ahorn ⟨m.1⟩ Ahorn, dessen gelappte Blätter spitz zulaufen

Spitz|bart ⟨m.2⟩ **1** spitz zulaufender Bart am Kinn **2** Mann mit einem solchen Bart

spitz|bär|tig ⟨Adj., o.Steig.⟩ einen Spitzbart tragend

spitz|be|kom|men ⟨V.71, hat spitzbekommen⟩ →spitzkriegen

Spitz|bo|gen ⟨m.7 oder 8; Baukunst⟩ Bogen, der nach oben spitz zuläuft

spitz|bo|gig ⟨Adj., o.Steig.⟩ mit (einem) Spitzbogen versehen; ~e Fenster

Spitz|bu|be ⟨m.11⟩ **1** Gauner, Betrüger, Dieb **2** Frechdachs, Schelm **3** ⟨landsch.⟩ Marmeladenplätzchen

Spitz|bü|be|rei ⟨f.10⟩ **1** kleiner Diebstahl **2** Streich, Schelmerei

spitz|bü|bisch ⟨Adj.⟩ **1** ⟨†⟩ gaunerisch, betrügerisch **2** schelmisch, lustig; s. grinsen

Spit|ze ⟨f.11⟩ **1** auf einen Punkt zulaufendes Ende (Berg~, Nadel~); die S. eines Baumes; die S. des Eisberges der sichtbare Teil einer gefährlichen oder unangenehmen Angelegenheit, deren unsichtbarer Teil viel größer ist; einer Sache die S. abbrechen, nehmen einer Sache die Gefährlichkeit, das Unangenehme nehmen; etwas steht auf Spitz und Knopf etwas steht kurz vor der Entscheidung **2** vorderster, erster Teil; an der S. des Zuges **3** höchster Punkt, höchstes Ausmaß; die S. des Verbrauchs; etwas auf die S. treiben etwas zum Äußersten treiben **4** führende Position; die S. übernehmen; die S. halten; an der S. liegen (bezüglich der Leistung) **5** Leitung, Führung; die S. der Firma; die gesamte S. auswechseln; an der S. stehen die Führung übernehmen **6** Betrag, der bei einer Abrechnung übrigbleibt **7** Textilie mit durchbrochenem Muster; ~n klöppeln **8** ⟨übertr.⟩ boshafte Anspielung, anzügliche Bemerkung; eine gegen jmdn. gerichtete S.; sich gegen jmds. ~n wehren **9** ⟨nur Sg.; übertr., ugs.⟩ Höchstmaß, Bestes, Großartiges; der Film ist S. der Film ist großartig

Spit|zel ⟨m.5⟩ jmd., der (im Auftrag) andere aushorcht, heimlich auf andere aufpaßt

spit|zeln ⟨V.1, hat gespitzelt; o.Obj.⟩ als Spitzel tätig sein

spit|zen ⟨V.1, hat gespitzt⟩ **I** ⟨mit Akk.⟩ spitz machen, mit einer Spitze versehen; einen Bleistift s.; die Ohren s. ⟨übertr.⟩ (aufmerksam werden und) genau zuhören; die Lippen zum Pfeifen, zum Kuß. vorschieben **II** ⟨refl.⟩ sich auf etwas s. sich auf etwas freuen, etwas mit (freudiger) Spannung erwarten; sich auf jmds. Besuch s.; sich auf eine höhere Stellung s. **III** ⟨o.Obj.; bayr.-österr.⟩ **1** genau aufpassen, (auf etwas) horchen; ich muß s., daß ich ihn nicht verpasse **2** staunen (nur in der Wendung) da wirst du s.!

Spit|zen... ⟨in Zus.⟩ der, die, das beste, höchste..., z.B. Spitzenfilm, Spitzengeschwindigkeit, Spitzenklasse, Spitzenleistung, Spitzenposition

Spit|zen|klas|se ⟨f.11⟩ **1** Klasse der Besten, Klasse derer mit den besten Leistungen; ein Sportler der S. **2** höchste, beste Güte; ein Wein der S. ⟨ugs.⟩ das ist hervorragend, ausgezeichnet

Spit|zen|last ⟨f.10⟩ Beanspruchung eines Stromnetzes während der maximalen Stromabnahme

Spit|zen|pa|pier ⟨n.1⟩ Papier (zum Schmuck) in der Art der Textilspitzen

Spit|zen|rei|ter ⟨m.5; übertr.⟩ **1** Artikel, der sehr gerne gekauft wird, Stück, Film, das bzw. der sehr gerne gesehen wird; S. des Angebots **2** ⟨Sport⟩ erster in seiner Klasse; diese Mannschaft ist S. **3** ⟨allg., oft iron.⟩ jmd., der an der Spitze innerhalb einer Gruppe steht; er ist S. unter denen, die oft zu spät kommen

Spit|zen|sport|ler ⟨m.5⟩ Sportler der Spitzenklasse

Spit|zen|tanz ⟨m.2⟩ Bühnentanz auf den Zehenspitzen in eigens dafür gearbeiteten Schuhen

Spit|zer ⟨m.5; kurz für⟩ kleines Gerät zum Spitzen von Blei- und Buntstiften, Bleistiftspitzer

spitz|fin|dig ⟨Adj.⟩ allzu scharf unterscheidend, allzu genau; ~e Argumente; du wirst zu s.

Spitz|fin|dig|keit ⟨f.10⟩ **1** ⟨nur Sg.⟩ allzu genaue Unterscheidung, allzu große Genauigkeit; die S. seiner Argumentation **2** spitzfindige Äußerung; ich habe nichts übrig für solche ~en

Spitz|fuß ⟨m.2⟩ durch Verkürzung der Wadenmuskulatur verursachte krankhafte Fußstellung, bei der die Zehen nach unten zeigen

Spitz|hacke ⟨-k·k-; f.11⟩ →Pickel¹; das Gebäude ist der S. zum Opfer gefallen das Gebäude ist abgerissen worden

spitzig ⟨Adj.⟩ spitz

...spitzig (in Zus.) *mit einer bestimmten oder unbestimmten Anzahl von Spitzen versehen*, z.B. zweispitzig, mehrspitzig

Spitz|keh|re ⟨f.11⟩ **1** ⟨Schisport⟩ *Richtungsänderung um 180°* **2** *Kurve um mehr als 90°*

spitz|krie|gen ⟨V.1, hat spitzgekriegt; mit Akk.; ugs.⟩ *merken, herausbekommen;* Syn. *spitzbekommen;* er hat spitzgekriegt, daß wir ihn nicht mitnehmen wollen; er darf auf keinen Fall s., daß ...

Spitz|ku|gel ⟨f.11⟩ *nach vorn spitz zulaufendes Geschoß*

Spitz|mar|ke ⟨f.11; Typ.⟩ *am Anfang eines Absatzes halbfett, gesperrt oder kursiv herausgehobenes Wort*

Spitz|maus ⟨f.2⟩ *mausähnlicher Insektenfresser mit rüsselförmiger Schnauze* (Haus~, Wald~)

Spitz|na|me ⟨m.15⟩ *scherzhafter, neckender Beiname*

Spitz|pocken ⟨-k|k-; f.11, Pl.⟩ → *Windpocken*

spitz|win|ke|lig, spitz|wink|lig ⟨Adj., o.Steig.⟩ *mit einem Winkel, der kleiner als 90° ist;* ~es Dreieck; ~er Giebel

Splanch|no|lo|gie ⟨[splanç-] f., -, nur Sg.⟩ *Wiss. von den Eingeweiden* [< griech. *splagchnon* ,,Eingeweide", zu *splen* ,,Milz", und ...*logie*]

Spleen ⟨[ʃpliːn] m.1⟩ *kleine Verrücktheit, Schrulle, sonderbare Idee* [< engl. *spleen* ,,schlechte Laune, Ärger, Verdruß", eigtl. ,,Milz", < lat., griech. *splen* ,,Milz"; die Milz galt früher als Sitz seelischer Gemütskräfte und ihre Erkrankung als Ursache für Hypochondrie (Milzsucht)]

splee|nig ⟨[ʃpliː-] Adj.⟩ *ein bißchen verrückt, schrullig*

Spleiß ⟨m.1⟩ auch: *Spliß* **1** ⟨Seew.⟩ *durch Spleißen hergestellte Verbindung* **2** ⟨landsch.⟩ → *Splitter*

splei|ßen ⟨V.1, hat gespleißt; starke Konjugation (spliß, gesplissen) †; mit Akk.⟩ **1** *spalten; Holz s.* **2** ⟨Seew.⟩ *miteinander verknoten; Tauenden s.*

splen|did ⟨Adj., -er, am -(e)sten⟩ **1** *großzügig, freigebig* **2** ⟨Typ.⟩ *weiträumig, mit Zwischenräumen; s. gesetzter Text* [< lat. *splendidus* ,,ansehnlich, glänzend, herrlich", zu *splendere* ,,glänzen, strahlen"]

Splen|di|di|tät ⟨f., -, nur Sg.; †⟩ *Freigebigkeit, Großzügigkeit*

Splett ⟨m.1⟩ → *Splitter*

Spließ ⟨m.1⟩ *Schindel oder Span unter den Fugen der Dachziegel* [zu *spleißen*]

Splint ⟨m.1⟩ **1** *zweischenkliger Stift mit aufgebogenen Enden (zur Sicherung von Maschinenteilen)* **2** → *Splintholz*

Splint|holz ⟨n., -es, nur Sg.⟩ *weiche Holzschicht unter der Rinde;* auch: ⟨kurz⟩ *Splint*

Spliß ⟨m.1⟩ → *Spleiß*

Splitt ⟨m.1⟩ *grobkörniges Gestein (zum Straßenbau;* Roll~⟩ [zu *Splitter*]

Split|ter ⟨m.5⟩ *kleiner, abgesprungener Span* (Gesteins~, Holz~, Knochen~); Syn. ⟨landsch.⟩ *Spleiß,* ⟨nddt.⟩ *Splett*

split|ter|fa|ser|nackt ⟨Adj., o.Steig.⟩ *völlig nackt* [vgl. *fasernackt, splitternackt*]

Split|ter|grup|pe ⟨f.11⟩ *kleine Gruppe, die sich von einer größeren abgesplittert hat*

split|tern ⟨V.1; o.Obj.⟩ **1** ⟨hat gesplittert⟩ *beim Bearbeiten Splitter bilden; das Holz splittert leicht, stark* **2** ⟨ist gesplittert⟩ *(in Splitter) zerbrechen, große Sprünge bekommen; die Glasscheibe ist gesplittert*

split|ter|nackt ⟨Adj., o.Steig.⟩ *ganz nackt, völlig nackt* [sicher nicht ,,nackt bis auf den letzten Splitter", sondern wohl zu *Splint* ,,weiches Holz zwischen Rinde und Kern des Baumes", also ,,nackt bis auf den Splint"]

Split|ter|par|tei ⟨f.10⟩ *kleine Partei, die sich von einer größeren abgespalten hat*

Split|ting ⟨n., -s, nur Sg.⟩ *Form der Besteuerung von berufstätigen Eheleuten* [< engl. *to split* ,,spalten, aufteilen"]

Spo|di|um ⟨n., -s, nur Sg.⟩ *Knochenkohle* [lat., < griech. *spodos* ,,Asche"]

Spo|du|men ⟨m.1⟩ *(meist weißes bis graues) Mineral, Lithiumaluminiumsilicat* [< griech. *spodoumenos* ,,zu Asche verbrannt", zu *spodoun* ,,zu Asche verbrennen", zu *spodos* ,,Asche"]

Spoi|ler ⟨m.5; am Kfz⟩ *Windleitblech* [engl., zu *to spoil* ,,wegnehmen, vernichten"]

Spök ⟨m., -s, nur Sg.; norddt., nddt.⟩ *Spaß, Unsinn;* S. machen; mach nicht solchen S.! [zu *Spuk*]

Spö|ken|kie|ker ⟨m.5⟩ **1** *jmd., der das zweite Gesicht hat, Geisterseher* **2** ⟨ugs.⟩ *jmd., der wunderlich ist* [< nddt. *spök* ,,Spuk" und *kieken* ,,sehen"]

Spo|li|en ⟨Pl. von⟩ *Spolium*

Spo|li|en|recht ⟨n., -(e)s, nur Sg.; früher⟩ *Besitzanspruch der weltlichen Landesherren auf die Spolien (Spolium 2)*

spo|li|ie|ren ⟨V.3, hat spoliiert; mit Akk.; †, noch österr.⟩ *plündern;* leerstehende Häuser s. [< lat. *spoliare* ,,entkleiden, der Kleider berauben"]

Spo|li|um ⟨n., -s, -li|en⟩ **1** *(im alten Rom) Kriegsbeute* **2** *(früher) Nachlaß (eines kath. Geistlichen)* **3** *Teil eines Kunstwerks, das einem andern entnommen wurde* [< lat. *spolium* ,,einem Tier abgezogene Haut, dem Feind abgenommene Rüstung, Beute, Raub", wohl zu griech. *spolas* ,,lederner Brustharnisch, Koller", eigtl. ,,abgezogenes Fell"]

spon|de|isch ⟨Adj., o.Steig.⟩ *aus Spondeen bestehend* [→ *Spondeus*]

Spon|de|us ⟨m., -, -de|en⟩ *Versfuß aus zwei langen Silben* [< griech. *spondeios* in ders. Bed., zu *spondeion* ,,Opfergefäß, Opferkanne", zu *sponde* ,,Trankopfer, Spende"; der Versfuß wurde bes. in Gesängen bei Trankopfern verwendet]

Spon|dy|li|tis ⟨f., -, -ti|den⟩ *Wirbelentzündung* [< griech. *spondylos, sphondylos* ,,Wirtel an der Spindel", *sphondylios* ,,Wirbelknochen, Halswirbel" und ...*itis*]

Spon|dy|lo|se ⟨f.11⟩ *Erkrankung der Zwischenwirbelscheiben (der Bandscheiben)* [< griech. *spondylios* ,,Wirbelknochen, Halswirbel" und ...*ose*]

spon|dy|lo|tisch ⟨Adj., o.Steig.⟩ *an Spondylose erkrankt*

Spon|gie ⟨[-gjə] f., -, -gi|en⟩ *Schwamm* [< lateinisch *spongia* < griech. *spoggos* ,,Schwamm"]

Spon|gin ⟨n., -s, nur Sg.⟩ *faserige Gerüstsubstanz der Hornschwämme* [zu *Spongie*]

spon|gi|ös ⟨Adj., o.Steig.⟩ → *schwammig* [zu *Spongie*]

Spon|sa|li|en ⟨nur Pl.; †⟩ *Verlobungsgeschenke* [< lat. *sponsalia* in ders. Bed., zu *spondere* ,,versprechen" und *sponsare* ,,sich verloben"]

spon|sern ⟨V.1, hat gesponsert; mit Akk.⟩ *durch einen Sponsor bezahlen;* die Hälfte der Kosten ist, wird gesponsert

Spon|sor ⟨m.13⟩ **1** *jmd., der eine Funk- oder Fernsehsendung, einen Film oder ein Theaterstück finanziell fördert, wenn dafür für sein Unternehmen Reklame gemacht wird* **2** ⟨Rundfunk, Fernsehen⟩ *Auftraggeber für eine Werbesendung* **3** *Auftraggeber für eine demoskopische Untersuchung* **4** *Geldgeber, Förderer (z.B. im Sport)* [engl., ,,Bürge", lat. *sponsor* ,,Bürge, Pate", zu lat. *spondere* ,,gegenseitige Verpflichtung, versprechen, sich verbürgen, Bürge sein"]

spon|tan ⟨Adj.⟩ *von selbst, aus eigenem Antrieb, aus plötzlicher Regung heraus;* etwas ganz s. tun; s. antworten [< lat. *spontaneus* ,,freiwillig, frei", zu *spons*, Gen. *spontis* ,,freier Wille"]

Spon|ta|nei|tät [-nei-], **Spon|ta|ni|tät** ⟨f., nur Sg.⟩ *spontanes Geschehen, spontane Beschaffenheit;* die S. seines Handelns

Spon|ti ⟨m.9; ugs.⟩ *jmd., der politisch links steht, keiner Partei angehört und an bestimmten Aktionen teilnimmt* [zu *spontan*]

Spor ⟨m., -(e)s, nur Sg.⟩ *Schimmel, Schimmelpilz*

spo|ra|disch ⟨Adj., o.Steig.⟩ *vereinzelt, hin und wieder;* wir sehen uns nur ganz s.; diese Pflanzen kommen hier nur s. vor [< griech. *sporas*, Gen. *sporados*, ,,verstreut, vereinzelt", zu *speirein* ,,ausstreuen, zerstreuen"]

Spo|ran|gi|um ⟨n., -s, -gi|en; bei Algen, Pilzen, Moosen und Farnen⟩ *der ungeschlechtlichen Fortpflanzung dienendes Organ, in dem die Sporen entstehen;* Syn. *Sporenbehälter* [< *Spore* und griech. *aggeion* ,,Gefäß"]

Spo|re ⟨f.11⟩ **1** ⟨bei vielen blütenlosen Pflanzen⟩ *der ungeschlechtlichen Fortpflanzung, oft auch der Überdauerung ungünstiger Lebensperioden dienende Zelle* **2** ⟨bei Sporentierchen⟩ *fest umhüllte Dauerzelle* [< griech. *sporos* ,,Same", zu *speirein* ,,säen"]

Spo|ren ⟨Pl. von⟩ *Sporn (1)*

Spo|ren|be|häl|ter ⟨m.5⟩ → *Sporangium*

Spo|ren|pflan|ze ⟨f.11⟩ → *Kryptogame*

Spo|ren|tier|chen ⟨n.7⟩ *im Körper anderer Lebewesen lebender Einzeller, der als Spore (2) in den Wirtsorganismus gelangt;* Syn. *Sporozoon*

spo|rig ⟨Adj.⟩ *schimmelig*

Sporn ⟨m., -(e)s, Spo|ren; meist Pl.⟩ **1** *Sporen zwei an den Fersen der Reitstiefel angebrachte Metallrädchen aus Spitzen zum Antreiben des Pferdes;* seinem Pferd die Sporen geben; sich die (ersten) Sporen verdienen *die ersten beruflichen Erfolge haben* **2** ⟨auch m.1⟩ *spitzer Fortsatz, Vorsprung (z.B. an Blüten, an der Hinterseite der Kralle mancher Vögel, am Bug von Schiffen)*

spor|nen ⟨V.1, hat gespornt; mit Akk.⟩ **1** *ein Pferd s. einem Pferd die Sporen geben* **2** *jmdn. s.* ⟨†⟩ *anspornen, antreiben* **3** *Stiefel s. mit Sporen versehen;* gestiefelt und gespornt ⟨übertr.⟩ *reisefertig angezogen;* vgl. *stiefeln (II)*

sporn|streichs ⟨Adv.⟩ *sofort und geradewegs, ohne Zögern;* s. davonlaufen; s. zu jmdm. gehen und sich beklagen [eigtl. ,,mit einem Sporenstreich, Sporendruck", < *Sporn* und *Streich*]

Spo|ro|phyt ⟨m.10; bei Pflanzen mit Generationswechsel⟩ *sporenbildende (ungeschlechtliche) Generation* [< *Spore* und griech. *phyton* ,,Pflanze"]

Spo|ro|zo|on ⟨n., -s, -zo|en⟩ → *Sporentierchen* [< *Spore* und griech. *zoon* ,,Lebewesen, Tier"]

Sport ⟨m.1⟩ **1** *systematische körperliche Betätigung zur Gesunderhaltung oder zum Wettbewerb mit anderen* **2** *Gesamtheit der Leibesübungen* **3** ⟨auch übertr., ugs.⟩ *Neigung, Vorliebe, Liebhaberei;* etwas aus S. betreiben [engl., verkürzt < *to disport* ,,herumtollen, sich belustigen, sich vergnügen", < altfrz. *se desporter* ,,sich vergnügen, sich gehen lassen", < *des*... ,,weg..., auseinander..." und *porter* ,,tragen", also ,,weg-, auseinandertragen" im Sinne von ,,die Aufmerksamkeit woanders hinlenken", nämlich von ernsten zu heiteren, zerstreuenden Dingen]

Sport|ab|zei|chen ⟨n.7⟩ *für vielseitige sportliche Leistungen von Sportverbänden verliehene Auszeichnung*

Spor|tel ⟨f.11; MA⟩ *Gebühr für Amtshandlungen* [< lat. *sportula* ,,Spende, Geschenk, Gerichtsgebühr", eigtl. ,,Körbchen, bes. mit Speisen oder Lebensmitteln", das an Klienten und Arme gegeben wurde, zu *sporta* ,,Korb"]

spor|teln ⟨V.1, hat gesportelt; o.Obj.⟩ *aus Liebhaberei Sport treiben*

Sport|ge|richt ⟨n.1⟩ nichtstaatliches Gericht (eines Sportverbandes) für Wettkampfentscheidungen

Sport|grö|ße ⟨f.11; ugs.⟩ guter Sportler

Sport|herz ⟨n., -s, -en⟩ durch körperliche Hochleistung vergrößertes Herz

spor|tiv ⟨Adj.⟩ sportlich (aussehend) [< engl. sportive in ders. Bed.]

Sport|ka|no|ne ⟨f.11; ugs.⟩ jmd., der im Sport Hervorragendes leistet

Sport|ler ⟨m.5⟩ jmd., der (wettkampfmäßig) Sport treibt; Syn. Sportsmann

sport|lich ⟨Adj.⟩ 1 ⟨o.Steig.⟩ den Sport betreffend, zu ihm gehörig; sich s. betätigen 2 fair, ohne üble Tricks; ~es Verhalten 3 schlank, durchtrainiert, muskulös; ~e Figur 4 zügig, forsch, wie im Sport; s. fahren 5 modisch, aber einfach; ~e Kleidung

Sport|lich|keit ⟨f., -, nur Sg.⟩

Sport|me|di|zin ⟨f., -, nur Sg.⟩ Teilgebiet der Medizin, das sich mit sportlicher Leistungssteigerung, Sportverletzungen u.ä. befaßt

Sport|platz ⟨m.2⟩ Fläche im Freien mit Anlagen, auf denen Sport getrieben werden kann

Sports|mann ⟨m.4, Pl. auch -leu|te⟩ →Sportler

Sport-To|to ⟨m.9 oder n.9⟩ →Toto

Sport|wa|gen ⟨m.7⟩ 1 schnelles, niedriges Auto 2 offener Kinderwagen, in dem das Kind aufrecht sitzt

Spot ⟨m.9⟩ 1 ⟨Funk, Fernsehen⟩ kurze Werbesendung 2 ⟨kurz für⟩ Spotlight [< engl. spot „Fleck, Klecks, Tropfen; bißchen, Stückchen"]

Spot|ge|schäft ⟨n.1⟩ Geschäft gegen sofortige Bezahlung und Lieferung

Spot|light [-lait] ⟨n.9⟩ →Punktlicht [< Spot und engl. light „Licht"]

Spott ⟨m., -(e)s, nur Sg.⟩ das Sichlustigmachen über andere, abschätzige, schadenfrohe Bemerkung; er erntete mit seinem Plan Hohn und S.; ein böser, feiner, gutmütiger S.; zum S. der Leute werden verspottet werden

spott|bil|lig ⟨Adj., o.Steig.; ugs.⟩ sehr billig

Spott|dros|sel ⟨f.11⟩ 1 drosselähnlicher Singvogel Amerikas, der andere Laute nachahmt 2 ⟨übertr.⟩ jmd., der oft, gern spottet

spöt|teln ⟨V.1, hat gespöttelt; o.Obj.⟩ leicht, fein spotten

spot|ten ⟨V.2, hat gespottet; o.Obj.⟩ spöttisch reden, spöttische Bemerkungen machen, sich (über jmdn. oder etwas) lustig machen; über jmdn. oder etwas s.; das spottet jeder Beschreibung das kann man nicht beschreiben (so schlecht ist es, so schlimm ist es)

Spöt|ter ⟨m.5⟩ jmd., der spottet, jmd., der oft, gern spottet

Spott|ge|dicht ⟨n.1⟩ Gedicht, in dem jmd. verspottet wird

Spott|geld ⟨n., -(e)s, nur Sg.; ugs.⟩ sehr wenig Geld; etwas für ein S. kaufen

spöt|tisch ⟨Adj.⟩ Spott ausdrückend; eine ~e Bemerkung; ein ~es Lächeln; etwas s. sagen

Spott|na|me ⟨m.15⟩ jmdn. verspottender Beiname

Spott|preis ⟨m.1; ugs.⟩ sehr niedriger Preis

Spott|re|de ⟨f.11⟩ spöttische Rede

Spott|vo|gel ⟨m.6⟩ 1 ein Vogel, der die verschiedensten Laute nachahmen kann 2 ⟨übertr.⟩ jmd., der gerne spottet

Sprach|at|las ⟨m.1 oder -, -lan|ten⟩ Kartenwerk, in dem die Verbreitung von Sprachen, Dialekten oder mundartlicher Besonderheiten verzeichnet ist

Sprach|bar|rie|re ⟨[-rie:-] f.11⟩ Behinderung der sprachlichen Entwicklung bei Kindern aus Elternhäusern mit geringem Bildungsstand

Sprach|be|ga|bung ⟨f.10⟩ Begabung zum Erlernen von Fremdsprachen

Sprach|denk|mal ⟨n.4⟩ sprachlich bedeutendes oder interessantes Schriftwerk aus früherer Zeit

Sprach|dumm|heit ⟨f.10⟩ dummer sprachlicher Fehler, kleiner Verstoß gegen die sprachlichen Regeln

Spra|che ⟨f.11⟩ 1 System von sinnvoll verbundenen Lauten, mit dessen Hilfe Gedanken und Gefühle ausgedrückt und Informationen vermittelt werden 2 Ausdrucks-, Redeweise einer Volks- oder Berufsgemeinschaft (Jäger~, Schüler~); die deutsche S.; die gleiche S. sprechen einander verstehen; eine S. beherrschen, lernen 3 ⟨nur Sg.⟩ das Sprechen; die S. auf etwas bringen von etwas zu sprechen beginnen; die S. kam darauf, daß … es wurde davon gesprochen, daß …; mit der S. nicht herausrücken wollen ⟨ugs.⟩ von etwas (Bestimmtem) nicht reden wollen; heraus mit der S.! ⟨ugs.⟩ sag, was du sagen willst!, ⟨auch⟩ sag, was du zu gestehen hast!, gestehe!; mir ist die S. weggeblieben (vor Schreck, vor Erstaunen) ich vermochte nichts zu sagen; da verschlägt es einem ja die S. (wenn man das hört)! ⟨ugs.⟩ da kann man gar nichts sagen 4 bestimmte Sprechweise; eine deutliche S. sprechen etwas energisch, deutlich zum Ausdruck bringen 5 ⟨bei Tieren⟩ System von Lautäußerungen, die der Verständigung dienen (Bienen~, Vogel~)

Spra|chen|schu|le ⟨f.11⟩ Schule, in der Fremdsprachen gelernt werden können

Sprach|fa|mi|lie ⟨f.11⟩ Gruppe von verwandten Sprachen; die slawische S.

Sprach|feh|ler ⟨m.5⟩ Sprachstörung, die sich in der Aussprache äußert (z.B. Lispeln)

Sprach|for|scher ⟨m.5⟩ Wissenschaftler auf dem Gebiet der Sprachforschung

Sprach|for|schung ⟨f.10⟩ 1 Erforschung einer einzelnen Sprache 2 Erforschung der Sprache überhaupt

Sprach|füh|rer ⟨m.5⟩ kleines Buch mit wichtigen Wendungen, Erklärungen der Aussprache usw. einer Fremdsprache

Sprach|ge|biet ⟨n.1⟩ →Sprachraum

Sprach|ge|brauch ⟨m.2⟩ übliche Ausdrucksweise in einer Sprache; im deutschen S.; ein Wort aus dem technischen S.

Sprach|ge|fühl ⟨n., -(e)s, nur Sg.⟩ Gefühl für die richtige Ausdrucksweise

Sprach|geo|gra|phie ⟨f., -, nur Sg.⟩ Wissenschaft von der geographischen Verbreitung der Sprachen und Mundarten; Syn. Arealinguistik

Sprach|ge|schich|te ⟨f., -, nur Sg.⟩ Geschichte und Entwicklung einer Sprache

Sprach|ge|sell|schaft ⟨f.10⟩ Gesellschaft, Vereinigung, die sich der Pflege und Reinhaltung ihrer Muttersprache befaßt

Sprach|ge|setz ⟨n.1⟩ Gesetzmäßigkeit in der Entwicklung einer Sprache, Gesetz, nach dem sich eine Sprache im Lauf ihrer Geschichte entwickelt

sprach|ge|wandt ⟨Adj., -er, am -esten⟩ gewandt im Ausdruck der eigenen Sprache oder in der Verwendung einer Fremdsprache

Sprach|ge|wandt|heit ⟨f., -, nur Sg.⟩

Sprach|gren|ze ⟨f.11⟩ Grenze zwischen dem Verbreitungsgebiet zweier Sprachen

Sprach|gut ⟨n., -(e)s, nur Sg.⟩ Gesamtheit von Wortschatz, Grammatik und Wendungen einer Sprache

Sprach|heil|kun|de ⟨f., -, nur Sg.⟩ →Logopädie

...spra|chig ⟨in Zus.⟩ 1 in einer bestimmten oder unbestimmten Anzahl von Sprachen abgefaßt, z.B. zweisprachiges Wörterbuch, mehrsprachige Gebrauchsanweisung 2 vgl. deutschsprachig, fremdsprachig

Sprach|in|sel ⟨f.11⟩ kleines Gebiet, in dem eine andere Sprache gesprochen wird als im Umfeld

Sprach|kennt|nis|se ⟨f.1, Pl.⟩ Kenntnisse von Fremdsprachen

sprach|kun|dig ⟨Adj.⟩ Fremdsprachen verstehend und beherrschend

Sprach|la|bor ⟨n.9⟩ elektronische Anlage mit untereinander verbundenen Geräten (Kopfhörern, Mikrophonen u.a.) am Steuerpult (Lehrertisch) und an den Schülerplätzen zur Aufnahme und Wiedergabe gesprochener Sprache, zum individuellen Lernen

Sprach|leh|re ⟨f.11⟩ →Grammatik

sprach|lich ⟨Adj., o.Steig.⟩ zur Sprache gehörend, die Sprache betreffend; der Satz ist s. falsch

...sprach|lich ⟨in Zus.⟩ vgl. deutschsprachlich, fremdsprachlich

sprach|los ⟨Adj., o.Steig.⟩ 1 ohne Sprache, ohne Worte; ~es Einverständnis 2 ⟨übertr.⟩ (vor Erstaunen) nicht sprechen könnend; da war er s.

Sprach|lo|sig|keit ⟨f., -, nur Sg.⟩

Sprach|me|lo|die ⟨f.11⟩ Tonfall und Betonung der Wörter einer Sprache

Sprach|phi|lo|so|phie ⟨f., -, nur Sg.⟩ Gebiet der Philosophie, das sich mit dem Wesen, Ursprung und der Bedeutung von Sprache beschäftigt

Sprach|psy|cho|lo|gie ⟨f., -, nur Sg.⟩ Gebiet der Psychologie, das sich mit der seelischen Bedeutung des Sprechens und den Sprachstörungen befaßt

Sprach|raum ⟨m.2⟩ Gebiet, in dem eine Sprache oder ein Dialekt gesprochen wird; Syn. Sprachgebiet

Sprach|re|gel ⟨f.11⟩ grammatikalische Regel

Sprach|rei|ni|gung ⟨f.10⟩ Verdrängung von Einflüssen anderer Sprachen auf eine Sprache

Sprach|rohr ⟨n., -(e)s⟩ →Megaphon; jmds. S. sein jmds. Meinung ohne Kritik wiedergeben

Sprach|schatz ⟨m.2⟩ Gesamtheit der sprachlichen Ausdrucksmöglichkeiten; ein guter Rhetoriker benötigt einen großen S.

Sprach|schnit|zer ⟨m.5⟩ Verstoß gegen die Regeln einer Sprache

Sprach|sil|be ⟨f.11⟩ der Wortbildung entsprechende Silbe, z.B. Länd|er; vgl. Sprechsilbe

Sprach|stamm ⟨m.2; †⟩ Grundlage, Ursprung mehrerer Sprachfamilien

Sprach|stö|rung ⟨f.10⟩ (seelisch bedingte oder krankhafte) Abweichung im Sprechverhalten

Sprach|ver|wandt|schaft ⟨f.10⟩ Verwandtschaft von Sprachen mit gleichem Ursprung

Sprach|wis|sen|schaft ⟨f.10⟩ Wissenschaft von den Sprachen und ihrer Entwicklung, Wissenschaft, die Sprachen vergleicht, analysiert und beschreibt

Sprach|wis|sen|schaft|ler ⟨m.5⟩ Wissenschaftler auf dem Gebiet der Sprachwissenschaft

sprach|wis|sen|schaft|lich ⟨Adj., o.Steig.⟩ zur Sprachwissenschaft gehörend, sie betreffend, mit Hilfe der Sprachwissenschaft

Sprach|zen|trum ⟨n., -s, -tren⟩ in der Großhirnrinde liegendes Zentrum, das die Sprachbildung steuert

Spray ⟨[sprei] oder [ʃpre] m.9 oder n.9⟩ 1 Flüssigkeit zum Zerstäuben (Haar~, Insekten~) 2 Apparat zum Zerstäuben von Flüssigkeit [engl., eigtl. „Sprühregen, Wasserstaub, Wellenschaum"]

spray|en ⟨[spreiən] V.1, hat gesprayt; mit Akk.⟩ mit Spray bestäuben, besprühen; sich das Haar s.; Blumen s.

Sprech|büh|ne ⟨f.11⟩ Theater, in dem nur gesprochene Stücke (Schauspiele, Komödien usw.) aufgeführt werden (im Unterschied zur Opernbühne)

Sprech|chor ⟨[-ko:r] m.2⟩ 1 ⟨nur Sg.⟩ gemeinsames Sprechen, Vortragen, Ausrufen der gleichen Worte durch mehrere Personen; im S. „pfui" rufen 2 Gruppe von Personen, die gemeinsam und gleichzeitig das gleiche spricht

spre|chen ⟨V.146, hat gesprochen⟩ I ⟨o.Obj.⟩ 1 Laute zu sinnvollen Wörtern zusammensetzen, sinnvolle Wörter, Sätze bilden;

Sprecher

das Kind lernt, kann schon s. **2** *die Stimmwerkzeuge (auf bestimmte Weise) handhaben;* laut, leise, deutlich, undeutlich, hoch, tief s. **3** *eine Rede halten;* er hat lange, eine Stunde gesprochen; heute abend spricht XY im Rundfunk **4** *sich unterhalten;* miteinander s.; über jmdn., über etwas s. **5** *sich äußern, eine Meinung äußern, etwas sagen;* sein besseres Ich, sprich: sein Gewissen sagt ihm, daß ... sein besseres Ich, das heißt, das bedeutet, deutlicher gesagt: sein Gewissen; für jmdn. s. *jmdn. verteidigen;* das spricht für sich selbst *darüber braucht man nichts zu sagen, das braucht man nicht zu erklären;* alles spricht dafür, daß er der Täter war *alles deutet darauf hin;* von jmdm., von etwas s.; auf jmdn. nicht gut zu s. sein *sich über jmdn. ärgern,* geärgert haben II ⟨mit Akk.⟩ **1** *etwas s.* mit *den Sprechwerkzeugen sinnvoll hervorbringen, bilden;* Silben, Wörter, Sätze s.; einen Text s. **2** jmdn. s. *mit jmdm. ein Gespräch führen;* eine Dame will dich s.; jmd. will dich am Telefon s.; kann ich bitte Herrn X s.?; ich habe ihn schon lange nicht mehr gesprochen

Spre|cher ⟨m.5⟩ **1** *jmd., der spricht* **2** *(Funk, Fernsehen) Ansager, jmd., der Nachrichten, Kommentare o.ä. liest* **3** *jmd., der die Anliegen einer Gruppe vorbringt (Presse-, Nachrichten-)*

Sprech|er|zie|hung ⟨f., -, nur Sg.⟩ *Erziehung zum richtigen Sprechen*

Sprech|fen|ster ⟨n.5; in Türen⟩ *kleines Fenster, durch das man sprechen kann, ohne die Tür öffnen zu müssen*

Sprech|funk ⟨m.1⟩ **1** *Mitteilung über Funk (auf kurze Entfernungen)* **2** *Anlage dafür;* über S. reden

Sprech|ge|sang ⟨m.2⟩ *zwischen Sprechen und Gesang liegende Art des Vortrags*

Sprech|plat|te ⟨f.11⟩ *Schallplatte mit gesprochenem Text*

Sprech|rol|le ⟨f.11⟩ *Bühnenrolle, die gesprochen (nicht gesungen) wird*

Sprech|sil|be ⟨f.11⟩ *der natürlichen Aussprache des Wortes entsprechende Silbe,* z.B. Län|der; vgl. Sprachsilbe

Sprech|stim|me ⟨f.11⟩ *Stimme (des Menschen), wenn sie spricht;* Ggs. Singstimme (1)

Sprech|stun|de ⟨f.11⟩ *Zeit, in der man jmdn. (bes. einen Arzt) sprechen kann*

Sprech|stun|den|hil|fe ⟨f.11⟩ *ältere Bez. für) Arzthelferin*

Sprech|werk|zeu|ge ⟨n.1, Pl.⟩ *Organe, die der Bildung von Sprachlauten dienen*

Sprech|zim|mer ⟨n.5⟩ *Raum, in dem die Sprechstunde abgehalten wird*

Spre|he ⟨f.11; nordwestdt.⟩ → Star¹

Sprei|ßel ⟨m.5; oberdt.⟩ *Holzspan, Splitter (den man sich eingezogen hat)* II ⟨n.5; österr.⟩ → Sprießel

Spreiß|holz ⟨n., -es, nur Sg.; österr.⟩ *Kleinholz, gehacktes Holz*

Sprei|te ⟨f.11⟩ **1** *Fläche des Laubblattes;* auch: Blattspreite **2** *(landsch.) Bettdecke, Decke* [zu *spreiten*]

sprei|ten ⟨V.2, hat gespreitet; mit Akk.; poet.; †⟩ *breiten, ausbreiten;* die Flügel s.; einen Mantel, eine Decke über jmdn. s.

spreiz|bei|nig ⟨Adj., o.Steig.⟩ *mit gespreizten Beinen*

Sprei|ze ⟨f.11⟩ **1** *(bei Gräben oder Gruben) Stange zum seitlichen Stützen* **2** *(nur Sg.) Stellung mit gespreizten Beinen*

sprei|zen ⟨V.1, hat gespreizt⟩ I ⟨mit Akk.⟩ *voneinander wegstrecken, auseinanderstrecken;* die Finger, die Beine s. II ⟨refl.⟩ *sich* s. **1** *(mit Gebärden) wichtig tun, sich benehmen;* sie spreizt sich wie ein Pfau; vgl. *gespreizt* **2** *sich sträuben, sich (zum Schein) wehren;* sich gegen etwas s. [< mhd. *spriuzen* „stützen, stemmen"]

Spreiz|fuß ⟨m.2⟩ *Fuß mit abgeflachtem Quergewölbe*

Spreiz|klap|pe ⟨f.11; Flugw.⟩ *Klappe am Flügelende, die (nach unten abgespreizt) dem Auftrieb entgegenwirkt*

Sprei|zung ⟨f., -, nur Sg.⟩ *das Spreizen (I)*

Spren|gel ⟨m.5⟩ **1** *Amtsbezirk eines Bischofs, Pfarrers oder einer weltlichen Behörde* **2** *Wedel zum Sprengen (bes. von Weihwasser);* Syn. Sprengwedel

spren|gen ⟨V.1⟩ I ⟨mit Akk.; hat gesprengt⟩ **1** *mit Hilfe von Sprengstoff zerstören;* ein Haus, einen Bunker s. **2** *mit Gewalt öffnen, zerstören;* eine Tür, ein Schloß s.; die Bank s. ⟨beim Glücksspiel⟩ *der Bank durch hohen Gewinn das gesamte Geld abnehmen* **3** *auseinanderreißen;* seine Fesseln s.; das Wasser ist gefroren und hat das Gefäß gesprengt; der Fluß hat die Eisdecke gesprengt **4** *auseinandertreiben, gewaltsam beenden;* eine Versammlung s. **5** *jagen, treiben;* Wild aus dem Bau s.; jmdn. aus dem Bett s. ⟨ugs.⟩ **6** *befeuchten, bewässern;* Wäsche (vor dem Bügeln) s. II ⟨o.Obj.; ist gesprengt⟩ *im Galopp reiten;* in den Hof s.

Spreng|ge|la|ti|ne ⟨[-ʒə-] f., -, nur Sg.⟩ *wasserunempfindlicher Sprengstoff aus Nitroglycerin und Kollodiumwolle*

Spreng|kap|sel ⟨f.11⟩ *Hülse mit Zünd- und Sprengsatz, die nach dem Zünden Sprengmittel zur Detonation bringt*

Spreng|laut ⟨m.1; †⟩ *Explosivlaut*

Spreng|mit|tel ⟨n.5⟩ **1** *verpackter Sprengstoff* **2** *(bei Tabletten) Zusatz, der eine raschere Auflösung bewirkt*

Spreng|ring ⟨m.1⟩ *strahlenförmig geschlitzter, federnder Metallring in einer Nut (der z.B. Verschiebungen einer Achse verhindert)*

Spreng|stoff ⟨m.1⟩ *Stoff, der sich nach der Zündung durch äußerst rasche Verbrennung und chemische Zerlegung schlagartig in große Gasmengen umsetzt und dadurch zertrümmernd wirkt*

Spren|gung ⟨f.10⟩ *das Sprengen (I,1,2)*

Spreng|wa|gen ⟨m.7⟩ *Wagen, der Wasser in feinen Strahlen auf staubigen Straßen verteilt*

Spreng|we|del ⟨m.5⟩ → Sprengel (2)

Spreng|werk ⟨n.1⟩ *Baukonstruktion, bei der ein Träger nach unten hin von schrägen Streben gestützt wird*

Spren|kel ⟨m.5⟩ *Fleck, Tupfen*

spren|keln ⟨V.1, hat gesprenkelt; mit Akk.⟩ *mit Sprenkeln versehen;* braun-weiß gesprenkeltes Gefieder

spren|zen ⟨V.1, hat gesprenzt; südwestdt.⟩ I ⟨mit Akk.⟩ *sprengen, spritzen;* den Rasen s. II ⟨o.Obj.⟩ *leicht regnen*

Spreu ⟨f., -, nur Sg.⟩ *beim Dreschen abfallende, wertlose Pflanzenteile;* die Spreu vom Weizen trennen ⟨übertr.⟩ *Wertloses und Wertvolles voneinander trennen*

Sprich|wort ⟨n.4⟩ *kurz und einprägsam ausgedrückte Lebensweisheit,* z.B. Morgenstund' hat Gold im Mund

sprich|wört|lich ⟨Adj., o.Steig.⟩ **1** *in der Art eines Sprichworts;* dieser Ausdruck ist s. geworden **2** *allgemein bekannt;* die ∼e Zuverlässigkeit dieses Autos

Sprie|gel ⟨m.5⟩ **1** *Haken (zum Aufhängen von Fleisch)* **2** *Bügel (zum Stützen des Verdecks von Planwagen)*

Sprie|ße ⟨f.11⟩ *Stütze, Stützbalken;* Syn. Sprießholz [zu *spreizen*]

Sprie|ßel ⟨m.5; österr.⟩ **1** *Leitersprosse, Holzstange* **2** *Sitzstange (im Vogelkäfig);* auch: Spreißel

sprie|ßen¹ ⟨V.147, ist gesprossen; o.Obj.⟩ *wachsen, hervorkommen;* Syn. sprossen; die ersten Blätter s.; die Blumen s. schon aus der Erde; sein Bart beginnt zu s.

sprie|ßen² ⟨V.1, hat gesprießt; mit Akk.⟩ *mit Sprießen stützen* [zu *spreizen*]

Sprieß|holz ⟨n.4⟩ → Sprieße

Spriet ⟨n.1; Seew.⟩ *Rundholz zum Spannen des Segels* [nddt., zu *spreizen*]

Spring¹ ⟨m.1⟩ *(sprudelnde) Quelle* [zu *springen*]

Spring² ⟨f.1; Seew.⟩ *Trosse (zum Festmachen)*

Spring|blen|de ⟨f.11; beim Fotoapparat⟩ *Blende mit Automatik, die nur während der Belichtung bis zum eingestellten Wert geschlossen ist*

Spring|brun|nen ⟨m.7⟩ *Brunnen mit senkrecht oder schräg nach oben austretendem Wasserstrahl;* Syn. Fontäne

sprin|gen ⟨V.148⟩ I ⟨o.Obj.; ist gesprungen⟩ **1** *einen Sprung machen, sich vom Untergrund schnellen;* in die Höhe, ins Wasser, über einen Bach s.; die Katze springt aufs Fensterbrett; er ist (beim Weitspringen) 4,50 m gesprungen **2** *in Sprüngen laufen;* durchs Zimmer, über die Wiese s. 3 etwas s. ⟨ugs.⟩ *spritzen;* ich will nur rasch zum Bäcker s. und Semmeln holen **4** *sehr rasch aufstehen;* aus dem Bett s.; vom Stuhl s. **5** *diensteifrig sein;* Syn. ⟨ugs.⟩ *spritzen;* wenn der Chef ruft, dann springt er schon **6** *sich rasch, heftig nach außen bewegen;* eine Quelle springt aus dem Felsen; das Blut sprang aus der Wunde ⟨geh.⟩ **7** *ein Stück Text (das eigentlich gesprochen werden müßte) auslassen, nicht sprechen;* der Schauspieler ist gesprungen **8** ⟨Schule⟩ *von einer Klasse in die übernächste versetzt werden;* er ist letztes Jahr gesprungen **9** ⟨Brettspiel⟩ *ein Feld überschlagen* **10** *einen Sprung bekommen, entzweigehen;* das Glas springt leicht, ist gesprungen **11** *mit rascher Bewegung weiterrücken, wechseln;* der Zeiger sprang um eine Minute, sprang auf die Zwei; die Ampel sprang auf Gelb II ⟨mit Akk.; ist oder hat gesprungen; Sport⟩ **1** *beim Springen erreichen;* er hat (ist) einen Rekord gesprungen; er ist 4,50 m gesprungen **2** *beim Springen ausführen;* er ist (hat) einen Rittberger gesprungen

Sprin|ger ⟨m.5⟩ **1** *jmd., der springt (Fallschirm∼, Turm∼)* **2** *Tier, das in bestimmter Weise springt;* das Pferd ist ein guter S. **3** ⟨in Betrieben⟩ *jmd., der an verschiedenen Stellen arbeitet und einspringt* **4** ⟨Schach⟩ *Figur mit Pferdekopf, die man in einem Zug zwei Felder senkrecht und ein Feld parallel zur Grundlinie (oder umgekehrt) springen kann;* Syn. Pferd, Rössel

Sprin|ger|le ⟨n.5⟩ *ein schwäbisches, mit Modeln gebackenes Weihnachtsgebäck*

Spring|flut ⟨f.1⟩ *hohe Flut zur Zeit des Voll- und Neumondes*

Spring|form ⟨f.10⟩ *Backform mit einem Rand, der sich durch Hebeldruck öffnen läßt („aufspringt")*

Spring|frosch ⟨m.2⟩ *rotbrauner, landbewohnender Frosch, der sehr weit springen kann*

Spring|ins|feld ⟨m., -s, nur Sg.⟩ **1** *lebhaftes, fröhliches Kind* **2** *unbekümmerter, leichtsinniger junger Mensch*

Spring|kraut ⟨n., -(e)s, nur Sg.⟩ *Pflanze, deren Früchte bei Berührung die Samen wegschleudern;* Syn. Rührmichnichtan

spring|le|ben|dig ⟨Adj., o.Steig.⟩ *sehr munter, sehr lebhaft*

Spring|pferd ⟨n.1⟩ *bes. für das Springreiten geeignetes Pferd*

Spring|pro|zes|si|on ⟨f.10⟩ *Prozession, bei der die drei Schritte vorwärts zwei Schritte rückwärts folgen*

Spring|prü|fung ⟨f.10⟩ *wettkampfmäßiges Springreiten*

Spring|rei|ten ⟨n., -s, nur Sg.⟩ *Überspringen von künstlichen Hindernissen durch Pferd und Reiter;* Syn. Jagdspringen

Spring|schwanz ⟨m.2⟩ *kleines Urinsekt mit gabelförmigem Springorgan (z.B. der Gletscherfloh)*

Spring|seil ⟨n.1⟩ *Seil mit zwei Griffen, das zum Seilspringen dient*

Spring|zeit ⟨f.10; bei Vierfüßern⟩ *Paarungszeit*

Sprink|ler ⟨m.5⟩ *(aus Düsen oder Brausen bestehende) Vorrichtung zum Beregnen größerer Flächen (als Feuerschutz und Rasensprenger)* [< engl. *sprinkle* in ders. Bed. sowie „Gießkanne", zu *to sprinkle* „(be)spritzen, (be)sprengen", zu mndrl. *sprenkel* „Fleckchen"]

Sprint ⟨m.9; bei Laufwettbewerben, im Eisschnellauf und im Radrennsport⟩ *das Sprinten*

sprin|ten ⟨V.2, ist, auch hat gesprintet; o.Obj.⟩ *eine kurze Strecke in größtmöglicher Geschwindigkeit laufen, eislaufen oder radfahren* [< engl. *to sprint* „schnell laufen, rennen"]

Sprin|ter ⟨m.5⟩ *jmd., der sprintet, jmd., der gut sprinten kann*

Sprit ⟨m.1⟩ **1** ⟨ugs.⟩ *Treibstoff, Benzin* **2** *hochprozentiger Alkohol, Spiritus* [Kurzform zu *Spiritus*]

spri|tig ⟨Adj., o.Steig.⟩ *Sprit enthaltend, spritähnlich*

Sprit|ze ⟨f.11⟩ **1** *Gerät zum Spritzen (Feuer~, Hand~)* **2** *zylindrisches Gefäß mit einem Kolben, der flüssige Arzneistoffe durch eine Hohlnadel zum Einspritzen in den Körper einführt (Injektions~)* **3** *die Einspritzung damit; eine S. bekommen; jmdm. eine S. geben* **4** ⟨übertr.⟩ *Hilfe, Unterstützung (Finanz~)*

sprit|zen ⟨V.1⟩ **I** ⟨o.Obj.⟩ **1** ⟨ist gespritzt⟩ *sich rasch, heftig, in vielen Tropfen nach außen bewegen; das Wasser spritzt aus der Leitung; das Blut spritzte aus der Wunde* **2** ⟨hat gespritzt⟩ *Flüssigkeit, Saft in Tropfen herausschleudern; die Zitrone spritzt (beim Schälen, beim Zerschneiden)* **3** ⟨ist gespritzt; ugs.⟩ →*springen (3,5)* **4** ⟨hat gespritzt⟩ *Tropfen versprühen; (beim Waschen, Baden) mit Wasser s.; spritz nicht so!* **5** ⟨hat gespritzt; ugs.⟩ *mittels Spritze (2) regelmäßig Rauschgift nehmen; er spritzt er ist rauschgiftsüchtig* **II** ⟨mit Akk.; hat gespritzt⟩ **1** *etwas u. a. mittels Spritze (1) befeuchten; Blumen, den Rasen s.* **a** *mit chemischen Mitteln besprühen; Pflanzen (gegen Schädlinge) s.; Obst s.; die Zitronen sind gespritzt* **c** *mit Sodawasser verdünnen; Wein, Saft s.* **d** *mittels Spritze (1) bemalen, lackieren; ein Auto s.* **e** *im Spritzgußverfahren herstellen; Kunststoffplatten s.* **f** *mittels Spritze (1) einfüllen, auftragen; Beton in eine Verschalung s.* **g** *mittels Spritze (2) verabreichen, einspritzen; ein Medikament s. (nicht einnehmen lassen); er hat (ihm) Valium gespritzt* **2** *jmdn. s. jmdm. eine Spritze (3) geben; jmdn. gegen Grippe s.; er muß täglich gespritzt werden er muß täglich eine Spritze bekommen*

Sprit|zen|haus ⟨n.4; früher⟩ *Gebäude, in dem die Feuerspritze und andere Geräte der Feuerwehr untergebracht sind*

Sprit|zer ⟨m.5⟩ **1** *durch einen kleinen Tropfen entstandener Fleck (Farb~)* **2** *kleine Menge einer Flüssigkeit*; Syn. ⟨schweiz.⟩ *Spruz; ein S. Kognak* **3** ⟨übertr., ugs.⟩ *unerfahrener, junger Mann; ein junger S.*

Sprit|z|fla|sche ⟨f.11⟩ **1** *Flasche, deren Inhalt man durch Pressen herausspritzen kann* **2** ⟨Chem.⟩ *Glaskolben mit Mundstück (zum Hineinblasen) und Ausflußrohr zum Erzeugen eines Wasserstrahls bestimmter Menge*

Sprit|z|gur|ke ⟨f.11⟩ *Kürbisgewächs des Mittelmeergebietes, dessen pflaumengroße Beerenfrüchte unter Überdruck stehen und ihren Saft beim Abbrechen verspritzen*

Sprit|z|guß ⟨m., -sses, nur Sg.⟩ *Massenfertigung; Spritzen von Kunststoffen in wassergekühlte Stahlformen*

sprit|z|ig ⟨Adj.⟩ **1** *prickelnd; ~er Wein* **2** *lebhaft und geistreich, sprühend witzig*

Sprit|z|ku|chen ⟨m.5⟩ *mürber, aus eihaltigem Wasserteig, der mit Teigspritze geformt und in Fett schwimmend gebacken wird*

Sprit|z|loch ⟨n.4; bei Walen⟩ *an der Kopfoberfläche liegendes Nasenloch, durch das beim Ausatmen eine weithin sichtbare Wasserdampffontäne gespritzt wird*

Spritz|ma|le|rei ⟨f.10⟩ *Kunstwerk, das durch das Aufspritzen von Farbe entsteht*

Sprit|z|pis|to|le ⟨f.11⟩ **1** *Kinderspielzeug zum Wasserspritzen* **2** *pistolenähnliches Gerät zum Versprühen von Flüssigkeit (bes. Farbe) durch eine Düse*

Sprit|z|tour ⟨[-tu:r] f.10; ugs.⟩ *kleiner Ausflug*

spröd, sprö|de ⟨Adj., spröder, am sprödesten⟩ **1** *leicht zerspringend, leicht brechend; sprödes Material* **2** *brüchig, heiser; spröde Stimme* **3** *trocken, rissig; spröde Haut* **4** *abweisend, verschlossen; ein sprödes Mädchen* **5** *nicht unmittelbar anziehend; der spröde Reiz einer Landschaft*

Sproß ⟨m.1⟩ **1** *junger Pflanzentrieb*; Syn. *Sprößling* **2** ⟨bei höheren Pflanzen⟩ *die Blätter und Blüten tragender Teil* **3** ⟨geh.⟩ *Sohn, Nachkomme (edler Herkunft); ein S. des Hauses Habsburg* [zu *sprießen*]

Spros|se ⟨f.11⟩ **1** *jedes der querliegenden Hölzer, die die beiden Stangen einer Leiter verbinden; auf der untersten S.* ⟨übertr.⟩ *am Beginn einer Laufbahn* **2** *Zacke, Ende (des Geweihes)* **3** *eßbarer Sproß, Pflanzenteil (Bambus~)*

spros|sen ⟨V.1; o.Obj.⟩ **1** ⟨hat gesproßt⟩ *Sprosse treiben* **2** ⟨ist gesproßt⟩ →*sprießen*[1]

Spros|sen|wand ⟨f.2⟩ *leiterähnliches, an der Wand befestigtes Turngerät*

Spros|ser ⟨m.5⟩ *u.a. in Nordostdeutschland vorkommender, der Nachtigall verwandter Vogel mit ähnlichem Gesang (aber ohne die bezeichnend ansteigenden Töne)* [nach dem dunkel gewölkten Brustgefieder, zu *Sprosse* in der veralteten Bed. „Hautfleck"]

Spröß|ling ⟨m.1⟩ **1** →*Sproß* **2** ⟨meist scherzh. oder iron.⟩ *Kind (als Nachkomme); eure ~e*

Sproß|pflan|ze ⟨f.11⟩ →*Kormophyt*

Spros|sung ⟨f., -, nur Sg.⟩ *das Sprossen*

Sprot|te ⟨f.11⟩ *Heringsfisch europäischer Küsten, der geräuchert und gesalzen als „Kieler Sprotte" gegessen wird*

Spruch ⟨m.2⟩ **1** *kurze, einprägsame (oft gereimte) Lebensweisheit oder Forderung (Denk~, Wahl~)* **2** ⟨bes. im MA⟩ *kurzes Lehrgedicht; die Sprüche Salomons ein Buch des AT* **3** *kurze Formel (Lehr~, Zauber~)* **4** ⟨Pl.⟩ *Sprüche nichtssagendes Gerede; Sprüche klopfen, machen; das sind nur Sprüche* **5** ⟨kurz für⟩ **a** *Urteilsspruch (Richter~)* **b** *Orakelspruch; der S. des Gottes*

Spruch|band ⟨n.4⟩ **1** ⟨im MA⟩ *Band mit Erklärungen zu einem Bild* **2** *breites Band mit politischen Forderungen oder Parolen*

Spruch|kam|mer ⟨f.11; nach dem 2. Weltkrieg⟩ *Behörde zur Entnazifizierung*

spruch|reif ⟨Adj., o.Steig.⟩ *reif zur Verhandlung, Entscheidung; das ist noch nicht s.*

Spru|del ⟨m.5⟩ *sprudelndes, alkoholfreies Erfrischungsgetränk; saurer S. Mineralwasser; süßer S. Limonade*

spru|deln ⟨V.1⟩ **I** ⟨o.Obj.⟩ **1** ⟨hat gesprudelt⟩ **a** *kochen und Blasen werfen; das Wasser sprudelt im Topf* **b** *Blasen bildend in Bewegung sein; Sodawasser sprudelt im Glas; dort sprudelt ein Springbrunnen* **2** ⟨ist gesprudelt⟩ *Blasen werfend rasch (und fort, in eine Richtung) fließen; das Wasser sprudelt ins Becken; ein Springbrunnen sprudelt in die Höhe* **II** ⟨mit Akk.; hat gesprudelt⟩ *in vielen Tropfen blasen, spucken; das Kind hat mir Wasser, den Spinat ins Gesicht gesprudelt*

Spru|del|stein ⟨m.1⟩ *als kalkige Ausscheidung an warmen Quellen entstandenes Sedimentgestein*

Sprud|ler ⟨m.5; österr.⟩ →*Quirl*

Sprüh|do|se ⟨f.11⟩ *Dose, die einen Spray enthält*

sprü|hen ⟨V.1⟩ **I** ⟨mit Akk.; hat gesprüht⟩ **1** *in vielen feinen Tropfen gießen oder mit Druckluft treiben; Wasser, chemische Mittel über Pflanzen s.* **2** *(in vielen kleinen Teilchen) rasch nach allen Seiten aussenden; der Schweißapparat sprüht Funken; ihre Augen sprühten Funken* ⟨übertr.⟩*; er sprühte Geist und Witz* ⟨übertr.⟩*; er machte viele geistreiche und witzige Bemerkungen* **II** ⟨o.Obj.⟩ **1** ⟨ist gesprüht⟩ *in vielen kleinen Tropfen fließen; Gischt sprüht ans Ufer, ins Boot* **2** ⟨hat gesprüht⟩ *auseinanderfliegen, nach allen Seiten fliegen; beim Feuerwerk, beim Schweißen s. Funken* **3** ⟨hat gesprüht⟩ *blitzen, Funken aussenden; ihre Augen sprühten vor Zorn; ~der Witz geistreicher, in rascher Folge von treffenden Bemerkungen zum Ausdruck gebrachter Witz* **4** ⟨hat gesprüht; übertr.⟩ *schnell und viel sprechen und rasche, schwungvolle Gebärden machen*; Syn. *sprudeln; er sprüht vor guter Laune*

Sprüh|re|gen ⟨m.7⟩ *starker Nieselregen*

Sprung ⟨m.2⟩ **1** *das Springen; ein weiter S.; ein S. in die Tiefe, über den Graben; keine großen Sprünge machen können* ⟨übertr.⟩ *finanziell keine großen Möglichkeiten haben; ein S. ins kalte Wasser* ⟨übertr.⟩ *das Sicheinlassen auf etwas völlig Neues; auf dem S. sein große Eile haben; jmdm. auf die Sprünge kommen dahinterkommen, was jmd. (heimlich) treibt; jmdm. auf die Sprünge helfen jmdm. helfen, voranzukommen (bes. am Anfang)* **2** *das Springen als Übung eines Wettkampfes (Hoch~, Weit~); ein S. vom Turm* **3** *das Springen zur Begattung; der S. des Bullen* **4** ⟨übertr.⟩ *kurze Zeit; jmdn. auf einen S. besuchen; ich komme auf, für einen S. bei dir vorbei* **5** *kurze Entfernung, kurzes Stück Weg; bis dorthin ist es nur ein S.* **5** *plötzliche Änderung, plötzliche, ruckartige Vorwärtsbewegung; einen S. in der Entwicklung machen* **6** *dünner Riß (bes. in Glas, Porzellan); die Tasse hat einen S.; einen S., Sprünge bekommen* **7** ⟨Jägerspr.⟩ **a** *mehrere Stück Rehwild* **b** ⟨Pl.⟩ *Sprünge (beim Hasen) die Hinterläufe* **8** ⟨Schiffsbau⟩ *geschwungene Decklinie* **9** ⟨Geol.⟩ *Verwerfung*

Sprung|bein ⟨n.1⟩ **1** *Fußwurzelknochen zwischen Schien- und Fersenbein* **2** *Bein, mit dem man bei einem Sprung abspringt*

Sprung|brett ⟨n.3⟩ **1** *federndes Brett zum Abspringen (beim Geräteturnen und beim Wasserspringen)* **2** ⟨übertr.⟩ *gute Ausgangsstellung für eine Laufbahn*

Sprung|fe|der ⟨f.11⟩ *spiralförmige Stahlfeder (z.B. in Matratzen)*

Sprung|ge|lenk ⟨n.1⟩ *Gelenk zwischen Unterschenkel- und Fußwurzelknochen*

Sprung|gru|be ⟨f.11⟩ *mit Sand gefüllte flache Grube (für den Weitsprung)*

sprung|haft ⟨Adj., -er, am -esten⟩ **1** *ruckweise; sich s. bewegen* **2** *unstetig, nicht ausdauernd; ~es Denken; er ist s.* **3** *rasch, schnell; ~e Verteuerung* **Sprung|haf|tig|keit** ⟨f., -, nur Sg.⟩

Sprung|schan|ze ⟨f.11⟩ *aus Schanzenturm, geneigter Anlaufbahn, Schanzentisch und Aufsprungbahn bestehende Anlage für das Skispringen*

Sprung|stab ⟨m.2⟩ *Stab, mit dem sich ein Stabhochspringer in die Höhe zieht*

Sprung|tem|pe|ra|tur ⟨f.10; Phys.⟩ *für ein Material spezifische Temperatur, bei der es seine Form oder Eigenschaften sprunghaft ändert; ~en für Wasser liegen bei 0 °C und 100 °C*

Sprung|tuch ⟨n.4⟩ *kräftiges, rundes Segeltuch, das am Rand von mehreren Personen gespannt gehalten wird und aus größerer Höhe abspringende Personen z.B. bei Feuersnot federnd auffängt*

Sprung|turm ⟨m.2⟩ *Anlage für das Turmspringen*

Spruz ⟨m.1; schweiz.⟩ →*Spritzer (2)*; *ein S. Essig*

Spucke ⟨-k|k-; f., -, nur Sg.; ugs.⟩ → *Speichel*

spucken ⟨-k|k-; V.1, hat gespuckt; ugs.⟩ → *speien*

Spuk ⟨m.1⟩ **1** *Geistererscheinung, gespenstisches Geschehen;* wie ein S. war alles vorüber **2** ⟨übertr., ugs.⟩ *Lärm, Aufwand, Aufhebens;* mach dem S. ein Ende!

spuken ⟨V.1, hat gespukt; o.Obj.; im Volksglauben⟩ **1** ⟨als Geist⟩ *nicht zu sehen, zu hören sein;* der alte Graf spukt noch im Schloß **2** ⟨unpersönl., mit „es"⟩ hier spukt es *hier gehen Geister, Gespenster um;* bei dir spukt's wohl?; *du bist wohl verrückt?*

Spu|le ⟨f.11⟩ **1** *Rolle zum Aufwickeln (eines Fadens, Bandes o.ä.)* **2** ⟨Elektr.⟩ *aus mehreren voneinander isolierten Windungen bestehende Drahtwicklung*

Spü|le ⟨f.11⟩ *Einrichtungsgegenstand mit Becken zum Geschirrspülen*

spu|len ⟨V.1, hat gespult⟩ **I** ⟨mit Akk.⟩ *auf eine Spule wickeln, von einer Spule abwickeln;* Garn, ein Tonband s. **II** ⟨o.Obj.⟩ *bei Tonbändern⟩ Spulen laufen lassen;* man muß so lange s., bis man die gewünschte Stelle erreicht hat

spü|len ⟨V.1, hat gespült⟩ **I** ⟨mit Akk.⟩ etwas s. **1** *mit Wasser reinigen;* Geschirr s.; sich den Mund s. **2** *mit Wasser Seifenreste o. etwas entfernen;* Wäsche s.; sich das Haar s. **3** *durch Wellenbewegungen an eine Stelle bringen;* das Meer hat Tang, Unrat, eine Leiche ans Ufer, an den Strand gespült; er ist mit dem allgemeinen Wirtschaftsaufschwung nach oben gespült worden ⟨übertr., ugs.⟩ *er ist durch eigenes Verdienst durch den Wirtschaftsaufschwung in eine höhere Stellung gelangt* **II** ⟨o.Obj.⟩ *Geschirr mit Wasser reinigen;* wir müssen noch s.

Spü|ler ⟨m.5⟩ **1** *Vorrichtung zur Betätigung einer (Wasser-)Spülung* **2** *jmd., der in einer Gastwirtschaft gewerbsmäßig Geschirr spült*

Spül|icht ⟨n.1⟩ *schmutziges Spülwasser*

Spül|stein ⟨m.1; veraltend⟩ *Becken der Spüle*

Spü|lung ⟨f.10⟩ **1** *das Spülen (I,1,2)* **2** *Reinigung (zu Heilzwecken) mit Wasser oder flüssigem Medikament* (Blasen~, Darm~) **3** *Vorrichtung zum Spülen (I,1, bes. der Toilette;* Wasser~); die S. betätigen

Spul|wurm ⟨m.4⟩ *im Darm schmarotzender Fadenwurm*

Spund 1 ⟨m.1 oder m.2⟩ *Pflock, Zapfen zum Verschließen des Spundloches* **2** ⟨m.1; abwertend⟩ *jmd., der sehr jung und unerfahren ist;* junger S. [< lat. *expunctum* „das Ausgestochene", zu *expungere* „ausstechen"]

spun|den ⟨V.2, hat gespundet; mit Akk.⟩ *mit einem Spund zusammenfügen;* Holzteile s.

Spund|loch ⟨n.4; am Faß⟩ *runde Öffnung (zum Füllen und Abzapfen)*

Spun|dung ⟨f.10⟩ **1** ⟨nur Sg.⟩ *das Spunden* **2** *Stelle, an der ein Spund in eine Nut gefügt ist*

Spund|wand ⟨f.2⟩ *abdichtende und stützende Wand aus ineinandergreifenden, in den Boden gerammten Bohlen*

Spur ⟨f.10⟩ **1** *Abdruck (von etwas), Folge, Reihe von Abdrücken auf weichem Boden, im Schnee o.ä.;* ~en hinterlassen; er kann gut ~en lesen; eine heiße S. *ein wichtiger Anhaltspunkt (beim Verfolgen einer Sache);* jmdn. auf eine S. bringen *jmdm. einen Hinweis geben;* auf der falschen S. sein; jmds. auf die S. kommen *jmds. heimliche Taten entdecken;* einer Sache auf die S. kommen *eine Sache herausfinden;* jmds. S. sein *jmdn. verfolgen;* in jmds. ~en treten *jmdm. nachfolgen, handeln, leben wie jmd.* **2** *lange, zusammenhängende Abdrücke von Schiern;* eine S. (im Schnee) ziehen; in jmds. S. fahren **3** ⟨übertr.⟩ *äußeres Anzeichen für etwas Vergangenes;* die ~en in den alten Germanen; die ~en des Mordes sichern **4** *Teil, Streifen einer Fahrbahn* (Fahr~, Überhol~); die S. wechseln; auf der falschen S. fahren **5** *Spurweite* (Schmal~) **6** *Streifen als Teil der Gesamtbreite (eines Ton- oder Videobandes)* (Halb~, Viertel~); das Band ist in vier ~en bespielbar **7** ⟨nur Sg.⟩ *Stellung der linken und der rechten Räder eines Fahrzeugs zueinander;* die S. einstellen, verstellen **8** ⟨nur Sg.⟩ *Linie, auf sich ein Fahrzeug bewegen soll;* das Auto bricht aus der S. aus, hält die S. gut, nicht **9** ⟨übertr.⟩ *sehr kleine Menge;* eine S. Salz **10** ⟨nur Sg.⟩ *Kleinigkeit;* die Soße ist eine S. zu stark gewürzt; er sollte sich s. mehr bemühen; keine S.! *gar nicht!, überhaupt nicht!*

spür|bar ⟨Adj.⟩ **1** *so beschaffen, daß man es spüren kann;* eine ~e Verbesserung **2** *deutlich, sichtbar;* s. erleichtert sein

spu|ren ⟨V.1, hat gespurt⟩ **I** ⟨mit Akk.⟩ *etwas s. für etwas eine Spur anbringen;* eine Loipe s. **II** ⟨o.Obj.⟩ **1** ⟨beim Schifahren⟩ *eine Spur ziehen* **2** *die Spur einhalten, genau in einer Spur fahren* **3** ⟨übertr.⟩ *gehorchen, tun, was verlangt wird, sich in ein Team einordnen, einfügen;* seine Kinder müssen s.; nach einigen Auseinandersetzungen spurt er jetzt endlich

spü|ren ⟨V.1, hat gespürt⟩ **I** ⟨mit Akk.⟩ *empfinden, fühlen;* Wärme, Kälte, eine Berührung s.; einen Schlag s.; einen leichten Schmerz s.; ich spüre, daß er unglücklich ist; das wirst du noch zu s. bekommen *das wirst du noch selbst erleben, das wirst du noch merken* **II** ⟨o.Obj.⟩ ⟨mit Hilfe des Geruchssinnes⟩ *eine Fährte verfolgen oder eine Fährte suchen;* der Hund spürt; der Hund spürt nach Wild

Spu|ren|ele|ment ⟨n.1⟩ *in winzigen Mengen für die Ernährung notwendiges chemisches Element*

Spu|ren|si|che|rung ⟨f.10⟩ *polizeiliche Sicherstellung von Spuren eines Verbrechens*

Spür|haar ⟨n.1⟩ → *Schnurrhaar*

Spür|hund ⟨m.1⟩ *Hund, der Fährten verfolgt und etwas (z.B. Wild, Rauschgift) aufspürt*

Spur|kranz ⟨m.2; bei Schienenfahrzeugen⟩ *Kranz am Rad, der das Fahrzeug auf der Schiene führt*

spur|los ⟨Adj., o.Steig.; nur als Attr. und Adv.⟩ *ohne eine Spur zu hinterlassen;* s. verschwinden

Spür|na|se ⟨f.11⟩ **1** *feine Nase (des Hundes)* **2** ⟨übertr.⟩ *Ahnungsvermögen, feines Gespür (für etwas)* **3** ⟨übertr.⟩ *jmd. mit feinem Gespür und Ahnungsvermögen*

Spür|sinn ⟨m., -(e)s, nur Sg.⟩ **1** *feiner Geruchssinn (von Hunden)* **2** ⟨übertr.⟩ *Fähigkeit, Dinge aufzuspüren*

Spurt ⟨m.9, auch m.1; bei Wettrennen⟩ *Steigerung der Geschwindigkeit auf kurzer Strecke* [engl., eigtl. „plötzliche Anstrengung", vielleicht zu *to spurt* „plötzlich hervorströmen, herausspritzen"]

spur|ten ⟨V.2, hat ist gespurtet; o.Obj.⟩ *einen Spurt machen, das Tempo auf kurzer Strecke steigern*

Spur|wei|te ⟨f.11; Eisenbahn⟩ *Abstand der Schienen voneinander*

spu|ten ⟨V.2, hat gesputet; refl.⟩ → *beeilen*

Sput|nik ⟨m.9⟩ *erster Typ der sowjetischen Erdsatelliten* [< russ. *sputnik,* „Gefährte, Satellit, Trabant", aus *s* (Präposition) „mit", *putj* „Weg" und *...nik* Partikel, die die Verbindung einer Sache mit einer Person bezeichnet, also „jemand, der mit einem auf dem Weg ist"]

Spu|tum ⟨n., -s, -ta⟩ → *Auswurf (1)* [< lat. *sputum*, „Speichel, Auswurf", zu *sputare* „ausspucken"]

sq. ⟨Abk. für⟩ *sequens*

sqq. ⟨Abk. für⟩ *sequentes*

Squash[1] [skwɔʃ] ⟨n., -, nur Sg.⟩ *aus Zitrusfrüchten gepreßter Saft mit Fruchtfleisch* [engl., zu *to squash* „quetschen, pressen"]

Squash[2] [skwɔʃ] ⟨n., -, nur Sg.⟩ *eine Art Zimmertennis, bei dem der Ball gegen eine Wand geschlagen wird (direkt oder über die Seitenwände) und in ein bestimmtes Spielfeld zurückprallen muß* [engl., auch „weiche Masse; Platsch, platschendes Geräusch auf sumpfigem Boden"; wegen des Weichgummiballs, der zu dem Spiel verwendet wird, vielleicht auch wegen des platschenden Aufschlags des Balls auf dem Boden und an den Wänden]

Squat|ter [skwɔtər] ⟨m.5⟩ *jmd., der sich ohne Rechtstitel auf einem herrenlosen oder regierungseigenen Stück Land angesiedelt hat*

Squaw [skwɔ] ⟨f.9⟩ *nordamerikanische Indianerfrau* [Algonkin]

sr ⟨Zeichen für⟩ *Steradiant*

Sr ⟨Zeichen für⟩ → *Strontium*

SS ⟨Abk. für⟩ *Schutzstaffel (Kampftruppe der NSDAP)*

SS. ⟨Abk. für⟩ *Santi, Sante*

SSD ⟨DDR; Abk. für⟩ *Staatssicherheitsdienst*

SSO ⟨Abk. für⟩ *Südsüdost(en)*

ssp. ⟨Abk. für⟩ *Subspezies*

SSR ⟨Abk. für⟩ *Sozialistische Sowjetrepublik*

SSW ⟨Abk. für⟩ *Südsüdwest(en)*

St 1 ⟨Abk. für⟩ *Saint* für *Stratus* **3** ⟨Zeichen für⟩ *Stokes*

St. ⟨Abk. für⟩ *Sankt, Saint*

st! ⟨Int.⟩ **1** *still!, Ruhe!* **2** *Achtung*

s. t. ⟨Abk. für⟩ *sine tempore*

S. T. ⟨Abk. für⟩ *salvo titulo*

Sta. ⟨Abk. für⟩ *Santa*

Staat ⟨m. 12⟩ **1** *innerhalb festgelegter geographischer Grenzen lebende menschliche Gemeinschaft unter einer obersten, mit bestimmten Rechten und Pflichten ausgestatteten Gewalt* **2** ⟨nur Sg.; übertr.⟩ *die Regierung eines Staates* **3** *zweckdienlich organisierte Gemeinschaft mancher Tiere* **4** ⟨nur Sg.; ugs.⟩ *Prunk, Pracht, Aufwand;* mit etwas S. machen *Aufwand treiben;* in ein S., wie er das macht!; *es ist prächtig, großartig* **5** ⟨nur Sg.; ugs.⟩ *prächtige Kleidung*

Staa|ten|bund ⟨m.2⟩ *Vereinigung mehrerer unabhängiger Staaten zur Ausübung von Hoheitsrechten*

staa|ten|los ⟨Adj., o.Steig.⟩ *keine Staatsangehörigkeit habend*

staat|lich ⟨Adj., o.Steig.⟩ **1** *zum Staat gehörend, ihn betreffend* **2** *zur Regierung eines Staates gehörend, sie betreffend* **3** *von der Staatsregierung ermächtigt, ernannt;* ~e Behörden **4** *vom Staat veranlaßt, durchgeführt;* ~e Verwaltung

Staats|akt ⟨m.1⟩ **1** *Feier einer Staatsregierung* **2** *von einer Staatsregierung vorgenommene Handlung;* er macht aus allem gleich einen S. ⟨ugs., scherzh.⟩ *er behandelt alles zu feierlich und zu förmlich*

Staats|ak|ti|on ⟨f.10⟩ *wichtige Handlung einer Staatsregierung;* eine S. aus etwas machen ⟨übertr.⟩ *Aufhebens von etwas machen*

Staats|an|ge|hö|rig|keit ⟨f.10⟩ *Zugehörigkeit zu einem (bestimmten) Staat*

Staats|an|lei|he ⟨f.11⟩ *Kreditaufnahme des Staates*

Staats|an|walt ⟨m.2⟩ *Jurist, der bei Prozessen den Staat vertritt*

Staats|an|walt|schaft ⟨f.10⟩ *staatliche Behörde, die die Rechte des Staates wahrnimmt und das öffentliche Interesse vertritt*

Staats|be|am|te(r) ⟨m. 17 oder 18⟩ *im Dienste des Staates arbeitender Beamter*

Staats|bür|ger ⟨m.5⟩ *Bürger eines Staates (mit damit verbundenen Rechten und Pflichten)*

Staats|die|ner ⟨m.5; †⟩ *Staatsbeamter*

Staats|dienst ⟨m.1⟩ *Tätigkeit im Dienst des Staates;* im S. stehen

staats|ei|gen ⟨Adj., o.Steig.⟩ *dem Staat gehörend*

Staats|ei|gen|tum ⟨n., -s, nur Sg.⟩ *Eigentum des Staates*

Staats|ex|amen ⟨n., -s, - oder -ami|na⟩ *(für bestimmte akademische Berufe von staatlichen Prüfern abgenommene) Abschlußprüfung;* S. für Lehrer, Ärzte

Staats|ge|heim|nis ⟨n.1⟩ **1** *Kenntnis oder Erkenntnis, die aus Gründen der Staatssicherheit nicht öffentlich bekanntgegeben wird* **2** ⟨übertr., ugs.⟩ *großes Geheimnis;* das ist doch kein S.

Staats|ge|walt ⟨f., -, nur Sg.⟩ *Gesamtheit der Möglichkeiten des Staates, seine Gesetze durchzusetzen;* Syn. Staatshoheit

Staats|gut ⟨n.4⟩ *Landgut im Besitz des Staates, Domäne*

Staats|haus|halt ⟨m.1⟩ *Ausgaben und Einnahmen des Staates*

Staats|ho|heit ⟨f., -, nur Sg.⟩ →*Staatsgewalt*

Staats|ka|pi|ta|lis|mus ⟨m., -, nur Sg.⟩ *Wirtschaftsordnung, in der der Staat der wichtigste Unternehmer ist*

Staats|kas|se ⟨f.11⟩ *Geldmittel des Staates*

Staats|kerl ⟨m.1; ugs.⟩ *prächtiger Kerl, tüchtiger Kerl*

Staats|kir|che ⟨f.11⟩ *vom Staat gegenüber anderen Religionsgemeinschaften bevorrechtete Kirche*

Staats|kunst ⟨f., -, nur Sg.⟩ *Kunst, einen Staat zu führen*

Staats|mann ⟨m.4⟩ *fähiger, bedeutender Politiker in hoher Stellung*

staats|män|nisch ⟨Adj.⟩ *einem Staatsmann angemessen*

Staats|ober|haupt ⟨n.4⟩ *oberster Führer eines Staates (1)*

Staats|or|gan ⟨n.1⟩ *Organ (4) zur Ausübung staatlicher Aufgaben*

Staats|phi|lo|so|phie ⟨f.11⟩ *philosophische Theorie des menschlichen Zusammenlebens in Staaten*

Staats|prä|si|dent ⟨m.10⟩ *Oberhaupt einer Republik*

Staats|qual|le ⟨f.11⟩ *aus vielen zusammenhängenden Einzelwesen bestehendes Gebilde aus Nesseltieren, das frei im Meer schwimmt*

Staats|rä|son ⟨[-zɔ̃] f., -, nur Sg.⟩ *vom Staat beanspruchtes Recht, seine Interessen denen des einzelnen gegenüber durchzusetzen, wenn es das Staatswohl verlangt*

Staats|rat ⟨m.2⟩ **1** ⟨DDR⟩ *oberste Behörde der Exekutive* **2** ⟨Schweiz⟩ *Parlament* **3** ⟨Titel für⟩ *Mitglied des Staatsrates (1,2)*

Staats|recht ⟨n., -(e)s, nur Sg.⟩ *Gesamtheit der Rechtsvorschriften, die das Verhältnis zwischen Regierung und Bürgern regeln*

Staats|re|li|gi|on ⟨f.10⟩ *in einem Staat entweder vorgeschriebene oder mit besonderen Vorrechten ausgestattete Religion*

Staats|ru|der ⟨n., -s, nur Sg.⟩ *Führung eines Staates;* das S. herumreißen *die Richtung der Regierungspolitik ändern*

Staats|schau|spie|ler ⟨m.5; vom Staat verliehener Titel für⟩ *verdienter Schauspieler*

Staats|se|kre|tär ⟨m.1⟩ **1** ⟨BRD⟩ *höchster Beamter in einem Ministerium unter dem Minister* **2** ⟨DDR⟩ *einem Minister gleichrangiger Beamter mit eigenem Aufgabenbereich*

Staats|si|cher|heits|dienst ⟨m.1; DDR; Abk.: SSD⟩ *politische Polizei*

Staats|so|zia|lis|mus ⟨m., -, nur Sg.⟩ *Wirtschaftsform, bei der der Staat im Besitz der Produktionsmittel ist*

Staats|streich ⟨m.1⟩ *Regierungsumsturz*

Staats|thea|ter ⟨n.5⟩ *vom Staat unterhaltenes Theater*

Staats|trau|er ⟨f., -, nur Sg.⟩ *allgemeine, von der Regierung angeordnete Trauer*

Staats|ver|bre|chen ⟨n.7⟩ *gegen den Staat gerichtetes Verbrechen (z. B. Hochverrat)*

Staats|ver|trag ⟨m.2⟩ **1** *Vertrag zwischen souveränen Staaten oder den Gliedstaaten eines Bundesstaates* **2** ⟨Philos.⟩ *Vertrag zwischen Menschen, die sich zu einem Staat zusammengeschlossen haben, oder zwischen diesen und dem Herrscher*

Staats|wis|sen|schaft ⟨f., -, nur Sg.⟩ *Wissenschaft, die sich mit dem Wesen und Aufbau von Staaten beschäftigt*

Stab ⟨m.2⟩ **1** *Stock, lange, dünne Stange* (Holz~, Metall~) **2** *Zeichen besonderer Würde* (Bischofs~, Marschall~); *den S. über* jmdn. *brechen* jmdn. *verurteilen* **3** ⟨Mil.⟩ *Führungsgruppe in einer größeren Einheit* (Bataillons~, Divisions~) **4** *Gruppe von Personen, die gemeinsam ein Problem lösen sollen* (Katastrophen~)

Sta|bat ma|ter ⟨n., - -, nur Sg.⟩ *Marienlied* [lat., eigtl. Stabat mater dolorosa ,,(Es) stand die Mutter schmerzerfüllt'', Anfangsworte eines Marienhymnus aus dem 13. Jh.]

Sta|bel|le ⟨f.11; schweiz.⟩ →*Schemel* [< lat. *scabellum* in ders. Bed.]

Stab|füh|rung ⟨f., -, nur Sg.⟩ *musikalische Leitung, das Dirigieren;* das Konzert wurde unter der S. von XY aufgeführt

Stab|heu|schrecke ⟨-k-k-; f.11⟩ *(in vielen Arten vorkommender) in Farbe und Form an einen blattlosen Zweig erinnernder Geradflügler*

Stab|hoch|sprung ⟨m.2; Leichtathletik⟩ *Hochsprung über eine Latte mittels eines langen Glasfiberstabes*

sta|bil ⟨Adj.⟩ *fest, standfest, dauerhaft, widerstandsfähig;* Ggs. instabil; ein ~er Handwagen; eine ~e Gesundheit haben; ~e Preise; der Schrank ist s. gebaut [< lat. *stabilis* ,,fest(stehend), standhaft, unveränderlich, dauerhaft'', zu *stare* ,,stehen'']

Sta|bi|li|sa|tor ⟨m.13⟩ *Gerät zum Unterdrücken von Veränderungen eines Gleichgewichts* [zu *Stabilisator*]

sta|bi|li|sie|ren ⟨V.3, hat stabilisiert⟩ **I** ⟨mit Akk.⟩ **1** *stabil, fest, dauerhaft, widerstandsfähig machen;* eine Mauer durch Pfeiler s.; seine Gesundheit durch bestimmte Lebensweise s. **2** *beständig machen, gegen Schwankungen sichern;* die Währung s.; die Preise s. **II** ⟨refl.⟩ *sich s. stabil, fest, beständig werden;* unsere Beziehungen haben sich (wieder) stabilisiert **Sta|bi|li|sie|rung** ⟨f., -, nur Sg.⟩

Sta|bi|li|tät ⟨f., -, nur Sg.⟩ *Festigkeit, Dauerhaftigkeit; Standfestigkeit, sicheres Gleichgewicht;* Ggs. Instabilität

Stab|kir|che ⟨f.11⟩ *mittelalterliche norwegische Holzkirche, deren Außenwände aus schmalen, senkrechten Planken bestehen*

Stab|pup|pe ⟨f.11⟩ →*Stockpuppe*

Stab|reim ⟨m.1⟩ *Gleichheit des Anfangsbuchstabens mehrerer aufeinanderfolgender Wörter (bes. in der germanischen Dichtung);* Syn. Alliteration [< altnord. *stafr* ,,Stab, Buchstabe, Rune'']

Stabs|arzt ⟨m.2⟩ *im Dienstgrad eines Hauptmannes stehender Sanitätsoffizier*

Stab|sich|tig|keit ⟨f., -, nur Sg.⟩ *Augenkrankheit, bei der (unabhängig von der Entfernung zum Auge) unscharf gesehen wird*

Stabs|of|fi|zier ⟨m.1⟩ *Offizier in der Dienstgradgruppe der Majore, Oberleutnants und Obersten*

Stab|werk ⟨n.1; Baukunst⟩ *senkrechte Pfosten, die im Spitzbogenfenster stehen*

stac|ca|to ⟨Mus.⟩ *jeder Ton einzeln gestoßen* [ital., Part. Perf. von *staccare* ,,abreißen, abtrennen, loslösen'']

Stac|ca|to ⟨n., -(s), -ti; Mus.⟩ *Spiel mit kurz gestoßenen Tönen*

Sta|chel ⟨m.5⟩ **1** *(bei Tieren) hartes, spitzes Körpergebilde* (Gift~, Haut~) **2** *(bei Pflanzen)* **a** *dünnes, stechendes Gebilde* **b** *harte, stechende Erhebung aus Oberhaut und Rindenschicht* **3** *ähnliches, spitzes Gebilde aus Metall* **4** ⟨übertr.⟩ *etwas Quälendes;* der S. des Mißtrauens, der Reue [zu *stechen*]

Sta|chel|bee|re ⟨f.11⟩ **1** *als Obststrauch gepflanztes, stachliges Steinbrechgewächs* **2** *dessen behaarte Beerenfrucht*

Sta|chel|draht ⟨m.2⟩ *Drahtgebilde, dessen einzelne Stränge in bestimmten Abständen wie Stacheln aufgebogen sind*

Sta|chel|häu|ter ⟨m.5⟩ *wirbelloses Meerestier mit oft stachelbewehrtem Hautskelett (z. B. Seeigel oder Seestern)*

sta|che|lig ⟨Adj.⟩ *mit Stacheln versehen, kratzig;* auch: stachlig; ein ~er Kaktus; ein ~es Kinn; ~er Stoff

sta|cheln ⟨V.1, hat gestachelt⟩ **I** ⟨o.Obj.⟩ *stachelig sein, mit Stacheln stechen;* der Kaktus, der harte Stoff stachelt **II** ⟨mit Akk.⟩ **1** *mit Stachel antreiben;* ein Zugtier (bes. Ochsen) s. **2** ⟨selten für⟩ *anstacheln*

Sta|chel|schwein ⟨n.1⟩ *(in warmen Gebieten der Alten Welt vorkommendes) dachsgroßes Nagetier, das hinter dem Kopf-Brust-Teil von langen schwarz-weißen Stacheln bedeckt ist*

stach|lig ⟨Adj.⟩ →*stachelig*

stad ⟨Adj., o.Steig.; bayr.-österr.⟩ *still, ruhig;* sei s.! [< *stet*]

Sta|del ⟨m.5, schweiz. m.6; bayr.-österr., schweiz.⟩ **1** *Scheune zum Aufbewahren von Heu* **2** *Gerüst zum Trocknen von Gras* [< ahd. *stadal* ,,das Stehen, Stand'']

sta|di|al ⟨Adj., o.Steig.⟩ *abschnitts-, stufenweise* [zu *Stadium*]

Sta|di|en ⟨Pl. von⟩ Stadion, Stadium

Sta|di|on ⟨n., -s, -di|en⟩ **1** *altgriechisches Längenmaß, 179–213 m* **2** *(meist ovales) Bauwerk mit ansteigenden Sitzstufen für Zuschauer und einer Anlage für Wettkämpfe im Freien* [griech., in Bed. 2 nach athletischen Wettkampf in Olympia, bei dem über die Strecke von einem Stadion gelaufen wurde]

Sta|di|um ⟨n., -s, -di|en⟩ *Entwicklungsstufe, Abschnitt, Zustand* (Anfangs~, End~); das letzte S. der Krankheit, einer Arbeit [lat., < griech. *stadion* ,,Rennbahn, Laufstrecke'', danach ,,Längenmaß von etwa 200 Metern'', von daher in die Sprache der Mediziner als ,,Abschnitt'' im Verlauf einer Krankheit übernommen]

Stadt ⟨f.2⟩ **1** *größere menschliche Ansiedlung mit eigenen Rechten;* die Ewige S. *Rom;* die Goldene S. *Prag;* die Heilige S. *Jerusalem;* in S. und Land *überall* **2** ⟨nur Sg.⟩ *Gesamtheit der Bewohner einer Stadt (1);* die ganze S. war auf den Beinen **3** *Verwaltung einer Stadt (1);* bei der S. angestellt sein **4** *innerer Teil einer Stadt (1), in dem sich die meisten Geschäfte und Behörden befinden, Innenstadt;* in die S. gehen; ich komme eben aus der S.

Städ|te|part|ner|schaft ⟨f.10⟩ *Partnerschaft zwischen etwa gleichgroßen Städten verschiedener Länder mit kulturellen Begegnungen u. ä.*

Städ|ter ⟨m.5⟩ *Bewohner einer Stadt (1)*

Stadt|gas ⟨n., -es, nur Sg.⟩ →*Leuchtgas*

Stadt|ge|spräch ⟨n.1⟩ **1** *telefonisches Ortsgespräch* **2** *etwas, wovon in der ganzen Stadt gesprochen wird;* dieser Vorfall war S.

städ|tisch ⟨Adj.⟩ **1** ⟨o.Steig.⟩ *zu einer Stadt gehörend, sie betreffend, von der Stadt verwaltet;* ~e Schulen **2** *für die Stadt typisch, in der Stadt üblich;* Syn. urban; Ggs. ländlich; ~e Kleidung; s. aussehen

Stadt|käm|me|rer ⟨m.5⟩ *Verwalter der städtischen Finanzen*

Stadt|kas|se ⟨f.11⟩ *Geldmittel einer Stadt*

Stadt|kreis ⟨m.1⟩ *Verwaltungsbezirk einer Stadt*

Stadt|mis|si|on ⟨f.10⟩ *kirchliche Mission und Seelsorge in der Stadt*

Stadt|rat ⟨m.2⟩ **1** *Verwaltung und Exekutive einer Stadt (1)* **2** *Mitglied eines Stadtrates (1)*

Stadt|staat ⟨m.12⟩ *Stadt als selbständiges Staatswesen (z. B. die Reichsstädte, die altgriechische Polis)*

Stadt|strei|cher ⟨m.5⟩ *jmd., der ohne festen Wohnsitz in Städten umherzieht*

Stadttheater

Stadt|thea|ter 〈n.5〉 von der Stadt unterhaltenes und verwaltetes Theater

Stadt|tor 〈n.1〉 Durchgangstor in einer Stadtmauer

Stadt|vä|ter 〈m.6; Pl.〉 der Rat der Stadt

Stadt|ver|ord|ne|te(r) 〈m., f. 17 oder 18〉 Mitglied der Gemeindevertretung

Sta|fel 〈m.6; schweiz.〉 Alpenweide [wahrscheinlich < lat. *stabulum* „Aufenthaltsort für Tiere, Gehege, Stall"]

Sta|fet|te 〈f.11〉 1 〈früher〉 berittener Eilbote 2 Gruppe, die sich so fortbewegt, daß jeweils ein Ankommender am Startender sich ablösen (z. B. von Läufern beim Staffellauf) [< ital. *staffetta* „Läufergruppe, Eilbote", zu *staffa* „Steigbügel"; Eilboten waren früher beritten]

Staf|fa|ge 〈[-ʒə] f.11〉 schmückendes Beiwerk, Nebensächliches [mit französisierender Endung zu *ausstaffieren*]

Staf|fa|ge|fi|gur 〈f.10; Mal., Fot.〉 Mensch oder Tier zur Belebung des Vordergrundes

Staf|fel 〈f.11〉 1 stufenförmige Gliederung von Baukörpern in waagerechter und senkrechter Richtung (z. B. bei Giebeln) 2 gestaffelte Anordnung von Truppen (Flugbetriebs~, Marine~) 3 Gruppe von Sportlern, deren Einzelleistungen die Mannschaftswertung ergeben (Box~) 4 Gruppe, die eine Stafette bildet (Biathlon~, Läufer~) 5 〈schwäb.〉 → Treppe [< ahd. *staffal* „Stufe"]

Staf|fe|lei 〈f.10〉 Gestell für das Bild (beim Malen) [zu *Staffel* „Treppenabsatz"]

Staf|fel|lauf 〈m.2; Leichtathletik〉 Wettbewerb, bei dem die Gesamtstrecke in Form einer nach Einzelstrecken geteilten Stafette von Läufern einer Mannschaft zurückgelegt wird, die sich beim Wechsel einen Stab übergeben

staf|feln 〈V.1, hat gestaffelt; mit Akk.〉 1 treppenartig, in Stufen anordnen 2 abstufen, in Stufen gliedern; Gehälter, Tarife, Preise, Gebühren s. II 〈refl.; ugs.〉 sich s. *stufenweise angeordnet, gegliedert sein*; die Gebühren s. sich nach der Entfernung

Staf|fel|ta|rif 〈m.1〉 Frachttarif, bei dem der Kilometerpreis mit wachsender Entfernung abnimmt

Staf|fe|lung 〈f.10〉 das Staffeln, das Gestaffeltsein

staf|fie|ren 〈V.3, hat staffiert; mit Akk.〉 1 〈bes. österr.〉 ausstatten, verzieren, 〈meist〉 ausstaffieren; einen Hut mit Federn s. 2 mit Stoff unterlegen; einen Mantel mit Futter s.

Stag 〈n.1 oder n.12〉 Seil zum Sichern und Stützen von Masten in der Längsrichtung des Schiffes [nddt.]

Stag|fla|tion 〈f.10〉 Wirtschaftslage, in der bei steigenden Preisen Beschäftigung und Produktion zurückgehen [< *Stagnation* und *Inflation*]

Sta|gio|ne 〈[-dʒo-] f., -, -ni; ital. Theat.〉 Spielzeit

Sta|gna|ti|on 〈f.10〉 das Stagnieren, Stillstand, Stockung

sta|gnie|ren 〈V.3, hat stagniert; o.Obj.〉 stocken, stillstehen, nicht vorangehen; die Entwicklung, die Arbeit stagniert [< lat. *stagnare* „unter Wasser stehen, überschwemmt sein", zu *stagnum* „stehendes oder langsam fließendes Gewässer", zu *stare* „stehen"]

Stag|se|gel 〈n.5〉 an einem Stag gesetztes Segel

Stahl 〈m.2 oder m.1〉 1 schmied- oder walzbares Eisen mit hohem Kohlenstoffgehalt, das gehärtet werden kann 2 〈poet.〉 blanke Waffe (z. B. Schwert)

Stahl|be|ton 〈[-tɔŋ] auch [-tõ] m., -s, nur Sg.〉 Baustoff, dessen Tragfähigkeit auf der einander ergänzenden Wirkung von Beton und Stahl beruht

stahl|blau 〈Adj., o.Steig.〉 metallisch graublau (wie Stahl in bestimmtem Licht), (dunkel) metallisch grünlichblau

stäh|len 〈V.1, hat gestählt; mit Akk.〉 stark, widerstandsfähig machen; seinen Körper s.

stäh|lern 〈Adj., o.Steig.〉 1 aus Stahl; ~er Draht 2 〈übertr.〉 hart wie Stahl, sehr hart; ~e Muskeln; ~e Nerven *unerschütterliche Nerven*

stahl|hart 〈Adj., o.Steig.〉 hart wie Stahl

Stahl|helm 〈m.1〉 Helm aus Stahlblech, der (frühere) Helm der deutschen Soldaten

Stahl|kam|mer 〈f.11〉 feuer- und einbruchsicherer Raum (bes. in Banken)

Stahl|quel|le 〈f.11〉 → *Eisensäuerling*

Stahl|roß 〈n.1 oder n.4; ugs., scherzh.〉 Fahrrad

Stahl|ste|cher 〈m.5〉 Künstler, der Stahlstiche herstellt

Stahl|stich 〈m.1〉 dem Kupferstich ähnliches grafisches Verfahren, bei dem statt der Kupfer- eine Stahlplatte verwendet wird

Sta|ke 〈f.11〉 → *Staken*

sta|ken 〈V.1〉 I 〈mit Akk.; hat gestakt〉 mit einem langen Stab durch Stechen in den Untergrund vorwärtsbewegen; ein Boot s. II 〈o.Obj.; ist gestakt〉 1 sich durch Staken (1) im Boot fortbewegen; wir sind über den See gestakt 2 lang, sperrig herausragen; aus dem Korb s. ein paar Zweige 3 〈selten〉 → *staksen*

Sta|ken 〈m.7; norddt.〉 lange Stange; auch: *Stake*

Sta|ket 〈n.1〉 Holzzaun mit dicht aneinandergereihten Latten [< ital. *stecconata* „Latten-, Bretter-, Pfahlzaun", zu *stecco* „Pfahl", zu *stecco* „spitzes Holzstück"]

Sta|ke|te 〈f.11; österr.〉 Holzlatte

sta|kig 〈Adj.〉 → *staksig*

stak|sen 〈V.1, ist gestakst; o.Obj.; ugs.〉 mit langen Schritten ungelenk gehen; auch: 〈selten〉 *staken*; ~e Schritte; er stakste mit seinen langen Beinen durch die Gegend

stak|sig 〈Adj.〉 auch: *stakig* 1 lang, dünn und ungelenk; ~e Schritte; s. gehen 2 lang, dünn und sperrig; ~e Zweige

Sta|lag|mit 〈m.10 oder m.1〉 von unten nach oben sich aufbauendes Tropfsteingebilde [< griech. *stalagma* „Tropfen", zu *stalassein* „tröpfeln"]

Sta|lak|tit 〈m.10 oder m.1〉 von oben nach unten wachsendes Tropfsteingebilde [< griech. *stalaktos* „tropfend", zu *stalassein* „tröpfeln"]

Sta|li|nis|mus 〈m., -, nur Sg.〉 der von Stalin weiterentwickelte Marxismus

Sta|li|nist 〈m.10〉 Anhänger, Vertreter des Stalinismus

sta|li|ni|stisch 〈Adj., o.Steig.〉 zum Stalinismus gehörend, auf ihm beruhend

Sta|lin|or|gel 〈f.11; im 2. Weltkrieg〉 von den sowjetischen Truppen benützte Vorrichtung zum gleichzeitigen Abschießen mehrerer Raketengeschosse [nach dem sowjet. Politiker Jossif *Stalin*]

Stall 〈m.2〉 Gebäude zum Unterbringen von Vieh; Syn. *Stallung*; [zu *stellen*] er kommt aus einem guten S. 〈ugs., scherzh.〉 *er kommt aus gutem Hause*; sie haben daheim einen S. voll Kinder 〈ugs.〉 *sie haben sehr viele Kinder*

stal|len¹ 〈V.1, hat gestallt; mit Akk.〉 in einem Stall unterbringen; Vieh s.

stal|len² 〈V.1, hat gestallt; o.Obj.; von Pferden〉 harnen [mhd., urspr. „tröpfeln"]

Stall|feind 〈m., -(e)s, nur Sg.; schweiz.〉 → *Maul- und Klauenseuche*

Stall|ha|se 〈m.11; ugs.〉 Hauskaninchen

Stall|mei|ster 〈m.5; an Fürstenhöfen〉 Aufseher über den Pferdestall

Stal|lung 〈f.10; meist Pl.〉 → *Stall*

Stamm 〈m.2〉 1 senkrechter, sich nach oben verjüngender Teil (von Holzgewächsen, bes. Bäumen; Baum~); eine aus Stämmen gebaute Hütte 2 große Gruppe innerhalb eines Volkes mit gewissem Zusammengehörigkeitsgefühl, (kleines) Naturvolk 3 〈Zool.〉 (mehrere Klassen umfassende) systematische Einheit (Tier~) 4 〈Tierzucht〉 Gruppe von Tieren mit herausgezüchteten, unveränderlichen Merkmalen; ein gegen eine Krankheit resistenter S. 5 〈nur Sg.〉 Gruppe von regelmäßigen Besuchern einer Einrichtung; fester S. eines Lokals 6 Teil eines Wortes, der unverändert bleibt und an den Flexionsendungen angefügt werden 7 〈Nachrichtentechn.〉 Abzweigleitung, aus der Empfangsgeräte betrieben werden

Stamm|ak|tie 〈[-tsjə] f.11〉 einfache Aktie ohne Vorrechte; Ggs. *Vorzugsaktie*

Stamm|baum 〈m.2〉 1 〈bei Menschen und einigen Haustieren〉 grafische Darstellung der verwandtschaftlichen Beziehungen (nach vaterrechtlichen Grundsätzen) in Gestalt eines Baumes 2 〈Biol.〉 entsprechende Darstellung der verschiedenen Gruppen von Lebewesen nach Auftreten im Verlauf der Erdgeschichte und nach Verwandtschaft 3 〈scherzh.〉 Baum, den ein männlicher Hund immer wieder zum Harnen aufsucht

Stamm|buch 〈n.4〉 Buch, in das sich Freunde und Gäste eintragen; jmdm. etwas ins S. schreiben 〈auch übertr., ugs.〉 *jmdn. tadeln*; das kannst du dir ins S. schreiben! 〈ugs.〉 *merk dir das bitte!*

Stamm|ein|la|ge 〈f.11〉 Kapitaleinlage eines Gesellschafters einer GmbH

stam|meln 〈V.1, hat gestammelt〉 I 〈o.Obj.〉 gehemmt, in abgerissenen, immer neu angefangenen Sätzen sprechen II 〈mit Akk.〉 in dieser Weise erregt, verlegen sagen; „...!" stammelte er

Stamm|el|tern 〈nur Pl.〉 Eltern als Begründer eines Stammes

stam|men 〈V.1, hat gestammt; o.Obj.〉 1 seine Herkunft, Heimat haben; er stammt aus Frankreich, aus Berlin, von der Küste; diese Tiere s. aus Afrika; er stammt aus einer alten Kaufmannsfamilie; das Wort stammt aus dem Lateinischen 2 etwas oder jmdm. s. *jmds. Besitz gewesen sein, Teil von etwas gewesen sein*; diese Uhr stammt von meinem Großvater; diese Säulen s. aus einem älteren Bauwerk

Stam|mes|feh|de 〈f.11〉 Fehde zwischen Volksstämmen

Stamm|form 〈f.10〉 1 〈Biol.〉 Lebewesen, von dem andere Lebewesen abstammen 2 〈Gramm.〉 Form eines Verbs, die ohne Hilfsverben gebildet ist

Stamm|gast 〈m.2〉 Gast, der ein Lokal regelmäßig besucht; Syn. 〈†〉 *Habitué*

Stamm|ge|richt 〈n.1〉 einfaches, preiswertes Gericht (in Gasthäusern, in einer Mensa)

Stamm|hal|ter 〈m.5〉 männlicher Nachkomme

Stamm|holz 〈n.4〉 Nutzholz, das 1 m über dem Boden gewachsen, mehr als 14 cm Durchmesser aufweist; vgl. *Stangenholz (2)*

Stamm|mie|te 〈-mm|m-; f.11; Theat.〉 Platzmiete, Abonnement

stäm|mig 〈Adj.〉 klein, aber kräftig, untersetzt, gedrungen

Stamm|ka|pi|tal 〈n., -s, nur Sg.〉 Gesamtheit der Stammeinlagen

Stamm|kun|de 〈m.11〉 Kunde, der ein Geschäft häufig besucht

Stamm|kund|schaft 〈f., -, nur Sg.〉 regelmäßig in einem Geschäft kaufende Kundschaft; Ggs. *Laufkundschaft*

Stamm|land 〈n.4〉 Land, aus dem etwas oder jmd. stammt

Stamm|lo|kal 〈n.1〉 Lokal, das jmd. regelmäßig aufsucht

Stamm|per|so|nal 〈n., -s, nur Sg.〉 langjähriges Personal

Stamm|rol|le 〈f.11〉 Liste der Wehrpflichtigen (einer Gemeinde)

Stamm|sil|be 〈f.11〉 sinntragende Silbe eines Wortes ohne Flexionsendungen und Vor- und Nachsilben, z. B. Bau(er), Hoff(nung)

Stamm|sitz 〈m.1〉 1 ursprünglicher Wohnsitz eines Adelsgeschlechtes 2 Ort, an dem eine Firma gegründet wurde

Stamm|spie|ler ⟨m.5⟩ Spieler, der regelmäßig in einer Mannschaft spielt; vgl. Ersatzspieler

Stamm|ta|fel ⟨f.11; Genealogie⟩ Tafel, die alle Söhne und Töchter eines Geschlechts aufführt, jedoch ohne die Nachkommen der verheirateten Töchter

Stamm|tisch ⟨m.1⟩ 1 großer Tisch in einer Gaststätte, an dem die Stammgäste sitzen 2 Personenkreis, der sich regelmäßig an einem Stammtisch (1) trifft 3 regelmäßige Zusammenkunft an einem Stammtisch (1)

Stamm|tisch|po|li|ti|ker ⟨m.5⟩ jmd., der am Stammtisch ohne wirkliche Einsicht politische Reden führt; Syn. Bierbankpolitiker

Stamm|ton ⟨m.2; Mus.⟩ Ton ohne Vorzeichen

Stamm|mut|ter ⟨-mm|m-; f.6⟩ Begründerin eines Geschlechts

Stamm|va|ter ⟨m.6⟩ Begründer eines Geschlechts

stamm|ver|wandt ⟨Adj., o.Steig.⟩ 1 die gleichen Vorfahren besitzend 2 ⟨Sprachw.⟩ vom gleichen Stammwort abgeleitet

Stamm|vo|kal ⟨m.1⟩ Vokal der Stammsilbe (eines Wortes)

Stamm|wür|ze ⟨f., -, nur Sg.⟩ Gehalt an löslichen Stoffen in der Würze des Bieres vor der Gärung

Sta|mo|kap ⟨Abk. für⟩ Staatsmonopolkapitalismus

Stam|perl ⟨n.14; bayr.-österr.⟩ Schnapsglas ohne Stiel [zu stampern „fest aufsetzen, stampfen"]

Stamp|fe ⟨f.11⟩ Gerät zum Stampfen (z.B. von Erde); auch: Stampfer

stamp|fen ⟨V.1⟩ I ⟨o.Obj.⟩ 1 ⟨hat gestampft⟩ fest, mit Kraft auftreten; (mit dem Fuß) auf den Boden s.; das Pferd stampft mit den Hufen 2 ⟨hat gestampft⟩ sich schwer, wuchtig auf und nieder bewegen; ein Maschinenteil, ein mechanischer Hammer stampft 3 ⟨hat gestampft; Seew.⟩ sich um die Querachse auf und nieder bewegen; das Schiff stampft 4 ⟨ist gestampft⟩ mit schweren, wuchtigen Schritten gehen; durch die Räume s. II ⟨mit Akk.; hat gestampft⟩ 1 zerdrücken, zerquetschen; Kartoffeln s. 2 durch wuchtige Schläge mit einem flachen Gegenstand ebnen; Erdreich s.

Stamp|fer ⟨m.5⟩ 1 → Stampfe 2 Sauggerät zum Reinigen verstopfter Abflüsse 3 Küchengerät zum Zerstampfen von Kartoffeln

Stam|pi|glie ⟨[-ljə] f.11; österr.⟩ 1 Gerät zum Stempeln 2 Stempelaufdruck [< ital. stampiglia „Stempel", zu stampa „Druck"]

Stand ⟨m.2⟩ 1 ⟨nur Sg.⟩ das (sichere) Stehen, Aufrechtstehen; einen guten, sicheren S. haben; einen schweren S. bei jmdm. haben sich gegen jmdn. schwer durchsetzen können; in den S. springen ⟨Turnen⟩ springen und aufrecht zu stehen kommen 2 Standort, Standplatz (Taxi~, Schützen~) 3 Verkaufs-, Ausstellungsplatz; Gemüse am S. kaufen; der S. einer Firma auf der Messe 4 Höhe zu einem bestimmten Zeitpunkt (Sonnen~, Wasser~); der S. der Kurse 5 ⟨nur Sg.⟩ Beschaffenheit, Zustand; der S. der Dinge; etwas auf dem neuesten S. bringen; etwas ist in einem guten Zustand 6 Betrag (Kassen~) 7 ⟨nur Sg.⟩ gesellschaftliche, soziale Stellung (Familien~); in den S. der Ehe treten ⟨geh.⟩ sich verheiraten 8 Gesellschaftsschicht; die höheren Stände; der dritte S. das Bürgertum; ein Mann von (hohem) S. ein Adeliger; unter seinem S. heiraten 9 Berufsgruppe; der S. der Handwerker ⟨Jägerspr.⟩ 1 Ort, an dem der Wild gerne aufhält 2 Anzahl des in einem Revier vorhandenen Wildes 11 kleiner, abgeteilter Raum in einem Stall (Pferde~) 12 ⟨schweiz.⟩ Kanton

Stan|dard ⟨m.9⟩ 1 Richtmaß, Norm; das Haus entspricht dem allgemeinen S. für ein modernes, komfortables Wohnhaus 2 Durchschnittsbeschaffenheit, Normalausführung 3 Feingehalt (von Münzen) [< engl. standard in ders. Bed. sowie „Durchschnitt, Regel, Ständer, Pfosten", < altfrz. estandart, →Standarte]

Stan|dard... ⟨in Zus.⟩ 1 den üblichen, genormten Maßen entsprechend, z.B. Standardbrief, Standardgröße 2 Muster..., z.B. Standardlösung, Standardtyp 3 Normal..., z.B. Standardausführung

stan|dar|di|sie|ren ⟨V.3, hat standardisiert; mit Akk.⟩ einem Standard angleichen, auf einen Standard bringen, normen; Bauteile, Ersatzteile s.

Stan|dard|tanz ⟨m.2⟩ Turniertanz (Slowfox, Tango, Quickstep, Walzer)

Stan|dard|werk ⟨n.1⟩ grundlegendes Werk (der Fachliteratur)

Stan|dar|te ⟨f.11⟩ 1 (meist quadratische, oft mit spitzwinkligem Einschnitt versehene) kleine Militärflagge (berittener oder motorisierter Truppen) 2 (früher) ähnliches Tuch als Flagge von Staatsoberhäuptern oder Fürsten 3 ⟨Jägerspr.⟩ beim Fuchs Schwanz [< mhd. standart < altfrz. estandart „Fahne, Feldzeichen", weitere Herkunft nicht bekannt]

Stand|bein ⟨n.1; Kunst, Sport⟩ die Hauptlast des Körpers (beim Stehen) tragendes Bein; Ggs. Spielbein

Stand|bild ⟨n.3⟩ 1 Statue, Denkmal 2 Standfoto

Ständ|chen ⟨n.7⟩ Musikstück, das jmdm. zur Huldigung (bes. unter dem Fenster) vorgetragen wird; jmdm. ein S. bringen

Stan|de ⟨f.11; schweiz.⟩ Faß, Bottich; auch: Standen

Stän|de|kam|mer ⟨f.11; in nichtdemokratischen Staaten⟩ aus Vertretern der Stände gebildetes Organ des Parlaments

Stan|den ⟨n.7⟩ →Stande

Stän|de|ord|nung ⟨f.10⟩ nach Ständen gegliederte Ordnung (einer Gesellschaft)

Stan|der ⟨m.5⟩ dreieckige Flagge (z.B. an Autos zur Kennzeichnung der Inhaber hoher Staatsämter) [zu stehen]

Stän|der ⟨m.5⟩ 1 Vorrichtung, die bewirkt, daß ein Gegenstand gestellt werden kann (Fahrrad~) 2 Vorrichtung, auf die etwas gestellt werden kann (Blumen~) 3 Vorrichtung, auf die etwas gelegt werden kann oder an die etwas gehängt werden kann (Kleider~, Noten~) 4 ⟨Jägerspr.; beim Federwild⟩ Bein 5 senkrechter Balken (im Fachwerk) 6 → Stator 7 ⟨derb⟩ erigierter Penis [zu stehen]

Stän|de|rat ⟨m.2; schweiz.⟩ zweite Kammer der Bundesversammlung, Vertretung der Kantone

Stan|des|amt ⟨n.4⟩ Behörde, die Geburten, Eheschließungen und Todesfälle urkundlich festhält

stan|des|amt|lich ⟨Adj., o.Steig.⟩ vom Standesamt beurkundet; ~e Trauung; sich s. trauen lassen sich (nur) auf dem Standesamt trauen lassen

Stan|des|be|am|te(r) ⟨m.17 oder m.18⟩ Beamter an einem Standesamt

stan|des|be|wußt ⟨Adj., -er, am -esten⟩ sich seines gesellschaftlichen Standes bewußt und entsprechend handelnd und auftretend

Stan|des|be|wußt|sein ⟨n., -s, nur Sg.⟩

Stan|des|dün|kel ⟨m., -s, nur Sg.⟩ Dünkel aufgrund der sozialen Stellung

stan|des|ge|mäß ⟨Adj., -er, am -esten⟩ dem gesellschaftlichen Stand entsprechend; s. leben

Stan|des|or|ga|ni|sa|ti|on ⟨f.10⟩ Organisation, die einen bestimmten Berufsstand vertritt

Stan|des|per|son ⟨f.10⟩ Person von hohem Stand, Ad(e)liger

Stan|des|un|ter|schied ⟨m.1⟩ Unterschied in bezug auf die soziale Stellung

Stän|de|staat ⟨m.12⟩ nach gesellschaftlichen Ständen gegliederter Staat

Stan|des|vor|ur|teil ⟨n.1⟩ Vorurteil, das jmd. aufgrund seines gesellschaftlichen Standes gegen andere hat

Stän|de|tag ⟨m.1⟩, **Stän|de|ver|samm|lung** ⟨f.10; im alten Dt. Reich⟩ Landtag

stand|fest ⟨Adj., -er, am -esten⟩ fest stehend; nicht mehr s. ⟨ugs.⟩ leicht angetrunken

Stand|fo|to ⟨n.9⟩ Foto (aus einem Film), das eine Einstellung zeigt

Stand|geld ⟨n.3⟩ 1 Gebühr für das Aufstellen eines (Verkaufs-)Standes auf Märkten, Ausstellungen u. ä. 2 Gebühr für die Benutzung von Güterwagen bei Überschreitung der Einladefrist

Stand|ge|richt ⟨n.1⟩ aus Offizieren gebildetes Gericht zur Ausübung des Standrechts

stand|haft ⟨Adj., -er, am -esten⟩ fest, unerschütterlich, beharrlich; sich s. weigern

Stand|haf|tig|keit ⟨f., -, nur Sg.⟩

stand|hal|ten ⟨V.61, hat standgehalten; o.Obj.⟩ 1 fest stehen bleiben, nicht wanken, nicht zurückweichen, nicht zerbrechen; einem Schlag, Stoß s.; einem Angriff s. 2 nicht ausweichen, nicht nachgeben, sich nicht (von etwas) einschüchtern lassen; jmds. Blick s.; einer Kritik, jmds. Beschuldigen s.; jmds. Verführungskünsten s.

stän|dig ⟨Adj., o.Steig.⟩ 1 häufig wiederkehrend; ~e Verletzung der Rechte anderer; er ist s. krank 2 dauernd, ununterbrochen; ~er Wohnsitz 3 immer vorhanden, immer anwesend; ein ~er Mitarbeiter

stän|disch ⟨Adj., o.Steig.⟩ zu den Ständen gehörig, nach Ständen; ~e Gliederung

Stand|licht ⟨n.3; bes. beim Kfz⟩ stromsparende Beleuchtung, die beim Abstellen auf unbeleuchteten Verkehrswegen vorgeschrieben ist

Stand|li|nie ⟨[-njə] f.11; Navigation⟩ jede der zwei Linien, deren Kreuzungspunkt den Standort ergibt

Stand|ort ⟨m.1⟩ 1 Ort, an dem sich jmd. oder etwas ständig aufhält 2 ⟨Mil.⟩ Garnison, Ort der Kasernierung

Stand|ort|kom|man|dant ⟨m.10⟩ Leiter einer Dienststelle zur Wahrnehmung ortsgebundener militärischer Aufgaben

Stand|pau|ke ⟨f.11; ugs.⟩ Strafpredigt

Stand|platz ⟨m.2⟩ Ort, an dem jmd. oder etwas regelmäßig steht oder stehenbleibt (Taxi~); er hat auf dem Markt einen S.

Stand|punkt ⟨m.1⟩ 1 Ort, an dem sich ein Beobachter aufhält; der S. des Betrachters 2 Meinung, Ansicht (die jmd. hat); seinen S. vertreten; ich werde ihm meinen S. klarmachen ⟨übertr.⟩ ich werde ihn energisch zurechtweisen; sich auf einen S. stellen; einen anderen S. einnehmen als jmd.

Stand|recht ⟨n, -(e)s, nur Sg.⟩ vereinfachtes und beschleunigtes Strafverfahren während des Krieges

stand|recht|lich ⟨Adj., o.Steig.⟩ nach Standrecht; jmdn. s. erschießen

stand|si|cher ⟨Adj.⟩ fest stehend; eine ~e Leiter **Stand|si|cher|heit** ⟨f., -, nur Sg.⟩

Stand|uhr ⟨f.10⟩ Pendeluhr in einem Gehäuse, das auf dem Boden steht

Stand|vo|gel ⟨m.6⟩ zu allen Jahreszeiten dasselbe Gebiet bewohnender Vogel; vgl. Zugvogel, Strichvogel

Stand|wild ⟨n., -(e)s, nur Sg.⟩ Wild, das sich ständig in einem Revier aufhält; Ggs. Wechselwild

Stan|ge ⟨f.11⟩ dünner, langer Stab (Fahnen~, Kleider~, Vorhang~); jmdm. die S. halten ⟨ugs.⟩ jmdn. halten, dem etwas vorgeworfen wird; bei der S. bleiben eine Sache weiterführen; ein Anzug, Mantel von der S. einer von vielen gleichartig hergestellten Anzügen, Mänteln, die nicht angefertigt sind (und reihenweise im Geschäft hängen) 2 Gegenstand in langer, dünner Form (Zimt~); eine S. Lakritze; Zimt in ~n kaufen (nicht pulverisiert) 3 *mehrere nebeneinander aufgereihte und so verpackte Gegenstände;* eine S. Zigaretten; das kostet eine S. Geld ⟨ugs.⟩ *das kostet viel Geld*

Stän|geln ⟨V.1, hat gestängelt; mit Akk.⟩ *an Stangen befestigen;* Efeu s.

Stan|gen|holz ⟨n.4⟩ **1** *junger Wald* **2** *Nutzholz unter 14 cm Durchmesser;* vgl. *Stammholz*

Stan|gen|spargel ⟨m.5⟩ *ganzer (nicht zerkleinerter) Spargel*

Sta|nit|zel ⟨n.5; österr.⟩ *spitze Tüte* [wahrscheinlich ⟨ital. *scartoccio, cartoccio* „Tüte", zu *carta* „Papier"⟩]

Stank ⟨m., -(e)s, nur Sg.⟩ **1** ⟨†⟩ *Gestank* **2** ⟨übertr., ugs.⟩ *Zank, Zwietracht*

stän|kern ⟨V.1, hat gestänkert; o.Obj.; ugs.⟩ **1** *sich grob beschweren, grob Unfrieden stiften, eine ungute Stimmung erzeugen;* er muß immer s. **2** ⟨übertr.⟩ *suchen, herumschnüffeln, stöbern, spionieren;* in jmds. Sachen s.

Stan|nin ⟨n., -s, nur Sg.⟩ → *Zinnkies*

Stan|ni|ol ⟨n.1⟩ *Folie aus Zinn oder Zinn-Blei-Legierung, Aluminiumfolie* [zu *Stannum*]

Stan|num ⟨n., -s, nur Sg.⟩ → *Zinn* [lat.]

stan|te pe|de *stehenden Fußes, sofort;* ich bin s. p. umgekehrt [lat.]

Stan|ze¹ ⟨f.11⟩ **1** *spitzes, schneidendes Werkzeug (zum Herausstechen von Löchern aus einem Material)* **2** *Prägestempel* [Herkunft nicht bekannt]

Stan|ze² ⟨f.11⟩ *Strophe mit acht jambischen Zeilen* [< ital. *stanza* „Zimmer", dann im Sinne von „Reimgebäude" auf die Strophe übertragen]

stan|zen ⟨V.1, hat gestanzt; mit Akk.⟩ *etwas s.* **1** *mit der Stanze¹ (1) Stücke aus etwas heraussuchen;* Blech, Leder s. **2** *mit der Stanze¹ (1) anbringen;* Löcher s.

Sta|pel ⟨m.5⟩ **1** *geschichteter Haufen* (Holz~, Kleider~) **2** *Gerüst für das Schiff während des Baues;* ein Schiff vom S. (laufen) lassen; eine Rede vom S. lassen ⟨übertr., iron.⟩ *eine Rede halten* [nddt., zu *Staffel*]

Sta|pel|fa|ser ⟨f.11⟩ *maßgeschnittene Chemiefaser, die zu Garn versponnen wird*

Sta|pe|lie ⟨[-ljə] f.11⟩ *eine kakteenähnliche südafrikanische Pflanze, die durch ihren Aasgeruch Insekten anzieht* [nach dem holländ. Arzt und Botaniker Jan Bode van *Stapel* (gest. 1636)]

Sta|pel|lauf ⟨m.2⟩ *erstmaliges Zuwasserlassen eines neugebauten Schiffes vom Stapel (2)*

sta|peln ⟨V.1, hat gestapelt⟩ **I** ⟨mit Akk.⟩ **1** *aufeinandersetzen, -türmen, -schichten;* Bücher, Platten s. **2** *in großer Menge anhäufen;* Vorräte s. **II** ⟨refl.⟩ *sich s. sich in großer Menge anhäufen;* in seinem Zimmer s. sich die Zeitungen; auf seinem Schreibtisch s. sich die Anfragen

Sta|pe|lung ⟨f., -, nur Sg.⟩ *das Stapeln (I)*

Sta|pel|wa|re ⟨f.11⟩ **1** *Ware, die gestapelt werden kann* **2** *von der Mode unabhängige Textilien, die in großen Mengen produziert und gestapelt werden*

Stap|fe ⟨f.11⟩ *Spur, Abdruck eines Fußes, Fußspur;* auch; *Stapfen;* Syn. *Fußstapfe(n)*

stap|fen ⟨V.1, hat gestapft; o.Obj.⟩ *mit festen Schritten (bei denen jedes Mal die Füße stark gehoben werden) gehen;* durch den Schnee s.

Stap|fen ⟨m.7⟩ → *Stapfe*

Sta|phy|lo|kok|kus ⟨m., -, -ken, meist Pl.⟩ *jedes von vielen traubenförmig zusammenhängenden Kugelbakterien* [< griech. *staphyle* „Traube, Weintraube" und *kokkos* „Kern"]

Star¹ ⟨m.1, schweiz. m.10⟩ **1** ⟨i.w.S.⟩ *(sperlings- bis drosselgroßer) Singvogel, der gut fliegt und zur Nahrungssuche auf dem Boden läuft* (Glanz~, Rosen~) **2** ⟨i.e.S.⟩ *weit verbreiteter Vogel mit einem braunen bis schwärzlichem, metallisch glänzenden Gefieder und geschwätzigem Gesang;* Syn. ⟨nordwestdt.⟩ *Sprehe* [< ahd. *stara*, germ. **star*,

wahrscheinlich aus einem idg. Wort, das alle tauben- bis drosselgroßen Vögel bezeichnete]

Star² ⟨m.1⟩ *Erkrankung des Auges;* grauer S. *Trübung der Augenlinse;* grüner S. *Erhöhung des Augeninnendruckes;* schwarzer S. *Erblindung ohne jede Lichtempfindung* [< mhd. *starblind*, ahd. *staraplint*, eigtl. „starrend blind", d.h. „mit offenen Augen blind" (die Blindgeborenen halten im Unterschied zu den Erblindeten die Augen häufig geschlossen), zu *starren* „starr blicken"]

Star³ ⟨m.9⟩ **1** *berühmte(r) Sänger(in), Schauspieler(in) oder Sportler(in)* **2** ⟨kurz für⟩ *Starreporter* [< engl. *star* „Stern"]

Star... ⟨in Zus.; ugs.⟩ *der, die fähigste, wichtigste, bedeutendste ...* z.B. Starreporter, Staranwalt

Stär ⟨m.1; landsch.⟩ → *Widder*

Star|al|lü|ren ⟨f.11, Pl.⟩ *Launen eines Stars*

Star|boot ⟨n.1⟩ auch: ⟨kurz⟩ *Star* **1** *Zweimannkielboot* **2** *olympische Bootsklasse* [< *Star³* und *Boot*]

sta|ren ⟨V.1, hat gestärt; o.Obj.; bei Schafen⟩ *brünstig sein* [zu *Stär*]

Sta|ren|ka|sten ⟨m.8⟩ *Nistkasten für Stare*

Star|figh|ter ⟨[-fai-] m.5⟩ *ein Flugzeugtyp* [engl., „Sternenkämpfer"]

stark ⟨Adj., stärker, am stärksten⟩ Ggs. *schwach* **1** *große Körperkraft besitzend;* ein ~er Mann; ~e Arme haben; sich für jmdn. ~ *machen sich für jmdn. einsetzen* **2** *Widerstandskraft, Standfestigkeit besitzend, unerschütterlich;* ein ~er Glaube **3** *stabil, fest;* ~er Karton; ein ~es Tau **4** *leistungsfähig;* ~es Herz; ein ~er Motor; ~e Nerven; er ist ein ~er Stürmer (Sport) *sehr gehaltvoll;* ~er Kaffee; ~e Zigarren **6** *zahlreich, mächtig;* ~e Anhängerschaft; unter ~er Beteiligung **7** *in hohem Maße, in großem Ausmaß;* eine ~e Begabung; ~er Frost; ein ~er Wind; es ist ein ~er Raucher; ~er Verkehr; die Wunde blutet s.; er ist s. betrunken; das Essen ist s. gewürzt; hier riecht es s. nach Benzin; sie sind s. verschuldet **8** *eine (bestimmte) Dicke, einen (bestimmten) Umfang, eine (bestimmte) Anzahl aufweisend;* das Brett ist 3 cm s.; das Buch ist 500 Seiten s.; das Heer ist 100000 Mann s. **9** ⟨verhüllend⟩ *dick;* sie ist in letzter Zeit sehr s. geworden **10** ⟨ugs.⟩ *unerhört, unverschämt;* das ist s.!; das ist ein ~es Stück! *das ist eine Unverschämtheit!* **11** ⟨Jugendspr.⟩ *beeindruckend, herrlich;* ein ~es Motorrad **12** ⟨Gramm.⟩ **a** *(bei Verben) den Stammvokal ändernd;* ~e Konjugation **b** *(bei Substantiven) im Maskulinum und Neutrum Genetiv Singular auf -(e)s endend;* ~e Deklination

Stark|bier ⟨n.1⟩ *Bier mit einem Gehalt von mehr als 16% Stammwürze*

Stär|ke ⟨f.11⟩ **1** ⟨allg.⟩ *starke Beschaffenheit, das Starksein* **a** ⟨nur Sg.⟩ *körperliche Kraft;* die S. seiner Muskeln **b** ⟨nur Sg.⟩ *Macht;* die S. der Armee, eines Staates **c** ⟨nur Sg.⟩ *Leistungsfähigkeit;* die S. des Motors **d** ⟨nur Sg.⟩ *Gehalt, Konzentration, Wirksamkeit;* die S. des Kaffees, des Waschmittels läßt zu wünschen übrig **e** *Dicke, Umfang;* das Brett hat eine S. von 5 mm; wir haben Platten in verschiedenen S. **f** *(große Anzahl);* die S. des Besuchs nimmt ab, nimmt zu *besondere Befähigung;* Zeichnen ist nicht meine S. **2** *in verschiedenen Pflanzen vorkommendes Polysaccharid, das zur Nahrungsgewinnung und zum Festigen, Steifen von Wäsche verwendet wird* (Kartoffel~, Mais~)

stär|ken ⟨V.1, hat gestärkt; mit Akk.⟩ **1** *jmdn. oder etwas s. stark machen; kräftigen;* jmds. Kräfte, Gesundheit s.; der Schlaf hat mich gestärkt; jmdm. den Rücken s. *jmdn. in seiner Meinung anderen gegenüber unterstützen;* ~des Mittel *den Kreislauf anregendes Mittel* **2** *jmdn. oder sich s. jmdm. etwas zu essen und zu trinken geben, etwas essen und

trinken (wenn jmd., man selbst ermüdet, erschöpft ist)* **3** *etwas s. mit Stärke (2) behandeln;* Syn. *steifen;* Wäsche s.; gestärkte Tischtücher

stark|kno|chig ⟨Adj., o.Steig.⟩ *starke Knochen besitzend*

stark|lei|big ⟨Adj., o.Steig.⟩ *dick, beleibt*

Stark|lei|big|keit ⟨f., -, nur Sg.⟩

Stark|strom ⟨m.2⟩ *elektrischer Strom mit einer Spannung von über 65 Volt;* Ggs. *Schwachstrom*

Star|kult ⟨m.1⟩ *Aufhebens um einen Star (3), Kult (2) um einen Star*

Stär|kung ⟨f.10⟩ **1** ⟨nur Sg.⟩ *das Stärken, Kräftigung;* ein Mittel zur S. der Nerven **2** ⟨nur Sg.⟩ *das Sichstärken;* jmdm. etwas zur S. anbieten **3** *Erfrischung, kleine Mahlzeit;* jmdm. eine S. anbieten

Star|let ⟨n.9⟩ *Nachwuchsfilmschauspielerin;* Syn. *Filmsternchen* [engl., < *Star³* und Verkleinerungssilbe *...let*]

Stär|ling ⟨m.1⟩ *(dem Star ähnlicher) nordamerikanischer Singvogel* (Kuh~, Lerchen~)

Sta|rost ⟨m.10⟩ **1** *(früher in Polen) Inhaber eines vom König verliehenen Lehens* **2** ⟨auch⟩ *Gerichtsstatthalter* **3** *(im zarist. Rußland) Gemeindevorsteher* [< russ. *starosta* „Ältester, Vorsteher", im Altruss. auch „Greis", zu *starost* „Alter", zu *starij* „alt"]

Sta|ro|stei ⟨f.10; früher in Polen⟩ *vom König verliehenes Lehen*

starr ⟨Adj.⟩ **1** *unbeweglich, steif;* ~es Material; meine Finger sind s. vor Kälte; ich war s. vor Schrecken **2** *ohne Bewegung, ohne Ausdruckskraft;* ~er Blick; s. blicken **3** *unnachgiebig, nicht veränderbar, streng;* ein ~es Prinzip; ~er Sinn; s. an Vorschriften festhalten **4** ⟨o.Steig.⟩ *kein Gelenk besitzend;* eine ~e Achse; ~e Verbindung

Star|re ⟨f., -, nur Sg.⟩ *das Starrsein (Frost~);* Syn. *Starrheit*

star|ren ⟨V.1, hat gestarrt; o.Obj.⟩ **1** *starr blicken, unverwandt schauen;* auf etwas oder jmdn. s.; jmdm. ins Gesicht s.; ⟨mit Akk., nur ugs.⟩ Löcher in die Luft s. *unentwegt vor sich hinblicken* **2** ⟨ugs.⟩ *starr, unbeweglich sein;* vor Schmutz s. *sehr schmutzig sein;* ⟨eigtl.⟩ *so schmutzig sein, daß es starr steht (in sich zusammenfällt, wenn man es losläßt);* von Waffen s. *schwer bewaffnet sein* **3** *starr emporragen;* die kahlen Äste starrten in die Luft, gegen den Himmel

Starr|heit ⟨f., -, nur Sg.⟩ → *Starre*

Starr|kopf ⟨m.2⟩ *eigensinniger, starrsinniger Mensch*

starr|köp|fig ⟨Adj.⟩ → *starrsinnig*

Starr|krampf ⟨m.2; kurz für⟩ → *Wundstarrkrampf*

Starr|sinn ⟨m., -(e)s, nur Sg.⟩ *Eigensinn, geistige Unbeweglichkeit, Unnachgiebigkeit*

starr|sin|nig ⟨Adj.⟩ *eigensinnig, geistig unbeweglich, unnachgiebig;* Syn. *starrköpfig*

Starr|sucht ⟨f., -, nur Sg.⟩ → *Katalepsie*

Stars and Stripes ⟨[starz and straips] die Nationalflagge der USA;* Syn. *Sternenbanner* [engl., „Sterne und Streifen"]

Start ⟨m.9, auch m.1⟩ **1** *Beginn, Anfang, Ablauf, Abfahrt, Abflug* **2** *Ablauf-, Abfahrts-, Abflugstelle* [zu *starten* „zu laufen, fahren, fliegen beginnen", < engl. *to start* in ders. Bed.]

Start|block ⟨m.2⟩ **1** ⟨Leichtathletik⟩ *bewegliche und verstellbare Stütze, von der man sich beim Start zu Kurzstreckenläufen mit den Füßen abdrückt* **2** ⟨Schwimmen⟩ *an der Stirnseite eines Beckens eingebauter Betonsockel, von dem aus der Startsprung erfolgt*

star|ten ⟨V.2⟩ **I** ⟨o.Obj.; ist gestartet⟩ **1** *zu laufen, zu fahren, zu fliegen beginnen, sich in Bewegung setzen;* die Läufer s.; das Flugzeug startet um neun Uhr **2** *abreisen, abfahren, weggehen, aufbrechen;* wir starten morgen früh **3** ⟨ugs.⟩ *beginnen;* die Festspiele s. mit einer Aufführung des „Jedermann" **4** *sich an* einem Wettkampf beteiligen II ⟨mit Akk.; hat gestartet⟩ 1 durch technische Hilfsmittel veranlassen, sich in die Luft zu erheben, sich vorwärtszubewegen; ein Flugzeug s. (mittels Katapult) s.; eine Rakete s.; ein Auto s. 2 ⟨ugs.⟩ beginnen lassen; ein Rennen s. 3 ⟨ugs.⟩ unternehmen, ins Leben rufen; wir wollen eine Hilfsaktion s.

Star|ter ⟨m.5⟩ 1 ⟨Sport⟩ a jmd., der bei bestimmten Wettkämpfen startet b jmd., der das Zeichen zum Start gibt 2 →Anlasser

Start|ma|schi|ne ⟨f.11; bei Pferderennen⟩ Vorrichtung aus mehreren über die Bahn gespannten Gurten, die zum Start hochgezogen werden

Sta|se ⟨f.11⟩, **Sta|sis** ⟨f., -, -sen; Med.⟩ Stauung, Stockung (bes. des Blutes) [< griech. stasis „das Stehen, Stillstand"]

stät ⟨Adj., -er, am -esten; alemann.⟩ störrisch, widerspenstig (vom Pferd); auch: stätig, stätisch [< mhd. stetec „nicht von der Stelle zu bringen", zu stete „Stätte, Platz"]

sta|ta|risch ⟨Adj.⟩ langsam fortschreitend, oft verweilend; ~e Lektüre durch häufige Erläuterungen unterbrochene Lektüre [< lat. statarius „stehend, an demselben Fleck stehend", zu status „das Stehen"]

State De|part|ment ⟨[steit dipartmənt] n., -, -, n⟩ das Außenministerium der USA

State|ment ⟨[steit-] n.9⟩ Feststellung, Verlautbarung [engl.]

stä|tig ⟨Adj.⟩ →stät

Sta|tik ⟨f., -, nur Sg.⟩ Wiss. von den in ruhenden Körpern wirkenden Kräften; Ggs. Dynamik [< griech. statike „Lehre vom Gleichgewicht", zu statos „stehend"]

Sta|ti|ker ⟨m.5⟩ Fachmann auf dem Gebiet der Statik von Bauwerken

Sta|ti|on ⟨f.10⟩ 1 Bahnhof, Haltestelle, Haltepunkt 2 Aufenthalt; S. machen 3 Funkerdestelle 4 wissenschaftliche Beobachtungsstelle; meteorologische S. 5 Abteilung (eines Krankenhauses); Chirurgische S. [< lat. statio, Gen. -onis, „das Stillstehen, Standort, Aufenthaltsort", zu stare „stehen"]

sta|tio|när ⟨Adj., o.Steig.⟩ 1 in Ruhe befindlich, ortsfest, nicht wachsend; ~er Satellit, ~e Wirtschaft 2 mit einem Krankenhausaufenthalt verbunden; Ggs. ambulant; ~e Behandlung [< frz. stationnaire „gleichbleibend", zu Station]

sta|tio|nie|ren ⟨V.3, hat stationiert; mit Akk.⟩ 1 an einen Standort stellen, an einem Platz aufstellen; Truppen s. ihnen einen Standort zuweisen 2 an einen Ort stellen, an einem Ort fest anbringen; Atomwaffen s.

sta|ti|ös ⟨Adj., -er, am -esten; †⟩ stattlich [mit französisierender Endung zu lat. status „das Stehen"]

sta|tisch ⟨Adj., o.Steig.⟩ 1 die Statik betreffend, auf Statik beruhend; Ggs. dynamisch (1); ~es Organ Gleichgewichtsorgan; ~er Sinn Schweresinn 2 ruhend, stillstehend; Ggs. dynamisch (2)

stä|tisch ⟨Adj.⟩ →stät

Sta|tist ⟨m.10; Theat., Film⟩ Darsteller einer stummen Rolle [junge Bildung < lat. status „Stand, Stellung", zu stare „stehen", weil der stumme Darsteller früher nur wenig oder im Hintergrund zu agieren hatten]

Sta|ti|ste|rie ⟨f., -, nur Sg.; Theat., Film⟩ Gesamtheit der Statisten

Sta|ti|stik ⟨f.10⟩ 1 zahlenmäßige Erfassung, Gruppierung und systematische Darstellung von Tatbeständen, die sich aus Massenerscheinungen ergeben 2 Darstellung statistischer Daten in Tabellenform [junge Bildung < lat. status „Stand, Verfassung, Beschaffenheit, Umstände", zu stare „stehen"]

Sta|ti|sti|ker ⟨m.5⟩ Fachmann auf dem Gebiet der Statistik

sta|ti|stisch ⟨Adj., o.Steig.⟩ auf Grund, mittels einer Statistik; Zahlen s. erfassen; das ist s. belegt, nachgewiesen

Sta|tiv ⟨n.1⟩ Ständer für physikalische, fotografische u. a. Geräte [< lat. stativus „stillstehend", zu stare „stehen"]

Sta|to|lith ⟨m.10, meist Pl.⟩ 1 körniger Einschluß in gewissen Pflanzenzellen 2 Gehörsteinchen im Gleichgewichtsorgan des Ohrs [< griech. statos „stehend" und lithos „Stein"]

Sta|tor ⟨m.13⟩ feststehender Teil einer elektrischen Maschine; Syn. Ständer [lat., „der Stehende"]

statt I ⟨Präp. mit Gen.⟩ an Stelle von; s. meiner; s. meines Sohnes; s. einer Antwort II ⟨Konj.⟩ an Stelle von; s. herumzustehen ⟨oder⟩ s. daß du hier herumstehst, solltest du mir lieber helfen; schicken Sie das Buch an mich s. an ihn

Statt ⟨f., -, nur Sg.⟩ 1 ⟨nur noch poet.⟩ Heimat, Wohnung; wir haben hier keine bleibende S. 2 ⟨nur in bestimmten Wendungen mit „an"⟩ statt eines, statt einer; jmdn. an Kindes S. annehmen; etwas an Eides S. erklären; an Zahlungs S.

Stät|te ⟨f.11⟩ Platz, Ort; die S. der Entscheidung; keine bleibende S. haben keinen Wohnsitz haben

statt|fin|den ⟨V.36, hat stattgefunden; o.Obj.⟩ sich ereignen, ablaufen, veranstaltet werden, vor sich gehen; Syn. ⟨†⟩ statthaben; heute findet hier eine Versammlung statt; die Aufführung findet bei Regen im Saal statt

statt|ge|ben ⟨V.45, hat stattgegeben; mit Dat.⟩ einer Sache s. eine Sache zulassen, bewilligen; einem Gesuch s.; einer Bitte s. eine Bitte erfüllen

statt|ha|ben ⟨V.60, hat stattgehabt⟩ →stattfinden

statt|haft ⟨Adj., o.Steig.; nur als Attr. und mit „sein"; geh.⟩ erlaubt, gestattet; es ist nicht s., den Rasen zu betreten

Statt|hal|ter ⟨m.5⟩ Vertreter der Regierung in einer Provinz

Statt|hal|ter|schaft ⟨f., -, nur Sg.⟩ Amt eines Statthalters; Syn. ⟨†⟩ Gouvernement

statt|lich ⟨Adj.⟩ kräftig, groß, eindrucksvoll; ein ~er Mann; eine ~e Erscheinung; ein ~es Gebäude; ein ~es Trinkgeld; er sieht recht s. aus

Statt|lich|keit ⟨f., -, nur Sg.⟩

sta|tua|risch ⟨Adj., o.Steig.⟩ wie eine Statue, statuenhaft

Sta|tue ⟨f.11⟩ bildhauerisch gestaltete Figur, Standbild [< lat. statua „Bildsäule, Standbild", zu statuere „hinstellen, aufstellen"]

Sta|tu|et|te ⟨f.11⟩ kleine Statue

sta|tu|ie|ren ⟨V.3, hat statuiert; mit Akk.⟩ feststellen, festsetzen; ein Exempel s. ein (warnendes, abschreckendes) Beispiel geben

Sta|tur ⟨f.10⟩ Wuchs, Gestalt; er ist von kräftiger, großer S. [< lat. statura „Wuchs, Größe, Gestalt", zu stare „stehen"]

Sta|tus ⟨m., -, -⟩ 1 Lage, Zustand; S. nascendi Zustand des Entstehens; S. quo gegenwärtiger Zustand; S. quo ante vorheriger Zustand 2 Stellung (innerhalb einer Gesellschaft, Gruppe); sein sozialer S.; er hat dort den S. eines Abteilungsleiters [< lat. status „das Stehen"]

Sta|tut ⟨n.12⟩ Satzung, Gesetz, Vorschrift; die ~en eines Vereins [< lat. statutum „das Aufgestellte, Festgesetzte, Bestimmte, Beschlossene", zu statuere „aufstellen"]

sta|tu|ta|risch ⟨Adj., o.Steig.⟩ den Statuten entsprechend, satzungsgemäß

Stau ⟨m.1⟩ 1 Hemmung einer Bewegung (Verkehrs~); im S. stehen 2 ⟨Meteor.⟩ Ansammlung und Aufsteigen von Wolken vor Gebirgen

Staub ⟨m., -(e)s, nur Sg.⟩ feine Teilchen sehr geringen Durchmessers (Blüten~, Stein~); die Sache hat viel S. aufgewirbelt die Sache hat viel Aufregung, Unruhe verursacht; sich aus dem ~e machen sich rasch, eilig und heimlich entfernen; etwas durch den S. ziehen etwas herabsetzen, abfällig besprechen

Staub|bach ⟨m.2⟩ sprühender Wasserfall [weil das Wasser im Fallen zerstäubt]

Staub|beu|tel ⟨m.5⟩ 1 Teil des Staubblattes, der die Pollenkörner trägt 2 Teil des Staubsaugers, der den Staub auffängt

Staub|blatt ⟨n.4; bei Blütenpflanzen⟩ männliches Fortpflanzungsorgan; Syn. Staubgefäß

Staub|brand ⟨m., -(e)s, nur Sg.⟩ →Flugbrand

Stäub|chen ⟨n.7⟩ einzelnes Staubkorn

stau|ben ⟨V.1, hat gestaubt; o.Obj.⟩ 1 Staub absondern, Staub abgeben, aufwirbeln lassen; die Straße staubt 2 in kleinsten Teilchen umherfliegen; das Mehl staubt beim Sieben 3 ⟨unpersönl., mit „es"⟩ es staubt a es entsteht viel Staub, es wird viel Staub aufgewirbelt b ⟨übertr., ugs.⟩ es gibt Streit; nimm dich in acht, sonst staubt's! sonst bekommst du eine energische Zurechtweisung!

stäu|ben ⟨V.1, hat gestäubt⟩ I ⟨mit Akk.⟩ etwas auf oder über etwas s. etwas in kleinsten Teilchen auf und über etwas streuen, blasen; Mehl über die Soße (zum Binden) s.; Wasser über Pflanzen s. II ⟨o.Obj.⟩ 1 in feinen Teilchen fliegen; der Schnee stäubt (mir ins Gesicht) 2 ⟨Jägerspr.⟩ vom Federwild Kot ausscheiden

Staub|fa|den ⟨m.8⟩ →Filament (2)

Staub|fän|ger ⟨m.5; ugs.⟩ reich verzierter, aber nutzloser Gegenstand, auf dem sich viel Staub ablagert

Staub|ge|fäß ⟨n.1⟩ →Staubblatt

stau|big ⟨Adj.⟩ voller Staub

Staub|kamm ⟨m.2⟩ Kamm mit sehr eng stehenden Zinken

Staub|lap|pen ⟨m.7⟩ →Staubtuch

Staub|laus ⟨f.2⟩ →Bücherlaus (1)

Stäub|ling ⟨m.1⟩ →Bovist

Staub|lun|ge ⟨f.11⟩ durch jahrelanges Einatmen bestimmten Staubes verursachte chronische Lungenerkrankung; Syn. Pneumokoniose

Staub|man|tel ⟨m.6⟩ sehr leichter Sommermantel

staub|sau|gen ⟨V.1, hat staubgesaugt⟩ I ⟨mit Akk.⟩ mit dem Staubsauger reinigen; den Teppich s. II ⟨o.Obj.⟩ mit dem Staubsauger arbeiten; ich muß noch s.

Staub|sau|ger ⟨m.5⟩ elektrisch betriebenes Haushaltsgerät zum Entfernen von Staub und lockerem Schmutz durch einen Luftsog

Staub|tuch ⟨n.4⟩ Tuch zum Entfernen von Staub; Syn. Staublappen

Staub|we|del ⟨m.5⟩ Wedel zum Entfernen von Staub

Staub|zucker ⟨-k|k-; m., -s, nur Sg.⟩ →Puderzucker

stau|chen ⟨V.1, hat gestaucht; mit Akk.⟩ 1 mit Kraft auf den Boden, den Tisch stoßen, um den Inhalt zusammenrütteln zu lassen, dichter zu machen; ein Gefäß mit körnigem Material ein paarmal s. 2 heftig (an eine Kante o.ä.) stoßen; das Rad an die Bordkante s. 3 durch Druck verkürzen; ein Werkstück s. 4 durch heftigen Stoß zusammendrücken (und verletzen); bei dem Unfall ist mir die Wirbelsäule gestaucht worden

Stau|cher ⟨m.5; ugs.⟩ scharfe Zurechtweisung

Stau|damm ⟨m.2⟩ Damm zum Stauen von Wasser

Stau|de ⟨f.11⟩ ausdauernde, nicht verholzende Pflanze

stau|dig ⟨Adj., o.Steig.⟩ als Staude wachsend

stau|en ⟨V.1, hat gestaut⟩ I ⟨mit Akk.⟩ 1 am Fließen hindern; Wasser s.; Blut s. 2 platzsparend unterbringen; Möbel (im Möbelwagen) s. 3 ⟨Seew.⟩ seefest (auf dem Schiff) unterbringen; Ladung s. II ⟨refl.⟩ s. sich ansammeln; hier staut sich das Wasser; der Verkehr staut sich vor der schmalen Unterführung

Stau|er ⟨m.5⟩ Arbeiter, der Ladung oder Möbel staut

Stauf ⟨m.1; alemann.⟩ **1** altes Hohlmaß, etwa 1,5 l **2** großer Becher, Humpen [< ahd. *stouf* „Kelch, Becher"]

Stau|fer ⟨m.5⟩ Angehöriger des Geschlechts von Hohenstaufen

Stauf|fer|fett ⟨n., -(e)s, nur Sg.⟩ ⟨orangerotes oder honiggelbes) geleeähnliches Kalkseifenfett als Schmier- und Abdichtmittel für geringbelastete Gleitflächen [nach der amerik. Herstellerfirma *Stauffer* Chemical Comp.]

stau|nen ⟨V.1, hat gestaunt; o.Obj.⟩ **1** sich wundern, verwundert sein; da staunst du, was? ⟨ugs.⟩ er staunte, als er das sah; ich staune, wie schnell es gegangen ist; über etwas s.; aus dem Staunen nicht herauskommen

stau|nens|wert ⟨Adj., -er, am -esten⟩ erstaunlich, so, daß man staunen muß

Stau|pe¹ ⟨f.11⟩ ⟨bes. bei jungen Hunden, auch Füchsen und Mardern⟩ sehr ansteckende Viruserkrankung [wahrscheinl. ndrl.]

Stau|pe² ⟨f.11; im MA⟩ **1** Schandpfahl **2** Züchtigung mit Ruten [slaw.]

stäu|pen ⟨V.1, hat gestäupt; mit Akk.; früher⟩ mit Ruten schlagen (als Strafe für Vergehen) [zu *Staupe²*]

Stau|see ⟨m.14⟩ durch Stauen entstandenes Binnengewässer (in künstlichem Becken)

Stau|stu|fe ⟨f.11; in Wasserstraßen⟩ Wehr zum Aufstauen des Wassers und Heben des Wasserspiegels

Stau|ung ⟨f.10⟩ **1** ⟨nur Sg.⟩ das Stauen, das Sichstauen **2** Zustand des Gestautseins **3** ⟨Med.⟩ gestörter Flüssigkeitstransport in Röhrensystemen des Organismus

Stau|was|ser ⟨n.5⟩ fast stehendes Wasser bei der Umkehr des Gezeitenstromes

Stau|werk ⟨n.1⟩ Bauwerk zum Aufstauen von Wasser

Std. ⟨Abk. für⟩ Stunde

Stdn. ⟨Abk. für⟩ Stunden

Ste. ⟨Abk. für⟩ Sainte

Steak ⟨[stɛk] n.9⟩ kurzgebratene Fleischscheibe [engl., < mengl. *steke, steyke* < altnord. *steik* „Braten", zu *stik* „Stock, Pfahl", als Verb „stecken", also „etwas an einen Spieß Gestecktes" zum Braten]

Stea|mer ⟨[sti-] m.5⟩ Dampfer [engl., zu *steam* „Dampf"]

Stea|rin ⟨n.1⟩ durch Fettspaltung gewonnene, wachsartige Masse aus Stearin- und Palmitinsäure [< griech. *stear* „geronnenes, festes Fett, Talg"]

Stea|rin|säu|re ⟨f., -, nur Sg.⟩ höhere Fettsäure, die als weiße, wachsartige Masse oder körniges Pulver vorkommt

Stea|tit ⟨m.1⟩ Speckstein [< griech., Gen. *steatos*, „festes Fett, Talg"]

Stea|to|py|gie ⟨f., -, nur Sg.⟩ → Fettsteiß

Stech|ap|fel ⟨m.6⟩ Nachtschattengewächs mit weißen, besonders nachts stark duftenden Blüten, alkaloidhaltigen Blättern und stachliger Fruchtkapsel

ste|chen ⟨V.149, hat gestochen⟩ **I** ⟨mit Akk.⟩ **1** jmdn. oder sich s. *mit einem spitzen Gegenstand verletzen*; jmdn., sich mit einer Nadel, Schere s.; jmdn., sich in den Arm s. **2** jmdn., ein Tier s. mit dem Stachel oder Stechrüssel verletzen; eine Mücke hat mich gestochen **3** ⟨früher bei Turnieren⟩ durch einen Stoß mit der Lanze aus dem Sattel heben; das ist weder gehauen noch gestochen → hauen (I,3) **b** ⟨ugs.⟩ ⟨Kart.⟩ reizen; die Neugierde sticht mich **4** etwas s. **a** in gleichmäßigen, viereckigen Stücken aus der Erde heben; Torf, Rasen s. **b** ⟨ugs.⟩ ⟨Kart.⟩ mittels einer höheren Karte eine Karte nehmen **c** mit dem Stichel oder einem ähnlichen Werkzeug aus einer vorbereiteten Platte herausarbeiten; eine Zeichnung (in Kupfer) s. **d** die Zeit s. mit der Stechuhr auf der Stechkarte eintragen **e** etwas in etwas s. **1.** mit einem spitzen Gegenstand in etwas anbringen; Löcher in Leder s. **2.** einen spitzen Gegenstand in etwas hineinbringen, durch etwas hindurchstoßen, -schieben; eine Nadel in den Stoff s. **5** Tiere s. **a** mit einem gabelähnlichen Gerät fangen; Aale s. **b** mit einem spitzen Gegenstand töten, ⟨meist⟩ abstechen **II** ⟨o.Obj.⟩ **1** mit einem spitzen Gegenstand eine Verletzung oder eine feine, unangenehme Empfindung hervorrufen; die Rose sticht **2** mit dem Stachel oder Stechrüssel zustechen; Bienen, Mücken, ... können s. **3** so stachelig, rauh sein, daß es unangenehm auf der Haut zu spüren ist; die Wolle, der Pullover sticht **4** mit einem spitzen Gegenstand in eine Richtung stoßen; mit der Nadel durch den Stoff s.; nach jmdm. s. **5** ⟨von manchen Tieren⟩ mit der Schnauze graben; nach Würmern s. **6** ⟨Sport⟩ durch Wiederholung eine Entscheidung herbeiführen; jetzt wird gestochen; Wettkämpfer kommen ins Stechen **7** ⟨Kart.⟩ die anderen Farben im Wert übertreffen; Grün sticht **8** sehr stark brennen; die Sonne sticht **9** ⟨in der Wendung⟩ in die Augen s. auffallend, sehr deutlich erkennbar sein **10** unangenehm starr sein, angreifend wirken; ~der Blick **11** ⟨unpersönl., mit „es"⟩ es sticht *ein Schmerz ist spürbar*

Ste|cher ⟨m.5⟩ **1** ⟨kurz für⟩ Kupfer-, Stahlstecher **2** ⟨Jägerspr.⟩ Schnabel (der Schnepfenvögel)

Stech|glas ⟨n.4⟩ Urinflasche (für Männer)

Stech|he|ber ⟨m.5⟩ Röhrchen zum Entnehmen von Flüssigkeit

Stech|im|me ⟨f.11⟩ Hautflügler mit Stachelapparat (z.B. Biene)

Stech|kahn ⟨m.2⟩ Kahn, der mit einer Stange durch Abstoßen vom Boden fortbewegt wird

Stech|kar|te ⟨f.11⟩ Kontrollkarte für die Stechuhr

Stech|mü|cke ⟨-k|k-; f.11⟩ Zweiflügler, dessen Weibchen stechen und Blut saugen; Syn. ⟨in warmen Ländern⟩ Moskito, ⟨ugs.⟩ Schnake

Stech|pad|del ⟨n.5⟩ Paddel mit nur einem Blatt

Stech|pal|me ⟨f.11⟩ Strauch mit immergrünen, ledrig glänzenden Blättern, deren Rand zu spitzen Stacheln ausgezogen ist; Syn. Hülse

Stech|schritt ⟨m.1; bei Militärparaden⟩ Marschschritt mit Hochschwingen der Beine, wobei das Knie völlig durchgedrückt werden; Syn. Paradeschritt

Stech|uhr ⟨f.10⟩ Uhr, die die Zeit auf eine Karte stempelt

Stech|zir|kel ⟨m.5⟩ Zirkel mit Spitzen an beiden Schenkeln

Steck|brief ⟨m.1⟩ öffentlich bekanntgegebene Personenbeschreibung eines gesuchten Verbrechers

steck|brief|lich ⟨Adj., o.Steig.; nur als Attr. und Adv.⟩ durch Steckbrief; jmdn. s. suchen, verfolgen

Steck|do|se ⟨f.11⟩ Vorrichtung zum Anschluß an das Stromnetz mittels Steckers

stecken ⟨-k|k-⟩ **I** ⟨V.150, steckte oder stak, hat gesteckt; o.Obj.⟩ **1** sich fest an einer Stelle befinden; der Ring steckt (stak) am Finger; der Splitter steckt (stak) im Fleisch; der Schlüssel steckte noch der Schlüssel befand sich noch im Schlüsselloch; der Schlüssel stak im Schlüsselloch; er stak bis zu den Hüften im Schnee; das Kind steckt (steckte) warm *das Kind ist warm angezogen, warm gekleidet* **2** ⟨ugs.; steckte⟩ sein; die Arbeit steckt voller Fehler; seine Rede steckt voller Widersprüche **3** ⟨in jmdm. vorhanden, spürbar sein⟩; der Schreck, die Angst steckt mir noch in den Gliedern, in den Knochen; dahinter steckt doch etwas *dahinter verbirgt sich etwas*; in ihm steckt eine starke Begabung, in ihm steckt etwas *er hat eine starke Begabung, er ist sehr begabt*; darin steckt viel Arbeit, viel Mühe *das hat viel Arbeit, Mühe gemacht* **II** ⟨mit Akk.; nur: steckte⟩ **1** etwas s. *etwas mit Nadel(n) an etwas befestigen, einen spitzen Gegenstand an etwas befestigen*; eine Brosche ans Kleid s., eine Feder an den Hut s. **b** ⟨an eine Stelle⟩ schieben; den Schlüssel ins Schloß s.; jmdm. einen Ring an den Finger s.; etwas in die Tasche s. **2** jmdn. s. ⟨mit einem gewissen Zwang⟩ an einen Ort bringen; ein krankes Kind ins Bett s.; jmdn. ins Gefängnis s. **III** ⟨mit Dat. und „es" als Akk.obj.; steckte⟩ es jmdm. s. ⟨ugs.⟩ *jmdm. etwas energisch zu verstehen geben* **IV** ⟨refl.; steckte⟩ **1** sich hinter etwas s. ⟨ugs.⟩ *etwas mit Energie betreiben, dafür sorgen, daß etwas vorwärtsgeht* **2** sich hinter jmdn. s. *jmdn. zu überreden versuchen, etwas zu tun, versuchen, jmdn. zu veranlassen, etwas zu tun*; ich werde mich hinter ihn s.

Stecken ⟨-k|k-; m.7⟩ Stock

stecken|blei|ben ⟨-k|k-; V.17, ist steckengeblieben; o.Obj.⟩ **1** an einer Stelle festgehalten werden, nicht vorankommen, nicht weiterkönnen; der Wagen ist im Schnee steckengeblieben; eine Gräte ist ihm im Hals steckengeblieben **2** im Sprechen innehalten, weil man nicht weiß, wie es weitergeht; er ist bei seiner Rede, beim Aufsagen des Gedichtes steckengeblieben; der Schauspieler blieb stecken, als er zu dieser Stelle kam

stecken|las|sen ⟨-k|k-; V. 75, hat steckenlassen; mit Akk.⟩ nicht herausziehen; den Schlüssel s.

Steckenpferd ⟨-k|k-; n.1⟩ **1** Kinderspielzeug, das aus einem hölzernen Pferdekopf mit daran befestigtem Stecken besteht **2** → Liebhaberei

Stecker ⟨-k|k-; m.5⟩ lösbares Verbindungsteil für elektrische Leitungen mit zwei oder drei Anschlüssen

Stecker|fisch ⟨-k|k-; m.1; bayr.-österr.⟩ an einem Holzstab gebratener Fisch (meist eine Makrele)

Steck|kon|takt ⟨m.1⟩ Stecker und/oder Steckdose

Steck|ling ⟨m.1⟩ abgeschnittener Pflanzenteil, der in Wasser oder in die Erde gesteckt wird, damit er Wurzeln treibt

Steck|na|del ⟨f.11⟩ Nadel mit einem Metall- oder Glaskopf; es war so still, daß man die S. zu Boden fallen hätte hören können ⟨übertr.⟩ es war völlig, sehr still; jmdn. suchen wie eine S. ⟨übertr.⟩ *jmdn. lange suchen*; eine S. im Heuhaufen suchen ⟨übertr.⟩ *etwas Vergebliches unternehmen*

Steck|rü|be ⟨f.11⟩ → Kohlrübe

Steck|schuß ⟨m.2⟩ Schußverletzung mit noch in der Wunde steckendem Geschoß; Ggs. Durchschuß

Steeple|chase ⟨[stipəltʃeis] f.11⟩ → Jagdrennen [engl., < *steeple* „spitzer Kirchturm" und *chase* „Hetzjagd, Verfolgung"; urspr. war eine Kirche o.ä. mit spitzem, weithin sichtbarem Turm das Ziel eines solchen Wettrennens]

Steep|ler ⟨[stip-] m.5⟩ für die Steeplechase geeignetes Pferd

Steg ⟨m.1⟩ **1** schmale, dünne Brücke **2** auf Pfählen im Wasser befestigte, schmale Plattform mit Verbindung zum Ufer (an der Boote anlegen können; Landungs~) **3** Verbindungsstück (Brillen~) **4** ⟨bei Saiteninstrumenten⟩ kleines Holzbrett, auf dem die Saiten aufliegen **5** Gummiband, das an zwei Seiten am Hosenbein befestigt ist und unter der Fußsohle hindurchgeführt wird (um ein Hochrutschen der Hose zu verhindern) **6** ⟨Buchw.⟩ nichtdruckendes Füllmaterial (in der Druckform)

Steg|odon ⟨m., -s, -don|ten⟩ ausgestorbenes Rüsseltier, Vorläufer des Elefanten [< griech. *stegos, stege* „Dach" und *odous*, Gen. *odon*-

tos, „Zahn", wegen der dachförmigen Joche auf den Kauflächen der Backenzähne]

Ste|go|sau|ri|er ⟨m.5⟩ Dinosaurier der Jurazeit mit großen, dreieckigen, senkrechten Knochenplatten auf der Rückenlinie [< griech. *stegos, stege* „Dach" und *Saurier*]

Steg|reif ⟨m.1; nur noch in der Wendung⟩ aus dem S. reden, dichten, singen, spielen *ohne Vorbereitung reden, dichten, singen, spielen* [eigtl. „Steigbügel", mhd. *stegereif*, zu *stegen* „steigen" und *reif* „Ring"; etwas *aus dem Stegreif* tun heißt also eigtl. „im Steigbügel stehend, beim Aufsteigen oder ohne vom Pferd zu steigen", also „rasch, ohne langes Nachdenken oder Vorbereiten"]

Steg|reif|spiel ⟨n.1⟩ dramatisches Spiel, von dem die Handlung den Spielern nur im groben Umriß bekannt ist und im einzelnen aus der augenblicklichen Eingebung entwickelt wird

Steh|auf ⟨m., -s, -⟩ **1** *altes, halbkugelförmiges Trinkgefäß ohne Fuß und Henkel, das sich, auf die Seite gelegt, wieder aufrichtet*; Syn. Tummler **2** → Stehaufmännchen (1)

Steh|auf|chen ⟨n.7⟩ → Stehaufmännchen (1)

Steh|auf|männ|chen ⟨n.7⟩ **1** *kleine Spielzeugfigur, die sich aus jeder Lage heraus wieder aufrichtet*; Syn. Stehauf, Stehaufchen **2** ⟨übertr.⟩ *jmd., der Niederlagen gut überwindet*

ste|hen ⟨V.151, hat, oberdt. ist gestanden⟩ **I** ⟨o.Obj.⟩ **1** *sich aufrecht auf den Füßen halten, befinden*; das Kind kann schon s.; ich stehe schon seit einer Stunde hier und warte; ich mußte in der S-Bahn s. *ich hatte keinen Sitzplatz*; am Fenster s.; hinter jmdm. s. ⟨auch übertr.⟩ *jmdn. in seiner Meinung, in seinen Handlungen unterstützen*; gerade s.; gebückt s. **2** *in aufrechter Lage, Stellung befinden*; der Besen steht hinter der Tür; die Weinflaschen sollen liegen, nicht s.; bitte bleiben Sie s.! *bitte setzen Sie sich nicht hin!* ⟨aber⟩ → *stehenbleiben*; jmdn. in der S-Bahn s. lassen *nicht sitzen lassen*; ⟨aber⟩ → *stehenlassen*; das Drama steht und fällt mit der Rolle dieser Frau *die Rolle dieser Frau ist die wichtigste Rolle des Dramas* **3** *an einer Stelle gewachsen sein, errichtet, aufgebaut worden sein*; hier stand früher Wald; dort steht ein Denkmal; im Regal s. Bücher **4** *sich an einer Stelle befinden*; am Himmel s. Sterne; das Wasser steht schon im Keller; es steht oben hin ⟨ugs.⟩ *ich habe es satt*; in ihren Augen standen Tränen; er steht im öffentlichen Leben; im Mittelpunkt des Interesses s.; über, unter jmdm. s. *einen Rang, eine Stellung über, unter jmdm. haben* **5** *sich in einem Zustand, in einer Lage, Stellung befinden*; die Ampel steht auf Grün; der Zeiger steht auf 3; das Spiel steht 1 : 0 **6** *in Ruhe, nicht in Bewegung, nicht in Gang sein*; die Uhr steht; der Verkehr steht; Pferde, einen Wagen zum Stehen bringen; ∼des Heer *ständig einsatzbereites Heer* **7** ⟨ugs.⟩ *fertig sein*; das Manuskript steht; das Theaterstück steht jetzt *das Theaterstück ist fertig einstudiert* **8** *verzeichnet sein, schriftlich mitgeteilt sein*; in dem Brief steht, daß ...; heute steht in der Zeitung, daß ... **9** ⟨unpersönl., mit „es"⟩ es steht gut, schlecht *die Aussichten sind gut, schlecht*; es steht schlimm mit ihm, er ist in einer üblen Lage, er ist sehr krank **10** ⟨mit „es" und Infinitiv und „zu"⟩ es steht zu befürchten, zu hoffen *man muß fürchten, man kann hoffen* **II** ⟨mit Dat.⟩ **1** *etwas steht jmdm.* ⟨zu Gesicht⟩ *etwas sieht gut an jmdm. aus, etwas kleidet jmdn.*; das Kleid steht dir gut, steht dir nicht **2** *jmdm. steht der Sinn nach etwas* jmd. möchte etwas gern haben, erreichen; jmdm. steht der Sinn nach Höherem; danach steht mir nicht der Sinn **III** ⟨refl.⟩ **1** *sich s. in bestimmter finanzieller Lage sein*; er steht sich dort nicht besser als vorher **2** *sich mit jmdm. s. sich mit jmdm. verstehen, mit jmdm. aus*-

kommen; ich stehe mich mit ihm sehr gut **IV** ⟨mit Präp.obj.⟩ **1** *auf etwas s., auf jmdn. s.* ⟨ugs.⟩ *eine Sache, jmdn. gern haben*; er steht auf Schokoladeneis; sie steht schon auf Jungen *sie hat schon Jungen als Freunde, als Liebhaber* **2** *mit jmdm., zu jmdm. s. ein bestimmtes Verhältnis zu jmdm. haben*; wie stehst du zu ihm? *was hast du für ein Verhältnis zu ihm, bist du sein Freund, sein Verwandter?*

ste|hen|blei|ben ⟨V.17, ist stehengeblieben; o.Obj.⟩ **1** *aufhören zu gehen, zu fahren, aufhören, in Gang zu sein*; vor einem Schaufenster s.; die Uhr ist stehengeblieben **2** *vergessen werden*; es sind zwei Schirme stehengeblieben **3** *aufhören zu lesen, zu spielen, zu erzählen*; wo sind wir gestern stehengeblieben?

ste|hen|las|sen ⟨V.75, hat stehenlassen; mit Akk.⟩ **1** *vergessen, etwas mitzunehmen*; ich habe meinen Schirm s. **b** *nicht mehr essen*; den Nachtisch s. **2** *jmdn. s. das Gespräch mit jmdm. abbrechen und sich von ihm abwenden*; als er unverschämt wurde, habe ich ihn s.

Ste|her ⟨m.5⟩ **1** *Radrennfahrer im Steherrennen* **2** ⟨Galopp- und Trabrennsport⟩ *Pferd mit besonderer Ausdauer*

Ste|her|ren|nen ⟨n.7⟩ **1** ⟨Radrennsport⟩ *über lange Strecken gehender Wettbewerb hinter Schrittmacher-Maschinen* **2** ⟨Galopp- und Trabrennsport⟩ *über lange Strecken gehender Wettbewerb*

Steh|gei|ger ⟨m.5⟩ *erster Geiger und Leiter einer Tanzkapelle*

Steh|kra|gen ⟨m.7⟩ *steifer, am Hals hochstehender Kragen*

Steh|lam|pe ⟨f.11⟩ *hohe, frei stehende Lampe*

Steh|lei|ter ⟨f.11⟩ *frei stehende Leiter mit zwei Schenkelpaaren*

steh|len ⟨V.152, hat gestohlen⟩ Syn. ⟨ugs.⟩ *klauen* **I** ⟨mit Akk.⟩ *unrechtmäßig an sich nehmen, wegnehmen und behalten*; Geld, einen Gegenstand s.; woher nehmen und nicht s.? ⟨ugs., scherzh.⟩ *woher soll ich es denn nehmen?, wie soll ich es denn beschaffen?* **II** ⟨auch o.Obj.⟩ *einen Diebstahl, Diebstähle begehen*; er hat gestohlen; er stiehlt ab und zu

Steh|platz ⟨m.2⟩ *Platz (im Theater, im Verkehrsmittel), der nur zum Stehen vorgesehen ist*; es gab bei der Aufführung nur noch Stehplätze; ich hatte in der S-Bahn nur einen S.

Steh|satz ⟨m., -es, nur Sg.; Buchw.⟩ *Schriftsatz, der nicht abgelegt, sondern für eine neue Auflage aufgehoben wird*

Steh|ver|mö|gen ⟨n., -s, nur Sg.⟩ *Durchhaltekraft, Zähigkeit*

steif ⟨Adj.⟩ **1** *wenig beweglich, unnachgiebig*; ein ∼er Hut; ∼er Karton; etwas s. und fest behaupten *nicht mehr beweglich*; ∼es Bein; ∼er Hals; meine Finger sind s. vor Kälte **3** *verkrampft, gezwungen, förmlich*, ∼e Haltung; s. benehmen **4** *nicht mehr flüssig*; ∼er Eischnee; Sahne s. schlagen *schlagen, bis sie nicht mehr flüssig ist* **5** ⟨Seemannsspr.⟩ **a** *stark und heftig wehend*; ∼e Brise **b** *stark bewegt*; ∼e See **c** *stark*; ∼er Grog

Stei|fe ⟨f.11⟩ **1** ⟨nur Sg.⟩ *Steifheit* **2** *Stütze* **3** *Mittel zum Steifmachen (Wäsche∼)*

stei|fen ⟨V.1, hat gesteift; mit Akk.⟩ **1** *steif machen*; den Hals s.; jmdm. den Nacken s. *jmdn. in seiner Meinung anderen gegenüber unterstützen* **2** → *stärken (3)*

steif|hal|ten ⟨V.61, hat steifgehalten; mit Akk.⟩ **1** *nur in der Wendung* halten den Ohren s. *gefaßt und standhaft sein, sich nicht unterkriegen lassen*; ⟨meist als Imperativ⟩ halt die Ohren steif!

Steif|heit, Stei|fig|keit ⟨f., -, nur Sg.⟩ *das Steifsein*

Steif|lei|nen ⟨n., -s, nur Sg.⟩ → *Schneiderleinen*

Steig ⟨m.1⟩ *schmaler, steiler Weg*

Steig|bü|gel ⟨m.5⟩ **1** *Bügel, der an beiden Seiten des Sattels mit Riemen befestigt ist (zum leichteren Aufsteigen aufs Pferd)*; jmdm. den S. halten ⟨übertr.⟩ *jmdm. helfen, (bes. beruflich) vorwärtszukommen* **2** *dem Steigbügel (1) ähnliches Gehörknöchelchen*

Stei|ge ⟨f.11⟩ **1** ⟨schwäb. für⟩ *Steig* **2** *Lattenkiste (für Obst); auch: Stiege*

Steig|ei|sen ⟨n.7⟩ **1** ⟨Bergsteigen⟩ *in Eis und Firn verwendetes Eisen mit scharfen Zakken, das an den Schuhsohlen befestigt wird*; Syn. Klettereisen **2** *mit Zacken versehener Halbring, der an den Schuhsohlen befestigt wird, um Leitungsmasten zu ersteigen* **3** ⟨an Mauern und in Kaminen⟩ *stufenähnliches, hufeisenförmiges Eisen (zum Auf- und Absteigen)*

stei|gen ⟨V.153, ist gestiegen; o.Obj.⟩ **1** *sich nach oben bewegen*; der Nebel steigt; Drachen s. lassen *Drachen fliegen lassen*; der Vogel, das Flugzeug steigt (in die Luft, in die Höhe), steigt rasch; die Preise s.; in jmds. Achtung s. *von jmdm. mehr geachtet werden als bisher* **2** *bergauf gehen*; man muß bis dorthin zwei Stunden s. **3** *sich mit großem Schritt, mit Schwung nach oben bewegen*; auf einen Stuhl s.; auf einen Baum s.; aufs Pferd, aufs Rad s.; an dem Wasser s. **4** *sich bewegen*; in den Keller, auf einen Turm s.; ins Bett s. ⟨†, noch scherzh.⟩ ins Examen s. *das Examen beginnen* **5** *sich vermehren, zunehmen, stärker werden*; die Ansprüche sind gestiegen; meine Aussichten s. **6** ⟨übertr., ugs.⟩ *stattfinden*; morgen steigt unser Fest **7** *sich (erschreckt) auf die Hinterbeine stellen, sich aufbäumen*; das Pferd steigt **8** *stromaufwärts wandern*; Fische s.

Stei|ger ⟨m.5⟩ **1** *Bergmann mit Aufsichtsfunktion* **2** ⟨an Gießformen⟩ *Öffnung zum Entweichen von Luft*

stei|gern ⟨V.1, hat gesteigert⟩ **I** ⟨mit Akk.⟩ **1** *größer machen, vergrößern, erhöhen*; die Geschwindigkeit s.; die Preise s.; seine Leistungen s.; ihr Widerspruch steigerte seinen Zorn **2** ⟨Gramm.⟩ *Adjektive s. die Steigerungsformen von Adjektiven bilden* **II** ⟨o.Obj.⟩ ⟨bei einer Versteigerung⟩ *bieten, ein Angebot machen* **III** ⟨refl.⟩ sich s. *größer, stärker werden, zunehmen*; sein Zorn steigerte sich noch mehr, es ...

Stei|ge|rung ⟨f.10⟩ **1** *das Steigern, Erhöhen (Produktions∼)* **2** ⟨Gramm.⟩ *das Bilden der Steigerungsstufen des Adjektivs*; Syn. Komparation

Stei|ge|rungs|stu|fe ⟨f.11⟩ *Stufe beim Steigern von Adjektiven*; erste S. Komparativ; zweite S. Superlativ

Steig|lei|tung ⟨f.10⟩ *senkrecht ansteigende Rohrleitung*

Stei|gung ⟨f.10⟩ **1** *Zunahme der Höhe*; die S. beträgt 11% **2** *Bodenerhebung*; eine S. überwinden **3** *Neigungswinkel der Schraubenwindungen gegen den Schraubenkopf*

steil ⟨Adj.⟩ **1** *stark ansteigend oder abfallend*; ∼er Berg, Weg; eine ∼e Küste **2** ⟨Jugendspr.⟩ *beeindruckend, schön*; eine ∼e Frau

Stei|le ⟨f., -, nur Sg.⟩ → *Steilheit*

stei|len ⟨V.1, hat gesteilt; o.Obj.⟩ *steil sein, steil nach oben verlaufen*

Steil|hang ⟨m.2⟩ *sehr steiler, jäh abfallender Hang*

Steil|heit ⟨f., -, nur Sg.⟩ *das Steilsein*; Syn. Steile

Steil|paß ⟨m.2; Fußb.⟩ *steil zugespielter Paß*

Steil|wand|zelt ⟨n.1⟩ *Zelt mit senkrechten Wänden*

Stein ⟨m.1⟩ **1** ⟨nur Sg.⟩ *festes, natürlich vorkommendes Mineral, im Denkmal aus S.; ein Herz wie S. haben kein Mitgefühl besitzen*; zu S. erstarren **2** *Stück eines Steines (1)*; ∼e sammeln, werfen; der S. des Anstoßes *die Ursache einer Auseinandersetzung*; der S. der

Weisen ⟨Alchimie⟩ *Substanz, die unedles Metall in Gold verwandeln sollte,* ⟨übertr.⟩ *die Lösung aller Welträtsels; es friert S. und Bein; es herrscht starker Frost;* jmdm. fällt in S. vom Herzen *jmd. ist sehr erleichtert;* den S. ins Rollen bringen *eine Unternehmung, eine Anklage beginnen;* jmdm. ~e in den Weg legen *jmdn. behindern;* jmdm. die ~e aus dem Weg räumen *jmds. Schwierigkeiten beseitigen;* S. und Bein schwören *nachdrücklich versichern;* weinen, schluchzen, daß es einen S. erweichen, erbarmen könnte *herzzerreißend weinen, schluchzen;* den ersten S. auf jmdn. werfen *als erster jmdn. öffentlich anklagen, kritisieren;* zu S. werden *erstarren* **3** *Baustein, Ziegelstein;* keinen S. auf dem anderen lassen *etwas völlig zerstören* **4** *Spielstein;* bei jmdm. einen S. im Brett haben *bei jmdm. gut angeschrieben sein* **5** ⟨kurz für⟩ *Edelstein;* ein S. aus der Krone jmd. vergibt sich etwas **6** *harte Schale des Samens (einer Frucht);* die ~e entfernen **7** ⟨Med.⟩ *harte, überwiegend aus Salzen bestehende Ablagerung* (Nieren~, Gallen~) **8** ⟨kurz für⟩ *Grabstein;* einen S. aufstellen

Stein|ad|ler ⟨m.5⟩ *(u.a. in den Alpen vorkommender) dunkelbrauner Adler mit goldbrauner Tönung am Hinterkopf und Nacken*

stein|alt ⟨Adj., o.Steig.⟩; ugs.⟩ *sehr alt*

Stein|bei|ßer ⟨m.5⟩ *(am Boden von Fließgewässern, zwischen Steinen vorkommender) zu den Schmerlen gehörender Fisch mit sechs Bartfäden um das Maul*

Stein|bock ⟨m.2⟩ *der Ziege nahestehendes Hochgebirgstier (mit langen, zurückgebogenen, Querwülste tragenden Hörnern beim Bock);* vgl. Steinwild

Stein|brand ⟨m., -(e)s, nur Sg.⟩ *durch Brandpilze verursachte Weizenkrankheit, bei der die Körner mit Brandsporen gefüllt sind*

Stein|brech ⟨m.1⟩ *(staudige oder strauchige, meist auf Fels oder Schutt vorkommende, Rosetten oder Polster bildende) Pflanze mit strahligen, fünfzähligen Blüten* (Moos~, Schnee~); Syn. Saxifraga *[einige Steinbrecharten wirken, als Tee zubereitet, günstig auf die Zersetzung von Blasen- und Nierensteinen]*

Stein|bruch ⟨m.2⟩ *Stelle, an der nutzbares Gestein im Tagebau abgebaut wird*

Stein|druck ⟨m.1⟩ *altes Druckverfahren, bei dem die Zeichnung auf einen Stein übertragen und von dort abgedruckt wird;* Syn. Lithographie

stei|nern ⟨Adj., o.Steig.⟩ **1** *aus Stein bestehend;* ~er Fußboden **2** *erstarrt, starr, ausdruckslos;* mit ~em Gesicht dasitzen, etwas sagen **3** ⟨übertr.⟩ *mitleidslos;* ein ~es Herz haben

Stein|er|wei|chen ⟨n.; nur in der Wendung⟩ er heult, klagt, weint zum S. *er heult, klagt, weint mitleiderregend*

Stein|flie|ge ⟨f.11⟩ *(in zahlreichen Arten vorkommendes, oft auf Steinen am Rand von Fließgewässern zu beobachtendes) mittelgroßes Insekt mit häutigen Flügeln, deren hinteres Paar größer als die Vorderflügel ist*

Stein|gar|ten ⟨m.8⟩ *aus Natursteinen gebildete Anlage im Garten, auf der u.a. niedrige Gebirgspflanzen wachsen;* vgl. Alpinum

Stein|gut ⟨n., -(e)s, nur Sg.⟩ *feinkeramisches Erzeugnis mit porösem, weißem, lichtundurchlässigem Scherben und durchsichtiger Glasur;* vgl. Steinzeug

Stein|hä|ger ⟨m.5; Wz.⟩ *wasserheller Branntwein mit Wacholdergeschmack* [nach der westfäl. Stadt Steinhagen]

stein|hart ⟨Adj., o.Steig.⟩ *hart wie Stein;* s. gefrorener Boden

Stein|holz ⟨n., -es, nur Sg.⟩ *schalldämpfender, widerstandsfähiger Bodenbelag aus frischgebrannter Magnesia, Magnesiumchlorid und Füllstoffen*

Stein|huhn ⟨n.4⟩ *(u.a. in warmen Gebieten der Alpen vorkommender) Hühnervogel mit weiß-schwarz-braun gestreiften Körperseiten*

stei|nig ⟨Adj.⟩ *mit vielen Steinen übersät;* ein ~er Weg ⟨übertr.⟩ *ein mühevoller Weg*

stei|ni|gen ⟨V.1, hat gesteinigt; mit Akk.⟩ *gemeinsam mit Steinen bewerfen und dadurch töten (früher als Strafe)* **Stei|ni|gung** ⟨f.10⟩

Stein|kauz ⟨m.2⟩ *überwiegend am Tage aktive kleine, gefleckte Eule, die gern steiniges Gelände bewohnt;* Syn. Käuzchen

Stein|klee ⟨m., -s, nur Sg.⟩ *(u.a. an steinigen Wegen vorkommender) hochwachsender Schmetterlingsblütler mit Blütentrauben*

Stein|koh|le ⟨f., -, nur Sg.⟩ *(vorwiegend im Karbon gebildete) harte, schwarzglänzende Kohle*

Stein|koh|le|ein|heit ⟨f.10; Zeichen: SKE⟩ *Energiemaß, das dem Heizwert von 1 kg Steinkohle entspricht*

Stein|koh|len|teer ⟨m., -(e)s, nur Sg.⟩ *(dunkelbraune bis schwarze) übelriechende, zähflüssige Masse, die bei der trockenen Destillation von Steinkohle entsteht*

Stein|koh|len|zeit ⟨f., -, nur Sg.; †⟩ → Karbon

Stein|köh|ler ⟨m.5⟩ → Pollack

Stein|ko|ral|le ⟨f.11⟩ *(meist Kolonien bildendes, in vielen Arten vorkommendes) Korallentier, dessen Körper durch ein Kalkskelett gefestigt ist;* Syn. Madrepore

Stein|lei|den ⟨n.7⟩ → Lithiasis

Stein|mar|der ⟨m.5⟩ *(meist in der Nähe menschlicher Siedlungen vorkommender) Marder mit weißem Kehlfleck;* Syn. Hausmarder

Stein|metz ⟨m.10⟩ *jmd., der berufsmäßig Steine bearbeitet (z.B. für den Bau, für Grabmäler)* [< Stein und vulgärlat. macio „Steinmetz"]

Stein|obst ⟨n., -(e)s, nur Sg.⟩ *Obst mit einem Samen in harter Schale (z.B. Pflaume);* vgl. Kernobst

Stein|pilz ⟨m.1⟩ *nußartig schmeckender Röhrenpilz mit weißlichem Stiel und braunem Hut;* Syn. Herrenpilz *[vielleicht nach dem festen Fleisch]*

stein|reich ⟨Adj., o.Steig.⟩ *sehr reich*

Stein|salz ⟨n., -es, nur Sg.⟩ *(in reinem Zustand farbloses) aus Natriumchlorid bestehendes Mineral oder Sedimentgestein;* Syn. Halit

Stein|schlag ⟨m.1⟩ *Absturz von Gesteinstrümmern (an Felswänden, auch an Großbauten)*

Stein|schloß|ge|wehr ⟨n.1; 17.–19.Jh.⟩ *Handfeuerwaffe mit einem Schnappdeckel an der Pulverpfanne, der beim Abziehen aus einem Hahn angebrachten Feuerstein Funken schlägt*

Stein|schmät|zer ⟨m.5⟩ *(zu den Schmätzern gehörender) Singvogel mit grauem Rücken, schwarzen Flügeln und weißem Bürzel, der gern steiniges Gelände bewohnt*

Stein|schnei|de|kunst ⟨f., -, nur Sg.⟩ *Herstellung von Gemmen, Kameen;* Syn. Glyptik, Steinschnitt

Stein|schnitt ⟨m.1⟩ **1** ⟨nur Sg.⟩ → Steinschneidekunst **2** *Erzeugnis der Steinschneidekunst*

Stein|set|zer ⟨m.1⟩ *jmd., der berufsmäßig Verkehrswege pflastert*

Stein|wäl|zer ⟨m.5⟩ *kurzschnäbliger Strandvogel mit braun-weiß-schwarz gezeichnetem Gefieder und orangeroten Beinen, der auf der Nahrungssuche Steine umwendet*

Stein|wild ⟨n., -(e)s, nur Sg.; Jägerspr.⟩ *Steinbock sowie Steingeiß und Kitz;* Syn. Fahlwild; vgl. Steinbock

Stein|wol|le ⟨f., -, nur Sg.⟩ *aus flüssiger Hochofenschlacke durch Dampfstrahl geblasene watteartige Masse;* Syn. Gesteinsfaser

Stein|wurf ⟨m.2⟩ *Wurf mit einem Stein;* einen S. entfernt *so weit entfernt, wie ein Stein geworfen werden kann*

Stein|wü|ste ⟨f.11⟩ **1** *öde, steinige, felsige, unfruchtbare Landschaft* **2** ⟨übertr.⟩ *Ansammlung von vielen Gebäuden ohne Grünflächen und Bäume,* ⟨ugs. Bez. für⟩ *die Großstadt;* in einer S. leben

Stein|zeich|nung ⟨f.10⟩ *Zeichnung auf Stein als Vorlage für den Steindruck;* Syn. Lithographie

Stein|zeit ⟨f., -, nur Sg.⟩ *Zeitalter der Menschheitsgeschichte, das durch die vorwiegende Verwendung von Stein als Werkstoff gekennzeichnet ist* (Alt~, Jung~)

Stein|zeug ⟨n.1⟩ *feinkeramisches Erzeugnis mit meist hellem, gesintertem, lichtundurchlässigem Scherben und Erd- oder Salzglasur;* vgl. Steingut

Stei|rer ⟨m.5⟩ *Einwohner der Steiermark*

stei|risch ⟨Adj., o.Steig.⟩ *die Steiermark betreffend, zu ihr gehörig, aus ihr stammend*

Steiß ⟨m.1⟩ *Körpergegend um das Steißbein, Gesäß* [< mhd. stiuz, eigtl. „verdicktes, gestütztes Körperende", zu stutzen]

Steiß|bein ⟨n.1⟩ *aus fünf miteinander verwachsenen, unvollständig ausgebildeten Wirbeln bestehendes Endstück der menschlichen Wirbelsäule*

Steiß|fuß ⟨m.2; †⟩ → Lappentaucher

Steiß|la|ge ⟨f.11⟩ *(nicht normale) Kindslage, bei der das Kind mit dem Steiß voran bei der Geburt austritt*

Ste|le ⟨f.11⟩ **1** *Pfeiler, Säule als Grab- oder Gedenkstein, oft mit Bildnis des Toten* **2** *Leitbündelstrang der Pflanzensprosse*

Stel|la|ge ⟨[-ʒə] f.11⟩ *Gestell*

stel|lar ⟨Adj., o.Steig.⟩ *zu den Fixsternen gehörig, sie betreffend* [< lat. stellaris „zu den Sternen gehörig", zu stella „Stern"]

Stel|lar|astro|no|mie ⟨f., -, nur Sg.⟩ *Wiss. von den Fixsternen, Sternhaufen und Sternsystemen*

Stell|dich|ein ⟨n., -s, -(s); †⟩ *Verabredung, Zusammentreffen, Rendezvous;* sich mit jmdm. ein S. geben

Stel|le ⟨f.11⟩ **1** *Platz, Ort, Stätte;* eine S., wo Fische stehen; eine amtliche S. *eine Behörde;* eine entzündete, kahle S.; seine schwache S. *ein Punkt, an dem er angreifbar ist;* an S. von, anstelle von; auf der S. *sofort, augenblicklich;* auf der S. treten ⟨übertr.⟩ *nicht vorankommen;* nicht von der S. kommen *nicht vorankommen, nicht vorwärtskommen;* zur S. sein *dasein, wenn man gebraucht wird* **2** *Abschnitt, Absatz (in einem Buch, Brief, in einer Zeitung);* eine S. vorlesen **3** *Punkt in einer Rede, Diskussion;* an dieser S. möchte ich bemerken ... **4** *Platz (in einer Rangordnung);* an vorderster S. stehen **5** → Stellung (4); eine S. aufgeben, finden, suchen **6** *Platz einer Ziffer;* die dritte S. hinter dem Komma

stel|len ⟨V.1, hat gestellt⟩ **I** ⟨mit Akk.⟩ **1** etwas s. **a** *in aufrechte Lage bringen, aufrecht hintun;* Flaschen, Bücher ins Regal s.; Blumen ans Fenster s. **b** *an eine Stelle bringen;* einen Schrank an die Wand, neben die Tür s.; wie wollen wir die Möbel s.?; etwas über etwas anderes s. ⟨auch übertr.⟩ *etwas höher einschätzen als etwas anderes* **c** *in eine bestimmte Lage, Stellung bringen;* eine Weiche s.; die Uhr, den Wecker (auf eins) s. **d** *an eine Stelle und dadurch in einen Zustand erhalten;* Wein kalt s.; ⟨aber⟩ → kaltstellen; Speisen warm s. **e** ⟨mit verschiedenen Subst.⟩ jmdm. eine Aufgabe s.; *jmdm. eine Aufgabe geben;* eine Frage s. *etwas fragen;* eine Diagnose s. *eine Diagnose angeben, zum Ausdruck bringen;* jmdm. ein Horoskop s. *ein Horoskop berechnen;* ein Thema zur Diskussion s. *die andern auffordern, über ein Thema zu diskutieren;* jmdm. etwas zur Verfügung s. *jmdm. etwas zur Verfügung geben;* jmdm. etwas zur Wahl s. *jmdn. wählen lassen;* jmdm. etwas in Rechnung s. *jmdm. etwas berechnen* **2** etwas oder jmdn. s. *etwas oder jmdn. zur Verfü-*

gung geben, dafür sorgen, daß etwas oder jmd. da ist, bereit ist; Arbeitskräfte s.; einen Zeugen s.; Sie bekommen kostenlos einen Verteidiger gestellt; etwas, jmdn. als Ersatz s.; bei dem Fest s. wir die Getränke **3** *jmdn., ein Tier s. zum Stehenbleiben zwingen;* einen fliehenden Täter s.; *der Hund hat das Reh gestellt, hat den Einbrecher gestellt* **II** ⟨refl.⟩ *sich s.* **1** *sich an eine Stelle begeben, an eine Stelle gehen und dort eine Weile bleiben;* sich ans Fenster s.; sich hinter jmdn. s. ⟨auch übertr.⟩ *jmdn. in seiner Meinung, in seinen Handlungen ändern gegenüber unterstützen* **2** *sich freiwillig melden;* der Täter hat sich (der Polizei) gestellt; sich zum Wehrdienst s. **3** *mit anderen (zu einem bestimmten Zweck) zusammenkommen;* wir s. uns morgen um neun Uhr am Bahnhof **4** *sich zu etwas bereit machen;* sich zum Kampf s.; sich einer Diskussion, einer Befragung s. **5** *einen Zustand vortäuschen, so tun, als ob;* sich dumm s.; sich krank s.; sich taub s.; das Tier stellt sich tot **6** ⟨in der Wendung⟩ sich mit jmdm. gut s. *mit jmdm. ein gutes Verhältnis herbeiführen* **7** *sich zu einer Sache s. einen Standpunkt bezüglich einer Sache einnehmen;* wie stellt er sich zu der neuen Verordnung?

Stel|len|an|ge|bot ⟨n.1⟩ *Angebot einer Arbeitsstelle*

stel|len|los ⟨Adj., o.Steig.⟩ *keine Arbeitsstelle, keine Stellung (4) habend;* Syn. *stellungslos*

Stel|len|markt ⟨m.2⟩ *Markt für Arbeitsstellen*

stel|len|wei|se ⟨Adv.⟩ *an manchen Stellen;* der Weg ist s. trocken, sumpfig

Stel|len|wert ⟨m.1⟩ *Rang, Wichtigkeit;* eine Sache von besonderem S.; dieser Vorgang hat seinen S. im Rahmen des Ganzen

Stel|le|ra|tor ⟨m.13⟩ *Versuchsanordnung zum Erzielen einer kontrollierten Kernfusion* [engl., < lat. *stellans* „leuchtend, schimmernd"]

...stel|lig (in Zus.) *mit einer bestimmten oder unbestimmten Anzahl von Stellen,* z.B. einstellig, zehnstellig

Stel|ling ⟨f.1 oder f.9⟩ *an Seilen hängendes Gerüst für Arbeiten an der Bordwand (eines Schiffes)* [nddt., „Stellung"]

Stell|ma|cher ⟨m.5⟩ *jmd., der berufsmäßig Wagen und Wagenteile aus Holz anfertigt;* Syn. *Wagenbauer, Wagner* [eigtl. „Gestellmacher"]

Stell|netz ⟨n.1⟩ *Fischfangnetz, das senkrecht im ruhenden Wasser steht*

Stell|pro|be ⟨f.11; Theat.⟩ *Probe, in der die Aufstellung und die Gänge der Schauspieler festgelegt und geprobt werden*

Stel|lung ⟨f.10⟩ **1** *Körperhaltung;* in gebückter S. **2** *Lage, Stand;* die S. der Gestirne **3** *Arbeitsstelle, Amt, Posten;* auch: *Stelle;* eine hohe S. einnehmen; eine S. finden, suchen; bei jmdm. in S. sein (†) *bei jmdm. Hausgehilfin sein;* ohne S. sein **4** ⟨nur Sg.⟩ *Einstellung, Haltung;* für, gegen jmdn. oder etwas eintreten; S. beziehen *sich über seine Einstellung klarwerden und sie zum Ausdruck bringen* **5** *Rang;* gesellschaftliche, soziale S. **6** *militärisch ausgebauter Ort im Gelände;* die S. halten; in S. gehen ⟨auch übertr.⟩ *sich auf etwas vorbereiten (bes. auf einen Angriff)* **7** ⟨österr.⟩ *Musterung*

Stel|lung|nah|me ⟨f.11⟩ *Meinungsäußerung zu einem Vorfall*

Stel|lungs|krieg ⟨m.1⟩ *Krieg, in dem sich zwei Heere in ausgebauten Stellungen gegenüberstehen*

stel|lungs|los ⟨Adj., o.Steig.⟩ →*stellenlos*

stell|ver|tre|tend ⟨Adj., o.Steig.⟩ *die Stelle eines anderen einnehmend, für einen anderen s. handeln*

Stell|ver|tre|ter ⟨m.5⟩ *jmd., der anstelle eines anderen handelt;* S. des Direktors; jmdn. zum S. ernennen

Stell|ver|tre|tung ⟨f.10⟩ *Vertretung eines anderen, Handeln im Namen eines anderen*

Stell|wa|gen ⟨m.7; früher⟩ *Pferdeomnibus, den man bei Bedarf durch Handzeichen anhalten („stellen") konnte*

Stell|werk ⟨n.1; Eisenb.⟩ *Einrichtung zum Bedienen der Weichen und Signale eines Streckenabschnittes*

Stel|ze ⟨f.11⟩ **1** ⟨meist Pl.⟩ ~n *zwei Stangen mit kurzen Querhölzern unterhalb der Mitte, auf die man die Füße stellt, so daß man in erhöhter Stellung gehen kann* **2** *kleiner Singvogel mit dünnem, spitzem Schnabel, der sich oft trippelnd am Boden bewegt* (Bach~, Schaf~)

stel|zen ⟨V.1, ist gestelzt; o.Obj.⟩ *wie auf Stelzen, steifbeinig gehen, mit langen Beinen in großen Schritten gehen;* der Reiher stelzt durchs Schilf, durch den Sumpf; durch einen Raum s.; er stelzte am Krückstock über die Straße

Stel|zen|läu|fer ⟨m.5⟩ **1** *jmd., der auf Stelzen läuft* **2** *Strandvogel mit äußerst langen, roten Beinen und dünnem, schwarzem Schnabel*

Stelz|fuß ⟨m.2⟩ **1** ⟨ugs.⟩ *Beinprothese* **2** *jmd., der eine Beinprothese trägt*

stel|zig ⟨Adj.⟩ *steif, ungelenk;* s. *daherkommen*

Stelz|vo|gel ⟨m.6⟩ *(meist in und bei Feuchtgebieten vorkommender) hochbeiniger Vogel mit langem Schnabel* (z.B. Reiher, Storch); Syn. *Schreitvogel*

Stelz|wur|zel ⟨f.11⟩ *jede von mehreren starken Luftwurzeln, auf denen der Stamm wie auf Stelzen steht*

Stem|ma ⟨n., -s, -mata⟩ **1** *Stammbaum* **2** *Reihe der Fassungen (eines Literaturdenkmals) im Laufe der Überlieferung, Überlieferungsreihe* [< griech. *stemma* „Binde, Kranz", auch „bekränztes Ahnenbild", übertr. „Stammbaum", zu *stephein* „umkränzen, rings umgeben"]

Stemm|bo|gen ⟨m.7; süddt. auch m.8; Schisport⟩ *Technik zur Änderung der Fahrtrichtung*

Stemm|ei|sen ⟨n.7⟩ *Werkzeug mit meißelartig geschliffener Schneide (für das Aushauen von Vertiefungen in Holz)*

stem|men ⟨V.1, hat gestemmt⟩ **I** ⟨mit Akk.⟩ **1** *mit den Armen (über den Kopf) in die Höhe heben;* ein Gewicht s.; einen s. ⟨ugs.⟩ *einen Schnaps trinken* **2** *fest drücken;* die Ellbogen auf den Tisch s.; die Hände in die Seiten s. (als Zeichen der Angriffslust, der Herausforderung); sich, seinen Körper gegen die Tür s. **3** *nach außen drücken und kanten;* die Skier. **4** *mittels Stemmeisen anheben;* einen Wagen, Schrank in die Höhe s. **5** ⟨Jargon⟩ *stehlen;* er hat was gestemmt **II** ⟨refl.⟩ *sich s. mit aller Kraft einer Sache Widerstand leisten;* sich gegen Anweisungen, gegen eine ärztliche Behandlung s.

Stem|pel ⟨m.5⟩ **1** *(kleines) Gerät mit erhaben gearbeiteten, spiegelbildlichen Schriftzeichen u.ä. zum Abdrucken von Farbe (mit der Hand);* er hat seiner Zeit seinen S. aufgedrückt ⟨übertr.⟩ *er hat seiner Zeit das Gepräge gegeben* **2** *damit hergestellter Abdruck;* einen S. auf eine Quittung drücken **3** *durch Einprägen entstandenes Zeichen (bes. als Qualitätszeichen auf Gold- und Silbergegenständen)* **4** ⟨Bot.⟩ *Fruchtknoten, Griffel und Narbe;* Syn. *Pistill* **5** *gedrungenes Holz zum Stützen von Schalungen* [ndat., zu *stampfen*]

Stem|pel|geld ⟨n.3; ugs.⟩ *Arbeitslosenunterstützung;* s. *stempeln (1)*

Stem|pel|kis|sen ⟨n.7⟩ *mit Farbe durchtränktes Filzstück, mit dem ein Stempel (1) durch Aufdrücken eingefärbt wird*

stem|peln ⟨V.1, hat gestempelt; mit Akk.⟩ *etwas s.* **1** *den Abdruck eines Stempels auf etwas anbringen;* eine Quittung s.; eingehende Briefe mit dem Datum s.; s. gehen ⟨ugs.⟩ *Arbeitslosenunterstützung beziehen* [da die ausgezahlten Beträge auf der Ausweiskarte mit Stempel vermerkt werden]; vgl. *abstempeln* **2** *ein Zeichen (meist Zahl) zur Angabe des Feingehalts in etwas prägen;* goldene, silberne Gegenstände s. **3** *etwas auf etwas s. etwas mittels Stempels auf etwas anbringen;* Nummern auf Karten s.

Stem|pel|steu|er ⟨f.11⟩ *Steuer, die beim Aufkleben von Banderolen und Stempeln erhoben wird*

Sten|ge ⟨f.11; Seew.⟩ *Verlängerung des Mastes* (Mars~) [ndat., zu *Stange*]

Sten|gel ⟨m.5⟩ *dünner, die Blätter und Blüten tragender Pflanzenteil* (Gras~) [zu *Stange*]

Ste|no ⟨f., -, nur Sg.; ugs.; kurz für⟩ *Stenografie*

Ste|no|dak|ty|lo ⟨f.9; schweiz.⟩ →*Stenotypistin*

Ste|no|graf ⟨m.10⟩ *jmd., der beruflich stenografiert*

Ste|no|gra|fie ⟨f., -, nur Sg.⟩ *Schrift mit besonderen Zeichen zum schnellen Schreiben;* auch: *Stenographie;* Syn. *Kurzschrift* [< griech. *stenos* „eng, schmal" und *graphein* „schreiben"]

ste|no|gra|fie|ren ⟨V.3, hat stenografiert⟩ auch: *stenographieren* **I** ⟨o.Obj.⟩ *Stenografie schreiben;* s. können **II** ⟨mit Akk.⟩ *in Stenografie schreiben, festhalten*

ste|no|gra|fisch ⟨Adj., o.Steig.⟩ Syn. *kurzschriftlich* **1** *zur Stenografie gehörend,* sie betreffend **2** *in Stenografie verfaßt*

Ste|no|gramm ⟨n.1⟩ *Niederschrift in Stenografie;* ein S. aufnehmen

ste|no|gra|phie|ren ⟨V.3, hat stenographiert⟩ →*stenografieren*

sten|ök ⟨Adj., o.Steig.; bei Tieren und Pflanzen⟩ *an bestimmte Standorte gebunden;* Gs. *euryök* [< griech. *stenon* „enger Raum", zu *stenos* „eng, schmal", und *oikos* „Haus, Wohnung"]

Ste|no|kar|die ⟨f.11⟩ *Herzbeklemmung* [< griech. *stenos* „eng, schmal" und *kardia* „Herz"]

Ste|no|kon|to|ris|tin ⟨f.10⟩ *Kontoristin mit Kenntnissen in Stenografie und Maschinenschreiben*

ste|no|phag ⟨Adj., o.Steig.; bei Tieren und Pflanzen⟩ *auf bestimmte Nahrung angewiesen;* Gs. *euryphag* [< griech. *stenos* „eng, schmal" und *phagein* „essen"]

Ste|no|se ⟨f.11⟩, **Ste|no|sis** ⟨f., -, -sen⟩ *Verengung (von Hohlräumen oder Hohlorganen)* [< griech. *stenos* „eng, schmal" und *...ose*]

ste|no|therm ⟨Adj., o.Steig.; bei Tieren und Pflanzen⟩ *auf gleichbleibende Temperatur angewiesen;* Gs. *eurytherm* [< griech. *stenos* „eng, schmal" und *thermos* „warm, heiß"]

ste|no|top ⟨Adj., o.Steig.; von Tieren und Pflanzen⟩ *nicht weit verbreitet;* Gs. *eurytop* [< griech. *stenos* „eng, schmal" und *topos* „Ort, Stelle"]

ste|no|ty|pie|ren ⟨V.3, hat stenotypiert; mit Akk.⟩ *in Stenografie niederschreiben und dann in Maschinenschrift übertragen*

Ste|no|ty|pis|tin ⟨f.10⟩ *Angestellte für Stenografieren und Maschinenschreiben;* Syn. ⟨schweiz.⟩ *Stenodaktylo* [< dem ersten Teil von *Stenografie* und griech. *typos* „Schlag, Abdruck"]

Sten|tor|stim|me ⟨f.11⟩ *laute, dröhnende Stimme* [nach *Stentor,* einem Helden der *Ilias* von Homer mit „brüllender, eherner Stimme", von dem im fünften Gesang gesagt wird, daß er „im Schreien so stark wie fünfzig Männer zusammen" gewesen sei]

Step ⟨m.9⟩ →*Steptanz*

Step|ei|sen ⟨n.7⟩ *an den Schuhsohlen angebrachtes Eisenplättchen für den Steptanz*

Ste|pha|nit ⟨m., -s, nur Sg.⟩ *(bleigraues bis eisenschwarzes) glänzendes Mineral* [nach dem Erzherzog *Stephan* von Österreich]

Steppdecke

Stepp|decke ⟨-k|k-; f.11⟩ mit Daunen gefüllte und mit Steppnähten unterteilte Decke

Step|pe ⟨f.11⟩ baumlose Grasebene (außerhalb der Tropen) [< russ. *stjep* in ders.Bed., im Altruss. auch „Niederung", vielleicht zu *tjepu* „schlagen", also eigtl. „ausgehauene Stelle"]

step|pen¹ ⟨V.1, hat gesteppt; mit Akk.⟩ *in Steppstichen nähen; eine Naht (mit der Maschine) s.* [< mhd. *steppen* „reihenweise nähen, stellenweise stechen"]

step|pen² ⟨V.1, hat gesteppt; o.Obj.⟩ Step tanzen

Stepp|ke ⟨m.9; berlin.⟩ kleiner Junge, Kerlchen

Stepp|naht ⟨f.2⟩ mit Steppstichen genähte Naht

Stepp|stich ⟨m.1⟩ Nähstich, bei dem eine lückenlose, gerade Linie entsteht

Step|tanz ⟨m.2⟩ Tanz in Schuhen mit Stepeisen, wobei mit Sohlen und Fersen der Rhythmus geschlagen wird; Syn. Step [< engl. *to step* „treten" sowie „gehen", dazu *step* „Schritt, Fußspur", zu dt. *stapfen*]

Ster ⟨m., -s, -e oder -s, nach Zahlen -⟩ altes Raummaß für Holz, 1 m³ [< frz. *stère* „Kubikmeter", < griech. *stereos* „starr, fest, massiv"]

Ste|ra|di|ant ⟨m.10; Zeichen: sr⟩ Einheit des Raumwinkels [< griech. *stereos* „starr, fest" und lat. *radians* „strahlend", Part. Präs. von *radiare* „strahlen, Strahlen aussenden"]

Ster|be|bett ⟨n.12⟩ Bett eines Sterbenden; Syn. *Totenbett;* auf dem S. liegen; an jmds. S. treten; jmdm. etwas am S. versprechen

Ster|be|geld ⟨n.3⟩ von einer Versicherung bezahlte Kosten einer Bestattung

Ster|be|hemd ⟨n.12⟩ Hemd, mit dem ein Toter bekleidet wird

ster|ben ⟨V.154, ist gestorben⟩ **I** ⟨o.Obj.⟩ **1** *aufhören zu leben, den Tod erleiden;* an einer Krankheit s. *den Tod infolge einer Krankheit erleiden; durch einen Unfall s.; eines natürlichen, eines gewaltsamen Todes s.; für jmdn. s.* für seine Überzeugung s. *für jmdn., für seine Überzeugung sein Leben opfern;* vor Hunger s.; ich sterbe vor Neugierde ⟨ugs., scherzh.⟩ *ich bin sehr neugierig; es zu sehen, zu erfahren, ich möchte es unbedingt sehen, wissen; es ist zum Sterben langweilig* ⟨ugs.⟩ Sie sind für mich gestorben ⟨ugs.⟩ *ich möchte mit Ihnen nichts mehr zu tun haben* **2** *aufhören zu bestehen, zu existieren;* die Sache ist gestorben **II** ⟨mit Dat.; ugs.⟩ *durch den Tod genommen werden;* ihm ist kürzlich die Frau gestorben **III** ⟨mit Akk.; geh.⟩ nur in bestimmten Wendungen mit „Tod"⟩ *auf bestimmte Weise sein Leben beenden;* er starb einen schweren, leichten Tod; jeder will seinen eigenen Tod s.

ster|bens|krank ⟨Adj., o.Steig.⟩ *sehr krank, todkrank*

ster|bens|lang|wei|lig ⟨Adj., o.Steig.⟩ *sehr langweilig*

ster|bens|matt ⟨Adj., o.Steig.⟩ *sehr matt, zu Tode erschöpft*

Ster|bens|wört|chen ⟨n.7; in der Fügung⟩ kein S. *kein Wort, überhaupt nichts;* er hat mir kein S. davon gesagt; er hat S. davon verlauten lassen

Ster|be|ur|kun|de ⟨f.11⟩ amtliche Urkunde über jmds. Tod

sterb|lich ⟨Adj., o.Steig.⟩ **1** *zum Sterben verurteilt, vergänglich* **2** ⟨als Adv.⟩ *sehr, überaus;* s. verliebt sein

Sterb|lich|keit ⟨f., -, nur Sg.⟩ **1** *sterbliche Beschaffenheit, die S. des Menschen* **2** *durchschnittliche Anzahl der Sterbefälle* (Säuglings~)

Sterb|lich|keits|zif|fer ⟨f.11⟩ → Mortalität (2)

Ste|reo ⟨n.9⟩ **1** ⟨nur Sg.; kurz für⟩ *Stereophonie;* ein Musikstück in S. hören **2** ⟨Stereotypie⟩ Druckform, Druckstock

ste|reo..., Ste|reo... ⟨in Zus.⟩ **1** *starr, fest* **2** *räumlich, Raum...* [< griech. *stereos* „hart, fest, körperlich", auch im Sinne von „räumlich" gebraucht]

Ste|reo|an|la|ge ⟨f.11⟩ Anlage zum stereophonischen Empfang und Hören (von Schallplatten, Tonbändern, Rundfunksendungen)

Ste|reo|che|mie ⟨f., -, nur Sg.⟩ Teilgebiet der Chemie, das die räumliche Anordnung der Atome im Molekül erforscht [< Stereo... und Chemie]

Ste|reo|fo|to|gra|fie ⟨f.11⟩ Fotografie, die aus zwei Teilbildern besteht, die bei der Betrachtung durch ein Stereoskop einen räumlichen Eindruck vermitteln; Syn. Raumbild

Ste|reo|me|trie ⟨f., -, nur Sg.⟩ Teilgebiet der Geometrie, das sich mit der Berechnung der Oberflächen und Rauminhalte von Körpern befaßt [< Stereo... und ...metrie]

ste|reo|phon ⟨Adj., o.Steig.⟩ mehrkanalig, räumlich (hörbar) [zu Stereophonie]

Ste|reo|pho|nie ⟨f., -, nur Sg.⟩ räumliche Aufnahme und Wiedergabe von Schall; auch: ⟨kurz⟩ Stereo [< Stereo... und ...phonie]

Ste|reo|skop ⟨n.1⟩ Gerät zum Betrachten von Stereofotografien [< Stereo... und ...skop]

ste|reo|sko|pisch ⟨Adj., o.Steig.⟩ einen dreidimensionalen Eindruck vermittelnd; ~er Film [zu Stereoskop]

Ste|reo|ton ⟨m., -(e)s, nur Sg.⟩ räumlich wirkender, stereophoner Ton

ste|reo|typ ⟨Adj., o.Steig.⟩ **1** *freistehend, unveränderlich* **2** ⟨übertr.⟩ *immer wieder gleich, sich ständig wiederholend;* ~e Antwort; ~es Lächeln [< Stereo... und griech. *typos* „Form, Gestalt, Gepräge"]

Ste|reo|typ|druck ⟨m.1⟩ Druck von Druckplatten, unveränderter Nachdruck

Ste|reo|ty|peur ⟨[-pør] m.1⟩ Facharbeiter für die Herstellung von Stereotypien

Ste|reo|ty|pie ⟨f.11⟩ **1** ⟨nur Sg.⟩ Herstellung von Druckplatten durch Bleilegierung **2** *die Druckplatte selbst* **3** *krankhafte ständige Wiederholung der gleichen Bewegung oder Äußerung*

ste|reo|ty|pie|ren ⟨V.3, hat stereotypiert; mit Akk.⟩ etwas s. *Stereotypien (2) von etwas herstellen*

ste|ril ⟨Adj.⟩ **1** ⟨o.Steig.⟩ *frei von krankheitserregenden Keimen* **2** ⟨o.Steig.⟩ *unfruchtbar, zeugungsunfähig (bei erhaltener Potenz)* **3** ⟨übertr.⟩ *übertrieben geistig, allzu intellektuell, nicht mehr natürlich* **4** ⟨übertr.⟩ *geistig unfruchtbar* [< lat. *sterilis* „unfruchtbar", zu griech. *steira* „unfruchtbare oder noch nicht geboren habende (Kuh, Frau usw.)"]

Ste|ri|li|sa|ti|on ⟨f.10⟩ das Sterilisieren, das Sterilisiertwerden

Ste|ri|li|sa|tor ⟨m.13⟩, **Ste|ri|li|sier|ap|pa|rat** ⟨m.1⟩ Apparat zum Sterilisieren ärztlicher Instrumente

ste|ri|li|sie|ren ⟨V.3, hat sterilisiert; mit Akk.⟩ **1** etwas s. *keimfrei machen;* Nahrungsmittel s.; medizinische Instrumente s. **2** jmdn., ein Tier s. *unfruchtbar, zeugungsunfähig machen* Ste|ri|li|sie|rung ⟨f.10⟩

Ste|ri|li|tät ⟨f., -, nur Sg.⟩ sterile Beschaffenheit

Ste|rin ⟨n.1⟩ biologisch wichtige aromatische Kohlenwasserstoffverbindung (z.B. Cholesterin) [< griech. *stereos* „räumlich"]

Ster|ke ⟨f.11; ndd.⟩ → Färse

Ster|let ⟨m.1⟩ kleiner Stör [russ.]

Ster|ling ⟨auch [stə-] m.1, nach Zahlenangaben Pl.⟩ *altenglische Währungseinheit;* Pfund S. *heutige britische Währungseinheit* [urspr. Silberpenny der normannischen Zeit, altfrz. belegt als *esterlin*, mlat. als *esterlingus*, mhd. als *sterlinc;* Herkunft nicht geklärt]

Stern ⟨m.1⟩ **1** *Himmelskörper;* die ~e funkeln, glitzern; ~e (vor den Augen) sehen *ein Flimmern vor den Augen haben (nach einem Schlag, Aufprall o.ä.);* für jmdn. die ~e vom Himmel holen (wollen) ⟨übertr.⟩ *alles für jmdn. tun (wollen);* nach den ~en greifen ⟨übertr.⟩ *Unmögliches versuchen;* ein neuer S. am Theaterhimmel ⟨ugs.⟩ *ein neuer berühmt, beliebt werdender Schauspieler (oder ebensolche Schauspielerin* **2** ⟨Astrol.⟩ *Himmelskörper als Zeichen des Schicksals;* die ~ stehen gut *die Lage ist günstig, die Aussichten sind günstig;* es ist im ~ geschrieben, daß ... *es wird sich so ereignen;* das steht noch in den ~en ⟨ugs.⟩ *das ist noch ungewiß;* unter einem guten, schlechten S. geboren sein Glück, Unglück im Leben haben; die Sache steht unter einem schlechten S. *die Sache will nicht klappen* **3** *kreis-, auch kugelförmiges Gebilde, um das am Rand gleichmäßig nach außen weisende Zacken angeordnet sind (Davids~)* **4** *Gebäck in Form eines Sterns (3)* (Zimt~) **5** *Stern (3) als Rang- oder Qualitätszeichen;* die drei ~e des Hauptmanns; ein Lokal mit zwei ~en **6** *Stirnfleck (bei Pferden)* **7** ⟨übertr.; poet.⟩ *leuchtender, strahlender Gegenstand* (Augen~)

ster|nal ⟨Adj., o.Steig.⟩ *zum Sternum gehörig, von ihm ausgehend*

Stern|anis ⟨m., -(es), nur Sg.⟩ *ähnlich wie Anis verwendete Frucht des chinesischen Sternanisbaumes*

Stern|as|so|zi|a|ti|on ⟨f.10⟩ → Sternhaufen

Stern|be|deckung ⟨-k|k-; f.10⟩ Verdeckung eines Sternes durch den Mond

Stern|bild ⟨n.3⟩ Sterngruppe, die als bildhafte Figur gedeutet wurde

Stern|chen ⟨n.7⟩ **1** *kleiner Stern (1)* **2** *kleiner Stern (3) als Zeichen in einem Text*

Stern|deu|tung ⟨f., -, nur Sg.⟩ → Astrologie

Stern|ban|ner ⟨n.5⟩ → Stars and Stripes

ster|nen|hell ⟨Adj., o.Steig.⟩ *von den Sternen erhellt;* auch: *sternhell;* eine ~e Nacht

Ster|nen|him|mel ⟨m., -s, nur Sg.⟩ *nächtlicher Himmel mit Sternen;* auch: Sternhimmel

ster|nen|klar ⟨Adj., o.Steig.⟩ *so klar, daß man die Sterne sehen kann;* auch: sternklar

Ster|nen|zelt ⟨n., -(e)s, nur Sg.; poet.⟩ Sternenhimmel

Stern|fahrt ⟨f.10⟩ Wettfahrt (bes. mit Auto oder Motorrad) von verschiedenen Ausgangspunkten zum gleichen Ziel

Stern|ge|wöl|be ⟨n.5; Bauk.⟩ Gewölbe, dessen Rippen ein sternförmiges Muster bilden

Stern|gucker ⟨-k|k-; m.5; ugs.⟩ Astronom

stern|ha|gel|voll ⟨Adj., o.Steig.; ugs.⟩ *völlig betrunken*

Stern|hau|fen ⟨m.7⟩ Ansammlung von (wahrscheinlich) gleichaltrigen Sternen; Syn. Sternassoziation

stern|hell ⟨Adj.⟩ → sternenhell

Stern|him|mel ⟨m., -s, nur Sg.⟩ → Sternenhimmel

Stern|jahr ⟨n.1⟩ Zeit des Erdumlaufs um die Sonne, an der Stellung eines Fixsternes gemessen

Stern|kar|te ⟨f.11⟩ bildliche Darstellung der Anordnung der Sterne und Sternbilder an der Himmelskugel; Syn. Himmelskarte

stern|klar ⟨Adj.⟩ → sternenklar

Stern|kun|de ⟨f., -, nur Sg.⟩ → Astronomie

Stern|li|wein ⟨m.1; schweiz.⟩ Perlwein

Stern|marsch ⟨m.2⟩ Marsch in der Art einer Sternfahrt

Stern|mo|tor ⟨m.13; bei Flugzeugen⟩ luftgekühlter Verbrennungsmotor, bei dem die Zylinder sternförmig um das Kurbelgehäuse angeordnet sind

Stern|ort ⟨m.4⟩ Ort eines Gestirns an der Himmelskugel, Position eines astronomischer Ort

Stern|schnup|pe ⟨f.11⟩ → Meteor

Stern|sin|gen ⟨n., -s, nur Sg.⟩ Volksbrauch am Dreikönigstag, an dem Kinder mit einem Stern auf einem Stab von Haus zu Haus gehen und singen

Stern|sin|ger ⟨m.5⟩ jmd., der am Sternsingen teilnimmt

Stern|stun|de ⟨f.11⟩ *bes. glückliche, günstige Stunde*

Stern|sys|tem ⟨n.1⟩ *großräumige, außerhalb der Milchstraßensystems liegende Ansammlung zahlreicher Sterne;* Syn. *Galaxie*

Stern|tag ⟨m.1⟩ *Zeit zwischen Auf- und Untergang eines Fixsternes*

Ster|num ⟨n., -s, -na⟩ → *Brustbein* [mit lat. Endung < griech. *sternon* (poet. für *stethos*) „Brust, Inneres"]

Stern|war|te ⟨f.11⟩ *wissenschaftliches Institut zur Beobachtung der Sterne*

Stern|zeit ⟨f.10⟩ *in Sterntagen gemessene Zeit*

Ste|ro|id ⟨n.1, Pl.⟩ *Gruppe komplexer organischer Verbindungen (z.B. die Gallensäuren, Vitamine der D-Gruppe, Keimdrüsenhormone)* [< *Sterin* und *...oid*]

Stert ⟨m.1; nddt.⟩ → *Sterz* (1)

Sterz ⟨m.1⟩ **1** *Bürzel (bes. vom Brathuhn), Hinterteil;* auch: *nddt.* **Stert 2** *(beim Pflug) Teil zum Führen und Lenken mit der Hand* ⟨österr.⟩ *(Tabak~); *(n.5)* Breispeise (Brenn~, Heiden~)*

stet ⟨Adj., -er, am -esten⟩ *gleichbleibend, dauernd, stetig;* ~e *Gedanken*

Ste|te, Stet|heit ⟨f., -, nur Sg.⟩ → *Stetigkeit*

Ste|tho|skop ⟨n.1⟩ *schalleitender Gummischlauch (früher: Rohr) zur Auskultation* [< griech. *stethos* „Brust, Inneres" und *...skop*]

ste|tig ⟨Adj.⟩ *andauernd, gleichbleibend, nicht schwankend;* ~e *Arbeit;* ~e *Wechselkurse*

Ste|tig|keit ⟨f., -, nur Sg.⟩ *Beständigkeit, Gleichmaß;* Syn. *Stete, Stetheit;* die S. der Bewegung

stets ⟨Adv.⟩ *immer, jedesmal; wir waren s. zufrieden*

Steu|er I ⟨f.11⟩ *Teil des umlaufenden Geldes, der an den Staat abgegeben werden muß (Einkommen~, Lohn~, Mehrwert~);* ~n *bezahlen, hinterziehen; eine neue S. erheben* **2** *Abgabe an den Staat, die im Preis (einer Ware) enthalten ist* (Tabak~) II ⟨n.5⟩ *Vorrichtung zum Steuern (I,1);* Syn. *Steuerung; das S. fest in der Hand haben* ⟨auch übertr.⟩ *die Führung fest in der Hand haben; das S. herumwerfen* ⟨auch übertr.⟩ *sein Ziel, seine Taktik, sein Vorgehen plötzlich ändern* [< mhd. *stiure* „Stütze, Steuerruder; Gabe, Beitrag"]

Steu|er|be|hör|de ⟨f.11⟩ *Finanzamt*

Steu|er|be|ra|ter ⟨m.5⟩ *amtlich zugelassener Berater in Steuerfragen*

Steu|er|be|scheid ⟨m.1⟩ *Mitteilung des Finanzamtes an den Steuerpflichtigen über zu zahlende oder zu erstattende Steuer*

steu|er|bord ⟨Adv., Seew.⟩ *rechts (in Fahrtrichtung);* auch: *steuerbords;* Ggs. *backbord* [nach der urspr. Stellung des Steuermanns am Steuer]

Steu|er|bord ⟨n.1⟩ *rechte Schiffsseite;* Ggs. *Backbord*

steu|er|bords ⟨Adv.⟩ → *steuerbord*

Steu|er|er|klä|rung ⟨f.10⟩ *Erklärung des Steuerpflichtigen an das Finanzamt über seine Einnahmen und die zu entrichtende Steuer*

Steu|er|flucht ⟨f.10⟩ *Umgehung von Steuern durch das Verlegen des Wohnsitzes ins Ausland oder durch Verlegen des Kapitals ins Ausland*

steu|er|frei ⟨Adj., o.Steig.⟩ *nicht mit Steuer belegt*

Steu|er|ge|heim|nis ⟨n.1⟩ *Verpflichtung der Steuerbehörde, jmds. Vermögensverhältnisse geheimzuhalten*

Steu|er|klas|se ⟨f.11⟩ *nach Familienstand und Anzahl der Kinder festgelegte Klasse der Steuerzahlung*

steu|er|lich ⟨Adj., o.Steig.⟩ *zur Steuer gehörend, die Steuer betreffend;* ~e *Erleichterungen, Vergünstigungen*

Steu|er|mann ⟨m.4, Pl. auch -leu|te⟩ **1** ⟨Seew.⟩ *jmd., der für die Navigation verantwortlich ist* **2** ⟨Rudersport⟩ *jmd., der ein Boot steuert;* Vierer mit S.

Steu|er|mar|ke ⟨f.11⟩ *Marke als Quittung über eine bezahlte Steuer (z.B. Hundemarke)*

Steu|er|mit|tel ⟨n.5, Pl.⟩ *Gesamtheit der Mittel, die dem Staat aus Steuereinnahmen zur Verfügung stehen; etwas aus* ~n *finanzieren*

steu|ern ⟨V.1⟩ I ⟨mit Akk.; hat gesteuert⟩ *etwas s.* **1** *die Richtung bestimmen, in der sich etwas bewegen soll, lenken; ein Auto, Schiff, Flugzeug s.* **2** *den Ablauf von etwas bestimmen; eine Entwicklung s.; ein Programm s.; den Produktionsprozeß s.* **3** *einen Kurs s. nach einem bestimmten Kurs fahren, einen Kurs verfolgen, einhalten* II ⟨mit Dat.⟩ *hat gesteuert⟩ einer Sache s. eine Sache beeinflussen; wir müssen seiner Verschwendungssucht s.; der Not s.* III ⟨o.Obj.; ist gesteuert⟩ *sich in einer Richtung bewegen; das Schiff steuert in den Hafen; er steuert geradewegs in seinen Ruin* ⟨übertr.⟩

Steu|er|pflicht ⟨f., -, nur Sg.⟩ *Pflicht, Steuern zu zahlen*

steu|er|pflich|tig ⟨Adj., o.Steig.⟩ **1** *verpflichtet, Steuern zu zahlen;* ~e *Personen* **2** *so beschaffen, daß man es versteuern muß;* ~e *Einnahmen*

Steu|er|recht ⟨n., -(e)s, nur Sg.⟩ *Gesamtheit der Vorschriften, die die Steuern betreffen*

Steu|er|schrau|be ⟨f., -, nur Sg.⟩ *nur in der Wendung* die S. anziehen *die Steuern erhöhen*

Steu|er|schuld ⟨f.10⟩ *noch zu entrichtende Steuer*

Steue|rung ⟨f.10⟩ **1** ⟨nur Sg.⟩ *das Steuern* **2** → *Steuer* (II)

Steu|er|zah|ler ⟨m.5⟩ *jmd., der Steuern zahlt, zahlen muß*

Ste|ven ⟨m.7; beim Schiff⟩ *(vorderes oder hinteres) Begrenzungsstück, das auf den Kiel aufgesetzt ist (Vorder~, Achter~)* [nddt.]

Ste|ward ⟨[ˈstjuərd] m.9; auf Schiffen und in Flugzeugen⟩ *Betreuer der Reisenden* [engl., eigtl. „Aufseher, Verwalter; Proviantmeister, Küchenmeister", < altengl. *stiward, stigward* „Aufseher über Haus und Stall", < *stig* „Stall, Haus" und *weard* „Aufseher, Wärter", < germ. *warda* „Wache"]

Ste|war|deß ⟨[ˈstjuərdɛs] f., -, -des|sen⟩ → *Hosteß* (2)

StGB ⟨Abk. für⟩ *Strafgesetzbuch*

Sthe|nie ⟨f., -, nur Sg.; Med.⟩ *Kraft, Kraftfülle* [< griech. *sthenos* „Kraft, Stärke", weitere Herkunft nicht bekannt]

sthe|nisch ⟨Adj.; Med.⟩ *kraftvoll* [zu *Sthenie*]

sti|bit|zen ⟨V.1, hat stibitzt; mit Akk.⟩ *etwas s. etwas Geringfügiges stehlen* [< mecklenburg. *stibitzen, stippisen, stiberitzen,* scherzhafte Streckform zu *stizen, sitzen* „stehlen"]

Sti|bi|um ⟨n., -s, nur Sg.⟩ → *Antimon* [< lat., griech. *stibi, stimmi* „Spießglanz, schwarze Schminke", als augenverkleinerndes Mittel verwendetes Antimon; < altägypt. *mesdeme,* „zum Färben der Augenbrauen und -wimpern verwendete Salbe"]

Stich ⟨m.1⟩ **1** ⟨nur Sg.⟩ *das Stechen* (I) **2** *Eindringen eines spitzen Gegenstandes (Dolch~, Nadel~); jmdm. einen S. versetzen* **3** *Verletzung, die durch das Stechen entsteht; S. einer Wespe* **4** *Einstecken der Nadel mit anschließendem Durchziehen des Fadens; mit feinen, groben ~en nähen* **5** *durch einen Stich* (4) *entstehendes Gebilde (Kreuz~)* **6** ⟨kurz für⟩ *Stahlstich, Kupferstich* **7** *Figur beim Degen- oder Florettfechten* **8** *stechender seelischer oder körperlicher Schmerz; es gab ihm einen S.;* ~e *in der Herzgegend verspüren* **9** *einmaliger Durchgang der Walzgutes durch die Walze* **10** ⟨Baukunst⟩ *Höhe (eines Bogens)* **11** ⟨nur Sg.; übertr.⟩ *leichte Abirrung vom Normalen; die Milch hat einen S. die Milch ist am Sauerwerden; er hat einen* S. *er ist ein wenig verrückt; die Farbe hat einen S. ins Blaue* **12** ⟨Kart.⟩ *Wegnahme der gegnerischen Karten; jmdn. im S. lassen* ⟨übertr.⟩ *jmdm. in einer Notlage nicht helfen; etwas im S. lassen etwas aufgeben* **13** ⟨Jägerspr.; beim Hochwild⟩ *unterer Brustteil*

Stich|bahn ⟨f.11⟩ *Abzweigung einer Eisenbahnlinie, die in einem Kopfbahnhof endet*

Stich|bal|ken ⟨m.7⟩ *kurzer, rechtwinklig mit einem Hauptbalken verzapfter, im Mauerwerk gelagerter Balken*

Stich|blatt ⟨n.4⟩ *metallener Handschutz zwischen Griff und Klinge (von Hieb- und Stichwaffen)*

Stich|bo|gen ⟨m.7; Bauk.⟩ *flacher Bogen*

Sti|chel ⟨m.5⟩ *spitzes Werkzeug zum Stechen (z.B. für den Holz-, Kupfer- und Stahlstich)*

Sti|chel|haar ⟨n.1; bei Säugetieren, bes. Hunden⟩ *(meist weißes) starres Fellhaar mittlerer Länge*

sti|cheln ⟨V.1, hat gestichelt; o.Obj.⟩ **1** *emsig (mit der Hand) nähen* **2** *anzügliche, boshafte Bemerkungen machen*

Stich|ent|scheid ⟨m.1⟩ *Entscheid durch eine Stichwahl*

stich|fest ⟨Adj.⟩ → *hiebfest*

Stich|flam|me ⟨f.11⟩ *(oft blitzartig entstehende) schmale, lange, sehr heiße Flamme*

stich|hal|ten ⟨V.61, hat stichgehalten, o.Obj.⟩ *einer Probe standhalten; der Beweis, das Argument hält nicht stich* [eigtl. „einem Stich standhalten", beim Turnier, beim Fechten]

stich|hal|tig ⟨Adj.⟩ *einer Probe standhaltend; ein* ~es *Argument; der Beweis ist nicht s.; s. argumentieren* **Stich|hal|tig|keit** ⟨f., -, nur Sg.⟩

sti|chig ⟨Adj.⟩ *leicht säuerlich, nicht mehr einwandfrei;* ~e *Milch*

...sti|chig ⟨in Zus.⟩ **1** *einen Schimmer einer anderen Farbe aufweisend; z.B. grünstichig, blaustichig* **2** *einen Stich habend, z.B. wurmstichig*

Stich|kap|pe ⟨f.11⟩ *kleines Gewölbe, das in ein größeres Gewölbe quer zu dessen Achse einschneidet (z.B. für ein Fenster)*

Stich|ling ⟨m.1⟩ *kleiner Knochenfisch mit einzelnen Stacheln in der Rückenflosse* [< mhd. *stichelinc* „Stachel, Stichling"]

Stich|loch ⟨n.4; im Schmelzofen⟩ *Loch, durch das das flüssige Metall abläuft*

Sti|cho|man|tie ⟨f.11⟩ *Wahrsagung aus einer willkürlich mit der Nadel aufgeschlagenen Buchstelle* [< griech. *stichos* „Reihe, Zeile, Vers" und *...mantie;* urspr. wurden Verse oder Zeilen auf Zettel geschrieben, in eine Urne geworfen und wieder gezogen]

Sti|cho|my|thie ⟨f.11; im altgriech. Drama⟩ *Wechsel von Rede und Gegenrede mit jeder Verszeile* [< griech. *stichos* „Zeile, Vers" und *mythos* „Rede, Äußerung"]

Stich|pro|be ⟨f.11⟩ *Probe eines einzelnen Stücks bzw. Kontrolle einer einzelnen Person, aus der man auf das Ganze schließen kann*

Stich|sä|ge ⟨f.11⟩ → *Lochsäge*

Stich|tag ⟨m.1⟩ *für ein bestimmtes Geschehen (Inkrafttreten einer Verordnung u.a.) festgesetzter Tag*

Stich|wahl ⟨f.10⟩ *Wahl zwischen den letzten beiden Bewerbern (nach Ausschaltung der übrigen)*

Stich|wort 1 ⟨n.4; in Nachschlagewerken⟩ *Wort, das erläutert wird und am Anfang eines Artikels steht* **2** ⟨n.1⟩ *Wort, auf das hin ein Schauspieler auftreten oder zu sprechen beginnen muß*

Stich|wort ⟨-k|k-; m.5; schweiz.⟩ *Stock, Stützstange (für Pflanzen)* [zu *stecken*]

sticken ⟨-k|k-; V.1, hat gestickt⟩ I ⟨mit Akk.⟩ **1** *mit Nähstichen verzieren; eine Decke, ein Kissen s.* **2** *mit Nähstichen anbringen; ein Monogramm in ein Taschentuch s.* II ⟨o.Obj.⟩ *Textilien mit Nähstichen verzieren; sie stickt gern; sie kann gut s.*

Sticker ⟨-k|k-; [stɪk-] m.5⟩ → Button [engl., zu to stick „stecken, anhaften"]
stickig ⟨-k|k-; Adj.⟩ **1** unangenehm beim Einatmen, verbraucht, voller Rauch; ~e Luft **2** unangenehm warm; es ist s. hier **3** voller schwer zu atmender Luft und zu warm; ein ~er Raum
Stick|rah|men ⟨m.7⟩ Rahmen (5) zum Sticken
Stick|stoff ⟨m., -(e)s, nur Sg.; Zeichen: N⟩ farb-, geruch- und geschmackloses, nicht brennbares, sehr reaktionsträges Gas; Syn. Nitrogen, Nitrogenium [zu ersticken, weil er Flammen erstickt]
Stick|stoff|samm|ler ⟨m.5⟩ Blütenpflanze, die in Symbiose mit stickstoffbindenden Bakterien lebt und ihren Stickstoffbedarf daher aus der Luft decken kann (z. B. die Hülsenfrüchtler)
stie|ben ⟨V.155, selten: V.1, ist gestoben, selten: gestiebt; o.Obj.⟩ **1** nach allen Seiten fliegen; die Funken stoben **2** in feinen Teilchen fliegen; der Schnee stiebt (mir ins Gesicht) **3** aufgeregt, schnell laufen; die Hühner stoben gackernd zur Seite
Stief|bru|der ⟨m.5⟩ Bruder, mit dem jmd. keinen Elternteil gemeinsam hat
Stie|fel ⟨m.5⟩ **1** Fußbekleidung mit bis zur Wade oder bis zum Knie reichendem Schaft; spanische S. ein Foltergerät; jmdm. die S. lecken sich bei jmdm. einschmeicheln; das sind zwei Paar S. ⟨ugs.⟩ diese beiden Dinge gehören nicht zusammen; jetzt wird ein S. draus! ⟨ugs.⟩ jetzt wird die Sache richtig!; das haut einen aus den ~n ⟨übertr., ugs.⟩ das ist sehr erstaunlich, verblüffend **2** stiefelförmiges Trinkgefäß; einen guten, ordentlichen S. vertragen ⟨übertr., ugs.⟩ sehr viel Alkohol vertragen **3** ⟨nur Sg.; übertr., ugs.⟩ Unsinn; einen S. zusammenreden, -schreiben **4** ⟨nur Sg.; übertr., ugs.⟩ Pfusch; einen S. arbeiten, machen **5** ⟨nur Sg.; übertr., ugs.⟩ alter Trott; immer im alten S. arbeiten
Stie|fe|let|te ⟨f.11⟩ kurzer Herrenstiefel ohne Schnürung, kurzer, zierlicher Damenstiefel
Stie|fel|knecht ⟨m.1⟩ Gerät zum Ausziehen der Stiefel
stie|feln ⟨V.1⟩ **I** ⟨o.Obj.; ist gestiefelt⟩ mit langen, festen Schritten gehen; durch den Wald s. **II** ⟨refl., hat gestiefelt; †⟩ sich s. Stiefel anziehen; ⟨nur noch in der Wendung⟩ gestiefelt und gespornt reisefertig angezogen
Stief|el|tern ⟨nur Pl.⟩ Ehepaar, das durch die Wiederverheiratung des Stiefvaters bzw. der Stiefmutter entsteht, Eltern, die mit dem Kind nicht blutsverwandt sind
Stief|ge|schwis|ter ⟨nur Pl.⟩ Geschwister, die keinen Elternteil gemeinsam haben; vgl. Halbgeschwister
Stief|kind ⟨n.3⟩ **1** Kind aus einer früheren Verbindung des Ehepartners **2** ⟨übertr.⟩ Sache, der man wenig Beachtung schenkt, Mensch, der im Leben wenig Glück gehabt hat; ein S. des Schicksals
Stief|mut|ter ⟨f.6⟩ Frau des Vaters, die nicht die leibliche Mutter (des Kindes) ist
Stief|müt|ter|chen ⟨n.7⟩ (meist dreifarbige) veilchenartige Pflanze, deren Blüte eine dunkle Zeichnung aufweist, die ein Gesicht ähnelt (Acker~, Garten~)
stief|müt|ter|lich ⟨Adj.⟩ lieblos, achtlos; jmdn. s. behandeln
Stief|schwes|ter ⟨f.11⟩ Schwester, mit der jmd. keinen Elternteil gemeinsam hat
Stief|sohn ⟨m.2⟩ Sohn aus einer früheren Verbindung des Ehepartners
Stief|toch|ter ⟨f.6⟩ Tochter aus einer früheren Verbindung des Ehepartners
Stief|va|ter ⟨m.6⟩ Mann der Mutter, der nicht der leibliche Vater (des Kindes) ist
Stieg ⟨m.1; landsch.⟩ Steig
Stie|ge[1] ⟨f.11⟩ **1** schmale, steile Treppe **2** ⟨bayr.-österr.; allg.⟩ **a** → Treppe **b** → Steige (2) [zu steigen]

Stie|ge[2] ⟨f.11⟩ altes Zählmaß, 20 Stück
Stie|gen|haus ⟨n.4; bayr.-österr.⟩ Treppenhaus
Stieg|litz ⟨m.1⟩ Finkenvogel mit schwarzweiß-rotem Kopf und gelber Flügelzeichnung; Syn. Distelfink [< slowen. schtscheglec, wahrscheinlich lautmalend nach dem Ruf]
Stiel ⟨m.1⟩ **1** Handgriff (Axt~, Besen~) **2** kleines Holzstäbchen mit darauf gesteckter Süßigkeit; Eis am S. **3** (bei Gläsern) Teil zwischen Fuß und Kelch **4** Stengel an einer Frucht, einem Blatt o.ä. (Birnen~, Blatt~)
Stiel|au|ge ⟨n.14; bei manchen Krebsen⟩ gestieltes Facettenauge; ~n machen ⟨scherzh.⟩ neugierig schauen
Stiel|bril|le ⟨f.11⟩ → Lorgnon
Stiel|stich ⟨m.1⟩ Nähstich, bei dem eine gerade, fein gezackte Linie entsteht [wie ein Stiel mit feinen Auswüchsen nach einer Seite]
stier ⟨Adj.⟩ starr und ausdruckslos; mit ~em Blick [< nddt. stur]
Stier ⟨m.1; bes. oberdt.⟩ → Bulle[1] (1)
stie|ren[1] ⟨V.1, hat gestiert; o.Obj.⟩ **1** starr und ausdruckslos schauen; auf etwas s.; in die Luft s.; jmdm. ins Gesicht s. [zu stier]
stie|ren[2] ⟨V.1, hat gestiert; o.Obj.; von Kühen⟩ brünstig sein, nach dem Stier verlangen
Stie|ren|au|ge ⟨n.14; schweiz.⟩ → Spiegelei
stie|rig ⟨Adj., o.Steig.; bei Kühen⟩ nach dem Stier verlangend, brünstig
Stier|kampf ⟨m.2; bes. in Spanien⟩ ritualisierter Zweikampf von Matadoren gegen besonders gezüchtete Stiere in Arenen
Stier|nacken ⟨-k|k-; m.7⟩ breiter, starker Nacken
stier|nackig ⟨-k|k-; Adj., o.Steig.⟩ einen Stiernacken habend
Stie|sel ⟨m.5; ugs.⟩ langweiliger oder unhöflicher Mensch
stie|se|lig, stie|slig ⟨Adj.; ugs.⟩ langweilig oder unhöflich
Stift[1] ⟨m.1⟩ **1** kleiner Nagel, kleiner Pflock **2** kurz für Bleistift, Buntstift **3** Lehrling, halbwüchsiger Junge [< mhd. stift, steft „Stachel, Dorn"]
Stift[2] ⟨n.1 oder n.3⟩ **1** ⟨urspr.⟩ mit Grundbesitz ausgestattetes Priesterkollegium einer Bischofs-, Kloster- oder anderen Kirche **2** ⟨dann⟩ kirchliche, wohltätigen Zwecken dienende, auf eine Stiftung zurückgehende Anstalt (z. B. Waisenhaus, Altersheim) **3** ⟨später auch Bez. für⟩ **a** Bistum (Hoch~) **b** Erzbistum (Erz~) [< mhd. stift „Stiftung, Gründung, Grundlage"]
stif|ten ⟨V.2, hat gestiftet; mit Akk.⟩ **1** als Geschenk zur regelmäßigen Verfügung geben; einen Preis s. **2** als Geschenk geben; Geld für einen wohltätigen Zweck s.; ich stifte zu jemandem Geburtstag eine Torte **3** gründen; ein Kloster. **4** veranlassen, schaffen; Frieden, Unfrieden s.; er hat viel Gutes gestiftet
stif|ten|ge|hen ⟨V.47; ist stiftengegangen; o.Obj.⟩ weglaufen, ausreißen [Herkunft nicht bekannt]
Stifts|da|me ⟨f.11⟩ **1** Bewohnerin eines Stifts (Altersheims für adlige Damen) **2** Klosterfrau, Kanonisse
Stifts|herr ⟨m., -n oder -en, -en⟩ Chorherr
Stifts|kir|che ⟨f.11⟩ zu einem Stift[2] (2) gehörige Kirche
Stif|tung ⟨f.10⟩ **1** ⟨nur Sg.⟩ das Stiften **2** Schenkung, die an einen bestimmten Zweck gebunden ist; Syn. Fundation
Stif|tungs|fest ⟨n.1⟩ Fest anläßlich des Jahrestages einer Gründung
Stift|zahn ⟨m.2⟩ künstlicher Zahn, der durch einen Stift im Zahnwurzelkanal befestigt ist
Stig|ma ⟨n., -s, -men oder -ma|ta⟩ **1** Kennzeichen, Mal, Brandmal **2** Wundmal (Christi) **3** Narbe (der Fruchtknotens) **4** Augenfleck (der Geißeltierchen) **5** Atemöffnung (der Insekten) [< griech. stigma „Stich, Punkt, Fleck, Mal, Brandmal", zu stizein „brandmarken, tätowieren"]

Stig|ma|ti|sa|ti|on ⟨f.10⟩ Hautblutung, ⟨bes.⟩ das Erscheinen der Wundmale Christi am Körper mancher Menschen [zu Stigma]
stig|ma|ti|siert ⟨Adj., o.Steig.⟩ mit Wundmalen behaftet ⟨bes.⟩ mit den Wundmalen Christi behaftet
Stil ⟨m.1⟩ **1** Schreibart, Ausdrucks-, Mal-, Kompositionsweise usw. (eines Künstlers), Gepräge (eines Kunstwerks, Bauwerks, einer Zeit; Erzähl~, Mal~, Bau~, Renaissance~) einen guten S. schreiben **2** Technik, Verfahren (Schwimm~) **3** Art, Form (Lebens~); die Sache hat S. die Sache hat eine angemessene Form [< lat. stilus „Griffel (zum Schreiben)", übertr. „das Schreiben, Abfassen, Schreibart, Ausdrucksweise"]
Stilb ⟨n., -, -; Zeichen: sb; †⟩ Leuchtdichte [< griech. stilbe „das Leuchten"]
Stil|blü|te ⟨f.11⟩ erheiternder sprachlicher Mißgriff
Stil|büh|ne ⟨f.11⟩ Bühnendekoration, bei der auf naturalistische Elemente verzichtet wird
Sti|lett ⟨n.1⟩ kleiner Dolch mit dreikantiger Klinge [< ital. stiletto, Verkleinerungsform von stile, „Griffel, Stichel", < lat. stilus „Griffel, spitzes Werkzeug"]
Stil|ge|fühl ⟨n., -(e)s, nur Sg.⟩ Gefühl für den (guten) Stil
stil|ge|recht ⟨Adj., -er, am -esten⟩ einem Stil (1,2) entsprechend
sti|li|sie|ren ⟨V.3, hat stilisiert; mit Akk.⟩ in künstlerischer Weise vereinfachen; Ornamente aus stilisierten Pflanzen **Sti|li|sie|rung** ⟨f., -, nur Sg.⟩
Sti|list ⟨m.10⟩ jmd., der die sprachlichen Formen und Möglichkeiten (gut oder schlecht) beherrscht; ein guter, schlechter S. sein
Sti|lis|tik ⟨f., -, nur Sg.⟩ Lehre vom sprachlichen Stil; Syn. Stilkunde, Stillehre
sti|lis|tisch ⟨Adj., o.Steig.⟩ den Stil betreffend
Stil|kleid ⟨n.3⟩ einfaches, geschmackvolles Kleid (bes. Abendkleid), das keiner bestimmten Mode entspricht
Stil|kun|de ⟨f., -, nur Sg.⟩ → Stilistik
still ⟨Adj.⟩ **1** so beschaffen, daß wenig, nichts von außen gehört werden kann; ein ~er Raum **2** mit wenig Geräusch, sehr leise, ohne Aufhebens; sich s. davonschleichen; s. weinen **3** ruhig, wenig belebt; eine ~e Messe Messe ohne Gesang und Orgel; der ~e Ort ⟨übertr.⟩ die Toilette; eine ~e Liebe eine Straße mit wenig Verkehr **4** leise, schweigend; sich s. verhalten; sei jetzt s.! schweig! **5** ruhig, friedlich; ein ~er Mensch; ein ~es Wasser ⟨übertr.⟩ ein ruhiger, tiefgründiger Mensch **6** ohne (laut) zu sprechen; ein ~es Gebet; ein ~er Tadel; s. leiden **7** von anderen nicht oder kaum bemerkt; ~e Liebe; sich dem ~en Suff ergeben ⟨ugs.⟩ allein, für sich anfangen (Alkohol) zu trinken; im ~en im Verborgenen **8** nicht aktiv teilnehmend; ein ~er Teilhaber; ~er Beobachter **9** zurückgezogen; ~es Leben führen
stil|le ⟨Adj., stiller, am stillsten⟩ landsch.⟩ still
Stil|le ⟨f., -, nur Sg.⟩ **1** Zustand der Geräuschlosigkeit; eine lähmende, peinliche, plötzliche S. trat ein **2** Ruhe, Frieden; die S. dieser Gegend; nächtliche S. **3** Unbemerktheit; in aller S.; im engsten Kreis
Stil|le|ben ⟨-ll|-; n.7⟩ malerische Darstellung lebloser oder unbewegter Gegenstände
stil|le|gen ⟨-ll|-; V.1, hat stillgelegt; mit Akk.⟩ etwas s. **1** aufhören lassen; den Verkehr s. **2** die Arbeit in etwas (für immer) aufhören lassen; einen Betrieb, eine Zeche s.
Stil|leh|re ⟨f.11⟩ → Stilistik
stil|len ⟨V.1, hat gestillt; mit Akk.⟩ **1** ⟨auch o.Obj.⟩ (ein Kind) an der Brust trinken lassen, nähren; ein Kind s.; sie stillt noch **2** befriedigen; seinen Durst, Hunger s. **3** zum

Stillstand bringen; Blut s. **4** *beruhigen, besänftigen;* einen Schmerz s.

Still|geld ⟨n.3⟩ *Unterstützung stillender Mütter (seitens der Krankenversicherung)*

Still|hal|te|ab|kom|men ⟨n.7⟩ **1** (i.e.S.) *Abkommen zwischen Gläubiger und Schuldner, daß fällige Schulden bis auf weiteres nicht bezahlt werden* **2** (i.w.S.) *Abkommen, daß von beiden Seiten keine Schritte unternommen werden*

still|hal|ten ⟨V.61, hat stillgehalten; o.Obj.⟩ *sich nicht bewegen;* halt still, solange ich dich verbinde! *nicht verteidigen;* auch auf die scharfe Kritik hin hat er stillgehalten

still|ie|gen ⟨-ll-l-; V.80, hat stillgelegen; o.Obj.⟩ *außer Betrieb sein;* die Fabrik liegt still

stil|los ⟨Adj., -er, am -esten⟩ *ohne Stil, nicht in den Stil der übrigen Teile hineinpassend*

Stil|lo|sig|keit ⟨f.10⟩ **1** ⟨nur Sg.⟩ *stillose Beschaffenheit;* die S. dieser Verzierungen **2** *stilloser Gegenstand, Gegenstand, der in eine Gesamtheit nicht hineinpaßt*

still|schwei|gen ⟨V.130, hat stillgeschwiegen; o.Obj.⟩ *verstärkend* schweigen; sie schwieg erschrocken still; sie schweig fein still; eine Bemerkung mit Stillschweigen übergehen

still|sit|zen ⟨V.143, hat, oberdt. ist stillgesessen; o.Obj.⟩ *sitzen und sich nicht oder möglichst wenig bewegen;* das Kind kann nicht eine Minute s.

still|ste|hen ⟨V.151, hat, oberdt. ist stillgestanden; o.Obj.⟩ **1** *stehen und sich nicht bewegen;* Stillgestanden! ⟨militär. Kommando⟩ **2** *aufhören zu schlagen;* mir stand fast das Herz still, als ich das sah **3** *nicht mehr in Bewegung, in Gang, im Fluß sein;* die Uhr steht still; der Verkehr stand still

Stil|lung ⟨f., -, nur Sg.⟩ *das Stillen (2,3,4)*

still|ver|gnügt ⟨Adj., o.Steig.⟩ *für sich allein vergnügt*

Stil|mö|bel ⟨n.5⟩ *Möbelstück, das einem bestimmten Stil angehört*

Sti|lus ⟨m., -, -li⟩ *antiker Griffel zum Schreiben auf Wachstafeln* [lat.]

stil|voll ⟨Adj.⟩ *einem bestimmten Stil harmonisch entsprechend, in einen Stil passend*

Stimm|band ⟨n.4; meist Pl.⟩ *jedes von vielen elastischen Bändern im Kehlkopf, die durch die Atemluft in Schwingung versetzt werden*

stimm|be|rech|tigt ⟨Adj., o.Steig.⟩ *berechtigt, bei Wahlen seine Stimme abzugeben*

Stimm|be|rech|ti|gung ⟨f., -, nur Sg.⟩ *Berechtigung zur Stimmabgabe*

Stimm|bil|dung ⟨f., -, nur Sg.⟩ **1** *Bildung der Stimme im Kehlkopf* **2** *Ausbildung der Stimme (bei Sängern od. Schauspielern)*

Stimm|bruch ⟨m., -(e)s, nur Sg.⟩ *in der Pubertät stattfindender Wechsel von einer hohen zu einer tiefen Stimmlage;* Syn. Mutation, Stimmwechsel

Stimm|bür|ger ⟨m.5; schweiz.⟩ *mit allen Rechten ausgestatteter Bürger*

Stim|me ⟨f.11⟩ **1** *Fähigkeit, Laute zu erzeugen;* Tiere ohne S. **2** ⟨von Mensch oder Tier⟩ *hervorgebrachte Laute;* die Stimme versagt ihm mehr, zittert; seine S. erheben *zu sprechen beginnen,* ⟨auch⟩ *lauter sprechen;* eine hohe, tiefe, klare S. **3** ⟨kurz für⟩ *Singstimme;* eine gute S. haben; seine S. ausbilden; keine S. haben **4** ⟨übertr.⟩ *seelische Regung, Weisung;* die S. des Gewissens, des Herzens; eine, seine innere S. warnte ihn **5** *solistischer oder von mehreren Instrumenten oder Sängern ausgeführter Teil eines Musikstücks;* die erste, zweite S. singen, spielen **6** *Orgelregister* **7** *öffentliche Äußerung oder Meinung;* ~n des Protests; es wurden ~n laut **8** *jmds. Willensäußerung bei einer Abstimmung,* S. abgeben; die ~n auszählen; viele ~n erhalten; jmdm. seine S. geben; sich der S. enthalten **9** *Recht zur Teilnahme an einer Abstimmung;* Sitz und S. verlieren

stim|men ⟨V.1, hat gestimmt⟩ **I** ⟨o.Obj.⟩ **1** *richtig sein, wahr sein;* es stimmt (nicht), was du sagst; die Rechnung stimmt; bei dir stimmt's wohl nicht (mehr)? ⟨ugs.⟩ *du bist wohl verrückt?* **2** *passen;* die Farbe stimmt nicht zu den übrigen Farben **3** *seine Stimme* (8) *abgeben;* für, gegen jmdn. oder etwas s. **II** ⟨mit Akk.⟩ **1** *etwas s. in die richtige Stimmung bringen, die Tonhöhen von etwas in das richtige Verhältnis bringen;* ein Musikinstrument s.; die Geige höher, tiefer s. **2** *jmdn. in eine Stimmung, Laune bringen;* jmdn. fröhlich, heiter, traurig s.; diese Nachricht stimmt mich bedenklich; gestimmt sein *in einer Stimmung, Laune sein;* gut, schlecht gestimmt sein; ich bin nicht (dazu) gestimmt, das jetzt zu tun

Stim|men|gleich|heit ⟨f., -, nur Sg.⟩ *gleiche Zahl von Stimmen (bei einer Abstimmung)*

Stim|mer ⟨m.5⟩ *jmd., der ein Instrument stimmt (Klavier~)*

Stimm|füh|rung ⟨f.10⟩ **1** *Art und Weise des Verlaufs der Stimmen in einer mehrstimmigen Komposition* **2** *Art und Weise, wie Musiker die Stimmen (einer Komposition) darbieten, gestalten*

Stimm|ga|bel ⟨f.11⟩ *zweizinkige Gabel, die beim Anschlagen einen Ton (meist den Kammerton) angibt;* Syn. Diapason

stimm|ge|wal|tig ⟨Adj.⟩ *eine laute, kräftige Stimme besitzend;* ein ~er Redner

stimm|haft ⟨Adj., o.Steig.⟩ *mit Hilfe der Stimmbänder gebildet;* Ggs. stimmlos; ~e Laute die Laute b, d, g, l, m, n, r, v, w und alle Vokale

stim|mig ⟨Adj.⟩ *stimmend, richtig;* in sich s. sein *in sich stimmen*

...stim|mig ⟨in Zus.⟩ *mit einer bestimmten oder unbestimmten Zahl von Stimmen versehen,* z.B. einstimmig, mehrstimmig, vielstimmig

Stim|mig|keit ⟨f., -, nur Sg.⟩ *das Stimmigsein*

Stimm|la|ge ⟨f.11⟩ *Höhe der menschlichen Stimme oder eines Instruments,* z.B. Alt, Sopran, Baß

stimm|lich ⟨Adj., o.Steig.⟩ *nur als Attr. und Adv.⟩ die Stimme betreffend;* der Sänger war s. hervorragend, aber schauspielerisch schwach

stimm|los ⟨Adj., o.Steig.⟩ *ohne Hilfe der Stimmbänder gebildet;* Ggs. stimmhaft; ~e Laute die Laute ch, f, k, p, s, sch, t

Stimm|recht ⟨n.1⟩ *Recht, bei einer Abstimmung, bei Wahlen seine Stimme abzugeben*

Stimm|rit|ze ⟨f.11⟩ *Ritze zwischen den Stimmbändern, Glottis*

Stimm|schlüs|sel ⟨m.5⟩ *Gerät zum Stimmen von Instrumenten*

Stimm|stock ⟨m.2⟩ **1** *rundes Holzstäbchen zwischen der Decke und dem Boden eines Streichinstruments* **2** *Teil des Klaviers, an dem die Wirbel befestigt sind*

Stim|mung ⟨f.10⟩ **1** *augenblickliche Gemütslage, Laune;* fröhliche, gute S.; in guter, gedrückter S. sein; guter, schlechter S. sein **2** *Gemütslage mehrerer Menschen, die in einer Gruppe zusammen sind;* es herrschte eine gedrückte, feindselige, fröhliche, lockere S. **3** *fröhliche Laune, fröhliche Gemütslage;* dort herrscht S.; in S. kommen; jmdn. in S. bringen **4** *Eindruck, den etwas auf den Betrachter, Hörer macht, Wirkung, die von etwas ausgeht;* die S. des Bildes, des Liedes; die abendliche S. der Landschaft; die S. ist auf dem Foto gut getroffen **5** ⟨nur Sg.⟩ *das Stimmen (von Instrumenten);* die S. auf das F **6** *das Gestimmtsein (von Instrumenten);* die falsche S. des Klaviers

Stim|mungs|bild ⟨n.3⟩ *Darstellung der Stimmung (2) (eines Vorgangs, eines Ereignisses, Zustandes)*

Stim|mungs|ma|che ⟨f., -, nur Sg.⟩ *Versuch, die öffentliche Stimmung (2) in eine bestimmte Richtung zu lenken*

stim|mungs|voll ⟨Adj.⟩ *eine schöne Stimmung (1,2,3) wiedergebend;* ein ~es Bild

Stimm|wech|sel ⟨m., -s, nur Sg.⟩ →*Stimmbruch*

Stimm|zet|tel ⟨m.5⟩ *Zettel, auf dem jmd. seine Stimme (für eine Wahl) verzeichnet*

Sti|mu|lans ⟨n., -, -lan|tia oder -lan|zi|en⟩ *Anregungsmittel* [lat., Part. Präs. von *stimulare,* →*stimulieren*]

Sti|mu|la|ti|on ⟨f.10⟩ *das Stimulieren, Anregung*

Sti|mu|la|tor ⟨m.13⟩ *Vorrichtung, die einen Reiz auslöst* [zu *stimulieren*]

sti|mu|lie|ren ⟨V.3, hat stimuliert⟩ *mit Akk.⟩ anregen;* eine Gesellschaft s.; den Kreislauf s.; in einer Gruppe ~d wirken; ein ~des Medikament; ~de Musik [< lat. *stimulare* „anreizen, anregen", eigtl. „mit dem Stachel anspornen, stechen", zu *stimulus* „Stachel"]

Sti|mu|lus ⟨m., -, -li⟩ *Antrieb, Reiz* [< lat. *stimulus* „Stachel, Dorn (zum Antreiben von Tieren)", übertr. „Antrieb"]

Stin|ka|do|res ⟨m., -, -; scherzh.⟩ *stark riechender Käse* [zu *stinken* mit spanisierender Endung]

Stink|bom|be ⟨f.11⟩ *mit einer stinkenden Flüssigkeit gefüllte kleine Glaskapsel (als Scherzartikel)*

stin|ken ⟨V.156, hat gestunken⟩ **I** ⟨o.Obj.⟩ *schlecht riechen, einen schlechten Geruch absondern;* hier stinkt es *hier ist ein schlechter Geruch;* Geld stinkt nicht *man merkt dem Geld seine Herkunft nicht an (es ist also gleich, woher es kommt und wie es verwendet wird)* [nach dem angeblichen Ausspruch des röm. Kaisers Vespasian: *Non olet* „Es (das Geld) stinkt nicht", als man ihn kritisierte, weil er die Öffentlichkeitsanstalten mit einer Steuer belegte]; er stinkt nach Alkohol; hier stinkt es nach Benzin; das stinkt nach Betrug ⟨ugs.⟩ *das sieht ganz nach Betrug aus;* es stinkt zum Himmel ⟨ugs.⟩ *es ist unerträglich, empörend* **II** ⟨mit Dat.; ugs.⟩ *jmdm. s. jmdm. ganz und gar nicht passen, jmdm. zuwider sein;* es stinkt mir schon lange, daß ...

stink|faul ⟨Adj., o.Steig.; ugs.⟩ *sehr faul;* ein ~er Schüler; der Kerl ist s.

stin|kig ⟨Adj.⟩ **1** *übel, schlecht riechend;* ~er Käse; das Fleisch ist s. geworden *das Fleisch riecht schlecht* **2** ⟨übertr.⟩ *übel, schlecht;* ~e Laune haben

Stink|lau|ne ⟨f., -, nur Sg.; ugs.⟩ *üble Laune*

Stink|mor|chel ⟨f.11⟩ *Aasgeruch verströmender Bauchpilz mit langem, weißem Stiel und einer Spitze, die mit einer bräunlichgrünen Schmiere bedeckt ist*

Stink|stie|fel ⟨m.5; derb⟩ *übellauniger, unhöflicher Mensch*

Stink|tier ⟨n.1⟩ *schwarz-weiß gefärbter amerikanischer Marder mit buschigem Schwanz, der bei Bedrohung ein Sekret von durchdringendem Gestank aus dem After verspritzt;* Syn. Skunk

Stink|wan|ze ⟨f.11⟩ *Schildwanze mit Drüsen, die stinkende Stoffe ausscheiden*

Stink|wut ⟨f., -, nur Sg.; ugs.⟩ *große Wut;* eine S. auf jmdn. haben

stink|wü|tend ⟨Adj., o.Steig.; ugs.⟩ *sehr wütend*

Stint ⟨m.1⟩ **1** *(auf der Nordhalbkugel vorkommender) kleiner Küstenfisch mit Fettflosse, Speisefisch, dessen Geruch an frische Gurken erinnert* **2** ⟨norddt.⟩ *Junge, junger Mann;* sich freuen wie ein S. *sich kindlich freuen* [nddt.]

Sti|pen|di|at ⟨m.10⟩ *jmd., der ein Stipendium bezieht;* Syn. ⟨österr.⟩ Stipendist

Sti|pen|dist ⟨m.10; österr.⟩ →*Stipendiat*

Sti|pen|di|um ⟨n., -s, -di|en⟩ *finanzielle Unterstützung für Schüler, Studenten und junge Wissenschaftler* [< lat. *stipendium* „Sold, Löhnung (der Soldaten)", eigtl. *stipipendium,*

Stippe

< *stips*, Gen. *stipis*, „Geldbeitrag, Spende" und *pendere* „zahlen", eigtl. „abwiegen", da vor Einführung der geprägten Münzen das Metall abgewogen wurde]

Stip|pe ⟨f.11; norddt.⟩ **1** Soße zum Stippen **2** Kleinigkeit, Stückchen **3** Fleck, Pustel

stip|pen ⟨V.1, hat gestippt; mit Akk.⟩ *(ein)tauchen, (ein)tunken;* Brot in Milch, in die Suppe s.

stip|pig ⟨Adj., ugs.⟩ *voller Flecken od. Pusteln*

Stipp|vi|si|te ⟨f.11⟩ *kurzer Besuch*

Sti|pu|la|ti|on ⟨f.10; röm. Recht⟩ *mündlicher Vertrag* [zu *stipulieren*]

sti|pu|lie|ren ⟨V.3, hat stipuliert; mit Akk.⟩ *vereinbaren* [< lat. *stipulari* „sich zusagen lassen", zu altlat. *stipulus* „fest"]

Stirn ⟨f.10⟩ *durch das Stirnbein gebildeter Teil des Gesichts über den Augen, zwischen den Schläfen und unter dem Haaransatz;* auch: *Stirne;* die S. runzeln; mit gefurchter S. nachdenken; sich das Haar aus der S. streichen; einer Sache unerschrocken entgegentreten; er hat die S., zu behaupten, daß ... er ist so dreist, so unverschämt

Stirn|band ⟨n.4⟩ *um die Stirn getragenes Band*

Stirn|bein ⟨n.1⟩ *vorderer Knochen des Gesichtsschädels*

Stir|ne ⟨f.11⟩ → *Stirn*

Stirn|höh|le ⟨f.11⟩ *Nebenhöhle im Stirnbein*

Stirn|rad ⟨n.4⟩ *Zahnrad mit Zähnen parallel zur Radachse*

Stirn|seite ⟨f.11⟩ *Vorderseite*

Stirn|zie|gel ⟨m.5⟩ *verzierter Ziegel am unteren Rand des Daches (bes. an antiken Tempeln)*

Stoa ⟨f., -, nur Sg.⟩ *griechische Philosophenschule um 300 v.Chr., die nach Selbstüberwindung und Einklang mit der Natur und der Weltseele strebte* [griech., eigtl. „Säulenhalle", die Halle, in der der Philosoph Zeno lehrte]

Stö|ber|jagd ⟨f.10⟩ *Drückjagd mit Hunden*

stö|bern ⟨V.1, hat gestöbert; o.Obj.⟩ **1** ⟨unpersönl., mit „es"⟩ *es stöbert es herrscht ein Schneegestöber, Schneeflocken wirbeln vom Himmel* **2** ⟨Jägerspr.⟩ *Wild aufsuchen;* der Hund stöbert **3** *herumsuchen, Dinge durcheinanderbringen;* in alten Sachen, in fremden Sachen s. **4** ⟨auch mit Akk. bayr.⟩ *gründlich saubermachen;* wir haben gestern gestöbert; die Gästezimmer s.

Sto|cha|stik ⟨[-xa-] f., -, nur Sg.⟩ *Wiss. von den Zufallsgrößen und zufälligen Ereignissen und der Möglichkeit ihrer statistischen Auswertung* [< griech. *stochastikos* „im Erraten geschickt, scharfsinnig, schnell das Richtige treffend", zu *stochos* „Ziel, das Zielen, Vermutung"]

sto|cha|stisch ⟨Adj., o.Steig.⟩ *zufällig, zufallsabhängig*

Sto|cher ⟨m.5⟩ *Werkzeug zum Stochern (Zahn~)*

sto|chern ⟨V.1, hat gestochert; o.Obj.⟩ *mehrmals in etwas hineinstechen (um etwas zu finden oder um etwas wieder durchlässig zu machen, zu reinigen);* in einem Leitungsrohr s.; (sich) in den Zähnen s.; Amseln, Stare s. mit dem Schnabel auf dem Boden; im Essen s. ⟨übertr.⟩ *das Essen auf dem Teller anstechen, umherschieben und unlustig essen*

Stö|chio|me|trie ⟨f., -, nur Sg.⟩ *Ermittlung von Formeln, Gewichtsverhältnissen bei chemischen Reaktionen u.a.* [< griech. *stoicheion* „Grundstoff, Element, Anfangsgründe (einer Wissenschaft)", eigtl. „Glied einer Reihe", zu *stichos, stoichos* „Reihe, Abteilung", und *...metrie*]

Stock¹ ⟨m.2⟩ *vom Baum abgeschnittener, gerade gewachsener und von Zweigen befreiter Ast;* sich einen S. zurechtschneiden **2** *kurze Holzstange, die als Stütze beim Gehen dient;* ein kurzer, langer, verzierter S.; am S. gehen ⟨auch übertr.⟩ *in einer schlechten körperlichen oder finanziellen Verfassung sein* **3** ⟨kurz für⟩ *Bienenstock* **4** *Pfosten, Klotz (als Unterlage, als Ständer für etwas; Opfer~, Hack~)* **5** *Baumstumpf mit Wurzeln;* über S. und Stein *durch unwegsames Gelände* **6** *Hauptstamm einer Pflanze (Rosen~, Wein~)* **7** ⟨oberdt.⟩ *Gebirgsmassiv;* Syn. *Bergstock* **8** ⟨Sport, bes. Hockey, Eishockey; Jargon⟩ *Schläger* **9** ⟨m., -s, - oder Stockwerke⟩ → *Stockwerk;* der erste, vierte S. das Haus ist zwei S. hoch *das Haus hat zwei Stockwerke*

Stock² ⟨m.9⟩ *Warenvorrat, Grundkapital (einer Handelsgesellschaft)* [< engl. *stock* „Kapital", eigtl. „Klotz"]

stock... ⟨in Zus.⟩ *sehr, völlig,* z.B. stockbesoffen, stockdunkel, stocktaub

Stock... ⟨in Zus. vor Namen⟩ *ausgesprochen, typisch,* z.B. Stockpreuße

Stock|aus|schlag ⟨m.2; bei manchen Laubbäumen⟩ *neuer Austrieb aus Stubben oder Wurzeln*

stö|ckeln ⟨-k|k-; V.1, ist gestöckelt; o.Obj.; ugs.⟩ *in Schuhen mit hohen Absätzen (in kleinen Schritten) gehen;* über die Straße, durch die Räume s.

Stö|ckel|schuh ⟨-k|k-; m.1; meist Pl.⟩ ~e *Schuhe mit dünnen, hohen Absätzen* [zu *Stock, Stöckchen*]

stocken ⟨-k|k-; V.1, hat gestockt; o.Obj.⟩ **1** *aufhören, zum Stillstand kommen, nicht mehr vorangehen;* die Arbeit, der Verkehr stockt; ~d *stoßweise, mit Pausen;* der Verkehr, die Arbeit geht ~d voran **2** *im Sprechen innehalten;* ~d *sprechen immer wieder Pausen machen beim Sprechen, Sätze abbrechen, nicht zu Ende sprechen* **3** ⟨auch ist gestockt⟩ *dick werden, gerinnen;* gestockte Milch **4** *Stockflecken bekommen;* Wäsche stockt

Stock|en|te ⟨f.11⟩ *häufigste Wildente Mitteleuropas (mit flaschengrünem Kopf, violettbrauner Brust und nach oben gekrümmten Schwanzfedern beim Erpel*)

Stock|fäu|le ⟨f., -, nur Sg.⟩ **1** ⟨bes. bei Fichte und Kiefer⟩ *durch einen Pilz verursachte Kernfäule;* Syn. *Wurzelschwamm* **2** ⟨an liegendem Buchenholz⟩ *durch verschiedene Pilze hervorgerufene Weißfäule*

Stock|fisch ⟨m.1⟩ **1** *an der Luft auf Holzstellen getrockneter Fisch (z.B. Kabeljau)* **2** ⟨übertr., ugs.⟩ *jmd., der wenig redet und langweilig ist*

Stock|fleck ⟨m.1⟩ *durch Schimmel verursachter Fleck (in Textilien)*

stock|fleckig ⟨-k|k-; Adj., o.Steig.⟩ *mit Stockflecken versehen*

Stock|hieb ⟨m.1⟩ *Hieb mit einem Stock*

stockig ⟨-k|k-; Adj.⟩ **1** *geronnen;* ~e Milch **2** *stockfleckig;* ~e Wäsche [zu *stocken (3,4)*]

...stöckig ⟨-k|k-; in Zus.⟩ *mit einer bestimmten oder unbestimmten Anzahl von Stockwerken versehen,* z.B. zweistöckig, mehrstöckig

Stock|job|ber ⟨[stɔkdʒɔbər] m.5⟩ *Börsenspekulant, Aktienhändler* [< *Stock²* und *Jobber*]

Stöck|li ⟨n., -s, -; schweiz.⟩ *Altenteil*

Stock|maß ⟨n.1; bei Haustieren⟩ *mit dem Meßstock gemessene Höhenmaß*

Stock|punkt ⟨m.1⟩ *Temperatur einer Flüssigkeit, bei der sie so zäh wird, daß sie nicht mehr fließen kann*

Stock|pup|pe ⟨f.11⟩ *an einem Stock befestigte Puppe (im Puppentheater);* Syn. *Stabpuppe*

Stock|schirm ⟨m.1⟩ *Schirm mit fester Hülle, der auch als Spazierstock verwendet werden kann*

Stock|schnup|fen ⟨m.7⟩ *Schnupfen mit stark angeschwollener Nasenschleimhaut, bei dem die Nasenatmung nicht durch Schneuzen wiederhergestellt werden kann*

Stock|schwämm|chen ⟨n.7⟩ *auf Baumstümpfen in großen Mengen wachsender eßbarer Blätterpilz mit außen hell und innen dunkel honiggelb gefärbtem Hut*

stock|steif ⟨Adj., o.Steig.⟩ *steif wie ein Stock;* s. dasitzen

Stockung ⟨-k|k-; f.10⟩ *Unterbrechung (einer Bewegung)*

Stock|werk ⟨n.1; bei Gebäuden⟩ *alle Räume in gleicher Höhe über dem Erdgeschoß;* Syn. *Stock;* erstes, zweites S. [zu *Stock¹*, eigtl. „Balkenwerk"]

Stoff ⟨m.1⟩ **1** *in Bahnen vorliegendes, noch unverarbeitetes Gewebe;* S. behandeln, zuschneiden; derber, dünner, dicker, einfarbiger, gemusterter S.; S. für ein Kleid, einen Mantel **2** *einheitliche Materie, Substanz;* künstliche, pflanzliche, tierische ~e **3** ⟨ugs.⟩ *Alkohol* **4** ⟨ugs.⟩ *Rauschgift* **5** *Grundlagen, Material, Ereignisse, Motive für ein künstlerisches oder wissenschaftliches Werk;* S. sammeln, zusammentragen; einen historischen S. behandeln, gestalten; das ergibt den S. für eine Tragödie **6** ⟨kurz für⟩ *Unterrichtsstoff;* den S. aufarbeiten, überblicken **7** *Thema einer Unterhaltung, Gesprächs~);* wir hatten viel S. zum Erzählen, zum Lachen

Stof|fel ⟨m.5; ugs.⟩ *ungeschliffener, unhöflicher Mensch* [Koseform des Vornamens *Christoph*]

stof|fe|lig ⟨Adj.⟩ *unhöflich, ungeschliffen;* auch: *stofflig* **Stof|fe|lig|keit** ⟨f., -, nur Sg.⟩

stoff|lich ⟨Adj., o.Steig.⟩ **1** *den Stoff (1) betreffend;* die ~e Qualität des Mantels ist gut **2** *aus Stoff (2) bestehend, materiell, nicht geistig* **3** *den Stoff (5) betreffend;* das Stück ist s. nicht ergiebig

Stoff|lich|keit ⟨f., -, nur Sg.⟩ *materielle Beschaffenheit*

stoff|lig ⟨Adj.⟩ → *stoffelig*

Stoff|wech|sel ⟨m., -s, nur Sg.⟩ *auf chemischen und physikalischen Vorgängen beruhende Umsetzung von Stoffen im Organismus (zwischen Nahrungsaufnahme und Ausscheidung)*

stöh|nen ⟨V.1, hat gestöhnt⟩ **I** ⟨o.Obj.⟩ **1** *tief einatmen und die Luft mit einem Kehllaut wieder ausstoßen;* er stöhnte vor Schmerzen; sich ~d auf dem Boden wälzen **2** *laut klagen;* über etwas s. *sich über etwas beklagen, klagend, unmutig über etwas sprechen;* über eine Arbeit s. **II** ⟨mit Akk.⟩ *mit einem heftig ausgestoßenen Atemzug sagen;* „...!" stöhnte er

Stoi|ker ⟨m.5⟩ **1** *Vertreter der Stoa* **2** ⟨übertr.⟩ *unerschütterlich ruhiger, gleichmütiger Mensch*

sto|isch ⟨Adj.⟩ **1** ⟨o.Steig.⟩ *zur Stoa gehörend, von ihr stammend* **2** ⟨übertr.⟩ *unerschütterlich;* ~e Ruhe; ~e Gelassenheit

Stoi|zis|mus ⟨m., -, nur Sg.⟩ *unerschütterliche Ruhe, Gelassenheit* [< *Stoa, Stoiker*]

Stokes ⟨[stouks] n., -, -; Zeichen: St⟩ *Maßeinheit für die Zähigkeit eines Stoffes* [nach dem engl. Physiker Sir George Stokes]

Sto|la ⟨f., -, -len⟩ **1** *altrömisches weißes, mit Borten verziertes Frauengewand* **2** *schmaler, über die Schultern hängender Teil des priesterlichen Meßgewandes* **3** *langer, breiter Schal* [< griech. *stola, stole* „Kleidung, Rüstung", zu *stellein* „ausrüsten, bekleiden, zurechtmachen"]

Stol|le ⟨f.11; mdt., norddt.⟩ → *Stollen (4)*

Stol|len ⟨m.7⟩ **1** ⟨Bgb., Tunnelbau⟩ *(waagerecht oder schräg) in den Erdoberfläche in das Gebirge vorgetriebene Strecke* **2** *kurze, dicke Stütze, Pfosten (z.B. Schrank- oder Bettfuß)* **3** ⟨Minnesang, Meistersang⟩ *jeder der beiden übereinstimmend gebauten Teile des Aufgesangs* **4** *brotförmiges Gebäck aus feinem Hefeteig mit Mandeln, Rosinen, Zitronat und Orangeat;* auch: ⟨mdt., norddt.⟩ *Stolle;* Syn. *Christstolle(n)* **5** *Metallteil am Ende des Hufeisens* [< ahd. *stollo* „Pfeiler"]

stol|pern ⟨V.1, ist gestolpert; o.Obj.⟩

1 *beim Gehen mit dem Fuß hängenbleiben und fast stürzen;* Syn. ⟨geh.⟩ *straucheln; das Pferd stolpert leicht; über eine Unebenheit im Boden, über eine Baumwurzel s.; über seine eigenen Füße s.; über etwas s.* ⟨übertr.⟩ 1. *etwas beim Lesen nicht gut, nicht richtig finden, etwas nicht verstehen; über ein Wort, einen Ausdruck, eine Formulierung s.* 2. *an etwas scheitern, seine Stellung wegen etwas verlieren, sein Ansehen wegen etwas einbüßen;* über diesen Skandal sind nun schon zwei Politiker gestolpert **2** *ungleichmäßig, unsicher, immer wieder fehltretend, mit der Fußspitze hängenbleibend gehen;* über die Straße s.

stolz ⟨Adj., -er, am -esten⟩ **1** *viel Selbstbewußtsein besitzend, eingebildet;* eine ~e Frau; sie ist sehr s. **2** *erfreut (über eine Leistung, einen Besitz, Erfolg) und im Selbstgefühl gestärkt;* die ~en Eltern; s. auf etwas oder jmdn. sein *sich über eine Leistung, einen Besitz, einen Erfolg freuen, sich über jmdn. freuen, der etwas geleistet hat, der gut geraten ist;* s. auf seinen Sieg; s. auf seine Kinder, seine Eltern sein **3** *eindrucksvoll, erhebend;* ein ~er Augenblick **4** *beeindruckend, groß, mächtig (und schön);* ein ~es Gebäude; ein ~es Schiff **5** ⟨ugs.⟩ *recht hoch;* ein ~er Preis

Stolz ⟨m., -es, nur Sg.⟩ **1** *Bewußtsein des eigenen Wertes, der eigenen Leistung;* keinen S. besitzen; in seinem S. beleidigt werden; es geht ihm gegen den S., sich zu entschuldigen **2** *Hochmut, Überheblichkeit;* Dummheit und S. **3** *jmd. oder etwas, auf den oder das jmd. stolz ist;* der Sohn ist sein ganzer S.

stol|zie|ren ⟨V.3, ist stolziert; o.Obj.⟩ *stolz und etwas steif gehen;* im neuen Kleid durch die Räume s.

Sto|ma ⟨n., -s, -mata; Biol.⟩ *Mund, Spalt, Öffnung* [griech., „Mund, Öffnung"]

Sto|ma|chi|kum ⟨[-xi-] n., -s, -ka⟩ *magenstärkendes Mittel* [< griech. *stomachos* „Magen"]

Sto|ma|ti|tis ⟨f., -, -ti|ti|den⟩ *Mundschleimhautentzündung* [< griech. *stoma* „Mund, Öffnung" und *...itis*]

Sto|ma|to|lo|gie ⟨f., -, nur Sg.⟩ *Wiss. von der Mundhöhle und ihren Krankheiten* [< griech. *stoma*, Gen. *stomatos*, „Mund, Öffnung" und *...logie*]

stop ⟨in Telegrammen Bez. für⟩ *Punkt* [< engl. *to stop* „anhalten, aufhören"]

stop! ⟨Int.⟩ *halt!* [engl., „halt an!, hör auf!"]

Stop ⟨m.9; bei Katzen und Hunden⟩ *ausgeprägter Stirnabsatz (z.B. beim Boxer)* [zu *stop*]

Stopf|büch|se ⟨f.11⟩ *Maschinenteil zum Abdichten in Achsrichtung bewegter Maschinenteile*

stop|fen ⟨V.1, hat gestopft⟩ **I** ⟨mit Akk.⟩ **1** *mit Nadel und Faden ausbessern;* Wäsche, Strümpfe s. **2** *füllen;* ein Loch s.; eine Pfeife s. mit Tabak füllen; jmdm. den Mund s. *jmdn. zum Schweigen bringen;* ein Horn s. ⟨Mus.⟩ *die Faust oder einen Dämpfer in den Schalltrichter des Horns stecken;* gestopfte Töne *gedämpfte Töne (von Blechblasinstrumenten);* der Saal war gestopft voll *der Saal war überfüllt* **3** *etwas in etwas s. etwas achtlos in etwas hineinstecken;* Kleidung in den Koffer s.; etwas in den Mund s. **II** ⟨o.Obj.⟩ **1** *Verstopfung herbeiführen, die Verdauung hemmen;* Rotwein, Schokolade stopft **2** *stark sättigen;* Nudeln, Pellkartoffeln s.

Stop|fen ⟨m.7; landsch.⟩ *Korken, Stöpsel*

Stopf|pilz ⟨m.1⟩ *pilzförmiger Gegenstand, den man zum Stopfen in den Strumpf schiebt (damit das Gewirke gespannt ist)*

stopp! ⟨Int.⟩ *halt!* [Imperativ zu *stoppen*]

Stopp ⟨m.9⟩ **1** *Anhalten einer Bewegung, einer Fahrt (Boxen~)* **2** *Anhalten von Kraftwagen, um sich mitnehmen zu lassen (Auto~)*

Stopp|ball ⟨m.2; Tennis, Tischtennis und Badminton⟩ *stark angeschnittener Ball, der nah hinter das Netz gesetzt wird, wo er kaum springt*

Stop|pel ⟨f.11, meist Pl.⟩ **1** *nach dem Mähen übrigbleibender Teil eines Halmes* **2** *kurzes, hartes Barthaar (Bart~)*

Stop|pel|bart ⟨m.2⟩ *aus Stoppeln (2) bestehender Bart*

Stop|pel|feld ⟨n.3⟩ *abgemähtes Getreidefeld*

stop|pe|lig ⟨Adj.⟩ *mit Stoppeln versehen;* auch: *stopplig*

stop|peln ⟨V.1, hat gestoppelt; mit Akk. und o.Obj.⟩ *auf Stoppelfeldern liegengebliebene Ähren auflesen;* Ähren s.; s. gehen

stop|pen ⟨V.1, hat gestoppt⟩ **I** ⟨mit Akk.⟩ **1** *am Weiterfahren, Weitergehen hindern, zum Stehenbleiben veranlassen;* ein Auto, einen Zug s.; einen Radfahrer s. **2** *mit der Stoppuhr messen;* die Zeit (beim Wettlauf) s. **II** ⟨o.Obj.⟩ *anhalten, stehenbleiben;* der Fahrer stoppte an der Ampel

Stop|per ⟨m.5⟩ **1** *jmd., der mit der Stoppuhr die Zeit mißt* **2** ⟨Fußb.⟩ *jmd., der mit Abwehraufgaben im Mittelfeld spielt* **3** *jmd., der per Autostopp fährt* **4** *Vorrichtung zum Stoppen*

Stopp|licht ⟨n.3; beim Kfz⟩ *rote Leuchte an der Rückseite, die durch Betätigung der Fußbremse eingeschaltet wird*

stopp|lig ⟨Adj.⟩ →*stoppelig*

Stopp|schild ⟨n.3⟩ *Schild mit der Aufschrift „Stop" an Kreuzungen, an denen Fahrzeuge anhalten müssen*

Stopp|stra|ße ⟨f.11⟩ *Straße mit Stoppschild, auf der die Fahrzeuge vor Überqueren der Kreuzung halten müssen*

Stopp|uhr ⟨f.11⟩ *Uhr zum genauen Messen der Dauer von Vorgängen, bei der das Uhrwerk durch Druckknöpfe in Gang gesetzt und wieder angehalten wird*

Stöp|sel ⟨m.5; süddt.⟩ *Stöpsel*

Stöp|sel ⟨m.5⟩ **1** *Verschluß (für eine Flasche;* Glas~, Metall~⟩, ⟨auch⟩ *Korken* **2** ⟨ugs.⟩ *kleiner Junge, Knirps*

Stör[1] ⟨m.1⟩ *(an europäischen Küsten und in einigen Strömen vorkommender) großer Knochenfisch mit spitzer Schnauze und langgestrecktem Körper, der mehrere Reihen von Knochenplatten trägt* [< mhd. *stör(e), stür(e)*, vielleicht zu *storen, stürn* „stochern"]

Stör[2] ⟨f., -, nur Sg.; oberdt.⟩ *Arbeit eines Handwerkers (bes. eines Schneiders) im Haus des Kunden;* auf der S. arbeiten; auf die, in die S. gehen [zu *stören*, da der Handwerker, der nicht in der eigenen Werkstatt arbeitete, die Zunftordnung *störte*]

Storch ⟨m.2⟩ *hochbeiniger Vogel mit langem, geradem Schnabel und langem Hals, der beim Flug ausgestreckt wird (Schwarz~, Weiß~)* [< ahd. *storh* „Storch", vielleicht zu idg. **ster-* „starr", nach dem steifen Gang]

stor|chen ⟨V.1, ist gestorcht; o.Obj.⟩ *steif und mit langen Schritten gehen*

Storch|schna|bel ⟨m.6⟩ **1** *(krautig oder staudig wachsende) Pflanze mit schnabelartig verlängerten Früchten (Wiesen~)* **2** *aus zwei beweglich verbundenen Schenkeln bestehendes Zeichengerät zum maßstabgetreuen Kopieren von Vorlagen;* Syn. *Pantograph*

Store[1] ⟨[ʃtɔr] m.9, meist Pl.⟩ *weißer, durchsichtiger Fenstervorhang* [< frz. *store* „Rollvorhang, Markise", < lat. *storea* „geflochtene Decke aus Stroh o.ä., Matte"]

Store[2] ⟨[stɔr] m.9⟩ *Vorrat, Lager* [engl., „Vorrat", über das Altfrz. < lat. *instaurare* „ins Werk setzen, auffrischen"]

stö|ren ⟨V.1, hat gestört; mit Akk.⟩ **1** *jmdn. s.* **a** *(bei der Tätigkeit) belästigen, (von der Tätigkeit) abhalten, ablenken;* jmdn. bei der Arbeit, beim Schreiben s.; stör mich jetzt nicht!; ich möchte nicht gestört werden; hat sie einen Augenblick s.?; störe ich? (erg.: dich, Sie), laßt euch nicht (durch mich) s.! **b** *jmdn. nervös, unruhig machen, jmdm. Unbehagen bereiten;* der Lärm stört mich; stört es Sie, wenn ich rauche, wenn ich das Fenster aufmache?; ihn stört die Fliege an der Wand ⟨ugs.⟩ *die geringste Kleinigkeit macht ihn nervös;* psychisch gestört sein *sich psychisch nicht normal verhalten;* er hat ein gestörtes Verhältnis zu seinen Eltern **c** *jmdm. mißfallen;* die grellen Farben s. mich; es sieht alles sehr gut aus, nur das Bild dort stört mich; mich stört an ihm, bei ihm, daß er ... **2** *etwas s. hemmen, behindern, beeinträchtigen, unterbrechen;* den Unterricht s.; ein Störsender stört den Rundfunkempfang

Stö|ren|fried ⟨m.1⟩ *jmd., der andere stört*

Stör|fak|tor ⟨m.13⟩ *störende Handlung, störender Gegenstand*

Stor|nel|lo ⟨m., -s, -s oder -li⟩ *dreizeiliges italienisches Liedchen* [ital.]

stor|nie|ren ⟨V.3, hat storniert; mit Akk.⟩ **1** *ungültig machen, durch Gegenbuchung ausgleichen;* Syn. *ristornieren;* einen Betrag s. **2** ⟨österr.⟩ *rückgängig machen;* einen Auftrag s. [< ital. *stornare* „rückgängig machen", < s... (für es..., lat. ex) „aus, weg" (verstärkend) und *tornare* „zurückkehren"]

Stor|no ⟨n., -s, -ni⟩ **1** *Rückbuchung, Löschung;* Syn. *Ristorno* **2** ⟨österr.⟩ *das Rückgängigmachen* [< ital. *storno* „ich wende ab, ich buche um", zu *stornare*, →*stornieren*]

stör|risch ⟨Adj.⟩ *schwer zu lenken, eigensinnig;* s. wie ein Esel

Stör|schnei|de|rin ⟨f.10⟩ *Schneiderin, die auf der Stör*[2] *arbeitet*

Stör|schutz ⟨m., -es, nur Sg.⟩ *Schutz gegen Störungen beim Rundfunkempfang*

Stör|sen|der ⟨m.5⟩ *Sender, der durch abgestrahlte Störgeräusche auf der Trägerfrequenz eines anderen Senders dessen Empfang stört*

Stör|stel|le ⟨f.11⟩ *Stelle im Kristallgitter, die von Teilchen eines anderen Stoffes besetzt ist*

Stor|ting ⟨[stur-] n.9 oder n.1⟩ *Volksvertretung in Norwegen*

Stö|rungs|feu|er ⟨n.5⟩ *nach Stärke, Zeit und Zielwahl unregelmäßiges Feuer schwerer Waffen, zur Behinderung des Feindes*

Stö|rungs|stel|le ⟨f.11⟩ *für Störungen im Fernsprechverkehr zuständige Stelle bei der Post*

Sto|ry ⟨[stɔri] f.9, Pl. engl. -ries⟩ **1** *kurze Erzählung, Geschichte* **2** ⟨Lit., Film, Theat.⟩ *Handlungsaufbau, Fabel* **3** ⟨ugs.⟩ *abenteuerliche Geschichte, Folge von ungewöhnlichen Ereignissen;* eine tolle S.; ich muß dir die ganze S. im einzelnen erzählen [engl., „Erzählung, Geschichte", verkürzt < *history* „Geschichte", →*Historie*]

Stoß ⟨m.2⟩ **1** *einmaliges, heftiges Stoßen;* ein S. in den Rücken; jmdm. einen S. geben; sich einen S. geben *sich überwinden (etwas zu tun, zu sagen)* **2** *Hieb (mit einer Waffe);* einen S. abwehren **3** *(starke) gezielte Bewegung;* mit kräftigen Stößen schwimmen **4** *einmalige, starke Luftbewegung, starke Atembewegung;* (Wind~, Atem~⟩; sein Atem ging in Stößen; den Rauch in Stößen von sich blasen; ein S. ins Horn **5** *geordneter Haufen, Stapel;* ein S. Holz; einen S. Briefe schreiben; die Anfragen häufen sich zu Stößen **6** *große Menge (einer Arznei);* ein S. Penizillin **7** *Fläche, an der zwei Körper aufeinandertreffen;* Bretter auf S. legen **8** ⟨Bgb.⟩ *Seitenwände (eines Grubenbaues)* **9** *gewebeartiges Gewebestück (an Kleidungsstücken)* **10** *Fläche auf einer Alm, die eine Kuh in einem Sommer abweidet* **11** ⟨Jägerspr.⟩ *bei großem Federwild* *Schwanzfedern*

Stoß|band ⟨n.4; an Hosenbeinen⟩ *innen angenähtes Band am Saum, das Stöße beim Gehen abfängt und den Stoff schont*

Stoß|dämp|fer ⟨m.5; bes. beim Kfz⟩ *Vorrichtung zum Dämpfen der Eigenschwingungen einer Federung (z.B. ein Kolben in einem ölgefüllten Zylinder)*

Stö|ßel ⟨m.5⟩ **1** *kleiner Stab mit verdickter Spitze zum Zerstoßen von Stoffen (bes. im*

stoßempfindlich

Mörser **2** ⟨beim Verbrennungsmotor⟩ zylindrisches Zwischenteil, das die Steuerbewegung von der Nockenwelle auf das Ventil überträgt

Stoß|emp|find|lich ⟨Adj.⟩ empfindlich gegen Stöße

sto|ßen ⟨V.157⟩ **I** ⟨mit Akk.; hat gestoßen⟩ **1** *jmdn. oder etwas s. jmdn. oder etwas heftig in eine Richtung bewegen; jmdn. aus dem Zimmer, ins Wasser s.; einen Pfahl in die Erde s.; jmdm. ein Messer in die Brust s.; jmdm. Bescheid s.* ⟨übertr., ugs.⟩ *jmdm. energisch die Meinung sagen; jmdm. auf etwas s.* ⟨übertr.⟩ *jmdn. etwas deutlich zeigen, deutlich klarmachen* **2** *jmdn. s. jmdm. einen Stoß geben, jmdn. heftig an einer Stelle treffen; jmdn. mit dem Fuß, mit dem Ellbogen s.; jmdm. versehentlich an den Kopf s.; der Ziegenbock stieß ihn mit den Hörnern*; vgl. *Bock¹* (7) **3** *etwas s.* **a** *zu Körnchen zerkleinern; gestoßener Zucker* **b** ⟨im Part. Perf.⟩ *Töne gestoßen spielen Töne nur kurz und rasch nacheinander erklingen lassen* **II** ⟨refl.; hat gestoßen⟩ *sich s. sich durch eine heftige Bewegung (an etwas hin) Schmerz zufügen oder verletzen; ich habe mich an den Arm gestoßen; ich habe mich an der Tischkante gestoßen; sich an etwas s.* ⟨übertr.⟩ *etwas als störend empfinden; Sie stößt sich daran, daß das Zimmer noch nicht fertig ist; sich an jmds. Ausdrucksweise s.* **III** ⟨o.Obj.⟩ **1** ⟨hat gestoßen⟩ **a** ⟨von Tieren⟩ *mit den Hörnern angreifen; Vorsicht, der Bock stößt* **b** *auf holpriger Fahrbahn mit heftigen Rucken fahren; der Wagen stößt* **c** *sich stoßweise bewegen; ~dem Atem* **2** ⟨mit verschiedenen Präpositionen⟩ **a** *an etwas s.* ⟨ist gestoßen⟩ 1. *mit heftiger Bewegung auf etwas treffen; mit dem Kopf an die Ecke s.* 2. *an etwas grenzen; unser Garten stößt an ein Feld* **b** *auf etwas s.* ⟨ist gestoßen⟩ *in etwas münden, enden; die Straße stößt auf die Hauptstraße, auf den Marktplatz* **c** *in etwas s.* ⟨hat gestoßen⟩ *kurz und kräftig in etwas blasen (und damit ein Signal geben); ins Horn s.* **b** *nach jmdm. s.* ⟨hat gestoßen⟩ *eine heftige Bewegung gegen jmdn. ausführen; das Kind stieß mit dem Fuß nach ihm* **c** *etwas oder jmdn. von sich s.* ⟨hat gestoßen⟩ *mit heftiger Bewegung von sich weg bewegen; jmds. Hand von sich s.; den Sohn von sich s.* ⟨†⟩ *verstoßen* **f** *zu jmdm. s.* ⟨ist gestoßen⟩ ⟨beabsichtigt⟩ *treffen, mit jmdm. zusammenkommen; wir fahren erst in die Stadt und s. dann zu euch* **IV** ⟨mit Präp.obj.; ist gestoßen⟩ **a** *auf etwas oder jmdn. s. etwas oder jmdn. zufällig finden, entdecken; auf einen Fehler im Text s.; ich bin auf das Wort gestoßen, als ich im Lexikon etwas suchte; bei der Suche nach einem Darsteller stieß er auf einen Jungen, der ...*

stoß|fest ⟨Adj., -er, am -esten⟩ *gegen Stöße nicht empfindlich, Stöße gut aushaltend*; Syn. *stoßsicher*

Stoß|garn ⟨n.1; Jägerspr.⟩ *Fangnetz für Greifvögel*

Stoß|ge|bet ⟨n.1⟩ *kurzes Gebet (bei plötzlicher Gefahr)*

Stoß|he|ber ⟨m.5⟩ *Pumpe, die mit dem Stoß des Strömungsdrucks das Wasser in eine Steigleitung hebt*

stö|ßig ⟨Adj.⟩ *gern mit den Hörnern stoßend; ein ~er Stier*

Stoß|seuf|zer ⟨m.5⟩ *heftiger Seufzer*

stoß|si|cher ⟨Adj.⟩ →*stoßfest*

Stoß|stan|ge ⟨f.11⟩ **1** ⟨beim Kfz⟩ *Bügel an der Vorder- und Hinterseite, der beim Aufprall Stoßenergie aufnehmen soll* **2** ⟨Maschinenbau⟩ *Stange, die gleichmäßig geradlinige Schubbewegungen ausführt*

Stoß|the|ra|pie ⟨f.11⟩ *Behandlung mit einer hochdosierten Arzneimittelmenge über kurze Zeit*

Stoß|trupp ⟨m.9⟩ *Truppe mit Sonderauftrag (z.B. zur Zerstörung feindlicher Stützpunkte)*

Stoß|ver|kehr ⟨m., -s, nur Sg.⟩ *(zu einer bestimmten Zeit regelmäßig auftretender) starker Verkehr*

stoß|wei|se ⟨Adv., ugs. auch Adj.⟩ **1** *in Stößen; s. atmen; sein Atem ging s.; ~s Atmen* ⟨ugs.⟩*; Holz s. schichten* **2** ⟨ugs.⟩ *in großer Menge; Briefe s. beantworten*

Stoß|wel|le ⟨f.11⟩ *sich räumlich ausbreitende, schlagartige Veränderung von Dichte, Druck und Temperatur eines Stoffes*

Stoß|zahn ⟨m.2; beim Elefanten, Narwal und Walroß⟩ *stark vergrößerter, weit vorstehender Zahn*

Stoß|zeit ⟨f.10⟩ *Zeit mit Stoßverkehr*

Sto|tin|ka ⟨[sto-] f., -, -ki⟩ *bulgarische Währungseinheit*, 1/100 *Lew*

stot|tern ⟨V.1, hat gestottert⟩ **I** ⟨o.Obj.⟩ *gehemmt, stoßweise sprechen (indem man eine Silbe, ein Wort mehrmals wiederholt); etwas auf Stottern kaufen* ⟨ugs.⟩ *etwas kaufen und in Raten bezahlen* **II** ⟨mit Akk.⟩ *gehemmt, stoßweise, Wörter wiederholend sagen; „,,,!" stotterte er; er stotterte etwas von „keine Zeit haben"*

Stotz ⟨m.1⟩, **Stot|zen** ⟨m.7⟩ **1** ⟨oberdt.⟩ *Baumstumpf* **2** ⟨schweiz.⟩ *Bottich, Waschtrog*

Stout ⟨[staut] m.9⟩ *dunkles, bitteres englisches Bier* [< engl. *stout* „stark, kräftig"]

Stöv|chen ⟨[støf-] n.7⟩ **1** ⟨nddt.⟩ *Kohlenbecken* **2** *kleines zylinderförmiges Gerät mit Kerze (zum Warmhalten von Tee oder Kaffee)* [< nddt. *stövken, stoveken* „Gehäuse für kleine Feuerstelle", zu *stove* „Badestube", engl. *stove* „Ofen, Herd"]

Sto|ve ⟨f.11; nddt.⟩ *Trockenraum [urspr. „(geheizte) Stube"]*

sto|ven, sto|wen ⟨V.1, hat gestovt, gestowt; mit Akk.⟩ *dünsten, schmoren; gestovtes, gestowtes Obst [nddt., mnddt. stoven in ders. Bed., < altfrz. estuver „in warmes Wasser stecken", < lat. ex __, auch *tufus < griech. typhos „Rauch, Qualm, Dunst"]*

StPO ⟨Abk. für⟩ *Strafprozeßordnung*

Str. ⟨Abk. für⟩ *Straße*

Stra|bis|mus ⟨m., -, nur Sg.⟩ *das Schielen* [< griech. *strabizein* „schielen", zu *strabos* „schielend", zu *strephein* „drehen, wenden"]

stracks ⟨Adv.⟩ *geradewegs, sofort*

Straddle ⟨[strǽdl] m.9; Hochsprung⟩ *Sprung mit Rollbewegung des Körpers um die Längsachse über die Latte mit dem Kopf zuerst und mit gespreizten Beinen*; Syn. *Tauchwälzer, Wälzsprung* [< engl. *to straddle* „spreizen"]

Stra|di|va|ri ⟨[-va-] f.9⟩ *von dem italienischen Geigenbauer A. Stradivari (1644–1737) gebaute Geige*

Straf|an|stalt ⟨f.11⟩ *Gefängnis*

Straf|an|trag ⟨m.2⟩ **1** *Antrag auf Einleitung eines Strafverfahrens* **2** *Antrag des Staatsanwalts bezüglich des Strafmaßes*

Straf|an|zei|ge ⟨f.11⟩ *Anzeige einer strafbaren Handlung an eine staatliche Behörde; S. erstatten*

Straf|ar|beit ⟨f.10⟩ *zusätzliche Hausarbeit als Strafe (für einen Schüler)*

Straf|auf|schub ⟨m.2⟩ *Aufschub des Strafvollzugs*

Straf|aus|set|zung ⟨f.10⟩ *das Aussetzen oder das Unterbrechen des Strafvollzugs*

straf|bar ⟨Adj., o.Steig.⟩ *mit gesetzlicher Strafe bedroht; eine ~e Handlung; sich s. machen gegen das Gesetz handeln* **Straf|bar|keit** ⟨f., -, nur Sg.⟩

Straf|be|fehl ⟨m.1⟩ *auf Antrag der Staatsanwaltschaft von einem Richter ohne Gerichtsverhandlung erlassene Strafe für kleinere Straftaten*; Syn. *Strafverfügung*

Straf|be|scheid ⟨m.1⟩ *Mitteilung über eine Strafe für ein kleineres Vergehen*

Stra|fe ⟨f.11⟩ *Unannehmlichkeit, die jmdm., der ein Unrecht begangen hat, zur Vergeltung auferlegt wird; eine S. Gottes, des Himmels; eine S. im Gefängnis absitzen; eine S. ausset-*

zen, aufschieben; S. muß sein!; seine S. verdienen; eine S. gegen jmdn., über jmdn. verhängen; S. zahlen; es ist bei S. verboten; jmdn. in S. nehmen ⟨†⟩ *jmdn. bestrafen; ein Vergehen mit einer S. belegen; etwas unter S. stellen; etwas zur S. tun müssen*

stra|fen ⟨V.1, hat gestraft; mit Akk.⟩ *jmdn. s. jmdm. eine Strafe auferlegen, jmdn. bestrafen; Gott strafe mich, wenn das nicht wahr ist, was ich sage* (Beteuerungsformel)*; jmdn. körperlich s.; jmdn. mit einem bösen Blick s.; jmdn. für, wegen etwas s.; jmdn. Lügen s. jmdm. nachweisen, daß er so gelogen hat; ein Lächeln straft seine strengen Worte Lügen man merkt an seinem Lächeln, daß seine strengen Worte nicht ernst gemeint sind; schilt ihn nicht noch, er ist durch den Schrecken gestraft genug; sie ist gestraft mit diesem Mann sie hat es sehr schwer, sie hat viel Kummer mit diesem Mann*

Straf|ent|las|se|ne(r) ⟨m., f.17 oder 18⟩ *jmd., der soeben aus dem Gefängnis oder Straflager entlassen worden ist*

Straf|er|laß ⟨m.1, österr. m.2⟩ *Erlaß einer Strafe*

straff ⟨Adj., -er, am -(e)sten⟩ **1** *gespannt, fest; ~e Haut; ein ~es Seil* **2** *streng, energisch; die Firma wird s. geführt; ~er Rhythmus* **3** *auf das Wesentliche beschränkt: eine ~e Handlung (des Romans)*

straf|fäl|lig ⟨Adj., o.Steig.⟩ *eine Straftat begangen habend; s. werden*

straf|fen ⟨V.1, hat gestrafft⟩ **I** ⟨mit Akk.⟩ *straff machen; eine Schnur s.; die Haut (durch eine Creme, durch Liften) s.* **II** ⟨refl.⟩ *sich s.* **1** *straff werden* **2** *eine straffe Haltung annehmen*

straf|frei ⟨Adj., o.Steig.⟩ *ohne Strafe; s. davonkommen* **Straf|frei|heit** ⟨f., -, nur Sg.⟩

straff|zie|hen ⟨V.187, hat straffgezogen; mit Akk.⟩ *ziehen, bis es straff ist; das Bettuch s.*

Straf|ge|fan|ge|ne(r) ⟨m., f.17 oder 18⟩ *jmd., der wegen einer Straftat im Gefängnis oder Straflager sitzt*

Straf|ge|richt ⟨n.1⟩ *Gericht, das über Straftaten entscheidet; das S. Gottes* ⟨übertr.⟩

Straf|ge|richts|bar|keit ⟨f., -, nur Sg.⟩ *Rechtsprechung über Straftaten*

Straf|ge|setz ⟨n.1⟩ *Gesetz zur Anwendung auf Straftaten*

Straf|ge|setz|buch ⟨n.4; Abk.: StGB⟩ *Zusammenfassung der Strafgesetze in einem Gesetzbuch*

Straf|ge|walt ⟨f., -, nur Sg.⟩ *Recht, Strafen zu verhängen*

Straf|kam|mer ⟨f.11⟩ *Kammer eines Gerichts, die über Straftaten entscheidet; Ggs. Zivilkammer*

Straf|ko|lo|nie ⟨f.11⟩ *Arbeitslager für Strafgefangene*

Straf|la|ger ⟨n.5⟩ *Lager für Strafgefangene*

sträf|lich ⟨Adj., o.Steig.⟩ *unverantwortlich, unverzeihlich, tadelnswert; jmdn. s. vernachlässigen; ~er Leichtsinn*

Sträf|ling ⟨m.1⟩ *jmd., der eine Freiheitsstrafe verbüßt*

straf|los ⟨Adj., o.Steig.⟩ *ohne Strafe*

Straf|man|dat ⟨n.1⟩ *kleine, polizeilich verfügte Geldstrafe für eine Ordnungswidrigkeit im Straßenverkehr*

Straf|maß ⟨n.1⟩ *Höhe (und Art) einer Strafe; das S. festsetzen*

straf|mil|dernd ⟨Adj., o.Steig.⟩ *die Strafe verringernd; ~e Umstände*

Straf|mil|de|rung ⟨f.10⟩ *Verringerung der Strafe*

straf|mün|dig ⟨Adj., o.Steig.⟩ *alt genug, um gesetzlich bestraft werden zu können* **Straf|mün|dig|keit** ⟨f., -, nur Sg.⟩

Straf|pre|digt ⟨f.10⟩ *eindringliche, tadelnde Rede*; Syn. *Strafrede*

Straf|pro|zeß ⟨m.1⟩ *Prozeß über eine Straftat und die zu verhängende Strafe*; Syn. *Strafverfahren*; Ggs. *Zivilprozeß*

Straf|pro|zeß|ord|nung ⟨f.10; Abk.: StPO⟩ Gesamtheit der Rechtsvorschriften über die Regelung von Strafprozessen

Straf|raum ⟨m.2; Fußb.⟩ Raum um das Tor, in dem verschärfte Strafbedingungen gelten

Straf|recht ⟨n., -(e)s, nur Sg.⟩ Gesamtheit der Rechtsvorschriften über Strafprozesse und die Höhe und Art der Strafe

Straf|recht|ler ⟨m.5⟩ Hochschullehrer für Strafrecht; Syn. Strafrechtslehrer

straf|recht|lich ⟨Adj., o.Steig.⟩ zum Strafrecht gehörend, auf ihm beruhend; ~e Verfolgung

Straf|rechts|leh|rer ⟨m.5⟩ → Strafrechtler

Straf|re|de ⟨f.11⟩ → Strafpredigt

Straf|re|gi|ster ⟨n.5⟩ **1** Register aller gerichtlich bestraften Personen **2** ⟨ugs.⟩ Summe der Straftaten eines einzelnen; ein Mann mit langem S.

Straf|rich|ter ⟨m.5⟩ Richter, der Strafprozesse leitet

Straf|sa|che ⟨f.11⟩ Tat, über die in einem Strafprozeß verhandelt wird; Ggs. Zivilsache

Straf|se|nat ⟨m.1⟩ Richtergremium, das über Straftaten entscheidet

Straf|stoß ⟨m.2⟩ Elfmeter

Straf|tat ⟨f.10⟩ gesetzlich strafbare Tat, Vergehen

Straf|tä|ter ⟨m.5⟩ jmd., der eine Straftat begangen hat

Straf|til|gung ⟨f.10⟩ Streichung einer Eintragung im Strafregister

Straf|um|wand|lung ⟨f.10⟩ Umwandlung einer Freiheits- in eine Geldstrafe oder umgekehrt

Straf|ver|fah|ren ⟨n.7⟩ → Strafprozeß

Straf|ver|fol|gung ⟨f.10⟩ Ermittlung und eventuelle Anklageerhebung im Falle einer Straftat

Straf|ver|fü|gung ⟨f.10⟩ → Strafbefehl

straf|ver|set|zen ⟨V.1, hat strafversetzt; nur im Infinitiv und Part. Perf.; mit Akk.⟩ jmdn. s. jmdn. zur Strafe an einen anderen Ort versetzen, jmdm. zur Strafe eine andere Stellung zuweisen; er ist strafversetzt worden **Straf|ver|set|zung** ⟨f.10⟩

Straf|voll|streckung ⟨-k|k-; f.10⟩ Vollstreckung des Urteils eines Strafprozesses

Straf|voll|zug ⟨m.2⟩ **1** Vollzug einer Gefängnisstrafe **2** ⟨nur Sg.⟩ Gesamtheit der Vorschriften und Einrichtungen zur Strafvollstreckung (bes. die Gefängnisse betreffend); moderner S.

straf|wei|se ⟨Adv.⟩ zur Strafe

straf|wür|dig ⟨Adj.⟩ einer gesetzlichen Strafe würdig; ~e Handlung

Straf|zu|mes|sung ⟨f.10⟩ Festsetzung des Strafmaßes

Stra|gu|la ⟨m., -s, nur Sg.; Wz.⟩ ein linoleumähnlicher Fußbodenbelag [lat., „Decke"]

Strahl ⟨m.12⟩ **1** sich geradlinig ausbreitender Teil einer Strahlung (Sonnen~, Licht~); die wärmenden ~en der Sonne; der S. einer Taschenlampe; ein S. der Hoffnung ⟨übertr.⟩ ein wenig Hoffnung **2** sich von einer Öffnung geradlinig ausbreitender Strom von Flüssigkeit oder kleinsten Körnern (Wasser~, Sand~) **3** ⟨Math.⟩ von einem Punkt ausgehende Linie von unendlicher Länge

strah|len ⟨V.1, hat gestrahlt; o.Obj.⟩ **1** Strahlen aussenden; die Sonne strahlt (vom Himmel); ihre Augen strahlten **2** sehr glücklich aussehen und lächeln; sie strahlte, als sie das sah, hörte; vor Freude, vor Glück s. **3** leuchten, glänzen; das Zimmer strahlte vor Sauberkeit; der Himmel war ~d blau; ein Kleid von ~dem Weiß

sträh|len ⟨V.1, hat gestrählt; mit Akk.; †, noch südwestdt., schweiz.⟩ kämmen; sich, jmdm. das Haar s.

Strah|len|bio|lo|gie ⟨f., -, nur Sg.⟩ → Radiobiologie

Strah|len|che|mie ⟨f., -, nur Sg.⟩ Teilgebiet der Chemie, das sich mit chemischen Reaktionen befaßt, die unter Einfluß energiereicher Strahlung ausgelöst werden

Strah|len|kranz ⟨m.2⟩ Kranz von Strahlen, Heiligenschein

Strah|len|pilz ⟨m.1⟩ (in vielen Arten vorkommendes) fadenförmiges Bakterium, das dazu neigt, in verzweigten Geflechten zu wachsen; Syn. Aktinomyzet

Strah|len|tier|chen ⟨n.7⟩ → Radiolarie

Strah|ler ⟨m.5⟩ **1** Stoff, der strahlt (Alpha~) **2** Gerät, das strahlt (Richt~) **3** ⟨schweiz.⟩ jmd., der (berufsmäßig) Mineralien (bes. Bergkristall) sucht

Strahl|ge|blä|se ⟨n.5⟩ → Strahlpumpe

strah|lig ⟨Adj., o.Steig.⟩ in Strahlen verlaufend

Strahl|pum|pe ⟨f.11⟩ Pumpe, bei der ein Gas- oder Flüssigkeitsstrahl hinter einer Düse anderes Material mitreißt; Syn. Strahlgebläse

Strahl|trieb|werk ⟨n.1⟩ Antriebsvorrichtung, die durch den Rückstoß eines aus einer Brennkammer unter Druck austretenden Gasstrahls Vortrieb erzeugt; Syn. ⟨volkstüml.⟩ Düsentriebwerk

Strah|lung ⟨f.10⟩ (strahlenförmige) räumliche Ausbreitung von Energie oder Materie (Teilchen~, Wellen~); Syn. Radiation

Strähn ⟨m.1; österr.⟩ → Strähne

Sträh|ne ⟨f.11⟩ auch: ⟨österr.⟩ Strähn **1** Haarbüschel, Haarstrang; eine graue S. **2** Reihe glücklicher oder unglücklicher Ereignisse (Glücks~) **3** Wollstrang

sträh|nig ⟨Adj.⟩ in Strähnen, Strähnen bildend

Stra|min ⟨m.1⟩ gitterartiger, stark appretierter Leinen- oder Baumwollstoff; Syn. Gitterleinen, Gitterstoff [< lat. stramineus „aus Stroh", zu stramen, Gen. straminis, „untergebreitetes Stroh, Streu", zu sternere „auf den Boden breiten, hinstreuen"]

stramm ⟨Adj.⟩ **1** fest sitzend, straff; die Hose sitzt s. **2** kräftig, gesund; ein ~es Baby **3** energisch, kraftvoll; ~e Haltung; ein ~er Konservativer ein unnachgiebiger Konservativer **4** ⟨ugs.⟩ sehr viel, sehr stark; s. gehen, marschieren

stram|men ⟨V.1, hat gestrammt; mit Akk.⟩ stramm anziehen, festziehen

Stramm|heit ⟨f., -, nur Sg.⟩ stramme Beschaffenheit

stramm|ste|hen ⟨V.151, hat, oberdt. ist strammgestanden; o.Obj.⟩ in strammer Haltung stehen; er erwartet, daß jeder vor ihm strammsteht ⟨übertr., ugs.⟩ er erwartet, daß jeder widerspruchslos alles hinnimmt, was er sagt, was er anordnet

stramm|zie|hen ⟨V.187, hat strammgezogen; mit Akk.⟩ etwas s. etwas ziehen, bis es stramm ist, festziehen; einem Kind die Hosen s. ⟨übertr.⟩ ein Kind (zur Strafe) verhauen

stram|peln ⟨V.1; o.Obj.⟩ **1** ⟨hat gestrampelt⟩ die Beine rasch und kräftig bewegen, ausstrecken und anziehen; ein Baby s. lassen **2** ⟨hat gestrampelt⟩ (beim Radfahren) angestrengt treten; ich mußte bei der Steigung tüchtig s. **3** ⟨ist gestrampelt⟩ mit dem Rad fahren; wir sind durch den Odenwald gestrampelt **4** ⟨hat gestrampelt; ugs.⟩ sich anstrengen; er hat tüchtig s. müssen, um diese Stellung zu bekommen

stramp|fen ⟨V.1, hat gestrampft; o.Obj.; süddt.⟩ (auf)stampfen, strampeln

Strand ⟨m.2⟩ flacher Rand, Saum eines größeren Gewässers (bes. des Meeres); (Kies~, Sand~); ein sandiger S.; ein Boot auf den S. ziehen

Strand|an|zug ⟨m.2⟩ leichter Anzug für den Aufenthalt am Strand

Strand|bad ⟨n.4⟩ Badeanstalt an einem Strand

stran|den ⟨V.2, ist gestrandet; o.Obj.⟩ **1** auf Grund geraten; das Schiff ist gestrandet; an einer Insel s. **2** ⟨übertr.⟩ scheitern, einen Mißerfolg haben

Strand|floh ⟨m.2⟩ kleiner, im Wasser oder in feuchtem Sand lebender Krebs

Strand|gut ⟨n., -(e)s, nur Sg.⟩ an den Strand geschwemmte Gegenstände

Strand|ha|fer ⟨m., -s, nur Sg.⟩ (häufig am Sandstrand von Nord- und Ostsee wachsendes) graugrünes Süßgras mit dichter, walziger Ährenrispe

Strand|korb ⟨m.2⟩ großer Sitzkorb, der zum Schutz gegen Sonne und Wind am Strand dient

Strand|läu|fer ⟨m.5⟩ (an Stränden, auf Schlammflächen vorkommender) kurzbeiniger, kleiner Schnepfenvogel

Strand|raub ⟨m., -(e)s, nur Sg.⟩ Raub von Strandgut

Strand|räu|ber ⟨m.5⟩ jmd., der Strandraub begeht

Strand|recht ⟨n., -(e)s, nur Sg.⟩ Gesamtheit aller Rechtsvorschriften über Strandgut und gestrandete Schiffe

Strand|see ⟨m.14⟩ → Lagune

Stran|dung ⟨f., -, nur Sg.⟩ das Stranden (1)

Strand|wa|che ⟨f.11⟩ Wache am Strand (bei drohender Sturmflut)

Strang ⟨m.2⟩ **1** Tau, Seil; an einem S. ziehen dasselbe Ziel haben; jmdn. durch den S. hinrichten jmdn. henken **2** Zugseil, Teil des Geschirrs von Zugtieren; sich in die Stränge legen sich sehr bemühen; wenn alle Stränge reißen ⟨übertr., ugs.⟩ wenn alles schiefgeht; über die Stränge schlagen ⟨übertr.⟩ aus der gewohnten Ordnung ausbrechen **3** Bündel von Fasern oder Fäden (Muskel~, Nerven~); ein S. Wolle **4** ⟨Elektr.⟩ Teil der Wicklung **5** etwas in sich Zusammengehöriges, das sich über eine gewisse Länge hinzieht (Handlungs~, Schienen~)

Stran|ge ⟨f.11; schweiz.⟩ Strähne, Strang; eine S. Wolle

strän|gen ⟨V.1, hat gesträngt; mit Akk.; †⟩ mit Strängen (2) an einen Wagen spannen; ein Zugtier s.

Strange|ness [streindʒ- f., -, nur Sg.] bei bestimmten Elementarteilchen beobachtete Eigenschaft beim Entstehen und Zerfall [engl., „Seltsamkeit"]

Strang|guß ⟨m.2⟩ Gießen von Metallen in einem durchgehenden Strang (5)

Strang|pres|se ⟨f.11⟩ → Extruder

Stran|gu|la|ti|on ⟨f.10⟩ **1** das Strangulieren **2** ⟨Med.⟩ Abschnürung eines Hohlorgans (z.B. des Darms, der Luftröhre)

stran|gu|lie|ren ⟨V.3, hat stranguliert; mit Akk.⟩ durch Zuschnüren des Halses erdrosseln; das Kind hat sich an der Vorhangschnur fast stranguliert [< lat. strangulare „erwürgen, erdrosseln", zu griech. straggalan „erwürgen", zu straggale „Strick, Strang"]

Strang|urie ⟨f.11⟩ → Harnzwang [< griech. straggouria „Harnzwang", < stragx, Gen. straggos, „Tropfen" und ouron „Urin, Harn"]

Stra|pa|ze ⟨f.11⟩ große Anstrengung

stra|pa|zie|ren ⟨V.3, hat strapaziert⟩ **I** ⟨mit Akk.⟩ **1** häufig und ohne Rücksicht benutzen; Kleidung, Schuhe s.; einen Ausdruck s. ⟨übertr.⟩ einen Ausdruck allzu häufig benutzen **2** sehr in Anspruch nehmen; jmds. Nerven, Zeit s.; bei dieser Fahrweise werden die Reifen stark strapaziert **II** ⟨refl.⟩ s. ⟨ugs.⟩ sich sehr anstrengen [< ital. strapazzare „überanstrengen, rücksichtslos behandeln, mißhandeln, vielleicht zu strappare „zerreißen, zerfetzen"]

stra|pa|zier|fä|hig ⟨Adj.⟩ große Beanspruchung aushaltend; ~e Kleidung

stra|pa|zi|ös ⟨Adj., -er, am -esten⟩ anstrengend

Straps ⟨m.1⟩ Strumpfhalter, Strumpfhaltergürtel [< engl. strap, Pl. straps, „Riemen, Band"]

Straß ⟨m., - oder -s|ses, -s|se⟩ aus Eisenoxid, Tonerde, Kalk, Soda u.a. bestehende

straßauf *Schmuckstein mit diamantähnlicher Brechung* [nach dem Juwelier Joseph *Straßer*]

straß|auf, straß|ab ⟨Adv.⟩ *mehrere Straßen hinauf und hinunter*

Stra|ße ⟨f.11⟩ **1** *künstlich angelegter, befestigter Verkehrsweg, für Fahrzeuge und Fußgänger; die ~n der Stadt; eine S. anlegen, ausbessern, bauen, planen; eine verkehrsreiche, stille S.; das Haus liegt an der S.; auf die S. gehen* 1. *öffentlich protestieren,* 2. *der Prostitution nachgehen; das Geld liegt nicht auf der S. das Geld ist nicht leicht zu verdienen; jmdn. auf die S. setzen jmdm. die Wohnung, die Stellung kündigen; damit kann ich die ~n pflastern davon habe ich mehr als genug, das besitze ich im Überfluß; die Wohnung hat zwei Fenster zur S.* **2** ⟨nur Sg.⟩ *Gesamtheit der Bewohner einer Straße (1); die ganze S. schaute zu* **3** → *Meerenge; die S. von Gibraltar*

Stra|ßen|an|zug ⟨m.2⟩ *Anzug für den Alltag*

Stra|ßen|bahn ⟨f.10⟩ *elektrische Schienenbahn für den Personenverkehr innerhalb großer Städte (und ihrer Umgebung);* Syn. ⟨†⟩ *Elektrische,* ⟨bayr.-österr., schweiz.⟩ *Tram, Trambahn*

Stra|ßen|bah|ner ⟨m.5; ugs.⟩ *jmd., der bei der Straßenbahn arbeitet*

Stra|ßen|bild ⟨n.3⟩ *Anblick, den eine Straße (einschließlich der Verkehrsmittel und Fußgänger) bietet*

Stra|ßen|dorf ⟨n.4⟩ *Dorf, dessen Häuser entlang einer Straße liegen;* Syn. *Reihendorf*

Stra|ßen|ecke ⟨-k|k-; f.11⟩ *Eckgrundstück am Schnittpunkt zweier Straßen; an jeder S. überall*

Stra|ßen|gra|ben ⟨m.8⟩ *Graben entlang der Straße*

Stra|ßen|han|del ⟨m., -s, nur Sg.⟩ *Handel auf einer öffentlichen Straße*

Stra|ßen|händ|ler ⟨m.5⟩ *jmd., der Straßenhandel betreibt*

Stra|ßen|jun|ge ⟨m.11; ugs. Pl. auch -ns⟩ → *Gassenjunge*

Stra|ßen|keh|rer ⟨m.5⟩ *Angestellter einer Gemeinde, der die Straßen reinigt*

Stra|ßen|kleid ⟨n.3⟩ *Kleid für den Alltag*

Stra|ßen|kreu|zer ⟨m.5; ugs.⟩ *besonders langer und breiter Personenkraftwagen*

Stra|ßen|la|ge ⟨f., -, nur Sg.⟩ *Art und Weise, wie ein Kraftfahrzeug sich lenken läßt*

Stra|ßen|lärm ⟨m., -(e)s, nur Sg.⟩ *Verkehrslärm in einer Straße*

Stra|ßen|mu|si|kant ⟨m.10⟩ *jmd., der sich mit dem Musizieren auf der Straße Geld verdient*

Stra|ßen|netz ⟨n.1⟩ *Gesamtheit der Straßen (in einem Gebiet); das S. des Landes ist sehr dicht*

Stra|ßen|raub ⟨m., -(e)s, nur Sg.⟩ *Beraubung auf der Straße*

Stra|ßen|räu|ber ⟨m.5⟩ *jmd., der Straßenraub begeht*

Stra|ßen|ren|nen ⟨n.7⟩ *Fahrradrennen auf der Straße*

Stra|ßen|rol|ler ⟨m.5⟩ *Lastfahrzeug zum Straßentransport von Schienenfahrzeugen*

Stra|ßen|schild ⟨n.3⟩ *(an Straßenecken befestigtes) Schild mit dem Namen der Straße*

Stra|ßen|sei|te ⟨f.11⟩ **1** *eine der beiden Seiten einer Straße* **2** *der Straße zugewandte Seite (eines Gebäudes); das Fenster schaut nach der S.*

Stra|ßen|sper|re ⟨f.11⟩ *Hindernis auf der Straße, das die Durchfahrt oder den Durchgang verhindern soll; eine S. errichten*

Stra|ßen|ver|kehrs|ord|nung ⟨f.10; Abk.: StVO⟩ *Gesamtheit der Verordnungen, die sich auf die Teilnahme am Straßenverkehr beziehen*

Stra|ßen|zoll ⟨m.2⟩ *Gebühr für die Benutzung einer Straße, Maut*

Stra|ßen|zug ⟨m.2⟩ *mit Häuserreihen bestandene Straße*

Stra|te|ge ⟨m.11⟩ *jmd., der sich auf Strategie versteht, der strategisch handelt*

Stra|te|gem ⟨n.1⟩ *Kriegslist*

Stra|te|gie ⟨f.11⟩ **1** ⟨nur Sg.⟩ *Kunst der Kriegführung, Feldherrnkunst* **2** *alle Faktoren einbeziehender Plan des eigenen Vorgehens* [< frz. *stratégie* in denselben Bed., < griech. *strategia* „Heerführung, Feldherrenamt", zu *strategos* „Heerführer, Feldherr", < *stratos* „Heer" und *agein* „führen"]

stra|te|gisch ⟨Adj., o.Steig.⟩ *die Strategie betreffend, auf ihr beruhend*

Stra|ti|fi|ka|ti|on ⟨f.⟩ *das Stratifizieren*

stra|ti|fi|zie|ren ⟨V.3, hat stratifiziert; mit Akk.⟩ *etwas s.* **1** ⟨Geol.⟩ **a** *in Schichten ablagern, absetzen* **b** *die Schichtenfolge von etwas feststellen* **2** ⟨Landw.⟩ *in Schichten lagern (zum schnelleren Keimen); Saatgut s.* [< lat. *stratum* „Decke, Teppich", eigtl. „das Hinbreiten" (zu *sternere* „hinbreiten"), und …*ficare* (in Zus. für *facere*) „tun, machen"]

Stra|ti|gra|phie ⟨f., -, nur Sg.⟩ *Wiss. von der Gesteinsschichtung* [< *Stratus* und …*graphie*]

Stra|to|cu|mu|lus ⟨m., -, -li⟩ *niedrige, gegliederte Schichtwolke* [< *Stratus* und *Cumulus*]

Stra|to|skop ⟨n.1⟩ *von einem unbemannten Ballon in große Höhe getragenes, ferngesteuertes Spiegelteleskop für Aufnahmen von der Sonne* [< *Stratus* und …*skop*]

Stra|to|sphä|re ⟨f.11⟩ *mittlere Schicht der Erdatmosphäre (zwischen etwa 10 und 80 km)* [< *Stratus* und *Sphäre*]

Stra|tus ⟨m., -, -ti⟩, **Stra|tus|wol|ke** ⟨f.11⟩ *niedrige Schichtwolke* [< lat. *stratus* „Decke, Teppich, Matratze", eigtl. „hingebreitet", zu *sternere* „hinbreiten" (und *Wolke*)]

sträu|ben ⟨V.1, hat gesträubt⟩ **I** ⟨mit Akk.⟩ *aufrichten, wegstrecken; der Vogel sträubt sein Gefieder, die Federn; der Hund sträubt die Nackenhaare* **II** ⟨refl.⟩ *sich s.* **1** *sich aufrichten, sich in die Höhe richten; da s. sich einem ja die Haare, wenn man das hört* ⟨ugs.⟩ **2** *sich widersetzen, sich weigern, sich wehren; er sträubt sich (mit Händen und Füßen); sich gegen etwas s. etwas auf keinen Fall tun wollen* ⟨von Personen⟩, *sich nicht in eine bestimmte Lage bringen lassen* ⟨von Sachen⟩; *die Blüten sträubten sich bei dem Versuch, sie einzupacken; die Feder sträubt sich, das zu beschreiben* ⟨übertr.⟩ *man vermag es nicht, das zu beschreiben*

strau|big ⟨Adj.; landsch.⟩ *struppig*

Strauch ⟨m.4⟩ *(selten über 3 m hohes) Holzgewächs mit mehreren gleichstarken Stämmchen oder einem Stamm, der sich in geringer Höhe über dem Boden in Seitentrieben verzweigt*

Strauch|dieb ⟨m.1; †⟩ *Straßenräuber;* Syn. *Strauchritter*

strau|cheln ⟨V.1, ist gestrauchelt; o.Obj.; geh.⟩ **1** → *stolpern (1)* **2** *einen Fehltritt begehen, sich etwas zuschulden kommen lassen, eine (leichte) Straftat begehen*

strau|chig ⟨Adj., o.Steig.⟩ *als Strauch wachsend*

Strauch|rit|ter ⟨m.5; †⟩ → *Strauchdieb*

Strauß[1] ⟨m.1⟩ *flugunfähiger Laufvogel Afrikas (größter lebender Vogel)* [< griech. *strouthos* „Strauß"]

Strauß[2] ⟨m.2⟩ **1** *zusammengebundene Blumen, S. Rosen* **2** ⟨poet.⟩ *Kampf, Streit; einen S. mit jmdm. ausfechten*

Strau|ßen|fe|der ⟨f.⟩ *(an den Flügeln und am Schwanz sitzende) lockere, weiße Schmuckfeder des Straußenhahns (als Hutschmuck u.a.)*

Strauß|gras ⟨n.4⟩ *Gras mit Blüten in großen, lockeren Rispen*

Strauß|wirt|schaft ⟨f.10⟩ *durch einen Strauß von Zweigen über der Tür kenntlich gemachte Wirtschaft, die zeitweise selbstgezogenen Wein ausschenkt;* Syn. ⟨österr.⟩ *Buschenschenke*

Straz|za ⟨f., -, -zen⟩ *Abfall bei der Rohseidenverarbeitung* [ital., zu *stracciare* „zerreißen"]

Streb ⟨m.1⟩ *Abschnitt beim Strebbau*

Streb|bau ⟨m., -(e)s, nur Sg.; Bgb.⟩ *Abbau zwischen zwei waagrechten Strecken in Streifen (bis 300 m Länge)*

Stre|be ⟨f.11; Holzbau⟩ *Bauteil zur schrägen Ableitung von Kräften* [zu *streben*]

Stre|be|bo|gen ⟨m.7; Bauk.⟩ *Bogen zwischen dem Strebepfeiler des Seitenschiffs und der Mauer des Mittelschiffs*

stre|ben ⟨V.1, o.Obj.⟩ **1** ⟨hat gestrebt⟩ *sich eifrig bemühen; er strebte vorwärtszukommen; er strebte, das Ziel bald zu erreichen; nach etwas s. sich eifrig bemühen, etwas zu erreichen; nach Höherem s.; nach Erfolg, nach Ruhm s.; nach einer angesehenen Stellung s.* **2** ⟨ist gestrebt⟩ *sich unbeirrt, zielsicher in einer Richtung bewegen; ins Freie s.; die Pflanzen s. nach Licht*

Stre|be|pfei|ler ⟨m.5; im Strebwerk⟩ *Pfeiler zur Verstärkung der Außenmauer*

Stre|ber ⟨m.5⟩ *jmd., der sich übertrieben ehrgeizig und egoistisch verhält*

stre|ber|haft ⟨Adj., -er, am -esten⟩ *in der Art eines Strebers*

Stre|be|werk ⟨n.1⟩ *Gefüge aus Strebebogen und Strebepfeiler*

streb|sam ⟨Adj.⟩ *eifrig, fleißig, zielstrebig*

Streb|sam|keit ⟨f., -, nur Sg.⟩

Streck|bett ⟨n.12⟩ *Bett mit Vorrichtung für einen Streckverband*

Strecke ⟨-k|k-; f.11⟩ **1** *bestimmter oder unbestimmter Teil eines Weges; eine große, weite S.; die ganze S. zu Fuß zurücklegen; eine S. von 5000 Metern; auf der S. bleiben* ⟨ugs.⟩ *liegenbleiben, verlorengehen; über weite ~n hin weithin* **2** *Abschnitt einer Bahnlinie; eine S. ausbauen; auf offener S. außerhalb eines Bahnhofs* **3** ⟨Sport⟩ *bestimmte Entfernung, die in einem Rennen zurückgelegt werden muß; auf die S. gehen starten; über die S. gehen an einem Wettkampf teilnehmen* **4** ⟨Math.⟩ *gerade Linie zwischen zwei Punkten* **5** ⟨Bgb.⟩ *waagrechter Grubenbau, der von einem anderen Grubenbau ausgeht und zur Lagerstätte führt* **6** ⟨Jägerspr.⟩ **a** *Jagdbeute; eine S. von zwanzig Rehen* **b** *Linie, auf die die Jagdbeute ausgelegt wird; ein Tier zur S. bringen ein Tier erlegen; jmdn. zur S. bringen jmdn. überwältigen, zugrunde richten*

strecken ⟨-k|k-; V.1, hat gestreckt⟩ **I** ⟨mit Akk.⟩ **1** *etwas s.* **a** *in gerade Haltung bringen; die Arme, Beine, den Rumpf s.* **b** *dehnen, in Richtung vom Körper weg bewegen; die Glieder s.; den Kopf durchs Fenster s.; den Arm nach vorn, nach oben s.; die Waffen s.* ⟨übertr.⟩ *sich ergeben, den Kampf aufgeben* **c** *nach entgegengesetzten Richtungen ziehen oder schieben; ein gebrochenes Bein s.; Eisen (durch Walzen) s.* **d** *verdünnen; eine Soße, Suppe mit Wasser s.* **e** *die Portionen von etwas verkleinern (um mit etwas länger auszukommen); die Vorräte s.* **2** *jmdn. s.* ⟨nur in der veralteten Wendung⟩ *jmdn. zu Boden s. jmdn. niederschlagen* **3** *ein Tier s.* ⟨Jägerspr.⟩ *zur Strecke bringen, erlegen* **II** ⟨refl.⟩ *sich s.* **1** *die Glieder, den Rumpf dehnen; sich nach der Decke s.* ⟨übertr.⟩ *sich den (bescheidenen) Verhältnissen anpassen, sparsam sein, mit dem Gegebenen auskommen* **2** *sich lang hinlegen; sich auf die Couch, ins Gras s.* **3** *sich wider Erwarten als länger erweisen; der Weg streckt sich*

Strecken|ar|bei|ter ⟨-k|k-; m.5⟩ *jmd., der beim Gleisbau arbeitet*

Strecken|auf|se|her, Strecken|wär|ter ⟨-k|k-; m.5⟩ *jmd., der als Aufseher auf der Strecke (2) arbeitet*

strecken|wei|se ⟨-k|k-; Adv.⟩ *über bestimmte Strecken hin, zeitweise, dann und wann; der Flug war s. unruhig*

Strecker ⟨-k|k-; m.5⟩ → *Streckmuskel*

Streck|gren|ze ⟨f.11; bei Werkstoffen⟩ Kennwert, der angibt, bei welcher Zugspannung bleibende Formänderungen entstehen

Streck|mus|kel ⟨m.14⟩ Muskel, dessen Zusammenziehung ein gebeugtes Glied streckt; Syn. Extensor, Strecker; Ggs. Beugemuskel

Streckung ⟨-k|k-; f.10⟩ das Strecken (I,1)

Streck|ver|band ⟨m.2⟩ Verband, der durch Zug unter Rollen laufender Gewichte eine Streckung bewirkt und so einer Verkürzung gebrochener Gliedmaßen entgegenwirkt

Street|work ⟨[strɪtwəːk] f., -, nur Sg.⟩ Betreuung und Beratung mit ehrenamtlich tätigen Jugendlichen durch das Jugendamt [engl., eigtl. „Straßenarbeit"]

Street|wor|ker ⟨[strɪtwəːkər] m.5⟩ jmd., der in der Streetwork arbeitet

Streh|ler ⟨m.5⟩ Werkzeug zum Herstellen von Gewinden, dessen Schneidzähne zunehmende Schnittiefe haben [zu strehlen, Nebenform von strählen „kämmen", wegen der kammartigen Schneidezähne]

Streich ⟨m.1⟩ **1** Schlag, Hieb (Backen~, Schwert~); auf einen S. zusammen, gleichzeitig **2** Unfug, übermütiger Scherz; ~e auskenken; ein dummer, gelungener S.; jmdm. einen S. spielen 1. jmdn. foppen 2. jmdn. im Stich lassen

Strei|che ⟨f.11⟩ **1** ⟨früher⟩ Flanke der Befestigungsanlagen **2** ⟨Bgb.⟩ Verlauf der Schichtungen [zu streichen]

strei|cheln ⟨V.1, hat gestreichelt; mit Akk.⟩ sanft mit der Hand streichen, gleitend berühren; jmdn. (zärtlich) s.; jmds. Wange, Hand, Haar s.; ein Tier s.

strei|chen ⟨V.158⟩ **I** ⟨o.Obj.⟩ **1** ⟨hat gestrichen⟩ mit der Hand (über etwas) gleiten, die Hand mit leichtem Druck über, auf, durch etwas bewegen; jmdm. übers Haar, über die Wange s.; das Maß ist gestrichen voll das Meßgefäß ist bis zum Rand gefüllt, und alles darüber Gehäufte ist weggestrichen, ⟨übertr.⟩ nun ist es genug, alles weitere wäre unerträglich; er hat die Hosen gestrichen voll ⟨derb⟩ er hat große Angst, ⟨eigtl.⟩ er hat sich vor Angst die Hosen vollgemacht; ein gestrichener Löffel Mehl (als Maßangabe) **2** ⟨ist gestrichen⟩ ohne festes Ziel gehen, umhergehen; ums Haus s. (in der Hoffnung, etwas zu sehen, zu hören); durch die Felder, den Wald s.; die Katze streicht mir um die Beine die Katze geht um meine Beine herum und berührt sie dabei leicht **3** ⟨ist gestrichen⟩ fahren; ⟨nur in der Wendung⟩ das Schiff streicht durch die Wellen **4** ⟨ist gestrichen⟩ wehen; der Wind streicht durch die Bäume **5** ⟨ist gestrichen⟩ ruhig fliegen; eine Schar Enten strich über den See **II** ⟨mit Akk.⟩ ⟨hat gestrichen⟩ **1** mit Farbe bemalen; eine Tür, einen Zaun s.; die Wohnung neu s. die Wände der Wohnung neu bemalen, tünchen **2** etwas auf, zwischen, in etwas s. etwas auf, zwischen, in etwas verteilen; Butter, Honig aufs Brot s.; Salbe auf eine Wunde s.; Mörtel in die Fugen, zwischen die Steine s. **3** mit Belag versehen; sich, jmdm. ein Brot (mit Butter) s. **4** ⟨ein Streichinstrument⟩ spielen; die Geige s. **5** durch Strich(e) ungültig machen, tilgen; einen Abschnitt im Text, ein Wort s. **6** beseitigen, ausmerzen, herausnehmen; diese Platte ist aus dem Katalog gestrichen worden; etwas aus seinem Gedächtnis s. etwas vergessen wollen; diese Vergünstigung ist ersatzlos gestrichen worden **7** mit einer gleitenden Bewegung wegnehmen; Brotkrumen vom Tisch s.; sich, jmdm. das Haar aus der Stirn s. **8** einziehen, abnehmen; die Flagge, die Segel s. ⟨auch übertr.⟩ eine Sache aufgeben, den Kampf aufgeben

Strei|cher ⟨m.5⟩ Spieler eines Streichinstruments

Streich|garn ⟨n.1⟩ Garn aus Faden, dessen Faserbündel vor dem Verspinnen nur glattgestrichen wurden

Streich|holz ⟨n.4⟩ kleines Holzstäbchen mit Kuppe aus einem leicht entzündbaren Stoff, der, wenn er an einer rauhen Fläche gerieben wird, Funken schlägt; Syn. ⟨bes. oberdt.⟩ Zündholz, ⟨österr.⟩ Zünder

Streich|in|stru|ment ⟨n.1⟩ Saiteninstrument, dessen Saiten mit einem Bogen gestrichen und so zum Klingen gebracht werden

Streich|mu|sik ⟨f.10⟩ Musik für Streichinstrumente

Streich|or|che|ster ⟨[-kɛ-] n.5⟩ nur aus Streichern bestehendes Orchester

Streich|quar|tett ⟨n.1⟩ **1** Musikstück für zwei Violinen, Viola und Violoncello **2** die ausführenden Musiker

Streich|quin|tett ⟨n.1⟩ **1** Musikstück für zwei Violinen, zwei Violen und Violoncello bzw. eine Viola und zwei Violoncelli **2** die ausführenden Musiker

Streich|trio ⟨n.9⟩ **1** Musikstück für Violine, Viola und Violoncello **2** die ausführenden Musiker

Streif ⟨m.1; Nebenform von⟩ Streifen

Streif|band ⟨n.4⟩ um eine Drucksache (bes. Zeitung) oder ein Geldscheinbündel gelegter Papierstreifen

Streif|band|de|pot ⟨[-poː] n.9⟩ Aufbewahrungsort für Wertpapiere, deren Eigentümer durch Streifband o.ä. bezeichnet sind; Ggs. Sammeldepot

Strei|fe ⟨f.11⟩ **1** Gruppe von Polizisten oder Soldaten auf Kontrollgang **2** der Kontrollgang selbst; auf S. gehen

strei|fen ⟨V.1⟩ **I** ⟨o.Obj.; ist gestreift⟩ **1** umherwandern; durch Wald und Feld s. **2** an etwas s. etwas leicht gleitend berühren; ich bin mit dem Ärmel an den gestrichenen Zaun gestreift; das ist mir als Unerträgliche das ist nahezu unerträglich **II** ⟨mit Akk.; hat gestreift⟩ **1** etwas s. **a** leicht gleitend ziehen; die Ärmel nach oben s.; die Blätter vom Zweig s. **b** nur kurz im Gespräch berühren, kurz von etwas sprechen; ein Thema, eine Frage s. **c** sich nur kurz in etwas aufhalten; wir waren, als wir in Italien waren, Florenz nur gestreift **d** ⟨nur noch im Part. Perf.⟩ mit Streifen versehen; vgl. gestreift **2** jmdn. oder etwas mit dem Blick s. jmdn. oder etwas kurz anblicken; den Blick über jmdn. oder etwas gleiten lassen

Strei|fen ⟨m.7⟩ **1** schmaler, längerer Flächenabschnitt, der sich farblich vom Hintergrund abhebt; ein Kleid mit schwarzen S. **2** langes, schmales Stück (von etwas); ein S. fruchtbares Land; ein S. Speck **3** ⟨ugs.⟩ Film; ein interessanter S.

Strei|fen|dienst ⟨m.1⟩ Dienst, der auf Streife ausgeübt wird

Strei|fen|wa|gen ⟨m.7⟩ Kraftwagen für den Streifendienst

strei|fig ⟨Adj., o.Steig.⟩ mit Streifen versehen, in Streifen

Streif|licht ⟨n.3⟩ **1** nur kurz sichtbarer Lichtstreifen **2** ⟨übertr.⟩ kurze, klärende Darlegung; ein S. auf ein Problem werfen

Streif|zug ⟨m.2⟩ **1** Erkundungsfahrt, Umherziehen zur Beobachtung **2** Darlegung eines kleinen Teils eines Wissensgebietes; historische Streifzüge

Streik ⟨m.9⟩ vorübergehende Arbeitsniederlegung (von Arbeitnehmern) zur Durchsetzung bestimmter Forderungen [< engl. strike in ders. Bed. „Angriff, Stoß, Schlag", zu to strike „schlagen", < mittelengl. striken, altengl. strican „schlagen, streichen, reiben", über altfries. strika < germ. *strikwjan „streichen"]

Streik|bre|cher ⟨m.5⟩ jmd., der trotz Streik weiterarbeitet

strei|ken ⟨V.1, hat gestreikt; o.Obj.⟩ **1** einen Streik durchführen, aus Protest nicht arbeiten **2** nicht mitmachen, die Teilnahme an etwas verweigern **3** ⟨ugs.⟩ nicht mehr funktionieren; das Gerät, der Motor streikt

Streik|po|sten ⟨m.7⟩ Posten vor einem bestreikten Betrieb, der Streikbrechern den Zugang verwehrt

Streit ⟨m.1⟩ **1** heftige Auseinandersetzung, Zwist, Kampf mit Worten und Argumenten; einen S. beginnen, beilegen, schlichten; ein erbitterter, hitziger, leidenschaftlicher S.; im S. mit jmdm. leben; mit jmdm. in S. geraten; ein S. um Kaisers Bart eine Auseinandersetzung um Nebensächlichkeiten; um nichts **2** ⟨poet.⟩ Kampf, Krieg **3** ⟨kurz für⟩ Rechtsstreit

Streit|axt ⟨f.2⟩ Hieb- oder Wurfwaffe in Form einer Axt; die S. begraben ⟨übertr.⟩ einen Streit beenden

streit|bar ⟨Adj.⟩ **1** zum Streit neigend **2** kampflustig, tapfer, mannhaft

strei|ten ⟨V.159, hat gestritten⟩ **I** ⟨o.Obj.; †⟩ kämpfen; Schulter an Schulter s.; für etwas s. **II** ⟨o.Obj. oder refl.⟩ ⟨sich⟩ s. einen Streit mit jmdm., miteinander haben; die beiden s. (sich) oft; müßt ihr (euch) denn immer s.?; sie s. sich um alles, um nichts, wegen jeder Kleinigkeit **III** ⟨mit Präp.obj.⟩ über etwas s. leidenschaftlich die Meinungen über etwas austauschen; wir haben darüber gestritten, ob ...; darüber kann man s. das kann man nicht eindeutig festlegen, nicht eindeutig klären

Strei|ter ⟨m.5⟩ **1** Kämpfer **2** jmd., der sich für etwas besondres einsetzt; ein S. für die Gerechtigkeit

Strei|te|rei ⟨f.10⟩ **1** ⟨nur Sg.⟩ anhaltendes Streiten; immer diese S.! **2** Streit; sie haben oft kleine ~en miteinander

Streit|fall ⟨m.2⟩ **1** ungelöster Fall; Syn. Streitfrage **2** Rechtsstreit; im S.

Streit|fra|ge ⟨f.11⟩ → Streitfall (1)

Streit|ge|spräch ⟨n.1⟩ hitzige Diskussion über ein bestimmtes Problem

Streit|hahn ⟨m.2⟩, **Streit|ham|mel** ⟨m.5; österr.⟩, **Streit|hansl** ⟨m.14; österr.⟩ streitsüchtiger Mensch

strei|tig ⟨Adj.⟩ **1** ungeklärt, umstritten; eine ~e Frage; jmdm. etwas s. machen jmds. Anspruch auf etwas bestreiten **2** ⟨o.Steig.⟩ eine gerichtliche Entscheidung benötigend; ein ~er Rechtsfall

Strei|tig|keit ⟨f.10; meist Pl.⟩ **1** Auseinandersetzung **2** Rechtsstreit

Streit|kol|ben ⟨m.7; früher⟩ schwere Schlagwaffe

Streit|kraft ⟨f.2; meist Pl.⟩ bewaffnete Macht eines Staates; Syn. ⟨†⟩ Streitmacht

Streit|lust ⟨f.2⟩ Freude am Streit, Bereitschaft zum Streit

streit|lu|stig ⟨Adj.⟩ stets bereit zum Streiten

Streit|macht ⟨f.2; meist Sg.⟩ → Streitkraft

Streit|ob|jekt ⟨n.1⟩ Ursache, Gegenstand eines Streites

Streit|sa|che ⟨f.11⟩ Rechtsstreitigkeit

Streit|schrift ⟨f.10⟩ Schrift, die zu wissenschaftlichen, politischen oder religiösen Fragen gegenüber einer anderen Meinung einen kritischen Standpunkt einnimmt

Streit|sucht ⟨f., -, nur Sg.⟩ starker Hang zum Streiten

streit|süch|tig ⟨Adj.⟩ zum Streiten neigend

Streit|wa|gen ⟨m.7; im Altertum⟩ mit Pferden bespannter, zweirädriger Wagen für Kampf und Jagd

Streit|wert ⟨m.1⟩ gerichtlich festgesetzter Wert eines Streitobjekts

strem|men ⟨V.1, hat gestremmt; mdt.⟩ **I** ⟨o.Obj.⟩ zu eng sein, beengend stramm sitzen; die Jacke, Hose stremmt **II** ⟨refl.⟩ sich s. anstrengen

streng ⟨Adj.⟩ unnachgiebig, unerbittlich, unbeugsam; ein ~er Vater, Lehrer; jmdn. s. behandeln; er ist s. mit den Kindern **2** hohe Maßstäbe anlegen; eine ~e Prüfung **3** keine Abweichungen, Ausnahmen zulassend, hart, Freiheiten beschneidend; ~e Gesetze, Maßnahmen; ~e Diät halten; s. durch-

Strenge

greifen; Anweisungen s. befolgen **4** ⟨süddt., schweiz.⟩ *anstrengend, mühevoll, beschwerlich;* eine ~e Arbeit; eine ~e Woche im Dienst hinter sich haben; das war eine ~e Woche **5** *unnahbar;* eine ~e Miene aufsetzen; ~e Züge haben; s. blicken, aussehen **6** *durchdringend, herb;* ~er Geruch; s. riechen, schmecken **7** *sehr kalt, rauh;* ein ~er Frost, Winter

Stren|ge ⟨f., -, nur Sg.⟩ **1** *strenge Beschaffenheit;* die S. der Gesetze; die S. des Winters; die S. seiner Gesichtszüge mildert sich mit der Zeit **2** *Unnachgiebigkeit, Unbeugsamkeit;* jmdn. mit S. behandeln **3** *Genauigkeit, Exaktheit;* etwas mit aller S. durchführen **4** *das Fehlen von Verzierungen, Schnörkellosigkeit;* die klassische S. eines Bauwerks

stren|gen ⟨V.1, hat gestrengt; mit Akk.⟩ *straff anziehen, einschnüren* [zu *streng*]

streng|ge|nom|men ⟨Adv.⟩ *genaugenommen, eigentlich*

streng|gläu|big ⟨Adj.⟩ *religiöse Gebote genau einhaltend, überaus fromm* **Streng|gläu|big|keit** ⟨f., -, nur Sg.⟩

streng|neh|men ⟨V.88, hat strenggenommen; mit Akk.⟩ *etwas s. genau mit etwas nehmen, etwas genau betrachten, etwas genau beurteilen;* nimm das nicht so streng!; wenn man es strengnehmen, müßte man …

Strep|to|kok|kus ⟨m., -, -ken⟩ *jedes von vielen kugelförmigen, schnurartig zusammenhängenden Bakterien, Eitererreger* [< griech. *streptos* „gewunden, gekrümmt" und *kokkos* „Kern"]

Strep|to|my|cin ⟨n., -s, nur Sg.⟩ *ein Antibiotikum (bes. gegen Tuberkulose) aus dem Strahlenpilz Streptomyces griseus, aus dem es gewonnen wird*

Streß ⟨m.1⟩ **1** *anhaltende körperliche (und seelische) Belastung durch Überbeanspruchung oder schädliche Reize, durch nicht ausgetragenen Konflikt verursachter seelischer Druck* **2** ⟨Geol.⟩ *einseitig gerichteter Druck (bei der Gesteinsumwandlung)* [< engl. *stress* „Druck, Gewicht; Belastung", verkürzt aus *distress* < altfrz. *estresse* < Bedrängnis, Unterdrückung", über vulgärlat. **strictiaca* „beengen" < lat. *strictus* „eng, stramm, straff"]

stres|sen ⟨V.1, hat gestreßt; mit Akk.⟩ *sehr anstrengen, erschöpfen;* diese Arbeit streßt mich; die vielen Aufregungen können einen s.; gestreßt sein ⟨ugs.⟩ *erschöpft sein* [zu *Streß*]

Stres|sor ⟨m.13⟩ *etwas, das einen Streß ausübt*

Stretch ⟨[strɛtʃ] m., -es, -es⟩ *elastisches Gewebe (bes. für Gymnastikkleidung, Strümpfe)* [< engl. *to stretch* „strecken, ziehen"]

Stret|ta ⟨f.9⟩ *bravouröser Schluß einer Arie oder eines Musikstücks in beschleunigtem Tempo* [ital., zu *stretto* „beschleunigt", eigtl. „zusammengezogen", zu *stringere* „zusammenziehen" ⟨*stringere il tempo* „das Tempo beschleunigen"⟩, < lat. *stringere* „straff anziehen"]

Streu ⟨f., -, nur Sg.⟩ *als Unterlage für Stallvieh dienendes Stroh u.a.*

Streu|blu|men ⟨f.11, Pl.⟩ *Muster in Form von scheinbar hingestreuten Blumen*

streu|en ⟨V.1, hat gestreut⟩ **I** ⟨mit Akk.⟩ *leicht werfend locker verteilen;* Blumen s. (bei einer Hochzeit); Vögeln Futter s.; Zucker auf den Kuchen s.; ein weit gestreutes Angebot *ein reichhaltiges Angebot* **II** ⟨o.Obj.⟩ **1** *kleine Teilchen (im Raum) ausbreiten;* die Pfeffermühle streut (nicht mehr); die Krebsgeschwulst streut *die Krebsgeschwulst bildet Metastasen, Tochtergeschwülste;* das Gewehr streut *das Gewehr trifft nicht genau* **2** *von einem Punkt oder einer Linie abweichen;* die Werte s. ⟨Statistik⟩ *die Werte weichen vom Mittelwert (zu stark) ab;* Lichtstrahlen s.; ein Geschoß streut *ein Geschoß zerplatzt beim Aufprall* **3** *Splitt o.ä. auf der Straße (bei Glatteis) verteilen;* wir müssen s.

Streu|mu|ster ⟨n.5⟩ *Muster aus scheinbar hingestreuten Figuren*

streu|nen ⟨V.1, hat gestreunt; o.Obj.⟩ *sich herumtreiben, oft eigenmächtig frei umherlaufen;* der Hund, der Junge streunt

Streu|salz ⟨n.1⟩ *Salz zum Auftauen von Eis oder Schnee auf Straßen und Wegen*

Streu|sand ⟨m., -(e)s, nur Sg.⟩ **1** *Sand, der das Rutschen auf Eisflächen verhindern soll* **2** ⟨früher⟩ *Sand, mit dem nasse Tinte abgetrocknet wurde*

Streu|sel ⟨n.5, Pl.⟩ **1** *aus Mehl, Zucker, warmer Butter u.a. zubereitete Klümpchen, mit denen Kuchen bestreut wird* **2** *ebenso verwendete kleine, nadelförmige Schokoladeteilchen* ⟨Schoko~⟩

streu|seln ⟨V.1, ist gestreuselt; o.Obj.⟩ ⟨ugs.⟩ *müßig gehen;* durch den Wald, durch die Stadt s.

Streu|sied|lung ⟨f.10⟩ *Siedlung aus verstreut liegenden Häusern*

Streu|ung ⟨f.10⟩ **1** *das Streuen* **2** ⟨bei einer Strahlung⟩ *unterschiedliche Ablenkung beim Durchgang durch eine Schicht* **3** *durchschnittliches Abweichen einzelner Werte (z.B. der Meßwerte einer Meßreihe)* **4** *planvolle Verteilung (von Werbesendungen u.ä.)*

Strich ⟨m.1; nach Zahlenangaben Pl. auch -⟩ **1** *mit einem Schreibgerät gezogene Linie* (Bleistift~, Kreide~); einen S. machen, ziehen; nur noch ein S. sein ⟨übertr.⟩ *sehr abgemagert sein;* keinen S. mehr tun, machen ⟨übertr.⟩ *nichts mehr arbeiten;* jmdm. einen S. durch die Rechnung machen *jmds. Vorhaben zerstören;* eine Zeichnung mit wenigen ~n entwerfen; einen S. unter etwas machen *etwas beenden;* unter dem S. *das hat kein Niveau, das ist schlecht* [nach dem Strich, der früher in Zeitungen den politischen Teil abschloß, die für den leichte, unterhaltende Teil begann] **2** *das Streichen* (II,5), *Streichung;* in dem Text sind wohl noch einige ~ nötig **3** ⟨nur Sg.⟩ *Art und Weise, ein Schreib- oder Zeichengerät zu führen;* mit einem feinen, weichen S. malen **4** *Einteilung auf einer Skala;* zwei S. unter Null; zehn S. Nordost **5** *Richtung, in der die Haare eines Lebewesens oder die Fasern eines Gewebes angeordnet sind;* das Fell gegen den S. bürsten; etwas gegen den S. bürsten ⟨übertr.⟩ *es ist mir unangenehm, widerwärtig;* nach S. und Faden *außerordentlich, sehr kräftig;* jmdn. nach S. und Faden verhauen **6** ⟨nur Sg.⟩ **a** *Flug von Vögeln in geringer Höhe* **b** *Schwarm, Gruppe (von Vögeln);* ein S. Enten ⟨nur Sg.⟩ **7** *Art und Weise der Bogenführung eines Streichers;* einen leichten, vollen S. haben **8** *Teil einer Landschaft* (Land~); ein wenig fruchtbarer S. **9** ⟨nur Sg.⟩ *Prostitution auf der Straße;* auf den S. gehen; jmdn. auf den S. schicken **10** ⟨ugs.⟩ *Straße, Gegend, in der Straßenprostitution stattfindet* (Bahnhofs~)

Strich|ät|zung ⟨f.10⟩ *nach einer Strichzeichnung angefertigter Druckstock (im Unterschied zur Autotypie)*

stri|cheln ⟨V.1, hat gestrichelt; mit Akk.⟩ **1** *in Strichen zeichnen;* eine Linie s. **2** *mit kleinen oder feinen Strichen ausfüllen;* eine gestrichelte Fläche

Strich|jun|ge ⟨m.11⟩ *jüngerer, homosexueller Prostituierter;* Syn. *Achtgroschenjunge*

Strich|mäd|chen ⟨n.7⟩ *Prostituierte*

Strich|punkt ⟨m.1⟩ → *Semikolon*

Strich|re|gen ⟨m., -s, nur Sg.⟩ *nur in einzelnen Gebieten, strichweise niedergehender Regen*

Strich|vo|gel ⟨m.6⟩ *Vogel, der nach der Brutzeit nur kurze Strecken umherstreicht;* vgl. *Standvogel, Zugvogel*

strich|wei|se ⟨Adv.⟩ *in manchen Gegenden*

Strich|zeich|nung ⟨f.10⟩ *Zeichnung nur aus Strichen (ohne Halbtöne)*

Strick ⟨m.1⟩ **1** *dünnes Tau, Seil;* ein dicker, dünner S.; einen S. um etwas binden; jmdm. aus etwas einen S. drehen *jmds. Handlung oder Äußerung dazu verwenden, um ihm zu schaden;* den S. nehmen *sich aufhängen;* wenn alle ~ reißen ⟨übertr., ugs.⟩ *wenn alles schiefgeht* **2** ⟨ugs.⟩ *Schlingel, Schelm;* du fauler S.!

stricken ⟨-k|k-; V.1, hat gestrickt⟩ **I** ⟨o.Obj.⟩ *mit zwei oder vier Nadeln (oder mit einer Rundstricknadel oder mit der Strickmaschine) einen Faden zu Maschen verschlingen und einen Gegenstand damit herstellen;* sie kann (gut) s.; sie strickt gern; s. lernen **II** ⟨mit Akk.⟩ *in diesem Verfahren herstellen;* Strümpfe, eine Mütze, ein Kleid s.

Stricke|rei ⟨-k|k-; f.10⟩ **1** ⟨nur Sg.⟩ *das Stricken* **2** *Gegenstand, der gerade gestrickt wird;* sie setzte sich mit ihrer S. zu mir

Strick|jacke ⟨-k|k-; f.11⟩ *gestrickte Jacke*

Strick|lei|ter ⟨f.11⟩ *allein aus Stricken oder aus Stricken mit Holzsprossen hergestellte Leiter*

Strick|ma|schi|ne ⟨f.11⟩ *Maschine zur Herstellung von Strickwaren*

Strick|na|del ⟨f.11⟩ *lange Nadel zum Stricken*

Strick|wa|ren ⟨f.11, Pl.⟩ *gestrickte Textilien*

Strick|zeug ⟨n., -(e)s, nur Sg.⟩ **1** *Garn und Nadeln zum Stricken* **2** *Gegenstand, der gerade gestrickt wird, einschließlich der Nadeln*

Stri|dor ⟨m., -s, nur Sg.; Med.⟩ *pfeifendes Atemgeräusch* [lat., „das Pfeifen"]

Stri|du|la|ti|on ⟨f.10; bei Insekten⟩ *Hervorbringen zirpender Laute* (zu *stridulieren*)

stri|du|lie|ren ⟨V.3, hat stridulieret; o.Obj.; von Insekten⟩ *zirpen* [< lat. *stridulus* „zischend, schwirrend", zu *stridere* „zischen, schwirren"]

Strie|gel ⟨m.5⟩ *große, harte Bürste*

strie|geln ⟨V.1, hat gestriegelt; mit Akk.⟩ *mit dem Striegel reinigen, bürsten;* Pferde s.

Strie|me ⟨f.11⟩, **Strie|men** ⟨m.7⟩ *blutunterlaufener Streifen in der Haut*

strie|mig ⟨Adj.⟩ *mit Striemen versehen*

Strie|zel ⟨m.5⟩ **1** ⟨bayr.-österr., schles.⟩ *längliches (geflochtenes) Hefegebäck* (Mohn~) **2** ⟨ugs.⟩ *Lausbub, Schlingel*

strie|zen ⟨V.1, hat gestriezt⟩ → *triezen*

Strie|zi ⟨m.9; bayr.-österr.⟩ *liebenswerter Lausbub, harmloser Gauner;* auch: ⟨österr.⟩ *Strizzi*

strikt ⟨Adj., -er, am -esten⟩ **1** *streng* (Befehl, Anweisung) **2** *peinlich genau;* auch: *strikte* [< lat. *stricte* „genau, kurz", zu *strictus* „zusammengezogen, kurz, bündig", zu *stringere* „zusammenziehen", übertr. „kurz zusammenfassen"]

strik|te ⟨Adj.⟩ → *strikt*

Strik|ti|on ⟨f.10⟩ *Zusammenziehung, Verengung* [< lat. *strictio*, Gen. *-onis*, „Zusammenziehung", zu *stringere* „straff anziehen, zusammenziehen"]

Strik|tur ⟨f.10⟩ *krankhafte Verengung (z.B. der Harnröhre)* [< lat. *strictura* „Einschnürung"]

string. ⟨Abk. für⟩ *stringendo*

strin|gen|do ⟨[strindʒɛn-] Mus.; Abk.: *string.*⟩ *drängend*

strin|gent ⟨Adj., o.Steig.⟩ *zwingend, schlüssig*

Strin|genz ⟨f., -, nur Sg.⟩ *zwingende Beweiskraft*

strin|gie|ren ⟨V.3, hat stringiert; mit Akk.; Med.⟩ *zusammenziehen, abschnüren* [< lat. *stringere* „zusammenziehen"]

Strip ⟨m.9⟩ **1** *gebrauchsfertig in Streifen geschnittenes Wundpflaster* **2** ⟨kurz für⟩ → *Striptease* [engl., „Streifen"]

Strip|pe ⟨f.11⟩ **1** ⟨ugs., bes. berlin.⟩ *Bindfaden, Schnur* **2** ⟨übertr., scherzh.⟩ *Telefon;* an der S. hängen *telefonieren*

strip|pen ⟨V.1, hat gestrippt⟩ **I** ⟨o.Obj.⟩ ⟨ugs.⟩ *als Stripteasetänzer(in) auftreten,* Strip-

tease vorführen **II** ⟨mit Akk.; Buchw.⟩ *herausschneiden, korrigieren und wieder einkleben;* nur Wort, eine Zeile s. [zu *Strip*]

Strip|pe|rin ⟨f.10; ugs.⟩ *Stripteasetänzerin*

Strip|tease [ˈstriptiːz] m. oder n., -, nur Sg.; im Varieté⟩ *Entkleidungsvorführung* [engl., < *to strip* ,,abstreifen, abziehen, entkleiden'' (und dadurch reizen) und *to tease* ,,necken, foppen, zum besten haben'', eigtl. ,,zupfen, rupfen'']

Strip|tease|tän|ze|rin ⟨[ˈstriptiːz-] f.10⟩ *Tänzerin, die sich vor einem Publikum entkleidet*

stri|scian|do ⟨[striˈʃan-] Mus.⟩ *schleifend, gleitend* [ital.]

strit|tig ⟨Adj.⟩ *umstritten, fraglich, ungeklärt;* ein ~er *Rechtsfall*

Striz|zi ⟨m.9; österr.⟩ → *Striezi*

Stro|bel ⟨m.5⟩ *wirrer Haarschopf*

stro|be|lig ⟨Adj.⟩ *strubbelig, wirr;* auch: *stroblig*

Stro|bel|kopf ⟨m.2⟩ → *Strubbelkopf*

stro|blig ⟨Adj.⟩ → *strobelig*

Stro|bo|skop ⟨n.1⟩ *optisches Gerät, bei dem eine Scheibe mit Figuren in verschiedenen Bewegungsphasen, die man durch einen Schlitz betrachtet, in schnelle Drehbewegung versetzt wird, so daß der Eindruck kontinuierlicher Bewegung entsteht;* Syn. *Lebensrad;* [< griech. *strobos* ,,Drehung, Wirbel'' und *...skop*]

stro|bo|sko|pisch ⟨Adj., o.Steig.⟩ *mit dem Stroboskop, auf ihm beruhend;* ~er *Effekt Verschmelzung einzelner, sich rasch bewegender Bilder auf der Netzhaut des Auges zu einer fortlaufenden Bewegung*

Stroh ⟨n., -(e)s, nur Sg.⟩ *ausgereifte, getrocknete Getreidehalme ohne Körner; das schmeckt wie* S. ⟨ugs.⟩ *das schmeckt fad, langweilig; er hat kein* S. *im Kopf* ⟨ugs.⟩ *er hat keinen Verstand; leeres* S. *dreschen Überflüssiges reden*

stroh|blond ⟨Adj., o.Steig.⟩ *hellblond*

Stroh|blu|me ⟨f.11⟩ → *Immortelle*

Stroh|feu|er ⟨n.5⟩ **1** *rasch brennendes Feuer aus entzündetem Stroh* **2** ⟨übertr.⟩ *rasch aufflammende, aber ebenso wieder verschwindende Begeisterung; ihre Liebe war nur ein* S.

stroh|gelb ⟨Adj., o.Steig.⟩ *hell bräunlichgelb (wie Stroh)*

Stroh|halm ⟨m.1⟩ **1** *trockener Getreidehalm; nach jedem* S. *greifen* ⟨übertr., ugs.⟩ *jede noch so kleine Möglichkeit ausnutzen, um aus einer Notlage herauszukommen; über einen* S. *stolpern* ⟨übertr.⟩ *an einer Kleinigkeit scheitern* **2** *Trinkhalm*

Stroh|hut ⟨m.2⟩ *aus Stroh geflochtener Hut*

stro|hig ⟨Adj.⟩ **1** *wie Stroh, hart, trocken;* ~es *Haar* **2** *fad, ohne Geschmack; der Salat schmeckt* s.

Stroh|kopf ⟨m.2; ugs.⟩ *Dummkopf*

Stroh|mann ⟨m.4; übertr.⟩ **1** *nach außen in Erscheinung tretende Person, hinter der sich eine andere verbirgt* **2** ⟨Kart.⟩ *Ersatz für einen fehlenden Spieler*

Stroh|pup|pe ⟨f.11⟩ *Puppe, Figur aus Stroh*

Stroh|schuh ⟨m.1⟩ *aus Stroh geflochtener Schuh*

Stroh|wit|we ⟨f.11; ugs., scherzh.⟩ *Frau, deren Ehemann verreist ist*

Stroh|wit|wer ⟨m.3; ugs., scherzh.⟩ *Mann, dessen Ehefrau verreist ist*

Strolch ⟨m.1⟩ **1** *verwahrloster Mensch, Strauchdieb* **2** *Schlingel, kleiner Junge*

strol|chen ⟨V.1, ist gestrolcht; o.Obj.; bes. von Kindern⟩ *umherwandern und kleine Abenteuer suchen;* Syn. *stromern; durch den Wald* s.

Strol|chen|fahrt ⟨f.10; schweiz.⟩ *Fahrt mit gestohlenem Auto*

Strom ⟨m.2⟩ **1** *großer Fluß* **2** *große, strömende Flüssigkeitsmenge; ein* S. *von Blut, von Tränen* ⟨poet.⟩; *der Wein floß in Strömen es gab sehr viel Wein zu trinken; es regnet in Strömen es regnet sehr stark* **3** *große*

Menge (von Menschen) in Bewegung; ein S. *von Besuchern* **4** *Strömung; gegen den* S. *schwimmen* ⟨übertr.⟩ *sich gegen die herrschende Meinung stellen; mit dem* S. *schwimmen* ⟨übertr.⟩ *die herrschende Meinung vertreten, sich ihr anpassen* **5** ⟨Phys.⟩ *gerichtete Bewegung einer großen Anzahl von Teilchen (Licht~); elektrischer* S.; *das Gerät verbraucht viel, wenig* S.; *jmdm. den* S. *sperren; den* S. *unterbrechen*

Stro|ma ⟨n., -s, -ma|ta⟩ **1** ⟨Bot.⟩ *farblose Grundsubstanz (in Farbstoffträgern)* **2** ⟨Zool.⟩ *Gerüst aus Bindegewebe in drüsigen Organen* [< griech. *stroma* ,,Ausgebreitetes, Teppich, Bett, Lager'']

strom|ab ⟨Adv., o.Steig.⟩ *stromabwärts*

Strom|ab|neh|mer ⟨m.5⟩ **1** *Vorrichtung, die Strom entnimmt (z.B. eine Oberleitung von Straßenbahnen)* **2** *jmd., der Strom abnimmt, verbraucht*

strom|ab|wärts ⟨Adv.⟩ *der Flußmündung zu*

strom|an, strom|auf, strom|auf|wärts ⟨Adv.⟩ *der Flußquelle zu*

strö|men ⟨V.1, ist geströmt; o.Obj.⟩ **1** *in großer Menge, in großem Umfang fließen; ein Fluß strömt durch das Land; Wasser, Gas strömt aus der Leitung; frische Luft strömt ins Zimmer* **2** *in großer Menge fallen; der Regen strömt vom Himmel; bei ~dem Regen* **3** *sich in großer Menge, in großer Zahl bewegen; die Menschen strömten aus dem Stadion*

Stro|mer ⟨m.5; ugs.⟩ **1** *Landstreicher* **2** *Schlingel, spitzbübisches Kind*

stro|mern ⟨V.1, ist gestromert⟩ → *strolchen*

Strom|ge|biet ⟨n.1⟩ *Einzugsgebiet eines Stromes*

Strom|kreis ⟨m.1⟩ *in sich geschlossene Anordnung von elektrischen Leitern, in der Strom fließt*

Ström|ling ⟨m.1⟩ *(in der Ostsee vorkommender) kleiner Hering*

Strom|li|nie ⟨[-njə] f.11⟩ *Linie, die die Bahn der Teilchen eines strömenden Stoffes angibt*

Strom|li|ni|en|form ⟨f.10⟩ *Form eines Körpers, die in einem strömenden Stoff den geringsten Widerstand zeigt*

Strom|mes|ser ⟨m.5⟩ *Meßgerät zum Bestimmen der Stärke des elektrischen Stromes*

Strom|quel|le ⟨f.11⟩ *Vorrichtung, der elektrischer Strom entnommen werden kann*

Strom|rich|ter ⟨m.5⟩ *Gerät zur Umwandlung einer Stromart in eine andere*

Strom|schnel|le ⟨f.11⟩ *kurze Flußstrecke mit besonders starker Strömung*

Strö|mung ⟨f.10⟩ **1** *das Strömen, Bewegung von Wasser in einer Richtung; mit der* S., *gegen die* S. *schwimmen, rudern; eine kalte, warme* S. **2** *Gesamtheit von Bestrebungen mit gleichem Ziel; geistige, politische, literarische* S.

Strö|mungs|leh|re ⟨f., -, nur Sg.⟩ *Lehre vom Verhalten von Flüssigkeiten und Gasen, wenn sie Körper umströmen oder durchströmen*

strom|wei|se ⟨Adv.⟩ *in Strömen*

Stron|ti|um ⟨n., -s, nur Sg.; Zeichen: Sr⟩ *chemisches Element, silberweißes, weiches Metall* [nach dem Fundort Strontian in Schottland]

Stroph|an|thin ⟨n., -s, nur Sg.⟩ *Heilmittel gegen Herzkrankheiten, das aus den Samen des Strophanthus, einer afrikanischen Schlingpflanze, gewonnen wird* [< griech. *strophos* ,,gedrehter Faden'' (zu *strephein* ,,drehen'') und *anthos* ,,Blüte'', wegen der langen, fadenförmigen Fortsätze der Blütenblätter]

Stro|phe ⟨f.11⟩ *mehrzeiliger Abschnitt eines Gedichts oder Liedes* [< lat. *stropha* in ders. Bed., eigtl. ,,Wendung'', < griech. *strophe* ,,Wendung, Drehung'', zu *strephein* ,,drehen, wenden, umkehren'']

...stro|phig ⟨in Zus.⟩ *eine bestimmte oder unbestimmte Zahl von Strophen enthaltend, z.B. zweistrophig, mehrstrophig*

stro|phisch ⟨Adj., o.Steig.⟩ *in Strophenform*

Stropp ⟨m.9; Seew.⟩ *Schlinge oder Ring aus Tau, Kette oder Draht* [nddt., zu mhd. *strupfe* ,,Lederschlinge'']

Stros|se ⟨f.11; Bgb.⟩ **1** *Rinne zum Ableiten von Wasser aus der Sohle* **2** *die Sohle selbst*

strot|zen ⟨V.1, hat gestrotzt; o.Obj.⟩ **1** *prall gefüllt sein; das Euter strotzt von Milch;* ~des *Euter; die Arbeit strotzt von Fehlern* ⟨übertr.⟩ *die Arbeit enthält sehr viele Fehler* **2** *ganz erfüllt sein, übervoll sein; er strotzt von Energie, von Kraft*

strub ⟨Adj., strüber, am strübsten; schweiz.⟩ **1** *struppig* **2** *schlimm, schwierig*

strub|be|lig ⟨Adj.⟩ *verwirrt, zerzaust;* auch: *strubblig;* ~e *Haare*

Strub|bel|kopf ⟨m.2⟩ **1** *verwirrtes, zerzaustes Haar* **2** *jmd., der zerzauste Haare hat;* auch: *Strobelkopf*

strubb|lig ⟨Adj.⟩ → *strubbelig*

Stru|del ⟨m.5⟩ **1** *durch Unregelmäßigkeiten im Flußbett entstehender Wasserwirbel* **2** ⟨bes. österr.⟩ *hauchdünn ausgezogener, zusammengerollter Teig mit Füllung, der im Rohr gebacken wird (Apfel~, Topfen~)* [zu *strudeln,* Übertragung auf die Mehlspeise wohl wegen des spiraligen Querschnitts]

stru|deln ⟨V.1, hat gestrudelt⟩ **I** ⟨o.Obj.⟩ *sich kreisend rasch bewegen, einen Strudel bilden; Wasser strudelt zwischen den Felsen* **II** ⟨mit Akk.; bayr.⟩ *quirlen, kräftig rühren*

Stru|del|wurm ⟨m.4⟩ *(meist im Wasser lebender) Plattwurm, dessen ungegliederter Körper von einem Wimperkleid bedeckt ist (das der Fortbewegung dient)*

Struk|tur ⟨f.10⟩ *Bau, Aufbau, Gefüge, Gliederung* [< lat. *structura* ,,ordentliche Zusammenfügung, Ordnung, Aufbau, Bauart'', zu *struere* ,,übereinanderschichten, aneinanderfügen, aufbauen, errichten'']

Struk|tu|ra|lis|mus ⟨m., -, nur Sg.⟩ *Lehre vom Aufbau der Sprache aus ihren kleinsten Elementen, den Phonemen und Morphemen, ohne Rücksicht auf ihre Bedeutung*

Struk|tu|ra|list ⟨m.10⟩ *Anhänger, Vertreter des Strukturalismus*

struk|tu|ra|li|stisch ⟨Adj., o.Steig.⟩ *zum Strukturalismus gehörend, ihn betreffend*

Struk|tur|ana|ly|se ⟨f.11⟩ *Untersuchung des Aufbaus (von etwas, z.B. in der Chemie, Sprachwissenschaft)*

struk|tu|rell ⟨Adj., o.Steig.⟩ *der Struktur nach*

Struk|tur|for|mel ⟨f.11⟩ *Schreibweise für chemische Verbindungen (mit Elementsymbolen und Wertigkeitsstrichen)*

struk|tu|rie|ren ⟨V.3, hat strukturiert; mit Akk.⟩ *etwas* s. **1** *die Struktur von etwas bestimmen* **2** *mit einer Struktur versehen; auf bestimmte Weise strukturiert sein eine bestimmte Struktur haben*

Struk|tur|po|li|tik ⟨f., -, nur Sg.⟩ *staatliche Maßnahmen zur Verbesserung der wirtschaftlichen Entwicklung (vor allem in benachteiligten Gebieten)*

Stru|ma ⟨f., -, -men oder -mae [-mɛː]⟩ → *Kropf (1)* [< lat. *struma* ,,geschwollene Drüsen, bes. am Hals'', zu *struere* ,,auf-, anhäufen'']

stru|mös ⟨Adj., o.Steig.⟩ *kropfartig* [zu *struma*]

Strumpf ⟨m.2⟩ **1** *aus Stoff gefertigte Bekleidung des Fußes und des halben Beines; drei Paar Strümpfe; Strümpfe flicken, stopfen; auf Strümpfen schleichen* **2** ⟨kurz für⟩ *Glühstrumpf*

Strumpf|band ⟨n.4⟩ *Gummiband, das den Strumpf am Bein festhält*

Strumpf|hal|ter ⟨m.5⟩ *Band mit Schließe, mit dem Strümpfe am Bein befestigt werden*

Strumpf|ho|se ⟨f.11⟩ *strumpffähnliches Bekleidungsstück, das von den Füßen bis zur Hüfte reicht*

Strumpf|mas|ke ⟨f.11⟩ *über den Kopf gezo-*

Strunk

gener Strumpf, der das Gesicht verdeckt (bes. bei Raubüberfällen o.ä.)

Strunk ⟨m.2⟩ **1** *dicker Stengel ohne Blätter (Kohl~)* **2** *Baumstumpf mit Wurzeln*

strup|fen ⟨V.1, hat gestrupft; mit Akk.⟩ *abstreifen; Beeren, Laub s.*

strup|pie|ren ⟨V.3, hat struppiert; mit Akk.⟩ *überanstrengen; Zugtiere s.*

strup|pig ⟨Adj.⟩ *unordentlich, verwirrt, strubbelig;* ~*es Haar;* ein ~*er Hund*

struw|we|lig ⟨Adj.; Nebenform von⟩ *strubbelig*

Struw|wel|kopf ⟨m.2; Nebenform von⟩ *Strubbelkopf*

Struw|wel|pe|ter ⟨m.5⟩ **1** *Figur in einem deutschen Kinderbuch* **2** ⟨danach⟩ *Kind mit zerzaustem Haar*

Strych|nin ⟨n., -s, nur Sg.⟩ *ein Alkaloid der Brechnuß, Heilmittel zur Anregung von Kreislauf, Atmung u.a.* [< griech. *strychnon, trychnon* „Nachtschatten", weitere Herkunft nicht bekannt]

Stu|art|kra|gen ⟨[stjuət-] m.7; im 16./17. Jh. an Frauenkleidern⟩ *hoher Spitzenkragen* [nach dem schott. Adelsgeschlecht der *Stuarts*]

Stub|ben ⟨m.7⟩ *beim Absägen von Bäumen im oder über dem Boden verbleibendes Stammende mit Wurzeln* [nddt., zu *stutzen*]

Stu|be ⟨f.11⟩ **1** *Zimmer, Kammer; die gute S. repräsentatives Wohnzimmer* **2** *Schlaf- und Wohnraum für mehrere Soldaten, Schüler o.ä.* **3** *Gesamtheit der Bewohner einer Stube (2); die ganze S. bekam Arrest*

Stu|ben|äl|te|ste(r) ⟨m., f.17 oder 18⟩ *jmd., der für eine Stube (2) verantwortlich ist*

Stu|ben|ar|rest ⟨m.1⟩ *Verbot, die Stube (1,2) zu verlassen*

Stu|ben|flie|ge ⟨f.11⟩ *in allen von Menschen bewohnten Gebieten verbreiteter Zweiflügler*

Stu|ben|ge|lehr|te(r) ⟨m.17 oder 18⟩ *lebensfremder Gelehrter, der seine Stube nur selten verläßt*

Stu|ben|hocker ⟨-k|k-; m.5⟩ *jmd., der nur selten die Stube verläßt*

Stu|ben|ka|me|rad ⟨m.10⟩ *jmd., der mit jmdm. zusammen die Stube (2) bewohnt*

Stu|ben|mäd|chen ⟨n.7⟩ *Angestellte in einem Privathaushalt oder einem Hotel, die die Zimmer sauberhält;* Syn. *Zimmermädchen*

stu|ben|rein ⟨Adj., o.Steig.⟩ **1** ⟨von Haustieren⟩ *die Stube nicht beschmutzend* **2** ⟨scherzh.⟩ *nicht anstößig;* ~*er Witz*

Stu|ben|vo|gel ⟨m.6⟩ *Vogel, der in Räumen in Käfigen gehalten wird*

Stü|ber ⟨m.5⟩ *alte niederrheinische Münze*

Stubs|na|se ⟨f.11⟩ → *Stupsnase*

Stuck ⟨m., -(e)s, nur Sg.⟩ **1** *Masse aus Gips, Kalk, Sand und Leimwasser zum Verzieren von Zimmerdecken und -wänden* **2** *die Verzierung(en) selbst* [< ital. *stucco* in ders. Bed., < langobard. *stuhhi* „Tünche, Mörtelüberzug, Kruste", ahd. *stukki* „Stück, Bruchstück, Rinde, Kruste"]

Stück ⟨n.1, bei Zahlenangaben Pl. auch -, volkstüml. -er⟩ **1** *Teil einer Gesamtheit; ein S. Faden, Fleisch, Kuchen, Papier; ein S. Vieh einzelnes Tier aus einer Herde; aus freien ~en freiwillig; im S. nicht aufgeschnitten; Käse im S.; in einem S. dauernd; etwas in ~e reißen; sich für jmdn. in ~e reißen lassen sich für jmdn. aufopfern; in allen ~en in allem; in viele ~e kaputtgehen; in tausend ~e zerspringen* **2** ⟨Abk.: St.⟩ *einzelner Gegenstand einer Menge gleichartiger Gegenstände; ein S. Butter; ein S. Käse; 20 S. Zigaretten; wir waren* ~*er drei* ⟨volkstüml.⟩ *wir waren drei Personen* **3** *einzelnes Teil einer Sammlung; das beste, wertvollste S.; große* ~*e auf jmdn. halten jmdn. sehr schätzen* **4** *Abschnitt, Passage* (Text~); *etwas S. für S. durcharbeiten* **5** *Münze* (Geld~, Mark~) **6** *Kunstwerk, Theaterwerk, Musikwerk* (Theater~, Musik~); *das S. ist durchgefallen, gut angekom-*

men **7** ⟨böse⟩ *Tat, Streich; ein starkes S.; sich ein S. leisten* **8** ⟨ugs., abwertend⟩ *Mensch; ein blödes, freches S.*

Stück|ar|beit ⟨f.10⟩ *Akkordarbeit*

stückeln ⟨-k|k-; V.1, hat gestückelt; mit Akk.⟩ ⟨beim Schneidern⟩ *aus kleinen Stücken zusammensetzen;* auch: *stücken; einen Rock, einen Ärmel s.*

stücken ⟨-k|k-; V.1, hat gestückt; mit Akk.⟩ **1** *in Stücke teilen* **2** → *stückeln*

Stücker ⟨-k|k-; volkstüml.; Pl. von⟩ *Stück*

Stücke|schrei|ber ⟨-k|k-; m.5⟩ *jmd., der (minderwertige) Theaterstücke oder Hörspiele schreibt*

Stück|faß ⟨n.4⟩ *altes Weinmaß, 10–12 hl*

Stück|gut ⟨n.4⟩ **1** ⟨Frachtverkehr⟩ *als einzelstück abgefertigte Sendung, z.B. Kiste* **2** *in einzelnen Stücken verkaufte Ware*

stuckie|ren ⟨-k|k-; V.3, hat stuckiert; mit Akk.⟩ *mit Stuck verzieren; eine stuckierte Decke*

stückig ⟨-k|k-; Adj., o.Steig.⟩ *aus Stücken bestehend, in Form von Stücken;* ~*e Braunkohle*

Stück|lohn ⟨m.2⟩ *nach hergestellten Stücken berechneter Lohn, Akkordlohn*

stück|wei|se ⟨Adv.⟩ *in Stücken*

Stück|werk ⟨n., -(e)s, nur Sg.⟩ *unvollständige, unbefriedigende Arbeit*

Stück|zahl ⟨f.10⟩ *Anzahl hergestellter oder gelieferter Stücke innerhalb eines bestimmten Zeitraums*

Stück|zin|sen ⟨m.12, Pl.; bei festverzinslichen Wertpapieren⟩ *seit der letzten fälligen Zinszahlung aufgelaufene Zinsen*

stud. ⟨Abk. für⟩ *studiosus;* stud. med. *studiosus medicinae: Student der Medizin*

Stu|dent ⟨m.10⟩ *jmd., der an einer Hoch-, Fachhoch- oder Fachschule studiert* [< lat. *studens,* Gen. *-entis,* „studierend", → *studieren*]

Stu|den|ten|blu|me ⟨f.11⟩ *mexikanischer Korbblütler mit goldgelben Blütenköpfchen, Zierpflanze;* Syn. *Tagetes*

Stu|den|ten|fut|ter ⟨n., -s, nur Sg.⟩ *Mischung aus Nüssen, Mandeln und Rosinen*

Stu|den|ten|ge|mein|de ⟨f.11⟩ *Gemeinschaft der evangelischen bzw. katholischen Studenten an einer Hochschule*

Stu|den|ten|schaft ⟨f., -, nur Sg.⟩ *Gesamtheit der Studenten (einer Lehreinrichtung)*

Stu|den|ten|ver|bin|dung ⟨f.10; an deutschsprachigen Hochschulen⟩ *traditioneller akademischer Männerbund mit ausgeprägtem Brauchtum*

stu|den|tisch ⟨Adj., o.Steig.⟩ *die Studenten betreffend, zu ihnen gehörig, in der Art von Studenten;* ~*e Gebräuche; s. leben*

Stu|die ⟨f.11⟩ **1** *schriftliche wissenschaftliche Arbeit, Untersuchung* **2** *Vorarbeit zu einem wissenschaftlichen Werk* **3** *Entwurf, Skizze zu einem Kunstwerk (bes. der Malerei)*

Stu|di|en ⟨Pl. von⟩ *Studie, Studium*

Stu|di|en|as|ses|sor ⟨m.13⟩ *noch nicht fest angestellter Lehrer an einer höheren Schule*

Stu|di|en|di|rek|tor ⟨m.13⟩ **1** *Leiter einer Fachschule* **2** *stellvertretender Leiter einer höheren Schule*

Stu|di|en|pro|fes|sor ⟨m.13; früher und seit 1951 wieder in Bayern Titel für⟩ *Studienrat (nach einer bestimmten Anzahl von Dienstjahren)*

Stu|di|en|rat ⟨m.2⟩ *festangestellter Lehrer an einer höheren Schule*

Stu|di|en|re|fe|ren|dar ⟨m.1⟩ *Lehrer an einer höheren Schule vor der zweiten Staatsprüfung*

stu|die|ren ⟨V.3, hat studiert⟩ **I** ⟨mit Akk.⟩ *etwas s.* **1** *sich an einer Hochschule Kenntnisse in etwas erwerben; Medizin, Musik s.* **2** *erforschen, gründlich untersuchen, sich gründlich mit etwas beschäftigen; das Verhalten bestimmter Tiere s.* **3** *gründlich lesen; die Speisekarte, das Theaterprogramm, eine*

Verordnung s. **4** *genau betrachten; den Gesichtsausdruck von Figuren auf einem Bild s.* **5** *einstudieren; eine Rolle, Gesangspartie s.* **II** ⟨o.Obj.⟩ *sich an einer Hochschule ausbilden, sich an einer Hochschule Kenntnisse aneignen; er studiert in Marburg; er hat aus Geldmangel nicht s. können; eine studierte Frau* ⟨ugs.⟩ *eine Frau, die studiert hat* [< lat. *studere* „sich um etwas bemühen, etwas eifrig betreiben, sich wissenschaftlich beschäftigen"]

Stu|di|ker ⟨m.5; ugs.⟩ *Student*

Stu|dio ⟨n.9⟩ **1** *Arbeitsraum eines Künstlers* **2** ⟨Funk, Film, Fernsehen⟩ *Sende-, Aufnahmeraum* **3** *kleiner Theater- oder Kinosaal* **4** *Übungsraum für Schauspieler oder Tänzer* **5** *abgeschlossener Teil eines Hauses oder einer Wohnung*

Stu|dio|sus ⟨m., -, -si oder -sen⟩ *Student*

Stu|di|um ⟨n., -s, -di|en⟩ **1** *das Studieren, Ausbildung an einer Hochschule; S. der Germanistik, der Medizin* **2** *eingehende Beschäftigung (mit etwas); nach dem S. der Akten, der Unterlagen bin ich zu dem Ergebnis gekommen, daß ...* [lat., „das Studieren"]

Stu|di|um ge|ne|ra|le ⟨n., -, -, nur Sg.⟩ **1** ⟨MA⟩ *Frühform der Universität* **2** ⟨an Hochschulen der BRD⟩ *allgemeinbildende Vorlesungen* [lat., „allgemeines Studieren"]

Stu|fe ⟨f.11⟩ **1** *einzelner Tritt einer Treppe; die* ~*n hinauf-, hinuntergehen; zwei* ~*n auf einmal nehmen; die* ~ *zum Ruhm* ⟨ugs.⟩ **2** *Halt für den Fuß in Eis oder Schnee;* ~*n schlagen; von S. zu S.* **3** *Phase einer Entwicklung* (Alters~); *eine bestimmte S. der geistigen Entwicklung* **4** *Rangstufe, Stellung; auf einer S. stehen den gleichen Rang einnehmen; jmdn., etwas auf die gleiche S. stellen jmdn., etwas im Rang gleichstellen* **5** *Absatz in einer Ordnung* (Ton~); *mehrere* ~*n von Farben* **6** *Teil eines Ablaufs; die erste, die zweite S. schalten* **7** ⟨Geol.⟩ **a** *Unterordnung einer Abteilung* **b** *Abschnitt der Erdgeschichte* **c** *geneigte, abfallende Bodenformation, die zwei flachere Bodenebenen voneinander trennt* **8** *angenähte Falte (in einem Kleidungsstück, meist um es kürzer zu machen)* **9** ⟨Bgb.⟩ *Gesteinsstück, das Erz enthält*

stu|fen ⟨V.1, hat gestuft; mit Akk.⟩ **1** *in Stufen gliedern, anlegen; einen Gartenweg s.* **2** ⟨veraltet⟩ *abstufen*

Stu|fen|bar|ren ⟨m.7; Frauenturnen⟩ *Barren mit Holmen in unterschiedlicher Höhe*

Stu|fen|fol|ge ⟨f.11⟩ *Aufeinanderfolge von Stufen*

Stu|fen|py|ra|mi|de ⟨f.11⟩ *in Stufen aufsteigende Pyramide*

Stu|fen|schal|ter ⟨m.5⟩ *Mehrfachschalter, der bei verschiedener Schalterstellung jeweils einen anderen Stromkreis schließt (z.B. beim Haarfön)*

stu|fen|wei|se ⟨Adv.⟩ *in Stufen, Stufe für Stufe, allmählich*

stu|fig ⟨Adj., o.Steig.⟩ *in Stufen gegliedert, mit Stufen versehen*

Stuhl ⟨m.2⟩ **1** *Möbelstück zum Sitzen, manchmal mit Rückenlehne und Armlehne versehen* (Arm~, Falt~, Klapp~, Polster~, Schaukel~); *ein bequemer S.; elektrischer S. Hinrichtungsgerät in Form eines Stuhles, der unter Starkstrom gesetzt wird; unruhig auf dem S. hin- und herrutschen; jmdm. den S. vor die Tür setzen jmdm. kündigen; das haut einen vom S. das ist überraschend, verblüffend; mit etwas nicht zu* ~*e kommen mit etwas nicht zurechtkommen; sich zwischen zwei Stühle setzen sich zwischen zwei Meinungen, zwei Gruppen stellen und dadurch in eine unangenehme Lage geraten* **2** ⟨kurz für⟩ → *Stuhlgang* **3** *Kot; harter, weicher S.* **4** *päpstliches Amt, päpstliche Verwaltung; der Apostolische, Heilige, Päpstliche, Römische S.*

Stuhl|drang ⟨m., -(e)s, nur Sg.⟩ *Drang zur Entleerung von Stuhl (2)*

Stuhl|fei|er ⟨f.11; nur in der Fügung⟩ Petri S. *ein katholisches Kirchenfest*

Stuhl|gang ⟨m., -(e)s, nur Sg.⟩ auch: ⟨kurz⟩ *Stuhl* **1** *Ausscheidung von menschlichem Kot;* regelmäßiger S.; (keinen) S. haben **2** *menschlicher Kot;* dunkler S. [eigtl. „Gang zum Nachtstuhl"]

Stuhl|pro|be ⟨f.11⟩ *kleine Menge von Stuhlgang (2) zur medizinischen Untersuchung*

Stu|ka ⟨m.9; Kurzw. für⟩ → *Sturzkampfflugzeug*

Stuk|ka|teur ⟨[-tør] m.1⟩ *Stuckarbeiter*

Stuk|ka|tur ⟨f.10⟩ *Stuckarbeit*

Stul|le ⟨f.11; berlin.⟩ *belegte Brotscheibe* (Butter~, Klapp~)

Stulp|är|mel ⟨m.5⟩ *Ärmel mit Stulpe;* auch: *Stulpenärmel*

Stul|pe ⟨f.11⟩ *umgeschlagenes Stück der Kleidung* (z.B. *des Ärmels, des Handschuhs, des Stiefels*)

stül|pen ⟨V.1, hat gestülpt; mit Akk.⟩ *etwas auf, über etwas s. etwas (Hohles) als Bedeckung auf, über etwas tun;* sich, jdmd. einen Hut auf den Kopf s.; eine Haube über die Kaffeekanne s.

Stul|pen|är|mel ⟨m.5⟩ → *Stulpärmel*

Stulp|na|se ⟨f.11⟩ *aufwärts gebogene Nase*

stumm ⟨Adj., o.Steig.⟩ **1** *unfähig, einen Laut hervorzubringen* **2** *wortlos, schweigend;* ~es Einverständnis; ~er Diener 1. *Gestell zum Aufhängen von Jacke und Hose,* 2. *Drehscheibe auf dem Tisch für die Schüsseln;* der Lautsprecher blieb s.; jdmn. ~ machen ⟨ugs.⟩ *jdmn. umbringen* **3** *nicht sprechend;* ~e Rolle, *bei der der Schauspieler nichts zu sprechen hat* **4** *nicht beschriftet;* ~e Karte; ~es Schild **5** ⟨Sprachw.; in der Fügung⟩ ~er Laut *Laut, der nicht gesprochen wird*

Stum|mel ⟨m.5⟩ *kleines Reststück eines längeren, geraden Gegenstandes* (Kerzen~, Zigaretten~)

Stum|mel|pfei|fe ⟨f.11⟩ *Pfeife mit kurzem Mundstück*

Stumm|film ⟨m.1⟩ *Film ohne Ton mit eingeblendeten schriftlichen Kommentaren;* Ggs. *Tonfilm*

Stumm|heit ⟨f., -, nur Sg.⟩ *das Stummsein*

Stüm|chen ⟨n.7⟩ *kleiner Stumpen*

Stum|pe ⟨f.11; mdt., nddt.⟩ *Baumstumpf, Stumpf;* auch: *Stumpen*

Stum|pen ⟨m.7⟩ **1** *rohe Filzform, die zu einem Hut weiterverarbeitet wird* **2** *kurze Zigarre ohne Spitze* **3** ⟨ugs.⟩ *kleingewachsener Mensch* **4** → *Stumpe*

Stüm|per ⟨m.5⟩ *Nichtskönner, Pfuscher, jmd., der von seinem Fach nichts versteht*

Stüm|pe|rei ⟨f.10⟩ **1** ⟨nur Sg.⟩ *stümperhaftes Arbeiten, Vorgehen* **2** *schlechte Arbeit, Pfusch*

stüm|per|haft ⟨Adj., -er, am -esten⟩ *in der Art eines Stümpers*

stüm|pern ⟨V.1, hat gestümpert; o.Obj.⟩ *unsachgemäß arbeiten;* auf einem Musikinstrument s.; eine gestümperte Arbeit *eine unsachgemäß angefertigte Arbeit*

stumpf ⟨Adj., -er, am -esten⟩ **1** *nicht scharf, schlecht schneidend;* ~es Messer; ~e Säge **2** *nicht spitz, nicht zugespitzt;* ~er Bleistift; ~e Nadel **3** *glanzlos, matt;* ~es Haar; ~es Grün ⟨o.Steig.; Metrik; in der Fügung⟩ ~er Reim → *männlicher Reim;* Ggs. *klingender Reim* **5** ⟨o.Steig.; Math.⟩ *zwischen 90° und 180° liegend;* ~er Winkel **6** *ausdruckslos, teilnahmslos;* ~er Blick; er ist durch die schweren Schicksalsschläge s. geworden

Stumpf ⟨m.2⟩ *übrigbleibender Teil eines Gegenstandes nach Verbrauch, Abnutzung oder Verletzung* (Baum~, Bein~, Zahn~); mit S. und Stiel *ganz und gar*

Stumpf|heit ⟨f., -, nur Sg.⟩ *das Stumpfsein*

Stumpf|na|se ⟨f.11⟩ *stumpfe Nase ohne deutliche Spitze*

stumpf|na|sig ⟨Adj., o.Steig.⟩ *eine Stumpfnase tragend*

Stumpf|sinn ⟨m., -(e)s, nur Sg.⟩ **1** *Geistesabwesenheit, Teilnahmslosigkeit;* in S. versinken **2** *langweilige Arbeit;* so ein S.!

stumpf|sin|nig ⟨Adj.⟩ **1** *teilnahmslos, blöde;* s. dreinschauen **2** *langweilig, wenig abwechslungsreich;* eine ~e Tätigkeit

stumpf|win|ke|lig, stumpf|wink|lig ⟨Adj., o.Steig.⟩ *mit einem stumpfen (5) Winkel*

stund ⟨† für⟩ stand

Stünd|chen ⟨n.7⟩ *knappe Stunde;* auf ein S. vorbeikommen; sein letztes S. hat geschlagen, ist gekommen *er wird nicht mehr lange leben*

Stun|de ⟨f.11; Abk.: St., Std., Pl. Stdn. Zeichen (hochgestellt): h⟩ **1** *Zeitraum von sechzig Minuten, vierundzwanzigster Teil eines Tages;* die geeignete S. abwarten; eine geschlagene S. warten *mehr als eine S. warten;* die Stadt ist eine S. von hier entfernt; wissen, was die S. geschlagen hat ⟨ugs.⟩ *seine eigene Situation erkennen;* ein Mann der ersten S.; *jmd., der von Anfang an dabei war;* er bekommt 20 Mark für die S.; nach einer S. zurückkommen; von einer S. zur anderen **2** *bestimmter Zeitraum kürzerer Dauer;* ~ des Gesprächs; schöne ~ n verbringen; die blaue S. ⟨poet.⟩ *Dämmerung;* eine schwache S. *eine kurze Zeit der Nachgiebigkeit;* die schwere S. ⟨poet.⟩ *Zeit der Geburt;* die S. des Pan *die Zeit der Mittagshitze;* zu vorgerückter S. *ziemlich spät am Abend* **3** *Moment, Zeitpunkt;* die S. der Wahrheit, der Entscheidung; die Gunst der S.; die S. Null *Augenblick eines völligen Neubeginns;* die S. X *noch unbekannter Zeitpunkt;* von Stund an *von diesem Moment an;* zur S. *im Augenblick* **4** ⟨kurz für⟩ *Schul-, Unterrichtsstunde;* die S. vorbereiten; die erste S. entfällt; ~n geben

stun|den ⟨V.2, hat gestundet; mit Dat. und Akk.⟩ *jmdm. eine Zahlungsfrist für etwas gewähren, den Zahlungstermin für etwas hinausschieben;* jmdm. einen Betrag (drei Monate) s.

Stun|den|buch ⟨n.4; bes. 13.–16. Jh.⟩ *reich bebilderte Gebetssammlung für Laien*

Stun|den|frau ⟨f.10⟩ *Haushaltshilfe, die nur für Stunden angestellt ist, Aufwartefrau*

Stun|den|ge|bet ⟨n.1; kath. Kirche⟩ *Gebet für je bestimmte Zeiten des Tages*

Stun|den|glas ⟨n.4; †⟩ *Sanduhr*

Stun|den|ki|lo|me|ter ⟨m.5; ugs.⟩ *Kilometer pro Stunde*

Stun|den|kreis ⟨m.1; Astron.⟩ *durch die Himmelspole gehender Kreis*

stun|den|lang ⟨Adj., o.Steig.⟩ *sich über mehrere Stunden erstreckend, sehr lang;* ~es Warten

Stun|den|lohn ⟨m.2⟩ **1** *Lohn pro Stunde;* ein S. von 20 Mark **2** *nach Arbeitsstunden berechneter Lohn;* vgl. *Leistungslohn*

Stun|den|plan ⟨m.2⟩ *Plan, in dem die Folge der Schulstunden festgelegt ist*

Stun|den|schlag ⟨m.2⟩ *stündlicher Glockenschlag einer Uhr*

stun|den|wei|se ⟨Adv.⟩ *einzelne Stunden lang, für Stunden;* er arbeitet s.

stun|den|weit ⟨Adj., o.Steig.⟩ *mehrere Wegstunden (beanspruchend);* ~er Fußmarsch

Stun|den|win|kel ⟨m.5⟩ *Winkel zwischen Meridian und Deklinationskreis (eines Sternes)*

Stun|den|zei|ger ⟨m.5; an der Uhr⟩ *kleiner Zeiger, der die Stunden anzeigt;* vgl. *Minutenzeiger, Sekundenzeiger*

...stün|dig ⟨in Zus.⟩ *eine bestimmte oder unbestimmte Zahl von Stunden dauernd,* z.B. einstündig, dreistündig, mehrstündig

stünd|lich ⟨Adj., o.Steig.⟩ **1** *jede Stunde;* ~e Verbesserung **2** *jederzeit, demnächst;* mit seiner Ankunft ist s. zu rechnen **3** *ständig, unaufhörlich;* die Lage verändert sich s.

...stünd|lich ⟨in Zus.⟩ *alle soundso viel Stunden,* z.B. zweistündlich, dreistündlich; die Arznei ist zweistündlich einzunehmen

Stun|dung ⟨f., -, nur Sg.⟩ *das Stunden*

Stunk ⟨m., -s, nur Sg.; ugs.⟩ *Zank, Streit, Unfrieden, Ärger;* wenn du das tust, gibt es S.; S. machen [zu *stinken*]

Stunt|man ⟨[stʌntmən] m., -s, -men [-mən]⟩ *als Double für einen Filmschauspieler bei gefährlichen Szenen (z.B. Akrobatik) eintretender Darsteller* [< engl. *stunt* „(zur Schau gestellte) Kraftleistung, Kunststück" (Herkunft nicht bekannt) und *man* „Mann"]

Stu|pa ⟨m.9⟩ *buddhistischer Sakralbau für eine Reliquie* [Sanskrit *stūpa,* eigtl. „Schopf, Haarbusch"]

stu|pend ⟨Adj., -er, am -esten⟩ *erstaunlich;* ~es Wissen, Können [< lat. *stupendus* „staunenswert, erstaunlich", zu *stupere* „staunen, stutzen, betroffen, betäubt sein"]

Stupf ⟨m.1; oberdt.⟩ *das Stupfen, sehr leichter Stoß;* S. mit dem Finger

stup|fen ⟨V.1, hat gestupft; oberdt.⟩ → *stupsen*

stu|pid, stu|pi|de ⟨Adj., -er, am -esten⟩ **1** *dumm, beschränkt;* ein ~(e)r Mensch **2** *langweilig, ermüdend, eintönig;* einer ~(e)n Tätigkeit nachgehen [< lat. *stupidus* „dumm", eigtl. „betroffen, betäubt, verblüfft", zu *stupere* „betäubt, betreten, starr sein, staunen, stutzen"]

Stu|pi|di|tät ⟨f., -, nur Sg.⟩ **1** *Dummheit* **2** *Langweiligkeit*

Stu|por ⟨m., -s, nur Sg.⟩ *Zustand körperlicher Unbeweglichkeit und völliger Reaktionsunfähigkeit bei erhaltenem Bewußtsein* [< lat. *stupor* „Gefühllosigkeit, Betroffenheit", zu *stupere* „betäubt, erstarrt, starr sein"]

stu|prie|ren ⟨V.3, hat stupriert; mit Akk.⟩ *vergewaltigen* [< lat. *stuprare* „durch Unzucht entehren", zu *stuprum* „Schande, Hurerei"]

Stu|prum ⟨n., -s, -pra⟩ *Vergewaltigung*

Stups ⟨m.1⟩ *leichter Stoß, Schubs*

stup|sen ⟨V.1, hat gestupst; mit Akk.⟩ *kurz und mit leichtem Druck berühren, leicht stoßen;* auch: ⟨oberdt.⟩ *stupfen;* jmdn. (mit dem Finger) an den Arm s.

Stups|na|se ⟨f.11⟩ *kurze, leicht nach oben gebogene Nase;* auch: *Stubsnase*

stur ⟨Adj.⟩ **1** *eigensinnig, unbelehrbar, auf keinen Einwand hörend;* ein ~er Kerl; er ist s. **2** *hartnäckig, beharrlich, ohne abzuweichen;* s. sein Ziel verfolgen; er arbeitet s. nach Vorschrift **3** *stumpfsinnig, eintönig, geistlos;* ~e Arbeit [< nddt. *stur* „starr, steif, aufrecht, stattlich, stramm", < mnddt. *stur* „groß, schwer", weitere Herkunft nicht geklärt]

Stur|heit ⟨f., -, nur Sg.⟩ *das Stursein, sture Einstellung*

sturm ⟨Adj.; alemann.⟩ *schwindlig, verworren*

Sturm ⟨m.2⟩ **1** *heftiger Wind;* der S. bläst, heult; ein S. im Wasserglas *eine Aufregung im kleinsten Kreis, Aufregung um eine unbedeutende Sache* **2** *heftiger Angriff;* gegen etwas S. laufen *etwas mit Schwung angreifen;* S. klingeln *laut, lange, oft hintereinander klingeln* **3** ⟨nur Sg.⟩ *Gesamtheit der Stürmer (einer Mannschaft)* **4** ⟨nur Sg.; österr.⟩ → *Federweiße(r)*

Sturm|band ⟨n.4⟩ → *Sturmriemen*

Sturm|bock ⟨m.2⟩ *Balken zum Einbrechen von Mauern*

stür|men ⟨V.1⟩ I ⟨mit Akk.; hat gestürmt⟩ *etwas s.* **1** *im Sturmangriff, im überraschenden Angriff erobern,* eine Festung s.; ein von Terroristen besetztes Gebäude s. **2** *gewaltsam in etwas eindringen;* die Menschen stürmten die Geschäfte (um die letzten Nahrungsmittel zu bekommen;) einen Saal s. II ⟨o.Obj.⟩ **1** ⟨ist gestürmt; vom Wind⟩ *heftig irgendwo(hin) wehen;* der Wind stürmt ums Haus **2** ⟨hat gestürmt; unper-

stürmen

931

sönl., mit ,,es"; vom Wind *stark wehen*; es stürmt und schneit **3** ⟨ist gestürmt⟩ *schnell, eilig, mit Kraft laufen*; ins Zimmer, aus dem Haus s. **4** ⟨hat gestürmt; Sport⟩ *als Stürmer spielen, offensiv spielen*

Stür|mer ⟨m.5⟩ **1** ⟨Mannschaftsspiele⟩ *jmd., der die Aufgabe hat, Tore zu erzielen*; Syn. ⟨schweiz.⟩ *Forward* **2** ⟨bei Studentenverbindungen⟩ *flache, zylindrische Mütze*

Sturm|flut ⟨f.10; an Meeresküsten⟩ *durch auflandigen Wind bewirkter, ungewöhnlich hoher Wasserstand*

sturm|frei ⟨Adj., o.Steig.⟩ **1** ⟨Mil.⟩ *uneinnehmbar* **2** ⟨Jugendspr.; nur in der Fügung⟩ ~e Bude *Zimmer mit uneingeschränkter Besuchsmöglichkeit*

Sturm|glocke ⟨-k|k-; f.11; früher⟩ *Glocke, die Gefahr signalisiert*

Sturm|hut ⟨m.2⟩ → *Eisenhut*

stür|misch ⟨Adj.⟩ **1** *sehr windig*; ~es Wetter **2** *unruhig, bewegt*; ~e See **3** *aufregend, turbulent*; ~e Wochen **4** *leidenschaftlich, heftig*; ~e Begrüßung; ~e Liebe; ~e Diskussion **5** *sehr schnell*; ~er Ablauf der Dinge

Sturm|later|ne ⟨f.11⟩ *bei Stum benützte, rundum scheinende, tragbare Laterne*

Sturm|lauf ⟨m., -(e)s, nur Sg.⟩ **1** *beschleunigter Sturmschritt*; im S. **2** *Ansturm*; ein S. auf die Theaterkasse

sturm|reif ⟨Adj., o.Steig.⟩ *reif zur Eroberung, Erstürmung*; eine Festung s. schießen

Sturm|rie|men ⟨m.7⟩ *Kinnriemen (am Helm)*; Syn. *Sturmband*

Sturm|schritt ⟨m., -(e)s, nur Sg.⟩ **1** ⟨Mil.⟩ *beschleunigter Schritt beim Angriff* **2** ⟨allg.⟩ *schnelle Gangart*; im S. gehen

Sturm|schwal|be ⟨f.11⟩ *im Fluge schwalbenähnlich wirkender Meeresvogel*

Sturm|segel ⟨n.5⟩ *kleines, bei Sturm als einziges gesetztes Segel*

Sturm|signal ⟨n.1⟩ *Signal, das einen kommenden Sturm anzeigt*; Syn. *Sturmzeichen*

Sturm und Drang ⟨m., - - (e)s oder - - -, nur Sg.⟩ *Strömung in der deutschen Literatur von 1767 bis 1785, die als Bewegung gegen die Aufklärung bes. das Gefühl betonte*

Sturm|vogel ⟨m.6⟩ *möwenähnlicher Meeresvogel mit röhrenförmigen Nasenlöchern*

Sturm|warnung ⟨f.10⟩ *Warnung vor einem kommenden Sturm*

Sturm|zei|chen ⟨n.7⟩ → *Sturmsignal*

Sturz I ⟨m.2⟩ **1** *das Stürzen (I,1), Vorgang des Stürzens (I,1)*; beim S. aus dem Fenster, vom Motorrad; ein gefährlicher S. **2** *plötzlicher Abfall, Rückgang* (Temperatur~, Kurs~) **3** *Absetzung* (Regierungs~) **4** ⟨kurz für⟩ *Durchsturz* II ⟨m.1⟩ **1** ⟨Bauw.⟩ *oberer Mauerabschluß (von Fenster und Tür)*; Fenster~) **2** ⟨Bgb.⟩ *Ort, an dem gefördertes Material entladen wird*

Sturz|acker ⟨-k|k-; m.6⟩ **1** ⟨veraltend⟩ *umgepflügter Acker* **2** ⟨übertr.⟩ *sehr schlechter Verkehrsweg*

Sturz|bach ⟨m.2⟩ *(von Felsen) mit Getöse herabstürzender Bach*

Sturz|be|cher ⟨m.5⟩ *trichterförmiger Becher, der nur umgestürzt aufgestellt werden kann*

Stür|ze ⟨f.11⟩ **1** ⟨mdt., norddt.⟩ *Topfdeckel* **2** ⟨bei Blechblasinstrumenten⟩ *Schalltrichter*

Stür|zel, Sturz|el ⟨m.5⟩ **1** *stumpfes Ende* **2** *Baumstumpf*

stür|zen ⟨V.1⟩ I ⟨o.Obj.; ist gestürzt⟩ **1** *fallen*; er ist so unglücklich gestürzt, daß er sich einen Wirbel gebrochen hat; auf den Boden, in die Tiefe, vom Pferd, vom Leiter s.; über eine Baumwurzel s.; zu Boden s. **2** *eilig, aufgeregt laufen*; aus dem Haus, ins Zimmer s. **3** *rasch und heftig fließen*; ein Wasserfall stürzt vom Felsen; Tränen stürzten ihr aus den Augen II ⟨mit Akk.; hat gestürzt⟩ **1** *etwas s. umdrehen, mit der Oberseite nach unten drehen*; ein Gefäß s.; einen Pudding s. *die Puddingform umdrehen und den Pudding dadurch auf ei-* nen Teller bringen **2** *jmdn. s.* **a** *mit Gewalt stoßen*; jmdn. aus dem Fenster s. **b** *aus seiner (hohen) Stellung vertreiben, gewaltsam aus dem Amt entheben*; ein Staatsoberhaupt, die Regierung s. III ⟨refl.; hat gestürzt⟩ sich s. **1** *sich zum Fallen bringen*; sich aus dem Fenster s.; sich in die Tiefe s. **2** *sich auf etwas s. eilig, stürmisch auf etwas zugehen und es ergreifen*; die Kinder stürzten sich auf den Kuchen, auf die Geschenke **3** *sich auf etwas s.* **a** *auf jmdn. zulaufen (um etwas mit ihm zu tun)*; die Kinder stürzten sich auf den Vater (und umarmten ihn, zogen ihn mit sich); die Fotografen stürzten sich auf die Königin **b** *auf jmdn. zuspringen und ihn angreifen*; der Hund stürzte sich auf den Einbrecher

Sturz|flug ⟨m.2⟩ *rascher, senkrecht nach unten führender Flug*; ein Falke, der die Beute im S. schlägt

Sturz|ge|burt ⟨f.10⟩ *sehr rasche Geburt*

Sturz|gut ⟨n.4⟩ *Ware, die unverpackt geschüttet werden kann*; z.B. Kohle

Sturz|helm ⟨m.1⟩ *dem Schutz vor Sturzverletzungen dienender, gepolsterter, weit übers Gesicht reichender Helm*

Sturz|kampf|flug|zeug ⟨n.1; im 2. Weltkrieg⟩ *Bomber der Luftwaffe, der im Sturzflug Ziele angriff*; auch: ⟨Kurzw.⟩ *Stuka*

Sturz|see ⟨f.11⟩ → *Brecher*

Stuß ⟨m., -s|ses, nur Sg.; ugs.⟩ *Umsinn, dummes Zeug*; S. reden, machen [< hebr. *šątuth* (neuhebr. Aussprache: *schtus*) ,,Dummheit, Torheit", zu *šōţē* ,,dumm, töricht"]

Stut|buch ⟨n.4⟩ ⟨von Pferdezuchtverbänden geführtes⟩ *Zuchtbuch*

Stu|te ⟨f.11; bei Pferd, Esel, Zebra und Kamel⟩ *weibliches Tier* (Pferde~, Esel~, Kamel~)

Stu|ten ⟨m.7; norddt.⟩ *längliches Kuchenbrot* [< mnddt. *stut* ,,dicker Teil des Oberschenkels"]

Stut|foh|len ⟨n.7⟩ *weibliches Fohlen*

Stutz ⟨m.1⟩ **1** ⟨†⟩ *plötzlicher Stoß*; auf den S. *plötzlich* **2** ⟨landsch.⟩ *gestutzter Gegenstand* **3** ⟨schweiz.⟩ *steiler Hang* [< mhd. *stuz* ,,Stoß, Anprall", zu *stoßen*]

Stütz ⟨m.1; Turnen⟩ *Haltung des Körpers auf den gestreckten oder gewinkelten Armen* (Liege~)

Stüt|ze ⟨f.11⟩ **1** *gerade aufgerichteter Teil eines Bauwerks, einer Seilbahn o.ä.* (z.B. Pfosten) **2** *Gegenstand, der etwas stützt* (Kopf~); einen Stock als S. verwenden **3** *jmd., der einen anderen unterstützt, Helfer*; die Chefs; die ~n der Gesellschaft *die braven Bürger* **4** ⟨†⟩ *Haushaltshilfe*

stut|zen¹ ⟨V.1, hat gestutzt; mit Akk.⟩ *kürzer schneiden*; Zweige s.; jmdm. die Haare s.; einem Vogel die Flügel s. [wahrscheinlich zu *stoßen*]

stut|zen² ⟨V.1, hat gestutzt; o.Obj.⟩ **1** ⟨in einer Tätigkeit⟩ *innehalten, plötzlich aufmerksam, argwöhnisch werden*; er stutzte, als er ein Geräusch hörte; er stutzte, als er das sagte **2** ⟨von Tieren⟩ *plötzlich stehenbleiben und sichern*; der Hirsch stutzte

Stut|zen ⟨m.7⟩ **1** *kurzes Jagdgewehr* **2** *Rohrstück* **3** *fußloser Kniestrumpf (der alpenländischen Männertracht)* (Wadl~) **4** *Kniestrumpf (von Fußballspielern)*

stüt|zen ⟨V.1, hat gestützt⟩ I ⟨mit Akk.⟩ **1** *etwas oder jmdn. s. einem Gegenstand oder jmdm. Halt geben*; einen Baum durch eine Pfahl s.; einen Kranken mit dem Arm s. **2** *etwas auf, in etwas s. etwas auf, in etwas Haltendes legen*; die Ellenbogen auf den Tisch s.; die Unterarme auf die Knie s.; den Kopf in die Hände s. II ⟨refl.⟩ **1** *sich an etwas, auf etwas oder jmdn. s. etwas, jmdn. als Stütze, als Halt benützen*; sich an die Wand, auf jmds. Arm s.; s. Sie sich auf mich! **2** *sich auf etwas oder jmdn. s. etwas, jmdn. als Hilfe, als Beweis, als Grundlage benützen*; jmds. Aussagen s. den Beweis stützt sich auf Tatsachen; er stützte sich in seiner Rede auf Goethe als Gewährsmann

Stüt|zen|wech|sel ⟨m.5; roman. Baukunst⟩ *abwechselnde Verwendung von Pfeilern und Säulen als Stützen (im Mittelschiff einer Kirche)*

Stut|zer¹ ⟨m.5; †⟩ *eitler Mensch, Geck*

Stut|zer² ⟨m.5⟩ **1** *kurzer Herrenmantel* **2** ⟨schweiz. für⟩ *Stutzen (1)*

Stutz|flü|gel ⟨m.5⟩ *kleiner Flügel*

Stütz|ge|webe ⟨n.5⟩ *einen Organismus stützendes Gewebe (z. B. Bindegewebe, Knochen, Knorpel)*

stut|zig ⟨Adj.⟩ *verwundert, argwöhnisch*; jmdn. s. machen; s. werden

Stütz|mau|er ⟨f.11⟩ *quer zur Neigung eines Hanges errichtete Mauer, die den seitlichen Druck von Erdreich abfängt*

Stütz|punkt ⟨m.1⟩ **1** *Punkt, an dem eine Last gestützt wird* **2** *Ausgangspunkt, Zwischenlager, Militärbasis*

Stutz|uhr ⟨f.10⟩ *Tischstanduhr*

Stüt|zung ⟨f., -, nur Sg.⟩ *das Stützen, das Sichstützen*; zur S. meiner Aussagen verweise ich auf ...

StVO ⟨Abk. für⟩ *Straßenverkehrsordnung*

StVZO ⟨Abk. für⟩ *Straßenverkehrs-Zulassungsordnung*

sty|gisch ⟨Adj., o.Steig.⟩ *schaurig* [nach dem *Styx*, dem Fluß der Unterwelt in der griech. Sage]

Styl ⟨Pl. von⟩ *Stylus*

Sty|ling ⟨[stai-] n., -s, nur Sg.⟩ *industrielle Formgebung (bes. im Karosseriebau)* [< engl. *to style* ,,modisch formen", zu *style* ,,Stil, Bauart"]

Sty|list ⟨[stai-] m.10⟩ *jmd., der berufsmäßig das Styling entwirft*

Sty|lit ⟨m.10⟩ *frühchristlicher Säulenheiliger* [< spätgriech. *stylos* ,,Säule, Stütze", zu *styein* ,,steif aufrichten, stützen"]

Sty|lo|gra|phie ⟨f.11⟩ *Herstellung von Kupferdruckplatten*

Sty|lus ⟨m., -, -li⟩ **1** *Stift* **2** *Medikament in Zäpfchenform* [lat.]

Sty|rax ⟨m.1⟩ **1** *kleiner Baum oder Strauch des Mittelmeergebietes mit weißen Blüten, eiförmigen Blättern und kirschähnlichen Früchten* **2** *dessen Harz (zur Parfümherstellung und für Räucherzwecke)* [griech.]

Sty|rol ⟨n., -s, nur Sg.⟩ *eine farblose, wie Benzin riechende Flüssigkeit, Phenyläthylen* [< *Styrax* und *Alkohol*]

Sty|ro|por ⟨n., -s, nur Sg.; Wz.⟩ *ein harter, spröder Schaumstoff* [< *Styrol* und *porös*]

s. u. ⟨Abk. für⟩ *siehe unten*

Sua|da, Sua|de ⟨f., -, -den⟩ *Rede-, Wortschwall* [< lat. *Suada*, Name der Göttin der Überredung, zu *suadus* ,,überredend, zuredend", zu *suadere* ,,zureden, raten, überreden", zu *suavis* (statt *suad-vis*) ,,angenehm, anziehend"]

Sua|he|li I ⟨m., -(s), -(s)⟩ *Angehöriger eines ostafrikanischen Volksstammes* II ⟨n., -(s), nur Sg.⟩ *dessen Sprache*; Syn. ⟨unkorrekt⟩ *Kisuaheli*

sua|so|risch ⟨Adj.⟩ *gut zur Überredung geeignet*

sub..., Sub... ⟨in Zus.⟩ *unter..., Unter...* [lat.]

sub|al|pin ⟨Adj., o.Steig.⟩ *zur unteren Vegetationsstufe der Alpen gehörig* [< *sub...* und *alpin*]

sub|al|tern ⟨Adj., o.Steig.⟩ *untergeordnet* [< lat. *subalternus* ,,untergeordnet", < *sub* ,,unter" und *alter* ,,der andere"]

Sub|dia|kon ⟨m.1 oder m.10; bis 1973⟩ *Gehilfe des Diakons*

Sub|do|mi|nan|te ⟨f.11⟩ **1** *vierte Stufe der diatonischen Tonleiter* **2** *Dreiklang auf diesem Ton*

sub|fos|sil ⟨Adj., o.Steig.⟩ *in geschichtlicher Zeit ausgestorben* [< *sub...* und *fossil*]

sub|gla|zi|al ⟨Adj., o.Steig.⟩ *unter dem Glet-*

subventionieren

scher- und *Inlandeis* (liegend, stattfindend) [< *sub...* und *glazial*]

Sub|jekt ⟨n.1⟩ **1** ⟨Philos.⟩ *das denkende Ich;* Ggs. *Objekt* (1) **2** ⟨Gramm.⟩ *Satzteil, der den Träger des durch das Verb ausgedrückten Geschehens bezeichnet;* Syn. *Satzgegenstand* **3** ⟨ugs., abwertend⟩ *Person; ein erbärmliches S.; dieses S. hat mir ...* [< lat. *subiectum* in ders. Bed. (2), eigtl. „das Untergelegte, Daruntergeworfene", d. h. „das, der Satzaussage Zugrundeliegende", zu *subicere* „unter etwas legen oder werfen", < *sub* „unter" und *iacere* (in Zus. *...icere*) „werfen, legen, setzen"]

Sub|jek|ti|on ⟨f.10; Rhetorik⟩ *Aufwerfen einer Frage, die man selbst beantwortet*

sub|jek|tiv ⟨auch [sub-] Adj.⟩ **1** ⟨o.Steig.⟩ *zum Subjekt gehörig, von ihm ausgehend* **2** *persönlich, nicht sachlich, parteiisch;* Ggs. *objektiv* (2)

Sub|jek|ti|vis|mus ⟨m., -, nur Sg.⟩ **1** *Lehre, daß die Erkenntnis nur für das Subjekt* (1), *nicht allgemein gültig sei;* Ggs. *Objektivismus* **2** *Ichbezogenheit*

sub|jek|ti|vi|stisch ⟨Adj., o.Steig.⟩ *zum Subjektivismus gehörend, ihn betreffend*

Sub|jek|ti|vi|tät ⟨f., -, nur Sg.⟩ *persönliche Auffassung, Unsachlichkeit;* Ggs. *Objektivität*

Sub|jekt|steu|er ⟨f.11⟩ *Steuer auf jmds. persönliches Einkommen;* Ggs. *Objektsteuer*

Sub|kon|ti|nent ⟨m.1⟩ *Teil eines Kontinents, der durch seine Größe und geographische Lage eine gewisse Eigenständigkeit aufweist; der indische S.* [< *Sub...* und *Kontinent*]

Sub|kul|tur ⟨f.10⟩ *relativ eigenständige und in sich geschlossene Kultur einer kleineren Gruppe, die innerhalb einer Gesellschaft lebt, an deren Kultur aber nicht voll teilnimmt, z.B. die Kultur der Hippies*

sub|ku|tan ⟨Adj., o.Steig.⟩ **1** *unter der Haut* (befindlich) **2** *unter die Haut;* ~e *Einspritzung* [< *sub...* und *kutan*]

sub|lim ⟨Adj.⟩ *verfeinert, erhaben, nur einem feinen Verständnis zugänglich;* ~e *Ironie* [< lat. *sublimis* „hoch, erhaben", eigtl. „in der Höhe, in die Höhe", < *sub* „von unten her (bis zu)" und *limen* „Türschwelle", womit die obere Schwelle, also der Türsturz, gemeint ist]

Sub|li|mat ⟨n.1⟩ **1** *durch Sublimation gewonnener Stoff* **2** ⟨Bez. für⟩ *das Chlorid des zweiwertigen Quecksilbers*

Sub|li|ma|ti|on ⟨f.10⟩ *unmittelbarer Übergang eines Stoffes aus dem festen in den gasförmigen Zustand* [zu *sublimieren*]

sub|li|mie|ren ⟨V.3, hat sublimiert⟩ **I** ⟨mit Akk.⟩ **1** *verfeinern, ins Erhabene steigern* **2** ⟨Chem.⟩ *einer Sublimation unterwerfen* **II** ⟨refl.⟩ *sich s. sich in der Art einer Sublimation verändern*

Sub|li|mie|rung ⟨f.10⟩ *das Sublimieren* (1), *Verfeinerung, Steigerung ins Erhabene*

Sub|li|mi|tät ⟨f., -, nur Sg.⟩ *sublime Art, Feinheit*

sub|lu|na|risch ⟨Adj., o.Steig.⟩ *irdisch* ⟨eigtl. *unter dem Mond*⟩ [< *sub...* und lat. *luna* „Mond"]

sub|ma|rin ⟨Adj., o.Steig.⟩ →*unterseeisch* [< *sub...* und *marin*]

sub|mers ⟨Adj., o.Steig.⟩ *unter Wasser lebend;* Ggs. *emers* [< lat. *submersus* „untergetaucht", zu *submergere* „untertauchen, versenken"]

Sub|mer|si|on ⟨f.10⟩ **1** ⟨†⟩ *Überschwemmung* **2** *das Untertauchen* [zu *submers*]

sub|mi|kro|sko|pisch ⟨Adj., o.Steig.⟩ *mit dem Mikroskop nicht mehr erkennbar*

sub|miß ⟨Adj., -sser, am -ssesten; †⟩ *ehrerbietig, ergeben, unterwürfig; ich bitte submissest um die Erlaubnis* [< lat. *submissus*, ⟨Part. Perf. Pass.⟩ *zu submittere* „demütig", eigtl. „niedergesenkt", zu *submittere* „niederlassen, hinabsenken", < *sub* „unter, unten" und *mittere* „gehen lassen, fallen lassen"]

Sub|mis|si|on ⟨f.10⟩ **1** ⟨†⟩ *Ehrerbietung, Ergebenheit* **2** *Vergebung von Arbeiten an denjenigen mit den geringsten Forderungen*

Sub|mit|tent ⟨m.10⟩ *jmd., der sich um einen ausgeschriebenen Auftrag bewirbt*

Sub|or|di|na|ti|on ⟨f.10⟩ **1** *Unterordnung, Gehorsam* (im Dienst); Ggs. *Insubordination* **2** ⟨Gramm.⟩ *Unterordnung* (von Satzteilen); Ggs. *Koordination* [< lat. *sub* „unter" und *ordinatio*, Gen. *-onis*, „Ordnung, Anordnung, Aufstellung, zu *ordinare* „ordnen, in Reihen, in Ordnung aufstellen", zu *ordo*, Gen. *ordinis*, „Ordnung"]

sub|or|di|nie|ren ⟨V.3, hat subordiniert; mit Akk.⟩ *unterordnen;* ~de *Konjunktion Bindewort, das einen Nebensatz mit einem Hauptsatz verbindet, z.B. obwohl, weil;* Ggs. *koordinierende Konjunktion*

sub|po|lar ⟨Adj., o.Steig.⟩ *zwischen Polarzone und gemäßigter Zone* (liegend) [< *sub...* und *polar*]

sub ro|sa *unter dem Siegel* (der Verschwiegenheit) [lat., „unter der Rose" (im MA das Symbol der Verschwiegenheit)]

sub|si|di|är, sub|si|dia|risch ⟨Adj., ohne Steig.⟩ *behelfsweise, zur Aushilfe dienend*

Sub|si|dia|ris|mus ⟨m., -, nur Sg.⟩ *Streben nach Einführung der Subsidiarität*

Sub|si|dia|ri|tät ⟨f., -, nur Sg.⟩ *Prinzip der „kleinen Einheiten" gegen den Zentralismus und die Errichtung großer Verwaltungseinheiten*

Sub|si|di|um ⟨n., -s, -di|en⟩ **1** ⟨†⟩ *Beistand, Rückhalt* **2** ⟨Pl.⟩ *Subsidien Hilfsgelder* [lat., < *sub* „unmittelbar hinter" und *sedere* „sitzen, gelagert sein, verweilen"]

Sub|sis|tenz ⟨f.10⟩ **1** ⟨Philos.⟩ *das Bestehen durch sich selbst* **2** ⟨†⟩ *Lebensunterhalt*

sub|si|stie|ren ⟨V.3, hat subsistiert; v.Obj.⟩ **1** *durch sich selbst bestehen* **2** ⟨†⟩ *seinen Lebensunterhalt finden* [< lat. *subsistere* „stehen machen, stellen; standhalten, am Leben bleiben"]

Sub|skri|bent ⟨m.10⟩ *jmd., der etwas subskribiert*

sub|skri|bie|ren ⟨V.3, hat subskribiert; mit Akk.⟩ *vorbestellen und sich damit zur Abnahme verpflichten* (bes. von Büchern); *ein vielbändiges Lexikon s.* [< lat. *subscribere* „unterschreiben; unterstützen, begünstigen"]

Sub|skrip|ti|on ⟨f.10⟩ *Vorbestellung und Verpflichtung zur Abnahme* (von Waren oder Wertpapieren)

Sub|skrip|ti|ons|preis ⟨m.1⟩ *etwas geringerer Preis bei Subskription*

sub spe|cie ae|ter|ni|ta|tis ([- spetsje: eter-]) *unter der Voraussetzung unbeschränkter Dauer* [lat., „unter dem Gesichtspunkt der Ewigkeit"]

Sub|spe|zi|es ⟨f., -, -;⟩ Abk.: ssp.; *in der biolog. Systematik Unterart* [< *sub...* und *Spezies*]

Subst. (Abk. für) *Substantiv*

Sub|stan|ti|ali|tät ⟨f., -, nur Sg.; Philos.⟩ *das Substanzsein, Wesentlichkeit*

sub|stan|ti|ell ⟨Adj.⟩ **1** *wesenhaft, wesentlich, substanzhaft* **2** ⟨o.Steig.⟩ *stofflich, materiell*

sub|stan|ti|ie|ren ⟨V.3, hat substantiiert; mit Akk.⟩ **1** *durch Tatsachen belegen* **2** *mit Vollmacht ausstatten*

Sub|stan|tiv ⟨n.1⟩ *Wort, das einen Gegenstand, ein Lebewesen, einen Zustand oder Begriff bezeichnet;* Syn. *Dingwort, Hauptwort, Nomen,* ⟨†⟩ *Nennwort* [< lat. *substantivus* „selbständig, für sich selbst bestehen könnend", zu *substantia*, „Wesenheit, Existenz, Bestand", →*Substanz*]

sub|stan|ti|vie|ren ⟨V.3, hat substantiviert, mit Akk.⟩ *zum Substantiv machen, als Substantiv gebrauchen; ein Verb s., z.B. „gehen" zu „das Gehen"* **Sub|stan|ti|vie|rung** ⟨f.10⟩

sub|stan|ti|visch ⟨Adj., o.Steig.⟩ *wie ein Substantiv, als Substantiv, hauptwörtlich*

Sub|stanz ⟨f.10⟩ **1** ⟨Philos.⟩ *Wesen* (aller Dinge), *Urgrund* (alles Seins) **2** ⟨Phys.⟩ *Materie, Stoff* **3** ⟨übertr., ugs.⟩ *Vorrat, Kapital, Vermögen* **4** ⟨übertr.⟩ *Inneres, Kern; das geht an meine S.* (ugs.) [< lat. *substantia* „Wesenheit, Existenz, Bestand", zu *substare* „darunter, darin vorhanden sein", < *sub* „unter" und *stare* „stehen"]

Sub|sti|tu|ent ⟨m.10⟩ *Atom oder Molekül, das an anderes Atom oder Molekül in einer chemischen Verbindung ersetzt* [zu *substituieren*]

sub|sti|tu|ie|ren ⟨V.3, hat substituiert; mit Akk.⟩ *austauschen, ersetzen; ein Wort durch ein anderes s.* [< lat. *substituere* „an die Stelle von jmdm. oder etwas setzen, unterstellen", < *sub* „unter" und *statuere* „(hin)stellen"]

Sub|sti|tut I ⟨n.1⟩ *Ersatz, Ersatzmittel* **II** ⟨m.10⟩ *Ersatzmann, Stellvertreter*

Sub|sti|tu|ti|on ⟨f.10⟩ *Ersatz, Austausch, Stellvertretung*

Sub|strat ⟨n.1⟩ **1** *Grund, Grundlage, Unterlage* **2** *Nährboden* **3** *Sprache eines unterworfenen Volkes, die sich der des Siegers angleicht und sie zugleich beeinflußt;* Ggs. *Superstrat* [< lat. *substratum* „das Untergelegte", zu *substernere* „unterlegen, unterbreiten", < *sub* „unter" und *sternere* „hin-, ausbreiten, hinlegen"]

Sub|struk|ti|on ⟨f.10; Bauw.⟩ *Unterbau, Grundbau*

sub|su|mie|ren ⟨V.3, hat subsumiert; mit Akk.⟩ **1** *unterordnen; einen Begriff einem anderen s.* **2** *zusammenfassen; Begriffe unter einen Oberbegriff s.* [< lat. *sub* „unter" und *sumere* „nehmen, festsetzen"]

sub|sump|tiv ⟨Adj., o.Steig.⟩ →*subsumtiv*

Sub|sum|ti|on ⟨f.10⟩ *das Subsumieren, Unterordnung*

sub|sum|tiv ⟨Adj., o.Steig.⟩ *unterordnend, einbeziehend;* auch: *subsumptiv*

sub|til ⟨Adj.⟩ **1** *zart, fein;* ~es *Gefühl* **2** *spitzfindig, scharfsinnig; s. argumentieren, kritisieren, unterscheiden* **3** *schwierig;* ~e *Aufgabe; er hat einen ~en Charakter* [< lat. *subtilis* „fein, dünn, zart; (im Urteil) fein unterscheidend, eigtl. *subtexilis* „fein (unter anderes) gewebt", < *sub* „unter" und *texere* „weben"]

Sub|ti|li|tät ⟨f., -, nur Sg.⟩ *subtile Beschaffenheit*

Sub|tra|hend ⟨m.10⟩ *Zahl, die von einer anderen Zahl abgezogen werden soll;* Ggs. *Minuend* [zu *subtrahieren*]

sub|tra|hie|ren ⟨V.3, hat subtrahiert⟩ →*abziehen* (2); *eine Zahl von einer anderen s.* [< lat. *subtrahere* „unter etwas weg-, hervorziehen"]

Sub|trak|ti|on ⟨f.10⟩ *das Abziehen* (eine der vier Grundrechenarten) [zu *subtrahieren*]

Sub|tro|pen ⟨nur Pl.⟩ *Zone zwischen Tropen und gemäßigter Zone* [< *Sub...* und *Tropen*]

sub|tro|pisch ⟨Adj., o.Steig.⟩ *zu den Subtropen gehörig*

Sub|un|ter|neh|mer ⟨m.5⟩ *jmd., der für eine Firma oder einen Unternehmer selbständig tätig ist*

sub|ur|ban ⟨Adj., o.Steig.⟩ *vorstädtisch*

sub|ur|bi|ka|risch ⟨Adj., o.Steig.⟩ *zur Stadt* (Rom) *gehörig;* ~e *Bistümer sieben in der Nähe Roms, deren Bischöfe zugleich Kardinäle sind* [< lat. *suburbicarius* „nahe bei der Stadt (Rom)", < *sub* „unmittelbar hinter, nahe bei" und *urbicarius, urbicus* „zur Stadt (Rom) gehörig", zu *urbs*, Gen. *urbis*, „Stadt, Hauptstadt"]

Sub|ven|ti|on ⟨f.10⟩ *zweckgebundene Unterstützung aus öffentlichen Mitteln für Unternehmen oder Wirtschaftszweige* [< lat. *subventio*, Gen. *-onis*, „Hilfe, Beistand", zu *subvenire* „zu Hilfe kommen", eigtl. „von unten an etwas herankommen", < *sub* „von unten her" und *venire* „kommen"]

sub|ven|tio|nie|ren ⟨V.3, hat subventioniert; mit Akk.⟩ *durch Subvention unterstützen; alle Theater sind heute hoch subventioniert*

Sub|ver|si|on ⟨f.10⟩ *auf den Sturz einer Regierung, auf Staatsumsturz gerichtete Tätigkeit* [< lat. *subversio,* Gen. *onis,* „Umsturz, Zerstörung", zu *subvertere* „umkehren, umstürzen, vernichten", < *sub* „unter" und *vertere* „wenden, kehren, drehen"]

sub|ver|siv ⟨Adj.⟩ *Subversion betreibend, umstürzlerisch, zerstörend*

sub voce ⟨[- vǫtsə] Sprachw.; Abk.: s.v.⟩ *unter dem Stichwort*

Suc|cu|bus ⟨m., -, -cu|ben⟩ →*Sukkubus*

Such|dienst ⟨m.1⟩ *Organisation, die nach vermißten Personen fahndet*

Su|che ⟨f., -, nur Sg.⟩ **1** *das Suchen (1, 2 a), Nachforschung; auf die S. gehen; sich auf die S. machen* **2** ⟨Jägerspr.⟩ *Jagd auf Niederwild mit Hunden*

su|chen ⟨V.1, hat gesucht; mit Akk., auch o.Obj.⟩ **1** *etwas oder jmdn. zu finden, umherschauen oder -tasten, umhergehen, um etwas oder jmdn. zu finden; einen verlorenen Gegenstand s.; einen Parkplatz s.; eine neue Stellung s.; einen Ausweg s.; eine Stenotypistin s.; jmdn. polizeilich s. lassen; mit der Hand den Lichtschalter, in der Tasche Streichhölzer s.; ich habe schon überall gesucht; unter dem Tisch s.; nach etwas s.; diese Frechheit sucht ihresgleichen diese Frechheit ist nicht zu übertreffen, so eine Frechheit gibt es nicht noch einmal; was hast du hier zu s.?* ⟨ugs.⟩ *was willst du hier?; du hast hier gar nichts zu s.!* ⟨ugs.⟩ *mach, daß du wegkommst!* **2** *etwas s.* **a** *sammeln; Beeren, Pilze s.* **b** *etwas erstreben, sich bemühen, etwas zu erreichen; seinen Vorteil s.; bei jmdm. Rat, Hilfe s.* **3** ⟨mit Infinitiv und „zu"⟩ *sich bemühen, etwas zu tun; jmdm. zu helfen, zu schaden s.; jmdn. zu verstehen s.; sich s. zu konzentrieren s.*

Su|cher ⟨m.5⟩ **1** *jmd., der sucht (Beeren~)* **2** ⟨Fot.⟩ *Hilfsgerät zur Auswahl des gewünschten Bildausschnittes* **3** ⟨Astron.⟩ *Hilfsfernrohr mit großem Gesichtsfeld zum Auffinden des Objekts*

Such|mel|dung ⟨f.10⟩ *Meldung bei einer Behörde, auf die hin nach einer vermißten Person gesucht wird*

Sucht ⟨f.2⟩ *krankhaft gesteigertes Bedürfnis (nach Mitteln zur Erzeugung bestimmter Zustände; Alkohol~, Rauschgift~, Schlaf~)* [zu *siechen*]

süch|tig ⟨Adj.⟩ *an einer Sucht leidend* **Süch|tig|keit** ⟨f., -, nur Sg.⟩

suckeln ⟨-k|k-; V.1, hat gesuckelt; mit Akk. oder o.Obj.⟩ *in kleinen Zügen saugen; Milch s.; an den Zitzen s.*

Su|cre ⟨m., -, -⟩ *Währungseinheit in Ecuador, 100 Centavos* [nach dem südamerik. General Antonio José de *Sucre* y de Alcalá]

Sud ⟨m.1⟩ **1** *aus einer Substanz herausgekochte Brühe* **2** *Brühe, in der etwas gekocht wird*

Süd ⟨m.1⟩ **1** ⟨nur Sg., o.Steig.; in geograph. Angaben⟩ →*Süden* **2** ⟨poet.⟩ *Südwind; ein warmer Süd*

süd|afri|ka|nisch ⟨Adj., o.Steig.⟩ **1** *den südlichen Teil Afrikas betreffend, zu ihm gehörig, aus ihm stammend; ~e Pflanzenwelt* **2** *die Republik Südafrika betreffend, zu ihr gehörig, aus ihr stammend; ~e Apartheidspolitik*

süd|ameri|ka|nisch ⟨Adj., o.Steig.⟩ *Südamerika betreffend, zu ihm gehörig, aus ihm stammend*

Su|da|ne|se ⟨m.11⟩ *Einwohner des Sudans*

su|da|ne|sisch ⟨Adj., o.Steig.⟩ **1** *den Sudan betreffend, zu ihm gehörig, aus ihm stammend* **2** *die Republik Sudan betreffend, zu ihr gehörig, aus ihr stammend*

Su|da|ti|on ⟨f.10⟩ *das Schwitzen* [< lat. *sudare* „schwitzen"]

Su|da|to|ri|um ⟨n., -s, -ri|en⟩ *Schwitzbad* [< lat. *sudatorium* „zum Schwitzen dienender Ort", < *sudare* „schwitzen" (zu *sudor* „Schweiß") und Suffix *...orium* zur Bezeichnung eines Behälters]

süd|deutsch ⟨Adj., o.Steig.⟩ **1** *den Süden Deutschlands betreffend, zu ihm gehörig, aus ihm stammend* **2** *auf Baden-Württemberg und Bayern bezogen*

Su|del ⟨m.5; schweiz.⟩ *flüchtiger Entwurf*

su|de|lig ⟨Adj.⟩ *flüchtig und unordentlich, unsauber;* auch: *sudlig; eine ~e Arbeit*

su|deln ⟨V.1, hat gesudelt; mit Akk. oder o.Obj.⟩ *flüchtig und unordentlich, unsauber arbeiten, kleckern*

Su|del|wet|ter ⟨n., -s, nur Sg.⟩ *schlechtes, nasses, unangenehmes Wetter*

Sü|den ⟨m., -s, nur Sg.⟩ **1** ⟨Abk.: S⟩ *zum Südpol weisende Himmelsrichtung;* auch: ⟨in geograph. Angaben⟩ *Süd;* auch: *Sud.* **2** *südlicher Teil, südliches Gebiet; im S. der Stadt; im S. Europas* **3** *die um das Mittelmeer liegenden Länder;* im wärmeren S.

Süd|frucht ⟨f.2⟩ *aus warmen Ländern importierte Frucht (z.B. Banane, Orange)*

Sud|haus ⟨n.4; in Brauereien⟩ *Raum, in dem die Würze gekocht wird*

Süd|län|der ⟨m.5⟩ *jmd., der aus einem Mittelmeerland stammt*

süd|län|disch ⟨Adj., o.Steig.⟩ *zu einem Mittelmeerland gehörend, aus ihm stammend*

süd|lich I ⟨Adj.⟩ **1** *im Süden (1) liegend; die ~en Teile des Landes* **2** *nach Süden zu; in ~er Richtung fahren* **3** *von Süden (1) ... kommend; ~e Luftströmung* **4** *zum Süden (2) gehörend; die ~en Länder* **II** ⟨Präp. mit Gen.⟩ *an der nach Süden gelegenen Seite; s. von Berlin; die Straße verläuft s. des Hauses*

Süd|licht ⟨n.3⟩ *in südlichen Zonen auftretendes Polarlicht*

sud|lig ⟨Adj.⟩ →*sudelig*

Süd|ost ⟨m.1⟩ **1** ⟨nur Sg., o.Art.; in geograph. Angaben⟩ →*Südosten (1)* **2** ⟨poet.⟩ *Südostwind*

Süd|osten ⟨m., -s, nur Sg.⟩ **1** ⟨Abk.: SO⟩ *Himmelsrichtung zwischen Süden und Osten;* auch: ⟨in geograph. Angaben⟩ *Südost* **2** *zwischen Süden und Osten gelegener Teil; im S. der Stadt*

Süd|pol ⟨m., -(e)s, nur Sg.⟩ **1** ⟨Geogr.⟩ *Schnittpunkt aller Meridiane in 90° südlicher Breite* **2** ⟨Astron.⟩ *Schnittpunkt der über den Südpol verlängerten Rotationsachse der Erde mit dem Himmelsgewölbe*

Süd|süd|ost ⟨m.1⟩ **1** ⟨nur Sg., o.Art.; in geograph. Angaben⟩ →*Südsüdosten (1)* **2** ⟨poet.⟩ *Südsüdostwind*

Süd|süd|osten ⟨m., -s, nur Sg.⟩ **1** ⟨Abk.: SSO⟩ *Himmelsrichtung zwischen Süden und Südosten;* auch: ⟨in geograph. Angaben⟩ *Südsüdost* **2** *zwischen Süden und Südosten gelegener Teil*

Süd|süd|west ⟨m.1⟩ **1** ⟨nur Sg., o.Art.; in geograph. Angaben⟩ →*Südsüdwesten (1)* **2** ⟨poet.⟩ *Südsüdwestwind*

Süd|süd|westen ⟨m., -s, nur Sg.⟩ **1** ⟨Abk.: SSW⟩ *Himmelsrichtung zwischen Süden und Südwesten;* auch: ⟨in geograph. Angaben⟩ *Südsüdwest* **2** *zwischen Süden und Südwesten gelegener Teil*

süd|wärts ⟨Adv.⟩ *nach Süden, im Süden*

Süd|wein ⟨m.1⟩ *schwerer, süßer Wein aus einem südlichen Land*

Süd|west ⟨m.1⟩ **1** ⟨nur Sg., o.Art.; in geograph. Angaben⟩ →*Südwesten (1)* **2** ⟨poet.⟩ *Südwestwind*

Süd|westen ⟨m., -s, nur Sg.⟩ **1** ⟨Abk.: SW⟩ *Himmelsrichtung zwischen Süden und Westen;* auch: ⟨in geograph. Angaben⟩ *Südwest* **2** *zwischen Süden und Westen gelegener Teil; im S. der Stadt*

Süd|wester ⟨m.5⟩ *wasserdichter Seemannshut mit breiter, hinten bis in den Nacken verlängerter Krempe*

Sue|be ⟨[sve-] m.11⟩ →*Swebe*

Suff ⟨m., -(e)s, nur Sg.; derb⟩ **1** *übermäßiges Trinken; sich dem (stillen) S. ergeben* **2** *Zustand des Betrunkenseins; etwas im S. sagen, tun* [zu *saufen*]

Süf|fel ⟨m.5; ugs., scherzh.⟩ *Säufer; du S.!*

süf|feln ⟨V.1, hat gesüffelt; mit Akk. oder o.Obj.; ugs.⟩ *genüßlich (Alkohol) trinken; seinen Wein s.; ich habe gestern zuviel gesüffelt*

süf|fig ⟨Adj.⟩ *angenehm zu trinken; ~es Bier*

Süf|fi|sance ⟨[-zãs] f., -, nur Sg.⟩ *Dünkel, Selbstgefälligkeit, überheblicher Spott*

süf|fi|sant ⟨Adj., -er, am -esten⟩ *dünkelhaft, selbstgefällig, spöttisch-überheblich; s. lächeln* [< frz. *suffisant* „selbstgefällig, dünkelhaft", eigtl. „genügend, hinlänglich", zu *suffire* „genügen", < lat. *sufficere* „genügend zu Gebote stehen, ausreichen"]

Suf|fix ⟨auch [suf-] n.1⟩ *Nachsilbe, z.B. ...lich, ...keit* [< lat. *suffixum* „das an oder unter etwas Geheftete", zu *suffigere* „daran-, darunterheften", < *suf...* (in Zus. vor f für *sub*) „unter, an" und *figere* „befestigen"]

suf|fi|zi|ent ⟨Adj., o.Steig.⟩ **1** *ausreichend, genügend* **2** ⟨Med.⟩ *ausreichend leistungsfähig;* Ggs. *insuffizient (2)*

Suf|fi|zi|enz ⟨f.10⟩ **1** *genügende Fähigkeit* **2** ⟨Med.⟩ *ausreichende Leistungsfähigkeit;* Ggs. *Insuffizienz (1)* [< lat. *sufficiens* „ausreichend, genügend", zu *sufficere* „ausreichen, genügend darbieten"]

Suf|fra|gan ⟨m.1; kath. Kirche⟩ *einem Erzbischof unterstehender Diözesanbischof* [< mlat. *suffraganeus,* zu lat. *suffragium* „Unterstützung, Hilfe", zu *suffragari* „beistehen, unterstützen, durch seine Stimme begünstigen"]

Suf|fra|get|te ⟨f.11⟩ *seit 1840 in England und den USA⟩ Kämpferin für die Gleichberechtigung der Frauen* [< frz. *suffragette* „Stimmrechtlerin", zu *suffrage* „Wahlstimme", < lat. *suffragium* „Abstimmung", < *suf...* (in Zus. vor f für *sub*) „unter" und *fragor* „lauter Beifall, laute Zustimmung"]

Suf|fra|gi|um ⟨n., -s, -gi|en, †⟩ **1** *Stimmrecht* **2** *Abstimmung*

Suf|fu|si|on ⟨f.10⟩ *Blutaustritt größeren Ausmaßes unter der Haut;* vgl. *Sugillation* [< lat. *suffusio,* Gen. *-onis,* „das Darunterießen", zu *suffundere* „etwas unten eingießen"]

Su|fi ⟨m.9⟩ *Anhänger des Sufismus;* Syn. *Sufist*

Su|fis|mus ⟨m., -, nur Sg.⟩ *asketisch-mystische Richtung des Islams* [< arab. *ṣūfī* „mit einem Gewand aus Wolle bekleidet", zu *ṣūf* „Wolle", nach den wollenen Gewändern, mit denen sich bes. die Derwische und Mystiker bekleiden]

Su|fist ⟨m.10⟩ →*Sufi*

sug|ge|rie|ren ⟨V.3, hat suggeriert; mit Dat. und Akk.⟩ *jmdm. etwas s. jmdm. etwas einreden; er hat ihm suggeriert, er müsse unbedingt ...* [< lat. *suggerere* „unter der Hand beibringen, eingeben, zuführen, unterbringen", eigtl. „von unten heranbringen, herantragen", < *sug...* (in Zus. vor g für *sub*) „von unten" und *gerere* „tragen"]

sug|ge|sti|bel ⟨Adj., suggestibler, am -sten⟩ *leicht beeinflußbar*

Sug|ge|sti|bi|li|tät ⟨f., -, nur Sg.⟩ *Beeinflußbarkeit*

Sug|ge|sti|on ⟨f.10⟩ *Beeinflussung, Willensübertragung*

sug|ge|stiv ⟨Adj.⟩ *beeinflussend, (auf den andern) stark einwirkend* [< lat. *suggestio* „Eingebung, Einflüsterung", zu *suggerere,* →*suggerieren*]

Sug|ge|stiv|fra|ge ⟨f.11⟩ *Frage, die dem andern die Antwort in den Mund legt*

Sug|ge|sti|vi|tät ⟨f., -, nur Sg.⟩ *Fähigkeit, jmdn. zu beeinflussen*

Su|gil|la|ti|on ⟨f.10⟩ *Blutaustritt geringeren Ausmaßes unter der Haut;* vgl. *Suffusion*

[< lat. *sugillatio*, Gen. *-onis*, „blauer Fleck (durch Schlag oder Stoß)", zu *sugillare* „schlagen, so daß blaue Flecke entstehen, grün und blau schlagen"]

Suh|le ⟨f.11⟩ Schlammbad von Wild (bes. Wildschweinen und Rothirschen)

suh|len ⟨V.1, hat gesuhlt; refl.⟩ sich s. *sich in einer Suhle wälzen; der Hirsch, das Wildschwein suhlt sich; er suhlt sich in schlechten Witzen* ⟨übertr.⟩ *er erzählt und hört mit Vergnügen schlechte Witze*

Süh|ne ⟨f.11⟩ *Buße, Vergeltung für ein begangenes Unrecht;* jmdm. eine S. auferlegen; S. leisten

Süh|ne|geld ⟨n.3⟩ *Geld, das als Sühne zu zahlen ist*

süh|nen ⟨V.1, hat gesühnt; mit Akk.⟩ *etwas s. etwas wiedergutmachen, einen Ausgleich für etwas schaffen; ein Unrecht s.*

Süh|ne|op|fer ⟨n.5⟩ *Opfer, mit dem ein Unrecht bei den Göttern gesühnt werden soll*

Süh|ne|rich|ter ⟨m.5⟩ *Richter in einem Sühneverfahren*

Süh|ne|ter|min ⟨m.1⟩ *Termin eines Sühneversuchs*

Süh|ne|ver|fah|ren ⟨n.7⟩ *einer förmlichen Gerichtsverhandlung vorausgehendes Gerichtsverfahren zur gütlichen Beilegung eines Streits*

Süh|ne|ver|such ⟨m.1⟩ *Versuch eines Gerichts, die streitenden Parteien zu einer gütlichen Einigung zu veranlassen*

sui ge|ne|ris *von seiner eigenen Art, durch sich selbst eine Klasse bildend, einzig, besonders* [lat.]

Sui|te ⟨[syit(ə)] f.11⟩ 1 *militärisches oder fürstliches Gefolge* 2 *Musikstück aus mehreren Tanzsätzen in der gleichen Tonart, Partita* 3 ⟨†⟩ *Zimmerflucht* 4 ⟨in Hotels⟩ *zwei Einzelzimmer mit gemeinsamem Bad* [< frz. *suite* „das Folgen; Reihe, Folge, Gefolge; Zusammenhang, Ordnung", zu *suivre* ⟨r⟩, „folgen"]

Sui|zid ⟨m.1⟩ → *Selbstmord* [< lat. *sui* (Gen. von *suus*) „seiner selbst, der eigenen Person" und *caedes* „das Töten", zu *caedere* „töten, erschlagen"]

Su|jet ⟨[syʒɛ] n.9⟩ *Gegenstand, Thema (einer künstlerischen Darstellung* [< frz. *sujet* „Person, Mensch, Gegenstand, Thema, Satzgegenstand, Subjekt", < lat. *subiectus*, → *Subjekt*]

Suk|ka|de ⟨f.11⟩ *kandierte Schale von Zitrusfrüchten (z.B. Orangeat, Zitronat)* [< mittelfrz. *succade*, zu *sucer* „Zucker"]

Suk|ku|bus ⟨m., -, -ku|ben; im Volksglauben des MA⟩ *mit einem Mann buhlende Hexe;* auch: *Succubus;* Ggs. *Inkubus* (2) [< lat. *succuba* „Beischläferin", < *suc...* (in Zus. vor c für *sub*) „unten, unter" und *cubare* „liegen"]

suk|ku|lent ⟨Adj., -er, am -esten; Biol.⟩ *saftig, fleischig* [< lat. *suc(c)ulentus* „saftreich", zu *sucus* „Saft", zu *sugere* „saugen"]

Suk|ku|len|te ⟨f.11⟩ *Pflanze mit Sukkulenz;* Syn. *Fettpflanze*

Suk|ku|lenz ⟨f., -, nur Sg.; Bot.⟩ *Bildung fleischig-saftigen Wasserspeichergewebes an trockenen Standorten* [zu *sukkulent*]

Suk|kurs ⟨m., -es, nur Sg.; †⟩ *Unterstützung, Hilfe*

suk|ze|die|ren ⟨V.3, hat sukzediert; mit Akk.; †⟩ *jmdm. s. jmdm. (im Amt) nachfolgen* [< lat. *succedere* „nachfolgen"]

Suk|zes|si|on ⟨f.10⟩ 1 *Rechtsnachfolge, Thronfolge* 2 *Aufeinanderfolge verschiedener Pflanzengesellschaften am selben Ort* [zu *sukzedieren*]

Suk|zes|si|ons|krieg ⟨m.1⟩ *Erbfolgekrieg*

Suk|zes|si|ons|staat ⟨m.12⟩ *Staat, der auf dem Gebiet eines aufgelösten Staates neu gegründet wird*

suk|zes|siv ⟨Adj., o.Steig.⟩ *allmählich, schrittweise;* ~e Steigerung, Veränderung

suk|zes|si|ve ⟨Adv.⟩ *allmählich (eintretend), nach und nach; etwas geht s. vor sich*

[< mlat. *successivus* „folgend, aufeinander-, nachfolgend", < lat. *succedere* „nachfolgen"]

Sul|fat ⟨n.1⟩ *Salz der Schwefelsäure* [zu *Sulfur*]

Sul|fid ⟨n.1⟩ *Salz der Schwefelwasserstoffsäure* [zu *Sulfur*]

Sul|fit ⟨n.1⟩ *Salz der schwefligen Säure* [zu *Sulfur*]

Sul|fon|amid ⟨n.1⟩ *chemische Verbindung mit bakterienhemmender Wirkung* [< *Sulfur* und *Amid*]

Sul|fur ⟨n., -s, nur Sg.⟩ → *Schwefel* [< lat. *sulphur, sulpur* „Schwefel", weitere Herkunft nicht bekannt]

Sul|ky ⟨auch [sal-] n.9⟩ *zweirädriger, einspänniger Wagen für Trabrennen* [< engl. *sulky* „landwirtschaftliches Fahrzeug für nur eine Person, leichter, zweirädriger Wagen für eine Person", zum Adj. *sulky* „mürrisch und in sich gekehrt, sich von andern absondernd, nicht gelaunt, mit andern zu sprechen"; ein *Sulky* ist also eigtl. ein Gefährt für jmdn., der für sich sein will]

Sul|tan ⟨m.1; Titel für⟩ *mohammedanischer Herrscher* [< arab. *sulṭān* „Kraft, Gewalt, Herrschaft, Regierung, Herrscher", aramäisch *šulṭānā* „Macht, Machthaber", zu *šlaṭ* „herrschen"]

Sul|ta|nat ⟨n.1⟩ *Herrschaft und Herrschaftsgebiet eines Sultans*

Sul|ta|ni|ne ⟨f.11⟩ *getrocknete Beere der kleinen, zarthäutigen, kernlosen, in Kleinasien gezogenen Sultana-Traube* [weil sie als besonders feine und edle Traube „fürstliche" oder „königliche" Traube genannt wurde, zu *Sultan*]

Sulz ⟨f.10; oberdt.⟩ → *Sülze*

Sul|ze ⟨f.11⟩ *Salzleckstein für Wild* [zu *Salz*]

Sül|ze ⟨f.11⟩ *Fleisch oder Fisch in saurer Gallerte;* auch: ⟨oberdt.⟩ *Sulz* [zu *Salz*]

sul|zen ⟨V.1, hat gesulzt; oberdt.⟩ → *sülzen* (I)

sül|zen ⟨V.1, hat gesülzt⟩ I ⟨mit Akk.⟩ *zu Sülze verarbeiten;* auch: ⟨oberdt.⟩ *sulzen* II ⟨mit Akk.; übertr., landsch.⟩ *dummes Zeug daherreden*

Sulz|schnee ⟨m., -s, nur Sg.⟩ *nasser, körniger, schwerer Schnee*

Su|mach ⟨m.1⟩ *nordamerikanisches Holzgewächs mit Steinfrüchten, das Gerbstoff liefert (z.B. der Essigbaum),* auch: *Name einer ähnlichen Pflanze* [< arab. *summāq,* Name einer ähnlichen Pflanze]

Su|me|rer ⟨m.5⟩ *Einwohner von Sumer, des alten Babylonien*

su|me|risch ⟨Adj., o.Steig.⟩ *zu den Sumerern gehörig, von ihnen stammend*

Sum|ma ⟨f., -, -men⟩ 1 ⟨in der Scholastik⟩ *zusammenfassende Darstellung eines theologisch-philosophischen Lehrsystems* 2 ⟨†; Abk.: Sa.⟩ *Summe*

sum|ma cum lau|de *mit höchstem Lob, ausgezeichnet (beste Note bei akademischen Prüfungen);* vgl. *magna cum laude* [lat.]

Sum|mand ⟨m.10⟩ *Zahl, die zu einer anderen hinzugezählt werden soll;* Syn. *Addend* [zu *summieren*]

sum|ma|risch ⟨Adj.⟩ *kurz zusammengefaßt, bündig;* einen Sachverhalt s. darlegen; ein Thema etwas s. behandeln *ein Thema allzu kurz, etwas oberflächlich behandeln* [< lat. *summarium* „kurzgefaßter Inhalt, die Hauptpunkte einer Sache", zu *summa* „Gesamtheit, Höhe-, Hauptpunkt"; das Oberste, Höchste"]

sum|ma sum|ma|rum *alles in allem, insgesamt* [lat., „die Summe der Summen"]

Sum|ma|ti|on ⟨f.10⟩ *Bildung einer Summe, Zusammenrechnung*

Sum|me ⟨f.11⟩ 1 *Ergebnis einer Zusammenzählung* 2 *Geldbetrag* [< lat. *summa* „Gesamtheit, Gesamtzahl"]

sum|men ⟨V.1⟩ I ⟨o.Obj.⟩ 1 ⟨hat gesummt⟩ *ein anhaltendes, ziemlich tiefes, dumpfes, leicht vibrierendes Geräusch von sich geben;* eine Biene summt; die Heizung summt 2 ⟨ist gesummt⟩ *mit einem solchen Geräusch fliegen;* auch: *sumsen;* eine Fliege summt mir um den Kopf II ⟨mit Akk.; hat gesummt⟩ *mit geschlossenem Mund singen;* eine Melodie s.

Sum|men|ver|si|che|rung ⟨f.10⟩ *Versicherung, bei der nach Eintritt des Schadensfalles eine vorher vereinbarte Summe ohne Rücksicht auf die Höhe des Schadens ausgezahlt wird*

Sum|mer ⟨m.5⟩ *Gerät zum Erzeugen eines summenden Geräusches;* der S. an der Haustüre

Sum|mer|zei|chen ⟨n.7⟩ *Signal eines Summers*

sum|mie|ren ⟨V.3, hat summiert⟩ I ⟨mit Akk.⟩ *zusammenzählen, zusammenrechnen* II ⟨refl.⟩ sich s. *allmählich anwachsen, sich ansammeln;* auch kleine Beträge, Kleinigkeiten s. sich [zu *Summe*]

Sum|mie|rung ⟨f., -, nur Sg.⟩ *das Summieren, das Sichsummieren*

Sum|mum bo|num ⟨n., - -, nur Sg.⟩ *höchstes Gut, höchster Wert* [lat.]

Sum|mus Epi|sco|pus ⟨m., - -, nur Sg.⟩ 1 *höchster Bischof, der Papst* 2 ⟨bis 1918⟩ *der Landesherr als Oberhaupt der evangelischen Landeskirche*

Su|mo ⟨n., -(s), nur Sg.⟩ *japanischer Ringkampf* [japan.]

Sumpf ⟨m.2⟩ 1 *von Wasser durchtränktes Gelände (mit eigener Pflanzenwelt)* 2 ⟨Bgb.⟩ *tiefster Teil eines Schachtes, in dem das Grubenwasser gesammelt und abgepumpt wird*

Sumpf|bi|ber ⟨m.5⟩ → *Nutria*

Sumpf|blü|te ⟨f.11; übertr., ugs.⟩ *negative Erscheinung im moralischen Bereich, die ~n der Korruption*

Sumpf|deckel|schnecke ⟨-k|k-; f.11⟩ *größte Süßwasserschnecke Mitteleuropas, die ihr Gehäuse mit hornigem Deckel verschließen kann*

Sumpf|dot|ter|blu|me ⟨f.11⟩ *auf Sumpfwiesen wachsendes, leuchtendgelbes, glänzendes Hahnenfußgewächs*

sump|fen ⟨V.1, hat gesumpft; o.Obj.; ugs.⟩ *die Nacht durch sich vergnügen und viel Alkohol trinken*

Sumpf|fie|ber ⟨n., -s, nur Sg.⟩ → *Malaria*

Sumpf|gas ⟨n.1⟩ → *Grubengas*

Sumpf|huhn ⟨n.4⟩ 1 *versteckt an pflanzenreichen Ufern von Binnengewässern lebende Ralle* 2 ⟨ugs., scherzh.⟩ *der viel sumpft*

sump|fig ⟨Adj.⟩ *wie Sumpf;* ~er Boden

Sumpf|ohr|eu|le ⟨f.11⟩ *(u.a. in Sümpfen vorkommende) bodenbrütende Eule mit kurzen Federohren*

Sumpf|schnep|fe ⟨f.11⟩ → *Bekassine*

Sums ⟨m., -es, nur Sg.; ugs.⟩ *Aufhebens, großes Gerede; viel S. um jmdn. oder etwas machen*

sum|sen ⟨V.1, ist gesumst⟩ → *summen* (2)

Sund ⟨m.1⟩ → *Meerenge*

Sün|de ⟨f.11⟩ 1 *Übertretung einer religiösen Vorschrift;* ein Kind der S. ⟨†⟩ *ein uneheliches Kind;* eine S. begehen, vergeben; in S. fallen; in S. leben ⟨†⟩ *ohne Ehe zusammenleben;* faul wie die S. ⟨ugs.⟩ *sehr faul;* etwas meiden wie die S. *etwas unbedingt vermeiden* 2 ⟨allg.⟩ *Verstoß gegen moralische oder ethische Vorschriften;* eine S. gegen, wider die Natur; eine S. begehen; das ist doch nicht so schlimm! 3 *Fehltritt* ⟨Jugend~⟩; seine früheren ~n beichten

Sün|den|be|kennt|nis ⟨n.1⟩ *Bekenntnis seiner früheren Sünden, Beichte*

Sün|den|bock ⟨m.2; ugs.⟩ *jmd., dem die Schuld für etwas zugeschoben wird;* den S. spielen; zum S. machen

Sün|den|fall ⟨m., -(e)s, nur Sg.⟩ *erste Übertretung eines göttlichen Gebotes durch Adam und Eva*

Sün|den|geld ⟨n.3⟩ 1 ⟨früher⟩ *Ablaß*

Sündenkonto

2 ⟨übertr., ugs.⟩ *sehr viel, zu viel Geld;* das kostet ein S.

Sün|den|kon|to ⟨n., -s, -s oder -ten oder -ti⟩ *Verzeichnis von jmds. Sünden, Verfehlungen;* Syn. *Sündenregister;* das geht auf dein S.!

Sün|den|last ⟨f.10⟩ *seelische Belastung aufgrund begangener Sünden*

Sün|den|pfuhl ⟨m.1⟩ *Ort, Stätte eines sündhaften, liederlichen Lebens, der Ausschweifung*

Sün|den|re|gi|ster ⟨n.5; ugs.⟩ → *Sündenkonto*

Sün|der ⟨m.5⟩ *jmd., der eine Sünde, ein Unrecht begangen hat;* den S. ertappen; ein reuiger S.

Sün|der|mie|ne ⟨f.11⟩ *Gesicht, das Schuld ausdrückt*

Sünd|flut ⟨f., -, nur Sg.; unrichtig für⟩ *Sintflut;* nach mir die S.! *was nach mir kommt, ist mir gleichgültig* [in Anlehnung an *Sünde* volksetymologisch umgedeutet]

sünd|haft ⟨Adj., -er, am -esten⟩ **1** *gegen ein göttliches Gebot, gegen die Moral verstoßend;* Syn. *sündig;* ~e Gedanken; ein ~es Leben führen **2** ⟨ugs.⟩ *sehr viel, sehr hoch;* das kostet ein ~es Geld; das ist s. teuer **Sünd|haf|tig|keit** ⟨f., -, nur Sg.⟩

sün|dig ⟨Adj.⟩ → *sündhaft (1)*

sün|di|gen ⟨V.1, hat gesündigt; o.Obj.⟩ *eine Sünde begehen*

Sun|na ⟨f., -, nur Sg.⟩ *Sammlung von Aussprüchen Mohammeds, neben dem Koran Glaubensgrundlage des Islams*

Sun|nit ⟨m.10⟩ *Anhänger der Sunna;* vgl. *Schiit*

su|pen ⟨V.1, hat gesupt; mit Akk., auch o.Obj.; ndd.⟩ *saufen* (bes. Alkohol)

super ⟨Adj., o.Steig., o.Dekl.; ugs.⟩ *vorzüglich, sehr gut;* das ist s.!

Su|per I ⟨n., -s, nur Sg.⟩ *Benzin mit einer Oktanzahl zwischen 96 und 100* **II** ⟨m.5; kurz für⟩ → *Superhet*

su|per..., Su|per... ⟨in Zus.⟩ *ober..., Ober..., über..., Über...,* ⟨ugs.⟩ *sehr,* z.B. superklug [lat.]

Su|per|ar|bi|tri|um ⟨n., -s, -tri|en; österr.⟩ *endgültige Entscheidung*

su|perb, sü|perb ⟨Adj.⟩ *vorzüglich, ausgezeichnet* [< frz. *superbe* „sehr schön, prächtig, prachtvoll", < lat. *superbus* „ausgezeichnet, hervorragend", eigtl. „sich erhebend (über anderes)", zu *super* „oben, darüber"]

Su|per|ego ⟨n.9; Psych.⟩ *„Über-Ich", innere Kontrollinstanz des Menschen, Gewissen*

su|per|fi|zi|ell ⟨Adj., o.Steig.; Med.⟩ *an der Oberfläche liegend, oberflächlich* [< lat. *superficialis* „oberflächlich", zu *superficies* „Oberfläche, Oberteil", < *super* „oben" und *facies* „das Äußere, Außenseite"]

Su|per|het ⟨m.9; Kurzw. für⟩ *Superheterodynempfänger, Radioempfangsgerät, das durch einen speziellen Schwingkreis eine bes. gute Trennschärfe hat;* auch: ⟨kurz⟩ *Super;* Syn. *Überlagerungsempfänger* [< *super...* und griech. *heteros* „verschieden" (und *dynamos* „Kraft"]

Su|per|in|fek|ti|on ⟨f.10⟩ *nochmalige Infektion mit den gleichen Erregern* [< *Super...* und *Infektion*]

Su|per|in|ten|dent ⟨m.10; evang. Kirche⟩ *Vorsteher eines Kirchenkreises;* Syn. *Dekan* [< kirchenlat. *superintendens,* Gen. *-entis,* Part. Präs. von *superintendere* „die Aufsicht haben", < *super* „von oben, über" und *intendere* „lenken, wenden, richten"]

Su|per|in|ten|den|tur ⟨f.10⟩ *Amt und Amtsräume des Superintendenten*

Su|pe|ri|or ⟨m.13; kath. Kirche⟩ *Vorsteher eines Klosters oder Ordens*

Su|pe|rio|ri|tät ⟨f., -, nur Sg.⟩ *Überlegenheit, Übergewicht* [< lat. *superior* „höher, andere übertreffend", Komparativ von *superus* „oben, oberer", zu *super* „oben, darauf, darüber"]

Su|per|kar|go ⟨m.9⟩ *vom Absender bevollmächtigter Begleiter und Kontrolleur einer Fracht*

Su|per|la|tiv ⟨m.1⟩ **1** ⟨Gramm.⟩ *zweite Steigerungsstufe, Höchst-, Meiststufe,* z.B. am schönsten; vgl. *Komparativ, Positiv* (1) **2** ⟨allg.⟩ *übertreibender Ausdruck* **3** *etwas nicht zu Überbietendes;* ein Fest der ~e [< lat. *superlativus* in ders. Bed. (1), zu *superlatus* „übertrieben", zu *superferre* „darüber (hinaus) tragen, bringen"]

su|per|la|ti|visch ⟨Adj., o.Steig.⟩ **1** ⟨Gramm.⟩ *zum Superlativ gehörig* **2** ⟨allg.⟩ *übertrieben*

Su|per|la|ti|vis|mus ⟨m., -, nur Sg.⟩ *übertriebene Verwendung von Superlativen*

Su|per|macht ⟨f.2⟩ *Großmacht, die die Vorherrschaft über einen großen Bereich der Erde ausübt*

Su|per|markt ⟨m.2⟩ *großes Geschäft mit Selbstbedienung und etwas niedrigeren Preisen* (besonders für Lebensmittel)

Su|per|na|tu|ra|lis|mus ⟨m., -, nur Sg.⟩ → *Supranaturalismus*

su|per|na|tu|ra|li|stisch ⟨Adj., o.Steig.⟩ → *supranaturalistisch*

Su|per|no|va ⟨f., -, -vae [-vɛ:]; Astron.⟩ *Nova von überragender Helligkeit* [< *Super...* und *Nova*]

Su|per|oxid ⟨n.1⟩ → *Peroxid* [< *Super...* und *Oxid*]

Su|per|phos|phat ⟨n.1⟩ *ein Phosphordünger* [< *Super...* und *Phosphat*]

Su|per|re|vi|si|on ⟨f.10⟩ *erneute Überprüfung*

Su|per|strat ⟨n.1⟩ *Sprache eines Eroberervolkes, die diejenige des besiegten Volkes überlagert und zugleich von ihr beeinflußt wird;* Ggs. *Substrat (3)*

Su|per|vi|si|on ⟨f.10⟩ *Kontrolle, Aufsicht, Leitung*

Su|pi|num ⟨n., -s, -na; im Lateinischen⟩ *substantivische Verbalform,* z.B. lectum „um zu lesen"

Süpp|chen ⟨n.7; Verkleinerung von⟩ *Suppe;* sein S. am Feuer anderer kochen ⟨ugs.⟩ *andere ausnutzen;* sein eigenes S. kochen ⟨ugs.⟩ *egoistische Ziele verfolgen*

Sup|pe ⟨f.11⟩ **1** *(meist warme, würzige) flüssige Speise;* einen Teller S. essen; die S. auslöffeln, die man sich eingebrockt hat ⟨ugs.⟩ *die Folgen seiner Handlungsweise tragen;* da hast du dir eine schöne S. eingebrockt; da hast du etwas sehr Unüberlegtes getan; jmdm. in die S. spucken ⟨ugs.⟩ *jmds. Plan, Absichten verhindern oder behindern;* jmdm. in die S. fallen ⟨ugs.⟩ *jmdn. unangemeldet besuchen, während er beim Essen sitzt* **2** ⟨übertr., ugs.⟩ *dichter Nebel* **3** ⟨übertr., ugs.⟩ *Schneematsch* [< frz. *soupe* „Fleischbrühe", zu ndd. *supen* „saufen"]

Sup|pe|da|ne|um ⟨n., -s, -nea⟩ *Fußstütze,* (bes.) *Stützleiste unter den Füßen des gekreuzigten Christus* [lat., „das in Fußgröße unter die Füße Gesetzte", < *sup...* (in Zus. vor p für *sub*) „unten, unter" und *pedaneus* „Fußbreit, Fußmaß", zu *pes, pedis,* „Fuß"]

sup|pen ⟨V.1, hat gesupt; o.Obj.⟩ **1** *sehr naß sein (so daß es tropft);* ~de Kleidung **2** *Flüssigkeit absondern;* die Wunde suppt

Sup|pen|fleisch ⟨n., -(e)s, nur Sg.⟩ *Rindfleisch zum Kochen (für eine Suppe)*

Sup|pen|grün ⟨n., -s, nur Sg.⟩, **Sup|pen|grü|ne(s)** ⟨n.17 oder 18; österr.⟩ *(zusammengeschnürtes) kleines Bündel aus Lauch, Möhren, einem Stück Sellerieknolle, Petersilie, das in der Suppe mitgekocht wird;* Syn. *Wurzelwerk*

Sup|pen|huhn ⟨n.4⟩ *altes Huhn zum Kochen (für eine Suppe)*

Sup|pen|kas|per ⟨m.5; ugs.⟩ *Kind, das keine Suppe oder allgemein sehr wenig ißt*

sup|pig ⟨Adj.⟩ *wie Suppe, flüssig;* ~er Schneematsch

Sup|ple|ant ⟨m.10; schweiz.⟩ *Stellvertreter (in einer Behörde)* [< frz. *suppléant* „Stellvertreter", zu *suppléer* „ersetzen"]

Sup|ple|ment ⟨n.1⟩ *Ergänzung, Nachtrag, Anhang (zu einem Schriftwerk)* [< lat. *supplementum* „Ergänzung, Verstärkung", zu *supplere* „ergänzen, voll machen", < *sup...* (in Zus. vor p für *sub*) „von unten" und *plenus* „voll"]

sup|ple|men|tär ⟨Adj., o.Steig.⟩ *ergänzend*

Sup|ple|ment|band ⟨m.2⟩ *Ergänzungsband*

Sup|ple|ment|win|kel ⟨m.5⟩ *Winkel, der einen anderen zu 180° ergänzt;* Syn. *Ergänzungswinkel;* vgl. *Komplementwinkel*

Sup|plik ⟨f.10; †⟩ *Bittgesuch*

Sup|pli|kant ⟨m.10; †⟩ *Bittsteller*

sup|pli|zie|ren ⟨V.3, hat suppliziert; o.Obj.; †⟩ *ein Bittgesuch einreichen, (inständig) bitten* [< lat. *supplicare* „sich demütigen, jmdn. flehentlich bitten"]

sup|po|nie|ren ⟨V.3, hat supponiert; mit Akk.⟩ *voraussetzen, annehmen* [< lat. *supponere* „darunterstellen, -setzen, -legen", < *sup...* (in Zus. vor p für *sub*) „unter" und *ponere* „stellen usw."]

Sup|port ⟨m.1; an Werkzeugmaschinen⟩ *Vorrichtung zum Halten und Führen des Werkstücks*

Sup|po|si|ti|on ⟨f.10⟩ *Voraussetzung, Annahme*

Sup|po|si|to|ri|um ⟨n., -s, -ri|en⟩ → *Zäpfchen (3)* [< lat. *suppositorium* „das Untergesetzte, Unterlage", zu *supponere* „darunter legen"]

Sup|po|si|tum ⟨n., -s, -ta; †⟩ *das Vorausgesetzte, Angenommene*

Sup|pres|si|on ⟨f.10; Med.⟩ *Unterdrückung, Verheimlichung* [< lat. *suppressio,* Gen. *-onis,* „Unterdrückung", zu *supprimere* „unterdrücken"]

sup|pres|siv ⟨Adj., o.Steig.; Med.⟩ *unterdrückend, zurückdrängend*

sup|pri|mie|ren ⟨V.3, hat supprimiert; mit Akk.⟩ *unterdrücken, zurückdrängen* [< lat. *supprimere* „unterdrücken"]

su|pra..., Su|pra... ⟨in Zus.⟩ *ober..., Ober..., über..., Über...* [< lat. *supra* „oben, über"]

Su|pra|lei|ter ⟨m.5⟩ *Stoff, der bei gewisser, sehr geringer Temperatur keinen meßbaren elektrischen Widerstand mehr aufweist* [< *Supra...* und *Leiter*]

su|pra|na|tio|nal ⟨Adj., o.Steig.⟩ *übernational, überstaatlich*

Su|pra|na|tu|ra|lis|mus ⟨m., -, nur Sg.⟩ *über die Natur und das Natürliche hinausgehende Denkweise, Glaube an Übernatürliches, bes. an eine übernatürliche göttliche Offenbarung;* auch: *Supernaturalismus*

su|pra|na|tu|ra|li|stisch ⟨Adj., o.Steig.⟩ *zum Supranaturalismus gehörig, auf ihm beruhend;* auch: *supernaturalistisch*

Su|pra|port ⟨n.1⟩, **Su|pra|por|te** ⟨f.11⟩ → *Sopraporte*

Su|pre|mat ⟨m.1 oder n.1⟩, **Su|pre|ma|tie** ⟨f.11⟩ **1** *Oberherrschaft (des Papstes)* **2** *Überordnung, Vorrang* [< lat. *supremus* „der Oberste" zu *superus* „oben, der obere", zu *super* „oben, darauf, darüber"]

Su|re ⟨f.11⟩ *Abschnitt, Kapitel des Korans*

sur|fen ⟨[sə-] V.1, hat gesurft [-sə:ft]; o.Obj.⟩ **1** *Surfriding betreiben* **2** *Windsurfen betreiben*

Surfing [sə-], **Surf|ri|ding** ⟨[səfraɪ] n., -s, nur Sg.⟩ *Wellenreiten auf einem Brett über die Brandung;* vgl. *Windsurfen* [< engl. *to surf* „wellenreiten", zu *surf* „Brandung"]

Sur|haxl ⟨n.14; bayr.⟩ *Eisbein* [zu *einsuren* „pökeln" und *Haxe*]

Sur|plus ⟨frz. [syrply], engl. [səpləs] m., -, -⟩ *Überschuß, Gewinn* [< frz. *surplus,* „Überschuß, über eine bestimmte Menge hinaus Vorhandene, Überschuß", < *sur* „über" und *plus* „mehr"]

Sur|rea|lis|mus ⟨m., -, nur Sg.; seit etwa 1917⟩ *künstlerische Richtung, die das Über-*

wirkliche, Traumhafte, Unbewußte darzustellen sucht [< frz. *surréalisme* < *sur* „über" und *réalisme* „Realismus"]

Sur|rea|list 〈m.10〉 *Anhänger, Vertreter des Surrealismus*

sur|rea|lis|tisch 〈Adj.〉 *zum Surrealismus gehörig, traumhaft, unwirklich*

sur|ren 〈V.1; o.Obj.〉 **1** 〈hat gesurrt〉 *ein anhaltendes, metallisch summendes Geräusch von sich geben* **2** 〈ist gesurrt〉 *sich mit einem solchen Geräusch fortbewegen; ein Flugzeug surrte über unsere Köpfe*

Sur|ro|gat 〈n.1〉 *Ersatz, Behelf, Ersatzstoff* [< lat. *surrogatum* „das anstelle eines anderen Gewählte, Gesetzte", zu *surrogare*, *subrogare* „statt eines anderen wählen, (ein Gesetz) ergänzen"]

Sur|ro|ga|ti|on 〈f.10〉 *Ersatz, Austausch eines Vermögenswertes gegen einen anderen, der denselben Rechtsverhältnissen unterliegt*

Sur|sum cor|da! *Empor die Herzen!* 〈Anfangsworte der Präfation in der kath. Messe〉 [lat.]

su|spekt 〈Adj., -er, am -esten〉 *verdächtig, zweifelhaft* [< lat. *suspectus* „verdächtig" sowie (als Substantiv) „das Hinaufschauen, Bewunderung, Verehrung", zu *suspicere* „hinaufschauen, von unten her ansehen"]

sus|pen|die|ren 〈V.3, hat suspendiert; mit Akk.〉 **1** *(bis auf weiteres) des Amtes entheben, aus dem Amt entlassen;* einen Beamten, (bes.) einen Geistlichen s. **2** *(zeitweilig) aufheben;* eine Vorschrift s. **3** 〈Chem.〉 *in einer Flüssigkeit fein verteilen;* kleinste Teilchen s. **4** 〈Med.〉 *schwebend aufhängen;* ein gebrochenes Bein s. [< lat. *suspendere* „aufhängen, schweben lassen", übertr. „in Ungewißheit versetzen", dann „unterbrechen, unentschieden lassen"]

Sus|pen|si|on 〈f.10〉 **1** *das Suspendieren, Aufhebung, (zeitweilige) Entlassung* **2** 〈Chem.〉 *Verteilung sehr kleiner Teilchen in einer Flüssigkeit* [zu *suspendieren*]

sus|pen|siv 〈Adj., o.Steig.〉 *aufhebend, aufschiebend*

Sus|pen|so|ri|um 〈n., -s, -ri|en〉 **1** *Tragverband, Armschlinge* **2** *Tragbeutel (für den Hodensack)* [zu *suspendieren* und lat. *...orium* als Bez. für einen Behälter]

süß 〈Adj., -er, am -esten〉 **1** *wie Zucker oder Honig schmeckend;* ~er Kuchen; das ist mir zu s. **2** *(im Geruch) diesem Geschmack entsprechend;* ~e Düfte, die Rose duftet s. **3** 〈übertr.〉 *anziehend, so, daß man es gern haben muß, hübsch anzusehen, nett, lieb im Wesen;* ein ~es Kind; das ist s. von dir! 〈ugs.〉 *das ist lieb, nett von dir* **4** 〈ugs.〉 *reizend, sehr hübsch;* ein ~es Kleid; eine ~e Wohnung; ein ~es Kinderbuch **5** *nicht mühsam, sehr angenehm;* das ~e Leben; das ~e Nichtstun **6** *ungekünstelt, freundlich;* ~es Lächeln; ~e Reden führen

Sü|ße 〈f., -, nur Sg.〉 *das Süßsein, süße Beschaffenheit, süßer Geschmack*

sü|ßen 〈V.1, hat gesüßt; mit Akk.〉 *süß machen;* Kaffee, Kompott s.; gesüßter Tee

Süß|holz 〈n.4〉 *Wurzel eines Schmetterlingsblütlers warmer Länder (zur Herstellung von Lakritzen u. a.);* S. raspeln *schmeichlerisch, zärtlich reden (von Männern, Frauen gegenüber)*

Süß|holz|rasp|ler 〈m.5〉 *jmd., der übertrieben freundlich ist, schmeichelt*

Süß|ig|keit 〈f.10〉 **1** 〈nur Sg.〉 *Süße* **2** 〈meist Pl.〉 ~en *süße Lebensmittel, Naschwerk*

Süß|kar|tof|fel 〈f.11〉 →*Batate*

süß|lich 〈Adj.〉 **1** *unangenehm süß;* das Fleisch schmeckt s. **2** *kitschig, sentimental;* ein ~er Film; ~e Musik **3** *schmeichlerisch, heuchlerisch;* ~es Grinsen

Süß|ling 〈m.1; †〉 *Schmeichler, Heuchler*

Süß|most 〈m.1〉 *alkoholfreier, süßer Saft aus Most*

süß|sau|er 〈Adj., o.Steig.〉 **1** *gleichzeitig süß und sauer schmeckend;* Schweinefleisch s. **2** 〈übertr.〉 *mißvergnügt, ärgerlich, beleidigt (aber den Ärger verbergend);* s. lächeln; mit ~er Miene; Syn. *sauersüß*

Süß|stoff 〈m.1〉 *als Mittel zum Süßen dienendes, künstliches Erzeugnis mit geringerem Nährwert als Zucker*

Süß|was|ser 〈n.5〉 *Wasser mit sehr geringem Gehalt an Salzen (im Unterschied zum Meerwasser)*

Süß|was|ser|fisch 〈m.1〉 *(überwiegend) im Süßwasser lebender Fisch;* Syn. *Flußfisch*

sus|zep|ti|bel 〈Adj., suszeptibler, am -sten; †〉 *reizbar, empfindlich*

Sus|zep|ti|bi|li|tät 〈f., -, nur Sg.; †〉 **1** *Empfindlichkeit, Empfänglichkeit* **2** 〈Phys.〉 *Verhältnis der Magnetisierung oder Polarisation eines Stoffes zur Feldstärke in einem Magnetfeld*

Su|tra 〈f., -, -tren〉 *in der altindischen Literatur kurzer, einprägsamer Lehrsatz*

Süt|ter|lin|schrift 〈f., -, nur Sg.; von 1935–1941〉 *an deutschen Schulen verwendete Schreibschrift* [nach dem dt. Graphiker L. Sütterlin (1865–1917)]

Su|um cui|que *Jedem das Seine* 〈Wahlspruch Friedrichs I. von Preußen und des preußischen Schwarzen-Adler-Ordens〉 [lat.]

su|ze|rän 〈Adj., o.Steig.〉 *oberherrschaftlich* [< frz. *suzerain* „lehnsherrlich", < lat. *sursum* „aufwärts, hinauf", < *sub* „von unten her" und *versum* „nach hin"]

Su|ze|rän 〈m.1〉 *Oberherr, die Suzeränität ausübender Staat*

Su|ze|rä|ni|tät 〈f., -, nur Sg.〉 *Oberherrschaft (eines Staates über einen halbsouveränen Staat)*

SV 〈Abk. für〉 *Sportverein*

s.v. 〈Abk. für〉 *salva venia, sub voce*

s.v.v. 〈Abk. für〉 *sit venia verbo*

svw. 〈Abk. für〉 *soviel wie*

SW 〈Abk. für〉 *Südwest(en)*

Swan|boy 〈[swɔn-] m., -s, nur Sg.〉 *auf beiden Seiten gerauhtes, meist weißes Baumwollgewebe* [engl., „Schwanenjunges"]

Swap|ge|schäft 〈[swɔp-] n.1〉 *Verkauf oder Kauf von Devisen bei gleichzeitigem Kauf oder Verkauf des gleichen Betrages per Termin, um Kursschwankungen auszugleichen*

Swa|sti|ka 〈f., -, -ken〉 *altindisches Hakenkreuz, Sonnenkreuz* [< Sanskrit *svastika* „Heilszeichen", zu *svasti-* „Heil, Glück"]

Swea|ter 〈[swɛ-] m.5; †〉 *Pullover* [< engl. *to sweat* „schwitzen"]

Swe|be 〈m.11〉 *Angehöriger einer westgermanischen Völkergruppe;* auch: *Suebe*

Sweep|stake 〈[swipstejk] m., -s(), -s〉 *Verlosung, bei der die Gewinnummern schon vorher gezogen worden sind* [< engl. *sweepstake* „Toto, Wette, Wettspiel", aus der Wendung *to sweep the stakes* „den ganzen Gewinn einstreichen", zu *to sweep* „kehren, fegen" und *stake* „Spieleinsatz"]

Sweet 〈[swit] m., -s, nur Sg.〉 *dem Jazz nachgebildete, aber nicht improvisierte Unterhaltungs- und Schlagermusik*

Swim|ming-pool 〈[-pu:l] m.9〉 *Schwimmbecken* [< engl., < *to swim* „schwimmen" und *pool* „Teich, Pfütze"]

Swin|egel 〈m.5; nddt.〉 *Igel (im Märchen)* [eigtl. „Schweineigel"]

Swing 〈m.9〉 **1** *ruhige, schwingende, synkopierte Bewegung der Melodie im Jazz* **2** *entsprechender Musikstil als Übergang zum modernen Jazz* **3** *Tanz in diesem Stil* **4** *(bei bilateralen Handelsverträgen) höchste gegenseitig eingeräumte Kreditquote* [< engl. *swing* in denselben Bed. sowie „Schaukel, das Schaukeln, Schwingen"]

swin|gen 〈V.1, hat geswingt; o.Obj.〉 **1** *im Stil des Swing (1) spielen* **2** *Swing (3) tanzen*

Swing|fox 〈m.1〉 *dem Foxtrott ähnlicher Tanz*

symbolisieren

Sy|ba|rit 〈m.10〉 **1** *Einwohner der antiken Stadt Sybaris* **2** 〈übertr.; †〉 *Schlemmer, Genießer*

sy|ba|ri|tisch 〈Adj.; †〉 *genießerisch, schlemmend*

Sye|nit 〈m.1〉 *granitähnliches Plutonitgestein* [nach *Syene*, dem griech. Namen von *Assuan*, wo das Gestein gebrochen wurde]

Sy|ko|mo|re 〈f.11〉 *ostafrikanischer Feigenbaum mit eßbaren Früchten* [< griech. *sykomorea*, < *sykon* „Feige" und *moron* „Maulbeere"; die Blätter ähneln denen des Maulbeerbaums, die Früchte denen des Feigen]

Sy|ko|phant 〈m.10〉 **1** *gewerbsmäßiger Ankläger im antiken Athen* **2** 〈übertr.; †〉 *Verleumder, Verräter*

sy|ko|phan|tisch 〈Adj.; †〉 *verleumderisch, verräterisch*

syl..., Syl... 〈in Zus.〉 →*syn..., Syn...*

syl|la|bisch 〈Adj., o.Steig.〉 **1** *silbenweise* **2** 〈Mus.〉 *zu jedem Ton eine Silbe* [< griech. *syllabe* „Silbe", zu *syllambanein* „zusammenfassen, zusammennehmen", < *syl...* (in Zus. vor l für *syn*) „zusammen" und *lambanein* „fassen, nehmen"]

Syl|la|bus 〈m., -, -oder -bi〉 *Zusammenfassung, Verzeichnis* [lat.]

Syl|lep|se 〈f.11〉, **Syl|lep|sis** 〈f., -, -sen〉 *unkorrektes Beziehen eines Prädikats oder Attributs auf mehrere in Genus und Numerus verschiedene Subjekte,* z.B. eine Person wurde getötet und drei weitere schwer verletzt [< griech. *syllepsis* „das Erfassen, Zusammenfassen", zu *syllambanein* „zusammenfassen", < *syl...* (in Zus. vor l für *syn*) „zusammen" und *lambanein* „fassen, nehmen"]

syl|lep|tisch 〈Adj., o.Steig.〉 *in der Art einer Syllepse*

Syl|lo|gis|mus 〈m., -, -men; Logik〉 *Schluß vom Allgemeinen aufs Besondere* [< griech. *syllogismos* „Vernunftschluß, logischer Schluß", < *syl...* (in Zus. vor l für *syn*) „zusammen" und *logizesthai* „rechnen, berechnen, überlegen", zu *logos* „Rechnung, Erwägung, Überlegung"]

Syl|lo|gis|tik 〈f., -, nur Sg.〉 *Lehre von den Syllogismen*

syl|lo|gis|tisch 〈Adj., o.Steig.〉 *zu einem Syllogismus gehörig, einen Syllogismus betreffend, in der Art eines Syllogismus*

Syl|phe **I** 〈m.11; im Volksglauben des MA〉 *männlicher Luftgeist* **II** 〈f.11〉 *weiblicher Luftgeist* [von Paracelsus (1493–1541) gebildetes Wort, in Anlehnung an lat. *silva*, *sylva* „Wald", da nach seiner Darstellung Luftelementargeister in Wäldern leben]

Syl|phi|de 〈f.11〉 **1** *weiblicher Luftgeist* **2** *zartes, anmutiges junges Mädchen*

sym..., Sym... 〈in Zus.〉 →*syn..., Syn...*

Sym|bi|ont 〈m.10〉 *Lebewesen, das mit einem anderen in Symbiose lebt*

Sym|bio|se 〈f.11〉 *dauerndes Zusammenleben zweier Tiere oder Pflanzen bzw. von Tier und Pflanze zu beiderseitigem Nutzen;* vgl. *Synözie* [< griech. *symbiosis* „Zusammenleben, Umgang", < *sym...* (in Zus. vor b für *syn*) „zusammen" und *bios* „Leben, Lebensweise"]

sym|bio|tisch 〈Adj., o.Steig.〉 *in Symbiose*

Sym|bol 〈n.1〉 **1** *Sinnbild, bildhaftes Zeichen, das einen tieferen Sinn ausdrückt* **2** *Zeichen für einen physikalischen Begriff oder ein chemisches Element* [< griech. *symbolon* „Erkennungszeichen, Kennzeichen, Merkmal, Sinnbild", zu *symballein* „zusammenbringen, zusammentragen, vergleichen", < *sym...* (in Zus. vor b für *syn*) „zusammen" und *ballein* „werfen"]

Sym|bo|lik 〈f., -, nur Sg.〉 **1** *sinnbildliche Bedeutung oder Darstellung* **2** *Anwendung von Symbolen*

sym|bo|lisch 〈Adj., o.Steig.〉 *in der Art eines Symbols, mit Hilfe eines Symbols*

sym|bo|li|sie|ren 〈V.3, hat symbolisiert; mit

Symbolisierung

Akk.⟩ *durch ein Symbol darstellen;* eine weiße Fahne symbolisiert das Aufgeben des Kampfes, die Unterwerfung; in manchen Kulturen symbolisiert das Rad die Sonne

Sym|bo|li|sie|rung ⟨f., -, nur Sg.⟩

Sym|bo|lis|mus ⟨m., -, nur Sg.⟩ Ende 19. Jh.⟩ *literarische Richtung, die nach symbolhafter Darstellung der hinter dem Gegenständlichen liegenden Ideen strebte*

Sym|bo|list ⟨m.10⟩ *Anhänger, Vertreter des Symbolismus*

sym|bo|li|stisch ⟨Adj., o.Steig.⟩ *zum Symbolismus gehörend, in der Art des Symbolismus*

Sym|bol|kraft ⟨f.2⟩ *Fähigkeit, als Symbol zu wirken;* in Zeichen von hoher S.

sym|bol|träch|tig ⟨Adj.⟩ *viel Symbolkraft habend*

Sym|me|trie ⟨f.11⟩ *spiegelbildliche Gleichheit;* Syn. Spiegelgleichheit [< griech. *symmetria* „richtiges Verhältnis, Ebenmaß", zu *symmetros* „abgemessen, übereinstimmend", < *sym...* (in Zus. vor m für *syn*) „zusammen, zugleich" und *metrein* „messen"]

Sym|me|trie|ach|se ⟨f.11⟩ *Gerade, die einen Körper in zwei gleiche Hälften zerlegt*

Sym|me|trie|ebe|ne ⟨f.11⟩ *Ebene, die einen Körper in zwei gleiche Hälften zerlegt*

sym|me|trisch ⟨Adj., o.Steig.⟩ *auf beiden Seiten der Mittelachse ein Spiegelbild ergebend, spiegelbildlich;* Syn. spiegelgleich

sym|pa|the|tisch ⟨Adj.⟩ *Gefühlswirkung ausübend, geheimkräftig;* ~e Kur *angebliches Heilverfahren durch Gesundbeten o.ä.;* ~e Tinte *Tinte, die unsichtbar schreibt und erst nach bes. Behandlung erscheint*

Sym|pa|thie ⟨f.11⟩ *Zuneigung, Wohlgefallen, Verwandtschaft der Gesinnungen, Empfindungen, Seelenverwandtschaft;* Ggs. Antipathie; für jmdn. S. empfinden [< griech. *sympatheia* „Mitgefühl, Zusammenstimmung", zu *sympathein* „die gleiche Empfindung haben, mitfühlen, mitleiden", < *sym...* (in Zus. vor p für *syn*) „zusammen, mit" und *pathos* „Gemütsbewegung, Seelenstimmung"]

Sym|pa|thie|streik ⟨m.9⟩ *Streik, mit dem andere Streikende unterstützt werden sollen*

Sym|pa|thi|kus ⟨m., -, nur Sg.⟩ *bei Säugetieren und beim Menschen⟩ Teil des vegetativen Nervensystems, einer der Lebensnerven* [neulat., zu Sympathie]

Sym|pa|thi|sant ⟨m.10⟩ *jmd., der mit einer politischen Partei oder Gruppe sympathisiert*

sym|pa|thisch ⟨Adj.⟩ **1** *anziehend, gewinnend, Zutrauen, Neigung erweckend, angenehm;* er ist mir sehr, nicht s.; *ein Mensch;* es ist mir nicht s., daß ich das tun muß *es ist mir nicht angenehm* **2** ⟨o.Steig.⟩ *auf dem Sympathikus beruhend, mit ihm verbunden;* ~es Nervensystem

sym|pa|thi|sie|ren ⟨V.3, hat sympathisiert; mit Präp.obj.⟩ *mit etwas oder jmdm. s. etwas unterstützen, einer Sache nahestehen, jmds. Meinung, Auffassung teilen, unterstützen;* mit einer Partei s.

Sym|pho|nie ⟨f.11⟩ → Sinfonie

Sym|pho|ni|ker ⟨m.5⟩ → Sinfoniker

sym|phro|ni|stisch ⟨Adj., o.Steig.; †⟩ *sachlich übereinstimmend*

Sym|phy|se ⟨f.11⟩ *Knochenfuge (bes. Schambeinfuge)* [< griech. *symphysis* „das Zusammenwachsen"]

Sym|po|si|on, Sym|po|si|um ⟨n., -s, -si|en⟩ **1** ⟨im alten Griechenland⟩ *Trinkgelage* **2** *dabei geführtes wissenschaftliches Gespräch* **3** ⟨heute⟩ *Tagung mit zwanglosen wissenschaftlichen Vorträgen und Diskussionen* [< griech. *symposion* in denselben Bed. (1,2), zu *sympinein* „an einem Gelage teilnehmen, mittrinken", < *sym...* (in Zus. vor p für *syn*) „zusammen, mit" und *pinein* „trinken"]

Sym|ptom ⟨n.1⟩ *Zeichen, Kennzeichen, Merkmal (bes. einer Krankheit)* [< griech. *symptoma* „Zufall, Begebenheit; Unfall, Unglück"; zu *sympiptein* „zusammenfallen, zusammentreffen, sich ereignen", < *sym...* (in Zus. vor p für *syn*) „zusammen, mit" und *piptein* „fallen, stürzen, in etwas geraten"]

sym|pto|ma|tisch ⟨Adj., o.Steig.⟩ *kennzeichnend, typisch* [zu Symptom]

Sym|pto|ma|to|lo|gie ⟨f., -, nur Sg.⟩ → Semiotik (1) [< Symptom und *...logie*]

syn...,Syn... ⟨in Zus.⟩ *mit..., Mit...;* auch: *syl..., Syl...; sym..., Sym...* [griech.]

Syn|ago|ge ⟨f.11⟩ **1** ⟨urspr.⟩ *jüdische Gemeinde* **2** ⟨dann⟩ *jüdisches Gotteshaus* [< griech. *synagoge* „Versammlung, Vereinigung", spätgriech. auch „Versammlungsort", zu *synagein* „zusammenführen, versammeln", < *syn* „zusammen" und *agein* „führen"]

Syn|al|la|ge ⟨[-ge:] f.11⟩ *gegenseitiger Vertrag* [< griech. *synallage* „Verkehr, Umgang, Verbindung, Vermittlung", < *syn* „zusammen, mit" und *allassein* „verwandeln, vertauschen, eintauschen"]

syn|an|drisch ⟨Adj., o.Steig.⟩ *verwachsene Staubblätter aufweisend* [zu Synandrium]

Syn|an|drium ⟨n., -s, -dri|en⟩ *die zu einem einzigen Gebilde verwachsenen Staubblätter einer Blüte* [< *syn* „zusammen" und *aner*, Gen. *andros* „Mann"]

Syn|ä|re|se ⟨f.11⟩ *Zusammenziehung der Vokale zweier Silben, so daß eine Silbe übrigbleibt,* z.B. „stehen" zu „stehn" [< griech. *synhairein* „zusammenfassen, zusammennehmen", < *syn* „zusammen" und *hairein* „fassen, nehmen"]

Syn|äs|the|sie ⟨f.11⟩ *Miterregung eines Sinnesorgans, wenn ein anderes gereizt wird, Verknüpfung mehrerer Sinnesempfindungen,* z.B. *die Vorstellung von Farben beim Hören von Klängen* [< griech. *syn* „zusammen, mit" und *aisthesis* „Wahrnehmung, Empfindung", zu *aisthanesthai, aisthesthai* „wahrnehmen, fühlen"]

syn|äs|the|tisch ⟨Adj., o.Steig.⟩ *auf Synästhesie beruhend*

syn|chron ⟨[-kron] Adj., o.Steig.⟩ *zeitlich übereinstimmend, gleichlaufend, gleichzeitig* [< griech. *syn* „zusammen, zugleich" und *chronos* „Zeit"]

Syn|chro|ni|sa|ti|on ⟨f.10⟩ *das Synchronisieren, zeitliche Gleichschaltung*

syn|chro|ni|sie|ren ⟨[-kro-] V.3, hat synchronisiert; mit Akk.⟩ **1** *in zeitliche Übereinstimmung bringen, zeitlich gleichschalten, in Gleichlauf bringen;* technische Geräte s. **2** *einen Film s. Bild- und Tonspur eines Films auf einem Band in zeitliche Übereinstimmung bringen;* einen fremdsprachigen Film s. *ein Tonband des Films in der eigenen Sprache herstellen und mit den Mundbewegungen der Schauspieler in Übereinstimmung bringen*

Syn|chro|nis|mus ⟨m., -, nur Sg.⟩ **1** *zeitliche Übereinstimmung* **2** ⟨Tech.⟩ *Gleichlauf*

syn|chro|ni|stisch ⟨Adj., o.Steig.⟩ *zeitlich gleichschaltend*

Syn|chron|ma|schi|ne ⟨f.11⟩ *Wechselstrommaschine, bei der die Frequenz der erzeugten Spannung proportional der Umdrehungsgeschwindigkeit ist*

Syn|chron|mo|tor ⟨m.12⟩ *als Motor arbeitende Synchronmaschine*

Syn|chro|tron ⟨n.1⟩ *Beschleuniger für geladene Elementarteilchen, bei dem diese auf einer Kreisbahn auf sehr hohe Energien beschleunigt werden* [< *synchron* und Elektron]

syn|de|tisch ⟨Adj., o.Steig.; Sprachw.⟩ *durch Bindewörter verbunden;* vgl. asyndetisch, polysyndetisch; ~e Satzteile, Sätze [< griech. *syndetos* „zusammengebunden", zu *syndein* „zusammenbinden, verbinden, verknüpfen"]

Syn|di|ka|lis|mus ⟨m., -, nur Sg.⟩ *Lehre einer revolutionären sozialistischen Arbeiterbewegung (bes. in romanischen Ländern), die die Übernahme der Produktionsmittel durch die Gewerkschaften anstrebte*

Syn|di|ka|list ⟨m.10⟩ *Anhänger, Vertreter des Syndikalismus*

syn|di|ka|li|stisch ⟨Adj., o.Steig.⟩ *zum Syndikalismus gehörend, auf ihm beruhend*

Syn|di|kat ⟨n.1⟩ **1** *Amt eines Syndikus* **2** *Absatzkartell, zentrale Verkaufsstelle mit eigener Rechtspersönlichkeit* (Kali~)

Syn|di|kus ⟨m., -, -ken oder -zi⟩ *ständiger Rechtsbeistand von Wirtschaftsunternehmen u.a.* [< griech. *syndikos* „vor Gericht beistehend; Rechtsbeistand, Anwalt, Vertreter", < *syn* „zusammen, mit" und *dike* „Recht, Rechtsstreit"]

syn|di|zie|ren ⟨V.3, hat syndiziert; mit Akk.⟩ *zu einem Syndikat zusammenschließen*

Syn|drom ⟨n.1⟩ *Krankheitsbild, das sich aus dem Zusammentreffen verschiedener (für sich allein nicht charakteristischer) Symptome ergibt* [< griech. *syndrome* „Anhäufung, das Zusammenlaufen", < *syn* „zusammen" und *dromos* „Lauf, das Laufen"]

Syn|edri|on ⟨n, -s, -dri|en⟩ *altgriechische Ratsbehörde* [< griech. *synedrion* „Sitzung, Beratung; beratende Versammlung", < *syn* „zusammen" und *hedra* „Sitz"]

Syn|edri|um ⟨n., -s, -dri|en; im alten Jerusalem⟩ *oberste Staatsbehörde und oberstes Gericht*

Syn|ek|do|che ⟨[-xe:] f.11⟩ *Stilmittel, bei dem ein engerer oder konkreter Begriff für einen umfassenden oder abstrakten gesetzt wird,* z.B. „der Deutsche" statt „die Deutschen" oder „Brot" statt „Nahrung" [< spätgriech. *synekdoche* „das Mitaufnehmen", < griech. *syn* „zusammen, mit" und < *ek* „aus... heraus" und *dechesthai* „aufnehmen, empfangen"]

syn|er|ge|tisch ⟨Adj., o.Steig.⟩ *zusammenwirkend*

Syn|er|gie ⟨f.11⟩ *das Zusammenwirken (z.B. von Muskeln)* [< spätgriech. *synergia* „gemeinsame Tätigkeit", < *syn* „zusammen, mit" und *ergon* „Arbeit, Werk"]

Syn|er|gis|mus ⟨m., -, nur Sg.⟩ **1** *Zusammenwirken in gleicher Richtung (von Muskeln, Arzneimitteln u.a.)* **2** *Lehre, daß der Mensch selbst mitwirken müsse, um Gottes Gnade zu erlangen*

syn|er|gi|stisch ⟨Adj., o.Steig.⟩ *zum Synergismus gehörig, auf ihm beruhend*

Syn|e|sis ⟨f., -, nur Sg.⟩ *sinngemäß richtige, aber nicht den grammatischen Regeln entsprechende Wortfügung,* z.B. „die Fräulein Müller" (südd., österr.) [< griech. *synesis* „Begriffsvermögen, Verstand, Einsicht", eigtl. „das Zusammenwerfen", < *syn* „zusammen, zugleich" und *hienai* „schicken, werfen"]

syn|karp ⟨Adj., o.Steig.⟩ *Synkarpie aufweisend*

Syn|kar|pie ⟨f.11⟩ *Verwachsung der Fruchtblätter einer Blüte zu einem einzigen Fruchtknoten* [< griech. *syn* „zusammen" und *karpos* „Frucht"]

syn|kli|nal ⟨Adj., o.Steig.; Geol.⟩ *muldenförmig* [zu Synklinale]

Syn|kli|na|le, Syn|kli|ne ⟨f.11⟩ *eingewölbter Teil einer geologischen Falte* [< griech. *sygkliniai* „beengtes Gelände, Engpaß", < *syg...* (in Zus. vor k für *syn*, gesprochen: syn) „zusammen" und *klinein* „neigen, beugen, sich neigen"]

Syn|ko|pe ⟨f.11⟩ **1** ⟨Sprachw.⟩ *Ausfall eines unbetonten Vokals im Wortinnern,* z.B. freud'ge statt „freudige" **2** ⟨Metrik⟩ *Ausfall einer Senkung im Vers* **3** ⟨Mus.⟩ *Betonung eines unbetonten Taktteils, während der normalerweise betonte ohne Akzent bleibt* [< griech. *sygkoptein* „zusammenschlagen", < *syg...* (in Zus. vor k für *syn*, gesprochen: syn) „zusammen" und *koptein* „schlagen, stoßen"]

Szythe

syn|ko|pie|ren ⟨V.3, hat synkopiert; mit Akk.⟩ **1** ⟨Mus.⟩ *durch Betonen eines unbetonten Taktteiles verschieben;* den Rhythmus s. **2** ⟨Sprachw.⟩ *durch Weglassen eines Vokals (zwischen zwei Konsonanten) zusammenziehen;* ein Wort s., z.B. ew'ge Treue **3** ⟨Metrik⟩ *durch Weglassen einer Senkung zusammenziehen;* einen Vers s.

Syn|kre|tis|mus ⟨m., -, nur Sg.⟩ *Vermischung mehrerer Religionen, philosophischer Lehren, Auffassungen usw.* [< griech. *sygkrisis* „Vereinigung", →*Synkrise*]

Syn|kre|tist ⟨m.10⟩ *Vertreter eines Synkretismus*

syn|kre|ti|stisch ⟨Adj., o.Steig.⟩ *zum Synkretismus gehörig, in der Art des Synkretismus*

Syn|kri|se ⟨f.11⟩, **Syn|kri|sis** ⟨f., -, -kri|sen⟩ *Vergleichung, Zusammensetzung, Verbindung, Vermischung* [< griech. *sygkrisis* „Zusammensetzung, Vereinigung", < *syn* „zusammen" und *krinein* „auswählen; ordnen"]

syn|kri|tisch ⟨Adj., o.Steig.⟩ *vergleichend, verbindend*

Syn|od ⟨m.1; in den orthodoxen und autokephalen Kirchen⟩ *oberste Behörde*

syn|odal ⟨Adj., o.Steig.⟩ *zur Synode gehörig, auf ihr beruhend*

Syn|oda|le ⟨m.11⟩ *Mitglied einer Synode*

Syn|odal|ver|fas|sung ⟨f.11; evang. Kirche⟩ *Verfassung, nach der die Verwaltung bei der Synode liegt;* vgl. *Konsistorialverfassung*

Syn|ode ⟨f.11⟩ **1** ⟨evang. Kirche⟩ *aus Geistlichen und Laien bestehende Verwaltungsbehörde, Kirchenversammlung;* vgl. *Konsistorium* (1) **2** ⟨kath. Kirche⟩ →*Konzil* [< griech. *synodos* „Zusammenkunft, Vereinigung; Versammlung", < *syn* „zusammen" und *hodos* „Weg"]

syn|odisch ⟨Adj., o.Steig.⟩ **1** ⟨selten für⟩ *synodal* **2** ⟨Astron.⟩ *auf der Stellung der Sonne zur Erde beruhend*

syn|onym ⟨Adj., o.Steig.⟩ *bedeutungsähnlich, bedeutungsgleich;* ~e Wörter

Syn|onym ⟨n.1⟩ *Wort vor ähnlicher oder gleicher Bedeutung, sinnverwandtes Wort,* z.B. „flach" im Verhältnis zu „platt" [< griech. *synonymos* „gleichnamig, gleichbedeutend", < *syn* „zusammen, zugleich" und *onyma, onoma* „Name, Benennung, Bezeichnung"]

Syn|ony|mik ⟨f., -, nur Sg.⟩ **1** *Sinn-, Bedeutungsverwandtschaft* **2** *Lehre von der Bedeutungsverwandtschaft der Wörter*

Syn|op|se ⟨f.11⟩, **Syn|op|sis** ⟨f., -, -op|sen⟩ *vergleichende Übersicht (bes. der Berichte gleichen Inhalts im Matthäus-, Markus- und Lukasevangelien)* [< griech. *synopsis* „Übersicht, Überblick", < *syn* „zusammen, zugleich" und *opsis* „das Sehen", zu *ops* „Auge"]

Syn|op|tik ⟨f., -, nur Sg.⟩ *großräumige Wetterbeobachtung*

Syn|op|ti|ker ⟨m.5, Pl.⟩ *die Evangelisten Matthäus, Markus und Lukas*

syn|op|tisch ⟨Adj., o.Steig.⟩ *übersichtlich nebeneinander-, zusammengestellt;* ~e Evangelien *die Evangelien der Synoptiker;* ~e Meteorologie *Synoptik*

Syn|özie ⟨f.11⟩ *dauerndes Zusammenleben zweier Lebewesen (Tiere oder Pflanzen bzw. Tier und Pflanze), bei dem nur eines einen Nutzen davon hat;* vgl. *Symbiose* [< griech. *synoikesis* „das Zusammenwohnen, (eheliches) Zusammenleben", < *syn* „zusammen" und *oikos* „Haus, Wohnung"]

Syn|tag|ma ⟨n., -s, -men⟩ **1** ⟨†⟩ *Sammlung von Schriften verwandten Inhalts* **2** ⟨Sprachw.⟩ *syntaktisch verbundene Gruppe von Wörtern, die bei Stellungswechsel im Satz nicht getrennt werden kann und die durch den Kontext sinnvoll wird,* z.B. aus voller Kehle, im großen und ganzen [< griech. *syntagma, syntaxis* „Zusammenstellung, Anordnung, Verfassung, →*Syntax*]

Syn|tak|tik ⟨f., -, nur Sg.⟩ *Gebiet der Semiologie, das sich mit den Beziehungen der Zeichen untereinander befaßt*

syn|tak|tisch ⟨Adj., o.Steig.⟩ *zur Syntax gehörend, auf ihr beruhend*

Syn|tax ⟨f., -, nur Sg.⟩ *Lehre vom Satzbau;* Syn. *Satzlehre* [< griech. *syntaxis* „Zusammenstellung, Anordnung", < *syn* „zusammen" und *taxis* „Anordnung, Ordnung, Reihe", zu *syntassein* „zusammenstellen, -ordnen", zu *tassein* „aufstellen, ordnen"]

Syn|the|se ⟨f.11⟩ **1** *Aufbau, Verbindung von Teilen zu einem Ganzen* **2** *Verbindung zweier gegensätzlicher Begriffe oder Aussagen (These und Antithese) zu einer höheren Einheit, die so gewonnene Einheit selbst* **3** *Herstellung einer chemischen Verbindung aus gegebenen Stoffen* [< griech. *synthesis* „Zusammensetzung, -stellung, -fügung", < *syn* „zusammen" und *thesis* „das Setzen, Legen"]

Syn|the|si|zer [sintəsaizər] ⟨m.5⟩ *elektronisches Gerät zum Erzeugen von elektrischen Wechselspannungen verschiedener Frequenzen aus einer Grundfrequenz, Musikinstrument* [engl., zu *to synthesize* „synthetisch herstellen"]

Syn|the|tics ⟨Pl.⟩ *Textilien aus Kunstfasern* [engl.]

Syn|the|tik ⟨f., -, nur Sg.⟩ *nicht zergliedernde Betrachtung mathematischer Probleme (im Unterschied zur Analytik)*

syn|the|tisch ⟨Adj., o.Steig.⟩ **1** ⟨Chem.⟩ **a** *künstlich (hergestellt)* **b** *aus einfachen Stoffen aufgebaut* **2** *zusammensetzend;* Ggs. *analytisch;* ~e Sprachen *Sprachen, in denen die Flexion durch Endungen und Vorsilben gebildet wird (nicht durch Hilfszeitwörter)* **3** ⟨Philos.⟩ *vom Allgemeinen zum Besonderen führend* [< griech. *synthetos* „zusammengesetzt", zu *syntithenai* „zusammensetzen"]

syn|the|ti|sie|ren ⟨V.3, hat synthetisiert; mit Akk.⟩ *künstlich herstellen;* natürliche Stoffe s.

Sy|phi|lis ⟨f., -, nur Sg.⟩ *(wegen ihrer spät auftretenden Symptome gefährliche Geschlechtskrankheit;* Syn. *Lues,* ⟨†⟩ *Franzosenkrankheit* [nach Syphilus, dem Helden eines ital. Gedichtes (1530), den Apollon mit der Lustseuche bestrafte]

Sy|phi|li|ti|ker ⟨m.5⟩ *jmd., der an Syphilis erkrankt ist*

sy|phi|li|tisch ⟨Adj., o.Steig.⟩ *auf Syphilis beruhend, an Syphilis erkrankt*

Sy|rer ⟨m.5⟩ *Einwohner von Syrien*

Sy|rinx ⟨f., -, -rin|gen⟩ **1** *Stimmorgan der Vögel* **2** *Hirtenflöte, Panflöte* [< griech. *syrigx* „Röhre"; Hirtenflöte aus mehreren Rohren"]

sy|risch ⟨Adj., o.Steig.⟩ *Syrien betreffend, zu ihm gehörig, aus ihm stammend*

Sy|ro|lo|gie ⟨f., -, nur Sg.⟩ *Wiss., von den Sprachen und der Kultur Syriens*

Syr|ta|ki ⟨m.9⟩ →*Sirtaki*

Sy|stem ⟨n.1⟩ **1** *Aufbau, Gefüge, Gesamtheit von miteinander verbundenen Teilen* (Kanal~, Straßen~, Sprach~); *das S. der Buchstabenschrift; periodisches S. der Elemente* **2** *wissenschaftliches, philosophisches Lehrgebäude; das S. Hegels, der Theologie* **3** *Ordnungsprinzip;* S. in etwas bringen, *mit, nach S. vorgehen* **4** ⟨Biol.⟩ *Einteilung von Lebewesen nach ihrer stammesgeschichtlichen Herkunft* **5** *in gegenseitigen Zusammenhang stehende Menge von Gegenständen oder Lebewesen;* ein natürliches S. stören **6** *Regierungs-, Gesellschafts- oder Staatsform;* das S. ablehnen, bekämpfen, unterstützen [< griech. *systema* „Zusammenstellung, Gebilde, Gesamtheit", zu *synhistanai* „zusammenstellen, zusammenfügen", < *syn* „zusammen" und *histanai* „stellen, aufstellen"]

Sy|stem|ana|ly|se ⟨f.11⟩ *Analyse eines sozialen oder mathematischen Systems*

Sy|ste|ma|tik ⟨f.10⟩ **1** *Aufbau eines Systems* **2** *Kunst, ein System aufzubauen, planmäßige Darstellung* **3** *Lehre vom System einer Wissenschaft*

Sy|ste|ma|ti|ker ⟨m.5⟩ *jmd., der ein System beherrscht, der systematisch arbeitet*

sy|ste|ma|tisch ⟨Adj.⟩ *mit Hilfe eines Systems, nach einem System, ordentlich*

sy|ste|ma|ti|sie|ren ⟨V.3, hat systematisiert; mit Akk.⟩ *in ein System bringen, zu einem System ordnen;* Wissensstoff s. **Sy|ste|ma|ti|sie|rung** ⟨f., -, nur Sg.⟩

Sy|stem|for|schung ⟨f.10⟩ *Erforschung und Darstellung mathematischer, technischer, natürlicher oder sozialer Systeme*

sy|stem|kon|form ⟨Adj., o.Steig.⟩ *mit dem bestehenden politischen und sozialen System einverstanden*

sy|stem|los ⟨Adj., -er, am -esten⟩ *planlos, ungeordnet*

Sy|sto|le ⟨[-le:] f., -, -sto|len⟩ *Zusammenziehung des Herzmuskels;* Ggs. *Diastole* [< griech. *systole* „Zusammenziehung", < *syn* „zusammen" und *stellein* „aufstellen, ordnen"]

s. Z. ⟨Abk. für⟩ *seinerzeit*

Sze|nar ⟨n.1⟩ →*Szenarium*

Sze|na|rio ⟨n., -s, -ri|en⟩ *Zukunftsmodell* [< ital. *Scenario,* →*Szenarium*]

Sze|na|ri|um ⟨n., -s, -ri|en; Theat.⟩ **1** ⟨Theater⟩ *Verzeichnis der für eine Aufführung nötigen Dekorationen, Requisiten und technischen Vorgänge;* auch: *Szenar* **2** ⟨Film⟩ *Drehbuchtext;* auch: *Scenario* [< lat. *scaenarium* „Ort, wo die Bühne errichtet wird", →*Szene*]

Sze|ne ⟨f.11⟩ **1** *Bühne* **2** *Schauplatz* **3** *Teil eines Aktes, Auftritt;* in der dritten S. **4** *Vorgang, Anblick;* komische, reizende S. **5** *heftige Auseinandersetzung, Streit, Zank;* jmdm. eine S. machen **6** *Bereich (in dem etwas vorgeht;* Drogen~, Musik~) [über lat. *scaena, scena* „Schauplatz, Bühne", < griech. *skene* „Zelt, Hütte, Laube; Bühne"; die ersten Theatervorführungen sollen in Zelten stattgefunden haben]

Sze|nen|wech|sel ⟨m.5; Film, Theat.⟩ *Veränderung, Wechsel der Kulisse oder des Schauplatzes*

Sze|ne|rie ⟨f.11⟩ **1** *Bühnenbild* **2** *Landschaft, Gegend*

sze|nisch ⟨Adj., o.Steig.⟩ *zu einer Szene gehörend, in der Art einer Szene*

Szep|ter ⟨n.5; veraltete Schreibung von⟩ *Zepter*

szi|en|ti|fisch ⟨[stsien-] Adj., o.Steig.⟩ *wissenschaftlich*

Szi|en|tis|mus ⟨m., -, nur Sg.⟩ **1** *auf Wissen und Wissenschaft (nicht auf Glauben) gegründete Anschauungsweise;* Ggs. *Fideismus* **2** *Lehre der Christian Science* [< lat. *scientia* „Wissen, Kenntnisse, Wissenschaft", zu *sciens,* Gen. *scientis* „wissend", zu *scire* „wissen, erfahren"]

Szi|en|tist ⟨m.10⟩ *Anhänger, Vertreter des Szientismus*

szi|en|ti|stisch ⟨Adj., o.Steig.⟩ *zum Szientismus gehörig, auf ihm beruhend*

Szin|ti|gra|phie ⟨f.11⟩ *medizinische Untersuchung mittels radioaktiver Stoffe, deren Strahlung von einem Schreibgerät aufgezeichnet wird, zur Feststellung von krankhaften Gewebsveränderungen im Körper* [< lat. *scintillare* „funkeln, Funken aussenden" (zu *scintilla* „Funke") und *...graphie*]

Szin|til|la|ti|on ⟨f.10⟩ **1** *das Blitzen, Funkeln (von Lichtern, z.B. der Sterne)* **2** *das Aufblitzen mineralischer Stoffe beim Auftreffen radioaktiver Strahlen* [zu *szintillieren*]

szin|til|lie|ren ⟨V.3, hat szintilliert; o.Obj.⟩ *aufleuchten, blitzen, funkeln* [< lat. *scintillare* „Funken sprühen, funkeln, flimmern", zu *scintilla* „Funke"]

Szy|the ⟨m.11⟩ →*Skythe*

T

t 1 ⟨Zeichen für⟩ *Tonne* 2 ⟨Zeichen für⟩ *Zeit* 3 ⟨Zeichen für⟩ *Temperatur*
T 1 ⟨Zeichen für⟩ *Tritium* 2 ⟨Zeichen für⟩ *Tera...* 3 ⟨Zeichen für⟩ *Tesla* 4 ⟨Zeichen für⟩ *thermodynamische Temperatur*
Ta ⟨Zeichen für⟩ *Tantal*
Tab ⟨m.1⟩ vorspringender Teil einer Karteikarte (zur Kennzeichnung)
Ta|bak ⟨auch [ta-], bes. österr. [-bak] m.1⟩ 1 (rosa oder gelb blühendes) Nachtschattengewächs mit großen Blättern, die Nikotin enthalten, Kulturpflanze (Bauern~); Virginischer T. 2 daraus hergestelltes Genußmittel (Kau~, Rauch~, Schnupf~) [aus den indianischen Mundarten von Haiti und Kuba in den Formen *tabaco, tauaco,* urspr. als Bezeichnung für die aus den Tabakblättern gedrehte Zigarette oder das Zigarillo]
Ta|bak|beu|tel ⟨m.5⟩ kleiner Beutel für Tabak; auch: *Tabaksbeutel*
Ta|bak|do|se ⟨f.11⟩ kleine Dose für Tabak; auch: *Tabaksdose*
Ta|bak|pfei|fe ⟨f.11⟩ aus Kopf, Rohr- und Mundstück bestehende Pfeife zum Rauchen von Tabak; auch: *Tabakspfeife*
Ta|baks|beu|tel ⟨m.5⟩ → *Tabakbeutel*
Ta|baks|do|se ⟨f.11⟩ → *Tabakdose*
Ta|baks|pfei|fe ⟨f.11⟩ → *Tabakpfeife*
Ta|bas|co ⟨m., -s, nur Sg.⟩ sehr scharfe, rote Würzsoße aus Chillies [nach dem mexikan. Gliedstaat *Tabasco*]
Ta|ba|tie|re ⟨[-tje-] f.11⟩ Schnupftabakdose, ⟨österr. auch⟩ Zigarettendose
ta|bel|la|risch ⟨Adj., o.Steig.⟩ in Form einer Tabelle
ta|bel|la|ri|sie|ren ⟨V.3, hat tabellarisiert; mit Akk.⟩ in Tabellen anordnen
Ta|bel|le ⟨f.11⟩ Übersicht in Spalten oder Listen [< lat. *tabella,* Verkleinerungsform von *tabula* „Brett, Tafel, Niederschrift, Verzeichnis"]
Ta|bel|lie|rer ⟨m.5⟩ jmd., der berufsmäßig an einer Tabelliermaschine arbeitet
Ta|bel|lier|ma|schi|ne ⟨f.11⟩ Vorrichtung zum Niederschreiben von Zahlenkolonnen
Ta|ber|na|kel ⟨n.5, auch: m.5⟩ 1 ⟨kath. Kirche⟩ Altarschrein für die geweihte Hostie; Syn. *Hostienschrein* 2 ⟨auch⟩ turmartiges Dach über Standbildern, Altären u.a. [< lat. *tabernaculum* „Hütte, Bude, Zelt"; bes. die Schauhütte der Auguren, in der sie die Auspizien beobachteten, zu *taberna* „Geschäftsort für Kaufleute, Laden, Werkstatt", eigtl. *traberna,* zu *trabs,* Gen. *trabis,* „Balken, Dach"]
Ta|ber|ne ⟨f.11; †⟩ Taverne
Ta|bes ⟨f., nur Sg.⟩ Auszehrung, Schwund, Schwindsucht; T. dorsalis Rückenmarksschwindsucht [< lat. *tabes,* „allmähliches Vergehen, Zugrundegehen", zu *tabere* „schmelzen, verwesen, schwinden"]
Ta|bi|ker ⟨m.5⟩ jmd., der an Tabes leidet
ta|bisch ⟨Adj., o.Steig.⟩ zur Tabes gehörig, an Tabes leidend
Ta|blar ⟨n.1⟩ 1 ⟨schweiz.⟩ Brett (im Regal) 2 (meist samtbezogenes) Brett zum Aufbewahren und Vorzeigen von Münzen, Schmuckstücken [< lat. *tabularium* „Archiv", zu *tabula* „Brett"]
Ta|bleau ⟨[-blo] n.9⟩ 1 ⟨Theater⟩ wirkungsvoll gruppiertes Bild 2 ⟨österr.⟩ übersichtliche Darstellung eines Vorgangs auf einzelnen Tafeln (5) 3 Tableau! (Ausruf, mit dem man sich im Gespräch geschlagen gibt)

[man ist gewissermaßen starr wie ein Bild] 4 ⟨auch⟩ *Tablar* [< frz. *tableau* „Gemälde, Bild, Tafel, Liste" zu engl. *table* „Tafel, Tisch", < lat. *tabula* „Brett, Tafel"]
Ta|ble d'hôte [tabldot] f., -, nur Sg.; †; in Gaststätten oder Hotels⟩ Mahlzeit an gemeinsamer Tafel [eigtl. „Tafel, an der die Gäste und auch der Wirt sitzen", < frz. *table* „Tafel, Tisch" und *hôte* „Gastgeber, Gast"]
Ta|blett ⟨n.1⟩ Brett mit erhöhtem Rand zum Tragen von Speisen, Geschirr usw.; jmdm. etwas auf dem silbernen T. servieren ⟨scherzh.⟩ jmdm. etwas wie eine Kostbarkeit anbieten [< frz. *tablette* „Brett, Täfelchen", zu *table* „Tafel, Tisch", < lat. *tabula* „Brett, Tafel"]
Ta|blet|te ⟨f.11⟩ Arzneimittel in fester, runder, flacher Form [frz., „Täfelchen", → *Tablett*]
Ta|bo|rit ⟨m.10⟩ Angehöriger der radikalen Gruppe der Hussiten [nach der tschechischen Stadt *Tabor*]
Tä|bris ⟨m., -, -⟩ ein Perserteppich mit Medaillonmuster [nach der iran. Stadt *Täbris*]
ta|bu ⟨Adj., o.Steig., o.Dekl.⟩ unantastbar, heilig, verboten; etwas ist t. [aus einer polynes. Sprache, „unverletzlich"]
Ta|bu ⟨n.9⟩ 1 ⟨bei Naturvölkern⟩ Vorschrift, bestimmte Dinge zu meiden oder nicht zu berühren 2 ⟨danach⟩ Verbotenes, etwas, worüber man nicht spricht [zu *tabu*]
ta|bu|ie|ren, ta|bu|i|sie|ren ⟨V.3, hat tabuiert, tabuisiert; mit Akk.⟩ mit einem Tabu belegen
Ta|bu|la ra|sa ⟨f., - -, nur Sg.⟩ 1 ⟨urspr.⟩ abradierte Schreibtafel 2 ⟨übertr.⟩ unbeschriebenes Blatt; T. r. machen *reinen Tisch machen, mit allem aufräumen*
Ta|bu|la|tor ⟨m.13; an Schreib- und Rechenmaschinen⟩ Einstelltaste zum Schreiben von Tabellen [junge Bildung zu lat. *tabula* „Brett" in formaler Anlehnung an *tabulatum* „Bretterwerk, Stockwerk"]
Ta|bu|la|tur ⟨f.10⟩ 1 ⟨im Meistergesang⟩ Tafeln mit den Regeln 2 ⟨14.–18. Jh.⟩ Notenschriftsystem für Instrumentalmusik
Ta|bun ⟨n., -s, nur Sg.⟩ nervenschädigender, gasförmiger Kampfstoff
Ta|bu|rett ⟨n.1; †⟩ niedriger Stuhl, Hocker
ta|cet ⟨Mus.⟩ (es) schweigt (Angabe, daß ein Instrument Pause hat)
ta|chi|nie|ren ⟨V.3, hat tachiniert; o.Obj.; österr.⟩ faulenzen, sich der Arbeit entziehen [Herkunft nicht bekannt]
Ta|chi|nie|rer ⟨m.5; österr.⟩ Faulenzer
Ta|chis|mus ⟨[-ʃis-] m., -, nur Sg.⟩ eine Richtung der ungegenständlichen Malerei [< frz. *tache* „Flecken"]
Ta|chist ⟨[-ʃist] m.10⟩ Vertreter des Tachismus
ta|chi|stisch ⟨[-ʃi-] Adj., o.Steig.⟩ zum Tachismus gehörend, in der Art des Tachismus
Ta|cho ⟨m.5; kurz für⟩ Tachometer
Ta|cho|graph ⟨m.10⟩ Instrument zum Aufzeichnen von Geschwindigkeiten; auch: *Tachygraph* [< griech. *tachos* „Schnelligkeit" (zu *tachys* „schnell") und *...graph*]
Ta|cho|me|ter ⟨n.5, auch m.5⟩ Gerät zum Messen der gefahrenen Geschwindigkeit, Geschwindigkeitsmesser [< griech. *tachos* „Schnelligkeit, Geschwindigkeit" (zu *tachys* „schnell") und *...meter*]
Ta|chy|graph ⟨m.10⟩ 1 ⟨Antike⟩ jmd., der

die Tachygraphie beherrschte 2 → *Tachograph*
Ta|chy|gra|phie ⟨f.11; Antike⟩ Kurzschriftsystem aus Zeichen für Silben [< griech. *tachys* „schnell" und *graphein* „schreiben"]
ta|chy|gra|phisch ⟨Adj., o.Steig.⟩ mit Hilfe der Tachygraphie geschrieben
Ta|chy|kar|die ⟨f., -, nur Sg.⟩ stark beschleunigter Herzschlag (z.B. bei körperlicher Anstrengung); Ggs. *Bradykardie* [< griech. *tachys* „schnell" und *kardia* „Herz"]
Ta|chy|me|ter ⟨n.5⟩ Schnellmeßgerät für Entfernung und Höhenwinkel mit nur einer Einstellung [< griech. *tachys* „schnell" und *...meter*]
Ta|chy|me|trie ⟨f., -, nur Sg.⟩ topographische Vermessung mit Hilfe von Meßlatten und des Tachymeters
Tacker ⟨-k·k-; m.5; ugs.⟩ Gerät zum Eindrücken von Heftklammern (im Handwerksbereich)
tackern ⟨-k·k-; V.1, hat getackert; mit Akk.; ugs.⟩ mittels Tackers verschließen; das kann man doch t.
Tack|ling ⟨[tɛk-] n.9⟩ 1 ⟨i.w.S.; Fußb., Eishockey, Rugby, Hockey⟩ harter, aber nicht regelwidriger Körperstoß zur Abwehr 2 ⟨i.e.S.; Fußb.⟩ Abwehr des ballführenden Gegners, indem man ihm mit einer Grätsche zwischen die Beine springt, um den Ball wegzutreten [engl., „das Angreifen, Angehen"]
Tacks, Täcks ⟨m.1; Schuhmacherei⟩ kleiner, keilförmiger Stahlnagel; auch: *Täks* [< engl. *tack* „Stift, Zwecke"]
Ta|del ⟨m.5⟩ 1 Rüge, geäußerte Mißbilligung von jmds. Tun; ein scharfer T.; sich einen T. einhandeln 2 Mangel, Grund zur Rüge; sein Verhalten ist ohne T.
ta|del|frei ⟨Adj., o.Steig.⟩ → *tadellos*
ta|del|los ⟨Adj., Steig. ung.⟩ keinen Grund zum Tadel gebend, einwandfrei; Syn. *tadelfrei*; ~es Benehmen
ta|deln ⟨V.1, hat getadelt; mit Akk.⟩ jmdn. oder etwas t. sein Mißfallen über jmdn. oder etwas deutlich ausdrücken; jmds. Handlungsweise, Ausdrucksweise t.; jmdn. wegen seiner, für seine Handlungsweise t.
ta|delns|wert ⟨Adj., -er, am -esten⟩ so beschaffen, daß es Tadel verdient
Ta|dels|an|trag ⟨m.2⟩ Antrag im Parlament auf Zurechtweisung eines Mitglieds der Regierung oder einer Handlung der Regierung
Ta|dschi|ke ⟨m.11⟩ Angehöriger eines iranischen Volksstammes in Mittelasien
Tae|kwon|do ⟨[tɛ-] n., -, nur Sg.⟩ koreanische Form der waffenlosen Selbstverteidigung (ähnlich dem Karate) [korean., < *tae* „Fuß", *kwon* „Hand" und *do* „ausgezeichneter Weg"]
Tael ⟨[tɛl] n.9, nach Zahlenangaben Pl.-⟩ alte chinesische Gewichtseinheit und Münze [< mal. *tahil* „Gewicht"]
Taf. ⟨Abk. für⟩ Tafel (5), (z.B. bei Verweisen auf Abbildungen in Büchern)
Ta|fel ⟨f.11⟩ 1 Brett, Platte zum Schreiben und Vermitteln von Informationen; etwas an die T. schreiben 2 ⟨kurz für⟩ Schalttafel 3 ⟨kurz für⟩ Gedenktafel 4 kleiner, flacher Gegenstand; eine T. Schokolade 5 ⟨in Büchern; Abk.: Taf.⟩ Seite mit Illustrationen, Tabellen, Fotos 6 Tabellenwerk (Logarithmen~) 7 festlich gedeckter Tisch für eine Mahlzeit; eine T. decken 8 festliche Mahlzeit;

zur T. bitten; die T. aufheben *die Mahlzeit beenden, das Zeichen zum Beenden der Mahlzeit geben* **9** ⟨Geol.⟩ *flache Erdschicht*

Ta|fel|auf|satz ⟨m.2⟩ *Tischschmuck für eine festliche Mahlzeit*

Ta|fel|berg ⟨m.1⟩ *Berg mit einer ebenen, nach allen Seiten gleich tief abfallenden Gipfelfläche*

Ta|fel|be|steck ⟨n.1⟩ *wertvolles Eßbesteck*

Ta|fel|bild ⟨n.3⟩ *auf eine Holztafel gemaltes Bild*

Ta|fel|en|te ⟨f.11⟩ *Tauchente, deren Männchen grauweiß mit rotbraunem Kopf und schwarzer Brust gefärbt ist* [eigtl. „für die Tafel geeignete Ente"]

Ta|fel|freu|den ⟨f.11, Pl.⟩ *Freude am guten Essen*

Ta|fel|ge|schirr ⟨n.1⟩ *wertvolles Geschirr;* Syn. *Tafelservice*

Ta|fel|glas ⟨n.4⟩ *Flachglas mit blanker Oberfläche*

Ta|fel|kla|vier ⟨n.1⟩ *viereckiges Klavier mit waagrecht liegenden Saiten*

Ta|fel|land ⟨n.4⟩ *Flachland, das aus waagrecht gelagerten Schichten aufgebaut ist*

Ta|fel|ma|le|rei ⟨f.11⟩ *Malerei auf Holztafeln (bes. für Altarbilder)*

Ta|fel|mu|sik ⟨f.10⟩ *Musik, die während einer Mahlzeit gespielt wird*

ta|feln ⟨V.1, hat getafelt; o.Obj.⟩ *an der Tafel sitzen und gut und reichlich essen und trinken;* wir haben zwei Stunden getafelt

tä|feln ⟨V.1, hat getäfelt; mit Akk.⟩ *mit Holztafeln verkleiden;* die Zimmerwände t.; getäfelte Decke

Ta|fel|run|de ⟨f.11⟩ *Gesellschaft, die sich zu einer festlichen Mahlzeit trifft;* eine fröhliche T.

Ta|fel|ser|vice ⟨[-vi:s] n., -s, - [-vi:sə]⟩ → Tafelgeschirr

Ta|fel|spitz ⟨m.1; österr.⟩ *feines Stück Rindfleisch von der Hüfte*

Ta|fel|tuch ⟨n.4⟩ *festliches, großes Tischtuch*

Tä|fe|lung ⟨f.10⟩ Syn. *Getäfel,* ⟨schweiz.⟩ *Getäfer, Tafelwerk;* auch: ⟨schweiz.⟩ *Täferung, Täflung* **1** ⟨nur V.⟩ *das Täfeln* **2** *Verkleidung aus Holz* (Decken~, Wand~)

Ta|fel|waa|ge ⟨f.10⟩ *Waage mit tafelförmigen Auflageplatten*

Ta|fel|wa|gen ⟨m.7⟩ *Lastwagen mit tafelförmiger Ladefläche (ohne Seitenwände);* Syn. ⟨österr.⟩ *Plateauwagen*

Ta|fel|was|ser ⟨n.6⟩ *in Flaschen abgefülltes Mineralwasser*

Ta|fel|wein ⟨m.1⟩ **1** *Wein, den man zum Essen trinkt* **2** *deutscher Wein der untersten der drei Güteklassen*

Ta|fel|werk ⟨n.1⟩ **1** → Täfelung **2** *Buch mit zahlreichen Bildtafeln*

Tä|fe|rung ⟨f.10; schweiz.⟩ → Täfelung

Täf|lung ⟨f.10⟩ → Täfelung

Taft ⟨m.1⟩ *ein glänzendes Seiden- oder Halbseidengewebe* [< pers. *täftäh* „gewebt", zu *täftan* „weben, drehen, winden"]

taf|ten ⟨Adj., o.Steig.⟩ *aus Taft;* ~es Innenfutter

Tag ⟨m.1⟩ **1** *Zeitraum einer Erdumdrehung, vierundzwanzig Stunden;* die Forderung des ~es *die Anforderung des Augenblicks;* der Held des ~es; der T. des Herrn ⟨geh.⟩ *Sonntag;* die ~e der Jugend *die Jugendzeit;* seinen guten, schlechten T. haben *gut, schlecht gelaunt sein;* dem lieben Gott den T. stehlen ⟨übertr., ugs.⟩ *nichts tun;* alle ~e *immer;* alle acht ~e *jede Woche;* in acht ~en *in einer Woche;* schon bessere ~e gesehen haben ⟨übertr.⟩ *schon bessere Zeiten gesehen haben;* dieser ~e *in nächster Zeit;* eines ~es *irgendwann einmal;* erholsame, feierliche, schöne ~e erleben; seine ~e sind gezählt ⟨übertr.⟩ *er wird nicht mehr lange leben;* einen großen T. haben *einen erfolgreichen, glücklichen Tag haben;* den lieben, langen T. ständig; eines schönen ~es *irgendwann ein-* *mal; es ist jetzt ein T. her es ist jetzt genau ein Jahr her;* auf ein paar ~e *für einige Zeit;* in guten wie in bösen ~en *in guten und schlechten Zeiten;* in den nächsten ~en *bald;* in den T. hinein leben *ohne Ernst dahinleben;* vor einigen ~en **2** *Zeitraum vom Sonnenaufgang bis Sonnenuntergang;* am ~e *solange es hell ist;* etwas am T. bringen *etwas aufdecken;* etwas kommt an den T. *etwas wird bekannt;* bei ~e besehen *wenn man es genau betrachtet;* untertags *tagsüber;* ein Unterschied wie T. und Nacht *ein sehr großer Unterschied* **3** ⟨in Zus.⟩ *Versammlung von Abgeordneten, Parlamentariern o.ä.* (Bundes~, Land~, Kreis~, Reichs~) **4** ⟨Bgb.⟩ *Erdoberfläche;* über T. *an der Erdoberfläche;* unter T. *unter der Erdoberfläche* **5** ⟨Pl.; verhüllend⟩ *Zeit der Menstruation;* sie hat gerade ihre ~e

tag|aus ⟨Adv.; in der Wendung⟩ t., tagein *jeden Tag, immer*

Tag|bau ⟨m.1; oberdt.⟩ → Tagebau

Tag|blatt ⟨n.4; süddt., österr. für⟩ *Tageblatt*

Tag|blind|heit ⟨f., -, nur Sg.⟩ → Nachtsichtigkeit

Tag|dieb ⟨m.1; österr. für⟩ *Tagedieb*

Tag|dienst ⟨m.1⟩ *Dienst am Tage;* Ggs. *Nachtdienst*

Ta|ge|bau ⟨m.1⟩ *Bergbau an der Erdoberfläche;* auch: ⟨oberdt.⟩ *Tagbau*

Ta|ge|blatt ⟨n.4⟩ *täglich erscheinende Zeitung (meist als Titel)*

Ta|ge|buch ⟨n.4⟩ **1** *Buch, in das jmd. seine täglichen Erlebnisse und Gedanken einträgt* **2** *Buch, in das die laufenden Geschäfte eines Tages eingetragen werden* **3** *Buch, in dem die dienstliche Vorgänge in zeitlicher Folge eingetragen werden*

Ta|ge|buch|num|mer ⟨f.11; Abk.: Tgb.-Nr.⟩ *Nummer einer Eintragung in ein Tagebuch* (3)

Ta|ge|dieb ⟨m.1⟩ *jmd., der nichts tut, faulenzt;* auch: *Tagdieb*

Ta|ge|die|be|rei ⟨f., -, nur Sg.⟩ *Müßiggang*

Ta|ge|geld ⟨n.3⟩ **1** *Aufwandsentschädigung für Kosten auf Dienstreisen (die über Tag entstehen)* **2** *von der Krankenversicherung gezahltes Geld für jeden Tag eines Krankenhausaufenthalts*

tag|ein ⟨Adv.⟩ → tagaus

ta|ge|lang ⟨Adj., o.Steig.⟩ *mehrere Tage andauernd*

Ta|ge|lied ⟨n.3⟩ *mittelalterliches Liebeslied, das den morgendlichen Abschied zweier Liebender beim Ruf des Wächters zum Inhalt hat;* Syn. *Wächterlied*

Ta|ge|lohn ⟨m.2⟩ *Lohn, der nach jedem Arbeitstag ausgezahlt wird*

Ta|ge|löh|ner ⟨m.5⟩ *täglich bezahlter Arbeiter*

ta|ge|löh|nern ⟨V.1, hat getagelöhnert; o.Obj.⟩ *als Tagelöhner arbeiten*

ta|gen ⟨V.1, hat getagt; o.Obj.⟩ **1** ⟨unpersönl., mit „es"⟩ *Tag werden;* es tagt **2** *eine Tagung durchführen, an einer Tagung teilnehmen, in größerer Zahl zusammenkommen und etwas besprechen;* das Parlament tagt; sie tagen schon seit drei Stunden **3** ⟨übertr., scherzh.⟩ *den Abend gemeinsam verbringen, gemeinsam feiern;* wir haben bis morgens getagt

Ta|ge|rei|se ⟨f.11; †⟩ *Strecke, die an einem Tag zurückgelegt wird;* vgl. *Tagesreise*

Ta|ges|an|bruch ⟨m.2⟩ *Anbruch des Tages, Morgen;* wir treffen uns bei T.

Ta|ges|ar|beit ⟨f.10⟩ **1** *Arbeit eines Tages* **2** *tägliche Pflicht*

Ta|ges|be|fehl ⟨m.1; Mil.⟩ *verlesene schriftliche Würdigung eines besonderen Anlasses vor versammelter Mannschaft*

Ta|ges|gang ⟨m., -(e)s, nur Sg.⟩ *Veränderung meteorologischer Größen im Verlauf des Tages*

Ta|ges|kar|te ⟨f.11⟩ **1** *einen Tag gültige Eintrittskarte* **2** ⟨in Gaststätten, Restaurants⟩ *einen Tag gültige Speisekarte*

Ta|ges|licht ⟨n., -(e)s, nur Sg.⟩ *Licht der Sonne;* bei T. arbeiten; ich möchte noch bei T. ankommen; die Wahrheit ans T. bringen *die Wahrheit über etwas enthüllen*

Ta|ges|licht|pro|jek|tor ⟨m.13⟩ → Overheadprojektor

Ta|ges|mit|tel ⟨n.5⟩ *Durchschnittswert eines den ganzen Tag gemessenen Wertes*

Ta|ges|mut|ter ⟨f.6⟩ *Frau, die die Kinder berufstätiger Mütter tagsüber in ihrer Wohnung betreut*

Ta|ges|ord|nung ⟨f.10⟩ *Programm, Ablauf einer Sitzung;* das ist an der T. *das ist üblich, nichts Besonderes;* zur T. übergehen *etwas nicht weiter beachten*

Ta|ges|pres|se ⟨f., -, nur Sg.⟩ *alle täglich erscheinenden Zeitungen*

Ta|ges|raum ⟨m.2; in Heimen, Kliniken⟩ *Aufenthaltsraum*

Ta|ges|rei|se ⟨f.11⟩ *Reise, die einen Tag dauert;* vgl. *Tagereise*

Ta|ges|schau ⟨f.10⟩ *Nachrichtensendung im Fernsehen*

Ta|ges|zeit ⟨f.10⟩ *bestimmte Zeit des Tages;* zu jeder T., zu jeder Tages- und Nachtzeit *immer*

Ta|ges|zei|tung ⟨f.10⟩ *an jedem Wochentag erscheinende Zeitung*

Ta|ge|tes ⟨f., -, nur Sg.⟩ → Studentenblume [nach *Tages,* Gen. *Tagetis,* einem schönen Jüngling der röm. Sage]

ta|ge|wei|se ⟨Adv.⟩ *an einzelnen Tagen;* er arbeitet nur t.

Ta|ge|werk ⟨n.1⟩ **1** *altes Feldmaß (soviel man an einem Tag mit einem Gespann pflügen kann, etwa 35 Ar)* **2** ⟨allg.⟩ *Arbeit, Pflicht eines Tages*

Tag|fahrt ⟨f.10; Bgb.⟩ *Ausfahrt aus dem Bergwerk*

Tag|fal|ter ⟨m.5⟩ *(am Tage fliegender) Schmetterling mit keulenförmigen Fühlern sowie Flügeln, die in der Ruhe nach oben zusammengelegt werden (z.B. Augenfalter, Weißling)*

tag|hell ⟨Adj., o.Steig.⟩ *hell wie am Tage*

...tä|gig ⟨in Zus.⟩ *eine gewisse Zahl von Tagen dauernd, z.B. ein mehrtägiger, zweitägiger Lehrgang*

täg|lich ⟨Adj., o.Steig.⟩ *jeden Tag (geschehend);* die Zeitung ist t.; er kommt t.

...täg|lich ⟨in Zus.⟩ **1** *im Abstand von einer bestimmten Zahl von Tagen, z.B. in dreitäglichem Wechsel, die Zeitung erscheint vierzehntäglich* **2** *an einem bestimmten Tag, z.B. sonntäglich*

Tag|lohn ⟨m.2; süddt., österr., schweiz. für⟩ *Tagelohn*

Tag|raum ⟨m.2; österr. für⟩ *Tagesraum*

tags ⟨Adv.⟩ *am Tage;* t. darauf *am nächsten Tag;* t. zuvor *am vorherigen Tag*

Tag|sat|zung ⟨f.10⟩ **1** ⟨österr.⟩ *Gerichtstermin* **2** ⟨schweiz., bis 1798⟩ *Versammlung der Vertreter der Orte*

Tag|sei|te ⟨f.11⟩ **1** *helle, positive Seite;* Ggs. *Nachtseite;* die T. des Lebens

tags|über ⟨Adv.⟩ *während des Tages*

tag|täg|lich ⟨Adj., o.Steig.⟩ *jeden Tag (geschehend, wiederkehrend)*

Tag|traum ⟨m.2⟩ → Wachtraum

Tag|und|nacht|glei|che ⟨f.11⟩ → Äquinoktium

Ta|gung ⟨f.10⟩ *Zusammenkunft, Sitzung, Kongreß;* eine T. besuchen, abhalten

Tag|wa|che ⟨f.11⟩, **Tag|wacht** ⟨f.10⟩ ⟨österr., schweiz.⟩ *militärischer Weckruf*

Tag|werk ⟨n.1; süddt., österr.⟩ → Tagewerk

Tai|fun ⟨m.1⟩ *Wirbelsturm (bes. in Südostasien* [entweder < chines. *tai-feng* „großer Wind" oder < chines. *T'ai feng* „Wind aus

T'ai (= Formosa), was mehr überzeugt, da der orkanartige Wind für diese Gegend typisch ist]

Tai|ga ⟨f., -, nur Sg.⟩ *(weitgehend versumpfter) Nadelwaldgürtel im Norden der Sowjetunion* [< russ. *taiga* „undurchdringlicher, oft sumpfiger Wald", < altaisch, turktatar. u.a. *taiga* „Felsengebirge", vielleicht über mongol. Formen < türk. *dag* „Berg"]

Tail|le ⟨[taljə] f.11⟩ **1** *Teil des Rumpfes zwischen Brustkorb bzw. Rücken und Hüften* [< frz. *taille* „Einschnitt", auch allg. „Wuchs, Figur", eigtl. „Zuschnitt, Form des Körpers", zu *tailler* „schneiden, zu-, beschneiden"] **2** ⟨Kart.⟩ *Aufdecken der Blätter* **3** ⟨in Frankreich vor 15. Jh. bis 1789⟩ *Steuer der nichtprivilegierten Stände* [frz. *taille* bedeutete auch „Kerbholz", d.h. Holz, in das früher Einschnitte als Merkzeichen für Schulden gemacht wurden. < lat. *talea* „Stab, stabförmiges Stück"; die Bedeutung ging von dem Stock mit den eingekerbten Schulden auf diese selbst über und wandelte sich dann zu „Abgabe, Steuer"]

Tail|leur ⟨tajœr] **I** ⟨m.1⟩ **1** ⟨†⟩ *Schneider* **2** ⟨bei Glücksspielen⟩ *Bankhalter* **II** ⟨n.9; schweiz.⟩ *Schneiderkostüm*

tail|lie|ren ⟨[taji-] V.3, hat tailliert; mit Akk.⟩ *auf Taille arbeiten, in der Taille eng arbeiten*; taillierter Mantel

tai|lor|made ⟨[teilərmeid] Adj., o.Steig., o.Dekl.; nur mit „sein"⟩ *vom Schneider gearbeitet*; der Anzug ist t.

Take [teik] n.9 oder m.9; Film, Fernsehen⟩ *Einstellung, kurze Szene* [< engl. *take* in ders. Bed., eigtl. „Fang", zu *to take* „nehmen"]

Ta|kel ⟨n.5; Seew.⟩ **1** *Tau (zum Befestigen oder Heben)* **2** *Tauwerk* **3** *Takelage* [< mndtl. *takel* „Ausrüstung", weitere Herkunft nicht bekannt]

Ta|ke|la|ge ⟨[-ʒə] f.11; Seew.⟩ *Gesamtheit der Segel und Masten mit Zubehör*; auch: *Takelung, Taklung*; Syn. *Zeug*

Ta|ke|ler ⟨m.5⟩ *Werftarbeiter, der an der Takelage arbeitet*

Ta|kel|mei|ster ⟨m.5⟩ *jmd., der für die Takelage verantwortlich ist*

ta|keln ⟨V.1, hat getakelt; mit Akk.⟩ **1** *ein Schiff t. die Takelage auf einem Schiff anbringen* **2** *einen Tampen t. einen Tampen gegen Aufdrehen sichern*

Ta|ke|lung ⟨f.10⟩ → *Takelage*

Tak|ler ⟨m.5⟩ → *Takeler*

Tak|lung ⟨f.10⟩ → *Takelage*

Täks ⟨f.10⟩ → *Tacks*

Takt ⟨m.1⟩ **1** *Einheit für die gleichmäßige Gruppierung von Notenwerten (in einem Musikstück*; Dreiviertel~, Sechsachtel~); den T. halten, einhalten; den T. schlagen; aus dem T. kommen; jmdn. aus dem T. bringen ⟨auch übertr.⟩ *jmdn. in Verwirrung bringen* **2** *kleinster, zwischen Taktstriche eingeschlossener Teil (eines Musikstücks)*; ein paar ~e spielen; die Geige hat hier zwei ~e Pause **3** *regelmäßiger Schlag, regelmäßige Bewegung (bei technischen Arbeitsabläufen, Bewegungsabläufen)*; T. der Maschine; im T. rudern **4** *Abschnitt eines Arbeits- oder Bewegungsablaufs*; ein T. bei der Arbeit am Fließband **5** ⟨nur Sg.⟩ *Gefühl für das richtige Verhalten in einem bestimmten Augenblick, Fähigkeit, sich in den andern einzufühlen und zu tun, zu sagen, was er erwartet, möchte*; T. haben, besitzen; er hat keinen T.; etwas aus T. nicht tun, nicht sagen [< lat. *tactus* „Berührung, Gefühl, Gefühlssinn", zu *tangere* „berühren"]

Takt|ge|fühl ⟨n., -s, nur Sg.⟩ *Gefühl für Takt (4), Feingefühl*; T. besitzen, zeigen

tak|tie|ren¹ ⟨V.1, hat taktiert; o.Obj.⟩ *den Takt (1) angeben, den Takt schlagen*

tak|tie|ren² ⟨V.3, hat taktiert; o.Obj.⟩ *eine Taktik anwenden, geschickt, klug vorgehen; vorsichtig t.*

Tak|tik ⟨f.10⟩ **1** *Kunst der Kampf-, Truppenführung* **2** ⟨übertr.⟩ *planmäßiges Vorgehen*; eine T. verfolgen [< griech. *taktike* „Feldherrenkunst", zu *tassein* „aufstellen, ordnen, in Schlachtordnung aufstellen"]

Tak|ti|ker ⟨m.5⟩ *jmd., der eine Taktik anwendet*; ein guter, schlechter T. sein

tak|til ⟨Adj., o.Steig.⟩ *auf dem Tastsinn beruhend* [< lat. *tactilis* „berührbar", zu *tangere* „berühren"]

tak|tisch ⟨Adj., o.Steig.⟩ *auf Taktik beruhend, die Taktik betreffend*; t. richtig, falsch; ~er Fehler; ~e *Waffen Waffen mit geringer Reichweite oder Sprengkraft*; ~e *Zeichen* ⟨auf militär. Karten⟩ *Kartensymbole für militärische Verbände und für ihre Stellungen*

takt|los ⟨Adj., -er, am -esten⟩ *ohne Taktgefühl, ohne Taktgefühl*; eine ~e Bemerkung; es ist t., das zu sagen, zu tun

Takt|lo|sig|keit ⟨f.10⟩ **1** ⟨nur Sg.⟩ *taktloses Verhalten* **2** *taktlose Handlung oder Bemerkung*

Takt|mes|ser ⟨m.5⟩ → *Metronom*

Takt|stock ⟨m.2⟩ *dünner, kurzer Stock zum Taktschlagen, zum Dirigieren*

Takt|stra|ße ⟨f.11⟩ *Fließband, auf dem das Werkstück in bestimmtem Zeittakt weiterrückt*

Takt|strich ⟨m.1⟩ *senkrechter Strich in einer Notenschrift, der einen Takt begrenzt*

takt|voll ⟨Adj.⟩ *sich in einen andern einfühlend, voller Taktgefühl*; t. über etwas hinwegsehen

takt|wid|rig ⟨Adj.; Mus.⟩ *nicht dem Takt entsprechend*

Tal ⟨n.4⟩ **1** *langgestreckter, größerer Einschnitt der Erdoberfläche*; ins T. steigen; zu T. steigen; zu T. fahren *flußabwärts fahren* **2** *tiefer als die übrigen Teile liegendes Gebiet (Wellen~)*; T. *einer mathematischen Kurve*

tal|ab, tal|ab|wärts ⟨Adv.⟩ *das Tal hinab*

Ta|lar ⟨m.1⟩ *weites, schwarzes, knöchellanges Amtsgewand der Geistlichen, Richter u.a.* [< lat. *(vestis) talaris* „bis zu den Knöcheln reichendes Gewand", zu *talus* „Knöchel, Ferse"]

tal|auf, tal|auf|wärts ⟨Adv.⟩ *das Tal hinauf*

Ta|lent ⟨n.1⟩ **1** *antike Gewichts- und Münzeinheit* **2** *angeborene Fähigkeit*; er hat ein erstaunliches T. für Musik **3** *jmd., der Talent (2) hat*; sie ist ein großes künstlerisches T.; ein T. fördern [< lat. *talentum* „Talent" (als Gewichtseinheit), < griech. *talanton* „Waage, Waagschale; das Gewogene"]

ta|len|tiert ⟨Adj.; -er, am -esten⟩ *Talent besitzend, begabt*

Ta|ler ⟨m.5⟩ **1** *deutsche Silbermünze (Konventions~, Reichs~)* **2** ⟨†, ugs.⟩ *Dreimarkstück, drei Mark* [nach der Stadt St. Joachimsthal im böhm. Erzgebirge, wo er ab 1517 als „Joachimsthaler" geprägt wurde; mit Einführung der Reichswährung 1872 galt der Taler drei Mark]

Tal|fahrt ⟨f.10⟩ Ggs. *Bergfahrt* **1** ⟨Binnenschiffahrt⟩ *Fahrt stromabwärts* **2** *Fahrt abwärts (z.B. bei Bergbahnen)*

Talg ⟨m.1⟩ **1** *aus Rinder- oder Hammelfett durch Ausschmelzen gewonnene, gelbe, körnige Fettmasse (Fein~, Preß~)*; Syn. ⟨†⟩ *Unschlitt* **2** *Gemisch von Fetten, organischen Säuren, Zellen u.a., das die ganze Körperoberfläche einfettet (Drüsen~)*

Ta|li|on ⟨f.10; MA⟩ *Vergeltung, Bestrafung durch gleichartige Handlung*

Ta|lis|man ⟨m.1⟩ *kleiner, vermeintlich schützender oder glückbringender Gegenstand* [< ital. *talismano* < arab. *ṭilasm* „Zauberbild"]

Tal|je ⟨f.11; Seew.⟩ *Flaschenzug*

tal|jen ⟨V.1, hat getaljt; mit Akk.; Seew.⟩ *(mittels einer Talje) aufziehen, hochziehen*

Talk ⟨m., -(e)s, nur Sg.⟩ *(gelblich-weißes bis farbloses) fettig glänzendes, weiches Mineral* [< *Talkum*]

Talk|kes|sel ⟨m.5⟩ *kesselartig verbreiteter Teil eines Tales*

Talk|ma|ster ⟨[tɔkma:stər] m.5⟩ *Interviewer in einer Talk-Show* [< engl. *talk* „Gespräch" (zu *to talk* „reden, sprechen") und *master* „Herr, Meister"]

Talk|schie|fer ⟨m.5⟩ *grünlichgraues Metamorphitgestein aus Talk*

Talk-Show ⟨[tɔkʃou] f.9⟩ *Fernsehsendung, in der bekannte Personen interviewt werden* [< engl. *talk* „Gespräch" und *Show*]

Tal|kum ⟨n., -s, nur Sg.⟩ *gemahlener Talk (als Hautpuder u.a.)* [über frz. *talque* < arab. *talq* in ders. Bed.]

Tall|öl ⟨n., -(e)s, nur Sg.⟩ *Gemisch aus Harzsäuren, Fettsäuren u.a., das bei der Gewinnung von Zellulose entsteht* [< schwed. *tall* „Kiefer" und *Öl*]

tal|mi ⟨Adj.; südd., österr. für⟩ *talmin*

Tal|mi ⟨n., -s, nur Sg.⟩ **1** *goldfarbene Kupfer-Zink-Legierung* **2** *Unechtes, Wertloses, nur scheinbar Wertvolles* [nach dem frz. Fabrikanten *Tallois*, der im 19. Jh. diese Legierung erfand; urspr. wurde sie *Tallois demi-or* genannt, „Halbgold von Tallois", < *demi* „halb" und *or* „Gold"]

tal|min ⟨Adj., o.Steig.⟩ *unecht*

Tal|mi|wa|re ⟨f.11⟩ *Unechtes, Schund*

Tal|mud ⟨m., -s, nur Sg.⟩ *Sammlung der Gesetze, Lehren und religiösen Überlieferungen des nachbiblischen Judentums* [< hebr. *talmūd* „Lehre, Studium", zu *lāmad* „lernen", *limmēd* „lehren"]

tal|mu|disch ⟨Adj., o.Steig.⟩ *zum Talmud gehörend, nach Art des Talmuds*

Tal|mu|dist ⟨m.10⟩ *Kenner des Talmuds*

Ta|lon ⟨[-lɔ̃] m.9⟩ **1** *Gutschein* **2** ⟨bei Wertpapieren⟩ *Erneuerungsschein* **3** *Zinsabschnitt* **4** ⟨Kartenspiel⟩ *nicht verteilter Kartenrest* **5** ⟨Domino⟩ *Kaufstein* [frz. *talon* „Absatz, Streifen zum Abschneiden", eigtl. „hinterer Teil, Absatz, Ferse" < lat. *talus* „Ferse, Sprungbein, Fesselknochen" sowie „aus den Knöcheln der Hinterfüße mancher Tiere gemachter Würfel"]

Tal|schaft ⟨f.10; schweiz., österr.⟩ *Gesamtheit der Bewohner eines Tales*

Tal|sper|re ⟨f.11⟩ *Stauwerk über die Breite eines Flußtales*

tal|wärts ⟨Adv.⟩ *ins Tal hinunter, auf das Tal zu*

Ta|ma|rin|de ⟨f.11⟩ **1** *afrikanischer Baum, Hülsenfrüchtler der Savanne mit gefiederten Blättern* **2** *dessen Frucht (als Abführmittel)* [< ital. *tamarindo*, frz. *tamarin* < arab. *tamr hindī* „indische Dattel"]

Ta|ma|ris|ke ⟨f.11⟩ *(als Strauch oder Baum wachsende) Pflanze warmer Länder mit zarten Zweigen und schuppenförmigen Blättern (Manna~)* [< ital. *tamarisco*, frz. *tamaris* < lat. *tamarix*, Gen. *tamaricis*; Herkunft unbekannt]

Tam|bour ⟨[-buːr] m.1, schweiz. m.12⟩ **1** ⟨Mil.⟩ *Trommler* **2** ⟨Baukunst⟩ *mit Fenstern versehener Sockel einer Kuppel* [< ital. *tamburo*, frz. *tambour* „Trommel", vielleicht < arab. *ṭabl* „Trommel" oder auch „Pauke", lautlich beeinflußt von vulgärarab. *ṭanbūr* „Saiteninstrument, z.B. Laute, Zither"]

Tam|bour|ma|jor ⟨[-bur-] m.1⟩ *Leiter eines Spielmannszuges*

Tam|bur ⟨m.1⟩ *Stickrahmen* [zu *Tambour*]

tam|bu|rie|ren ⟨V.3, hat tamburiert; mit Akk.⟩ **1** *Stoff t. mit einer Art Häkelnadel Kettenstiche auf einen Stoff aufhäkeln* **2** *Haare in den Stoff einer Perücke einknoten* [zu *Tambur*]

Tam|bu|rin ⟨n.1⟩ **1** *kleine, flache Handtrommel mit Schellen* **2** *kleines, flaches, trommelartiges Gerät zum Ballspiel*

Tam|bu|riz|za ⟨f., -, -zen⟩ *Zupfinstrument der Serben und Kroaten, ähnlich der Mandoline*

Ta|mil ⟨n., -(s), nur Sg.⟩ zu den drawidischen Sprachen gehörende Sprache der Tamilen
Ta|mi|le ⟨m.11⟩ Angehöriger eines drawidischen Volkes im Süden Vorderindiens und auf Ceylon
ta|mi|lisch ⟨Adj., o.Steig.⟩ die Tamilen betreffend, zu ihnen gehörig, von ihnen stammend; ~e Sprache
Tamp ⟨m.1⟩, **Tam|pen** ⟨m.7; Seew.⟩ Ende eines Taues [ndt.]
Tam|pon ⟨auch [tãpõ] m.9, ugs. n.9⟩ **1** Watte- oder Zellstoffbausch (zur Blutstillung oder als Träger von Arzneimitteln) **2** (bei Handpressen) straffgestopfter Lederballen zum Einfärben der Druckformen [frz., „Propfen, Ballen, Wattebausch", Nebenform von *tapon* „Klumpen, zusammengeknüllter Ballen", zu *tape* „Zapfen, Spund"]
Tam|po|na|de ⟨f.11⟩ Gesamtheit von Tampons, mit denen eine Körperhöhle ausgestopft wird oder ist; eine T. machen; die T. entfernen
tam|po|nie|ren ⟨V.3, hat tamponiert; mit Akk.⟩ mit Tampons ausfüllen, zustopfen
Tam|tam ⟨auch [tam-] n.9⟩ **1** ostasiatisches Musikinstrument, Gong **2** ⟨nur Sg.; ugs.⟩ Aufhebens, Aufwand, Getue
tan ⟨Zeichen für⟩ Tangens
Ta|na|gra|fi|gu|ren ⟨auch [ta-] f.10, Pl.⟩ zierliche, bemalte Tonfigürchen des 4.–3. Jh. v.Chr. [nach dem griech. Fundort *Tanagra*]
Tan|bur ⟨m.1⟩ arabisches Zupfinstrument, ähnlich der Laute
Tand ⟨m., -s, nur Sg.⟩ wertlose Sache, kleine, hübsche, aber wertlose Dinge
Tän|de|lei ⟨f.10⟩ das Tändeln, Spielerei
Tän|del|markt ⟨m.2⟩ Trödelmarkt, Flohmarkt
tan|deln ⟨V.1, hat getandelt; o.Obj.⟩ mit gebrauchten Waren handeln, als Tandler tätig sein
tän|deln ⟨V.1, hat getändelt; o.Obj.⟩ **1** heiter spielen, scherzen; mit Kindern t. **2** schäkern; mit Mädchen t. **3** sich oberflächlich, spielerisch beschäftigen; er arbeitet nicht ernsthaft, er tändelt nur [< mhd. *tanten* „spielen, Possen reißen", zu *tant* „Tand, Possen, leeres Geschwätz"]
Tän|del|schür|ze ⟨f.11⟩ kleine, zierliche Schürze ohne Latz
Tan|dem ⟨n.9⟩ **1** Fahrrad für zwei Fahrer hintereinander **2** Maschine mit zwei hintereinandergeschalteten Antrieben [< engl. *tandem* „hintereinander befindlich oder angeordnet, hinterdrein, hintennach, Fahrrad mit zwei Sitzen hintereinander", < lat. *tandem* „zuletzt, noch, endlich"]
Tand|ler ⟨m.5; bayr.-österr.⟩ Trödler, Kleinhändler [zu *Tand*]
Tänd|ler ⟨m.5⟩ jmd., der gerne tändelt, Schäker
tang ⟨Zeichen für⟩ Tangens
Tang ⟨m.1⟩ große Meeresalge (bes. Braunalge)
Tan|gens ⟨m., -, -; Zeichen: tan, früher auch: tang, tg⟩ eine Winkelfunktion, Verhältnis der Gegenkathete zur Ankathete [< lat. *tangens* „berührend", →tangieren]
Tan|gen|te ⟨f.11⟩ Gerade, die eine Kurve in einem Punkt berührt [< lat. *tangens* „berührend", →tangieren]
tan|gen|ti|al ⟨Adj., o.Steig.⟩ eine Kurve oder gekrümmte Fläche in einem Punkt berührend [zu *Tangente*]
tan|gie|ren ⟨V.3, hat tangiert; mit Akk.⟩ **1** ⟨Geometrie⟩ berühren; eine Gerade tangiert eine Kurve **2** ⟨übertr.⟩ berühren, betreffen; das tangiert mich nicht; seine Interessen werden davon nicht tangiert [< lat. *tangere* „berühren"]
Tan|go ⟨m.9⟩ aus einem argentinischen Volkstanz hervorgegangener langsamer Gesellschaftstanz [< span. *tango* „argentinischer Tanz", urspr. „Versammlung von Negern zum Tanz mit Trommelbegleitung" sowie Bezeichnung für die Trommel selbst, wahrscheinlich lautmalend]

Tank ⟨m.9 oder m.1⟩ **1** großer Behälter für Flüssigkeiten (Jauche~) **2** ⟨kurz für⟩ Kraftstofftank (im Kfz) **3** ⟨urspr. tarnende Bez. für ab 1914 gebautes⟩ Kampffahrzeug mit Kettenrädern, Vorläufer des Panzers [engl. *tank* in ders. Bed., [< span. *tanque* „Behälter, Kanister", Nebenform von *estancar* „Wasserbehälter, Teich", zu *estancar* „hemmen, (Wasser) stauen", vielleicht < lat. *stagnum* „Sumpf"; die Ableitung aus dem Hindi ist irreführend, da *Tank* im Neuind. Fremdwort ist]
Tan|ka ⟨n., -(s), -⟩ japanisches Kurzgedicht aus einer drei- und einer zweizeiligen Strophe
tan|ken ⟨V.1, hat getankt⟩ **I** ⟨o.Obj.⟩ Treibstoff aufnehmen; wir müssen noch t. **II** ⟨mit Akk.⟩ **1** in den Tank füllen; 40 Liter Benzin t. **2** ⟨übertr.⟩ reichlich aufnehmen; Sonne, frische Luft t.; einen t. ⟨ugs., scherzh.⟩ sich (fast) betrinken **3** ⟨ugs., scherzh.⟩ sich geben lassen, sich vermitteln lassen; (bei jmdm.) Mut, Liebe t.
Tan|ker ⟨m.5⟩ Schiff, das Flüssiges (bes. Treibstoff) in Tanks befördert
Tank|säu|le ⟨f.11⟩ an Tankstellen säulenähnliche Einrichtung zum Zapfen von Kraftstoff; Syn. ⟨veraltend⟩ Zapfsäule
Tank|stel|le ⟨f.11⟩ Anlage mit Zapfsäulen zur Versorgung von Kraftfahrzeugen mit Treibstoff, Öl, Reifenluft u.a.
Tank|wa|gen ⟨m.7⟩ Lastkraftwagen mit aufgesetztem Tank
Tank|wart ⟨m.1⟩ jmd., der berufsmäßig in einer Tankstelle arbeitet
Tann ⟨m.1; veraltend, noch poet.⟩ Tannenwald; im dunklen T.
Tan|nat ⟨n.1⟩ Salz des Tannins
Tan|ne ⟨f.11⟩ Syn. *Edeltanne, Weißtanne* **1** Nadelbaum mit aufrecht stehenden langen, flachen Nadeln mit zwei weißen Längsstreifen auf der Unterseite und hellgrauem, glatten Stamm **2** dessen Holz; Täfelung aus T.
tan|nen[1] ⟨Adj., o.Steig.⟩ aus Tanne (2)
tan|nen[2] ⟨V.1, hat getannt⟩ → *tannieren*
Tan|nen|baum ⟨m.2⟩ Tanne (als Weihnachtsbaum)
Tan|nen|hä|her ⟨m.5⟩ (bes. in Gebirgswäldern vorkommender) dunkelbrauner Rabenvogel mit weißen Tupfen
Tan|nicht, Tän|nicht ⟨n.1; †⟩ Tannendickicht
tan|nie|ren ⟨V.3, hat tanniert; mit Akk.⟩ mit Tannin behandeln
Tan|nin ⟨n., -s, nur Sg.⟩ (meist aus Gallen gewonnener) Gerbstoff; Syn. *Gerbsäure* [< frz. *tanin* „Tannin", zu *tan* „Gerberlohe" und *tanner* „gerben", < lat. *tanare, tannare* „das Fell dünn machen" (d.h. die Häute davon abziehen), zu *tenuis* „dünn"]
Tänn|ling ⟨m.1⟩ junge Tanne
Tan|rek ⟨m.9⟩ urtümliches igelähnliches Säugetier Madagaskars; Syn. *Borstenigel* [Malagasy]
Tan|se ⟨f.11; schweiz.⟩ Rückentraggefäß (für Flüssigkeiten oder Trauben) [< ahd. *dinsan, thinsan* „ziehen, fortschleppen"]
Tan|tal ⟨n., -s, nur Sg.; Zeichen: Ta⟩ graues, hartes, dehnbares Metall, chemisches Element [nach der griech. Sagengestalt *Tantalos*]
Tan|ta|lus|qua|len ⟨f.10; Pl.⟩ Qualen, die man aussteht, wenn man etwas Ersehntes, erreichbar scheint, nicht bekommt [nach dem König *Tantalos* der griech. Sage, der wegen eines Vergehens an den Göttern in die Unterwelt verstoßen wird, wo er an unstillbarem Hunger und Durst leiden muß: er steht bis zum Kinn im Wasser, und über ihm hängen herrliche Früchte, doch wenn er essen oder trinken will, weicht beides zurück]
Tan|te ⟨f.11⟩ **1** Schwester, Schwägerin der Mutter oder des Vaters **2** kindliche Anrede für Frauen; die gute T.; die T. im Kindergarten **3** ⟨ugs., abwertend⟩ Frau, deren Namen man nicht kennt oder die man nicht mag; so eine T. von der Sozialhilfe
Tan|tie|me ⟨[tãtjɛ:mə] f.11; meist Pl.⟩ Gewinnanteil [< frz. *tantième* in ders. Bed., zu *tant* < lat. *tantum* „soviel"]
tant mieux [tã mjø] um so besser [frz.]
Tan|tris|mus ⟨m., -, nur Sg.⟩ indische Lehre, daß alles im Weltall in mystischer Verbindung miteinander stehe [< Sanskr.]
Tanz ⟨m.2⟩ **1** Folge rhythmischer Körperbewegungen, die zu Musik oder anderen gleichmäßigen Tonfolgen (Trommeln o.ä.) ausgeführt wird (Gesellschafts~, Volks~); ein T. der Eingeborenen; ein langsamer, schneller T.; ein französischer, spanischer T.; sich im T. drehen; ein T. auf dem Vulkan ⟨übertr.⟩ Fröhlichkeit in gefährlicher Lage; zum T. auffordern, aufspielen, antreten **2** Instrumentalstück im Rhythmus eines Tanzes **3** ⟨übertr., ugs.⟩ heftige Auseinandersetzung, Streit; jetzt geht der T. noch einmal los; einen T. aufführen ⟨ugs.⟩ sich über eine Kleinigkeit übermäßig erregen
Tanz|abend ⟨m.1⟩ abendliche Veranstaltung mit Tanz
Tanz|bar ⟨f.9⟩ Bar, in der auch getanzt wird
Tanz|bär ⟨m.10⟩ dressierter Bär, der tanzähnliche Bewegungen ausführt
Tanz|bein ⟨n.; nur in der ugs. Wendung⟩ das T. schwingen *tanzen*
Tanz|bo|den ⟨m.8⟩ **1** Tanzsaal **2** erhöhte Fläche, auf der getanzt wird
Tanz|die|le ⟨f.11; ugs.⟩ Lokal, in dem getanzt werden kann
tän|zeln ⟨V.1; o.Obj.⟩ **1** ⟨hat getänzelt⟩ kleine, leichte Schritte (fast auf der Stelle) machen; das Pferd tänzelt **2** ⟨ist getänzelt⟩ in kleinen, tänzerischen Schritten gehen; über die Bühne, durchs Zimmer t.
tan|zen ⟨V.1⟩ **I** ⟨o.Obj.⟩ **1** ⟨hat getanzt⟩ Tänze ausführen, sich zu Musik bewegen; sie tanzt gern; t. lernen **2** ⟨hat getanzt⟩ als Balletttänzer(in) tätig sein; sie tanzt an der Staatsoper **3** ⟨ist getanzt⟩ hüpfen, springend laufen; sie tanzte vor Freude durch alle Zimmer **II** ⟨mit Akk.; hat getanzt⟩ **1** etwas t. sich zu Musik bewegend etwas ausführen; einen feurigen Tanz t.; (einen) Fandango t. **2** auf der Bühne als Tänzer(in) darstellen, vorführen; den Bolero von Ravel t.; er tanzt in „Schwanensee" den Prinzen
Tän|zer ⟨m.5⟩ **1** jmd., der tanzt, der tanzen kann; er ist ein guter, schlechter T. **2** jmd., der beruflich tanzt **3** Tanzpartner
tän|ze|risch ⟨Adj.⟩ **1** ⟨o.Steig.⟩ den Tanz betreffend; er ist t. sehr begabt **2** wie ein Tanz, leichtfüßig; mit ~en Bewegungen
Tanz|ka|pel|le ⟨f.11⟩ Musikkapelle, die zum Tanz aufspielt
Tanz|kar|te ⟨f.11; früher⟩ Karte eines Mädchens, auf die sich die Tänzer vor einem Ball eintragen
Tanz|kunst ⟨f., -, nur Sg.⟩ **1** tänzerische Fähigkeiten **2** Kunst der tänzerischen Darstellung
Tanz|lied ⟨n.3⟩ Lied, das beim Volkstanz gesungen wird
Tanz|lo|kal ⟨n.1⟩ Lokal, in dem getanzt wird
Tanz|mei|ster ⟨m.5; früher⟩ jmd., der Gruppentänze organisiert und leitet
Tanz|mu|sik ⟨f.10⟩ Musik, zu der getanzt werden kann
Tanz|part|ner ⟨m.5⟩ Partner beim Tanzen
Tanz|plat|te ⟨f.11; ugs.⟩ Schallplatte mit Tanzmusik
Tanz|saal ⟨m., -(e)s, -säle⟩ Saal, in dem getanzt wird
Tanz|schrift ⟨f.10⟩ → *Choreographie* (2)
Tanz|schu|le ⟨f.11⟩ Schule, in der jmd. den Gesellschaftstanz erlernen kann
Tanz|schü|ler ⟨m.5⟩ jmd., der eine Tanzschule besucht

Tanzsport

Tanz|sport ⟨m., -(e)s, nur Sg.⟩ *in sportlicher Form betriebener Gesellschaftstanz*

Tanz|stun|de ⟨f.11⟩ *Unterricht, Unterrichtsstunde im Gesellschaftstanz;* Syn. *Tanzunterricht;* ~n nehmen; sie ist in der T.

Tanz|tee ⟨m.9⟩ *am Nachmittag stattfindende Tanzveranstaltung*

Tanz|tur|nier ⟨n.1⟩ *Wettkampf im Tanzsport*

Tanz|un|ter|richt ⟨m.1⟩ → *Tanzstunde*

Tao ⟨n., nur Sg.; chin. Philos.⟩ *der Urgrund alles Seins sowie der Weg dorthin*

Tao|is|mus ⟨m., -, nur Sg.⟩ *die Lehre vom Tao*

Tao|ist ⟨m.10⟩ *Anhänger, Vertreter des Taoismus*

Tape ⟨[teip] n.9⟩ **1** *Papierstreifen zum Aufnehmen von Morsezeichen* **2** → *Tonband* **3** *Klebstreifen* [engl., ,,(schmales) Band, Streifen"]

Ta|per|greis ⟨m.1; abwertend⟩ *gebrechlicher, alter Mann, Tattergreis*

ta|pe|rig ⟨Adj.; abwertend⟩ *gebrechlich, zitterig;* auch: *taprig, tapprig*

ta|pern ⟨V.1, ist getapert; o.Obj.⟩ *unsicher, zitternd gehen (bes. aus Gebrechlichkeit);* über die Straße t.

Ta|pet ⟨n.1; urspr.⟩ *Tischdecke auf dem Sitzungstisch;* ⟨nur noch in der Wendung⟩ etwas aufs T. bringen *etwas zur Sprache bringen* [< lat. *tapetum*, → *Tapete*]

Ta|pe|te ⟨f.11⟩ *(meist mit Muster bedrucktes) Papier zur Verkleidung von Innenwänden* [< lat. *tapete, tapetum* ,,Teppich" (für Fußboden, Tisch, Wand, Sofa), < griech. *tapes*, Gen. *tapetos*, ,,Teppich, Decke"]

Ta|pe|ten|tür ⟨f.10⟩ *mit Tapete bedeckte und daher fast unsichtbare Tür*

Ta|pe|ten|wech|sel ⟨m.5; ugs.⟩ *Wechsel der gewohnten Umgebung;* ich brauche dringend einen T.

ta|pe|zie|ren ⟨V.3, hat tapeziert; mit Akk.⟩ *mit Tapete bekleben;* ein Zimmer t.

Ta|pe|zie|rer ⟨m.5⟩ *jmd., der berufsmäßig Räume streicht und tapeziert*

Ta|pe|zier|na|gel ⟨m.6⟩ → *Reißbrettstift*

Tap|fe ⟨f.11⟩, **Tap|fen** ⟨m.7⟩ *Abdruck (des Schuhs, Fußes; Fuß~)*

tap|fer ⟨Adj.⟩ **1** *eine Gefahr nicht scheuend, einer Gefahr widerstehend;* ein ~er Kämpfer **2** *seine Schmerzen nicht zeigend;* etwas t. erdulden **3** *kräftig, fest;* t. essen, trinken **Tap|fer|keit** ⟨f., -, nur Sg.⟩

Ta|pio|ka ⟨f., -, nur Sg.⟩ *aus den Knollen des Manioks gewonnene Stärke* [< Tupi *tapioca, tipioca* u.a. ,,feinstes, aus Maniok hergestelltes Mehl"]

Ta|pir ⟨auch [-pir] m.1⟩ *(in tropischen Wäldern vorkommender) Unpaarhufer mit Rüsselnase und schwartiger Haut* (Berg~, Schabracken~) [< Tupi *tapirussu, tapira*, Guarani *tapié, tapií*]

Ta|pis|se|rie ⟨f.11⟩ **1** *Teppichwirkerei* **2** *Wandteppich* **3** *Kreuzstichstickerei auf gitterartigem Gewebe* [< frz. *tapisserie* ,,(bes. gewirkte) Tapete, Wandteppich", zu *tapis* ,,Decke, Überzug, Teppich", < griech. *tapes* ,,Teppich, Decke"]

Tapp ⟨m.1; norddt.⟩ *leichter Schlag* [zu *tappen*]

tap|pen ⟨V.1, ist getappt; o.Obj.⟩ *süddt.* auch: *dappen* **1** *mit leisem, dumpfem Geräusch gehen (bes. barfuß oder in weichen Schuhen);* durchs Zimmer t.; man hörte ~e Schritte; im dunkeln t. → *dunkel (1);* in eine Pfütze t. *in eine Pfütze treten* **2** ⟨schwäb.⟩ *umher; ich bin vergebens dorthin getappt*

tap|pig ⟨Adj.⟩ → *tapsig*

täp|pisch ⟨Adj.⟩ *unbeholfen, plump, tolpatschig;* ~e Bewegungen

tap|rig, tapp|rig ⟨Adj.⟩ → *taperig*

Taps ⟨m.1⟩ **1** *leichter Schlag, Klaps* **2** *Tolpatsch, unbeholfener Bursche*

tap|sen ⟨V.1, ist getapst; o.Obj.⟩ *unbeholfen, ungeschickt gehen*

tap|sig ⟨Adj.⟩ *unbeholfen, ungeschickt;* Syn. *tappig*

Ta|ra ⟨f., -, -ren⟩ **1** *Gewicht der Verpackung* **2** *die Verpackung selbst* [< ital. *tara* < arab. *ṭarḥ* ,,Abzug", zu *ṭaraḥa* ,,wegwerfen, entfernen, abziehen"]

Ta|ran|tel ⟨f.11⟩ *Wolfsspinne der Mittelmeerländer, die wegen ihres schmerzhaften Bisses gefürchtet ist;* wie von der T. gestochen aufspringen ⟨ugs.⟩ *plötzlich, heftig aufspringen* [< frz. *tarentule* < ital. *tarantola* < vulgärlat. *terentula*, vielleicht verkleinernde Ableitung von *terente* ,,zermalmend"; man glaubte früher, der Stich sei tödlich]

Ta|ran|tel|la ⟨f.9; Pl. auch -len⟩ *lebhafter italienischer Volkstanz* [ital. *tarantella*, mundartliche Form von *tarantola* ,,Tarantel"; der Stich der Tarantel wurde früher (14./15. Jh.) als Ursache für eine Reihe von Krankheitssymptomen betrachtet; als Mittel dagegen wurden sog. Heiltänze verordnet, u.a. die *Tarantella*]

Tar|busch ⟨m.9⟩ *arab. Bez. für Fes* [arab. *ṭarbūš*, eigentlich ,,Schweißkappe", < türk. *ter* ,,Schweiß" und pers. *pūš* ,,Bedeckung, Bekleidung", zu *pūšīdan* ,,bedecken"]

Tar|de|noi|si|en ⟨[-noazjɛ̃] n., -s, nur Sg.⟩ *Formengruppe des späten Mesolithikums* [nach dem Funden von *La-Fère-en-Tardenois*, Nordostfrankreich]

Tar|get ⟨n.9⟩ *Vorrichtung am Ende eines Teilchenbeschleunigers zum Auslösen von Teilchenreaktionen* [engl., ,,Ziel, -scheibe"]

ta|rie|ren ⟨V.3, hat tariert; mit Akk.⟩ *etwas t.* **1** *das Gewicht, die Tara von etwas feststellen;* ein Gefäß, die Verpackung t. **2** *durch Gegengewicht ausgleichen;* ein Gewicht t. **3** ⟨übertr.⟩ *ausgleichen, ins Gleichgewicht bringen*

Ta|rier|schrot ⟨m. oder n., -, nur Sg.⟩ *Blei- oder Glaskügelchen zum Tarieren eines Gewichtes*

Ta|rier|waa|ge ⟨f.11⟩ *Feinwaage, deren Anzeige vor dem Einwiegen auf den Nullpunkt gestellt wird*

Ta|rif ⟨m.1⟩ **1** *festgelegter Betrag für Preise, Löhne, Gehälter, Steuern usw.* **2** *amtliches Verzeichnis davon* [< ital. *tariffa* < arab. *ta‘rīf* ,,Bekanntmachung", zu *‘arrafa* ,,wissen lassen", zu *‘arafa* ,,wissen"]

Ta|rif|au|to|no|mie ⟨f.11; nur Sg.⟩ *Recht von Vertretern der Arbeitnehmer und der Arbeitgeber, ohne staatliche Einmischung Tarife für Löhne und Gehälter verbindlich festzulegen*

Ta|rif|grup|pe ⟨f.11⟩ *Gruppe von Arbeitnehmern, die nach demselben Tarif entlohnt wird*

ta|ri|fie|ren ⟨V.3, hat tarifiert; mit Akk.⟩ *etwas t. den Tarif von etwas festsetzen, in einen Tarif aufnehmen*

ta|rif|lich ⟨Adj., o.Steig.⟩ *einem Tarif entsprechend, einen Tarif betreffend;* ~e Vereinbarung; ~e Einstufung

Ta|rif|lohn ⟨m.2⟩ *durch einen Tarifvertrag festgelegter Mindestlohn*

Ta|rif|part|ner ⟨m.5⟩ *Arbeitgeber bzw. Arbeitnehmer (mit ihren Interessenvertretungen und Verbänden)*

Ta|rif|ver|trag ⟨m.2⟩ *schriftlicher Vertrag zwischen den Tarifpartnern über Löhne, Gehälter und Arbeitsbedingungen*

Tar|la|tan ⟨m.1⟩ *durchsichtiges, gestreiftes Baumwollgewebe* [< frz. *tarlatane* in ders. Bed.]

tar|nen ⟨V.1, hat getarnt; mit Akk.⟩ *etwas oder sich t. gegen Entdeckung, Gesehenwerden schützen (indem man es oder sich der Umgebung anpaßt);* eine Grube mit Zweigen t.; das Tier tarnt sich durch sein geflecktes Fell; etwas oder sich als etwas t. *einer Sache oder sich zwecks Täuschung ein bestimmtes Aussehen geben;* ein Versteck als Kleiderschrank t.; sich als Spaziergänger t. und dabei die Umgebung erkunden; ein militärisches Fahrzeug durch einen geflecktem Anstrich t.

Tarn|kap|pe ⟨f.11; germ. Myth.⟩ *unsichtbar machende Kappe*

Tar|nung ⟨f., -, -en⟩ *das Tarnen, das Sichtarnen;* zur T. eine Perücke tragen

Ta|ro ⟨m.9⟩ *stärkehaltiger Wurzelstock einer tropischen Nutzpflanze* (polynes.)

Ta|rock ⟨n. oder m., -s, nur Sg.⟩ *ein Kartenspiel für drei Spieler* [< ital. *tarocco* ,,Spielkarte im Tarock", zu *tarocchi* ,,Tarock", weitere Herkunft nicht bekannt]

Tar|pan ⟨m.1⟩ *ausgestorbenes europäisches Wildpferd* [russ.]

Tar|sus ⟨m., -, -sen⟩ **1** *Fußglied (der Gliederfüßer)* **2** *Fußwurzel* **3** *Lidknorpel (im Oberlid)* [< griech. *tarsos* ,,breite Fläche; Fußsohle"]

Tar|tan ⟨[tartan] m.9⟩ **1** *dicke, wollene, karierte Reisedecke* **2** *Wollstoff mit schottischem Muster* **3** ⟨Wz.⟩ *Kunststoff zum Beschichten von Sportbahnen* [engl.]

Tar|ta|ne ⟨f.11⟩ *einmastiges Fischerboot (auf dem Mittelmeer)* [< ital. *tartana* in ders. Bed.]

Tar|tar ⟨m.10; ugs.⟩ → *Tatar*

Tar|ta|ros ⟨m., -, nur Sg.; griech. Myth.⟩ *tiefster Teil der Unterwelt*

Tar|ta|rus ⟨m., -, nur Sg.; lat. Form von⟩ *Tartaros*

Tar|trat ⟨n.1⟩ *Salz der Weinsäure* [< griech. *tartaron* ,,Weinstein"]

Tart|sche ⟨f.11⟩ *mittelalterlicher, rechteckiger Schild mit Wölbung und Wappen*

Tar|tüff ⟨m.9⟩ *Heuchler* [nach *Tartuffe*, der Hauptfigur einer Komödie von Molière]

Ta|sche ⟨f.11⟩ **1** *oft mit Henkeln versehener Behälter (meist aus elastischem Material) zum Mitführen von Dingen* (Brief~, Einkaufs~, Geld~, Hand~); die T. vollpacken **2** *in ein Kleidungsstück eingenähter oder an etwas angenähter kleiner Beutel (zum Mitführen kleiner Gegenstände);* aufgesetzte, aufgenähte ~n; die eigenen ~n füllen *sich unrechtmäßig bereichern;* die Hand auf der T. haben ⟨übertr.⟩ *sich ungern von seinem Geld trennen;* jmdm. auf der T. liegen ⟨übertr.⟩ *von jmdm. unterhalten werden;* etwas aus eigener T. bezahlen *etwas selber bezahlen;* jmdm. das Geld aus der T. ziehen ⟨übertr.⟩ *jmdn. ausnehmen, ausnützen;* ⟨übertr.⟩ *viel zahlen müssen;* etwas in die eigene T. stecken ⟨übertr.⟩ *sich etwas unrechtmäßig aneignen;* in die eigene T. wirtschaften *unrechtmäßigen Gewinn machen;* etwas in der T. haben ⟨übertr.⟩ *etwas sicher haben;* jmdn. in die T. stecken ⟨übertr.⟩ *jmdm. überlegen sein* **3** *kleiner Hohlraum, in den etwas eingefüllt werden kann* (Nudelteig~)

Ta|schen|aus|ga|be ⟨f.11⟩ *kleine, handliche Ausgabe von etwas (bes. eines Buches)*

Ta|schen|buch ⟨n.4⟩ *kleines, handliches und billiges Buch mit flexiblem Einband*

Ta|schen|dieb ⟨m.1⟩ *Dieb, der aus den Taschen anderer stiehlt*

Ta|schen|dieb|stahl ⟨m.2⟩ *Diebstahl aus den Taschen anderer*

Ta|schen|for|mat ⟨n.1⟩ *kleines, handliches Format*

Ta|schen|geld ⟨n.3⟩ *kleine Geldsumme, die jmd. jmdm. ohne eigene Einkünfte (bes. einem Kind) gibt und über die der Empfänger frei verfügen kann;* sich ein zusätzliches T. verdienen; das ist für ihn ein T. ⟨ugs.⟩ *das ist für ihn ein unerheblicher Geldbetrag*

Ta|schen|krebs ⟨m.1⟩ *(u.a. an der Nordseeküste vorkommende) schwimmunfähige Krabbe mit kräftigen Scheren* [nach der Körperform]

Ta|schen|lam|pe ⟨f.11⟩ *kleine elektrische Leuchte mit Stromversorgung aus einer Batterie*

Ta|schen|mes|ser ⟨n.5⟩ *kleines Messer mit einer Spalte im Griff zum Wegklappen der Klinge (so daß es in die Tasche gesteckt werden kann)*

Ta|schen|rech|ner ⟨m.5⟩ *kleines elektronisches Rechengerät*

Ta|schen|spie|ler ⟨m.5⟩ *jmd., der kleine Zaubertricks vorführt*

Ta|schen|tuch ⟨n.1⟩ *kleines, in der Tasche mitgeführtes Tuch (zum Schneuzen o.ä.)*; Syn. Schnupftuch

Tasch|ner, Täsch|ner ⟨m.5; früher⟩ *jmd., der berufsmäßig Taschen herstellt*

TASS ⟨Abk. für die russ. Bez. der⟩ *Nachrichtenagentur der UdSSR* [Telegrafnoe Agenstvo Sovetskogo Sojuza]

Täß|chen ⟨n.7⟩ *kleine Tasse*; ein T. Kaffee trinken

Tas|se ⟨f.11⟩ **1** *kleines, schalen- oder becherartiges Trinkgefäß mit Henkel(n)*; Syn. ⟨österr.⟩ Schale; eine T. Kaffee, Tee; hoch die ~n! ⟨ugs.⟩ Prost!; nicht alle ~n im Schrank haben ⟨übertr., ugs.⟩ *nicht verrückt sein*; eine trübe T. ⟨übertr., ugs.⟩ *ein langweiliger Mensch* **2** ⟨österr.⟩ **a** *Untertasse* **b** *Tablett* [< arab. *tasse* < arab. *ṭās, ṭāsa* < pers. *tašt* ,,Becher, Schale"]

Ta|sta|tur ⟨f.10⟩ *Gesamtheit der Tasten (an Klavier, Schreibmaschine usw.)*

Ta|ste ⟨f.11⟩ *Hebel, der mit dem Finger heruntergedrückt wird*; mächtig in die ~n greifen ⟨ugs.⟩ *schwungvoll Klavier spielen*

ta|sten ⟨V.2, hat getastet⟩ **I** ⟨mit Akk.⟩ *etwas* **1** *mit der Hand, den Fingern fühlend berühren, finden*; eine Schwellung, eine Geschwulst t. **2** *(mit Hilfe einer entsprechenden Tastatur) eingeben, übertragen, speichern*; einen Text t. **II** ⟨refl.⟩ *sich t. mit den Händen Gegenstände berührend und ohne zu sehen sich vorwärtsbewegen*; sich durch einen dunklen Gang t. **III** ⟨o.Obj.⟩ **1** *mit der Hand, mit den Händen, mit den Fingern, mit einem Gegenstand) suchen*; in der Tasche nach dem Schlüssel t.; der Blinde tastete mit dem Stock nach der Bordkante; die ~e Versuche *vorsichtige Versuche* **2** *zu erfahren suchen*; er tastete in dem Gespräch vorsichtig, ob der andere etwas wußte

Ta|sten|in|stru|ment ⟨n.1⟩ *Instrument, bei dem die Töne durch Niederdrücken verschiedener Tasten erzeugt werden*

Ta|ster ⟨m.5⟩ **1** *Vorrichtung zum Abtasten* **2** *zirkelähnliches Gerät zum Messen von Innen- und Außendurchmessern*; Syn. Tastzirkel **3** → *Palpe*

Tast|kör|per|chen ⟨n.7⟩ *jede von vielen Nervenendungen der Haut zum Wahrnehmen von Berührungsreizen*

Tast|sinn ⟨m., -(e)s, nur Sg.⟩ *Fähigkeit, durch Berührung entstehende Reize wahrzunehmen*

Tast|zir|kel ⟨m.5⟩ → *Taster (2)*

Tat ⟨f.10⟩ **1** *das Tun, Handeln*; ein Mann der T. *jmd., der eher handelt als redet, der entschlossen handelt*; laßt ~en sprechen! *hört auf zu reden und handelt!*; in der T.! *tatsächlich, wirklich*; jmdm. mit Rat und T. zur Seite stehen **2** *das, was jmd. getan hat*; das war eine edle, schöne, üble T. **3** *Verbrechen, Vergehen*; eine T. begehen; eine T. büßen, gestehen; jmdn. auf frischer T. ertappen *jmdn. bei Ausübung eines Vergehens ertappen*

Ta|tar I ⟨m.10⟩ **1** *Angehöriger eines einstigen mongolischen Volksstammes* **2** *Angehöriger eines mongolisch-türkischen Mischvolkes in der Sowjetunion* **II** ⟨n., -s, nur Sg.⟩ *rohes, gehacktes, mit Ei, Zwiebel, Essig und Öl angemachtes Rindfleisch*; auch: ⟨ugs.⟩ Tartar; Syn. ⟨norddt.⟩ Schabefleisch [nach dem Volksstamm der Tataren, die angeblich das Fleisch, das sie verzehren wollten, unterm Sattel weichritten; wegen der weichen Beschaffenheit des geschabten Fleisches]

Ta|ta|ren|mel|dung, Ta|ta|ren|nach|richt ⟨f.10⟩ *erfundene, aber wahr erscheinende Nachricht*

ta|tau|ie|ren ⟨V.3, hat tatauiert⟩ → *tätowieren*

Tat|be|stand ⟨m.2⟩ **1** *Sachverhalt, das tatsächliche Geschehen*; den T. aufnehmen **2** *Merkmale einer unrechtmäßigen Handlung*; den T. des Mordes beweisen, erfüllen

Tat|ein|heit ⟨f., -, nur Sg.⟩ *Verletzung mehrerer Strafgesetze durch dieselbe Handlung*; Syn. Idealkonkurrenz; Raub in T. mit Körperverletzung

Ta|ten|drang ⟨m., -(e)s, nur Sg.⟩ *Drang, zu handeln, etwas zu leisten*

Ta|ten|durst ⟨m., -(e)s, nur Sg.⟩ *starker Tatendrang*; er brannte förmlich vor T.

ta|ten|dur|stig ⟨Adj.⟩ *voller Tatendurst*

Tä|ter ⟨m.5⟩ *jmd., der eine Straftat begangen hat*; dem T. auf der Spur sein

Tä|ter|schaft ⟨f.⟩ **1** *das Tätersein, bes. bei Straftaten* **2** ⟨schweiz. auch⟩ *Gesamtheit der Täter*

Tat|form ⟨f.10⟩ *Aktionsform des Verbs, die zum Ausdruck bringt, daß das Subjekt des Satzes etwas tut oder sich in einem Zustand befindet*, Aktiv; Syn. Tätigkeitsform; Ggs. Leideform

tä|tig ⟨Adj.⟩ **1** ⟨o.Steig.⟩ *angestellt, beschäftigt*; als Vertreter t. sein **2** ⟨o.Steig.⟩ *arbeitend, handelnd*; er ist im Lager t.; t. eingreifen **3** *aktiv handelnd, tatkräftig, sehr t. sein*; ~e Hilfe

tä|ti|gen ⟨V.1, hat getätigt; mit Akk.⟩ *etwas in die Tat umsetzen, verwirklichen, tun*; einen Kauf, ein Geschäft t.

Tä|tig|keit ⟨f.10⟩ **1** *das Handeln, Wirken*; kirchliche, wirtschaftliche ~en **2** *Arbeit, Beruf*; eine angenehme, schöne, ruhige T. **3** *das Funkionieren, Arbeiten*; die T. des Gehirns; der Vulkan ist noch in T.

Tä|tig|keits|drang ⟨m., -(e)s, nur Sg.⟩ *Drang, sich zu betätigen, zu handeln*

Tä|tig|keits|form ⟨f.10⟩ → *Tatform*

Tä|tig|keits|wort ⟨n.4⟩ → *Verb*

Tat|kraft ⟨f., -, nur Sg.⟩ *Kraft und Wille, die nötig sind, um etwas zu tun*

tat|kräf|tig ⟨Adj.⟩ *energisch, voller Tatkraft*

tät|lich ⟨Adj., o.Steig.⟩ *handgreiflich*; jmdn. t. angreifen; t. werden *jmdn. schlagen*

Tät|lich|keit ⟨f.10⟩ *Schlag, Gewalttätigkeit*; zu ~en neigen; es kam zu ~en

Tat|mehr|heit ⟨f., -, nur Sg.⟩ *Verletzung eines oder mehrerer Strafgesetze durch mehrere Handlungen*; Ggs. Tateinheit

Tat|ort ⟨m.1⟩ *Ort, an dem eine strafbare Handlung begangen wurde*

tä|to|wie|ren ⟨V.3, hat tätowiert; mit Akk.⟩ *jmdn., einen Körperteil t. mit Nadelstichen eine farbige, nicht mehr entfernbare Zeichnung in jmds. Haut, in die Haut eines Körperteils einbringen*; auch: tatauieren; jmds. Arm, Brust t. [< polynes. *tatu, tatau* ,,Zeichen, Malerei", auch ,,zeichnen"]

Tä|to|wie|rung ⟨f.10⟩ **1** ⟨nur Sg.⟩ *das Tätowieren* **2** *tätowiertes Bild oder Zeichen auf der Haut*

Tat|sa|che ⟨f.11⟩ *etwas, das wirklich geschehen ist, tatsächlicher Sachverhalt*; nackte ~n ⟨ugs.⟩ *Sachverhalte ohne Beschönigung*; Tatsache! ⟨ugs.⟩ *wirklich!*; auf dem Boden der ~n bleiben *vor Spiegelung falscher ~n*; es entspricht den ~n; das ist eine T.; vollendete ~n schaffen *unveränderliche Verhältnisse herbeiführen*; den ~n ins Auge sehen *die Wirklichkeit ohne Beschönigung ansehen*; jmdn. vor die vollendete T., vor vollendete ~n stellen *jmdn. über eine Sache erst dann informieren, wenn sie schon geschehen ist*

tat|säch|lich ⟨auch [tat-]⟩ **I** ⟨Adj., o.Steig.⟩ *wirklich, real*; die ~en Verhältnisse **II** ⟨Adv.⟩ *wirklich, in der Tat*; er hat es doch t. gewagt ...

Tat|sche ⟨f.11⟩ ⟨oberdt.⟩ *Hand* **2** *Gerät zum Schlagen (Fliegen~)*

tät|scheln ⟨V.1, hat getätschelt; mit Akk. oder mit Dat. und Akk.⟩ *mehrmals leicht, freundlich mit den Fingern schlagen*; jmds. Wange, jmdm. die Wange t. [lautmalend]

tat|schen ⟨V.1, hat getatscht; o.Obj.; ugs.⟩ *plump, unbeholfen (an etwas) greifen, schlagen*; das Kind tatscht ans Fenster; einer Frau an den Hintern t. ⟨derb⟩ [lautmalend]

Tat|te|rich ⟨m.1; ugs.⟩ *nervöses Zittern der Hände*; er hat einen T.

tat|te|rig ⟨Adj.; ugs.⟩ *zittrig*; auch: tattrig

tat|tern ⟨V.1, hat getattert; o.Obj.; landsch.⟩ *zittern*; vor Kälte t. [lautmalend]

tät|tern ⟨V.1, hat getättert; o.Obj.; mdt.⟩ *schnell und aufgeregt (tadelnd) reden*; sie tättert wegen jeder Kleinigkeit [lautmalend]

Tat|ter|sall ⟨m.9⟩ *Reithalle, Reitbahn, Reitschule* [nach einem Gebäude in London, das als Versammlungsort für Freunde des Reitsports diente und seinerseits nach Richard Tattersall (gest. 1795) benannt war, der 1766 am Hydepark ein Unternehmen zur Ausstellung und zum Verkauf von Pferden gegründet hatte]

tatt|rig ⟨Adj.⟩ → *tatterig*

Tat|ver|dacht ⟨m., -(e)s, nur Sg.⟩ *Verdacht, daß jmd. eine Straftat begangen hat*; sie steht unter T.

Tat|ze ⟨f.11; bei großen Raubtieren⟩ **1** *Fuß (Bären~, Löwen~)*; Syn. Pranke **2** ⟨früher in Schulen⟩ *Schlag mit dem Rohrstock auf die flache, ausgestreckte Hand*

Tatzel|wurm ⟨m.4; im Volksglauben einiger Alpengebiete⟩ *großes Kriechtier, Drache*

Tau[1] ⟨m., -(e)s, nur Sg.⟩ *Niederschlag am frühen Morgen* [< ahd. *dau*, *tou* in ders. Bed.]

Tau[2] ⟨n.1⟩ *starkes Seil (Schiffs~)* [< nddt. *tow* ,,Werkzeug, Gerät"]

Tau[3] ⟨n.9; Zeichen: τ, T⟩ *neunzehnter Buchstabe des griechischen Alphabets*

taub ⟨Adj., o.Steig.⟩ **1** *gehörlos*; auf beiden Ohren t. sein **2** *keine (körperliche) Empfindung besitzend*; ~e Finger, Zehen **3** *nicht hören wollend*; sich gegen jmds. Bitten t. stellen; auf diesem Ohr ist er t. ⟨übertr.⟩ *von dieser Geschichte will er nichts hören*; sich t. stellen **4** *keine Frucht, keinen Inhalt enthaltend*; ~e Ähren *Ähren ohne Körner*; ~es Gestein ⟨Bgb.⟩ *ohne Erz*; ~e Nuß *Nuß ohne Kern*, ⟨übertr., derb⟩ *jmd., der unfähig ist*

Tau|be ⟨f.11⟩ **1** *(drossel- bis rabengroßer) Vogel mit gurrender Stimme, der seine Nahrung im Kropf speichert (Haus~, Wild~)* **2** ⟨übertr.⟩ *jmd., der für eine gemäßigte, nicht militante Politik eintritt*

tau|ben|blau, tau|ben|grau ⟨Adj., o.Steig.⟩ *(hell) blaugrau (etwa wie das Brustgefieder vieler Haustauben)*

Tau|ben|schlag ⟨m.2⟩ *(auf einem Sockel) hoch angebrachter Verschlag, in dem Haustauben gehalten werden*; hier ist es wie in einem T. ⟨ugs.⟩ *hier ist viel Betrieb, hier ist ein ständiges Kommen und Gehen*

Tau|ben|schwänz|chen ⟨n.7⟩ *(zu den Nachtfaltern gehörender) am Tag fliegender Schwärmer mit beweglichem Fächerschwanz*

Tau|ber, Täu|ber, Tau|be|rich, Täu|be|rich ⟨m.1⟩ *männliche Taube*

Taub|heit ⟨f., -, nur Sg.⟩ *das Taubsein*

Täu|bin ⟨f.10⟩ *weibliche Taube*

Täub|ling ⟨m.1⟩ *(oft lebhaft gefärbter) Blätterpilz mit brüchigen Lamellen (Frauen~, Spei~)*

Taub|nes|sel ⟨f.11⟩ *Lippenblütler mit brennesselähnlichen Blättern, die aber ohne Brennhaare sind*; Rote T., Weiße T.

taub|stumm ⟨Adj., o.Steig.; veraltet, noch ugs.⟩ *gehörlos und daher auch stumm* **Taub|stumm|heit** ⟨f., -, nur Sg.⟩

Taub|stum|men|spra|che ⟨f.11⟩ *Zeichensprache, mit der sich gehörlose Personen untereinander verständigen*

Tauch|boot ⟨n.1⟩ *U-Boot, das nur kurze Zeit unter Wasser eingesetzt werden kann* **2** *Unterwasserfahrzeug für wiss. und zivile Zwecke*

tau|chen ⟨V.1⟩ **I** ⟨o.Steig.⟩ **1** ⟨ist oder hat

getaucht) *sich unter Wasser begeben, sich unter die Wasseroberfläche bewegen;* er kann gut t.; das U-Boot ist getaucht; früher habe, bin ich viel getaucht **2** ⟨hat getaucht⟩ *nach etwas t. sich unter die Oberfläche des Wassers bewegen und etwas suchen; nach Meerestieren, nach einem verlorenen Gegenstand, einem Ertrunkenen t.* **3** ⟨ist getaucht⟩ *in, aus etwas t. in etwas hineingehen und verschwinden, aus etwas herauskommen;* er tauchte ins Dunkel des Waldes; er tauchte aus dem Wasser **II** ⟨mit Akk.; hat getaucht⟩ **1** *etwas in etwas t.* **a** *etwas in eine Oberfläche einer Flüssigkeit bringen;* Brot in die Suppe t.; die Hand ins Wasser t. **b** ⟨poet.⟩ *einhüllen; das Tal war in Nebel getaucht* **2** *jmdn. t.* ⟨beim Schwimmen, beim Spiel im Wasser⟩ *jmds. Kopf unter Wasser drücken;* Syn. ⟨sächs.⟩ *titschen*

Tauch|en|te ⟨f.11⟩ *Ente, die bei der Nahrungssuche taucht (z.B. die Reiherente)*
Tau|cher ⟨m.5⟩ **1** *jmd., der taucht* **2** ⟨kurz für⟩ *Lappen-, Seetaucher*
Tau|cher|bril|le ⟨f.11⟩ *Schutzbrille für Taucher, die es ermöglicht, die Augen unter Wasser offenzuhalten*
Tau|cher|glocke ⟨-k|k-; f.11⟩ *unten offener Hohlraum, in den kein Wasser eindringen kann, weil in ihm ein der Wasserdruck entsprechender Luftdruck aufrechterhalten wird (für Unterwasserarbeiten)*
Tau|cher|krank|heit ⟨f., -, nur Sg.⟩ *Caissonkrankheit*
tauch|lackie|ren ⟨-k|k-; V.3, hat tauchlackiert; mit Akk.⟩ *etwas t. etwas lackieren, indem man es in den Lack taucht*
Tauch|sie|der ⟨m.5⟩ *Gerät, das mittels elektrischen Heizdrahts in wasserdichtem, spiralförmigem Rohr eine Flüssigkeit, in die es getaucht wird, erwärmt*
Tauch|wäl|zer ⟨m.5⟩ → *Straddle*
tau|en¹ ⟨V.1, hat getaut; o.Obj.⟩ **1** ⟨unpersönl., mit ,,es"⟩ *es taut Tau fällt hernieder;* es hat auf die Wiesen getaut **2** ⟨poet.⟩ *wie Tau fallen;* ihre Tränen tauten auf die Blumen in ihrer Hand [< mhd. *touwen* < ahd. *douwon* ,,Tau spenden, tauen"]
tau|en² ⟨V.1; o.Obj.⟩ **1** ⟨hat getaut; unpersönl., mit ,,es"⟩ *es taut der Schnee schmilzt;* es hat heute nacht getaut **2** ⟨ist getaut⟩ *schmelzen; der Schnee, das Eis taut* [< mhd. *touwen* ,,schmelzen", < ahd. *touwen, douwen* ,,sterben"]
Tauf|becken ⟨-k|k-; n.7; in einer Kirche⟩ *Becken für Taufwasser*
Tau|fe ⟨f.11⟩ **1** *christliches Sakrament, mit dem jmd. in die Gemeinschaft der Christen aufgenommen wird und seinen Namen erhält;* eine T. feiern; etwas aus der T. heben ⟨ugs.⟩ *etwas begründen* **2** *Namensgebung* (Schiffs~) **3** ⟨übertr.⟩ *erstmaliges, prägendes Erlebnis* (Feuer~)
tau|fen ⟨V.1, hat getauft; mit Akk.⟩ **1** *jmdn. t. jmdm. die Taufe spenden und dabei einen Namen geben;* er hat sich als Erwachsener noch t. lassen; ein Kind auf den Namen ,,Christian" t. **2** *jmdn., ein Tier oder eine Sache einen Namen (oder einen Spitznamen) geben;* sie tauften ihn ,,Teddy"; ein Schiff t. **3** ⟨ugs., scherzh.⟩ *naß werden, in den Regen kommen;* wir sind unterwegs tüchtig getauft worden
Täu|fer ⟨m.5⟩ *jmd., der andere tauft;* Johannes der T.
Tau|flie|ge ⟨f.11⟩ *kleine Fliege, deren Larve sich meist in gärenden Flüssigkeiten entwickelt (z.B. Drosophila)*
Täuf|ling ⟨m.1⟩ *jmd., der getauft wird*
Tauf|na|me ⟨m.15⟩ *Name, den jmd. bei der Taufe erhält*
Tauf|pa|te ⟨m.11⟩ *Pate eines Täuflings;* Syn. *Taufzeuge*
Tauf|re|gi|ster ⟨n.5⟩ *von der Kirche geführte Liste der getauften Personen*

tau|frisch ⟨Adj., o.Steig.⟩ **1** *kühl und frisch;* ~e Luft **2** ⟨übertr.⟩ *jung, frisch und unberührt;* ~es Mädchen **3** *ganz neu, frisch;* eine ~e Nachricht
Tauf|schein ⟨m.1⟩ *Urkunde über die erfolgte Taufe;* Syn. *Taufzeugnis*
Tauf|stein ⟨m.1⟩ *Stein mit einer Höhlung für Taufwasser*
Tauf|was|ser ⟨n.5⟩ *geweihtes Wasser, das für die Taufe verwendet wird*
Tauf|zeu|ge ⟨m.11⟩ → *Taufpate*
Tauf|zeug|nis ⟨n.1⟩ → *Taufschein*
tau|gen ⟨V.1, hat getaugt; o.Obj.⟩ **1** *geeignet, brauchbar sein,* ⟨von Sachen⟩ *gut, in Ordnung sein,* ⟨von Personen⟩ *tüchtig sein; das Gerät taugt nichts, taugt nicht viel; taugt das was?* ⟨ugs.⟩ *ist das gut?;* das Hemd taugt allenfalls noch zum, als Putzlappen *das Hemd ist allenfalls noch als Putzlappen zu gebrauchen;* wozu soll das t.?; der Bursche taugt zu nichts *der Bursche ist zu nichts zu gebrauchen* **2** *für, zu etwas t. für, zu etwas geeignet sein*
Tau|ge|nichts ⟨m.1⟩ *jmd., der nichts taugt, zu nichts nutze ist*
taug|lich ⟨Adj.⟩ **1** *geeignet, passend;* ein ~es Werkzeug **2** *fähig zum Wehrdienst* **Taug|lich|keit** ⟨f., -, nur Sg.⟩
tau|ig ⟨Adj.⟩ *voller Tau;* ~e Zweige
Tau|mel ⟨m.5⟩ **1** *leichter Schwindel;* ein T. überkam ihn **2** *Freude, Rausch, Verzückung* (Freuden~)
tau|me|lig ⟨Adj.⟩ *schwankend, taumelnd, benommen;* auch: *taumlig;* ich bin noch ganz t. nach der Karussellfahrt
Tau|mel|kä|fer ⟨m.5⟩ *(in vielen Arten vorkommender) Käfer, der sich auf der Wasseroberfläche in kreisenden Bewegungen bewegt*
tau|meln ⟨V.1, ist taumelt; o.Obj.⟩ **1** *sich benommen hin und her bewegen, schwanken, wanken;* sie taumelte und stürzte zu Boden **2** *schwankend, unsicher gehen;* über die Straße t.
taum|lig ⟨Adj.⟩ → *taumelig*
Tau|punkt ⟨m.1⟩ *Temperatur, auf die ein Stoff abkühlen muß, damit sich auf ihm Tau bildet oder damit der in ihm enthaltene Wasserdampf sich kondensiert*
Tausch ⟨m.1⟩ *das Tauschen, Tauschgeschäft; etwas durch, im T. erwerben* **2** *Objekt eines Tausches;* ein guter, schlechter T.
tau|schen ⟨V.1, hat getauscht⟩ **I** ⟨mit Akk.⟩ *etwas t. etwas hergeben und dafür etwas anderes bekommen;* Briefmarken t.; die Kleider t. *jeweils die Kleider des andern anziehen;* Ringe t. ⟨geh.⟩ *heiraten;* Küsse t. *einander küssen; etwas gegen etwas t.* **II** ⟨o.Obj.⟩ *etwas nehmen, was ein anderer hat, und ihm dafür etwas geben, die Arbeit eines andern verrichten und dafür die eigene Arbeit von einem andern machen lassen;* wir haben getauscht; ich möchte nicht mit ihm t. *ich möchte nicht an seiner Stelle sein*
täu|schen ⟨V.1, hat getäuscht⟩ **I** ⟨mit Akk.⟩ **1** *jmdn. t. jmdm. etwas sagen, was nicht der Wahrheit entspricht, jmdn. veranlassen, zu glauben, daß etwas so sei (obwohl es nicht so ist);* er hat mich jahrelang getäuscht; jmdn. in seinen Erwartungen t. *jmds. Erwartungen nicht erfüllen;* die Hoffnung hat mich getäuscht; laß dich von ihm nicht t.! **2** *etwas t. nicht befriedigen, unbefriedigt lassen;* jmds. Erwartungen, Hoffnungen t. **II** ⟨refl.⟩ *sich t. etwas Falsches glauben, erwarten;* du täuschst dich, wenn du glaubst, er sei...; sich in etwas, über etwas in jmdm., über jmdn. t. *in bezug auf etwas, auf jmdn. das Falsche glauben;* ich habe mich in seinem Charakter, über seine Absichten getäuscht **III** ⟨o.Obj.⟩ *einen falschen Eindruck erwecken;* der Schein täuscht; der Spiegel täuscht (indem er das Abbild seitenverkehrt zeigt); der Schüler hat getäuscht *der Schüler hat von seinem Nachbarn abgeschrieben, hat verbotenerweise ein Buch zum Abschreiben benutzt*

Täu|scher ⟨m.5⟩ **1** ⟨urspr.⟩ *Händler* (Roß~) **2** ⟨dann⟩ *Betrüger*
Tausch|ge|schäft ⟨n.1⟩ *Geschäft, das durch Tauschen abgewickelt wird*
Tausch|han|del ⟨m., -s, nur Sg.⟩ *Handel, bei dem Waren getauscht und kein Geld benutzt wird*
tau|schie|ren ⟨V.3, hat tauschiert; mit Akk.⟩ *Metall t. mit einem anderen, edlerem Metall durch Einhämmern verzieren* [< arab. *taušiya* ,,das Verzieren, Besticken, Verschönern"]
Täu|schung ⟨f.10⟩ **1** *das Täuschen eines anderen* (Sinnes~). **2** *das Sich-selbst-täuschen;* einer T. erliegen
Täu|schungs|ma|nö|ver ⟨n.5⟩ *Handlungsfolge zur Irreführung eines Gegners*
Tausch|wert ⟨m.1⟩ *Wert, den ein Gegenstand beim Tauschen erzielt*
tau|send ⟨Num.⟩ *Schreibung in Buchstaben für* 1000; vgl. *hundert*
Tau|send ⟨Num.⟩ **I** ⟨f.10⟩ *die Zahl* 1000 **II** ⟨n.1; Abk.: Tsd.⟩ *Menge von 1000 Lebewesen oder Stück, Packung von 1000 Stück;* vgl. *Hundert;* drei vom T. ⟨Abk.: v.T.⟩ *drei Promille;* ~e und aber ~e, ⟨österr.⟩ *Abertausende*
Tau|send|blatt ⟨n., -(e)s, nur Sg.⟩ *Unterwasserpflanze mit vielen, fein zerteilten Blättern, Aquarienpflanze*
Tau|sen|der ⟨m.5⟩ **1** ⟨in mehrstelligen Zahlen⟩ *die vierte Zahl von rechts bzw. vor dem Komma* **2** *Tausendmarkschein;* ich habe noch drei T.
tau|send|fach ⟨Adj., o.Steig.⟩ ⟨übertr.⟩ *sehr viele Male;* Syn. *tausendfältig;* t. geprüft, erprobt
tau|send|fäl|tig ⟨Adj., o.Steig.; †⟩ → *tausendfach*
Tau|send|fü|ßer, Tau|send|füß|ler ⟨m.5⟩ *Gliederfüßer, dessen Körper aus vielen gleichartigen Segmenten besteht, die fast alle Beinpaare tragen*
Tau|send|gül|den|kraut ⟨n.4⟩ *rosarot blühendes Enziangewächs trockener Wiesen*
Tau|send|jahr|fei|er ⟨f.11⟩ *Feier der tausendsten Wiederkehr eines Ereignisses oder zum tausendjährigen Bestehen;* Syn. *Millenniumsfeier;* vgl. *Jahrtausendfeier*
tau|send|jäh|rig ⟨Adj., o.Steig.⟩ *tausend Jahre alt, tausend Jahre dauernd;* das Tausendjährige Reich *im Frühchristentum erwartetes Reich des messianischen Heils*
Tau|send|künst|ler ⟨m.5⟩ **1** *Taschenspieler* **2** ⟨ugs.⟩ *jmd., der vieles kann*
Tau|send|sa|sa ⟨m.9⟩, **Tau|send|sas|sa** ⟨m.9⟩ *jmd., der sehr viele verschiedene Fertigkeiten beherrscht (und deshalb bewundert wird)*
Tau|send|schön ⟨n.1⟩, **Tau|send|schön|chen** ⟨n.7⟩ → *Gänseblümchen*
Tau|send|stel ⟨n.5⟩ *tausendster Teil (eines Ganzen)*
Tau|send|und|ei|ne|nacht ⟨o.Art.⟩ *eine arabische Märchensammlung;* Märchen aus T.
Tau|ta|zis|mus ⟨m., -, -men⟩ *unschöne Häufung gleicher Anfangslaute in mehreren aufeinanderfolgenden Wörtern* [< griech. *tauta* ,,auf dieselbe Weise", < *ta auta* (neutrum Plural) ,,dasselbe", zu *autos* ,,selbst"]
Tau|to|lo|gie ⟨f.11⟩ **1** *Bezeichnung derselben Sache durch mehrere Ausdrücke, z.B. alter Greis, schon bereits* **2** *Satz, der keine (echte) Information enthält, z.B. ,,Morgen fahre ich weg, oder ich bleibe hier"* [< griech. *tauto* = *to auto* ,,dasselbe" (zu *autos* ,,selbst" und *logos* ,,Wort", zu *legein* ,,sagen, sprechen, erklären"]
tau|to|lo|gisch ⟨Adj., o.Steig.⟩ *in der Art einer Tautologie*
Tau|to|me|rie ⟨f.11⟩ *Umlagerung von Wasserstoffatomen innerhalb der Moleküle organischer Verbindungen, wodurch in dem betreffenden Stoff ständig zwei isomere Mole-*

külformen vorhanden sind [< griech. *tauto* = *to auto* „dasselbe" und *meros* „Teil"]

Tau|tre|ten 〈n., -s, nur Sg.〉 morgendliches Gehen über eine taufeuchte Wiese (als Heilverfahren)

Tau|werk 〈n., -(e)s, nur Sg.〉 **1** alle Arten Taue **2** Gesamtheit der Taue (eines Schiffes)

Tau|wet|ter 〈n., -s, nur Sg.〉 nach Frostwetter einsetzendes Tauen; politisches T. 〈übertr.〉 Lockerung gespannter Beziehungen (zwischen Staaten)

Tau|zie|hen 〈n., -s, nur Sg.〉 **1** Wettkampf, bei dem zwei Mannschaften an den Enden eines Taues ziehen und jede versucht, die andere über eine Linie zu bringen **2** 〈übertr.〉 zähes Verhandeln

Ta|ver|ne 〈f.11〉 Schenke [über ital. *taverna* < lat. *taberna* „Bretterhütte, Bude", eigtl. *traberna*, zu *trabs*, Gen. *trabis*, „Balken, Dach"]

Ta|xa|me|ter 〈n.5 oder m.5〉 **1** 〈in Mietautos〉 Fahrpreisanzeiger **2** 〈†〉 →*Taxi* [< lat. *taxare* „den Wert ermitteln" (→*taxieren*) und *...meter*]

Tax|amt 〈n.4〉 Amt, das Preise und Werte festlegt

Ta|xa|ti|on 〈f.10〉 Schätzung

Ta|xa|tor 〈m.13〉 →*Schätzer*

Ta|xe 〈f.11〉 **1** festgesetzter Preis, Gebühr, Abgabe (Kur~) **2** →*Taxi*

ta|xen 〈V.1, hat getaxt〉 →*taxieren*

tax|frei 〈Adj., o.Steig.〉 gebührenfrei

Ta|xi 〈n.9, schweiz. auch m.9〉 Personenkraftwagen, den man einschließlich Fahrer für kurze Strecken mieten kann; Syn. *Mietauto, Mietwagen*, 〈veraltend〉 *Droschke*, 〈†〉 *Kraftdroschke*, 〈†〉 *Taxameter* [verkürzt aus *Taxameter*]

Ta|xi|der|mie 〈f., -, nur Sg.〉 das Ausstopfen (von Tieren) [< griech. *taxis* „Aufstellung, das Aufgestellte" (zu *tassein* „aufstellen, ordnen") und *derma* „Haut"]

Ta|xie 〈f.11〉 durch Reiz von außen ausgelöste und auf diesen gerichtete Bewegung (von Pflanzen); auch: *Taxis* < griech. *taxis* „„Stellung, Anordnung, Aufstellung", zu *tattein*, *tassein* „stellen, aufstellen"]

ta|xie|ren 〈V.3, hat taxiert; mit Akk.〉 **1** schätzen; Syn. *taxen*; einen Schmuckgegenstand, ein Haus t. lassen; ich taxiere den alten Schrank auf 5000 DM **2** einschätzend, abschätzend betrachten; jmdn. t.; man kann diese Entwicklung nur schwer t. [< lat. *taxare* „den Wert einer Sache ermitteln" (urspr. durch Berühren, Betasten), „schätzen", zu *tangere* „berühren"] **Ta|xie|rung** 〈f.10〉

Ta|xi|fah|rer 〈m.5〉 jmd., der berufsmäßig Personen im Taxi befördert

Ta|xi|girl 〈[-gə:l] n.9〉 in Tanzlokalen angestellte Tanzpartnerin

Ta|xis 〈f., -, -xen〉 →*Taxie*

Tax|ler 〈m.5; österr., ugs.〉 Taxifahrer

Ta|xo|no|mie 〈f.11〉 Einordnung der Lebewesen in ein biologisches System [< griech. *taxis* „Ordnung, Reihe" und *nomos* „Gesetz", eigentlich „das Zugeteilte", zu *nemein* „verteilen, zuteilen"]

Tax|preis 〈m.1〉 durch Taxieren ermittelter Preis

Ta|xus 〈m., -, -〉 Eibe [< lat. *taxus* „Eibe", vielleicht zu griech. *toxon* „Bogen", da aus dem biegsamen Holz der Eibe gern Bogen hergestellt wurden]

Tax|wert 〈m.1〉 durch Taxieren ermittelter Wert

Tb 1 〈Zeichen für〉 *Terbium* **2** 〈Abk. für〉 *Tuberkulose*

Tbc 〈Abk. für〉 *Tuberkulose*

Tbc-krank, Tb-krank 〈Adj., o.Steig.〉 an Tuberkulose erkrankt

Tc 〈Zeichen für〉 *Technetium*

Te 〈Zeichen für〉 *Tellur*

Teach-in 〈[ti:tʃ-] n.9〉 Informationsveranstaltung von Studenten zu einem bestimmten

Thema [< engl. *to teach* „lehren, unterrichten" und *in* „hinein" (in einen Unterrichtsraum)]

Teak 〈[ti:k] n., -s, nur Sg.〉 wertvolles, sehr dauerhaftes Möbel- und Schiffsbauholz, das vom Teakbaum, einem hinterindischen Eisenkrautgewächs, gewonnen wird [< engl. *teak* < port. *teca* < Malayalam (südind. Sprache) *tekka*]

Team 〈[ti:m] n.9〉 **1** 〈Sport〉 Mannschaft **2** 〈allg.〉 Arbeitsgruppe

Team|ar|beit 〈[ti:m-] f., -, nur Sg.〉 →*Teamwork*

Team|tea|ching 〈[ti:mti:tʃiŋ] n.9〉 **1** Vorlesungsreihe, in der mehrere Dozenten nacheinander ein Thema von verschiedenen Seiten beleuchten **2** Unterricht von mehreren Fachlehrern gleichzeitig

Team|work 〈[ti:mwə:k] n., -, nur Sg.〉 gute Zusammenarbeit, Arbeit eines gut aufeinander abgestimmten Teams; Syn. *Teamarbeit* [engl., < *team* „Gespann, Reihe zusammengespannter Tiere, Arbeitsgruppe, Mannschaft" und *work* „Arbeit, Werk"]

Tea|room, Tea-Room 〈[tiru:m] m.9〉 **1** 〈in Hotels und Restaurants〉 *Teestube* **2** 〈schweiz.〉 Café oder Restaurant, in dem nur alkoholfreie Getränke ausgeschenkt werden; Syn. „Teeraum"

Tech|ne|ti|um 〈n., -s, nur Sg.; Zeichen: Tc〉 radioaktives, silberglänzendes metallisches chemisches Element [< griech. *technetos* „künstlich gemacht" (mit lat. Endung), zu *techne* „Kunst, Handwerk"]

Tech|nik 〈f.10〉 **1** 〈nur Sg.〉 Gesamtheit aller Mittel zur Nutzung der wissenschaftlich erkannten Naturgesetze und Zusammenhänge; Segen und Fluch der T.; das Zeitalter der T. **2** 〈nur Sg.〉 die angewandten Ingenieurwissenschaften **3** Gesamtheit der Regeln und Verfahren einer Tätigkeit (Fahr~, Mal~, Produktions~); handwerkliche, künstlerische ~en; die T. des Kupferstichs; die T. des Eiskunstlaufs erlernen, beherrschen **4** Beschaffenheit eines Gerätes hinsichtlich seiner Handhabung und Funktion; jmdm. die T. eines Gerätes erklären **5** 〈nur Sg.〉 Gesamtheit der Techniker (eines Betriebes); eine Reklamation an die T. weitergeben **6** 〈österr.〉 Technische Hochschule [< griech. *technikos* „kunstvoll, kunstgerecht", zu *techne* „Kunst, Handwerk"]

Tech|ni|ker 〈m.5〉 **1** Facharbeiter oder Fachmann für Technik auf einem Gebiet der Technik (1) **2** jmd., der technisch besonders begabt ist

Tech|ni|kum 〈n., -s, -ka〉 technische Fachschule

tech|nisch 〈Adj., o.Steig.〉 **1** die Technik (1) betreffend, zu ihr gehörig, auf ihr beruhend; ~e Berufe; ~e Kenntnisse besitzen; eine ~e Begabung haben; ~e Errungenschaften **2** hinsichtlich der Technik (3); das Bild ist t. gut gemalt; er spielt t. einwandfrei Klavier **3** auf der Technik (4) beruhend; der Unfall hatte ~e Gründe

tech|ni|sie|ren 〈V.3, hat technisiert; mit Akk.〉 mit technischen Geräten, technischen Mitteln ausstatten; unsere technisierte Welt

Tech|ni|sie|rung 〈f.10〉

Tech|ni|zis|mus 〈m., -, -men〉 technischer Ausdruck, technische Redewendung

Tech|no|krat 〈m.10〉 **1** Vertreter der Technokratie (1) **2** jmd., der Probleme auf technokratische Weise löst **3** Angehöriger der Technokratie (3)

Tech|no|kra|tie 〈f.11〉 **1** Lehre, daß Technik und Techniker Wirtschaft und Gesellschaft beherrschen (sollten) **2** Herrschaft der Technik **3** technische Führungsschicht [< *Technik* und *kratein* „herrschen, mächtig sein", zu *kratos* „Kraft, Macht, Gewalt"]

tech|no|kra|tisch 〈Adj.〉 die Technokratie betreffend, allein von der Technik bestimmt

Teflon

Tech|no|lekt 〈m.1〉 Fachsprache

Tech|no|lo|ge 〈m.11〉 jmd., der auf ein Gebiet der Technologie spezialisiert ist

Tech|no|lo|gie 〈f.11〉 **1** Wiss. von den Gesetzmäßigkeiten der Entwicklung und Produktion technischer Produkte **2** 〈auch〉 *Technik* (3); neue ~n einführen [< *Technik* und *...logie*]

Tech|tel|mech|tel 〈n.5〉 Liebelei, Liebesverhältnis; sie hat ein T. mit ihm [unerklärt; die übliche Deutung < ital. *teco-meco* „ich mit dir, du mit mir" ist sprachlich fragwürdig]

Teckel 〈-k·k-; m.5〉 →*Dackel* [nddt.]

Ted|dy 〈m.9; Kurzw. für〉 *Teddybär*

Ted|dy|bär 〈m.10〉 als Kinderspielzeug verwendeter Stoffbär [< engl. *Teddy*, Koseform von *Theodore*, nach dem amerik. Präsidenten Theodore Roosevelt (1858–1919), der zur Hochzeit seiner Tochter die Tafel mit kleinen braunen, aus Deutschland eingeführten Stoffbären dekorieren ließ; ein Gast nannte sie im Scherz *Teddybären*]

Ted|dy|man|tel 〈m.6; ugs.〉 Plüschmantel

Te|de|um 〈n.9〉 altkirchlicher Lobgesang [lat. Anfangsworte des Hymnus Te Deum laudamus „Dich, Gott, loben wir"]

Tee 〈m.9〉 **1** ostasiatischer Strauch mit weißen Blüten und immergrünen, elliptischen Blättern; Syn. *Teestrauch* **2** das aufbereitete Blätter des Teestrauchs **3** Getränk daraus **4** Aufguß der getrockneten Teile (meist Blätter oder Blüten) anderer Pflanzen (Kamillen~, Pfefferminz~) [< griech. *tsai*, engl. *tea*, frz. *thé*, ital. *tè* < chines. *tscha* (im Kanton-Dialekt), *te* (im Amoy-Dialekt), „Tee"]

Tee|beu|tel 〈m.5〉 →*Aufgußbeutel*

Tee-Ei 〈n.3〉 eiförmiger, mit Löchern versehener Hohlkörper, der mit Tee gefüllt und in die Kanne gehängt wird

Tee|licht 〈n.1〉 kleine Kerze, die in einem Stövchen den Tee oder andere heiße Getränke warmhält

Tee|löf|fel 〈m.5〉 kleiner Löffel (auch als Mengenangabe); Syn. *Kaffeelöffel*; drei T. Zucker

Teen|ager 〈[ti:neidʒər] m.5〉 Jugendliche(r) zwischen 13 und 19 Jahren [< engl. *teenage* „jugendliches Alter", *...teen* „...zehn" (von einem Mädchen in diesem Alter sagt man in England *sie ist in ihren teens*, d.h. „sie ist zwischen 13 (*thirteen*) und 19 (*nineteen*) Jahre alt") und *age* „Alter"]

Tee|nie 〈[ti:-] m.9; ugs.; Kurzform von〉 *Teenager*

Teer 〈m.1〉 bei der trockenen Destillation (von Holz, Kohle u.a.) entstehende schwarzbraune, zähe Flüssigkeit [nddt.]

tee|ren 〈V.1, teert; mit Akk.〉 mit Teer bestreichen oder bedecken

Teer|farb|stoff 〈m.1〉 synthetischer organischer Farbstoff, dessen Ausgangsstoff vom Steinkohlenteer stammt

tee|rig 〈Adj., o.Steig.〉 **1** wie Teer; ~er Rückstand **2** voller Teer; ~e Kleidung

Teer|jacke 〈-k·k-; f.11; scherzh.〉 Matrose

Tee|ro|se 〈f.11〉 Rose mit teeähnlichem Geruch, Gartenpflanze

Teer|pap|pe 〈f.11〉 mit Teer getränkte Dachpappe

Tee|strauch 〈m.4〉 →*Tee* (1)

Tee|tas|se 〈f.11〉 flache Tasse zum Teetrinken

Tee|tisch 〈m.1〉 für das Teetrinken gedeckter, kleinerer Tisch

Tee|wa|gen 〈m.7〉 kleiner Tisch mit Rollen zum Abstellen und Transport von Teegeschirr

Tee|wurst 〈f.2〉 feine Mettwurst

Te|fil|la 〈f., -, nur Sg.〉 jüdisches Gebet und Gebetbuch

Te|fil|lin 〈nur Pl.〉 jüdische Gebetsriemen

Tef|lon 〈n., -s, nur Sg.; Wz.〉 Kunststoff zum Imprägnieren, Beschichten von Pfannen u.a. [Kurzw. < Polytetrafluoräthylen, dem Ausgangsstoff]

Teich ⟨m.1⟩ *kleines, stehendes Gewässer;* übern großen T. fahren ⟨ugs., scherzh., veraltend⟩ *über den Atlantik fahren, nach Übersee fahren*

Teich|huhn ⟨n.4⟩ *Ralle mit rotem Schnabel und grünen Beinen (die u.a. an Teichen zu beobachten ist)*

Teich|molch ⟨m.1⟩ *(u.a. in kleinen Teichen vorkommender) Molch mit gefleckter Unterseite*

Teich|mu|schel ⟨f.11⟩ *im Schlammgrund von Binnengewässern lebende Muschel mit bläulichgrünen Schalen*

Teich|ro|se ⟨f.11⟩ *gelbe Seerose*

Teich|wirt|schaft ⟨f., -, nur Sg.⟩ *Haltung von Fischen in künstlich angelegten Gewässern*

Teig ⟨m.1⟩ *(aus Wasser, Mehl, Eiern u.a. hergestellte) formbare Masse, aus der durch Erhitzen bestimmte Speisen hergestellt werden (Knödel~, Kuchen~);* den T. rühren, kneten

tei|gig ⟨Adj.⟩ **1** *wie Teig, breiig, nicht fest;* ~er Kuchen *nicht ganz durchgebackener Kuchen* **2** *fahl, gelblich wie Teig;* ~e Gesichtsfarbe **3** *breit im Strich, starkfarbig;* ~e Schrift

Teig|wa|ren ⟨Pl.; Sammelbez. für⟩ *aus Teig hergestellte Nahrungsmittel, bes. Nudeln*

Teil I ⟨m.1⟩ **1** *Stück (eines Ganzen);* ein T. des Gebäudes; der vordere, hintere T.; etwas in ~e schneiden; der größte T. fehlt; ich habe das Buch zum T., zum größeren T., zum kleineren T. gelesen; „Hat es dir gefallen?" „Zum T.!" *teilweise, manches hat mir gefallen, manches auch nicht* **2** *Partei;* der klagende T.; man muß beide ~e hören, man muß auch den andern T. hören **3** *Person, Personengruppe;* sie war von beiden immer der gebende, der nehmende T.; so ist es für alle ~e erträglich; so kommen alle ~e zu ihrem Recht **II** ⟨n.1⟩ *einzelnes Stück (eines Ganzen, eines Gefüges, eines Systems;* Ersatz~, Vorder~, Rücken~); ein T. des Motors auswechseln; eine Uhr in ihre ~e zerlegen **III** ⟨m.1 oder n.1⟩ *Anteil;* sein(en) T. abbekommen (auch übertr.) *seine Strafe bekommen;* er hat die bessere T., den besseren T. gewählt, erwählt (geh.) *er hat die bessere Entscheidung getroffen;* er hat auch sein(en) T. zu tragen *er hat auch ein nicht leichtes Schicksal;* ich habe mir mein T. gedacht *ich hatte meine eigenen Gedanken darüber, habe sie aber nicht ausgesprochen;* ich für mein(en) T. *was mich betrifft,* ⟨betonend⟩ *ich*

Teil|an|sicht ⟨f.10⟩ *Ansicht eines Teils von einem Ganzen;* T. des Hauses

teil|bar ⟨Adj., o.Steig.⟩ *so beschaffen, daß es geteilt werden kann* **Teil|bar|keit** ⟨f., -, nur Sg.⟩

Teil|be|trag ⟨m.2⟩ *Teil eines Gesamtbetrages*

Teil|chen ⟨n.7⟩ **1** *kleiner Teil* **2** ⟨Phys.⟩ *materieller Körper kleinster Ausdehnung (im Unterschied zur Welle)*

Teil|chen|be|schleu|ni|ger ⟨m.5⟩ *Anlage zur Erzeugung hochenergetischer Elementarteilchen oder Ionen;* auch: ⟨kurz⟩ *Beschleuniger*

tei|len ⟨V.1, hat geteilt⟩ **I** ⟨mit Akk.⟩ **1** *in Teile zerlegen;* einen Apfel t.; ein Erbe t.; der Weg teilt das Grundstück in zwei Hälften; etwas in Drittel, Viertel t.; eine Zahl durch eine andere Zahl t. *eine Zahl mit Hilfe einer anderen Zahl in gleiche Teile zerlegen;* 10 durch 2 t. **2** ⟨in übertr. Wendungen⟩ *jmds. Auffassung, Meinung t. derselben Auffassung, Meinung sein wie jmd.; jmds. Schicksal t. das gleiche Schicksal haben wie jmd.;* jmds. Trauer t. *an jmds. Trauer teilhaben, mit jmdm. trauern;* geteilte Freude ist doppelte Freude ⟨sprichwörtl.⟩ *wenn man sich mit jmdm. freut, ist die Freude größer;* geteiltes Leid ist halbes Leid ⟨sprichwörtl.⟩ *wenn man an jmds. Leid teilnimmt, wird es für ihn leichter* **3** *etwas mit jmd. t. jmdm. einen Teil von*

etwas abgeben, etwas mit jmdm. gemeinsam benutzen; *mit jmdm. das Frühstück t.; mit jmdm. das Bett t.; mit jmdm. das Zimmer t.* **II** ⟨mit Dat. (sich) und Akk.⟩ *sich etwas t. etwas so zerlegen, daß jeder einen (meist gleich großen) Teil davon bekommt;* wir t. uns den Gewinn **III** ⟨refl.⟩ sich t. **1** *in Teile zerfallen, sich in Teile spalten;* die Zelle teilt sich ⟨Biol.⟩ **2** *in verschiedene Richtungen auseinandergehen;* der Weg teilt sich hier; der Vorhang teilte sich *der Vorhang öffnete sich nach beiden Seiten* **3** *sich in etwas t. Teile von etwas übernehmen;* wir t. uns in die Kosten **IV** ⟨o.Obj.; ugs.⟩ *etwas hergeben, etwas abgeben;* er teilt (nicht) gern

Tei|ler ⟨m.5⟩ *Zahl, die in einer anderen Zahl mehrmals ohne Rest enthalten ist*

Teil|er|folg ⟨m.1⟩ *Erfolg in einem Teilbereich*

Teil|ge|biet ⟨n.1⟩ *Teil eines größeren Fachgebietes, Zusammenhangs;* ein T. der Mathematik

Teil|ha|be ⟨f., nur Sg.⟩ *das Beteiligtsein (an etwas)*

teil|ha|ben ⟨V.60, hat teilgehabt; mit Präp.obj.⟩ *an etwas teilgehabt; an etwas beteiligt sein, an etwas teilnehmen;* am Gewinn t.; an jmds. Freude t.; laß ihn doch an deinen Vergnügungen t.!

Teil|ha|ber ⟨m.5⟩ **1** *jmd., der von etwas einen Anteil besitzt* **2** *Gesellschafter eines Unternehmens;* stiller T. *Gesellschafter, der nicht aktiv, sondern nur mit seinem Kapital an einem Unternehmen beteiligt ist*

Teil|ha|ber|schaft ⟨f., -, nur Sg.⟩ *das Teilhabersein*

teil|haf|tig ⟨auch [-haf-] Adj., o.Steig.; geh., urspr.⟩ *teilhabend;* ⟨nur noch in den Wendungen⟩ einer Sache t. sein *eine Sache besitzen;* einer Sache t. werden *in den Besitz einer Sache kommen;* eines großen Glückes t. werden *ein großes Glück erfahren, erleben*

...tei|lig ⟨in Zus.⟩ *aus einer bestimmten oder unbestimmten Zahl von Teilen bestehend, z.B.* dreiteilig, mehrteilig, vielteilig

Teil|kopf ⟨m.2; an Werkzeugmaschinen⟩ *Vorrichtung zum Drehen des Werkstückes um Winkelgrade*

Teil|kreis ⟨m.1⟩ *Unterteilung des vollen Kreises zum Ablesen der Winkel (z.B. bei Fernrohren)*

Teil|nah|me ⟨f., -, nur Sg.⟩ **1** *das Mitmachen, Beteiligtsein;* die T. am Wettbewerb **2** *Mitgefühl, Interesse an anderen;* innere T.; jmdm. seine T. beim Tod eines Angehörigen aussprechen

teil|nahms|los ⟨Adj., -er, am -esten⟩ *unbeteiligt, ohne Interesse;* t. dabeisitzen; t. zuschauen; alles t. mit sich geschehen lassen **Teil|nahms|lo|sig|keit** ⟨f., -, nur Sg.⟩

teil|nahms|voll ⟨Adj.⟩ *innerlich beteiligt, mitfühlend*

teil|neh|men ⟨V.88, hat teilgenommen; mit Präp.obj.⟩ **1** *an etwas t. bei etwas mitmachen, sich an etwas beteiligen;* an einem Lehrgang t.; am Unterricht lebhaft, nicht t. **2** *etwas mitempfinden;* an jmds. Schmerz, Glück t.

Teil|neh|mer ⟨m.5⟩ *jmd., der an etwas teilnimmt (1)*

teils ⟨Adv.⟩ *zum Teil;* er hat t. recht, t. ⟨ugs.⟩ *wechselnd, einmal so und einmal so, zum Teil gut, zum Teil schlecht;* „Wie geht es dir?" „Teils, teils!"; „Wie hat es dir gefallen?" „Teils, teils!"

...teils ⟨in Zus.⟩ *zu einem bestimmten oder unbestimmten Teil, z.B.* größtenteils, meistenteils

Teil|schuld|ver|schrei|bung ⟨f.10⟩ *Schuldverschreibung auf einen Teil einer Anleihe*

Teil|streit|kraft ⟨f.; meist Pl.⟩ *Hauptelement der Streitkräfte (meist Heer, Luftwaffe oder Marine)*

Teil|strich ⟨m.1; bei Maßeinteilungen⟩ *einzelner Strich*

Tei|lung ⟨f.10⟩ **1** *das Teilen* (Erb~, Reichs~) **2** *das Sichteilen* (Zell~) **3** ⟨Math.⟩ *das Teilen in einer Zahl* **4** *Art der Unterteilung (einer Meßskala)*

Tei|lungs|ar|ti|kel ⟨m.5; in manchen Sprachen⟩ *Artikel zur Bezeichnung einer kleinen, unbestimmten Menge, z.B. italienisch* del bei vino *„etwas Wein"*

teil|wei|se ⟨Adv.⟩ *zum Teil;* das Obst ist t. verfault

Teil|zah|lung ⟨f.10⟩ *Zahlung in Raten;* ein Autokauf mit T.

Teil|zeit|be|schäf|ti|gung ⟨f.10⟩ *Beschäftigung nur für einige Stunden des Tages oder für einige Tage in der Woche*

Tein ⟨n., -s, nur Sg.⟩ → *Thein*

Teint ⟨tẽ⟩ m.9⟩ *Farbe, Zustand der Gesichtshaut;* sie hat einen unreinen T. [< frz. *teint* in ders. Bed. sowie „das Färben, gefärbter Stoff", zu *teindre* < lat. *tingere* „färben"]

tek|tie|ren ⟨V.3, hat tektiert; mit Akk.⟩ *durch Überkleben unkenntlich machen; einen Text, einen Abschnitt t.* [eigtl. „mit einer Bedeckung versehen", < lat. *tectura* „Bedeckung", zu *tegere* „decken, bedecken"]

Tek|to|ge|ne|se ⟨f.11⟩ *großräumige Veränderung der Gestalt von Gesteinsmassen (durch Verwerfung oder Faltung)* [< *Tektonik* und *Genese*]

Tek|to|nik ⟨f., -, nur Sg.⟩ **1** *Lehre vom Aufbau und von den Bewegungen der Erdkruste* **2** *Zusammenfügen von Einzelteilen (bes. der Bauteile) zu einem Ganzen* **3** *Lehre vom inneren Aufbau eines Kunstwerkes* [< griech. *tektonika*, Baukunst, Zimmermannskunst", zu *tekton* „Handwerker", also eigtl. „Kunst des Handwerkers"]

tek|to|nisch ⟨Adj.⟩ **1** *den Bau der Erdkruste betreffend* **2** *durch Bewegungen der Erdkruste hervorgerufen;* ~es Beben **3** *den Aufbau, die Gliederung betreffend* [zu *Tektonik*]

Tek|to|nit ⟨n.1⟩ *durch tektonische Veränderungen geformtes Gestein*

Tek|tur ⟨f.12; Buchw.⟩ **1** *Decke, Deckblatt* **2** *Berichtigung (eines Textes) durch Überkleben* [< lat. *tectura* „Bedeckung"]

te|le..., Te|le... ⟨in Zus.⟩ *fern..., Fern...* [< griech. *tele* „weit, entfernt, in der Ferne"]

Te|le|fon ⟨n.1⟩ **1** *Apparat zur Übermittlung sprachlicher Information;* auch: *Telephon;* Syn. *Fernsprecher;* das T. läutet; ans T. gehen **2** *Anschluß an das Fernsprechnetz;* er hat jetzt T.

Te|le|fo|nat ⟨n.1⟩ *telefonischer Anruf, Telefongespräch*

Te|le|fon|buch ⟨n.4⟩ *von der Post herausgegebenes Verzeichnis mit den Nummern der Fernsprechteilnehmer;* Syn. *Fernsprechbuch*

te|le|fo|nie|ren ⟨V.3, hat telefoniert; o.Obj.⟩ *mit Hilfe des Telefons mit jmdm. sprechen;* auch: ⟨veraltend⟩ *telephonieren;* ich habe heute ständig telefoniert; mit jmdm. t.

te|le|fo|nisch ⟨Adj., o.Steig.⟩ *mit Hilfe des Telefons;* Syn. *fernmündlich;* ein ~er Anruf; ein ~es Gespräch; t. mit jmdm. sprechen

Te|le|fo|ni|stin ⟨f.10⟩ *Angestellte, die Telefongespräche vermittelt*

Te|le|fon|zel|le ⟨f.11⟩ *öffentliches Telefon in einer Kabine;* Syn. *Fernsprechzelle*

te|le|gen ⟨Adj.⟩ *für Fernsehaufnahmen geeignet* [Bildung nach der Art von *fotogen* < dem ersten Teil von → *Television* und griech. *gennan* „erzeugen, hervorbringen", also eigentlich „ein gutes Bild im Fernsehen hervorbringend"]

Te|le|graf ⟨m.10⟩ *Gerät zur Nachrichtenübermittlung (durch elektrische, akustische oder optische Zeichen)* [< *Tele...* und *...graph*]

Te|le|gra|fie ⟨f., -, nur Sg.⟩ *Nachrichtenübermittlung durch Telegrafen*

te|le|gra|fie|ren ⟨V.3, hat telegrafiert; mit

Dat. und Akk.⟩ *jmdm. etwas t. jmdm. etwas telegrafisch mitteilen;* auch: ⟨veraltend⟩ *telegraphieren;* Syn. *drahten, depeschieren; jmdm. eine Nachricht t.; ich habe ihm telegrafiert, daß ich morgen komme*

Te|le|gra|fisch ⟨Adj., o.Steig.⟩ *mittels Telegrafs, zur Telegrafie gehörig, auf ihr beruhend; Geld t. überweisen*

Te|le|gra|fist ⟨m.10⟩ *jmd., der berufsmäßig telegrafische Nachrichten übermittelt*

Te|le|gramm ⟨n.1⟩ *telegrafisch übermittelte Nachricht;* Syn. ⟨†⟩ *Depesche, Fernspruch* [< *tele...* und *...gramm*]

Te|le|gramm|adres|se ⟨f.11⟩ *verkürzte Adresse für Telegramme*

Te|le|gramm|stil ⟨m.1⟩ *kurze, stichwortartige Ausdrucksweise; er sprach im T. mit uns*

te|le|gra|phie|ren ⟨V.3, hat telegraphiert⟩ →*telegrafieren*

Te|le|ki|ne|se ⟨f.11; Okk.⟩ *angebliche Bewegung von Gegenständen durch übersinnliche Kräfte* [< griech. *tele* „fern, weit" und *kinesis* „Bewegung, Regung", zu *kinein* „bewegen, in Bewegung setzen"]

Te|le|kol|leg ⟨n.9⟩ *allgemeinbildender oder fachlicher Fernunterricht im Fernsehen* [< *Tele...* und *Kolleg*]

Te|le|mark ⟨m.9; Schilauf; früher⟩ *Schwung quer am Hang* [nach der südnorweg. Landschaft Telemark]

Te|le|me|trie ⟨f., -, nur Sg.⟩ **1** *Messen von Entfernungen* **2** *Übertragung von Meßwerten aus Raketen und Raumfahrzeugen* **3** *Ortung von Raketen und Raumfahrzeugen durch Ortungssignale* [< *Tele...* und *...metrie*]

Te|le|objek|tiv ⟨n.1⟩ *Objektiv mit langer Brennweite zur Aufnahme weit entfernter Gegenstände* [< *Tele...* und *Objektiv*]

Te|le|olo|gie ⟨f., -, nur Sg.⟩ *Lehre, daß die Entwicklung der Natur zweckmäßig und zielgerichtet sei* [< griech. *teleios, teleos* „zum Ende, zum Ziel gehörig, vollendet", zu *telos* „Ziel, Zweck, Ende", und *logos* „Wort, Lehre, Kunde", zu *legein* „sagen, sprechen, erklären"]

te|le|olo|gisch ⟨Adj., o.Steig.⟩ *auf der Teleologie beruhend, auf ein Ziel zustrebend*

Te|le|pa|thie ⟨f., -, nur Sg.⟩ *Wahrnehmung von Vorgängen über weite Entfernung oder Übertragung von Gedanken ohne Hilfe der Sinnesorgane* [< griech. *tele* „weit, fern, in der Ferne" und *pathos* „Ereignis, Vorgang; Gemütsbewegung, seelischer Zustand"]

te|le|pa|thisch ⟨Adj., o.Steig.⟩ *auf Telepathie beruhend*

te|le|pho|nie|ren ⟨V.3, hat telephoniert⟩ →*telefonieren*

Te|le|skop ⟨n.1⟩ →*Fernrohr* [< *Tele...* und *...skop*]

Te|le|skop|au|ge ⟨n.14; bes. bei Tiefseefischen⟩ *in der Längsachse gestrecktes Auge*

te|le|sko|pisch ⟨Adj., o.Steig.⟩ *mittels Teleskops*

Te|le|spot ⟨m.9⟩ *kurzer, lustiger Werbefilm* [< *Tele...* und *Spot*]

Te|le|text ⟨m., -(e)s, nur Sg.⟩ **1** *System elektronischer Übermittlung von Texten auf Bildschirm* **2** ⟨österr.⟩ →*Videotext*

Te|le|vi|si|on ⟨f., -, nur Sg.; Abk.: TV⟩ →*Fernsehen* [< engl. *television* in ders. Bed., < griech. *tele* „weit, fern" und *Vision*]

Te|lex ⟨n.1⟩ **1** ⟨nur Sg.⟩ *System der Signalübertragung über öffentliche Fernsprech- und Telegrafenleitungen* **2** *die so übermittelte Nachricht selbst* [Kurzw. < engl. *teleprinter exchange* „Austausch mittels Fernschreiber", < griech. *tele* „weit, fern" und engl. *printer* „Drucker" (zu *to print* „drucken") und *Exchange*]

Tel|ler ⟨m.5⟩ **1** *flache Schale mit einer Vertiefung, von der gegessen wird* (Eß~, Suppen~); *zwei T. (voll) essen* **2** *durchbrochene Scheibe kurz über dem unteren Ende des Schistocks* **3** ⟨Jägerspr.; beim Wildschwein⟩ *Ohr* **4** ⟨in Zus.⟩ *runde Scheibe, rundes, flaches Gebilde* (Hand~, Platten~)

Tel|ler|ei|sen ⟨n.7⟩ *Falle mit tellerförmiger Platte und zwei Bügeln*

Tel|lur ⟨n., -s, nur Sg.; Zeichen: Te⟩ *dem Schwefel ähnliches chemisches Element von metallischem Glanz* [< lat. *tellus*, Gen. *telluris*, „Mutter Erde"]

tel|lu|risch ⟨Adj.⟩ *von der Erde herrührend, Erd...* [< lat. *tellus*, Gen. *telluris*, „Mutter Erde"]

tel quel [tɛlkɛl] *internationale Handelsformel für den Ausschluß von Gewährleistungsansprüchen* [frz., „so wie"]

Tem|pel ⟨m.5⟩ **1** *geheiligte, kultischen Zwecken dienende Stätte* **2** *einer Gottheit geweihter, nichtchristlicher Bau; jmdn. zum T. hinausjagen* ⟨übertr., ugs.⟩ *jmdn. hinauswerfen* [< lat. *templum* „Beobachtungskreis", den der Augur am Himmel und auf der Erde ausmaß, um darin den Vogelflug zu beobachten, dann „geweihter Bezirk, geweihter Ort", vielleicht zu griech. *temenos* „abgegrenztes Gut", zu *temnein* „schneiden"]

Tem|pel|herr ⟨m., -n, -en⟩ *Angehöriger des Templerordens, eines geistlichen Ritterordens zum Schutz des Heiligen Grabes;* Syn. *Tempelritter, Templer*

Tem|peln ⟨n., -s, nur Sg.⟩ *ein Kartenglücksspiel*

Tem|pel|rit|ter ⟨m.5⟩ →*Tempelherr*

Tem|pel|tanz ⟨m.2⟩ *als kultische Handlung dienender Tanz in einem Tempel*

Tem|pe|ra|far|be ⟨f.11⟩ *mit Bindemitteln versetzte Farbe, die rasch trocknet und danach wasserunlöslich wird* [< ital. *tempera* „Maltechnik mit solchen Farben", zu ital., lat. *temperare* „ins richtige Verhältnis setzen", →*temperieren*]

Tem|pe|ra|ma|le|rei ⟨f., -, nur Sg.⟩ *Malerei mit Temperafarben*

Tem|pe|ra|ment ⟨n.1⟩ **1** ⟨i.w.S.⟩ *angeborene Wesensart, Gemütsart; ein fröhliches, heiteres T. haben* **2** ⟨i.e.S.⟩ *Lebhaftigkeit, Erregbarkeit, Beweglichkeit, Munterkeit; sie hat T., sie hat kein T.* [< frz. *tempérament* „Gemütsstimmung, Veranlagung; Ausgleich, Maß, richtiges Verhältnis", < lat. *temperamentum* „das richtige Verhältnis gemischter Dinge, richtige Mischung", zu *temperare* „ins richtige Verhältnis setzen", →*temperieren*]

tem|pe|ra|ment|los ⟨Adj., -er, am -esten⟩ *ohne Temperament* **Tem|pe|ra|ment|lo|sig|keit** ⟨f., -, nur Sg.⟩

tem|pe|ra|ment|voll ⟨Adj.⟩ *voller Temperament, lebhaft, schwungvoll*

Tem|pe|ra|tur ⟨f.10⟩ **1** *Wärmegrad, Wärmezustand* **2** *leichtes Fieber; T. haben; erhöhte T. haben* **3** ⟨bei Tasteninstrumenten⟩ *temperierte Stimmung* **4** ⟨Fot.⟩ *Farbwert* [eigtl.: richtiges Maß für Wärme, dann: nach Graden meßbare Wärme; < lat. *temperatura* „richtige Mischung, richtiges Verhältnis", zu *temperare*, →*temperieren*]

Tem|pe|ra|tur|schrei|ber ⟨m.5⟩ *Gerät zur automatischen, fortlaufenden Aufzeichnung der Temperatur*

Tem|pe|ra|tur|sturz ⟨m.2⟩ *plötzliches, erhebliches Absinken der Temperatur (1)*

Tem|pe|renz ⟨f., -, nur Sg.⟩ *Mäßigkeit, bes. bezüglich des Alkoholgenusses*

Tem|pe|renz|ler ⟨m.5⟩ *Angehöriger eines Temperenzvereins*

Tem|pe|renz|ver|ein ⟨m.1⟩ *Verein zur Verbreitung der Enthaltsamkeit vom Alkohol*

tem|pe|rie|ren ⟨V.3, hat temperiert; mit Akk.⟩ **1** *etwas t. in geeignete, angenehme, gleichbleibende Temperatur bringen; Räume t.; Wasser* (zum Waschen), *Wein t.; ein Zimmer ist nur temperiert* **2** ⟨übertr., selten⟩ *mäßigen, mildern; temperierte Gefühle* **3** *temperierte Stimmung* „von Musikinstrumenten" *Stimmung aufgrund der in zwölf Halbtöne eingeteilten Oktave* [< ital., lat. *temperare* „ins richtige Verhältnis setzen, das rechte Maß geben", zu lat. *tempus* „Abschnitt, Zeitabschnitt"]

tem|pern ⟨V.1, hat getempert; mit Akk.⟩ *erhitzen (zwecks Änderung der Materialeigenschaften)* [< engl. *to temper* „härten, ausglühen, das richtige Maß an Härte geben", < lat. *temperare*, →*temperieren*]

Tem|pest ⟨n.9; Segelsport⟩ *Zweimann-Kielboot mit Spinnaker und Trapez* [engl., < spätlat. *tempesta* „(schlechtes) Wetter, Sturm"]

tem|pie|ren ⟨V.3, hat tempiert; mit Akk.⟩ *ein Geschoß t. den Zeitzünder eines Geschosses einstellen* [< ital. *tempus* „Zeit"]

Tem|pi pas|sa|ti ⟨Pl.⟩ *vergangene Zeiten* [ital.]

Temp|ler ⟨m.5⟩ →*Tempelherr*

Tem|po ⟨n.9, Pl. auch (in der Mus.) *-pi*⟩ *Geschwindigkeit, Schnelligkeit; die Kurve mit hohem T. nehmen* [< ital. *tempo* „Zeit", < lat. *tempus* „Zeit, Zeitspanne", →*Tempus*]

Tem|po|li|mit ⟨n.9; Verkehrswesen⟩ *Beschränkung der Geschwindigkeit*

Tem|po|ra ⟨Pl. von⟩ *Tempus*

tem|po|ral[1] ⟨Adj., o.Steig.⟩ *das Tempus betreffend, zeitlich*

tem|po|ral[2] ⟨Adj., o.Steig.⟩ *zur Schläfe gehörig, zur Schläfenschlagader gehörig* [zu *Temporalis*]

Tem|po|ra|li|en ⟨Pl.⟩ **1** *mit einem kirchlichen Amt verbundene Einkünfte* **2** *weltliche Hoheitsrechte der Kirche* [< mlat. *temporalia* in ders. Bed., zu lat. *temporalis* „weltlich, zeitlich, materiell", lat. *temporalis* „zeitlich, eine Zeitlang während", zu *tempus* „Zeit"]

Tem|po|ra|lis ⟨f., -, -les [-le:s]⟩ →*Schläfe* [< lat. *temporalis* „zur Schläfe, zu den Schläfen gehörig", zu *tempora* (Pl.) „Schläfen" (als Begrenzung des Gesichts), auch „das ganze Gesicht", Sing. *tempus* „Schläfe"]

Tem|po|ral|satz ⟨m.2⟩ *Umstandssatz der Zeit, Zeitsatz*

Tem|po|ra mu|tan|tur *die Zeiten ändern sich* [lat.]

tem|po|rär ⟨Adj., o.Steig.⟩ *zeitweilig, vorübergehend, nicht dauernd*

tem|po|rell ⟨Adj., o.Steig.⟩ **1** *zeitlich, veränderlich* **2** *irdisch, weltlich*

Tem|pus ⟨n., -, -pora⟩ →*Zeitform* [< lat. *tempus* „Zeit, Zeitabschnitt, Zeitspanne", entweder (im Sinne von „zeitliche Erstreckung") zur idg. Wurzel *ten-*, „spannen, strecken" oder (im Sinne von Zeit, abschnitt"), < griech. *temnein* „schneiden"]

ten. (Abk. für) *tenuto*

Te|na|kel ⟨n.5⟩ *Manuskripthalter (des Schriftsetzers)*

Te|na|zi|tät ⟨f., -, nur Sg.⟩ **1** *Zähigkeit, Ziehbarkeit, Zugkraft, Reißfestigkeit* **2** *Beharrlichkeit, Ausdauer, Hartnäckigkeit* [< frz. *tenacité* „Zähigkeit, Klebrigkeit, Festhalten; Ausdauer, Starrsinn", < lat. *tenacitas*, Gen. *-atis*, „das Festhalten", zu *tenere* „halten, festhalten"]

Ten|denz ⟨f.10⟩ **1** *Streben, Neigung, Hang, Strömung, Richtung* **2** *erkennbare Absicht (eines Buches, Theaterstücks o.ä.)* **3** ⟨Börse⟩ *Stimmung* [< frz. *tendance* „Streben, Hang", < lat. *tendere* „nach etwas streben, sich zu etwas neigen"]

ten|den|zi|ell ⟨Adj., o.Steig.⟩ *der Tendenz nach*

ten|den|zi|ös ⟨Adj., -er, am -esten⟩ *eine Tendenz erkennen lassend, parteiisch gefärbt*

Ten|der ⟨m.5⟩ **1** *Vorratswagen für die Dampflokomotive (mit Kohle, Wasser usw.)* **2** *Begleit-, Versorgungsschiff* [engl., auch „Wärter, Pfleger", zu *to attend* „aufwarten, pflegen"]

ten|die|ren ⟨V.3, hat tendiert; o.Obj.⟩ *eine Tendenz haben, streben, neigen (zu etwas); die Entwicklung tendiert in diese Richtung;*

die Kurse t. zur Zeit nach oben; er tendiert (politisch) nach links; er tendiert zum Pessimismus

Tenn ⟨n.1; schweiz.⟩, **Ten|ne** ⟨f.11; in Scheunen⟩ *Platz zum Dreschen*

Ten|nis ⟨n., -, nur Sg.⟩ *Ballspiel zwischen zwei oder vier Spielern, bei dem versucht wird, den Ball mit einem Schläger so über das Netz zu schlagen, daß dieser nicht regelrecht zurückgespielt werden kann* [< engl. *tennis* < mittelengl. *teneis* < altfrz. *tenez!* ,,halten Sie, haltet!" (zu *tenir* ,,halten"); nach dem Ruf des Balljungen, der den ins Aus geschlagenen Ball zum Spieler zurückwirft]

Ten|no ⟨m.9; in Japan Titel für⟩ *Kaiser* [eigentlich ,,Himmelskönig", < *ten* ,,Himmel" und *o* ,,König"]

Te|nor I ⟨[tenor] m., -s, nur Sg.⟩ *Gehalt, Sinn (einer Äußerung);* der T. des Buches ist die Humanisierung des Lebens; er hielt eine Rede mit dem T., daß man sich um bessere Zusammenarbeit bemühen müsse [< lat. *tenor* ,,Zusammenhang, ununterbrochener Fortgang", übertr. ,,Sinn, Inhalt", zu *tenere* ,,halten", übertr. ,,festhalten, verstehen"] **II** ⟨[-nor] m.2⟩ **1** *hohe Stimmlage der Männer* **2** *Sänger mit dieser Stimme* **3** *Gesamtheit der hohen Männerstimmen im Chor* **4** *Stimmlage bei Musikinstrumenten,* z.B. Tenorblockflöte [< ital. *tenore* in derselben Bedeutung, zu *tenere* ,,halten"; der Tenor, der im MA Tenor hieß und erst durch Einfluß des ital. *tenore* zum Tenor wurde, war in der mittelalterlichen Musik Träger der Hauptmelodie im mehrstimmigen Gesang und ,,hielt" die Melodie]

te|no|ral ⟨Adj., o.Steig.⟩ *tenorartig, in Tenorlage*

Te|nor|buf|fo ⟨m.9⟩ *Rollenfach des komischen Tenors*

Te|nor|schlüs|sel ⟨m.5; Mus.⟩ *ein Notenschlüssel, C-Schlüssel*

Te|no|to|mie ⟨f.11⟩ *Sehnendurchtrennung* [< griech. *tenon* ,,Sehne" (eigtl. ,,Spanner", zu *teinein* ,,strecken, spannen") und *...tomie*]

Ten|sid ⟨n.1⟩ *die Grenz- und Oberflächenspannung von Flüssigkeiten herabsetzender Stoff* (z.B. in Waschmitteln); Syn. Detergens [zu Tension]

Ten|si|on ⟨f.10⟩ *Spannung, Druck (von Gasen, Dämpfen)* [< lat. *tensio*, Gen. *-onis*, ,,Spannung, Zusammenziehung", zu *tendere* ,,spannen"]

Ten|sor ⟨m.13; Math.⟩ *verknüpfte Vektoren* [< Tension]

Ten|ta|kel ⟨m.5 oder n.5⟩ **1** ⟨bei fleischfressenden Pflanzen⟩ *Fanghaar, Drüsenhaar* **2** ⟨bei wirbellosen Wassertieren⟩ *Fangarm* [< lat. *tentare, temptare* ,,betasten, befühlen"]

ten|tie|ren ⟨V.3, hat tentiert; mit Akk.; österr.⟩ *beabsichtigen, vorhaben* [< lat. *tentare, temptare* ,,versuchen, probieren"]

Te|nu|is ⟨f., -, -nu|es [-e:s]⟩ *stimmloser Verschlußlaut,* p, t, k [< lat. *tenuis* ,,dünn, schmal, eng", eigtl. ,,in die Länge gezogen", zu *tendere* ,,spannen, straffen, anziehen"]

te|nu|to ⟨Mus.; Abk.: ten.⟩ *in gleicher Tonstärke gehalten*

Te|phrit ⟨m.1⟩ *dunkelgraues Vulkangestein* [< griech. *tephra* ,,Asche"]

Tep|pich ⟨m.1⟩ **1** *Fußbodenbelag oder Wandbehang aus Textilien;* den T. klopfen; auf dem T. bleiben ⟨ugs.⟩ *realistisch und bescheiden bleiben;* etwas unter den T. kehren ⟨übertr.⟩ *etwas Unangenehmes nicht wahrhaben wollen* **2** *etwas, das den Boden bedeckt;* ein T. bunter Blumen [< mhd. *teppich, teppech, tepit* < lat. *tapes*, Gen. *tapetis*, und *tapete* ,,Teppich, Decke", < griech. *tapes*, Gen. *tapetos*, in derselben Bedeutung]

Tep|pich|bo|den ⟨m.8⟩ *Teppich, der den gesamten Boden eines Raumes bedeckt*

Tep|pich|flie|se ⟨f.11⟩ *einzelne, rechteckige Teppichplatte, aus der mit anderen zusammen ein Teppichboden zusammengesetzt werden kann*

Tep|pich|klop|fer ⟨m.5⟩ *(aus geflochtenem Rohr bestehendes) Handgerät, mit dem Staub aus Teppichen geklopft wird;* Syn. Ausklopfer

Te|qui|la ⟨[tekíla] m.9⟩ *mexikanischer Branntwein aus Agavensaft* [nach einem mexikanischen Ort desselben Namens]

Te|ra... ⟨Abk.: T; in Zus.⟩ *das Billionenfache (einer Maßeinheit),* 10^{12} [< griech. *teratos* ,,etwas außergewöhnlich Großes"]

Te|ra|to|lo|gie ⟨f., -, nur Sg.⟩ *Wiss. von den Mißbildungen der Lebewesen* [< griech. *teras*, Gen. *teratos*, ,,Schreckbild, Mißgeburt, Ungeheuer", eigtl. ,,Wunderzeichen, Zeichen der Götter, Himmelszeichen" und *...logie*]

Te|ra|tom ⟨n.1⟩ *angeborene Geschwulst* [< griech. *teras*, Gen. *teratos*, ,,Schreckbild, Ungeheuer"]

Ter|bi|um ⟨n., -s, nur Sg.; Zeichen: Tb⟩ *silberglänzendes Metall der Seltenen Erden, chemisches Element* [es wurde in den Yttererden entdeckt, die ihrerseits nach ihrem Fundort Ytterbo in Schweden benannt worden waren]

Te|re|bin|the ⟨f.11⟩ *strauchige Pistazie, deren Stammausscheidungen einen Balsam liefern* [< griech. *terminthos, terebinthos* ,,Terpentinbaum", Herkunft unbekannt]

Term ⟨m.1⟩ **1** *Name und Bezeichnung (im Rahmen einer mathematischen Sprache), Formelausdruck* **2** ⟨Phys.⟩ *ein bestimmter Energiezustand, den ein atomares System aus Elektronen und Atomen in der Gesamtheit seiner möglichen Zustände gerade einnimmt* **3** ⟨Sprachw.⟩ → Terminus [< engl. *term* ,,mathematisches Glied, Fachausdruck, Begriff", < mlat. *terminus* ,,abgegrenzter Begriff, Wort", lat. *terminus* ,,Grenze, Ziel"]

Ter|min ⟨m.1⟩ *bestimmter Zeitpunkt,* z.B. für Zahlungen, Verhandlungen, Gespräche, ärztliche Untersuchungen; einen T. festsetzen, einhalten, haben [< lat. *terminus* ,,Grenze, Grenzzeichen, Ziel"]

ter|mi|nal ⟨Adj., o.Steig.⟩ *am Ende stehend, abschließend*

Ter|mi|nal ⟨[tə:minəl] n.9⟩ **1** ⟨bei techn. Anlagen⟩ **a** *Endstück* **b** *Verbindungsstück zwischen Zentral- und Außenanlage* **2** ⟨in Häfen⟩ *Ausgangs- und Endpunkt für die Verschiffung von Containern* **3** ⟨auf Flughäfen⟩ *Halle zur Abfertigung der Fluggäste* **4** ⟨Datenverarbeitung⟩ *Gerät zur Datenein- und -ausgabe* [engl., ,,Endstation", < lat. *terminus* ,,Grenze, Ziel"]

Ter|mi|ni ⟨Pl. von⟩ Terminus

ter|mi|nie|ren ⟨V.3, hat terminiert; mit Akk.⟩ *etwas t.* einen Termin, eine Frist für etwas bestimmen, festlegen; die Lieferung ist auf drei Monate, auf den 1. April terminiert

Ter|mi|nis|mus ⟨m., -, nur Sg.⟩ **1** ⟨Philos.⟩ *Lehre, daß alles Denken nur in Begriffen vor sich gehe* **2** *Richtung im Pietismus, die an eine göttliche Gnadenfrist (,,Termin") glaubt*

Ter|min|kurs ⟨m.1⟩ *Kurs, der einem Termingeschäft zugrunde liegt*

Ter|min|markt ⟨m.2; Bankw.⟩ *Markt für Wertpapiere, die nur im Termingeschäft gehandelt werden*

Ter|mi|no|lo|gie ⟨f.11⟩ *Gesamtheit der Fachausdrücke (eines Wissensgebietes),* z.B. medizinische T. [< mlat. *terminus* ,,abgegrenzter Begriff" (lat. *terminus* ,,Grenze, Ziel") und griech. *logos* ,,Wort, Rede, Kunde", zu *legein* ,,sagen, sprechen, erklären"]

ter|mi|no|lo|gisch ⟨Adj., o.Steig.⟩ *die Terminologie betreffend, in der Art einer Terminologie*

Ter|mi|nus ⟨m.,-, -ni⟩ **1** *Zeitpunkt, Stichtag;* T. ad quem *Zeitpunkt, bis zu dem etwas befristet ist oder ausgeführt sein muß;* T. a quo *Zeitpunkt, von dem an etwas ausgeführt werden muß, an dem etwas beginnt* **2** ⟨eigtl.⟩ T. technicus *Fachausdruck;* auch: Term (3)

Ter|mi|te ⟨f.11⟩ *lichtscheues, wärmeliebendes Insekt, mit großer, harter Kopfkapsel, das einer gleichen Ameise ähnelt und in Staaten lebt* (Erd~, Holz~) [< lat. *termes*, Nebenform von *tarmes*, Gen. *tarmitis*, ,,Holzwurm", weitere Herkunft unsicher]

Ter|mi|ten|bau ⟨m.1 oder m., -(e)s, -bauten⟩ *(mehrere Meter) hoher, fester oberirdischer Bau aus Erdteilchen, den (afrikanische) Termiten errichten*

Ter|mon ⟨n.1; bei Algen⟩ *geschlechtsbestimmender Wirkstoff* [< *terminieren* und *Hormon*]

ter|när ⟨Adj., o.Steig.⟩ *aus drei Einheiten oder Stoffen bestehend, dreifach* [< frz. *ternaire* in derselben Bedeutung, < lat. *ternarius* ,,aus dreien bestehend", zu *terni* ,,je drei", zu *ter* ,,dreimal", zu *tres* ,,drei"]

Ter|pen ⟨n.1⟩ *aus Isoprenmolekülen aufgebauter Kohlenwasserstoff* [zu Terpentin]

Ter|pen|tin ⟨n.1, österr. auch m.1⟩, **Ter|pen|tin|öl** ⟨n., -(e)s, nur Sg.⟩ *hellgelbes, eigenartig riechendes, brennbares ätherisches Öl (aus dem Balsam verschiedener Bäume)* [zu Terebinthe]

Ter|rain ⟨[-rɛ̃] n.9⟩ **1** *Gelände;* das T. erkunden, sondieren ⟨auch übertr.⟩ **2** *Baugrundstück* [< frz. *terrain* ,,Gelände, Erdboden", zu *terre* < lat. *terra* ,,Erde"]

Ter|ra in|co|gni|ta ⟨f., -, nur Sg.⟩ **1** ⟨†⟩ *unbekanntes, unerforschtes Land* **2** ⟨übertr.⟩ *etwas Unerforschtes* [lat.]

Ter|ra|kot|ta ⟨f., -, -ten⟩ **1** ⟨nur Sg.⟩ *gebrannter Ton; ein Krug aus T.* **2** *kleine Figur aus gebranntem Ton;* auch: Terrakotte [< ital. *terracotta* in derselben Bed., eigtl. ,,gebrannte Erde", < *terra* ,,Erde" und *cotta* (Fem.) ,,gebrannt", zu *cuocere* ,,(Ziegel) brennen"]

Ter|ra|kot|te ⟨f.11⟩ → Terrakotta (2)

Ter|ra|ri|um ⟨n., -s, -ri|en⟩ *Glasbehälter zur Haltung kleiner landnehmender Tiere* (bes. von Amphibien und Reptilien) [junge Bildung < lat. *terra* ,,Erde" und Suffix *...arium* zur Bezeichnung eines Behälters, Raumes für etwas]

Ter|ras|se ⟨f.11⟩ **1** *waagerechte Stufe (im Gelände),* in einem Garten in ~n anlegen; das Gelände steigt in ~n an **2** *in Höhe des Erdgeschosses an ein Haus angebauter, gepflasterter Platz* (Dach~) [< frz. *terrasse* in ders. Bed. sowie ,,Erdwall", zu *terre* < lat. *terra* ,,Erde"]

ter|ras|sie|ren ⟨V.3, hat terrassiert; mit Akk.⟩ *terrassenförmig, in Stufen anlegen;* terrassierte Gärten

Ter|raz|zo ⟨m., -s, -zi⟩ *mosaikartiger Fußboden aus kleinen, farbigen Steinen und Zement*

ter|re|strisch ⟨Adj., o.Steig.⟩ **1** *zur Erde gehörig, Erd..., irdisch* **2** *zum Festland gehörig, auf dem Festland entstanden, auf ihm lebend* **3** *auf das Festland bezogen;* ~e Navigation [< lat. *terrestris* ,,auf der Erde befindlich, irdisch", zu *terra* ,,Erde, Erdboden, Land"]

Ter|ri|er ⟨m.5⟩ *(in vielen Rassen gezüchteter) kleiner bis mittelgroßer Hund* (Fox~, Scotch~) [< engl. *terrier dog* ,,Erdhund", zu lat. *terra* ,,Erde", da sich der Hund bes. für die Jagd unter der Erde (in Tierbauten) eignet]

ter|ri|gen ⟨Adj., o.Steig.⟩ *vom Festland stammend;* ~e Ablagerungen [< lat. *terra* ,,Erde, Land" und *...gen*]

Ter|ri|ne ⟨f.11⟩ *Schüssel,* (bes.) *Suppenschüssel* [< frz. *terrine* ,,Schüssel", < altfrz. *terrin*, irden, irdener Topf", < lat. *terrenus* ,,aus Erde, irden", zu *terra* ,,Erde"]

ter|ri|to|ri|al ⟨Adj., o.Steig.⟩ *zu einem Terri-*

torium gehörig, auf einem Territorium beruhend, es beherrschend

Ter|ri|to|ri|al|ge|wäs|ser ⟨n.5, Pl.⟩ Seebereich vor der Küste eines Staates (bis zu einer bestimmten Entfernung davon)

Ter|ri|to|ria|lis|mus ⟨m., -, nur Sg.⟩ → *Territorialsystem*

Ter|ri|to|ria|li|tät ⟨f., -, nur Sg.⟩ Zugehörigkeit zu einem Territorium

Ter|ri|to|ria|li|täts|prin|zip ⟨n., -s, nur Sg.⟩ **1** Grundsatz, daß jeder, der sich in einem Staat aufhält, dessen Gewalt untersteht **2** Grundsatz, daß jeder auf dem Gebiet eines Staates Geborene mit der Geburt dessen Staatsangehörigkeit erwirbt **3** Grundsatz, daß eine Straftat nach den Gesetzen des Staates, in dem sie begangen wurde, bestraft wird, ohne Rücksicht auf die Staatsangehörigkeit des Täters; Ggs. *Personalitätsprinzip*

Ter|ri|to|ri|al|sys|tem ⟨n.1⟩ Staatsform, in der die Kirche dem Staat untergeordnet ist; Syn. *Territorialismus*

Ter|ri|to|ri|um ⟨n., -s, -ri|en⟩ Land, Gebiet, Hoheitsgebiet [< lat. *territorium* „das zu einer Stadt gehörige Ackerland, Stadtgebiet", zu *terra* „Erde, Erdboden, Land", → *terrestrisch*]

Ter|ror ⟨m., -s, nur Sg.⟩ **1** Schrecken infolge von ausgeübter oder angedrohter Gewalt **2** brutales Vorgehen, Schreckensherrschaft; blutiger T.; T. verbreiten **3** ⟨ugs.⟩ Aufregung, Streit; mach doch keinen T.! [< lat. *terror* „Schrecken", zu *terrere* „in Schrecken setzen"]

ter|ro|ri|sie|ren ⟨V.3, hat terrorisiert; mit Akk.⟩ jmdn. t. *auf jmdn.* Terror ausüben, jmdn. durch Drohungen oder/und Gewaltakte in ständiger Furcht halten; die zwei Jungen t. die ganze Klasse

Ter|ro|ris|mus ⟨m., -, nur Sg.⟩ Anwendung von Gewalt zur Durchsetzung politischer, militärischer oder krimineller Ziele, Gewalt-, Schreckensherrschaft

Ter|ro|rist ⟨m.10⟩ jmd., der Terror ausübt

ter|ro|ri|stisch ⟨Adj.⟩ in der Art des Terrorismus, gewalttätig

Ter|tia ⟨[-tsja] f., -, -ti|en [-tsjən]⟩ **1** vierte (Untertertia) und fünfte Klasse (Obertertia) des Gymnasiums [< lat. *tertia* „die dritte", die Klassen wurden früher von oben nach unten gezählt]

Ter|tia|na|fie|ber ⟨[-tsja-] n., -s, nur Sg.⟩ Art der Malaria mit Fieberanfällen an jedem dritten Tag [< lat. *tertiana* „zur dritten gehörig" und *Fieber*]

Ter|tia|ner ⟨[-tsja-] m.5⟩ Schüler der Tertia

ter|ti|är ⟨[-tsjɛr] Adj., o.Steig.⟩ **1** die dritte Stelle einnehmend **2** zum Tertiär gehörig, aus ihm stammend

Ter|ti|är ⟨[-tsjɛr] n., -s, nur Sg.⟩ untere Formation des Neozoikums [< lat. *tertius* „dritter", nach früherer Gliederung der dritte Teil der Erdgeschichte]

Ter|ti|a|ri|er ⟨m.5⟩ Angehöriger des Tertiarierordens, eines kath. Laienordens

Ter|ti|är|sek|tor ⟨[-tsjɛr-] m.13⟩ Dienstleistungssektor

Ter|tia|wech|sel ⟨m.5⟩ dritte Ausfertigung eines Wechsels

Ter|ti|um com|pa|ra|tio|nis ⟨n., -, -tia -nis⟩ Vergleichspunkt, dritter Faktor, der zwei zu vergleichende Dinge verbindet

Ter|ti|us gau|dens ⟨m., - -, nur Sg.⟩ der sich freuende (lachende) Dritte

Terz ⟨f.10⟩ **1** dritter Ton der diatonischen Tonleiter **2** Intervall von drei Tonstufen **3** ⟨Fechten⟩ eine bestimmte Haltung der Klinge **4** ⟨kath. Kirche⟩ drittes Stundengebet

Ter|zel ⟨m.5⟩ männlicher Falke (für die Beizjagd) [< ital. *terzuolo* „Falkenmännchen", zu lat. *tertius* „dritter Teil", vielleicht weil es etwa ein Drittel kleiner ist als das Weibchen]

Ter|ze|rol ⟨n.1⟩ kleine Pistole [< ital. *terzerolo*, *terzaruolo* in ders. Bed., zu *terzuolo* „Falkenmännchen"; ob die Bezeichnung tatsächlich auf den Falken zurückgeht, ist nicht sicher, aber Übertragungen von Vogelnamen auf Waffen waren früher nicht selten]

Ter|ze|ro|ne ⟨m.11⟩ Mischling aus einem europäiden und einem Mulatten-Elternteil [< lat. *tertius* „der dritte"]

Ter|zett ⟨n.1⟩ **1** Musikstück für drei Singstimmen oder drei gleiche Instrumente **2** die ausführenden Musiker; vgl. *Trio* [< ital. *terzetto* in ders. Bed., Verkleinerungsform von *terzo* „der dritte", zu *tre* „drei"]

Ter|zi|ne ⟨f.11⟩ italienische Strophenform aus drei Versen

Te|sching ⟨n.9 oder n.1⟩ Kleinkalibergewehr oder -pistole [Herkunft nicht bekannt]

Tes|la ⟨n., -, -; Zeichen: T⟩ Maßeinheit der magnetischen Flußdichte [nach dem serb.-amerik. Physiker Nikola *Tesla*]

Tes|la|trans|for|ma|tor ⟨m.13⟩ Gerät zur Spannungsumwandlung

Test ⟨m.1 oder m.9⟩ **1** Versuch, Probe (Auto∼, Waren∼) **2** Untersuchung, Eignungsprüfung; psychologischer T. **3** ⟨Math.⟩ statistisches Rechenverfahren [engl. *test* in ders. Bed., eigtl. „Schmelztiegel, Kupelle zum Prüfen von Metallen", aus der Fügung *to put to the test* „im Test (Schmelztiegel) prüfen", < lat. *testum* „irdenes Gefäß"]

Tes|ta|ment ⟨n.1⟩ **1** letztwillige Verfügung, Letzter Wille; sein T. machen; im T. anfechten **2** Teil der Bibel; Altes, Neues T. [< lat. *testamentum* „Letzter Wille; Vertrag, Bündnis, Vermächtnis", kirchenlat. „Bund Gottes mit den Menschen, zu *testari* „bezeugen, versichern, seinen Letzten Willen kundtun", zu *testis* „Zeuge"]

te|sta|men|ta|risch ⟨Adj., o.Steig.⟩ durch Testament, letztwillig

Tes|ta|ments|voll|strecker ⟨-k|k-; m.5⟩ vom Verfasser eines Testaments eingesetzter Vollstrecker des Letzten Willens

Tes|ta|ments|voll|streckung ⟨-k|k-; f.10⟩ Durchführung des Letzten Willens

Te|stat ⟨n.1⟩ Bescheinigung, schriftliche Bestätigung (bes. über den Besuch von Vorlesungen) [< lat. *testatum* „das Bezeugte", zu *testari* „bezeugen, versichern", *testis* „Zeuge"]

Te|sta|tor ⟨m.13⟩ **1** jmd., der ein Testament gemacht hat, Erblasser **2** jmd., der ein Testat gegeben hat

Tes|ta|zee ⟨f.11⟩ ein Wurzelfüßer mit Gehäuse, Schalenamöbe [< lat. *testaceus* „aus gebrannter Erde", zu *testa* „Ziegelstein, Scherbe, Schale" (der Schalentiere)]

Test|bild ⟨n.3⟩ geometrisch aufgeteiltes Bild zum Einstellen des Fernsehgerätes

te|sten ⟨V.2, hat getestet; mit Akk.⟩ untersuchen, prüfen, erproben, ausprobieren; t., ob das Seil hält; Geräte, Werkstücke auf ihre Haltbarkeit hin t.; die Funktion der Gallenblase t.; jmds. Vertrauenswürdigkeit t.; jmdn. auf bestimmte Fähigkeiten hin t. [zu *Test*]

Te|ster ⟨m.5⟩ Material-, Warenprüfer

te|stie|ren ⟨V.3, hat testiert; mit Akk.⟩ etwas t. bescheinigen, ein Testat für etwas geben; eine Vorlesung im Studienbuch t.

Tes|ti|kel ⟨m.5⟩ Hoden [< lat. *testiculus* „Hoden", Verkleinerungsform von *testis* „Hoden"]

Tes|ti|mo|ni|al ⟨[-niəl] n.9; Werbung⟩ in einem Prospekt o.ä. abgedruckte, positive Zuschrift eines Kunden [engl., „Zeugnis, Gutachten, Beurteilung", zu *Testimonium*]

Tes|ti|mo|ni|um ⟨n., -s, -ni|en; †⟩ Zeugnis [lat., zu *testis* „Zeuge"]

Tes|tis ⟨m., -, -stes [-ste:s]⟩ Hoden [lat.]

Te|sto|ste|ron ⟨n., -s, nur Sg.⟩ wichtigstes männliches Geschlechtshormon [< *Testis* und griech. *stereos* „hart, starr"]

Test|per|son ⟨f.10⟩ jmd., an dem oder mit dem etwas getestet wird

Test|pi|lot ⟨m.10⟩ Flugzeugführer für die Erprobung neu entwickelter Flugzeugtypen

Te|ta|nie ⟨f., -, nur Sg.⟩ schmerzhafter Muskelkrampf; Syn. *Spasmophilie* [zu *Tetanus*]

te|ta|nisch ⟨Adj., o.Steig.⟩ in der Art des Tetanus, der Tetanie, starrkrampfartig

Te|ta|nus ⟨m., -, nur Sg.⟩ Wundstarrkrampf [< griech. *tetanos* „gestreckt, gespannt; Starrkrampf", zu *teinein* „strecken, spannen"]

Te|te ⟨[tɛt(ə)] f.11⟩ Spitze (einer Marschkolonne oder Reitergruppe)

tête-à-tête ⟨[tɛtatɛt] n.9⟩ trautes Beisammensein, Liebesstündchen [< frz. *tête-à-tête* „Zwiegespräch unter vier Augen", eigtl. „Kopf an Kopf", zu *tête* „Kopf", < lat. *testa* „Schädel", eigtl. „Hirnschale", allg. „Schale, Decke"]

te|tra..., Te|tra... ⟨in Zus.⟩ vier..., Vier... [< griech. *tettares, tessares* „vier"]

Te|tra|chlor|koh|len|stoff ⟨m., -(e)s, nur Sg.⟩ eine farblose Flüssigkeit, hauptsächlich als Lösungsmittel verwendet [< *tetra*..., nach den vier Chloratomen im Molekül, *Chlor* und *Kohlenstoff*]

Te|tra|chord ⟨[-kɔrd] m.1 oder n.1⟩ Folge von vier Tönen einer Oktave, halbe Oktave

Te|tra|de ⟨f.11⟩ aus vier Einheiten bestehendes Ganzes

Te|tra|eder ⟨m.5⟩ von vier Flächen begrenzter Körper; Syn. *Vierflach, Vierflächner* [< *tetra*... und griech. *hedra* „Grundfläche"]

Te|tra|edrit ⟨m.1⟩ stahlgraues, metallisch glänzendes Mineral [zu *Tetraeder*]

Te|tra|gon ⟨n.1⟩ → *Viereck* [< griech. *tetragonon* „Viereck", < *Tetra*... und *gonia* „Winkel, Ecke"]

te|tra|go|nal ⟨Adj., o.Steig.⟩ → *viereckig*

Te|tra|lo|gie ⟨f.11⟩ **1** im altgriech. Theater Folge von drei Tragödien und einem Satyrspiel **2** aus vier selbständigen Teilen bestehendes Literaturwerk oder Musikdrama [< griech. *tetra*... (in Zus. für *tessares, tettares*) „vier" und *logos* „Rede, Erzählung, Schriftwerk", zu *legein* „sagen, erzählen"]

Te|tra|me|ter ⟨m.5⟩ Vers aus vier Versfüßen [< *Tetra*... und ...*meter*]

Te|tra|po|de ⟨m.11⟩ Wirbeltier mit vier Füßen [< *Tetra*... und griech. *pous*, Gen. *podos*, „Fuß"]

Te|trarch ⟨m.10; Antike⟩ Herrscher über den vierten Teil eines Landes [< spätgriech. *tetrarches* „Vierfürst", < griech. *tetra*... (in Zus. für *tessares, tettares*) „vier" und *archos* „Anführer, Oberhaupt", zu *archein* „herrschen"]

Te|trar|chie ⟨f.11⟩ Herrschaftsgebiet von vier Tetrarchen bzw. eines Tetrarchen

Te|tro|de ⟨f.11⟩ Elektronenröhre mit den vier Polen Anode, Kathode, Steuer- und Schirmgitter, Vierpolröhre [< *Tetra*... und *Elektrode*]

teu|er ⟨Adj., teu(e)rer, am -sten⟩ **1** viel Geld kostend; etwas für teures Geld kaufen ⟨ugs.⟩ *für viel Geld*; ein teures Pflaster *eine Gegend, in der das Leben viel kostet*; das kommt ihn t. zu stehen *er muß viel Geld dafür aufwenden*, ⟨übertr.⟩ *das hat böse Folgen für ihn*; sein Leben t. verkaufen → *verkaufen* **2** geschätzt, lieb; ein teurer Freund; sein Andenken ist mir t.

Teue|rung ⟨f.10⟩ das Teurerwerden, Anstieg der Preise

Teue|rungs|ra|te ⟨f.11⟩ prozentualer Anstieg der Preise in einem bestimmten Zeitraum

Teu|fe ⟨f.11; Bgb.⟩ Tiefe (eines Schachtes, einer Abbaustätte)

Teu|fel ⟨m.5⟩ **1** ⟨in vielen Religionen⟩ böser Geist, Verkörperung des Bösen; T. und Hexen ⟨christl. Rel.⟩ Widersacher Gottes (der den Menschen zum Bösen verführt); auch: ⟨norddt.⟩ *Deubel, Deiwel,* ⟨mdt.⟩ *Deibel,* ⟨verhüllend⟩ *Deixel;* T.!, T. nochmal!, T. auch! ⟨Flüche, wenn etwas nicht so geht, wie es gehen soll); ich frage den T. danach, ob ihm das recht ist! *es ist mir ganz gleichgültig, ob ...*; ich werde den T. tun! *tun! ich werde das ganz und gar nicht tun!*; in der Not frißt der T. Fliegen *in der Not tut man manches, was man sonst nicht tun würde, in der Not begnügt man sich mit Geringerem*; der T. soll ihn holen!; dort ist der T. los *dort herrscht große Aufregung, dort ist ein wilder Kampf im Gange*; man soll den T. nicht an die Wand malen *(im Volksglauben) man soll nicht von etwas Unangenehmem sprechen, weil es dann wahrscheinlich eintritt*; bist du verrückt?; er ist des ~s *er ist verrückt, er ist unverantwortlich waghalsig*; etwas auf T. komm raus versuchen *etwas mit allen Mitteln versuchen*; damit kommt man in ~s Küche *damit kommt man in eine schwierige, gefährliche Lage*; scher dich zum T., geh zum T.! *mach, daß du wegkommst!*; jmdn. zum T. jagen *jmdn. davonjagen*; pfui T.! ⟨verstärkend⟩ 3 ⟨ugs.⟩ *Kerl, Bursche*; er ist ein armer T. 4 *böser Kerl, boshafter Mensch*, jmd., der andere häufig boshaft neckt, ungezogenes, ungebärdiges Kind; er ist ein T.; das Kind ist ein T. [< mhd. *tiufel* < ahd. *tiufal* < got. *diabaulus* < kirchenlat. *diabolus* ,,Teufel, Verleumder", < griech. *diabolos* ,,Verleumder"]

Teu|fe|lei ⟨f.10⟩ 1 ⟨nur Sg.⟩ *böse Gesinnung*; das ist reine T.; etwas aus T. tun 2 *grausame, unmenschliche, niederträchtige Tat*; T. begehen

Teu|fels|bra|ten ⟨m.7⟩ →Satansbraten

Teu|fels|kerl ⟨m.1⟩ *kühner, wagemutiger Mensch*

Teu|fels|kral|le ⟨f., -, nur Sg.⟩ *Glockenblumengewächs mit an den Spitzen vereinigten, krallenförmig gekrümmten Blütenblättern*

Teu|fels|kreis ⟨m.1⟩ *sich ständig wiederholender Ablauf, aus dem es keinen Ausweg gibt*

teu|fen ⟨V.1, hat geteuft⟩ →abteufen [zu *Teufe*]

teuf|lisch ⟨Adj.⟩ 1 *boshaft, niederträchtig, gemein*; eine ~e Idee 2 ⟨ugs.⟩ *sehr groß*; ~e Hitze 3 ⟨ugs.⟩ *über, überaus*; das tut t. weh

Teu|to|ne ⟨m.11⟩ 1 *Angehöriger eines germanischen Volksstammes* 2 ⟨übertr.⟩ *jmd., der sein Deutschtum betont, überheblicher Deutscher*

Tex ⟨n., -, -; Zeichen: tex⟩ *Maßeinheit zur Bestimmung von Garnen nach Stärke und Gewicht* [zu *Textilien*]

Text I ⟨m.1⟩ 1 *Wortlaut zusammenhängender Aussagen; ein wörtlich niedergelegter T.*; jmdn. aus dem T. bringen ⟨übertr.⟩ *jmdn. verwirren*; weiter im T.! fahre fort! 2 *Auszug aus einem Schriftwerk; einen T. interpretieren* 3 *Dichtung in einem Musikstück (Lied~, Opern~)* 4 *Bibelstelle (als Grundlage einer Predigt)* II ⟨f., -, nur Sg.⟩ *ein Schriftgrad, 20 Punkt* [< lat. *textus* ,,Gewebe, Zusammenhang", übertr. auch im Sinne von ,,Gewebe, Gefüge der Rede", daher auch ,,Darstellung", zu *texere* ,,weben, flechten"]

Text|buch ⟨n.4⟩ *Buch, den den Text eines Musikstücks enthält*

tex|ten ⟨V.2, hat getextet; o.Obj.⟩ *einen Schlager- oder Werbetext verfassen*

Tex|ter ⟨m.5⟩ *Verfasser von Schlager- oder Werbetexten*

tex|til ⟨Adj., o.Steig.⟩ *zur Textiltechnik oder -industrie gehörig*

Tex|til|che|mie ⟨f., -, nur Sg.⟩ *Zweig der Chemie, der sich mit dem chemischen Aufbau, der künstlichen Herstellung und dem Färben von Textilien befaßt*

Tex|ti|li|en ⟨f.11, Pl.; Sammelbez. für⟩ *Gewebe, Gewirke, Faserstoffe sowie Kleidung und Wäsche* [< lat. *textilia* (Pl.) ,,Gewebe, Tuch, Leinwand", zu *textilis* ,,gewebt", zu *texere* ,,weben"]

Text|kri|tik ⟨f.10⟩ *Prüfung eines literarischen Textes auf seine Echtheit oder um die ursprüngliche Fassung zu ermitteln*

text|kri|tisch ⟨Adj., o.Steig.⟩ *mit Hilfe der Textkritik erstellt*; eine ~e Ausgabe der Werke Schillers

text|lich ⟨Adj., o.Steig.⟩ *den Text betreffend*

Text|lin|gu|i|stik ⟨f., -, nur Sg.⟩ *Zweig der Sprachwissenschaft, der sich mit dem formalen Aufbau von Texten (I,1) befaßt*

Tex|tur ⟨f.10⟩ 1 *Gewebe, Faserung* 2 *Aufbau, Anordnung, Gefüge* [< lat. *textura* ,,Gewebe", übertr. ,,Zusammenfügung", zu *texere* ,,weben"]

Text|ver|ar|bei|tung ⟨f., -, nur Sg.; Buchw.⟩ *satzreifes Verarbeiten eines Manuskripts vor dem Druck und automatisiertes Schreiben von Texten auf elektronisch gesteuerten Büromaschinen*

Te|zett ⟨n.; nur in der ugs. Wendung⟩ bis ins, bis zum T. *ganz genau, bis ins letzte* [früher stand das *tz*, das als *zz* geschrieben wurde, am Ende des Alphabetes, noch hinter dem *z*]

tg ⟨veraltetes Zeichen für⟩ *Tangens*

Tgb.-Nr. ⟨Abk.für⟩ *Tagebuchnummer*

Th ⟨Zeichen für⟩ *Thorium*

TH ⟨Abk.für⟩ *Technische Hochschule*

Thai I ⟨m., -(s), -(s)⟩ *Einwohner von Thailand*; Syn. ⟨veraltend⟩ Siamese II ⟨n., -(s), nur Sg.⟩ *dessen Sprache*

thai|län|disch ⟨Adj., o.Steig.⟩ *zu Thailand gehörig, aus ihm stammend, Thailand betreffend*; Syn. siamesisch

Tha|la|mus ⟨m., -, -mi⟩ *Ansammlung grauer Substanz im Zwischenhirn, Nervenkerngebiet* [< griech. *thalamos* ,,Kammer"]

tha|las|so|gen ⟨Adj., o.Steig.⟩ *durch die Tätigkeit des Meeres entstanden* [< griech. *thalassa, thalatta* ,,Meer" und ...*gen*]

Thal|li|um ⟨n., -s, nur Sg.; Zeichen: Tl⟩ *dem Blei ähnliches, weiches Metall von bläulichweißer Farbe, chemisches Element* [< griech. *thallos* ,,grüner Zweig, Schößling", da es mit grüner Flamme verbrennt]

Thal|lo|phyt ⟨m.10⟩ *Pflanze, die keine Wurzeln und Sprosse bildet, sondern kugeligen, flächen- oder fadenförmigen Bau hat (z. B. Alge, Pilz, Flechte)*; Syn. Lagerpflanze; Ggs. Kormophyt [< griech. *thallos* ,,Sproß, Laub, Laubwerk" und *phyton* ,,Pflanze", zu *phyein* ,,hervorbringen, wachsen lassen"]

Thal|lus ⟨m., -, -li⟩ *Körper der Thallophyten* [neulat., < griech. *thallos* ,,Sproß, Laub, Laubwerk"]

Tha|na|to|lo|gie ⟨f., -, nur Sg.⟩ *Forschungsrichtung, die sich mit den Problemen des Sterbens und des Todes befaßt* [< griech. *thanatos* ,,Tod" und ...*logie*]

Thau|ma|to|lo|gie ⟨f., -, nur Sg.; Theol.⟩ *Lehre von den Wundern* [< griech. *thauma*, Gen. *thaumatos* ,,Wunder" (zu *thea* ,,Schau, das Anschauen, Anblick") und *logos* ,,Wort, Lehre, Kunde", zu *legein* ,,sagen, sprechen, erklären"]

Thau|ma|turg ⟨m.10⟩ *Wundertäter* [< griech. *thaumatourgos* ,,Wundertäter", < *thauma*, Gen. *thaumatos* ,,Wunder" und *ergon* ,,Werk", zu *ergazesthai* ,,arbeiten, tätig sein"]

Thea|ter ⟨n.5⟩ 1 ⟨Sammelbez. für⟩ *Schauspiel, Oper, Operette, Bühnentanz*; T. spielen ⟨auch übertr.⟩ *jmdm. etwas vortäuschen* 2 *Gebäude für deren Aufführungen, Schauspiel-, Opernhaus*; ins T. gehen 3 *Bühne* 4 *Gesamtheit der Bühnenwerke (eines Volkes oder einer Epoche)*; das englische T. 5 ⟨übertr., ugs.⟩ *Aufhebens, Aufregung, Getue*; mach doch nicht so ein T.! [< lat. *theatrum*, griech. *theatron* ,,Schauplatz, Theater", zu *theasthai* ,,schauen, anschauen, betrachten", zu *thea* ,,Schau, das Anschauen, Anblick; das Angeschaute, Schauspiel; Platz zum Anschauen"]

Thea|ter|glas ⟨n.4⟩ →Opernglas

Thea|ter|kri|tik ⟨f.10⟩ *Kritik an einer Theateraufführung*

Thea|ter|stück ⟨n.1⟩ *Dichtung in Form von Dialogen zur Aufführung im Theater, auf der Bühne*; Syn. Bühnenstück

Thea|ti|ner ⟨m.5⟩ *Angehöriger eines kath. italienischen Ordens* [nach *Theate*, dem lat. Namen der ital. Stadt Chieti]

Thea|tra|lik ⟨f., -, nur Sg.⟩ *unnatürliches, gespreiztes Wesen*

thea|tra|lisch ⟨Adj.⟩ 1 ⟨o.Steig.⟩ *zum Theater gehörig* 2 ⟨meist übertr.⟩ *unnatürlich, gespreizt*

The|in ⟨n., -s, nur Sg.⟩ *im Tee enthaltenes Koffein*; auch: Tein

The|is|mus ⟨m., -, nur Sg.⟩ *Glaube an einen einzigen, persönlichen Gott, der die Welt erschaffen hat und lenkt*; vgl. Deismus [< griech. *theos* (weitere Herkunft nicht geklärt) und Endung →...*ismus*]

The|ist ⟨m.10⟩ *Anhänger, Vertreter des Theismus*

thei|stisch ⟨Adj., o.Steig.⟩ *zum Theismus gehörend, in der Art des Theismus*

The|ke ⟨f.11, in Gaststätten⟩ *langer, kastenförmiger Einrichtungsgegenstand mit Vorrichtung zum Ausschenken von Getränken*; Syn. Schanktisch, ⟨österr.⟩ Schank 2 ⟨auch⟩ *Ladentisch* [< griech. *theke* ,,Behältnis, Kiste, Kasten"]

The|le|ma ⟨n., -s, -le|ma|ta; Philos.⟩ *Wille*

The|le|ma|tis|mus ⟨m., -, nur Sg.⟩, **The|le|ma|to|lo|gie** ⟨f., -, nur Sg.⟩, **The|le|mis|mus** ⟨m., -, nur Sg.⟩ → Voluntarismus [< griech. *thelema*, Gen. *thelematos* ,,Wille" und ...*logie*]

The|ma ⟨n., -s, -men oder -ma|ta⟩ 1 *Gegenstand, Stoff (einer Abhandlung, eines Aufsatzes, eines Vortrags usw.)* 2 *Hauptmelodie (eines Musikstücks)* 3 *Leit-, Grundgedanke* [< griech. *thema* ,,das Gesetzte, Aufgestellte, Satz", zu *tithenai* ,,setzen, stellen, legen"]

The|ma|tik ⟨f., -, nur Sg.⟩ *Themenstellung*

the|ma|tisch ⟨Adj., o.Steig.⟩ *zum Thema gehörig, das Thema betreffend*

the|ma|ti|sie|ren ⟨V.3, hat thematisiert; mit Akk.⟩ *zum Thema machen*; in einem Theaterstück ein Problem, eine brennende Frage t.

Theo|bro|min ⟨n., -s, nur Sg.⟩ *Alkaloid der Kakaobohne* [zu neulat. *Theobroma*, ,,Kakaobaum", < griech. *theos* ,,Gott" und *broma* ,,Speise"]

Theo|di|zee ⟨f.11⟩ *philosophische Rechtfertigung Gottes, Versuch, den Glauben an Gott mit dem Vorhandensein des Bösen in der Welt in Einklang zu bringen* [< griech. *theos* ,,Gott" und *dikazein* ,,Recht sprechen, richterlich entscheiden", zu *dike* ,,Recht"]

Theo|do|lit ⟨m.10⟩ *Winkelmeßgerät aus einem feststehenden Unterbau und drehbarem Oberbau mit Kippachse* [vermutl. aus dem Arabischen]

Theo|gno|sie, Theo|gno|sis ⟨f., -, nur Sg.⟩ *Gotteserkenntnis* [< griech. *theos* ,,Gott" und *gnosis* ,,Erkenntnis"]

Theo|go|nie ⟨f.11; Myth.⟩ *Auffassung, Lehre von der Abstammung der Götter* [< griech. *theogonia* ,,Abstammung der Götter", < *theos* ,,Gott" und *gone* ,,Zeugung, Abstammung", zu *gennan* ,,erzeugen, hervorbringen"]

Theo|krat ⟨m.10⟩ *Vertreter, Anhänger der Theokratie*

Theo|kra|tie ⟨f.11⟩ *Staatsform, bei der staatliche und religiöse Gewalt vereinigt sind und der Herrscher als Vertreter Gottes betrachtet wird* [< griech. *theos* ,,Gott" und *kratein* ,,herrschen", zu *kratos* ,,Kraft, Macht, Gewalt"]

theo|kra|tisch ⟨Adj., o.Steig.⟩ *zur Theokratie gehörig, sie betreffend, in der Art einer Theokratie*

Theo|la|trie ⟨f.11⟩ *Gottesverehrung* [< griech. *theos* ,,Gott" und *latreia* ,,Dienst, Gottesdienst", zu *latris* ,,Knecht, Diener"]

Theo|lo|ge ⟨m.11⟩ *Wissenschaftler auf dem*

Gebiet der Theologie; Syn. ⟨†⟩ *Gottesgelehrter*

Theo|lo|gie ⟨f.11⟩ **1** ⟨i.w.S.⟩ *Wissenschaft von den Religionen, Religionswissenschaft* **2** ⟨i.e.S.⟩ *Wissenschaft von der christlichen Religion;* Syn. *Gottesgelahrtheit* [< griech. *theologia* „Lehre von den Göttern, Göttersage", < *theos* „Gott" und *...logie*]

theo|lo|gisch ⟨Adj., o.Steig.⟩ *zur Theologie gehörend, auf ihr beruhend, sie betreffend*

Theo|ma|nie ⟨f., -, nur Sg.⟩ *religiöser Wahnsinn* [< griech. *theos* „Gott" und *Manie*]

Theo|man|tie ⟨f.11⟩ *angebliche Weissagung durch göttliche Eingebung* [< griech. *theos* „Gott" und *Mantie*]

theo|morph ⟨Adj., o.Steig.⟩ *in göttlicher Gestalt (auftretend, dargestellt)* [< griech. *theos* „Gott" und *morphe* „Gestalt"]

Theo|pha|nie ⟨f.11⟩ *Gotteserscheinung* [< griech. *theos* „Gott" und *phainesthai* „sichtbar werden, erscheinen"]

Theo|phyl|lin ⟨n., -s, nur Sg.⟩ *Alkaloid des Tees, Heilmittel zur Wasserausscheidung* [< *Tein* (ältere Schreibweise auch *Thein*) und griech. *phyllon* „Blatt"]

The|or|be ⟨f.11; Mus.; 16.–18.Jh.⟩ *Baßlaute* [< frz. *t(h)eorbe,* ital. *tiorba* in ders. Bed., Herkunft nicht bekannt]

Theo|rem ⟨n.1; bes. Math.⟩ *wissenschaftlicher Lehrsatz* [< griech. *theorema* „Lehrsatz, Grundsatz, Erfahrungssatz", eigentlich „das Angeschaute", zu *theorein* „anschauen, betrachten", zu *theoros* „vom Staat beauftragter Zuschauer (bei öffentlichen Festen) und Orakelbefrager", zu *thea* „Schau, das Anschauen"]

Theo|re|ti|ker ⟨m.5⟩ *jmd., der eine Sache gedanklich, begrifflich betrachtet oder untersucht, Wissenschaftler;* Ggs. *Praktiker*

theo|re|tisch ⟨Adj., o.Steig.⟩ *gedanklich, begrifflich;* Ggs. *praktisch (1)*

theo|re|ti|sie|ren ⟨V.3, hat theoretisiert; o.Obj.⟩ *alle Dinge theoretisch, von der gedanklichen Seite her betrachten, ohne die Praxis zu berücksichtigen;* mit Theoretisieren ist uns nicht geholfen

Theo|rie ⟨f.11⟩ **1** *rein gedankliche Betrachtung;* Ggs. *Praxis (1);* das ist alles nur T., reine T. **2** *Lehre, Lehrmeinung (über einen Bereich der Kunst, Wissenschaft, Technik);* die T. des Romans; Vorlesungen in T. (eines Wissensgebietes) **3** *Darstellung gesicherter wissenschaftlicher Erkenntnisse; naturwissenschaftliche T.* **4** *wirklichkeitsferne Betrachtungsweise;* abwegige, merkwürdige ~n entwickeln [< griech. *theoria* „das Anschauen, Betrachten, die Forschung", zu *theorein* „anschauen, betrachten"]

Theo|soph ⟨m.10⟩ *Vertreter der Theosophie*

Theo|so|phie ⟨f.11⟩ *Lehre, Auffassung, nach der die Welt und ihr Wesen in mystischer Berührung mit Gott erfaßt werden können* [< griech. *theos* „Gott" und *sophia* „Weisheit", zu *sophos* „gelehrt, weise"]

theo|so|phisch ⟨Adj., o.Steig.⟩ *zur Theosophie gehörig, auf ihr beruhend, mit Hilfe der Theosophie*

The|ra|peut ⟨m.10⟩ *jmd., der eine Therapie anwendet, behandelnder Arzt*

The|ra|peu|tik ⟨f., -, nur Sg.⟩ *Wiss. von der Behandlung der Krankheiten* [< griech. *therapeutikos* „pflegend", → *Therapie*]

The|ra|peu|ti|kum ⟨n., -s, -ka⟩ *Heilmittel*

the|ra|peu|tisch ⟨Adj., o.Steig.⟩ **1** *mit Hilfe einer Therapie;* ~e Maßnahmen **2** *zum Zweck einer Therapie;* ~e Anwendung eines Mittels

The|ra|pie ⟨f.11⟩ *Behandlung (von Krankheiten);* eine T. anwenden; medikamentöse T. **2** ⟨kurz für⟩ *Psychotherapie* [< griech. *therapeia* „Wartung, Pflege", zu *therapeuein* „pflegen, (für etwas oder jmdn.) sorgen", zu *therapon* „Diener, Wärter, Pfleger"]

the|ra|pie|ren ⟨V.3, hat therapiert⟩ **I** ⟨o.Obj.⟩ *eine Therapie anwenden;* hier müssen wir anders t. **II** ⟨mit Akk.⟩ *jmdn. t. einer Therapie unterwerfen, jmdn. nach einer Therapie behandeln*

ther|mal ⟨Adj., o.Steig.⟩ *auf Wärme beruhend, durch sie bewirkt* [zu *Therme*]

Ther|mal|bad ⟨n.4⟩ **1** *Bad von einer warmen Quelle* **2** *Ort mit warmer Quelle* [< griech. *thermos* „warm, heiß" und *Bad*]

Ther|mal|quel|le ⟨f.11⟩ → *Therme (1)*

Ther|me ⟨f.11⟩ **1** *warme Quelle* **2** ⟨meist Pl.; im alten Rom⟩ *öffentliches Bad* [griech. *thermae* „heiße Quellen", < griech. *therme* „Wärme"]

Ther|mik ⟨f., -, nur Sg.⟩ *aufwärtsströmende Warmluft* [< griech. *thermos* „warm, heiß"]

Ther|mi|on ⟨n.12, meist Pl.⟩ *aus glühendem Metall austretendes, positiv geladenes Ion* [< griech. *thermos* „warm, heiß" und *Ion*]

ther|misch ⟨Adj., o.Steig.⟩ *die Wärme betreffend, zu ihr gehörig, durch sie hervorgerufen;* ~e Belastung *Umweltbelastung durch Abwärme* [zu *Therme*]

Ther|mi|stor ⟨m.13⟩ *temperaturabhängiges elektronisches Bauelement, dessen Widerstandsänderung bei Temperaturschwankungen zu Meßzwecken ausgenutzt wird* [< engl. *thermal resistor* „thermischer Widerstand"]

Ther|mit ⟨n.1; Wz.⟩ *ein zum Schweißen verwendetes Gemisch (Eisenoxid und Aluminiumpulver)* [< griech. *thermos* „warm, heiß"]

ther|mo..., Ther|mo... ⟨in Zus.⟩ *wärme..., Wärme...* [< griech. *thermos* „warm, heiß"]

Ther|mo|che|mie ⟨f., -, nur Sg.⟩ *Zweig der Chemie, der sich mit den reaktionsbedingten Wärmemengen befaßt*

Ther|mo|chro|mie ⟨[-kro-] f.11⟩ *Farbveränderung (von Stoffen) bei Temperaturveränderungen* [< *Thermo...* und griech. *chroma* „Farbe"]

Ther|mo|dy|na|mik ⟨f., -, nur Sg.⟩ *Wiss. von den Beziehungen zwischen Wärme und Teilchenbewegung;* Syn. *Wärmelehre* [< *Thermo...* und *Dynamik*]

ther|mo|dy|na|misch ⟨Adj., o.Steig.⟩ *die Thermodynamik betreffend, von ihr stammend, zu ihr gehörig*

ther|mo|elek|trisch ⟨Adj., o.Steig.⟩ *auf Wärme und Elektrizität beruhend;* ~er Effekt *Umwandlung von Wärmeenergie* [< *thermo...* und *elektrisch*]

ther|mo|elek|tri|zi|tät ⟨f., -, nur Sg.⟩ *durch Temperaturdifferenz hervorgerufene elektrische Spannung* [< *Thermo...* und *Elektrizität*]

Ther|mo|ele|ment ⟨n.1⟩ *Gerät zum Messen von Temperaturdifferenzen* [< *Thermo...* und *Element*]

ther|mo|fi|xie|ren ⟨V.3, hat thermofixiert; mit Akk.⟩ *mit Wärme behandeln, um die Formbeständigkeit zu erhöhen;* Farbstoffe t.

Ther|mo|graph ⟨m.10⟩ *Gerät zum selbsttätigen Aufzeichnen der Lufttemperatur* [< *Thermo...* und *...graph*]

Ther|mo|kau|ter ⟨m.5⟩ *elektrisch erhitztes chirurgisches Gerät zum Durchtrennen oder Zerstören von Gewebe;* Syn. *Brenner* [< *Thermo...* und *Kauter*]

Ther|mo|me|ter ⟨n.5⟩ *Gerät zum Messen der Temperatur* [< *Thermo...* und *...meter*]

ther|mo|nu|kle|ar ⟨Adj., o.Steig.⟩ *auf Kernfusion infolge Wärme beruhend* [< *Thermo...* und *nuklear*]

ther|mo|phil ⟨Adj.⟩ *wärmeliebend* [< *thermo...* und *...phil*]

Ther|mo|phi|lie ⟨f., -, nur Sg.⟩ *Bevorzugung warmer Lebensräume* [< *Thermo...* und *...philie*]

Ther|mo|phor ⟨m.1⟩ *wärmespeicherndes Gerät* [< *Thermo...* und griech. *phoros* „tragend", zu *phorein, pherein* „tragen"]

Ther|mo|plast ⟨m.1⟩ *durch Wärme formbarer Kunststoff* [< *Thermo...* und *Plast*]

ther|mo|pla|stisch ⟨Adj., o.Steig.⟩ *aus Thermoplast*

Ther|mos|fla|sche ⟨f.11⟩ *Gefäß zum Warm- oder Kühlhalten von Speisen und Getränken* [< griech. *thermos* „warm, heiß" und *Flasche*]

Ther|mo|stat ⟨m.10⟩ *Gerät, das die Temperatur in einem Raum in etwa gleichbleibender Höhe hält, Temperaturregler* [< griech. *thermos* „warm, heiß" und *statos* „stehend"]

Ther|mo|the|ra|pie ⟨f.11⟩ *Wärmebehandlung* [< *Thermo...* und *Therapie*]

the|sau|rie|ren ⟨V.3, hat thesauriert; mit Akk.⟩ *ansammeln, anhäufen, horten;* Geld, Gold t. [zu *Thesaurus*]

The|sau|rus ⟨m., -, -ri oder -ren⟩ *wissenschaftliche Sammlung,* ⟨bes.⟩ *großes Wörterverzeichnis alter Sprachen,* z.B. Thesaurus linguae Latinae [< lat. *thesaurus,* griech. *thesauros* „Vorratskammer, Schatzkammer; Vorrat, Schatz"; weitere Herkunft nicht bekannt]

The|se ⟨f.11⟩ *(wissenschaftlich zu beweisende) Behauptung, Lehrsatz* [< griech. *thesis* „das Setzen, Legen, Stellen; Satz, Behauptung", zu *tithenai* „setzen, legen, stellen"]

The|sis ⟨f., -, -sen⟩ → *Hebung (1)*

Thes|pis|kar|ren ⟨m.7; scherzh.⟩ *Wanderbühne* [nach dem griechischen Dichter *Thespis* (6.Jh.v.Chr.), der dem Chor bei den Dionysosfesten zum ersten Mal einen Sprecher, den ersten Schauspieler, gegenüberstellte und damit zum Begründer der dramatischen Dichtung wurde]

The|ta ⟨n.9; Zeichen: ϑ, Θ⟩ *achter Buchstabe des griechischen Alphabets*

The|tik ⟨f., -, nur Sg.⟩ *Lehre von den Thesen oder dogmatischen Lehren*

the|tisch ⟨Adj., o.Steig.⟩ *in der Art einer These, behauptend*

The|urg ⟨m.10⟩ *jmd., der sich durch Magie vermeintlich mit Göttern und Geistern in Verbindung setzen kann*

The|ur|gie ⟨f.11⟩ *Kunst der Götter- und Geisterbeschwörung* [< griech. *theos* „Gott" und *ergon* „Werk", zu *ergazesthai* „tätig sein, arbeiten"]

Thi|amin ⟨n., -s, nur Sg.⟩ *Vitamin des B-Komplexes;* Syn. *Aneurin* [< griech. *theion* „Schwefel" und *Amin*]

Thig|mo|ta|xis ⟨f., -, -xen; bei Pflanzen und niederen Tieren⟩ *Orientierungsbewegung nach einem Berührungsreiz* [< griech. *thigma* „Berührung" (zu *thigganein* „berühren") und *taxis* „Stellung, Platz"]

Thing ⟨n.1; bei den Germanen⟩ *Volks- und Gerichtsversammlung;* auch: *Ding* [< ahd. *thing, ding* in ders.Bed.]

Thing|platz ⟨m.2⟩ *Versammlungsplatz für das Thing*

Thio|äther ⟨m., -s, nur Sg.⟩ *eine organische, ätherähnliche Verbindung, die Schwefel statt Sauerstoff enthält* [< griech. *theion* „Schwefel" und *Äther*]

Thio|harn|stoff ⟨m., -(e)s, nur Sg.⟩ *vom Harnstoff abgeleitete Schwefelverbindung (zur Herstellung von Kunststoffen u.a.)* [< griech. *theion* „Schwefel" und *Harnstoff*]

Thio|phen ⟨n., -s, nur Sg.⟩ *ringförmige Kohlenstoffverbindung mit einem Schwefelatom im Ring* [< griech. *theion* „Schwefel" und *Phenol*]

Thio|plast ⟨m.1⟩ *ein kautschukähnlicher, schwefelhaltiger Kunststoff* [< griech. *theion* „Schwefel" und *Plast*]

Thi|xo|tro|pie ⟨f., -, nur Sg.; bei manchen Gelen⟩ *Erscheinung, sich durch Schütteln oder Rühren kurzzeitig zu verflüssigen* [< griech. *thixis* „Berührung" und *tropos* „Wendung"]

Tho|los ⟨f. oder m., -, -loi oder -len⟩ *altgriechischer Rundbau, dessen Hauptraum von Säulen umgeben ist* [griech.]

Tho|ma|ner|chor ⟨m., -(e)s, nur Sg.⟩ *Knabenchor der Thomaskirche zu Leipzig*

Tho|mas|mehl ⟨n., -(e)s, nur Sg.⟩ gemahlene Thomasschlacke (als Düngemittel)

Tho|mas|schlacke ⟨-k|k-; f., -, nur Sg.⟩ beim Thomasverfahren entstehende Schlacke, die gebundenen Phosphor enthält

Tho|mas|ver|fah|ren ⟨n., -s, nur Sg.⟩ Verfahren, bei dem phosphorhaltiges Roheisen in Stahl umgewandelt wird [nach dem engl. Hütteningenieur Sidney Gilchrist *Thomas*]

Tho|mis|mus ⟨m., -, nur Sg.⟩ Lehre des italienischen Philosophen und Theologen Thomas von Aquin

Tho|mist ⟨m.10⟩ Vertreter des Thomismus

tho|mi|stisch ⟨Adj., o.Steig.⟩ zum Thomismus gehörend, auf ihm beruhend

Tho|ra ⟨auch: [-ra] f., -, nur Sg.⟩ das in den fünf Büchern Mosis enthaltene jüdische Gesetz [hebr., „Lehre"]

tho|ra|kal ⟨Adj., o.Steig.⟩ zum Thorax gehörig, von ihm ausgehend

Tho|ra|ko|pla|stik ⟨f.10⟩ Entfernung mehrerer Rippen (bei Lungentuberkulose) [< *Thorax* und *Plastik*]

Tho|rax ⟨m., -, -ra|ces⟩ **1** → *Brustkorb* **2** ⟨bei Gliederfüßern⟩ mittlerer Körperabschnitt [< griech. *thorax*, Gen. *thorakos*, „Rumpf, Brust, Brustkorb"]

Tho|ri|um ⟨n., -s, nur Sg.; Zeichen: Th⟩ chemisches Element, weiches, grau glänzendes, radioaktives Metall [nach dem germanischen Gott *Thor*]

Thren|odie ⟨f.11⟩, **Thre|nos** ⟨m., -, -noi⟩ altgriechische Totenklage, Wechselgesang zwischen Vorsänger und Chor [< griech. *threnodia*, zu *threnos* „Klage, Jammer, Klagelied" und *ode* „Lied, Gesang"]

Thril|ler ⟨[θril-] m.5⟩ reißerischer, aufregender Roman, Film u.ä. [< engl. *thriller* „Kriminal-, Sensations-, Schauerroman", zu *to thrill* „schauern, erbeben, erzittern" sowie „erzittern lassen, ergreifen, erschüttern"]

Thrips ⟨m.1⟩ → *Blasenfüßer* [< griech. *thrips* „Holzwurm"]

Throm|bin ⟨n., -s, nur Sg.⟩ Blutgerinnung bewirkendes Enzym [zu *Thrombus*]

Throm|bo|se ⟨f.11⟩ Blutgerinnung innerhalb eines Blutgefäßes (bes. einer Vene) [zu *Thrombus*]

Throm|bo|zyt ⟨m.10⟩ Blutplättchen [< *Thrombus* und griech. *kytos* „Höhlung, Gefäß, Zelle"]

Throm|bus ⟨m., -, -ben⟩ → *Gerinnsel* (2) [neulat., < griech. *thrombos* „Klumpen, dicker Tropfen, geronnene Masse, bes. von Blut", zu *trephein* „dicht, fest machen, gerinnen lassen"]

Thron ⟨m.1⟩ **1** prunkvoller Sessel eines Herrschers **2** ⟨Sinnbild für⟩ Regierung, Herrschergewalt; den T. besteigen; dem T. entsagen; sein T. wackelt ⟨ugs.⟩ seine Stellung ist bedroht **3** ⟨scherzh.⟩ → *Schieber* (2) [< mhd. *thrôn* < griech. *thronos* „Sitz, Sessel, Ehrensitz", eigtl. „Schemel"]

thro|nen ⟨V.1, hat gethront; o.Obj.⟩ **1** feierlich sitzen; ~de Madonna (in der Kunst) **2** ⟨ugs.⟩ breit, selbstbewußt einen Platz innehaben; er thronte am oberen Ende der Tafel; er thront an seinem Schreibtisch und erteilt seine Anordnung

Thron|er|be ⟨m.11⟩ jmd., der die Herrschaft erbt; Syn. *Thronfolger*

Thron|fol|ge ⟨f.11⟩ Nachfolge in der Herrschaft

Thron|fol|ger ⟨m.5⟩ → *Thronerbe*

Thron|prä|ten|dent ⟨m.10⟩ jmd., der auf den Thron Anspruch erhebt

Thron|räu|ber ⟨m.5⟩ → *Usurpator*

Thron|re|de ⟨f.11⟩ Rede des Monarchen an das Parlament bei Eröffnung der Sitzungsperiode

Thu|ja, Thu|je ⟨f., -, -jen⟩ → *Lebensbaum* (1) [< griech. *thyon* „Lebensbaum", zu *thyos* „Räucherwerk" und *thyein* „räuchern, duften", da aus dem wohlriechenden Holz Räucherwerk gewonnen wurde]

Thul|li|um ⟨n., -s, nur Sg.; Zeichen: Tm⟩ chemisches Element, silberglänzendes Metall aus der Gruppe der Seltenen Erden [nach *Thule*, dem lat. Namen für eine Insel nördlich von Britannien, die den Römern nicht genau bekannt war, im Dt. meist mit „Nordland" wiedergegeben]

Thun|fisch ⟨m.1⟩ große Makrele mit ölhaltigem Fleisch [< ital. *tonno*, frz. *thon* < lat. *thunnus*, griech. *thynnos*, vielleicht zu *thynein* „sich ungestüm bewegen"; der Fisch schwimmt mit raschen, energischen Bewegungen und springt gewandt]

Thy|mi|an ⟨m., -s, nur Sg.⟩ **1** ⟨rosa oder hellviolett blühender⟩ als Halbstrauch wachsender Lippenblütler warmer Gebiete **2** ⟨nur Sg.⟩ dessen Zweige, Blätter als Gewürz [< lat. *thymum*, griech. *thymon, thymos*, zu *thymein* „duften, räuchern"]

Thy|mol ⟨n., -s, nur Sg.⟩ aromatischer Alkohol (ein Bestandteil des ätherischen Öls des Thymians [< *Thymian* und *Alkohol*]

Thy|mus ⟨m., -, nur Sg.⟩, **Thy|mus|drü|se** ⟨f.11⟩ hinter dem Brustbein liegende Drüse, Wachstumsdrüse; vgl. *Bries* [< griech. *thymos* „Lebenskraft, Leben, Seele, Gemüt", deren Sitz man in dem Zwerchfell vermutete]

Thy|ri|stor ⟨m.13⟩ ein Halbleiterbauelement [< griech. *thyra* „Tür, Eingang" und *Transistor*]

Thyr|oxin ⟨n., -s, nur Sg.⟩ Hauptbestandteil des Schilddrüsenhormons [< griech. *thyra* „Tür, Eingang" und *Oxidation*, da es Oxidationsvorgänge fördert]

Thyr|sos ⟨m., -, -si⟩, **Thyr|sus|stab** ⟨m.2⟩ mit Weinlaub umwundener Stab des Gottes Dionysos und seines Gefolges

Ti ⟨Zeichen für⟩ Titan

Ti|a|ra ⟨f., -, -ren⟩ **1** hohe spitze Kopfbedeckung der altpersischen Könige **2** mit drei Kronen verzierte, hohe Mütze des Papstes [< griech. *tiara* „kegelförmige Kopfbedeckung der Perser, Turban", im Griech. Fremdwort unbekannter Herkunft]

Ti|be|ta|ner ⟨m.5⟩ Einwohner von Tibet; auch: *Tibeter*

ti|be|ta|nisch ⟨Adj., o.Steig.⟩ Tibet betreffend, zu ihm gehörig, aus ihm stammend; auch: *tibetisch*

Ti|be|ter ⟨m.5⟩ → *Tibetaner*

ti|be|tisch ⟨Adj., o.Steig.⟩ → *tibetanisch*

Tick ⟨m.9⟩ **1** zwanghaft in Abständen wiederholte Bewegung **2** ⟨übertr., ugs.⟩ Angewohnheit, Schrulle, Klaps [< frz. *tic* „Zucken (von Gliedern, Muskeln); wunderliche Gewohnheit", vielleicht < nddt. *Tick* „leichte Bewegung, Ruck"]

ticken ⟨V.1, hat getickt; o.Obj.⟩ **1** in gleichmäßigen Abständen einen hellen, metallischen Ton von sich geben; die Uhr tickt; der Fernschreiber tickt; du tickst, bei dir tickt's wohl nicht richtig? ⟨ugs.⟩ du bist wohl verrückt?

Ticket ⟨-k|k-, n.9⟩ Fahr-, Flug-, Eintrittskarte [< engl. *ticket* „Fahrkarte, Zettel, Schildchen, Etikett", < mfrz. *estiquet* „kleine Notiz", eigtl. „etwas Angestecktes, angestecktes Merkzeichen"; → *Etikett*]

Ti|de ⟨f.11; Seemannsspr.⟩ Steigen und Fallen des Wasserstandes, Gezeiten [nddt., zu *Zeit*]

Ti|den|hub ⟨m., -(e)s, nur Sg.⟩ Höhenunterschied des Wasserstandes im Wechsel der Gezeiten

tief ⟨Adj.⟩ **1** sich weit nach unten ausdehnend; ~er Abgrund; ein ~er See; t. einsinken; das Wasser ist hier sehr t.; den Nagel t. ins Holz schlagen; t. sinken *moralisch tief herunterkommen* **2** *niedrig*; ein t. fliegendes Flugzeug; ein Zimmer mit ~er Decke **3** *weit unten*; t. im See **4** *unten auf einer Skala*; das Barometer steht t.; ~e Temperaturen **5** *weit nach hinten, innen reichend*; ein ~es Fach **6** *stark ausgehöhlt*; ein ~es Loch im Finger; ~e Teller **7** *im Innern befindlich, mittendrin*; auf dem ~sten Land wohnen; im ~sten Frieden; t. in Amerika **8** *zeitlich weit reichend*; t. in der Nacht **9** *kräftig, ins Dunkle spielend*; ~es Rot, Blau **10** *stark, sehr*; t. nachdenken; ~er Schlaf **11** *nicht oberflächlich*; ~e Trauer; ~er Gedanke; dies tut mir sehr t. **12** *die Seele, das Gefühl betreffend, ansprechend*; ~e Musik; jmdn. t. treffen; aus ~stem Herzen *aus dem Innersten* **13** *eine geringe Frequenz habend*; ~e Töne; eine ~e Stimme

Tief ⟨n.9⟩ **1** ⟨kurz für⟩ → *Tiefdruckgebiet* **2** ⟨Seew.⟩ Fahrwasser zwischen Untiefen

tief... ⟨in Zus.⟩ *sehr, überaus, stark...*, z.B. tiefbetrübt, tiefbewegt

Tief|aus|läu|fer ⟨m.5; Meteor.⟩ Ausläufer eines Tiefdruckgebietes

Tief|bau ⟨m., -(e)s, nur Sg.⟩ Errichtung von Bauwerken, die zum großen Teil unter dem Erdboden liegen; Ggs. *Hochbau*

tief|blau ⟨Adj., o.Steig.⟩ dunkelblau

Tief|boh|rung ⟨f.10⟩ Bohrung von der Erdoberfläche aus (zur Erkundung von Lagerstätten)

Tief|decker ⟨-k|k-, m.5⟩ Flugzeug mit Flügeln, die an der Unterseite des Rumpfes angesetzt sind

Tief|druck ⟨m.1⟩ **1** ⟨nur Sg.⟩ Druckverfahren, bei dem die druckenden Stellen vertieft in der Druckform liegen; vgl. *Hochdruck, Flachdruck* **2** so hergestelltes Druckerzeugnis

Tief|druck|ge|biet ⟨n.1⟩ Gebiet, in dem der Luftdruck niedriger ist als in der Umgebung; auch: ⟨kurz⟩ *Tief*; Syn. *Zyklone*

Tie|fe ⟨f.11⟩ **1** Ausdehnung nach unten (Meeres-); in großer T. **2** Ausdehnung nach hinten; die T. des Schrankes **3** Innerstes; aus der T. seines Herzens **4** Gründlichkeit, Ernst; die T. des Gedankens **5** Intensität, Heftigkeit; die T. seines Schmerzes

Tief|ebe|ne ⟨f.11⟩ Ebene mit sehr geringen Höhenunterschieden

Tie|fen|ge|stein ⟨n.1⟩ → *Plutonitgestein*

Tie|fen|psy|cho|lo|gie ⟨f., -, nur Sg.⟩ Teilgebiet der Psychologie, das die unterbewußten Schichten des Denkens und Verhaltens erforscht

Tie|fen|rausch ⟨m., -(e)s, nur Sg.⟩ Benommenheit beim Tauchen in großer Tiefe

Tie|fen|schär|fe ⟨f., -, nur Sg.⟩ Schärfentiefe

Tie|fen|wir|kung ⟨f.10⟩ **1** Wirkung in die Tiefe; eine Salbe mit T. **2** Anschein räumlicher Tiefe; die T. der Perspektive

Tief|flug ⟨m.2⟩ ⟨militärischer⟩ Luftverkehr zwischen Baumwipfelhöhe und 150 m Höhe

Tief|gang ⟨m., -(e)s, nur Sg.⟩ **1** Abstand zwischen der Unterkante des Schiffskieles und der Wasserlinie **2** ⟨übertr.⟩ geistig-seelische Tiefe; ein Mensch mit wenig T.

Tief|ga|ra|ge ⟨[-ʒə] f.11⟩ in der Kellerebene eines Hauses untergebrachte Garage

tief|ge|hend ⟨Adj., tiefer gehend, am tiefsten gehend⟩ **1** umfassend, gründlich; eine ~e Analyse **2** weit unter die Oberfläche gehend; eine ~e Wunde **3** sehr stark; ein ~er Schmerz; ~e Beleidigung

tief|grei|fend ⟨Adj., tiefer greifend, am tiefsten greifend⟩ bis an die Grundlagen greifend, sehr tief wirkend; ~e Maßnahmen, Änderungen

tief|grün|dig ⟨Adj.⟩ bis an den Kern einer Sache vordringend, tief in einen Gedanken, eine Vorstellung eindringend; ~e Betrachtungen **Tief|grün|dig|keit** ⟨f., -, nur Sg.⟩

Tief|kühl|fach ⟨n.4; in Kühlschränken⟩ verschlossener Teil, in dem besonders tiefe Temperaturen herrschen; Syn. *Froster*

Tief|kühl|lung ⟨f., -, nur Sg.⟩ Einfrieren und Aufbewahren verderblicher Produkte bei Temperaturen unter −18 °C

Tief|la|der ⟨m.5⟩, **Tief|la|de|wa|gen** ⟨m.7⟩ Gütertransportwagen mit tief angeordneter Ladefläche für sperrige Schwerstgüter

Tief|punkt ⟨m.1⟩ tiefster Punkt (in einer Entwicklung); er hat einen seelischen T. erreicht

tief|rot ⟨Adj., o.Steig.⟩ dunkelrot

Tief|schlag ⟨m.2; Boxen⟩ verbotener Schlag unter die Gürtellinie

tief|schür|fend ⟨Adj.⟩ eine Sache gründlich betrachtend, das Wesentliche bedenkend; eine ~e Untersuchung

tief|schwarz ⟨Adj., o.Steig.⟩ intensiv schwarz

Tief|see ⟨f., -, nur Sg.⟩ das Meer in großen Tiefen (etwa ab 300 m Tiefe)

Tief|sinn ⟨m., -(e)s, nur Sg.⟩ 1 Neigung zum Grübeln, zum tiefen Nachdenken 2 Gedankentiefe

tief|sin|nig ⟨Adj.⟩ 1 gründlich und tief denkend, tief in einen Gedanken, eine Vorstellung eindringend 2 grüblerisch, schwermütig **Tief|sin|nig|keit** ⟨f.; Ggs. Seichtheit⟩

Tief|stand ⟨m.2⟩ 1 tiefer Stand (in einer Entwicklung); ein T. der Kultur; der Goldkurs hat einen T. erreicht 2 tiefster Stand (einer Flüssigkeit); der Pegel hat seinen T. überschritten

Tief|sta|pe|lei ⟨f., -, nur Sg.⟩ das Tiefstapeln; Ggs. Hochstapelei

tief|sta|peln ⟨V.1, hat tiefgestapelt; o.Obj.⟩ seine Kenntnisse, Fähigkeiten bescheidener darstellen als sie sind, sie nicht offen zur Schau stellen; Ggs. hochstapeln

Tief|ton ⟨m.2⟩ schwächste Betonung im Wort oder Satz; Ggs. Hochton

tief|zie|hen ⟨V.187, hat tiefgezogen; mit Akk.⟩ ohne Erwärmung zu Hohlkörpern formen; Blech t.

Tie|gel ⟨m.5⟩ 1 flaches, rundes Gefäß zum Schmelzen 2 Metallplatte der Tiegeldruckpresse 3 Pfanne [< lat. *tegula* „Pfanne"]

Tie|gel|dru|cke|pres|se ⟨f.11⟩ Druckmaschine für einfache, kleinformatige Druckarbeiten mit senkrecht stehender Druckform, gegen die eine Metallplatte (Tiegel) gepreßt wird

Tier ⟨n.1⟩ 1 (meist) frei bewegliches Lebewesen, das (im Unterschied zu den Pflanzen) auf organische Nahrung angewiesen ist und ein großes, hohes T. ⟨ugs., scherzh.⟩ eine hochgestellte Persönlichkeit, jmd. in hohem Rang; ein gutes T. ⟨ugs.⟩ ein gutmütiger Kerl 2 ⟨Jägerspr.⟩ beim Dam-, Elch- und Rotwild weibliches Tier

Tier|bän|di|ger ⟨m.5; veraltend⟩ →Dompteur

Tier|freund ⟨m.1⟩ jmd., der Tiere gern hat

Tier|gar|ten ⟨m.8⟩ →Zoo

Tier|geo|gra|phie ⟨f., -, nur Sg.⟩ Wiss. von der geographischen Verbreitung der Tiere

Tier|hal|ter ⟨m.5⟩ jmd., der sich ein Tier hält

Tier|heil|kun|de ⟨f., -, nur Sg.⟩ Wiss. von den Krankheiten der Tiere (bes. der Haustiere); Syn. Tiermedizin, Veterinärmedizin

tie|risch ⟨Adj.⟩ 1 ⟨o.Steig.⟩ Tiere betreffend, zu ihnen gehörig, von ihnen stammend; ~es Fett; ~er Schädling 2 ⟨o.Steig.⟩ nicht menschlich; einem Menschen unangemessen; ~er Ernst ⟨scherzh.⟩; ~e Grausamkeit 3 ⟨Jugendspr.⟩ außerordentlich, ungeheuer; t. viel Arbeit; t. gute Musik

Tier|koh|le ⟨f., -, nur Sg.⟩ aus Knochen gewonnene Kohle

Tier|kör|per|be|sei|ti|gungs|an|stalt ⟨f.10⟩ →Abdeckerei

Tier|kreis ⟨m., -es, nur Sg.⟩ Folge der zwölf Sternbilder auf der Ekliptik; Syn. Zodiakus

Tier|kreis|zei|chen ⟨n.7⟩ Sternbild des Tierkreises

Tier|kult ⟨m.1⟩ Anbetung, Verehrung von Tieren

Tier|kun|de ⟨f., -, nur Sg.⟩ →Zoologie

Tier|leh|rer ⟨m.5⟩ →Dresseur

Tier|me|di|zin ⟨f., -, nur Sg.⟩ →Tierheilkunde

Tier|park ⟨m.9⟩ →Zoo

Tier|quä|le|rei ⟨f.10⟩ 1 rohes, Schaden zufügendes Verhalten gegenüber Tieren 2 ⟨übertr., scherzh.⟩ große Anstrengung, Tortur (gegenüber Menschen); die Bergtour war die reine T.

Tier|schau ⟨f.10⟩ Ausstellung von Tieren

Tier|schutz ⟨m., -es, nur Sg.⟩ gesetzlicher Schutz von Tieren

Tier|stock ⟨m.2⟩ Verband von Tieren, die sich nach der Vermehrung durch Knospung oder Teilung nicht voneinander getrennt haben (z.B. bei Nesseltieren)

Tier|stück ⟨n.1⟩ Bild, dessen wichtigstes Motiv ein Tier ist

Tier|ver|such ⟨m.1⟩ Erprobung der Wirkung von Kosmetika, Medikamenten u.a. an lebenden Tieren

tif|teln ⟨V.1, hat getiftelt; Nebenform von⟩ tüfteln

Ti|ger ⟨m.5⟩ asiatische Großkatze mit gestreiftem Fell [< lat., griech. *tigris* „Tiger"; weitere Herkunft nicht geklärt]

Ti|ger|au|ge ⟨n.14⟩ goldglänzendes Mineral aus der Gruppe der Quarze, Schmuckstein

ti|gern ⟨V.1⟩ I ⟨mit Akk., hat getigert; nur im Part. Perf.⟩ getigert gestreift (wie das Fell des Tigers) II ⟨o.Obj.; ist getigert; ugs., scherzh.⟩ zielstrebig gehen (um etwas zu besorgen); in die Stadt, zur Theaterkasse t. [in Bed. 2 vielleicht im Sinne von „aufmerksam, wachsam schleichen wie ein Tiger"]

Ti|ger|pferd ⟨n.1; †⟩ Zebra

Til|bu|ry ⟨[-bəri] m.9⟩ zweirädriger, einspänniger Wagen mit Klappverdeck [nach dem engl. Wagenbauer Tilbury]

Til|de ⟨f.11⟩ 1 Zeichen (~) über einem Vokal zur Bez. der nasalen Aussprache, z.B. im Portugiesisch São, oder über dem n zur Bez. der mouillierten Aussprache, z.B. spanisch Señor [senjor] 2 Zeichen zur Wiederholung eines Wortes oder Wortteiles [span. *tilde* in ders. Bed. sowie „Akzent", zusammengezogen über ältere, mundartliche Zwischenformen wie *title, tille* < *titulo* „Überschrift" →Titel]

til|gen ⟨V.1, hat getilgt; mit Akk.⟩ 1 zurückzahlen, abzahlen, begleichen; eine Schuld t. 2 beseitigen, auslöschen, streichen; einen Druckfehler t.; eine Eintragung im Strafregister t.; Spuren t. **Til|gung** ⟨f.10⟩

Til|gungs|ra|te ⟨f.11⟩ Geldbetrag, der einen Teil einer Schuld tilgt

Til|si|ter ⟨m.5⟩ hellgelber, würziger Schnittkäse mit kleinen Löchern [nach der ostpreuß. Stadt Tilsit]

Ti|mal|lie ⟨[-ljə] f.11⟩ (in vielen Arten vorkommender) Singvogel mit (meist) abwärts gebogenem Schnabel (z.B. die Bartmeise)

Tim|bre ⟨[tɛ̃brə] n.9⟩ Klangfarbe (der Singstimme) [frz. *timbre* „Klang, Schall, bes. der Stimme", eigtl. „Klang der Hammerglocke", urspr. „Hammerglocke" (Glocke ohne Klöppel, die durch einen Hammer angeschlagen wird), < lat. *tympanum*, griech. *tympanon* „Handpauke, Handtrommel", zu *typtein* „schlagen"]

tim|briert ⟨[tɛ̃-] Adj., o.Steig.⟩ mit einem (bestimmten) Timbre ausgestattet; eine dunkel, hell, baritonal ~e Stimme

ti|men ⟨[tai-] V.1, hat getimt [-taimt]; mit Akk.⟩ etwas t. 1 mit der Stoppuhr messen 2 in den einzelnen Abläufen, Schritten berechnen; eine Gesamtablauf, einen Vorgang t. 3 den richtigen Zeitpunkt für etwas festsetzen, indem man die einzelnen Vorgänge, Schritte, die dazu gehören, vorher berechnet; eine Zusammenkunft, die Abfahrt t. 4 ⟨Sport⟩ berechnen; den Schlag t. [< engl. *to time* in ders. Bed., zu *time* „Zeit, Zeitabschnitt, Zeitpunkt"]

Ti|ming ⟨[tai-] n., -s, nur Sg.⟩ das Timen, richtige zeitliche Berechnung, Wahl des günstigsten Zeitpunktes

Ti|mo|kra|tie ⟨f.11⟩ Staatsform, in der die Rechte und Pflichten der Bürger nach ihrem Besitz festgelegt werden [< griech. *timokratia* in ders. Bed., < *timios* „geschätzt, geehrt, geachtet" und *kratein* „herrschen"]

Tim|pa|no ⟨n., -s, -ni; ital. Schreibung von⟩ Tympanum (→Pauke)

tin|geln ⟨V.1; ugs.⟩ 1 ⟨hat getingelt⟩ im Showgeschäft (bei verschiedenen Unternehmen) arbeiten; sie hat dann mehrere Jahre getingelt 2 ⟨ist getingelt⟩ im Showgeschäft arbeitend umherziehen; sie ist durch alle europäischen Großstädte getingelt [zu Tingeltangel]

Tin|gel|tan|gel ⟨n.9⟩ billiges Tanzlokal oder Varieté niederen Ranges

Tink|ti|on ⟨f.10⟩ Färbung [< lat. *tinctio*, Gen. *-onis*, „das Eintauchen", zu *tingere* „eintauchen, färben"]

Tink|tur ⟨f.10⟩ alkoholischer Auszug (aus einem pflanzlichen oder tierischen Stoff), alkoholische Arzneilösung (Jod~) [< lat. *tinctura* „das Eintauchen, Färben", zu *tingere* „befeuchten, eintauchen, färben"]

Tin|nef ⟨m., -s, nur Sg.; ugs.⟩ 1 wertloses Zeug, Schund 2 Unsinn, dummes Zeug [< rotw. *Tinnef*, jidd. *tinef* „Kot, Dreck, Unflat", < hebr. *tinnûf* „Schmutz", zum Verb *tânaf* (Intensivform *tinnêf*) „beschmutzen"]

Tin|te ⟨f.11⟩ gefärbte Flüssigkeit, die zum Schreiben dient; grüne, rote, schwarze T.; die T. trocknen; in die T. geraten ⟨übertr., ugs.⟩ in eine schlimme Lage geraten; in der T. sitzen ⟨übertr., ugs.⟩ in einer üblen Lage sein; das ist klar wie (trübe) T. ⟨übertr., ugs.⟩ das ist völlig klar

Tin|ten|faß ⟨n.4⟩ kleiner Behälter für Tinte

Tin|ten|fisch ⟨m.1⟩ →Kopffüßer

Tin|ten|ku|li ⟨m.9⟩ Kugelschreiber mit Tintenpatrone

Tin|ten|pa|tro|ne ⟨f.11⟩ kleiner, patronenförmiger, auswechselbarer Behälter für Tinte

tin|tig ⟨Adj.⟩ 1 wie Tinte; ~es Blau 2 voller Tinte, mit Tinte verschmiert; ~e Finger

Tint|ling ⟨m.1⟩ Blätterpilz, dessen Lamellen bei Reife tintig zerfließen (Schopf~)

Tip ⟨m.9⟩ 1 Wink, Hinweis 2 Vorhersage des Siegers (in einem Wettbewerb) oder einer Gewinnzahl; einen T. abgeben [< engl. *tip* „leichte Berührung, leichter Schlag"]

Ti|pi ⟨n.9⟩ spitzkegliges Stangenzelt der nordamerikanischen Prärie-Indianer [< Sioux *ti* „wohnen", und *pi* „gebraucht, benutzt für"]

Tip|pel|bru|der ⟨m.6; ugs.⟩ Landstreicher

tip|peln ⟨V.1, ist getippelt; o.Obj.⟩ gehen (bes. längere Zeit auf ermüdende Weise); ich bin zwei Stunden lang, den ganzen Weg getippelt [wahrscheinlich zu *trippeln* und *tippen*]

tip|pen¹ ⟨V.1, hat getippt⟩ I ⟨mit Akk. oder mit Dat. oder o.Obj.⟩ leicht und kurz (mit dem Finger, mit der Fußspitze) berühren; jmdn., ⟨oder⟩ jmdm. auf die Schulter t.; sich an die Stirn t.; (mit dem Fuß) an einen auf dem Boden liegenden Gegenstand t.; daran ist nicht zu t. *daran besteht kein Zweifel, das steht fest* II ⟨mit Akk. oder o.Obj.; ugs.⟩ auf der Schreibmaschine schreiben; sie kann gut t.; sie tippt sehr schnell; einen Brief, ein Manuskript t. [wohl zu *tupfen*]

tip|pen² ⟨V.1, hat getippt⟩ I ⟨o.Obj.⟩ im Lotto, im Toto spielen; er tippt jede Woche II ⟨mit Akk.⟩ im Lotto, Toto voraussagen; er hat fünf Gewinnzahlen getippt III ⟨mit Präp.obj.⟩ auf etwas t. *etwas vermuten, annehmen*; ich tippe darauf, daß es heute noch regnet [zu *Tip*]

Tip|per ⟨m.5⟩ jmd., der im Lotto oder Toto tippt

Tipp|feh|ler ⟨m.5⟩ Fehler, der beim Maschinenschreiben auftritt

Tipp|fräu|lein ⟨n.7; ugs., scherzh.; †⟩ Frau, die berufsmäßig mit der Maschine schreibt

Tipp|ge|mein|schaft ⟨f.10⟩ Gruppe von Personen, die gemeinsam Lotto- oder Tototips abgibt

Tipp|se ⟨f.11; ugs., abwertend⟩ *Stenotypistin*

tipp|topp ⟨Adj., o.Steig.; o.Dekl.; ugs.⟩ *tadellos, einwandfrei;* das hat er t. gemacht; das ist t. [< engl. *tiptop* „tadellos", < *tip* „Spitze, Gipfel" und *top* „Spitze, höchster Punkt", also sozusagen „allerhöchste Spitze"]

Tipp|zet|tel ⟨m.5⟩ *Wett-, Lotto-, Totoschein*

Ti|ra|de ⟨f.11⟩ **1** *Wortschwall, Redeerguß;* **2** ⟨Mus.⟩ *Lauf schnell aufeinanderfolgender Töne* [< frz. *tirade* „Auszug, längere Stelle aus einem Schriftwerk", übertr. „langer Wortschwall", eigtl. „anhaltendes Aus-, Herausziehen", zu *tirer* „ziehen, heraus-, auszieren"]

Ti|rail|leur ⟨[-rajör] m.1 oder m.9; †⟩ **1** *Freischärler, Heckenschütze, Partisan* **2** *Scharfschütze* [frz., „schlechter Schütze", zu *tirailler* „plänkeln", zu *tir* „das Schießen"]

ti|ri|lie|ren ⟨V.3, hat tiriliert; o.Obj.⟩ *von Vögeln singen, zwitschern* [lautmalend]

Ti|ro|li|en|ne ⟨[-ljen] f.11⟩ *auf Tiroler Liedern beruhender Rundtanz;* auch: *Tyrolienne*

Ti|ro|ni|sche No|ten ⟨f.11; Pl.⟩ *von dem Freigelassenen Tiro, dem Sekretär Ciceros, entwickeltes Kurzschriftsystem*

Tisch ⟨m.1⟩ *Möbelstück aus einer waagerechten Platte, meist auf vier Beinen (Eß~, Schreib~) oder an der Wand befestigt (Klapp~);* der T. des Herrn *Abendmahl;* den T. (fürs Essen) decken; den T. abräumen (nach dem Essen); reinen T. machen *eine Sache gründlich erledigen;* etwas am grünen T., vom grünen T. aus anordnen *etwas anordnen, ohne die Praxis zu berücksichtigen* [nach dem grünen Filz, der früher oft die Tische in Verhandlungsräumen bedeckt waren]; am runden T. verhandeln *in einem Kreis, in dem jeder gleichberechtigt ist, in dem es kein „oben" und „unten" gibt;* sich mit jmdm. an einen T. setzen *mit jmdm. verhandeln (wollen);* das Essen auf den T. bringen; etwas auf den T. des Hauses legen *etwas mit Nachdruck, betont vortragen;* das ist unter den T. gefallen *das ist nicht beachtet, nicht berücksichtigt worden;* etwas unter den T. kehren, fegen *etwas unbekümmert nicht beachten, achtlos beiseite schieben;* jmdn. unter den T. trinken *so lange mit jmdm. Alkohol trinken, bis er völlig betrunken ist;* das ist vom T. *das ist erledigt;* die Sache muß endlich vom T. sein *die Sache muß endlich erledigt werden* **2** ⟨in bestimmten Fügungen⟩ *Mahlzeit;* nach T., vor T.; bei T. sitzen; jmdn. zu T. bitten **3** *Gesamtheit der an einem Tisch (1) sitzenden Personen;* unser T. war der lustigste, netteste von allen; der ganze T. lachte; er hat allein den ganzen T. unterhalten

Tisch|da|me ⟨f.11⟩ *Dame, die bei einer feierlichen Mahlzeit rechts von einem bestimmten Herrn sitzt*

Tisch|decke ⟨-k|k-; f.11⟩ *Decke, die den Tisch (als Schutz oder Zierde) bedeckt;* Syn. *Tischtuch*

tisch|fer|tig ⟨Adj., o.Steig.⟩ *zum sofortigen Verzehr geeignet*

Tisch|ge|bet ⟨n.1⟩ *Gebet vor und/oder nach dem Essen*

Tisch|ge|sell|schaft ⟨f.10⟩ *Gruppe von Personen, die sich um einen Tisch zum Essen versammelt*

Tisch|herr ⟨m., -n, -n oder -en⟩ *Herr, der bei einer feierlichen Mahlzeit links von einer bestimmten Dame sitzt*

Tisch|kar|te ⟨f.11⟩ *kleine Karte, die bei einer feierlichen Mahlzeit bezeichnet, wo jmd. am Tisch sitzen soll*

Tisch|lein|deck|dich ⟨n., -, -⟩ *Möglichkeit, ohne eigene Bemühung gut zu leben*

Tisch|ler ⟨m.5⟩ *jmd., der berufsmäßig Einrichtungsgegenstände aus Holz herstellt und bearbeitet;* Syn. ⟨süddt., westmdt.⟩ *Schreiner*

tisch|lern ⟨V.1, hat getischlert; o.Obj.⟩ *(aus Liebhaberei) Tischlerarbeit tun;* Syn. ⟨süddt.⟩ *schreinern*

Tisch|ler|plat|te ⟨f.11⟩ *aus Sägespänen und Leim gepreßte Platte*

Tisch|nach|bar ⟨m.11⟩ *jmd., der bei Tisch unmittelbar neben jmdm. sitzt;* mein, ihr T.

Tisch|re|de ⟨f.11⟩ *Rede, die während einer feierlichen Mahlzeit gehalten wird*

Tisch|rücken ⟨-k|k-; n., -s, nur Sg.; Okk.⟩ *angebliche Bewegung eines Tisches bei spiritistischen Sitzungen, wodurch Fragen von jmdm., der an diesem Tisch sitzt, beantwortet werden*

Tisch|ten|nis ⟨n., -, nur Sg.⟩ *dem Tennis ähnliches Spiel, bei dem ein Zelluloidball mit kork- oder gummibezogenen Schlägern auf einem Tisch über ein niedriges Netz geschlagen wird*

Tisch|tuch ⟨n.4⟩ → *Tischdecke*

Tisch|wein ⟨m.1⟩ *leichter Wein, der bei Tisch getrunken wird*

Tisch|zeit ⟨f.10⟩ *Zeit, in der jmd. das Mittagessen einnimmt*

Ti|tan **I** ⟨m.10⟩ **1** ⟨griech. Myth.⟩ *Angehöriger eines Riesengeschlechts* **2** ⟨allg.⟩ *Riese* **II** ⟨n., -s, nur Sg.; Zeichen: Ti⟩ *chemisches Element, Ordnungszahl 22, silberweißes, zähes Metall* [nach dem Riesen *Titan* der griech. Sage]

Ti|ta|ni|de ⟨m.11⟩ *Nachkomme der Titanen*

ti|ta|nisch ⟨Adj., o.Steig.⟩ *riesenhaft*

Ti|ta|nit ⟨m.1⟩ *(gelbliches, grünliches oder bräunliches) Mineral, wichtiges Titanerz;* Syn. *Sphen*

Ti|ta|no|ma|chie ⟨f.11⟩ *Kampf zwischen Zeus und den Titanen* [< griech. *Titan*, Gen. *Titanos*, „Titan" und *mache* „Kampf, Schlacht", zu *machesthai* „kämpfen, streiten"]

Ti|tan|stahl ⟨m., -s, nur Sg.⟩ *mit Titan legierter Stahl*

Ti|tan|weiß ⟨n., -, nur Sg.⟩ *weiße Farbe aus Titandioxid*

Ti|tel ⟨auch [tɪ-] m.5⟩ **1** *Überschrift, Name (eines literarischen, musikalischen o.ä. Werkes;* Buch~, Film~, Schallplatten~); eine Oper mit dem T. „Aida" **2** *das unter dieser Überschrift veröffentlichte Werk;* dieser T. ist zur Zeit vergriffen **3** *(durch eine Arbeit erworbener oder ehrenhalber verliehener) Zusatz zum Namen (Doktor~, Professoren~) oder mit einem Amt verbundene Bezeichnung;* jmdn. mit seinem T. anreden; der Universitätsrektor trägt den T. „Magnifizenz" **4** *Bezeichnung eines gesellschaftlichen Standes* (Adels~, Grafen~) **5** ⟨Sport⟩ *Bezeichnung eines Ranges* (Weltmeister~); einen T. verteidigen **6** *Abschnitt eines Gesetzes- oder Vertragswerkes* **7** *Gruppe von Beträgen (im Haushaltsplan);* ein T. des Etats [< mhd. *titel* „Titel", < ahd. *titul* „Aufschrift" und *titulo* „Titel", < lat. *titulus* „Aufschrift, Überschrift; Ehrenname, ehrenvolle Benennung", < spätgriech. *titlos* „Aufschrift"]

Ti|tel|bild ⟨n.3⟩ *Bild auf der Vorderseite einer Zeitschrift*

Ti|tel|blatt ⟨n.4⟩ *Blatt am Anfang eines Buches mit Angaben über den Titel, den Verfasser u.a.;* Syn. *Titelseite (1)*

Ti|tel|ei ⟨f.10⟩ *dem Text (eines Buches) vorausgehende Seiten*

Ti|tel|kup|fer ⟨n.5; in älteren Büchern⟩ *Kupferstich als Titelbild*

Ti|tel|rol|le ⟨f.11⟩ *Film- oder Bühnenfigur, deren Name mit dem Titel des Films, Bühnenstückes übereinstimmt*

Ti|tel|schutz ⟨m., -es, nur Sg.⟩ *gesetzlicher Schutz für einen Buch-, Zeitungs- oder Zeitschrifttitel (1)*

Ti|tel|sei|te ⟨f.11⟩ **1** → *Titelblatt* **2** ⟨bei Zeitungen⟩ *erste Seite*

Ti|tel|ver|tei|di|ger ⟨m.5⟩ *jmd., der einen Titel (5) besitzt und in einem Wettkampf bessere Leistungen als ein Herausforderer bringen muß*

Ti|ter ⟨m.5⟩ **1** *in Gramm je Liter angegebener Gehalt von gelöstem Stoff in einer Lösung* **2** *Maßbezeichnung für die Feinheit von Textilfasern* [< frz. *titre* „Feingehalt des Goldes, u.a. von Münzen", eigtl. „Bezeichnung, Überschrift", < lat. *titulus* „Zeichen, Kennzeichen, Aufschrift"]

Ti|to|is|mus ⟨m., -, nur Sg.; Bez. für⟩ *die kommunistische, aber von der UdSSR unabhängige Politik des verstorbenen jugoslawischen Staatsmannes J.B. Tito*

Ti|tra|ti|on ⟨f.10⟩ *das Titrieren, Bestimmung des Titers*

Ti|tri|er|ana|ly|se ⟨f.11⟩ → *Titrimetrie*

ti|trie|ren ⟨V.3, hat titriert; o.Obj. oder mit Akk.⟩ *etwas t. den Titer (von etwas) bestimmen;* mit Kalilauge t. *titrieren (die Lösung) mit Kalilauge*

Ti|tri|me|trie ⟨f.11⟩ *Maßanalyse, Vergleich der unbekannten gelösten Menge eines Stoffes mit dem bekannten Gehalt einer Lösung;* Syn. *Titrieranalyse* [< *Titer* und *...metrie*]

tit|schen ⟨V.1, hat getitscht; sächs.⟩ **I** ⟨mit Akk. oder o.Obj.⟩ *eintauchen;* Kuchen in den Kaffee t. **II** ⟨mit Akk.⟩ *jmdn. t.* → *tauchen (II,2)*

Tit|te ⟨f.11; vulg.⟩ *weibliche Brust* [nddt., zu *Zitze*]

Ti|tu|lar ⟨m.1⟩ *jmd., der ein Amt nur dem Titel nach innehat,* z.B. *Titularbischof*

Ti|tu|la|tur ⟨f.10⟩ *Anrede mit allen Titeln*

ti|tu|lie|ren ⟨V.3, hat tituliert; mit Akk.⟩ *jmdn. t. jmdn. mit einem, mit seinem Titel anreden;* jmdn. „Herr Professor" t., mit „Magnifizenz" t.; jmdn. mit „Esel" t. ⟨ugs., scherzh.⟩ *jmdn. einen Esel nennen*

Ti|vo|li ⟨n.9⟩ **1** *italienisches Kugelspiel* **2** *Vergnügungspark* [nach der ital. Stadt]

ti|zi|an|rot ⟨Adj., o.Steig.⟩ *purpurrot* [nach dem ital. Maler *Tizian*]

Tjalk ⟨f.10⟩ *flaches, breites Küstensegelfahrzeug mit einem Mast* [ndrl.]

tkm ⟨Zeichen für⟩ *Tonnenkilometer*

Tl ⟨Zeichen für⟩ *Thallium*

Tm ⟨Zeichen für⟩ *Thulium*

Tme|sis ⟨f., -, -sen⟩ *Trennung von eigentlich zusammengehörigen Wörtern,* z.B. ich erkenne es an, ich sah ihn bald wieder [< griech. *tmesis* „das Schneiden", zu *temnein* „schneiden"]

TNT **1** ⟨Abk. für⟩ *Trinitrotoluol* **2** *Maß für die Sprengkraft von Kernwaffen;* die Bombe hat eine Sprengkraft von 20 kt TNT

Toast ⟨[toust] m.1⟩ **1** *geröstete Weißbrotscheibe;* Syn. *Röstbrot* [engl. *toast* in ders. Bed., zu *toast* „rösten"] **2** *Trinkspruch;* einen T. auf jmdn. ausbringen [engl. *toast* in ders. Bed., zu *toast* „geröstete Scheibe Weißbrot", die oft in ein Glas Wein oder ein anderes Getränk getaucht wurde, um diesem ein besonderes Aroma zu geben; dann „Dame, auf deren Wohl man trinkt", weil man scherzhaft meinte, so gefeierte Dame möge dem Wein die gleiche Würze geben wie der hineingetauchte Toast; danach allg. „jmd. oder ein Ereignis, zu dessen Ehre oder Gedächtnis man trinkt", und schließlich der Trinkspruch selbst]

toa|sten ⟨[to-] V.2, hat getoastet⟩ **I** ⟨mit Akk.⟩ *rösten;* eine Scheibe Brot t. **II** ⟨o.Obj.⟩ *einen Toast (2) ausbringen;* bei dem Festessen wurde viel getoastet

Toa|ster ⟨[tou-] m.5⟩ *Brotröster*

To|bak ⟨m.1; †⟩ *Tabak;* ⟨nur noch in den scherzh. Wendungen⟩ Anno T. (→ *anno, anno*); starker T. *ein derber Ausdruck, derber Witz;* das ist starker T.

To|bel ⟨m.5; süddt., österr., schweiz.⟩ *Waldschlucht*

to|ben ⟨V.1; o.Obj.⟩ **1** ⟨hat getobt⟩ *sich wütend gebärden, vor Wut schreien, wütend laut schimpfen;* er tobte, als er das erfuhr **2** ⟨hat getobt⟩ *lärmen, schreien und herumlaufen;* die Kinder t. im Garten **3** ⟨hat getobt⟩ *heftig, wild wehen;* der Sturm tobte **4** ⟨hat getobt⟩ *sich gewaltig entladen, in ge-*

waltiger Bewegung sein; ein Gewitter tobte über der Stadt; der See, das Meer tobte **5** ⟨hat getobt⟩ *wild, heftig in Gang sein;* der Kampf, der Krieg tobte **6** ⟨ist getobt⟩ *lärmend, schreiend laufen;* die Kinder tobten durch den Garten, durchs Haus **7** ⟨ist getobt; scherzh.⟩ *zielstrebig gehen (um etwas zu erledigen);* ich bin noch einmal in die Stadt getobt

To|bog|gan ⟨m.9⟩ **1** *kanadischer Schlitten ohne Kufen* **2** *(auf Jahrmärkten) Förderband mit anschließender Rutschbahn* [aus dem kanad. Frz. in den Formen *tabaganne, tobagan* u. a., < Algonkin *udaba'gan*, „was zum Ziehen dient" (nämlich urspr. ein Schlitten aus Hirschfell)]

Tob|sucht ⟨f., -, nur Sg.⟩ *krankhaft unkontrollierte Entladung von Wut*

tob|süch|tig ⟨Adj.⟩ *von Tobsucht befallen*

Toc|ca|ta ⟨f., -, -ten⟩ *frei gestaltetes, bewegtes Musikstück, bes. für Tasteninstrumente;* auch: **Tokkate** [ital. *toccata* in ders. Bed., zu *toccare* „berühren, schlagen, (ein Instrument) spielen, bes. Pauke, Laute, Tasten- und Blasinstrument", < lat. *tangere* „berühren"]

Toch|ter ⟨f.6⟩ **1** *weiblicher Nachkomme eines Elternpaares;* eine heiratsfähige T. **2** *(österr., schweiz.) weibliche Angestellte in einem Privathaushalt oder in einer Gaststätte* (Saal~, Salat~)

Toch|ter|fir|ma ⟨f., -, -men⟩, **Toch|ter|ge|sell|schaft** ⟨f.10⟩ *von einer Muttergesellschaft abhängige Firma in einem Konzern*

Toch|ter|ge|ne|ra|ti|on ⟨f.10⟩ *Filialgeneration*

toch|ter|lich ⟨Adj., o.Steig.⟩ *zu einer Tochter gehörend, in der Art einer (guten) Tochter;* ~e Liebe

Toch|ter|mann ⟨m.4; †⟩ *Schwiegersohn*

Toch|ter|spra|che ⟨f.11⟩ *Sprache, die sich aus einer anderen Sprache entwickelt hat*

Tod ⟨m.1⟩ **1** *Ende des Lebens, das Sterben;* ein Kind ist ~es *jmd., der bald sterben wird;* jmdn. ereilt der T.; den T. finden; des ~es sein *bald sterben müssen;* das wäre sein T.; ein brutaler, gewaltsamer, grausamer, schöner, sanfter T.; der Schwarze T. ⟨übertr.⟩ *die Pest;* der Weiße T. ⟨übertr.⟩ *das Umkommen in einer Lawine;* dem ~e nahe sein; eines natürlichen ~es sterben; tausend ~e sterben ⟨übertr.⟩ *sehr unruhig, erregt sein;* T. durch den Strang ⟨geh.⟩ *Hinrichtung durch Erhängen;* Kampf auf Leben und T.; auf den T. krank sein *lebensgefährlich krank sein;* etwas auf, für den T. nicht leiden können ⟨übertr., ugs.⟩ *etwas überhaupt nicht mögen;* T. durch Erschießen; in den T. gehen *sein Leben opfern;* jmdn. in den T. treiben; etwas mit dem ~e bezahlen, büßen; über den T. hinaus; es geht um Leben und T. *es besteht akute Lebensgefahr;* jmdn. vom ~e erretten; sich zu ~e schämen *sich sehr schämen;* zu ~e kommen *sterben;* etwas zu ~e reiten ⟨übertr.⟩ *etwas bis zum Überdruß wiederholen;* sich zu ~e schinden ⟨übertr., ugs.⟩ *sehr viel und hart arbeiten* **2** *das Sterben als Figur (Sensenmann) gedacht;* der T. klopft an; der T. nahm ihm die Feder aus der Hand; dem T. ins Auge sehen; wie der T. aussehen ⟨übertr.⟩ *sehr krank, ungesund aussehen;* mit dem ~e kämpfen, ringen; dem T. von der Schippe springen ⟨ugs.⟩ *einer Lebensgefahr entrinnen;* weder T. noch Teufel fürchten *gar nichts fürchten* **3** ⟨fig.⟩ *das Ende von etwas;* das ist der T. ihrer Freundschaft; der Kälte~ der Erde

tod... ⟨in Zus.⟩ *sehr, äußerst, überaus,* z. B. todernst, todkrank, todmüde, todschick

Tod|dy ⟨m.9⟩ **1** *Palmwein* **2** *dem Grog ähnliches Getränk* [< Hindi *tādī* „Palmwein", zu Sanskrit *tāla-*, „Weinpalme"]

To|des|angst ⟨f.2⟩ **1** *Angst vor dem (eigenen) Tod* **2** *sehr große Angst;* Todesängste ausstehen

To|des|an|zei|ge ⟨f.11⟩ *Anzeige über jmds. Tod (in einer Zeitung oder als schriftliche, mit der Post zugestellte Nachricht);* Syn. Traueranzeige

To|des|art ⟨f.10⟩ *Art und Weise, wie jmd. gestorben ist*

To|des|fall ⟨m.2⟩ *Tod einer Person innerhalb einer Gruppe, bes. einer Familie;* Syn. Trauerfall

To|des|fol|ge ⟨f., -, nur Sg.⟩ *Tod als Folge von jmds. Handeln;* Raubüberfall mit T.

To|des|ge|fahr ⟨f.10⟩ *Gefahr für jmds. Leben;* unter T. handeln

To|des|jahr ⟨n.1⟩ *Jahr, in dem jmd. gestorben ist*

To|des|kampf ⟨m., -(e)s, nur Sg.⟩ *Kampf mit dem Tod*

To|des|kan|di|dat ⟨m.10⟩ *jmd., der in naher Zukunft sterben wird oder könnte*

To|des|not ⟨f.2⟩ *Not bis zur Gefahr des Todes*

To|des|op|fer ⟨n.5⟩ *jmd., der bei einer Katastrophe, bei einem Unglück o. ä. zu Tode gekommen ist;* der Sturm forderte zehn T.

To|des|schüt|ze ⟨m.11⟩ *jmd., der jmdn. erschossen hat*

To|des|stoß ⟨m.2⟩ *tödlicher Stoß mit einer Stichwaffe;* etwas, jmdm. den T. geben ⟨übertr.⟩ *etwas, jmdn. völlig ruinieren*

To|des|stra|fe ⟨f.11⟩ *Tod als Strafe;* ein Delikt mit der T. belegen

To|des|tag ⟨m.1⟩ *Tag, an dem jmd. gestorben ist*

To|des|ur|teil ⟨n.1⟩ *Urteil, das über jmdn. den Tod verhängt;* das T. vollziehen, vollstrecken

To|des|ver|ach|tung ⟨f., -, nur Sg.⟩ **1** *lebensgefährliche Furchtlosigkeit* **2** ⟨übertr., ugs.⟩ *Furchtlosigkeit;* er schluckte die Arznei mit T.

to|des|wür|dig ⟨Adj., o.Steig.⟩ *den Tod, die Todesstrafe verdienend;* ein ~es Verbrechen

Tod|feind ⟨m.1⟩ *schlimmer, gefährlicher Feind*

tod|ge|weiht ⟨Adj., o.Steig.⟩ *den Tod nicht mehr vermeiden könnend*

töd|lich ⟨Adj., o.Steig.⟩ **1** *den Tod bringend;* ~es Gift; ~e Dosis, Menge; eine Krankheit mit ~en Folgen; er ist t. verunglückt; jmdn. t. verwunden **2** ⟨ugs.⟩ *sehr, äußerst;* ~e Langeweile; jmdn. t. beleidigen

Tod|sün|de ⟨f.11; kath. Kirche⟩ *schwere Sünde, die das Eingehen in die ewige Seligkeit verhindert;* die sieben ~n

tod|wund ⟨Adj., o.Steig.⟩ *lebensgefährlich verletzt*

Tof|fee ⟨[-fi:] n.9⟩ *weiches Sahnebonbon* [< engl. *toffee* in ders. Bed., eigtl. *taffy* „Karamelbonbon", < *tafia* „aus Zuckerabfällen gewonnener Rum"]

To|fel, **Tö|fel** ⟨m.5; ugs.⟩ *einfältiger Mensch*

To|ga ⟨f., -, -gen; im alten Rom⟩ *weites Obergewand für Männer* [lat., wörtlich „Bedeckung, Bekleidung", zu *tegere* „decken, bedecken"]

To|hu|wa|bo|hu ⟨n.9⟩ *Durcheinander, Wirrwarr* [< hebr. *tōhu wā-bōhu* (die Erde war) „wüst und leer" (1. Buch Mosis, 1,2), zu *tōhu* „Wüstheit", *wā* „und" und *bōhu* „Leere"]

Toi|let|te ⟨[toa-] f.11⟩ **1** ⟨†⟩ *Frisiertisch, Spiegeltisch;* vor der T. sitzen und sich frisieren **2** *festliche Kleidung;* die Damen erschienen in großer T. **3** ⟨nur Sg.⟩ *das Ankleiden und Frisieren;* T. machen; sie ist noch bei der T. **4** *Einrichtung mit Wasserspülung zum Verrichten der Notdurft sowie der Raum dafür;* auf die T. gehen [frz. *toilette* in denselben Bedeutungen, urspr. „Tuch über dem Frisiertisch", zu *toile* „Leinen, Leintuch, Gewebe", < lat. *tela* „Gewebe"; die Übertragung auf Toilette im Sinne von „Klosett" deshalb, weil man sich dort (meist) auch frisieren und zurechtmachen kann]

Toi|let|ten|ar|ti|kel ⟨[toa-] m.5, Pl.; veraltend⟩ *Artikel zur Körperpflege*

Toi|let|ten|frau ⟨[toa-] f.10⟩ →*Klosettfrau*

Toi|let|ten|pa|pier ⟨[toa-] n., -s, nur Sg.⟩ *Papier zum Reinigen nach dem Stuhlgang, Klosettpapier*

toi, toi, toi ⟨Int.; ugs.⟩ **1** *unberufen!* **2** *viel Glück!*

To|ka|dil|le ⟨[-dɪljə] n., -s, nur Sg.⟩ *spanisches Brettspiel*

To|ka|i|er, To|ka|jer ⟨auch [tɔ-] m.5⟩ *ein ungarischer Süßwein von dunkelgelber Farbe* [nach der Weinbaugemeinde *Tokaj* in Nordostungarn]

Tok|ka|te ⟨f., -, -ten⟩ →*Toccata*

To|ko|lo|gie ⟨f., -, nur Sg.⟩ *Wiss. von der Geburt* [< griech. *tokos* (zu *tiktein* „gebären") und …*logie*]

Tö|le ⟨f.11⟩ *berlin., norddt. Hund* [Herkunft nicht bekannt]

to|le|ra|bel ⟨Adj.⟩ *tolerabler, am -sten⟩ so, daß man es tolerieren kann, duldbar, erträglich;* Ggs. intolerabel

to|le|rant ⟨Adj., -er, am -esten⟩ →*duldsam;* Ggs. intolerant [< lat. *tolerans*, Gen. *-antis*, Part. Präs. von *tolerare* „ertragen, aushalten, dulden"]

To|le|ranz ⟨f.10⟩ **1** ⟨nur Sg.⟩ →*Duldsamkeit;* Ggs. Intoleranz **2** *zulässige Abweichung*

To|le|ranz|do|sis ⟨f., -, -do|sen; Med.⟩ *diejenige aufgenommene Dosis, die noch ohne Dauerschädigung ertragen werden kann (bes. von Strahlungen)*

to|le|rie|ren ⟨V.3, hat toleriert; mit Akk.⟩ **1** *dulden, zulassen, erlauben;* ein solches Vorgehen, Benehmen kann ich nicht t. **2** ⟨Tech.⟩ *in bestimmten Grenzen, innerhalb bestimmter Grenzwerte zulassen;* Abweichungen, Schwankungen t.

toll ⟨Adj.⟩ auch: ⟨norddt.⟩ doll **1** ⟨†⟩ *tollwütig, verrückt, geistesgestört* **2** ⟨ugs.⟩ *unglaublich, was für ein Buch;* ein ~er Bursche; es Glück *viel Glück;* in ~er Fahrt *in wilder, ungestümer Fahrt;* t. aussehen *sehr gut aussehen;* es kommt noch ~er *es kommt noch besser,* ⟨oder⟩ *schlimmer;* hier geht es t. zu *hier ist viel Betrieb* **3** ⟨als Adv.⟩ *äußerst, überaus;* es ist t. heiß

toll|dreist ⟨Adj., o.Steig.⟩ *wagemutig und dreist, verwegen*

Tol|le ⟨f.11⟩ *Locke, Haarbüschel*

tol|len ⟨V.1; o.Obj.⟩ **1** ⟨hat getollt⟩ *lärmend spielen, herumspringen;* die Kinder t. im Garten **2** ⟨ist getollt⟩ *sich lärmend vorwärtsbewegen;* sie sind durch die Gänge getollt

Toll|haus ⟨n.4; †⟩ *Irrenhaus;* ⟨nur noch in der Wendung⟩ *hier geht es zu wie in einem T. hier herrscht sehr großer Trubel*

Toll|häus|ler ⟨m.5; †⟩ *Insasse eines Irrenhauses*

Toll|heit ⟨f.10; †⟩ **1** ⟨nur Sg.⟩ *das Verrücktsein* **2** *verrückte, unsinnige Handlung*

Tol|li|tät ⟨f.10; Titel für⟩ *Faschingsprinz oder -prinzessin*

Toll|kir|sche ⟨f.11⟩ *staudiges, braunviolett blühendes Nachtschattengewächs mit großen, schwarz glänzenden, giftigen Beeren*

toll|kühn ⟨Adj., o.Steig.⟩ *sich um Gefahr nicht kümmernd, waghalsig* **Toll|kühn|heit** ⟨f., -, nur Sg.⟩

Toll|wut ⟨f., -, nur Sg.⟩ *meist tödlich verlaufende Tierseuche, die durch den Biß kranker Tiere über den Speichel auch auf Menschen übertragen wird;* Syn. Rabies, ⟨†⟩ Hundswut

toll|wü|tig ⟨Adj., o.Steig.⟩ *von Tollwut befallen*

Tol|patsch ⟨m.1; ugs.⟩ *ungeschickter, tölpelhafter Mensch* [< ungar. *talpas*, im 17. Jh. „Infanterist", in einigen Dialekten „breitfüßig", zu *talp* „Sohle", also „mit Sohle versehen"; der ungarische Soldat soll früher breite, an den Fuß geschnürte Sohlen getragen haben]

tol|pat|schig ⟨Adj.; ugs.⟩ ungeschickt, unbeholfen

Töl|pel ⟨m.5⟩ 1 ⟨ugs.⟩ einfältiger Mensch, Dummkopf 2 ein gänsegroßer Seevogel

Töl|pe|lei ⟨f.10; ugs.⟩ ungeschicktes Benehmen

To|lu|bal|sam ⟨m.1⟩ aus einer südamerikanischen Pflanze gewonnenes Heil-, Räucher- und Kosmetikmittel [nach der kolumbian. Stadt *Tolú*]

To|lui|din ⟨n., -s, nur Sg.⟩ ein Toluolabkömmling (für Farbstoffsynthesen u.a.)

To|lu|ol ⟨n., -s, nur Sg.⟩ ein aromatischer Kohlenwasserstoff, Methylbenzol [Ableitung von *Tolubalsam*]

Tom. ⟨Abk. für⟩ *Tomus*

To|ma|hawk ⟨[tɔmahɔ:k] m.9⟩ Streitaxt der nordamerikanischen Indianer [indian., die Bezeichnung ist je nach Dialekt in verschiedenen Formen überliefert und wurde in der nach recht unterschiedlichen Form mit „Hammer, Beil, Keule" übersetzt]

To|ma|te ⟨f.11⟩ 1 staudiges, gelb blühendes Nachtschattengewächs 2 dessen rote Frucht; Syn. ⟨österr.⟩ *Paradeiser*, ⟨†⟩ *Liebesapfel* [< Nahuatl *tomatl* als Bez. für die Pflanze]

To|ma|ten|mark ⟨n., -s, nur Sg.⟩ ⟨in Dosen abgefülltes⟩ eingedicktes Fruchtmark von Tomaten; Syn. ⟨österr.⟩ *Paradeismark*

Tom|bak ⟨m., -s, nur Sg.⟩ Kupfer-Zink-Legierung (für kunstgewerblichen Schmuck) [< mal. *tambaga* „Kupfer"]

Tom|bo|la ⟨f., -, -s oder -len; bei Festen⟩ Verlosung [< ital. *tombola* „Lottospiel"; Herkunft unbekannt; die Vermutung liegt nahe, daß das Wort zu *tombola* „Sturz" gehört und zu *tombolare* „kopfüber hinfallen, Purzelbaum schießen", weil die Zettel mit den Losen in der Trommel durcheinandergeschüttelt werden, doch liegen wahrscheinlich zwei verschiedene Wurzeln vor]

...to|mie ⟨in Zus.⟩ das Schneiden, ...schnitt [< griech. *tome* „Schnitt", zu *temnein* „schneiden"]

Tom|my ⟨m.9; scherzh., veraltend⟩ englischer Soldat [engl. Koseform zu *Tom*, der Anredeform von *Thomas*]

To|mo|gra|phie ⟨f.11⟩ → *Schichtaufnahme* [< griech. *tomos* „Stück, Schnitte" (zu *temnein* „schneiden") und ...*graphie*]

To|mus ⟨m., -, -mi; †; Abk.: *Tom.*⟩ Teil, Band (eines Schriftwerkes) [< griech. *tomos* „abgeschnittenes Stück" mit lat. Endung, zu *temnein* „schneiden"]

Ton¹ ⟨m.1⟩ feinkörniges Gemenge aus wasserhaltigen Aluminiumsilicaten mit Beimengungen von Eisen, Quarz, Kalk u.a., Keramikrohstoff [< mhd. *dahe* < ahd. *daha*, eigtl. „Lehm, Ton", eigtl. „etwas, das dicht geworden ist"]

Ton² ⟨m.2⟩ 1 hörbare, gleichmäßige Schwingung der Luft; ein hoher, tiefer, lauter, leiser T. 2 ⟨Mus.⟩ Klang, Klangfarbe; das Instrument hat einen schönen T.; der Geiger hat einen vollen, weichen, scharfen T. *er spielt mit vollem, weichem, scharfem Klang* 3 ⟨Mus.⟩ Stufe innerhalb einer Tonleiter; ganzer, halber T.; einen T. höher, tiefer singen; falsche Töne; den richtigen T. treffen ⟨auch übertr.⟩ die richtige Art und Weise, mit jmdm. zu sprechen; etwas in diesen Tönen loben etwas überschwenglich, übertrieben loben 4 ⟨Rundfunk, Film, Fernsehen⟩ a *Art der Übertragung von Tönen (1)*; den T. aussteuern, einstellen b *Aufnahmen von Tönen (1)*; T. läuft! 5 (vom Gefühl bestimmte) Sprechweise, Redeweise; einen anderen T. anschlagen energischer werden, schärfer durchgreifen; in scharfem T. sprechen; ich verbitte mir diesen (aggressiven, unverschämten) T.!; hier herrscht ein fröhlicher, ungezwungener T. 6 Äußerung; er hat den ganzen Abend keinen T. geredet, keinen T. von sich gegeben; große Töne reden, spucken *prahlerisch reden*; der gute T. *die in einer Gesellschaft übliche Art des Umgehens miteinander, des Verhaltens*; das gehört zum guten T. 7 Betonung; in diesem Wort liegt der T. auf der zweiten Silbe; den T. auf etwas legen *mit Nachdruck von etwas sprechen, etwas betonen* 8 Farbton, Farbabstufung; in dem Zimmer herrschen helle Töne vor; das Kleid ist in einem dunklen T. gehalten

Ton|ab|neh|mer ⟨m.5⟩ Teil des Plattenspielers, der die Schallplatte abtastet

to|nal ⟨Adj., o.Steig.; Mus.⟩ auf den Grundton einer Tonart (die *Tonika*) bezogen; Ggs. *atonal* [< frz. *tonal*, „Ton..., zum Ton gehörig", zu *ton* „Ton, Klang", < lat. *tonus* „Ton (eines Instruments)", eigtl. „Spannung", < griech. *tonos* „Spannung, Spannkraft, Anstrengung, Hebung und Senkung der Stimme", daher auch „Ton, Klang, Betonung"]

To|na|li|tät ⟨f., -, nur Sg.; Mus.⟩ Bezogenheit (von Tönen) auf den Grundton ihrer Tonart; Ggs. *Atonalität*

ton|an|ge|bend ⟨Adj.⟩ maßgebend, eine Gruppe beherrschend; sie ist in der Mode t.

Ton|art ⟨f.10⟩ 1 ⟨Mus.⟩ System von Tönen, das einem bestimmten Tongeschlecht angehört und auf einem bestimmten Grundton aufgebaut ist, z.B. C-Dur, f-Moll 2 Art des Sprechens; eine andere, schärfere T. anschlagen strenger durchgreifen

Ton|band ⟨n.4⟩ 1 Magnetband für die Schallaufzeichnung 2 ⟨nur Sg.; ugs. kurz für⟩ *Tonbandgerät*

Ton|band|ge|rät ⟨n.1⟩ Gerät zur Schallaufzeichnung und -wiedergabe nach dem Magnettonverfahren

Ton|be|zeich|nung ⟨f.10; Mus.⟩ Bezeichnung eines Tones² (3), z.B. durch Buchstaben oder Silbe, z.B. c, cis

Ton|bild|schau ⟨f.10⟩ Vorführung von Diapositiven mit dazugehörigem Tonbandtext

Ton|blen|de ⟨f.11⟩ Vorrichtung an elektrischen Tonverstärkern zur Regelung des Anteils der hohen und tiefen Frequenzen; Syn. *Klangblende*

Ton|dich|ter ⟨m.5; †⟩ Komponist

Ton|dich|tung ⟨f.10⟩ musikalisches Kunstwerk für Orchester

Ton|do ⟨n.9, Pl. auch -di⟩ rundes Gemälde oder Relief [< ital. *tondo* „Rundbild, Kreis, scheibenförmiger, runder Gegenstand, bes. Teller", verkürzt < *rotondo*, lat. *rotundus* „rund"]

tö|nen ⟨V.1, hat getönt⟩ I ⟨o.Obj.⟩ 1 *als Ton, als Töne hören sein*; klingen, schallen; die Glocken t. bis hierher; ein Ruf tönt durch den Wald; aus dem Haus tönt Klavierspiel; die Klingel tönt schrill; dumpf ~*der Lärm* 2 ⟨ugs.⟩ prahlerisch reden; er tönt immer, er könne das alles; gestern hast du noch getönt, du wolltest das machen II ⟨mit Akk.⟩ *leicht farbig machen*; gelb getönter Stoff; das Haar braun t.

Ton|er|de ⟨f.11⟩ 1 tonhaltige Erde 2 *Aluminiumoxid*

tö|nern ⟨Adj., o.Steig.⟩ aus Ton gefertigt

Ton|fall ⟨m.2⟩ Art und Weise des Aussprechens von Sätzen; harter T.; englischer T.

Ton|film ⟨m.1⟩ Film, der mit Ton unterlegt ist; Ggs. *Stummfilm*

Ton|fol|ge ⟨f.10⟩ Aufeinanderfolge mehrerer Töne

Ton|fre|quenz ⟨f.10⟩ Schwingung zwischen 16 Hz und 20 kHz

Ton|ge|schlecht ⟨n.3⟩ jede der beiden Gattungen der Tonarten, Dur bzw. Moll

To|nic ⟨n., -s, -s⟩, **To|nic Wa|ter** ⟨[- wɔtər] n., - -s, - -s⟩ mit Chinin und Kohlensäure versetztes Mineralwasser [< engl. *tonic* „stärkend, kräftigend" < frz. *tonique* in ders. Bed.; < griech. *tonikos* ~ *Tonikum*) und *water* „Wasser"]

to|nig¹ ⟨Adj.⟩ Ton enthaltend

to|nig² ⟨Adj.⟩ satt, weich in der Farbe

To|ni|ka ⟨f., -, -ken⟩ 1 Grundton (einer Tonleiter, eines Musikstückes) 2 Dreiklang auf der ersten Stufe [< ital. *tonica*, verkürzt < der Fügung *nota tonica* „Grundton, erster Ton der Tonleiter", zu *tonico* „akzentuiert, betont", auch „die Spannkraft betreffend oder fördernd" < griech. *tonikos* „durch Spannung bewirkt", zu *tonos* „Spannung"]

To|ni|ka-Do-Me|tho|de ⟨f., -, nur Sg.⟩ Methode des Gesangsunterrichts, bei der nach Solmisationssilben gesungen wird

To|ni|kum ⟨n., -s, -ka⟩ stärkendes Arzneimittel [< griech. *tonikos* „durch Spannung bewirkt", zu *tonos* „Spannung", zu *teinein* „spannen, dehnen, strecken"]

Ton|in|ge|nieur ⟨[-ʒənjø:r] m.1; Rundfunk, Film, Fernsehen⟩ Ingenieur, dem die einwandfreie Aufnahme des Tons obliegt; Syn. *Tonmeister*

to|nisch¹ ⟨Adj., o.Steig.; Mus.⟩ auf der Tonika aufgebaut

to|nisch² ⟨Adj., o.Steig.⟩ 1 als Tonikum wirkend 2 den Tonus betreffend

to|ni|sie|ren ⟨V.3, hat tonisiert; mit Akk.; Med.⟩ etwas t. *den Tonus von etwas erhöhen, stärken, kräftigen*, bes. t.

Ton|kopf ⟨m.2⟩ Elektromagnet, an dessen Luftspalt ein Tonband vorbeiläuft

Ton|kunst ⟨f., -, nur Sg.; geh.⟩ → *Musik (1)*

Ton|künst|ler ⟨m.5; geh.⟩ Komponist

Ton|lei|ter ⟨f.11⟩ Folge von Ganz- und Halbtönen in einer Oktave; diatonische T.

ton|los ⟨Adj., o.Steig.⟩ ohne Klang, ohne Ausdruck; etwas t. bemerken; mit ~er Stimme

Ton|ma|le|rei ⟨f.10⟩ Nachahmung von außermusikalischen Tönen, Geräuschen durch Musik

Ton|meis|ter ⟨m.5⟩ → *Toningenieur*

Ton|na|ge ⟨[-ʒə] f.11⟩ in Registertonnen gemessener Rauminhalt (von Schiffen) [frz., zu *tonne* „Tonne"]

Ton|ne ⟨f.11⟩ 1 großer, beweglicher, zylindrischer Flüssigkeitsbehälter 2 ⟨Zeichen: t⟩ Maßeinheit für Masse, 1000 kg 3 als Seezeichen dienender, verankerter Schwimmkörper mit Markierung 4 ⟨scherzh.⟩ jmd., der unförmig dick ist [< mlat. *tunna* „Faß"]

Ton|nen|ge|wöl|be ⟨n.5⟩ ein Halbrund bildendes Gewölbe

Ton|nen|ki|lo|me|ter ⟨m.5; Zeichen: tkm; im Gütertransportverkehr⟩ Maßeinheit für die Arbeitsleistung, das Produkt aus Gewicht und Weg

ton|nen|wei|se ⟨Adv.⟩ 1 in Tonnen 2 ⟨übertr., ugs.⟩ in großen Mengen

...ton|ner ⟨in Zus.⟩ Lastwagen mit einem bestimmten, in Tonnen gemessenen Ladegewicht, z.B. *Fünftonner*

Ton|schie|fer ⟨m., -s, nur Sg.⟩ Metamorphitgestein, das durch Druck aus Ton entstanden ist; auch: ⟨kurz⟩ *Schiefer*

Ton|sil|le ⟨f.11; meist Pl.; Med.⟩ → *Mandel (2)* [< lat. *tonsillae* „Mandeln, Speicheldrüsen", Verkleinerungsform von *toles* „Kropf"]

Ton|sil|lek|to|mie ⟨f.11⟩ operative Entfernung der Tonsillen [< *Tonsillen* und griech. *ek* „aus, heraus" und ...*tomie*]

Ton|sil|li|tis ⟨f., -, -ti|den⟩ → *Mandelentzündung* [< *Tonsille* und ...*itis*]

Ton|sil|lo|to|mie ⟨f.11⟩ operatives Kappen der Tonsillen [< *Tonsille* und ...*tomie*]

Ton|spur ⟨f.10; auf Tonfilmen⟩ seitlich neben der Bildreihe verlaufender Streifen, auf dem der Ton aufgezeichnet ist

Ton|stück ⟨n.1; †⟩ Musikstück

Ton|sur ⟨f.10⟩ runde, ausgeschorene Stelle auf dem Kopf von Mönchen [< lat. *tonsura* „das Scheren, Schur", zu *tondere* „scheren"]

Ton|tau|ben|schie|ßen ⟨n., -s, nur Sg.⟩ wettkampfmäßiges Schießen auf mechanisch in die Luft geschleuderte Scheiben aus Ton

Tö|nung ⟨f.10⟩ 1 ⟨nur Sg.⟩ das Tönen (II) 2 ⟨nur Sg.⟩ das Getöntsein; die T. der Decke

könnte etwas stärker sein **3** *chemisches Präparat zum Tönen (nicht Färben) des Haars*
To|nus ⟨m., -, nur Sg.⟩ *Spannungszustand (des Körpergewebes, bes. von Muskeln)* [< lat. *tonus* „Spannung", < griech. *tonos* „Spannung, Spannkraft"]
Ton|zei|chen ⟨n.7⟩ **1** ⟨Mus.⟩ *Note* **2** ⟨Sprachw.⟩ *Akzent*
top..., Top... ⟨in Zus.⟩ *höchst..., best..., größt..., Höchst..., Best...,* z.B. *Topstar* [< engl. *top* „Spitze, höchster Punkt"]
To|pas ⟨österr. [to-] m.1⟩ *farbloses oder hellfarbiges Mineral, Edelstein* [< lat. *topazius,* Höchst..., Best..., griech. *topazos, topazion*; vielleicht nach der Insel *Topazion* im Roten Meer]
Topf ⟨m.2⟩ **1** *(rundes) oben offenes Gefäß mittlerer Größe und Tiefe* (Blumen~, Koch~); *alles in ein T. werfen* ⟨ugs.⟩ *alles unterschiedslos behandeln oder beurteilen; jmdm. in die Töpfe gucken* ⟨ugs.⟩ *neugierig sein; es ist noch nicht in dem T., wo's kocht* ⟨ugs.⟩; *es ist noch nicht ausgemacht* **2** ⟨kurz für⟩ *Nachttopf; ein Kind auf den T. setzen*
top|fen ⟨V.1, hat getopft; mit Akk.⟩ **1** *eintopfen, in Töpfe setzen; Pflanzen t.* **2** ⟨ugs.⟩ *auf den Topf setzen; ein kleines Kind t.*
Top|fen ⟨m., -s, nur Sg.⟩ bayr.-österr.⟩ → *Quark (1)*
Töp|fer ⟨m.5⟩ *jmd., der berufsmäßig Gefäße aus gebranntem Ton u.a. herstellt;* Syn. ⟨oberdt.⟩ *Hafner*
töp|fern ⟨V.1, hat getöpfert; o.Obj.⟩ *(aus Liebhaberei) Töpferarbeit tun*
Töp|fer|schei|be ⟨f.11⟩ *sich gleichmäßig drehende (früher mit den Füßen, heute elektrisch betriebene) Scheibe, auf der der Töpfer das zu formende Gefäß mit beiden Händen in die Höhe zieht*
Topf|gucker ⟨-k|k-; m.5⟩ *jmd., der neugierig in die Kochtöpfe schaut*
topf|fit ⟨Adj., o.Steig., o.Dekl.⟩ *nur mit „sein") in bester Form, in bester körperlicher Verfassung; er ist wieder t.* [< engl. *top* „Spitze, höchster Punkt" und *fit*]
Topf|lap|pen ⟨m.7⟩ *Stoffstück zum Anfassen heißer Kochtöpfe*
Topf|pflan|ze ⟨f.11⟩ *im Blumentopf gehaltene Pflanze*
Topf|schla|gen ⟨n., -s, nur Sg.⟩ *ein Kinderspiel, bei dem ein Kind mit verbundenen Augen einen Topf finden und mit einem Löffel o.ä. daraufschlagen muß*
To|pik ⟨f., -, nur Sg.⟩ **1** ⟨griech. Rhetorik⟩ *Lehre von den Topoi;* vgl. *Topos* **2** ⟨†⟩ *Lehre von der Wort- und Satzstellung* **3** ⟨Med.⟩ *Lehre von der Lage der Organe zueinander*
To|pi|nam|bur ⟨m.9, oder [-bur] m.1, oder f.10⟩ **1** *nordamerikanische Sonnenblume, Nutzpflanze* **2** *deren kartoffelähnliche, süßlich schmeckende Wurzel* **3** ⟨kurz für⟩ *Schnaps daraus* (fälschl. nach dem südamerik. Indianerstamm der *Tupinamba*)
to|pisch ⟨Adj., o.Steig.⟩ **1** *äußerlich (wirkend)* [< griech. *topikos* „zu einem Ort gehörig"]
top|less ⟨Adv.; bei Frauen *busenfrei,* mit bloßem Oberkörper* [< engl. *top* „oben" und *...less,...los"]
Top|ma|nage|ment ⟨[-mænɪdʒmənt] n.9⟩ *oberste Leitung (eines Unternehmens)*
Top|ma|na|ger ⟨[-mænɪdʒə] m.5⟩ *oberster Leiter (eines Unternehmens)*
To|po|graph ⟨m.10⟩ *jmd., der topographische Vermessungen vornimmt*
To|po|gra|phie ⟨f.11⟩ **1** *Beschreibung geographischer Örtlichkeiten, Ortskunde, Lagebeschreibung* **2** ⟨Med.⟩ *Beschreibung der Lage von Organen* [< *Topos* und *...graphie*]
to|po|gra|phisch ⟨Adj., o.Steig.⟩ *die Topographie betreffend, zu ihr gehörig;* ~e *Karte Landkarte im kleinen Maßstab mit genauer Geländedarstellung;* ~e *Vermessung Festlegung der Lage und Höhe wichtiger Elemente der Erdoberfläche innerhalb kleiner Räume*

To|poi ⟨Pl. von⟩ *Topos*
To|po|lo|gie ⟨f., -, nur Sg.⟩ *Teilgebiet der Geometrie, das sich mit der Anordnung von Punktmengen befaßt* [< *Topos* und *...logie*]
To|po|no|ma|stik ⟨f., -, nur Sg.⟩ *Ortsnamenkunde* [< *Topos* und griech. *onomastikos* „zum Nennen dienend", zu *onomazein* „benennen", zu *onoma* „Name"]
To|pos ⟨m., -, -poi⟩ **1** ⟨antike Rhetorik⟩ *allgemein anerkannter Gesichtspunkt, Redewendung* **2** ⟨Literaturwissenschaft⟩ *traditionelles Ausdrucksschema* [< griech. *topos* „allgemein anerkannter Gesichtspunkt, Redewendung", eigtl. „Gegenstand (einer Rede), Ort, Stelle (bes. in einem Buch)"]
Topp ⟨m.12, auch m.1; Seew.⟩ *oberes Ende des Mastes;* vgl. *Takel (2)* [< ndrl., nddt. *top* „Spitze"]
topp! ⟨Int.; ugs.⟩ *abgemacht!, einverstanden!*
top|pen ⟨V.1, hat getoppt; mit Akk.⟩ **1** *durch Destillation vom Rohöl trennen; Benzin t.* **2** ⟨Seew.⟩ *mit einer am Mast befestigten Leine höher stellen; Rahen, Stengen t.* **3** ⟨Golf⟩ *oberhalb der Mitte treffen; den Ball t.* [zu *Topp*]
Topp|la|ter|ne ⟨f.11; Seew.⟩, **Topp|licht** ⟨n.3; Seew.⟩ *an der Mastspitze befestigte Positionslaterne*
Topp|se|gel ⟨n.5⟩ *oberes Segel am Mast (eines Segelschiffes)*
Top|star ⟨m.9; ugs.⟩ *bes. beliebter Bühnen- oder Filmstar*
Tor[1] ⟨m.10⟩ *törichter, einfältiger Mensch*
Tor[2] ⟨n.1⟩ **1** *große Tür, breiter Eingang, Einfahrt; einer Sache Tür und T. öffnen sich bereitwillig geschehen lassen* **2** ⟨Sport⟩ **a** *(bei Mannschaftsspielen) mit einem Netz bespanntes Gestell, in das die angreifende Mannschaft einen Ball u.a. zu spielen versucht;* Syn. ⟨†, noch österr., schweiz.⟩ *Goal* **b** *darin erzielter Treffer* **c** ⟨Wildwassersport, Schilauf⟩ *zwei von vielen an der Wettbewerbsstrecke markierenden Stangenpaaren*
tor|die|ren ⟨V.3, hat tordiert; mit Akk.; Tech.⟩ *verdrehen* [< frz. *tordre* „drehen", < lat. *torquere* (Perf. *tortus*) „drehen"]
To|rea|dor ⟨m.1 oder m.10⟩ *berittener Stierkämpfer* [→ *Torero*]
To|re|ro ⟨m.9⟩ *Stierkämpfer (zu Fuß)* [span. *torero* „Stierkämpfer", zu *toro* < lat. *taurus,* griech. *tauros* „Stier"]
To|reut ⟨m.10⟩ *Kunsthandwerker, der Metalle ziseliert, treibt u.a.*
To|reu|tik ⟨f., -, nur Sg.⟩ *künstlerische Metallbearbeitung* [< griech. *toreutike* „Gravierkunst, Skulptur in Metall", zu *toreuein* „ziselieren, gravieren", zu *torein* „stechen"]
Torf ⟨m., -(e)s, nur Sg.⟩ **1** ⟨in Mooren⟩ *unter Luftabschluß abgestorbene Pflanzenteile mit hohem Wassergehalt, die einen dunkelbraunen, faserigen Boden bilden* **2** *getrocknetes Produkt daraus (als Heizmaterial, Gartenerde)* [nddt., urspr. „abgestochenes Stück"]
tor|fig ⟨Adj., o.Steig.⟩ *aus Torf, Torf enthaltend*
Torf|moos ⟨n.5⟩ *(an nassen Stellen, in Hochmooren) polsterbildendes Moos*
Torf|mull ⟨m., -(e)s, nur Sg.⟩ *Torf (2), der zur Bodenverbesserung dient;* auch: ⟨kurz⟩ *Mull*
Tor|geld ⟨n.3; früher⟩ *Geld, das jmd. bezahlen mußte, der nach Verschließen der Tore noch in die Stadt gelangen wollte*
tör|geln ⟨V.1, hat getörgelt; o.Obj.; tirol.⟩ *Wein probieren* [zu *Torkel*]
Tor|heit ⟨f.10⟩ **1** ⟨nur Sg.⟩ *törichte Beschaffenheit* **2** *törichte Handlung;* Syn. → *Dummheit*
tö|richt ⟨Adj., -er, am -(e)sten⟩ **1** *unklug, unvernünftig; es wäre t., das zu tun; sei doch nicht so t.!* **2** *dümmlich, einfältig;* ein ~er *Mensch; sie ist ein wenig t.; t. lächeln* **3** *unsinnig, vergeblich;* eine ~e *Hoffnung*
To|ries ⟨[tɔriz] Pl. von⟩ → *Tory*
Tö|rin ⟨f.10⟩ *weiblicher Tor*

Tor|kel ⟨m.5 oder f.11; südwestdt.⟩ *aus Holz bestehende Weinpresse, Weinkelter* [< lat. *torcula* „Kelter", zu *torquere* „drehen"]
tor|keln ⟨V.1, ist getorkelt; o.Obj.⟩ *stark schwankend gehen; ein Betrunkener torkelte über die Straße*
Tor|kret ⟨m., -(s), nur Sg.; Wz.⟩ *Beton, der mit Preßluft durch eine Düse gespritzt wird* [zusammengezogen < lat. *tectorium concretum* „verdickte Tünche"]
Törl ⟨n., -s, -; österr.⟩ *Felsentor, Gebirgspaß* [Verkleinerungsform von *Tor*]
Tor|lauf ⟨m.2⟩ → *Slalom*
Tor|men|till ⟨n., -s, nur Sg.⟩ *Fingerkraut (als Heilmittel)* [< lat. *tormentum* „Marterwerkzeug, bes. Winde; Schmerz, Folter, Plage"]
Törn ⟨m.9⟩ **1** ⟨Segelsport⟩ *Spazierfahrt, Rundfahrt, Ausflug;* vgl. *Turn* **2** ⟨Seew.⟩ *Tauschlinge* [< engl. *turn* „Drehung, Wendung, Rundgang, Rundfahrt", zu *to turn* „drehen, wenden"]
Tor|na|do ⟨m.9⟩ *Wirbelsturm im südlichen Nordamerika* [span., zu *tronar* „donnern", mit Metathese des r, < lat. *tonare* „donnern"]
tör|nen[1] ⟨V.1, hat getörnt; mit Akk.; Seemannsspr.⟩ *schlingen*
tör|nen[2] ⟨V.1, hat getörnt⟩ → *turnen*[2]
Tor|ni|ster ⟨m.5⟩ *Ranzen (bes. der Soldaten)* [< ostmitteldt. *Tanister,* < tschech. *tanystra,* slowak. *tanistra* in ders. Bed., Mischform, < mittelgriech. *tagistron* „Futtersack der Pferde" (< *tagizein* „dem Pferd sein Futter zumessen" und *kanistron* „Körbchen"]
To|ro ⟨[to-] m.9; span. Bez. für⟩ *Stier*
tor|pe|die|ren ⟨V.3, hat torpediert; mit Akk.⟩ **1** *mit Torpedo beschießen* **2** ⟨übertr.⟩ *zu verhindern suchen, stören; jmds. Pläne, Vorhaben t.*
Tor|pe|do ⟨m.9⟩ *Unterwassergeschoß mit Eigenantrieb* [< lat. *torpedo* „Zitterrochen", der bei Berührung elektrische Schläge austeilt und seinen Gegner lähmt, zu *torpere* „starr, regungslos sein"]
Tor|pe|do|boot ⟨n.1⟩ *kleines, wendiges Kriegsschiff mit Abschußrohren für Torpedos*
tor|pid ⟨Adj., -er, am -esten; Med.⟩ **1** *schlaff, regungslos* **2** *stumpfsinnig, benommen* [< lat. *torpidus* „erstarrt, regungslos", → *Torpor*]
Tor|pi|di|tät ⟨f., -, nur Sg.⟩ → *Torpor* [zu *torpid*]
Tor|por ⟨m., -s, nur Sg.; Med.⟩ Syn. *Torpidität* **1** *Schlaffheit, Regungslosigkeit* **2** *Stumpfsinn, Benommenheit* [lat., „Erstarrung, Regungslosigkeit", zu *torpere* „starr, regungslos sein"]
tor|quie|ren ⟨V.3, hat torquiert; mit Akk.⟩ **1** ⟨†⟩ *quälen, drehen* **2** ⟨Tech.⟩ *drehen, krümmen* [< lat. *torquere* „drehen, verrenken; quälen, plagen, foltern"]
Torr ⟨n., -(s), -⟩ *nicht mehr zulässige Maßeinheit für den Luftdruck* [nach dem ital. Physiker Evangelista *Torricelli*]
Tor|schal|tung ⟨f.10⟩ → *Gatter*
Tor|schluß|pa|nik ⟨f.10⟩ *Furcht, im Leben ein erwünschtes Ziel (Heirat, Stellung u.ä.) nicht mehr zu erreichen*
Tor|si|on ⟨f.10; Tech., Med.⟩ *Verdrehung um die eigene Längsachse* [< spätlat. *torsio,* Gen. *-onis,* „Drehung", zu *torquere* „drehen"]
Tor|si|ons|mo|dul ⟨m.14⟩ *Größe der Kraft, die zur Torsion führt*
Tor|si|ons|stab ⟨m.2⟩ *Metallstab, der bei Torsion als Feder wirkt*
Tor|si|ons|waa|ge ⟨f.11⟩ *Federwaage, deren Feder ein Torsionsstab ist*
Tor|so ⟨m., -, -si oder -s⟩ **1** *unvollendete oder nicht vollständig erhaltene Statue* **2** *Bruchstück, unvollendetes Werk* [ital. *torso* in ders. Bed. sowie „Rumpf" (< *tronco* „Baumstamm, Baumstumpf")]
Tort ⟨m., -s, nur Sg.⟩ *Kränkung; jmdm. einen T. antun; jmdm. etwas zum T. tun* [< frz.

Torte

tort „Unrecht", < lat. *tortum* „Verdrehtes, Verkehrtes", zu *torquere* „drehen"]

Tor|te 〈f.11〉 *runder, mit Obst belegter oder mit Creme o. ä. gefüllter Kuchen* [über ital. *torta* „Torte" < lat. *torta* „gewundenes Gebäck", zu *tortus* „gedreht, gewunden, krumm", zu *torquere* „drehen"]

Tor|te|lett 〈n.9〉 *belegtes rundes Mürbteigstück* [< ital. *torteletta* „Törtchen"]

Tor|ten|guß 〈m.2〉 *Pulver, das mit Wasser oder Fruchtsaft angerührt und über eine Obsttorte gegossen wird, wo es erstarrt*

Tor|ten|he|ber 〈m.5〉 *kleine Kelle mit geknicktem Stiel zum Hochheben und Austeilen von Tortenstücken*

Tor|til|la 〈[-tɪlja] f.9; in Spanien und Lateinamerika〉 *kleiner, flacher, runder Kuchen aus Maismehl* [span., „Törtchen"]

Tor|tur 〈f.10〉 **1** 〈früher〉 *Folter; die T. anwenden* **2** 〈heute〉 *Qual, Plage* [< lat. *tortura* „Verrenkung, Krümmung, Bauchgrimmen", zu *torquere* „drehen, verrenken, verzerren"]

To|rus 〈m., -, -ri〉 **1** *wulstartige Verdickung an der Basis ionischer Säulen* **2** 〈Math.〉 *Fläche, die durch Rotation eines Kreises um eine außerhalb der Kreisfläche liegenden Achse gebildet wird* **3** *wulstartige Erhebung auf Knochen* [lat., „Wulst"]

Tor|wart 〈m.1; bei Sportspielen〉 *Spieler, der das Tor seiner Mannschaft verteidigt; Syn.* Keeper, Schlußmann

Tor|weg 〈m.1〉 *Durchgang, Durchfahrt durch ein Tor*

To|ry 〈[tɔri] m., -s, -ries〉 **1** 〈früher〉 *Angehöriger der einen der beiden Parteien des Oberhauses im britischen Parlament; vgl. Whig* **2** 〈heute〉 *Konservativer*

Tos|becken 〈-k|k-; n.7〉 *Becken, in dem die Bewegungsenergie herabstürzenden oder rasch auslaufenden Wassers in Reibungswärme umgewandelt wird*

to|sen 〈V.1; o.Obj.〉 **1** 〈hat getost〉 **a** *wild und stark rauschend fließen; in der Schlucht tost ein Bach; ein ~der Wasserfall* **b** *stark brausen, heftig tönen; ~der Beifall* **2** 〈ist getost〉 *sich wild, stark rauschend fortbewegen; der Bach tost über das Geröll*

to|sto 〈Mus.〉 *hurtig, flink*

tot 〈Adj., o.Steig.〉 **1** *leblos, ohne Lebensfunktionen; klinisch t. sein; halb t. vor Angst sein überaus große Angst haben* **2** *gestorben; seine Schwester ist t.; er ist für mich t.* 〈übertr.〉 *ich will keinen Kontakt mehr mit ihm haben* **3** *abgestorben; ~er Baum, Ast* **4** *nutzlos, unbrauchbar; ~er Arm* 〈eines Flusses〉; *~es Gleis Abstellgleis; ~es Kapital Kapital, das keinen Ertrag einbringt; ~er Mann* 〈Bgb.〉 *stillgelegter Schacht; die Leitung ist t. die Leitung hat keinen Strom, keinen Anschluß* **5** *keine lebendige Entwicklung aufweisend; ~e Materie; ~er Punkt Punkt, an dem man nicht vorankommt; ~e Sprachen nicht mehr gesprochene Sprachen, Ggs. lebende Sprachen; ~er Winkel nicht einsehbarer Bereich; geistig t. sein* **6** *unentschieden; ~es Rennen* **7** *öde, ohne Leben; ~e Augen*

to|tal 〈Adj., o.Steig.〉 *ganz, gänzlich, völlig* [verkürzt < mlat. *totalis* „gänzlich", zu lat. *totus* „ganz, völlig"]

To|ta|le 〈f.11; Film, Fot.〉 *Aufnahme, die eine Szene von einer Ansicht in ganzer Breite zeigt*

To|ta|li|sa|tor 〈m.13〉 **1** 〈bei Rennen und Turnieren〉 *Einrichtung zum Wetten* **2** *Sammelgefäß zum Messen von Niederschlägen in schwer zugänglichen Gebieten* [< frz. *totalisateur* „Buchung und Überwachung sämtlicher Wetten", zu *totaliser* „zusammenzählen", →*totalisieren*]

to|ta|li|sie|ren 〈V.3, hat totalisiert; mit Akk.〉 **1** *zusammenzählen* **2** *als Gesamtheit überblicken, insgesamt betrachten; einen Arbeitsablauf, Arbeitsprozeß t.; Probleme, Schwierigkeiten t.*

to|ta|li|tär 〈Adj.〉 **1** *alles umfassend* **2** *sich alles unterwerfend; ein ~es Regime* [< lat. *totaliter* „ganz, völlig", →*total*]

To|ta|li|ta|ris|mus 〈m., -, nur Sg.〉 *Herrschaftsform, in der Staat alle Lebensbereiche regelt und beaufsichtigt*

To|ta|li|tät 〈f., -, nur Sg.〉 *Gesamtheit, Ganzheit*

To|tal|re|flek|to|me|ter 〈n.5〉 *Gerät zum Bestimmen von Brechungsindizes*

tot|ar|bei|ten 〈V.1, hat totgearbeitet; refl.; ugs.〉 *sich t. so lange arbeiten, bis man tot zusammenbricht; ich werde mich dort nicht t.; du kannst dich t. und bekommst doch keinen Dank dafür*

To|tem 〈n.9; bei Naturvölkern〉 *Lebewesen oder Ding, mit dem eine Gruppe verbunden fühlt, dem übernatürliche Kräfte zugeschrieben werden und das nicht verletzt werden darf* [< Algonkin *ototeman* „sein geschwisterlicher Verwandter" oder „sein Bruder" bzw. „seine Schwester"]

To|te|mis|mus 〈m., -, nur Sg.〉 *Glaube an die übernatürliche Kraft eines Totems, Verehrung eines Totems*

tö|ten 〈V.2, hat getötet〉 **I** 〈mit Akk.〉 **1** *jmdn., ein Tier t. totmachen, ermorden* **2** *etwas vernichten;* 〈meist〉 *abtöten; Bakterien t.; Begierden in sich t.; einen Nerv* 〈im Zahn〉 *t. unempfindlich machen; die Zigarette t. im Aschenbecher ausdrücken* **II** 〈o.Obj.; ugs.〉 *den Tod herbeiführen; wenn Blicke t. könnten* 〈dann wäre ich jetzt tot〉 *er, sie hat mich mit einem sehr bösen Blick angeschaut; der Film ist von ~der Langeweile*

To|ten|acker 〈-k|k-; m.6; poet.〉 *Friedhof*

To|ten|bah|re 〈f.11〉 →*Bahre* (2)

To|ten|bett 〈n.12〉 →*Sterbebett*

to|ten|blaß 〈Adj., o.Steig.〉 *blaß wie ein Toter; Syn.* totenbleich

To|ten|bläs|se 〈f., -, nur Sg.〉 *Blässe eines Toten oder wie die eines Toten*

to|ten|bleich 〈Adj., o.Steig.〉 →*totenblaß*

To|ten|fei|er 〈f.11〉 *Gedenkfeier zu Ehren eines Toten*

To|ten|frau 〈f.10〉 →*Heimbürgin*

To|ten|grä|ber 〈m.5〉 **1** *jmd., der berufsmäßig Gräber aushebt* **2** *Aaskäfer, der seine Eier in Erdgruben und daneben ein Stück Aas legt, damit die schlüpfenden Larven Futter haben*

To|ten|hemd 〈n.12〉 *Hemd, das einem Toten angezogen wird*

To|ten|kla|ge 〈f.11〉 *Klage um einen Toten* 〈oft in Gedichtform〉

To|ten|kopf 〈m.2〉 *Syn.* Totenschädel **1** *Kopf eines Toten ohne Fleisch und Haut* **2** *stilisiertes Symbol eines Totenkopfes* (1) *als Warnung*

To|ten|kult 〈m.1〉 *religiöse Verehrung von Toten*

To|ten|mas|ke 〈f.11〉 *Gips- oder Wachsabdruck vom Gesicht eines Toten*

To|ten|mes|se 〈f.11〉 **1** *Messe vor einer Beerdigung* **2** *Messe zum Gedenken an einen Toten*

To|ten|schä|del 〈m.5〉 →*Totenkopf*

To|ten|schein 〈m.1〉 *amtliche Bescheinigung, die vom Arzt nach der Leichenschau ausgefüllt wird*

To|ten|sonn|tag 〈m.1〉 *letzter Sonntag des Kirchenjahres, der dem Andenken an die Toten gewidmet ist*

To|ten|star|re 〈f., -, nur Sg.〉 〈meist 6–14 Stunden nach dem Tod erfolgende〉 *Muskelkontraktion, die im Kopfbereich beginnt; Syn.* Leichenstarre

to|ten|still 〈Adj., o.Steig.〉 *völlig still*

To|ten|stil|le 〈f., -, nur Sg.〉 *völlige Ruhe*

To|ten|tanz 〈m.2〉 *bildliche Darstellung der Macht des Todes in Form von Menschen aller Stände, die mit dem Tod tanzen*

To|ten|trom|pe|te 〈f.11〉 *dunkler, trompetenförmiger Pilz, Speisepilz*

To|ten|uhr 〈f.10〉 *Käfer, der tickende Geräusche in Holzgebälk verursacht*

To|ten|vo|gel 〈m.6; im Volksglauben〉 *Steinkauz oder andere Eule (deren Ruf den nahen Tod ankündigt)*

To|ten|wa|che 〈f.11〉 *Wache am Bett oder Sarg eines Toten bis zu dessen Beerdigung*

To|te(r) 〈m., f.17 oder 18〉 *toter Mensch, jmd., der tot ist; ein Lärm, die Tote aufweckt* 〈übertr., ugs.〉 *sehr großer Lärm; der Toten gedenken; schlafen wie ein Toter sehr tief schlafen*

tot|fah|ren 〈V.32, hat totgefahren; mit Akk.〉 *jmdn., ein Tier t. anfahren, überfahren und dadurch töten*

tot|ge|bo|ren 〈Adj., o.Steig.〉 *bei der Geburt bereits tot; ~es Kind* 〈auch übertr.〉 *Unternehmen ohne Aussicht auf Erfolg*

Tot|ge|burt 〈f.10〉 *Ausstoßung einer abgestorbenen Leibesfrucht*

tot|krie|gen 〈V.1, hat totgekriegt; mit Akk.; ugs.〉 *etwas so tot. etwas so beanspruchen, belasten, daß es entzweigeht; jmdn. so beanspruchen, belasten, daß es nicht mehr aushält; diese Schuhe kriegst du nicht tot, diese Schuhe sind nicht totzukriegen; ich bin so schnell nicht totzukriegen*

tot|la|chen 〈V.1, hat totgelacht; refl.; ugs.〉 *sich t. sehr lachen; in dem Film haben wir uns (fast) totgelacht; es ist zum Totlachen es ist sehr komisch*

tot|lau|fen 〈V.76, hat totgelaufen; refl.; ugs.〉 *sich t. von selbst zu Ende gehen, ergebnislos enden; die Sache, unsere Beziehung hat sich totgelaufen*

tot|ma|chen 〈V.1, hat totgemacht; mit Akk.〉 *ein Tier, eine Pflanze t. machen, daß es, sie stirbt, töten; einen Käfer, einen verletzten Hund t.*

Tot|mann|knopf 〈m.2; in elektr. Triebfahrzeugen〉 *Vorrichtung, die beim Fahren regelmäßig betätigt werden muß, andernfalls (z. B. bei plötzlich eintretendem Unwohlsein oder Tod des Fahrers) wird der Antriebsmotor automatisch abgeschaltet und die Bremsen betätigt*

To|to 〈n.9, auch m.9〉 *Wette im Fußball- und Pferdesport; Syn.* Sport-Toto [verkürzt < *Totalisator*]

Tot|punkt 〈m.1〉 *jede der beiden Endlagen eines hin- und hergehenden Maschinenteils*

tot|sa|gen 〈V.1, hat totgesagt; mit Akk.〉 **1** *jmdn. t. von jmdm. (fälschlich) sagen, daß er tot sei* **2** *etwas t. fälschlich oder irrtümlich als beseitigt, überwunden bezeichnen; der damals totgesagte Terrorismus*

tot|schie|ßen 〈V.113, hat totgeschossen; mit Akk.〉 *durch Schuß töten*

Tot|schlag 〈m., -(e)s, nur Sg.; Rechtsw.〉 *Tötung (ohne niedere Beweggründe) eines Menschen*

tot|schla|gen 〈V.116, hat totgeschlagen; mit Akk.〉 **1** *durch Schläge, Schläge töten; du kannst mich t., ich weiß es nicht* 〈ugs., scherzh., Beteuerungsformel〉*; die Zeit t. die Zeit (irgendwie) verbringen; Rätsel lösen, Illustrierte lesen, um die Zeit totzuschlagen*

Tot|schlä|ger 〈m.5〉 **1** *jmd., der einen Menschen totgeschlagen hat* **2** *Stock oder Eisenspirale mit Bleikugeln zur Tötung von Menschen*

tot|schwei|gen 〈V.130, hat totgeschwiegen; mit Akk.〉 *durch Schweigen, durch Nicht-darüber-Reden in Vergessenheit geraten lassen; der Diebstahl wurde damals totgeschwiegen*

tot|stel|len 〈V.1, hat totgestellt; refl.〉 *sich t.* **1** 〈von Tieren〉 *vollkommen bewegungslos liegen und damit vorgeben, tot zu sein (um einen Feind zu täuschen)* **2** 〈übertr.〉 *versuchen, nicht aufzufallen, sich still verhalten*

tot|tre|ten 〈V.163, hat totgetreten; mit Akk.〉 **1** *durch Daraufreten töten; einen Käfer t.* **2** *durch Fußtritte töten*

Touch 〈[tatʃ] m.9〉 *Anflug, Einschlag, besondere Note; weltstädtischer T.; mit dem T. einer Weltstadt* [engl. *touch* „Anflug, Hauch,

Beigeschmack", eigtl. „Berührung", zu *to touch* „berühren", über vulgärlat. *toccare < lat. *tangere* „berühren"]

tou|chie|ren 〈[tuʃi-] V.3, hat touchiert; mit Akk.〉 *berühren;* 〈beim Springen〉 *ein Hindernis, die Latte t.;* 〈beim Billard〉 *die Kugel t.* [< frz. *toucher* „berühren"]

Tou|pet 〈[tupe] m.9〉 *eine Art kleiner Perücke als Ersatz für zu dünnes oder teilweise fehlendes Haar;* Syn. Haarteil [frz., „Schopf, Stirnhaar", zu *touffe* „Schopf, Büschel"; zu *Zopf*]

tou|pie|ren 〈[tu-] V.3, hat toupiert; mit Akk.〉 *mit dem Kamm aufbauschen; das Haar t.* [zu *Toupet*]

Tour 〈[tur] f.10〉 **1** *Umdrehung (einer Maschine); auf ~en kommen* 〈übertr., ugs.〉 *in Schwung kommen* **2** *Ausflug, Reise (Berg~, Europa~)* **3** *Runde (des Karussells, beim Tanzen)* **4** 〈ugs.〉 *Art, Weise; in T. ununterbrochen; auf die T. darfst du mir nicht kommen* [< frz. *tour* „kreisförmige Bewegung, Umdrehung; Spaziergang, -fahrt" zu *tourner* „drehen, wenden"; < lat. *tornare* „drechseln, runden"]

Tou|ren|zäh|ler 〈[tu-] m.5〉 →*Drehzahlmesser*

Tou|ris|mus 〈[tu-] m., -, nur Sg.〉 →*Fremdenverkehr*

Tou|rist 〈m.10〉 *Wanderer, Reisender*

Tou|ri|sten|klas|se 〈f., -, nur Sg.〉 *bes. in Schlafwagen: Klasse mit ermäßigtem Preis*

Tou|ri|stik 〈f., -, nur Sg.〉 *alles, was den Tourismus, den Fremdenverkehr betrifft; T. studieren*

tou|ri|stisch 〈[tu-] Adj., o.Steig.〉 *zum Tourismus, zur Touristik gehörend*

Tour|né 〈[turne] n.9〉 *als Trumpf aufgedecktes Kartenblatt*

Tour|ne|dos 〈[turndo] n., - [-dos], - [-dos]〉 *kurz gebratene Lendenschnitte, garniert auf Toast* [frz., eigtl. „den Rücken zukehrend", zu *tourner* „wenden" und *dos* „Rücken"]

Tour|nee 〈[tur-] f.11〉 *Gastspielreise (von Künstlern); auf T. gehen* [< frz. *tournée* „Rundreise, Dienstreise", zu *tourner* „drehen", < lat. *tornare* „runden, drechseln"]

tour|nie|ren 〈[tur-] V.3, hat tourniert〉 I 〈o.Obj.; Kart.〉 *die Karten aufdecken* II 〈mit Akk.〉 *in Formen ausstechen oder schneiden; Kartoffeln, Butter (zum Garnieren) t.* [< frz. *tourner* < lat. *tornare* „drehen, rund formen"]

To|wa|rischtsch 〈m., -, -i; in der UdSSR Anrede für〉 *Genosse* [wahrscheinlich < türk. *tawar* „Habe, Vieh" und *iş*, *iş* „Genosse", also „jemand, der mit einem ein Eigentum gemeinsam hat"]

To|wer 〈[tauər] m.5; auf Flughäfen〉 *turmartiges Bauwerk zur Überwachung des Flugverkehrs, Kontrollturm* [engl., „Turm"]

To|xi|der|mie 〈f.11〉 *durch Arzneimittel hervorgerufener Hautausschlag* [< *Toxikum* und griech. *derma* „Haut"]

to|xi|gen 〈Adj., o.Steig.〉 **1** *durch Vergiftung entstanden* **2** *Vergiftung hervorrufend; ~e Keime* [< *Toxikum* und ...*gen*]

To|xi|ko|lo|gie 〈f., -, nur Sg.〉 *Wiss. von den Giften und Vergiftungen* [< *Toxikum* und ...*logie*]

To|xi|ko|se 〈f.11〉 *durch im Körper selbst entstandene Giftstoffe verursachte Erkrankung;* Syn. Intoxikation [< *Toxikum* und ...*ose*]

To|xi|kum 〈n., -s, -ka〉 *Gift* [< lat. *toxicum* „Pfeilgift, Gift", < griech. *toxikon* „Pfeilgift", zu *toxon* „Bogen, Pfeil, Bogen und Pfeile"]

To|xin 〈n.1〉 *organischer Giftstoff (bes. Bakteriengift)* [zu *Toxikum*]

to|xisch 〈Adj., o.Steig.〉 *giftig, durch Giftstoffe verursacht, durch Toxine hervorgerufen* [zu *Toxikum*]

To|xi|zi|tät 〈f., -, nur Sg.〉 *das Toxischsein, giftige Beschaffenheit*

To|xo|id 〈n.1〉 *entgiftetes Toxin, das im Körper Antitoxine bilden kann* [< *Toxin* und ...*oid*]

To|xo|plas|mo|se 〈f., -, nur Sg.〉 *von Tieren auf den Menschen übertragbare Krankheit, die besonders für Schwangere gefährlich ist* [< *Toxoplasma*, dem Namen einer Gruppe von Mikroben, die in den Blut- und Lymphgefäßen von Tieren schmarotzen und solche Krankheiten hervorrufen; < griech. *toxon* „Bogen" wegen der bogenförmigen Gestalt (→*Toxikum*) und *plasma* „Gebilde" (→*Plasma*) ...*ose*]

tr 〈Mus.; Abk. für〉 *Triller*

Trab 〈m., -(e)s, nur Sg.〉 *mittelschnelle Gangart des Pferdes (zwischen Schritt und Galopp)*

Tra|bant 〈m.10〉 **1** 〈früher〉 *Leibwächter* **2** 〈heute〉 *abhängiger Begleiter* **3** →*Satellit* [< mhd. *trabant, drabant* „Fußsoldat", entweder < pers. *darbān* „Türhüter, Torwächter" oder < tschech., poln. *drabant*, zu tschech. *drab* „Krieger zu Fuß"]

Tra|ban|ten|stadt 〈f.2〉 *in der Nähe einer Großstadt gelegene und mit dieser unter derselben Verwaltung stehende große Siedlung mit Geschäften und kulturellen Einrichtungen;* Syn. Satellitenstadt

tra|ben 〈V.1; o.Obj.〉 **1** 〈hat getrabt〉 **a** 〈vom Pferd〉 *im Trab laufen* **b** *im Trab reiten* **2** 〈ist getrabt〉 *sich im Trab fortbewegen, springend laufen; der Junge trabte nach Hause*

Tra|ber 〈m.5〉 *für Trabrennen gezüchtetes Pferd*

Trab|renn|bahn 〈f.10〉 *Wettkampfplatz für Trabrennen*

Trab|ren|nen 〈n.7〉 *Leistungsprüfung auf einer besonderen Rennbahn, bei der die vom Sulky aus gelenkten Pferde sich nur im Trab bewegen dürfen*

Tra|cer 〈[treisər] m.5〉 *radioaktiver Markierungsstoff zum Nachweis biochemischer Vorgänge im Organismus* [< engl. *trace* „Spur, Fährte, Zeichen"; zu *to trace* „aufspüren, aufzeichnen; < lat. *trahere* „ziehen"]

Tra|chea 〈f., -che|en; Med.〉 *Luftröhre* [→*Trachee*]

Tra|chee 〈f.11〉 **1** 〈Bot.〉 *der Wasser- und Mineralsalzleitung dienende, röhrenförmige Bahn;* Syn. Gefäß **2** 〈bei Insekten, Tausendfüßern und Spinnentieren〉 *jede von vielen büschelartig verzweigten Röhren, die als Atmungsorgan den Körper durchziehen* [< griech. *arteria tracheia* „rauhe Arterie", zu *trachys* „rauh, uneben, zackig", wegen der Knorpelringe der Luftröhre]

Tra|che|itis 〈f., -, -iti|den〉 *Luftröhrenentzündung* [< *Trachea* und ...*itis*]

Tra|cheo|skop 〈n.1〉 *Gerät mit Spiegel zur Untersuchung der Luftröhre* [< *Trachea* und ...*skop*]

Tra|cheo|to|mie 〈f.11〉 →*Luftröhrenschnitt* [< *Trachea* und ...*tomie*]

Tra|chom 〈n.1〉 *hartnäckige Bindehautentzündung, Ägyptische Augenkrankheit;* Syn. Körnerkrankheit [< griech. *trachys* „rauh, uneben, steinig" und Endung ...*om* zur Bezeichnung krankhaften Wachstums]

Tracht 〈f.10〉 **1** *Art der Kleidung (von Volks-, Berufsgruppen u.a.); Schwestern~, Volks~); T. tragen* **2** *Art der Frisur (Haar~)* **3** *Traglast; eine T. Holz* **4** *Anteil, Portion; eine T. Prügel* **5** 〈von Bienen〉 *eingetragene Nahrung (Wiesen~)*

trach|ten 〈V.2, hat getrachtet〉 **1** 〈mit Infinitiv und „zu"〉 *versuchen, streben (etwas zu tun); er trachtete ihn zu töten; er trachtete, möglichst schnell Karriere zu machen* **2** 〈mit Präp.obj.〉 *nach etwas begehren; etwas begehren; nach Ehre, Ruhm t.; jmdm. nach dem Leben t. jmdn. töten wollen*

Trach|ten|an|zug 〈m.2〉 *Anzug, der die Tracht einer bestimmten Volksgruppe nachempfindet*

Trach|ten|fest 〈n.1〉 *Volksfest, zu dem die Mitwirkenden in der Tracht der betreffenden Landschaft erscheinen*

Trach|ten|ko|stüm 〈n.1〉 *Kostüm, das der Tracht einer bestimmten Volksgruppe nachempfunden ist*

träch|tig 〈Adj., o.Steig.〉 **1** 〈bei Säugetieren〉 →*schwanger* **2** 〈übertr.〉 *erfüllt (von etwas); von Gedanken t.* [zu *tragen*]

Träch|tig|keit 〈f., -, nur Sg.〉 *das Trächtigsein*

Tra|chyt 〈m.1〉 *(graues oder rötliches) feldspatreiches Vulkangestein* [< griech. *trachytes* „Rauheit", zu *trachys* „rauh, uneben, holperig", wegen der rauhen Bruchflächen]

Track 〈[trɛk] m.9〉 〈Seew.〉 **1** *Route (eines Schiffes), die eingehalten werden muß* **2** 〈engl. Bez. für Trabrennbahn〉 **3** 〈Sammelbez. für〉 *Kette, Seil, Riemen* [engl., „Spur"]

Tra|des|kan|tie 〈[-tsjə] f.11〉 *amerikanische Pflanze mit unscheinbaren Blüten und langen, hängenden Trieben, Zierpflanze* [nach dem engl. Gärtner John Tradescant]

tra|die|ren 〈V.3, hat tradiert; mit Akk.〉 *von Geschlecht zu Geschlecht weitergeben, überliefern; tradierte Mythen, Sprachformen*

Tra|di|ti|on 〈f.10〉 **1** *Überlieferung* **2** *Herkommen, Brauch, Gewohnheit; an einer T. festhalten; mit der T. brechen* [< lat. *traditio*, Gen. -*onis*, „Überlieferung, Auslieferung, Übergabe", zu *tradere* „übergeben, überliefern, ausliefern"]

Tra|di|tio|na|lis|mus 〈m., -, nur Sg.〉 *Festhalten am Überlieferten, Herkömmlichen*

tra|di|tio|nell 〈Adj.〉 *der Tradition gemäß*

Tra|fik 〈f.10; österr.〉 *Verkaufsstelle für Tabakwaren, Zeitschriften u.a.* [< ital. *traffico* „Handel", < mlat. *trafica* „Handel", *traficare* „Handel treiben", eigtl. *transficare*, < lat. *trans* „hinüber" und ...*ficare* (in Zus. für *facere*) „tun, machen"]

Tra|fi|kant 〈m.10〉 *Inhaber einer Trafik*

Tra|fo 〈m.9; Kurzw. für〉 →*Transformator*

träg 〈Adj.〉 →*träge*

Tra|gant 〈m.1〉 **1** *(in vorderasiatischen Steppen vorkommender) Schmetterlingsblütler mit großen, süß schmeckenden Fiederblättern (z.B. die Bärenschote)* **2** *daraus gewonnenes Bindemittel (für Tabletten, Farbstoffe u.a.)* [< lat. *tragacanthum* < griech. *tragakantha* „Bocksdorn", < *tragos* „Bock" und *akantha* „Dorn, Stachel", wegen der Dornen der Pflanze und weil der austretende Saft beim Trocknen die Form eines Horns annimmt]

Trag|bah|re 〈f.11〉 →*Bahre (1)*

trag|bar 〈Adj., o.Steig.〉 **1** *so beschaffen, daß es getragen werden kann; ~er Fernseher* **2** 〈von Kleidung〉 *gut zu tragen* **3** *nicht allzusehr belastend, erträglich; das ist nicht mehr t.* 〈ugs.〉 *das ist unerträglich*

Tra|ge 〈f.11; kurz für〉 *Tragbahre*

trä|ge 〈Adj., träger, am trägsten〉 *auch: träg* **1** *matt, schläfrig; vom Essen ganz t. sein* **2** *langsam, schwer in Schwung zu bringen; ~s Publikum* **3** *schwer in Bewegung zu setzen; eine t. Masse*

Tra|ge|laph 〈m.10〉 **1** *altgriechisches Fabeltier, das die Eigenschaften mehrerer Tiere in sich vereinigt* **2** *literarisches Werk, das keiner bestimmten Richtung zugeordnet werden kann* [< griech. *tragelaphos* „Bockshirsch" (Fabeltier), < *tragos* „(Ziegen-)Bock" und *elaphos* „Hirsch"]

tra|gen 〈V.160, hat getragen〉 **I** 〈mit Akk.〉 **1** *halten und fortbewegen, befördern; einen Koffer in der Hand, auf der Schulter t.; einen Korb auf dem Rücken, auf den Kopf t.; ein Kind ins Bett t.; der Fluß trägt Sand zum Meer;* vgl. *getragen* **2** *stützen, halten; die Säulen t. das Gewölbe; zum Tragen kommen* 〈übertr.〉 *wirksam wer-*

den, zur Auswirkung kommen 3 *am Körper haben;* Schmuck t.; sie trägt gern enge Röcke; er muß eine Brille t.; ein Kind (unter dem Herzen, im Leib) t. *schwanger sein* 4 *auf bestimmte Weise am Körper haben;* das Haar kurz, lang t.; das Hemd offen t. 5 *ertragen, aushalten;* sie hat ein schweres Schicksal zu t.; sein Leid (mit Geduld) t.; einen Schicksalsschlag mit Gleichmut t. 6 〈verstärkend〉 *haben;* er trägt den Titel „Professor" 7 〈mit verschiedenen Subst.〉 *Früchte t. Früchte bringen;* die Kosten t. *die Kosten bezahlen;* für etwas Sorge t. *für etwas sorgen* II 〈o.Obj.〉 1 〈vom Wasser〉 *einen Körper schwebend halten;* tiefes Wasser trägt besser als flaches; Moorwasser trägt gut 2 *Reichweite haben;* das Gewehr trägt weit; seine Stimme trägt in diesem großen Raum nicht III 〈refl.〉 sich mit einem Gedanken, einer Absicht t. *sich mit einem Gedanken beschäftigen, eine Absicht haben*

Trä|ger 〈m.5〉 1 *jmd., der eine Last trägt* (Gepäck~, Kranken~) 2 *Gegenstand, der etwas trägt* (Gepäck~) 3 *jedes von zwei über die Schultern laufenden Bändern, die ein Kleidungsstück festhalten* (Hosen~); eine Schürze, ein Hemdchen mit ~n 4 *jmd., der Würde innehat;* der T. eines Ordens 5 *jmd., der etwas (finanziell) trägt, verantwortet;* der T. dieser Stiftung 6 〈Tech.; kurz für〉 *Trägerwelle*

Trä|ger|fre|quenz 〈f.10〉 *hochfrequente elektrische Schwingung, die als Träger einer auf dem Funkwege nicht übertragbaren niederfrequenten Schwingung dient*

Trä|ger|wel|le 〈f.11〉 *elektromagnetische Welle, die einer andern Welle aufmoduliert wird*

trag|fä|hig 〈Adj.〉 *fähig, eine Last zu tragen oder Belastungen auszuhalten;* eine ~e Konstruktion; eine ~e Mehrheit

Trag|fä|hig|keit 〈f., -, nur Sg.〉 *Fähigkeit, eine Last zu tragen;* Syn. Tragkraft; der Aufzug hat eine T. von 500 kg

Trag|flä|che 〈f.11〉 *flügelartiges, starres Gebilde beiderseits des Rumpfes (das Flugzeugen Auftrieb verleiht)*

Trag|flä|chen|boot, Trag|flü|gel|boot 〈n.1〉 *Motorboot mit Tragflächen (Tragflügeln), die ab einer bestimmten Geschwindigkeit den Bootskörper aus dem Wasser heben*

Trag|flü|gel 〈m.5; bei Wasserfahrzeugen〉 *ein bei großer Geschwindigkeit Auftrieb erzeugendes, flächiges Profil unterhalb des Rumpfes*

Träg|heit 〈f., -, nur Sg.〉 1 *träges Wesen, das Trägsein;* geistige T. 2 〈Phys.〉 *Eigenschaft von Körpern, (ohne von außen wirkende Kraft) in ihrer Lage zu verharren*

Träg|heits|mo|ment 〈n.1〉 *Widerstand, den ein sich drehender Körper einer Änderung der Drehgeschwindigkeit entgegensetzt*

Trag|him|mel 〈m.5〉 *tragbarer Baldachin*

Tra|gik 〈f., -, nur Sg.〉 *unabwendbares trauriges Geschehen, erschütterndes Leid*

Tra|gi|ker 〈m.5〉 *Tragödiendichter*

Tra|gi|ko|mik 〈f., -, nur Sg.〉 *Komik, die einen Anflug von Tragik, bzw. Tragik, die einen Anflug von Komik hat*

tra|gi|ko|misch 〈Adj., o.Steig.〉 *tragisch und komisch zugleich*

Tra|gi|ko|mö|die 〈f.11〉 *halb tragisches, halb komisches Schauspiel*

tra|gisch 〈Adj.〉 *auf Tragik beruhend, erschütternd;* ein ~es Ereignis; auf ~e Weise sterben

Trag|korb 〈m.2〉 *Korb zum Tragen von Lasten*

Trag|kraft 〈f.2〉 → *Tragfähigkeit*

Trag|last 〈f.10〉 *Last, die jmd. oder ein Tier trägt*

Trag|luft|hal|le 〈f.11〉 *Halle aus luftdichter Folie, deren Stabilität durch Aufblasen erreicht wird*

Tra|gö|de 〈m.11〉 *Schauspieler, der tragische Rollen spielt, Heldendarsteller*

Tra|gö|die 〈f.11〉 1 *Schauspiel mit tragischem Ausgang, Trauerspiel* 2 *unabwendbar trauriges Geschehen, erschütterndes Unglück, leidvoller Vorgang* [< griech. *tragodia* „Trauerspiel, ernstes Gedicht", aus *tragos* „Bock" und *ode, oide* „Gesang, Lied"]

Tra|gö|din 〈f.10〉 *Schauspielerin, die tragische Rollen spielt*

Trag|rie|men 〈m.7〉 1 *an Gürtel oder Koppel befestigter und über die Schulter geführter Riemen* 2 *als Henkel verwendeter Riemen*

Trag|tier 〈n.1〉 *zum Tragen von Lasten geeignetes oder verwendetes Tier*

Trag|wei|te 〈f., -, nur Sg.〉 1 〈Mil.〉 *Schußweite einer Waffe* 2 〈übertr.〉 *Bedeutung, Ausmaß;* die T. einer Entscheidung; er hat den Vorfall in seiner ganzen T. erst jetzt erkannt

Trag|werk 〈n.1〉 1 *an den Rumpf eines Flugzeuges angebaute Teile, die den Auftrieb liefern, bestehend aus den Leitwerks, Lande- und Bremsklappen* 2 〈Bautech.〉 *System aus Trägern*

Trag|zeit 〈f.10〉 *Dauer der Trächtigkeit*

Trailer 〈[trεi-] m.5〉 1 *einige Szenen eines Films, die zur Werbung einem anderen Film vorangehen* 2 *nicht belichtetes Ende eines Filmstreifens* 3 *beladener Sattelschlepper* 4 *Autoanhänger zum Transport leichter Sportboote* [engl., zu *to trail* „(nach)schleppen"]

Train 〈[trε̃], österr. [trεn] m.9〉 1 *früher Nachschubformation des Heeres* 2 〈schweiz.〉 *der Infanterie eingegliederte Nachschubeinheit* [< frz. *train* „Troß, Gefolge, Zug (von Bedienten)", zu *traîner* „hinter sich herziehen, -schleppen", < lat. *trahere* „ziehen, zerren", → *traktieren*]

Trai|nee 〈[treini] m.9〉 *Mitarbeiter eines Unternehmens, der zwecks umfassender Ausbildung alle Abteilungen durchläuft*

Trai|ner 〈[trε-] oder [trεː-] m.5〉 *jmd., der (berufsmäßig) Sportler trainiert*

trai|nie|ren 〈V.3, hat trainiert〉 I 〈o.Obj.〉 *sich auf einen Wettkampf vorbereiten, seine Leistungsfähigkeit durch Übung erhöhen;* täglich fünf Stunden t. II 〈mit Akk.〉 1 *etwas t. a leistungsfähiger machen;* seinen Körper, seine Muskeln t.; sein Gedächtnis t.; einen trainierten Körper haben b *üben (um höhere Leistungen in etwas zu erzielen);* Schwimmen, Speerwerfen t. 2 *jmdn. t. jmdn. auf einen Wettkampf vorbereiten, mit jmdm. üben* [< engl. *to train* in ders. Bed., eigtl. „auf-, erziehen, ausbilden, schulen", über vulgärlat. *traginare* < lat. *trahere* „ziehen"]

Trai|ning 〈[trε-] oder [trεː-] n.9〉 *das Trainieren*

Trai|nings|an|zug 〈[trε-] oder [trεː-] m.2〉 *aus Blouson und Hose bestehender Anzug, der vor, nach oder bei sportlichen Aktivitäten getragen wird, um den Körper warmzuhalten*

Tra|jekt 〈n.1〉 *Fährschiff für Eisenbahnzüge, Automobile u.a. Fahrzeuge* [< lat. *traiectus* „das Hinübersetzen", zu *traicere* „hinüberbringen, -werfen"]

Tra|jek|to|rie 〈[-ria] f.11〉 *Kurve, die eine Kurvenschar im gleichen Winkel schneidet* [zu *Trajekt*]

Tra|keh|ner 〈m.5〉 *edles deutsches Rassepferd, Warmblut* [nach dem ostpreuß. Gestüt Trakehnen]

Trakt 〈m.1〉 1 *größerer Gebäudeteil, Flügel* 2 〈Med.〉 *Strecke* (Verdauungs~) [< lat. *tractus* „Reihe, Ausdehnung", zu *trahere* „ziehen"]

Trak|tan|dum 〈n., -s, -den; schweiz.〉 *Verhandlungsgegenstand* [< lat. *tractandum* „zu Behandelndes", → *traktieren*]

Trak|tat 〈n.1〉 1 *wissenschaftliche Abhandlung* 2 *religiöse Flugschrift* [< lat. *tractatus* „Abhandlung, Schrift", eigtl. „Bearbeitung, Erörterung, Beschäftigung", zu *tractare* „beschäftigen mit, umgehen mit, behandeln", → *traktieren*]

Trak|tät|chen 〈n.7; abwertend〉 *Erbauungsschrift*

trak|tie|ren 〈V.3, hat traktiert; mit Akk.〉 1 〈ugs.〉 *(schlecht) behandeln;* jmdn. mit Schlägen t. 2 *bewirten;* jmdn. mit Erfrischungen t. 3 *überfüttern;* sie haben das Kind so mit Kuchen traktiert, daß ihm schlecht geworden ist [< lat. *tractare* „behandeln, umgehen mit, sich beschäftigen mit", zu *trahere* „hin und her ziehen, an sich ziehen, nehmen"]

Trak|ti|on 〈f.10〉 *Ziehen, Zug, Zugkraft, Anzugskraft* [< lat. *tractus* „das Ziehen, Zug", zu *trahere* „ziehen"]

Trak|tor 〈m.13〉 *landwirtschaftliches Schleppfahrzeug, Zugmaschine;* Syn. Schlepper, Trecker [< neulat. *tractor* „Zieher", → *Traktion*]

Trak|to|rist 〈m.10; DDR〉 *Traktorfahrer*

Trak|trix 〈f., -, -tri|zes [-tsε:s]〉 *ebene Kurve, deren Tangenten von einer Geraden stets im gleichen Abstand vom Tangentenberührungspunkt geschnitten werden* [< neulat. *tractrix* „Ziehende", → *Traktion*]

Trak|tur 〈f.10; an der Orgel〉 *Vorrichtung zum Weiterleiten des Tastendrucks*

Tral|je 〈f.11〉 *Gitter, Geländerstab* [< mnddt. *trallie*, mndrl. *tralie* in ders. Bed., über altfrz. < mlat. *tricleia* < lat. *trichila* „Laube aus Rohrstengeln"]

träl|lern 〈V.1, hat geträllert〉 I 〈o.Obj.〉 *ohne Worte singen; lustig t.* II 〈mit Akk.〉 *etwas t. gedankenlos, fröhlich singen;* ein Liedchen t. [eigtl. tralala singen]

Tram¹ 〈m.1 oder m.2; österr.〉 *dicker Balken;* auch: *Tramen* [< mhd. *tram, dram* „Riegel, Balken" < mlat. *trama* „Querbalken"]

Tram² 〈f.9, schweiz. n.9〉, **Tram|bahn** 〈f.10; bayr.-österr., schweiz.〉 *Straßenbahn* [< engl. *tramway* „Schienenweg, Schienenbahn", eigtl. „Weg für Schienenfahrzeuge", < *tram* „Laufkarren, Förderwagen" und *way* „Weg"]

Tra|men 〈m.7〉 → *Tram¹*

Tra|mi|ner 〈m.5〉 1 *kleinbeerige Rebensorte mit leicht rötlicher Färbung* 2 *Weißwein daraus* 3 *Südtiroler Rotwein (aus Tramin)* [nach dem Südtiroler Ort Tramin]

Tra|mon|ta|na 〈f., -, -nen; in Oberitalien〉 *von den Alpen her wehender Nordwind* [ital. < *tramontano* „jenseits der Berge"]

Tramp 〈auch [trεmp] m.9〉 1 *Landstreicher, wandernder Gelegenheitsarbeiter* 2 *Schiff ohne feste Route, das Gelegenheitsfahrten unternimmt* [→ *trampen*]

Tram|pel 〈n.5 oder m.5; ugs.〉 *plumper, schwerfälliger Mensch (bes. Mädchen)*

tram|peln 〈V.1〉 I 〈o.Obj.〉 *hat getrampelt*) 1 *(mit den Füßen) fest auf den Boden stoßen, heftig treten;* die Studenten trampeln, als der Dozent kam (als Zeichen des Beifalls); vor Vergnügen (mit den Füßen) t. 2 *ist getrampelt* *mit festen, harten Schritten, ohne Rücksicht gehen;* trampel nicht durch die Blumenbeete t. II 〈mit Akk.; hat getrampelt〉 1 *durch vieles, festes Treten erzeugen, bahnen;* einen Weg durch die Wiese t. 2 *durch festes Treten entfernen;* den Schnee, Schmutz von den Schuhen t.

Tram|pel|pfad 〈m.1〉 *durch häufiges Begehen entstandener schmaler Pfad (z.B. in Wiesen, im Schnee)*

Tram|pel|tier 〈n.1〉 1 *(in Zentralasien gehaltenes) zweihöckeriges Kamel* 2 〈übertr., ugs.〉 *plumper, ungeschickter Mensch mit derbem Benehmen*

tram|pen 〈auch [trεm-] V.1, ist getrampt; o.Obj.〉 *reisen, indem man Autos anhält und sich mitnehmen läßt* [< engl. *to tramp* „reisen, wandern, trampen", eigtl. „derb auftreten, trampeln"]

Tram|per ⟨auch [trɛm-] m.5⟩ *jmd., der trampt*

Tram|po|lin ⟨n.1⟩ *in einen Rahmen gespanntes, mit Gummi durchwirktes, stark federndes Tuch (für sportliche und artistische Übungen)* [< ital. *trampolino*, toskan. *trampellino* ,,Sprungbrett", zu ital. *trampoli* ,,Stelzen", zu *trampolare* ,,auf Stelzen gehen, mit gespreizten Beinen gehen", < dt. *trampeln*]

Tramp|schiff|fahrt ⟨-ff|f-; auch [trɛmp-] f., -, nur Sg.⟩ *nicht an feste Routen gebundene Schiffahrt, Schiffahrt, die sich nach dem gerade vorliegenden Transportbedarf richtet*

Tran ⟨m.1⟩ **1** *durch Auskochen oder Ausschmelzen gewonnenes, übelriechendes, fettes Öl aus Fettgewebe (von Walen, Robben oder Fischen)* **2** ⟨nur Sg.; ugs.⟩ *starke Müdigkeit, Benommenheit (bes. nach Alkoholgenuß);* im T. sein; etwas im T. tun [nddt., zu *Träne*]

Tran|ce ⟨[trãːsə] f., -, nur Sg.⟩ *schlafähnlicher Zustand des Entrücktseins (bei Hypnose, religiöser Ekstase);* in T. sein [engl., < mittelfrz. *transe* ,,Ohnmacht, Angstzustand", eigtl. ,,Hinübergehen", zu altfrz. *transir* ,,hinüber-, aus dem Leben gehen", < lat. *transire* ,,hinübergehen, bis zu Ende gehen"]

Tran|che ⟨[trãːʃ(ə)] f.11⟩ **1** *fingerdicke Fleisch- oder Fischscheibe* **2** *Teilbetrag einer Anleihe* [frz., ,,Schnitte, Scheibe", zu *trancher*, → *tranchieren*]

tran|chie|ren ⟨[trãːʃi-] V.3, hat tranchiert; mit Akk.⟩ *sachgerecht zerlegen, gleichmäßig zerteilen, in Stücke, in Scheiben schneiden;* auch: ⟨eindeutschend⟩ *transchieren;* Geflügel, Braten t. [< frz. *trancher* ,,durch-, zerschneiden", zu ital. *troncare* ,,schneiden", wahrscheinlich < lat. *truncare* ,,be-, abschneiden", zu *truncus* ,,abgehauenes Stück"]

Trä|ne ⟨f.11⟩ **1** *aus den Augen hervortretender Flüssigkeitstropfen bei starker Erregung des Gefühls oder Reizeinwirkung;* ~n des Schmerzes, der Wut; *jmdm.* ~n *abwischen;* ~n *lachen* über jmdn. *oder etwas;* jmdm., *etwas keine T. nachweinen* ⟨übertr.⟩ *über den Verlust von jmdm. oder etwas nicht betrübt sein;* jmdm. *die* ~n *trocknen;* eine T. *zerdrücken kurz weinen;* die ~n *zurückhalten;* große, heiße ~n *weinen;* in ~n *aufgelöst sein weinen und in starker Erregung sein;* in ~n *ausbrechen anfangen zu weinen;* die ~n *stehen ihr in den Augen;* unter ~n *Abschied nehmen;* zu ~n *gerührt sein* ⟨übertr., ugs.⟩ *sehr kleine Menge (einer Flüssigkeit);* nur eine T. (Kaffee, Wein)! **3** ⟨übertr., ugs.⟩ *langsamer, schwerfälliger Mensch;* du T.!

trä|nen ⟨V.1, hat geträut; o.Obj.⟩ *Tränen absondern;* seine Augen t.; *Tränendes Herz eine Zierpflanze mit herzförmigen rosa Blüten;* Syn. *Herzblume*

Trä|nen|bein ⟨n.1⟩ *kleiner Knochen der Augenhöhle*

Trä|nen|drü|se ⟨f.11⟩ *Tränen absondernde Drüse am äußeren Augenwinkel;* der Film, das Buch drückt auf die T. ⟨ugs.⟩ *das Buch, der Film ist sehr rührselig*

Trä|nen|gas ⟨n.1⟩ *gasförmiger Stoff, dessen Dämpfe augen- und schleimhautreizend wirken*

trä|nen|reich ⟨Adj., o.Steig.⟩ *mit vielen Tränen, mit großer Rührung;* jmdn. t. um Verzeihung bitten; ~er *Abschied*

Trä|nen|sack ⟨m.2, meist Pl.⟩ *(bei alten Menschen oft sackartige) Hautfalte unter dem Auge*

Tran|fun|zel ⟨f.11; ugs.⟩ → *Tranlampe (1)*

tra|nig ⟨Adj.⟩ **1** *wie Tran;* ~er *Beigeschmack* **2** *voller Tran* **3** ⟨übertr., ugs.⟩ *benommen, schlaftrunken;* ich bin noch ganz t. **4** ⟨übertr., ugs.⟩ *träge, langsam (im Tun);* ein ~er Kerl; sei nicht so t.!

Trank ⟨m.2; geh.⟩ *Getränk* (Heil~); *Speis und T. Essen und Trinken*

Trän|ke ⟨f.11⟩ *Stelle, wo Tiere Wasser trinken können* (Fluß~, Vieh~)

trän|ken ⟨V.1, hat getränkt; mit Akk.⟩ *ein Tier t. einem Tier zu trinken geben*

Trank|op|fer ⟨n.5⟩ *Getränk als Opfer für die Götter*

Tran|lam|pe ⟨f.11⟩ **1** *mit Tran gespeiste Lampe;* Syn. *Tranfunzel* **2** ⟨übertr., ugs.⟩ *langsamer, beschränkter Mensch*

Tran|quil|i|zer ⟨[trɛnkwilaizər] m.5⟩ *beruhigendes Arzneimittel, Psychopharmakon* [< engl. *tranquillizer* in ders. Bed., zu *to tranquillize* ,,beruhigen", zu *tranquil* ,,ruhig, friedlich", < lat. *tranquillus* ,,ruhig"]

tran|quil|lo ⟨Mus.⟩ *ruhig* [ital., < lat. *tranquillus* ,,ruhig, still", < *trans* (verstärkend) ,,über hinaus" und *quies* (Nebenform von *quietus*) ,,ruhig"]

trans..., Trans... ⟨in Zus.⟩ *über..., über... hin, hinüber..., jenseits (von)* [lat.]

Trans|ak|ti|on ⟨f.10⟩ *großes Geld- oder Bankgeschäft*

trans|al|pin, trans|al|pi|nisch ⟨Adj., o.Steig.⟩ *jenseits der Alpen (von Rom aus gesehen)*

trans|at|lan|tisch ⟨Adj., o.Steig.; nur als Attr.⟩ *jenseits des Atlantik (gelegen), über den Atlantik hinwegführend;* ~e *Länder;* ~e *Schiffahrtslinien*

tran|schie|ren ⟨V.3, hat transchiert; eindeutschend⟩ → *tranchieren*

Trans|duk|ti|on ⟨f.10; Genetik⟩ *Übertragung von Erbfaktoren aus einer Zelle in eine andere* [< *trans...* und lat. *ductio*, Gen. *-onis*, ,,das Führen", zu *ducere* ,,führen"]

Trans|duk|tor ⟨m.13⟩ *magnetischer Verstärker* [< *trans...* und lat. *ductor* ,,Führer", zu *ducere* ,,führen"]

Tran|sept ⟨n.1 oder m.1⟩ *Querschiff (der Kirche)* [über frz. *transept* < lat. *trans* ,,über hinweg" und *septum, saeptum* ,,Einfriedigung, Schranken", zu *saepire* ,,einzäunen, einfriedigen"]

Trans|fer ⟨m.9⟩ **1** *Zahlung ins Ausland in fremder Währung* **2** *Übertragung einer Geldsumme von einer Währung in die andere* **3** *Überführung im Reiseverkehr, z.B.* vom Flughafen zum Hotel **4** ⟨Sport⟩ *Wechsel eines Berufssportlers zu einem anderen Verein (gegen eine Ablösesumme)* [< engl. *transfer* ,,Überführung, Verlegung, das Umsteigen", < lat. *transferre* ,,von einem Ort zum andern bringen, hinübersetzen, -bringen", < *trans* ,,hinüber" und *ferre* ,,tragen, bringen"]

trans|fe|ra|bel ⟨Adj., o.Steig.⟩ *in fremde Währung umwechselbar*

trans|fe|rie|ren ⟨V.3, hat transferiert; mit Akk.⟩ **1** *ins Ausland zahlen;* einen Betrag, eine Summe auf ein Konto t. **2** *in eine andere Währung umwechseln;* Mark in Lire t. **3** ⟨Fußb.⟩ *einen Spieler t. (gegen eine Summe) einen Spieler zu einem anderen Verein geben*

Trans|fer|stra|ße ⟨f.11⟩ *automatische Fertigungsstraße, auf der das Werkstück transportiert wird und verschiedene Bearbeitungsgänge durchläuft*

Trans|fi|gu|ra|ti|on ⟨f.10⟩ *Verklärung (Christi)* [< lat. *transfiguratio*, Gen. *-onis*, ,,Umgestaltung, Umwandlung", < *transfigurare* ,,umgestalten, umwandeln", < *trans* ,,über hinweg, über hinaus" und *figurare* ,,bilden, gestalten", zu *figura* ,,Gestalt, Form, Äußeres"]

Trans|flu|enz ⟨f.10⟩ *Hinüberfließen von Gletschereis über einen Paß in ein anderes Tal* [< lat. *transfluens*, Part. Präs. von *transfluere* ,,hinüberfließen"]

Trans|for|ma|ti|on ⟨f.10⟩ *das Transformieren*

Trans|for|ma|ti|ons|gram|ma|tik ⟨f., -, nur Sg.⟩ *Theorie der Grammatik, die versucht, aus einer Anzahl von Kernsätzen heraus eine Sprache vollständig nach Regeln zu erfassen und auf dieser Grundlage Übersetzungsregeln zu erarbeiten*

Trans|for|ma|tor ⟨m.13⟩ *Gerät zum Erhöhen oder Herabsetzen von elektrischer Spannung;* Syn. *Übertrager,* ⟨Kurzw.⟩ *Trafo* [< frz. *transformateur* in ders. Bed., zu lat. *transformare* ,,umgestalten"]

trans|for|mie|ren ⟨V.3, hat transformiert; mit Akk.⟩ **1** *umformen, umwandeln* **2** *elektrischen Strom t. umspannen, seine Spannung erhöhen oder verringern* [< lat. *transformare* in ders. Bed., < *trans* ,,über hinweg" und *formare* ,,bilden, gestalten"]

trans|fun|die|ren ⟨V.3, hat transfundiert; mit Akk.⟩ *übertragen;* Blut t. [→ *Transfusion*]

Trans|fu|si|on ⟨f.10⟩ *Übertragung* (Blut~) [< lat. *transfusio*, Gen. *-onis*, ,,Hinübergießen", zu *transfundere* ,,in ein anderes Gefäß gießen, übertragen"]

Trans|gres|si|on ⟨f.10⟩ *langsames Überfluten von sich senkenden Festlandsteilen durch das Meer* [< lat. *transgressio*, Gen. *-onis*, ,,Hinübergehen, Übergang", zu *transgredi* ,,hinüber-, übergehen", < *trans* ,,hinüber" und *gradi* ,,gehen, schreiten", zu *gradus* ,,Schritt"]

Trans|hu|manz ⟨f.10⟩ *halbnomadische Wirtschaftsweise, bei der die Viehherden mit dem Wechsel der Jahreszeiten auf entfernte Weiden gebracht werden* [< frz. *transhumance* ,,Almauftrieb", zu *transhumer* ,,Vieh auf die Weide treiben", < *trans...* und lat. *humus* ,,Erdreich, Boden"]

Tran|si|stor ⟨m.13⟩ *elektronischer Verstärker oder Schalter aus Halbleiterelementen* [< *trans...* und *resistere* ,,Widerstand leisten", eigtl. also ,,über den Widerstand hinweg", da das Gerät je nach Schaltungsart Strom durchläßt oder ihm Widerstand entgegensetzt]

tran|si|sto|rie|ren ⟨V.3, hat transistoriert; mit Akk.⟩ *mit Transistoren versehen;* ein dreifach transistoriertes Radio

Tran|si|stor|ra|dio ⟨n.9⟩ *Radio, dessen Verstärker aus Transistoren bestehen*

Tran|sit ⟨m.1⟩ *Durchgang, Durchfuhr (durch ein Land)* [< lat. *transitus* ,,das Hinübergehen, Übergang", zu *transire* ,,hinübergehen", < *trans* ,,hinüber" und *ire* ,,gehen"]

Tran|sit|han|del ⟨m., -s, nur Sg.⟩ *Handel zwischen zwei Ländern, wobei die Waren durch ein drittes Land hindurch befördert werden*

tran|si|tie|ren ⟨V.3, hat transitiert; mit Akk.⟩ *Waren t. durch ein anderes Land hindurch befördern* [zu *Transit*]

tran|si|tiv ⟨Adj., o.Steig.⟩ *ein Akkusativobjekt verlangend und ein persönliches Passiv bildend;* Syn. *zielend;* Ggs. *intransitiv;* ~e *Verben* [< lat. *transitivus* ,,übergehend", zu *transire* ,,hinübergehen", < *trans* ,,hinüber" und *ire* ,,gehen", da das Verb zum Objekt strebt, hinübergeht, hinüberzielt]

Tran|si|tiv ⟨n.1⟩ *transitives Verb;* Ggs. *Intransitiv*

tran|si|ti|vie|ren ⟨V.3, hat transitiviert; mit Akk.⟩ *ein intransitives Verb t. es als transitives Verb gebrauchen, z.B.* ,,Die Eis ist abgetaut", ,,Ich habe den Kühlschrank abgetaut"

tran|si|to|risch ⟨Adj., o.Steig.⟩ *vorübergehend, später wegfallend* [< lat. *transitorius* ,,mit einem Durchgang versehen, zum Durchgehen geeignet", übertr. ,,vorübergehend", zu *trans* ,,hinüber, über hinweg" und *ire* ,,gehen"]

Tran|si|to|ri|um ⟨n., -s, -ri|en⟩ *einmalige Bewilligung von Ausgaben (im Staatshaushalt)*

Tran|sit|pas|sa|gier ⟨[-ʒiːr] m.1⟩ *Durchreisepassagier*

Tran|sit|ver|kehr ⟨m., -s, nur Sg.⟩ *Durchgangsverkehr (durch ein Land)*

trans|kon|ti|nen|tal ⟨Adj., o.Steig.⟩ *einen Kontinent durchquerend, über einen Kontinent hinweg*

tran|skri|bie|ren ⟨V.3, hat transkribiert; mit Akk.⟩ **1** *lautgetreu in eine andere Schrift oder in phonetische Umschrift übertragen;* ein

963

Transkription

Wort, einen Namen t. **2** für ein anderes Instrument umschreiben; ein Musikstück t. [< lat. *transcribere* „aus einer Schrift in die andere schreiben, schriftlich übertragen", < *trans* „hinüber" und *scribere* „schreiben"]

Tran|skrip|ti|on ⟨f.10⟩ **1** lautgetreues Umschreiben einer Schrift in eine andere Schrift; vgl. Transliteration **2** möglichst klanggetreues Umschreiben eines Musikstücks für ein anderes Instrument [zu transkribieren]

Trans|la|ti|on ⟨f.10⟩ **1** Übersetzung, Übertragung **2** Parallelverschiebung (von Kristallflächen) **3** fortschreitende geradlinige Bewegung, im Unterschied zur Rotation [< lat. *translatio*, Gen. -onis, „Übersetzung, Übertragung", zu *transferre* (Perf. *translatus*) „hinüberbringen, übertragen"]

Trans|li|te|ra|ti|on ⟨f.10⟩ buchstabengetreues Umschreiben einer Schrift in eine andere; vgl. Transkription [< lat. *trans* „hinüber" und *lit(t)era* „Buchstabe"]

trans|li|te|rie|ren ⟨V.3, hat transliteriert; mit Akk.⟩ buchstabengetreu (in eine andere Schrift) übertragen; einen Namen vom Russischen ins Deutsche t.

Trans|lo|ka|ti|on ⟨f.10⟩ **1** (†) Ortsveränderung **2** ⟨Genetik⟩ eine Mutationsform mit Übertragung von Chromosomenstücken [zu translozieren]

trans|lo|zie|ren ⟨V.3, hat transloziert; mit Akk.⟩ verlagern [< *trans*... und lat. *locare* „legen, stellen"]

trans|lu|zid ⟨Adj., -er, am -esten; als Attr. und mit „sein"⟩ durchscheinend [< lat. *trans* „hindurch" und *lucere* „scheinen, leuchten"]

trans|ma|rin ⟨Adj., o.Steig.; †⟩ überseeisch

Trans|mis|si|on ⟨f.10⟩ **1** Übertragung, Übermittlung **2** ⟨Phys.⟩ Durchlässigkeit für Strahlungen **3** ⟨Tech.⟩ zentraler Antrieb mehrerer Maschinen über Riemen [< lat. *transmissio*, Gen. -onis, „Übertragung, Übersendung", zu *transmittere* → transmittieren]

Trans|mis|si|ons|wel|le ⟨f.11⟩ Antriebswelle für Treibriemen, Getriebewelle

Trans|mit|ter ⟨m.5⟩ Übertrager, Umformer, Substanz, die im Nervensystem durch chemische Umsetzung Erregungen überträgt, weiterleitet [engl., „Sender, Übermittler", zu *to transmit*, → transmittieren]

trans|mit|tie|ren ⟨V.3, hat transmittiert; mit Akk.⟩ übertragen, übersenden [< lat. *transmittere*, „über einen Raum hinweg, durch einen Raum hindurch schicken"]

trans|oze|a|nisch ⟨Adj., o.Steig.⟩ jenseits des Ozeans liegend, überseeisch

trans|pa|rent ⟨Adj., -er, am -esten⟩ → durchsichtig [< mlat. *transparens*, Part. Präs. von *transparere* „hindurchscheinen", < *trans* „über... hin, hinüber" und *parere* „sichtbar sein, erscheinen"]

Trans|pa|rent ⟨n.1⟩ **1** Spruchband **2** Bild auf durchsichtigem Material, das von hinten beleuchtet wird **3** Folie für einen Overheadprojektor

Trans|pa|rent|pa|pier ⟨n.1; meist Sg.⟩ (beim Basteln verwendetes) durchscheinendes Papier in verschiedenen Farben

Trans|pa|renz ⟨f., -, nur Sg.⟩ **1** → Durchsichtigkeit; Ggs. Opazität **2** ⟨übertr.⟩ Durchschaubarkeit, Erkennbarkeit

Trans|spi|ra|ti|on ⟨f., -, nur Sg.⟩ **1** das Transpirieren **2** ⟨bei Pflanzen⟩ Abgabe von Wasserdampf

trans|pi|rie|ren ⟨V.3, hat transpiriert; o.Obj.⟩ **1** schwitzen; er transpiriert sehr stark **2** Wasserdampf abgeben; eine Pflanze transpiriert [< lat. *trans* „über ... hin" und *spirare* „atmen, hauchen"]

Trans|plan|tat ⟨n.1⟩ verpflanztes Gewebestück, Gewebestück, das verpflanzt werden kann [zu transplantieren]

Trans|plan|ta|ti|on ⟨f.10⟩ **1** das Transplantieren, das Transplantiertwerden (Haut~, Herz~) **2** Pfropfung

trans|plan|tie|ren ⟨V.3, hat transplantiert; mit Akk.⟩ verpflanzen; Körpergewebe t.; ein Organ (von einem Spender auf jmdn.) t. [< lat. *trans* „hinüber" und *plantare* „pflanzen", zu *planta* „Setzling, Pfropfreis"]

trans|po|nie|ren ⟨V.3, hat transponiert; mit Akk.⟩ in Musikstück t. *umsetzen;* ein Lied, einen Ton höher, tiefer t.; ein Musikstück in eine andere Tonart t. [< lat. *transponere* „hinübersetzen, versetzen"]

Trans|port ⟨m.1⟩ **1** Beförderung **2** für die Beförderung zusammengestellte Menge [< frz. *transport*, „Beförderung", < lat. *transportare* „hinübersetzen, -tragen, -bringen", < *trans* „hinüber" und *portare* „tragen, bringen, befördern"]

trans|por|ta|bel ⟨Adj., o.Steig.⟩ tragbar, beweglich

Trans|por|ter ⟨m.5⟩ Kraftfahrzeug, Flugzeug oder Schiff, das große Mengen von Gütern transportieren kann [engl.]

Trans|por|teur ⟨[-tør] m.1⟩ **1** jmd., der etwas transportiert **2** → Winkelmesser **3** ⟨an Nähmaschinen⟩ Vorrichtung zum ruckweisen Weiterbefördern des Stoffes [frz.]

trans|port|fä|hig ⟨Adj., o.Steig.⟩ nur als Attr. und „sein"⟩ in einem Zustand, der einen Transport gestattet; der Kranke ist (nicht) t.

trans|por|tie|ren ⟨V.3, hat transportiert; mit Akk.⟩ **1** → *befördern* (1) **2** weiterbewegen; ein Zahnrad transportiert den Film (in der Kamera)

Trans|port|mit|tel ⟨n.5⟩ **1** Fahrzeug oder Gerät, mit dem etwas transportiert werden kann **2** Stoff, der andere Stoffe mit voranträgt; Wasser als T. für Salze

Trans|po|si|ti|on ⟨f.10⟩ das Transponieren

Trans|se|xu|a|lis|mus ⟨m., -, nur Sg.⟩ das Transsexuellsein

trans|se|xu|ell ⟨Adj., o.Steig.⟩ sich zum anderen Geschlecht gehörig fühlend

trans|so|nisch ⟨Adj., o.Steig.⟩ über der Schallgeschwindigkeit liegend [< *trans*... und lat. *sonus* „Schall, Ton"]

Trans|sub|stan|ti|a|ti|on ⟨f.10; kath. Kirche⟩ die Wandlung von Brot und Wein in Leib und Blut Christi beim Abendmahl [< lat. *trans* „hinüber" und *substantia*, „Wesen, Substanz, Speise", → Substanz]

Trans|su|dat ⟨n.1⟩ bei der Transsudation abgesonderte Flüssigkeit

Trans|su|da|ti|on ⟨f.10⟩ nicht entzündliche Absonderung und Ansammlung von Flüssigkeit (in Körperhöhlen) [< *trans*... und lat. *sudatio*, Gen. -onis, „das Schwitzen", zu *sudare* „ausschwitzen, absondern"]

Trans|u|ran ⟨n.1⟩ radioaktives chemisches Element mit höherer Ordnungszahl als Uran

trans|u|ra|nisch ⟨Adj., o.Steig.⟩ im Periodensystem der chemischen Elemente nach dem Uran stehend

Tran|su|se ⟨f.11; ugs.⟩ langsamer, schwerfälliger Mensch (bes. von Mädchen)

trans|ver|sal ⟨Adj., o.Steig.⟩ quer zur Längsachse, senkrecht zur Ausbreitungsrichtung (verlaufend) [< lat. *transversus*, „quergehend, schräg", zu *transvertere* „hinüberdrehen, hinüberwenden"]

Trans|ver|sa|le ⟨f.11⟩ **1** eine Figur durchschneidende Gerade **2** ein Land durchquerende Eisenbahnstrecke oder Fahrstraße

Trans|ver|sal|wel|le ⟨f.11⟩ Welle, bei der die Ausbreitungsrichtung der Energie und die Schwingungsbewegung senkrecht aufeinanderstehen

trans|ve|stie|ren ⟨V.3, hat transvestiert; o.Obj.⟩ sich wie das andere Geschlecht kleiden (und benehmen)

Trans|ve|stis|mus ⟨m., -, nur Sg.⟩ krankhafte Neigung, sich wie das andere Geschlecht zu kleiden (und zu benehmen) [< *trans*... und lat. *vestitus* „Bekleidung", zu *vestis* „Gewand, Kleidung"]

Trans|ve|stit ⟨m.10⟩ jmd., der an Transvestismus leidet

tran|szen|dent ⟨Adj., o.Steig.⟩ die Grenzen des sinnlich Wahrnehmbaren überschreitend, sich jenseits dieser Grenzen befindend, übersinnlich [< lat. *transcendens*, Gen. -entis, Part. Präs. von *transcendere*, → transzendieren]

tran|szen|den|tal ⟨Adj., o.Steig.⟩ **1** ⟨in der Scholastik⟩ → transzendent **2** ⟨bei Kant⟩ vor aller auf Erfahrung beruhenden Erkenntnis liegend und diese erst ermöglichend

Tran|szen|denz ⟨f., -, nur Sg.⟩ das Überschreiten der Grenzen der Erfahrung und des Bewußtseins sowie das Sichbefinden jenseits dieser Grenzen

tran|szen|die|ren ⟨V.3, hat transzendiert; o.Obj.⟩ über sinnliche Wahrnehmung und Erfahrung hinausgehen [< lat. *transcendere* „hinübersteigen, überschreiten", < *trans* „hinüber" und *...scendere* (in Zus. für *scandere*) „steigen"]

Tra|pez ⟨n.1⟩ **1** Viereck mit zwei parallelen Seiten **2** Turngerät, das aus einer Stange an zwei verstellbaren Halteseilen besteht; Syn. Schwebereck, Schaukelreck **3** ⟨Segeln⟩ an der Mastspitze befestigte Leine mit Gurt, an dem man sich weit nach Luv außenbords lehnen kann, um das Boot in möglichst senkrechter Stellung zu halten [< griech. *trapeza* „Tisch", eigtl. „Vierfuß", über eine unbelegte Zwischenform aus *tetra* (in Zus. für *tessares, tettares*) „vier" und *peza*, Fuß, äußerste Spitze, unteres Ende", zu *pous* „Fuß"]

Tra|pez|akt ⟨m.1; im Zirkus⟩ Übung am Trapez

Tra|pez|flü|gel ⟨m.5; Tech.⟩ trapezförmige Tragfläche

Tra|pez|künst|ler ⟨m.5⟩ jmd., der Übungen am Trapez vorführt

Tra|pez|mus|kel ⟨m.14⟩ großer, flacher, trapezförmiger Muskel zum Heben des Schultergürtels

Tra|pe|zo|id ⟨n.1⟩ Viereck ohne parallele Seiten [< Trapez und *...oid*]

Trapp ⟨m.1⟩ mächtige Decke aus flächenhaften Basaltergüssen [schwed., < *trappa* „Treppe", weil er durch Verwitterung oft treppenartig ausgebildet ist]

Trap|pe ⟨f.11⟩ schnell laufender und kraftvoll fliegender Bodenvogel großer Felder und Steppen (Groß~, Zwerg~) [vielleicht < poln. *drop* „Trappe"]

trap|peln ⟨V.1; o.Obj.⟩ **1** ⟨ist getrappelt⟩ ein wiederholtes, hartes, schlagendes Geräusch von sich geben; Hufe t. auf dem Pflaster **2** ⟨ist getrappelt⟩ mit hartem, schlagendem Geräusch laufen; auch: trappen; Pferde t. durch die Straße

trap|pen ⟨V.1, ist getrappt⟩ → *trappeln* (2)

Trap|per ⟨m.5⟩ nordamerikanischer Pelztierjäger [< engl. *trapper* „Pelztierjäger, Fallensteller", zu *trap* „Falle, Schlinge"]

Trap|pist ⟨m.10⟩ Angehöriger des Trappistenordens, eines aus dem Zisterzienserorden hervorgegangenen Mönchsordens [nach dem Kloster *La Trappe* im Département Orne, vielleicht < *trappe* „Falle", wegen des engen Taleingangs]

Trap|pis|ten|or|den ⟨m., -s, nur Sg.⟩ ein aus dem Zisterzienserorden hervorgegangener Orden

Traps ⟨m.1⟩ **1** Verschlußschraube am Siphon **2** Siphon [? [wahrscheinlich < engl. *trap* „Falle", weil der Traps etwas hereinaber nicht hinausläßt]

Trap|schie|ßen ⟨n., -s, nur Sg.⟩ Tontaubenschießen, bei dem die Wurfrichtung der Tonscheibe nicht bekannt ist [< engl. *trap* „Wurfmaschine" und *schießen*]

trap|sen ⟨V.1, ist getrapst; o.Obj.⟩ mit hartem, lautem Geräusch unbekümmert gehen; durch die Wohnung t.

Tra|ra ⟨n., -s, nur Sg.; ugs.⟩ Aufhebens, Getue, wichtigtuerischer Lärm; ein großes T. um etwas machen

Traß ⟨m.1⟩ *ein vulkanischer Tuff, der zu Zement oder Beton verwendet wird* [< ital. *terrazzo* „Fußboden aus Zement", zu *terra* „Erde"]

Tras|sant ⟨m.10⟩ *Aussteller eines Wechsels* [zu *Tratte*]

Tras|sat ⟨m.10⟩ **1** *jmd., an den eine Zahlungsaufforderung gerichtet ist* **2** ⟨Wechselverkehr⟩ *Bezogener*

Tras|se ⟨f.11⟩, **Tras|see** ⟨n.9; schweiz.⟩ *festgelegte Linie (für Straße oder Bahnstrecke)* [< ital. *trassi* „ich habe gezogen, geführt", zu *trarre* „ziehen, führen", < lat. *trahere* „ziehen"]

tras|sie|ren ⟨V.3, hat trassiert; mit Akk.⟩ *etwas t. etwas vermessen, eine Trasse für etwas, den Verlauf von etwas festlegen;* eine U-Bahn-Linie t. **Tras|sie|rung** ⟨f.10⟩

Tratsch ⟨m., -(e)s, nur Sg.; ugs.⟩ *Klatsch, Geschwätz, Gerede über andere*

Trat|sche ⟨f.11; derb⟩ *jmd., der trätscht, Klatschbase*

trat|schen ⟨V.1, hat getratscht; o.Obj.; ugs.⟩ *viel (und meist nachteilig über andere) reden, etwas weitererzählen;* sie stehen stundenlang vor der Tür und t.

Trat|te ⟨f.11⟩ *gezogener Wechsel* [< ital. *tratta* in ders. Bed., eigtl. „das Ziehen, Zug" zu *tratto* „gezogen", Part. Perf. von *trarre* < lat. *trahere* „ziehen"]

Trat|to|ria ⟨f., -, -ri|en⟩ *italienische Gastwirtschaft* [ital.]

Trau|al|tar ⟨m.2⟩ *Altar, an dem eine Trauung vollzogen wird;* vor den T. treten ⟨geh.⟩ *kirchlich heiraten*

Trau|be ⟨f.11⟩ **1** *Fruchtstand der Weinrebe* **2** *einzelne Beere davon;* die saure sind für ihn ⟨übertr.⟩ *das ist eine Sache, die er nie erreichen wird (obwohl er es möchte)* [nach einer Tierfabel] **3** *Form der Blütenstandes, bei dem gestielte Blüten übereinander an einer gemeinsamen Hauptachse sitzen* **4** ⟨übertr.⟩ *eng zusammengedrängte Menge* (Bienen~, Menschen~)

Trau|ben|hya|zin|the ⟨f.11⟩ *dunkelblau blühendes Liliengewächs mit langen, schmalen Blättern und Blüten in einer Traube (3)*

Trau|ben|kir|sche ⟨f.11⟩ *wildwachsender Kirschbaum mit duftenden, weißen Blütentrauben*

Trau|ben|le|se ⟨f.11⟩ *Ernte von Weintrauben;* Syn. ⟨schweiz.⟩ Wimmet

Trau|ben|wick|ler ⟨m.5⟩ *Kleinschmetterling, dessen Raupe Weinstöcke schädigt*

Trau|ben|zucker ⟨-k|k-; m., -s, nur Sg.⟩ *ein Einfachzucker mit sechs Sauerstoffatomen;* Syn. Dextrose, Glukose, ⟨†⟩ Glykose [nach seinem Vorkommen in *Traubensaft*]

trau|en ⟨V.1, hat getraut⟩ **I** ⟨mit Akk.⟩ *jmdn. t. jmds. Eheschließung beurkunden oder segnen;* ein Brautpaar t.; er hat seinen Sohn selbst getraut; er wollte sich *die Eheschließung (auf dem Standesamt oder in der Kirche) beurkunden oder segnen lassen* **II** ⟨mit Dat.⟩ **1** *jmdm. t. Vertrauen zu jmdm. haben, glauben, daß jmd. aufrichtig ist;* trau, schau, wem ⟨sprichwörtl.⟩ *bevor man jmdm. Vertrauen schenkt, sollte man ihn sich erst genau anschauen* **2** *einer Sache t. Zutrauen zu einer Sache haben, glauben, daß eine Sache gut, richtig ist;* ich traue dem Frieden nicht *ich glaube nicht, daß diese friedliche Stimmung, dieser friedliche Zustand von Dauer ist;* ich traute meinen Augen nicht, als ich das sah *ich traute meinen Ohren nicht, als ich das hörte ich glaubte nicht richtig gesehen zu haben* **III** ⟨refl. mit Dat. und ugs. mit Akk.⟩ *sich etwas t. etwas (zu tun) wagen;* ich traue mich, ⟨oder⟩ mir nicht, es ihm zu sagen; der Kranke traut sich noch nicht aus dem Haus; das Kind traut sich nicht, allein zu gehen

Trau|er ⟨f., -, nur Sg.⟩ **1** *tiefer Schmerz um etwas oder jmdn., das oder den man verloren hat;* stille, tiefe T.; in tiefer T. ⟨Formel in Todesanzeigen⟩; T. sein **3** *Trauerbekleidung;* T. tragen

Trau|er|an|zei|ge ⟨f.11⟩ → Todesanzeige

Trau|er|fah|ne ⟨f.11⟩ *Fahne mit schwarzem Flor*

Trau|er|fall ⟨m.2⟩ → Todesfall

Trau|er|fei|er ⟨f.11⟩ *Feier bei einer Beerdigung oder Einäscherung, Feier zum Gedenken an einen Toten (kurz nach dessen Ableben)*

Trau|er|flor ⟨m.1⟩ *schwarzes Band, als Zeichen der Trauer am Ärmel, am Hut, im Knopfloch (des Anzug- oder Mantelaufschlags) oder an einer Fahne getragen wird*

Trau|er|jahr ⟨n.1⟩ *Trauerjahr von einem Jahr*

Trau|er|klei|dung ⟨f., -, nur Sg.⟩ *schwarze Kleidung, die Trauer anzeigt*

Trau|er|kloß ⟨m.2; ugs.⟩ *langweiliger, energieloser, lustloser, pessimistischer Mensch*

Trau|er|man|tel ⟨m.6⟩ *großer, dunkelbrauner Tagfalter mit hellgelbem Flügelsaum*

Trau|er|marsch ⟨m.2⟩ **1** *langsam, getragen gespielter Marsch* **2** *für eine Trauerfeierlichkeit komponiertes Musikstück im langsamen ⁴/₄-Takt*

trau|ern ⟨V.1, hat getrauert; o.Obj.⟩ *Trauer haben, traurig sein (bes. über jmds. Tod);* um jmdn. t.

Trau|er|pa|pier ⟨n.1⟩ *Papier mit schwarzem Rand (für Todesnachrichten)*

Trau|er|rand ⟨m.4⟩ **1** *schwarzer Rand auf Briefkarten oder Briefpapier für Todesnachrichten* **2** ⟨Pl.; übertr., ugs.⟩ *Trauerränder Schmutz unter den Fingernägeln*

Trau|er|schnäp|per ⟨m.5⟩ *(zu den Fliegenschnäppern gehörender) Singvogel, dessen Männchen schwarz-weiß gefiedert ist*

Trau|er|spiel ⟨n.1⟩ **1** *Tragödie* **2** ⟨ugs.⟩ *bedauerlicher Vorgang;* die Vorführung war ein T.

Trau|er|wei|de ⟨f.11⟩ *Weide mit hängenden Zweigen*

Trau|er|zeit ⟨f.10⟩ *Zeit des Trauerns nach einem Todesfall*

Trau|er|zug ⟨m.2⟩ *Zug der Trauernden bei einer Beerdigung*

Trauf ⟨m.1⟩ **1** ⟨Geol.⟩ *Steilrand (einer Schichtstufe)* **2** *Waldrand, dessen Bäume bis zum Boden Äste tragen;* Syn. Waldmantel [Nebenform von *Traufe*]

Trau|fe ⟨f.11⟩ **1** *untere waagrechte Kante des Daches* **2** *aus der Dachrinne abfließendes Regenwasser;* vom Regen in die T. kommen ⟨übertr.⟩ *von einer schlimmen Lage in eine noch schlimmere geraten* [zu *triefen*]

träu|feln ⟨V.1, hat geträufelt; mit Akk.⟩ *in Tropfen fließen lassen;* auch: ⟨selten⟩ träufen; Syn. tröpfeln, tropfen; Arznei auf einen Löffel, jmdm. ins Ohr t.

träu|fen ⟨V.1, hat geträuft⟩ → träufeln

Trau|for|mel ⟨f.11⟩ *Formel, die bei einer Trauung gesprochen wird*

trau|lich ⟨Adj.⟩ *vertraut, gemütlich;* in ~er Runde

Traum ⟨m.2⟩ **1** *Folge von Bildern, Vorstellungen, die während des Schlafens auftreten;* ein böser, quälender, schlimmer, schöner T.; jmdm. erscheint etwas im T.; das fällt mir nicht im T. ein! ⟨übertr.⟩ *ich denke gar nicht daran!* **2** *dringender Wunsch, Sehnsucht;* die Träume der Jugend; der T. ist ausgeträumt ⟨übertr.⟩ *dieser Hoffnung hat sich nicht erfüllt;* aus der T.! ⟨übertr.⟩ *es ist nichts daraus geworden;* das habe ich in meinen kühnsten Träumen nicht zu hoffen gewagt **3** ⟨übertr., ugs., in Wendungen wie⟩ ein T. von einem Abendkleid, von einem Haus *ein wunderbares Abendkleid, Haus*

Trau|ma ⟨n., -s, -men oder -ma|ta⟩ **1** *Verletzung des Körpers durch Gewalteinwirkung (bes. durch Unfall)* **2** *durch Schreck, Angst u.a. hervorgerufene seelische Störung* [< griech. *trauma* „Wunde, Leck", zu *titrōskein* „durchbohren, verwunden"]

Trau|ma|tin ⟨n.1⟩ *Hormon, das bei Verletzungen verstärkte Zellteilung anregt* [zu *Trauma*]

trau|ma|tisch ⟨Adj., o.Steig.⟩ *durch ein Trauma hervorgerufen, in der Art eines Traumas*

Trau|ma|to|lo|gie ⟨f., -, nur Sg.⟩ *Lehre von der Behandlung eines Traumas* (1) [< *Trauma* und ...*logie*]

Traum|buch ⟨n.4⟩ *volkstümliches Buch, in dem Traummotive gedeutet und Hinweise zur Deutung von Träumen gegeben werden*

Traum|deu|tung ⟨f.10⟩ *das Auslegen, Deuten von Träumen auf ihren psychologischen (oder prophetischen) Gehalt hin*

träu|men ⟨V.1, hat geträumt⟩ **I** ⟨mit Akk.⟩ *im Traum sehen, erleben;* ich habe geträumt, daß ...; das hätte ich mir nicht t. lassen *das habe ich nie vermutet, daran habe ich nie gedacht* **II** ⟨o.Obj.⟩ **1** *einen Traum haben;* von jmdm. t.; von etwas t. ⟨auch übertr.⟩ *sich etwas sehr wünschen;* er träumt davon, Rennfahrer zu werden **2** *in Gedanken versunken sein, an fernliegende Dinge denken;* träum nicht, sondern paß auf!; du träumst! ⟨ugs.⟩ *das stimmt nicht, was du da sagst!, das ist ganz abwegig!;* er träumt mit offenen Augen

Träu|mer ⟨m.5⟩ **1** *jmd., der gerade träumt* **2** *jmd., der viel in Gedanken versunken ist, der in seiner Phantasie lebt*

Träu|me|rei ⟨f.10⟩ *Wunschtraum, Tagtraum;* ~en nachhängen

träu|me|risch ⟨Adj.⟩ *in Träume versunken*

Traum|ge|sicht ⟨n.1⟩ *etwas, das jmdm. beim Träumen erscheint*

traum|haft ⟨Adj., -er, am -esten⟩ **1** *wie im Traum* **2** *sehr schön;* eine ~e Landschaft

traum|ver|lo|ren ⟨Adj., o.Steig.⟩ *in Träume versunken*

traum|wan|deln ⟨V.1, ist oder hat getraumwandelt⟩ → nachtwandeln

traun ⟨Adv., †⟩ *fürwahr*

trau|rig ⟨Adj.⟩ **1** *betrübt, niedergeschlagen;* ein ~es Gesicht machen; t. sein, werden **2** *Trauer, Niedergeschlagenheit hervorrufend;* eine ~e Jugend; ~e Nachricht; die ~e Pflicht haben **3** ⟨ugs.⟩ *kümmerlich, wenig;* ~e Reste

Trau|rig|keit ⟨f.10⟩ **1** ⟨nur Sg.⟩ *das Traurigsein* **2** ⟨selten⟩ *trauriges Ereignis, traurige Nachricht*

Trau|ring ⟨m.1⟩ → Ehering

Trau|schein ⟨m.1⟩ *Urkunde über eine vollzogene Trauung*

traut ⟨Adj.; †⟩ *vertraut, lieb;* ~es Heim

Trau|te ⟨f., -, nur Sg.; berlin.⟩ *Mut;* keine T. haben sich nicht trauen

Trau|to|ni|um ⟨n., -s, -ni|en; Wz.⟩ *ein elektronisches Musikinstrument* [nach dem Erfinder Friedrich Trautwein]

Trau|ung ⟨f.10⟩ *feierlicher Akt einer Eheschließung;* die T. vollziehen

Trau|zeu|ge ⟨m.11⟩ *bei einer Trauung anwesender Zeuge*

Tra|vel|ler|scheck [trɛvələr-] ⟨m.9⟩ *Reisescheck* [< engl. *traveller* „Reisender" (zu *to travel* „reisen") und *Scheck*]

tra|vers [-vɛrs] ⟨Adj., o.Steig.⟩ *quer, quer gestreift* [< frz. *travers* „Quere, Schräge", < lat. *traversus, transversus* „quergehend, schräg", → *transversal*]

Tra|vers ⟨m., -, nur Sg.⟩, **Tra|ver|sa|le** ⟨f.11⟩ *Hohe Schule Gang (des Pferdes) schräg seitwärts* [< frz. *travers* „Quere, Breite"]

Tra|ver|se ⟨f.11⟩ **1** ⟨Baukunst⟩ *Querbalken, Querträger* **2** *Querverbindung zweier Maschinenteile* **3** ⟨Flußregulierung⟩ *quer zur Strömung angebrachter, buhnenartiger Bau* [frz. „Querbalken, Seitenweg, Hindernis"]

Tra|vers|flö|te ⟨f.11⟩ → Querflöte

tra|ver|sie|ren ⟨V.3, hat traversiert⟩

Travertin

Tra|ver|tin ⟨m.1⟩ *Kalksinter bzw. -tuff (bes. der aus den Sabinerbergen)* [< ital. *travertino* < lat. *lapis tiburtinus* „tiburtinischer Stein, Stein aus Tivoli", zu *Tibur*, Gen. *Tiburis*, „Tivoli"]

Tra|ve|stie ⟨f.11⟩ *satirische Umdichtung eines Literaturwerkes, wobei nur die Form, nicht der Inhalt verändert wird;* vgl. *Parodie* (1) [< frz. *travesti* „Vermummung, Verkleidung, lächerliche Rolle", zu *travestir* „verkleiden, ein erhabenes Gedicht durch andere Einkleidung lächerlich machen", < lat. *trans* „hinüber" und *vestire* „(be)kleiden", zu *vestis* „Gewand, Kleidung"]

tra|ve|stie|ren ⟨V.3, hat travestiert; mit Akk.⟩ *in einer Travestie verspotten; eine Dichtung t.*

Trawl ⟨[trɔl] n.9⟩ → *Schleppnetz* [engl., zu *to trawl* „schleppen", wahrscheinlich zu *to trail* „schleppen, ziehen", < lat. *trahere* „ziehen, schleppen"]

Traw|ler ⟨[trɔlər] m.5⟩ *mit Trawl arbeitendes Fischerboot*

Treat|ment ⟨[triːtmənt] n.9; Film, Fernsehen⟩ *Vorstufe des Drehbuchs mit Angabe der Schauplätze, ausgearbeiteten Dialogen und Handlungsabläufen* [< engl. *treatment* „Behandlung, Verfahren, Bearbeitung", zu *to treat* „behandeln, bearbeiten", < lat. *tractare* „umgehen mit, handhaben, bearbeiten"]

Tre|ber ⟨m.5⟩ *beim Auspressen von Biermaische oder Kelterobst erhaltener Rückstand, Futtermittel*

Tre|cen|tist ⟨[-tʃen-] m.10⟩ *Künstler des Trecentos*

Tre|cen|to ⟨[-tʃen-] n., -(s), nur Sg.⟩ *die künstlerische Stilepoche des 14.Jh. in Italien* [ital., -(s), „dreihundert" (nach 1000)]

Treck ⟨m.9⟩ **1** *Zug (von Menschen) mit Wagen (Flüchtlings~)* **2** *Auszug, Auswanderung*

trecken ⟨-k|k-; V.1⟩ **I** ⟨o.Obj.; ist getreckt⟩ **1** *mit einem Treck wandern* **2** *abenteuerlich reisen* **II** ⟨mit Akk.; hat getreckt⟩ *ziehen, schleppen* [< ndrl. *trekken* „ziehen, sich (an einen Ort) begeben", zu *trek* „Zug, Federzug, Vogelzug"]

Trecker ⟨-k|k-, m.5⟩ *Traktor*

Trecking ⟨-k|k-; n., -s, nur Sg.⟩ **1** *Wandern im Hochgebirge mit Trägern* **2** ⟨auch allg.⟩ *sehr weites, anstrengendes Wandern* [zu *trekken*]

Treff[1] ⟨n.9; Kart.⟩ *Kleeblatt; da ist T. Trumpf* ⟨übertr., ugs.⟩ *das kann gut, aber auch schlecht ausgehen* [< frz. *trèfle* „Kleeblatt, Treff", < lat. *trifolium* „Dreiblatt, Klee"]

Treff[2] ⟨m.9; ugs.⟩ **1** *Treffen, Zusammenkunft* **2** *Treffpunkt; ich sah ihn an unserem alten T. vor der Oper*

treffen ⟨V.161, hat getroffen⟩ **I** ⟨mit Akk.⟩ **1** *etwas od. jmdn. t. etwas oder jmdn. an einer Stelle, an der richtigen Stelle berühren, auf etwas oder jmdn. aufprallen und etwas oder jmdn. zerstören oder verletzen; mit einem Stein, einem Geschoß ein Ziel t.; die Kugel hat das Fenster, hat ihn in den Kopf getroffen; der Schlag hat ihn am Arm getroffen* **2** *etwas t.* **a** *das Richtige sagen oder tun; du hast es getroffen es war richtig, was du gesagt hast; er trifft nicht immer den richtigen Ton er singt manchmal falsch,* ⟨übertr.⟩ *er sagt manches nicht im richtigen Ton* **b** ⟨mit verschiedenen Subst.⟩ *in Abkommen t. etwas vereinbaren; Anordnungen t. etwas anordnen; Anstalten t., etwas zu tun etwas vorbereiten; eine Auswahl t. etwas auswählen; Maßnahmen t. Maßnahmen ergreifen* **3** *jmdn. t.* **a** *jmdn. erschüttern, im Innern bewegen; dein Vorwurf hat mich getroffen; sein Tod hat sie schwer getroffen* **b** *jmdm. begeg-*nen, *mit jmdm. zusammenkommen; jmdn. auf der Straße t.; ich treffe ihn heute nachmittag; sich t.* ⟨ugs., eigtl.⟩ *einander t. einander begegnen, zusammenkommen; wir t. uns um vier Uhr* **II** ⟨refl.; unpersönl., mit „es"⟩ *es trifft sich es geschieht, es fügt sich, es paßt; es trifft sich gut, daß du heute kommst; es hat sich eben so getroffen*

Treffen ⟨n.7⟩ **1** *leichter Kampf, Scharmützel; etwas ins T. führen* ⟨übertr., ugs.⟩ *ein Argument anbringen* **2** *Zusammenkunft, Begegnung; ein T. arrangieren, veranstalten* **3** ⟨Sport⟩ *Wettkampf; ein T. für sich entscheiden einen Wettkampf gewinnen*

Treffer ⟨m.5⟩ **1** *Schuß, Schlag oder Wurf, der getroffen hat; einen T. erzielen* **2** ⟨Lotto, Toto, Lotterie⟩ *Gewinnzahl(en)*

trefflich ⟨Adj.⟩ *ausgezeichnet, verdient, hervorragend; ein ~er Mann*

Treff|punkt ⟨m.1⟩ **1** *Ort, an dem eine Zusammenkunft stattfindet* **2** *Ort der Begegnung; ein T. der Jugend*

treff|si|cher ⟨Adj.⟩ *genau treffend; ein ~er Schütze; ~e Ausdrucksweise* **Treff|si|cher|heit** ⟨f., -, nur Sg.⟩

Treib|ach|se ⟨f.11; bei Lokomotiven⟩ *Achse (und deren Räder), auf die der Antrieb wirkt; auch: Triebachse*

Treib|an|ker ⟨m.5; bei kleinen Schiffen und Rettungsinseln⟩ *nachgeschlepptes, Widerstand bietendes Gerät (das die Fahrt verlangsamt und stabilisiert)*

Treib|ar|beit ⟨f.10⟩ **1** *das Treiben (I,3a) von Edelmetall* **2** *der auf diese Weise verzierte Gegenstand*

Treib|auf ⟨m.9⟩ *stets aktiver, unternehmungslustiger Mensch*

Treib|eis ⟨n., -es, nur Sg.⟩ *(auf Flüssen oder dem Meer) in Schollen treibendes Eis;* Syn. *Drifteis*

treiben ⟨V.162⟩ **I** ⟨mit Akk.; hat getrieben⟩ **1** *jmdn. oder ein Tier t. nachdrücklich veranlassen, drängen, vorwärtszugehen, wegzugehen, an einen Ort zu gehen; Vieh auf die Weide, in den Stall t.; jmdn. aus dem Haus t.; jmdn. in den Tod t.; der Hirsch treibt die Hirschkuh* ⟨Jägerspr.⟩ *der Hirsch verfolgt die Hirschkuh (während der Paarungszeit)* **2** *jmdn. t. jmdm. drängen, Arbeit zu leisten, etwas schneller zu erledigen; man muß ihn immer t., ich lasse mich nicht t.* **3** *etwas t.* **a** *(durch Hämmern, Biegen, Strecken) in kaltem Zustand formen; Gold, Silber t.; eine getriebene Goldschale* **b** *in Bewegung setzen oder halten; das Wasser treibt das Mühlrad; der Wind treibt den Rauch zu uns; Pflanzen im Treibhaus rasch zum Blühen bringen; sich von der Menge durch die Straßen t. lassen müßig in Menge der Fußgänger durch die Stadt gehen* **c** *hervorbringen; Knospen, Blüten t.* **d** *heftig (in eine Richtung) bewegen; einen Nagel in die Wand t.; einen Keil unter einen Schrank t.; der Zorn trieb ihm die Röte ins Gesicht* **e** *etwas tun, sich mit etwas beschäftigen; was treibst du den ganzen Tag?; erzähl mir von deinem Tun und Treiben; diesem Treiben muß ein Ende gesetzt werden; Unsinn t.; Sport t.; mit etwas Mißbrauch t.* ⟨übertr.⟩ *etwas mißbrauchen, etwas falsch, auf schädliche Weise behandeln oder anwenden* **f** ⟨mit „es" als Akk.obj. in den Wendungen⟩ *es mit jmdm. t.* ⟨ugs.⟩ *Geschlechtsverkehr mit jmdm. haben; es zu weit, zu arg t. seine Handlungsweise nicht ändern; er wird nicht mehr lange t. er wird nicht mehr lange so (rücksichtslos) vorgehen, handeln können;* ⟨auch derb⟩ *er wird bald Ferien t.* **II** ⟨o.Obj.; ist getrieben⟩ *sich ohne eigenen Antrieb fortbewegen; ein Blatt treibt auf dem Wasser; das Boot treibt auf den Wellen*

Trei|ben ⟨n.7⟩ **1** ⟨nur Sg.⟩ *von zahlreichen Menschen erzeugtes Durcheinander; ein buntes, fröhliches, närrisches T.* **2** ⟨Jägerspr.⟩ **a** *Treibjagd* **b** *bei der Treibjagd umstelltes* *Gebiet* **3** ⟨nur Sg.⟩ *Handeln; sein schändliches T. werden wir beenden; erzähl mir von deinem Tun und T.!*

Trei|ber ⟨m.1⟩ *jmd., der bei einer Treibjagd den Schützen das Wild zutreibt*

Trei|ber|amei|se ⟨f.11⟩ *tropische Ameise, deren große Wanderzüge gefürchtet sind*

Treib|gas ⟨n.1⟩ **1** *gasförmiger Brennstoff zum Betrieb von Ottomotoren* **2** *unter Druck stehendes Gas zum Austreiben des Inhalts von Spraydosen*

Treib|haus ⟨n.4⟩ *heizbares Gewächshaus (in dem Pflanzen zum Blühen gebracht werden)*

Treib|haus|ef|fekt ⟨m., -(e)s, nur Sg.⟩ *auf Gegenstrahlung beruhender Effekt mit Einfluß auf die Wärmezunahme von Luftschichten*

Treib|holz ⟨n., -es, nur Sg.⟩ *auf Wasser treibende oder von Wasser ans Ufer getriebene Holzstücke*

Treib|jagd ⟨f.10⟩ *Jagd, bei der das Wild durch lärmende Treiber aufgeschreckt und den Schützen zugetrieben wird*

Treib|la|dung ⟨f.10⟩ *chemisches Gemisch, das ein Geschoß oder eine Rakete antreibt*

Treib|mit|tel ⟨n.1⟩ → *Triebmittel*

Treib|netz ⟨n.1⟩ *frei schwimmendes, durch Auftriebskörper gehaltenes Fischernetz*

Treib|öl ⟨n.1; bes. in der Schiffahrt⟩ *für Antriebsmaschinen benutztes (Diesel-)Öl*

Treib|rad ⟨n.4; bei Maschinen, Uhren⟩ *die Antriebskraft übernehmendes und weitergebendes Rad*

Treib|rie|men ⟨m.7⟩ *ringförmiger Riemen, der eine Drehbewegung überträgt*

Treib|sand ⟨m.9, nur Sg.⟩ **1** *angetriebener, lockerer Sand; auch: Triebsand* **2** → *Schwimmsand*

Treib|schlag ⟨m.2; Tennis⟩ *harter Schlag*

Treib|stoff ⟨m.1⟩ *Brennstoff zum Betrieb von Verbrennungskraftmaschinen*

Trei|del ⟨m.14⟩ *Tau zum Treideln*

trei|deln ⟨V.1, hat getreidelt; mit Akk.⟩ *früher ein Schiff t. vom Ufer aus an Seilen ziehen*

Trei|del|pfad, Trei|del|weg ⟨m.1⟩ *Weg entlang eines Flusses oder Kanals zum Treideln;* Syn. *Leinpfad*

trei|fe ⟨Adj., o.Steig.; jidd. Bez. für⟩ *unrein, den jüdischen Speisevorschriften nicht entsprechend;* Ggs. *koscher*

Tre|ma ⟨n., -s, -s oder -ma|ta⟩ **1** ⟨Zeichen: ¨⟩ *Zeichen über einem von zwei nebeneinanderstehenden Vokalen, die getrennt auszusprechen sind, z.B. frz. naïf* (im Deutschen meist nicht mehr geschrieben), *oder zur langen Aussprache des ersten Vokals, z.B. in ndrl. Namen: ...daël [-daːl], im Albanischen zur Aussprache des e wie [ə], z.B. Tiranë [tirənə]* **2** ⟨nur Sg.⟩ *Lücke zwischen den Schneidezähnen* [< griech. *trema* „Loch, Öffnung", zu *tetrainein* „durchbohren"]

Tre|ma|to|de ⟨f.11⟩ *parasitisch lebender Plattwurm mit Haftorganen, Saugwurm, z.B. Bilharzie* [< griech. *trema*, Gen. *trematos*, „Loch, Öffnung" (wegen der stark entwickelten Saugnäpfe)]

tre|mo|lie|ren ⟨V.3, hat tremoliert; o.Obj.⟩ *(technisch fehlerhaft) bebend singen* [zu *Tremolo*]

Tre|mo|lo ⟨n., -s, -s oder -li⟩ **1** ⟨beim Singen⟩ *Beben (der Stimme)* **2** ⟨beim Spielen von Streich- oder Tasteninstrumenten⟩ *sehr schnelles Wiederholen zweier Töne oder Akkorde im Wechsel* [< ital. *tremulo, tremolo* in ders. Bed., < lat. *tremulus* „zitternd", zu *tremere* < griech. *tremein* „zittern"]

Tre|mor ⟨m., -(s), -mo|res; Med.⟩ *Zittern* [lat., „das Zittern", zu *tremere* < griech. *tremein* „zittern"]

Tre|mu|lant ⟨m.10; an der Orgel⟩ *Vorrichtung, um Vibrieren (Schwebung) des Tons zu erzeugen*

Trench|coat ⟨[trɛntʃkout] m.9⟩ *Regenman-*

tel aus Gabardine oder Popeline [engl., ‚‚Wettermantel", eigtl. ‚‚Mantel für den Schützengraben", < *trench* ‚‚Schützengraben, Laufgraben" und *coat* ‚‚Mantel"]

Trend ⟨m.9⟩ *Tendenz, Richtung (einer Entwicklung);* im T. liegen; das ist ein T. der Zeit [engl., ‚‚Richtung, Neigung, Bestrebung, Entwicklung", zu *to trend* ‚‚eine Richtung haben oder nehmen, sich neigen"]

Trend|ler ⟨m.5; landsch.⟩ *langsamer Mensch, Trödler*

tren|nen ⟨V.1, hat getrennt⟩ **I** ⟨mit Akk.⟩ **1** etwas t. **a** *die Verbindung von etwas zu etwas lösen;* Futter aus dem Mantel t.; der Granatsplitter trennte ihm die Hand vom Arm **b** *auseinanderbringen, teilen, unterbrechen;* zwei Grundstücke durch einen Zaun t.; eine Ehe t. *durch gerichtlichen Beschluß auflösen;* ein telefonisches Gespräch t.; ein Wort in Silben t.; wie wird dieses Wort getrennt? **c** *auseinanderhalten, unterscheiden;* bei einem Streit die Sache von der Person t.; mehrere Begriffe genau t. **2** *jmdn. von jmdm. t. jmdn. (gewaltsam, durch Maßnahmen) von jmdm. wegbringen;* das Kind von den Eltern t.; wir wurden in dem Gedränge voneinander getrennt; einen Kranken von den Gesunden t. **II** ⟨refl.⟩ sich t. *von etwas, von jmdm. weggehen, auseinandergehen;* wir haben uns um vier Uhr in der Stadt getrennt; die beiden wollen sich (für immer) t.; unsere Wege t. sich hier; sich von seinem Mann, von seiner Frau t.; sie konnte sich von dem Anblick nicht t.; ich kann mich von dem Haus nicht t. *ich möchte es nicht verlassen, nicht hergeben*

Trenn|mes|ser ⟨n.5⟩ *scharfes Messer zum Auftrennen von Nähten*

Trenn|mit|tel ⟨n.5⟩ *Mittel (z.B. Mineralsalz), das die Rieselfähigkeit pulveriger Lebensmittel erhält* **2** *Mittel (z.B. Vaseline), das die leichte Trennung von Form und Formkörper ermöglicht* **3** ⟨Chem.⟩ *Flüssigkeit, die unterschiedliche Stoffe trennt oder absorbiert*

Trenn|punk|te ⟨m.1, Pl.; eindeutschend für⟩ *Trema (1)*

Trenn|schär|fe ⟨f., -, nur Sg.; bei Rundfunkempfängern⟩ *Fähigkeit, ein nur eng begrenztes Frequenzgebiet zu empfangen und danebenliegende Frequenzen zu unterdrücken;* Syn. *Selektivität*

Tren|nung ⟨f.10⟩ **1** ⟨nur Sg.⟩ *das Trennen;* die T. ihrer Ehe; die T. eines Wortes (in Silben) **2** *das Sichtrennen, Abschied;* bei der T. weinte sie **3** *das Getrenntsein;* die lange T. hat der Ehe geschadet

Tren|nungs|ent|schä|di|gung ⟨f.10⟩ *Entschädigung für einen Arbeitnehmer, der nicht zu Hause wohnen kann, für daraus entstehende Kosten*

Tren|nungs|strich ⟨m.1; Sprachw.; Zeichen: -⟩ *kleiner, waagerechter Strich, mit dem ein Wort nach den Silben (am Zeilenende) getrennt wird;* einen T. ziehen ⟨übertr.⟩ *zwei Begriffe oder Bereiche scharf abgrenzen*

Tren|se ⟨f.11⟩ *einfacher Zaum mit Gebißstange und Zügel*

Trente-et-qua|rante ⟨[trātekarāt] n., -, nur Sg.⟩ *ein Kartenglücksspiel [frz., ‚‚dreißig und vierzig"]*

Trente-et-un ⟨[trātœ̃] n., -, nur Sg.⟩ *ein Kartenglücksspiel [frz., ‚‚dreißig und eins"]*

Tre|pan ⟨m.1⟩ *chirurgisches Gerät zum Öffnen des Schädels [< lat. trepanum, griech. trypanon ‚‚Bohrer", zu trypan ‚‚bohren"]*

Tre|pa|na|ti|on ⟨f.10; Med.⟩ *Schädelöffnung*

Tre|pang ⟨m.9 oder m.1⟩ *Seewalze, deren Körper getrocknet in Ostasien gegessen wird* [mal.]

tre|pa|nie|ren ⟨V.3, hat trepaniert; mit Akk.⟩ *mit dem Trepan öffnen;* den Schädel t.

trepp|ab ⟨Adv.⟩ *die Treppe hinunter;* Ggs. *treppauf;* beim Gehen t. vorsichtig sein

trepp|auf ⟨Adv.⟩ *die Treppe hinauf;* Ggs. *treppab;* das Gehen t. fällt ihm schwer; ich bin heute wohl zehnmal t., treppab gelaufen

Trep|pe ⟨f.11⟩ **1** *aus Stufen bestehender Aufgang zu einer höher oder tiefer gelegenen Ebene;* Syn. ⟨bayr.-österr.⟩ *Stiege,* ⟨schwäb.⟩ *Staffel;* eine alte, hölzerne, steinerne T.; die T. hinauf-, hinuntergehen **2** *Stockwerk;* sie wohnen eine T. höher **3** ⟨übertr., ugs.⟩ *Karriereleiter;* die T. hinauffallen *unerwartet hoch befördert werden*

Trep|pen|haus ⟨n.4⟩ *der Teil des Hauses, in dem sich die Treppe befindet*

Trep|pen|stu|fe ⟨f.11⟩ *Stufe einer Treppe*

Trep|pen|witz ⟨m.1⟩ **1** ⟨urspr.⟩ *witzige oder treffende Antwort, die jmdm. zu spät, erst nach dem Gehen (gewissermaßen auf der Treppe) einfällt* **2** ⟨übertr., ugs.⟩ *schlechter Witz, Ereignis, das wie ein schlechter Witz wirkt*

Tre|sen ⟨m.7⟩ **1** *Ladentisch* ⟨im Gasthaus⟩ *Schanktisch, Theke* [ältere Bed. ‚‚Kasse unter dem Ladentisch, unter dem Schanktisch", < mhd. *tresen* ‚‚Schatzkammer", → *Tresor*]

Tre|sor ⟨m.1⟩ **1** *Stahlschrank (für Geld und Wertsachen)* **2** ⟨in Banken⟩ *stark gesicherter, meist unterirdischer Raum mit Stahlschränken* [< griech. *thesauros* ‚‚Vorrats-, Schatzkammer"]

Tres|pe ⟨f.11⟩ *(haferähnliches) Gras mit Rispen*

Tres|se ⟨f.11⟩ *Borte, Besatz (meist) aus Gold- oder Silberfäden* [< frz. *tresse* ‚‚Haarflechte", < griech. *thrix,* Gen. *trichos* ‚‚Haar(e), Locke" oder < griech. *tricha* ‚‚dreifach"]

Tres|ter ⟨m.5⟩ *fester Rückstand nach dem Keltern (von Trauben, Äpfeln, Birnen u.a.)*

tre|ten ⟨V.163⟩ **I** ⟨mit Akk., hat getreten⟩ **1** etwas t. **a** *mit dem Fuß drücken, stoßen;* den Blasebalg, das Pedal (am Klavier), die Kupplung t.; Wasser t. *im Wasser die Beine auf und nieder bewegen (und sich dadurch in senkrechter Stellung halten);* jmds. Gefühle mit Füßen t. ⟨übertr.⟩ *jmds. Gefühle verletzen, mißachten* **b** *durch Gehen herstellen;* einen Weg t. ⟨Fußb.⟩ *durch einen Schuß ausführen;* einen Freistoß t. **2** *jmdn. bedrängen, zur Eile antreiben* **3** ein Tier t. → *begatten;* der Hahn tritt die Henne **II** ⟨mit Akk. oder Dat.; ist getreten⟩ jmdn. (ein Tier) t. *jmdn. (ein Tier) mit dem Fuß stoßen, stark drücken, jmdm. (einem Tier) einen Tritt tun;* ich habe ihn (absichtlich) auf den Fuß getreten; ich bin ihm (versehentlich) auf den Fuß getreten; ich habe ihn (absichtlich) vors Schienbein, in den Hintern getreten **III** ⟨o.Obj.⟩ **1** ⟨ist getreten⟩ *einen Schritt, einige Schritte (an eine Stelle) machen;* ans Fenster t.; aus dem Haus t.; ins Zimmer t.; vor jmdn. t. (und etwas bekennen); zu jmdm. t. *sich in jmds. Nähe stellen* **2** ⟨hat getreten⟩ *einen Tritt ausführen, mit dem Fuß heftig (in eine Richtung) stoßen;* gegen die Tür t.; nach jmdm. t. **3** ⟨mit verschiedenen Subst., ist getreten⟩ in etwas t. *etwas beginnen;* in Tätigkeit, in Aktion t.; in Verhandlungen mit jmdm. t.; in Hungerstreik t.

Tre|ter ⟨m.5, Pl.; ugs.⟩ *derbe oder abgetragene Schuhe*

Tret|kur|bel ⟨f.11⟩ *mit dem Fuß zu bewegende Kurbel (z.B. am Fahrrad)*

Tret|müh|le ⟨f.11⟩ **1** ⟨früher⟩ *durch Tretrad angetriebene Mühle* **2** ⟨heute, übertr., ugs.⟩ *eintönige Beschäftigung, eintönige Arbeit;* die T. des Alltags; morgen geht die tägliche T. wieder los

Tret|rad ⟨n.4⟩ *mit den Füßen oder durch ein Tier bewegtes Rad (als Antrieb für eine Maschine, ein Gerät)*

Tret|strah|ler ⟨m.5; am Fahrrad⟩ *jeder von zwei an den Pedalen befestigten, gelben Rückstrahlern*

treu ⟨Adj., -er, am -(e)sten⟩ **1** *jmdm. oder einer Sache gegenüber stets die gleiche Gesinnung beibehaltend, zuverlässig, anhänglich;* ~er Freund; ein ~es Herz haben; eine ~e Seele ⟨übertr., ugs.⟩ *ein anhänglicher Mensch;* jmdm., sich t. bleiben; seinen Grundsätzen t. bleiben; jmdm., etwas t. stehen; jmdm. etwas zu ~en Händen übergeben *jmdm. etwas zur zuverlässigen Verwaltung übergeben* **2** *keinen Ehebruch begehend;* ein ~er Ehemann **3** *etwas naiv, treuherzig;* t. und bieder; t. und brav; er schaute mich so t. an

Treu|bruch ⟨m.2⟩ *Bruch der Treue*

treu|brü|chig ⟨Adj., o.Steig.; nur als Attr. und mit ‚‚sein" und ‚‚werden"⟩ *ein Treueversprechen nicht einhaltend;* er ist t. (geworden) *er hat sein Treueversprechen nicht eingehalten*

Treue ⟨f., -, nur Sg.⟩ **1** *das Treusein, Anhänglichkeit;* die T. brechen; die T. halten; jmdm. T. schwören, geloben; meiner Treu! ⟨†⟩ *wahrhaftig!;* jmdm. etwas auf Treu und Glauben überlassen *jmdm. etwas im Vertrauen auf seine Redlichkeit überlassen* **2** *das Nichtbegehen eines Ehebruches;* eheliche T. **3** *Kameradschaft, Liebe;* in T. zu jmdm. stehen **4** *Genauigkeit, Präzision (der Wiedergabe);* die T. der Dokumentation

Treu|eid ⟨m.1⟩ **1** ⟨früher⟩ *Lehnseid* **2** ⟨heute⟩ *Eid, mit dem man jmdm. die Treue schwört*

Treue|prä|mie ⟨f.11⟩ **1** *Prämie für Arbeitnehmer, die bereits recht lange bei einer Firma arbeiten* **2** *Prämie für Mitglieder eines Buchclubs*

Treu|ga Dei ⟨f., - -, nur Sg.⟩ → *Gottesfriede* [< mlat. *treuga* ‚‚Landfrieden" (zu germ. *trewwa* ‚‚treu") und lat. *dei* ‚‚Gottes", zu *deus* ‚‚Gott"]

Treu|hand ⟨f., -, nur Sg.⟩ *Verwaltung fremden Eigentums durch einen Treuhänder;* Syn. *Treuhandschaft*

Treu|hän|der ⟨m.5⟩ *jmd., der fremdes Eigentum im eigenen Namen, aber in fremdem Interesse verwaltet;* jmdn. als T. einsetzen

Treu|hand|ge|sell|schaft ⟨f.10; Wirtsch.⟩ *Gesellschaft, die als Treuhänder arbeitet*

Treu|hand|schaft ⟨f.10⟩ → *Treuhand*

treu|her|zig ⟨Adj.⟩ *etwas naiv, zutraulich, von kindlicher Offenheit;* eine ~e Antwort

Treu|her|zig|keit ⟨f., -, nur Sg.⟩

treu|lich ⟨Adv.⟩ *treu, zuverlässig;* er hat t. zu ihm gehalten; er hat sie t. überallhin begleitet

treu|los ⟨Adj., -er, am -esten⟩ *nicht treu, unzuverlässig* **Treu|lo|sig|keit** ⟨f., -, nur Sg.⟩

Tre|vi|ra ⟨n., -s, nur Sg.; Wz.⟩ **1** *eine Polyesterfaser* **2** *daraus hergestelltes Gewebe*

Tri ⟨n., -s, nur Sg.; kurz für⟩ *Trichloräthylen*

tri..., Tri... ⟨in Zus.⟩ *drei-, Drei-, dreimalig, dreifach* [< lat., griech. *tri-,* in Zus. für lat. *tres,* griech. *treis, tria* ‚‚drei"]

Tri|a|de ⟨f.11⟩ *Dreiheit, Dreizahl, drei zusammengehörige, gleichartige Dinge oder Wesen* [< griech. *trias,* Gen. *triados* ‚‚Dreizahl, Dreiheit", zu *treis, tria* ‚‚drei"]

Tri|al [traiəl] ⟨n.9; Motorradsport⟩ *Geländefahrt, bei der nur die Fahrtechnik bewertet wird* [engl., ‚‚Versuch, Probe"]

Tri|al and er|ror ⟨[traiəl ənd ɛrə] o.Art.⟩ *Lernmethode, bei der durch Probieren eine Lösung gefunden wird (bes. bei Tierversuchen angewendet)* [engl., ‚‚Versuch und Irrtum"]

Tri|an|gel ⟨m.5, österr. n.5⟩ **1** *Musikinstrument aus einem zum Dreieck gebogenen Metallstab, der mit einem Metallstäbchen angeschlagen wird* **2** ⟨ugs.⟩ *dreieckiger Riß (im Stoff)* [< lat. *triangulum* ‚‚Dreieck", < *tri-...* (in Zus. für *tres*) ‚‚drei" und *angulus* ‚‚Ecke, Winkel", vielleicht zu *uncus* ‚‚Haken, Klammer"]

tri|an|gu|lär ⟨Adj., o.Steig.; geh.⟩ *dreieckig*

Tri|an|gu|la|ti|on ⟨f.10⟩ *Landvermessung mit Hilfe eines Netzes von Dreiecken* [zu *Triangel*]

Tri|an|gu|la|ti|ons|punkt ⟨m.1; bei der Triangulation⟩ *Punkt, der im Gelände markiert ist und der jeweils dem Eckpunkt eines*

967

Dreiecks auf der Karte entspricht; Syn. trigonometrischer Punkt

Trias ⟨f., -, nur Sg.⟩ **1** untere Formation des Mesozoikums **2** Dreiklang, Dreiheit, Dreizahl [< griech. *trias* „Dreiheit", wegen der Dreigliederung der Sedimente im mitteleuropäischen Raum]

tri|as|sisch ⟨Adj., o.Steig.⟩ zur Trias (1) gehörig, aus ihr stammend

Tri|ba|de ⟨f.11⟩ homosexuelle Frau [→ *Tribadie*]

Tri|ba|die ⟨f., -, nur Sg.⟩ Homosexualität zwischen Frauen [< lat. *tribadis*, griech. *tribas* „Frau, die mit anderen Frauen Unzucht treibt, ,Reiberin'", zu *tribein* „reiben"]

Tri|ba|lis|mus ⟨m., -, nur Sg.⟩ Stammesbewußtsein, stammesgebundene Politik (bes. in afrikanischen Staaten) [< engl. *tribalism* „Stammeszugehörigkeit, Zugehörigkeitsgefühl zu einem Stamm", zu *tribe* „Volksstamm, Sippe, soziale Gruppe", < lat. *tribus*, der Bezeichnung für jeden der vier Volksstämme, in die das römische Volk nach seiner Abstammung eingeteilt war, eigtl. „Drittel"]

Tri|bun ⟨m.12 oder m.10; im alten Rom⟩ **1** Bezirksbeamter **2** zweithöchster Offizier einer Legion **3** Sonderbeamter zum Schutz des Volkes gegen Beamtenwillkür; Syn. *Volkstribun* [< lat. *tribunus*, urspr. „Vorsteher einer der drei Tribus", der drei Volksstämme, in die das römische Volk nach seiner Abstammung eingeteilt war; *tribus* bedeutet eigtl. „Drittel", zu *tres* (in Zus. *tri...*) „drei"]

Tri|bu|nal ⟨n.1⟩ **1** ⟨im alten Rom⟩ **a** ⟨urspr.⟩ erhöhter Platz für den Richter **b** ⟨dann⟩ Gerichtshof **2** ⟨heute⟩ öffentliche (nichtgerichtliche) Verhandlung (gegen jmdn.); jmdn. vor ein T. zerren; ein T. abhalten

Tri|bu|nat ⟨n.1⟩ Amt eines Tribuns

Tri|bü|ne ⟨f.11⟩ **1** Rednerbühne **2** Gerüst mit Sitzreihen für Zuschauer **3** ⟨auch⟩ die Zuschauer selbst [< frz. *tribune* „Rednerbühne, Galerie" < ital. *tribuna* „Rednerbühne", < lat. *tribunal* „halbkreisförmige Erhöhung oder Bühne (auf der die Tribunen während ihrer Amtshandlungen saßen), Gerichtshof", → *Tribun*]

Tri|but ⟨m.1⟩ **1** Abgabe, Beitrag, Steuer; von jmdm. T. fordern; der Krieg forderte seinen T. ⟨übertr.⟩; jmdm. ein T. auferlegen **2** ⟨übertr.⟩ Hochachtung, Anerkennung; jmds. Leistung den schuldigen T. zollen [< lat. *tributum* „öffentliche Abgabe, Steuer, Beitrag, der auf die einzelnen Bürger verteilte, von ihnen aufzubringende Gesamtbetrag an Abgaben", zu *tribuere* „zuteilen, austeilen, verteilen", zu *tribus*, → *Tribun*]

tri|bu|tär ⟨Adj., o.Steig.; †⟩ steuerpflichtig

Tri|chi|ne ⟨f.11⟩ in den Muskeln mancher Säugetiere, z.B. des Schweins, schmarotzender Fadenwurm [< griech. *trichinos* „aus Haaren hergestellt", zu *thrix*, Gen. *trichos*, „Haar"]

Tri|chi|nen|schau ⟨f., -, nur Sg.⟩ Untersuchung zum Verzehr bestimmten Fleisches (von Schweinen) auf Trichinen

tri|chi|nös ⟨Adj., o.Steig.⟩ von Trichinen befallen; ~es Fleisch

Tri|chi|no|se ⟨f.11⟩ durch Trichinen hervorgerufene Krankheit [< *Trichine* und *...ose*]

Tri|chlor|äthy|len ⟨n., -s, nur Sg.⟩ farbloses, giftiges Lösungs- und Reinigungsmittel [< *Tri...*, *Chlor* und *Äthylen*]

Tri|cho|mo|na|den|seu|che ⟨f., -, nur Sg.⟩ ⟨Med., Tiermed.⟩ durch Geißeltierchen hervorgerufene Scheidenentzündung mit Ausfluß, die durch Geschlechtsverkehr übertragen werden kann [nach der Gattung *Trichomonas* der Geißeltierchen, < griech. *thrix*, Gen. *trichos* „Haar" und *monas*, Gen. *monados*, „Einheit"]

Tri|cho|to|mie ⟨f.11⟩ **1** Auffassung von der Dreiteilung des Menschen in Leib, Geist und Seele **2** ⟨Rechtsw.⟩ Einteilung der Straftaten in Übertretung, Vergehen und Verbrechen **3** ⟨Math.; Bez. für die⟩ Eigenschaft einer Ordnungsrelation **4** ⟨übertr.⟩ Haarspalterei [< griech. *tricha* „dreifach, dreiteilig" (zu *tris* „dreimal") und *tome* „Schnitt", zu *temnein* „schneiden"]

Trich|ter ⟨m.5⟩ **1** Gerät in Form eines auf der Spitze stehenden Kegelmantels, das unten in eine Röhre übergeht, so daß man damit flüssige und feinkörnige Stoffe in enge Gefäße füllen kann; Nürnberger T. ⟨übertr.⟩ Lehrmethode, mit der man jmdm. den Lehrstoff schnell und mechanisch beibringt; jmdm. etwas mit dem Nürnberger T. beibringen **2** Gebilde in dieser Form (Bomben~, Vulkan~) [< mhd. *trehter*, *trihter* < lat. *traiectorium* „Trichter", zu *traicere* „hinüberschütten, hinüberwerfen"]

Tri|ci|ni|um [-tsi-] ⟨n., -s, -ni|en; 15./16.Jh.⟩ Musikstück für drei Singstimmen oder Instrumente [lat., < *tri...* (in Zus. für *tres*) „drei" und *canere* „singen", auch „auf einem Instrument spielen"]

Trick ⟨m.9⟩ **1** Kunstgriff, Kniff **2** ⟨Whist⟩ höherer Stich [engl. *trick* in ders. Bed., < mengl. *trik* < pikard. *trique* „Betrug", zu altfrz. *trechier*, *trichier* „betrügen"]

Trick|film ⟨m.1⟩ Film, bei dem mit technischen Methoden erstaunliche und die Wirklichkeit übertreffende Effekte erzielt werden

trick|sen ⟨V.1, hat getrickst⟩ **I** ⟨o.Obj.⟩ Tricks anwenden, mit vielen Tricks vorgehen oder spielen **II** ⟨mit Akk.; Sport, bes. Fußb.⟩ den Gegner t. den Gegner geschickt umspielen

Trick|track ⟨n., -s, nur Sg.⟩ → *Puffspiel*

Tri|dent ⟨m.10⟩ Dreizack (als Waffe) [< lat. *tridens*, Gen. *-entis*, „Dreizack (der Fischer)", < *tri...* (in Zus. für *tres*) „drei" und *dens*, Gen. *dentis*, „Zahn, Zinke"]

Tri|dy|mit ⟨m.1⟩ farbloses oder milchigtrübes Mineral, feinkristalline Abart des Quarzes [< *tri...* und griech. *didymos* „doppelt, zweifach"]

Trieb ⟨m.1⟩ **1** Drang, innerer Antrieb, der sich auf die Befriedigung starker, meist lebensnotwendiger Bedürfnisse richtet; mütterlicher T.; sexueller T.; sich von seinen ~en leiten lassen; einem T. nachgeben **2** ⟨ugs.⟩ Lust, Neigung; ich habe heute überhaupt keinen T. hinauszugehen, etwas zu unternehmen **3** ⟨Tech.⟩ **a** Übertragung eines Drehmoments (Seil~, Zahnrad~) **b** Vorrichtung, die ein Drehmoment überträgt **4** ⟨Biol.⟩ junger Pflanzensproß (Kartoffel~); ~e zurückschneiden

Trieb|ach|se ⟨f.11⟩ → *Treibachse*

Trieb|fe|der ⟨f.11⟩ **1** ⟨Tech.⟩ Feder, die etwas antreibt **2** innerer Beweggrund; der Haß war die T. seines Verbrechens

trieb|haft ⟨Adj., -er, am -esten⟩ vom Trieb (1, bes. vom Geschlechtstrieb) bestimmt, ohne Kontrolle des Verstandes; t. handeln **Trieb|haf|tig|keit** ⟨f., -, nur Sg.⟩

Trieb|hand|lung ⟨f.10⟩ vom Trieb (1, nicht vom Willen) ausgehende Handlung

Trieb|kraft ⟨f.2⟩ **1** ⟨bei Pflanzen⟩ Kraft, durch die Erde nach oben zu wachsen **2** Kraft, die Teig aufgehen läßt; die T. der Hefe, des Backpulvers **3** antreibende Kraft; sein Ehrgeiz ist die T. für seine berufliche Entwicklung

Trieb|le|ben ⟨n., -s, nur Sg.⟩ Gesamtheit aller Handlungen und Verhaltensweisen, die vom Trieb (bes. Geschlechtstrieb) ausgehen

Trieb|mit|tel ⟨n.5⟩ Stoff, der beim Erhitzen Gase freisetzt und damit einen anderen Stoff porös oder locker macht; auch: Treibmittel; Hefe als T. für Backwaren

Trieb|sand ⟨m., -(e)s, nur Sg.⟩ → *Treibsand*

Trieb|ver|bre|cher ⟨m.5⟩ jmd., der ein Verbrechen aus Triebhaftigkeit (bes. aus unkontrolliertem Geschlechtstrieb) begeht

Trieb|wa|gen ⟨m.7⟩ Schienenfahrzeug mit Eigenantrieb

Trieb|werk ⟨n.1; bei Fahr- und Flugzeugen⟩ den Antrieb erzeugende Maschine, z.B. Verbrennungsmotor (Strahl~)

Trief|au|ge ⟨n.14⟩ ständig tränendes (und meist gerötetes) Auge

trief|äu|gig ⟨Adj., o.Steig.⟩ mit Triefaugen behaftet

trie|fen ⟨V.1 oder 164, hat oder ist getrieft oder getroffen; o.Obj.⟩ **1** ⟨hat⟩ so naß sein, daß es tropft; sein Mantel triefte, troff **2** ⟨ist⟩ in vielen Tropfen fließen, stark tropfen; das Blut troff aus der Wunde; das Wasser triefte, troff ihm aus den Haaren; der Schweiß triefte, troff ihm von der Stirn; der Mantel trieft o naß; der Film trieft, triefte vor Rührseligkeit ⟨ugs.⟩ der Film war übertrieben rührselig **3** ⟨hat⟩ Tropfen absondern; seine Augen t., triefen; seine Nase trieft, triefte

Triel ⟨m.1⟩ langbeiniger, taubengroßer Vogel mit bräunlichem Gefieder und großen, gelben Augen, der steiniges Ödland bewohnt [nach dem Ruf *trüii*]

Tri|en|na|le ⟨f.11⟩ alle drei Jahre stattfindende Veranstaltung [zu *Triennium*]

Tri|en|ni|um ⟨n., -s, -ni|en⟩ Zeitraum von drei Jahren [lat., < *tri...* (in Zus. für *tres*) „drei..." und *annus*, Pl. *anni*, „Jahr"]

Tri|e|re ⟨f.11⟩ im alten Griechenland Kriegsschiff mit drei Ruderbänken übereinander; Syn. *Trireme* [< lat. *trieris*, griech. *trieres* „dreiruderig"]

Tri|eur [-ør] ⟨m.1⟩ Maschine zum Trennen von Material in verschiedenen Korngrößen (z.B. der Getreidekörner von Unkrautsamen) [frz., „Sortiermaschine, Sieb", zu *trier* „sortieren, auslesen"]

trie|zen ⟨V.1, hat getriezt; mit Akk.; ugs.⟩ jmdn., ein Tier t. ärgern, plagen, boshaft necken; Syn. *striezen* [< nddt. *triezen*, *trietsen* „mittels Winde in die Höhe ziehen", dann auch „aufziehen, ärgern", zu *Triets* „Winde, Flaschenzug"]

Tri|fo|kal|glas ⟨n.4⟩ Brillenglas mit dreifachem Schliff für unterschiedliche Entfernungen [< *Tri...*, *fokal* und *Glas*]

Tri|fo|li|um ⟨n., -s, -li|en⟩ Klee(blatt) [< *Tri...* und lat. *folium* „Blatt"]

Tri|fo|ri|um ⟨n., -s, -ri|en; in roman. und got. Kirchen⟩ Galerie mit dreifachen Bogenstellungen über den Arkaden des Mittel- oder Querschiffs [< lat. *tri...* (in Zus. für *tres*) „drei..." und *foris* „Eingang, Öffnung"]

Trift ⟨f.10⟩ **1** zum Treiben des Viehs benützter Pfad **2** Weideland (bes. für Schafe) **3** Beförderung von geschlagenen Baumstämmen auf Wasserläufen durch die natürliche Strömung **4** → *Drift* [zu *treiben*]

trif|ten ⟨V.2, hat getriftet; mit Akk.⟩ → *flößen*

trif|tig ⟨Adj.⟩ begründet, stichhaltig; ein ~er Grund

Tri|ga ⟨f., -, -s oder -gen⟩ Dreigespann [lat., eigtl. *triiuga*, < *tri...* (für *tres*) „drei..." und *iugum* „Joch"]

Tri|ge|mi|nus ⟨m., -, -ni⟩ der aus drei Ästen bestehende fünfte Hirnnerv, der Gesicht und Kaumuskeln versorgt [< lat. *trigeminus* „dreifach", < *tri...* (in Zus. für *tres*) „drei..." und *geminus* „doppelt, zweifach, Zwilling"]

Tri|ge|mi|nus|neur|al|gie ⟨f.11⟩ sehr schmerzhafte Entzündung des Trigeminus, Gesichtsschmerz

Trig|ger ⟨m.5⟩ elektrische Schaltung, die Impulse zum Auslösen eines Vorganges abgibt [engl., „Auslöser; Gewehr-, Pistolenabzug"]

Tri|glyph ⟨m.1⟩, **Tri|gly|phe** ⟨f.11⟩ am Fries des dorischen Tempels schlitzförmig senkrecht dreigeteiltes Feld, das mit Metopen abwechselt, Dreischlitz [< griech. *triglyphos* in derselben Bedeutung, < *tri...* „drei..." und *glyphe* „Schnitzwerk, Skulptur", zu *glyphein* „einschneiden, einmeißeln"]

Trigon ⟨n.1⟩ *Dreieck* [< griech. *trigonon* „Dreieck", < *tri...* „drei..." und *gonia* „Winkel, Ecke"]
trigonal ⟨Adj., o.Steig.⟩ *dreieckig* [zu *Trigon*]
Trigonometrie ⟨f., -, nur Sg.⟩ *Dreiecksberechnung mittels trigonometrischer Funktionen;* sphärische T. *Berechnung von Dreiecken auf einer Kugeloberfläche* [< *Trigon* und *...metrie*]
trigonometrisch ⟨Adj., o.Steig.⟩ *auf Trigonometrie beruhend, mit ihrer Hilfe;* ~e Funktion *mathematische Funktion, die die Abhängigkeit eines spitzen Winkels von den Längenverhältnissen zweier Dreiecksseiten eines rechtwinkligen Dreiecks beschreibt;* ~er Punkt → Triangulationspunkt
triklin, triklinisch ⟨Adj., o.Steig.⟩ *drei verschieden lange, sich schiefwinklig schneidende Achsen aufweisend* [< griech. *tri...* „drei..." und *klinein* „sich neigen, beugen"]
Triklinium ⟨n., -s, -nien; im alten Rom⟩ 1 *Speisezimmer mit an drei Seiten von Liegestätten umgebenen Eßtisch* 2 *der Eßtisch mit den Liegestätten* [< lat. *triclinium*, griech. *triklinon* in derselben Bedeutung; < griech. *tri...* „drei..." und *kline* „Lager, Bett, Ruhebett", zu *klinein* „neigen, sich neigen, lehnen, anlehnen"]
Trikoline ⟨f., -, nur Sg.⟩ *feines, geripptes Gewebe (für Oberhemden)* [zu *Trikot*]
trikolor ⟨Adj., o.Steig.; †⟩ *dreifarbig*
Trikolore ⟨f.11⟩ *dreifarbige Fahne, bes. die der französischen Republik* [< frz. *drapeau tricolore* „dreifarbige Fahne", < lat. *tricolor* „dreifarbig", < *tri...* „drei..." und *color* „Farbe"]
Trikot ⟨[-ko̯], auch [triko:] m.9 oder n.9⟩ 1 *gewirkter Stoff* 2 *hautenges, unempfindbares Kleidungsstück aus solchem Stoff* [< frz. *tricot* in ders. Bed., Herkunft nicht geklärt, vielleicht zu *tricoter* „stricken, wirken, köppeln"]
Trikotage ⟨[-ʒə] f.11; meist Pl.⟩ *Kleidungsstück aus Trikot (1), aus gestricktem oder gewirktem Stoff* [< frz. *tricotage* „das Stricken; Strick-, Wirkware"]
Triller ⟨m.5; Mus.; Zeichen: tr⸚; Abk.: tr⟩ *rascher, mehrmaliger Wechsel eines Tones mit dem nächsthöheren halben oder ganzen Ton*
trillern ⟨V.1, hat getrillert; o.Obj.⟩ 1 ⟨ugs., scherzh.⟩ *einen Triller spielen oder singen* 2 ⟨ugs.⟩ *mit Tremolo singen* 3 *auf der Trillerpfeife pfeifen* 4 ⟨von Vögeln⟩ *singen*
Trillerpfeife ⟨f.11⟩ *Pfeife, die einen dem Triller ähnlichen Ton erzeugt*
Trilliarde ⟨f.11⟩ *1000 Trillionen, 10^{21}* [< *Tri...* und *Milliarde*]
Trillion ⟨f.10⟩ *eine Million Billionen, 10^{18}* [< *Tri...* und *Million*]
Trilobit ⟨m.10⟩ *ausgestorbener, im Paläozoikum verbreiteter Gliederfüßer, dessen Panzer sowohl längs als auch quer dreifach gegliedert ist, Dreilappkrebs* [< griech. *tri...* „drei..." und *lobos* „Lappen, Hülse, Schote"]
Trilogie ⟨f.11⟩ *aus drei selbständigen Teilen bestehendes Literaturwerk* [< griech. *trilogia* „Zyklus aus drei Tragödien", < *tri...* „drei..." und *logos* „Rede, Erzählung, Schriftwerk", zu *legein* „sagen, reden, erzählen"]
Trimaran ⟨m.1⟩ *Segelboot mit drei Rümpfen* [< *Tri...* und dem zweiten Teil von *Katamaran*]
Trimester ⟨n.5⟩ *ein Drittel eines Studienjahres* [< lat. *trimestris* „dreimonatig", eigtl. *trimenstris*, < *tri...* (in Zus. für *tres*) „drei..." und *mensis* „Monat"]
Trimeter ⟨m.5⟩ *aus drei Versfüßen bestehender Vers* [< lat. *trimetrus*, griech. *trimetros* in derselben Bedeutung, < *tri...* „drei..." und *metron* „Maß", zu *metrein* „messen"]
Trimm ⟨m., -s, nur Sg.⟩ 1 *Schwimmlage eines Schiffes bezüglich seiner Querachse, Trimmlage* 2 *Zustand eines Schiffes hinsichtlich seiner Pflege* 3 ⟨bei Segelschiffen⟩ *Abstimmung von Takelage, Segel und Gewichtsverteilung* [zu *trimmen*]
Trimm-dich-Pfad ⟨m.1⟩ *(durch einen Wald führende) Strecke mit Turngeräten und Anweisungen zu Turnübungen, auf der man sich trimmen kann*
trimmen ⟨V.1, hat getrimmt; mit Akk.⟩ 1 *etwas t.* a ⟨Seew.⟩ *Kohlen t.* ⟨früher⟩ *aus den Bunkern zu den Kesseln bringen* b *Ladung t. Ladung zweckmäßig im Laderaum verteilen* c *ein Schiff, Flugzeug t. den Ballast eines Schiffes, Flugzeugs so verteilen, daß eine möglichst günstige Schwimm- bzw. Fluglage erreicht wird* d *einen Schwingkreis t. einen Schwingkreis auf eine bestimmte Frequenz einstellen* e *etwas auf etwas t.* ⟨ugs.⟩ *etwas in einen Zustand bringen, einer Sache ein (bestimmtes) Aussehen verleihen; das Kaninchenfell ist auf Seal getrimmt; der Laden ist auf modern, auf Pop getrimmt* 2 *einen Hund t. einem Hund das Fell scheren* 3 *jmdn. oder sich t. jmdn. oder sich leistungsfähig machen, körperlich ertüchtigen* 4 *jmdn. oder ein Tier auf etwas t. jmdn., einem Tier ein bestimmtes Verhalten beibringen, jmdn., ein Tier zu etwas erziehen; der Hund ist darauf getrimmt, sich nicht anfassen zu lassen; einen Schauspieler, einen Sänger im Showgeschäft auf einen Typ t. ihn wieder ähnliche Rollen spielen und Lieder singen lassen und ihn so schminken, daß er einen Typ verkörpert* [< engl. *trim* „in Ordnung bringen, zurechtmachen", zu altengl. *trum* „fest, stark"]
Trimmer ⟨m.5⟩ 1 *jmd., der Kohlen trimmt* 2 ⟨Elektr.⟩ *Bauelement zum Trimmen von Schwingkreisen* 3 *jmd., der seinen Körper trimmt*
Trimmtank ⟨m.9⟩ *Wassertank zum Trimmen des Schiffes*
Trimmung ⟨f.10⟩ 1 *das Trimmen (1 b,c)* 2 ⟨Flugw.⟩ *Vorrichtung dazu* 3 *durch Trimmen (1 c) erreichte Lage*
trimorph ⟨Adj., o.Steig.⟩ *dreigestaltig* [< griech. *tri...* „drei..." und *morphe* „Gestalt"]
Trimorphismus ⟨m., -, nur Sg.⟩ *Dreigestaltigkeit*
Trine ⟨f.11; norddt., mdt.⟩ *schwerfällige, ungeschickte Frau*
Trinitarier ⟨m.5⟩ *Angehöriger eines kath. Ordens, urspr. zum Loskauf christlicher Sklaven, später Bettelorden*
Trinität ⟨f., -, nur Sg.⟩ → *Dreieinigkeit* [< lat. *trinitas*, Gen. *-atis*, „Dreizahl", übertr. kirchenlat. „Dreieinigkeit", zu *trinus* „je drei", zu *tres* „drei"]
Trinitatis ⟨o.Art.⟩ *erster Sonntag nach Pfingsten;* vgl. T.
Trinitrotoluol ⟨n., -s, nur Sg.; Abk.: TNT⟩ *ein hochexplosiver Sprengstoff, der durch Nitrierung von Toluol hergestellt wird*
trinkbar ⟨Adj., Steig. nur ugs.⟩ *so beschaffen, daß man es trinken kann;* ~es Wasser; *der Wein ist t.* ⟨ugs.⟩ *der Wein ist ganz gut*
Trinkbarkeit ⟨f., -, nur Sg.⟩
trinken ⟨V.165, hat getrunken⟩ **I** ⟨mit Akk.⟩ *etwas t. eine Flüssigkeit aus einem Trinkgefäß zu sich nehmen;* Milch, Wein t.; *Suppe aus der Tasse t.; Bier aus der Flasche t.; Wasser aus der hohlen Hand t.; ich muß, möchte etwas t.* **II** ⟨o.Obj.⟩ 1 *Flüssigkeit zu sich nehmen; er trinkt viel, wenig; auf jmds. Gesundheit, Wohl t. jmdm. Gesundheit, Gutes wünschen; einen guten Schluck Wein nehmen* 2 *gewohnheitsmäßig zuviel Alkohol zu sich nehmen, Trinker sein; er trinkt seit einigen Jahren*
Trinker ⟨m.5⟩ 1 *jmd., der Alkohol trinkt; er ist ein starker, schwacher T. er trinkt viel, wenig Alkohol; er ist ein tüchtiger T.* 2 *jmd., der an Trunksucht leidet; zum T. werden; er ist T.*

triphibisch

Trinkerheilstätte ⟨f.11⟩ *Klinik zur Heilung Alkoholsüchtiger*
trinkfest ⟨Adj., -er, am -esten; nur als Attr. und mit „sein"⟩ *fähig, viel Alkohol zu trinken, ohne sichtlich betrunken zu werden*
Trinkgelage ⟨n.5⟩ *Zusammenkunft, bei der sehr viel Alkohol getrunken wird*
Trinkgeld ⟨n.3⟩ *(kleine) Geldsumme, die bei Dienstleistungen zusätzlich zum vereinbarten Preis bezahlt wird*
Trinkhalle ⟨f.11⟩ 1 ⟨in Heilbädern⟩ *Wandelhalle, in der heilendes Wasser getrunken wird* 2 *kleiner Kiosk, an dem Getränke verkauft werden können*
Trinkhalm ⟨m.1⟩ *Strohhalm oder Röhrchen aus Plastik, mit dem Getränke eingesaugt werden können*
Trinkhorn ⟨n.4; früher⟩ *Trinkgefäß in Form eines Hornes*
Trinklied ⟨n.3⟩ *bei Trinkgelagen gesungenes Lied, in dem der Alkoholgenuß verherrlicht wird*
Trinkspruch ⟨m.2⟩ *kleine Rede (bei feierlichen Anlässen), nach der gemeinsam auf jmdn. getrunken wird*
Trinkwasser ⟨n., -s, nur Sg.⟩ *für den menschlichen Genuß geeignetes Wasser;* Ggs. *Brauchwasser*
Trinom ⟨n.1⟩ *ein dreigliedriger mathematischer Ausdruck, eine dreigliedrige Zahlengröße* [< griech. *tri...* „drei..." und *onoma* „Name, Benennung"]
trinomisch ⟨Adj., o.Steig.⟩ *dreigliedrig*
Trio ⟨n.9⟩ 1 *Musikstück für drei verschiedene Instrumente;* vgl. *Terzett* 2 *die ausführenden Musiker* 3 *Teil des Menuetts und Scherzos* 4 ⟨ugs.⟩ *drei zusammengehörige Personen* [ital., zu *tre* „drei"]
Triode ⟨f.11⟩ *Elektronenröhre mit drei Elektroden: Anode, Kathode, Steuergitter* [< *Tri...* und *Elektrode*]
Triole ⟨f.11⟩ *Gruppe von drei Noten im Taktwert von zwei (auch: vier) Noten*
Triolett ⟨n.1⟩ *Gedicht aus acht Zeilen mit zwei Reimen, bei dem die erste Zeile auch als 4. und zusammen mit der zweiten als 7. und 8. Zeile auftritt*
Triosonate ⟨f.11⟩ *Sonate für zwei Soloinstrumente und Generalbaß*
Triözie ⟨f., -, nur Sg.⟩ *Vorhandensein von männlichen, weiblichen und zwittrigen Blüten auf verschiedenen Pflanzen, Dreihäusigkeit* [< griech. *tri...* „drei..." und *oikos* „Haus"]
triözisch ⟨Adj., o.Steig.⟩ *dreihäusig* [zu *Triözie*]
Trip ⟨m.9⟩ 1 *Ausflug, kurze Reise* 2 *Rauschzustand; er ist auf dem T.;* vgl. *Horrortrip* 3 *für einen oder mehrere Personen ausreichende Menge eines Rauschgifts; einen T. einwerfen* ⟨ugs.⟩ [engl. *trip* in ders. Bed., ältere Bedeutung „leichte Bewegung mit dem Fuß", zu *to trip* „leichtfüßig gehen, trippeln, hüpfen"]
Tripel[1] ⟨n.5; Math.⟩ *drei zusammengehörige Dinge (z.B. Dreieckspunkte oder -seiten)* [< frz. *triple* „dreifach"]
Tripel[2] ⟨m., -s, nur Sg.⟩ *(feinschichtige bis blättrige) Ablagerung von Kieselgur* [nach der Stadt *Tripolis* in Libyen]
tripel..., Tripel... (in Zus.) *drei..., Drei..., dreifach..., Dreifach...* [< frz. *triple* < lat. *triplex* „dreifach"]
Tripelallianz ⟨f.10⟩, **Tripelentente** ⟨[-ɑ̃tɛ:t] f.11⟩ *Dreibund, Dreierbündnis*
Tripelfuge ⟨f.11; Mus.⟩ *Fuge mit drei durchgeführten Themen*
Tripelkonzert ⟨n.1⟩ *Konzert für drei Soloinstrumente und Orchester*
Tripeltakt ⟨m.1; Mus.⟩ *dreiteiliger Takt, z.B. ¾-Takt*
triphibisch ⟨Adj., o.Steig.; Mil.⟩ *zu Lande, zu Wasser und in der Luft* [sprachlich nicht korrekte Weiterbildung von *Amphibie* mit der lat. und griech Vorsilbe *tri...* „drei..."]

969

Tri|phthong ⟨m.1⟩ *drei ineinander übergehende, vokalische Laute, z.B. in frz.* ouaille [uaʲ] *,,Schaf" oder in Uruguay* [-gwai]; *vgl.* Monophthong, Diphthong [< griech. *tri...* *,,drei..." und* phthoggos *,,Ton, Laut"*]

Tri|pi|ta|ka ⟨n., -, nur Sg.⟩ *die aus drei Teilen (,,Körben") bestehende Lehre des Buddhismus* [Sanskr., ,,Dreikorb"]

Triple... ⟨in Zus.; frz. Schreibung von⟩ Tripel...

Tri|plik ⟨f.10⟩ *Antwort (des Klägers) auf eine Duplik (des Beklagten)* [nach Duplik gebildet < lat. *triplex* ,,dreifach"]

Tri|pli|ka|ti|on ⟨f.20; Rhetorik⟩ *dreimalige Wiederholung desselben Wortes oder Satzes*

Tri|pli|zi|tät ⟨f., -, nur Sg.⟩ *dreifaches Vorhandensein, dreimaliges Vorkommen*

tri|plo|id ⟨Adj., o.Steig.⟩ *mit dreifachem Chromosomensatz versehen* [< lat. *triplus* ,,dreifach", nach diploid oder haploid gebildet]

Trip|ma|dam ⟨f.10⟩ *weiß oder gelb blühende) Fetthenne, Gewürz- und Salatpflanze* [< frz. *tripe-madame, trique-madame* ,,Hauswurz, Weißer Mauerpfeffer"; vielleicht < frz. *tétin-madame* ,,weibliche Brustwarze", da die Pflanze rosettenartig angeordnete Blätter bildet, die eine entfernte Ähnlichkeit mit einer Brustwarze haben]

Tri|po|den ⟨Pl. von⟩ Tripus

Tri|po|die ⟨f.11⟩ *Einheit aus drei gleichen Versfüßen* [< griech. *tripous*, Gen. *-podos*, ,,dreifüßig", < *tri...* ,,drei..." und *pous*, Gen. *podos*, ,,Fuß"]

trip|peln ⟨V.1, ist getrippelt; o.Obj.⟩ *in sehr kleinen Schritten rasch gehen*

trip|pen ⟨V.1, ist getrippt; o.Obj.; nddt.⟩ *tropfen*

Trip|per ⟨m.5⟩ → Gonorrhö [nddt., zu *tropfen*]

Trip|tik ⟨n.9⟩ → Triptyk

Tri|pty|chon ⟨n., -s, -chen⟩ *aus drei beweglich miteinander verbundenen Teilen bestehendes Tafelgemälde (meist Altarbild)* [< griech. *triptychos* ,,aus drei Schichten bestehend, dreifach", < *tri...* ,,drei..." und *ptyche*, auch *ptyx*, Gen. *ptychos*, ,,Falte, Schicht", zu *ptyssein* ,,falten"]

Trip|tyk ⟨n.9⟩ *dreiteiliger Schein für den Grenzübertritt (von Kraft- und Wasserfahrzeugen)* [nach Triptychon gebildet]

Tri|pus ⟨m., -, -po|den⟩ *altgriechischer Dreifuß für Gefäße* [< griech. *tripous* ,,dreifüßig, Dreifuß", < *tri...* ,,drei..." und *pous* ,,Fuß"]

Tri|re|me ⟨f.11⟩ → Triere [< lat. *triremis* ,,dreiruderig", < *tri...* (in Zus. für *tres*) ,,drei..." und *remus* ,,Ruder"]

Tri|sek|ti|on ⟨f.20⟩ *Dreiteilung (des Winkels)*

Tri|so|mie ⟨f.11⟩ *Chromosomenanomalie, bei der ein Chromosom in einer diploiden Zelle dreimal statt zweimal vorliegt* [< *Tri...* und griech. *soma* ,,Leib, Körper"]

trist ⟨Adj., -er, am -esten⟩ *traurig, öde; eine ~e Gegend; ~es Wetter* [< frz. *triste* ,,betrübt, niedergeschlagen, schwermütig, freudlos, armselig", < lat. *tristis* ,,traurig, verdrießlich, unfreundlich"]

Tri|ste ⟨f.11; bayr.-österr., schweiz.⟩ *(aus Heu oder Stroh bestehender) Vorratshaufen, der um eine Stange geschichtet ist* [Herkunft nicht geklärt]

Tri|sti|chon ⟨n., -s, -chen⟩ *Gedicht, Versgruppe aus drei Zeilen* [< griech. *tri...* ,,drei..." und *stichos* ,,Reihe, Linie"]

tri|syl|la|bisch ⟨Adj., o.Steig.⟩ *dreisilbig*

Tri|syl|la|bum ⟨n., -s, -ba⟩ *dreisilbiges Wort* [< lat. *tri...* (in Zus. für *tres*) ,,drei..." und *syllabus* ,,Silbe"]

Tri|the|is|mus ⟨m., -, nur Sg.⟩ *(von der kath. Kirche verworfener) Glaube an die Dreieinigkeit als drei getrennte Personen*

Tri|ti|um ⟨n., -s, nur Sg.⟩ *Isotop des Wasserstoffs* [neulat., < griech. *tritos* ,,der dritte", wegen seiner Massenzahl 3]

Tri|ton[1] ⟨n., -s, -to|nen⟩; griech. Myth.⟩ *männliche Meergottheit, halb Mensch, halb Fisch* [nach Triton, dem Sohn des Poseidon und der Amphitrite]

Tri|ton[2] ⟨n., -s, -to|nen⟩ *Kern eines Tritiumatoms* [< griech. *triton* ,,das dritte"]

Tri|tons|horn ⟨n.4⟩ *Schnecke warmer Meere, deren großes, kegelförmiges Gehäuse in der Antike als Signalhorn verwendet wurde* [< *Triton*[1] *und* Horn]

Tri|to|nus ⟨m., -, nur Sg.⟩ *Intervall aus drei ganzen Tönen, übermäßige Quarte, verminderte Quinte*

Tritt ⟨m.1⟩ **1** *das Treten, das einmalige Auftreten (mit dem Fuß); T. in eine Pfütze; er hat bei jedem T. Schmerzen; die Schuhe knarren bei jedem T.; mit schwerem ~en gehen* **2** *gleichmäßiges Treten (beim Gehen, Marschieren); im gleichen Schritt und T.; den T. wechseln; falschen T. haben; ohne T., marsch! (Kommando zum freien, ungezwungenen Gehen in der Kolonne); T. fassen seinen Schritt auf Gleichschritt einstellen* **3** *Stoß mit dem Fuß, Fußtritt; jmdm. einen Tritt geben; einem Gegenstand, Tier einen T. versetzen; ein T. in den Hintern, vors Schienbein* **4** *Abdruck des Fußes (im weichen Untergrund); ~e im Schnee* **5** *erhöhter Platz (in einem Raum), Podium* **6** *kleines, aus zwei oder drei Stufen bestehendes Gestell (ähnlich einer Treppe); auf einen T. steigen* **7** ⟨Pl.; bei Hühnern, Tauben u.a. kleinen Vögeln⟩ *~e Füße*

Tritt|brett ⟨n.3⟩ *an Fahrzeugen angebrachtes Brett zur Erleichterung des Ein- und Aussteigens*

Tritt|brett|fah|rer ⟨m.5; ugs.⟩ *jmd., der an der Unternehmung anderer teilnimmt, ohne selbst etwas zu tun, oder der aus der Unternehmung anderer seinen Vorteil zu ziehen sucht, Mitnutznießer; T. der Wirtschaft; ein T. bei einer Entführung*

Tritt|lei|ter ⟨f.11⟩ *Stehleiter mit breiten Stufen*

Tritt|sie|gel ⟨n.5; Jägerspr.; beim Schalen- und Haarwild⟩ *Einzelabdruck in der Fährte*

Tri|umph ⟨m.1⟩ **1** *(im alten Rom) feierlicher Einzug des Siegers nach der Schlacht* **2** *Freude, Genugtuung über einen Sieg; einen T. erleben; seinen T. genießen; den T. gönne ich ihr (nicht); der Sänger feierte ~e; jmdn. im T. durch die Straßen führen, auf den Schultern tragen* [< lat. *triumphus*, altlat. *triumpus* ,,feierlicher Einzug des siegreichen Feldherrn, Siegesfeier"; das Wort stammt von einem dreimaligen Ausruf beim feierlichen Umzug der Fratres Arvales (12 Priester, denen der Kult der Ackergöttin Dea Dia oblag) io triumpe, was man mit ,,heißa triumpus" wiedergeben kann; Herkunft und wörtliche Bedeutung des Wortes sind unklar]

tri|um|phal ⟨Adj.⟩ *herrlich, großartig; jmdm. einen ~en Empfang bereiten*

Tri|um|pha|tor ⟨m.13; im alten Rom⟩ *siegreicher Feldherr beim feierlichen Einzug in die Stadt*

Tri|umph|bo|gen ⟨m.7 oder m.8⟩ **1** *(im alten Rom) Ehrentor für den Einzug des Triumphators* **2** *(im Kirchenbau) Bogen zwischen Mittelschiff und Chor* **3** *(heute auch) Denkmal in Form eines großen, künstlerisch gestalteten Tores*

tri|um|phie|ren ⟨V.3, hat triumphiert; o.Obj.⟩ *(über einen Sieg oder Erfolg) jubeln, frohlocken*

Tri|umph|kreuz ⟨n.1⟩ *Kruzifix unter dem Triumphbogen*

Tri|umph|zug ⟨m.2⟩ **1** *(im alten Rom) Einzug des Triumphators (in eine Stadt)* **2** ⟨allg.⟩ *mit Jubel begleiteter Einzug*

Tri|um|vir ⟨m., -s oder -n, -n⟩ *Mitglied eines Triumvirats*

Tri|um|vi|rat ⟨n.1; im alten Rom⟩ *Gremium von drei Männern zur Erledigung von Staatsgeschäften, Dreimännerherrschaft* [< lat. *triumviratus* ,,Amt eines Triumvirn", zu *triumvir* ,,Mitglied der triumviri", eines Gremiums von drei Männern zur Erledigung von Staatsgeschäften, < *tres*, Gen. *trium*, ,,drei" und *vir* ,,Mann"]

tri|vi|al ⟨Adj.⟩ *alltäglich, abgedroschen, platt, geistlos* [< lat. *trivialis* ,,dreifach", übertr. ,,allgemein zugänglich, allbekannt, gewöhnlich", zu *trivium* ,,Ort, an dem drei Wege zusammenstoßen, Wegkreuzung", danach ,,allgemein zugängliche, öffentliche Straße", < *tri...* ,,drei..." und *via* ,,Weg"]

Tri|via|li|tät ⟨f.20⟩ **1** ⟨nur Sg.⟩ *triviale Beschaffenheit* **2** *triviale Rede, triviale Äußerung*

Tri|vi|al|li|te|ra|tur ⟨f., -, nur Sg.⟩ *anspruchslose, auf minderwertige Unterhaltungsliteratur*

Tri|vi|um ⟨n., -s, nur Sg.; MA⟩ *die ersten (unteren) drei der Sieben Freien Künste: Grammatik, Dialektik und Rhetorik; vgl.* Quadrivium

Tri|zeps ⟨m.1⟩ *dreiköpfiger Muskel* [< lat. *triceps* ,,dreiköpfig", < *tri...* (in Zus. für *tres*) ,,drei..." und *caput* ,,Kopf"]

Tro|chan|ter ⟨m.5⟩ → Rollhügel [griech., zu *trochos* ,,Rad", eigentlich ,,Läufer", zu *trochao, trechein* ,,laufen"]

Tro|chä|us ⟨[-xɛ-] m., -, -en⟩ *Versfuß aus einer langen, betonten und einer kurzen, unbetonten Silbe; Syn. Choreus* [< griech. *trochaios*, ,,Trochäus; laufend", zu *trochan, trechein* ,,laufen"]

Tro|chit ⟨m.10⟩ *versteinerter Stielteil der Seelilie* [< griech. *trochos* ,,Rad", übertr. ,,runde Scheibe"]

Tro|cho|pho|ra ⟨f., -, -pho|ren⟩ *Larve meeresbewohnender Ringelwürmer und Weichtiere* [< griech. *trochos* ,,Rad", übertr. ,,runde Scheibe" und *pherein, phorein* ,,tragen"]

trocken ⟨-k|k-; Adj.⟩ **1** *frei von Nässe oder Feuchtigkeit; ~en Auges* ⟨übertr.⟩ *ohne innere Beteiligung; ~e Schuhe, Kleidung; sich t. rasieren sich elektrisch rasieren; t. zu Hause ankommen noch vor dem Regen zu Hause ankommen; t. sein* ⟨übertr.⟩ *von der Alkoholsucht geheilt sein; auf dem ~en sitzen* ⟨übertr.⟩ *1. nichts mehr zu trinken haben, 2. nicht mehr weiterwissen, 3. kein Geld mehr haben* **2** *wenig regnerisch; ~er Sommer* **3** *dürr, ausgedörrt; ~es Reisig; ~e Zweige; einen ~en Hals haben* **4** *wenig fetthaltig; ~e Haut; ~er Schinken* **5** *ohne Zutaten; ~es Brot; ~e Kartoffeln essen* **6** *wenig unvergorenen Zucker enthaltend; ~er Wein* **7** *langweilig, öde; ein ~er Unterricht; ein ~es Thema* **8** *nüchtern, treffend und witzig; eine ~e Bemerkung* **9** *scharf, hart; ~er Husten*

Trocken|bat|te|rie ⟨-k|k-; f.11⟩ *elektrische Batterie aus Trockenelementen*

Trocken|bee|ren|aus|le|se ⟨-k|k-; f.11⟩ **1** ⟨nur Sg.⟩ *Weinlese, bei der nur rosinenartig eingetrocknete, edelfaule Beeren gepflückt werden* **2** *aus diesen hergestellter Wein*

Trocken|bo|den ⟨-k|k-; m.8⟩ *Dachboden zum Wäschetrocknen*

Trocken|dock ⟨-k|k-; n.9⟩ *Dock, in dem Schiffe zur Reparatur auf dem Trockenen liegen*

Trocken|eis ⟨-k|k-; n., -es, nur Sg.⟩ *festes Kohlendioxid, Kühlmittel*

Trocken|ele|ment ⟨-k|k-; n.1⟩ *galvanisches Element mit eingedicktem Elektrolyten*

Trocken|fäu|le ⟨-k|k-; f., -, nur Sg.⟩ *durch Mangel an Bor verursachte Rübenkrankheit*

Trocken|fut|ter ⟨-k|k-; n., -s, nur Sg.⟩ *getrocknetes pflanzliches Futter (z.B. Heu)*

Trocken|ge|biet ⟨-k|k-; n.1⟩ **1** *Landstrich mit geringer Niederschlagsmenge* **2** *durch Entwässerung trockengelegtes Gebiet*

Trocken|hau|be ⟨-k|k-; f.11⟩ *den Kopf (bis auf das Gesicht) umschließendes elektrisches Gerät mit Fön zum Trocknen des Haares*

Trocken|he|fe ⟨-k|k-; f., -, nur Sg.⟩ *durch Trocknung haltbar gemachte Hefe*

Trocken|heit ⟨-k|k-; f.10⟩ **1** ⟨nur Sg.⟩ *das Trockensein* **2** *längere Dürreperiode*
trocken|le|gen ⟨-k|k-; V.1, hat trockengelegt; mit Akk.⟩ **1** *ein Kind t. einem.Kind die schmutzigen Windeln abnehmen, es reinigen und in frische Windeln wickeln* **2** *einen Sumpf t. einen Sumpf durch Kanalisation von Wasser befreien, entwässern* **3** *jmdn. t.* ⟨ugs., scherzh.⟩ *jmdm. den Alkoholgenuß vorenthalten, ihm Alkohol gänzlich entziehen*
Trocken|le|gung ⟨-k|k-; f., -, nur Sg.⟩ *das Trockenlegen (2)*
Trocken|maß ⟨-k|k-; n.1⟩ *Hohlmaß zum Abmessen von Trocken- oder Schüttgütern (bes. Getreide)*
Trocken|mas|se ⟨-k|k-; f., -, nur Sg.⟩ →*Trockensubstanz*
Trocken|milch ⟨-k|k-; f., -, nur Sg.⟩ *pulverförmiges Milchprodukt*
Trocken|mit|tel ⟨-k|k-; n.5⟩ *(chemisch oder physikalisch) Wasser aufnehmender Stoff*
Trocken|obst ⟨-k|k-; n., -(e)s, nur Sg.⟩ *getrocknetes, zum Teil entwässertes Obst, Backobst*
Trocken|platz ⟨-k|k-; m.2⟩ *Ort im Freien, an dem Wäsche getrocknet wird*
trocken|sit|zen ⟨-k|k-; V.143, hat, süddt. ist trockengesessen; o.Obj.; ugs.⟩ *ohne Getränk dasitzen; er läßt seine Gäste t.*
Trocken|star|re ⟨-k|k-; f., -, nur Sg.; bei vielen wechselwarmen Tieren⟩ *Ruheperiode während der Trockenzeit (1);* Syn. *Sommerschlaf*
trocken|ste|hen ⟨-k|k-; V.151, hat, süddt.: ist trockengestanden; o.Obj.; in der Wendung⟩ *die Kuh steht t. die Kuh gibt (zur Zeit) keine Milch*
Trocken|sub|stanz ⟨-k|k-; f.10⟩ *Feststoff, der nach Trocknung eines Materials übrigbleibt;* Syn. *Trockenmasse; bei Nahrungsmitteln wird der Fettgehalt auf die T. bezogen* (Abk.: % i.Tr.)
Trocken|übung ⟨-k|k-; f.10; Rudern, Schwimmen, Schilauf⟩ *vorbereitende Übung (auf dem Trockenen)*
Trocken|ver|pfle|gung ⟨-k|k-; f., -, nur Sg.⟩ *durch Trocknung haltbar und leicht gemachte Verpflegung (als Notvorrat)*
Trocken|zeit ⟨-k|k-; f.10⟩ **1** ⟨in tropischen und subtropischen Gebieten⟩ *Jahreszeit, in der die Niederschläge nicht ausreichen, um das pflanzliche Wachstum aufrechtzuerhalten* **2** *Zeit, in der eine trächtige Kuh nicht gemolken wird*
trock|nen ⟨V.2⟩ **I** ⟨mit Akk.: hat getrocknet⟩ *trocken machen; nasse Schuhe auf der Heizung t.; jmdm. die Tränen t. jmdn. trösten* **2** *durch Wasserentzug trocken machen; Obst t.* **II** ⟨o.Obj.; ist getrocknet⟩ *trocken werden; die Wäsche trocknet (auf der Leine, in der Sonne)*
Trod|del ⟨f.11⟩ *Bündel von an einem Ende zusammengebundenen Fäden;* Syn. *Quaste*
Trö|del ⟨m., -s, nur Sg.⟩ **1** *alter, billiger Kram,* ⟨bes.⟩ *alter Hausrat, alte Kleidung;* Syn. *Trödelkram,* ⟨landsch.⟩ *Trendel* **2** ⟨ugs.⟩ *umständliche Sache* **3** ⟨kurz für⟩ *Trödelmarkt; etwas auf den T., zum T. bringen*
Trö|del|fritz ⟨m., -(es), -en; ugs.⟩ *langsamer, trödelnder Mensch;* Syn. *Junge*
trö|de|lig ⟨Adj.⟩ *trödelnd, langsam im Arbeiten, im Handeln, im Gehen*
Trö|del|kram ⟨m., -s, nur Sg.⟩ →*Trödel*
Trö|del|lie|se ⟨f.11; ugs.⟩ *trödelige Frau, trödeliges Mädchen*
trö|deln ⟨V.1, hat getrödelt; o.Obj.⟩ **1** *mit Trödel handeln* **2** *langsam sein (im Arbeiten, im Tun), langsam, zögernd gehen*
Tröd|ler ⟨m.5⟩ **1** *jmd., der mit Trödel (1) handelt, Altwarenhändler* **2** *jmd., der trödelt (2)*
Tro|er ⟨m.5⟩ *Einwohner von Troja;* Syn. *Trojaner*

Trog ⟨m.2⟩ **1** *großes, offenes, längliches Gefäß* (Brunnen~, Schweine~) **2** ⟨Geol.⟩ *längliches, mit Sedimenten gefülltes Becken*
Tro|glo|dyt ⟨m.10⟩ *Höhlenbewohner* [< griech. *troglodytes* „Höhlenbewohner", bes. die Bewohner Äthiopiens und Südägyptens", < *trogle* „Höhle, Loch" und *dyein* „ein-, untertauchen"]
Tro|gon ⟨m.9⟩ *prächtig gefärbter tropischer Vogel, bei dem die erste und zweite Zehe nach hinten weisen (z.B. der Quetzal)* [< griech. *trogein* „nagen"]
Trog|tal ⟨n.4⟩ *Tal mit U-förmigem Querprofil*
Troi|ka ⟨f., -, -ken⟩ **1** *aus drei Pferden bestehendes Gespann* **2** *mit drei Pferden bespannter Wagen oder Schlitten* [russ.]
tro|isch ⟨Adj., o.Steig.⟩ →*trojanisch*
Tro|ja|ner ⟨m.5⟩ →*Troer*
tro|ja|nisch ⟨Adj., o.Steig.⟩ *zu der antiken kleinasiatischen Stadt Troja gehörig, von dort stammend;* Syn. *troisch; Trojanisches Pferd* ⟨griech. Myth.⟩ *hölzernes Pferd, in dessen hohlem Bauch sich eine Schar griechischer Krieger (Danaer) verbarg; sie wurden darin von den Trojanern in die Stadt gebracht, deren Eroberung den Griechen durch diese List gelang*
Tro|kar ⟨m.1 oder m.9⟩ *hohle Metallnadel mit dreikantiger Spitze (für Punktionen)* [< frz. *trocart, trois-quarts* in ders. Bed., mit fehlerhafter Schreibweise < *trois* „drei" und *carre* „Winkel, Seite"]
Tröl|bu|ße ⟨f.11; schweiz.⟩ *Geldbuße für mutwillige Verzögerung eines Gerichtsverfahrens* [zu *trölen* und *Buße*]
trö|len ⟨V.1, hat gerölt; o.Obj.; schweiz.⟩ *Verzögerungen verursachen (bes. bei Verhandlungen)*
Troll ⟨m.1; nordische Myth.⟩ *Dämon, Unhold* [< altnord. *troll* in ders. Bed., dazu mhd. *trolle, trol* „Gespenst, Ungetüm, Kobold", ostfries. *trull(e)* „dicke Person", Herkunft unsicher, wahrscheinlich zu ahd., mhd. *trollen* „mit kurzen Schritten laufen"]
Troll|blu|me ⟨f.11⟩ *(auf moorigen Gebirgswiesen wachsendes) Hahnenfußgewächs mit großen gelben, kugeligen Blüten*
trol|len ⟨V.1⟩ **I** ⟨o.Obj.; ist getrollt; Jägerspr.; vom Schalenwild⟩ *traben* **II** ⟨refl.; hat getrollt⟩ *sich t. weggehen, abziehen (meist in bestimmter Stimmung); sich beleidigt, zufrieden t.; na, nun troll dich!*
Trol|ley|bus ⟨[trɔli-] m.1; schweiz.⟩ →*Obus* [< engl. *trolley* „Karren; Laufkatze; Kontaktrolle (der Straßenbahn)", wahrscheinlich zu *to troll* „rollen, trudeln"]
Trol|lin|ger ⟨m.5⟩ **1** ⟨nur Sg.⟩ *blaufrüchtige Rebsorte, Tafeltraube* **2** *Wein daraus* [vermutl. eigtl. *Tirolinger* „Tiroler", nach dem Herkunftsland]
Trom|be ⟨f.11⟩ *kleiner, sehr heftiger rüsselförmiger Luftwirbel* [< frz. *trombe* „Wirbelwind", unter Einfluß von ital. *tromba* „Trompete" < *trompe* „Trompete", altfrz. „Kreisel"]
Trom|mel ⟨f.11⟩ **1** *zylindrischer, mit Fell bespannter Körper, der als Schlaginstrument dient; die T. rühren* ⟨übertr.⟩ *Werbung machen* **2** *zylindrischer Behälter oder Gegenstand* (Kabel~, Los~, Revolver~, Wäsche~)
Trom|mel|brem|se ⟨f.11; bei Kfz⟩ *Radbremse, bei der eine mit dem Rad verbundene Bremstrommel die Bremsbacken umschließt*
Trom|mel|fell ⟨n.1⟩ **1** *über eine Trommel gespanntes Fell* **2** *papierdünne, runde Membran aus Bindegewebe, die die Schranke und Verbindung zum Mittelohr bildet*
Trom|mel|feu|er ⟨n.5⟩ *langandauerndes zusammengefaßtes Feuer starker Artillerieverbände*
trom|meln ⟨V.1, hat getrommelt⟩ **I** ⟨o.Obj.⟩ **1** *die Trommel schlagen* **2** *wiederholt rasch (auf, an etwas) klopfen; der Regen trommelt aufs Dach; mit den Fingern an die Fensterscheibe, mit den Fäusten an die Tür t.; mit einem Gegenstand nervös auf den Tisch t.* **II** ⟨mit Akk.⟩ **1** *etwas t. mit der Trommel schlagend hervorbringen; einen Wirbel t.; den Rhythmus t.; einen Marsch t.; dem Himmel sei's getrommelt und gepfiffen* ⟨ugs.⟩ *dem Himmel sei es gedankt,* ⟨eigtl.⟩ *dem Himmel sei es mit Trommelwirbeln und Flötenspiel gedankt* **2** *jmdn. t.* ⟨nur in der Wendung⟩ *jmdn. aus dem Schlaf t. jmdn. unsanft wecken,* ⟨eigtl.⟩ *jmdn. mit Trommelschlägen wecken)*
Trom|mel|re|vol|ver ⟨m.5⟩ →*Revolver*
Trom|mel|schlag ⟨m.2⟩ *einzelner Schlag auf eine Trommel*
Trom|mel|sucht ⟨f., -, nur Sg.; bei Rindern⟩ *abnorme Auftreibung des Pansens infolge übermäßiger Gas- oder Schaumbildung nach Aufnahme von frischen, jungen Futterpflanzen;* Syn. *Blähsucht*
Trom|mel|wir|bel ⟨m.5⟩ *schnelle Folge von Trommelschlägen*
Tromm|ler ⟨m.5⟩ *jmd., der die Trommel schlägt*
Trom|pe ⟨f.11⟩ *nischenartige Wölbung, die Raumecken überbrückt* [frz., auch „Trompete, Jagdhorn"; wegen der Trichterform des Instruments wurde die Bezeichnung auf den Bauteil übertragen]
Trom|pe|te ⟨f.11⟩ *ein Blechblasinstrument;* Syn. ⟨†⟩ *Drommete* [< frz. *trompette* „Trompete", zu *trompe* „Jagdhorn", fränk. *trumpa „Röhre"]
trom|pe|ten ⟨V.2, hat trompetet⟩ **I** ⟨o.Obj.⟩ **1** *die Trompete blasen* **2** ⟨scherzh.⟩ *sich geräuschvoll die Nase schneuzen* **II** ⟨mit Akk.⟩ **1** *mit der Trompete blasen, hervorbringen; eine Melodie t.; ein Solo t.* **2** ⟨ugs., scherzh.⟩ *schallend rufen; etwas durch den Saal t.; „......!" trompetete er*
Trom|pe|ten|baum ⟨m.2⟩ *nordamerikanischer Baum mit trompetenförmigen Blüten in Rispen;* Syn. *Katalpa, Katalpe*
Trom|pe|ten|blu|me ⟨f.11⟩ →*Bignonie*
Trom|pe|ten|tier|chen ⟨n.7⟩ *trompetenförmiges Wimpertierchen*
Trom|pe|ter ⟨m.5⟩ *Musiker, der die Trompete bläst*
Tronc ⟨[trɔ̃] m.9⟩ *Trinkgeldkasse* [frz., „Büchse für Trinkgelder", < lat. *truncus* „Baumstamm, Baumstumpf"]
Tro|pe ⟨f.11⟩ *bildlicher Ausdruck, z.B. „silbernes Band" statt „Fluß";* Syn. *Tropos, Tropus* [< griech. *trope* „Wendung, Wechsel, Wandlung, Veränderung" und *tropos* „Ausdrucksweise, Redefigur, Redewendung", beides zu *trepein* „drehen, wenden"]
Tro|pen ⟨Pl.⟩ *heiße Zone der Erde zwischen den beiden Wendekreisen* [< griech. *trope* „Wendung, Umkehr, Wendepunkt" (nämlich der Sonne), zu *trepein* „drehen, wenden"]
Tro|pen|an|zug ⟨m.2⟩ *leichter Anzug für die Tropen*
Tro|pen|fie|ber ⟨n., -s, nur Sg.⟩ →*Tropika*
Tro|pen|helm ⟨m.1⟩ *flacher Helm aus Kork zum Schutz gegen die tropische Sonne*
Tro|pen|in|sti|tut ⟨n.1⟩ *Institut zur Erforschung und Behandlung der Tropenkrankheiten*
Tro|pen|kol|ler ⟨m.5⟩ *bei Nichteingeborenen in den Tropen auftretender Erregungszustand*
Tro|pen|krank|heit ⟨f.10⟩ *Erkrankung, die vor allem in den Tropen auftritt*
Tro|pen|me|di|zin ⟨f., -, nur Sg.⟩ **1** *Zweig der Medizin, der sich mit den Tropenkrankheiten befaßt* **2** *Form der Heilkunst, wie sie in den Tropen notwendig ist*
Tropf I ⟨m.2⟩ **1** *Kerl, Bursche; ein armer T.* **2** *einfältiger Mensch; du T.!; er ist ein T.* **II** ⟨m.1; bei Dauertropfinfusionen⟩ *Gestell mit einer oder mehreren Flaschen, aus denen ständig eine Flüssigkeit durch einen Schlauch in die Vene des Patienten tropft; am T. hängen*

Tröpfchen|in|fek|ti|on ⟨f.10⟩ *Infektion durch Einatmen der beim Husten und Niesen ausgeschleuderten Schleimhautsekrete*

tröp|feln ⟨V.1⟩ **I** ⟨o.Obj.⟩ **1** ⟨hat getröpfelt⟩ *langsam Tropfen herausfließen lassen; der Wasserhahn tröpfelt* **2** ⟨ist getröpfelt⟩ *in Tropfen langsam fließen; aus der Leitung tröpfelt Wasser* **3** ⟨unpersönl., mit „es"; hat getröpfelt⟩ *es tröpfelt Regen fällt in wenigen Tropfen* **II** ⟨mit Akk.; hat getröpfelt⟩ →*träufeln*

trop|fen ⟨V.1⟩ **I** ⟨o.Obj.⟩ **1** ⟨hat getropft⟩ *Tropfen heraus-, herabfließen lassen; der Wasserhahn tropft; die Kerze tropft; seine Nase tropft* **2** ⟨ist getropft⟩ *in Tropfen herabfallen; Tränen tropften ihr aus den Augen; vom Dach tropft Regenwasser, geschmolzener Schnee* **II** ⟨mit Akk.; hat getropft⟩ →*träufeln*

Trop|fen ⟨m.7⟩ **1** *kleine Menge einer Flüssigkeit in ovaler Form* (Nasen~, Schweiß~, Wasser~); *ein T. Blut; steter T. höhlt den Stein* ⟨übertr.⟩ *durch Beharrlichkeit kommt man ans Ziel; der Regen fällt in dicken T.; der Schweiß steht jmdm. in T. auf der Stirn* **2** *kleine Menge (einer Flüssigkeit); noch ein T. Öl; es hat keinen T. Regen gegeben; er hat keinen T. getrunken er hat keinerlei Alkohol getrunken; ein T. auf den heißen Stein* ⟨übertr., ugs.⟩ *eine im Verhältnis zu dem, was nötig wäre, zu kleine Menge* **3** ⟨Pl.⟩ *Arzneimittel in flüssiger Form;* T. *einnehmen, verschreiben* **4** ⟨ugs.⟩ *Wein, Schnaps; ein guter, edler T.*

Trop|fen|fän|ger ⟨m.5⟩ *kleiner Schwamm an der Tülle einer Kanne, der die versehentlich ausfließenden Tropfen auffängt*

trop|fen|wei|se ⟨Adj., o.Steig.; nur als Attr. und Adv.⟩ *in Tropfen; das Wasser fließt nur t.; ein Medikament t. einnehmen*

Tropf|fla|sche ⟨f.11⟩ *Flasche mit einer Vorrichtung im Hals, durch die der Inhalt tropfenweise abfließen kann*

tropf|naß ⟨Adj., o.Steig.⟩ *so naß, daß etwas oder jmd. tropft; er kam t. nach Hause; tropfnasse Wäsche*

Tropf|stein ⟨m.1⟩ *Kalkstein, der aus kalkhaltigem, abtropfendem Wasser entsteht (bes. in Höhlen);* vgl. *Stalagmit, Stalaktit*

Tro|phäe ⟨f.11⟩ **1** *Siegeszeichen, z.B. erbeutete Fahne* **2** *Zeichen der erfolgreichen Jagd, z.B. Geweih* [< grch. *staphē*, lat. *tropaeum*, griech. *tropaion* „Siegeszeichen, Siegesdenkmal", zu *trope* „Wendung, Umkehr"; *Sieg, Niederlage*, zu *trepein* „drehen, wenden"]

tro|phisch ⟨Adj., o.Steig.⟩ *auf der Ernährung (der Gewebe, Muskeln) beruhend, sie bewirkend* [< griech. *trophe* „Nahrung, Ernährung", zu *trephein* „ernähren"]

Tro|pho|bi|ose ⟨f.11⟩ *Form der Symbiose, bei der ein Tier dem andern die Nahrung liefert und dafür von diesem geschützt wird (z.B. Blattläuse in Ameisenstaaten)* [< griech. *trophos* „Ernährer" und *bios* „Leben, Lebensweise"]

Tro|pho|lo|gie ⟨f., -, nur Sg.⟩ *Ernährungswissenschaft* [< griech. *trophe* „Ernährung, Nahrung" und *...logie*]

Tro|pi|cal ⟨[trɔpikəl] m.9⟩ *luftdurchlässiger Anzugstoff* [engl., „tropisch"]

Tro|pi|ka ⟨f., -, nur Sg.⟩ *schwere Form der Malaria;* Syn. *Tropenfieber* [neulat., < *Tropen*]

tro|pisch ⟨Adj., o.Steig.⟩ **1** *aus den Tropen stammend, zu ihnen gehörig, wie in den Tropen* **2** *an die Tropen erinnernd; es herrscht eine geradezu ~e Hitze*

Tro|pis|mus ⟨m., -, -men⟩ *durch äußeren Reiz hervorgerufene Bewegung (von Pflanzenorganen)* [< griech. *trope* „Drehung, Wendung", zu *trepein* „drehen, wenden"]

Tro|po|pau|se ⟨f.11⟩ *Grenze zwischen Tropo- und Stratosphäre*

Tro|po|phyt ⟨m.10⟩ *an starken Wechsel zwischen niederschlagsreicher und -armer Jahreszeit angepaßte Pflanze* [< griech. *tropos* „Wendung" und *phyton* „Pflanze", zu *phyein* „hervorbringen, wachsen lassen"]

Tro|pos ⟨m., -, -poi⟩ →*Trope*

Tro|po|sphä|re ⟨f.11⟩ *unterste Schicht der Erdatmosphäre (bis 12 km)* [< griech. *tropos* „Wendung", übertr. „Art und Weise, Verlauf" und *Sphäre*]

trop|po ⟨Mus.⟩ *zu viel, zu sehr; allegro ma non t. lebhaft, aber nicht zu sehr* [ital.]

Tro|pus ⟨m., -, -pen⟩ **1** →*Trope* **2** *textlichmelodische Erweiterung der Liturgie, Sequenz* **3** *daraus entstandene mittelalterliche, geistliche Liedform*

Troß ⟨m.1⟩ **1** ⟨†⟩ *Gesamtheit der Fahrzeuge (einer Truppe) mit Gepäck, Verpflegung und Ausrüstung* **2** ⟨übertr.⟩ *Gefolge; er kam mit einem ganzen T.* **3** *Anhängerschar; er und sein ganzer T.* **4** *Menschenzug; der T. der Demonstranten zog an uns vorbei* [< mhd. *trosse* „Gepäck", < mlat. *trossa*, altfrz. *torse* „Bündel", eigtl. „etwas Gebundenes", über vulgärlat. *torsus* < lat. *tortus* „Gewundenes", zu *torquere* „drehen, winden"]

Tros|se ⟨f.11⟩ *starkes Hanf- oder Drahtseil* [< mnddt. *trosse*, ndrl. *tros* „Tau, Trosse", zu *torsen* „binden", < altfrz. *torser* „binden", zu lat. *torquere* „drehen, winden"]

Trost ⟨m., -(e)s, nur Sg.⟩ *etwas, das Leid und seelischen Schmerz lindert, das seelische wieder aufrichtet; Worte des ~es sagen; jmdm. T. zusprechen, spenden; das ist nur ein schwacher T.; jmdm. etwas zum T. sagen; du bist wohl nicht ganz bei T.?* ⟨ugs.⟩ *du bist wohl verrückt?*

trö|sten ⟨V.2, hat getröstet⟩ **I** ⟨mit Akk.⟩ *jmdn. t. jmdm. Trost geben, beruhigend, ermunternd zu jmdm. reden; das tröstet mich* ⟨ugs.⟩ *das beruhigt mich* **II** ⟨refl.⟩ *sich t.* **1** *sich beruhigen, seinen Kummer überwinden; tröste dich, es geht andern auch so!; sich über etwas t. seinen Kummer über etwas überwinden* **2** *sich mit etwas, über jmdn. t. sich durch etwas oder jmdn. Ersatz für Verlorenes schaffen; sich mit dem Gedanken t., daß ...; sich mit einem anderen Frau, einem Mann t. ein Liebesverhältnis mit einem anderen Partner beginnen*

tröst|lich ⟨Adj.⟩ *Trost spendend; eine ~e Antwort*

trost|los ⟨Adj., -er, am -esten⟩ **1** *aussichtslos; seine ~e Lage* **2** *Niedergeschlagenheit hervorrufend; ~es Wetter* *öde, ohne Abwechslung; eine ~e Gegend* **Trost|lo|sig|keit** ⟨f., -, nur Sg.⟩

Trost|preis ⟨m.1⟩ *kleine Entschädigung für jmdn., der bei einem Wettbewerb keinen Preis bekommen hat*

trost|reich ⟨Adj.⟩ *Trost bringend; eine ~e Nachricht*

Trö|stung ⟨f.10⟩ *Trost (den jmd. erhält)*

Trost|wort ⟨n.1⟩ *trostreiches Wort; einige ~e zu jmdm. sprechen*

Trott ⟨m., -s, nur Sg.⟩ **1** *langsamer, schwerfälliger Trab* **2** ⟨übertr.⟩ *immer gleiche, gewohnte Lebens- oder Arbeitsweise* (Alltags~); *in den alten T. zurückfallen*

Trot|te ⟨f.11⟩ ⟨alemann.⟩ *Weinkelter* [zu *treten*]

Trot|tel ⟨m.5; ugs.⟩ **1** *schwachsinniger, oft auch mißgestalteter Mensch* (Dorf~) **2** *Dummkopf*

Trot|te|lei ⟨f., -, nur Sg.⟩ *Schwachsinnigkeit, das Trotteln*

trot|te|lig ⟨Adj.⟩ *aufgrund fortgeschrittenen Alters geistig nachlassend, vergeßlich;* auch: *trottlig* **Trot|te|lig|keit** ⟨f., -, nur Sg.⟩ auch: *Trottligkeit*

trot|teln ⟨V.1, ist getrottelt; o.Obj.⟩ *gemächlich und in Gedanken versunken gehen*

trot|ten ⟨V.1, ist getrottet; o.Obj.⟩ **1** ⟨vom Pferd⟩ *langsam traben* **2** ⟨bes. von großen Tieren⟩ *ruhig und gleichmäßig gehen* **3** *langsam und unlustig gehen*

Trot|teur ⟨[-tør] m.9⟩ *bequemer Straßenschuh mit flachem Absatz*

trott|lig ⟨Adj.⟩ →*trottelig*

Trott|lig|keit ⟨f., -, nur Sg.⟩ →*Trotteligkeit*

Trot|toir ⟨[-toar] n.9; veraltend⟩ *erhöhter Fußweg neben der Fahrstraße, Gehsteig, Bürgersteig* [frz., eigtl. „Weg, auf dem man trippelt", zu *trotter* „mit kurzen Schritten laufen, trippeln"]

trotz ⟨Präp., urspr. mit Dat., heute meist mit Gen.⟩ *ungeachtet, ohne (auf etwas) Rücksicht zu nehmen; t. alledem; t. seines hohen Alters; t. des schlechten Wetters*

Trotz ⟨m., -es, nur Sg.⟩ *eigensinniges Beharren (auf einer Meinung, auf einem Vorhaben, auf einem Recht), Widersetzlichkeit; kindlicher T.; etwas aus T. tun; jmdm. etwas zum T. tun etwas tun, nur weil es der andere nicht will, nicht erwartet*

trotz|dem **I** ⟨Konj. und Adv.⟩ *trotz der bestehenden Lage, Umstände; er hat zwar wenig Zeit, t. wird er mir helfen; es wird t. gehen* **II** ⟨Konj.; fälschlich für⟩ *obwohl;* t. *er recht hat, will ich nicht ...*

trot|zen ⟨V.1, hat getrotzt⟩ **I** ⟨o.Obj.; bes. von Kindern⟩ *in Trotz verharren, trotzig sein* **II** ⟨mit Dat.⟩ **1** *jmdm. t. sich gegen jmdn. auflehnen, jmdm. Widerstand leisten, sich jmdm. widersetzen* **2** *einer Sache t. einer Sache Widerstand leisten, standhalten; einer Gefahr t.; der Baum trotzt dem Sturm; die Mauern trotzten dem Angriff, dem Anprall*

trot|zig ⟨Adj.⟩ **1** *widersetzlich, stur, dickköpfig; ein ~es Kind* **2** *Trotz ausdrückend; ~es Schweigen*

Trot|zkis|mus ⟨m., -, nur Sg.; im kommunist. Sprachgebrauch⟩ *von der sowjetischen Parteilinie abweichende politische Einstellung im Sinne des russischen Politikers L. D. Trotzki*

Trot|zkist ⟨m.10⟩ *Anhänger, Vertreter des Trotzkismus*

Trotz|kopf ⟨m.2⟩ *eigensinniges, trotziges Kind*

trotz|köp|fig ⟨Adj.⟩ *trotzig, eigensinnig; ein ~es Kind*

Trou|ba|dour ⟨[-dur] auch [tru-] m.1 oder m.9⟩ *provenzalischer Minnesänger;* vgl. *Trouvère* [frz. *troubadour* steht hochsprachlich für prov. *trobador;* der prov. *trobador* und sein Gegenstück, der nordfrz. *trouvère,* entsprechen beide dem hochfrz. *trouveur* „Erfinder", zu frz. *trouver* „finden, erfinden"]

Trouble ⟨[trʌbl] m., -s, nur Sg.; ugs.⟩ *Mühe, Umstände, Schwierigkeiten, Ungelegenheiten* [< engl. *trouble* „Sorge, Kummer, Verdruß, Mißgeschick", über mengl. < altfrz. *trouble, tourble* „Unruhe" < lat. *turbare* „in Unruhe, Unordnung bringen", zu *turbo* „Wirbel, Wirbelwind, wirbelnde Bewegung"]

Trou|pier ⟨[trupje] m.9; veraltend⟩ *altgedienter, erfahrener Offizier (niederen Ranges), Haudegen* [frz., zu *troupe* „Truppe"]

Trou|vère ⟨[truvɛr] m.9⟩ *nordfranzösischer Minnesänger;* vgl. *Troubadour*

Tro|yer ⟨m.5; Seemannsspr.⟩ *wollenes Unterhemd oder wollener Pullover mit verschließbarem Rollkragen*

Troy|ge|wicht ⟨[trɔi-] n.1; in England und den USA⟩ *Gewicht für Edelmetalle und Edelsteine* [< engl. *troy weight* in ders. Bed., eigtl. „in der Stadt Troyes übliches Handelsgewicht", nach der frz. Stadt *Troyes* im Departement Aube, die als Handelsstadt berühmt war]

Trub ⟨m., -(e)s, nur Sg.; Bier- und Weinherstellung⟩ *trüber Niederschlag, der nach der Gärung zurückbleibt*

trüb, trü|be ⟨Adj., trüber, am trübsten⟩ **1** *nicht durchsichtig, nicht klar; eine trübe*

Flüssigkeit; trüber Saft; Wasser trüb(e) machen; im trüben fischen *einen unklaren Zustand, unklare Verhältnisse zum eigenen Vorteil ausnutzen* **2** *nicht hell, nicht leuchtend;* trübes Licht **3** *nicht sonnig, leicht regnerisch;* trübes Wetter; es wird trüb(e) *der Himmel bedeckt sich mit Wolken* **4** *bedrückt, leicht traurig, leicht schwermütig;* trübe Stimmung; trüben Gedanken nachhängen; das waren trübe Tage **5** *unerfreulich;* trübe Erfahrungen **6** *fragwürdig;* das ist eine trübe Sache
Trü|be ⟨f., -, nur Sg.⟩ trüber Zustand, trübe Beschaffenheit
Tru|bel ⟨m., -s, nur Sg.⟩ *geschäftiges, lärmendes Treiben, lustiges Durcheinander;* auf den Straßen herrschte großer T.; im T. des Karnevals [< frz. *trouble* „Verwirrung, Unordnung, Unruhe, Störung", < lat. *turbula* „Lärm", Verkleinerungsform von *turbo* „Verwirrung, Unruhe; Wirbel", zu *turba* „in Verwirrung geratene Menge, Getümmel, Gewühl, Gedränge, Volkshaufen"]
trü|ben ⟨V.1, hat getrübt⟩ **I** ⟨mit Akk.⟩ **1** *trüb, undurchsichtig machen;* aufwirbelnder Sand trübt das Wasser, den Bach; die Witterung hat das Glas getrübt **2** *beeinträchtigen, vermindern;* der Vorfall trübte unsere Freude, Stimmung; unser Verhältnis ist seit dem Streit getrübt; sein Erinnerungsvermögen ist getrübt **II** ⟨refl.⟩ sich t. **1** *trüb werden;* der Himmel trübt sich **2** *sich verwirren;* sein Geist trübt sich immer mehr
Trüb|glas ⟨n.4⟩ *(durch Zusatz von Flußspat oder Phosphaten zur Glasschmelze)* trübes bis undurchsichtiges Glas
Trüb|heit ⟨f., -, nur Sg.⟩ das Trübsein
Trüb|nis ⟨f.1; poet.⟩ Trübheit, Betrübnis, Kummer
Trüb|sal ⟨f., -, nur Sg.⟩ Kummer, seelischer Schmerz; T. blasen ⟨ugs.⟩ *trüben Gedanken nachhängen, lustlos, mißgestimmt sein*
trüb|se|lig ⟨Adj.⟩ **1** *niedergeschlagen, bekümmert;* t. dreinschauen **2** *öde, traurig;* ~e Gegend; ~es Wetter **3** ⟨übertr., ugs.⟩ *kümmerlich, sehr wenig;* ~e Überreste **Trüb|se|lig|keit** ⟨f., -, nur Sg.⟩
Trüb|sinn ⟨m., -(e)s, nur Sg.⟩ *trübselige, gedrückte Stimmung;* in T. verfallen
trüb|sin|nig ⟨Adj.⟩ *niedergeschlagen, gedrückt, deprimiert* **Trüb|sin|nig|keit** ⟨f., -, nur Sg.⟩
Trü|bung ⟨f.10⟩ **1** ⟨nur Sg.⟩ *das Trüben* **2** *das Getrübtsein;* eine T. des Wassers **3** *unangenehme Änderung (eines Zustandes);* eine T. der guten Laune, der Freundschaft
Trü|bungs|mes|ser ⟨m.5⟩ → Nephelometer
Truch|seß ⟨m.1; MA⟩ *Aufseher über Hofhaltung und Küche eines Fürsten* [< mhd. *truhsaeze* < ahd. *truhtsazzo* „Anführer (sozusagen Vorsitzender) einer Kriegerschar", dem auch die Aufsicht über die Diener bei der Tafel des Fürsten oblag, < *truht* „Schar, Gefolge" und ...*saza* „Sitz", ...*sazo* „Sitzer"]
Truck|sy|stem ⟨[trʌk-] n., -s, nur Sg.; früher⟩ *Lohnzahlungssystem, bei dem der Arbeitnehmer ausschließlich Waren oder Gutscheine erhielt*
tru|deln ⟨V.1, ist getrudelt; o.Obj.⟩ **1** *nach unten gleiten und sich dabei drehen;* das Flugzeug trudelt **2** *langsam rollen;* der Ball trudelt **3** ⟨ugs.⟩ *gemächlich gehen;* nach Hause t.
Trüf|fel ⟨m.5 oder f.11⟩ **1** *unterirdische, knollige Fruchtkörper ausbildender Schlauchpilz, Speisepilz* (Périgord~, Sommer~) **2** *Praline mit feiner, weicher Füllung (Sahne~)* [< ndrl. *truffel,* frz. *truffe,* < lat. *tuber,* mundartl. *tufer* „Höcker, Auswuchs", zu *tumere* „schwellen, angeschwollen sein"]
Trug ⟨m., -(e)s, nur Sg.; †⟩ *Täuschung, Betrug;* nur noch in der Fügung Lug und T. *Lüge und Täuschung*
Trug|bild ⟨n.3⟩ *Sinnestäuschung, Bild der Phantasie, unrealistische Hoffnung*

Trug|dol|de ⟨f.11⟩ → Scheindolde
trü|gen ⟨V.166, hat getrogen; o.Obj.⟩ *täuschen, irreführen;* der Schein trügt; wenn mich meine Erinnerung nicht trügt, war es ...
trü|ge|risch ⟨Adj.⟩ **1** *auf Täuschung beruhend, falsch;* ~er Glanz; sich ~e Hoffnungen machen **2** *zum Irrtümern verleitend;* das ist t. *das Eis ist nicht fest*
Trug|schluß ⟨m.2⟩ *(zunächst richtig erscheinender) falscher Schluß, falsche Folgerung;* einem T. erliegen, verfallen
Tru|he ⟨f.11⟩ *kastenförmiges Möbelstück mit Deckel zur Aufbewahrung von Gegenständen (Wäsche~)*
Trul|le ⟨f.11; abwertend⟩ *Mädchen, (unangenehme) Frau*
Trul|lo ⟨m., -s, -li; in Apulien⟩ *rundgebautes, steinernes Bauernhaus mit kegelförmigem Dach*
Trum ⟨n.4 oder m.1⟩ auch: *Trumm* **1** ⟨Geol.⟩ *Zweig eines Mineralganges* **2** ⟨Bgb.⟩ *für einen bestimmten Zweck bestimmter Teil eines Schachtes* **3** *zwischen zwei Riemenscheiben liegender Teil eines Treibriemens*
Trumm ⟨n.4⟩ **1** → Trum **2** ⟨süddt., österr.⟩ *großes Stück, Brocken;* ein T. Käse abschneiden; ein T. von einem Mannsbild *ein großer, dicker Mann*
Trüm|mer ⟨n.4, Pl.⟩ *Teile, Stücke (eines kaputtgegangenen Gegenstandes), Bruchstücke;* in T. gehen *kaputtgehen;* vor den ~n seines Lebens stehen ⟨übertr.⟩
Trüm|mer|frau ⟨f.10⟩ *Frau, die nach dem 2. Weltkrieg an der Beseitigung von Gebäudetrümmern mitarbeitete*
Trüm|mer|ge|stein ⟨n.1⟩ *Sedimentgestein, das aus den Trümmern anderer Gesteine entstanden ist*
Trumpf ⟨m.2⟩ **1** *(Kartenspiel) Farbe oder Karte einer Farbe, die die anderen Farben sticht;* Herz ist T. **2** ⟨übertr.⟩ *Vorteil,* einen T. ausspielen *etwas erwidern, was den anderen zum Schweigen bringt, ein zwingendes Argument liefern;* einen T. in der Hand haben *ein zwingendes Argument bereit haben (das man anbringen kann);* er hat alle Trümpfe in der Hand *er hat alle Vorteile auf seiner Seite* [volkstümliche Vereinfachung von Triumph mit Bedeutungsverlagerung von „Freude, Genugtuung" auf „höchste, erfolgreichste Karte im Spiel"]
trump|fen ⟨V.1, hat getrumpft; o.Obj.; Kart.⟩ *einen Trumpf ausspielen*
Trunk ⟨m.2⟩ **1** ⟨poet.⟩ *Getränk;* ein kühler T. **2** ⟨nur Sg.⟩ *das Trinken, Trunksucht;* sich dem T. ergeben; dem T. verfallen sein
Trun|kel|bee|re ⟨f.11⟩ → Rauschbeere
trun|ken ⟨Adj.; poet.⟩ **1** *betrunken* **2** ⟨übertr.⟩ *ganz erfüllt, glückselig;* t. vor Glück
Trun|ken|bold ⟨m.1⟩ *gewohnheitsmäßiger Trinker*
Trun|ken|heit ⟨f., -, nur Sg.⟩ *das Betrunkensein;* T. am Steuer
Trunk|sucht ⟨f., -, nur Sg.⟩ *gewohnheitsmäßiges, übermäßiges Trinken von Alkohol, Sucht, Alkohol zu trinken, Alkoholismus*
trunk|süch|tig ⟨Adj., o.Steig.⟩ *an Trunksucht leidend*
Trupp ⟨m.9⟩ **1** *kleine Gruppe von Soldaten* (Späh~) **2** *kleine Menschengruppe;* ein T. Bauarbeiter
Trup|pe ⟨f.11⟩ **1** *Gesamtheit der militärischen Einheiten und Verbände (eines Staates)* **2** ⟨nur Sg.⟩ *militärische Gruppe (im Unterschied zu Stäben und Verwaltungsbehörden)* [< frz. *troupe* „Truppe"]
trupp|wei|se ⟨Adv.⟩ *in Trupps*
Trü|sche ⟨f.11⟩ → Rutte
Trust ⟨[trʌst] m.9⟩ *Zusammenschluß mehrerer Unternehmen unter einheitlicher Führung* [< engl. *trust* in ders. Bed. sowie „Treuhand, Pflegschaft; Verwahrung, Obhut; anvertrautes Gut", eigtl. „Vertrauen, Zuversicht"

< mengl. *trust, trost,* < altnord. *traust* „Trost, Stärke, Hilfe"]
Tru|stee ⟨[trʌsti] m.9; engl. Bez. für⟩ *Treuhänder*
Trut|hahn ⟨m.2⟩ *männliches Truthuhn;* Syn. Puter, ⟨österr.⟩ *Indian*
Trut|hen|ne ⟨f.11⟩ *weibliches Truthuhn;* Syn. Pute
Trut|huhn ⟨n.4⟩ *(aus Amerika stammender) Hühnervogel mit nackten, roten Hautlappen an Kopf und Hals sowie Schwanzfedern, die der Hahn beim Balzen aufstellt*
Trutz ⟨m., -es, nur Sg.; †⟩ *Abwehr, Verteidigung;* zu Schutz und T.; Schutz- und T.-Bündnis
trut|zen ⟨V.1, hat getrutzt; mit Dat.; poet.; †⟩ *Trutz bieten*
trut|zig ⟨Adj.; †, noch poet.⟩ **1** *grimmig, mächtig* **2** *wehrhaft;* eine ~e Burg
Try|pa|no|so|ma ⟨n., -s, -men⟩ *(meist im Blut von Wirbeltieren schmarotzendes, krankheitserregendes Geißeltierchen* [< griech. *trypanon* „Drillbohrer" (zu *trypan* „bohren") und *soma* „Körper", wegen der spindelförmigen Gestalt mit nur einer Geißel]
Tryp|sin ⟨n., -s, nur Sg.⟩ *Ferment der Bauchspeicheldrüse* [< griech. *trypsis* „das Reiben, Kneten", zu *trybein* „reiben; verbrauchen, aufzehren" und *Pepsin*]
Tsan|tsa ⟨f.9⟩ → Schrumpfkopf [indian.]
Tscha|ko ⟨m.9⟩ *urspr. ungarische militärische Kopfbedeckung mit Schild und zylinderförmigem Oberteil (später auch von deutschen Polizisten getragen)*
Tscha|ma|ra ⟨f., -, -s oder -ren⟩ *Schnürrock der tschechischen und polnischen Nationaltracht* [< tschech., slowak. *čamara* < span. *zamarra* „Schaf-, Lammfelljacke", vielleicht < bask. *zamar* „Schafwolle"]
Tschan|du ⟨n., -s, nur Sg.⟩ *zum Rauchen zubereitetes Opium* [Hindi]
Tschap|ka ⟨f.9⟩ *Kopfbedeckung der Ulanen mit viereckigem Oberteil* [< poln. *czapa, czapka* „Mütze", < altfrz. *chape* (< lat. *cappa*) „Mantel, Kopfbedeckung"]
Tschap|perl ⟨n.14; österr.⟩ *naives Mädchen, Dummerchen, ungeschicktes kleines Kind*
Tschar|dasch ⟨m.1; eindeutschende Schreibung von⟩ *Csárdás*
tschau! ⟨eindeutschende Schreibung von ital.⟩ → *ciao!*
Tsche|che ⟨m.11⟩ *Einwohner des westlichen Teils der Tschechoslowakei*
tsche|chisch ⟨Adj., o.Steig.⟩ *die Tschechen betreffend, zu ihnen gehörig, von ihnen stammend;* ~e Sprache *eine westslawische Sprache*
tsche|cho|slo|wa|kisch ⟨Adj., o.Steig.⟩ *die Tschechoslowakei betreffend, zu ihr gehörig, aus ihr stammend*
Tsche|ka ⟨f., -, nur Sg.; 1917–1922⟩ *die politische Polizei der UdSSR*
Tscher|kes|se ⟨m.11⟩ *Angehöriger eines kaukasischen Volkes*
Tscher|wo|nez ⟨m., -, -won|zen⟩ **1** ⟨früher⟩ *russische Goldmünze* **2** *(1922–1947) Banknote im Wert von 10 Rubel* [russ., < poln. *czerwony* „golden, purpurrot"]
Tschi|buk ⟨m.9⟩ *lange türkische Tabakspfeife*
Tschick ⟨m.9; österr.⟩ *Zigarettenstummel* [< ital. *cicca* in ders. Bed.]
Tschi|kosch ⟨m.1; eindeutschende Schreibung von⟩ *Csikós*
tschil|pen ⟨V.1, hat getschilpt; o.Obj.; vom Sperling⟩ *rufen, zwitschern;* auch: *schilpen*
Tschis|men ⟨Pl.⟩ *farbige ungarische Stiefel*
tschüs! ⟨ugs.⟩ *auf Wiedersehen!* [Kurzform von norddt. *adjüs* < frz. *adieu* „mit Gott, auf Wiedersehen"]
Tsd. ⟨Abk. für⟩ *Tausend*
Tset|se|flie|ge ⟨f.11⟩ *afrikanische Stechfliege, Überträgerin der Schlafkrankheit* [Erstbestandteil aus dem Bantu]

T-Shirt ⟨[tiʃəːt] n.9⟩ kurzärmeliges Hemd aus Trikot (1), meist ohne Kragen [verkürzt < Trikot-Shirt, zu → Trikot und engl. shirt „Hemd", < mengl. shirte, altengl. scyrte „Rock, kurzes Gewand", zu scort, sceort „kurz"]

T-Trä|ger ⟨m.5⟩ Stahlträger mit T-förmigem Querschnitt

TU ⟨Abk. für⟩ Technische Universität

Tua|reg I ⟨m., -(s), -(s)⟩ Angehöriger eines Berbervolkes in der Sahara **II** ⟨n., -s, nur Sg.⟩ dessen Sprache

Tua res agi|tur Um deine Sache handelt es sich, es geht dich an [lat.]

Tua|te|ra ⟨f.9⟩ → Brückenechse [Maori]

Tu|ba ⟨f., -, -ben⟩ großes Blechblasinstrument mit gewundenem Schalltrichter **2** → Tube (2)

Tu|bar|gra|vi|di|tät ⟨f.10⟩ → Eileiterschwangerschaft [< Tube und Gravidität]

Tüb|bing ⟨m.9⟩ (bis 1,5 m hoher) gußeiserner Ring zum Abstützen von wasserdichten Schächten [nddt., zu dialekt. „Röhre"]

Tu|be ⟨f.11⟩ **1** biegsamer, röhrenförmiger Behälter; auf die T. drücken ⟨ugs.⟩ Gas geben, eine Sache in Gang bringen **2** → Eileiter; auch: Tuba [über engl., frz. tube < lat. tuba „Röhre"]

Tu|ben|schwan|ger|schaft ⟨f.10⟩ → Eileiterschwangerschaft

Tu|ber|kel ⟨m.5; österr. auch f.11⟩ kleine Geschwulst, Knötchen (bes. bei Tuberkulose) [< lat. tuberculum „Höckerchen", Verkleinerungsform zu tuber „Auswuchs am Körper, Höcker, Beule", zu tumere „aufgeschwollen sein, strotzen"]

Tu|ber|kel|bak|te|ri|um ⟨n., -s, -ri|en⟩ Erreger der Tuberkulose

tu|ber|ku|lar ⟨Adj., o.Steig.⟩ knotig, knötchenartig [zu Tuberkel]

Tu|ber|ku|lin ⟨n., -s, nur Sg.⟩ aus Zerfallsprodukten der Tuberkelbakterien gewonnener Giftstoff, mit dem Tuberkulose nachgewiesen werden kann

tu|ber|ku|lös ⟨Adj., o.Steig.⟩ an Tuberkulose erkrankt, mit Tuberkeln behaftet

Tu|ber|ku|lo|se ⟨f.11; Abk.: Tb, Tbc⟩ durch Tuberkelbakterien hervorgerufene chronische Infektionskrankheit [< Tuberkel und ...ose]

Tu|ber|ku|lo|sta|ti|kum ⟨n., -s, -ka⟩ die Ausbreitung der Tuberkeln hemmendes Heilmittel [< Tuberkulose und griech. statikos „stehend machend"]

Tu|be|ro|se ⟨f.11⟩ mexikanisches Agavengewächs, Kulturpflanze [< lat. tuberosus, Fem. zu tuberosus „voller Höcker oder Knötchen, knollig", zu tuber, Gen. tuberis, „Höcker, Buckel, Beule", eigtl. „der Wurzelknollen"]

Tu|bi|fex ⟨m., -, -bi|fi|ces⟩ rötlicher Ringelwurm (als Futter für Aquarienfische) [< lat. tubus, „Röhre" und facere „machen", weil er Wohnröhren baut]

tu|bu|lär, tu|bu|lös ⟨Adj., o.Steig.⟩ Med.⟩ röhren-, schlauchförmig [zu Tubus]

Tu|bus ⟨m., -ben oder -bus|se⟩ röhrenförmiges Geräteteil (z.B. Verbindungsrohr zweier Linsensysteme) [lat., „Röhre"]

Tuch I ⟨n.1⟩ **1** Streichgarnstoff in Leinwandbindung **2** ⟨Seew.⟩ Segeltuch **II** ⟨n.4⟩ gesäumtes Stück Stoff (Hals~, Kopf~); sich ein T. umbinden; etwas in ein T. einschlagen, einwickeln; das ist für ihn ein rotes T. ⟨übertr., ugs.⟩ er kann das nicht leiden

tu|chen ⟨Adj., o.Steig.; †⟩ aus Tuch (I) hergestellt

Tu|chent ⟨f.10; österr.⟩ → Federbett [vielleicht urspr. „aus Tuch"]

Tuch|füh|lung ⟨f., -, nur Sg.⟩ leichte Berührung der Kleidung zweier Personen; mit jmdm. T. haben; mit jmdm. in T. treten; mit jmdm. auf T. bleiben ⟨übertr.⟩ mit jmdm. in engem Kontakt bleiben [urspr. Soldatenspr., „enges Nebeneinander der angetretenen Soldaten"]

Tuch|sei|te ⟨f.11⟩ nach außen getragene, rechte Seite (eines Stoffes)

tüch|tig ⟨Adj.⟩ **1** gut arbeitend, geschickt; ein ~er Chef, Mitarbeiter **2** brauchbar, passend, tauglich; eine ~e Arbeit **3** ⟨übertr.⟩ ziemlich viel, ziemlich groß; ~e Prügel; ein ~er Schreck; t. essen **Tüch|tig|keit** ⟨f., -, nur Sg.⟩

Tücke ⟨-k|k-; f.11⟩ **1** ⟨nur Sg.⟩ Heimtücke, Boshaftigkeit **2** die T. des Objekts die zunächst nicht sichtbare Schwierigkeit, die in einem Gegenstand und dem Umgang mit ihm steckt; voller T. sein **2** ⟨meist Pl.⟩ bösartige Handlungen; die ~n dieser Maschine, seines Feindes

tuckern ⟨-k|k-; V.1; o.Obj.⟩ **1** ⟨hat getuckert⟩ ein gleichmäßiges, hartes, kurzes Geräusch von sich geben; der Motor tuckert **2** ⟨ist getuckert⟩ sich mit einem solchen Geräusch fortbewegen; das Motorboot tuckerte über den See

tückisch ⟨-k|k-; Adj.⟩ bösartig, hinterhältig, gemein

tück|schen ⟨V.1, hat getückscht; o.Obj.⟩ mdt., norddt.⟩ beleidigt sein, grollen

Tü|der ⟨m.5; nddt.⟩ Seil (zum Anbinden eines weidenden Tieres) [< engl. tether < altnord. tjoðr, „Fußfessel für Tiere"]

tü|dern ⟨V.1, hat getüdert; mit Akk.; norddt.⟩ **1** mit einem Tüder befestigen **2** unordentlich festbinden oder zubinden

Tu|dor|bo|gen ⟨[tju-] m.7; in der engl. Spätgotik⟩ flacher Spitzbogen

Tue|rei ⟨f., -, nur Sg.⟩ Getue, Sichzieren

Tuff[1] ⟨m.1⟩ **1** Gestein aus erstarrten, verkitteten vulkanischen Auswürfen **2** Kalksinter [< lat. tofus, tufus in ders. Bed., aus dem Oskisch-Umbrischen entlehnt]

Tuff[2] ⟨m.1⟩ **1** Strauß oder Büschel kurzstieliger Blumen **2** vielfach gebundene Schleife (z.B. auf Pralinenschachteln) [< frz. touffe „Busch, Büschel", < ndrdl. tuffe „Schopf"]

tüf|te|lig ⟨Adj.⟩ schwierig, mühsam, viel Tüfteln erfordernd; eine ~e Arbeit

tüf|teln ⟨V.1, hat getüftelt; o.Obj.⟩ etwas (Schwieriges) herauszubringen versuchen, nachdenken und herumprobieren; ich habe lange getüftelt, bis ich eine Lösung gefunden hatte; an etwas t.

Tuf|ting ⟨[taf-] n.9⟩ ein Teppichgewebe [engl., zu tuft „Büschel"]

Tu|gend ⟨f.10⟩ **1** ethisch-moralisch sehr gute Eigenschaft; die T. der Sparsamkeit **2** ⟨†⟩ Sittsamkeit; den Pfad der T. verlassen; er ist ein Ausbund an T. **3** ⟨†⟩ Keuschheit; seine T. bewahren; einem Mädchen die T. rauben ein Mädchen entjungfern

Tu|gend|bold ⟨m.1; spöttisch⟩ tugendhafter Mensch

tu|gend|haft ⟨Adj., -er, am -esten⟩ moralisch vorbildlich; bei Mädchen, ⟨↑⟩ keusch; ein ~es Leben führen **Tu|gend|haf|tig|keit** ⟨f., -, nur Sg.⟩

tu|gend|sam ⟨Adj.; †⟩ tugendhaft

Tu|kan ⟨m.1⟩ (etwa taubengroßer) Vogel Mittel- und Südamerikas mit übergroßem, leicht gebogenem Schnabel; Syn. Pfefferfresser [Bunt~, Riesen~] [indian.]

Tu|lar|ämie ⟨f.11⟩ auf den Menschen übertragbare Infektionskrankheit (u.a. der Nagetiere); Syn. Hasenpest [nach der kalifornischen Landschaft Tulare und < griech. haima „Blut"; die Krankheit wurde zuerst bei Erdhörnchen und anderen kleinen Tieren sowie bei Kaninchenjägern in Tulare beobachtet]

Tu|li|pan ⟨m.1⟩, **Tu|li|pa|ne** ⟨f.11; †⟩ → Tulpe

Tüll ⟨m.1⟩ ein feines, netzartiges Gewebe [< frz. tulle in ders. Bed., nach der frz. Stadt Tulle im Département Corrèze, wo das Gewebe zuerst hergestellt wurde]

Tül|le ⟨f.11⟩ **1** Ausguß (an Kannen) **2** kurzes Rohrstück [< mhd. tülle < ahd. tulli „Pfeil- oder Speerspitze"]

Tul|pe ⟨f.11⟩ Liliengewächs mit sechs großen, leuchtend gefärbten Blütenblättern; auch: ⟨†⟩ Tulipan, Tulipane [< mhd. tulipan < frz. tulipe in ders. Bed., < türk. tuliband, tülbend „Turban", wegen der Ähnlichkeit der geöffneten Blütenkrone mit einem Turban]

...tum ⟨Nachsilbe zur Bez.⟩ **1** einer Gesamtheit, z.B. Bauerntum, Beamtentum, Brauchtum **2** einer Eigenschaft, z.B. Bauerntum, Draufgängertum, Siechtum **3** einer Gesamtheit der Eigenschaften, die etwas kennzeichnen, z.B. Volkstum **4** einer Würde, z.B. Königtum

Tum|ba ⟨f., -, -ben⟩ Grabdenkmal in Form eines Sarkophags [< lat. tumba „Grab", < griech. tymbos „Grabhügel, Totenkammer"]

Tu|mes|zenz ⟨f.10⟩ Schwellung (von Gewebe oder Körperteilen) [< lat. tumescens, Part. Präs. von tumescere „schwellen, zu schwellen beginnen"]

tum|meln ⟨V.1, hat getummelt⟩ **I** ⟨mit Akk.⟩ bewegen, sich bewegen lassen; ein Pferd t. ein Pferd reiten, um ihm Bewegung zu machen **II** ⟨refl.⟩ sich t. herumlaufen, herumspringen und spielen; Pferde t. sich auf der Koppel; die Kinder t. sich im Garten

Tum|mel|platz ⟨m.2⟩ Ort, an dem sich eine bestimmte Gruppe von Menschen bevorzugt aufhält; ein T. der Schickeria

Tumm|ler ⟨m.5⟩ → Stehauf (1)

Tu|mor ⟨m.13⟩ → Geschwulst (2) [lat., „Geschwulst", zu tumere „aufgeschwollen sein"]

Tüm|pel ⟨m.5⟩ kleiner Teich

Tu|mu|li ⟨Pl. von⟩ Tumulus

Tu|mult ⟨m.1⟩ Aufruhr, lärmendes, aufgeregtes Durcheinander [< lat. tumultus „lärmende Unruhe, Getöse, Krach, Getümmel, Aufruhr", zu tumere „aufbrausen, aufgebracht sein", eigtl. „aufgeschwollen sein, strotzen"]

Tu|mul|tu|ant ⟨m.10; veraltend⟩ Unruhestifter

tu|mul|tu|a|risch, tu|mul|tu|ös ⟨Adj., o.Steig.⟩ aufgeregt lärmend

Tu|mu|lus ⟨m., -, -li⟩ vorgeschichtliches Hügelgrab [lat., „Erdhaufen, Erdhügel", zu tumere „angeschwollen sein"]

tun ⟨V.174, hat getan⟩ **I** ⟨mit Akk.⟩ etwas t. **1** machen, ausführen, vollbringen, bewirken; eine Arbeit t.; Dienst t.; Gutes t.; Unrecht t.; er tat einen Sprung; es (irgendetwas) tat einen Knall; ich habe getan, was ich konnte; tu, was du nicht lassen kannst!; was tun?, was sollen wir t.?; ein Streichholz tut's auch ⟨ugs.⟩ mit einem Streichholz geht es auch; etwas gern, bereitwillig t.; er hat viel (für uns) getan; er tut den ganzen Tag nichts; dagegen kann man nichts t.; dagegen muß man etwas t.; so, das wäre getan ⟨ugs.⟩ das ist nun erledigt, beendet; gesagt, getan, er fing sofort an als er das gesagt hatte, fing er sofort an; damit ist es nicht getan das allein genügt nicht **2** etwas (an eine Stelle) bringen, legen, setzen, stellen; tu die Vase auf den Tisch!; Wäsche in den Schrank t.; wohin soll ich die Gläser t. **3** ⟨mit Verb und „zu"⟩ viel zu tun ich habe keine, habe viel Arbeit, Beschäftigung; ich habe noch im Büro zu tun ich muß noch Arbeit im Büro verrichten, erledigen; ich habe Besseres zu t. als hier herumzusitzen; ich habe damit nichts zu t. ich weiß davon nichts, das geht mich nichts an, ich bin dafür nicht zuständig, nicht verantwortlich; ich habe nur mit ihm zu t. ich arbeite nur mit ihm zusammen, ich verhandle nur mit ihm; laß das sein, sonst bekommst du es mit mir zu t.! ⟨ugs.⟩ sonst bekommst du von mir Schelte, Schläge; mir ist darum zu t., daß es möglichst schnell geht ich wünsche, möchte, daß ...; mir ist nur um ihn zu t. ich möchte nur, daß ihm geholfen wird (alles andere ist weniger wichtig) **4** sich stellen, etwas vortäuschen; er tut freundlich (ist es aber nicht); so t., als ob et-

was vortäuschen; er tut, als sei er krank; er tut, als wisse er alles am besten **5** ⟨ugs., zur Betonung eines Verbs⟩ *und wirklich helfen tut keiner;* stehlen tut sie nicht, aber naschen tut sie oft **6** ⟨ugs., statt des Konjunktivs des Hilfsverbs oder Verbs⟩ *ich täte ihm schon helfen, als er will es ja nicht ich würde ihm schon helfen;* wenn ich 100 Mark finden täte *wenn ich 100 Mark fände* **II** ⟨mit Dat. und Akk.⟩ jmdm. etwas t. **1** *jmdm. etwas zuteil werden lassen;* jmdm. einen Gefallen t.; jmdm. etwas Gutes t. **2** *jmdm. etwas zufügen, jmdm. in Gefahr bringen;* hast du dir etwas getan?; *der Hund tut dir nichts;* jmdm. sich Schaden t. **III** ⟨refl.⟩ **1** *jmd. tut sich leicht, schwer* **2** *etwas tut sich etwas ist im Gange, in Vorbereitung, etwas bahnt sich an;* hier tut sich etwas; bei ihnen tut sich etwas

Tun ⟨n., -s, nur Sg.⟩ *Tätigkeit;* erzähl mir von deinem T. und Treiben; löbliches, verdienstvolles, schändliches T.; wenn er von unserem nächtlichen, heimlichen T. wüßte, gäbe es Krach; sein ganzes T. und Trachten war darauf gerichtet, eine höhere Stellung zu erreichen

Tün|che ⟨f.11⟩ **1** *(meist weiße) Farbe, Kalkfarbe für Wandanstriche* **2** ⟨übertr.⟩ *etwas, das etwas Negatives verdeckt;* ihre Freundlichkeit ist nur T.

tün|chen ⟨V.1, hat getüncht; mit Akk.⟩ *mit Tünche bestreichen;* Wände (weiß, farbig) t.

Tun|dra ⟨f., -, -dren; bes. in Nordsibirien und Nordamerika⟩ *baumlose Steppe jenseits der Waldgrenzen;* Syn. *Kältesteppe* [< russ. *tundra* „waldloses, nur mit Gestrüpp bewachsenes Sumpfland", auch „hoher, waldloser Berg", volkstüml. auch „gemähte Stelle"; < finn. *tunturi* „hoher, waldloser Berg" oder lapp. *tundar, tuoddar* „hoher Berg"]

Tu|nell ⟨n.1; österr., schweiz.⟩ *Tunnel*

tu|nen ⟨[tju-] V.1, hat getunt [-tjunt]; mit Akk.⟩ **1** ⟨Elektr.⟩ *einstellen, abstimmen* **2** *durch technische Veränderungen auf höhere Leistung bringen;* ein Kraftfahrzeug t. [< engl. *to tune* in ders. Bed. in Musik und Technik, zu *tune* „richtige Stimmung, Einklang; Melodie, Weise", < lat. *tonus* „Ton, Spannung"]

Tu|ner ⟨[tju-] m.5⟩ **1** *Radiogerät ohne Verstärker* **2** ⟨Fernsehen⟩ *Empfangsteil für Bildsignale* [zu *tunen*]

Tung|baum ⟨m.2⟩ *ein chinesischer Baum, aus dem Holzöl gewonnen wird* [Erstbestandteil chinesisch]

Tung|stein ⟨m.1⟩ → *Scheelit* [< engl. *tungsten,* zu schwed. *tung* „schwer" und *sten* „Stein"; er kommt meist mit Zinn zusammen vor und erschwerte das Ausschmelzen des Zinns]

Tun|gu|se ⟨m.11⟩ *Angehöriger einer Völkergruppe in Sibirien und Nordostchina*

tun|gu|sisch ⟨Adj., o.Steig.⟩ *die Tungusen betreffend, zu ihnen gehörig, von ihnen stammend;* ~e *Sprachen Zweig der altaischen Sprachen*

Tu|nicht|gut ⟨m.1⟩ *junger Mensch, der viel Schlimmes treibt, der häufig kleine Straftaten begeht*

Tu|ni|ka ⟨f., -, -ken; im alten Rom⟩ *langes, hemdartiges, weißes Gewand*

Tu|ni|ka|te ⟨f.11⟩ → *Manteltier* [< lat. *tunicatus* „mit einer Tunika bekleidet"]

Tu|ning ⟨[tju-] n., -s, nur Sg.⟩ *das Tunen (von Kraftfahrzeugen)*

Tun|ke ⟨f.11⟩ → *Soße* (1)

tun|ken ⟨V.1, hat getunkt; mit Akk.⟩ *etwas (in etwas) t. tauchen, eintauchen;* Brot in Kaffee, in die Suppe t.

tun|lich ⟨Adj.⟩ **1** *ratsam* **2** *möglichst;* etwas t., ~st vermeide

Tun|nel ⟨m.5, auch m.9⟩ *unterirdischer Verkehrsweg (durch Berge, unter Flüssen u.a.);* auch: ⟨österr., schweiz.⟩ *Tunell* [< engl. *tun-*

nel in ders. Bed., < altfrz. *tonnel* „unterirdischer Gang", aus dem Gallischen]

tun|ne|lie|ren ⟨V.3, hat tunneliert; mit Akk.⟩ *einen Tunnel durch etwas bohren, bauen;* einen Berg t.

Tun|te ⟨f.11; ugs.⟩ **1** ⟨abwertend⟩ *Frau; alte T.* **2** *Homosexueller (der in seinem Verhältnis zum Partner die weibliche Rolle spielt)*

tun|tig ⟨Adj.; ugs.; abwertend⟩ **1** *langweilig, tantenhaft* **2** *zimperlich wie eine Tunte* (1)

Tu|pa|ma|ro ⟨m.9⟩ **1** ⟨urspr.⟩ *Aufständischer in Montevideo* **2** ⟨danach⟩ *Angehöriger einer radikalen, gewalttätigen Gruppe* [urspr. Bezeichnung für die Aufständischen in Südamerika gegen die Spanier, nach *Tupac Amaru,* einem Nachkommen der Inkas und Führer des größten Aufstandes in Cuzco in der zweiten Hälfte des 18.Jh.]

Tupf ⟨m.1⟩ **1** ⟨südd., österr.⟩ *Tupfen* **2** ⟨österr. auch⟩ *leichter Stoß*

Tüpf|chen ⟨n.7⟩ → *Tüpfelchen*

Tüp|fel ⟨m.5 oder n.5⟩ *kleiner Fleck, Punkt*

Tüp|fel|chen ⟨n.7⟩ *kleiner Tupfen;* Syn. *Tüpfchen;* das T. auf dem i ⟨übertr., ugs.⟩ *die letzte Kleinigkeit (um eine Sache abzuschließen)*

Tüp|fel|farn ⟨m.1⟩ **1** ⟨i.w.S.⟩ *Farnpflanze mit großen, fiederteiligen Wedeln, z.B. Adlerfarn* **2** ⟨i.e.S.⟩ *eine häufige Farnart;* Syn. *Engelsüß* [nach den Sporenhäufchen, die wie Tüpfel aussehen]

tüp|feln ⟨V.1, hat getüpfelt; mit Akk.⟩ *mit Tüpfeln versehen;* ein getüpfelter Stoff

tup|fen ⟨V.1, hat getupft; mit Akk.⟩ **1** *mit Tupfen versehen;* ein getupftes Kleid **2** *leicht berühren (mit Flüssigkeit wegnehmen),* ⟨meist⟩ *abtupfen;* sich mit einem Tuch die Stirn, das Gesicht t. **3** *etwas auf etwas t. mit leichter Berührung etwas auf etwas bringen;* Jod auf eine Wunde t.

Tup|fen ⟨m.7⟩ *kleiner, rundlicher Fleck;* auch: ⟨ugs.⟩ *Tupfer*

Tup|fer ⟨m.5⟩ **1** *Wattebausch zum Betupfen (von Wunden)* **2** ⟨ugs.⟩ → *Tupfen*

Tu|pi **I** ⟨m., -s, -(s)⟩ *Angehöriger eines südamerikanischen Indianervolkes* **II** ⟨n., -(s), nur Sg.⟩ *dessen Sprache*

Tür ⟨f.10⟩ *an Scharnieren oder Angeln aufgehängte rechteckige Platte, die dazu dient, etwas zu verschließen (Haus~, Ofen~, Schrank~);* auch: *Türe;* jmdm. die T. aufhalten; eine T. aushängen; jmdm. die T. schließen; jmdm. die T. einrennen ⟨ugs.⟩ *jmdm. bedrängen;* sich die T. offenhalten ⟨ugs.⟩ *sich noch eine Möglichkeit offenhalten;* vor verschlossener T. und Tor öffnen *eine Sache unterstützen;* jmdm. die T. weisen *jmdn. hinauswerfen;* T. an T. mit jmdm. wohnen *dicht neben jmdm. wohnen;* hinter verschlossenen ~en *unter Ausschluß der Öffentlichkeit;* mit der T. ins Haus fallen *etwas ohne Umschweife zur Sprache bringen;* vor der eigenen T. kehren *sich um die eigenen Angelegenheiten kümmern;* jmdn. vor die T. setzen *jmdn. hinauswerfen;* etwas steht vor der T. *etwas steht unmittelbar bevor;* zur T. hereinkommen; zwischen T. und Angel in Eile, ohne Zeit hineinkommen; im Weggehen **2** *Verschluß für den Eingang eines Raumes (in den verschiedensten Formen;* Dreh~, Falt~, Schiebe~) **3** *Öffnung (als Ein- und Ausgang);* in der T. stehen; durch die T. gehen, schauen

Tur|ban ⟨m.1⟩ **1** *Kopfbedeckung der Moslems (nicht mehr in der Türkei) und der indischen Sikhs* **2** ⟨danach⟩ *um den Kopf geschlungener Schal (als Kopfbedeckung für Frauen)* [< türk. *tülbend, dülbend* < pers. *dulband* in ders. Bed.]

Tur|bi|ne ⟨f.11⟩ *Kraftmaschine zur Erzeugung einer kreisenden Bewegung (durch strömendes Wasser, Dampf oder Gas)* [< lat. *turbo,* Gen. *turbinis,* „alles, was sich kreisförmig bewegt, Wirbel, Kreisel", zu *turba* „Verwirrung, Gewühl, Gedränge"]

Tur|bo ⟨m.9⟩ *Auto mit Turbolader*

tur|bo|elek|trisch ⟨Adj., o.Steig.⟩ *von einem Turbogenerator erzeugt;* ~er *Strom*

Tur|bo|ge|ne|ra|tor ⟨m.13⟩ *durch Turbinen angetriebener Generator*

Tur|bo|la|der ⟨m.5⟩ *mit den Abgasen eines Verbrennungsmotors betriebene Turbine*

Tur|bo|prop ⟨f.9; Kurzw. für⟩ *Propellerturbine*

tur|bu|lent ⟨Adj., -er, am -esten⟩ *wirbelnd, stürmisch, sehr unruhig;* die Sitzung verlief sehr t. [→ *Turbulenz*]

Tur|bu|lenz ⟨f.10⟩ **1** *ungeordnete Strömung, Wirbel* **2** ⟨übertr.⟩ *große Unruhe, wirbelndes Durcheinander* [< lat. *turbulentia* „Unruhe, Verwirrung", zu *turba* „Verwirrung, Getümmel"]

Tü|re ⟨f.11⟩ → *Tür*

Turf ⟨m., -s, nur Sg.; Pferdesport⟩ **1** *Rennbahn* **2** *Rennen* [< engl. *turf* in ders. Bed. sowie „Rasenplatz, Sode", über mengl., altengl. < schwed., altnord. *torf* „Rasen"]

Tür|flü|gel ⟨m.5⟩ *jeder der beiden Teile (Flügel) einer Flügeltür*

Tur|ges|zenz ⟨f., -, nur Sg.⟩ **1** *Straffheit der Pflanzenzellen* **2** ⟨Med.⟩ *Anschwellung, Blutreichtum* [< lat. *turgescens,* Part. Präs. von *turgescere,* → *turgeszieren*]

tur|ges|zie|ren ⟨V., hat turgesziert; o.Obj.; Med.⟩ *anschwellen, prall gefüllt sein* [< lat. *turgescere* „anschwellen, zu schwellen beginnen", zu *turgere* „prall sein, strotzen"]

Tur|gor ⟨m., -, nur Sg.⟩ **1** ⟨Bot.⟩ *Innendruck auf die Zellwand* **2** ⟨Med.⟩ *Spannungszustand (der Gewebe)* [lat., „das Angeschwollensein", zu *turgere* „prall sein, strotzen"]

Tür|he|ber ⟨m.5⟩ *Vorrichtung (an der Tür) zum (geringfügigen) Anheben der Tür beim Öffnen*

Tür|hü|ter ⟨m.5; †⟩ → *Türsteher*

Tür|ke ⟨m.11⟩ **1** *Angehöriger eines der Turkvölker* **2** *Einwohner der Türkei* **3** ⟨ugs.⟩ *vorgespiegelte Tatsache;* einen ~n bauen [Herkunft nicht bekannt]

tür|ken ⟨V.1, hat getürkt; mit Akk.; ugs.⟩ *fälschen, fingieren, vorspiegeln;* der Verkauf war getürkt

Tür|ken|bund ⟨m.2⟩ *hellpurpurrot mit dunkleren Flecken blühendes Liliengewächs* [die Blüte erinnert an einen Turban, der früher auch *Türkenbund* genannt wurde]

Tür|ken|tau|be ⟨f.11⟩ *hell bräunlich-rosagrau gefärbte Wildtaube, die häufig bei menschlichen Siedlungen zu beobachten ist* [nach ihrem ursprünglichen Verbreitungsraum, den von *Türken* besetzten Balkangebieten]

Tur|key ⟨[təki] m.9; ugs.⟩ *Zustand mit Entzugserscheinungen (eines Rauschgiftsüchtigen)* [engl., eigtl. „Truthahn", wahrscheinl. zur übertr. Bedeutung „jmd., der sich lächerlich benimmt"]

tür|kis ⟨Adj., o.Steig.; o.Dekl.; kurz für⟩ *türkisfarben*

Tür|kis ⟨m.1⟩ *(himmelblaues bis blaugrünes) Mineral, Schmuckstein* [< frz. *turquoise* „Türkis", zu *Turquie* „Türkei"]

tür|kisch ⟨Adj., o.Steig.⟩ *die Türken betreffend, zu ihnen gehörig, von ihnen stammend*

tür|kis|far|ben, tür|kis|grün ⟨Adj., o.Steig.⟩ *hell blaugrün*

Tür|klin|ke ⟨f.11⟩ *Griff zum Öffnen und Schließen einer Tür;* ein Besucher gab dem andern die T. in die Hand *ein Besucher nach dem andern kam und ging*

Tür|klop|fer ⟨m.5⟩ *an einer Tür beweglich befestigter Metallgriff (oft künstlerisch gestaltet) zum Klopfen*

Tur|ko ⟨m.9; früher⟩ *farbiger Fußsoldat des französischen Kolonialheeres in Algerien*

Tur|ko|lo|ge ⟨m.11⟩ *Wissenschaftler auf dem Gebiet der Turkologie*

Tur|ko|lo|gie ⟨f., -, nur Sg.⟩ *Wiss. von den Sprachen und Kulturen der Turkvölker*

Turksprachen

Turk|spra|chen ⟨f.11, Pl.⟩ *die Sprachen der Turkvölker*

Turk|volk ⟨n.4⟩ *asiatisches Volk mit Turksprache*

Turm ⟨m.2⟩ **1** *schmales, hochaufragendes Gebäude (Kirch~); einen T. besteigen* **2** ⟨†, kurz für⟩ *Schuldturm;* jmdn. in den T. werfen **3** ⟨†, kurz für⟩ *Hungerturm* **4** ⟨kurz für⟩ *Sprungturm* (Zehnmeter~); *vom T. springen* **5** *Schachfigur, die beliebig weit und nur geradeaus ziehen kann*

Tur|ma|lin ⟨m.1⟩ *(farbloses oder verschiedenfarbiges) Mineral mit säulenförmigen Kristallen, Edelstein* [< frz. *tourmaline*, < singhales. *turamali* „roter Stein" (die roten Abarten sind besonders beliebt)]

tür|men¹ ⟨V.1, hat getürmt⟩ **I** ⟨mit Akk.⟩ *etwas auf etwas t. etwas auf etwas häufen, schichten;* Steine auf einen Haufen, Bretter auf einen Stapel t.; *den Berg Sahne auf den Teller t.* **II** ⟨refl.⟩ *sich t. sich anhäufen, immer mehr werden;* auf seinem Schreibtisch t. sich die Briefe, Pakete; *am Himmel t. sich die Wolken zu großen Gebilden*

tür|men² ⟨V.1, ist getürmt; o.Obj.; ugs.⟩ *davonlaufen, ausreißen, fliehen* [über Rotw. aus dem Hebräischen]

Tür|mer ⟨m.5; früher⟩ *oben in einem Turm wohnender Wächter, der auf Feuer u.ä. zu achten hatte;* Syn. *Turmwächter*

Turm|fal|ke ⟨m.11⟩ *taubengroßer, braunroter Falke, der durch seinen Rüttelflug auffällt*

turm|hoch ⟨Adj., o.Steig.⟩ *sehr hoch;* jmdm. t. überlegen sein (übertr.)

...tür|mig ⟨Adj., o.Steig.; in Zus.⟩ *mit einer bestimmten oder unbestimmten Zahl von Türmen versehen, z.B. zwei-, vieltürmig*

Turm|sprin|gen ⟨n., -s, nur Sg.⟩ *Wettbewerb im Wasserspringen von einer 5 m, 7,5 m oder 10 m hohen Plattform*

Turm|wäch|ter ⟨m.5; früher⟩ → *Türmer*

Turn ⟨[tən] m.9⟩ **1** → *Kehre (2)* **2** ⟨Segelsport⟩ *kurze Fahrt* **3** *Rauschzustand nach dem Genuß eines Rauschgifts* [engl., → *Törn*]

tur|nen¹ ⟨V.1; o.Obj.⟩ **1** ⟨hat geturnt⟩ *Leibesübungen machen, sich an Geräten sportlich betätigen;* er turnt gern, gut; am Reck, an den Ringen t. **2** ⟨ist geturnt⟩ *geschickt, behende gehen, springen, klettern;* er turnte über einen Stapel Baumstämme [< ahd. *turnen* „drehen, lenken"; < lat. *tornare* „drehen"]

tur|nen² ⟨[tə-] V.1, hat geturnt [-tənt]; o.Obj.; Jargon⟩ auch: *törnen* **1** *sich in einen Rauschzustand versetzen* **2** *berauschende Wirkung haben;* diese Musik turnt

tur|ne|risch ⟨Adj., o.Steig.⟩ *das Turnen betreffend, zu ihm gehörig;* ~e Leistungen

Tur|ner|schaft ⟨f.10⟩ *Gesamtheit der Turner (eines Gebietes, eines Vereins)*

Turn|ge|rät ⟨n.1⟩ *Gerät, mit dem oder an dem geturnt wird, z.B. Keule, Ringe, Barren*

Tur|nier ⟨n.1⟩ **1** ⟨früher⟩ *ritterliches Kampfspiel* **2** ⟨heute⟩ *sportlicher Wettkampf größeren Ausmaßes* [< mhd. *turnier* „Kampfspiel", dazu *turnieren* „das Pferd tummeln", < mlat. *torneare, torniare, turniare*, altfrz. *torneier*, „an einem Kampfspiel teilnehmen, das Pferd tummeln, wenden, drehend bewegen", < lat. *tornare* „drechseln, runden"]

tur|nie|ren ⟨V.3, hat turniert; o.Obj.; †⟩ *im Turnier kämpfen*

Tur|nier|tanz ⟨m.2⟩ **1** ⟨nur Sg.⟩ *Tanzsport* **2** *Tanz, der auf Tanzturnieren zugelassen ist*

Tur|nü|re ⟨f.11; 19.Jh.⟩ *hinten unter dem Kleiderrock getragenes Gestell oder Polster* [< frz. *tournure* in ders. Bed. sowie „Wendung, Drehung", vgl. spätlat. *tornatura* „Gedrechseltes", zu lat. *tornare* „runden, drechseln"]

Tur|nus ⟨m., -, -nus|se⟩ *regelmäßiger Wechsel, festgelegter Umlauf, sich regelmäßig wiederholender Ablauf* [< mlat. *turnus*, < lat. *tornus* „Dreheisen", < griech. *tornos* „Dreheisen, Zirkel", eigtl. „Umlaufendes"]

Tür|öff|ner ⟨m.5⟩ *Vorrichtung zum Öffnen der Haus- oder Gartentür von der Wohnung aus*

Tür|schlie|ßer ⟨m.5⟩ **1** *jmd., der (z.B. in Theatern) die Türen öffnet und schließt* **2** *Vorrichtung an der Tür, mit deren Hilfe die Tür sich von selbst schließt*

Tür|ste|her ⟨m.5; früher in Palästen, heute noch in Behörden⟩ *jmd., der vor einer Tür steht und darüber wacht, daß kein Unbefugter eintritt;* Syn. ⟨†⟩ *Türhüter*

Tür|stock ⟨m.2⟩ **1** ⟨süddt., österr.⟩ *Rahmen der Tür* **2** ⟨Bgb.⟩ *Gefüge aus zwei Trägern und einem waagrecht darüberliegenden Balken*

Tür|sturz ⟨m.2⟩ *obere Mauerbegrenzung der Tür*

tur|teln ⟨V.1, hat geturtelt; o.Obj.⟩ **1** ⟨von Tauben⟩ *rufen, gurren* **2** ⟨ugs., iron.⟩ *zärtlich sein und verliebt miteinander sein und reden* [zu *Turteltaube*]

Tur|tel|tau|be ⟨f.11⟩ *kleine Wildtaube mit schwarzem Schwanz und weißem Schwanzende* [nach dem Ruf, einem leisen *turr turr*]

Tusch ⟨m.1⟩ *nacheinander erklingender Dreiklangstoß (einer Musikkapelle)* [< frz. *touche* „Anschlag (am Klavier), Berühren", zu *toucher* „berühren", < vulgärlat. **toccare* „(die Glocke) anschlagen, berühren", < lat. *tangere* „berühren"]

Tu|sche ⟨f.11⟩ *feine Flüssigkeit mit verteilten unlöslichen Farbstoffen (für Feder- und Pinselzeichnungen)* [Rückbildung zu *tuschieren*]

tu|scheln ⟨V.1, hat getuschelt; o.Obj.⟩ *leise, heimlich (miteinander) reden* [lautmalend]

tu|schen ⟨V.1, hat getuscht; mit Akk. oder o.Obj.⟩ *mit Tusche zeichnen*

tu|schie|ren ⟨V.3, hat tuschiert; mit Akk.⟩ *Metall t. Unebenheiten in Metall mittels Tusche sichtbar machen und dann glätten* [< frz. *toucher* „Druckerschwärze, Farben auftragen", eigtl. „berühren"]

Tusch|zeich|nung ⟨f.10⟩ *mit Tusche hergestellte Zeichnung*

Tus|ku|lum ⟨n., -s, -la⟩ *behaglicher Landsitz* [nach der altröm. Stadt]

Tus|sah|sei|de ⟨f., -, nur Sg.⟩ *Rohseide zur Herstellung von Honanseide* [< Hindi *tasar* „Weberschiffchen"]

Tu|te ⟨f.11⟩ **1** *Signalhorn;* Syn. *Tuthorn* **2** *trichterförmiger Gegenstand*

Tü|te ⟨f.11⟩ **1** *Papierbeutel;* eine T. Obst; ~n kleben ⟨übertr., ugs.⟩ *im Gefängnis sitzen;* das kommt nicht in die T. ⟨übertr., ugs.⟩ *das kommt nicht in Frage;* angeben wie eine T. Mücken ⟨übertr., ugs.⟩ *stark aufschneiden* **2** *Gerät zum Alkoholtest für Autofahrer, bei dem durch die Anzeigeröhrchen geblasen und ein Plastikbeutel mit Atemluft gefüllt werden muß;* in die T. blasen **3** ⟨abwertend⟩ *einfältiger, ungeschickter Mensch;* so eine T.; dumme T.

Tu|tel ⟨f.10; veraltend⟩ *Vormundschaft* [< lat. *tutela* „Fürsorge, Obhut, Schutz, Vormundschaft", zu *tueri* „in Obhut, in Schutz nehmen, bewahren"]

tu|te|la|risch ⟨Adj., o.Steig.⟩ *vormundschaftlich*

tu|ten ⟨V.2, hat getutet; o.Obj.⟩ **1** *in ein Horn blasen (als Signal);* er hat von Tuten und Blasen keine Ahnung er hat von nichts eine Ahnung, er versteht davon überhaupt nichts **2** *ein langgezogenes, dumpf pfeifendes Geräusch von sich geben;* das Nebelhorn tutet; der Triebwagen tutet

Tut|horn ⟨n.4⟩ → *Tute*

Tu|tio|ris|mus ⟨m., -, nur Sg.⟩ *die Einstellung, zwischen zwei Möglichkeiten immer die sicherere zu wählen* [< lat. *tutior*, Komparativ von *tutus* „sicher, gefahrlos", zu *tueri* „beschützen, verteidigen, decken"]

Tu|tor ⟨m.13⟩ **1** ⟨im röm. Recht⟩ *Vormund* **2** ⟨allg.⟩ *älterer Student als Ratgeber jüngerer Studenten* [< lat. *tutor* „Beschützer, Vormund", eigtl. *tuitor*, zu *tueri* „beschützen, bewahren"]

Tu|to|rin ⟨f.10⟩ *weiblicher Tutor (2)*

Tüt|tel ⟨m.5 oder n.5⟩ *Punkt, Flecken*

Tüt|tel|chen ⟨n.7⟩ *Pünktchen, winzige Kleinigkeit;* jedes T. berechnen

tüt|te|lig ⟨Adj.; norddt.⟩ **1** *übergenau* **2** *zimperlich*

tut|ti ⟨Mus.⟩ *alle (Stimmen)* [ital.]

Tut|ti ⟨n.9; Mus.⟩ **1** *Spiel aller Stimmen, des vollen Orchesters;* Syn. ⟨im Concerto grosso⟩ *Ritornell;* Ggs. *Solo (1)*

Tut|ti|fruit|ti ⟨n.9⟩ **1** *Süßspeise aus Früchten* **2** *Speiseeis mit Früchten* [ital., „alle Früchte", zu *tutto* „ganz, alles" und *frutto* „Frucht"]

Tu|tu ⟨[tyty] n.9⟩ *kurzes, abstehendes Röckchen (der Ballettänzerin)* [frz., in ders. Bed., eigtl. „Popo", kindersprachl. Lallwort]

TÜV ⟨[tyf] m., -s, nur Sg.⟩ **1** *Einrichtung zur Zulassung und Überprüfung (von technischen Anlagen, Gebrauchsgegenständen und bes. von Kraftfahrzeugen);* ein Auto nochmal durch den TÜV bringen **2** ⟨ugs.⟩ *die Zulassung selbst;* den TÜV machen lassen; keinen TÜV mehr haben [Kurzw. < *Technischer Überwachungs-Verein*]

TV ⟨Abk. für⟩ *Television*

Tweed ⟨[twid] m.9⟩ *kräftiges, kleingemustertes Woll- oder Mischgewebe* [engl., in Anlehnung an den Fluß *Tweed*, der durch das Gebiet fließt, in dem diese Stoffe hergestellt werden, < *twill* „Tuch in Köperbindung"]

Twen ⟨m.9⟩ *Mann oder Mädchen zwischen 20 und 29 Jahren* [nach dem Muster von *Teenager* gebildet < engl. *twenty* „zwanzig"]

Twen|ter ⟨m.5⟩ *zweijähriges Pferd* [engl., zusammengezogen aus *twe winter* „zwei Winter (alt)"]

Twie|te ⟨f.11; nddt.⟩ *Gäßchen, schmaler Weg*

Twill ⟨m.9 oder m.1⟩ *Seiden- oder feines Baumwollgewebe* [engl., < altengl. *twili* in ders. Bed., zu *twilic* „doppelt gewebt"]

Twin|set ⟨m.9⟩ *kurzärmeliger, kragenloser Pullover mit Jacke aus gleicher Wolle und in gleicher Farbe* [engl., < *twin* „Zwilling" und *set* „Satz, Zusammenpassendes"]

Twist **1** ⟨m.1⟩ *aus mehreren Fäden locker gedrehtes Baumwollgarn* **2** ⟨in den 60er Jahren⟩ *Tanz, bei dem die Partner getrennt tanzen und ausgeprägte Hüftdrehungen ausführen* [< engl. *twist* in denselben Bed., zu *to twist* „drehen, wickeln" sowie „Wicklung, Drehung, Verdrehung", beides < altengl. *twist* „Seil", eigtl. „aus zwei Fäden oder Strängen Zusammengedrehtes"]

Two|step ⟨[tustɛp] m.9⟩ *schneller englischer Gesellschaftstanz*

Ty|che ⟨f., -, nur Sg.⟩ *Zufall, Schicksal* [griech.]

Ty|chis|mus ⟨m., -, nur Sg.⟩ *Lehre, daß alles Geschehen vom Zufall beherrscht wird* [< griech. *tyche* „Zufall, Glücksumstand, Schicksal, Geschick", eigentlich „das, was den Menschen trifft", zu *tygchanein* „treffen, begegnen"]

Tym|pa|na ⟨Pl. von⟩ *Tympanum* und *Tympanon*

Tym|pa|nal|or|gan ⟨n.1; bei Insekten⟩ *Gehörorgan* [< *Tympanum* und *Organ*]

Tym|pa|non ⟨n., -s, -na oder -nen⟩ *mit Relief oder Malerei verziertes Feld über Fenstern und Türen, Bogen-, Giebelfeld;* auch: *Tympanum* [zu *Tympanum* „Pauke", da es oft die Form einer umgekehrten Pauke hat]

Tym|pa|num ⟨n., -s, -na⟩ **1** → *Pauke* **2** *Paukenhöhle* **3** → *Tympanon* [< lat. *tympanum*, griech. *tympanon* „Handpauke, Handtrommel", zu *typtein* „schlagen"]

Tyn|dall|ef|fekt ⟨[tɪndəl-] m.1⟩ *Streuung des Lichts an kleinsten Teilchen* [nach dem irischen Physiker John *Tyndall*]

Typ ⟨m.12⟩ **1** *Form, Muster mit bestimmten kennzeichnenden Merkmalen, Urbild, Ur-

form; der T. des niedersächsischen Bauernhauses **2** *Gruppe (von Personen oder Dingen) mit gleichen Merkmalen, Gattung;* er gehört zu dem T. von Männern, der ...; er verkörpert den T. des Bayern **3** *einzelne Person aus einer solchen Gruppe, Person, die bestimmte Merkmale mit anderen Personen gemeinsam hat;* sie ist nicht mein T. *sie gehört nicht zu den Menschen, die mir angenehm sind;* sie ist ein blonder, ein fraulicher T.; dein T. wird verlangt! ⟨ugs., scherzh.⟩ *jmd. will dich sprechen, du wirst (am Telefon, an der Tür) gewünscht!* **4** *Bursche, Kerl, Mann;* kennst du den T.? **5** *Modell, Bauart;* ein Opel vom T. ,,Kadett" [< lat. *typus,* griech. *typos* ,,Schlag, Gepräge; Gestalt; Muster, Vorbild", zu *typtein* ,,schlagen"]
Ty|pe ⟨f.11⟩ **1** *aus Blei gegossener Druckbuchstabe, Letter* **2** ⟨an der Schreibmaschine⟩ *durch Tastendruck bewegter Hebel, der das Bild des Buchstabens bzw. Zeichens trägt;* eine T. auswechseln **3** *Grad der Ausmahlung von Mehl;* T. 400 **4** ⟨ugs.⟩ *Mensch, Person;* er ist eine komische, merkwürdige T.; sie ist eine T.! *sie ist ein lustiger, witziger, origineller,* ⟨auch⟩ *ein etwas schrulliger Mensch*
ty|pen ⟨V.1, hat getypt; mit Akk.⟩ *nur in bestimmten Größen (Typen) herstellen (zur Rationalisierung)*
Ty|pen|leh|re ⟨f., -, nur Sg.⟩ → *Typologie*
Ty|pen|psy|cho|lo|gie ⟨f., -, nur Sg.⟩ *Zweig der Psychologie, der sich mit den Persönlichkeits- und Charaktertypen befaßt*
Ty|phli|tis ⟨f., -, -ti|den⟩ → *Blinddarmentzündung (1)* [< *Typhlon* und *...itis*]
Ty|phlon ⟨n.1⟩ → *Blinddarm* [griech., in ders. Bed., zu *typhlos* ,,blind; nicht offen"]

Ty|phon ⟨m.1; auf Motorschiffen⟩ *mit Druckluft betriebenes Schallsignalgerät* [< griech. *typhon* ,,Wirbelsturm, Orkan", < *Taifun*]
ty|phös ⟨Adj., o.Steig.⟩ *typhusartig, auf Typhus beruhend*
Ty|phus ⟨m., -, nur Sg.⟩ *schwere, fieberhafte Infektionskrankheit mit fleckigem Ausschlag und blutigen Durchfällen* [< griech. *typhos* ,,Nebel, Dunst", wegen der Benommenheit und Apathie in vielen Fällen]
Ty|pik ⟨f., -, nur Sg.⟩ *Lehre von den Typen (2,3)*
ty|pisch ⟨Adj.⟩ **1** *einen Typ (1) darstellend, mustergültig;* ein ~er Fall; ein ~es Beispiel **2** *die Merkmale eines Typs (2) aufweisend;* er ist ein ~er Bayer **3** *für einen Typ (2,3) kennzeichnend;* das ist t. für ihn; das ist wieder einmal t. Heiner! ⟨ugs.⟩ *so verhält sich Heiner immer wieder*
ty|pi|sie|ren ⟨V.3, hat typisiert; mit Akk.⟩ **1** *als Typ, nicht als Individualität, darstellen, einordnen* **2** *nach Typen einteilen* **Ty|pi|sie|rung** ⟨f., -, nur Sg.⟩
Ty|po|graph ⟨m.10⟩ **1** *Gestalter des Schriftsatzes* **2** *Schriftsetzer* **3** *Zeilensetz- und -gießmaschine*
Ty|po|gra|phie ⟨f., -, nur Sg.⟩ **1** *Buchdruckerkunst* **2** *Gestaltung des Schriftsatzes* [< griech. *typos* ,,Schlag" und *graphein* ,,schreiben"]
ty|po|gra|phisch ⟨Adj., o.Steig.⟩ *die Typographie betreffend, auf ihr beruhend, zu ihr gehörend;* ~es Maßsystem *auf dem typographischen Punkt beruhendes Maßsystem;* ~er Punkt *kleinste Maßeinheit in der Typographie, 0,3759 mm*

Ty|po|lo|gie ⟨f.11⟩ *Lehre von den Typen (2,3);* Syn. Typenlehre [< *Typ* und *...logie*]
ty|po|lo|gisch ⟨Adj., o.Steig.⟩ *auf einer Typologie beruhend, in der Art einer Typologie*
Ty|po|maß ⟨n.1⟩, **Ty|po|me|ter** ⟨n.5⟩ *Maßstab für das typographische Maßsystem, Buchstaben-, Zeilenmesser*
Ty|po|skript ⟨n.1⟩ *maschinengeschriebenes Manuskript (als Vorlage für den Setzer)* [< griech. *typos* ,,Schlag" und lat. *scriptum* ,,das Geschriebene, Schrift, Schriftwerk", zu *scribere* ,,schreiben"]
Ty|pung ⟨f., -, nur Sg.⟩ *das Typen*
Ty|pus ⟨m., -, -pen⟩ → *Typ (1,3,4,5)*
Ty|rann ⟨m.10⟩ **1** ⟨im alten Griechenland⟩ *Alleinherrscher* **2** *Gewaltherrscher* **3** *tyrannischer Mensch, Mensch, der andere unterdrückt;* er ist ein T. [< griech. *tyrannos* ,,Alleinherrscher; Gewaltherrscher", weitere Herkunft nicht bekannt]
Ty|ran|nei ⟨f.10⟩ **1** *Gewaltherrschaft;* auch: *Tyrannis* **2** *das Tyrannisieren, Unterdrükkung;* die ganze Familie litt unter seiner T.
Ty|ran|nis ⟨f., -, nur Sg.⟩ **1** *von einem Tyrannen (1) ausgeübte Herrschaft* **2** → *Tyrannei (1)*
ty|ran|nisch ⟨Adj.⟩ *in der Art eines Tyrannen (2,3);* ein ~er Herrscher, Vater
ty|ran|ni|sie|ren ⟨V.3, hat tyrannisiert; mit Akk.⟩ *jmdn. t. jmdn. unterdrücken, jmdm. seinen Willen aufzwingen;* er tyrannisiert die ganze Familie
Ty|ro|li|enne ⟨[-liɛn] f.11⟩ → *Tirolienne*
Ty|ro|sin ⟨n., -s, nur Sg.⟩ *eine Aminosäure, die zum Aufbau von Thyroxin und Adrenalin notwendig ist* [< griech. *tyros* ,,Käse"]
Tz ⟨vgl.⟩ *Tezett*

U

U ⟨chem. Zeichen für⟩ *Uran*
u. ⟨bei Firmennamen auch: &; Abk. für⟩ *und*
u.a. 1 ⟨Abk. für⟩ *und andere(s)* **2** ⟨Abk. für⟩ *unter anderem, unter anderen*
u.ä. ⟨Abk. für⟩ *und ähnliche(s)*
u.a.m. ⟨Abk. für⟩ *und andere(s) mehr*
U.A.w.g., U.A.w.g. ⟨auf Einladungskarten Abk. für⟩ *um* ⟨oder⟩ *Um Antwort wird gebeten*
U-Bahn ⟨f.10; Kurzw. für⟩ → *Untergrundbahn*
übel ⟨Adj., übler, am -sten⟩ **1** *unangenehm, widerwärtig*; ein übler Geruch; das ist nicht ü. *das ist ganz gut*; nicht ü. Lust haben, etwas zu tun *etwas ganz gern tun wollen* **2** *körperlich oder seelisch unwohl*; eine üble Stimmung; jmdm. ist ü. *jmd. wird sich bald übergeben müssen* **3** *schlecht, beschwerlich*; in einer üblen Lage sein; er ist ü. dran **4** *schlimm, moralisch anrüchig*; ein übler Bursche, Kerl; üble Nachrede; übler Ruf **5** *schlimm, arg*; jmdm. ü. zurichten; jmdm. ü. mitspielen
Übel ⟨n.5⟩ **1** *etwas, das übel, schlecht ist*; das ist von Ü.; ein notwendiges Ü. *etwas Schlimmes, das aber getan werden muß*; das kleinere Ü. *etwas, das schlecht oder unangenehm ist, aber trotzdem etwas noch Schlechterem oder Unangenehmerem vorzuziehen ist*; zu allem Ü. auch noch das; das Ü. an der Wurzel packen; das ist von Ü. **2** *Krankheit*; ein Ü. bekämpfen
Übel|be|fin|den ⟨n., -s, nur Sg.⟩ *schlechtes Befinden*
Übel|keit ⟨f.10⟩ **1** *Zustand kurz vor dem Erbrechen* **2** ⟨übertr.⟩ *Ekel, Abscheu*; da befällt mich Ü.
übel|lau|nig ⟨Adj.⟩ *in schlechter Stimmung, schlechter Laune*; ü. sein; dieser ständig ~e Kerl
übel|neh|men ⟨V.88, hat übelgenommen⟩ **I** ⟨mit Akk.⟩ etwas ü. *wegen etwas gekränkt, beleidigt sein*; eine Bemerkung ü.; er nimmt alles gleich übel **II** ⟨mit Dat. und Akk.⟩ jmdm. etwas ü. *jmdm. wegen etwas böse sein*
übel|ne|me|risch ⟨Adj.⟩ *leicht etwas übelnehmend*
Übel|stand ⟨m.2⟩ *ungünstiger Zustand, Mißstand*; einem Ü. abhelfen
Übel|tat ⟨f.10⟩ *schlimme Tat*
Übel|tä|ter ⟨m.5⟩ *jmd., der etwas Schlimmes, Böses angestellt hat*
übel|wol|len ⟨V.185, hat übelgewollt; mit Dat.⟩ jmdm. ü. *jmdm. böse, feindlich gesinnt sein und ihm zu schaden versuchen*
üben¹ ⟨V.1, hat geübt⟩ **I** ⟨mit Akk.⟩ etwas ü. **1** *immer wieder tun, oft wiederholen, um es zu lernen*; das Singen, Schreiben ü.; einen Salto ü.; ein Musikstück ü. **2** *durch häufiges Spielen beherrschen lernen, Geläufigkeit auf etwas gewinnen*; Klavier, Geige, Flöte ü. **3** *durch häufiges Benutzen erhalten, geübt machen*; die Finger ü.; sein Gedächtnis ü. **4** *zeigen, zum Ausdruck bringen*; Barmherzigkeit, Geduld, Kritik ü. **5** *ausführen*; Rache, Verrat ü. **II** ⟨o.Obj.⟩ *Turnübungen machen*; am Reck, an den Ringen ü. **III** ⟨refl.⟩ sich ü. *durch häufiges Wiederholen einer Übung, einer Tätigkeit Geschicklichkeit erlangen*; sich im Turnen, Kochen ü.; sich in Geduld ü.
üben² ⟨Adv.; elsäss.⟩ *herüben, hier auf dieser Seite*
über I ⟨Präp. mit Dat.⟩ **1** ⟨örtlich; auf die Frage Wo?⟩ *oberhalb des, der*; der Mond steht ü. den Bäumen; das Bild hängt ü. dem Bett; sie trägt einen Pullover ü. der Bluse; sie wohnen ü. uns *in einem höher gelegenen Stockwerk* **2** ⟨zeitlich⟩ *während des*; ü. dem Fernsehen, dem Spielen einschlafen **3** ⟨zur Bez. einer Rangfolge⟩ *höher als*; er steht ü. dem Abteilungsleiter **4** ⟨zur Bez. einer Größe, eines Wertes, eines Bereichs, einer Grenze⟩ *jenseits des, der*; die Temperatur steht ü. dem Gefrierpunkt; das liegt ü. meiner Vorstellungskraft **5** *infolge des, der*; ü. der Arbeit das Essen vergessen **II** ⟨Präp. mit Akk.⟩ **1** ⟨örtlich; auf die Frage Wohin?⟩ **a** *an eine Stelle oberhalb des, der*; der Mond steigt ü. die Bäume; ein Bild ~s Bett hängen; einen Pullover ü. die Bluse ziehen **b** *durch*; von München ü. Frankfurt nach Hamburg fahren; ü. die Dörfer fahren **2** ⟨zeitlich⟩ **a** *während*; er ist ü. Mittag ausgegangen; ~s Wochenende wegfahren; ü. Ostern **b** *mehr als, weiter als*; er ist ü. 30 Jahre alt; es ist schon ü. zehn Uhr; es ist schon ü. die Zeit *es ist schon später als vereinbart*; ~s Jahr sieht es wieder anders aus *in einem Jahr (und mehr)*; er ist ü. die besten Jahre hinaus; das dauert ü. eine Stunde **c** *mehr als, im Alter von mehr als*; Kinder ü. 14 Jahre **3** ⟨zur Bez. einer Rangfolge⟩ *höher als*; sich ü. jmdn. stellen **4** ⟨zur Bez. eines Wertes, einer Größe, eines Bereichs, einer Grenze⟩ **a** *bis jenseits des, der*; die Temperatur steigt ü. den Gefrierpunkt; dieser Lärm geht ü. das Erträgliche hinaus; die weiß nicht mehr, wie hoch die Kurve ist ü. 10 km lang; das Paket wiegt ü. 3 kg; ich schätze ihn ü. alles **5** *im Wert von*; eine Rechnung ü. 300 DM **6** *wegen*; sich ü. etwas, jmdn. ärgern, freuen; ü. etwas, jmdn. lachen, sprechen **7** *betreffend*; ein Buch ü. etwas, jmdn. schreiben **8** *mit Hilfe des, der*; durch die Stellung hat er ü. seinen Bruder bekommen **9** ⟨zur Bez. eines Machtverhältnisses⟩ ü. ein Reich herrschen; Herr ü. Leben und Tod **10** ⟨bei Wiederholungen⟩ Fehler ü. Fehler *sehr viele Fehler* **III** ⟨Adv.⟩ **1** ⟨in der Fügung⟩ ü. und ü. *völlig, ganz und gar*; ü. und ü. beschmutzt ü. und ü. bedeckt mit Blumen; ü. und ü. beschmutzt **2** ⟨landsch.⟩ *übrig*; ich habe noch 20 DM ü. **3** *darüber*; ⟨in getrennter Stellung; norddt.⟩ da weiß ich nichts ü. **IV** ⟨Adj., nur mit „sein"⟩ **1** *überlegen*; er ist mir im Rechnen ü. **2** *leid, überdrüssig*; ich bin es ü., es immer wieder zu erklären
über... ⟨in Zus. mit Verben⟩ **1** *zu sehr*, z.B. überbeanspruchen, überfüttern, überheizen, überlasten **2** *zu stark, zuviel*, z.B. überdrehen, überdifferenzieren, übersäuern **3** *über etwas hinaus*, z.B. überquellen, überströmen, überwallen **4** *durch die im Verb genannte Tätigkeit bedecken, verdecken*, z.B. überdrucken, überglasen, übermalen
über|all ⟨Adv.⟩ **1** *an allen Orten*; es ist hier ü. schön **2** ⟨übertr.⟩ *in allen Bereichen*; er kennt sich ü. aus
über|all|her ⟨Adv.⟩ *aus allen Richtungen*
über|all|hin ⟨Adv.⟩ *in alle Richtungen*
über|al|tert ⟨Adj., o.Steig.⟩ **1** *zu alt, nicht mehr zeitgemäß*; ~e Maschinen **2** *sich größtenteils aus alten Menschen zusammensetzend*; ~e Belegschaft
Über|al|te|rung ⟨f., -, nur Sg.⟩ *das Überaltertsein*
Über|an|ge|bot ⟨n., -s, nur Sg.⟩ *Angebot, das die Nachfrage übersteigt*
über|ängst|lich ⟨Adj., o.Steig.⟩ *übertrieben ängstlich*

über|an|stren|gen ⟨V.1, hat überanstrengt; mit Akk.⟩ *durch zu hohe Anforderungen an die (körperliche) Kraft erschöpfen, zu stark ermüden*; einen Sportler, ein Tier ü.; sich ü.; seine Augen durch langes Lesen ü. **Über|an|stren|gung** ⟨f.10⟩
über|ant|wor|ten ⟨V.2, hat überantwortet; mit Dat. und Akk.⟩ jmdm. jmdn. ü. *jmdn. jmdm. zu verantwortlicher Verwahrung, in verantwortliche Obhut übergeben*; ein Kind den Pflegeeltern ü.; einen Verbrecher dem Gericht, ⟨übertr.⟩ der Gerechtigkeit ü.
Über|ant|wor|tung ⟨f., -, nur Sg.⟩
über|ar|bei|ten ⟨V.2, hat überarbeitet⟩ **I** ⟨mit Akk.⟩ etwas ü. *bearbeiten und dadurch ändern, verbessern*; einen Bericht, ein Manuskript, ein Drama ü. **II** ⟨refl.⟩ sich ü. *zuviel arbeiten, so viel arbeiten, daß man nervös, krank wird*
Über|ar|bei|tung ⟨f.10⟩ **1** *das Überarbeiten, ergänzende, verbessernde Bearbeitung* **2** ⟨nur Sg.⟩ *das Sichüberarbeiten*
über|aus ⟨Adv.⟩ *sehr, außerordentlich*; er ist ü. freundlich zu uns
Über|bau ⟨m.1, Pl. auch -bau|ten⟩ **1** *von der Außenfront vorspringender Teil* **2** *Teil einer Brücke, der auf Stützpfeilern ruht* **3** ⟨übertr.; im kommunist. Sprachgebrauch⟩ *die auf den wirtschaftlichen Verhältnissen beruhenden politischen, sozialen und kulturellen Verhältnisse der Gesellschaft (einer Epoche)*
über|bau|en ⟨V.1, hat überbaut; o.Obj.⟩ *über die Grenze des Grundstücks bauen*
über|bau|en ⟨V.1, hat überbaut; mit Akk.⟩ etwas ü. *einen Bau als Bedeckung über etwas errichten*; Ggs. *unterbauen*; eine Terrasse mit einem Balkon ü.
über|be|hal|ten ⟨V.61, hat überbehalten; mit Akk.; norddt.⟩ *übrigbehalten*
Über|bein ⟨n.1; an Gelenkkapseln und Sehnen⟩ *knotenförmige Geschwulst mit schleimigem Inhalt*; Syn. *Ganglion*
über|be|kom|men ⟨V.71, hat überbekommen; mit Akk.⟩ etwas ü. *etwas satt bekommen, einer Sache überdrüssig werden*; Syn. ⟨ugs.⟩ *überkriegen*; diese Farbe, diese sentimentalen Schlager bekommen man schnell über
über|be|legt ⟨Adj., o.Steig.⟩ *zu stark belegt*; Ggs. *unterbelegt*; das Krankenhaus ist ü.
Über|be|schäf|ti|gung ⟨f., -, nur Sg.⟩ *Zustand einer Volkswirtschaft, in dem mehr Arbeit vorhanden ist als Arbeitskräfte zur Verfügung stehen*; Ggs. *Unterbeschäftigung*
über|be|wer|ten ⟨V.2, hat überbewertet; mit Akk.⟩ *zu hoch bewerten, als zu wichtig betrachten oder darstellen*; Ggs. *unterbewerten*; jmds. Leistung, Fähigkeiten ü.; einen Vorfall ü. **Über|be|wer|tung** ⟨f.10⟩
über|be|zahlt ⟨Adj., o.Steig.⟩ *zu hoch bezahlt*; Ggs. *unterbezahlt*; ~e Angestellte; damit hast du den Mantel aber ü.
über|bie|ten ⟨V.13, hat überboten; mit Akk.⟩ **1. a** ⟨auf Versteigerungen⟩ *mehr bieten als jmd.* **b** *mehr leisten als jmd.* ⟨auch iron.⟩; er ist an Frechheit nicht zu ü. ⟨iron.⟩; *frecher als er kann niemand sein* **2** ü. *übertreffen*; eine Leistung, einen Rekord ü.; er überbietet die Hilfsbereitschaft seiner Schwester noch
über|blei|ben ⟨V.17, ist übergeblieben; o.Obj.; norddt.⟩ *übrigbleiben*
Über|bleib|sel ⟨n.5⟩ *etwas Übriggebliebenes, Rest*; ein Ü. der Vergangenheit

Über|blick ⟨m.1⟩ **1** *gute Aussicht über ein Gelände* **2** *Einblick in ein Wissensgebiet;* einen kurzen Ü. geben **3** ⟨nur Sg.⟩ *Fähigkeit, eine schwierige Lage und Entwicklung zu übersehen;* Syn. *Übersicht;* den Ü. behalten, verlieren

über|blicken ⟨-k|k-; V.1, hat überblickt; mit Akk.⟩ Syn. *überschauen, übersehen; etwas ü.* **1** *freie, weite Sicht über etwas haben;* ein Gelände ü.; von hier aus kann man die Stadt, die Landschaft schön ü. **2** *einen Überblick über etwas haben, etwas einschätzen;* das Gebiet der Naturwissenschaft kann ein einzelner nicht mehr ü.; die politische Lage kann noch nicht ü., wieviel es kosten wird

über|bor|den ⟨V.2, ist übergebordet; o.Obj.⟩ **1** *über die Ufer treten* **2** *über ein gewisses Maß hinausgehen;* ~des Gefühl

über|brin|gen ⟨V.21, hat überbracht; mit Dat. und Akk.⟩ *jmdm. etwas von jmdm. bringen;* er überbrachte ihr die Glückwünsche der Kollegen

über|brücken ⟨-k|k-; V.1, hat überbrückt; mit Akk.⟩ *etwas ü.* **1** *eine Brücke über etwas schlagen, bauen;* einen Fluß, ein Tal ü. **2** *ausgleichen, überwinden;* Gegensätze, gegensätzliche Auffassungen ü. **Über|brückung** ⟨-k|k-; f.10⟩

über|bür|den ⟨V.2, hat überbürdet; mit Akk.⟩ *jmdm. zu viel aufbürden;* mit Arbeit überbürdet sein

über|da|chen ⟨V.1, hat überdacht; mit Akk.⟩ *mit einem Dach versehen;* einen Platz vor dem Haus ü.

Über|da|chung ⟨f.10⟩ **1** ⟨nur Sg.⟩ *das Überdachen* **2** *deckendes Gefüge, deckende Fläche, Dach*

über|dau|ern ⟨V.1, hat überdauert; mit Akk.⟩ *etwas ü. lange halten, leben als etwas, länger erhalten, lebendig bleiben als etwas;* diese Pflanzen ü. den Winter; sein Werk hat die Jahrhunderte überdauert

über|den|ken ⟨V.22, hat überdacht; mit Akk.⟩ *etwas ü. über etwas nachdenken;* ich werde Ihren Vorschlag ü.

über|dies ⟨Adv.⟩ *außerdem*

über|di|men|sio|nal, über|di|men|sio|niert ⟨Adj., o.Steig.⟩ *über die normalen Ausmaße hinausgehend, übergroß*

über|do|sie|ren ⟨V.3, hat überdosiert; mit Akk.⟩ *etwas ü. zu hoch dosieren, eine zu hohe Dosis von etwas einnehmen;* ein Medikament ü.

Über|druck ⟨m.1⟩ **1** *Druck von mehr als 1 bar* **2** *Druck über etwas bereits Gedrucktes*

Über|druß ⟨m., -drus|ses, nur Sg.⟩ *durch lange Wiederholung erzeugter Widerwille;* etwas bis zum Ü. üben

über|drüs|sig ⟨Adj., nur mit „sein" und mit Gen.⟩ *jmds., einer Sache ü. sein jmds., einer Sache müde werden, jmdn., etwas nicht mehr mögen;* ich bin des vielen Herumlaufens ü.

Über|dün|gung ⟨f., -, nur Sg.⟩ → *Eutrophierung*

über|eck ⟨Adv.; österr.⟩ *quer vor eine(r) Ecke;* einen Schrank ü. stellen; der Schrank steht ü.

über|eig|nen ⟨V.2, hat übereignet; mit Dat. und Akk.⟩ *jmdm. etwas ü. jmdm. etwas als Eigentum übergeben;* jmdm. ein Haus, ein Grundstück ü. **Über|eig|nung** ⟨f.10⟩

über|ei|len ⟨V.1, hat übereilt⟩ **I** ⟨mit Akk.⟩ *etwas ü. etwas zu eilig, zu schnell, unbedacht tun;* wir wollen nichts ü.; wir wollen die Sache nicht ü. **II** ⟨refl.⟩ *sich ü. zu eilig, zu schnell handeln* **Über|ei|lung** ⟨f.10⟩

über|ein|an|der ⟨Adv.⟩ **1** *eines über dem anderen, eines über das andere;* wir schlafen in Betten ü.; zwei Bilder ü. anbringen **2** *einer über den anderen, eine über die andere;* ü. reden

über|ein|an|der|schla|gen ⟨V.116, hat übereinandergeschlagen; mit Akk.⟩ *eines über das andere legen;* die Zipfel eines Tuches ü.; die Beine ü.

über|ein|kom|men ⟨V.71, ist übereingekommen; o.Obj.⟩ *sich mit jmdm. einigen, etwas mit jmdm. verabreden;* wir sind übereingekommen, es so zu machen

Über|ein|kom|men ⟨n.7⟩ *Vereinbarung, Verabredung, Abmachung;* ein Ü. treffen

Über|ein|kunft ⟨f.2⟩ *das Übereinkommen;* nach vorheriger Ü. handeln; eine Ü. erzielen

über|ein|stim|men ⟨V.1, hat übereingestimmt; o.Obj.⟩ **1** *genau zueinander passen, gleich sein;* die beiden Muster, Formen stimmen überein; die Ergebnisse stimmen (nicht) überein **2** *der gleichen Meinung sein;* wir stimmen darin überein, daß ...; wir stimmen in unseren Auffassungen überein wir haben die gleiche Auffassung **Über|ein|stim|mung** ⟨f.10⟩

über|er|fül|len ⟨V.1, hat übererfüllt; mit Akk.; im Sprachgebrauch der DDR⟩ *das Soll, die Norm ü. mehr leisten als das Soll, die Norm erfordert;* sie ü. den Plan in jedem Vierteljahr **Über|er|fül|lung** ⟨f.10⟩

über|es|sen ⟨V.31, hat übergegessen; mit Dat. (sich) und Akk.⟩ *sich etwas ü. so viel von etwas essen, daß man es nicht mehr mag;* ich habe mir diesen Käse übergegessen **über|es|sen** ⟨V.31, hat überessen; refl.⟩ *mehr essen als einem zuträglich ist;* Syn. ⟨ugs.⟩ *überfressen;* überiß dich nicht!

über|fah|ren ⟨V.32, hat überfahren; mit Akk.⟩ → *übersetzen (1)* **über|fah|ren** ⟨V.32, hat überfahren; mit Akk.⟩ **1** *jmdn. oder ein Tier ü. über jmdn. oder ein Tier hinwegfahren und ihn, es töten oder schwer verletzen;* ein Kind, einen Hasen ü. **2** *jmdn. ü.* ⟨übertr.⟩ *jmdn. durch Reden zwingen, etwas zu dulden, was er eigentlich nicht will;* die haben mich glatt ü.!; laß dich nicht ü.! **3** *etwas ü.* **a** *an etwas vorbeifahren und nicht beachten;* ein Verkehrszeichen ü. **b** *über etwas hinwegfahren;* eine Kreuzung ü.

Über|fahrt ⟨f.10⟩ *Fahrt von einem Ufer zum anderen*

Über|fall ⟨m.2⟩ **1** *ein plötzlicher Angriff* (Raub~) **2** *Ort, an dem das Wasser über ein Wehr fließt* **3** *Teil der Kleidung, der über den Bund fällt*

über|fal|len ⟨V.33, ist übergefallen; o.Obj.⟩ *sich bauschen und über den Bund fallen;* die Hosenbeine werden unten geschlossen, daß sie ü.; der Pullover soll in der Taille ü.

über|fal|len ⟨V.33, hat überfallen; mit Akk.⟩ **1** *etwas oder jmdn. ü. plötzlich über etwas oder jmdn. herfallen, einen Überfall auf etwas oder jmdn. verüben, etwas oder jmdn. angreifen;* ein Haus, ein Land ü.; er ist ü. worden **2** *jmdn. ü.* **a** ⟨ugs., scherzh.⟩ *unerwartet bei jmdm. auftauchen, erscheinen, jmdn. unerwartet, formlos besuchen;* dürfen wir dich einfach ü.? **b** *jmdn. ergreifen, überkommen;* Syn. *übermannen;* der Schlaf, die Müdigkeit überfiel ihn

Über|fall|ho|se ⟨f.11⟩ *Hose mit Bund, der durch überfallenden Stoff bedeckt wird*

über|fäl|lig ⟨Adj., o.Steig.⟩ **1** *nicht zur erwarteten Zeit eingetroffen;* der Zug ist ü. **2** *längst schon fällig;* ein ~er Wechsel

Über|fall|kom|man|do ⟨n.9; österr.⟩ **Über|falls|kom|man|do** ⟨n.9; österr.⟩ *Alarmdienst der Polizei*

Über|fang ⟨m., -(e)s, nur Sg.; bei Gläsern⟩ *Überzug mit einer andersfarbigen Glasschicht*

über|fan|gen ⟨V.34, hat überfangen; mit Akk.⟩ *mit Überfang überziehen;* Gläser farbig ü.

über|fei|nern ⟨V.1, hat überfeinert; mit Akk.⟩ *zu fein machen, zu sehr verfeinern;* die vielfältige Auswahl an Lebensmitteln hat den Geschmack überfeinert; eine überfeinerte Kultur **Über|fei|ne|rung** ⟨f., -, nur Sg.⟩

über|flie|gen ⟨V.38, hat überflogen; mit Akk.⟩ *etwas ü.* **1** *über etwas hinwegfliegen;* eine Stadt ü. **2** *flüchtig lesen;* ich habe den Brief in der Eile nur ü. können

über|flie|ßen ⟨V.40, ist übergeflossen; o.Obj.⟩ **1** *über den Rand fließen;* das Wasser fließt über **2** *zu voll werden, so daß der Inhalt über den Rand fließt;* das Becken fließt über **3** ⟨übertr.⟩ *zu voll von etwas sein (so daß man sich übertrieben ausdrückt);* sie fließt über vor Mitleid

über|flü|geln ⟨V.1, hat überflügelt; mit Akk.⟩ *jmdn. ü. jmdn. übertreffen, mehr leisten als jmd.;* sie hat ihre Mitbewerber, ihre Kollegen rasch überflügelt

Über|fluß ⟨m., -flus|ses, nur Sg.⟩ **1** *große Menge, die weit über den Bedarf hinausgeht* (Nahrungsmittel~); im Ü. vorhanden; zu allem Ü. ⟨ugs.⟩ *obendrein* **2** *Zustand, in dem alle Bedarfsartikel überreichlich vorhanden sind;* im Ü. leben

über|flüs|sig ⟨Adj.⟩ *nicht notwendig, unnütz;* ~e Dinge kaufen; sich ~e Sorgen machen

über|flüs|si|ger|wei|se ⟨Adv.⟩ *obwohl es überflüssig ist*

über|flu|ten ⟨V.2, ist überflutet; o.Obj.⟩ *mit großem Schwall überlaufen;* das Becken ist übergeflutet **über|flu|ten** ⟨V.2, hat überflutet; mit Akk.⟩ **1** *etwas ü. über etwas hinwegströmen, etwas überschwemmen;* das Meer hat das Land überflutet; mittags überflutet ein Strom von Touristen die kleine Insel **2** ⟨übertr.⟩ *jmdn. ü. jmdn. innerlich stark ergreifen;* eine Welle von Mitleid, Liebe, Scham überflutete sie

Über|flu|tung ⟨f.10⟩ *das Überfluten, das Überflutetwerden*

über|for|dern ⟨V.1, hat überfordert; mit Akk.⟩ *jmdn. ü. zu viel von jmdm. (an Kraft, Leistung) fordern;* Ggs. *unterfordern;* du überforderst das Kind mit deinen Ansprüchen; mit diesen beiden Aufgaben zugleich ist sie überfordert **Über|for|de|rung** ⟨f.10⟩

über|frach|ten ⟨V.2, hat überfrachtet; mit Akk.⟩ *etwas ü.* **1** *mit zu viel Fracht beladen;* einen Lastkahn ü. **2** *zu viel zu etwas dazutun;* seine Rede ist mit Anspielungen, Zitaten überfrachtet **Über|frach|tung** ⟨f.10⟩

über|fra|gen ⟨V.1, hat überfragt; mit Akk.⟩ *jmdn. ü. jmdn. etwas fragen, was er nicht weiß;* ⟨meist im Perf. Passiv⟩ da bin ich überfragt das weiß ich nicht

über|frem|den ⟨V.2, hat überfremdet; mit Akk.⟩ *zu sehr mit fremden Einflüssen durchsetzen, belasten;* eine Sprache mit Ausdrücken, Wörtern einer anderen Sprache ü. **Über|frem|dung** ⟨f.10⟩

über|fres|sen ⟨V.31, hat überfressen; refl.⟩ **1** *zu viel fressen;* der Hund hat sich ü. **2** ⟨ugs.⟩ → *überessen*

Über|fuhr ⟨f.10; österr.⟩ *Fähre*

über|füh|ren ⟨V.1, hat übergeführt, ugs. auch überführt; mit Akk.⟩ **1** *etwas oder jmdn. ü. (mittels Fahrzeugs an einen Ort) bringen;* der Sarg wurde in die Familiengruft in Ulm übergeführt, ⟨ugs. auch⟩ überführt; einen Kranken ins Krankenhaus ü. **2** *etwas in etwas ü. etwas in einen anderen Zustand bringen, übergehen lassen;* eine Flüssigkeit in gasförmigen Zustand ü. **über|füh|ren** ⟨V.1, hat überführt⟩ **I** ⟨mit Akk. und Gen.⟩ *jmdn. einer Sache ü. jmdm. eine Sache nachweisen;* jmdn. eines Verbrechens, einer Schuld ü. **II** ⟨mit Akk.⟩ *etwas ü. einen Bau über etwas hinweg errichten;* eine Straße mit einer Fußgängerbrücke ü. *eine Fußgängerbrücke über eine Straße bauen*

Über|füh|rung ⟨f.10⟩ **1** ⟨nur Sg.⟩ *das Überführen (I)* **2** *über etwas hinwegführende Brücke*

Über|fül|le ⟨f., -, nur Sg.⟩ *übergroße Menge;* die Ü. des Angebots

über|füllt ⟨Adj., o.Steig.⟩ *nur als Attr. und mit „sein" zu voll gefüllt, zu voll, voll bis zum letzten Platz und darüber hinaus;* ~e Krankenhäuser; die Lokale sind um diese Zeit ü.

Überfüllung

Über|fül|lung ⟨f., -, nur Sg.⟩ *das Überfülltsein;* in das Lokal wird wegen Ü. niemand mehr eingelassen

Über|funk|ti|on ⟨f.10⟩ *übermäßige, zu starke Funktion (eines Organs);* Ggs. Unterfunktion; Ü. der Schilddrüse

Über|ga|be ⟨f.11⟩ *das Übergeben, Aushändigen* (Schlüssel~); die Ü. der Stadt an den Feind

Über|gang ⟨m.2⟩ **1** *das Überschreiten* (Fluß~) **2** *Ort, an dem eine Straße, ein Fluß o.ä. überschritten werden kann* (Fußgänger~) **3** *Wechsel (von einem Zustand zum anderen);* der Ü. vom Herbst zum Winter **4** *vorübergehende, unfertige Lösung;* dieser Zustand ist nur ein Ü. **5** *Abstufung;* der Ü. von Rot zu Gelb **6** ⟨Eisenbahn⟩ *nachträglich für die erste Klasse gelöste Fahrkarte*

Über|gangs|er|schei|nung ⟨f.10⟩ *Erscheinung zwischen zwei Entwicklungszuständen*

Über|gangs|man|tel ⟨m.6⟩ *Mantel, der im Herbst oder Frühling getragen wird*

Über|gar|di|ne ⟨f.11, meist Pl.⟩ *Gardine, die über die Stores gezogen wird*

über|ge|ben ⟨V.45, hat übergeben⟩ **I** ⟨mit Dat. und Akk.⟩ **1** *jmdm. etwas ü.* **a** *jmdm. etwas förmlich geben, weitergeben;* eine Arbeit, ein Amt dem Nachfolger ü.; jmdm. einen Brief, ein Geschenk ü.; dem neuen Mieter die Schlüssel ü. **2** *jmdm. etwas zur Bearbeitung, Entscheidung geben;* einen Fall einem Anwalt ü.; eine Streitsache dem Gericht ü. **3** *jmdm. etwas zur Benutzung überlassen;* das neue Theater der Öffentlichkeit ü. **4** *jmdm. etwas ausliefern;* eine Stadt dem einrückenden Sieger ü. **II** ⟨refl.⟩ *sich ü. sich erbrechen*

über|ge|hen ⟨V.47, ist übergegangen⟩ **I** ⟨o.Obj.⟩ übertr. *überfließen;* die Augen gingen ihm über (vor Tränen kamen ihr ü. ⟨mit Präp.obj.⟩ **1** *auf etwas ü.* **a** *sich bis auf etwas hin ausbreiten;* der Rost ist auf die übrigen Teile des Geräts übergegangen **b** *das Gespräch auf etwas (anderes) bringen, von etwas (anderem) zu sprechen beginnen;* auf ein anderes Thema ü. **2** *auf jmdn.* **a** *auf jmdn. übertragen werden;* das heitere Wesen der Mutter ist auf die Kinder übergegangen **b** *auf jmdn. vererbt werden;* das Grundstück geht nach seinem Tod auf den Sohn über **3** *in etwas ü. sich in etwas verwandeln, in einen anderen Zustand geraten, zu etwas werden;* der Schnee ist in Wasser übergegangen, in Fäulnis, in Verwesung ü.; das Haus geht nach seinem Tod in den Besitz des Sohnes über; seine Schreie gingen in Wimmern über; die Melodie geht in eine andere Tonart über **4** *zu etwas ü. von nun an etwas anderes tun;* die Post ist dazu übergegangen, täglich nur noch einmal Briefe zuzustellen **5** *zu jmds. ü. sich auf jmds. Seite stellen;* zum Gegner, zu einer anderen Partei ü. **über|ge|hen** ⟨V.47, hat übergangen; mit Akk.⟩ **1** *etwas ü.* **a** *etwas beiseite lassen, etwas nicht sprechen, nicht lesen;* ein Kapitel im Text ü. **b** *nicht beachten;* jmds. Frage ü.; eine Bemerkung, Anspielung mit Stillschweigen ü. *auf eine Bemerkung, Anspielung nicht eingehen, nichts dazu sagen;* den Hunger ü. *nichts essen, obwohl man Hunger hat* **2** *jmdn. ü. jmdn. nicht berücksichtigen;* jmdn., der an der Reihe ist, ü.; jmdn. bei der Beförderung ü.

über|ge|nug ⟨Adv.⟩ *mehr als genug*

Über|ge|wicht ⟨n., -s, nur Sg.⟩ **1** *zu hohes Körpergewicht* **2** *zu viel Gewicht;* ein Paket mit Ü. **3** ⟨in der Wendung⟩ *das Ü. bekommen, kriegen das Gleichgewicht verlieren* **4** *Vormachtstellung;* wirtschaftliches Ü. **5** *größere Bedeutung;* Mathematik hat im Lehrplan ein Ü.

über|gie|ßen ⟨V.54, hat übergossen; mit Akk.⟩ *über den Rand (des Topfes, der Kanne) laufen lassen;* Kaffee ü. **über|gie|ßen** ⟨V.54, hat übergossen; mit Akk.⟩ *etwas ü. etwas über etwas gießen;* ein Gebäck mit Rum ü.; wie mit Blut übergossen dastehen *stark erröten, mit rotem Kopf (vor Verlegenheit) dastehen*

über|grei|fen ⟨V.59, hat übergegriffen⟩ **I** ⟨o.Obj.⟩ *mit einer Hand über die andere greifen;* beim Klavierspielen ü. **II** ⟨mit Präp.obj.⟩ *auf etwas ü. sich auf etwas ausbreiten;* das Feuer droht auf das Nachbarhaus überzugreifen

Über|griff ⟨m.1⟩ *unrechtmäßige Einmischung;* ein militärischer Ü.; er erlaubt sich ~e

Über|grö|ße ⟨f.11⟩ *normale Konfektionsgrößen übersteigende Größe (eines Kleidungsstückes)*

über|ha|ben ⟨V.1, hat übergehabt; mit Akk.⟩ **1** ⟨ugs.⟩ *etwas ü. angezogen, umgehängt haben;* ich hatte eine Jacke über und fror deshalb nicht **2** *etwas oder jmdn. ü. etwas über sein, satt haben, genug von etwas oder jmdn. haben, einer Sache oder jmds. überdrüssig sein;* eine Speise ü.; ich habe es über, immer wieder zu mahnen; ich habe diesen Menschen über

Über|häl|ter ⟨m.5⟩ *gut gewachsener Baum, der beim Abholzen eines Bestandes zur Weiterwachsen und Aussamen stehengelassen wird*

über|hand|neh|men ⟨V.88, hat überhandgenommen; o.Obj.⟩ *sich zu stark vermehren, sich zu stark ausbreiten, sich zu oft wiederholen;* das Unkraut nimmt allmählich überhand; die Diebstähle haben in letzter Zeit überhandgenommen

Über|hang ⟨m.2⟩ **1** *Abweichung von der Senkrechten* **2** *über ein Grundstück hängender Gegenstand (z.B. Äste)* **3** *überschüssige Ware, überschüssiger Betrag;* ein Ü. an Obst

über|hän|gen ⟨V. 62, hat übergehangen; o.Obj.⟩ *über eine Begrenzung, über den Zaun, den Rand, über eine Fläche hinausragend hängen;* die Zweige des Baumes hängen über, so daß wir sie abgesägt haben; der Felsen hängt über **II** ⟨V.1, hat übergehängt; mit Akk.⟩ *über die Schulter(n) hängen;* (jmdm., sich) eine Jacke ü.; das Gewehr ü.

Über|hangs|recht ⟨n.1⟩ *Recht eines Grundstücksbesitzers, den Überhang (2) zu entfernen*

über|häu|fen ⟨V.1, hat überhäuft; mit Akk.⟩ **1** *etwas mit etwas ü. etwas zu sehr auf etwas häufen;* ⟨meist im Perf. Passiv⟩ der Tisch war mit Schriftstücken, Akten überhäuft **2** *jmdn. mit etwas ü.* **a** *jmdm. etwas in reicher Fülle geben;* jmdn. mit Geschenken, Ehrungen ü. **b** *jmdn. zu viel aufbürden;* jmdn. mit Aufträgen ü.; mit Arbeit überhäuft sein

Über|häu|fung ⟨f.10⟩

über|haupt ⟨Adv.⟩ **1** *insgesamt betrachtet;* er ist ü. etwas nachlässig **2** *ganz und gar;* das hast du dir ü. nicht überlegt **3** ⟨mit „und"⟩ *außerdem;* und u. konnte ich nicht anders handeln **4** *eigentlich;* was hast du ü. dabei gedacht?

über|he|ben ⟨V.64, hat überhoben⟩ **I** ⟨mit Akk. und Gen.⟩ *jmdn. einer Sache ü. jmdn. von einer Sache befreien, jmdm. eine Sache abnehmen;* jmdn. einer Arbeit, eines unangenehmen Auftrags ü.; wir sind der Sache überhoben *wir brauchen sie nicht zu tun* **II** ⟨refl.⟩ **1** *sich beim Heben Schaden tun* **2** *sich anmaßend, dünkelhaft verhalten*

über|heb|lich ⟨Adj.⟩ *eingebildet, anmaßend*

Über|heb|lich|keit ⟨f., -, nur Sg.⟩

Über|hit|zer ⟨m.5; beim Dampfkessel⟩ *Rohrsystem, in dem Dampf zu Heißdampf erhitzt wird*

über|hö|hen ⟨V.1, hat überhöht; mit Akk.⟩ **1** *höher legen, bauen als die Umgebung;* eine Straße am Außenrand in der Kurve ü. **2** *sehr erhöhen;* überhöhte Preise; mit überhöhter Geschwindigkeit fahren **3** *über das Alltägliche hinausheben;* eine dichterisch überhöhte Sprache

über|ho|len ⟨V.1, hat übergeholt⟩ **I** ⟨mit Akk.⟩ *mit der Fähre vom anderen Ufer holen;* hol über! (früher Ruf an den Fährmann) **II** ⟨o.Obj., Seew.⟩ *sich zur Seite neigen;* das Schiff holt über **über|ho|len** ⟨V.1, hat überholt; mit Akk.⟩ **1** *jmdn. oder etwas ü. an jmdm. oder etwas vorbeilaufen oder -fahren;* einen Lastwagen, einen Fußgänger, Radfahrer ü.; jmdn. beim Wettlauf ü.; überholte Anschauungen *nicht mehr zeitgemäße Anschauungen;* eine überholte Definition eines Begriffs *eine nicht mehr zutreffende Definition* **2** *etwas ü. auf Fehler, auf die Funktion hin prüfen;* ein Auto ü. lassen; der Wagen ist vor einem halben Jahr gründlich überholt worden

Über|ho|lung ⟨f.10⟩ *das Überholen (2)*

über|hö|ren ⟨V.1, hat überhört; mit Akk.⟩ *etwas ü.* **1** *nicht hören, nicht mit dem Gehör wahrnehmen;* ich habe das Klopfen (an der Tür) überhört; den Wecker ü. **2** *so tun, als habe man es nicht gehört, etwas hören, aber nicht beachten;* eine Bemerkung, Anspielung ü.; das möchte ich überhört haben *sei mir nicht, was du eben gesagt hast, du hättest das besser nicht gesagt*

Über-Ich ⟨n.9 oder n., -, -; Psych.⟩ *durch Erziehung und Vorbild entstandene normative Instanz des Bewußtseins, die alle Regungen kontrolliert und Angst und Schuldgefühle hervorruft*

über|ir|disch ⟨Adj., o.Steig.⟩ **1** *über der Erde befindlich;* ~er Kohleabbau **2** *unwirklich, himmlisch;* ü. schön; die Überirdischen (im Volksglauben) *Gesamtheit der Geister, Engel usw.*

über|kan|di|delt ⟨Adj., ugs.⟩ *überspannt, ein bißchen verrückt* [< nddt. *kandidel, kanditel* „vergnügt, lustig, munter", < lat. *candidus* (übertr.) „heiter, glücklich" (eigtl. „weiß, glänzend, strahlend"), und der Formel *dideldum, dideldei*, die eine heitere, einfache Melodie andeutet]

über|ko|chen ⟨V.1, hat übergekocht; o.Obj.⟩ *zu heftig kochen und dabei überlaufen;* das Wasser, die Milch kocht über

über|kom|men ⟨V.71, ist übergekommen; o.Obj.; Seemannsspr.⟩ *in hohem Bogen aufs Schiffsdeck fließen;* Wellen, Brecher kommen über **über|kom|men** ⟨V.71⟩ **I** ⟨mit Akk.; hat überkommen⟩ *jmdn. ü. jmdn. innerlich ergreifen;* ein Gefühl des Mitleids überkam mich, wenn ich daran denke **II** ⟨mit Dat. oder mit Präp.obj.⟩ *ist überkommen;* nur im Perf. Passiv⟩ *ü. sein überliefert sein;* diese alten Bräuche, Sagen sind uns seit Generationen ü.; (auch) sind auf uns ü.; ~e Traditionen

über|kom|pen|sie|ren ⟨V.3, hat überkompensiert; mit Akk.⟩ *zu stark kompensieren;* eine Schwäche, eine Hemmung ü.

über|krie|gen ⟨V.1, hat übergekriegt; mit Akk.; ugs.⟩ **1** →überbekommen **2** *eins ü. einen Schlag, Hieb kriegen;* du kriegst gleich eins über

über|kri|tisch ⟨Adj., o.Steig.⟩ **1** *übermäßig kritisch* **2** ⟨bei Kernreaktoren⟩ *mit einer ständig über 1 liegenden Vermehrungsrate der Neutronen;* Ggs. unterkritisch

über|krus|ten ⟨V.2, hat überkrustet; mit Akk.⟩ *mit einer Kruste überziehen*

über|la|den ⟨V.1, hat überladen; mit Akk.⟩ **1** *zu stark beladen;* einen Wagen, einen Kahn ü. **2** *mit zu schwerem, zu reichlichem Essen zu sehr belasten;* seinen Magen ü., sich den Magen ü. **3** *zu reich ausstatten, zu stark verzieren;* eine Kirche mit Ornamenten, mit Figuren ü. *ein Stil* Stil, *in dem zu starke, zu große Worte gemacht, zu viele schmückende Adjektive verwendet werden*

über|la|gern ⟨V.1, hat überlagert; mit Akk.⟩ *etwas ü. sich über etwas legen, etwas zudecken;* eine Schicht hat allmählich die andere überlagert; seine Empfindsamkeit wird von einem anerzogenen Stolz überlagert

Über|la|ge|rungs|emp|fän|ger ⟨m.5⟩ → *Superhet*

Über|land|werk ⟨n.1⟩, **Über|land|zen|tra|le** ⟨f.11⟩ *Schaltanlage und Umspannstation eines Kraftwerkes*

Über|län|ge ⟨f.11⟩ *Länge, die über die normale Länge hinausgeht; ein Film mit Ü.*

über|lap|pen ⟨V.1, hat übergelappt; o.Obj.⟩ *sich über etwas hinweg ausdehnen; ein Teil einer Fläche, einer Bedeckung lappt (über den anderen) über*

über|las|sen ⟨V.75, hat überlassen⟩ I ⟨mit Dat. u. Akk.⟩ **1** *jmdm. etwas oder jmdn. ü. jmdm. etwas oder jmdn. anvertrauen, in Obhut geben;* man kann ihr (während des Urlaubs) das Haus, die Blumen, die Kinder ohne weiteres ü. **2** *jmdm. etwas ü.* **a** *jmdm. etwas zur Nutzung, zum Gebrauch geben;* jmdm. ein Grundstück ü. **b** *zugunsten eines anderen auf etwas verzichten;* jmdm. (bei der Erbteilung) ein Schmuckstück ü. **c** *jmdm.* ⟨auch⟩ *einem Tier eine Sache, etwas zu tun ü., es gern sehen, daß jmd., ein Tier etwas tut;* ich werde es lieber dir ü., das Gerät zu reparieren; jmdm. die Auswahl ü.; wir ü. es den Schafen unseres Nachbarn, unsere Wiese zu düngen ⟨scherzh.⟩; du solltest das Denken lieber den Pferden ü. ⟨scherzh.⟩; wenn jmd. in guter Absicht etwas falsch gemacht hat; überläßt es der Zeit, diesen Schmerz zu heilen; *jmdn. einer Sache ü. jmdn. allein lassen und einer Sache preisgeben;* einen Verunglückten seinem Schicksal ü. *sich nicht darum kümmern, was weiter mit einem Verunglückten geschieht;* ich überlasse dich jetzt deinem Schicksal ⟨ugs.⟩ *ich lasse dich jetzt allein (weil du alles andere selbst tun kannst);* jmdn. seiner Verzweiflung ü. II ⟨refl. mit Dat.⟩ *sich einem Gefühl hingeben, einem Gefühl nachgeben;* sie überließ sich ihrem Schmerz

Über|la|stig ⟨Adj., bei Schiffen⟩ *(einseitig) zu schwer beladen*

Über|lauf ⟨m.2⟩ *Stelle, an der überschüssiges Wasser ablaufen kann*

über|lau|fen ⟨V.76, ist übergelaufen; o.Obj.⟩ **1** *über den Rand laufen;* das Wasser, die Milch läuft über **2** *so voll werden, daß der Inhalt über den Rand läuft;* die Badewanne läuft über **3** *fahnenflüchtig werden und sich auf die Seite des Feindes stellen;* er ist übergelaufen, er ist zum Feind übergelaufen **über|lau|fen** ⟨V.76, hat überlaufen; mit Akk.⟩ **1** *jmdn. ü.* **a** *jmdn. innerlich erfassen, ergreifen;* ein Schauder überläuft mich; es überläuft mich kalt, heiß (vor Schrecken) **b** *jmdn. stark in Anspruch nehmen;* ⟨nur im Perf. Passiv⟩ der Arzt ist überlaufen *es überlaufen ihn sehr viele Patienten zu dem Arzt, er hat sehr viel zu tun* **2** *etwas ü.* **a** *in großer Menge besuchen;* ⟨nur im Perf. Passiv⟩ der Kurort ist sehr ü. *der Kurort wird von zu vielen Menschen besucht;* die Stadt ist von Touristen ü. **b** ⟨Sport⟩ *über etwas hinweg-, an etwas vorbeilaufen, durch etwas hindurchlaufen;* die Markierung ü.; die Verteidigung, die Abwehr ü.

Über|läu|fer ⟨m.5⟩ **1** *Soldat, der zum Feind übergelaufen ist* **2** ⟨Jägerspr.⟩ *Wildschwein im zweiten Lebensjahr*

über|le|ben ⟨V.1, hat überlebt⟩ I ⟨o.Obj.⟩ *mit dem Leben davonkommen, sein Leben retten;* die stärksten, gesündesten, am besten angepaßten Tiere haben überlebt II ⟨mit Akk.⟩ **1** *etwas ü. lebend überstehen;* die Tiere haben den strengen Frost überlebt; der Kranke wird die Nacht nicht ü.; das überlebe ich nicht! ⟨ugs.⟩ *das halte ich nicht aus, das ertrage ich nicht* **2** *jmdn. ü. länger leben als jmd.;* sie hat ihren Mann (um zehn Jahre) überlebt

Über|le|ben|de(r) ⟨m., f.17 oder 18⟩ *jmd., der eine Katastrophe überlebt hat*

über|le|bens|groß ⟨Adj., o.Steig.⟩ *größer als in Wirklichkeit;* ein ~es Standbild

Über|le|bens|grö|ße ⟨f., -, nur Sg.⟩ *Größe, die die natürliche, wirkliche Größe übertrifft*

über|le|gen ⟨V.1, hat übergelegt; mit Akk.; ugs.⟩ *jmdn. ü. übers Knie legen (um ihn zu verhauen);* dich sollte man ü.! **über|le|gen** I ⟨V.1, hat überlegt; mit Dat. (sich) und Akk.⟩ *sich etwas ü. über etwas nachdenken, nachdenken, was oder wie etwas getan werden soll;* das muß ich mir erst ü.; ich habe es mir überlegt *ich habe darüber nachgedacht und mich anders entschlossen;* sich etwas gründlich, reiflich ü.; ü. Sie sich die Sache in Ruhe II ⟨V.1, hat überlegt; o.Obj.⟩ *nachdenken, sich überlegen, ob …;* ich überlege gerade, wie …; wir haben hin und her überlegt; überlegt handeln *handeln, nachdem man nachgedacht und alle Möglichkeiten in Erwägung gezogen hat* III ⟨Adj.⟩ **1** *klüger als die anderen, jede Situation beherrschend;* ein ~er Gesprächspartner; er ist mir ü. **2** *die anderen weit übertreffend;* ein ~er Sieg **3** *herablassend, vom eigenen Wert und Können allzu überzeugt;* Hilfe ü. zurückweisen; ein ~es Lächeln **4** *jmdm. ü. sein etwas besser können als jmd., mehr wissen als jmd.;* Ggs. *unterlegen*

Über|le|gen|heit ⟨f., -, nur Sg.⟩ *das Überlegensein;* Ggs. *Unterlegenheit;* soziale, finanzielle Ü.; seine Ü. zeigen

Über|le|gung ⟨f.10⟩ *zusammenhängende Folge von Gedanken;* ~en anstellen; das ist eine Ü. wert *das muß man, sollte man überlegen;* etwas in seine ~en einbeziehen

über|lei|ten ⟨V.2, hat übergeleitet; mit Präp.obj.⟩ *zu etwas anderem hinführen;* die Melodie, das Motiv leitet zu einem neuen Thema über ⟨Mus.⟩; mit dieser Bemerkung leitete er zu einem anderen Gedanken über; mit ein paar verbindenden Sätzen zum nächsten Kapitel ü.

Über|lei|tung ⟨f.10⟩ **1** ⟨nur Sg.⟩ *das Überleiten* **2** *überleitende Worte, Sätze;* eine Ü. finden, schreiben

über|lie|fern ⟨V.1, hat überliefert; mit Akk. oder mit Dat. und Akk.⟩ **1** *jmdm. etwas ü.* **a** *etwas (den folgenden Generationen, den Nachkommen) weitergeben;* unsere Ahnen haben uns diese Bräuche überliefert **b** *erzählen, berichten (und auf diese Weise weitergeben);* der Volksmund überliefert manche bildhafte Redewendung; die alten Sagen ü. die Taten der Götter und Helden **2** *jmdn. ü. ausliefern, preisgeben;* jmdn. der Gerichtsbarkeit, dem Richter ü.

Über|lie|fe|rung ⟨f.10⟩ **1** ⟨nur Sg.⟩ *das Überliefern* **2** *etwas von früher Überliefertes, Tradition, Brauch;* die ~en pflegen

über|lie|gen ⟨V.80, hat übergelegen; o.Obj.⟩ *über eine festgelegte Zeit im Hafen liegen*

über|li|sten ⟨V.2, hat überlistet; mit Akk.⟩ *jmdn. ü. jmdn. durch eine List täuschen, durch eine List sich einen Vorteil gegenüber jmdn. verschaffen*

überm ⟨Präp. und Art.; ugs.⟩ *über dem*

über|ma|chen ⟨V.1, hat übermacht; mit Dat. und Akk.⟩ *jmdm. etwas ü. jmdm. etwas vererben, vermachen*

Über|macht ⟨f., -, nur Sg.⟩ *überlegene Macht;* die Ü. haben; in der Ü. sein

über|mäch|tig ⟨Adj.⟩ **1** *sehr mächtig, allzu mächtig;* ein ~er Feind **2** *übermäßig groß, übermäßig heftig;* ~e Wut

über|man|gan|sau|er ⟨Adj.; nur in der Fügung⟩ *übermangansaures Kali Kaliumpermanganat;* Syn. *hypermangansauer*

über|man|nen ⟨V.1, hat übermannt⟩ → *überfallen (2b)*

Über|maß ⟨n., -es, nur Sg.⟩ *das normale Maß übersteigendes Maß;* ein Ü. an Arbeit

über|mä|ßig ⟨Adj., o.Steig.⟩ **1** *allzusehr, allzu viele;* sich ~e Sorgen machen **2** ⟨Mus.⟩ *um einen Halbton chromatisch erweitert;* Ggs. *vermindert;* ~es Intervall

Über|mensch ⟨m.10⟩ *den Normalmenschen weit übertreffender Mensch;* ich bin doch kein Ü. ⟨ugs.⟩ [von F. Nietzsche in „Also sprach Zarathustra" geprägt]

über|mensch|lich ⟨Adj., o.Steig.⟩ *die menschlichen Grenzen übersteigend, riesig;* ~e Anstrengungen machen, unternehmen

über|mit|teln ⟨V.1, hat übermittelt; mit Dat. und Akk.⟩ *jmdm. etwas ü. etwas zu jmdm. gelangen lassen, etwas mündlich, schriftlich an jmdn. weitergeben;* die Glückwünsche der Kollegen ü.; jmdm. (telefonisch, telegraphisch) eine Nachricht ü. **Über|mitt|lung** ⟨f.10⟩

über|mor|gen ⟨Adv.⟩ *am Tag nach morgen;* ü. früh

über|mü|den ⟨V.2, hat übermüdet; mit Akk.⟩ *jmdn. oder sich ü. zu müde machen, zu sehr ermüden;* ⟨meist im Perf. Passiv⟩ übermüdet sein *übermäßig müde sein*

Über|mü|dung ⟨f., -, nur Sg.⟩ *das Übermüdetsein;* vor Ü. im Sitzen, am Steuer einschlafen

Über|mut ⟨m., -(e)s, nur Sg.⟩ **1** *große Fröhlichkeit, Ausgelassenheit (die oft zu unüberlegtem Handeln führt)* **2** ⟨†⟩ *Anmaßung, Dünkel*

über|mü|tig ⟨Adj.⟩ **1** *sehr ausgelassen (und daher leichtsinnig)* **2** ⟨†⟩ *stolz, überheblich*

übern ⟨Präp. und Art.; ugs.⟩ *über den;* ü. Berg ⟨ugs.⟩ *er hat das Schlimmste hinter sich*

über|nächst ⟨Adj., o.Steig.⟩ *dem, der nächsten folgend;* im ~en Jahr

über|nach|ten ⟨V.2, hat übernachtet; o.Obj.⟩ *die Nacht zubringen;* im Freien, im Hotel, bei Freunden ü.

über|näch|tig ⟨Adj.; ugs. für⟩ *übernächtigt*

über|näch|tigt ⟨Adj., o.Steig.⟩ *unausgeschlafen, müde*

Über|nach|tung ⟨f.10⟩ **1** ⟨nur Sg.⟩ *das Übernachten;* Ü. im Freien **2** *Unterkunft für die Nacht;* wir zahlen für die Ü. mit Frühstück 35 DM

Über|nah|me ⟨f.11⟩ **1** ⟨nur Sg.⟩ *das Übernehmen (Geschäfts-, Wohnungs-)* **2** *das von jmdm. oder etwas Übernommene;* das ist eine wörtliche Ü. aus seinem Kommentar

Über|na|me ⟨m.15; †⟩ *Spitzname, Kosename*

über|na|tio|nal ⟨Adj., o.Steig.⟩ *die nationalen Grenzen übersteigend*

über|na|tür|lich ⟨Adj., o.Steig.⟩ **1** *über die Naturgesetze hinausgehend;* ~e Erscheinungen **2** *das natürliche Maß übertreffend;* etwas in ~er Größe abbilden

über|neh|men ⟨V.88, hat übergenommen; mit Akk.⟩ *etwas ü. sich etwas über Schultern und Rücken legen, hängen;* einen Mantel, eine Decke ü. **über|neh|men** ⟨V.88, hat übernommen⟩ I ⟨mit Akk.⟩ **1** *etwas ü.* **a** *auf sich nehmen, (zu tun) annehmen;* ein Amt, eine Aufgabe ü.; ihn zu benachrichtigen, die Verantwortung ü.; die Verteidigung des Angeklagten ü.; die Garantie für etwas ü. **b** *an sich nehmen, führen, verwalten;* ein Geschäft, die Praxis des Vaters ü. **c** ⟨Rundfunk⟩ *ebenfalls senden;* wir ü. die Sendung, Übertragung vom Bayerischen Rundfunk **d** *sich zu eigen machen (und selbst anwenden, verwenden, vertreten);* jmds. Gedankengang ü.; eine Idee von sich, jmds. Meinung ü. **2** *jmdn. ü. (aus einem anderen Betrieb, einer anderen Abteilung) kommen lassen und einstellen;* Arbeitskräfte ü. **3** *etwas oder jmdn. ü.* ⟨Seew.⟩ *an Bord nehmen;* Ladung, Passagiere ü. II ⟨refl.⟩ *sich ü.* **1** *sich übneranstrengen* **2** *etwas beginnen und nicht die Kraft, die Geldmittel haben, es durchzuhalten, weiterzuführen;* sie haben sich mit dem Geschäft übernommen

über|ord|nen ⟨V.2, hat übergeordnet; mit Dat. und Akk.⟩ **1** *eine Sache einer anderen Sache ü. einer Sache gegenüber einer anderen den Vorrang geben;* Ggs. *unterordnen (I,1);*

überorganisieren

er hat seine Aufgabe als Erzieher und Freund der Kinder immer der des Lehrers übergeordnet 2 jmdn. jmdm. ü.; ⟨meist im Perf. Passiv⟩ jmd. ist jmdm. übergeordnet *jmd. eine höhere Stellung als jmd. und daher das Recht, ihm Anweisungen zu geben;* Ggs. *unterordnen (1,2)* **Über|ord|nung** ⟨f.10⟩

über|or|ga|ni|sie|ren ⟨V.3, hat überorganisiert; mit Akk.⟩ etwas ü. *etwas allzu genau, bis ins letzte organisieren (so daß es unübersichtlich, schwierig wird)*

über|par|tei|lich ⟨Adj., o.Steig.⟩ *über den Parteien stehend, nicht von Parteien abhängig;* ~e Zeitungen **Über|par|tei|lich|keit** ⟨f., -, nur Sg.⟩

Über|pro|duk|ti|on ⟨f., -, nur Sg.⟩ *Produktion, die über den Bedarf hinausgeht*

über|prü|fen ⟨V.1, hat überprüft; mit Akk.⟩ etwas ü. ⟨verstärkend⟩ *prüfen* **Über|prü|fung** ⟨f.10⟩

über|quer ⟨Adv.⟩ *über Kreuz;* das ging ü. *das ist fehlgeschlagen*

über|que|ren ⟨V.1, hat überquert; mit Akk.⟩ *quer, im rechten Winkel über etwas gehen, fahren, führen;* Ggs. *unterqueren;* einen Platz, eine Straße ü.; die Brücke überquert das Tal **Über|que|rung** ⟨f.10⟩

über|ra|gen ⟨V.1, hat überragt; mit Akk.⟩ 1 *etwas oder jmdn. ü. größer, höher sein als etwas oder jmd.;* er überragt seinen Vater um Hauptteslänge, um zehn Zentimeter; das Bürohochhaus überragt alle übrigen Häuser 2 jmdn. ü. *mehr wissen, können als jmd.;* er überragt ihn bei weitem

über|ra|gend ⟨Adj., o.Steig.⟩ *alles andere übertreffend, hervorragend, ausgezeichnet;* eine ~e Leistung

über|ra|schen ⟨V.1, hat überrascht⟩ I ⟨mit Akk.⟩ 1 jmdn. ü. **a** *jmdn. sehr erstaunen;* es überrascht mich, jmdn. unerwartet sein; es überrascht mich, daß ...; diese plötzliche Wendung der Dinge hat uns sehr überrascht **b** *jmdn. erwischen, ertappen;* ich habe ihn überrascht, als er über den Balkon einstieg; jmdn. beim Stehlen, ein Kind beim Naschen ü. 2 jmdn. mit etwas ü. *jmdm. mit etwas eine unerwartete Freude machen;* jmdn. mit einem Geschenk ü.; er überraschte uns mit der Nachricht, daß ... II ⟨o.Obj.⟩ *unerwartet sein;* es überrascht, daß ...

Über|ra|schung ⟨f.10⟩ 1 ⟨nur Sg.⟩ *das Überraschtsein, das Erstaunen;* aus Ü. schweigen 2 *überraschender Vorgang, überraschendes Ereignis;* eine böse, schlimme, schöne Ü. 3 *unerwartetes Geschenk* (Weihnachts~)

über|re|den ⟨V.2, hat überredet; mit Akk.⟩ jmdn. ü. *durch Reden dazu bringen, etwas zu tun;* jmdn. zum Mitkommen ü.; laß dich nicht zu einem Kauf, zu einer Dummheit ü.! **Über|re|dung** ⟨f., -, nur Sg.⟩

Über|re|dungs|kunst ⟨f.2⟩ *Kunst, jmdn. zu überreden;* viel Ü. anwenden müssen

über|re|gio|nal ⟨Adj., o.Steig.⟩ *nicht an bestimmte Regionen gebunden;* ~e Zeitung

über|rei|chen ⟨V.1, hat überreicht; mit Dat. und Akk.⟩ jmdm. etwas ü. *jmdm. etwas förmlich, feierlich geben;* jmdm. einen Blumenstrauß ü.; jmdm. eine Ehrenurkunde ü.

Über|reich|wei|te ⟨f.11; bei Funksendern⟩ *übermäßig große Reichweite;* durch ~n fremder Sender bedingte Fernsehstörung

über|reif ⟨Adj., o.Steig.⟩ *den Zeitpunkt der Reife überschritten habend (und deshalb mit vermindertem Wohlgeschmack)* **Über|rei|fe** ⟨f., -, nur Sg.⟩

über|rei|zen ⟨V.1, hat überreizt; mit Akk.⟩ jmdn. oder etwas ü. 1 *längere Zeit zu stark ü., sehr reizen, längere Zeit einen zu starken Reiz auf jmdn. oder etwas ausüben;* ⟨meist im Perf. Passiv⟩ er ist überreizt; seine Nerven sind überreizt

Über|reizt|heit ⟨f., -, nur Sg.⟩ *das Überreiztsein*

Über|rei|zung ⟨f.10⟩ *das Überreizen*

über|ren|nen ⟨V.98, hat überrannt; mit Akk.⟩ 1 etwas ü. ⟨Mil.⟩ *im Sturmangriff nehmen, zerstören;* die feindlichen Stellungen ü. 2 jmdn. ü. *jmdn. bestürmen, mit Worten heftig bedrängen;* jmdn. mit Vorschlägen, Plänen ü.; er hat mich völlig überrannt ⟨ugs.⟩; mir blieb keine Möglichkeit zum Widerspruch, zur Ablehnung

Über|rest ⟨m.1⟩ *Übriggebliebenes, Rest;* die ~e des Hauses; seine sterblichen ~e *sein Leichnam*

über|rie|seln ⟨V.1, hat überrieselt; mit Akk.⟩ jmdn. ü. *ein fortschreitendes, kribbelndes Gefühl (bes. auf dem Rücken) verursachen;* ein Fröstelnd, ein Schauer überrieselte mich; es überrieselte mich kalt (vor Grauen)

Über|rock ⟨m.2; †⟩ 1 *Herrenmantel* 2 *Gehrock*

über|rol|len ⟨V.1, hat überrollt; mit Akk.⟩ etwas oder jmdn. ü. 1 ⟨Mil.⟩ *mit Kampfwagen angreifen und zerstören, vernichten;* die feindlichen Stellungen, den Gegner ü. 2 *mit Macht über etwas oder jmdn. hinweggehen;* die Entwicklung hat uns überrollt

über|rum|peln ⟨V.1, hat überrumpelt; mit Akk.⟩ jmdn. ü. *überraschend, unerwartet angreifen;* den Gegner ü.; jmdn. mit einer Frage ü. **Über|rum|pe|lung** ⟨f., -, nur Sg.⟩

über|run|den ⟨V.2, hat überrundet; mit Akk.⟩ jmdn. ü. 1 *(beim Wettlauf, Wettfahren) eine Runde Vorsprung vor jmdm. gewinnen* 2 jmdn. *(in der Leistung) übertreffen*

übers ⟨Präp. und Art.; ugs.⟩ *über das;* ü. Meer fahren

über|sät ⟨Adj., o.Steig.⟩ nur als Attr. und mit „sein" *(mit vielen kleinen Dingen) in großer Zahl bedeckt;* die Tischdecke ist mit Flecken ü.; eine mit Löchern ~e Straße

über|sät|ti|gen ⟨V.1, hat übersättigt; mit Akk.⟩ *zu sehr sättigen;* von etwas übersättigt sein *zuviel von etwas bekommen haben, genug von etwas haben;* mit Süßigkeiten übersättigt sein; wir sind im Urlaub mit Kunst übersättigt übersättigte Lösung ⟨Chem.⟩ *Lösung, die mehr Stoff gelöst enthält als ihrer Temperatur entspricht*

Über|sät|ti|gung ⟨f., -, nur Sg.⟩ *das Übersättigen, das Übersättigtsein*

Über|schall ⟨m., -s, nur Sg.⟩ *Schall, dessen Ausbreitungsgeschwindigkeit über der für einen bestimmten Stoff zutreffenden Schallgeschwindigkeit liegt (in der Luft z.B. über etwa 330 m/s)*

Über|schall|ge|schwin|dig|keit ⟨f.10⟩ *Geschwindigkeit, die größer ist als die Schallgeschwindigkeit im umgebenden Medium;* mit Ü. fliegen

Über|schar ⟨f.10; Bgb.⟩ *zwischen Bergwerken liegendes Land, das wegen zu geringer Ausdehnung nicht bebaut wird*

über|schat|ten ⟨V.2, hat überschattet; mit Akk.⟩ etwas ü. ⟨bes. übertr.⟩ *einen Schatten auf etwas werfen;* das Verbrechen des Vaters überschattete das Leben des Sohnes; die unangenehme Nachricht überschattete ihren Urlaub

über|schät|zen ⟨V.1, hat überschätzt; mit Akk.⟩ etwas ü. *etwas höher, weiter, stärker schätzen als es ist;* Ggs. *unterschätzen;* den Wert einer Sache ü.; eine Entfernung ü.; jmds. Einfluß ü.; seine eigenen Fähigkeiten ü. **Über|schät|zung** ⟨f.10⟩

Über|schau ⟨f.10⟩ *Überblick, Übersicht;* eine (kurze) Ü. über die Ereignisse der letzten Woche; eine Ü. über ein Wissensgebiet geben

über|schau|en ⟨V.1, hat überschaut⟩ →*überblicken*

über|schla|fen ⟨V.115, hat überschlafen; mit Akk.; ugs.⟩ eine Sache ü. *eine Nacht schlafen, ehe man eine Sache entscheidet;* ich muß die Sache erst ü.

Über|schlag ⟨m.2⟩ 1 *ungefähre Berechnung;* einen Ü. machen 2 *Übung mit Drehung des Körpers um seine Breiten- oder Tiefenachse* (Handstand~); freier Ü. 3 *durch Überspannung ausgelöste elektrische Entladung über eine Luftstrecke (z.B. in Form eines Lichtbogens)* 4 ⟨Flugw.⟩ *Looping*

über|schla|gen ⟨V.116⟩ I ⟨mit Akk.; übergeschlagen⟩ *eines über das andere schlagen;* die Beine ü.; die Zipfel eines Tuches ü. II ⟨it. Obj., so übergeschlagen; selten⟩ *überspringen;* ein Funke schlägt über **über|schla|gen** I ⟨V.116, hat überschlagen; mit Akk.⟩ etwas ü. *überspringen;* ein Kapitel nicht lesen; ein Kapitel (im Buch) ü. 2 *ungefähr berechnen;* die Kosten ü. II ⟨V.116, hat überschlagen; refl.⟩ sich ü. 1 *sich (im Fallen, Stürzen) um seine eigene Querachse drehen;* der Wagen überschlug sich, als er die Böschung hinunterstürzte; er überschlug sich vor Höflichkeit ⟨ugs.⟩ = *übertrieben höflich sein* 2 *plötzlich von der Brust in die Kopfstimme übergehen;* Syn. *überschnappen;* seine Stimme überschlug sich vor Erregung 3 ⟨übertr.⟩ *rasch, überstürzt aufeinanderfolgen;* die Nachrichten überschlugen sich III ⟨Adj., o.Steig.⟩ *leicht warm, kaum warm, aber nicht kalt;* das Wasser, die Temperatur des Raumes soll ü. sein

über|schlä|gig ⟨Adj., o.Steig.⟩ *ungefähr, annähernd;* Syn. *überschläglich;* die ~en Kosten

Über|schlag|la|ken ⟨n.7⟩ *Laken, das auf die Unterseite des Bettdeckens geknüpft und am Kopfende ein Stück auf die Oberseite umgeschlagen wird*

über|schläg|lich ⟨Adj., o.Steig.⟩ →*überschlägig*

über|schnap|pen ⟨V.1, ist übergeschnappt; o.Obj.⟩ 1 →*überschlagen (II,2)* 2 ⟨ugs.⟩ *verrückt werden;* wenn du ihm das sagst, schnappt er über; er ist übergeschnappt *er ist verrückt;* du bist wohl übergeschnappt?

über|schnei|den ⟨V.125, hat überschnitten; mit Akk.⟩ einander, ⟨ugs.⟩ sich ü. 1 *einander kreuzen;* die Linien ü. sich 2 *einander teilweise überdecken;* die Flächen ü. sich 3 *teilweise zur gleichen Zeit geschehen, stattfinden;* die Ereignisse haben sich überschnitten; der Vorlesungen ü. sich **Über|schnei|dung** ⟨f.10⟩

über|schrei|ben ⟨V.127, hat überschrieben⟩ I ⟨mit Akk. und Dat.⟩ jmdm. etwas ü. *jmdm. etwas als Eigentum übergeben und es schriftlich bestätigen;* den Kindern das Grundstück ü. II ⟨mit Akk.⟩ *mit einer Überschrift versehen;* das Kapitel ist „..." überschrieben

Über|schrei|bung ⟨f.10⟩ *das Überschreiben (I)*

über|schrei|ten ⟨V.129, hat überschritten; mit Akk.⟩ 1 etwas ü. ⟨geh.⟩ *über etwas hinwegschreiten;* die Schwelle des Hauses ü. 2 *über etwas hinübergehen, -fahren;* die Grenze, den Fluß ü. 3 *über etwas hinausgehen, über etwas mehr tun als erlaubt ist;* Ggs. *unterschreiten;* seine Befugnisse, seine Vollmacht ü.; ein gewisses Maß ü.; seine Habgier überschreitet alles Maß *die Aufgabe überschreitet seine geistige Kraft* **Über|schrei|tung** ⟨f.10⟩

Über|schrift ⟨f.10⟩ *ein oder mehrere Worte, die über einem Text als Hinweis auf den Inhalt stehen*

Über|schuh ⟨m.1⟩ *wasserdichter Gummischuh, der über einen anderen Schuh gezogen wird*

über|schul|den ⟨V.2, hat überschuldet; mit Akk.⟩ *mit zu hohen Schulden belasten;* ⟨meist im Perf. Passiv⟩ das Grundstück ist überschuldet **Über|schul|dung** ⟨f., -, nur Sg.⟩

Über|schuß ⟨m.2⟩ 1 *Gewinn nach Abzug der Unkosten* 2 *Menge, die über den Bedarf hinaus vorhanden ist*

über|schüs|sig ⟨Adj., o.Steig.⟩ *den Bedarf überschreitend;* ~e Gelder; die Kinder müssen ihre ~e Kraft loswerden

über|schüt|ten ⟨V.2, hat überschüttet; mit Akk.⟩ **1** etwas oder jmdn. mit etwas ü. *etwas über etwas oder jmdn. schütten;* etwas, jmdn. mit Wasser ü. **2** mit etwas ü. ⟨übertr.⟩ *jmdm. etwas in zu reichem Maße geben;* jmdn. mit Geschenken, mit Zärtlichkeiten ü.; jmdn. mit einem Wortschwall ü. *wortreich und schnell zu jmdm. sprechen* **über|schüt|ten** ⟨V.2, hat übergeschüttet; o.Obj.⟩ etwas ü. *(versehentlich) ein wenig von etwas ausschütten;* Kaffee ü.

Über|schwang ⟨m., -(e)s, nur Sg.⟩ *Übermaß (an Gefühl, Begeisterung);* er handelt in jugendlichem Ü.

Über|schwän|ge|rung ⟨f., nur Sg.⟩ *gleichzeitige Befruchtung mehrerer Eier durch verschiedene Vatertiere in derselben Brunst (z.B. beim Hund)*

über|schwem|men ⟨V.1, hat überschwemmt; mit Akk.⟩ **1** *über etwas hinwegfließen und völlig bedecken;* der Fluß, das Meer hat das Land überschwemmt; den Markt mit etwas ü. ⟨übertr., ugs.⟩ *etwas in zu großer Menge, überreichlich auf den Markt bringen;* wir wurden im Herbst mit Pflaumen überschwemmt ⟨ugs.⟩ *es wurden in übergroßer Fülle Pflaumen angeboten*

über|schweng|lich ⟨Adj.⟩ *äußerst gefühlvoll, übertrieben begeistert;* sich ü. bedanken **Über|schweng|lich|keit** ⟨f., -, nur Sg.⟩

Über|see ⟨o.Art.⟩ *die Länder jenseits des Ozeans;* in, nach Ü. reisen; Waren aus Ü.

über|see|isch ⟨Adj., o.Steig.⟩ *aus, in Übersee, Übersee betreffend;* der ~e Handel

über|seh|bar ⟨Adj., o.Steig.⟩ **1** *so beschaffen, daß man es übersehen, überblicken kann;* ein gut ~es Gelände **2** *so beschaffen, daß man es einschätzen, beurteilen kann;* die Folgen sind noch nicht ü.

über|se|hen ⟨V.136, hat übersehen; mit Dat. (sich) und Akk.⟩ sich etwas ü. *etwas zu oft sehen;* diese Filme habe ich mir übergesehen; man sieht sich diese Bilder allmählich über **über|se|hen** ⟨V.136, hat übersehen; mit Akk.⟩ **1** etwas ü. **a** *etwas nicht bemerken;* ein Verkehrszeichen ü.; einen Fehler ü. **b** *absichtlich nicht beachten, nachsichtig über etwas hinwegsehen;* jmds. schlechtes Benehmen ü.; jmds. Verstoß gegen die Höflichkeit ü. **c** →*überblicken* **2** jmdn. ü. *so tun, als ob man jmdn. nicht sähe, jmdn. (in beleidigender Weise) nicht beachten*

über|sen|den ⟨V.138, hat übersandt; mit Dat. und Akk.; verstärkend⟩ *senden*

über|set|zen ⟨V.1, hat übergesetzt; mit Akk.⟩ **1** *mit der Fähre an das andere Ufer bringen;* Syn. *überfahren* **2** ⟨in den Wendungen⟩ einen Finger ü. *(beim Spielen eines Instruments)* einen Finger über den anderen setzen; einen Fuß ü. *(beim Tanzen)* einen Fuß über den anderen hinwegsetzen; den linken, rechten Fuß ü. **über|set|zen** ⟨V.1, hat übersetzt; mit Akk.⟩ etwas ü. **1** *(in eine andere Sprache) übertragen;* einen Text, ein Buch ins Englische, in die eigene Muttersprache ü.; das Buch ist gut, schlecht übersetzt **2** *etwas in einer dem anderen verständlichen Sprache ausdrücken;* kannst du mir ü., was der Mann eben gesagt hat?; kannst du mir diesen Satz aus dem Gesetzbuch in verständliches Deutsch ü.?

Über|set|zer ⟨m.5⟩ **1** *jmd., der gewerbsmäßig Texte übersetzt* **2** *jmd., der einen Text übersetzt hat*

Über|set|zung ⟨f.10⟩ **1** ⟨nur Sg.⟩ *das Übersetzen* **2** *die Art des Übersetztseins;* eine gute, schlechte Ü. **3** *übersetzter Text;* eine Ü. anfertigen

Über|set|zungs|bü|ro ⟨n.9⟩ *Büro, in dem gewerbsmäßig Übersetzungen angefertigt werden*

Über|sicht ⟨f.10⟩ **1** ⟨nur Sg.⟩ →*Überblick (3);* die Ü. verlieren, behalten, gewinnen **2** *kurze, oft tabellarische Darstellung (Inhalts~);* eine Ü. geben

über|sich|tig ⟨Adj.; †⟩ →*weitsichtig*

über|sicht|lich ⟨Adj.⟩ *so beschaffen, daß man es gut übersehen, erfassen kann, klar, gegliedert;* eine ~e Darstellung **Über|sicht|lich|keit** ⟨f., -, nur Sg.⟩

Über|sichts|kar|te ⟨f.11⟩ *Landkarte (von einem großen Gebiet) in kleinem Maßstab und mit wenigen Details*

über|sie|deln ⟨auch [-si-] V.1, ist übergesiedelt, auch übersiedelt⟩ *seinen Wohnsitz verlegen, (an einen Ort) umziehen;* nach Bonn ü. **Über|sied|lung, Über|sie|de|lung** ⟨auch [-si-] f.10⟩

über|sinn|lich ⟨Adj., o.Steig.⟩ *über die Erfahrung mit den Sinnen hinausgehend;* ~e Erscheinung, Wahrnehmung

über|span|nen ⟨V.1, hat überspannt; mit Akk.⟩ etwas ü. **1** *zu stark spannen;* eine Feder ü.; den Bogen ü. ⟨übertr.⟩ *zu weit gehen, eine Sache zu weit treiben* **2** ⟨geh.⟩ *sich (schön) über etwas wölben, über etwas hinwegführen;* eine Brücke überspannt das Tal, den Fluß

über|spannt ⟨Adj., -er, am -esten⟩ **1** *übertrieben, vom Üblichen abweichend;* ~e Ansichten *ein bißchen verrückt, verschroben;* eine ~e Person

Über|spannt|heit ⟨f.10⟩ **1** ⟨nur Sg.⟩ *das Überspanntsein* **2** *überspannte Idee;* laß mich in Ruhe mit deinen ~en

über|spie|len ⟨V.1, hat überspielt; mit Akk.⟩ etwas ü. **1** *abspielen und dabei auf etwas übertragen;* eine Schallplatte, ein Musikstück von einer Schallplatte auf (ein) Tonband ü. **2** *durch sein Verhalten, durch Reden etwas verbergen, über etwas hinweggehen;* seine Verlegenheit ü.; einen peinlichen Vorfall geschickt ü.

Über|spie|lung ⟨f.10⟩ **1** ⟨nur Sg.⟩ *das Überspielen (1)* **2** *überspielter Text, überspieltes Musikstück;* ich schicke Ihnen eine Ü. auf Band

über|spit|zen ⟨V.1, hat überspitzt; mit Akk.⟩ etwas ü. **1** *allzu genau behandeln, zu streng betrachten;* man sollte die Sache nicht ü.; eine überspitzte Formulierung *eine scharfe Formulierung* **2** *zu weit treiben;* eine Forderung, einen Vorwurf ü.

über|sprin|gen ⟨V.148, ist übergesprungen; o.Obj.⟩ *(an eine andere Stelle) springen;* bei dem Brand sind Funken auf das Nachbarhaus übergesprungen; ein Funke springt über, etwas springt über ⟨übertr.⟩ *etwas geht von einer Person aus und wirkt auf eine andere, bewirkt bei einer anderen ein Gefühl, ein Interesse;* zwischen beiden sprang ein Funke über; bei seinem Spiel, seinem Vortrag springt nicht der *sein Spiel, sein Vortrag wirkt nicht anregend, nicht zündend* **über|sprin|gen** ⟨V.148, hat übersprungen; mit Akk.⟩ etwas ü. **1** *springend über etwas, einen Bach, hinweg, über einen Zaun ü.* **2** *(beim Lesen, Sprechen) weglassen, nicht sprechen, nicht lesen;* ein Kapitel ü.; der Schauspieler hat zwei Sätze, hat eine Szene übersprungen

über|spru|deln ⟨V.1, hat übergesprudelt; o.Obj.⟩ **1** *über den Rand sprudeln;* das Selterswasser, die Limonade sprudelt über **2** *viel, schnell und lebhaft sprechen;* sie sprudelt über von Geist und Witz *sie spricht viel, schnell und dazu geistreich und witzig;* ~des Temperament haben *sehr lebhaft und redefreudig sein*

Über|sprung|hand|lung ⟨f.10⟩ *Ethologie: Beantwortung eines Reizes durch eine ihm nicht entsprechende Instinkthandlung (z.B. Kopfkratzen bei Verlegenheit)*

über|staat|lich ⟨Adj., o.Steig.⟩ *die Staatsgrenzen übergreifend, mehrere Staaten betreffend*

Über|stän|der ⟨m.5; Forstw.⟩ *überalterter Baum*

über|stän|dig ⟨Adj., o.Steig.⟩ **1** *nicht geerntet, nicht geschlachtet;* ~es Getreide; ~es Schaf **2** *veraltet* **3** ⟨†⟩ *übriggeblieben*

über|ste|hen ⟨V.151, hat, südd. ist übergestanden; o.Obj.⟩ *über die übrige Umgebung hinausragen;* das Sims steht über; ~des Dach **über|ste|hen** ⟨V.151, hat überstanden; mit Akk.⟩ etwas ü. *etwas überwinden, aushalten, über etwas hinwegkommen;* eine Krankheit ü.; eine Operation ü.; er hat die anstrengende Reise gut überstanden; eine unangenehme Situation ü.; das ist überstanden! ⟨ugs.⟩ *ich hab's hinter mir!*

über|stei|gen ⟨V.153, ist übergestiegen; o.Obj.⟩ *(auf etwas) hinübersteigen;* von einem Balkon auf den anderen ü. **über|stei|gen** ⟨V.153, hat überstiegen; mit Akk.⟩ etwas ü. **1** *über etwas steigen;* einen Zaun, eine Mauer ü. **2** *zu weit über etwas hinausgehen, größer als etwas sein;* die Schwierigkeiten ü. seine Kräfte; diese Miete übersteigt meine (finanziellen) Mittel; dieser Preis übersteigt unsere Vorstellungen bei weitem

über|stei|gern ⟨V.1, hat übersteigert; mit Akk.⟩ etwas ü. *zu sehr steigern, übertreiben;* du solltest deine Forderung nicht ü.; ein übersteigertes Bedürfnis nach Macht, nach Ruhm

über|stel|len ⟨V.1, hat überstellt; mit Akk.⟩ jmdn. ü. *jmdn. einer anderen Behörde, Dienststelle übergeben,* ⟨meist im Perf. Passiv⟩ der Häftling wurde in die Haftanstalt X überstellt

über|steu|ern ⟨V.1, hat übersteuert; mit Akk.⟩ **1** *eine Tonbandaufnahme ü. den Verstärker bei einer Aufnahme mit zu hoher Spannung belasten, so daß bei der Wiedergabe manche Töne verzerrt klingen* **2** *einen Kraftwagen ü. zu scharf in die Kurve gehen, so daß das Heck des Kraftwagens ausbricht und der Wagen ins Schleudern kommt* **Über|steue|rung** ⟨f., -, nur Sg.⟩

über|stim|men ⟨V.1, hat überstimmt; mit Akk.⟩ jmdn., eine Gruppe ü. *die Stimmenmehrheit über jmdn., über eine Gruppe gewinnen*

über|stra|pa|zie|ren ⟨V.3, hat überstrapaziert; mit Akk.⟩ **1** *zu sehr strapazieren;* jmds. Geduld ü. **2** *zu oft anwenden;* eine Redensart ü.

über|strei|fen ⟨V.1, hat übergestreift; mit Akk.⟩ *rasch, achtlos anziehen;* die Handschuhe ü.; einen Mantel ü.

Über|stun|de ⟨f.11⟩ *über die übliche, festgesetzte Arbeitszeit hinaus geleistete Arbeitsstunde;* ~n machen; bezahlte, unbezahlte ~n

über|stür|zen ⟨V.1, hat überstürzt; mit Akk.⟩ etwas ü. **I** ⟨mit Akk.⟩ **1** *zu rasch betreiben, zu schnell tun;* wir wollen nichts ü.; überstürzter Aufbruch; überstürzte Abreise **2** *einander,* ⟨ugs.⟩ *sich zu sehr rasch aufeinanderfolgen;* die Ereignisse überstürzten sich **II** ⟨refl.⟩ sich ü. *zu schnell, zu hastig, übereilt handeln*

über|teu|ern ⟨V.1, hat überteuert; mit Akk.⟩ etwas ü. *zu teuer machen, den Preis für etwas zu sehr erhöhen;* überteuerte Genußmittel, Modewaren **Über|teue|rung** ⟨f.10⟩

über|töl|peln ⟨V.1, hat übertölpelt; mit Akk.⟩ *auf plumpe Weise täuschen, betrügen* [eigtl. "einen Tölpel anführen, betrügen"]

über|tö|nen ⟨V.1, hat übertönt; mit Akk.⟩ etwas ü. *lauter tönen als etwas, etwas mit lauteren Tönen unhörbar oder weniger gut hörbar machen;* der Straßenlärm übertönte seinen Ruf; die Radiomusik aus dem Nachbarzimmer übertönte unsere Unterhaltung

Über|trag ⟨m.2⟩ *von einer Seite oder Spalte auf die andere übertragene Summe*

über|trag|bar ⟨Adj., o.Steig.⟩ **1** *so beschaffen, daß man es übertragen (II,3,5) kann;* diese Maßstäbe sind nicht ü. **2** *von anderen benutzbar;* diese Fahrkarte ist nicht ü.

übertragen

3 ⟨Med.⟩ *so beschaffen, daß es auf andere übertragen werden kann;* eine ~e Krankheit
Über|trag|bar|keit ⟨f., nur Sg.⟩
über|tra|gen ⟨V.160, hat übertragen⟩ **I** ⟨mit Dat. und Akk.⟩ *jmdm. etwas ü. jmdm. etwas als Aufgabe geben;* jmdm. ein Amt, die Leitung eines Betriebes ü. **II** ⟨mit Akk.⟩ *etwas ü.* **1** ⟨Rundfunk⟩ *senden;* wir ü. aus dem Festspielhaus in Salzburg ein Konzert **2** *etwas (auf eine andere Stelle) schreiben;* eine Rechnungsbetrag auf die neue Seite ü.; eine Korrektur in ein zweites Exemplar ü. **3** *weiterleiten, weitergeben;* Kraft ü. ⟨Tech.⟩; eine Krankheit auf jmdn. ü. *jmdn. anstecken* **4** *in eine andere Form bringen;* einen Text vom Diktiergerät in Maschinenschrift ü.; ein Buch in eine andere Sprache ü. *übersetzen* **5** *auf eine andere Ebene versetzen und in der gleichen Weise betrachten;* man kann die Verhältnisse einer Zeit, einer Gesellschaft nicht auf eine andere Zeit, in eine andere Gesellschaft ü. **6** *in anderem, aber ähnlichem Sinn verwenden, bildlich gebrauchen;* ein Wort in übertragener Bedeutung gebrauchen *ein Wort in nicht wörtlicher Bedeutung, sondern bildlich gebrauchen;* die ~e Bedeutung von ,,sitzen" ist ,,im Gefängnis sein" **III** ⟨refl.⟩ *sich ü. weitergegeben werden;* die Bluterkrankheit überträgt sich nur auf männliche Nachkommen; die Ausgeglichenheit der Eltern überträgt sich auf die Kinder
Über|tra|ger ⟨m.5⟩ → Transformator
Über|trä|ger ⟨m.5⟩ *Lebewesen, das eine Krankheit überträgt;* dieses Insekt ist Ü. der Schlafkrankheit
Über|tra|gung ⟨f.10⟩ **1** ⟨nur Sg.⟩ *das Übertragen* **2** ⟨Rundfunk⟩ *Sendung;* habt ihr die Ü. aus Salzburg gehört?
über|trai|nie|ren ⟨[-trɛ-] V.3, hat übertrainiert; mit Akk.⟩ *jmdn. ü. jmdn. zu stark trainieren, beim Training überanstrengen;* übertrainiert sein
über|tref|fen ⟨V.161, hat übertroffen; mit Akk.⟩ *jmdn. oder etwas ü. (in bestimmter Hinsicht) besser sein als jmd. oder etwas, mehr leisten als jmd.;* das Gerät übertrifft alle ähnlichen Geräte an Genauigkeit; er übertrifft sie an Schlagfertigkeit; im Kopfrechnen übertrifft er alle seine Mitschüler; diese Leistung ist nicht zu ü.
über|trei|ben ⟨V.162, hat übertrieben; mit Akk., auch o.Obj.⟩ *etwas ü.* **1** *in sehr starken Worten, Ausdrücken, im Übermaß darstellen;* Ggs. *untertreiben;* jmds. Fähigkeiten, Vorzüge ü.; ein Ereignis ü.; Redeweise nachahmen und dabei ü.; sie übertreibt maßlos; es dauerte mindestens – ich will nicht ü. – zwei Stunden; vgl. übertrieben **2** *zu oft tun, sich bei etwas zu sehr anstrengen;* das Reiten, Schwimmen ü. **3** *zu genau, zu eifrig bei etwas sein;* man kann die Ordnungsliebe auch ü.
Über|trei|bung ⟨f.10⟩ Ggs. *Untertreibung* **1** ⟨nur Sg.⟩ *das Übertreiben* **2** *übertreibende Darstellung*
über|tre|ten ⟨V.163, ist übergetreten; o.Obj.⟩ **1** *über die Ufer treten;* der Fluß ist übergetreten **2** ⟨Leichtathletik⟩ *(beim Absprung, Wurf) regelwidrig über eine markierte Stelle treten* **3** *zu einer Sache ü. sich einer Sache anschließen, sich von nun an zu einer Sache bekennen;* zum Christentum, zum Katholizismus ü. **über|tre|ten** ⟨V.163, hat übertreten⟩ **I** ⟨mit (sich) und Akk.⟩ *sich etwas ü.* **1** *sich durch falsches Auftreten verletzen;* sich den Fuß ü. **II** ⟨mit Akk.⟩ *etwas ü. etwas nicht beachten, nicht einhalten;* ein Gesetz, eine Vorschrift ü.
Über|tre|tung ⟨f.10⟩ *das Übertreten (II)*
über|trie|ben ⟨Adj.⟩ **1** *durch Übertreibung unwirklich;* eine ~e Schilderung der Gefahren; eine Sache ü. darstellen; das scheint mir ziemlich ü. **2** *zu sehr gesteigert;* ~e Sparsamkeit **3** ⟨als Adv.⟩ *allzu;* er ist ü. ordentlich

ich bin nicht ü. begeistert davon ⟨ugs.⟩ *ich bin nicht besonders begeistert davon, ich finde es nicht besonders gut*
Über|tritt ⟨m.2⟩ **1** *das Übertreten;* Ü. zu einer anderen Religion **2** *das Überschreiten* (Grenz~)
über|trump|fen ⟨V.1, hat übertrumpft; mit Akk.⟩ **1** *etwas ü.* ⟨Kart.⟩ *durch Trumpf nehmen;* jmds. Karte ü. **2** *jmdn. ü.* ⟨übertr.⟩ *jmdn. übertreffen, etwas besser können, besser machen als jmd.;* er übertrumpft die anderen in Mathematik; er hat die anderen beim Weitsprung übertrumpft
über|tun ⟨V.167, hat übergetan; mit Dat. und Akk.⟩ *jmdm. oder sich etwas ü. um Schultern und Rücken legen, hängen;* jmdm., sich ein Tuch ü. **über|tun** ⟨V.167, hat übertan; refl.; ugs.⟩ *sich ü. sich überanstrengen; zu eifrig sein;* übertu dich nur nicht!
über|mor|gen ⟨Adv.; ugs.⟩ *am Tag nach übermorgen*
über|ver|si|chern ⟨V.1, hat überversichert; mit Akk.⟩ *mit einer zu hohen Summe versichern;* Ggs. *unterversichern* **Über|ver|si|che|rung** ⟨f.10⟩
über|völ|kert ⟨Adj., o.Steig.; nur als Attr. und mit ,,sein"⟩ *zu dicht bevölkert;* ~e Gebiete, Länder
Über|völ|ke|rung ⟨f., -, nur Sg.⟩ *das Übervölkertsein, zu dichte Bevölkerung*
über|voll ⟨Adj., o.Steig.⟩ *zu voll, überfüllt*
über|vor|tei|len ⟨V.1, hat übervorteilt; mit Akk.⟩ *jmdn. ü. (bei einem Geschäft) sich auf jmds. Kosten einen Vorteil verschaffen* **Über|vor|tei|lung** ⟨f.10⟩
über|wach ⟨Adj., o.Steig.⟩ *übertrieben wach, angespannt*
über|wa|chen ⟨V.1, hat überwacht; mit Akk.⟩ **1** *etwas ü. darüber wachen, daß etwas ordnungsgemäß geschieht, beaufsichtigen;* Arbeiten, den Arbeitsablauf ü. **2** *jmdn. ü.* **a** *darüber wachen, daß jmd. ordnungsgemäß etwas tut;* jmdn. bei der Arbeit ü. **b** *jmdn. ständig heimlich beobachten;* jmdn. polizeilich ü.; jmdn. durch einen Detektiv ü. lassen
Über|wa|chung ⟨f., -, nur Sg.⟩
über|wäl|ti|gen ⟨V.1, hat überwältigt; mit Akk.⟩ *jmdn. ü.* **1** *jmdn. mit Gewalt besiegen, wehrlos machen;* einen Verbrecher ü. **2** *tiefen Eindruck auf jmdn. machen, jmdn. tief ergreifen, sprachlos machen;* die Aussagekraft dieses Bildes überwältigt mich; diese Landschaft ist ~d schön; er war von ihrer Schönheit, Güte ganz überwältigt
über|wäl|zen ⟨V.1, hat überwälzt; mit Akk.⟩ *etwas auf jmdn. ü. etwas auf jmdn. abwälzen, jmdn. mit etwas belasten;* Kosten, Steuern auf den Verbraucher ü.
über|wei|sen ⟨V.177, hat überwiesen; mit Dat. und Akk.⟩ *jmdm. etwas ü. jmdm. etwas durch einen schriftlichen Zahlungsauftrag bezahlen;* jmdm. Geld, eine Summe ü.
Über|wei|sung ⟨f.10⟩ **1** ⟨nur Sg.⟩ *das Überweisen* **2** *schriftlicher Zahlungsauftrag;* eine Ü. ausschreiben **3** *überwiesene Summe;* eine Ü. erhalten
Über|welt ⟨f., -, nur Sg.⟩ *Welt außerhalb der sinnlich erfaßbaren Welt*
über|welt|lich ⟨Adj., o.Steig.⟩ *zur Überwelt gehörend, übersinnlich*
über|wend|lich ⟨Adj., o.Steig.; nur als Attr. und Adv.⟩ *zwischen den aneinandergelegten Stoffkanten;* ~e Naht; zwei Stoffstücke ü. zusammennähen
über|wer|fen ⟨V.181, hat übergeworfen; mit Dat. und Akk.⟩ *jmdm., einem Tier, sich etwas ü. jmdm., einem Tier, sich etwas werfen, jmdm., einem Tier, sich etwas mit Schwung umhängen;* einem Pferd eine Decke ü.; er warf sich einen Mantel über **über|wer|fen** ⟨V.181, hat überworfen; refl.⟩ *sich mit jmdm. ü. sich mit jmdm. in Streit miteinander bekommen, sich zanken;* die beiden haben sich überworfen
über|wie|gen ⟨V.182, hat übergewogen⟩

o.Obj.⟩ *zu schwer sein;* der Brief wiegt über, wiegt um zehn Gramm über **über|wie|gen** ⟨V.182, hat überwogen⟩ **I** ⟨o.Obj.⟩ **1** *am stärksten, in der Mehrzahl vertreten sein;* in dieser Gegend überwiegt die katholische Bevölkerung **2** *das meiste Gewicht, den stärksten Einfluß haben, siegen;* er überlegte, was zu tun sollte, schließlich überwog die Neugierde **II** ⟨mit Akk.⟩ *etwas ü. stärker sein als etwas;* seine Vernunft überwog seinen Zorn; die Vorteile der Sache ü. die Nachteile
über|wie|gend ⟨auch [-vi-] Adj., o.Steig.; nur als Attr. und Adv.⟩ **1** ⟨als Attr.⟩ *größer, zahlreicher;* der ~e Teil der Mitarbeiter **2** ⟨als Adv.⟩ *in größerer Menge, in der Mehrzahl, vor allem;* hier wird ü. Weizen angebaut; mit dem Frühzug fahren ü. Schüler
über|wind|bar ⟨Adj., o.Steig.⟩ *so beschaffen, daß man es überwinden kann;* Syn. *überwindlich;* ~e Probleme; ein kaum ~es Grauen
über|win|den ⟨V.183, hat überwunden⟩ **I** ⟨mit Akk.⟩ **1** *etwas ü. mit etwas fertig werden, über etwas hinwegkommen, Herr über etwas werden;* eine Steigung ü.; eine Krankheit ü.; seine Enttäuschung ü.; seine Bedenken ü. **2** *jmdn. besiegen;* jmdn. im Kampf ü.; einen Gegner, einen bewaffneten Einbrecher ü.; sich für den überwunden erklären *erklären, daß man seinen Widerstand aufgibt* **II** ⟨refl.⟩ *sich ü. etwas tun, was einem schwerfällt, was man aber tun sollte*
über|wind|lich ⟨Adj.⟩ → *überwindbar*
Über|win|dung ⟨f., -, nur Sg.⟩ **1** *das Überwinden;* nach Ü. der Steigung **2** *das Sichüberwinden;* es kostete mich einige Ü., das zu tun
über|win|tern ⟨V.1, hat überwintert⟩ **I** ⟨o.Obj.⟩ **1** *den Winter überdauern;* diese Pflanzen ü. **2** *den Winter verbringen;* diese Tiere ü. in selbstgebauten Höhlen **II** ⟨mit Akk.⟩ *etwas ü. über den Winter bringen, den Winter über aufheben;* Geranien im Keller ü. **Über|win|te|rung** ⟨f., -, nur Sg.⟩
über|wöl|ben ⟨V.1, hat überwölbt; mit Akk.⟩ *etwas ü. mit einem Gewölbe versehen, bedecken;* einen Raum ü.; schöne Kreuzrippen ü. den Raum
über|wu|chern ⟨V.1, hat überwuchert; mit Akk.⟩ *etwas ü. üppig wachsen und etwas dabei langsam bedecken;* die Sträucher ü. schon die Fenster; das Unkraut überwuchert die Gartenwege
Über|wurf ⟨m.2⟩ **1** *Umhang, loser Mantel* **2** ⟨Ringen⟩ *Griff, mit dem man seinen Gegner hebt und über den Kopf hinter sich wirft*
Über|zahl ⟨f., -, nur Sg.⟩ *Mehrzahl, Mehrheit;* wir sind in der Ü.
über|zah|len ⟨V.1, hat überzahlt; mit Akk.⟩ *etwas ü. mehr für etwas bezahlen als notwendig, als gerechtfertigt;* eine Fahrkarte ü. ⟨bei Automaten, wenn man das Geld nicht passend hat⟩; eine Ware ü.; der Mantel ist überzahlt
über|zäh|len ⟨V.1, hat überzählt; mit Dat. und Akk.⟩ *jmdm. oder einem Tier ein paar ü. jmdm. oder einem Tier ein paar Schläge, Hiebe geben* **über|zäh|len** ⟨V.1, hat überzählt; mit Akk.⟩ *prüfend zählen;* sein restliches Geld ü.; die Anwesenden, die in Reihe angetretenen Kinder ü.
über|zäh|lig ⟨Adj., o.Steig.; nur als Attr. und mit ,,sein"⟩ *übrig, zuviel vorhanden;* einige ~e Stühle an die Wand aufstellen; drei Stück sind ü.
über|zeich|nen ⟨V.2, hat überzeichnet; mit Akk.⟩ **1** *etwas ü. leicht übertrieben, karikierend zeichnen, darstellen;* die Figur (in dem Roman, Theaterstück) ist überzeichnet **2** *etwas ü. mehr Geld für etwas geben als notwendig;* eine Anleihe ü.
über|zeu|gen ⟨V.1, hat überzeugt⟩ **I** ⟨mit Akk.⟩ *jmdn. ü. jmdn. dazu bringen, zu glauben, daß etwas so ist;* dieses Argument über-

zeugt mich nicht; du hast mich überzeugt, du kannst mich nicht davon ü., daß das richtig ist; jmdn. von etwas ü.; ein ~der Beweis; eine Sache ~d darstellen, erklären; vgl. *überzeugt* II ⟨refl.⟩ sich ü. *sich vergewissern;* sich durch Nachprüfen, durch einen Augenschein ü., daß etwas so ist; bitte ü. Sie sich selbst, daß ...; ich habe mich von der Richtigkeit seiner Behauptung überzeugt

über|zeugt ⟨Adj., o.Steig.; nur als Attr. und mit „sein"⟩ **1** von etwas ü. sein *sicher sein, daß „etwas so ist";* ich bin ü., daß er recht hat; du kannst ü. sein, daß es wahr ist; seien Sie ü., daß alles in Ihrem Sinne geregelt wird **2** *in seiner Auffassung, Überzeugung völlig sicher;* er ist ein ~er Gegner der Todesstrafe, Anhänger der Friedensbewegung

Über|zeu|gung ⟨f.10⟩ *innere Sicherheit, Gewißheit, fester Glaube;* es ist meine Ü., daß es so ist; nach meiner Ü. ist das falsch; ich muß die Ü. gewinnen, daß ...; seine politische, religiöse Ü.; etwas aus Ü. tun; wenn ich das täte, müßte ich gegen meine Ü. handeln

Über|zeu|gungs|tä|ter ⟨m.5⟩ *jmd., der aus religiösen oder weltanschaulichen Überzeugungen heraus eine Straftat begeht*

über|zie|hen ⟨V.187, hat übergezogen⟩ I ⟨mit Dat. u. Akk.⟩ *jmdm., einem Tier eins, ein paar ü. jmdm., einem Tier einen Schlag, ein paar Schläge, Hiebe (mit der Peitsche, Rute, mit dem Stock) geben* II ⟨mit Akk.⟩ *etwas ü. etwas anziehen;* Ggs. *unterziehen;* eine Jacke ü.

über|zie|hen ⟨V.187, hat überzogen; mit Akk.⟩ **1** *mit einem Überzug versehen;* das Bett (frisch) ü.; ein Kissen ü.; eine Torte mit einem Schokoladenguß ü. *2 von etwas zuviel wegnehmen;* sein Konto ü. *mehr vom Konto abheben als darauf (als Guthaben) vorhanden ist* **3** *überschreiten;* den Urlaub ü. *länger Urlaub machen als vereinbart ist* **4** *übertreiben;* ⟨meist im Perf. Passiv⟩ die Kritik war etwas überzogen

Über|zie|her ⟨m.5⟩ *Herrenmantel*

über|züch|ten ⟨V.2, hat überzüchtet; mit Akk.⟩ *Tiere, Pflanzen ü. durch einseitiges Züchten zugunsten bestimmter Merkmale die Widerstandskraft von Tieren, Pflanzen schwächen oder bestimmte Merkmale allzu sehr hervortreten lassen;* ⟨meist im Perf. Passiv⟩ der Hund ist überzüchtet *die Widerstandskraft des Hundes ist geschwächt, bei dem Hund treten bestimmte Merkmale allzu stark, störend hervor*

Über|zug ⟨m.2⟩ **1** *dünne Schicht, mit der etwas überzogen ist* (Lack~, Schokoladen~) **2** *auswechselbare Hülle* (Polster~)

über|zwerch ⟨süddt., österr.⟩ I ⟨Adv.⟩ *über Kreuz, quer* II ⟨Adj.⟩ *unpassend, verschroben*

Ubi be|ne, ibi pa|tria *wo (es mir) gut(geht), da (ist mein) Vaterland* [lat., nach einem Ausspruch Ciceros]

Ubi|quist ⟨m.10⟩ *über die ganze Erde verbreitetes Lebewesen (Tier oder Pflanze)* [zu lat. *ubique* „wo auch immer, überall", < *ubi* „wo" und *...que* „und"]

ubi|qui|tär ⟨Adj., o.Steig.⟩ **1** *überall erhältlich;* ~e Produkte **2** *überall verbreitet* [zu lat. *ubique* „wo auch immer, überall"]

Ubi|qui|tät ⟨f.10⟩ **1** ⟨nur Sg.⟩ *Allgegenwart* **2** *überall erhältliches Produkt*

üb|lich ⟨Adj.⟩ *gewohnt, hergebracht, den Gewohnheiten und Gebräuchen entsprechend;* nach den ~en Methoden; das ist bei uns nicht ü.

U-Boot ⟨n.1; Kurzw. für⟩ → *Unterseeboot*

üb|rig ⟨Adj., o.Steig.⟩ *übriggeblieben, restlich;* alles ~e erfahrt ihr morgen; ein ~es tun *ein letztes, nicht unbedingt Nötiges tun;* für etwas, jmdn. nichts ü. haben *etwas, jmdn. nicht mögen, daran kein Interesse haben;* ist davon noch etwas ü.? *ist noch etwas davon vorhanden?;* im ~en *was ich noch hinzufügen wollte*

üb|rig|be|hal|ten ⟨V.61, hat übrigbehalten; mit Akk.⟩ *als Rest behalten;* ich habe von den 300 DM noch 50 DM ü.

üb|rig|blei|ben ⟨V.17, hat übriggeblieben; o.Obj.⟩ *als Rest bleiben;* von dem Geld ist nichts, sind nur 5 DM übriggeblieben; es bleibt (mir) nichts anderes übrig, als selbst hinzufahren *ich kann nichts anderes tun, es bleibt mir keine andere Möglichkeit;* es bleibt nichts zu wünschen übrig *es ist alles so, wie man es sich wünscht*

üb|ri|gens ⟨Adv.⟩ *nebenbei bemerkt*

üb|rig|las|sen ⟨V.75, hat übriggelassen; mit Akk.⟩ *als Rest lassen;* die Kinder haben von dem Kuchen nichts, kein Krümchen übriggelassen; laßt mir noch etwas davon übrig, laßt für mich auch noch etwas übrig ü.; die Arbeit läßt nichts zu wünschen übrig *die Arbeit ist so gut, wie man es sich wünscht;* das Haus läßt viel zu wünschen übrig *das Haus hat viele Mängel, an dem Haus ist vieles, was man gern anders haben möchte*

Übung ⟨f.10⟩ **1** *regelmäßige Wiederholung, die dazu dient, eine bestimmte Fertigkeit zu erwerben;* Ü. haben; aus der Ü. kommen; in Ü. bleiben; nach langer Ü. **2** ⟨kurz für⟩ *Übungsstück;* eine Ü. auf dem Klavier, auf der Geige spielen **3** ⟨Sport⟩ *bestimmte Bewegungsabfolge* (Gymnastik~, Turn~) **4** *Probe des Ernstfalles* (Feuerschutz~) **5** *Lehrveranstaltung, die Grundkenntnisse vermittelt;* mathematische Ü. **6** *religiöse Betrachtung, innere Einkehr;* geistliche ~en **7** ⟨†⟩ *Brauch, Sitte*

Übungs|ar|beit ⟨f.10⟩ *nicht benotete Arbeit zur Übung (1)*

Übungs|stück ⟨n.1⟩ **1** *kurzer Text, an dem etwas (Lesen, Übersetzen, Grammatik) geübt werden kann* **2** *kurzes Musikstück zum Üben (bes. der Geläufigkeit)*

u. dgl.(m.) ⟨Abk. für⟩ *und dergleichen (mehr)*

u. d. M. ⟨Abk. für⟩ *unter dem Meeresspiegel*

ü. d. M. ⟨Abk. für⟩ *über dem Meeresspiegel*

UdSSR ⟨Abk. für⟩ *Union der Sozialistischen Sowjetrepubliken*

U-Ei|sen ⟨n.7⟩ *Eisenträger mit U-förmigem Querschnitt*

Ufer ⟨n.5⟩ *Rand eines Gewässers;* ein flaches U.; der Fluß trat über die U.

ufer|los ⟨Adj., -er, am -esten⟩ *ohne Ende;* das Reden wurde ~e ⟨ugs.⟩ *das führt zu weit, das führt zu keinem Ergebnis*

Ufer|schnep|fe ⟨f.11⟩ *(feuchte Wiesen bewohnender) großer, langbeiniger Watvogel mit rotbraunem Kopf-, Hals- und Brustgefieder*

Uffz. ⟨Abk. für⟩ *Unteroffizier*

Ufo, UFO ⟨n.9⟩ *großer fliegender Gegenstand, dessen Herkunft nicht erklärt werden kann, fliegende Untertasse* [Kurzw. < engl. *unidentified flying object* „unerkanntes Flugobjekt"]

U-Haft ⟨f., -, nur Sg.; Kurzw. für⟩ *Untersuchungshaft*

U-Ha|ken ⟨m.7⟩ *kleiner, offener Haken, der in der deutschen Schreibschrift über das u gesetzt wird*

Uhr ⟨f.10⟩ **1** *Vorrichtung, bei der ein beobachtbarer Vorgang mit gleichbleibender Geschwindigkeit abläuft und zur Zeitmessung benutzt wird* (Quarz~, Sand~, Sonnen~, Wasser~) **2** *Instrument zur Zeitmessung und Zeitanzeige* (Turm~, Armband~); die U. tickt, geht vor, geht nach, geht richtig, falsch; die U. schlägt, zeigt zwölf; er weiß, was die U. geschlagen hat *er weiß Bescheid, er weiß, was geschehen ist oder wird;* seine U. ist abgelaufen *er wird bald sterben, er ist eben gestorben;* rund um die U. *ununterbrochen 24 Stunden lang;* wir arbeiten in Schichten rund um die U. **3** ⟨kurz für⟩ *Uhrzeit, auf dem Zifferblatt angezeigte Stunde;* wieviel U. ist es? *wie spät ist es?;* es ist drei U., halb drei U.

Uhr|ket|te ⟨f.11⟩ *Kette, mit der eine Taschenuhr an der Kleidung befestigt ist*

Uhr|ma|cher ⟨m.5⟩ *jmd., der berufsmäßig Uhren repariert und verkauft*

Uhr|werk ⟨n.1⟩ *Vorrichtung, die die in einer gespannten Spiralfeder gespeicherte Energie über Zahnradgetriebe in Drehbewegung umsetzt*

Uhr|zei|ger|sinn ⟨m., -(e)s, nur Sg.⟩ *nach rechts gehende Drehrichtung (der Zeiger einer Uhr);* Spielkarten im U. austeilen

Uhu ⟨m.9⟩ *sehr große Eule mit Federohren und orangeroten Augen* [nach dem vor allem im Winter zu hörenden Ruf]

u. i. ⟨Abk. für⟩ *ut infra*

uk ⟨im 2. Weltkrieg Abk. für⟩ *unabkömmlich, wegen kriegswichtiger Tätigkeit nicht zum Wehrdienst herangezogen*

Ukas ⟨m.1⟩ **1** ⟨früher⟩ *Erlaß des Zaren* **2** ⟨allg.⟩ *Befehl, Verordnung* [< russ. *ukast* „befehlen", < *u* „von jmdm. oder etwas weg, zu jmdm. oder etwas hin" und *kas* „weisen, zeigen"]

Uke|lei ⟨m.1 oder m.9⟩ *kleiner, in Schwärmen lebender Karpfenfisch mit silbrig glänzenden Schuppen;* Syn. *Laube* [< poln. *uklaja* als Bez. für diesen Fisch, in ähnlicher Form in fast allen slaw. Sprachen, weitere Herkunft unbekannt]

Uku|le|le ⟨f.11⟩ *kleine Gitarre mit vier Saiten* [< hawai. *uku lele* „hüpfender Floh", vielleicht nach dem hawai. Spitznamen des brit. Offiziers Edward Purvis, der klein und behende war und der das Instrument, das 1879 von den Portugiesen nach Hawaii gebracht worden war, dort volkstümlich machte]

UKW ⟨Abk. für⟩ *Ultrakurzwelle*

Ulan ⟨m.10⟩ **1** ⟨urspr.⟩ *polnischer leichter Lanzenreiter* **2** (im Deutschen Reich bis zum 1. Weltkrieg) *Angehöriger der schweren Kavallerie* [< russ., poln., serb. *ulan* < türk. *oğlan* „Knabe, junger Mann", zu *oğul, oğlu* „Sohn"]

Ulan|ka ⟨f.9⟩ *Waffenrock der Ulanen*

Ul|cus ⟨n., -, Ul|ce|ra⟩ → *Geschwür* [< lat. *ulcus* „Geschwür", < griech. *helkos,* *elkos* „Wunde, Geschwür"]

Ule|ma ⟨m.9⟩ *islamischer Rechts- und Religionsgelehrter*

Ulen|spie|gel ⟨m.5; Nebenform von⟩ *Eulenspiegel*

Ulk ⟨m.1⟩ *Spaß, Unfug*

ul|ken ⟨V.1, hat geulkt; o.Obj.⟩ *Ulk machen, etwas Ulkiges sagen*

ul|kig ⟨Adj.⟩ **1** *drollig, spaßig* **2** ⟨ugs.⟩ *seltsam, merkwürdig*

Ul|kus ⟨n., -, Ul|ze|ra⟩ → *Geschwür*

Ul|me ⟨f.11⟩ Syn. *Rüster* **1** *Baum mit unsymmetrisch-eiförmigen, gezähnten Blättern* (Berg~, Feld~) **2** *dessen Holz*

Ul|ster ⟨m.5⟩ *schwerer Mantelstoff* **2** *zweireihiger Herrenmantel* [nach dem alten Namen für Nordirland]

ult. ⟨Abk. für⟩ *ultimo*

Ul|ti|ma ⟨f., -, -mä⟩ *letzte Silbe (eines Wortes)*

Ul|ti|ma ra|tio ⟨f., - -, nur Sg.⟩ *letztes Mittel, letzter Ausweg* [< lat. *ultima,* Fem. von *ultimus* „der letzte, am weitesten entfernte", und *ratio* „Vernunft, vernünftige Überlegung"]

ul|ti|ma|tiv ⟨Adj., o.Steig.⟩ **1** *in Form eines Ultimatums* **2** ⟨übertr.⟩ *nachdrücklich*

Ul|ti|ma|tum ⟨n., -s, -ma|ten⟩ *befristete, mit einer Drohung verbundene Aufforderung;* jmdm. ein U. stellen [< lat. *ultimum* „das letzte, äußerste", zu **ulter* „jenseitig, drüben befindlich"]

ul|ti|mo ⟨Adv., Abk.: ult.⟩ *am Letzten (des Monats);* u. Mai [ital., < *„am letzten (Tag)"*]

Ul|ti|mo ⟨m.9⟩ *letzter Tag (des Monats)*

Ul|ti|mo|ge|schäft ⟨n.1⟩ *Börsengeschäft, das bis zum Monatsende abgewickelt sein muß*

Ul|tra ⟨m.9⟩ *Angehöriger einer extremen politischen Richtung*

ul|tra..., Ul|tra... ⟨in Zus.⟩ *über... hinaus, jenseits des..., der...* [lat., „jenseits"]

Ul|tra|kurz|wel|le ⟨f.11; Abk.: UKW⟩ **1** elektromagnetische Welle unter 10 m Länge **2** Bereich eines Radiogerätes, der diese Welle empfängt

ul|tra|ma|rin ⟨Adj., o.Steig., o.Dekl.⟩ *tiefblau, kornblumenblau*

Ul|tra|ma|rin ⟨n., -s, nur Sg.⟩ *blaue Farbe* [< lat. *ultra* „jenseits" und *mare* „Meer", also „von jenseits des Meeres (Mittelmeeres) stammend"; der Rohstoff für diese Farbe, der Lapislazuli, wurde aus dem Vorderen Orient eingeführt]

Ul|tra|mi|kro|skop ⟨n.1⟩ *Mikroskop zum Betrachten kleinster Teilchen, die mit dem gewöhnlichen Mikroskop nicht erkennbar sind*

ul|tra|mon|tan ⟨Adj., o.Steig.⟩ *streng päpstlich gesinnt* [< lat. *ultra* „jenseits" und *montana* „Berg-, Gebirgsgegend", zu *mons*, Gen. *montis*, „Berg"]

Ul|tra|mon|ta|nis|mus ⟨m., -, nur Sg.⟩ *streng päpstliche Einstellung*

ul|tra|rot ⟨Adj., o.Steig.⟩ →*infrarot*

Ul|tra|rot ⟨n., -(s), nur Sg.⟩ →*Infrarot*

Ul|tra|schall ⟨m., -s, nur Sg.⟩ **1** *Schall, dessen Frequenz über der Hörbarkeitsgrenze (über 20000 Hz) liegt;* vgl. *Infraschall* **2** *Anwendung dieser Welle (z.B. zur Überwachung des menschlichen Embryos auf einem Bildschirm)*

Ul|tra|strah|lung ⟨f.10⟩ *Höhenstrahlung*

ul|tra|vio|lett ⟨Adj., o.Steig.; Abk. UV⟩ *im Spektrum jenseits des Violetts liegend;* ~e *Strahlen*

Ul|tra|vio|lett ⟨n., -s, nur Sg.⟩ *kurzwellige Strahlung, die im Spektrum jenseits der violetten Seite des in Spektralfarben zerlegten Lichtes liegt*

Ul|ze|ra|ti|on ⟨f.10⟩ *das Ulzerieren, Geschwürsbildung*

ul|ze|rie|ren ⟨V.3, hat ulzeriert; o.Obj.⟩ *ein Geschwür bilden* [zu *Ulcus*]

ul|ze|rös ⟨Adj., o.Steig.⟩ *in der Art eines Ulcus, geschwürig*

um **I** ⟨Präp. mit Akk.⟩ **1** ⟨örtlich⟩ **a** *im Kreis, in der Umgebung;* um die Stadt (herum); seine Anhänger um sich versammeln; etwas um die Wunde wickeln **b** ⟨mit „sich"⟩ *nach allen Seiten;* die Epidemie greift um sich; blind um sich schlagen **2** ⟨zeitlich⟩ **a** ⟨zur Bez. eines Zeitpunktes⟩ um fünf Uhr; um Mittag; um diese Zeit kommt er immer heim **b** ⟨zur Bez. eines Ablaufes⟩ *einer um den anderen jeweils einen überspringend;* Tag um Tag *ein Tag nach dem anderen* **3** ⟨zur Bez. eines Maßes⟩ er ist um drei Kilo schwerer als ich; um ein Haar ⟨ugs.⟩ *fast;* das ist um die Hälfte billiger **4** *für;* etwas um wenig Geld kaufen; um nichts in der Welt würde ich das tun *für nichts, für kein Geld;* um keinen Preis würde ich das tun **5** ⟨in Verbindung mit bestimmten Verben, wenn von etwas oder jmdm. gesprochen werden soll, wenn etwas oder jmdn. getan werden soll⟩ es handelt sich um meinen Sohn *es betrifft meinen Sohn;* um etwas bitten; um etwas oder jmdn. kämpfen; es geht um sein Leben *sein Leben ist in Gefahr* **6** ⟨zur Bez. eines Bereichs⟩ das Wissen um etwas; die Sorge um jmdn.; es steht nicht gut um ihn *es geht ihm schlecht, er ist in Gefahr* **II** ⟨Präp. mit Gen.; in der Fügung⟩ um... willen; um der Freiheit willen; um des lieben Friedens willen **III** ⟨Konj.⟩ **1** ⟨mit Infinitiv und „zu" zur Bez. einer Absicht⟩ er ging weg, um sie abzuholen **2** ⟨mit „so"⟩ *desto;* je mehr man sich bemüht, um so mehr möchte man erreichen **3** ⟨nach „zu" und Adj.⟩ *als daß;* das ist zu schön, um wahr zu sein *das ist so schön, es wird zu schön sein, als daß es wahr sein könnte;* ich bin zu beschäftigt, um dir helfen zu können *ich bin zu beschäftigt, als daß ich dir helfen könnte* **IV** ⟨Adv.⟩ **1** *ungefähr, etwa;* das kostet um 20 DM (herum) **2** ⟨in der Fügung⟩ um und um *rundherum, ganz und gar;* das ist um und um verkehrt; einen Gegenstand um und um drehen *einen Gegenstand mehrmals umdrehen*

um... ⟨als Vorsilbe von Verben⟩ **1** *rund herum, im Kreis (um etwas) herum, von allen Seiten,* z.B. umdrängen, umfließen, umkränzen, umranken, umspülen, umtanzen, umwickeln **2** *anders als vorher,* z.B. umadressieren, umbesetzen, umbetten, umdeuten, umerziehen, umgruppieren, umorganisieren, umpacken, umschichten, umtaufen **3** *durch die im Verb genannte Tätigkeit verändern,* z.B. umarbeiten, umbilden, umformen, umgestalten, umschaffen, umzeichnen **4** *in ein anderes Gebiet, an eine andere Stelle,* z.B. umfüllen, umpflanzen, umtopfen **5** *zur Seite, nach der anderen Seite,* z.B. umbiegen, umblättern, umklappen **6** *durcheinander, lokkernd,* z.B. umackern, umpflügen, umwühlen **7** *durch die im Verb genannte Tätigkeit zum Fallen bringen,* z.B. umblasen, umrennen, umsägen, umschießen

um|ar|men ⟨V.1, hat umarmt; mit Akk.⟩ *jmdn. u. mit beiden Armen umschließen;* Syn. *umfangen, umfassen*

Um|ar|mung ⟨f.10⟩ **1** *das Umarmthalten, das Umarmtwerden;* sich aus jmds. U. befreien **2** *geschlechtliche Vereinigung*

Um|bau ⟨m., -(e)s, -bau|ten⟩ **1** *das Umbauen* **2** *umgebautes Gebäude* **3** *Wandverkleidung, Verkleidung eines Möbels o.ä.;* U. eines Heizkörpers

um|bau|en ⟨V.1, hat umgebaut; mit Akk.⟩ *anders bauen, durch Bauen verändern;* ein Haus u. **um|bau|en** ⟨V.1, hat umbaut; mit Akk.⟩ *durch Bauen einschließen, mit Gebäuden umgeben;* umbauter Raum; umbautes Gelände; ein umbauter Platz

Um|ber ⟨m., -s, nur Sg.⟩ →*Umbra (1)*

um|bin|den ⟨V.14, hat umgebunden; mit Dat. und Akk.⟩ *jmdm. oder sich etwas u. etwas um jmdn. oder sich herumlegen und festbinden;* jmdm., sich eine Schürze u. **um|bin|den** ⟨V.14, hat umbunden; mit Akk.⟩ *durch Binden mit etwas umgeben;* einen Zopf mit einem Band u.

um|blicken ⟨-k·k-; V.1, hat umgeblickt; refl.⟩ *sich u. nach allen Seiten, nach hinten blicken;* Syn. *umschauen, umsehen,* ⟨ugs.⟩ *umgucken;* sich nach jmdm. u. *den Kopf und (Oberkörper) wenden, um jmdn. sehen zu können*

Um|bra ⟨f., -, nur Sg.⟩ **1** *dunkelbraune Farbe;* auch: *Umber* **2** *dunkler Kern eines Sonnenfleckens* [lat., „Schatten"]

Um|bral|glas ⟨n.4; Wz.⟩ *Glas für Sonnenbrillen* [< lat. *umbra* „Schatten" und *Glas*]

um|bre|chen ⟨V.19⟩ **I** ⟨mit Akk.; hat umgebrochen⟩ **1** *nach der Seite biegen und zerbrechen;* einen Zaun u.; der Wind hat den Baum umgebrochen; ein Stück Pappe in der Mitte u. **2** *umgraben;* ein Beet u. **II** ⟨o.Obj.; ist umgebrochen⟩ *zur Seite fallen und abbrechen, brechen;* der Baum ist umgebrochen

um|bre|chen ⟨V.19, hat umbrochen; mit Akk.⟩ *Schriftsatz in der Höhe der (Buch-)Seiten zusammenstellen*

um|brin|gen ⟨V.21, hat umgebracht; mit Akk.⟩ *jmdn. oder sich u. töten, ums Leben bringen;* er hat sich umgebracht; dieser Krach bringt mich noch um ⟨ugs.⟩; er bringt sich fast um vor Eifer ⟨ugs.⟩ *er ist zu eifrig*

Um|bruch ⟨m.2⟩ **1** *grundlegende Änderung;* ein sozialer U. **2** ⟨Buchw.⟩ **a** *das Umbrechen (des Schriftsatzes)* **b** *die umbrochene Satz*

um|den|ken ⟨V.22, hat umgedacht; o.Obj.⟩ *anders denken als bisher;* ich muß mich nach einer ganz und ganz andersartigen Arbeit völlig u.; man muß in einer neuen Zeit lernen umzudenken

um|dre|hen ⟨V.1, hat umgedreht; mit Akk.⟩ *etwas, jmdn. oder sich u. auf die andere Seite drehen, um 180 Grad drehen;* sich im Schlaf u.; sie müssen jede Mark (zweimal) u. ⟨übertr.⟩ *sie müssen sehr sparen;* sich nach jmdm. u. *den Kopf (und Oberkörper) wenden (um jmdn. sehen zu können);* er dreht sich nach jedem Mädchen um *er schaut jedem Mädchen nach*

Um|dre|hung ⟨f.10⟩ *einmalige Drehung um 360 Grad;* tausend ~en pro Minute

Um|dre|hungs|zahl ⟨f.10⟩ →*Drehzahl*

Um|druck ⟨m.1⟩ **1** ⟨nur Sg.; im Druckwesen⟩ *Übertragen einer Zeichnung von einer Druckform auf die andere oder auf eine andere Druckform mit speziellem Papier* **2** *so hergestelltes Druckerzeugnis*

um|ein|an|der ⟨Adv.⟩ *einer um den anderen;* sich u. kümmern

um|eseln ⟨V.1, hat umgeeselt; mit Akk.; ugs.⟩ *ändern;* wenn du nicht kommen kannst, müssen wir den Termin u., müssen wir alles wieder u.; eine Verabredung u.

um|fah|ren ⟨V.32⟩ **I** ⟨mit Akk.; hat umgefahren⟩ *jmdn. oder etwas u. beim Fahren zum Stürzen bringen;* eine Frau u.; einen Pfosten u. **II** ⟨o.Obj.; ist umgefahren; ugs.⟩ *einen Umweg fahren;* wir sind ein großes Stück umgefahren **um|fah|ren** ⟨V.32, hat umfahren; mit Akk.⟩ *fahrend umkreisen, um etwas herumfahren;* eine Stadt u.

Um|fall ⟨m.2; ugs.⟩ *plötzlicher Gesinnungswechsel*

um|fal|len ⟨V.33, ist umgefallen; o.Obj.⟩ **1** *zur Seite fallen, zu Boden fallen;* Syn. *umfliegen, umkippen;* der Pfahl ist umgefallen; ich bin zum Umfallen müde **2** *ohnmächtig werden;* er ist vor Schwäche umgefallen **3** ⟨übertr., ugs.⟩ *plötzlich seine Meinung, sein Vorhaben ändern*

Um|fang ⟨m.2⟩ **1** *Länge einer zum Ausgangspunkt zurückkehrenden Linie (z.B. Kreis);* der U. der Erde **2** *Ausmaß, Reichweite;* in erheblichem U.; eine Sache in ihrem ganzen U. ermessen

um|fan|gen ⟨V.34, hat umfangen; mit Akk.⟩ **1** *etwas u. umfassen und festbinden;* einen Strauch mit einer Schnur u. **2** *jmdn. u.* **a** =*umarmen;* jmdn. mit einer Schnur u.; jmdn. (freundlich, liebevoll) anschauen **b** (sanft) *umgeben;* Dunkelheit, Stille umfing uns

um|fang|reich ⟨Adj.⟩ **1** *viel Umfang (2) besitzend, groß;* ein ~es Gebiet **2** *gründlich, weitreichend;* ~e Nachforschungen anstellen **3** ⟨übertr., ugs.⟩ *dick*

um|fas|sen ⟨V.1, hat umgefaßt; mit Akk.⟩ **1** *etwas u. anders fassen, eine Sache in eine andere Fassung geben;* einen Brillanten u. **2** *jmdn. u.* ⟨landsch.⟩ *den Arm um jmdn. legen* **um|fas|sen** ⟨V.1, hat umfaßt; mit Akk.⟩ **1** *jmdn. u.* =*umarmen* **2** *etwas u. einfassen, umgeben, umschließen;* einen Park mit einer Mauer u.

um|fas|send ⟨Adj.⟩ **1** *viel, alles enthaltend;* ein ~es Geständnis ablegen; ~e Kenntnisse auf einem Gebiet haben; ein ~es Wissen haben **2** *überall, nach allen Seiten, von allen Seiten;* sich u. über etwas informieren

Um|fas|sung ⟨f.10⟩ *das Umfassen;* U. eines Edelsteins **Um|fas|sung** ⟨f.10⟩ **1** *das Umfassen* **2** *Einfassung, Rand;* die U. eines Blumenbeetes

um|flie|gen ⟨V.38, ist umgeflogen⟩ =*umfallen (1);* die Vase ist umgeflogen **um|flie|gen** ⟨V.38, hat umflogen; mit Akk.⟩ *etwas u.* **1** *um etwas herumfliegen;* Mücken u. die Lampe **2** *in einem Bogen um etwas fliegen, beim Fliegen einen Bogen um etwas machen;* eine Stadt, fremdes Hoheitsgebiet u.

Um|fra|ge ⟨f.11⟩ *Befragung einer größeren Personengruppe nach ihrer Meinung zu einer bestimmten Frage;* U. halten; eine U. veranstalten

um|fra|gen ⟨V.1, hat umgefragt; o.Obj.; nur im Infinitiv und Perf.⟩ *eine Umfrage halten;* wir werden u.; wir haben überall, bei einer repräsentativen Anzahl von Personen umgefragt

um|frie|den ⟨V.2, hat umfriedet⟩, **um|frie|di|gen** ⟨V.1, hat umfriedigt; mit Akk.⟩ *mit einem Zaun, einer Hecke umgeben*

Um|frie|di|gung, Um|frie|dung ⟨f.10⟩ **1** ⟨nur Sg.⟩ *das Umfrieden, das Umfrieden* **2** *Zaun, Hecke*

um|funk|tio|nie|ren ⟨V.3, hat umfunktioniert; mit Akk.; ugs.⟩ **1** *etwas u. einer Sache eine andere Funktion geben, etwas als etwas anderes gebrauchen als ursprünglich vorgesehen;* das Kinderzimmer wird im Winter zum Eßzimmer umfunktioniert **2** *jmdm. eine andere Funktion geben* (salopp, abwertend)

Um|gang ⟨m.2⟩ **1** ⟨nur Sg.⟩ *das Umgehen (II,1), Behandlung;* er ist erfahren im U. mit behinderten Kindern, mit Tieren **2** ⟨nur Sg.⟩ *gesellschaftlicher Verkehr, Zusammensein;* vertrauten U. mit jmdm. pflegen; das ist kein U. für dich *diese Leute passen nicht zu dir* **3** *Rundgang, (kirchlicher) Umzug, Prozession* **4** *überdachter Gang (um ein Gebäude; Säulen~)*

um|gäng|lich ⟨Adj.⟩ *freundlich, verträglich*

Um|gäng|lich|keit ⟨f., -, nur Sg.⟩

Um|gangs|for|men ⟨Pl.⟩ *Art des Umgangs (1) mit anderen;* gute U. haben

Um|gangs|spra|che ⟨f.11⟩ **1** *Sprache, die im Alltag verwendet wird* **2** *Sprache, die von einer bestimmten Gruppe von Menschen verwendet wird;* die U. des Kongresses ist Englisch

um|gangs|sprach|lich ⟨Adj., o.Steig.⟩ *zur Umgangssprache (1) gehörend, auf ihr beruhend*

um|gar|nen ⟨V.1, hat umgarnt; mit Akk.⟩ *jmdn. u. jmdn. durch Schmeicheleien, Listen für sich gewinnen, dazu bringen, etwas zu tun;* sie hat ihn mit verführerischen Blicken umgarnt

um|ge|ben ⟨V.45, hat umgeben⟩ **I** ⟨mit Akk.⟩ **1** *etwas oder jmdn. u. auf allen Seiten um etwas oder jmdn. liegen, fließen, stehen, sein;* dichter Wald umgibt das Gehöft; Wiesen und Felder u. das Dorf; die Zuhörer umgaben ihn in dichten Reihen; er ist von seinen Kindern und guten Freunden u. **2** *etwas u. etwas in etwas einschließen;* einen Park mit einer Mauer u. **II** ⟨refl.⟩ *sich mit etwas u. andere, an Personen u. sich zum Mittelpunkt von etwas, von Personen machen;* sie umgibt sich mit einem Kreis von Künstlern, mit literarisch interessierten Menschen

Um|ge|bin|de n.5; bei ostmtd. Fachwerkhäusern⟩ *tragende Pfosten und Rahmen, die im unteren Teil des Hauses erhaben von der Hauswand abgesetzt sind*

Um|ge|bung ⟨f.10⟩ **1** *Gesamtheit dessen, was in der Nähe (von etwas) liegt;* die U. der Stadt; eine landschaftlich schöne, reizvolle U. **2** *Gesamtheit der Dinge und Menschen in der Nähe eines Menschen;* ich kenne in meiner U. niemanden, der ...; er braucht seine gewohnte, vertraute U.

um|ge|hen ⟨V.47⟩ **ist umgegangen⟩ I** ⟨o.Obj.⟩ **1** *in Umlauf sein;* ein Gerücht geht um **2** *sich ausbreiten;* die Grippe geht um **3** *nachts als Gespenst herumgehen, spuken;* der Alte soll noch immer u. gehen **4** ⟨ugs.⟩ *einen Umweg machen;* wir sind ein großes Stück umgegangen **II** ⟨mit Präp.obj.⟩ **1** *mit etwas oder jmdm. u. etwas oder jmdn. behandeln, etwas handhaben;* mit einem Gerät u. können; mit einem Kind u. können; derb, liebevoll mit jmdm. u.; er kann mit Geld nicht u. *er gibt immer zuviel Geld aus* **2** *mit jmdm. u. verkehren, zusammensein;* er geht viel mit Kindern, mit alten Leuten um

um|ge|hen ⟨V.47, hat umgangen; mit Akk.⟩ *etwas u.* **1** *im Kreis um etwas herumgehen, -fahren, -fliegen;* eine Stadt, ein Gebiet u. **2** *vermeiden;* eine Antwort u., indem man ausweicht oder die Gegenfrage stellt; ich möchte es u., ihn zu treffen; wir werden es nicht u. können, ihn einzuladen **3** *(auf legale Weise) nicht einhalten;* ein Gesetz, eine Vorschrift u.

um|ge|hend ⟨Adj., o.Steig.⟩ *sofortig, sofort;* ich bitte um eine ~e Antwort, Nachricht; die Antwort traf u. ein; ich werde Sie u. benachrichtigen

Um|ge|hung ⟨f.10⟩ **1** *das Umgehen (1);* U. der Innenstadt **2** *das Umgehen (2,3), das Vermeiden, Nichteinhalten;* unter U. einer direkten Antwort; unter U. der Vorschrift

Um|ge|hungs|stra|ße ⟨f.11⟩ *Straße, die um einen Ort herumgeführt wird*

um|ge|kehrt ⟨Adj., o.Steig.⟩ *andersherum, entgegengesetzt;* der Aufwand steht im ~en Verhältnis zur Wirkung *der Aufwand ist viel zu groß für die geringe Wirkung;* es ist gerade u.!; u. wird ein Schuh draus! ⟨ugs.⟩ *wenn du es andersherum machst, wird es richtig;* wir müssen u. verfahren

um|gie|ßen ⟨V.54, hat umgegossen; mit Akk.⟩ **1** *(durch Umwerfen des Gefäßes) ausgießen, vergießen;* die Milch u. **2** *in ein anderes Gefäß gießen*

um|gra|ben ⟨V.58, hat umgegraben; mit Akk.⟩ *durch Graben lockern;* Erdreich u.; Beete u.

um|gren|zen ⟨V.1, hat umgrenzt; mit Akk.⟩ *in Grenzen einschließen, begrenzen;* einen Acker mit Bäumen, Steinen u.; ein Arbeitsgebiet genau u.

Um|gren|zung ⟨f.10⟩ **1** ⟨nur Sg.⟩ *das Umgrenzen;* U. durch Sträucher **2** *Gegenstände, die etwas umgrenzen, Grenzlinie, begrenzender Zaun*

um|gucken ⟨-k·k-; V.1, hat umgeguckt; refl.⟩ **1** →*umblicken* **2** →*umsehen* (3)

um|ha|ben ⟨V.60, hat umgehabt; mit Akk.; ugs.⟩ *etwas u. etwas umgehängt haben;* sie hatte einen Mantel, ein Cape um

um|hal|sen ⟨V.1, hat umhalst; mit Akk.⟩ *jmdn. u. jmdm. um den Hals fallen, jmdm. die Arme um den Hals schlingen*

Um|hang ⟨m.2⟩ *mantelähnliches Kleidungsstück ohne Ärmel zum Umhängen*

um|hän|gen ⟨V.1, hat umgehängt⟩ **I** ⟨mit Akk.⟩ *anders hängen;* Bilder u. **II** ⟨mit Dat. und Akk.⟩ *jmdm. oder sich etwas u. um Schultern und Rücken hängen;* jmdm., sich einen Mantel, eine Decke u.

um|hau|en ⟨V.63, hat umgehauen; mit Akk.⟩ **1** *etwas u. durch Hauen zum Umfallen bringen;* einen Baum u. **2** *jmdn. u.* ⟨Imperfekt haute⟩ ⟨übertr., ugs.⟩ **a** *zum Umfallen bringen;* es hat mich fast umgehauen, als ich das hörte **b** *sehr erschrecken, überraschen, verblüffen;* die Nachricht hat mich umgehauen **c** *(fast) ersticken;* der Gestank, der Qualm haut einen um

um|he|gen ⟨V.1, hat umhegt⟩ →*umsorgen*

um|her... ⟨in Zus. mit Verben; meist geh.⟩ *in der Umgebung herum..., in einem Gebiet herum...; hierhin und dorthin;* z.B. umherblicken, umhergehen, umherirren, umherreisen, umherschlendern, umhertasten, umherwandern, umherziehen

um|hö|ren ⟨V.1, hat umgehört; refl.⟩ *sich u. hier und dort nachfragen, viele Leute fragen (um etwas zu erfahren, zu finden);* ich werde mich u., ob jmd. ein Zimmer frei hat

um|hül|len ⟨V.1, hat umhüllt; mit Akk.⟩ *von allen Seiten, rundum mit einer Hülle umgeben, einhüllen;* einen Kranken mit Decken u.; einen Blumenstrauß mit Folie u.

Um|hül|lung ⟨f.10⟩ *Hülle;* die U. entfernen

um|kämp|fen ⟨V.1, hat umkämpft; mit Akk.⟩ *etwas u. um etwas kämpfen, von allen Seiten gegen etwas kämpfen;* eine lange umkämpfte Stadt

Um|kehr ⟨f., -, nur Sg.⟩ **1** *das Umkehren (I), Zurückgehen* **2** ⟨übertr.⟩ *Beginn einer neuen Lebensweise*

um|keh|ren ⟨V.1⟩ **I** ⟨o.Obj.⟩ *ist umgekehrt⟩ sich umdrehen und zurückgehen, -fahren, -fliegen, -schwimmen;* wir wollen u., ehe es dunkel wird; am Waldrand u.; als ich rief, kehrte er sofort um **II** ⟨mit Akk.; hat umgekehrt⟩ *etwas u. umdrehen, auf die andere Seite kehren, die Innenseite von etwas nach außen kehren;* ein Möbelstück u.; einen Mantel, eine Jackentasche u.; vgl. *umgekehrt* **III** ⟨refl.; hat umgekehrt⟩ *sich u. sich gegensätzlich gestalten, (von nun an) umgekehrt sein;* das Verhältnis zwischen beiden hat sich umgekehrt, scheint sich umzukehren

Um|kehr|film ⟨m.1⟩ *Film, der zunächst normal entwickelt, hierauf gebleicht, dann zwischenbelichtet und erneut entwickelt wird (und somit ein Positiv liefert)*

Um|keh|rung ⟨f.10⟩ **1** *das Umkehren (II), Umdrehen* **2** ⟨Mus.⟩ **a** *Versetzung des untersten Tons in die obere Oktave bei einem Akkord* **b** *Veränderung der Richtung eines Themas* **c** *Änderung eines Intervalls durch Versetzung des oberen Tons in die untere Oktave oder umgekehrt*

um|kip|pen ⟨V.1⟩ **I** ⟨o.Obj.; ist umgekippt⟩ →*umfallen* (1) **II** ⟨mit Akk.; hat umgekippt⟩ *kippen und umstürzen lassen;* ein Gefäß u.

um|klam|mern ⟨V.1, hat umklammert; mit Akk.⟩ **1** *(mit den Händen, Armen) packen und festhalten;* er umklammerte, seine Hände umklammerten die Gitterstäbe; einen Gegner u. **2** *fest umarmen, sich mit den Armen an jmdn. festhalten;* das Kind umklammerte mich (vor Liebe, vor Angst)

Um|klam|me|rung ⟨f.10⟩ *das Umklammerthalten, das Umklammern;* sich aus jmds. U. befreien

um|klei|den ⟨V.1, hat umkleidet; mit Akk.⟩ *jmdn. oder sich u. jmdm. oder sich andere Kleider anziehen;* ich mußte das Kind völlig u.; sich fürs Theater u.; jmdm. beim Umkleiden helfen **um|klei|den** ⟨V.2, hat umkleidet; mit Akk.⟩ *etwas mit etwas u. ganz bedecken;* eine Schachtel mit Samt, Papier u.; eine peinliche Nachricht mit freundlichen Worten u. *ausdrücken, wiedergeben*

Um|klei|dung ⟨f.10⟩ **1** ⟨nur Sg.⟩ *das Umkleiden* **2** *umkleidende Hülle;* die U. entfernen, abreißen

um|knicken ⟨-k·k-; V.1⟩ **I** ⟨mit Akk.; hat umgeknickt⟩ *nach der Seite biegen und knicken;* ein Blatt Papier u., eine Ecke der Seite u. **II** ⟨o.Obj.; ist umgeknickt⟩ *beim Auftreten abrutschen und den Fuß unabsichtlich zur Seite biegen (und dabei fast stürzen);* ich bin auf einem Stein, auf der Bordkante umgeknickt

um|kom|men ⟨V.71, ist umgekommen; o.Obj.⟩ **1** *ums Leben kommen;* er ist bei einem Unfall umgekommen **2** ⟨ugs.⟩ *es nicht aushalten, leiden;* ich komme um vor Durst, vor Hitze **3** *verderben, schlecht werden;* Obst, Fleisch u. lassen; ich kann nichts u. lassen, ich möchte alles verwenden

Um|kreis ⟨m.1⟩ **1** *nähere Umgebung;* im U. der Großstadt wohnen **2** ⟨Math.⟩ *Kreis, der alle Ecken eines Vielecks berührt*

um|krei|sen ⟨V.1, hat umkreist; mit Akk.⟩ **1** *etwas u. einen Kreis um etwas ziehen, zeichnen, einkreisen;* einen Punkt auf der Landkarte, eine Zahl u. **2** *etwas oder jmdn. u. im Kreis um etwas, jmdn. herumlaufen, -springen, -fliegen, -fahren;* die Vögel u. die Bäume einmal und lassen sich wieder nieder; Satelliten u. die Erde; der Hund umkreist uns freudig bellend **Um|krei|sung** ⟨f.10⟩

um|krem|peln ⟨V.1, hat umgekrempelt; mit Akk.⟩ **1** *mehrmals nach außen umschlagen;* die Ärmel u. **2** *völlig anders machen, ganz anders gestalten;* wir können doch nicht alles wieder u.; die ganze Wohnung u. **3** *durchein-*

umladen

anderbringen; ich habe alles umgekrempelt, aber nichts gefunden

um|la|den ⟨V.74, hat umgeladen; mit Akk.⟩ **1** *von einem Fahrzeug aufs andere laden;* Waren, Gepäck u. **2** *(in Gruppen) zum Umsteigen veranlassen;* die Soldaten wurden in der nächsten Stadt umgeladen

Um|la|ge ⟨f.11⟩ *Anteil einer von mehreren Personen zu zahlenden Summe;* die U. beträgt 25 DM

um|la|gern ⟨V.1, hat umgelagert; mit Akk.⟩ *anders lagern;* Früchte u.; ein krankes Glied u. **um|la|gern** ⟨V.1, hat umlagert; mit Akk.⟩ *in großer Zahl umgeben, umringen;* die Kinder umlagerten den Stand, den Händler mit seinen Spielwaren

Um|land ⟨n., -(e)s, nur Sg.⟩ *umliegendes Gebiet;* im U. von München

Um|lauf ⟨m.2⟩ **1** ⟨nur Sg.⟩ *kreisförmige Bewegung;* der U. des Mondes um die Erde **2** ⟨nur Sg.⟩ *das Umlaufen, Zirkulieren* (Geld~); etwas in U. bringen, setzen; ein Wort kommt in U. **3** *Rundschreiben in einer Firma, Behörde o.ä.* **4** ⟨Rennsport⟩ *Zurücklegen der gesamten Bahn* **5** → *Fingerentzündung*

Um|lauf|bahn ⟨f.10; Astron.⟩ *Bahn eines Körpers, der sich, entsprechend den Gesetzen der Himmelsmechanik, um einen anderen bewegt*

um|lau|fen ⟨V.76, ist umgelaufen; o.Obj.⟩ **1** *in Umlauf sein, von einem zum anderen gegeben werden;* Geld läuft um; ein Rundschreiben u. lassen **2** *sich im Kreis (um etwas) bewegen;* ein ~der Maschinenteil; ~de Planeten u. *die eigene Achse drehen;* ein ~des Zahnrad **4** ⟨ugs.⟩ *beim Laufen einen Umweg machen;* wir sind ein großes Stück umgelaufen **um|lau|fen** ⟨V.76, hat umlaufen; mit Akk.⟩ etwas u. *im Kreis um etwas herumlaufen;* die Wettläufer müssen den Platz zweimal u.

Um|lauf|küh|lung ⟨f.10⟩ *Kühlung (einer Wärmekraftanlage) durch im Kreislauf geführtes Wasser*

Um|laut ⟨m.1⟩ **1** *Veränderung eines Vokals oder Diphthongs in einen helleren Vokal oder Diphthong* (a zu ä, o zu ö, u zu ü, au zu äu) **2** *der so entstandene Vokal oder Diphthong*

um|lau|ten ⟨V.2, hat umgelautet; mit Akk.⟩ *zum Umlaut (2) verändern;* ä ist ein umgelautetes a

um|le|gen ⟨V.1, hat umgelegt⟩ **I** ⟨mit Akk.⟩ **1** etwas u. **a** *zur Seite neigen und hinlegen;* einen Pfosten u. **b** *anders legen, an eine andere Stelle legen;* eine elektrische Leitung u. **c** *falten und flach legen;* einen Kragen u. **d** *gleichmäßig verteilen;* Kosten (auf alle Beteiligten) u. **e** *auf einen anderen Zeitpunkt legen;* eine Verabredung u. **2** jmdn. u. **a** *in ein anderes Zimmer legen;* Kranke u. **b** ⟨derb⟩ *niederschlagen, töten, erschießen* **c** ⟨derb⟩ *zum Geschlechtsverkehr veranlassen;* ein Mädchen u. **II** ⟨mit Dat. und Akk.⟩ jmdm. oder sich etwas u. *um die Schultern, um den Hals legen;* jmdm., sich einen Schal, eine Kette u.

Um|le|gung ⟨f.10⟩ *das Umlegen (I)*

um|lei|ten ⟨V.2, hat umgeleitet; mit Akk.⟩ *auf einen anderen Weg leiten und wieder auf den ursprünglichen Weg zurückleiten;* den Kraftverkehr wegen Bauarbeiten u.

Um|lei|tung ⟨f.10⟩ **1** *das Umleiten* **2** *Strecke, auf die der Verkehr umgeleitet wird*

um|len|ken ⟨V.1, hat umgelenkt⟩ **I** ⟨mit Akk.⟩ *in die entgegensetzte Richtung lenken;* einen Wagen u. **II** ⟨o.Obj.⟩ *das Fahrzeug in die entgegensetzte Richtung lenken;* wir müssen u., hier ist gesperrt

um|ler|nen ⟨V.1, hat umgelernt; o.Obj.⟩ *lernen, etwas anders zu machen, anders zu betrachten*

um|lie|gend ⟨Adj., o.Steig.⟩ *in der näheren Umgebung befindlich;* die ~en Dörfer

Um|luft ⟨f., -, nur Sg.⟩ *im Kreislauf bewegte Luft (für Backöfen)*

um|mau|ern ⟨V.1, hat ummauert; mit Akk.⟩ *mit einer Mauer umgeben;* ein ummauertes Grundstück

um|mel|den ⟨V.2, hat umgemeldet; mit Akk.⟩ etwas, jmdn. *an einer Stelle abmelden und bei einer anderen anmelden;* sich, ein Kraftfahrzeug (wegen Umzugs) u.

Um|mel|dung ⟨f.10⟩

um|mo|deln ⟨V.1, hat umgemodelt; mit Akk.⟩ *anders gestalten, anders machen;* jetzt muß ich alles wieder u. [zu *Model*]

um|nach|tet ⟨Adj., o.Steig.⟩ *(geistig) verwirrt, geisteskrank;* er ist (geistig) u. **Um|nach|tung** ⟨f.10⟩

um|ne|beln ⟨V.1, hat umnebelt; mit Akk.⟩ *mit Nebel einhüllen* ⟨auch übertr.⟩; der Alkohol hat seinen Blick, seinen Verstand umnebelt ⟨übertr.⟩; die Berge sind umnebelt

um|neh|men ⟨V.88, hat umgenommen; mit Akk.⟩ etwas u. *sich etwas umhängen;* einen Schal, einen Mantel u.

um|po|len ⟨V.1, hat umgepolt; mit Akk.⟩ **1** *eine elektrische Schaltung u. den Plus- und Minuspol einer elektrischen Schaltung vertauschen* **2** ⟨übertr.⟩ *eine Sache u. eine Sache auf entgegensetzte Weise verändern*

um|quar|tie|ren ⟨V.3, hat umquartiert; mit Akk.⟩ jmdn. u. *jmdm. ein anderes Quartier, Zimmer, eine andere Unterkunft, Behausung geben*

um|rah|men ⟨V.1, hat umrahmt; mit Akk.⟩ *wie mit einem Rahmen umgeben;* einen Vortrag mit musikalischen Darbietungen u.; von schwarzem Haar und Bart umrahmtes Gesicht

Um|rah|mung ⟨f.10⟩ *das Umrahmen;* musikalische U.

um|ran|den ⟨V.2, hat umrandet; mit Akk.⟩ *mit einem Rand umgeben;* ein Wort im Text rot u.; ein Beet mit Buchsbaum u.

Um|ran|dung ⟨f.10⟩ **1** ⟨nur Sg.⟩ *das Umranden* **2** *Rand*

um|räu|men ⟨V.1, hat umgeräumt; mit Akk.⟩ **1** *an einen anderen Platz räumen;* Möbel u. **2** *anders einräumen;* die Wohnung u.

um|rech|nen ⟨V.2, hat umgerechnet; mit Akk.⟩ etwas u. *errechnen, wieviel etwas in einer anderen Währung beträgt;* Mark in Lire u.; das kostet umgerechnet 30000 Lire, 50 DM **Um|rech|nung** ⟨f.10⟩

um|rei|ßen ⟨V.96, hat umgerissen; mit Akk.⟩ *durch eine hastige Bewegung zum Fallen bringen;* eine Vase auf dem Tisch u.; er hätte mich fast umgerissen, als er aus dem Zimmer gerannt kam **um|rei|ßen** ⟨V.96, hat umrissen; mit Akk.⟩ *in Umrissen, in großen Zügen darstellen, schildern;* einen Sachverhalt, ein Vorhaben (kurz) u.

um|ren|nen ⟨V.98, hat umgerannt; mit Akk.⟩ *im Rennen zum Fallen bringen;* ich hätte ihn fast umgerannt

Um|rich|ter ⟨m.5⟩ *Gerät, das Frequenzen oder Spannungen umformt*

um|rin|gen ⟨V.1, hat umringt; mit Akk.⟩ etwas u. jmdn. u. *sich im Kreis um etwas oder jmdn. aufstellen, im Kreis um etwas oder jmdn. stehen;* die Kinder umringten den Lehrer; eine Menge Neugieriger umringte den Unfallort

Um|riß ⟨m.1⟩ *äußere Linie, durch die sich jmd. oder etwas vom Hintergrund abhebt;* der U. eines Hauses; etwas in Umrissen schildern ⟨übertr.⟩ *etwas knapp beschreiben*

Um|riß|zeich|nung ⟨f.10⟩ *Zeichnung, die nur den Umriß zeigt*

um|rü|sten ⟨V.2, hat umgerüstet; mit Akk.⟩ *etwas auf etwas u. etwas auf etwas umstellen;* eine Truppe auf neue Bewaffnung u.; ein Auto auf abgasarmen Betrieb u. **Um|rü|stung** ⟨f.10⟩

ums ⟨Präp. und Art.⟩ *um das;* u. Haus gehen; u. Leben kommen

um|sat|teln ⟨V.1, hat umgesattelt⟩ **I** ⟨Akk.; urspr.⟩ *mit einem anderen Sattel versehen;* ein Pferd u. **II** ⟨o.Obj.; übertr.⟩ *eine andere Ausbildung, ein anderes Studium beginnen;* von Biologie auf Medizin u.

Um|satz ⟨m.2⟩ *Gesamtwert von Produkten, Dienstleistungen oder des umgesetzten Geldes eines Unternehmens in einem bestimmten Zeitraum* (Jahres~, Tages~); steigender, sinkender, wachsender U.

um|schal|ten ⟨V.2, hat umgeschaltet⟩ **I** ⟨mit Akk.⟩ *anders schalten, durch Schalten umstellen;* den Strom u.; das Stromnetz von Gleich- auf Wechselstrom u. **II** ⟨o.Obj.⟩ **1** ⟨verstärkend⟩ *schalten;* auf den dritten Gang u. **2** ⟨übertr.⟩ *sich auf etwas anderes einstellen;* nach der Berufsarbeit abends u.; nach den Ferien wieder auf den Beruf, die Arbeit u.

Um|schal|tung ⟨f.10⟩ *das Umschalten (I, II,1)*

Um|schau ⟨f.10; oft als Titel von Zeitungen oder Zeitschriften⟩ *Rundblick, Überblick;* nach jmdm. U. halten *nach jmdm. ausschauen, suchen*

um|schau|en ⟨V.1, hat umgeschaut⟩ **1** → *umblicken* **2** → *umsehen (2)*

um|schich|tig ⟨Adj., o.Steig.⟩ *abwechselnd*

um|schif|fen ⟨V.1, hat umschifft; mit Akk.⟩ etwas u. **1** *mit dem Schiff um etwas herumfahren;* eine Klippe u. **2** ⟨übertr.⟩ *umgehen, vermeiden;* Schwierigkeiten u.; diese Klippe haben wir glücklich umschifft *dieses Hindernis haben wir glücklich umgangen, an diesem Hindernis sind wir vorbeigekommen*

Um|schlag ⟨m.2⟩ **1** ⟨nur Sg.⟩ *das Umschlagen, plötzliches Sichändern* (Stimmungs~) **2** *Hülle aus Papier (für ein Buch, Heft o.ä.;* Schutz~) **3** *Hülle um einen Brief* (Brief~); den U. zukleben **4** *umgeschlagener Teil eines Kleidungsstückes* (Hosen~) **5** *kaltes oder warmes Tuch, das um den Körper gewickelt wird;* kalte, heiße Umschläge machen **6** ⟨nur Sg.⟩ *Umladung (von Gütern)*

Um|schlag|bahn|hof ⟨m.2⟩ *Bahnhof, in dem Waren vom Waggon auf andere Fahrzeuge umgeschlagen (umgeladen) werden*

um|schla|gen ⟨V.116⟩ **I** ⟨mit Akk.; hat umgeschlagen⟩ **1** *durch Schlagen zum Umfallen bringen, fällen;* einen Baum u. **2** *nach der anderen Seite falten, wenden;* den Kragen u.; eine Seite u. (im Buch) **3** *auf andere Fahrzeuge laden;* Waren, Güter u. **II** ⟨o.Obj.; ist umgeschlagen⟩ **1** *umkippen, kentern;* das Boot ist umgeschlagen **2** *sich plötzlich ändern;* das Wetter schlägt um; die Stimmung ist (in Gereiztheit) umgeschlagen

Um|schlag|ha|fen ⟨m.2⟩ *Hafen, in dem Waren vom Schiff auf andere Fahrzeuge umgeschlagen (umgeladen) werden*

Um|schlag|tuch ⟨n.4⟩ *großes Tuch, das über Kopf und Schultern gelegt wird*

um|schlie|ßen ⟨V.120, hat umschlossen; mit Akk.⟩ *auf allen Seiten umgeben, einschließen;* eine Mauer umschließt den Park

um|schlin|gen ⟨V.121, hat umschlungen; mit Akk.⟩ **1** jmdn. u. *(mit den Armen) umfassen, die Arme um jmdn. schlingen;* sie umschlang ihn mit beiden Armen; sie hielten sich fest umschlungen **2** *etwas u. sich um etwas herumschlingen;* Kletterpflanzen u. den Baumstamm

um|schmei|ßen ⟨V.122, hat umgeschmissen; ugs.⟩ → *umwerfen*

um|schnal|len ⟨V.1, hat umgeschnallt; mit Dat. und Akk.⟩ sich etwas u. *sich etwas um die Taille legen und mit Schnalle(n) schließen;* sich einen Gürtel, das Koppel u.

um|schnü|ren ⟨V.1, hat umschnürt; mit Akk.⟩ *mit Schnüren fest zubinden;* ein Paket u.

um|schrei|ben ⟨V.127, hat umgeschrieben; mit Akk.⟩ **1** etwas u. *anders schreiben, durch Schreiben verändern;* einen Artikel, einen

Roman u. **2** etwas auf jmdn. u. *etwas auf jmds. Namen (im Grundbuch) eintragen;* ein Grundstück auf die Kinder u. lassen **um|schrei|ben** ⟨V.127, hat umschrieben; mit Akk.⟩ *anders ausdrücken;* einen schwierigen Begriff mit einfachen Worten u.; ein Wort, das einem nicht einfällt, u., vgl. *umschrieben mit diakritischer Zeichen*

Um|schrei|bung ⟨f.10⟩ *das Umschreiben (2)*

Um|schrei|bung ⟨f.10⟩ *das Umschreiben*

um|schrie|ben ⟨Adj., o.Steig.⟩ *begrenzt;* eine deutlich ~e Hautentzündung

Um|schrift ⟨f.10; Sprachw.⟩ *Übertragung in eine andere Schrift;* phonetische U. *Übertragung eines Wortes in eine Schreibweise, die der Aussprache entspricht;* buchstabentreue U. *Übertragung eines Wortes in eine Schreibweise, bei der jeweils ein Buchstabe einem anderen Buchstaben (der anderen Sprache, der anderen Schrift) entspricht, oft mit Hilfe diakritischer Zeichen*

um|schul|den ⟨V.2, hat umgeschuldet; mit Akk.⟩ *eine Schuld, einen Kredit u. eine Schuld, einen Kredit in eine Schuld, einen Kredit mit anderen Bedingungen umwandeln*

Um|schul|dung ⟨f.10⟩

um|schu|len ⟨V.1, hat umgeschult; mit Akk.⟩ **1** *(von nun an) in eine andere Schule gehen lassen;* ein Kind u. **2** *für einen anderen Beruf (als den bisherigen) ausbilden;* einen Arbeiter, Angestellten u.

Um|schü|ler ⟨m.5⟩ *jmd., der für einen anderen Beruf ausgebildet wird*

Um|schu|lung ⟨f.10⟩ *das Umschulen, das Umgeschultwerden*

um|schüt|ten ⟨V.2, hat umgeschüttet; mit Akk.⟩ **1** *(durch Umwerfen des Gefäßes) ausschütten, verschütten;* die Milch u. **2** *in ein anderes Gefäß schütten;* Kaffee, Grieß u.

um|schwär|men ⟨V.1, hat umschwärmt; mit Akk.⟩ **1** *etwas u. im Schwarm um etwas herumfliegen;* Mücken u. das Licht; Fliegen u. die Speisereste **2** *jmdn. in großer Anzahl umgeben und ihn bewundern;* ⟨meist im Passiv⟩ das Mädchen wird von vielen jungen Männern umschwärmt; der Schauspieler wird von seinen Fans umschwärmt

Um|schwei|fe ⟨nur Pl.⟩ *einleitende, unnötige Redensarten;* U. machen; ohne U. zur Sache kommen

um|schwen|ken ⟨V.1, ist umgeschwenkt; o.Obj.⟩ **1** *schwenken, die Richtung ändern;* nach rechts, links u. **2** ⟨übertr.⟩ *seine Meinung, seine Gesinnung ändern*

Um|schwung ⟨m.2⟩ **1** *grundlegende Änderung;* politischer U. **2** *Übung am Reck, bei der der Körper um 360° gedreht wird* (Felg~) **3** ⟨nur Sg.; schweiz.⟩ *um das Haus liegendes Land, Hofstatt*

um|se|geln ⟨V.1, hat umsegelt; mit Akk.⟩ *etwas u. um etwas herumsegeln, im Segelschiff um etwas herumfahren;* die Erde u.; ein Kap u. **Um|se|ge|lung, Um|seg|lung** ⟨f.10⟩

um|se|hen ⟨V.136, hat umgesehen; refl.⟩ sich u. **1** ~*umblicken* u. hier und dort nachsehen, nachfragen, hier und dort suchen; Syn. *umschauen;* ich werde mich u., ob ich etwas Passendes finde; sich nach einer Wohnung, nach passenden Schuhen u. **3** ⟨übertr., ugs.⟩ *sich wundern, enttäuscht sein (wenn etwas geschieht, was man nicht will);* Syn. ⟨ugs.⟩ *umgucken;* du wirst dich noch u.!

um|sein ⟨V.137, ist umgewesen; o.Obj.⟩ *vorbei, vergangen sein;* die Zeit ist um; wenn ein Monat um ist, wirst du ...; die zwei Jahre sind schnell um; der Urlaub, die Pause ist um

um|sei|tig ⟨Adj., o.Steig.⟩ *auf der Rückseite (befindlich);* die ~e Abbildung; wie u. erklärt wird

um|seits ⟨Adv.⟩ *auf der Rückseite;* wie u. vermerkt

um|set|zen ⟨V.1, hat umgesetzt⟩ **I** ⟨mit Akk.⟩ *etwas u.* **1** *an eine andere Stelle setzen;* Pflanzen u.; einen Ofen u.; die Hände, Füße (beim Turnen) u. **2** *anders setzen;* einen Ofen

u. **3** *in eine andere Tonart setzen;* ein Musikstück u. **4** *verkaufen;* Waren u. **5** *ausgeben;* Geld u.; er setzt sein Taschengeld in Süßigkeiten, Bücher um **6** *umwandeln, in einen anderen Zustand bringen;* Wasserkraft in elektrischen Strom u.; der Körper setzt Speicherfett in körperliche Energie um; eine drehende Bewegung in eine geradlinige u.; ein Erlebnis, ein Gefühl in Musik u.; ein Vorhaben, einen Plan in die Tat u.; ein Vorhaben, einen Plan ausführen, verwirklichen **II** ⟨refl.⟩ sich u. *sich auf einen anderen Platz setzen*

Um|set|zung ⟨f.10⟩ *das Umsetzen (I, 1, 2, 3, 6)*

Um|sicht ⟨f., -, nur Sg.⟩ *kluge Beachtung aller wichtigen Umstände, Besonnenheit;* U. zeigen; mit U. zu Werke gehen

um|sich|tig ⟨Adj.⟩ *mit Umsicht, überlegt;* u. handeln

um|sie|deln ⟨V.1⟩ **I** ⟨o.Obj.; ist umgesiedelt⟩ *umziehen;* sie sind nach Bonn umgesiedelt; in eine andere Wohnung u. **II** ⟨mit Akk.; hat umgesiedelt⟩ *jmdn. u. jmdm. einen anderen Wohnort, Wohnsitz zuweisen*

Um|sied|ler ⟨m.5⟩ *jmd., der umgesiedelt wird*

Um|sied|lung ⟨f.10⟩ *das Umsiedeln, das Umgesiedeltwerden;* auch: ⟨veraltend⟩ *Umsiedelung*

um|sin|ken ⟨V.141, ist umgesunken; o.Obj.⟩ *zu Boden sinken;* sie sank vor Müdigkeit fast um

um|so ⟨Konj.; österr. für⟩ *um so*

um|sonst ⟨Adv.⟩ **1** *unentgeltlich;* etwas u. bekommen **2** *vergeblich;* u. warten **3** *nicht ohne Grund;* er ist nicht u. Psychologe

um|sor|gen ⟨V.1, hat umsorgt; mit Akk.⟩ *mit Fürsorge umgeben, behandeln;* Syn. *umhegen;* einen Kranken liebevoll u.

um|span|nen ⟨V.1, hat umgespannt; mit Akk.⟩ **1** *Strom u. auf eine andere Spannung bringen* **2** *Pferde u.* ⟨früher⟩ *Pferde ausspannen und neue Pferde vor den Wagen spannen*

um|span|nen ⟨V.1, hat umspannt; mit Akk.⟩ **1** *umfassen;* der Baumstamm ist dicker, als daß ich ihn (mit den Armen) u. könnte; das Mittelalter umspannt einen Zeitraum von etwa 1000 Jahren **2** *fest umschließen;* einen Bierkrug mit den Händen u.

Um|span|ner ⟨m.5⟩ *Transformator für die Energieversorgung, der hohe in niedrige Wechselspannung umsetzt*

Um|spann|werk ⟨n.5⟩ *Anlage mit Umspannern*

um|spie|len ⟨V.1, hat umspielt; mit Akk.⟩ **1** *etwas u. sich leicht, sanft um etwas bewegen;* Wellen u. seine Füße; ein Lächeln umspielte ihre Lippen; eine Melodie u. *mit kleineren Melodien ergänzen, verzieren* **2** *jmdn.* ⟨Sport⟩ *jmdn. (den Gegner) mit dem Ball umgehen*

um|sprin|gen ⟨V.148, ist umgesprungen; o.Obj.⟩ **1** *plötzlich die Richtung ändern;* der Wind springt um **2** *(aus dem Stand) springen und sich dabei um 180° drehen* **3** ⟨Turnen⟩ *(im Stütz) mit den Händen (gleichzeitig) den Griff wechseln* **4** *plötzlich etwas anderes anzeigen;* die Ampel springt auf Gelb um **5** *mit jmdm. u.* ⟨umg.⟩ *jmdn. schlecht, lieblos, abwertend behandeln;* so kannst du mit ihm nicht u.!; er springt mit um, als sei er ein unreifer Schuljunge

um|spu|len ⟨V.1, hat umgespult; mit Akk.⟩ *auf eine andere Spule umspulen;* Zwirn u.

Um|stand ⟨m.2⟩ **1** *(zu einem Sachverhalt, einer Lage gehörende) Einzelheit, Tatsache;* hier spielt ein besonderer U. eine Rolle; dieser U. ist ausschlaggebend; es kommt auf die Umstände an (ob wir das tun oder nicht tun); es geht ihm den Umständen entsprechend; die äußeren Umstände *die äußeren Gegebenheiten;* in anderen Umständen sein *schwanger sein;* unter Umständen ⟨Abk.: u.U.⟩ *möglicherweise, vielleicht* **2** ⟨Pl.⟩ Umstände *(unnötige) Verrichtungen, Vorbereitungen;* bitte machen Sie keine Umstände!; er ging ohne alle Umstände mit *ohne Zögern, ohne Bedenken*

um|stän|de|hal|ber ⟨Adv.⟩ *wegen besonderer Umstände;* das Haus ist u. zu verkaufen

um|ständ|lich ⟨Adj.⟩ **1** *Umstände, Mühe bereitend;* ~e Arbeit **2** *übertrieben genau, mit allen Einzelheiten;* eine ~e Schilderung **3** *immer viele, große Umstände machend;* sie ist sehr u. **Um|ständ|lich|keit** ⟨f., -, nur Sg.⟩

Um|stands|be|stim|mung ⟨f.10⟩ →*Adverbialbestimmung*

Um|stands|kleid ⟨n.3⟩ *besonders weit geschnittenes Kleid für eine schwangere Frau*

Um|stands|krä|mer ⟨m.5; ugs., scherzh.⟩ *umständlicher Mensch*

Um|stands|wort ⟨n.4⟩ →*Adverb*

um|ste|hen ⟨V.151, hat umstanden; mit Akk.⟩ *in größerer Zahl um jmdn. oder etwas herumstehen;* die Zuhörer umstanden den Redner in dichten Gruppen; Sträucher und Bäume u. den See; ein von Bäumen umstandener Platz

um|ste|hend ⟨Adj., o.Steig.; nur als Attr. und Adv.⟩ **1** *auf der Rückseite;* das Formular ist auszufüllen, wie u. erklärt **2** *im Kreis (um jmdn.) stehend;* die ~en Zuschauer; die Umstehenden *alle, die um jmdn. herumstehen;* sich an die Umstehenden wenden

um|stei|gen ⟨V.153, ist umgestiegen; o.Obj.⟩ **1** *aus einem Fahrzeug,* ⟨bes.⟩ *Verkehrsmittel ins andere steigen;* von der S-Bahn in den Bus u.; am Königsplatz müssen Sie in Hannover u. **2** *auf etwas u.* ⟨ugs.⟩ *etwas anderes beginnen, etwas anderes (von nun an) tun, gebrauchen;* er ist auf vegetarische Kost umgestiegen; wir sind, als wir den neuen Wagen kauften, vom Volkswagen auf Mercedes umgestiegen

um|stel|len ⟨V.1, hat umgestellt⟩ **I** ⟨mit Akk.⟩ **1** *anders stellen, in eine andere Stellung bringen;* einen Schalter, einen Hebel u. **2** *an eine andere Stelle stellen;* Möbel u. **3** *anders einstellen, auf ein anderes Ziel richten;* die Produktion u.; seine Ernährung u.; das Telefon auf die Zentrale u. **II** ⟨refl.⟩ sich u. *eine andere Haltung einnehmen, seine innere Einstellung ändern, seine Gewohnheiten ändern;* sich auf etwas u. *(von nun an) etwas anderes tun, sich etwas anderes als Ziel setzen, etwas anderes verfolgen;* sich auf Rohkost u.; sich auf eine andere Lebensweise u.; sie mußte sich im neuen Schuljahr auf den Unterricht in höheren Klassen u. **um|stel|len** ⟨V.1, hat umstellt; mit Akk.⟩ *etwas, jmdn. u. sich im Kreis um etwas oder jmdn. aufstellen (als Wache, als Angreifer);* ein Gebäude, ein Waldstück u.; eine Gruppe Flüchtlinge u.

Um|stel|lung ⟨f.10⟩ *das Umstellen, das Sichumstellen;* die neue Arbeit bedeutete eine große, schwierige U. für ihn

um|stim|men ⟨V.1, hat umgestimmt; mit Akk.⟩ **1** *etwas u.* **a** *in eine andere Stimmung bringen;* ein Musikinstrument u. **b** *den Körper, ein Organ u. seine Reaktionsweise verändern* **2** *jmdn. u. jmdn. dazu bringen, seinen Entschluß, sein Verhalten zu ändern* **Um|stim|mung** ⟨f.10⟩

um|sto|ßen ⟨V.157, hat umgestoßen; mit Akk.⟩ **1** *etwas oder jmdn. u. durch Stoß zum Fallen bringen* **2** *etwas u. ändern, zunichte machen;* ein Vorhaben u.; der Witterungsumschwung hat unsere Pläne umgestoßen

um|strit|ten ⟨Adj.⟩ *nicht geklärt, unsicher (so daß es unterschiedliche Meinungen darüber gibt);* die Herkunft dieses Brauches, Wortes ist u.; der Autor, Komponist, Maler dieses Werkes ist u. [zu *streiten*]

um|struk|tu|rie|ren ⟨V.3, hat umstrukturiert; mit Akk.⟩ *etwas u. die Struktur von etwas ändern*

um|stül|pen ⟨V.1, hat umgestülpt; mit Akk.⟩ *etwas u.* **1** *umdrehen, so daß die Öff-*

nung nach unten zeigt; einen Topf u. **2** *das Innere von etwas nach außen drehen;* die Taschen u. **3** *von Grund auf ändern;* ein System, eine Ordnung u. **4** ⟨ugs.⟩ *durcheinanderbringen (um etwas zu suchen);* sein Zimmer, alle Schubladen u.

Um|sturz ⟨m.2⟩ *gewaltsame Änderung (bes. der Staatsform);* ein politischer U.; einen U. planen

um|stür|zen ⟨V.1⟩ **I** ⟨o.Obj.; ist umgestürzt⟩ *zu Boden stürzen, umfallen* **II** ⟨mit Akk.; hat umgestürzt⟩ **1** *umwerfen;* einen Wagen u. **2** *völlig ändern;* er hat alle seine Pläne umgestürzt **3** *beseitigen, stürzen;* die Regierung u.

Um|stürz|ler ⟨m.5⟩ *jmd., der einen Umsturz vorbereitet, an einem Umsturz beteiligt ist*

um|stürz|le|risch ⟨Adj., o.Steig.⟩ *einen Umsturz planend, revolutionär;* er hat ~e Ideen

Um|tausch ⟨m.1⟩ **1** ⟨Forstw.⟩ *das Umtauschen (einer Ware) gegen eine andere*

um|tau|schen ⟨V.1, hat umgetauscht; mit Akk.⟩ *etwas u. etwas (das man gekauft hat) zurückgeben und etwas anderes im gleichen Wert dafür nehmen*

um|trei|ben ⟨V.162, hat umgetrieben; mit Akk.⟩ **1** *jmdn. beunruhigen, mit Sorge erfüllen (so daß er keine Ruhe findet);* das böse Gewissen, die Ungewißheit über den Ausgang der Sache treibt ihn um **2** *etwas u. in rasche, kreisende Bewegung versetzen;* die Erregung treibt das Blut um

Um|trieb ⟨m.1⟩ **1** ⟨Forstw.⟩ *Zeit vom Pflanzen junger Bäume bis zum Fällen* **2** ⟨Pl.⟩ ~*Ränke, Machenschaften;* geheime ~e **3** ⟨Pl.; schwäb., schweiz.⟩ ~e *umständliches Arbeiten*

Um|trunk ⟨m.2⟩ *Trinken reihum, gemeinsames, kurzes Trinken;* einen U. halten

um|tun ⟨V.167, hat umgetan; ugs.⟩ **I** ⟨mit Akk.⟩ *etwas u. sich um Schultern und Rücken hängen, um den Hals legen;* einen Mantel, Schal, eine Kette u. **II** ⟨refl.⟩ *sich (nach etwas) u. sich (um etwas) bemühen, sich umhören, umsehen;* ich werde mich u., ob ich etwas Passendes finde; sich nach einer Wohnung u.

U-Mu|sik ⟨f., -, nur Sg.; ugs.; Kurzw. für⟩ *Unterhaltungsmusik;* Ggs. E-Musik

um|wach|sen ⟨V.172, hat umwachsen; mit Akk.⟩ *etwas u. auf allen Seiten um etwas wachsen;* ein von Sträuchern, wildem Wein ~es Haus

Um|wälz|an|la|ge ⟨f.11; in Kraftwerken, Schwimmbädern o.ä.⟩ *Anlage zum Umwälzen (von Wasser und anderen Flüssigkeiten)*

um|wäl|zen ⟨V.1, hat umgewälzt; mit Akk.⟩ **1** *auf die andere Seite wälzen;* einen Stein u. **2** *ab- und wieder zurückleiten;* Wasser für einen Springbrunnen u. **3** *grundlegend ändern;* ein ~des Ereignis; dieses Ereignis war von ~der Wirkung

Um|wäl|zung ⟨f.10⟩ **1** *das Umwälzen* (2) **2** *gänzliche Änderung der Situation, der Verhältnisse;* soziale, technische U.

um|wan|deln ⟨V.1, hat umgewandelt; mit Akk.⟩ **1** *etwas u. einer Sache eine andere Form, ein anderes Aussehen geben, etwas verändern, umgestalten, umformen;* Wohnraum in einen Schlafraum u. **2** *jmdn. u. verändern;* seitdem er seinen Beruf gewechselt hat, ist er wie umgewandelt **Um|wand|lung** ⟨f.10⟩

Um|weg ⟨m.1⟩ *Weg, der nicht direkt auf das Ziel hinführt und daher länger ist als der gerade, normale Weg;* einen U. machen; etwas auf ~en erreichen (übertr.)

um|we|hen ⟨V.1, hat umgeweht; mit Akk.⟩ **1** *durch Wehen zum Fallen bringen;* der Sturm hat die Strandkörbe umgeweht; ich bin von dem Wind fast umgeweht worden **um|we|hen** ⟨V.1, hat umweht; mit Akk.⟩ **1** *rund um etwas wehen;* die vom Sturm umwehte Insel

Um|welt ⟨f., -, nur Sg.⟩ **1** *natürlicher Lebensraum, der ein lebendes Wesen umgibt;* natürliche, soziale U. **2** *Gesamtheit der Personen, von der jmd. umgeben wird;* er möchte in Harmonie mit seiner U. leben

Um|welt|au|to ⟨n.9; ugs.; kurz für⟩ *umweltfreundliches Auto, auf abgasarmen Betrieb umgerüstetes Auto*

um|welt|freund|lich ⟨Adj.⟩ *die Umwelt (1) nicht schädigend;* ~es Auto; ~e Waschmittel

Um|welt|scha|den ⟨m.8⟩ *durch übermäßige Belastung der natürlichen Umwelt entstandener Schaden*

Um|welt|schutz ⟨m., -es, nur Sg.⟩ *Gesamtheit aller Maßnahmen, die dazu dienen, die natürlichen Lebensgrundlagen zu schützen*

Um|welt|ver|schmut|zung ⟨f., -, nur Sg.⟩ *Schädigung der Umwelt (1) durch Abfälle, Abgase o.ä.*

um|wen|den ⟨V.2 oder V.178⟩ **I** ⟨hat umgewendet oder umgewandt; mit Akk.⟩ *etwas oder sich u. umdrehen;* ich wandte mich um, als mich jmd. auf die Schulter tippte; eine Seite (im Buch) u. **II** ⟨hat umgewendet; o.Obj.⟩ *den Wagen drehen und zurückfahren;* hier ist gesperrt, wir müssen u.

um|wer|ben ⟨V.179, hat umworben; mit Akk.⟩ *jmdn. für sich zu gewinnen suchen, jmds. Gunst zu gewinnen suchen;* eine Frau u.; die Kunden werden heute geradezu umworben

um|wer|fen ⟨V.181, hat umgeworfen⟩ **I** ⟨mit Akk.⟩ **1** *zum Fallen bringen;* Syn. (ugs.) *umschmeißen;* den Weinglas (versehentlich) u.; der Hund sprang an mir hoch und warf mich fast um; es war ~d komisch *es war sehr komisch;* der Bursche ist ~d *was der Bursche macht, sagt, ist verblüffend* **2** *zunichte machen;* seine Absage wirft unser ganzes Programm um **II** ⟨mit Dat. (sich) und Akk.⟩ *sich etwas u. sich mit Schwung etwas umhängen;* sich ein Tuch, einen Mantel u.

um|wer|ten ⟨V.2, hat umgewertet; mit Akk.⟩ *etwas u. etwas neu, anders bewerten* **Um|wer|tung** ⟨f.10⟩

um|woh|nend ⟨Adj., o.Steig.⟩ *in der unmittelbaren Umgebung wohnend*

Um|woh|ner ⟨Pl.; ugs.⟩ *alle Personen, die in der unmittelbaren Umgebung wohnen*

um|zäu|nen ⟨V.1, hat umzäunt; mit Akk.⟩ *mit einem Zaun umgeben;* ein Grundstück u.

Um|zäu|nung ⟨f.10⟩ **1** ⟨nur Sg.⟩ *das Umzäunen* **2** *Zaun*

um|zie|hen ⟨V.187⟩ **I** ⟨o.Obj.; ist umgezogen⟩ *den Wohnort verändern;* wir sind umgezogen; wir sind nach Bonn umgezogen **II** ⟨mit Akk.; hat umgezogen⟩ *jmdn. oder sich u. jmdm. oder sich andere Kleider anziehen;* ich möchte mich, das Kind völlig u. fürs Theater u. **um|zie|hen** ⟨V.187, hat umzogen, refl.⟩ *sich u. sich mit Wolken bedecken;* der Himmel umzieht sich

um|zin|geln ⟨V.1, hat umzingelt; mit Akk.⟩ *jmdn. oder etwas u. sich von allen Seiten um jmdn. oder etwas aufstellen (so daß niemand entfliehen kann);* eine Stadt, ein Waldstück u.; den Gegner, einen flüchtigen Verbrecher u. **Um|zin|ge|lung** ⟨f.10⟩

Um|zug ⟨m.2⟩ **1** *das Umziehen (I), Wechsel des Wohnsitzes* **2** *Gang einer größeren Menschengruppe durch die Straßen (Faschings~)*

UN ⟨Abk. für⟩ *United Nations: Vereinte Nationen;* vgl. UNO

un..., Un... ⟨Vorsilbe zur Bez. der Verneinung⟩ *Nicht...,* z.B. unfreiwillig, ungenießbar, unverständlich, Unlust, Unvernunft, Unveränderlichkeit

Un... ⟨Vorsilbe zur Bez. einer großen Menge⟩ *riesig,* z.B. Unmenge, Unzahl

un|ab|än|der|lich ⟨auch [un-] Adj., o.Steig.⟩ *so beschaffen, daß es nicht geändert werden kann;* ~e Tatsachen

un|ab|ding|bar, un|ab|ding|lich ⟨Adj., o.Steig.⟩ *auf jeden Fall nötig*

un|ab|hän|gig ⟨Adj.⟩ *nicht (von jmdm. oder etwas) abhängig, nicht gebunden, selbständig, frei);* ein ~er Mensch; finanziell u. sein; u. von gesellschaftlichen Zwängen; meine Entscheidung ist u. davon, ob ...

Un|ab|hän|gig|keit ⟨f., -, nur Sg.⟩ *das Unabhängigsein, Selbständigkeit;* die Kolonien haben ihre U. erkämpft

un|ab|kömm|lich ⟨Adj., o.Steig.⟩ *nicht abkömmlich;* der Abteilungsleiter ist zur Zeit u.

un|ab|läs|sig ⟨auch [un-] Adj., o.Steig.⟩ *ständig, in einem fort;* u. reden

un|ab|seh|bar ⟨Adj.⟩ **1** *in seiner Größe nicht zu überblicken;* ein ~es Gebiet **2** *in seinen Auswirkungen nicht vorhersehbar;* ein Ereignis mit ~en Folgen

un|ab|sicht|lich ⟨Adj., o.Steig.⟩ *ohne Absicht, ohne Vorsatz;* u. verletzen **Un|ab|sicht|lich|keit** ⟨f., -, nur Sg.⟩

un|ab|weis|bar, un|ab|weis|lich ⟨Adj.⟩ *nicht abzuweisen, nicht zu widerlegen, zwingend;* eine ~e Pflicht; ein ~es Argument

un|acht|sam ⟨Adj.⟩ *nicht aufmerksam, nachlässig;* u. mit etwas umgehen **Un|acht|sam|keit** ⟨f., -, nur Sg.⟩

una cor|da ⟨Mus.⟩ *mit dem Dämpfungspedal (zu spielen)* [ital., „eine Saite"]

un|an|bring|lich ⟨Adj., o.Steig.; Post⟩ *so beschaffen, daß es weder zugestellt noch zurückgeschickt werden kann*

un|an|ge|bracht ⟨Adj.⟩ *nicht angebracht, nicht angemessen;* eine ~e Bemerkung; ich halte dieses Verhalten für sehr u.

un|an|ge|foch|ten ⟨Adj., o.Steig.⟩ **1** *nicht angefochten;* seine Macht blieb u. **2** *ungehindert;* wir kamen u. durch die Kontrolle

un|an|ge|mes|sen ⟨Adj.⟩ *nicht angemessen, nicht geeignet, nicht passend;* eine ~e Behandlung, Bezahlung **Un|an|ge|mes|sen|heit** ⟨f., -, nur Sg.⟩

un|an|ge|nehm ⟨Adj.⟩ **1** *nicht angenehm, Unbehagen verursachend;* ein ~er Geruch; ein ~er Mensch *ein unsympathischer Mensch;* u. auffallen **2** *peinlich, Schwierigkeiten bereitend;* in einer ~en Lage sein; eine ~e Überraschung erleben; ein ~er Auftrag; von etwas u. berührt sein; er kann sehr u. werden *er kann sehr ärgerlich, böse werden;* es ist mir sehr u., Ihnen das sagen zu müssen

un|an|ge|ta|stet ⟨Adj., o.Steig.⟩ **1** *nicht angetastet, nicht berührt;* Lebensmittel im Laden u. lassen **2** *unverändert;* seine Position bleibt u. **3** *nicht verbraucht;* sein Geld lag noch u. da

un|an|nehm|bar ⟨Adj.⟩ *nicht annehmbar;* ~e Bedingungen stellen **Un|an|nehm|bar|keit** ⟨f., -, nur Sg.⟩

Un|an|nehm|lich|keit ⟨f.10⟩ *unangenehme, ärgerliche, lästige Sache;* ~en bekommen; jmdm. ~en machen

un|an|sehn|lich ⟨Adj.⟩ *nicht ansehnlich, nicht hübsch, ungepflegt, unbedeutend;* ein ~es Kleid; ein ~er Mann; diese Tomaten sehen u. aus **Un|an|sehn|lich|keit** ⟨f., -, nur Sg.⟩

un|an|stän|dig ⟨Adj.⟩ **1** *den Anstand verletzend;* ein ~er Witz; sich u. benehmen **2** ⟨Adv.; ugs.; scherzh.⟩ *sehr, überaus;* u. faul sein

Un|an|stän|dig|keit ⟨f.10⟩ **1** ⟨nur Sg.⟩ *das Unanständigsein* **2** *unanständige Handlung, Äußerung*

un|an|tast|bar ⟨Adj., o.Steig.⟩ **1** *so beschaffen, daß es nicht verletzt oder angegriffen werden darf;* ~e Reserven **2** *über alle Zweifel erhaben;* ein Mensch mit einem ~en Ruf **Un|an|tast|bar|keit** ⟨f., -, nur Sg.⟩

un|ap|pe|tit|lich ⟨Adj.⟩ **1** *nicht appetitlich;* ein ~es Essen **2** *nicht einwandfrei sauber;* die Badewanne sieht u. aus **3** *Widerwillen, Abscheu erregend;* ein ~er Witz

Un|art ⟨f.10⟩ **1** *schlechte Angewohnheit* **2** *unartiges Handeln, Unfolgsamkeit*

un|ar|tig ⟨Adj.⟩ *nicht artig, unfolgsam;* ein ~es Kind

Una Sanc|ta ⟨f., -, -, nur Sg.⟩ *die eine heilige (Kirche des Apostolischen Glaubensbekenntnisses)*

un|auf|fäl|lig ⟨Adj.⟩ **1** *nicht auffällig; ~es Aussehen; ~e Kleidung tragen* **2** *unbemerkt; ~e Bewegung; etwas u. verschwinden lassen*

un|auf|find|bar ⟨Adj., o.Steig.⟩ *nicht zu finden; der Brief blieb u.*

un|auf|ge|for|dert ⟨Adj., o.Steig.⟩ *ohne Aufforderung, freiwillig, von sich aus; u. helfen; sich u. äußern*

un|auf|halt|bar ⟨Adj.⟩ *so beschaffen, daß man es nicht aufhalten kann; das Unheil rückt u. näher; die Entwicklung ist u.*

un|auf|halt|sam ⟨Adj.⟩ **1** *so beschaffen, daß man es nicht aufhalten, nichts dagegen unternehmen kann; das Unheil schreitet u. fort* **2** *beharrlich, stetig; sein ~er Aufstieg* **Un|auf|halt|sam|keit** ⟨f., -, nur Sg.⟩

un|auf|hör|lich ⟨Adj.⟩ *nicht aufhörend, nicht endend, fortwährend; ein ~er Redestrom; in ~er Bewegung sein; es regnete u.*

un|auf|lös|bar ⟨auch [un-] Adj., o.Steig.⟩ Syn. unauflöslich **1** *nicht aufzulösen; eine ~e Substanz, Verbindung; ein ~er Knoten* **2** *nicht zu klären, nicht zu beseitigen; ein ~er Widerspruch* **Un|auf|lös|bar|keit** ⟨f., -, nur Sg.⟩

un|auf|lös|lich ⟨auch [un-] Adj., o.Steig.⟩ **1** →*unauflösbar* **2** *so beschaffen, daß es nicht aufgelöst werden darf* **Un|auf|lös|lich|keit** ⟨f., -, nur Sg.⟩

un|auf|merk|sam ⟨Adj.⟩ **1** *nicht aufmerksam, abgelenkt; ein ~er Schüler* **2** *unhöflich, nicht zuvorkommend; das war sehr u. von dir!* **Un|auf|merk|sam|keit** ⟨f., -, nur Sg.⟩

un|auf|rich|tig ⟨Adj.⟩ *nicht aufrichtig, nicht ehrlich; nicht offen*

Un|auf|rich|tig|keit ⟨f.10⟩ **1** *das Unaufrichtigsein* **2** *unaufrichtige Äußerung, Handlung; jmdn. bei einer U. ertappen*

un|auf|schieb|lich ⟨Adj., o.Steig.⟩ *so beschaffen, daß man es nicht aufschieben kann*

un|aus|bleib|lich ⟨Adj., o.Steig.⟩ *auf jeden Fall eintretend, sicher geschehend; ~e Folgen; ein Schaden ist u.*

un|aus|denk|bar ⟨Adj.⟩ *nicht vorstellbar; der Vorfall ist u.; ~e Folgen haben; es ist u., was dabei passieren kann*

un|aus|ge|gli|chen ⟨Adj.⟩ *nicht ausgeglichen, schwankend in den Stimmungen; ein ~er Mensch; er hat ein ~es Wesen; er ist sehr u.* **Un|aus|ge|gli|chen|heit** ⟨f., -, nur Sg.⟩

un|aus|ge|go|ren ⟨Adj.⟩ *nicht ausgereift, unfertig; ein ~er Gedanke, Plan*

un|aus|ge|setzt ⟨Adj.⟩ *ständig, fortwährend, unaufhörlich; u. reden*

un|aus|lösch|lich ⟨Adj.⟩ *so, daß es nicht ausgelöscht werden kann; das Bild hat sich mir u. eingeprägt*

un|aus|sprech|bar ⟨Adj., o.Steig.⟩ *so beschaffen, daß man es nicht aussprechen kann; ein ~er Name*

un|aus|sprech|lich ⟨Adj.⟩ **1** *sehr groß, nicht zu beschreiben; ~e Freude* **2** ⟨als Adv.⟩ *sehr, überaus; sich u. freuen*

un|aus|steh|lich ⟨Adj.⟩ *nicht zu ertragen, sehr unangenehm; er ist ein ~er Mensch; er ist u.; er ist heute übellaunig, gereizt*

un|aus|weich|lich ⟨Adj., o.Steig.⟩ *so beschaffen, daß man ihm nicht ausweichen kann; der Konflikt ist u.; die ~e Folge war …*

Un|band ⟨m., -(e)s, nur Sg.⟩ *wildes, ungebärdiges Kind*

un|bän|dig ⟨Adj.; [-ben-]⟩ **1** *kaum zu bändigen, sehr groß, heftig; ~e Freude; ein ~es Verlangen* **2** ⟨als Adv.⟩ *sehr, überaus; sich u. freuen*

un|bar ⟨Adj., o.Steig.⟩ *bargeldlos, nicht bar;* Ggs. bar (2); *u. zahlen*

un|barm|her|zig ⟨Adj.⟩ *nicht barmherzig, ohne Mitleid, ohne Mitgefühl; ~e Strenge;*

jmdn. u. bestrafen; ein ~es Schicksal **Un|barm|her|zig|keit** ⟨f., -, nur Sg.⟩

un|be|ach|tet ⟨Adj., o.Steig.⟩ *nicht beachtet; ein Argument u. lassen*

un|be|dacht ⟨Adj., -er, am -esten⟩ *unüberlegt, unbesonnen; eine ~e Äußerung, Handlung* **Un|be|dacht|heit** ⟨f.10⟩

un|be|darft ⟨Adj., -er, am -esten⟩ *unerfahren, naiv* **Un|be|darft|heit** ⟨f., -, nur Sg.⟩

un|be|denk|lich ⟨Adj.⟩ **1** *keine Bedenken hervorrufend; das Vorhaben scheint mir u.* **2** *ohne Bedenken; du kannst ihm die Kinder u. anvertrauen* **Un|be|denk|lich|keit** ⟨f., -, nur Sg.⟩

Un|be|denk|lich|keits|be|schei|ni|gung ⟨f.10⟩ *Bescheinigung des Finanzamtes, daß keine Bedenken hinsichtlich der Eigentumsübertragung (von Grundstücken) bestehen*

un|be|deu|tend ⟨Adj.⟩ **1** *nicht bedeutend; ein ~er Künstler; die Unterschiede sind u.* **2** *keine Rolle spielend, unwichtig; ein ~es Ereignis* **3** *gering, geringfügig; eine ~e Änderung*

un|be|dingt ⟨auch [-diŋt] Adj.⟩ *ohne Bedingung, ohne Einschränkung; ich muß bei dieser schwierigen Bergtour ~en Gehorsam von euch verlangen; man kann sich u. auf ihn verlassen; da hat er u. recht*

Un|be|dingt|heit ⟨auch [-diŋt-] f., -, nur Sg.⟩ *Absolutheit, Bedingungslosigkeit; die U. der Forderungen*

un|be|fan|gen ⟨Adj.⟩ **1** *nicht befangen, nicht schüchtern; ein ~es Mädchen; u. miteinander umgehen* **2** *unvoreingenommen, unbeeinflußt, nicht befangen; ein ~er Zeuge, Richter; an ein Problem herangehen* **Un|be|fan|gen|heit** ⟨f., -, nur Sg.⟩

un|be|fleckt ⟨Adj., o.Steig.⟩ **1** *ohne Flecken* **2** ⟨übertr.⟩ *makellos, sittlich rein; ~er Leumund; Mariä Unbefleckte Empfängnis (durch ihre Mutter Anna)*

un|be|frie|di|gend ⟨Adj.⟩ *nicht befriedigend; eine ~e Arbeit*

un|be|fugt ⟨Adj., o.Steig.⟩ **1** *nicht befugt, nicht erlaubt; ~er Waffenbesitz* **2** *ohne eine Befugnis zu haben; u. etwas entscheiden*

un|be|greif|lich ⟨auch [un-] Adj.⟩ *nicht zu begreifen, unerklärlich, unverständlich; eine ~e Entscheidung; ~er Leichtsinn; es ist u., wie er das hat tun können*

un|be|grenzt ⟨Adj., o.Steig.⟩ **1** ⟨räumlich⟩ **a** *ohne Begrenzung, ohne Grenzen; ein ~es Land; sein Einfallsreichtum scheint u. zu sein* **b** *grenzenlos; ~es Vertrauen zu jmdm. haben* **2** ⟨zeitlich⟩ *ohne Ende, ohne Beschränkung; Aufenthalt von ~er Dauer; ich habe heute u. Zeit*

Un|be|ha|gen ⟨n., -s, nur Sg.⟩ *Gefühl der Abneigung, Unsicherheit, Unruhe; ein körperliches, tiefes, wachsendes U. befiel ihn; ein leises U. verspüren; diese Politik bereitet mir U.; eine Entwicklung mit U. verfolgen*

un|be|hag|lich ⟨Adj.⟩ **1** *Unbehagen bewirkend; eine ~e Wohnung* **2** *voller Unbehagen; ein ~es Gefühl verspüren; sich u. fühlen* **Un|be|hag|lich|keit** ⟨f.10⟩

un|be|haust ⟨Adj., o.Steig.; †⟩ *ohne Heimstatt, ohne Wohnung*

un|be|hel|ligt ⟨Adj., o.Steig.⟩ *ungestört, unbehindert; hier ist man u. von Zuhörern; u. durch die Kontrolle gelangen; ich möchte heute abend u. bleiben; jmdn. u. lassen*

un|be|herrscht ⟨Adj., -er, am -esten⟩ *ohne Selbstbeherrschung; ein ~er Mensch; u. reagieren; er ist sehr u.* **Un|be|herrscht|heit** ⟨f.10⟩

un|be|hol|fen ⟨Adj.⟩ *ungeschickt, sich schwer zurechtfindend* **Un|be|hol|fen|heit** ⟨f., -, nur Sg.⟩

un|be|irrt ⟨Adj., o.Steig.⟩ *sich nicht stören, beeinflussen lassend; u. seinen Weg gehen; u. an einer Meinung festhalten; u. ein Ziel verfolgen*

un|be|kannt ⟨Adj., -er, am -esten⟩ **1** *nicht bekannt, niemandem bekannt; ein ~er Täter; ein ~er Schriftsteller; ~e Größe ⟨Math.⟩; Anzeige gegen Unbekannt erstatten* **2** *mit nicht bekanntem Ziel; der Empfänger ist u. verzogen* **3** *fremd; ich bin hier u.*

un|be|kann|ter|wei|se ⟨Adv.⟩; *in Wendungen wie* **grüßen Sie Ihre Frau von mir, obwohl ich sie nicht kenne;** *er läßt dich u. grüßen er läßt dich grüßen, obwohl er dich nicht kennt*

un|be|küm|mert ⟨Adj.⟩ **1** *ohne sich um etwas zu kümmern, gleichgültig; u. über jmdn. reden; u. um ihre Vorwürfe* **2** *sorglos, offen; sie hat eine ~e Art; u. lachen*

un|be|la|stet ⟨Adj.⟩ **1** *ohne Belastung, ohne Last; das rechte Bein u. lassen* **2** ⟨Wirtsch.⟩ *nicht (finanziell) belastet; das Haus ist u.* **3** *entspannt, sorgenfrei; u. in einen Wettkampf gehen* **4** *frei (von etwas); u. von Geldsorgen leben* **5** *ohne Schuld; er ist politisch u.*

un|be|lebt ⟨Adj., o.Steig.⟩ **1** *ohne Leben, anorganisch; die ~e Materie, Natur* **2** *ohne Menschen; ohne Verkehr; eine ~e Gegend, Straße*

un|be|leckt ⟨Adj., -er, am -esten; übertr., ugs.⟩ *unberührt, ohne Kenntnis (von etwas); u. von aller Zivilisation*

un|be|mannt ⟨Adj., o.Steig.⟩ **1** *ohne Besatzung; ein ~es Raumschiff* **2** ⟨ugs.⟩ *ohne Ehemann, unverheiratet; sie ist noch u.*

un|be|merkt ⟨Adj., o.Steig.⟩ *ohne daß jmd. es bemerkt; u. verschwinden; u. etwas wegnehmen*

un|be|nom|men ⟨Adv.; nur in den Wendungen⟩ *jmdm. u. bleiben, in jmds. Ermessen gestellt sein; es bleibt Ihnen u., daß Sie das tun; es ist Ihnen u., noch weitere Mitarbeiter anzufordern*

un|be|quem ⟨Adj.⟩ **1** *nicht bequem, nicht angenehm; der Stuhl ist u.; eine ~e Lage* **2** *störend, Schwierigkeiten bereitend; eine ~e Frage; ein ~er Mitarbeiter*

un|be|rech|en|bar ⟨Adj.⟩ **1** *nicht zu berechnen; eine ~e Größe; ein ~es Risiko* **2** *in seiner Art, seinem Verhalten nicht vorhersehbar; ein ~er Charakter; ein ~er Gegner; diese Krankheit ist u.* **Un|be|rech|en|bar|keit** ⟨f., -, nur Sg.⟩

un|be|ru|fen ⟨Adj.⟩ **1** *nicht berufen, nicht befugt, unrecht; dieses Schreiben darf nicht in ~e Hände gelangen* **2** *unaufgefordert; sich in etwas einmischen* **3** ⟨ugs., als Ausruf oder Einschiebung⟩ *es soll nicht berufen, nicht besprochen werden; u., toi, toi, toi; wir wollen es nicht berufen, nicht verfrüht darüber sprechen (weil es sonst nicht in Erfüllung geht) (nach dem Volksglauben); er hat - u. - großes Glück mit seiner neuen Stellung*

un|be|rührt ⟨Adj., o.Steig.⟩ **1** *ungebraucht, noch nicht berührt, ohne Spuren zu zeigen; ~er Schnee; u. von der Zivilisation* **2** *jungfräulich; ein ~es Mädchen* **3** *innerlich nicht berührt; u. von dieser Mitteilung*

un|be|scha|det **I** ⟨Präp. mit Gen.⟩ *ohne Schaden für, ohne zu schmälern; u. seiner Verdienste* **II** ⟨Adv.⟩ *unbehindert, ohne Schaden; den Winter u. überstehen*

un|be|schol|ten ⟨Adj., o.Steig.; nur als Attr. und mit „sein"⟩ *rechtschaffen, von gutem Ruf; ein ~er junger Mann* **Un|be|schol|ten|heit** ⟨f., -, nur Sg.⟩

un|be|schrankt ⟨Adj., o.Steig.⟩ *ohne Schranken; ~er Bahnübergang*

un|be|schränkt ⟨Adj., o.Steig.⟩ *nicht beschränkt; er hat ~e Befugnisse, Vollmachten*

un|be|schreib|lich ⟨auch [-un-] Adj., o.Steig.⟩ **1** *nicht oder nur schwer zu beschreiben; eine ~e Stimmung, Atmosphäre* **2** *in seiner Größe, seinem Ausmaß nicht oder kaum beschreibbar; ein ~es Durcheinander; es war u. komisch*

un|be|schrie|ben ⟨Adj., o.Steig.⟩ *nicht beschrieben, leer; ~e Seiten; er ist ein ~es Blatt*

unbeschrieben

991

unbeschwert

⟨übertr.⟩ er ist ein Mensch ohne Erfahrung, ohne Kenntnisse

un|be|schwert ⟨Adj., -er, am -esten⟩ sorglos, unbelastet; eine ~e Kindheit verleben; u. in eine Prüfung gehen

un|be|se|hen ⟨Adj., o.Steig.⟩ ohne etwas (genau) anzusehen oder zu prüfen; u. etwas kaufen, übernehmen

un|be|son|nen ⟨Adj.⟩ nicht besonnen, unüberlegt; u. handeln; u. ~e Äußerung

Un|be|son|nen|heit ⟨f.10⟩ ⟨nur Sg.⟩ das Unbesonnensein 2 unbesonnene Handlung; eine U. begehen; keine ~en!

un|be|sorgt ⟨Adj., o.Steig.⟩ ohne Sorge, ohne sich Sorgen machen zu müssen; seien Sie u.!; Sie können das Kind u. mitfahren lassen

un|be|stän|dig ⟨Adj.⟩ nicht beständig, nicht gleichbleibend, wechselhaft; das Glück ist u.; ~es Wetter; ein ~er Charakter **Un|be|stän|dig|keit** ⟨f., -, nur Sg.⟩

un|be|stä|tigt ⟨Adj., o.Steig.⟩ nicht (offiziell) bestätigt; ~en Meldungen zufolge

un|be|stech|lich ⟨Adj.⟩ 1 nicht bestechlich; ein ~er Politiker 2 nicht zu beeinflussen, nicht zu täuschen; ein ~es Urteil; ~e Wahrheitsliebe **Un|be|stech|lich|keit** ⟨f., -, nur Sg.⟩

un|be|stimmt ⟨Adj., -er, am -esten⟩ 1 nicht bestimmt, nicht festgelegt, nicht bekannt; eine ~e Anzahl, Größe; eine ~e Frau unbekannten Alters; mit ~em Ziel verreisen 2 unklar, undeutlich, zweifelhaft; ~es Mißtrauen; ein ~er Eindruck; ich weiß nicht, ob ...

un|be|streit|bar ⟨Adj., o.Steig.⟩ nicht zu bestreiten, unleugbar; das sind ~e Tatsachen; er ist u. der beste Spieler

un|be|strit|ten ⟨auch [-strit-] Adj.⟩ 1 nicht streitig gemacht, anerkannt; ~e Forderungen 2 nicht von jmdm. bestritten, nicht bezweifelt; es ist eine ~e Tatsache, daß ...; er ist u. der Klügste; seine Verdienste sind u.

un|be|teil|igt ⟨Adj., o.Steig.⟩ 1 nicht beteiligt; er ist an dem Einbruch u. 2 innerlich nicht beteiligt, nicht betroffen; ein ~er Zuhörer; sie blieb u. seinem Schicksal gegenüber

un|beug|sam ⟨Adj.⟩ sich durch nichts, niemanden beugen, abbringen lassend; ~er Gerechtigkeitssinn; u. an etwas festhalten **Un|beug|sam|keit** ⟨f., -, nur Sg.⟩

un|be|wacht ⟨Adj., o.Steig.⟩ nicht bewacht, ohne Aufsicht; ein ~er Parkplatz; die Kinder u. lassen; in einem ~en Augenblick; in einem Augenblick, in dem er nicht bewacht wurde

un|be|wäl|tigt ⟨Adj., o.Steig.⟩ nicht bewältigt, nicht verarbeitet; ein ~es Problem; die ~e Vergangenheit

un|be|weg|lich ⟨Adj.⟩ 1 nicht zu bewegen; ein ~es Bauteil, Gelenk; ~e Habe 2 ohne Bewegung, bewegungslos; u. dasitzen 3 keine Regung zeigend, sich nicht äußernd; mit ~em Gesichtsausdruck 4 ungelenkig, etwas schwerfällig; im Alter wird man u.; er ist geistig u. 5 ⟨von Feiertagen⟩ immer zum gleichen Datum stattfindend; ~e Feste **Un|be|weg|lich|keit** ⟨f., -, nur Sg.⟩

un|be|wegt ⟨Adj., o.Steig.⟩ 1 ohne Bewegung; die ~e Meeresoberfläche 2 ohne erkennbare Regung oder Veränderung; mit ~em Gesicht hörte er zu; sie blieb von seinen Klagen u.

un|be|weibt ⟨Adj., o.Steig.; ugs.⟩ ohne Ehefrau, unverheiratet; er ist noch u.

un|be|wie|sen ⟨Adj., o.Steig.⟩ nicht bewiesen; eine ~e Behauptung

un|be|wohnt ⟨Adj., o.Steig.⟩ 1 nicht bewohnt, leerstehend; ein ~es Zimmer, Haus 2 ohne Menschen; ein ~er Himmelskörper

un|be|wußt ⟨Adj., o.Steig.⟩ 1 nicht bewußt; ~e seelische Prozesse; ~es Handeln; u. ~e Abneigung 2 nicht absichtlich, ohne es zu wollen; ich habe u. reagiert; er hat u. das Falsche berichtet

un|be|zahl|bar ⟨Adj., o.Steig.⟩ 1 so teuer oder wertvoll, daß man es nicht bezahlen kann; die Miete ist u.; ~e Kunstschätze 2 ⟨ugs.⟩ von sehr großer Bedeutung, Wichtigkeit; diese Information ist u.; er ist als Helfer u.; du bist u.! ⟨übertr.⟩ du bist köstlich, lustig, originell

un|be|zähm|bar ⟨Adj.⟩ nicht zu bezähmen; eine ~e Neugier, Lust erfaßte ihn

un|be|zwing|bar, un|be|zwing|lich ⟨auch [un-] Adj.⟩ 1 nicht zu bezwingen, nicht zu bewältigen; eine ~e Burg; ein ~er Riese 2 nicht zu bändigen, nicht zu unterdrücken; eine ~e Liebe, Sehnsucht überfiel ihn

Un|bil|den ⟨nur Pl.; in Wendungen⟩ die U. des Wetters, des Winters die Unannehmlichkeiten des Wetters, des Winters

Un|bill ⟨f., -, nur Sg.⟩ Unrecht, Schimpf; U. erleiden [eigtl. „Unbilliges, Ungerechtes"]

un|bil|lig ⟨Adj.⟩ ungerecht, unrecht

un|blu|tig ⟨Adj.⟩ 1 ⟨Med.⟩ ohne Blutverlust; ein ~er Eingriff 2 ohne Blutvergießen; der Aufstand wurde u. niedergeschlagen

un|bot|mä|ßig ⟨Adj.⟩ aufsässig, widersetzlich, widerspenstig; sich u. verhalten **Un|bot|mä|ßig|keit** ⟨f.10⟩

un|brauch|bar ⟨Adj.⟩ 1 nicht brauchbar, nicht geeignet; ~es Werkzeug 2 nicht mehr brauchbar, kaputt, entzwei; etwas u. machen **Un|brauch|bar|keit** ⟨f., -, nur Sg.⟩

un|bü|ro|kra|tisch ⟨Adj.⟩ nicht bürokratisch; u. denken, handeln, helfen, verfahren

Uncle Sam ⟨[aŋkl sæm] o.Art., -s, nur Sg.; scherzh.⟩ US-Amerikaner, die USA [engl. „Onkel Samuel", scherzh. Deutung der Buchstaben USA]

und ⟨Konj.⟩; in Firmennamen Zeichen: &, mathemat. Zeichen: +, Abk.: u.⟩ 1 ⟨zur Beiordnung, Aufzählung⟩ Männer u. Frauen, Menschen u. Tiere; zwei u. zwei ist vier; u. ähnliche(s) ⟨Abk.: u.ä.⟩; u. andere(s) ⟨Abk.: u.a.⟩; u. viele(s) andere ⟨Abk.: u.v.a.⟩; u. viele(s) andere mehr ⟨Abk.: u.v.a.m.⟩ 2 ⟨zur Nebenordnung oder Anknüpfung eines Satzes oder Satzteiles⟩ ich rief, u. er sagte; er fragte u. bekam Antwort 3 ⟨zur Verstärkung⟩ durch u. durch ganz durch; kleiner u. kleiner immer kleiner; na u.? ⟨ugs.⟩ gibt es noch etwas dazu zu sagen?, weiter nichts?, was ist daran so schlimm, so erstaunlich?; na, ob!; na, u. wie! 4 ⟨zum Hinweis auf Folgendes⟩ u. so weiter ⟨Abk.: usw.⟩; u. so fort ⟨Abk.: usf.⟩; u. anderes mehr ⟨Abk.: u.a.m.⟩; u. dergleichen ⟨Abk.: u.dgl.⟩ 5 ⟨zur Anknüpfung an Vorangehendes⟩ u. wo soll das hinführen?; u. warum gerade ich? 6 ⟨ugs.; zur Entgegensetzung⟩ der u. Ingenieur? er ist sicher kein Ingenieur

Un|dank ⟨m., -(e)s, nur Sg.⟩ Fehlen von Dank, Fehlen einer Gegenleistung; U. ernten

un|dank|bar ⟨Adj.⟩ 1 nicht dankbar (1,2); sei nicht (so) u.! 2 nicht lohnend, nicht befriedigend; eine ~e Aufgabe **Un|dank|bar|keit** ⟨f., -, nur Sg.⟩

un|denk|bar ⟨Adj., o.Steig.⟩ nicht denkbar, nicht vorstellbar; etwas für u. halten

un|denk|lich ⟨Adj.; nur in der Wendung⟩ seit ⟨oder⟩ vor ~en Zeiten seit ⟨oder⟩ vor sehr langer Zeit

Un|der|ground ⟨[ʌndərgraund] m., -s, nur Sg.⟩ Protestbewegung 2 gesellschaftlicher Lebensraum außerhalb der Legalität [engl., „Untergrund"]

Un|der|state|ment ⟨[ʌndərsteitmənt] n.9⟩ Untertreibung; Ggs. Overstatement [engl., zu to understate „zu gering angeben"]

un|deut|lich ⟨Adj.⟩ nicht deutlich, unklar, ungenau; er hat eine ~e Aussprache; ich habe davon nur eine ~e Vorstellung; das Wort ist u. geschrieben; ich kann das nur erkennen **Un|deut|lich|keit** ⟨f., -, nur Sg.⟩

Un|de|zi|me ⟨f.11; Mus.⟩ 1 der elfte Ton vom Grundton aus 2 Intervall von elf Tönen [< lat. undecim „elf"]

un|dicht ⟨Adj., o.Steig.⟩ nicht dicht, durchlässig; ein ~es Dach, Rohr; eine ~e ⟨auch übertr.⟩ eine Person, die heimlich Informationen weitergibt

Un|ding ⟨n., -s, nur Sg.⟩ etwas Un- oder Widersinniges; es ist ein U., dies zu glauben

un|di|szi|pli|niert ⟨Adj., -er, am -esten⟩ ohne Disziplin, keine straffe Ordnung haltend; Ggs. diszipliniert

un|dra|ma|tisch ⟨Adj.⟩ 1 nicht dramatisch, nicht aufregend, ruhig; die Sitzung, das Gespräch verlief u.

Un|du|la|ti|on ⟨f.10⟩ 1 ⟨Phys.⟩ Wellenbewegung 2 ⟨Geol.⟩ Verformung der Erdkruste, Muldenbildung [< spätlat. undula „kleine Welle", zu unda „Welle"]

un|du|la|to|risch ⟨Adj., o.Steig.⟩ wellenförmig [zu lat. undula „kleine Welle", zu unda „Welle"]

un|duld|sam ⟨Adj.⟩ nicht duldsam, andere(s) nicht gelten lassend; sich u. zeigen **Un|duld|sam|keit** ⟨f., -, nur Sg.⟩

un|durch|dring|lich ⟨auch [un-] Adj.⟩ 1 so beschaffen, daß man nicht durchdringen, eindringen kann; ~er Nebel; ~er Urwald 2 keine Gemütsregung erkennen lassend; eine ~e Miene aufsetzen **Un|durch|dring|lich|keit** ⟨f., -, nur Sg.⟩

un|durch|schau|bar ⟨Adj.⟩ nicht zu durchschauen, nicht zu verstehen; ~e Pläne, Ereignisse; er bleibt für mich u. **Un|durch|schau|bar|keit** ⟨f., -, nur Sg.⟩

un|durch|sich|tig ⟨Adj.⟩ 1 nicht durchsichtig; ~es Glas; ~er Stoff 2 unklar, undurchschaubar, zweifelhaft; ~e Geschäfte; eine ~e Rolle bei etwas spielen **Un|durch|sich|tig|keit** ⟨f., -, nur Sg.⟩

un|eben ⟨Adj.⟩ nicht eben, wellig, holperig; ~es Gelände; das ist nicht u. ⟨ugs.⟩ das ist nicht übel, das ist nicht schlecht

Un|eben|heit ⟨f.10⟩ 1 ⟨nur Sg.⟩ das Unebensein 2 unebene Stelle; die ~en des Geländes

un|echt ⟨Adj., o.Steig.⟩ 1 nicht echt, nachgemacht, künstlich; ~er Schmuck; ~e Haare 2 nicht echt, nur vorgetäuscht; ~e Freude, Freundlichkeit; sein Lächeln wirkte u. 3 ⟨Math.⟩ größer als ein Ganzes; ~er Bruch Bruch, dessen Zähler größer ist als der Nenner 4 nicht haltbar gegenüber äußeren Einflüssen; ~e Farben **Un|echt|heit** ⟨f., -, nur Sg.⟩

un|ehe|lich ⟨Adj., o.Steig.⟩ außerhalb der Ehe (geboren); ein ~es Kind; ~e Mutter Frau, die ein Kind außerhalb der Ehe geboren hat; ~er Vater Mann, der ein Kind außerhalb der Ehe gezeugt hat **Un|ehe|lich|keit** ⟨f., -, nur Sg.⟩

Un|eh|re ⟨f., -, nur Sg.⟩ Minderung, Verlust des Ansehens, der Ehre; dein Verhalten macht dir U.; das gereicht dir zur U.

un|eh|ren|haft ⟨Adj., -er, am -esten⟩ nicht ehrenhaft; ~e Absichten; u. handeln; u. entlassen werden ⟨Mil.⟩ **Un|eh|ren|haf|tig|keit** ⟨f., -, nur Sg.⟩

un|ei|gen|nüt|zig ⟨Adj.⟩ nicht eigennützig, selbstlos; ein ~er Mensch; u. handeln **Un|ei|gen|nüt|zig|keit** ⟨f., -, nur Sg.⟩

un|ei|gent|lich ⟨Adj., o.Steig.⟩ 1 nicht eigentlich, nicht wirklich 2 ⟨als Adv.; ugs.⟩ falls man es nicht so genau nimmt; eigentlich habe ich keine Zeit, mitzugehen, aber u. könnte ich es vielleicht doch einrichten

un|ein|ge|schränkt ⟨Adj., o.Steig.⟩ nicht eingeschränkt, ohne Einschränkung; jmdm. ein ~es Lob zollen; ~es Vertrauen zu jmdm. haben; jmdm. ~e Vollmachten erteilen

un|ein|nehm|bar ⟨Adj.⟩ nicht einzunehmen, nicht zu erobern; eine ~e Festung **Un|ein|nehm|bar|keit** ⟨f., -, nur Sg.⟩

un|eins ⟨Adj.; nur mit „sein"⟩ uneinig, nicht eines Sinnes, verschiedener Meinung; Ggs. eins (II,3); wir sind uns u.; er ist mit sich selber u. er weiß selber nicht recht, was er will

un|emp|find|lich ⟨Adj.⟩ **1** *nicht empfindlich, widerstandsfähig;* u. gegen Kälte sein; ~e Gewebe **2** *nicht feinfühlig, gleichgültig;* u. gegenüber dem Leid anderer **Un|emp|find|lich|keit** ⟨f., -, nur Sg.⟩

un|end|lich ⟨Adj., o.Steig.⟩ **1** *nicht endlich, unübersehbar ausgedehnt in Raum und Zeit;* Ggs. endlich (1); der ~e Raum; eine ~e Zeitspanne; bis ins ~e ohne Ende **2** ⟨Zeichen: ∞⟩ *größer als endlich;* die ~e Reihe **3** *sehr groß, sehr viel;* ~e Liebe, Sorgfalt **4** ⟨als Adv.⟩ *sehr;* u. dankbar sein **Un|end|lich|keit** ⟨f., -, nur Sg.⟩ *unbegrenzte Größe, unbegrenzte Zeit;* Ggs. Endlichkeit

un|ent|behr|lich ⟨Adj.⟩ *nicht zu entbehren, notwendig;* dieses Buch ist mir u. geworden; sie ist mir eine ~e Hilfe; sich u. machen **Un|ent|behr|lich|keit** ⟨f., -, nur Sg.⟩

un|ent|deckt ⟨Adj., o.Steig.⟩ *(noch) nicht entdeckt, nicht bekannt;* ein ~es Virus; ein ~es Land; er ist ein ~es musikalisches Talent ⟨ugs.⟩

un|ent|gelt|lich ⟨Adj., o.Steig.⟩ *ohne Entgelt, ohne Lohn, ohne Bezahlung, kostenlos;* Ggs. entgeltlich; ich repariere Ihnen das u.; Sie können u. mitfahren; die Teilnahme an der Übung ist u.

un|ent|rinn|bar ⟨Adj.⟩ *so beschaffen, daß man ihm nicht entrinnen, entkommen kann;* das ~e Schicksal **Un|ent|rinn|bar|keit** ⟨f., -, nur Sg.⟩

un|ent|schie|den ⟨Adj.⟩ **1** *(noch) nicht entschieden;* ein ~es Problem; die Sache ist noch u. **2** *sich nicht entscheiden können, oft unentschlossen;* ein ~er Mensch **3** ⟨Sport⟩ *keinen Sieger, Verlierer habend;* das Spiel steht, endete u.; sich u. trennen **Un|ent|schie|den|heit** ⟨f., -, nur Sg.⟩

un|ent|schlos|sen ⟨Adj.⟩ **1** *sich noch nicht entschlossen habend;* er machte ein ~es Gesicht; er stand u. herum **2** *schwankend, nicht entschlußfreudig;* ein ~er Politiker **Un|ent|schlos|sen|heit** ⟨f., -, nur Sg.⟩

un|ent|schul|digt ⟨Adj., o.Steig.⟩ *ohne Entschuldigung;* ~es Fernbleiben; u. fehlen

un|ent|wegt ⟨Adj., -er, am -esten⟩ *unverdrossen, unermüdlich;* sich u. bemühen

un|ent|wickelt ⟨-k·k-⟩ ⟨Adj., o.Steig.⟩ **1** *(noch) nicht entwickelt;* ein ~er Film; noch ~e sekundäre Geschlechtsmerkmale **2** *unterentwickelt*

un|er|ach|tet ⟨Präp. mit Gen.; †⟩ *ohne darauf zu achten;* u. der Gefahr

un|er|bitt|lich ⟨Adj.⟩ *durch nichts umzustimmen, gnadenlos, hart;* ein ~er Richter; mit ~er Härte urteilen; ein ~es Schicksal; ~er Kampf **Un|er|bitt|lich|keit** ⟨f., -, nur Sg.⟩

un|er|find|lich ⟨auch [ún-] Adj., o.Steig.⟩ *unbegreiflich, unerklärlich;* aus ~en Gründen

un|er|forsch|lich ⟨Adj.⟩ *nicht zu verstehen, unbegreiflich*

un|er|freu|lich ⟨Adj.⟩ *nicht erfreulich, unangenehm;* ein ~es Ereignis, Ergebnis; eine ~e Diskussion; die Sache nahm ein ~es Ende; die Sache endete sehr u.

Un|er|freu|lich|keit ⟨f.10⟩ **1** ⟨nur Sg.⟩ *das Unerfreulichsein, unerfreuliche Beschaffenheit* **2** ⟨ugs.⟩ *unerfreuliche Sache;* und was dergleichen ~en mehr sind; und lauter solche ~en

un|er|gie|big ⟨Adj., o.Steig.⟩ *ohne nennenswerten Ertrag, Gewinn, Nutzen;* ~e Erdölquellen; eine ~e Arbeit **Un|er|gie|big|keit** ⟨f., -, nur Sg.⟩

un|er|gründ|lich ⟨Adj.⟩ **1** *sehr tief, ohne erreichbaren Grund;* ein ~es Meer; ein ~er Sumpf **2** *nicht zu ergründen, unerklärlich, geheimnisvoll;* ein ~es Geheimnis, Rätsel; sie lächelte u. **Un|er|gründ|lich|keit** ⟨f., -, nur Sg.⟩

un|er|heb|lich ⟨Adj.⟩ *nicht erheblich, unbedeutend, geringfügig;* ein ~er Schaden, Unterschied; was du denkst, ist u.

un|er|hört ⟨Adj., -er, am -esten⟩ **1** *sehr groß, sehr viel;* ~e Arbeit; ~es Glück **2** *schändlich, empörend;* eine ~e Beleidigung **3** *ungewöhnlich, einmalig;* ein ~es Ereignis **4** ⟨als Adv.⟩ *sehr, überaus;* das ist u. billig

un|er|kannt ⟨Adj., o.Steig.⟩ *nicht erkannt, ohne erkannt zu werden;* u. bleiben; u. fliehen

un|er|klär|bar ⟨Adj., o.Steig.⟩ *so beschaffen, daß man es nicht erklären kann;* ein ~es Problem; dieser Vorgang ist bis heute u.

un|er|klär|lich ⟨Adj.⟩ *nicht zu erklären;* eine ~e Angst; aus ~en Gründen; sein Verhalten ist mir u.

un|er|läß|lich ⟨Adj., o.Steig.⟩ *unbedingt notwendig, unbedingt erforderlich;* das Erscheinen aller Mitglieder ist u.; eine ~e Voraussetzung [Verneinung des nicht mehr üblichen Adj. erläßlich „nicht bindend"]

un|er|laubt ⟨Adj.⟩ *ohne Erlaubnis, verboten;* ~e Handlung; das Betreten des Geländes; ~er Waffenbesitz; sich u. von der Truppe entfernen

un|er|le|digt ⟨Adj.⟩ *(noch) nicht erledigt, nicht bearbeitet;* ~e Arbeit, Post; u. liegenbleiben

un|er|meß|lich ⟨auch [ún-] Adj., o.Steig.⟩ **1** *unbegrenzt, unendlich (scheinend);* ~e Ferne; die ~e Weite des Meeres **2** *mengen-, zahlenmäßig nicht mehr meßbar oder überschaubar;* ~e Werte gingen verloren; Reichtum; ihre Wünsche wuchsen ins Unermeßliche **3** *sehr groß, sehr viel;* ~e Armut; das ist von ~er Bedeutung für uns **Un|er|meß|lich|keit** ⟨f., -, nur Sg.⟩

un|er|müd|lich ⟨auch [ún-] Adj.⟩ *ohne zu ermüden, ausdauernd;* mit Eifer, Fleiß; u. arbeiten; er ist u. in seiner Hilfsbereitschaft **Un|er|müd|lich|keit** ⟨f., -, nur Sg.⟩

un|er|quick|lich ⟨Adj.⟩ *nicht erquicklich, unerfreulich, unangenehm;* eine ~e Begegnung; ein ~es Ergebnis; die Sache endete sehr u.

un|er|reich|bar ⟨auch [ún-] Adj., o.Steig.⟩ *nicht erreichbar, so beschaffen, daß man es nicht erreichen kann;* das liegt für uns in ~er Ferne; ein ~es Ziel; der Ort ist für Fahrzeuge u.

un|er|sätt|lich ⟨Adj.⟩ *nicht zufriedenzustellen, gierig;* ~er Hunger; ~e Neugier **Un|er|sätt|lich|keit** ⟨f., -, nur Sg.⟩

un|er|schlos|sen ⟨Adj.⟩ *(noch) nicht erschlossen, nicht nutzbar gemacht;* ~e Gebiete, Märkte, Rohstoffvorkommen; dieses Gebiet ist noch völlig u.

un|er|schöpf|lich ⟨Adj.⟩ *so beschaffen, daß es nicht erschöpft, ausgeschöpft werden kann;* ~e Vorräte; ein ~es Thema **Un|er|schöpf|lich|keit** ⟨f., -, nur Sg.⟩

un|er|schrocken ⟨-k·k-; Adj.⟩ *sich nicht erschrecken lassend, furchtlos, mutig;* eine ~e Kämpferin für die Gleichberechtigung; u. für etwas eintreten **Un|er|schrocken|heit** ⟨-k·k-; f., -, nur Sg.⟩

un|er|schüt|ter|lich ⟨Adj.⟩ *nicht zu erschüttern;* ~e Ruhe **Un|er|schüt|ter|lich|keit** ⟨f., -, nur Sg.⟩

un|er|schwing|lich ⟨auch [ún-] Adj., o.Steig.⟩ **1** *so teuer, daß man es sich nicht kaufen, leisten kann;* das Auto ist für uns u. **2** *so hoch, daß man es nicht bezahlen kann;* die Preise, Mieten sind u.; eine ~e Summe

un|er|setz|bar, un|er|setz|lich ⟨auch [ún-] Adj., o.Steig.⟩ *nicht zu ersetzen, unersetzbar;* ~e Verluste; dadurch ist ~er Schaden entstanden

un|er|träg|lich ⟨auch [ún-] Adj., o.Steig.⟩ *nur ugs.;* nicht erträglich, nicht auszuhalten; ~e Schmerzen; ~e Zustände; dieser Lärm ist u.; es ist heute u. heiß

un|er|wähnt ⟨Adj., o.Steig.⟩ *ohne Erwähnung, ungenannt;* ein ~es Ereignis, etwas, jmdn. u. lassen; es soll nicht u. bleiben, daß …; es soll erwähnt werden, daß …

un|er|wartet ⟨Adj.⟩ *nicht erwartet, unvorhergesehen, überraschend;* ein ~es Ereignis; eine ~e Nachricht; sein Schicksal hat eine ~e Wendung genommen; u. Besuch bekommen; dein Vorschlag kommt mir nicht, kommt mir völlig u.

un|er|widert ⟨Adj., o.Steig.⟩ *ohne Erwiderung, ohne Antwort;* ein ~er Brief; ~e Liebe; seine Frage blieb u.

un|er|zo|gen ⟨Adj.⟩ *schlecht erzogen, unartig, respektlos;* ein ~es Kind **Un|er|zo|gen|heit** ⟨f., -, nur Sg.⟩

UNESCO ⟨f., -, nur Sg.; Kurzw. für⟩ *United Nations Educational, Scientific and Cultural Organization: Organisation der Vereinten Nationen für Erziehung, Wissenschaft und Kultur*

un|fä|hig ⟨Adj.⟩ **1** *nicht fähig, der gestellten Aufgabe nicht gewachsen;* ein ~er Abteilungsleiter; er ist total u. **2** *nicht imstande, nicht in der Lage (etwas zu tun);* ich bin u., einen klaren Gedanken zu fassen; ich bin u. weiterzuarbeiten **Un|fä|hig|keit** ⟨f., -, nur Sg.⟩

un|fair ⟨[-fɛːr] Adj.⟩ *nicht fair, nicht anständig, nicht ehrlich;* u. handeln; u. spielen

Un|fall ⟨m.2⟩ *Mißgeschick, Unglück, körperlicher oder materieller Schaden* (Auto~, Sport~); ein schwerer U.; einen U. erleiden

Un|fall|flucht ⟨f., -, nur Sg.⟩ *rechtswidrige Entfernung vom Unfallort*

un|fall|frei ⟨Adj., o.Steig.⟩ *keinen Unfall verursacht habend;* ein ~er Autofahrer; er ist 30 Jahre lang u. gefahren

Un|fall|sta|ti|on ⟨f.10⟩ *Abteilung in einem Krankenhaus für die sofortige Behandlung von Unfallkranken;* er liegt auf der U.

un|fall|träch|tig ⟨Adj.⟩ *Unfälle leicht verursachend;* eine ~e Kreuzung

Un|fall|wa|gen ⟨m.7⟩ **1** *bei einem Unfall beschädigtes Auto* **2** *bei Unfällen eingesetztes (ärztliches) Hilfs- oder Rettungsfahrzeug*

Un|fall|zeit ⟨f.10⟩ *Zeitpunkt eines Unfalles;* er war zur U. betrunken

un|faß|bar, un|faß|lich ⟨Adj., o.Steig.; nur als Attr. und mit „sein"⟩ *nicht zu fassen, nicht zu verstehen, nicht zu begreifen, unvorstellbar;* ein ~es Wunder; ~es Elend; ~e Grausamkeit; es ist, bleibt mir u., wie er das hat tun können

un|fehl|bar ⟨Adj., o.Steig.⟩ **1** *nicht in der Lage, etwas Falsches, Unrechtes zu tun;* Ggs. fehlbar; kein Mensch ist u. **2** *sich niemals irrend, untrüglich;* einen ~en Instinkt für etwas haben; mit ~er Sicherheit auf etwas zugehen; etwas finden **3** ⟨als Adv.⟩ *ganz sicher;* er wird u. in sein Verderben laufen, wenn er das tut **Un|fehl|bar|keit** ⟨f., -, nur Sg.⟩

un|fein ⟨Adj.⟩ **1** *nicht fein, den gesellschaftlichen Sitten nicht entsprechend, dem guten Geschmack nicht entsprechend;* ~e Manieren; sich u. benehmen; Rülpsen gilt als u.; jmdm. auf die ~e Art kommen ⟨ugs.⟩ *jmdn. grob, flegelhaft, unverschämt behandeln* **2** *nicht gepflegt, gewöhnlich, ordinär;* sie ist sehr u.

Un|flat ⟨m., -(e)s, nur Sg.⟩ **1** *Schmutz, Unrat* **2** ⟨übertr.⟩ *Beschimpfung, Schimpfreden* [zu mhd. vlat „Sauberkeit"]

un|flä|tig ⟨Adj.⟩ *gemein, sehr grob, wüst, unanständig;* u. fluchen **Un|flä|tig|keit** ⟨f., -, nur Sg.⟩

un|flott ⟨Adj., o.Steig.; ugs.; nur in der Fügung⟩ *nicht u.* **1** *nicht übel, beachtlich;* das ist nicht u., wie sie das macht **2** *recht flott;* sie ist nicht u.

un|folg|sam ⟨Adj.⟩ *nicht folgsam;* ein ~es Kind; unser Hund ist sehr u. **Un|folg|sam|keit** ⟨f., -, nur Sg.⟩

un|för|mig ⟨Adj.⟩ *ohne rechte Form, zu groß und zu dick, plump, mißgestaltet;* eine ~e Gestalt; ein ~er Gegenstand; eine ~e Nase; ihr u. dick; der Arm ist u. angeschwollen **Un|för|mig|keit** ⟨f., -, nur Sg.⟩

un|förm|lich ⟨Adj.⟩ **1** nicht förmlich, ohne Förmlichkeit, ungezwungen; jmdn. u. begrüßen; es geht dort ganz u. zu **2** ⟨†⟩ *unförmig*; eine ~e Gestalt **Un|förm|lich|keit** ⟨f., -, nur Sg.⟩

un|frei ⟨Adj., -er, am -(e)sten⟩ **1** nicht frei, abhängig, unterdrückt; ein ~es Leben führen; ein ~es Volk; sich u. fühlen **2** befangen, gehemmt; sie ist in ihrem Wesen, in ihrer Art u.; sich u. bewegen; sich in jmds. Anwesenheit u. fühlen **3** ⟨Post⟩ nicht frankiert, nicht bezahlt, nicht freigemacht; eine Sendung u. schicken **Un|frei|heit** ⟨f., -, nur Sg.⟩ *das Unfreisein (1, 2), unfreie Beschaffenheit;* die U. dieses Volkes; die U. seines Benehmens

un|frei|wil|lig ⟨Adj.⟩ **1** nicht freiwillig, gezwungen; ein ~er Aufenthalt **2** nicht beabsichtigt, versehentlich; ~e Komik; ein ~er Witz; u. ein Bad nehmen ⟨ugs.⟩ *ins Wasser fallen* **Un|frei|wil|lig|keit** ⟨f., -, nur Sg.⟩

un|freund|lich ⟨Adj.⟩ nicht freundlich, nicht entgegenkommend, unhöflich; ein ~er Mensch; eine ~e Antwort; eine ~e Bedienung; ein ~es Gesicht machen; ~es Wetter ⟨übertr.⟩ *kaltes und regnerisches Wetter;* er ist sehr u.; das war sehr u. von dir; jmdn. u. behandeln

Un|freund|lich|keit ⟨f.10⟩ **1** ⟨nur Sg.⟩ *unfreundliches Wesen oder Verhalten* **2** *unfreundliche Äußerung,* ~en sagen; jmdm. eine U. an den Kopf werfen

Un|frie|de ⟨m., -ns, nur Sg.; ältere Form für⟩ *Unfrieden*

Un|frie|den ⟨m., -s, nur Sg.⟩ *durch ständigen Streit hervorgerufene Spannung, Gereiztheit;* in U. mit jmdm. leben; U. stiften

un|frucht|bar ⟨Adj.⟩ **1** nicht fähig, Kinder zu empfangen bzw. zu zeugen; vgl. *steril (2)* **2** nicht fruchtbar, wenig Ernteertrag bringend; ~er Boden **3** nicht ergiebig, nicht schöpferisch; ~e Schaffensperiode; ~e Diskussion **Un|frucht|bar|keit** ⟨f., -, nur Sg.⟩

Un|fug ⟨m., -s, nur Sg.⟩ **1** *Handlungsweise, die andere belästigt und stört;* U. treiben; grober U. **2** *Unsinn;* U. reden

Un|gar ⟨m.11⟩ *Einwohner von Ungarn;* Syn. *Madjar, Magyar*

un|ga|risch ⟨Adj., o.Steig.⟩ *Ungarn betreffend, zu ihm gehörig, aus ihm stammend;* ~e Sprache *eine finnisch-ugrische Sprache*

un|gast|lich ⟨Adj.⟩ **1** nicht gastlich, nicht gastfreundlich; ein ~es Haus; ein ~er Empfang; sie sind u. **2** *unwohnlich, ungemütlich;* ein ~es, kaltes Zimmer **Un|gast|lich|keit** ⟨f., -, nur Sg.⟩

un|ge|ach|tet ⟨Präp. mit Gen.⟩ *ohne ... zu berücksichtigen, trotz;* u. seiner Fehler, (auch) seiner Fehler u.

un|ge|ahnt ⟨Adj., o.Steig.; ugs.⟩ *(in seiner Größe, Bedeutung u.ä.) nicht im voraus erkennbar, ersichtlich;* ~e Möglichkeiten, Kräfte

un|ge|bär|dig ⟨Adj.⟩ *schwer zu bändigen, schwer zurückzuhalten, wild;* ~es Kind; ~e junge Hunde, Pferde [zu mhd. *ungebaerde* "unziemliches, unfreundliches Benehmen", zu *gebærde* "Benehmen, Wesen"] **Un|ge|bär|dig|keit** ⟨f., -, nur Sg.⟩

un|ge|be|ten ⟨Adj.⟩ *nicht eingeladen, nicht erwünscht;* ~e Gäste

un|ge|beugt ⟨Adj., o.Steig.⟩ **1** nicht gekrümmt **2** ⟨Gramm.⟩ *ohne Beugung* **3** nicht erschüttert; u. von Schicksalsschlägen

un|ge|bo|ren ⟨Adj., o.Steig.⟩ *(noch) nicht geboren;* ~es Leben; ein ~es Kind

un|ge|braucht ⟨Adj., o.Steig.⟩ *(noch) nicht gebraucht, nicht benutzt;* ein ~es Handtuch

un|ge|bro|chen ⟨Adj.⟩ **1** nicht unterbrochen, nicht abgelenkt; ein ~er Lichtstrahl **2** vom Schicksal nicht erschüttert; sein Wille ist u.

Un|ge|bühr ⟨f., -, nur Sg.; veraltend⟩ *Ungehörigkeit;* er war sich der U. seines Benehmens gar nicht bewußt

un|ge|bühr|lich ⟨Adj.⟩ **1** ungehörig; sich u. benehmen **2** *allzu, über das normale Maß hinaus;* u. hohe Steuern

un|ge|bun|den ⟨Adj.⟩ *nicht gebunden; ohne Bindung(en), frei;* ein ~es Leben führen; er ist politisch u.

un|ge|deckt ⟨Adj., o.Steig.⟩ **1** ohne Bedeckung; ein noch ~es Dach **2** ohne Schutz, Deckung; er traf ihn an einer ~en Stelle ⟨Boxen⟩; ein ~er Springer ⟨Ballspiele⟩; ein ~er Spieler ⟨Ballspiele⟩ **3** ⟨Bankw.⟩ *ohne entsprechendes Guthaben;* ein ~er Scheck, Wechsel **4** *(noch) nicht für eine Mahlzeit hergerichtet;* der Tisch ist u.

Un|ge|duld ⟨f., -, nur Sg.⟩ *Mangel an Geduld, Unfähigkeit zur Geduld;* mit wachsender U. auf jmdn. warten; seine U. bezähmen, zügeln; von U. getrieben; vor U. vergehen

un|ge|dul|dig ⟨Adj.⟩ *ohne Geduld, voller Ungeduld;* ein ~er Frager; u. hin- und herlaufen

un|ge|eig|net ⟨Adj.⟩ *nicht geeignet, nicht genügend, nicht passend;* ein ~es Mittel; ein ~er Augenblick; sie ist für diese Tätigkeit u.; er ist der ~e Mann für sie

un|ge|fähr **I** ⟨Adj., o.Steig.⟩ *annähernd, nicht ganz genau;* er weiß nur die ~en Preise; eine ~e Einschätzung **II** ⟨Adv.⟩ *annähernd, schätzungsweise, etwa;* das kostet u. 10 Mark; geben Sie mir u. noch einmal soviel; er wird u. um 10 Uhr kommen; das kommt nicht von u. *das ist kein Zufall;* so u.!; ⟨ugs.⟩ *man kann es so bezeichnen, man kann es so ausdrücken;* „Und dann hast du ihn kräftig verprügelt?" „So u.!"

un|ge|früh|stückt ⟨Adj., o.Steig.; ugs., scherzh.⟩ *ohne gefrühstückt zu haben;* wir gingen u. aus dem Haus

un|ge|fü|ge ⟨Adj., o.Steig.⟩ *formlos, plump, schwerfällig;* ein ~r Mensch; eine u. Schrift

un|ge|hal|ten ⟨Adj.⟩ *ärgerlich, verstimmt* **Un|ge|hal|ten|heit** ⟨f., -, nur Sg.⟩

un|ge|hemmt ⟨Adj., -er, am -esten⟩ *nicht gehemmt, ohne Hemmung;* frei u. miteinander reden

un|ge|heu|er ⟨Adj., ungeheurer, am -sten⟩ **1** *sehr groß, riesig;* ungeheure Kräfte, Menge; die Menge steigt ins ungeheure **2** ⟨als Adv.⟩ *sehr (viel);* u. viel warten; seine u. starke

Un|ge|heu|er ⟨n.5⟩ **1** *großes, häßliches Fabeltier* **2** *wildes, großes Tier;* ein U. von einem Bären **3** *grausamer, brutaler Mensch*

un|ge|heu|er|lich ⟨Adj.⟩ **1** *sehr groß, übermäßig, ungeheuer;* ~e Anstrengungen **2** *empörend, unglaublich;* eine ~e Behauptung **Un|ge|heu|er|lich|keit** ⟨f.10⟩ **1** ⟨nur Sg.⟩ *das Ungeheuerlichsein* **2** *ungeheuerliche Handlung, Äußerung*

un|ge|hin|dert ⟨Adj.⟩ *ohne gehindert zu werden, ohne Behinderung;* ~e Bewegungsfreiheit haben; u. über die Grenze gelangen

un|ge|ho|belt ⟨Adj., o.Steig.⟩ **1** nicht gehobelt; ~e Bretter **2** ⟨übertr.⟩ *unhöflich, unerzogen, grob;* ein ~er Kerl; ~es Benehmen

un|ge|hö|rig ⟨Adj.⟩ *die Regeln des Anstandes verletzend;* eine ~e Antwort geben; sich u. benehmen **Un|ge|hö|rig|keit** ⟨f.10⟩ **1** ⟨nur Sg.⟩ *das Ungehörigsein* **2** *ungehörige Handlung, Äußerung*

un|ge|hor|sam ⟨Adj.⟩ *nicht gehorsam, nicht gehorchend;* ~er Junge; ein ~es Pferd

Un|ge|hor|sam ⟨m., -s, nur Sg.⟩ *das Ungehorsamsein;* wegen ~s bestraft werden

Un|geist ⟨m., -(e)s, nur Sg.⟩ *zersetzende, zerstörerische Gesinnung;* der U. des Faschismus

un|gei|stig ⟨Adj.⟩ *uninteressiert an geistigen Dingen;* ein ~er Mensch

un|ge|klärt ⟨Adj.⟩ *nicht geklärt, nicht klar;* ein ~er Fall, Vorgang; aus ~en Ursachen

un|ge|krönt ⟨Adj., o.Steig.⟩ *ohne Krone, ohne Herrscheramt;* ~e Angehörige des Adels; er ist der ~e König des Fußballs ⟨ugs.⟩ *er ist unbestritten der beste Fußballer*

un|ge|le|gen ⟨Adj.⟩ *nicht gelegen, nicht passend;* ~er Besuch; ~er Zeitpunkt; das kommt mir u.

Un|ge|le|gen|heit ⟨f.10⟩ *Unannehmlichkeit, Mühe;* jmdm. ~en bereiten

un|ge|lenk ⟨Adj., -er, am -esten⟩ *unbeholfen, ungeschickt (in den Bewegungen);* ~e Schrift; sich u. bewegen

un|ge|lernt ⟨Adj., o.Steig.⟩ *nur in der Fügung* ~er Arbeiter *Arbeiter, der nicht für einen bestimmten Beruf ausgebildet ist*

un|ge|lo|gen ⟨Adv., ugs.⟩ *wirklich, tatsächlich;* er hat u. fünf Tore geschossen

Un|ge|mach ⟨n., -s, nur Sg.⟩ *Unglück, Beschwernis*

un|ge|mein ⟨Adj., o.Steig.⟩ **1** *sehr groß, mehr als gemeinhin, mehr als üblich;* es macht mir ein ~es Vergnügen, zuzusehen, wie ...; er ist von ~er Höflichkeit **2** ⟨als Adv.⟩ *sehr, überaus;* er ist u. höflich; das ist u. schwierig

un|ge|müt|lich ⟨Adj.⟩ **1** *nicht gemütlich;* eine ~e Wohnung; hier ist es u. **2** *unbehaglich, unangenehm;* eine ~e Atmosphäre; ein ~es Gefühl; eine ~e Lage **3** *unfreundlich, unwirsch;* er ist ein ~er Patron; er kann sehr u. werden

un|ge|nau ⟨Adj., -er, am -esten⟩ **1** *nicht genau;* die Messungen sind u.; die Uhr geht u. **2** *nicht genau bestimmt oder festgelegt;* eine ~e Bezeichnung; ich habe davon nur eine ~e Vorstellung **3** *nicht (mit einer Vorlage) übereinstimmend;* eine ~e Wiedergabe, Zeichnung **4** *nicht sorgfältig;* u. arbeiten **Un|ge|nau|ig|keit** ⟨f.10⟩

un|ge|niert ⟨[-ʒə-] Adj., -er, am -esten⟩ *ohne sich zu genieren, frei, ungezwungen*

un|ge|nieß|bar ⟨Adj.⟩ **1** *nicht genießbar, nicht zum Verzehr geeignet;* dieser Pilz ist u. **2** *sehr schlecht schmeckend;* das Essen ist u. **3** ⟨ugs.⟩ *übellaunig, unausstehlich;* der Direktor ist heute u. **4** ⟨übertr.⟩ *sehr schlecht;* eine ~e Inszenierung

un|ge|nü|gend ⟨Adj., o.Steig.⟩ *nicht genügend, nicht ausreichend, erhebliche Mängel habend, nicht zufriedenstellend;* ~e Leistung; ~e Versorgung; u. vorbereitet sein; die Note „ungenügend" bekommen

un|ge|pflegt ⟨Adj., -er, am -esten⟩ *nicht gepflegt, vernachlässigt, unordentlich, unsauber;* ein ~er Garten; ~es Haar; u. aussehen

un|ge|ra|de ⟨Adj., o.Steig.; Math.⟩ *nicht durch zwei teilbar;* auch: *ungrade;* ~e Zahl

un|ge|ra|ten ⟨Adj., o.Steig.⟩ *nur als Attr. und mit „sein"] falsch erzogen, schlecht erzogen;* ~es Kind

un|ge|recht ⟨Adj., -er, am -esten⟩ *nicht gerecht, gegen die Gerechtigkeit verstoßend;* ein ~es Urteil; eine ~e Strafe; jmdn. u. behandeln; gegen jmdn. u. sein

Un|ge|rech|tig|keit ⟨f.10⟩ **1** ⟨nur Sg.⟩ *das Ungerechtsein, ungerechte Beschaffenheit;* seine U. muß kritisiert werden; die U. der Verhältnisse anprangern **2** *ungerechtes Verhalten, ungerechte Sache;* eine U. begehen; das ist eine schreiende U.!

un|ge|reimt ⟨Adj., -er, am -esten⟩ **1** ⟨o.Steig.⟩ *nicht in Reimen abgefaßt* **2** ⟨übertr.⟩ *unsinnig, unverständlich;* ~es Zeug reden

un|gern ⟨Adv.⟩ *nicht gern;* etwas u. tun; ich sehe es u., daß ...

un|ge|rührt ⟨Adj., -er, am -esten⟩ *sich (innerlich) nicht rühren, berühren lassend, (innerlich) unbewegt, mitleidlos;* u. zuschauen, wie ...

un|ge|rupft ⟨Adj.; ugs., in der Wendung⟩ u. davonkommen *ohne Schaden, ohne Verlust davonkommen*

un|ge|sät|tigt ⟨Adj.⟩ **1** *nicht satt, noch hungrig;* u. vom Tisch aufstehen **2** ⟨Chem.⟩ *mit einer Doppel- oder Dreifachbindung zwischen zwei Atomen;* ~e Verbindung; ~e Fettsäure

un|ge|sche|hen ⟨Adj.; nur in Wendungen

wie) das kann man nicht u. machen *das kann man nicht rückgängig machen*

Un|ge|schick ⟨n., -s, nur Sg.⟩ →*Ungeschicklichkeit (1)*

Un|ge|schick|lich|keit ⟨f.10⟩ **1** *mangelndes Geschick, mangelnde Geschicklichkeit;* Syn. *Ungeschick; die Ursache war seine U.* **2** *ungeschicktes Verhalten; eine U. begehen*

un|ge|schickt ⟨Adj., -er, am -esten⟩ **1** *nicht geschickt (1);* ~e *Hände haben; eine* ~e *Bewegung; sich u. anstellen; sich u. ausdrücken* **2** *nicht geschickt (2); sich u. verhalten;* ~e *Verhandlungsführung* **3** *ungelegen, unpassend; er kam zu einem u. Zeitpunkt*

un|ge|schlacht ⟨Adj., -er, am -esten⟩ *von grobem Körperbau, groß und plump*

un|ge|schlif|fen ⟨Adj., -er, am -esten⟩ **1** *nicht geschliffen; ein* ~er *Diamant* **2** ⟨übertr., ugs.⟩ *schlecht erzogen, mit schlechten Manieren; er ist ein* ~er *Kerl* **3** *schlecht, grob;* ~es *Benehmen*

un|ge|schminkt ⟨Adj., -er, am -esten⟩ **1** *ohne Schminke;* ~es *Gesicht* **2** ⟨übertr.⟩ *ohne Beschönigung; die* ~e *Wahrheit*

un|ge|scho|ren ⟨Adj., o.Steig.; nur als Adv.; übertr.⟩ *nicht behelligt, nicht belästigt; jmdn. u. lassen; u. bleiben, davonkommen*

un|ge|schrie|ben ⟨Adj., o.Steig.⟩ **1** *nicht geschrieben; ein* ~er *Brief* **2** *nicht schriftlich festgehalten;* ~es *Recht; eine* ~e *Gesetz* ⟨ugs.⟩ *etwas, das sich eingebürgert hat und Geltung hat, ohne Gesetzescharakter zu haben*

un|ge|se|hen ⟨Adj.⟩ *ohne gesehen zu werden; u. verschwinden*

un|ge|sel|lig ⟨Adj.⟩ *nicht gesellig; eine* ~e *Tierart; ein* ~er *Mensch*

un|ge|setz|lich ⟨Adj., o.Steig.⟩ *nicht gesetzlich, nicht erlaubt;* ~es *Handeln; auf* ~e *Weise vorgehen*

un|ge|stalt ⟨Adj., o.Steig.; †⟩ **1** *formlos; eine* ~e *Masse* **2** *mißgestaltet, unförmig, plump; ein* ~er *Kerl*

un|ge|stört ⟨Adj., -er, am -esten⟩ *ohne Störung, Unterbrechung;* ~er *Ablauf;* ~e *Ruhe;* ~e *Entwicklung; u. arbeiten*

un|ge|straft ⟨Adj., o.Steig.⟩ *ohne Strafe, ohne Schaden; das Verbrechen blieb u.; u. davonkommen*

un|ge|stüm ⟨Adj.⟩ *ungeduldig, heftig, stürmisch, wild; eine* ~e *Umarmung;* ~e *Leidenschaft; jmdn. u. küssen; u. aufspringen* [< mhd. *ungestüme*, zu *gestüeme* „sanft, still", zu *gestemen* „Einhalt tun"]

Un|ge|stüm ⟨n., -s, nur Sg.⟩ *ungestüme Art, leidenschaftliche, heftige Art; mit jugendlichem U.*

un|ge|sund ⟨Adj., ungesünder, am ungesündesten⟩ **1** *nicht gesund wirkend;* ~e *Gesichtsfarbe; u. aussehen* **2** *schlecht für die Gesundheit;* ~es *Essen, Klima; sich u. ernähren* **3** ⟨übertr.⟩ *bedenklich, übertrieben, schlecht;* ~er *Ehrgeiz; eine* ~e *Entwicklung*

un|ge|trübt ⟨Adj., -er, am -esten⟩ *nicht beeinträchtigt;* ~es *Glück;* ~e *Freude*

Un|ge|tüm ⟨n.1⟩ **1** *sehr großes, wildes Tier* **2** ⟨übertr.⟩ *großer, schwerer Gegenstand; ein U. von einem Schrank; wo sollen wir dieses U. hinstellen?*

un|ge|übt ⟨Adj., -er, am -esten⟩ *wegen mangelnder Übung ungeschickt; ein* ~er *Turner; er ist im Schwimmen noch u.*

un|ge|wiß ⟨Adj., ungewisser, am ungewissesten⟩ **1** *nicht festgelegt, nicht feststehend, offen; in ungewisses Schicksal; eine ungewisse Zukunft* **2** *unklar, nicht entschieden, fraglich; der Ausgang des Unternehmens ist u.; jmdn. im ungewissen lassen* **3** *undeutlich, unbestimmt; ungewisse Töne; ein ungewisses Lächeln*

Un|ge|wiß|heit ⟨f.10⟩ *das Ungewißsein; lähmende, quälende U.*

Un|ge|wit|ter ⟨n.5⟩ **1** ⟨†⟩ *Gewitter mit heftigem Niederschlag* **2** ⟨übertr.⟩ *Zornesausbruch*

un|ge|wöhn|lich ⟨Adj.⟩ **1** *vom Gewohnten, Üblichen, Vertrauten abweichend; ein* ~es *Ereignis; ein* ~er *Fall; ein* ~er *Ausdruck;* ~es *Verhalten; er ist u., ein* ~er *Mensch* **2** *das normale Maß übersteigend; eine* ~e *Leistung; ein* ~es *Talent besitzen* **3** ⟨als Adv.⟩ *sehr, besonders; eine u. schöne Frau; ein u. spannendes Buch*

un|ge|wohnt ⟨Adj., -er, am -esten⟩ *nicht gewohnt, nicht vertraut; ein* ~er *Anblick; eine* ~e *Arbeit*

un|ge|zählt ⟨Adj., o.Steig.⟩ **1** *nicht gezählt; das Kleingeld u. liegenlassen* **2** *so viel, daß man es nicht zählen kann; ich habe es ihm* ~e *Male gesagt; ich habe* ~e *Stunden damit zugebracht*

Un|ge|zie|fer ⟨n., -s, nur Sg.⟩ *tierische Schmarotzer und Schädlinge; U. ausrotten*

un|ge|zo|gen ⟨Adj.⟩ *ungehorsam, frech;* ~es *Kind* [eigtl. *unerzogen*]

Un|ge|zo|gen|heit ⟨f.10⟩ **1** ⟨nur Sg.⟩ *das Ungezogensein* **2** *ungezogene Handlung, Äußerung*

un|ge|zü|gelt ⟨Adj.⟩ *unbeherrscht, ohne Maß; mit* ~em *Haß;* ~es *Benehmen; sich u. auf etwas stürzen*

un|ge|zwun|gen ⟨Adj.⟩ *natürlich, ohne Hemmungen und Förmlichkeiten; sich u. unterhalten, benehmen* **Un|ge|zwun|gen|heit** ⟨f., -, nur Sg.⟩

Un|glau|be ⟨m., -ns, nur Sg.⟩ **1** *fehlender Glaube; diese Erklärung ist auf allgemeinen* ~n *gestoßen* **2** *fehlender Glaube an die christliche Botschaft*

un|gläu|big ⟨Adj.⟩ **1** *zweifelnd; jmdn. u. anschauen* **2** *nicht an die christliche Botschaft glaubend;* ~e *Heiden* **Un|gläu|big|keit** ⟨f., -, nur Sg.⟩

un|glaub|lich ⟨Adj.⟩ **1** *so beschaffen, daß man es nicht glauben kann oder will, unwahrscheinlich;* ~e *Verhältnisse;* ~e *Geschichte* **2** *empörend, unerhört;* ~e *Verleumdungen* **3** *sehr viel, sehr groß; mit* ~er *Geschwindigkeit* **4** *unbeschreiblich; eine* ~e *Unordnung; er ist u. faul; eine u. schmutzige Wohnung*

un|glaub|wür|dig ⟨Adj.⟩ *nicht glaubwürdig; eine* ~e *Aussage; der Zeuge ist u.*

un|gleich ⟨Adj., o.Steig.⟩ **1** *nicht gleich, unterschiedlich; ein* ~es *Brüderpaar; sie hat* ~e *Strümpfe an; ein Kampf zwischen* ~en *Gegnern* **2** ⟨als Adv.⟩ *viel, weitaus; er ist der u. bessere Läufer, Schüler;* ~ *schöner als der andere; mit der S-Bahn ist man u. schneller dort als mit dem Bus*

un|gleich|mä|ßig ⟨Adj.⟩ *nicht gleichmäßig;* ~e *Verteilung; sein Puls schlägt u.*

Un|glei|chung ⟨f.10⟩ *Beziehung zwischen mathematischen Größen, die einander ungleich sind*

Un|glimpf ⟨m., -(e)s, nur Sg.; †⟩ *Schaden, Unheil, Schmach; jmdm. U. antun, zufügen* [vgl. *glimpflich*]

Un|glück ⟨n.1⟩ **1** *Ereignis, das Trauer und Bestürzung hervorruft; ein persönliches, schweres U.; das ist kein U. das die U. verfolgt werden; zu allem U. noch obendrein* **2** ⟨nur Sg.⟩ *elende Lage, Verderbnis; jmdn. ins U. bringen, stoßen; in sein U. rennen; sich selbst in eine mißliche Lage bringen* **3** *Unfall (Verkehrs-); es hat ein U. gegeben*

un|glück|lich ⟨Adj.⟩ **1** *traurig, niedergeschlagen; u. dreinschauen, sein* **2** *ungünstig, widrig; in* ~e *Umstände; ein* ~er *Moment* **3** *ungeschickt, unbeholfen; eine* ~e *Figur machen; sich ungeschickt benehmen; eine* ~e *Hand haben; bei etwas kein Geschick zeigen; es ist so u. gestürzt, daß er sich den Fuß gebrochen hat*

un|glück|li|cher|wei|se ⟨Adv.⟩ *aufgrund eines unglücklichen Zufalls oder Zusammentreffens, leider*

un|glück|se|lig ⟨Adj.⟩ **1** *vom Unglück (1) verfolgt; dieser* ~e *Mensch* **2** *sich unglücklich entwickelnd oder entwickelt habend; eine* ~e *Geschichte*

Un|glücks|fall ⟨m.2⟩ *Unfall, Unglück (3); ein schwerer U.*

Un|glücks|mensch ⟨m.10; ugs.⟩ *jmd., der (ständig) Pech hat oder hatte, der versehentlich Schaden angerichtet hat;* Syn. *Unglücksrabe, Unglücksvogel, Unglückswurm*

Un|glücks|ra|be ⟨m.11; übertr., ugs.⟩ →*Unglücksmensch*

Un|glücks|vo|gel ⟨m.6; übertr., ugs.⟩ →*Unglücksmensch*

Un|glücks|wurm ⟨m.4 oder n.4; übertr., ugs.⟩ →*Unglücksmensch*

Un|gna|de ⟨f., -, nur Sg.⟩ *Unwille, Ungunst; sich jmds. U. zuziehen; bei jmdm. in U. fallen; jmds. Wohlwollen verlieren*

un|gnä|dig ⟨Adj.⟩ **1** *keine Gnade kennend* **2** *unfreundlich, verdrießlich; die Sekretärin war sehr u.* **Un|gnä|dig|keit** ⟨f., -, nur Sg.⟩

un|gra|de ⟨Adj., o.Steig.⟩ →*ungerade*

Un|guen|tum ⟨n., -s, -ta; Abk.: Ungt.⟩ *Salbe* [lat.]

un|gül|tig ⟨Adj., o.Steig.⟩ *nicht gültig, ohne Geltung; ein* ~er *Fahrschein; mein Paß wird u.; eine* ~e *Stimme (bei einer Wahl) abgeben*

Un|gunst ⟨f.10⟩ **1** ⟨nur Sg.; selten⟩ *Unwillen; sich jmds. U. zuziehen* **2** ⟨nur Sg.⟩ *ungünstiges Zusammentreffen, ungünstige Beschaffenheit; die U. der Umstände es mit sich, daß ...* **3** *Nachteil; sich zu jmds.* ~en *verrechnen*

un|gün|stig ⟨Adj.⟩ **1** *nicht günstig, unvorteilhaft; ein* ~er *Zeitpunkt;* ~e *Witterung;* ~e *Aussichten haben; diese Farbe ist u. für dich* **2** *nicht freundlich, nicht wohlwollend; eine* ~e *Meinung von jmdm. haben*

un|gut ⟨Adj., o.Steig.⟩ **1** *nicht gut, nicht angenehm; ein* ~es *Verhältnis zu jmdm. haben; nichts für u.! nehmen Sie es nicht übel!* **2** *voll böser Ahnung; ein* ~es *Gefühl haben*

un|halt|bar ⟨auch [un-] Adj.⟩ **1** ⟨Mil.⟩ *nicht zu verteidigen, nicht die Stellung nicht aufrechtzuerhalten, nicht zu rechtfertigen, einer Nachprüfung nicht standhaltend; eine* ~e *These* **3** *so beschaffen, daß es geändert werden muß, unerträglich;* ~e *Zustände*

un|hand|lich ⟨Adj.⟩ *nicht handlich;* ~es *Werkzeug*

Un|heil ⟨n., -s, nur Sg.⟩ *Verhängnis, Mißgeschick, Unglück; U. anrichten, abwenden; ein U. kommen sehen; das U. nimmt seinen Lauf*

un|heil|bar ⟨auch [un-] Adj., o.Steig.⟩ *nicht heilbar;* Syn. *inkurabel; eine* ~e *Krankheit; er ist u. krank*

un|heil|voll ⟨Adj.⟩ *Unheil bringend*

un|heim|lich ⟨auch [un-] Adj.⟩ **1** *Unbehagen bringend, Angst, Schrecken hervorrufend; eine* ~e *Gestalt; dieser Mensch ist mir u.* **2** *unbehaglich, ängstlich; ein* ~es *Gefühl; mir ist u. zumute* **3** ⟨ugs.⟩ *sehr viel, sehr groß;* ~en *Durst haben* **4** ⟨als Adv.⟩ *sehr, überaus; er ist u. dick; das freut mich u.*

un|hold ⟨Adj., -er, am -esten; †⟩ *feindselig, abgeneigt*

Un|hold ⟨m.1⟩ **1** *böser Geist, Teufel, böser Dämon* **2** *Wüstling, Sittlichkeitsverbrecher*

uni [yni] ⟨Adj., o.Steig., o. Dekl.⟩ *einfarbig; die Stoffe sind alle u.; die Wände u. streichen* [frz. „einfarbig, vereinigt", zu *unir* < lat. *unire* „vereinigen"]

Uni ⟨f.9; ugs.⟩ *kurz für* →*Universität*

UNICEF ⟨f., -, nur Sg.; Kurzw. für⟩ *United Nations International Children's Emergency Fund: Internationales Kinderhilfswerk der Vereinten Nationen*

uni|e|ren ⟨V.3, hat uniert; mit Akk.⟩ *vereinigen; unierte Kirchen* [< spätlat. *unire* „vereinigen", zu lat. *unus* „ein, einer"]

Uni|fi|ka|ti|on ⟨f.10⟩ *das Unifizieren, Vereinheitlichung*

uni|fi|zie|ren ⟨V.3, hat unifiziert; mit Akk.⟩ *vereinheitlichen* [< lat. *unus* „ein, einer" und *...ficere* (in Zus. für *facere*) „machen"]

uni|form ⟨Adj., o.Steig.⟩ *einheitlich, einförmig;* ~e *Kleidung; die Räume sind allzu u. gestaltet, ausgestattet*

Uni|form ⟨auch [uni-] f.10⟩ *Bekleidung, die nach Stoffart, Farbe, Schnitt und Aufmachung einheitlich getragen wird, um Zusammengehörigkeit zu kennzeichnen* (Militär~, Post~) [< lat. *uniformis* „einförmig, einfach", < *unus* „einer" und *forma* „Form, Gestalt, Äußeres"]

uni|for|mie|ren ⟨V.3, hat uniformiert; mit Akk.⟩ **1** *etwas u. einheitlich machen (und damit eintönig, gleichförmig)* **2** *jmdn. u. mit einer Uniform versehen, in eine Uniform stecken;* uniformierte *Männer* Männer in Uniform

Uni|for|mis|mus ⟨m., -, nur Sg.⟩ *(übertriebenes) Streben nach Einheitlichkeit*

Uni|for|mi|tät ⟨f.10⟩ *Einheitlichkeit, Einförmigkeit*

Uni|ka ⟨Pl. von⟩ *Unikum*

Uni|kat ⟨n.1⟩ *einzige Ausfertigung (eines Schriftstücks, Kunstwerks o.ä.)* [zu *Unikum*]

Uni|kum ⟨n., -s, -ka⟩ **1** *einziges (seiner Art), etwas Seltenes, nur einmal Hergestelltes* **2** ⟨übertr.⟩ *origineller Mensch* [< lat. *unicum* „einziges in seiner Art", zu *unum* „eines"]

uni|la|te|ral ⟨Adj., o.Steig.⟩ *einseitig, nur auf einer Seite gelegen*

Unio my|sti|ca ⟨f., - -, nur Sg.; Mystik⟩ *die geheimnisvolle Vereinigung (der Seele mit Gott)*

Uni|on ⟨f.10⟩ *Vereinigung, Bund, Zusammenschluß (bes. von Staaten und von Kirchen)* [< lat. *unio,* Gen. *unionis,* „Vereinigung, Einheit"]

Unio|nist ⟨m.10⟩ *Anhänger einer Union*

Union Jack ⟨[juːnjən dʒæk] m., - -s, - -s; volkstümliche Bez. für⟩ *die britische Nationalflagge* [engl., < *union* „Union" und *jack* „kleine Flagge"]

Unions|par|tei|en ⟨Pl.; Sammelbez. für⟩ *CDU und CSU*

uni|pe|tal ⟨Adj., o.Steig.; Bot.⟩ *einblättrig* [< *uni* und griech. *petalon* „Blatt"]

uni|son ⟨Adv.⟩ *einstimmig oder in Oktaven (singend, spielend);* auch: *all'unisono*

Uni|so|no ⟨n., -s, -s oder -ni⟩ *einstimmiger Gesang, einstimmiges Spiel, Gesang, Spiel in Oktaven* [< ital. *unisono* „Gleichklang", < spätlat. *unisonus* „eintönig", < lat. *unus* „einer" und *sonus* „Ton"]

uni|tär ⟨Adj., o.Steig.⟩ → *unitarisch*

Uni|ta|ri|er ⟨m.5⟩ *Anhänger einer Richtung der protestantischen Kirche, die die Dreifaltigkeit ablehnt und die Einheit Gottes betont*

uni|ta|risch ⟨Adj., o.Steig.⟩ *Einheit erstrebend;* Syn. *unitär*

Uni|ta|ris|mus ⟨m., -, nur Sg.⟩ **1** *Streben nach Einheit, nach Festigung der Zentralgewalt, nach einheitsstaatl. Form;* Ggs. *Föderalismus* **2** *Lehre der Unitarier* [Ableitung von *Unität* „Einheit", < lat. *unitas,* Gen. *-atis,* „Einheit, Gleichheit", zu *unum* „eines"]

Uni|ta|rist ⟨m.10⟩ *Anhänger, Vertreter des Unitarismus*

Uni|tät ⟨f., -, nur Sg.⟩ **1** *Einigkeit, Übereinstimmung* **2** *Einzigartigkeit* [< lat. *unitas,* Gen. *-atis,* „Einheit"]

United Na|tions ⟨[juːnaɪtɪd neɪʃənz] Pl.; Abk.: UN⟩ *Vereinte Nationen;* vgl. *UNO* [engl.]

United Nations Or|ga|ni|za|tion ⟨[juːnaɪtɪd neɪʃənz ɔːɡənaɪzeɪʃən] f., - - -, nur Sg.; Kurzw.: UNO⟩ *Organisation der Vereinten Nationen* [engl.]

uni|ver|sal ⟨Adj.⟩ *allgemein, umfassend, gesamt;* Syn. *universell* [< lat. *universalis* „allgemein", < *universus* „ganz, sämtlich"]

Uni|ver|sal|er|be ⟨m.11⟩ *Alleinerbe*

Uni|ver|sal|ge|nie ⟨[-ʒəniː] n.9; ugs.⟩ *jmd., der auf vielen Gebieten sehr befähigt ist*

Uni|ver|sal|ge|schich|te ⟨f., -, nur Sg.⟩ *Weltgeschichte*

Uni|ver|sa|li|en ⟨Pl.⟩ *Gattungsbegriffe, allgemeine Begriffe*

Uni|ver|sal|in|stru|ment ⟨n.1⟩ *Winkelmeßgerät zum Bestimmen von Höhe und Azimut eines Gestirns*

Uni|ver|sa|lis|mus ⟨m., -, nur Sg.⟩ **1** *Lehre, daß das Ganze dem Einzelnen übergeordnet sein müsse* **2** *Vielseitigkeit, Begabung oder Betätigung auf vielen Gebieten*

Uni|ver|sa|li|tät ⟨f., -, nur Sg.⟩ **1** *Gesamtheit, Allseitigkeit* **2** *Vielseitigkeit, vielseitige Bildung, umfassendes Wissen; die U. seines Wissens* [zu *universal*]

Uni|ver|sal|mit|tel ⟨n.5⟩ *Allheilmittel, Allerweltsmittel*

uni|ver|sell ⟨Adj.⟩ → *universal*

Uni|ver|sia|de ⟨f.11⟩ *zweijährlich stattfindender, internationaler sportlicher Wettkampf zwischen Studenten*

Uni|ver|si|tät ⟨f.10⟩ auch: ⟨ugs.; kurz⟩ *Uni* **1** *höchste Bildungsstätte zur Pflege der Gesamtheit der Wissenschaften in Forschung und Lehre* **2** *Gebäude dafür* [< lat. *universitas,* Gen. *-atis,* „Gesamtheit", zu *universus* „in eins gekehrt, ganz, gesamt, sämtlich", < *unum* „eines" und *versus* „gewendet"]

Uni|ver|sum ⟨n., -s, -sa⟩ → *Weltall* [< lat. *universum* „das Ganze, Gesamte, Weltall", eigtl. „das in eins Gewendete, in eins Zusammengefaßte", < *unum* „eines" und *versus* „gewendet", zu *vertere* „wenden"]

Un|ke ⟨f.11⟩ *Froschlurch mit dunklem, warzigem Rücken und leuchtend gefärbter Unterseite* (Gelbbauch~, Rotbauch~) [< ahd. *unch* „Schlange"]

un|ken ⟨V.1, hat geunkt; o.Obj.; ugs.⟩ *Unheil, Unangenehmes prophezeien; er muß immer u.*

un|kennt|lich ⟨Adj.⟩ *so beschaffen, daß es, er nicht mehr erkannt werden kann;* sich u. machen

Un|kennt|lich|keit ⟨f., -, nur Sg.⟩ *das Unkenntlichsein; die Leiche war bis zur U. verstümmelt*

Un|kennt|nis ⟨f., -, nur Sg.⟩ *mangelnde Kenntnis, Nichtwissen; er ist von haarsträubender U. auf diesem Gebiet; in U. handeln; jmdn. in U. über etwas lassen*

un|kind|lich ⟨Adj.⟩ *der Art eines Kindes nicht entsprechend;* ~e *Äußerungen*

un|klar ⟨Adj.⟩ **1** *nicht klar, undeutlich, unverständlich;* ein ~es *Bild;* eine ~e *Aussage;* ein ~er *Bericht; das ist mir u.* **2** *nicht geklärt, fraglich;* eine ~e *Lage; ich bin mir im ~en, ob ...; jmdn. im ~en über etwas lassen*

Un|klar|heit ⟨f.10⟩ **1** *das Unklarsein, unklare Beschaffenheit; die U. einer Aussage, eines Berichts* **2** *unklare Sache; hier bestehen noch einige* ~en; ~en *beseitigen*

un|klug ⟨Adj., o.Steig.⟩ *nicht klug (3), nicht geschickt, unüberlegt;* ~es *Verhalten; es wäre u., ihm das jetzt zu sagen*

un|kon|ven|tio|nell ⟨Adj.⟩ **1** *von der gesellschaftlichen Konvention abweichend, vom Üblichen abweichend;* eine ~e *Entscheidung, Meinung; u. vorgehen, handeln* **2** *nicht förmlich, zwanglos;* ~e *Kleidung*

Un|ko|sten ⟨nur Pl.⟩ **1** *Kosten, die dem Einzelerzeugnis nicht angerechnet werden können, sondern auf alle Erzeugnisse umgelegt werden* **2** ⟨ugs.⟩ *Kosten, Ausgaben; sich in U. stürzen viel ausgeben;* ohne *U.*

Un|ko|sten|bei|trag ⟨m.2⟩ *Beitrag zu entstandenen Unkosten, von jmdm. anteilig zu entrichten;* einen *U. leisten*

Un|kraut ⟨n.4⟩ *Pflanze, die Kulturpflanzen bedrängt oder sich in künstlichen Pflanzungen unerwünscht ansiedelt;* Syn. ⟨neue, wertfreie Bez.⟩ *Wildkraut; U. jäten; U. vergeht nicht, verdirbt nicht* ⟨ugs.⟩ *bestimmten Menschen passiert nichts*

Unk|ti|on ⟨f.10⟩ *Einreibung, Salbung* [< lat. *unctio,* Gen. *-onis,* „das Salben, Salbe", *ungere* „salben, bestreichen"]

un|kul|ti|viert ⟨Adj., -er, am -esten⟩ **1** *nicht bebaut, nicht kultiviert;* ~es *Ackerland* **2** *keine Kultur (6) besitzend;* ein ~er *Mensch;* ~es *Benehmen*

Un|kul|tur ⟨f., -, nur Sg.⟩ *Mangel an Kultur, unkultiviertes Benehmen*

un|kun|dig ⟨Adj., mit Gen.⟩ *nicht kundig; er ist des Lesens, des Schreibens u.; ich bin des Weges u.*

un|längst ⟨Adv.⟩ *kürzlich, neulich*

un|lau|ter ⟨Adj.⟩ *unehrlich, nicht anständig;* ~e *Absichten;* ~er *Wettbewerb Wettbewerb mit ungesetzlichen Mitteln*

un|lei|d|lich ⟨Adj.⟩ *schlecht gelaunt, unverträglich; der Chef ist heute u.;* ein ~es *Kind*

un|leug|bar ⟨auch [ʊn-] Adj.⟩ *nicht zu leugnen, nicht zu bestreiten; es ist eine Tatsache, daß ... eine nicht zu leugnende Tatsache; die Vorteile der Sache sind u.*

un|lieb|sam ⟨Adj.⟩ *unangenehm;* ~e *Folgen; u. auffallen*

un|lös|bar ⟨auch [ʊn-] Adj., o.Steig.⟩ **1** *nicht aufzulösen;* eine ~e *Verbindung;* ein ~er *Knoten* **2** *nicht zu lösen, nicht zu klären;* ein ~es *Rätsel;* eine ~e *Aufgabe*

un|lös|lich ⟨Adj., o.Steig.; Chem.⟩ *nicht löslich; dieser Stoff ist in Wasser u.*

Un|lust ⟨f., -, nur Sg.⟩ *Mangel an Freude, an Lust, Verdrießlichkeit;* Ggs. *Lust (1);* mit *U. etwas beginnen, an die Arbeit gehen*

Un|lust|ge|fühl ⟨n.1⟩ *Gefühl der Unlust, Mangel an Freude;* Ggs. *Lustgefühl*

un|lu|stig ⟨Adj.⟩ *ohne Lust zu haben, ohne Freude, widerwillig; nur u. mitspielen; u. an die Arbeit gehen*

un|männ|lich ⟨Adj.⟩ *nicht charakteristisch für einen Mann; sich u. verhalten; u. aussehen*

Un|maß ⟨n., -es, nur Sg.⟩ *Übermaß;* ein *U. an, von Arbeit*

Un|mas|se ⟨f.11⟩ → *Unmenge*

un|maß|geb|lich ⟨Adj.⟩ *nicht maßgeblich, nicht wichtig; was du denkst, ist hier u.; nach meiner* ~en *Meinung sollten wir ... ich verstehe zwar nichts davon, aber ich meine, wir sollten ...*

un|mä|ßig ⟨Adj.⟩ *über das (normale) Maß hinausgehend;* ~e *Forderungen; u. viel essen; er ist u. dick*

Un|men|ge ⟨f.11⟩ *sehr große Menge;* Syn. *Unmasse;* ~n *von Menschen;* ~n *essen*

Un|mensch ⟨m.10⟩ *grausamer, roher Mensch; dieser U. schlägt seine Frau; ich bin doch kein U.* ⟨ugs.⟩ *mit mir kann man doch reden, umgehen*

un|mensch|lich ⟨Adj.⟩ **1** *ohne Menschlichkeit, menschenfeindlich;* ~e *Grausamkeit, Härte;* ein ~er *Herrscher;* ~e *Verhältnisse menschenunwürdig;* ~e *Verhältnisse* **3** *sehr (groß), fast nicht zu ertragen;* ~e *Hitze; u. leiden; er hat Unmenschliches geleistet*

un|merk|lich ⟨Adj.⟩ *kaum wahrnehmbar;* eine ~e *Veränderung*

un|miß|ver|ständ|lich ⟨Adj.⟩ *so beschaffen, daß man es nicht mißverstehen kann;* ~e *Ausdrucksweise; ich habe ihm u. klargemacht, daß ...*

un|mit|tel|bar ⟨Adj.⟩ **1** *(räumlich oder zeitlich) ganz nahe, nächst, gleich anschließend, gleich;* die ~en *Folgen; er ist ihr* ~er *Vorgesetzter; der Garten liegt u. hinter dem Haus, u. neben der Straße; sein Besuch steht u. bevor* **2** *ohne Umweg, gerade; der Weg führt u. zum See* **3** *ohne Umweg über das Denken; sein Beweis ist u. einleuchtend; dieses Erlebnis hat mich ganz u. berührt*

un|mög|lich ⟨auch [ʊn-] Adj.⟩ **1** ⟨o. Steig.⟩ *nicht möglich, nicht durchführbar;* ein ~es *Vorhaben; das ist (ganz) u.* **2** *völlig vom Üblichen abweichend, fast komisch; du siehst in dem Kleid u. aus; sich u. machen sich sehr* unbeliebt machen 3 unerträglich; du bist u.! ⟨ugs.⟩; unter ~en Verhältnissen arbeiten 4 merkwürdig, nicht zusammenpassend; er sammelt die ~sten Dinge 5 ⟨als Adv.⟩ auf keinen Fall; so kann es u. weitergehen

Un|mög|lich|keit ⟨f., -, nur Sg.⟩ 1 unmögliche Beschaffenheit; er sah die U. seines Vorhabens ein 2 etwas Unmögliches; das ist ein Ding der U. das ganz unmöglich

un|mo|ra|lisch ⟨Adj.⟩ ohne Moral, unsittlich; ein ~er Lebenswandel; u. handeln

un|mün|dig ⟨Adj., o.Steig.⟩ →minderjährig; Ggs. mündig

Un|mut ⟨m., -(e)s, nur Sg.⟩ starke gefühlsmäßige Unzufriedenheit, Ärger, Mißfallen, Mißbehagen; seinen U. an jmdm. auslassen; seinem U. Luft machen sein Mißfallen äußern

un|mu|tig ⟨Adj.⟩ voller Unmut, verdrießlich

un|nach|ahm|lich ⟨Adj., o.Steig.⟩ nicht nachzuahmen, einzigartig, nicht vergleichbar; sie hat einen ~en Charme

un|nach|gie|big ⟨Adj.⟩ nicht nachgiebig (2); ~e Härte; sich u. zeigen

un|nach|sich|tig ⟨Adj.⟩ ohne Nachsicht; sich u. zeigen; Mißbräuche werden u. bestraft

un|nach|sicht|lich ⟨Adj.; †⟩ unnachsichtig

un|nah|bar ⟨Adj.⟩ verschlossen, unzugänglich, abweisend; ~e Haltung; er wirkt u.

Un|na|tur ⟨f., -, nur Sg.⟩ Unnatürlichkeit

un|na|tür|lich ⟨Adj.⟩ 1 in der Natur nicht vorkommend; ~e Farben 2 nicht der Natur entsprechend; eine ~e Lebensweise 3 gekünstelt, geziert; ~es Benehmen **Un|na|tür|lich|keit** ⟨f., -, nur Sg.⟩

un|nö|tig ⟨Adj.⟩ nicht nötig, überflüssig; sich ~e Ausgaben machen; ~er Aufwand; sich ~e Sorgen machen; sich u. Sorgen machen

un|nö|ti|ger|wei|se ⟨Adv.⟩ obwohl es unnötig war, jetzt; er ist den kurzen Weg u. mit dem Auto gefahren

un|nütz ⟨Adj., -er, am -esten⟩ 1 keinen Nutzen bringend, nicht nötig; ~e Ausgaben 2 ⟨ugs.⟩ nichtsnutzig; dieses ~e Kind!

UNO ⟨f., -, nur Sg.⟩ Kurzw. für United Nations Organization: Organisation der Vereinten Nationen

un|ord|ent|lich ⟨Adj.⟩ 1 nicht ordentlich (1), ohne Ordnungsliebe; ein ~er Mensch; er ist sehr u. 2 nicht aufgeräumt; ein ~es Zimmer; er hat seinen Arbeitsplatz sehr u. hinterlassen 3 nicht sorgfältig; eine ~e Seminararbeit; u. arbeiten 4 moralisch bedenklich; sie ist eine ~e Person

Un|ord|nung ⟨f., -, nur Sg.⟩ Zustand mangelnder Ordnung; in U. geraten; etwas in U. bringen; eine heillose U. hinterlassen

un|paar ⟨Adj.⟩ →unpaarig

Un|paar|hu|fer ⟨m.5⟩ Säugetier, bei dem das Hauptgewicht des Körpers auf der Mittelzehe lastet (und die übrigen Zehen rückgebildet sind, z.B. Nashorn, Pferd); Syn. Unpaarzeher; Ggs. Paarhufer

un|paa|rig ⟨Adj., o.Steig.; Biol.⟩ nicht paarig; auch: unpaar; Ggs. paarig; u. gefiedertes Blatt

Un|paar|ze|her ⟨m.5⟩ →Unpaarhufer

Un|par|tei|i|sche(r) ⟨m.17 oder 18; Sport⟩ Schiedsrichter

un|paß ⟨Adv.⟩ ungelegen, zur unrechten Zeit; das kommt mir u.

un|pas|send ⟨Adj.⟩ 1 ungelegen, ungünstig; im ~en Moment kommen 2 nicht passend, nicht angebracht, unschicklich; eine ~e Bemerkung

un|päß|lich ⟨Adv.⟩ nicht ganz gesund, nicht ganz wohl; er ist u.

Un|päß|lich|keit ⟨f.10⟩ Unwohlsein, leichte Erkrankung; wegen einer U. nicht kommen können; kleine ~en

Un|per|son ⟨f.10⟩ bekannte Persönlichkeit, die in der Öffentlichkeit bewußt nicht mehr beachtet oder totgeschwiegen wird; jmdn. zur U. erklären

un|per|sön|lich ⟨Adj.⟩ 1 ⟨o.Steig.; Gramm.⟩ ohne persönliches Subjekt; ~e Verben 2 ohne persönliche Merkmale, Züge, ohne persönliche Eigenart; ein ~er Stil; ein ~es Zimmer; ein ~es Gespräch führen; er wirkt u.

un po|co ⟨Mus.⟩ ein wenig [ital.]

un|po|li|tisch ⟨Adj.⟩ nicht politisch, ohne politisches Interesse; ein ~er Mensch; eine ~e Äußerung

un|po|pu|lär ⟨Adj.⟩ nicht populär, nicht beliebt; eine ~e Maßnahme; ein ~er Politiker

un|prak|tisch ⟨Adj.⟩ 1 nicht gut zu handhaben, nicht handlich; Ggs. praktisch (2); ein ~es Gerät; das ist u. eingerichtet 2 ungeschickt, umständlich; ein ~er Mensch

un|pro|por|tio|niert ⟨Adj., -er, am -esten⟩ schlecht proportioniert

un|pünkt|lich ⟨Adj.⟩ nicht pünktlich, verspätet; ein ~er Mensch; ~es Erscheinen; er ist meist u.; u. kommen

un|qua|li|fi|ziert ⟨Adj., -er, am -esten⟩ 1 nicht entsprechend ausgebildet; ein ~er Arbeiter 2 schlecht ausgeführt; ~e Arbeit 3 mangelnde Kenntnis, kein Urteilsvermögen zeigend; eine ~e Äußerung; u. daherreden

Un|rast ⟨f., -, nur Sg.⟩ 1 Ruhelosigkeit 2 ⟨schweiz.⟩ politische Unruhe

Un|rat ⟨m., -(e)s, nur Sg.⟩ Abfall, Schmutz, Kehricht; U. wittern ⟨übertr., ugs.⟩ Schlimmes ahnen

un|recht ⟨Adj., -er, am -esten⟩ 1 nicht recht (3), dem ⟨Gefühl für⟩ Recht nicht entsprechend; es war u. von dir, ihn zu bestrafen 2 nicht richtig, falsch; jmdm. ~ tun; da hast du u. da hast du nicht recht; du hast nicht ganz u. mit deiner Meinung deine Meinung ist nicht falsch, es ist etwas Wahres an deiner Meinung; an den Unrechten geraten von jmdm. zurückgewiesen, abgewiesen werden 3 nicht günstig, nicht passend; zum ~en Zeitpunkt kommen; das war eine Bemerkung am ~en Ort

un|recht|mä|ßig ⟨Adj., o.Steig.⟩ zu Unrecht, ohne Berechtigung; ~er Besitz; sich etwas u. aneignen

un|red|lich ⟨Adj.⟩ nicht redlich (1), unehrlich; ein ~er Charakter; u. handeln

un|re|gel|mä|ßig ⟨Adj.⟩ 1 nicht regelmäßig, von der Regel abweichend; in ~en Abständen; u. ablaufen 2 in nicht gleichmäßigen Abständen ⟨verlaufend⟩; ~er Herzschlag; ~er Puls; sein Herz schlägt u. 3 nicht ebenmäßig; ~es Gesicht 4 ⟨Gramm.⟩ in der Flexion von der üblichen Regel abweichend; ~e Verben; ~e Pluralbildung

Un|re|gel|mä|ßig|keit ⟨f.10⟩ 1 das Unregelmäßigsein 2 ⟨kleiner⟩ Verstoß, ⟨kleines⟩ Vergehen; eine U. begehen; sich ~en zuschulden kommen lassen

un|reif ⟨Adj.⟩ 1 nicht reif (1); ~e Früchte 2 noch nicht reif (2), ohne Lebenserfahrung; ein ~er Jüngling 3 Mangel an Erfahrung zeigend; diese Gedichte sind noch recht u.

Un|rei|fe ⟨f., -, nur Sg.⟩ das Unreifsein, Mangel an Lebenserfahrung; geistige U.; seine Arbeiten zeugen von jugendlicher U.

un|rein ⟨Adj.⟩ 1 nicht rein, nicht sauber, nicht hygienisch; ~er Atem; ~es Wasser; ~e Haut 2 nicht richtig; ~er Ton 3 ⟨Relig.⟩ verboten, tabu 4 vorläufig, unfertig; einen Aufsatz ins Unreine schreiben or ins Unreine reden, sprechen unvorbereitet, aus dem Stegreif reden, sprechen

un|rett|bar ⟨Adj., o.Steig.⟩ nicht zu retten; u. verloren sein

un|rich|tig ⟨Adj.⟩ nicht richtig, falsch, fehlerhaft; ~e Angaben, Zahlen 2 nicht zutreffend, nicht den Tatsachen entsprechend; eine ~e Darstellung, Schilderung

Un|ruh ⟨f.10⟩ in mechanischen Uhren wie ein Pendel wirkendes Schwungrädchen mit Spiralfeder, das den Gang der Uhr regelt; auch: ⟨ugs.⟩ Unruhe

Un|ru|he ⟨f.11⟩ 1 nur Sg. Mangel an Ruhe, ständige störende Bewegung; die U. des Verkehrs 2 ⟨nur Sg.⟩ Unwille, leichter Zorn; unter den Zuhörern kam U. auf 3 ⟨nur Sg.⟩ Spannung, Ruhelosigkeit, Besorgnis; eine innere U. erfaßte ihn 4 sich laut äußernde Unzufriedenheit; die ~n beilegen; allgemeine, soziale, politische ~n 5 ⟨ugs.⟩ →Unruh

Un|ru|he|herd ⟨m.1⟩ etwas oder jmd., von dem Unruhe ausgeht; auch: Unruhherd; ein politischer U.

Un|ru|he|stif|ter ⟨m.5⟩ jmd., der Unruhe (4) schafft; auch: Unruhstifter

Un|ruh|herd ⟨m.1⟩ →Unruheherd

un|ru|hig ⟨Adj.⟩ 1 voller Unruhe, von Lärm und ständiger Bewegung erfüllt; eine ~e Wohngegend 2 voll innerer Unruhe, nie ruhig bleiben könnend; ein ~er Mensch 3 ständig in Bewegung, aufgewühlt; das Meer ist u. 4 ungleichmäßig; die Maschine läuft u.; er schläft u.; eine ~e Nacht haben 5 besorgt, in Sorge; ich bin u., weil er so lange ausbleibt; sein langes Ausbleiben macht mich u.

un|rühm|lich ⟨Adj.⟩ ohne Ruhm, beschämend; u. zugrunde gehen; sein ~es Abschneiden in der Prüfung

Un|ruh|stif|ter ⟨m.5⟩ →Unruhestifter

uns ⟨Pers.pron., 1. Pers. Pl., Dat. und Akk. von⟩ wir; kannst du u. helfen?; das hat er u. gelernt; hier sind wir unter u. hier werden wir von niemandem gestört; er ist ein Freund von u.!; komm doch mal zu u.!

un|sach|ge|mäß, un|sach|ge|recht ⟨Adj., -er, am -esten⟩ einer Sache nicht angemessen, falsch; ~e Behandlung; ein Gerät u. bedienen, handhaben; mit etwas u. umgehen

un|sach|lich ⟨Adj.⟩ nicht sachlich (1,2,3); ein ~es Argument; eine ~e Darstellung geben; u. werden in der Diskussion

un|sag|bar, un|säg|lich ⟨Adj., o.Steig.⟩ unbeschreiblich, außerordentlich, sehr stark; sich u. freuen; ~e Schmerzen

un|sanft ⟨Adj., o.Steig.⟩ nicht sanft (2), heftig, grob; ein ~er Stoß; jmdn. u. wecken; u. mit einem Baby umgehen

un|sau|ber ⟨Adj.⟩ 1 nicht sauber, schmutzig; ~e Hände, Wäsche 2 nicht reinlich; die Küche ist u. 3 nicht richtig, schlecht gearbeitet, nicht genau, nachlässig; ~e Arbeit; u. nähen 4 ⟨übertr.⟩ nicht einwandfrei, nicht anständig, zweifelhaft, anrüchig; ~e Geschäfte; ~e Angelegenheit; den Gegner u. vom Ball trennen ⟨Sport, Jargon⟩

un|schäd|lich ⟨Adj.⟩ 1 nicht schädlich; ein ~es Mittel; ~e Insekten u. sind harmlos; jmdn. u. machen ⟨ugs.⟩ jmdn. daran hindern, Schaden anzurichten

un|scharf ⟨Adj., am unschärfsten⟩ 1 ⟨Optik⟩ ungenau, verschwommen; das Bild ist u.; ~e Kameraeinstellung 2 nicht genau, nicht treffend; eine ~e Formulierung

un|schein|bar ⟨Adj.⟩ nicht auffällig, ~e Kleidung **Un|schein|bar|keit** ⟨f., -, nur Sg.⟩

un|schick|lich ⟨Adj.⟩ nicht so, wie es sich schickt, unziemlich

Un|schick|lich|keit ⟨f.10⟩ 1 ⟨nur Sg.⟩ das Unschicklichsein 2 unschickliche Handlung, Äußerung

un|schlag|bar ⟨Adj., o.Steig.⟩ 1 nicht zu schlagen, nicht zu besiegen; ein ~er Gegner 2 ⟨ugs.⟩ nicht zu übertreffen, einmalig; im Kopfrechnen ist er u.

Un|schlitt ⟨n.1⟩ →Talg

un|schlüs|sig ⟨Adj.⟩ 1 zu keiner Entscheidung findend, schwankend; sich noch u. sein 2 nicht schlüssig; ~er Beweis **Un|schlüs|sig|keit** ⟨f., -, nur Sg.⟩

un|schön ⟨Adj.⟩ 1 nicht schön; ein ~es Gesicht 2 unangenehm, unerfreulich; eine ~e Angelegenheit; ~es Verhalten

Un|schuld ⟨f., -, nur Sg.⟩ 1 das Schuldlossein; seine U. beteuern; jmdn. wegen erwiesener U. freisprechen 2 Naivität, Einfältigkeit; etwas in aller U. sagen, tun; eine U. vom

unschuldig

Lande ⟨übertr.⟩ *ein naives, unerfahrenes Mädchen* **3** *Jungfräulichkeit, Unberührtheit;* die U. verlieren

un|schul|dig ⟨Adj.⟩ **1** *ohne Schuld, keine Schuld habend;* er ist u.; er ist an diesem Unfall u. **2** *naiv, einfältig;* ein ~es Gesicht machen; eine ~e Frage **3** *unverdorben, rein;* ~ Kinder **4** *jungfräulich;* ein ~es Mädchen

Un|schulds|lamm ⟨n.4⟩ *jmd., der vorgibt, unschuldig (1) zu sein;* das U. spielen

Un|schulds|mie|ne ⟨f.11⟩ *Miene, die Unschuld (1,2) ausdrückt;* eine U. aufsetzen

un|schulds|voll ⟨Adj., o.Steig.⟩ **1** *unverdorben, sittlich rein* **2** *Unschuld (1,2) vortäuschend;* mit ~er Miene

un|schwer ⟨Adj.⟩ *ohne Schwierigkeiten;* das wird sich u. feststellen lassen

Un|se|gen ⟨m., -s, nur Sg.⟩ *Fluch, Verhängnis;* auf diesem Haus liegt ein U.; der Krieg ist ein U. für alle Menschen

un|selb|stän|dig ⟨Adj.⟩ *nicht selbständig, von anderen abhängig;* ein ~er Mitarbeiter; Einkommen aus ~er Arbeit beziehen

un|se|lig ⟨Adj.⟩ *beklagenswert, unglücklich, verhängnisvoll;* ein ~er Gedanke; eine ~e Verkettung von Umständen

un|ser ⟨Personalpron., Gen. von⟩ *wir;* sie gedenken u.

un|se|re ⟨Possessivpron.⟩ *auch:* unsre, unsrige **1** *der, die das uns gehörige, uns zugehörige;* ⟨Kleinschreibung, wenn sich das Wort auf ein vorangegangenes Subst. bezieht⟩ dieser Wagen ist der u. **2** *der, die, das zu uns Gehörige;* er ist der Unsere; die Unseren, die Unsern *unsere Verwandten, unsere Freunde, die mit uns Verbündeten;* wir müssen auch das Unsere dazu tun *unseren Beitrag dazu leisten*

un|se|rer|seits ⟨Adv.⟩ *von uns aus, von unserer Seite her;* auch: unsrerseits, unserseits; wir müssen u. auch etwas dazutun; wir haben ihn u. schon darauf aufmerksam gemacht

un|se|res|glei|chen ⟨Adv.⟩ *Leute wie wir;* auch: unsresgleichen, unsergleichen; wir und u.; wir sind lieber unter u.

un|ser|seits ⟨Adv.⟩ →unsererseits

un|sers|glei|chen ⟨Adv.⟩ →unseresgleichen

un|sert|hal|ben ⟨Adv.⟩ →unsertwegen

un|sert|we|gen ⟨Adv.⟩ *für uns, weil wir es sind;* auch: unsretwegen; Syn. unsrthalben; das haben sie u. getan; das geschieht nur u.

un|sert|wil|len ⟨Adv.⟩ *auch:* unsretwillen; um u. unsertwegen; er hat das nur um u. getan

un|si|cher ⟨Adj.⟩ **1** *nicht sicher, gefährlich;* ein ~er Ort; die Gegend u. machen **2** *gefährdet, fraglich;* ~e Arbeitsplätze **3** *fraglich, zweifelhaft, nicht klar;* ~er Ausgang; ~e Zukunft; sich u. sein **4** *sich seiner selbst nicht sicher;* u. auftreten; jmdn. u. machen; u. im Kopfrechnen sein **5** *ohne Kontrolle durch den Willen, dem Willen nicht gehorchend;* ~en Bewegungen; u. auf den Beinen sein *schwankend gehen* **6** *nicht zuverlässig;* ein ~es Versprechen; eine ~e Methode

Un|si|cher|heit ⟨f.10⟩ **1** ⟨nur Sg.⟩ *das Unsichersein* **2** *unsicherer, unwägbarer Faktor*

un|sicht|bar ⟨Adj.⟩ *nicht sichtbar;* ~e Strahlung; sich u. machen ⟨ugs.⟩ *verschwinden*

Un|sinn ⟨m., -(e)s, nur Sg.⟩ **1** *das Fehlen von Sinn;* Sinn und U. **2** *etwas Törichtes, Unlogisches;* U. machen, reden **3** *Dummheiten, Schabernack;* U. treiben; nur U. im Kopf haben

un|sin|nig ⟨Adj.⟩ **1** *ohne Sinn, ohne Logik;* ~es Gerede; das ist u., was du da sagst **2** ⟨Adv.⟩ *zu sehr, zu viel;* sich u. betrinken **3** ⟨als Adv.⟩ *allzu;* er fährt u. schnell

Un|sit|te ⟨f.11⟩ *schlechte Angewohnheit, schlechter Brauch*

un|sitt|lich ⟨Adj.⟩ *gegen die guten Sitten verstoßend;* ein ~er Antrag; sich jmdm. u. nähern

Un|sitt|lich|keit ⟨f.20⟩ **1** ⟨nur Sg.⟩ *das Unsittlichsein* **2** *unsittliche Handlung, Äußerung*

un|so|zi|al ⟨Adj.⟩ **1** *nicht sozial (2);* ~es Verhalten **2** *sozial unangemessen;* ~e Mieten

un|sport|lich ⟨Adj.⟩ **1** *nicht sportlich;* ein ~er Mensch **2** *nicht fair;* ~es Verhalten

uns|re ⟨Possessivpron.⟩ →unsere

uns|rer|seits ⟨Adv.⟩ →unsererseits

uns|res|glei|chen ⟨Adv.⟩ →unseresgleichen

uns|ret|we|gen ⟨Adv.⟩ →unsertwegen

uns|ret|wil|len ⟨Adv.⟩ →unsertwillen

uns|ri|ge ⟨Possessivpron.⟩ →unsere

un|statt|haft ⟨Adj.⟩ *nicht statthaft, nicht erlaubt, nicht zulässig;* ~es Verhalten

un|sterb|lich ⟨Adj., o.Steig.⟩ **1** *nicht sterblich;* die ~e Seele **2** *unvergänglich, zeitlos;* ~e Melodien **3** ⟨ugs.⟩ *sehr, übermäßig;* sich u. blamieren, verlieben

Un|sterb|lich|keit ⟨f., -, nur Sg.⟩ **1** *das Unsterblichsein* **2** *das ewige Leben, Jenseits;* die U. gewinnen; in die U. eingehen

Un|stern ⟨m.1⟩ *böses Geschick;* über dem Geschehen stand, waltete ein U.; unter einem U. geboren sein

un|stet ⟨Adj., -er, am -esten⟩ *ruhelos, unbeständig;* er ist ein ~er Mensch; er hat einen ~en Blick; er lebt ein ~es Leben

un|still|bar ⟨Adj.⟩ **1** *nicht zu stillen;* ein ~er Blutstrom **2** *nicht zu befriedigen, übermächtig;* ~er Wissensdrang; eine ~e Sehnsucht

un|streitig ⟨Adj.⟩ *nicht zu bestreiten, feststehend;* eine ~e Tatsache; es ist u., daß ...; er hat u. recht

Un|sum|me ⟨f.11⟩ *sehr große Summe;* ~n ausgeben, verdienen

un|sym|pa|thisch ⟨Adj.⟩ *nicht sympathisch, unangenehm;* ein ~er Kerl; es ist mir ein ~er Gedanke, daß ...; er ist mir u.

un|ta|de|lig, un|tad|lig ⟨Adj.⟩ *so beschaffen, daß es nichts daran zu tadeln gibt, ohne Makel, einwandfrei;* ~er Lebenswandel; sich u. benehmen

Un|tat ⟨f.10⟩ *schlimme, böse Tat;* ich bin zu allen ~en bereit ⟨ugs., scherzh.⟩ *ich bin zu allem bereit, ich mache alles mit*

un|tä|tig ⟨Adj.⟩ *nicht tätig, nichts tuend, müßig;* u. herumsitzen, ~ sein; wir mußten u. zusehen, wie ... wir hatten nicht die Möglichkeit einzugreifen, zu helfen

un|taug|lich ⟨Adj.⟩ **1** *nicht brauchbar;* ~es Werkzeug **2** ⟨o.Steig.⟩ *nicht für den Wehrdienst geeignet;* er wurde u. geschrieben **Un|tauglich|keit** ⟨f., -, nur Sg.⟩

un|teil|bar ⟨auch [un-] Adj., o.Steig.⟩ **1** ⟨Math.⟩ *nicht teilbar, außer durch sich selbst oder durch eins;* eine ~e Zahl **2** *nicht zu trennen;* ein ~es Ganzes

un|ten ⟨Adv.⟩ *Ggs. oben* **1** *an einer tieferen Stelle;* das Buch steht u. im Regal; die Kinder sind u. (auf der Straße, im Garten, auf dem Hof); u. im Süden ⟨ugs.⟩ *weit im Süden* [nach der Anordnung der südlichen Himmelsrichtung auf Landkarten] **2** *an einen tiefer gelegenen Ort;* nach u. gehen *hinuntergehen* **3** *in einem tieferen Stockwerk, in einem tieferen Stockwerk;* wir wohnen u.; wir ziehen nach u. **4** *am Boden, am Grund;* im Meer; in der Tasche **5** *in einer niedrigen gesellschaftlichen oder beruflichen Stellung;* er steht ganz u. in der Hierarchie; sich von u. hocharbeiten **6** *weiter hinten im Text;* siehe u.

un|ten|an ⟨Adv.⟩ *ganz unten, an letzter Stelle, am unteren Ende;* u. sitzen, stehen

un|ten|aus ⟨Adv., †⟩ *unten hin; von obenan bis u.*

un|ter I ⟨Präp. mit Dat.⟩ **1** *örtlich, auf die Frage Wo?* **a** *unterhalb des, der;* der Hund liegt u. dem Tisch; u. einem Baum sitzen; er trägt ein Hemd u. dem Pullover; sie wohnen u. uns *in einem tiefer gelegenen Stockwerk;* das Tal steht u. Wasser *das Tal ist überschwemmt* **b** *inmitten;* von den Gästen waren einige Schauspieler **c** *zwischen;* u. ihnen gibt es häufig Streit; u. uns gesagt *vertraulich gesprochen;* der Brief muß sich u. meinen Papieren befinden **d** *außer;* u. anderem, u. anderen ⟨Abk.: u.a.⟩; er hat u. anderem auch von seinen Plänen gesprochen **2** ⟨zeitlich⟩ **a** *während;* u. der Arbeit; u. dem Essen Zeitung lesen ⟨ugs.⟩; u. der Woche habe ich keine Zeit **b** ⟨mit Datum⟩ *am;* ein Brief u. dem Datum vom 3. Mai; u. dem 3. Mai geschrieben **c** *mit weniger als;* Kinder u. 14 Jahren **d** *in weniger als;* u. einer Stunde ist das nicht zu schaffen **3** ⟨zur Bez. einer Rangfolge⟩ *tiefer als;* der Leutnant steht u. dem Hauptmann; das ist u. meiner Würde ⟨übertr.⟩ *das verletzt meine Würde, ist mir nicht gemäß* **4** ⟨zur Bez. einer Größe, eines Wertes, eines Bereichs, einer Grenze⟩ **a** *jenseits der, des;* u. die Temperatur steht u. dem Gefrierpunkt **b** *für weniger als;* etwas u. dem Ladenpreis verkaufen **c** *schlechter als;* das Theaterstück war u. aller Kritik ⟨ugs.⟩; war sehr schlecht **d** *von;* einer u. fünfzig Besuchern; das ist nur eines u. vielen **5** ⟨zur Bez. eines Machtverhältnisses⟩ u. jmds. Herrschaft, Einfluß, Schutz stehen; u. Leitung des Ministeriums; u. Kontrolle des Arztes; u. Zwang handeln, stehen **6** ⟨zur Bez. bestimmter Umstände⟩ u. großen Anstrengungen; u. dieser Bedingung stimme ich zu; jmdn. u. Lebensgefahr erretten; u. Protest den Saal verlassen; u. Umständen ⟨Abk.: u.U.⟩ *vielleicht;* u. allen Umständen *auf jeden Fall, in jedem Fall;* u. Vorbehalt zustimmen; u. dem üblichen Vorbehalt ⟨Abk.: ü.ü.V.⟩ **7** ⟨zur Bez. eines Zustandes⟩ er konnte u. Schmerzen sprechen; u. Tränen etwas gestehen; der Kessel steht u. Druck; er steht u. Alkoholeinfluß **8** ⟨zur Bez. einer Zuordnung⟩ u. falschem Namen reisen; ich bin u. folgender Telefonnummer zu erreichen; der Abend steht u. dem Thema „Frieden" **9** ⟨zur Bez. der Ursache⟩ u. der Hitze leiden **10** *mittels, mit Hilfe;* u. Verwendung der vorliegenden Ergebnisse; u. Ausnutzung der Unwissenheit anderer; u. Umgehung der Vorschriften **II** ⟨Präp. mit Akk.⟩ **1** ⟨örtlich, auf die Frage Wohin?⟩ **a** *an eine Stelle unterhalb des, der;* der Hund kroch u. den Tisch; sich u. einen Baum setzen; eine Jacke u. den Mantel ziehen **b** *bis unterhalb von;* u. Wasser sinken; einen Raum u. Wasser setzen **c** *zwischen, in (eine Menge) hinein;* sich u. die Gäste mischen; eine Neuigkeit u. die Leute bringen *eine Neuigkeit bekanntmachen* **2** ⟨zur Bez. einer Größe, eines Wertes, eines Bereichs, einer Grenze⟩ *bis jenseits des, der;* die Temperatur sinkt u. den Gefrierpunkt **3** ⟨zur Bez. eines Machtverhältnisses⟩ u. jmds. Herrschaft fallen; u. jmds. Einfluß geraten; sich u. jmds. Schutz stellen **4** ⟨zur Bez. eines Zustandes⟩ jmdn. u. Druck setzen **5** ⟨zur Bez. einer Zuordnung⟩ einen Abend u. ein Thema stellen

Un|ter ⟨m.5; dt. Kart.⟩ →Bube (2)

un|ter..., Un|ter... ⟨in Zus.⟩ **1** *unten befindlich,* z.B. unterirdisch, Unterteil **2** *im Rang niedriger stehend (als die übrigen),* z.B. Unteroffizier **3** ⟨in geograph. Namen⟩ *im Süden gelegen,* z.B. unterfränkisch, Unteritalien **4** *kleiner Teil (einer übergeordneten Einheit),* z.B. Unterabteilung, Unterbegriff

Un|ter|arm ⟨m.1⟩ *Teil des Armes zwischen Handwurzel und Ellbogen;* Ggs. Oberarm

Un|ter|bau ⟨m., -(e)s, -bau|ten⟩ **1** ⟨bei Bauwerken⟩ *unterer Teil, der die Lasten auf den Untergrund überträgt (z.B. Fundament)* **2** ⟨Eisenbahn-, Straßenbau⟩ *Schicht, die die Lasten des Oberbaus auf den Grund überträgt (Schotterschicht, Gleiskörper u.a.)*

3 ⟨Forstw.; nur Sg.⟩ *Anpflanzung von Schattenhölzern unter gelichtetem Baumbestand* **4** ⟨allg.⟩ *Grundlage, Basis;* der theoretische U. seiner Politik

Un|ter|bauch ⟨m.2⟩ *Teil des Bauches unterhalb des Nabels;* Ggs. *Oberbauch*

un|ter|bau|en ⟨V.1, hat unterbaut; mit Akk.⟩ *mit einem Bau von unten her stützen;* Ggs. *überbauen*

Un|ter|be|griff ⟨m.1⟩ *einem anderen Begriff untergeordneter Begriff*

un|ter|be|legt ⟨Adj., o.Steig.⟩ *nicht voll belegt, noch Plätze frei habend;* Ggs. *überbelegt;* diese Klinik ist u.

un|ter|be|lich|tet ⟨Adj., o.Steig.⟩ **1** ⟨Fot.⟩ *zu wenig belichtet;* eine ~e Aufnahme **2** ⟨scherzh.⟩ *nicht besonders klug;* etwas u. sein **Un|ter|be|lich|tung** ⟨f.10⟩

Un|ter|be|schäf|ti|gung ⟨f., -, nur Sg.⟩ *Zustand einer Volkswirtschaft, in dem weniger Arbeitsstellen als Arbeitskräfte vorhanden sind;* Ggs. *Überbeschäftigung*

Un|ter|bett ⟨n.12⟩ Ggs. *Oberbett* **1** *dünnes Federbett zwischen Matratze und Leintuch* **2** ⟨bei übereinanderstehenden Betten⟩ *unteres Bett*

un|ter|be|wer|ten ⟨V.2, hat unterbewertet; mit Akk.⟩ *zu niedrig, zu gering bewerten, als unwichtig betrachten oder darstellen;* Ggs. *überbewerten;* jmds. Leistung u. **Un|ter|be|wer|tung** ⟨f.10⟩

un|ter|be|wußt ⟨Adj., o.Steig.⟩ *nur im Unterbewußtsein vorhanden*

Un|ter|be|wußt|sein ⟨n., -s, nur Sg.⟩ *Gesamtheit der geistig-seelischen Vorgänge, die unter der Schwelle des Bewußtseins liegen;* etwas nur im U. wahrnehmen

un|ter|be|zahlt ⟨Adj., o.Steig.⟩ *zu schlecht, zu gering bezahlt;* Ggs. *überbezahlt;* ~e Arbeiter; mit diesem Preis sind die Waren u.

un|ter|bie|ten ⟨V.13, hat unterboten; mit Akk.⟩ *jmdn. oder etwas u. weniger fordern als jmd. anders fordert oder als etwas beträgt;* einen Preis u.

un|ter|bin|den ⟨V.14, hat unterbunden; mit Akk.⟩ **1** *abschnüren und dadurch den Bluten hindern;* eine Ader u. **2** *verhindern, unmöglich machen;* Maßnahmen, Begegnungen u.

un|ter|blei|ben ⟨V.17, ist unterblieben; o.Obj.⟩ *nicht geschehen;* es ist leider unterblieben, Sie zu benachrichtigen

Un|ter|bo|den ⟨m.8⟩ **1** ⟨beim Kfz⟩ *der Straße zugewandte Seite der Bodenplatte* **2** *unter einem Bodenbelag liegende Schicht* **3** *mittlere Verwitterungsschicht in einem Bodenprofil*

un|ter|bre|chen ⟨V.19, hat unterbrochen; mit Akk.⟩ **1** *etwas u.* **a** *vorübergehend nicht weiterführen, vorübergehend mit etwas aufhören;* eine Arbeit, Tätigkeit u.; ein Gespräch u.; die Reise einen Tag u. **b** *stören, verhindern;* einen Ablauf u.; der Blitzschlag hat die Stromzufuhr unterbrochen; ein Ruf unterbrach die Stille **2** *jmdn. u. jmdn. am Weitersprechen hindern, jmdn. ins Wort fallen;* unterbrich mich nicht!; darf ich Sie mit einer Frage u.?

Un|ter|bre|cher ⟨m.5⟩ *elektrisches Gerät, das einen Stromkreis periodisch schließt und öffnet*

Un|ter|bre|chung ⟨f.10⟩ *das Unterbrechen, das Unterbrochensein;* Syn. ⟨schweiz.⟩ *Unterbruch*

un|ter|brei|ten ⟨V.2, hat untergebreitet; mit Dat. und Akk.⟩ *jmdm. etwas u. etwas unter jmdn. breiten;* dem Kranken eine Decke u.; jmdm. einen Teppich u. **un|ter|brei|ten** ⟨V.2, hat unterbreitet; mit Dat. und Akk.⟩ *jmdm. etwas förmlich darlegen, vorlegen;* jmdm. einen Plan, Vorschlag, eine Absicht u.

un|ter|brin|gen ⟨V.21, hat untergebracht; mit Akk.⟩ **1** *etwas u.* **a** *an einen Platz stellen, legen, für etwas einen Platz finden;* den Wagen in der Garage u.; ich bringe die Bücher in dem Regal nicht unter; wo soll ich die vielen Sachen u.? **b** ⟨zur Veröffentlichung⟩ *jmdm. geben (können);* hast du denn deinen Roman inzwischen untergebracht?; einen Artikel, Bericht bei einer Zeitung u. **2** *jmdn. u.* **a** *jmdm. eine Unterkunft verschaffen;* jmdn. im Hotel, bei Freunden u.; wir können dich für eine Nacht bei uns u. **b** *jmdm. eine Stellung verschaffen;* jmdn. bei einer Firma u. **Un|ter|brin|gung** ⟨f., -, nur Sg.⟩

Un|ter|bruch ⟨m.2; schweiz.⟩ → *Unterbrechung*

un|ter|but|tern ⟨V.1, hat untergebuttert; mit Akk.; ugs.⟩ **1** *jmdn. u. jmds. Wirksamkeit einschränken, jmdn. beiseiteschieben, unbeachtet lassen;* aufpassen, daß man nicht untergebuttert wird; wenn du dich nicht anstrengst, wirst du glatt untergebuttert **2** *etwas u. zusätzlich (mit) verbrauchen;* sie haben bei dem Hausbau seine letzten Ersparnisse (mit) untergebuttert

un|ter|des, un|ter|des|sen ⟨Adv.⟩ *inzwischen, während dieser Zeit*

Un|ter|druck ⟨m.2⟩ **1** *Druck, der kleiner als der atmosphärische Druck ist* **2** ⟨Med.⟩ *zu niedriger Blutdruck*

un|ter|drücken ⟨-k·k-; V.1, hat unterdrückt; mit Akk.⟩ **1** *etwas u.* **a** *zurückhalten, nicht zum Ausdruck bringen;* ein Gähnen u.; eine Bemerkung u.; seinen Zorn u. **b** *nicht bekannt werden lassen, nicht aufkommen lassen, nicht stark werden lassen;* einen Vorfall u., eine Nachricht u.; Bestrebungen, Strömungen u. **2** *jmdn. u. jmdn. in seiner Entfaltung, Bewegungsfreiheit, Entscheidungsfreiheit behindern, jmdn. beherrschen;* ein Volk u.; seinen Bruder u.; er ist als Kind zu sehr unterdrückt worden

Un|ter|drückung ⟨-k·k-; f., -, nur Sg.⟩ *das Unterdrücken (2); das Unterdrücktwerden;* unter der U. leiden

un|ter|ein|an|der ⟨Adv.⟩ **1** *eines unter das andere, eines unter dem anderen;* Bilder u. aufhängen **2** *unter uns, unter euch, unter sich, miteinander;* macht das u. aus

un|ter|ein|an|der... ⟨in Zus.⟩ *eines unter dem anderen, eines unter das andere,* z.B. *untereinanderstehen, untereinanderstellen*

un|ter|ent|wickelt ⟨-k·k-; Adj.⟩ *zu wenig entwickelt (z.B. hinsichtlich der Ausprägung bestimmter körperlicher Merkmale, hinsichtlich der Industrialisierung);* er ist körperlich u.; die ~en Länder Afrikas

un|te|re(r, -s) ⟨Adj.⟩ *unter dem anderen, unter den anderen befindlich, weiter unten befindlich;* Ggs. *obere(r, -s);* in der unteren Reihe; am unteren Rhein *in dem Teil des Rheins, der der Mündung am nächsten liegt*

un|ter|er|nährt ⟨Adj., o.Steig.⟩ *nicht ausreichend ernährt*

Un|ter|er|näh|rung ⟨f., -, nur Sg.⟩ *unzureichende Ernährung;* an U. leiden, sterben

un|ter|fah|ren ⟨V.32, hat unterfahren; mit Akk.⟩ *etwas u.* **1** *einen Tunnel unter etwas hindurchführen;* Syn. *untertunneln;* ein Gebäude, eine Straße u. **2** ⟨selten⟩ *unter etwas hindurchfahren;* eine Brücke u. **Un|ter|fah|rung** ⟨f.10⟩

un|ter|fan|gen ⟨V.34, hat unterfangen; refl.; geh.⟩ *sich einer Sache u., sich u., etwas zu tun etwas wagen, sich etwas erlauben;* ich habe mich der U., weil ich glaubte, etwas Richtiges zu tun; wie konntest du dich einer solchen Kühnheit u.?; er hat sich u., zu behaupten, er könne ...

Un|ter|fan|gen ⟨n.7⟩ *Unternehmen;* ein kühnes U.; das ist ein müßiges U.

un|ter|fas|sen ⟨V.1, hat untergefaßt; mit Akk.⟩ → *unterhaken*

un|ter|fer|ti|gen ⟨V.1, hat unterfertigt; mit Akk.; Amtsspr.⟩ *unterschreiben;* ein Formular, ein Gesuch u.

unterhaken

Un|ter|flur|mo|tor ⟨m.13⟩ *unter dem Fahrzeugboden angebrachter Motor*

un|ter|for|dern ⟨V.1, hat unterfordert; mit Akk.⟩ *jmdn. u. zu wenig von jmdm. fordern, jmdn. nicht gemäß seinen Fähigkeiten einsetzen;* Ggs. *überfordern;* ⟨meist im Perf. Passiv⟩ er ist in diesem Betrieb unterfordert

un|ter|füh|ren ⟨V.1, hat unterführt; mit Akk.⟩ *etwas u. unter etwas eine Straße, einen Tunnel hindurchführen;* Ggs. *überführen (II);* eine Eisenbahnlinie, eine Autobahn mit einem Tunnel, mit einer Straße u.

Un|ter|füh|rung ⟨f.10⟩ **1** ⟨nur Sg.⟩ *das Unterführen* **2** *unter etwas hinwegführender Verkehrsweg*

Un|ter|funk|ti|on ⟨f.10⟩ *mangelhafte Funktion (eines Organs);* Ggs. *Überfunktion;* U. der Schilddrüse

Un|ter|fut|ter ⟨n., -s, nur Sg.⟩ *Futter unter dem eigentlichen Futter (bei Mantel, Jacke o.ä.)*

Un|ter|gang ⟨m.2⟩ **1** *das Untergehen (1, 2, 3);* U. der Sonne; der U. der Titanic; der U. eines Reiches, einer Kultur **2** *Verderben, Ruin;* der Alkohol wird sein U.

un|ter|gä|rig ⟨Adj., o.Steig.⟩ *bei Biersorten mit nach Beendigung der Gärung sich am Boden des Bottichs absetzender Hefe;* Ggs. *obergärig*

un|ter|ge|ben ⟨Adj., o.Steig.; nur als Attr. und mit „sein"⟩ *in der beruflichen Stellung niedriger stehend;* die ihm ~en Mitarbeiter; jmdm. u. sein *jmdm. untergeordnet sein, verpflichtet sein, jmds. Anweisungen zu befolgen*

Un|ter|ge|be|ne(r) ⟨m., f.17 oder 18⟩ *jmd., der einem anderen untergeben, unterstellt ist*

un|ter|ge|hen ⟨V.47, ist untergegangen; o.Obj.⟩ **1** *unter den Horizont sinken;* die Sonne geht unter **2** *unter die Wasseroberfläche sinken;* ein Schiff, ein Ertrinkender geht unter **3** *getötet, vernichtet, zerstört werden;* ein Volk, eine Kultur, ein Reich geht unter **4** *verhallen;* sein Ruf ging im Lärm der Flugzeuge unter; seine Rede ging in der allgemeinen Unruhe unter

Un|ter|ge|stell ⟨n.1⟩ **1** *Fahrgestell, Unterbau* **2** ⟨übertr.; ugs.⟩ *Beine;* zieh dein U. ein!

Un|ter|ge|wicht ⟨n., -, nur Sg.⟩ *zu geringes Körpergewicht*

un|ter|glie|dern ⟨V.1, hat untergliedert; mit Akk.⟩ *in weitere kleine Gruppen, Abschnitte gliedern* **Un|ter|glie|de|rung** ⟨f.10⟩

un|ter|gra|ben ⟨V.58, hat untergegraben; mit Akk.⟩ *beim Umgraben mit der Erde vermischen, unter die Oberfläche bringen;* Unkraut, ein Düngemittel u. **un|ter|gra|ben** ⟨V.58, hat untergraben; mit Akk.⟩ **1** *aushöhlen, unterhöhlen;* das Meer, der Fluß untergräbt das Ufer **2** *langsam, kaum merklich zerstören;* Syn. *unterminieren;* mit solchen Bemerkungen untergräbst du deine Autorität, sein Ansehen; der Alkoholgenuß untergräbt seine Gesundheit

Un|ter|gra|bung ⟨f., -, nur Sg.⟩ *das Untergraben, das Untergrabenwerden*

Un|ter|grund ⟨m.2⟩ **1** *Bodenschicht unterhalb des Ackerbodens* **2** *Boden, auf dem ein Gebäude steht oder errichtet werden soll;* felsiger U. **3** *Grund, auf dem etwas gezeichnet oder gemalt wird;* Rot auf schwarzem U. **4** ⟨nur Sg.⟩ *Lebensbereich außerhalb der Legalität, außerhalb der bürgerlichen Gesellschaft;* im U. leben; in den U. gehen

Un|ter|grund|bahn ⟨f.10⟩ *Schienenbahn mit Streckenführung in Tunnels unter Straßenniveau;* auch: ⟨kurz⟩ *U-Bahn*

un|ter|grün|dig ⟨Adj.⟩ *nicht sichtbar, verborgen*

Un|ter|grup|pe ⟨f.11⟩ *Teil einer (größeren) Gruppe*

un|ter|ha|ken ⟨V.1, hat untergehakt; mit Akk.⟩ *jmdn. u. den Arm unter jmds. angewinkelten Arm schieben;* Syn. *unterfassen, unternehmen*

999

un|ter|halb ⟨Präp. mit Gen.⟩ *unter ... gelegen;* Ggs. *oberhalb;* u. des Gipfels

Un|ter|halt ⟨m., -s, nur Sg.⟩ **1** *Kosten der Lebensführung;* seinen U. bestreiten; U. (für ein uneheliches Kind, die geschiedene Ehefrau u.ä.) zahlen; für jmds. U. sorgen **2** *Kosten für die Instandhaltung (von Gebäuden, Institutionen o.ä.)*

un|ter|hal|ten ⟨V.61, hat untergehalten; mit Akk.⟩ etwas u. *etwas unter etwas halten;* ein Gefäß u. (um etwas herausfließende Flüssigkeit o.ä. aufzufangen) **un|ter|hal|ten** ⟨V.61, hat unterhalten⟩ **I** ⟨mit Akk.⟩ **1** jmdn. u. *für jmds. Lebensunterhalt sorgen;* er hat eine fünfköpfige Familie zu u. **2** etwas u. *für den ständigen Ablauf von etwas sorgen, etwas in Funktion, in Fluß, in Bewegung halten;* einen Betrieb, das Feuer u.; Beziehungen zu jmdm. u. **3** jmdn. oder sich u. *jmdm. oder sich die Zeit vertreiben;* jmdn. unterhalte unsere Gäste, bis ich wieder hereinkomme; jmdn. mit dem Erzählen von Anekdoten u.; die Kinder unterhielten sich damit, Steine übers Wasser zu schnellen **II** ⟨refl.⟩ sich (mit jmdm.) u. *mit jmdm. ein Gespräch führen;* sich angeregt, heiter (mit jmdm.) u.

Un|ter|hal|ter ⟨m.5⟩ *jmd., der andere unterhält (3);* er ist ein guter U.

un|ter|halt|lich ⟨Adj., †⟩ *unterhaltsam, unterhaltend*

un|ter|halt|sam ⟨Adj.⟩ *gute Unterhaltung bietend, unterhaltend, anregend, kurzweilig;* ein ~er Abend; es ist sehr u. **Un|ter|halt|sam|keit** ⟨f., -, nur Sg.⟩

un|ter|halts|be|rech|tigt ⟨Adj., o.Steig.⟩ *berechtigt, Zahlungen für den Unterhalt (1) zu empfangen*

Un|ter|halts|pflicht ⟨f., -, nur Sg.⟩ *gesetzliche Pflicht, jmds. Unterhalt (1) zu bezahlen*

Un|ter|halts|pflich|tig ⟨Adj., o.Steig.⟩ *gesetzlich verpflichtet, Unterhalt (1) zu zahlen*

Un|ter|hal|tung ⟨f.10⟩ **1** ⟨nur Sg.⟩ *das Unterhalten (1,2), Instandhalten;* der Wagen ist teuer in der U. **2** *Gespräch von mindestens zwei Personen;* eine gute, lebhafte, ernste U.; die U. beenden, fortführen **3** *angenehmer Zeitvertreib;* musikalische U.; für U. sorgen

Un|ter|hal|tungs|li|te|ra|tur ⟨f., -, nur Sg.⟩ *(meist) wenig anspruchsvolle, unterhaltende Literatur*

Un|ter|hal|tungs|mu|sik ⟨f.10; Kurzw.: U-Musik⟩ *(meist) wenig anspruchsvolle, unterhaltende Musik*

un|ter|han|deln ⟨V.1, hat unterhandelt; o.Obj.⟩ *verhandeln;* mit jmdm. über den Abschluß eines Vertrages u.

Un|ter|händ|ler ⟨m.5⟩ *jmd., der unterhandelt, vermittelt*

Un|ter|hand|lung ⟨f.10⟩ *das Unterhandeln, Verhandlung*

Un|ter|haus ⟨n., -es, nur Sg.⟩ *bes. in Großbritannien* zweite Kammer (des Parlaments); Ggs. *Oberhaus*

Un|ter|hemd ⟨n.12⟩ *Hemd, das direkt auf dem Körper und unter dem Oberhemd getragen wird;* Ggs. *Oberhemd*

Un|ter|hit|ze ⟨f., -, nur Sg.⟩ *bei Backöfen; von unten wirkende Hitze;* Ggs. *Oberhitze*

un|ter|höh|len ⟨V.1, hat unterhöhlt; mit Akk.⟩ *unter der Oberfläche aushöhlen;* der Fluß, das Meer unterhöhlt das Ufer

Un|ter|holz ⟨n., -es, nur Sg.⟩ *niedriges Gehölz (im Wald)*

Un|ter|ho|se ⟨f.11⟩ *Hose, die direkt auf dem Körper und unter der Hose getragen wird*

un|ter|ir|disch ⟨Adj., o.Steig.⟩ **1** *unter der Erdoberfläche befindlich;* Ggs. *oberirdisch* **2** ⟨übertr.⟩ *im verborgenen, nicht sichtbar*

un|ter|jo|chen ⟨V.1, hat unterjocht; mit Akk.⟩ *erobern und dann gewaltsam unterdrücken;* ein Volk, ein Land u.

un|ter|ju|beln ⟨V.1, hat untergejubelt; mit Dat. und Akk.; ugs.⟩ jmdm. etwas u. *jmdm. etwas zuschieben, ohne daß er es merkt;*

jmdm. einen Fehler, eine zusätzliche Arbeit u.

un|ter|kel|lern ⟨V.1, hat unterkellert; mit Akk.⟩ *mit einem Keller ausstatten;* ein Haus u. **Un|ter|kel|le|rung** ⟨f.10⟩

Un|ter|kie|fer ⟨m.5⟩ Syn. *Kinnlade* **1** *zähnetragender, U-förmiger Knochen des Gesichtsschädels* **2** *der durch diesen Knochen gebildete Gesichtsteil mit dem Kinn*

Un|ter|kleid ⟨n.3⟩ *Kleidungsstück (mit Trägern statt der Ärmel), das unter dem Kleid getragen wird*

Un|ter|klei|dung ⟨f., -, nur Sg.⟩ *Kleidung, die direkt auf dem Körper und unter der Oberbekleidung getragen wird;* Syn. *Unterwäsche*

un|ter|kom|men ⟨V.71, ist untergekommen; o.Obj.⟩ **1** *Unterkunft, Obdach finden;* wir sind nach dem Bombenangriff bei Freunden untergekommen **2** *eine Stellung, einen Arbeitsplatz finden;* bei einer Firma u.

Un|ter|kom|men ⟨n., -s, nur Sg.⟩ *Unterkunft, Obdach,* ⟨veraltend auch⟩ *Stellung, Arbeitsplatz;* ein U. suchen, finden; jmdm. ein U. bieten

Un|ter|kör|per ⟨m.5⟩ *untere Hälfte des (menschlichen) Körpers;* Ggs. *Oberkörper*

un|ter|krie|chen ⟨V.73, ist untergekrochen; o.Obj.⟩ *Obdach, Unterschlupf finden;* Syn. *unterschlüpfen;* für die Nacht bei Freunden u.; während des Gewitters in einer Felsenhöhle u.

un|ter|krie|gen ⟨V.1, hat untergekriegt; mit Akk.; ugs.⟩ jmdn. u. *besiegen, unterwerfen, bezwingen;* laß dich nicht u.!

un|ter|kri|tisch ⟨Adj., o.Steig.⟩ *bei Kernreaktoren; mit einer ständig unter 1 liegenden Vermehrungsrate der Neutronen;* Ggs. *überkritisch (2)*

un|ter|küh|len ⟨V.1, hat unterkühlt; mit Akk.⟩ **1** etwas u. *bis unter den Kondensationspunkt, Festpunkt abkühlen (und dabei in flüssigem Zustand erhalten)* **2** jmdn. u. *jmds. Körpertemperatur unter die normale Höhe senken;* ⟨meist im Perf. Passiv⟩ als wir ihn im Schnee fanden, war er stark unterkühlt

Un|ter|kunft ⟨f.2⟩ *vorübergehende Wohnung;* eine U. suchen; für jmds. U. sorgen; eine U. für die Nacht

Un|ter|la|ge ⟨f.11⟩ **1** *etwas, das untergelegt wird (Schreib~)* **2** *Grundlage;* für eine gute U. sorgen (übertr., ugs.) *reichlich essen* **3** ⟨Pl.⟩ ~n *schriftlich Niedergelegtes, Aufzeichnungen, Urkunden, Akten;* ich finde darüber nichts in meinen ~n **4** ⟨Biol.⟩ *Unterteil einer Pflanze, die durch Pfropfen veredelt wird*

Un|ter|land ⟨n., -(e)s, nur Sg.⟩ *tiefer gelegener Teil eines Landes;* Ggs. *Oberland*

Un|ter|län|ge ⟨f.11⟩ *Teil eines Buchstabens, der unten über bestimmte Kleinbuchstaben hinausragt;* Ggs. *Oberlänge*

Un|ter|laß ⟨m.; nur in der Wendung⟩ ohne U. *unaufhörlich, fortwährend*

un|ter|las|sen ⟨V.75, hat unterlassen; mit Akk.⟩ etwas u. **1** *etwas nicht tun (obwohl man es tun sollte oder müßte);* ich habe es leider u., ihn zu benachrichtigen **2** *darauf verzichten, etwas zu sagen, zu tun, etwas seinlassen;* unterlaß bitte diese Bemerkungen!; einen Angriff, eine Rechtfertigung u. **Un|ter|las|sung** ⟨f.10⟩

Un|ter|las|sungs|sün|de ⟨f.11⟩ *etwas, das man eigentlich hätte tun müssen;* daß ich nicht geschrieben habe, war wirklich eine U.; eine U. begehen *etwas nicht tun, was man hätte tun müssen*

Un|ter|lauf ⟨m.2⟩ *unterer Abschnitt eines Flußlaufes bis zur Mündung;* Ggs. *Oberlauf*

un|ter|lau|fen ⟨V.76⟩ **I** ⟨mit Akk.; hat unterlaufen⟩ **1** *unterhalb der gezogenen Waffe angreifen* **2** etwas u. *(heimlich) unwirksam machen, (heimlich) gegen etwas handeln;* eine

Anordnung u. **II** ⟨mit Dat.; ist unterlaufen⟩ jmdm. u. *jmdm. geschehen, passieren,* ⟨nur in Wendungen wie⟩ jmdm. unterläuft ein Fehler, ein Versehen; auch ihm sind schon Fehler u. **III** ⟨o.Obj.; ist unterlaufen⟩ *sich füllen;* Hautgewebe unterläuft mit Blut; die Stelle ist mit Blut u., ist blutig

un|ter|le|gen ⟨V.1, hat untergelegt⟩ **I** ⟨mit Akk.⟩ etwas u. *etwas als Unterlage benutzen;* beim Brotschneiden ein Brett u.; beim Schreiben eine Zeitung u. **II** ⟨mit Dat. und Akk.⟩ einem Tier, jmdm. etwas u. *etwas unter ein Tier, unter jmdn. legen;* einer brütenden Henne fremde Eier u.; einem Kranken eine Decke u. **un|ter|le|gen** ⟨V.1, hat unterlegt; mit Akk.⟩ etwas u. *etwas mit etwas u. etwas mit einer Unterlage versehen;* einen Kragen mit festem Stoff u. **II** ⟨Adj., o.Steig.; fast nur mit „sein"⟩ jmdm. u. sein *schwächer (in der Kraft, Leistung) sein als jmd.;* Ggs. *überlegen (III,4);* er ist seinem Gegner (beim Wettkampf) klar u.; sie ist ihm an Schlagfertigkeit u.

Un|ter|le|gen|heit ⟨f., -, nur Sg.⟩ *das Unterlegensein;* Ggs. *Überlegenheit;* jmds. U. ausnutzen

Un|ter|leib ⟨m.3⟩ **1** *unterer Teil des Bauches* **2** *Gesamtheit der inneren weiblichen Geschlechtsorgane*

un|ter|lie|gen ⟨V.80, ist unterlegen⟩ **I** ⟨o.Obj. oder mit Dat.⟩ *(von jmdm.) besiegt werden;* er ist (ihm) im Wettkampf unterlegen; die Partei ist bei der Wahl unterlegen **II** ⟨mit Dat.⟩ einer Sache u. *einer Sache ausgesetzt, ausgeliefert, unterworfen sein;* die Temperatur unterliegt in unserem Landstrich starken Schwankungen; es unterliegt keinem Zweifel, daß ... *es besteht kein Zweifel daran, daß ...*

Un|ter|lip|pe ⟨f.11⟩ *untere Lippe;* Ggs. *Oberlippe*

un|term ⟨Präp. und Art.⟩ *unter dem;* u. Bett

un|ter|ma|len ⟨V.1, hat untermalt; mit Akk.⟩ *mit einer Schicht als Untergrund versehen;* ein Bild u. *die erste Farbschicht auftragen, bevor das Bild darübergemalt wird;* ein Gespräch, einen gesprochenen Text mit Musik u. *während eines Gesprächs, während des Sprechens eines Textes leise Musik spielen (lassen)* **Un|ter|ma|lung** ⟨f.10⟩

un|ter|mau|ern ⟨V.1, hat untermauert; mit Akk.⟩ **1** *mit Mauern als Untergrund, als Stütze von unten her versehen* **2** ⟨übertr.⟩ *mit einer festen Grundlage versehen;* eine Behauptung mit Beweisen u.; einen Bericht mit Fotos, Tonbandaufnahmen u. **Un|ter|mau|e|rung** ⟨f., -, nur Sg.⟩

un|ter|men|gen ⟨V.1, hat untergemengt; mit Akk.⟩ *darunter mengen;* Syn. *untermischen;* Grieß, Rosinen u.

Un|ter|mensch ⟨m.10⟩ **1** *roher, minderwertiger Mensch* **2** ⟨in der Ideologie des NSDAP⟩ *jmd., der nicht der germanischen („nordischen") Rasse angehört*

Un|ter|mie|te ⟨f.11⟩ **1** *das Vermieten eines gemieteten Raumes an einen Dritten;* jmdn. in U. nehmen **2** *das Mieten eines gemieteten Raumes durch einen Dritten;* in, zur U. wohnen

Un|ter|mie|ter ⟨m.5⟩ *jmd., der zur Untermiete wohnt;* Ggs. *Hauptmieter*

un|ter|mi|nie|ren ⟨V.3, hat unterminiert; mit Akk.⟩ etwas u. **1** *Minen unter etwas anbringen (zwecks Sprengung)* **2** →*untergraben (2)* **Un|ter|mi|nie|rung** ⟨f.10⟩

un|ter|mi|schen ⟨V.1, hat untergemischt⟩ →*untermengen* **un|ter|mi|schen** ⟨V.1, hat untermischt; selten⟩ →*vermischen*

un|tern ⟨Präp. und Art.⟩ *unter den;* u. Tisch fallen

un|ter|neh|men ⟨V.88, hat untergenommen⟩ →*unterhaken* **un|ter|neh|men** ⟨V.88, hat unternommen; mit Akk.⟩ etwas u. **1** *beginnen, machen, tun;* was wollen wir morgen

u.?; eine Reise, eine Wanderung u. **2** *Maßnahmen gegen etwas oder jmdn. ergreifen;* man muß doch etwas u., um diese Mißstände zu beseitigen; etwas gegen einen Ruhestörer u.; etwas gegen einen Mißbrauch u.
Un|ter|neh|men ⟨n.7⟩ **1** *Tat, Vorhaben;* ein schwieriges, gewagtes U. **2** *gewerblicher Betrieb;* ein U. gründen
un|ter|neh|mend ⟨Adj.⟩ →*unternehmungslustig*
Un|ter|neh|mens|be|ra|ter ⟨m.5⟩ *jmd., der berufsmäßig Unternehmer (bei der Planung, Betriebsführung o.ä.) berät*
Un|ter|neh|mens|for|schung ⟨f., -, nur Sg.⟩ *mathematische Lösung von Planungs- und Koordinierungsproblemen in der Wirtschaft, Verwaltung und beim Militär*
Un|ter|neh|mer ⟨m.5⟩ *jmd., der ein Unternehmen besitzt und leitet*
Un|ter|neh|mung ⟨f.10⟩ *Tat, Handlung, Unternehmen;* eine U. planen
Un|ter|neh|mungs|lust ⟨m., -(e)s, nur Sg.⟩ *Freude an Unternehmungen, Freude am Handeln*
un|ter|neh|mungs|lu|stig ⟨Adj.⟩ *gern etwas unternehmend, gern handelnd;* Syn. *unternehmend*
Un|ter|of|fi|zier ⟨m.1; Abk.: Uffz.⟩ **1** ⟨nur Sg.⟩ *mehrere Dienstgrade umfassender Rang zwischen den Mannschaften und den Offizieren;* Syn. *(früher) Korporal, Sergeant* **2** *Soldat in diesem Rang*
un|ter|ord|nen ⟨V.2, hat untergeordnet⟩ **I** ⟨mit Dat. und Akk.⟩ **1** *etwas oder jmdn. u. etwas gegenüber einer Sache als zweitrangig, weniger wichtig behandeln;* Ggs. *überordnen (1);* seine Interessen dem Gemeinwohl, der Gemeinschaft u.; einen Satz u. ⟨Gramm.⟩ *einen Satz als Nebensatz mit einem anderen Satz verbinden;* ~de Konjunktion *Konjunktion, die einen Nebensatz mit einem Hauptsatz verbindet (z.B. weil, obwohl),* Syn. *subordinierende Konjunktion;* Ggs. *nebenordnende Konjunktion* **2** *jmdn. jmdm. eine Stellung geben, in der er jmdn. als Vorgesetzten hat, jmdn. jmdm. unterstellen;* Ggs. *überordnen (2);* er ist dem Abteilungsleiter untergeordnet **II** ⟨refl.⟩ *sich u. sich fügen, sich anpassen, bereit sein, Anweisungen entgegenzunehmen;* er kann sich nicht u.
Un|ter|ord|nung ⟨f.10⟩ **1** ⟨nur Sg.⟩ *das Unterordnen, das Sichunterordnen* **2** ⟨Biol.⟩ *Kategorie zwischen Ordnung und Familie*
Un|ter|pfand ⟨n.4⟩ **1** *Pfand* **2** ⟨übertr.⟩ *sichtbares Zeichen, greifbarer Beweis;* ein U. ihrer Liebe
Un|ter|pfla|ster|bahn ⟨f.10⟩ *Straßenbahn, die unter der Straße geführt wird*
un|ter|pflü|gen ⟨V.1, hat untergepflügt; mit Akk.⟩ *beim Pflügen mit der Erde vermischen, unter die Oberfläche bringen;* Pflanzenreste u.
Un|ter|pri|ma ⟨auch [un-] f., -, -men; veraltend⟩ *8. Klasse des Gymnasiums*
Un|ter|pri|ma|ner ⟨m.5⟩ *Schüler der Unterprima*
un|ter|pri|vi|le|giert ⟨Adj., -er, am -esten⟩ *ohne Privilegien, benachteiligt, unterdrückt*
un|ter|que|ren ⟨V.1, hat unterquert; mit Akk.⟩ *etwas u. auf unterirdischem Weg u. queren, auf unterirdischem Weg auf die andere Seite von etwas gelangen;* Ggs. *überqueren;* einen Platz, eine Straße durch die Fußgängerunterführung u.
un|ter|re|den ⟨V.2, hat unterredet; refl.⟩ *sich mit jmdm. u. mit jmdm. etwas besprechen*
Un|ter|re|dung ⟨f.10⟩ *Besprechung, Verhandlung;* eine U. mit jmdm. haben, herbeiführen
Un|ter|richt ⟨m.1⟩ *organisierte Form von Lehren und Lernen* (Anschauungs~, Deutsch~); U. geben; U. nehmen
un|ter|rich|ten ⟨V.2, hat unterrichtet⟩ **I** ⟨mit Akk.⟩ jmdn. u. **1** *jmdn. etwas lehren,*

jmdm. Unterricht erteilen; jmdn. im Rechnen, Schreiben, in Deutsch, Englisch u. **2** *jmdn. von, über etwas u. jmdm. etwas mitteilen, Nachricht geben;* jmdn. von einem, über einen Unfall u.; er ist gut, genau unterrichtet *er weiß gut, genau Bescheid;* wir haben von gut unterrichteter Seite erfahren, daß ...
II ⟨o.Obj.⟩ *Unterricht erteilen, Lehrer sein;* er unterrichtet an einer höheren Schule; er unterrichtet in Deutsch, Mathematik; er unterrichtet in höheren Klassen **III** ⟨refl.⟩ *sich über etwas u. sich über etwas Kenntnisse verschaffen, Erkundigungen über etwas einziehen;* sich über einen Vorfall u.
un|ter|richt|lich ⟨Adj., o.Steig.⟩ *den Unterricht betreffend, zu ihm gehörig*
Un|ter|rich|tung ⟨f., -, nur Sg.⟩ *das Unterrichten*
Un|ter|rock ⟨m.2⟩ *rockähnliches Kleidungsstück, das unter dem Kleid oder Rock getragen wird*
un|ters ⟨Präp. und Art.⟩ *unter das;* u. Bett kriechen
Un|ter|saat ⟨f.10⟩ *Einsaat von Pflanzen in stehendes Getreide*
un|ter|sa|gen ⟨V.1, hat untersagt; mit Dat. und Akk.⟩ jmdm. etwas u. *jmdm. etwas verbieten;* der Arzt hat ihm das Rauchen untersagt; das Füttern der Tiere ist untersagt; es ist untersagt, das Grundstück zu betreten
Un|ter|satz ⟨m.2⟩ **1** *Möbelstück, Platte o.ä., worauf etwas abgelegt oder abgestellt werden kann;* fahrbarer U. ⟨ugs., scherzh.⟩ *Auto* **2** ⟨Logik⟩ *zweite Voraussetzung eines Syllogismus*
un|ter|schät|zen ⟨V.1, hat unterschätzt; mit Akk.⟩ *etwas oder jmdn. u. etwas oder jmdn. kleiner, weniger, geringer schätzen als es oder er ist;* Ggs. *überschätzen;* den Wert einer Sache u.; eine Entfernung u.; jmds. Einfluß, Fähigkeiten u. **Un|ter|schät|zung** ⟨f., -, nur Sg.⟩
un|ter|schei|den ⟨V.107, hat unterschieden⟩ **I** ⟨mit Akk.⟩ **1** *etwas u. genau erkennen, auseinanderhalten;* es war so dunkel, daß man die Farben, die Umrisse nicht mehr u. konnte, daß man nichts mehr u. konnte; er kann Rot und Grün nicht u. **2** *etwas oder jmdn. u. gegeneinander abgrenzen, die Unterschiede zwischen Dingen oder Personen feststellen, erkennen;* wir können drei verschiedene Grundformen antiker Säulen u.; man unterscheidet die Säulen nach ihren Kapitellen; er kann einen afrikanischen Elefanten nicht von einem indischen u.; ich kann die Zwillinge gut, nicht (voneinander) u. **II** ⟨o.Obj.⟩ *einen Unterschied machen;* man muß u. zwischen dem alten und dem neuen China **III** ⟨refl.⟩ *sich von etwas oder jmdm. u. Unterschiede zu etwas oder jmdm. aufweisen;* er unterscheidet sich von seinem Bruder durch den kräftigeren Wuchs **Un|ter|schei|dung** ⟨f.10⟩
Un|ter|schen|kel ⟨m.5⟩ *Teil des Beines zwischen Knie und Fußknöchel;* Ggs. *Oberschenkel*
un|ter|schie|ben ⟨V.112, hat untergeschoben; mit Dat. und Akk.⟩ *jmdm. etwas u. etwas unter jmdn. schieben;* einem Kranken ein Kissen u. **un|ter|schie|ben** ⟨V.112, hat unterschoben; mit Dat. und Akk.⟩ jmdm. etwas u. **1** *etwas heimlich an eine Stelle in jmds. Bereich bringen;* man hat ihm zum Unterschreiben unterschoben (ohne daß er den Inhalt hat zur Kenntnis nehmen können); ein falsches Kind heimlich an die Stelle des von ihr geborenen Kindes legen **2** *fälschlich behaupten, daß jmd. etwas gesagt, getan habe;* man hat ihm die Äußerung unterschoben, daß ... **Un|ter|schie|bung** ⟨f.10⟩
Un|ter|schied ⟨m.1⟩ **1** *etwas, wodurch sich jmd. von jmdm. oder etwas von etwas abhebt;* ~e kennen, machen, fest-

stellen; ein beträchtlicher, großer U.; der kleine U. ⟨übertr., scherzh.⟩ *Penis (als unterscheidendes Merkmal zwischen Mann und Frau);* ~e im Preis; ein U. wie Tag und Nacht **2** *das Unterscheiden (I,2, II) Einteilen, Bewerten;* im U. zu; das gilt für alle ohne U.
un|ter|schied|lich ⟨Adj.⟩ *ungleichartig, anders, Unterschiede (1) aufweisend;* Syn. *verschieden;* ~e Meinungen, Auffassungen; das ist u.; das wird u. gehandhabt; u. in Größe, Farbe, Länge; man findet darüber die ~sten Meinungen
un|ter|schieds|los ⟨Adj., o.Steig.⟩ *gleichartig, keine Unterschiede (1) zeigend;* Personen, Dinge u. behandeln
un|ter|schläch|tig ⟨Adj., o.Steig.; bei Wasserrädern⟩ *durch Wasser von unten her angetrieben;* Ggs. *oberschlächtig*
un|ter|schla|gen ⟨V.116, hat untergeschlagen; mit Akk.⟩ *eines unter das andere legen, kreuzen;* die Beine im Sitzen u.; mit untergeschlagenen Beinen auf dem Boden, auf dem Diwan sitzen; mit untergeschlagenen Armen dastehen **un|ter|schla|gen** ⟨V.116, hat unterschlagen; mit Akk.⟩ **1** *heimlich für sich wegnehmen, veruntreuen;* Geld u. **2** *verschweigen, absichtlich nicht mitteilen, nicht berichten, nicht vorlesen, nicht erzählen;* er hat in seinem Bericht u., daß ...; eine Stelle im Text u.
Un|ter|schla|gung ⟨f.10⟩ *das Unterschlagen, Veruntreuung;* sich der U. schuldig machen; U. von Geldern; U. einer wichtigen Nachricht, eines Details
Un|ter|schleif ⟨m.1⟩ **1** *Verwendung unerlaubter Hilfsmittel bei Schularbeiten oder Prüfungen* **2** ⟨†⟩ *Unterschlagung*
Un|ter|schlupf ⟨m.1⟩ *Zuflucht, Schutz, Obdach;* (einen) U. suchen, finden; jmdm. U. gewähren
un|ter|schlüp|fen ⟨V.1, ist untergeschlüpft⟩ →*unterkriechen*
un|ter|schrei|ben ⟨V.127, hat unterschrieben; mit Akk.⟩ *etwas u. seinen Namen unter etwas schreiben;* einen Brief, einen Vertrag u.; das kann ich nur u.! ⟨ugs.⟩ *dem stimme ich uneingeschränkt zu;* das möchte ich nicht u. ⟨ugs.⟩ *dem kann ich nicht zustimmen*
un|ter|schrei|ten ⟨V.129, hat unterschritten; mit Akk.⟩ *etwas u. unter einem (festgelegten) Maß bleiben, etwas nicht ganz verbrauchen, verwenden;* Ggs. *überschreiten (3);* die für den Bau festgesetzte Summe u. **Un|ter|schrei|tung** ⟨f.10⟩
Un|ter|schrift ⟨f.10⟩ **1** ⟨nur Sg.⟩ *das Unterschreiben;* jmdm. Briefe zur U. vorlegen; eine U. leisten **2** *handgeschriebener Name (unter einem Schriftstück);* seine U. unter einen Brief, einen Vertrag setzen; ~en sammeln (für einen Aufruf, einen Protest); der Brief trägt seine U.; jmds. U. fälschen
Un|ter|schrif|ten|map|pe ⟨f.11⟩ *Buch mit sehr dicken Seiten, zwischen die man Schriftstücke legt, die jmd. unterschreiben soll*
Un|ter|schrif|ten|samm|lung ⟨f.10⟩ *Sammlung von Unterschriften, womit etwas erreicht oder verhindert werden soll*
un|ter|schwel|lig ⟨Adj., o.Steig.⟩ *unterhalb der Bewußtseinsschwelle liegend, unbewußt;* ~er Haß
Un|ter|see|boot ⟨n.1⟩ *Kriegsschiff für Über- und Unterwasserfahrt;* auch: ⟨kurz⟩ *U-Boot*
un|ter|see|isch ⟨Adj., o.Steig.⟩ *unter dem Meeresspiegel;* Syn. *submarin*
Un|ter|sei|te ⟨f.11⟩ *untere, nicht sichtbare Seite;* Ggs. *Oberseite*
Un|ter|se|kun|da ⟨auch [un-] f., -, -den; veraltend⟩ *6. Klasse des Gymnasiums*
Un|ter|se|kun|da|ner ⟨m.5⟩ *Schüler der Untersekunda*
un|ter|set|zen ⟨V.1, hat untergesetzt; mit Akk.⟩ *etwas u. daruntersetzen, unter etwas setzen;* einen Teller u.

Untersetzer

Un|ter|set|zer ⟨m.5⟩ kleiner, flacher Gegenstand (Platte, Teller), auf den etwas gestellt werden kann

un|ter|setzt ⟨Adj., -er, am -esten⟩ klein, aber kräftig, stämmig, gedrungen **Un|ter|setzt|heit** ⟨f., -, nur Sg.⟩

un|ter|sin|ken ⟨V.141, ist untergesunken; o.Obj.⟩ unter die Oberfläche (einer Flüssigkeit) sinken

un|ter|spie|len ⟨V.1, hat unterspielt; mit Akk.; selten⟩ als nicht wichtig darstellen, ⟨meist⟩ herunterspielen

Un|ter|stand ⟨m.2⟩ 1 ⟨im Stellungskrieg⟩ ausgebauter Schutzraum 2 Unterkunft, Obdach

un|ter|stän|dig ⟨Adj., o.Steig.⟩ 1 ⟨beim Fruchtknoten⟩ unterhalb der Blütenhülle befindlich, mit der Blütenachse verwachsen 2 ⟨bei Fischmäulern⟩ mit vorstehendem Oberteil

un|ter|ste|hen ⟨V.151, hat, süddt. ist untergestanden; o.Obj.⟩ sich unter etwas stellen; dort (unter der Brücke, unter dem Baum) können wir vor dem Regen u. **un|ter|ste|hen** ⟨V.151, hat unterstanden⟩ I ⟨mit Dat.⟩ jmdm. u. jmdm. unterstellt, untergeordnet sein, jmdn. zum Vorgesetzten haben; er untersteht dem Minister II ⟨refl.⟩ sich erlauben, es wagen, etwas zu tun; wie können Sie sich u., ohne mein Wissen …!; untersteh dich! wehe dir (wenn du …)!

un|ter|stel|len ⟨V.1, hat untergestellt⟩ I ⟨mit Akk.⟩ an einen (überdachten) Platz bringen; das Fahrrad im Schuppen u. II ⟨refl.⟩ sich u. Schutz unter etwas suchen; dort (unter dem Baum, unter dem Balkon) können wir uns (vor dem Regen) u. **un|ter|stel|len** ⟨V.1, hat unterstellt⟩ I ⟨mit Akk.⟩ etwas u. etwas als gegeben annehmen, voraussetzen; wir wollen einmal u., er habe wirklich nichts davon gewußt II ⟨mit Dat. und Akk.⟩ 1 jmdm. etwas u., jmdm. eine Person, Personen u. jmdn. zum Vorgesetzten von etwas, von Personen machen; jmdm. eine Abteilung, eine Arbeitsgruppe u.; er ist mir unterstellt ich bin sein Vorgesetzter 2 jmdm. etwas u. behaupten, daß jmd. etwas gesagt oder getan habe bzw. sagen oder tun könnte; er unterstellt mir, ich hätte …; jmdm. egoistische Gründe u.

Un|ter|stel|lung ⟨f.10⟩ das Unterstellen (II,2), fälschliche Behauptung; das sind ∼en; das ist eine böswillige U.

un|ter|ste(r, -s) ⟨Adj., Superlativ von „unter"⟩ an der tiefsten Stelle befindlich, den tiefsten Rang einnehmend; Ggs. oberste(r, -s); die unterste Schicht

un|ter|strei|chen ⟨V.158, hat unterstrichen; mit Akk.⟩ etwas u. einen Strich unter etwas ziehen; ein Wort im Text u.; das kann ich nur u. ⟨ugs.⟩ dem stimme ich uneingeschränkt zu; ich möchte u., daß … ⟨ugs.⟩ ich möchte betonen, daß …

Un|ter|strei|chung ⟨f.10⟩ das Unterstreichen; etwas durch U. hervorheben; die ∼en im Text stammen von mir

Un|ter|stu|fe ⟨f.11; in Gymnasien und Realschulen⟩ die drei untersten Klassen der höheren Schule; Ggs. Oberstufe

un|ter|stüt|zen ⟨V.1, hat unterstützt; mit Akk.⟩ 1 etwas u. etwas fördern, dazu beitragen, daß etwas vorangeht, sich entwickelt; eine Unternehmung, einen Plan u.; ich möchte seine Faulheit nicht u. (indem ich ihm helfe) 2 jmdn. u. jmdm. stützen; einen Kranken beim Aufrichten, Hinlegen u. b jmdm. helfen (voranzukommen); jmdn. bei seiner Arbeit u.; jmdn. finanziell u.

Un|ter|stüt|zung ⟨f.10⟩ 1 das Unterstützen; Helfen; auf jmds. U. rechnen 2 finanzielle Zuwendung, Geldbetrag (mit dem jmd. unterstützt wird); U. beziehen; jmdm. eine U. gewähren

Un|ter|such ⟨m.1; schweiz.; Nebenform von⟩ Versuch, Untersuchung

un|ter|su|chen ⟨V.1, hat untersucht; mit Akk.⟩ 1 etwas u. a betrachten, betasten, um etwas zu prüfen, zu erkennen, kennenlernen; einen Gegenstand, ein Material u. b erforschen, zu klären suchen; einen Sachverhalt, ein Vorkommnis u.; einen Fall von Bestechung u. c festzustellen suchen; die Struktur, die Zusammensetzung eines Stoffes u. d betrachten und betasten, um festzustellen, ob etwas Verbotenes in etwas enthalten ist; jmds. Gepäck u. e betasten oder mit Hilfe eines Gerätes festzustellen suchen, ob etwas erkrankt ist; jmds. Lunge, Augen u. f etwas auf etwas hin u. festzustellen suchen, ob sich etwas in etwas befindet; wieviel sich darin befindet; Blut auf Krankheitserreger hin u.; Milch auf ihren Gehalt an Eiweiß u. 2 jmdn. u. a durch Betasten, Abhorchen des Körpers sowie mit Hilfe von Geräten festzustellen suchen, ob jmd. krank ist; jmdn. ärztlich u.; jmdn., sich gründlich u. lassen b jmds. Kleidung betasten, um festzustellen, ob jmd. etwas Verbotenes bei sich hat; jmdn. beim Grenzübertritt u.; jmdn. auf Waffen hin u.

Un|ter|su|chung ⟨f.10⟩ das Untersuchen, Betasten, Betrachten, genaue Beobachtung; die U. eines Gegenstandes, eines Kranken, eines Falles, eines Sachverhalts; ärztliche U.; chemische U.; eine gerichtliche U. anordnen

Un|ter|su|chungs|aus|schuß ⟨m.2⟩ ⟨parlamentarischer⟩ Ausschuß, der etwas untersucht (1b); etwas vor einen U. bringen

Un|ter|su|chungs|ge|fan|ge|ne(r) ⟨m., f.17 oder 18⟩ jmd., der sich in Untersuchungshaft befindet

Un|ter|su|chungs|haft ⟨f., -, nur Sg.⟩ Haft eines Verdächtigen und während eines Prozesses; auch: ⟨kurz⟩ U-Haft

Un|ter|tag|bau, Un|ter|ta|ge|bau ⟨m.1; Bgb.⟩ 1 Abbau tiefliegender Lagerstätten 2 Bergwerk, Grube

un|ter|tan ⟨Adj.; nur als Adv. und mit „sein"⟩ untergeben, unterworfen; jmdm. u. sein; sich jmdm. u. machen sich jmdn. unterwerfen; sich ein Land u. machen

Un|ter|tan ⟨m.12 oder m.10⟩ 1 zu Gehorsam und Dienstleistungen verpflichteter Bürger (einer Monarchie oder Diktatur) 2 ⟨abwertend⟩ gehorsamer, kritikloser Bürger

Un|ter|ta|nen|geist ⟨m., -(e)s, nur Sg.⟩ Art eines Untertans, Unterwürfigkeit

un|ter|tä|nig ⟨Adj.⟩ ergeben, völlig gehorsam, jmds. Herrschaft, Willen anerkennend; ⟨früher als Briefschluß⟩ Ihr ∼er Diener **Un|ter|tä|nig|keit** ⟨f., -, nur Sg.⟩

Un|ter|tas|se ⟨f.11⟩ kleiner Teller, auf den Tasse gestellt wird; Obertasse; fliegende U. angeblich beobachtetes Flugobjekt außerirdischer Herkunft

un|ter|tau|chen ⟨V.1⟩ I ⟨mit Akk.⟩ untergetaucht⟩ unter die Wasseroberfläche tauchen, drücken; einen Gegenstand beim Waschen, Färben u.; jmdn. beim Schwimmen u. II ⟨o.Obj.; ist untergetaucht⟩ 1 sich unter die Wasseroberfläche begeben; ein Schwimmer, ein Wasservogel taucht unter 2 verschwinden; er tauchte in das Dunkel des Waldes unter 3 sich an einen unbekannten Ort begeben (um zu entkommen); er ist im Ausland untergetaucht

Un|ter|teil ⟨n.1 oder m.1⟩ unteres Teil (eines Kleidungsstückes oder Möbels)

un|ter|tei|len ⟨V.1, hat unterteilt; mit Akk.⟩ in Abschnitte teilen, einteilen; einen Raum durch Vorhänge, Bücherregale u. **Un|ter|tei|lung** ⟨f.10⟩

Un|ter|tem|pe|ra|tur ⟨f.10⟩ Temperatur unter der normalen Körpertemperatur

Un|ter|ter|tia [-tsja] auch [un-] f., -, -tien [-tsjən] ⟨veraltend⟩ 4. Klasse des Gymnasiums

Un|ter|ter|tia|ner [-tsja-] m.5⟩ Schüler der Untertertia

Un|ter|ti|tel ⟨m.5⟩ 1 Titel, der den Haupttitel (eines Buches, Artikels o.ä.) ergänzt 2 Schriftbild, das am unteren Rand eines Films erscheint und eine Übersetzung des gesprochenen Textes enthält; (der Film läuft im) Original mit ∼n (Abk.: O.m.U.)

Un|ter|ton ⟨m.2⟩ 1 ⟨Phys.⟩ Ton mit einer niedrigeren Frequenz als der anregende Grundton 2 ⟨übertr.⟩ leiser Beiklang; mit drohendem U. sprechen

un|ter|trei|ben ⟨V.162, hat untertrieben; mit Akk.⟩ in zu schwachen Worten, Ausdrücken darstellen; Ggs. übertreiben; seine eigenen Fähigkeiten, seine eigene Leistung u.; das scheint mir stark untertrieben zu sein **Un|ter|trei|bung** ⟨f.10⟩ 1 ⟨nur Sg.⟩ das Untertreiben 2 untertreibende Darstellung

un|ter|tre|ten ⟨V.163, ist untergetreten; o.Obj.⟩ sich darunterstellen; hier (unter dem Baum, unter dem Balkon) können wir vor dem Regen u.

un|ter|tun|neln ⟨V.1, hat untertunnelt⟩ →unterfahren **Un|ter|tun|ne|lung** ⟨f.10⟩

un|ter|ver|mie|ten ⟨V.2, hat untervermietet; mit Akk.⟩ etwas u. etwas (oder einen Teil dessen), was man selbst gemietet hat, weitervermieten; ein Zimmer u.

un|ter|ver|si|chern ⟨V.1, hat unterversichert; mit Akk.⟩ mit einer zu niedrigen Summe versichern; Ggs. überversichern **Un|ter|ver|si|che|rung** ⟨f.10⟩

un|ter|wan|dern ⟨V.1, hat unterwandert; mit Akk.⟩ etwas u. langsam in etwas eindringen und es durch unerwünschte Einflüsse schwächen; ein Volk unterwandert ein anderes Volk; Andersgesinnte u. eine Partei **Un|ter|wan|de|rung** ⟨f.10⟩

un|ter|wärts ⟨Adv., ugs.⟩ 1 unten 2 ⟨Gen.⟩ unterhalb

Un|ter|wä|sche ⟨f., -, nur Sg.⟩ →Unterkleidung

Un|ter|was|ser ⟨n., -s, nur Sg.⟩ 1 unter einem Stauwerk abfließendes Wasser; Ggs. Oberwasser 2 Grundwasser

Un|ter|was|ser|kraft|werk ⟨n.1⟩ Flußkraftwerk, bei dem das Krafthaus überflutet werden kann

Un|ter|was|ser|mas|sa|ge [-ʒə] f.11⟩ unter Wasser ausgeführte Massage

Un|ter|was|ser|the|ra|pie ⟨f.11⟩ Krankenbehandlung in einem Warmwasserbecken

un|ter|wegs ⟨Adv.⟩ auf dem Weg, während der Reise; der Brief ist schon u. der Brief ist schon abgeschickt; u. eine Rast machen; einmal anhalten; bei ihr ist ein Kind u. ⟨übertr.⟩ sie ist schwanger

un|ter|wei|len ⟨Adv.; †⟩ 1 währenddessen 2 manchmal

un|ter|wei|sen ⟨V.177, hat unterwiesen; mit Akk.⟩ jmdn. u. jmdn. lehren, unterrichten, jmdm. Kenntnisse, Fertigkeiten vermitteln; jmdn. im Schreiben, Rechnen, im Reiten, Schwimmen u. **Un|ter|wei|sung** ⟨f.10⟩

Un|ter|welt ⟨f., -, nur Sg.⟩ ⟨Myth.⟩ Reich der Toten 2 ⟨übertr.⟩ Verbrecherwelt; er verkehrt in, mit der U.

un|ter|welt|lich ⟨Adj., o.Steig.⟩ zur Unterwelt (1) gehörend, sie betreffend

un|ter|wer|fen ⟨V.181, hat unterworfen⟩ I ⟨mit Akk.⟩ besiegen und (von da an) beherrschen; ein Volk, ein Land u. II ⟨refl.⟩ 1 sich jmdm. u. jmds. Herrschaft anerkennen; sich einem Eroberer u. 2 sich einer Sache u. a eine Sache anerkennen; sich jmds. besserem Wissen u. b etwas (ungern) mit sich geschehen lassen; sich einer Durchsuchung, Prüfung u.

Un|ter|wer|fung ⟨f., -, nur Sg.⟩ das Unterwerfen (I), das Sichunterwerfen

un|ter|win|den ⟨V.183, hat unterwunden; refl. mit Gen.; †⟩ sich einer Sache u. eine Sache übernehmen, sich an eine Sache heranwagen; er hat sich dieser schwierigen Aufgabe unterwunden

un|ter|würf|ig ⟨Adj.⟩ *bedingungslos gehorsam, übertrieben demütig* **Un|ter|würf|ig|keit** ⟨f.-, nur Sg.⟩

un|ter|zeich|nen ⟨V.2, hat unterzeichnet; mit Akk.⟩ *förmlich unterschreiben* **Un|ter|zeich|nung** ⟨f.10⟩

un|ter|zie|hen ⟨V.187, hat untergezogen; mit Akk.⟩ *etwas u.* **1** *etwas unter ein Kleidungsstück anziehen;* Ggs. *ausziehen;* ein warmes Hemd u. **2** *darunterrühren;* den Teig rühren und zum Schluß den Eischnee u. **un|ter|zie|hen** ⟨V.187, hat unterzogen; mit Dat. und Akk.⟩ jmdn. oder sich einer Sache u. ⟨als Funktionsverb mit bestimmten Subst.⟩; jmdn. oder sich einer Prüfung u. *jmdn. prüfen, sich prüfen lassen;* jmdn. einem Verhör u. *jmdn. verhören;* sich einer Operation u. *sich operieren lassen*

un|tief ⟨Adj., o.Steig.⟩ *seicht, flach;* eine ~e Stelle im Fluß

Un|tie|fe ⟨f.11⟩ **1** *seichte Stelle;* Syn. Bank **2** ⟨übertr.⟩ *große Tiefe*

Un|tier ⟨n.1⟩ *gefährliches, wildes Tier, Ungeheuer*

un|trag|bar ⟨auch [un-] Adj.⟩ **1** *nicht zu verantworten;* ein wirtschaftlich ~es Risiko **2** *nicht erträglich, unhaltbar;* ~e Zustände

un|treu ⟨Adj., o.Steig.⟩ *nicht treu;* der Ehemann; jmdm. u. werden *jmdm. die Treue nicht halten;* sich selbst u. werden *seine Gesinnung grundlegend ändern (zum Negativen);* einen Vorsatz u. werden *einen Vorsatz nicht einhalten;* sie ist uns u. geworden ⟨ugs., scherzh.⟩ *sie hat lange nichts von sich hören lassen*

Un|treue ⟨f.,-,nur Sg.⟩ **1** *das Untreusein;* eheliche U. **2** ⟨Rechtsw.⟩ *Veruntreuung eines zur Verwaltung überlassenen Vermögens*

un|tröst|lich ⟨Adj.⟩ *sehr betrübt, sehr traurig, keinen Trost annehmend;* eine ~e Witwe; u. über etwas sein *etwas sehr, außerordentlich bedauern*

un|trüg|lich ⟨auch [un-] Adj.⟩ *völlig sicher;* ein ~es Merkmal, Zeichen; mit ~em Instinkt etwas erkennen

Un|tu|gend ⟨f.10⟩ *schlechte Angewohnheit*

un|über|brück|bar ⟨Adj.⟩ *nicht zu überbrücken;* ~e Gegensätze

un|über|legt ⟨Adj., -er, am -esten⟩ *nicht überlegt, nicht durchdacht, voreilig;* ~e Handlungsweise; ~ es Vorgehen; u. handeln

un|über|sicht|lich ⟨Adj.⟩ **1** *nicht übersichtlich, teilweise nicht einsehbar oder verdeckt;* ~es Gelände **2** *unklar, verworren;* ein ~er Fall; die ~e Lage **Un|über|sicht|lich|keit** ⟨f.-, nur Sg.⟩

un|über|treff|lich ⟨Adj.⟩ *so beschaffen, daß es nicht übertroffen werden kann, ausgezeichnet* **Un|über|treff|lich|keit** ⟨f.-, nur Sg.⟩

un|über|trof|fen ⟨Adj., o.Steig.; nur als Attr. und mit „sein"⟩ *von nichts, niemandem übertroffen;* seine Leistung ist u.

un|über|wind|lich ⟨Adj.⟩ *nicht zu überwinden, nicht besiegbar;* eine ~ Abneigung **Un|über|wind|lich|keit** ⟨f.,-,nur Sg.⟩

un|üb|lich ⟨Adj.⟩ *nicht üblich, es nicht gewohnt, abweichend;* ~e Methoden; ~es Vorgehen

un|um|gäng|lich ⟨Adj.⟩ *nicht zu umgehen, nicht zu vermeiden, unbedingt erforderlich;* eine ~e Maßnahme; das ist leider u.

un|um|schränkt ⟨Adj., o.Steig.⟩ *nicht eingeschränkt, unbegrenzt;* ~e Vollmacht haben; ein ~er Herrscher

un|um|stöß|lich ⟨Adj.⟩ *nicht (mehr) zu ändern;* ~e Tatsachen; ein ~er Beschluß; das steht u. fest

un|um|strit|ten ⟨Adj.⟩ *nicht umstritten, anerkannt;* eine ~e Tatsache; seine Stellung ist u.

un|um|wun|den ⟨Adj.⟩ *ohne Umschweife, offen, ehrlich;* etwas u. zugeben

un|un|ter|bro|chen ⟨Adj.⟩ *ohne Unterbrechung, dauernd, fortlaufend;* eine ~e Folge von Ereignissen; ein ~er Redeschwall; es regnet u.

un|ver|än|der|lich ⟨Adj., o.Steig.⟩ *nicht veränderlich, nicht zu ändern, gleichbleibend;* ~e Größe ⟨Math.⟩; die ~en Naturgesetze

un|ver|än|dert ⟨Adj., o.Steig.⟩ *ohne Änderung, ohne Veränderung;* ~es Aussehen; er sieht u. aus; ein ~er Nachdruck

un|ver|ant|wort|lich ⟨auch [un-], Adj., o.Steig.⟩ **1** *nicht zu verantworten;* ~er Leichtsinn; eine ~e Entscheidung **2** *ohne Verantwortungsbewußtsein;* ein ~er Mensch; u. handeln

un|ver|äu|ßer|lich ⟨Adj.⟩ *nicht veräußerlich, unverkäuflich;* ~es Recht, Grundstück **Un|ver|äu|ßer|lich|keit** ⟨f.,-,nur Sg.⟩

un|ver|bes|ser|lich ⟨Adj., o.Steig.⟩ *so beschaffen, daß man es, ihn, sie nicht ändern, bessern kann;* ein ~er Raucher; du bist u.!

un|ver|bind|lich ⟨Adj.⟩ **1** *nicht verbindlich, nicht verpflichtend;* ~e Auskunft; ~e Warenprobe; jmdm. ein Buch u. zur Ansicht schicken **2** *nicht freundlich, nicht entgegenkommend;* sie hat eine ~e Art; u. mit jmdm. reden **Un|ver|bind|lich|keit** ⟨f.10⟩

un|ver|blümt ⟨Adj., -er, am -esten⟩ *offen, freimütig, geradeheraus;* jmdm. u. die Meinung sagen

un|ver|brüch|lich ⟨Adj.⟩ *uneingeschränkt, dauernd, fest;* ~e Treue geloben; u. zu jmdm. stehen

un|ver|däch|tig ⟨Adj.⟩ *nicht verdächtig, glaubwürdig;* ein ~er Zeuge; er ist der Korruption u.

un|ver|dau|lich ⟨Adj., o.Steig.⟩ *so beschaffen, daß man es nicht verdauen kann;* ~e Bestandteile der Nahrung

un|ver|daut ⟨Adj., o.Steig.⟩ **1** *nicht verdaut;* ~e Nahrung **2** ⟨übertr.⟩ *nicht verstanden, nicht geistig verarbeitet;* ~es Zeug von sich geben ⟨ugs.⟩ *über Dinge reden, die man nicht verstanden, nicht geistig verarbeitet hat*

un|ver|dor|ben ⟨Adj.⟩ **1** *nicht verdorben, frisch;* ~es Obst **2** *anständig, natürlich, rein, unschuldig;* ein ~es Mädchen; ein ~er Charakter

un|ver|dros|sen ⟨auch [un-] Adj., o.Steig.⟩ *unermüdlich, ohne die Lust zu verlieren;* mit ~em Eifer u. weitersuchen

un|ver|fälscht ⟨Adj.⟩ *nicht verfälscht, echt, rein, natürlich;* ~er Wein; ein ~es Original; ~en Dialekt reden

un|ver|fäng|lich ⟨Adj.⟩ *nicht gefährlich, nicht bedenklich;* eine ~e Frage; eine ~e Situation

un|ver|fro|ren ⟨Adj.⟩ *in ungehöriger Weise freimütig, dreist, frech, keck* **Un|ver|fro|ren|heit** ⟨f.,-,nur Sg.⟩

un|ver|gäng|lich ⟨Adj.⟩ *nicht vergänglich, ewig;* ~er Ruhm; ~e Schönheit **Un|ver|gäng|lich|keit** ⟨f.,-,nur Sg.⟩

un|ver|geß|lich ⟨auch [un-] Adj.⟩ *so beschaffen, daß man es nicht vergessen kann;* ~er Eindruck; ~e Stunden verbringen; sie wird mir immer u. bleiben

un|ver|gleich|bar ⟨Adj.⟩ *nicht miteinander zu vergleichen;* die beiden Dinge sind u.

un|ver|gleich|lich ⟨Adj., o.Steig.⟩ *unübertrefflich, einzig dastehend, ausgezeichnet*

un|ver|hält|nis|mä|ßig ⟨Adv.⟩ *über ein gewisses Maß, über das Normale hinausgehend;* ~e Härte; es war im Mai u. kalt

un|ver|hofft ⟨Adj.⟩ *unerwartet, überraschend;* sein ~es Eintreffen; ein ~es Wiedersehen

un|ver|hoh|len ⟨Adj.⟩ *unverhüllt, offen;* mit ~er Neugier

un|ver|käuf|lich ⟨Adj., o.Steig.⟩ *so beschaffen, daß man es nicht verkaufen kann oder will;* ~es Erbstück; ~e Ware

un|ver|kenn|bar ⟨Adj., o.Steig.⟩ *genau zu erkennen, unverwechselbar;* er ist u. sein Sohn; die Ähnlichkeit ist u.

un|ver|letz|t ⟨Adj.⟩ **1** *nicht zu verletzen;* sich für u. halten **2** *unantastbar, unangreifbar;* ein ~es Recht

un|ver|letzt ⟨Adj., o.Steig.⟩ **1** *ohne Verletzung;* u. bleiben; etwas u. überstehen **2** *nicht aufgebrochen;* ein ~es Siegel

un|ver|meid|bar ⟨Adj., o.Steig.⟩ *nicht zu vermeiden;* ein ~er Zwischenfall; ~e Folgen **Un|ver|meid|bar|keit** ⟨f.,-,nur Sg.⟩

un|ver|meid|lich ⟨Adj., o.Steig.⟩ *nicht zu vermeiden, nicht zu umgehen;* ein ~es Übel; es ist u., daß wir hingehen; sich ins Unvermeidliche fügen **Un|ver|meid|lich|keit** ⟨f.,-,nur Sg.⟩

un|ver|min|dert ⟨Adj., o.Steig.⟩ *nicht geringer werdend, gleichbleibend;* mit ~er Schnelligkeit, Stärke

un|ver|mit|telt ⟨Adj.⟩ *ohne Übergang, ohne Vorbereitung, plötzlich;* u. losrennen; ~er Szenenwechsel

Un|ver|mö|gen ⟨n., -s, nur Sg.⟩ *Unfähigkeit*

un|ver|mö|gend ⟨Adj., o.Steig.⟩ **1** *ohne Vermögen, ohne Besitz;* (meist in der Fügung) ~ sein **2** ⟨†⟩ *unfähig, nicht in der Lage*

un|ver|mu|tet ⟨Adj.⟩ *unerwartet, unverhofft;* auf ~e Schwierigkeiten stoßen

Un|ver|nunft ⟨f.,-,nur Sg.⟩ *Mangel an Vernunft, nicht der Vernunft entsprechendes Verhalten;* seine U. wurde bald bestraft

un|ver|rich|tet ⟨Adj.; nur in den Fügungen⟩ ~er Dinge, ~er Sache *ohne etwas erreicht zu haben;* er mußte ~er Dinge wieder abziehen, umkehren

un|ver|rich|te|ter|din|ge ⟨Adv.⟩, **un|ver|rich|te|ter|sa|che** ⟨Adv.⟩ *österr. ohne etwas erreicht zu haben*

un|ver|schämt ⟨Adj., -er, am -esten⟩ **1** *ohne Hemmungen, ohne Rücksicht, äußerst unhöflich, äußerst frech;* ein ~er Kerl; eine ~e Antwort geben; ~es Benehmen; das ist einfach u.! **2** ⟨ugs.⟩ *außerordentlich;* er hat ~es Glück gehabt; es sieht u. gut aus

un|ver|schul|det ⟨Adj.⟩ *ohne eigenes Verschulden, schuldlos;* u. in Schwierigkeiten geraten

un|ver|se|hens ⟨Adv.⟩ *plötzlich, unerwartet*

un|ver|sehrt ⟨Adj., o.Steig.⟩ *nicht verletzt, unbeschädigt;* u. bleiben; das Siegel ist u.

un|ver|söhn|lich ⟨Adj.⟩ **1** *nicht zu versöhnen, nicht bereit zur Versöhnung;* ~e Gegner **2** *nicht zu vereinbaren;* ~e Gegensätze **Un|ver|söhn|lich|keit** ⟨f.,-,nur Sg.⟩

Un|ver|stand ⟨m., -(e)s, nur Sg.⟩ *Mangel an Verstand, Torheit, Einfalt*

un|ver|ständ|lich ⟨Adj.⟩ **1** *nicht zu verstehen, undeutlich;* ~e Aussprache; ein ~es Wort **2** *nicht oder schwer verständlich, nicht zu begreifen;* ~e Handlungsweise; ihr Verhalten ist mir u. **Un|ver|ständ|lich|keit** ⟨f.10⟩

Un|ver|ständ|nis ⟨n., -, nur Sg.⟩ *mangelndes Verständnis;* auf U. stoßen; U. hervorrufen

un|ver|sucht ⟨Adj.; nur in der Wendung⟩ nichts u. lassen *alles, was möglich ist, versuchen, unternehmen*

un|ver|träg|lich ⟨Adj.⟩ **1** *nicht oder schwer zu vertragen (4);* ein ~es Essen; ein ~es Medikament **2** *nicht fähig, mit anderen Menschen in Frieden zu leben;* ein ~er Mensch **3** *nicht miteinander vereinbar;* ~e Gegensätze; ~e Blutgruppen *Blutgruppen, deren Vermischung zu Komplikationen führt* **Un|ver|träg|lich|keit** ⟨f.,-,nur Sg.⟩

un|ver|wandt ⟨Adj., o.Steig.⟩ *immerzu, ohne sich abzuwenden;* jmdn. u. anstarren

un|ver|wüst|lich ⟨auch [un-] Adj.⟩ *viel ertragend, nicht zerstörbar;* ~es Material; er hat einen ~en Humor **Un|ver|wüst|lich|keit** ⟨f.,-,nur Sg.⟩

un|ver|zagt ⟨Adj., o.Steig.⟩ *unerschrocken, zuversichtlich;* u. weiterwandern

un|ver|zeih|bar, un|ver|zeih|lich ⟨Adj.⟩ *so, daß es nicht verziehen werden kann;* ein ~er Fehler; es ist u., daß du ...

un|ver|zins|lich ⟨Adj., o.Steig.⟩ *nicht verzinslich;* ein ~es Darlehen

un|ver|züg|lich ⟨Adj., o.Steig.⟩ *umgehend, sofort*

un|voll|en|det ⟨Adj.⟩ *nicht vollendet, nicht abgeschlossen, nicht fertiggestellt;* ein ~er Roman; sein Werk ist u.

un|voll|kom|men ⟨Adj.⟩ **1** *nicht vollkommen, nicht fehlerfrei;* er beherrscht Spanisch nur u. **2** *unvollständig* **Un|voll|kom|men|heit** ⟨f.10⟩

un|vor|be|rei|tet ⟨Adj.⟩ **1** *nicht vorbereitet;* eine ~e Rede; in die Prüfung gehen **2** *unerwartet;* der Schicksalsschlag traf ihn völlig u.

un|vor|denk|lich ⟨Adj.; nur in der Wendung⟩ seit ~en Zeiten *seit sehr langer Zeit*

un|vor|ein|ge|nom|men ⟨Adj.⟩ *nicht voreingenommen, ohne Vorurteil;* ein ~es Urteil; jmdm. u. gegenübertreten **Un|vor|ein|ge|nom|men|heit** ⟨f., -, nur Sg.⟩

un|vor|her|ge|se|hen ⟨Adj., o.Steig.⟩ *vorhergesehen, unerwartet;* ein ~es Ereignis; ~e Probleme

un|vor|sich|tig ⟨Adj.⟩ *nicht vorsichtig, unüberlegt;* ~e Verhalten; ~e Bemerkung; u. sein **Un|vor|sich|tig|keit** ⟨f.10⟩

un|vor|stell|bar ⟨Adj.⟩ *so beschaffen, daß man es sich nicht oder kaum vorstellen kann;* ~es Elend; er hat u. gelitten

un|wäg|bar ⟨auch [un-] Adj., o.Steig.⟩ *nicht vorherzusehen, nicht abzuschätzen;* ein ~es Risiko

Un|wäg|bar|keit ⟨f.10⟩ **1** ⟨nur Sg.⟩ *das Unwägbarsein* **2** *unvorhersehbares Ereignis;* von allerlei ~en abhängig sein

un|wahr ⟨Adj.⟩ *nicht der Wahrheit entsprechend;* ~e Behauptung

Un|wahr|heit ⟨f.10⟩ **1** ⟨nur Sg.⟩ *das Unwahrsein;* die U. seiner Darstellung **2** *nicht der Wahrheit entsprechende Äußerung;* ~en erzählen; jmdn. auf einer, bei einer U. ertappen

un|wahr|schein|lich ⟨Adj.⟩ **1** *nicht wahrscheinlich, nicht anzunehmen, nicht glaubwürdig;* eine ~e Geschichte erzählen; sein Rücktritt ist u.; etwas für u. halten **2** ⟨ugs.⟩ *sehr, übermäßig;* ~es Glück haben; er ist u. fett

Un|wahr|schein|lich|keit ⟨f.10⟩ *das Unwahrscheinlichsein* (1)

un|wan|del|bar ⟨Adj.⟩ *sich immer gleichbleibend;* ~e Treue

un|weg|sam ⟨Adj.⟩ *schwer zu begehen;* ~es Gelände **Un|weg|sam|keit** ⟨f., -, nur Sg.⟩

un|weib|lich ⟨Adj.⟩ *nicht charakteristisch für eine Frau;* ~es Aussehen; sie bewegt sich sehr u.

un|weig|er|lich ⟨auch [un-] Adj., o.Steig.⟩ *ganz bestimmt, auf jeden Fall (eintretend);* die ~e Folge wird sein, daß ...; du wirst u. den kürzeren ziehen

un|weit ⟨Präp. mit Gen.⟩ *nicht weit entfernt (von);* u. der Kirche; sie wohnen u. der Stadt

Un|we|sen ⟨n., -s, nur Sg.⟩ *verderbliches Tun* (Banden~); sein U. treiben

un|we|sent|lich ⟨Adj.⟩ *unwichtig, unbedeutend*

Un|wet|ter ⟨n.5⟩ **1** *heftiges, schweres Gewitter* **2** ⟨übertr.⟩ *lautstarke Rüge, wütender Tadel, heftige Zurechtweisung;* ein U. ging auf ihn nieder; dem U. standhalten

un|wi|der|leg|bar ⟨Adj.⟩ *nicht zu widerlegen;* Syn. unwiderlich; eine ~e Behauptung, Tatsache; ~e Beweise **Un|wi|der|leg|bar|keit** ⟨f., -, nur Sg.⟩

un|wi|der|leg|lich ⟨Adj., o.Steig.⟩ → *unwiderlegbar* **Un|wi|der|leg|lich|keit** ⟨f., -, nur Sg.⟩

un|wi|der|ruf|lich ⟨Adj., o.Steig.⟩ *nicht zu widerrufen, nicht rückgängig zu machen, end-*

gültig; ~e Entscheidung; ~es Urteil; mein Entschluß steht u. fest; diese Anordnung ist u. **Un|wi|der|ruf|lich|keit** ⟨f., -, nur Sg.⟩

un|wi|der|spro|chen ⟨auch [-ʃprɔ-] Adj., o.Steig.⟩ *ohne daß widersprochen wird;* seine Behauptung blieb u.

un|wi|der|steh|lich ⟨auch [un-] Adj.⟩ **1** *so beschaffen, daß man nicht widerstehen kann;* ein ~es Verlangen **2** ⟨übertr.⟩ *bezaubernd, bestrickend;* er hält sie für u.; mit ~em Charme **Un|wi|der|steh|lich|keit** ⟨f., -, nur Sg.⟩

un|wie|der|bring|lich ⟨auch [un-] Adj., o.Steig.⟩ *nicht noch einmal erlebbar, endgültig vorbei;* ~e, schöne Tage

Un|wil|le ⟨m., -ns, nur Sg.⟩ *Gereiztheit, Verdrießlichkeit, leichter Ärger;* jmds. ~n erregen

un|wil|lig ⟨Adj.⟩ **1** *ärgerlich, ablehnend;* u. den Kopf schütteln **2** *nicht willig, ohne Bereitwilligkeit;* u. seine Arbeit tun; u. gehorchen

un|will|kür|lich ⟨auch [un-] Adj., o.Steig.⟩ *ohne Absicht, ungewollt;* eine ~e Bewegung machen; er mußte u. lachen

un|wirk|lich ⟨Adj.⟩ *nicht wirklich, nicht der Wirklichkeit entsprechend, merkwürdig;* ~es Licht; eine ~e Situation; der Roman erscheint mir u. **Un|wirk|lich|keit** ⟨f.10⟩

un|wirk|sam ⟨Adj.⟩ **1** *nicht die gewollte Wirkung habend;* die Arznei blieb u.; ~e Maßnahmen **2** ⟨Rechtsw.⟩ *ungültig, nicht in Kraft tretend;* die Verordnung ist u. *die Verordnung tritt nicht in Kraft*

un|wirsch ⟨Adj., -er, am -esten⟩ *unfreundlich, kurz angebunden, barsch;* eine ~e Antwort geben; u. sein

un|wirt|lich ⟨Adj.⟩ **1** *unfreundlich;* ein ~es Wetter **2** *einsam, ungastlich;* eine ~e Gegend **Un|wirt|lich|keit** ⟨f., -, nur Sg.⟩

un|wis|send ⟨Adj.⟩ *ohne Wissen, ohne Kenntnisse;* ein ~es Kind **2** *ohne Kenntnis (von etwas);* er stellte sich u.

Un|wis|sen|heit ⟨f., -, nur Sg.⟩ *fehlendes oder mangelndes Wissen;* darüber herrscht weitverbreitete U.; U. vortäuschen

un|wis|sent|lich ⟨Adv., o.Steig.⟩ *ohne Wissen, unbeabsichtigt;* ein u. falsches Verhalten; jmdm. u. schaden

un|wohl ⟨Adj.⟩ **1** *nicht wohl, unpäßlich;* ihr ist heute u. **2** *unbehaglich;* mir wird u. bei diesem Gedanken

Un|wohl|sein ⟨n., -s, nur Sg.⟩ *Unpäßlichkeit, leichte Störung des Wohlbefindens;* von einem U. befallen, ergriffen werden

Un|wucht ⟨f.10; bei rotierenden Körpern⟩ *durch ungleichmäßige Verteilung des Materials bedingter, unsymmetrischer Lauf (der durch Auswuchten beseitigt wird);* der Reifen hat U.

un|wür|dig ⟨Adj.⟩ *nicht würdig, jmds. Würde nicht entsprechend;* ein ~er Gegner; jmdn. u. behandeln; das ist meiner u.; er ist unseres Vertrauens u.

Un|zahl ⟨f., -, nur Sg.⟩ *sehr große Zahl;* eine U. von Glückwünschen, Briefen

un|zähl|bar ⟨Adj.⟩ *so viel(e), daß man es, sie nicht zählen kann, nicht zu zählen;* ~e Sterne; u. viele Sterne; er hat u. oft gelogen

un|zäh|lig ⟨auch [un-] Adj., o.Steig.⟩ *nicht zu zählen, sehr viel;* ~e Menschen; etwas ~e Male versuchen

Un|ze ⟨f.11⟩ **1** *alte Gewichtseinheit, 28 bis 100 g* **2** ⟨in englischsprachigen Ländern⟩ **a** *ein Handelsgewicht, 28,35 g* **b** *ein Edelmetallgewicht, 31,1 g* [< lat. *uncia* „zwölfter Teil eines Asses" (einer Einheit), zu *as* „Einheit, Ganzes", „Zwölftel", zu *unum* „eines"]

Un|zeit ⟨f., -, nur Sg.⟩ *unrechte, unpassende Zeit;* zur U. kommen

un|zeit|ge|mäß ⟨Adj., -er, am -esten⟩ **1** *nicht zeitgemäß, nicht der herrschenden Auffassung entsprechend;* ~e Ideen; ~e Be-

trachtungen anstellen **2** *nicht der Jahreszeit entsprechend;* ~e Wetterverhältnisse **un|zei|tig** ⟨Adj.⟩ **1** *nicht zur rechten Zeit* **2** ⟨†⟩ *unreif;* ~es Obst

un|zer|trenn|lich ⟨Adj.⟩ *nicht zu trennen, eng verbunden;* ~e Freunde; wir sind seit damals u.

Un|zia|le ⟨f.11⟩, **Un|zi|al|schrift** ⟨f.10⟩ *mittelalterliche griechische und römische Schrift aus abgerundeten Großbuchstaben* [< lat. *uncialis* „ein Zwölftel betragend", zu *uncia* „Zwölftel", als Längenmaß „Zoll" (zwölfter Teil eines Fußes), also „zollhohe Schrift"]

un|ziem|lich ⟨Adj.; veraltend⟩ *nicht so, wie es sich geziemt, gehört;* sich u. benehmen; eine ~e Antwort

Un|zucht ⟨f., -, nur Sg.⟩ *das Scham- und Sittlichkeitsgefühl verletzende geschlechtliche Handlung;* U. treiben

un|züch|tig ⟨Adj.⟩ *unsittlich, die Moral verletzend;* ~e Bewegungen, Handlungen

un|zu|gäng|lich ⟨Adj.⟩ **1** *nicht zugänglich, nicht betretbar, nicht erreichbar;* ~es Gelände; die Bibliothek ist zur Zeit u. **2** *nicht offen, nicht aufgeschlossen (gegenüber jmdm. oder etwas);* eine ~e Haltung einnehmen; einem Argument u. sein **3** *unnahbar, verschlossen;* ein ~er Charakter, Mensch **Un|zu|gäng|lich|keit** ⟨f., -, nur Sg.⟩

un|zu|kömm|lich ⟨Adj.⟩ **1** ⟨österr.⟩ *unzureichend;* ~e Nahrung **2** ⟨österr.⟩ *nicht zukommend, ungerecht;* auf ~e Weise benachteiligt werden **3** ⟨schweiz.⟩ *unzuträglich;* ~e Speisen

un|zu|läng|lich ⟨Adj.⟩ **1** *nicht ausreichend, nicht genügend;* er hat nur ~e Kenntnisse **2** *nicht gut genug;* seine Arbeit ist u.

Un|zu|läng|lich|keit ⟨f., -, nur Sg.⟩ **1** *das Unzulänglichsein* **2** *unzulängliches Verhalten, unzulängliche Handlung, Äußerung;* über solche kleinen ~en wollen wir hinwegsehen

un|zu|läs|sig ⟨Adj.⟩ *nicht zulässig;* ~e Einmischung; mit ~er Geschwindigkeit fahren

un|zu|rech|nungs|fä|hig ⟨Adj., o.Steig.⟩ ⟨ugs.⟩ *unrichtig für* zurechnungsunfähig

un|zu|rei|chend ⟨Adj.⟩ *nicht ausreichend;* ~e Mittel; ~e Ernährung; deine Leistung ist u.

un|zu|tref|fend ⟨Adj.⟩ *nicht zutreffend, nicht richtig;* eine ~e Behauptung; eine ~e Darstellung von etwas geben

un|zu|ver|läs|sig ⟨Adj.⟩ **1** *nicht zuverlässig;* er ist ein ~er Mitarbeiter; u. arbeiten **2** *fragwürdig, zweifelhaft;* eine u. Informationsquelle **Un|zu|ver|läs|sig|keit** ⟨f., -, nur Sg.⟩

un|zweck|mä|ßig ⟨Adj.⟩ *nicht zweckmäßig, nicht geeignet, nicht praktisch;* ~e Methode; u. vorgehen, handeln **Un|zweck|mä|ßig|keit** ⟨f., -, nur Sg.⟩

un|zwei|deu|tig ⟨Adj.⟩ *eindeutig, klar;* eine ~e Antwort; jmdm. u. die Meinung sagen

un|zwei|fel|haft ⟨Adj.⟩ *nicht zu bezweifeln, nicht zu bestreiten;* er hat u. recht

Upa|ni|schad ⟨f., -, -scha|den⟩ *altindische philosophisch-theologische Schrift*

Up|per|cut ⟨[apərkat] m.9; Boxen⟩ *Schlag von unten gegen das Kinn des Gegners* [engl., „Aufwärts-, Kinnhaken", < *upper* „ober, oberher" und *cut* „Schnitt, Schlag"]

Up|per ten ⟨[apər -] Pl.⟩ *die oberen Zehntausend, die Oberschicht der Gesellschaft* [engl., gekürzt < *upper tenthousand* „obere zehntausend"]

üp|pig ⟨Adj.⟩ **1** *reichlich und gut;* ein ~es Mahl **2** *reich, vielfältig;* eine ~e Phantasie; ~e Vegetation **3** ⟨übertr.⟩ *rundlich, schwellend;* ~e Formen haben; eine ~e Schönheit *eine schöne Frau mit runden, schwellenden Formen* **4** ⟨übertr., ugs.⟩ *dreist, respektlos;* er wird zu ü. **Üp|pig|keit** ⟨f., -, nur Sg.⟩

up to date ⟨[ap tə deit] *auf dem laufenden, zeitgemäß, der Mode entsprechend* [engl., „bis heute", wörtlich „bis (herauf) zum (gegenwärtigen) Datum", < *up* „herauf" und *to*

Urnengrab

„zu" und *date* „Datum, Zeitpunkt", →*Datum*]

Ur ⟨m.1⟩ →*Auerochse*

u. R. ⟨Abk. für⟩ *unter Rückbittung*

ur..., Ur... ⟨in Zus.⟩ **1** *erste(r, -s), Anfangs..., ursprünglich,* z.B. Ur Urmensch **2** *sehr, in hohem Maße,* z.B. uralt **3** *zur dritten vorangehenden oder nachfolgenden Generation gehörig,* z.B. Urgroßvater, Urenkel

Ur|ab|stim|mung ⟨f.10⟩ **1** *geheime Abstimmung aller Mitglieder einer Gewerkschaft (bes. über Beginn und Ende von Streiks)* **2** ⟨schweiz.⟩ *schriftliche Umfrage (in einem Verein)*

Ur|adel ⟨m., -s, nur Sg.⟩ *ältester, nicht von jmdm. verliehener Adel*

Ur|ahn ⟨m.12⟩ →*Urahne (I)*

Ur|ah|ne I ⟨m.11⟩ *Vorfahr, Urgroßvater;* auch: Urahn II ⟨f.11⟩ *Urgroßmutter*

ura|lisch ⟨Adj., o.Steig.⟩ *aus der Gegend des Urals stammend;* ~e Sprachen *finnisch-ugrische und samojedische Sprachen*

ur|alt ⟨Adj., o.Steig.⟩ *sehr alt*

Ur|ämie ⟨f.11⟩ →*Harnvergiftung* [< griech. *ouron* „Harn, Urin" und *haima* „Blut"]

Uran ⟨n., -s, nur Sg.; Zeichen: U⟩ *chemisches Element, silberweißes, weiches, schwach radioaktives Schwermetall* [nach dem Planeten *Uranos,* da beide, das Element und der Planet, ungefähr zur gleichen Zeit entdeckt wurden]

Uran|bren|ner ⟨m.5; †⟩ *Kernreaktor*

Uran|glim|mer ⟨m.5⟩ *(in vielen Abarten vorkommendes) den Glimmern ähnliches, uranhaltiges Mineral*

Ura|ni|er ⟨m.5⟩ →*Uranist*

Ura|ni|nit ⟨n., -s, nur Sg.⟩ *Abart des Uranpecherzes*

Ura|nis|mus ⟨m., -, nur Sg.; †⟩ *Homosexualität (bei Männern)* [nach dem griech. Gott *Uranos,* der Urania (= Aphrodite) ohne Mutter zeugte]

Ura|nist ⟨m.10; †⟩ *Homosexueller;* Syn. Uranier, Urning

Uran|pech|erz ⟨n., -es, nur Sg.⟩ *pechschwarzes Mineral*

Urat ⟨n.1⟩ *Salz der Harnsäure* [zu griech. *ouron* „Harn"]

ur|auf|füh|ren ⟨V.1, hat uraufgeführt; mit Akk.⟩ *zum ersten Mal aufführen;* vgl. erstaufführen

Ur|auf|füh|rung ⟨f.10⟩ *erste Aufführung;* vgl. *Erstaufführung*

Urä|us|schlan|ge ⟨f.11⟩ **1** *afrikanische Kobra* **2** ⟨nur Sg.⟩ *altägyptisches Symbol der Königsherrschaft* [< griech. *ouraios* „zum Schwanz gehörig" (zu *oura* „Schwanz"), < altägypt. *wr(r)jt,* gesprochen weraje, *Schlange*]

ur|ban ⟨Adj.⟩ **1** *städtisch* **2** ⟨übertr.⟩ *weltmännisch* [< lat. *urbanus* „zur Stadt gehörig, städtisch" zu *urbs,* Gen. *urbis,* „Stadt"]

ur|ba|ni|sie|ren ⟨V.3, hat urbanisiert; mit Akk.⟩ **1** *dem Leben in der Stadt angleichen, verfeinern;* Lebensgewohnheiten, eine Bevölkerung u. **2** *den Bewohnern einer Stadt leicht zugänglich machen, für sie nutzbar machen;* einen Landschaftsteil u. **Ur|ba|ni|sie|rung** ⟨f.10⟩

Ur|ba|ni|stik ⟨f., -, nur Sg.⟩ *Forschung auf dem Gebiet des Städtebaus, der Stadtentwicklung, Stadtplanung*

Ur|ba|ni|tät ⟨f., -, nur Sg.⟩ **1** *weltmännische Gewandtheit und Höflichkeit* **2** *(neuerdings) städtisches Leben, städtische Lebensform* [zu *urban*]

ur|bar ⟨Adj., o.Steig.⟩ *anbaufähig, nutzbar;* ~er Boden; ein Stück Land u. machen

Ur|ba|ri|sie|rung ⟨f.10; schweiz.⟩ *das Urbarmachen*

Ur|be|ginn ⟨m., -s, nur Sg.⟩ *erster Beginn, Anfang;* von U. an

Ur|be|völ|ke|rung ⟨f.10⟩ *ursprüngliche, erste Bevölkerung*

ur|bi et or|bi ⟨kath. Kirche⟩ *der Stadt (Rom) und dem Erdkreis* [lat., Formel für die Segenspendung des Papstes]

ur|chig ⟨Adj.; schweiz.⟩ *urwüchsig, echt, unverfälscht* [< *urig*]

Ur|chri|sten|tum ⟨n., -s, nur Sg.⟩ *das Christentum bis etwa 150 n.Chr.*

ur|christ|lich ⟨Adj., o.Steig.⟩ *zum Urchristentum gehörig, von ihm stammend*

ur|deutsch ⟨Adj., o.Steig.⟩ *typisch deutsch*

Ur|du ⟨n., -(s), nur Sg.⟩ *eine indoarische Sprache in Pakistan*

Urea|se ⟨f.⟩ *Enzym, das Harnstoff in Ammoniak und Kohlendioxid spaltet* [zu griech. *ouron* „Harn"]

Ure|id ⟨n.1⟩ *jede vom Harnstoff abgeleitete chemische Verbindung* [zu griech. *ouron* „Harn"]

ur|ei|gen ⟨Adj.; verstärkend⟩ **1** *ursprünglich eigen* **2** *ganz eigen;* das liegt in seinem ~en Interesse

Ur|ein|woh|ner ⟨m.5⟩ *Angehöriger der Urbevölkerung*

Ur|el|tern ⟨nur Pl.; †⟩ *Stammeltern, Urahnen;* die U. der Menschheit ⟨christl. Religion⟩ *Adam und Eva*

Ur|en|kel ⟨m.5⟩ *Sohn des Enkels oder der Enkelin*

Ure|ter ⟨m., -s, -te|ren⟩ →*Harnleiter* [< griech. *oureter, ourethra* „Harnleiter", < *ouron* „Harn"]

Ure|thra ⟨f., -, -thren⟩ →*Harnröhre* [< griech. *ourethra* in ders. Bed., zu *ouron* „Harn"]

Ure|thri|tis ⟨f., -, -ti|den⟩ *Harnröhrenentzündung* [< *Urethra* und *...itis*]

Ure|thro|skop ⟨n.1⟩ *Gerät zur Untersuchung der Harnröhre* [< *Urethra* und *...skop*]

Ur|feh|de ⟨f.11; MA⟩ *durch Eid bekräftigtes Versprechen, auf Rache zu verzichten*

Ur|form ⟨f.10⟩ *erste, ursprüngliche Form, Fassung;* die U. eines Romans

ur|ge|müt|lich ⟨Adj., o.Steig.⟩ *sehr gemütlich*

ur|gent ⟨Adj., -er, am -esten⟩ *dringend* [< lat. *urgens,* Gen. *urgentis,* Part. Präs. von *urgere* „drängen, treiben"]

Ur|genz ⟨f., -, nur Sg.⟩ *Dringlichkeit*

Ur|ge|schich|te ⟨f., -, nur Sg.⟩ **1** *älteste Geschichte, Vorgeschichte* **2** *Wissenschaft davon*

ur|ge|schicht|lich ⟨Adj., o.Steig.⟩ *zur Urgeschichte gehörend, sie betreffend*

Ur|ge|sell|schaft ⟨f., -, nur Sg.⟩ *älteste (angenommene) Form der menschlichen Gesellschaft*

Ur|ge|stalt ⟨f.10⟩ *ursprüngliche Gestalt*

Ur|ge|stein ⟨n.1⟩ *Gestein, das sich seit seiner Entstehung nicht mehr verändert hat*

Ur|ge|walt ⟨f.10⟩ *große, ursprüngliche Kraft, Naturgewalt;* die U. des Wassers

ur|gie|ren ⟨V.3, hat urgiert; mit Akk.; bes. österr.⟩ *dringlich machen, beschleunigen;* ein Gesuch u. [< lat. *urgere* „drängen, treiben"]

Ur|groß|el|tern ⟨nur Pl.⟩ *Eltern der Großeltern*

Ur|groß|mut|ter ⟨f.6⟩ *Mutter der Großmutter oder des Großvaters*

ur|groß|müt|ter|lich ⟨Adj., o.Steig.⟩ *von der Urgroßmutter stammend*

Ur|groß|va|ter ⟨m.6⟩ *Vater der Großmutter oder des Großvaters*

ur|groß|vä|ter|lich ⟨Adj., o.Steig.⟩ *vom Urgroßvater stammend*

Ur|grund ⟨m.2⟩ *erster Beginn, tiefster Grund;* U. des Seins

Ur|he|ber ⟨m.5⟩ **1** *jmd., der etwas veranlaßt oder veranlaßt hat, von dem ein Mißverständnis ausging;* der geistige U. einer literarischen, politischen Strömung **2** *Verfasser, Schöpfer (eines künstlerischen oder wissenschaftlichen Werkes)*

Ur|he|ber|recht ⟨n.1⟩ **1** *Recht eines Autors, über sein Werk zu verfügen* **2** *Gesamtheit der gesetzlichen Bestimmungen darüber*

Ur|he|ber|schutz ⟨m., -es, nur Sg.⟩ *Schutz des Rechtes eines Urhebers, über sein Werk frei zu verfügen*

Ur|hei|mat ⟨f., -, nur Sg.⟩ *älteste, ursprüngliche Heimat (eines Volkes oder Stammes)*

Uri|an ⟨m.1⟩ **1** *unwillkommener Gast* **2** ⟨nur Sg.⟩ *der Teufel* [Herkunft nicht bekannt]

Uri|as|brief ⟨m.1⟩ *Brief, der dem Überbringer Unheil bringt* [nach dem Hethiter Urias im AT (2. Buch Samuel, 11. Kap., 14–17), der durch einen Brief von David in den Tod geschickt wurde]

urig ⟨Adj.⟩ *urwüchsig-komisch, urwüchsig-humorvoll;* ~e Stimmung; ein ~er Kerl ⟨ugs.⟩ *ein origineller Mensch*

Urin ⟨m., -s, nur Sg.⟩ →*Harn* [< griech. *ouron* „Harn"]

Uri|nal ⟨n.1⟩ **1** *Harnflasche, Harnglas* **2** *(in öffentlichen Toiletten) an der Wand befestigtes Becken zum Urinieren (für Männer)*

uri|nie|ren ⟨V.3, hat uriniert⟩ →*harnen* [zu *Urin*]

uri|nös ⟨Adj., o.Steig.⟩ **1** *urin-, harnähnlich* **2** *harnstoffhaltig* [zu *Urin*]

Ur|in|sekt ⟨n.12⟩ *ursprüngliches, flügelloses Insekt (z.B. das Silberfischchen)*

Ur|kan|ton ⟨m.1⟩ *Gründungskanton der Schweiz (Uri, Schwyz, Unterwalden)*

Ur|kir|che ⟨f., -, nur Sg.⟩ *die christliche Kirche bis etwa 150 n.Chr.*

Ur|knall ⟨m., -(e)s, nur Sg.⟩ *(angenommene) Entstehung des Weltalls aus der Explosion einer auf ungeheure Dichte zusammengedrängten Urmaterie*

Ur|kun|de ⟨f.11⟩ *Schriftstück, das etwas bestätigt, für rechtmäßig erklärt;* eine U. ausstellen, fälschen, nachmachen

Ur|kun|den|leh|re ⟨f., -, nur Sg.⟩ *Lehre von der Entstehung, Überlieferung und den Merkmalen von Urkunden*

ur|kund|lich ⟨Adj., o.Steig.⟩ *durch eine Urkunde;* dieses Ereignis ist u. belegt, bewiesen

Ur|kunds|be|am|te(r) ⟨m.17 oder m.18⟩ *Beamter, der berechtigt ist, Urkunden auszustellen*

Ur|laub ⟨m.1⟩ *arbeits- oder dienstfreie Zeit (Erholungs~, Arbeits~);* U. beantragen, nehmen; in U. gehen, fahren; U. von der Familie ⟨ugs., scherzh.⟩ *erholsames Fernsein von der Familie*

Ur|lau|ber ⟨m.5⟩ *jmd., der Urlaub macht*

Ur|laubs|geld ⟨n.3⟩ **1** *vom Arbeitgeber gezahlte Zuwendung für den Urlaub* **2** *für den Urlaub gespartes Geld*

Ur|laubs|schein ⟨m.1⟩ *Schein, auf dem einem Soldaten bestätigt wird, daß er in Urlaub gehen darf*

Ur|laubs|tag ⟨m.1⟩ *arbeitsfreier Tag, der weder Sonn- noch Feiertag ist, Tag, an dem jmd. Urlaub hat*

Ur|laubs|zeit ⟨f.10⟩ **1** *Zeit des Urlaubs* **2** *Zeit, in der viele Menschen Urlaub machen*

Ur|mensch ⟨m.10⟩ *Mensch der frühesten Stufe der Entwicklungsgeschichte*

Ur|me|ter ⟨n., -s, nur Sg.⟩ *(bei Paris aufbewahrtes) ursprüngliches Normmaß für das Meter*

Ur|mund ⟨m.4⟩ *Körperöffnung des tierischen Keimes im Entwicklungsstadium des Becherkeims*

Ur|mut|ter ⟨f.6⟩ *Stammutter, Urahne (II);* U. des Menschengeschlechts ⟨christl. Religion⟩ *Eva*

Ur|ne ⟨f.11⟩ **1** *henkelloses Gefäß mit Deckel zum Aufbewahren der Asche eines Toten* **2** *Behälter für die Stimmzettel (bei Wahlen)* [< lat. *urna* „Wasser-, Aschenkrug", eigtl. *urcna,* zu *urceus* „Krug", weitere Herkunft nicht bekannt]

Ur|nen|feld ⟨n.3⟩ *Friedhof mit Urnen aus der späten Bronzezeit*

Ur|nen|grab ⟨n.4⟩ *kleines Grab für eine Urne*

1005

Ur|nen|hal|le ⟨f.11⟩, **Ur|nen|haus** ⟨n.4⟩ Halle mit in die Wände und in den Fußboden eingelassenen Urnengräbern

Ur|ning ⟨m.1⟩ → *Uranist*

Ur|nings|lie|be ⟨f., -, nur Sg.; †⟩ Homosexualität (zwischen Männern)

uro|ge|ni|tal ⟨Adj., o.Steig.⟩ zu den Harn- und Geschlechtsorganen gehörig, von ihnen ausgehend [< griech. *ouron* „Harn" und *genital*]

Uro|ge|ni|tal|sy|stem ⟨n.1⟩ die Harn- und Geschlechtsorgane

Uro|lith ⟨m.10⟩ Harnstein [< griech. *ouron* „Harn" und *lithos* „Stein"]

Uro|lo|ge ⟨m.11⟩ Facharzt für Urologie

Uro|lo|gie ⟨f., -, nur Sg.⟩ Wissenschaft von den Harnorganen [< griech. *ouron* „Harn" und *...logie*]

ur|plötz|lich ⟨Adj., o.Steig.; ugs.⟩ ganz plötzlich; u. brach der Sturm los

Ur|quell ⟨m., -s, nur Sg.⟩ Quell, Ursprung; U. des Lebens

Ur|sa|che ⟨f.11⟩ Ursprung, Grund (eines Vorgangs, Geschehens); die U. eines Konflikts, Unfalls; aus ungeklärter U.; keine U.! ⟨ugs.⟩ gern geschehen! eigtl. es gibt keine U., mir zu danken

ur|säch|lich ⟨Adj., o.Steig.⟩ 1 als Ursache; seine allzu strenge Erziehung muß für sein heutiges merkwürdiges Verhalten in Frage kommen, könnte als u. dafür anzusehen sein 2 die gleiche(n) Ursache(n) aufweisend; beides steht in einem ~en Zusammenhang

Ur|schleim ⟨m., -(e)s, nur Sg.⟩ 1 mineralischer Schleim am Meeresgrund 2 ⟨†⟩ Protoplasma

Ur|schrift ⟨f.10⟩ erste Niederschrift, Original

ur|schrift|lich ⟨Adj., o.Steig.⟩ in der Urschrift; eine ~e Ausfertigung des Vertrags

Ur|span|nung ⟨f.10⟩ elektrische Spannung, die erzeugt werden muß, damit ein Strom fließt

urspr. ⟨Abk. für⟩ ursprünglich

Ur|spra|che ⟨f.11⟩ 1 Sprache, aus der sich mehrere Sprachen entwickelt haben 2 Sprache, in der ein übersetzter Text ursprünglich geschrieben ist, Originalsprache

Ur|sprung ⟨m.2⟩ Beginn, Anfang; der U. der Menschheit; die Ursprünge des Lebens; der U. allen Übels

ur|sprüng|lich ⟨Adj.⟩ 1 ⟨o.Steig.; Abk.: urspr.⟩ anfänglich, am Anfang (vorhanden); meine ~en Absichten; u. hatte ich etwas ganz anderes vor 2 echt, natürlich, unverfälscht; eine ~e Lebensart; sie ist ein sehr ~er Mensch; sie hat eine ganz ~e Lebensfreude

Ur|sprüng|lich|keit ⟨f., -, nur Sg.⟩

Ur|sprungs|land ⟨n.4⟩ Herkunftsland

Ur|stand ⟨f., -, nur Sg.; †⟩ Auferstehung; ⟨nur noch in der Wendung⟩ fröhliche U. feiern *wieder aufleben*

Ur|strom|tal ⟨n.4⟩ breites, von den Schmelzwassern einstiger Gletscher geschaffenes, talähnliches Gelände

Ur|su|li|ne ⟨f.11⟩, **Ur|su|li|ne|rin** ⟨f.10⟩ Angehörige eines kath. Ordens zur Erziehung von Mädchen

Ur|teil ⟨n.1⟩ 1 Entscheidung (eines Richters in einem Rechtsstreit); ein U. annehmen, anfechten, fällen; das U. ergeht; ein gerechtes, mildes, strenges U.; das U. über jmdn. fällen, sprechen 2 Stellungnahme, Meinung; sein U. abgeben; sich ein U. bilden; darüber steht mir kein U. zu; ein fachmännisches U. 3 ⟨nur Sg.⟩ Fähigkeit zu urteilen; Syn. *Urteilsvermögen*; er hat ein sicheres U. 4 ⟨Philos.⟩ in einem Satz zusammengefaßte Erkenntnis

ur|tei|len ⟨V.1, hat geurteilt; o.Obj.⟩ ein Urteil abgeben, seine Meinung äußern, Kritik üben; gerecht, hart, milde u.; über jmdn. u.; ein Urteil (nur) aufgrund des äußeren Scheins abgeben; nach dem Erfolg zu u., müßte das Buch gut sein; über etwas oder jmdn. u.

ur|teils|fä|hig ⟨Adj.⟩ (aufgrund seines Wissens) fähig zu urteilen **Ur|teils|fä|hig|keit** ⟨f., -, nur Sg.⟩

Ur|teils|kraft ⟨f., -, nur Sg.⟩ Fähigkeit, richtig, sachlich zu urteilen; seine U. ist erstaunlich

ur|teils|los ⟨Adj., o.Steig.⟩ ohne Urteilsfähigkeit

Ur|teils|ver|mö|gen ⟨n., -s, nur Sg.⟩ → *Urteil* (3)

Ur|text ⟨m.1⟩ ursprünglicher Text, einer Übersetzung zugrundeliegender Text

Ur|tie|fe ⟨f.11; poet.⟩ unergründliche Tiefe; aus ~n des Lebens

Ur|tier ⟨n.1⟩, **Ur|tier|chen** ⟨n.7⟩ → *Protozoon*

Ur|ti|ka|ria ⟨f., -, nur Sg.⟩ Nesselsucht [zu lat. *urtica* „Nessel, Brennessel", zu *urere* „brennen, jucken, brennend schmerzen"]

Ur|trieb ⟨m.1⟩ von alters her vererbter, angeborener Trieb

ur|tüm|lich ⟨Adj.⟩ 1 wie aus der Urzeit stammend; ~e Formen 2 natürlich, unverbildet; ~e Ausdrucksweise **Ur|tüm|lich|keit** ⟨f., -, nur Sg.⟩

Ur|ur|en|kel ⟨m.5⟩ Sohn des Urenkels oder der Urenkelin

Ur|ur|groß|el|tern ⟨nur Pl.⟩ Eltern der Urgroßeltern

Ur|ur|groß|mut|ter ⟨f.6⟩ Mutter der Urgroßmutter oder des Urgroßvaters

Ur|ur|groß|va|ter ⟨m.6⟩ Vater der Urgroßmutter oder des Urgroßvaters

Ur|va|ter ⟨m.6⟩ Stammvater, Urahn; U. des Menschengeschlechts (christl. Religion) Adam

ur|ver|wandt ⟨Adj., o.Steig.; Sprachw.⟩ auf denselben Stamm, die gleiche Wurzel zurückführbar; ~e Sprachen, Wörter **Ur|ver|wandt|schaft** ⟨f., -, nur Sg.⟩

Ur|viech ⟨n.4⟩, **Ur|vieh** ⟨n., -s, -viecher; ugs., scherzh., derb⟩ witziger, origineller Mensch

Ur|wahl ⟨f.10⟩ Wahl, bei der Wahlmänner gewählt werden

Ur|wäh|ler ⟨m.5⟩ jmd., der in einer Urwahl Wahlmänner wählt

Ur|wald ⟨m.4⟩ unbewirtschaftetes, durch menschliche Eingriffe nicht verändertes Waldgebiet

Ur|welt ⟨f.10⟩ Welt der Vorzeit

ur|welt|lich ⟨Adj., o.Steig.⟩ die Urwelt betreffend, zu ihr gehörig, aus ihr stammend

ur|wüch|sig ⟨Adj.⟩ ursprünglich, unverbildet, einfach und natürlich; ~er Humor **Ur|wüch|sig|keit** ⟨f., -, nur Sg.⟩

Ur|zeit ⟨f.10⟩ die am längsten zurückliegende Zeit (der Erd-, Menschheitsgeschichte); seit ~en seit sehr langer Zeit

ur|zeit|lich ⟨Adj., o.Steig.⟩ die Urzeit betreffend, zu ihr gehörig, aus ihr stammend

Ur|zeu|gung ⟨f.10⟩ (angenommene) Entstehung von Leben aus unbelebtem Stoff

Ur|zu|stand ⟨m.2⟩ ursprünglicher Zustand

u.s. ⟨Abk. für⟩ *ut supra*

US(A) ⟨Pl.; Kurzw. für⟩ United States (of America); Vereinigte Staaten (von Amerika)

Usam|ba|ra|veil|chen ⟨n.7⟩ niedrige Pflanze mit kurz behaarten, fleischigen Blättern und (meist) dunkelvioletten Blüten, Topfpflanze [nach seiner Heimat, der ostafrik. Landschaft Usambara]

US-ame|ri|ka|nisch ⟨Adj., o.Steig.⟩ zu den USA gehörig, aus ihnen stammend

Usance [yzãs] ⟨f.11; bes. im Handel⟩ Brauch, Gepflogenheit [< frz. *usance*, zu *user* „gebrauchen", über vulgärlat. **usare* < lat. *usus* „Gebrauch, Nutzen", zu *uti* „gebrauchen"]

Usan|cen|han|del [yzãsən-] ⟨m., -s, nur Sg.⟩ Devisenhandel zu Kursen in einer anderen Währung als der Landeswährung der Devisenhändler

User [ju-] ⟨m.5⟩ jmd., der regelmäßig Rauschgift nimmt [engl., „Benutzer, Nutznießer", zu *to use* „gebrauchen", < lat. *uti* (Perf. *usus*) „gebrauchen, anwenden"]

usf. ⟨Abk. für⟩ *und so fort*

Uso¹ ⟨m., -s, nur Sg.; Handel⟩ Brauch, Gepflogenheit [ital., < lat. *usus*, → *Usus*]

Uso² ⟨m.9⟩ griechischer Anisschnaps; auch: *Uzo* [< griech. *ouzo* angeblich (aufgrund einer Anekdote) < ital. *uso* „Gebrauch, Art"]

Uso|wech|sel ⟨m.5⟩ Wechsel, der nach dem am Zahlungsort üblichen Brauch zu zahlen ist

usu|ell ⟨Adj., o.Steig.⟩ üblich, gebräuchlich [< frz. *usuel* in ders. Bed., zu lat. *usus*, → *Usus*]

Usur ⟨f.10; Med.⟩ Abnutzung, Schwund [< lat. *usura* „Nutzung, Gebrauch", zu *uti* „benutzen"]

Usur|pa|ti|on ⟨f.10⟩ widerrechtliche Machtergreifung [zu *usurpieren*]

Usur|pa|tor ⟨m.1⟩ jmd., der eine Usurpation begangen hat; Syn. *Thronräuber* [zu *usurpieren*]

usur|pa|to|risch ⟨Adj., o.Steig.⟩ in der Art einer Usurpation, eines Usurpators, durch Usurpation

usur|pie|ren ⟨V.3, hat usurpiert; mit Akk.⟩ gewaltsam an sich bringen; den Thron u. [< lat. *usurpare* „beanspruchen, sich widerrechtlich aneignen, sich anmaßen", eigtl. „durch Gebrauch an sich bringen", < *usus* „Benutzung, Gebrauch" und *rapere* „an sich raffen"]

Usus ⟨m., -, nur Sg.⟩ Brauch, Gepflogenheit, Sitte; es ist (so) U., daß ... [lat., „Gebrauch, Benutzung, Ausübung", zu *uti* „gebrauchen, benutzen"]

Usus|fruk|tus ⟨m., -, nur Sg.⟩ Nießbrauch [< lat. *usus* „Benutzung, Gebrauch" und *fructus* „Nutzung, Nutznießung, Genuß, Ertrag, Einkünfte, Früchte"]

usw. ⟨Abk. für⟩ *und so weiter*

Uten|si|li|en ⟨Pl.⟩ kleine Gebrauchsgegenstände (Schreib~, Wasch~) [< lat. *utensilia* „brauchbare Dinge", zu *utensilis* „brauchbar", zu *uti* „gebrauchen, benutzen"]

ute|rin ⟨Adj., o.Steig.⟩ zum Uterus gehörig, von ihm ausgehend

Ute|ro|skop ⟨n.1⟩ Gerät zur Untersuchung des Uterus [< *Uterus* und *...skop*]

Ute|rus ⟨m., -, -ri⟩ Gebärmutter [lat., „Bauch, Unterleib", zu Sanskrit *adhara* „unterer"]

uti|li|tär ⟨Adj., o.Steig.⟩ nur auf den Nutzen gerichtet; ~es Denken, Handeln

Uti|li|ta|ri|er ⟨m.5⟩ → *Utilitarist*

Uti|li|ta|ris|mus ⟨m., -, nur Sg.⟩ Lehre, daß der Nutzen Grundlage und Zweck des menschlichen Handelns und Maßstab der Sittlichkeit sei [zu lat. *utilitas* „Nützlichkeit, Brauchbarkeit", zu *utilis* „brauchbar, nützlich", zu *uti* „gebrauchen, benutzen"]

Uti|li|ta|rist ⟨m.10⟩ Anhänger des Utilitarismus; Syn. *Utilitarier*

uti|li|ta|ri|stisch ⟨Adj., o.Steig.⟩ in der Art des Utilitarismus, auf ihm beruhend

ut in|fra ⟨Abk.: u.i.⟩ wie unten (angegeben) [lat.]

Uto|pia ⟨n., -(s), nur Sg.⟩ Wunsch-, Traumland; Syn. *Utopie* [→ *Utopie*]

Uto|pie ⟨f.11⟩ 1 Schilderung eines künftigen (gesellschaftlichen o.ä.) Lebens oder Zustandes 2 Plan ohne reale Grundlage, Wunschtraum [nach *Utopia*, dem Titel eines Romans von Thomas Morus (1478–1535), der darin einen Idealstaat beschreibt und zugleich Mißstände seiner Zeit anprangert, < griech. *ou* „nicht" und *topos* „Ort, Land, Gegend", also „Nirgendland"]

Uto|pi|en ⟨n., -(s), nur Sg.⟩ → *Utopia*

uto|pisch ⟨Adj.⟩ unerfüllbar, nur in der Vorstellung vorhanden, erträumt, Unmögliches erstrebend; ~er Roman Roman über einen (noch) nicht existierenden Staat oder eine zukünftige Gesellschaft, ⟨auch⟩ technisch-wissenschaftlicher Zukunftsroman; das sind ja völlig ~e Vorstellungen

Uto|pis|mus ⟨m., -, -men⟩ **1** ⟨nur Sg.⟩ *Neigung zu Utopien (2)* **2** *utopische Vorstellung* [zu *Utopie*]

Uto|pist ⟨m.10⟩ **1** *Vertreter einer Utopie (1)* **2** *jmd., der zu Utopien (2) neigt*

Utra|quis|mus ⟨m., -, nur Sg.⟩ *Lehre der Utraquisten*

Utra|quist ⟨m.10⟩ *Angehöriger der gemäßigten Richtung der Hussiten, die das Abendmahl in beiderlei Gestalt forderten;* vgl. *Kalixtiner* [zu lat. *utraque* ,,auf beiden Seiten", zu *uterque* ,,jeder von beiden, beide", < *uter* ,,einer von beiden, welcher auch immer" und *...que* ,,und"]

utra|qui|stisch ⟨Adj., o.Steig.⟩ *zum Utraquismus gehörend, auf ihm beruhend*

ut su|pra ⟨Mus.; Abk.: u.s.⟩ *wie oben* [lat.]

u.U. ⟨Abk. für⟩ *unter Umständen*

u.ü.V. ⟨Abk. für⟩ *unter dem üblichen Vorbehalt*

UV ⟨Abk. für⟩ *ultraviolett*

u.v.a. ⟨Abk. für⟩ *und viele(s) andere*

u.v.a.m. ⟨Abk. für⟩ *und viele(s) andere mehr*

UvD ⟨Abk. für⟩ *Unteroffizier vom Dienst*

UV-Glas ⟨[ufau-] n.4⟩, **Uvi|ol|glas** ⟨n.4; Wz.⟩ *für ultraviolette Strahlen durchlässiges Glas* [gekürzt < *ultraviolett* und *Glas*]

UV-Strah|len ⟨m.12, Pl.; Kurzw. für⟩ *ultraviolette Strahlen (als Teil des Sonnenlichtes oder der Strahlen einer Höhensonne)*

Uvu|la ⟨f., -, -lae [leː]⟩ → *Zäpfchen (2)* [lat., ,,Träubchen", zu *uva* ,,Traube"]

Uvu|lar ⟨m.1⟩ *mit dem Gaumenzäpfchen gebildeter Laut (z.B. das Gaumen-R)* [zu *Uvula*]

u.W. ⟨Abk. für⟩ *unseres Wissens*

u.Z. ⟨Abk. für⟩ *unserer Zeitrechnung*

uzen ⟨V.1, hat geuzt; mit Akk.; rhein.⟩ *foppen, necken* [eigtl. ,,jmdn. Uz nennen", zu *Uz*, der Koseform für *Ulrich* und Bez. für einen absonderlichen Menschen]

Uzo ⟨m.9⟩ → *Uso^2*

V

V 1 ⟨röm. Zahlzeichen für⟩ *5* 2 ⟨Zeichen für⟩ *Volt* 3 ⟨Zeichen für⟩ *Volumen* 4 ⟨Zeichen für⟩ *Vanadin, Vanadium* 5 ⟨Abk. für⟩ *vertatur*

v. 1 ⟨Abk. für⟩ *verte!* 2 ⟨Abk. für⟩ *vide!* 3 ⟨Abk. für⟩ *von, vom* ⟨vor Namen⟩

V. ⟨Abk. für⟩ *Vers*

VA ⟨Zeichen für⟩ *Voltampere*

v. a. ⟨Abk. für⟩ *vor allem*

va banque ⟨vabã̱k⟩ beim Glücksspiel⟩ *es gilt der Bank;* v. b. spielen *um den gesamten Einsatz, die Bank, spielen,* ⟨übertr.⟩ *alles einsetzen, alles wagen* [frz., „es gilt (handelt sich um, geht um) die Bank", zu *aller* „sich handeln (um), gehen (um)" und *banque* „Bank"]

Va|banque|spiel ⟨vabã̱k-] n.1⟩ *Spiel, Wagnis, bei dem alles riskiert wird*

va|cat ⟨[va-] *es fehlt, es ist nicht vorhanden;* vgl. *Vakat* [lat.]

Vache|le|der ⟨[vaʃ-] n.5⟩ *Rindsleder (für Schuhsohlen)* [< frz. *vache* „Kuh; Rindsleder" und *Leder*]

Va|de|me|kum ⟨[va:-] n.9⟩ *kleines Lehrbuch, Ratgeber, den man bei sich tragen kann* [< lat. *vade mecum* „geh mit mir", < *vade,* Imperativ von *vadere* „gehen", und *mecum = cum me* „mit mir"]

Va|di|um ⟨n., -s, -di|en; im alten dt. Recht⟩ *Gegenstand als symbolisches Pfand, Anzahlung* [lat.]

va|dos ⟨Adj., o.Steig.⟩ *von versickertem Oberflächenwasser) in den Poren und Klüften der Gesteine befindlich, in der Erdkruste zirkulierend;* ~es Wasser [< lat. *vadosus* „seicht, flach", zu *vadum* „seichtes Wasser", zu *vadere* „waten"]

Vae vic|tis! ⟨[vɛ: -]⟩ *wehe den Besiegten!* [lat.]

vag ⟨Adj.⟩ → *vage*

Va|ga|bon|dage ⟨[-bõda:ʒ] f., -, nur Sg.; österr.⟩ → *Vagabundage*

Va|ga|bund ⟨m.10⟩ 1 → *Landstreicher* 2 ⟨übertr.⟩ *ruheloser, häufig den Wohnsitz wechselnder Mensch* [< lat. *vagabundus* „umherschweifen, unstet", zu *vagari* „umherschweifen"]

Va|ga|bun|da|ge ⟨[-ʒə] f., -, nur Sg.⟩ *Landstreicherei,* auch: ⟨österr.⟩ *Vagabondage* [< frz. *vagabondage* in ders. Bed.]

Va|ga|bun|den|le|ben ⟨n., -s, nur Sg.⟩ *unstetes, rastloses Leben*

va|ga|bun|die|ren ⟨V.3, hat vagabundiert; o.Obj.⟩ 1 *als Vagabund leben* 2 ⟨übertr.⟩ *ein ruheloses Leben führen*

Va|gant ⟨m.10; MA⟩ *fahrender Spielmann, fahrender Schüler* [< lat. *vagans,* Gen. *vagantis,* Part. Präs. von *vagari* „umherschweifen"]

Va|gan|ten|dich|tung ⟨f.10⟩ *von Vaganten verfaßte lateinische Spruchdichtung des Mittelalters*

va|ge ⟨Adj., vager, am vag(e)sten⟩ *unbestimmt, verschwommen, ungenau;* auch: *vag* [< frz. *vague* „ohne bestimmte Grenzen, unklar", < lat. *vagus* „umherschweifend", übertr. „unbestimmt, unbeständig", zu *vagari* „umherschweifen, -ziehen, unstet sein"]

va|gie|ren ⟨V.3, hat vagiert; o.Obj.⟩ *umherziehen, -schweifen*

va|gil ⟨Adj.; bei Tieren⟩ *frei beweglich, fähig zur Ausbreitung* [nach dem Muster von *sessil* gebildet < lat. *vagus* „umherschweifend" und dem Adv. *vage* „weit umher"]

Va|gi|li|tät ⟨f., -, nur Sg.⟩ *Fähigkeit zur Ausbreitung über den Biotop hinaus* [zu *vagil*]

Va|gi|na ⟨auch [va-] f., -, -nen⟩ → *Scheide (1)* [lat., „Scheide", bes. „Degenscheide"]

va|gi|nal ⟨Adj., o.Steig.⟩ *zur Vagina gehörig, von ihr ausgehend*

Va|gi|nis|mus ⟨m., -, nur Sg.⟩ → *Scheidenkrampf* [zu *Vagina*]

Va|gi|ni|tis ⟨f., -, -ti|den⟩ → *Scheidenentzündung* [< *Vagina* und *...itis*]

Va|go|to|mie ⟨f.11⟩ *Durchtrennen des Vagus oder eines seiner Äste* [< *Vagus* und *...tomie*]

Va|go|to|nie ⟨f.11⟩ *erhöhte Erregbarkeit des parasympathischen Nervensystems* [< *Vagus* und lat. *tonus* „Spannung"]

Va|go|to|ni|ker ⟨m.5⟩ *jmd., der an Vagotonie leidet*

Va|gus ⟨m., -, nur Sg.⟩ *Hauptnerv des parasympathischen Nervensystems, der zahlreiche Organe versorgt* [< lat. *vagus* „umherschweifend", wegen der weiten Verzweigung des Nervs]

va|kant ⟨Adj., o.Steig.⟩ *offen, leer, unbesetzt;* eine ~e Stelle; der Posten ist v.

Va|kanz ⟨f.10⟩ 1 *unbesetzte (Arbeits-)Stelle* 2 ⟨süddt.; †⟩ *Ferien* [< lat. *vacans,* Part. Präs. von *vacare* „leer, unbesetzt sein", zu *vacuus* „leer, frei"]

Va|kat ⟨n.9⟩ *leere Seite (eines Druckbogens)* [< lat. *vacat,* „es fehlt", zu *vacare* „leer sein"]

Va|kuo|le ⟨f.11; bes. bei Einzellern⟩ *mit Flüssigkeit oder Nahrung gefülltes Bläschen* [< frz. *vacuole* in ders. Bed., zu *Vakuum*]

Va|ku|um ⟨n., -s, -kua⟩ 1 *luftverdünnter, nahezu luftleerer Raum* 2 ⟨übertr.⟩ *unausgefüllter Raum, unausgefüllte Zeit* [< lat. *vacuum* „leerer Raum, Leere", zu *vacuus* „leer, frei"]

Va|ku|um|brem|se ⟨f.11⟩ *Bremse, deren Bremsdruck durch Kräfte verstärkt wird, die durch das Vakuum in der Ansaugleitung eines Motors entstehen*

Va|ku|um|me|ter ⟨n.5⟩ *Manometer für niedrigen Druck*

Va|ku|um|pum|pe ⟨f.11⟩ *Pumpe zum Erzeugen eines Vakuums*

Vak|zin ⟨n.1⟩ → *Vakzine*

Vak|zi|na|tion ⟨f.10⟩ *Impfung mit Vakzinen*

Vak|zi|ne ⟨f.11⟩ *Impfstoff aus abgetöteten oder abgeschwächten Krankheitserregern;* auch: *Vakzin* [urspr. „Kuhpockenlymphe, Impfstoff daraus", < lat. *vaccinus* „von Kühen stammend", zu *vacca* „Kuh"]

vak|zi|nie|ren ⟨V.3, hat vakziniert; mit Akk.⟩ *mit Vakzinen impfen*

Val ⟨Zeichen für⟩ *Grammäquivalent*

va|le! ⟨†⟩ *leb wohl!* [lat., → *Valet[1]*]

Va|len|cien|nes|spit|ze ⟨[valãsjɛn-] f.11⟩ *feine Klöppelspitze mit Blumenmustern* [nach der frz. Stadt *Valenciennes*]

va|lent ⟨Adj., o.Steig.⟩ *eine bestimmte Wertigkeit besitzend* [zu *Valenz*]

Va|lenz ⟨f.10⟩ Syn. *Wertigkeit* 1 *Maßzahl für die Fähigkeit eines Atoms, Elektronen aufzunehmen oder abzugeben* 2 *Fähigkeit eines Wortes, des Verbs, Ergänzungen zu verlangen, z.B. ich verspreche es ihm, ich falle den Baum, das Haus liegt im Gebirge* [< lat. *valens,* Part. Präs. von *valere* „gelten, wert sein"]

Va|lenz|elek|tron ⟨n.12, meist Pl.⟩ *eines der an einer chemischen Bindung beteiligten Elektronen der äußeren Schale*

Va|le|ria|na ⟨f., -, -nen⟩ *eine Heilpflanze, Baldrian* [nach der röm. Provinz *Valeria,* aus der die Pflanze ursprünglich stammt]

Va|let[1] ⟨n.9; †⟩ *Abschied, Abschiedsgruß, Lebewohl;* jmdm. V. sagen; jmdm. (das) V. geben [< lat. *vale, valete* „lebe, lebt wohl", zu *valere* „wohl, munter sein, sich wohl befinden"]

Va|let[2] ⟨[-le̞] m.9; frz. Kart.⟩ *Bube* [frz., „Knecht, Diener", mittelfrz. *vaslet,* zu *vasall,* → *Vasall*]

va|le|te! ⟨†⟩ *lebt wohl!* [lat.]

Va|leur ⟨[-lœ̞r] m.9⟩ 1 ⟨†⟩ *Wertpapier* 2 ⟨Pl.; Mal.⟩ ~s *Farbtonwerte, Abstufung von Licht und Schatten* [< frz. *valeur* < mlat. *valor,* „Wert", zu lat. *valere* „Kraft haben, gelten, vermögen"]

va|lid ⟨Adj., -er, am -esten⟩ 1 ⟨†⟩ *rechtskräftig, gültig* 2 *wirkungsvoll* [< frz. *valide* in ders. Bed.]

va|li|die|ren ⟨V.3, hat validiert; mit Akk.; †⟩ *etwas v.* 1 *die Wichtigkeit, den Wert von etwas feststellen* 2 *für gültig erklären, rechtskräftig machen* [< frz. *valider* „für gültig erklären", zu *valide* „rechtskräftig; gesund", zu lat. *validus,* → *valid*]

Va|li|di|tät ⟨f., -, nur Sg.⟩ *Wertigkeit, Gültigkeit*

Va|lo|ren ⟨Pl.⟩ 1 *Wertgegenstände, Wertpapiere* 2 *Banknoten* [< lat. *valor* „Wert"]

Va|lo|ri|sa|ti|on ⟨f.10⟩ *Steigerung der Preise (durch Stapeln, Aufkäufe, Anbaubeschränkungen u.a.)*

va|lo|ri|sie|ren ⟨V.3, hat valorisiert; mit Akk.⟩ *Waren v. den Wert, Preis von Waren steigern*

Va|lu|ta ⟨f., -, -ten⟩ 1 *Wert (einer Währung an einem bestimmten Tag)* 2 *Geldsorte, Währung;* ausländische V. 3 ⟨Bankw.⟩ *Datum, an dem eine Gutschrift oder Belastung für einen Kunden erfolgt* 4 ⟨Pl.⟩ *Valuten Zinsscheine ausländischer Effekten* [< ital. *valuta* „Geld, Geldschein, ausländisches Geld, Währung, Wert", zu *valere* „gelten, gültig sein, wert sein", < lat. *valere* „Kraft haben, stark sein, gelten, vermögen, wert sein"]

Va|lu|ta|klau|sel ⟨f.11⟩ *Klausel, nach der eine Schuld in einer bestimmten ausländischen Währung beglichen werden muß*

va|lu|tie|ren ⟨V.3, hat valutiert; mit Akk.⟩ 1 *etwas wo oder wann festsetzen* 2 *einen Betrag v.* ⟨bes. auf Schecks oder Einzahlungen⟩ *für einen Betrag das Datum festsetzen, von dem an eine Verzinsung durch die Bank erfolgt*

Val|va|ti|on ⟨f.10⟩ *Wertbestimmung (bes. von ausländischen Münzen)* [< frz. *évaluation* „Schätzung, Berechnung", zu frz., altfrz. *value* „Wert"]

val|vie|ren ⟨[-vi-] V.3, hat valviert; mit Akk.⟩ *etwas v. von etwas bestimmen* [< frz. *évaluer* „berechnen, schätzen"]

Vamp ⟨[vɛmp] m.9⟩ *verführerische, oft kalt berechnende Frau* [engl., Kurzform für *vampire* „Vampir"]

Vam|pir ⟨auch [vam-] m.1⟩ 1 ⟨im Volksglauben⟩ *Toter, der nachts das Grab verläßt und Schlafenden Blut aussaugt* 2 *(in mehreren Arten vorkommende) südamerikanische Fledermaus, die nachts Tiere und Menschen beißt und aus den Wunden Blut leckt* 3 ⟨übertr.⟩ *Blutsauger, Wucherer* [< russ. *upyr* in ders. Bed., weitere Herkunft unklar]

van ⟨[van] auch [fan]; als Teil von Familiennamen⟩ *von;* v. Eyck [ndrl., entsprechend dt. *von,* jedoch kein Zusatz zu Namen von Adligen]

Va|na|dat ⟨n.1⟩ *Salz der Vanadinsäure*

Va|na|din, Va|na|di|um ⟨n., -s, nur Sg.; Zeichen: V⟩ *stahlgraues, dehnbares Metall* [nach *Vanadis*, dem Beinamen der Göttin Freia]

Van-Al|len-Gür|tel ⟨[vɛn ɛlən] m.5⟩ *einer der zwei Strahlungsgürtel der Erde* [nach dem amerik. Physiker *James Alfred Van Allen*]

Van|da|le ⟨[van-] m.11⟩ → *Wandale*

Van|da|lis|mus ⟨[van-] m., -, nur Sg.⟩ → *Wandalismus*

Va|nil|le ⟨[-nɪljə] auch [-nɪlə] f., -, nur Sg.⟩ **1** *in Mexiko beheimatete, in den Tropen kultivierte Orchidee* **2** *aus deren langen, schmalen Fruchtkapseln gewonnenes Gewürz* [< frz. *vanille* < span. *vainilla* „Vanille", Verkleinerungsform von *vaina* „Degen-, Messerscheide, Hülse, Schote" < lat. *vagina* „Schwertscheide", übertr. „Hülse, Schote", wegen der Form der Frucht, die an eine Messerscheide erinnert]

Va|nil|le|zucker ⟨-k|k-; m., -s, nur Sg.⟩ *mit Vanille aromatisierter Zucker (für Backwaren)*

Va|nil|lin ⟨n., -s, nur Sg.⟩ *(bes. in der Vanille vorkommender) Aldehyd mit süßlich-würzigem Geruch*

Va|ni|tas va|ni|ta|tum *Alles ist eitel* [lat., „Eitelkeit der Eitelkeiten"]

Va|peur ⟨[vapœr] m.9⟩ **1** ⟨nur Sg.⟩ *ein Baumwollgewebe* **2** ⟨Pl.; †⟩ ~*s Blähungen* **3** ⟨übertr., †⟩ ~*s Launen* [< frz. *vapeur* „Dampf, Dunst", Pl., übertr. „hysterische Launen" < lat. *vapor*, „Dunst, Dampf"; nach alter Auffassung werden die Launen durch zum Gehirn aufsteigende Dämpfe (Blähungen) verursacht]

Va|po|ri|me|ter ⟨n.5⟩ *Gerät zum Bestimmen des Alkoholgehalts einer Flüssigkeit aus dem Dampfdruck einer Flüssigkeit* [< lat. *vapor* „Dunst, Dampf" und …*meter*]

Va|po|ri|sa|ti|on ⟨f.10⟩ **1** *das Vaporisieren, Verdampfung* **2** *Bestimmung des Alkoholgehalts einer Flüssigkeit mittels Vaporimeters* **3** ⟨†⟩ *Blutstillung durch Wasserdampf*

va|po|ri|sie|ren ⟨V.3⟩ **I** ⟨o.Obj.⟩ *ist vaporisiert* *verdampfen* **II** ⟨mit Akk.⟩ *hat vaporisiert* *etwas v. den Alkoholgehalt von etwas bestimmen* [< frz. *vaporiser* „verdampfen", < lat. *vaporare* „dampfen", von *vapor*, Gen. *vaporis*, „Dampf"]

Va|que|ro ⟨[-kɛ-] m.9⟩ *mexikanischer Rinderhirt* [span., zu *vacca* „Kuh"]

var. ⟨Abk. für⟩ *Varietät (2)*

Va|ria ⟨nur Pl.; Bibl.⟩ *Verschiedenes* [lat.]

va|ri|a|bel ⟨Adj., variabler, am -sten⟩ *veränderlich, schwankend*; Ggs. *invariabel* [< frz. *variable* in ders. Bed.]

Va|ri|a|bi|li|tät ⟨f., -, nur Sg.⟩ *Veränderlichkeit* [zu *variabel*]

Va|ri|a|ble ⟨f.11; Math.⟩ *veränderliche Größe (einer Funktion, einer definierbaren Menge);* Syn. *Veränderliche* [zu *variabel*]

va|ri|ant ⟨Adj., o.Steig.⟩ *unter bestimmten Voraussetzungen veränderlich* [frz., „variierend"]

Va|ri|an|te ⟨f.11⟩ **1** *abweichende Form* **2** *veränderliche mathematische Größe* **3** *abweichende Lesart (bei Texten)* [zu *variant*]

Va|ri|anz ⟨f.10⟩ **1** *Abweichung* **2** ⟨nur Sg.⟩ *Veränderlichkeit* [zu *variant*]

Va|ri|a|ti|on ⟨f.10⟩ *Abweichung, Veränderung, Abwandlung* [< lat. *variatio*, Gen. *-onis*, „Veränderung", zu *variare* „abwechseln, verschieden sein"; → *variieren*]

Va|ri|e|tät ⟨[-riə-] f.10⟩ **1** *Verschiedenheit, Andersartigkeit* **2** ⟨Abk.: var.; Biol.⟩ *abweichende Form einer Art oder Rasse;* Syn. *Abart* [< lat. *varietas*, Gen. *-atis*, „Verschiedenheit, Abwechslung, zu *varius* „mannigfaltig, verschieden sein", → *variieren*]

Va|ri|é|té ⟨[-riəte] n.9⟩ **1** *Bühne für artistische, tänzerische und musikalische Darbietungen* **2** *die Darbietungen selbst* in ders. Bed., außerdem „Mannigfaltigkeit, Abwechslung, Verschiedenheit" zu frz. *varier*

„(ab)wechseln, (sich) verändern" < lat. *variare*, → *variieren*]

va|ri|ie|ren ⟨V.3, hat variiert⟩ **I** ⟨mit Akk.⟩ *abwechseln, verändern; ein Thema (wiederholend) v.; eine Aussage v.* **II** ⟨o.Obj.⟩ *abweichen; die Farben v. bei den verschiedenen Exemplaren* [< lat. *variare* „abwechseln, anders gestalten; sich verändern, verschieden sein", zu *varius* „mannigfaltig, verschiedenartig, bunt"]

va|ri|kös ⟨Adj., o.Steig.⟩ *in Form von Varizen, mit Varizen behaftet, krampfaderig*

Va|ri|ko|si|tät ⟨f., -, nur Sg.⟩ *Bildung, Häufung von Varizen*

Va|ri|ko|ze|le ⟨f.11⟩ *Krampfaderbruch* [< *Varize* und griech. *kele* „Bruch, Geschwulst"]

Va|ri|o|la ⟨f., -, -lae [-lɛː] oder -len⟩ **Va|ri|o|le** ⟨f.11⟩ *Pocken* [über roman. *variolus* < lat. *varus*, Pl. *vari*, „Knötchen, Knöspchen, eine Art Gesichtsausschlag", zu *varulus* „Gerstenkorn am Auge"]

Va|rio|me|ter ⟨n.5⟩ **1** *Gerät zum Messen der Steig- und Sinkgeschwindigkeit von Flugkörpern* **2** *Gerät zum Messen sehr kleiner Luftdruckänderungen* **3** *elektronisches Bauteil mit veränderbarer Kapazität bzw. Induktivität* [< lat. *varius* „wechselnd, verschiedenartig" (zu *variare* „wechseln") und …*meter*]

Va|ri|stor ⟨m.13⟩ *Vorschaltwiderstand, der Stromstärke und Spannung im nachfolgenden Stromkreis begrenzt* [Kunstwort, zu lat. *varius* „wechselnd, verschiedenartig" und *resistor* „Widerstand"]

Va|rix ⟨f., -, -ri|zen⟩, **Va|ri|ze** ⟨f.11⟩ → *Krampfader* [< lat. *varix*, Gen. *varicis*, „Krampfader", zu *varus* „auseinander-, auswärtsgebogen, von der geraden Linie abweichend"]

Va|ri|zel|len ⟨Pl.⟩ → *Windpocken* [neulat., < lat. *varicella* „Knötchen", zu *varus* „Knoten"]

va|sal ⟨Adj., o.Steig.⟩ *zu den Blutgefäßen gehörig, von ihnen ausgehend* [zu lat. *vas* „Gefäß"]

Va|sall ⟨m.10⟩ **1** ⟨MA⟩ *Lehnsmann, Gefolgsmann* **2** ⟨allg.⟩ *Abhängiger* [< mlat. *vasallus* „Diener, Lehnsmann", < kelt. *vasallus* „Lehnsmann", zu *vassos, vassus* „Diener, Knecht, Lehnsmann"]

Va|sal|len|staat ⟨m.10⟩ *von einer Großmacht abhängiger Staat*

Va|se ⟨f.11⟩ **1** ⟨Antike⟩ *verschiedenen Zwecken dienendes Gefäß aus Ton* **2** ⟨heute⟩ *künstlerisch gestaltetes Gefäß für Schnittblumen* [< frz. *vase* „Gefäß, Vase", < lat. *vas* oder *vasum* „Gefäß, Geschirr, Gerät"]

Va|sek|to|mie ⟨f.11⟩ Syn. *Vasoresektion* **1** *operative Entfernung eines Blutgefäßes* **2** *operative Entfernung eines Teils des männlichen Samenleiters (zur Sterilisation)* [< lat. *vas* oder *vasus* „Gefäß; männliches Geschlechtsteil" und griech. *ek* „heraus" und …*tomie*]

Va|se|lin ⟨n., -s, nur Sg.⟩, **Va|se|li|ne** ⟨f., -, nur Sg.⟩ *gelbes, salbenartiges Gemisch aus höheren Paraffinen und zähflüssigen Mineralölen (z.B. als Salbengrundlage)* [Kunstwort, zu *Wasser* und griech. *elaion* „Öl"]

vas|ku|lar ⟨Adj., o.Steig.⟩ *zu den kleinen Blutgefäßen gehörig, von ihnen ausgehend* [zu lat. *vasculum* „Gefäßchen", zu *vas* „Gefäß"]

Vas|ku|la|ri|sa|ti|on ⟨f.10⟩ *Versorgung mit feinsten Blutgefäßen* [zu *vaskular*]

vas|ku|lös ⟨Adj., o.Steig.⟩ *blutgefäßreich* [mit frz. Endung zu *vaskular*]

Va|so|mo|to|ren ⟨Pl.⟩ *Gefäßnerven* [< lat. *vas* oder *vasus* „Gefäß" und *motor* „Beweger", zu *movere* „bewegen"]

va|so|mo|to|risch ⟨Adj., o.Steig.⟩ *zu den Vasomotoren gehörig, auf ihnen beruhend*

Va|so|re|sek|ti|on ⟨f.10⟩ → *Vasektomie*

Va|ter ⟨m.6⟩ **1** *Mann, der eines oder mehrere Kinder gezeugt hat;* V. *Rhein* ⟨poet.⟩ *der*

Rhein; V. *Staat* ⟨übertr.⟩ *der Staat als Steuereinnehmer;* V. *sein, werden; ein glücklicher, stolzer* V. **2** ⟨Schöpfer, Urheber; der* V. *des Gedankens, einer Idee* **3** *Beschützer, Leiter* (*Herbergs~*); *der* V. *der Armen* **4** ⟨kath. Kirche; Anrede für⟩ *Pater;* Heiliger V. ⟨Anrede für den⟩ *Papst* **5** *Gott;* der himmlische V.; der V. im Himmel **6** ⟨Pl.⟩ *Väter Vorfahren, Ahnen; das Land seiner Väter besuchen; zu seinen Vätern heimkehren* ⟨übertr.⟩ *sterben* **7** *positive Form zum Pressen von Schallplatten* **8** *positive Form zum Prägen von Stempeln*

Va|ter|bin|dung ⟨f., -, nur Sg.; Psych.⟩ *starke, gefühlsbetonte Bindung an den Vater (1)*

Vä|ter|chen ⟨n.7; Koseform für⟩ *Vater;* V. *Frost* ⟨scherzh.⟩ *Kälte, Frost*

Va|ter|fi|gur ⟨f.10⟩ *Mann, der von jmdm. als Vater angenommen wird, der für jmdn. den Vater darstellt*

Va|ter|freu|den ⟨f.11, Pl.; nur in der Wendung⟩ V. *entgegensehen bald Vater werden*

Va|ter|haus ⟨n., -es, nur Sg.⟩ *Haus, in dem jmd. geboren oder aufgewachsen ist*

Va|ter|herr|schaft ⟨f., -, nur Sg.⟩ → *Patriarchat;* Ggs. *Mutterschaft*

Va|ter|kom|plex ⟨m.1⟩ **1** *übertrieben starke Bindung eines Mädchens an den Vater* **2** *zwanghaftes Bedürfnis, für einen anderen den Vater zu spielen*

Va|ter|land ⟨n.4⟩ *Land, in dem jmd. geboren oder aufgewachsen ist;* Syn. *Heimatland*

vä|ter|lich ⟨Adj.⟩ Ggs. *mütterlich* **1** ⟨o.Steig.⟩ *zum Vater gehörig, vom Vater stammend; das* ~*e Erbteil* **2** *in der Art eines Vaters, gütig und fürsorglich; ein* ~*er Freund; jmdn. v. beraten*

vä|ter|li|cher|seits ⟨Adv.⟩ *vom Vater her;* Ggs. *mütterlicherseits; sein Großvater v.*

Va|ter|mör|der ⟨m.5⟩ **1** *Mörder des Vaters* **2** ⟨im 19.Jh.⟩ *hoher, steifer Kragen am Herrenhemd mit aufrechtstehenden Ecken* [diese Art von Kragen soll in Frankreich *parasite* „Parasit, Schmarotzer, Mitesser" genannt worden sein, weil angeblich beim Essen leicht Speisereste daran hängenblieben; die Bez. sei dann mißverstanden und als *parricide* „Vatermörder" ausgelegt worden; < lat. *parricida* „Mörder an nahen Verwandten, Kinder-, Bruder-, Vatermörder usw."]

Va|ter|recht ⟨n., -s, nur Sg.; in den meisten Gesellschaftsordnungen⟩ *Erbfolge nach der väterlichen Linie;* Ggs. *Mutterrecht*

Va|ter|schaft ⟨f., -, nur Sg.⟩ *das Vatersein; die* V. *anerkennen, leugnen*

Va|ter|schafts|be|stim|mung ⟨f.10⟩ *medizinische Feststellung der Vaterschaft*

Va|ter|schafts|kla|ge ⟨f.11⟩ *Klage auf Feststellung der Vaterschaft*

Va|ters|na|me ⟨m.15⟩ **1** ⟨†⟩ *Familien-, Nachname* **2** *Patronymikon*

Va|ter|stadt ⟨f.2⟩ *Stadt, in der jmd. geboren oder aufgewachsen ist*

Va|ter|stel|le ⟨f., -, nur Sg.; nur in der Wendung⟩ *bei jmdm.* V. *vertreten für jmdn. wie ein Vater sorgen*

Va|ter|un|ser ⟨n.5⟩ *aus mehreren Bitten bestehendes christliches Gebet;* Syn. *Paternoster;* ein V. *beten* [nach den beiden Anfangsworten des Gebets]

Va|ti ⟨m.9; Koseform für⟩ *Vater*

Va|ti|kan ⟨m., -s, nur Sg.⟩ **1** *Residenz des Papstes in Rom* **2** *die päpstliche Regierung* [< lat. *vaticanus* „vatikanisch", eigtl. *mons vaticanus* „vatikanischer Hügel" in Rom, auf dem der Papstpalast steht; die wörtliche Bed. des aus dem Etruskischen stammenden Wortes ist unbekannt]

va|ti|ka|nisch ⟨Adj., o.Steig.⟩ *zum Vatikan gehörig, ihn betreffend, von dort stammend*

Va|ti|kan|stadt ⟨f., -, nur Sg.⟩ *Stadtteil von Rom mit den päpstlichen Regierungsgebäuden und der Peterskirche*

Vau|de|ville ⟨[vod(ə)vɪl] n.9⟩ **1** ⟨früher⟩

V-Ausschnitt

possenhaftes Singspiel **2** *Schlager daraus* [< frz. *Vaux-de-Vire*, eigtl. *Val-de-Vire* „Tal der Vire" in der Normandie, wo nach 1400 der Dichter Olivier Basselin lebte und Volkslieder und Gassenhauer dichtete, die nach seiner Heimat benannt wurden]

V-Aus|schnitt ⟨[fau-] m.1⟩ *Ausschnitt in Form eines V; ein Pullover mit V-A.*

v. Chr. ⟨Abk. für⟩ *vor Christus, vor Christi Geburt*

VdK ⟨Abk. für⟩ *Verband der Kriegsbeschädigten, Kriegshinterbliebenen und Sozialrentner*

vdt. ⟨Abk. für⟩ *vidit*

VE ⟨Abk. für⟩ *Verrechnungseinheit*

VEB ⟨DDR; Abk. für⟩ *volkseigener Betrieb*

Ve|da ⟨f., -, -den⟩ → *Weda*

ve|disch ⟨Adj., o.Steig.⟩ → *wedisch*

Ve|du|te ⟨f.11⟩ *sachgetreue Ansicht (Gemälde, Zeichnung, Stich) einer Stadt oder Landschaft* [< ital. *veduta* in ders. Bed., eigtl. „das Sehen, Fähigkeit zu sehen, Gesichtsfeld", Part. Perf. von *vedere* (< lat. *videre*), „sehen"]

VEG ⟨DDR; Abk. für⟩ *volkseigenes Gut*

ve|ge|ta|bil ⟨Adj., o.Steig.⟩ = *vegetabilisch*

Ve|ge|ta|bi|li|en ⟨Pl.⟩ *pflanzliche Stoffe, pflanzliche Nahrungsmittel* [< mlat. *vegetabilia*, „Pflanzen", Wachsgebilde, → *Vegetation*]

ve|ge|ta|bi|lisch ⟨Adj., o.Steig.⟩ *von Vegetabilien stammend, daraus hergestellt; auch: vegetabil*

Ve|ge|ta|ria|ner ⟨m.5⟩ → *Vegetarier*

Ve|ge|ta|ri|er ⟨m.5⟩ *jmd., der sich nur von pflanzlicher Kost ernährt; auch: Vegetarianer* [< engl. *vegetarian* in ders. Bed., Neubildung zu *vegetable* „(Gemüse-)Pflanze, pflanzlich"; → *Vegetabilien*]

ve|ge|ta|risch ⟨Adj., o.Steig.⟩ **1** *den Vegetarismus betreffend, ihm gemäß* **2** *pflanzlich; v. leben von pflanzlicher Kost leben*

Ve|ge|ta|ris|mus ⟨m., -, nur Sg.⟩ *Ernährung nur von pflanzlicher Kost*

Ve|ge|ta|ti|on ⟨f., -, nur Sg.⟩ *Gesamtheit aller Pflanzen in einem Gebiet, Pflanzendecke, Pflanzenwuchs* [< lat. *vegetatio*, Gen. *-onis*, „Belebung, belebende Bewegung", zu *vegetus* „belebt", zu *vegere* „in Bewegung setzen; lebhaft, munter sein"]

Ve|ge|ta|ti|ons|pe|ri|o|de ⟨f.11⟩ *Zeitraum des stärksten Pflanzenwuchses innerhalb eines Jahres*

Ve|ge|ta|ti|ons|punkt ⟨m.1⟩ *Spitze an Sproß oder Wurzel, von der hauptsächlich das Wachstum ausgeht*

ve|ge|ta|tiv ⟨Adj., o.Steig.⟩ **1** ⟨Biol.⟩ *pflanzlich, ungeschlechtlich;* ~*e Fortpflanzung* **2** ⟨Med.⟩ *unter dem Willen unterliegend;* ~*es Nervensystem* [zu lat. *vegetare* „in Bewegung setzen, beleben", zu *vegetus* „belebt, lebhaft"; → *Vegetation*]

ve|ge|tie|ren ⟨V.3, hat vegetiert; o.Obj.⟩ *kümmerlich dahinleben* [zu lat. *vegetus* „belebt", also eigtl. „nur noch wie eine Pflanze leben, gerade eben leben, aber ohne Lebensgestaltung"]

ve|he|ment ⟨Adj., -er, am -esten⟩ *ungestüm, heftig* [< lat. *vehemens*, Gen. *-entis*, „heftig, hitzig, stürmisch", eigtl. „sich schnell bewegend, dreinfahrend", zu *vehere* „(jmdn.) fahren" und *vehi* „reiten, fliegen"]

Ve|he|menz ⟨f., -, nur Sg.⟩ *Ungestüm, Heftigkeit* [zu *vehement*]

Ve|hi|kel ⟨n.7⟩ **1** *altes, altmodisches oder schlechtes Fahrzeug* **2** ⟨übertr.⟩ *Mittel zum Zweck* [< lat. *vehiculum* „Fahrzeug, Wagen, Kahn", zu *vehere* „(jmdn.) fahren, bringen"]

Vei|gerl ⟨[fai-] n.14; bayr.-österr.⟩ → *Veilchen (1)*

Veil|chen ⟨n.7⟩ **1** ⟨als niedriges Kraut oder staudig wachsende⟩ *Pflanze mit fünfzähligen, gespornten Blüten (Hunds~, März~); auch:* ⟨bayr.-österr.⟩ *Veigerl* **2** ⟨ugs.⟩ *(durch Schlageinwirkung) violett verfärbter Blutguß um das Auge, blaues Auge; er trägt eine*

Sonnenbrille, weil er ein V. hat [zu frühnhd. *feil, veil* (ohne Verkleinerungsendung) < mhd. *viel* < lat. *viola*, was sowohl die Veilchen als auch verschiedene Arten der Levkoje bezeichnete; das Wort stammt vermutlich aus einer Mittelmeersprache, die nicht zur idg. Sprachfamilie gehört]

veil|chen|blau ⟨Adj., o.Steig.⟩ **1** *blauviolett (wie bestimmte Veilchenarten)* **2** ⟨scherzh.⟩ *sehr betrunken; er kam v. nach Hause*

Veits|tanz ⟨[faits-] m., -es, nur Sg.⟩ *Nervenkrankheit mit Muskelzuckungen;* Syn. *Chorea* [im MA bezeichnete man mit Veitstanz die Tanzwut, die jedoch (im Unterschied zu der heute als Veitstanz bezeichneten Krankheit) keine organischen Ursachen hatte, sondern eine epidemische Volkskrankheit aufgrund von relig. Wahnvorstellungen mit ähnlichem Erscheinungsbild war; man glaubte die Betroffenen vom Teufel besessen und betete zum heiligen Veit, der Ende des 3.Jh. in Rom durch Beschwörung wunderbare Heilungen vollzogen haben soll]

Vek|tor ⟨m.13; Math., Phys.⟩ *durch Pfeil gekennzeichnete und durch Lage und Richtung festgelegte Größe in einer Ebene oder im Raum* [< lat. *vector* „Träger, Fahrer", zu *vehere* „tragen, fahren"]

ve|lar ⟨Adj., o.Steig.⟩ *am hinteren Gaumen gesprochen, gebildet* [zu *Velum (2)*]

Ve|lar ⟨m.1⟩, **Ve|lar|laut** ⟨m.1⟩ → *Kehllaut* [< lat. *velarium* „Tuch, Plane" und *velum* „Segel"]

Ve|lin ⟨auch [-lɛ̃] n., -s, nur Sg.⟩, **Ve|lin|pa|pier** ⟨n.1⟩ *weiches, pergamentartiges Papier (für Bucheinbände)* [< frz. *vélin* in ders. Bed., zu *veau* „Kalb" und *véler* „kalben"]

Ve|lo ⟨n.9; schweiz., Kurzw. für⟩ *Veloziped*

ve|lo|ce ⟨[velotʃe] Mus.⟩ *schnell, behende* [ital.]

Ve|lo|drom ⟨n.1⟩ *Radrennbahn mit überhöhten Kurven* [aus dem ersten Teil von *Veloziped* und dem zweiten Teil von *Hippodrom* gebildet]

Ve|lour ⟨[-luːr] n.9⟩, **Ve|lours** ⟨[-luːr] m., - [-luːrs], - [-luːrs]⟩ *ein samtartiges Gewebe* [< frz. *velours* „Samt", < lat. *villosus* „haarig, zottig", zu *villus* „Haar der Tiere, Zotten"]

Ve|lour(s)|le|der ⟨[-luːr-] n.5⟩ *auf der Fleischseite samtartig zugerichtetes Leder*

Ve|lo|zi|ped ⟨n.1; †⟩ *Fahrrad; auch:* ⟨kurz⟩ *Velo* [< frz. *vélocipède* „Fahrrad", < lat. *velox*, Gen. *velocis*, „schnell" und *pes*, Gen. *pedis*, „Fuß"]

Velt|li|ner ⟨[velt-] schweiz. [fɛlt-] m.5⟩ **1** *Wein aus der Landschaft Veltlin nördlich des Comer Sees* **2** *eine Rebsorte* **3** *österreichischer Wein daraus; Grüner V.*

Ve|lum ⟨n., -s, -la⟩ **1** *rechteckiges Schultertuch des kath. Priesters, Tuch zum Bedecken des Kelchs und des Ziboriums* **2** ⟨Anat.⟩ *bewegliche Platte (z.B. hinterer, weicher Gaumen, Gaumensegel, Herzklappensegel)* **3** ⟨Zool.⟩ *Schirmrand mancher Medusen* **4** ⟨Bot.⟩ *häutige Hülle bei jungen Blätterpilzen* [< lat. *velum* „Segel; Vorhang, Tuch, Hülle"]

Vel|vet ⟨m.9⟩ *Baumwollsamt* [engl. „Samt"]

ven. ⟨Abk. für⟩ *venerabilis*

Ven|det|ta ⟨f., -, -ten⟩ *Blutrache* [< ital. *vendetta* „Rache", < lat. *vindicta* „Rache, Strafe", zu *vindicare* „gerichtlich in Anspruch nehmen, als zugehörig fordern", < *vim dico* (drohe) Gewalt an", zu *vis* „Gewalt" und *dicere* „sagen"]

Ve|ne ⟨f.11⟩ *zum Herzen führendes Blutgefäß;* Syn. *Blutader;* vgl. *Arterie* [< lat. *vena* „Blutader", weitere Herkunft unklar, vielleicht zu *vehere* „tragen, bringen"]

ve|ne|ra|bel ⟨Adj., venerabler, am -sten; †⟩ *ehrwürdig* [< frz. *vénérable* in ders. Bed.; → *Venerabile*]

Ve|ne|ra|bi|le ⟨n., -s, nur Sg.; kath. Kirche⟩ *Allerheiligstes* [< lat. *venerabile* (Neutr.) „verehrungswürdig", zu *venerari* „verehren, anbeten", eigtl. „Liebe bezeigen", zu *venus*, Gen. *veneris*, „Liebe, geliebter Gegenstand"]

ve|ne|ra|bi|lis ⟨Adj., o.Steig.⟩ *hoch-, ehrwürdig* [lat.] *Titel kath. Geistlicher*

ve|ne|risch ⟨Adj., o.Steig.⟩ *die Geschlechtskrankheiten betreffend;* ~*e Krankheit (veraltend) Geschlechtskrankheit* [< lat. *venerius* „zur Venus, zur Venusliebe gehörig", zu *venus*, Gen. *veneris*, „Geschlechtsliebe" und *Venus*, Name der römischen Göttin der Liebe]

Ve|ne|ro|lo|gie ⟨f., -, nur Sg.⟩ *Wissenschaft von den Geschlechtskrankheiten* [< *venerisch* und *...logie*]

Ve|ne|zia|ner ⟨m.5⟩ *Einwohner von Venedig*

ve|ne|zia|nisch ⟨Adj., o.Steig.⟩ *Venedig betreffend, zu ihm gehörig, aus ihm stammend*

Ve|ne|zo|la|ner ⟨m.5⟩ *Einwohner von Venezuela*

ve|ne|zo|la|nisch ⟨Adj., o.Steig.⟩ *Venezuela betreffend, zu ihm gehörig, aus ihm stammend*

Ve|nia le|gen|di ⟨f., -, nur Sg.⟩ *Berechtigung, an einer wissenschaftlichen Hochschule zu lehren* [lat., „Erlaubnis zu lesen"]

Ve|ni, vi|di, vi|ci ⟨[vitsi] *Ich kam, ich sah, ich siegte (Mitteilung Cäsars nach der Schlacht bei Zela 47 v.Chr.)* [lat.]

Ven|ner ⟨[fɛn-] m.5; schweiz.⟩ *Fähnrich*

ve|nös ⟨Adj., o.Steig.⟩ *zu den Venen gehörig, von ihnen ausgehend, von ihnen geleitet*

Ven|til ⟨n.1⟩ **1** *Vorrichtung zum Regeln und Sperren des Durchflusses (für Gase und Flüssigkeiten)* **2** ⟨bei Blechblasinstrumenten⟩ *Vorrichtung zum Verändern der Grundstimmung* **3** ⟨bei der Orgel⟩ *Vorrichtung zum Regeln der Windzufuhr* **4** ⟨übertr.⟩ *Möglichkeit, ein aufgestautes Gefühl abzureagieren* [< lat. *ventilare*, eigtl. *ventulare* „der Luft aussetzen, lüften", zu *ventulus* „Luftzug", Verkleinerungsform von *ventus* „Wind"]

Ven|ti|la|ti|on ⟨f.10⟩ **1** *das Ventilieren (1)* **2** *Lüftung, Belüftung*

Ven|ti|la|tor ⟨m.13⟩ *Gebläse, Gerät zum Lüften von Räumen;* Syn. *Lüfter* [zu *ventilieren*]

ven|ti|lie|ren ⟨V.3, hat ventiliert; mit Akk.⟩ **1** *lüften; Räume v.* **2** ⟨übertr.⟩ *genau überlegen, erwägen, erörtern; eine Frage, einen Plan v.*

ven|tral ⟨Adj., o.Steig.; Med.⟩ *zum Bauch gehörig, bauchwärts gelegen;* Ggs. *dorsal* [< lat. *ventralis* in ders. Bed., zu *venter* „Bauch, Leib"]

Ven|tri|kel ⟨m.5; Anat.⟩ *Hohlraum, Kammer, Herz-, Hirnkammer* [< lat. *ventriculus* „kleiner Bauch, Magen, Herzkammer", Verkleinerungsform von *venter*, Gen. *ventris*, „Bauch, Leib"]

ven|tri|ku|lar ⟨Adj., o.Steig.⟩ *zum Ventrikel gehörig*

Ven|tri|lo|quist ⟨m.10⟩ *Bauchredner* [< lat. *venter*, Gen. *ventris*, „Bauch" und *loqui* „reden, sprechen"]

Ve|nus|berg ⟨m.1⟩ → *Schamberg*

ver|ab|fol|gen ⟨V.1, hat verabfolgt; mit Dat. und Akk.⟩ **1** *jmdm. etwas v.* **1** *geben, aushändigen; jmdm. einen Satz Werkzeuge v.* **2** → *verabreichen*

ver|ab|re|den ⟨V.2, hat verabredet⟩ **I** ⟨mit Akk.⟩ *etwas v. vereinbaren, besprechen, daß etwas getan werden soll; ein Treffen v.; ich habe mit ihm verabredet, daß ... II* ⟨Refl.⟩ *sich (mit jmdm.) v. besprechen, daß man mit jmdm. zusammenkommen will; ich habe mich mit ihm für vier Uhr verabredet; ich bin heute schon verabredet*

Ver|ab|re|dung ⟨f.10⟩ *Treffen, Zusammenkunft, gemeinsames Vorhaben; mit jmdm. eine V. haben; ich habe heute schon eine V.*

ver|ab|rei|chen ⟨V.1, hat verabreicht; mit

1010

Dat. und Akk.⟩ jmdm. etwas v. *jmdm. etwas geben, eingeben;* Syn. *verabfolgen;* jmdm. ein Medikament v.; jmdm. eine Tracht Prügel, eine Ohrfeige v. ⟨ugs., scherzh.⟩

ver|ab|säu|men ⟨V.1, hat verabsäumt; mit Akk.⟩ etwas v. *versäumen, etwas zu tun;* ich habe verabsäumt, ihn zu benachrichtigen

ver|ab|scheu|en ⟨V.1, hat verabscheut; mit Akk.⟩ **1** etwas oder jmdn. v. *vor etwas oder jmdm. Abscheu empfinden, große Abneigung gegen etwas oder jmdn. hegen;* Schlangen, Spinnen v.; bestimmte Speisen v. **2** etwas v. *etwas als abscheulich betrachten;* jmds. Verhalten, Tun v.

ver|ab|scheu|ens|wert ⟨Adj., -er, am -esten⟩, **ver|ab|scheu|ens|wür|dig** ⟨Adj.⟩ *so beschaffen, daß man es verabscheuen muß;* ein ~es Verbrechen

ver|ab|schie|den ⟨V.2, hat verabschiedet; I ⟨mit Akk.⟩ **1** etwas v. *für rechtskräftig, gültig erklären;* ein Gesetz v. **2** jmdn. v. **a** *jmdm. den Abschied geben, jmdn. entlassen;* Beamte, Offiziere v. **b** *jmdm. klarmachen, daß er gehen soll;* jmdn. mit einer Handbewegung, einem Kopfnicken v.; jmdn. mit ein paar freundlichen Worten v. **II** ⟨refl.⟩ sich v. *mit einigen Worten, einer Grußformel, einer Gebärde ausdrücken, daß man jetzt gehen will;* sich mit einer Händedruck, einer Verbeugung v.; darf ich mich jetzt v.?; sich von jmdm. v.

Ver|ab|schie|dung ⟨f.10⟩ *das Verabschieden, das Sichverabschieden;* V. eines Gesetzes, eines Offiziers; bei der allgemeinen V. sagte er ...

ver|ab|so|lu|tie|ren ⟨V.3, hat verabsolutiert; mit Akk.⟩ *als absolut, als unbedingt gültig darstellen;* einen (subjektiven) Standpunkt v.

Ver|ab|so|lu|tie|rung ⟨f.10⟩

ver|ach|ten ⟨V.2, hat verachtet; mit Akk.⟩ **1** etwas v. **a** ⟨poet.⟩ *für gering, für nicht wichtig halten;* eine Gefahr v. **b** *nicht beachten, nicht nehmen;* er nahm etwas Fleisch zu sich, aber die Beilagen verachtete er; ein Trinkgeld verachtete er; das ist nicht zu v. ⟨ugs.⟩ *das ist recht gut, das sollte man annehmen, zu sich nehmen;* **2** jmdn. v. *für schlecht, für charakterlich minderwertig halten*

ver|ächt|lich ⟨Adj.⟩ **1** *voller Verachtung;* jmdn. v. ansehen; mit einem ~en Achselzucken **2** *Verachtung verdienend, erregend*

Ver|ach|tung ⟨f., -, nur Sg.⟩ *Mangel an Achtung, Fehlen von Wertschätzung;* sie hat ihn ihre V. spüren lassen; jmdn. mit V. strafen *jmdn. bewußt nicht beachten*

ver|al|bern ⟨V.1, hat veralbert; mit Akk.⟩ jmdn. v. *jmdn. scherzend, scherzhaft täuschen, zum besten haben;* Syn. ⟨ugs.⟩ *veräppeln, verulken, veruzen;* er kommt sich veralbert vor

ver|all|ge|mei|nern ⟨V.1, hat verallgemeinert; mit Akk.⟩ *für allgemeingültig erklären, als allgemeingültig darstellen;* eine Aussage, Behauptung, Erkenntnis v.

Ver|all|ge|mei|ne|rung ⟨f.10⟩ *das Verallgemeinern, verallgemeinernde Aussage;* das sind unzulässige ~en

ver|al|ten ⟨V.2, ist veraltet; o.Obj.⟩ *unmodern werden, außer Gebrauch kommen, allmählich nicht mehr zeitgemäß sein;* solche Modewörter v. sehr schnell; ein veralteter Begriff; eine veraltete Redensart; veraltete Anschauungen

Ve|ran|da ⟨f., -, -den⟩ *überdachter, verglaster (vorgebauter oder eingezogener) Raum am Haus* [über engl. *veranda* < Hindi *barandā* in ders. Bed., < Sanskrit *varaṇḍa*- „Wall, Trennwand"]

ver|än|der|lich ⟨Adj.⟩ *sich häufig ändernd, schwankend;* ~es Wetter

Ver|än|der|li|che ⟨f.17 oder 18⟩ → *Variable*

Ver|än|der|li|che(r) ⟨m.17 oder 18⟩ *Stern, bei dem sich Helligkeit und andere Zustandsgrößen verändern*

Ver|än|der|lich|keit ⟨f., -, nur Sg.⟩ *veränderliche Beschaffenheit*

ver|än|dern ⟨V.1, hat verändert⟩ I ⟨mit Akk.⟩ *anders gestalten, umgestalten;* eine Arbeit, ein Kleidungsstück v. II ⟨refl.⟩ sich v. **1** *anders werden;* die Stadt hat sich in den letzten zehn Jahren stark verändert; du hast dich gar nicht verändert, seit wir uns zuletzt gesehen haben; er hat sich zu seinem Vorteil, Nachteil verändert **2** *eine andere Lebensweise annehmen, eine andere Stellung annehmen*

Ver|än|de|rung ⟨f.10⟩ *das Verändern, das Sichverändern, Umgestaltung;* hier sind große ~en vor sich gegangen; bauliche ~en; eine V. an etwas vornehmen *etwas an etwas verändern*

ver|äng|sti|gen ⟨V.1, hat verängstigt; mit Akk.⟩ *in Angst versetzen;* verängstigt sein *große Angst haben;* die Kinder sind durch diese Vorgänge ganz verängstigt

ver|an|kern ⟨V.1, hat verankert; mit Akk.⟩ **1** ein Schiff v. *ein Schiff vor Anker legen, den Anker eines Schiffes auswerfen und so damit am Untergrund befestigen* **2** etwas in etwas v. *etwas durch etwas festlegen;* dieses Recht ist in der Verfassung verankert

Ver|an|ke|rung ⟨f., -, nur Sg.⟩ *das Verankern, das Verankertsein*

ver|an|la|gen ⟨V.1, hat veranlagt; mit Akk.⟩ **1** jmdn. (steuerlich) v. *jmds. Einkommen schätzen und die Summe festsetzen, die er als Steuer zu zahlen hat* **2** *bestimmte Anlagen (angeborene Fähigkeiten, Eigenschaften) haben;* er ist musikalisch, technisch veranlagt

Ver|an|la|gung ⟨f.10⟩ **1** *das Veranlagen (1)* (Steuer~) **2** *das Veranlagtsein, angeborene Fähigkeit oder Eigenschaft;* musikalische, technische, sprachliche V.; er hat eine gute V. für den Lehrberuf

ver|an|las|sen ⟨V.1, hat veranlaßt; mit Akk.⟩ **1** etwas v. *dafür sorgen, daß etwas geschieht;* eine Untersuchung v.; alles Weitere werde ich sofort v., daß ... **2** jmdn. v. *dafür sorgen, daß jmd. etwas tut, jmdn. dazu bringen, daß er etwas tut;* jmdn. zu einer Maßnahme v.; sich veranlaßt fühlen, etwas zu tun *glauben, daß man etwas tun muß;* ich fühle mich nicht veranlaßt, einzugreifen

Ver|an|las|sung ⟨f.10⟩ **1** ⟨nur Sg.⟩ *das Veranlassen;* auf V. des Richters **2** *Anlaß, Beweggrund, etwas zu tun;* ich habe (keine) V., dazu zu tun; es besteht (begründete) V., darauf hinzuweisen, daß ...; es gibt keine V., das zu tun

ver|an|schau|li|chen ⟨V.1, hat veranschaulicht; mit Akk.⟩ *anschaulich machen;* etwas durch eine Zeichnung v. **Ver|an|schau|li|chung** ⟨f., -, nur Sg.⟩

ver|an|schla|gen ⟨V.1, hat veranschlagt; mit Akk.⟩ *schätzen, im voraus grob berechnen;* die Kosten für eine Reparatur v. **Ver|an|schla|gung** ⟨f., -, nur Sg.⟩

ver|an|stal|ten ⟨V.2, hat veranstaltet; mit Akk.⟩ *stattfinden lassen, durchführen;* ein Fest, eine Feier, eine Ausstellung v.

Ver|an|stal|tung ⟨f.10⟩ **1** ⟨nur Sg.⟩ *das Veranstalten* **2** *etwas, das veranstaltet wird oder worden ist, Feier, Fest, Aufführung, Ausstellung u.ä.;* eine öffentliche, kirchliche, private V.; mach doch keine so großen ~en!; ⟨ugs.⟩ mach nicht soviel Getue, Aufhebens!; alle diese V. ist so lästig ⟨ugs.⟩ alle diese umständlichen Maßnahmen, Vorbereitungen

ver|ant|wor|ten ⟨V.2, hat verantwortet; I ⟨mit Akk.⟩ etwas v. *für etwas einstehen, die Folgen von etwas tragen oder zu tragen bereit sein;* eine Tat v.; ich kann es nicht v., das Kind allein reisen zu lassen; so etwas muß jeder vor seinem Gewissen, vor sich selbst v., jeder muß selbst wissen, ob er so etwas tun, zulassen kann II ⟨refl.⟩ sich v. *sich rechtfertigen, sich verteidigen;* er muß sich vor Gericht v.

ver|ant|wort|lich ⟨Adj., o.Steig.⟩ **1** *die Verantwortung tragend;* der ~e Redakteur; er ist dafür v., daß ... *er trägt dafür die Verantwortung;* jmdn. für etwas v. machen *jmdm. die Schuld an etwas geben, jmdm. die Verantwortung für etwas aufbürden* **2** *Verantwortung erfordernd;* eine ~e Stellung

Ver|ant|wort|lich|keit ⟨f., -, nur Sg.⟩ **1** *das Verantwortlichsein* **2** *Bereich, für den jmd. die Verantwortung trägt;* das fällt in seine V.

Ver|ant|wor|tung ⟨f., -, nur Sg.⟩ **1** *Pflicht, Bereitschaft, die Folgen von etwas zu tragen;* die V. für eine Handlung, Maßnahme auf sich nehmen, übernehmen; jmdm. die V. für etwas übertragen; das geschieht auf deine V. *du mußt die Folgen dafür tragen (falls etwas passiert)* **2** *Pflicht, Bereitschaft, für jmds. Sicherheit zu sorgen;* die V. für ein Kind, für einen Kranken übernehmen **3** *Rechtfertigung, Rechenschaft;* jmdn. zur V. ziehen

ver|ant|wor|tungs|be|wußt ⟨Adj., -er, am -esten⟩ *sich bewußt, Verantwortung zu haben;* Syn. *verantwortungsvoll*

Ver|ant|wor|tungs|ge|fühl ⟨n., -s, nur Sg.⟩ *Gefühl, Bewußtsein der Verantwortung*

ver|ant|wor|tungs|los ⟨Adj., -er, am -esten⟩ *nicht an seine Verantwortung denkend* **Ver|ant|wor|tungs|lo|sig|keit** ⟨f., -, nur Sg.⟩

ver|ant|wor|tungs|voll ⟨Adj.⟩ **1** *Verantwortung mit sich bringend;* eine ~e Tätigkeit **2** → *verantwortungsbewußt;* v. handeln

ver|äp|peln ⟨V.1, hat veräppelt; ugs.⟩ →*veralbern*

ver|ar|bei|ten ⟨V.2, hat verarbeitet⟩ I ⟨mit Akk.⟩ etwas v. **1** *als Material (zu etwas) verwenden, benutzen;* Rohstoffe v.; einen Stoff zu einem Kleid v.; Erlebnisse in einem Roman v. **2** *verdauen;* der Magen kann solche Mengen nicht v. **3** *durchdenken und sich ein Urteil über etwas bilden;* ein Erlebnis, neue Eindrücke v. II ⟨refl.⟩ sich v. *sich bearbeiten lassen;* dieser Stoff verarbeitet sich leicht, schwer

Ver|ar|bei|tung ⟨f., -, nur Sg.⟩ **1** *das Verarbeiten* **2** *Art, wie etwas verarbeitet (I,1) ist, das Verarbeitetsein;* die V. des Mantels ist ausgezeichnet

ver|ar|gen ⟨V.1, hat verargt; mit Dat. und Akk.⟩ jmdm. etwas v. *jmdm. etwas übelnehmen*

ver|är|gern ⟨V.1, hat verärgert; mit Akk.⟩ jmdn. v. *jmdm. anhaltenden Ärger bereiten;* Syn. *vergrätzen;* verärgert sein *anhaltend ärgerlich sein*

ver|ar|men ⟨V.1, ist verarmt; o.Obj.⟩ *arm werden* **Ver|ar|mung** ⟨f., -, nur Sg.⟩

ver|ar|schen ⟨V.1, hat verarscht; mit Akk.; vulg.⟩ *boshaft, böse veralbern, verspotten*

ver|arz|ten ⟨V.2, hat verarztet; mit Akk.; ugs.⟩ jmdn. v. **1** *jmdn. ärztlich behandeln, jmdm. ärztliche Hilfe leisten* **2** ⟨übertr., ugs.⟩ *jmdn. abfertigen, bedienen*

ver|ästeln ⟨V.1, hat verästelt; refl.⟩ sich v. *sich in viele, immer kleiner werdende Äste aufspalten* **Ver|äste|lung** ⟨f.10⟩

ver|aus|ga|ben ⟨V.1, hat verausgabt⟩ I ⟨mit Akk.⟩ *ausgeben;* Geld, Ersparnisse v. II ⟨refl.⟩ sich v. **1** *all sein Geld (das man gerade bei sich hat) ausgeben* **2** *sich bis zur Erschöpfung anstrengen;* er hat sich bei dem Wettkampf völlig verausgabt

ver|aus|la|gen ⟨V.1, hat verauslagt; mit Akk.⟩ *auslegen, leihweise bezahlen;* wieviel hast du für die Eintrittskarten verauslagt?

ver|äu|ßern ⟨V.1, hat veräußert; mit Akk.⟩ *übereignen, verkaufen;* ein Grundstück v. **Ver|äu|ße|rung** ⟨f.10⟩

Verb ⟨n.12⟩ *flektierbare Wortart zur Bezeichnung von Handlungen, Gefühlen und Zuständen, z.B. kommen, lieben, schlafen;* auch: *Verbum;* Syn. *Tätigkeitswort, Zeitwort* [< lat. *verbum* „Wort", zu idg. *wer-* „sagen"]

verbal ⟨Adj., o.Steig.⟩ **1** *als Verb gebraucht, zeitwörtlich* **2** *durch Worte, mündlich*

Ver|bal|ad|jek|tiv ⟨n.1⟩ *aus einem Verb gebildetes Adjektiv, z.B. am kommenden Tag, der geplatzte Reifen*

Ver|ba|le ⟨n., -s, -li|en⟩ *von einem Verb abgeleitetes Wort, z.B. Schläfer von schlafen*

Ver|bal|in|ju|rie ⟨[-riə] f.11⟩ *Beleidigung durch Worte, Beschimpfung*

ver|ba|li|sie|ren ⟨V.3, hat verbalisiert; mit Akk.⟩ **1** *zu einem Verb umbilden, z.B. Funk zu funken;* ein Wort v. **2** *in Worte fassen, zum Ausdruck bringen;* einen Eindruck, ein Erlebnis v. [in Anlehnung an frz. *verbaliser* „Worte machen" zu lat. *verbalis* „zum Wort gehörig", zu *Verb*]

Ver|ba|lis|mus ⟨m., -, nur Sg.⟩ *Übergewicht der Worte über die Sache, Neigung zum Wortemachen*

Ver|ba|list ⟨m.10⟩ *jmd., der auf das Wort, auf die Formulierung mehr Wert legt als auf die Sache*

ver|ba|li|stisch ⟨Adj., o.Steig.⟩ *zum Verbalismus gehörig, auf ihm beruhend*

ver|ba|li|ter ⟨Adv., †⟩ *wörtlich* [latinisierend zu *verbal*]

ver|ball|hor|nen ⟨V.1, hat verballhornt; mit Akk.⟩ *durch vermeintliches Verbessern verschlimmern;* einen Text v. [nach dem Lübekker Buchdrucker Johann *Balhorn* (nicht Ballhorn), der 1586 eine Ausgabe der „Lübeckischen Statuta" herausbrachte, in der er Verbesserungen vorgenommen hatte, die allgemeines Mißfallen erregten]

Ver|bal|no|te ⟨f.11⟩ *zur mündlichen Mitteilung bestimmte, meist vertrauliche diplomatische Note*

Ver|bal|prä|fix ⟨n.1⟩ *einem Verb vorangestelltes Präfix, z.B. be-* (beschauen), *ver-* (verschwinden)

Ver|bal|stil ⟨m., -(e)s, nur Sg.⟩ *Stil, der Verben bevorzugt (im Unterschied zum Nominalstil)*

Ver|bal|sub|stan|tiv ⟨n.1⟩ *von einem Verb abgeleitetes Substantiv, z.B. Fluß, Eroberung*

Ver|bal|suf|fix ⟨n.1⟩ *an den Stamm des Verbs angefügte Silbe, z.B. -eln* (lächeln), -igen (bändigen), -ieren (posieren)

Ver|band ⟨m.2⟩ **1** ⟨Med.⟩ *schützende Bedeckung einer Wunde, zur Stützung eines Knochenbruchs u.a.;* Druck~, Gips~, Schnell~; einen V. anlegen **2** ⟨Mil.⟩ *Gesamtheit einzelner (von der Stärke eines Bataillons an aufwärts);* starke feindliche Verbände **3** ⟨Mil.⟩ *Gesamtheit mehrerer Flugzeuge (während des Fluges);* im V. fliegen **4** ⟨Bauw.⟩ *Art, in der eine Mauer aus einzelnen Steinen aufgebaut ist,* ⟨bei Holzkonstruktionen⟩ *Verbindung von Hölzern* **5** *aus vielen Elementen, Einzelwesen bestehendes Ganzes;* Wölfe leben im V. des Rudels **6** *Zusammenschluß von Individuen, Institutionen oder Organisationen zur Durchsetzung gemeinsamer Interessen;* er ist Mitglied im V. der Gastwirte

Ver|band(s)|ka|sten ⟨m.8⟩ *fester Kasten mit Verband(s)zeug*

Ver|band(s)|zeug ⟨n., -(e)s, nur Sg.⟩ *Gegenstände für die Erste Hilfe (Verbände, Pflaster u.a.)*

ver|ban|nen ⟨V.1, hat verbannt; mit Akk.⟩ **1** *jmdn. v.* **a** *aus einem Gebiet hinausweisen und ihm verbieten, es wieder zu betreten* **b** *jmdn. an einen Ort v. jmdm. strafweise einen Ort als ständigen Aufenthaltsort zuweisen* **2** *jmdn. oder etwas aus etwas v. jmdn. oder etwas aus etwas ausschließen;* jmdn. aus dem Gedächtnis v.; den Gedanken an jmdn., an etwas aus der Erinnerung v.

Ver|ban|nung ⟨f., -, nur Sg.⟩ **1** *das Verbannen* **2** *Zustand des Verbanntseins;* jmdn. in die V. schicken *jmdn. verbannen;* in der V. leben

ver|bar|ri|ka|die|ren ⟨V.3, hat verbarrikadiert⟩ **I** ⟨mit Akk.⟩ *mit Hindernissen versperren;* eine Straße, eine Tür v. **II** ⟨refl.⟩ *sich v. sich durch Aufbauen von Hindernissen (gegen Überfall, Eindringlinge) schützen*

ver|bau|en ⟨V.1, hat verbaut⟩ ⟨mit Akk.⟩ **1** *durch Bauen schließen, versperren;* einen Zugang, eine Aussicht v. **2** *durch zu viele Bauten zerstören, verunstalten;* eine Gegend, eine Landschaft v. **3** *falsch, unzweckmäßig bauen;* ein Haus v. **4** *beim Bauen verwenden;* Holz, Steine v. **5** *durch Bauen ausgeben;* er hat sein ganzes Geld verbaut **6** ⟨mit Dat. und Akk.⟩ *jmdm. oder sich etwas v. jmdm. oder sich etwas verschließen, versperren, unmöglich machen;* jmdm. oder sich einen Ausweg, die letzte Möglichkeit, die Zukunft v. **III** ⟨refl.⟩ *sich v. sein Haus falsch, unzweckmäßig bauen;* er hat sich verbaut

ver|be|am|ten ⟨V.2, hat verbeamtet; mit Akk.⟩ **1** *jmdn. v. zum Beamten machen, ins Beamtenverhältnis setzen* **2** *etwas v. in die Hände von Beamten übergehen lassen;* eine verbeamtete Verwaltung

ver|bei|ßen ⟨V.8, hat verbissen⟩ **I** ⟨mit Akk.; Jägerspr.⟩ *durch Beißen beschädigen;* Wild verbeißt junge Bäume **II** ⟨mit Dat. (sich) und Akk.⟩ *sich etwas v. (durch Zusammenbeißen der Zähne) nicht zeigen, zurückhalten;* sich den Schmerz, den Zorn, das Lachen v. **III** ⟨refl.⟩ *sich in etwas v.* **1** *so fest zubeißen, daß die Zähne kaum zu lockern sind;* die Hunde hatten sich ineinander verbissen **2** ⟨übertr.⟩ *sich in etwas stark vertiefen, hartnäckig etwas betreiben;* sich in eine Arbeit, in ein Problem v.; vgl. *verbissen*

ver|bel|len ⟨V.1, hat verbellt; mit Akk.⟩ *durch Bellen melden;* der Hund verbellt Wild, verbellt einen Einbrecher

Ver|be|ne ⟨[ver-] f.11⟩ *Eisenkraut* [< lat. *verbena* „Zweig des Lorbeers, Ölbaums, der Myrte, Zypresse u.a.", eigtl. „Rute"]

ver|ber|gen ⟨V.9, hat verborgen; mit Akk.⟩ **1** *etwas, jmdn. oder sich v. verstecken, den Blicken, dem Zugriff anderer entziehen;* vgl. *verborgen;* einen Gegenstand (hinter dem Rücken, an einem Ort) v.; etwas, jmdn. vor der Polizei v.; hinter seinen Worten verbirgt sich ein Vorwurf, ein Schmerz **2** *etwas v.* **a** *nicht zeigen, unterdrücken;* seinen Unmut, seine Schadenfreude v. **b** *verschweigen;* das Kind verbirgt (uns) etwas; ich habe nichts zu v. *ich fühle mich nicht schuldig*

ver|bes|sern ⟨V.1, hat verbessert⟩ **I** ⟨mit Akk.⟩ **1** *etwas v.* **a** *besser machen, vervollkommnen;* seine Aussprache, seine Leistungen v. **b** *richtig machen, berichtigen;* einen Fehler v. **2** *jmdn. oder sich v. etwas Gesagtes berichtigen;* verbessere mich nicht immer!; ich muß mich v., es waren nicht zwei, sondern drei **II** ⟨refl.⟩ *sich v.* **1** *seine Leistungen erhöhen;* er hat sich im Turnen, in Deutsch im letzten halben Jahr verbessert **2** *eine höhere Stellung, ein höheres Gehalt bekommen;* er hat sich in der neuen Firma erheblich verbessert **3** *besser werden, sich bessern;* seine Lage hat sich verbessert; seine Leistungen haben sich verbessert

Ver|bes|se|rung ⟨f.10⟩ *das Verbessern, das Sichverbessern, Berichtigung, Vervollkommnung*

ver|bes|se|rungs|fä|hig ⟨Adj.⟩ *so beschaffen, daß es verbessert werden könnte*

ver|beu|gen ⟨V.1, hat verbeugt; refl.⟩ *sich v. Kopf und Oberkörper nach vorn neigen (zum Gruß, als dankende Zustimmung, als Anerkennung);* sich höflich (vor jmdm.) v.; sich nach allen Seiten v.

Ver|beu|gung ⟨f.10⟩ *das Sichverbeugen, Neigung des Kopfes und Oberkörpers nach vorn;* eine (höfliche) V. machen; diese Bemerkung war nur eine V. vor dem Chef ⟨übertr., ugs.⟩ *diese Bemerkung war nur als Schmeichelei für den Chef gemeint*

ver|bie|gen ⟨V.12, hat verbogen⟩ **I** ⟨mit Akk.⟩ **1** *in die falsche Richtung biegen, durch Biegen verunstalten oder unbrauchbar machen;* ein verbogenes Vorderrad, Rückgrat **2** ⟨übertr.⟩ *falsch erziehen, durch falsche Erziehung falsch leiten;* einen Charakter v. **II** ⟨refl.⟩ *sich v. durch unsachgemäße, gewaltsame Behandlung eine Biegung, Rundung bekommen* **Ver|bie|gung** ⟨f.10⟩

ver|bie|stert ⟨Adj.⟩ *verärgert, verstört, verdrießlich und mürrisch*

ver|bie|ten ⟨V.13, hat verboten⟩ **I** ⟨mit Akk.⟩ **1** *etwas v.* **a** *nicht erlauben, nicht zulassen;* jmdm. das Rauchen v.; jmdm. das Haus v. *jmdm. nicht erlauben, das Haus zu betreten;* jmdm. den Mund v. *jmdm. zu schweigen befehlen;* Zutritt verboten; ein verbotener Weg **2** *für unzulässig, für ungesetzlich erklären;* ein Medikament v.; eine Partei v.; vgl. *verboten* **3** *die Veröffentlichung von etwas nicht erlauben;* ein Buch, eine Zeitung, einen Film v. **II** ⟨refl.⟩ *sich v.* ⟨in Wendungen wie⟩ *das verbietet sich von selbst das darf nicht geschehen, es ist selbstverständlich, daß es nicht geschieht;* eine solche Handlungsweise verbietet sich in diesem Fall von selbst; es verbietet sich von selbst, solche Bestrebungen zu unterstützen

ver|bil|den ⟨V.2, hat verbildet; mit Akk.⟩ **1** *falsch bilden, verformen;* durch unzweckmäßiges Schuhwerk verbildete Füße **2** *durch falsche Bildung, falsche Erziehung verderben;* einen Menschen, einen Charakter v.; jmds. Geschmack v. **Ver|bil|dung** ⟨f., -, nur Sg.⟩

ver|bil|li|gen ⟨V.1, hat verbilligt; mit Akk.⟩ *billiger machen;* verbilligter Eintritt an Sonntagen; eine verbilligte Eisenbahnfahrt

Ver|bil|li|gung ⟨f.10⟩ **1** *das Verbilligen* **2** *Betrag, um den etwas verbilligt worden ist;* die V. macht 10 DM aus

ver|bim|sen ⟨V.1, hat verbimst; mit Akk.; ugs.⟩ → *verhauen* (I,1)

ver|bin|den ⟨V.14, hat verbunden⟩ **I** ⟨mit Akk.⟩ **1** *etwas oder jmdn. v. einem Glied, jmdm. einen Verband anlegen, etwas mit einem Verband bedecken, schützen;* jmdm. den Arm v.; die Wunde muß verbunden werden **2** *etwas v.* **a** *zusammenfügen, verknüpfen;* zwei Bauteile, Fäden (miteinander) v.; zwei Orte durch eine Straße v.; einen Kinobesuch mit einem Einkauf v.; das Angenehme mit dem Nützlichen v.; Wörter zu Sätzen v.; (bei künstlerischen Darbietungen) ~de Worte sprechen **b** ⟨Buchbinderei⟩ *falsch binden (so daß Seiten fehlen, vertauscht sind o.ä.);* das Buch ist verbunden **3** *jmdn. v.* **a** *in einer festen Beziehung vereinigen;* die beiden verbindet eine herzliche Freundschaft; sich durch gemeinsame Interessen, gleiche Anschauungen jmdm. verbunden fühlen **b** *jmdn. mit jmdm. v. ein telefonisches Gespräch mit jmdm. herstellen;* bitte v. Sie mich mit Herrn X; Sie sind falsch verbunden ⟨oder⟩ *man hat für Sie die falsche Nummer gewählt* **II** ⟨mit Dat. und Akk.; geh.⟩ *jmdn. jmdm. v. jmdm. zu Dank verpflichten;* ich werde mich Ihnen sehr v., wenn Sie mir helfen würden; ich wäre Ihnen sehr verbunden, wenn Sie ... *ich wäre Ihnen sehr dankbar* **III** ⟨refl.⟩ *sich v.* **1** ⟨geh.⟩ *von zwei Personen⟩ heiraten;* sich ehelich v.; sie haben sich fürs Leben verbunden **2** *sich mit jmdm. v. jmdm. heiraten;* er hat sich ihr, er hat sich mit ihr verbunden **3** *sich mit jmdm. v. mit jmdm. ein Bündnis schließen;* sich (mit jmdm.) gegen jmdn. v. **4** *sich mit etwas gemeinsam mit etwas auftreten, gleichzeitig vorhanden sein;* bei ihm verbindet sich die Tatkraft mit Besonnenheit; mit dieser Stadt v. sich (für mich) viele schöne Erinnerungen

ver|bind|lich ⟨Adj.⟩ **1** *zuvorkommend, höflich, freundlich* **2** *verpflichtend, bindend;* eine ~e Zusage

Ver|bind|lich|keit ⟨f.10⟩ **1** ⟨nur Sg.⟩ *verbindliche Art, verbindliches Wesen* **2** ⟨nur Sg.⟩ *Höflichkeit* **3** *Verpflichtung;* seinen ~en *nachkommen* **4** ⟨Pl.⟩ ~en *Schulden;* ~en *einlösen, haben*

Ver|bin|dung ⟨f.10⟩ **1** *das Verbinden (I,2a,3)* **2** *das Sichverbinden;* die V. von zwei Flüssigkeiten **3** ⟨Chem.⟩ *durch das Verbinden mehrerer Elemente entstandene Substanz;* eine V. analysieren, herstellen **4** *etwas, das zwei Dinge, Orte o.ä. miteinander verbindet* (Bahn~, Telefon~, Verkehrs~); die kürzeste V. zweier Punkte; in V. mit *zusammen mit* **5** *Bündnis, Zusammenschluß;* eine geschäftliche V.; wirtschaftliche ~en zu jmdm. unterhalten **6** *Korps, Studentenverbindung, Burschenschaft;* eine katholische, schlagende V.; einer V. angehören **7** *Bündnis, Freundschaft, Liebesbeziehung;* mit jmdm. eine V. eingehen; die V. zu jmdm. abbrechen

Ver|bin|dungs|far|ben ⟨f.11, Pl.⟩ *Farben einer Studentenverbindung*

Ver|bin|dungs|mann ⟨m.4 oder m., -(e)s, -leute⟩ *jmd., der die Verbindung zu jmdm., einer Institution o.ä. aufrechterhält*

Ver|bin|dungs|of|fi|zier ⟨m.1⟩ *Offizier als Verbindungsmann zwischen Truppenverbänden*

Ver|bin|dungs|stu|dent ⟨m.10⟩ *Student, der einer Burschenschaft, einem Korps oder einer Studentenverbindung angehört*

Ver|bin|dungs|tür ⟨f.10⟩ *Tür, die zwei Räume miteinander verbindet*

Ver|biß ⟨m.1⟩ *Schaden durch Äsen (von Wild) an Kulturpflanzen [zu verbeißen]*

ver|bis|sen ⟨Adj.⟩ **1** *hartnäckig, unbelehrbar, allen Vernunftgründen unzugänglich;* v. an etwas festhalten, auf etwas beharren **2** *unbeirrbar, beharrlich und zäh, nicht nachgebend, nicht lockerlassend;* mit ~em Eifer eine Sache verfolgen **3** *(von Ärger oder Wut) verkniffen, verkrampft;* ein ~es Gesicht machen; **Ver|bis|sen|heit** ⟨f., -, nur Sg.⟩

ver|bit|ten ⟨V.15, hat verbeten; mit Dat. (sich) und Akk.⟩ sich etwas v. *fordern, verlangen, daß etwas nicht getan wird, daß etwas nicht auf diese Weise geschieht;* ich verbitte mir Ihre Einmischung!; ich verbitte mir diesen Ton!

ver|bit|tern ⟨V.1⟩ **I** ⟨mit Akk.; hat verbittert⟩ jmdn. v. *jmdn. zu einer traurigen Lebenseinstellung bringen, jmdn. unglücklich und hart machen;* diese bösen Erfahrungen haben ihn verbittert **2** *etwas v. bitter, schwer erträglich machen;* jmdm. das Leben, den Alltag v. **II** ⟨o.Obj.; ist verbittert⟩ *bitter werden, eine traurige Lebenseinstellung bekommen;* sie verbittert allmählich; bei einer solchen Behandlung muß man ja v.; verbittert sein

Ver|bit|te|rung ⟨f., -, nur Sg.⟩ *bittere Einstellung zum Leben, mit Härte verbundener Zustand des Unglücklichseins*

ver|bla|sen **I** ⟨V.16, hat verblasen; mit Akk.; Jägerspr.⟩ etwas v. *durch Blasen eines Hornsignals anzeigen;* ein erlegtes Wild v. **II** ⟨refl.⟩ sich v. *(auf einem Instrument) falsch blasen, beim Blasen (eines Instruments) einen Fehler machen* **III** ⟨Adj.⟩ *unklar, unpräzis, verwaschen, verschwommen;* ~e Ausdrucksweise

ver|blas|sen ⟨V.1, ist verblaßt; o.Obj.⟩ **1** *blaß werden, die Leuchtkraft verlieren;* Syn. *verbleichen;* die Farben sind verblaßt **2** *undeutlich werden;* die Erinnerung daran ist verblaßt

ver|bläu|en ⟨V.1, hat verbläut; mit Akk.⟩ **1** ⟨†⟩ *zu blau färben* **2** ⟨falsch für⟩ *verbleuen*

Ver|bleib ⟨m., -(e)s, nur Sg.⟩ **1** *das Bleiben (an einer Stelle, einem Ort);* über seinen V. ist nichts bekannt; sein V. in der Schule ist in Frage gestellt **2** *Ort des Verbleibens,* mit unbekanntem V.

ver|blei|ben ⟨V.17, ist verblieben⟩ **I** ⟨o.Obj.⟩ **1** *an einer Stelle, einem Ort bleiben;* die Möbel sind in unserem alten Haus verblieben; das Original des Briefes verbleibt bei Ihnen; er verbleibt in seiner Stellung in seinem Amt **2** *übrigbleiben;* von der Summe sind noch 10 DM verblieben; der verbliebene Rest wird geteilt **3** *sich einigen, übereinkommen;* wir sind so verblieben, daß ich ihn morgen anrufe; wie soll ihr denn verbleiben? **II** ⟨mit Gleichsetzungsnominativ; am Briefschluß⟩ *(weiterhin) bleiben;* mit freundlichen Grüßen verbleibe ich Ihr XY

ver|blei|chen ⟨V.28, ist verblichen; o.Obj.⟩ **1** → *verblassen (1)* **2** *die Farbe verlieren;* der Stoff ist verblichen **3** ⟨nur im Perf.; poet.⟩ *sterben;* er ist vor einem Monat verblichen; der Verblichene *der Tote*

ver|blen|den ⟨V.2, hat verblendet; mit Akk.⟩ **1** etwas v. ⟨Baukunst⟩ *mit besserem Material verkleiden;* eine Mauer mit Keramikziegeln v. **2** *jmdn. v. jmdm. die vernünftige Überlegung benehmen;* der Erfolg hat ihn verblendet; er ist durch seinen Reichtum verblendet

Ver|blen|dung ⟨f., -, nur Sg.⟩ **1** *das Verblenden* **2** *das Verblendetsein, Mangel an Einsicht, an vernünftiger Überlegung*

ver|bleu|en ⟨V.1, hat verbleut; mit Akk.; ugs., veraltend⟩ → *verhauen (I,1)* [zu *bleuen*]

Ver|bli|che|ne(r) ⟨m., f.17 oder 18⟩ *jmd., der verblichen ist* (→ *verbleichen 3*)

ver|blö|den ⟨V.2⟩ **I** ⟨o.Obj.; hat verblödet⟩ **1** *blöde, schwachsinnig werden;* er verblödet allmählich; er ist völlig verblödet **2** ⟨ugs.⟩ *taumelig, schwindlig werden;* durch die stumpfsinnige Arbeit, durch den Lärm ganz verblödet **II** ⟨mit Akk.; hat verblödet⟩ *unkritisch machen, verdummen;* das viele, wahllose Fernsehen verblödet die Leute

Ver|blö|dung ⟨f., -, nur Sg.⟩ *das Verblöden, Zustand des Verblödetseins*

ver|blüf|fen ⟨V.1, hat verblüfft; mit Akk.⟩ *überraschen, vor Überraschung sprachlos machen;* diese Nachricht hat verblüfft mich; er war völlig verblüfft er war sprachlos vor Überraschung; er schaute in lauter verblüffte Gesichter

Ver|blüf|fung ⟨f., -, nur Sg.⟩ *das Verblüfftsein, Überraschung;* zu meiner großen V. hörte ich, daß ...

ver|blü|hen ⟨V.1, ist verblüht; o.Obj.⟩ **1** *zu blühen aufhören, verwelken;* Syn. *abblühen;* die Blumen sind verblüht; sie sieht verblüht aus *sie sieht nicht jung und frisch aus, sie hat eine welke Gesichtshaut* **2** ⟨übertr., ugs.⟩ *weggehen, verschwinden;* so, ich verblühe jetzt

ver|blümt ⟨Adj., -er, am -esten⟩ *andeutend, höflich umschrieben;* jmdm. etwas v. mitteilen

ver|blu|ten ⟨V.2⟩ **I** ⟨o.Obj.; ist verblutet⟩ *infolge Blutverlustes, infolge anhaltenden Blutens sterben* **II** ⟨refl.; hat verblutet⟩ sich v. *vernichtet, aufgerieben werden;* die Truppen haben sich an dem harten Widerstand verblutet

Ver|blu|tung ⟨f., -, nur Sg.⟩ *das Verbluten;* an V. sterben

ver|bocken ⟨-k·k-⟩ ⟨V.1, hat verbockt; mit Akk.; ugs.⟩ *etwas falsch machen, einen Fehler bei etwas machen, etwas falsch ausführen*

ver|boh|ren ⟨V.1, hat verbohrt; refl.⟩ sich in etwas v. *sich in etwas sehr tief versenken, sich so stark mit etwas beschäftigen, daß man nicht mehr davon loskommen;* sich in eine Aufgabe, ein Problem v.; er hat sich in den Gedanken verbohrt, er müsse ...

ver|bohrt ⟨Adj., -er, am -esten⟩ *hartnäckig auf seiner Meinung beharrend;* er ist völlig v.

Ver|bohrt|heit ⟨f., -, nur Sg.⟩ *das Verbohrtsein*

ver|bor|gen¹ ⟨V.1, hat verborgt; mit Akk.⟩ → *verleihen;* sein Fahrrad v.

ver|bor|gen² ⟨Adj.⟩ *versteckt, den Blicken, dem Zugriff anderer entzogen;* eine ~e Tür; ~e Schätze; ~e Fähigkeiten; wir haben auch im ~sten Winkel nichts gefunden; im ~en *leben zurückgezogen, von anderen unbemerkt leben;* etwas im ~en tun *etwas im geheimen, heimlich tun*

Ver|bor|gen|heit ⟨f., -, nur Sg.⟩ *das Verborgensein*

Ver|bot ⟨n.1⟩ **1** *Anordnung, etwas nicht zu tun* (Park~); ein V. erlassen, übertreten **2** *Anordnung, nach der etwas nicht bestehen darf;* das V. der KPD

ver|bo|ten ⟨Adj.; ugs.⟩ **1** *sehr seltsam, komisch, grotesk;* das sieht v. aus **2** *unmöglich, unverantwortlich;* eine ~e Frisur

ver|bo|te|ner|wei|se ⟨Adv.⟩ *obwohl es verboten ist*

Ver|bots|schild ⟨n.3⟩, **Ver|bots|ta|fel** ⟨f.11⟩ *Schild, auf dem ein Verbot (1) steht*

ver|brä|men ⟨V.1, hat verbrämt; mit Akk.⟩ **1** *am Rand verzieren, besetzen, mit Pelz verbrämter Mantel* **2** ⟨übertr.⟩ *verhüllen;* eine Ablehnung mit schönen Worten v. **Ver|brä|mung** ⟨f.10⟩

ver|bra|ten ⟨V.18⟩ **I** ⟨o.Obj.; ist verbraten⟩ *zu lange braten (II,1), zu lange im Rohr, im Ofen, in der Pfanne sein (bis es trocken oder zu dunkel wird);* das Fleisch verbrät ja **II** ⟨mit Akk.; hat verbraten; ugs., scherzh.⟩ *verbrauchen;* er hat das ganze Geld schon längst v.

Ver|brauch ⟨m., -(e)s, nur Sg.⟩ *das Verbrauchen, Konsumieren* (Benzin~, Lebensmittel~); den V. steigern, verringern

ver|brau|chen ⟨V.1, hat verbraucht⟩ **I** ⟨mit Akk.⟩ **1** *etwas v. immer wieder Teile von etwas wegnehmen, bis es zu Ende ist;* einen Vorrat v.; sie haben alles Heizöl verbraucht; wir haben nur einen Teil des Geldes verbraucht **2** *jmdn. v. allmählich die Kraft nehmen;* das Leben hat ihn verbraucht; ein vom Leben verbrauchter Mensch *ein durch lebenslange harte Arbeit kraftlos gewordener Mensch;* sie sieht verbraucht aus *sie sieht erschöpft, abgearbeitet aus* **II** ⟨refl.⟩ sich v. **1** *allmählich (unbemerkt) zu Ende gehen, sich abnutzen;* der Vorrat hat sich verbraucht, man weiß nicht wie; die Überzüge haben sich verbraucht **2** *ständig bis zur Erschöpfung arbeiten;* sie hat sich bei dieser Tätigkeit verbraucht

Ver|brau|cher ⟨m.5⟩ *jmd., der etwas kauft, verbraucht*

Ver|brau|cher|schutz ⟨m., -es, nur Sg.⟩ *Schutz des Verbrauchers vor überhöhten Preisen und schlechter Ware*

Ver|brauchs|gut ⟨n.4⟩ *Gut, das der Befriedigung eines Bedürfnisses dient und nicht zur Produktion eingesetzt wird;* vgl. *Gebrauchsgut, Investitionsgut*

ver|bre|chen ⟨V.19, hat verbrochen; mit Akk.⟩ *etwas v. etwas (Schlimmes, Strafbares) begehen, tun;* was hat er dir verbrochen?

Ver|bre|chen ⟨n.7⟩ **1** *rechtswidrige Handlung;* ein V. begehen; ein schweres V. **2** ⟨übertr.⟩ *verabscheuenswürdiges Handeln;* ein V. an der Menschheit; das ist doch kein V.

Ver|bre|cher ⟨m.5⟩ *jmd., der ein Verbrechen begeht oder begangen hat*

Ver|bre|cher|al|bum ⟨n., -s, -ben; ugs.⟩ *Album mit Bildern und Fingerabdrücken von Verbrechern*

ver|bre|che|risch ⟨Adj.⟩ *Verbrechen begehend, bösartig, verabscheuungswürdig;* ~e Herrschaft; ~e Tat

ver|brei|ten ⟨V.2, hat verbreitet⟩ **I** ⟨mit Akk.⟩ **1** *ausstrahlen, in die Umgebung abgeben;* die Lampe verbreitet helles, freundliches, nur schwaches Licht; der Ofen verbreitet Wärme **2** *überall bekanntmachen, allen zur Kenntnis bringen;* eine Nachricht (durch den Rundfunk, durch die Zeitungen) v.

verbreitern

3 *(überall) weitererzählen;* sie verbreitet das Gerücht, daß ... II ⟨refl.⟩ sich v. 1 *allgemein bekanntwerden;* die Nachricht verbreitete sich mit Windeseile 2 *immer mehr werden und immer mehr Raum einnehmen oder spürbar werden;* diese Tierart hat sich seit zehn Jahren hier verbreitet; ein angenehmer Duft verbreitete sich im Raum; diese Krankheit verbreitet sich besonders unter jungen Menschen 3 *sich über etwas v.* ⟨übertr.⟩ *(zu) ausführlich über etwas sprechen*

ver|brei|tern ⟨V.1, hat verbreitert; mit Akk.⟩ *breiter machen;* eine Straße v. **Ver|brei|te|rung** ⟨f.10⟩

Ver|brei|tung ⟨f., -, nur Sg.⟩ 1 *das Verbreiten;* V. einer Nachricht 2 *das Verbreitetsein;* V. einer Tierart

ver|bren|nen ⟨V.20⟩ I ⟨o.Obj.; ist verbrannt⟩ 1 *durch Feuer vernichtet werden, getötet werden;* beim Bombenangriff ist sein ganzer Besitz verbrannt; er ist am lebendigen Leib verbrannt; hier riecht es verbrannt 2 *durch zu große Hitze zu braun oder schwarz werden;* den Braten v. lassen; das Schnitzel ist verbrannt; das Essen schmeckt verbrannt II ⟨mit Akk.; hat verbrannt⟩ 1 *etwas v.* **a** *durch Feuer zerstören, vernichten;* Briefe v. **b** *durch Brennen, Heizen verbrauchen;* der Ofen verbrennt viel Holz, viel Koks **c** *durch Brennenlassen, Angeschaltetlassen verbrauchen;* viel, wenig Strom, Licht v. **d** *durch zu große Hitze braun oder schwarz werden lassen;* die Sonne hat die Wiesen verbrannt **e** *durch ultraviolette Strahlen bräunen;* von der Sonne verbranntes Gesicht **f** *chemisch umsetzen;* bestimmte Stoffe werden im Körper verbrannt 2 *jmdn. v.* **a** *durch Feuer töten;* jmdn. auf dem Scheiterhaufen v. **b** *einäschern;* einen Toten v.; er will sich v. lassen III ⟨refl.; hat verbrannt⟩ *sich (etwas) v.* 1 *sich durch Berühren eines heißen Gegenstandes (etwas) verletzen;* sich am Herd, am Bügeleisen v.; sich die Hand v.; sich den Mund v. 2 ⟨übertr.; ugs.⟩ *etwas sagen, was nicht gern gehört wird, und sich dadurch schaden*

Ver|bren|nung ⟨f.10⟩ 1 *das Verbrennen (II,1a,b)* (Müll~) 2 ⟨Med.⟩ *Veränderung der Haut durch Flammeneinwirkung* (Haut~); V. ersten Grades mit Hautrötungen

Ver|bren|nungs|kraft|ma|schi|ne ⟨f.11⟩ *Kraftmaschine, die durch Verbrennung eines Kraftstoffes in einem Zylinderraum Wärmeenergie in mechanische Energie umsetzt*

Ver|bren|nungs|mo|tor ⟨m.13⟩ *Verbrennungskraftmaschine, die den Druck sich ausbreitender, verbrennender Gase auf einen Kolben mit Kurbelgetriebe umsetzt und damit mechanische Energie zum Antrieb eines Fahrzeugs liefert*

ver|brie|fen ⟨V.1, hat verbrieft; mit Dat. und Akk.⟩ *jmdm. etwas v. jmdm. etwas durch eine Urkunde zusichern;* jmdm. ein Recht v.; verbriefte Rechte; ich habe es verbrieft, daß ich ... es ist mir durch Urkunde zugesichert, daß ich ...

ver|brin|gen ⟨V.21, hat verbracht; mit Akk.⟩ 1 ⟨verstärkend⟩ *bringen;* einen Kranken ins Krankenhaus v. 2 *verleben, zubringen;* sie hat ihre Jugend in Frankreich verbracht; den Urlaub an der See v.; eine schlaflose Nacht v. 3 *auf bestimmte Weise zubringen, ausfüllen;* ich habe zwei Stunden damit verbracht, wieder Ordnung zu schaffen

ver|brü|dern ⟨V.1, hat verbrüdert; refl.⟩ *sich v. miteinander Brüderschaft schließen, eine vertrauliche Beziehung miteinander beginnen;* sie haben sich, wir haben uns verbrüdert; er hat sich mit ihm verbrüdert **Ver|brü|de|rung** ⟨f.10⟩

ver|brü|hen ⟨V.1, hat verbrüht; mit Akk. oder mit Dat. und Akk. oder mit Dat. (sich) und Akk.⟩ *durch kochendes Wasser verletzen;* sie hat sich, sie hat das Kind verbrüht; jmdm., sich den Arm v.

Ver|brü|hung ⟨f.10; Med.⟩ *das Verbrühen, Verletzung der Haut durch heiße Flüssigkeit*

ver|bu|chen ⟨V.1, hat verbucht; mit Akk.⟩ *buchen, verzeichnen;* eine Einnahme, Ausgabe auf dem Konto v.; *etwas als Erfolg für sich v.* ⟨übertr.⟩ *etwas als Erfolg für sich werten, betrachten*

Ver|bum ⟨n., -s, -ben⟩ →*Verb*

ver|bum|fi(e)|deln ⟨V.1, hat verbumfi(e)delt; mit Akk.; ugs.⟩ *etwas v.* 1 *einen Fehler bei etwas machen, aus Nachlässigkeit etwas falsch machen* 2 *verschwenden, vergeuden;* sein Geld v. [ältere Form *verfumfeien* „leichtsinnig ausgeben, zunichte machen"; zu nddt. *Bumfei, Fumfei,* lautmalende Bez. für den Ton der Geige, also eigtl. „bei Tanzvergnügungen ausgeben" bzw. „durch falsche Töne verderben"]

ver|bum|meln ⟨V.1, hat verbummelt; mit Akk.⟩ *bummelnd zubringen, verbringen;* eine Nacht v.; die Schulstunden, ein Semester v.

Ver|bund ⟨m.1⟩ 1 ⟨Tech.⟩ *(bestimmte Form der) Verbindung, das Abstimmen von Teilen oder Vorgängen aufeinander* 2 ⟨Wirtsch.⟩ *Zusammenschluß, Zusammenarbeit von Unternehmen* (Verkehrs~); im V. miteinander stehen; im V. arbeiten

ver|bün|den ⟨V.2, hat verbündet; refl.⟩ *sich v. sich zu einem Bund, Bündnis zusammenschließen;* zwei Staaten v. sich; sich gegen jmdn. v. *vereinbaren, gegen jmdn. gemeinsam vorzugehen*

Ver|bun|den|heit ⟨f., -, nur Sg.⟩ *Gefühl innerer Zusammengehörigkeit*

Ver|bün|de|te(r) ⟨m, f.17 oder 18⟩ 1 *jmd., der mit jmdm. verbündet ist* 2 *Staat, der mit anderen Staaten ein Bündnis eingegangen ist*

ver|bund|fah|ren ⟨V.; nur im Infinitiv; o.Obj.⟩ *innerhalb eines Verbundes (2) mit verschiedenen Verkehrsmitteln fahren;* mit dieser Fahrkarte kann man v.

Ver|bund|glas ⟨n.4⟩ *Sicherheitsglas aus zwei Scheiben mit einer dazwischengeklebten Folie*

Ver|bund|ma|schi|ne ⟨f.11⟩ 1 *Dampfmaschine, bei der der Dampf nacheinander in mehreren Zylindern entspannt wird* 2 *elektrischer Generator mit einer Haupt- und einer Nebenschlußwicklung*

Ver|bund|netz ⟨n.1⟩ 1 *elektrisches Leitungsnetz, das die Versorgungsbezirke mehrerer Kraftwerke miteinander verbindet* 2 *Leitungsnetz zur Verteilung von Energieträgern (z.B. von Fernwärme)* 3 *Netz von öffentlichen Verkehrsmitteln*

Ver|bund|wirt|schaft ⟨f., -, nur Sg.⟩ *Zusammenarbeit mehrerer Betriebe zur Steigerung der Wirtschaftlichkeit*

ver|bür|gen ⟨V.1, hat verbürgt⟩ I ⟨mit Akk.⟩ *etwas v. für etwas bürgen, Gewähr, Sicherheit für etwas leisten;* dieses Zeichen, dieses Geschäft verbürgt Qualität II ⟨refl.⟩ 1 *sich für etwas v. für etwas die Garantie übernehmen, Sicherheit für etwas bieten;* ich verbürge mich für seine Zuverlässigkeit; ich verbürge mich dafür, daß alles richtig erledigt wird 2 *sich für jmdn. v. die Garantie dafür übernehmen, daß jmd. etwas tut, was von ihm gefordert wird*

ver|bü|ßen ⟨V.1, hat verbüßt; mit Akk.⟩ *eine Gefängnisstrafe v. eine Gefängnisstrafe erleiden;* Syn. *abbüßen;* er hat 10 Jahre Zuchthaus verbüßt

ver|char|tern [-tʃar-] ⟨V.1, hat verchartert; mit Akk.⟩ *vermieten;* ein Schiff, ein Flugzeug v. [zu *chartern*]

ver|chro|men [-kro-] ⟨V.1, hat verchromt; mit Akk.⟩ *mit Chrom überziehen*

Ver|chro|mung [-kro-] ⟨f.10⟩ 1 ⟨nur Sg.⟩ *das Verchromen* 2 *Schicht, Überzug aus Chrom;* die V. ist beschädigt

Ver|dacht ⟨m.1, auch m.2⟩ *Vermutung, daß jmd. ein Unrecht begangen oder eine Schuld auf sich geladen hat;* einen V. äußern, hegen; der V. erhärtet sich; ein begründeter, unbegründeter V.; V. tun ⟨ugs.⟩ *etwas tun, ohne genau Bescheid zu wissen;* über jeden V. erhaben sein; jmdn. unter dringendem V. festnehmen [zu *verdenken*]

ver|däch|tig ⟨Adj.⟩ 1 *Verdacht hervorrufend;* einer Tat v. sein; sich v. benehmen 2 *bedenklich, fragwürdig;* ein ~er Ton; hier ist es v. still

ver|däch|ti|gen ⟨V.1, hat verdächtigt; mit Akk. (und Gen.)⟩ *jmdn. v. gegen jmdn. einen Verdacht aussprechen;* jmdn. des Diebstahls v.; man hat ihn zu Unrecht verdächtigt **Ver|däch|ti|gung** ⟨f.10⟩

ver|dam|men ⟨V.1, hat verdammt; mit Akk.⟩ 1 ⟨christl. Religion⟩ *zur Höllenstrafe verurteilen;* einen Sünder v. 2 ⟨übertr.⟩ *hart verurteilen, vernichtend tadeln;* man sollte niemanden v., wenn man nicht weiß ... 3 *zu etwas verdammt sein zu etwas verurteilt, gezwungen sein;* weil du nicht kamst, war ich dazu verdammt, auf den nächsten Zug zu warten; mit dem gebrochenen Arm ist er zur Untätigkeit verdammt; vgl. *verdammt*

Ver|damm|nis ⟨f., -, nur Sg.⟩ 1 *das Verdammtsein;* politische V. 2 *Höllenstrafe;* ewige V.

ver|dammt ⟨Adj., -er, am -esten; ugs.⟩ Syn. *verflucht* 1 *sehr unangenehm, sehr peinlich;* eine ~e Angelegenheit 2 *sehr (groß);* er hat ~es Glück gehabt; es geht ihm v. schlecht; das ist v. unangenehm

Ver|dam|mung ⟨f.10⟩ *das Verdammen*

ver|damp|fen ⟨V.1, hat verdampft⟩ I ⟨o.Obj.; ist verdampft⟩ *sich in Dampf verwandeln;* Wasser verdampft beim Kochen; ich bin fast verdampft ⟨ugs., scherzh.⟩ *ich habe sehr geschwitzt* II ⟨mit Akk.; hat verdampft⟩ *erhitzen und in Dampf übergehen lassen;* eine Flüssigkeit v.

Ver|damp|fer ⟨m.5; bei Dampf-, Kältemaschinen⟩ *Teil, in dem die Flüssigkeit verdampft wird*

Ver|damp|fung ⟨f.10⟩ *das Verdampfen*

ver|dan|ken ⟨V.1, hat verdankt; mit Dat. und Akk.⟩ *jmdm. etwas v. jmdm. für etwas zu Dank verpflichtet sein, durch jmds. Güte, Großzügigkeit, Einsatz etwas bekommen haben;* sie verdankt ihm ihre Stellung; ich verdanke ihm mein Leben er hat mir das Leben gerettet; ich verdanke ihm sehr viel; er hat ihm alles zu v., was er heute ist

ver|da|ten ⟨V.2, hat verdatet; mit Akk.⟩ *durch Computer erfassen;* einen Text v.

ver|dat|tert ⟨Adj.⟩ *verwirrt und ratlos, verwirrt und erschrocken;* ganz v. dastehen, dreinschauen; er war ganz v.

Ver|da|tung ⟨f.10⟩ *das Verdaten, Erfassung durch Computer*

ver|dau|en ⟨V.1, hat verdaut; mit Akk.⟩ 1 *(im Körper) in verwertbare Stoffe umwandeln;* Nahrung v.; sein Magen, sein Körper kann so schwere Speisen nicht mehr v. 2 ⟨übertr.⟩ *geistig verarbeiten, durchdenken;* ich muß das Buch, den Film, dieses Erlebnis erst v.

ver|dau|lich ⟨Adj., o.Steig.⟩ *so beschaffen, daß es verdaut werden kann;* leicht, schwer v.

Ver|dau|ung ⟨f., -, nur Sg.⟩ *das Verdauen, Vorgang des Aufspaltens von Nahrungsmitteln im Körper aufnehmbare Stoffe (über Mundhöhle, Magen und Darm);* Syn. *Digestion*

Ver|dau|ungs|ap|pa|rat ⟨m.1⟩, **Ver|dau|ungs|ka|nal** ⟨m.2⟩ *Gesamtheit der Organe, die der Verdauung dienen*

Ver|dau|ungs|stö|rung ⟨f.10⟩ *leichte Störung der Magen-Darm-Tätigkeit;* Syn. *Dyspepsie, Indigestion*

Ver|deck ⟨n.1⟩ 1 ⟨bei Fahrzeugen⟩ *(bewegliches) Dach;* mit offenem V. fahren 2 ⟨bei Schiffen⟩ *oberstes Deck*

ver|decken ⟨-k|k-; V.1, hat verdeckt; mit Akk.⟩ *den Blicken entziehen, verhüllen, verbergen;* eine Wolke verdeckt den Mond; geh einen Schritt zur Seite, du verdeckst mir die Aussicht!; Mantel mit verdeckten Knöpfen

ver|den|ken ⟨V.22, hat verdacht; mit Dat. und Akk.⟩ *jmdm. etwas v. jmdm. etwas übelnehmen, verübeln;* ⟨meist in verneinenden Sätzen⟩ man kann es ihm nicht v., wenn er ...; sie hat es ihm nie verdacht, daß er ...

Ver|derb ⟨m., -s, nur Sg.⟩ *Verderben;* ⟨meist in der Wendung⟩ auf Gedeih und V. *was auch geschehen mag*

ver|der|ben ⟨V.168⟩ I ⟨mit Akk.; hat verdorben⟩ 1 *etwas v. durch unsachgemäße Behandlung unbrauchbar machen;* eine Arbeit, ein Essen v.; beim Waschen ein Kleid v.; die Preise v. ⟨übertr., ugs.⟩ *durch billige Angebote die Preise drücken* 2 *jmdn. v. a durch schlechten Einfluß jmds. Moral herabmindern;* Jugendliche durch brutale Filme v. **b** *jmdm. die Freude an etwas, die Fähigkeit zu etwas nehmen;* der Unfall hat ihn für den Beruf des Piloten verdorben 3 ⟨mit „es" als Akk.obj.⟩ *es mit jmdm. v. sich jmds. Wohlwollen verscherzen;* ich habe es (durch sein dummes Gerede) mit ihr verdorben; er will es mit niemandem v. II ⟨mit Dat. und Akk.; hat verdorben⟩ *jmdm. etwas v. jmdm. etwas nehmen, zerstören;* jmdm. die Freude an etwas, die Lust zu etwas v.; jmdm. den Appetit v.; das schlechte Wetter hat uns den Urlaub verdorben III ⟨o.Obj.; ist verdorben⟩ 1 *schlecht werden, faul werden;* das Fleisch verdirbt, wenn du es nicht in den Kühlschrank legst; diese Früchte v. leicht 2 ⟨poet., †⟩ *zugrunde gehen;* er ist in der Fremde (gestorben und) verdorben

Ver|der|ben ⟨n., -s, nur Sg.⟩ 1 *das Zerstörtwerden, Verfaulen;* Obst vor dem V. schützen 2 ⟨übertr.⟩ *Unglück, Verfall;* jmdn. ins V. stürzen

ver|derb|lich ⟨Adj., o.Steig.⟩ 1 *schnell unbrauchbar werdend, schnell verfaulend;* ~e Ware 2 *moralischen Verfall bringend;* ~er Einfluß **Ver|derb|lich|keit** ⟨f., -, nur Sg.⟩

Ver|derb|nis ⟨f., -, nur Sg.⟩ *moralische Verkommenheit*

ver|derbt ⟨Adj., -er, am -esten⟩ 1 ⟨Sprachw.⟩ *nicht mehr lesbar;* ~er Text 2 ⟨veraltend⟩ *moralisch verkommen;* ein ~er Mensch **Ver|derbt|heit** ⟨f., -, nur Sg.⟩

ver|deut|li|chen ⟨V.1, hat verdeutlicht; mit Akk.⟩ *deutlicher machen;* einen Begriff durch ein Beispiel v. **Ver|deut|li|chung** ⟨f.10⟩

ver|deut|schen ⟨V.1, hat verdeutscht; mit Akk.⟩ *ins Deutsche übertragen, mit einem deutschen Wort, mit deutschen Worten wiedergeben;* ein Fremdwort v. **Ver|deut|schung** ⟨f.10⟩

ver|dich|ten ⟨V.2, hat verdichtet⟩ I ⟨mit Akk.⟩ *etwas v.* 1 *dichter machen, die Dichte von etwas erhöhen;* Gas, Dampf v.; das Straßennetz (durch den Bau von weiteren Straßen) v. 2 *stärker spürbar machen;* die Stimmung in einem Film v.; eine verdichtete Atmosphäre II ⟨refl.⟩ *sich v.* 1 *dichter werden;* der Nebel verdichtet sich 2 *sich häufen;* die Gerüchte um sein Verschwinden v. sich; der Verdacht verdichtet sich

Ver|dich|ter ⟨m.5⟩ → *Kompressor*

Ver|dich|tung ⟨f.10⟩ *das Verdichten, das Sichverdichten*

ver|dicken ⟨-k|k-; V.1, hat verdickt⟩ I ⟨mit Pl., selten⟩ *dicker machen, eindicken;* Fruchtsaft v. II ⟨refl.⟩ *sich v. dicker werden, dickflüssig werden;* die Säule verdickt sich nach oben; Flüssigkeit verdickt sich **Ver|dickung** ⟨-k|k-; f.10⟩ 1 *das Verdicken* 2 *verdickte Stelle;* ~en an den Gelenken

ver|die|nen ⟨V.1, hat verdient; mit Akk., auch mit Dat. (sich) und Akk.⟩ *etwas v.* **a** *durch Tätigkeit erwerben;* Geld v.; sein Brot v.; sich durch Stundengeben ein Taschengeld v.; er hat durch unsaubere Geschäfte ein Vermögen verdient **b** *durch Tätigkeit ermöglichen;* er hat (sich) sein Studium selbst verdient; er hat (sich) seinen Urlaub durch Überstunden verdient **c** *einen Anspruch, ein Recht auf etwas haben, etwas eigentlich bekommen müssen;* diese Leistung verdient Anerkennung; dafür verdienst du Prügel; er hat eine Strafe verdient; diesen Spott hat er nicht (um dich) verdient *er hat sich (dir gegenüber) so verhalten, daß du ihn verspotten dürftest;* ein verdientes Lob; eine verdiente Strafe 2 *jmdn. v.* ⟨ugs.⟩ *einen Anspruch auf jmdn haben;* ⟨nur in Wendungen wie⟩ sie verdient einen guten, großzügigen Mann; sie hat einen besseren Mann verdient

Ver|die|ner ⟨m.5⟩ *jmd., der den Lebensunterhalt verdient*

Ver|dienst I ⟨m.1⟩ *Gewinn, Einkommen, Lohn;* einen guten V. haben II ⟨n.1⟩ *Tat zum Wohl anderer;* jmds. ~e anerkennen; sich ~e erwerben

Ver|dienst|adel ⟨m., -s, nur Sg.⟩ *Adel, der für besondere Verdienste (II) verliehen wird;* Ggs. *Geburtsadel*

Ver|dienst|kreuz ⟨n.1⟩ *Orden in Kreuzform, der für besondere Verdienste (II) verliehen wird* ⟨Bundes~⟩

ver|dienst|lich ⟨Adj.; veraltend⟩ → *verdienstvoll*

Ver|dienst|spanne ⟨f.11⟩ *Reingewinn, der bei etwas erzielt werden kann*

ver|dienst|voll ⟨Adj.⟩ *Anerkennung verdienend;* Syn. ⟨veraltend⟩ *verdienstlich*

ver|dien|ter|ma|ßen ⟨Adv.⟩ *weil er, sie es verdient;* v. Urlaub machen; v. ausgezeichnet werden

Ver|dikt ⟨n.1⟩ *Urteil, Entscheidung* [< lat. *vere dictum* „der Wahrheit gemäß Gesprochenes, aufrichtiges, richtiges Wort" zu *verus* „wahr" und *dicere* „sagen, sprechen"]

ver|din|gen ⟨V.23 oder V.1, hat verdungen oder hat verdingt⟩ I ⟨mit Akk.; †⟩ 1 *etwas v.* ⟨meist: hat verdungen⟩ *vergeben;* eine Arbeit, einen Auftrag v. 2 *jmdn. v.* ⟨meist: hat verdungen⟩ *in Dienst geben;* jmdn. als Knecht zu jmdm. v. II ⟨refl.; hat verdingt; veraltend⟩ *sich (bei jmdm.) v. sich in (jmds.) Dienst begeben, einen Dienst (bei jmdm.) annehmen;* sich als Magd v. **Ver|din|gung** ⟨f.10⟩

ver|dol|met|schen ⟨V.1, hat verdolmetscht; mit Dat. und Akk.⟩ *jmdm. etwas v. in eine jmdm. verständliche Sprache übersetzen;* kannst du mir v., was er gesagt hat?

ver|don|nern ⟨V.1, hat verdonnert; mit Akk.; ugs.⟩ *jmdn. zu etwas v.* 1 *jmdm. etwas als Strafe geben;* jmdn. zu zwei Stunden Arrest v. 2 *jmdm. etwas auferlegen, aufbürden;* jmdn. zur Gartenarbeit v.; man hat mich dazu verdonnert, die Gäste abends nach Hause zu fahren

ver|don|nert ⟨Adj., o.Steig.; †⟩ *verdattert, verwirrt*

ver|dop|peln ⟨V.1, hat verdoppelt⟩ I ⟨mit Akk.⟩ *doppelt machen, auf die doppelte Anzahl, Größe bringen;* eine Zahl, eine Dosis v. II ⟨refl.⟩ *sich v. um die gleiche Zahl oder Menge, um den gleichen Umfang zunehmen, mehr werden;* der Verkehr hat sich in den letzten Jahren verdoppelt **Ver|dop|pe|lung** ⟨f.10⟩

Ver|dor|ben|heit ⟨f., -, nur Sg.⟩ *moralische Verkommenheit*

ver|dor|ren ⟨V.1, ist verdorrt; o.Obj.⟩ *dürr, trocken werden und absterben;* die Blumen sind verdorrt

ver|drän|gen ⟨V.1, hat verdrängt; mit Akk.⟩ 1 *etwas v. beiseite drängen, (von einem Platz) wegdrängen;* einen Gedanken, eine Vorstellung v.; ein Körper verdrängt Wasser 2 *jmdn. v. (von einem Platz, einer Stelle) entfernen und sich an die Stelle setzen;* jmdn. aus seiner Stellung, von einem Posten v.

Ver|drän|gung ⟨f.10⟩ 1 *das Verdrängen* 2 ⟨Phys.⟩ *von einem Körper, einem Schiff o.ä. verdrängte Wassermenge;* eine V. von 10 Tonnen 3 ⟨Psych.⟩ *Unterdrückung von Wünschen, Aggressionen o.ä.*

ver|dre|hen ⟨V.1, hat verdreht; mit Akk.⟩ 1 *falsch drehen;* ein Geräteteil v. 2 *drehen, herumdrehen;* den Hals v. (um etwas oder jmdn. zu sehen); jmdm. den Kopf v. ⟨übertr., ugs.⟩ *jmdn. in sich verliebt machen* 3 *bewußt falsch deuten, falsch auslegen;* jmds. Worte v.; das Recht v.; vgl. *verdreht*

ver|dreht ⟨Adj., -er, am -esten⟩ 1 *verwirrt;* du hast ihn schon ganz v. gemacht mit deinen vielen Ermahnungen 2 *ein bißchen verrückt, viel Unsinn treibend;* ein ~er Kerl

Ver|dre|hung ⟨f.10⟩ *das Verdrehen;* V. der Tatsachen

ver|dre|schen ⟨V.24, hat verdroschen; ugs.⟩ → *verhauen (I,1)*

ver|drie|ßen ⟨V.169, hat verdrossen; mit Akk.⟩ *jmdn. v. jmdm. Verdruß bereiten, jmdm. ärgerlich machen;* diese dauernden Änderungen v. mich; laß dich's nicht v.! ärgere dich nicht darüber!

ver|drieß|lich ⟨Adj.⟩ 1 *mürrisch, schlecht gelaunt;* ein ~es Gesicht machen 2 *ärgerlich, unangenehm;* ~e Arbeit

Ver|drieß|lich|keit ⟨f.10⟩ 1 ⟨nur Sg.⟩ *das Verdrießlichsein, verdrossene Stimmung* 2 *verdrießliche Sache;* und lauter solche ~en

ver|dros|sen ⟨Adj.⟩ *mißmutig, unwillig* **Ver|dros|sen|heit** ⟨f., -, nur Sg.⟩

ver|drücken ⟨-k|k-; V.1, hat verdrückt; ugs.⟩ I ⟨mit Akk.⟩ *etwas v.* 1 *Falten in etwas bringen, zerknittern;* das Kleid im Koffer, beim Sitzen v. 2 ⟨ugs.⟩ *essen;* er verdrückt zu Mittag drei Klöße; er kann eine Menge v. II ⟨refl.⟩ *sich v. sich unauffällig entfernen;* wenn mir der Vortrag zu lange dauert, werde ich mich v.; vielleicht kann ich mich vorher v.

Ver|druß ⟨m., -sses, nur Sg.⟩ *großer Ärger, Unzufriedenheit, Mißmut;* zu meinem V. hat er ...; jmdm. V. bereiten; ich habe heute viel V. gehabt

ver|duf|ten ⟨V.2, ist verduftet; o.Obj.⟩ 1 *den Duft, das Aroma verlieren;* der Kaffee ist in der offenen Dose verduftet 2 ⟨übertr., ugs.⟩ *sich entfernen, verschwinden;* als es ihm gefährlich, unangenehm wurde, verduftete er

ver|dum|men ⟨V.1⟩ I ⟨mit Akk.; hat verdummt⟩ *dumm machen, der Urteilskraft, der Kritikfähigkeit berauben* II ⟨o.Obj.; ist verdummt⟩ *allmählich kritiklos, geistig anspruchslos werden* **Ver|dum|mung** ⟨f., -, nur Sg.⟩

ver|dun|keln ⟨V.1, hat verdunkelt⟩ I ⟨mit Akk.⟩ *etwas v.* 1 *dunkel machen, das Licht von etwas verdecken;* eine Wolke verdunkelte die Sonne; eine Lampe v. 2 ⟨auch o.Obj.⟩ *während des 2. Weltkrieges⟩ alle Fenster von etwas so verhängen, daß kein Licht nach außen dringt;* die Wohnung v.; wir müssen noch v.; dort oben im ersten Stock haben sie schlecht verdunkelt 3 ⟨poet.⟩ *von etwas wegnehmen;* der Unfall verdunkelte ihre Freude II ⟨refl.⟩ *sich v. dunkler, dunkel werden, an Licht, Glanz verlieren;* der Himmel verdunkelte sich; sein Gesicht verdunkelte sich *sein Gesicht wurde ernst, finster*

Ver|dun|ke|lung ⟨f.10⟩ auch: *Verdunklung* 1 *Maßnahme, die verhindern soll, daß Licht ein- oder hinausdringt* 2 ⟨nur Sg.; Rechtsw.⟩ *Verschleierung (einer Straftat)*

Ver|dun|ke|lungs|ge|fahr ⟨f., -, nur Sg.; Rechtsw.⟩ *Gefahr der Verdunkelung (2) einer Straftat;* auch: *Verdunklungsgefahr*

Ver|dunk|lung ⟨f.10⟩ → *Verdunkelung*

Ver|dunk|lungs|ge|fahr ⟨f., -, nur Sg.⟩ → *Verdunkelungsgefahr*

ver|dün|nen ⟨V.1, hat verdünnt⟩ I ⟨mit Akk.⟩ *dünnflüssiger machen;* eine Soße v.

verdünnisieren

II ⟨refl.; selten⟩ sich v. *dünner werden;* die Säule, der Baumstamm verdünnt sich nach oben

ver|dün|ni|sie|ren ⟨V.3, hat verdünnisiert; refl.⟩ sich v. ⟨ugs., scherzh.⟩ *sich unauffällig, heimlich entfernen, verschwinden*

Ver|dün|nung ⟨f.10⟩ 1 ⟨nur Sg.⟩ *das Verdünnen;* bis zur V. ⟨ugs.⟩ *bis zum Überdruß* 2 *Maß des Verdünntseins;* ein Medikament in einer bestimmten V., in einer V. von 1:10 einnehmen; Geruchsstoffe, die in diesen ~en nicht mehr wahrnehmbar sind 3 *Stelle, an der etwas dünner wird;* wo die V. ist, können wir zu bohren beginnen 4 *verdünnter Stoff (Flüssigkeit, Gas);* wäßrige V.

ver|dun|sten ⟨V.2, ist verdunstet; o.Obj.⟩ *in gasförmigen Zustand übergehen;* Wasser verdunstet

Ver|dun|stung ⟨f., -, nur Sg.⟩ *das Verdunsten, Übergang in einen gasförmigen Zustand;* Syn. Evaporation

Ver|düre ⟨f.11; vom MA bis ins 18.Jh.⟩ *gewirkter Wandteppich mit überwiegend grünen Farben (bes. mit Pflanzendarstellungen)* [< frz. *verdure* „grünes Laub", zu *verd*, ältere Form von *vert* „grün", < lat. *viridis* „grün", zu *virere* „grün sein, grünen"]

ver|dur|sten ⟨V.2, ist verdurstet; o.Obj.⟩ *vor Durst sterben, infolge Flüssigkeitsmangels zugrunde gehen;* ich verdurste ⟨ugs.⟩ *ich habe großen Durst;* die Pflanzen sind verdurstet

ver|dü|stern ⟨V.1, hat verdüstert⟩ I ⟨mit Akk.⟩ *düster machen;* jmds. Stimmung v. II ⟨refl.⟩ sich v. *düster werden;* der Himmel verdüsterte sich *der Himmel bedeckte sich mit dunklen Wolken;* seine Miene verdüsterte sich ⟨übertr.⟩ *seine Miene wurde finster*

ver|dutzt ⟨Adj., -er, am -esten⟩ *verblüfft, überrascht* [< mhd. *vertuzzen, verdussen* „vor Schreck verstummen"]

ver|eb|ben ⟨V.1, hat verebbt; o.Obj.⟩ *geringer, schwächer werden;* der Lärm, der Applaus verebbte

ver|edeln ⟨V.1, hat veredelt; mit Akk.⟩ 1 *etwas v. durch bestimmte Maßnahmen die Qualität von etwas verbessern;* Naturprodukte v.; Boden v.; eine Pflanze v. *durch Verbinden mit einer einer feineren oder ertragreicheren Pflanze (Pfropfung) die Qualität einer Pflanze verbessern* 2 jmdn. v. *vervollkommnen, verfeinern*

ver|ehe|li|chen ⟨V.1, hat verehelicht⟩ I ⟨refl.⟩ sich v. ⟨veraltend, noch Amtsspr.⟩ *sich verheiraten;* Gisela Schulze, verehelichte ⟨Abk.: verehel.⟩ Schneider II ⟨mit jmdm.⟩ †*jmdn. (mit jmdm.) verheiraten*

Ver|ehe|li|chung ⟨f.10⟩ *das Sichverehelichen;* seit, nach ihrer V. hat sie …

ver|eh|ren ⟨V.1, hat verehrt; mit Akk.⟩ 1 *jmdm. große, mit Liebe gemischte Achtung entgegenbringen* 2 jmdn., etwas oder ein Tier v. *jmdn., einer Sache, einem Tier kultische Ehren erweisen;* einen Heiligen v.; die Schlange, die Sonne (als Gottheit) v. 3 *achten, schätzen;* ⟨als Anrede im Brief⟩ sehr verehrte gnädige Frau; sehr verehrter Herr Professor

Ver|eh|rer ⟨m.5⟩ 1 *bewundernder, verehrender Liebhaber;* ein V. Picassos; er ist ein großer V. der Kunst deiner Sängerin 2 *Mann, der sich um ein Mädchen, eine Frau bemüht oder bewirbt, Liebhaber;* sie hat viele V.

Ver|eh|rung ⟨f., -, nur Sg.⟩ *das Verehren;* jmdm. große V. entgegenbringen *jmdn. sehr verehren*

ver|ei|di|gen ⟨V.1, hat vereidigt; mit Akk.⟩ jmdn. v. 1 *durch Eid verpflichten;* Beamte, Rekruten v. 2 *jmdn. einen Eid schwören lassen (mit dem vor einer Aussage bekräftigt);* einen Zeugen (vor Gericht) v.

Ver|ei|di|gung ⟨f.10⟩ *das Vereidigen, das Vereidigtwerden*

Ver|ein ⟨m.1⟩ 1 *Vereinigung, zu der sich eine Gruppe von Personen unter einem gemeinsamen Namen zusammengefunden hat, um (meist nach bestimmten Satzungen) gemeinsame Interessen zu verwirklichen* (Sport~, Trachten~); eingetragener V.; rechtsfähiger V.; einem V. beitreten 2 ⟨in der Fügung⟩ im V. mit (etwas oder jmdm.) *zusammen mit (etwas oder jmdm.)*

ver|ein|bar ⟨Adj., o.Steig.⟩ *so beschaffen, daß es etwas vereinbart, zusammengeführt werden kann;* die beiden Pläne sind nicht miteinander v.

ver|ein|ba|ren ⟨V.1, hat vereinbart; mit Akk.⟩ etwas v. *besprechen, daß etwas und so geschehen soll, gemeinsam festlegen;* ein Treffen v.; wir haben vereinbart, daß …

Ver|ein|ba|rung ⟨f.10; nur Sg.⟩ *das Vereinbaren* 2 *Abmachung, gemeinsamer Beschluß;* eine V. treffen; Sprechstunde nach V.

ver|ei|nen ⟨V.1, hat vereint⟩ I ⟨mit Akk.⟩ *zu einer Einheit zusammenfassen,* ⟨meist⟩ vereinigen II ⟨refl.⟩ sich v. *zusammenkommen, sich treffen;* zum Geburtstag des Großvaters v. sich alle Familienmitglieder; wir haben uns hier vereint, um zu beraten, zu besprechen, wie …; in fröhlicher Runde vereint sein; die Vereinten Nationen ⟨Abk.: VN⟩

ver|ein|fa|chen ⟨V.1, hat vereinfacht; mit Akk.⟩ *einfacher machen;* eine Methode v.; einen Sachverhalt vereinfacht darstellen **Ver|ein|fa|chung** ⟨f.10⟩

ver|ein|heit|li|chen ⟨V.1, hat vereinheitlicht; mit Akk.⟩ *einheitlich machen;* Maße, Methoden v. **Ver|ein|heit|li|chung** ⟨f.10⟩

ver|ei|ni|gen ⟨V.1, hat vereinigt⟩ I ⟨mit Akk.⟩ *zu einer Einheit zusammenfassen;* Unternehmen zu einem Konzern v.; mehrere Ämter in einer Hand v.; die Vereinigten Staaten von Amerika II ⟨refl.⟩ sich v. 1 *zu einer Einheit zusammenschließen;* die beiden Unternehmen haben sich vereinigt 2 *zusammenfließen;* die beiden Flüsse v. sich hier; die beiden Zellen v. sich 3 *sich mit jmdm.* a *sich mit jmdm. (zu gemeinsamem Tun) zusammenschließen* b *jmdn. heiraten* c *sich mit jmdm. geschlechtlich v. den Geschlechtsakt mit jmdm. vollziehen, ausführen*

Ver|ei|ni|gung ⟨f.10⟩ 1 ⟨nur Sg.⟩ *das Vereinigen, das Sichvereinigen;* V. zweier Unternehmen; geschlechtliche V. 2 *mehr oder minder locker zusammengefügte Gruppe mit gemeinsamen Zielen;* V. für alte Musik; eine politische V.

ver|ein|nah|men ⟨V.1, hat vereinnahmt; mit Akk.⟩ 1 *etwas v. als Einnahme an sich nehmen;* Zinsen v.; er hat den ganzen Betrag für sich vereinnahmt 2 jmdn. v. ⟨ugs.⟩ *für sich beanspruchen, mit Beschlag belegen;* er vereinnahmt einfach die Arbeitskräfte, die eigentlich uns zur Verfügung stehen sollen; er möchte am liebsten den Freund völlig für sich v.

ver|ein|sa|men ⟨V.1, ist vereinsamt; o.Obj.⟩ *einsam werden* **Ver|ein|sa|mung** ⟨f., -, nur Sg.⟩

Ver|eins|mei|er ⟨m.5; ugs.⟩ *jmd., der eine übertriebene Vorliebe für Vereinsleben hat*

Ver|eins|mei|e|rei ⟨f., -, nur Sg.; ugs.⟩ *übertriebene Vorliebe für Vereinsleben*

ver|ein|zelt ⟨Adj.⟩ *nur gelegentlich (auftretend);* ~e Regenschauer; diese Pflanzen findet man heute in diesem Gebiet nur noch v.

ver|ei|sen ⟨V.1⟩ I ⟨o.Obj.; ist vereist⟩ *sich mit einer Eisschicht, Eisdecke überziehen;* ein vereister Fluß; die Straße ist völlig vereist II ⟨mit Akk.; hat vereist⟩ *durch Einspritzen oder Aufsprühen eines Medikaments unempfindlich machen (um einen kleinen Eingriff vornehmen zu können);* eine Stelle am Körper, im Zahnfleisch v.

Ver|ei|sung ⟨f.10⟩ *das Vereisen, Zustand des Vereistseins*

ver|ei|teln ⟨V.1, hat vereitelt; mit Akk.⟩ *(absichtlich) verhindern;* jmds. Pläne v. **Ver|ei|te|lung** ⟨f.10⟩

ver|ei|tern ⟨V.1, ist vereitert; o.Obj.⟩ *Eiter bilden, sich mit Eiter füllen;* vereiterte Mandeln

Ver|ei|te|rung ⟨f.10⟩ 1 ⟨nur Sg.⟩ *das Vereitern* 2 *vereiterte Stelle*

ver|ekeln ⟨V.1, hat verekelt; mit Dat. und Akk.⟩ jmdm. etwas v. *jmdm. die Freude an etwas nehmen, jmdm. Abneigung gegen etwas einflößen;* jmdm. eine Tätigkeit v.

ver|elen|den ⟨V.2, ist verelendet; o.Obj.⟩ *völlig verarmen, in Not und Elend geraten;* durch wiederholte Naturkatastrophen sind ganze Bevölkerungsteile verelendet **Ver|elen|dung** ⟨f., -, nur Sg.⟩

ver|en|gen ⟨V.1, hat verengt⟩ I ⟨mit Akk.⟩ *enger machen;* ein Geschwulst verengt seine Speiseröhre II ⟨refl.⟩ sich v. *enger werden;* der Durchgang verengt sich am Ende

ver|en|gern ⟨V.1, hat verengert; mit Akk.⟩ *enger machen;* ein Kleidungsstück durch Abnäher v. **Ver|en|ge|rung** ⟨f.10⟩

Ver|en|gung ⟨f.10⟩ 1 ⟨nur Sg.⟩ *das Verengen* 2 *verengte Stelle*

ver|er|ben ⟨V.1, hat vererbt⟩ I ⟨mit Dat. und Akk.⟩ jmdm. etwas v. 1 *jmdm. als Erbe hinterlassen;* jmdm. Geld, ein Grundstück v. 2 *etwas als Erbanlage an jmdn. weitergeben, auf jmdn. übertragen;* eine Krankheit v.; ⟨auch⟩ eine Krankheit auf jmdn. v. 3 ⟨ugs., scherzh.⟩ *jmdm. etwas (Gebrauchtes) schenken;* sie hat uns ihr altes Auto vererbt II ⟨refl.⟩ sich v. *als Erbanlage (auf jmdn.) übergehen;* diese Krankheit vererbt sich nur auf männliche Nachkommen

Ver|er|bung ⟨f.10; Biol.⟩ *das Vererben, gesetzmäßige Übertragung von Erbanlagen von den elterlichen Lebewesen auf ihre Nachkommen*

ver|ewi|gen ⟨V.1, hat verewigt⟩ I ⟨mit Akk.⟩ 1 *unvergeßlich machen;* mit diesem Werk hat er seinen Namen verewigt 2 *für lange Zeit festigen, unveränderlich machen;* dieser Zustand soll ja nicht verewigt werden II ⟨refl.⟩ sich v. *eine dauerhafte Spur hinterlassen;* er hat sich mit einer Zeichnung im Gästebuch verewigt; viele, die hier vorbeikommen, v. sich, indem sie ihre Namen in die Mauer einritzen; hier hat sich ein Hund verewigt ⟨ugs., scherzh.⟩ *hier hat ein Hund seine Notdurft verrichtet*

ver|fah|ren ⟨V.32⟩ I ⟨o.Obj.; ist verfahren⟩ *(auf bestimmte Weise) vorgehen, eine Sache behandeln;* wie werden wir v.?; wir v. am besten so, daß wir …; mit jmdm. v. *jmdn. behandeln;* mit jmdm. rücksichtslos, schonend v. II ⟨mit Akk.; hat verfahren⟩ *durch Fahren verbrauchen;* er hat eine Menge Benzin v.; ich habe mit dem Taxi heute über 100 DM v. III ⟨refl.⟩ sich v. *mit verfahren sich v. einen falschen Weg fahren* IV ⟨Adj.⟩ *falsch durchgeführt, falsch ausgeführt und daher ausweglos erscheinend;* eine ~e Angelegenheit; die Sache ist völlig v.

Ver|fah|ren ⟨n.7⟩ 1 *Art und Weise, wie etwas abgewickelt wird;* ein neues V. erproben 2 ⟨Rechtsw.⟩ *Folge von Vorgängen zur Abwicklung von Rechtsangelegenheiten;* ein V. eröffnen; gegen jmdn. läuft ein V.; ein abgeschlossenes V.

Ver|fah|rens|tech|nik ⟨f.10⟩ *Teilgebiet der chemischen Technik, in dem Ergebnisse von Laborversuchen in den technischen Maßstab übertragen werden*

Ver|fall ⟨m., -s, nur Sg.⟩ 1 *das allmähliche Zerstörtwerden, Niedergehen;* ein dieses Gebäude 2 *Schwund, Niedergang* (Kräfte~); der V. einer alten Kultur; moralischer, sittlicher V. 3 *allmählicher Verlust der geistigen und körperlichen Kräfte;* der V. des Kranken ist deutlich sichtbar 4 ⟨Bankw.⟩ *Ende einer Frist, Fälligkeit;* der V. eines Wechsels 5 ⟨Bauw.⟩ *Verbindung von zwei ungleich hohen Dachfirsten*

ver|fal|len ⟨V.33; ist verfallen⟩ **I** ⟨o.Obj.⟩ **1** *baufällig werden, Schäden bekommen, allmählich kaputtgehen;* das Haus verfällt; ein Haus v. lassen **2** *die körperliche und geistige Kraft, Beweglichkeit verlieren;* er verfällt zusehends; der Kranke sieht v. aus *der Kranke sieht elend und bleich aus* **3** *den inneren Zusammenhalt, die politische Kraft verlieren;* das Reich verfiel **4** *ungültig werden, die Gültigkeit verlieren, die Genehmigung verfällt am 31. 12.;* eine Eintrittskarte v. lassen **II** ⟨mit Präp.obj.⟩ **1** *auf etwas oder jmdn. v. auf etwas kommen, sich etwas ausdenken, jmdn. wählen;* als alles nichts half, bin ich auf den Gedanken v., zu ...; wie bist du gerade auf den v.?; wie konnte er nur darauf v., zu sagen, daß ...? **2** *in etwas v. in etwas geraten (in Trübsinn v.; in eine Gewohnheit, in einen Fehler v.* **III** ⟨mit Dat.⟩ **1** jmdm. dem Staat v. *in jmds. Besitz, in staatlichen Besitz übergehen;* das Haus verfällt nach seinem Tod den Erben **2** jmdm. v. *völlig unter jmds. Einfluß geraten* **3** einer Sache v. *in eine Sache geraten und nicht mehr davon loskommen;* dem Trunk v.; einem Laster v.

ver|fäl|schen ⟨V.1, hat verfälscht; mit Akk.⟩ **1** *falsch darstellen;* einen geschichtlichen Ablauf v. **2** *in einen schlechteren Zustand bringen;* Lebensmittel v.; die Qualität von Lebensmitteln v. **Ver|fäl|schung** ⟨f.10⟩

ver|fan|gen ⟨V.34, hat verfangen⟩ **I** ⟨o.Obj.⟩ *wirken, nutzen;* Vorwürfe, Mahnungen v. bei ihm nicht **II** ⟨refl.⟩ *sich in etwas v. sich in etwas verwickeln, verwirren, in etwas geraten (und sich nicht mehr daraus befreien können);* der Vogel, der Käfer hat sich in der Gardine v.; der Zeuge hat sich in Widersprüche v.

ver|fäng|lich ⟨Adj.⟩ *möglicherweise Schwierigkeiten bringend, jmdn. in Verlegenheit bringend, peinlich, gefährlich;* eine ~e Frage; eine ~e Situation

ver|fär|ben ⟨V.1, hat verfärbt⟩ **I** ⟨mit Akk.⟩ *falsch färben;* ein Kleidungsstück v. **II** ⟨refl.⟩ *sich v. die Farbe verlieren, eine andere Farbe annehmen;* die Blätter v. sich im Herbst; der Stoff hat sich im Lauf der Zeit verfärbt; er verfärbte sich *er wurde blaß (vor Schreck)*

Ver|fär|bung ⟨f.10⟩ *das Verfärben, das Sichverfärben*

ver|fas|sen ⟨V.1, hat verfaßt; mit Akk.⟩ *etwas v. etwas erdenken; dichten und schreiben;* eine Rede, einen Aufsatz, einen Roman v.

Ver|fas|ser ⟨m.5⟩ *jmd., der etwas verfaßt hat*

Ver|fas|ser|ka|ta|log ⟨m.1⟩ *nach Verfassern geordneter Katalog;* Ggs. Sachkatalog

Ver|fas|sung ⟨f.10⟩ **1** *Grundregeln des Rechtswesens eines Staates sowie der Rechte und Pflichten von Bürger und Staat;* eine demokratische, liberale, sozialistische V. **2** *Gesamtheit der Regeln einer Personengruppe* (Vereins~) **3** ⟨nur Sg.⟩ *körperlich-seelischer Zustand, in dem sich jmd. befindet;* in guter, schlechter V. sein

ver|fas|sung|ge|bend ⟨Adj., o.Steig.⟩ *eine Verfassung (1) ausarbeitend;* ~e Versammlung

ver|fas|sungs|mä|ßig ⟨Adj., o.Steig.⟩ *die Verfassung (1) betreffend, durch die Verfassung (festgelegt)*

Ver|fas|sungs|schutz ⟨m., -es, nur Sg.⟩ **1** *Gesamtheit aller Maßnahmen, die die Verfassung (eines Staates) schützen sollen* **2** ⟨BRD; kurz für⟩ *Bundesamt für Verfassungsschutz*

ver|fas|sungs|wid|rig ⟨Adj.⟩ *nicht der Verfassung (1) entsprechend*

ver|fau|len ⟨V.1, ist verfault; o.Obj.⟩ *faul werden, in Fäulnis übergehen;* das Obst verfault im Gras, im Keller

ver|fech|ten ⟨V.35, hat verfochten; mit Akk.⟩ *etwas v. für etwas eintreten, etwas verteidigen;* er verficht den Standpunkt, daß ...

ver|feh|len ⟨V.1, hat verfehlt; mit Akk.⟩ **1** *etwas v.* **a** *nicht treffen;* das Ziel v.; das Thema (des Aufsatzes) v. *nicht genau über das Thema schreiben;* er hat seinen Beruf verfehlt *er hat nicht den richtigen Beruf ergriffen;* vgl. verfehlt **b** ⟨†⟩ *versäumen (etwas zu tun);* (fast nur in verneinenden Wendungen) ich werde nicht v., Sie dazu einzuladen **c** *nicht finden, falsch wählen;* den Weg v. **2** *jmdn. v. jmdn. nicht treffen;* wir haben uns, (eigtl.) einander verfehlt

ver|fehlt ⟨Adj., o.Steig.⟩ *falsch, unpassend, ungeeignet;* eine ~e Politik; eine ~e Entscheidung; ich halte eine solche Handlungsweise für völlig v.

Ver|feh|lung ⟨f.10⟩ *Verstoß (gegen eine Vorschrift, ein Gesetz);* eine V. im Amt; sich eine V. zuschulden kommen lassen; er hat wegen einiger kleiner ~en im Gefängnis gesessen

ver|fein|den ⟨V.2, hat verfeindet; refl.⟩ *sich v. zu Feinden werden;* sich mit jmdm. v.; jmds. Feind werden; sie haben sich, er hat sich mit ihm verfeindet

ver|fei|nern ⟨V.1, hat verfeinert⟩ **I** ⟨mit Akk.⟩ *feiner machen;* den Geschmack einer Speise v. **II** ⟨refl.⟩ *sich v. feiner werden;* eine Kultur verfeinert sich; Sitten v. sich

Ver|fei|ne|rung ⟨f.10⟩ *das Verfeinern, das Sichverfeinern*

ver|fe|men ⟨V.1, hat verfemt; mit Akk.⟩ *ächten* **Ver|fe|mung** ⟨f.10⟩

ver|fer|keln ⟨V.1, hat verferkelt; o.Obj.; bei Schweinen⟩ → *verwerfen (II)*

ver|fer|ti|gen ⟨V.1, hat verfertigt; mit Akk.⟩ *anfertigen, herstellen* **Ver|fer|ti|gung** ⟨f.10⟩

ver|fe|sti|gen ⟨V.1, hat verfestigt⟩ **I** ⟨mit Akk.⟩ *fester machen, festigen* **II** ⟨refl.⟩ *sich v. fester werden;* ein dickflüssiges Gemisch verfestigt sich; ein Zustand verfestigt sich

Ver|fe|sti|gung ⟨f.10⟩ *das Verfestigen, das Sichverfestigen*

ver|feu|ern ⟨V.1, hat verfeuert; mit Akk.⟩ **1** *beim Heizen verwenden, verbrauchen;* viel Holz, Koks v. **2** *beim Schießen verbrauchen;* Munition v.

ver|fi|chen ⟨[-fiʃən] V.1, hat verficht [-fiʃt]; mit Akk.⟩ *v. Mikrofiches von etwas herstellen;* Texte, Bilder v.

ver|fil|men ⟨V.1, hat verfilmt; mit Akk.⟩ *als Film gestalten, zum Film umgestalten;* einen Roman v.

Ver|fil|mung ⟨f.10⟩ *das Verfilmen, das Verfilmtwerden;* eine gute, schlechte V.

ver|fil|zen ⟨V.1, hat verfilzt; refl.⟩ *sich v. wie Filz werden, sich fest ineinander verschlingen, sich verwirren (so daß keine einzelnen Fäden mehr zu erkennen sind);* die Wolle hat sich verfilzt; der Pullover hat sich stellenweise verfilzt; verfilzte Haare *schmutzige, miteinander verklebte Haare*

ver|fin|stern ⟨V.1, hat verfinstert; refl.⟩ *v. finster werden;* sein Gesicht verfinsterte sich; der Himmel verfinstert sich *der Himmel bedeckt sich mit dunklen Wolken*

ver|fit|zen ⟨V.1, hat verfitzt⟩ **I** ⟨mit Akk.⟩ *durcheinanderbringen, verwirren;* Fäden in der Strickerei v. **II** ⟨refl.⟩ *v. durcheinandergeraten, sich ineinander verschlingen;* die Fäden haben sich (zu einem unentwirrbaren Knäuel) verfitzt

ver|flech|ten ⟨V.37, hat verflochten⟩ **I** ⟨mit Akk.; mit etwas v.⟩ **1** *etwas durch Flechten (miteinander) verbinden;* Bänder v. **2** *eng verbinden;* eine Angelegenheit, eine Tätigkeit mit einer anderen v.; die beiden Abläufe sind eng miteinander v.; ineinander verflochten **II** ⟨refl.⟩ *sich v. sich eng miteinander verbinden, ineinander übergehen;* die geschäftlichen Beziehungen beider haben sich unentwirrbar miteinander verflochten

Ver|flech|tung ⟨f.10⟩ *das Verflechten, das Verflochtensein*

ver|flie|gen ⟨V.38⟩ **I** ⟨o.Obj.; ist verflo-⟩ gen⟩ **1** *verschwinden;* der Geruch ist verflogen; sein Ärger war verflogen, als ... **2** *schnell vergehen;* die Zeit verfliegt (im Nu) **II** ⟨refl.⟩ *sich v. in die falsche Richtung fliegen, sich beim Fliegen verirren*

ver|flie|ßen ⟨V.40, ist verflossen; o.Obj.⟩ **1** *vergehen, vorübergehen, ablaufen;* die Zeit verfließt; es sind schon fünf Tage verflossen, seit ...; seine Verflossene ⟨ugs., scherzh.⟩ *seine ehemalige Braut, Freundin;* in den verflossenen Jahren **2** *ineinander übergehen;* die beiden Bilder v. in seiner Erinnerung in eines

ver|flixt ⟨Adj., -er, am -esten; ugs.⟩ **1** *ärgerlich, schwierig;* eine ~e Angelegenheit **2** ⟨verhüllend⟩ *verdammt;* v. noch eins!; v. und zugenäht! [in Anlehnung an *flicken*] **3** ⟨als Adv.⟩ *sehr;* das ist v. schwer [verhüllende Bildung zu *verflucht*]

Ver|floch|ten|heit ⟨f., -, nur Sg.⟩ *das Verflochtensein* [zu *verflechten (2)*]

ver|flu|chen ⟨V.1, hat verflucht; mit Akk.⟩ **1** jmdn. v. *über jmdn. einen Fluch aussprechen, jmdm. Böses wünschen;* eine Arbeit v. **a** *heftig über etwas schimpfen;* eine Arbeit v.; den Tag v., an dem ... **b** *etwas bitter bereuen;* er verflucht seine Gutmütigkeit; ich habe es schon oft verflucht, daß ich ...

ver|flucht ⟨Adj., -er, am -esten; ugs.⟩ → *verdammt*

ver|flüch|ti|gen ⟨V.1, hat verflüchtigt⟩ **I** ⟨mit Akk.⟩ *in gasförmigen Zustand überführen* **II** ⟨refl.⟩ **1** *verschwinden;* der Duft hat sich verflüchtigt; meine Brille hat sich anscheinend verflüchtigt ⟨ugs., scherzh.⟩ *meine Brille ist verschwunden, ich finde sie nicht* **2** ⟨ugs., scherzh.⟩ *sich entfernen, weggehen;* ich verflüchtige mich jetzt

Ver|flu|chung ⟨f.10⟩ *das Verfluchen*

ver|flüs|si|gen ⟨V.1, hat verflüssigt⟩ **I** ⟨mit Akk.⟩ *in flüssigen Zustand überführen, flüssig machen;* Dampf v. **II** ⟨refl.⟩ *sich v. flüssig werden* **Ver|flüs|si|gung** ⟨f.10⟩

Ver|folg ⟨m., -s, nur Sg.; Amtsspr.⟩ *Fortgang, Verlauf, Abwicklung;* ⟨fast nur noch in der Wendung⟩ im V. dieser Sache

ver|fol|gen ⟨V.1, hat verfolgt; mit Akk.⟩ **1** *jmdn. oder ein Tier v. jmdm. oder einem Tier folgen (um ihn oder es zu fangen);* einen Flüchtling v.; jmdn. strafrechtlich v.; er verfolgte sie mit seinen Blicken ⟨übertr.⟩ *seine Blicke folgten ihr überallhin;* jmdn. mit seinem Haß v. *jmdn. ständig seinen Haß spüren lassen* **2** *eine Sache v.* **a** *einer Sache folgen, nachgehen;* eine Spur, einen Weg v. **b** *eine Sache beobachten, sich ständig über eine Sache informieren;* wir haben die Entwicklung genau verfolgt; ich habe den Vorgang in den Zeitungen verfolgt **c** *zu erreichen suchen;* er verfolgt damit einen bestimmten Zweck, Plan; eine Absicht v.

Ver|fol|gung ⟨f.10⟩ **1** *das Verfolgen;* die V. eines flüchtigen Verbrechers aufnehmen **2** *das Verfolgtwerden;* sich der V. durch die Flucht ins Ausland entziehen

Ver|fol|gungs|wahn ⟨m., -(e)s, nur Sg.; Psych.⟩ *Wahn, bei dem eine Person glaubt, ständig verfolgt und bedroht zu werden*

ver|for|men ⟨V.1, hat verformt⟩ **I** ⟨mit Akk.⟩ *falsch formen, beim Formen verunstalten;* einen verformten Schädel haben *einen mißgestalteten, nicht normal geformten Schädel haben* **II** ⟨refl.⟩ *sich v. eine falsche, unnormale Form annehmen;* der Kopf des Kindes hat sich bei der Geburt verformt

Ver|for|mung ⟨f.10⟩ *das Verformen, das Verformtwerden*

ver|frach|ten ⟨V.2, hat verfrachtet; mit Akk.⟩ **1** *etwas v. als Fracht schicken, absenden, verladen;* Ware v. **2** *jmdn. v.* ⟨ugs., scherzh.⟩ *bringen, befördern;* jmdn. nach Hause v.; ein Kind ins Bett v. **Ver|frach|tung** ⟨f.10⟩

ver|fran|zen ⟨V.1, hat verfranzt; refl.⟩ *v.* **1** ⟨urspr.⟩ *sich verfliegen* **2** ⟨dann allg.⟩

verfremden

sich verirren, sich verfahren [nach *Franz*, dem soldatensprachlichen Beinamen des Beobachters im Flugzeug]

ver|frem|den ⟨V.2, hat verfremdet; mit Akk.⟩ *fremd machen, in anderer als der herkömmlichen Art darstellen;* einen Sachverhalt, Ablauf v., Figuren in einem Theaterstück v. **Ver|frem|dung** ⟨f.10⟩

ver|fres|sen ⟨Adj.; ugs.⟩ *gefräßig;* v. sein

Ver|fres|sen|heit ⟨f., -, nur Sg.⟩

ver|fro|ren ⟨Adj.⟩ *leicht frierend;* ich bin v. ich friere leicht

ver|frü|hen ⟨V.1, hat verfrüht; refl.⟩ sich v. *früher kommen als erwartet;* wir haben uns um eine halbe Stunde verfrüht; der Winter hat sich dieses Jahr verfrüht

ver|füg|bar ⟨Adj., o.Steig.⟩ *im Augenblick vorhanden;* alles ~e Geld aufwenden

ver|fü|gen ⟨V.1, hat verfügt⟩ **I** ⟨mit Akk.⟩ *befehlen, anordnen;* den Abbruch eines Gebäudes v.; er hat verfügt, daß ... **II** ⟨mit Präp.obj.⟩ **1** *über etwas* **a** *etwas besitzen und jederzeit verwenden können;* er verfügt über große Körperkraft; er verfügt über genügend Geld, Mittel **b** *über etwas v. können (nach eigenem Ermessen) benutzen dürfen;* die Kinder können frei über ihr Taschengeld v.; ich kann über meine Zeit (nicht) frei v. **2** *über jmdn. v. (nach eigenem Ermessen) einsetzen, beschäftigen;* bitte, v. Sie über mich! *ich stehe Ihnen zu Diensten, ich bin bereit, Ihre Aufträge auszuführen;* du kannst doch nicht einfach über mich v.! **III** ⟨refl.⟩ sich an einen Ort v. *sich an einen Ort begeben, an einen Ort gehen;* ich verfüge mich ins Nebenzimmer v.; ich werde mich jetzt ins Bett v.

Ver|fü|gung ⟨f.10⟩ **1** *nur Sg.⟩ das Verfügen, das Verfügenkönnen, das Verfügendürfen;* ich habe nicht mehr soviel Geld zur V.; ich halte mich zu Ihrer V. *ich halte mich bereit, damit Sie mir über mich v. können;* ich stehe Ihnen jederzeit mit meinem Rat zur V.; jmdm. etwas zur V. stellen *jmdm. etwas geben (oder anbieten), damit er darüber verfügen kann* **2** *Anordnung, Bestimmung;* amtliche V.; letztwillige V. *Testament*

ver|füh|ren ⟨V.1, hat verführt; mit Akk.⟩ jmdn. (zu etwas) v. *jmdn. verleiten, dazu bringen, etwas zu tun (was er eigentlich nicht will);* ein Mädchen v. *(veraltend) ein Mädchen zum Geschlechtsverkehr verleiten;* einen Freund zum Mitgehen, zum Trinken, zum Rauchen v.

ver|füh|re|risch ⟨Adj.⟩ **1** *angenehm, verlockend;* eine ~e Idee **2** *sehr hübsch, reizend;* v. aussehen

Ver|füh|rung ⟨f.10⟩ **1** *das Verführen;* V. Minderjähriger **2** *Dinge, die verführen;* die ~en der Großstadt

ver|füt|tern ⟨V.1, hat verfüttert; mit Akk.⟩ *als Futter verwenden;* altes Brot, Körner an Vögel v.

Ver|ga|be ⟨f., -, nur Sg.⟩ *das Vergeben (I,2,3);* die V. von Studienplätzen

ver|ga|ben ⟨V.1, hat vergabt; mit Dat. und Akk.; schweiz.⟩ *schenken, vermachen* **Ver|ga|bung** ⟨f.10⟩

ver|gaf|fen ⟨V.1, hat vergafft; refl.; volkstümlich, †⟩ sich v. *→verlieben*

ver|gagt ⟨[-gɛgt] Adj.; ugs.⟩ *mit vielen Gags versehen*

ver|gäl|len ⟨V.1, hat vergällt⟩ **I** ⟨mit Akk.⟩ *ungenießbar machen;* Alkohol v. **II** ⟨mit Dat. und Akk.⟩ jmdm. etwas v. **1** *jmdm. etwas verleiden, die Freude an etwas verderben;* er hat mir durch sein Benehmen den ganzen Urlaub vergällt **2** *jmdm. etwas nehmen, verderben;* jmdm. die Freude, die Stimmung, den Spaß v.

ver|ga|lop|pie|ren ⟨V.3, hat vergaloppiert; refl.; ugs.⟩ sich v. *etwas Falsches, Unbedachtes tun oder sagen*

ver|gam|meln ⟨V.1; ugs.⟩ **I** ⟨o.Obj.; ist vergammelt⟩ **1** *die Selbstdisziplin verlieren, aus der täglichen Ordnung geraten;* wir müssen den Jungen in ein Internat geben, sonst vergammelt er **2** *alt und trocken, schimmelig, faulig werden;* der Käse, das Brot ist schon ganz vergammelt; ihr habt das ganze Obst v. lassen **3** *vernachlässigt werden, verwahrlosen;* der Garten ist völlig vergammelt **II** ⟨mit Akk.; hat vergammelt⟩ *vertrödeln;* die Zeit v.; einen Tag mit Warten v.

Ver|gan|gen|heit ⟨f.10⟩ **1** *vergangene Zeit;* V. und Zukunft; das gehört der V. an *das ist nicht mehr üblich;* die jüngste V. *die eben erst vergangene Zeit;* die unbewältigte V. **2** *Leben eines Menschen bis zum gegenwärtigen Zeitpunkt;* seine politische V.; eine Frau mit V. *eine Frau, die schon mehrere Liebesverhältnisse hinter sich hat* **3** *Zeitform des Verbs, in der das Geschehen als abgelaufen, als vergangen darstellt;* erste, zweite V.

ver|gäng|lich ⟨Adj., o.Steig.⟩ *nicht ewig während, sterblich* **Ver|gäng|lich|keit** ⟨f., -, nur Sg.⟩

ver|ga|sen ⟨V.1, hat vergast; mit Akk.⟩ **1** *in Gas verwandeln* **2** *durch Giftgas töten;* Ungeziefer v.; unter dem nationalsozialistischen Regime wurden viele Menschen vergast

Ver|ga|ser ⟨m.5; bei Verbrennungsmotoren⟩ *Vorrichtung zum Zerstäuben und Verdunsten leichtflüchtiger Brennstoffe*

Ver|ga|sung ⟨f.10⟩ *das Vergasen, das Vergastwerden;* bis zur V. ⟨salopp⟩ *bis zum Überdruß*

ver|gat|tern ⟨V.1, hat vergattert; mit Akk.⟩ *die Wache v. beim Ablösen der Wache versammeln und zur Einhaltung der Vorschriften verpflichten;* jmdn. zu etwas v. ⟨übertr.⟩ *jmdn. zu etwas verpflichten;* [< mhd. vergatern ,,versammeln, vereinigen", zu gater ,,zusammen, zugleich"]

Ver|gat|te|rung ⟨f.10⟩ *das Vergattern, das Vergattertwerden*

ver|ge|ben ⟨V.45, hat vergeben⟩ **I** ⟨mit Akk.⟩ **1** *hergeben, weggeben, verkaufen, verschenken;* ich habe noch drei übrige Fotos zu v.; Prospekte v.; die Karten sind alle schon v.; ich bin heute leider schon v. ⟨übertr.⟩ *ich bin schon verabredet, ich habe schon etwas anderes vor* **2** *(zum Bearbeiten, Ausführen) hergeben;* einen Auftrag v. **3** *(zur Nutzung) hergeben;* ein Stipendium v. **II** ⟨mit Dat. und Akk.⟩ jmdm. etwas v. *jmdm. etwas verzeihen;* jmdm. wegen etwas nicht mehr böse sein; vergib mir, was ich dir angetan habe!; das ist v. und vergessen **III** ⟨mit Dat. (sich) und Akk.⟩ sich etwas v. *seinem Ansehen, seiner Würde schaden;* du vergibst dir nichts, wenn du dich entschuldigst **IV** ⟨refl.⟩ sich v. ⟨Kart.⟩ *falsch geben*

ver|ge|bens ⟨Adv.⟩ *ohne Nutzen, umsonst;* sich v. bemühen

ver|geb|lich ⟨Adj., o.Steig.⟩ *nutzlos, wirkungslos;* ~e Bemühungen **Ver|geb|lich|keit** ⟨f., -, nur Sg.⟩

Ver|ge|bung ⟨f., -, nur Sg.⟩ *das Vergeben, Verzeihen;* ich bitte um V.!

ver|ge|gen|wär|ti|gen ⟨V.1, hat vergegenwärtigt; mit Dat. (sich) und Akk.⟩ sich etwas v. *sich etwas ins Gedächtnis rufen, sich etwas deutlich vorstellen;* sich einen vergangenen Zustand, sich eine erlebte Situation v.; man muß sich einmal v., wie das damals war **Ver|ge|gen|wär|ti|gung** ⟨f.10⟩

ver|ge|hen ⟨V.47⟩ **I** ⟨o.Obj.; ist vergangen⟩ **1** *vorbeigehen, vorübergehen, verstreichen, ablaufen;* die Zeit vergeht (schnell, langsam); es sind schon drei Tage vergangen, seit ...; im vergangenen Jahr **2** *allmählich aufhören, nachlassen und aufhören;* der Schmerz vergeht (wieder); der Geruch verging allmählich **3** ⟨poet.⟩ *sterben;* der Mensch lebt und vergeht; alles Lebendige muß v. **4** ⟨in Verbindung mit ,,vor"⟩ *ein bestimmtes starkes Gefühl haben (als ob man sterben müßte);* vor Hunger, vor Durst v. *sehr starken Hunger, Durst haben;* vor Sehnsucht v. *sehr starke Sehnsucht haben;* sie verging fast vor Mitleid *sie hatte starkes, inniges Mitleid* **II** ⟨mit Dat.; ist vergangen⟩ *etwas vergeht jmdm. etwas verschwindet bei, in jmdm.;* wenn man das hört, vergeht einem der Appetit; mir ist die Lust dazu vergangen; mir ist das Lachen vergangen **III** ⟨refl.; hat vergangen⟩ *sich an jmdm. v. jmdm. einen körperlichen Schaden tun, jmdm. geschlechtlich Gewalt antun, jmdn. zwingen, geschlechtliche Handlungen zu dulden; sich an einem Kind v.;* sich gegen jmdn. v. *etwas Böses antun;* sich gegen ein Gesetz v. *etwas Böses tun*

Ver|ge|hen ⟨n.7⟩ *strafbare Handlung*

ver|gei|len ⟨V.1, ist vergeilt; o.Obj.; bei Pflanzen⟩ *infolge Lichtmangels verkümmern*

ver|gei|sti|gen ⟨V.1, hat vergeistigt; mit Akk.⟩ *mit Geist durchdringen, erfüllen;* das Leid hat ihn vergeistigt; vergeistigtes Gesicht

ver|gel|ten ⟨V.49, hat vergolten; mit Dat. und Akk.⟩ jmdm. etwas v. **1** *jmdm. einen Gegendienst für etwas leisten, jmdm. eine Gegengabe, einen Lohn für etwas geben;* jmdm. eine gute Tat v.; ich werde es Ihnen (reichlich) v.; vergelt's Gott! ⟨verkürzt für⟩ Gott vergelte es Ihnen!; das ist ein Vergelt's Gott tun *etwas ohne Bezahlung tun;* jmdm. Gutes mit Bösem v. *jmdm. Böses für eine gute Tat tun* **2** *sich an jmdm. für etwas rächen;* er hat ihm die Beleidigung damit vergolten, daß er ihn angezeigt hat

Ver|gel|tung ⟨f.10⟩ **1** *das Vergelten* **2** *Rache;* V. üben

ver|ge|sell|schaf|ten ⟨V.2, hat vergesellschaftet⟩ **I** ⟨mit Akk.⟩ **1** *in den Besitz einer oder der Gesellschaft überführen;* Privateigentum v.; Banken v. **II** ⟨refl.⟩ sich v. *sich einer Gesellschaft zusammenschließen* **Ver|ge|sell|schaf|tung** ⟨f.10⟩

ver|ges|sen ⟨V.170, hat vergessen⟩ **I** ⟨mit Akk.⟩ **1** *etwas oder jmdn. v. etwas oder jmdn. aus dem Gedächtnis verlieren, sich nicht mehr an etwas oder jmdn. erinnern;* diesen Vorfall hatte ich schon v.; gute Freunde vergißt man nicht; er hat zwei Hunde, eine Katze und, nicht zu v., einen Kanarienvogel, kannst du v.! ⟨ugs.⟩ *das ist längst erledigt, das wird nicht mehr gebraucht;* ein vergessener Komponist *ein Komponist, dessen Werke heute nicht mehr aufgeführt werden* **2** *etwas versehentlich mitnehmen;* den Schlüssel v.; ein vergessener Schirm stand noch im Ständer; etwas zu tun v. *nicht mehr daran denken, etwas zu tun;* ich habe v., Geld mitzunehmen; ⟨landsch. auch mit Präp.obj.⟩ *auf etwas v. vergessen, etwas zu tun;* ich habe ganz darauf v., ihn anzurufen **II** ⟨mit Dat. und Akk.; in verneinenden Sätzen⟩ jmdm. etwas nicht v. *immer daran denken, daß jmd. etwas für einen getan hat oder daß jmd. etwas verübt hat;* das vergesse ich dir nie!; ich habe es ihm nicht v., daß ...; ich werde dir deine Hilfe nie v. **III** ⟨refl.⟩ sich v. *seinem Gefühl unüberlegt nachgeben, unbesonnen sein;* wie konnte er sich so weit v. (daß er ...)!

Ver|ges|sen|heit ⟨f., -, nur Sg.⟩ *das Vergessensein;* in V. geraten

ver|geß|lich ⟨Adj.⟩ *leicht und oft etwas vergessend* **Ver|geß|lich|keit** ⟨f., -, nur Sg.⟩

ver|geu|den ⟨V.2, hat vergeudet⟩ *→verschwenden*

ver|ge|wal|ti|gen ⟨V.1, hat vergewaltigt; mit Akk.⟩ jmdn. v. **a** *jmdn. zwingen, Geschlechtsverkehr zu dulden;* ein Mädchen, eine Frau v. **b** *jmdm. Gewalt antun, jmdn. zu etwas zwingen;* ich lasse mich nicht v. **2** *etwas v. einer Sache Gewalt antun, eine Sache gewaltsam verändern;* die Sprache v. *ungeeignete, unrichtige sprachliche Formen anwenden*

Ver|ge|wal|ti|gung ⟨f.10⟩ *das Vergewalti-*

verhalten

gen, *das Vergewaltigtwerden;* V. *eines Mädchens; das ist eine* V. *der Sprache*

ver|ge|wis|sern ⟨V.1, hat vergewissert; refl.⟩ *sich v., daß ..., ob ... sich durch Nachschauen, Prüfen überzeugen, sich Gewißheit verschaffen, daß ..., ob ...; ich wollte mich nur* v., *ob auch niemand zuhört*

ver|gie|ßen ⟨V.54, hat vergossen; mit Akk.⟩ **1** *danebengießen; Kaffee* v. **2** *fließen lassen; bittere Tränen* v.; *Blut* v. *jmdn. töten*

ver|gif|ten ⟨V.2, hat vergiftet; mit Akk.⟩ **1** *etwas* v. **a** *giftig machen, durch Gift schädigen;* Ggs. *entgiften;* Lebensmittel, *eine Speise, Trinkwasser* v.; *Pflanzen* v. **b** *durch schlechten Einfluß, böses Verhalten schädigen, zerstören; er hat die Atmosphäre in unserer Gruppe vergiftet* **2** *jmdn.* v. *durch Gift töten*

Ver|gif|tung ⟨f.10⟩ **1** *das Vergiften* **2** *das Sichvergiften, Schädigung von Körpergewebe und -funktionen durch Gift; an einer* V. *sterben*

ver|gil|ben ⟨V.1, ist vergilbt; o.Obj.⟩ *(im Lauf der Jahre) gelb werden; vergilbtes Papier*

Ver|giß|mein|nicht ⟨n., -(e)s, -(e)⟩ *(meist blau blühendes) Rauhblattgewächs mit kleinen Blütensternen*

ver|git|tern ⟨V.1, hat vergittert; mit Akk.⟩ *mit Gitter(n) verschließen; vergitterte Fenster*

ver|gla|sen ⟨V.1, hat verglast; mit Akk.⟩ *mit Glasscheibe(n) verschließen; Fenster* v.

Ver|gla|sung ⟨f.10⟩

Ver|gleich ⟨m.1⟩ **1** *vergleichende Begutachtung (mehrerer Personen oder Dinge); einen* V. *anstellen; ein passender, treffender* V.; *im* V. *mit ihm mit ihm verglichen* **2** *bildhafte Ausdrucksweise, die durch vergleichende Betrachtung zustande kommt, z.B. schwarz wie die Nacht; etwas durch einen* V. *erklären* **3** ⟨Rechtsw.⟩ *gütliche Beendigung (eines Streitfalles); es kam zu einem* V. **4** ⟨Sport⟩ *vergleichender Wettkampf*

ver|glei|chen ⟨V.55, hat verglichen⟩ **I** ⟨mit Akk.⟩ *nebeneinanderhalten und Gleiches bzw. Unterschiede festzustellen suchen; zwei Personen, Bilder, Schriftstücke* v.; *vergleiche* (Abk.: vgl.) *Seite 17 (prüfend, ergänzend) nach auf Seite 17; etwas mit etwas anderem, jmdn. mit jmd. anderem* v.; *das kann man nicht* v., *das ist zu unterschiedlich, das ist etwas ganz anderes; mit ihm kannst du dich nicht* v. *er ist ganz anders als du,* ⟨oder⟩ *er kann es viel besser als du,* ⟨oder⟩ *er kann es längst nicht so gut wie du; verglichen mit ihm bist du ein Zwerg* **II** ⟨refl.⟩ *sich (mit jmdm.)* v. ⟨Rechtsw.⟩ *einen Vergleich (mit jmdm.) schließen*

Ver|gleichs|punkt ⟨m.1⟩ *Punkt, in dem zwei Dinge miteinander verglichen werden können*

Ver|gleichs|stu|fe ⟨f.11; Gramm.⟩ *zweite der drei Stufen der Steigerung, Komparativ*

Ver|gleichs|ver|fah|ren ⟨n.7⟩ *gerichtliches Verfahren, durch das ein Konkurs verhindert werden soll*

ver|gleichs|wei|se ⟨Adv.⟩ *im Vergleich dazu, im Vergleich zu anderem, zu etwas anderem; seine Leistung ist* v. *gering*

ver|glet|schern ⟨V.1, ist vergletschert; o.Obj.⟩ *mit einem Gletscher überziehen, bedecken; vergletscherte Landschaft* **Ver|glet|sche|rung** ⟨f.10⟩

ver|glim|men ⟨V.57, ist verglommen; o.Obj.⟩ *langsam zu glimmen aufhören; das Licht verglomm; die Sterne verglommen am Himmel*

ver|glü|hen ⟨V.1, ist verglüht; o.Obj.⟩ **1** *langsam zu glühen aufhören; die Zigarette verglühte; das Holz verglühte im Herd* **2** *sich bis zur Weißglut erhitzen und zerfallen; der Meteor verglühte beim Eintritt in die Erdatmosphäre*

ver|gnü|gen ⟨V.1, hat vergnügt; mit Akk.⟩ *jmdn. oder sich* v. *jmdm. oder sich Vergnü-*

gen, *Spaß bereiten, die Zeit fröhlich, heiter vertreiben; jmdn., sich mit Spielen* v.

Ver|gnü|gen ⟨n.7⟩ **1** *fröhlicher Zeitvertreib; jmdm. ein* V. *gönnen; mit wem habe ich das* V.? *mit wem spreche ich?; mit dem größten* V.! *sehr gern!; viel* V.! *amüsiere dich gut!* **2** *kurzweilige Veranstaltung* ⟨Abend-∼⟩

ver|gnüg|lich ⟨Adj.⟩ *Vergnügen bereitend, amüsant, lustig*

ver|gnügt ⟨Adj., -er, am -esten⟩ *fröhlich, heiter, lustig; ein* ∼*er Abend; ein* ∼*es Kind;* v. *lachen*

Ver|gnü|gung ⟨f.10⟩ *fröhlicher Zeitvertreib, angenehme Veranstaltung*

Ver|gnü|gungs|rei|se ⟨f.11⟩ *Reise, die allein dem Vergnügen gilt*

Ver|gnü|gungs|stät|te ⟨f.11⟩ *der Vergnügung dienendes Lokal*

Ver|gnü|gungs|steu|er ⟨f.11⟩ *Steuer, die auf bestimmte Vergnügungen (z.B. Tanz, Theater) erhoben wird*

ver|gol|den ⟨V.2, hat vergoldet⟩ **I** ⟨mit Akk.⟩ **1** *mit Gold überziehen; vergoldete Gegenstände* **2** *in goldfarbenen Schimmer tauchen; die Abendsonne vergoldete das Kupferdach des Doms* **3** *erfreulich, schön machen; die Liebe seiner Enkel vergoldete sein ärmliches Dasein* **II** ⟨mit Dat. und Akk.; übertr.⟩ *jmdm. etwas* v. *jmdm. etwas sehr gut bezahlen; er hat sich seine Dienste* v. *lassen*

Ver|gol|der ⟨m.5⟩ *jmd., der berufsmäßig Gegenstände mit einer Goldschicht überzieht*

Ver|gol|dung ⟨f.10⟩ **1** *das Vergolden (1)* **2** *goldfarbener Überzug, Überzug mit Blattgold; die* V. *blättert ab*

ver|gön|nen ⟨V.1, hat vergönnt; landsch. für⟩ *gönnen; ich vergönne es ihm*

ver|got|ten ⟨V.2, hat vergottet; mit Akk.⟩ *zum Gott machen; Gegenstände, Pflanzen, Tiere* v.

ver|göt|tern ⟨V.1, hat vergöttert; mit Akk.⟩ *schwärmerisch, überschwenglich lieben; er vergöttert seine Frau, seine Kinder; der Sänger wurde vom Publikum vergöttert* **Ver|göt|te|rung** ⟨f.10⟩

Ver|got|tung ⟨f.10⟩ *das Vergotten*

ver|gra|ben ⟨V.58, hat vergraben⟩ **I** ⟨mit Akk.⟩ *ein Loch graben und etwas darin verbergen; der Hund vergräbt einen Knochen* **II** ⟨refl.⟩ *sich in etwas* v. *sich damit intensiv beschäftigen (und nichts anderes mehr sehen oder tun); sich in seine Arbeit, in die Bücher* v.

ver|grä|men ⟨V.1, hat vergrämt; mit Akk.⟩ **1** *jmdn.* v. *jmdm. Gram bereiten, jmdn. kränken* **2** ⟨Jägerspr.⟩ *stören und vertreiben;* Syn. *verprellen; Wild* v.

ver|grät|zen ⟨V.1, hat vergrätzt; ugs.⟩ →*verärgern; er ist vergrätzt er ist verärgert*

ver|grau|len ⟨V.1, hat vergrault; mit Akk.⟩ *ärgern und dadurch zum Weggehen veranlassen; sie haben ihr Kindermädchen vergrault*

ver|grei|fen ⟨V.59, hat vergriffen; refl.⟩ *sich* v. **1** *falsch greifen, danebengreifen; sich beim Klavierspielen, Geigen* v.; *er hat sich im Ausdruck vergriffen er hat sich unpassend ausgedrückt (und dadurch andere geärgert, beleidigt); er hat sich im Ton vergriffen er hat sich zu scharf, unpassend ausgedrückt;* vgl. *vergriffen* **2** *sich an etwas* v. *etwas stehlen; sich an fremdem Eigentum* v. **3** *sich an jmdm.* v. *jmdn. tätlich angreifen; sich an einem Kind, an einer Frau* v. *an einem Kind, einer Frau (gegen dessen bzw. deren Willen) sexuelle Handlungen vornehmen*

ver|grei|sen ⟨V.1, ist vergreist; o.Obj.⟩ **1** *zum Greis werden, stark altern; er ist schon völlig vergreist* **2** *allmählich zu viele alte Menschen enthalten; die Bevölkerung vergreist; die Beamtenschaft vergreist* **Ver|grei|sung** ⟨f., -, nur Sg.⟩

ver|grif|fen ⟨Adj., o.Steig.⟩ *nicht mehr lieferbar; das Buch ist* v.

ver|grö|bern ⟨V.1, hat vergröbert⟩ **I** ⟨mit Akk.⟩ *gröber machen; ein Gesicht beim Malen* v. **II** ⟨refl.⟩ *sich* v. *gröber werden; ihre Züge haben sich im Lauf ihres Lebens vergröbert* **Ver|grö|be|rung** ⟨f.10⟩

ver|grö|ßern ⟨V.1, hat vergrößert⟩ Ggs. *verkleinern* **I** ⟨mit Akk.⟩ *größer machen; ein Haus, einen Garten* v.; *eine Fotografie* v.; *den Bekanntenkreis* v.; *biologische Präparate unter dem Mikroskop* v.; *einen Mißstand noch* v. **II** ⟨refl.⟩ *sich* v. **1** *größer werden; die Geschwulst hat sich vergrößert* **2** ⟨übertr.⟩ *seinen Betrieb erweitern, eine größere Wohnung nehmen; er will sich* v.

Ver|grö|ße|rung ⟨f.10⟩ Ggs. *Verkleinerung* **1** ⟨nur Sg.⟩ *das Vergrößern* **2** *vergrößerte Fotografie;* ∼*en anfertigen lassen* **3** *vergrößerte Darstellung; eine Abbildung in einer* V. *von 1:10*

Ver|grö|ße|rungs|form ⟨f.10⟩ *Ableitungsform des Substantivs, mit der eine Vergrößerung ausgedrückt wird, z.B. im Italienischen* casone „*großes Haus*", *zu* casa „*Haus*"

Ver|grö|ße|rungs|glas ⟨n.4⟩ *(meist große) Lupe mit Handgriff (in runder Fassung)*

ver|gucken ⟨-k·k-; V.1, hat verguckt; refl.; ugs.⟩ *sich* v. →*verlieben*

Ver|gunst ⟨f.; †; nur in der Wendung⟩ *mit* V. *mit Verlaub, mit deiner Erlaubnis*

ver|gün|sti|gen ⟨V.1, hat vergünstigt; mit Akk.; meist im Part. Perf.⟩ *günstiger machen, herabsetzen; vergünstigte Preise*

Ver|gün|sti|gung ⟨f.10⟩ **1** ⟨nur Sg.⟩ *das Vergünstigen* **2** *vergünstigter Preis* **3** *Vorrecht; jmdm.* ∼*en einräumen,* ∼*en genießen; jmdm.* ∼*en entziehen*

ver|gü|ten ⟨V.2, hat vergütet⟩ **I** ⟨mit Dat. und Akk.⟩ *jmdm. etwas* v. **1** *erstatten, wiedergeben; jmdm. Auslagen, Kosten* v. **2** *bezahlen; jmdm. eine Arbeit, Tätigkeit* v. **II** ⟨mit Akk.⟩ *durch bestimmte Maßnahmen verbessern; Stahl* v.; *eine optische Linse* v.; *Mineralöl* v.

Ver|gü|tung ⟨f.10⟩ **1** ⟨nur Sg.⟩ *das Vergüten* **2** *vergütete Summe*

Ver|hack ⟨m.1; †⟩ →*Verhau (1)*

ver|hack|stücken ⟨-k·k-; V.1, hat verhackstückt; mit Akk.; ugs., abwertend⟩ *in allen Einzelheiten negativ beurteilen, vernichtend kritisieren*

ver|haf|ten ⟨V.2, hat verhaftet; mit Akk.⟩ **1** *in Haft nehmen, in polizeilichen Gewahrsam nehmen* **2** *einer Sache verhaftet sein mit einer Sache eng verbunden sein, sich einer Sache zugehörig fühlen; einer Tradition verhaftet sein; seiner Zeit verhaftet sein*

Ver|haf|tung ⟨f.10⟩ **1** *das Verhaften;* ∼*en vornehmen* **2** ⟨nur Sg.⟩ *das Verhaftetwerden; vor, nach seiner* V.

Ver|haf|tungs|wel|le ⟨f.11⟩ *große Zahl von Verhaftungen in kurzer Zeit*

ver|ha|geln ⟨V.1, hat verhagelt; mit Akk.; nur mit „es" oder im Perf. Passiv⟩ *es hat die Ernte verhagelt, die Ernte ist durch Hagel vernichtet; dir hat's wohl die Petersilie verhagelt?* ⟨ugs., scherzh.⟩ *ist dir wohl etwas schiefgegangen?, du hast wohl Ärger gehabt?*

ver|hal|len ⟨V.1, ist verhallt; o.Obj.⟩ *zu hallen aufhören; der Ton verhallte; der Hilferuf verhallte ungehört der Hilferuf blieb ungehört, wurde nicht gehört; mein Einwand verhallte wirkungslos mein Einwand blieb wirkungslos, hatte keine Wirkung*

ver|hal|ten I ⟨V.61, hat verhalten; mit Akk.⟩ *etwas* v. **1** *zurückhalten; den Harn* v.; *mit verhaltenem Zorn etwas sagen* **2** *dämpfen; mit verhaltener Stimme sprechen* **3** *anhalten; den Schritt* v. *stehenbleiben; vor Stehenbleiben bringen, parieren; das Pferd* v. **5** ⟨österr., schweiz.⟩ *verpflichten* **II** ⟨V.61, hat verhalten; o.Obj.⟩ *innehalten; er verhielt einen Augenblick* **III** ⟨V.61, hat verhalten; refl.⟩ *sich* v. **1** ⟨von

Verhalten

Personen) *sich (auf bestimmte Weise) benehmen, handeln; sich ruhig, still v. ruhig, still sein; sich anständig, großzügig, gemein v.; sich falsch, richtig v.* **2** *(von Sachen)* etwas verhält sich so und so *etwas ist so und so; die Sache verhält sich anders, als du denkst; es verhält sich folgendermaßen; wenn es sich so verhält, dann ...* **IV** ⟨Adj.⟩ **1** zurückgehalten, unterdrückt; *mit ~em Zorn* **2** gedämpft; *~e Töne, Farben; mit ~er Stimme sprechen* **3** zurückhaltend, sehr ruhig; *er ist von ~em Wesen*

Ver|hal|ten ⟨n., -s, -s|wei|sen⟩ Art und Weise, wie sich jmd. oder etwas verhält; *ein angemessenes, gutes, unverschämtes V.*

Ver|hal|ten|heit ⟨f., -, nur Sg.⟩ *verhaltene Beschaffenheit, verhaltene Wesensart, Zurückhaltung*

Ver|hal|tens|for|schung ⟨f., -, nur Sg.⟩ → Ethologie

Ver|hal|tens|mu|ster ⟨n.5⟩ Muster für ein bestimmtes Verhalten, Art, wie eine Verhaltensweise immer wieder auftritt

Ver|hält|nis ⟨n.1⟩ **1** Beziehung (in der sich zwei Dinge oder Personen vergleichen lassen); *das V. zweier Zahlen; im V. zu dir; zwei Dinge miteinander in ein V. setzen; die Mühe steht in keinem V. zu dem, die Mühe war viel zu groß im Vergleich zu dem ...* **2** Art der Beziehung (von Menschen oder Staaten) zueinander; *in freundliches, gutes, schlechtes V.; kein V. zu jmdm. haben* **3** ⟨ugs.⟩ Liebschaft; *ein V. mit jmdm. anfangen, haben, beenden* **4** ⟨Pl.⟩ *äußere Zustände, Umstände; aus geordneten ~sen kommen; aus kleinen ~sen kommen aus dem Kleinbürgertum stammen; in geordneten, sicheren ~sen leben; über seine ~se leben mehr ausgeben, als man verdient*

Ver|hält|nis|glei|chung ⟨f.10⟩ Gleichsetzung zweier Verhältnisse (1), *z.B. a : b = b : c*

ver|hält|nis|mä|ßig ⟨Adv.⟩ **1** im Verhältnis zu jmdm. oder etwas anderem **2** dem Anteil entsprechend

Ver|hält|nis|wahl ⟨f.10⟩ Wahl, bei der die Sitze nach dem Verhältnis der abgegebenen Stimmen verteilt werden; Syn. Proportionalwahl, ⟨schweiz.⟩ Proporz

Ver|hält|nis|wort ⟨n.4⟩ → Präposition

Ver|hält|nis|zahl ⟨f.10⟩ Zahl, die zwei Grundzahlen in einem bestimmten Verhältnis darstellt, *z.B. die 3 in 6 : 2 = 3*

Ver|hal|tung ⟨f., -, nur Sg.⟩ *das Verhalten* (I), Zurückhaltung, Dämpfung

ver|han|deln ⟨V.1, hat verhandelt⟩ **I** ⟨mit Akk. oder mit Präp.obj.⟩ etwas v. *über etwas v. etwas beraten, besprechen; wir haben darüber verhandelt, ob ...* **II** ⟨mit Akk.⟩ etwas v. **1** ⟨abwertend⟩ etwas (zu möglichst niedrigem Preis) kaufen; *etwas ist Ware v.* **2** ⟨Rechtsw.⟩ *(in einem Verfahren) behandeln, untersuchen und entscheiden; das Gericht verhandelt den Fall X*

Ver|hand|lung ⟨f.10⟩ **1** das Verhandeln, Beraten; *die ~en verliefen ergebnislos* **2** ⟨kurz für⟩ Gerichtsverhandlung

ver|han|gen ⟨Adj.⟩ mit Dunst, Nebel bedeckt, in Dunst, Nebel gehüllt; *~er Himmel*

ver|hän|gen ⟨V.1, hat verhängt⟩ etwas v. **1** durch Vorhänge das Hineinschauen in etwas und Herausschauen aus etwas verhindern; *Fenster v.* **2** anordnen; *den Ausnahmezustand (über eine Stadt) v.; eine Strafe (über jmdn.) v.* **3** ⟨nur im Part. Perf.⟩ locker hängen lassen; *mit verhängtem Zügel reiten*

Ver|häng|nis ⟨n.1⟩ *schicksalhaftes Unglück; das V. bricht über jmdn. herein; der Alkohol wurde sein V.*

ver|häng|nis|voll ⟨Adj.⟩ ein Verhängnis auslösend; *~er Irrtum*

Ver|hän|gung ⟨f.10⟩ *das Verhängen* (2)

ver|härmt ⟨Adj., -er, am -esten⟩ *von Kummer und Sorgen gedrückt; v. aussehen*

ver|har|ren ⟨V.1, hat oder ist verharrt; o.Obj.⟩ **1** *(in einer Stellung, Haltung) bleiben; er verharrte einen Augenblick horchend, kniend* **2** *(bei einer Meinung) bleiben; auf seinem Standpunkt v.; er verharrt in seinem Eigensinn*

ver|här|ten ⟨V.2⟩ **I** ⟨mit Akk.; hat verhärtet⟩ hart machen; *sein Herz (gegen jede Regung von Mitleid) v.* **II** ⟨o.Obj.; hat verhärtet⟩ *hart werden, verbleuen, verdreschen, Gewebe verhärtet; er ist verhärtet er ist hart, mitleidlos geworden* **III** ⟨refl.; hat verhärtet⟩ sich v. *hart werden*

Ver|här|tung ⟨f.10⟩ **1** ⟨nur Sg.⟩ das Verhärten, das Sichverhärten **2** verhärtete Stelle; *~en im Gewebe*

ver|has|peln ⟨V.1, hat verhaspelt; refl.⟩ sich v. *sich beim Sprechen verwirren, die Wörter durcheinanderbringen, einen Satz abbrechen und neu anfangen*

ver|haßt ⟨Adj., -er, am -esten⟩ äußerst unbeliebt, von allen gehaßt; *ein ~er Diktator; das ist mir v. das kann ich nicht ausstehen, das schätze ich ganz und gar nicht*

ver|hät|scheln ⟨V.1, hat verhätschelt; mit Akk.⟩ *zu sehr verwöhnen, zu zart, zu nachsichtig behandeln* **Ver|hät|sche|lung** ⟨f.10⟩

Ver|hau ⟨m.1⟩ **1** geflochtenes oder aus vielen Einzelteilen zusammengefügtes Hindernis (Draht~); Syn. † *Verhack* **2** ⟨ugs.⟩ große Unordnung

ver|hau|en ⟨V.63, verhaute, hat verhauen⟩ **I** ⟨mit Akk.⟩ **1** jmdn. v. *kräftig mehrmals hauen;* Syn. *verprügeln,* ⟨sämtlich ugs.⟩ *verbimsen, verbleuen, verdreschen, verkeilen, verkloppen, vermöbeln, verrollen, versohlen, vertobacken, vertrimmen, verwackeln, verwalken, verwamsen, verwichsen* **2** etwas v. ⟨Schülerspr.⟩ schlecht machen, viele Fehler in etwas machen; *eine Klassenarbeit v.; v. aussehen* ⟨ugs.⟩ *so ungewöhnlich aussehen, daß es komisch ist* **II** ⟨mit Dat. und Akk.⟩ *einem Kind den Hintern v. ein Kind zur Strafe mehrmals auf den Hintern schlagen* **III** ⟨refl.⟩ sich v. ⟨ugs.⟩ *sich stark irren*

ver|he|ben ⟨V.64, hat verhoben; refl.⟩ sich v. *sich beim Heben Schaden tun*

ver|hed|dern ⟨V.1, hat verheddert; refl.⟩ sich v. **1** *sich beim Sprechen verwirren, sich widersprüchlich äußern, die Sätze durcheinanderbringen* **2** *durcheinandergeraten, sich verwirren; die Fäden haben sich verheddert*

ver|hee|ren ⟨V.1, hat verheert; mit Akk.⟩ verwüsten, zerstören; vgl. *verheerend*; *der Krieg hat das Land verheert; das Unwetter hat die Felder verheert*

ver|hee|rend ⟨Adj.⟩ **1** *(alles) zerstörend, furchtbar; eine ~e Naturkatastrophe, Überschwemmung; ein ~er Brand; diese Maßnahme hatte ~e Folgen, wirkte v.* **2** *sehr unordentlich, schmutzig, zerstört; die Wohnung sah nach dem Brand v. aus* **3** *abscheulich; das schmeckt, klingt v.* **4** *häßlich und beinahe komisch; sie sieht in dem Kleid v. aus*

Ver|hee|rung ⟨f.10⟩ Zerstörung; *~en anrichten*

ver|heh|len ⟨V.1, hat verhehlt; mit Dat. und Akk.; †⟩ *jmdm. etwas v. jmdm. etwas verheimlichen, verbergen;* vgl. *verhohlen;* ⟨nur noch in verneinenden Wendungen wie⟩ *ich will dir nicht v., daß ...*

ver|hei|len ⟨V.1, ist verheilt; o.Obj.⟩ heilen, zuheilen, sich schließen; *die Wunde, der Schnitt ist verheilt*

ver|heim|li|chen ⟨V.1, hat verheimlicht; mit Akk.⟩ etwas v. *etwas nicht mitteilen wollen, nicht sagen; er verheimlicht mir etwas; du verheimlichst mir doch etwas; er kann nichts v.; ich kann es nicht länger v., daß ich ...*

ver|hei|ra|ten ⟨V.2, hat verheiratet⟩ Syn. ⟨geh.⟩ *vermählen* **I** ⟨mit Akk.; früher⟩ *jmdn. v. jmdn. veranlassen zu heiraten, jmdm. vorschreiben zu heiraten; er möchte seine Tochter bald v. er möchte für seine Tochter bald einen Mann finden; er möchte seine Tochter möglichst gut v. er möchte für seine Tochter möglichst einen reichen Mann finden; jmdn. mit jmdm. v. jmdm. jmdn. zur Ehe geben; er hat seine Tochter mit dem Sohn des Nachbarn verheiratet* **II** ⟨refl.⟩ sich v. *eine Ehe schließen; sie hat sich zum zweiten Mal verheiratet; Familienstand: verheiratet* ⟨Zeichen: ∞; Abk.: verh.⟩; *verheiratet sein Ehemann bzw. Ehefrau sein; du bist doch mit denen nicht so eng verbunden, daß du nicht frei entscheiden könntest*

Ver|hei|ra|tung ⟨f.10⟩ *das Sichverheiraten; vor, nach ihrer V.*

ver|hei|ßen ⟨V.65, hat verheißen; mit Dat. und Akk.⟩ *jmdm. etwas v. jmdm. etwas in Aussicht stellen, ankündigen, versprechen; jmdm. Freude v.; das Zeichen verheißt Gutes*

Ver|hei|ßung ⟨f.10⟩ Ankündigung, Versprechen; *eine glückliche V.*

ver|hei|ßungs|voll ⟨Adj.⟩ *eine Verheißung ausdrückend, etwas Gutes ankündigend, vielversprechend; ein ~es Gesicht machen; ein ~er Anfang*

ver|hei|zen ⟨V.1, hat verheizt; mit Akk.⟩ **1** etwas v. *zum Heizen verwenden; Holz, Papier v.* **2** *jmdn. v.* ⟨ugs.⟩ *rücksichtslos, brutal einsetzen, opfern*

ver|hel|fen ⟨V.66, hat verholfen; mit Dat.⟩ **1** *jmdm. zu etwas v. jmdm. helfen, etwas zu bekommen, zu erreichen; jmdm. zu Geld, zu einer guten Stellung v.* **2** *einer Sache zu etwas v. dafür sorgen, daß eine Sache in bestimmter Weise, zu Ziel hin verläuft; einer Begabung zum Durchbruch v.; einer Bewegung, einer Entwicklung zum Sieg v.*

ver|herr|li|chen ⟨V.1, hat verherrlicht; mit Akk.⟩ *als herrlich darstellen, überschwenglich loben, preisen* **Ver|herr|li|chung** ⟨f.10⟩

ver|het|zen ⟨V.1, hat verhetzt; mit Akk.⟩ *jmdn. ständig aufhetzen, jmds. Haß wecken und ständig schüren* **Ver|het|zung** ⟨f.10⟩

ver|heult ⟨Adj., o.Steig.⟩ *vom Weinen angeschwollen; ~e Augen; v. aussehen vom Weinen ein geschwollenes Gesicht, geschwollene Augen haben*

ver|he|xen ⟨V.1, hat verhext⟩ → *verzaubern* (1)

ver|him|meln ⟨V.1, hat verhimmelt; mit Akk.⟩ *überschwenglich, schwärmerisch, kritiklos loben, übertrieben anschwärmen* **Ver|him|me|lung** ⟨f.10⟩

ver|hin|dern ⟨V.1, hat verhindert; mit Akk.⟩ *unmöglich machen; die Ausführung eines Plans v.; verhindert sein etwas nicht tun können, nicht kommen können; er ist dienstlich verhindert und kann aus dienstlichen Gründen nicht kommen; am Erscheinen verhindert sein* **Ver|hin|de|rung** ⟨f.10⟩

ver|hof|fen ⟨V.1, hat verhofft; o.Obj.; Jägerspr.⟩ *stehenbleiben und lauschen, den Wind prüfen; das Reh verhoffte*

ver|hoh|len ⟨Adj., o.Steig.⟩ verborgen; *mit kaum ~em Spott* [zu *verhehlen*]

ver|höh|nen ⟨V.1, hat verhöhnt; mit Akk.⟩ *mit bösen Worten verspotten*

ver|hoh|ne|pi|peln ⟨V.1, hat verhohnepipelt; mit Akk.;* ugs., bes. mdt.⟩ *lächerlich machen* [Herkunft nicht bekannt, wahrscheinlich Sprachspielerei wie *hohnäppeln*, *hohnäffen*, *hohnnecken*] **Ver|hoh|ne|pi|pe|lung** ⟨f.10⟩

Ver|höh|nung ⟨f.10⟩ *das Verhöhnen*

ver|hö|kern ⟨V.1, hat verhökert; mit Akk.⟩ *billig verkaufen*

ver|ho|len ⟨V.1, hat verholt; mit Akk.; Seew.⟩ *mit einem Tau (an eine Stelle) ziehen; ein Schiff v.*

ver|hol|zen ⟨V.1, ist verholzt; o.Obj.⟩ *holzig, zu Holz werden*

Ver|hol|zung ⟨f.10⟩ **1** ⟨nur Sg.⟩ *das Verholzen* **2** *verholzte Stelle*

Ver|hör ⟨n.1⟩ polizeiliche oder richterliche Befragung; jmdn. ins V. nehmen
ver|hö|ren ⟨V.1, hat verhört⟩ I ⟨mit Akk.⟩ einem Verhör unterziehen, streng, genau ausfragen II ⟨refl.⟩ sich v. falsch hören, etwas (akustisch) falsch verstehen; ich habe mich wohl verhört!; ⟨ugs.⟩ das kann doch wohl nicht wahr sein!
ver|hor|nen ⟨V.1, ist verhornt; o.Obj.⟩ zu Horn, zu Hornhaut werden; eine Schwiele verhornt
Ver|hor|nung ⟨f.10⟩ 1 ⟨nur Sg.⟩ das Verhornen 2 verhornte Stelle
ver|hül|len ⟨V.1, hat verhüllt; mit Akk.⟩ 1 mit einer Hülle umgeben, bedecken, unter einer Hülle verbergen; Ggs. enthüllen; das Gesicht mit einem Schleier v.; Wolken v. die Berge 2 freundlicher, schonender darstellen; „einschlafen" als ~der Ausdruck für „sterben"; eine verhüllte Drohung aussprechen
Ver|hül|lung ⟨f.10⟩
ver|hun|gern ⟨V.1, ist verhungert; o.Obj.⟩ an Hunger sterben
ver|hun|zen ⟨V.1, hat verhunzt; mit Akk.⟩ sehr schlecht machen, verderben; eine Arbeit v.
ver|hu|ren ⟨V.1, hat verhurt; mit Akk.⟩ mit Hurerei verbrauchen; sein ganzes Geld v.; ein verhurter Kerl ⟨vulgär, derb⟩ jmd., der häufig mit Huren Geschlechtsverkehr hat
ver|huscht ⟨Adj., -er, am -esten⟩ schmächtig und schüchtern und sich lautlos und rasch bewegend (um im Hintergrund zu bleiben); im Laden bediente so ein kleines, ~es Wesen
ver|hü|ten ⟨V.2, hat verhütet; mit Akk.⟩ etwas v. dafür sorgen, daß etwas nicht geschieht; ein Unglück v.; die Empfängnis v.
ver|hüt|ten ⟨V.2, hat verhüttet; mit Akk.⟩ in einer Hütte (3) zu Metall verarbeiten; Erze v.
Ver|hüt|tung ⟨f.10⟩
Ver|hü|tung ⟨f.10⟩ das Verhüten
Ver|hü|tungs|mit|tel ⟨n.5⟩ Mittel zur Empfängnisverhütung
ver|hut|zelt ⟨Adj.⟩ faltig, zusammengeschrumpft [zu Hutzel „Stück Dörrobst"]
Ve|ri|fi|ka|ti|on ⟨f.10⟩ das Verifizieren, Wahrheits-, Richtigkeitsnachweis, Beglaubigung
ve|ri|fi|zie|ren ⟨V.3, hat verifiziert; mit Akk.⟩ nachprüfen, als richtig nachweisen, beglaubigen, bestätigen [< lat. verus „wahr" und ...ficere (in Zus. für facere) „machen"]
ver|in|ner|li|chen ⟨V.1, hat verinnerlicht; mit Akk.⟩ mit Seele erfüllen, mit Gemüt, mit feinem Gefühl durchdringen; ein verinnerlichter Mensch; ein verinnerlichter Roman
Ver|in|ner|li|chung ⟨f.10⟩
ver|ir|ren ⟨V.1, hat verirrt; refl.⟩ sich v. 1 in die Irre gehen, den falschen Weg gehen; Syn. verlaufen; sich im Wald, in einer Großstadt v. 2 durch eine falsche Meinung, Auffassung auf den falschen Weg geraten; sich in abwegige Phantasien, Spekulationen v.; wohin hast du dich verirrt? auf was für abwegige Gedanken kommst du nur?; ein verirrtes Schaf ⟨Sprache der Kirche⟩ ein sündig gewordener Mensch
Ver|ir|rung ⟨f.10⟩ Abweichung der allgemein als richtig geltenden Denk- und Handlungsweise, vom allgemein herrschenden Geschmack; bauliche, stilistische ~en
Ve|ris|mus ⟨m., -, nur Sg.⟩ Kunstrichtung, die eine kraß wirklichkeitsgetreue Darstellung anstrebt [ital. verismo in ders. Bed., zu lat. veritas „Wahrheit", zu verus „wahr"]
Ve|rist ⟨m.10⟩ Anhänger, Vertreter des Verismus
ve|ri|stisch ⟨Adj., o.Steig.⟩ zum Verismus gehörig, auf ihm beruhend
ve|ri|ta|bel ⟨Adj.,o.Steig.; †⟩ wahrhaft, echt [< frz. véritable „dem Wahren treu, heitsgetreu"]
ver|ja|gen ⟨V.1, hat verjagt; mit Akk.⟩ zum raschen Weggehen, Wegfliegen, zur Flucht veranlassen; Fliegen v.; einen Dieb v.; der Wind verjagt die Wolken

ver|jäh|ren ⟨V.1, ist verjährt; o.Obj.⟩ nach einer bestimmten Zeit die Gültigkeit verlieren; ein Anspruch, eine Schuld verjährt **Ver|jäh|rung** ⟨f.10⟩
Ver|jäh|rungs|frist ⟨f.10⟩ gesetzliche Frist, in der etwas verjährt
ver|ju|beln ⟨V.1, hat verjubelt; mit Akk.⟩ leichtsinnig (und in großer Menge) ausgeben; Syn. verjuxen; Geld v.
ver|jün|gen ⟨V.1, hat verjüngt; mit Akk.⟩ 1 etwas v. das Gesamtalter von etwas herabsetzen (indem man jüngere Exemplare oder Kräfte fördert oder hinzufügt und ältere aussondert); Sträucher v. alte Zweige herausschneiden; den Baumbestand v. junge Bäume anpflanzen und alte ausmerzen; eine Mannschaft v. sie aus überwiegend jungen Kräften zusammensetzen 2 jmdn. v. scheinbar jünger machen, jünger aussehen lassen; die Freude hat sie verjüngt; sie sieht ganz verjüngt aus sie sieht aus, als sei sie jünger geworden II ⟨refl.⟩ sich v. 1 nach einem Ende zu dünner werden; die Säule verjüngt sich nach oben, nach unten 2 ein jüngeres Aussehen annehmen, sich ein jüngeres Aussehen geben; sie hat sich durch ihr verändertes Leben verjüngt
Ver|jün|gung ⟨f.10⟩ das Verjüngen, das Sichverjüngen
ver|ju|xen ⟨V.1, hat verjuxt⟩ → verjubeln
ver|ka|beln ⟨V.1, hat verkabelt; mit Akk.⟩ 1 als Kabel verlegen 2 mittels Kabel an ein Fernsprechnetz, Stromnetz anschließen
Ver|ka|be|lung ⟨f.10⟩ das Verkabeln
ver|kad|men ⟨V.2, hat verkadmet⟩ → kadmieren
ver|kal|ben ⟨V.1, hat verkalbt; bei Kühen⟩ → verwerfen (II)
ver|kal|ken ⟨V.1, ist verkalkt; o.Obj.⟩ 1 ⟨Med.⟩ durch Einlagerung von Kalk hart werden; Arterien v. 2 durch Anlagerung von Kalk in der Leistungsfähigkeit oder Durchlässigkeit nachlassen; die Kaffeemaschine verkalkt; die Leitungen sind verkalkt 3 ⟨ugs.⟩ infolge Arterienverkalkung die geistige Kraft verlieren; er ist schon ziemlich, völlig verkalkt
ver|kal|ku|lie|ren ⟨V.3, hat verkalkuliert; refl.⟩ sich v. falsch kalkulieren, sich verrechnen
Ver|kal|kung ⟨f.10⟩ 1 ⟨Med.⟩ (durch Einlagerung von Kalksalzen u.a. erfolgende) Verhärtung der Arterien mit zunehmendem Lebensalter 2 das Verkalken (einer Waschmaschine, eines Wasserhahns) 3 ⟨ugs.⟩ Nachlassen geistiger Fähigkeiten im Alter
ver|kan|ten ⟨V.2, hat verkantet; mit Akk.⟩ 1 ⟨verstärkend⟩ kanten 2 auf falsche Weise kanten; einen Ski v.
ver|kap|pen ⟨V.1, hat verkappt⟩ I ⟨refl.⟩ sich v. sich als etwas anderes zeigen, als man ist; ⟨meist im Part. Perf.⟩ ein verkappter Spitzel; verkappter Nebensatz verkürzter Nebensatz II ⟨mit Akk.⟩ einen Beizvogel v. einem Beizvogel eine Kappe aufsetzen
ver|kap|seln ⟨V.1, hat verkapselt; refl.⟩ sich v. 1 sich (wie) in eine Kapsel einschließen; Krankheitsherde v. sich 2 sich von der Außenwelt, von den anderen Menschen zurückziehen, für sich leben **Ver|kap|se|lung** ⟨f.10⟩
ver|kar|sten ⟨V.2, ist verkarstet; o.Obj.⟩ zu Karst werden, wasserarm, unfruchtbar werden; ein Gebirge verkarstet **Ver|kar|stung** ⟨f.10⟩
ver|kä|sen ⟨V.1⟩ I ⟨mit Akk.; hat verkäst⟩ zu Käse machen; Milch v. II ⟨o.Obj.; ist verkäst⟩ zu Käse werden; Quark verkäst 2 zu einer breiigen, käsigen Masse werden; abgestorbenes Gewebe verkäst **Ver|kä|sung** ⟨f.10⟩
ver|ka|tert ⟨Adj., ugs.⟩ nach übermäßigem Alkoholgenuß müde und übernächtig
Ver|kauf ⟨m.2⟩ 1 das Verkaufen; der V. von Lebensmitteln 2 ⟨nur Sg.⟩ Verkaufsabteilung; er arbeitet im V.

ver|kau|fen ⟨V.1, hat verkauft⟩ I ⟨mit Akk.⟩ 1 etwas oder jmdn. v. für Geld weggeben; Ware v.; ein Haus, ein Grundstück v.; Sklaven v.; etwas billig, teuer v.; sein Leben so teuer wie möglich v. ⟨übertr.⟩ in einem aussichtslosen Kampf noch möglichst viele Angreifer umbringen, bevor man selbst getötet wird; sie verkauft ihren Körper sie übt Prostitution aus; etwas an jmdn. v.; ein Auto für 5000 DM v.; seine Lebensgeschichte einem Verlag v. seine Lebensgeschichte einem Verlag gegen Geld zum Schreiben und zum Veröffentlichen überlassen 2 etwas v. a gegen Geld zur Verfügung stellen; ein Arbeitnehmer verkauft einer Firma seine Arbeitskraft b ⟨übertr.⟩ ⟨ugs.⟩ jmdn. glauben machen, etwas erzählen, was andere glauben sollen; diese Story kannst du anderen v., aber nicht mir diese Story glaube ich dir nicht v. etwas auf bestimmte Weise darstellen, so tun, als ob; sie v. ihre Politik als menschenfreundlich II ⟨refl.⟩ sich v. 1 verkauft werden können; diese Schuhe v. sich gut, leicht, schlecht 2 ⟨ugs.⟩ etwas für Geld tun, was dem eigenen Gewissen, der eigenen Auffassung von Moral widerspricht; ich verkaufe mich nicht 3 ⟨von Frauen⟩ Prostitution ausüben
Ver|käu|fer ⟨m.5⟩ 1 jmd., der etwas verkauft; der V. dieses Autos 2 jmd., der als Angestellter Waren verkauft
ver|käuf|lich ⟨Adj.⟩ 1 geeignet zum Verkauf; die Ware ist gut v. 2 zum Verkauf vorgesehen; das ist nicht v.
Ver|kaufs|ab|tei|lung ⟨f.10⟩ für den Verkauf zuständige Abteilung (eines größeren Unternehmens)
Ver|kaufs|lei|ter ⟨m.5⟩ Leiter einer Verkaufsabteilung
ver|kaufs|of|fen ⟨Adj., o.Steig.; in Fügungen wie⟩ ~er Samstag Samstag, an dem die Geschäfte den ganzen Tag geöffnet sind
ver|kau|peln ⟨V.1, hat verkaupelt; mit Akk.⟩ ostmdt. inoffiziell, unter der Hand verkaufen oder tauschen [Verkleinerung von verkaufen]
Ver|kehr ⟨m.1, Pl. nur fachsprachl.⟩ 1 zweckbestimmte Bewegung oder Beförderung von Personen, Fahrzeugen, Gütern und Nachrichten auf Wegen, Straßen, zu Wasser und in der Luft (Berufs~, Flug~, Post~); fließender, starker, reger V.; der V. brach zusammen, kam zum Erliegen; etwas aus dem V. ziehen etwas nicht mehr zur Nutzung, zum Gebrauch zulassen; etwas in den V. bringen in den Handel, Umlauf bringen 2 Kontakt zwischen Menschen (Brief~, Parteien~); V. mit jmdm. pflegen; den V. mit jmdm. abbrechen 3 ⟨kurz für⟩ Geschlechtsverkehr; V. mit jmdm. haben
ver|keh|ren ⟨V.1⟩ I ⟨o.Obj.⟩ ist oder hat verkehrt; regelmäßig fahren; zwischen den beiden Orten verkehrt stündlich ein Omnibus; die S-Bahn verkehrt alle 20 Minuten 2 regelmäßig einkehren; in diesem Lokal v. viele Kaufleute; dort v. fast nur Künstler II ⟨mit Präp.obj.; hat verkehrt⟩ mit jmdm. v. 1 mit jmdm. (privat) zusammenkommen, Kontakt pflegen; sie v. nicht mehr miteinander; er verkehrt viel mit einigen Kollegen; sie v. brieflich miteinander 2 mit jmdm. Geschlechtsverkehr haben III ⟨mit Akk.⟩ v. drehen, umdrehen, wenden; jmds. Worte ins Gegenteil v. jmds. Worte gegenteilig wiedergeben IV ⟨refl.; hat verkehrt⟩ sich v. sich verwandeln; was anfangs so gut schien, hat sich ins Gegenteil verkehrt
Ver|kehrs|ab|ga|be ⟨f.11⟩ → Verkehrssteuer
Ver|kehrs|ader ⟨f.11⟩ wichtiger Verkehrsweg
Ver|kehrs|am|pel ⟨f.11⟩ Lichtanlage zur Verkehrsregelung; auch: ⟨kurz⟩ Ampel
Ver|kehrs|amt ⟨n.4⟩ 1 Behörde für die Zulassung von Kraftfahrzeugen und Zuteilung

verkehrsberuhigt

amtlicher Kennzeichen 2 Einrichtung zur Förderung des Fremdenverkehrs; Syn. Verkehrsbüro, Verkehrsverein

Ver|kehrs|be|ru|higt ⟨Adj., o.Steig.⟩ weitgehend vom Verkehr (1) befreit; ~e Straßen

Ver|kehrs|bü|ro ⟨n.9⟩ →Verkehrsamt (2)

Ver|kehrs|de|likt ⟨n.1⟩ Übertretung einer Verkehrsvorschrift

Ver|kehrs|geo|gra|phie ⟨f., -, nur Sg.⟩ Teil der Kulturgeographie, der sich mit dem Land-, Wasser- und Luftverkehr befaßt

Ver|kehrs|in|sel ⟨f.11⟩ künstliche Erhöhung in einer Fahrbahn, die umfahren werden muß

Ver|kehrs|mit|tel ⟨n.5⟩ Fahrzeug (oder Flugzeug), mit dem man sich fortbewegt; öffentliches, privates V.

Ver|kehrs|schrift ⟨f.10⟩ 1 Form der Kurzschrift 2 die allgemein übliche Schreibschrift

Ver|kehrs|spra|che ⟨f.11⟩ im Verkehr zwischen verschiedenen Sprachgemeinschaften gebrauchte Sprache

Ver|kehrs|steu|er ⟨f.11⟩ Steuer auf bestimmte Formen der Personenbeförderung, der Beförderung von Waren u.ä.; Syn. Verkehrsabgabe

Ver|kehrs|sün|der ⟨m.5; ugs.⟩ jmd., der gegen die Vorschriften im Straßenverkehr verstößt

Ver|kehrs|ver|ein ⟨m.1⟩ →Verkehrsamt (2)

Ver|kehrs|weg ⟨m.1⟩ 1 überwiegend für Fahrzeuge bestimmter Weg 2 ⟨Wirtsch.⟩ Informationsweg (zwischen über- und untergeordneten Stellen)

Ver|kehrs|wert ⟨m.1⟩ Preis, der zu einem bestimmten Zeitpunkt für eine bestimmte Ware bezahlt wird

Ver|kehrs|wid|rig ⟨Adj., Steig. nur ugs.⟩ gegen die Vorschriften im Straßenverkehr verstoßend

Ver|kehrs|zei|chen ⟨n.7⟩ Zeichen oder Markierung zur Regelung des Verkehrs (von Land- und Wasserfahrzeugen)

ver|kehrt ⟨Adj., -er, am -esten⟩ 1 in die falsche Richtung gedreht, auf dem Kopf stehend; die Vase steht v.; Kaffee v. wenig Kaffee mit viel Milch 2 ⟨ugs.⟩ falsch, unrichtig; das hast du v. gemacht; das ist nicht v. das ist ganz gut, ganz zweckmäßig; es wäre nicht v., wenn wir ... 3 ⟨beim Stricken⟩ mit einem Knötchen versehen; Ggs. glatt; ~e Masche Masche, die ein Knötchen bildet, linke Masche; zwei Maschen glatt, zwei Maschen v. stricken

Ver|keh|rung ⟨f.10⟩ das Verkehren (III), das Sichverkehren; V. ins Gegenteil

ver|kei|len ⟨V.1, hat verkeilt⟩ I ⟨mit Akk.⟩ 1 etwas v. a mit Keil(en) befestigen b ⟨Gaunerspr.⟩ verkaufen 2 ⟨ugs.⟩ verhauen (I,1) II ⟨refl.⟩ sich v. sich falsch in etwas schieben oder ineinanderschieben, so daß die Bewegung unmöglich ist; Maschinenteile v. sich

ver|ken|nen ⟨V.67, hat verkannt; mit Akk.⟩ etwas od. jmdn. v. 1 nicht erkennen, für etwas anderes od. jmd. anderen halten; verzeihen Sie, ich habe Sie verkannt ⟨Entschuldigung, wenn man versehentlich einen Fremden grüßt oder anspricht, in der Meinung, man kenne ihn⟩; sie ist nicht zu v., daß ... man muß erkennen, daß ..., es ist klar, daß ... 2 nicht richtig einschätzen; eine Gefahr v.; er fühlt sich verkannt

Ver|ken|nung ⟨f.10⟩ das Verkennen; in V. der Tatsachen ist ...

ver|ket|ten ⟨V.2, hat verkettet⟩ I ⟨mit Akk.⟩ mit Ketten verbinden II ⟨refl.⟩ sich v. ⟨übertr.⟩ sich aneinanderfügen, gleichzeitig geschehen; dabei haben sich zwei glückliche, unglückliche Zufälle verkettet

Ver|ket|tung ⟨f.10⟩ das Sichverketten; eine V. unglücklicher Ereignisse

ver|ket|zern ⟨V.1, hat verketzert; mit Akk.⟩ als ketzerisch, als falsch, gefährlich hinstellen, abwertend beurteilen; jmds. Handlungsweise, Politik v. **Ver|ket|ze|rung** ⟨f.10⟩

ver|kie|seln ⟨V.1, ist verkieselt; o.Obj.⟩ durch Eindringen von Kieselsäure hart werden; Pflanzenreste v. **Ver|kie|se|lung** ⟨f.10⟩

ver|kit|schen¹ ⟨V.1, hat verkitscht; mit Akk.⟩ kitschig darstellen, kitschig machen; der Roman ist bei der Verfilmung verkitscht worden [zu Kitsch]

ver|kit|schen² ⟨V.1, hat verkitscht; mit Akk.; ugs.⟩ ⟨meist billig⟩ verkaufen [vielleicht zu rotw. Kitt „Geld", also „zu Geld machen"]

ver|kit|ten ⟨V.2, hat verkittet; mit Akk.⟩ mit Kitt befestigen, verbinden

ver|kla|gen ⟨V.1, hat verklagt; mit Akk.⟩ jmdn. v. 1 gegen jmdn. Klage erheben, jmdn. vor Gericht bringen; jmdn. wegen Beleidigung v. 2 bei jmdm. beschweren; er hat den Mitschüler beim Lehrer verklagt

ver|klam|mern ⟨V.1, hat verklammert⟩ I ⟨mit Akk.⟩ mit Klammer(n) verbinden, schließen; Wundränder, eine Wunde v.; Bauteile v. II ⟨refl.⟩ sich v. einander fest umschlingen; die Ringer haben sich verklammert

Ver|klam|me|rung ⟨f.10⟩ das Verklammertsein; die V. lösen

ver|klap|sen ⟨V.1, hat verklapst; mit Akk.; ugs.⟩ veralbern, zum besten haben

ver|klä|ren ⟨V.1, hat verklärt⟩ I ⟨mit Akk.⟩ 1 etwas oder jmdn. v. schöner, besser darstellen als es bzw. als jmd. ist 2 jmdn. v. göttlich, überirdisch darstellen II ⟨refl.⟩ sich v. sich schöner, besser zeigen als in Wirklichkeit; der Tote hat sich in ihrer Erinnerung verklärt; jmdn. verklärt anschauen jmdn. sprachlos vor Glück, selig anschauen

Ver|klä|rung ⟨f.10⟩ das Verklären (I,2); V. Christi

ver|klat|schen ⟨V.1, hat verklatscht; mit Akk.; Schülerspr.⟩ jmdn. v. beim Lehrer anzeigen, verraten, daß jmd. etwas gesagt oder getan hat; Syn. verpetzen; einen Mitschüler v.

ver|klau|su|lie|ren ⟨V.3, hat verklausuliert; mit Akk.⟩ 1 mit (zu vielen) Klauseln versehen; einen Vertrag v. 2 ⟨übertr.⟩ zu umständlich, zu schwierig und dadurch schwer verständlich darstellen; ein verklausulierter Sachverhalt [zu Klausel]

ver|kle|ben ⟨V.1, hat verklebt⟩ I ⟨mit Akk.; hat verklebt⟩ 1 mit Klebstoff verbinden, zusammenfügen 2 klebrig und dadurch unbrauchbar machen; das Öl auf dem Meer verklebt den Seevögeln das Gefieder II ⟨o.Obj.; ist verklebt⟩ sich aneinanderdrücken und kleben, haftenbleiben; von Blut verklebte Haare; von Schmutz verklebte Verband

ver|klei|den ⟨V.2, hat verkleidet⟩ I ⟨mit Akk.⟩ etwas mit etwas völlig bedecken; Wände mit Stoff, Holztafeln v.; die Heizkörper mit Gittern v. II ⟨refl.⟩ sich v. durch andere, ungewohnte Kleidung, durch Perücke und Schminke unkenntlich oder schwer kenntlich machen; sich zum Karneval als Domino v.

Ver|klei|dung ⟨f.10⟩ 1 ⟨nur Sg.⟩ das Verkleiden 2 verkleidende Hülle (Holz~, Wand~) 3 den Träger verändernde Kleidung; jmdn. unter seiner V., trotz seiner V. erkennen

ver|klei|nern ⟨V.1, hat verkleinert⟩ Ggs. vergrößern I ⟨mit Akk.⟩ kleiner machen, im Grundstück v.; ein Schriftstück beim Fotokopieren v.; ein Übel durch entsprechende Maßnahmen v.; einen Gegenstand verkleinert darstellen, abbilden II ⟨refl.⟩ sich v. 1 kleiner werden; die Geschwulst hat sich verkleinert 2 ⟨übertr.⟩ seinen Betrieb kleiner machen, eine kleinere Wohnung nehmen; wir wollen uns v. 3 ⟨übertr.⟩ sich kleiner darstellen; in diesem Brief verkleinerst du dich

Ver|klei|ne|rung ⟨f.10⟩ Ggs. Vergrößerung 1 ⟨nur Sg.⟩ das Verkleinern 2 verkleinerte Darstellung; eine Abbildung in maßstabgetreuer V.

Ver|klei|ne|rungs|form ⟨f.10⟩ Ableitungsform des Substantivs, mit der eine Verkleinerung ausgedrückt wird, z.B. Vöglein, Männchen, Häusle

Ver|klei|ne|rungs|sil|be ⟨f.11⟩ Silbe, mit deren Hilfe eine Verkleinerungsform gebildet wird, z.B. -chen, -lein

ver|klem|men ⟨V.1, hat verklemmt; refl.⟩ sich v. ⟨durch Verbiegung, Feuchtwerden oder Hindernis⟩ nicht mehr gebrauchsfähig sein; vgl. verklemmt; die Tür hat sich verklemmt; ein Maschinenteil hat sich verklemmt

ver|klemmt ⟨Adj., -er, am -esten⟩ gehemmt, befangen, innerlich unfrei, nicht fähig, sich natürlich zu verhalten (bes. in sexueller Hinsicht); er ist v.; ein etwas ~er junger Mann

Ver|klem|mung ⟨f.10⟩ Zustand des Verklemmtseins, innere Unfreiheit, Befangenheit; unter ~en leiden

ver|klin|gen ⟨V.69, ist verklungen; o.Obj.⟩ aufhören zu klingen; der Ruf, der Applaus verklang; das Motorengeräusch verklang in der Ferne

ver|klop|pen ⟨V.1, hat verkloppt; mit Akk.; ugs., bes. mdt.⟩ 1 →verhauen (I,1) 2 ⟨meist billig⟩ verkaufen; er hat sein Haus, sein Auto verkloppt

ver|klum|pen ⟨V.1, ist verklumpt; o.Obj.⟩ Klumpen bilden, klumpig werden; Blut verklumpt unter bestimmten Bedingungen

ver|knacken ⟨-k·k-; V.1, hat verknackt; mit Akk.; ugs.⟩ jmdn. v. ⟨wegen eines Vergehens, Verbrechens⟩ verurteilen; jmdn. wegen Diebstahls v.; man hat ihn zu fünf Jahren (Gefängnis) verknackt [eigtl. verknasten „bestrafen", zu Knast]

ver|knack|sen ⟨V.1, hat verknackst; mit Dat. (sich) und Akk.; ugs.⟩ sich etwas v. sich etwas verstauchen; sich den Fuß, den Knöchel v.

ver|knal|len ⟨V.1, hat verknallt; refl.; ugs.⟩ leicht abwertend) sich in ... v. →verlieben

ver|knap|pen ⟨V.1, hat verknappt⟩ I ⟨mit Akk.⟩ knapper machen, verkleinern; die Rationen v. II ⟨refl.⟩ sich v. knapp werden; die Lebensmittel haben sich spürbar verknappt

Ver|knap|pung ⟨f.10⟩ das Knapperwerden, das Sichverknappen

ver|knaut|schen ⟨V.1, hat verknautscht⟩ →verknittern

ver|knei|fen ⟨V.70, hat verkniffen⟩ I ⟨mit Akk.⟩ etwas v. sich etwas nicht merken lassen; vgl. verkniffen; den Schmerz v. II ⟨mit Dat. (sich) und Akk.⟩ sich etwas v. 1 etwas nicht zeigen, nicht tun; sich ein Lachen v. 2 auf etwas verzichten; sich eine scharfe Antwort, eine Rüge v.; ich konnte es mir nicht v., ihm das zu sagen

ver|knif|fen ⟨Adj.⟩ scharf in den Zügen, scharfe Falten aufweisend (infolge häufigen Ärgers, vieler Enttäuschungen oder infolge zu hellen Lichts); ein ~es Gesicht haben, machen

ver|knit|tern ⟨V.1, hat verknittert; mit Akk.⟩ etwas v. Falten in etwas bringen; Syn. verknautschen; ein Kleid im Koffer, beim Sitzen v.

ver|knö|chern ⟨V.1, ist verknöchert; o.Obj.⟩ 1 zu Knochen werden; ein Knorpel verknöchert 2 steif und unbeweglich werden; ein verknöchertes Alter 3 geistig unbeweglich, in den Ansichten, Gewohnheiten starr werden; ein verknöcherter Junggeselle

Ver|knö|che|rung ⟨f.10⟩ 1 ⟨nur Sg.⟩ das Verknöchern (1) 2 verknöcherte Stelle

ver|knor|peln ⟨V.1, ist verknorpelt; o.Obj.⟩ zu Knorpel werden; Gewebe verknorpelt

Ver|knor|pe|lung ⟨f.10⟩ 1 ⟨nur Sg.⟩ das Verknorpeln 2 verknorpelte Stelle

ver|kno|ten ⟨V.2, hat verknotet; mit Akk.⟩ zum Knoten verbinden; Syn. verknüpfen; zwei Fäden, Fadenenden v.

ver|knüp|fen ⟨V.1, hat verknüpft; mit Akk.⟩ 1 etwas v. →verknoten 2 etwas oder sich v. ⟨gedanklich⟩ verbinden, in Zusammenhang *bringen;* zwei Vorstellungen miteinander v.; uns v. gemeinsame Interessen; mit dieser Stadt v. sich für mich viele Erinnerungen

ver|knur|ren ⟨V.1, hat verknurrt; mit Akk.; ugs.⟩ jmdn. v. *ärgerlich machen;* ich habe ihn mit meiner Bemerkung verknurrt; er ist verknurrt *er ist verärgert, böse, beleidigt;* sie sind (miteinander) verknurrt *sie sind einander böse*

ver|knu|sen ⟨V.; nur in der Wendung⟩ jmdn. oder etwas nicht v. können *absolut nicht leiden können, nicht ausstehen können* [nddt., „zerquetschen, zermahlen, verdauen", zu *knusen* „quetschen, kneten"]

ver|ko|chen ⟨V.1⟩ I ⟨mit Akk.; hat verkocht⟩ 1 *beim Kochen verbrauchen;* einen Rest Fleisch mit v. 2 *etwas zu etwas v. etwas so lange kochen, bis etwas Bestimmtes daraus wird;* Saft und Zucker zu Sirup v. II ⟨o.Obj.; ist verkocht⟩ *so lange kochen, brodeln, bis es verdampft ist;* das Wasser ist verkocht III ⟨refl.; hat verkocht⟩ *sich beim Kochen auflösen;* die Mehlklümpchen v. sich

ver|koh|len[1] ⟨V.1⟩ I ⟨mit Akk.; hat verkohlt⟩ *zu einer kohleähnlichen Substanz machen;* Holz v. II ⟨o.Obj.; ist verkohlt⟩ *durch Verbrennen zu einer kohleähnlichen Substanz werden, sich mit einer kohleähnlichen Schicht überziehen;* die Balken sind verkohlt; verkohlte Leichen bergen

ver|koh|len[2] ⟨V.1, hat verkohlt; mit Akk.; ugs.⟩ jmdn. v. *zum Spaß etwas Unwahres erzählen;* ihr könnt mich nicht v.; laß dich nicht v.! [zu *Kohl*[2]]

Ver|koh|lung ⟨f.10⟩ *das Verkohlen*[1] (I)

ver|kom|men ⟨V.71, ist verkommen; o.Obj.⟩ 1 *den inneren Halt, die Selbstdisziplin verlieren, moralisch sinken und verwahrlosen;* er ist völlig v.; zwei ~e Typen 2 *verwahrlosen, schmutzig und baufällig werden, nicht mehr gepflegt und instand gehalten werden;* der Garten, das Haus v. lassen 3 *verderben, verschimmeln, verfaulen;* Lebensmittel v. lassen

Ver|kom|men|heit ⟨f., -, nur Sg.⟩ *Zustand des (bes. moralischen) Verkommenseins;* trotz seiner V.; in all seiner V. hat er sich noch einen Rest von Hoffnung bewahrt

ver|kon|su|mie|ren ⟨V.3, hat verkonsumiert; mit Akk.; ugs.⟩ *verbrauchen, aufessen*

ver|kop|peln ⟨V.1, hat verkoppelt; mit Akk.⟩ etwas v. *etwas mit etwas koppeln, verbinden;* die beiderseitigen Wünsche, Interessen v.; **Ver|kop|pe|lung, Ver|kopp|lung** ⟨f.10⟩

ver|kor|ken ⟨V.1, hat verkorkt; mit Akk.⟩ *mit Korken verschließen;* eine Flasche v.

ver|kork|sen ⟨V.1, hat verkorkst; mit Akk.⟩ 1 *verderben, falsch machen;* eine Arbeit v. 2 *durch falsche Behandlung unbrauchbar machen;* einen Mechanismus v.; sich den Magen v. *verderben;* psychisch verkorkst sein ⟨ugs.⟩ *nicht mehr ganz normal empfinden oder reagieren*

ver|kör|pern ⟨V.1, hat verkörpert; mit Akk.⟩ 1 *in seiner Person zum Ausdruck bringen;* er verkörpert wirkliche Nächstenliebe; Don Juan verkörpert das unersättliche Liebesverlangen 2 *auf der Bühne darstellen;* eine Rolle v., eine literarische Gestalt v. **Ver|kör|pe|rung** ⟨f.10⟩

ver|ko|sten ⟨V.2, hat verkostet; mit Akk.; landsch.⟩ *kosten*[1]

ver|kö|sti|gen ⟨V.1, hat verköstigt; mit Akk.⟩ jmdn. v. *jmdn. regelmäßig mit Speise versorgen*

Ver|kö|sti|gung ⟨f.10⟩ *das Verköstigen, das Verköstigtwerden;* Unterkunft mit V.

ver|kra|chen ⟨V.1⟩ I ⟨o.Obj.; ist verkracht⟩ *scheitern, verbotenerweise nicht zum Ziel kommen;* er ist eine verkrachte Existenz; ein verkrachter Geschäftsmann; ein verkrachter Student *jmd., der sein Studium nicht zu Ende geführt hat* II ⟨refl.; hat verkracht⟩ sich v. ⟨ugs.⟩ *Streit miteinander haben;* sie haben sich verkracht *sie sind miteinander böse;* mit jmdm. verkracht sein

ver|kraf|ten ⟨V.2, hat verkraftet; mit Akk.⟩ etwas v. 1 *die Kraft haben, mit etwas fertig zu werden, etwas zu bewältigen;* eine schwere Arbeit v.; einen Schicksalsschlag v. 2 ⟨ugs.⟩ *essen können;* ein drittes Stück verkrafte ich nicht mehr 3 *mit Kraftstrom ausstatten, auf Kraftverkehr umstellen*

ver|kramp|fen ⟨V.1, hat verkrampft; refl.⟩ Ggs. *entkrampfen;* sich v. 1 *sich krampfartig zusammenziehen und verkrampft bleiben;* Muskeln v. sich; sich in etwas v. *krampfhaft etwas fassen und festhalten;* seine Hände hatten sich vor Schmerz in die Kissen verkrampft 2 ⟨übertr.⟩ *unfrei im Benehmen werden, sich nicht mehr natürlich verhalten können;* er ist verkrampft; ein verkrampftes Lächeln *ein unnatürliches, gezwungenes Lächeln*

Ver|kramp|fung ⟨f.10⟩ *das Verkrampftsein;* seine V. lockern

ver|krie|chen ⟨V.73, hat verkrochen; refl.⟩ sich v. *sich (in einer Ecke, in einer Höhle o.ä.) verbergen, verstecken;* Tiere v. sich, wenn ihnen etwas fehlt; der Hund verkroch sich unterm Sofa; er hat sich ins Bett verkrochen ⟨scherzh.⟩ *er ist zu Bett gegangen;* ich hätte mich am liebsten in ein Mauseloch verkrochen (so peinlich war es mir); mein Schlüssel hat sich in der Tasche verkrochen ⟨scherzh.⟩ *ich finde den Schlüssel in der Tasche nicht*

ver|krü|meln ⟨V.1, hat verkrümelt⟩ I ⟨mit Akk.⟩ *in Krümeln verstreuen;* Brot (auf dem Tisch, auf dem Teppich) v. II ⟨refl.⟩ sich v. 1 ⟨übertr., ugs.⟩ *nach und nach entfernen;* die Gäste haben sich in den verschiedenen Räumen verkrümelt; die Fahrkarte hat sich irgendwohin verkrümelt ⟨scherzh.⟩ *die Fahrkarte ist verschwunden, ich finde sie nicht*

ver|krüm|men ⟨V.1, hat verkrümmt⟩ I ⟨mit Akk.⟩ *krumm machen, verbiegen* II ⟨refl.⟩ sich v. *krumm werden;* sein Rückgrat hat sich verkrümmt

Ver|krüm|mung ⟨f.10⟩ 1 ⟨nur Sg.⟩ *das Sichverkrümmen* 2 *verkrümmte Form* (Rückgrat~)

ver|krüp|pelt ⟨Adj., o.Steig.⟩ Syn. *krüppelig* 1 *unnormal, nicht in der richtigen Form gewachsen;* er ist v.; ~e Füße; er ist psychisch v. ⟨übertr.⟩ *er ist psychisch stark gestört* 2 *nach Verletzung nicht mehr in die normale Lage, Stellung zurückgekehrt;* ihre Hände sind seit dem Unfall v.

ver|kru|sten ⟨V.2, ist verkrustet; o.Obj.⟩ 1 *zur Kruste werden, eine Kruste bilden;* Blut verkrustet 2 *sich mit einer Kruste bedecken;* die Wunde ist verkrustet

ver|küh|len ⟨V.2, hat verkühlt; refl.⟩ sich v. *sich erkälten* **Ver|küh|lung** ⟨f.10⟩

ver|küm|mern ⟨V.1, ist verkümmert; o.Obj.⟩ 1 *die Lebenskraft verlieren und langsam absterben;* die Pflanzen, Triebe, Knospen sind verkümmert 2 *sich nicht voll entwickeln, sich zurückbilden;* ein verkümmertes Organ 3 ⟨übertr.⟩ *sich geistig, gefühlsmäßig nicht entfalten können, nicht mehr wirksam sein können;* er verkümmert in dem kleinen Ort, in dem er keine Ansprache hat

ver|kün|den ⟨V.2, hat verkündet; mit Akk.⟩ 1 *bekanntgeben, offiziell mitteilen;* das Urteil v. 2 *betont, nachdrücklich sagen;* er verkündete (triumphierend), daß er gewonnen habe

ver|kün|di|gen ⟨V.1, hat verkündigt; mit Akk.⟩ 1 *feierlich mitteilen;* das Evangelium v. 2 ⟨selten⟩ *verkünden*

Ver|kün|di|gung ⟨f.10⟩ 1 ⟨nur Sg.⟩ *das Verkündigen* 2 ⟨Kunst⟩ *Darstellung der Verkündigung Marias durch den Engel;* in der Kirche hängt eine schöne V.

ver|kup|peln ⟨V.1, hat verkuppelt; mit Akk.⟩ 1 *etwas v. beweglich, lösbar verbinden;* zwei Wagen, Anhänger v. 2 jmdn. v. a *die Tochter v. die Tochter mit einem Mann um des eigenen Vorteils willen verheiraten* b *jmdn. an jmdn. v. jmdn. mit jmdm. gegen Bezahlung zum Zweck des Geschlechtsverkehrs zusammenbringen*

ver|kür|zen ⟨V.1, hat verkürzt⟩ I ⟨mit Akk.⟩ *kürzer machen;* einen Rock v.; eine Zeitspanne, Frist v.; einen Arbeitsablauf v.; eine Figur (oder einen Teil einer Figur) auf einem Bild perspektivisch v. *in der Perspektive kürzer darstellen, als es den Proportionen entspricht* II ⟨refl.⟩ sich v. *kürzer werden;* sein krankes Bein hat sich im Lauf der Jahre verkürzt

ver|la|chen ⟨V.1, hat verlacht; mit Akk.⟩ *auslachen*

Ver|lad ⟨m.1; schweiz.⟩ →*Verladung*

ver|la|den ⟨V.74, hat verladen; mit Akk.⟩ etwas oder Personen v. *zur Beförderung auf ein Fahrzeug bringen;* Güter, Truppen v.

Ver|la|der ⟨m.5⟩ jmd., *der ein Unternehmen Waren zum Versand übergibt*

Ver|la|dung ⟨f.10⟩ *das Verladen;* auch: ⟨schweiz.⟩ *Verlad*

Ver|lag ⟨m.1, österr. auch m.2⟩ 1 *Unternehmen zur Veröffentlichung von Literatur-, Musikwerken o.ä.* (Kunst~, Musik~, Zeitschriften~); Syn. *Verlagsanstalt* 2 ⟨nur Sg.; schweiz.⟩ a *Aufwand* b *das Herumliegen* (von Gegenständen)

ver|la|gern ⟨V.1, hat verlagert⟩ I ⟨mit Akk.⟩ etwas v. *etwas (an einen anderen Ort) bringen;* im Krieg wurden wertvolle Gegenstände an sichere Orte verlagert; das Gewicht von einem Bein aufs andere v. II ⟨refl.⟩ sich v. *seinen Standort, seine Lage ändern;* sein Organ hat sich verlagert; im Hochdruckgebiet verlagert sich nach Osten, Westen **Ver|la|ge|rung** ⟨f.10⟩

Ver|lags|an|stalt ⟨f.10⟩ →*Verlag* (1)

Ver|lags|buch|han|del ⟨m., -s, nur Sg.⟩ *Teil des Buchhandels, in dem Bücher verlegt und vertrieben werden*

Ver|lags|buch|hand|lung ⟨f.10⟩ *einem Verlag (1) angeschlossene Buchhandlung*

Ver|lags|ver|trag ⟨m.2⟩ *Vertrag zwischen Autor und Verleger*

Ver|lags|we|sen ⟨n., -s, nur Sg.⟩ *Gesamtheit aller Vorgänge, die mit dem Verlegen*[1] (I,4) *zusammenhängen*

ver|lam|men ⟨V.1, hat verlammt; o.Obj.; bei Schafen, Ziegen⟩ →*verwerfen* (II)

ver|lan|den ⟨V.2, ist verlandet; o.Obj.⟩ *allmählich zu Land werden;* ein See verlandet **Ver|lan|dung** ⟨f.10⟩

ver|lan|gen ⟨V.1, hat verlangt⟩ I ⟨mit Akk.⟩ 1 *haben wollen, beanspruchen;* er verlangt für diese Arbeit (ein Honorar von) 500 DM; er hat nichts dafür verlangt 2 *nachdrücklich wünschen, fordern;* ich verlange unbedingte Pünktlichkeit; etwas Höflichkeit kann man wohl v. 3 *erfordern;* die Handhabung des Gerätes verlangt einiges Fingerspitzengefühl II ⟨mit Präp.obj.⟩ 1 nach etwas v. *etwas sehr gern haben wollen;* nach Speise v.; nach Liebe v. 2 nach jmdm. v. *Sehnsucht nach jmdm. haben, jmdn. bei sich haben wollen, wollen, daß jmd. kommt;* das Kind verlangt nach der Mutter; der Kranke verlangt nach dem Arzt

Ver|lan|gen ⟨n., -s, nur Sg.⟩ 1 *Wunsch, Forderung;* jmds. V. nachgeben; ich habe ihm auf sein (ausdrückliches) V. hin die Briefe gegeben; V. nach Speise haben 2 *Sehnsucht;* V. nach jmdm. haben

ver|län|gern ⟨V.1, hat verlängert; mit Akk.⟩ 1 *länger machen;* einen Rock v. 2 ⟨zeitlich⟩ *länger dauern lassen, ausdehnen;* einen Aufenthalt v.; einen Vertrag v. 3 *verdünnen;* eine Soße mit Wasser, Brühe v. **Ver|län|ge|rung** ⟨f.10⟩

Ver|län|ge|rungs|ka|bel ⟨n.5⟩, **Ver|län|ge|rungs|schnur** ⟨f.2 oder f.10⟩ *Kabel, mit dem eine Verbindung zwischen dem zu kurzen Kabel eines Gerätes und dem elektrischen Anschluß geschaffen wird*

ver|läp|pern ⟨V.1, hat verläppert; mit Akk.; ugs.⟩ **1** *in kleinen Beträgen ausgeben;* sein Geld v. **2** *vergeuden;* Zeit mit Warten v.

Ver|laß ⟨m.; nur in den Wendungen⟩ auf jmdn. ist (kein) V. *man kann sich auf jmdn. (nicht) verlassen*

ver|las|sen ⟨V.75, hat verlassen⟩ **I** ⟨mit Akk.⟩ **1** etwas oder jmdn. v. *von etwas oder jmdm. weggehen, sich entfernen;* eine Stadt, seine Heimat v.; er verläßt im Herbst die Schule; wir verließen die Straße und bogen in einen Feldweg ein; er hat soeben das Haus v. *er ist eben weggegangen;* der Brief hat heute das Haus v. *der Brief ist heute weggeschickt worden;* ich verlasse euch jetzt *ich muß jetzt gehen;* willst du uns schon v.? *mußt du schon gehen?;* eine verlassene Gegend *eine öde, menschenleere Gegend;* der Platz lag v. im Sonnenlicht *menschenleer, ausgestorben* **2** jmdn., ein Tier v. *im Stich lassen, von jmdm., einem Tier weggehen und ihn, es allein (und zumeist hilflos) zurücklassen;* die Vogelmutter hat das Junge v.; und da verließen sie ihn (erg.: die Gedanken, die guten Geister o. ä.) ⟨ugs.⟩ *da wußte er nicht weiter;* du bist wohl von allen guten Geistern v.? ⟨ugs.⟩ *du bist wohl nicht gescheit?;* was denkst du dir eigentlich?; er war ganz v.; das Kind saß v. *die allein und einsam;* er sah v.; er sah so einsam aus **II** ⟨refl.⟩ **1** sich auf etwas v. *damit rechnen, daß etwas geschieht, daß etwas getan wird, daß etwas richtig, wahr ist;* ich verlasse mich darauf, daß ihr pünktlich kommt; sich auf jmds. Aussage, Zusage, Urteil v.; so ist es, verlaß dich drauf! ⟨ugs.⟩ *du kannst sicher sein, daß es so ist* **2** sich auf jmdn. v. *damit rechnen, daß jmd. etwas tut oder weiß;* ich habe mich auf dich v., ich kann mich immer v. *er ist zuverlässig*

Ver|las|sen|heit ⟨f., -, nur Sg.⟩ *Zustand des Verlassenseins, Einsamkeit;* in seiner V. ging er auf die Straße und sprach den Nächstbesten an

ver|läß|lich ⟨Adj.⟩ *so beschaffen, daß man sich darauf, auf ihn, sie verlassen kann, zuverlässig* **Ver|läß|lich|keit** ⟨f., -, nur Sg.⟩

Ver|laub ⟨m.; nur noch in der Wendung⟩ mit V. *mit ihrer Erlaubnis*

Ver|lauf ⟨m.2⟩ *das Verlaufen, Ablauf, Entwicklung;* die Sache nahm einen guten V.; im V. der Zeit

ver|lau|fen ⟨V.76⟩ **I** ⟨o.Obj.; ist verlaufen⟩ **1** *vergehen, verstreichen, ablaufen;* die Zeit ist rasch v. **2** *vonstatten gehen, ablaufen;* die Sache ist reibungslos v.; die Reise ist glatt v.; die Prüfung ist gut v. **3** *in eine Richtung führen, sich auf bestimmte Weise erstrecken;* der Weg verläuft auf halber Höhe über dem Tal; der Weg verläuft schnurgerade; der Fluß, die Straße verläuft in Windungen; die Sache ist im Sande v. *die Sache ist ohne Ergebnis zu Ende gegangen, und man spricht nicht mehr von ihr* **II** ⟨refl.; hat verlaufen⟩ sich v. **1** *auseinanderlaufen und versickern;* das Wasser hat sich v. **2** *sich nach allen Seiten entfernen;* die Menschen haben sich, die Menge hat sich v. **3** → *verirren* (1)

ver|laust ⟨Adj.⟩ *von Läusen befallen;* ~e Haare; ~er Blumenstock

ver|laut|ba|ren ⟨V.1⟩ **I** ⟨mit Akk.⟩ *offiziell bekanntmachen, mitteilen;* man hat verlautbart, daß erste Ergebnisse bereits vorliegen **II** ⟨o.Obj.; ist verlautbart⟩ *bekanntwerden;* von amtlicher Seite ist verlautbart, daß ...

Ver|laut|ba|rung ⟨f.10⟩ *das Verlautbaren;* amtliche V.

ver|lau|ten ⟨V.2⟩ **I** ⟨o.Obj.; ist verlautet⟩ *bekanntwerden, gesagt werden, an die Öffentlichkeit dringen;* es ist noch nichts davon verlautet, daß ... **II** ⟨mit Akk.; hat verlautet⟩ *mitteilen, bekanntmachen;* er hat noch nichts (davon) verlautet; hat er schon etwas v. lassen, daß ...?

ver|le|ben ⟨V.1, hat verlebt; mit Akk.⟩ etwas v. **1** *verbringen, zubringen;* wir haben eine schöne Zeit verlebt **2** *während etwas (einer Zeit) sein, sich befinden;* den Sommer auf dem Land v. **3** *zum Leben, für den Lebensunterhalt verbrauchen;* seine Ersparnisse v.

ver|lebt ⟨Adj., -er, am -esten⟩ *infolge ausschweifenden, ungesunden Lebens verbraucht, elend;* er sieht verlebt aus; ein ~es Gesicht; ein ~er Kerl ⟨ugs.⟩

ver|le|gen¹ ⟨V.1, hat verlegt⟩ **I** ⟨mit Akk.⟩ etwas v. **1** *etwas so aufheben, daß man es nicht wiederfindet;* die Brille, den Schlüssel v. **2** *den Ort von etwas verändern, etwas an einen anderen Ort legen;* eine Haltestelle v.; sein Geschäft v.; er hat seinen Wohnsitz nach Hamburg verlegt **3** *auf einen anderen Zeitpunkt legen, verschieben;* ein Konzert, eine Verabredung v.; die Aufführung ist auf Dienstag verlegt worden; er hat in seinem Roman die Handlung ins 18. Jahrhundert verlegt **4** *veröffentlichen;* die Brille, den Verlag X verlegt Kinderbücher **5** *versperren;* jmdm. den Weg v. **6** *legen, anbringen, einbauen;* Rohre v.; Leitungen v.; Fliesen v. **II** ⟨refl.⟩ sich v. auf etwas v. *jetzt an etwas betreiben, etwas von nun an tun;* er hat sich auf das Schreiben von Reportagen verlegt

ver|le|gen² ⟨Adj.⟩ *befangen, beschämt, peinlich berührt;* v. lächeln; nie um eine Ausrede v. sein *immer eine Ausrede wissen* [urspr. „durch zu langes Liegen schlecht geworden"]

Ver|le|gen|heit ⟨f.10⟩ **1** ⟨nur Sg.⟩ *das Verlegensein, Beschämtsein* **2** *(bes. finanziell) unangenehme Lage;* jmdm. aus einer V. helfen

Ver|le|ger ⟨m.5⟩ *jmd., der Bücher oder Zeitschriften verlegt*

ver|le|ge|risch ⟨Adj., o.Steig.⟩ *in der Art eines Verlegers;* v. tätig sein

Ver|le|gung ⟨f.10⟩ *das Verlegen* (I, 2, 6)

ver|lei|den ⟨V.2, hat verleidet; mit Dat. und Akk.⟩ jmdm. etwas v. *jmdm. die Freude an etwas nehmen;* Syn. ⟨ugs.⟩ vermiesen; er hat mir den Urlaub verleidet

Ver|leih ⟨m.1⟩ **1** ⟨nur Sg.⟩ *das Verleihen* (I) **2** *Unternehmen, das gegen Bezahlung Gegenstände, Filme o. ä. verleiht* (Film~)

ver|lei|hen ⟨V.78, hat verliehen⟩ **I** ⟨mit Akk.⟩ etwas v. *leihweise hergeben;* Syn. verborgen¹, verpumpen; Bücher v.; Geld v. **II** ⟨mit Dat. und Akk.⟩ jmdm. etwas (für ein Verdienst) feierlich geben; jmdm. einen Orden, einen Titel v.; jmdm. eine Ehrenurkunde v.

Ver|lei|hung ⟨f.10⟩ *das Verleihen* (II)

ver|lei|ten ⟨V.2, hat verleitet; mit Akk.⟩ jmdn. zu etwas v. *bewirken, daß jmd. etwas tut (was verboten oder nicht recht ist);* jmdn. zum Lügen, zum Diebstahl v.; jmdn. dazu v., in verrufene Lokale zu gehen

ver|leit|ge|ben ⟨V., nur im Infinitiv; mit Akk.⟩ *ausschenken;* Bier, Obstwein v. [< mhd. *litgeben* „ausschenken", zu *litgebe* „Schenkwirt", < *lit* „Obstwein, Gewürzwein" und *geben*]

ver|ler|nen ⟨V.1, hat verlernt; mit Akk.⟩ *etwas, was man gelernt hat, wieder vergessen oder nicht mehr können;* eine Sprache v.; das Klavierspielen v.; Radfahren verlernt man nicht

ver|le|sen ⟨V.79, hat verlesen⟩ **I** ⟨mit Akk.⟩ etwas v. **1** *(zur Kontrolle, zur Information) vorlesen;* Namen v.; eine Bekanntmachung v. **2** *schlechte Stücke aus etwas entfernen;* Beeren v. **II** ⟨refl.⟩ *sich v. falsch lesen, beim Lesen etwas übersehen;* da muß ich mich v. haben

Ver|le|sung ⟨f.10⟩ *das Verlesen* (I, 1)

ver|let|zen ⟨V.1, hat verletzt⟩ ⟨mit Akk.⟩ etwas v. **1** *beschädigen, einer Sache einen Schaden zufügen;* ein Siegel, eine Briefmarke v.; jmds. Gefühle, jmds. Eitelkeit v. *nicht achten, kränken* **2** jmdn. oder sich v. *jmdm. oder sich eine Wunde zufügen, zuziehen;* jmdn., sich an der Hand, am Kopf v.; er hat sich bei dem Sturz das Rückgrat verletzt **3** jmdn. v. *etwas tun, ohne auf jmds. Gefühle zu achten, jmdn. kränken;* jmdn. mit einer Bemerkung v.; ~de Worte, er kann sehr ~d sein **II** ⟨mit Dat. (sich) und Akk.⟩ sich etwas v. *sich eine Wunde an etwas zufügen, zuziehen;* ich habe mir die Hand verletzt

ver|letz|lich ⟨Adj.⟩ *leicht verletzbar, empfindlich* [zu *verletzen* (II, 3)] **Ver|letz|lich|keit** ⟨f., -, nur Sg.⟩

Ver|let|zung ⟨f.10⟩ **1** *das Verletzen* **2** *verletzter Körperteil, Wunde;* Syn. *Blessur;* äußere, innere V.

ver|leug|nen ⟨V.2, hat verleugnet; mit Akk.⟩ **1** etwas v. *etwas verbergen, so tun, als ob etwas nicht vorhanden sei;* seine Ideale v. *(um eines Vorteils willen);* er versucht durch großspuriges Auftreten seine bescheidene Herkunft zu v.; er kann seine Muttersprache nicht v. *man hört ihm seine Muttersprache immer noch an (obwohl er die fremde Sprache sehr gut spricht)* **2** jmdn. v. *so tun, als ob man jmdn. nicht kennte;* seine Freunde v. **3** jmdn. v. *so tun, als ob jmd. oder man selbst nicht da sei (wenn es klingelt);* sich v. lassen *jmdn. sagen lassen, man sei nicht da*

ver|leum|den ⟨V.2, hat verleumdet; mit Akk.⟩ jmdn. v. *Übles, Nachteiliges über jmdn. reden;* jmdn. als unehrlich v. *erklären, daß jmd. unehrlich sei*

ver|leum|de|risch ⟨Adj.⟩ *in der Art eines Verleumders, einer Verleumdung, andere verleumdend*

Ver|leum|dung ⟨f.10⟩ **1** ⟨nur Sg.⟩ *das Verleumden* **2** *Äußerung, durch die jmd. verleumdet wird*

ver|lie|ben ⟨V.1, hat verliebt; refl.⟩ sich v. *Liebe in sich entstehen lassen;* Syn. ⟨volkstümlich, †⟩ vergaffen, ⟨sämtlich ugs.⟩ vergucken, verknallen, verschießen; er verliebt sich oft; er hat sich wieder einmal verliebt; er ist glücklich, unglücklich verliebt; sich in jmdn. v. *Liebe für jmdn. in sich aufsteigen fühlen;* sich in etwas v. ⟨ugs.⟩ *etwas sehr schön, reizend finden;* ich habe mich in diese Stadt verliebt

Ver|liebt|heit ⟨f., -, nur Sg.⟩ *Zustand des Verliebtseins*

ver|lie|ren ⟨V.171, hat verloren⟩ **I** ⟨mit Akk.⟩ **1** etwas v. **a** *etwas, ohne es zu merken, fallen lassen, an einem Ort lassen und nicht wiederfinden;* Sie haben etwas verloren!; Ihnen ist etwas hinuntergefallen!; einen Gegenstand v. *dort habe ich nichts verloren dort gefällt es mir nicht, dorthin mag ich nicht gehen;* er hat nichts mehr zu v. ⟨übertr.⟩ *seine Lage kann nicht noch schlechter werden als sie schon ist;* einen verlorenen Gegenstand finden; das kleine Bild nimmt sich so verloren an der großen Wand aus *es wirkt so einsam und nicht passend;* Guß aus verlorener Form *Guß aus einer Form, die nur einmal verwendet wird* **b** *weggeben, weggehen lassen, verschwinden lassen, zulassen, daß etwas weggeht, sich entfernt, verschwindet;* er hat viel Blut verloren *er hat stark geblutet;* beim Spiel Geld v.; sein Herz an jmdn. v. *sich in jmdn. verlieben;* den Mut v.; *darüber braucht man kein Wort zu v.* ⟨übertr.⟩ *darüber braucht man nicht zu sprechen (da es selbstverständlich ist);* wir haben durch den Umweg viel Zeit verloren **c** *etwas (infolge Krankheit, Unfalls, Ärgers, Schrecks o. ä.) plötzlich nicht mehr haben;* er hat im Krieg ein Bein verloren; das Augenlicht v. *blind werden;* die Geduld v. *ungeduldig werden;* die Beherrschung, die Fassung v. **d** *nach und nach abgeben;* der Kaffee verliert das Aroma, wenn man ihn offen stehen läßt; der Stoff hat mit der Zeit alle Farbe verloren **e** *nicht gewinnen, bei etwas der Unterlegene bleiben;* einen Kampf v.; eine

Wette v. **2** jmdn. v. *jmdn. plötzlich nicht mehr haben, jmdn. plötzlich hergeben müssen;* sie hat ihren Mann verloren *ihr Mann ist gestorben;* sie hat ihren Mann durch einen Unfall verloren *ihr Mann ist bei einem Unfall ums Leben gekommen;* einander, ⟨ugs.⟩ *v. sich (ungewollt) voneinander entfernen;* wir haben uns im Gedränge verloren; sich verloren vorkommen *sich verlassen, einsam vorkommen;* sich in einer großen Stadt, in einem großen Raum verloren fühlen; jmdn. verloren geben *die Hoffnung aufgeben, jmdn. noch zu finden;* er ist verloren *er wird sterben, umkommen;* wenn du das tust, dann bist du verloren *dann bist du ruiniert;* der verlorene Sohn, *der von zu Hause fortgelaufen ist,* ⟨auch übertr.⟩ *jmd., von dem man schon sehr lange nichts mehr gehört und gesehen hat* **II** ⟨o.Obj.⟩ *an Schönheit verlieren, weniger schön werden;* sie hat durch die neue Frisur verloren; das Zimmer verliert, wenn man zu viele Bilder aufhängt **III** ⟨refl.⟩ *v. verschwinden;* der Geruch verliert sich mit der Zeit; die Spur verlor sich im Gebüsch; sein anfänglicher Eifer hat sich verloren; sich in Gedanken v. *in Gedanken versinken;* in Gedanken verloren dasitzen, ins Weite schauen
Ver|lies ⟨n.1⟩ *unterirdisches Gefängnis, Kerker* [zu mhd. *verliesen* „verlieren", also etwa „Ort, an dem man sich verliert"]
ver|lo|ben ⟨V.1, hat verlobt⟩ **I** ⟨mit Dat. und Akk. oder mit Akk.; †⟩ jmdn. mit jmdm. v. *jmdm. jmdm. zur Ehe versprechen, die Verlobung zwischen zwei Personen vollziehen;* er hat seine Tochter (mit) dem Nachbarssohn verlobt **II** ⟨refl.⟩ sich v., sich mit jmdm. v. *die Verlobung mit jmdm. eingehen, schließen, jmdm. versprechen, ihn zu heiraten;* Ggs. entloben; sie hat sich (mit ihm) verlobt; mein Verlobter *mein Bräutigam;* meine Verlobte *meine Braut*
Ver|löb|nis ⟨n.1; geh.⟩ →*Verlobung*
Ver|lo|bung ⟨f.10⟩ auch: ⟨geh.⟩ *Verlöbnis* **1** *das Sichverloben;* ihre V. geben bekannt **2** *Feier aus diesem Anlaß*
Ver|lo|bungs|ring ⟨m.1⟩ *Ring, mit dem eine Verlobung (1) angezeigt wird*
ver|lo|cken ⟨-k·k-; V.1; hat verlockt; mit Akk.⟩ jmdn. (zu etwas) v. *jmdn. locken, verleiten (etwas zu tun);* das schöne Wetter verlockt mich zu einem Spaziergang; die bunte Platte sieht ∼d aus; das klingt recht ∼d
Ver|lo|ckung ⟨-k·k-; f.10⟩ *das Verlocken, Lockung;* einer V. widerstehen
ver|lo|gen ⟨Adj.⟩ **1** *häufig lügend;* ein ∼er Kerl **2** *nicht wahrhaftig;* ∼e Moral **Ver|lo|gen|heit** ⟨f.10⟩
ver|loh|nen ⟨V.1, hat verlohnt⟩ →*lohnen (II,III)*
ver|lo|ren|ge|hen ⟨V.47, ist verlorengegangen; o.Obj.⟩ *abhanden kommen, plötzlich verschwinden;* Syn. ⟨ugs.⟩ *verschüttgehen;* von den ursprünglich sechs Figuren ist eine verlorengegangen; an ihm ist ein Musiker verlorengegangen ⟨übertr.⟩ *er ist so musikalisch, daß er hätte Musiker werden sollen (oder können)*
ver|lö|schen ⟨V.30 oder V.1, ist verloschen oder verlöscht⟩ *erlöschen, aufhören zu brennen;* die Sterne v. am Himmel; das Licht verlosch, verlöschte
ver|lo|sen ⟨V.1, hat verlost; mit Akk.⟩ *etwas v. durch Los bestimmen, wer etwas bekommen soll;* Gewinne, Preise v.; eine Waschmaschine (bei einer Tombola) v.
Ver|lo|sung ⟨f.10⟩ *das Verlosen, Verteilung mittels Losen*
ver|lot|tern ⟨V.1, ist verlottert; o.Obj.⟩ **1** *immer ungepflegter, schmutziger, unordentlicher werden;* eine Wohnung, einen Garten v. lassen **2** *die Selbstdisziplin verlieren, kein geregeltes Leben mehr führen;* er verlottert immer allmählich
Ver|lust ⟨m.1⟩ **1** *das Verlieren (I);* der V. eines Gegenstandes; der V. seines Beines im Krieg hat ihn schwer getroffen; der V. eines Menschen, eines Verwandten; einen (schweren) V. erleiden; in V. geraten *verlorengehen* **2** *Einbuße;* geschäftliche ∼e; die Truppen hatten einen ∼e; der V. geht in die Tausende **3** *fehlender Ertrag, Ertrag, der geringer als die damit verbundenen Unkosten ist;* etwas mit V. verkaufen
ver|lu|stie|ren ⟨V.3, hat verlustiert; refl.⟩ sich v. *sich zum Vergnügen mit etwas beschäftigen, etwas aus Vergnügen tun;* ⟨oft abwertend⟩ sich damit v., Vorübergehende mit Papierkugeln zu bewerfen
ver|lu|stig ⟨Adj.; mit Gen.; nur in der Fügung⟩ einer Sache v. gehen *etwas verlieren, einbüßen*
ver|ma|chen ⟨V.1, hat vermacht; mit Dat. und Akk.⟩ etwas v. jmdm. etwas *(durch Testament) zukommen lassen, schenken, vererben;* jmdm. (testamentarisch) ein Grundstück, Geld, Schmuck v.
Ver|mächt|nis ⟨n.1⟩ **1** *Hinterlassenschaft;* das V. der Vorzeit **2** *letzter Wille, Testament;* das V. des Vaters [zu *vermachen*]
ver|mäh|len ⟨V.1, hat vermählt; geh.⟩ →*verheiraten*
Ver|mäh|lung ⟨f.10; geh.⟩ *das Sichvermählen, Hochzeit*
ver|mah|nen ⟨V.1, hat vermahnt; mit Akk.⟩ *ermahnen* **Ver|mah|nung** ⟨f.10⟩
ver|ma|le|dei|en ⟨V.1, hat vermaledeit; mit Akk.; †⟩ *verfluchen;* ⟨nur noch als Part. Perf. in Wendungen wie⟩ dieser vermaledeite Leim hält nicht [< mhd. *vermaledien*, „verwünschen, verfluchen", über altfrz. *maldire* „verfluchen", < lat. *maledicere* „lästern, schmähen", < *male* „schlecht, übel" und *dicere* „reden"]
ver|männ|li|chen ⟨V.1, hat vermännlicht⟩ **I** ⟨mit Akk.⟩ *(im Aussehen und Verhalten) einem Mann angleichen;* Hochleistungssport, schwere körperliche Arbeit vermännlicht manche Frauen **II** ⟨refl.⟩ sich v. *männliches Aussehen, Gehabe annehmen*
ver|mark|ten ⟨V.2, hat vermarktet; mit Akk.⟩ **1** *in die Öffentlichkeit bringen und Geld damit verdienen;* seine Begabung v. **2** *auf den Markt bringen;* Vieh v. **Ver|mark|tung** ⟨f.10⟩
ver|mas|seln ⟨V.1, hat vermasselt; mit Akk.; ugs.⟩ *etwas v. etwas falsch machen, einen Fehler bei etwas machen;* er hat ihm das Geschäft vermasselt
ver|mas|sen ⟨V.1⟩ **I** ⟨o.Obj.; ist vermaßt⟩ *in der Masse aufgehen; ... daß die einzelnen, die individuellen Begabungen v.* **II** ⟨hat vermaßt⟩ *zur Massenware machen;* handwerkliche Kunst durch die Industrie v.
Ver|mas|sung ⟨f., -, nur Sg.⟩
ver|mau|ern ⟨V.1, hat vermauert; mit Akk.⟩ *durch eine Mauer, durch Steine und Mörtel schließen;* die Öffnung v.; ein Fenster v.
ver|meh|ren ⟨V.1, hat vermehrt⟩ **I** ⟨mit Akk.⟩ *etwas v. größer machen, etwas zu etwas hinzufügen, mehr aus etwas machen;* seinen Besitz, sein Vermögen v.; seine Anstrengungen v. *sich noch mehr anstrengen;* vermehrte Absonderungen; vermehrtes Schlafbedürfnis **II** ⟨refl.⟩ sich v. *mehr werden;* seine Arbeit vermehrt sich zusehends **2** *Nachkommen zeugen, sich fortpflanzen* **Ver|meh|rung** ⟨f.10⟩
ver|meid|bar ⟨Adj., o.Steig.⟩ *so beschaffen, daß es sich vermeiden läßt;* Syn. *vermeidlich*
ver|mei|den ⟨V.82, hat vermieden; mit Akk.⟩ etwas v. *etwas nicht tun, es nicht zu etwas kommen lassen;* einen Fehler v.; er vermied es, davon zu sprechen; es wird sich nicht v. lassen, ihn einzuladen
ver|meid|lich ⟨Adj., o.Steig.⟩ →*vermeidbar*
Ver|mei|dung ⟨f., -, nur Sg.⟩ *das Vermeiden;* unter V. von Vorwürfen jmdm. etwas mitteilen

ver|meil ⟨[vɛrmɛj] Adj., o.Steig. o.Dekl.⟩ *hochrot* [frz., < lat. *vermiculus* „Scharlachwurm" (Koschenilleschildlaus), danach übertr. „Scharlachfarbe", eigtl. „Würmchen", Verkleinerungsform von *vermis* „Wurm"]
Ver|meil ⟨[vɛrmɛj] n., -s, nur Sg.⟩ *schwach feuervergoldetes Silber, bei dem der Silberton noch durchschimmert*
ver|mei|nen ⟨V.1, hat vermeint; mit Akk.⟩ *meinen, irrtümlich annehmen;* ich vermeinte ein Geräusch zu hören
ver|meint|lich ⟨Adj., o.Steig⟩ *fälschlicherweise dafür angesehen, gehalten;* der ∼e Betrüger
ver|mel|den ⟨V.2, hat vermeldet; mit Akk.⟩ *melden, mitteilen, berichten;* es gibt nichts Neues zu v.; ich habe zu v., daß ...
ver|men|gen ⟨V.1, hat vermengt; mit Akk.⟩ **1** →*vermischen (I,1)* **2** *durcheinanderbringen, verwechseln;* du vermengst die Begriffe
ver|mensch|li|chen ⟨V.1, hat vermenschlicht; mit Akk.⟩ *mit menschlichen Eigenschaften, menschlicher Denkweise ausstatten, menschlich machen, den Menschen angleichen;* Tiere in einer Erzählung (zu sehr) v.
Ver|mensch|li|chung ⟨f.10⟩
Ver|merk ⟨m.1⟩ *kurze Notiz, Anmerkung;* einen V. in einer Kartei machen
ver|mer|ken ⟨V.1, hat vermerkt; mit Akk.⟩ **1** *in Stichworten aufschreiben; etwas im Kalender v., etwas am Rand (einer Aufzeichnung) v.;* das sei nur am Rande vermerkt *das will ich nur nebenbei sagen* **2** *zur Kenntnis nehmen;* etwas übel v. *etwas jmdm. übelnehmen*
ver|mes|sen[1] ⟨V.84, hat vermessen⟩ **I** ⟨mit Akk.⟩ *die Maße von etwas feststellen, etwas ausmessen;* Gelände v. **II** ⟨refl.⟩ sich v. *(etwas zu tun, zu sagen) so kühn, so dreist sein;* er hat sich v. zu der Behauptung, daß ...; er vermaß sich sogar zu der Behauptung, daß ...
ver|mes|sen[2] ⟨Adj.⟩ **1** *anmaßend, voller Selbstüberhebung;* ein ∼er Mensch; er ist so v., zu glauben, er könne behaupten, er könne ... **2** *tollkühn;* ein ∼es Unternehmen
Ver|mes|sen|heit ⟨f.10⟩ *Anmaßung, Selbstüberhebung*
Ver|mes|sung ⟨f.10⟩ *das Vermessen*[1] *(Land∼)*
Ver|mes|sungs|kun|de ⟨f., -, nur Sg.⟩ →*Geodäsie*
ver|mickert ⟨-k·k-; Adj.; mdt.⟩ *kümmerlich, schwächlich, zurückgeblieben, mickrig*
ver|mie|sen ⟨V.1, hat vermiest; ugs.⟩ →*verleiden*
ver|mie|ten ⟨V.2, hat vermietet; mit Akk. oder mit Dat. und Akk.⟩ (jmdm.) etwas v. *etwas gegen Miete zur Verfügung stellen, jmdm. mietweise, gegen Miete überlassen;* (jmdm.) eine Wohnung v.; wir v. das Zimmer nicht; wir v. die Wohnung nur an eine einzelne Person
Ver|mie|ter ⟨m.5⟩ *jmd., der etwas vermietet*
Ver|mie|tung ⟨f.10⟩ *das Vermieten*
Ver|mil|lon ⟨[vɛrmijɔ̃] n., -s, nur Sg.⟩ *fein gemahlener Zinnober* [< frz. *vermillon*, „Zinnober", zu *vermeil* „hochrot"; →*vermeil*]
ver|min|dern ⟨V.1, hat vermindert; mit Akk.⟩ *etwas v. kleiner machen, verringern; vermindertes Intervall (Mus.) um einen halben Ton verkleinertes Intervall;* Ggs. *übermäßiges Intervall; verminderte Quinte*
ver|mi|nen ⟨V.1, hat vermint; mit Akk.⟩ *mit Minen durchsetzen;* Ggs. *entminen;* ein Gelände, ein Fahrwasser v. **Ver|mi|nung** ⟨f.10⟩
ver|mi|schen ⟨V.1, hat vermischt⟩ **I** ⟨mit Akk.⟩ **1** *untereinandermischen, gleichmäßig ineinander-, untereinanderbringen, zu einem Gemisch machen;* Syn. *vermengen;* Zutaten gut v. **2** *etwas mit etwas v. etwas in etwas mischen, verteilen, auflösen;* Mineralwasser mit Fruchtsaft v. **II** ⟨refl.⟩ sich v. *sich verbinden, vereinigen, ineinander aufgehen;* Rassen

vermissen

Völker v. sich; Vermischtes ⟨in Zeitungen als Überschrift⟩ *Verschiedenes, verschiedene Nachrichten, Angebote usw.* **Ver|mi|schung** ⟨f.10⟩

ver|mis|sen ⟨V.1, hat vermißt; mit Akk.⟩ **1** etwas v. *das Fehlen von etwas bemerken;* ich vermisse meine Brieftasche **2** jmdn. v. *das Fehlen von jmdm. schmerzlich empfinden;* sie vermißt ihre Kinder sehr; warum kommst du nicht, du wirst schon sehr vermißt **3** jmd. ist vermißt ⟨bes. von Soldaten⟩ *über jmds. Verbleib oder Aufenthalt ist nichts bekannt;* jmdn. als vermißt melden *melden, daß jmd. verschwunden ist*

Ver|miß|ten|an|zei|ge ⟨f.11⟩ *Meldung bei der Polizei, daß jmd. vermißt wird*

ver|mit|teln ⟨V.1, hat vermittelt⟩ **I** ⟨o.Obj.⟩ *begütigend, beruhigend eingreifen, eine Einigung zu erreichen suchen;* eine Einigung v.; zwischen Streitenden v. **II** ⟨mit Dat. und Akk. oder mit Akk.⟩ **1** jmdm. etwas v., ⟨oder⟩ an jmdn. v. *jmdm. etwas weitergeben;* er kann jmdm. Wissen, Kenntnisse v.; er kann sein Wissen, seine Kenntnisse (gut, nicht) an jmdn. v. **2** jmdm. etwas v., ⟨oder⟩ jmdn. an jmdn. v. *jmdm. mitteilen, daß jmd. ihm zur Verfügung steht;* jmdm. Arbeitskräfte v., ⟨oder⟩ Arbeitskräfte an jmdn. v.; können Sie mich nicht an ihn v.?; einen Schüler nach Frankreich v. **III** ⟨mit Dat. und Akk.⟩ *jmdm. etwas v. jmdm. etwas verschaffen, jmdm. zeigen, wo er etwas finden kann;* jmdm. eine Stellung, einen Arbeitsplatz v.; diese Reise hat mir viele neue Einsichten vermittelt

ver|mit|tels ⟨Präp. mit Gen.; Amtsspr.⟩ *mittels, mit Hilfe;* v. eines Antragsformulars

Ver|mitt|ler ⟨m.5⟩ **1** *jmd., der vermittelt* **2** *jmd., der bei einem Streit vermittelt* (Heirats~)

Ver|mitt|lung ⟨f.10⟩ **1** *das Vermitteln;* V. von Stellen, von Arbeitskräften, Arbeitsplätzen; um V. bemüht sein **2** *Zentrale des Telefondienstes;* die V. anrufen

ver|mö|beln ⟨V.1, hat vermöbelt; ugs.⟩ →*verhauen (I,1)*

ver|mo|dern ⟨V.1, ist vermodert; o.Obj.⟩ *ganz in Moder übergehen, ganz verwesen*

ver|mö|ge ⟨Präp. mit Gen.⟩ *aufgrund, dank;* v. ihres Sprachtalents

ver|mö|gen ⟨V.86, hat vermocht; mit Akk.⟩ *etwas v. etwas können, zustande, zuwege bringen, imstande zu etwas sein;* er vermag Kinder mit seinen Geschichten zu fesseln; ich vermochte nicht, ihn davon zu überzeugen

Ver|mö|gen ⟨n.7⟩ **1** ⟨nur Sg.⟩ *Geschaffensein (für etwas)* (Fassungs~) **2** ⟨nur Sg.⟩ *Fähigkeit, Können;* es lag nicht in seinem V., die gestellte Aufgabe zu bewältigen **3** *Besitz, Geldmittel;* ein V. erwerben; das kostet ein V. ⟨ugs.⟩ *das ist sehr teuer;* ein großes V. haben

ver|mö|gend ⟨Adj.⟩ *wohlhabend, reich;* Syn. ⟨†⟩ *vermöglich*

Ver|mö|gens|bil|dung ⟨f., -, nur Sg.⟩ *Umwandlung von Einkommen in Vermögen (3);* staatlich geförderte V. bei Arbeitnehmern

Ver|mö|gen(s)|steu|er ⟨f.11⟩ *Steuer, die nach dem vorhandenen Vermögen (3) berechnet wird*

Ver|mö|gens|wirk|sam ⟨Adj., o.Steig.⟩ *die Bildung von Vermögen (3) begünstigend;* ~e Leistungen *Lohn- und Gehaltszahlungen zur Vermögensbildung eines Arbeitnehmers*

ver|mög|lich ⟨Adj.; †⟩ →*vermögend*

ver|mum|men ⟨V.1, hat vermummt; mit Akk.⟩ *etwas, jmdn. oder sich v.* **1** *bis über den Kopf mit dicken Hüllen einwickeln;* jmdn. in Decken v.; sich das Gesicht mit einem Schal v. **2** *bis zur Unkenntlichkeit verkleiden;* jmdn., sich als Weihnachtsmann v. [zu *Mumme*^{1}]

Ver|mum|mung ⟨f.10⟩ *Verkleidung (bis über den Kopf);* jmdn. unter seiner V. erkennen

ver|mu|ren^1 ⟨V.1, hat vermurt; mit Akk.⟩ *durch Gestein, Schlamm verwüsten* [zu *Mure*]

ver|mu|ren^2 ⟨V.1, hat vermurt; mit Akk.⟩ *vor zwei Anker legen;* ein Schiff v. [< engl. *to moor* „vertäuen, festmachen"]

ver|murk|sen ⟨V.1, hat vermurkst; mit Akk.; ugs.⟩ *falsch machen;* eine Arbeit v.

ver|mu|ten ⟨V.2, hat vermutet; mit Akk.⟩ **1** *etwas v. annehmen, glauben;* ich vermute, daß er schon dort ist; ich weiß es nicht, ich vermute es nur **2** *jmdn. an einem Ort v.* ⟨ugs.⟩ *annehmen, daß jmd. an einem Ort ist;* ich vermute ihn zu Hause

ver|mut|lich ⟨Adj., o.Steig.⟩ **1** *wahrscheinlich, einer Vermutung entsprechend;* der ~e Betrüger **2** *wie man annehmen darf;* es wird v. bald regnen

Ver|mu|tung ⟨f.10⟩ *das Vermuten, Annahme;* habe ich recht mit meiner V., daß ...?

ver|nach|läs|si|gen ⟨V.1, hat vernachlässigt; mit Akk.⟩ *jmdn., sich oder etwas v. sich nicht genügend um jmdn. oder etwas kümmern, jmdn., sich, etwas nicht genügend pflegen;* sie vernachlässigt ihre Kinder; einen Freund v.; den Garten v.; sein Äußeres v.; sie sieht vernachlässigt aus **Ver|nach|läs|si|gung** ⟨f.10⟩

ver|na|geln ⟨V.1, hat vernagelt; mit Akk.⟩ *mit Nägeln verschließen;* vgl. *vernagelt;* eine Kiste v.; ein zerschlagenes Fenster mit Brettern v.

ver|na|gelt ⟨Adj.; übertr., ugs.⟩ *uneinsichtig, starr auf etwas beharrend;* ich bin heute wie v. *ich bin heute begriffsstutzig*

ver|na|li|sie|ren ⟨V.3, hat vernalisiert; mit Akk.⟩ *Saatgut v. durch Kälte- und anschließende Wärmebehandlung das Keimen von Saatgut beschleunigen;* Syn. *jarowisieren* [< lat. *vernalis* „Frühlings-", zu *ver* „Frühling"]

ver|nar|ben ⟨V.1, ist vernarbt; o.Obj.⟩ *zur Narbe werden;* die Wunde ist vernarbt

Ver|nar|bung ⟨f.10⟩ **1** ⟨nur Sg.⟩ *das Vernarben* **2** *Narbe*

ver|nar|ren ⟨V.1, hat vernarrt; refl.⟩ *sich in jmdn. v. sich in jmdn. heftig verlieben;* er hat sich in sie vernarrt; sich in etwas v. *eine große Vorliebe für etwas entdecken;* er hat sich in das Haus vernarrt und will es unbedingt kaufen; in jmdn. oder etwas vernarrt sein *begeistert lieben, jmdn. oder etwas über alle Maßen nett, entzückend finden;* er ist ganz vernarrt in das Kind, in das Haus

ver|na|schen ⟨V.1, hat vernascht; mit Akk.⟩ **1** *etwas v. für Naschwerk verbrauchen;* sein Taschengeld v. **2** *ein Mädchen, eine Frau v.* ⟨ugs., scherzh.⟩ *ein Liebesabenteuer mit einem Mädchen, einer Frau haben*

ver|ne|beln ⟨V.1, hat vernebelt; mit Akk.⟩ *mit künstlichem Nebel verhüllen;* ein Gelände v. **Ver|ne|be|lung** ⟨f.10⟩

ver|neh|men ⟨V.88, hat vernommen; mit Akk.⟩ **1** *etwas v.* **a** *hören, mit dem Gehör wahrnehmen;* ein Geräusch v.; man vernahm keinen Laut **b** *erfahren;* ich habe vernommen, daß ...; dem Vernehmen nach wie allgemein gesagt, erzählt wird **2** *jmdn. v. verhören;* einen Verhafteten, einen Zeugen v.

Ver|neh|mlas|sung ⟨f.10; schweiz.⟩ *Stellungnahme, Verlautbarung*

ver|nehm|lich ⟨Adj.⟩ *gut hörbar;* mit ~er Stimme; sich v. räuspern

Ver|neh|mung ⟨f.10; Rechtsw.⟩ *das Vernehmen (2), Befragung zur Person und zu bestimmten Vorgängen* (Sachverständigen~, Zeugen~); dem Richter jmdn. zur V. vorführen

ver|neh|mungs|fä|hig ⟨Adj.⟩ *gesund genug, um vernommen zu werden*

ver|nei|gen ⟨V.1, hat verneigt; refl.; geh.⟩ *sich v. sich verbeugen;* sich vor jmdm. in Ehrfurcht v.; ⟨übertr., auch iron.⟩ *jmds. Überlegenheit, Können usw. ehrerbietig anerkennen*

Ver|nei|gung ⟨f.10⟩

ver|nei|nen ⟨V.1, hat verneint; mit Akk.⟩ Ggs. *bejahen;* etwas v. **1** *mit „Nein" beantworten;* eine Frage v. **2** *etwas negativ beurteilen, ablehnen, für falsch, schlecht halten;* eine Maßnahme, Verhaltensweise v.

Ver|nei|nung ⟨f.10⟩ *das Verneinen, die Antwort „Nein";* Ggs. *Bejahung*

ver|nich|ten ⟨V.2, hat vernichtet; mit Akk.⟩ **1** *etwas v. völlig zerstören;* Briefe, Akten v.; das Unwetter hat die Ernte vernichtet; jmds. Existenz v.; eine ~de Kritik **2** *jmdn. v. jmdn. zugrunde richten, jmds. Lebensgrundlage zerstören, jmdm. den inneren Halt völlig nehmen;* ein ~der Blick *ein Blick voller Entrüstung, Tadel, Vorwurf* **3** *Tiere v. töten, ausrotten;* Schädlinge, Ungeziefer v. **Ver|nich|tung** ⟨f., -, nur Sg.⟩

Ver|nis|sa|ge [-ʒ(ə)] ⟨f.11⟩ **1** *Ausstellung der neuen Bilder eines lebenden Malers* **2** *Eröffnung einer Kunstausstellung (mit geladenen Gästen, unter Anwesenheit des Künstlers)* [< frz. *vernissage* „Besichtigung einer Ausstellung am Tag vor der Eröffnung", eigtl. „das Lackieren, Firnissen", also „Besichtigung der eben gefirnißten (d.h. neuen) Bilder", zu *vernis* „Lack, Firnis"]

Ver|nunft ⟨f., -, nur Sg.⟩ *Fähigkeit zur Erkenntnis und das Vermögen, aus Erkenntnis heraus, zur V. kommen einsichtig werden;* gegen alle V. handeln; jmdn. zur V. bringen *jmdn. beruhigen und zum Nachdenken bringen* [zu *vernehmen* „wahrnehmen, hören"]

Ver|nunft|hei|rat ⟨f.10⟩ *aus Vernunft, nicht aus Liebe zustandegekommene Heirat*

ver|nünf|tig ⟨Adj.⟩ **1** *einsichtig, besonnen, auf Vernunft beruhend;* ~e Gründe nennen; ~e Politik **2** ⟨ugs.⟩ *ausreichend, kräftig, ordentlich, richtig;* v. frühstücken; eine ~e Arbeit finden

ver|öden ⟨V.2⟩ **I** ⟨mit Akk.; hat verödet; Med.⟩ *stillegen, funktionsunfähig machen;* Krampfadern v. **II** ⟨o.Obj.; ist verödet⟩ *öde, menschenleer werden;* diese einst so blühende Landschaft ist heute völlig verödet **Ver|ödung** ⟨f.10⟩

ver|öf|fent|li|chen ⟨V.1, hat veröffentlicht; mit Akk.⟩ *in die Öffentlichkeit bringen, bekanntmachen;* ein Buch, eine Abhandlung v.; eine Stellungnahme, Kritik in der Zeitung v.

Ver|öf|fent|li|chung ⟨f.10⟩ **1** ⟨nur Sg.⟩ *das Veröffentlichen* **2** *veröffentlichtes Werk, veröffentlichte Schrift;* er tritt in all seinen ~en dafür ein, daß ...

ver|ord|nen ⟨V.2, hat verordnet⟩ **I** ⟨mit Akk.⟩ *etwas v. (amtlich) anordnen, bestimmen;* durchgreifende Maßnahmen v. **II** ⟨mit Dat. und Akk.⟩ *jmdm. etwas v. bestimmen, anordnen, daß jmd. etwas einnehmen, (zur Heilung) tun, geschehen lassen soll;* jmdm. Hustentropfen, Bestrahlungen v.; jmdm. eine Kur, körperliche Bewegung v.

Ver|ord|nung ⟨f.10⟩ *Anordnung; amtliche V.;* laut ärztlicher V.

ver|paa|ren ⟨V.1, hat verpaart; mit Akk. oder refl.⟩ *(verstärkend) paaren, sich paaren;* in der Zucht zwei ausgesuchte Tiere v. **Ver|paa|rung** ⟨f.10⟩

ver|pach|ten ⟨V.2, hat verpachtet; mit (Dat. und) Akk.⟩ *etwas v. (jmdm.) gegen Entgelt (Pacht) etwas zur Nutzung, Benutzung überlassen;* ein Grundstück v. **Ver|pach|tung** ⟨f.10⟩

ver|packen ⟨-k·k-; V.1, hat verpackt; mit Akk.⟩ *zum Befördern, Mitnehmen in eine Hülle, einen Behälter tun;* können Sie mir die Vase v.?; etwas gut, schlecht verpackt; Flaschen in Kisten v.

Ver|packung ⟨-k·k-; f.10⟩ **1** ⟨nur Sg.⟩ *das Verpacken* **2** *Papier, Behältnis, in das etwas verpackt ist;* die V. öffnen; die V. ist beschädigt

ver|pas|sen ⟨V.1, hat verpaßt⟩ **I** ⟨mit Akk.⟩ *etwas oder jmdn. v. nicht erreichen, zu* spät kommen, so daß etwas oder jmd. schon fort ist, daß etwas schon vorbei ist; den Zug v.; den ersten Akt des Theaterstücks v.; eine Gelegenheit v.; ich habe ihn leider verpaßt II ⟨mit Dat. und Akk.⟩ jmdm. etwas v. ⟨ugs.⟩ jmdm. etwas geben, ohne Rücksicht darauf, ob es ihm gefällt oder paßt oder recht ist; den Rekruten Uniformen v.; da haben sie dir ja ein paar Ungetüme von Stiefeln verpaßt; einem Patienten eine Spritze v.; jmdm. eine Tracht Prügel, ein paar Ohrfeigen v.

ver|pat|zen ⟨V.1, hat verpatzt; mit Akk.⟩ falsch machen, durch Fehler verderben; ein Bild v.; eine Aufführung, Darbietung v.

ver|pe|sten ⟨V.2, hat verpestet; mit Akk.⟩ mit Gestank erfüllen; die Luft (mit Tabaksrauch) v. [zu *Pest*]

ver|pet|zen ⟨V.2, hat verpetzt⟩ →*verklatschen*

ver|pfän|den ⟨V.2, hat verpfändet; mit Dat. und Akk.⟩ jmdm. etwas v. jmdm. etwas als Pfand geben und dafür ein Darlehen erhalten; jmdm. sein Haus v.; ich verpfände Ihnen mein Wort (Ehrenwort), daß ich es tun werde ⟨übertr.⟩ *ich verspreche es Ihnen feierlich*

ver|pfei|fen ⟨V.90, hat verpfiffen; mit Akk.; ugs.⟩ *jmdn. v. jmdn. verraten, anzeigen;* einen Komplizen, Mittäter v.

ver|pflan|zen ⟨V.1, hat verpflanzt; mit Akk.⟩ **1** *an einen anderen Ort pflanzen;* junge Bäume v.; einen alten Baum kann man nicht mehr v. ⟨übertr.⟩ *einen alten Menschen kann man an einen anderen Ort nicht mehr heimisch machen* **2** *auf einen anderen Körper oder Körperteil übertragen;* ein Gewebestück, ein Organ v.

ver|pfle|gen ⟨V.1, hat verpflegt; mit Akk.⟩ *jmdn. oder sich v. mit Speise versorgen;* wir v. uns im Urlaub selbst

Ver|pfle|gung ⟨f.10⟩ **1** ⟨nur Sg.⟩ *das Verpflegen, das Verpflegtwerden* **2** ⟨Pl. selten⟩ *Gesamtheit der Speisen, die man (bes. in einem bestimmten Zeitraum) erhält;* die V. während des Urlaubs, im Hotel war gut, reichlich, schlecht; Zimmer mit V.

ver|pflich|ten ⟨V.2, hat verpflichtet; mit Akk.⟩ *jmdn. v.* **1** *jmdm. etwas zur Pflicht machen;* jmdn. v. strengstes Stillschweigen zu bewahren; jmdn. zum Schweigen v. **2** *jmdn. in Dienst nehmen, anstellen;* einen Schauspieler v. für eine Rolle, für die nächste Spielzeit v. **3** *jmdn. auf etwas v. es jmdm. zur Pflicht machen, etwas anzuerkennen (und sich danach zu richten);* einen Beamten auf die Verfassung, auf den Staat v.

Ver|pflich|tung ⟨f.10⟩ **1** ⟨nur Sg.⟩ *das Verpflichten;* die V. eines Beamten auf die Verfassung **2** *Pflicht;* die V. haben, etwas zu tun; seinen ~en nachkommen; gesellschaftliche ~en haben *die Pflicht haben, Einladungen zu geben und anzunehmen sowie gewisse Veranstaltungen zu besuchen;* finanzielle ~en haben *die Pflicht haben, bestimmte Zahlungen zu leisten*

ver|pfu|schen ⟨V.1, hat verpfuscht; mit Akk.; ugs.⟩ *völlig falsch machen, ganz und gar verderben;* eine Arbeit v.; sein Leben v.

ver|pim|peln ⟨V.1, hat verpimpelt; mit Akk.; ugs.⟩ *verzärteln, verweichlichen, zu weich, zu zart behandeln, von allen körperlichen Anforderungen fernhalten;* ein Kind v.; er ist verpimpelt

ver|pla|nen ⟨V.1, hat verplant; mit Akk.⟩ **1** *falsch planen* **2** *für einen Plan einsetzen, in einen Plan einbauen;* Geld v.; seine Zeit v.; die ganze erste Woche ist schon völlig verplant

ver|plap|pern ⟨V.1, hat verplappert; refl.; ugs.⟩ sich v. *versehentlich etwas sagen, was man nicht sagen sollte oder wollte, ungewollt etwas verraten;* Syn. *verschwatzen*

ver|plem|pern ⟨V.1, hat verplempert⟩ I ⟨mit Akk.; ugs.⟩ *unnütz vertun, vergeuden;* sein Geld, seine Zeit v. II ⟨refl.⟩ *sich durch unangemessenes Tun seine Zukunft v.*

verderben, günstige Möglichkeiten nicht ausnutzen

ver|pö|nen ⟨V.1, hat verpönt; mit Akk.; †⟩ *mißbilligen, für schlecht, für schädlich halten* ⟨nur noch im Part. Perf.⟩ verpönt *nach der herrschenden Sitte ungern gesehen oder gehört, Anstoß erregend;* ein solcher Ausdruck ist in guter Gesellschaft verpönt [urspr. „bei Strafe verbieten, mit einer Strafe bedrohen", < mhd. *verpenen* in ders. Bed., zu *pene* < lat. *poena* „Strafe"]

ver|pop|pen ⟨V.1, hat verpoppt; mit Akk.⟩ *der Pop-Mode angleichen, poppig gestalten;* ⟨meist im Part. Perf.⟩ verpoppt; ein verpopptes Kaufhaus; verpoppte Kleidung

ver|pras|sen ⟨V.1, hat verpraßt; mit Akk.⟩ *mit üppigem Leben (bes. Essen und Trinken) vergeuden;* sein Geld v.; diese 50 DM werden jetzt sinnlos verpraßt ⟨ugs., scherzh.⟩ *diese 50 DM werden jetzt für etwas Schönes ausgegeben*

ver|prel|len ⟨V.1, hat verprellt; mit Akk.⟩ **1** *verwirren, erschrecken, einschüchtern* **2** ⟨Jägerspr.⟩ →*vergrämen (2)*

ver|pro|vi|an|tie|ren ⟨V.3, hat verproviantiert; mit Akk.⟩ *jmdn. oder sich mit Proviant versehen*

ver|prü|geln ⟨V.1, hat verprügelt; mit Akk.⟩ →*verhauen (I, 1)*

ver|puf|fen ⟨V.1, ist verpufft; o.Obj.⟩ **1** *mit dumpfem Knall schwach explodieren* **2** *ohne Wirkung bleiben;* der Schlußeffekt des Festes, seine sorgfältig vorbereitete Rede verpuffte (weil ein unvorhergesehener Zwischenfall eintrat); die ganze Wirkung ist verpufft **3** *ausbleiben, nicht eintreten*

ver|pul|vern ⟨V.1, hat verpulvert; mit Akk.; ugs.⟩ *rasch und leichtsinnig, unnütz ausgeben;* Syn. *verputzen;* sein Geld, sein Vermögen v.

ver|pum|pen ⟨V.1, hat verpumpt; ugs.⟩ →*verleihen (I)*

ver|pup|pen ⟨V.1, hat verpuppt; refl.; von Insekten⟩ sich zur Puppe umwandeln; Ggs. *entpuppen;* die Larve verpuppt sich

ver|pu|sten ⟨V.2, hat verpustet; norddt.⟩ →*verschnaufen*

Ver|putz ⟨m., -es, nur Sg.⟩ *auf Mauerwerk aufgeworfene oder aufgestrichene Schicht (aus Kalk- oder Zementmörtel);* Syn. *Putz*

ver|put|zen ⟨V.1, hat verputzt; mit Akk.⟩ **1** *mit Putz verkleiden;* Wände v. **2** ⟨ugs.⟩ *essen;* Syn. *verspachteln;* er hat drei Klöße verputzt **3** →*verpulvern*

ver|qual|men ⟨V.1, hat verqualmt; mit Akk.⟩ *mit Qualm erfüllen;* jmdn. aus einem verqualmten Raum retten; jmdm. die Bude v. ⟨ugs.⟩ *jmdm. durch vieles Rauchen das Zimmer mit Tabaksrauch erfüllen*

ver|quält ⟨Adj., -er, am -esten⟩ **1** *von Sorgen und Kummer gezeichnet;* ein ~es Gesicht haben **2** *aufgrund zu großen Bemühens (um etwas) peinlich wirkend;* die ~e Komik einer Darbietung; ~e Stimmung auf einer Party

ver|quel|len ⟨V.93, ist verquollen; o.Obj.⟩ *aufquellen, anschwellen;* verquollene Fensterrahmen; vom Weinen verquollene Augen

ver|quer ⟨Adj., o.Steig.⟩ **1** *unpassend, ungelegen;* das kommt mir v. **2** *absonderlich, merkwürdig;* das kommt mir v. vor

ver|quicken ⟨V.1, hat verquickt; mit Akk.⟩ *etwas mit etwas v. etwas mit etwas verbinden;* er hat in seiner Arbeit seine Kenntnisse mit seinen persönlichen Erfahrungen verquickt; beide Vorgänge, Erscheinungen sind eng miteinander verquickt [zu *Quecksilber,* eigtl. „(Metall) mit Quecksilber verbinden"; diese Bed. ging jedoch unter, und erhalten blieb nur die allg. Bed. „verbinden"]

ver|ram|meln ⟨V.1, hat verrammelt; mit Akk.⟩ *mit Gegenständen verschließen, unzugänglich machen;* die Tür v.; den Eingang v.

ver|ram|schen ⟨V.1, hat verramscht; mit Akk.; ugs.⟩ *billig verkaufen;* Ware (die zum

normalen Preis nicht abgesetzt worden ist) v. [zu *Ramsch*]

Ver|rat ⟨m., -(e)s, nur Sg.⟩ **1** *das Mitteilen von Geheimnissen;* die Konstruktionspläne wurden durch militärischen V. bekannt **2** *Bruch der Treue, des Vertrauens;* V. treiben, üben; V. an der Freundschaft

ver|ra|ten ⟨V.94, hat verraten⟩ I ⟨mit Akk.⟩ *etwas v.* **a** *etwas erzählen, weitersagen (was geheim bleiben soll);* ein Geheimnis, einen Plan v. **b** *preisgeben, nicht mehr vertreten, sich von etwas abwenden (um anderer Dinge willen);* seine Überzeugung v. **c** *auf etwas schließen lassen, erkennen lassen;* seine Bemerkungen verrieten eine genaue Kenntnis der Sachlage; ihr Erröten verriet, daß sie sich getroffen fühlte **2** *jmdn. v. Verrat an jmdm. begehen, jmdm. die Treue brechen, plötzlich nicht mehr zu jmdm. halten, nicht mehr auf jmds. Seite stehen;* wenn das geschieht, bist du verraten und verkauft *dann bist du hilflos, ratlos* II ⟨mit Dat. und Akk.⟩ *jmdm. etwas v. vertraulich mitteilen, jmdn. von etwas in Kenntnis setzen;* kannst du mir v., wie man hier zu Opernkarten kommt?; ich will dir v., wie ich das gemacht habe III ⟨refl.⟩ sich v. *etwas ungewollt mitteilen, merken lassen (was man für sich behalten wollte);* sich durch eine Bemerkung, Bewegung v.

Ver|rä|ter ⟨m.5⟩ *jmd., der andere verrät oder verraten hat, treulose Person*

ver|rä|te|risch ⟨Adj.⟩ **1** *auf Verrat hinzielend, beruhend;* ~e Pläne hegen **2** ⟨übertr.⟩ *etwas unfreiwillig zeigend;* ein ~es Grinsen

ver|rau|chen ⟨V.1⟩ I ⟨o.Obj.; ist verraucht⟩ *sich auflösen, verschwinden;* der Qualm verrauchte allmählich; sein Zorn verrauchte ⟨übertr.⟩ *sein Zorn legte sich, verging* II ⟨mit Akk.; hat verraucht; ugs.⟩ **1** *fürs Rauchen ausgeben;* er verraucht im Monat 200 DM **2** ⟨im Part. Perf.⟩ *verraucht, verräuchert;* ein verrauchtes Zimmer; hier riecht es verraucht

ver|räu|chern ⟨V.1, hat verräuchert; mit Akk.; ugs.⟩ *mit Rauch erfüllen;* jmdm. die Bude v. ⟨ugs.⟩ *jmdm. durch vieles Rauchen das Zimmer mit Rauch erfüllen;* ein verräuchertes Zimmer; die Kleidung riecht immer noch verräuchert *die Kleidung riecht immer noch nach Tabaksrauch*

ver|rau|schen ⟨V.1, ist verrauscht; o.Obj.⟩ **1** *zu rauschen aufhören;* der Applaus verrauschte **2** ⟨wie im Rausch⟩ *vorübergehen;* die festlichen Tage sind verrauscht **3** *geringer werden und aufhören;* seine Leidenschaft verrauschte schnell

ver|rech|nen ⟨V.2, hat verrechnet⟩ I ⟨mit Akk.⟩ **1** *einen Betrag v. einen Betrag einem Konto gutschreiben (anstatt ihn bar auszuzahlen);* einen Scheck v. *den auf einem Scheck angegebenen Betrag einem Konto gutschreiben* **2** *zwei Beträge miteinander v. ausgleichen, die einen Betrag zur Bezahlung anderen Betrages verwenden* II ⟨refl.⟩ sich v. **1** *falsch rechnen* **2** ⟨übertr.⟩ *mit etwas rechnen, was sich nicht erfüllt;* wenn du glaubst, daß er das tun wird, dann hast du dich verrechnet

Ver|rech|nung ⟨f.10⟩ *das Verrechnen (I);* jmdm. einen Scheck zur V. schicken

Ver|rech|nungs|ein|heit ⟨f.10; Abk.: VE⟩ *Einheit, nach der im internationalen Handel abgerechnet wird*

Ver|rech|nungs|scheck ⟨m.9 oder m.1⟩ *Scheck, der nicht bar ausbezahlt, sondern einem Konto gutgeschrieben wird*

ver|recken ⟨-k|k-; V.1, ist verreckt; o.Obj.; derb; von Tieren; sehr derb sehr von Menschen⟩ *sterben;* ums Verrecken nicht *auf gar keinen Fall, um keinen Preis;* er will ums Verrecken nicht mitkommen, nicht einwilligen

ver|reg|nen ⟨V.2, ist verregnet; o.Obj.⟩ **1** *durch vieles Regnen vernichtet werden;* die

1027

Ernte ist verregnet 2 *mit vielem Regen vorübergehen;* unser Urlaub ist völlig verregnet; dieses Jahr war der Juli völlig verregnet; ein verregneter Monat

ver|rei|sen ⟨V.1, ist verreist; o.Obj.⟩ *auf Reisen gehen, eine Reise machen;* dienstlich v.; wir v. für eine Woche; wir v. dieses Jahr im Urlaub nicht; er ist verreist

ver|rei|ßen ⟨V.96, hat verrissen; mit Akk.⟩ **1** *durch vieles Tragen (und Unachtsamkeit) zerreißen, abnutzen;* die Kinder v. viel Kleidung **2** ⟨übertr.⟩ *ugs., scharf, negativ kritisieren;* ein Buch, ein Theaterstück v.

ver|ren|ken ⟨V.1, hat verrenkt; mit Dat. und Akk.⟩ jmdm. (oder sich) etwas v. *jmdm. (oder sich) eine Verrenkung zufügen, ein Glied aus dem Gelenk drehen;* Syn. ausrenken; jmdm., sich die Schulter v.; sich den Hals v., um jmdn. oder etwas zu sehen; sich den Hals nach jmdm. oder etwas ⟨ugs.⟩ *sich auffällig, angestrengt nach jmdm. oder etwas umsehen;* bei diesem Namen verrenkt man sich ja die Zunge (so schwer ist er auszusprechen) ⟨scherzh.⟩

Ver|ren|kung ⟨f.10⟩ **1** *das Verrenken, Verschiebung zweier ein Gelenk bildender Knochen gegeneinander (durch Gewalteinwirkung);* Syn. Luxation **2** ⟨ugs.⟩ *heftige, drehende Körperbewegung, komische Körperbewegung;* ~en beim Tanzen machen

ver|ren|nen ⟨V.98, hat verrannt; refl.⟩ sich v. **1** *mit vielen Gedanken, Absichten, Plänen in eine falsche Richtung geraten;* er hat sich (bei dieser Arbeit) völlig verrannt **2** sich in etwas v. *etwas in seine Gedanken aufnehmen und zäh, unbeirrbar daran festhalten, nicht mehr davon loskommen;* sich in eine Idee v.

ver|ren|ten ⟨V.2, hat verrentet; mit Akk.⟩ Amtsspr. *jmdn. in den Ruhestand versetzen und ihm eine Rente zahlen, jmdn. zum Rentner machen;* jmdn. vorzeitig v.

ver|rich|ten ⟨V.2, hat verrichtet; mit Akk.⟩ etwas v. *etwas tun, erledigen, ausführen;* seine Arbeit v.; sein Tagewerk v., seine Notdurft v.

Ver|rich|tung ⟨f.10⟩ *Arbeit, gewohnte Pflicht;* seinen täglichen ~en nachgehen

ver|rie|geln ⟨V.1, hat verriegelt; mit Akk.⟩ *mit Riegel verschließen;* Ggs. entriegeln; die Tür v.

ver|rin|gern ⟨V.1, hat verringert⟩ Syn. vermindern **I** ⟨mit Akk.⟩ *geringer machen, verkleinern;* den Abstand v.; Kosten v.; die Geschwindigkeit v. **II** ⟨refl.⟩ sich v. *geringer, weniger werden;* der Schmerz verringert sich allmählich; die Anzahl der Besucher hat sich im letzten Monat verringert **Ver|rin|ge|rung** ⟨f.-, -, nur Sg.⟩

ver|rin|nen ⟨V.101, ist verronnen; o.Obj.⟩ **1** *langsam fließen und versickern;* das Wasser verrinnt zwischen den Steinen **2** ⟨langsam⟩ *vergehen, verfließen;* die Zeit verrinnt unaufhaltsam; die Tage v. in ruhigem Gleichmaß

Ver|riß ⟨m.1; ugs.⟩ *vernichtende Kritik (in der Zeitung);* V. eines Buches, eines Theaterstückes; einen V. schreiben; der Kritiker ist berüchtigt wegen seiner Verrisse [zu *verreißen (2)*]

ver|ro|hen ⟨V.1, ist verroht; o.Obj.⟩ *roh, brutal werden;* diese Menschen sind durch unmenschliche Behandlung verroht; die Sitten in diesem Straflager sind verroht **Ver|rohung** ⟨f.-, -, nur Sg.⟩

ver|rol|len ⟨V.1⟩ **I** ⟨o.Obj.; ist verrollt⟩ *langsam aufhören zu rollen;* der Donner verrollte **II** ⟨mit Akk.; hat verrollt; ugs.⟩ → *verhauen (I,1)* **III** ⟨refl.; hat verrollt; scherzh.⟩ sich v. *zu Bett gehen*

ver|ro|sten ⟨V.2, ist verrostet; o.Obj.⟩ *rostig werden, durch Rost unbrauchbar werden*

ver|rot|ten ⟨V.1, ist verrottet; o.Obj.⟩ *verfaulen, zerbröckeln* [< mndt. *vorrotten* in ders. Bed., *rotten* „verfaulen, verwesen", zu idg. *reu-d-* „aufreißen"]

ver|rucht ⟨Adj., -er, am -esten⟩ *schändlich,*

ruchlos [< mhd. *verruocht* „verachtet" sowie „achtlos, sorglos", zu *ruochen* „sich kümmern", zu *ruoch* „Sorgfalt"] **Ver|rucht|heit** ⟨f.-, -, nur Sg.⟩

ver|rücken ⟨-k·k-; V.1, hat verrückt; mit Akk.⟩ *an eine andere Stelle rücken;* Möbelstücke v.; wer hat dir den Verstand verrückt? ⟨poet.⟩ bist du nicht gescheit?, was hast du dir dabei gedacht?

ver|rückt ⟨Adj., -er, am -esten⟩ **1** *verwirrt, geistesgestört;* du machst mich v. *du verwirrst mich;* v. spielen ⟨ugs.⟩ *nicht mehr richtig funktionieren, sich ungewöhnlich benehmen;* v. vor Schmerz; wie v. ⟨ugs.⟩ *sehr, heftig;* er schrie, rannte herum wie v. **2** *vom Normalen abweichend, ungewöhnlich;* ein ~er Kerl; ~e Ideen haben; auf etwas v. sein ⟨ugs.⟩ *etwas unbedingt haben wollen;* v. auf, nach jmdm. sein

Ver|rückt|heit ⟨f.10⟩ **1** ⟨nur Sg.⟩ *das Verrücktsein* **2** *verrückte Idee;* das ist so eine (kleine) V. von ihm

Ver|ruf ⟨m., -s, nur Sg.⟩ *schlechter Ruf;* jmdn. in V. bringen

ver|ru|fen ⟨Adj.⟩ *in schlechtem Ruf stehend;* eine ~e Gegend; eine ~e Kneipe

ver|ru|ßen ⟨V.1, ist verrußt; o.Obj.⟩ *etwas verrußt in etwas setzt sich Ruß an;* der Ofen verrußt sehr schnell; verrußte Rohre

Vers ⟨[fɛrs] auch [fers], österr. [vɛrs] m.1; Abk.: V.⟩ **1** *Zeile einer Strophe,* ⟨ugs. auch⟩ *Strophe* **2** *in der Bibel kleinster Abschnitt des Textes* [< lat. *versus* „gepflügte Furche; Linie, Reihe, Zeile", eigtl. „das Umwenden des Pfluges", zu *vertere* „wenden"]

ver|sach|li|chen ⟨V.1, hat versachlicht; mit Akk.⟩ *sachlich(er) machen;* eine Darstellung, Vorstellung v.

ver|sacken ⟨-k·k-; V.1, ist versackt; o.Obj.⟩ **1** *sinken, versinken;* das Schiff ist versackt **2** *einsinken;* der Wagen versackte im Schlamm, im Schnee; das Haus versackt allmählich (im Boden) **3** ⟨ugs.⟩ *aufhören zu laufen;* der Motor ist versackt **4** ⟨ugs.⟩ *in eine allzu lockere, undisziplinierte Lebensweise geraten, verbummeln;* Syn. versumpfen

ver|sa|gen ⟨V.1, hat versagt⟩ **I** ⟨o.Obj.⟩ **1** *nicht tun können, nicht leisten können, was erwartet wird;* er hat in der Schule versagt; hier haben die Eltern, die Lehrer versagt; das Unglück geschah durch menschliches Versagen **2** *plötzlich nicht mehr funktionieren;* der Motor versagte; seine Stimme versagte **II** ⟨mit Dat.⟩ *jmds. Willen nicht gehorchen;* die Stimme versagte ihm; die Beine versagten ihm **III** ⟨mit Dat. und Akk.⟩ jmdm. etwas v. **1** *jmdm. etwas verweigern;* jmdm. eine Erlaubnis v.; jmdm. die Zustimmung v.; jmdm. seine Unterstützung v.; seine Beine versagten ihm den Dienst er brach zusammen **2** *jmdm. etwas nicht erlauben;* einem Kind ein Vergnügen, einen Kinobesuch v. **IV** ⟨mit Dat. (sich) und Akk.⟩ sich etwas v. *auf etwas verzichten;* sich aus Sparsamkeit eine Reise v. **V** ⟨refl.⟩ sich jmdm. v. *das nicht tun, was jmd. von einem will;* sie weigerte sich, mit ihm zu schlafen

Ver|sa|ger ⟨m.5⟩ **1** *jmd. oder etwas, der oder das den Anforderungen nicht entspricht;* er ist ein V. in seinem Beruf **2** *kurzes Aussetzen* (Zünd~)

Ver|sal ⟨m., -s, -sa|li|en⟩, **Ver|sal|buch|sta|be** ⟨m.15⟩ *Großbuchstabe;* Ggs. Gemeine(r) (2) [zu Vers „Zeile", da früher ein Vers (eine Zeile im Gedicht) häufig mit großem Buchstaben begonnen wurde]

ver|sal|zen ⟨V.190, hat versalzen⟩ **I** ⟨mit Akk.⟩ **1** *zu stark salzen;* das Essen v. **II** ⟨mit Akk.⟩ *verderben;* jmdm. die Freude v.; jmdm. ein Vorhaben v.

ver|sam|meln ⟨V.1, hat versammelt⟩ **I** ⟨mit Akk.⟩ **1** *Personen v. dazu veranlassen, zusammenzukommen;* er versammelte die Schüler im Schulhof; er versammelte seine Freunde, seine Kinder um sich **2** *ein Pferd v. (durch bestimmte Hilfen) im Stehen zu einer guten Haltung bringen* **II** ⟨refl.⟩ sich v. *(an einem Ort) zusammenkommen;* wir v. uns um neun Uhr im Sitzungssaal; vor versammelter Belegschaft sprechen

Ver|samm|lung ⟨f.10⟩ **1** ⟨nur Sg.⟩ *das Versammeln* **2** *Personengruppe, die sich versammelt hat;* Syn. ⟨schweiz.⟩ Bott; eine politische V.; auf eine V. gehen; zu einer V. gehen

Ver|samm|lungs|frei|heit ⟨f., -, nur Sg.⟩ *Recht der Bürger (eines Staates), Versammlungen ohne Einschränkung abzuhalten und zu versammeln*

Ver|sand ⟨m., -(e)s, nur Sg.⟩ **1** *das Versenden (von Waren)* **2** *in einem Unternehmen für das Versenden zuständige Abteilung;* Syn. Versandabteilung

Ver|sand|ab|tei|lung ⟨f.10⟩ → *Versand (2)*

Ver|sand|buch|han|del ⟨m., -s, nur Sg.⟩ *Buchhandel, der die Bücher nur im Versand (1) absetzt*

ver|san|den ⟨V.2, ist versandet; o.Obj.⟩ **1** *etwas versandet in etwas häuft sich Sand an, etwas füllt sich mit Sand;* die Flußmündung, der See versandet **2** *langsam aufhören;* die Unterhaltung versandete **3** *im Sand verlaufen, ohne Ergebnis bleiben;* die Verhandlungen sind versandet

Ver|sand|fer|tig ⟨Adj., o.Steig.⟩ *fertig zum Versand*

Ver|sand|ge|schäft ⟨n.1⟩ **1** → *Versandhandel* **2** → *Versandhaus*

Ver|sand|han|del ⟨m., -s, nur Sg.⟩ *Handel durch den Versand von Waren an den Käufer, nicht durch direkten Verkauf;* Syn. Versandgeschäft

Ver|sand|haus ⟨n.4⟩ *Unternehmen, das Versandhandel betreibt;* Syn. Versandgeschäft

ver|sa|til ⟨Adj., o.Steig.⟩ **1** *beweglich, gewandt (im Ausdruck)* **2** *ruhelos, wankelmütig* [< lat. *versatilis* „beweglich, leicht drehbar", zu *versari* „sich drehen"]

Ver|sa|ti|li|tät ⟨f., -, nur Sg.⟩ **1** *Beweglichkeit, Gewandtheit (im Ausdruck)* **2** *Ruhelosigkeit, Wandelbarkeit* [zu *versatil*]

Ver|satz ⟨m., -es, nur Sg.⟩ **1** *das Versetzen, Verpfänden* **2** *druckfeste Verbindung zweier in schrägem Winkel zusammenlaufender Hölzer, bei der das Schrägholz in eine Kerbe des anderen Holzes faßt (Stirn~);* doppelter V.

Ver|satz|amt ⟨n.4⟩ *Leihhaus*

Ver|satz|stück ⟨n.1⟩ **1** *bewegliches Stück der Bühnendekoration* **2** ⟨österr.⟩ *Pfandstück*

ver|sau|en ⟨V.1, hat versaut; mit Akk.⟩ ⟨derb⟩ **1** *stark beschmutzen;* eine Tischdecke mit Tinte v. **2** *verderben, verpfuschen;* eine Arbeit v.; er hat durch diese Dummheit seine Zukunft versaut **3** *unschön machen und dadurch der Wirkung berauben;* der scheußliche Rahmen versaut das ganze Bild

ver|sau|ern ⟨V.1, ist versauert; o.Obj.⟩ **1** *sauer werden;* der Boden versauert **2** ⟨übertr.⟩ *die geistigen Interessen verlieren;* er versauert in diesem kleinen Ort bei dieser stumpfsinnigen Arbeit

ver|sau|fen ⟨V.103⟩ **I** ⟨mit Akk.; hat versoffen; derb⟩ → *vertrinken;* vgl. versoffen **II** ⟨o.Obj.; ist versoffen⟩ **1** *versinken, untergehen;* das Schiff ist versoffen **2** ⟨derb⟩ *ertrinken;* wir dachten schon, er sei versoffen ⟨scherzh.⟩ **3** ⟨Bgb.⟩ *sich mit Grubenwasser füllen;* die Grube ist versoffen

ver|säu|men ⟨V.1, hat versäumt⟩ **I** ⟨mit Akk.⟩ etwas v. **1** *nicht erreichen;* den Zug v. **2** *vorübergehen lassen;* eine Gelegenheit v.; einen Zeitpunkt v. **3** *nicht zu einem Termin, nicht bei etwas erscheinen;* eine Verabredung, eine Zusammenkunft v.; den Unterricht v. **4** *unterlassen;* eine Pflicht v.; ich möchte nicht v., Ihnen zu danken; ich darf (es) nicht v., ihm zu schreiben **II** ⟨refl.;

landsch.⟩ sich v. **1** *aufgehalten werden; ich habe mich beim Frisör versäumt* **2** *sich verspäten; ich habe mir leider etwas versäumt* V. entschuldigen

Ver|säum|nis ⟨n.1 oder f.1⟩ *etwas, das versäumt (4) worden ist, Unterlassung;* sich für ein V. entschuldigen

ver|scha|chern ⟨V.1, hat verschachert; mit Akk.⟩ *zu einem hohen oder überhöhten Preis verkaufen*

ver|schach|telt ⟨Adj.⟩ **1** *wie Schachteln ineinandergeschoben* **2** ⟨übertr.⟩ *kompliziert gebaut;* ein ~er Satz

ver|schaf|fen ⟨V.1, hat verschafft⟩ **I** ⟨mit Dat. und Akk.⟩ jmdm. etwas v. *jmdm. etwas besorgen, jmdm. zu etwas verhelfen, dafür sorgen, daß jmd. etwas bekommt;* eine Stellung, eine Wohnung v. **II** ⟨mit Dat. (sich) und Akk.⟩ sich etwas v. *(durch Handeln, Energie, Geschick, Beziehungen) bekommen, sich etwas ermöglichen;* sich das nötige Geld für etwas v.; sich Einblick in eine Angelegenheit v.; sich einen Überblick über den Sachverhalt v.; sich Respekt v.; ich muß mir Gewißheit v.; du mußt dir dein Recht selber v.

ver|scha|len ⟨V.1, hat verschalt; mit Akk.⟩ *(mit Holzbrettern) verkleiden;* Wände, einen Raum v.

Ver|scha|lung ⟨f.10⟩ **1** ⟨nur Sg.⟩ *das Verschalen* **2** *Gesamtheit der Holzbretter, mit denen etwas verschalt ist*

ver|schämt ⟨Adj., -er, am -esten⟩ *zaghaft, schüchtern, verlegen;* v. lächeln

ver|schan|deln ⟨V.1, hat verschandelt; mit Akk.⟩ *unschön machen, verunzieren;* eine Hauswand mit Schmierereien v.; ein Zimmer mit kitschigen Bildern v.; eine Landschaft mit Hochhäusern, Hotelbauten v. **Ver|schan|de|lung** ⟨f.10⟩

ver|schan|zen ⟨V.1, hat verschanzt⟩ **I** ⟨mit Akk.; früher⟩ *durch Schanze(n) befestigen* **II** ⟨refl.⟩ **1** *sich hinter etwas v.* **a** *etwas als Deckung benutzen;* sich hinter einem Sessel v.; sich hinter seiner Zeitung v. *so tun, als ob man intensiv Zeitung läse* **2** *etwas vorgeben, um etwas nicht tun zu müssen;* sich hinter einer Ausrede v.; sich hinter seinen vielen Verpflichtungen v.

ver|schär|fen ⟨V.1, hat verschärft⟩ **I** ⟨mit Akk.⟩ **1** *schärfer, stärker fühlbar machen;* eine Strafe v.; Maßnahmen v. **2** *vergrößern;* das Tempo v. **II** ⟨refl.⟩ *gefährlicher, unangenehmer werden;* die Spannungen zwischen ihnen haben sich verschärft; die Gegensätze zwischen den beiden, zwischen ihren Meinungen v. sich immer mehr; die Lage hat sich verschärft

Ver|schär|fung ⟨f.10⟩ **1** *das Verschärfen;* V. der Strafe, der Maßnahmen **2** *das Sichverschärfen;* V. der politischen Lage

ver|schar|ren ⟨V.1, hat verscharrt; mit Akk.⟩ *etwas oder jmdn. v. eine Grube scharren, etwas oder jmdn. hineinlegen und Erde darüber schütten;* der Hund hat einen Knochen verscharrt; die Leiche eines Ermordeten im Wald v.

ver|schät|zen ⟨V.1, hat verschätzt; mit Akk.⟩ sich v. *falsch schätzen, falsch einschätzen*

ver|schau|keln ⟨V.1, hat verschaukelt; mit Akk.; ugs.⟩ *jmdn. v. täuschen und bluffen, in jmdm. Erwartungen wecken und sie nicht erfüllen;* die Verbraucher durch irreführende Werbung v.

ver|schei|den ⟨V.107, ist verschieden; o.Obj.; geh.⟩ *sterben*

ver|schen|ken ⟨V.1, hat verschenkt⟩ ⟨mit Akk.⟩ **1** *als Geschenk hergeben, weggeben;* Gegenstände, die man nicht mehr braucht, v. **2** *ungenutzt lassen;* durch unzweckmäßiges Packen Raum v.; er hat beim Start fünf Sekunden verschenkt **II** ⟨refl.; †⟩ sich v. ⟨von Mädchen⟩ *sich einem Mann hingeben*

ver|scher|beln ⟨V.1, hat verscherbelt; ugs.⟩ →verscheuern

ver|scher|zen ⟨V.1, hat verscherzt; mit Dat. (sich) und Akk.⟩ sich etwas v. *etwas (durch leichtsinniges, unkluges Verhalten) verlieren, einbüßen;* sich jmds. Gunst, Wohlwollen v.

ver|scheu|chen ⟨V.1, hat verscheucht; mit Akk.⟩ *verjagen;* Fliegen v.; Hühner von den Blumenbeeten v.; Kinder aus, von einem Grundstück v.

ver|scheu|ern ⟨V.1, hat verscheuert; mit Akk.; ugs.⟩ *billig verkaufen;* Syn. verscherbeln

ver|schi|cken ⟨-k·k-; V.1, hat verschickt; mit Akk.⟩ **1** *wegschicken, an jmdn. schicken;* Syn. versenden; Anzeigen v. **2** *(zu einem bestimmten Zweck) an einen Ort bringen lassen;* Kinder zur Erholung v. **Ver|schi|ckung** ⟨-k·k-; f.10⟩

Ver|schie|be|bahn|hof ⟨m.2⟩ *Bahnhof, auf dem Eisenbahnwagen verschoben, rangiert werden*

ver|schie|ben ⟨V.112, hat verschoben⟩ **I** ⟨mit Akk.⟩ **1** *an eine andere Stelle schieben;* ein Möbelstück v.; Eisenbahnwagen v. *von einem Gleis aufs andere schieben* **2** *auf einen anderen Zeitpunkt verlegen;* Syn. aufschieben; einen Termin, eine Aufführung v. **3** ⟨ugs.⟩ *auf ungesetzliche Weise (bes. auf dem schwarzen Markt) verkaufen;* Zigaretten, Teppiche v. **II** ⟨refl.⟩ sich v. **1** *an eine andere Stelle geschoben werden;* die Krawatte hat sich verschoben **2** *auf einen anderen Zeitpunkt verlegt werden;* unsere Abreise hat sich (um zwei Tage) verschoben **Ver|schie|bung** ⟨f.10⟩

ver|schie|den ⟨Adj., o.Komparativ⟩ **1** →unterschiedlich **2** *voneinander abweichend;* sie hat zwei ~e Augen; wir sind ~er Meinung ⟨nur im Pl.⟩; ich zeige Ihnen einmal ~e Stoffe; wir haben diese Schuhe in ~en Größen; die Kinder werden in den Ferien auf ~e Familien verteilt **3** *mehrere;* ~es Obst in den ~sten Sorten **4** *sehr viele;* ~sten Sorten **5** ⟨alleinstehend⟩ **a** ~es *manches, mancherlei;* ich habe schon ~es Verschiedenes erlebt **b** Verschiedenes *mehrere, allerlei unterschiedliche Dinge* ⟨auch als Rubrik in Zeitungen⟩; so viel Verschiedenes kann man schwer vereinigen

ver|schie|den|ar|tig ⟨Adj.⟩ *verschieden beschaffen, verschiedene Inhalte, Merkmale zeigend, unterschiedlich*

ver|schie|den|er|lei ⟨Adj., o.Steig., o.Dekl.⟩ *verschiedene Dinge, mancherlei*

Ver|schie|den|heit ⟨f.10⟩ **1** *Unterschiedlichkeit* **2** *Unterschied, Abweichung*

ver|schie|dent|lich ⟨Adv.⟩ *ab und zu, öfters, mehrmals*

ver|schie|ßen ⟨V.113⟩ **I** ⟨mit Akk.; hat verschossen⟩ **1** *durch Schießen verbrauchen;* alle Munition v.; er hat sein Pulver zu früh verschossen ⟨übertr.⟩ *er hat seine Argumente, Gründe zu früh vorgebracht* **2** ⟨Fußb.⟩ *falsch schießen;* er hat einen Freistoß verschossen **II** ⟨o.Obj.; ist verschossen⟩ **1** *die Leuchtkraft verlieren;* die Farbe v. **2** *die Farbe(n) verlieren;* verschossene Möbelbezüge **III** ⟨refl.; hat verschossen⟩ sich v. →verlieben

ver|schif|fen ⟨V.1, hat verschifft; mit Akk.⟩ *mit dem Schiff befördern;* Waren v.; Güter nach Australien v. **Ver|schif|fung** ⟨f.10⟩

ver|schim|meln ⟨V.1, hat verschimmelt; o.Obj.⟩ *sich mit Schimmel überziehen oder durchsetzen;* das Brot ist verschimmelt

ver|schimp|fie|ren ⟨V.3, hat verschimpfiert; mit Akk.; †⟩ *beschimpfen, verunglimpfen*

Ver|schiß ⟨m.; Studenspr.⟩ *Verruf* ⟨nur noch in der Wendung⟩ in V. geraten *die Achtung anderer verlieren*

ver|schla|fen ⟨V.115, hat verschlafen⟩ ⟨o.Obj.; auch Akk.⟩ **1** *zu lange schlafen, über einen bestimmten Zeitpunkt hinaus schlafen;* er verschläft fast immer; ich habe (mich) heute v. **II** ⟨mit Akk.⟩ etwas v. **1** *durch Schlafen versäumen;* eine Fernsendung v. **2** *beim Schlafen nicht hören;* den Wecker v. **3** *mit Schlafen verbringen;* den Morgen v. **4** *durch Schlafen überwinden;* seinen Kummer v.; eine Grippe v. **III** ⟨Adj.⟩ **1** *unausgeschlafen;* er war noch ganz v., als ... **2** ⟨übertr.⟩ *träge, geistig wenig beweglich;* ein ~er Bursche **3** ⟨übertr.⟩ *mit wenig Verkehr, mit wenig Leben;* ein ~es Städtchen **Ver|schla|fen|heit** ⟨f., -, nur Sg.⟩ *verschlafene Beschaffenheit;* dieser Ort in seiner V.

Ver|schlag ⟨m.2⟩ *kleiner, aus Brettern bestehender Raum*

ver|schla|gen¹ ⟨V.116, hat verschlagen⟩ **I** ⟨mit Akk.⟩ **1** *jmdn. an einen Ort v. jmdn. zufällig an einen Ort geraten lassen;* das Schicksal hat ihn in diese Einöde v.; wer weiß, wohin uns das Schicksal noch verschlägt; wie sind Sie denn hierher v. worden? *wie ist es gekommen, daß Sie sich hier niedergelassen haben?* **2** etwas v. **a** *falsch schlagen, durch Schlag weit weg schleudern;* einen Ball v. **b** eine Seite (im Buch) v. *versehentlich umschlagen, zuschlagen;* verschlag bitte die (aufgeschlagene) Seite nicht! **3** *einen Hund v. einen Hund durch vieles Schlagen scheu, ängstlich machen* **II** ⟨mit Dat. und Akk.⟩ jmdm. etwas v. ⟨mit bestimmten Subst.⟩ *jmdm. den Atem v. jmdm. den Atem nehmen, für Augenblicke jmdn. am Atmen hindern;* die eisige Luft, das eisige Wasser verschlug mir den Atem; jmdm. die Rede v. *jmdm. das Weiterreden unmöglich machen;* diese Unverschämtheit hat mir die Rede v. **III** ⟨o.Obj.⟩ *nutzen, helfen;* die Arznei verschlägt nicht; Prügeln, Schimpfen verschlägt bei ihm nicht

ver|schla|gen² ⟨Adj.⟩ *hinterhältig, hinterlistig, arglistig;* ein ~er Bursche; er hat einen ~en Blick v. aus [< mhd. *verslahen* „verstecken, verhehlen"]

Ver|schla|gen|heit ⟨f., -, nur Sg.⟩ *verschlagene Wesensart, verschlagenes Verhalten*

ver|schläm|men ⟨V.1, ist verschlammt; o.Obj.⟩ *sich mit Schlamm füllen, schlammig werden;* der See verschlammt

ver|schläm|men ⟨V.1, hat verschlämmt; mit Akk.⟩ *mit dickflüssigen, breiigen Stoffen verstopfen;* Abfälle v. die Kanäle

ver|schlam|pen ⟨V.1; ugs.⟩ **I** ⟨o.Obj.; ist verschlampt⟩ *unordentlich werden;* wenn der Junge lange allein ist, verschlampt er; die Wohnung, den Garten v. lassen **II** ⟨mit Akk.; hat verschlampt⟩ etwas v. *etwas durch Unachtsamkeit, Unordentlichkeit verlieren oder an einer Stelle liegenlassen, wo man es nicht wiederfindet;* er hat seine Handschuhe verschlampt

ver|schlech|tern ⟨V.1, hat verschlechtert⟩ **I** ⟨mit Akk.⟩ *schlechter machen;* man kann die Arbeit durch weitere Hinzufügungen nur v.; er hat seine Lage durch seinen Leichtsinn selbst verschlechtert **II** ⟨refl.⟩ sich v. *schlechter werden;* die Beziehungen zwischen den beiden haben sich verschlechtert; der Zustand des Kranken hat sich verschlechtert **Ver|schlech|te|rung** ⟨f.10⟩

ver|schlei|ern ⟨V.1, hat verschleiert⟩ **I** ⟨mit Akk.⟩ **1** *einen Schleier über etwas decken, in einen Schleier hüllen;* Ggs. entschleiern (1); das Gesicht v.; Nebel verschleiert die Sicht, das Tal **2** *wie einen Schleier verhüllen;* von Tränen verschleierte Augen; er hat einen verschleierten Blick; seine Stimme klang verschleiert **3** *die Nachprüfung von etwas durch Irreführung, Täuschung behindern oder unmöglich machen;* Mißstände, einen Betrug v.; Truppenbewegungen v. **II** ⟨refl.⟩ sich v. **1** *sich mit einem Schleier bedecken* **2** *sich das Gesicht mit einem Schleier verhüllen;* islamische Frauen v. sich in der Öffentlichkeit

Ver|schleie|rung ⟨f.10⟩ *das Verschleiern (I,3);* V. von Tatsachen

ver|schlei|fen ⟨V.118, hat verschliffen; mit Akk.⟩ **1** *abschleifen, durch Schleifen glätten*

verschleimen 2 *beim schnellen Sprechen weglassen;* Vorsilben, Endsilben v.

ver|schlei|men ⟨V.1, ist verschleimt; o.Obj.⟩ *sich mit Schleim füllen;* seine Lunge verschleimt allmählich; verschleimter Rachen; durch Absonderung von Sekret verschleimte Lunge

Ver|schlei|mung ⟨f., -, nur Sg.⟩ 1 *das Verschleimen* 2 *das Verschleimtsein;* die V. lösen

Ver|schleiß ⟨m., -es, nur Sg.⟩ 1 *das Verschleißen, Abnutzung durch Gebrauch,* Verbrauch 2 ⟨österr.⟩ *Kleinverkauf*

ver|schlei|ßen ⟨V.119, hat verschlissen; mit Akk.⟩ 1 *etwas v. durch häufigen Gebrauch abnutzen;* die schlechten Straßen v. die Reifen; bei dieser Arbeit verschleißt man die Kleidung rasch; verschlissene Kleider 2 *Männer, Frauen v.* ⟨ugs., scherzh.⟩ *häufig wechselnde Liebesverhältnisse mit Männern, Frauen haben*

Ver|schlei|ßer ⟨m.5; österr.⟩ *jmd., der im Einzelhandel Waren verkauft*

ver|schlep|pen ⟨V.1, hat verschleppt; mit Akk.⟩ 1 *jmdn. v. an einen unbekannten Ort schleppen, mit Gewalt an einen unbekannten Ort bringen* 2 *etwas v. nehmen und wegtragen, so daß man es nicht wiederfindet;* der Hund hat einen meiner Handschuhe verschleppt

ver|schleu|dern ⟨V.1, hat verschleudert; mit Akk.⟩ 1 *für einen zu niedrigen Preis verkaufen;* Ware, seinen Besitz v. 2 *leichtsinnig ausgeben;* Geld v.

ver|schlie|ßen ⟨V.120, hat verschlossen⟩ I ⟨mit Akk.⟩ 1 *mit Schlüssel versperren;* die Tür v.; einen Koffer v. 2 *einschließen;* Papier, Geld im Schreibtisch v.; ein Geheimnis in seinem Herzen v. II ⟨refl.⟩ *sich v. einer Sache v. von einer Sache nichts wissen wollen;* er verschließt sich allen Argumenten, allen Vernunftgründen; er muß eine Sache nicht v. können *eine Sache anerkennen müssen;* ich kann mich der Tatsache nicht v., daß er recht hat

ver|schlimm|bes|sern ⟨V.1, hat verschlimmbessert; mit Akk.⟩ *durch vermeintliches Verbessern verschlimmern, verschlechtern;* einen Text v.; einen Fehler v. **Ver|schlimm|bes|se|rung** ⟨f.10⟩

ver|schlim|mern ⟨V.1, hat verschlimmert⟩ I ⟨mit Akk.⟩ *schlimmer machen;* ein Übel (durch falsche Maßnahmen) v. II ⟨refl.⟩ *sich v. schlimmer werden;* seine Krankheit hat sich verschlimmert **Ver|schlim|me|rung** ⟨f.10⟩

ver|schlin|gen¹ ⟨V.121, hat verschlungen⟩ I ⟨mit Akk.⟩ *ineinander-, umeinanderschlingen;* Fäden, Bänder v. II ⟨refl.⟩ *sich v. sich ineinanderschlingen, sich verwirren;* die Fäden haben sich unentwirrbar verschlungen [zu *schlingen²*]

ver|schlin|gen² ⟨V.121, hat verschlungen; mit Akk.⟩ 1 *etwas v.* a *gierig essen* b *rasch und gespannt lesen;* ein Buch v. c *verbrauchen;* der Bau des Hauses hat seine gesamten Ersparnisse verschlungen 2 *jmdn. v.* a ⟨im Märchen⟩ *fressen* b *jmdn. mit seinen Blicken v.* ⟨übertr.⟩ *jmdn. leidenschaftlich, besitzergreifend anschauen* c *in sich aufnehmen und dadurch den Blicken entziehen;* Syn. *verschlucken;* die beiden Gestalten wurden von der Dunkelheit verschlungen d *übertönen;* Syn. *verschlucken;* der Lärm verschlang seine Worte, Rufe [zu *schlingen²*]

Ver|schlin|gung ⟨f.10⟩ 1 ⟨nur Sg.⟩ *das Verschlingen¹ (I), das Sichverschlingen* 2 *Schlinge(n)*

ver|schlos|sen ⟨Adj.; übertr.⟩ *wenig mitteilsam, in sich gekehrt* **Ver|schlos|sen|heit** ⟨f., -, nur Sg.⟩

ver|schlucken ⟨-k·k-; V.1, hat verschluckt⟩ I ⟨mit Akk.⟩ 1 *durch Schlucken in den Magen befördern;* einen Bissen v. 2 ⟨übertr.⟩ *nicht aussprechen, eine Entgegnung, eine Bemerkung v.* 3 ⟨übertr.⟩ *beim schnellen Sprechen weglassen;* Endsilben v. 4 → *verschlingen² (2c,d)* II ⟨refl.⟩ *sich v. einen Tropfen Flüssigkeit, ein Stückchen Speise versehentlich in die Luftröhre einziehen*

Ver|schluß ⟨m.2⟩ 1 *Vorrichtung zum Verschließen (I, 1)* 2 *Bewachung, Aufbewahrung;* etwas unter V. halten 3 *das Sichverschließen (Darm~)*

ver|schlüs|seln ⟨V.1, hat verschlüsselt; mit Akk.⟩ 1 *mit einem Schlüssel (5) in eine Geheimschrift, eine Programmiersprache übertragen;* Ggs. *entschlüsseln;* einen Text, eine Nachricht v. 2 ⟨übertr.⟩ *verändert (aber für Eingeweihte erkennbar) darstellen;* Ereignisse, Personen in einem Roman v. **Ver|schlüs|se|lung** ⟨f., -, nur Sg.⟩

Ver|schluß|laut ⟨m.1⟩ → *Explosivlaut*

ver|schmach|ten ⟨V.2, ist verschmachtet; o.Obj.⟩ *etwas v. (bes. Flüssigkeit) stark entbehren und dadurch sterben oder eingehen;* er ist in der Wüste verschmachtet; die Blumen sind in der Sonne verschmachtet; ich habe verschmachte (vor Durst) ⟨ugs.⟩ *ich habe großen Durst*

ver|schmä|hen ⟨V.1, hat verschmäht; mit Akk.⟩ *nicht haben wollen, nicht essen oder trinken wollen, zurückweisen, ablehnen;* er verschmäht jede Hilfe; das Fleisch hat er gegessen, das übrige hat er verschmäht; verschmähte Liebe *nicht erwiderte Liebe;* ein verschmähter Liebhaber

ver|schmau|sen ⟨V.1, hat verschmaust; mit Akk.⟩ *mit Appetit und Genuß essen*

ver|schmei|ßen ⟨V.122, hat verschmissen; mit Akk.; ugs.⟩ *an eine ungewöhnliche Stelle legen und nicht wiederfinden;* ich habe mein Taschenmesser verschmissen

ver|schmel|zen ⟨V.123, hat verschmolzen⟩ 1 *schmelzen und ineinander übergehen lassen, sich verbinden lassen;* Metalle miteinander v.; Metalle zu einer Legierung v. 2 ⟨übertr.⟩ *eng verbinden;* er hat in seiner Oper Musik und Text zu einer Einheit verschmolzen II ⟨o.Obj.; ist verschmolzen⟩ *ineinander übergehen, sich eng verbinden* **Ver|schmel|zung** ⟨f.10⟩

ver|schmer|zen ⟨V.1, hat verschmerzt; mit Akk.⟩ *etwas v. den Schmerz um etwas überwinden;* sie kann den Verlust ihres Ringes (nicht) v.; eine Enttäuschung v.; das kann ich v. *das trifft mich nicht stark, das kann ich entbehren*

ver|schmitzt ⟨Adj., -er, am -esten⟩ *schelmisch, spitzbübisch* [zu mhd. *smizen* „schlagen", also eigtl. „durch Schläge vorsichtig, klug geworden"] **Ver|schmitzt|heit** ⟨f., -, nur Sg.⟩

ver|schmut|zen ⟨V.1⟩ I ⟨mit Akk.; hat verschmutzt⟩ *sehr schmutzig, ganz schmutzig machen;* verschmutzt *sehr, ganz schmutzig werden;* die unbewohnten Zimmer v. allmählich **Ver|schmut|zung** ⟨f.10⟩

ver|schnap|pen ⟨V.1, hat verschnappt; refl.⟩ → *verplappern*

ver|schnau|fen ⟨V.1, hat verschnauft; o.Obj., auch refl.⟩ *eine kurze Pause machen, um Atem zu holen;* Syn. ⟨norddt.⟩ *verpusten;* ich muß (mich) einen Augenblick v.

ver|schnei|den ⟨V.125, hat verschnitten; mit Akk.⟩ 1 *kürzer schneiden;* eine Hecke, Sträucher v.; jmdm. die Haare v. 2 *falsch zuschneiden;* sie hat den Stoff verschnitten 3 *mit anderem Alkohol vermischen;* Weinbrand v. 4 → *kastrieren (1)*

ver|schneit ⟨Adj., o.Steig.⟩ *mit Schnee bedeckt;* die Wege sind v.

Ver|schnitt ⟨m.1⟩ 1 *beim Verschneiden, beim falschen Zuschneiden abfallende Teile;* zuviel V. machen 2 *gemischter Wein oder Branntwein aus Erzeugnissen verschiedener Sorten* (Rum~, Weinbrand~)

Ver|schnit|te|ne(r) ⟨m.17 oder 18⟩ *kastrierter Mann, Eunuch*

ver|schnup|fen ⟨V.1, hat verschnupft; mit Akk.; ugs.⟩ *ärgern, verstimmen, kränken;* das verschnupft mich; ⟨meist im Part. Perf.⟩ → *verschnupft (2)*

ver|schnupft ⟨Adj., -er, am -esten⟩ 1 *an Schnupfen erkrankt;* v. sein; v. aussehen 2 *ärgerlich, verstimmt, gekränkt;* wegen etwas v. sein

ver|schnü|ren ⟨V.1, hat verschnürt; mit Akk.⟩ *mit Schnur zubinden;* ein Paket v.

Ver|schnü|rung ⟨f.10⟩ 1 ⟨nur Sg.⟩ *das Verschnüren* 2 *Schnur, mit der etwas zugebunden ist;* die V. lösen

ver|schol|len ⟨Adj., o.Steig.⟩ *seit längerer Zeit vermißt und deshalb als verloren oder tot betrachtet* [zu *verschallen* „aufhören zu schallen"]

ver|scho|nen ⟨V.1, hat verschont; mit Akk.⟩ *jmdn. v. jmdm. nichts antun, nichts zuleide tun, jmdm. keinen Schaden zufügen;* verschont wenigstens die Kinder!; sie sind von dem Unwetter verschont geblieben; hoffentlich bleibt ihr von der Grippe verschont; bei dem Überfall wurde niemand verschont *bei dem Überfall wurden alle getötet*

ver|schö|nen ⟨V.1, hat verschönt; mit Akk.⟩ *schön machen;* einen alten Zaun durch einen neuen Anstrich v.

ver|schö|nern ⟨V.1, hat verschönert; mit Akk.⟩ *(noch) schöner machen*

Ver|schö|ne|rung ⟨f.10⟩ 1 ⟨nur Sg.⟩ *das Verschönern* 2 *verschönernde Zutat;* ~en anbringen

ver|schor|fen ⟨V.1, ist verschorft; o.Obj.⟩ *sich mit Schorf überziehen;* die Wunde ist verschorft **Ver|schor|fung** ⟨f.10⟩

ver|schram|men ⟨V.1⟩ I ⟨mit Akk.; hat verschrammt⟩ *etwas v. Schrammen in etwas machen;* die Tischplatte, den Kotflügel v. II ⟨o.Obj.; ist verschrammt⟩ *Schrammen bekommen;* diese feine Oberfläche, das feine Material verschrammt leicht

ver|schrän|ken ⟨V.1, hat verschränkt; mit Akk.⟩ *kreuzweise übereinanderlegen;* Hölzer, Latten (zum Zaun) v.; die Arme vor der Brust, hinter dem Rücken v.; die Hände hinterm Kopf v.; mit verschränkten Armen dabeistehen, zusehen *untätig, ohne zu helfen* **Ver|schrän|kung** ⟨f.10⟩

ver|schrau|ben ⟨V.1, hat verschraubt; mit Akk.⟩ *durch Schrauben befestigen;* ein Regal an der Wand mit dem danebenstehenden Regal v.

Ver|schrau|bung ⟨f.10⟩ *Befestigung mit Schrauben;* die V. lösen

ver|schrei|ben ⟨V.127, hat verschrieben⟩ I ⟨mit Akk.⟩ *durch Schreiben verbrauchen;* viel Papier v. II ⟨mit Dat. und Akk.⟩ *jmdm. etwas v.* 1 *jmdm. ein Rezept (für ein Medikament) schreiben;* jmdm. Hustentropfen v. 2 *schriftlich erklären, daß jmd. etwas bekommen soll, überschreiben;* jmdm. ein Grundstück v. III ⟨refl.⟩ *sich v.* 1 *etwas falsch schreiben;* sie hat sich in dem kurzen Brief dreimal verschrieben 2 *sich einer Sache v. sich mit einer Sache (von nun an) eingehend beschäftigen;* er hat sich der Malerei verschrieben

Ver|schrei|bung ⟨f.10⟩ *das Verschreiben (II, 1)*

ver|schrei|bungs|pflich|tig ⟨Adj., o.Steig.⟩ → *rezeptpflichtig*

ver|schrei|en ⟨V.128, hat verschrien; nur noch im Perf. Passiv⟩ *verschrien sein in schlechtem Ruf stehen;* diese Gegend, dieses Lokal ist ziemlich verschrien; als etwas verschrien sein *als etwas allgemein bekannt sein (nur in negativem Sinne);* er ist in der Schule als Raufbold verschrien

ver|schro|ben ⟨Adj.⟩ *wunderlich, absonderlich, ein bißchen verrückt,* ⟨bei Frauen⟩ *altjüngferlich;* eine ~e Person; ~e Ideen; sie ist v. [eigtl. „falsch geschraubt"] **Ver|schro|ben|heit** ⟨f.10⟩

ver|schrot|ten ⟨V.2, hat verschrottet; mit

ver|schrum|peln ⟨V.1, ist verschrumpelt; o.Obj.⟩ *kleiner werden und viele Fältchen, Runzeln bekommen;* ein verschrumpelter Apfel; ein verschrumpeltes Gesicht

ver|schüch|tert ⟨Adj.⟩ *eingeschüchtert, gehemmt*

ver|schul|den ⟨V.2, hat verschuldet⟩ I ⟨mit Akk.⟩ etwas v. *schuld an etwas sein;* einen Unfall, einen Brand v.; er ist ohne sein Verschulden in eine unangenehme Lage geraten *ohne seine Schuld* II ⟨refl.⟩ sich v. *in Schulden geraten, Schulden machen;* er hat sich hoch verschuldet; ⟨meist im Perf. Passiv⟩ verschuldet sein *Schulden haben;* er ist hoch verschuldet *er hat hohe, viele Schulden;* ein hoch verschuldetes Geschäft *ein Geschäft, auf dem hohe Schulden lasten*

Ver|schul|dung ⟨f.10⟩ *das Verschuldetsein*

ver|schu|len ⟨V.1, hat verschult; mit Akk.⟩ **1** in Baumschulen verpflanzen **2** *dem (strengeren) Schulbetrieb angleichen;* den Universitätsbetrieb v. **Ver|schu|lung** ⟨f.10⟩

ver|schus|seln ⟨V.1, hat verschusselt; mit Akk.; ugs.⟩ etwas v. *durch Schusseligkeit verlieren, versäumen;* Schulsachen v.; eine Verabredung v.

ver|schüt|ten ⟨V.2, hat verschüttet; mit Akk.⟩ **1** etwas v. *versehentlich danebenschütten, überlaufen lassen;* Milch, Zucker v. **2** ⟨meist im Passiv⟩ verschüttet werden *unter den Trümmern eines einstürzenden Gebäudes, von herabstürzenden Erd- oder Schneemassen bedeckt werden;* nach Verschütteten graben **3** es bei, mit jmdm. verschüttet haben ⟨ugs.⟩ *jmds. Gunst, Wohlwollen verloren haben*

ver|schütt|ge|hen ⟨V.47, ist verschüttgegangen; o.Obj.; ugs.⟩ →*verlorengehen* **Ver|schütt|ung** ⟨f.10⟩ *das Verschüttetwerden*

ver|schwä|gern ⟨V.1, ist verschwägert; refl.⟩ sich mit jmdm. v. *durch Heirat mit jmdm. verwandt werden;* ⟨meist im Perf. Passiv⟩ mit jmdm. verschwägert sein; sind Sie mit dem Angeklagten verwandt oder verschwägert?

ver|schwei|gen ⟨V.130, hat verschwiegen; mit Akk.⟩ **1** etwas v. *für sich behalten, nicht verraten, nicht mitteilen, nicht zugeben;* er hat verschwiegen, daß er die Nachricht bekommen hat; eine Verfehlung, einen Fehler v.; du verschweigst (mir) doch etwas! **Ver|schwei|gung** ⟨f., -, nur Sg.⟩

ver|schwei|ßen ⟨V.1, hat verschweißt; mit Akk.⟩ etwas mit etwas v. *etwas durch Schweißen mit etwas verbinden, zusammenfügen*

ver|schwen|den ⟨V.2, hat verschwendet; mit Akk.; Syn. vergeuden⟩ **1** *unnütz ausgeben;* Geld v. **2** *unnütz verbringen;* (kostbare) Zeit v. **3** *unnütz verwenden;* jedes weitere Wort ist verschwendet es ist zwecklos, weiter darüber zu reden; ich habe viel Mühe darauf verschwendet

ver|schwen|de|risch ⟨Adj.⟩ **1** *viel Geld ausgebend, verschwendend;* ein ∼er Mensch **2** *üppig, reichhaltig;* eine ∼e Ausstattung

Ver|schwen|dung ⟨f.10⟩ *das Verschwenden, hoher Verbrauch*

ver|schwie|gen ⟨Adj.⟩ **1** *Geheimnisse bewahrend, wenig redend;* ein ∼er Mensch **2** *wenig besucht, einsam;* ein ∼es Plätzchen **Ver|schwie|gen|heit** ⟨f., -, nur Sg.⟩

ver|schwie|melt ⟨Adj.; ugs.⟩ *(durch übermäßigen Alkoholgenuß) verquollen* [zu *Schwiemel*]

ver|schwim|men ⟨V.132, ist verschwommen; o.Obj.⟩ *undeutlich werden, ineinander verfließen, die Umrisse verlieren;* vgl. *verschwommen;* die Berge v. im Dunst; die Häuser verschwammen im Nebel; mir verschwimmt alles vor den Augen

ver|schwin|den ⟨V.133, ist verschwunden; o.Obj.⟩ **1** *(durch Weggehen, Wegfahren, Wegfliegen) unsichtbar werden, sich den Blicken entziehen;* der Vogel verschwand in den Zweigen; der Zug verschwand in der Ferne; und dann war er plötzlich verschwunden; er verschwand fast in dem Mantel *der Mantel war viel zu groß für ihn;* neben ihm verschwinde ich ja *neben ihm wirke ich sehr klein;* ein ∼d kleiner Teil *ein sehr kleiner Teil;* etwas v. lassen *etwas heimlich oder durch Trick unbemerkt wegnehmen;* der Zauberer ließ Gegenstände v. **2** *verlorengehen, nicht zu finden sein;* meine Brille ist verschwunden; seine Tochter ist seit ein paar Tagen spurlos verschwunden; so geht es nicht einfach v.!; im Geschäft ist Geld verschwunden *im Geschäft hat vermutlich jemand Geld gestohlen* **3** ⟨ugs.⟩ weggehen; so, sich verschwinde jetzt; unauffällig v.; wenn mir die Sitzung zu lange dauert, verschwinde ich einfach; und jetzt verschwinde bitte! geh jetzt! **4** ⟨verhüllend⟩ *auf die Toilette gehen;* ich muß mal v.; wo kann ich hier mal v.?

ver|schwi|stern ⟨V.1, hat verschwistert; refl.⟩ **1** ⟨nur im Perf. Passiv⟩ sie sind verschwistert *sie sind Geschwister* **2** sich mit etwas v. *sich mit etwas eng verbinden;* in seiner Erziehung verschwistert sich Liebe mit Strenge

ver|schwit|zen ⟨V.1⟩ I ⟨mit Akk.; hat schwitzt⟩ **1** *durch Schwitzen naß machen;* verschwitztes Hemd **2** ⟨übertr.⟩ *durch Unachtsamkeit versäumen, vergessen;* einen Termin v.; ich habe es verschwitzt, ihm das mitzuteilen II ⟨o.Obj.; ist verschwitzt; ugs.⟩ *sehr stark schwitzen;* ich verschwitze!; es war so heiß in dem Zug, ich bin ganz verschwitzt *ich habe sehr geschwitzt*

ver|schwom|men ⟨Adj.⟩ *verschwimmend, keine klaren Umrisse besitzend, undeutlich;* ∼e Ideen haben; ich kann die Schrift nur v. erkennen *nur unklar, undeutlich* **Ver|schwom|men|heit** ⟨f., -, nur Sg.⟩

ver|schwö|ren ⟨V.135, hat verschworen⟩ I ⟨mit Akk.⟩ etwas v. ⟨†⟩ **1** *schwören, versprechen, daß man nie etwas tun wird;* man soll nichts v. **2** *schwören, daß man etwas lassen wird;* das Trinken, Rauchen v. II ⟨refl.⟩ **1** sich einer Sache v. *(von nun an) sich mit aller Kraft für eine Sache einsetzen;* er hat sich der Chirurgie verschworen **2** sich mit jmdm. v. *sich miteinander, mit jmdm. verbünden* **3** sich gegen jmdn. v. *ein Bündnis gegen jmdn. schließen;* sie haben sich gegen mich verschworen; heute hat sich alles gegen mich verschworen ⟨ugs.⟩ *heute geht alles schief*

Ver|schwö|rer ⟨m.5⟩ *jmd., der an einer Verschwörung beteiligt ist*

Ver|schwö|rung ⟨f.10⟩ *geheimes Unternehmen gegen jmdn.;* eine V. aufdecken

ver|se|hen ⟨V.136, hat versehen⟩ I ⟨mit Akk.⟩ **1** etwas v. *verwalten, ausüben, erfüllen;* seinen Dienst v.; seine täglichen Pflichten v. **2** etwas v. *mit etwas ausstatten, ausrüsten, etwas an etwas anbringen;* Fenster mit neuen Vorhängen v.; Flaschen mit Etiketten v.; einen Gegenstand mit einem Überzug v. **3** jmdn. oder sich mit etwas v. *mit etwas versorgen, dafür sorgen, daß jmd. oder man selbst etwas bekommt;* jmdn., sich mit Proviant v.; er ist immer reichlich mit Geld v.; wir sind mit allem v. *wir haben alles, was wir brauchen* **4** jmdn. v. ⟨kath. Kirche⟩ *jmdm. die Sterbesakramente spenden;* einen Kranken, Sterbenden v. II ⟨refl.⟩ sich v. **1** *einen Fehler machen;* oh, da habe ich mich v.!; sich in der Hausnummer v. *versehentlich in ein falsches Haus hineinkommen;* und ehe man sich's versieht, ⟨oder⟩ ehe man sich dessen versieht, ist es schon vorbei *ehe man es erwartet hat;* und kaum daß du dich's versiehst, wird die Zeit herum sein

Ver|se|hen ⟨n.7⟩ *unbeabsichtigter Fehler, Unachtsamkeit;* das war ein V.; das ist mir aus V. passiert [eigtl. „das Falschsehen"]

ver|se|hent|lich ⟨Adj., o.Steig.⟩ *unbeabsichtigt, irrtümlich;* eine ∼e Abweichung; v. etwas fallen lassen; dies geschah nur v.

Ver|seh|gang ⟨m.2⟩ *Gang des Priesters zu einem Todkranken, um ihn mit den Sterbesakramenten zu versehen*

ver|seh|ren ⟨V.1, hat versehrt; mit Akk.; †⟩ *verletzen;* ⟨heute nur noch als Subst.⟩ →*Versehrte(r)*

Ver|sehr|te(r) ⟨m., f.17 oder 18⟩ *jmd., der einen bleibenden Körperschaden erlitten hat* (Kriegs-∼, Unfall-∼) [zu *versehren*]

ver|selb|stän|di|gen ⟨V.1, hat verselbständigt; refl.⟩ sich v. *selbständig gemacht werden;* mehrere Abteilungen des Betriebes haben sich verselbständigt

ver|sen|den ⟨V.138, hat versandt⟩ →*verschicken (1)* **Ver|sen|dung** ⟨f.10⟩

ver|sen|gen ⟨V.1, hat versengt⟩ I ⟨mit Akk.⟩ etwas v. **1** *durch Hitze gelbliche, bräunliche Flecken in etwas machen;* ein Hemd (beim Bügeln) v. **2** *durch Hitze austrocknen;* die Sonne hat die Wiesen versengt II ⟨mit Dat. und Akk.⟩ jmdm. oder sich etwas v. *durch Feuer beschädigen, leicht anbrennen;* ich habe mir an einer Kerze die Haare versengt

Ver|senk|büh|ne ⟨f.11⟩ *Bühne, bei der ein Teil des Bodens gesenkt und gehoben werden kann*

ver|sen|ken ⟨V.1, hat versenkt⟩ I ⟨mit Akk.⟩ **1** *zum Sinken bringen;* ein Schiff v.; einen Teil der Bühne v. *mittels mechanischer Vorrichtung nach unten bewegen* **2** *etwas in etwas v. tief in etwas hineintun, untergehen lassen;* einen Toten im Meer v.; einen Gegenstand im Wasser, in der Mülltonne v. ⟨scherzh.⟩ *einen Gegenstand ins Wasser, in die Mülltonne werfen;* etwas in der Erde, in die Erde v. *etwas vergraben;* eine versenkte Schraube *Schraube, die nicht über die Oberfläche hinausragt* II ⟨refl.⟩ *sich in etwas vertiefen, seine Gedanken intensiv auf etwas richten;* sich in ein Buch, in eine mathematische Aufgabe v.

Ver|sen|kung ⟨f.10⟩ **1** *das Versenken* **2** *versenkbarer Teil einer Theaterbühne;* aus der V. auftauchen ⟨ugs.⟩ *plötzlich wieder auftauchen;* in der V. verschwinden ⟨ugs.⟩ *plötzlich (aus ungeklärten Gründen) verschwinden* **3** ⟨nur Sg.⟩ *das Sichversenken, innere Sammlung, tiefe Konzentration*

Ver|se|schmied ⟨[-ʃer-] m.1; abwertend⟩ *Dichter*

ver|ses|sen ⟨Adj.; nur mit „sein" auf etwas v. sein *etwas sehr gern mögen, etwas sehr gern tun;* er ist auf Marzipan ganz v.; er ist v. aufs Schifahren [zu *sitzen*]

ver|set|zen ⟨V.1, hat versetzt⟩ I ⟨mit Akk.⟩ **1** etwas v. **a** *an eine andere Stelle setzen;* Gegenstände v.; Pflanzen v.; Knöpfe an einem Kleidungsstück v.; Steine versetzt anbringen *nicht in gerader Linie (auf dem Rasen, einem Weg), sondern abwechselnd nach links und rechts etwas verschoben* **b** *ins Leihhaus bringen, verpfänden;* einen Ring v. **c** ⟨†, noch poet.⟩ *antworten, entgegnen;* „...!" versetzte er *etwas mit v. etwas mischen, etwas in etwas hineinmischen;* Wasser mit Kohlensäure v. **2** jmdn. v. **a** jmdm. *eine Stelle, ein Amt in einer anderen Dienststelle, in einem anderen Ort antreten lassen* **b** (Schule) *in die nächsthöhere Klasse aufrücken lassen;* er ist nicht versetzt worden **c** *vergeblich warten lassen (indem man eine Verabredung nicht einhält)* **3** jmdn. in etwas v. *jmdn. in einen Zustand bringen;* jmdn. in Angst, Erstaunen, Zorn v. II ⟨mit Dat. und Akk.⟩ jmdm. einen Schlag, einen Tritt v. *jmdm. einen Schlag, einen Tritt geben;* jmdm. eins v. *jmdm. einen Schlag geben,* ⟨auch⟩

Versetzung

jmdm. eine scharfe Rüge erteilen, eine scharfe Antwort geben III ⟨refl.⟩ *sich in etwas, in jmdn. v. sich in etwas, jmdn. hineindenken, einfühlen;* sich in jmds. Lage v. (können); ich kann mich gut in dich v.

Ver|set|zung ⟨f.10⟩ *das Versetzen (I, 1a,b, 2 a,b), das Versetztwerden;* V. in die nächste Klasse; V. an einen anderen Ort

Ver|set|zungs|zei|chen ⟨n.7; Zeichen: #, b; Mus.⟩ *Zeichen zur Erhöhung bzw. Erniedrigung eines Tones um einen halben Ton*

ver|seu|chen ⟨V.1, hat verseucht; mit Akk.⟩ *etwas od. jmdn. mit etwas v. Krankheitserreger oder etwas ähnlich Gefährliches in etwas, in jmds. Körper bringen;* Ggs. *entseuchen;* die Bewohner der Baracke sind mit Typhus verseucht; das Grundwasser ist mit radioaktiven Stoffen verseucht **Ver|seu|chung** ⟨f.10⟩

Vers|fuß ⟨[fers-] m.2⟩ *kleinste rhythmische Einheit eines Verses (z.B. Jambus, Trochäus)*

ver|si|chern ⟨V.1, hat versichert⟩ I ⟨mit Akk.⟩ **1** *etwas, sich oder jmdn. v. eine Versicherung über etwas, für jmdn., für sich abschließen;* ein Haus gegen Feuer v.; sich für den Krankheitsfall v. **2** ⟨jmdm.⟩ *etwas v. (jmdm.) nachdrücklich erklären, beteuern, daß etwas so sei;* er hat versichert, er sei nicht dort gewesen; ich versichere Ihnen, ⟨auch, †⟩ ich versichere Sie, daß es so ist; ich versichere an Eides Statt, daß ...; seien Sie versichert, daß ...; Sie können versichert sein, daß ... *Sie können die Gewißheit haben, Sie können sicher sein, daß ...;* seien Sie versichert, daß alles geschehen wird, was möglich ist II ⟨refl.⟩ sich v. **1** *sich Gewißheit verschaffen;* ich muß mich erst v., ob auch niemand zuhört **2** *sich einer Sache v.* ⟨geh.⟩ *sich Gewißheit über eine Sache verschaffen;* ich habe mich seiner Aufrichtigkeit versichert **3** ⟨mit Gen.⟩ ⟨geh.⟩ *sich überzeugen, daß jmd. zu einem hält, zu einem steht*

Ver|si|che|rung ⟨f.10⟩ **1** ⟨nur Sg.⟩ *das Versichern, Beteuern* **2** *Vertrag mit einem Unternehmen, das gegen regelmäßige Zahlungen einer bestimmten Summe bei Unglücksfällen das so abgesicherte Gut ersetzt oder im Todesfall den Angehörigen eine vereinbarte Summe auszahlt* (Hausrat~, Lebens~); vgl. *Sozialversicherung;* eine V. abschließen **3** ⟨kurz für⟩ *Versicherungsgesellschaft*

Ver|si|che|rungs|an|stalt ⟨f.10⟩ →*Versicherungsgesellschaft*

Ver|si|che|rungs|bei|trag ⟨m.2⟩ *Beitrag, den jmd. für den Versicherungsschutz zahlen muß;* Syn. *Versicherungsprämie*

Ver|si|che|rungs|be|trug ⟨m., -(e)s, nur Sg.⟩ *Betrug an einer Versicherungsgesellschaft durch einen vorgetäuschten Versicherungsfall*

Ver|si|che|rungs|fall ⟨m.2⟩ *Unglücksfall, Fall, bei dessen Eintritt eine Versicherungssumme gezahlt werden muß*

Ver|si|che|rungs|ge|ber ⟨m.5⟩ →*Versicherungsgesellschaft*

Ver|si|che|rungs|ge|sell|schaft ⟨f.10⟩ *Unternehmen, das Versicherungsverträge abschließt;* Syn. *Versicherungsanstalt, Versicherungsgeber*

Ver|si|che|rungs|neh|mer ⟨m.5⟩ *jmd., der sich gegen etwas versichert (hat)*

Ver|si|che|rungs|pflicht ⟨f.10⟩ *Pflicht, sich gegen bestimmte Fälle zu versichern*

Ver|si|che|rungs|pflich|tig ⟨Adj., o.Steig.⟩ *verpflichtet, sich zu versichern*

Ver|si|che|rungs|po|li|ce ⟨[-li:sə] f.11⟩ *Urkunde über eine abgeschlossene Versicherung*

Ver|si|che|rungs|prä|mie ⟨[-mjə] f.11⟩ →*Versicherungsbeitrag*

Ver|si|che|rungs|sum|me ⟨f.11⟩ *Summe, die nach Eintritt des Versicherungsfalles auszuzahlen ist*

Ver|si|che|rungs|trä|ger ⟨m.5⟩ *Einrichtung, die die Sozialversicherung trägt*

Ver|si|che|rungs|ver|tre|ter ⟨m.5⟩ *Vertreter, der für eine Versicherungsgesellschaft arbeitet*

ver|sie|ben ⟨V.1, hat versiebt; mit Akk.; ugs.⟩ *etwas v.* **1** *an einer ungewöhnlichen Stelle liegenlassen und es vergessen;* ich habe meine Handschuhe versiebt **2** *aus Unachtsamkeit falsch machen;* eine Arbeit v.

ver|sie|geln ⟨V.1, hat versiegelt; mit Akk.⟩ *mit Siegel verschließen;* einen Brief v. die Hülle einer Schallplatte zukleben (so daß man sie nicht spielen und daher wieder umtauschen kann)

ver|sie|gen ⟨V.1, ist versiegt; o.Obj.⟩ *aufhören zu fließen;* die Quelle ist versiegt; die Geldquelle ist versiegt; ihr Tränenstrom, ihr Wortschwall versiegte; das Gespräch versiegte

ver|siert ⟨Adj., -er, am -esten⟩ *erfahren, bewandert, geübt;* ~er Fachmann [< frz. *versé* „bewandert, geübt", zu lat. *versare* „sich mit einem Fach, Wissensgebiet beschäftigen, hin und her sinnen"; eigtl. „drehen, wenden"]

Ver|si|fi|ka|ti|on ⟨f.10⟩ *das Versifizieren*

ver|si|fi|zie|ren ⟨V.3, hat versifiziert; mit Akk.⟩ *in Verse bringen, in Verse verwandeln* [< lat. *versificare* „in Verse bringen, Verse machen", < *versus* „Vers" und *...ficare* (in Zus. für *facere*) „machen"]

Ver|sil|be|rer ⟨m.5⟩ *jmd., der berufsmäßig Gegenstände mit einer Silberschicht überzieht*

ver|sil|bern ⟨V.1, hat versilbert; mit Akk.⟩ **1** *mit einem Überzug aus Silber versehen;* versilbertes Eßbesteck **2** ⟨ugs.⟩ *zu Geld* (eigtl.: *zu Silbergeld*) *machen, verkaufen;* geerbte Möbelstücke v.

Ver|sil|be|rung ⟨f.10⟩ *das Versilbern (1)*

ver|sim|peln ⟨V.1⟩ I ⟨mit Akk.; hat versimpelt⟩ *allzu sehr vereinfachen;* einen Sachverhalt v. II ⟨o.Obj.; ist versimpelt⟩ *geistig anspruchslos werden;* in dem kleinen Ort ohne jegliche Anregung muß er ja v. [zu *simpel*]

ver|sin|ken ⟨V.141, ist versunken; o.Obj.⟩ **1** *unter die Wasseroberfläche sinken, untergehen;* das Schiff ist versunken; hier soll einst eine Insel versunken sein **2** *sich nach unten bewegen, sinken;* die Sonne versank am Horizont, hinter den Bergen; bis zu den Knöcheln im Schlamm, im Schnee versinken; er versank in Schweigen ⟨übertr.⟩ *er schwieg lange;* er versank in tiefes Sinnen, in tiefes Nachdenken ⟨übertr.⟩ *er begann tief nachzudenken;* in Gedanken versunken sein; in die Betrachtung eines Bildes versunken sein *ein Bild betrachten und dabei tief nachdenken;* versunkene Erinnerungen stiegen wieder auf *lange vergessene, ins Gedächtnis hinabgesunkene Erinnerungen* **3** *langsam verschwinden;* wenn er Klavier spielt, versinkt alles um ihn her; versunkene Kulturen

ver|sinn|bild|li|chen ⟨V.1, hat versinnbildlicht; mit Akk.⟩ *etwas v.* **1** *in einem Sinnbild darstellen;* manche Völker haben die Sonne in einem Rad versinnbildlicht **2** *ein Sinnbild für etwas sein;* ein Palmzweig versinnbildlicht den Frieden

Ver|si|on ⟨f.10⟩ *Fassung, Lesart, Darstellung* [frz., „Übersetzung, Auffassungsweise, Lesart", < lat. *versum* „das Gedrehte, Gewendete", zu *vertere* „drehen, wenden"]

ver|sip|pen ⟨V.1, hat versippt; refl.⟩ *sich mit jmdm. v. mit jmdm. verwandt werden, in jmds. Sippe eingehen;* ihr habt euch mit ihnen versippt (meist im Perf. Passiv; selten) sie sind miteinander versippt *sie sind miteinander verwandt*

ver|sit|zen ⟨V.143, hat versessen; mit Akk.; ugs.⟩ *etwas v.* **1** *mit Sitzen verbringen, zubringen;* ich habe zwei Stunden beim Zahnarzt versessen; viel Zeit v. **2** *beim Sitzen Falten in etwas bringen, durch vieles Sitzen abnutzen;* einen Rock v.; der Rock ist hinten ganz versessen

ver|skla|ven ⟨V.1, hat versklavt; mit Akk.⟩ **1** *zum Sklaven, zu Sklaven machen;* Menschen, Gefangene v. **2** *sich gefügig machen, zur Unterwerfung zwingen;* ein Volk v.; ich lasse mich nicht v. **Ver|skla|vung** ⟨f.10⟩

Vers|leh|re ⟨[fers-] f., -, nur Sg.⟩ *Lehre von der Bildung und Betonung von Versen*

ver|slu|men ⟨[-slɐmən] V.1, ist verslumt [-slɐmt]; o.Obj.; ugs.⟩ *zum Slum werden;* einige Stadtviertel sind in den letzten Jahren verslumt

Vers|maß ⟨[fers-] n.1⟩ *einzelne Einheit eines Verses, Metrum*

ver|snobt ⟨Adj., -er, am -esten⟩ *zum Snob geworden*

Ver|so ⟨n.9⟩ *Rückseite (eines Buchblattes, einer Handschrift);* Ggs. *Rekto* [< lat. (folio) „auf der Rückseite (des Blattes)"]

ver|sof|fen ⟨Adj., derb⟩ **1** *ständig zuviel Alkohol trinkend;* ~er Kerl **2** *von ständigem Alkoholgenuß zeugend;* eine ~e Stimme haben

ver|soh|len ⟨V.1, hat versohlt; mit Akk. oder mit Dat. und Akk.; ugs.⟩ →*verhauen (I, 1);* jmdn. v.; jmdm. den Hintern v. [eigtl. „mit einer besonderen Sohle versehen", wobei man kräftig auf die Nägel schlägt]

ver|söh|nen ⟨V.1, hat versöhnt⟩ I ⟨mit Akk.⟩ *jmdn. v. (nach einem Streit) wieder freundlich, gütig stimmen;* den Freund v.; zwei Streitende v. II ⟨refl.⟩ *sich v. Frieden schließen, wieder freundlich miteinander werden;* wir haben uns wieder versöhnt; ich habe mich mit ihm versöhnt

ver|söhn|lich ⟨Adj.⟩ **1** *versöhnend;* ~er Abschluß **2** *bereit zur Versöhnung, vermittelnd;* ~er Mensch **Ver|söhn|lich|keit** ⟨f., -, nur Sg.⟩

Ver|söh|nung ⟨f.10⟩ *das Versöhnen, das Sichversöhnen;* zur V. bereit sein

Ver|söh|nungs|fest ⟨n.1⟩, **Ver|söh|nungs|tag** ⟨m.1⟩ *hoher jüdischer Feiertag, Jom Kippur*

ver|son|nen ⟨Adj.⟩ *häufig über etwas nachsinnend, nachdenklich, träumerisch* **Ver|son|nen|heit** ⟨f., -, nur Sg.⟩

ver|sor|gen ⟨V.1, hat versorgt; mit Akk.⟩ **1** *etwas oder jmdn. v. sich um etwas oder jmdn. kümmern, sich um jmdn. pflegen;* den Garten, das Haus v.; einen Kranken v.; während unseres Urlaubs hat sie die Kinder und den Hund versorgt **2** *etwas mit etwas ausstatten, dafür sorgen, daß etwas oder jmd. etwas bekommt;* jmdn. mit Nahrung, Kleidung, Geld v.; jmdn. mit Lesestoff v.; das Kraftwerk versorgt die Stadt mit Strom **3** ⟨umg.⟩ *v. für jmds. Lebensunterhalt sorgen;* er hat eine Frau und drei Kinder zu v.; er will seine Familie versorgt wissen, falls er stirbt *er will, daß für den Lebensunterhalt seiner Familie gesorgt ist*

ver|sorgt ⟨Adj., -er, am -esten⟩ *von Sorgen gezeichnet;* ~es Gesicht; v. aussehen

Ver|sor|gung ⟨f., -, nur Sg.⟩ *das Versorgen;* V. des Haushalts; V. der Kinder

ver|spach|teln ⟨V.1, hat verspachtelt; mit Akk.⟩ **1** *mit dem Spachtel ausfüllen und glätten;* Fugen (mit Kitt) v. **2** →*verputzen (2)*

ver|span|nen ⟨V.1, hat verspannt; mit Akk.⟩ **1** *mit gespannten Seilen befestigen;* das Zeltdach v. **2** *anhaltend anspannen;* Muskeln v.; seine Muskeln sind völlig verspannt *seine Muskeln sind anhaltend stark angespannt*

Ver|span|nung ⟨f.10⟩ *das Verspanntsein, Spannungszustand;* die V. löste sich; an ~en leiden

ver|spä|ten ⟨V.2, hat verspätet; refl.⟩ *sich v. später kommen als erwartet;* ich habe mich leider verspätet; sich um eine halbe Stunde v.; der verspätete Schnellzug aus Athen

Ver|spä|tung ⟨f.10⟩ **1** ⟨nur Sg.⟩ *das Sichverspäten;* bitte entschuldigen Sie meine V. *bitte entschuldigen Sie, daß ich mich verspätet habe* **2** *das Verspätetsein, zeitlicher Rück-*

verstecken

stand; der Zug hat eine V. von einer Stunde; der Zug ist schon mit einer Stunde V. abgefahren; wir werden die V. wieder einholen, aufholen

ver|spei|sen ⟨V.1, hat verspeist; mit Akk.⟩ *essen, verzehren;* sein Mittagsmahl v.; er hat vier Stück Kuchen verspeist

ver|spe|ku|lie|ren ⟨V.3, hat verspekuliert; refl.⟩ sich v. **1** *sich (beim Spekulieren) verrechnen* **2** ⟨übertr.⟩ *Erwartungen nicht erfüllt sehen*

ver|sper|ren ⟨V.1, hat versperrt; mit Akk.⟩ etwas v. **1** *zuschließen;* die Tür, ein Schubfach v. **2** *unzugänglich machen;* das Begehen, Befahren, das Hindurchgehen, Hindurchfahren von etwas unmöglich machen; ein Lastwagen versperrte die Straße, den Zugang zu einem Gebäude; eine Gruppe von Menschen versperrt den Durchgang; die Schafherde versperrte uns den Weg **3** *nehmen, wegnehmen;* eine Mauer versperrt uns die Sicht, die Aussicht

ver|spie|len ⟨V.1, hat verspielt⟩ **I** ⟨mit Akk.⟩ etwas v. **1** *durch Spielen verbrauchen, verlieren;* sein Geld v.; er hat an einem Abend 500 Mark verspielt **2** *leichtfertig dahingeben;* er hat seine Zukunft, jmds. Vertrauen verspielt **3** *mit Spielen verbringen;* die Kinder haben den Nachmittag verspielt; vgl. *verspielt* **II** ⟨refl.⟩ sich v. *falsche Töne, einen falschen Ton spielen* **III** ⟨o.Obj.; nur im Perf.⟩ *nicht mehr* er hat keine Aussichten mehr; er hat bei mir verspielt = er hat mein Wohlwollen, mein Vertrauen verloren

ver|spielt ⟨Adj., -er, am -esten⟩ **1** *nur ans Spielen denkend;* ein ~es Kind; der Hund ist noch sehr v. **2** *zu zierlich, zu viele feine Zierformen aufweisend;* ein ~er Stil

ver|spin|nen ⟨V.145, hat versponnen⟩ **I** ⟨mit Akk.⟩ *auf dem Spinnrad oder mit der Spinnmaschine zum Faden drehen;* Wolle, Fasern v. **II** ⟨refl.⟩ sich v. ⟨übertr.⟩ *sich in etwas so vertiefen, daß man nichts anderes mehr wahrnimmt;* sich in einen Gedanken v.; ein versponnener Mensch *ein wirklichkeitsferner Mensch, der viel seinen Gedanken nachhängt*

ver|spot|ten ⟨V.2, hat verspottet; mit Akk.⟩ jmdn. oder etwas v. *über jmdn. oder etwas spotten, spöttische Bemerkungen über jmdn. oder etwas machen;* jmds. humpelnden Gang v. **Ver|spot|tung** ⟨f.10⟩

ver|spre|chen ⟨V.146, hat versprochen⟩ **I** ⟨mit Akk.⟩ **1** ⟨jmdm.⟩ etwas v. *ausdrücklich, bindend versichern, daß man etwas tun wird, daß man jmdm. etwas kaufen, schenken wird;* er hat mir versprochen, heute noch anzurufen; was man versprochen hat, muß man auch halten; jmdm. etwas in die Hand v. *jmdm. durch Händedruck bekräftigen, daß man etwas tun wird;* ich habe dem Kind im Kasperletheater versprochen **2** *hoffen lassen, fürchten lassen;* der Tag verspricht schön zu werden; sein Gesichtsausdruck versprach Böses, Unangenehmes **II** ⟨mit Dat. und Akk.⟩ jmdm. jmdn. v. ⟨früher⟩ *jmdn. bindend versichern, daß jmd. ihn heiraten wird;* er hat ihm seine Tochter zur Ehe versprochen **III** ⟨refl.⟩ sich v. *ein falsches Wort verwenden, ein Wort falsch aussprechen*

Ver|spre|chen ⟨n.7⟩ *Äußerung, durch die jmd. etwas verspricht, feste, bindende Zusage;* ein V. einlösen; jmdm. ein V. abnehmen; ein V. halten, nicht halten

Ver|spre|cher ⟨m.5⟩ *das Sichversprechen, falsch gesprochenes, falsch ausgesprochenes (und richtig wiederholtes) Wort;* trotz einiger V. machte seine Rezitation Eindruck

Ver|spre|chung ⟨f.10⟩ *Zusicherung, Verheißung;* große ~en machen *viel versprechen (wobei zu fürchten ist, daß das Versprochene nicht eingehalten wird)*

ver|spren|gen ⟨V.1, hat versprengt; mit Akk.⟩ **1** → *verspritzen (1)* **2** ⟨Mil.⟩ *auseinandertreiben und in die Flucht schlagen;* ein paar versprengte Soldaten

ver|sprit|zen ⟨V.1, hat verspritzt; mit Akk.⟩ **1** *hierhin und dorthin spritzen, in vielen Tropfen verteilen;* Syn. *versprengen;* Wasser v.; seinen Geist v. ⟨ugs., iron.⟩ *geistreiche Bemerkungen machen* ⟨ugs.⟩ *giftige Bemerkungen machen* **2** *durch Spritzen völlig schmutzig machen;* mein Mantel ist ganz verspritzt

ver|spro|che|ner|ma|ßen ⟨Adv.⟩ *wie er (oder sie) es versprochen hat;* er hat das Kind v. ins Theater mitgenommen

ver|sprü|hen ⟨V.1⟩ **I** ⟨mit Akk.; hat versprüht⟩ **1** *in feinen Tropfen verteilen;* Parfüm v.; ein Schädlingsbekämpfungsmittel v. **2** *aussenden;* der Feuerwerkskörper versprüht Funken **II** ⟨o.Obj.; ist versprüht⟩ **1** *sich in feinen Tropfen auflösen;* das Wasser versprüht auf der heißen Platte **2** *sich in Funken auflösen;* der Feuerwerkskörper ist versprüht

ver|spü|ren ⟨V.1, hat verspürt; verstärkend⟩ *spüren*

ver|staat|li|chen ⟨V.1, hat verstaatlicht; mit Akk.⟩ *in staatliches Eigentum überführen;* Ggs. *entstaatlichen;* Privateigentum v.; Betriebe v. **Ver|staat|li|chung** ⟨f.10⟩ *das Verstaatlichen;* Ggs. *Entstaatlichung*

ver|städ|tern ⟨V.1⟩ **I** ⟨mit Akk.; hat verstädtert⟩ *städtisch machen, der Art einer Stadt angleichen;* der Massentourismus hat die kleinen Orte verstädtert **II** ⟨o.Obj.; ist verstädtert⟩ *sich der Art der Stadt, der Städter angleichen;* der kleine Kurort ist verstädtert; die Landbevölkerung verstädtert **Ver|städ|te|rung** ⟨f.10⟩

ver|stäh|len ⟨V.1, hat verstählt; mit Akk.⟩ *mit einem Überzug aus Stahl versehen;* eine Druckplatte v.

Ver|stand ⟨m., -(e)s, nur Sg.⟩ *Fähigkeit des logischen Denkens, Schließens und Urteilens;* seinen V. bilden; mehr Glück als V. haben ⟨ugs.⟩ *viel Glück haben;* jmdm. steht der V. still ⟨ugs.⟩ *jmd. ist sehr erstaunt;* seinen V. zusammennehmen; an jmds. V. zweifeln; etwas mit V. tun *einen besonnen, bewußt tun;* das geht über meinen V.; jmdn. um den V. bringen *jmdn. verrückt machen* [zu *verstehen*]

Ver|stan|des|mensch ⟨m.10⟩ *Mensch, der überwiegend aufgrund seines Verstandes, mit Hilfe des Denkens handelt und urteilt;* Ggs. *Gefühlsmensch*

ver|stän|dig ⟨Adj.⟩ *vernünftig, klug, besonnen* **Ver|stän|dig|keit** ⟨f., -, nur Sg.⟩

ver|stän|di|gen ⟨V.1, hat verständigt⟩ **I** ⟨mit Akk.⟩ *jmdm. eine Nachricht geben;* die Polizei, den Arzt, die Eltern v.; jmdn. von einem Unfall v. **II** ⟨refl.⟩ sich v. **1** *sich verständlich machen, bewirken, daß ein anderer das versteht, was man zum Ausdruck bringen will;* ich kann so viel Italienisch, daß ich mich in Italien gut v. kann; die beiden v. sich durch Gesten, Blicke **2** sich mit jmdm. v. *sich mit jmdm. (über etwas) einig werden, Übereinstimmung erzielen;* bezüglich des Termins werde ich mich mit ihm noch v.

Ver|stän|di|gung ⟨f., -, nur Sg.⟩ **1** *das Verständigen (I);* V. der Polizei **2** *das Sichverständigen;* die V. mit dem Schwerhörigen war schwierig; es gab zwischen ihnen keine V.; wir konnten darüber keine V. erreichen

ver|ständ|lich ⟨Adj.⟩ **1** *verstehbar, hörbar;* v. reden **2** *begreiflich, gut faßbar;* eine ~e Darstellung **3** *einsehbar, gut verstehbar;* sein Verhalten ist v. **Ver|ständ|lich|keit** ⟨f., -, nur Sg.⟩

Ver|ständ|nis ⟨n., -sses, nur Sg.⟩ **1** *das Verstehen (I,1b), Sinn (für etwas);* er hat keinerlei Sinn für Technik; der Kommentar erleichtert das V. dieser Dichtung; nach meinem V. bedeutet das Wort „Lebenskunst" etwas anderes ich verstehe unter dem Wort etwas anderes **2** *das Sichverstehen (II,1);* Selbst~); das V. seiner selbst als Mentor der jüngeren Kollegen **3** *Fähigkeit, etwas oder jmdn. zu verstehen (I,1c,2), sich in etwas oder jmdn. einzufühlen;* V. für jmds. Verhalten, Einstellung, Vorliebe haben; V. für jmdn. haben; er hat viel V. für Kinder, für junge Leute; das V. der älteren Generation für die jüngere wecken; für ein solches Verhalten habe ich überhaupt kein, nicht das geringste V.

ver|ständ|nis|in|nig ⟨Adj.⟩ *voller Verständnis (3);* v. lächeln

ver|ständ|nis|los ⟨Adj., -er, am -esten⟩ *kein Verständnis (1,3) habend, ohne zu verstehen;* jmdn. v. ansehen; fremden Interessen, Liebhabereien, der alten Musik völlig v. gegenüber **Ver|ständ|nis|lo|sig|keit** ⟨f., -, nur Sg.⟩

ver|ständ|nis|voll ⟨Adj.⟩ *Verständnis (3) habend, zeigend*

Ver|stands|ka|sten ⟨m.8; ugs., scherzh.⟩ *Verstand, Hirn, Kopf*

ver|stär|ken ⟨V.1, hat verstärkt⟩ **I** ⟨mit Akk.⟩ **1** *stärker, dauerhafter, widerstandsfähiger machen;* eine Mauer durch Stahleinlagen v.; eine Faser mit Perlon v. **2** *stärker, intensiver machen;* Schall, den Ton v.; seine Bemühungen v. **3** *in der Anzahl vermehren, erhöhen;* Truppen v.; die Wachtposten v. *zahlenmäßig vergrößern;* seine Bemerkung verstärkte meine Befürchtung noch; jmds. Widerstand v. **4** ⟨Fot.⟩ *durch chemische Mittel dichter machen;* ein Negativ v. **II** ⟨refl.⟩ sich v. *stärker werden;* der Wind verstärkt sich

Ver|stär|ker ⟨m.5⟩ **1** *elektrisches Gerät oder Geräteteil, das Ströme, Spannungen, Leistungen verstärkt* (Gleichstrom~, Tonfrequenz~) **2** ⟨Fot.⟩ *chemische Lösung zum Verstärken von Negativen*

Ver|stär|kung ⟨f., -, nur Sg.⟩ **1** *das Verstärken, das Sichverstärken* **2** *Gesamtheit der Personen, durch die eine Truppe oder eine Gruppe verstärkt wird;* V. heranholen, komm, wir brauchen dich (bei unserer Diskussion) als V.!

ver|stat|ten ⟨V.2, hat verstattet; mit Dat. und Akk.; †⟩ *gestatten;* wollen Sie mir v., zu …?; es sei mir verstattet, zu …

ver|stau|ben ⟨V.1, ist verstaubt; o.Obj.⟩ *sich mit einer Staubschicht überziehen, Staub ansetzen, staubig werden;* die unbenutzten Möbel v. mit der Zeit; verstaubte Kleidung; verstaubte Schuhe

ver|stäu|ben ⟨V.1, hat verstäubt; mit Akk.⟩ *in feinsten Tröpfchen versprühen*

ver|stau|chen ⟨V.1, hat verstaucht; mit Dat. (sich) und Akk.⟩ sich etwas v. *sich eine Verstauchung an etwas zuziehen;* sich das Handgelenk, den Arm, den Fuß v.

Ver|stau|chung ⟨f.10; bei Gelenkbändern oder -kapseln⟩ *Verletzung durch einseitige Überdehnung (bes. beim Umknicken des Fußes);* Syn. *Distorsion*

ver|stau|en ⟨V.1, hat verstaut; mit Akk.⟩ *auf möglichst kleinem Raum unterbringen;* Gepäck im Auto v.; Gegenstände im Koffer v.

Ver|steck ⟨n.1⟩ **1** *Ort, an dem jmd. oder etwas versteckt ist* **2** *Ort, an dem man jmdn. oder etwas verstecken kann*

ver|stecken ⟨-k·k-; V.1, hat versteckt⟩ **I** ⟨mit Akk.⟩ etwas oder jmdn. v. *etwas oder jmdn. an einen Ort bringen, an dem man es oder ihn nicht findet;* vgl. *versteckt;* einen gestohlenen Gegenstand v.; Ostereier v.; einen Schlüssel (zum Spaß) v.; einen Flüchtling v.; einen Gegenstand hinterm Rücken v.; einen Verfolgten im Keller versteckt halten **II** ⟨refl.⟩ sich v. *an einen Ort, einen Platz gehen, an dem man nicht gefunden wird;* sich hinter einem Strauch v.; sich vor Verfolgern v.; neben ihm kannst du dich v. ⟨übertr.⟩ *du* kannst es nicht so gut wie er, du leistest weniger als er; du brauchst dich neben ihr nicht zu v. du kannst es genausoviel wie sie, du siehst genausogut aus wie sie; die Theaterkarte hatte sich unter anderen Papieren versteckt *die Theaterkarte war unter andere Papiere gerutscht;* sich versteckt halten *in einem Versteck bleiben*

Ver|steck|spiel ⟨n.1⟩ **1** *Kinderspiel, bei dem eine versteckte Person gefunden werden muß* **2** ⟨übertr.⟩ *dauerndes Vortäuschen von etwas, lästige Geheimnistuerei;* was soll das dauernde V.?

ver|steckt ⟨Adj., -er, am -esten⟩ **1** *verborgen, kaum oder nicht sichtbar;* das Buch lag v. unter anderen Büchern; das Haus liegt v. in den Bergen **2** *heimlich, kaum sichtbar, kaum spürbar;* mit einem ~en Grinsen, mit ~em Spott etwas sagen; ich hörte aus seinen Worten einen ~en Vorwurf heraus

ver|ste|hen ⟨V.151, hat verstanden⟩ **I** ⟨mit Akk.⟩ etwas v. **a** *hören, mit dem Gehör aufnehmen;* ich konnte jedes Wort v., was neben gesprochen wurde; ich habe ihn am Telefon nicht verstanden; ich habe deine Frage akustisch nicht verstanden **b** *den Sinn von etwas erfassen;* ein Buch, ein Theaterstück v.; verstehst du dieses Wort, diesen Satz?; das ist leicht, schwer zu v., etwas richtig, falsch v.; jmdm. etwas zu v. geben *jmdm. etwas andeutungsweise sagen, mitteilen;* was verstehst du unter „Lebenskunst"? *welche Meinung nach ist der Sinn des Wortes „Lebenskunst"?;* wie soll ich das v.? *wie ist das gemeint?* **c** *nachfühlen (können);* ich verstehe seine Haltung, seinen Standpunkt; ich kann deinen Schmerz, deine Enttäuschung v.; kannst du das denn nicht v.?; ich verstehe nicht, warum er das getan hat **2** *jmdn. v. jmds. Gefühle, Gedanken mitempfinden, mitdenken (können), die gleichen Gefühle, Gedanken haben wie jmd.;* ich verstehe dich sehr gut; ich verstehe dich nicht; sie v. sich, ⟨ugs., eigtl.⟩ einander gut; wir v. uns, nicht wahr? *ich hoffe, daß du meine Auffassung teilst und entsprechend handelst!* **II** ⟨refl.⟩ **1** sich als etwas v. *sich (selbst) als etwas betrachten, die Auffassung haben, daß man etwas ist;* ich verstehe sich als Mentor der jüngeren Kollegen **2** etwas versteht sich *etwas ist klar, ist selbstverständlich;* versteht sich! *klar!, natürlich!;* das versteht sich doch wohl von selbst! **3** die Preise v. sich inklusive Porto, Verpackung *in den Preisen sind die Kosten für Porto und Verpackung enthalten* **4** sich auf etwas v. *etwas gut kennen oder können;* er versteht sich auf alte Musikinstrumente; er versteht sich auf das Reparieren solcher alten Uhren **5** sich mit jmdm. v. *mit jmdm. gut auskommen, die gleichen Interessen haben wie jmd.* **6** sich zu etwas v. ⟨geh.⟩ *sich zu etwas entschließen;* er konnte sich nicht zum Nachgeben v.; ich kann mich dazu v., das zu tun; schließlich verstand er sich doch dazu, mitzukommen

ver|stei|fen ⟨V.1, hat versteift⟩ **I** ⟨mit Akk.⟩ *steifer machen;* einen Kragen mit Vlieseline v.; einen Schacht mit Balken v. **II** ⟨refl.⟩ sich v. **1** *steif werden;* seine Hände, Beine v. sich immer mehr **2** *starr werden;* die Fronten haben sich versteift *die beiden Parteien beharren immer unnachgiebiger auf ihren Standpunkten* **3** sich auf etwas v. *etwas unbedingt tun wollen, auf etwas bestehen;* er hat sich darauf versteift, dem Kind das Reiten schon jetzt beizubringen

Ver|stei|fung ⟨f.10⟩ *das Versteifen, das Sichversteifen (II,1,2)*

ver|stei|gen ⟨V.153, hat verstiegen; refl.⟩ sich v. **1** *sich beim Bergsteigen verirren* **2** sich zu etwas v. *so unvernünftig, so anmaßend sein, etwas zu tun, zu wollen;* vgl. verstiegen; er verstieg sich zu der Behauptung, ⟨oder⟩ er verstieg sich dazu zu behaupten, daß ...

ver|stei|gern ⟨V.1, hat versteigert; mit Akk.⟩ etwas v. *etwas Interessenten anbieten und es an den meistbietenden verkaufen;* Syn. auktionieren, lizitieren; Möbel, Bilder v.; einen Nachlaß v.

Ver|stei|ge|rung ⟨f.10⟩ *das Versteigern;* Syn. Auktion, Lizitation; Bilder auf einer V. erwerben

ver|stei|nen ⟨V.1, ist versteint; o.Obj.; übertr.⟩ *starr (vor Schreck, Enttäuschung o.ä.) werden;* er war, sein Gesicht war völlig versteint

ver|stei|nern ⟨V.1, ist versteinert; o.Obj.⟩ *zu Stein werden;* versteinerte Pflanzen, Tiere; er stand da wie versteinert *er stand starr vor Erstaunen da*

Ver|stei|ne|rung ⟨f.10⟩ **1** *das Versteinern* **2** *im Austausch von organischen Bestandteilen durch Mineralstoffe entstandenes Abbild eines Tier- oder Pflanzenkörpers der geologischen Vergangenheit;* Syn. Petrefakt

ver|stel|len ⟨V.1, hat verstellt⟩ **I** ⟨mit Akk.⟩ etwas v. **1** *anders stellen, an einen anderen Platz stellen;* Möbel v. **2** *auf eine andere Zeit einstellen;* die Uhr v.; wer hat mir den Wecker verstellt? **3** *auf eine andere Richtung einstellen;* ein Signal, eine Weiche v. **4** *auf eine andere Schärfe einstellen;* das Fernglas v. **5** *so verändern, daß man es nicht erkennt;* seine Stimme, seine Handschrift v.; mit verstellter Stimme sprechen **6** ⟨durch Hindernis⟩ *unzugänglich machen;* die Tür mit Möbelstücken v.; jmdm. den Weg v. *jmdn. nicht vorbeigehen lassen* **7** *nehmen, wegnehmen;* laß die bitte beiseite, du verstellst mir die Aussicht!; sein Trotz verstellt ihm den Blick für die Tatsachen ⟨übertr.⟩ *sein Trotz läßt ihn die Tatsachen nicht mehr erkennen* **II** ⟨refl.⟩ sich v. *sich anders benehmen, als man wirklich ist;* er ist nicht böse, er verstellt sich nur

Ver|stel|lung ⟨f., -, nur Sg.⟩ **1** *das Verstellen (5)* **2** *das Sichverstellen; das Gehabe, seine Freundlichkeit ist nur V.*

Ver|stel|lungs|kunst ⟨f.2⟩ *Fähigkeit, sich zu verstellen;* über eine solche V. verfüge ich nicht

ver|step|pen ⟨V.1, ist versteppt; o.Obj.⟩ *zu Steppe werden* **Ver|step|pung** ⟨f.10⟩

ver|ster|ben ⟨V.154, ist verstorben; o.Obj.; nur im Imperfekt und Perf.⟩ *sterben;* er ist gestern verstorben; vor zwei Tagen verstarb unser verehrter Kollege; mein verstorbener Vater; der Verstorbene *der Tote*

ver|steu|ern ⟨V.1, hat versteuert; mit Akk.⟩ etwas v. *Steuern für etwas zahlen;* sein Einkommen v. **Ver|steue|rung** ⟨f.10⟩

ver|stie|gen ⟨Adj.⟩ *überspannt, verschroben* **Ver|stie|gen|heit** ⟨f.10⟩

ver|stim|men ⟨V.1, hat verstimmt; mit Akk.⟩ **1** *ein Saiteninstrument v.* **a** *die Spannung der Saiten und damit den Klang des Instruments unerwünscht verändern;* die höhere Luftfeuchtigkeit in diesem Raum hat die Instrumente verstimmt; das Klavier, die Geige ist verstimmt *die Töne klingen beim Anschlagen, Streichen nicht rein* **b** *falsch stimmen* **2** *jmdn. v. jmdm. die gute Stimmung, die gute Laune nehmen, jmdn. leicht ärgern;* er schwieg verstimmt

Ver|stim|mung ⟨f.10⟩ *leichter Ärger, Mißstimmung;* jmds. V. beseitigen; der Abend endete mit einer V.; es gibt zwischen ihnen oft ~en

ver|stockt ⟨Adj., -er, am -esten⟩ *trotzig, uneinsichtig, nicht bereit zum Einlenken* **Ver|stockt|heit** ⟨f., -, nur Sg.⟩

ver|stoh|len ⟨Adj.⟩ *heimlich, unauffällig* [< mhd. *verstoln* in ders. Bed., < *(ver)steln* „stehlen, heimlich erlangen"]

ver|stop|fen ⟨V.1, hat verstopft; mit Akk.⟩ etwas v. **1** *etwas schließen, indem man etwas hineinstopft, indem etwas hineinfließt;* ein Loch mit einem Lappen v.; die Abfälle, die ausgekämmten Haare v. die Leitung, das Rohr; das Rohr ist verstopft; den Darm v. *die Verdauung im Darm hemmen;* das Kind ist verstopft *das Kind hat keinen Stuhlgang,* ⟨eigtl.⟩ *hat einen verstopften Darm* **2** *unzugänglich machen;* Menschenmengen, Autos v. die Straßen; die ganze Innenstadt war verstopft

Ver|stop|fung ⟨f.10⟩ **1** *das Verstopfen, das Verstopftwerden* **2** ⟨Med.⟩ *erschwerte Stuhlentleerung;* Syn. Hartleibigkeit, Konstipation, Obstipation

ver|stö|ren ⟨V.1, hat verstört; mit Akk.⟩ jmdn. v. *in starke Verwirrung bringen, erschrecken;* du hast das Kind mit deiner Erzählung ganz verstört; er war nach dem Unfall noch stundenlang verstört

Ver|stört|heit ⟨f., -, nur Sg.⟩ *Zustand des Verstörtseins*

Ver|stoß ⟨m.2⟩ *das Verstoßen gegen etwas, Übertretung einer Regel, eines Gebots* (Regel~)

ver|sto|ßen ⟨V.157, hat verstoßen⟩ **I** ⟨mit Akk.⟩ jmdn. (ein Familienmitglied) v. *aus dem Haus weisen, wegjagen;* seinen Sohn, seine Frau v. **II** ⟨mit Präp.obj.⟩ gegen etwas v. *etwas (Bindendes) nicht beachten, verletzen;* gegen eine Vorschrift, ein Gesetz v.; gegen die herrschende Sitte, die Anstandsregeln v.; gegen den guten Geschmack v.

ver|stre|ben ⟨V.1, hat verstrebt; mit Akk.⟩ *durch Streben stützen;* eine Wand v.

Ver|stre|bung ⟨f.1, nur Sg.⟩ **1** *das Verstreben* **2** *Gesamtheit der Strebepfeiler und Strebebogen*

ver|strei|chen ⟨V.158⟩ **I** ⟨mit Akk.; hat verstrichen⟩ **1** *streichend (auf einer Fläche) verteilen;* Salbe auf der Haut v. **2** *durch Streichen verbrauchen;* ich habe die ganze Farbe v. **3** *streichend ausfüllen;* Fugen mit Mörtel, Kitt v. **II** ⟨o.Obj.; ist verstrichen⟩ *vergehen, vorübergehen, ablaufen;* die Zeit verstreicht; seitdem ist ein Monat verstrichen; einige Zeit v. lassen; eine Gelegenheit, eine Frist ungenutzt v. lassen

ver|streu|en ⟨V.1, hat verstreut; mit Akk.⟩ *streuend verteilen, hierhin und dorthin streuen;* Zucker auf einem Kuchen v.; Salz (versehentlich) auf dem Tisch v.; die Häuser liegen weit verstreut ⟨übertr.⟩ *die Häuser liegen einzeln und weit auseinander*

ver|stri|cken ⟨-k·k-; V.1, hat verstrickt⟩ **I** ⟨mit Akk.⟩ **1** *etwas v. durch Stricken verbrauchen;* für diesen Pullover habe ich 300 g Wolle verstrickt; Wollreste v. **2** *jmdn. v. jmdn. in eine (unangenehme) Sache hineinziehen;* ich lasse mich nicht in diese Streitereien v. **II** ⟨refl.⟩ **1** sich v. *durch Stricken verarbeiten lassen;* diese Wolle verstrickt sich leicht, schnell **2** sich in etwas v. ⟨geh.⟩ *in etwas geraten;* sich in ein Liebesverhältnis v.; sich (bei seinen Aussagen) in Widersprüche v.

Ver|strickung ⟨-k·k-; f.10⟩ *das Verstricktsein (in etwas);* sich aus einer V. wieder lösen, befreien

ver|strub|beln, ver|stru|beln ⟨V.1, hat verstrubbelt, verstrubelt; mit Akk.⟩ *durcheinanderbringen, wirr machen;* jmdm. die Haare v.

ver|stüm|meln ⟨V.1, hat verstümmelt; mit Akk.⟩ **1** *verletzen (indem man ein Glied oder den Teil eines Gliedes vom Körper abtrennt);* jmdn., jmds. Arm, Bein v.; die Leiche war grauenhaft verstümmelt **2** ⟨übertr.⟩ *(durch fehlerhaftes Bearbeiten, Wiedergeben oder durch Weglassen) entstellen;* einen Text, eine Nachricht v.; ein Wort, einen Namen v. **Ver|stüm|me|lung** ⟨f.10⟩

ver|stum|men ⟨V.1, ist verstummt; o.Obj.⟩ **1** *aufhören zu sprechen;* er verstummte verlegen, bestürzt; und wenn der Mensch in seiner Qual verstummt ...; der Sänger ist für immer verstummt ⟨geh.⟩ *der Sänger ist gestorben* **2** *aufhören zu tönen;* das Lied, die Musik ist verstummt; der Lärm verstummte plötzlich

ver|su|chen ⟨V.1, hat versucht⟩ **I** ⟨mit Akk.⟩ **1** etwas v. **a** etwas beginnen (um zu sehen, ob man es kann, ob es möglich ist); ich kann es ja einmal v.; er versuche aufzuheben; wenn du hier nicht das Passende findest, versuch es doch noch woanders; wenn der Vater nicht erlaubt, versuche es der Junge bei der Mutter (durchzusetzen); versuch es doch mal mit ihm!; laß ihn doch anfangen, damit du siehst, ob er es kann **b** sich bemühen, etwas zu tun und so weit wie möglich weiterzuführen; der Gefangene hat zu fliehen versucht; er versuchte den Splitter herauszuziehen **c** etwas tun, obwohl man es eigentlich nicht kann; sie versucht ihn zu verstehen; er versucht immer, geistreich zu sein **d** den Geschmack von etwas prüfen; die Soße v. **2** jmdn. v. ⟨christl. Religion⟩ auf die Probe stellen, etwas v. verleiten wollen; versucht sein, etwas zu tun die Versuchung, die Neigung in sich fühlen, etwas zu tun; ich bin versucht, ihm nachzugeben; ich bin versucht, das für Unsinn zu halten **II** ⟨refl.⟩ sich v. etwas beginnen, in dem man noch keine Erfahrung, keine Übung hat; er versucht sich jetzt auf einem ihm völlig fremden Fachgebiet, in einer ganz neuen Tätigkeit; nachdem er Klavierspielen gelernt hat, versucht er sich jetzt auf der Geige; nachdem er mehrere Erzählungen geschrieben hat, versucht er sich jetzt an einem Hörspiel

Ver|su|cher ⟨m.5⟩ **1** ⟨in der christl. Religion Bez. für den⟩ Teufel **2** ⟨allg., meist scherzh.⟩ jmd., der jmdn. zu überreden, zu verführen versucht; der V. nahte sich mir in Gestalt eines Freundes

Ver|suchs|an|stalt ⟨f.10⟩ Einrichtung, in der wissenschaftliche Versuche durchgeführt werden; landwirtschaftliche V.

Ver|suchs|ka|nin|chen ⟨n.7⟩ **1** ⟨urspr.⟩ Kaninchen, das für wissenschaftliche Versuche gebraucht wird ⟨heute nur noch übertr., scherzh.⟩ Versuchsperson, jmd., mit dem etwas ausprobiert wird oder werden soll; ich bin doch nicht euer V.!; jmdn. als V. benutzen

Ver|suchs|per|son ⟨f.10; Abk.: Vp⟩ Person, die sich für einen wissenschaftlichen Versuch zur Verfügung stellt

Ver|suchs|rei|he ⟨f.11⟩ Reihe von Versuchen, die im Rahmen einer wissenschaftlichen Untersuchung gemacht werden

ver|suchs|wei|se ⟨Adv.⟩ als Versuch, um es zu probieren; einen neuen S-Bahn-Wagen v. fahren lassen

Ver|su|chung ⟨f.10⟩ **1** das Versuchen (I,2); die ~en des Teufels **2** das Versuchtwerden; die V. Jesu **3** versucherische Lockung; die ~en des Geldes

ver|süh|nen ⟨V.1, hat versühnt⟩ poet., † versöhnen

ver|sump|fen ⟨V.1, ist versumpft; o.Obj.⟩ **1** sumpfig, zum Sumpf werden; die Wiese versumpft allmählich **2** →vauhauen (4) **3** ⟨ugs., scherzh.⟩ die Nacht hindurch feiern und trinken; wir sind gestern bei unserem Freund versumpft

ver|sün|di|gen ⟨V.1, hat versündigt; refl.⟩ sich v. eine Sünde begehen, schuldig werden; versündige dich nicht!; sich an jmdm. v. ein Unrecht an jmdm. begehen **Ver|sün|di|gung** ⟨f.10⟩

Ver|sun|ken|heit ⟨f., -, nur Sg.⟩ das Versunkensein; jmdn. aus seiner V. reißen

ver|sü|ßen ⟨V.1, hat versüßt; mit Dat. und Akk.⟩ jmdm. etwas süß oder süßer v. erträglicher, erfreulicher, angenehmer machen; jmdm., sich das Dasein v.; jmdm. eine lästige Arbeit durch eine Anerkennung v.

vert. ⟨Abk. f.⟩ vertatur

ver|ta|gen ⟨V.1, hat vertagt; mit Akk.⟩ auf einen späteren Zeitpunkt verlegen, verschieben; eine Sitzung, Verhandlung v. **Ver|ta|gung** ⟨f.10⟩

ver|ta|tur ⟨Zeichen: V, Abk.: vert.; Buchw.⟩ man wende (nämlich den Buchstaben, der auf dem Kopf steht) [lat., zu vertere „wenden"]

ver|täu|en ⟨V.1, hat vertäut; mit Akk.⟩ mit einem Tau befestigen; ein Boot am Ufer v.

ver|tau|schen ⟨V.1, hat vertauscht; mit Akk.⟩ **1** austauschen, auswechseln; sie haben die Rollen vertauscht einer tut jetzt das, was der andere bisher getan hat **2** versehentlich tauschen, miteinander verwechseln; wir haben unsere Handschuhe vertauscht

ver|te! ⟨Abk.: v.⟩ wende (um)!, bitte wenden! [lat., zu vertere „wenden"]

ver|te|bral ⟨Adj., o.Steig.⟩ zu den Wirbeln, zur Wirbelsäule gehörig [< lat. vertebralis in ders. Bed., zu vertebra „Gelenk, Wirbelknochen"]

Ver|te|brat ⟨m.10⟩ →Wirbeltier [zu lat. vertebra „Gelenk, Wirbelknochen", zu vertere „drehen, wenden"]

ver|tei|di|gen ⟨V.1, hat verteidigt; mit Akk.⟩ **1** etwas, jmdn. oder sich v. gegen Angriffe in Schutz nehmen, Angriffe gegen etwas, jmdn. oder sich abwehren; eine Stadt v.; die Tiermutter verteidigt ihre Jungen; sein Leben v.; das Tor v. ⟨Sport⟩; seine Meinung, sein Recht v.; jmds. Handlungsweise, Vorgehen v.; jmdn., sich gegen einen Vorwurf, gegen eine Kritik v. **2** jmdn. v. als Anwalt vor Gericht vertreten; einen Angeklagten v. [< mhd. vertagedingen, verteidingen „vor Gericht laden, vor Gericht vertreten", zu tagedinge, tagedinc „auf einen Tag festgelegte Gerichtsverhandlung, Gerichtstag", < tac, tag „Tag" und ding, dinc „Gerichtsverhandlung"]

Ver|tei|di|ger ⟨m.5⟩ **1** jmd., der etwas verteidigt; ein V. der Freiheit **2** ⟨Sport⟩ Spieler, der vor dem Tor Angriffe der Gegenpartei abwehrt **3** jmd., der jmdn. vor Gericht verteidigt

Ver|tei|di|gung ⟨f.10⟩ **1** das Verteidigen; V. einer Stadt; die V. eines Angeklagten übernehmen; zu seiner V. muß man sagen, daß ... **2** ⟨Sport⟩ Gesamtheit der Spieler, die das Tor verteidigen; Ggs. Angriff **3** ⟨Rechtsw.⟩ Verteidiger, Gesamtheit der Verteidiger; die V. hat das Wort

ver|tei|len ⟨V.1, hat verteilt⟩ **I** ⟨mit Akk.⟩ etwas v. **1** etwas teilen, aufteilen und jedem ein oder mehrere Teile davon geben, jedem ein Stück aus einer Anzahl geben; Essen v.; Preise v.; Aufträge, Aufgaben v.; Ämter v.; sie verteilt ihren Schmuck an die Enkelkinder; ein Theaterstück mit verteilten Rollen lesen gemeinsam lesen, wobei jeder eine Rolle liest **2** gleichmäßig an verschiedene Stellen legen, setzen, bringen; Stühle, Blumen im Raum v.; die Austauschschüler werden auf verschiedene Familien verteilt **II** ⟨refl.⟩ sich v. **1** sich ungefähr gleichmäßig an verschiedene Stellen, Plätze begeben; die Zuhörer verteilten sich im Saal **2** gleichmäßig an verschiedene Stellen geraten; Nüsse gut zerkleinern, damit sie sich im Teig besser v.

Ver|tei|ler ⟨m.5⟩ **1** jmd., der etwas verteilt **2** Vermerk auf einem mehrfach kopierten Schriftstück mit Angaben darüber, an wen das Schriftstück verteilt wird **3** ⟨bei Verbrennungsmotoren⟩ Umlaufkontakt zur Zündung in den verschiedenen Zylindern **4** Betrieb zur Erzeugung und Verteilung elektrischer Energie an einzelne Versorgungsnetze und Großabnehmer

Ver|tei|lung ⟨f.10⟩ das Verteilen (I)

ver|teu|ern ⟨V.1, hat verteuert⟩ **I** ⟨mit Akk.⟩ teurer machen; wir werden im Urlaub zelten, denn die Übernachtungen im Hotel v. die Reise zu sehr **II** ⟨refl.⟩ sich v. teurer werden; diese Artikel haben sich im letzten Jahr erheblich verteuert

Ver|teu|e|rung ⟨f.10⟩ das Verteuern, das Sichverteuern

ver|teu|feln ⟨V.1, hat verteufelt; mit Akk.⟩ als böse, bösartig, rücksichtslos darstellen, hinstellen

ver|teu|felt ⟨Adj.; ugs.⟩ **1** sehr unangenehm, schwierig, heikel; das ist eine ~e Angelegenheit **2** ⟨als Adv.⟩ sehr, ungeheuer; das ist v. schwer; es ist v. kalt

Ver|teu|fe|lung ⟨f.10⟩ das Verteufeln

ver|tie|fen ⟨V.1, hat vertieft⟩ **I** ⟨mit Akk.⟩ etwas v. **1** tiefer machen; eine Grube v.; eine bildliche Darstellung vertieft in einen Stein einarbeiten **2** gründlicher, genauer machen, in die Tiefe einer Sache vordringen lassen; einen Gedanken, eine Interpretation noch etwas v.; sein Wissen über etwas v. **3** tiefer in sich, in das eigene Innere eindringen lassen, stärker machen; dieses Erlebnis hat ihre Liebe zu ihm noch vertieft; durch nochmaliges Hören, Sehen den Eindruck von etwas noch mehr v. **II** ⟨refl.⟩ sich v. **1** tiefer, stärker werden; sein Groll hat sich noch vertieft **2** sich in etwas v. seine Gedanken intensiv auf etwas richten; sich in ein Problem, eine Aufgabe v.; er war in ein Buch, ins Lesen vertieft, als ...

Ver|tie|fung ⟨f.10⟩ **1** ⟨nur Sg.⟩ das Vertiefen; zur V. seines Wissens Bücher lesen **2** Stelle, die tiefer liegt als die übrige Oberfläche, Grube, Mulde, Senke; eine V. im Gelände; die V. im Kissen verriet, wo sein Kopf gelegen hatte

ver|tie|ren ⟨V.1⟩ **I** ⟨o.Obj.; ist vertiert⟩ **1** wie ein Tier werden, auf die Lebensstufe eines Tieres hinabsinken **2** roh, brutal, unmenschlich werden **II** ⟨mit Akk.⟩ jmdn. v. auf die Lebensstufe eines Tieres hinabdrücken; die unerträglichen Lebensbedingungen haben diese Menschen vertiert

ver|ti|kal ⟨Adj., o.Steig.⟩ →senkrecht [< lat. verticalis „senkrecht", zu vertex, Gen. verticis, „alles, was sich (senkrecht) dreht oder gedreht wird, Wirbel, Flammensäule", übertr. „Spitze, Gipfel, Höhe", zu vertere „drehen"]

Ver|ti|ka|le ⟨f.11 oder f.17⟩ senkrechte Linie, senkrechte Stellung, Senkrechte [zu vertikal]

Ver|ti|kal|ebe|ne ⟨f.11⟩ Ebene, die senkrecht auf einer anderen Ebene steht

Ver|ti|ka|lis|mus ⟨m., -, nur Sg.; Baukunst⟩ Bestreben, die vertikalen Linien gegenüber den horizontalen zu betonen (z.B. in der Gotik)

Ver|ti|kal|schnitt ⟨m.1⟩ senkrechter Schnitt

Ver|ti|ko ⟨n.9⟩ kleiner Zierschrank mit Aufsatz [angeblich nach dem Tischler Vertikow]

ver|til|gen ⟨V.1, hat vertilgt; mit Akk.⟩ **1** vernichten; Unkraut, Schädlinge v. **2** ⟨ugs.⟩ (in Menge) essen; er hat alles vertilgt, was übrig war

Ver|til|gung ⟨f., -, nur Sg.⟩ das Vertilgen (1)

ver|tip|pen ⟨V.1, hat vertippt⟩ **I** ⟨mit Akk.⟩ (auf der Schreibmaschine) falsch tippen; einen Buchstaben v. **II** ⟨refl.⟩ sich v. etwas Falsches tippen, beim Tippen (auf der Schreibmaschine) einen Fehler machen

ver|to|backen ⟨-k·k-⟩ ⟨V.1, hat vertobackt; ugs.⟩ →verhauen (I, 1)

ver|to|nen ⟨V.1, hat vertont; mit Akk.⟩ etwas v. in Musik setzen, die Musik zu etwas schreiben; ein Gedicht v.; ein Drama v.

Ver|to|nung ⟨f.10; nur Sg.⟩ **1** das Vertonen **2** Musik zu einer Dichtung; es gibt mehrere ~en dieses Gedichtes

ver|trackt ⟨Adj., -er, am -esten; ugs.⟩ verwickelt, mühsam, schwierig [wahrscheinlich zu ndrl. vertrekken „verziehen, verzerren", zu trecken]

Ver|trag ⟨m.2⟩ schriftlich niedergelegte, rechtsgültige Abmachung zwischen zwei oder mehreren Parteien; einen V. abschließen, auflösen; an einen V. gebunden sein; einen V. mit jmdm. abschließen; bei jmdm. unter V. stehen [Rückbildung zu mhd. vertragen „sich einigen"]

ver|tra|gen ⟨V.160, hat vertragen⟩ **I** ⟨mit Akk.⟩ etwas v. **1** ⟨†⟩ etwas an die falsche Stelle tragen **2** ⟨†⟩ an einen anderen Ort tragen; der Wind verträgt die Samen **3** ertragen,

Verträger

aushalten; ich vertrage das Klima gut, schlecht, nicht; ich vertrage keine Zugluft; er kann es nicht v., wenn man ihm widerspricht; er verträgt (keinen) Spaß; heute kann man einen Pullover v. ⟨ugs.⟩ *heute ist es so kühl, daß man gern einen Pullover anzieht* **4** *ohne Schaden essen, trinken können;* er verträgt viel, keinen Alkohol; er verträgt keine fetten Speisen; ich könnte jetzt einen Kognak v. ⟨ugs.⟩ *ich würde jetzt gern einen Kognak trinken* **II** ⟨refl.⟩ sich v. **1** *miteinander gut auskommen, freundlich miteinander sein;* die beiden v. sich gut, schlecht, nicht; sie v. sich wieder **2** *sich mit etwas v. zu etwas passen;* die Farbe der Vorhänge verträgt sich nicht mit der des Teppichs; diese Bemerkung verträgt sich schlecht mit dem, was du sonst über dieselbe Sache äußerst

Ver|trä|ger ⟨m.5; schweiz.⟩ *Austräger (von Zeitungen u.ä.)*

ver|trag|lich ⟨Adj., o.Steig.⟩ *durch einen Vertrag (festgelegt), in einem Vertrag (geregelt);* ~e Vereinbarung; etwas v. festhalten

ver|träg|lich ⟨Adj.⟩ **1** *so beschaffen, daß man es verträgt;* eine gut ~e Speise **2** *friedlich, sich mit anderen gut vertragend;* ein ~er Mensch; er ist sehr v. **Ver|träg|lich|keit** ⟨f., -, nur Sg.⟩

Ver|trags|bruch ⟨m.2⟩ *das Nichteinhalten eines Vertrages*

ver|trags|brü|chig ⟨Adj., o.Steig.⟩ *einen Vertrag nicht einhaltend;* v. werden *einen Vertrag nicht einhalten*

ver|trags|ge|mäß ⟨Adj., o.Steig.⟩ *einer vertraglichen Abmachung entsprechend*

Ver|trags|spie|ler ⟨m.5; Fußb.⟩ *Spieler oberer Ligen, der bei einem Verein ein Gehalt bezieht;* vgl. Lizenzspieler

ver|trags|wid|rig ⟨Adj., o.Steig.⟩ *einer vertraglichen Abmachung nicht entsprechend*

ver|trau|en ⟨V.1, hat vertraut⟩ **I** ⟨mit Dat.⟩ jmdm. v. *Vertrauen zu jmdm. haben, sicher sein, daß jmd. sich so verhält, wie man es von ihm erwartet;* du kannst ihm rückhaltlos v. **II** ⟨mit Präp.obj.⟩ auf etwas v. *fest hoffen, daß sich etwas bewährt;* ich vertraue auf sein diplomatisches Geschick; ich vertraue auf mein Glück **III** ⟨mit Dat. und Akk.; †⟩ jmdm. etwas v. *jmdm. etwas anvertrauen, vertraulich mitteilen*

Ver|trau|en ⟨n., -s, nur Sg.⟩ *Überzeugung, daß etwas oder jmd. zuverlässig und berechenbar ist;* jmds. V. enttäuschen; jmdm. V. einflößen; V. zu jmdm., etwas verlieren; jmdm. seines ~s würdigen; blindes, starkes, tiefes, unbedingtes V.; im V. *unter uns gesagt;* jmdm. ins V. ziehen

ver|trau|en|er|weckend ⟨-k|k-; Adj.⟩ *so beschaffen, daß man glaubt, ihm, ihr vertrauen zu können;* v. aussehen; einen ~en Eindruck machen

Ver|trau|ens|arzt ⟨m.2⟩ **1** *von einer Krankenkasse beauftragter Arzt, der jmds. Arbeitsfähigkeit oder Arbeitsunfähigkeit beurteilt* **2** *Arzt, der eine private Krankenversicherung berät*

Ver|trau|ens|be|weis ⟨m.1⟩ *Beweis von jmds. Vertrauen zu jmdm.*

Ver|trau|ens|bruch ⟨m.2⟩ *Verletzung von jmds. Vertrauen*

Ver|trau|ens|fra|ge ⟨f.11⟩ **1** *Angelegenheit, bei der jmds. Vertrauen zu jmdm. ausschlaggebend ist;* das ist eine V. **2** *Anfrage der Regierung oder des Regierungschefs an das Parlament, ob das Parlament der Regierung das Vertrauen ausspricht;* die V. stellen

Ver|trau|ens|mann ⟨m.4, Pl. auch -leu|te⟩ **1** *jmd., der bei schwierigen Problemen vermittelt* **2** *Person, die eine größere Menschengruppe vertritt;* V. der Angestellten

Ver|trau|ens|per|son ⟨f.10⟩ *Person, die jmds. Vertrauen genießt*

Ver|trau|ens|sa|che ⟨f.11⟩ *Angelegenheit, die vertraulich behandelt werden muß*

ver|trau|ens|se|lig ⟨Adj.⟩ *jmdm. zu schnell vertrauend* **Ver|trau|ens|se|lig|keit** ⟨f., -, nur Sg.⟩

Ver|trau|ens|stel|lung ⟨f.10⟩ *Stellung, bei der sich jmd. auf jmds. Zuverlässigkeit und Loyalität verlassen können muß*

ver|trau|ens|voll ⟨Adj., o.Steig.⟩ *viel Vertrauen zeigend*

Ver|trau|ens|vo|tum ⟨n., -s, -ten oder -ta⟩ *Abstimmung über die Vertrauensfrage im Parlament*

ver|trau|ens|wür|dig ⟨Adj.⟩ *Vertrauen verdienend* **Ver|trau|ens|wür|dig|keit** ⟨f., -, nur Sg.⟩

ver|trau|ern ⟨V.1, hat vertrauert; mit Akk.; übertr.⟩ *etwas in trübseliger Stimmung, ohne geistige Anregung und menschliche Ansprache verbringen;* sein Leben v.; du willst doch nicht deine letzten Lebensjahre in diesem kleinen Ort v.?

ver|trau|lich ⟨Adj.⟩ **1** *nicht für die Allgemeinheit bestimmt, mit Diskretion zu behandeln;* eine ~e Mitteilung **2** *freundschaftlich, persönlich;* ein ~er Ton

Ver|trau|lich|keit ⟨f.10⟩ **1** ⟨nur Sg.⟩ *vertrauliche Beschaffenheit;* Sie sind sich über die V. dieser Mitteilung hoffentlich klar **2** ⟨meist Pl.⟩ ~en *Zudringlichkeit;* sich ~en erlauben

ver|träu|men ⟨V.1, hat verträumt; mit Akk.⟩ *mit Träumen verbringen;* die Morgenstunden v.; den Nachmittag im Wald v.

ver|träumt ⟨Adj., -er, am -esten⟩ **1** *viel seinen Träumen, Phantasien nachhängend (und dadurch wirklichkeitsfern);* ein ~er Junge; er ist noch sehr v. **2** *malerisch, still und abseits gelegen;* ein ~es Dorf

Ver|träumt|heit ⟨f., -, nur Sg.⟩ *das Verträumtsein;* jmdn. aus seiner V. wecken

ver|traut ⟨Adj., -er, am -esten⟩ **1** *seit langem gut bekannt;* diese Methoden sind mir ganz v.; mir ist die Arbeit am Bildschirm v. sein; sich mit einer Sache v. machen *eine Sache kennenlernen und sie allmählich beherrschen, anwenden, handhaben können;* sich mit den Vorschriften v. machen; sich mit einem Gerät v. machen; du mußt dich mit dem Gedanken v. machen, daß ... *du mußt dich allmählich an den Gedanken gewöhnen, daß ...* **2** *herzlich zugetan;* ein ~er Freund; sie sind sehr v. miteinander; sie mögen sich und haben keine Scheu voreinander

Ver|traut|heit ⟨f., -, nur Sg.⟩ *das Vertrautsein mit (etwas)*

ver|trei|ben ⟨V.162, hat vertrieben⟩ **I** ⟨mit Akk.⟩ **1** *etwas oder jmdn. v. wegtreiben, wegjagen;* man wollte ihn seinem Grund und Boden v.; bitte bleiben Sie sitzen, ich möchte Sie nicht v.!; Fliegen v. **2** *etwas v. zum Kauf anbieten;* Zeitungen, Zeitschriften v.; er vertreibt seine Holzwaren auf Jahrmärkten **II** ⟨mit Dat. und Akk.⟩ jmdm. oder sich die Zeit v. *jmdm. oder sich die Zeit verkürzen, die Zeit kurzweilig gestalten;* der Kranke vertreibt sich die Zeit mit Rätsellösen; einem Kind die Zeit mit Vorlesen v.

Ver|trei|bung ⟨f.10⟩ *das Vertreiben (I, 1)*

ver|tret|bar ⟨Adj.⟩ *so beschaffen, daß man es vertreten (I, 1 a, b) kann;* eine solche Auffassung ist nicht, ist durchaus v.; längeres Zögern ist nicht mehr v.

ver|tre|ten ⟨V.163, hat vertreten⟩ **I** ⟨mit Akk.⟩ **1** *etwas v.* **a** *für etwas eintreten, etwas für richtig halten und es öffentlich erklären;* eine Meinung, einen Standpunkt v.; er vertritt die Auffassung, daß ... **b** *für etwas einstehen, die Verantwortung für etwas übernehmen;* seine Handlungsweise, sein Vorgehen v.; eine solche Maßnahme kann ich vor meinem Gewissen nicht v. **c** *etwas für jmdn. wahrnehmen;* jmds. Interessen, Rechte v. **d** *als Beauftragter (von etwas) öffentlich auftreten und handeln;* ein Land, eine Firma, eine Behörde v.; v. sein **1.** *dabei-, zugegen sein, anwesend sein;* auch einige Angehörige der Betriebsleitung, des Adels waren v.; **2.** *in Gestalt von Beauftragten dabei-, zugegen, anwesend sein;* die Industrie, die Ärzteschaft war zahlreich v.; **3.** *ausgestellt sein, gezeigt werden;* in der Ausstellung waren auch Werke von XY v. **e** ⟨landsch.⟩ *durch Laufen, Betreten abnutzen;* Schuhe v.; der Teppich ist schon sehr v. **2** *jmdn. v. vorübergehend für jmdn. handeln und sprechen, jmds. Rechte, Interessen wahrnehmen, verteidigen;* den Chef während dessen Urlaub v.; einen Lehrer während dessen Erkrankung v.; einen Angeklagten, Beklagten vor Gericht v. **II** ⟨mit Dat. (sich) und Akk.⟩ sich etwas v. **1** *durch falsches Auftreten verletzen;* sich den Fuß v. **2** *durch Herumgehen wieder beweglicher machen;* sich in der Pause die Füße v.

Ver|tre|ter ⟨m.5⟩ **1** *jmd., der einen anderen vertritt;* der V. des Chefs **2** *jmd., der eine Gruppe vertritt;* V. einer Partei **3** *jmd., der eine Institution, die Personen innerhalb eines Lebens-, Arbeitsbereiches vertritt;* die V. des Staates, der Industrie, der Wirtschaft; diplomatischer V. **4** *jmd., der eine Bewegung, Kunstrichtung o.ä. vertritt;* ein V. der Pop-Art **5** ⟨kurz für⟩ *Handelsvertreter;* ein V. für Staubsauger

Ver|tre|tung ⟨f.10⟩ **1** *das Vertreten (I, 1 c, 2);* er hat die V. des Abteilungsleiters übernommen; in V. eines erkrankten Lehrers eine Unterrichtsstunde halten **2** *jmd., der jmdn. vertritt;* er ist die V. des Chefs **3** *Gruppe von Abgesandten, Funktionären;* die britische V. im Fußballverband **4** ⟨kurz für⟩ *Handelsvertretung;* er hat die V. für diese Firma im Kongo

Ver|tre|tungs|stun|de ⟨f.11⟩ *Unterrichtsstunde, die ein Lehrer in Vertretung für einen abwesenden Kollegen hält*

ver|tre|tungs|wei|se ⟨Adv.⟩ *stellvertretend, in Vertretung (für jmdn.);* v. eine Unterrichtsstunde in einer Klasse geben

Ver|trieb ⟨m.1⟩ **1** ⟨nur Sg.⟩ *das Vertreiben (von Waren; Zeitschriften~)* **2** *Abteilung (eines Unternehmens), die für das Vertreiben von Gütern zuständig ist, Vertriebsabteilung*

Ver|triebs|ge|sell|schaft ⟨f.10⟩ *Unternehmen, das für andere Unternehmen den Vertrieb (1) übernimmt*

ver|trim|men ⟨V.1, hat vertrimmt; ugs.⟩ *verhauen (I, 1)*

ver|trin|ken ⟨V.165, hat vertrunken; mit Akk.⟩ *durch Trinken von Alkohol verbrauchen;* Syn. ⟨derb⟩ *versaufen;* er hat sein ganzes Geld, seinen Wochenlohn vertrunken

ver|trock|nen ⟨V.2, ist vertrocknet; o.Obj.⟩ *ganz trocken werden und eingehen;* die Pflanzen sind vertrocknet

ver|trö|deln ⟨V.1, hat vertrödelt; mit Akk.⟩ *mit Nichtstun oder mit unwichtigen (aber oft erfreulichen) Beschäftigungen verbringen;* die Zeit v.; einen Sonntag v.

ver|trö|sten ⟨V.2, hat vertröstet; mit Akk.⟩ *jmdn. v. jmdn. hoffen lassen, daß etwas (was er möchte) noch geschieht;* sie haben mich immer wieder vertröstet; jmdn. auf später, auf den nächsten Tag v.

Ver|trö|stung ⟨f.10⟩ *das Vertrösten;* ich habe diese ewigen V. satt; nun hat man es jetzt satt

ver|trot|teln ⟨V.1, hat vertrottelt; o.Obj.; ugs.⟩ *zum Trottel werden, die geistigen Kräfte oder Interessen verlieren, stumpfsinnig werden*

ver|tru|sten ⟨[-trạ-] V.2, hat vertrustet; mit Akk.⟩ *in einen Trust eingliedern* **Ver|tru|stung** ⟨[-trạ-] f.10⟩

ver|tü|dern ⟨V.1, hat vertüdert; norddt.⟩ **I** ⟨mit Akk.⟩ **1** *mit einem Tüder befestigen* **2** *verwirren, in Unordnung bringen;* die Fäden im Strickzeug v. **II** ⟨refl.⟩ sich v. *verwirren, durcheinandergeraten*

ver|tun ⟨V. 167, hat vertan⟩ **I** ⟨mit Akk.⟩ **1** *unnütz oder auf lästige Weise verbringen;* Zeit mit Warten v.; ich habe den ganzen

Nachmittag damit vertan, wieder Ordnung zu schaffen **2** *unnütz oder für Unwichtiges ausgeben;* Geld v.; sie vertut ihr Taschengeld mit Zuckerzeug **II** ⟨refl.; ugs.⟩ sich v. *sich irren;* oh, da habe ich mich vertan; sich beim Wählen der Telefonnummer v.; sich in der Hausnummer v.

ver|tu|schen ⟨V.1, hat vertuscht; mit Akk.⟩ etwas v. *dafür sorgen, daß etwas nicht bekannt wird, etwas nicht in die Öffentlichkeit dringen lassen;* einen peinlichen Vorfall v.; einen Betrug, eine Unterschlagung v.

ver|übeln ⟨V.1, hat verübelt; mit Dat. und Akk.⟩ jmdm. etwas v. *jmdm. etwas übelnehmen, gekränkt, böse über etwas sein (was jmd. gesagt, getan hat);* jmdm. eine Bemerkung v.; jmdm. sein Verhalten v.

ver|üben ⟨V.1, hat verübt; mit Akk.⟩ etwas v. *etwas (Negatives, Strafbares) tun, ausführen;* ein Attentat v.; einen Einbruch v.; Selbstmord v.; dumme Streiche v.

ver|ul|ken ⟨V.1, hat verulkt⟩ →*veralbern*

ver|un|ei|ni|gen ⟨V.1, hat veruneinigt⟩ **I** ⟨mit Akk.⟩ *uneinig, uneins machen, entzweien;* Freunde v. **II** ⟨refl.⟩ sich v. *uneinig werden*

ver|un|fal|len ⟨V.1, ist verunfallt; o.Obj.⟩ *einen Unfall haben*

ver|un|glimp|fen ⟨V.1, hat verunglimpft; mit Akk.⟩ jmdn. oder etwas v. *Schimpfliches, Nachteiliges über jmdn. oder etwas sagen, jmdn. oder etwas herabsetzen, beleidigen* Ver|un|glimp|fung ⟨f.10⟩

ver|un|glü|cken ⟨-k·k-; V.1, ist verunglückt; o.Obj.⟩ **1** *einen Unfall haben, erleiden;* bei einem Zusammenstoß v.; er ist tödlich verunglückt **2** ⟨ugs.⟩ *nicht geraten, nicht gelingen;* der Braten ist leider verunglückt **3** ⟨ugs.⟩ *nicht ganz richtig formuliert werden;* der Ausdruck ist etwas verunglückt

ver|un|kla|ren, ⟨schweiz.⟩ ver|un|klä|ren ⟨V.1, hat verunklart, verunklärt; mit Akk.⟩ *unklar machen, verwirren*

ver|un|rei|ni|gen ⟨V.1, hat verunreinigt; mit Akk.⟩ jmdn., etwas v. *schmutzig machen;* der Hund hat den Teppich verunreinigt; die Luft durch Abgase v.; das Wasser durch Abwässer v.; der Kranke hat sich verunreinigt *der Kranke hat sich mit Kot beschmutzt* Ver|un|rei|ni|gung ⟨f.10⟩

ver|un|schi|cken ⟨-k·k-; V.1, hat verunschickt; mit Akk.⟩ schweiz. ⟨durch eigene Schuld⟩ *einbüßen*

ver|un|si|chern ⟨V.1, hat verunsichert; mit Akk.⟩ *unsicher machen* Ver|un|si|che|rung ⟨f.10⟩

ver|un|stal|ten ⟨V.2, hat verunstaltet; mit Akk.⟩ *häßlich, unansehnlich machen, entstellen;* eine Narbe verunstaltet sein Gesicht [zu mhd. *ungestalt* „ungestaltet, häßlich; häßliches Aussehen", Ggs. zu *gestalt* „Aussehen"] Ver|un|stal|tung ⟨f.10⟩

ver|un|treu|en ⟨V.1, hat veruntreut; mit Akk.⟩ etwas v. *etwas, was einem nicht gehört, für sich nehmen, unterschlagen;* er hat Geld veruntreut Ver|un|treu|ung ⟨f.10⟩

ver|un|zie|ren ⟨V.3, hat verunziert; mit Akk.⟩ *unschön machen;* ein Zimmer mit scheußlichen Bildern v.; ein großer Fleck verunziert die Tischdecke

ver|ur|kun|den ⟨V.2, hat verurkundet; mit Akk.⟩ schweiz. *beurkunden*

ver|ur|sa|chen ⟨V.1, hat verursacht; mit Akk.⟩ etwas v. *die Ursache für etwas sein;* einen Unfall v.

Ver|ur|sa|cher|prin|zip ⟨n., -s, nur Sg.⟩ *Grundsatz, daß derjenige, der einen Schaden (bes. im Bereich des Umweltschutzes) verursacht hat, für diesen aufkommen muß*

ver|ur|tei|len ⟨V.1, hat verurteilt; mit Akk.⟩ **1** etwas v. *etwas für falsch, schlecht halten, ablehnen;* jmds. Handlungsweise v.; die Sache war von vornherein zum Scheitern verurteilt *die Sache hat von vornherein nicht geklappt* **2** jmdn. v. **a** *jmds. Handlungsweise, Denkweise für falsch, schlecht halten, ablehnen;* man darf, sollte ihn deshalb nicht v. **b** jmdn. zu etwas v. *etwas als Strafe über jmdn. verhängen;* jmdn. zu (fünf Jahren) Gefängnis v.; jmdn. zum Tod v.; ich bin dazu verurteilt, ihm das mitzuteilen *ich muß ihm das mitteilen* Ver|ur|tei|lung ⟨f.10⟩

ver|uzen ⟨V.1, hat veruzt⟩ →*veralbern* [zu *uzen*]

Ver|ve ⟨f., -, nur Sg.⟩ *Schwung;* etwas mit großer V. darstellen, gestalten, tun [< frz. *verve* „Begeisterung (des Dichters bei seinem Schaffen), Schwung", altfrz. auch „Ausdrucksweise, Gedanke, Einfall", über vulgärlat. *verva < lat. *verba* „Worte"]

ver|viel|fa|chen ⟨V.1, hat vervielfacht⟩ **I** ⟨mit Akk.⟩ **1** *vielfach nehmen, um vieles vermehren;* die Warenangebot v. **2** *eine Male malnehmen, multiplizieren;* eine Zahl (mit einer anderen Zahl) v. **II** ⟨refl.⟩ sich v. *um vieles mehr werden;* der Verkehr hat sich vervielfacht; die Anforderungen an die Prüflinge haben sich vervielfacht

ver|viel|fäl|ti|gen ⟨V.1, hat vervielfältigt; mit Akk.⟩ etwas v. *(auf mechanischem Wege) viele weitere Exemplare von etwas herstellen, viele Kopien von etwas machen;* ein Schriftstück v. **II** ⟨refl.⟩ sich v. *in größerer Vielfalt erscheinen;* das Angebot an Lebensmitteln hat sich seit Kriegsende ungeheuer vervielfältigt Ver|viel|fäl|ti|gung ⟨f.10⟩

Ver|viel|fäl|ti|gungs|zahl|wort ⟨n.4⟩ *Zahlwort, das angibt, wie oft etwas vorkommt, z.B. dreimal, vierfach*

ver|voll|komm|nen ⟨V.1, hat vervollkommnet⟩ **I** ⟨mit Akk.⟩ *durch Ergänzungen, durch Lernen verbessern, vergrößern;* eine Arbeit v.; sein Wissen v. *er hat sein Englisch durch einen Aufenthalt in England vervollkommnet* **II** ⟨refl.⟩ sich v. *sein Wissen, seine Kenntnisse, Fertigkeiten vergrößern;* sie macht einen Kurs mit, um sich in der Buchführung zu v. Ver|voll|komm|nung ⟨f.10⟩

ver|voll|stän|di|gen ⟨V.1, hat vervollständigt; mit Akk.⟩ *vollständig machen, der Vollständigkeit annähern;* einige neue Stücke v. Ver|voll|stän|di|gung ⟨f.10⟩

verw. ⟨Abk. für⟩ *verwitwet*

ver|wach|sen¹ ⟨V.172⟩ **I** ⟨mit Akk.; hat verwachsen⟩ etwas v. *durch Wachsen² (1) zu groß für etwas werden;* Kleider, Schuhe v. **II** ⟨o.Obj.; ist verwachsen⟩ **1** *sich durch wachsende Pflanzen schließen;* der Eingang zu der Höhle verwächst allmählich, ist schon ganz v. **2** *mit etwas oder jmdm. v. zusammenwachsen, sich eng verbinden;* die beiden Knochen v. noch miteinander; Pflanzenteile v. miteinander; die Zwillinge sind an der Hüfte miteinander v.; die beiden Freunde sind fest miteinander v.; ⟨übertr.⟩ *die beiden Freunde verstehen sich sehr gut, tun alles gemeinsam;* der Reiter ist mit seinem Pferd v. ⟨übertr.⟩ *der Reiter bildet eine Einheit mit seinem Pferd, er kennt sein Pferd genau, und das Pferd gehorcht ihm vollkommen* **3** *falsch, schief, unnormal wachsen;* ⟨nur noch im Perf. Passiv⟩ v. sein *ein verkrümmtes Rückgrat haben* **III** ⟨refl.; hat verwachsen⟩ **1** *sich durch Wachsen ausgleichen, durch Wachsen verschwinden;* die Verkrümmung des Fußes verwächst sich noch

ver|wach|sen² ⟨V.1, hat verwachst; mit Akk.⟩ *falsch (ein)wachsen;* die Schier v.

Ver|wach|sung ⟨f.10⟩ **1** ⟨nur Sg.⟩ *das Verwachsen (II,2, III)* **2** *Stelle, an der zwei Gewebsstücke miteinander verwachsen sind;* ~en im Brustfell

ver|wackeln ⟨-k·k-; V.1, hat verwackelt⟩ **1** etwas v. *(beim Fotografieren) durch Wackeln unscharf werden lassen;* eine Aufnahme v. **2** jmdn. v. ⟨ugs.⟩ →*verhauen (I,1)*

ver|wäh|len ⟨V.1, hat verwählt; refl.⟩ sich v. *versehentlich die falsche Telefonnummer wählen;* entschuldigen Sie, ich habe mich verwählt, ich muß mich verwählt haben

Ver|wahr ⟨m., -s, nur Sg.; †⟩ →*Verwahrung (1,2)*

ver|wah|ren ⟨V.1, hat verwahrt⟩ **I** ⟨mit Akk.⟩ **1** etwas v. *sicher aufbewahren, gut aufheben;* Papiere im Schreibtisch v.; Schmuck im Safe v.; bitte verwahre du ihn, solange ich verreist bin **2** jmdn. v. **a** *in Obhut nehmen;* sie verwahrt die Kinder während unseres Urlaubs **b** ⟨†⟩ *eingeschlossen halten;* einen Gefangenen v. **II** ⟨refl.⟩ sich gegen etwas v. *etwas ablehnen, zurückweisen, Widerspruch gegen etwas vorbringen;* gegen einen Verdacht, Vorwurf v.; gegen einen solchen Ton verwahre ich mich nachdrücklich; ich möchte mich dagegen v., mir vorschreiben zu lassen, was ich zu tun habe

ver|wahr|lo|sen ⟨V.1, ist verwahrlost; o.Obj.⟩ *in zunehmendem Maße schmutzig, unordentlich werden, nicht mehr gepflegt werden;* der Garten verwahrlost allmählich; die Kinder waren völlig verwahrlost *die Kinder waren schmutzig, ungepflegt und schlecht ernährt, hatten schmutzige und zerrissene Kleider an;* eine Wohnung v. lassen Ver|wahr|lo|sung ⟨f., -, nur Sg.⟩ *das Verwahrlosen, das Verwahrlostsein*

Ver|wah|rung ⟨f.10⟩ **1** ⟨nur Sg.⟩ *das (sichere) Verwahren;* auch: ⟨†⟩ *Verwahr* **2** ⟨nur Sg.⟩ *jmds. Unterbringung an einem Ort, wo er kontrolliert werden kann;* auch: ⟨†⟩ *Verwahr;* jmdn. in V. geben, nehmen **3** *Einspruch, Protest;* V. einlegen

ver|wai|sen ⟨V.1, ist verwaist; o.Obj.⟩ **1** *die Eltern verlieren;* die Kinder sind verwaist **2** *einsam werden, verlassen werden;* die Truppen stießen nur auf verwaiste Dörfer; während unseres Urlaubs ist das Haus verwaist

ver|wal|ken ⟨V.1, hat verwalkt; ugs.⟩ →*verhauen (I, 1)*

ver|wal|ten ⟨V.2, hat verwaltet; mit Akk.⟩ etwas v. **1** *in jmds. Auftrag alles erledigen, was mit einer Sache zusammenhängt;* jmds. Vermögen v.; ein Haus v.; einen künstlerischen Nachlaß v. **2** *innehaben;* ein Amt v. **3** *verantwortlich führen;* eine Gemeinde v.

Ver|wal|tung ⟨f.10⟩ **1** *das Verwalten;* unter staatlicher V. **2** *Behörde, Unternehmen, das etwas verwaltet (Haus~, Museums~);* in, bei der V. arbeiten **3** *Gesamtheit der Personen einer Behörde, die etwas verwaltet;* die V. erschien vollzählig auf dem Kostümball

ver|wam|sen ⟨V.1, hat verwamst; ugs.⟩ →*verhauen (I, 1)*

ver|wan|deln ⟨V.1, hat verwandelt⟩ **I** ⟨mit Akk.⟩ **1** etwas oder jmdn. v. *verändern, anders machen;* der Schnee hat die Landschaft völlig verwandelt; die Szene v. ⟨während eines Theaterstücks⟩; die Erfahrung, das Leid hat ihn verwandelt; er war plötzlich wie verwandelt *er war plötzlich ganz anders* **2** etwas, jmdn. oder sich in etwas v. *zu etwas anderem umgestalten, umformen, zu etwas anderem werden lassen;* eine alte Hütte in ein hübsches Wohnhaus v.; die Hexe verwandelte den Burschen in einen Kater (im Märchen); der Zauberer verwandelte sich in eine Schlange **II** ⟨refl.⟩ sich v. *anders werden;* sie hat sich im Lauf der Jahre völlig verwandelt

Ver|wand|lung ⟨f.10⟩ **1** *das Verwandeln, das Sichverwandeln* **2** ⟨Theat.⟩ *Umbau, Veränderung der Szene*

ver|wandt ⟨Adj., o.Steig.⟩ **1** *aus der gleichen Familie stammend;* sie ist mit mir v. **2** *den gleichen Ursprung habend;* ~e Sprachen, Stämme **3** ⟨übertr.⟩ *geistig ähnlich ausgerichtet;* ~e Meinungen haben [eigtl. „jmdm. zugewandt"]

Ver|wand|ten|ehe ⟨f.11⟩ *Ehe zwischen Verwandten*

Ver|wand|te(r) ⟨m., f.17 oder 18⟩ *jmd., der*

Verwandtschaft

mit jmdm. verwandt ist; auch: ⟨†⟩ Anverwandte(r); das sind meine Verwandten; er ist ein Verwandter (von mir)

Ver|wandt|schaft ⟨f.10⟩ **1** das Verwandtsein **2** Gesamtheit aller Verwandten; meine, deine V.

ver|wandt|schaft|lich ⟨Adj., o.Steig.⟩ auf Verwandtschaft (1) beruhend; ~e Beziehungen

ver|wanzt ⟨Adj.; ugs.⟩ voller Wanzen

ver|war|nen ⟨V.1, hat verwarnt; mit Akk.⟩ jmdn. v. jmdn. tadeln, zurechtweisen und ihm für das nächste Mal eine Strafe androhen; einen Radfahrer wegen Fahrens auf dem Fußweg v.

Ver|war|nung ⟨f.10⟩ das Zurechtweisen, Warnen; gebührenpflichtige V.

ver|wa|schen ⟨Adj.⟩ **1** durch vieles Waschen, durch Regen undeutlich, blaß geworden; ~e Farben; ~e Schrift **2** ⟨übertr.⟩ undeutlich, nicht klar, nicht genau; ~e Ausdrucksweise

ver|wäs|sern ⟨V.1, hat verwässert; mit Akk.⟩ **1** wässerig machen, zu sehr verdünnen; eine Suppe v. **2** einer Sache v. einer Idee die Überzeugungskraft, die Spannung, die Dichte nehmen; einen Bericht, eine Darstellung v.

ver|we|ben ⟨V.1 oder (meist übertr.) V.175, hat verwebt oder verwoben⟩ **I** ⟨mit Akk.⟩ **1** ⟨hat verwebt⟩ beim Weben verbrauchen; Garn v. **2** ⟨hat verwebt oder verwoben⟩ beim Weben etwas in etwas hineinbringen; Goldfäden in einen Stoff v. **3** ⟨hat verwoben⟩ etwas mit etwas v. miteinander verbinden; der Autor hat in seinem Stück Gegenwart und Vergangenheit miteinander verwoben **II** ⟨refl., hat verwoben⟩ sich v. sich eng miteinander verbinden, ineinander aufgehen; in ihrer Erinnerung haben sich beide Ereignisse miteinander verwoben

ver|wech|seln ⟨V.1, hat verwechselt; mit Akk.⟩ **1** etwas v. irrtümlich vertauschen, etwas versehentlich statt des anderen nehmen, verwenden; zwei Begriffe v.; wir haben unsere Handschuhe verwechselt; er verwechselt mein und dein ⟨übertr.⟩ er nimmt es mit dem Eigentum nicht so genau, er stiehlt gelegentlich **2** jmdn. v. zwei Personen nicht auseinanderhalten können; ich verwechsle die Zwillinge noch immer **3** etwas mit etwas, jmdn. mit jmdm. v. etwas für etwas anderes, jmdn. für jmd. anderen halten; ich habe Sie mit Ihrem Bruder verwechselt; die beiden Vögel kann man leicht miteinander v. **Ver|wech|se|lung, Ver|wechs|lung** ⟨f.10⟩

ver|we|gen ⟨Adj.⟩ kühn, keck, wagemutig [< mhd. verwegen „frisch entschlossen, nicht lange abwägend"] **Ver|we|gen|heit** ⟨f., -, nur Sg.⟩

ver|we|hen ⟨V.1⟩ **I** ⟨mit Akk.; hat verweht⟩ durch Wehen beseitigen, an einen anderen Ort bringen; der Wind verweht den Staub, den Schnee, die Blätter; ein paar vom Wind verwehte Blüten **II** ⟨o.Obj., ist verweht⟩ **1** vom Wind weggetragen werden; sein Ruf verwehte; der Schnee ist verweht **2** vom Wind durcheinandergebracht werden; dein Haar ist ganz verweht **3** durch vom Wind geweheten Schnee zugedeckt werden; die Wege sind verweht

ver|weh|ren ⟨V.1, hat verwehrt; mit Dat. und Akk.⟩ jmdm. etwas v. jmdm. etwas nicht erlauben, etwas verweigern, verbieten; jmdm. den Zutritt v.; ich lasse es mir nicht v., den Kranken zu besuchen

Ver|we|hung ⟨f.10⟩ zusammengewehter Schnee (Schnee~)

ver|weib|li|chen ⟨V.1, hat verweiblicht⟩ **I** ⟨mit Akk.⟩ (im Aussehen und Verhalten) einer Frau angleichen **II** ⟨refl.⟩ sich v. weibliches Aussehen, Gehabe annehmen

ver|weich|li|chen ⟨V.1, hat verweichlicht⟩ jmdn. oder sich v. jmds. oder die eigene körperliche Widerstandskraft schwächen; jmdn., sich durch zu viel Wärme, durch mangelnde Bewegung v. **II** ⟨o.Obj., ist verweichlicht⟩ die körperliche Widerstandskraft verlieren, zu empfindlich gegen Kälte und mangelnde Anforderungen werden; ein verweichlichtes Kind **Ver|weich|li|chung** ⟨f., -, nur Sg.⟩

ver|wei|gern ⟨V.1, hat verweigert⟩ **I** ⟨mit Akk.⟩ etwas v. **1** etwas (Erbetenes) nicht geben; die Erlaubnis (zu etwas) v.; seine Zustimmung v.; er verweigert (mir) den Einblick in die Akten; eine Hilfeleistung v. **2** etwas (Gefordertes) nicht tun; der Hund verweigert den Gehorsam der Hund gehorcht nicht; den Wehrdienst v. **3** ablehnen; die Nahrung v. **II** ⟨o.Obj.⟩ Reitsport⟩ vor dem Hindernis stehenbleiben; das Pferd hat (dreimal) verweigert **III** ⟨refl.⟩ sich jmdm. v. etwas, was ein anderer verlangt, nicht tun wollen; sie verweigert sich ihrem Mann sie lehnt den Geschlechtsverkehr mit ihrem Mann ab

Ver|wei|ge|rung ⟨f.10⟩

ver|wei|len ⟨V.1, hat verweilt; o.Obj. oder refl.⟩ (sich) v. sich aufhalten, bleiben; an einem Ort v.; ich möchte hier noch etwas v.; sie hat sich lange im Museum verweilt; vor einem Bild stehenbleiben und es betrachten; bei einem Thema v. noch länger über ein Thema sprechen v. die schattige Bank lud zum Verweilen ein

ver|weint ⟨Adj., o.Steig.⟩ vom Weinen gerötet und verschwollen; ~e Augen; v. aussehen

Ver|weis[1] ⟨m.1⟩ Hinweis; V. auf eine Textstelle

Ver|weis[2] ⟨m.1⟩ Rüge, Tadel; ein strenger V.

ver|wei|sen[1] ⟨V.177, hat verwiesen⟩ **I** ⟨mit Akk.⟩ **1** jmdn. v. **a** jmdm. die Anweisung, den Rat geben, an einen Ort, zu jmdm. zu gehen, etwas zu beachten, zu lesen; man hat mich hierher verwiesen; man hat mich an Sie verwiesen; der Polizist verwies ihn auf die Vorschriften **b** jmdn. auf einen Platz v. ⟨Sport⟩ jmdn. übertreffen, so daß er einen bestimmten niedrigeren Platz einnehmen muß; er verwies den Konkurrenten auf den zweiten Platz **c** jmdm. die Anweisung geben, wegzugehen; einen Ruhestörer aus dem Saal v.; einen Schüler von der Schule v.; jmdn. des Landes v. jmdn. aus dem Land verweisen **2** etwas (an eine Stelle) v. etwas (an eine andere Stelle) weitergeben; einen Fall an die zuständige Stelle, an die nächste Instanz v. **II** ⟨mit Präp.obj.⟩ auf etwas v. einen Hinweis auf etwas geben; die Fußnote verweist auf das nächste Kapitel; ein Pfeil im Text verweist auf das betreffende Wort, bei dem man nachschlagen soll [< mhd. verwîsen „hinweisen, zuweisen, übertragen", zu wîsen „anweisen, belehren, zeigen"]

ver|wei|sen[2] ⟨V.177, hat verwiesen; mit Dat. und Akk.⟩ jmdm. etwas v. jmdm. wegen etwas tadeln, rügen, jmdm. etwas verbieten; einem Kind das Herumtoben, eine patzige Antwort v. [< mhd. verwîzen „strafend tadeln", zu wîze „Strafe"]

Ver|wei|sung ⟨f.10⟩ das Verweisen[1]; V. an die höhere Instanz; V. auf eine Stelle im Text

ver|wel|ken ⟨V.1, ist verwelkt; o.Obj.⟩ welk werden, verblühen

ver|welt|li|chen ⟨V.1⟩ **I** ⟨mit Akk.; hat verweltlicht⟩ **1** weltlich machen, dem außerkirchlichen Leben angleichen **2** in weltlichen Besitz überführen, säkularisieren **II** ⟨o.Obj., ist verweltlicht⟩ weltlich werden, sich den weltlichen Lebensformen angleichen, nähern

Ver|welt|li|chung ⟨f., -, nur Sg.⟩

ver|wen|den ⟨V.2, hat verwendet oder (veraltend) verwandt⟩ **I** ⟨mit Akk.⟩ **1** benutzen, gebrauchen; ein Gerät oft v.; eine Zeitung als Unterlage v.; diesen Stoffrest kann man noch für einen Rock v. **2** anwenden, verwerten; meine Sprachkenntnisse konnte ich dort gut v. **3** etwas auf etwas v. etwas für etwas brauchen, verbrauchen; ich habe viel Mühe, Zeit darauf verwendet; ⟨oder⟩ verwandt **II** ⟨refl.⟩ sich für jmdn. v. sich für jmdn. einsetzen, für jmdn. sprechen; er hat sich bei seinem Chef für ihren Sohn verwendet

Ver|wen|dung ⟨f.10⟩ das Verwenden (I), Gebrauch, Benutzung; für etwas keine V. haben; dafür findet sich schon noch eine V.; unter V. einiger unveröffentlichter Briefe

ver|wen|dungs|fä|hig ⟨Adj., o.Steig.⟩ für bestimmte Aufgaben verwendbar

ver|wer|fen ⟨V.181, hat verworfen⟩ **I** ⟨mit Akk.⟩ etwas v. **1** für nicht gut, für unbrauchbar halten und daher ablehnen; einen Vorschlag v. **2** für unehrenhaft, unmoralisch erklären; vgl. verworfen; jmds. Verhalten v. **3** ⟨Rechtsw.⟩ als unberechtigt, unannehmbar ablehnen; eine Berufung v.; eine Klage v. **4** ⟨ugs., scherzh.⟩ an eine ungewöhnliche Stelle legen und nicht wiederfinden; verwirf die Eintrittskarten nicht! **II** ⟨von Tieren⟩ eine Fehlgeburt haben, ein totes Junges, tote Junge zur Welt bringen; Syn. ⟨beim Schwein⟩ verferkeln, ⟨bei der Kuh⟩ verkalben, ⟨bei Schaf und Ziege⟩ verlammen **III** ⟨refl.⟩ sich v. **1** sich verbiegen, krumm werden; Holz verwirft sich; die Bretter haben sich verworfen **2** ⟨Geol.⟩ sich gegeneinander verschieben; Gesteinsschichten v. sich

ver|werf|lich ⟨Adj.⟩ unmoralisch, unsittlich, tadelnswert; eine ~e Handlungsweise **Ver|werf|lich|keit** ⟨f., -, nur Sg.⟩

Ver|wer|fung ⟨f.10⟩ **1** das Verwerfen (I,3, II) **2** ⟨Geol.⟩ senkrechte Verschiebung von Schollen der Erdkruste entlang einer Spalte; Syn. Bruch

ver|wer|ten ⟨V.2, hat verwertet; mit Akk.⟩ **1** verwenden, benutzen; Reste v.; Altpapier v.; das kann man immer noch für etwas, zu etwas anderem v. **2** auswerten, nutzbringend anwenden; seine Sprachkenntnisse v.; eine Erfindung, Entdeckung v. **Ver|wer|tung** ⟨f.10⟩

ver|we|sen[1] ⟨V.1, hat verwest; mit Akk.; (als Verweser) verwalten [< mhd. verwesen in ders. Bed., < ver „für" und wesen „sein"]

ver|we|sen[2] ⟨V.1, ist verwest; o.Obj.⟩ verfaulen, sich zersetzen [< mhd. verwesen in ders. Bed., < ahd. firwesan „vergehen"]

Ver|we|ser ⟨m.5; †⟩ Verwalter (Reichs~) [zu verwesen[1]]

ver|wes|lich ⟨Adj., o.Steig.⟩ fähig zu verwesen[2] **Ver|wes|lich|keit** ⟨f., -, nur Sg.⟩

Ver|we|sung ⟨f., -, nur Sg.⟩ das Verwesen[2]; in V. übergehen

ver|wet|ten ⟨V.2, hat verwettet; mit Akk.⟩ beim Wetten verbrauchen; beim Pferderennen 500 DM v.

ver|wi|chen ⟨Adj., o.Steig.; †⟩ vergangen; in der ~en Nacht [zu weichen]

ver|wich|sen[1] ⟨V.1, hat verwichst; mit Akk.; ugs.⟩ verschwenden, vergeuden; sein Geld v. [zu Wichs „festliche Kleidung", eigtl. also „für den Wichs ausgeben"]

ver|wich|sen[2] ⟨V.1, hat verwichst; mit Akk.; ugs.⟩ →verhauen (I,1) [zu wichsen „blank reiben"]

ver|wi|ckeln ⟨-k|k-; V.1, hat verwickelt⟩ **I** ⟨mit Akk.⟩ **1** etwas v. ineinander schlingen, durcheinanderbringen, verwirren; Fäden v.; eine verwickelte Angelegenheit eine schwierige, unübersichtliche, schwer lösbare Angelegenheit **2** jmdn. in etwas v. in etwas hineinziehen; jmdn. in eine Angelegenheit v.; jmdn. in ein Gespräch v. **II** ⟨refl.⟩ sich v. in etwas hineingeraten; sich in Widersprüche v. widersprüchliche Aussagen machen

Ver|wick|lung ⟨f.10⟩ Zustand des Verwickeltseins; die V. wird immer größer; es gab ungeahnte ~en

ver|wie|gen ⟨V.182, hat verwogen; refl.⟩ sich v. etwas falsch wiegen; die Verkäuferin hat sich verwogen

ver|wil|dern ⟨V.1, ist verwildert; o.Obj.⟩ **1** *nicht gepflegt werden, von Pflanzen, Unkraut überwuchert werden, wie eine Wildnis werden;* der Garten verwildert allmählich **2** *ins Leben in der freien Natur zurückkehren;* verwilderte Katzen, Hunde **3** *sich vernachlässigen, sich nicht mehr pflegen;* er sieht ziemlich verwildert aus **4** ⟨scherzh.⟩ *aus dem geregelten Alltag geraten, sich an keine Ordnung mehr halten;* die Kinder v. ohne Aufsicht, bei diesem ungebundenen Leben **Ver|wil|de|rung** ⟨f., -, nur Sg.⟩

ver|win|den ⟨V.183, hat verwunden; mit Akk.⟩ *etwas v. etwas überwinden, über etwas (gefühlsmäßig) hinwegkommen;* einen (seelischen) Schmerz, eine Enttäuschung v.; sie kann es nicht v., daß er sie so gekränkt hat

ver|wir|ken ⟨V.1, hat verwirkt; mit Akk. oder mit Dat. (sich) und Akk.; geh.⟩ *(durch eigene Schuld) verlieren;* er hat sein Leben verwirkt *er wird zum Tod verurteilt werden;* er hat das Vertrauen seines Chefs verwirkt, sich jmds. Wohlwollen v.

ver|wirk|li|chen ⟨V.1, hat verwirklicht⟩ **I** ⟨mit Akk.⟩ *in die Tat umsetzen, Wirklichkeit werden lassen;* einen Plan, ein Vorhaben, eine Absicht v. **II** ⟨refl.⟩ sich v. **1** *Wirklichkeit werden;* seine Hoffnung hat sich verwirklicht **2** *sich selbst v. seine Persönlichkeit frei entfalten, seine Fähigkeiten ungehindert entwickeln, sein Leben nach seinen eigenen Vorstellungen einrichten* **Ver|wirk|li|chung** ⟨f.10⟩

Ver|wir|kung ⟨f., -, nur Sg.⟩ *das Verwirken*

ver|wir|ren ⟨V.1, hat verwirrt⟩ **I** ⟨mit Akk.⟩ **1** *etwas v. durcheinanderbringen, vielfach verschlingen;* Ggs. entwirren; vgl. verworren; die Katze hat die Fäden, mein Strickzeug verwirrt; dieser Schock hat seinen Geist verwirrt **2** *jmdn. v. jmdn. unsicher machen, jmds. Gedanken durcheinanderbringen;* die unerwartete Frage hat ihn verwirrt **II** ⟨refl.⟩ sich v. **1** *sich verschlingen, durcheinandergeraten;* die Fäden haben sich verwirrt **2** *in einen Zustand des Gestörtseins geraten;* sein Geist hat sich verwirrt

Ver|wir|rung ⟨f.10⟩ **1** *Zustand des Verwirrtseins;* in V. geraten; die Nachricht hat große V. ausgelöst **2** *Durcheinander;* er richtet immer wieder ~en an

ver|wirt|schaf|ten ⟨V.2, hat verwirtschaftet; mit Akk.⟩ *durch schlechtes Wirtschaften verbrauchen;* er hat sein Geld, sein Vermögen verwirtschaftet

ver|wi|schen ⟨V.1, hat verwischt⟩ **I** ⟨mit Akk.⟩ **1** *durch Darüberwischen undeutlich machen;* Schrift v.; eine noch nicht feuchten Stempel(abdruck) v. **2** *durch Darüberwischen auf dem Untergrund verteilen;* Tinte v.; Farbe v. **3** *unerkennbar machen, beseitigen;* Spuren (eines Verbrechens) v. **II** ⟨refl.⟩ sich v. **1** *undeutlich werden;* in meiner Erinnerung haben sich die Einzelheiten verwischt; verwischte Umrisse **2** *sich ausgleichen;* die Unterschiede haben sich im Lauf der Zeit verwischt

ver|wit|tern ⟨V.1, ist verwittert; o.Obj.⟩ *durch Einfluß der Witterung angegriffen, zerstört werden;* die Oberfläche des Steins, die Inschrift ist verwittert; ein verwittertes Gesicht *ein von Wind und Wetter wie Leder gewordenes, zerfurchtes Gesicht*

Ver|wit|te|rung ⟨f.10⟩ *das Verwittern, Auflösung von Gesteinen unter Einfluß äußerer Kräfte;* biogene, chemische, mechanische V.

ver|wit|wet ⟨Adj., o.Steig., Abk.: verw.⟩ *Witwe bzw. Witwer geworden*

ver|woh|nen ⟨V.1, hat verwohnt; mit Akk.⟩ *durch Wohnen abnutzen;* ⟨meist im Perf. Passiv⟩ die Wohnung ist, die Räume sind verwohnt

ver|wöh|nen ⟨V.1, hat verwöhnt; mit Akk.⟩ **1** *jmdn.,* ⟨auch⟩ *einen Hund v. zu mild erziehen, zu nachgiebig behandeln, jmds. Wünsche stets erfüllen;* ihr habt das Kind, den Hund zu sehr verwöhnt; verwöhne dich nur selbst auch einmal ⟨ugs.⟩ *tu dir auch einmal selbst etwas Gutes* **2** *jmdn. oder sich,* ⟨auch⟩ *einen Hund v. körperlich zu wenig beanspruchen, zu warm kleiden, zu wenig der Kälte aussetzen* **3** ⟨nur im Part. Perf. in bestimmten Fügungen⟩ verwöhnte Ansprüche ⟨übertr.⟩ *(infolge eines sehr guten, verfeinerten Angebotes) hohe Ansprüche an Bequemlichkeit;* einen verwöhnten Geschmack haben *sehr wählerisch sein*

ver|wor|fen ⟨Adj.⟩ *lasterhaft, unsittlich, moralisch gesunken* **Ver|wor|fen|heit** ⟨f., -, nur Sg.⟩

ver|wor|ren ⟨Adj.⟩ *verwirrend, unklar, verwickelt;* eine ~e Angelegenheit; eine ~e Abhandlung; einen Sachverhalt v. darstellen **Ver|wor|ren|heit** ⟨f., -, nur Sg.⟩

ver|wun|den ⟨V.2, hat verwundet; mit Akk.⟩ **1** *jmdn. v.,* ⟨geh. auch⟩ *etwas v. jmdm., einer Sache eine Wunde zufügen;* er ist im Krieg verwundet worden; leicht, schwer verwundet sein; jmds. Herz, Seele v. **2** *jmdn. v. jmdn. seelisch verletzen, kränken;* er hat sie mit seinem Spott tief verwundet

ver|wun|der|lich ⟨Adj.⟩ *Verwunderung hervorrufend, erstaunlich;* das ist nicht v.

ver|wun|dern ⟨V.1, hat verwundert⟩ **I** ⟨mit Akk.⟩ *wundern;* es hat mich verwundert, daß ...; es ist nicht zu v., daß ... *man braucht sich nicht zu wundern, daß ...* **II** ⟨refl.⟩ sich v. *sich wundern, in Erstaunen geraten*

Ver|wun|de|rung ⟨f., -, nur Sg.⟩ *das Sichverwundern;* jmdn. in V. setzen; zu meiner V. war es nicht so, wie ich es kam

Ver|wun|de|ten|ab|zei|chen ⟨n.7⟩ *militärisches Ehrenabzeichen, das je nach Zahl und Schwere der Verwundung in verschiedenen Stufen verliehen wird*

Ver|wun|dung ⟨f.10⟩ *das Verwundetwerden, durch Waffeneinwirkung entstandene Verletzung*

ver|wun|schen ⟨Adj., o.Steig.⟩ *verzaubert;* eine ~e Prinzessin [zu *verwünschen*]

ver|wün|schen ⟨V.1, hat verwünscht; mit Akk.⟩ **1** *jmdn. oder etwas v. jmdm. Übles wünschen, wünschen, daß jmd. oder etwas weit fort wäre, sehr ärgerlich über jmdn. oder etwas sein;* ich habe ihn schon oft verwünscht, weil er nie da ist, wenn man ihn braucht; ich habe dieses Gerät schon oft verwünscht, weil es so schwer zu handhaben ist; das ist eine verwünschte Sache *eine ärgerliche Sache;* dieser verwünschte Staubsauger streikt schon wieder ⟨ugs.⟩ **2** *jmdn. v.* ⟨im Märchen⟩ *verzaubern;* vgl. verwunschen

Ver|wün|schung ⟨f.10⟩ **1** ⟨nur Sg.⟩ *das Verwünschen (2), Verzauberung* **2** *Wunsch für Übles, Fluch;* ~en ausstoßen

ver|wur|steln ⟨V.1, hat verwurstelt; mit Akk.; ugs.⟩ **1** *durcheinanderbringen, verdrehen, verschlingen;* Gardinenschnüre, Hosenträger, einen Schal v. **2** *in viele Falten ziehen oder drücken;* das Bettuch v.

ver|wur|sten ⟨V.2, hat verwurstet; mit Akk.⟩ *zu Wurst verarbeiten*

ver|wur|zeln ⟨V.1, ist verwurzelt; o.Obj.⟩ *Wurzeln schlagen;* ⟨meist im Perf. Passiv⟩ der Baum ist fest im Boden verwurzelt; er ist eng mit seiner Heimat verwurzelt ⟨übertr.⟩ *er ist eng mit seiner Heimat verbunden*

ver|wür|zen ⟨V.1, hat verwürzt; mit Akk.⟩ *zu stark würzen;* die Soße ist verwürzt

ver|wü|sten ⟨V.2, hat verwüstet; mit Akk.⟩ *wüst, öde machen, zerstören;* der Sturm, die Überschwemmung hat das Gebiet verwüstet; die Truppen haben die Dörfer verwüstet; die Stadt ist durch Bombenangriffe verwüstet worden; ein verwüstetes Gesicht *ein von ungesundem, ausschweifendem Leben gezeichnetes, eingefallenes oder aufgedunsenes Gesicht*

Ver|wü|stung ⟨f.10⟩ *das Verwüsten;* ~en anrichten *vieles verwüsten*

ver|za|gen ⟨V.1, ist verzagt; o.Obj.⟩ *den Mut verlieren, zaghaft werden;* verzage nicht!; „...?" fragte er verzagt; sei nicht gleich verzagt!

Ver|zagt|heit ⟨f., -, nur Sg.⟩ *das Verzagtsein*

ver|zäh|len ⟨V.1, hat verzählt⟩ **I** ⟨refl.⟩ sich v. *falsch zählen, beim Zählen einen Fehler machen* **II** ⟨mit Akk.; †⟩ *erzählen;* ich will dir was v.

ver|zah|nen ⟨V.1, hat verzahnt; mit Akk.⟩ *etwas mit etwas, miteinander v.* **1** *etwas durch zahnartige Kerben oder Zacken ineinandergreifen lassen;* Maschinenteile, Bauteile miteinander v. **2** ⟨übertr.⟩ *eng miteinander verbinden;* die Teile eines Schriftwerkes durch Verweise, Rückgriffe miteinander v.

Ver|zah|nung ⟨f.10⟩ *das Verzahnen, das Verzahntsein*

ver|zan|ken ⟨V.1, hat verzankt; refl.⟩ sich v. *miteinander zanken;* sie haben sich, sie sind (miteinander) verzankt

ver|zap|fen ⟨V.1, hat verzapft; mit Akk.⟩ **1** *durch Zapfen verbinden;* Bretter (miteinander) v. **2** *vom Faß ausschenken;* Wein, Bier v. **3** ⟨übertr., ugs., abwertend⟩ *erzählen, reden, von sich geben;* Unsinn v.; er hat eine Rede verzapft, die lächerlich war

ver|zär|teln ⟨V.1, hat verzärtelt; mit Akk.⟩ *zu zart behandeln, verweichlichen, verwöhnen* **Ver|zär|te|lung** ⟨f., -, nur Sg.⟩

ver|zau|bern ⟨V.1, hat verzaubert; mit Akk.⟩ **1** *im Märchen durch Zauber verwandeln;* Syn. verhexen; Ggs. entzaubern; die Hexe verzauberte den Prinzen in einen Frosch; sie war verzaubert von diesem schönen Bild *sie war entzückt und tief beeindruckt* **2** *durch Liebreiz, persönlichen Zauber anziehen;* sie hat ihn ganz verzaubert

Ver|zau|be|rung ⟨f.10⟩ *das Verzaubertsein;* seine V. hielt noch an, als ...

ver|zäu|nen ⟨V.1, hat verzäunt; mit Akk.⟩ *mit einem Zaun umgeben, einzäunen*

Ver|zehr ⟨m., -s, nur Sg.⟩ *das Verzehren (I,1), Verbrauch;* zum V. nicht geeignete Früchte

ver|zeh|ren ⟨V.1, hat verzehrt⟩ **I** ⟨mit Akk.⟩ **1** *essen;* wollen wir unterwegs etwas v.? *wollen wir unterwegs in einem Lokal einkehren und etwas essen?;* sein Frühstück v.; er verzehrte mit großem Appetit alles, was übrig war **2** *für den Lebensunterhalt verbrauchen;* er hat sich in Spanien ein kleines Haus gekauft und verzehrt dort seine Pension **3** *verbrauchen, wegnehmen;* die Krankheit hat seine Kräfte verzehrt; ein ~des Fieber ⟨†⟩ *ein Fieber, das alle Kraft nimmt;* ~des Feuer *alles zerstörendes Feuer* **II** ⟨refl.⟩ sich v. *sich grämen und dabei schwach und krank werden;* sie verzehrt sich vor Kummer, vor Sehnsucht; sich nach jmdm. oder etwas v. *nach jmdm. oder etwas so große Sehnsucht, so großes Verlangen haben, daß man krank davon wird*

ver|zeich|nen ⟨V.2, hat verzeichnet; mit Akk.⟩ **1** *falsch zeichnen, in einer Zeichnung falsch darstellen;* ein verzeichnetes Gesicht **2** *übertrieben, verzerrt darstellen* **3** *aufschreiben, notieren, vermerken;* etwas am Rand, in einem Text v.; alle Gänge, Bewegungen im Regiebuch v.; in den Akten ist davon nichts verzeichnet **4** *zur Kenntnis nehmen;* man kann schon einige Fortschritte v.; etwas als Tatsache v.; er hat einen Erfolg zu v. ⟨verstärkend⟩ *er hat einen Erfolg gehabt*

Ver|zeich|nis ⟨n.1⟩ *Zusammenstellung, Liste (von Personen, Waren, Gegenständen o.ä.);* V. der lieferbaren Bücher; etwas in ein V. aufnehmen; ein V. anlegen

ver|zei|hen ⟨V.186, hat verziehen; mit Akk. oder mit Dat. und Akk.⟩ *jmdm. nicht (mehr) böse über etwas sein, etwas nicht übelnehmen, etwas vergeben;* v. Sie! ⟨als Entschuldigung, wenn man jmdn. versehentlich gestoßen, getreten hat, als Aufforderung, beiseite zu gehen, oder als Einleitung zu einer

verzeihlich

Frage an einen Fremden⟩; v. Sie, können Sie mir bitte sagen ...; v. Sie meine Ungeduld, aber ich habe es eilig; jmdm. etwas v. *jmdm. etwas nicht mehr nachtragen; jmdm. wegen etwas nicht mehr böse sein;* kannst du mir v.?; das verzeihe ich nie!; ich kann es mir nicht v., daß ich das gesagt, getan habe *ich weiß, daß es falsch war, und ich werde es immer bereuen*

ver|zeih|lich ⟨Adj.⟩ *so beschaffen, daß man es verzeihen kann;* ein ∼er Fehler

Ver|zei|hung ⟨f., -, nur Sg.⟩ *das Verzeihen, Vergeben;* V.! *entschuldigen Sie!;* jmdn. um V. bitten

ver|zer|ren ⟨V.1, hat verzerrt⟩ **I** ⟨mit Akk.⟩ *auseinanderzerren, in den Proportionen grotesk verändern, falsch wiedergeben;* der Spiegel verzerrt die Gestalten; das Gesicht vor Schmerz v.; das Tonbandgerät ist defekt, es verzerrt die Töne; ein Ereignis verzerrt wiedergeben *falsch, entstellt wiedergeben* **II** ⟨mit Dat. (sich) und Akk.⟩ sich etwas v. *durch zu starkes Dehnen verletzen;* sich eine Sehne v. **III** ⟨refl.⟩ sich v. *sich auseinander- oder zusammenziehen und dadurch entstellen;* im spiegelnden, bewegten Wasser v. sich die Formen

Ver|zer|rung ⟨f.10⟩ **1** ⟨nur Sg.⟩ *das Verzerren, das Verzerrtsein* **2** *verzerrte Form;* die ∼en Figuren gefallen mir bei diesem Maler nicht

ver|zet|teln ⟨V.1, hat verzettelt⟩ **I** ⟨mit Akk.⟩ etwas v. **1** *etwas auf einzelne Zettel schreiben;* Namen, Daten, Wörter v. **2** *in kleinen Mengen ausgeben, für Kleinigkeiten ausgeben;* ich will die 500 Mark nicht v., sondern mir etwas Besonderes dafür kaufen **3** *mit Unwichtigem verbrauchen;* seine Kräfte v. **4** *mit Kleinigkeiten, unwichtigen Beschäftigungen verbringen, vergeuden* **II** ⟨refl.⟩ sich v. *seine Kräfte unnütz mit unwichtigen, vielen kleinen Arbeiten verbrauchen;* ⟨ältere Bed.⟩ „einzeln verstreuen, fallen lassen", < mhd. *verzetten* in ders. Bed., zu *zetten* „verstreut fallen lassen, ausbreiten"; in Bed. I,1 an *Zettel* angelehnt]

Ver|zicht ⟨m.1⟩ *das Verzichten, das Nichtbestehen (auf etwas), das Nichtbeharren (auf etwas);* unter V. auf jede weitere Erklärung verließ er den Raum; es bedeutet einen schmerzlichen V. für mich, daß ich ...; ein leichter, schwerer V.

ver|zich|ten ⟨V.2, hat verzichtet⟩ **I** ⟨o.Obj.⟩ *einen Anspruch aufgeben, von einem Recht zurücktreten;* ich verzichte zu seinen Gunsten; ich verzichte dankend ⟨iron.⟩ *das möchte ich nicht haben, es ist lächerlich, mir das anzubieten* **II** ⟨mit Präp.obj.⟩ **1** auf etwas v. *einen Anspruch, ein Recht auf etwas aufgeben, nicht mehr bestehen, etwas zu haben oder zu tun;* ich verzichte auf ein Vergnügen, auf einen Theaterbesuch v.; ich verzichte auf deine Hilfe *ich brauche deine Hilfe nicht;* darauf kann ich v. *das brauche ich nicht;* ich muß leider darauf v., heute abend dabeizusein *ich kann leider nicht dabeisein* **2** auf jmdn. v. *dulden, einverstanden sein, daß jmd. nicht anwesend ist;* wir können heute abend auf dich v.

ver|zie|hen ⟨V.187⟩ **I** ⟨mit Akk.; hat verzogen⟩ **1** etwas v. **a** *in eine falsche, unerwünschte Richtung ziehen;* die Tischdecke v. **b** *auseinander- oder zusammenziehen;* das Gesicht, den Mund v.; er verzog keine Miene *er blieb ernst, er ließ sich kein Gefühl anmerken* **c** *Pflanzen (bes. Rüben) v. die zu dicht stehenden Pflanzen herausziehen* **2** ein Kind, einen Hund v. *verwöhnen, zu nachgiebig bei seiner Erziehung sein;* sie haben das Kind gründlich verzogen; das Kind ist völlig verzogen **II** ⟨refl.; hat verzogen⟩ sich v. **1** *sich zusammen- oder auseinanderziehen;* sein Gesicht verzog sich vor Schmerz,

vor Ekel **2** *die Form verlieren, krumm, schief werden;* die Bretter, Fensterrahmen haben (infolge der Feuchtigkeit) sich verzogen; der Stoff hat sich beim Waschen verzogen **3** ⟨ugs.⟩ *sich entfernen, weggehen, verschwinden* (bes. mit etwas Unangenehmem, z.B. einer Strafe, zu entgehen); er verzog sich, als der Vater heimkam; der Hund verzog sich unter den Tisch; sich ins Bett v. *zu Bett gehen;* ich werde mich jetzt schleunigst v. **4** *vergehen, vorübergehen;* das Gewitter, der Rauch hat sich verzogen; der Schmerz verzieht sich langsam wieder **III** ⟨o.Obj.⟩ **1** ⟨ist verzogen⟩ *an einen anderen Ort ziehen;* sie sind vor einem Jahr verzogen; sie sind nach Hamburg verzogen **2** ⟨hat verzogen; poet., †⟩ *(noch) verweilen, bleiben;* verzieh noch ein wenig, eine Weile!

ver|zie|ren ⟨V.3, hat verziert; mit Akk.⟩ *schmücken, durch eine Zutat schöner machen;* eine Torte mit Mandeln, mit Früchten v.; Möbel mit Einlegearbeiten, mit Schnitzereien v.; einen Hut mit einer Feder v.; Aufschnittplatte mit Petersilie v.; eine Melodie v. *eine Melodie durch kleinere Melodien, Triller u.ä. bereichern, umspielen*

Ver|zie|rung ⟨f.10⟩ **1** ⟨nur Sg.⟩ *das Verzieren* **2** *zierende, schmückende Zutat;* ∼ an-bringen; brich dir nur keine V. ab, ⟨oder⟩ aus der Krone! *zier dich nicht so, stell dich nicht so an, tu nicht so, als ob das unter deiner Würde wäre!*

ver|zim|mern ⟨V.1, hat verzimmert; mit Akk.; Bgb.⟩ *mit Balken, Brettern stützen;* einen Stollen v.

Ver|zim|me|rung ⟨f.10; Bgb.⟩ *das Verzimmern, Abstützung mit Balken, Brettern*

ver|zin|ken[1] ⟨V.1, hat verzinkt; mit Akk.⟩ *mit Zink überziehen*

ver|zin|ken[2] ⟨V.1, hat verzinkt; mit Akk.; ugs.⟩ *jmdn. v. verraten, anzeigen* [zu *Zinken* „Zeichen"; vgl. *Gaunerzinken*]

ver|zins|bar ⟨Adj.; weniger üblich für⟩ *verzinslich*

ver|zin|sen ⟨V.1, hat verzinst⟩ **I** ⟨mit Akk.⟩ jmdm. etwas v. *jmdm. Zinsen für etwas zahlen;* wir v. Ihnen die Spareinlage mit 3% **II** ⟨refl.⟩ sich v. *Zinsen abwerfen, bringen;* das Kapital, der Sparbrief verzinst sich mit 8%

ver|zins|lich ⟨Adj.; o.Steig.⟩ *sich verzinsend, Zinsen bringend;* ∼e Wertpapiere

Ver|zin|sung ⟨f.10⟩ *das Verzinsen, das Sichverzinsen*

ver|zö|gern ⟨V.1, hat verzögert⟩ **I** ⟨mit Akk.⟩ etwas v. *dafür sorgen, daß etwas später eintritt, geschieht, den Ablauf von etwas hemmen, behindern;* die Fertigstellung einer Arbeit v.; tu das nicht, das verzögert die Sache doch nur; ein Spiel v. ⟨Sport⟩ **II** ⟨refl.⟩ sich v. *später eintreten, später geschehen als erwartet;* die Abfahrt des Zuges verzögert sich um zehn Minuten

Ver|zö|ge|rung ⟨f.10⟩ **1** ⟨nur Sg.⟩ *das Verzögern;* absichtliche V. einer Sache **2** *zeitlicher Rückstand;* die V. wieder einholen

ver|zol|len ⟨V.1, hat verzollt; mit Akk.⟩ *etwas Zoll für etwas bezahlen;* Waren, eingeführte Gegenstände v.

ver|zücken ⟨-k|k-; V.1, hat verzückt; mit Akk.⟩ *in Begeisterung versetzen, ganz und gar entzücken;* ⟨meist im Part. Perf.⟩ verzückt begeistert, hingerissen; die Kinder starrten verzückt auf den brennenden Weihnachtsbaum, schauten verzückt dem Kasperle zu; sie lauschte verzückt der Musik

ver|zuckern ⟨-k|k-; V.1, hat verzuckert; mit Akk.⟩ **1** ⟨Chem.⟩ *in einfachen Zucker umwandeln;* Stärke v. **2** *mit Zucker bestreuen;* Plätzchen v. **3** ⟨übertr.⟩ *erleichtern, erträglicher machen;* jmdm. eine bittere Pille v.; *jmdm. etwas Unangenehmes erleichtern*

Ver|zückung ⟨-k|k-; f.10⟩ *das Verzücktsein;* in V. geraten

Ver|zug ⟨m., -(e)s, nur Sg.⟩ **1** *Verzögerung;* mit der Zahlung im V. sein *nicht rechtzeitig zahlen;* Gefahr ist im V. *wenn man zögert, wird es gefährlich;* in V. geraten; ohne V. *sofort* **2** ⟨Bgb.⟩ *Verschalung von Gängen und Stollen* **3** ⟨übertr., landsch.⟩ *Lieblingskind;* er ist der V. der Mutter [zu *verziehen*]

Ver|zugs|zin|sen ⟨nur Pl.⟩ *Zinsen, die bei verspäteter Zahlung erhoben werden*

ver|zwackt ⟨Adj., -er, am -esten⟩ → *verzwickt*

ver|zwat|zeln ⟨V.1, ist verzwatzelt; o.Obj.; landsch.⟩ *(vor Ungeduld) vergehen, zappelig werden, nervös werden;* ich bin an der Ampel fast verzwatzelt

ver|zwei|feln ⟨V.1, ist verzweifelt; o.Obj.⟩ *die Hoffnung aufgeben, verlieren, große Angst haben (daß etwas geschehen oder nicht geschehen wird) und ratlos sein;* deshalb brauchst du nicht gleich zu v.; sie ist völlig verzweifelt; es ist zum Verzweifeln *es ist unerträglich, es ist nicht mehr auszuhalten;* vor Ungeduld; an einer Arbeit v. *die Hoffnung (fast) aufgeben, eine Arbeit noch zu schaffen, daß eine Arbeit noch gelingen wird;* an jmdm. v. *die Hoffnung aufgeben, daß jmd. etwas noch tun wird, sehr enttäuscht über jmdn. sein;* man könnte an den Menschen v. *man könnte den Glauben an die guten Eigenschaften der Menschen verlieren;* er machte verzweifelte Anstrengungen, sich über Wasser zu halten *er strengte sich mit aller Kraft (und mit Angst) an;* sich verzweifelt bemühen *sich mit aller Kraft bemühen*

Ver|zweif|lung ⟨f., -, nur Sg.⟩ *Zustand des Verzweifeltseins, Angst und Hoffnungslosigkeit;* in ihrer V. lief sie zur Polizei; jmdn. zur V. bringen *jmdn. äußerst ungeduldig machen*

ver|zwei|gen ⟨V.1, verzweigt; refl.⟩ sich v. *sich in Zweige teilen, aufspalten;* Sträucher v. sich unmittelbar über dem Boden; der Weg verzweigt sich nach mehreren Richtungen; eine verzweigte Familie, Verwandtschaft; eine weitverzweigte Firma *eine Firma mit vielen Filialen*

Ver|zwei|gung ⟨f.10⟩ *das Sichverzweigen, das Verzweigtsein*

ver|zwickt ⟨Adj., -er, am -esten⟩ *verwickelt, schwierig, knifflig;* auch: *verzwackt* [eigtl. „mit (Reiß-)Zwecken ausgebessert, verklemmt, verkeilt"]

Ve|si|ca ⟨f., -, -cae [-tsɛ:]; Anat.⟩ *Blase* (bes. *Harnblase*) [< lat. *vesica, vensica* „Blase", wahrscheinlich zu lat. *venter* „Bauch"]

Ve|si|kans ⟨n., -, -kan|tia [-tsja] oder -kan|zi|en⟩, **Ve|si|ka|to|ri|um** ⟨n., -s, -ri|en⟩ *blasenziehendes Arzneimittel* [zu *Vesica*]

ve|si|ku|lär ⟨Adj., o.Steig.⟩ *bläschenartig* [zu *Vesica*]

Ves|per ⟨[fɛs-] f.11⟩ **1** *Gebetsstunde des kath. Breviers gegen Abend* **2** *Gottesdienst gegen Abend* **3** ⟨auch n.14; süddt., österr.⟩ *Zwischenmahlzeit am Nachmittag* [< lat. *vespera* „Abend", zu *vesper* „Abendstern"]

Ves|per|bild ⟨[fɛs-] n.3⟩ → *Pietà*

ves|pern ⟨[fɛs-] V.1, hat gevespert; o.Obj.; süddt., österr.⟩ *eine Mahlzeit am Nachmittag einnehmen*

Ve|sta|lin ⟨f.10⟩ *Priesterin der altrömischen Göttin Vesta*

Ves|ti|bül ⟨n.1⟩ *Vorhalle, Treppenhalle* (bes. im Theater) [< frz. *vestibule* „Hausflur, Vorsaal", < lat. *vestibulum* „Vorhof, Platz vor dem Haus", weitere Herkunft unsicher]

Ves|ti|bu|lar|ap|pa|rat ⟨m., -(e)s, nur Sg.⟩ *Gleichgewichtsorgan im Ohr* [< *Vestibulum* und *Apparat*]

Ves|ti|bu|lum ⟨n., -s, -la⟩ **1** *(im altröm. Haus) Vorhalle* **2** ⟨Med.⟩ *Eingang zu einem Hohlraum* [lat., → *Vestibül*]

Ve|su|vi|an ⟨m.1⟩ *(bräunliches, gelbes oder grünes) Mineral, Schmuckstein;* Syn. *Idokras* [nach dem Vulkan *Vesuv*]

Ve|te|ran ⟨m.10⟩ **1** *Soldat, der schon an ei-*

nem früheren Feldzug teilgenommen hat, alter Soldat **2** (übertr.) alter Mann, der sich im Dienst bewährt hat [< lat. *veteranus* ,,alt, betagt; alter Soldat", zu *vetus* ,,alt"]

Ve|te|ri|när 〈m.1〉 Tierarzt [< lat. *veterinarius* ,,Tierarzt", zu *veterinae* (Pl.) ,,Zugvieh, Lasttiere", zu *vetus* ,,alt"]

Ve|te|ri|när|me|di|zin 〈f., -, nur Sg.〉 → *Tierheilkunde*

Ve|to 〈n.9〉 Einspruch; sein V. einlegen [< lat. *veto* ,,ich verbiete", zu *vetare* ,,verbieten"]

Ve|to|recht 〈n., -(e)s, nur Sg.〉 Recht, ein Veto einzulegen

Vet|tel 〈[fet-] f.11〉 liederliches, schlampiges (altes) Weib [über mhd. *vetel* < lat. *vetula* ,,altes Weib", zu *vetulus* ,,ziemlich alt, ältlich", Verkleinerungsform von *vetus* ,,alt"]

Vet|ter 〈m.11〉 **1** Sohn des Onkels oder der Tante; Syn. *Cousin* **2** 〈†〉 Verwandter, Gevatter [< ahd. *fetero* ,,Vatersbruder, Onkel"]

Vet|tern|wirt|schaft 〈f., -, nur Sg.〉 abwertend〉 Begünstigung von Verwandten oder Bekannten (bei der Vergabe von Stellen o.ä.)

Ve|xier|bild 〈n.3〉 Bilderrätsel, Bild, in das eine zu suchende Figur versteckt eingezeichnet ist [zu *vexieren*]

ve|xie|ren 〈V.1, hat vexiert; mit Akk.〉 jmdn. *v. sich über jmdn. lustig machen, jmdn. necken*, (auch) quälen [< lat. *vexare* ,,mißhandeln, plagen", eigtl. ,,schütteln"]

Ve|xier|schloß 〈n.4〉 Buchstaben-, Zahlenschloß [zu lat. *vexare* ,,schütteln"]

Ve|xier|spie|gel 〈m.5〉 verzerrender Spiegel

Ve|xil|lum 〈n., -s, -la oder -len〉 altrömische Fahne [lat., ,,kleines Tuch", Verkleinerungsform von *Velum*]

vgl. 〈Abk. für〉 vergleiche

v.H. 〈Abk. für〉 vom Hundert

VHS 〈Abk. für〉 Volkshochschule

via 〈Präp.〉 **1** (auf dem Wege) über; nach Rom v. Zürich fliegen **2** 〈übertr.〉 durch, mittels; sie forderten ihn v. Anwalt zur Herausgabe des Geldes auf [lat., ,,Weg"]

Via|dukt 〈n.1 oder m.1〉 Talbrücke, Überführung (über frz. *viaduc* in ders. Bed. < lat. *via* ,,Weg" und *ductum* ,,geführt", zu *ducere* ,,führen"]

Via|ti|kum 〈n., -s, -ka oder -ken〉 kath. Kirche〉 letzte Kommunion (für Sterbende) [< lat. *viaticum* ,,das zum Weg, zur Reise Gehörige, Wegzehrung, Reisegeld", zu *via* ,,Weg, Marsch, Reise"]

Vi|bra|phon 〈n.1〉 xylophonähnliches Instrument, dessen Metallplatten zum Vibrieren gebracht werden [< lat. *vibrare* ,,zittern, schwirren, schwingen" und *Phon*]

Vi|bra|ti|on 〈[-tsjon] f.10〉 Schwingung, feine Erschütterung, Vibrieren [zu *vibrieren*] II 〈[vaibreiʃn] Pl.〉 ~s positive Schwingungen (zwischen Personen) [engl.]

vi|bra|to 〈Mus.〉 bebend, fein schwingend [→ *Vibrato*]

Vi|bra|to 〈n., -s, -s oder -ti〉 leichtes Beben (des Tons der Singstimme und bei Streich- und Holzblasinstrumenten) [< ital. *vibrato* als Subst. in ders. Bed., als Adj. ,,energisch", zu *vibrare* ,,schwingen, schütteln, zittern, einen Schlag versetzen", < lat. *vibrare* ,,schwingen, zittern, schütteln"]

Vi|bra|tor 〈m.13〉 **1** Gerät zum Erzeugen von nichtsinusförmigen Schwingungen **2** vibrierender Kunststoffstab für masturbatorische Praktiken (bei Frauen)

vi|brie|ren 〈V.3, hat vibriert; mit Akk.〉 schwingen, leicht beben; eine Saite, ein Ton vibriert [< lat. *vibrare* ,,zittern, schwingen, schwirren"]

vi|ce ver|sa 〈[vitsə] Adv.; Abk.: v.v.〉 umgekehrt [< lat. *vice* ,,durch Wechsel", Ablativ zu *vicis* ,,Wechsel", und *versa*, Fem. von *versus* ,,umgekehrt, gewendet", zu *vertere* ,,wenden"]

Vickers|här|te 〈-k|k-; f.; nur Sg.; Zeichen:

HV〉 Maß für die Härte von Werkstoffen [nach dem engl. Maschinenbau-Konzern Vickers Ltd.]

Vi|comte 〈[vikɔ̃t] m.9〉 **1** 〈nur Sg.〉 französischer Titel für Adligen zwischen Baron und Graf **2** jmd., der diesen Titel trägt [< frz. *vice...* ,,stellvertretend" (→ *Vize...*) und *comte* ,,Graf", zu lat. *comitari* ,,begleiten"]

Vi|com|tesse 〈[vikɔ̃tɛs] f.11〉 weiblicher Vicomte

vid. 〈Abk. für〉 *videatur*

vi|de 〈Abk.: v.; †〉 siehe (an der genannten Textstelle nach) [lat.]

vi|dea|tur 〈Abk.: vid.; †〉 man sehe nach [lat., ,,es werde (nach)gesehen", zu *videre* ,,sehen"]

Vi|deo 〈n.9〉 **1** 〈kurz für〉 *Videotechnik* **2** Übermittlung damit; V. über Fernsehkanal **3** nach diesem Verfahren hergestelltes Magnetband in einer Kassette; ein V. ausleihen **4** 〈kurz für〉 *Videoclip* [engl. < lat. *video* ,,ich sehe", zu *videre* ,,sehen"]

Vi|deo|clip 〈m.9〉 Musikstück, das mit einer Art Kurzfilm auf Video (3) präsentiert wird; auch: 〈kurz〉 *Video* [engl., ,,Videoschnitt"]

Vi|deo|re|cor|der 〈m.5〉 Gerät zur Speicherung und Wiedergabe von Fernsehbildfolgen

Vi|deo|tech|nik 〈f.10〉 **1** Verfahren zur Aufzeichnung und Wiedergabe von Bild und Ton **2** die Geräte und Einrichtungen dafür

Vi|deo|text 〈m., -(e)s, nur Sg.〉 von den Fernsehanstalten angebotenes, abrufbares Zusatzprogramm, das über ein Zusatzgerät empfangen werden kann; Syn. 〈österr.〉 *Teletext*

Vi|deo|thek 〈f.10〉 Sammlung (und Ausleihe) von Filmen und Fernsehaufzeichnungen auf Videos (3) [< *Video* und griech. *theke* ,,Behältnis"]

Vi|deo|the|kar 〈m.1〉 jmd., der eine Videothek besitzt oder verwaltet

Vi|di 〈n.9〉 schriftliches Zeichen als Bestätigung der Kenntnisnahme; sein V. daruntersetzen [lat., ,,ich habe (es) gesehen", zu *videre* ,,sehen"]

Viech 〈n.3; ugs.〉 **1** Tier **2** ulkiger, komischer Mensch (Ur~)

Vie|che|rei 〈f.10; ugs., bes. bayr.-österr.〉 **1** (ungekünstelt) großer Spaß, Ulk; der Faschingsball war eine V., er ist auf jeder V. bereit **2** große Anstrengung; die Heuernte bei dieser Hitze war eine V.

Vieh 〈n., -(e)s, nur Sg.〉 **1** Gesamtheit großer landwirtschaftlicher Nutztiere (Rinder, Pferde, Schweine, Ziegen und Schafe) **2** 〈meist abwertend〉 unanständiges, häßliches Tier; was ist denn das für ein V.? **3** 〈allg., ugs.〉 Tier; das arme V.

vie|hisch 〈Adj.〉 roh, brutal, unmenschlich

Vieh|salz 〈n., -(e)s, nur Sg.〉 mit Eisenoxid rot gefärbtes, für den Menschen ungenießbar gemachtes Steinsalz (als Futterzusatz, Streumittel)

Vieh|zeug 〈n., -s, nur Sg.; ugs.〉 (kleine) lästige Tiere

viel Ggs. *wenig* I 〈unbestimmtes Pron. und Num., *mehr*, am *meisten*〉 **1** 〈adjektivisch〉 **a** zahlreich, in großer Menge; v. Geld haben; ~e Dinge; ~e Kinder; ~e Leute in *großem* Ausmaß; v. Geduld mit jmdm. haben; er verträgt v. Alkohol; das hat noch v. Zeit **2** 〈substantivisch〉 *eine große Anzahl, eine große Menge (von Dingen)*; er hat v. zu arbeiten; es gibt viel(es), was man nicht versteht; das ist etwas v. auf einmal **b** *eine große Anzahl (von Personen, von Lebewesen)*; ~e sagen, es sei so; ich habe schon von ~en gehört, daß ...; von diesen Blumen gibt es hier v. **3** 〈als Adv.〉 **a** häufig; er geht v. ins Kino **b** 〈vor Komparativen〉 bedeutend, wesentlich; es geht ihm schon v. besser; hier ist es v. schöner

viel... 〈in Zus.〉 aus vielen ... bestehend, z.B. vielbändig, vielgestaltig, vielgliedrig, vielköpfig, vielstimmig, vielteilig

viel|deu|tig 〈Adj.〉 viele Bedeutungen habend, unklar **Viel|deu|tig|keit** 〈f., -, nur Sg.〉

Viel|eck 〈n.1〉 durch drei oder mehr gerade Seiten (Strecken) begrenzte Figur (z.B. Dreieck, Viereck); Syn. *Polygon*

viel|eckig 〈-k|k-; Adj., o.Steig.〉 (wie ein Vieleck) drei oder mehr Ecken besitzend; Syn. *polygonal*

Viel|ehe 〈f.11〉 → *Polygamie*

vie|ler|lei 〈auch [-lai] Adj., o.Steig., o.Dekl.〉 **1** viele verschiedene Dinge; wir haben über v. gesprochen; wir haben v. gesehen **2** viele verschiedene; v. Blumen, Farben

vie|ler|orts 〈Adv.〉 an vielen verschiedenen Orten; v. kam es zu Verkehrsstauungen

viel|fach 〈Adj., o.Steig.〉 **1** mehrmalig; ~er Weltmeister **2** 〈ugs.〉 häufig, oft; eine v. gehörte Ansicht **3** auf verschiedene Arten geschehend; ~e Versuche

Viel|falt 〈f., -, nur Sg.〉 große Menge und Unterschiedlichkeit; V. der Blumen, Farben; V. der Meinungen

viel|fäl|tig 〈Adj.〉 Vielfalt aufweisend, mannigfaltig **Viel|fäl|tig|keit** 〈f., -, nur Sg.〉

Viel|flach 〈n.1〉, **Viel|fläch|ner** 〈m.5〉 → *Polyeder*

Viel|fraß 〈m.1〉 **1** etwa 1 m langer nordischer Marder mit dunklem Fell und weißlicher Zeichnung über Stirn und Oberschenkeln **2** 〈ugs., scherzh.〉 jmd., der sehr viel ißt [< ahd. *vilifraz* ,,Gefräßiger" als Bez. für die Hyäne; frühnhd. *vielfratz*, den Marder bezeichnet, geht jedoch auf norweg. *fjeldfross* ,,Bergkater" zurück]

Viel|göt|te|rei 〈f., -, nur Sg.〉 → *Polytheismus*

Viel|heit 〈f., -, nur Sg.〉 Vielzahl, große Menge; die V. der Angebote verwirrt den Laien

viel|hun|dert|mal 〈auch [-hun-] Adv.〉 viele hundert Male

viel|leicht 〈Adv.〉 **1** möglicherweise; ich komme v. schon morgen; v. beherrschst du dich ein bißchen!; v. beherrsch dich gefälligst! **2** etwa, schätzungsweise; das kostet v. 100 Mark **3** 〈ugs.〉 wirklich, tatsächlich; das war v. spannend! [< mhd. *vil lihte* ,,sehr leicht"]

viel|lieb 〈Adj.; nur als Attr., †, noch scherzh.〉 sehr lieb; mein ~es Mädchen

viel|ma|lig 〈Adj., o.Steig.〉 viele Male geschehend

viel|mals 〈Adv.〉 **1** (in Dankes-, Entschuldigungs-, Grußformeln) sehr, in hohem Maße, besonders; ich danke Dir v.!; entschuldigen Sie v.!; sei v. gegrüßt! **2** 〈selten〉 viele Male; sie küßte ihn v.; man traf sich v. am selben Ort

Viel|män|ne|rei 〈f., -, nur Sg.〉 → *Polyandrie*

viel|mehr 〈oder [-meːr] Adv.〉 genauer gesagt, eher; v. glaube ich, daß ...

viel|sa|gend 〈Adj.〉 etwas versteckt, unausgesprochen deutlich machend; ~e Anspielung; ~er Blick

viel|schich|tig 〈Adj.〉 **1** aus vielen Schichten bestehend; v. ist durch die Erdoberfläche; ~e Wolkendecke; ~e Gesellschaft **2** 〈übertr.〉 **a** schwierig (zu durchdenken, einzuordnen); eine ~e Persönlichkeit; eine ~e Problematik **b** ungleichartig; ~e Zusammensetzung

Viel|schrei|ber 〈m.5; abwertend〉 jmd., der viel Geringwertiges schreibt und veröffentlicht

viel|sei|tig 〈Adj.〉 **1** sich auf vielen Gebieten auskennend, umfassend; ein ~er Mensch; ~es Wissen **2** 〈o.Steig.〉 von vielen Personen geäußert; auf ~en Wunsch **Viel|sei|tig|keit** 〈f., -, nur Sg.〉

Viel|staa|te|rei 〈f., -, nur Sg.〉 Aufspaltung in zahlreiche Kleinstaaten, Kleinstaaterei

viel|ver|spre|chend 〈Adj.〉 zu großen Hoffnungen Anlaß gebend; ein ~er Anfang

Viel|wei|be|rei 〈f., -, nur Sg.〉 → *Polygynie*

Viel|zahl 〈f., -, nur Sg.〉 große Anzahl; die V. der Angebote

Viel|zel|ler 〈m.5〉 → *Metazoon*

vier ⟨Num.; Schreibung in Buchstaben für⟩ *4;* vgl. *acht; etwas unter v. Augen besprechen etwas nur zu zweit, vertraulich besprechen; v. Augen sehen viele mehr als zwei* zu zweit findet man einen gesuchten Gegenstand leichter

Vier ⟨f.10⟩ **1** *die Ziffer 4* **2** ⟨als Schulnote⟩ *ausreichend;* vgl. *Drei*

Vier|bei|ner ⟨m.5; ugs.⟩ *vierbeiniges Tier (bes. Hund)*

Vier|eck ⟨n.1⟩ *Vieleck mit vier Ecken und Seiten;* Syn. ⟨†⟩ *Quadrangel, Tetragon*

vier|eckig ⟨-k|k-; Adj., o.Steig.⟩ *(wie ein Viereck) vier Ecken besitzend;* Syn. *tetragon*

Vie|rer ⟨m.5; süddt.⟩ **1** *die Ziffer 4;* vgl. *Achter* **2** ⟨als Schulnote⟩ *Vier;* vgl. *Dreier* **3** *Boot für vier Ruderer* **4** ⟨Lotto⟩ *Gesamtheit von vier Zahlen, die einen Gewinn erzielen*

Vier|far|ben|druck ⟨m.1⟩ **1** ⟨nur Sg.⟩ *Farbendruck, bei dem die vier Grundfarben Blau, Gelb, Rot und Schwarz übereinandergedruckt werden* **2** *so hergestellter Druck*

Vier|flach ⟨n.1⟩, **Vier|fläch|ner** ⟨m.5⟩ → *Tetraeder*

Vier|füßer ⟨m.5⟩ → *Quadrupede*

vier|hän|dig ⟨Adj., o.Steig.⟩ *mit vier Händen (zu spielen); v. Klavier spielen*

vier|kant ⟨Adj., o.Steig.; nur als Adv.; Seew.⟩ *rechtwinklig zur Senkrechten, waagerecht*

Vier|kant ⟨m.1⟩ *Werkzeug, Geräteteil mit vier Kanten*

Vier|paß ⟨m.2; Baukunst⟩ *aus vier Dreiviertelkreisen bestehendes Ornament*

Vier|pol ⟨m.1; Elektr.⟩ *einfachstes und wichtigstes Übertragungssystem mit je zwei Eingängen und Ausgängen*

vier|schrö|tig ⟨Adj.⟩ *breit, kräftig und derb; ein* ~*er Mann*

Vier|tak|ter ⟨m.5⟩, **Vier|takt|mo|tor** ⟨m.13⟩ *Verbrennungsmotor mit vier aufeinanderfolgenden Kolbenhüben (Takten)*

vier|tei|len ⟨V.1, hat geviertteilt; mit Akk.⟩ **1** ⟨selten⟩ *vierteln* **2** ⟨früher⟩ *von vier an die Arme und Beine gespannten Zugtieren zerreißen lassen*

Vier|tel ⟨n.5⟩ **1** *jeder von vier gleichen Teilen (eines Ganzen); ein V., drei V. des Grundstücks* **2** *Viertelliter, Viertelpfund; ein V. Kaffee; ein V. Rotwein* **3** *Viertelstunde; es ist jetzt (ein) V. vor zwei, nach zwei = es ist 13.45 bzw. 14.15 Uhr; akademisches V.* = *Viertelstunde, um die eine Vorlesung nach der angegebenen Zeit beginnt* **4** *Stadtteil (Geschäfts*~*, Wohn*~*); wir wohnen in einem ruhigen, vornehmen V.*

Vier|tel|bo|gen ⟨m.7⟩ *vierter Teil eines Druckbogens*

Vier|tel|jahr ⟨n.1⟩ *Zeitraum von drei Monaten*

Vier|tel|jahr|hun|dert ⟨n.1⟩ *Zeitraum von 25 Jahren*

vier|tel|jähr|lich ⟨Adj., o.Steig.⟩ *jedes Vierteljahr, alle drei Monate; die Zeitschrift erscheint v.*

vier|teln ⟨V.1, hat geviertelt; mit Akk.⟩ *in vier Teile teilen*

Vier|tel|stun|de ⟨f.11⟩ *Zeitraum von 15 Minuten*

vier|tel|stün|dig ⟨Adj., o.Steig.⟩ *eine Viertelstunde dauernd; eine* ~ *Pause*

vier|tel|stünd|lich ⟨Adj., o.Steig.⟩ *jede Viertelstunde; den Umschlag v. wechseln*

Vier|tel|ton ⟨m.13; Mus.⟩ *kleinster Teil einer in 24 Stufen geteilten Tonleiter*

Vier|tel|ton|mu|sik ⟨f., -, nur Sg.⟩ *Musik auf der Grundlage einer in 24 Stufen (Vierteltöne) geteilten Tonleiter*

Vier|und|sech|zig|stel ⟨n.5⟩, **Vier|und|sech|zig|stel|note** ⟨f.11⟩ *Note im Taktwert des 64. Teiles einer ganzen Note*

Vier|und|sech|zig|stel|pau|se ⟨f.11⟩ *Pause im Taktwert des 64. Teiles einer ganzen Pause*

Vie|rung ⟨f.10⟩ *Raumteil der Kirche, der durch die Kreuzung von Längs- und Querschiff gebildet wird*

Vie|rungs|kup|pel ⟨f.11⟩ *Kuppel über der Vierung*

Vie|rungs|pfei|ler ⟨m.5⟩ *jeder der Pfeiler der Vierung*

vier|vier|tel|takt ⟨m.1⟩ *aus vier Viertelnoten gebildeter Takt*

vier|zehn ⟨Num.; Schreibung in Buchstaben für⟩ *14;* vgl. *acht|zehn*

Vier|zei|ler ⟨m.5⟩ *Gedicht aus vier Zeilen*

vier|zig ⟨Num.; Schreibung in Buchstaben für⟩ *40;* vgl. *acht|zig*

Vier|zig|stun|den|wo|che ⟨f.11⟩ *Woche mit 40 Arbeitsstunden*

vif ⟨Adj.⟩ *lebendig, beweglich, munter, regsam* [< frz. *vif,* Fem. *vive,* ,,lebendig, lebhaft, munter", < lat. *vivus,* ,,lebendig, frisch und kräftig", zu *vivere* ,,leben"]

Vigil ⟨f., -, -i|li|en⟩ *Abend vor einem hohen kath. Fest;* auch: *Vigilie* [< lat. *vigilia* ,,das Wachen", → *vigilant*]

vi|gi|lant ⟨Adj., -er, am -esten⟩ *aufmerksam, pfiffig, schlau* [< lat. *vigilans,* Gen. *-antis,* ,,wachsam, unermüdlich tätig", zu *vigilare* ,,wachen", zu *vigil* ,,wach, munter", zu *vigere* ,,kräftig, rüstig, frisch sein"]

Vi|gi|lie ⟨[-ljə] f.11⟩ → *Vigil*

Vi|gnette ⟨[vɪnjɛtə] f.11⟩ *Zierbildchen oder kleine Zierform (am Schluß von Kapiteln, auf dem Titelblatt u.ä.)* [frz., ,,Verzierungsbildchen" (oft in Form einer oder zweier Weinranken oder Weinblätter), zu *vigne* ,,Weinrebe", < lat. *vinea* ,,Weinstock"]

Vi|go|gne ⟨[-gɔnjə] f.11⟩, **Vi|go|gne|wol|le** ⟨[-gɔnjə-] f.11⟩ *Garn aus Baumwolle und Wolle* [< frz. *vigogne* ,,Vikunja" (und *Wolle*)]

Vi|gor ⟨m., -s, nur Sg.; †⟩ *Lebenskraft, Rüstigkeit* [lat.]

vi|go|ro|so ⟨Mus.⟩ *kräftig, energisch* [ital., zu *vigore* ,,Kraft, Lebenskraft", < lat. *vigor* ,,Lebenskraft, Rüstigkeit"]

Vi|kar ⟨m.1⟩ **1** ⟨kath. Kirche⟩ *Stellvertreter eines Geistlichen* **2** ⟨schweiz.⟩ *Stellvertreter eines Lehrers* **3** ⟨evang. Kirche⟩ *Theologe nach der ersten Prüfung* [< lat. *vicarius* ,,Stellvertreter", zu *vices* ,,Wechsel, Abwechslung"]

Vi|ka|ri|at ⟨n.1⟩ *Amt eines Vikars*

Vi|ka|rin ⟨f.10⟩ **1** *weiblicher Vikar* **(2)** **2** ⟨evang. Kirche⟩ *Theologin nach der ersten Prüfung*

Vik|ti|mo|lo|gie ⟨f., -, nur Sg.⟩ *Teil der Kriminologie, der sich mit den Beziehungen zwischen Verbrecher und Opfer befaßt* [< lat. *victima* ,,Opfer, Opfertier" und *...logie*]

Vik|to|ria ⟨o.Art.⟩ *Sieg;* (nur in den Wendungen) *V. rufen, schießen* [< lat. *victoria* ,,Sieg"]

Vik|tu|a|li|en ⟨Pl.⟩ *Lebensmittel* [< lat. *victualia* (Pl.) ,,Lebensmittel", zu *victus* ,,Leben, Lebensweise", zu *vivere* ,,leben"]

Vik|tu|a|li|en|brü|der ⟨Pl.⟩ → *Vitalienbrüder*

Vi|kun|ja ⟨n.9⟩ *Lama der Hochsteppen der Anden, Wildform des Alpakas* [Ketschua]

Vil|la ⟨f., -, -*len*⟩ *Landhaus, größeres Einzelwohnhaus* [lat., < *villa* ,,Landhaus mit Landgut, Meierhof, entweder (da es auf dem Land auch die Form *vella* gab) < *vehela* ,,Fahrzeug, Wagen", zu *vehere* ,,fahren", oder zu *vicus* ,,Dorf, Gehöft, Bauernhof"]

Villa|nell ⟨n.1⟩, **Villa|nel|la**, **Villa|nel|le** ⟨f., -, -*len*; 16./17. Jh.⟩ *italienisches Bauern-, Hirten-, Tanzliedchen* [Verkleinerungsform von ital. *villana* ,,Bäuerin", zu *villano* ,,Bauer", < lat. *villanus* ,,Bauer", zu lat. *villa* ,,Landhaus"]

Vi|nai|grette ⟨[vinɛgrɛtə] f.11⟩ *mit Essig und Kräutern gewürzte, pikante Soße* [frz., zu < *vinaige* ,,Weinessig" (< *vin* ,,Wein" und *aigre* ,,sauer, herb; Säure") mit Verkleinerungssilbe *...ette*]

Vin|di|ka|ti|on ⟨f.10⟩ *Anspruch des Eigentümers auf Herausgabe seiner Sache gegenüber dem Besitzer* [< lat. *vindicatio,* Gen. *-onis,* ,,Anspruchsrecht, Eigentumsklage", zu *vindicare* ,,gerichtlich in Anspruch nehmen", wahrscheinlich < *vim dicare* ,,Gewalt androhen"]

vin|di|zie|ren ⟨V.3, hat vindiziert; o.Obj.⟩ *eine Vindikation geltend machen*

Vingt-et-un [vɛ̃tɛœ̃], **Vingt-un** [vɛ̃tœ̃] ⟨n., -, nur Sg.⟩ *ein Kartenglücksspiel* [frz., ,,einundzwanzig"]

Vi|nyl... ⟨in Zus.⟩ *eine einwertige, ungesättigte Molekülgruppe mit zwei Kohlenstoffatomen, z.B. Vinylacetat, Vinylchlorid* [< lat. *vinum* ,,Wein" und griech. *hyle* ,,Holz"]

Vio|la ⟨f., -, *-len*⟩ *Bratsche;* V. d'amore *Geige mit 6 bis 7 Darmsaiten und einer ebenso vielen mitklingenden Metallsaite;* V. da braccio [-bratʃo] *Armgeige, Bratsche;* V. da gamba *Kniegeige, Gambe* [< ital. *viola* in ders. Bed., urspr. Sammelbegriff für mehrere Streichinstrumente, < altprov. *viola, viula,* zu *viular* ,,ein Zupf- oder Blasinstrument spielen"]

Vio|le ⟨f.11; Jägerspr.⟩ *Talgdrüse auf der Oberseite der Schwanzwurzel beim Fuchs, die veilchenartigen Duft zur Reviermarkierung erzeugt* [< lat. *viola* ,,Veilchen, Levkoje u.a."]

vio|lent ⟨Adj., -er, am -esten; †⟩ *gewaltsam* [< lat. *violens,* Gen. *-entis,* ,,gewaltsam, ungestüm", zu *vis* ,,Kraft, Gewalt"]

vio|lett ⟨Adj., o.Steig.⟩ *veilchenfarbig, blaurot* [< frz. *violette* ,,Veilchen", < lat. *viola* ,,Veilchen, Levkoje; Veilchenfarbe"]

Vio|lett ⟨n., -(s), nur Sg.⟩ *blaurote Farbe*

Vio|lett|holz ⟨n., -es, nur Sg.⟩ *purpurrotes südamerikanisches Edelholz (für Einlegearbeiten);* Syn. *Amarant*

Vio|li|ne ⟨f.11⟩ → *Geige* [< ital. *violino* ,,Geige", Verkleinerungsform von *Viola*]

Vio|li|nist ⟨m.10⟩ → *Geiger*

Vio|lin|kon|zert ⟨n.1⟩ *Konzert für Violine und Orchester*

Vio|lin|schlüs|sel ⟨m.5⟩ *Notenschlüssel auf der zweiten Linie;* Syn. *G-Schlüssel*

Vio|lon|cel|list ⟨[-tʃɛl-] m.10⟩ *Musiker, der Violoncello spielt*

Vio|lon|cel|lo ⟨[-tʃɛl-] n., -s, -li⟩ *Streichinstrument in Form einer großen Violine, das beim Spielen zwischen den Knien gehalten wird und auf einem Dorn ruht;* auch: ⟨kurz⟩ *Cello* [ital., Verkleinerungsform von *Violone*]

Vio|lo|ne ⟨m., -s, -ni⟩ → *Kontrabaß* [ital., Vergrößerungsform von *Viola*]

VIP ⟨[vi:aipi] f.9; Abk. für⟩ *very important person: sehr wichtige Person, prominente Persönlichkeit* [engl.]

Vi|per ⟨[vi-] f.11⟩ *Otter warmer Gebiete, Giftschlange* (Aspis~, Sand~) [< lat. *vipera* ,,Schlange"; die Deutung < lat. *vivipara* ,,lebende Junge gebärend" (da man früher glaubte, die Viper lege keine Eier) ist ebenso nur Vermutung wie die Ableitung < idg. **ueip-* ,,sich winden, drehen"]

Vi|ra|gi|ni|tät ⟨f., -, nur Sg.⟩ *männliches Geschlechtsempfinden (bei Frauen)* [< lat. *virago* ,,mannhafte Jungfrau, Heldin", zu *virgo* ,,Jungfrau, Mädchen"]

Vire|ment ⟨[virmã] n.9; im Staatshaushalt⟩ *Übertragung von Mitteln eines Titels auf einen anderen oder auf ein anderes Jahr* [frz., zu *virer* ,,auf ein anderes Konto übertragen", eigtl. ,,drehen, wenden"]

Vir|gi|nia ⟨[-dʒinja] f.9⟩ *lange, dünne Zigarre mit Strohmundstück* [nach dem amerik. Bundesstaat *Virginia*]

Vir|gi|ni|tät ⟨f., -, nur Sg.⟩ *Jungfräulichkeit, Unberührtheit* [< lat. *virginitas,* Gen. *-atis,* ,,Jungfernschaft", zu *virgo,* Gen. *-inis,* ,,Jungfrau"]

vi|ril ⟨Adj.⟩ *männlich, mit charakteristischen männlichen Merkmalen* [< lat. *virilis,* ,,männlich", zu *vir* ,,Mann"]

Vi|ri|li|tät ⟨f., -, nur Sg.⟩ *Männlichkeit, Manneskraft*

Vi|ril|stim|me ⟨f.11; im Reichstag bis 1806⟩ *fürstliche Einzelstimme;* Ggs. *Kuriatstimme*

Vi|ro|lo|gie ⟨f., -, nur Sg.⟩ *Wissenschaft von den Viren* [< *Virus* und ...*logie*]

vi|rös ⟨Adj., o.Steig.⟩ *von Viren befallen*

Vi|ro|se ⟨f.11⟩ *Viruskrankheit* [< *Virus* und ...*ose*]

Vir|tua|li|tät ⟨f.10⟩ *(innewohnende) Kraft, Möglichkeit* [< frz. *virtualité* in ders. Bed., → *virtuell*]

vir|tu|ell ⟨Adj., o.Steig.⟩ *der Möglichkeit nach vorhanden, nur gedacht, scheinbar;* ~es *Bild* ⟨Optik⟩ *scheinbares Bild* [< frz. *virtuel* „fähig zu wirken, möglich", als medizin. Terminus „aus unbekannter Ursache wirkend", zu lat. *virtus* „Tüchtigkeit, Kraft", zu *vir* „Mann"]

vir|tu|os ⟨Adj., -er, am -esten⟩ *wie ein Virtuose, meisterhaft, (technisch) vollkommen*

Vir|tu|o|se ⟨m.11⟩ *Künstler (bes. Musiker), der die Technik seiner Kunst glänzend beherrscht* [< ital. *virtuoso* in ders. Bed., eigtl. „tüchtiger Mensch", < mlat. *virtuosus* „tüchtig, kraftvoll", zu lat. *virtus* „Tugend; Tüchtigkeit, Mannhaftigkeit", zu *vir* „Mann"]

Vir|tu|o|sen|tum ⟨n., -s, nur Sg.⟩ *Art, Wesen eines Virtuosen*

Vir|tu|o|si|tät ⟨f., -, nur Sg.⟩ *Meisterschaft, meisterhaftes Können (eines Virtuosen)*

vi|ru|lent ⟨Adj., o.Steig.⟩ *ansteckend, krankheitserregend* [< lat. *virulentus* „voll Gift, giftig", zu *virus* „Gift"]

Vi|ru|lenz ⟨f., -, nur Sg.⟩ *virulente Beschaffenheit*

Vi|rus ⟨n. oder ugs. m., -, -ren⟩ *kleinster, einem Lebewesen ähnlicher Organismus, Krankheitserreger* [über Sanskrit *viṣa-* und griech. *(v)ios* „Gift", < lat. *virus* „Schleim, Saft", (bes.) „Gift"]

Vi|sa ⟨Pl. von⟩ *Visum*

Vi|sa|ge [-ʒə] f.11; ugs., abwertend⟩ *Gesicht* [< frz. *visage* „Gesicht", das für das untergegangene *vis* „Gesicht" eintrat, eigtl. „Anblick", zu lat. *visus* „das Sehen, Anblick", übertr. „Gesicht", zu *videre* „sehen"]

vis-à-vis [vizavi] Adv.⟩ *gegenüber* [frz., zu *vis* (†) „Gesicht", also „Gesicht an (oder zu) Gesicht", → *Visage*]

Vi|sa|vis [vizavi] n., - [-vis], - [-vis]⟩ *das Gegenüber* [< *vis-à-vis*]

Vis|con|te ⟨m., -, -ti⟩ ⟨nur Sg.⟩ *italienischer Titel für Adligen zwischen Graf und Baron* 2 *jmd., der diesen Titel trägt* [ital., → *Vicomte*]

Vis|con|tes|sa ⟨f., -, -sen oder -se⟩ *weiblicher Visconte*

Vis|count ⟨[vaikaunt] m.9⟩ 1 ⟨nur Sg.⟩ *englischer Titel für Adligen zwischen Graf und Baron* 2 *jmd., der diesen Titel trägt* [engl., → *Vicomte*]

Vis|coun|tess ⟨[vaikauntis] f., -, -tes|ses [-tisiz]⟩ *weiblicher Viscount*

Vi|sier ⟨n.1⟩ 1 *beweglicher, das Gesicht schützender Teil des Helms* 2 ⟨in Feuerwaffen⟩ *Zielvorrichtung* [< frz. *visière* in ders. Bed., zu *vis* (†) „Gesicht"]

vi|sie|ren ⟨V.3, hat visiert⟩ I ⟨o.Obj.⟩ *(nach etwas, auf etwas) zielen; genau, sorgfältig v.* II ⟨mit Akk.⟩ 1 *ins Auge fassen; jmdn., ein Ziel v.* 2 *eichen, ausmessen* 3 ⟨selten⟩ *mit einem Visum versehen; einen Paß v.* 4 ⟨†⟩ *beglaubigen* [< frz. *viser* „zielen"]

Vi|sier|li|nie ⟨[-njə] f.11⟩ *gedachte Linie zwischen Kimme und Korn*

Vi|sie|rung ⟨f.10; MA und Renaissance⟩ *Entwurf, Werkzeichnung* [zu *visieren*]

Vi|si|on ⟨f.10⟩ *Traumgesicht, Trugbild, Erscheinung vor dem geistigen Auge* [< lat. *visio,* Gen. *-onis,* „Anblick, Erscheinung", geistige Vorstellung", zu *videre* „sehen"]

vi|si|o|när ⟨Adj., o.Steig.⟩ *in der Art einer Vision, traumhaft, seherisch*

Vi|si|ta|ti|on ⟨f.10⟩ 1 *prüfende Besichtigung,* eine V. *durch den Vorgesetzten* 2 *Durch-, Untersuchung (der Kleidung, des Gepäcks) (Leibes~)* [zu *visitieren*]

Vi|si|ta|tor ⟨m.13; †⟩ *jmd., der etwas visitiert*

Vi|si|te ⟨f.11⟩ *Besuch (bes. zur Untersuchung von Kranken)* [zu *visitieren*]

Vi|si|ten|kar|te ⟨f.11⟩ *kleine Karte mit Aufdruck des Namens oder der Firma (meist mit Adresse);* auch: ⟨österr.⟩ *Visitkarte;* Syn. *Besuchskarte*

vi|si|tie|ren ⟨V.3, hat visitiert; mit Akk.⟩ 1 *(zwecks Prüfung) besuchen;* eine Schule v. 2 *durchsuchen;* jmds. Zimmer, Gepäck v. [< frz. *visiter* „besuchen, besichtigen, durchsuchen", < lat. *visitare* „besuchen, besichtigen", zu *videre* „sehen"]

Vi|sit|kar|te ⟨f.11; österr.⟩ → *Visitenkarte*

vis|kos ⟨Adj., o.Steig.⟩ *zähflüssig, leimartig* [< lat. *viscosus* „klebrig, zäh", eigtl. „voller Vogelleim", zu *viscum* „Mistel; aus der Mistel bereiteter Vogelleim"]

Vis|ko|se ⟨f., -, nur Sg.⟩ *eine Zelluloseverbindung, Ausgangsstoff für Kunstfasern* [zu *viskos*]

Vis|ko|si|me|ter ⟨n.5⟩ *Gerät zum Messen der Zähflüssigkeit von Flüssigkeiten* [< *viskos* und ...*meter*]

Vis|ko|si|tät ⟨f., -, nur Sg.⟩ *Zähflüssigkeit*

Vis ma|jor ⟨f., -, -, nur Sg.; Rechtsw.⟩ *höhere Gewalt* [lat.]

Vi|sta ⟨f., -, nur Sg.⟩ *Sicht, Vorzeigen (eines Wechsels)* [< ital. *vista* „das Sehen, Sicht", < der Fügung *a vista* „auf Sicht", zu ital., lat. *videre* „sehen"]

Vi|sta|wech|sel ⟨m.5⟩ *Sichtwechsel, Wechsel, der bei Vorlage oder nach einer bestimmten Zeit danach fällig wird*

vi|su|a|li|sie|ren ⟨V.3, hat visualisiert; mit Akk.⟩ 1 *in Bildform, in Anschauung umsetzen;* einen Begriff v. 2 ⟨Werbung⟩ *optisch anziehend, auffallend gestalten*

Vi|su|a|li|zer ⟨[vi:ʒuəlaizər] m.5⟩ *graphischer Gestalter von Werbeideen* [engl., „Visualisierer, Sichtbarmacher", zu *to visualize* „veranschaulichen"]

vi|su|ell ⟨Adj., o.Steig.⟩ *zum Sehen gehörend, durch Sehen hervorgerufen;* ~er Typ *jmd., der sich Gesehenes besser merken kann als Gehörtes* [< frz. *visuel* „Gesichts...", < lat. *visualis* „zum Sehen gehörig", zu *visus* „das Sehen, Anblick", zu *videre* „sehen"]

Vi|sum ⟨n., -s, -sa oder -sen⟩ *Erlaubnis, Sichtvermerk zum Aufenthalt in einem Staat* [< lat. *visum* „das Gesehene, Bild", zu *videre* „sehen"]

vis|ze|ral ⟨Adj., o.Steig.⟩ *zu den Eingeweiden gehörig, von ihnen ausgehend* [zu lat. *viscera,* Pl. von *viscus,* „Eingeweide", wahrscheinlich zu *viere* „flechten, winden"]

Vi|ta ⟨f., -, -tae [-tɛ:] oder -ten⟩ *Lebensbeschreibung;* die V. *der heiligen Elisabeth von Thüringen* [lat., „Leben"]

vi|tal ⟨Adj.⟩ 1 ⟨o.Steig.⟩ *zum Leben gehörig, lebensnotwendig;* die ~e *Tätigkeit der Lungen* 2 *voller Lebenskraft;* ein ~er *Mensch* 3 *sehr wichtig;* die ~en *Interessen der Volkswirtschaft* [< lat. *vitalis* „zum Leben gehörig", zu *vita* „Leben"]

Vi|tal|fär|bung ⟨f.10⟩ *Färben lebender Gewebe*

Vi|tal|li|en|brü|der ⟨Pl.; 14./15. Jh.⟩ *Seeräuber in der Ostsee;* Syn. *Viktualienbrüder* [< lat. *vitalis* „zum Leben gehörig" und *victualia* „Lebensmittel" (→ *Viktualien*), weil sie 1391 Stockholm während der Belagerung durch Dänemark mit Lebensmitteln versorgten]

Vi|ta|lis|mus ⟨m., -, nur Sg.⟩ *philosophische Lehre, daß dem organischen Leben eine über die chemisch-physikalischen Vorgänge hinausgehende Lebenskraft innewohne* [zu *vital*]

vi|ta|lis|tisch ⟨Adj., o.Steig.⟩ *zum Vitalismus gehörig, auf ihm beruhend*

Vi|ta|li|tät ⟨f., -, nur Sg.⟩ *das Vitalsein, Lebensfähigkeit, Lebenskraft, Lebendigkeit* [< lat. *vitalitas,* Gen. *-atis,* „Lebenskraft", zu *vitalis* „zum Leben gehörig", zu *vita* „Leben"]

Vit|amin ⟨n.1⟩ *lebenswichtige, in Spuren wirksame organische Verbindung;* V. A, B, C [< lat. *vita* „Leben" und *Amin*]

vit|ami|nie|ren, vit|ami|ni|sie|ren ⟨V.3, hat vitaminiert, vitaminisiert; mit Akk.⟩ *mit Vitaminen anreichern;* Margarine v.

Vit|amin|stoß ⟨m.2⟩ *Einnahme großer Mengen von Vitaminen auf einmal*

vi|ti|ös [-tsjøs] Adj., -er, am -esten⟩ *fehlerhaft, lasterhaft, bösartig* [< lat. *vitiosus* „fehlerhaft, lasterhaft", zu *vitium* „Fehler, Schaden; Schuld, Vergehen, Laster"]

Vi|ti|um [vitsjum] n., -, -tia [-tsja]; Med.⟩ *organischer Schaden, Fehler, Übel* [lat.]

Vi|tra|ge ⟨[-ʒə] f.11; †⟩ *(meist weißer) undurchsichtiger Fenstervorhang* [frz., „Verglasung"; *kleine Scheibengardine*", zu *vitrer* „(Fenster) einglasen"]

Vi|tri|ne ⟨f.11⟩ 1 *Glasschrank* 2 *Schauschrank, Schaukasten* [frz., „Schaufenster, Glasschrank, Schaukasten", zu *vitre* „Glas, Glasscheibe", < lat. *vitrum* „Glas"]

Vi|tri|ol ⟨n.1⟩ *wasserhaltiges Sulfat zweiwertiger Metalle (Eisen~, Kupfer~)* [< frz. *vitriol* < lat. *vitreus* „gläsern", zu *vitrum* „Glas", wegen der Ähnlichkeit mit farbigem Glas]

vi|va|ce [-tʃə] Mus.⟩ *lebhaft, munter* [ital., < lat. *vivax,* Gen. *-acis,* „lebhaft, munter", zu *vivere* „leben"]

vi|va|cis|si|mo ⟨[-tʃis-] Mus.⟩ *äußerst lebhaft* [Superlativ zu *vivace*]

Vi|vant! *Sie sollen leben!;* V. sequentes! *Die Folgenden (die nach uns Kommenden) sollen leben!* [lat., zu *vivere* „leben"]

Vi|va|ri|um ⟨[-ri] n., -s, -ri|en⟩ *kleine Anlage zum Halten von Land- und Wassertieren* [lat., „Behälter, Gehege zum Halten lebender Tiere", < *vivus* „lebendig" (zu *vivere* „leben") und ...*arium,* Suffix zur Bez. eines Behälters oder Raumes für etwas]

Vi|vat ⟨n.9⟩ *Hoch-, Heilruf*

Vi|vat! *Er lebe, es lebe!;* V., crescat, floreat! *Er (sie, es) lebe, wachse, gedeihe!* [lat., zu *vivere* „leben"]

Vi|vi|a|nit ⟨n.1⟩ *an der Luft schnell blau werdendes Mineral, wasserhaltiges Eisenphosphat* [1817 nach dem engl. Mineralogen J.G. *Vivian* benannt]

vi|vi|par ⟨Adj., o.Steig.⟩ → *lebendgebärend;* Ggs. *ovipar* [< lat. *vivipara* (Fem.) in ders. Bed., < *vivum,* Gen. *vivi,* „Lebendiges (zu *vivere* „leben") und *parere* „gebären"]

Vi|vi|sek|ti|on ⟨f.10⟩ *operativer Eingriff am lebenden Tier (zur Forschungszwecken)* [< lat. *vivum,* Gen. *vivi,* „Lebendiges" (zu *vivere* „leben") und *Sektion*]

vi|vi|se|zie|ren ⟨V.3, hat viviseziert; mit Akk.⟩ *ein Tier v. eine Vivisektion an einem Tier durchführen*

vi|vo ⟨Mus.⟩ *lebhaft, lebendig* [ital.]

Vi|ze ⟨[fi-] auch (österr.) [vi-] in Zus.⟩ *stellvertretende(r) ...,* z.B. *Vizekanzler, Vizepräsident* [< lat. *vice* „durch Wechsel", Ablativ zu *vicis* „Wechsel, Abwechslung"]

vi|zi|nal ⟨Adj., o.Steig.⟩ †⟩ 1 *in der Nachbarschaft gelegen* 2 *von der Gemeinde gebaut, betreut* [< lat. *vicinalis* „nachbarlich", zu *vicus* „Dorf, Hof"]

Viz|tum ⟨[fits-] m.1; MA⟩ *Regierungsbeamter, Vertreter des Landesherrn (in einem Bezirk), Vermögensverwalter* [< lat. *vicedominus* „Statthalter, Vertreter eines Fürsten"; < *vice* „durch Wechsel", Ablativ zu *vicis* „Wechsel", und *dominus* „Herr"]

v.J. ⟨Abk. für⟩ *vorigen Jahres*

Vlies ⟨[flis] n.1⟩ 1 *zusammenhängende Rohwolle vom Schaf, Schaffell;* Goldenes V. ⟨griech. Myth.⟩ *das Fell eines goldenen Widders* 2 ⟨Spinnerei⟩ *breite, geordnete Faserschicht* [< ndrl. *vlies,* „Schaffell", mnddt. *vlūs,* *vlüsch* ,,Wollflocke, Schaffell", vielleicht < germ. *plus*- ,,rupfen, zupfen"]

Vlie|se|li|ne ⟨f., -, nur Sg.; Wz.⟩ *Stoff aus Fasern, Kunstharz und Kautschuk zum Versteifen (z.B. von Kragen)* [zu *Vlies*]

v.M. ⟨Abk. für⟩ *vorigen Monats*

V-Mann ⟨m.4, Pl. auch -Leu|te; Kurzw. für⟩ *Verbindungs-, Vertrauensmann; ein V-M. der Polizei, des Geheimdienstes*

VN ⟨Abk. für⟩ *Vereinte Nationen;* vgl. *UN, UNO*

vo|ce ⟨[votʃə] Mus.⟩ *Stimme; mezza v. mit halber Stimme; sotto v. mit leiser Stimme* [ital.]

Vo|gel ⟨m.6⟩ **1** *zweibeiniges Wirbeltier mit Schnabel, zwei Flügeln und Federn (Greif~, Lauf~, Schwimm~);* den V. *abschießen* (übertr.) *den Sieg davontragen, der Beste (bei einem Wettbewerb) sein;* einen V. *haben* (ugs.) *nicht ganz zurechnungsfähig sein;* jmdm. den V. *zeigen sich an die Stirn tippen und jmdm. dadurch zeigen, daß man ihn für nicht zurechnungsfähig hält* **2** ⟨scherzh.⟩ *Mensch, Kerl; lockerer, lustiger V.* **3** ⟨ugs.⟩ *Flugzeug*

Vo|gel|bau|er ⟨n.5⟩ *Vogelkäfig*

Vo|gel|beer|baum ⟨m.2⟩ → *Eberesche*

Vo|gel|bee|re ⟨f.11⟩ *rote, kugelige Frucht der Eberesche (die gern von Vögeln gefressen wird)*

vo|gel|frei ⟨Adj., o.Steig.; im alten dt. Recht⟩ *ohne Rechtsschutz, geächtet*

Vo|gel|häus|chen ⟨n.7⟩ → *Futterhäuschen*

Vo|gel|herd ⟨m.1; früher⟩ *Platz zum Fang von Singvögeln*

Vo|gel|kir|sche ⟨f.11⟩ **1** *wilder Kirschbaum* **2** *dessen kleine schwarze Frucht*

Vo|gel|kun|de ⟨f., -, nur Sg.⟩ → *Ornithologie*

Vo|gel|mie|re ⟨f., -, nur Sg.⟩ *weiß blühendes, niederliegendes Nelkengewächs* [ihre Blätter werden als Zusatzfutter für Käfigvögel gesammelt]

vö|geln ⟨V.1, hat gevögelt; vulg.⟩ **I** ⟨o.Obj.⟩ *den Beischlaf ausüben, Geschlechtsverkehr haben* **II** ⟨mit Akk.⟩ *eine Frau v. mit einer Frau Geschlechtsverkehr haben* [< mhd. *vogelen* ,,begatten" (von Vögeln, bes. von Hahn und Erpel)]

Vo|gel|per|spek|ti|ve ⟨f., -, nur Sg.⟩ *Sicht von weit oben; etwas aus der V. sehen, zeichnen*

Vo|gel|scheu|che ⟨f.11⟩ *mit alten Kleidern behängtes Gestell, das eine Person darstellen und dadurch Vögel von Feld- und Gartenfrüchten fernhalten soll;* Syn. ⟨bayr.-österr.⟩ *Mandl*

Vo|gel-Strauß-Po|li|tik ⟨f., -, nur Sg.⟩ *(das mehr oder minder bewußte) Nichtbeachten einer Gefahr oder unangenehmer Tatsachen* [nach dem *Vogel Strauß*, der angeblich bei Gefahr den Kopf in den Sand steckt, um nichts zu sehen]

Vo|gel|war|te ⟨f.11⟩ *Gebäude, Einrichtung zur Beobachtung und Erforschung von Vögeln, zum Beringen u.a.*

Vo|gel|zug ⟨m., -(e)s, nur Sg.⟩ *jahreszeitlich bedingter Ortswechsel von Vögeln (kalter Gebiete)*

Vo|gerl|sa|lat ⟨m., -(e)s, nur Sg.; österr.⟩ → *Feldsalat*

Vog|ler ⟨m.5; †⟩ *Vogelfänger*

Vogt ⟨m.2⟩ **1** ⟨früher⟩ *Verwalter, Richter, Schirmherr* **2** ⟨schweiz.⟩ *Vormund* [< lat. *advocatus* ,,Advokat"]

Vog|tei ⟨f.10⟩ *Amtsbereich und Amtssitz eines Vogtes (1)*

voi|la! ⟨[voala] frz.⟩ *sieh her!, sieh da!, hier ist ...!* [frz. *la* zu *voir* ,,sehen" und *là* ,,(dort)hin"]

Voi|le ⟨[voal] m.9⟩ *schleierartiges Gewebe* [frz. ,,Schleier"]

Vo|ka|bel ⟨f.11⟩ *einzelnes Wort (bes. aus einer fremden Sprache)* [< lat. *vocabulum* ,,Benennung, Bezeichnung", zu *vocare* ,,rufen, anreden", zu *vox*, Gen. *vocis* ,,Stimme"]

Vo|ka|bu|lar ⟨n.1⟩ **1** *Wörterverzeichnis* **2** *Gesamtheit der Wörter, Wortschatz (einer Sprache, eines Menschen)* [< lat. *vocabularium* in ders. Bed., zu *vocabulum* ,,Benennung, Bezeichnung" und Suffix *...arium* zur Bez. eines Behälters]

vo|kal ⟨Adj., o.Steig.⟩ *für Singstimmen, zur Singstimme gehörig;* [→ *Vokal*]

Vo|kal ⟨m.1⟩ *Laut, bei dem der Luftstrom (mehr oder weniger) ungehindert aus der Mundhöhle austritt und dessen Klangfarbe durch die Lage der Zunge oder die Stellung der Lippen bestimmt wird (z.B. a, e, i, o, u);* Syn. *Selbstlaut* [< lat. *vocalis* ,,klangvoll, tönend; selbstlautender Buchstabe", zu *vox*, Gen. *vocis* ,,Stimme"]

Vo|kal|har|mo|nie ⟨f., -, nur Sg.⟩ *(in manchen Sprachen auftretender) Effekt, daß die Aussprache eines Vokals durch einen anderen Vokal beeinflußt wird*

Vo|ka|li|sa|ti|on ⟨f.10⟩ **1** *Aussprache der Vokale (beim Singen)* **2** *Bezeichnung der fehlenden Vokale eines ohne Vokale geschriebenen Textes (z.B. im Hebräischen) durch Punkte oder Striche unter den zugehörigen Konsonanten*

vo|ka|lisch ⟨Adj., o.Steig.⟩ *in der Art eines Vokals, mit einem Vokal; ~e Endung*

Vo|ka|li|se ⟨f.11⟩ *Gesangsübung nur mit Vokalen und Silben* [< frz. *vocalise* ,,Stimmübung", zu *vocaliser* ,,Stimmübungen machen"]

vo|ka|li|sie|ren ⟨V.3, hat vokalisiert⟩ **I** ⟨o.Obj.; beim Singen⟩ *die Vokale bilden, aussprechen* **II** ⟨mit Akk.⟩ **1** *mit Vokalzeichen versehen; einen Text (dessen Schrift keine Vokale bezeichnet) v.* **2** *als Vokal aussprechen; einen Konsonanten v., z.B. das l in* ,,Alte" *in bayrisch* ,,Oide"

Vo|ka|lis|mus ⟨m., -, nur Sg.⟩ **1** *Bestand an Vokalen (einer Sprache oder Sprachstufe)* **2** *historische Entwicklung der Vokale*

Vo|kal|mu|sik ⟨f., -, nur Sg.⟩ *Musik für Singstimmen;* Ggs. *Instrumentalmusik*

Vo|kal|quar|tett ⟨n.1⟩ *Quartett für Singstimmen, Gesangsquartett*

Vo|ka|ti|on ⟨f.10⟩ *Berufung (in ein Amt)* [< lat. *vocatio*, Gen. *-onis* ,,Berufung", zu *vocare* ,,rufen"]

Vo|ka|tiv ⟨m.1; Gramm.⟩ *Kasus zur Bezeichnung der Anrede, z.B. (o) Herre (Gott),* ⟨im Lateinischen⟩ *Christe oder Christus;* Syn. *Anredefall, Ruffall* [< lat. *casus vocativus* ,,zum Rufen, Anreden dienender Fall", zu *vocare* ,,rufen, anreden", zu *vox*, Gen. *vocis* ,,Stimme"]

vol. ⟨Abk. für⟩ *Volumen* (2)

Vol.-% ⟨Abk. für⟩ *Volumenprozent*

Vo|land ⟨[fo-] m., -s, nur Sg.⟩ *alte Bez. für) Teufel; Junker V.* [< mhd. *valant* ,,Teufel", zu altnord. *fala* ,,Trollweib, Hexe", zu altengl. *fǣlan* ,,verführen"]

Vo|lant ⟨[volã] m.9⟩ **1** *gefältelter Besatz, Rüsche, Falbel* **2** ⟨†⟩ *Steuer, Lenkrad (des Autos)* [< frz. *volant* ,,fliegend, beweglich; Federball, gefalteter Besatz; Schwungrad, Windmühlenflügel", zu *voler* < lat. *volare* ,,fliegen"]

Vo|la|pük ⟨n., -s, nur Sg.⟩ *eine Welthilfssprache* [< engl. *world* ,,Welt" und *to speak* ,,sprechen"]

Vol-au-vent ⟨[volovã] m.9⟩ *mit Fleisch gefüllte Blätterteigpastete* [< frz. *vol-au-vent* in ders. Bed., eigtl. ,,fliegt in die Luft", weil der Teig sehr leicht ist und stark aufgeht]

Vo|lie|re ⟨[voljɛrə] f.11⟩ *großer Vogelkäfig, Flugkäfig* [< frz. *volière* in ders. Bed. zu *voler* < lat. *volare* ,,fliegen"]

Volk ⟨n.4⟩ **1** *große Gruppe von Menschen mit gemeinsamer Sprache, Kultur und Geschichte; die Überlieferungen dieses ~es; die Völker der Erde* **2** ⟨nur Sg.⟩ *die unteren und mittleren Schichten der Bevölkerung; das V. aufwiegeln; das V. drängt auf die Straße; etwas unters V. bringen etwas verbreiten* **3** ⟨nur Sg.⟩ *Gruppe, Menge bestimmter Menschen; fahrendes V.* ⟨†⟩ *umherziehende Zirkusleute, umherziehende Spielleute; es war viel junges V. da viele junge Menschen* **4** *Gruppe von gleichen Tieren; ein V. Bienen; ein V. Rebhühner*

Völ|ker|ball ⟨m., -(e)s, nur Sg.⟩ *Spiel zwischen zwei Mannschaften, bei dem versucht wird, die gegnerischen Spieler mit dem Ball zu treffen*

Völ|ker|kun|de ⟨f., -, nur Sg.⟩ *Wissenschaft von den Kulturen, Lebensformen, sozialen Gegebenheiten usw. der Völker, bes. Naturvölker;* Syn. *Ethnologie*

Völ|ker|kund|ler ⟨m.5⟩ *Wissenschaftler auf dem Gebiet der Völkerkunde*

Völ|ker|mord ⟨m.1⟩ *Ausrottung eines ganzen Volkes oder eines Teils eines Volkes;* Syn. *Genozid*

Völ|ker|recht ⟨n., -(e)s, nur Sg.⟩ *Rechtsnorm, die die Beziehungen zwischen Staaten regelt*

Völ|ker|recht|ler ⟨m.5⟩ *Jurist auf dem Gebiet des Völkerrechts*

völ|ker|recht|lich ⟨Adj., o.Steig.⟩ *zum Völkerrecht gehörig, auf ihm beruhend*

Völ|ker|schaft ⟨f.10⟩ *Volksgruppe, kleines Volk*

Völ|ker|wan|de|rung ⟨f.10⟩ **1** *im 4. Jahrhundert n.Chr. einsetzende Wanderbewegung der germanischen Stämme* **2** ⟨allg.⟩ *Wanderung, Auswanderung eines Volkes* **3** ⟨ugs., scherzh.⟩ *Wanderung, Bewegung einer großen Menschengruppe in eine andere Richtung*

völ|kisch ⟨Adj., o.Steig.⟩ **1** *ein Volk betreffend, zu einem Volk gehörend;* auch: *volklich; ~e Eigenarten* **2** ⟨im nat.-soz. Sprachgebrauch⟩ *das eigene Volk betreffend, auf das eigene Volk ausgerichtet; ~e Gesinnung*

volk|lich ⟨Adj., o.Steig.⟩ → *völkisch* (1)

Volks|ab|stim|mung ⟨f.10⟩ *Abstimmung der wahlberechtigten Bevölkerung über politische Fragen;* Syn. *Plebiszit*

Volks|ar|mee ⟨f.11⟩ *Armee; in der Fügung) Nationale V. Gesamtheit der Streitkräfte der DDR*

Volks|ar|mist ⟨m.10⟩ *Angehöriger der Volksarmee*

Volks|aus|ga|be ⟨f.11⟩ *einfache, billige Ausgabe (eines Buches)*

Volks|be|fra|gung ⟨f.10⟩ *Befragung der wahlberechtigten Bürger über eine politische Frage*

Volks|be|geh|ren ⟨n.7⟩ *Antrag auf Herbeiführung einer Volksbefragung, die bei bestimmten politischen Entscheidungen durch die Verfassung vorgeschrieben ist*

Volks|bi|blio|thek ⟨f.10⟩ *öffentliche Bibliothek mit (bes. schöngeistiger) Literatur für breite Kreise der Bevölkerung;* Syn. *Volksbücherei*

Volks|bil|dung ⟨f., -, nur Sg.⟩ *Gesamtheit der Maßnahmen, die der Bildung der breiten Volksschichten dienen*

Volks|buch ⟨n.4; im MA⟩ *auf einer höfischen oder bürgerlichen Dichtung beruhende, in eine volkstümliche Form umgestaltete Erzählung*

Volks|bü|che|rei ⟨f.10⟩ → *Volksbibliothek*

Volks|de|mo|kra|tie ⟨f.11⟩ *Staatsform in kommunistischen Ländern, bei der die Führung von Staat und Volksvertretung in den Händen der kommunistischen Partei liegt*

volks|de|mo|kra|tisch ⟨Adj., o.Steig.⟩ *zu einer Volksdemokratie gehörig, auf ihr beruhend*

Volks|deut|sche(r) ⟨m., f.17 oder 18; im nat.-soz. Sprachgebrauch⟩ *zum deutschen Volk gehörende Person, die außerhalb der deutschen Grenzen (von 1937) lebt*

Volks|dich|ter ⟨m.5⟩ *Dichter, der in volkstümlicher Art und bes. für das Volk (2) schreibt*

volks|ei|gen ⟨Adj., o.Steig.; DDR⟩ enteignet und verstaatlicht; ~er Betrieb ⟨Abk.: VEB, als Zusatz zum Namen⟩; ~es Gut ⟨Abk.: VEG, als Zusatz zum Namen⟩

Volks|ei|gen|tum ⟨n., -, nur Sg.; DDR⟩ Eigentum des Staates

Volks|ein|kom|men ⟨n., -s, nur Sg.⟩ Gesamtheit der Nettoeinkommen einer Volkswirtschaft

Volks|ent|scheid ⟨m.1⟩ Entscheidung über ein Gesetz durch Volksbefragung

Volks|ety|mo|lo|gie ⟨f.11⟩ volkstümliche Umwandlung eines nicht allgemein verständlichen Wortes in ein ähnliches, bekanntes, z.B. mhd. moltwerf „Erdaufwerfer" zu Maulwurf

Volks|fest ⟨n.1⟩ festliche Veranstaltung, Jahrmarkt für die ganze Bevölkerung

Volks|ge|mein|schaft ⟨f., -, nur Sg.⟩ Gemeinschaft eines sich zusammengehörig fühlenden Volkes (2)

Volks|ge|nos|se ⟨m.11; 1933–1945⟩ jmd., der der deutschen Volksgemeinschaft angehört

Volks|glau|be ⟨m., -ns, nur Sg.⟩ religiös gefärbter Aberglaube des Volkes (2)

Volks|grup|pe ⟨f.11⟩ durch besondere Eigenarten gekennzeichnete Gruppe innerhalb eines Volkes (1); die ladinische V. in Südtirol

Volks|held ⟨m.10⟩ jmd., der von einem Teil des Volkes (1) als Held angesehen wird

Volks|hoch|schu|le ⟨f.11; Abk.: VHS⟩ Einrichtung zur Erwachsenenbildung

Volks|kam|mer ⟨f., -, nur Sg.; DDR⟩ Parlament

Volks|kor|re|spon|dent ⟨m.10; DDR, bei Presse und Rundfunk⟩ Mitarbeiter, der (ehrenamtlich) über Ereignisse aus dem Lebens- und Berufsbereich der Bevölkerung berichtet

Volks|kun|de ⟨f., -, nur Sg.⟩ Wissenschaft, die sich mit den kulturellen Lebensformen der Völker des Abendlandes befaßt (z.B. mit dem Brauchtum)

volks|kund|lich ⟨Adj., o.Steig.⟩ die Volkskunde betreffend, zu ihr gehörig

Volks|kunst ⟨f., -, nur Sg.⟩ Kunst, die auf der Tradition eines Volkes (1) beruht

Volks|lied ⟨n.3⟩ im Volk (2) entstandenes, einfaches Lied in Strophenform

Volks|mär|chen ⟨n.7⟩ Märchen aus der mündlichen Überlieferung eines Volkes (1)

Volks|me|di|zin ⟨f., -, nur Sg.⟩ (bes. die Heilkräuter betreffende) Vorstellungen und Heilmaßnahmen, die auf überlieferten Erfahrungen und Aberglauben beruhen

Volks|mehr ⟨n., -s, nur Sg.; schweiz.⟩ Mehrheit der abgegebenen Stimmen (bei eidgenössischen Volksabstimmungen)

Volks|men|ge ⟨f.11⟩ große Menge von Menschen

Volks|mund ⟨m., -(e)s, nur Sg.⟩ im Volk (2) üblicher Gebrauch von Wörtern oder Redensarten, im Volk übliche Redewise; V. nennt man das Kaninchen „Stallhase"; im V. sagt man ...

Volks|mu|sik ⟨f., -, nur Sg.⟩ einem Volk (2) eigentümliche Musik, im Volk entstandene und überlieferte Musik; böhmische V.

Volks|po|li|zei ⟨f., -, nur Sg.; Abk.: VP⟩ Polizei der DDR; auch: ⟨kurz⟩ Vopo

Volks|po|li|zist ⟨m.10⟩ Angehöriger der Volkspolizei; auch: ⟨kurz⟩ Vopo

Volks|re|de ⟨f.11⟩ Rede an das Volk (2); halt keine ~n! ⟨ugs.⟩ red nicht so viel!

Volks|re|pu|blik ⟨f.10⟩ Staat mit der Verfassungsform einer Volksdemokratie

Volks|schu|le ⟨f., -, nur Sg.⟩ Schule zur Vermittlung einer einheitlichen Grundbildung für alle Kinder, Grund-, Hauptschule; Syn. ⟨schweiz.⟩ Primarschule

Volks|see|le ⟨f., -, nur Sg.⟩ Gemüt, Stimmungslage eines Volkes (2); die V. kocht ⟨ugs.⟩ das Volk ist empört

Volks|sou|ve|rä|ni|tät ⟨[-suvə-] f., -, nur Sg.⟩ Selbstbestimmungsrecht eines Volkes (1)

Volks|spra|che ⟨f.11⟩ Sprache des Volkes (2)

Volks|stamm ⟨m.2⟩ größere, zusammengehörige Gruppe von Menschen mit zahlreichen Gemeinsamkeiten

Volks|stim|me ⟨f.11; ugs.⟩ Meinung des Volkes (2)

Volks|stück ⟨n.1⟩ volkstümliches Theaterstück

Volks|tanz ⟨m.2⟩ Tanz aus einer bestimmten Landschaft oder einer bestimmten Berufsgruppe

Volks|trau|er|tag ⟨m.1⟩ Trauertag in der Bundesrepublik Deutschland zum Gedenken an die Gefallenen der Weltkriege und die Opfer des Nationalsozialismus, zweiter Sonntag vor dem 1. Advent

Volks|tri|bun ⟨m.12 oder m.10⟩ → Tribun (3)

Volks|tum ⟨n., -s, nur Sg.⟩ Gesamtheit der Eigentümlichkeiten, Besonderheiten eines Volkes (1)

volks|tü|meln ⟨V.1, hat gevolkstümelt; o.Obj.⟩ leicht abwertend **1** sich bewußt volkstümlich benehmen **2** (als Schriftsteller) volkstümlich schreiben

volks|tüm|lich ⟨Adj.⟩ **1** im Volk (2) beliebt, vom Volk geliebt, der Art, dem Geschmack des Volkes entsprechend; ~e Lieder; ein ~er Dichter **2** in der Art des Volkes, für V. schreiben **3** vom Volk (2) geschätzt, die Art des Volkes kennend und ihr gerecht werdend; ein ~er Politiker **Volks|tüm|lich|keit** ⟨f., -, nur Sg.⟩

Volks|ver|mö|gen ⟨n.7⟩ Gesamtvermögen (eines Staates)

Volks|ver|samm|lung ⟨f.10⟩ **1** Versammlung einer großen Menschenmenge, die über etwas abstimmen will oder soll **2** ⟨in manchen Staaten⟩ Parlament

Volks|ver|tre|ter ⟨m.5⟩ vom Volk (1) gewählter Abgeordneter

Volks|ver|tre|tung ⟨f.10⟩ Gesamtheit der Volksvertreter, die die Interessen des Volkes gegenüber der Regierung wahrnimmt, Parlament, ⟨auch⟩ eine der beiden Kammern des Parlaments

Volks|wahl ⟨f.10⟩ **1** Wahl durch das Volk (1) **2** ⟨DDR⟩ Wahl der Volkskammer

Volks|wei|se ⟨f.11⟩ dem Volkslied ähnliche Melodie

Volks|wirt ⟨m.1; kurz für⟩ Volkswirtschaftler

Volks|wirt|schaft ⟨f.10⟩ Gesamtheit der wirtschaftlichen Aktivitäten und Bestände eines abgegrenzten Gebietes (Staates) mit einheitlicher Wirtschaftsform

Volks|wirt|schaft|ler ⟨m.5⟩ Wissenschaftler auf dem Gebiet der Volkswirtschaftslehre; auch: ⟨kurz⟩ Volkswirt

volks|wirt|schaft|lich ⟨Adj., o.Steig.⟩ zur Volkswirtschaft gehörig, sie betreffend; Syn. politökonomisch

Volks|wirt|schafts|leh|re ⟨f.11⟩ Zweig der Wirtschaftswissenschaften, der sich mit den Vorgängen und Erscheinungen der Wirtschaft eines Volkes befaßt; Syn. Nationalökonomie, politische Ökonomie, Sozialökonomie

Volks|wohl ⟨n., -(e)s, nur Sg.⟩ Wohlergehen eines Volkes (1)

Volks|zäh|lung ⟨f.10⟩ Zählung der Angehörigen eines Volkes, Staates

voll ⟨Adj.⟩ **1** gänzlich angefüllt, besetzt; Ggs. leer (1); ein ~es Glas; das Maß ist v.! ⟨übertr.⟩ nun reicht es!; das Regal, die Taschen ⟨übertr.⟩ v.; der Raum ist v.; den Mund v. nehmen ⟨übertr.⟩ aufschneiden, prahlen; alle Hände v. zu tun haben sehr beschäftigt sein; v. sein ⟨ugs.⟩ vollständig gesättigt sein; v. des süßen Weins sein ⟨übertr.⟩ ziemlich betrunken sein; aus dem ~en schöpfen genug zur Verfügung haben; aus dem ~en leben, wirtschaften können nicht auf das Geld zu achten brauchen; der Saal ist zum Bersten v. **2** erfüllt von, angefüllt mit; ein Teller v. Suppe; den Kopf v. haben ⟨übertr.⟩ an vieles denken müssen **3** dicklich, rundlich; ~e Backen haben **4** kräftig, würzig; ein ~er Geschmack **5** uneingeschränkt, ganz; ein ~er Erfolg; das ist mein ~er Ernst! ⟨übertr.⟩ ich meine es genauso, wie ich es sage!; im ~en Jahr; die Uhr schlägt jede ~e Stunde die Uhr schlägt zu jeder ganzen Stunde; den ~en Preis zahlen; v. und ganz ganz und gar; jmdn. nicht für v. nehmen jmdn. nicht ernst nehmen; der Garten steht in ~er Blüte; etwas in ~en Zügen genießen etwas sehr genießen; in die ~en gehen ⟨ugs.⟩ Geld oder Kraft völlig ausgeben, sich sehr anstrengen

voll... ⟨in Zus.⟩ bis zum Rand, bis zu den Rändern, z.B. vollfüllen, vollmalen, vollpacken, vollschmieren

Voll|aka|de|mi|ker ⟨m.5⟩ Akademiker mit abgeschlossenem Studium

voll|auf ⟨Adv.⟩ gänzlich, völlig; v. genug haben

voll|lau|fen ⟨-ll|l-; V.76, ist vollgelaufen; o.Obj.⟩ sich bis zum Rand füllen; der Tank ist vollgelaufen; die Badewanne v. lassen; sich v. lassen ⟨ugs.⟩ ohne wirklichen Genuß Alkohol trinken, bis man betrunken ist

Voll|bad ⟨n.4⟩ Bad des ganzen Körpers

Voll|bart ⟨m.2⟩ Bart, der das halbe Gesicht bedeckt

Voll|be|schäf|ti|gung ⟨f., -, nur Sg.⟩ Zustand einer Wirtschaft, in dem alle Arbeitsuchenden eine Beschäftigung finden können (innerhalb kurzer Frist)

Voll|be|sitz ⟨m.; nur in der Wendung⟩ im V. seiner (geistigen, körperlichen) Kräfte sein ohne Einschränkung über seine (geistigen, körperlichen) Kräfte verfügen können

Voll|bier ⟨n.1⟩ Bier mit einem Stammwürzegehalt von 11% bis 14%

Voll|blut ⟨n., -(e)s, nur Sg.⟩, **Voll|blü|ter** ⟨m.5⟩ edles, feingliedriges, schnelles Pferd

Voll|blut... ⟨in Zus.⟩ mit allem, was dazugehört, mit ganzem Einsatz, mit Begeisterung, z.B. Vollblutmusiker

voll|blü|tig ⟨Adj., o.Steig.⟩ **1** wie ein Vollblut; ~er Araberhengst **2** wie ein Vollblut...; ~er Gitarrist

voll|brin|gen ⟨V.21, hat vollbracht; mit Akk.⟩ **1** zustande, zuwege bringen; eine große Tat v.; da hast du wirklich etwas Außerordentliches vollbracht **2** ausführen; sein Tagewerk v.

voll|bu|sig ⟨Adj., o.Steig.; ugs.⟩ einen üppigen Busen habend

Voll|dampf ⟨o.Art., Seew.⟩ mit voller Maschinenkraft; V. voraus; mit V. ⟨übertr.⟩ mit höchstem Einsatz, höchster Geschwindigkeit

Völ|le ⟨f., -, nur Sg.⟩ das Vollsein, übermäßiges Sattsein; ein Gefühl der V. im Magen haben

voll|en|den ⟨V.2, hat vollendet⟩ **I** ⟨mit Akk.⟩ zu Ende führen, zu Ende bringen; ein Kunstwerk v.; einen Satz v.; zu Ende sprechen; sein Leben v. ⟨geh.⟩ sterben; er hat eben sein 50. Lebensjahr vollendet er ist gerade 50 Jahre alt; vollendete Tatsachen stellen jmdm. eine Sache erst mitteilen, wenn sie schon fertig, geregelt ist; vgl. vollendet **II** ⟨refl.⟩ sich v. seinen Abschluß finden; sein Leben hat sich vollendet

voll|en|det ⟨Adj., o.Steig.⟩ vollkommen, makellos, so, daß nichts mehr daran auszusetzen ist; er ist ein v. Gastgeber; ein Bild v. Mädchen von ~er Schönheit; ihr Spiel ist v.; sie spielt, singt v. schön

voll|ends ⟨Adv.⟩ **1** völlig, ganz; inzwischen war es v. Nacht geworden; die Hütte war schon baufällig, nun ist sie bei dem Unwetter v. zusammengestürzt **2** obendrein, auch noch, dann noch; und wenn man sich v. klarmacht, daß ..., dann weiß man ...

vol|ler ⟨Adj., o.Dekl.⟩ **1** voll, ganz gefüllt; der Eimer ist v. Wasser **2** erfüllt von; v. Freude **3** übersät von; die Straße ist v. Löcher; die Tischdecke ist v. Flecke

Völlerei

Völ|le|rei ⟨f., -, nur Sg.⟩ Unmäßigkeit im Essen und Trinken

Vol|ley|ball ⟨'vɔlɛ:-] m.2⟩ **1** ⟨nur Sg.⟩ Ballspiel für zwei Mannschaften, wobei der Ball direkt aus der Luft angenommen und weitergeschlagen wird **2** leichter Ball dafür [engl., zu volley ,,Salve, Hagel von Geschossen", in Tennis und Fußb. ,,Flugball", < frz. volée ,,Flug", zu voler < lat. volare ,,fliegen"]

voll|füh|ren ⟨V.1, hat vollführt; mit Akk.⟩ ausführen, machen; ein Kunststück v.; die Kinder vollführten einen großen Lärm; einen Freudentanz v.

Voll|gas ⟨o.Art.⟩ volle Geschwindigkeit; V. geben; mit V. fahren

Voll|ge|fühl ⟨n.; nur in der Fügung⟩ im V. überzeugt von, erfüllt von; im V. seiner Wichtigkeit; im V. seiner Kraft; im V. seines Wissens

voll|gie|ßen ⟨V.54, hat vollgegossen; mit Akk.⟩ bis oben hin füllen; ein Glas v.

voll|gül|tig ⟨Adj., o.Steig.⟩ uneingeschränkt gültig; ein ~er Beweis

Voll|heit ⟨f., -, nur Sg.⟩ das Vollsein

Voll|idi|ot ⟨m.10; derb⟩ Trottel, Dummkopf

völ|lig ⟨Adj., o.Steig.⟩ ganz, ohne Einschränkung; ~e Freiheit; v. betrunken sein; er hat mich v. mißverstanden; das ist v. unverständlich

voll|in|halt|lich ⟨Adj., o.Steig.⟩ den gesamten Inhalt betreffend; ich stimme der Rede v. zu

voll|jäh|rig ⟨Adj., o.Steig.⟩ →mündig; Ggs. minderjährig **Voll|jäh|rig|keit** ⟨f., -, nur Sg.⟩

Voll|kas|ko ⟨n., -s, nur Sg.⟩ Kaskoversicherung gegen sämtliche Schäden

Voll|kauf|mann ⟨m., -(e)s, -leu|te⟩ ins Handelsregister eingetragener Kaufmann

voll|kom|men ⟨auch [fɔl-] Adj.⟩ **1** ohne Fehler, ohne Makel, so beschaffen, daß nichts daran fehlt, nichts daran auszusetzen ist; niemand ist v. wir haben alle unsere Fehler **2** hervorragend; eine ~e Hausfrau, Gastgeberin **3** völlig, gänzlich; er war v. betrunken; sie ist v. glücklich; das genügt v. **Voll|kom|men|heit** ⟨f., -, nur Sg.⟩

Voll|korn|brot ⟨n., -(e)s, nur Sg.⟩ Brot aus Mehl, in dem noch das Schrot enthalten ist

voll|ma|chen ⟨V.1, hat vollgemacht; mit Akk.⟩ **1** ⟨ugs.⟩ füllen; die Kiste v. **2** ⟨ugs.⟩ beschmutzen; die Tischdecke v.; das Bett, die Hose v. Kot ins Bett, in die Hose entleeren; mach dich bloß nicht voll! ⟨derb⟩ stell dich nicht so an, mach nicht so ein Aufhebens! **3** vollenden, vollständig machen; und um das Unglück vollzumachen, kam auch noch die Nachricht, daß ...

Voll|macht ⟨f.10⟩ **1** Erlaubnis, anstelle eines anderen zu handeln; jmdm. eine V. erteilen; er hat die V., dazu tun **2** Schriftstück, das eine Vollmacht (1) enthält; eine V. ausschreiben, unterschreiben

Voll|macht|ge|ber ⟨m.5⟩ jmd., der eine Vollmacht (1) erteilt

voll|mast ⟨Adv.⟩ bis zur vollen Höhe des Mastes (hinaufgezogen); Ggs. halbmast; V. flaggen

Voll|milch ⟨f., -, nur Sg.⟩ **1** Milch mit vollem Fettgehalt **2** ⟨kurz für⟩ Vollmilchschokolade; eine Tafel V.; V. Nuß

Voll|mond ⟨m., -(e)s, nur Sg.⟩ **1** als runde Scheibe erscheinender Mond **2** die dadurch gekennzeichnete Mondphase; wir haben heute V.

Voll|mond|ge|sicht ⟨n.3; scherzh.⟩ rundes, dickliches Gesicht

voll|mun|dig ⟨Adj.; beim Wein⟩ kräftig, voll im Geschmack

Voll|na|me ⟨m.15⟩ voller Name, Vor- und Zuname

Voll|pen|si|on ⟨f., -, nur Sg.⟩ Unterkunft mit täglich drei Mahlzeiten

Voll|rausch ⟨m.2⟩ schwerer Rausch nach Genuß alkoholischer Getränke

Voll|salz ⟨n., -es, nur Sg.⟩ Speisesalz, dem eine bestimmte Jodmenge gegen Kropfbildung beigefügt ist

voll|sau|gen ⟨V.1 oder V.104, hat vollgesaugt oder vollgesogen; refl.⟩ sich v. so viel einsaugen, daß nichts mehr hineingeht; der Schwamm hat sich vollgesaugt; die Mücke hat sich mit Blut vollgesogen

voll|schen|ken ⟨V.1, hat vollgeschenkt; mit Akk.⟩ beim Einschenken ganz füllen; das Glas v.

Voll|schiff ⟨n.1⟩ (drei- bis fünfmastiges) Segelschiff mit voll getakelten Masten

voll|schla|gen ⟨V.116, hat vollgeschlagen; refl. oder mit Dat. (sich) und Akk.; derb⟩ sich v., sich den Bauch, den Magen v. übermäßig viel essen

voll|schlank ⟨Adj., o.Steig.⟩ **1** rundlich, dicklich **2** ⟨verhüllend⟩ dick, von üppiger Figur; die neue Damenmode ist auch für Vollschlanke geeignet

Voll|sit|zung ⟨f.10⟩ → Vollversammlung

Voll|spur ⟨f.10⟩ → Normalspur

voll|stän|dig ⟨Adj.⟩ **1** alles Notwendige, Dazugehörige aufweisend; ein ~er Lebenslauf; die Unterlagen v. abliefern **2** völlig, gänzlich; er ist v. erschöpft

Voll|stän|dig|keit ⟨f., -, nur Sg.⟩ das Vorhandensein aller Teile; die Angaben auf V. überprüfen

voll|strecken ⟨-k·k-; V.1, hat vollstreckt; mit Akk.⟩ ausführen, vollziehen; ein (richterliches) Urteil v.; eine Strafe v.; das Testament v. die im Testament gegebenen Anweisungen ausführen

Voll|streckung ⟨-k·k-; f.10⟩ das Vollstrecken; die V. des Urteils

Voll|streckungs|be|am|te(r) ⟨-k·k-; m.17 oder m.18⟩ Beamter der Vollstreckungsbehörde

Voll|streckungs|be|fehl ⟨-k·k-; m.1⟩ Zahlungsbefehl, der vorläufig vollstreckt wird

Voll|streckungs|be|hör|de ⟨-k·k-; f.11⟩ Behörde, die Zwangsvollstreckungen durchführt

voll|tan|ken ⟨V.1, hat vollgetankt; mit Akk.⟩ den Wagen n. den Benzintank des Wagens ganz (mit Treibstoff) füllen; bitte (erg.: den Tank, den Wagen) v.!

voll|tö|nend ⟨Adj.⟩ einen kräftigen Klang besitzend; ~e Stimme

Voll|tref|fer ⟨m.5⟩ **1** Treffer mitten ins Ziel **2** ⟨übertr.⟩ großer Erfolg; das neue Buch war ein V.

voll|trun|ken ⟨Adj., o.Steig.⟩ im Zustand der Volltrunkenheit

Voll|trun|ken|heit ⟨f., -, nur Sg.⟩ Zustand des völligen Betrunkenseins

Voll|ver|samm|lung ⟨f.10⟩ Versammlung aller Mitglieder; Syn. Vollsitzung

Voll|wai|se ⟨f.11⟩ Kind, das beide Eltern verloren hat; Syn. Doppelwaise

voll|wert... ⟨in Zus.⟩ in Bioläden u.ä. den vollen Gehalt an Nährstoffen u.a. besitzend, z.B. Vollwertmehl

voll|wer|tig ⟨Adj.⟩ alle nötigen Eigenschaften und Werte besitzend; ein ~er Vertreter; ein ~er Ersatz **Voll|wer|tig|keit** ⟨f., -, nur Sg.⟩

voll|zäh|lig ⟨Adj., o.Steig.⟩ in der Gesamtheit (vorhanden), die gesamte Anzahl aufweisend, in gesamter Anzahl; die Versammlung ist v.; die Briefe sind v. vorhanden **Voll|zäh|lig|keit** ⟨f., -, nur Sg.⟩

voll|zie|hen ⟨V.187, hat vollzogen⟩ **I** ⟨mit Akk.⟩ ausführen, in die Tat umsetzen, verwirklichen; einen Befehl v.; eine Strafe v.; die Trauung v.; die ~de Gewalt die ausführende Gewalt (im Staat), die Exekutive **II** ⟨refl.⟩ sich v. ablaufen, geschehen; das alles vollzog sich in wenigen Augenblicken; mit dem Kind hat sich eine große Änderung vollzogen das Kind hat sich sehr verändert

Voll|zug ⟨m.2⟩ das Vollziehen; V. einer Strafe, eines Urteils

Vo|lon|tär ⟨[vɔlɔn-] oder [vɔlɔ̃-] m.1⟩ jmd., der zur Ausbildung in einem (bes. journalistischen, kaufmännischen) Betrieb arbeitet [< frz. volontaire in ders. Bed. sowie ,,Freiwilliger" < lat. voluntarius ,,freiwillig", zu voluntas ,,Wille", zu velle ,,begehren, wünschen, wollen"]

vo|lon|tie|ren ⟨V.3, hat volontiert; o.Obj.⟩ als Volontär arbeiten

Volt ⟨n., -(s), -; Zeichen: V⟩ Maßeinheit für die elektrische Spannung [nach dem ital. Physiker Alessandro Volta (1745–1827)]

vol|ta ⟨Mus.⟩ ... Mal; prima v. das erste Mal; seconda v. das zweite Mal [ital.; vgl. Volta]

Vol|ta ⟨f., -, -ten; 16./17. Jh.⟩ schneller Springtanz [< ital. volta ,,Drehung"]

Volt|am|pere ⟨n., -(s), -; Zeichen: VA⟩ Maßeinheit für die elektrische Leistung (entspricht dem Watt)

Vol|te ⟨f.11⟩ **1** Kunstgriff beim Kartenmischen; eine V. schlagen ⟨übertr.⟩ geschickt vorgehen **2** ⟨Fechten⟩ seitliches Ausweichen **3** ⟨Reitsport⟩ kreisförmige Figur [< lat. volta ,,Wendung, Drehung", zu lat. volvere ,,drehen, wirbeln, wälzen"]

vol|tie|ren ⟨V.3, hat voltiert⟩ → voltigieren

Vol|ti|geur ⟨[-ʒør] m.1⟩ Artist, der voltigiert

vol|ti|gie|ren ⟨[-ʒi-] V.3, hat voltigiert; o.Obj.⟩ auf dem galoppierenden Pferd akrobatische Übungen ausführen; auch: (herum-)flattern", zu volte ,,rasche Drehung", → Volte]

Volt|me|ter ⟨n.5⟩ Gerät zum Messen der elektrischen Spannung; Syn. Spannungsmesser [< Volt und ...meter]

vo|lu|bel ⟨Adj., volubler, am -sten; †⟩ beweglich, behende, rasch [< lat. volubilis ,,drehbar", zu volvere ,,drehen"]

Vo|lu|men ⟨n.7, auch n., -s, -mi|na⟩ **1** ⟨Abk.: V⟩ Rauminhalt **2** ⟨Abk.: vol.⟩ Band (eines Schriftwerkes) [< lat. volumen ,,Buch, Band", urspr. ,,etwas, was gerollt wird, Schriftrolle, Krümmung, Kreis", zu volvere ,,rollen, wälzen, drehen"]

Vo|lu|men|ein|heit ⟨f.10⟩ Einheit des Volumens (1)

Vo|lu|men|pro|zent ⟨n.1; Zeichen: Vol.-%⟩ Maßangabe für den Anteil eines Stoffes in einem bestimmten Raumanteil eines anderen Stoffes; auch: Volumprozent

Vo|lu|me|ter ⟨n.5⟩ Gerät zur Volumenbestimmung einer Flüssigkeitsmenge [< Volumen und ...meter]

Vo|lu|men|ge|wicht ⟨n.1⟩ Gewicht der Volumeneinheit, spezifisches Gewicht

vo|lu|mi|nös ⟨Adj., -er, am -esten⟩ umfangreich [< frz. volumineux in ders. Bed., → Volumen]

Vo|lum|pro|zent ⟨n.1⟩ → Volumenprozent

Vo|lun|ta|ris|mus ⟨m., -, nur Sg.⟩ Lehre, daß der Wille das Grundprinzip alles Seins und Geschehens sei; Syn. Thelematismus, Thelematologie, Thelismus [zu lat. voluntarius ,,aus freiem Willen geschehend", zu voluntas ,,Wille", < volere ,,wollen"]

Vo|lun|ta|rist ⟨m.10⟩ Anhänger, Vertreter des Voluntarismus

vo|lun|ta|ri|stisch ⟨Adj., o.Steig.⟩ zum Voluntarismus gehörig, auf ihm beruhend

vo|lun|ta|tiv ⟨Adj.⟩ **1** auf dem Willen beruhend **2** ⟨Sprachw.⟩ einen Wunsch ausdrückend [zu lat. voluntas ,,Wille"]

vo|lup|tu|ös ⟨Adj., -er, am -esten⟩ Begierde erregend [< frz. voluptueux, Fem. -euse, ,,wollüstig", < lat. voluptuosus ,,voll Vergnügen, voll Wonne", zu voluptas ,,Vergnügen, Genuß, Lust", < volere ,,wollen, Lust haben"]

Vo|lu|te ⟨f.11; Baukunst⟩ Ornament in Form einer Spirale; Syn. Schnecke, Konvolute [< lat. voluta ,,Schnecke am Säulenkapitell", zu volutum ,,das Gedrehte, Gerollte", zu volvere ,,drehen, rollen"]

vom ⟨Präp. mit Art.; Abk.: v.⟩ *von dem;* v. Himmel fallen

Vom|hun|dert|satz ⟨m.2⟩ *Hundertsatz, Prozentsatz*

vo|mie|ren ⟨V.3, hat vomiert; o.Obj.⟩ *sich erbrechen*

Vo|mi|tiv ⟨n.1⟩, **Vo|mi|ti|vum** ⟨n., -s, -va⟩

Vo|mi|to|ri|um ⟨n., -s, -ri|en⟩ *Brechreiz erzeugendes Mittel* [lat., „etwas Erbrechen Erregendes", zu *vomitare,* Intensivum zu *vomere* „erbrechen"]

Vom|tau|send|satz ⟨m.2⟩ *Tausendsatz, Promillesatz*

von I ⟨Präp. mit Dat.⟩ 1 ⟨räumlich⟩ *aus einer Richtung, an einem Ort beginnend;* v. hinten, oben, vorn; v. München; v. hier aus; v. rechts nach links 2 ⟨zeitlich⟩ *a zu einem Zeitpunkt beginnend;* v. drei Uhr an; v. Monat zu Monat *b aus einem Zeitraum stammend;* die Zeitung ist v. gestern 3 *zu einer Ganzheit gehörig, aus ihr stammend;* einer v. vielen; v. Hunderten eines 4 *hinsichtlich, bezüglich;* v. Natur aus schön; schön v. Gestalt; er ist Bauer v. Beruf; v. mir aus! ⟨ugs.⟩ *meinetwegen!* 5 ⟨ugs.⟩ *jmdm. zugehörig, aus jmds. Werk;* ein Drama v. Schiller 6 ⟨zur Bez. einer Pers. als Ausgangspunkt⟩ grüß ihn v. mir!; v. wem hast du das bekommen?; ich habe es v. ihr gehört 7 ⟨geh.⟩ *gemacht aus, bestehend aus;* ein Kleid v. Seide; er hat ein Herz v. Gold ⟨übertr.⟩ 8 *wegen, aufgrund von;* erschöpft v. der Arbeit 9 *mit;* das ist v. Hand hergestellt 10 ⟨als Ersatz für einen Genitiv⟩ seine Stimme klingt wie die v. meinem Bruder; v. Rom; Victoria, Königin v. England 11 ⟨abwertend⟩ *in Gestalt eines ...;* dieser Esel v. einem Kellner; dieser Tyrann v. einem Vater 12 ⟨zur Bez. einer Adelstiels, früher als Herkunftsort; Abk.: v.⟩ Siegfried v. Xanten II ⟨Adv.; in getrennter Stellung; mdt., norddt.⟩ *davon;* da habe ich auch nichts v.; da weiß ich nichts v.

von|ein|an|der ⟨Adv.⟩ *einer vom anderen;* wir haben nichts v. gehört

von|nö|ten ⟨Adv.⟩ *erforderlich, notwendig, nötig;* rasche Hilfe ist v.

von|stat|ten ⟨Adv.; nur in der Wendung⟩ v. gehen *vor sich gehen, ablaufen*

Vo|po [fo-] DDR I ⟨f., -, nur Sg.; Kurzw. für⟩ *Volkspolizei* II ⟨m.9; Kurzw. für⟩ *Volkspolizist*

vor I ⟨Präp. mit Dat. oder Akk.⟩ 1 ⟨räumlich; mit Dat.⟩ *a auf, an der Vorderseite;* v. dem Haus; v. allen Dingen *besonders;* v. Zeugen *b in einigem Abstand von der Vorderseite;* wir hatten einen Lastwagen v. uns *c gegenüber;* Achtung, Furcht, Scham v. jmdm. empfinden *d außerhalb von;* v. der Stadt *e in Anwesenheit von;* v. Zuschauern, Zuhörern spielen; sich v. den anderen blamieren 2 ⟨räumlich; mit Akk.⟩ *auf die Vorderseite, in einigem Abstand von der Vorderseite;* v. die Tür gehen; v. den Richter treten; v. sich hin *für sich* 3 ⟨zeitlich; mit Dat.⟩ *a früher als;* v. Christi Geburt (Abk.: v.Chr.); v. drei Uhr wird er nicht kommen; v. drei Wochen; sie kommen v. mir an die Reihe; v. der Zeit früher als gedacht *b* ⟨in Verbindung mit einer Pers.⟩ *in jmds. Zukunft;* er hat noch viel v. sich; wir haben schwere Zeiten v. uns *c vorher, zuvor;* ⟨in der Fügung⟩ nach wie v. *genauso wie immer* 4 *aus, wegen;* v. Freude jubeln; v. Schreck erstarren 5 ⟨†⟩ *statt;* Gnade v. Recht ergehen lassen II ⟨Adv.⟩ *voran;* einen Schritt v.!

vor|ab ⟨Adv.⟩ *zuerst, zunächst;* ich schicke Ihnen v. einen Teil der Bücher

Vor|ab|druck ⟨m.1⟩ *Abdruck (eines Buches) in einer Zeitschrift vor Erscheinen im Buchhandel*

Vor|ah|nung ⟨f.10; verstärkend⟩ *Ahnung;* eine schlimme V. haben

vor|an ⟨Adv.⟩ *vorn, voraus, als erste(r, -s);* da kamen sie: die Musikkapelle v., der Festzug hinterdrein

vor|an|ge|hen ⟨V.47, ist vorangegangen; o.Obj.⟩ *vorn, als erste(r, -s) gehen, an der Spitze gehen;* mit gutem Beispiel v. ⟨übertr.⟩ *ein gutes Beispiel geben*

vor|an|kom|men ⟨V.71, ist vorangekommen; o.Obj.⟩ 1 *vorwärts kommen, ein Stück Weg zurücklegen;* man kam in dem tiefen Schnee kaum voran 2 *Fortschritte machen;* mit einer Arbeit gut, schlecht, nicht v.

Vor|an|schlag ⟨m.2⟩ *Schätzung der Kosten im voraus* (Kosten∼)

vor|an|trei|ben ⟨V.162, hat vorangetrieben; mit Akk.⟩ *beschleunigen;* eine Entwicklung v.

Vor|an|zei|ge ⟨f.11⟩ *Ankündigung eines Buches, Filmes o.ä.*

Vor|ar|beit ⟨f.10⟩ *vorbereitende Arbeit;* die ∼en erledigen; gute V. leisten

vor|ar|bei|ten ⟨V.2, hat vorgearbeitet⟩ I ⟨o.Obj. oder mit Akk.⟩ *an mehreren Tagen länger arbeiten, um dafür freie Zeit zu gewinnen;* wir arbeiten für Weihnachten vor; einen Tag v. II ⟨refl.⟩ *sich v. durch angestrengtes Arbeiten vorankommen;* sich in einem Wissensgebiet v.; sich in einem unterirdischen Gang v.

Vor|ar|bei|ter ⟨m.5⟩ *jmd., der eine Gruppe von Arbeitern leitet;* Syn. ⟨österr.⟩ *Partieführer*

vor|auf ⟨Adv.⟩ *voraus, voran*

vor|auf|ge|hen ⟨V.47, ist vorauf gegangen; o.Obj.⟩ *voran-, vorausgehen;* an den voraufgegangenen Tagen

vor|aus ⟨Adv.⟩ 1 *vorn, als erste(r, -s), an der Spitze, vor den anderen;* jmdm. v. sein *weiter fortgeschritten sein als jmd.;* er ist den anderen im Turnen v.; sie ist ihrem Bruder in der Entwicklung v.; er ist seiner Zeit v. *er läßt in seinem Denken, seinem Werk die künftige Entwicklung ahnen* 2 ⟨Seew.⟩ *voran, vorwärts* 3 *im v.* [for-] *schon jetzt;* vielen Dank im v.; für drei Monate die Miete im v. zahlen

vor|aus... ⟨in Zus.⟩ 1 *vorher,* z.B. Vorausbestimmen, vorausberechnen 2 *vorn, vor den anderen,* z.B. vorauslaufen, vorausfahren

vor|aus|ge|hen ⟨V.47, ist vorausgegangen; o.Obj.⟩ 1 *vor den anderen, schneller als die anderen gehen;* ich gehe schon voraus, kommt ihr dann bald nach? 2 *vorher stattfinden;* diesem Zwischenfall ging ein Gespräch voraus, in dem ...

vor|aus|ha|ben ⟨V.60, hat vorausgehabt; mit Dat. und Akk.⟩ *jmdm. etwas v. etwas besser können, wissen als jmd., einen Vorteil haben, den jmd. nicht hat;* er hat dir eines voraus, nämlich ...; sie hat ihm die bessere Sachkenntnis, die größere Erfahrung voraus

Vor|aus|kor|rek|tur ⟨f.10; Buchw.⟩ *Korrektur des Manuskriptes vor Satzbeginn*

vor|aus|neh|men ⟨V.88, hat vorausgenommen⟩ → *vorwegnehmen*

Vor|aus|sa|ge ⟨f.11⟩ *Mitteilung darüber, was eintreten wird oder wie etwas sein wird* (Wetter∼, Zukunfts∼); Syn. *Vorhersage*

vor|aus|sa|gen ⟨V.1, hat vorausgesagt; mit Akk.⟩ *etwas v. schon vorausgesagt; mitteilen, was eintreten wird oder wie etwas sein wird;* Syn. *vorhersagen;* der Wetterdienst hat ein Gewitter vorausgesagt; diese Entwicklung hat er schon vor zehn Jahren vorausgesagt

vor|aus|schicken ⟨-k|k-; V.1, hat vorausgeschickt; mit Akk.⟩ 1 *vorher schicken;* einen Boten v.; ich habe einen Brief vorausgeschickt, damit sie schon Bescheid wissen, wenn ich komme 2 *vorher mitteilen;* ich möchte, ehe ich beginne, v., daß ...; wir haben – dies sei vorausgeschickt – schon lange beobachtet ...

vor|aus|se|hen ⟨V.136, hat vorausgesehen; mit Akk.⟩ *schon vorher erkennen;* das konnte ich nicht v.; man kann nicht v., ob ...

vor|aus|set|zen ⟨V.1, hat vorausgesetzt; mit Akk.⟩ *etwas v. etwas als vorhanden, gegeben annehmen;* ich setze dabei voraus, daß alles reibungslos klappt; man kann bei ihm wohl das nötige Geschick v.; vorausgesetzt, daß alle einverstanden sind, können wir die Diskussion abschließen

Vor|aus|set|zung ⟨f.10⟩ 1 *feste Annahme;* von falschen ∼en ausgehen 2 *etwas, das vorhanden sein muß oder als vorhanden angenommen wird, damit etwas geschieht;* nur unter dieser V. stimme ich zu

Vor|aus|sicht ⟨f., -, nur Sg.⟩ *in die Zukunft gerichtete Vermutung, Ahnung;* in weiser V. ⟨scherzh.⟩ *weil ich es schon geahnt habe;* aller V. nach *wahrscheinlich, vermutlich*

vor|aus|sicht|lich ⟨Adj., o.Steig.⟩ *vermutlich, vorhersehbar;* die ∼e Ankunft des Zuges; er wird v. in zwei Tagen hier sein

vor|aus|zah|len ⟨V.1, hat vorausgezahlt; mit Akk.⟩ *vorher, im voraus zahlen;* einen Teilbetrag v.

Vor|aus|zah|lung ⟨f.10⟩ *Zahlung vorher (vor dem Kauf, vor dem Einzug in die Wohnung o.ä.;* Miet∼); eine V. leisten

Vo|ra|zi|tät ⟨f., -, nur Sg.⟩ *Gefräßigkeit, Gier, Heißhunger* [< lat. *voracitas,* Gen. *-atis,* „Gefräßigkeit (eines Menschen)", zu *vorax,* Gen. *voracis,* „gefräßig", zu *vorare* „gierig essen, verschlingen"]

Vor|bau ⟨m., -(e)s, -bau|ten⟩ 1 *vorspringender Gebäudeteil* 2 ⟨nur Sg.⟩ *bei Brücken, Schächten, Verfahren, bei dem im Bau ohne vorheriges Abstützen vorspringender Teile weitergebaut wird;* eine Brücke im V. vorantreiben 3 ⟨scherzh.⟩ *üppiger Busen*

vor|bau|en ⟨V.1, hat vorgebaut⟩ I ⟨mit Dat. und Akk.⟩ *einer Sache etwas v. etwas vorn an eine Sache anbauen;* einem Haus einen Windfang v. II ⟨mit Dat.⟩ *einer Sache vorbeugend gegen eine Sache etwas tun, unternehmen;* um einem Mißverständnis vorzubauen, möchte ich sagen ...; einem Angriff, einer Benachteiligung v. III ⟨o.Obj.⟩ *Vorsorge treffen, vorsorgliche Maßnahmen ergreifen;* durch eine Lebensversicherung für sein Alter v.

Vor|be|dacht ⟨m., -(e)s, nur Sg.⟩ *Überlegung;* mit, ohne V. handeln

Vor|be|din|gung ⟨f.10; verstärkend⟩ *Bedingung*

Vor|be|halt ⟨m.1⟩ 1 *Bedenken, Zweifel;* jmdm. ohne V. zustimmen, beipflichten 2 *Einschränkung (die vielleicht geltend gemacht werden muß);* unter diesem V. stimme ich zu; ich stimme nur unter dem V. zu, daß ...

vor|be|hal|ten ⟨V.61, hat vorbehalten; mit Dat. (sich) und Akk.⟩ *sich etwas v.* 1 *etwas jetzt noch nicht tun, noch nicht mitteilen;* er behält sich die Entscheidung noch vor 2 *den Anspruch auf etwas erheben, was später vielleicht geltend gemacht wird, den Anspruch erheben, gegebenenfalls noch etwas zu tun;* er behält sich das Recht vor, weitere Mitarbeiter heranzuziehen; ich behalte mir vor, noch Änderungen anzubringen

vor|be|halt|lich I ⟨Präp. mit Gen.; geh.⟩ *mit dem Vorbehalt (2) des ..., der ...;* v. der Genehmigung II ⟨Adj., o.Steig.⟩ *mit Vorbehalt (2) verfügt;* ∼e Genehmigung

vor|be|halt|los ⟨Adj.⟩ *ohne Vorbehalt (2), ohne Bedingung;* ∼e Einwilligung; v. zustimmen

Vor|be|halts|gut ⟨n.4⟩ *Gut, das nicht in das gemeinschaftliche Ehegut eingeht, sondern einem Ehepartner allein gehört*

vor|bei ⟨Adv.⟩ Syn. *vorüber* 1 ⟨örtlich⟩ *von hinten kommend, eine Zeitlang neben etwas oder jmdm. und dann vor ihm;* er kam rasch näher und war in wenigen Augenblicken an uns v.; eine Fahrt durch die Stadt am Rathaus v. 2 ⟨zeitlich⟩ *vergangen, abgelaufen, gewesen;* die Zeit ist v.; die Nacht war schon v., als ...; das ist ein für allemal v. **3** ⟨in unpersönl. Wendungen⟩ es ist v. *es ist nicht mehr so, wie es war*; mit ihm ist es bald v. ⟨salopp⟩ *er wird bald sterben*; zwischen den beiden ist es v. ⟨ugs.⟩ *die beiden haben sich getrennt, sind nicht mehr befreundet*

vor|bei... ⟨in Zus. mit Verben der Bewegung⟩ *durch etwas nähernd, eine kurze Zeit neben ihm und dann vor ihm sich fortbewegend*, z.B. vorbeifahren, vorbeifliegen; Syn. vorüber...

vor|bei|beneh|men ⟨V.88, hat vorbeibenommen; refl.; ugs.⟩ sich v. *sich entgegen der herrschenden Sitte benehmen*

vor|bei|ge|hen ⟨V.47, ist vorbeigegangen⟩ **I** ⟨o.Obj. oder mit Präp.obj.⟩ **1** *kurze Zeit nebenher und dann vorausgehen*; an jmdm. oder etwas v. *kurze Zeit neben jmdm. oder etwas her- und ihm dann vorausgehen*; ⟨übertr.⟩ *jmdn. oder etwas nicht beachten*; an diesem Menschen kann man nicht v. ⟨übertr.⟩ *diesen Menschen muß man beachten, kann man nicht unbeachtet lassen* **2** *jmdm. einen kurzen Besuch bei jmdm. machen* **II** ⟨o.Obj.⟩ *vergehen, ablaufen*; die Zeit wird schnell v.

vor|bei|ge|lin|gen ⟨V.48, ist vorbeigelungen; o.Obj.; ugs.⟩ *nicht gelingen*

vor|bei|re|den ⟨V.2, hat vorbeigeredet; mit Präp.obj.⟩ **1** an etwas v. *über etwas reden und den Kernpunkt, das dabei Wichtige, nicht treffen, nicht berühren*; am Thema v. **2** aneinander v. *miteinander reden, wobei jeder etwas anderes meint, so daß keiner den anderen versteht*

vor|bei|schie|ßen ⟨V.113, hat vorbeigeschossen; o.Obj.⟩ **1** *danebenschießen, das Ziel nicht treffen*; er hat mit seiner Antwort vorbeigeschossen ⟨übertr., ugs.⟩ *er hat mit seiner Antwort nicht das Richtige getroffen* **2** ⟨übertr.⟩ *sehr schnell vorbeilaufen, -fahren, -fliegen*

vor|be|la|stet ⟨Adj., o.Steig.⟩ *(durch etwas Vergangenes) belastet*; er ist erblich v.; sie ist durch diese Erlebnisse v. und urteilt daher anders

Vor|be|mer|kung ⟨f.10⟩ *vorausgeschickte Bemerkung*

vor|be|rei|ten ⟨V.2, hat vorbereitet⟩ **I** ⟨mit Akk.⟩ **1** etwas v. **a** *Vorarbeiten für etwas machen, vorher schon einiges für etwas zurechtmachen*; eine Arbeit, ein Fest, den Unterricht v. **b** *im voraus zubereiten, machen*; eine Mahlzeit v. **2** jmdn. v. **a** *jmdm. etwas vorher andeutungsweise sagen, mitteilen, jmdn. schonend voraus informieren*; eine Frau auf den Tod ihres (verunglückten, kranken) Sohnes v. **b** *jmdm. Wissensstoff mitteilen*; jmdm. Wissenstoff wiederholen; jmdn. für die Prüfung v. **II** ⟨refl.⟩ sich v. **1** *sich bereit machen*; ⟨bes. im Perf. Passiv⟩ vorbereitet sein; die Gäste kommen in einer halben Stunde, und ich bin noch nicht vorbereitet **2** *sich entwickeln, langsam entstehen*; ein Gewitter bereitet sich vor ⟨auch übertr.⟩ **3** sich auf v. *seine Gedanken auf etwas richten (um etwas Kommendes zu bewältigen)*; sich seelisch auf eine schlimme Nachricht v.; sich auf eine Prüfung v. *für eine Prüfung lernen*

Vor|be|rei|tung ⟨f.10⟩ **1** ⟨nur Sg.⟩ *das Vorbereiten*; V. eines Festes, des Abendessens; das Buch ist in V. *das Buch wird vorbereitet, erarbeitet* **2** *vorbereitende Tätigkeit, Maßnahme, mit der etwas vorbereitet wird*; mit den ~en beschäftigt sein

Vor|be|spre|chung ⟨f.10⟩ *vorbereitende Besprechung*

vor|be|stimmt ⟨Adj., o.Steig.⟩ *(durch die Herkunft oder das Schicksal) schon vorher festgelegt*

vor|be|straft ⟨Adj., o.Steig.⟩ *von einem Gericht bereits früher bestraft*

vor|be|ten ⟨V.2, hat vorgebetet; mit Dat. und Akk.⟩ jmdm. etwas v. **1** *jmdm. ein Gebet vorsprechen* **2** ⟨ugs.⟩ *jmdm. etwas sagen, was er längst weiß*; sie betet mir immer wieder vor, ich soll ...

Vor|beu|ge|haft ⟨f., -, nur Sg.⟩ *Haft, durch die jmd. von einer Straftat abgehalten werden soll*; auch: Vorbeugungshaft

vor|beu|gen ⟨V.1, hat vorgebeugt⟩ **I** ⟨mit Akk.⟩ etwas vorbeugen *nach vorn beugen*; Syn. ⟨geh.⟩ *vorneigen*; den Kopf, den Oberkörper v. **II** ⟨mit Dat.⟩ einer Sache v. *etwas tun, damit eine Sache nicht eintritt*; einer Krankheit, einer Entwicklung v.; ~de Maßnahmen

Vor|beu|gung ⟨f.10⟩ *das Vorbeugen (II)*; V. einer Krankheit; eine Tablette zur V. einnehmen

Vor|beu|gungs|haft ⟨f., -, nur Sg.⟩ → *Vorbeugehaft*

Vor|bild ⟨n.3⟩ *musterhaftes Beispiel*; er ist ein V. an Fleiß; jmdm. ein V. geben; jmdn. zum V. nehmen

vor|bild|lich ⟨Adj.⟩ *als Vorbild geeignet, hervorragend*; ~er Fleiß; das hat er v. gemacht **Vor|bild|lich|keit** ⟨f., -, nur Sg.⟩

Vor|bil|dung ⟨f., -, nur Sg.⟩ *durch vorbereitende Ausbildung erlangte Kenntnisse*

Vor|bör|se ⟨f.11⟩ *Börsengeschäft vor Börsenbeginn*

Vor|bo|te ⟨m.11⟩ **1** *jmd., der etwas ankündigt* **2** *erstes Anzeichen*; ~en des Frühlings

vor|brin|gen ⟨V.21, hat vorgebracht; mit Akk.⟩ **1** ⟨ugs.⟩ *nach vorn bringen* **2** *zur Sprache bringen, zum Ausdruck bringen, sagen, mitteilen*; eine Bitte, eine Beschwerde v.

Vor|büh|ne ⟨f.11⟩ *vor dem Vorhang gelegener Teil der Bühne*

vor|christ|lich ⟨Adj., o.Steig.⟩ *vor der Geburt Christi gelegen*; Ggs. nachchristlich; die ~e Zeit; im ersten v. Jahrhundert

vor|da|tie|ren ⟨V.3, hat vordatiert; mit Akk.⟩ *mit einem künftigen Datum versehen*; Ggs. nachdatieren; einen Brief v.

vor|dem ⟨auch [-dem] Adv.; geh.⟩ **1** *vorher, zuvor*; der Wagen läuft wieder wie v. **2** *einst, in früherer Zeit*; Dresden galt v. als Deutschlands größte Großstadt

Vor|der|an|sicht ⟨f.10⟩ *Ansicht von vorn*

Vor|der|bein ⟨n.1; bei Vierfüßern⟩ *jedes der vorderen Beine*; Syn. ⟨Jägerspr.⟩ *Vorderlauf*

vor|de|re(r, -s) ⟨Adj., o.Komparativ⟩ *vorn befindlich, vorn gelegen*; der vordere Teil; die beiden vorderen Sitze; an vorderster Platz; an vorderster Front ⟨übertr.⟩ *ganz vorn an der Front*

Vor|der|front ⟨f.10⟩ *vorderer Teil (eines Gebäudes)*; Ggs. Hinterfront

Vor|der|gau|men ⟨m.7⟩ *vorderer, harter Teil des Gaumens*

Vor|der|gau|men|laut ⟨m.1⟩ *am vorderen Gaumen gebildeter Laut*, z.B. g, k (vor e und i), ch (nach e und i), ng

Vor|der|grund ⟨m.2⟩ *vorderster Teil (des Blickfeldes)*; Ggs. Hintergrund; der V. eines Bildes; im V. stehen ⟨übertr.⟩ *viel Aufmerksamkeit genießen*; jmdn., etwas in den V. rücken, spielen ⟨übertr.⟩ *die Aufmerksamkeit auf jmdn., etwas lenken*; sich in den V. drängen *die Aufmerksamkeit auf sich ziehen wollen*

vor|der|grün|dig ⟨Adj.⟩ **1** *leicht zu durchschauen*; ~e Ausreden **2** *oberflächlich*; ~e Argumentation; ein Thema zu v. behandeln

vor|der|hand ⟨auch [for-] Adv.⟩ *zunächst, vorläufig, einstweilen*; das wollen wir v. noch beiseite lassen; darüber wollen wir v. noch nicht sprechen

Vor|der|hand ⟨f.2; bei Pferden⟩ *Körperteil, der vor dem Reiter liegt, Vorderbeine*; auch: Vorhand; Ggs. Hinterhand

Vor|der|haus ⟨n.4⟩ *an der Straße liegendes Wohnhaus (hinter dem im Hof ein weiteres Haus liegt)*; Ggs. Hinterhaus

Vor|der|hirn ⟨n.1⟩ *vorderer Teil des Gehirns*; Syn. Großhirn

Vor|der|kie|mer ⟨m.5⟩ *Schnecke, bei der die Kiemen vor dem Herzen liegen (z.B. die Sumpfdeckelschnecke)*

Vor|der|la|der ⟨m.5; früher⟩ *Feuerwaffe, die von der Mündung aus geladen wird*; Ggs. Hinterlader

vor|der|la|stig ⟨Adj., o.Steig.; bei Schiffen, Flugzeugen⟩ *vorn mehr belastet als hinten*; Syn. kopflastig; Ggs. achterlastig, hinterlastig

Vor|der|lauf ⟨m.2; Jägerspr.⟩ → *Vorderbein*

Vor|der|mann ⟨m.4 oder m., -(e)s, -leu|te⟩ *jmd., der sich unmittelbar vor einer anderen Person befindet*; etwas auf V. bringen ⟨ugs.⟩ *in Ordnung bringen*; jmdn. auf V. bringen ⟨ugs.⟩ *jmdn. dazu bringen, sich einzuordnen*

Vor|der|rad|an|trieb ⟨m.1; beim Kfz⟩ *Antrieb über die Vorderräder*; Syn. Frontantrieb

Vor|der|satz ⟨m.2⟩ *im Satzgefüge oder in der Satzverbindung vorangestellter Satz*; vgl. Nachsatz, Zwischensatz

Vor|der|sei|te ⟨f.11⟩ *vorn, oben liegende Seite*; Ggs. Rückseite; die V. des Hauses; die V. eines Buches

Vor|der|teil ⟨n.1, auch m.1⟩ *vorderes, vorn befindliches Teil*; Ggs. Hinterteil, Rückteil; das V. einer Bluse; das V. einer Bluse zuschneiden

Vor|der|zim|mer ⟨n.5⟩ *nach vorn, zur Straße gelegenes Zimmer*; Ggs. Hinterzimmer

vor|drän|gen ⟨V.1, hat vorgedrängt⟩ **I** ⟨o.Obj.⟩ *nach vorn drängen, sich drängend nach vorn bewegen*; die Menge drängte vor **II** ⟨refl.⟩ sich v. *an die erste Stelle, in den Mittelpunkt des Interesses drängen wollen, die anderen nicht zu Wort kommen lassen, anderen zuvorkommen*; sie drängt sich immer vor

vor|drin|gen ⟨V.12, ist vorgedrungen; o.Obj.⟩ **1** *sich beharrlich, mit Kraft und Ausdauer vorwärts bewegen*; in ein unbekanntes Gebiet v.; in ein Wissensgebiet v. *sich in ein Wissensgebiet einarbeiten, sich Kenntnisse darüber verschaffen* **2** *sich ausbreiten*; das Unkraut dringt immer weiter vor **3** *mit Ausdauer und Energie bis zu einer Stelle (oder Person) gelangen*; wenn er etwas erreichen will, dringt er bis zu den höchsten Stellen vor

vor|dring|lich ⟨Adj.⟩ *eilig, sehr dringend*; die Angelegenheit ist v., muß v. behandelt werden **Vor|dring|lich|keit** ⟨f., -, nur Sg.⟩

Vor|druck ⟨m.1⟩ *Formular mit aufgedruckten Fragen o.ä. (das ausgefüllt werden muß)*

vor|ehe|lich ⟨Adj., o.Steig.⟩ **1** *vor der Ehe stattfindend*; ~er Geschlechtsverkehr **2** *aus der Zeit vor der Eheschließung stammend*; ein ~es Kind

vor|ei|lig ⟨Adj.⟩ *übertrieben eilig, unüberlegt* **Vor|ei|lig|keit** ⟨f., -, nur Sg.⟩

vor|ein|an|der ⟨Adv.⟩ *einer vor dem anderen*; v. Angst haben

vor|ein|ge|nom|men ⟨Adj.⟩ *(jmdm. oder einer Sache gegenüber) eine bestimmte Haltung einnehmend, eine bestimmte Meinung habend (ohne vorherige Prüfung der Person oder Sache) und daher nicht objektiv*; ein ~er Kritiker **Vor|ein|ge|nom|men|heit** ⟨f., -, nur Sg.⟩

Vor|ein|sen|dung ⟨f.10⟩ *vorherige Einsendung*; gegen V. des Betrages

Vor|el|tern ⟨nur Pl.; †⟩ *Vorfahren*

vor|ent|hal|ten ⟨V.61, hat vorenthalten; mit Dat. und Akk.⟩ jmdm. etwas v. *jmdm. etwas nicht geben (was ihm zusteht), nicht mitteilen (was er wissen sollte)*; jmdm. sein Erbe v.; jmdm. eine Nachricht v.

Vor|ent|schei|dung ⟨f.10⟩ *eine Entscheidung vorbereitender Vorgang*; sportliche V.

Vor|er|be **I** ⟨m.11⟩ *vom Erblasser bis zu einem bestimmten Zeitpunkt eingesetzter Erbe* **II** ⟨n., -s, nur Sg.⟩ *Erbe eines Vorerben (I)*; Syn. Vorerbschaft

Vor|erb|schaft ⟨f.10⟩ → *Vorerbe (II)*

vor|erst ⟨Adv.⟩ *zunächst, einstweilen*; ich möchte v. nichts dazu sagen; wir wollen es v. so lassen, wie es ist

vor|fa|bri|zie|ren ⟨V.3, hat vorfabriziert⟩ → *vorfertigen*

Vor|fahr ⟨m.10⟩ *Verwandter einer früheren Generation;* Syn. *Ahn(e),* ⟨†⟩ *Ahnherr;* Ggs. *Nachkomme;* meine ~en

Vor|fahrt ⟨f.10⟩ *(durch verkehrsrechtliche Bestimmung geregeltes) Recht eines Fahrzeugs, an einer Einmündung oder Kreuzung vor einem anderen Fahrzeug durchfahren zu dürfen;* Syn. ⟨österr.⟩ *Vorrang,* ⟨schweiz.⟩ *Vortritt*

Vor|fall ⟨m.2⟩ **1** *Ereignis, Vorkommnis;* ein lustiger V. **2** ⟨Med.⟩ *Ausstülpung eines im Inneren gelegenen Körperteiles* (Bandscheiben~, Gebärmutter~); Syn. *Prolaps*

vor|fal|len ⟨V.33, ist vorgefallen; o.Obj.⟩ **1** *nach vorn fallen* **2** *sich ereignen, geschehen;* was ist in der Zwischenzeit vorgefallen?; er tat, als sei nichts vorgefallen; es ist irgend etwas vorgefallen, wovon ich nichts weiß

Vor|fei|er ⟨f.11⟩ *Feier vor der eigentlichen Feier*

Vor|feld ⟨n.3⟩ **1** *vorgelagertes Gelände;* im V. der eigentlichen Kampfhandlungen; im V. der Abstimmung, der Wahlen ⟨übertr.⟩ *vor der Abstimmung, vor den Wahlen* **2** ⟨Sprachw.⟩ *Teil des Hauptsatzes vor dem finiten Verb*

vor|fer|ti|gen ⟨V.1, hat vorgefertigt; mit Akk.⟩ *(als Teil) vorher anfertigen;* Syn. *vorfabrizieren;* Bauteile (z.B. von Fertighäusern) v.

Vor|film ⟨m.1⟩ *Kurzfilm (z.B. Kulturfilm) vor dem Hauptfilm*

vor|fi|nan|zie|ren ⟨V.3, hat vorfinanziert; mit Akk.⟩ *etwas v. für etwas (was später mit einem langfristigen Kredit finanziert werden soll) vorher einen kurzfristigen Kredit gewähren* **Vor|fi|nan|zie|rung** ⟨f.10⟩

vor|fin|den ⟨V.36, hat vorgefunden; mit Akk.⟩ *finden (wenn man an einen Ort kommt);* als ich hinkam, fand ich schon mehrere Mitarbeiter wartend vor; als ich heimkam, fand ich alles in bester Ordnung vor

Vor|flu|ter ⟨m.5⟩ *Gewässer, in das durch natürliches Gefälle Abwasser eingeleitet wird*

Vor|freu|de ⟨f., -, nur Sg.⟩ *Freude auf etwas Kommendes*

vor|fri|stig ⟨Adj., o.Steig.⟩ *vor Ablauf der Frist, eher als geplant;* ~e Fertigstellung

Vor|frucht ⟨f.2⟩ *Pflanze, die innerhalb der Fruchtfolge vor einer anderen auf einer bestimmten Fläche angebaut wird*

Vor|früh|ling ⟨m., -s, nur Sg.⟩ *frühlingshafte Tage vor Beginn des Frühlings*

vor|füh|len ⟨V.1, hat vorgefühlt; o.Obj.⟩ *durch vorsichtiges Fragen etwas zu erfahren suchen;* ich werde einmal (bei ihm) v., ob er sich schon entschieden hat

Vor|führ|da|me ⟨f.11⟩ *Frau, die Moden vorführt, Mannequin*

vor|füh|ren ⟨V.1, hat vorgeführt; mit Akk.⟩ **1** etwas v. **a** ⟨verstärkend⟩ *zeigen;* jmdm. sein neues Auto v.; den Gästen die Urlaubsfotos v. **b** *im Ablauf zeigen, vorspielen, vortanzen, nacheinander zeigen;* die Gruppe führte eine neueinstudierte Tanz vor; einen Film v.; ein Kartenkunststück v.; die neuesten Kleidermodelle v. **2** jmdn. v. *jmdn. herbeiführen vor jmdn. hintreten lassen;* einen Verhafteten dem Richter v.; einen Patienten dem Arzt v.; sie will uns ihren neuen Freund v. ⟨ugs., scherzh.⟩

Vor|füh|rer ⟨m.5⟩ *jmd., der Kinofilme vorführt*

Vor|führ|raum ⟨m.2⟩ *Raum für den Filmprojektor (im Kino)*

Vor|füh|rung ⟨f.10⟩ **1** ⟨nur Sg.⟩ *das Vorführen (1b)* **2** *Aufführung, Darbietung* (Theater~, Film~)

Vor|ga|be ⟨f.11⟩ **1** ⟨Sport⟩ *Zeit-, Punktvorsprung für einen schwächeren Gegner* **2** *die Menge Gestein, die mit einem Schuß gesprengt werden soll* **3** *etwas Vorgegebenes, nach dem man sich richten soll, Richtwert, Zielvorstellung*

Vor|ga|be|zeit ⟨f.10⟩ *die bei normalem Arbeitsablauf erforderliche Zeit für die Ausführung einer Arbeitsleistung*

Vor|gang ⟨m.2⟩ **1** *Ablauf, Geschehen;* ein historischer V. **2** *Gesamtheit von Akten (über einen Fall);* ein gerichtlicher V.; suchen Sie mir bitte den V. Hans Huber heraus!

Vor|gän|ger ⟨m.5⟩ *jmd., der jmds. Stellung, Position innehatte* (Amts~)

Vor|gar|ten ⟨m.8⟩ *kleiner Garten vor einem Haus*

Vor|gar|ten|zwerg ⟨m.1⟩ **1** *Gartenzwerg im Vorgarten* **2** ⟨abwertend⟩ *kleiner Mensch*

vor|ge|ben ⟨V.45, hat vorgegeben⟩ **I** ⟨mit Akk.⟩ etwas v. **1** *fälschlich behaupten, als Vorwand nehmen;* als ich ihn anrief, gab er vor, krank zu sein **2** *festlegen, bestimmen;* einen Zeitpunkt v. (zu dem etwas fertig sein muß); etwas nach vorgegebenen Maßen herstellen **II** ⟨mit Akk.⟩ jmdm. etwas v. *jmdm. (beim Wettkampf) etwas (als Vorteil) gewähren;* jmdm. fünf Schritte, fünf Punkte v.

vor|geb|lich ⟨Adj., o.Steig.⟩ *angeblich*

vor|ge|faßt ⟨Adj.; nur in der Fügung⟩ ~e Meinung *ohne Kenntnis der Tatsachen gebildete Meinung*

Vor|ge|fühl ⟨n.1⟩ *Ahnung (von einem künftigen Ereignis);* mein V. sagt mir, die Sache wird ein Reinfall

vor|ge|hen ⟨V.47, ist vorgegangen; o.Obj.⟩ **1** *nach vorn gehen;* er ging vor und hielt eine Ansprache **2** *vorwärts laufen, vorwärts stürmen;* die Truppen gingen (zum Angriff) vor **3** *einen zu frühen Zeitpunkt anzeigen;* die Uhr geht vor, geht fünf Minuten vor **4** ⟨ugs.⟩ *vorausgehen;* ich gehe schon vor, komm bitte bald nach! **5** ⟨ugs.⟩ *wichtiger sein, den Vorrang haben;* deine Gesundheit geht vor; die Kinder, die Kranken gehen vor *um die Kinder, die Kranken muß man sich zuerst kümmern* **6** *sich ereignen, geschehen;* was geht hier vor?; hier geht etwas vor *hier stimmt etwas nicht* **7** *(planmäßig) handeln;* klug, vorsichtig, rücksichtslos v.; gegen jmdn. v. *Maßnahmen gegen jmds. Tun ergreifen*

vor|ge|la|gert ⟨Adj., o.Steig.⟩ *nur als Attr. und mit „sein") unmittelbar vor etwas liegend;* Pflanze liegt unmittelbar vor der Küste; der Küste ~e Inseln; der Insel ~e Riffe

Vor|ge|schich|te ⟨f.11⟩ **1** ⟨nur Sg.⟩ *Zeit, von der keine schriftlichen Aufzeichnungen existieren;* Syn. *Prähistorie* **2** ⟨nur Sg.⟩ *Wissenschaft davon* **3** *Geschehen, die einem Ereignis vorangeht;* die V. des Mordes

vor|ge|schicht|lich ⟨Adj., o.Steig.⟩ *aus der Vorgeschichte (1) stammend, zu ihr gehörig;* Syn. *prähistorisch*

Vor|ge|schmack ⟨m., -s, nur Sg.⟩ *Eindruck von etwas Künftigem*

vor|ge|schrit|ten ⟨Adj.⟩ →*vorschreiten*

Vor|ge|setz|te(r) ⟨m., f.17 oder 18⟩ *jmd., der einem anderen übergeordnet ist und ihm Anweisungen, Befehle geben kann*

vor|ge|stern ⟨Adv.⟩ *am Tag vor gestern;* wir sind v. angekommen; von v. sein ⟨übertr., ugs.⟩ *rückständig sein*

vor|ge|strig ⟨Adj.⟩ **1** ⟨o.Steig.⟩ *von vorgestern stammend* **2** ⟨übertr., ugs.⟩ *rückständig*

vor|grei|fen ⟨V.59, hat vorgegriffen⟩ **I** ⟨o.Obj.⟩ *vorher mitteilen, etwas vorher sagen (wovon eigentlich erst später die Rede sein soll);* ich greife hier etwas vor – müssen wir dafür sorgen, daß ...; aber davon sprechen wir später, ich möchte nicht v. **II** ⟨mit Dat.⟩ *einer Sache v. handeln, bevor eine Sache eingetreten ist, geschehen ist, eine Sache nicht abwarten;* jmds. Entscheidung v.; einer Entscheidung v.

Vor|griff ⟨m.1⟩ *das Vorgreifen, Vorwegnahme;* unter V. auf das, was später besprochen werden soll, möchte ich kurz sagen ...; ein V. auf das nächste Kapitel

Vor|halt ⟨m.1⟩ **1** ⟨Mus.⟩ *dissonierender Ton oder Akkord, der etwas verzögert wird, ehe der folgende Ton oder Akkord die Auflösung bringt* **2** *Entfernung, um die ein einer Schußwaffe vor das bewegte Objekt gezielt werden muß, um es zu treffen* **3** ⟨schweiz.⟩ *Vorhaltung*

vor|hal|ten ⟨V.61, hat vorgehalten⟩ **I** ⟨o.Obj.⟩ **1** *(beim Schießen auf bewegte Ziele) etwas weiter nach vorn zielen;* einige Zentimeter v. **2** *reichen, ausreichen;* der Vorrat wird eine Weile v. **3** *dauern;* seine Freude, sein Zorn hielt nicht lange vor **4** *Wirkung haben, wirken;* die Medikamente hält zwölf Stunden vor **II** ⟨mit Akk.⟩ etwas v. *etwas vor sich hinhalten;* mit vorgehaltenem Revolver auf jmdn. zugehen **III** ⟨mit Dat. und Akk.⟩ **1** jmdm. etwas v. *jmdm. etwas zum Vorwurf machen;* jmdm. sein langes Ausbleiben v. **2** *einem Tier etwas v. etwas vor ein Tier hinhalten;* einem Hund ein Stück Wurst v.

Vor|hal|tung ⟨f.10⟩ *Vorwurf, ernste Mahnung;* jmdm. ~en machen

Vor|hand ⟨f.2⟩ **1** →*Vorderhand* **2** ⟨nur Sg.; Tennis, Tischtennis, Badminton und Squash⟩ *Schlag, bei dem der Handteller in die Schlagrichtung zeigt;* auch: *Forehand;* Ggs. *Rückhand*

vor|han|den ⟨Adj., o.Steig.; nur als Attr. und mit „sein"⟩ **1** *vorstellbar, existierend;* etwa ~e Mängel; die zweifellos ~en Nachteile werden ausgeglichen durch ... **2** *da; v. sein dasein, existieren;* von den alten Freunden ist keiner mehr v.; der Wald, der früher hier stand, ist nicht mehr v.; er ist für mich nicht mehr v. ⟨übertr.⟩ *ich beachte ihn nicht mehr* **3** *verfügbar;* alles augenblicklich ~e Geld

Vor|hang ⟨m.2⟩ *Stoffbahn, die vor einem Fenster, einer Tür oder einer Bühne hängt oder einen Raum abteilt;* vgl. *eisern;* den V. öffnen, schließen; der V. hebt sich

vor|hän|gen ⟨V.1, hat vorgehängt; mit Akk.⟩ *an die Vorderseite hängen, hängend vorn befestigen;* ein Schloß v.; eine Gardine v. (um die Öffnung zu verdecken)

Vor|haut ⟨f.2⟩ *die Eichel des Penis mehr oder weniger umhüllende, verschiebbare Haut;* Syn. *Präputium*

vor|her ⟨Adv.⟩ *vor einem Ereignis, früher;* kurz v.; etwas v. bedenken

vor|her|ge|hen ⟨V.47, ist vorhergegangen; o.Obj.⟩ *vorher gehen, früher ablaufen;* alles, was vorhergegangen ist, wird nicht berücksichtigt; am ~den Tag

vor|he|rig ⟨[for-] oder [-he-] Adj., o.Steig.⟩ *vorangehend, vorangegangen;* ~e Abmachungen sind ungültig; am ~en Tag

Vor|herr|schaft ⟨f., -, nur Sg.⟩ Syn. *Vormacht* **1** *übermächtige Herrschaft, absolute Herrschaft;* die V. auf dem Meer haben **2** *(politische) Übermacht, politische Führungsrolle;* um die V. kämpfen

vor|herr|schen ⟨V.1, hat vorgeherrscht; o.Obj.⟩ *in der Mehrzahl, mehr als alles übrige vorhanden sein, überwiegend sein;* in dieser Gegend herrscht der Fachwerkbau vor; die ~de Farbe ist Rot

Vor|her|sa|ge ⟨f.11⟩ →*Voraussage*

vor|her|sa|gen ⟨V.1, hat vorhergesagt⟩ →*voraussagen*

vor|hin ⟨auch [-hįn] Adv.⟩ *gerade erst, vor ganz kurzer Zeit*

vor|hin|ein ⟨Adv.; bes. bayr.-österr.; in der Fügung⟩ *im v. im voraus, vorher*

Vor|hof ⟨m.2⟩ **1** *Hof vor einem Haus* **2** ⟨Med.⟩ *Teil der Herzkammer, in die das Blut zuerst einfließt;* Syn. *Vorkammer*

Vor|höl|le ⟨f., -, nur Sg.⟩ →*Limbus (1)*

Vor|hut ⟨f.10; Mil.⟩ *der Truppe vorausgeschickter Sicherungsverband;* Syn. *Vortrupp,* ⟨†⟩ *Avantgarde,* ⟨im altschweiz. Heer⟩ *Harst,* ⟨†; bei Reitertruppen⟩ *Vortrab*

vo|rig ⟨Adj., o.Steig.⟩ **1** *vorhergegangen;* im ~en Jahr, Monat; ~en Jahres (Abk.: v.J.);

vor|in|du|stri|ell ⟨Adj., o.Steig.⟩ *vor der Industrialisierung*

Vor|jahr ⟨n.1⟩ *vorhergehendes Jahr;* im V.; Eingemachtes vom V.

vor|jäh|rig ⟨Adj., o.Steig.⟩ *im Vorjahr geschehen;* die ~en Prüfungen

Vor|kam|mer ⟨f.11⟩ → *Vorhof (2)*

Vor|kämp|fer ⟨m.5⟩ *jmd., der für eine Entwicklung, Idee kämpft*

Vor|kaufs|recht ⟨n.1⟩ *Recht, etwas als erster zum Kauf angeboten zu bekommen;* V. für eine Eigentumswohnung, ein Produkt

Vor|kehr ⟨f.10; schweiz.⟩ *Vorkehrung*

vor|keh|ren ⟨V.1, hat vorgekehrt; mit Akk.; selten für⟩ *hervorkehren*

Vor|keh|rung ⟨f.10⟩ *Sicherheitsmaßnahme;* ~en treffen (z.B. zum Schutz der Kinder im Verkehr)

vor|kei|men ⟨V.1, hat vorgekeimt; mit Akk.⟩ *vor der Aussaat zum Keimen bringen;* Saatgut v.

Vor|kennt|nis|se ⟨nur Pl.⟩ *grundlegende Kenntnisse;* dafür sind keine V. erforderlich; haben Sie schon V. in diesen Sprachen?

vor|knöp|fen ⟨V.1, hat vorgeknöpft; mit Dat. (sich) und Akk.⟩ sich jmdn. v. *jmdn. zu sich kommen lassen und ihn zur Rechenschaft ziehen*

vor|kom|men ⟨V.71, ist vorgekommen⟩ **I** ⟨o.Obj.⟩ **1** *nach vorn kommen* **2** *hervorkommen, aus einem Versteck herauskommen* **3** *erscheinen, auftreten, zu finden sein;* so etwas kommt öfters vor; es kommt manchmal vor, daß ...; in deinem Aufsatz kommt immer wieder derselbe Fehler vor; diese Pflanzen kommen hier oft vor **II** ⟨mit Dat.⟩ etwas oder jmd. kommt jmdm. vor *etwas oder jmd. erscheint jmdm. (auf bestimmte Weise), jmd. empfindet etwas (auf bestimmte Weise);* es kommt mir so vor, als hätte er ...; das kommt mir merkwürdig, ⟨ugs.⟩ komisch vor; das kommt dir nur so vor *das erscheint dir nur so;* wie kommst du mir eigentlich vor? ⟨ugs.⟩ *was denkst du dir eigentlich, was bildest du dir ein?* **III** ⟨mit Dat. (sich)⟩ ich komme mir vor *ich erscheine mir selbst (in bestimmter Weise), ich fühle mich;* ich komme mir in dem Kleid etwas komisch vor; ich käme mir ja lieblos vor, wenn ich das täte; er kommt sich wie ein dummer Junge vor, wenn du ihn so behandelst; du kommst dir wohl sehr klug, sehr schlau vor? *du denkst wohl, du seist sehr klug, sehr schlau?*

Vor|kom|men ⟨n.7⟩ **1** *Vorhandensein (von Bodenschätzen, einer Tier- oder Pflanzenart);* beträchtliche V. von, an Erdöl **2** ⟨nur Sg.⟩ *Auftreten (einer Krankheit)*

vor|kom|men|den|falls ⟨Adv.; Amtsdeutsch⟩ *wenn der Fall eintritt*

Vor|komm|nis ⟨n.1⟩ *Begebenheit, Vorfall*

vor|kra|gen ⟨V.1, hat vorgekragt; o.Obj.; Bauw.⟩ *herausragen;* das Sims kragt vor; ~de Mauerteile

vor|la|den ⟨V.74, hat vorgeladen; mit Akk.⟩ *zum Erscheinen vor Gericht auffordern;* einen Zeugen v.

Vor|la|dung ⟨f.10⟩ *Aufforderung, vor Gericht zu erscheinen;* Syn. ⟨schweiz.⟩ *Bott;* eine V. erhalten; jmdm. eine V. schicken

Vor|la|ge ⟨f.11⟩ **1** ⟨nur Sg.⟩ *das Vorlegen (I,1)* **2** *bei der Quittung* **2** *Entwurf (eines Gesetzes)* **3** *Muster (das kopiert wird);* nach V. zeichnen **4** ⟨Fußb.⟩ *Paß, der einen Torschuß vorbereitet* **5** ⟨Schisport⟩ *Neigung des Oberkörpers nach vorn* **6** *vorgestrecktes Geld* **7** ⟨Chem.⟩ *Gefäß, in dem ein Destillat aufgefangen wird*

Vor|land ⟨n., -(e)s, nur Sg.⟩ *vorgelagertes Land* (Alpen~, Deich~)

vor|las|sen ⟨V.75, hat vorgelassen; mit Akk.⟩ **1** ⟨kurz für⟩ *vorbeigehen, nach vorn, an die Spitze (einer Reihe Wartender) gehen lassen, vorbeifahren lassen;* bitte lassen Sie mich vor, ich habe es eilig, ich kann nicht lange stehen; der Mercedes vor uns läßt uns nicht vor ⟨ugs.⟩ **2** *zu jmdm. gehen lassen, zu jmdm. kommen lassen;* ich kann Sie nicht zum Herrn Professor v., er hat eine Besprechung; der Chef läßt heute niemanden vor; der Bote wurde sofort vorgelassen

Vor|lauf ⟨m.2⟩ **1** ⟨Sport⟩ *Ausscheidungskampf für die Endrunde* **2** *das Vorwärtslaufen (eines Films, eines Tonbands)* **3** *ein Einstellmaß für die Fahrzeuglenkung* **4** *bei einer Destillation zuerst ablaufender Teil des Destillats*

vor|lau|fen ⟨V.76, ist vorgelaufen; o.Obj.⟩ *nach vorn laufen, vorauslaufen*

Vor|läu|fer ⟨m.5⟩ **1** *Lebewesen oder Ding, das einer späteren Entwicklung vorangehnt;* ein V. des Expressionismus; ein V. der heutigen Säugetiere; ein V. des Verbrennungsmotors **2** ⟨Sport⟩ *jmd., der vor den Wettkampfteilnehmern eine Strecke durchläuft;* die V. sollen dafür sorgen, daß die Piste besser befahrbar wird **b** *Teilnehmer im Vorlauf;* die V. sammeln sich an der Ziellinie **3** → *Vorzug (3)* **4** ⟨Färberei⟩ *Stoffstreifen am Anfang und Ende einer Gewebebahn*

vor|läu|fig ⟨Adj., o.Steig.⟩ **1** *einstweilig, nicht endgültig;* der ~e Bauplan **2** ⟨als Adv.⟩ *zunächst, fürs erste;* v. bleibe v. hier

vor|laut ⟨Adj., -er, am -esten⟩ **1** ⟨Jägerspr.⟩ *vom Jagdhund: zu früh Laut gebend* **2** ⟨übertr.⟩ *sich ungefragt einmischend, frech;* ~es Kind

vor|le|ben ⟨V.1, hat vorgelebt; mit Dat. und Akk.⟩ jmdm. etwas v. *jmdm. durch sein Leben ein Beispiel sein, lehren;* er hat seinen Kindern echte Nächstenliebe, wirkliche Großzügigkeit vorgelebt

Vor|le|ben ⟨n., -s, nur Sg.⟩ *bisheriges Leben;* über sein V. ist nichts bekannt; sie hat ein fragwürdiges V. gehabt

vor|le|gen ⟨V.1, hat vorgelegt⟩ **I** ⟨mit Dat. und Akk.⟩ jmdm. etwas v. **1** *jmdm. etwas zeigen (zur Begutachtung, zur Prüfung, zur Auswahl);* jmdm. Warenproben, eine Probearbeit v.; einem Kunden Stoffe v.; jmdm. Zeugnisse, Beweise v.; einer Behörde seinen Paß v.; jmdm. eine Frage v. ⟨betonend⟩ *jmdm. eine Frage stellen* **2** *jmdm. etwas auf den Teller legen;* jmdm. Fleisch v. **II** ⟨mit Akk.⟩ etwas v. **1** *etwas vor die Tür, an die Türe legen, schieben, hängen;* einen Riegel, ein Schloß v. **2** ⟨nur in Wendungen wie⟩ *scharfes Tempo v.* in scharfem Tempo zu laufen, zu fahren beginnen **3** ⟨ugs.⟩ *etwas (vorsichtshalber) essen;* vor der Wanderung noch etwas Kräftiges, ein ordentliches Frühstück v.

Vor|le|ger ⟨m.5⟩ *kleiner Teppich (Bett~)*

Vor|lei|stung ⟨f.10⟩ *Leistung, die im Hinblick auf eine erwartete Gegenleistung erbracht wird;* finanzielle, politische V.

Vor|le|se ⟨f.11⟩ *Traubenernte vor dem offiziellen Lesetermin*

vor|le|sen ⟨V.79, hat vorgelesen; mit Akk. oder mit Dat. und Akk.⟩ (jmdm.) etwas v. *(vor jmdm.) etwas laut lesen;* ich lese (euch) den Text erst einmal vor; den Kindern eine Geschichte v.; (den Zuhörern) eine Mitteilung, Bekanntmachung v.; jmdm. einen Brief v.

Vor|le|sung ⟨f.10⟩ *an Hochschulen regelmäßige Veranstaltung, bei der ein Dozent Wissenschaft vorträgt;* V. halten; ~en bei Professor X hören; ~en über Literatur

vor|letz|te(r, -s) ⟨Adj., o.Steig.⟩ *unmittelbar vor der, dem letzten;* im vorletzten Monat; im vorletzten Jahr; in der vorletzten Reihe

Vor|lie|be ⟨f.11⟩ *besondere Neigung;* eine V. für Fisch haben

vor|lieb|neh|men ⟨V.88, hat vorliebgenommen; mit Präp.obj.⟩ mit etwas, ⟨übertr. auch⟩ mit jmdm. v. *sich mit etwas, mit jmdm. begnügen, zufriedengeben;* Syn. *fürliebnehmen;* ich habe mit einem kalten Mittagessen v., mit einem einfachen Zimmer v.; meine Mutter ist nicht da, also müssen Sie mit mir v.

vor|lie|gen ⟨V.80, hat vorgelegen; o.Obj. oder mit Dat.⟩ **1** *zum Bearbeiten, Besprechen, Erledigen vorhanden sein, daliegen;* liegt irgend etwas vor?; mir liegt eine Anfrage vor; der Bericht liegt Ihnen bereits vor; im ~den Fall *in dem Fall, der uns gerade beschäftigt* **2** *vorhanden sein, bestehen;* es liegt kein Grund zur Aufregung vor; hier liegt anscheinend eine Verwechslung vor; gegen ihn liegt nichts vor *es ist nichts vorhanden, was ihn belastet, es hat niemand über ihn beschwert, beklagt*

vorm ⟨Präp. mit Art.⟩ *vor dem;* v. Haus

vorm. ⟨Abk. für⟩ *vormals* **2** ⟨Abk. für⟩ *vormittag(s)*

vor|ma|chen ⟨V.1, hat vorgemacht; mit Dat. und Akk.⟩ jmdm. etwas v. **1** *etwas machen und den anderen zuschauen lassen (damit er es nachmacht, lernt, versteht), jmdm. zeigen, wie etwas gemacht wird;* jmdm. eine Turnübung v.; jmdm. v., wie ein Gerät gehandhabt wird **2** ⟨meist in verneinenden Sätzen⟩ *jmdn. täuschen, jmdn. beschwindeln;* mir kannst du nichts v.!; ich lasse mir nichts v.; er läßt sich von niemand etwas v.; er hat mir vorgemacht, er könne ... *er hat fälschlich behauptet, er könne ...*

Vor|macht ⟨f., nur Sg.⟩ → *Vorherrschaft*

vor|ma|lig ⟨Adj., o.Steig.⟩ *früher, ehemalig;* der ~e Besitzer

vor|mals ⟨Adv.; Abk.: vorm.⟩ *früher, ehemals*

Vor|mann ⟨m.4⟩ **1** *Vorarbeiter* **2** *Vorgänger*

Vor|marsch ⟨m.2⟩ *Marsch nach vorn, Marsch vorwärts;* auf dem V. sein *vordringen;* eine neue Generation ist auf dem V.; ⟨übertr.⟩ *eine neue Generation gewinnt an Einfluß*

Vor|märz ⟨m., -, nur Sg.⟩ *Zeit von 1815 bis zur deutschen Märzrevolution 1848*

Vor|mensch ⟨m.10⟩ *Mensch auf der frühesten Entwicklungsstufe der Menschheit, Frühmensch*

vor|mer|ken ⟨V.1, hat vorgemerkt⟩ **I** ⟨mit Akk. oder mit Dat. (sich) und Akk.⟩ (sich) etwas v. *sich kurz etwas aufschreiben (um es sich zu merken und später zu tun);* ich habe es mir vorgemerkt, daß Sie mich morgen anrufe; ich habe (mir) Ihre Bestellung vorgemerkt **II** ⟨mit Akk.⟩ jmdn. v. *jmdn. in eine Liste (als Besteller, als Wartenden, als Interessenten) eintragen;* jmdn. für einen Lehrgang, für ein demnächst erscheinendes Buch v.

Vor|mer|kung ⟨f.10⟩ **1** ⟨nur Sg.⟩ *das Vormerken (II)* **2** *Notiz, mit der man jmdn. vormerkt;* eine V. wieder streichen

Vor|milch ⟨f., -, nur Sg.⟩ *bei Wöchnerinnen milchähnliche Absonderung der Brustdrüsen*

vor|mit|tag ⟨Adv.; Abk.: vorm.⟩ *am Vormittag;* heute, morgen v.

Vor|mit|tag ⟨m.1⟩ *Zeit vom Morgen bis zum Mittag;* der heutige V.

vor|mit|tä|gig ⟨Adj., o.Steig.⟩ *am Vormittag geschehend;* eine ~e Veranstaltung

vor|mit|täg|lich ⟨Adj., o.Steig.⟩ *jeden Vormittag;* sein ~er Spaziergang

vor|mit|tags ⟨Adv.; Abk.: vorm.⟩ *am Vormittag*

Vor|mund ⟨m.4, auch m.1⟩ *jmd., der vom Gericht dazu bestimmt ist, einen Entmündigten oder ein Kind gerichtlich zu vertreten* [mit verstärkender Vorsilbe < ahd. *munt* „Hand, Schutz", altnord. *mund* „Hand"]

vor|mund|schaft|lich ⟨Adj., o.Steig.⟩ *aufgrund einer Vormundschaft*

Vor|mund|schafts|ge|richt ⟨n.1⟩ *Gericht, das Fragen der Vormundschaft bearbeitet*

vorn[1] ⟨Adv.⟩ auch: ⟨ugs.⟩ **vorne 1** *an der Vorderseite, am, im vorderen Teil;* v. stehen, liegen; v. links; es reicht v. und hinten nicht ⟨ugs.⟩ *es reicht überhaupt nicht;* das Zimmer liegt nach v. *das Zimmer hat die Fenster zur Straße;* ein Stoß von v. *auf die Vorderseite zu;* von v. anfangen *noch einmal anfangen* **2** *an der Spitze, vor den anderen;* v. marschieren

vorn[2] ⟨Präp. mit Art.; mundartl.⟩ *vor den;* einen Stuhl v. Schreibtisch stellen

Vor|nah|me ⟨f.11⟩ *das Vornehmen (I,1c);* V. einer Änderung

Vor|na|me ⟨m.15⟩ *eigener, persönlicher Name;* Ggs. *Familienname, Nachname;* sein V. ist Hans; sie heißt mit ~n Siegrid

vorn|an ⟨Adv.⟩ *an erster Stelle;* das steht v.

vor|ne ⟨Adv.; ugs.⟩ *vorn*

vor|nehm ⟨Adj.⟩ **1** *fein, edel;* ein ~er Mensch **2** *der oberen, reichen Gesellschaftsschicht zugehörig;* sie stammt aus einer ~en Familie **3** *dem Stil der Oberschicht entsprechend;* er wohnt in einer ~en Gegend **4** *teuer, elegant;* ein ~es Hotel; ~e Kleidung **5** ⟨geh.⟩ *ehrenvoll, wichtig;* deine ~ste Aufgabe [eigtl. „aus der Menge hervorgenommen"]

vor|neh|men ⟨V.88, hat vorgenommen⟩ **I** ⟨mit Akk.⟩ **1** *etwas v.* **a** *sich etwas (zum Schutz) vor den Körper binden;* eine Schürze, eine Serviette v. **b** *etwas vor sich hinlegen;* nehmt eure Hefte vor und schreibt ... **c** ⟨als Funktionsverb mit bestimmten Subst.⟩ *ausführen;* eine Änderung v. *etwas ändern;* eine Untersuchung v. *etwas untersuchen* **2** *jmdn. v.* ⟨ugs.⟩ *jmdn. vor den anderen abfertigen, an die Reihe nehmen;* einen Patienten v. **II** ⟨mit Dat. (sich) und Akk. oder mit Akk.⟩ (sich) *etwas v. etwas zur Hand nehmen (um etwas damit zu tun);* sich ein Buch v.; (sich) eine Handarbeit v. **III** ⟨mit Dat. (sich) und Akk.⟩ **1** *sich etwas v. sich entschließen, etwas zu tun;* er hat sich vorgenommen, künftig pünktlich zu sein; ich habe mir für den Herbst die Reise vorgenommen; hast du dir für heute nachmittag schon etwas vorgenommen? **2** *sich jmdn. v.* ⟨ugs.⟩ *jmdn. zu sich kommen lassen und ihn ermahnen;* ich muß ihn mir einmal v., er läßt in seinen Leistungen nach

Vor|nehm|heit ⟨f., -, nur Sg.⟩ *vornehmes Wesen, vornehmes Benehmen*

vor|nehm|lich ⟨Adv.⟩ *besonders, vor allen Dingen*

vor|nei|gen ⟨V.1, hat vorgeneigt⟩ → *vorbeugen (I)*

vorn|her|ein ⟨Adv.⟩ *nur in der Fügung* von v. *von Anfang an*

vorn|hin ⟨auch [-hɪn] Adv.⟩ *an die Spitze, nach vorn;* stell dich ganz v.!

vorn|über... ⟨in Zus.⟩ *nach vorn,* z.B. vornüberfallen

vorn|weg ⟨Adv.⟩ *ganz vorn, an die Spitze, vor den anderen;* v. laufen

vor|ord|nen ⟨V.2, hat vorgeordnet; mit Akk.⟩ *(vorbereitend) grob ordnen, in Gruppen ordnen (bevor man sie im einzelnen ordnet);* Karteikarten, Briefe v.

Vor|ord|ner ⟨m.5⟩ *Mappe mit vielen Fächern zum Vorordnen von Schriftstücken*

Vor|ort ⟨m.1⟩ **1** *kleiner Ort, der vor einer Stadt liegt* **2** ⟨nur Sg.⟩ ⟨schweiz.⟩ *Vorstand (einer Körperschaft)*

Vor|ort|bahn ⟨f.10⟩ *Eisenbahn, S-Bahn, die eine Stadt mit einem Vorort verbindet;* Syn. *Vorortzug*

Vor|ort|ver|kehr ⟨m., -s, nur Sg.⟩ *Eisenbahnverkehr, S-Bahn-Verkehr zwischen einer Stadt und ihren Vororten*

Vor|ort|zug ⟨m.2⟩ → *Vorortbahn*

Vor|platz ⟨m.2⟩ **1** *Platz vor einem Haus* **2** *Diele, Flur*

Vor|po|sten ⟨m.7⟩ **1** ⟨Heer⟩ *vorgeschobener Posten (zur Sicherung einer ruhenden Truppe)* **2** ⟨Mar.⟩ *vorgeschobene Überwachung des eigenen See- und Küstengebietes*

vor|prel|len ⟨V.1, ist vorgeprellt; o.Obj.⟩ *viel verlangen, mit großem Nachdruck etwas behaupten;* er ist in der Verhandlung, Debatte zu weit vorgeprellt

Vor|pro|gramm ⟨n.1⟩ *kleinere Darbietungen (Musikvorführungen oder Filme) vor dem eigentlichen Programm*

vor|quel|len **I** ⟨V.93, ist vorgequollen; o.Obj.⟩ *hervor-, herausquellen;* ~de Augen haben **II** ⟨V.93, hat vorgequellt; mit Akk.⟩ *vorbereitend quellen;* Hülsenfrüchte v.

Vor|rang ⟨m., -(e)s, nur Sg.⟩ **1** *höherer Rang, größere Wichtigkeit;* er hat den V.; einer Sache den V. geben *etwas vor anderen Sachen behandeln* **2** ⟨österr.⟩ → *Vorfahrt*

vor|ran|gig ⟨Adj.⟩ *den Vorrang besitzend;* ~e Angelegenheiten; eine Sache v. behandeln *eine Sache zuerst, vor den anderen behandeln (weil sie den Vorrang besitzt)*

Vor|rang|stel|lung ⟨f.10⟩ *bedeutende, wichtige Stellung*

Vor|rat ⟨m.2⟩ *etwas, das für späteren Verbrauch aufgehoben, gespeichert und allmählich verbraucht wird* (Waren~, Lebensmittel~); einen V. anlegen; der V. ist erschöpft; der V. geht zur Neige, geht zu Ende; der V. an Heizöl; sie hat einen unerschöpflichen V. von Kinderliedern (im Gedächtnis)

vor|rä|tig ⟨Adj., o.Steig.⟩ *vorhanden, als Vorrat verfügbar;* das ist nicht mehr v.

Vor|raum ⟨m.2⟩ *Raum vor einem größeren Raum, einer Wohnung*

vor|rech|nen ⟨V.2, hat vorgerechnet; mit Dat. und Akk.⟩ *jmdm. etwas v.* **1** *etwas vor jmdm. laut rechnen (damit er es versteht oder zur Kenntnis nimmt);* eine Rechenaufgabe v.; jmdm. die Kosten für eine Sache v. **2** ⟨übertr.⟩ *jmdm. etwas im einzelnen vorhalten, zum Vorwurf machen;* jmdm. seine Fehler, Unterlassungen v.

Vor|recht ⟨n.1⟩ *besonderes Recht*

Vor|re|de ⟨f.11⟩ *Einleitung, einleitende Rede;* V. zu einem Buch

vor|re|den ⟨V.2, hat vorgeredet; mit Dat. und Akk.⟩ *jmdm. etwas v. jmdm. wortreich etwas (Falsches, Übertriebenes) erzählen;* er hat mir vorgeredet, er könne, man könne ...; ich lasse mir von dem nichts v. *ich glaube ihm nicht, was er redet*

Vor|red|ner ⟨m.5⟩ **1** *jmd., der vor einem anderen redet* **2** *jmd., der eine Vorrede hält*

vor|rich|ten ⟨V.2, hat vorgerichtet; mit Akk.⟩ **1** *vorbereiten, herrichten, zum größten Teil fertigmachen;* das Essen v. **2** ⟨landsch.⟩ *tapezieren oder tünchen;* ein Zimmer, die Wohnung v. (lassen)

Vor|rich|tung ⟨f.10⟩ *etwas Zusammengebautes, Gefüge (zu einem bestimmten Zweck);* eine V. zum Öffnen und Schließen des Fensters

vor|rücken ⟨-k·k-; V.1⟩ **I** ⟨mit Akk.; hat⟩ *nach vorn rücken;* ein Möbelstück v. **II** ⟨o.Obj., ist vorgerückt⟩ **1** ⟨örtlich⟩ *(ein Stück, einen Schritt, schrittweise) nach vorn, vorwärts gehen;* die Wartenden rückten ein Stück vor; alle Zuschauer rückten eine Reihe vor; die Truppen rückten (um einige Kilometer) vor **2** ⟨zeitlich⟩ *weiterrücken, sich weiterbewegen;* der Zeiger der Uhr rückt vor; die Zeit rückt vor; zu vorgerückter Stunde *zu später Stunde, spät am Abend, in der Nacht*

Vor|run|de ⟨f.11⟩ *bei Mannschaftsspielen: Ausscheidungskämpfe zur Ermittlung der Teilnehmer an der Zwischenrunde*

vors ⟨Präp. mit Art.⟩ *vor das;* v. Haus gehen

Vors. ⟨Abk. für⟩ *Vorsitzende(r)*

vor|sa|gen ⟨V.1, hat vorgesagt⟩ **I** ⟨mit Dat. und Akk.⟩ *jmdm. etwas v.* **1** *jmdm. etwas zum Nachsagen vorsprechen;* jmdm. einen Text v.; einem Kind ein Wort v. **II** ⟨Schülerspr.⟩ *jmdm. die Antwort zuflüstern;* Syn. *einsagen;* sag mir vor, wenn ich drankomme!

Vor|sai|son ⟨[-sɛzɔ̃] f.9⟩ *Zeit des beginnenden Betriebes in den Kur- und Erholungsorten;* vgl. *Hauptsaison*

Vor|sän|ger ⟨m.5⟩ **1** *Sänger, der einen Chor anführt* **2** *jmd., der in einer Kirche der Gemeinde vorsingt oder sie anleitet*

Vor|satz ⟨m.2⟩ **1** *etwas, das jmd. bewußt und mit Absicht tut;* gute Vorsätze; an einem V. festhalten; aus V. handeln **2** ⟨kurz für⟩ → *Vorsatzblatt* **3** *Teil, das einer Vorrichtung vorn angesetzt wird;* eine Linse als V. für ein Objektiv

Vor|satz|blatt ⟨n.4⟩ *Doppelblatt, dessen eine Hälfte auf die Innenseite des Buchdeckels geklebt ist;* auch: ⟨kurz⟩ *Vorsatz;* Syn. *Vorsatzpapier*

vor|sätz|lich ⟨Adj., o.Steig.⟩ *mit Vorsatz vollzogen;* ~er Totschlag

Vor|satz|lin|se ⟨f.11; Fot.⟩ *Linse, die zusätzlich vor das Objektiv gesetzt wird, um dessen Brennweite zu verändern*

Vor|satz|pa|pier ⟨n.1⟩ → *Vorsatzblatt*

Vor|schalt|wi|der|stand ⟨m.2⟩ *vor ein Aggregat geschalteter elektrischer Widerstand, der den Stromfluß herabsetzt*

Vor|schau ⟨f.10⟩ *Überblick über kommende Veranstaltungen, Sendungen u.a.*

Vor|schein ⟨m.; nur in den Wendungen⟩ zum V. bringen *hervorziehen und zeigen, sichtbar machen;* zum V. kommen *auftauchen, sichtbar, offenbar werden;* die Sonne kommt hinter den Wolken zum V.; der verschwundene Brief ist wieder zum V. gekommen

vor|schie|ßen ⟨V.113, hat vorgeschossen; mit Dat. und Akk.⟩ *jmdm. etwas v. jmdm. etwas vor Auschuß geben;* jmdm. 200 DM v.

Vor|schiff ⟨n.1⟩ *vorderer Teil des Schiffes*

Vor|schlag ⟨m.2⟩ **1** *Empfehlung, Angebot;* jmdm. einen V. machen; das ist ein guter V.; ein V. zur Güte **2** ⟨Mus.⟩ *Ton, der einer Melodie zur Verzierung vorausgeschickt wird* **3** ⟨schweiz.⟩ *Gewinn* **4** ⟨Buchw.⟩ *leerer Raum auf einer Buchseite vor Beginn des Textes*

vor|schla|gen ⟨V.116, hat vorgeschlagen; mit Akk.⟩ **1** ⟨jmdm.⟩ *etwas v. sagen, daß man (oder jmd.) etwas tun könnte oder sollte, empfehlen;* eine Radfahrt v.; er schlug vor, ins Kino zu gehen (als, für etwas) v. *sagen, daß jmd. etwas tun, übernehmen könnte;* jmdn. als Nachfolger, als Sprecher v.; jmdn. für ein Amt v.

Vor|schlag|ham|mer ⟨m.6⟩ *großer, schwerer Hammer*

Vor|schlags|recht ⟨n., -(e)s, nur Sg.⟩ *Recht, jmdn. oder etwas vorzuschlagen (2), zu empfehlen*

Vor|schlags|we|sen ⟨n., -s, nur Sg.⟩ *betriebliche Einrichtung, bei der die Arbeitnehmer Vorschläge zur Verbesserung machen können*

Vor|schluß|run|de ⟨f.11⟩ → *Semifinale*

vor|schmecken ⟨-k·k-; V.1, hat vorgeschmeckt; o.Obj.⟩ *im Geschmack (zu stark) hervortreten;* der Zimt schmeckt vor

vor|schnei|den ⟨V.125, hat vorgeschnitten; mit Akk.⟩ *vor dem Anbieten, Servieren, Verkaufen in Scheiben schneiden;* Braten, Brot v.; der Gastgeber schnitt den Braten bei Tisch selbst vor; in großen Geschäften wird die Wurst schon vorgeschnitten

vor|schnell ⟨Adj., o.Steig.⟩ *zu schnell, voreilig;* v. urteilen

Vor|scho|ter ⟨m.5; Segelsport⟩ *jmd., der bei Zweimannbooten die Fock und den Spinnaker bedient*

vor|schrei|ben ⟨V.127, hat vorgeschrieben⟩ **I** ⟨mit Akk.⟩ *etwas v. erklären, daß etwas getan oder wie etwas getan, genommen werden soll;* (meist im Perf. Passiv oder Part. Perf.) die vorgeschriebene Anzahl Tropfen einnehmen; die vorgeschriebene Menge Zutaten verwenden **II** ⟨mit Dat. und Akk.⟩ *jmdm. etwas (zu tun)*

vorschreiten

v. jmdm. sagen, die Anweisung geben, daß er und wie er etwas tun soll; er will mir v., wie ich zu arbeiten habe; ich lasse mir von dir nichts v.

vor|schrei|ten ⟨V.129, ist vorgeschritten; o.Obj.⟩ **1** vorwärtsgehen, vorankommen, sich entwickeln; die Arbeit ist so weit vorgeschritten, daß man ... **2** vergehen, ablaufen; die Zeit schreitet vor; zu vorgeschrittener Stunde spät am Abend, in der Nacht

Vor|schrift ⟨f.10⟩ Anweisung, Anordnung, Verordnung; eine V. des Arztes; eine V. umgehen, verletzen; gegen die ~en verstoßen

vor|schrifts|ge|mäß ⟨Adj., -er, am -esten⟩ den Vorschriften entsprechend; ein Gerät v. handhaben

vor|schrifts|mä|ßig ⟨Adj.⟩ den Vorschriften gemäß, nach der Vorschrift; ~es Verhalten; ~e Fahrweise; er ist v. gefahren

vor|schrifts|wid|rig ⟨Adj.⟩ den Vorschriften nicht entsprechend; ~es Parken

Vor|schub ⟨m.2⟩ **1** ⟨nur Sg.; bes. in der Wendung⟩ einer Sache V. leisten eine Sache begünstigen, fördern **2** ⟨bei Werkzeugmaschinen⟩ Vorwärtsbewegung (des Werkstücks, des Werkzeugs) [zu vorschieben]

Vor|schul|al|ter ⟨n., -s, nur Sg.⟩ Altersstufe vor dem Eintritt in die Schule; Kinder im V.; er ist noch im V.

Vor|schu|le ⟨f.11⟩ **1** ⟨früher⟩ auf die höhere Schule vorbereitende Schule, Grundschule **2** ⟨heute⟩ Gesamtheit der Einrichtungen für die Erziehung im Vorschulalter

Vor|schuß ⟨m.2⟩ im voraus gegebener Teil einer Zahlung (bes. des Lohns oder Gehalts) [zu vorschießen]

Vor|schuß|lor|bee|ren ⟨nur Pl.; ugs.⟩ zu früh erteiltes Lob

vor|schüt|zen ⟨V.1, hat vorgeschützt; mit Akk.⟩ als Vorwand, als Ausrede nehmen; er schützte eine dringende Verabredung vor (um nicht kommen zu müssen)

vor|schwe|ben ⟨V.1, hat vorgeschwebt; mit Dat.⟩ jmdm. v. in jmds. Vorstellung (schon) vorhanden sein; mir schwebt eine bestimmte Lampe vor, die ich in diesem Zimmer stellen möchte; mir schwebt etwas anderes vor ich stelle mir etwas anderes (für diesen Zweck) vor

vor|se|hen ⟨V.136, hat vorgesehen⟩ **I** ⟨mit Akk.⟩ **1** etwas v. in Aussicht nehmen, zu tun beabsichtigen; sie haben für den Herbst ein neues Programm vorgesehen; eine Änderung ist augenblicklich nicht vorgesehen **2** jmdn. (für, als etwas) einzusetzen; sie haben ihn für das Amt des Bürgermeisters, als Bürgermeister vorgesehen **II** ⟨refl.⟩ sich v. sich in acht nehmen; sieh dich vor, damit du nicht fällst!; sich vor dem Hund, vor jmdm. v.

vor|set|zen ⟨V.1, hat vorgesetzt⟩ **I** ⟨mit Akk.⟩ etwas v. nach vorn setzen; einen Fuß v.; einen Tisch um einen Meter v.; einen Stein v. ⟨beim Brettspiel⟩ **II** ⟨mit Dat. und Akk.⟩ **1** eine Sache einer Sache v. etwas vor eine Sache setzen; dem Objektiv eine (Vorsatz-)Linse v.; einer Note ein Kreuz, ein b v. ⟨Mus.⟩ **2** jmdm. etwas v. ⟨etwas zu essen, zu trinken⟩ anbieten; sie setzten mir einen Sherry, einen Imbiß vor **3** jmdm. jmdn. v. jmdm. einen anderen (als Vorgesetzten, als Mitarbeiter) überordnen; sie haben ihm einen viel jüngeren Kollegen vorgesetzt **III** ⟨refl.⟩ sich v. sich weiter vorn hinsetzen, einen Platz weiter vorn einnehmen; ich setze mich vor, weil ich die Schrift an der Wandtafel nicht erkennen kann, weiter hinten weiter v.

Vor|sicht ⟨f., -, nur Sg.⟩ **1** aufmerksames, besonnenes Verhalten gegenüber einer (vielleicht eintretenden) Gefahr; hier ist (äußerste) V. geboten; V. walten lassen; mit großer V. zu Werke gehen; dieses Gewürz ist mit V. zu genießen, zu verwenden (weil es sehr scharf ist); er ist mit V. zu genießen ⟨ugs., scherzh.⟩

mit ihm muß man vorsichtig umgehen (weil er leicht wütend wird) **2** ⟨in Ausrufen, auf Warnschildern⟩ paß auf!, passen Sie auf!; V., geh langsam!; V., bissiger Hund!; V., Stufe!

vor|sich|tig ⟨Adj.⟩ aufmerksam, besonnen gegenüber einer (vielleicht eintretenden) Gefahr; v. vorgehen, handeln, er ist sehr v.; v. mit einem Gerät umgehen

Vor|si|gnal ⟨n.1⟩ Eisenbahnsignal, das ein Hauptsignal ankündigt

Vor|sil|be ⟨f.11⟩ einem Wort vorangesetzte Silbe, z.B. be-, ver-, vor-; Ggs. Nachsilbe

vor|sin|gen ⟨V.140, hat vorgesungen; mit Dat. und Akk.⟩ **1** jmdm. etwas v. vor jmdm. etwas singen (damit er es nachsingt); ich singe (euch) das Lied, die Melodie erst vor; Kindern ein Lied v. **2** jmdm. (etwas) v. vor jmdm. singen (um sich prüfen zu lassen); er hat dem Lehrer eine Arie vorgesungen; er soll morgen zum Vorsingen kommen

vor|sint|flut|lich ⟨Adj.; ugs.⟩ völlig veraltet

Vor|sitz ⟨m.1⟩ Leitung (einer Partei oder Vereinigung, einer Versammlung); den V. haben, übernehmen

vor|sit|zen ⟨V.143, hat vorgesessen; mit Dat.⟩ einer Sache v. einer Sache vorstehen, einer Partei, einer Versammlung v.; er hat der Partei jahrelang vorgesessen

Vor|sit|zen|de(r) ⟨m., f.17 oder 18; Abk.: Vors.⟩ jmd., der den Vorsitz hat, der eine Partei oder eine ähnliche Vereinigung oder eine Versammlung leitet

Vor|som|mer ⟨m.5⟩ sommerliche Tage vor Beginn des Sommers

Vor|sor|ge ⟨f., -, nur Sg.⟩ vorbeugende Maßnahme, ein mögliches kommendes Unheil zu vermeiden; V. tragen, treffen

vor|sor|gen ⟨V.1, hat vorgesorgt; o.Obj.⟩ schon vorher für etwas sorgen; vorgesorgt, daß genügend Vorrat da ist; für den Notfall v.

Vor|sor|ge|un|ter|su|chung ⟨f.10⟩ gezielte medizinische Untersuchung, um Krankheiten frühzeitig zu erkennen

vor|sorg|lich ⟨Adj.⟩ vorsichtshalber, im Gedanken an Kommendes; ~e Maßnahmen; eine Jacke mitnehmen

Vor|spann ⟨m.1⟩ **1** dem eigentlichen Gespann vorgespannte Zugtiere **2** ⟨einem Film, Buch, einer Fernsehsendung⟩ vorangestellte Angaben

Vor|spei|se ⟨f.11⟩ kleines Gericht, das man vor der Hauptmahlzeit ißt; Syn. ⟨geh.⟩ Hors d'œuvre

vor|spie|geln ⟨V.1, hat vorgespiegelt⟩ →vortäuschen

Vor|spiel ⟨n.1⟩ Ggs. Nachspiel **1** kleines Stück, das vor einem größeren Theater- oder Musikstückes gespielt wird **2** Anfang, Beginn; das war nur das V. **3** Zärtlichkeiten vor dem Geschlechtsakt **4** ⟨Sport⟩ vor dem eigentlichen Spiel stattfindendes Spiel

vor|spie|len ⟨V.1, hat vorgespielt; mit Dat. und Akk.⟩ **1** jmdm. etwas v. vor jmdm. spielen (um es zu zeigen, damit jmd. es nachmachen kann); ich spiele (euch) die Melodie erst einmal vor **b** etwas jmdm. zur Freude spielen; er hat uns den ganzen Abend Mozartsonaten vorgespielt **2** jmdm. (etwas) v. vor jmdm. spielen (um sich prüfen zu lassen); er hat dem Dirigenten gestern vorgespielt; er hat ihm eine Sonate vorgespielt **3** jmdm. etwas v. durch sein Benehmen jmdn. zu täuschen versuchen; das hat er dir nur vorgespielt, glaub es ihm nicht; du kannst mir nichts v.

vor|spre|chen ⟨V.146, hat vorgesprochen⟩ **I** ⟨mit Dat. und Akk.⟩ **1** jmdm. etwas v. vor jmdm. etwas sprechen (damit es nachspricht); ich spreche (euch) den Text vor; einem Kind ein Wort v. **2** jmdm. (etwas) v. vor jmdm. sprechen (um sich prüfen zu lassen); er hat dem Regisseur einen Monolog aus dem Drama „Hamlet" vorgesprochen; er

soll morgen zum Vorsprechen kommen **II** ⟨o.Obj. oder mit Präp.obj.⟩ jmdn. aufsuchen, zu einer Behörde, Dienststelle gehen (um ein Anliegen vorzubringen); bitte sprechen Sie morgen noch einmal vor, wenn Herr X da ist; beim Finanzamt v.; ich habe schon dreimal bei Ihnen vorgesprochen

vor|sprin|gen ⟨V.149, ist vorgesprungen; o.Obj.⟩ **1** nach vorn, vorwärts springen **2** sich aus seiner Umgebung stark hervorheben, über seine Umgebung hinausragen; ein stark ~des Kinn; eine aus der Mauer ~de Figur

Vor|sprung ⟨m.2⟩ **1** vorspringendes Teil (Fels~, Mauer~) **2** Abstand, den jmd. vor einem oder mehreren anderen hat; einen V. haben; jmdm. einen V. geben; mit großem V. gewinnen

Vor|stadt ⟨f.2⟩ vor dem inneren Stadtgebiet liegender Teil einer Stadt

vor|städ|tisch ⟨Adj., o.Steig.⟩ zur Vorstadt gehörig

Vor|stand ⟨m.2⟩ **1** Gesamtheit der Personen, die eine Firma, einen Verein o.ä. leiten; in den V. gewählt werden; der V. besteht aus fünf Mitgliedern **2** jmd., der dem Gesamtvorstand angehört; zum V. gewählt werden

vor|ste|hen ⟨V.151, hat vorgestanden⟩ **I** ⟨o.Obj.⟩ **1** stark über etwas, über die Umgebung hinausragen; das Dach steht zu weit vor; einen ~den Ast absägen **2** von der normalen Stellung nach vorn abweichen; ~de Zähne haben **3** ⟨Jägerspr.⟩ in gespannter Haltung, mit erhobenem Vorderlauf, witternd stehenbleiben; der Hund steht vor **4** ⟨Amtsspr.; nur im Part. Präs.⟩ ~d **a** weiter oben; wie ~d erwähnt **b** eben erwähnt, oben erklärt; die ~den Anweisungen; im ~den wurde gesagt, daß ... **II** ⟨mit Dat.⟩ einer Sache v. eine Sache verantwortlich leiten; einer Schule (als Direktor) v.; einer Vereinigung v.

Vor|ste|her ⟨m.5⟩ jmd., der einer Sache vorsteht, eine Sache leitet (Amts~, Büro~)

Vor|ste|her|drü|se ⟨f.11⟩ → Prostata

Vor|steh|hund ⟨m.1⟩ Jagdhund, der aufgespürtem Wild vorsteht (z.B. Pointer) [zu vorstehen (I,3)]

vor|stel|len ⟨V.1, hat vorgestellt⟩ **I** ⟨mit Akk.⟩ **1** etwas v. **a** nach vorn stellen **b** die Uhr v. die Zeiger der Uhr weiterdrehen; Ggs. nachstellen; die Uhr um drei Minuten v. **c** bedeuten, sein; was soll das Bild v.?; die Figur soll den Frühling v. **d** ⟨ugs.⟩ eine bedeutende Persönlichkeit sein, eine hohe Stellung innehaben; er stellt etwas vor, er will etwas v. er tut so, als sei er etwas Besonderes **2** jmdn. oder etwas v. der Öffentlichkeit, dem Publikum bekannt machen; er stellt heute abend junge Künstler vor; die Firma stellt ihre neuen Modelle vor **II** ⟨mit Dat. und Akk.⟩ **1** jmdm. etwas v. jmdm. etwas zu bedenken geben; ich stellte ihm vor, was geschehen würde, wenn ...; ich stellte ihm warnend die Tragweite dieser Maßnahme vor **2** jmdm. oder sich jmdn. v. jmdn. oder sich mit jmdm. bekannt machen; darf ich Ihnen Herrn X v.?; darf ich mit Ihnen v. – (mein Name ist) Peter X; einen Patienten dem Chefarzt v. einen Patienten dem Chefarzt zur Untersuchung bringen **III** ⟨mit Dat. (sich) und Akk.⟩ sich etwas v. etwas in der Phantasie, im Geist vor sich sehen, sich etwas denken; ich stelle mir das neue Haus so vor ...; kannst du dir meine Frage v., als ...?; stell dir vor, was geschehen würde, wenn ...; ich kann mir nicht v., daß er ...; das stelle ich mir sehr schön vor; hätten Sie sich als Anfangsgehalt vorgestellt?; ich kann mir den Sänger auch gut als Lohengrin v. **IV** ⟨refl.⟩ sich v. zu jmdm., einer Firma o.ä. gehen und sich bekannt machen; er soll morgen v.; sich beim Betriebsleiter v.

vor|stel|lig ⟨Adj., o.Steig.; nur mit „werden"⟩ v. werden ⟨jmdn., eine Behörde⟩ mit einem Anliegen aufsuchen; er ist schon dreimal v. geworden; bei einer Behörde, einer Dienststelle, einem Amt v. werden

Vor|stel|lung ⟨f.10⟩ **1** ⟨nur Sg.⟩ *das Vorstellen (I,2); die V. der neuen Modelle* **2** *das Sichvorstellen* **3** *Bild (das sich jmd. von etwas macht); davon habe ich keine V.; eine klare V. haben; sich ~en über etwas machen* **4** *Vorführung, Darbietung (Film~, Theater~); nach Beginn der V.* **5** ⟨†⟩ *Einwand, Protest, Ermahnung;* jmdm. ~en machen

Vor|stel|lungs|kraft ⟨f., -, nur Sg.⟩, **Vor|stel|lungs|ver|mö|gen** ⟨n., -s, nur Sg.⟩ *Fähigkeit, Kraft, sich etwas vorzustellen; über seine Vorstellungskraft, über sein Vorstellungsvermögen*

Vor|stoß ⟨m.2⟩ **1** *das Vorstoßen (II); einen V. machen, unternehmen; ein V. in Neuland* **2** *Besatz an den Kanten von Kleidungsstücken*

vor|sto|ßen ⟨V.157⟩ **I** ⟨mit Akk.⟩ *nach vorn, vorwärts stoßen; den Fuß v.* **II** ⟨o.Obj.⟩; *ist vorgestoßen⟩ nach vorn, vorwärts dringen; in unbekanntes Gelände v.; die Völker sind damals bis zum Meer vorgestoßen*

Vor|stra|fe ⟨f.11⟩ *im Strafregister eingetragene Strafe*

vor|strecken ⟨-k|k-; V.1, hat vorgestreckt⟩ **I** ⟨mit Akk.⟩ *nach vorn strecken; die Faust, den Fuß v.* **II** ⟨mit Dat. und Akk.⟩ *jmdm. etwas v. jmdm. etwas leihweise geben;* jmdm. Geld, eine Summe v.; jmdm. 200 DM v.

Vor|stu|die ⟨[-djə] f.11⟩ *Studie, die eine andere Studie vorbereitet*

Vor|stu|fe ⟨f.11⟩ *Stufe einer allgemein noch nicht sichtbaren Entwicklung; eine V. des Kommunismus*

vor|täu|schen ⟨V.1, hat vorgetäuscht; mit Akk.⟩ *etwas v. etwas vorspielen, als sei es wahr, als sei es so;* Syn. *vorspiegeln;* Anteilnahme v.; eine Krankheit v.; einen Diebstahl v.

Vor|täu|schung ⟨f., -, nur Sg.⟩ *das Vortäuschen; V. von Tatsachen*

Vor|teil ⟨m.1⟩ **1** *Gewinn, Nutzen; einen V. bei, von etwas haben; du machst die Arbeit, und er hat den V. davon; auf seinen V. bedacht sein; das ist zu seinem V.; etwas zum eigenen V. ausnutzen; sich zu seinem V. verändern* **2** ⟨veraltend⟩ *finanzieller Nutzen; ein Haus mit V. verkaufen* **3** *günstige Eigenschaft;* Ggs. *Nachteil;* die ~e einer Sache kennen, daß ...; die ~e einer Sache (nicht) erkennen; alles hat seine Vor- und Nachteile **4** ⟨Tennis⟩ *Punkt nach dem Einstand;* Syn. *Pluspunkt*

vor|teil|haft ⟨Adj., -er, am -esten⟩ **1** *mit Vorteil(en) verbunden; ein ~es Geschäft; etwas v. verkaufen* **2** *gut wirkend, günstig; diese Frisur ist (nicht) v. für dich; der Mantel sieht an dir (nicht) v. aus*

Vor|trab ⟨m.1; †; bei Reitertruppen⟩ → *Vorhut*

Vor|trag ⟨m.2⟩ **1** ⟨nur Sg.⟩ *das Vortragen (I,2), sprachliche oder musikalische Darbietung; V. eines Musikstückes; V. einer Dichtung* **2** ⟨nur Sg.⟩ *Art der Darbietung; lebendiger, schwungvoller V.* **3** *Rede über ein Thema; ein V. über die Gegenwartskunst; einen V. besuchen; zu einem V. gehen* **4** *Bericht (bei einem Vorgesetzten);* beim Chef zum V. erscheinen **5** *Restbetrag (einer Rechnung, der auf eine neue Rechnung übertragen wird), Übertrag*

vor|tra|gen ⟨V.160, hat vorgetragen⟩ **I** ⟨mit Akk.⟩ **1** *nach vorn tragen; einen Angriff v. angreifen; vor einem Publikum sprechen, spielen; ein Gedicht, ein Klavierstück v.* **II** ⟨mit Dat. und Akk.⟩ *jmdm. etwas v. jmdm. etwas förmlich mitteilen;* jmdm. eine Bitte, einen Wunsch, eine Beschwerde v.

vor|treff|lich ⟨Adj.⟩ *hervorragend, herausragend, ausgezeichnet; ein ~es Essen* **Vor|trefflich|keit** ⟨f., -, nur Sg.⟩

Vor|trei|ben ⟨V.162, hat vorgetrieben; mit Akk.⟩ **1** *nach vorn, vorwärts treiben* **2** *etwas in etwas v. etwas in etwas hineinbohren;* einen Stollen, Tunnel in den Berg v.

Vor|tre|ten ⟨V.163, ist vorgetreten; o.Obj.⟩ **1** *nach vorn, vor die anderen treten;* einer aus der Gruppe trat vor und sagte ... **2** ⟨selten⟩ *über die Umgebung ein wenig hinausragen;* ~de Backenknochen

Vor|trieb ⟨m.1⟩ **1** ⟨Bgb., U-Bahn-Bau⟩ *das Vortreiben eines Stollens oder Tunnels* **2** *in Fahrtrichtung gerichtete Kraftkomponente, die ein Triebwerk zur Vorwärtsbewegung eines Fahrzeuges entwickelt*

Vor|tritt ⟨m., -(e)s, nur Sg.⟩ **1** *das Hinein-, Hinausgehen als erste(r), Recht, zuerst hinein-, hinauszugehen; er hat den V.* jmdm. den V. lassen **2** ⟨schweiz.⟩ → *Vorfahrt*

Vor|trupp ⟨m.9⟩ → *Vorhut*

vor|tur|nen ⟨V.1, hat vorgeturnt⟩ **I** ⟨o.Obj.⟩ *öffentlich Turnübungen zeigen* **II** ⟨mit Dat. und Akk.⟩ *jmdm. etwas v. etwas unter Anleitung des Turnlehrers vor jmdm. turnen, um es jmdm. zu zeigen;* den anderen Schülern die Übungen v.

vor|über ⟨Adv.⟩ → *vorbei*

Vor|übung ⟨f.10⟩ *vorbereitende Übung*

Vor|ur|teil ⟨n.1⟩ *Meinung, die sich jmd. ohne Kenntnisse oder Prüfung der Tatsachen gebildet hat; ein V. gegen etwas oder jmdn. haben*

vor|ur|teils|frei ⟨Adj., -er, am -(e)sten⟩ *von keinem Vorurteil beeinflußt; ~e Meinung;* v. entscheiden

vor|ur|teils|los ⟨Adj., -er, am -esten⟩ *ohne Vorurteile; ein ~er Mensch;* v. an etwas herangehen; v. gegenüber anderen Rassen sein

Vor|vä|ter ⟨Pl.⟩ *männliche Ahnen, Vorfahren*

Vor|ver|hand|lung ⟨f.10⟩ *Verhandlung, die die Hauptverhandlung vorbereitet*

Vor|ver|kauf ⟨m., -(e)s, nur Sg.⟩ *Verkauf von Karten vor dem Tag der Aufführung; der V. hat begonnen*

Vor|ver|kaufs|kas|se, Vor|ver|kaufs|stel|le ⟨f.11⟩ *Kasse, Ort, an dem der Vorverkauf stattfindet*

vor|ver|le|gen ⟨V.1, hat vorverlegt; mit Akk.⟩ *auf einen früheren Zeitpunkt verlegen; eine Tagung, eine Veranstaltung v.* **Vor|verle|gung** ⟨f.10⟩

Vor|ver|trag ⟨m.2⟩ *Vertrag, der zum Abschluß eines Vertrages verpflichtet*

vor|vor|ge|stern ⟨Adv.⟩ *am Tag vor vorgestern*

vor|vo|ri|ge(r, -s) ⟨Adj., o.Steig.; ugs.⟩ *vor dem (der) vorigen*

vor|vor|letz|te(r, -s) ⟨Adj., o.Steig.; ugs.⟩ *vor dem (der) vorletzten*

vor|wa|gen ⟨V.1, hat vorgewagt; refl.⟩ *sich v. wagen, vorwärts zu gehen, vorzudringen wagen;* sich in ein unbekanntes Gelände v.

Vor|wahl ⟨f.10⟩ **1** *einer Wahl vorausgehender Wahlgang* **2** ⟨kurz für⟩ *Vorwählnummer*

vor|wäh|len ⟨V.1, hat vorgewählt; mit Akk.⟩ *vor der Telefonnummer des Fernsprechteilnehmers wählen;* die Ortsnetzkennzahl v.; wenn du jmdn. in München anrufen willst, mußt du 089 v.

Vor|wähl|num|mer ⟨f.11⟩ *Telefonnummer eines Ortes oder eines Landes, die bei Ferngesprächen vor der Nummer des gewünschten Fernsprechteilnehmers gewählt werden muß*

vor|wal|ten ⟨V.2, hat vorgewaltet; o.Obj.; geh.⟩ *vorherrschen, deutlich spürbar sein*

Vor|wand ⟨m.2⟩ *vorgeschützter Grund, Ausflucht; unter einem V. weggehen*

Vor|wär|mer ⟨m.5; bei Verbrennungsmotoren⟩ *Vorrichtung zur Erwärmung des Gemisches vor der Zuführung in den Zylinder*

Vor|war|nung ⟨f.10; verstärkend⟩ *Warnung;* jmdm. eine V. geben

vor|wärts ⟨Adv.⟩ **1** *nach vorn;* v.! schnell!, los!; v. marschieren; ein Schritt v.; das war ein großer Schritt v. *ein großer Fortschritt*; das kann ich v. und rückwärts ⟨ugs.⟩ *das kann ich sehr gut, auswendig* **2** *mit dem Kopf nach vorn, mit dem Kopf zuerst;* sich v. durch eine Lücke drängen; v. ins Wasser springen

vor|wärts|brin|gen ⟨V.21, hat vorwärtsgebracht; mit Akk.⟩ *fördern, auf einem Weg weiterbringen;* eine Entwicklung v.; einen Schüler durch Nachhilfestunden v.; seine praktische Arbeit hat ihn beruflich vorwärtsgebracht

vor|wärts|ge|hen ⟨V.47, ist vorwärtsgegangen; o.Obj.⟩ *bessergehen, sich weiterentwickeln;* unsere Arbeit geht jetzt gut vorwärts, will einfach nicht v.; in der Schule geht es mit ihm jetzt vorwärts; mit seiner Gesundung geht es jetzt rasch vorwärts

vor|wärts|kom|men ⟨V.71, ist vorwärtsgekommen; o.Obj.⟩ *sich weiterentwickeln, Erfolg haben;* er kommt in der Schule gut vorwärts; er kommt mit seiner Arbeit gut, nicht vorwärts; im Leben, im Beruf v.

Vor|wä|sche ⟨f.11⟩ *Einweichen und erstes Waschen (der Wäsche)*

vor|weg ⟨Adv.⟩ *vorher, im voraus*

Vor|weg|nah|me ⟨f., -, nur Sg.⟩ *das Vorwegnehmen*

vor|weg|neh|men ⟨V.88, hat vorweggenommen; mit Akk.⟩ Syn. *vorausnehmen; etwas v.* **1** *etwas schon vorher erklären, schildern;* ich will, ehe ich weitersprechen, einen Gedanken v., der ... **2** *etwas schon vorher erkennen lassen, ahnen lassen;* der Autor nimmt in seinem Roman eine Entwicklung vorweg

vor|wei|sen ⟨V.177, hat vorgewiesen; mit Akk.⟩ *etwas v.* **1** *vorzeigen, zeigen;* den Ausweis, Paß v.; Zeugnisse v. können **2** *über etwas verfügen, etwas haben;* können Sie Kenntnisse in Fremdsprachen v.?

vor|wer|fen ⟨V.181, hat vorgeworfen⟩ **I** ⟨mit Akk.⟩ *heftig nach vorn strecken;* die Beine beim Paradeschritt v. **II** ⟨mit Dat. und Akk.⟩ **1** *einem Tier etwas v. einem Tier etwas zum Fressen hinwerfen;* einem Tier einen Knochen v.; dem Löwen Fleisch zum Fraß v. (im Zoo) **2** *jmdm. etwas v. jmdm. etwas zum Vorwurf machen, sagen, daß jmd. etwas hätte nicht tun, nicht sagen sollen, jmdn. für etwas tadeln;* sie warf ihm seine Unzuverlässigkeit vor; ich werde das nicht v. lassen, ich hätte ...; sie haben einander, ⟨ugs.⟩ *sich gegenseitig nichts vorzuwerfen sie haben beide schuld*

Vor|werk ⟨n.1⟩ *von einem Landgut abgeteiltes Gut mit eigenen Wirtschaftsgebäuden*

vor|wie|gend ⟨Adv.⟩ *überwiegend, besonders, zum größeren Teil;* unter den Zuschauern waren v. Jugendliche; solche Unfälle kommen v. bei Schneeglätte vor [vermischt < *vorherrschend* und *überwiegend*]

Vor|win|ter ⟨m.5⟩ *winterliche Tage vor Beginn des Winters*

Vor|wis|sen ⟨n., -s, nur Sg.; ugs.; verstärkend⟩ *Wissen, Vorkenntnisse;* ohne mein V. ohne daß ich es vorher wußte, ohne mein Wissen

Vor|witz ⟨m., -es, nur Sg.; auch:⟩ ⟨veraltend⟩ *Fürwitz* **1** *vorwitziges Wesen, Benehmen* **2** *vorwitzige Neugierde*

vor|wit|zig ⟨Adj.⟩ Syn. *fürwitzig* **1** *keck, vorlaut* **2** *neugierig und unvorsichtig* **Vor|witzig|keit** ⟨f., -, nur Sg.⟩

Vor|wo|che ⟨f.11⟩ *vergangene Woche*

Vor|wort ⟨n.1⟩ *einleitender Text (zu einem Buch)*

Vor|wurf ⟨m.2⟩ **1** *Äußerung, mit der man jmdm. etwas vorwirft, Tadel, Rüge;* jmdm. Vorwürfe machen; etwas jmdm. zum V. machen *jmdm. etwas vorwerfen, jmdn. tadeln, weil er etwas gesagt, getan hat* **2** ⟨selten⟩ *Grundlage für eine künstlerische Arbeit, Vorlage;* sich ein historisches Ereignis als V., zum V. nehmen

vor|wurfs|voll ⟨Adj.⟩ *tadelnd, rügend;* jmdn. v. ansehen

Vor|zei|chen ⟨n.7⟩ **1** ⟨Math.⟩ Plus- oder Minuszeichen; das V. ändern **2** ⟨Zeichen: oder b; Mus.⟩ Zeichen am Beginn eines Musikstücks, das die Tonart anzeigt, Zeichen, das eine Einzelnote erhöht oder erniedrigt **3** Zeichen, das ein Geschehen anzeigt oder anzuzeigen scheint; ein gutes, böses V.; etwas als V. nehmen

vor|zei|gen ⟨V.1, hat vorgezeigt; mit Akk.⟩ zeigen, herzeigen; den Paß, die Fahrkarte v.; du kannst deinem Freund doch durchaus v. ⟨ugs., scherzh.⟩ du brauchst dich seiner doch nicht zu schämen

Vor|zeit ⟨f.10⟩ lange vergangene, mythologische Zeit; in grauer V.

vor|zei|ten ⟨Adv.⟩ einst, vor langer Zeit

vor|zei|tig ⟨Adj., o.Steig.⟩ eher als vorgesehen; ~e Abfahrt

Vor|zei|tig|keit ⟨f.-, nur Sg.; Sprachw.⟩ Zeitenfolge im Satzgefüge (die Handlung des Nebensatzes geht der des Hauptsatzes voraus); Ggs. Nachzeitigkeit

vor|zeit|lich ⟨Adj., o.Steig.⟩ zur erdgeschichtlichen Vorzeit gehörend

Vor|zen|sur ⟨f.10⟩ Schulnote, die vor der endgültigen Note ermittelt wird

vor|zie|hen ⟨V.187, hat vorgezogen; mit Akk.⟩ **1** etwas v. **a** hervorziehen, nach vorn ziehen; etwas unterm Tisch v. **b** vors Fenster ziehen; die Vorhänge v. **c** vorverlegen, früher stattfinden, fertigstellen lassen als geplant; einen Termin v.; eine Arbeit v. **d** lieber mögen, lieber essen oder trinken, lieber tun; ich ziehe weichgekochte Eier (hartgekochten) vor; wir waren oft in Italien und Frankreich, und wir ziehen Italien als Reiseland vor; ich ziehe es vor, zu Fuß zu gehen **e** für besser halten; er zog es vor, unauffällig zu verschwinden **2** jmdn. v. ⟨ugs.⟩ bevorzugen, besser, freundlicher, nachsichtiger behandeln; ein Kind, einen Schüler v.

Vor|zim|mer ⟨n.5⟩ **1** Wartezimmer vor dem Zimmer einer hochgestellten Persönlichkeit, eines Vorgesetzten **2** ⟨österr.⟩ Diele

Vor|zug ⟨m.2⟩ **1** ⟨nur Sg.⟩ besonderer Vorteil, Vorrecht; jmdm., einer Sache den V. geben **2** etwas, das jmdn. unter anderen hervorhebt; Ggs. Nachteil; das ist sein besonderer V.; es hat alles seine Vorzüge und Nachteile **3** ⟨österr.⟩ Auszeichnung für gute Noten **4** vor einem fahrplanmäßigen Zug eingesetzter Zug; Syn. Vorläufer

vor|züg|lich ⟨Adj.⟩ hervorragend, ausgezeichnet; eine ~e Leistung; der Salat, das Essen schmeckt v. **Vor|züg|lich|keit** ⟨f., -, nur Sg.⟩

Vor|zugs|ak|tie ⟨[-tsjə] f.11⟩ Aktie mit gewissen Vorrechten; Ggs. Stammaktie

Vor|zugs|milch ⟨f., -, nur Sg.⟩ Rohmilch, die besonders hohen Anforderungen hinsichtlich Gewinnung und Beschaffenheit genügen muß

Vor|zugs|preis ⟨m.1⟩ sehr günstiger, herabgesetzter Preis

vor|zugs|wei|se ⟨Adv.⟩ ganz besonders, vor allem

Vös|lau|er ⟨[føs-] m.5; österr.⟩ → Portugieser [nach der Stadt Bad Vöslau in Niederösterreich]

Vo|ta ⟨Pl. von⟩ Votum

Vo|tant ⟨m.10⟩ jmd., der votiert (hat)

Vo|ta|ti|on ⟨f.10⟩ das Votieren, Abstimmung

Vo|ten ⟨Pl. von⟩ Votum

vo|tie|ren ⟨V.3, hat votiert; o.Obj.⟩ abstimmen, sich entscheiden; für etwas v. [< frz. voter ,,abstimmen'', zu vote ,,Stimme (bei Abstimmungen)'', < lat. votum, → Votum]

Vo|tiv|bild ⟨n.3⟩ aufgrund eines Gelübdes einem Heiligen geweihtes Bild [zu lat. votivus ,,durch Gelübde versprochen, geweiht'', zu Votum]

Vo|tiv|kir|che ⟨f.11⟩ einem Heiligen geweihte Kirche

Vo|tiv|mes|se ⟨f.11⟩ für einen bestimmten Zweck oder eine Person gelesene Messe

Vo|tiv|ta|fel ⟨f.11⟩ auf eine Holztafel gemaltes Votivbild

Vo|tum ⟨n., -s, -ta oder -ten⟩ **1** Gelübde **2** Meinungsäußerung, Urteil, Stimme; sein V. abgeben [lat., ,,Gelübde, Versprechen, Wunsch, Verlangen'', zu vovere ,,geloben, feierlich versprechen, wünschen, verlangen'']

Vou|cher ⟨[vautʃər] m.9; Reiseverkehr⟩ Gutschein (für eine bereits bezahlte, noch zu erwartende Leistung) [engl., ,,Quittung, Beleg'', zu to vouch ,,belegen, bestätigen'', über altfrz. < lat. vocare ,,rufen'']

Voû|te ⟨[vuta] f.11⟩ Hohlkehle (als Verstärkung zwischen Decke und Wand) [< frz. voûte ,,Gewölbe, Wölbung'', < lat. voluta, → Volute]

Vox ⟨f., -, Vo|ces [vɔtse:s]⟩ Stimme; V. populi Stimme des Volkes [lat.]

Voya|geur ⟨[voajaʒœr] m.1; †⟩ Handelsreisender [frz., ,,Reisender'', zu voyage ,,Reise'']

Voy|eur ⟨[voajœr] m.1⟩ verborgener Zuschauer (bei geschlechtlichen Handlungen) [frz., zu voir ,,sehen'']

vo|zie|ren ⟨V.3, hat voziert; mit Akk.⟩ vor Gericht laden, vorladen, berufen [< lat. vocare ,,rufen, herbeirufen'', zu vox, Gen. vocis, ,,Stimme'']

Vp ⟨Abk. für⟩ Versuchsperson

VP ⟨DDR; Abk. für⟩ Volkspolizei

V.S.O.P. ⟨Gütebez. für⟩ abgelagerter Weinbrand [Abk. von engl. very superior old product ,,sehr hervorragendes altes Erzeugnis'']

VTOL-Flug|zeug ⟨n.1⟩ Flugzeug, das durch den Rückstoß von Strahltriebwerken senkrecht starten und landen kann [Abk. von engl. vertical take-off and landing ,,senkrechtes Starten und Landen'']

vul|gär ⟨Adj.⟩ gewöhnlich, gemein, ordinär; ~er Ausdruck; ~es Benehmen; eine ~e Person [< frz. vulgaire ,,allgemein verbreitet, üblich, gewöhnlich, alltäglich, gemein'', < lat. vulgaris ,,allen gemeinsam, allen zugänglich, öffentlich, gewöhnlich'', zu vulgus ,,das Volk, die breite Masse, die Leute'', auch ,,Pöbel'']

Vul|ga|ri|tät ⟨f., -, nur Sg.⟩ vulgäre Beschaffenheit, vulgäre Wesensart

Vul|gär|la|tein ⟨n., -s, nur Sg.⟩ umgangssprachliche Form der lateinischen Sprache

Vul|gär|spra|che ⟨f.11⟩ **1** ⟨Sprachw.⟩ von der Masse eines Volkes im MA gesprochene Sprache (bes. in Europa) **2** ⟨nur Sg.⟩ gewöhnliche, vulgäre Sprache

Vul|ga|ta ⟨f., -, nur Sg.⟩ von der kath. Kirche als maßgeblich erklärte lateinische Bibelübersetzung [lat., Fem. von vulgatus ,,allgemein bekannt'', zu vulgare ,,unters Volk bringen, zum Allgemeingut machen, verbreiten'', zu vulgus ,,das Volk, die breite Masse'']

vul|go ⟨Adv.⟩ **1** gemeinhin, gewöhnlich **2** ⟨vor Namen⟩ genannt; Meyer v. Berger [lat., ,,allgemein, gewöhnlich; im Volk, bei den Leuten'', zu vulgus ,,das Volk, die Leute'']

Vul|kan ⟨m.1⟩ **1** ⟨i.w.S.⟩ Stelle der Erdoberfläche, an der Magma austritt **2** ⟨i.e.S.⟩ feuerspeiender Berg [nach Vulcanus, dem röm. Gott des Feuers]

Vul|kan|fi|ber ⟨f., -, nur Sg.⟩ ein hornartiger Kunststoff

Vul|ka|ni|sa|ti|on ⟨f.10⟩ Umwandlung von Rohkautschuk in Gummi durch Einarbeiten von Schwefel [zu vulkanisieren]

vul|ka|nisch ⟨Adj., o.Steig.⟩ von einem Vulkan stammend

vul|ka|ni|sie|ren ⟨V.3, hat vulkanisiert; mit Akk.⟩ mit Schwefel oder einer schwefelhaltigen Verbindung behandeln [nach Vulcanus, dem röm. Gott des Feuers]

Vul|ka|nis|mus ⟨m., -, nur Sg.⟩ **1** Gesamtheit der Kräfte und Erscheinungen, die mit dem Emporringen von Stoffen aus dem Erdinnern zusammenhängen **2** → Plutonismus

Vul|ka|nit|ge|stein ⟨n.1⟩ an der Erdoberfläche entstandenes Magmatitgestein; Syn. Ergußgestein

Vul|ka|no|lo|gie ⟨f., -, nur Sg.⟩ Wissenschaft vom Vulkanismus (1) [< Vulkan und ...logie]

vul|ne|ra|bel ⟨Adj., o.Steig.; Med.⟩ verletzlich, verwundbar [< lat. vulnerabilis ,,verletzbar'', zu vulnus ,,Verletzung, Wunde'', wahrscheinlich zu vellere ,,reißen'']

Vul|ne|ra|bi|li|tät ⟨f., -, nur Sg.⟩ Verletzlichkeit, Verwundbarkeit

Vul|va ⟨f., -, -ven⟩ äußeres weibliches Geschlechtsteil [< lat. vulva, volva ,,Hülle, Tasche'', zu volvere ,,wälzen, rollen'']

v.u.Z. ⟨bes. DDR; Abk. für⟩ vor unserer Zeitrechnung (vor Christi Geburt)

v.v. ⟨Abk. für⟩ vice versa

W

W 〈Zeichen für〉 *Watt* **2** 〈chem. Zeichen für〉 *Wolfram* **3** 〈Abk. für〉 *Westen*
Waa|ge 〈f.11〉 **1** *Meßgerät zur Bestimmung der Masse oder des Gewichts von Körpern* (Balken~, Feder~); *sich die W. halten* 〈ugs.〉 *einander ungefähr gleich sein* **2** 〈Sport〉 *waagerechte Haltung des gestreckten Körpers* (Stand~, Stütz~) **3** *Anspannvorrichtung für Zugtiere*
Waa|ge|bal|ken 〈m.7〉 *auf einer Schneide gelagerter Hebel, an dem die Waagschalen hängen*
waa|ge|recht 〈Adj., o.Steig.〉 *(wie der Balken einer im Gleichgewicht befindlichen Waage) rechtwinklig zu einer (gedachten) senkrechten Linie verlaufend, eben;* auch: *waagrecht;* Syn. *horizontal,* 〈Bgb.〉 *söhlig;* Ggs. *senkrecht (1)*
Waa|ge|rech|te 〈f.11〉 *waagerechte Linie;* auch: *Waagrechte;* Syn. *Horizontale*
waag|recht 〈Adj., o.Steig.〉 → *waagerecht*
Waag|rech|te 〈f.11〉 → *Waagerechte*
Waag|scha|le 〈f.11〉 *jede von zwei an den Enden des Waagebalkens hängenden Schalen, auf die Meßgut und Gewicht gelegt werden; etwas (ein Argument) in die W. werfen geltend machen, zu bedenken geben, zur Diskussion stellen; er warf das ganze Gewicht seiner Persönlichkeit in die W. er bot seinen ganzen Einfluß auf (um etwas zu erreichen)*
wab|be|lig 〈Adj.〉 auch: *wabblig* **1** *aufgrund von zuviel Körperfett unangenehm locker;* ~*er Oberschenkel* **2** *gallertartig, halbfest;* ~*er Pudding* [nddt.]
wab|beln 〈V.1, hat gewabbelt; o.Obj.〉 *sich weich und schnell hin und her bewegen; der Pudding wabbelt; Fettpolster am Körper w.* [< mhd. *wabelen, waberen, wabern* „in geschäftiger Bewegung sein"]
wabb|lig 〈Adj.; ugs.〉 → *wabbelig*
Wa|be 〈f.11; bei staatenbildenden Insekten, bes. Bienen〉 *aus (sechseckigen Zellen) gefügter, flächiger Bau;* Syn. 〈mdt.〉 *Roß*
Wa|ber|lo|he 〈f., -, nur Sg.; german. Myth.〉 *flackerndes, wogendes Feuer um eine Burg*
wa|bern 〈V.1, hat gewabert; o.Obj.〉 *sich weich, langsam hin und her, auf und nieder bewegen, wogen, wallen;* Nebelschwaden w.; Flammen w. [→ *wabbeln*]
wach 〈Adj.〉 **1** *nicht schlafend;* w. *bleiben, werden;* jmdn. w. *rütteln;* jmdn. *durch Schütteln aufwecken;* vgl. *wachrütteln* **2** 〈übertr.〉 *geistig beweglich, aufmerksam; ein* ~*es Kerlchen; er hat keine W. bei Verstand*
Wach|ab|lö|sung 〈f.10〉 **1** *Ablösung eines Wachtpostens* **2** 〈übertr.〉 *Wechsel der Führung; politische W.*
Wa|che 〈f.11〉 auch: 〈geh.〉 *Wacht* **1** *Dienst, der darin besteht, etwas oder jmdn. zu bewachen;* W. *halten, stehen;* W. *schieben* 〈Soldatenspr.〉 **2** *jmd., der diesen Dienst versieht; die* W. *ablösen* **3** *Gebäude, Diensträume der Polizei;* jmdn. auf die W. *bringen*
wa|chen 〈V.1, hat gewacht; o.Obj.〉 **1** *wach sein, nicht schlafen; ich habe die halbe Nacht gewacht; ich wachte noch, als er heimkam* **2** *Wache stehen,* Wache *halten;* an jmds. Bett, bei einem Kranken w.; *über etwas oder jmdn.,* 〈auch〉 jmdm. w. *auf etwas oder jmdn. aufpassen, darauf achten, daß eine Sache oder jmdm. nichts geschieht, daß etwas ordnungsgemäß getan wird;* darüber w., daß niemand die Ausstellungsstücke berührt
wach|hal|ten 〈V.61, hat wachgehalten; mit Akk.〉 *lebendig erhalten;* Erinnerungen w.; jmds. Interesse (an etwas) w.
Wach|heit 〈f., -, nur Sg.〉 *das Wachsein, geistige Regsamkeit*
Wach|lo|kal 〈n.1〉 → *Wachstube*
Wach|mann 〈m.4 oder m., -(e)s, -leu|te〉 **1** → *Wächter* **2** 〈österr.〉 *Polizist*
Wach|mann|schaft 〈f.10〉 *militärische Mannschaft, die zur Wache eingeteilt ist*
Wa|chol|der 〈m.5〉 **1** *(auf sandigen Böden, als Strauch oder Baum wachsendes) Zypressengewächs mit immergrünen Nadeln;* Syn. 〈nddt.〉 *Machandel,* 〈alemann.〉 *Reckolder* **2** *(kurz für) Wacholderbranntwein* [< ahd. *wechalter, wecholter, wacholter;* der erste Bestandteil des Wortes zur idg. Wurzel **ueg-* „binden, flechten" (da man die Zweige zum Flechten verwendete), der zweite Teil ist lautlich an *Holder,* die verkürzte oberdt. Form von → *Holunder,* angelehnt worden, geht aber auf die germ. Nachsilbe *...dra* „Baum" zurück]
Wa|chol|der|bee|re 〈f.11〉 *(blaugrüne, getrocknet schwärzliche) Frucht des Wacholders (als Gewürz u.a.);* Syn. *Krammetsbeere*
Wa|chol|der|brannt|wein 〈m.1〉 *aus Wacholderbeeren, die mit einem Sprit-Wasser-Gemisch versetzt wurden, hergestellter Branntwein;* auch: 〈kurz〉 *Wacholder;* Syn. 〈nddt.〉 *Machandel,* 〈tirol.〉 *Kranewitter*
Wa|chol|der|dros|sel 〈f.11〉 *große, in Grau- und Brauntönen bunt gemusterte Drossel;* Syn. 〈landsch.〉 *Krammetsvogel* [sie frißt u.a. *Wacholderbeeren*]
wach|ru|fen 〈V.102, hat wachgerufen; mit Akk.〉 **1** *wieder ins Gedächtnis rufen;* Erinnerungen w. **2** *wecken, erregen;* jmds. Interesse für etwas w.
wach|rüt|teln 〈V.1, hat wachgerüttelt; mit Akk.〉 *wecken;* jmds. Gewissen w.
Wachs [vaks] 〈n.1〉 *(natürlicher oder künstlich gewonnener) durchscheinender Stoff von knetbarer bis brüchig harter Beschaffenheit, der bei geringer Hitze ohne Zersetzung schmilzt* (Bienen~, Erd~, Kerzen~, Schi~); *er ist* W. *in ihren Händen* 〈übertr.〉 *er tut alles, was sie will*
wach|sam 〈Adj.〉 *vorsichtig und aufmerksam beobachtend; ein* ~*er Hund; ein* ~*es Auge auf jmdn., etwas haben* 〈ugs.〉 *jmdn., etwas genau beobachten* **Wach|sam|keit** 〈f., -, nur Sg.〉
wach|sen¹ 〈V.1, hat gewachst; mit Akk.〉 *mit Wachs einreiben;* Parkett, Dielen w.; *die Schier* w.
wach|sen² 〈V.172, ist gewachsen; o.Obj.〉 **1** *größer, länger werden; das Kind, der Hund, der Baum ist (rasch) gewachsen; die Haare, den Bart w. lassen nicht abschneiden; er stand wie aus dem Boden gewachsen vor mir ganz unerwartet* **2** *sich entwickeln, gedeihen, leben können;* hier *w. viele bunte Blumen;* dort *wächst der Wein besonders gut* **3** *in bestimmter Weise größer, länger werden; der Baum ist gerade, krumm gewachsen; ein schön, gut gewachsener junger Mensch* **4** *beim Größer-, Längerwerden sich in eine Richtung bewegen;* die Haare w. ihm ins Gesicht; der Baum wächst übers Dach; die Äste w. über den Zaun; der Junge ist seinem Vater über den Kopf gewachsen *der Junge ist jetzt größer als der Vater* **5** *an Umfang zunehmen, sich vermehren;* sein Reichtum, Einkommen wächst; die Einwohnerzahl wächst **6** *größer werden,* sich verstärken; seine Erregung, sein Zorn wuchs immer mehr; ich hörte mit ~*dem Erstaunen zu* **7** *einer Sache gewachsen sein eine Sache beherrschen, mit einer Sache fertigwerden; er ist der Lage, der Situation (nicht) gewachsen; ich bin ihrem Redestrom nicht gewachsen;* jmdm. *gewachsen sein* jmdm. *ebenbürtig sein, gleich stark wie* jmd. *sein; sie ist ihm geistig nicht gewachsen; sie ist ihm an Schlagfertigkeit durchaus gewachsen*
wäch|sern 〈[vɛk-] Adj., o.Steig.〉 **1** *aus Wachs;* ~*e Krippenfigur* **2** *wie Wachs von matter, durchscheinender Farbe;* ~*es Gesicht*
Wachs|far|be 〈f.11〉 *Farbe mit Zusatz von Wachs, Pigmenten u.a.*
Wachs|fi|gu|ren|ka|bi|nett 〈n.1〉 *Sammlung mit lebensgroßen Wachsnachbildungen bekannter Persönlichkeiten*
Wachs|haut 〈f.2〉 *(oft farbige) weiche Haut am Schnabelgrund (von Greifvögeln, Papageien, Tauben u.a.)*
Wachs|ma|le|rei 〈f.10〉 **1** 〈nur Sg.〉 *Maltechnik, bei der ein Bild mit einem heißen Stichel in eine Wachsplatte eingraviert wird* **2** *in dieser Technik hergestelltes Bild*
Wachs|mot|te 〈f.11〉 *(in mehreren Arten vorkommender) Zünsler, der die Eier an Waben der Honigbiene legt*
Wachs|pa|pier 〈n.1〉 *mit Paraffin wasserabstoßend gemachtes Papier (zum Verpacken)*
Wachs|stock 〈m.2〉 *schraubenförmige Wachskerze (bes. für kirchliche Zwecke)*
Wachs|ta|fel 〈f.11〉 *antike Schreibtafel aus Wachs*
Wach|stu|be 〈f.11〉 *Aufenthaltsraum einer Wachmannschaft;* Syn. *Wachlokal*
Wachs|tuch 1 〈n.1〉 *auf einer Seite mit wasserdichtem Überzug versehenes Gewebe* **2** 〈n.4〉 *Tischdecke daraus*
Wachs|tum 〈n., -s, nur Sg.〉 *das Wachsen² (1-6); das W. eines Kindes; das W. der Wirtschaft*
Wachs|tums|hor|mon 〈n.1〉 *(u.a. Verstärkung des Wachstums bewirkendes) Hormon der Hypophyse*
Wachs|tums|ra|te 〈f.11〉 *Rate der Steigerung des Wachstums der Wirtschaft eines Landes in einem bestimmten Zeitraum*
wachs|weich 〈Adj., o.Steig.〉 **1** *weich wie Wachs;* w. *gekochtes Ei* **2** 〈ugs.〉 *sehr nachgiebig, ohne feste Meinung, unglaubwürdig;* ~*e Ausrede*
Wachs|zie|her 〈m.5〉 jmd., *der berufsmäßig Wachskerzen herstellt*
Wacht 〈f.; geh.〉 → *Wache*
Wäch|te 〈f.11〉 *angewehte überhängende Schneemasse an Graten oder Steilhängen* [zu *wehen*]
Wach|tel 〈f.11〉 *kleiner, bräunlich gemusterter Hühnervogel mit kurzem Schwanz*
Wach|tel|hund 〈m.1〉 *(früher zur Wachteljagd verwendeter) mittelgroßer Laufhund mit dichtem, mittellangem, leicht gewelltem Haarkleid*
Wach|tel|kö|nig 〈m.1〉 *einer großen Wachtel ähnliche Ralle mit gelbbraunem Gefieder und schwarzen Flecken*
Wach|tel|schlag 〈m., -(e)s, nur Sg.〉 *dreisilbiger Balzgesang des Wachtelhahnes*
Wach|tel|wei|zen 〈m., -s, nur Sg.〉 *(meist gelb blühender) Rachenblütler, dessen Samen Getreidekörnern ähneln* (Acker~, Wiesen~)
Wäch|ter 〈m.5〉 **1** jmd., *der (berufsmäßig) etwas bewacht;* Syn. *Wachmann* **2** jmd., *der*

Wächterlied

über etwas wacht (Tugend~); W. über Sitte und Anstand
Wäch|ter|lied ⟨n.3⟩ → *Tagelied*
Wacht|meis|ter ⟨m.5⟩ 1 ⟨Mil.⟩ a ⟨bis 1945⟩ Feldwebel (bei Artillerie, Kavallerie, Fahr- und Panzertruppe) b ⟨österr., schweiz.⟩ Unteroffizier 2 unterer Beamter des Polizeivollzugsdienstes
Wach|traum ⟨m.2⟩ Traum im Wachzustand; Syn. *Tagtraum*
Wach- und Schließ|ge|sell|schaft ⟨f.10⟩ privates Unternehmen zur Bewachung von Geschäftshäusern u.a.
Wach|zu|stand ⟨m., -(e)s, nur Sg.⟩ Zustand des Wachseins
Wacke ⟨-k|k-; f.11⟩ verwitterter Basalt
wacke|lig ⟨-k|k-; Adj.⟩ auch: *wacklig*; 1 nicht fest stehend, wackelnd; ein ~er Stuhl, Tisch 2 locker, lose; ein ~er Stiel, Zahn 3 schwach, hinfällig; w. auf den Beinen sein 4 ⟨ugs.⟩ vom Ruin bedroht, gefährdet; die Firma ist schon etwas w.; in der Schule w. stehen
Wackel|kon|takt ⟨-k|k-; m.1⟩ (durch falsche Montage oder Abnutzung bewirkte) zeitweilige Unterbrechung eines elektrischen Stromkreises
wackeln ⟨-k|k-; V.1; o.Obj.⟩ 1 ⟨hat gewackelt⟩ (bei Berührung, Stoß) sich rasch hin und her oder auf und nieder bewegen, nicht fest stehen; der Tisch wackelt 2 ⟨hat gewackelt⟩ sich bewegen, zittern; bitte nicht w.! (beim Fotografieren); er schrie so laut, daß die Wände wackelten ⟨ugs., scherzh.⟩; als die Bombe einschlug, wackelte das ganze Haus 3 ⟨hat gewackelt⟩ mit etwas w. *etwas bewegen*; mit der Hand beim Einschenken w.; mit den Ohren w. können; der alte Mann wackelt mit dem Kopf *des alten Mannes zittert ständig* 4 ⟨hat gewackelt⟩ unsicher sein, bedroht sein; seine Stellung wackelt; sein Thron wackelt 5 ⟨hat gewackelt⟩ a etwas w. *in kurze, rasche Bewegung versetzen*; am Tisch w. b etwas in Gefahr bringen; an jmds. Position, ⟨übertr.⟩ Thron w. *jmds. Stellung in Gefahr bringen* 6 ⟨ist gewackelt⟩ unsicher gehen ⟨von kleinen Kindern, jungen Tieren⟩; durchs Zimmer, über den Hof w.
Wackel|peter ⟨-k|k-; m.5⟩, **Wackel|pudding** ⟨-k|k-; m.9⟩ → *Götterspeise*
wacker ⟨-k|k-; Adj.⟩ 1 ⟨veraltend⟩ ehrlich, anständig, rechtschaffen; ein ~er Handwerker 2 stark, kräftig; ein ~er Esser 3 tapfer, tüchtig, gut; sich w. halten [< mhd. *wacker*, ahd. *wackar* „wach, frisch", zu *wecken*]
Wacker|stein ⟨-k|k-; m.1⟩ großer Stein, Gesteinsbrocken [< *Wacke* und *Stein*]
wack|lig ⟨Adj.⟩ → *wackelig*
Wad|dike ⟨f., -, nur Sg.; nddt.⟩ Käsewasser, Molke [< nddt. *water* „Wasser"]
Wa|de ⟨f.11⟩ (muskulöser) hinterer Teil des Unterschenkels; stramme ~n
Wa|den|bein ⟨n.1⟩ neben dem Schienbein liegender, schwächerer Unterschenkelknochen
Wa|den|wickel ⟨m., -s, m.5⟩ kalter, nasser Wickel, der um die Waden gelegt wird, um Fieber zu senken
Wa|di ⟨n.9; bes. in Nordafrika⟩ nur bei Regen wasserführendes Flußbett [< arab. *al-wādī* „das Flußtal, Flußbett, das Tal, der Fluß"]
Wa|fer [ˈweɪ-] ⟨m.5⟩ aus hochreinem Silicium bestehende Scheibe, die als Grundlage für integrierte Schaltungen dient [engl., „Oblate"]
Waf|fe ⟨f.11⟩ 1 technisches Hilfsmittel für Jagd und Kampf (Angriffs~, Schutz~); konventionelle W.; biologische W.; geistige W. ⟨übertr.⟩; von der W. Gebrauch machen; die ~n schweigen lassen; mit seinen eigenen ~n schlagen *jmdm. mit den Argumenten antworten, die er selbst gebraucht*; die ~n strecken *sich ergeben, sich besiegt erklären*; unter ~n stehen *bereit zur kriegerischen Auseinandersetzung sein*; jmdn. zu den ~n rufen *jmdn. zum Militärdienst einziehen* 2 ⟨Pl.⟩ ~n

a ⟨beim Wildschwein⟩ Eckzähne b ⟨bei Luchs und Wildkatze⟩ Klauen c ⟨bei Greifvögeln⟩ Krallen
Waf|fel ⟨f.11⟩ süßes Gebäck mit Musterung aus erhabenen Stegen und etwa viereckigen Vertiefungen [ndrl., zu *Wabe*]
Waf|fel|ei|sen ⟨n.7⟩ ⟨etwa wie ein Toaster funktionierendes⟩ Gerät zum Backen von Waffeln
Waf|fen|bru|der ⟨m.6; geh.⟩ jmd., der gemeinsam mit einer Person, als Teil einer Gruppe kämpft
Waf|fen|far|be ⟨f.11⟩ farbiger Uniformteil (der den Träger als Angehörigen einer bestimmten Waffengattung ausweist)
Waf|fen|gang ⟨m.2; †⟩ kriegerische Auseinandersetzung
Waf|fen|gat|tung ⟨f.10⟩ Gesamtheit der Soldaten und Truppenteile mit gleichem militärischem Verwendungszweck und gleicher Ausrüstung
Waf|fen|meis|ter ⟨m.5; bis 1945⟩ Unteroffizier oder Feldwebel für die Bereiche Waffen, Gerät und Munition
Waf|fen|platz ⟨m.2; schweiz.⟩ Garnison
Waf|fen|rock ⟨m.2; veraltend⟩ Uniform(jacke); den W. ausziehen *aus dem Militärdienst ausscheiden*
Waf|fen|ru|he ⟨f., -, nur Sg.; Mil.⟩ kurze, örtlich begrenzte Kampfpause
Waf|fen|schein ⟨m.1⟩ behördliche Genehmigung zum Führen einer Schußwaffe
Waf|fen-SS ⟨f., -, nur Sg.⟩ bewaffnete Abteilung der SS
Waf|fen|still|stand ⟨m., -(e)s, nur Sg.⟩ ⟨vorläufige⟩ Einstellung einer bewaffneten Auseinandersetzung; einen W. schließen, brechen, halten
Waf|fen|stu|dent ⟨m.10; bis 1934⟩ Mitglied einer schlagenden Verbindung
waff|nen ⟨V.2, hat gewaffnet; mit Akk.; poet.; †⟩ jmdn. oder sich w. *jmdn. oder sich bewaffnen, jmdm. oder sich die Rüstung anlegen*
Wa|ge|hals ⟨m.2⟩ wagemutiger Mensch; auch: *Waghals*
Wa|ge|mut ⟨m., -(e)s, nur Sg.⟩ Mut, ein Wagnis einzugehen, zu unternehmen
wa|ge|mu|tig ⟨Adj.⟩ voller Wagemut, kühn, ein Wagnis nicht scheuend
wa|gen ⟨V.1, hat gewagt⟩ I ⟨mit Akk.⟩ etwas w. 1 sich getrauen, den Mut haben, etwas zu tun; einen Angriff w.; zu widersprechen w.; du wagst es, zu behaupten, daß …?; vgl. *gewagt* 2 aufs Spiel setzen, einsetzen; sein Leben w.; einen Einsatz w. II ⟨refl.⟩ sich an einen Ort, an etwas w. *den Mut haben (an einen Ort zu gehen, etwas zu beginnen)*; sie wagt sich nicht aus dem Haus; der Hund wagt sich nicht in seine Nähe; sich an eine schwere Aufgabe w.
Wa|gen ⟨m.7, oberdt. m.8⟩ 1 auf Rädern laufendes Fahrzeug; Pferde vor den W. spannen; jmdm. an den W. fahren ⟨fig.⟩ *jmdn. (mit Worten) angreifen*; Maschinenteil zur geradlinigen Führung eines Gegenstandes 3 ⟨kurz für⟩ *Kraftwagen*; wir sind mit dem W. unterwegs
wä|gen ⟨V.173, hat gewogen⟩ I ⟨mit Akk.⟩ etwas w. 1 *wiegen, das Gewicht von etwas feststellen* 2 ⟨übertr.⟩ *genau überlegen, abwägen*; seine Worte w. II ⟨o.Obj.⟩ *die Lage einschätzen, das Für und Wider bedenken*; (nur in dem Sprichwort) erst w., dann wagen
Wa|gen|bau|er ⟨m.5⟩ → *Stellmacher*
Wa|gen|büh|ne ⟨f.11⟩ → *Schiebebühne*
Wa|gen|burg ⟨f.10; früher⟩ kreisförmig aufgestellte Wagen zur Verteidigung vor einem Angriff
Wa|gen|he|ber ⟨m.5⟩ Gerät zum teilweisen Anheben eines Kraftfahrzeuges (beim Radwechsel)
Wa|gen|ki|lo|me|ter ⟨m.5⟩ Maßeinheit für die Transportleistung von Verkehrsmitteln

Wa|gen|pferd ⟨n.1⟩ Pferd, das zum Ziehen von Wagen benutzt wird (im Unterschied zum Reitpferd)
Wa|gen|ren|nen ⟨n.7; Antike⟩ Rennen mit zweirädrigen Pferdewagen
Wa|gen|schlag ⟨m.2⟩ Wagentür
Wa|gen|schmie|re ⟨f., -, nur Sg.⟩ Schmiermittel aus Mineral-, Teer- und Harzölen (für Lagerungen langsam fahrender Räder)
Wa|ge|stück ⟨n.1; geh.⟩ Wagnis, wagemutige Tat; auch: *Wagstück*
Wag|gon [-gɔŋ] auch [-gɔn] oder [-gɔ̃] ⟨m.9⟩ Eisenbahnwagen (bes. für Güter) [< engl. *waggon* „Last-, Gepäck-, Güterwagen", < mnddt., mhd. *wagen* „Wagen"]
Wag|hals ⟨m.2⟩ → *Wagehals*
wag|hal|sig ⟨Adj.⟩ 1 ein Wagnis nicht scheuend, kühn; ein ~er Bursche 2 gefährlich, risikoreich; ein ~es Unternehmen
Wag|ner ⟨m.5⟩ → *Stellmacher*
Wag|ne|ria|ner ⟨m.5⟩ Anhänger der Musik Richard Wagners
Wag|nis ⟨n.1⟩ Unternehmen, bei dem man etwas wagt, unsicheres Unternehmen; ein W. eingehen
Wag|stück ⟨n.1⟩ → *Wagestück*
Wahl ⟨f.10⟩ 1 ⟨nur Sg.⟩ *das Sichentscheiden, Wählen zwischen zwei oder mehreren Möglichkeiten*; eine W. treffen; die W. haben; jmdm. die W. lassen; eine leichte, schwere W.; vor der W. stehen 2 *Qualitätsstufe*; Tomaten erster, zweiter W. 3 *das Abstimmen darüber, wer für bestimmte Ämter oder Gremien ausgewählt werden soll*; geheime, direkte, indirekte W.; ~en ansetzen, ausschreiben, durchführen; zur W. gehen; sich zur W. stellen 4 ⟨nur Sg.⟩ *das Gewähltsein* (nach einer Abstimmung); die W. annehmen, ablehnen; jmdm. zur W. gratulieren
Wahl|al|ter ⟨n., -s, nur Sg.⟩ Mindestalter, das nötig ist, um wählen zu können oder gewählt zu werden
Wahl|aus|schuß ⟨m.2⟩ Personengruppe, die eine Wahl überwacht und die Stimmen auszählt
Wahl|be|ein|flus|sung ⟨f.10⟩ Versuch, die Wähler zu beeinflussen
wahl|be|rech|tigt ⟨Adj., o.Steig.⟩ berechtigt zum Wählen **Wahl|be|rech|ti|gung** ⟨f., -, nur Sg.⟩
Wahl|be|zirk ⟨m.1⟩ Teil eines Wahlkreises, dessen Wähler ein und dasselbe Wahllokal besuchen
Wahl|el|tern ⟨nur Pl.; österr.⟩ Adoptiveltern
wäh|len ⟨V.1, hat gewählt⟩ I ⟨mit Akk.⟩ 1 etwas w. a aussuchen und nehmen oder kaufen, sich für etwas entscheiden; eine Farbe für ein Kissen w.; ich habe doch den Wollstoff anstatt der Seide gewählt; seine Worte w. ⟨übertr.⟩ *sich überlegt, genau und gut ausdrücken*; vgl. *gewählt* b ⟨auch o.Obj.⟩ *aussuchen (um es zu bestellen)*; eine Speise, einen Wein w.; haben Sie schon gewählt? c ⟨auch o.Obj.⟩ *eine Nummer w.* (beim Telefonieren) *die Zahlen der gewünschten Rufnummer auf der Wählscheibe drehen oder auf der Tastatur drücken*; versehentlich w.; ich habe falsch gewählt; ich muß noch einmal w. 2 jmdn. w. a ⟨bei Wahlen⟩ *jmdm. seine Stimme geben*; einen Abgeordneten w. b *sich für jmdn. entscheiden*; jmdn. zum Nachfolger, zum Lebensgefährten w.; ich verstehe nicht, warum sie gerade ihn gewählt hat II ⟨o.Obj.⟩ 1 *zwischen mehreren Möglichkeiten schwanken*; er wählte lange, bis er sich entschloß, die braunen Schuhe zu nehmen; du kannst zwischen drei Menüs w. 2 ⟨ugs.⟩ *zur Wahl gehen, seine Stimme abgeben*; hast du schon gewählt?; wir gehen, müssen noch w.
Wäh|ler ⟨m.5⟩ 1 jmd., der wahlberechtigt ist 2 elektromechanische Einrichtung, die Fernsprechteilnehmer miteinander verbindet
Wäh|ler|in|itia|ti|ve [-tsi̯-] ⟨f.11⟩ 1 ⟨nur

Sg.⟩ *Versuch der Wähler einer bestimmten Partei, die Wahl zugunsten dieser Partei zu beeinflussen* **2** *Gruppe von Wählern, die eine solche Beeinflussung versucht*
Wäh|le|risch ⟨Adj.⟩ *anspruchsvoll, sorgfältig auswählend;* w. *im Essen sein;* w. *im Umgang mit anderen sein*
Wäh|ler|schaft ⟨f., -, nur Sg.⟩ *Gesamtheit der Wähler*
Wäh|ler|ver|ei|ni|gung ⟨f.10⟩ *Gruppe von Wählern, die einen Kandidaten aufstellt, aber nicht an eine Partei gebunden ist*
Wahl|feld|zug ⟨m.2⟩ *große Propaganda vor einer Wahl*
wahl|frei ⟨Adj., o.Steig.; von Schulfächern⟩ *nach eigener Wahl zu besuchen, nicht Pflicht;* Latein ist w.
Wahl|gang ⟨m.2; bei Wahlen⟩ *Stimmabgabe, Abstimmung; er wurde erst im zweiten* W. *gewählt*
Wahl|ge|heim|nis ⟨n., -s|ses, nur Sg.⟩ *Rechtsgrundsatz, nach dem geheim bleiben muß, wie und wen jmd. wählt; das* W. *verletzen*
Wahl|ge|schenk ⟨n.1⟩ *Zugeständnis eines Politikers vor der Wahl an die Wähler*
Wahl|ge|setz ⟨n.1⟩ *Gesetz, das die Durchführung von Wahlen regelt*
Wahl|hei|mat ⟨f., -, nur Sg.⟩ *Gegend, in der sich jmd. im Erwachsenenalter niedergelassen hat, ohne dort geboren oder aufgewachsen zu sein*
wäh|lig ⟨Adj., nddt.⟩ **1** *kräftig, gesund* **2** *spritzig, munter* [zu *wohlig*]
Wahl|ka|bi|ne ⟨f.11⟩ *kleiner, abgeteilter Raum in einem Wahllokal für die Stimmabgabe;* Syn. *Wahlzelle*
Wahl|kampf ⟨m.2⟩ *Auseinandersetzung von Parteien vor der Wahl, in der sie um die Stimmen der Wähler kämpfen*
Wahl|kreis ⟨m.1⟩ *festgelegter geographischer Bezirk, dessen Wähler eine bestimmte Zahl von Abgeordneten wählen*
Wahl|lei|ter ⟨m.5⟩ *Vorsitzender des Wahlausschusses*
Wahl|li|ste ⟨f.11⟩ *Liste der Kandidaten, die gewählt werden können*
Wahl|lo|kal ⟨n.1⟩ *Raum, in dem die Stimmen für die Wahl abgegeben werden*
Wahl|lo|ko|mo|ti|ve ⟨f.11; ugs.; im Wahlkampf⟩ *Persönlichkeit von besonderer Beliebtheit und Zugkraft*
wahl|los ⟨Adj., o.Steig.⟩ *ohne zu wählen, ohne Überlegung;* w. *ein paar Stücke herausgreifen*
Wahl|mann ⟨m.4; bei indirekten Wahlen⟩ *von den Wählern gewählte Person, die den Abgeordneten wählt*
Wahl|mon|ar|chie ⟨f.11⟩ *Monarchie, bei der der Monarch durch eine Wahl bestimmt wird*
Wahl|ord|nung ⟨f.10⟩ *alle Vorschriften über die Durchführung einer Wahl*
Wahl|pe|ri|ode ⟨f.11⟩ *Zeitraum, für den jmd. gewählt wurde*
Wahl|pflicht ⟨f., -, nur Sg.⟩ *gesetzliche Pflicht, an einer Wahl teilzunehmen*
Wahl|recht ⟨n., -(e)s, nur Sg.⟩ **1** *Recht, an einer Wahl teilzunehmen; aktives* W. *Recht, bei einer Wahl abzustimmen; passives* W. *Recht, sich wählen zu lassen* **2** *Gesamtheit aller Rechtsvorschriften, die Wahlen betreffen*
Wahl|re|de ⟨f.11⟩ *Rede, die in einem Wahlkampf gehalten wird*
Wahl|schein ⟨m.1⟩ *Schein, der zur Teilnahme an einer Wahl berechtigt*
Wahl|spruch ⟨m.2⟩ *Spruch, den jmd. häufig zitiert und dessen Aussage wichtig für sein Handeln ist;* Syn. *Losung;* mein W. *ist: Jedem Tierchen sein Pläsierchen*
Wahl|ur|ne ⟨f.11⟩ *Urne, in die die Stimmzettel gelegt werden; zur* W. *gehen zur Wahl gehen*
Wahl|ver|ge|hen ⟨n.7⟩ *Vergehen gegen das Wahlgesetz*

Wahl|ver|samm|lung ⟨f.10⟩ *Versammlung, auf der Wahlreden gehalten werden*
wahl|ver|wandt ⟨Adj., o.Steig.⟩ *geistig-seelisch, nicht durch die Herkunft verwandt; wir sind w.* **Wahl|ver|wandt|schaft** ⟨f.10⟩
Wahl|vor|schlag ⟨m.2⟩ *Vorschlag, einen bestimmten Kandidaten für eine Wahl aufzustellen*
wahl|wei|se ⟨Adv.⟩ *nach eigener Wahl; die Schüler können w. Latein oder Französisch lernen*
Wahl|zel|le ⟨f.11⟩ → *Wahlkabine*
Wahn ⟨m., -(e)s, nur Sg.⟩ **1** *irrige, falsche Vorstellung; er lebt in dem* W., *er könne ...* **2** ⟨Psych.⟩ *Irrsinn, Wahnsinn (Größen~, Verfolgungs~)* [mit negativer Bedeutungsentwicklung < ahd. *wan* „Meinung, Mutmaßung"]
Wahn|bild ⟨n.3⟩ → *Wahnvorstellung*
wäh|nen ⟨V.1, hat gewähnt; mit Akk.⟩ **1** *etwas w. fälschlich vermuten, fälschlich annehmen, irrtümlich glauben; ich wähnte, er sei ..., er habe ...* **2** *jmdn. w. fälschlich annehmen, daß jmd. an einem Ort sei; ich wähnte ihn schon zu Hause, schon im Bett* **3** *jmdn. oder sich w. fälschlich glauben, daß sich jmd. oder man selbst in einem bestimmten Zustand befinde; ich wähnte mich schon gesund; sie wähnte ihn schlafend*
Wahn|ge|bil|de ⟨n.5⟩ → *Wahnvorstellung*
Wahn|idee ⟨f.11⟩ → *Wahnvorstellung*
wahn|schaf|fen ⟨Adj.; norddt.⟩ *mißgestaltet, häßlich* [zu mhd. *wan* „leer, unerfüllt, erfolglos" und *geschaffen*]
Wahn|sinn ⟨m., -(e)s, nur Sg.⟩ **1** *krankhafte Geistesverwirrung, Geistesgestörtheit; dem* W. *verfallen* **2** ⟨übertr., ugs.⟩ *(gefährlicher) Unsinn, unsinniges, gefährliches Verhalten, Handeln;* Syn. *Wahnwitz; das ist doch* W. *(was du tust, was du vorhast)!; es ist* W., *zu glauben, man könnte ...*
wahn|sin|nig ⟨Adj.⟩ **1** ⟨o.Steig.⟩ *an Wahnsinn (1) leidend;* ⟨fig.⟩ *er ist* ~ *vor Triebtäter* **2** ⟨übertr.⟩ *ohne jede Vernunft; eine* ~e *Idee; das* ~e *Wettrüsten* **3** *sehr groß; eine* ~ne *Hitze, Kälte; ein* ~er *Lärm* **4** ⟨als Adv.⟩ *heftig, sehr; ich bin schon* w. *gespannt; es ist* w. *heiß, kalt*
Wahn|vor|stel|lung ⟨f.10⟩ *krankhafte, auf Wahn beruhende Vorstellung;* Syn. *Wahnbild, Wahngebilde, Wahnidee*
Wahn|witz ⟨m., -es, nur Sg.⟩ → *Wahnsinn (2)* [< mhd. *wane witz(e)* „mangelnder Witz = mangelnder Verstand", < mhd., ahd. *wan* „leer, mangelnd" und mhd. *witz(e)*, ahd. *wizzi* „Wissen, Verstand, Klugheit"; nicht verwandt mit „Wahn"]
wahn|wit|zig ⟨Adj.; geh.⟩ *auf Wahnwitz beruhend; ein* ~es *Unterfangen*
wahr ⟨Adj., o.Steig.⟩ **1** *so, wie es sich tatsächlich ereignet hat, der Wirklichkeit, den Tatsachen entsprechend; es ist* w. *geworden es hat sich so ereignet wie vorhergesagt; etwas für* w. *halten; eine Drohung w. machen; so ist, wahr' ich lebe!* ⟨ugs.⟩ *ganz sicher; nicht* w.? *es ist doch so?; das kann nicht* w. *sein!* **2** *wirklich, tatsächlich; der* ~e *Mörder; seine* ~en *Gefühle* **3** *richtig, zutreffend;* ~*e Kunst,* ~*e Kultur;* ~*e Wahre!* ⟨ugs.⟩ *das ist das allein Richtige!; das ist nicht so ganz das Wahre* ⟨ugs.⟩ *das ist nicht so besonders gut, schön* **4** *echt, aufrichtig;* ~*e Liebe; ein* ~*er Freund* **5** ⟨zur Bekräftigung des Genannten⟩ *ein* ~*es Glück; eine* ~*e Schande; eine* ~*e Wonne; ein* ~*es Wunder*
wah|ren ⟨V.1, hat gewahrt; mit Akk.⟩ **1** *aufrechterhalten; den Schein w.; das Gesicht w.* ⟨übertr.⟩ *sein Ansehen erhalten; die Höflichkeit w. höflich bleiben; die Form w. die Regeln des Anstands, der Höflichkeit einhalten* **2** *schützen, verteidigen; seine, jmds. Interessen w.*
wäh|ren ⟨V.1, hat gewährt; o.Obj.⟩ *(eine ge-*

wahrscheinlich

wisse Zeit) dauern; es währte nicht lange, bis er die Zusage erhielt; das Fest währte die ganze Nacht, bis zum Morgen
wäh|rend I ⟨Präp. mit Gen.⟩ **1** *im Verlauf von;* w. *des letzten Jahres;* w. *zweier Jahre;* ⟨mit Dat., wenn der Gen. nicht erkennbar wäre⟩ w. *fünf Jahren* **2** *in dem Zeitraum, als;* w. *ich draußen war* II ⟨Konj.⟩ *wohingegen; ich ging weg,* w. *die anderen noch blieben*
wäh|ren|dem ⟨Adv., ugs.⟩, **wäh|rend|des|sen** ⟨Adv.⟩ *während dieses Zeitraums*
wahr|haft ⟨Adj., o.Steig.⟩ *wirklich, echt; ein* ~*er Weinkenner; ein* w. *fürstliches Geschenk*
wahr|haf|tig ⟨Adj.⟩ **1** *aufrichtig, wahrheitsliebend; ein* ~*er Mensch* **2** ⟨als Adv.⟩ *wirklich, tatsächlich;* w.? *stimmt das auch?; wirklich und* w. *ganz bestimmt*
Wahr|haf|tig|keit ⟨f., -, nur Sg.⟩ *Aufrichtigkeit, Wahrheitsliebe*
Wahr|heit ⟨f.10⟩ **1** ⟨nur Sg.⟩ *das Wahrsein, das Übereinstimmen mit der Wirklichkeit; die* W. *einer Aussage bezweifeln* **2** *das Wahre, Tatsächliche, etwas Wahres; die* W. *sagen, suchen; die ganze, die nackte* W.; *die bittere* W.; *in* W. *in Wirklichkeit; darin liegt ein Körnchen* W.; *die* W. *liegt in der Mitte; bei der* W. *bleiben nicht lügen*
wahr|heits|ge|mäß ⟨Adj., o.Steig.⟩ *der Wahrheit gemäß, entsprechend; eine Frage w. beantworten*
wahr|heits|ge|treu ⟨Adj., o.Steig.⟩ *die Wahrheit wiedergebend; ein* ~*er Bericht*
Wahr|heits|lie|be ⟨f., -, nur Sg.⟩ *Liebe zur Wahrheit;* Syn. *Wahrheitssinn*
Wahr|heits|sinn ⟨m., -(e)s, nur Sg.⟩ → *Wahrheitsliebe*
wahr|lich ⟨Adv.; veraltend⟩ *wirklich, tatsächlich; da hast du* w. *recht*
wahr|nehm|bar ⟨Adj., o.Steig.⟩ *so beschaffen, daß man es wahrnehmen kann, bemerkbar; ein kaum* ~*es Geräusch* **Wahr|nehm|bar|keit** ⟨f., -, nur Sg.⟩
wahr|neh|men ⟨V.88, hat wahrgenommen; mit Akk.⟩ **1** ⟨mit einem Sinnesorgan⟩ *aufnehmen, hören, sehen, fühlen; etwas mit den Augen, mit dem Gehör, mit dem Tastsinn w.; einen Vogel w.; ein Geräusch, eine Berührung, einen Schmerz w.* **2** *bemerken; nicht wahr haben, konnte gerade noch w., daß ...; er hat, während er sprach, gar nicht wahrgenommen, daß ...* **3** *benutzen; die Gelegenheit w., etwas anzusehen, jmdn. zu besuchen* **4** *sich um etwas kümmern, etwas vertreten; seine, jmds. Interessen w.*
Wahr|neh|mung ⟨f.10⟩ **1** *das Wahrnehmen (1-3; Geruchs~); sinnliche* ~ **2** ⟨nur Sg.⟩ *das Wahrnehmen (4); unter* W. *seiner Interessen*
wahr|sa|gen ⟨V.1, hat wahrgesagt oder gewahrsagt⟩ → *weissagen*
Wahr|sa|gung ⟨f.10⟩ **1** ⟨nur Sg.⟩ *das Wahrsagen;* W. *durch Kartenlegen* **2** *das Wahrgesagte; deine* ~*en sind nicht eingetroffen*
währ|schaft ⟨Adj.; -er, am -esten; schweiz.⟩ *dauerhaft, bewährt, solide*
Währ|schaft ⟨f.10; schweiz.⟩ *Bürgschaft, Gewähr, Mängelhaftung*
Wahr|schau ⟨f.10; Seew.⟩ *Warnung, Unfallverhütung*
wahr|schau|en ⟨V.1, hat gewahrschaut; mit Akk.; Seew.⟩ *warnen, auf eine Gefahr aufmerksam machen* [< mnddt. *warschouwen,* mndrl. *waerscuwen* in ders. Bed., zu ahd. *wara* „Aufmerksamkeit" und *skiuhen* „erschrecken", volksetymologisch an mhd. *schouwen* (nhd. *schauen*) angelehnt]
wahr|schein|lich ⟨auch [var-]⟩ ⟨Adj.⟩ **1** *mit ziemlicher Sicherheit anzunehmen, eintretend; der* ~*e Täter; der* ~*e Ausgang des Rennens; das ist möglich, aber ich halte das für nicht w.* **2** ⟨als Adv.⟩ *wie man mit ziemlicher Sicherheit annehmen darf; er kommt w. noch heute; du hast w. recht*

Wahrscheinlichkeit

Wahr|schein|lich|keit ⟨f.10; nur Sg.⟩ *das Wahrscheinlichsein; seine Aussage hat eine große, hohe W.; er hat mit hoher W. recht; aller W. nach* höchst wahrscheinlich

Wahr|schein|lich|keits|rech|nung ⟨f.10⟩ *mathematische Berechnung der Wahrscheinlichkeit, mit der ein Ereignis eintritt*

Wahr|spruch ⟨m.2; †, noch österr.⟩ *Urteil, Entscheidung (der Geschworenen)*

Wäh|rung ⟨f., -, nur Sg.⟩ *das Wahren, das Aufrechterhalten; zur W. seiner Interessen*

Wäh|rung ⟨f.10⟩ **1** *Geldordnung (eines Landes); eine stabile, schwankende W.* **2** *Zahlungsmittel (eines Landes);* in amerikanischer, italienischer W. zahlen **3** *Art der Deckung der Zahlungsmittel (eines Landes; Gold~, Silber~)*

Wäh|rungs|block ⟨m.2 oder m.9⟩ *Zusammenschluß mehrerer Länder, der dazu dient, eine gemeinsame Währungspolitik zu verfolgen*

Wäh|rungs|ein|heit ⟨f.10⟩ *Einheit in der Währung (eines Landes), z.B. Mark, Pfennig, Lira*

Wäh|rungs|fonds ⟨[-fɔ̃:] m., - [fɔ̃:s], - [fɔ̃:s]⟩ *Fonds, mit dessen Hilfe die Schwankungen verschiedener Währungen ausgeglichen werden sollen*

Wäh|rungs|re|form ⟨f.10⟩ *eine (staatliche) Neuordnung einer Währung*

Wäh|rungs|sy|stem ⟨n.1⟩ *System, nach dem die Währung (1) eines Landes aufgebaut ist*

Wahr|zei|chen ⟨n.7⟩ *charakteristisches, sinnbildliches Merkmal (einer Gegend oder einer Stadt); das Brandenburger Tor ist ein W. Berlins*

Waid ⟨m.1⟩ *(in warmen Gebieten vorkommender) Kreuzblütler mit kleinen, gelben Blüten (Färber~)*

waid..., Waid... ⟨in der Jägerspr. bevorzugte Schreibung für⟩ →weid..., Weid...

Wai|se ⟨f.11⟩ **1** *elternloses Kind;* Syn. Waisenkind **2** ⟨im Meistergesang⟩ *einzelne, reimlose Zeile* [< mhd. weise < ahd. weise „Waise", zu wisan „meiden"]

Wai|sen|geld ⟨n.4⟩ *Betrag, den eine Waise aus einer Versorgungsversicherung erhält*

Wai|sen|haus ⟨n.4⟩ *Heim, in dem Waisen untergebracht sind und erzogen werden*

Wai|sen|kind ⟨n.3⟩ → Waise (1)

Wai|sen|kna|be ⟨m.11⟩ **1** *männliches, elternloses Kind* **2** ⟨übertr., ugs.⟩ *Mensch ohne jede Ahnung, Wissen und Können; gegen ihn bist du der reinste W.!*

Wai|sen|ren|te ⟨f.11⟩ *Waisengeld aus der gesetzlichen Sozialversicherung*

Wa|ke ⟨f.11; nddt.⟩ *eisfreie Stelle (im Fluß oder See)*

Wal ⟨m.1⟩ *großes Meeressäugetier mit fischförmiger Gestalt, waagerechter Schwanzflosse und Spritzloch (für die Atemluft) an der Oberseite des Kopfes (Barten~, Zahn~);* Syn. ⟨ugs.⟩ Walfisch [→ Waller]

Wald ⟨m.4⟩ **1** *großer, geschlossener Baumbestand (Laub-, Misch~, Nadel~); er sieht den W. vor lauter Bäumen nicht* ⟨ugs.⟩ *findet das Gesuchte nicht, obwohl er unmittelbar davor steht,* ⟨auch⟩ *er übersieht wegen der vielen Einzelheiten das Ganze nicht; er sägt einen ganzen W. ab* ⟨ugs., scherzh.⟩ *er schnarcht fürchterlich* **2** ⟨übertr.⟩ *große Menge (aufragender Gegenstände; Antennen~); wir haben einen ganzen W. von Verbotsschildern*

Wald|bau ⟨m., -(e)s, nur Sg.⟩ *Zweig der Forstwissenschaft, der sich mit Aufbau, Pflege und Nutzung des Waldes befaßt*

Wal|des|rau|schen ⟨n., -s, nur Sg.; poet.⟩ *das Rauschen der Bäume im Wald*

Wald|fre|vel ⟨m.5⟩ → Forstfrevel

Wald|gren|ze ⟨f.11⟩ *klimatische Grenzzone, in der die Gegebenheiten für die Ausbildung von Wäldern nicht mehr ausreichen*

Wald|horn ⟨n.4⟩ *ein Blechblasinstrument mit kreisförmig gewundenem Rohr*

Wald|hu|fen|dorf ⟨n.4; bes. in mittel- und ostdt. Mittelgebirgen⟩ *Dorf, bei dem hinter einer Kette von Gehöften die Fluren liegen, die sich bis zu einem Waldstück die Talhänge hinaufziehen* [zu Hufe (2)]

Wald|huhn ⟨n.4; Jägerspr.⟩ *(einheimisches) Rauhfußhuhn*

wal|dig ⟨Adj.⟩ *(dicht) bewaldet*

Wald|kauz ⟨m.2⟩ *(u.a. in lichten Laubwäldern vorkommende) Eule ohne Federohren und mit schwarzen Augen*

Wald|man|tel ⟨m.6⟩ → Trauf (2)

Wald|mei|ster ⟨m., -s, nur Sg.⟩ **1** *(in Laubwäldern vorkommendes) Rötegewächs mit kleinen, weißen Blüten und süßlich-würzigem Wohlgeruch in allen Pflanzenteilen* **2** *dessen Aroma; das Eis schmeckt nach W.*

Wald|ohr|eu|le ⟨f.11⟩ *Eule mit langen Federohren und orangeroten Augen*

Wal|dorf|schu|le ⟨f.11⟩ *auf der Erziehungsmethode von Rudolf Steiner beruhende Schulform* [nach dem Begründer der ersten Schule, der die Waldorf-Astoria-Zigarettenfabrik leitete]

Wald|por|tier ⟨[-tje:] m.9⟩ *großer, dunkelbrauner Augenfalter mit weißer Flügelbinde*

Wald|rapp ⟨m.1⟩ *(in Marokko und der Türkei vorkommender) schwarzer Ibis mit nacktem, rotem Kopf* [wörtl. „Waldrabe"]

Wald|re|be ⟨f.11⟩ **1** ⟨i.e.S.⟩ *(u.a. an Waldrändern wachsendes, windendes und kletterndes) Hahnenfußgewächs mit ei- bis herzförmigen Fiederblättern und weißen Blüten* **2** ⟨i.w.S.⟩ *ähnliches und verwandtes Gewächs (z.B. eine blau blühende Zierpflanze);* Syn. Clematis

Wald|schnep|fe ⟨f.11⟩ *in feuchten Wäldern vorkommende Schnepfe mit fein gebändertem, bräunlichem Gefieder*

Wald|schrat ⟨m.1; Myth.⟩ *halb menschlich, halb tierisch gestalteter Waldgeist*

Wald|step|pe ⟨f.11⟩ *im nördl. Nadelwaldgürtel inselartig von Grasfluren durchsetzte Waldzone, die in die Steppe übergeht*

Wald|ster|ben ⟨n., -s, nur Sg.⟩ *durch Umweltgifte hervorgerufenes, flächenhaftes Absterben von Wäldern*

Wald|streu ⟨f., -, nur Sg.⟩ *oberste Deckschicht des Waldbodens (aus Laub u.a.)* [nach der früheren Nutzung als Einstreu in Viehställen]

Wal|dung ⟨f.10⟩ *größerer Wald, Waldgebiet*

Wald|vö|gel|chen ⟨n.7⟩ *in Wäldern wachsende Orchidee mit ungespornten Blüten*

Wal|fang ⟨m., -(e)s, nur Sg.⟩ *mit Spezialschiffen durchgeführte Jagd auf Wale*

Wal|fän|ger ⟨m.5⟩ **1** *Schiff für den Walfang* **2** *jmd., der Walfang betreibt*

Wal|fisch ⟨m.1; ugs.⟩ → Wal

Wäl|ger|holz ⟨n.4; landsch.⟩ *Nudelholz* [zu wälgern und Holz]

wäl|gern ⟨V.1, hat gewälgert; mit Akk.⟩ *ausrollen; Teig w.* [zu oberdt. walgen „rollen"]

Wal|hall, Wal|hal|la ⟨f., -, nur Sg.; germ. Myth.⟩ *Aufenthaltsort der im Kampf gefallenen Krieger* [eindeutschende Bildung zu altisländ. valholl in ders. Bed., → Walküre]

Wal|li|ser ⟨m.5⟩ *Einwohner von Wales;* vgl. Walliser

wal|li|sisch ⟨Adj., o.Steig.⟩ *Wales betreffend, zu ihm gehörig, aus ihm stammend; ~e Sprache* keltische Sprache

Wal|ke ⟨f.11⟩ **1** ⟨nur Sg.⟩ *das Walken (3)* **2** *Maschine zum Walken (3)*

wal|ken ⟨V.1, hat gewalkt; mit Akk.⟩ **1** *kneten; Teig w.* **2** *weich, geschmeidig machen; Leder w.* **3** *miteinander verfilzen; Fasern (für Tuche) w.* **4** *unter mehreren Walzen hindurchlaufen lassen und dadurch glätten; Bleche w.*

Wal|kie-tal|kie ⟨[wɔːkitɔki] n.9⟩ *sehr kleines Funk(sprech)gerät, das man bei sich tragen kann* [engl., < to walk „gehen" und to talk „sprechen"]

Walk|man ⟨[wɔːkmən] m.9⟩ *kleiner, tragbarer Kassettenrecorder mit Kopfhörern* [engl., < to walk „gehen" und man „Mann, Mensch"]

Wal|kü|re ⟨f.11; germ. Myth.⟩ **1** *von Wotan gesandte Botin, die diejenigen Krieger auswählt, die im Kampf fallen werden, und die sie nach Walhall geleitet* **2** ⟨scherzh.⟩ *große, stämmige Frau* [< mhd., ahd. wal „Kampfplatz", altnord. valr „Toter auf dem Kampfplatz" und mhd. kür „Prüfung, Überlegung, prüfende Wahl"]

Wall[1] ⟨m.2⟩ *(aus Erde bestehende) langgestreckte Aufschüttung (bes. zur Befestigung); sich mit einem W. umgeben der sich von der Außenwelt abschirmen* [< lat. vallum „Wall (aus Pfählen)"]

Wall[2] ⟨m., -s, -⟩ *Zählmaß (bes. für Fische), 80 Stück* [nddt.]

Wal|lach ⟨m.1⟩ *kastriertes männliches Pferd* [nach der rumän. Landschaft Walachei, aus der diese Pferde zuerst eingeführt wurden]

wal|len[1] ⟨V.1, ist gewallt; o.Obj.; poet.⟩ **1** *dahinschreiten, langsam und feierlich gehen* **2** → wallfahren [< mhd. wallen „wandern, pilgern", < ahd. wallon „wandern, umherschweifen"]

wal|len[2] ⟨V.1; o.Obj.⟩ **1** ⟨hat gewallt⟩ *Blasen werfen, sieden, kochen* **2** ⟨ist gewallt⟩ *in Fülle vorhanden sein, in Fülle fallen;* ~*des Haar;* ~*de Locken; sein Haar wallt bis auf die Schultern* [< mhd. wallen „kochen, sprudeln", < ahd. wallan „wallen, kochen"]

wäl|len ⟨V.1, hat gewällt; mit Akk.⟩ *kochen lassen, wallen*[2] *lassen; Suppenfleisch w.*

Wal|ler ⟨m.5; bayr.-österr.⟩ *Wels* [vielleicht < ahd. wallan „aufwallen", da er als Grundfisch den Schlamm aufwallen läßt; der Name des Süßwasserfisches wurde später auf den Wal übertragen]

wall|fah|ren ⟨V.1, ist gewallfahrt; o.Obj.⟩ *eine Wallfahrt machen;* Syn. wallen; *er wallfahrte nach Rom*

Wall|fah|rer ⟨m.5⟩ *jmd., der eine Wallfahrt macht, Pilger*

Wall|fahrt ⟨f.10⟩ *Reise, Wanderung aus religiösen Gründen zu einem heiligen Ort* [zu wallen[1]]

wall|fahr|ten ⟨V.2, ist gewallfahrtet; o.Obj.; †⟩ *wallfahren; er wallfahrtete nach Rom*

Wall|fahrts|kir|che ⟨f.11⟩ *von Wallfahrern häufig aufgesuchte Kirche*

Wall|fahrts|ort ⟨m.1⟩ *besonderer, heiliger Ort, der von Wallfahrern aufgesucht wird*

Wall|gang ⟨m.2⟩ *wasserdichter Gang an der Innenseite der Bordwand*

Wall|holz ⟨n.4; schweiz.⟩ *Nudelholz*

Wal|li|ser ⟨m.5⟩ *Einwohner des Wallis;* vgl. Waliser

Wal|lo|ne ⟨m.11⟩ *französischsprachiger Belgier*

Wal|lung ⟨f.10⟩ **1** ⟨nur Sg.⟩ *das Wallen, Kochen, Brodeln; jmdn. in W. bringen* ⟨übertr.⟩ *jmdn. in Zorn bringen; in W. geraten zornig werden; sein Blut geriet in W., er geriet in Erregung, in Zorn* **2** *Blutandrang zum Kopf; ~en haben*

Walm ⟨m.1⟩ *dreieckige, schräge Dachfläche über dem Giebel*

Walm|dach ⟨n.4⟩ *Satteldach mit Walm*

Wal|nuß ⟨f.2⟩ *Frucht des Walnußbaumes* [< welsch und Nuß, der Baum wurde wahrscheinlich durch die Römer in Mitteleuropa eingeführt]

Wal|nuß|baum ⟨m.2⟩ **1** *Baum mit gefiederten Blättern und den von einer grünen Hülle umgebenen Walnüssen als Früchte;* auch: ⟨kurz⟩ Nußbaum

Wa|lo|ne ⟨f.11⟩ *Fruchtbecher der Eichel einer Eiche des Mittelmeergebietes, Gerbmittel* [< ital. vallonea < griech. balanos „Eichel"]

Wanderstab

Wal|pur|gis|nacht ⟨f.2⟩ *Nacht vor dem 1. Mai, in der nach dem Volksglauben die Hexen auf dem Blocksberg zusammenkommen* [nach der hl. *Walpurgis*]

Wal|rat ⟨m. oder n., -(e)s, nur Sg.⟩ *fettartige, weiße Masse aus den Stirnhöhlen des Pottwales (zur Herstellung von Kerzen und Salben);* Syn. *Spermazet, Spermazeti* [< mhd. *walram,* dies in Anlehnung an mhd. *ram* „Schmutz" umgebildet < norweg., isländ. *hvalrav,* zu *hval* „Wal" und altnord. *raf* „Bernstein"]

Wal|roß ⟨n.1⟩ *arktische Robbe, deren obere Eckzähne zu Stoßzähnen verlängert sind*

Wal|statt ⟨f., -, -stät|ten; †⟩ *Kampfplatz, Schlachtfeld*

wal|ten ⟨V.2, hat gewaltet⟩ **I** ⟨o.Obj.⟩ *wirksam sein, wirken;* hier waltet ein guter, harmonischer Geist; Gnade, Nachsicht w. lassen; schalten und w. *wirken, arbeiten;* hier kann ich schalten und w., wie ich will **II** ⟨mit Akk.; †⟩ *bewirken, geben;* ⟨nur noch in den Wendungen⟩ das walte Gott, das walte der liebe Himmel **III** ⟨mit Gen.⟩ *nur noch in der Wendung⟩* seines Amtes w. *sein Amt versehen, ausüben*

Wal|ze ⟨f.11⟩ **1** *zylindrischer, um seine Längsachse drehbarer Körper mit kreisförmigem Querschnitt* **2** *damit arbeitende Maschine* (Acker~, Straßen~) **3** ⟨früher⟩ *Wanderschaft eines Handwerksburschen;* auf der W. sein [zu *walzen*]

wal|zen ⟨V.1⟩ **I** ⟨mit Akk.; hat gewalzt⟩ *mit Hilfe einer Walze unter Druck glätten;* Stahl w.; eine Straße w.; Erdreich w. **II** ⟨o.Obj.⟩ **1** ⟨hat gewalzt⟩ †, *nur noch scherzh.⟩ Walzer tanzen;* sie haben stundenlang gewalzt **2** ⟨ist gewalzt⟩ **a** *sich Walzer tanzend fortbewegen;* sie walzten durch alle Zimmer, übers Parkett **b** ⟨früher⟩ *als Handwerker auf Wanderschaft sein*

wäl|zen ⟨V.1, hat gewälzt⟩ **I** ⟨mit Akk.⟩ **1** *etwas w. rollen, rollend bewegen;* einen Stein auf, vor etwas w.; der Strom wälzt seine schlammigen Fluten zum Meer **2** *etwas,* jmdn. oder sich w. *im Liegen drehen;* Fleisch in Ei und Mehl w.; Plätzchen in Zucker w.; einen Verletzten auf den Rücken w.; sich im Bett von einer Seite auf die andere w.; sich vor Lachen w. ⟨ugs.⟩ *sehr lachen* **3** ⟨übertr.⟩ *in verschiedenen Wendungen⟩* Bücher w. *in Büchern nachschlagen;* Probleme w. *über Probleme sprechen, sich Gedanken über Probleme machen* **II** ⟨refl.⟩ *sich w. sich schwerfällig bewegen, langsam und träge fließen;* eine Menschenmenge, ein Strom von Flüchtlingen wälzte sich durch die Straßen; ein Schlammstrom wälzt sich durch das Tal

Wal|zen|spin|ne ⟨f.11⟩ *(in vielen Arten in warmen Ländern vorkommendes) Spinnentier mit walzenförmigem, gegliedertem Hinterleib*

Wal|zer ⟨m.5⟩ **1** *ein Gesellschaftstanz im $^3/_4$-Takt;* Wiener W. **2** *Musikstück in der Art eines Walzers (1)*

Wäl|zer ⟨m.5; scherzh.⟩ *großes, dickes Buch* [zu *wälzen (I,3)*]

Wälz|la|ger ⟨n.5; Tech.⟩ *nur geringe Reibung verursachendes Lager mit Wälzkörpern (Walzen, Kugeln)*

Walz|sprung ⟨m.2⟩ →*Straddle*

Walz|stahl ⟨m.2⟩ *im Walzwerk hergestellter Profilstahl*

Walz|straße ⟨f.11⟩ *reihenförmige Anordnung von Maschinen zum Walzen*

Walz|werk ⟨n.1⟩ *Verarbeitungsbetrieb, in dem der blockförmige Rohstahl durch Walzen zu verschiedenen Erzeugnissen gestreckt wird*

Wam|me ⟨f.1⟩ **1** ⟨beim Rind⟩ *Hautfalte zwischen der Kehle und der Vorderbrust* **2** ⟨Kürschnerei⟩ *Fell vom Bauch* (Bisam~)

Wam|merl ⟨n.14; bayr.⟩ *Bauchfleisch vom Schwein* [Verkleinerung zu *Wamme*]

Wam|pe ⟨f.11; ugs.⟩ →*Wanst (1,2)*

wam|pert ⟨Adj., o.Steig.; bayr.-österr.⟩ *mit einer Wampe versehen;* ein ~er Kerl

Wam|pum ⟨m.1; bei nordamerik. Indianern⟩ *Schnur mit Muschelschalen (als Schmuck und Zahlungsmittel)* [< Algonkin *wanpanpiak* oder *wanbanbiag,* zu *wanb,* Ableitung von *wab* „weiß", *anpi* oder *anbi* „Schnur (aus Muschelschalen)" und *ak* oder *ag* als Pluralendung; im Englischen zu *wampum* verkürzt]

Wams ⟨n.4⟩ **1** ⟨früher⟩ *Männer(schoß)rock* **2** ⟨landsch.⟩ *Jacke, Joppe* [über altfrz. *wambais* < mlat. *wambasarius, wambio* „gefütterter Rock (bes. unter dem Panzer)", < griech. *bambakion* „Baumwolle"]

Wand ⟨f.2⟩ **1** *senkrechte, flächige Begrenzung (eines Hauses, Gebäudes oder Zimmers);* eine W. einziehen; Bilder an die W. hängen; die eigenen vier Wände *die eigene Wohnung;* hier haben die Wände Ohren ⟨übertr., ugs.⟩ *hier wird man von anderen gehört;* lachen, daß die Wände wackeln ⟨ugs.⟩ *laut lachen;* spanische W. *Wandschirm;* jmdn. an die W. drücken ⟨übertr.⟩ *jmdn. beiseite drängen;* jmdn. an die W. stellen ⟨übertr.⟩ *jmdn. standrechtlich erschießen;* jmdn. an die W. spielen ⟨übertr.⟩ **1.** ⟨Theat.⟩ *jmdn. im Spiel weit übertreffen,* **2.** *jmdn. ausschalten;* mit dem Kopf durch die W. wollen ⟨übertr.⟩ *sich gewaltsam durchsetzen wollen;* gegen eine W. reden ⟨übertr.⟩ *bei jmdm. mit Reden nichts bewirken;* weiß wie die W. *totenbleich werden* **2** *frei stehende, wandähnliche Fläche* (Reklame~) **3** *seitliches oder rückwärtiges Teil (eines Schrankes o.ä.;* Schrank~) **4** *Außenfläche, Hülle (eines Hohlkörpers;* Magen~, Rohr~) **5** ⟨Bgb.⟩ *großes, einzelnes Gesteinsstück* **6** *steiler Felsabhang;* eine W. durchsteigen **7** ⟨kurz für⟩ *Wolkenwand, Gewitterwand* [zu *winden,* da Gebäudewände urspr. aus Flechtwerk waren]

Wan|da|le ⟨m.11⟩ *auch:* Vandale **1** *Angehöriger eines ostgermanischen Volkes* **2** *jmd., der mutwillig etwas zerstört;* hausen wie die ~n

wan|da|lisch ⟨Adj., o.Steig.⟩ **1** *die Wandalen betreffend, zu ihnen gehörig, von ihnen stammend* **2** *in der Art eines Wandalen (2)*

Wan|da|lis|mus ⟨m., -, nur Sg.⟩ *blinde Zerstörungswut, Zerstörung von kulturellen Werten;* (nach den *Wandalen,* die 455 Rom plünderten)

Wand|be|hang ⟨m.2⟩ *Tuch, Teppich o.ä. als Schmuck für eine Wand*

Wand|be|span|nung ⟨f.10⟩ *Wandverkleidung mit Stoff*

Wand|brett ⟨n.3⟩ *an der Wand angebrachtes Brett (für Bücher, Geschirr o.ä.)*

Wan|del ⟨m., -s, nur Sg.⟩ **1** *das Sichwandeln, Sichändern (Gesinnungs~, Sprach~);* ein W. tritt ein; einen W. vollziehen **2** ⟨†⟩ *das Umhergehen* (Erden~, Lebens~); sein nächtlicher W.; Handel und W. *Handel und Verkehr*

Wan|del|an|lei|he ⟨f.11⟩ →*Wandelobligation*

wan|del|bar ⟨Adj.⟩ **1** *so beschaffen, daß es sich ändern, wandeln kann;* die ~e Körperfärbung vieler Meerestiere **2** *sich oft, gern ändernd, wandelnd;* ihre ~e Stimmungslage

Wan|del|bar|keit ⟨f., -, nur Sg.⟩

Wan|del|gang ⟨m.2⟩, **Wan|del|hal|le** ⟨f.11⟩ *Halle, Gang (bes. in Kurhäusern, Theatern) zum Aufundabwandeln*

wan|deln ⟨V.1⟩ **I** ⟨o.Obj.; ist gewandelt; geh.⟩ *schreiten, langsam und gemessen, gemächlich gehen;* durch den Park w.; auf der Kurpromenade w.; er ist die ~de Güte ⟨übertr.⟩ *er ist die personifizierte Güte,* er ist durch und durch gütig; er ist ein Lexikon ⟨übertr., scherzh.⟩ *er weiß unerhört viel* **II** ⟨mit Akk.; hat gewandelt⟩ *jmdn. oder etwas w. verändern, verwandeln;* dieses Erlebnis hat ihn gewandelt **III** ⟨refl.⟩ *hat gewandelt;* **1** *sich w. sich verändern, anders werden;* das Gesicht dieser Landschaft hat sich gewandelt; er hat sich vom Knaben zum Jüngling, zum Mann gewandelt

Wan|del|ob|li|ga|tion ⟨f.10⟩, **Wan|del|schuld|ver|schrei|bung** ⟨f.10⟩ *Schuldverschreibung einer Aktiengesellschaft, bei der dem Verkäufer neben der Verzinsung die Umwandelbarkeit der Schuldverschreibung in Aktien garantiert wird;* Syn. *Wandelanleihe*

Wan|del|stern ⟨m.1; †⟩ →*Planet*

Wan|der|ar|bei|ter ⟨m.5⟩ *Saisonarbeiter, der weit entfernt von seinem Wohnort arbeitet*

Wan|der|aus|stel|lung ⟨f.10⟩ *Ausstellung, die an verschiedenen Orten gezeigt wird*

Wan|der|büh|ne ⟨f.11⟩ *Theatertruppe ohne eigenes Haus, die von Ort zu Ort zieht*

Wan|der|düne ⟨f.11⟩ *Düne, bei der durch gleichbleibende Windrichtung eine Umlagerung der Sandkörner von der Luv- zur Leeseite erfolgt, so daß sie allmählich weiterwandert*

Wan|de|rer ⟨m.5⟩ *auch:* Wandrer **1** *jmd., der (gerade) wandert;* wir trafen viele W. **2** *jmd., der gern und oft wandert;* er ist ein großer, leidenschaftlicher W.

Wan|der|fahrt ⟨f.10⟩ *Ausflug, bei dem jmd. zunächst ein Verkehrsmittel benutzt, um anschließend zu wandern*

Wan|der|fal|ke ⟨m.11⟩ *großer Falke mit grauschwarzem Rücken, schwarzem Bartstreif und heller, gebänderter Unterseite*

Wan|der|fal|ter ⟨m.5⟩ *Schmetterling, der jahreszeitliche Wanderungen unternimmt (z.B. der Distelfalter)*

Wan|der|ge|wer|be ⟨n.5⟩ *Gewerbe von Hausierern*

Wan|der|heu|schrecke ⟨-k|k-; f.11⟩ *Heuschrecke, die bei Massenvermehrung riesige, wandernde Schwärme bildet, die unterwegs alles Grün wegfressen*

Wan|der|jahr ⟨n.1; meist Pl.; früher⟩ ~e *Ausbildungszeit eines wandernden Handwerkers*

Wan|der|le|ben ⟨n., -s, nur Sg.⟩ *unstetes Leben mit häufigem Wechsel des Wohnorts*

Wan|der|lied ⟨n.3⟩ *beim Wandern zu singendes Volkslied*

Wan|der|lust ⟨f., -, nur Sg.⟩ *große Freude am Wandern;* ihn packte die W.

wan|der|lu|stig ⟨Adj.⟩ *gerne wandernd*

wan|dern ⟨V.1; ist gewandert; o.Obj.⟩ **1** *zu Fuß (eine weite Strecke) gehen;* wir w. gern; durch den Wald w. **2** *mit dem Fahrrad, mit den Schiern, mit dem Boot (eine weite Strecke) fahren* **3** *ohne festen Wohnsitz sein und umherziehen;* ~de Hirtenvölker *Nomaden;* ~der Händler; ~der Handwerksbursche **4** ⟨von manchen Tieren⟩ *sich einen Futterplatz, Laichplatz suchen;* Rentiere w.; Flußaale w. **5** ⟨übertr.⟩ *sich weiterbewegen, schweifen;* seine Blicke wanderten durchs Zimmer; Wolken w. über den Himmel **6** *weitergegeben werden, sich verbreiten;* Märchenmotive, Wörter w. von einer Sprache in die andere **7** ⟨ugs.⟩ *geworfen werden, gelegt, gesteckt werden;* solche Briefe w. sofort in den Papierkorb; das Geld wanderte zum großen Teil in seine eigene Tasche; er ist ins Gefängnis gewandert

Wan|der|nie|re ⟨f.11⟩ *sich krankhaft nach unten verlagernde Niere*

Wan|der|pre|di|ger ⟨m.5⟩ *Prediger, der von Ort zu Ort zieht*

Wan|der|preis ⟨m.1⟩ *Preis, der jeweils an den nächsten Sieger eines (sportlichen) Wettbewerbs weitergegeben wird*

Wan|der|rat|te ⟨f.11⟩ *große, graubraune Ratte (die früher aus Asien eingewandert ist), Kanalratte*

Wan|der|schaft ⟨f., -, nur Sg.⟩ *Zeit des Wanderns;* auf der W. sein; auf die W. gehen

Wan|ders|mann ⟨m., -(e)s, -leu|te; veraltend⟩ *jmd., der auf der Wanderschaft ist*

Wan|der|stab ⟨m.2; veraltend⟩ *beim Wandern verwendeter Stock, Stab;* den W. nehmen *auf die Wanderschaft gehen*

1059

Wan|der|trieb ⟨m., -(e)s, nur Sg.⟩ **1** ⟨bei manchen Tieren⟩ *Trieb, von Zeit zu Zeit den Ort zu wechseln* **2** ⟨Psych.⟩ *(durch Krankheit bedingte) Neigung, sein Heim zu verlassen* **3** *Trieb zum Umherziehen;* der W. erfaßte ihn wieder

Wan|de|rung ⟨f.10⟩ **1** ⟨nur Sg.⟩ *das Wandern;* die W. der Aale; nach langer W. kamen sie endlich an ein Gasthaus **2** *zu Fuß zurückgelegter, längerer Weg;* eine W. machen; dort kann man schöne ~en machen

Wan|der|vo|gel ⟨m.6⟩ **1** ⟨1896–1933⟩ *deutscher Jugendbund* **2** ⟨übertr.⟩ *jmd., der gerne umherzieht*

Wan|der|zir|kus ⟨m.1⟩ *Zirkus, der ständig seinen Standort wechselt*

Wand|ge|mäl|de ⟨n.5⟩ *direkt auf die Wand gemaltes Bild*

...wan|dig (in Zus.) *mit einer bestimmten Art von Wand, Trennfläche versehen, z.B.* dünnwandig, starkwandig

Wand|lung ⟨f.10⟩ **1** *das Sichwandeln, das Sichändern;* eine W. der Ansichten **2** ⟨kath. Kirche⟩ *rituelle Verwandlung von Brot und Wein in das Fleisch und Blut Christi* **3** ⟨Rechtsw.⟩ *Rückgängigmachung eines Vertrags*

wand|lungs|fä|hig ⟨Adj.⟩ **1** *fähig, sich zu wandeln;* sie ist nicht mehr w. **2** *fähig, verschiedene Rollen zu spielen;* ein ~er Schauspieler

Wand|lungs|kla|ge ⟨f.11⟩ *Klage auf Wandlung (3)*

Wand|ma|le|rei ⟨f.10⟩ **1** ⟨nur Sg.⟩ *das Malen direkt auf die Wand* **2** *Wandgemälde*

Wand|rer ⟨m.5⟩ → *Wanderer*

Wand|schirm ⟨m.1⟩ *(aus einem oder mehreren mit Stoff bespannten Rahmen bestehendes) Gestell zur Teilung eines Raumes, zum Schutz vor Zugluft u.ä.*

Wand|schrank ⟨m.2⟩ *in eine Wand eingelassener Schrank*

Wand|tel|ler ⟨m.5⟩ ⟨als Schmuck⟩ *an die Wand zu hängender Teller*

Wand|tep|pich ⟨m.1⟩ *an einer Wand zum Schmuck aufgehängter Teppich*

Wan|dung ⟨f.10⟩ *äußere Wand, Hülle;* ein Rohr mit dicker W.

Wand|ver|klei|dung ⟨f.10⟩ *Verkleidung einer Innen- oder Außenwand (mit Holz, Stoff o.ä.)*

Wand|zei|tung ⟨f.10⟩ *an eine Wand angeschlagene Zeitung oder längere Mitteilung*

Wa|ne ⟨m.11; germ. Myth.⟩ *Angehöriger eines Göttergeschlechts* [< altnord. *Vanr,* Name eines Fruchtbarkeitsgottes]

Wan|ge ⟨f.11⟩ **1** ⟨geh.⟩ *Backe* **2** *seitlich angeordneter Teil (von Maschinen, beim Chorgestühl)*

Wan|gen|bein ⟨n.1⟩ → *Jochbein*

wank ⟨Adj., o.Steig.; nordwestdt.⟩ *schwankend, wackelig*

Wank ⟨m., -(e)s, nur Sg.; †⟩ *das Wanken;* ⟨schweiz. noch in der Wendung⟩ keinen W. tun *unbeweglich verharren*

Wan|kel|mo|tor ⟨m.13⟩ *Verbrennungsmotor mit einem rotierenden Drehkolben statt eines Kolbens mit Hubbewegungen* [nach dem Ingenieur Felix *Wankel*, der ihn entwickelt hat]

Wan|kel|mut ⟨m., -(e)s, nur Sg.⟩ *Unbeständigkeit in der Gesinnung, in der Haltung*

wan|kel|mü|tig ⟨Adj.⟩ *unbeständig, seine Gesinnung oft ändernd* **Wan|kel|mü|tig|keit** ⟨f., -, nur Sg.⟩

wan|ken ⟨V.1; o.Obj.⟩ **1** ⟨hat gewankt⟩ *sich unsicher auf seinem Standort hin und her bewegen;* er wankte und fiel zu Boden; bei dem Bombenangriff wankte das ganze Haus; er wankte und wich nicht *er blieb fest stehen, ging keinen Schritt zurück* **2** ⟨ist gewankt⟩ *sich unsicher fortbewegen;* über die Straße w. **3** ⟨hat gewankt⟩ *unsicher sein, unsicher stehen* ⟨bes. übertr.⟩; sein Entschluß geriet ins Wanken; jmds. Glauben, Meinung ins Wanken bringen *jmdn. in seinem Glauben, in seiner Meinung unsicher machen;* jmdn. ~d machen *jmdn. unsicher, unschlüssig machen*

wann I ⟨Adv.⟩ **1** *zu welchem Zeitpunkt, in welchem Zeitraum;* w. kommst du?; w. warst du in Rom?; bis w. bist du zu Hause?; seit w. weißt du das?; dann und w. *manchmal;* w. auch immer *zu welchem Zeitpunkt auch immer* **2** *unter welchen Umständen;* w. kann man von Betrug sprechen? II ⟨Konj.; ugs., landsch.⟩ *wenn;* w. ich Zeit habe

Wan|ne ⟨f.11⟩ **1** *großes, tiefes, länglichrundes Gefäß (zum Baden);* Wasser in die W. laufen lassen; in der W. sitzen, in die W. steigen *ein Bad nehmen* **2** ⟨scherzh.⟩ *Vertiefung in einer Schipiste, die nach einem Sturz zurückbleibt*

wan|nen ⟨Adv.; †; in der Fügung⟩ von w. *von woher*

Wan|nen|bad ⟨n.4⟩ **1** *Bad in der Badewanne* **2** *städtische Einrichtung, in der man ein solches Bad nehmen kann*

Wanst I ⟨m.2; ugs.⟩ **1** *dicker Bauch (bei Männern);* Syn. *Wampe* **2** *Magen;* Syn. *Wampe;* sich den W. vollschlagen **3** ⟨unangenehm⟩ *dicker Mann* (Fett~) II ⟨n.4; mdt.; abwertend⟩ *Kind;* sie bringt ihre drei Wänster mit

Want ⟨f.10; Seew.⟩ *Tau oder Stahldraht zum seitlichen Stützen des Mastes*

Wan|ze ⟨f.11⟩ **1** *Insekt mit stechend-saugenden Mundwerkzeugen und flachem Körper* (Schild~, Stink~) **2** ⟨übertr., ugs.⟩ *sehr kleines Abhörgerät* [< mhd. *wantlus* „Wandlaus"]

Wa|pi|ti ⟨m.9⟩ *nordamerikanische Rasse des Rothirsches* [< Algonkin *wapiti* „weißes Hinterteil, weißer Steiß", wegen des weißen Flecks in dem sonst bräunlichen Fell]

Wap|pen ⟨n.7⟩ **1** ⟨urspr.⟩ *Abzeichen eines Ritters an Helm und Schild* **2** ⟨später⟩ *nach bestimmten Regeln gestaltetes Abzeichen* (Familien~, Stadt~) [< mhd. das *wâpen, wâfen* „Waffe", bes. Schwert", sowie „Schildzeichen", die *wâpen, wâfen* (Pl.) „Gesamtheit der Waffen, Ausrüstung"]

Wap|pen|brief ⟨m.1⟩ *Urkunde, die die Verleihung eines Wappens bescheinigt*

Wap|pen|buch ⟨n.4⟩ *Buch mit Darstellungen von Wappen;* Syn. *Armorial*

Wap|pen|kun|de ⟨f., -, nur Sg.⟩ *Wiss. von der Entstehung und Bedeutung von Wappen;* Syn. *Heraldik*

Wap|pen|man|tel ⟨m.6⟩ *Umrahmung eines Wappens in Form eines Mantels oder Zeltes;* Syn. *Wappenzelt*

Wap|pen|spruch ⟨m.2⟩ *Wahlspruch auf einem Wappen*

Wap|pen|tier ⟨n.1⟩ *(meist stilisierte) Darstellung eines Tieres im Wappen*

Wap|pen|zelt ⟨n.1⟩ → *Wappenmantel*

Wap|perl ⟨n.14; bayr.-österr.⟩ *Aufkleber, Etikett, Schildchen* [Verkleinerungsform zu *Wappen*]

wapp|nen ⟨V.2, hat gewappnet; refl.⟩ *sich w.* **1** ⟨†⟩ *sich bewaffnen* **2** ⟨übertr.⟩ *sich gegen etwas w. sich auf etwas gefaßt machen, sich vorbereiten, mit etwas rechnen und sich stark machen;* sich gegen einen Angriff, Vorwurf w.; sich mit Geduld w. *sich vornehmen, Geduld zu haben*

Wa|rä|ger ⟨m.5⟩ *Normanne (in Osteuropa)*

Wa|ran ⟨m.1⟩ *(in warmen Gebieten der Alten Welt vorkommende) große Eidechse mit kräftigem Körper, langem, dickem Schwanz und stark bekrallten Beinen* (Nil~) [arab.]

War|dein ⟨m.1; früher⟩ *Prüfer, Aufsichtsführer* (Berg~, Münz~) [< ndrl. *waardijn*, mittelndrl. *waerdein, werdein* „Aufseher"; < germ. *warda* „Wache"]

war|die|ren ⟨V.3, hat wardiert; mit Akk.⟩ *prüfen, bewerten;* eine Münze w. *eine Münze auf ihren Edelmetallgehalt prüfen*

Wa|re ⟨f.11⟩ **1** *Gegenstand, der gekauft, verkauft oder getauscht wird;* ~n anbieten, ausführen, einführen, herstellen **2** *Erzeugnis (im Hinblick auf seine Beschaffenheit);* wir führen nur erstklassige W.; der Mantel ist eine solide W.

Wa|ren|baum ⟨m.2⟩ *am Webstuhl Spule zum Aufwickeln des Gewebes*

Wa|ren|cha|rak|ter ⟨m., -s, nur Sg.⟩ *Eigenschaft, als Ware verwendet werden zu können*

Wa|ren|haus ⟨n.4⟩ *Kaufhaus*

Wa|ren|kun|de ⟨f., -, nur Sg.⟩ *Lehre von der Erzeugung und Beschaffenheit von Waren*

wa|ren|kund|lich ⟨Adj.⟩ *zur Warenkunde gehörig, sie betreffend*

Wa|ren|mu|ster ⟨n.5⟩, **Wa|ren|pro|be** ⟨f.11⟩ *Muster einer Ware (zur Ansicht oder zum Probieren)*

Wa|ren|zei|chen ⟨n.7; Abk.: Wz.; Zeichen: ®⟩ *gesetzlich geschütztes Zeichen zur Kennzeichnung einer Ware;* Syn. *Schutzmarke;* eingetragenes W.

Warf[1] ⟨m.1 oder n.1; beim Weben⟩ *Gesamtheit der Kettfäden* [zu *(hin- und her)werfen*]

Warf[2] ⟨f.10⟩ → *Wurt* [zu *aufwerfen*]

Warft ⟨f.10⟩ → *Wurt* [zu *aufwerfen*]

warm ⟨Adj., wärmer, am wärmsten⟩ **1** *eine relativ hohe Temperatur aufweisend, aber noch nicht heiß;* ~es Essen; ~es Klima; ~es Zimmer; ~e Fährte ⟨Jägerspr.⟩ *eine frische Spur;* ~e Farben *Rot, Gelb oder Braun;* ~e Miete *Miete mit Heizung;* ~er Regen; sich w. laufen; etwas w. machen ⟨ugs.⟩ *etwas aufwärmen;* das Essen w. stellen; hier ist es schön w.; mir wurde w. ums Herz ⟨ugs.⟩ *ich empfand ein Gefühl des Glücks, der Rührung* **2** *Wärme spendend, vor Kälte schützend;* ein ~es Bett; ~e Decken; sich w. anziehen; sich w. halten; vgl. *warmhalten* **3** ⟨übertr.⟩ *von Herzen kommend, von Gefühl, Mitgefühl zeugend, herzlich;* ~e Anteilnahme; ein ~er Empfang; jmdm. w. die Hand drücken; mit jmdm. w. werden *eine freundliche, herzliche, vertraute Beziehung zu jmdm. gewinnen;* mit etwas w. werden *an etwas Gefallen finden;* er ist weder w. noch kalt *er ist gleichgültig, uninteressiert* **4** *herzliches Gefühl für andere habend und zeigend;* ein ~er Mensch **5** ⟨übertr., ugs.⟩ *homosexuell;* ein ~er Bruder

Warm|blut ⟨n., -(e)s, nur Sg.⟩ *mittelschweres bis leichtes Pferd (überwiegend für den Reitsport geeignet);* vgl. *Kaltblut*

Warm|blü|ter ⟨m.5⟩ *Tier, das durch Wärmeregulation gleichbleibende Körpertemperatur aufweist* (Vogel oder Säugetier); vgl. *Kaltblüter*

warm|blü|tig ⟨Adj., o.Steig.⟩ **1** *zum Warmblut gehörig;* ~es Reitpferd **2** *zu den Warmblütern gehörig;* ~es Tier

Wär|me ⟨f., -, nur Sg.⟩ **1** ⟨Phys.⟩ *Energieform, die als Bewegungsenergie der ungeordnet bewegten Teilchen gedeutet wird* **2** *warme Beschaffenheit;* die W. der Heizung, eines Zimmers **3** ⟨übertr.⟩ *von Herzen kommende Freundlichkeit, freundliche Zugewandtheit, Herzlichkeit;* innere W.; ihm fehlt die menschliche W.; mit großer W. von jmdm. sprechen

Wär|me|äqui|va|lent ⟨n.1⟩ *Maß, das die Umrechnung von Wärme in andere Energieeinheiten ermöglicht*

Wär|me|aus|tau|scher ⟨m.5⟩ *Vorrichtung zur Übertragung von Wärme ohne mechanischen Kontakt*

Wär|me|be|hand|lung ⟨f.10⟩ **1** *medizinische Behandlung durch Wärme (z.B. heiße Bäder, Packung);* Syn. *Thermotherapie* **2** *Erwärmung von Werkstücken aus Metall*

Wär|me|däm|mung ⟨f.10⟩ *Hemmung des Austausches von Wärmeenergie durch eine Trennwand hindurch (bei Bauwerken, Kühlanlagen u.a.)*

Wär|me|ein|heit ⟨f.10; Zeichen: WE; im Heizungsbau⟩ *Kalorie*

Wär|me|kraft|ma|schi|ne ⟨f.11⟩ *Kraftmaschine, in der Wärmeenergie in mechanische Energie umgewandelt wird (z.B. Dampfmaschine)*

Wär|me|kraft|werk ⟨n.1⟩ *Kraftwerk, das die für Heizzwecke oder Elektrizitätserzeugung nötige Energie gewinnt*

Wär|me|leh|re ⟨f., -, nur Sg.⟩ →*Thermodynamik*

Wär|me|leit|fä|hig|keit ⟨f., -, nur Sg.⟩, **Wär|me|leit|zahl** ⟨f.10⟩ *Stoffkonstante zur Kennzeichnung der Fähigkeit zur Wärmeleitung*

Wär|me|lei|tung ⟨f., -, nur Sg.⟩ *Ausbreitung von Wärme in einem Stoff, in dem ein Temperaturgefälle besteht*

Wär|me|mau|er ⟨f.11⟩ *Geschwindigkeit eines Flugkörpers, bei der dieser zu schmelzen beginnt*

wär|men ⟨V.1, hat gewärmt⟩ **I** ⟨mit Akk.⟩ *warm machen; das Essen w.; jmdn., sich die Hände w.* **II** ⟨o.Obj.⟩ *warm sein, Wärme geben; die Sonne wärmt schon; der heiße Kaffee wärmt*

Wär|me|pum|pe ⟨f.11⟩ *Maschine mit Kompressor, in der eine im Kreislauf geführte Flüssigkeit einem Medium Wärmeenergie entzieht und diese zur Raumheizung nutzbar macht*

Wär|me|strah|lung ⟨f.10⟩ *elektromagnetische Welle, die als Wärme wahrnehmbar ist*

Wär|me|tod ⟨m., -(e)s, nur Sg.⟩ *angenommener Endzustand des Weltalls nach Umwandlung aller Energie in Wärme*

Wär|me|tö|nung ⟨f.10⟩ *bei einer chemischen Reaktion erfolgender Wärmeaustausch*

Wär|me|wirt|schaft ⟨f., -, nur Sg.⟩ *wirtschaftliche Nutzung der Wärmeenergie (von Brennstoffen)*

Wärm|fla|sche ⟨f.11⟩ *Behälter aus Blech (früher) oder Gummi, der mit heißem Wasser gefüllt und ins Bett gelegt wird*

Warm|front ⟨f.10; Meteor.⟩ *Warmluft an sich bildende Grenzfläche an der Vorderseite eines Tiefs*

warm|hal|ten ⟨V.61, hat warmgehalten; mit Dat. (sich) und Akk.; übertr.⟩ *sich jmdn. w. sich jmds. Wohlwollen, Gunst, Freundlichkeit erhalten;* vgl. *warm* (2)

Warm|haus ⟨n.4⟩ *Gewächshaus für Pflanzen, die viel Luftfeuchtigkeit und eine Temperatur von mehr als 25 °C brauchen*

warm|her|zig ⟨Adj.⟩ *viel herzliches Gefühl (für andere) habend; w. zu einem Menschen; sie ist sehr w.* **Warm|her|zig|keit** ⟨f., -, nur Sg.⟩

warm|lau|fen ⟨V.76; refl.; hat warmgelaufen; oder o.Obj.; ist warmgelaufen⟩ ⟨sich⟩ w. *im Leerlauf laufen, bis eine gewisse Erwärmung erreicht ist; der Motor muß (sich) erst w.*

Warm|zeit ⟨f.10⟩ →*Interglazial*

Warn|blink|an|la|ge ⟨f.11; bei Kfz⟩ *Vorrichtung, mit der der rechte und linke Blinker gleichzeitig eingeschaltet werden kann*

Warn|drei|eck ⟨n.1; bei Kfz⟩ *Gerät in Form eines Dreiecks mit rückstrahlenden, roten Flächen (das bes. bei Pannen vor dem Fahrzeug aufgestellt wird)*

war|nen ⟨V.1, hat gewarnt; mit Akk.⟩ *auf eine drohende Gefahr aufmerksam machen; ich habe dich w. gewarnt (aber du wolltest nicht darauf hören); ich warne Sie! seien Sie vorsichtig!; jmdn. vor etwas, jmdm. w.; jmdn. darauf aufmerksam machen, daß etwas oder jmdm. eine Gefahr droht; der Vorfall hat ein ~es Beispiel gegeben*

Warn|ruf ⟨m.1⟩ **1** ⟨bei Menschen⟩ *Ruf zur Warnung* **2** ⟨bei Tieren⟩ *Laut oder Lautfolge zur Warnung*

Warn|schild ⟨n.3⟩ *Schild mit einer Warnung;* Syn. *Warnungstafel, Warnzeichen*

Warn|schuß ⟨m.2⟩ *Schuß (in die Luft) zur Warnung*

Warn|si|gnal ⟨n.1⟩ *Signal zur Warnung;* Syn. *Warnzeichen*

Warn|streik ⟨m.9⟩ *kurzer Streik zur War-*nung der Arbeitgeber (um einer Forderung Nachdruck zu verleihen)

War|nung ⟨f.10⟩ **1** *das Warnen (Sirenen~); bedrohliche Laute zur W. ausstoßen* **2** *das Gewarntwerden (Lawinen~); laß dir das zur W. dienen*

Warn|ungs|ta|fel ⟨f.11⟩ →*Warnschild*

Warn|zei|chen ⟨n.7⟩ **1** →*Warnsignal* **2** →*Warnschild* **3** *warnende Erscheinung, warnendes Ereignis; dunkle Wolken als W. eines Gewitters; die Inflation als W. für die Politiker*

Warp **I** ⟨m.1 oder n.1⟩ *fest gedrehtes Kettgarn* ⟨m.1; Seew.⟩ **1** *leichte Trosse* **2** →*Warpanker* [nddt., zu engl. *to warp* „ziehen, spannen, werfen"]

Warp|an|ker ⟨m.5⟩ *kleiner Anker;* auch: *Warp*

War|rant ⟨[wɔrənt] m.9⟩ *Lagerschein* [engl., „Ermächtigung, Vollmacht", < altfrz. *guarant*, →*garantieren*]

...wart ⟨in Zus.⟩ *jmd., der etwas hütet, leitet, wartet, z.B. Hauswart, Platzwart, Tankwart, Torwart*

War|te ⟨f.11; †⟩ *Beobachtungs-, Wachtturm* (Wetter~); ⟨noch in der Wendung⟩ *etwas von einer W. betrachten etwas von einem überlegenen, allgemeinen Standpunkt aus betrachten*

...war|te ⟨in Zus.⟩ *wissenschaftliche Station, z.B. Erdbebenwarte, Sternwarte, Wetterwarte*

War|te|geld ⟨n.3; früher⟩ *Bezüge eines Beamten im Wartestand*

war|ten ⟨V.2, hat gewartet⟩ **I** ⟨mit Gen.; †⟩ *jmds. w. auf jmdn. warten* (II), *etwas erwarten* **II** ⟨o.Obj.⟩ *an einem Ort bleiben (bis jmd. kommt oder etwas eintritt), jmds. Kommen, dem Eintreffen einer Sache entgegensehen; ich warte, bis du kommst, bis es aufgehört hat zu regnen; so lange kann ich nicht w.; na warte! ⟨ugs.⟩ das wird nie eintreten, das wird er, sie nie tun; na warte, wenn ich dich erwische! ⟨ugs.⟩ mach dich auf etwas gefaßt (auf eine Rüge, auf Schläge); ich habe vergeblich auf ihn gewartet; auf die S-Bahn w.; worauf wartest du noch?; jmdn. w. lassen; die Post läßt heute lange auf sich w. es dauert heute lange, bis die Post kommt; mit etwas w. etwas noch nicht tun; wir wollen mit dem Essen auf ihn w.,* ⟨oder⟩ *w., bis er kommt* **III** ⟨mit Akk.⟩ *jmdn. oder etwas w. jmdn. oder etwas pflegen, betreuen, für jmdn. oder etwas sorgen, regelmäßig nachschauen, ob etwas funktioniert, und es instand halten; ein Kind, einen Kranken w.; eine Maschine, die Heizanlage w.*

Wär|ter ⟨m.5⟩ *jmd., der auf jmdn. oder etwas aufpaßt (Gefangenen~, Tier~, Leuchtturm~)*

War|te|saal ⟨m., -(e)s, -sä|le; in Bahnhöfen⟩ *Aufenthaltsraum für Reisende;* auch: ⟨schweiz.⟩ *Wartsaal*

War|te|stand ⟨m., -(e)s, nur Sg.; bei Beamten⟩ *vorübergehender Ruhestand*

War|te|zeit ⟨f.10⟩ *Zeit, in der jmd. auf etwas oder jmdn. wartet*

...wärts ⟨in Zus.; zur Bez. der Richtung⟩ *z.B. abwärts, aufwärts, seitwärts, talwärts*

Wart|saal ⟨m., -(e)s, -sä|le; schweiz.⟩ →*Wartesaal*

Wart|turm ⟨m.2⟩ *Beobachtungsturm*

War|tung ⟨f., -, nur Sg.⟩ *das Warten (III)*

war|um ⟨Adv.⟩ *aus welchem Grund;* Syn. *weshalb, wesewegen,* ⟨†⟩ *wessenthalben, wessentwegen; w. hat er das getan?; w. nicht?; ich weiß nicht, w.* [< ahd. *warumbe* in ders. Bed., < *war* „wo" und *umbe* „um"]

War|ze ⟨f.11⟩ *gutartige Hautwucherung mit zerklüfteter, verhornter Oberfläche*

War|zen|fort|satz ⟨m.2⟩ *Knochenfortsatz des Felsenbeines*

War|zen|hof ⟨m.2⟩ *dunkler Hautfleck um die Brustwarze*

War|zen|schwein ⟨n.1⟩ *afrikanisches Wildschwein mit großen, warzenähnlichen Auswüchsen im Gesicht*

was **I** ⟨Interrogativpron.⟩ **1** *welche Sache?, welches Ding?; w. ist das?; w. willst du?; w. gibt es Neues?; w. ist Nationalismus?; w. gefällt dir daran?; w. hast du gesagt?; w. ist er von Beruf?; w. ist denn mit dir los?; w. weiß ich!* ⟨ugs.⟩ *das weiß ich doch nicht; ach w.?* ⟨ugs.⟩ *tatsächlich?; an w.?* ⟨ugs.⟩ *woran?; auf w.?* ⟨ugs.⟩ *worauf?; was für ein … welche(r, -s)?; für w.?* ⟨ugs.⟩ *wofür?; mit w.?* ⟨ugs.⟩ *womit?; um w.?* ⟨ugs.⟩ *worum?* **2** ⟨unhöflich für⟩ *wie bitte?* **b** *nicht wahr?; er ist schon hier, w.?* **II** ⟨Relativpron.⟩ *bezieht sich auf einen Sachverhalt, eine unbestimmte Sache) ich nahm, w. er bekommen konnte; das ist das, w. ich dir schon immer gesagt habe; das Schönste, w. ich je gesehen habe* **2** *wer;* ⟨ugs.⟩ *ein richtiger Sportler, der, w. schafft was!; Weißt du, w. du bist? Ein Trottel!* ⟨ugs.⟩ **III** ⟨unbestimmtes Pron.: kurz für⟩ **1** *etwas; das ist w. anderes; das ist w. Gutes; kann ich dir w. helfen?; er kann w.; tut doch w.!; das sieht nach w. aus; so w. 1. so etwas; so w. Dummes, 2. so jmd.; und so was nennt sich Künstler; er hat mir weiß Gott w. erzählt; weiß w. für dich* ⟨ugs.⟩ *ich habe einen Tip für dich* **2** *ein wenig; ich will noch w. schlafen* **IV** ⟨Adv.⟩ **1** *wie; lauf w. du kannst!* ⟨ugs.⟩ *lauf so schnell, wie du kannst!; w. bist du dumm!* ⟨ugs.⟩ *wie dumm du doch bist!* **2** ⟨ugs.⟩ *aus welchem Grund, warum; w. läufst du denn so schnell?; w. guckst du so dumm?;* ⟨in Ausrufen⟩ *w. mußt du dich auch einmischen!*

Wasch|an|stalt ⟨f.10⟩ →*Wäscherei*

Wasch|bär ⟨m.10⟩ *amerikanischer Kleinbär mit schwarzer Gesichtsmaske und dunkel gefärbten Ringen auf dem Schwanz* [die Art, wie er sein Futter mit den Vorderpfoten betastet, sieht wie *Waschen* aus]

Wasch|becken ⟨-k|k-; n.7⟩ *an der Wand befestigtes Becken mit fließendem Wasser*

Wasch|ben|zin ⟨n., -s, nur Sg.⟩ *zum Reinigen verwendetes Benzin*

Wasch|be|ton ⟨[-tɔŋ] m., -s, nur Sg.⟩ *Betonplatte, bei der durch Abwaschen der obersten Betonschicht die eingelagerten Kieselsteine deutlich hervortreten*

Wasch|brett ⟨n.3; früher⟩ *gewelltes Brett zum Rubbeln und Reinigen der Wäsche*

Wä|sche ⟨f.11⟩ **1** ⟨nur Sg.⟩ *Gesamtheit von Gegenständen aus Gewebe, die gewaschen werden; die W. aufhängen, einweichen, schleudern, trocknen, waschen; schmutzige W. waschen* ⟨übertr.⟩ *unangenehme Angelegenheiten aus dem Privatleben öffentlich erörtern* **2** ⟨nur Sg.; kurz für⟩ *Unterwäsche; frische W. anziehen; die W. wechseln; dumm aus der W. gucken* ⟨ugs.⟩ *verblüfft gucken, sein* **3** *das Waschen; heute ist große W.; das ist noch in der W.; etwas in die W. geben etwas zum Waschen geben*

Wä|sche|beu|tel ⟨m.5⟩ *Beutel für schmutzige Wäsche (die demnächst gewaschen werden soll)*

wasch|echt ⟨Adj., o.Steig.⟩ **1** *beim Waschen Form und Farbe behaltend* **2** ⟨übertr.⟩ *echt, unverfälscht; ein ~er Berliner*

Wä|sche|klam|mer ⟨f.11⟩ *Klammer zum Befestigen der Wäsche (1) an der Wäscheleine*

Wä|sche|lei|ne ⟨f.11⟩ *Leine zum Aufhängen der Wäsche (1)*

wa|schen ⟨V.174, hat gewaschen⟩ **I** ⟨mit Akk.⟩ *mit Wasser (und Seife oder Reinigungsmittel) reinigen, säubern; ein Kind, sich, den Wagen w.; sich die Hände w.* ⟨auch übertr., scherzh.⟩ *jmdm. bei einer Schneeballschlacht das Gesicht mit Schnee abreiben; Wäsche w.; einen Pullover w.; einem Kind oder einem Hund den Kopf w.* ⟨übertr., ugs.⟩ *jmdn. zurechtweisen; sich kalt, warm, gründlich w.; wir sind gründlich gewaschen worden*

Wäscher

⟨übertr., ugs.⟩ *wir sind vom Regen völlig durchnäßt worden* II ⟨o.Obj.; ugs.⟩ *Wäsche waschen; ich wasche morgen; ich wasche jede Woche*

Wä|scher ⟨m.5⟩ jmd., der gewerbsmäßig wäscht (Auto~, Teller~)

Wä|sche|rei ⟨f.10⟩ Unternehmen, in dem Wäsche gewaschen wird; Syn. Waschanstalt

Wä|sche|schleu|der ⟨f.11⟩ elektrisch betriebenes Haushaltsgerät, bei dem mit Hilfe einer gelochten rotierenden Trommel das Wasser aus der Wäsche herausgepreßt (geschleudert) wird

Wä|sche|tin|te ⟨f.11⟩ wasserunlösliche Tinte (mit der die Wäsche gekennzeichnet wird)

Wasch|fla|sche ⟨f.11⟩ Gefäß zum Trocknen von Gasen und Absorbieren (Auswaschen) eines Bestandteiles aus Gasgemischen

Wasch|frau ⟨f.10⟩ Frau, die berufsmäßig wäscht

Wasch|hand|schuh ⟨m.1⟩ an drei Seiten geschlossener Waschlappen, der über die Hand gestülpt wird

Wasch|kes|sel ⟨m.5⟩ Kessel, in dem Wäsche (zum Reinigen) gekocht wird

Wasch|kü|che ⟨f.11⟩ 1 Raum mit Einrichtungen zum Waschen der Wäsche 2 ⟨übertr., ugs.⟩ dichter Nebel; draußen ist eine richtige W.; um uns herum war alles eine W.

Wasch|lap|pen ⟨m.7⟩ 1 Lappen zum Reinigen des Körpers 2 ⟨übertr., ugs.⟩ Mensch ohne Mut und Rückgrat

Wasch|lau|ge ⟨f.11⟩ Wasser mit Seife oder Waschmittel

Wasch|ma|schi|ne ⟨f.11⟩ elektrisch betriebenes Haushaltsgerät zum Waschen von Wäsche

Wasch|mit|tel ⟨n.5⟩ (pulver-, pastenförmiges oder flüssiges) Mittel zum Waschen von Wäsche

Wasch|raum ⟨m.2; in Kasernen, Heimen o.ä.⟩ Raum, in dem sich mehrere Menschen gleichzeitig waschen können

Wasch|schüs|sel ⟨f.11⟩ eine Schüssel für Waschwasser (zur Reinigung des Körpers)

Wasch|sei|de ⟨f.11⟩ (aus Baumwolle, auch aus Naturseide bestehender) Kleider- und Wäschestoff, der sich gut waschen läßt

Wasch|tisch ⟨m.1⟩ Tisch mit herausnehmbarer Waschschüssel

Wasch|toi|let|te ⟨f.11⟩ Waschtisch mit Spiegel

Wa|schung ⟨f.10⟩ das Waschen (des Körpers oder einzelner Körperteile; Ganz~); rituelle ~en

Wasch|was|ser ⟨n., -s, nur Sg.⟩ 1 zum Waschen dienendes Wasser; ein Zusatz fürs W. 2 nach dem Waschen zurückbleibendes Wasser; das W. ablaufen lassen

Wasch|weib ⟨n.3⟩ 1 ⟨†⟩ Wäscherin, Waschfrau 2 ⟨übertr.⟩ jmd., der gerne klatscht, über andere Leute redet; er ist ein W.; hör doch nicht auf diese ~er!

Wasch|zet|tel ⟨m.5⟩ 1 werbendes Begleitschreiben (zu den Besprechungsexemplaren eines Buches) 2 Klappentext des Schutzumschlages (eines Buches) [urspr. „Liste der zum Waschen fortgegebenen Wäschestücke"]

Wasch|zeug ⟨n., -(e)s, nur Sg.⟩ alle Gegenstände, die zum Waschen (des Körpers) benutzt werden

Wa|sen ⟨m.7⟩ 1 ⟨oberdt.⟩ a Rasen, Wiese b → Schindanger 2 ⟨norddt.⟩ Geflecht aus Reisig [< mhd. wase „grasbewachsener Boden", < ahd. waso „feuchte Erde"]

Wa|sen|mei|ster ⟨m.5; österr.⟩ → Abdecker [< Wasen (1b) und Meister]

wash and wear [wɔʃ ənd weə] bei Textilien⟩ leicht zu waschen und ohne Bügeln wieder zu tragen [engl., „waschen und tragen (es)"]

Was|ser I ⟨n.5⟩ 1 farblose, bei 0 °C gefrierende Flüssigkeit, Inhalt von Flüssen, Seen usw. sowie des Meeres (Fluß~, Meer~, See~, Salz~, Süß~, Leitungs~, Trink~,

Wasch~); das Wasser kocht; W. holen, trinken; fließendes W.; Zimmer mit fließendem W.; jmdm. das W. abgraben jmds. Wirksamkeit einschränken; das W. steht ihm bis zum Hals er ist in großer Bedrängnis; jmdm. nicht das W. reichen können jmdm. nicht ebenbürtig sein, jmdm. in der Begabung, in den Fähigkeiten nicht gleich sein; er ist ein Geschäftsmann reinsten ~s er ist ein Geschäftsmann durch und durch; stille W. sind tief ⟨übertr.⟩ jmd., der zurückhaltend und still ist, besitzt oft Fähigkeiten, von denen man nichts ahnt; sie ist ein stilles W. sie hat verborgene Fähigkeiten, Eigenschaften; nahe am W. gebaut haben leicht weinen; ich fühle mich wohl wie ein Fisch im W. ich fühle mich sehr wohl; die Sache ist ins W. gefallen aus der Sache ist nichts geworden, die Sache hat nicht stattgefunden; ins W. gehen sich ertränken; dort wird auch nur mit W. gekocht dort sind die Gewohnheiten, Anforderungen, Arbeitsweisen auch nicht anders als hier; er ist mit allen ~n gewaschen kennt alle Kniffe, alle Tricks, er hat viele Erfahrungen und läßt sich nichts vormachen; er kann sich damit über W. halten ⟨übertr.⟩ er kann damit seinen Lebensunterhalt gerade noch bestreiten 2 ⟨nur Sg.⟩ im menschlichen (und teils auch im tierischen) Körper gebildete, ziemlich klare Flüssigkeit a Speichel; mir läuft das W. im Mund zusammen, wenn ich das sehe, höre ich komme großen Appetit darauf, wenn ich das sehe, höre b Harn, Urin; W. lassen; sein W. abschlagen; das W. nicht halten können c Schweiß; ihm lief das W. von der Stirn d Tränen; das W. stürzte ihr aus den Augen II ⟨n.6⟩ 1 Inhalt einer Mineralquelle; heilende Wässer 2 klare Flüssigkeit für kosmetische Zwecke (Gesichts~, Rasier~); wohlriechende Wässer

Was|ser|ader ⟨f.11⟩ (kleiner) unterirdischer Wasserlauf

Was|ser|am|sel ⟨f.11⟩ einer kurzschwänzigen Amsel ähnelnder Vogel mit weißem Brustlatz, der unter der Wasseroberfläche von Fließgewässern laufen kann; Syn. Wasserschwätzer

Was|ser|bad ⟨n.4⟩ 1 ⟨Fot.⟩ Becken mit Wasser zum Spülen von Abzügen oder Vergrößerungen 2 Topf mit kochendem Wasser, in den ein zweiter kleinerer Topf zum Kochen einer empfindlichen Speise gestellt wird, um das Anbrennen zu verhindern; eine Creme im W. kochen

Was|ser|ball ⟨m.2⟩ 1 ⟨nur Sg.⟩ Mannschaftsspiel, bei dem versucht wird, schwimmend einen Ball ins gegnerische Tor zu werfen 2 Ball (aus Leder) dafür 3 großer, aufblasbarer Ball (für Kinder) zum Spielen im Wasser

Was|ser|bau ⟨m., -(e)s, nur Sg.⟩ Teil des Bauwesens, der sich mit Bauten und Anlagen zur Nutzung und zum Schutz des Wassers befaßt

Was|ser|bett ⟨n.12⟩ Bett (für Kranke), bei dem die Liegefläche aus einer mit Wasser gefüllten Plastikhaut besteht

was|ser|blau ⟨Adj., o.Steig.⟩ blaßblau; ~e Augen

Was|ser|blü|te ⟨f., -, nur Sg.⟩ Grünfärbung der Wasseroberfläche durch Massenvermehrung von Algen

Was|ser|bock ⟨m.2⟩ (in der Nähe von Gewässern vorkommende) afrikanische Antilope mit nach vorn geschwungenen Hörnern

Was|ser|bom|be ⟨f.11⟩ Unterwassersprengkörper (zur Bekämpfung von U-Booten)

Was|ser|bruch ⟨m., -(e)s, nur Sg.⟩ krankhafte Flüssigkeitsansammlung innerhalb der Hodenhüllen

Was|ser|büf|fel ⟨m.5⟩ wasserliebendes Hausrind warmer Länder mit weit ausladenden, nach hinten gebogenen Hörnern

Was|ser|burg ⟨f.10⟩ von einem Gewässer umgebene Burg

Wäs|ser|chen ⟨n.7⟩ 1 kleines Fließgewässer; kein W. trüben können ⟨übertr., ugs.⟩ harmlos sein 2 ⟨scherzh.⟩ Branntwein, Schnaps; das ist ein gutes, feines W.

Was|ser|fall ⟨m.2⟩ über Felsen hinabstürzendes Wasser (eines Baches, Flusses); er redet wie ein W. ⟨ugs.⟩ er redet viel und schnell

Was|ser|far|be ⟨f.11⟩ wasserlösliche Farbe, die vor dem Malen mit Wasser angerührt wird

Was|ser|floh ⟨m.2⟩ (in vielen Arten vorkommender) durchsichtiger Blattfußkrebs, der hüpfend schwimmt

Was|ser|flug|zeug ⟨n.1⟩ Flugzeug mit Schwimmern für Start und Landung auf dem Wasser

Was|ser|frosch ⟨m.2⟩ 1 wasserbewohnender, grüner Frosch 2 ⟨scherzh.⟩ Kind, das gern badet

Was|ser|gas ⟨n., -es, nur Sg.⟩ überwiegend aus Wasserstoff und Kohlenmonoxid bestehendes, giftiges Gasgemisch (u.a. Heizgas)

Was|ser|geist ⟨m.3; Myth.⟩ im Wasser lebender Geist

Was|ser|glas ⟨n.4⟩ 1 Glas, aus dem man Wasser trinkt; ein Sturm im W. ⟨übertr.⟩ eine Aufregung um eine Nichtigkeit 2 ⟨nur Sg.⟩ wasserklare, ölige Lösung, die an der Luft zu einer glasigen Masse erstarrt (für Kitt, als Bindemittel u.a.)

Was|ser|glät|te ⟨f., -, nur Sg.⟩ → Aquaplaning

Was|ser|hahn ⟨m.2; an Wasserleitungen⟩ Vorrichtung zum Sperren und Regeln des Wasserstroms

Was|ser|hah|nen|fuß ⟨m., -es, nur Sg.⟩ weiß blühendes Hahnenfußgewächs stehender oder langsam fließender Gewässer

Was|ser|hal|tung ⟨f.10⟩ 1 ⟨nur Sg.; Bgb.⟩ Abführung eingedrungenen Wassers mittels Pumpen 2 ⟨Flußbau⟩ Teilabschnitt zwischen Wehren oder Staustufen

Was|ser|harn|ruhr ⟨f., -, nur Sg.⟩ hormonale Störung des Wasserhaushaltes, die zu Ausscheidung großer Harnmengen führt; Syn. Diabetes

Was|ser|haus|halt ⟨m., -(e)s, nur Sg.⟩ 1 Regulierung des Wassergehaltes (im Organismus) 2 Bewirtschaftung des Wassers (Teil des Wasserrechts)

Was|ser|heil|kun|de ⟨f., -, nur Sg.⟩ → Hydropathie

Was|ser|heil|ver|fah|ren ⟨n.7⟩ → Hydrotherapie

Was|ser|ho|se ⟨f.11⟩ Wasser mitführender Wirbelsturm

wäs|se|rig ⟨Adj.⟩ → wäßrig

Was|ser|jung|fer ⟨f.11⟩ → Libelle

Was|ser|jung|frau ⟨f.10; Myth.⟩ weiblicher Wassergeist mit Fischschwanz

Was|ser|kan|te ⟨f., -, nur Sg.; hochdeutsch für⟩ Waterkant

Was|ser|kopf ⟨m.2⟩ starke Vermehrung der Flüssigkeit in den Hohlräumen des Gehirns und entsprechende Vergrößerung des Hirnschädels; Syn. Hydrozephalus

Was|ser|kraft ⟨f., -, nur Sg.⟩ die Energie einer angestauten oder strömenden Wassermenge

Was|ser|kunst ⟨f.2⟩ Bewegung von Wasser durch Springbrunnen, künstliche Wasserfälle o.ä.

Was|ser|läu|fer ⟨m.5⟩ 1 schlanker, hochbeiniger Schnepfenvogel (Bruch~, Wald~) 2 (in vielen Arten vorkommende) Wanze, die mit ihren sehr langen, schlanken Beinen auf der Wasseroberfläche läuft

Was|ser|li|nie ⟨[-njə] f.11⟩ von der Wasseroberfläche um den Schiffsrumpf gebildete Linie

Was|ser|lin|se ⟨f.11⟩ sehr kleine Wasserpflanze, die schwimmende Rasen bildet, mit linsenförmigen Scheibchen, meist mit Wurzeln

Was|ser|mann ⟨m.4; Myth.⟩ männlicher Wassergeist

Was|ser|me|lo|ne ⟨f.11⟩ grüne Melone mit

rotem Fruchtfleisch, das viel Wasser enthält; auch: ⟨kurz⟩ Melone

Was|ser|müh|le ⟨f.11⟩ durch Wasserkraft angetriebene Mühle

was|sern ⟨V.1, hat oder ist gewassert; o.Obj.; von Wasserflugzeugen⟩ auf dem Wasser niedergehen

wäs|sern ⟨V.1, hat gewässert⟩ I ⟨mit Akk.⟩ **1** ins Wasser legen und dadurch von Salz, Fixiersalz befreien; Heringe w.; Fotos w. **2** ins Wasser legen und dadurch weich machen; getrocknete Früchte w. **3** stark gießen; Pflanzen w. II ⟨o.Obj.⟩ ständig Flüssigkeit absondern; seine Augen w. *seine Augen tränen;* mir wässert der Mund nach einem Schnitzel ⟨ugs.⟩ *ich habe großen Appetit auf ein Schnitzel (so daß mir Wasser im Mund zusammenläuft)*

Was|ser|not ⟨f., -, nur Sg.⟩ Mangel an Wasser; vgl. Wassersnot

Was|ser|pest ⟨f., -, nur Sg.⟩ Wasserpflanze mit mehrere Meter langen Stengeln und kurzen Blättern; Kanadische W.

Was|ser|pfei|fe ⟨f.11⟩ Tabakspfeife, bei der Rauch durch Wasser gekühlt und gereinigt wird

Was|ser|pflan|ze ⟨f.11⟩ → *Hydrophyt*

Was|ser|po|li|zei ⟨f., -, nur Sg.⟩ Polizeitruppe, die Wasserstraßen und Häfen überwacht

Was|ser|rad ⟨n.4⟩ Rad, das in schaufelähnliche Teile gegliedert ist, so daß es von strömendem Wasser angetrieben wird (z.B. Mühlrad)

Was|ser|rat|te ⟨f.11⟩ **1** (Schilfufer bewohnende) große Wühlmaus, die gern schwimmt; Syn. Schermaus **2** ⟨scherzh.⟩ jmd., der sich gern im Wasser aufhält

Was|ser|scha|den ⟨m.8⟩ Schaden, der durch Einwirkung von Wasser entstanden ist (z.B. durch Rohrleitungsbruch, Regen)

Was|ser|schei|de ⟨f.11⟩ (gedachte) Trennungslinie zwischen den Einzugsgebieten zweier Flüsse

was|ser|scheu ⟨Adj., -er, am -(e)sten⟩ die Berührung mit Wasser scheuend

Was|ser|scheu ⟨f., -, nur Sg.⟩ das Wasserscheusein

Was|ser|schi I ⟨n., -s, nur Sg.⟩ Gleiten auf Wasserschiern im Schlepp eines Motorbootes (oder Rundlifts) II ⟨m.3⟩ breiter Schi dafür

Was|ser|schlauch ⟨m.2⟩ **1** Schlauch für Wasser **2** (untergetaucht, freischwimmend lebende) gelb blühende, fleischfressende Pflanze mit schlauchförmigen Fangbläschen zum Einfangen von Plankton

Was|ser|schloß ⟨n.4⟩ **1** von einem Gewässer umgebenes Schloß **2** Behälter an Druckleitungen, der Schwankungen des Wasserdrucks ausgleicht

Was|ser|schwät|zer ⟨m.5⟩ → *Wasseramsel*

Was|ser|schwein ⟨n.1⟩ sehr großes, hochbeiniges südamerikanisches Nagetier, das sich gern im und beim Wasser aufhält; Syn. Capybara

Was|sers|not ⟨f., -, nur Sg.⟩ †⟩ Überschwemmung; vgl. Wassernot

Was|ser|speier ⟨m.5⟩ (künstlerisch gestaltetes) Mündungsstück der Regenrinne

Was|ser|spie|gel ⟨m.5⟩ **1** Oberfläche eines Gewässers; der W. sinkt, steigt

Was|ser|spin|ne ⟨f.11⟩ Spinne, die unter Wasser zwischen Pflanzen ein glockenförmiges, luftgefülltes Netz baut

Was|ser|sport ⟨m., -(e)s, nur Sg.⟩ Sport im oder auf dem Wasser

Was|ser|stand ⟨m.2⟩ Höhe des Wasserspiegels (über oder unter einem angenommenen Nullpunkt)

Was|ser|stein ⟨m., -(e)s, nur Sg.⟩ durch kalkhaltiges Wasser verursachte Ablagerung (in Rohrleitungen)

Was|ser|stoff ⟨m., -(e)s, nur Sg.; Zeichen: H⟩ farb-, geruch- und geschmackloses Gas, leichtestes aller Gase; Syn. Hydrogenium

was|ser|stoff|blond ⟨Adj., o.Steig.; ugs.⟩ mit Wasserstoffperoxid blondiert

Was|ser|stoff|bom|be ⟨f.11⟩ Kernwaffe, die durch Kernverschmelzung von Wasserstoff zu Helium funktioniert, H-Bombe

Was|ser|stoff|per|oxid, Was|ser|stoff|su|per|oxid ⟨n., -s, nur Sg.⟩ Verbindung von Wasserstoff und Sauerstoff, die im Unterschied zum normalen Wasser ein zusätzliches Sauerstoffatom besitzt, starkes Bleich- und Oxidationsmittel

Was|ser|strahl|pum|pe ⟨f.11⟩ Vakuumpumpe, bei der ein Wasserstrahl durch eine Düse strömt und Luft mitreißt

Was|ser|stra|ße ⟨f.11⟩ Verkehrsweg für Schiffe (See, Kanal, das offene Meer); Syn. Schiffahrtsstraße

Was|ser|sucht ⟨f., -, nur Sg.⟩ krankhafte Ansammlung von wasserähnlicher, aus dem Blut stammender Flüssigkeit in Gewebespalten oder Körperhöhlen; Syn. Hydropsie

Was|ser|turm ⟨m.2⟩ hochliegender, turmartiger Wasserspeicher, von dem aus das Wasser in das örtliche Leitungsnetz fließt

Was|ser|uhr ⟨f.10⟩ **1** Uhr, bei der die Zeit mit Hilfe einer an einem Behälter auslaufenden Wassermenge gemessen wird; Syn. Klepsydra **2** → *Wasserzähler*

Wäs|se|rung ⟨f.10⟩ das Wässern (I)

Was|ser|ver|dräng|ung ⟨f., -, nur Sg.⟩ Maß für die Größe eines Schiffes, das sich aus der vom Schiffskörper verdrängten Wassermenge ergibt

Was|ser|waa|ge ⟨f.11⟩ Stab mit einem Hohlraum aus Glas, in den eine Flüssigkeit mit Luftblase eingelassen ist, die bei waagerechter oder senkrechter Lage in der Mitte der Flüssigkeit steht

Was|ser|wacht ⟨f., -, nur Sg.⟩ Vereinigung mit der Aufgabe, den Verkehr auf Gewässern zu beaufsichtigen und bei Badeunfällen Rettungsmaßnahmen zu ergreifen

Was|ser|wel|le ⟨f.11⟩ künstliche, mit Wasser hergestellte Haarwelle

Was|ser|wer|fer ⟨m.5⟩ Vorrichtung zum Verspritzen von großen Wassermengen unter hohem Druck (um Menschenansammlungen auseinanderzutreiben)

Was|ser|werk ⟨n.1⟩ Anlage zur Versorgung mit Wasser

Was|ser|zäh|ler ⟨m.5⟩ Gerät zum Messen von Wassermengen, die durch ein Rohr strömen; Syn. Wasseruhr

Was|ser|zei|chen ⟨n.7; bei halbdurchsichtigem Papier⟩ durch Verdünnung des Faserfilzes entstehende Musterung, die als Markenzeichen oder Echtheitsnachweis angebracht wird

wäß|rig ⟨Adj.⟩ auch: *wässerig* **1** überwiegend Wasser enthaltend, zu großen Teilen aus Wasser bestehend; ~e Lösung **2** zuviel Wasser enthaltend; ~e Suppe **3** Wasser von sich gebend, tropfend; ~e Wand **4** mit Wasser verdünnt aussehend; ~e Augenfarbe **Wäß|rig|keit** ⟨f., -, nur Sg.⟩

wa|ten ⟨V.2, ist gewatet; o.Obj.⟩ auf weichem, nachgebendem Untergrund, in Flüssigkeit gehen und die Füße bei jedem Schritt stark anheben; im Sand, im Schlamm w.; durchs Wasser, durch einen Bach w.; im Blut w. ⟨übertr.⟩ viele Menschen getötet haben

Wa|ter|kant ⟨f., -, nur Sg.; volkstümlich⟩ Nordseeküste; an der W. leben; von der W. stammen [nddt.]

wa|ter|proof [wɔtərpru:f] Adj., o.Steig.; nur als Adv. und mit „sein") *wasserdicht* (bes. als Garantiebezeichnung) [engl., < water „Wasser" und proof „undurchdringlich, beständig", zu „Probe"]

Wa|ter|proof [wɔtərpru:f] m.9⟩ wasserdichter Stoff (für Regenbekleidung)

wat|scheln ⟨V.1, ist gewatschelt; o.Obj.⟩ sich hin und her wiegend gehen, mit schleppenden Füßen gehen; Enten, Gänse w.; die dicke Frau watschelt durchs Zimmer; einen ~den Gang haben

wat|schen ⟨V.1, hat gewatscht; mit Akk. oder mit Dat. und Akk.; bayr.-österr.⟩ jmdn. w. *jmdm. eine Ohrfeige, ein paar Ohrfeigen geben;* jmdm. eine w.

Wat|schen ⟨f., -, -; bayr.-österr.⟩ → *Ohrfeige*

Watt¹ ⟨n.12; in Meeren mit Gezeiten, bes. in der Nordsee⟩ aus abgelagertem Schlick gebildeter Streifen Meeresboden, der bei Ebbe trocken liegt und dann nur noch von Prielen durchzogen wird [nddt., zu *waten*]

Watt² ⟨n., -s, -; Zeichen: W⟩ Maßeinheit der elektrischen Leistung (Produkt von 1 Ampere und 1 Volt) [nach dem engl. Erfinder James *Watt*]

Wat|te ⟨f.11⟩ **1** ungesponnene, zu losen Strängen verarbeitete Baumwolle (Verband~); kosmetische W.; jmdn. in W. packen ⟨ugs.⟩ *jmdn. besonders vorsichtig behandeln* **2** ebenso beschaffener Abfallfaserstoff (Polster~)

Wat|ten|meer ⟨n.1⟩ das Watt bedeckender, seichter Meeresteil

wat|tie|ren ⟨V.3, hat wattiert; mit Akk.⟩ mit Watte füttern; wattierte Jacke

Wat|tie|rung ⟨f.10⟩ **1** ⟨nur Sg.⟩ das Wattieren **2** Wattefutter

Watt|me|ter ⟨n.5⟩ Gerät zum Messen der elektrischen Leistung [< *Watt²* und ...*meter*]

Watt|se|kun|de ⟨f., -; Zeichen: Ws⟩ Maßeinheit der elektrischen Energie, Leistung von 1 Watt während einer Sekunde

Wat|vo|gel ⟨m.6⟩ langbeiniger Vogel, der im flachen Wasser watet (z.B. Austernfischer, Schnepfe, Triel, auch Möwe u.a.)

Wau ⟨m.1⟩ gelb blühendes Resedengewächs mit welligen, schmalen, lanzettförmigen Blättern, Färberpflanze [Herkunft und Deutung unklar, vielleicht zu *Wald*]

Wb ⟨Zeichen für⟩ *Weber*

WC ⟨Abk. für⟩ *Wasserklosett* [eigtl. Abk. für engl. *watercloset* in ders. Bed.]

WDR ⟨Abk. für⟩ *Westdeutscher Rundfunk*

WE ⟨Zeichen für⟩ *Wärmeeinheit*

We|be ⟨f.11; österr.⟩ Gewebe (bes. für Bettzeug)

we|ben I ⟨V.175, hat gewoben; mit Akk.⟩ **1** durch Erzeugen eines Fadens und vielfaches Verknüpfen dieses Fadens entstehen; hier hat eine Spinne ihr Netz gewoben **2** ⟨poet.⟩ erzeugen, entstehen lassen; das Mondlicht, die aufgehende Sonne, der Nebel hatten einen feinen Schleier um die Berggipfel II ⟨V.1, hat gewebt; mit Akk.⟩ auf dem Webstuhl durch Kreuzen von Fäden herstellen; Tuch, Leinen, Teppiche w. III ⟨V.1, hat gewebt; o.Obj.⟩ von Pferden den Kopf hin- und herbewegen und dabei von einem Bein auf das andere treten (als schlechte Angewohnheit) IV ⟨V.1, nur im Präsens; poet.; in der Fügung⟩ leben und w. *wirksam sein, in feiner Bewegung sein;* im Wald, auf den Wiesen lebt und webt mancherlei Getier; ⟨auch unpersönl., mit „es"⟩ auf den Wiesen lebt und webt es *auf den Wiesen herrscht Leben und feine Bewegung*

We|ber¹ ⟨m.5⟩ **1** jmd., der berufsmäßig webt **2** ⟨bes. in Zus. kurz für⟩ → *Webervogel* (Siedel~, Textor~)

We|ber² ⟨n., -, -; Zeichen: Wb⟩ Maßeinheit des magnetischen Flusses [nach dem Physiker Wilhelm *Weber*]

We|be|rei ⟨f.10⟩ **1** ⟨nur Sg.⟩ das Weben; die W. erlernen **2** Betrieb, in dem gewebt wird **3** etwas Gewebtes

We|ber|glas ⟨n.4⟩ → *Fadenzähler*

We|ber|knecht ⟨m.1⟩ (keine Netze webendes) Spinnentier mit sehr langen, dünnen Beinen; Syn. Kanker

We|ber|kno|ten ⟨m.7⟩ (ein bes. in der Weberei wichtiger) einfacher Kreuzknoten

We|ber|schiff|chen ⟨n.7⟩ längliches Gerät, mit dem beim Weben der Schußfaden durch die Kettfäden gezogen wird; Syn. Schützen

We|ber|vo|gel ⟨m.6⟩ (in vielen Arten vor-

Webfehler

kommender) tropischer Sperlingsvogel, bei dem die Männchen kunstvolle Nester bauen, indem sie Pflanzenfäden ineinanderschlingen (,,weben"); auch: ⟨kurz, bes. in Zus.⟩ Weber

Web|feh|ler ⟨m.5⟩ **1** Fehler im Gewebe **2** ⟨übertr., ugs.⟩ kleiner geistiger Schaden; er hat einen W.

Web|kan|te ⟨f.11⟩ Längsrand eines Gewebes, an dem das Schußgarn wendet; Syn. Leiste

Web|stuhl ⟨m.2⟩ **1** stuhlähnliches Holzgestell, über das die Kettfäden gezogen sind und an dem der Weber mit Händen und Füßen arbeitet **2** entsprechende Maschine

Wech|sel I ⟨m.5⟩ **1** das Wechseln (II; Reifen~, Ring~, Platz~, Berufs~, Thema~, Geld~); er hat in der Firma gewechselt u. arbeitet jetzt bei einer anderen Firma; W. des Spielfeldes **2** das Wechseln (I; Wetter~, Stimmungs~) **3** das Auswechseln; der Trainer nahm einen W. in der Mannschaft vor; W. des Stabes (beim Staffellauf); ein mißglückter W. **4** Änderung in einem regelmäßigen Geschehen (Mond~); der W. der Jahreszeiten **5** ⟨nur Sg.⟩ kurz für: Wechseljahre; sie ist im W. **6** Strecke, die regelmäßig von Wild begangen wird (Wild~); der Hirsch hat hier seinen W. **7** ⟨Bankw.⟩ schriftliche Verpflichtung in bestimmter Form zur Zahlung einer Summe an den Inhaber der Urkunde innerhalb einer bestimmten Frist; einen W. ausstellen, bezahlen, ziehen II ⟨n., -s, nur Sg.⟩ Kleidungs- oder Wäschestück zum Wechseln; auf die Reise das W. mitnehmen

Wech|sel|bad ⟨n.4⟩ **1** kurzes Bad, bei dem zwischen heißem und kaltem Wasser gewechselt wird **2** ⟨übertr.⟩ etwas, das sich in unangenehmer Weise oft ändert; W. der Gefühle

Wech|sel|balg ⟨m.4; im Volksglauben⟩ (von bösen Geistern gegen das richtige Kind ausgewechselter) mißgestalteter Säugling

Wech|sel|bür|ge ⟨m.11⟩ jmd., der einen Wechsel mitunterschreibt und damit für die Zahlung bürgt

Wech|sel|bürg|schaft ⟨f.10⟩ Bürgschaft, die jmd. durch Mitunterschrift unter einen Wechsel übernimmt; Syn. Aval

Wech|sel|fäl|le ⟨m.2., Pl.⟩ Veränderungen (der Lebenssituation); die W. des Lebens

Wech|sel|feu|er ⟨n.5⟩ in unterschiedlichen Farben blinkendes Licht (des Leuchtturms)

Wech|sel|fie|ber ⟨n.3, nur Sg.⟩ = Malaria

Wech|sel|frist ⟨f.10⟩ Frist, in der ein Wechsel bezahlt werden muß

Wech|sel|geld ⟨n., -(e)s, nur Sg.⟩ **1** Geld, das jmd. zurückerhält, der mit einem größeren Geldschein oder einer größeren Münze bezahlt; der Automat gibt (kein) W. heraus **2** Kleingeld

Wech|sel|ge|sang ⟨m.2⟩ Gesang, der zwischen dem Vorsänger und dem Chor oder dem Vorsänger und der Gemeinde wechselt

Wech|sel|ge|spräch ⟨n.1⟩ Gespräch (mit einem oder mehreren Partnern); Syn. Wechselrede; Ggs. Wechselgesang

Wech|sel|gläu|bi|ger ⟨m.5⟩ jmd., an den die im Wechsel ausgeschriebene Summe zu bezahlen ist

wech|sel|haft ⟨Adj., -er, am -esten⟩ häufig wechselnd; ~es Wetter

Wech|sel|jah|re ⟨n.1, Pl.⟩ → Klimakterium

Wech|sel|kre|dit ⟨m.1⟩ kurzfristiger Kredit, der mit einem Wechsel gedeckt wird

Wech|sel|kul|tur ⟨f.10⟩ Bebauung einer landwirtschaftlichen Nutzfläche jeweils nach einer bestimmten Zeit mit einer anderen Pflanze; Syn. Wechselwirtschaft

Wech|sel|kurs ⟨m.1⟩ Preis, der für eine ausländische Währung im Inland und für die inländische Währung im Ausland zu bezahlen ist; fester, flexibler W.

wech|seln ⟨V.1⟩ I ⟨o.Obj.⟩ **1** ⟨hat gewechselt⟩ sich abwechseln, den Platz, die Tätigkeit mehrmals tauschen; beim Sitzen, Spielen, Tragen (von etwas) w.; wir w. alle zehn Minuten; wollen wir einmal w.? **2** ⟨hat gewechselt⟩ den Griff verändern, mit den Händen abwechseln; den Koffer abstellen und w. den Koffer in die andere Hand nehmen **3** ⟨hat gewechselt⟩ sich verändern, ins Gegenteil umschlagen; das Wetter wechselt; Regen wechselt mit Schnee, mit Sonnenschein; seine Stimmung wechselt rasch **4** ⟨ist gewechselt⟩ gehen; auf die andere Straßenseite w.; von einer Partei in eine andere w. **5** ⟨ist gewechselt; Jägerspr.⟩ regelmäßig gehen; hier wechselt Wild (über die Straße) II ⟨mit Akk.⟩ hat gewechselt⟩ **1** eins an die Stelle eines andern setzen, austauschen; die Reifen w.; bei der Trauung die Ringe w.; den Partner w.; mit jmdm. den Platz w.; Wäsche, Schuhe zum Wechseln mitnehmen **2** verändern; den Beruf w. einen anderen Beruf ergreifen; das Thema w. von etwas anderem zu sprechen beginnen **3** in eine andere Währung umtauschen; Geld w.; Mark in Lire w. **4** in Münzen oder andere Scheine umtauschen, (bes.) in Kleingeld umtauschen; kannst du mir zehn Mark w.?; kannst du mir zehn Mark in Fünfmarkstücke w.?

Wech|sel|recht ⟨n., -(e)s, nur Sg.⟩ Gesamtheit der Rechtsvorschriften, die das Geschäft mit Wechseln betreffen

Wech|sel|re|de ⟨f.11⟩ → Wechselgespräch

Wech|sel|rei|te|rei ⟨f.10⟩ illegales Tauschen und Verkaufen von Wechseln zur Geldbeschaffung

Wech|sel|rich|ter ⟨m.5⟩ Gerät zum Umwandeln von Gleich- in Wechselstrom

Wech|sel|schritt ⟨m.1⟩ kleiner, schneller Schritt, mit dem man beim Marschieren in den Gleichschritt kommt oder beim Tanz die Schrittfolge mit dem andern Fuß beginnt

Wech|sel|schuld ⟨f.10⟩ aufgrund eines Wechsels zu zahlende Schuld

Wech|sel|schuld|ner ⟨m.5⟩ jmd., der einen Wechsel bezahlen muß

wech|sel|sei|tig ⟨Adj., o.Steig.⟩ **1** im Wechsel zweier Seiten; ~es Zuspiel **2** von beiden Seiten (gleichzeitig); ~es Mißtrauen

Wech|sel|sei|tig|keit ⟨f., -, nur Sg.⟩

Wech|sel|spiel ⟨n.1⟩ vielfältiger, beeindruckender Wechsel; W. der Farben

wech|sel|stän|dig ⟨Adj., o.Steig.; Bot.⟩ mit nur einem Blatt an jedem Stengelknoten, das gegen das vorhergehende um einen bestimmten Winkel verschoben ist

Wech|sel|steu|er ⟨f.11⟩ Steuer, die auf Wechsel im Inland erhoben wird

Wech|sel|strom ⟨m.2⟩ elektrischer Strom, dessen Stärke und Richtung rasch und regelmäßig wechselt

Wech|sel|stu|be ⟨f.11⟩ Bankfiliale oder Geschäft, in dem man Geld in eine andere Währung tauschen kann

Wech|sel|tier|chen ⟨n.7⟩ → Amöbe

Wech|sel|ver|kehr ⟨m.1⟩ **1** Bankgeschäft mit Wechseln **2** Benutzung einer Verkehrsstraße in wechselnder Richtung

wech|sel|voll ⟨Adj.⟩ oft wechselnd; ein ~es Leben

Wech|sel|wäh|ler ⟨m.5⟩ Wähler, der nicht immer dieselbe Partei wählt

Wech|sel|war|me(r) ⟨m.17 oder 18⟩ → Kaltblüter

wech|sel|wei|se ⟨Adv.⟩ im Wechsel, abwechselnd

Wech|sel|wild ⟨n., -(e)s, nur Sg.⟩ Wild, das regelmäßig von einem Revier ins andere wechselt; Ggs. Standwild

Wech|sel|wir|kung ⟨f.10⟩ gegenseitige Beeinflussung

Wech|sel|wirt|schaft ⟨f.10⟩ → Wechselkultur

Weck|amin ⟨n.1⟩ Phenylalkylamin enthaltendes, das Zentralnervensystem anregendes Mittel [< wecken und Aminosäure]

wecken ⟨-k·k-; V.1, hat geweckt; mit Akk.⟩ **1** jmdn. w. jmdm. zum Erwachen, zum Wachsein bringen, wach machen, aus dem Schlaf reißen; jmdn. morgens w.; bitte weck mich um acht Uhr, in einer Stunde; sprich leise, damit du die Kinder nicht weckst **2** etwas w. hervorrufen, wachrufen; dieses Gespräch weckt viele Erinnerungen in mir; in jmdm. Liebe, Haß, Zuneigung, Abneigung, Mißtrauen w.; jmds. Neugierde w.

Wecken ⟨-k·k-; m.7⟩ **1** ⟨südwestdt.⟩ Brötchen, Semmel **2** ⟨österr.⟩ ⟨länglich-rundes⟩ Weißbrot [< mhd. wecke, weck ,,Keil, keilförmiges Backwerk", < ahd. wecki ,,Keil"]

Wecker ⟨-k·k-; m.5⟩ ⟨ein Schlag- oder Läutewerk besitzende⟩ Uhr, die zu einer bestimmten, einstellbaren Zeit durch Geräusch weckt

Weck|glas ⟨n.4⟩ Glas zum Einwecken

Weck|ruf ⟨m.1⟩ Ruf, der jmdn. aufwecken soll

We|da ⟨m., -s, -den⟩ Name mehrerer indischer religiöser Schriften; auch: Veda [< Sanskrit veda- ,,Wissen"]

We|del ⟨m.5⟩ **1** Handgerät zum Staubwischen mit lockerer, flauschiger Spitze (aus Federn; Staub~) **2** ⟨bes. beim Schalenwild⟩ kurzer Schwanz (Hirsch~) **3** langes Blatt (Farn~, Palm~) [zu wedeln]

we|deln ⟨V.1, hat gewedelt⟩ I ⟨mit Akk.⟩ schnell und leicht hin- und herbewegen; ein Taschentuch (in der Luft, zur Begrüßung, zum Abschied) w. II ⟨o.Obj.⟩ **1** ⟨vom Hund⟩ den Schwanz rasch hin- und herbewegen; der Hund wedelt freundlich; der Hund begrüßte mich mit freudigem Wedeln **2** ⟨Schilauf⟩ beim Abwärtsfahren die Schier parallel locker aus der Hüfte nach links und rechts schwingen **3** mit etwas w. etwas rasch und leicht hin- und herbewegen; mit der Zeitung, mit der Mütze (in der Luft) w.

we|der ⟨Konj.; nur in der Fügung⟩ w. ... noch nicht ... und auch nicht; w. ein noch aus wissen; w. ein noch das andere; er hat w. angerufen noch geschrieben [< ahd. wedar ,,welcher (von zweien)"]

Wedg|wood|wa|re [ˈwɛdʒwud-] ⟨f.11⟩ feines, unglasiertes, gefärbtes und verziertes Steingut [nach dem engl. Kunsttöpfer Josiah Wedgwood]

we|disch ⟨Adj., o.Steig.⟩ zu den Weden gehörig; auch: vedisch

Week|end [ˈwiːk-] ⟨n.9⟩ → Wochenende [< engl. week ,,Woche" und end ,,Ende"]

Weft ⟨n.1⟩ strapazierfähiges Kammgarn (für Möbelbezüge) [engl., zu weben]

weg I ⟨Adv.⟩ **1** nicht hier, nicht anwesend, an einem anderen Ort, verloren; sie ist schon w.; meine Schuhe sind w.; einen w. haben ⟨ugs.⟩ leicht betrunken sein; der Kranke, der Betrunkene ist w. ⟨ugs.⟩ er nimmt nichts mehr wahr, was um ihn vorgeht; er ist ganz w. von dem Kind ⟨ugs.⟩ er ist ganz vernarrt in das Kind; ich bin ganz w. ⟨ugs.⟩ ich bin ganz begeistert (davon) **2** fort, an eine andere Stelle; Hände w.!; Finger w.!; w. mit dem Zeug!; nichts wie w.! **3** abseits, entfernt; das Haus liegt drei Kilometer w. vom Dorf, w. von der Straße II ⟨Konj.; ugs.⟩ minus; fünf w. drei ist zwei [< mhd. enwec ,,hinweg", eigtl. ,,in (= auf den) Weg"]

Weg ⟨m.1⟩ **1** durch Gehen oder Befahren entstandener Streifen im Gelände oder durch ein Gebiet (Feld~, Holz~, Wald~); W. und Steg (†) die ganze Umgebung; der W. zum Strand; jmdn. ein Stück W. begleiten; jmdm., einer Sache den W. ebnen ⟨übertr.⟩ Hindernisse entfernen; den W. freimachen, freischaufeln; jmdm. in den W. treten; jmdm. den W. versperren; denselben W. zurücklegen; den falschen W. einschlagen; etwas aus dem W. räumen etwas entfernen; jmdn. aus dem W. räumen ⟨übertr.⟩ jmdn. umbringen; bis dahin ist es noch ein weiter W. ⟨übertr.⟩ das wird noch lange dauern und mühsam sein; krumme ~e gehen

⟨übertr.⟩ etwas Unrechtes tun **2** Richtung, die jmd. einschlagen muß, um ein Ziel zu erreichen; jmdm. den W. zeigen; den W. verfehlen, verlieren; vom W. abkommen; seinen eigenen W. gehen ⟨übertr.⟩ nach der eigenen Meinung handeln; seines ~es gehen sich nicht um die Umwelt kümmern; auf dem W. der Besserung sein gesunden **3** Strecke, die jmd. oder etwas zurücklegen muß; der W. allen Fleisches, alles Irdischen ⟨poet.⟩ Tod, Vernichtung; den W. des geringsten Widerstandes gehen ⟨übertr.⟩ allen Problemen möglichst ausweichen; jmdm. über den W. laufen jmdn. zufällig treffen; die Post ist auf dem ~e die Post ist unterwegs; auf dem besten ~e sein ⟨übertr.⟩ nahe daran sein; auf halbem W. stehenbleiben, umkehren ⟨übertr.⟩ etwas nicht vollenden, abbrechen; dem steht nichts im W. ⟨übertr.⟩ das ist ohne weiteres möglich; sich auf halbem ~ treffen ⟨übertr.⟩ einen Kompromiß finden; jmdm., einer Sache aus dem ~e gehen ⟨übertr.⟩ jmdn., eine Sache möglichst meiden; etwas in die ~e leiten ⟨übertr.⟩ etwas in Gang setzen; jmdm. nicht über den W. trauen ⟨übertr.⟩ jmdm. kein Vertrauen entgegenbringen; woher des ~s? woher kommst du? wohin des ~s? wohin gehst du? **4** Gang (zu einer bestimmten Stelle, einem bestimmten Ziel); mein erster W. führt mich zum Arbeitsamt; einige ~e machen, erledigen; jmdm. einen W. abnehmen jmdm. eine Besorgung abnehmen **5** Laufbahn, Bahn, die jmd. oder etwas einschlägt (Amts~, Lebens~); den W. durch die Instanzen gehen; einem anderen den W. freigeben; jmdm. gute Ratschläge mit auf den W. geben; seinen W. gehen, machen im Leben vorwärtskommen, es zu etwas bringen **6** Art und Weise, Mittel; einen W. zur Geldbeschaffung finden; Mittel und ~e finden; auf gesetzlichem, schriftlichem, ungesetzlichem ~e; auf dem schnellsten ~e so schnell wie möglich; auf dem ~e von Verhandlungen

weg... (in Zus. mit Verben) **1** durch die im Verb genannte Tätigkeit beseitigen, z.B. wegätzen, wegblasen, weggeben, wegkehren, wegkratzen, wegmachen, wegräumen, wegschneiden, wegschütten, wegstreichen, wegtreiben, wegtun, wegwischen **2** (einem andern) nehmen, z.B. wegessen, wegschnappen **3** durch die im Verb genannte Tätigkeit sich entfernen, z.B. wegfahren, weglaufen, wegschleichen **4** nach einer anderen Richtung, nach der Seite, z.B. wegblicken, wegschauen, wegsehen **5** durch die im Verb genannte Tätigkeit zum Gehen veranlassen, z.B. wegrufen

weg|be|kom|men ⟨V.71, hat wegbekommen; mit Akk.⟩ Syn. wegkriegen **1** beseitigen können; ich bekomme den Fleck nicht weg **2** geistig wahrnehmen, erfassen, verstehen; hast du's nicht wegbekommen, daß er es war?

Weg|be|rei|ter ⟨m.5⟩ jmd., der den Weg für Neuerungen öffnet; ein W. des Expressionismus

weg|blei|ben ⟨V.17, ist weggeblieben; o.Obj.⟩ nicht kommen (obwohl erwartet), nicht mehr kommen (wie bisher), nicht mehr auftreten, nicht mehr erscheinen; er ist dreimal gekommen und dann einfach weggeblieben; die Regel ist weggeblieben die Menstruation hat ausgesetzt

We|ge|geld ⟨n.3⟩ **1** ⟨früher⟩ Geld, das für die Benutzung eines Weges zu bezahlen ist **2** Geld, das für zurückgelegte Wege erstattet wird

We|ge|la|ge|rer ⟨m.5⟩ Straßenräuber

we|gen ⟨Präp. mit Gen.⟩ um ... willen, aufgrund von; w. des Geldes; w. Krankheit verhindert sein; von Amts w. aufgrund einer amtlichen Bestimmung; von w. du! ⟨ugs.⟩ das kommt nicht in Frage!

...we|gen (in Zus.) was ... betrifft, um ... willen, z.B. meinetwegen, seinetwegen

We|ge|recht ⟨n., -(e)s, nur Sg.⟩ **1** den Bau, die Benutzung und Unterhaltung von öffentlichen Wegen regelndes Recht **2** Recht, einen auf fremdem Grund verlaufenden, zum eigenen Grundstück führenden Weg zu benutzen

We|ge|rich ⟨m.1⟩ Pflanze mit ährigem oder kopfigem Blütenstand und grundständiger Blattrosette (Breit~, Spitz~) [zu Weg, nach dem Standort, z.B. an Wegrändern]

we|gern ⟨V.1, hat gewegert; mit Akk.⟩ ein Schiff w. ein Schiff innen mit Wegern versehen

Weg|fall ⟨m., -(e)s, nur Sg.⟩ das Wegfallen; Syn. Fortfall; durch W. dieser Bestimmung in W. kommen ⟨besser⟩ wegfallen

weg|fal|len ⟨V.33, ist weggefallen; o.Obj.⟩ Syn. fortfallen **1** nicht mehr gültig sein; diese Bestimmung ist weggefallen; das fällt künftig weg! ⟨ugs., leicht drohend⟩ das hat künftig zu unterbleiben! **2** sich erübrigen, nicht mehr nötig sein; die beiden letzten Punkte fallen weg, weil ... **3** gestrichen werden; dieser Satz kann w., ist weggefallen

Weg|gang ⟨m., -(e)s, nur Sg.⟩ das Weggehen, Ausscheiden (aus einem Betrieb); Syn. Fortgang; vor, nach seinem W.

Weg|ge|fähr|te ⟨m.11⟩ → Weggenosse

weg|ge|hen ⟨V.47, ist weggegangen; o.Obj.⟩ **1** an einen anderen Ort gehen, sich entfernen; er ist schon weggegangen; er war schon im Weggehen, als ... **2** sich entfernen lassen, sich beseitigen lassen; der Fleck geht nicht weg, ist ganz leicht weggegangen **3** verkauft werden; die Ware geht schnell weg **4** über etwas w. etwas nicht beachten; über eine Anspielung w.

Weg|ge|nos|se ⟨m.11⟩ jmd., der mit einem anderen zusammen denselben Weg geht; Syn. Weggefährte

weg|ha|ben ⟨V.60, hat weggehabt; mit Akk.; ugs.⟩ **1** bekommen haben, erhalten haben; er hat seinen Teil schon weg; er hat seine Strafe weg **2** beherrschen, können; er hat die Sache weg er kann es; er hat es noch nicht weg **3** verstehen, den Trick (bei etwas) heraushaben; er hat es noch nicht weg, wie man es macht **4** etwas oder jmdn. w. wollen, daß etwas oder jmd. fort ist, beseitigt wird, weggeht; ich will den Schrank hier w.; sie wollen diesen Kollegen w.

weg|he|ben ⟨V.64, hat weggehoben; refl.; †⟩ sich w. sich entfernen; hebe dich weg von mir!

weg|ho|len ⟨V.1, hat weggeholt⟩ **I** ⟨mit Akk.⟩ etwas oder jmdn. w. von einem Ort holen, hingehen und etwas oder jmdn. mitnehmen; ein Kind von den Pflegeeltern w. **II** ⟨mit Dat. (sich) und Akk.⟩ sich etwas w. (bei einer Gelegenheit) sich eine Krankheit zuziehen; sich dabei eine Erkältung w.

weg|kom|men ⟨V.71, ist weggekommen; o.Obj.⟩ **1** abhanden kommen, verlorengehen; das Buch ist (mir) weggekommen **2** gestohlen werden; aufpassen, daß nichts wegkommt; dort kommt viel weg **3** sich entfernen, weggehen; mach, daß du wegkommst! geh weg!, entferne dich!; wir müssen zusehen, daß wir hier w. **4** bei etwas w. (bei einer Gelegenheit) etwas erhalten, behandelt werden; es ist gut, schlecht dabei weggekommen; und wie bist du dabei weggekommen? **5** über etwas w. etwas überwinden; sie kommt über den Tod ihres Mannes nicht weg

Weg|kreu|zung ⟨f.10⟩ Kreuzung zweier oder mehrerer Wege

weg|krie|gen ⟨V.1, hat weggekriegt⟩ → wegbekommen

weg|kun|dig ⟨Adj.⟩ die Wege eines bestimmten Geländes genau kennend

weg|las|sen ⟨V.75, hat weggelassen; mit Akk.⟩ **1** etwas w. nicht mit lesen, nicht schreiben, nicht darstellen; ein Wort w.; eine Szene w. **2** jmdn. w. weggehen lassen; ich lasse dich nicht weg, ehe du ...; jmdn. nicht w. wollen jmdn. dabehalten wollen

weg|los ⟨Adj., o.Steig.⟩ keinen Weg aufweisend; ~es Gelände

Weg|mes|ser ⟨m.5⟩ Gerät zum Messen eines zurückgelegten Weges; Syn. Hodometer, Passometer, Pedometer, Schrittzähler

weg|mü|de ⟨Adj., o.Steig.; geh.⟩ vom langen Weg ermüdet

weg|müs|sen ⟨V.87, hat weggemußt; o.Obj.; ugs.⟩ **1** weggehen, wegfahren müssen; ich muß schleunigst weg **2** (unbedingt) weggebracht werden müssen, verschwinden müssen; der Flüchtling muß hier weg (sonst wird er entdeckt); der Schrank muß hier weg **3** (unbedingt) gegessen werden müssen; der Salat muß weg, sonst verdirbt er

Weg|nah|me ⟨f., -, nur Sg.⟩ das Wegnehmen

weg|neh|men ⟨V.88, hat weggenommen⟩ **I** ⟨mit Akk.⟩ etwas w. **1** nehmen und beiseite tun; ein Gedeck (vom Tisch) w.; nimm deine Sachen hier weg; das Gas w. (beim Autofahren) den Fuß vom Gashebel nehmen, kein Gas mehr geben **2** durch sein Vorhandensein beschränken, einschränken; der Sessel nimmt zuviel Platz weg; der Baum vor dem Fenster nimmt Licht weg; das Haus gegenüber nimmt uns die Sonne weg **II** ⟨mit Dat. und Akk.⟩ jmdm. etwas w. **1** etwas nehmen, damit sich jmd. damit nicht verletzt, damit jmd. es nicht benutzen kann; einem Kind die Streichhölzer w.; einem Schüler einen Spickzettel w. **2** jmdm. etwas streitig machen, etwas (was jmd. hat) für sich beanspruchen; jmdm. den Arbeitsplatz, den Platz, die Arbeit w. **3** jmdm. etwas stehlen; jmdm. Geld w.

weg|sche|ren ⟨V.1, hat weggeschert; refl.; derb; nur von anderen Personen, von sich selbst und fast nur im Imperativ und Infinitiv⟩ sich w. sich schleunigst entfernen, schleunigst weggehen, verschwinden; scher dich weg!; sie sollen sich endlich w.

Weg|schnecke ⟨-k|k-; f.11⟩ (bes. auf Wiesen- und Waldwegen zu beobachtende) rote, braune oder schwarze Nacktschnecke

Weg|strecke ⟨-k|k-; f.11⟩ Teil eines zurückgelegten Weges

Weg|stun|de ⟨f.11⟩ Weg, dessen Zurücklegung eine Stunde erfordert; der Ort liegt zwei ~n von hier entfernt

weg|tau|chen ⟨V.1, ist weggetaucht; o.Obj.; ugs.⟩ sich einer unangenehmen, schwierigen Sache, Lage entziehen, ihr aus dem Wege gehen

Weg|war|te ⟨f.11⟩ (an Wegrändern vorkommender) ausdauernder Korbblütler mit hellblauen Zungenblüten

weg|wei|send ⟨Adj., o.Steig.⟩ die Richtung bestimmend; eine ~e Erfindung

Weg|wei|ser ⟨m.5⟩ Schild, das den Weg zu einem Ort anzeigt

Weg|wei|sung ⟨f.10; schweiz.⟩ Ausweisung

weg|wer|fen ⟨V.181, hat weggeworfen⟩ **I** ⟨mit Akk.⟩ **1** zum Abfall, zum Müll tun; Papier w.; verdorbene Lebensmittel w.; zerbrochene, abgenutzte Gegenstände w.; brauchst du das noch, oder kann ich es w.? **2** von sich werfen; im Wald Abfälle w.; bitte keine glühenden Zigaretten w.!; die Bettdecke w. und aufspringen **II** ⟨refl.; übertr.⟩ sich w. **1** ⟨von Frauen⟩ sich körperlich in nicht angemessener Weise, sich einem nicht angemessenen Partner hingeben; sich an jmdn. w. **2** etwas tun, was der Selbstachtung nicht entspricht, sich einer Person oder Sache widmen, die es nicht wert ist

weg|wer|fend ⟨Adj., o.Steig.⟩ verächtlich, geringschätzig; eine ~e Handbewegung; in ~em Ton sprechen; „...!" sagte er w.

Weg|werf|wa|re ⟨f.11⟩ Ware, die nach dem Gebrauch weggeworfen wird

Weg|zeh|rung ⟨f.10⟩ Mundvorrat, Proviant für den Weg

weg|zie|hen ⟨V.187⟩ **I** ⟨mit Akk.; hat weggezogen⟩ **1** an eine andere Stelle, von einer Stelle ziehen; den Tisch w.; ein Kind vom

1065

Fenster, von einem Schaufenster w. **2** *durch Ziehen beseitigen, wegnehmen;* einen Vorhang w.; jmdm. den Boden unter den Füßen w. *jmdm. die Sicherheit, die Lebensgrundlage nehmen* II ⟨o.Obj.; ist weggezogen⟩ *an einen anderen Ort ziehen, den Wohnsitz wechseln;* sie wird vor einem Jahr weggezogen

Weg|zug ⟨m., -(e)s, nur Sg.⟩ *das Wegziehen (II);* vor, nach ihrem W.

weh ⟨Adj., -er, am -esten⟩ **1** *schmerzend, Schmerzen verursachend, verletzt;* ein ~er Finger **2** *schmerzlich, kummervoll;* es wird mir w. ums Herz; auch: wehe; jmdm. w. tun *jmdn. seelisch oder körperlich verletzen;* sich w. tun *sich verletzen;* mir tut der Kopf, das Kreuz w. **3** ⟨Ausruf der Klage⟩ w.!; w. mir!

Weh ⟨n.1; geh.⟩ *Kummer, Leid;* ein großes W. im Herzen; mit Ach und W. *unter vielen Klagen*

Weh|dag ⟨m.1; nddt.⟩ *Unglück, Krankheit*

we|he ⟨Adj., -r, am -sten⟩ **1** → weh (2) **2** ⟨Ausruf der Klage⟩ w.!; w. mir! **3** ⟨Ausruf der Drohung⟩ w.!, wenn du das tust!

We|he[1] ⟨f.11⟩ *Schneewehe*

We|he[2] ⟨f.11, meist Pl.⟩ ~n *schmerzhafte Zusammenziehungen der Gebärmutter kurz vor, während und nach der Entbindung;* Syn. Kindsnöte; die ~n setzen ein; in den ~n liegen

we|hen ⟨V.1⟩ I ⟨o.Obj.⟩ **1** ⟨hat geweht⟩ *von der Luft, dem Wind in Bewegung sein;* ein kühler Lufthauch weht ins Zimmer; der Wind weht ums Haus; weht von Norden; weht stark; also daher weht der Wind! ⟨übertr.⟩ also das steckt dahinter, das ist der eigentliche Grund!; er weiß, woher der Wind weht ⟨übertr., ugs.⟩ *er weiß, was los ist;* ⟨auch unpersönl., mit „es"⟩ es weht ein Wind geht **2** ⟨ist geweht⟩ *vom Wind getragen werden;* der Schnee weht vom Dach, weht mir ins Gesicht; ein Blatt Papier wehte mir vor die Füße; ein Duft von frischem Kuchen weht durchs Haus, wehte mir in die Nase; der Ton einer Geige wehte bis zu uns **3** ⟨hat geweht⟩ *vom Wind bewegt werden;* auf dem Turm weht eine Fahne; ihr Haar weht (im Wind); mit ~den Rockschößen eilen ⟨scherzh.⟩ II ⟨mit Akk.; hat geweht; vom Wind⟩ *tragen, treiben;* der Sturm weht die Blätter von den Bäumen; der Wind weht mir die Haare ins Gesicht

Weh|frau ⟨f.10; †⟩ *Hebamme*

Weh|ge|fühl ⟨n., -(e)s, nur Sg.⟩ *Gefühl seelischen Schmerzes*

Weh|ge|schrei ⟨n., -(e)s, nur Sg.⟩ *lautes Klagen, lautes Jammern;* ein W. erheben, anstimmen

Weh|kla|ge ⟨f.10⟩ *(laute) Klage;* in (laute) ~n ausbrechen

weh|kla|gen ⟨V.1, hat gewehklagt; o.Obj.⟩ *laut klagen*

Wehl ⟨n.1⟩, **Weh|le** ⟨f.11; nddt.⟩ *(nach Deichbruch entstandene) teichähnliche Wasserfläche*

weh|lei|dig ⟨Adj.⟩ *sehr empfindlich gegen Schmerzen, gerne klagend und jammernd;* ein ~es Kind; mit ~er Stimme **Weh|lei|dig|keit** ⟨f., -, nur Sg.⟩

Weh|mut ⟨f., -, nur Sg.⟩ *Schmerz, Trauer über Vergangenes, schmerzliche Sehnsucht nach Vergangenem;* voll W. zurückdenken

weh|mü|tig, weh|muts|voll ⟨Adj.⟩ *voller Wehmut;* ein ~es Lied; w. an etwas denken

Weh|mut|ter ⟨f.6; †⟩ *Hebamme*

Wehr I ⟨n.1⟩ *Stauwerk in fließendem Wasser (zur Regulierung)* II ⟨f.10⟩ **1** ⟨†⟩ *Waffe, Waffenausrüstung* ⟨nur in Zus. wie Not~, Verteidigung⟩ ⟨noch in Zus.⟩ *Widerstand, Verteidigung;* Wehrdienst ⟨und in der Wendung⟩ sich zur W. setzen

Wehr|be|auf|trag|te(r) ⟨m.17 oder 18⟩ *Beauftragter des deutschen Bundestages, der die Wahrung der Grundrechte in der Bundeswehr überwacht*

Wehr|be|reich ⟨m.1⟩ *Verwaltungsbereich der Bundeswehr*

Wehr|dienst ⟨m., -(e)s, nur Sg.⟩ *Dienst bei den Streitkräften* (Grund~); den W. ableisten, verweigern

weh|ren ⟨V.1, hat gewehrt⟩ I ⟨mit Dat.; †⟩ *einer Sache w. eine Sache verhindern, sie einschränken;* einem Übel w. II ⟨mit Dat. und Akk.⟩ jmdm. etwas w. *jmdm. etwas verbieten, jmdn. wegen etwas zurechtweisen;* jmdm. das Schimpfen, Klagen, Lachen w.; einem Kind das Herumtoben w.; jmdm. den Zutritt w. III ⟨refl.⟩ sich w. **1** *sich verteidigen;* wehr dich doch!; wenn du angegriffen wirst, mußt du dich w.; sich gegen einen Angriff w.; sich gegen einen Vorwurf w.; sich mit Händen und Füßen w. **2** *Widerstand leisten;* sich gegen eine Anordnung w.

Wehr|er|satz|we|sen ⟨n., -s, nur Sg.⟩ *staatlicher Aufgabenbereich zur Erfassung und Heranziehung der Wehrpflichtigen*

Wehr|er|zie|hung ⟨f., -, nur Sg.; DDR⟩ *Lehrfach, das sich mit dem Wehrdienst u.ä. befaßt*

wehr|fä|hig ⟨Adj., o.Steig.⟩ *fähig zum Wehrdienst, kriegsfähig* **Wehr|fä|hig|keit** ⟨f., -, nur Sg.⟩

Wehr|gang ⟨m.2⟩ *überdachter Gang mit Schießscharten entlang einer Burg- oder Stadtmauer*

Wehr|ge|hän|ge ⟨n.5⟩ *Leibriemen zum Befestigen der Waffe;* auch: ⟨kurz⟩ Gehänge; Syn. Wehrgehenk

Wehr|ge|henk ⟨n.1⟩ → Wehrgehänge

Wehr|ge|rech|tig|keit ⟨f., -, nur Sg.⟩ *gleichartige Behandlung von Wehrpflichtigen und solchen, die keinen Wehrdienst leisten*

wehr|haft ⟨Adj., -er, am -esten⟩ **1** *fähig, sich zu wehren;* ~e Tiere **2** *befestigt, gut zu verteidigen;* eine ~e Burg

Wehr|kir|che ⟨f.11; früher⟩ *Kirche mit Verteidigungsanlagen*

wehr|los ⟨Adj., -er, am -esten⟩ *unfähig, sich zu wehren;* jmdm. w. ausgeliefert sein; dagegen bin ich w. **Wehr|lo|sig|keit** ⟨f., -, nur Sg.⟩

Wehr|macht ⟨f., -, nur Sg.; 1935–1945⟩ *Gesamtheit der deutschen Streitkräfte*

Wehr|paß ⟨m.2; BRD⟩ *jedem Wehrpflichtigen nach der Musterung ausgehändigte, verkleinerte und verkürzte Ausgabe des Wehrstammbuches*

Wehr|pflicht ⟨f., -, nur Sg.⟩ *gesetzlich verankerte staatsbürgerliche Pflicht zum Wehrdienst* **wehr|pflich|tig** ⟨Adj.⟩ *unter die Wehrpflicht fallend;* im ~en Alter

Wehr|recht ⟨n., -(e)s, nur Sg.⟩ *Gesamtheit innerstaatlicher Bestimmungen über die Eingliederung der militärischen Organisation ins Staatsganze*

Wehr|stamm|buch ⟨n.4; BRD⟩ *in Buchform angelegte Personalakte jedes Wehrpflichtigen*

Wehr|übung ⟨f.10⟩ *militärische Pflichtübung gedienter Soldaten*

Weh|weh|chen ⟨n.7; scherzh.⟩ *kleine Wunde, unbedeutender Schmerz*

Weib ⟨n.3⟩ **1** ⟨†⟩ *Frau;* W. und Mann **2** ⟨ugs.⟩ *(junge) Frau;* ein tolles W. **3** ⟨†⟩ *Ehefrau;* W. und Kind haben; jmdn. zum ~e nehmen **4** ⟨abwertend⟩ *Frau, Mädchen;* das dumme W.!

Weib|chen ⟨n.7⟩ **1** *weibliches Tier* (Vogel~) **2** ⟨scherzh. oder abwertend⟩ *in ihrem Wesen einseitig auf das Geschlechtliche gerichtete Frau*

Wei|bel ⟨m.5⟩ **1** ⟨MA⟩ *mittlerer Dienstgrad im Heer* **2** ⟨schweiz.⟩ *Amts-, Gerichtsdiener* [→ Feldweibel]

wei|beln ⟨V.1, ist geweibelt; o.Obj.; schweiz.⟩ *werbend umhergehen, Stimmung machen*

Wei|ber|fast|nacht ⟨f., -, nur Sg.⟩ *kurz für Altweiberfastnacht*

Wei|ber|feind ⟨m.1⟩ *Mann, der Frauen nicht leiden kann, Frauenfeind*

Wei|ber|held ⟨m.10⟩ *Mann, der vielen Frauen nachstellt*

Wei|ber|leu|te ⟨nur Pl.; †⟩ *Frauen;* auch: Weibsleute

Wei|ber|volk ⟨n., -(e)s, nur Sg.; †, noch abwertend⟩ *Frauen;* auch: Weibsvolk

wei|bisch ⟨Adj.⟩ *unmännlich, verzärtelt*

weib|lich ⟨Adj.⟩ Ggs. männlich **1** ⟨o.Steig.⟩ *zum gebärenden Geschlecht gehörig;* ein ~es Wesen *eine Frau;* ein ~es Kind *ein Mädchen;* ein ~es Tier; ~er Nachkomme **2** ⟨o.Steig.⟩ *zur Frau gehörend, die Frau kennzeichnend;* ~e Geschlechtsmerkmale; ~er Vorname **3** *in der Art einer Frau, für eine Frau typisch;* ~e Eigenschaften; ein ~es Wesen **4** ⟨o.Steig.; Gramm.⟩ *mit dem Artikel „die" verbunden;* ~es Substantiv **5** ⟨o.Steig.; Metrik⟩ ~er Reim *Reim auf zwei Silben,* z.B. klingen – singen; Ggs. männlicher Reim **Weib|lich|keit** ⟨f., -, nur Sg.⟩ **1** *frauliche Wesensart* **2** ⟨scherzh.⟩ *Gesamtheit der Frauen;* die holde W.

Weibs|bild ⟨n.3; abwertend⟩ *Frau,* ⟨bes.⟩ *unangenehme, böse Frau*

Weib|sen ⟨n.7, Pl.; ugs., abwertend⟩ *Frauen*

Weibs|leu|te ⟨nur Pl.; †⟩ → Weiberleute

Weibs|per|son ⟨f.10; abwertend⟩ *Frau*

Weibs|stück ⟨n.12⟩ *(verkommene oder bösartige) Frau;* ein hinterhältiges W.

Weibs|volk ⟨n., -(e)s, nur Sg.⟩ → Weibervolk

weich ⟨Adj.⟩ **1** *nachgiebig gegen Druck;* ~es Brot; eine ~e Matratze; ~er Stoff; ~e Schuhsohlen; w. betten ⟨übertr.⟩ *es sich im Leben angenehm machen* **2** *lange genug gekocht oder gebraten, gar;* die Kartoffeln sind w.; ein ~es Ei *ein vier Minuten gekochtes Ei* **3** *wenig Kalk enthaltend;* ~es Wasser **4** *nicht widerstandsfähig gegen Schwankungen, nicht stabil;* ~e Währung **5** *nachgiebig, empfindsam, zum Mitleid fähig;* ~es Herz haben; eine ~e Stimmung bemächtigte sich seiner; w. werden *nachgeben, von Mitleid berührt werden, den Widerstand aufgeben* **6** *Gefühl zeigend;* ~e Augen; jmdn. w. anschauen; „...", sagte er w. **7** *sanft, ohne Druck;* eine ~e Landung; w. bremsen **8** *keine Sucht hervorrufend;* ~e Drogen **9** *angenehm gedämpft;* ~es Licht **10** *melodisch;* eine ~e Stimme; ein w. klingendes Englisch sprechen; ~e Konsonanten *stimmhafte Konsonanten* **11** *empfindsam wirkend;* ein ~er Mund; ~e Gesichtszüge

Weich|bild ⟨n.3⟩ **1** *Stadtgebiet* **2** *Stadtgerichtsbezirk* **3** *Stadtrecht* [< mhd. *wîchbilde* „Bild, Kreuz zur Bez. der Grenze des Stadtgebietes", zu *wîch*... ⟨nur in Zus.⟩ „Wohnsitz, Stadt", < ahd. *wîh* „Ort, Ortschaft", < lat. *vicus* „Dorf, Bauernhof, Stadtviertel"]

Wei|che[1] ⟨f.11⟩ **1** ⟨nur Sg.⟩ *das Weichsein, weiche Beschaffenheit* **2** *knochenlose Körperseite, Flanke (bes. vom Pferd)* [< ahd. *weihhi* „Schwäche, Schwachheit", später auch im Sinne von „weiche Körperstelle"]

Wei|che[2] ⟨f.11⟩ ⟨an Gleisanlagen⟩ *Vorrichtung, die durch Verstellen das Übergehen auf ein anderes Gleis ermöglicht;* die W. stellen; die ~n für eine Entwicklung stellen *einer Entwicklung eine bestimmte Richtung geben* **2** ⟨Elektr.⟩ *Abzweigstelle (in einer Leitung)*

wei|chen[1] ⟨V.176, ist gewichen⟩ I ⟨o.Obj.⟩ *zurückgehen, weggehen, sich zurückziehen;* er wankte und wich nicht; er wich keinen Schritt; ich werde nicht (von der Stelle) w., bis ich Ihre Zusage habe, w. nicht von meiner Seite; alles Blut war aus ihrem Gesicht gewichen *sie war ganz blaß geworden* II ⟨mit Dat.⟩ jmdm. oder einer Sache w. *sich vor jmdm. oder einer Sache zurückziehen;* dem Gegner w.; der Übermacht, der Gewalt w.; der Wald muß einer Straße w. *der Wald muß wegen des Baus einer Straße beseitigt*

Wein

werden; er wich mir nicht von der Seite er blieb immer neben mir, ging immer neben mir her, folgte mir überallhin
wei|chen² ⟨V.1⟩ **I** ⟨o.Obj.; ist geweicht⟩ *weich werden; die getrockneten Früchte müssen einige Minuten (im Wasser) w.; eine Semmel in Wasser, Milch w. lassen* **II** ⟨mit Akk.; hat geweicht⟩ *weich machen; eine Blut-, Schmutzkruste mit warmem Wasser w.*
Wei|chen|stel|ler, Wei|chen|wär|ter ⟨m.5⟩ *jmd., der berufsmäßig die Weichen² (1) bedient*
Weich|heit ⟨f.10⟩ **1** ⟨nur Sg.⟩ *das Weichsein; die W. von Lindenholz* **2** ⟨übertriebenes⟩ *Weichsein, Gutherzig-, Nachgiebigsein; nur keine ~en!*
weich|her|zig ⟨Adj.⟩ *gutmütig, mitleidig, mild* **Weich|her|zig|keit** ⟨f., -, nur Sg.⟩
Weich|kä|se ⟨m.5⟩ *Käse von feuchter, schmieriger Beschaffenheit (z.B. Camembert, Limburger)*
weich|lich ⟨Adj.⟩ **1** *ein wenig weich; eine ~e Masse* **2** *sehr empfindlich, verzärtelt; ~er Junge* **3** *übertrieben nachgiebig; ein ~er Mann* **Weich|lich|keit** ⟨f., -, nur Sg.⟩
Weich|ling ⟨m.1⟩ *weichlicher Mensch, Schwächling*
Weich|lot ⟨n.1⟩ *(zum Löten dünnwandiger Teile verwendete) Zinn-Blei-Legierung, die bei Temperaturen unter 300 °C schmilzt*
Weich|ma|cher ⟨m.5⟩ → *Plastifikator*
Weich|sel [vaik-] ⟨f.11; bes. österr.⟩ → *Sauerkirsche* [< ahd. *wihsila* in ders. Bed.]
Weich|tei|le ⟨m.1 oder n.1, Pl.⟩ *die knochenlosen Körperteile (bes. Eingeweide, Geschlechtsteile)*
Weich|tier ⟨n.1⟩ *(oft meeresbewohnendes, von einer starren äußeren Kalkschale umgebenes) Tier mit weichem, knochen- und wirbellosem Körper (z.B. Kopffüßer, Muschel, Schnecke);* Syn. *Molluske*
Weich|zeich|ner ⟨m.5⟩ *fotografische Vorsatzlinse zur Verringerung der Schärfe*
weid..., Weid... ⟨in Zus.⟩ *jagd..., Jagd...;* auch: ⟨in der Jägerspr. bevorzugte Schreibung⟩ *waid..., Waid...* [< *Weide*²]
Wei|de¹ ⟨f.11⟩ *(als Baum oder Strauch wachsende) Pflanze mit Blüten in aufrechten Kätzchen und lanzettförmigen bis elliptischen Blättern (Korb~, Sal~);* Syn. ⟨österr.⟩ *Felber, Felberbaum* [< mhd. *wide*, ahd. *wida* in ders. Bed.]
Wei|de² ⟨f.11⟩ *Grasfläche, auf der Tiere (bes. große Säugetiere) weiden können (Vieh~); das Vieh auf die W. treiben* [< ahd. *weida* „Beute, Fang; Futter; Weide"]
Wei|del|gras ⟨n., -es, nur Sg.⟩ → *Lolch*
wei|den ⟨V.1, hat geweidet⟩ **I** ⟨o.Obj.⟩ *auf der Weide sein und Gras fressen; Vieh weidet auf der Wiese, auf der Alm* **II** ⟨mit Akk.⟩ *auf die Weide treiben und Gras fressen lassen* **III** ⟨refl.⟩ *sich an etwas w.* **1** *sich an etwas erfreuen, etwas beim Anschauen genießen; sich an einem Anblick w.* **2** *schadenfroh bei etwas zuschauen; sie weidete sich an seinem Mißgeschick, an seiner Verlegenheit*
Wei|den|kätz|chen ⟨n.7⟩ *mit weichen Härchen dicht besetzter Blütenstand der Weide¹;* Syn. *Palmkätzchen*
Wei|den|rös|chen ⟨n.7⟩ *hohes Nachtkerzengewächs mit schmalen Blättern und (meist) purpurroten Blütentrauben*
Wei|de|recht ⟨n., -(e)s, nur Sg.⟩ *Recht, sein Vieh an einem bestimmten Ort weiden zu lassen*
weid|ge|recht ⟨Adj., o.Steig.⟩ *den Gesetzen und Bräuchen der Jagd entsprechend; ein Stück Wild w. erlegen*
weid|lich ⟨Adv.⟩ *kräftig, tüchtig, sehr; etwas, jmdn. w. ausnutzen* [< mhd. *weidenlich* „jägermäßig, wacker; tüchtig"]
Weid|ling ⟨m.1; schweiz.⟩ *Fischerkahn* [< *Weide* in der alten Nebenbed. „Fischfang"]

Weid|loch ⟨n.4; Jägerspr.; beim Wild, Jagdhund⟩ *After*
Weid|mann ⟨m.4⟩ *Jäger und Heger zugleich*
weid|män|nisch ⟨Adj., o.Steig.⟩ *zu einem Weidmann gehörig, ihm gemäß*
Weid|manns|dank ⟨o.Art.; Antwort auf „Weidmannsheil!"⟩
Weid|manns|heil! ⟨o.Art.; Gruß der Jäger untereinander, Wunsch für Jagdglück⟩
Weid|mes|ser ⟨n.5⟩ *feststehendes Jagdmesser*
Weid|sack ⟨m.2; beim Schalenwild⟩ *Pansen*
Weid|werk ⟨n., -(e)s, nur Sg.⟩ *weidgerechte Jagd und Jägerei*
weid|wund ⟨Adj., o.Steig.; Jägerspr.⟩ *durch Schuß in die Eingeweide verletzt*
Wei|fe ⟨f.11⟩ *Haspel*
wei|fen ⟨V.1, hat geweift; mit Akk.⟩ *auf die Weife wickeln, haspeln; Garn w.*
wei|gern ⟨V.1, hat geweigert⟩ **I** ⟨mit Dat. und Akk.; †⟩ *jmdm. etwas w. jmdm. etwas verweigern, nicht erlauben; jmdm. den Zutritt w.* **II** ⟨refl.⟩ *sich w., etwas zu tun es ablehnen, etwas zu tun; sie weigerte sich mitzukommen; er weigerte sich hartnäckig, standhaft, den Namen, den Täter anzugeben*
Wei|ge|rung ⟨f.10⟩ *das Sichweigern, Erklärung, etwas nicht tun zu wollen; bleiben Sie bei Ihrer W.?*
Weih ⟨m.1⟩ → *Weihe*¹
Weih|bi|schof ⟨m.2⟩ *geweihter Bischof, der den residierenden Bischof vertritt und unterstützt, aber keine Verwaltungs- und anderen Rechte hat*
Wei|he¹ ⟨f.11⟩ *schlanker Greifvogel mit langem Schwanz, der bei seinem Jagdflügen schaukelnd in der Luft steht und die Flügel V-förmig nach oben gewinkelt hält (Korn~, Rohr~);* auch: *Weih*
Wei|he² ⟨f.11⟩ **1** *gottesdienstliche Handlung, mit der etwas geweiht (I,1) wird (Glocken~)* **2** *gottesdienstliche Handlung, mit der einem bestimmten Menschen ein geistliches, mit bestimmten Rechten verbundenes Amt übertragen wird (Priester~, Bischofs~); die W. empfangen* **3** ⟨geh.⟩ *Feierlichkeit, Erhabenheit; die W. des Augenblicks, der Stunde*
wei|hen ⟨V.1, hat geweiht⟩ **I** ⟨mit Akk.⟩ **1** *etwas w. durch eine gottesdienstliche Handlung segnen, heiligen; Wasser w.; eine Fahne, eine neue Kirche w.* **2** *etwas zu etwas w. jmdn. durch Weihe² (2) ein geistliches Amt übertragen; jmdn. zum Priester w.* **II** ⟨mit Dat. und Akk.⟩ **1** *etwas jmdm. w. etwas feierlich an jmds. Schutz stellen; eine Kirche einem Heiligen, der Jungfrau Maria w.* **2** *etwas oder sich jmdm. oder einer Sache w.* ⟨geh.⟩ *völlig widmen, ganz zur Verfügung stellen; sie hat sich im Leben Gott geweiht; sich, seine Kraft der Rettung hungernder Menschen w.; sich, sein Können, sein Leben einer Idee w.* **3** *etwas oder einer Sache w.* ⟨geh.⟩ *einer Sache ausliefern, preisgeben, opfern;* ⟨meist im Perf. Passiv⟩ *die Stadt ist dem Untergang geweiht; er ist dem Tod geweiht er muß sterben*
Wei|her ⟨m.5⟩ *(künstlich angelegtes) stehendes, flaches Gewässer (das im Unterschied zum Teich keine Wasserablaßmöglichkeit besitzt)* [< ahd. *wiwari* in ders. Bed., < lat. *vivarium*, → *Vivarium*]
Wei|he|stun|de ⟨f.11⟩ *feierliche Stunde*
wei|he|voll ⟨Adj.⟩ *erhaben, feierlich-würdevoll*
Weih|ga|be ⟨f.11⟩, **Weih|ge|schenk** ⟨n.1⟩ **1** ⟨allg.⟩ *den Göttern geweihte Gabe* **2** ⟨kath. Kirche⟩ *Votivbild*
Weih|nacht ⟨f., -, nur Sg.; kurz für⟩ → *Weihnachten*
weih|nach|ten ⟨V.2, hat geweihnachtet; o.Obj.; unpersönl., mit „es"⟩ *es weihnachtet Weihnachten kommt näher, weihnachtliche Stimmung breitet sich aus, die Vorbereitungen für Weihnachten beginnen*

Weih|nach|ten ⟨n.7; häufig ohne Art.⟩ **1** *Fest der Geburt Christi am 25. Dezember;* auch: ⟨kurz⟩ *Weihnacht;* Syn. *Christfest, Weihnachtsfest; W. feiern; frohe, fröhliche W.!* **2** *Weihnachtsfeiertage; weiße W. Weihnachtstage mit Schnee*
weih|nacht|lich ⟨Adj.⟩ **1** ⟨o.Steig.⟩ *zu Weihnachten gehörig, Weihnachten betreffend; die ~en Tage* **2** *für Weihnachten kennzeichnend; ~e Stimmung; es wird schon w.*
Weih|nachts|abend ⟨m.1⟩ *der Heilige Abend, der 24. Dezember*
Weih|nachts|baum ⟨m.2⟩ *anläßlich des Weihnachtsfestes mit Kugeln, Kerzen, bildlichen Gegenständen u.a. geschmückter und (im Zimmer) aufgestellter Nadelbaum;* Syn. *Christbaum*
Weih|nachts|be|sche|rung ⟨f.10⟩ *Bescherung am 24. Dezember*
Weih|nachts|fest ⟨n.1⟩ → *Weihnachten*
Weih|nachts|geld ⟨n.3; ugs.⟩ → *Weihnachtsgratifikation*
Weih|nachts|gra|ti|fi|ka|ti|on ⟨f.10⟩ *an Weihnachten zusätzlich zum Lohn oder Gehalt gezahltes Geld;* Syn. ⟨ugs.⟩ *Weihnachtsgeld*
Weih|nachts|krip|pe ⟨f.11⟩ *mit Figuren dargestellte Geburtsstätte Christi mit den Heiligen Drei Königen, Hirten u.a.*
Weih|nachts|lied ⟨n.3⟩ *zu Weihnachten gesungenes Lied*
Weih|nachts|mann ⟨m.4⟩ **1** *der Heilige Nikolaus, der entweder am Nikolaustag oder an Weihnachten den Kindern Geschenke bringt* **2** ⟨ugs., abwertend⟩ *trotteliger Mensch*
Weih|nachts|markt ⟨m.2⟩ *zur Weihnachtszeit abgehaltener Markt, auf dem Geschenke, Baumschmuck, Weihnachtsgebäck o.ä. verkauft werden,* ⟨bayr.-österr.⟩ *Christkindlmarkt*
Weih|nachts|py|ra|mi|de ⟨f.11⟩ *pyramidenförmiges Gestell aus übereinander angeordneten Scheiben mit Figuren, Kerzen und einem waagrecht angebrachten Flügelrad, das sich durch die aufsteigende Wärme der Kerzen dreht*
Weih|nachts|spiel ⟨n.1⟩ *Darstellung der Geburt Christi (im Volkstheater)*
Weih|nachts|tag ⟨m.1⟩ *der 25. sowie 26. Dezember*
Weih|nachts|tisch ⟨m.1⟩ *festlich geschmückter Tisch mit Weihnachtsgeschenken*
Weih|nachts|zeit ⟨f., -, nur Sg.⟩ *Zeit vom 1. Advent bis Neujahr, insbesondere der 24., 25. und 26. Dezember*
Weih|rauch ⟨m., -(e)s, nur Sg.⟩ **1** *balsamisch duftende Mischung verschiedener Harze, die zu kultischen Zwecken verbrannt wird* **2** *der durch das Verbrennen entstehende Rauch* [< ahd. *wihrouh* in ders. Bed., < *wih* „heilig" und *rouh* „Rauch, Räucherwerk"]
Weih|was|ser ⟨n., -s, nur Sg.⟩ *geweihtes Wasser, das in der katholischen Kirche zum Segnen, Bekreuzigen o.ä. verwendet wird*
weil ⟨Konj.⟩ *aus dem Grund, daß ..., da; w. ich es vergessen habe; ein schönes, w. gut verarbeitetes Glas*
wei|land ⟨Adv.; † oder scherzh.⟩ *einstmals, vormals; wie w. Kaiser Franz*
Weil|chen ⟨n.7⟩ *kleine Weile; es dauert noch ein W.*
Wei|le ⟨f., -, nur Sg.⟩ *nicht näher bestimmte (nicht sehr lange) Zeitspanne; eine W. warten; eine gute, eine kleine W.; nach einer W. nach einiger Zeit*
wei|len ⟨V.1, hat geweilt; o.Obj.; geh.⟩ *(an einem Ort) sein; zur Erholung im Gebirge w.; er weilt nicht mehr unter uns er ist tot*
Wei|ler ⟨m.5⟩ *kleine Siedlung, Gesamtheit weniger Gehöfte (in lockerer Anordnung)* [< mlat. *villare* „Dorf" (als Teil eines Grundbesitzes), zu *Villa*]
Wein ⟨m.1⟩ **1** ⟨nur Sg.⟩ *rankende Pflanze mit in Trauben wachsenden Beeren und ge-*

1067

zackt-lappigen Blättern; Syn. *Rebe, Rebstock, Weinrebe, Weinstock;* wilder W. **2** *durch alkoholische Gärung aus dem Saft frischer Weintrauben (oder anderer Früchte) hergestelltes Getränk (Rot~, Weiß~, Apfel~, Beeren~);* Syn. ⟨geh.⟩ *Rebensaft; jmdm. reinen W. einschenken* ⟨übertr.⟩ *jmdm. die volle, aber unangenehme Wahrheit sagen;* neuer W. in alten Schläuchen *etwas Neues in alten Formen, nur scheinbar Neues, nicht grundlegend Neues* **3** ⟨mdt., berlin. für⟩ *Weintrauben;* zwei Pfund W. am Obststand kaufen [< lat. *vinum* „Wein"]
Wein|bau|er ⟨m.11⟩ → *Winzer*
Wein|bee|re ⟨f.11⟩ **1** *einzelne Beere der Weintraube* **2** ⟨oberdt.⟩ → *Rosine; ein Kuchen mit* ~n
Wein|berg ⟨m.1⟩ *(ansteigende) landwirtschaftliche Nutzfläche, die mit Wein (1) bepflanzt ist;* Syn. *Rebenhügel, Weingarten,* ⟨schweiz., westmdt.⟩ *Wingert*
Wein|berg|schnecke ⟨-k·k-; f.11⟩ *große Schnecke mit spiralig gewundenem, braunem Gehäuse (deren Fleisch als Delikatesse gilt)*
Wein|brand ⟨m.2⟩ *ausschließlich aus Weinen destillierter Trinkbranntwein;* vgl. *Branntwein*
wei|nen ⟨V.1, hat geweint⟩ **I** ⟨o.Obj.⟩ *Tränen vergießen;* vor Kummer, vor Freude w.; bitterlich, kläglich w.; sie wußte nicht, ob sie darüber lachen oder weinen sollte; um etwas, um jmdn. w. **II** ⟨mit Akk.; nur „Tränen" als Obj.⟩ *vergießen;* bittere Tränen w., um jmdn. w.; heiße Tränen w.
wei|ner|lich ⟨Adj.⟩ **1** *häufig weinend;* ein ~es Kind **2** *beinahe weinend;* „,..." sagte er w. **3** *klagend;* mit ~er Stimme
Wein|es|sig ⟨m., -s, nur Sg.⟩ *aus Wein hergestellter Essig*
Wein|gar|ten ⟨m.8⟩ → *Weinberg*
Wein|geist ⟨m., -(e)s, nur Sg.; bes. im Steuerrecht⟩ *reiner Alkohol*
Wein|gut ⟨n.4⟩ *großer Weinbaubetrieb, der Weine selbst bereitet*
Wein|hau|er ⟨m.5; österr.⟩ → *Winzer;* auch: ⟨kurz⟩ *Hauer*
wei|nig ⟨Adj.⟩ **1** *nach Wein (schmeckend);* eine ~e Creme; die Creme schmeckt w. **2** ⟨vom Wein⟩ *ausgeprägt im Geschmack;* ~er Riesling
Wein|jahr ⟨n.1⟩ *Jahr hinsichtlich der Güte des Weins und des Ertrages an Wein;* gutes, schlechtes W.
Wein|lau|ne ⟨f., -, nur Sg.⟩ *fröhliche, vom Wein beschwingte Laune;* in W. sein
Wein|mo|nat ⟨m.1; alter Name für⟩ *Oktober*
Wein|re|be ⟨f.11⟩ → *Wein (1)*
wein|rot ⟨Adj., o.Steig.⟩ *tief dunkelrot (und etwas ins Violette spielend, wie Rotwein)*
Wein|säu|re ⟨f., -, nur Sg.⟩ *(u.a. in Weintrauben vorkommende) farblose Dicarbonsäure;* Syn. *Weinsteinsäure*
wein|se|lig ⟨Adj.⟩ *in Weinlaune, vom Wein beschwipst*
Wein|stein ⟨m., -(e)s, nur Sg.⟩ *saures Kaliumsalz der Weinsäure (das sich in Weinfässern abscheidet)*
Wein|stein|säu|re ⟨f., -, nur Sg.⟩ → *Weinsäure*
Wein|stock ⟨m.2⟩ → *Wein (1)*
Wein|trau|be ⟨f.11⟩ *Fruchtstand des Weines (1)*
Wein|zierl ⟨m.14; bayr.-österr.⟩ → *Winzer* [< mhd. *winzurl* „Winzer"]
wei|se ⟨Adj., -r, am -sten⟩ **1** *Weisheit, Lebensklugheit besitzend;* ein ~r Mensch; ein ~r Ausspruch [zu *wissen*]
...wei|se ⟨in Zus.⟩ **1** *in einer bestimmten Art,* z.B. *unverschämterweise, kistenweise* **2** *mit bestimmtem Umstand verbunden,* z.B. *zwangsweise*
Wei|se ⟨f.11⟩ **1** *Art, wie etwas begonnen oder durchgeführt wird;* auf diese W. so; das muß jeder auf seine W. machen; das kann man nicht in dieser W. regeln; der Verdacht ist in keiner W. gerechtfertigt; in gewisser W. hast du recht **2** *schlichte Melodie;* ländliche W.; eine W. spielen
Wei|sel ⟨m.5⟩ → *Bienenkönigin* [< mhd. *wisel* „Führer, Oberhaupt", urspr. wurde angenommen, es handle sich um ein männl. Tier]
wei|sen ⟨V.177, hat gewiesen⟩ **I** ⟨mit Akk.⟩ **1** *jmdm. (in eine Richtung) w. jmdm. zeigen, wohin er gehen, fahren soll;* jmdn. nach Norden, Süden w.; man hat mich hierher gewiesen; jmdn. aus dem Haus w. *von jmdm. verlangen, daß er geht;* einen Schüler von der Schule w. *verlangen, daß ein Schüler die Schule für immer verläßt* **2** *etwas von sich w. erklären, daß einen etwas nicht betrifft, daß einem etwas fernliegt;* einen Verdacht, einen Vorwurf, einen Gedanken (weit) von sich w. **II** ⟨mit Dat. und Akk.⟩ **1** ⟨geh.⟩ *jmdm. etwas zeigen;* jmdm. den Weg w. **2** ⟨poet.⟩ *jmdn. etwas lehren;* jmdm. die Grundlagen eines Wissensgebietes, einer Kunst w. **III** ⟨o.Obj.⟩ *zeigen, deuten,* in eine Richtung w.; der Pfeil weist nach oben, rechts, links; die Kompaßnadel weist nach Norden; er wies (mit dem Finger, mit dem Stock) auf einen Namen, auf ein Schild; er wies mit dem Kopf, mit dem Daumen nach hinten
Wei|se(r) ⟨m., f.17 oder 18⟩ *jmd., der weise ist*
Weis|heit ⟨f.10⟩ **1** ⟨nur Sg.⟩ *auf Lebenserfahrung und Einsicht beruhende innere Reife, kluge Überlegenheit;* die W. des Alters; er hat die W. nicht mit Löffeln gefressen ⟨ugs., scherzh.⟩ *er ist nicht sehr klug;* der W. letzter Schluß *die letzte, gültige Lösung;* mit seiner W. am Ende sein *nicht mehr weiterwissen* **2** *kluger Rat, kluger Spruch;* verschone mich mit deinen ~en!
Weis|heits|zahn ⟨m.2⟩ *(erst nach der Pubertät) am weitesten hinten im Gebiß wachsender Backenzahn* [angebl. wächst ein solcher Zahn erst, wenn man „weise" geworden ist]
weis|lich ⟨Adv.; veraltend⟩ *klugerweise, wohlweislich;* ich habe es ihm w. verschwiegen
weis|ma|chen ⟨V.1, hat weisgemacht; mit Dat. und Akk.⟩ *jmdm. etwas w. jmdm. etwas sagen, einreden (was nicht wahr ist, was nicht zutrifft);* er wollte mir w., daß ...; er hat mir weisgemacht, daß ...; das kannst du mir nicht w.; er will mir das nichts w.
weiß ⟨Adj.⟩ **1** *(nahezu) sämtliche Lichtstrahlen reflektierend, sehr hell;* Weiße Ameisen *Termiten;* ~e Bohne *Saubohne;* ~e Blutkörperchen *Leukozyten;* ~e Fahne; ~e Haare; das Weiße Haus *Regierungsgebäude der USA in Washington;* Weißes Meer *Bucht der Barentsee;* ein ~er Rabe ⟨übertr.⟩ *eine Ausnahmeerscheinung;* die ~e Rasse; Weiße Rose *Name einer Widerstandsgruppe im Nationalsozialismus;* Weißer Sonntag *Sonntag nach Ostern;* sich w. kleiden; etwas schwarz auf w. besitzen *etwas schriftlich besitzen;* er wurde w. wie die Wand *er wurde sehr blaß* **2** *sehr hell;* ~er Wein **3** ⟨Wirtsch.⟩ *keinen Markennamen besitzend;* ~e Ware
Weiß ⟨n., nur Sg.⟩ *weiße Farbe;* die Braut trug W., ging in W.
weis|sa|gen ⟨V.1, hat geweissagt; o.Obj. oder mit Akk.; im Volksglauben⟩ *künftige Ereignisse mitteilen;* Syn. *wahrsagen;* aus der Hand, aus dem Vogelflug w.; er hat geweissagt, daß ...
Weis|sa|gung ⟨f.10⟩ **1** ⟨nur Sg.⟩ *das Weissagen;* W. aus dem Vogelflug **2** *das, was geweissagt wird;* an jmds. W. glauben; seine W. hat sich (nicht) erfüllt
weiß|bär|tig ⟨Adj., o.Steig.⟩ *einen weißen Bart tragend*
Weiß|bier ⟨n.1⟩ *obergäriges, helles Bier aus Weizenmalz;* Syn. ⟨bes. berlin.⟩ *Weiße,* ⟨bes. im Westen Bayerns⟩ *Weizenbier*
Weiß|bin|der ⟨m.5⟩ *jmd., der berufsmäßig kleine Holzfässer o.ä. herstellt*
Weiß|blech ⟨n.1⟩ *verzinntes Stahlblech*
weiß|blond ⟨Adj., o.Steig.⟩ *hellblond, mit fast weißen Haaren*
Weiß|blu|ten ⟨n.; nur in der Wendung⟩ bis zum W. *bis zur letzten Kraft, völlig*
Weiß|blü|tig|keit ⟨f., -, -; †⟩ *Leukämie*
Weiß|brot ⟨n.1⟩ *helles Brot aus Weizenmehl*
Weiß|buch ⟨n.4; in der BRD⟩ *amtliche Veröffentlichung in der Außenpolitik mit weißem Umschlag;* vgl. *Farbbuch*
Weiß|bu|che ⟨f.11⟩ → *Hainbuche* [nach dem hellen („weißen") Holz]
Weiß|dorn ⟨m.1⟩ *(als Strauch oder kleiner Baum wachsendes) Rosengewächs mit weißen bis rosafarben Blüten*
Wei|ße ⟨f.11; nur Sg.⟩ **1** *das Weißsein;* W. der Haut **2** ⟨bes. berlin.⟩ → *Weißbier;* W. mit Schuß *Weißbier mit etwas Himbeersaft*
wei|ßeln ⟨V.1, hat geweißelt; mit Akk.⟩ ⟨oberdt., schweiz.⟩ → *weißen*
wei|ßen ⟨V.1, hat geweißt; mit Akk.⟩ *weiß tünchen;* auch: ⟨oberdt., schweiz.⟩ *weißeln;* ein Haus, ein Zimmer w.
Wei|ße(r) ⟨m., f.17 oder 18⟩ *Person mit heller Hautfarbe,* Europide(r)
Weiß|fäu|le ⟨f., -, nur Sg.⟩ *durch Pilze verursachte Fäule (an Bäumen, Weinbeeren)*
Weiß|fisch ⟨m.1⟩ *(geringwertiger) kleiner Karpfenfisch von silberweißer Farbe (z. B. Aitel, Elritze)*
Weiß|fluß ⟨m., -s|ses, nur Sg.⟩ → *Leukorrhö*
weiß|gelb ⟨Adj., o.Steig.⟩ *hellgelb, fast weiß*
Weiß|ger|ber ⟨m.5; früher⟩ *jmd., der berufsmäßig mit Kochsalz und Alaun gerbt, Weißleder herstellt*
weiß|glü|hen ⟨V.1, hat weißgeglüht; mit Akk.; fast nur im Infinitiv und Part. Perf.⟩ *etwas w. so stark erhitzen, daß es weiß leuchtet;* Metall w.; jmdn. bis zum Weißglühen bringen ⟨ugs., scherzh.⟩ *jmdn. sehr wütend machen*
Weiß|glut ⟨f., -, nur Sg.⟩ **1** *ab etwa 1200 °C auftretende weiße Farbe eines glühenden Stoffes* **2** ⟨übertr.⟩ *höchster Zorn;* jmdn. zur W. bringen, treiben
Weiß|gold ⟨n., -(e)s, nur Sg.⟩ **1** *Legierung aus Gold und Palladium* **2** *Legierung, die rund 75% Gold und neben Kupfer und Zink vor allem Nickel enthält*
weiß|grau ⟨Adj., o.Steig.⟩ *hellgrau, fast weiß*
weiß|haa|rig ⟨Adj., o.Steig.⟩ *mit weißem Haar, weißes Haar habend*
Weiß|herbst ⟨m.1⟩ → *Rosé*
Weiß|kä|se ⟨m.5; landsch.⟩ → *Quark*
Weiß|klee ⟨m., -s, nur Sg.⟩ *(häufig angebauter) weiß blühender Klee*
Weiß|kohl ⟨m., -(e)s, nur Sg.; bes. norddt.⟩,
Weiß|kraut ⟨n., -(e)s, nur Sg.; bes. oberdt.⟩ *Abart des Kohls mit hellgrün-weißen Blättern;* Syn. ⟨westdt.⟩ *Kappes*
weiß|lich ⟨Adj.⟩ *nahezu weiß*
Weiß|ling ⟨m.1⟩ *(oft weiß gefärbter) Tagfalter* (Kohl~, Senf~)
Weiß|ma|cher ⟨m.5⟩ *chemischer Stoff, der die ultraviolette Strahlung der Sonne in sichtbares blaues Licht umwandelt (so daß Wäsche, die meist einen gelblichen Ton hat, optisch aufgehellt, „weißer" erscheint, wenn sie mit diesem Stoff behandelt wird)*
Weiß|me|tall ⟨n.1⟩ *Lagerwerkstoff auf der Basis von Zinn-Antimon-Blei-Legierungen*
Weiß|nä|he|rin ⟨f.10⟩ *Frau, die berufsmäßig Bett- und Tischwäsche, auch Oberhemden und Blusen näht und ausbessert*
Weiß|pfen|nig ⟨m.1; 14.–19. Jh.⟩ *in West- und Südwestdeutschland gebräuchliche Münze, sechs bis zehn Pfennig;* Syn. *Albus*
Weiß|rus|se ⟨m.11⟩ *Einwohner Weißrußlands;* Syn. *Belorusse*

weiß|rus|sisch ⟨Adj., o.Steig.⟩ *Weißrußland betreffend, zu ihm gehörig, aus ihm stammend;* ~e *Sprache eine ostslawische Sprache*

Weiß|stein ⟨m.1⟩ → *Granulit* [nach dem Mineralogen Christian Samuel *Weiß*]

Weiß|sticke|rei ⟨-k|k-; f.10⟩ *Stickerei in weißer Wäsche, weißen Blusen (z.B. Lochstickerei)*

Weiß|tan|ne ⟨f.11⟩ → *Tanne*

Weiß|wal ⟨m.1⟩ → *Beluga*

Weiß|wa|re ⟨f.11⟩ **1** *gebleichtes, nicht gefärbtes oder bedrucktes Gewebe (aus Leinen, Halbleinen oder Baumwolle)* **2** *daraus hergestelltes Produkt*

weiß|wa|schen ⟨V.174, hat weißgewaschen; mit Akk.⟩ *jmdn. oder sich w. einen Verdacht von jmdm. oder sich abwälzen*

Weiß|wein ⟨m.1⟩ *aus hellen Trauben hergestellter Wein (von durchscheinend gelblicher bis grünlicher Farbe)*

Weiß|wurst ⟨f.2⟩ *(in München hergestellte) weiße Brühwurst aus Kalbfleisch, Hirn, Kräutern u.a.*

Weis|tum ⟨n.4⟩ **1** ⟨MA⟩ *Auskunft über rechtliche Fragen, die von rechtskundigen Männern erteilt wurde* **2** *Sammlung von Vorträgen der Gemeindeältesten oder Schöffen über Rechtsfragen* [zu *weise*]

Wei|sung ⟨f.10⟩ *Anweisung, Gebot, Befehl; eine W. erteilen; nach W. handeln*

wei|sungs|ge|bun|den ⟨Adj., o.Steig.⟩ *durch eine Weisung gebunden, sich an eine Weisung halten müssend*

wei|sungs|ge|mäß ⟨Adj., o.Steig.⟩ *entsprechend einer Weisung*

weit I ⟨Adj., -er, am -esten⟩ **1** *räumlich ausgedehnt, viel Platz lassend;* eine ~e *Öffnung; die Tür w. aufmachen* **2** *sich über ein weites (1) Gebiet erstreckend;* ein ~er *Blick; die* ~e *Welt; das Weite suchen* ⟨übertr.⟩ *sich schnell entfernen, ausreißen;* w. *und breit in der ganzen Umgebung,* ~e *Kreise der Bevölkerung* ⟨ugs.⟩ *große Teile der Bevölkerung* **3** *sich über eine große Entfernung erstreckend, über eine große Entfernung hinweg;* eine ~e *Reise;* ein ~er *Weg; bis dorthin ist es noch w.; er ist w. gereist; von* ~em *aus großer Entfernung, in großer Entfernung; ich habe ihn nur von* ~em *gesehen; das geht zu w.* ⟨übertr.⟩ *das geht über das schickliche, erträgliche Maß hinaus; er ist w. entfernt, zu glauben, daß ...; ich glaube es ganz und gar nicht* **4** *nicht eng anliegend, groß; die Hose ist zu w.;* ein ~er *Rock* **5** *mehrere Möglichkeiten zulassend;* eine ~e *Auslegung des Gesetzes; im* ~eren *Sinne* ⟨Abk.: i.w.S.⟩ *nicht ganz wörtlich* **6** *zeitlich stark entfernt; das liegt schon w. zurück; alles Gute für die* ~e *Zukunft; bis dahin ist es noch w.* **7** *ein bestimmtes Stadium einer Entwicklung, einer Handlung erreicht habend; wie w. bist du?; er ist w. genug mit seinem Roman* **II** ⟨Adv.⟩ *um vieles, um ein beträchtliches Maß; das ist w. schöner; das bleibt w. hinter der Erwartung zurück; bei* ~em *um vieles, mit Abstand*

weit|ab ⟨Adv.⟩ *weit entfernt; der Hof liegt w. von jeder Zivilisation; von* ~ *vom Schuß wohnen* ⟨ugs.⟩ *weit entfernt, abgelegen wohnen*

weit|aus ⟨Adv.⟩ *mit großem Abstand, bei weitem, viel (mehr); w. besser, schlechter*

Weit|blick ⟨m., -(e)s, nur Sg.⟩ *Fähigkeit, zukünftige Entwicklungen vorherzusehen und zu berechnen;* Syn. *Weitsicht; politischen W. haben*

weit|blickend ⟨-k|k-; Adj.; weiter blickend; am weitesten blickend; weitestblickend, ugs. -er, -en, -sten⟩ *Weitblick besitzend;* Syn. *weitschauend*

Wei|te ⟨f.11⟩ **1** *das Weitsein, große räumliche Ausdehnung;* die W. *der Landschaft, des Meeres* **2** *erreichte Strecke;* ein *Wurf, Sprung von großer W.; beim Wurf, Sprung eine beachtliche W. erzielen* **3** *weiter Zuschnitt (eines Kleidungsstücks); ein Rock mit bequemer* W. **4** *Durchmesser, Ausdehnung;* die W. *der Öffnung, des Rohres*

wei|ten ⟨V.2, hat geweitet⟩ **I** ⟨mit Akk.⟩ *weiter machen; Handschuhe, Schuhe w.* **II** ⟨refl.⟩ *sich w.* **1** *weiter werden; die Schuhe w. sich beim Tragen noch; ihr Herz weitete sich vor Glück* ⟨übertr.⟩ **2** *an Umfang gewinnen; sein geistiger Horizont hat sich durch seine Reisen geweitet*

wei|ter I ⟨Adj.⟩ **1** *zusätzlich dazukommend; sich* ~e *Arbeit aufhalsen; nach* ~en *drei Tagen; jedes* ~e *Wort ist überflüssig* **2** *künftig, darauf folgend; die* ~e *Entwicklung; der* ~e *Verlauf ist bekannt* **3** ⟨in bestimmten Fügungen⟩ *bis auf* ~es *vorerst, zunächst, bis etwas anderes bestimmt wird; ohne* ~es *ohne Umstände, ohne Schwierigkeiten; er ging ohne* ~es *mit; das ist ohne* ~es *möglich; des* ~en *außerdem; des* ~en *möchte ich bemerken, daß ...* ⟨Adv.⟩ **1** *fort, weiterhin; und so w.* ⟨Abk.: usw.⟩ *anstelle von folgenden Aufzählungen* und ähnliches, und noch alles mögliche *von* nun an, dann; *sich w. nicht darum kümmern* **3** *außerdem; was sagte er w.?; w. nichts?; w. weiß ich nichts; das ist w. nichts, wichtig, nicht w. schlimm*

wei|ter... ⟨in Zus. mit Verben⟩ **1** *weiterhin tun, mit der im Verb genannten Tätigkeit fortfahren, die genannte Tätigkeit fortführen; z.B. weiterarbeiten, sich weiterbilden, weiterentwickeln, weiterfliegen, weiterreden, weiterreisen, weitersprechen* **2** *überall, anderen, z.B. weitererzählen, weitersagen*

wei|ter|den|ken ⟨V.22, hat weitergedacht; o.Obj.⟩ **1** *das Denken nicht unterbrechen, es fortführen* **2** *einen Gedanken mit (allen) seinen Konsequenzen denken; bei einer solch gewichtigen Entscheidung muß man vorher w.*

wei|ter|ge|ben ⟨V.45, hat weitergegeben; mit Akk.⟩ **1** *dem nächsten in der Reihe geben; die Wandermeisterliste w.; ein Buch, ein Foto w.* **2** *weitersagen, anderen mitteilen; eine Meldung w.; bitte geben Sie diese Äußerung nicht weiter*

wei|ter|ge|hen ⟨V.47, ist weitergegangen; o.Obj.⟩ **1** *sich gehend weiterbewegen, seinen Weg fortsetzen, nicht stehenbleiben; geh w.!; ich werde meine Beschwerde w. lassen* ⟨übertr.⟩ *ich werde mich an höherer Stelle nochmals beschweren; jmdn. am Weitergehen hindern* **2** *sich fortsetzen, weiter verlaufen; der Weg geht hier weiter (nicht dort); es geht nicht weiter hier hör der Weg auf; es geht nicht weiter* die Sache, der Ablauf, der Verlauf stockt; *die Geschichte geht noch weiter; so kann es nicht w. so darf sich die Sache nicht fortsetzen, so kann die Sache nicht fortgesetzt werden, die Sache muß geändert werden*

wei|ter|hin ⟨Adv.⟩ Syn. ⟨österr.⟩ *weiters* **1** *auch jetzt noch; er läßt w. nicht mit sich reden* **2** *künftig; ich wünsche Ihnen w. alles Gute* **3** *außerdem; w. wäre ich Ihnen noch dieses zeigen; w. ist zu sagen, daß ...*

wei|ter|kom|men ⟨V.71, ist weitergekommen; o.Obj.⟩ **1** *vorankommen, vorwärtskommen; mit einer Arbeit w. in der Schule, im Beruf w.* **2** *Erfolg haben; sind Sie mit Ihren Bemühungen weitergekommen?* **3** ⟨ugs.⟩ *weitergehen, weggehen, sich entfernen; wir müssen machen, daß wir w.; mach, schau, daß du weiterkommst!* ⟨unfreundliche Aufforderung⟩ *verschwinde, geh endlich!*

wei|ter|kön|nen ⟨V.72, hat weitergekonnt; o.Obj.⟩ *sich weiter fortbewegen können, eine Tätigkeit fortsetzen können; sie sind im Schnee steckengeblieben und können nicht weiter; ich habe kein Material mehr und kann deshalb nicht weiter*

wei|ters ⟨Adv.; österr.⟩ → *weiterhin*

Wei|te|rung ⟨f.10⟩ *unangenehme Folge; sollten sich irgendwelche* ~en *ergeben*

wei|ter|ver|kau|fen ⟨V.1, hat weiterverkauft; mit Akk.⟩ *etwas w. etwas Gekauftes wieder verkaufen*

wei|ter|ver|mie|ten ⟨V.2, hat weitervermietet; mit Akk.⟩ *etwas w. etwas, das man gemietet hat, vermieten*

wei|ter|wol|len ⟨V.185, hat weitergewollt; o.Obj.; ugs.⟩ *weitergehen, -fahren wollen; komm, wir wollen weiter!; wir wollen heute noch weiter*

wei|test|ge|hend ⟨Adj., Superlativ von⟩ → *weitgehend*

weit|ge|hend ⟨Adj., weitergehend, weitestgehend, ugs. auch -er, am -sten⟩ *umfangreich;* jmdm. ~e *Freiheit lassen;* ~e *Untersuchungen; ich bin weitestgehend Ihrer Meinung*

weit|ge|reist ⟨Adj., o.Steig.; nur als Attr.⟩ *weit in der Welt herumgekommen;* ein ~er *Mann;* ⟨aber⟩ *er ist in seinem Leben weit gereist*

weit|her ⟨Adv.⟩ *aus großer Entfernung;* Syn. *fernher; von w. kommen*

weit|her|ge|holt ⟨Adj., o.Steig.; übertr.⟩ *wenig überzeugend, wenig einleuchtend; eine* ~e *Erklärung*

weit|her|zig ⟨Adj.⟩ *großzügig, freigebig*

weit|hin ⟨Adv.⟩ **1** *über eine große Entfernung;* Syn. *fernhin; ein w. sichtbares Haus; w. zu hören* **2** *in großem Umfang; das ist w. durch Eigenleistung entstanden*

weit|läu|fig ⟨Adj.⟩ **1** *weit ausgedehnt;* ein ~es *Gebäude* **2** *weit entfernt;* ~e *Verwandte* **3** *sehr, zu ausführlich;* eine ~e *Erzählung*

Weit|läu|fig|keit ⟨f., -, nur Sg.⟩

weit|rei|chend ⟨Adj. weiter reichend, weitesten reichend, weitstreichend, ugs. -er, am -sten⟩ **1** *sich auf eine große Entfernung erstreckend, auswirkend;* ein ~es *Gewehr* **2** *sich auf einen großen Bereich erstreckend;* ~e *Vollmachten*

weit|schau|end ⟨Adj.⟩ → *weitblickend*

weit|schwei|fig ⟨Adj.⟩ *übertrieben ausführlich, umständlich; w. erzählen* **Weit|schweifig|keit** ⟨f., -, nur Sg.⟩

Weit|sicht ⟨f., -, nur Sg.⟩ → *Weitblick*

weit|sich|tig ⟨Adj.⟩ *an Weitsichtigkeit leidend;* Syn. *fernsichtig,* (†) *übersichtig*

Weit|sich|tig|keit ⟨f.⟩ *durch Berechnungsfehler des Auges verursachtes, unscharfes Sehen beim Blick in die Nähe;* Syn. *Hypermetropie*

Weit|sprung ⟨m.2⟩ **1** ⟨nur Sg.⟩ *(wettkampfmäßig ausgeführtes) Springen nach Anlauf von einem 20 cm breiten Balken in eine Sandgrube* **2** *der Sprung selbst*

weit|tra|gend ⟨Adj., weiter tragend, am weitesten tragend, weitesttragend, ugs. -er, -sten⟩ **1** *mit großer Schubkraft ausgestattet;* eine ~e *Kanone* **2** *umfangreich, weitreichend;* ~e *Folgen*

Wei|tung ⟨f.10⟩ *das Weiten, das Sichweiten*

weit|ver|zweigt ⟨Adj., o.Steig.; nur als Attr.⟩ *mit vielen Ästen und Zweigen; ein Baum mit einer* ~en *Krone;* eine ~e *Familie;* ⟨aber⟩ *die Familie ist weit verzweigt*

Weit|win|kel|ob|jek|tiv ⟨n.1⟩ *Objektiv mit geringer Brennweite, das fotografische Aufnahmen mit besonders großem Raumwinkel ermöglicht*

Wei|zen ⟨m.7⟩ **1** *langhalmiges Getreide mit schlanker Ähre und kurzen Grannen (Hart~, Winter~); sein W. blüht* ⟨übertr., ugs.⟩ *seiner Sache, seinem Geschäft geht es gut* **2** *dessen Frucht*

Wei|zen|bier ⟨n.1; bayr.⟩ → *Weißbier*

welch(e, -r, -s) I ⟨Interrogativpron.⟩ *was für ein(e, -r, -s); welche Farbe gefällt dir am besser?; welcher Wagen ist der schnellere?; welches von beiden möchtest du haben?; welchen,* ⟨oder⟩ *welches Tieres Spur ist das?;* ⟨auch in Ausrufen⟩ *welch ein Wunder!; welch ein Glück!; welches Wunder!; welches Glück!* **II** ⟨unbestimmtes Pron.⟩ *einiges, einige, eine unbestimmte Menge; ich habe*

welcherart

kein Geld bei mir, hast du welches?; hier gibt es Rehe, ich habe welche gesehen **III** ⟨Relativpron.⟩ *der, die, das Kind, welches …*

wel|cher|art ⟨Adv.⟩, **wel|cher|ge|stalt** ⟨Adv.; Amtsspr.⟩ *wie beschaffen, was für; w. Vorlieben hat er?*

wel|cher|lei ⟨Adj., o.Steig.; o.Dekl.; nur als Attr.⟩ *welche Art von, was auch immer für; w. Ausreden er auch hat*

welk ⟨Adj., -er, am -(e)sten⟩ *nicht mehr frisch, schlaff, faltig;* ~*e Blumen, Blätter;* ~*e Haut; die Blumen werden schon w.* [< mhd. *welc, welch* ,,weich, welk"]

wel|ken ⟨V.1, ist gewelkt⟩; o.Obj.⟩ *welk werden; diese Blumen w. rasch; ihre Haut welkt schon*

Welk|heit ⟨f., -, nur Sg.⟩ *das Welksein*

Well|blech ⟨n.1⟩ *verzinktes, wellig geformtes Eisenblech*

Wel|le ⟨f.11⟩ **1** *sich auf und ab bewegender, sich emporwölbender und wieder sinkender Teil der Wasseroberfläche (Meeres*~*); der See schlägt* ~*n; das Ereignis hat* ~*n geschlagen* ⟨übertr.⟩ *hat Aufsehen erregt* **2** ⟨Phys.⟩ *von einem Erregungszentrum in bestimmte Richtungen sich ausbreitende Änderung einer Größe (Schall*~*, Wasser*~*); elektromagnetische W.* **3** *in der Art einer Welle (1) geformter Gegenstand (Haar*~*); (sich)* ~*n legen lassen; natürliche, künstliche* ~*n (im Haar)* **4** *flache Erhebung im Gelände (Boden*~*)* **5** *Bewegung, Erscheinung, die zunimmt und wieder abnimmt (Protest*~*, Angriffs*~*, Kälte*~*, Hitze*~*); die* ~*n des Beifalls, Protestes gingen, schlugen hoch* **6** *zylinderförmige, drehbar gelagerte Stange, die Drehkräfte überträgt (Kurbel*~*)* **7** ⟨Turnen⟩ *Umschwung des Körpers um die Querachse (Riesen*~*, Knie*~*)*

wel|len ⟨V.1, hat gewellt⟩ **I** ⟨mit Akk.⟩ **1** *wellenartig formen; Blech w.; eine gewellte Oberfläche* **2** *in Wellen legen; Haar (künstlich) w.* **II** ⟨refl.⟩ *sich w.* **1** *Wellen bilden; ihr Haar wellt sich im Nacken; gewelltes Haar haben; gewelltes Haar* **2** *wellig werden; feuchtes Papier wellt sich*

Wel|len|be|reich ⟨m.1⟩ *durch die niedrigste und die höchste Wellenlänge abgegrenzter Bereich; W. eines Spektrums; W. in der Rundfunktechnik*

Wel|len|berg ⟨m.1⟩ *oberer Teil einer Welle; Ggs. Wellental*

Wel|len|bre|cher ⟨m.5⟩ **1** *Damm im freien Wasser, der Hafenbecken und Ufer vor dem Anprall der Wellen schützen soll* **2** ⟨bei Schiffen⟩ *über die Back laufende, leicht nach vorn geneigte, niedrige Wand (zum Ableiten des über das Deck schwappenden Wassers)*

Wel|len|gang ⟨m.2⟩ *Bewegung der Wellen (1); starker W.*

Wel|len|kamm ⟨m.2⟩ *höchster Teil des Wellenberges*

Wel|len|län|ge ⟨f.11; Phys.⟩ *Entfernung zweier benachbarter Wellenberge oder -täler; wir haben die gleiche W.* ⟨übertr., ugs.⟩ *wir denken, fühlen gleich, ähnlich*

Wel|len|plan ⟨m.2⟩ *internationales Abkommen, durch das den (Rund-)Funksendern Frequenzbereiche (Wellenbereiche) zugeteilt sind*

Wel|len|rei|ten ⟨n., -s, nur Sg.⟩ *sportliche Übung, bei der man sich in hoher Brandung auf einem Brett balancierend von den Wellen fortbewegen läßt*

Wel|len|sit|tich ⟨m.1⟩ *kleiner australischer Papagei mit feiner, schwarzer Wellenzeichnung im Kopf- und Rückengefieder*

Wel|len|tal ⟨n.4⟩ *unterer Teil einer Welle; Ggs. Wellenberg*

Wel|len|tun|nel ⟨m.5⟩ *auf Dampf- und Motorschiffen begehbarer, langer Raum zwischen Maschinenraum und Heck, durch den die Schiffsschraubenwelle geführt wird*

Wel|ler ⟨m.5⟩ *Mischung aus Lehm oder Ton und Stroh zum Ausfüllen von Fachwerk*

wel|lern ⟨V.1, hat gewellert⟩ **I** ⟨mit Akk.⟩ *mit Wellern ausfüllen* **II** ⟨o.Obj.⟩ *Weller herstellen*

Well|fleisch ⟨n., -(e)s, nur Sg.⟩ *gekochtes Fleisch vom frischgeschlachteten Schwein*

wel|lig ⟨Adj.⟩ *mit Wellen versehen;* ~*es Papier;* ~*es Haar;* ~*es Gelände*

Welp ⟨m.10⟩, **Wel|pe** ⟨m.11⟩ *bei Hunden und hundeartigen Raubtieren Jungtier, das noch gesäugt wird (Dackel*~*, Fuchs*~*)* [< nddt., zu ahd. *welpf, welph*, ,,junger Hund", zu germ. *hwelpa* ,,das Heulende, Winselnde"]

Wels ⟨m.1⟩ **1** ⟨i.e.S.⟩ *sehr großer, schuppenloser Raubfisch, dessen Maul von Barteln umstellt ist* (bayr.-österr.) *Waller* **2** ⟨i.w.S.⟩ *(in zahlreichen Arten vorkommender) ähnlicher und verwandter Fisch (Panzer*~*, Zitter*~*)* [→ *Waller*]

welsch ⟨Adj., o.Steig.⟩ **1** *aus Welschland stammend* **2** ⟨schweiz.⟩ *französisch-schweizerisch; die* ~*e Schweiz* **3** ⟨†⟩ *fremdländisch, romanisch* [< ahd. *walh* ,,romanisch", urspr. ,,keltisch"]

Welsch|kohl ⟨m., -(e)s, nur Sg.; landsch.⟩ → *Wirsing*

Welsch|schwei|zer ⟨m.5⟩ *Schweizer mit Französisch als Muttersprache; vgl. Deutschschweizer*

Welt ⟨f.10⟩ **1** ⟨nur Sg.⟩ *Gesamtheit aller Länder und Meere, die Erde als Lebensraum; die weite W.; die W. erobern, beherrschen wollen; die W. verändern wollen; die W. von morgen; das Licht der W. erblicken* ⟨geh.⟩ *geboren werden; viel in der W. herumkommen viel reisen; das kostet die W.* ⟨übertr.⟩ *das ist nicht sehr teuer; die Alte W. Europa; die Neue W. Amerika; die dritte W. die Entwicklungsländer; die vierte W. die sehr armen Entwicklungsländer; auf der W. sein leben; damals warst du noch nicht auf der W.; ein Kind in die W. bringen ein Kind gebären; Kinder in die W. setzen* ⟨ugs.⟩ *ohne Verantwortung, bedenkenlos Kinder zeugen und gebären; Menschen aus aller W. Menschen aus den verschiedensten Ländern; aus der W. scheiden* ⟨geh.⟩ *sterben; etwas aus der W. schaffen etwas beseitigen, etwas klären und nicht mehr davon sprechen; das ist nicht aus der W.* ⟨übertr.⟩ *das ist nicht sehr weit entfernt; in aller W. überall hin; um nichts in der W. auf gar keinen Fall; ein Mann von W. ein Mann mit guten, gewandten Umgangsformen* ⟨nur Sg.⟩ *Leben (auf der Erde), Ablauf des Geschehens (auf der Erde); er versteht die W. nicht mehr; das ist der Lauf der W. das ist nun einmal so, das kann man nicht ändern* **3** ⟨nur Sg.⟩ *Gesamtheit aller Menschen; die W. atmete auf; alle W.* ⟨übertr.⟩ *jedermann; die halbe W.* ⟨übertr., ugs.⟩ *sehr viele Menschen; vor den Augen der W. vor der Öffentlichkeit; die W. ist schlecht* ⟨ugs.⟩*; das hat die W. noch nicht gesehen!* **4** *Lebensbereich; die W. der Pflanzen, der Tiere; die W. der Politik, der Wissenschaft; eine neue W. kennenlernen; seine geistige W.; die W. seiner Phantasie; er lebt in einer eigenen W.* **5** *Gruppe von Menschen; die arbeitende W.; die vornehme, adlige W.* **6** *Weltall, Gesamtheit des Himmelskörper; ferne* ~*en die beste aller* ~*en; uns trennen* ~*en* ⟨übertr.⟩ *wir haben nichts Gemeinsames* [< ahd. *werlt, weralt* ,,Welt, Erde (als Lebensraum); Menschenzeit"; < *wer* ,,Mann" und *alt* ,,alt"]

Welt|all ⟨n., -s, nur Sg.⟩ *die Gesamtheit der Sternsysteme enthaltender Raum; Syn. Kosmos, Universum*

Welt|al|ter ⟨n.5⟩ *Abschnitt der Weltgeschichte*

welt|an|schau|lich ⟨Adj., o.Steig.⟩ *auf einer Weltanschauung beruhend, die Weltanschauung betreffend;* ~*e Probleme*

Welt|an|schau|ung ⟨f.10⟩ *Art und Weise, wie jmd. die Welt und die Stellung des Menschen in ihr beurteilt*

Welt|aus|stel|lung ⟨f.10⟩ *Ausstellung, an der sich sehr viele Länder der Welt beteiligen und auf der sie ihre Erzeugnisse vorstellen*

Welt|bank ⟨f., -, nur Sg.⟩ *Internationale Bank für Wiederaufbau und Entwicklung, Sonderorganisation der UNO*

welt|be|kannt ⟨Adj., o.Steig.⟩ *überall bekannt; ein* ~*er Künstler*

welt|be|rühmt ⟨Adj., o.Steig.⟩ *überall berühmt; ein* ~*er Maler*

welt|be|ste(r) ⟨Adj., o.Steig.; nur als Attr.; Sport⟩ *der, die, das beste der Welt; weltbester Speerwerfer; die weltbeste Leistung*

welt|be|we|gend ⟨Adj.⟩ *für die ganze Welt bedeutend; die Sache ist w. nicht von großer Bedeutung*

Welt|bild ⟨n.3⟩ *Vorstellung von der Welt, die jmd. hat; das W. der Renaissance*

Welt|bür|ger ⟨m.5⟩ *Mensch als (gleichwertiger) Teil der gesamten Menschheit, nicht als Angehöriger eines Volkes oder Staates gesehen, Kosmopolit*

Wel|ten|bumm|ler ⟨m.5⟩ *jmd., der viel in der Welt umherreist*

Wel|ten|raum ⟨m., -(e)s, nur Sg.; poet.⟩ *Weltraum*

Wel|ter|ge|wicht ⟨n.1; Boxen, Judo und Ringen⟩ **1** ⟨nur Sg.⟩ *eine Gewichtsklasse* **2** ⟨kurz für⟩ → *Weltergewichtler* [< engl. *welterweight* in ders. Bed., eigtl. ,,Gewicht von 28 Pfund als Handikap für ein Pferd beim Rennen", übertr. ,,schweres Gewicht, schwerer Reiter, Schwergewichtler", wahrscheinlich zu *welter* ,,das Wogen des Meeres", zu *to welter* ,,rollen, wälzen"]

Wel|ter|ge|wicht|ler ⟨m.5⟩ *jmd., der in der Gewichtsklasse Weltergewicht kämpft; auch:* ⟨kurz⟩ *Weltergewicht*

welt|er|schüt|ternd ⟨Adj., o.Steig.⟩ *die Welt erschütternd;* ~*e Ereignisse; deine Leistung ist ja nicht gerade w.* ⟨ugs., iron.⟩

welt|fern ⟨Adj.⟩ *fern dem Getriebe der Welt, zurückgezogen (lebend); ein* ~*er Gelehrter*

Welt|flucht ⟨f., -, nur Sg.⟩ *Rückzug aus der Welt und ihrem Getriebe*

welt|fremd ⟨Adj., -er, am -esten⟩ *abgewandt von der Wirklichkeit, die Wirklichkeit, das Leben nicht kennend, lebensfern; er ist völlig w.*

Welt|frie|den ⟨m.7⟩ *Frieden auf der ganzen Welt*

Welt|geist|li|che(r) ⟨m.17 oder 18⟩ *Geistlicher, der nicht im Kloster lebt; Syn. Säkularkleriker, Weltpriester,* ⟨†⟩ *Leutpriester*

Welt|ge|richt ⟨n., -(e)s, nur Sg.⟩ *das Jüngste Gericht*

Welt|ge|richts|hof ⟨m., -(e)s, nur Sg.⟩ *internationaler Gerichtshof in Den Haag*

Welt|ge|schich|te ⟨f., -, nur Sg.⟩ **1** *Geschichte der gesamten Menschheit* **2** ⟨übertr., ugs.⟩ *Welt (1); in der ganzen W. umherreisen*

welt|ge|schicht|lich ⟨Adj., o.Steig.⟩ *zur Weltgeschichte (1) gehörig, sie betreffend*

welt|ge|wandt ⟨Adj., -er, am -esten⟩ *gewandt im Auftreten und Umgang mit Menschen*

Welt|ge|werk|schafts|bund ⟨m., -(e)s, nur Sg.⟩ *internationaler Dachverband aller Gewerkschaften*

Welt|han|del ⟨m., -s, nur Sg.⟩ *Handel zwischen den Ländern der Welt (1)*

Welt|herr|schaft ⟨f., -, nur Sg.⟩ *Herrschaft über die gesamte Welt (1); das Streben nach W.*

Welt|hilfs|spra|che ⟨f.11⟩ *künstlich geschaffene Sprache, die überall auf der Welt den Menschen als Verständigungsmittel dienen soll*

Welt|kind ⟨n.3; geh.⟩ *am Leben und an den Lebensgenüssen sich freuender Mensch*

Welt|klas|se ⟨f., -, nur Sg.⟩ *höchste, beste Klasse der Welt (1); ein Fußballer der W.*

welt|klug ⟨Adj., o.Steig.⟩ *die Welt (1,2) kennend, Lebenserfahrung besitzend*
Welt|krieg ⟨m.1⟩ *Krieg, an dem viele Länder beteiligt sind;* Erster, Zweiter W.
Welt|ku|gel ⟨f.11⟩ *Erdkugel, Globus*
Welt|lauf ⟨m., -(e)s, nur Sg.⟩ *Gesamtheit der Geschehnisse auf der Welt (1) und ihre Entwicklung*
welt|lich ⟨Adj., o.Steig.⟩ **1** *zur diesseitigen, irdischen Welt gehörig, irdisch;* ~e Freuden **2** *nicht der Kirche angehörig, säkular;* ~e Fürsten
Welt|li|te|ra|tur ⟨f., -, nur Sg.⟩ *Gesamtheit der Literatur aller Länder und Zeiten*
Welt|macht ⟨f.2⟩ *Großmacht mit weltweitem Einfluß*
Welt|mann ⟨m.4⟩ *weltgewandter Mensch*
welt|män|nisch ⟨Adj.⟩ *in der Art eines Weltmannes*
Welt|mar|ke ⟨f.11⟩ *auf der ganzen Welt (1) verbreitetes Markenfabrikat*
Welt|markt ⟨m., -(e)s, nur Sg.⟩ *(gedachte) Gesamtheit der Handelsbeziehungen im internationalen Maßstab;* die Konkurrenz auf dem W.
Welt|meer ⟨n.1⟩ →*Ozean*
Welt|mei|ster ⟨m.5⟩ *jmd., der in einem (sportlichen) Wettbewerb die weltbeste Leistung erbracht hat* (Box~, Schach~); W. in den Standardtänzen
Welt|mei|ster|schaft ⟨f.10⟩ **1** *Wettbewerb zur Ermittlung des Weltmeisters* **2** *weltbeste Leistung (in einer Sportart);* die W. im Speerwerfen erringen
welt|of|fen ⟨Adj.⟩ *aufgeschlossen für alles, interessiert an allem, was auf der Welt und im Leben geschieht*
Welt|ord|nung ⟨f., -, nur Sg.⟩ *Gesamtheit der Gesetze, die den Lauf der Welt bestimmen;* göttliche, sittliche W.
Welt|prie|ster ⟨m.5⟩ →*Weltgeistliche(r)*
Welt|raum ⟨m., -(e)s, nur Sg.⟩ *Raum außerhalb der Erdatmosphäre mit äußerst geringer Gasdichte;* in den W. vorstoßen
Welt|raum|fahrt ⟨f., -, nur Sg.⟩, **Welt|raum|flug** ⟨m.2⟩ *Flug gezielt in den Weltraum geschickter Körper;* auch: ⟨kurz⟩ *Raumflug*
Welt|reich ⟨n.1⟩ *Reich, das sich auf einen bedeutenden Teil der Welt (1) erstreckt;* das römische W.
Welt|rei|se ⟨f.11⟩ *Reise um die ganze Welt (1)*
Welt|re|kord ⟨m.1⟩ *weltbeste Leistung (in einem sportlichen Wettbewerb);* einen W. aufstellen
Welt|re|kord|ler ⟨m.5⟩ *jmd., der einen Weltrekord hält*
Welt|re|li|gi|on ⟨f.10⟩ *Religion, die sich auf einen bedeutenden Teil der Welt (1) erstreckt*
Welt|ruf ⟨m., -(e)s, nur Sg.⟩ *weltweites Ansehen;* eine Firma von W.
Welt|ruhm ⟨m., -(e)s, nur Sg.⟩ *weltweiter Ruhm*
Welt|schmerz ⟨m., -es, nur Sg.⟩ *Schmerz, Trauer über den Widerspruch zwischen dem eigenen Wollen und den Gegebenheiten der Welt*
Welt|see|le ⟨f., -, nur Sg.⟩ *in manchen Philosophien geistig-seelischer Urgrund der Welt*
Welt|si|cher|heits|rat ⟨m., -(e)s, nur Sg.⟩ *ständig tagender Ausschuß der UNO*
Welt|spra|che ⟨f.11⟩ *international verbreitete Sprache;* die W. Englisch
Welt|stadt ⟨f.2⟩ *bedeutende Stadt mit internationaler Atmosphäre*
welt|städ|tisch ⟨Adj.⟩ *charakteristisch für eine Weltstadt*
Welt|um|se|ge|lung, **Welt|um|seg|lung** ⟨f.10⟩ *Umrundung der ganzen Welt mit einem Segelboot*
Welt|un|ter|gang ⟨m., -(e)s, nur Sg.⟩ *Ende der Welt (1)*
Welt|ver|bes|se|rer ⟨m.5; abwertend⟩ *jmd., der glaubt, er könne die Welt verbessern*

Welt|weis|heit ⟨f., -, nur Sg.; †⟩ *Philosophie*
welt|weit ⟨Adj., o.Steig.⟩ **1** *die ganze Welt (1) betreffend;* ein Ereignis von ~er Bedeutung **2** *auf der ganzen Welt (1);* eine w. verbreitete Tierart; der Künstler ist w. bekannt
Welt|wirt|schaft ⟨f., -, nur Sg.⟩ *Gesamtheit der nationalen Wirtschaftssysteme und internationalen Wirtschaftsbeziehungen;* die Krise der W.
Welt|wun|der ⟨n.5⟩ **1** *(in der Fügung)* die Sieben W. ⟨im Altertum⟩ *sieben (nicht immer einheitlich angegebene) außergewöhnliche Bau- und Kunstwerke* **2** ⟨übertr.⟩ *etwas ganz Außergewöhnliches, Eigentümliches*
wem **1** ⟨Interrogativpron. oder Relativpron.; Dat. von⟩ *wer* **2** ⟨unbestimmtes Pron.⟩ *jemandem;* ich habe das Buch w. geliehen
Wem|fall ⟨m.2⟩ →*Dativ*
wen **1** ⟨Interrogativpron. oder Relativpron.; Akk. von⟩ *wer* **2** ⟨unbestimmtes Pron.⟩ *jemanden;* ich habe w. gefragt
Wen|de¹ ⟨m.11⟩ **1** ⟨i.w.S.⟩ *nach der Völkerwanderungszeit zwischen Ostsee und Adria eingewanderter Slawe* **2** ⟨i.e.S.⟩ →*Sorbe*
Wen|de² ⟨f.11⟩ **1** *Veränderung der Richtung, Einschlagen der entgegengesetzten Richtung;* klar zur W.! ⟨Segeln⟩ **2** →*Wendung (4)*
Wen|de|hals ⟨m.2⟩ *(an einen Sperlingsvogel erinnernder) kleiner, kurzschnäbliger Specht mit rindenfarbigem Gefieder [nach seinen Halsbewegungen bei Gefahr]*
Wen|de|kreis ⟨m.1⟩ **1** *(nördlicher oder südlicher) Breitenkreis der Erde, auf dem zur Zeit der Sonnenwende mittags gerade noch im Zenit steht;* W. des Krebses, W. des Steinbocks **2** ⟨Technik⟩ *von einem Kraftfahrzeug bei stärkstem Lenkradeinschlag beschriebener Kreis;* dieses Auto hat einen großen W.
Wen|del ⟨f.11⟩ *schrauben-, spiralenförmiges Gebilde* (Glüh~)
Wen|del|trep|pe ⟨f.11⟩ *spiralig verlaufende Treppe*, Syn. *Spindeltreppe*
Wen|de|mar|ke ⟨f.11; Sport, bes. Segeln⟩ *Markierung, Boje, an der gewendet werden muß*
wen|den ⟨V.2 oder 178, hat gewendet oder gewandt⟩ **I** ⟨mit Akk.⟩ **1** *etwas w.* ⟨hat gewendet⟩ **a** *auf die andere Seite drehen;* ein Schnitzel (in der Pfanne) w.; einen Rock w. *einen Rock so umarbeiten, daß die bisher innen getragene Seite außen liegt;* bitte w.! (erg.: das Blatt) ⟨Abk.: b.w.⟩ *bitte auch die Rückseite lesen!* **b** *um eine halbe Drehung drehen;* den Wagen w. **2** *etwas w.* ⟨hat gewendet oder gewandt⟩ *zur Seite, nach hinten drehen;* den Kopf w.; keinen Blick, kein Auge von etwas oder jmdm. w. *etwas oder jmdn. ununterbrochen ansehen;* er wandte keinen Blick von ihr; das Kind wandte kein Auge von den Vorgängen auf der Bühne **3** *etwas oder sich w.* ⟨hat gewendet oder gewandt⟩ *in eine Richtung drehen;* den Kopf, den Blick nach oben w.; sie wandte sich zum Fenster; er stand mit dem Rücken zur Tür gewandt **4** *etwas auf etwas, an etwas w.* ⟨hat gewendet oder gewandt⟩ *etwas für etwas verwenden, verbrauchen;* viel Zeit, Mühe auf eine Arbeit w. **II** ⟨o.Obj., hat gewendet⟩ *die entgegengesetzte Richtung einschlagen;* die Straße ist gesperrt, wir müssen w.; der Schwimmer wendete vorschriftsmäßig **III** ⟨refl., hat gewendet⟩ *sich w.* **1** *sich drehen;* das Blatt hat sich gewendet ⟨übertr.⟩ *es ist jetzt alles ganz anders, es ist nicht mehr so angenehm* so schön, so günstig; sein Schicksal hat sich zum Guten, zum Schlechten gewendet **2** *sich an jmdn. w.* **a** (um Rat, Auskunft, Hilfe) *bitten;* ich habe mich an den Verkehrsverein gewandt; an wen kann ich mich w., wenn ich erfahren will, ob ...? **b** *jmdn. ansprechen, als Publikum haben oder gewinnen wollen;* die Zeitschrift wendet sich vor allem an Jugendliche
Wen|de|punkt ⟨m.1⟩ **1** *Zeitpunkt, an dem sich eine Entwicklung wendet;* in W. seines Lebens, der Geschichte; an einen W. gelangen **2** ⟨Math., Astron.⟩ *Punkt, an dem eine Kurve oder ein Himmelskörper ihre/seine Richtung ändert*
wen|dig ⟨Adj.⟩ *flink, behende, beweglich;* ein ~es Boot; ein ~er Kerl ⟨übertr.⟩ *geistig beweglicher Mensch* **Wen|dig|keit** ⟨f., -, nur Sg.⟩
wen|disch ⟨Adj., o.Steig.⟩ *die Wenden¹ betreffend, zu ihnen gehörig, von ihnen stammend*
Wen|dung ⟨f.10⟩ **1** *das Wenden, Veränderung der Richtung;* eine scharfe, rasche W.; dem Gespräch eine andere W. geben *das Gesprächsthema wechseln* **2** *Drehung* (Kehrt~); eine W. seitwärts, nach hinten; eine W. des Kopfes **3** *Biegung, Kurve;* der Weg macht hier eine W. **4** *einschneidende Veränderung;* Syn. *Wende²;* es ist eine W. im Befinden des Kranken eingetreten; eine politische W.; eine W. zum Guten, zum Schlechten, zum Besseren, zum Schlechteren **5** ⟨kurz für⟩ *Redewendung;* eine mundartliche W.
Wen|fall ⟨m.2⟩ →*Akkusativ*
we|nig Ggs. *viel* **1** ⟨unbestimmtes Pron. und Num.⟩ **1** ⟨adjektivisch⟩ **a** *in geringer Anzahl, in geringer Menge;* es gibt nur ~e Dinge, die ...; er hat w. Geld; er hat w. Freunde; er hat ~e Freunde, die ihm auch einmal die Meinung sagen; es waren nur wenig(e) Leute da **b** *in geringem Maß, Ausmaß;* er hat w. Geduld; er verträgt nur w. Alkohol; ich habe nur w. Hoffnung, Zeit; das hat w. Zweck; das kann ich um so ~er behaupten, als ich gar nichts Genaueres darüber weiß **2** ⟨substantivisch⟩ **a** *eine geringe Anzahl, eine geringe Menge (von Dingen);* es gibt w., was er nicht kann; ich kann dir w. davon abgeben; ich kann dir nur wenig(es) darüber sagen; er kommt mit wenig(em) aus *er lebt bescheiden;* er ist mit wenig(em) zufrieden; für ~er kann ich es nicht machen *für eine geringere Bezahlung;* ein Weniger wäre mehr gewesen *ein geringerer Aufwand hätte die bessere Wirkung gehabt;* das ist das ~ste, was ich tun kann **b** *eine geringe Anzahl, eine geringe Menge (von Personen, von Lebewesen);* diese Sendung haben nur ~e gesehen, gehört; von diesen Tieren gibt es nur noch ~e; nur einige ~e stimmten so **II** ⟨Adv.⟩ **1** *nicht viel, in geringem Maß;* w. essen, trinken, er kümmert sich w. darum; ein w. *etwas, ein bißchen;* ein w. ausruhen; er wird immer ~er ⟨ugs.⟩ *er magert immer mehr ab;* sie ist ~ schön; er ist ~er dumm als faul; er ist nichts ~er als dumm *er ist ganz und gar nicht dumm* **2** *nicht sehr;* das Gespräch war w. erfreulich; er war nicht w. erstaunt, als ... *er war sehr erstaunt* **3** *nicht oft, selten;* wir sehen uns w.; ich komme w. hierher **4** ~er; ich kenne ihn w.
we|ni|ger I ⟨Adv., Komparativ von⟩ *wenig* **II** ⟨Konj.⟩ *minus;* fünf w. drei ist, macht zwei
We|nig|keit ⟨f., -, nur Sg.⟩ *kleine Menge, Kleinigkeit;* meine W. ⟨übertr., ugs.⟩ *ich*
we|nig|stens ⟨Adv.⟩ *zumindest, mindestens;* du hättest w. anrufen können; ich habe es w. dreimal versucht
wenn ⟨Konj.⟩ **1** *sobald, sooft;* sag Bescheid, w. du fertig bist; w. wir Erdbeeren einkochen; w. der Winter kommt **2** *für den Fall, daß ..., unter der Bedingung, daß ...;* w. es erfährt; w. ich dich erwische!; selbst w. es funktioniert; w. bessere Zeiten kommen; w. es sein muß **3** ⟨in Wunschsätzen⟩ w. es nur schon vorbei wäre!; w. ich nur den Namen wüßte! **4** ⟨in der Fügung⟩ ~ auch, *obwohl;* w. das Wiedersehen auch nur kurz war, so war es doch sehr schön **5** ⟨in den Fügungen⟩ als w., wie w. *als ob;* als w. er es gewußt hätte; es war, wie w. jemand riefe

Wenn

Wenn ⟨n., -s, -(s), ugs. n.9⟩ *Einschränkung, Bedingung;* ohne W. und Aber; er hat immer ein W. und Aber bereit, wenn man etwas von ihm will; ich kenne deine vielen Wenn(s) und Aber(s)

wenn|gleich ⟨Konj.⟩ *obwohl, obgleich*

wenn|schon ⟨Adv.; ugs.; in bestimmten Fügungen⟩ na w.! *das macht doch nichts!;* w., dennschon *wenn es schon getan werden soll, dann auch richtig*

Wen|zel ⟨m.5⟩ *Bube (2)* [nach dem Vornamen *Wenzel,* eingedeutscht < tschech. *Václav*]

wer I ⟨Interrogativpron.⟩ *welche Person?;* w. ist da?; w. kommt mit?; w. zahlt? II ⟨Relativpron.⟩ 1 *derjenige, der;* w. will, soll kommen 2 *welcher;* ich weiß nicht, w. mit ihm gesprochen hat III ⟨unbestimmtes Pron.; ugs.⟩ *jemand;* ist da w.?; in seinem Kreis, da ist er w. *da spielt er eine Rolle, da genießt er Ansehen*

Wer|be|ab|tei|lung ⟨f.10⟩ *Abteilung (einer Firma), die für die Werbung zuständig ist*

Wer|be|agen|tur ⟨f.10⟩, **Wer|be|bü|ro** ⟨n.9⟩ *Unternehmen, das für andere Firmen die Werbung entwirft*

Wer|be|chef ⟨[-ʃɛf] m.9⟩ *jmd., der eine Werbeabteilung leitet;* Syn. Werbeleiter

Wer|be|fern|se|hen ⟨n., -s, nur Sg.⟩ *Teil des Fernsehprogramms, in dem für etwas geworben wird*

Wer|be|film ⟨m.1⟩ *kurzer Film, in dem für etwas geworben wird*

Wer|be|funk ⟨m., -(e)s, nur Sg.⟩ *Teil des Rundfunkprogramms, in dem für etwas geworben wird*

Wer|be|ko|sten ⟨nur Pl.⟩ → *Werbungskosten (1)*

Wer|be|lei|ter ⟨m.5⟩ → *Werbechef*

wer|ben ⟨V.179, hat geworben⟩ I ⟨mit Akk.⟩ *zu gewinnen suchen;* Käufer, Mitglieder, Abonnenten w.; ⟨mit Präp.obj.⟩ 1 *für etwas w. Anhänger, Mitglieder, Käufer für etwas suchen;* für einen Verein, eine Partei w.; für eine Ware w. 2 *um etwas oder jmdn. w. etwas oder jmdn. zu gewinnen suchen;* um jmds. Gunst, Wohlwollen w.; um ein Mädchen w. *versuchen, ein Mädchen zur Frau zu gewinnen*

Wer|ber ⟨m.5⟩ 1 *jmd., der für etwas wirbt oder jmdn. anwirbt* (Kunden~, Söldner~) 2 ⟨früher⟩ *jmd., der um eine Frau wirbt* (Braut~)

wer|be|risch ⟨Adj., o.Steig.⟩ *auf Werbung beruhend, ihr dienend;* ~e Maßnahmen; w. tätig sein

Wer|be|schrift ⟨f.10⟩ *Schrift, in der für etwas geworben wird*

Wer|be|text ⟨m.1⟩ *werbender, kurzer Text*

Wer|be|trom|mel ⟨f.11; nur in der Wendung⟩ die W. rühren *werben* [nach den früheren Werbern von Söldnern, die durch *Trommeln* auf sich aufmerksam machten]

wer|be|wirk|sam ⟨Adj.⟩ *gut und wirkungsvoll werbend;* das Foto ist sehr w. **Wer|be|wirk|sam|keit** ⟨f., -, nur Sg.⟩

Wer|bung ⟨f.10⟩ 1 *das Werben um jmdn.;* W. von Söldnern; die W. um eine Frau, um Kunden 2 *das Werben für etwas, Reklame;* gute, schlechte W.; für ein Produkt eine W. machen 3 ⟨kurz für⟩ *Werbeabteilung*

Wer|bungs|ko|sten ⟨nur Pl.⟩ 1 *für Werbung entstehende Kosten;* Syn. Werbekosten 2 *vom Einkommen steuerlich abzugsfähige Kosten*

Wer|da ⟨n.9; Anruf durch einen Posten⟩ *Wer (ist) da?*

Wer|de|gang ⟨m., -(e)s, nur Sg.⟩ 1 *Entstehung, Reifung;* der W. seines Denkens 2 *Laufbahn, Lebenslauf;* seinen W. niederschreiben; beruflicher W.

wer|den ⟨V.180, ist geworden⟩ I ⟨als Hilfsverb⟩ 1 ⟨zur Bildung des Futurs⟩ er wird morgen kommen 2 ⟨zur Bildung des Passivs⟩ er ist erkannt worden 3 ⟨zur Bildung des Konjunktivs⟩ ich würde es dir sagen, wenn ich es wüßte; würden Sie bitte so freundlich sein und mir helfen 4 ⟨zur Bez. der Ungewißheit, einer Vermutung⟩ er wird wohl schon da sein; das wird wohl nicht gehen II ⟨als Vollverb; o.Obj.⟩ 1 *entstehen, sich entwickeln;* alles Leben muß w. und vergehen; aus ihrer Schwärmerei ist Liebe geworden 2 *in einen Zustand geraten, sich in einen Zustand entwickeln;* rot, blaß w.; zornig w.; krank, gesund w.; der Junge ist ein Mann geworden; sie ist Mutter geworden; sein Wunsch ist Wirklichkeit geworden 3 *den Beruf des ..., der ... ergreifen;* er will Arzt w.; sie ist Lehrerin geworden 4 *in ein Alter erreichen;* er wird morgen 50 Jahre alt 5 *ein Ergebnis zeigen;* die Fotos sind gut geworden; das Haus ist schön geworden 6 ⟨ugs.⟩ *sich erholen;* der Kranke wird wieder w.; der Rosenstrauch wird schon wieder w. 7 ⟨unpersönl., mit „es"⟩ a *ein bestimmter Zustand entsteht;* es wird Tag, Nacht; es wird kalt, dunkel; heute wird es sicher heiß b *ein bestimmter Zeitpunkt nähert sich;* es wird (höchste) Zeit; morgen w. es ein Jahr, seit wir uns kennengelernt haben c ⟨ugs.⟩ *ein Ergebnis, das Ende zeigt sich;* es wird!; es wird langsam; na, wird's bald? ⟨leicht drohend⟩ na wird es endlich?, sagst du es endlich? III ⟨als Vollverb; mit „es" und Dat. oder mit Dat.⟩ *jmd. gerät in einen Zustand;* es wird mir schlecht, ⟨oder⟩ mir wird schlecht; es wurde mir, ⟨oder⟩ mir wurde heiß, kalt vor Schrecken

Wer|der ⟨m.5; landsch.⟩ 1 *Insel im Fluß* 2 *Landstrich zwischen Fluß und stehendem Gewässer* [< mhd. *werde, wert* „Insel"]

Wer|fall ⟨m.2⟩ = *Nominativ*

wer|fen ⟨V.181, hat geworfen⟩ I ⟨mit Akk.⟩ 1 *etwas oder jmdn. w. mit kräftiger Hand- und Armbewegung in die Luft, durch die Luft fliegen lassen oder an eine Stelle fliegen lassen, von einer Stelle wegfliegen lassen;* Syn. ⟨ugs.⟩ *schmeißen;* einen Ball w.; etwas auf den Boden, aus dem Fenster w.; etwas in die Höhe w.; etwas, jmdn. ins Wasser w.; einen Stein nach etwas, nach jmdm. w. 2 *etwas w.* a *bilden, hervorbringen;* das kochende Wasser wirft Blasen; der weite Rock wirft Falten; die Bäume w. lange Schatten; das Meer wirft Wellen b *erreichen, erzielen;* ein Tor w. ⟨Sport⟩; eine Sechs w. ⟨beim Würfeln⟩ 3 *jmdn.* ⟨Ringen⟩ *jmdn. zu Boden zwingen;* jmdm. die scharfen Schultern den Boden aufsetzen; den Gegner w. 4 *Junge w. Junge bekommen;* die Kuh hat ein Kalb geworfen 5 ⟨übertr., in bestimmten Wendungen⟩ *ein Auge werfen auf etwas oder jmdn.* = *sich für etwas oder jmdn. interessieren;* einen Blick auf etwas oder jmdn. w. *etwas oder jmdn. kurz anblicken;* eine Zeichnung auf Papier w. *etwas rasch zeichnen;* Waren auf den Markt w. *Waren in größerer Menge rasch auf den Markt bringen;* den Kopf in den Nacken w. *den Kopf rasch und stolz heben* II ⟨refl.⟩ *sich w.* 1 *sich krümmen;* das Holz, das Brett wirft sich 2 *sich mit Schwung fallen lassen;* sich aufs Bett, in einen Sessel w.; sie warf sich an seine Brust, in seine Arme 3 *sich in etwas w.* = *sich in einen Mantel w.* III ⟨o.Obj.⟩ 1 ⟨als sportliche Übung⟩ *einen Ball, Stein mit rascher Hand- und Armbewegung durch die Luft fliegen lassen;* w.; wie weit kannst du w.? 2 *Junge bekommen;* die Hündin hat geworfen 3 *mit etwas* ⟨nach etwas, oder etwas⟩ *w. etwas* ⟨in Richtung auf jmdn. oder etwas⟩ *durch die Luft fliegen lassen;* sie warfen mit Steinen nach ihm

Werft ⟨f.10⟩ *Anlage zum Bauen und Ausbessern von Schiffen* [< ndrl. *werf,* „Gelände, Grundstück, Schiffswerkstatt", 1. < altfries. *warf, werf* „aufgeworfene Erde vor einem Haus oder Gehöft, unbebauter Platz vor einem Haus", 2. < altengl. *hwearf* „Ufer, Damm, erhöhter Grund längs einem Wasser"; Grundbedeutung für beides „Platz, auf dem man sich bewegen kann", zu altfries. *werva,* altengl. *hweorfan* „sich hin und her bewegen"]

Werg ⟨n., -(e)s, nur Sg.⟩ *beim Hecheln gewonnene Abfallfasern* (von Flachs und Hanf); Syn. ⟨nddt.⟩ *Hede* [< *Werk* im Sinne von „Abfall beim Werken"]

Wer|geld ⟨n.3; früher⟩ → *Blutgeld (1);* Syn. ⟨†⟩ *Manngeld* [< ahd. *wer* „Mann" und *Geld*]

Werk ⟨n.1⟩ 1 *Arbeit, Tätigkeit;* das W. seines Lebens; das ist dein W. *das hast du gemacht;* ans W. gehen, sich ans W. machen *eine Arbeit beginnen;* etwas ist ans W. setzen *etwas verwirklichen;* vorsichtig zu ~e gehen *vorsichtig vorgehen* 2 *Tat, Handlung;* ein W. des Friedens, der Nächstenliebe; ein gutes W. tun 3 *Schöpfung, Erzeugnis* (Kunst~, Musik~); ein bekanntes, unvollendetes W.; Goethes gesammelte ~e 4 *Fabrik, Unternehmen, das Waren oder Energie produziert* (Kraft~, Wasser~, Chemie~); ein W. besichtigen; ein W. stillegen 5 *Vorrichtung, die etwas antreibt oder etwas stützt* (Fahr~, Räder~, Uhr~) 6 *eigens befestigter Teil einer Festung* (Vor~) 7 *Gesamtheit mehrerer gleichartiger Gegenstände* (Pelz~, Schuh~, Zucker~)

Werk... ⟨in Zus.⟩ *einem Werk (4), Unternehmen zugehörig,* z.B. Werkbücherei, Werkfürsorge; auch: Werks...

Werk|bank ⟨f.2⟩ *Tisch mit dicker Arbeitsplatte und kräftigem Untergestell (zur Ausführung handwerklicher Tätigkeiten);* Syn. Werktisch

Werk|druck ⟨m., -(e)s, nur Sg.⟩ *Druck von Büchern und Broschüren*

Wer|kel ⟨n.5; österr.⟩ *Leierkasten, Drehorgel* [zu werkeln]

wer|keln ⟨V.1, hat gewerkelt; o.Obj.; süddt.⟩ *sich zu schaffen machen,* (aus Liebhaberei, zur Entspannung) *praktische Arbeit tun;* im Garten w., in der Wohnung w.; er werkelt an seinem Fahrrad

wer|ken ⟨V.1, hat gewerkt; o.Obj.⟩ *praktische Arbeit tun;* im Garten w.; er werkt von früh bis spät

Wer|ken ⟨n., -s, nur Sg.⟩ → *Werkunterricht*

werk|ge|treu ⟨Adj., -er, am -(e)sten⟩ *dem Original entsprechend;* eine ~e Kopie; ein Musikstück w. spielen, interpretieren

Werk|mei|ster ⟨m.5⟩ *jmd., der mit der Leitung einer Werkstätte oder Betriebsabteilung betraut ist*

Werks... ⟨in Zus.⟩ → *Werk...*

Werk|schutz ⟨m., -es, nur Sg.⟩ *Gesamtheit der Angestellten eines Unternehmens, die das Werkgelände bewachen und beschützen*

werks|ei|gen ⟨Adj., o.Steig.⟩ *zum Werk gehörig;* die ~e Küche

Werk|spio|na|ge ⟨[-ʒə] f., -, nur Sg.⟩ *das Ausspionieren von Erfindungen oder anderen Betriebsgeheimnissen*

Werk|statt ⟨f., -, -stät|ten⟩, **Werk|stät|te** ⟨f.11⟩ *Raum für handwerkliche Tätigkeiten*

Werk|stein ⟨m.1⟩ *vom Steinmetz bearbeiteter Stein*

Werk|stoff ⟨m.1⟩ *Stoff, Material, aus dem durch entsprechende Verfahren Halb- oder Fertigfabrikate hergestellt werden;* metallischer W., nichtmetallischer W.

Werk|stoff|prü|fung ⟨f.10⟩ *Feststellung der chemischen, physikalischen und technologischen Eigenschaften eines Werkstoffs oder Fertigteils;* Syn. *Materialprüfung*

Werk|stück ⟨n.1⟩ *noch zu bearbeitender Gegenstand*

Werk|stu|dent ⟨m.10; veraltend⟩ *Student, der sich durch Lohnarbeit Geld neben seinem Studium verdient*

Werk|tag ⟨m.1⟩ *Wochentag, Arbeitstag;* Ggs. Feiertag; an Werk- und Feiertagen

werk|täg|lich ⟨Adj., o.Steig.⟩ **1** *an Werktagen;* der Zug verkehrt nur w. **2** *für den Werktag;* ~e Kleidung

werk|tags ⟨Adv.⟩ *an Werktagen;* das Museum ist w. geöffnet

werk|tä|tig ⟨Adj., o.Steig.⟩ *arbeitend, berufstätig;* die ~e Bevölkerung **Werk|tä|tig|keit** ⟨f., -, nur Sg.⟩

Werk|tisch ⟨m.1⟩ → *Werkbank*

Werk|treue ⟨f., -, nur Sg.⟩ **1** *werkgetreue Beschaffenheit;* die W. seiner Wiedergabe (dieses Konzerts) **2** *werkgetreue Wiedergabe;* sich um W. bemühen

Werk|un|ter|richt ⟨m., -(e)s, nur Sg.⟩ *Unterricht in der Ausführung handwerklich-künstlerischer Tätigkeiten (als Schulfach);* Syn. *Werken*

Werk|ver|kehr ⟨m., -s, nur Sg.⟩ *Beförderung von Gütern für eigene Zwecke eines Unternehmers in eigenen Fahrzeugen*

Werk|zeug ⟨n.1⟩ **1** *zur Bearbeitung von Werkstoffen dienendes Gerät* **2** ⟨ugs.⟩ *zur Ausführung einer Tätigkeit dienendes Gerät* (Schreib~) **3** ⟨nur Sg.⟩ *Gesamtheit der Werkzeuge (1) für eine bestimmte Arbeit;* das W. des Schreiners **4** ⟨Druckguß-, Kunststoffspritztech.⟩ *Gießform*

Wer|mut ⟨m., -(e)s, nur Sg.⟩ **1** ⟨im östlichen Mittelmeergebiet beheimateter⟩ *staudiger Korbblütler mit graufilzigem Stengel* **2** *mit dessen aromatisch riechenden, bitteren Blättern u.a. Gewürzen hergestellter, gespriteter Wein* [Herkunft nicht bekannt]

Wer|mut|bru|der ⟨m.6; ugs., abwertend⟩ *Stadtstreicher (der viel Alkohol trinkt)*

Wer|muts|trop|fen ⟨m.7; übertr.⟩ *etwas Schmerzliches, ein wenig Bitterkeit (in einer sonst erfreulichen Angelegenheit)*

Wer|re ⟨f.11⟩ → *Maulwurfsgrille* [vielleicht zu mhd. *werren* „schaden, verwirren", weil sie junge Pflanzen anfrißt]

Werst ⟨f., -, -⟩ *altes russisches Längenmaß, etwa 1 km* [< russ. *wersta* „gerade Linie, gerade Reihe, Wegemaß", < altruss. *wrsta* „Alter, Jahrgang, Längenmaß", < litau. *varstas* „Pfluggewende" und *varsna* „Pflugwende, Meile"]

wert ⟨Adj., -er, am -esten⟩ **1** ⟨veraltend⟩ *geehrt;* ~e Frau X ⟨als Anrede im Brief⟩ wie ist Ihr ~er Name? ⟨höflich⟩ wir haben Ihr ~es Schreiben erhalten **2** *teuer, lieb;* du bist mir lieb und w. **3** ⟨verstärkend⟩ *etwas w. sein* **a** *einen bestimmten Preis haben;* das Auto ist noch 5000 DM w.; wieviel ist dieser alte Schrank w.? **b** *etwas lohnen;* Berlin ist eine Reise w. *es lohnt sich, eine Reise nach Berlin zu machen* **4** *jmdm. etwas w. sein für jmdn. wichtig sein;* dein Urteil ist mir viel w. **5** *jmds. oder einer Sache w. sein jmds., einer Sache würdig sein, jmdn., eine Sache verdienen;* er verdient diese Frau nicht, diese Frau ist zu gut für ihn; diese Frage ist einer Erörterung w.; er ist deines Vertrauens, deiner Liebe nicht w.; das ist nicht der Mühe w. *das lohnt die Mühe, den Aufwand nicht*

Wert ⟨m.1⟩ **1** *Betrag, Preis, den etwas beim Verkauf erbringen kann;* der W. des Grundstückes, des Hauses; den W. schätzen; die Aktien steigen, fallen im W.; Gegenstände von hohem W.; etwas unter W. verkaufen **2** ⟨Pl.⟩ ~e *wertvoll bleibende Schöpfungen oder Gegenstände; bleibende, dauernde, unersetzliche* ~e *; geistige* ~e **3** *bleibender Gehalt, Bedeutung, Wichtigkeit;* einer Sache keinen W. beilegen; das hat keinen W. ⟨ugs.⟩ *das ist sinnlos;* W. auf etwas legen *etwas für bedeutungsvoll, für wichtig halten;* das ist ohne jeden W.; der künstlerische W. eines Filmes; der erzieherische W. dieses Buches ist unbestritten **4** *in Zahlen ausgedrücktes Ergebnis einer Messung* (Meß~, Temperatur~); einen W. berechnen, ermitteln; technische, klimatische ~e **5** *Briefmarke (im Hinblick auf den ihr aufgedruckten Preis);* es sind einige neue ~e herausgekommen; mir fehlen von dieser Serie noch die beiden höchsten ~e

...wert ⟨in Zus.⟩ *so beschaffen, daß es ...wert ist,* z.B. beherzigenswert, wissenswert, wünschenswert

wert|be|stän|dig ⟨Adj.⟩ *seinen Wert nicht verlierend;* Gold ist w. **Wert|be|stän|dig|keit** ⟨f., -, nur Sg.⟩

Wert|brief ⟨m.1⟩ *Brief mit einer Sendung von bestimmtem Wert, der bei Verlust von der Post (bis zu einer bestimmten Höhe) erstattet wird*

wer|ten ⟨V.2, hat gewertet; mit Akk.⟩ *eine Sache w.* **1** *einer Sache einen bestimmten Wert zuerkennen;* eine Leistung w.; man kann seine Tat nicht hoch genug w.; jmds. Leistung gering w. **2** *mit einer Zensur, Punktzahl versehen;* diese Übung, diese Übungsarbeit wird nicht gewertet **3** *im Hinblick auf den Wert beurteilen, betrachten;* eine Leistung, eine Entwicklung kritisch w.; ich werte sein Verhalten durchaus positiv, durchaus als Höflichkeit

Wert|fracht ⟨f.10⟩ *wertvolle, versicherte Fracht*

Wert|ge|gen|stand ⟨m.2⟩ *Gegenstand von einem gewissen materiellen Wert;* Syn. *Wertstück*

wert|hal|ten ⟨V.61, hat wertgehalten; mit Akk.⟩ *gut, treu bewahren und achten, lieben;* ich halte sein Andenken wert

...wer|tig ⟨in Zus.⟩ **1** *einen qualitativ, nicht aber quantitativ bestimmten Wert aufweisend,* z.B. hochwertig, neuwertig **2** ⟨Chem.⟩ *eine bestimmte Wertigkeit (1) aufweisend,* z.B. einwertig, dreiwertig

Wer|tig|keit ⟨f.10⟩ **1** ⟨Chem.⟩ *Zahl, die angibt, wie viele Elektronen ein Atom aufnehmen oder abgeben kann, um eine abgeschlossene Elektronenschale zu erreichen* **2** ⟨Sprachw.⟩ → *Valenz* **3** *Wert, Bewertung;* persönliche ~ setzen

wert|los ⟨Adj., -er, am -esten⟩ *keinen Wert besitzend* **Wert|lo|sig|keit** ⟨f., -, nur Sg.⟩

Wert|mar|ke ⟨f.11⟩ **1** *Marke mit einem bestimmten, aufgedruckten Geldwert* **2** *Gutschein*

Wert|mes|ser ⟨m.5⟩ *etwas, das den Schluß auf den Wert von etwas zuläßt;* Genauigkeit ist ein W. der Handwerksarbeit

Wert|pa|ket ⟨n.1⟩ *Paket mit einer Sendung von bestimmtem Wert, der bei Verlust von der Post (bis zu einer bestimmten Höhe) ersetzt wird*

Wert|pa|pier ⟨n.1⟩ *Urkunde über ein (meist sich verzinsendes) Anrecht an einem Vermögen;* Syn. ⟨schweiz.⟩ *Wertschrift*

Wert|sa|chen ⟨f.11, Pl.⟩ *wertvolle Gegenstände (bes. Schmuck)*

wert|schät|zen ⟨V.1, hat wertgeschätzt; mit Akk.⟩ *hochachten;* wir schätzen ihn wert, wir w. ihn

Wert|schät|zung ⟨f., -, nur Sg.⟩ *das Wertschätzen, Hochachtung;* er ist trotz allem in meiner W. nicht gesunken; ich hoffe, Sie erhalten mir Ihre W.! ⟨scherzh.⟩

Wert|schrift ⟨f.10; schweiz.⟩ → *Wertpapier*

Wert|sen|dung ⟨f.10⟩ *Postsendung von einem bestimmten Wert, der bei Verlust durch die Post (bis zu einer bestimmten Höhe) ersetzt wird*

Wert|stel|lung ⟨f.10; Bankw.⟩ *(auf Kontoauszügen vermerktes) Datum, von dem an die Verzinsung des betreffenden Betrages durch die Bank erfolgt*

Wert|stück ⟨n.1⟩ → *Wertgegenstand;* das ist kein W. *das ist nicht besonders wertvoll*

Wer|tung ⟨f.10⟩ **1** ⟨nur Sg.⟩ *das Werten;* diese Bemerkung ist eine Feststellung, keine W. **2** *Punktzahl, Zensur;* er erreichte im Springen die höchste W.

Wert|ur|teil ⟨n.1⟩ *wertende Feststellung über jmdn. oder etwas;* ein W. fällen, abgeben

wert|voll ⟨Adj.⟩ **1** *einen hohen materiellen oder ideellen Wert besitzend;* ein ~er Mensch *ein Mensch mit vielen guten Eigenschaften;* ~er Schmuck **2** *brauchbar, nützlich;* ein ~er Hinweis, Ratschlag

Wert|zei|chen ⟨n.7⟩ *Papiermarke mit dem Aufdruck eines bestimmten Wertes (z.B. Banknote, Briefmarke)*

Wert|zoll ⟨m.2⟩ *Zoll, der nach dem Wert eines Gegenstandes berechnet wird*

Wer|wolf ⟨m.2; im Volksglauben⟩ *Mensch, der sich zeitweise in einen Wolf verwandelt* [< ahd. *wer* „Mann" und *Wolf*]

wes ⟨Interrogativpron.; †, kurz für⟩ *wessen* ⟨noch in bestimmten Wendungen⟩ w. das Herz voll ist, des geht der Mund über; ich will wissen, w. Geistes Kind er ist *ich will wissen, wie ich ihn einschätzen muß*

we|sen ⟨V.1, hat gewest; o.Obj.; poet.; †⟩ *wirksam sein, tätig sein;* hier west ein freundlicher Geist

We|sen ⟨n.7⟩ **1** *Lebewesen (bes. Mensch), Geschöpf;* das arme W.; das kleine W. *Kind;* sie ist ein liebes W.; kein menschliches W. weit und breit; der Mensch ist ein vernunftbegabtes W.; kein irdisches W. **2** ⟨nur Sg.⟩ *Sosein, Eigenart, Charakter;* ein angenehmes W. haben; ein einnehmendes W. haben; ihr wahres W. zeigt sich erst jetzt **3** ⟨nur Sg.; Philos.⟩ *das, was den Erscheinungen zugrunde liegt und sie bestimmt;* das W. des Menschen; das W. der Kunst; das W. der Sache **4** ⟨nur Sg.⟩ *Tun, Tätigkeit;* er treibt dort sein W. *er treibt, tut dort alles mögliche;* (nicht) viel ~s um etwas oder jmdn. machen *(nicht) viel Aufhebens um etwas oder jmdn. machen*

...we|sen ⟨in Zus.⟩ *Gesamtheit dessen, was mit einer Sache zusammenhängt,* z.B. Bankwesen, Schulwesen

we|sen|haft ⟨Adj., -er, am -esten⟩ **1** *wirklich existierend* **2** *dem Wesen entsprechend;* das gehört w. zu einem Genie

We|sen|heit ⟨f.10; geh.⟩ **1** *das, was das Wesen von etwas oder jmdm. ausmacht* **2** ⟨im Volksglauben⟩ *Wesen, nicht näher bestimmbares, außerirdisches Geschöpf*

we|sen|los ⟨Adj., -er, am -esten⟩ **1** *unwirklich* **2** *bedeutungslos* **We|sen|lo|sig|keit** ⟨f., -, nur Sg.⟩

We|sens|art ⟨f.10⟩ *Art, Wesen (eines Menschen), Charakter;* er ist von heiterer, trauriger W.

we|sens|ei|gen ⟨Adj., o.Steig.⟩ *zum Wesen (von jmdm. oder etwas) gehörig;* diese Fröhlichkeit ist ihm w.

we|sens|fremd ⟨Adj., o.Steig.⟩ **1** *jmds. Wesen fremd;* an einer ~en Anforderung scheitern **2** *dem Wesen von etwas fremd;* ~e Hinzufügungen zu einem Werk

we|sens|gleich ⟨Adj., o.Steig.⟩ *gleich in der Wesensart;* sie sind einander w.; sie ist ihm w.

We|sens|zug ⟨m.2⟩ *Charakterzug, Eigenschaft;* er hat von seinem Vater viele Wesenszüge geerbt; Heiterkeit ist ein hervorstechender W. von ihm; unbedingter Geltungsanspruch ist ein ~ dieser Religion

we|sent|lich ⟨Adj.⟩ **1** *wichtig, bedeutend, das Wesen betreffend;* ein ~er Vorteil, Unterschied; das Wesentliche treffen; im ~en *im großen und ganzen, in den wichtigsten Punkten;* das ist im ~en dasselbe **2** ⟨o.Steig.⟩ *deutlich, spürbar;* er ist w. besser; in seinem Zustand ist eine ~e Besserung eingetreten

Wes|fall ⟨m.2⟩ → *Genitiv*

wes|halb ⟨Adv.⟩ → *warum*

We|sir ⟨m.1; früher in islamischen Staaten⟩ *Minister* [< arab. *wazīr* „Minister", wohl eigtl. „Träger von Lasten, von Verantwortung", vielleicht auch Fremdwort aus dem Persischen]

We|si|rat ⟨n.1⟩ *Amt, Würde eines Wesirs*

Wes|pe ⟨f.11⟩ ⟨meist gelb-schwarz gefärbter⟩ Hautflügler mit kauenden Mundwerkzeugen, in Ruhestellung längs gefalteten Flügeln und meist Giftstachel [< mhd. *wefse, webse, webze, wespe* „Wespe", zu *weben*, nach dem gewebeartigen Nest]

Wes|pen|tail|le ⟨[-taljə] f.11; scherzh.⟩ sehr schlanke Taille (bei Frauen)

wes|sen ⟨Interrogativpron.; Gen. von⟩ *wer*; auch: ⟨†, kurz⟩ *wes*; w. Haus ist das?; w. denkst du? *↑ an wen denkst du?*

wes|sent|hal|ben ⟨Adv.; †⟩ → *warum*

wes|sent|we|gen ⟨Adv.⟩ **1** ⟨†⟩ → *warum* **2** *wem zuliebe*

West ⟨m.1⟩ **1** ⟨o.Art.; in geograph. Angaben⟩ → *Westen* **2** ⟨poet.⟩ *Westwind*; ein milder W.

Wes|te ⟨f.11⟩ bis zur Taille reichendes Kleidungsstück ohne Ärmel; eine kugelsichere, seidene W.; eine weiße, reine, saubere W. haben ⟨übertr., ugs.⟩ *einen einwandfreien Ruf haben*; jmdm. etwas unter die W. jubeln ⟨ugs.⟩ *jmdn. gegen dessen Willen für etwas verantwortlich machen* [< frz. *veste* (veraltet) in ders. Bed., < lat. *vestis* „Kleid"]

Wes|ten ⟨m., -s, nur Sg.⟩ **1** ⟨Abk.: W⟩ *Himmelsrichtung des Sonnenuntergangs*; auch: ⟨in geograph. Angaben⟩ *West* **2** *im Westen gelegenes Gebiet*; W. Europas, Nordamerikas; der Wilde W. (Bez. für) *den westlichen, noch nicht kolonisierte Teil der USA im 19. Jahrhundert* **3** ⟨ugs.⟩ *die Bundesrepublik Deutschland (im Unterschied zur DDR)* **4** *die nichtkommunistischen („westlichen") Länder* **5** *westlicher Teil, westliches Gebiet*; im W. der Stadt

Wes|ten|ta|sche ⟨f.11⟩ *kleine Tasche in einer Weste*; etwas kennen wie seine W. ⟨übertr., ugs.⟩ *etwas sehr genau kennen*

Wes|tern ⟨m.7⟩ *im sogenannten Wilden Westen Nordamerikas spielender Film*; Syn. *Wildwestfilm* [engl.]

West|fa|le ⟨m.11⟩ **1** *Einwohner von Westfalen* **2** *eine Pferderasse*

west|fä|lisch ⟨Adj., o.Steig.⟩ *Westfalen betreffend, zu ihm gehörig, aus ihm stammend*; ~e Mundart *eine niederdeutsche Mundart*

west|in|disch ⟨Adj., o.Steig.⟩ *Westindien, den mittelamerikanischen Inselbogen zwischen Karibischem Meer und Atlantik, betreffend, zu ihm gehörig, aus ihm stammend* [zu *Westindien*, dem alten Namen für Mittelamerika; als Kolumbus in Mittelamerika landete, glaubte er, in Indien zu sein]

we|stisch ⟨Adj., o.Steig.; †⟩ *zur mediterranen Rassengruppe gehörig*

west|lich I ⟨Adj.⟩ **1** *im Westen (1) liegend*; die ~en Teile des Landes; der ~e Ausläufer des Gebirges **2** ⟨o.Steig.⟩ *nach Westen (1) zu*; in ~er Richtung fahren **3** ⟨o.Steig.⟩ *von Westen (1) kommend*; ~e Luftströmungen **4** ⟨o.Steig.⟩ *zum Westen (2,4) gehörend*; die ~en Länder **II** ⟨Präp. mit Gen.⟩ *an der nach Westen gelegenen Seite*; W. von Berlin; die Straße verläuft w. des Hauses

West|mäch|te ⟨f.2, Pl.⟩ *die alliierten Mächte Großbritannien, Frankreich und USA*

west|mit|tel|deutsch ⟨Adj., o.Steig.⟩ *die Mundarten Hessens und der Pfalz sowie das Moselfränkische betreffend, zu ihnen gehörig, aus ihnen stammend*

West|nord|west ⟨m.1⟩ **1** ⟨o.Art.; in geographischen Angaben⟩ → *Westnordwesten* **2** ⟨poet.⟩ *Wind aus Westnordwesten*

West|nord|we|sten ⟨m., -s, nur Sg.; Abk.: WNW⟩ *Himmelsrichtung zwischen Westen und Nordwesten*; auch: ⟨in geograph. Angaben⟩ *Westnordwest*

west|öst|lich ⟨Adj., o.Steig.⟩ *von Westen nach Osten (verlaufend), Westen und Osten betreffend*

West|punkt ⟨m.1⟩ *westlicher Schnittpunkt des Meridians mit dem Horizont*

West|süd|west ⟨m.1⟩ **1** ⟨o.Art.; in geographischen Angaben⟩ → *Westsüdwesten* **2** ⟨poet.⟩ *Wind aus Westsüdwesten*

West|süd|we|sten ⟨m., -s, nur Sg.; Abk.: WSW⟩ *Himmelsrichtung zwischen Westen und Südwesten*; auch: ⟨in geograph. Angaben⟩ *Westsüdwest*

west|wärts ⟨Adv.⟩ *nach Westen*; Syn. ⟨poet.⟩ *abendwärts*

wes|we|gen ⟨Adv.⟩ → *warum*

wett ⟨Adj., o.Steig.⟩ nur mit „sein"⟩ *quitt, ausgeglichen*; wir sind w.

Wett|be|werb ⟨m.1⟩ **1** *Veranstaltung mit dem Ziel, einen Sieger oder die beste Leistung zu ermitteln*; einen W. ausschreiben, durchführen; in einem W. siegen; an einem W. teilnehmen **2** *Kampf um Marktanteile, Gewinne, sozialen Aufstieg*; die Firmen stehen untereinander in scharfem W.; sich im freien W. durchsetzen

Wett|be|wer|ber ⟨m.5⟩ *jmd., der an einem Wettbewerb teilnimmt, mit anderen in Wettbewerb tritt*

Wet|te ⟨f.11⟩ **1** *zwischen zwei oder mehreren Personen getroffene Abmachung, wonach der, dessen Behauptung richtig ist, einen bestimmten Preis erhält*; eine W. abschließen, annehmen, gewinnen, verlieren; was gilt die W.?; ich gehe jede W. ein, daß es so ist **2** ⟨Lotto, Toto, Pferderennen⟩ *schriftlich festgehaltene, mit einem Geldeinsatz verbundene Vorhersage des Siegers oder der richtigen Zahlen* **3** *Versuch, jmdn. zu übertreffen*; um die W. laufen, schwimmen u.ä. *versuchen, beim Laufen, Schwimmen schneller zu sein als jmd.*

Wett|ei|fer ⟨m., -s, nur Sg.⟩ *Wunsch, jmdn. in einem Wettkampf zu überbieten*

wett|ei|fern ⟨V.1, hat gewetteifert; o.Obj.⟩ *versuchen, jmdn. oder mehrere andere zu übertreffen, besser als jmd. oder andere zu sein*; sie w. um den ersten Platz; miteinander w.

wet|ten ⟨V.2, hat gewettet⟩ **I** ⟨o.Obj.⟩ **1** *eine Wette abschließen, vereinbaren, daß derjenige etwas tut oder zahlt, der nicht recht behält*; wollen wir w., daß es so ist?, ⟨auch kurz⟩ w., daß?; mit jmdm. w., daß etwas so ist; um eine Flasche Wein, um 20 DM w.; das haben wir nicht gewettet! ⟨übertr.⟩ *das kommt nicht in Frage, das mache ich nicht mit* **2** *auf etwas w. eine Wette über etwas abschließen*; auf ein Pferd w. *eine Wette darüber abschließen, daß ein (bestimmtes) Pferd Sieger im Rennen wird*; auf Platz w. *eine Wette darüber abschließen, daß ein Pferd als erstes bzw. zweites bzw. drittes durchs Ziel geht*; auf Sieg w. *eine Wette darüber abschließen, daß ein bestimmtes Pferd wird*; ich bin sicher, daß ..., ich wette, daß ... **II** ⟨mit Akk.⟩ *als Einsatz für eine Wette zur Verfügung stellen*; ich wette 10 DM, ⟨scherzh.⟩ meinen Kopf, daß ...

Wet|ter ⟨n.5⟩ **1** ⟨nur Sg.⟩ *Ablauf der in der Lufthülle der Erde sich gehenden Erscheinungen (zu einem Zeitpunkt in einem Gebiet)*; schönes, schlechtes, kaltes, warmes W.; feuchtes, nasses, trockenes W.; klares, trübes W.; sommerliches, herbstliches W.; was ist heute für W.?; ein gutes W. bitten ⟨übertr.⟩ *um Verständnis, Wohlwollen bitten*; bei jmdm. gut W. machen *jmdn. günstig, wohlwollend zu stimmen versuchen* **2** *Gewitter*; es kommt ein W.; ein W. zieht sich, braut sich zusammen; alle W.! ⟨Ausruf der Anerkennung, Überraschung⟩ **3** ⟨Bgb.; Pl.⟩ *in einem Grubenbau vorhandenes Gasgemisch*; schlagende W. *explosives Gasgemisch*

Wet|ter|be|richt ⟨m.1⟩ → *Wettervorhersage*

Wet|ter|dienst ⟨m.1⟩ *Behörde, deren Aufgabe es ist, ein meteorologisches und klimatologisches Beobachtungsnetz zu unterhalten*

Wet|ter|fah|ne ⟨f.11⟩ *(auf dem Dachfirst oder auf Türmen angebrachte) Fahne aus Metall, die die Windrichtung anzeigt*; er dreht sich wie eine W. *er ändert ständig seine Meinung*

wet|ter|fest ⟨Adj., -er, am -esten⟩ *unempfindlich gegen (nasses) Wetter*; ~e Kleidung

Wet|ter|frosch ⟨m.2⟩ **1** *in einem Glasbehälter mit kleiner Leiter gehaltener Laubfrosch, der, wenn das Wetter schön wird, angeblich nach oben steigt* **2** ⟨scherzh.⟩ *jmd., der das Wetter vorhersagt, Meteorologe*

Wet|ter|füh|rung ⟨f., -, nur Sg.; Bgb.⟩ *Einrichtung oder Maßnahme zur Versorgung der Grubenbaue mit Frischluft*

Wet|ter|glas ⟨n.4; volkstüml.⟩ *Barometer*

Wet|ter|hahn ⟨m.2⟩ *Wetterfahne in Form eines Hahnes*

Wet|ter|häus|chen ⟨n.7⟩ *kleines Häuschen mit zwei Figuren, einem Mannn in dunkler Regen- und einer Frau in bunter Sommerkleidung, die sich je nach Luftfeuchtigkeit wechselweise nach außen und innen drehen*

Wet|ter|kar|te ⟨f.11⟩ *Darstellung des Wettergeschehens auf einer Landkarte*

Wet|ter|kun|de ⟨f., -, nur Sg.⟩ *Meteorologie*

wet|ter|kun|dig ⟨Adj.⟩ *über das Wetter Bescheid wissend, fähig, aus bestimmten Anzeichen auf das kommende Wetter zu schließen*

wet|ter|kund|lich ⟨Adj., o.Steig.⟩ *zur Wetterkunde gehörig, auf ihr beruhend*

Wet|ter|la|ge ⟨f.11⟩ *Lage der Hoch- und Tiefdruckgebiete und der Fronten innerhalb eines geographischen Raumes*

wet|ter|leuch|ten ⟨V.2, hat gewetterleuchtet; o.Obj.; unpersönl., mit „es"⟩ *es wetterleuchtet es blitzt in der Ferne (ohne daß Donner zu hören ist)*

Wet|ter|leuch|ten ⟨n., -s, nur Sg.⟩ **1** *Blitze oder deren Widerschein in Wolken ohne hörbaren Donner* **2** ⟨übertr.⟩ *sich abzeichnende schwere Konflikte*; das W. des Krieges

Wet|ter|man|tel ⟨m.6⟩ *Regenmantel*

wet|tern ⟨V.1, hat gewettert; o.Obj.⟩ **1** ⟨unpersönl., mit „es"⟩ *es wettert ein Gewitter geht nieder* **2** ⟨übertr.⟩ *laut schelten*; gegen etwas oder jmdn. w.

Wet|ter|schacht ⟨m.2; Bgb.⟩ *der Wetterführung dienender Schacht*

Wet|ter|schei|de ⟨f.11⟩ *Linie, die Gebiete mit unterschiedlichem Wetter scheidet (bes. ein Gebirge)*

Wet|ter|sei|te ⟨f.11⟩ *der Richtung, aus der gewöhnlich das schlechte Wetter oder der Wind kommt, zugekehrte Seite*

Wet|ter|sturz ⟨m.2⟩ *sehr rasches Sinken der Lufttemperatur*

Wet|ter|vor|her|sa|ge ⟨f.11⟩ *Vorhersage über die Entwicklung des Wetters durch den Wetterdienst*; Syn. *Wetterbericht*

Wet|ter|war|te ⟨f.11⟩ *meteorologische Dienststelle, an der hauptamtlich beschäftigte Beobachter des Wetterdienstes tätig sind*

wet|ter|wen|disch ⟨Adj.⟩ *häufig die Stimmung ändernd, launisch*

Wet|ter|wol|ke ⟨f.11⟩ *Gewitterwolke*

Wett|kampf ⟨m.2⟩ *Kampf um die beste Leistung (z.B. in einer Sportart)*; einen W. bestreiten, veranstalten

Wett|lauf ⟨m.2⟩ *Wettkampf von Läufern, Lauf um die Wette*; ein W. mit der Zeit ⟨übertr.⟩ *ein Versuch, in einer bestimmten (sehr kurzen) Zeit etwas zu erreichen*

wett|lau|fen ⟨V.76, ist wettgelaufen; o.Obj.⟩ nur im Infinitiv und Perf.; o.Obj.⟩ *um die Wette laufen*; Syn. *wettrennen*; wollen wir w.?

wett|ma|chen ⟨V.1, hat wettgemacht; mit Akk.⟩ *wiedergutmachen*; einen Fehler, ein Versäumnis w.; ich mache das wieder wett

wett|ren|nen ⟨V.98, nur im Infinitiv⟩ → *wettlaufen*

Wett|rü|sten ⟨n., -s, nur Sg.⟩ *gegenseitig sich steigernde Rüstung (von Staaten)*; das atomare W.

Wett|spiel ⟨n.1⟩ *spielerischer Wettkampf*

Wett|streit ⟨m.1⟩ *Bemühung, jmdn. zu übertreffen, das Wetteifern*; mit jmdm. im W. liegen; mit jmdm. in W. treten; es spann sich ein edler W., wer sie nach Hause fahren sollte ⟨ugs.⟩ *jeder bot sich an, sie nach Hause zu fahren*

wett|strei|ten ⟨V.159, nur im Infinitiv; o.Obj.⟩ *im Wettstreit liegen;* wir w. miteinander; wir wollen, können nicht miteinander w.

wet|zen ⟨V.1⟩ I ⟨mit Akk.; hat gewetzt⟩ 1 *(an einem harten, glatten Gegenstand) schärfen, schleifen;* das Messer, die Sense w. 2 *etwas an etwas w. etwas rasch an etwas hin- und herbewegen, reiben;* der Vogel wetzt seinen Schnabel an einem Stein, am Gitterstab des Käfigs; seine Nase, seine Wange an jmds. Wange w. II ⟨o.Obj.; ist gewetzt; ugs.⟩ *rennen, eilen;* jetzt muß ich aber w.; in die Stadt, in die Schule w.

Wey|mouths|kie|fer ⟨[ˈwaimuːts-] f.11⟩ *(aus Nordamerika stammende, häufig angepflanzte) Kiefer mit sehr langen, weichen Nadeln* [nach Thomas Thynne, Viscount of *Weymouth*]

WEZ ⟨Abk. für⟩ *westeuropäische Zeit*

WG ⟨f.9; Abk. für⟩ →*Wohngemeinschaft;* eine WG gründen

Whig ⟨m.6; früher⟩ *Angehöriger einer der beiden Parteien des Oberhauses im britischen Parlament;* vgl. *Tory* [engl. in ders. Bed., wahrscheinlich < *Whiggamore,* einer Bez. für schottische Rebellen des 17.Jh.]

Whip ⟨m.9; im engl. Parlament⟩ *Fraktionsmitglied mit bestimmten Aufgaben vor und bei den Sitzungen, Einpeitscher* [engl., eigtl. „Peitsche"]

Whip|cord ⟨[-kɔːrd] m.9⟩ *ein schräggeripptes Kammgarngewebe* [engl., eigtl. „Peitschenschnur"]

Whis|ky ⟨[ˈwɪski] m.9⟩ *goldgelber Branntwein aus Getreide* [engl., < ir., gäl. *usice* „Wasser", verkürzt = *usicebeathadh* „Lebenswasser"]

Whis|ky|so|da ⟨m.9⟩ *Whisky mit Mineralwasser*

Whist ⟨m., -s, nur Sg.⟩ *ein Kartenspiel mit 52 Karten, für 4 Spieler* [engl., frühere Form *whisk, zu to whisk* „wegwischen, wegfegen", nach der Bewegung, mit der man die Stiche einstreicht und vom Tisch nimmt; der Wandel zu *Whist* mit s wohl in Anlehnung an *whist! „still!, pst!",* weil bei diesem Spiel, das viel Konzentration erfordert, Ruhe herrschen soll]

White-col|lar-Kri|mi|na|li|tät ⟨[ˈwaɪt-kɔlə-] f., -, nur Sg.⟩ *Kriminalität in den oberen Gesellschaftsschichten* [engl. *white collar* „weißer Kragen" und *Kriminalität*]

Whit|worth|ge|win|de ⟨[ˈwɪtwə:θ-] n.5⟩ *genormtes Schraubengewinde* [nach dem engl. Erfinder J. *Whitworth*]

Who's who ⟨[huː huː] n., - -, - -s⟩ *biographisches Lexikon* [engl. *who ist wer",* nach dem Titel eines seit 1849 erscheinenden Buches]

Wichs ⟨[vɪks] m.1⟩ *Festkleidung (der Verbindungsstudenten);* in vollem W. [zu *wichsen* (I)]

Wich|se ⟨f.11⟩ 1 *Putzmittel (für Schuhe oder Parkett)* 2 ⟨nur Sg.; ugs.⟩ *Prügel, Schläge*

wich|sen ⟨V.1, hat gewichst⟩ I ⟨mit Akk.⟩ *mit Wichse einreiben und blankreiben;* Schuhe w. II ⟨mit Dat. u. Akk.; ugs.⟩ jmdm. eine w. *jmdm. eine Ohrfeige geben* III ⟨o.Obj.; ugs.⟩ *masturbieren*

Wicht ⟨m.1⟩ 1 *Kobold, Zwerg* 2 *kleiner Kerl, kleiner Junge* 3 *Schuft, gemeiner Mensch;* gemeiner W. [< ahd. *wiht* „Wesen, Ding, Mensch"]

Wich|te ⟨f.11⟩ *spezifisches Gewicht*

Wich|tel ⟨m.5⟩, **Wich|tel|männ|chen** ⟨n.7⟩ *Kobold, Heinzelmännchen* [< *Wicht*]

wich|tig ⟨Adj.⟩ 1 *wesentlich, bedeutsam;* ein ~er Brief; ein ~er Mann; das ~ste ist die Gesundheit; sich w. machen, tun *sich in den Vordergrund stellen;* sich mit etwas w. ma-

chen *sich einer Sache allzu sehr rühmen;* etwas w. nehmen *etwas für (zu) bedeutend halten* 2 ⟨kurz für⟩ *wichtigtuerisch;* mit ~er Miene [zu *Gewicht*]

Wich|tig|keit ⟨f.10⟩ *Bedeutsamkeit, wichtige Beschaffenheit;* die W. dieser Angelegenheit; die Sache ist von großer W. *die Sache ist sehr wichtig;* einer Sache W. beimessen *eine Sache für wichtig halten*

Wich|tig|tu|er ⟨m.5⟩ *jmd., der sich wichtig tut*

Wich|tig|tue|rei ⟨f., -, nur Sg.⟩ *das Sichwichtigtun*

wich|tig|tue|risch ⟨Adj., o.Steig.⟩ *sich wichtig machend*

Wicke ⟨-k|k-; f.11⟩ *Pflanze mit gefiederten Blättern, die in einer Ranke enden* (Vogel~, Zaun~) [< lat. *vicia* „Wicke"]

Wickel ⟨-k|k-; m.5⟩ 1 *etwas, das gewickelt, zusammengerollt ist* (Kraut~) 2 *Rolle, Spule* (Locken~) 3 ⟨Med.⟩ *Umschlag* (Hals~, Waden~); kalte, warme W.; jmdn. beim W. haben, kriegen, nehmen, packen ⟨übertr., ugs.⟩ *jmdn. erwischen und zur Rede stellen*

Wickel|ga|ma|sche ⟨-k|k-; f.11⟩ *(zu Kniehosen getragenes) spiralförmig um den Unterschenkel gewickeltes Stoffband*

Wickel|kind ⟨-k|k-; n.3⟩ *Kind, das noch gewickelt wird*

Wickel|kom|mo|de ⟨-k|k-; f.11⟩ *Kommode, auf der Säuglinge gewickelt werden*

wickeln ⟨-k|k-; V.1, hat gewickelt; mit Akk.⟩ 1 *etwas w. etwas um etwas herumschlingen, zum Knäuel schlingen;* Garn, Wolle w.; das Haar (auf Lockenwickel) w.; Garn auf eine Spule w.; sich, jmdm. einen Schal um den Hals w.; jmdm. eine Binde um den verletzten Finger w.; den kannst du um den Finger w. ⟨übertr., ugs.⟩ *der tut dir alles für dich;* da bist du, da sind wir schiefgewickelt 2 *etwas, jmdn., sich in etwas w. in etwas hüllen, indem man die Hülle mehrmals um etwas, jmdn., sich legt;* ein Kind, sich in eine Decke w.; einen Gegenstand in Papier w. 3 *etwas, jmdn., sich aus etwas w. die Umhüllung von etwas, jmdm., sich entfernen;* sich, jmdn. aus den Decken, ein Kind aus den Windeln w.; einen Gegenstand aus dem Papier w. 4 *ein Kind w. einem Kind Windeln umlegen;* das Kind muß noch gewickelt werden; der Kranke muß gewickelt werden

Wicke|lung ⟨-k|k-; f.10⟩ →*Wicklung*

Wick|ler ⟨m.5⟩ 1 *Vorrichtung zum Wickeln* (Locken~) 2 *Kleinschmetterling, dessen Raupen (oft) Blätter zu Wohngehäusen zusammenspinnen, „wickeln"* (Apfel~, Trauben~)

Wick|lung ⟨f.10⟩ auch: *Wickelung* 1 ⟨nur Sg.⟩ *das Wickeln (1)* 2 *zur Rolle oder auf eine Spule gewickelter Draht*

Wid|der ⟨m.5⟩ 1 *männliches Schaf;* Syn. ⟨landsch.⟩ *Stär*

Wid|der|chen ⟨n.7⟩ *am Tag fliegender kleiner Nachtfalter mit langen, nach vorne gerichteten Fühlern;* Syn. *Blutströpfchen, Zygäne*

Wid|der|punkt ⟨m.1⟩ *Frühlingspunkt*

wi|der ⟨Präp. mit Akk.⟩ *gegen, entgegen;* das ist w. die Abrede, w. das Gesetz; w. Willen *ohne zu wollen;* es hat alles sein Für und Wider *es hat alles seine guten und schlechten Seiten*

wi|der..., Wi|der... ⟨in Zus.⟩ 1 *gegen..., Gegen...,* z.B. *widersprechen, Widerchrist* 2 *zurück..., Zurück...,* z.B. *widerschallen, Widerschall*

wider|bor|stig ⟨Adj.⟩ 1 *schwer zu glätten;* ~es Haar 2 ⟨übertr.⟩ *Widerstand leistend, widersetzlich;* Syn. *widerhaarig;* ein ~es Kind

Wider|druck ⟨m.1⟩ 1 *das Bedrucken der Rückseite (eines Druckbogens);* Ggs. *Schöndruck* 2 *die bedruckte Seite selbst*

wi|der|ein|an|der ⟨Adv.; geh.⟩ *gegeneinander*

wi|der|fah|ren ⟨V.32, ist widerfahren; mit Dat.⟩ jmdm. w. *jmdm. geschehen, passieren;* ihm ist ein Unglück w.; so etwas widerfährt jedem einmal; jmdm. Gerechtigkeit w. lassen *dafür sorgen, daß jmd. gerecht behandelt, beurteilt wird*

wi|der|haa|rig ⟨Adj.⟩ →*widerborstig*

Wi|der|ha|ken ⟨m.7⟩ *Haken mit zurücklaufender Spitze, die das Herausziehen erschwert*

Wi|der|hall ⟨m.1⟩ →*Echo;* keinen W. finden *keinen Anklang, keine gute Aufnahme finden*

wi|der|hal|len ⟨V.1, hat widergehallt⟩ I ⟨o.Obj.⟩ Syn. *widerschallen* 1 *als Widerhall zurückkommen;* der Ruf hallte von den Bergen wider, (auch) widerhallte von den Bergen 2 *von Widerhall erfüllt sein;* der Raum hat eine schlechte Akustik, er hallt von den vielen Stimmen wider II ⟨mit Akk.⟩ *als Echo zurückwerfen;* die Wände hallten das Stimmengewirr wider

Wi|der|halt ⟨m.1⟩ *Gegenkraft, Stütze*

Wi|der|hand|lung ⟨f.10; schweiz.⟩ *Zuwiderhandlung*

Wi|der|kla|ge ⟨f.11⟩ →*Gegenklage*

wi|der|klin|gen ⟨V.69, hat widergeklungen; o.Obj.⟩ *zurückklingen, widerhallen;* der Ruf klingt dreifach von den Bergen wider

wi|der|le|gen ⟨V.1, hat widerlegt; mit Akk.⟩ *etwas w. das Gegenteil von etwas beweisen, beweisen, daß etwas nicht stimmt;* eine Behauptung w.; jmds. Meinung w.; diese Behauptung ist nicht zu w.

Wi|der|le|gung ⟨f.10⟩ *das Widerlegen;* die W. einer Behauptung; dieses Argument bedarf keiner W.

wi|der|lich ⟨Adj.⟩ *Widerwillen, Abneigung, Abscheu hervorrufend;* ~er Geschmack; ein ~er Mensch; das ist mir w.

wi|dern ⟨V.1, hat gewidert; mit Akk.; †⟩ *anwidern;* das widert mich

Wi|der|part ⟨m.1⟩ 1 ⟨†⟩ →*Widersacher;* mein persönlicher W. 2 →*Widerstand (1);* jmdm. W. bieten, leisten [< *wider* und frz. *part* „Teil"]

wi|der|ra|ten ⟨V.94, hat widerraten; mit Dat. und Akk.⟩ jmdm. etwas w. *jmdm. raten, etwas nicht zu tun, jmdm. von etwas abraten*

wi|der|recht|lich ⟨Adj., o.Steig.⟩ *gegen das Gesetz, dem Gesetz zuwiderlaufend;* ~e Aneignung einer Sache; etwas w. rechtsbehalten **Wi|der|recht|lich|keit** ⟨f., -, nur Sg.⟩

Wi|der|rist ⟨m.1; bei Säugetieren⟩ *Aufwölbung der vorderen Rückenteils, von den Dornfortsätzen des 3.–7. Brustwirbels gebildet wird*

Wi|der|ruf ⟨m.1⟩ *das Widerrufen;* W. einer Aussage; die Anordnung gilt bis auf W.; die Durchfahrt ist bis auf W. gestattet; W. leisten *eine Aussage widerrufen*

wi|der|ru|fen ⟨V.102, hat widerrufen; mit Akk.⟩ 1 *für ungültig erklären;* eine Anordnung, ein Verbot w. 2 *für nicht richtig erklären;* seine Aussage, sein Geständnis w. 3 *öffentlich für falsch erklären;* eine Meldung, Nachricht w.

wi|der|ruf|lich ⟨Adj., o.Steig.⟩ 1 *widerrufbar, so beschaffen, daß man es widerrufen kann;* eine ~e Entscheidung 2 *bis auf Widerruf;* der Durchgang ist w. gestattet **Wi|der|ruf|lich|keit** ⟨f., -, nur Sg.⟩

Wi|der|sa|cher ⟨m.5⟩ *jmd., der versucht, jmdm. zu schaden, jmdn. in seiner Tätigkeit zu behindern, Gegner;* Syn. ⟨†⟩ *Widerpart* [zu mhd. *widersache* „Gegenteil, Widerspruch, Feindschaft"]

wi|der|schal|len ⟨V.1, hat widergeschallt⟩ →*widerhallen (I)*

Wi|der|schein ⟨m.1⟩ *zurückgeworfenes Licht;* der W. des Mondes auf dem Wasser

wi|der|schei|nen ⟨V.108, hat widergeschienen; o.Obj.⟩ *(als Widerschein) zurückgeworfen werden;* in den Fenstern scheint die Abendsonne wider

wi|der|set|zen ⟨V.1, hat widersetzt; refl. mit Dat.⟩ *sich jmdm., einer Sache w. jmdm., ei-*

ner Sache Widerstand leisten, sich gegen jmdn., gegen eine Sache auflehnen; sich einer Anordnung, einem Verbot w.; sie widersetzte sich allen Überredungsversuchen

wi|der|setz|lich 〈Adj.〉 *sich widersetzend, ungehorsam* **Wi|der|setz|lich|keit** 〈f., -, nur Sg.〉

Wi|der|sinn 〈m., -(e)s, nur Sg.〉 *Widerspruch in sich selbst, Unlogik*

wi|der|sin|nig 〈Adj.〉 *der Vernunft widersprechend, unsinnig;* eine ~e Behauptung, Aussage **Wi|der|sin|nig|keit** 〈f., -, nur Sg.〉

wi|der|spen|stig 〈Adj.〉 **1** *sich ungern fügend, oft Widerstand leistend;* ein ~es Kind **2** *sich schwer glätten lassend, sich schwer zusammenfügen lassend;* ~es Haar; ~e Zweige, Blumen [< mhd. *widerspenic*, „widerspenstig", zu *widerspan* „harter Span im Holz, der bei der Bearbeitung Widerstand leistet"]

wi|der|spie|geln 〈V.1, hat widergespiegelt; mit Akk.〉 *etwas oder sich w.* **1** *etwas oder sich als Spiegelbild zeigen;* der See spiegelt den Himmel wider; der Himmel spiegelt sich im Wasser wider **2** *etwas oder sich künstlerisch gestalten als Ebenbild zeigen;* sein Roman spiegelt die Erlebnisse und Erfahrungen des Autors wider; seine Erfahrungen spiegeln sich in seinem Roman wider **Wi|der|spie|ge|lung** 〈f.10〉

Wi|der|spiel 〈n.1〉 **1** *Gegeneinanderwirken;* im W. der Kräfte **2** 〈†〉 *Gegenstück*

wi|der|spre|chen 〈V.146, hat widersprochen〉 **I** 〈mit Dat.〉 **1** *jmdm. w. Einspruch gegen jmds. Äußerungen erheben, erklären, daß jmds. Ansicht nicht richtig sein;* widersprich mir nicht!; erlauben Sie, daß ich Ihnen widerspreche **2** *einer Sache w.* **a** *mit einer Sache nicht in Einklang stehen, das Gegenteil einer Sache sein;* die Tatsachen w. seiner Behauptung; ein solcher Rat widerspricht dem gesunden Menschenverstand; das widerspricht jedem menschlichen Gefühl; was du jetzt sagst, widerspricht dem, was du vorhin gesagt hast; beide Behauptungen, Aussagen w. einander; 〈ugs.〉 sich **b** *mit einer Sache nicht einverstanden sein, Einspruch gegen etwas erheben;* jmds. Behauptung, Meinung w.; einem Vorwurf w. **II** 〈refl.〉 *das Gegenteil, etwas ganz anderes behaupten oder aussagen, als man zuvor gesagt hat*

Wi|der|spruch 〈m.2〉 **1** *nur Sg.* *das Widersprechen, Einwand;* W. erheben; sein Vorschlag stieß auf W.; solche Bemerkungen reizen zum W. **2** *nicht logische Aussage, Aussage, die mit einer anderen Aussage, mit etwas nicht übereinstimmt;* das ist doch ein W.!; hier steckt der W.; 〈ugs.〉 sich in Widersprüche verwickeln **3** *Fehlen von Einklang, Nichtübereinstimmung, Fehlen einer (eigentlich notwendigen) Entsprechung;* der W. zwischen Form und Inhalt des Buches; der W. zwischen Theorie und Praxis; im W. zu etwas stehen

wi|der|sprüch|lich 〈Adj.〉 *zu etwas im Widerspruch stehend, einen Widerspruch enthaltend;* ~e Aussagen *einander widersprechende Aussagen;* ~es Verhalten

Wi|der|spruchs|geist 〈m.3〉 **1** 〈nur Sg.〉 *Neigung zum Widersprechen;* sie reizte, weckte unseren W. **2** *jmd., der häufig widerspricht*

Wi|der|stand 〈m.2〉 **1** *das Sichwidersetzen, Abwehr;* Syn. *Widerpart;* aktiver, passiver W.; W. brechen; erbittertern W. leisten; W. gegen die Staatsgewalt; sich ohne W. festnehmen lassen; auf W. stoßen **2** 〈nur Sg.; kurz für〉 → *Widerstandsbewegung;* er hat dem W. angehört; er hat im W. gearbeitet **3** *Hindernis;* den Weg des geringsten ~es gehen; etwas trotz aller Widerstände schaffen **4** 〈Phys.〉 *gegenwirkende Kraft* (Luft-, Strömungs-~) **5** 〈Elektr.〉 **a** *Quotient aus Spannungs- und Stromzuwachs;* die Einheit des ~es ist das Ohm **b** *Vorrichtung, die den* Stromfluß hemmt; ein W. von 3 Ohm; einen W. einbauen

Wi|der|stands|be|we|gung 〈f.10〉 *Bewegung, die den organisierten Kampf gegen ein Regime führt;* auch: 〈kurz〉 *Widerstand*

wi|der|stands|fä|hig 〈Adj.〉 **1** *fähig, Widerstand zu leisten;* w. bitte? **2** *fähig, Belastungen auszuhalten;* ~es Schuhwerk; er ist sehr w. **Wi|der|stands|fä|hig|keit** 〈f., -, nur Sg.〉

wi|der|ste|hen 〈V.151, hat widerstanden; mit Dat.〉 **1** *einer Sache w. einer Sache Widerstand leisten, sich von einer Sache innerlich nicht berühren lassen;* einer Lockung w.; widerstand der Versuchung, ihr alles zu sagen; ich kann dieser appetitlich angerichteten Speise nicht w.; seiner Fröhlichkeit, seinem Charme kann niemand w. **2** *jmdm. w.* **a** *jmdm. Widerstand leisten, sich von jmdm. nicht verführen lassen;* man kann ihr nicht w. *man muß tun, was sie will* **b** *jmdm. zuwider, sehr lästig, sehr unangenehm sein;* das Essen, dieses Fleisch widersteht mir; es widerstand mir, meinen Urlaub nur am Strand zu verbringen

wi|der|strah|len 〈V.1, hat widergestrahlt〉 **I** 〈o.Obj.〉 *stark, leuchtend widerscheinen;* in den Fenstern strahlt die Abendsonne wider **II** 〈mit Akk.〉 *zurückstrahlen;* die Fenster, die schneebedeckten Berge strahlen die Abendsonne wider

wi|der|stre|ben 〈V.1, hat widerstrebt; mit Dat.〉 **1** *jmdm. sehr unangenehm sein, jmds. Wollen, Fühlen zuwider sein;* eine solche Handlungsweise widerstrebt mir (zutiefst); es widerstrebt mir, ihm das ins Gesicht zu sagen **2** *einer Sache w. einer Sache Widerstand entgegensetzen;* es widerstrebt meinem Gerechtigkeitsgefühl; das Kind zu verwöhnen; er ging nur ~d mit; er stimmte nur ~d zu

Wi|der|stre|ben 〈n., -s, nur Sg.〉 *Widerstand, Sträuben;* er stimmte nur mit langem W. zu; ich habe mich nur mit äußerstem W. damit einverstanden erklärt; man nahm ihn trotz seines ~s mit

wi|der|strei|ten 〈V.159, hat widerstritten; mit Dat.〉 *einer Sache w. zu einer Sache im Widerspruch stehen;* das widerstreitet allem natürlichen Empfinden; einander ~de Gefühle, Gedanken

wi|der|wär|tig 〈Adj.〉 *Widerwillen, Abscheu, Ekel hervorrufend;* eine ~e Angelegenheit, Arbeit; ein ~er Kerl; es ist w., so etwas anhören zu müssen; der Kerl ist mir w.

Wi|der|wär|tig|keit 〈f.10〉 **1** 〈nur Sg.〉 *das Widerwärtigsein, widerwärtige Beschaffenheit* **2** *widerwärtige Handlung, Äußerung;* das und andere ~en

Wi|der|wil|le 〈m., -ns, nur Sg.〉 *heftige Abneigung, Abscheu, Ekel;* mit ~n essen; einen ~n gegen etwas, 〈bes.〉 eine Speise haben

wi|der|wil|lig 〈Adj.〉 *mit Widerwillen, sehr ungern;* er ging nur w. mit; er stimmte nur w. zu

wid|men 〈V.2, hat gewidmet〉 **I** 〈mit Dat. und Akk.〉 *jmdm. oder einer Sache etwas w.* **1** *jmdm. oder einer Sache etwas zur Verfügung stellen, schenken, geben;* er widmet den Kindern viel Zeit; er widmet sein Leben der Kunst **2** *ein Buch w.* **a** *jmdm. ein Buch (symbolisch) als Eigentum geben (und dies in dem Buch vermerken);* der Autor hat das Buch seiner Mutter gewidmet **b** *jmdm. eine Widmung in ein Buch schreiben* **II** 〈refl.; mit Dat.〉 *sich jmdm. oder einer Sache w. sich eingehend mit jmdm. oder einer Sache beschäftigen;* sie widmet sich im Urlaub ganz ihren Kindern; endlich kann ich mich wieder meinen Hobbys w.; sie widmet sich der Erziehung ihrer verhaltensgestörten Kinder

Wid|mung 〈f.10〉 **1** *handschriftliche Worte in einem Buch, aus denen hervorgeht, daß das Buch ein Geschenk ist;* jmdm. eine W. in ein Buch schreiben; ein Buch mit einer W. des Verfassers **2** *öffentliche Erklärung, mit der etwas seiner Bestimmung übergeben wird;* W. eines Grundstücks für die Allgemeinheit

wid|rig 〈Adj.〉 *hinderlich, einer Entwicklung, einem Ablauf entgegenstehend;* ~e Winde, ~e Umstände

wid|ri|gen|falls 〈Adv.; Amtsspr.〉 *wenn dies nicht eintritt, andernfalls*

Wid|rig|keit 〈f.10〉 *Unannehmlichkeit, Schwierigkeit,* er hat mit ~en zu kämpfen; das sind die ~en des Berufslebens

wie I 〈Interrogativadv.〉 **1** 〈in direkter Frage〉 **a** wie? *was hast du gesagt?;* w. bitte? *was hast du gesagt?; bitte wiederhole deine Worte* **b** 〈ugs.〉 *nicht wahr?, wenn ich dich recht verstehe;* das ärgert dich wohl, w.? **c** *auf welche Weise?;* w. soll das gehen?; w. das? 〈ugs.〉 *auf welche Weise ist das möglich?;* w. macht man das? **d** *in welchem Grade?;* w. tief ist der Fluß?; w. weit ist es noch?; w. alt bist du?; w. spät ist es? **e** *mit welchen Besonderheiten ausgestattet?;* w. war der Urlaub?; w. ist dein neuer Kollege? **f** 〈mit Verben zur Frage nach der Eigenschaft, dem Zustand, der Beschaffenheit〉 w. geht es dir?; w. gefällt es dir hier? **2** 〈in indirekter Frage〉 *auf welche Weise;* ich weiß nicht, w. ich das machen soll; erzähle, w. du hierher gekommen bist! **3** 〈in Relativsätzen〉 *auf welche Weise, mit welchen Mitteln;* ich muß mich wundern, w. sie mit Kindern umgeht; es gefällt mir nicht, w. er sich durchzusetzen sucht **II** 〈Konj.〉 **1** 〈vergleichend〉 *in der Art eines, eines;* ein Mensch w. er *ein Mensch in seiner Art;* dick w. ein Faß; P w. Paul 〈beim Buchstabieren〉; das geht ja w. der Blitz *so schnell;* es ist alles so, w. es sich gehört; so, w. die Dinge liegen, w. erwartet; w. dem auch sei; w. schon der Titel sagt; w. er sich bemühte *so sehr er sich auch bemühte* **2** 〈ugs.〉 *als, außer;* er hat nichts w. Unsinn im Kopf; nichts w. hin! *laufen wir schnell hin!* **3** *und auch, und ebenso;* Tiere w. Menschen; im Urlaub w. auch bei der Arbeit **4** 〈bei Verben im erzählenden Präsens; ugs.〉 *gerade als;* und w. ich aus der Tür trete, ... **5** 〈in der Fügung〉 w. wenn *als ob;* es war, w. wenn jemand riefe

Wie 〈n., -, nur Sg.〉 *Art und Weise;* nicht auf das Was, sondern auf das W. kommt es an

wie|beln 〈V.1, hat gewiebelt; mit Akk.; mdt.〉 *stopfen;* auch: 〈schweiz.〉 *wiefeln;* ein Bettuch w.

Wie|de|hopf 〈m.1〉 *Vogel mit leicht gebogenem Schnabel, breiten, schwarz-weiß gebänderten Flügeln und aufrichtbarer Federhaube* [lautmalend nach dem Ruf *wud-wud,* später volksetymologisch umgedeutet]

wie|der 〈Adv.〉 **1** *noch einmal, ein weiteres Mal, erneut;* er ist w. da; er ist w. gesund; ich tue das nie w.; w. von vorn anfangen; hin und w. *manchmal* **2** *wiederum, andererseits;* da hast du auch w. recht

wie|der... 〈in Zus. mit Verben〉 **1** 〈betont〉 *zurück..., an den alten Platz,* z.B. wiederbringen, wiederhaben **2** 〈bei Verben mit Vorsilbe〉 *erneut, abermals, nochmals* **a** 〈betont bei unbetonter Vorsilbe des Verbs〉 z.B. wiederbegegnen, wiederbeleben, wiederbeschaffen, wiederentdecken, wiedererkennen, wiederöffnen, wiedergewinnen **b** 〈unbetont bei betonter Vorsilbe des Verbs〉 z.B. wiederaufbauen, wiederaufführen, wiederaufrichten, wiedereinführen, wiedereinsetzen, wiederherstellen **3** *zum zweiten Mal, zu wiederholten Malen,* z.B. wiederimpfen, wiederwählen **4** 〈als Antwort, als Reaktion〉 *ebenfalls,* z.B. wiedergrüßen, wiedersehen

Wie|der... 〈in Zus.〉 **1** *nochmalige(r, -s)...,* z.B. Wiederaufführung, Wiederentdeckung, Wiederinstandsetzung, Wiederverheiratung **2** *Zurück..., Rück...,* z.B. Wiederkauf, Wiederkehr

Wie|der|auf|ar|bei|tung 〈f.10; Kerntech.〉 *Behandlung radioaktiver Stoffe mit dem*

Zweck, nicht verbrauchte Spaltstoffe zurückzugewinnen; Syn. *Aufbereitung*

wie|der|fin|den ⟨V.36, hat wiedergefunden; mit Akk.⟩ **1** *jmdn. w. jmdm., den man aus dem Auge verloren hat, begegnen* **2** *etwas w. etwas Verlorengegangenes finden*

Wie|der|ga|be ⟨f.11⟩ **1** *das Wiedergeben (I);* W. eines Vorfalls; die werktreue W. einer Komposition **2** *Darstellung, Abbildung;* farbige ~n; ein Buch mit sehr schönen ~n der bayerischen Landschaft

wie|der|ge|ben ⟨V.45, hat wiedergegeben⟩ **I** ⟨mit Akk.⟩ **1** *erzählen, schildern, berichten;* man kann es kaum mit Worten w.; bitte geben Sie genau wieder, was Sie gesehen haben; eine Textstelle wörtlich w. **2** *darstellen, spielen, abbilden;* ein Musikstück auf dem Klavier w.; eine Komposition werkgetreu w.; eine Landschaft im Bild w. **II** ⟨mit Dat. und Akk.⟩ jmdm. etwas w. **1** *jmdm. etwas zurückgeben;* bitte gib mir das Buch bald wieder **2** *als Wechselgeld geben;* geben Sie mir zwei Fünfmarkstücke wieder

wie|der|ge|bo|ren ⟨Adj., o.Steig.⟩ **1** *in manchen Religionen nach dem Tode erneut geboren* **2** ⟨übertr.⟩ *neugeworden;* ich fühle mich wie w.

Wie|der|ge|burt ⟨f.10⟩ **1** *(in manchen Religionen) erneute Geburt nach dem Tode* **2** ⟨übertr.⟩ *erneutes Aufleben;* eine W. des Expressionismus

wie|der|gut|ma|chen ⟨V.1, hat wiedergutgemacht; mit Akk.; verstärkend⟩ *gutmachen, ersetzen;* einen Schaden w.; eine böse Tat w.

Wie|der|gut|ma|chung ⟨f.10⟩

wie|der|ho|len ⟨V.1, hat wiedergeholt; mit Akk.⟩ *zurückholen;* ich werde mir die Bücher gelegentlich w.; ich hole mir mein Kind wieder **wie|der|ho|len** ⟨V.1, hat wiederholt⟩ **I** ⟨mit Akk.⟩ **1** *noch einmal sagen oder tun;* ein Wort, einen Satz w.; bitte w. Sie den Namen (damit ich weiß, ob Sie ihn richtig verstanden haben, bzw. weil ich ihn nicht richtig verstanden habe); eine Übung w.; eine Veranstaltung (wegen regen Besuchs) w. **2** *noch einmal (flüchtig) zum besseren Einprägen lernen;* einen Wissensstoff w.; Vokabeln w. **II** ⟨refl.⟩ sich w. **1** *etwas mehrmals sagen;* du wiederholst dich sehr oft **2** *mehrmals erscheinen, auftreten;* dieser Vorgang wiederholt sich fast täglich

wie|der|holt ⟨Adj., o.Steig.; nur als Attr. und Adv.⟩ *mehrmalig;* ~e Mahnungen, Proteste; durch ~es Lernen prägt sich ein Sachverhalt ein; trotz ~er Versuche; ich habe dich schon w. ermahnt, gebeten

Wie|der|ho|lung ⟨f.10⟩ **1** ⟨nur Sg.⟩ *das Wiederholen;* die Sendung fand solchen Anklang, daß um eine W. gebeten wurde **2** *wiederholte Darstellung;* die heutige Sendung ist eine W. der Sendung von vorgestern; einen musikalischen Satz bei der W. anders phrasieren

Wie|der|ho|lungs|fall ⟨m.2; nur in der Fügung⟩ im W. *falls das noch einmal vorkommt*

Wie|der|ho|lungs|zahl|wort ⟨n.4⟩ *Wort, das ausdrückt, wie oft etwas wiederholt wird, z.B.* zweimal, fünfmal

Wie|der|ho|lungs|zei|chen ⟨n.7; Mus.⟩ *Zeichen* |: oder :|) *, das angibt, daß ein Teil des Stückes wiederholt werden soll*

Wie|der|hö|ren ⟨n.; nur in der Fügung⟩ auf W.! *Verabschiedungsgruß am Telefon und im Rundfunk*

wie|der|käu|en ⟨V.1, hat wiedergekäut; mit Akk.⟩ **1** ⟨bei Wiederkäuern⟩ *(aus dem Magen heraufholen und) nochmals kauen;* Nahrung w. **2** ⟨ugs.⟩ *(lästigerweise) wiederholen;* wir haben den Stoff nun schon dreimal wiedergekaut

Wie|der|käu|er ⟨m.5⟩ *Paarhufer, der die Nahrung im mehrteiligen Magen vorverdaut, sie anschließend nach oben bringt und nochmals kaut, "wiederkäut" (z.B. Hirsch, Rind)*

Wie|der|kauf ⟨m.2⟩ → *Rückkauf*

wie|der|keh|ren ⟨V.1, ist wiedergekehrt; o.Obj.⟩ **1** ⟨geh.⟩ *zurückkehren;* er ist aus dem Krieg gesund wiedergekehrt **2** *noch einmal kommen,* eine so gute Gelegenheit kehrt nicht wieder **3** *wieder eintreten, nochmals, mehrmals auftreten;* das Motiv kehrt regelmäßig wieder **4** *sich jähren;* morgen kehrt der Tag wieder, an dem wir ...

wie|der|kom|men ⟨V.71, ist wiedergekommen; o.Obj.⟩ **1** *zurückkommen;* er ist aus dem Krieg (nicht) wiedergekommen; von einer Reise wohlbehalten w.; komm gesund wieder! **2** *noch einmal, mehrmals kommen,* komm bald wieder!; wollen Sie nicht einmal w.?; er kommt immer wieder; er wird nun nicht mehr w.

Wie|der|kunft ⟨f., -, nur Sg.; geh.⟩ *das Zurückkehren;* die W. Christi

wie|der|sa|gen ⟨V.1, hat wiedergesagt; mit Dat. und Akk.; ugs.⟩ *jmdm. etwas w.* **1** *bestätigen;* das Gerät ist sehr gut, Sie werden es mir w. (wenn Sie es selbst geprüft, benutzt haben) **2** *weitersagen, weitererzählen;* bitte sag es ihm nicht wieder

Wie|der|schau|en ⟨n.; nur in der Fügung⟩ auf W.! *auf Wiedersehen!*

wie|der|se|hen ⟨V.136, hat wiedergesehen; mit Akk.⟩ **1** *nochmals, noch mehrmals sehen;* ich möchte diese Stadt gern w.; wann sehen wir uns wieder?; sehe ich Sie einmal wieder?; wir haben uns seitdem noch oft, nie wiedergesehen; das Geld wirst du nie w. ⟨ugs.⟩ *das Geld bekommst du nie zurück*

Wie|der|se|hen ⟨n.7⟩ *das Sichwiedersehen, erneutes Zusammenkommen, Treffen;* W. feiern; auf W.! ⟨Abschiedsgruß⟩; auf baldiges W.!; es gab ein fröhliches W.; herzliche Grüße bis zum nächsten W. ⟨als Briefschluß⟩

Wie|der|tau|fe ⟨f.11; Christentum⟩ *zweite Taufe im Erwachsenenalter*

Wie|der|täu|fer ⟨m.5⟩ *Angehöriger einer christlichen Sekte (in der Reformationszeit), in der die Wiedertaufe üblich war*

wie|der|um ⟨Adv.⟩ **1** *noch einmal;* als ich ihn w. traf, bat ... **2** *andererseits;* er w. war der Meinung, daß ... **3** *meinerseits, deinerseits usw.;* ich habe es von ihm erfahren

Wie|der|ver|ei|ni|gung ⟨f., -, nur Sg.⟩ *erneute Vereinigung (bes. zweier Landesteile)*

wie|der|ver|kau|fen ⟨V.1, hat wiederverkauft; mit Akk.⟩ *etwas w. etwas Gekauftes verkaufen*

Wie|der|vor|la|ge ⟨f., -, nur Sg.⟩ *nochmaliges Vorlegen (eines schriftlich fixierten Vorgangs, einer Akte);* zur W. ⟨Abk.: z. Wv.⟩; als Aktenvermerk

wie|feln ⟨V.1, hat gewiefelt; schweiz.⟩ → *wiebeln*

wie|fern ⟨Adv.; †⟩ *inwiefern*

Wie|ge ⟨f.11⟩ *kastenartiges, kleines Bett (für Säuglinge) auf Kufen, das geschaukelt werden kann;* die W. der Menschheit ⟨übertr.⟩ *das Herkunftsgebiet der Menschheit;* das ist ihm nicht an der W. gesungen worden ⟨übertr.⟩ *daß eine solche Entwicklung durchlaufen würde, hätte niemand geahnt;* das ist ihm in die W. gelegt worden ⟨übertr.⟩ *das hat er von Geburt an;* von der W. an ⟨übertr.⟩ *von Geburt an;* von der W. bis zur Bahre ⟨ugs.⟩ *das ganze Leben hindurch*

Wie|ge|bra|ten ⟨m.7⟩ *Hackbraten*

Wie|ge|mes|ser ⟨n.5⟩ *Messer mit (doppelter) gebogener Schneide und zwei Griffen (zum Zerkleinern von Zwiebeln, Kräutern u.a. durch "wiegende" Hin- und Herbewegung)*

wie|gen[1] ⟨V.182, hat gewogen⟩ **I** ⟨mit Akk.⟩ **1** *jmdn. oder sich w. das Gewicht, das Gewicht von etwas oder jmdm. feststellen;* er wog den Brief in der Hand *er nahm den Brief in die Hand und schätzte sein Gewicht* **II** ⟨o.Obj.⟩ *ein Gewicht haben;* er wiegt 70 kg; das Paket wiegt 3 kg; dieses Argument wiegt schwer *dieses Argument ist wichtig, muß ernst genommen werden* [zu *wägen, Waage*]

wie|gen[2] ⟨V.1, hat gewiegt⟩ **I** ⟨mit Akk.⟩ **1** *etwas w.* **a** *mit dem Wiegemesser fein schneiden;* Petersilie w. **b** *leicht, sanft hin und her bewegen;* den Kopf (zweifelnd, nachdenkend) w. **2** *jmdn. w.* **a** *in der Wiege leicht schaukeln;* ein Kind w. **b** *leicht und sanft hin und her bewegen;* ein Kind, jmdn. in den Armen w.; jmdn. in Sicherheit w. ⟨übertr.⟩ *jmdn. glauben lassen, daß er sicher sei* **II** ⟨refl.⟩ *sich w. sich leicht, sanft hin und her, auf und nieder bewegen;* sich im Schaukelstuhl wiegen; das Boot, der Vogel wiegt sich auf den Wellen; sich beim Gehen in den Hüften w.; sich in der Hoffnung, in dem Glauben w., daß ... (meist irrtümlich) *hoffen, glauben, daß ...* [zu *Wiege*]

Wie|gen|druck ⟨m.1⟩ → *Inkunabel*

Wie|gen|fest ⟨n.1; poet.⟩ *Geburtstag*

Wie|gen|lied ⟨n.3⟩ *Schlaflied*

wie|hern ⟨V.1, hat gewiehert; o.Obj.⟩ **1** ⟨vom Pferd⟩ *rufen, Laute von sich geben* **2** ⟨übertr.⟩ *laute, unschöne Laute (wie ein Pferd) von sich geben;* er wieherte vor Lachen **3** *laut, stark lachen;* wir haben gewiehert, als er das erzählte

Wiek ⟨f.10; nddt.⟩ *kleine, flache Bucht (der Ostsee)*

Wie|men ⟨m.7; norddt.⟩ **1** *Gestell zum Trocknen und Räuchern* **2** *Sitzstange für Hühner* [< lat. vimen „Rute, Flechtwerk"]

Wie|ner **I** ⟨m.5⟩ *Einwohner von Wien* **II** ⟨f., -, -⟩ *Brühwurst aus Schweine- und Rindfleisch*

Wies|baum ⟨m.2⟩ *Stange über dem beladenen Heuwagen;* auch: *Wiesebaum*

Wie|se ⟨f.11⟩ *große Fläche, die mit Gras und wildwachsenden, krautigen Pflanzen bedeckt ist*

Wie|se|baum ⟨m.2⟩ → *Wiesbaum*

Wie|sel ⟨n.5⟩ *schlanker, gewandter Marder mit rötlichbrauner Ober- und weißer Unterseite (Maus~)* [< ahd. *wisula*, wohl zur ig. Wurzel *ueis-* „fließen" (von fauligen, stinkenden Stoffen) mit Verkleinerungsendung, also „kleines Stinktier"]

wie|seln ⟨V.1, ist gewieselt; o.Obj.⟩ *(wie ein Wiesel) flink, leichtfüßig und behende laufen*

Wie|sen|knopf ⟨m.1; Bot.⟩ *staudiges Rosengewächs mit gefiederten Blättern und kleinen Blüten in kugeliger, kurzer Ähre*

Wie|sen|schmät|zer ⟨m.5⟩ → *Braunkehlchen*

wie|so ⟨Adv.⟩ *warum, wie kommt es, daß ...;* w. hat er nicht angerufen?

wie|viel ⟨Adv.⟩ **1** *welche Menge, welche Anzahl;* w. Geld hast du bei dir?; w. Leute werden kommen?; um w. ist er morgen?; welches Datum haben wir morgen?; in welchem Ausmaß?; w. jünger bist du?; w. angenehmer wäre das!

wie|vie|ler|lei ⟨Adv.⟩ *wie viele verschiedene;* w. Sorten Obst gibt es?

wie|viel|mal ⟨Adv.⟩ *wie viele Male;* w. warst du in Rom?

wie|weit ⟨Adv.⟩ *in welchem Ausmaß;* ich weiß nicht, w. man ihm trauen kann

wie|wohl ⟨Konj.⟩ **1** *obwohl;* w. er es genau weiß **2** *allerdings, aber doch;* das kleinste, w. kostbarste Stück

Wig|wam ⟨m.9⟩ *Hauszelt der nordamerikanischen Indianer* [< Algonkin, in verschiedenen Formen je nach dem Dialekt: *wigwâm, wigiwâm, wikwâm, wikiwâm* „Wohnung", < *wigw* oder *wigiw* „er wohnt" (zu *wig, wik* „wohnen") mit Ableitungssilbe ... *am*]

Wi|king ⟨m.3⟩, **Wi|kin|ger** ⟨m.5⟩ *Angehöriger eines nordgermanischen Seefahrervolkes, das über England ins fränkische Reich und bis Süditalien vordrang;* Syn. *Normanne*

wild ⟨Adj., -er, am -esten⟩ **1** ⟨o.Steig.⟩

wildlebend, wildwachsend, nicht gezähmt, nicht kultiviert; ~e Blumen; Majoran wächst hier w.; ~e Tiere **2** nicht zivilisiert; ~e Völker **3** im natürlichen Zustand; ~e Schlucht; eine ~e Landschaft **4** ungesittet, unkultiviert; eine ~e Schar; ~es Benehmen **5** unkontrolliert, nicht offiziell geregelt; ~e Ehe nicht rechtsgültig geschlossene Ehe; ein ~er Streik; w. zelten; **6** heftig, stark; w. wuchernde Pflanzen **7** heftig begehrend, heftig verlangend; ganz w. auf etwas sein etwas gern mögen, haben, essen; sie ist ganz w. auf Spargel; w. auf jmdn. sein jmdn. heftig begehren **8** ungestüm; ihn packte eine ~e Wut, ein ~er Zorn **9** außer sich; er war w. vor Wut, vor Zorn, vor Eifersucht **10** wüst, ungezügelt; eine ~e Jagd; eine ~e Sauferei; hier geht es w. zu **11** stark, sehr; w. entschlossen; es ging w. durcheinander **12** schlimm, gefährlich; das ist halb so w.

Wild ⟨n., -(e)s, nur Sg.⟩ **1** jagdbares Tier (Feder~, Groß~, Haar~); ein Stück W. (Jägerspr.) Einzeltier **2** ⟨kurz für⟩ → *Wildbret;* abgehangenes W.

Wild|bach ⟨m.2⟩ Gebirgsbach mit großem Gefälle und hoher Fließgeschwindigkeit; ein reißender W.

Wild|bad ⟨n.4⟩ Badeort mit warmer Heilquelle

Wild|bahn ⟨f.; nur in der Fügung⟩ in freier W. *in der Natur;* Tiere in freier W. beobachten

Wild|bann ⟨m.1; früher⟩ Gebiet, in dem nur der Landesherr Jagdrecht hat

Wild|beu|ter ⟨m.5, Pl.⟩ menschliche Gruppe, die von der Ausbeutung der Natur als Jäger, Fischer und Sammler lebt und keine produktive Wirtschaft kennt (z. B. Eskimos, Pygmäen)

Wild|bret ⟨n., -s, nur Sg.⟩ Fleisch vom eßbaren Wild; auch: *Wildpret,* ⟨kurz⟩ *Wild* [< *Wild* und *Braten*]

Wild|dieb ⟨m.1⟩ → *Wilderer*

wil|dern ⟨V.1, hat gewildert; o.Obj.; bayr.-österr.⟩ den typischen Wildgeschmack, Hautgout aufweisen; das Fleisch wildet

Wild|en|te ⟨f.11⟩ wildlebende Ente (z. B. Krick-, Stockente)

Wil|de(r) ⟨m., f.17 oder 18; meist abwertend⟩ Angehörige(r) eines Naturvolkes, eines Volkes auf niedrigster Kulturstufe

Wil|de|rer ⟨m.5⟩ *jmd., der wildert;* Syn. Wilddieb, Wildschütz [< mhd. *wilderære* „Jäger", *wildenære* „Wildschütz, Jäger"]

wil|dern ⟨V.1, hat gewildert; o.Obj.⟩ **1** widerrechtlich Wild erlegen **2** ⟨von Haustieren⟩ streunen und wildlebende Tiere töten; ~e Hunde, Katzen

Wild|fang ⟨m.2⟩ sehr lebhaftes Kind [eigtl. „wild gefangenes Tier"]

wild|fremd ⟨Adj., o.Steig.⟩ völlig fremd; ein ~er Mensch

Wild|gans ⟨f.2⟩ wildlebende Gans (z. B. Grau-, Saatgans)

Wild|gat|ter ⟨n.5⟩ → *Gatter (1 a)*

Wild|heit ⟨f., -, nur Sg.⟩ *das Wildsein*

Wild|kat|ze ⟨f.11⟩ **1** ⟨i.w.S.⟩ wildlebende, kleine Katze (z. B. Falb-, Steppenkatze) **2** ⟨i.e.S.⟩ in eurasiatischen Gebirgswäldern wild vorkommende Katze **3** ⟨übertr.⟩ temperamentvolles, widerspenstiges Mädchen

Wild|kraut ⟨n.4; neue wertfreie Bez. für⟩ → *Unkraut*

Wild|le|der ⟨n.5⟩ Leder mit samtartiger Oberfläche (bes. vom Wild, z. B. von Gemse, Hirsch und Reh)

Wild|ling ⟨m.1⟩ **1** nicht veredelte Jungpflanze **2** eingefangenes, nicht gezähmtes Wildtier **3** ungestümer junger Mensch

Wild|nis ⟨f.1⟩ unbebautes, natürlich gebliebenes Land

Wild|pret ⟨n., -s, nur Sg.⟩ → *Wildbret*

wild|ro|man|tisch ⟨Adj., o.Steig.⟩ sehr romantisch und ursprünglich; eine ~e Landschaft

Wild|sau ⟨f.10⟩ → *Wildschwein (2)*

Wild|scha|den ⟨m.8⟩ **1** durch Wild an Kulturpflanzen angerichteter Schaden **2** durch Wild verursachter Schaden an einem Fahrzeug (bei einem Verkehrsunfall)

Wild|schütz ⟨m.10; aufwertend⟩ → *Wilderer*

Wild|schwein ⟨n.1⟩ **1** ⟨i.w.S.⟩ wildlebendes Schwein (z. B. Warzenschwein) **2** ⟨i.e.S.⟩ schwarz behaartes Schwein eurasiatisch-nordafrikanischer Wälder; Syn. Sau, Schwarzwild, Wildsau

Wild|was|ser ⟨n.5⟩ Fließgewässer mit starker Strömung und natürlichen Hindernissen

Wild|west ⟨o.Art.⟩ *der Wilde Westen,* → *Westen (2)*

Wild|west|film ⟨m.1⟩ → *Western*

wil|hel|mi|nisch ⟨Adj., o.Steig.⟩ zur Zeit Wilhelms II. gehörig, daraus stammend; ⟨aber⟩ *das Wilhelminische Zeitalter*

Wil|le ⟨m.15⟩ *das Wollen, Absicht, Entschlossenheit, die jmds. Handeln leitet;* jmds. ~ brechen; seinen ~n durchsetzen; jmdm. seinen ~n lassen; das ist sein eigener, fester W.; seinen guten ~ zeigen; letzter W., Testament; auf seinem ~n bestehen; das ist nicht aus bösem ~n geschehen; gegen jmds. ~n handeln; wider ~n *ohne Absicht;* jmdm. zu ~n sein 1. sich einem Mann hingeben, 2. sich jmdm. unterwerfen

wil|len ⟨Präp. mit Gen.⟩ um ... willen *wegen;* um des lieben Friedens w.; um Gottes w.

wil|len|los ⟨Adj., -er, am -esten⟩ *ohne eigenen Willen;* ein ~er Mensch **Wil|len|lo|sig|keit** ⟨f., -, nur Sg.⟩

wil|lens ⟨Adv.; nur in der Fügung⟩ w. sein bereit sein (zu etwas); er war w. zu arbeiten; ich bin nicht w., ihm nachzugeben

Wil|lens|akt ⟨m.1⟩ *auf dem Willen beruhende Tat*

Wil|lens|kraft ⟨f., -, nur Sg.⟩ Fähigkeit, seinen Willen durchzusetzen

wil|lens|schwach ⟨Adj., willensschwächer, am willensschwächsten; nur als Attr. und mit „sein"⟩ nicht viel Willen habend; ein ~er Mensch; er ist w.

Wil|lens|schwä|che ⟨f., -, nur Sg.⟩ Mangel an Willenskraft

wil|lens|stark ⟨Adj., willensstärker, am willensstärksten⟩ viel Willenskraft habend; eine ~e Frau

Wil|lens|stär|ke ⟨f., -, nur Sg.⟩ große Willenskraft

wil|lent|lich ⟨Adj., o.Steig.⟩ absichtlich, bewußt; w. handeln; w. etwas zerstören; das habe ich nicht w. getan

will|fah|ren ⟨V.1, hat willfahrt⟩, **will|fah|ren** ⟨hat gewillfahrt; mit Dat.⟩ jmdm. w. *jmdm. seinen Willen tun, jmds. Wunsch erfüllen*

will|fäh|rig ⟨Adj.⟩ gefügig, nachgiebig; er war sein ~er Handlanger; jmdm. w. sein; sich w. zeigen **Will|fäh|rig|keit** ⟨f., -, nur Sg.⟩

wil|lig ⟨Adj.⟩ bereit, das Verlangte, Erwartete zu tun; ein ~er Arbeiter, Schüler; er tut w. jede Arbeit

wil|li|gen ⟨V.1, hat gewilligt; mit Präp.obj.†⟩ in etwas w. *sich mit etwas einverstanden erklären, in etwas einwilligen;* in einen Vorschlag w.; in eine Trennung, in die Scheidung w.

Wil|lig|keit ⟨f., -, nur Sg.⟩ *das Willigsein, Bereitschaft (etwas Verlangtes zu tun)*

Will|komm ⟨m.1⟩ → *Willkommen*

will|kom|men ⟨Adj.⟩ **1** gern gesehen, erfreulich, lieb; sei ein ~er Gast; Sie sind mir jederzeit w. wir freuen uns jederzeit, wenn Sie kommen **2** gern angenommen, angenehm, gut passend; eine ~e Gelegenheit; ein Angebot ist mir sehr w. **3** ⟨in festen Wendungen, bes. Begrüßungsformeln⟩ w.!, sei w.! *es ist schön, daß du gekommen bist!;* jmdn. w. heißen *jmdn. freudig begrüßen*

Will|kom|men ⟨n.7 oder m.7⟩ *Begrüßung, Empfang;* auch: ⟨kurz⟩ *Willkomm;* jmdm. ein herzliches W. bieten

Will|kom|mens|gruß ⟨m.2⟩ Gruß beim Empfang

Will|kom|mens|trunk ⟨m.2⟩ Trunk zur Begrüßung

Will|kür ⟨f., -, nur Sg.⟩ Selbstherrlichkeit, Handeln ohne Rücksicht auf die Gesetze und andere Menschen; schrankenlose W.; jmdn. jmds. W. preisgeben

Will|kür|herr|schaft ⟨f., -, nur Sg.⟩ Herrschaft, die nicht durch Gesetze geregelt ist

will|kür|lich ⟨Adj.⟩ **1** bewußt, gewollt; ~es Handeln **2** *von Willkür gelenkt, selbstherrlich;* w. regieren **3** *unsystematisch, zufällig;* eine ~e Auswahl

wim|meln ⟨V.1, hat gewimmelt; o.Obj.⟩ **1** *sich rasch in großer Zahl durcheinander bewegen;* Fische w. im Netz; Ameisen w. auf der Terrasse; Menschen w. auf dem Platz **2** *von etwas w. etwas in großer Zahl und in rascher Bewegung auf sich, an sich haben;* der Hund wimmelt von Flöhen; seine Haare w. von Läusen; die Arbeit wimmelt von Fehlern ⟨übertr.⟩; ⟨unpersönl., mit „es"⟩ *es wimmelt von etwas etwas ist in großer Zahl und in rascher Bewegung vorhanden;* hier wimmelt es von Ameisen; auf dem Platz wimmelt es von Menschen

wim|men ⟨V.1, hat gewimmt; schweiz.⟩ I ⟨o.Obj.⟩ Traubenlese, Weinlese halten; morgen beginnen wir zu w. II ⟨mit Akk.⟩ *ernten, lesen;* Trauben w. [< mhd. *windemen* < ahd. *windemon* < lat. *vindemiare* „Weinlese halten", < *vinum* „Wein" und *demere* „wegnehmen"]

Wim|mer¹ ⟨m.5; schweiz.⟩ → *Winzer* [zu *wimmen*]

Wim|mer² ⟨m.5⟩ harte, knorrige Stelle im Holz [< mhd. *wimmer* „Auswuchs, Bläschen"]

Wim|merl ⟨n.14; bayr.-österr.⟩ Bläschen, (kleiner) Pickel [zu *Wimmer²*]

wim|mern ⟨V.1, hat gewimmert; o.Obj.⟩ *leise und in hohen Tönen weinen, jammern, klagen;* vor Schmerzen w.; um Schonung, Gnade w. kläglich, jammernd um Schonung, Gnade flehen; es war zum Wimmern ⟨ugs.⟩ *es war sehr komisch*

Wim|met ⟨m., -s, nur Sg.; schweiz.⟩ → *Traubenlese* [zu *wimmen*]

Wim|pel ⟨m.5⟩ kleine, dreieckige Flagge (Signal~, Vereins~) [nddt., < mhd. *wimpel* „Wimpel, Fähnchen, Stirnbinde, Kopftuch", < ahd. *winfila* „Kopftuch"]

Wim|per ⟨f.11⟩ jedes von vielen gebogenen, kurzen Haaren an den Rand der Augenlider; Syn. Augenwimper; ohne mit der W. zu zukken *ohne sich eine Gefühlsregung anmerken zu lassen* [< mhd. *winbra, wintbra(we)* < ahd. *wintbrawa* „Wimper", zu *brawa* „Braue", die Bed. des ersten Wortteiles ist umstritten]

Wim|perg ⟨m.1⟩ *verzierter Giebel über Fenstern und Türen* [< mhd. *wintberge* „Schutz vor dem Wind bietender Platz, Zinne", < *Wind* und *bergen*]

Wim|per|tier|chen ⟨n.7⟩ Einzeller mit wimpernähnlichen Plasmafortsätzen, die zur Fortbewegung und zum Herbeistrudeln der Nahrung dienen (z. B. Pantoffeltierchen)

Wind ⟨m.1⟩ **1** kräftige Luftbewegung im Freien; ein sanfter, eisiger, böiger W.; ein W. kommt auf; auffrischende ~e; W. von etwas bekommen ⟨übertr.⟩ *etwas erfahren;* der W. dreht, läßt nach; viel W. um etwas machen ⟨übertr.⟩ *viel Aufhebens von etwas machen;* jmdm. den W. aus den Segeln nehmen ⟨übertr.⟩ *jmdm. gut parieren;* sich den W. um die Nase wehen lassen ⟨übertr.⟩ *Lebenserfahrung gewinnen;* jetzt weht ein anderer W. ⟨übertr.⟩ *jetzt werden schärfere Maßnahmen ergriffen;* bei W. und Wetter *bei jedem Wetter;* gegen den W. segeln; einen Rat in den W. schlagen ⟨übertr.⟩ *einen Rat nicht beachten;* in den W. reden ⟨übertr.⟩ *ohne Gehör zu finden reden;* in alle ~e *in alle Richtungen;* sein

Mäntelchen nach dem W. hängen ⟨übertr.⟩ seine Meinung nach Erwägen des Nutzens ändern; vor dem W. segeln; wie der W. ⟨übertr.⟩ sehr schnell; wissen, woher der W. weht ⟨übertr.⟩ wissen, wie die Dinge stehen 2 Blähung, Darmwind; einen W. ablassen, streichen lassen 3 ⟨an der Orgel⟩ den Pfeifen zugeführte Luft

Wind|beu|tel ⟨m.5⟩ 1 leichtes, mit Schlagsahne gefülltes Gebäck 2 ⟨übertr.⟩ leichtsinniger, leichtfertiger Mensch

Wind|blüt|ler ⟨m.5⟩ Pflanze, deren Pollen durch Wind verbreitet werden

Wind|büch|se ⟨f.11; 15. bis Anfang des 19.Jh.⟩ geräuschlose Handwaffe, bei der ein mit Druckpumpe erzeugter Luftdruck den Bleigeschossen die Fluggeschwindigkeit verleiht

Wind|bruch ⟨m.2⟩ durch Sturm entstandener Schaden (an Waldbäumen)

Win|de ⟨f.11⟩ 1 Gerät zum Heben und Senken von Lasten (z.B. Seil, das mittels Kurbel um eine Trommel gewunden wird; Seil∼) 2 Pflanze mit einzelnen, trichterförmigen Blüten und rankenden (sich windenden) Trieben 3 ⟨schweiz.⟩ Dachboden, Speicher

Wind|ei ⟨n.3⟩ 1 Vogelei ohne Kalkschale 2 →Mole² 3 ⟨übertr.⟩ nur scheinbar bedeutsame Angelegenheit

Win|del ⟨f.11⟩ weiches, saugfähiges Tuch, das um den Unterleib eines Säuglings gewickelt wird um dessen Ausscheidungen aufzunehmen); das Kind in ∼n wickeln; das steckt noch in den ∼n ⟨übertr.⟩ das ist in seiner Entwicklung noch nicht ausgereift

win|deln ⟨V.1, hat gewindelt; mit Akk.⟩ in Windeln einwickeln; ein Kind w.; der Kranke muß gewindelt werden

win|del|weich ⟨Adj., o.Steig.⟩ 1 ⟨in der Wendung⟩ jmdn. w. prügeln jmdn. kräftig verprügeln 2 ⟨übertr.⟩ zu weich, nichtssagend; eine ∼e Ausrede abgeben

win|den¹ ⟨V.2, hat gewindet; o.Obj.⟩ 1 ⟨unpersönl., mit „es"⟩ es windet es weht ein Wind 2 ⟨Jägerspr.⟩ den Wind prüfen; der Hund, das Wild windet

win|den² ⟨V.183, hat gewunden⟩ I ⟨mit Akk.⟩ 1 mittels Winde befördern; einen Eimer in den Brunnen, aufs Dach w. 2 drehen, mit drehender Bewegung wegnehmen; jmdm. einen Stock, eine Waffe aus der Hand w. 3 schlingen, wickeln; ein Tuch um den Kopf w.; eine Girlande um einen Sessel w.; ein Band um einen Stab w. 4 flechten; Blumen um ein Bild, zum Kranz w. II ⟨refl.⟩ sich w. 1 sich schlingen, sich ranken; eine Kletterpflanze windet sich um einen Baumstamm, um eine Säule 2 sich krümmen, sich drehend bewegen; der Wurm wand sich im Schnabel des Vogels; sich vor Schmerzen w. 3 sich in Windungen fortbewegen, mit drehenden Bewegungen kriechen; die Schlange wand sich um seinen Leib, wand sich durch die Gräser; sich durch eine Zaunlücke w. 4 in Schlangenlinien, in Windungen verlaufen; der Bach, der Weg windet sich durch die Felsen; ein gewundener Flußlauf; sich gewunden ausdrücken sich unnatürlich, in verschachtelten Sätzen, in ungewöhnlicher Wortfolge ausdrücken 5 ⟨übertr.⟩ nicht wissen, was man sagen, tun soll; sie wand sich vor Verlegenheit

Wind|er|hit|zer ⟨m.5⟩ Vorrichtung am Hochofen zum Erhitzen der Verbrennungsluft

Win|des|ei|le ⟨f., nur in den Fügungen⟩ mit W. sehr schnell

Wind|fang ⟨m.2⟩ 1 ⟨an Hauseingängen⟩ kleiner, überdachter und seitengeschützter Vorbau 2 Raum zwischen einer Außen- und einer Innentür 3 ⟨Jägerspr.; beim Schalenwild⟩ Nase

Wind|har|fe ⟨f.11⟩ Äolsharfe

Wind|hauch ⟨m., -(e)s, nur Sg.⟩ schwacher Luftzug; ein sanfter W.

Wind|ho|se ⟨f.11⟩ →Wirbelsturm [...hose

vermutl. zu engl. hose „Schlauch; kleiner Tornado"]

Wind|hund ⟨m.1⟩ 1 schlanker, langbeiniger Hund mit schmalem, langem Kopf (z.B. Greyhound, Windspiel) 2 ⟨ugs.⟩ leichtsinniger, unzuverlässiger Mensch [meist gedeutet als „wendischer Hund"]

win|dig ⟨Adj.⟩ 1 durch viel Wind gekennzeichnet; ∼es Wetter; ein ∼er Tag 2 vom Wind umweht, ausgesetzt; ein ∼er Ort; hier oben ist es w. 3 ⟨übertr., ugs.⟩ nicht überzeugend, nicht beeindruckend; ∼e Ausreden, pressen", also „ein Schiff, das sich mit Wind abgewandter Seite der Sache, hinter der nichts steckt

Wind|ja|cke ⟨-k|k-; f.11⟩ Jacke aus wasserundurchlässigem Material, die vor Regen und Wind schützt

Wind|jam|mer ⟨m.5⟩ großes Segelschiff [engl., < wind „Wind" und to jam „drängen, pressen", also „ein Schiff, das sich gegen den Wind drängt", in der Frühzeit der Dampfschiffahrt abwertend für ein großes und vergleichsweise nicht so schnelles Segelschiff gebraucht]

Wind|ka|nal ⟨m.2⟩ 1 tunnelartige Versuchsanlage zur Untersuchung der strömungsmechanischen Eigenschaften (von Flugzeugen, Kraftfahrzeugen und Schiffen) 2 →Windlade

Wind|la|de ⟨f.; an der Orgel⟩ Kasten, auf dem die Pfeifen stehen und durch den der Luftstrom geregelt wird; Syn. Windkanal

Wind|licht ⟨n.3⟩ zum Schutz vor dem Wind mit einem Glasbehälter abgedeckte Kerze

Wind|ma|schi|ne ⟨f.11; Theater, Film⟩ Gerät zum Erzeugen des Windgeräusches

Wind|mes|ser ⟨m.5⟩ →Anemometer

Wind|müh|le ⟨f.11⟩ Mühle mit großem, vierteiligem Flügelrad, das durch Windkraft angetrieben wird

Wind|müh|len|flü|gel ⟨m.5⟩ Flügel einer Windmühle; gegen W. kämpfen ⟨übertr.⟩ gegen Nichtiges oder Eingebildetes kämpfen

Wind|pocken ⟨-k|k-; f.11, Pl.⟩ sehr ansteckende, aber harmlose Kinderkrankheit durch Virusinfektion; Syn. Spitzpocken, Varizellen

Wind|rad ⟨n.4⟩ durch den Wind angetriebene, propellerartige Vorrichtung auf einem hohen Gestell (z.B. zur Stromerzeugung für Selbstversorger)

Wind|räd|chen ⟨n.7⟩ an einem Stab befestigtes, buntes Rädchen, das vom Wind bewegt wird (als Kinderspielzeug)

Wind|rich|tung ⟨f.10⟩ Richtung, aus der der Wind weht

Wind|rös|chen ⟨n.7⟩ →Anemone

Wind|ro|se ⟨f.11⟩ kreisrunde Scheibe mit aufgezeichneten Haupt- und Nebenhimmelsrichtungen (bei einem Kompaß)

Wind|sack ⟨m.2⟩ am offenen Ende durch Metallring offengehaltener Sack aus leichtem Stoff, der an einer Stange aufgehängt ist und Windstärke und Windrichtung anzeigt

Winds|braut ⟨f., -, nur Sg.; poet.⟩ (im Volksglauben als weibliche Person gedachter) sehr starker Wind

Wind|schat|ten ⟨m., -s, nur Sg.⟩ die dem Wind abgewandte Seite; Ggs. Windseite; im W. eines Berges; im W. fahren Autos fahren

wind|schief ⟨Adj., o.Steig.⟩ 1 durch Wind allmählich schief geworden, verzogen; eine ∼e Hütte 2 ⟨bei Geraden im Raum⟩ weder parallel noch sich schneidend

Wind|schirm ⟨m.1⟩ schräg gegen den Wind gestelltes Schutzgerät

wind|schlüp|fig, wind|schnit|tig ⟨Adj.⟩ einem Luftstrom wenig Widerstand bietend, stromlinienförmig; eine ∼e Karosserie

Wind|schutz|schei|be ⟨f.11; bei Kfz⟩ vordere Fensterscheibe

Wind|sei|te ⟨f.11⟩ die dem Wind zugewandte Seite; Ggs. Windschatten

Wind|spiel ⟨n.1⟩ feingliedriger, zierlicher italienischer Windhund

Wind|stär|ke ⟨f.11⟩ Maß für die Geschwindigkeit des Windes (mit Ziffern von 1 bis 12 angegeben)

wind|still ⟨Adj.⟩ ohne Wind, ohne Luftbewegung; ein ∼er Tag

Wind|stil|le ⟨f., -, nur Sg.⟩ das Fehlen von Wind

Wind|stoß ⟨m.2⟩ plötzlicher, heftiger, kurzer Wind

Wind|sur|fen ⟨[-sə:fən] n., -s, nur Sg.⟩ Segelsport mit einer Art Brett mit Mast, Schwert und Segel; auch: ⟨kurz⟩ Surfen; vgl. Surfing, Surfriding [< Wind und engl. to surf „wellenreiten", zu surf „Brandung"]

Win|dung ⟨f.10⟩ Krümmung, Biegung (Fluß∼, Rohr∼); der Fluß, der Weg verläuft in ∼en; sich in ∼en fortbewegen

Wind|zug ⟨m.2⟩ starker Luftzug

Win|gert ⟨m.1; schweiz., westmdt.⟩ →Weinberg [eigtl. „Weingarten"]

Wink ⟨m.1⟩ 1 mit der Hand, dem Kopf oder den Augen gegebenes Zeichen; ein deutlicher, heimlicher W. 2 Andeutung, Hinweis, Tip; einen W. bekommen, verstehen; ein W. des Schicksals ⟨ugs.⟩ Ereignis, das als Hinweis oder Warnung verstanden wird; ein W. mit dem Zaunpfahl ⟨übertr.⟩ ein sehr deutlicher Hinweis

Win|kel ⟨m.5⟩ 1 geometrische Figur aus zwei von einem Punkt ausgehenden, in verschiedenen Richtungen verlaufenden Geraden; rechter, spitzer, stumpfer W. 2 von zwei aneinanderstoßenden Wänden gebildeter Raum, Ecke; in einem W. sitzen; in allen ∼n suchen; in einem vergessenen W. etwas finden 3 verborgener, stiller Platz (im Gelände, in einer Stadt); malerischer W. 4 ⟨Mil.⟩ einen spitzen Winkel (1) bildendes Dienstgradabzeichen

Win|kel|ad|vo|kat ⟨m.10; ugs., abwertend⟩ Advokat mit geringen Kenntnissen und fragwürdigen Methoden

Win|kel|band ⟨n.4⟩ →Winkeleisen (2)

Win|kel|ei|sen ⟨n.7⟩ 1 Winkelprofil aus Eisen 2 in einem Winkel (1) gebogenes Eisenstück als Beschlag von Ecken (zum Schutz gegen Stoß); Syn. Winkelband

Win|kel|funk|ti|on ⟨f.10⟩ trigonometrische Funktion

Win|kel|ge|schwin|dig|keit ⟨f.10⟩ Geschwindigkeit einer Drehbewegung: Winkel, den die Verbindungslinie eines auf einer Kreisbahn umlaufenden Punktes mit dem Mittelpunkt in einer Sekunde überstreicht

Win|kel|ha|ken ⟨m.7⟩ in einem rechten Winkel geformtes Gerät des Schriftsetzers (das früher beim Handsatz verwendet wurde)

Win|kel|hal|bie|ren|de ⟨f.11⟩ Linie, die einen Winkel (1) in zwei gleich große Teile zerlegt

win|ke|lig ⟨Adj.⟩ zahlreiche Winkel aufweisend; auch: winklig; ein ∼es Haus

Win|kel|mes|ser ⟨m.5⟩ Gerät zur Bestimmung von Winkeln; Syn. Transporteur

Win|kel|pro|fil ⟨n.1⟩ (gewalzter oder abgekanteter) Stab mit L-förmigem Querschnitt (z.B. Winkeleisen)

Win|kel|zug ⟨m.2⟩ nicht einwandfreies Handeln, um etwas zu erreichen; Winkelzüge machen

win|ken ⟨V.1, hat gewinkt, landsch. oder scherzh. auch: gewunken⟩ I ⟨o.Obj.⟩ 1 die Hand in der Luft hin und her, auf und nieder bewegen; zum Gruß, zum Abschied w.; mit etwas w. etwas in der Luft hin und her, auf und nieder bewegen; mit dem Taschentuch, mit der Mütze w. 2 ⟨erfreulicherweise⟩ zu sehen sein; dort oben winkt eine Bank, ein schattiger Platz zum Rasten II ⟨mit Dat.⟩ 1 mit der Hand, mit einem Gegenstand ein Zeichen geben; dem Kellner w.; jmdm. mit den Augen w. mit den Augen blinzeln (um jmdm. ein Zeichen zu geben) 2 erfreulich bevorstehen, geboten werden; dem ehrlichen Finder winkt eine Belohnung; den Teilnehmern an der Verlosung w. schöne Preise

III ⟨mit Akk.⟩ jmdn. an eine Stelle w. *jmdm. ein Zeichen geben, daß er an eine Stelle kommen soll;* einen Schüler zu sich w.; einen Autofahrer an die Bordkante w.

Win|ker ⟨m.5; früher⟩ *seitlich ausklappbarer Fahrtrichtungsanzeiger*

wink|lig ⟨Adj.⟩ →*winkelig*

win|seln ⟨V.1, hat gewinselt; o.Obj.⟩ **1** ⟨von Tieren, bes. Hunden⟩ *leise in hohen Tönen klagen* **2** ⟨übertr.⟩ *in unwürdiger Weise jammern;* um Gnade, um ein paar Mark w.

Win|ter ⟨m.5⟩ **1** *die kälteste Jahreszeit zwischen Herbst und Frühling;* Ggs. *Sommer;* ein kalter, milder W.; er ist gut über den W. gekommen ⟨übertr., ugs.⟩ *er ist ziemlich dick geworden* **2** ⟨†⟩ *Jahr;* drei W. lang

Win|ter|fri|sche ⟨f.11; †⟩ **1** *Erholungsurlaub im Winter* **2** *Erholungsort für den Winterurlaub*

Win|ter|frucht ⟨f.2⟩ *landwirtschaftliche Pflanze, die im Herbst ausgesät wird;* Syn. *Winterung*

Win|ter|gar|ten ⟨m.8⟩ *Glasveranda, heller, heizbarer Raum zur Haltung von Zimmerpflanzen*

Win|ter|ge|trei|de ⟨n.5⟩ *Getreide, das im Herbst oder Vorwinter gesät und im Jahr darauf geerntet wird;* Ggs. *Sommergetreide*

Win|ter|grün ⟨n., -s, nur Sg.⟩ **1** *kleine, immergrüne Staude mit glockigen Blüten;* Nikkendes W. **2** ⟨volkstüml. für⟩ *immergrüne Pflanze (z.B. Efeu)*

Win|ter|hilfs|werk ⟨n., -(e)s, nur Sg.; 1933-1945⟩ *Hilfsorganisation für die Beschaffung von Kleidung, Heizmaterial o.ä. für Bedürftige im Winter*

Win|ter|kleid ⟨n.3⟩ **1** *warmes, im Winter getragenes Kleid* **2** *besondere, für den Winter typische Behaarung mancher Tiere oder Befiederung mancher Vögel*

Win|ter|land|schaft ⟨f.10⟩ *(von Schnee bedeckte) Landschaft*

win|ter|lich ⟨Adj., o.Steig.⟩ *wie im Winter, dem Winter angemessen;* ~e Kleidung

Win|ter|ling ⟨m.1⟩ *gelbes, bereits im Februar blühendes Hahnenfußgewächs*

Win|ter|mo|nat ⟨m.1⟩ *jeder der Monate Dezember, Januar, Februar*

win|tern ⟨V.1, hat gewintert; o.Obj.; unpersönl., mit „es"⟩ *es wintert es wird Winter, der Winter nähert sich*

Win|ter|rei|fen ⟨m.7; bei Kfz⟩ *Luftreifen mit besonderem Profil für winterliche Fahrbahnen (z.B. M+S-Reifen)*

win|ters ⟨Adv.⟩ *im Winter*

Win|ter|sa|chen ⟨f.11, Pl.⟩ *warme Kleidung für den Winter*

Win|ter|schlaf ⟨m., -(e)s, nur Sg.⟩ **1** ⟨bei manchen Tieren⟩ *Ruhezustand zur Überdauerung der kalten Jahreszeit* **2** ⟨Med.⟩ *künstliche Erniedrigung der Körpertemperatur für große chirurgische Eingriffe;* Syn. *Hibernation*

Win|ter|schluß|ver|kauf ⟨m.2⟩ *Verkauf von im Winter benötigten Artikeln (bes. Kleidung) am Ende des Winters zu ermäßigten Preisen;* Ggs. *Sommerschlußverkauf*

Win|ter|spie|le ⟨n.1, Pl.⟩ *den Wintersport umfassender Teil der Olympischen Spiele*

Win|ter|sport ⟨m., -(e)s, nur Sg.⟩ *Sportart, die auf dem Eis oder auf Schnee durchgeführt wird;* W. treiben

Win|ters|zeit ⟨f., -, nur Sg.⟩ *Zeit des Winters;* auch: *Winterzeit*

Win|te|rung ⟨f., -, nur Sg.⟩ →*Winterfrucht*

Win|ter|zeit ⟨f., -, nur Sg.⟩ →*Winterszeit*

Win|zer ⟨m.5⟩ *jmd., der berufsmäßig einen Weinberg pflegt und die Trauben erntet und keltert;* Syn. *Weinbauer,* ⟨österr.⟩ *Weinhauer,* ⟨bayr.-österr.⟩ *Weinzierl,* ⟨schweiz.⟩ *Wimmer* [< mhd. *winzürl* < ahd. *winzuril* „Winzer", < lat. *vinitor* „Weinleser", zu *vinum* „Wein"]

win|zig ⟨Adj.⟩ *äußerst klein;* ein ~es Häuschen; eine ~e Wohnung; ein ~es bißchen ⟨ugs.⟩ *ein ganz klein wenig* [< mhd. *winzic* „überaus klein, überaus wenig", zu *wenig*]

Win|zig|keit ⟨f.10⟩ **1** ⟨nur Sg.⟩ *das Winzigsein* **2** *sehr kleine Strecke, sehr kleine Menge, sehr kurze Zeit;* eine W. Salz **3** *sehr kleine, unbedeutende Sache;* wegen einer solchen W. würde ich mich nicht aufregen

Winz|ling ⟨m.1; ugs., scherzh.⟩ *sehr kleine Person, kleines Kind, Knirps, sehr kleines Tier, sehr kleine Frucht oder Pflanze*

Wip|fel ⟨m.5⟩ *Spitze (eines Baumes;* Tannen~); schwankende, rauschende W. [zu *wippen*]

Wip|pe ⟨f.11⟩ *in der Mitte aufliegender, kippbarer Balken mit einem Sitz an beiden Enden, auf dem Kinder auf und nieder schaukeln können*

wip|pen ⟨V.1, hat gewippt; o.Obj.⟩ **1** *auf der Wippe schaukeln* **2** *auf etwas w.* **a** *sich auf etwas (das federt) auf und nieder bewegen;* auf dem Sprungbrett w. **b** *sich auf etwas federnd auf und nieder bewegen;* auf den Fußspitzen w.; auf der Stuhllehne w. **3** *mit etwas w. etwas federnd auf und nieder bewegen;* der Vogel wippt mit dem Schwanz; mit der Fußspitze, dem Unterschenkel (des übergeschlagenen Beines) w.

Wip|per ⟨m.5; Bgb.⟩ *Vorrichtung zum maschinellen Entladen der Förderwagen durch Kippen (Kopf~, Kreisel~)* [zu *wippen*]

wir ⟨Personalpron.⟩ **1** ⟨1. Pers. Pl. Nom. von⟩ *ich;* w. beide; w. kommen gleich; Wir, Kaiser von Österreich ⟨Pluralis majestatis⟩ *Ich, Kaiser von Österreich* **2** ⟨ugs.⟩ *du, ihr, Sie;* wie fühlen w. uns denn heute?

Wir|bel ⟨m.5⟩ **1** ⟨bei Gasen und Flüssigkeiten⟩ *Drehbewegung um eine Mittelachse;* der Fluß hat viele W. **2** *schnelle Drehbewegung* **3** *Trubel, Hektik, rasche Aufeinanderfolge;* es herrschte viel W.; im W. der Ereignisse; im W. der Leidenschaft **4** *Aufsehen, Aufhebens;* viel W. um jmdn. machen; viel W. verursachen **5** ⟨kurz für⟩ *Haarwirbel* **6** ⟨Biol.⟩ *mit einem Fortsatz versehener Knochen der Wirbelsäule bei Wirbeltieren;* sich einen W. brechen **7** ⟨bei Saiteninstrumenten⟩ *kleiner, drehbarer Griff, mit dem die Saiten gespannt werden* **8** *Griff zum Öffnen und Schließen (von Fenstern und Türen)* **9** *schnelle Folge von Trommelschlägen (Trommel~);* einen W. schlagen

wir|be|lig ⟨Adj.⟩ auch: *wirblig* **1** *sehr lebhaft, immer in Bewegung;* ein ~es Kind **2** *voller Bewegung, voller Trubel;* die ~e Faschingszeit **3** *schwindlig;* mir ist ganz w.

Wir|bel|ka|sten ⟨m.8; an Saiteninstrumenten⟩ *Verlängerung des Griffbretts, an dem die Saiten befestigt sind*

Wir|bel|lo|se(r) ⟨m.17 oder 18⟩ *Tier ohne Wirbelsäule;* Syn. *Invertebrat;* Ggs. *Wirbeltier*

wir|beln ⟨V.1⟩ **I** ⟨o.Obj.⟩ **1** ⟨hat gewirbelt⟩ *sich rasch im Wirbel, in Wirbeln bewegen;* Wasser wirbelt; mir wirbelt der Kopf ⟨übertr.⟩ *mir ist schwindlig, meine Gedanken kreisen ungeordnet* **2** ⟨ist gewirbelt⟩ *sich rasch in Wirbeln, um die eigene Achse kreisend fortbewegen;* Schneeflocken, Blätter w. durch die Luft **3** ⟨ist gewirbelt⟩ *sich rasch kreisend oder auf und nieder sausend fortbewegen;* die Füße der Tänzer, die Hufe der Pferde wirbelten über den Boden; sie wirbelte vor Freude durch alle Zimmer; Gedanken wirbelten mir durch den Kopf **4** ⟨hat gewirbelt⟩ *einen Wirbel (9) schlagen;* der Trommler wirbelt **II** ⟨mit Akk.; hat gewirbelt⟩ *rasch kreisend bewegen;* der Sturm wirbelt Blätter, Dachziegel durch die Luft

Wir|bel|säu|le ⟨f.11; bei Wirbeltieren⟩ *aus Wirbeln (6) und Bandscheiben bestehender, durch Bänder zusammengehaltener, biegsamer, stabförmiger Skeletteil, der den Körper stützt und den Kopf trägt;* Syn. *Rückgrat*

Wir|bel|strom ⟨m.2; in Metallen⟩ *durch veränderliche Magnetfelder induzierter, in sich kurzgeschlossener elektrischer Strom*

Wir|bel|strom|brem|se ⟨f.11; bei elektr. Geräten⟩ *Vorrichtung, die Wirbelströme zum Dämpfen von Bewegungen ausnutzt*

Wir|bel|sturm ⟨m.2⟩ *Sturm mit wirbelnden Luftbewegungen;* Syn. *Windhose*

Wir|bel|tier ⟨n.1⟩ *Tier mit Wirbelsäule (Fisch, Amphibie, Reptil, Vogel, Säugetier und Mensch);* Syn. *Vertebrat;* Ggs. *Wirbellose(r)*

Wir|bel|wind ⟨m.1⟩ **1** *in Wirbeln sich drehender Wind;* Syn. ⟨schweiz.⟩ *Feger* **2** ⟨übertr., ugs.⟩ *überaus lebhafter, unternehmungslustiger, immer in Bewegung befindlicher Mensch*

wirb|lig ⟨Adj.⟩ →*wirbelig*

wir|ken ⟨V.1, hat gewirkt⟩ **I** ⟨mit Akk.⟩ **1** *schaffen, hervorbringen, tun;* er hat viel Gutes gewirkt; dieses Verfahren, diese Arznei wirkt Wunder ⟨übertr.⟩ **2** *kneten;* Teig w. **3** *durch Verschlingen von Fäden herstellen, Stoff w.;* Strümpfe w.; ein gewirktes Trikot **II** ⟨o.Obj.⟩ **1** *tätig sein;* er wirkte bis in sein hohes Alter; er wirkt von früh bis spät; als Erzieher in einem Kinderheim w.; sie wirkt noch in der Küche **2** *eine Folge haben, einen Einfluß ausüben, eine Wirkung ausüben;* diese Arznei wirkt sofort, wirkt gut, wirkt nicht mehr; Alkohol wirkt berauschend; diese Tätigkeit wirkt ermüdend; sein Beispiel wirkt anspornend; Nikotin wirkt auf die Nerven; du mußt dir doch überlegen, wie dein Verhalten auf andere wirkt **3** *Eindruck machen;* sie will immer w. **4** *einen (bestimmten) Eindruck machen;* er wirkt sympathisch; er wirkt sehr sicher, unsicher, gehemmt

Wir|ke|rei ⟨f.10⟩ **1** ⟨nur Sg.⟩ *das Wirken (I,3)* **2** *Betrieb dafür*

wirk|lich ⟨Adj., o.Steig.⟩ **1** *der Wirklichkeit entsprechend, tatsächlich vorhanden;* die Geschichte, Begebenheit; die ~en Tatsachen **2** *echt, so, wie es sich gehört;* ~e Liebe; eine ~e Aufgabe; jmdm. eine ~e Freude machen **3** ⟨als Adv.⟩ *tatsächlich, wahrhaftig;* ist das w. wahr?; das ist w. freundlich von dir; er ist es w.

Wirk|lich|keit ⟨f.10⟩ *Gesamtheit, Bereich dessen, was vorhanden ist, was erfahren und wahrgenommen wird, Bereich der Erscheinungen und Gegebenheiten;* die rauhe W.; die graue W. des Alltags; ihr Traum ist W. geworden; sich mit der W. auseinandersetzen; aus der W. fliehen; in W. *tatsächlich*

Wirk|lich|keits|form ⟨f.10⟩ *Aussageweise des Verbs, durch die eine Feststellung mitgeteilt, ein Sachverhalt als wirklich gekennzeichnet wird, Indikativ*

wirk|lich|keits|fremd ⟨Adj., -er, am -esten⟩ **1** *die Wirklichkeit und das Leben nicht kennend;* ein ~er Mensch, Gelehrter; er ist w. **2** *der Wirklichkeit nicht gemäß;* ~e Ideen

Wirk|lich|keits|mensch ⟨m.10⟩ *Mensch, der die Wirklichkeit kennt und sie als gegeben nimmt, Realist*

wirk|lich|keits|nah ⟨Adj., wirklichkeitsnäher, am wirklichkeitsnächsten⟩ *der Wirklichkeit entsprechend, nahekommend;* ~e Darstellung

Wirk|lich|keits|sinn ⟨m., -(e)s, nur Sg.⟩ *Sinn für die Wirklichkeit, die Tatsachen, die Realität*

wirk|sam ⟨Adj.⟩ **1** *eine gewollte Wirkung erreichend;* ~e Maßnahmen; ein ~es Mittel **2** *wirkend, tätig;* w. sein, bleiben **Wirk|sam|keit** ⟨f., -, nur Sg.⟩

Wirk|stoff ⟨m.1⟩ *Stoff, der für den Ablauf von Energie- und Stoffwechselvorgängen der Organismen notwendig ist*

Wir|kung ⟨f.10⟩ **1** *Ergebnis, Folge einer Kraft oder eines Tuns;* die gewünschte W.; die W. verfehlen; eine nachhaltige W.; ohne W. bleiben; mit W. vom 1.1. gültig werden *ab*

1.1. gültig werden **2** ⟨Phys.⟩ Wertgröße aus der Dimension Energie mal Zeit

Wir|kungs|grad ⟨m.1; Phys., Tech.⟩ Nutzeffekt im Verhältnis zur aufgewendeten Energie; Syn. *Ausbeute;* eine Maschine mit hohem W.

Wir|kungs|kreis ⟨m.1⟩ Bereich, in dem jmd. tätig ist; seinen W. erweitern

wir|kungs|los ⟨Adj., -er, am -esten⟩ keine Wirkung erzielend, ohne Wirkung; das Medikament ist w.; sein Einspruch verhallte w.

Wir|kungs|lo|sig|keit ⟨f., -, nur Sg.⟩

Wir|kungs|stät|te ⟨f.11⟩ Ort, an dem jmd. tätig ist

wir|kungs|voll ⟨Adj.⟩ eine große Wirkung erzielend; ein ~es Bild; ein ~er Vortrag

Wir|kungs|wei|se ⟨f.11⟩ Art und Weise der Wirkung; die W. eines Arzneimittels

Wirk|wa|re ⟨f.11⟩ in der Wirkerei hergestellte Ware

wirr ⟨Adj.⟩ **1** ungeordnet, verwirrt; alles lag w. durcheinander; die Haare hängen ihr w. ins Gesicht **2** verwirrt, unklar; ~e Ideen; ein ~er Traum

Wir|ren ⟨nur Pl.⟩ Unordnung, Unruhen, Kämpfe; politische W.

Wirr|heit ⟨f., -, nur Sg.⟩ das Wirrsein

Wirr|kopf ⟨m.2⟩ jmd., der nicht klar und folgerichtig denken kann

Wirr|nis ⟨f.1⟩ Durcheinander, Verworrenheit; Syn. *Wirrsal;* die ~se der Nachkriegszeit; die W. seines Denkens

Wirr|sal ⟨f.1⟩ →*Wirrnis*

Wirr|ung ⟨f.10; poet.⟩ Verirrung, Verwirrung, Verwicklung

Wirr|warr ⟨m., -s, nur Sg.⟩ völliges Durcheinander; ein W. von Fäden, von Stimmen

wirsch ⟨Adj., -er, am -esten; alemann.⟩ grob, schroff, zornig, aufgeregt

Wir|sing ⟨m.1⟩ Syn. ⟨landsch.⟩ *Welschkohl,* ⟨schweiz.⟩ *Wirz* **1** Abart des Kohls mit grünen, krausen Blättern **2** Gemüse daraus [< ital. *verzotto, verza* „Wirsing", < vulgärlat. *virdia* für lat. *viridia* „grüne Gewächse", zu *viridis* „grün"]

Wirt ⟨m.1⟩ **1** Gastwirt **2** Gastgeber **3** ⟨Biol.⟩ Lebewesen, das Schmarotzer beherbergt (End~, Zwischen~) [< ahd. *wirt* „Hausherr, Ehemann"]

Wir|tel ⟨m.5⟩ **1** Kreis von Blättern oder Zweigen an ein und demselben Stengelknoten; Syn. *Quirl* **2** ⟨Spinnerei⟩ Antriebsscheibe oder -rolle für die Spindel **3** ⟨Baukunst⟩ gesimsartiger Ring um die Mitte eines Säulenschaftes

wir|ten ⟨V.2, hat gewirtet; o.Obj.; schweiz.⟩ als Gastwirt tätig sein

wirt|lich ⟨Adj.⟩ gastlich, einladend **Wirt|lich|keit** ⟨f., -, nur Sg.⟩

Wirt|schaft ⟨f.10⟩ **1** Gesamtheit aller Tätigkeiten, die der Erzeugung und der Verbreitung von Waren und Dienstleistungen dienen; die Erfolge der heimischen W.; die W. planen; die W. ankurbeln **2** ⟨kurz für⟩ Gastwirtschaft, in einer W. einkehren, Rast machen **3** ⟨kleines⟩ landwirtschaftliches Gut; er hat eine kleine W. **4** ⟨nur Sg.⟩ das Wirtschaften; intensive W. betreiben **5** Haushalt; jmdm. die W. führen **6** ⟨ugs.⟩ unordentliche Arbeit, unordentlicher Zustand; so eine W.!; was ist denn das hier für eine W.!

wirt|schaf|ten ⟨V.2, hat gewirtschaftet; o.Obj.⟩ **1** eine Wirtschaft führen, für Einnahmen und Ausgaben sorgen und sie gegeneinander abstimmen, die zur Verfügung stehenden Mittel verwenden; er versteht zu w.; gut, schlecht w.; sparsam, verschwenderisch w. **2** sich zu schaffen machen; sie wirtschaftet noch in der Küche, im Garten

Wirt|schaf|ter ⟨m.5⟩ **1** leitender Angestellter in der Wirtschaft (1) **2** ⟨Jargon; in Bordellen⟩ männliche Aufsichtsperson **3** ⟨österr.⟩ Wirtschaftswissenschaftler

Wirt|schaft|ler ⟨m.5; ugs.⟩ Wirtschaftswissenschaftler

wirt|schaft|lich ⟨Adj.⟩ **1** ⟨o.Steig.⟩ zur Wirtschaft (1) gehörig, sie betreffend; ~e Interessen verfolgen **2** ⟨o.Steig.⟩ finanziell; w. gut gestellt sein **3** fähig, Gewinn zu erwirtschaften; einen Betrieb w. führen **4** sparsam, günstig; das Gerät ist w. im Stromverbrauch

Wirt|schafts|buch ⟨n.4⟩ Buch, in das die Einnahmen und Ausgaben eines Haushalts eingetragen werden

Wirt|schafts|füh|rer ⟨m.5⟩ leitende Person in der Wirtschaft

Wirt|schafts|füh|rung ⟨f., -, nur Sg.⟩ Art und Weise, einen Haushalt zu führen

Wirt|schafts|ge|bäu|de ⟨n.5⟩ Gebäude (als Teil eines Gutes, Klosters, Schlosses) mit Wirtschaftsräumen (z.B. Stall, Küche o.ä.)

Wirt|schafts|geld ⟨n.3⟩ Haushaltsgeld

Wirt|schafts|geo|gra|phie ⟨f., -, nur Sg.⟩ Teilgebiet der Geographie, das sich mit den Beziehungen zwischen Wirtschaft und geographischem Raum befaßt

Wirt|schafts|ge|schich|te ⟨f., -, nur Sg.⟩ Teilgebiet der Geschichtswissenschaft, das die Entwicklung der Wirtschaft untersucht

Wirt|schafts|kri|mi|na|li|tät ⟨f., -, nur Sg.⟩ Kriminalität im Bereich der Wirtschaft

Wirt|schafts|ord|nung ⟨f.10⟩ Art und Weise, wie die Wirtschaft eines Landes geordnet ist; die kapitalistische, sozialistische W.

Wirt|schafts|prü|fer ⟨m.5⟩ staatlich angestellte Person, der die Jahresbilanzen von Unternehmen überprüft

Wirt|schafts|raum ⟨m.2⟩ **1** der Bewirtschaftung eines Unternehmens dienender Raum (z.B. Großküche, Kühlraum) **2** Gebiet hinsichtlich seiner Wirtschaft; die Industrie im W. Unterfranken

Wirt|schafts|wis|sen|schaft ⟨f.10⟩ Wissenschaft, die sich mit der Wirtschaft (1) beschäftigt (z.B. Betriebswirtschaft, Finanzwissen)

Wirt|schafts|wis|sen|schaft|ler ⟨m.5⟩ Wissenschaftler auf einem Gebiet der Wirtschaftswissenschaft

Wirt|schafts|wun|der ⟨n.5⟩ überraschender wirtschaftlicher Aufschwung; das deutsche W. nach 1945

Wirts|haus ⟨n.4⟩ einfache Gaststätte (auf dem Lande)

Wirts|leu|te ⟨nur Pl.⟩ Wirt (1) und Wirtin

Wirts|pflan|ze ⟨f.11⟩ Pflanze als Wirt (3)

Wirts|tier ⟨n.1⟩ Tier als Wirt (3)

Wirz ⟨m.1; schweiz.⟩ →*Wirsing*

Wisch ⟨m.1⟩ **1** Zettel **2** ⟨abwertend⟩ Papier, Schriftstück, auf das man keinen Wert legt, das einem ärgerlich ist; gib den W. her!; was soll ich mit diesem W. anfangen **3** ⟨†⟩ Bündel (Stroh~)

wi|schen ⟨V.1⟩ **I** ⟨mit Akk.; hat gewischt⟩ **1** mit einem Lappen, Schwamm o.ä. reinigen, säubern; den Boden feucht w.; sich die Augen w. Tränen, an den Augen trocknen; sich den Mund (mit der Serviette) w. **2** ⟨mit einem Lappen⟩ entfernen; Staub w.; sich den Schweiß aus dem Gesicht, vom Gesicht w. **II** ⟨V.1 hat gewischt⟩ **1** leicht über etwas w. mit der Hand, einem Lappen o.ä. leicht, weich über etwas streichen; paß auf, daß du mir nicht über mein Heft wischst, über das Geschriebene wischst! **2** ⟨ist gewischt⟩ →*wischen III* ⟨mit Dat. und Akk.; hat gewischt; ugs.⟩ jmdm. eine w. jmdm. eine Ohrfeige geben

Wi|scher ⟨m.5⟩ **1** Läppchen zum Abwischen **2** Gerät zum Wischen (Scheiben~, Tafel~) **3** an beiden Enden zugespitztes, weiches Malgerät zum Verwischen von Farben **4** leichter, streifender Schlag; das war nur so ein W. **5** Tadel, Rüge

Wi|schi|wa|schi ⟨n., -, nur Sg.; ugs.⟩ oberflächliches, unklares Gerede

Wisch|lap|pen ⟨m.7⟩ (feuchter) Lappen zum Abwischen

Wisch|tuch ⟨n.4⟩ Abtrockentuch

Wi|sent ⟨m.1⟩ eurasiatisches Wildrind mit dichtem, braunem Fell (und Kehlmähne beim Stier); Syn. *Bison* < ahd. *wisunt, wisent,* wohl zur idg. Wurzel **uei̯s-* „fließen" (von fauligen, stinkenden Stoffen), also eigtl. „faulig riechend"; das Tier strömt tatsächlich einen scharfen Moschusgeruch aus]

Wis|mut ⟨n., -s nur Sg.; Zeichen: Bi⟩ chemisches Element, silbrig bis rötlich glänzendes, sprödes Metall [Herkunft umstritten]

wis|peln ⟨V.1, hat gewispelt; landsch.⟩ →*wispern*

wis|pern ⟨V.1, hat gewispert; mit Akk. oder o.Obj.⟩ flüstern; auch: ⟨landsch.⟩ wispeln; „...", wisperte sie; jmdm. etwas ins Ohr w.; die Blätter der Bäume w. im leichten Wind ⟨übertr.⟩

Wiß|be|gier|de ⟨f., -, nur Sg.⟩ Verlangen, Wissen zu erwerben; kindliche W.

wiß|be|gie|rig ⟨Adj.⟩ voller Wißbegierde

wis|sen ⟨V.184, hat gewußt⟩ **I** ⟨mit Akk.⟩ **1** etwas w. **a** im Gedächtnis, im Bewußtsein haben, Kenntnis von etwas haben, etwas gelernt, erlebt, erfahren haben (so daß man es jederzeit anwenden, zum Ausdruck bringen kann); das weiß ich; ich weiß, daß es so ist; ja, ich weiß (erg.: es); das habe ich einmal gewußt (aber wieder vergessen); man kann nicht alles wissen; ich weiß (nicht) genau; ich weiß das Gedicht auswendig; er weiß viel, wenig; er hat in der Prüfung nichts gewußt; weißt du darüber etwas?; ich weiß darüber, davon nichts; ich weiß darüber nur das, nur soviel, daß ...; weißt du, wann das geschehen ist?; ich weiß, wie man das macht; ⟨in konjunktivischen Wendungen⟩ „Gibt es einen Komponisten mit Namen XY?" „Nicht daß ich wüßte", ⟨eigtl.⟩ ich weiß es nicht *ich kenne keinen,* ⟨eigtl.⟩ ich wüßte nichts, was besser wäre, ⟨eigtl.⟩ ich weiß nichts Besseres; ⟨in formelhaften Wendungen, bei denen das Obj. „es" zu ergänzen ist⟩ das ist weiß Gott nicht nötig, ⟨eigtl.⟩ das ist, Gott weiß es, nicht nötig *das ist wirklich nicht nötig;* weiß der Teufel, der Himmel, wo ich den Schlüssel hingelegt habe; er treibt sich wieder weiß wo herum; ich weiß nicht wohin man heimgekommen ist **b** sich im klaren (über etwas) sein; ich weiß, daß ich es tun muß; er weiß, was er will; du mußt wissen, daß das nur möglich ist, ...; das kann ich, konnte ich nicht w. **c** Kenntnis von etwas bekommen, etwas erfahren; ich möchte w., wo er ist; ich will endlich w., wer es war; laßt mich bitte w., wann ...; *teilen Sie mir bitte mit, wann ...;* davon braucht er nichts zu w.; ich will davon nichts (mehr) w. *das interessiert mich nicht;* ich will von ihm nichts (mehr) w. *ich will mit ihm nichts (mehr) zu tun haben* **d** sich etwas einfallen lassen, einen Gedanken zu etwas haben; ich weiß immer Rat, Hilfe; ich weiß keinen Ausweg *mir fällt kein Ausweg ein* **2** etwas oder jmdn. w. *kennen;* weißt du ein Gedicht von Heine?; weißt du seine Adresse?; ich weiß den Weg (nicht); weißt du jmdn., der mir das Gerät reparieren könnte? **3** sicher sein, sich etwas oder jmd. in einer bestimmten Lage, in einem Zustand, an einem Ort befindet; ich weiß das Haus, die Kinder in guter Obhut; ich weiß ihn in Sicherheit; ich bin beruhigt, wenn ich ihn zu Hause weiß **II** ⟨mit Präp.-obj.⟩ **1** um etwas w. *etwas kennen;* er weiß um die Schwierigkeiten, die wir haben; ich weiß um die Sorgen, Nöte von Kindern **2** etwas, von jmdm. w. *Kenntnis von etwas, von jmdm. haben;* weißt du davon?; hast du von ihm schon gehört, gelesen? **III** ⟨mit Infinitiv und „zu"⟩ *können;* er weiß sich immer zu helfen *er kann sich immer helfen;* das weiß ich nicht zu schätzen; er wußte zu berichten, daß ...

Wis|sen ⟨n., -s, nur Sg.⟩ **1** Gesamtheit der Kenntnisse auf einem Gebiet, Kenntnis von etwas; ein großes, umfangreiches, wertvolles

Wissenschaft

W.; sein W. erweitern, pflegen **2** *Kenntnis;* meines ~s (Abk.: m.W.); meines ~s verhält es sich anders; das ist ohne mein W. geschehen; wider besseres W. handeln *etwas tun, obwohl man weiß, daß es falsch ist*

Wis|sen|schaft ⟨f.10⟩ **1** *System von methodisch gesicherten, geordneten Erkenntnissen und Aussagen über einen Gegenstandsbereich;* die W. der Medizin, der Biologie; angewandte W.; der W. dienen **2** *Gesamtheit der Personen und Einrichtungen, die Wissenschaft (1) erarbeiten und betreiben;* die W. hat herausgefunden, daß ...; die finanzielle Förderung der W.

Wis|sen|schaf|ter ⟨m.5; österr., schweiz.⟩, **Wis|sen|schaft|ler** ⟨m.5⟩ *jmd., der auf dem Gebiet einer Wissenschaft arbeitet*

wis|sen|schaft|lich ⟨Adj.⟩ **1** ⟨o.Steig.⟩ *zur Wissenschaft gehörig, auf ihr beruhend;* ~e Arbeit; eine ~e Theorie; etwas w. untersuchen **2** *den Anforderungen, Prinzipien der Wissenschaft genügend;* diese Untersuchung ist nicht w.; w. fundiert sein

Wis|sen|schaft|lich|keit ⟨f., -, nur Sg.⟩ *das Wissenschaftlichsein, wissenschaftliche Fundierung;* einer Arbeit, Untersuchung die W. absprechen

Wis|sen|schafts|theo|rie ⟨f., -, nur Sg.⟩ *Teilgebiet der Philosophie, das den Aufbau und die Funktion von Wissenschaften untersucht*

Wis|sens|drang ⟨m., -(e)s, nur Sg.⟩ *Drang nach Wissen, Wissen zu erwerben*

Wis|sens|durst ⟨m., -(e)s, nur Sg.⟩ *starker Drang nach Wissen;* seinen W. stillen

Wis|sens|ge|biet ⟨n.1⟩ *Gebiet, auf dem der Mensch Wissen besitzt, Bereich des menschlichen Wissens, Gebiet, auf dem wissenschaftliche Erkenntnisse vorliegen und erarbeitet werden*

wis|sens|wert ⟨Adj., -er, am -esten⟩ *so beschaffen, daß man es wissen sollte*

wis|sent|lich ⟨Adj., o.Steig.⟩ *mit Wissen, absichtlich;* w. handeln; w. eine Unwahrheit sagen; jmdn. w. täuschen

Wit|frau ⟨f.10; †⟩ → *Witwe*

Wi|tib ⟨f.1; †, noch österr.⟩ → *Witwe*

Wit|mann ⟨m.4; †⟩ → *Witwer*

wit|schen ⟨V.1, ist gewitscht; o.Obj.⟩ *sich rasch und geschmeidig, behende fortbewegen;* auch: *wischen, entwischen;* er witschte durch die offene Tür; der Vogel ist aus dem Käfig gewitscht

wit|tern ⟨V.1, hat gewittert⟩ **I** ⟨o.Obj.⟩ *versuchen, einen Geruch wahrzunehmen;* der Hund wittert **II** ⟨mit Akk.⟩ *etwas w.* **1** *(mit der Luft, dem Wind den Geruch von etwas zugeführt bekommen und mit dem Geruchssinn wahrnehmen);* der Hund wittert Wild **2** ⟨übertr.⟩ *ahnen, spüren;* er wittert eine Gefahr; er wittert Verrat; er wittert in dem neuen Kollegen einen Konkurrenten

Wit|te|rung ⟨f.10⟩ **1** *Zustand des Wetters über einem bestimmten Ort während eines großen Zeitraumes* **2** ⟨bei manchen Tieren⟩ *Ausdünstung, Geruch;* der Hund nimmt die W. vom Wild bekommen (durch die Ausdünstung, den Geruch von Wild wahr **3** ⟨beim Hund und Wild⟩ *Geruchssinn;* der Hund hat eine feine W. **4** ⟨übertr.⟩ *Ahnungsvermögen*

Wit|tib ⟨f.1; †, noch österr.⟩ → *Witwe*

Wit|tib|er ⟨m.4; †⟩ → *Witwer*

Wit|tum ⟨n., -s, nur Sg.⟩ **1** *(früher) Zuwendung des Mannes für die Frau im Falle seines Todes* **2** *unbewegliches Vermögen einer Kirchenpfründe*

Wit|we ⟨f.11⟩ *Frau, deren Ehemann gestorben ist;* Syn. ⟨†⟩ *Witfrau,* ⟨†, noch österr.⟩ *Witib, Wittib;* grüne W. → *grün (2)* [< ahd. *wituwa,* got. *widuwo* < lat. *vidua* < ders. Bed., als Adj. „des Gatten beraubt", eigtl. „beraubt, leer"]

Wit|wen|blu|me ⟨f.11⟩ → *Skabiose (2)*

Wit|wen|geld ⟨n.3⟩ *Pension oder Unterstützung, die die Witwe eines Beamten erhält*

Wit|wen|ren|te ⟨f.11⟩ *Rente, die eine Witwe erhält*

Wit|wen|schaft ⟨f., -, nur Sg.⟩ *Zustand des Witweseins;* Syn. *Witwentum*

Wit|wen|schlei|er ⟨m.5⟩ *Trauerschleier einer Witwe*

Wit|wen|tum ⟨n., -s, nur Sg.⟩ → *Witwenschaft*

Wit|wen|ver|bren|nung ⟨f.10⟩ *hinduistische Sitte, die Ehefrau zusammen mit dem toten Ehemann zu verbrennen*

Wit|wer ⟨m.5⟩ *Mann, dessen Ehefrau gestorben ist;* Syn. ⟨†⟩ *Witmann,* ⟨bayr.-österr.⟩ *Wittiber*

Wit|wer|schaft ⟨f., -, nur Sg.⟩, **Wit|wer|tum** ⟨n., -s, nur Sg.⟩ *Zustand des Witwerseins*

Witz ⟨m.1⟩ **1** *kurze, kleine Geschichte mit einem überraschenden Schlußeffekt, die zum Lachen reizt;* ~e erzählen, machen, reißen; ein guter, dummer, schlechter, politischer W.; der W. bei der Sache *der entscheidende Punkt bei der Sache* **2** ⟨nur Sg.⟩ *Fähigkeit, scharfsinnig und dabei lustig zu erzählen und zu argumentieren;* er sprühte W. **3** ⟨nur Sg.⟩ *treffende und witzige Äußerungen;* er sprühte Geist und W. **4** ⟨nur Sg.⟩ *Klugheit, Schlauheit;* da war ich am Ende meines ~es **5** ⟨nur Sg.⟩ *unsinnige, groteske Sache;* das ganze Unternehmen ist ja ein W.

Witz|blatt ⟨n.4⟩ *Zeitung mit Witzen und Karikaturen*

Witz|bold ⟨m.1⟩ Syn. *Witzling* **1** *jmd., der gerne Witze reißt oder andere gerne neckt* **2** ⟨ugs.⟩ *jmd., der arglos oder dumm ist;* welcher W. hat das Fenster offengelassen?

wit|zeln ⟨V.1, hat gewitzelt; o.Obj.⟩ *(dumme, alberne) Witze machen;* über etwas, jmdn. w.

wit|zig ⟨Adj.⟩ **1** *fähig, treffend und lustig zu erzählen, lustig und schlagfertig;* er ist sehr w. **2** *lustig, zum Lachen reizend;* eine ~e Bemerkung; ich finde das nicht sehr w. **3** ⟨ugs.⟩ *merkwürdig, komisch;* was hast du denn für einen ~en Hut auf?

Witz|ling ⟨m.1⟩ → *Witzbold*

witz|los ⟨Adj., -er, am -esten⟩ **1** *keinen Witz besitzend;* ein ~er Mensch **2** ⟨übertr., ugs.⟩ *keine Aussicht auf Erfolg habend;* das ist völlig w.

Witz|wort ⟨n.1⟩ *witzige Bemerkung;* vgl. *Wortwitz*

w.L. ⟨Abk. für⟩ *westliche(r) Länge*

WNW ⟨Abk. für⟩ *Westnordwest(en)*

wo I ⟨Adv.⟩ **1** ⟨interrogativ⟩ **a** *an welcher Stelle, an welchem Ort;* wo bist du? wo wohnst du?; von wo kommst du? woher kommst du? **b** ⟨in ugs. Fügungen⟩ ach wo!, i wo! gar nicht!, auf gar keinen Fall [verkürzt aus Wendungen wie *ach, woher denn?, i, wo denkst du hin?*] **2** ⟨relativ⟩ *an der, an dem, an welchem Ort, an welcher Stelle;* die Kreuzung, wo er verunglückt ist; dort, wo es ruhig ist **II** ⟨Konj.; †⟩ *wenn;* wo nicht, dann ...

w.o. ⟨Abk. für⟩ *wie oben*

wo|an|ders ⟨Adv.⟩ *an einem anderen Ort;* auch: *anderswo;* w. hingehen; mit den Gedanken w. sein

wo|an|ders|her ⟨Adv.⟩ *von einem anderen Ort;* auch: *anderswoher;* ich komme w.

wo|an|ders|hin ⟨Adv.⟩ *an einen anderen Ort;* auch: *anderswohin;* gehe, eile, will w.

wob|beln ⟨V.1, hat gewobbelt; mit Akk.⟩ *etwas w. periodisch die Frequenz von etwas ändern, und zwar gewöhnlich;* einen Sender w. [< engl. *to wobble* „wackeln, wanken"]

wo|bei ⟨Adv.⟩ **1** ⟨interrogativ⟩ *bei welcher Tätigkeit, bei welcher Sache;* w. hast du dich verletzt? **2** ⟨relativ⟩ *bei der soeben erwähnten Sache;* w. ich noch hinzufügen möchte ...

Wo|che ⟨f.11⟩ **1** *Zeitraum von sieben Tagen, der am Montag beginnt und am Sonntag endet (Kalender~);* diese W., in dieser W. habe ich keine Zeit mehr; er kommt noch diese W., in dieser W. zurück; in der zweiten W. des März, im nächsten, im v. W.; während der W. kann ich das nicht tun; nächste, vorige W. **2** ⟨allg.⟩ *Zeitraum von sieben Tagen;* heute, morgen in einer W.; ich habe drei ~n dazu gebraucht; er war vier ~n krank **3** ⟨Pl.⟩ ~n *Zeit vor der Niederkunft;* sie kommt jetzt in die ~n *sie wird bald ein Kind bekommen*

Wo|chen|bett ⟨n.12⟩ *Zeitraum bis zu sechs Wochen nach einer Entbindung;* Syn. *Kindbett*

Wo|chen|bett|fie|ber ⟨n., -s, nur Sg.⟩ → *Kindbettfieber*

Wo|chen|blatt ⟨n.4⟩ *wöchentlich erscheinende Zeitung oder Zeitschrift*

Wo|chen|end|aus|ga|be ⟨f.11⟩ *bes. umfangreiche Ausgabe einer Tageszeitung am Wochenende*

Wo|chen|en|de ⟨n.14⟩ *die arbeitsfreien Tage Samstag und Sonntag;* Syn. *Weekend*

Wo|chen|end|haus ⟨n.4⟩ *kleines (außerhalb der Stadt oder am Stadtrand liegendes) Haus, das bes. am Wochenende benutzt wird*

Wo|chen|fluß ⟨m., -sses, nur Sg.⟩ → *Lochien*

wo|chen|lang ⟨Adj., o.Steig.; nur als Attr. und Adv.⟩ **1** *sich über einen Zeitraum von mehreren Wochen erstreckend;* ein ~es Krankenlager **2** *mehrere Wochen;* das dauert ja w.; er war w. krank; ich habe w. gewartet

Wo|chen|lohn ⟨m.2⟩ *Lohn für eine Woche*

Wo|chen|markt ⟨m.2⟩ *regelmäßig einmal oder mehrmals in der Woche stattfindender Markt*

Wo|chen|schau ⟨f.10; früher⟩ *im Beiprogramm gezeigter Film, der über die Ereignisse der vergangenen Woche berichtet*

Wo|chen|schrift ⟨f.10⟩ *wöchentlich erscheinende Zeitung oder Zeitschrift*

Wo|chen|tag ⟨m.1⟩ *Arbeitstag, Werktag*

wo|chen|tags ⟨Adv.⟩ *an Arbeitstagen, an Werktagen*

wö|chent|lich ⟨Adj., o.Steig.⟩ *jede Woche;* w. einmal, zweimal ins Kino gehen; die Zeitschrift erscheint w.

...wö|chent|lich ⟨in Zus.⟩ *nach einer bestimmten Anzahl von Wochen wiederkehrend,* z.B. vierwöchentlich *alle vier Wochen*

wo|chen|wei|se ⟨Adv.⟩ *jeweils eine Woche lang;* wir wechseln uns w. ab

Wo|chen|zeit|schrift ⟨f.10⟩ *wöchentlich erscheinende Zeitschrift*

Wo|chen|zei|tung ⟨f.10⟩ *wöchentlich erscheinende Zeitung*

...wö|chig ⟨in Zus.⟩ *eine bestimmte Anzahl von Wochen dauernd,* z.B. vierwöchig *vier Wochen dauernd*

Wöch|ne|rin ⟨f.10⟩ *Frau im Wochenbett;* Syn. ⟨†⟩ *Kindbetterin*

Wod|ka ⟨m.9⟩ *wasserheller Branntwein aus Kartoffeln, Roggen oder Gerste und Zusätzen); polnischer, russischer W.* [< russ. *wodka* „Branntwein", eigtl. „Wässerchen", Verkleinerungsform von *woda* „Wasser"]

wo|durch ⟨Adv.⟩ **1** ⟨interrogativ⟩ *durch welche Sache;* w. hast du davon erfahren? **2** ⟨relativ⟩ *durch welche Sache, durch das;* vieles Neue, w. alles besser geworden ist

wo|fern ⟨Konj.; †⟩ *sofern, falls*

wo|für ⟨Adv.⟩ **1** ⟨interrogativ⟩ *für welche Sache;* w. brauchst du das? **2** ⟨relativ⟩ *für das;* das ist nichts, w. ich zu haben wäre; w. ich schon viel Geld ausgegeben habe

Wo|ge ⟨f.11⟩ *große Welle;* die ~n der Begeisterung; die ~n glätten ⟨übertr.⟩ *die Aufregung dämpfen*

wo|ge|gen I ⟨Adv.⟩ **1** ⟨interrogativ⟩ *gegen welche Sache;* w. sträubst er sich eigentlich so? **2** ⟨relativ⟩ *gegen das;* das ist etwas Neues, w. ich mich nicht verschließen möchte **II** ⟨Konj.; kurz für⟩ → *wohingegen*

wo|gen ⟨V.1, hat gewogt; o.Obj.⟩ **1** *hohe*

Wellen bilden; das Meer wogte **2** *sich wie Wellen bewegen; die Ähren w. im Wind* **3** *sich heftig auf u. nieder bewegen; ihr Busen wogte (vor innerer Erregung)* **4** *in heftiger Bewegung sein; der Kampf wogte*

wo|her ⟨Adv.⟩ **1** ⟨interrogativ⟩ *aus welcher Richtung, von welchem Ort, aus welchem Grund; w. kommst du?; w. kommt deine Verärgerung?* **2** ⟨relativ⟩ *aus welcher Richtung, von welchem Ort; ich weiß nicht, w. er stammt*

wo|hin ⟨Adv.⟩ **1** ⟨interrogativ⟩ *in welche Richtung, an welchen Ort; w. fährst du?; w. hast du die Akten gelegt?* **2** ⟨relativ⟩ *an welche Stelle, an welchen Ort; ich weiß nicht, w. ich gehen soll*

wo|hin|aus ⟨Adv.⟩ *wohin; w. führt dieser Gang?*

wo|hin|ge|gen ⟨Konj.⟩ *während, im Gegensatz wozu; auch:* ⟨kurz⟩ *wogegen; er ist in Urlaub gefahren, w. ich zu Hause geblieben bin*

wohl I ⟨Adj.; nur als Adv. und mit „sein"⟩ *gut, angenehm; es sich w. ergehen, w. sein lassen; sich w. fühlen, w. sein; mir ist nicht w.; leb w.!* ⟨Abschiedsgruß⟩ *w. oder übel werde ich mitgehen müssen ob ich will oder nicht; sehr w.* ⟨†⟩ *wie Sie befehlen* II ⟨Adj.⟩ **1** *etwa, vermutlich; jetzt ist es w. schon drei Wochen her* **2** *vermutlich, wahrscheinlich; er wird w. bald kommen; das genügt jetzt w.* **3** *doch, wie man annehmen darf; ich höre w. nicht recht?; das kann nicht dein Ernst sein; siehst du w.!; das kann man w. sagen! genauso ist es!* III ⟨Konj.⟩ *zwar; ich habe es w. gehört, mochte es aber nicht glauben*

Wohl ⟨n., -(e)s, nur Sg.⟩ *angenehmer Zustand, gutes Befinden, Gesundheit; das öffentliche W.; das W. der Familie, des Staates; das W. und das Wehe jedes Menschen das Wohlergehen und die Sorgen und Schmerzen jedes Menschen; auf jmds. W. trinken; für das leibliche W. sorgen; zum W.! Prost!; es geschieht zu eurem Besten*

wohl... (in Zus.) *gut, sehr, z.B. wohlanständig, wohlbekannt, wohlerzogen, wohlschmeckend*

wohl|an ⟨Adv.; †⟩ *also los, gut; w., gehen wir!*

wohl|auf ⟨Adv.⟩ **1** ⟨†⟩ *also los, nun denn* **2** *gesund; wieder w. sein*

Wohl|be|fin|den ⟨n., -s, nur Sg.⟩ *gutes Befinden, Gesundheit; sich nach jmds. W. erkundigen*

Wohl|be|ha|gen ⟨n., -s, nur Sg.⟩ *großes Behagen; W. empfinden*

wohl|be|hal|ten ⟨Adj.,o.Steig.⟩ *gesund, unverletzt, unversehrt; w. ankommen*

Wohl|er|ge|hen ⟨n., -s, nur Sg.⟩ *Gesundheit, Wohlbefinden; sich nach jmds. W. erkundigen*

Wohl|fahrt ⟨f., -, nur Sg.⟩ **1** *Wohl, Wohlergehen; die W. dieser Stadt bedenken* **2** *öffentliche Fürsorge, Sozialhilfe; von der W. leben*

Wohl|fahrts|mar|ke ⟨f.11⟩ *Briefmarke zu erhöhter Gebühr, die sozialen Einrichtungen zugute kommt*

Wohl|fahrts|pfle|ge ⟨f., -, nur Sg.⟩ *Fürsorge für sozial Benachteiligte, Sozialhilfe*

Wohl|fahrts|staat ⟨m.12⟩ *Staat, der zahlreiche soziale Aufgaben für seine Bürger übernimmt*

wohl|feil ⟨Adj.; †⟩ **1** *preiswert, billig; eine ~e Ausgabe (eines Buches)* **2** *abgegriffen, platt; ~e Redensarten*

Wohl|ge|fal|len ⟨n., -s, nur Sg.⟩ *großes Gefallen, Freude; (ein) W. an etwas, jmdm. haben; sich in W. auflösen* ⟨scherzh.⟩ 1. *völlig verschwinden, verlorengehen,* 2. *(überraschend) zur allgemeinen Zufriedenheit ausgehen*

Wohl|ge|ruch ⟨m.2⟩ *angenehmer Geruch*

Wohl|ge|schmack ⟨m., -(e)s, nur Sg.⟩ *angenehmer Geschmack; eine Frucht von großem W., ohne W.*

wohl|ge|setzt ⟨Adj., -er, am -esten⟩ *gut, schön formuliert; in ~en Worten danken*

wohl|ha|bend ⟨Adj.⟩ *Vermögen besitzend, in guten finanziellen Verhältnissen; ein ~er Geschäftsmann; sie sind sehr w.* **Wohl|ha|ben|heit** ⟨f., -, nur Sg.⟩

wohl|lig ⟨Adj.⟩ **1** *gemütlich, angenehm; das w. warme Bett; ~e Wärme,* **2** *voller Wohlbehagen; sich w. strecken, dehnen*

Wohl|sein ⟨n., -s, nur Sg.⟩ *Wohlbefinden, Gesundheit; zum W.!* ⟨Zuruf beim Zutrinken oder wenn jmd. niest⟩ *(ich wünsche Ihnen) Gesundheit!*

Wohl|stand ⟨m., -(e)s, nur Sg.⟩ *hoher Lebensstandard, gute finanzielle Verhältnisse; im W. leben*

Wohl|stands|bür|ger ⟨m.5; abwertend⟩ *jmd., der nur an seinen Wohlstand denkt*

Wohl|stands|ge|sell|schaft ⟨f.10⟩ *Gesellschaft, deren Bürger im Wohlstand leben und nur daran denken*

Wohl|tat ⟨f.10⟩ **1** *unentgeltliche Hilfe, Unterstützung; jmdm. eine W. erweisen* **2** *Annehmlichkeit, Erleichterung; das ist eine wahre W.*

Wohl|tä|ter ⟨m.5⟩ *jmd., der anderen Wohltaten erweist; ein W. der Menschheit*

wohl|tä|tig ⟨Adj.⟩ *anderen Wohltaten erweisend; viel Geld zu ~en Zwecken stiften* **Wohl|tä|tig|keit** ⟨f., -, nur Sg.⟩

wohl|tu|end ⟨Adj.⟩ *angenehm, erquickend, beruhigend; eine ~e Kühle, Wärme, Stille; sonntags ist es hier w. ruhig*

wohl|tun ⟨V.167, hat wohlgetan⟩ I ⟨o.Obj.⟩ **1** *Gutes tun, wohltätig sein* **2** *angenehm, erquickend sein, beruhigen; die Kühle, Wärme, Stille tut wohl; es tut wohl, das zu hören, zu sehen; das tut mir wohl, w.* **1** ⟨†⟩ *jmdm. Gutes tun; er hat stets allen wohlgetan* **2** *angenehm, beruhigend für jmdn. sein; die tröstenden Worte taten ihr wohl*

Wohl|ver|leih ⟨m., -s, -(e)⟩ →*Arnika* [die Bed. ist nicht geklärt; gegen die Vermutung „Wohl verleihend" (in bezug auf die Heilkraft) sprechen frühnhd. und mhd. Bezeichnungen wie wulveleie, wolffeleie, wolferleye, die eine ebenfalls nicht geklärte Anlehnung an „Wolf" nahelegen]

wohl|weis|lich ⟨Adv.⟩ *mit gutem Grund; ich habe w. einen Schirm mitgenommen; ich habe mir seine Zusage w. schriftlich geben lassen*

wohl|wol|len ⟨V.185, hat wohlgewollt⟩ *mit Dat.* **1** *W. jmdm.: jmdm. gut gesinnt sein; mach dir doch keine Sorgen, alle wollen dir wohl*

Wohl|wol|len ⟨n., -s, nur Sg.⟩ *freundliche Gesinnung, Zuneigung; jmds. W. gewinnen, genießen; sich jmds. W. verscherzen*

Wohn|au|to ⟨n.9⟩ →*Camper*

Wohn|bau ⟨m., -(e)s, -bau|ten⟩ *Gebäude mit Wohnungen*

wohn|be|rech|tigt ⟨Adj., o.Steig.⟩ *berechtigt, an einem Ort zu wohnen*

Wohn|ein|heit ⟨f.20⟩ *abgeschlossene Wohnung; ein Haus mit 50 ~en*

woh|nen ⟨V.1, hat gewohnt; o.Obj.⟩ **1** *sich ständig aufhalten, seinen Wohnsitz, sein Heim haben; auf dem Land, in der Stadt w.; in Berlin w.; wo w. Sie?; er wohnt bei seinen Eltern* **2** *Unterkunft, Obdach haben; im Hotel, bei Freunden w.* **3** ⟨poet.⟩ *(vorhanden) sein, leben; in ihm, in diesem schwachen Körper wohnt ein starker Wille; hinter seiner Stirn wohnt ein lebendiger Geist*

Wohn|ge|bäu|de ⟨n.5⟩ *Gebäude mit einer oder mehreren Wohnungen; Syn. Wohnhaus*

Wohn|geld ⟨n.3⟩ *vom Sozialamt bezahlter Mietzuschuß*

Wohn|ge|mein|schaft ⟨f.10; Abk.: WG⟩ *Gruppe von Personen, die eine Wohnung gemeinsam unterhält und bewohnt*

wohn|haft ⟨Adj., o.Steig.; bes. auf Formularen⟩ *ständig wohnend; w. in Berlin; die in Berlin ~en Teilnehmer des Lehrgangs*

Wohn|haus ⟨n.4⟩ →*Wohngebäude*

Wohn|heim ⟨n.1⟩ *Heim, in dem eine bestimmte Personengruppe wohnt (Studenten~, Alters~, Arbeiter~)*

Wohn|kü|che ⟨f.11⟩ *(größere) Küche, die zugleich Aufenthaltsraum ist*

Wohn|kul|tur ⟨f., -, nur Sg.⟩ *Kultur, Geschmack bezüglich des Wohnens*

Wohn|la|ge ⟨f.11⟩ *Lage einer Wohnung in einem bestimmten Umfeld; eine gute, teure, günstige W.*

wohn|lich ⟨Adj.⟩ *angenehm zum Bewohnen, gemütlich; ein ~ es Zimmer; sein Zimmer w. machen, w. einrichten* **Wohn|lich|keit** ⟨f., -, nur Sg.⟩

Wohn|mo|bil ⟨n.1⟩ →*Camper*

Wohn|ort ⟨m.1⟩ *Ort des ständigen Aufenthalts*

Wohn|raum ⟨m.2⟩ **1** *(einzelner) Raum zum Bewohnen; ein Haus mit zwei Wohnräumen; die Wohnräume liegen im Erdgeschoß* **2** ⟨nur Sg.⟩ *für Wohnungen dienender Raum, für Wohnungen vorgesehener Raum; es ist genügend W. vorhanden; in dieser Stadt fehlt es an W.*

Wohn|schlaf|zim|mer ⟨n.5⟩ *Schlafzimmer, das auch als Wohnzimmer dient*

Wohn|sitz ⟨m.1⟩ *Ort, an dem jmd. wohnt; er hat seinen W. in Bonn; seinen W. aufschlagen; er ist ohne festen W.*

Wohn|stra|ße ⟨f.11⟩ *Straße mit wenig und langsamem Verkehr, in der Fahrzeuge durch Bepflanzung am schnellen Fahren gehindert werden und in der Kinder spielen dürfen*

Woh|nung ⟨f.10⟩ **1** *aus einem oder mehreren Räumen bestehender Bereich in einem Wohngebäude, in dem jmd. wohnt; eine helle, schöne W.; eine W. mit fünf Zimmern; eine neue W. beziehen; eine W. mieten, kaufen* **2** ⟨nur Sg.⟩ *Unterkunft; Nahrung und W.; jmdm. W. geben; wir werden dort W. nehmen* ⟨veraltend⟩

Woh|nungs|amt ⟨n.4⟩ *Amt, das Wohnungen vermittelt*

Woh|nungs|not ⟨f., -, nur Sg.⟩ *Mangel an (beziehbaren) Wohnungen*

Wohn|vier|tel ⟨n.5⟩ *Stadtviertel, in dem sich vorwiegend Wohnhäuser befinden*

Wohn|wa|gen ⟨m.7⟩ **1** *Anhänger (eines Personenwagens), der zum Wohnen (bes. während des Urlaubs) dient* **2** *waggonähnlicher Anhänger (einer Zugmaschine), in dem Bauleute oder Zirkusleute wohnen*

Wohn|zim|mer ⟨n.5⟩ *Zimmer, das dem Aufenthalt tagsüber dient*

Wöh|r|de ⟨f.11; nddt.⟩ *um das Wohnhaus gelegenes Ackerland* [Nebenform von *Wurt*]

Woi|lach ⟨m.1⟩ *wollene Pferdedecke* [< russ. *woilok* „Filz", altruss. „Pferdedecke", < turktatar. *oiluk* „etwas zur Bedeckung Dienendes"]

Woi|wo|de ⟨m.11⟩ **1** *(früher in Polen, Siebenbürgen u.a.) gewählter Fürst* **2** *(in Polen 1918–39 und 1945–95) oberster Beamter einer Provinz* [< poln. *wojewoda* „Anführer", < poln. *woj* „Soldat" (heute veraltetes Wort) und *wodzic* „führen"]

Woi|wod|schaft ⟨f.10⟩ *Verwaltungsbezirk in Polen*

wöl|ben ⟨V.1, hat gewölbt⟩ I ⟨mit Akk.⟩ **1** *mit einem Gewölbe versehen, bogenförmig überdachen; einen Keller w.; ein gewölbter Raum* **2** *bogenförmig ausbilden;* ⟨meist im Part. Perf.⟩ *eine gewölbte Stirn; ein gewölbter Brustkorb* II ⟨refl.⟩ *sich w. sich im Bogen spannen, im Bogen verlaufen; über das Tal wölbt sich eine Brücke; in wolkenloser Himmel wölbte sich über der Stadt* (übertr.); *sich nach vorn, nach oben, nach außen w.*

Wöl|bung ⟨f.10⟩ **1** ⟨nur Sg.⟩ *das Gewölbtsein; die W. der Decke, des Torbogens* **2** *ge-*

wölbter Teil (eines Gebäudes), gewölbte Decke

Wolf ⟨m.2⟩ **1** *(in Europa meist gelblichgrau gefärbter) großer Wildhund mit gelben Augen, der meist im Rudel lebt;* mit den Wölfen heulen ⟨übertr., ugs.⟩ *sich opportunistisch anderen anpassen;* hungrig wie ein W. *sehr hungrig;* ein W. im Schafspelz sein ⟨ugs.⟩ *sich harmlos, freundlich geben, aber böse Absichten haben, gefährlich sein* **2** *Gerät, Maschine zum Zerkleinern* (Fleisch~, Papier~); jmdn. durch den W. drehen ⟨übertr., ugs.⟩ *jmdn. sehr hart anpacken;* ich bin sehr durch den W. gedreht ⟨ugs.⟩ *ich bin sehr erschöpft* **3** ⟨ugs.⟩ *Wundwerden der Haut durch Aneinanderreiben zweier Flächen* (bes. in der Afterfurche bei Fettleibigkeit); sich einen W. laufen

wöl|fen ⟨V.1, hat gewölft; o.Obj.; vom Wolf, Fuchs und Hund⟩ *Junge bekommen*

wöl|fisch ⟨Adj.⟩ *einem Wolf ähnlich, in der Art eines Wolfes*

Wolf|ram ⟨n., -s, nur Sg.; Zeichen: W⟩ *weißglänzendes, säurebeständiges Metall* [< *Wolf* und mhd. *ram* „Staub, Schmutz, Ruß", also eigtl. „Wolfsdreck", weil W. als Beimischung im Erz unerwünscht ist, die das zu gewinnende Zinn auffrißt wie ein *Wolf*]

Wolf|ra|mit ⟨n., -s, nur Sg.⟩ *(schwarz oder dunkelbraun) glänzendes Mineral, wichtigstes Wolframerz*

Wolfs|hund ⟨m.1; ugs.⟩ *großer, wolfsähnlicher Hund* (z.B. schwarzer Schäferhund)

Wolfs|hun|ger ⟨m., -s, nur Sg.⟩ *sehr großer Hunger*

Wolfs|klau|e ⟨f.11; beim Hund⟩ *fünfte Zehe am Hinterlauf, die verkümmert ist und keine Funktion erfüllt*

Wolfs|milch ⟨f., -, nur Sg.⟩ *Milchsaft führende Pflanze mit einfacher Blüte* (Zypressen~)

Wolfs|ra|chen ⟨m.7⟩ *Mißbildung des Gaumens, Spalte, die von der Oberlippe bis zum weichen Gaumen reicht*

Wolfs|spin|ne ⟨f.11⟩ *(in vielen Arten vorkommende) dunkel gefärbte Spinne, die kein Netz baut, sondern sich ihre Beute im Lauf oder Sprung erjagt (und deren Weibchen oft einen Eikokon mit sich tragen)*

Wolfs|spitz ⟨m.1⟩ *großer Spitz mit silbergrauem, schwärzlich überhauchtem Fell*

wol|hy|nisch ⟨Adj.; †⟩ *wolynisch*

Wol|ke ⟨f.11⟩ **1** *große, umgrenzte Ansammlung und Verdichtung von kleinen Wassertröpfchen oder Eisteilchen in der Atmosphäre* (Haufen~, Schicht~); ~n ziehen auf; dunkle ~n am Horizont ⟨übertr.⟩ *sich anbahnendes Unglück, Unheil;* aus allen ~n fallen ⟨ugs.⟩ *sehr überrascht sein;* das ist eine W.! *das ist großartig, das ist eine tolle Sache* **2** *etwas Wolkenähnliches, etwas Schwebendes* (Rauch~); W. von Mücken **3** *Einschluß von Bläschen in Mineralien*

Wol|ken|bruch ⟨m.2⟩ *sehr starker, plötzlicher Regen;* ein W. geht nieder

Wol|ken|krat|zer ⟨m.5; ugs.⟩ *bes. hohes Hochhaus*

Wol|ken|kuckucks|heim ⟨-k|k-; n., -s, nur Sg.⟩ *Traumland;* in einem W. leben [nach der von Vögeln in die Luft gebauten Stadt in der Komödie „Die Vögel" von Aristophanes]

wol|kig ⟨Adj.⟩ **1** *voller Wolken;* ~er Himmel **2** *wie Wolken;* ~e Farbflecken **3** *wolkenähnliche Einschlüsse aufweisend;* ~es Mineral **4** ⟨übertr.⟩ *undeutlich, verschwommen;* ~e Vorstellungen von etwas haben

Wol|lap|pen ⟨-ll|l-; m.7⟩ *Lappen aus Wolle*

Wol|le ⟨f.11⟩ **1** *(bes. von Schafen gewonnenes) tierisches Haar, das sich zur textilen Verarbeitung eignet* (Schaf~, Schur~); ein in der W. gefärbter Konservativer *ein überzeugter, waschechter Konservativer* [bereits in der Wollfaser gefärbtes Gewebe bleicht weniger leicht aus] **2** *daraus gewonnenes Garn* (Handarbeits~); ein Knäuel W.; ein Pullover aus W. **3** ⟨nur Sg.⟩ *daraus gewonnenes Gewebe* (z.B. Kammgarn); ein Teppich aus W. **4** ⟨bei Hase, Kaninchen, Haarraubwild und Schwarzwild⟩ *Haarkleid* **5** ⟨bei jungen Wasservögeln⟩ *Flaum* **6** *Pflanzenfasern;* jmdn. in die W. bringen ⟨ugs.⟩ *jmdn. wütend machen, aufbringen, erbosen* [hier im Sinne von treibenden, kräftig werdenden Pflanzenhaaren] **7** ⟨ugs., scherzh.⟩ *dichtes, krauses Kopfhaar;* sich in die W. kriegen ⟨ugs.⟩ *Streit miteinander bekommen* ⟨ugs.⟩ *sie liegen sich dauernd in der W.* ⟨ugs.⟩ *sie haben häufig Streit miteinander* [entspricht den Redensarten „sie liegen sich dauernd in den Haaren, sie kriegen sich oft in die Haare"]

wol|len¹ ⟨Adj., o.Steig.⟩ *aus Wolle;* ~e Socken

wol|len² ⟨V.185; als Modalverb mit Verben: hat wollen; als Vollverb: hat gewollt; mit Akk. oder o.Obj.⟩ **1** *einen Willen, den Plan, die Absicht haben* *etwas zu tun;* er will Arzt werden; willst du schon gehen?; wir w. ein Stück hinausfahren; er hat nicht mitkommen w.; ohne es zu w., verfiel er in seinen heimatlichen Dialekt; ich wollte nur fragen, ob ... ich möchte nur fragen, ich glaube, es will regnen *ich glaube, es wird regnen;* er will an einen Ort gehen; er will unbedingt ans Meer; er will nach Hause; wir w. heute abend ins Theater **2** ⟨damit⟩ *einverstanden sein;* wenn du willst, können wir anfangen; ich tue es nicht, wenn du (es) nicht willst; du wirst es tun müssen, ob du willst oder nicht **3** *erstreben, zu erreichen suchen;* er will immer noch mehr; er will seine Ruhe haben; er will es nicht anders; du hast es ja so gewollt; vgl. *gewollt* **4** *verlangen, brauchen, beanspruchen;* diese Pflanze will viel Sonne, Wasser, viel Pflege; der Kranke will täglich ausgefahren werden; du kannst davon haben, soviel du willst **5** *wünschen;* ⟨in konjunktiv. Wendungen⟩ ich wollte, es wäre schon vorbei; wollte Gott, es wäre so; wenn es doch so wäre **6** ⟨ugs.⟩ *den Anspruch erheben (etwas zu sein);* und der will Künstler sein?; er will Techniker sein und kann nicht einmal ... **7** *in bestimmten Wendungen mit Verben*] das will etwas heißen *das ist schon sehr viel;* das will gar nichts heißen *das bedeutet gar nichts, damit ist gar nichts gesagt;* das will ich meinen! *ganz bestimmt!, ganz sicher!* **8** ⟨in verneinenden Sätzen zur Bez. eines unerwünschten Verlaufs⟩ es will nicht klappen *es klappt nicht;* die Wunde will nicht heilen *die Wunde heilt nicht* **9** ⟨mit einem Part. Perf. und mit ~⟩ *man muß erst ...;* das will gelernt sein *man muß es erst lernen;* das will reiflich bedacht sein *man muß es reiflich bedenken;* das will erst mal getan sein *man muß es erst einmal tun (dann kann man auch darüber reden)*

wöl|len ⟨V.1, hat gewöllt; o.Obj.; Jägerspr.⟩ *von Greifvögeln, Eulen u.a.* *Gewölle herauswürgen*

Woll|fett ⟨n., -(e)s, nur Sg.⟩ *beim Reinigen von Schafwolle gewonnenes Fett, Hauptbestandteil des Lanolins*

Woll|gras ⟨n.4⟩ *Riedgras, dessen Blütenhülle zur Fruchtzeit weiße, wollige Köpfe bildet*

Woll|haar ⟨n., -(e)s, nur Sg.⟩ *(feines, dichtes) krauses Haar*

Woll|hand|krab|be ⟨f.11⟩ *(aus Ostasien eingeschleppte) Krabbe, bei der die Scheren der Männchen mit dichtem Haarpelz besetzt sind*

wol|lig ⟨Adj., o.Steig.⟩ **1** ⟨überwiegend⟩ *aus Wolle bestehend;* ~er Pullover **2** *voller Wolle oder Wollhaar, weich und flauschig;* ~e Körperbehaarung; ~es Haar

Woll|käm|mer ⟨m.5⟩ *jmd., der berufsmäßig Wolle auffasert („kämmt")*

Woll|sie|gel ⟨n., -s, nur Sg.⟩ *Garantiezeichen für reine Schurwolle*

Woll|stoff ⟨m.1⟩ *(mehr als 70% Schafwolle enthaltendes) Gewebe aus Wolle*

Wol|lust ⟨f.2⟩ **1** *geschlechtliches Lustgefühl* **2** ⟨übertr.⟩ *große, triebhafte Freude;* die Kinder wälzen sich mit wahrer W. im Schnee [< *wohl* und *Lust*]

wol|lü|stig ⟨Adj.⟩ **1** *Wollust erweckend* **2** *voller Wollust;* er lächelte w.

Woll|lüst|ling ⟨m.1⟩ *wollüstiger Mensch*

Wol|per|tin|ger ⟨m.5; bayr.⟩ **1** *sagenhafte Scherzfigur in Tiergestalt (deren wirkliches Vorhandensein man Nichteinheimischen gern einredet)* **2** *aus verschiedenen Teilen präparierter Tiere* (Hase, Murmeltier u.a.) *zusammenmontierte Tierfigur, die den Wolpertinger (1) darstellen soll* [Herkunft unbekannt, vermutl. nach einem Orts- oder Personennamen]

wo|ly|nisch ⟨Adj.; nur in der Fügung⟩ Wolynisches Fieber → *Fünftagefieber* [nach der ukrainischen Landschaft *Wolynien*, wo diese Krankheit während der beiden Weltkriege auftrat]

Wom|bat ⟨m.9⟩ *etwa dachsgroßes australisches Beuteltier mit gedrungenem Körper und kurzen Beinen* [austral.]

wo|mit ⟨Adv.⟩ **1** ⟨interrogativ⟩ *mit welcher Sache;* w. habe ich das verdient? **2** ⟨relativ⟩ *mit der, mit dem;* jetzt ist das eingetreten, w. ich schon lange gerechnet habe

wo|mög|lich ⟨Adv.⟩ *möglicherweise, vielleicht;* w. hast du das vergessen; w. macht er es mir noch zum Vorwurf, daß ich ...

wo|nach ⟨Adv.⟩ **1** ⟨interrogativ⟩ *nach welcher Sache;* w. suchst du? **2** ⟨relativ⟩ *nach der, nach dem;* das, w. du suchst **3** ⟨relativ⟩ *demzufolge, derzufolge;* eine Theorie, w. dies nicht möglich ist

Won|ne ⟨f.11⟩ *großes Vergnügen, große Freude;* die ~n der Liebe; es ist eine wahre W., das zu hören; es wird mir eine W. sein, ihm seine Frechheit heimzuzahlen; der Hund geht mit W. ins Wasser

Won|ne|mo|nat ⟨m.1⟩, **Won|ne|mond** ⟨m.1; alter Name für⟩ *Mai*

Won|ne|prop|pen ⟨m.7; scherzh.⟩ *hübsches, fröhliches, gut genährtes Kind*

won|ne|sam ⟨Adj.; †⟩ → *wonnevoll*

won|ne|trun|ken ⟨Adj.; poet.⟩ *wie trunken vor Wonne*

won|ne|voll ⟨Adj.⟩ *erfüllt von Freude, begeistert;* Syn. *wonnesam*

won|nig ⟨Adj.⟩ **1** *reizend, sehr niedlich;* ein ~es Baby **2** ⟨†⟩ *erfüllt von Wonne;* ~e Gefühle

won|nig|lich ⟨Adj.; †⟩ *wonnig*

wor|an ⟨Adv.⟩ **1** ⟨interrogativ⟩ *an welche(r) Sache;* w. hast du dich verletzt?; w. arbeitest du jetzt?; w. ist er gestorben? **2** ⟨relativ⟩ *an das, an die, an den;* das, w. ich denke

wor|auf ⟨Adv.⟩ **1** ⟨interrogativ⟩ *auf welche(r) Sache;* w. wartest du? **2** ⟨relativ⟩ *auf das;* jetzt ist das eingetreten, w. ich schon lange gewartet habe

wor|auf|hin ⟨Adv.⟩ **1** ⟨interrogativ⟩ *auf welche Sache, welchen Vorfall hin;* w. hast du das beschlossen? **2** ⟨relativ⟩ *infolgedessen;* ich bezahlte bar, w. ich einen Rabatt erhielt

wor|aus ⟨Adv.⟩ **1** ⟨interrogativ⟩ *aus welcher Sache;* w. besteht Messing?; w. folgerst du das? **2** ⟨relativ⟩ *aus welcher Sache;* jetzt weißt du, w. es besteht; er schwieg, w. ich schließen konnte ...

Worces|ter|so|ße ⟨[wustər-] f.11⟩ *dunkelbraune Würzsoße (aus Fleischextrakt, Sojabohnenöl u.a.)* [nach der engl. Stadt *Worcester*]

wor|feln ⟨V.1, hat geworfelt; mit Akk.; früher⟩ *Getreide w. die Körner des gedroschenen Getreides gegen den Wind werfen, um von der Spreu zu trennen* [zu *werfen*]

Worf|schau|fel ⟨f.11; früher⟩ *Schaufel zum Worfeln*

wor|in ⟨Adv.⟩ **1** ⟨interrogativ⟩ *in welcher Sache;* w. besteht der Unterschied?; w. habe ich mich geirrt? **2** ⟨relativ⟩ *in dem, in welcher Sache;* das, w. ich mich irrte

Work|shop ⟨[wəkʃɔp] m.9⟩ **1** Seminar, in dem durch Diskussion, Gedankenaustausch und praktische Vorführungen Kenntnisse vermittelt werden **2** Ort, an dem ein Kunstwerk entsteht [< engl. *workshop* „Werkstatt", < *work* „Arbeit, Werk" und *shop* „Laden, Geschäft" (→ *Shop*)]

Work|song ⟨[wək-] m.9⟩ Arbeitslied der nordamerikanischen Neger, häufig Wechselgesang zwischen Vorsänger und Gruppe [engl., „Arbeitslied"]

World|cup ⟨[wəldkap] m.9⟩ **1** für eine Reihe von internationalen Wettkämpfen ausgeschriebener Preis (der eine Weltmeisterschaft darstellt) **2** der Wettbewerb selbst [engl., wörtl. „Weltpokal"]

Wort I ⟨n.4⟩ kleinste selbständige Lautgruppe mit einer bestimmten Bedeutung; ein schwieriges, mehrsilbiges, zusammengesetztes W.; ein W. aussprechen, übersetzen; in des ~es wahrster Bedeutung; ein W. buchstabieren, unterstreichen; sich W. für W. abschreiben; in ~en ⟨bei Zahlen⟩ *ausgeschrieben*; Friede ist ein großes W.; das passende, treffende W. finden **II** ⟨n.1⟩ **1** zusammenhängende, längere sprachliche Äußerung; jmdm. das W. abschneiden, entziehen *jmds. Rede unterbrechen*; jmdm. das W. erteilen *jmdn. sprechen lassen*; mir fehlen die ~e *ich weiß nicht, was ich sagen soll*; das W. führen *als einzelner für eine Gruppe sprechen*; hast du ~e? ⟨ugs.⟩ *ist das möglich?*; jmdm., einer Sache das W. reden *sich für jmdn., etwas einsetzen*; er versteht kein W. *er versteht gar nichts*; das war sein letztes W.; das war nicht sein eigenes W.; ein gutes W. für jmdn. einlegen *jmds. Partei ergreifen, sich für jmdn. einsetzen*; kein W. hervor-, herausbringen; kein W. davon ist wahr; kein W. weiter! *ich will nichts mehr (davon) hören!*; das sind leere ~e *das ist nichtssagend*; er muß immer das letzte W. haben *er will stets recht haben*; ein offenes W. sprechen, reden *offen seine Meinung sagen*; schöne ~e machen; viele ~e machen *viel reden*; aufs W. gehorchen *ohne Umstände gehorchen*; jmdm. das W. aus dem Mund nehmen *genau das sagen, was jmd. gerade sagen wollte*; jmdm. ins W. fallen *jmds. Rede unterbrechen*; etwas in ~e fassen *etwas erklären*; mit einem W. *kurz*; etwas mit keinem W. erwähnen; nach ~en ringen *den richtigen Ausdruck nicht finden*; ums W. bitten *um Rederlaubnis bitten*; niemand zu W. kommen lassen *unaufhörlich reden*; sich zu W. melden *erbitten, sich zu einer Sache äußern zu dürfen*; jmdm. das W. im Mund herumdrehen *jmds. Aussage bewußt falsch auslegen* **2** ⟨nur Sg.⟩ Versprechen; sein W. brechen, geben, halten; ich gebe dir mein W. darauf *ich verspreche es dir*; jmdm. beim W. nehmen *von jmdm. fordern, das zu tun, was er versprochen hat*; bei jmdm. im W. sein *jmdm. ein Versprechen gegeben haben*; mein W. darauf! *mein Ehrenwort!* **3** Ausspruch, Sinnspruch; ein W. von Kant; ein W. aus der Bibel; geflügelte ~e *oft zitierte Aussprüche*

Wort|art ⟨f.10⟩ Klasse, der ein Wort nach der Grammatik angehört (z.B. Artikel, Verb, Pronomen)

Wort|bildung ⟨f.10⟩ Bildung neuer Wörter durch Ableitung oder Zusammensetzung

Wort|bruch ⟨m.2⟩ Nichteinhalten eines Versprechens; einen W. begehen

wort|brüchig ⟨Adj., o.Steig.⟩ sein gegebenes Wort, sein Versprechen nicht haltend; ein ~er Freund; sein W. werden *sein Wort nicht halten*

Wört|chen ⟨n.7⟩ kleines Wort; ein W. mitzureden haben ⟨ugs.⟩ *das Recht haben mitzuentscheiden*; mit jmdm. noch ein W. zu reden haben ⟨ugs.⟩ *jmdn. noch zur Rede stellen müssen*

Wor|te|ma|cher ⟨m.5⟩ jmd., der viel redet, ohne danach zu handeln

Wör|ter|buch ⟨n.4⟩ alphabetisches Verzeichnis (in Buchform) von Wörtern und ihre Erklärung nach einem bestimmten Gesichtspunkt (Fremd~, Fach~)

Wör|ter|ver|zeich|nis ⟨n.1⟩ Verzeichnis der in einem Buch verwendeten Begriffe und Wörter; Syn. Wortregister, Wortverzeichnis

Wort|fa|mi|lie ⟨f.11⟩ Gruppe von Wörtern mit derselben etymologischen Wurzel

Wort|feld ⟨n.3⟩ Gruppe von Wörtern, die ihrem Inhalt, ihrer Bedeutung nach zusammengehören

Wort|fol|ge ⟨f.11⟩ festgelegte Folge der Wörter im Satz; Syn. Wortstellung

Wort|füh|rer ⟨m.5⟩ Sprecher, der eine Gruppe, Bewegung, Richtung öffentlich vertritt; er machte sich zum W. der Friedensbewegung

Wort|ge|fecht ⟨n.1⟩ Streit mit Worten; Syn. Wortstreit; sich ein W. liefern

wort|ge|treu ⟨Adj., -er, am -(e)sten⟩ dem Original wörtlich folgend; ~e Übersetzung

wort|karg ⟨Adj.⟩ wenig redend, wenig Worte machend **Wort|karg|heit** ⟨f., -, nur Sg.⟩

Wort|klau|ber ⟨m.5⟩ jmd., der zu starr an der wörtlichen Bedeutung eines Begriffes, von etwas Gesagtem oder Geschriebenem festhält; Syn. †Silbenstecher

Wort|klau|be|rei ⟨f., -, nur Sg.⟩ starres Festhalten an der wörtlichen Bedeutung eines Begriffes, von etwas Gesagtem oder Geschriebenem

Wort|laut ⟨m., -(e)s, nur Sg.⟩ wörtlicher Text; etwas im W. notieren, vorlesen

wört|lich ⟨Adj.⟩ **1** dem Original entsprechend; ~e Rede *in Anführungszeichen gesetzte und genau wiedergegebene Rede einer Person*; ~e Wiedergabe einer Rede **2** *in der genauen Bedeutung eines Wortes*; nicht alles w. nehmen

wort|los ⟨Adj., o.Steig.⟩ schweigend, kein Wort sagend

Wort|mel|dung ⟨f.10⟩ in Versammlungen o.ä. Meldung, daß man reden möchte

Wort|re|gi|ster ⟨n.5⟩ → *Wörterverzeichnis*

wort|reich ⟨Adj.⟩ **1** viele Worte habend, benutzend; eine ~e Sprache; eine ~e Entschuldigung **2** *mit vielen Worten*; sich w. entschuldigen, rechtfertigen

Wort|reich|tum ⟨m., -s, nur Sg.⟩ Reichtum an Wörtern

Wort|schatz ⟨m.2⟩ **1** Gesamtheit von Wörtern (einer Sprache) **2** Gesamtheit von Wörtern, die jmdm. zur Verfügung stehen; er hat einen großen, kleinen W.

Wort|schwall ⟨m.1⟩ große Menge rasch hervorgesprudelter Worte; jmdn. mit einem W. überschütten

Wort|spiel ⟨n.1⟩ witzig gemeintes Spiel mit der Doppeldeutigkeit bestimmter Wörter

Wort|stamm ⟨m.2⟩ Stammsilbe eines Wortes

Wort|stel|lung ⟨f.10⟩ → *Wortfolge*

Wort|streit ⟨m.1⟩ **1** → *Wortgefecht* **2** Streit um Begriffe, um die Verwendung von Wörtern

Wort|ver|dre|her ⟨m.5⟩ jmd., der die Worte anderer bewußt falsch versteht, falsch auslegt

Wort|ver|dre|hung ⟨f.10⟩ das bewußte falsche Verstehen oder Auslegen von jmds. Worten

Wort|ver|zeich|nis ⟨n.1⟩ → *Wörterverzeichnis*

Wort|wech|sel ⟨[-ks-] m.5⟩ heftige Rede und Gegenrede; es kam zu einem erregten W.

Wort|witz ⟨m.1⟩ auf einem Wortspiel beruhender Witz; vgl. Witzwort

wort|wört|lich ⟨Adj., o.Steig.⟩ ganz wörtlich

wor|ü|ber ⟨Adv.⟩ **1** ⟨interrogativ⟩ *über welche(r) Sache*; w. habt ihr gesprochen?; w. hast du denn so lange gebrütet? **2** ⟨relativ⟩ *über das*; das ist es, w. wir gesprochen haben

wor|um ⟨auch [-rum] Adv.⟩ **1** ⟨interrogativ⟩ *um welche Sache*; w. gehört dieser Überzug?; w. geht es?; w. grämst du dich? **2** ⟨relativ⟩ *um das*; das ist es, w. ich mich gräme

wor|un|ter ⟨Adv.⟩ **1** ⟨interrogativ⟩ *unter welche(r) Sache*; w. leidet sie?; w. kannst du dir nichts vorstellen? **2** ⟨relativ⟩ *unter dem, den, das, der, die*; das ist es, w. ich mir nichts vorstellen kann

wo|selbst ⟨Adv.; geh., †⟩ *wo*; er ist in Berlin geboren, w. er auch gestorben ist

wo|von ⟨Adv.⟩ **1** ⟨interrogativ⟩ *von welcher Sache*; w. soll ich leben?; w. habt ihr gesprochen? **2** ⟨relativ⟩ *von dem*; das ist es, w. wir gesprochen haben

wo|vor ⟨Adv.⟩ **1** ⟨interrogativ⟩ *vor welche(r) Sache*; w. stehst du?; w. hast du Angst? **2** ⟨relativ⟩ *vor dem, den, das, der, die*; das ist es, w. ich Angst habe

wo|zu ⟨Adv.⟩ **1** ⟨interrogativ⟩ *zu welcher Sache*; w. ruft man dich?; w. hat er dir gratuliert?; w. soll das gut sein? **2** ⟨relativ⟩ *zu welcher Sache*; ich weiß nicht, w. das gut sein soll

wrack ⟨Adj., o.Steig.⟩ nicht mehr ausbesserungsfähig, unbrauchbar [→ *Wrack*]

Wrack ⟨n.9⟩ **1** ⟨nach Unfall⟩ völlig unbrauchbar gewordenes Fahrzeug (bes. Schiff); ein W. heben, bergen **2** ⟨übertr.⟩ jmd., der völlig heruntergekommen ist; er ist nur noch ein W., er ist ein geistiges, körperliches W. [nddt.]

Wra|sen ⟨m.7⟩ Dampf, Dunst [nddt.]

wricken ⟨-k|k-, V.1, hat gewrickt⟩, **wriggeln** ⟨hat gewriggelt⟩, **wriggen** ⟨hat gewriggt; mit Akk.⟩ ein Boot w. *durch Hin- und Herbewegung eines am Heck befestigten Riemens fortbewegen*

wrin|gen ⟨V.100, hat gewrungen; mit Akk.⟩ **1** durch festes Zusammendrehen von Wasser befreien; Wäsche w. ⟨meist⟩ *auswringen* **2** eine Flüssigkeit aus etwas w. *eine Flüssigkeit durch festes Zusammendrehen aus etwas daraus herauspressen*; Wasser aus der Wäsche w. [< engl. *to wring* „winden, pressen, drehen", nicht verwandt mit „ringen", sondern zur idg. Wurzel *uergh- „drehen, winden"]

Wru|ke ⟨f.11⟩ nordostdt. *Kohlrübe* [vermutl. wurde der Name von einer anderen Pflanze, der *Rauke* (Senfkohl), auf die Kohlrübe übertragen; < ital. *ruca, ruchetta,* frz. *roquette* „Senfkohl", < lat. *eruca* „Senfkohl, Rauke", weitere Herkunft nicht bekannt]

Ws ⟨Abk. für⟩ Wattsekunde

WSW ⟨Abk. für⟩ Westsüdwest(en)

Wu|cher ⟨m., -s, nur Sg.⟩ Ausleihen oder Vermieten von Geld oder Waren zu einem unverhältnismäßig hohen Zins; W. treiben; das ist ja reiner W.! ⟨ugs.⟩ *das ist viel zu teuer!*

Wu|cher|blu|me ⟨f.11⟩ → *Margerite*

wu|che|risch ⟨Adj.⟩ auf Wucher beruhend; ~e Preise

wu|chern ⟨V.1; o.Obj.⟩ **1** ⟨ist oder hat gewuchert⟩ üppig, reich wachsen; die Pflanze wuchert; Unkraut wuchert **2** ⟨ist oder hat gewuchert⟩ sich zu stark vermehren; Körpergewebe wuchert **3** ⟨hat gewuchert⟩ Wucher treiben; mit seinem Geld w.; vgl. Pfund (2)

Wu|cher|preis ⟨m.1⟩ unverhältnismäßig hoher Preis

Wu|che|rung ⟨f.10⟩ wuchernde, übermäßige Neubildung (von Gewebe); bösartige, gutartige W.

Wuchs ⟨[-ks] m.2⟩ **1** ⟨nur Sg.⟩ *das Wachsen² (1)* **2** Art und Weise, wie etwas gewachsen ist; gerader W.; gering von W. **3** Bestand; ein W. junger Fichten

Wuchs|stoff ⟨[-ks-] m.1⟩ (u.a. das Wachstum bestimmter Pflanzenteile förderndes) von Pflanzen gebildetes Hormon, Phytohormon

Wucht ⟨f., -, nur Sg.⟩ Kraft, Schwung, Heftigkeit; der Schlag traf ihn mit voller W.; das ist eine W.! ⟨ugs.⟩ *das ist hervorragend, wunderbar* [zu *Gewicht*]

Wuch|tel ⟨f.11⟩ im Westen Österreichs → *Buchtel*

wuch|ten ⟨V.2, hat gewuchtet; ugs.⟩ **I** ⟨mit Akk.⟩ **1** mit viel Kraft und Schwung bewe-

wuchtig

gen, befördern; ein Klavier in den dritten Stock w.; Kisten auf einen Lastwagen w. **2** *mit aller Kraft schlagen, stoßen;* jmdm. eine Eisenstange an den Kopf w.; jmdm. ein Messer in die Rippen w. **II** ⟨o.Obj.⟩ *hart, schwer arbeiten*

wuch|tig ⟨Adj.⟩ **1** *schwungvoll, kräftig;* eine ~e Ohrfeige **2** *groß und breit, massig;* ein ~er Schrank; ein ~es Bauwerk; eine ~e Statur haben **Wuch|tig|keit** ⟨f., -, nur Sg.⟩

Wühl|ar|beit ⟨f., -, nur Sg.⟩ **1** *das Wühlen* **2** ⟨übertr.⟩ *im geheimen betriebene Hetze*

wüh|len ⟨V.1, hat gewühlt⟩ **I** ⟨o.Obj.⟩ **1** *in etwas w.* **a** *etwas (mit den Händen, den Pfoten, der Schnauze) durcheinanderbringen, um und um wenden;* die Kinder w. im Sand; der Maulwurf wühlt in der Erde; die Leute wühlten (im Ausverkauf) in den Pullovern, Tüchern; jmdm., sich in den Haaren w.; das Schwein wühlt in der Erde nach Trüffeln; ~de Schmerzen haben **b** *den Inhalt von etwas suchend um und um wenden;* in der Tasche nach dem Schlüssel w.; im Schrank w. **2** ⟨übertr., ugs.⟩ *angestrengt geistig arbeiten* **3** ⟨übertr.⟩ *andere aufwiegeln* **II** ⟨mit Akk.⟩ **1** *durch Umundumwenden von Erde herstellen;* der Maulwurf wühlt Gänge; der Hund wühlt ein Loch ins Erdreich **2** *suchend, wühlend herausholen;* sie wühlte den Schlüssel aus ihrer Handtasche **III** ⟨refl.⟩ *sich durch, in etwas w. wühlend durch etwas hindurchdringen, in etwas eindringen;* sich durch einen Berg von Material, von Literatur w.

Wühl|er ⟨m.5; übertr.⟩ **1** *jmd., der wühlt* (I,2) **2** *jmd., der wühlt* (I,3)

Wühl|maus ⟨f.2⟩ *plumpe, kurzschwänzige Maus mit dickem Kopf, kurzen Ohren und stumpfer Schnauze (z.B. Feldmaus, Wasserratte)*

Wuh|ne ⟨f.11⟩ → *Wune*

Wuhr ⟨n.1⟩, **Wuh|re** ⟨f.11; schweiz.⟩ *Wehr, Buhne*

Wul|fe|nit ⟨n., -s, nur Sg.⟩ *(weißgelbes bis orangefarbenes Mineral, Bleimolybdat;* Syn. *Gelbbleierz* [nach dem Mineralogen Franz Xaver von *Wulfen*]

Wulst ⟨m.1 oder 2 oder f.2⟩ **1** *längliche, wurstähnliche, halb- oder viertelkreisförmige Verdickung;* Wülste im Nacken, am Bauch **2** ⟨Baukunst⟩ *viertelkreisförmige, längliche Verzierung;* ein W. an einer Säulenbasis

wul|stig ⟨Adj.⟩ **1** *in der Art eines Wulstes;* eine ~e Verdickung; eine ~e Narbe **2** *dick, aufgeworfen;* ~e Lippen

Wulst|ling ⟨m.1⟩ *Blätterpilz mit häutigem Ring um den Stiel und wulstig verdicktem Stielgrund (z.B. Knollenblätterpilz)*

wum|mern ⟨V.1, hat gewummert; o.Obj.⟩ **1** *dumpf dröhnen;* ein schweres Geschoß wummert; in meinem Kopf wummert es ⟨übertr.⟩ **2** *heftig und dumpf schlagen;* mit den Fäusten an die Tür w.

wund ⟨Adj., -er, am -esten⟩ **1** *durch Reibung an der Haut verletzt;* ~e Stellen auf der Haut; einen Säugling trockenlegen, damit er nicht w. wird; sich die Finger w. schreiben ⟨ugs.⟩ *sehr viel schreiben* **2** ⟨Jägerspr.⟩ *(heftig) verletzt, mit Wunde* (tod~, weid~) **3** ⟨übertr.⟩ *verletzt, gekränkt;* seine Worte waren Balsam auf ihr ~es Herz

Wund|arzt ⟨m.2; †⟩ *Chirurg*

Wund|brand ⟨m., -(e)s, nur Sg.⟩ *(feuchtende) Entzündung einer Wunde*

Wun|de ⟨f.11⟩ *offene Verletzung von Gewebe (durch Gewalteinwirkung);* Fleisch~, Schnitt~; die W. heilt, klaffte, eiterte, tödliche W.; eine alte W. wieder aufreißen ⟨übertr.⟩ *von einer fast schon vergessenen, schmerzlichen oder peinlichen Angelegenheit erneut sprechen;* den Finger auf eine W. legen ⟨übertr.⟩ *von einer peinlichen, unangenehmen oder schmerzlichen Sache reden, die besser nicht berührt würde*

Wun|der ⟨n.5⟩ **1** *außergewöhnliches Ereignis, das den Naturgesetzen und den gewöhnlichen Erwartungen (scheinbar) widerspricht;* die Arznei wirkt W. *die Arznei wirkt unerwartet gut;* blaues W. → *blau;* das ist kein W.! *das ist ganz normal!;* an W. glauben; auf ein W. hoffen; was W., daß er ... *es ist nicht verwunderlich* **2** *etwas, das das gewöhnliche Maß weit überschreitet;* ein W. der Baukunst; die Uhr ist ein W. an Genauigkeit; er glaubt, wunder was geleistet zu haben (Kleinschreibung). ⟨übertr.⟩ *er glaubt fälschlich, etwas ganz Außerordentliches getan zu haben* **3** *Tat, die etwas bewirkt, das den Naturgesetzen (scheinbar) widerspricht;* W. tun, vollbringen

wun|der|bar ⟨Adj.⟩ **1** *nicht natürlich erklärbar;* eine ~e Rettung **2** *sehr schön, sehr gut, entzückend, herrlich;* ein ~es Bild, Essen **3** *sehr angenehm;* hier ist es w. warm

wun|der|ba|rer|wei|se ⟨Adv.⟩ *wie durch ein Wunder;* w. ist ihm nichts zugestoßen

Wun|der|baum ⟨m.2⟩ → *Rizinus*

Wun|der|ding ⟨n.1⟩ *etwas Erstaunliches, Wunderbares;* ~e erzählen; das Gerät ist ein W.

Wun|der|dok|tor ⟨m.13; im Volksglauben⟩ *jmd., der an Wunder grenzende Heilerfolge erzielt*

Wun|der|glau|be ⟨m., -ns, nur Sg.⟩ *Glaube an Wunder*

wun|der|gläu|big ⟨Adj.⟩ *an Wunder glaubend*

Wun|der|horn ⟨n.4; Myth.⟩ *Füllhorn, aus dem sich alles in unbegrenzter Menge entnehmen läßt*

wun|der|hübsch ⟨Adj., o.Steig.⟩ *sehr hübsch;* ein ~es Kleid

Wun|der|ker|ze ⟨f.11⟩ *auf einen Draht aufgebrachter magnesiumhaltiger Stoff, der beim Abbrennen Funken sprüht*

Wun|der|kind ⟨n.3⟩ *sehr früh entwickeltes Kind mit außergewöhnlichen Kenntnissen und Fähigkeiten;* ein mathematisches, musikalisches W.

Wun|der|land ⟨n.4⟩ *Märchenland mit wunderbaren Dingen*

wun|der|lich ⟨Adj.⟩ **1** *vom Gewohnten, Normalen abweichend, wie manchmal* ~e Ideen; ein w. geformter Felsen **2** *schrullig, sonderbar;* er wird allmählich etwas w.; ein ~er Alter

wun|dern ⟨V.1, hat gewundert⟩ **I** ⟨mit Akk.⟩ *in Erstaunen setzen;* es wundert mich, daß ...; das wundert mich nicht; sein langes Schweigen wundert mich **II** ⟨refl.⟩ *sich w. in Erstaunen geraten, erstaunt sein, etwas merkwürdig, ungewöhnlich finden;* ich muß mich doch sehr w.! ⟨ugs.⟩ *im Verhalten sehr wirklich merkwürdig;* du wirst dich noch w.! ⟨ugs.⟩ *du wirst sehen, daß es ganz anders kommt, als du denkst;* sich über etwas w., über jmdn. w. etwas, jmds. Verhalten merkwürdig, ungewöhnlich finden

wun|der|neh|men ⟨V.88, hat wundergenommen; mit Akk.⟩ *wundern* (I); es nimmt mich wunder, daß ...

wun|der|sam ⟨Adj.; poet.⟩ *wunderbar, rätselhaft;* ein ~er Traum; eine ~e Musik

wun|der|schön ⟨Adj., o.Steig.⟩ *sehr schön, ganz besonders schön;* ein ~es Mädchen; das hast du w. gemacht

Wun|der|tat ⟨f.10⟩ **1** *Tat, die ein Wunder* (1) *bewirkt;* ~en vollbringen **2** *erstaunliche Tat;* ~en vollbringen

Wun|der|tä|ter ⟨m.5; im Volksglauben⟩ *jmd., der Wunder* (3) *vollbringt*

wun|der|tä|tig ⟨Adj., o.Steig.⟩ *Wunder* (3) *vollbringend, bewirkend;* ein ~er Mann; eine ~e Quelle **Wun|der|tä|tig|keit** ⟨f., -, nur Sg.⟩

Wun|der|tier ⟨n.1⟩ *eigenartiges, seltsames Wesen* [nur in Wendungen wie] jmdn. anstarren, bestaunen wie ein W.

wun|der|voll ⟨Adj.⟩ *herrlich, wunderbar;* eine ~e Idee; sie singt, spielt w.

Wun|der|welt ⟨f.10⟩ *Welt voller wunderbarer Dinge;* die W. der Märchen, der Phantasie

Wun|der|werk ⟨n.1⟩ *herausragendes, erstaunliches Werk;* ein W. der Handwerkskunst

Wund|fie|ber ⟨n., -s, nur Sg.⟩ *Fieber nach Infektion einer Wunde*

Wund|klee ⟨m., -s, nur Sg.⟩ *(hellgelb bis orangegelb blühender) Schmetterlingsblütler mit dichtem, köpfigen Blütenstand und wollig behaartem Kelch* [die Pflanze wurde früher zur Wundheilung verwendet]

wund|lie|gen ⟨V.80, hat wundgelegen⟩; refl. *sich w. durch langes Liegen wunde Hautstellen bekommen;* Syn. *aufliegen*

Wund|mal ⟨n.1; geh.⟩ *von einer Verletzung zurückgebliebenes Mal, offenliegende Wunde;* die ~e Christi

Wund|ro|se ⟨f.11⟩ → *Erysipel*

Wund|starr|krampf ⟨m., -(e)s, nur Sg.⟩ *mit Dauerkrämpfen der Muskulatur verbundene, gefährliche Bakterieninfektion;* auch: ⟨kurz⟩ *Starrkrampf;* Syn. *Tetanus*

Wu|ne ⟨f.11⟩ *in Eis geschlagenes Loch;* auch: *Wuhne*

Wunsch ⟨m.2⟩ *etwas, das sich jmd. wünscht, Begehren, Verlangen;* jmdm. einen W. erfüllen; haben Sie sonst noch einen W.? ⟨Frage des Verkäufers⟩; einen heimlichen W. hegen; sich einen W. versagen; das Gerät wird auf W. auch in einer anderen Farbe geliefert; das ging ja nach W. *so wie wir es uns gewünscht haben;* jmdm. einen W. von den Augen ablesen; das wird wohl ein frommer W. bleiben *das wird sich wohl nicht verwirklichen lassen;* seine Arbeit läßt noch manche Wünsche offen *an seiner Arbeit ist noch nicht alles befriedigend* **2** *etwas, was man jmdm. (aus einem bestimmten Anlaß) wünscht* (Segens~, Glück~); meine besten Wünsche begleiten Sie!; meine besten, herzlichsten Wünsche, alle guten Wünsche zum Geburtstag

Wunsch|bild ⟨n.3⟩ *nach den eigenen Wünschen geformtes Bild (von jmdm. oder etwas)*

Wün|schel|ru|te ⟨f.11⟩ *gegabelter Zweig oder Draht, der in der Hand bestimmter, dafür veranlagter Menschen über Wasser- oder Metalladern ausschlägt*

Wün|schel|ru|ten|gän|ger ⟨m.5⟩ *jmd., der eine besondere Fähigkeit besitzt, mit einer Wünschelrute Wasser- oder Metalladern zu finden*

wün|schen ⟨V.1, hat gewünscht⟩ **I** ⟨mit Akk.⟩ *etwas w.* **1** *wollen, daß etwas verwirklicht wird, verlangen;* ich wünsche, daß meine Anweisungen strikt befolgt werden; ich wünsche darüber keine Diskussion *ich lehne eine Diskussion darüber ab;* der Gast wünscht das Frühstück aufs Zimmer *der Gast möchte, daß ihm sein Frühstück aufs Zimmer gebracht wird;* ich wünschte, es wäre schon soweit; es wäre mir lieb, es wäre mir recht, wenn es schon soweit wäre; anbei schicke ich Ihnen die gewünschten Unterlagen; anbei schicke ich Ihnen, wie gewünscht, die Unterlagen **2** *haben wollen; was w. Sie?* ⟨Frage des Verkäufers, Kellners, Sachbearbeiters⟩; w. Sie sonst noch etwas?; w. Sie eine Vorspeise? **II** ⟨mit Dat. und Akk.⟩ *jmdm. etwas w. wollen, daß jmd. etwas hat;* jmdm. Glück (zum Geburtstag) w.; jmdm. eine gute Reise w.; jmdm. eine gute Nacht, einen guten Morgen w.; ich wünsche wohl zu ruhen, wohl zu speisen ⟨veraltend, höflich⟩; jmdm. die Pest an den Hals w. ⟨ugs., als Ausdruck der Abneigung, des Zorns⟩ **III** ⟨Perf. mundartl.⟩ *mit Dat. (sich) und Akk.⟩ sich etwas oder jmdn. w. etwas oder jmdn. gern haben wollen, gern tun wollen;* das Kind wünscht sich zu Weihnachten einen Teddybären; der Junge wünscht sich ein Schwesterchen; er ist so guter Lehrer, wie man ihn sich nur w. kann; es bleibt nichts zu w. übrig, vgl. *übrigbleiben;* seine Arbeit läßt nichts zu w. übrig, vgl. *übriglassen*

wün|schens|wert ⟨Adj., -er, am -esten⟩ so beschaffen, daß man wünschen sollte, daß man versuchen sollte, es anzuschaffen, zu verwirklichen; etwas w. halten; eine elektrische Schreibmaschine wäre w.

wunsch|ge|mäß ⟨Adj., o.Steig.⟩ jmds. Wunsch gemäß; ~e Ausführung, Lieferung; etwas w. erledigen

Wunsch|kind ⟨n.3⟩ *von den Eltern erwünschtes Kind*

Wunsch|kon|zert ⟨n.1⟩ *nach Hörerwünschen zusammengestelltes Musikprogramm (bes. im Rundfunk)*

wunsch|los ⟨Adj., -er, am -esten⟩ *keine Wünsche habend;* w. glücklich sein

Wunsch|satz ⟨m.2⟩ *Satz, der einen Wunsch ausdrückt,* z.B. ich wollte, er käme endlich!

Wunsch|traum ⟨m.2⟩ *sehnlicher, aber (noch) nicht verwirklichter Wunsch;* ein Boot ist sein W.

Wunsch|zet|tel ⟨m.5⟩ *Zettel, auf dem Kinder (vor Weihnachten oder Geburtstagen) ihre Wünsche aufschreiben*

wupp|dich ⟨Int.; zur Bez. einer schnellen Bewegung⟩ und w., hatte er die Fliege schon gefangen

Wür|de ⟨f.11⟩ **1** ⟨nur Sg.⟩ *natürlicher Wert, der jedem (menschlichen) Wesen innewohnt;* die W. des Menschen; jmds. W. verletzen; die W. wahren; diese Behandlung ist aller W. *ist unerträglich schlecht;* das ist unter meiner W. *dafür bin ich mir zu gut* **2** *Stellung mit bestimmtem Namen;* in Amt und ~n sein

wür|de|los ⟨Adj., -er, am -esten⟩ *ohne Würde;* ~es Verhalten; er benimmt sich w. **Wür|de|lo|sig|keit** ⟨f., -, nur Sg.⟩

Wür|den|trä|ger ⟨m.5⟩ *jmd., der ein hohes Amt innehat oder hohe Ehren trägt;* ein geistlicher, weltlicher W.

wür|de|voll ⟨Adj.⟩ *voller Würde, Würde zeigend;* ~es Benehmen; mit ~er Miene

wür|dig ⟨Adj.⟩ **1** *Würde zeigend, jmds. Würde gemäß;* ein ~er Empfang; w. einherschreiten **2** *einer Ehrung, Auszeichnung wert;* ein ~er Nachfolger; jmdn. für w. befinden

...wür|dig ⟨in Zus.⟩ *... verdienend (meist mit ethischer Bedeutung),* z.B. verehrungswürdig

wür|di|gen ⟨V.1, hat gewürdigt⟩ **I** ⟨mit Akk.⟩ **1** *etwas oder jmdn. w. anerkennen, beachten;* jmds. Verhalten, jmds. selbstlosen Einsatz w.; seine Tat wird überhaupt nicht gewürdigt; der Dichter, Komponist ist zu seinen Lebzeiten noch nicht gewürdigt worden **2** etwas w. *den Wert einer Sache erkennen, anerkennen und dies zum Ausdruck bringen;* bei der Feier wurden seine Verdienste gebührend gewürdigt **II** ⟨mit Akk. und Gen.⟩ jmdn. einer Sache w. *jmdn. einer Sache für würdig, für wert halten;* er würdigte ihn keines Blickes, keines Wortes *er übersah ihn absichtlich, er sprach kein Wort mit ihm;* es ist beglückt, daß sie ihn ihrer Freundschaft würdigt

Wür|dig|keit ⟨f., -, nur Sg.⟩ *das Würdigsein*
Wür|di|gung ⟨f.10⟩ **1** ⟨nur Sg.⟩ *das Würdigen;* in W. seiner Verdienste wurde ihm ein Orden überreicht **2** *würdigende Beurteilung, Charakteristik;* die Zeitung brachte eine ausführliche W. des Schauspielers zu seinem 70. Geburtstag

Wurf ⟨m.2; nach Zahlenangaben auch Pl. -⟩ **1** *das Werfen (I,1), Bewegung eines Körpers in einer gebogenen Flugbahn* (Diskus~, Stein~); zum W. ausholen; ein weiter W. **2** *das Werfen, Rollenlassen der Würfel;* der große W.; ⟨übertr.⟩ *etwas, das überaus glücklich verlaufen, gelungen ist;* alles unter W. setzen ⟨übertr., ugs.⟩ *alles auf einmal wagen* **3** ⟨bes. bei Säugetieren⟩ *Gesamtheit der gleichzeitig von einem Muttertier geborenen (geworfenen) Jungen;* ein W. junger Katzen

Wurf|brett ⟨n.3⟩ → *Speerschleuder*

Wür|fel ⟨m.5⟩ **1** *Körper mit sechs gleichen, quadratischen, rechtwinklig aufeinanderstehenden Flächen* **2** *kleiner Würfel (1) mit den Zahlen 1 bis 6 auf je einer Seite, der zum Glücksspiel dient;* den, die W. werfen **3** *würfelförmiges Stück* (Käse~, Speck~)

Wür|fel|be|cher ⟨m.5⟩ *Becher, in dem Würfel (2) für das Glücksspiel geschüttelt werden, ehe man sie wirft*

wür|fe|lig ⟨Adj., o.Steig.⟩ **1** *in (Form von) Würfeln;* w. geschnittene Zwiebeln **2** ⟨bei Textilien⟩ *kariert;* ein ~es Muster

wür|feln ⟨V.1, hat gewürfelt⟩ **I** ⟨o.Obj.⟩ **1** *ein Würfelspiel spielen* **2** *den Würfel, die Würfel werfen;* du bist mit Würfeln an der Reihe **3** *um etwas w. die Würfel werfen mit der Vereinbarung, daß der, der die höchste Zahl erzielt, etwas bekommt;* um Geld w.; um einen Gegenstand w. **II** ⟨mit Akk.⟩ **1** *durch Werfen des Würfels, der Würfel erzielen;* eine Sechs w. **2** *mit Karos, farbigen Quadraten versehen;* ein gewürfelter Stoff **3** *in kleine Würfel schneiden;* Käse, Speck w.

Wür|fel|nat|ter ⟨f.11⟩ ⟨u.a. in warmen Gebieten Mitteleuropas vorkommende⟩ *wasserbewohnende Natter mit vier Längsreihen würfelähnlicher, dunkler Flecken*

Wür|fel|spiel ⟨n.5⟩ **1** *Glücksspiel, bei dem die Zahlen auf einem oder mehreren Würfeln (2) gezählt werden* **2** *Brettspiel, bei dem gewürfelt wird*

Wurf|holz ⟨n.4⟩ → *Speerschleuder*

Wurf|kreis ⟨m.1⟩ **1** ⟨Hallenhandball⟩ *halbkreisförmige Linie, die den Torraum vom Spielfeld abgrenzt* **2** ⟨Leichtathletik⟩ → *Wurfring*

Wurf|ring ⟨m.1; Leichtathletik⟩ *von einem Metallreifen eingefaßte Stelle auf dem Boden, auf der der Werfer steht und die er nicht übertreten darf*

Wurf|schleu|der ⟨f.11⟩ → *Speerschleuder*

Wurf|sen|dung ⟨f.10⟩ *offene Massensendung mit Sammelanschrift an bestimmte Empfängerkreise* (z.B. an alle Haushalte)

Wür|ge|en|gel ⟨m.5⟩ *Todesengel*

Wür|ge|griff ⟨m.1⟩ *Griff, mit dem jmd. gewürgt wird;* jmdn. in den W. nehmen

Wür|gel ⟨n.5; mdt., abwertend oder scherzh.⟩ *Kind*

wür|gen ⟨V.1, hat gewürgt⟩ **I** ⟨mit Akk.⟩ **1** jmdn. w. **a** *jmdm. die Kehle zudrücken und ihn dadurch am Atmen hindern* **b** *jmdm. ein ersickendes Gefühl verursachen;* der enge Kragen würgt mich; Tränen würgten sie im Hals; es würgt mich im Hals, wenn ich nur daran denke **2** etwas in etwas w. *mit Mühe, mit Gewalt etwas in etwas hineinbringen;* Blumen in eine zu enge Vase w. **II** ⟨o.Obj.⟩ **1** *mit Anstrengung, krampfhaft einen Bissen oder das Essen wieder aus dem Hals, dem Magen herausbringen* **2** an etwas w. *sich anstrengen, sich Mühe geben, etwas zu schlucken;* an einem Bissen w. (der zu groß ist) **3** ⟨übertr., ugs.⟩ *angestrengt, mühevoll arbeiten;* er würgt den ganzen Tag an seinen Aufgaben; ich habe zur Zeit viel zu w.

Wür|ger ⟨m.5⟩ **1** *jmd., der andere würgt, um sie zu töten;* meist Bez. für den *Tod* **2** *Singvogel mit kräftigem Hakenschnabel (der seine Beute häufig auf Dornen u.a. aufspießt;* Raub~, Rotrücken~)

Wurm I ⟨m.4⟩ **1** ⟨ugs.⟩ *langgestrecktes, kleines, kriechendes Tier ohne deutliche Gliederkörper* (z.B. die Raupe im Apfel), der W. drin ⟨ugs.⟩ *da stimmt etwas nicht;* jmdm. die Würmer aus der Nase ziehen ⟨übertr., ugs.⟩ *etwas von jmdm. durch beharrliches Fragen erfahren* **2** ⟨Biol.⟩ *langgestrecktes niederes Tier mit zweiseitig-symmetrischem Körperbau* (Ringel~, Schlauch~) **II** ⟨n.4; ugs.⟩ ⟨hilfloses⟩ *Kind;* das arme W.

wur|men ⟨V.1, hat; mit Akk.⟩ jmdn. w. *in jmdm. Ärger, unangenehme Gedanken hervorrufen;* sein Widerspruch, seine Zurechtweisung wurmt mich; es wurmt mich, daß ich ihm nicht die Meinung gesagt habe [eigtl. „wie ein Wurm (Käfer) an jmdn. nagen"]

Wurm|farn ⟨m.1⟩ *Tüpfelfarn mit langem, gefiedertem Wedel* (der Wurzelstock des Gemeinen Wurmfarns wird als Mittel gegen *Bandwurm* verwendet)

Wurm|fort|satz ⟨m.2⟩ *wurmförmiger Fortsatz des Blinddarmes;* Syn. Appendix

wur|mig ⟨Adj.⟩ ~ *wurmstichig*

Wurm|krank|heit ⟨f.10⟩ *durch schmarotzende Würmer (2) hervorgerufene Krankheit* (Haken~)

wurm|sti|chig ⟨Adj.; vom Holz, Obst⟩ *von Würmern (1) zerfressen, mit Wurm (1);* das Holz, der Apfel ist w.

Wur|scht ⟨nur in ugs. Wendungen⟩ *egal, nicht wichtig;* das ist mir W.!; es ist völlig W., ob ...; das kann dir doch W. sein; vgl. *Wurst*

Wurst ⟨f.2⟩ **1** *in Hüllen gefüllte, längliche Masse aus zerkleinertem Fleisch, Fett, Gewürzen u.a.* (Brüh~, Koch~, Roh~); es geht um die W. ⟨ugs.⟩ *es geht um die Entscheidung;* W. wider W. *wie du mir, so ich dir;* vgl. *Wurscht* **2** *einer Wurst (1) ähnlicher, länglicher, rundlicher Gegenstand;* den Teig zu einer W. formen

Wurst|blatt ⟨n.4; ugs.⟩ *kleine, unbedeutende, schlechte Zeitung*

Würst|chen ⟨n.7⟩ **1** ⟨überwiegend aus zerkleinertem Fleisch hergestellte⟩ *Brühwurst;* auch: ⟨bayr.-österr.⟩ *Würstel;* Frankfurter W., Wiener W. **2** ⟨übertr., ugs.⟩ *jmd., der völlig unbedeutend ist*

Wur|stel ⟨m.5; bayr.-österr.⟩ *Hanswurst, Kasperle*

Würs|tel ⟨n.5 oder n.14; bayr.-österr.⟩ → *Würstchen (1)*

wur|steln ⟨V.1, hat gewurstelt; o.Obj.; ugs.⟩ *langsam und umständlich oder ungeschickt arbeiten;* an etwas w.

wur|sten ⟨V.2, hat gewurstet; o.Obj.⟩ *Wurst machen, Wurst zubereiten*

wur|stig ⟨Adj.; ugs.⟩ *gleichgültig, uninteressiert;* ~es Benehmen; ich bin so w., dazu ist er zu w. **Wur|stig|keit** ⟨f., -, nur Sg.⟩

Wurst|kraut ⟨n., -(e)s, nur Sg.⟩ → *Majoran*

Wurt ⟨f.10⟩, **Wur|te** ⟨f.11; bes. auf Halligen⟩ *Erdaufschüttung* (als Wohnplatz oder zum Schutz gegen die Flut); Syn. *Warf, Warft* [< ahd. *wurth*, ~ „*Boden*"]

Wür|ze ⟨f.11⟩ **1** *Zutat zu Speisen, die den Geschmack verfeinert oder verschärft* (Speisen~) **2** *kräftiger Geschmack;* dem Braten fehlt die W. **3** ⟨übertr.⟩ *Besonderheit, Pfiff;* dem Film fehlt die rechte W. **4** ⟨Kurzf. für⟩ *Bierwürze*

Wur|zel ⟨f.11⟩ **1** ⟨bei höheren Pflanzen⟩ *der Befestigung im Boden und der Aufnahme von Nährstoffen dienendes Organ* (Luft~, Pfahl~); Syn. *Radix;* ~n ausbilden; ⟨übertr.⟩ *sich einleben* **2** ⟨kurz für⟩ *Zahnwurzel;* die W. des Zahns ist gesund, ist krank; die W. behandeln lassen **3** *etwas, woraus sich etwas anderes entwickelt hat;* die W. allen Übels; das Übel an der W. packen, mit der W. ausrotten; die geistigen ~n einer Entwicklung **4** *Ansatzstelle* (Nasen~, Zungen~) **5** ⟨norddt.⟩ *Möhre* **6** ⟨nach Lautgesetzen⟩ *erschlossene, feste Grundform eines Wortes;* indogermanische W. **7** ⟨Zeichen: √⟩ *Zahl, die, wenn sie so oft mit sich selbst multipliziert wird, wie der Exponent über dem Wurzelzeichen angibt, die Zahl unter dem Wurzelzeichen ergibt,* z.B. 3. W. aus 27 = 3, $\sqrt[3]{27} = 3$; die W. aus einer Zahl ziehen

Wur|zel|be|hand|lung ⟨f.10⟩ *ärztliche Behandlung einer Zahnwurzel*

Wur|zel|boh|rer ⟨m.5⟩ *Nachtfalter, dessen Raupen an Wurzeln bohren* (Hopfen~)

Wur|zel|brand ⟨m., -(e)s, nur Sg.⟩ *zum Schwund der Pflanzenwurzel führende Pilzkrankheit (Rüben~)*

Wur|zel|bür|ste ⟨f.11⟩ *sehr harte Bürste (mit Borsten aus Pflanzenwurzeln)*

Wur|zel|fäu|le ⟨f., -, nur Sg.⟩ →*Wurzelschimmel*

Wur|zel|fü|ßer ⟨m.5⟩ *Urtierchen, das sich mit Pseudopodien fortbewegt (z.B. die Wechseltierchen)*

Wur|zel|hals ⟨m.2⟩ *Grenze zwischen Wurzel und Stengel*

Wur|zel|haut ⟨f.2⟩ **1** *Knochenhaut um die Zahnwurzel* **2** *die Wurzel (1) umgebendes Gewebe*

wur|zel|los ⟨Adj., o.Steig.⟩ *keine Verwurzelung, keine Heimat besitzend* **Wur|zel|lo|sig|keit** ⟨f., -, nur Sg.⟩

wur|zeln ⟨V.1, hat gewurzelt; o.Obj.⟩ **1** *mit den Wurzeln festgewachsen sein; der Baum wurzelt tief* **2** *in etwas w.* ⟨übertr.⟩ **a** *in etwas vorhanden sein, sitzen; das Mißtrauen wurzelt tief ihn ihm* **b** *mit etwas fest, eng verbunden sein; er wurzelt tief in seiner heimatlichen Erde er ist mit seiner Heimat eng verbunden; seine Musik wurzelt in der böhmischen Volksmusik*

Wur|zel|schim|mel ⟨m., -s, nur Sg.⟩ *durch einen Pilz hervorgerufene Wurzelerkrankung des Weinstocks; Syn. Wurzelfäule*

Wur|zel|schwamm ⟨m., -(e)s, nur Sg.⟩ →*Stockfäule (1)*

Wur|zel|stock ⟨m.2⟩ →*Rhizom*

Wur|zel|werk ⟨n., -(e)s, nur Sg.⟩ **1** *Gesamtheit der Wurzeln einer Pflanze* **2** →*Suppengrün*

wür|zen ⟨V.1, hat gewürzt; mit Akk.⟩ *etwas w. Gewürz an etwas tun; eine Suppe mit Pfeffer, Salz, Paprika w.; eine Speise gut, scharf w.; einen Vortrag mit witzigen Anspielungen w.* ⟨übertr.⟩ *kurzweilig machen*

wür|zig ⟨Adj.⟩ *kräftig (schmeckend oder riechend); eine ~e Suppe; w. schmecken; w. riechen* **Wür|zig|keit** ⟨f., -, nur Sg.⟩

Wu|schel|haar ⟨n., -(e)s, nur Sg.⟩ *dichtes, gelocktes Haar*

wu|sche|lig, wusch|lig ⟨Adj.⟩ *gelockt und dicht; ~es Haar*

wu|seln ⟨V.1, ist gewuselt; o.Obj.⟩ *sich eilig und dabei flink und behende bewegen, geschäftig hin und her trippeln; sie wuselte durch die Räume; und dazwischen wuselten überall die Kinder*

Wust ⟨m., -(e)s, nur Sg.⟩ *Durcheinander, Unordnung; ein W. von Papier*

WUST ⟨schweiz.; Abk. für⟩ *Warenumsatzsteuer*

wüst ⟨Adj., -er, am -esten⟩ **1** *öde, unbewohnt; eine ~e Gegend* **2** *unordentlich, schlampig; ~es Haar; hier sieht es w. aus* **3** *wild, schlimm; eine ~e Orgie; ein ~er Kerl; sich w. betrinken* **4** ⟨süddt.⟩ *derb, häßlich, garstig; ~e Flüche; w. fluchen; jmdn. w. beschimpfen* [< mhd. *wüeste* < ahd. *wuosti* „leer, öde"]

Wü|ste ⟨f.11⟩ **1** ⟨i.e.S.⟩ *trockenes, sandiges Gebiet ohne Pflanzenwuchs; jmdn. in die W. schicken* ⟨ugs.⟩ *jmdn. aus Unzufriedenheit entlassen* **2** ⟨i.w.S.⟩ *Gebiet mit nur spärlichem Pflanzenwuchs (Stein~, Eis~)*

wü|sten ⟨V.2, hat gewüstet; o.Obj.⟩ *ausschweifend leben; mit dem Geld w. leichtsinnig, verschwenderisch mit dem Geld umgehen; mit seiner Gesundheit w. keine Rücksicht auf seine Gesundheit nehmen, seine Gesundheit durch zu große Anstrengungen oder durch ausschweifendes Leben allmählich zerstören*

Wü|ste|nei ⟨f.10⟩ *öde, unfruchtbare, unbewohnte Gegend*

Wü|sten|fuchs ⟨[-ks] m.2⟩ →*Fennek*

Wü|sten|luchs ⟨[-ks] m.1⟩ →*Karakal*

Wü|sten|ro|se ⟨f.11⟩ *(in einer Wüste entstandene) rosettenartige Verwachsung von Gipskristallen*

Wü|sten|schiff ⟨n.1; scherzh.⟩ *Kamel*

Wüst|ling ⟨m.1⟩ *(bes. sexuell) ausschweifend lebender Mensch*

Wü|stung ⟨f.10⟩ **1** *verlassene Siedlung* **2** *aufgegebene Ackerflur* **3** ⟨Bgb.⟩ *verlassene Lagerstätte*

Wut ⟨f., -, nur Sg.⟩ **1** *heftig hervorbrechender Unmut; die W. der Bevölkerung; eine W. im Bauch haben* ⟨ugs.⟩ *sehr wütend sein; eine W. auf jmdn. haben; in W. kommen, geraten; in heller W.; jmdn. in W. bringen; vor W. schäumen* **2** *übermäßiger Eifer (Lese~, Arbeits~)*

Wut|an|fall, Wut|aus|bruch ⟨m.2⟩ *plötzlicher, heftiger Ausbruch aufgestauten Ärgers; einen W. bekommen*

wü|ten ⟨V.2, hat gewütet; o.Obj.⟩ **1** *sich wütend gebärden, vor Wut rasen, toben* **2** *gewaltsam zerstörend wirken, Zerstörungen anrichten; der Sturm hat in dieser Gegend besonders gewütet; eine Epidemie wütet eine Epidemie fordert viele Todesopfer*

wü|tend ⟨Adj.⟩ **1** *voller Wut; w. sein; „,...!" schrie er w.; w. den Hörer auf die Gabel werfen; er schlug w. die Tür hinter sich zu; der Hund sprang mit ~em Gebell auf ihn los* **2** *äußerst heftig; mit ~em Haß, Eifer verfolgen; einen ~en Hunger haben; ~e Schmerzen*

wut|ent|brannt ⟨Adj., o.Steig.⟩ *von Wut ergriffen*

Wü|te|rich ⟨m.1⟩ *jmd., der häufig in Wut ausbricht (und dann Zerstörungen anrichtet)*

wü|tig ⟨Adj., †⟩ *von Wut erfüllt; ein ~er Blick*

...wü|tig ⟨in Zus.⟩ *eifrig (in übertriebenem Maße), z.B. lesewütig, putzwütig*

wut|schäu|mend ⟨Adj., o.Steig.⟩ *wild vor Wut*

wut|schen ⟨V.1, ist gewutscht⟩ →*witschen*

wut|schnau|bend ⟨Adj., o.Steig.⟩ *sehr wütend*

Wutz ⟨m.1; ugs., auch übertr.⟩ *Schwein; du (bist ein) W.!*

wu|zeln ⟨V.1, hat gewuzelt; bayr.-österr.⟩ **I** ⟨mit Akk.⟩ *mit kleinen Bewegungen der Finger drehen, wickeln; er wuzelte geschickt das Zigarettenpapier um den Tabak; einen Gegenstand aus dem Papier w.* **II** ⟨refl.⟩ *sich durch etwas w. sich mit drehenden Bewegungen durch etwas hindurchzwängen; sich durch eine Zaunlücke w.* **III** ⟨o.Obj.⟩ *mit den Fingern herumprobieren, drehen, knüpfen o.ä.; ich habe lange gewuzelt, bis ich die Verschnürung geöffnet hatte*

Wy|an|dotte ⟨[waiəndɔt] f.11 oder n.9⟩ *aus Nordamerika stammende, schwere Haushuhnrasse* [vielleicht nach dem Indianerstamm der *Wyandots*]

X

x ⟨Math.; Symbol für⟩ *eine Unbekannte einer Gleichung* **2** ⟨Math.⟩ *unabhängig veränderliche Größe einer Funktion, die die von ihr abhängige Größe y bestimmt* **3** ⟨ugs.; Bez. für eine unbekannte (hohe) Zahl⟩ *sehr viele, unzählige;* sie hat x Verehrer

X 1 ⟨röm. Zahlzeichen für⟩ *10* **2** ⟨ugs. Bez. für⟩ *jmd., etwas Unbekanntes, Unbenanntes;* Herr X; der Angriff beginnt am Tag X; jmdm. ein X für ein U vormachen ⟨übertr.⟩ *jmdn. täuschen*

x-Ach|se ⟨[iks-] f.11⟩ *waagerechte Achse eines ebenen Koordinatensystems*

Xan|then ⟨n., -s, nur Sg.⟩ *aromatische, vom Benzol abgeleitete Verbindung, Grundkörper einer Gruppe von licht- und waschbeständigen Farbstoffen (Xanthenfarbstoffen)* [< griech. *xanthos* „gelb", nach den gelblichen Blättchen, die die Verbindung bildet]

Xan|thip|pe ⟨f.11⟩ *zänkische Frau* [übertr. nach *Xanthippe,* der als zanksüchtig geltenden Frau des Sokrates; der Name selbst soll „gelbes Pferd" bedeuten (< griech. *xanthos* „gelb" und *hippos* „Pferd")]

Xan|tho|gen|säu|re ⟨f., -, nur Sg.⟩ *anorganische Säure mit Schwefel- und Kohlenstoffatomen, Ausgangsprodukt für Pflanzenschutz- und Vulkanisationsmittel* [< griech. *xanthos* „gelb", *-gen* und *Säure,* nach ihren gelb gefärbten Salzen]

Xan|to|phyll ⟨n., -s, nur Sg.⟩ *gelber pflanzlicher Farbstoff* [< griech. *xanthos* „gelb" und *phyllon* „Blatt"]

X-Bein ⟨[iks-] n.1; meist Pl.⟩ *vom Knie an abwärts leicht nach außen gerichtetes Bein*

x-bei|nig ⟨[iks-] Adj., o.Steig.⟩ *mit X-Beinen*

x-be|lie|big ⟨oder [iks-] Adj., o.Steig.; ugs.⟩ *irgendein;* ein ~es Wort; jeder ~e *jeder, irgendeiner*

X-Chro|mo|som ⟨[ikskrɔ-] n.12⟩ *eines der beiden Geschlechtschromosomen* [nach der Form]

Xe ⟨Zeichen für⟩ *Xenon*

Xe|nie ⟨[-nio] f.11⟩, **Xe|ni|on** ⟨n., -s, -ni|en⟩ *kurzes Spottgedicht* [< griech. *xenion* „Gastgeschenk, gastliche Bewirtung", zu *xenos* „Gastfreund"; der römische Dichter Martial (40–102 n.Chr.) nannte das 13. Buch seiner Epigramme *Xenien* „Gastgeschenke", da es hauptsächlich von solchen Gegenständen handelt, die man damals als Gastgeschenke verteilte]

Xe|no|ga|mie ⟨f.11⟩ → *Fremdbestäubung* [< griech. *xenos* „Fremder" und *gamein* „heiraten"]

Xe|no|kra|tie ⟨f.11⟩ *Fremdherrschaft* [< griech. *xenos* „fremd; Fremder" und *kratein* „herrschen", zu *kratos* „Kraft, Macht"]

Xe|non ⟨n., -s, nur Sg.; Zeichen: Xe⟩ *farb-, geruch- und geschmackloses Edelgas* [griech., „das Fremde"]

xe|no|phil ⟨Adj.⟩ *alles Fremde schätzend, ihm gegenüber zugänglich* [< griech. *xenos* „fremd; Fremder" und *philein* „lieben"]

Xe|no|phi|lie ⟨f., -, nur Sg.⟩ *Vorliebe für alles Fremdartige*

xe|no|phob ⟨Adj.⟩ *alles Fremde ablehnend* [< griech. *xenos* „fremd; Fremder" und *phobos* „Furcht"]

Xe|no|pho|bie ⟨f., -, nur Sg.⟩ *Abneigung gegen alles Fremdartige*

Xe|ro|der|mie ⟨f.11⟩ *Trockenheit der Haut* [< griech. *xeros* „dürr, trocken" und *derma* „Haut"]

Xe|ro|gra|phie ⟨f.11⟩ *elektrostatisches Trockendruckverfahren* [< griech. *xeros* „trocken, dürr" und ...*graphie*]

xe|ro|gra|phie|ren ⟨V.3, hat xerographiert; mit Akk.⟩ *mittels Xerographie vervielfältigen*

Xe|ro|ko|pie ⟨f.11⟩ *mittels Xerographie hergestellte Kopie*

xe|ro|phil ⟨Adj.; von Pflanzen⟩ *die Trockenheit liebend* [< griech. *xeros* „trocken, dürr" und *philein* „lieben"]

Xe|ro|phyt ⟨m.10⟩ *Trockenheit liebende Pflanze* [< griech. *xeros* „trocken, dürr" und *phyton* „Pflanze"]

xe|ro|therm ⟨Adj., o.Steig.⟩ *trocken und heiß;* ~es Klima [< griech. *xeros* „trocken" und *thermos* „warm, heiß"]

x-fach ⟨[iks-] Adj., o.Steig.; ugs.⟩ *sehr oft, vielfach;* eine ~e Vergrößerung; das ist x. vorhanden

X-Ha|ken ⟨[iks-] m.7⟩ *Aufhängehaken für Bilder*

Xi ⟨n.9; Zeichen: ξ, Ξ⟩ *vierzehnter Buchstabe des griechischen Alphabets*

x-mal ⟨[iks-] Adv.; ugs.⟩ *viele Male, sehr oft;* das habe ich schon x. gemacht

X-Strah|len ⟨[iks-] m.12, Pl.; †⟩ → *Röntgenstrahlen*

x-te ⟨[iks-] Num.; ugs.⟩ *der, die, das x-te der, die, das Soundsovielte;* beim ~n Versuch; zum ~n Mal

Xy|lem ⟨n.1⟩ *wasserleitender, stark verholzender Gefäßteil der Pflanzen* [< griech. *xylon* „Holz"]

Xy|lo|gra|phie ⟨f.11⟩ **1** ⟨nur Sg.⟩ *Holzschneidekunst* **2** *Holzschnitt* [< griech. *xylon* „Holz" und ...*graphie*]

Xy|lol ⟨n., -s, nur Sg.⟩ *aromatischer Kohlenwasserstoff, Lösungsmittel* [< griech. *xylon* „Holz" und *Alkohol*]

Xy|lo|phon ⟨n.1⟩ *Musikinstrument, bei dem kleine, waagerecht in einem Rahmen befestigte Stäbe aus Holz oder Metall mit Holzhämmerchen angeschlagen werden* [< griech. *xylon* „Holz" und *phone* „Ton, Klang"]

Xy|lo|se ⟨f., -, nur Sg.⟩ *(in Laub- und Nadelbäumen vorkommender) Zucker mit fünf Kohlenstoffatomen* [< griech. *xylon* „Holz" und ...*ose*]

Y

y ⟨1⟩ ⟨Math.; Symbol für⟩ *die zweite, neben x auftretende Unbekannte einer Gleichung* **2** ⟨Math.⟩ *die von x abhängige Größe einer Funktion*
Y **1** vgl. *Ypsilon (2)* **2** ⟨Zeichen für⟩ Yttrium **3** ⟨Kfz-Kennzeichen für⟩ *Bundeswehr*
y-Ach|se ⟨[ypsilon-] f.11⟩ *senkrechte Achse eines ebenen Koordinatensystems*
Yacht ⟨f.10⟩ →*Jacht*
Yak ⟨m.9⟩ →*Jak*
Yams ⟨n., -, -⟩ →*Jams*
Yan|kee ⟨[jɛŋki] m.9⟩ **1** ⟨abwertend⟩ *US-Amerikaner* **2** *(in den USA Spitzname für) Einwohner der Nordstaaten, Nordstaatler* [< ndrl. *Janke,* Verkleinerungsform von *Jan* (dem dt. „Hänschen, Hansl" entsprechend), als Spottname der holländischen Siedler in New York für die englischen in Connecticut]
Yan|kee doodle ⟨[jɛŋki du:dl] m., - -(s), nur Sg.⟩ *Marschlied aus der Zeit des amerikanischen Unabhängigkeitskrieges* [engl., < *Yankee* und *to doodle* „vor sich hindudeln"]
Yard ⟨n.9, nach Zahlenangaben Pl. -; Zeichen: yd.⟩ *angelsächsisches Längenmaß, etwa 0,9 m* [engl., urspr. „Gerte"]
Yawl ⟨[jɔːl] f.9 oder f.1⟩ *zweimastiges Sportsegelboot* [engl., entspricht dt. *Jolle,* Herkunft nicht bekannt]
Yb ⟨Zeichen für⟩ *Ytterbium*
Y-Chro|mo|som ⟨[ypsilonkroː-] n.12⟩ *eines der beiden Geschlechtschromosomen* [nach der Form]
yd. ⟨Zeichen für⟩ *Yard*
Yen ⟨m., -s, -⟩ *japanische Währungseinheit, 100 Sen;* auch: *Jen*
Ye|ti ⟨m.9⟩ *angeblich im Himalaja vorkommendes, menschenähnliches Lebewesen, Schneemensch* [nepales.]
Yin und Yang ⟨n., - - -, nur Sg.⟩ →*Jin und Jang*
Ylang-Ylang ⟨[ilaŋ-] n.9⟩ *ein tropischer Baum, aus dessen Blüten ein ätherisches Öl (Kanangaöl, Ylang-Ylang-Öl) gewonnen wird* [wahrscheinlich aus einer Philippinensprache (Tagalog) in der Bed. „Blume der Blumen"]
YMCA ⟨[waiɛmsiːei] m. oder f., -, nur Sg.; Abk. für⟩ *Young Men's Christian Association: Christlicher Verein junger Männer*
Yo|ga ⟨n., -(s), nur Sg.⟩ auch: *Joga* **1** *(in der Philosophie des Hinduismus entwickeltes) System der Körperbeherrschung durch den Geist* **2** *Übung, die dazu dienen soll, dies zu erreichen* [< Sanskr. *yuga-* „Anschirrung", zu *yu-nakti,* „er schirrt an, er führt die Zugtiere in ein Joch", urverwandt mit *Joch*]
Yo|ghurt ⟨m.1 oder n.1⟩ →*Joghurt*
Yo|gi ⟨m.9⟩ *Anhänger des Yoga;* auch: *Jogi*
Yo|him|bin ⟨n., -s, nur Sg.⟩ *aus einem westafrikanischen Baum gewonnenes Aphrodisiakum* [afrik.]
Young|ster ⟨[jaŋ-] m.5 oder m.9⟩ **1** *junger Sportler, Neuling in einer Mannschaft* **2** *zweijähriges Reitpferd* [engl., „junge Person, junges Tier", aus *young* „jung" und der (oft abwertend verwendeten) Nachsilbe *...ster* gebildet]
Yp|si|lon ⟨n.9; Zeichen: y, Y⟩ *zwanzigster Buchstabe des griechischen Alphabets* [< griech. *y psilon* „einfaches y", zu *psilos* „kahl, einfach"]
Ysop ⟨[iː-] m.1⟩ *(wild im Mittelmeergebiet vorkommender) strauchiger Schmetterlingsblütler mit blauen Blüten, Gewürz- und Zierpflanze* [< lat. *hyssopus, hyssopum* < griech. *yssopos* < hebr. *esob* in ders. Bed.]
Ytong ⟨[iː-] m., -s, nur Sg.; Wz.⟩ *ein Leichtbeton, Gasbeton* [schwed. Kunstwort]
Yt|ter|bi|um ⟨n., -s, nur Sg.; Zeichen: Yb⟩ *chemisches Element, ein Metall der Seltenen Erden* [→ *Yttererde*]
Yt|ter|er|de ⟨f.11⟩ *Mineralgemisch Seltener Erden* [nach dem Fundort *Ytterby* bei Stockholm]
Yt|tri|um ⟨n., -s, nur Sg.; Zeichen: Y⟩ *chemisches Element, ein Metall der Seltenen Erden* [→ *Yttererde*]
Yuc|ca, Yuk|ka ⟨f.9⟩ *(in vielen Arten vorkommendes) Agavengewächs mit hohen, glockigen, weißen Blüten in Rispen, Zierpflanze* [indian.]

Z

Z. ⟨Abk. für⟩ Zeile
zach ⟨Adj., -er, am -(e)sten⟩ **1** ⟨bayr.-österr.⟩ a zäh, ausdauernd b zäh; ~es Fleisch **2** ⟨ostmdt.⟩ geizig, knauserig; sei nicht so z.! **3** ⟨norddt.⟩ schüchtern, zaghaft [Nebenform von zäh]
Zack ⟨m.; nur in der Wendung⟩ auf Z. sein wach und zupackend sein
Zacke ⟨-k·k-; f.11⟩ →Zacken
zacken ⟨-k·k-; V. 1, hat gezackt; mit Akk.⟩ mit Zacken versehen; gezackter Rand
Zacken ⟨-k·k-; m.7⟩ ⟨spitz hervorstehender Teil (von etwas)⟩; auch: Zacke; eine Gabel mit drei Z.; du wirst dir keinen Z. aus der Krone brechen ⟨übertr.⟩ es wird dir nichts schaden; einen ziemlichen Z. draufhaben ⟨ugs.⟩ schnell fahren; einen Z. haben ⟨übertr., ugs.⟩ ziemlich betrunken sein
Zacken|barsch ⟨-k·k-; m.1⟩ barschartiger Fisch warmer Meere mit einer gezackten Rückenflosse (z. B. der Schriftbarsch)
Zacken|firn ⟨-k·k-; m.1⟩ →Büßerschnee
Zacken|lit|ze ⟨-k·k-; f.11⟩ in Zacken geformtes, schmales Band (als Besatz für Kleidungsstücke)
zackig ⟨-k·k-; Adj.⟩ **1** mit Zacken versehen; ein ~er Felsvorsprung **2** ⟨übertr.⟩ militärisch-forsch, schneidig; ein ~er Kerl; ein ~er Gruß
zag ⟨Adj.; poet.⟩ zaghaft, scheu; ~e Hoffnungen hegen; ~e in Schritten
za|gen ⟨V.1, hat gezagt; o.Obj.; †⟩ ängstlich zögern, zaghaft sein; ⟨noch in der Fügung⟩ mit Zittern und Zagen zitternd vor Angst
zag|haft ⟨Adj., -er, am -esten⟩ zögernd, ängstlich, zurückhaltend; z. klopfen, trinken; ~e Bemühungen **Zag|haf|tig|keit** ⟨f., -, nur Sg.⟩
Zag|heit ⟨f., -, nur Sg.⟩ zages Verhalten
zäh ⟨Adj., -er, am -esten⟩ **1** biegsam, dehnbar, aber schwer in einzelne Stücke zu trennen; ~es Fleisch; ~er Teig; z. wie Leder **2** mühsam in Gang kommend, schwerfällig; es geht etwas z. voran; das Gespräch kam nur z. in Gang **3** ausdauernd, widerstandsfähig; sie ist sehr dünn, aber z.; Katzen haben ein ~es Leben; ~er Widerstand leisten; z. an etwas festhalten **Zä|heit** ⟨f., -, nur Sg.⟩
zäh|flüs|sig ⟨Adj.⟩ langsam und schwerfällig fließend; ~e Lava; ~er Verkehr ⟨übertr.⟩
Zä|hig|keit ⟨f., -, nur Sg.⟩ das Zähsein, Ausdauer, Widerstandsfähigkeit
Zahl ⟨f.10⟩ **1** durch Zeichen darstellbarer Begriff, mit dem man zählen kann; die Z. 100; ganze Z., z.B. 2, 3; gebrochene Z., z.B. ⅓, 0,2 **2** Begriff für eine Menge; hohe, große, kleine, niedrige Z.; rote ~en ⟨ugs.⟩ Schulden, Fehlbeträge [Schulden werden mit roten Ziffern bezeichnet]; in die roten ~en kommen Schulden machen; in den roten ~en sein Schulden haben **3** Ziffer, Zeichen für eine Zahl (1); arabische, römische ~en **4** Anzahl, Menge (Besucher~); Menschen, Leiden ohne Z. unzählige Menschen, sehr viele Leiden **5** ⟨Gramm.; kurz für⟩ Zahlwort
zahl|bar ⟨Adj., o.Steig.⟩ fällig zur Zahlung; z. in drei Tagen **Zahl|bar|keit** ⟨f., -, nur Sg.⟩
zähl|bar ⟨Adj., o.Steig.⟩ sich zählen lassend; ~e Menge
Zahl|brett, Zähl|brett ⟨n.3⟩ früher Brett, auf das Münzen zum Zahlen oder Zählen gelegt werden
zäh|le|big ⟨Adj.⟩ sehr ausdauernd und widerstandsfähig; ~e Tiere **Zäh|le|big|keit** ⟨f., -, nur Sg.⟩
zah|len ⟨V.1, hat gezahlt⟩ **I** ⟨mit Akk.⟩ etwas z. **1** bezahlen, durch Geld ausgleichen, tilgen; eine Rechnung, Schulden z. **2** bezahlen, für etwas Geld als Gegenleistung geben; Miete z.; was hast du dafür gezahlt? **II** ⟨mit Dat. und Akk.⟩ jmdm. etwas z. die Kosten für eine Sache für jmdn. übernehmen; ich zahle dir das Essen **III** ⟨o.Obj.⟩ eine finanzielle Forderung erfüllen, Geld als Gegenleistung geben; er kann nicht z.; ich zahle bar; der Kunde zahlt gut, pünktlich; an den Schulden haben sie jahrelang zu z.
zäh|len ⟨V.1, hat gezählt⟩ **I** ⟨mit Akk.⟩ etwas oder jmdn. z. **1** die Anzahl von etwas oder von Personen feststellen; Geld z.; die Anwesenden z.; die Tage, Stunden bis zu einem Ereignis z. ⟨übertr.⟩ ein Ereignis sehr ungeduldig erwarten; ich zähle ihn zu meinen Freunden er gehört zu meinen Freunden; seine Tage als Präsident sind gezählt er wird nicht mehr lange Präsident sein **2** eine bestimmte Anzahl von etwas aufweisen; die Stadt zählt 50000 Einwohner; er zählt 50 Jahre ist 50 Jahre alt **II** ⟨o.Obj.⟩ **1** die Zahlenreihe kennen, aufsagen; das Kind kann schon bis zehn z.; er kann nicht bis drei z. ⟨übertr., ugs.⟩ er ist etwas beschränkt **2** in einer bestimmten Anzahl, Menge vorhanden sein; sein Vermögen zählt nach Millionen; die Opfer der Katastrophe z. nach Tausenden **3** gelten; dieses Tor zählt nicht ⟨Sport⟩; diese Karte zählt doppelt ⟨Kart.⟩ **4** Bedeutung haben, wichtig sein; dieser kleine Betrag zählt nicht; für ihn zählt nur das, was einer kann, leistet **III** ⟨mit Präp.obj.⟩ **1** auf jmdn. oder etwas z. auf jmdn. oder etwas rechnen, sich auf jmdn. oder etwas verlassen; ich zähle heute bei dich und ich verlasse mich darauf, daß du heute abend kommst; du kannst auf meine Hilfe z. **2** zu einer Gruppe z. zu einer Gruppe gehören; er zählt zu meinen Freunden; der Wolf zählt zu den Säugetieren
Zah|len|rät|sel ⟨n.5⟩ Rätsel, bei dem die Lösung durch Zahlen ersetzt werden muß; ein Z. mit Buchstaben oder Bildsymbolen
Zah|len|theo|rie ⟨f., -, nur Sg.⟩ Wiss. von den natürlichen Zahlen
Zäh|ler ⟨m.5⟩ **1** jmd., der zählt (Verkehrs~) **2** Zahl über dem Bruchstrich; Ggs. Nenner **3** ⟨kurz für⟩ →Elektrizitätszähler; den Z. ablesen **4** ⟨ugs.⟩ etwas, das zählt, Punkt; bei einem Spiel weitere Z. machen
Zah|len|gren|ze ⟨f.11⟩ Grenze für einen bestimmten Tarif (eines Verkehrsnetzes)
Zahl|kar|te ⟨f.11⟩ Formblatt für Einzahlungen auf ein Postscheckkonto; Syn. ⟨österr.⟩ Erlagschein, ⟨schweiz.⟩ Einzahlungsschein
Zahl|kell|ner ⟨m.5⟩ Kellner, bei dem der Gast bezahlt
zahl|los ⟨Adj., o.Steig.⟩ unzählbar viele; ~e Touristen besuchen diesen Ort
Zahl|meis|ter ⟨m.5⟩ jmd., der berufsmäßig Auszahlungen vornimmt und Gelder verwaltet
Zähl|mu|ster ⟨n.5⟩ Mustervorlage für eine Handarbeit
zahl|reich ⟨Adj.⟩ in großer Zahl; ~e Bücher, Kinder; sie sind z. erschienen
Zähl|rohr ⟨n.1⟩ Gerät zum Nachweis und zum Zählen einzelner, bewegter, atomarer Teilchen und Quanten (z. B. ein Geigerzähler)
Zahl|stel|le ⟨f.11⟩ Amt, Schalter, an dem etwas ein- oder ausgezahlt wird
Zahl|tag ⟨m.1⟩ **1** Tag, an dem der Lohn ausgezahlt wird **2** Tag, an dem eine Zahlung fällig ist
Zahl|ung ⟨f.10⟩ das Zahlen; eine Z., ~en leisten etwas bezahlen; Z. in drei Raten; einen Gegenstand in Z. nehmen einen Gegenstand annehmen und seinen Wert von der Rechnung abziehen; Essensmarken, Gutscheine in Z. nehmen als Zahlungsmittel annehmen; einen Gegenstand in Z. geben einen Gegenstand mit zum Bezahlen benutzen; wir haben beim Kauf des Autos das alte in Z. gegeben
Zäh|lung ⟨f.10⟩ das Zählen
Zah|lungs|an|wei|sung ⟨f.10⟩ schriftliche Anweisung, etwas zu bezahlen
Zah|lungs|bi|lanz ⟨f.10⟩ systematische Gegenüberstellung aller Zahlungsforderungen und -verpflichtungen gegenüber dem Ausland; aktive, positive Z., negative Z.
zah|lungs|fä|hig ⟨Adj.⟩ in der Lage, Zahlungen zu leisten **Zah|lungs|fä|hig|keit** ⟨f., -, nur Sg.⟩
Zah|lungs|frist ⟨f.10⟩ Frist, in der eine Zahlung geleistet werden muß; jmdm. eine Z. von drei Tagen einräumen
Zah|lungs|mit|tel ⟨n.5⟩ etwas, womit gezahlt werden kann (z.B. Geld, Scheck)
zah|lungs|un|fä|hig ⟨Adj.⟩ nicht in der Lage, Zahlungen zu leisten **Zah|lungs|un|fä|hig|keit** ⟨f., -, nur Sg.⟩
Zah|lungs|ver|kehr ⟨m., -s, nur Sg.⟩ alle Vorgänge, die Zahlungen betreffen; bargeldloser Z.
Zähl|werk ⟨n.1⟩ Vorrichtung, die sich wiederholende, gleichartige Vorgänge zählt und die ermittelten Zahlen anzeigt
Zahl|wort ⟨n.4⟩ Wort, das eine Zahl bezeichnet, z.B. zwei, dritter, zehnmal; auch: ⟨kurz⟩ Zahl
Zahl|zei|chen ⟨n.7⟩ Zeichen, das eine Zahl bezeichnet, z.B. Ziffer
zahm ⟨Adj.⟩ **1** an den Menschen gewöhnt, keine Scheu vor dem Menschen habend; ein ~es Tier **2** nicht wild, nicht angriffslustig; der Hund ist ziemlich z. **3** ⟨übertr.⟩ friedlich, zurückhaltend, gemäßigt; eine ~e Kritik
zäh|men ⟨V.1, hat gezähmt; mit Akk.⟩ **1** ein Tier z. zahm machen, an den Menschen gewöhnen **2** einen Menschen z. ⟨übertr.⟩ gefügig machen
Zahm|heit ⟨f., -, nur Sg.⟩ das Zahmsein
Zäh|mung ⟨f.10⟩ das Zähmen
Zahn ⟨m.2⟩ **1** bes. dem Festhalten und Zerkleinern der Nahrung dienendes, hartes Gebilde im Bereich der Mundhöhle (als Teil des Gebisses); Backen~, Schneide~; der Z. wackelt, muß gezogen werden; sich die Zähne putzen; mit den Zähnen knirschen; die Zähne zusammenbeißen ⟨ugs.⟩ sich sehr beherrschen, um etwas Schmerzhaftes, Unangenehmes durchzuhalten; jmdm. die Zähne zeigen ⟨ugs.⟩ jmdm. seine Stärke, Entschlossenheit zeigen; sich an etwas die Zähne ausbeißen ⟨übertr.⟩ an einer Aufgabe scheitern; der Z. der Zeit ⟨übertr.⟩ die zerstörerische Wirkung der Zeit; jmdm. auf den Z. fühlen ⟨übertr.⟩ jmdn. einer strengen Prüfung unterziehen; bis an die Zähne bewaffnet ⟨übertr.⟩ schwer bewaffnet; das reicht nur für den hohlen Z. ⟨ugs.⟩ das ist zuwenig; mit Zähnen und Klauen verteidigen ⟨ugs.⟩ mit

1091

allen Mitteln verteidigen **2** *Spitze, Zacke; Z. eines Kammes, Zahnrades, einer Briefmarke* **3** 〈ugs.〉 *hohe Geschwindigkeit* (Affen~); *einen Z. zulegen* 〈ugs.〉 *die Geschwindigkeit steigern* **4** 〈Jugendspr.〉 *junges Mädchen; steiler Z.*

Zahn|ar|me(r) 〈m.17 oder 18〉 *urtümliches Säugetier Süd- und Mittelamerikas (Ameisenbär, Faultier oder Gürteltier)* [irreführender Name; die Ameisenbären sind zahnlos, die Gürteltiere besitzen besonders viele Zähne]

Zahn|arzt 〈m.2〉 *Arzt für Zahnheilkunde*

Zahn|bein 〈n., -(e)s, nur Sg.〉 *Knochensubstanz der Zähne;* Syn. *Dentin*

Zahn|bür|ste 〈f.11〉 *kleine Bürste mit langem Griff zum Zahneputzen*

Zahn|creme ([-kre:m] oder [kre:m] f.9) → *Zahnpasta*

Zäh|ne|klap|pern 〈n., -s, nur Sg.〉 *das Aufeinanderschlagen der Zähne (aus Angst oder vor Kälte); und dann gibt's Heulen und Z.* 〈übertr.〉 *große Angst, große Reue*

zäh|ne|klap|pernd 〈Adj., o.Steig.〉 *mit klappernden, aufeinanderschlagenden Zähnen, sehr frierend,* 〈übertr.〉 *voller Angst; wir warteten z. an der Haltestelle auf die S-Bahn; er näherte sich z.*

zäh|ne|knir|schend 〈Adj., o.Steig.; übertr.〉 *voll verhaltener Wut, ungern; z. bezahlte er die Rechnung*

zäh|neln 〈V.1, hat gezähnelt; mit Akk.〉 *mit kleinen Zähnen (2) versehen; gezähnelter Rand*

zah|nen 〈V.1, hat gezahnt; o.Obj.〉 *Zähne bekommen; das Kind zahnt*

zäh|nen 〈V.1, hat gezähnt; mit Akk.〉 *mit Zähnen (2) versehen; gezähnter Rand*

Zahn|er|satz 〈m.2〉 → *Prothese (2)*

Zahn|fach 〈n.4〉 *Aussparung im Kiefer, in die ein Zahn eingelagert ist*

Zahn|fäu|le 〈f., -, nur Sg.〉 → *Karies (2)*

Zahn|fleisch 〈n., -(e)s, nur Sg.〉 *Schleimhaut, die die Zahnhälse und die Kieferknochen bedeckt; auf dem Z. gehen* 〈ugs.〉 *völlig erschöpft sein*

Zahn|hals 〈m.2〉 *Teil des Zahnes zwischen Zahnkrone und -wurzel*

Zahn|heil|kun|de 〈f., -, nur Sg.〉 *Teilgebiet der Medizin, das sich mit der erhaltenden und operativen Behandlung von Zähnen und Kiefer befaßt;* Syn. *Odontologie*

Zahn|höh|le 〈f.11〉 *vom Zahnbein umschlossener Hohlraum im Inneren eines Zahnes*

Zahn|ka|ri|es 〈f., -, nur Sg.〉 → *Karies (2)*

Zahn|klemp|ner 〈m.5; ugs.; scherzh.〉 *Zahnarzt*

Zahn|kro|ne 〈f.11〉 *oberer, von Zahnschmelz überzogener Teil eines Zahnes*

Zahn|laut 〈m.1〉 *Dentallaut*

Zahn|mark 〈n., -(e)s, nur Sg.〉 → *Pulpa*

Zahn|pa|sta 〈f., -, -sten〉 *aus Schleif- und Poliermitteln geringer Härte, Feuchthaltemitteln, schaumbildenden Stoffen u.a. zusammengesetztes Mittel zur Pflege der Zähne;* Syn. *Zahncreme*

Zahn|pra|xis 〈f., -, -xen〉 *Praxis eines Zahnarztes*

Zahn|rad 〈n.4〉 *gleichmäßig mit Zähnen (2) besetztes Rad zur Kraftübertragung*

Zahn|rad|bahn 〈f.10〉 *Schienenbahn für starke Steigungen, bei der ein Zahnrad die Zugkraft des Triebfahrzeugs auf eine zwischen den Schienen des Gleiskörpers liegende Zahnstange überträgt*

Zahn|schmelz 〈m., -es, nur Sg.〉 *vorwiegend Apatit enthaltender, harter Stoff, der die Zahnkrone überzieht*

Zahn|span|ge 〈f.11〉 *Vorrichtung aus Draht (oft mit Gaumenplatte), die an den Zähnen befestigt und längere Zeit getragen wird, um eine abnorme Stellung von Zähnen zu korrigieren*

Zahn|stan|ge 〈f.11〉 *mit Zähnen (2) verse-*

hene Stange, die zusammen mit einem Zahnrad eine drehende Bewegung in eine geradlinige verwandelt (und umgekehrt)

Zahn|stein 〈m., -(e)s, nur Sg.〉 *harte Ablagerung von Salzen und bakterienhaltigen organischen Stoffen am Zahnhals*

Zahn|sto|cher 〈m.5〉 *(meist aus Holz bestehendes) spitzes Stäbchen zum Entfernen von Speiseresten zwischen den Zähnen*

Zahn|tech|ni|ker 〈m.5〉 *jmd., der berufsmäßig Zahnersatz, Zahnspangen u.ä. herstellt*

Zah|nung 〈f.10〉 *Gesamtheit der Zähne (2); die Z. der Säge*

Zäh|nung 〈f.10〉 **1** 〈nur Sg.〉 *das Zähnen* **2** *Gesamtheit der Zähne (2); Briefmarke mit Z.*

Zahn|wal 〈m.1〉 *Wal, der (im Unterschied zu den Bartenwalen) Zähne besitzt (z.B. der Pottwal)*

Zahn|wech|sel 〈m.5〉 *Verlust der Milchzähne und Nachwachsen der zweiten, bleibenden Zähne*

Zahn|wur|zel 〈f.11〉 *im Zahnfach eingelagerter, spitz zulaufender Teil des Zahnes*

Zäh|re 〈f.11; †, poet.〉 *Träne*

Zain 〈m.1〉 **1** 〈landsch.〉 *Weidengerte* **2** 〈früher〉 *Münzmetallbarren* [< mhd. *zein* „Rute, Rohr, Stäbchen"]

Zai|ne 〈f.11; schweiz.〉 *Flechtwerk, Korb* [zu *Zain*]

zai|nen 〈V.1, hat gezaint; o.Obj.; schweiz.〉 *Flechtwerk herstellen* [zu *Zain*]

Zam|ba 〈[sam-] f.9〉 *weiblicher Zambo*

Zam|bo 〈[sam-] m.9〉 *Mischling aus einem negriden und einem indianischen Elternteil* [span., eigtl. „x-beinig"]

Zam|perl 〈n.14; bayr.〉 *kleiner Hund* [< ital. *zampa* „Fuß (der Tiere), Pfote, Tatze", vielleicht gekreuzt aus veraltetem volkstüml. *zanca* „Bein" und *gamba* „Bein"]

Zan|der 〈m.5〉 *großer, barschartiger Fisch;* Syn. 〈österr.〉 *Schill* [vermutl. zu Zahn, nach seinen spitzen Zähnen (vgl. mhd. *zant* „Zahn", Pl. *zande*), nach anderer Deutung aus dem Slaw.]

Zan|ge 〈f.11〉 **1** *Handwerksgerät aus zwei durch einen Bolzen miteinander verbundenen Schenkeln, die durch Zusammendrücken große Kräfte an den Backen erzeugen (Beiß~, Flach~); jmdn. in die Z. nehmen* 〈übertr., ugs.〉 *auf jmdn. starken Druck ausüben,* 〈Sport〉 *einen Gegner von zwei Seiten bedrängen und behindern* **2** *etwas Zangenähnliches; die Z. am Kopf des Hirschkäfers*

Zan|gen|ge|burt 〈f.10〉 *Entbindung mit Hilfe einer Geburtszange*

Zan|gen|griff 〈m.1〉 **1** *Griff einer Zange* **2** *Griff beim Ringen; jmdn. im Z. haben*

Zank 〈m., -(e)s, nur Sg.〉 *heftiger Wortstreit; Z. und Streit; in Z. mit jmdm. geraten*

Zank|ap|fel 〈m.6〉 *das, worum es in einem Zank, Streit geht*

zan|ken 〈V.1, hat gezankt〉 **I** 〈mit Akk.〉 *jmdn. z. jmdn. schelten, tadeln; ein Kind z.* **II** 〈o.Obj.〉 *schelten; sie zankt den ganzen Tag; ich muß schon wieder z.!; mit jmdm. z. jmdn. schelten* **III** 〈refl.〉 *sich z. mit jmdm. streiten; die Kinder z. sich viel, wenig; sich um etwas z.*

Zän|ker 〈m.5; †〉 *jmd., der oft, gerne zankt*

zän|kisch 〈Adj.〉 *oft, gerne zankend; ein ~er alter Mann; sie ist z.*

Zapf 〈m.1; Nebenform von〉 *Zapfen*

Zäpf|chen 〈n.7〉 **1** *kleiner Zapfen* **2** *vorspringender Teil des weichen Gaumens;* Syn. *Uvula* **3** *Arzneimittel von konischer Form zum Einführen in den Mastdarm;* Syn. *Suppositorium*

Zäpf|chen-R 〈n., -(s), -(s)〉 *mit dem Gaumenzäpfchen gebildetes R;* Ggs. *Zungen-R*

zap|fen 〈V.1, hat gezapft; mit Akk.〉 **1** *aus einem Faß durch das Spundloch herausfließen lassen; Bier, Wein z.* **2** 〈†〉 *an einer Zapfsäule entnehmen; Benzin z.*

Zap|fen 〈m.7〉 **1** *(bes. bei Nadelhölzern) verholzter, länglich-runder Blüten- und Fruchtstand mit dünnen Deckschuppen (Kiefern~, Tannen~)* **2** *längliches Verbindungsstück, das in die Aussparung eines anderen Teils eingreift (Hebel~, Sperr~); einen Z. ins Faß schlagen* **3** *längliches, spitzes Gebilde (Eis~)* **4** *zapfenförmiger, dem Farbensehen dienender Teil der Netzhaut*

Zap|fen|streich 〈m.1〉 *Zeitpunkt (ursprl. Signal) am Abend, bei dem die Soldaten wieder in der Kaserne sein müssen* [eigtl. „Streich (= Schlag), mit dem man den Zapfen ins Faß schlägt", zum Zeichen, daß nun nichts mehr ausgeschenkt wird und die Gäste nach Hause, die Soldaten in die Kaserne oder ihre Quartiere gehen sollen. Vom 30jährigen Krieg an wurde zu einer festgesetzten Zeit am Abend ein Signal getrommelt oder geblasen, auf das hin die Marketender oder Gastwirte den Zapfen ins Faß zu schlagen hatten, daher die Wendung *den Zapfenstreich blasen*]

Zapf|säu|le 〈f.11; veraltend〉 → *Tanksäule*

za|po|nie|ren 〈V.3, hat zaponiert; mit Akk.〉 *mit Zaponlack überziehen*

Za|pon|lack 〈m.1〉 *farbloser Schutzlack für Metalle*

zap|pe|lig 〈Adj.〉 *auch: zapplig* **1** *häufig, viel zappelnd, unruhig; ein ~es Kind* **2** *zappelnd, sich rasch (auf der Stelle) bewegend; sei doch nicht so z.! zapple nicht so viel!*

zap|peln 〈V.1, hat gezappelt; o.Obj.〉 *sich rasch und unruhig (auf der Stelle) bewegen (bes. mit den Armen und Beinen); halt still, zapple nicht so!; ein Fisch zappelt an der Angel; das Kind, der Hund zappelte in ihren Armen; vor Ungeduld z.; jmdn. z. lassen* 〈übertr., ugs.〉 *jmdn. im Ungewissen lassen, jmdn. ungeduldig warten lassen*

Zap|pel|phi|lipp 〈m., -s, -e oder -s〉 *Kind, das sehr unruhig und zappelig ist* [nach einer Gestalt aus dem Struwwelpeter]

zap|pen|du|ster 〈Adj., o.Steig.; ugs.〉 **1** *völlig dunkel* **2** 〈übertr.〉 *zu Ende, nichts mehr zu machen, alles aus; jetzt ist's z.* [wahrscheinlich < rotw. *Zofon*, jidd. *zophon* „Dunkelheit, Mitternacht", also „dunkel wie um Mitternacht, wie in tiefster Nacht"]

zapp|lig 〈Adj.〉 → *zappelig*

Zar 〈m.10; früher in Rußland, Bulgarien, Serbien〉 **1** 〈nur Sg.〉 *Titel des Herrschers* **2** *jmd., der diesen Titel trägt* [< russ. *tsar* < altruss. *cesar*, über got. *kaisar* „Kaiser", < lat. *Caesar*, urspr. Familienname, dann Beiname des Kaisers]

Za|ren|tum 〈n., -s, nur Sg.〉 **1** *Art, Wesen eines Zaren* **2** *Staatsform mit einem Zaren als Herrscher*

Za|re|witsch 〈m.1〉 *Sohn des russischen Zaren, Russischer Kronprinz* [< Zar und Nachsilbe *...witsch*, mit der (bei Namen) im Russ. der Sohn bezeichnet wird]

Za|rew|na 〈f.9〉 *Tochter des russischen Zaren*

Zar|ge 〈f.11〉 **1** 〈bei Türen und Fenstern〉 *ins Mauerwerk eingesetzter Rahmen, Seitenfassung* **2** 〈bei Tischen und Stühlen〉 *Platte und Füße verbindender Rahmen* **3** 〈bei Saiteninstrumenten〉 *Seitenwand des Schallkörpers*

Za|rin 〈f.10〉 **1** *weiblicher Zar* **2** *Gemahlin des Zaren*

Za|ris|mus 〈m., -, nur Sg.〉 *Zarenherrschaft*

za|ri|stisch 〈Adj., o.Steig.〉 *zum Zarismus gehörig, den Zarismus betreffend*

Za|ri|za 〈f., -s oder -zen〉 *Gemahlin des Zaren*

zart 〈Adj., -er, am -esten〉 **1** *empfindlich, leicht verletzbar; ein ~es Pflänzchen; ein ~es Gebilde; ~e Haut* **2** *nicht widerstandsfähig, empfindlich gegen körperliche Beanspruchung; ~e Gesundheit* **3** *nicht widerstandsfähig gegen seelische Beanspruchung, sehr emp-*

findsam; ~*es Gemüt* **4** *mürbe, weich;* ~*es Fleisch, Gebäck, Gemüse* **5** *nicht aufdringlich, sanft;* ~*e Farben;* ~*er Duft;* ~*e Berührung* **6** *rücksichtsvoll, fürsorglich; jmdn. z. behandeln; z. mit jmdm. umgehen* **7** *zurückhaltend, nur angedeutet; eine* ~*e Anspielung*

zart|be|sai|tet ⟨Adj., zarter besaitet, am zartesten besaitet; nur als Attr. und mit „sein"⟩ *sehr empfindsam, verletzlich; er hat,* ⟨*auch*⟩ *ist ein* ~*es Gemüt*

zart|füh|lend ⟨Adj.⟩ *empfindsam, einfühlsam, sich gut in andere Menschen hineinversetzen könnend, taktvoll;* Syn. ⟨†⟩ *zartsinnig*

Zart|ge|fühl ⟨n., -s, nur Sg.⟩ *Fähigkeit, sich in andere Menschen hineinzuversetzen und entsprechend (vorsichtig) zu handeln, Takt;* Syn. ⟨†⟩ *Zartsinn*

Zart|heit ⟨f., -, nur Sg.⟩ *das Zartsein, Empfindlichsein*

zärt|lich ⟨Adj.⟩ **1** *Liebe, Zuneigung zeigend;* ~*e Briefe; ein* ~*er Kuß; jmdn. z. streicheln* **2** *liebevoll;* ~*e Fürsorge*

Zärt|lich|keit ⟨f.10⟩ **1** ⟨nur Sg.⟩ *das Zärtlichsein, starke Zuneigung; sich nach Z. sehnen; in ihrem Blick lag Z.* **2** *Liebkosung;* ~*en austauschen* **3** *Fürsorge; jmdn. mit Z. pflegen*

Zart|sinn ⟨m., -(e)s, nur Sg.; †⟩ → *Zartgefühl*
zart|sin|nig ⟨Adj.; †⟩ → *zartfühlend*

Za|ster ⟨m., -s, nur Sg.; derb⟩ *Geld* [< Rotw., zigeuner. *Saster* „Eisen"]

Zä|sur ⟨f.10⟩ **1** *Einschnitt, Ruhepunkt (im Vers, in der musikalischen Tonfolge); eine Z. setzen* **2** *Einschnitt in der Entwicklung* [< lat. *caesura* „Einschnitt", eigtl. „das Hauen, Fällen", zu *caedere* „hauen, schlagen, fällen"]

Zau|ber ⟨m.5⟩ **1** ⟨bei Naturvölkern⟩ *Handlung, durch die ein Geschehnis, bes. Naturvorgang, auf übernatürliche Weise beeinflußt oder bewirkt werden soll, Dämonen, Geister beschworen werden sollen (Fruchtbarkeits*~*, Jagd*~*, Regen*~*); das ist alles fauler Z.* ⟨ugs.⟩ *das ist alles Schwindel* **2** ⟨im Volksglauben, im Märchen⟩ **a** *Handlung oder Formel, durch die etwas auf übernatürliche Weise bewirkt werden soll (durch die z. B. Menschen und Tiere verwandelt werden sollen); einen Z. anwenden, sprechen* **b** *dadurch hervorgerufene Wirkung; durch einen Z. gebunden sein; den Z. lösen* **3** ⟨nur Sg.⟩ *großer, nur schwer erklärbarer Reiz, Ausstrahlung; der Z. der Landschaft, der Musik; der Z. seiner Persönlichkeit* **4** ⟨ugs.⟩ ⟨*sinnloser*⟩ *Aufwand; was soll der ganze Z.?*

Zau|be|rei ⟨f.10⟩ **1** ⟨nur Sg.⟩ *das Zaubern; was er kann, grenzt schon an Z.* **2** *Zauberkunststück*

Zau|be|rer ⟨m.5⟩ **1** ⟨bei Naturvölkern, im Volksglauben, im Märchen⟩ *jmd., der zaubern kann; der Z. verwandelte ihn in eine Kröte* **2** *jmd., der Zauberkunststücke vorführt; der Z. zog ein Kaninchen aus dem Hut*

Zau|ber|for|mel ⟨f.11⟩ **1** *beim Zaubern gesprochene Worte;* Syn. *Zauberspruch, Zauberworte* **2** ⟨übertr.⟩ *neue, überraschende Lösung eines Problems; dafür läßt sich keine Z. finden*

zau|ber|haft ⟨Adj., -er, am -esten⟩ **1** *unwirklich schön, bezaubernd;* ~*er Abend* **2** *sehr anziehend, reizend und liebenswürdig; du bist z.* **3** *entzückend, wunderschön; ein* ~*es Kleid*

zau|be|risch ⟨Adj.⟩ **1** ⟨o.Steig.⟩ *auf Zauber beruhend; mit* ~*er Gewalt* **2** *in der Art eines Zauberers;* ~*e Kräfte* **3** *traumhaft, unwirklich; ein* ~*es Licht*

Zau|ber|kraft ⟨f.2; im Glauben von Naturvölkern, im Volksglauben und Märchen⟩ **1** *Kraft, Fähigkeit, Zauber auszuüben; er besitzt Zauberkräfte; mit Z. zu Werke gehen* **2** *Kraft, Wirkung eines Zaubers*

zau|ber|kräf|tig ⟨Adj.⟩ *Zauberkraft besitzend; ein* ~*er Spruch*

Zau|ber|kunst ⟨f.2⟩ *Kunst des Zauberns, Fähigkeit zu zaubern*

Zau|ber|kunst|stück ⟨n.1⟩ *auf einem Trick, auf Geschicklichkeit beruhende, scheinbar auf übernatürliche Weise zustande gekommene, verblüffende Handlung; ein Z. vorführen*

Zau|ber|macht ⟨f.2⟩ *Zauberkraft*

zau|bern ⟨V.1, hat gezaubert⟩ **I** ⟨o.Obj.⟩ **1** ⟨im Glauben von Naturvölkern, im Volksglauben, im Märchen⟩ *Zauber ausüben, Zauber anwenden;* Syn. *hexen* **2** *Taschenspielertricks anwenden, Gegenstände verschwinden lassen und hervorbringen; er kann z.; er will heute abend, wenn die Gäste da sind, ein wenig z.* **II** ⟨mit Akk.; im Glauben von Naturvölkern, im Volksglauben, im Märchen⟩ *mittels Zaubers bewirken, hervorbringen; Regen z.; jmdn. an einen anderen Ort z.*

Zau|ber|spruch ⟨m.2⟩ → *Zauberformel*
Zau|ber|stab ⟨m.2⟩ *zum Zaubern verwendeter Stab mit angeblicher Zauberkraft*

Zau|ber|trank ⟨m.2⟩ *Getränk, durch das jmd. (angeblich) verzaubert wird*

Zau|ber|trick ⟨m.9⟩ *Trick, der den Eindruck erweckt, es seien übernatürliche Kräfte im Spiel; einen Z. zeigen, vorführen*

Zau|ber|wort ⟨n.1, meist Pl.⟩ ~*e* → *Zauberformel*

zau|dern ⟨V.1, hat gezaudert; o.Obj.⟩ *zögern, unschlüssig sein; er zauderte einen Augenblick, und sprang ins Wasser*

Zaum ⟨m.2; bei Reit- und Zugtieren⟩ *(aus Riemen oder Gurten bestehender) Geschirrteil für den Kopf;* Syn. *Zaumzeug; sich, jmdn., etwas im Z. halten* ⟨übertr.; ugs.; sittlich⟩*, etwas zügeln, bändigen* [< mhd. *zoum* „Zaum, Riemen", < ahd. *zoum* „Zaum, Zügel, Riemen"]

zäu|men ⟨V.1, hat gezäumt; mit Akk.⟩ *ein Reittier z. einem Reittier den Zaum anlegen*

Zäu|mung ⟨f.10⟩ *die Art des Gezäumtseins*

Zaum|zeug ⟨n.1⟩ → *Zaum*

Zaun ⟨m.2⟩ *aus längs, quer oder gekreuzt angebrachten Holzlatten, aus Draht oder Maschendraht zur Einfriedigung, Abgrenzung eines Grundstücks (Holz*~*, Draht*~*, Latten*~*); einen Streit vom Z. brechen absichtlich einen Streit beginnen; eine Sache vom Z. brechen eine (unangenehme) Sache voreilig, unnötigerweise beginnen*

Zaun|ei|dech|se ⟨f.11⟩ ⟨*u.a. an sonnigen Gartenzäunen vorkommende, häufigste mitteleuropäische Eidechse, bei der die Weibchen braun und die Männchen grün sind*⟩

Zaun|gast ⟨m.2⟩ **1** ⟨als störend empfundener⟩ *Zuschauer, der sich an etwas nicht beteiligt; ein Z. beim Tanzen; ich war nur Z. ich war nur dabei (und kann nichts dafür)* **2** ⟨*hinter dem Zaun stehender*⟩ *nicht zahlender Zuschauer; ein Z. beim Fußball*

Zaun|kö|nig ⟨m.1⟩ *kleiner, braun gemusterter Singvogel mit kurzem Schwanz* [nach einer Sage von den Vögeln, die ihren König wählten, wobei der Zaunkönig sie überlisten wollte, um sich selbst zum König zu machen; es gelang ihm jedoch nicht, und die benannten ihn nach seinem Aufenthaltsort in Hecken, Zäunen u.ä.]

Zaun|pfahl ⟨m.2⟩ *Pfahl eines Zaunes; ein Wink mit dem Z.* ⟨übertr.⟩ *ein indirekter, aber deutlicher Hinweis*

Zaun|re|be ⟨f.11; volkstümlich⟩ *Kletterpflanze, die bes. an Zäunen rankt*

zau|sen ⟨V.1, hat gezaust; mit Akk.⟩ *etwas z. heftig reißen, leicht zerren, an etwas ziehen, zupfen; jmds. Haar, jmdm. das Haar z.; einem Tier das Fell z.; der Wind zaust die Zweige der Bäume;* ⟨bayr.⟩ *das Fleisch von einem Knochen abnagen*

z.B. ⟨Abk. für⟩ *zum Beispiel*
z.b.V. ⟨Abk. für⟩ *zur besonderen Verfügung, Verwendung*

z.D. ⟨Abk. für⟩ *zur Disposition*
z.d.A. ⟨Abk. für⟩ *zu den Akten*
ZDF ⟨Abk. für⟩ *Zweites Deutsches Fernsehen*
ZDL ⟨Abk. für⟩ *Zivildienstleistender*

Ze|ba|ot, Ze|ba|oth ⟨o.Art.; im AT Bez. für⟩ *Gott* [hebr., „(Herr der) Heerscharen"]

Ze|bra ⟨n.9⟩ *afrikanisches Wildpferd mit schwarz-weiß gestreiftem Fell (Berg*~*, Steppen*~*)* [vielleicht < vulgärlat. *equiferus* „Wildpferd", < *equus*, *ecus* „Pferd" und *ferus* „wild"; nach anderer Deutung aus einer Kongosprache]

Ze|bra|holz ⟨n.4⟩, **Ze|bra|no** ⟨n., -s, nur Sg.⟩ *tropisches Holz mit dunkler Maserung auf hellem Grund* [< port. *zebrano* „Zebra"]

Ze|bra|strei|fen ⟨m.7⟩ *durch weiße Streifen gekennzeichneter Straßenübergang, auf dem Fußgänger gegenüber Fahrzeugen den Vorrang haben*

Ze|bro|id ⟨n.1⟩ *Kreuzung zwischen Zebra und Pferd bzw. Esel* [< *Zebra* und *...oid*]

Ze|bu ⟨n.9⟩ *in Asien und Afrika verbreitete Zuchtform des Hausrindes mit Fettdepot im Rückenhöcker, Buckelrind* [< frz. *zébu*, vielleicht aus dem Tibetan.]

Ze|che ⟨f.11⟩ **1** *Rechnung über verzehrte Speisen und Getränke (in einem Lokal); die Z. begleichen, bezahlen; eine große Z. machen; die Z. für etwas bezahlen* ⟨übertr.; ugs.⟩ *für den Schaden aufkommen; die Z. prellen nicht bezahlen* **2** → *Bergwerk*

ze|chen ⟨V.1, hat gezecht; o.Obj.⟩ *viel Alkohol trinken; bis in die Nacht hinein z.*

Ze|che|rei ⟨f.10⟩, **Zech|ge|la|ge** ⟨n.5⟩ *Trinkgelage*

Ze|chi|ne ⟨f.11⟩ *alte venezianische Goldmünze, dem Dukaten entsprechend* [< ital. *zecchino* „venezian. Golddukaten", zu *zecca* „Münzstätte", verkürzt < arab. *dār as-sikka* „Münzstätte, Prägeort", zu *sikka* „Münzstempel, Prägestock, Münze"]

Zech|prel|ler ⟨m.5⟩ *jmd., der in einem Lokal die Rechnung nicht bezahlt*

Zech|stein ⟨m., -s, nur Sg.⟩ *jüngere Abteilung des Perms* [vermutl. im Sinne von „zäher Stein" zu deuten]

Zeck¹ ⟨m.10; oberdt.⟩ → *Zecke*
Zeck² ⟨n., -s, nur Sg.; bes. berlin.⟩ *Haschen, Fangen; Z. spielen*

Ze|cke ⟨-k|k-; f.11⟩ *Milbe mit lederartig dehnbarer Haut, die an Warmblütern Blut saugt (z.B. der Holzbock);* auch: ⟨oberdt.⟩ *Zeck*¹

zecken ⟨-k|k-; V.1, hat gezeckt; mit Akk.⟩ *necken, ärgern; den Hund z.; sich,* ⟨eigtl.⟩ *einander z. miteinander leicht streiten* [< mhd. *zecken*, einen leichten Stoß geben, necken, reizen", vielleicht lautmalend]

Ze|dent ⟨m.10⟩ *Gläubiger, der seine Forderung an einen Dritten abtritt* [< lat. *cedens* „abtretend", zu *cedere* „abtreten, weichen"]

Ze|der ⟨f.11⟩ *Kieferngewächs mit Nadeln in Büscheln an Kurztrieben und weichem, duftendem Holz (Atlas*~*)* [< lat. *cedrus*, griech. *kedros*, urspr. „Wacholder", dann „Zeder", wohl zur idg. Wurzel *ked-* „räuchern", wegen der Verwendung als Räuchermittel]

ze|die|ren ⟨V.3, hat zediert; mit Dat. und Akk.⟩ *jmdm. etwas z. jmdm. etwas abtreten; jmdm. einen Anspruch, eine Forderung z.* [< lat. *cedere* „zurückweichen, fortgehen, auf etwas verzichten"]

Ze|dre|la|holz ⟨n., -es, nur Sg.⟩ *rotes, leichtes, aromatisches Holz der Zedrele (für Zigarrenkisten u.a.)* [< lat. *cedrelate* „Zederntanne", zu *cedrus* „Zeder"]

Zeh ⟨m.12⟩ → *Zehe (1)*

Ze|he ⟨f.11⟩ *jedes der fünf Endglieder des Fußes;* auch: *Zeh; große Z., kleine Z.; auf* ~*n gehen, schleichen sehr leise gehen; jmdm. auf die* ~*n treten* ⟨ugs.⟩ *jmdn. kränken,* ⟨auch⟩ *jmdn. unter Druck setzen* **2** ⟨*beim Knoblauch*⟩ *Teilstück der Knolle*

Ze|hen|gän|ger ⟨m.5⟩ *Säugetier, das beim Gehen den Boden nur mit den Zehen berührt (z.B. Hund, Katze); Ggs. Sohlengänger*

Ze|hen|na|gel ⟨m.6⟩ → *Nagel (2)*

Ze|hent ⟨m.10⟩ → *Zehnt*

zehn ⟨Num.⟩ *Schreibung in Buchstaben für 10; vgl. acht; Ableitungen und Zus. vgl. acht*

Zehn ⟨f.10; Num.⟩ *die Ziffer 10; vgl. Acht¹*

Zeh|ner ⟨m.5; südd.⟩ **1** *die Ziffer 10* **2** *Zehnpfennigstück*

Zeh|ner|stel|le ⟨f.11; Math.⟩ *vorletzte Ziffer (vor dem Komma) einer mehrstelligen Zahl*

Zehn|fin|ger-Blind|schrei|be|me|tho|de ⟨f., -, nur Sg.⟩ *Methode, mit zehn Fingern ohne Kontrolle durch die Augen Schreibmaschine zu schreiben*

Zehn|fin|ger|sy|stem ⟨n., -s, nur Sg.⟩ *Maschinenschreibmethode mit zehn Fingern*

Zehn|fuß|krebs ⟨m.1⟩ *Krebstier mit zehn Beinen (z.B. Garnele, Hummer, Krabbe, Languste); Syn. Dekapode*

Zehn|kampf ⟨m.2⟩ *Leichtathletik; aus zehn Teilwettbewerben bestehender Mehrkampf für Männer*

Zehnt ⟨m.10; MA⟩ *Abgabe (urspr. eines Zehntels des Ertrags eines Grundstückes) an Grundherrn oder Kirche; auch: Zehent*

zehn|tau|send ⟨Num.⟩ *Schreibung in Buchstaben für 10000; vgl. achttausend*

Zehn|tel ⟨n.5⟩ *jeder von zehn gleichen Teilen (eines Ganzen); vgl. Achtel*

zeh|ren ⟨V.1, hat gezehrt⟩ **I** ⟨o.Obj.⟩ **1** *die Körperkräfte angreifen, verbrauchen;* Fieber zehrt; Meeresluft zehrt; an etwas z. *etwas angreifen, verbrauchen;* der Sorge zehrt an ihrem Herzen; die Ungewißheit zehrt an seinen Nerven, seiner Kraft **II** ⟨mit Präp.obj.⟩ *von etwas z.* **1** *etwas verbrauchen; von der Substanz, von den Vorräten z.* **2** *sich nachträglich noch über etwas freuen;* von Erinnerungen z.

Zehr|ge|biet ⟨n.1⟩ *Gebiet, in dem das Abschmelzen des Gletschers größer ist als der Zuwachs; Ggs. Nährgebiet*

Zehr|geld ⟨n.3⟩, **Zehr|pfen|nig** ⟨m.1; †⟩ *Geld für unterwegs*

Zei|chen ⟨n.7⟩ **1** *etwas Wahrnehmbares, das einen Hinweis geben soll* (Rauch~, Klopf~, Hand~); jmdm. ein Z. geben, machen; sich durch Z. verständigen **2** *gezeichnete, gemalte Figur, Kerbe, Buchstabe oder Zahl(en), Laut, Äußerung als Kennzeichen, Hinweis, Vorschrift* (Verkehrs~, Schrift~, Laut~); *mathematisches, chemisches, physikalisches Z.;* kreisförmiges, rechteckiges Z.; ein Z. in einen Baum schneiden; die Schrift, Sprache ist ein System von Z. **3** *Geschehen, Vorgang, Verhaltensweise o.ä. als Hinweis;* ein Z. von Schwäche, von Ungeduld; das ist ein gutes, schlechtes Z.; die ersten Z. einer Krankheit, einer neuen Entwicklung; die Z. der Zeit erkennen **4** ⟨kurz für⟩ *Sternzeichen, Tierkreiszeichen;* im Z. des Wassermanns geboren sein **5** *Gesamtheit von Erscheinungen, Geschehnissen, die für etwas charakteristisch sind;* bei uns steht zur Zeit alles im Z. seines 50. Geburtstages **6** ⟨kurz für⟩ *Versetzungszeichen, Satzzeichen;* ein Z. vor eine Note setzen

Zei|chen|block ⟨m.2⟩ *Block mit Zeichenpapier*

Zei|chen|brett ⟨n.3⟩ → *Reißbrett*

Zei|chen|fe|der ⟨f.11⟩ *zum Zeichnen verwendete, auf bestimmte Weise geformte Feder*

Zei|chen|koh|le ⟨f., -, nur Sg.⟩ *Stift aus Holzkohle (zum Zeichnen); auch:* ⟨kurz⟩ *Kohle*

Zei|chen|kunst ⟨f.2⟩ *Kunst des Zeichnens;* ein Meister der Z.

Zei|chen|ma|schi|ne ⟨f.11⟩ *technisches Zeichnen; aus zwei rechtwinklig zueinander stehenden, schwenk- und verschiebbaren Linealen bestehendes Hilfsgerät*

Zei|chen|schutz ⟨m., -es, nur Sg.⟩ *gesetzlicher Schutz für Warenzeichen*

Zei|chen|set|zung ⟨f., -, nur Sg.⟩ *Anwendung von Satzzeichen nach bestimmten Regeln; Syn. Interpunktion*

Zei|chen|spra|che ⟨f.11⟩ *lautlose Verständigung durch Zeichen (1), durch Gebärden*

Zei|chen|trick|film ⟨m.1⟩ *aus einer Reihe von gezeichneten Bildern bestehender Film*

zeich|nen ⟨V.2, hat gezeichnet⟩ **I** ⟨mit Akk.⟩ **1** *(mittels Stift) in Linien, Strichen darstellen;* ein Haus, ein Tier, eine Person z.; den Grundriß eines Hauses z. **2** *mit einem Zeichen versehen, kennzeichnen;* Wäsche z.; ein Tier mit einem Brandmal z.; er ist vom Tod gezeichnet *man sieht ihm an, daß er bald sterben wird* **3** *unterschreiben;* einen Brief z.; gezeichnet (Abk.: gez.) XY *das Original ist unterschrieben mit XY;* eine Aktie z. *sich durch Unterschrift verpflichten, eine Aktie zu kaufen* **4** *mustern;* der Vogel hat ein schön gezeichnetes Gefieder **5** *mit künstlerischen Mitteln darstellen;* Figuren, Personen in einem Roman z.; die Personen sind alle gut, scharf, treffend gezeichnet **II** ⟨o.Obj.⟩ **1** *(mit Stift) in Linien und Strichen etwas darstellen;* er zeichnet gern; er kann gut z. **2** ⟨ugs.⟩ *für etwas verantwortlich sein, der Verfasser von etwas sein;* für diesen Artikel, diese Kritik zeichnet XY; dafür zeichnet er *dafür übernimmt er die Verantwortung, dafür ist er verantwortlich* **3** ⟨Jägerspr.⟩ *die Wirkung eines Schusses zeigen (z.B. am Fährte);* das Reh zeichnet

zeich|ne|risch ⟨Adj., o.Steig.⟩ **1** *zum Zeichnen gehörig, das Zeichnen betreffend;* ~e Begabung **2** *mittels Zeichnung, mit Hilfe des Zeichnens;* etwas z. darstellen

Zeich|nung ⟨f.10⟩ **1** *durch Zeichnen hergestellte, bildliche Darstellung* (Kreide~, Tusche~); *technische Z.;* eine Z. anfertigen **2** *das Zeichnen von Wertpapieren, Aktien o.ä.; eine Aktie zur Z. auflegen* **3** *natürliche Farbverteilung, Musterung;* die Z. des Felles beim Hund; die Z. des Pelzes

Zei|del|bär ⟨m.10; poet.; †⟩ *Honig schleckender Bär*

zei|deln ⟨V.1, hat gezeidelt; †⟩ **I** ⟨mit Akk.⟩ **1** *aus dem Bienenstock herausschneiden;* Honigwaben z. **II** ⟨o.Obj.⟩ *Honig schlecken;* der Bär zeidelt; vgl. *Zeidelbär*

Zeid|ler ⟨m.5; †⟩ *Imker* [zu *zeideln* „Waben aus dem Bienenstock herausschneiden"; ahd. *zīdal-,* mhd. *zīdel-* ist Bestimmungswort in Zusammensetzungen, die mit Bienen zu tun haben; zur idg. Wurzel *dei-* „glänzen"]

Zei|ge|fin|ger ⟨m.5⟩ *neben dem Daumen liegender zweiter Finger der Hand; auch:* ⟨schweiz.⟩ *Zeigfinger*

zei|gen ⟨V.1, hat gezeigt⟩ **I** ⟨mit Akk.⟩ **1** *zur Schau stellen, vorführen;* wir z. heute einen Film mit Hans Albers; die Firma zeigt ihre neuesten Modelle; Schüler z. in dieser Ausstellung ihre Arbeiten; sein Können z.; zeig, was du kannst! **2** *erkennen lassen;* zeigt Talent zum Malen; Verständnis für etwas, für jmdn. z.; seinen Ärger, seine Freude z.; sein Verhalten zeigt einen Mangel an Takt; der Versuch, die Erfahrung, das Beispiel zeigt, daß es auf diese Art nicht geht **3** *einen Meßwert anzeigen, erkennen lassen;* das Thermometer zeigt einen Grad unter Null; die Uhr zeigt fünf **4** *sichtbar werden lassen;* die Bäume z. schon Knospen **5** *darstellen;* das Bild, Foto zeigt eine junge Frau **II** ⟨mit Dat. und Akk.⟩ **1** *jmdm. etwas (zum Nachahmen) vormachen;* ich zeige es dir *wie man es macht, was du machen mußt* **2** *jmdm. etwas vor Augen führen, jmdm. etwas ansehen lassen;* jmdm. ein Buch, Fotos z.; ich werde es euch z.!, 1. *ich werde euch beweisen, daß ich es kann!,* 2. *ich werde euch die Meinung sagen!* **3** *jmdm. etwas spüren lassen;* jmdm. seine Liebe, seine Verachtung z. **III** ⟨refl.⟩ *sich z.* **1** *zum Vorschein kommen, sichtbar werden;* die ersten Blüten z. sich schon **2** *offenbar werden, erkennbar werden, sich herausstellen;* jetzt zeigt (es) sich, ob vorgehen richtig war; es wird sich z., ob ... **3** *sich darstellen, sich zur Schau stellen;* er zeigt sich gern; das Kind will sich in voller Pracht; sie zeigt sich von ihrer besten Seite **4** *sich sehen lassen, auftreten; sich in der Öffentlichkeit z.;* in dem Anzug kannst du dich nicht z.; mit ihr kann man sich z.; ⟨ugs.⟩ *sie macht einem keine Schande, bereitet einem keine Verlegenheit, wenn man mit ihr gemeinsam erscheint* **5** ⟨auf bestimmte Weise⟩ *verhalten;* sich großzügig, verständnisvoll z.; sich erstaunt, gekränkt z.

Zei|ger ⟨m.5⟩ *beweglicher, länglicher Teil einer Vorrichtung, der etwas anzeigt* (Uhr~); *eines Meßgerätes;* der Z. schlägt nach links, rechts aus

Zeig|fin|ger ⟨m.5; schweiz.⟩ → *Zeigefinger*

zei|hen ⟨V.186, hat geziehen; mit Akk. und Gen.⟩ *jmdn. einer Sache z. jmdn. wegen beschuldigen, bezichtigen; jmdn. eines Verbrechens z.*

Zei|le ⟨f.11; Abk.: Z.⟩ **1** *Reihe von nebeneinanderstehenden Wörtern;* die zweite Zeile; eine Z. streichen, unterstreichen; keine Z. schreiben; ein Brief von einigen ~n; zwischen den Zeilen lesen können ⟨übertr.⟩ *das indirekt Ausgedrückte verstehen* **2** *Reihe zusammengehöriger Gegenstände* (Baum~, Häuser~) **3** ⟨Fernsehen⟩ *Reihe von Rasterpunkten (eines Bildes);* Bild~

Zei|len|ho|no|rar ⟨n.1⟩ *nach geschriebenen Zeilen berechnete Vergütung*

Zei|len|schal|ter ⟨m.5⟩ *Hebel (oder Taste) an einer Schreibmaschine, der (die) die nächste Zeile einstellt*

Zei|len|sprung ⟨m.2⟩ *Übergreifen eines Satzes auf die nächste Verszeile, Enjambement*

Zei|len|ver|fah|ren ⟨n., -s, nur Sg.⟩ *Fernsehtechn.; Abtasten zunächst aller ungeraden, hierauf aller geraden Bildzeilen durch einen Elektronenstrahl*

...zei|ler (in Zus.) *Gedicht mit einer bestimmten Anzahl von Zeilen, z.B. Zweizeiler, Vierzeiler*

...zei|lig (in Zus.) **1** *eine bestimmte oder unbestimmte Anzahl von Zeilen aufweisend, z.B. zweizeilig, mehrzeilig, vielzeilig* **2** *eine bestimmte Beschaffenheit der Zeilen, des Zeilenabstandes aufweisend, z.B. engzeilig, halbzeilig*

Ze|in ⟨n., -s, nur Sg.⟩ **1** *ein Eiweiß im Maiskorn* **2** *aus dem Kleber von Mais und Erdnüssen hergestellte Chemiefaser* [< griech. *zea* „(bestimmter) Weizen"]

Zei|sig ⟨m.1⟩ *gelb-grün-schwarz gemusterter Finkenvogel; Syn. Erlenzeisig* [< poln. *czyz,* tschech. *čížek,* ukrain. *čyž in ders. Bed.,* lautmalend nach dem Ruf *tschitschi-tschiwii*]

Zei|sing ⟨m.1⟩ → *Seising*

zeit ⟨Präp. mit Gen.⟩ *während* (nur in Wendungen) *z. meines, seines, ihres Lebens*

Zeit ⟨f.10⟩ **1** ⟨nur Sg.⟩ *Aufeinanderfolge der Sekunden, Minuten, Stunden, Tage, Wochen, Monate, Jahre, Ablauf des Geschehens;* die Z. vergeht, verrinnt, verstreicht; Raum und Z.; im Lauf der Z. nach und nach; mit der Z. *nach und nach;* das hat Z. *das eilt nicht;* das kostet viel Z.; nimm dir Z., laß dir Z. *du brauchst dich nicht zu beeilen;* sich oder jmdm. die Z. vertreiben **2** *begrenzter Zeitraum, Zeitspanne;* die Z. des Lebens; die Z. meines Studiums; wir haben die ganze Z. bei Freunden zugebracht; es hat die ganze Z. geregnet; das waren noch schöne ~en; von alten ~en sprechen; seit einiger Z.; vor einiger Z. **3** *zur Verfügung stehender Zeitraum;* es fehlt mir die Z. dazu; nutze die Z. bis dahin!; jmdm. die Z. rauben, stehlen *jmdn. von einer Tätigkeit abhalten, jmdn. stören* **4** *Epoche, Zeitalter;* die Z. der Klassik; die Z. des Mittelalters; in diesen ~en; in jüngster Z. soeben *erst; seit ewigen ~en schon sehr lange;* zu dieser, jener Z.; zur Z. Goethes **5** *Spieldauer, Dauer eines Wettbewerbs;* den Vorsprung über die Z. retten **6** *Zeitpunkt;* es ist Z. zu gehen; jetzt ist die Z. da; die Z. des Mittagessens ist vorüber; die ~en einhalten; die Arznei zu bestimmten ~en einnehmen; es ist an der Z., damit anzufangen; etwas außer der Z. tun *außerhalb gewisser Gelegenheiten;* von Z. zu Z. *manchmal, hin und wieder;* du bist mir zu allen ~en willkommen; er ist zur Z. nicht da *er ist jetzt nicht da* **7** *Uhrzeit, Stunde;* jmdn. nach der Z. fragen; welche Z. ist es? *wie spät ist es?;* wir haben im Urlaub beinahe ohne Z. gelebt *wir haben kaum nach der Uhrzeit gefragt, uns nicht um die Uhrzeit gekümmert* **8** ⟨Gramm.; kurz für⟩ *Zeitform*

Zeit|al|ter ⟨n.5⟩ **1** *größerer, abgegrenzter Zeitraum der Geschichte;* das Goldene Z. *sagenhafte, glückliche Vorzeit;* das Z. der Romantik **2** ⟨Geol.⟩ *längerer Abschnitt der Erdgeschichte (z.B. Känozoikum)*

Zeit|an|sa|ge ⟨f.11⟩ *Ansage der Uhrzeit (am Telefon oder im Radio)*

Zeit|ar|beit ⟨f.10⟩ *bezahlte Arbeit für eine befristete Zeit (in Unternehmen, die sich Arbeitskräfte ausleihen)*

Zeit|do|ku|ment ⟨n.1⟩ *für ein Zeitalter wichtiges, kennzeichnendes Dokument*

Zeit|druck ⟨m., -(e)s, nur Sg.⟩ *Bedrängnis infolge mangelnder Zeit;* in Z. sein; unter Z. handeln

Zeit|ein|heit ⟨f.10; Tech.⟩ *Maßeinheit für die Zeit*

Zeit|ten|fol|ge ⟨f., -, nur Sg.⟩ *geregelte Folge der Zeiten (8) in Haupt- und Nebensatz;* vgl. *Nachzeitigkeit, Vorzeitigkeit*

Zei|ten|wen|de ⟨f., -, nur Sg.⟩ *Ende einer Zeitepoche und Beginn einer neuen;* auch: *Zeitwende;* an, in einer Z. leben

Zeit|fah|ren ⟨n.; -s, nur Sg.; Radrennsport⟩ *Wettkampf, bei dem die Fahrer einzeln in gleichen Zeitabständen starten, um eine bestimmte Strecke in kürzestmöglicher Zeit zurückzulegen*

Zeit|form ⟨f.10; Gramm.⟩ *Form des Verbs, die angibt, in welcher Zeit ein Geschehen abläuft (z.B. Präsens, Perfekt);* auch: ⟨kurz⟩ *Zeit;* Syn. *Tempus*

zeit|ge|bun|den ⟨Adj., o.Steig.⟩ **1** *an einen bestimmten Zeitpunkt oder Zeitraum gebunden;* die Arbeit ist z. **2** *an einen geschichtlichen Zeitabschnitt und seine Gegebenheiten gebunden;* ein ~es Drama

Zeit|geist ⟨m., -(e)s, nur Sg.⟩ *für eine bestimmte geschichtliche Zeit typische geistige Einstellung;* vom Z. wird drückt den Z. aus

zeit|ge|mäß ⟨Adj., -er, am -esten⟩ **1** *einem geschichtlichen Zeitabschnitt gemäß* **2** *der Gegenwart, der heutigen Zeit gemäß;* eine ~e Auffassung, Ausdrucksweise; das ist nicht z.

Zeit|ge|nos|se ⟨m.11⟩ **1** *jmd., der mit jmdm. zur selben Zeit lebt;* ein Z. Platons **2** ⟨ugs.⟩ *Mitmensch, Mensch;* ein merkwürdiger Z.

zeit|ge|nös|sisch ⟨Adj., o.Steig.⟩ *von Zeitgenossen (1) stammend, aus der Zeit stammend, von der eben gesprochen wird;* ~e Lyrik, Musik

Zeit|ge|schich|te ⟨f., -, nur Sg.⟩ *Geschichte der Gegenwart und der jüngsten Vergangenheit;* ein Ereignis der Z.

zeit|ge|schicht|lich ⟨Adj., o.Steig.⟩ *zur Zeitgeschichte gehörig, sie betreffend*

Zeit|ge|schmack ⟨m., -(e)s, nur Sg.⟩ *für eine bestimmte Zeit (4) kennzeichnender Geschmack;* Musik im Z. des Barock

zeit|gleich ⟨Adj., o.Steig.⟩ **1** ⟨bei Wettbewerben⟩ *mit der gleichen gemessenen Zeit;* zwei der Fahrer liegen z. an der Spitze **2** *gleichzeitig;* ~e Ereignisse

zei|tig ⟨Adj.⟩ *früh, frühzeitig;* z. aufstehen

zei|ti|gen ⟨V.1, hat gezeigt; mit Akk.⟩ *hervorbringen, nach sich ziehen;* seine Maßnahme, der Vorfall hat eine erstaunliche Wirkung gezeigt; sein Verhalten wird noch unangenehme Folgen z.

Zeit|kar|te ⟨f.11⟩ *Fahr-, Eintrittskarte, die für einen bestimmten Zeitraum gilt (und während dessen zu beliebig vielen Fahrten, Besuchen einer Einrichtung u.ä. berechtigt)*

Zeit|kri|tik ⟨f., -, nur Sg.⟩ *Kritik an den kennzeichnenden Erscheinungen des Zeitalters, in dem jmd. lebt*

zeit|kri|tisch ⟨Adj.⟩ *Zeitkritik zum Ausdruck bringend;* ein ~es Theaterstück

Zeit|lang ⟨f., -, nur Sg.⟩ **1** ⟨in der Fügung⟩ eine Z. *eine Weile* **2** ⟨bayr.⟩ *Sehnsucht;* Z. nach jmdm. haben

Zeit|lauf ⟨m., -(e)s, -läu|fe oder -läuf|te⟩ *Ablauf der Zeit, der Ereignisse;* in diesen unsicheren Zeitläuften

zeit|le|bens ⟨Adv.⟩ *während des ganzen Lebens;* er hat es so gemacht; er ist z. nicht aus seinem Dorf herausgekommen

zeit|lich ⟨Adj., o.Steig.⟩ **1** *zur Zeit (1) gehörig, sie betreffend;* der ~e Ablauf der Feier; sie gingen in kurzen ~en Abständen **2** *vergänglich, irdisch;* ~e Freuden; das Zeitliche segnen ⟨übertr.⟩ *vergehen, sterben*

Zeit|lich|keit ⟨f., -, nur Sg.⟩ **1** *zeitliches (1) Dasein* **2** *die irdische, vergängliche (2) Welt*

Zeit|lohn ⟨m.2⟩ *nach einer bestimmten Arbeitszeit festgesetzter Lohn (z.B. Stundenlohn, Wochenlohn);* vgl. *Leistungslohn, Stücklohn*

zeit|los ⟨Adj., -er, am -esten⟩ **1** *unabhängig von der Mode;* sich z. kleiden **2** *nicht zeitbedingt;* ~e Schönheit **Zeit|lo|sig|keit** ⟨f., -, nur Sg.⟩

Zeit|lu|pe ⟨f., -, nur Sg.⟩ *Verfahren, bei dem die auf einen Filmstreifen aufgenommenen Bilder in langsamerem Tempo als normal wiedergegeben werden;* Syn. *Slow Motion;* Ggs. *Zeitraffer;* einen Vorgang in Z. zeigen

Zeit|maß ⟨n.1⟩ **1** *Geschwindigkeit (der Aufeinanderfolge von Vorgängen, Bewegungen, Tönen);* im gleichen Z. spielen, singen; die Maschinen arbeiten im gleichen Z. **2** *Maß zum Messen der Zeit (z.B. Minute)*

Zeit|mes|ser ⟨m.5⟩ *Gerät für die Zeitmessung*

zeit|nah ⟨Adj., o.Steig.⟩ *nahe an der Gegenwart;* ~e Lyrik

Zeit|nä|he ⟨f., -, nur Sg.⟩ *Nähe zur Gegenwart*

Zeit|neh|mer ⟨m.5; Sport⟩ *jmd., der die benötigte oder zur Verfügung stehende Zeit stoppt*

Zeit|not ⟨f., -, nur Sg.⟩ *Bedrängnis wegen fehlender Zeit;* in Z. kommen, geraten

Zeit|punkt ⟨m.1⟩ *sehr kurze Zeitspanne;* zu einem bestimmten Z. fertig sein müssen; den richtigen, passenden Z. wählen; ein günstiger, ungünstiger Z.

Zeit|raf|fer ⟨m., -s, nur Sg.⟩ *Verfahren, bei dem die auf einen Filmstreifen aufgenommenen Bilder in schnellerem Tempo als normal wiedergegeben werden;* Ggs. *Zeitlupe*

zeit|rau|bend ⟨Adj.⟩ *zu viel Zeit (1) in Anspruch nehmend;* eine ~e Arbeit

Zeit|raum ⟨m.2⟩ *begrenzter Abschnitt der Zeit (1);* Syn. *Zeitspanne;* ein Z. von drei Tagen

Zeit|rech|nung ⟨f.10⟩ **1** *Art der Zählung der Jahre von einem Nullpunkt aus;* die christliche, chinesische, islamische Z.; vor unserer Z. ⟨Abk.: v.u.Z.⟩ *im Sprachgebrauch der DDR* ⟨Abk.: v.u.Z.⟩ *vor Christi Geburt;* unserer Z. ⟨Abk.: u.Z.⟩ *im Sprachgebrauch der DDR* nach Christi Geburt **2** *Berechnung der Zeit nach den Bewegungen der Gestirne*

Zeit|schrift ⟨f.10⟩ *in regelmäßigen Abständen erscheinende Druckschrift zu einem Sachgebiet oder zu bestimmten Themen;* eine Z. für Medizin, Mode, Allgemeinbildung

Zeit|sinn ⟨m., -, nur Sg.⟩ *Gefühl für die (Einteilung der) Zeit (1)*

Zeit|span|ne ⟨f.11⟩ → *Zeitraum*

Zeit|ta|fel ⟨f.11⟩ *Übersicht, die Daten über einen bestimmten Zeitraum enthält*

Zei|tung ⟨f.10⟩ **1** *täglich oder wöchentlich erscheinende Druckschrift, die über die politischen, wirtschaftlichen, kulturellen o.ä. Ereignisse der vergangenen Tage informiert (Tages~, Wochen~);* eine Z. abonnieren, herausgeben; die Nachricht ging durch alle ~en; etwas in die Z. setzen **2** ⟨†⟩ *Nachricht* [< frühnhd. *zidunge* „Botschaft, Nachricht", < mnddt. *tidinge* in ders. Bed., zu *tiden* „zu etwas hinstreben, eilen"]

Zei|tungs|en|te ⟨f.11; ugs.⟩ *unverbürgte Nachricht in der Zeitung;* auch: ⟨kurz⟩ *Ente*

Zei|tungs|pa|pier ⟨n., -s, nur Sg.⟩ **1** *Teil einer Zeitung;* etwas in Z. einwickeln **2** *Papier, auf das Zeitungen gedruckt werden*

Zei|tungs|wis|sen|schaft ⟨f., -, nur Sg.⟩ *Wissenschaft, die sich mit der Geschichte, dem Aufbau und der Tendenz von Zeitungen und Zeitschriften befaßt;* Syn. *Publizistik*

Zeit|ver|treib ⟨m.1⟩ *Tätigkeit, mit der jmd. in Muße die Zeit verbringt, sich die Zeit vertreibt;* Lesen als Z.; etwas nur zum Z. tun

Zeit|waa|ge ⟨f.11⟩ *elektronisches Prüfgerät zur Gangregelung mechanischer Uhren*

zeit|wei|lig ⟨Adj., o.Steig.⟩ **1** *einige Zeit bestehend, vorübergehend;* eine ~e Unterbrechung **2** ⟨als Adv.⟩ *hin und wieder;* z. setzte der Motor aus

zeit|wei|se ⟨Adv.⟩ **1** *von Zeit zu Zeit, ab und zu;* z. vorbeikommen **2** *eine bestimmte Zeitlang, vorübergehend;* er arbeitet nur z.

Zeit|wen|de ⟨f., -, nur Sg.⟩ → *Zeitenwende*

Zeit|wert ⟨m.1⟩ **1** *Wert eines Gegenstandes zu einem bestimmten Zeitpunkt (im Unterschied zum Neuwert)* **2** ⟨Mus.⟩ *eine bestimmte Dauer ausdrückender Wert;* eine Note im Z. eines Achtels

Zeit|wort ⟨n.4⟩ → *Verb*

Zeit|zei|chen ⟨n.7⟩ *(von Radio-, Fernsehsendern o.ä. gesendetes) hörbares Zeichen zur Angabe der genauen Zeit*

Zeit|zün|der ⟨m.5⟩ *Zünder, der erst nach einer bestimmten Zeit zündet (und damit eine Sprengladung u.a. zur Detonation bringt)*

Ze|le|brant ⟨m.10⟩ *die Messe lesender Priester* [zu *zelebrieren*]

Ze|le|bra|ti|on ⟨f.10⟩ *das Zelebrieren, Feier (des Meßopfers)*

ze|le|brie|ren ⟨V.3, hat zelebriert; mit Akk.⟩ **1** ⟨kath. Kirche⟩ *feiern;* das Meßopfer, die Messe z. **2** ⟨übertr., ugs., scherzh.⟩ *feierlich, mit besonderem Aufwand durchführen;* das Gutenachtsagen wird von den Kindern (geradezu) zelebriert [< lat. *celebrare* in ders. Bed., eigtl. „einer Veranstaltung in großer Zahl beiwohnen und sie dadurch beleben, festlich gestalten"]

Ze|le|bri|tät ⟨f.10⟩ **1** *Feierlichkeit* **2** *berühmte Person* [< lat. *celebritas* „Öffentlichkeit, Berühmtheit", zu *zelebrieren*]

Zell|be|ton ⟨[-tɔŋ] m., -s, nur Sg.⟩ → *Schaumbeton*

Zel|le ⟨f.11⟩ **1** *kleiner, karg eingerichteter Raum zum Aufenthalt (Gefängnis-, Mönchs~)* **2** *kurz für Telefonzelle;* von einer Z. aus anrufen **3** *(bei staatenbildenden Insekten) einzelne Kammer (in den Bauten, Waben~)* **4** ⟨Elektrotech.⟩ *galvanisches Element einer Batterie* **5** *(bei Luftschiffen) geschlossener Gasbehälter* **6** *(bei Organismen) kleinste Einheit, die alle Eigenschaften des Lebens besitzen kann (Ei~, Keim~, Pflanzen~); tierische Z.* **7** *kleine Gruppe von Menschen mit gleichen Zielvorstellungen*

Zel|len|schmelz ⟨m., -es, nur Sg.⟩ → *Cloisonné;* vgl. *Champlevé, Furchenschmelz*

Zell|glas ⟨n., -es, nur Sg.⟩ *glasähnliche Folie aus Zellulose, Wasser und Glyzerin*

Zell|kern ⟨m.1⟩ *(von einer Doppelmembran umgebener, im Zellplasma liegender) innerer Teil der Zelle, der die Chromosomen enthält;* Syn. *Nucleus, Zytoblast*

Zellmund

Zell|mund ⟨m.4⟩ → *Zytostom*
Zell|plas|ma ⟨n., -s, -men⟩ *halbdurchscheinend-farblose, schleimige Grundsubstanz der Zelle zwischen der Wand und dem Kern der Zelle;* Syn. *Zytoplasma*
Zell|stoff ⟨m., -(e)s, nur Sg.⟩ *(überwiegend aus Zellulose bestehender) papierähnlicher, weicher, saugfähiger Stoff (z. B. als Verbandsmaterial)*
zel|lu|lar, zel|lu|lär ⟨Adj., o.Steig.⟩ *aus Zellen bestehend, zur Zelle, zu den Zellen gehörig* [neulat.]
Zel|lu|li|tis ⟨f., -, -ti|den⟩ *krankhafte Vermehrung des unter der Haut liegenden Fettgewebes mit Lymphstauung* [< lat. *cellula* „kleine Zelle" und ...*itis*, es handelt sich jedoch hier um keine Entzündung]
Zel|lu|lo|id ⟨n., -s, nur Sg.⟩ *klar-durchsichtige, elastische Masse aus Nitrozellulose und Kampfer (z. B. zur Herstellung von Filmen);* auch: *Celluloid* [< *Zellulose* und *...oid*]
Zel|lu|lo|se ⟨f.11⟩ *ein hochmolekulares pflanzliches Kohlenhydrat* [< lat. *cellula* „kleine Zelle", Verkleinerungsform von *cella* „Zelle, Kammer"]
Zell|wol|le ⟨f., -, -⟩ *Kunstfaser aus Viskose, einer Zelluloseverbindung*
Ze|lot ⟨m.10⟩ *Glaubenseiferer, Fanatiker* [< griech. *zelotes* „Nacheiferer, Bewunderer", dann auch „religiöser Eiferer", zu *zelos* „Eifer, eifriges Streben; Bewunderung"]
ze|lo|tisch ⟨Adj.⟩ *wie ein Zelot, fanatisch gläubig*
Ze|lo|tis|mus ⟨m., -, nur Sg.⟩ *übertriebener Glaubenseifer* [zu *Zelot*]
Zelt ⟨n.1⟩ **1** *aus Stoffbahnen (oder Fellen) und Stangen bestehender Bau, der leicht aufgestellt und abgebrochen werden kann* (Bier~, Camping~, Jahrmarkts~); *ein Z. aufbauen, aufstellen; seine ~e abbrechen* (übertr., ugs.) *seinen Aufenthaltsort wechseln* **2** (übertr., geh.) *großes Gewölbe* (Himmels~)
Zelt|bahn ⟨f.10⟩ *einzelne Stoffbahn eines Zeltes*
Zelt|dach ⟨n.4⟩ **1** *Dach eines Zeltes* **2** (Baukunst) *zeltförmige Dachkonstruktion*
zel|ten ⟨V.2, hat gezeltet; o.Obj.⟩ *im Zelt im Freien übernachten*
Zel|ter ⟨m.5; MA⟩ *auf Paßgang abgerichtetes Reitpferd (für Damen und Geistliche)* [< mhd. *zelter* < ahd. *zeltari* in ders. Bed. (zu *zelt* „Paßgang"), < iber. *thieldo* „im Paßgang laufendes Pferd", wahrscheinlich beeinflußt von lat. *tolutarius* „im Paßgang gehend", eigentlich „die Füße hebend", zu *tollere* „aufheben"]
Zelt|platz ⟨m.2⟩ *freier Platz, auf dem gezeltet werden darf*
Ze|ment ⟨m., -s, nur Sg.⟩ **1** *ein abbindender Baustoff* **2** *Hartsubstanz des Zahnes* **3** *Masse für Zahnfüllungen* [< lat. *zimente, zement* „Mörtel", < lat. *caementicum* „Bruchstein, Mauerstein", zu *caedere* „hauen, schlagen"]
Ze|men|ta|ti|on ⟨f.10⟩ **1** *das Zementieren* **2** ⟨Chem.⟩ *Abscheidung von Metall aus einer Lösung durch Zugabe eines leichter oxidierbaren Metalls*
ze|men|tie|ren ⟨V.3, hat zementiert; mit Akk.⟩ **1** *mit Zement ausfüllen, verkleiden, bedecken; den Boden z.; den Swimmingpool z.* **2** *mit Kohlenstoff anreichern (zur späteren Härtung);* Stahl z. **3** ⟨Chem.⟩ *einer Zementation unterwerfen* **4** (übertr.) *unwiderruflich festlegen, starr, endgültig machen;* einen *Standpunkt, eine Meinung z.*
Zen ⟨[zɛn] n., -, nur Sg.⟩ *japanische Form des Buddhismus* [jap. Lesart des chines. Schriftzeichens zen für die Wiedergabe von Sanskr. *dhyāna-* „Versenkung"]
Ze|nit ⟨m., -(e)s, nur Sg.⟩ **1** *senkrecht über dem Beobachter liegender Punkt des Himmelsgewölbes, Scheitelpunkt* **2** (übertr.) *Höhepunkt (einer Entwicklung)* [< ital. *zenit*

< arab. *samt* „Weg, Straße, Richtung", eigentlich *samt ar-ra's* „Richtung des Kopfes, Scheitelpunkt"; durch Schreibfehler und falsche Lesarten wurde in mittellat. Texten aus *samt cemt* bzw. *zemt* und dieses zu *cenit* bzw. *zenit*]
Ze|no|taph ⟨m.10⟩ *leeres Grabmal zum Gedenken an einen woanders bestatteten Toten;* auch: *Kenotaph* [< griech. *kenotaphion* in ders. Bed., < *kenos* „leer" und *taphos* „Grab"]
zen|sie|ren ⟨V.3, hat zensiert; mit Akk.⟩ **1** *mit einer Zensur versehen; einen Aufsatz z.; eine Arbeit gut, schlecht, streng, milde z.* **2** *der Zensur unterwerfen;* auch: ⟨schweiz., österr.⟩ *zensurieren; einen Film, ein Buch, einen Brief z.*
Zen|sor ⟨m.13⟩ **1** *im alten Rom mit dem Zensus (und zugleich sittenrichterlichen Aufgaben) betrauter Beamter* **2** ⟨heute⟩ *staatlicher Prüfer (von Filmen, Briefen, Druckwerken u. a.)* [< lat. *censor*, zu *censere* „begutachten, prüfen"]
Zen|sur ⟨f.10⟩ **1** ⟨nur Sg.; im alten Rom⟩ *Amt des Zensors* **2** ⟨nur Sg.⟩ *staatliche Überprüfung, die unerwünschte Veröffentlichungen zu verhindern versucht* (Film~, Presse~) **3** *durch Zahl oder Wort ausgedrückte Beurteilung einer Leistung* (bes. *in der Schule*); *~en vergeben; jmdm. eine gute, schlechte Z. geben; eine gute, schlechte Z. bekommen; gute, schlechte ~en haben* [< lat. *censura* „Prüfung, Begutachtung, Kritik", zu *censere* „prüfen, begutachten"]
zen|su|rie|ren ⟨V.3, hat zensuriert; mit Akk.; schweiz., österr. für⟩ → *zensieren* (2)
Zen|sus ⟨m., -, -⟩ **1** ⟨im alten Rom⟩ *Schätzung des Vermögens der Bürger* **2** *statistische Erfassung, (Volks-)Zählung* [< lat. *census* „Schätzung"]
Zent ⟨f.10⟩ **1** *Hundertschaft* **2** ⟨im fränk. Reich⟩ *Gerichtsbezirk* [< mhd. *zent* „Gerichtsbezirk von 100 Ortschaften", < mlat. *centa* „Hundertschaft", zu lat. *centum* „hundert"]
Zen|taur ⟨[-tauɐ] m.10; griech. Myth.⟩ *Fabelwesen mit dem Oberkörper eines Mannes und dem Leib eines Pferdes;* auch: *Kentaur* [< griech. *Kentauros*, Pl. *Kentauroi*, dem Namen eines wilden Volksstammes in den Bergen und Wäldern Thessaliens]
Zen|te|nar ⟨m.1⟩ *hundert Jahre alter Mensch* [< lat. *centenarius* „hundert enthaltend, aus hundert bestehend", zu *centum* „hundert"]
Zen|te|nar|fei|er ⟨f.11⟩, **Zen|te|na|ri|um** ⟨n., -s, -ri|en⟩ *Hundertjahrfeier* [< lat. *centenarius* „hundert enthaltend, aus hundert bestehend", zu *centum* „hundert"]
zen|te|si|mal ⟨Adj., o.Steig.⟩ *hundertteilig* [< lat. *centesimus*, zu *centum* „hundert"]
Zen|te|si|mal|waa|ge ⟨f.11⟩ *Waage, bei der ein Gewicht der hundertfachen Last das Gleichgewicht hält*
Zen|ti... ⟨in Zus., bei Maß- und Gewichtseinheiten⟩ *ein Hundertstel, hundertster Teil* [< lat. *centum* „hundert"]
Zen|ti|fo|lie ⟨[-ljə] f.11⟩ *eine stark gefüllte Rosenart* [< lat. *rosa centifolia* „hundertblättrige Rose", < *centum* „hundert" und *folium* „Blatt"]
Zen|ti|grad ⟨auch [tsɛn-] m.1, nach Zahlenangaben Pl. -⟩ 1/100 *Grad*
Zen|ti|gramm ⟨auch [tsɛn-] n., -s, -; Zeichen: cg⟩ 1/100 g
Zen|ti|li|ter ⟨auch [tsɛn-] m.5, auch n.5; Zeichen: cl⟩ 1/100 *Liter*
Zen|ti|me|ter ⟨auch [tsɛn-] m.5, auch n.5; Zeichen: cm⟩ 1/100 *Meter*
Zent|ner ⟨m.5; Zeichen: Ztr.⟩ **1** *Handelsgewicht von 50 kg* **2** ⟨österr., schweiz.⟩ *100 kg* [< lat. *centenarium* „Hundertpfundgewicht", zu *centum* „hundert"]
Zent|ner|last ⟨f.10; übertr.⟩ *schwere, drückende Last; mir fällt eine Z. vom Herzen*

zent|ner|schwer ⟨Adj., o.Steig.⟩ **1** *einen oder mehrere Zentner schwer* **2** (übertr.) *sehr bedrückend; es lastet ihm z. auf der Seele, daß...*
zen|tral ⟨Adj.⟩ **1** *im Mittelpunkt (liegend); eine z. gelegene Wohnung* **2** *von entscheidendem Einfluß, großer, bestimmender Bedeutung; ein ~es Problem; er ist die ~e Figur* **3** *eine übergeordnete, leitende Funktion habend; das ~e Nervensystem; ~e Planung der Wirtschaft* [< lat. *centralis* „zum Zentrum gehörig"]
zen|tral..., Zen|tral... ⟨in Zus.⟩ *mittel..., Mittel..., in der Mitte liegend, vom Mittelpunkt, von einer zentralen Stelle aus gesteuert*
Zen|tra|le ⟨f.11⟩ **1** *Mittelpunkt, Ausgangspunkt* **2** *Hauptgeschäft* **3** *Stelle, an der mehrere Arbeitsgänge zusammenlaufen* **4** ⟨in Betrieben, Büros usw.⟩ *Fernsprechvermittlungsstelle* [zu *zentral*]
Zen|tral|ge|walt ⟨f.10; in Bundesstaaten⟩ *oberste Gewalt*
Zen|tral|hei|zung ⟨f.10⟩ *für das ganze Haus von einer Stelle aus betriebene Heizung*
Zen|tra|li|sa|ti|on ⟨f.10⟩ **1** *das Zentralisieren, Übertragung der Leitung oder Steuerung auf eine einzige Stelle* **2** *das Zentralisiertsein, Leitung, Steuerung von einer einzigen Stelle aus*
zen|tra|li|sie|ren ⟨V.3, hat zentralisiert; mit Akk.⟩ *etwas z. so umstellen, daß es von einer einzigen Stelle aus geleitet, gesteuert werden kann; die Verwaltung z.; eine straff zentralisierte Verwaltung eine von einer zentralen Stelle aus geleitete, gesteuerte Verwaltung* [eigtl. „in einem Mittelpunkt vereinigen", über frz. *centraliser* in ders. Bed. < lat. *centralis* „in der Mitte liegend, zum centrum, → *Zentrum*]
Zen|tra|li|sie|rung ⟨f.10⟩
Zen|tra|lis|mus ⟨m., -, nur Sg.⟩ *Streben nach Einheitlichkeit, nach zentraler Leitung (des Staates, der Verwaltung)*
zen|tra|lis|tisch ⟨Adj., o.Steig.⟩ *zum Zentralismus gehörig, in der Art des Zentralismus*
Zen|tral|ko|mi|tee ⟨n.9; Abk.: ZK⟩ *leitendes Organ (z. B. in kommunistischen Parteien)*
Zen|tral|kör|per|chen ⟨n.7⟩ → *Zentriol*
Zen|tral|kraft ⟨f.2⟩ *Kraft, die auf das Bewegungszentrum gerichtet ist*
Zen|tral|ner|ven|sys|tem ⟨n.1⟩ *Gehirn und Rückenmark (im Unterschied zum peripheren Nervensystem)*
Zen|tral|per|spek|ti|ve ⟨f., -, nur Sg.⟩ *Abbildungsverfahren gemäß den Gesetzen, nach denen das Auge räumliche Gebilde wahrnimmt*
zen|trie|ren ⟨V.3, hat zentriert; mit Akk.⟩ *auf die Mitte hin richten, einstellen; ein Rad z.*
zen|tri|fu|gal ⟨Adj., o.Steig.⟩ *vom Mittelpunkt wegstrebend;* Ggs. *zentripetal* [< *Zentrum* und lat. *fugere* „fliehen"]
Zen|tri|fu|gal|kraft ⟨f.2⟩ *bei drehender Bewegung nach außen wirkende Kraft;* Syn. *Fliehkraft, Schwungkraft;* Ggs. *Zentripetalkraft*
Zen|tri|fu|ge ⟨f.11⟩ *sich drehendes Gerät zum Trennen von Stoffen (bes. Flüssigkeiten) verschiedener spezifischer Gewichte* [zu *zentrifugal*]
zen|tri|fu|gie|ren ⟨V.3, hat zentrifugiert; mit Akk.⟩ *etwas z. mittels Zentrifuge Bestandteile aus etwas herauslösen; Milch z.*
Zen|tri|ol ⟨n.1⟩ *Organell, von dem die Kernteilung der Zellen ausgeht;* Syn. *Zentralkörperchen* [neulat., zu *Zentrum*]
zen|tri|pe|tal ⟨Adj., o.Steig.⟩ *zum Mittelpunkt strebend;* Ggs. *zentrifugal* [< *Zentrum* und lat. *petere* „nach etwas streben, verlangen"]
Zen|tri|pe|tal|kraft ⟨f.2⟩ *bei drehender Bewegung auf den Mittelpunkt zu wirkende Kraft;* Ggs. *Zentrifugalkraft*
zen|trisch ⟨Adj., o.Steig.⟩ *im Mittelpunkt (gelegen), zum Mittelpunkt hin (strebend)* [zu *Zentrum*]

Zen|tri|win|kel ⟨m.5⟩ *Winkel zwischen zwei Kreisradien* [< *Zentrum* und *Winkel*]

Zen|trum ⟨n., -s, -tren⟩ **1** *Mitte, Mittelpunkt;* ein wirtschaftliches Z. **2** ⟨kurz für⟩ *Zentrumspartei* **3** *Innenstadt;* im Z. wohnen [< lat. *centrum* ,,Mittelpunkt (des Kreises)", eigtl. ,,Schenkel des Zirkels, um den sich der andere Schenkel dreht, Stachel", < griech. *kentron* ,,Stachel, Mittelpunkt", zu *kentein* ,,stechen, durchbohren"]

Zen|trums|par|tei ⟨f., -, nur Sg.⟩ *in Dtld. 1870–1933 und 1945–1957 katholische politische Partei* [nach ihren Plätzen in der Mitte des Sitzungssaales im Parlament]

Zen|tu|rie [-riə] f.11; *im alten Rom⟩ Heeresabteilung von 100 Mann, Hundertschaft* [< lat. *centuria*, in ders. Bed., zu *centum* ,,hundert"]

Zen|tu|rio ⟨m., -s, -rio|nen⟩ *Anführer einer Zenturie*

Zeo|lith ⟨m.1; Sammelbez.⟩ *helles Mineral, wasserhaltiges Aluminiumsilicat* [< griech. *zeon* ,,siedend, kochend" (zu *zein* ,,sieden, kochen") und *lithos* ,,Stein", da es beim Schmelzen schäumt]

Ze|phir ⟨m., -s, nur Sg.⟩ **1** ⟨poet.⟩ *milder Wind* **2** *(drei- oder vierfach) gezwirntes Merinogarn* **3** *Baumwollgewebe aus im Strang gefärbten feinen oder feinfädigen Garnen* [< griech. *zephyros* in Bed. 1, der Personifikation des regenreichen Westwindes]

Zep|pe|lin ⟨m.1; ugs.⟩ → *Luftschiff* [nach Ferdinand Graf von Zeppelin, der die ersten praktisch verwendbaren Luftschiffe konstruierte]

Zep|ter ⟨n.5⟩ *Herrscherstab, Sinnbild der Macht;* das Z. führen, schwingen ⟨übertr.⟩ *bestimmen, befehlen* [< lat. *sceptrum* ,,Herrscherstab", < griech. *skeptron* ,,Stab, Stock (Wander-, Bettelstab); Herrscherstab", zu *skeptein* ,,fest aufstemmen, stützen"]

zer... ⟨Vorsilbe von Verben⟩ **1** *auseinander..., durch die im Verb genannte Tätigkeit kleiner machen, entzweimachen,* z.B. zerbeißen, zerquetschen, zerschneiden, zerbrechen **2** *durch die im Verb genannte Tätigkeit auseinandergehen, sich auflösen,* z.B. zerfallen, zerplatzen, zerrinnen, zerstieben

Ze|rat ⟨n.1⟩ *mit Wachs zubereitete Salbe* [< lat. *cera* ,,Wachs"]

Zer|be|rus ⟨m., -, -russe; scherzh.⟩ *grimmiger Wächter* [nach *Kerberos*, dem Hund der griech. Sage, der den Eingang zur Unterwelt bewacht]

zer|bre|chen ⟨V.19⟩ **I** ⟨mit Akk.; hat zerbrochen⟩ **1** *durch Brechen teilen;* eine Tafel Schokolade z. **2** *durch Brechen zerbrechen;* ein Glas z. **II** ⟨o.Obj.; ist zerbrochen⟩ **1** *entzweigehen, in kleine Stücke, Splitter brechen;* diese Gläser z. leicht; die Vase fiel hinunter und zerbrach **2** ⟨übertr.⟩ *auseinandergehen, nicht mehr halten;* ihre Freundschaft, ihre Ehe ist zerbrochen; an etwas, an jmdm. z. wegen etwas, jmds. wegen seelisch zugrunde gehen, alle Hoffnung aufgeben; sie ist an ihrem Kummer zerbrochen

zer|brech|lich ⟨Adj.⟩ **1** *leicht zerbrechend;* ~es Porzellan **2** ⟨übertr.⟩ *sehr zart, schwächlich;* ~e Flügel eines Schmetterlings; ~e Gestalt **Zer|brech|lich|keit** ⟨f., -, nur Sg.⟩

Ze|rea|li|en ⟨f.11, Pl.⟩ *Feldfrüchte (bes. Getreide);* vgl. *Cerealien* [< lat. *cerealis* ,,zum Ackerbau, Getreide gehörig", zu *ceres* ,,Saat, Getreide, Ackerfrucht, Brot", eigtl. ,,Gaben der Ceres", zu *Ceres*, der röm. Göttin des Ackerbaus und der Fruchtbarkeit]

ze|re|bel|lar ⟨Adj., o.Steig.⟩ *zum Zerebellum gehörig, von ihm ausgehend*

Ze|re|bel|lum ⟨n., -s, -la⟩ *Kleinhirn* [< lat. *cerebellum* ,,kleines Gehirn", Verkleinerungsform von *cerebrum* ,,Gehirn"]

ze|re|bral ⟨Adj., o.Steig.⟩ *zum Zerebrum gehörig, von ihm ausgehend*

ze|re|bral, Ze|re|bral|laut ⟨m. 1⟩ *mit der Zungenspitze am Gaumen gebildeter Laut;* Syn. *Kakuminal(laut)*

ze|re|bro|spi|nal ⟨Adj., o.Steig.⟩ *zum Gehirn und Rückenmark gehörig, von ihnen ausgehend* [< *Zerebrum* und *spinal*]

Ze|re|brum ⟨n., -s, -bra⟩ *Gehirn;* auch: ⟨fachsprachl.⟩ *Cerebrum;* Syn. ⟨i.e.S.⟩ *Großhirn* [< lat. *cerebrum* ,,Gehirn", zur idg. Wurzel **ker-* ,,Spitze"]

Ze|re|mo|nie ⟨auch [-monjə] f.11⟩ *feierliche, an bestimmte Regeln gebundene Handlung;* die Z. der Amtsübernahme [< lat. *ceremonia* ,,heilige Handlung, religiöser Brauch"]

ze|re|mo|ni|ell ⟨Adj.⟩ **1** ⟨o.Steig.⟩ *in der Art einer Zeremonie, nach bestimmtem Zeremoniell verlaufend* **2** ⟨übertr.⟩ *förmlich*

Ze|re|mo|ni|ell ⟨n.1⟩ *Gesamtheit der Zeremonien (zu einem bestimmten Anlaß)*

Ze|re|mo|ni|en|meis|ter ⟨m.5; früher an Fürstenhöfen⟩ *der für die Einhaltung des Hofzeremoniells verantwortliche Beamte*

ze|re|mo|ni|ös ⟨Adj., -er, am -esten⟩ *förmlich, gemessen, steif* [< frz. *cérémonieux* ,,zeremoniell"]

Ze|re|sin ⟨n., -s, nur Sg.⟩ *gebleichtes Erdwachs* [< lat. *cera* ,,Wachs"]

Ze|re|vis ⟨n., -, -⟩ *bestickte, schirmlose Kopfbedeckung der Verbindungsstudenten* [< lat. *cer(e)visia* ,,(eine Art) Bier", Übertragung auf die Mütze, weil sie bei der Kneipe getragen wird]

zer|fah|ren ⟨Adj.⟩ **1** *durch vieles Fahren oder Befahren stark beschädigt;* ~er Reifen **2** *gedankenlos, unkonzentriert;* ~er Schüler **Zer|fah|ren|heit** ⟨f., -, nur Sg.⟩

Zer|fall ⟨m., -s, nur Sg.⟩ *das Zerfallen, Auflösung, Zerstörung, körperlicher, radioaktiver Z.;* der Z. des Römischen Reiches

zer|fal|len ⟨V.33, ist zerfallen; o.Obj.⟩ **1** *auseinanderfallen, sich auflösen;* die Mauern z.; zu Staub z. **2** ⟨Phys.⟩ *sich spalten;* ~de Atomkerne **3** *seinen Zusammenhalt verlieren, nicht mehr lebensfähig sein, untergehen;* das Römische Reich zerfiel **4** *sich gliedern, unterteilen;* der Roman zerfällt in zwei Teile **5** mit jmdm. z. sein *mit jmdm. uneins, zerstritten sein;* er ist mit seiner Familie z.; mit sich, mit etwas z. sein *mit sich, mit etwas unzufrieden sein, über sich, etwas unglücklich sein*

zer|fet|zen ⟨V.1, hat zerfetzt; mit Akk.⟩ *in Fetzen reißen;* eine Zeitung, ein Plakat z.; die Granate hat ihm den Arm zerfetzt **2** ⟨übertr., ugs.⟩ *vernichtend kritisieren;* er hat das Theaterstück, den Film zerfetzt

zer|fle|dern ⟨V.1, hat zerfledert; mit Akk.⟩ *durch häufigen Gebrauch abnutzen (so daß die Ränder sich in Fasern, Stückchen lösen);* ⟨meist im Perf. Passiv⟩ das Buch, die Tasche ist schon ganz zerfledert [zu mhd. *vlederen, vledern* ,,flattern"]

zer|flei|schen ⟨V.1, hat zerfleischt; mit Akk.⟩ *durch Bisse, mit den Zähnen zerreißen;* der Hund, der Wolf hat ein junges Tier zerfleischt; sich selbst z. ⟨übertr., ugs.⟩ *sich mit Selbstvorwürfen quälen*

zer|flie|ßen ⟨V.40, ist zerflossen; o.Obj.⟩ **1** *auseinanderfließen, sich fließend ausbreiten;* die Farben z. **2** *flüssig werden und sich ausbreiten;* die Butter ist in der Sonne zerflossen; vor Rührung, Mitleid z. ⟨ugs.⟩ *sehr gerührt, sehr mitleidig sein*

zer|fur|chen ⟨V.1, hat zerfurcht; mit Akk.⟩ *mit Furchen durchziehen;* schwere Fahrzeuge haben die Wiesenwege zerfurcht; ⟨meist im Part. Perf.⟩ → *zerfurcht*

zer|furcht ⟨Adj., -er, am -esten⟩ *von vielen Runzeln, Furchen bedeckt;* ~e Stirn; ~e Wege

zer|ge|hen ⟨V.47, ist zergangen; o.Obj.⟩ *flüssig werden, sich auflösen, zerfallen;* das Fleisch ist so zart, daß es auf der Zunge zergeht; Zucker im Tee z. lassen

zer|glie|dern ⟨V.1, hat zergliedert; mit Akk.⟩ **1** *in seinen einzelnen Bestandteilen erklären;* eine Dichtung, ein Musikstück z. **2** *allzu genau im einzelnen erklären, besprechen* **Zer|glie|de|rung** ⟨f.10⟩

Zer|hacker ⟨-k·k-; m.5⟩ *Gerät zur periodischen Unterbrechung von elektrischem Strom;* Syn. *Chopper*

zer|klei|nern ⟨V.1, hat zerkleinert; mit Akk.⟩ *in kleine Stücke zerteilen;* Fleisch, Holz z.; Nahrung gut mit den Zähnen z. **Zer|klei|ne|rung** ⟨f., -, nur Sg.⟩

zer|klüf|tet ⟨Adj.⟩ *vielfach gespalten, geborsten, von Klüften durchzogen;* Syn. *klüftig*

zer|knal|len ⟨V.1; ugs.⟩ **I** ⟨mit Akk.; hat zerknallt⟩ *zerbrechen,* so zerknallte er die Vase, die Fensterscheibe zerknallt **II** ⟨o.Obj.; ist zerknallt⟩ *mit Knall, mit Geräusch entzweigehen, zerspringen;* das Glas ist zerknallt

zer|knaut|schen ⟨V.1, hat zerknautscht⟩ → *zerknittern*

zer|knirscht ⟨Adj., -er, am -esten⟩ *reuig, schuldbewußt;* ein ~es Gesicht machen; ein ~er Sünder **Zer|knirscht|heit** ⟨f., -, nur Sg.⟩

Zer|knir|schung ⟨f., -, nur Sg.⟩ *das Zerknirschtsein, Zerknirschtheit*

zer|knit|tern ⟨V.1, hat zerknittert; mit Akk.⟩ *etwas z.* *Falten in etwas hineinbringen;* Syn. *zerknautschen;* ein Kleid im Koffer, beim Sitzen z.; zerknittertes Papier

zer|knül|len ⟨V.1, hat zerknüllt; mit Akk.⟩ *etwas z. zusammendrücken, zusammenballen und dadurch viele Falten in etwas hineinbringen;* einen Brief z. (und in den Papierkorb werfen)

zer|ko|chen ⟨V.1⟩ **I** ⟨mit Akk.; hat zerkocht⟩ *zu lange kochen, so daß es zu weich wird, breiig wird;* Gemüse z. **II** ⟨ist zerkocht⟩ *durch zu langes Gekochtwerden zu weich, breiig werden;* die Kartoffeln sind zerkocht

zer|las|sen ⟨V.75, hat zerlassen; mit Akk.⟩ *flüssig werden lassen;* Butter in der Pfanne z.

zer|lau|fen ⟨V.76, ist zerlaufen; o.Obj.⟩ *flüssig werden;* die Schokolade zerläuft in der Wärme; das Fett zerläuft in der Pfanne

zer|le|gen ⟨V.1, hat zerlegt; mit Akk.⟩ **1** *etwas z. auseinandernehmen, die Verbindung der einzelnen Bestandteile von etwas lösen;* eine Maschine z.; der Junge zerlegt jedes Spielzeug; den Kleiderschrank (zum Umzug) z.; Geflügel z. *zerschneiden und anrichten* **2** ⟨Gramm.⟩ *einen Satz z. die Bestandteile eines Satzes grammatisch bestimmen*

zer|le|sen ⟨Adj.⟩ *durch häufiges Lesen abgenutzt;* ein ~es Buch

zer|lumpt ⟨Adj., -er, am -esten⟩ **1** *zerrissen, zerfetzt;* ~e Kleidung **2** *in Lumpen gekleidet;* ein ~er Bettler

zer|mal|men ⟨V.1, hat zermalmt; mit Akk.⟩ **1** *in kleine Teile zerquetschen;* die Maschine zermalmt den Sperrmüll **2** *kräftig zerkauen;* der Hund zermalmt den Knochen

zer|mür|ben ⟨V.1, hat zermürbt; mit Akk.⟩ *jmdn. z. jmds. Kraft, Widerstandskraft schwächen;* das lange Warten zermürbt mich; diese Ungewißheit ist ~d

Ze|ro ⟨[ze-] f.9 oder n.9; Roulett⟩ *die Zahl Null (als Gewinnfeld des Bankhalters)* [< ital. *zero* ,,Null", < arab. *şifr* ,,leer", vgl. *Ziffer*]

Ze|ro|graph ⟨m.10⟩ *jmd., der Zerographien herstellt*

Ze|ro|gra|phie ⟨f.11⟩ *Wachsgravierung* [< lat. *cera*, griech. *keros* ,,Wachs" und ...*graphie*]

Ze|ro|plas|tik ⟨f.10⟩ **1** ⟨nur Sg.⟩ *Wachsbildnerei* **2** *Wachsbildwerk, Wachsmodell (für Bronzeguß)* [< lat. *cera*, griech. *keros* ,,Wachs" und *Plastik*]

zer|pflü|cken ⟨-k·k-; V.1, hat zerpflückt; mit Akk.⟩ **1** *durch Herausreißen der Blütenblätter zerstören;* eine Blume z. **2** ⟨übertr.⟩ *in allen Einzelheiten besprechen, kritisieren;* einen Vortrag, ein Theaterstück z.

zer|quält ⟨Adj., -er, am -esten⟩ *gezeichnet von vielem Leid*; ~*es Gesicht*

Zerr|bild ⟨n.3⟩ *bewußt verzerrende Darstellung (von jmdm. oder etwas)*; *ein Z. der Demokratie*; *ein Z. von jmdm. zeichnen jmdn. verzerrt darstellen*

zer|re|den ⟨V.2, hat zerredet; mit Akk.⟩ *etwas z. allzu viel über etwas reden und dadurch seiner überdrüssig werden oder es zerstören*; *eine Frage, ein Problem z.*; *jmds. Gefühle, eine menschliche Beziehung z.*

zer|rei|ßen ⟨V.96⟩ I ⟨mit Akk.; hat zerrissen⟩ **1** *durch Reißen (I,1) trennen oder zerstören*; *ein Blatt Papier, ein Stück Stoff z.*; *ich kann mich nicht z.* ⟨ugs.⟩ *ich kann nicht alles zugleich tun*; vgl. *zerrissen* **2** *durch Reißen (I,5) töten*; *der Wolf hat das Lamm zerrissen* **3** ⟨übertr.⟩ *plötzlich heftig durchbrechen, unterbrechen*; *ein Schrei zerriß die Stille* **4** *auseinandertreiben*; *der Wind zerreißt die Wolken* II ⟨o.Obj.; ist zerrissen⟩ *sich durch Reißen (III) trennen, durch Reißen entzweigehen*; *das Seil, das Tuch ist zerrissen*; *dieses Gewebe zerreißt leicht* III ⟨mit Dat. (sich) und Akk.; hat zerrissen⟩ *sich etwas z. sich durch Reißen (I,1) etwas beschädigen*; *ich habe mir den Strumpf zerrissen*; *die Leute z. sich die Mäuler darüber* ⟨ugs.⟩ *die Leute reden aufgeregt, klatschen darüber*

Zer|reiß|pro|be ⟨f.11⟩ **1** ⟨Tech.⟩ *Versuch, ein Material zu zerreißen* **2** ⟨übertr.⟩ *sehr große Belastung*; *es auf eine Z. ankommen lassen*

Zer|rei|ßung ⟨f.10; Med.⟩ *das Reißen (I,1), Zerreißen (I,1) von Gewebe*; Syn. *Ruptur*; *Z. eines Blutgefäßes*

zer|ren ⟨V.1, hat gezerrt⟩ I ⟨mit Akk.⟩ **1** *heftig, gewaltsam ziehen*; *ein Kleid aus dem Koffer z.*; *ein Kind an der Hand, einen Hund an der Leine mit sich z.*; *jmdn. an den Haaren z.*; *etwas in den Schmutz z.* ⟨übertr.⟩ *häßlich über etwas reden* II ⟨mit Dat. (sich) und Akk.⟩ *sich etwas z. gewaltsam, übermäßig dehnen*; *sich eine Sehne, einen Muskel z.* III ⟨o.Obj.⟩ *in unangenehmer Weise ziehen*; *der Hund zerrt (an der Leine) er strebt ungeduldig vorwärts*; *das lange Warten zerrt an meinen Nerven* ⟨übertr.⟩ *macht mich nervös*

zer|ris|sen ⟨Adj.; übertr.⟩ *mit sich selbst nicht einig, schwankend (zwischen unterschiedlichen Wünschen, Auffassungen, Antrieben)*; *ein ~er Mensch*; *er ist innerlich z.*

Zer|ris|sen|heit ⟨f., -, nur Sg.⟩ *das Zerrissensein, innerliche Gespaltenheit*

Zerr|spie|gel ⟨m.5⟩ *Spiegel, der Gegenstände verzerrt wiedergibt, Vexierspiegel*

Zer|rung ⟨f.10⟩ **1** *das Zerren, Überdehnen einzelner Muskeln, Fasern, Bänder (in einem Körpergewebe)* **2** *Dehnung (einer Gesteinsformation)*

zer|rüt|ten ⟨V.2, hat zerrüttet; mit Akk.⟩ **1** *zerstören*; *der häufige Ärger, das fehlende Verständnis füreinander hat ihre Ehe zerrüttet*; *der übermäßige Alkoholgenuß hat seine Gesundheit zerrüttet* **2** *erschöpfen, stark angreifen*; *die vielen Aufregungen haben ihre Nerven zerrüttet* **3** *verwirren*; *die falsche Behandlung hat seinen Geist zerrüttet* [< mhd. *rütten, rütteln* „erschüttern"]

Zer|rüt|tung ⟨f., -, nur Sg.⟩ **1** *das Zerrütten* **2** *das Zerrüttetsein (Nerven-)*

zer|schel|len ⟨V.1, ist zerschellt; o.Obj.⟩ *in Stücke gehen, zerbrechen*; *das Schiff zerschellte an den Klippen*; *der Körper zerschellte beim Sturz in die Schlucht* ⟨geh.⟩ [< mhd. *schellen* „mit Schall erschüttern, zerschmettern"]

zer|schla|gen I ⟨V.116, hat zerschlagen; mit Akk.⟩ **1** *durch Schlagen zerbrechen, zerstören*; *die Fensterscheibe z.*; *Geschirr z.* **2** ⟨übertr.⟩ *in Teile spalten, aufteilen*; *einen Staat (beim Friedensschluß) z.* II ⟨V.116, hat zerschlagen; refl.⟩ *sich z. nicht zustande kommen, scheitern*; *die Sache hat sich aus der Sache ist nichts geworden* III ⟨Adj., o.Steig.⟩ **1** *durch Schläge entstellt*; *ein ~es Gesicht* **2** *müde, erschöpft*; *sich z. fühlen*

Zer|schla|gen|heit ⟨f., -, nur Sg.⟩ *Zustand des Zerschlagenseins, Erschöpfung*

zer|schnei|den ⟨V.125, hat zerschnitten⟩ I ⟨mit Akk.⟩ *in Stücke schneiden*; *Paper z.* II ⟨mit Dat. und Akk.⟩ *jmdm. oder sich etwas z. durch Schnitte verletzen, verwunden*; *sich das Gesicht (bei einem Unfall) z.*

zer|set|zen ⟨V.1, hat zersetzt⟩ I ⟨mit Akk.⟩ **1** *auflösen*; *Fäulnis zersetzt abgestorbene Organismen, Pflanzenreste* **2** *zerstören*; *solche Reden z. die Moral, die Freundschaft*; *ein solches Verhalten wirkt ~d* II ⟨refl.⟩ *sich z. sich auflösen*; *abgestorbene Pflanzenreste z. sich*

Zer|set|zung ⟨f.10⟩ *das Zersetzen, das Sichzersetzen*

zer|sie|deln ⟨V.1, hat zersiedelt; mit Akk.⟩ *durch weiträumige, unüberlegte, unkontrollierte Besiedlung zerstören*; *eine Landschaft z.*

Zer|sie|de|lung, Zer|sied|lung ⟨f.10⟩

zer|split|tern ⟨V.1⟩ I ⟨mit Akk.; hat zersplittert⟩ **1** *in Splitter teilen*; *Holzscheite z.* **2** *in kleine Teile aufspalten, aufteilen*; *die Stoßkraft z.*; *die Uneinigkeit zersplittert die Partei* II ⟨hat zersplittert; refl.⟩ *sich z. durch zu viele, gleichzeitig ausgeübte Tätigkeiten unproduktiv werden, keine einheitliche Leistung erbringen*; *sie zersplittert sich durch ihre vielseitigen Interessen* III ⟨o.Obj.⟩ *in Splitter zerbrechen*; *diese Glasscheiben z. beim geringsten Stoß*

Zer|split|te|rung ⟨f., -, nur Sg.⟩ *Zustand des Zersplittertseins*; *die Z. in Kleinstaaten*; *die Z. der Partei*

zer|stäu|ben ⟨V.1, hat zerstäubt; mit Akk.⟩ *in feinste Teilchen zerteilen und dann (in der Luft) verteilen*; *Parfüm im Raum z.*

Zer|stäu|ber ⟨m.5⟩ *Gerät zum Zerstäuben (Parfüm~)*

zer|ste|chen ⟨V.149, hat zerstochen; mit Akk.⟩ *durch Stiche beschädigen, verletzen, zerstören*; *Reifen z.*

zer|stie|ben ⟨V.155, ist zerstoben; o.Obj.⟩ *sich in feinste Teilchen auflösen*; *das Wasser zerstiebte beim Herabstürzen über die Felsen*

zer|stö|ren ⟨V.1, hat zerstört; mit Akk.⟩ **1** *völlig kaputtmachen, ganz und gar unbrauchbar machen, vernichten*; *die Überschwemmung hat die Felder, die Häuser zerstört*; *Säure zerstört das Gewebe*; *die Stadt ist im Krieg fast ganz, zum Teil zerstört worden* **2** *zugrunde richten*; *das lange Trennung hat ihre Ehe zerstört*; *das Rauschgift zerstört seine Gesundheit, hat sein Leben zerstört*

Zer|stö|rer ⟨m.5⟩ *leichtes, schnelles Kriegsschiff*

zer|stö|re|risch ⟨Adj.⟩ *zerstörend, Zerstörungen anrichtend, bewirkend*; *~e Kräfte*

Zer|stö|rung ⟨f.10; nur Sg.⟩ *das Zerstören*; *Z. von Industrieanlagen* **2** *Schaden (in großem Ausmaß)*; *der Sturm hat große ~en angerichtet*

Zer|stö|rungs|werk ⟨n.1⟩ **1** *das Zerstören* **2** *Ergebnis einer Zerstörung*

zer|strei|ten ⟨V.159, hat zerstritten; refl.⟩ *sich z. miteinander Streit bekommen*; *zerstritten sein durch Streit entzweit sein, aufgrund eines Streites keine Beziehung mehr miteinander pflegen*

zer|streu|en ⟨V.1, hat zerstreut⟩ I ⟨mit Akk.⟩ **1** *etwas z.* **a** *auseinanderstreuen, nach allen Richtungen streuen* **b** *in verschiedene Richtungen ablenken*; *eine optische Linse zerstreut das Licht* **2** *jmdn. oder sich die Zeit vertreiben, kurzweilig gestalten*; *jmdn., sich durch Theaterbesuche z.*; *jmdn. durch das Erzählen von lustigen Geschichten z.* II ⟨refl.⟩ *sich z. auseinandergehen*; *die Menschenmenge zerstreute sich*

zer|streut ⟨Adj., -er, am -esten⟩ *sich in Gedanken mit anderen Dingen beschäftigend und daher nicht auf das Nächstliegende achtend, unaufmerksam*; *er ist sehr z.*; *er lächelte z.*; *z. für einen Gruß danken*

Zer|streut|heit ⟨f., -, nur Sg.⟩ *das Zerstreutsein*; *in seiner Z. vergaß er, wo er seinen Wagen abgestellt hatte, ließ den Schlüssel stecken*

Zer|streu|ung ⟨f.10⟩ **1** ⟨nur Sg.⟩ *das Zerstreuen* **2** *Zeitvertreib*; *einem Kranken zu seiner Z. vorlesen*; *sie bieten ihren Kurgästen mancherlei ~en*

Zer|streu|ungs|lin|se ⟨f.11⟩ *Linse, die parallel einfallende Strahlung auseinanderführt („zerstreut")*

zer|stückeln ⟨-k|k-; V.1, hat zerstückelt; mit Akk.⟩ *in Stücke zerteilen* **Zer|stücke|lung** ⟨-k|k-; f.10⟩

zer|talt ⟨Adj., o.Steig.⟩ *durch viele Täler zerschnitten*

zer|tei|len ⟨V.1, hat zerteilt⟩ I ⟨mit Akk.⟩ *teilen, in Teile zerlegen*; *Geflügel vor dem Anrichten z.*; *ich kann mich nicht z.!* ⟨ugs.⟩ *ich kann nicht alles auf einmal machen* II ⟨refl.⟩ *sich z. in Teile zerfallen, zergehen, sich in Teile aufspalten*; *die Wolken z. sich*; *der Baum zerteilt sich in Äste* **Zer|tei|lung** ⟨f.10⟩

zer|tep|pern ⟨V.1, hat zerteppert; mit Akk.; ugs.⟩ *zerschlagen*; *eine Vase, Geschirr z.* [zu *Topf*, eigtl. „mit Krach (wie einen Tontopf) zerschlagen"]

Zer|ti|fi|kat ⟨n.1⟩ **1** *amtliche Bescheinigung*; *ein Z. ausstellen* **2** *Anteilschein einer Kapitalanlagegesellschaft* [< kirchenlat. *certificare* „vergewissern", < *certus* „sicher" und ...*ficare*, (in zus. für *facere*) „machen"]

zer|ti|fi|zie|ren ⟨V.3, hat zertifiziert; mit Akk.⟩ *etwas z. ein Zertifikat über etwas ausstellen, etwas bescheinigen*

zer|tre|ten ⟨V.163, hat zertreten; mit Akk.⟩ *etwas z. mit den Füßen auf etwas treten und es dadurch beschädigen oder zerstören*; *einen Wurm, Blumen z.*

zer|trüm|mern ⟨V.1, hat zertrümmert; mit Akk.⟩ *in Trümmer schlagen, entzweischlagen*; *eine Fensterscheibe z.*; *in seiner Wut zertrümmerte er den Spiegel*; *bei dem Unfall wurde das Auto zertrümmert* **Zer|trüm|me|rung** ⟨f.10⟩

Zer|ve|lat|wurst ⟨[sɛrvə-] f.2⟩ *geräucherte Hartwurst, Dauerwurst, die im Unterschied zur Salami fein gekörnt ist*; auch: *Servelatwurst* [< ital. *cervellata* „Hirnwurst", zu *cervello* „Gehirn", < lat. *cerebellum* „kleines Gehirn"]

zer|vi|kal ⟨Adj., o.Steig.⟩ *zum Hals, Nacken, Gebärmutterhals gehörig* [< lat. *cervix* „Hals, Nacken"]

zer|wer|fen ⟨V.181, hat zerworfen⟩ I ⟨mit Akk.⟩ *durch Werfen, durch einen Wurf beschädigen, zerstören*; *eine Fensterscheibe z.* II ⟨refl.; selten⟩ *sich z. miteinander Streit bekommen*; *sie haben sich zerworfen sie sind miteinander zerstritten*

zer|wir|ken ⟨V.1, hat zerwirkt; mit Akk.; Jägerspr.⟩ *ein Stück Wild z. ihm die Haut abziehen und es zerlegen*

zer|wüh|len ⟨V.1, hat zerwühlt; mit Akk.⟩ *wühlend durcheinanderbringen, in Unordnung bringen*; *jmdm. die Haare z.*; *zerwühltes Bett*

Zer|würf|nis ⟨n.1⟩ *Verfeindung, Entzweiung*; *ein eheliches Z.* [zu *zerwerfen (II)*]

zer|zau|sen ⟨V.1, hat zerzaust; mit Akk.⟩ *in Unordnung bringen*; *der Wind hat ihm das Haar zerzaust*; *sie sah etwas zerzaust aus sie sah unordentlich gekleidet und frisiert aus*

zes|si|bel ⟨Adj., o.Steig.⟩ *übertragbar, abtretbar*; *eine zessible Forderung* [zu *Zession*]

Zes|si|on ⟨f.10⟩ *Abtretung einer Forderung an einen Dritten* [< lat. *cessio*, Gen. *-onis*, „Abtretung, Übergabe", zu *cedere* „zurückweichen, auf etwas verzichten"]

Zes|sio|nar ⟨m.5⟩ *jmd., an den eine Forderung abgetreten wird* [zu *Zession*]

Ze|ta ⟨n.9; Zeichen: ζ, Ζ⟩ sechster Buchstabe des griechischen Alphabets

Ze|ter ⟨n.5; †⟩ *Wehgeschrei;* ⟨noch in der Wendung⟩ Z. und Mordio schreien *in lautes Geschrei ausbrechen*

Ze|ter|ge|schrei ⟨n., -s nur Sg.⟩ *lautes, jammerndes Geschrei*

ze|tern ⟨V.1, hat gezetert; o.Obj.⟩ *laut jammern, jammernd schimpfen*

Zet|tel¹ ⟨m.5⟩ **1** ⟨meist⟩ *kleines, loses Blatt Papier; etwas auf einen Z. schreiben* **2** *kleine Werbeschrift (auf einem Blatt);* Z. verteilen [< ital. *cedola* < mlat. *cedula* "Zettel", < spätlat. *schedula* "Blättchen", zu *scheda* "Streifen, Blatt (Papier)"]

Zet|tel² ⟨m.5⟩ *Längsfäden, Folge der Kettfäden* [< mhd. *zettel* "Längsfäden"]

Zet|tel|ka|ta|log ⟨m.1⟩ *aus Zetteln¹ bestehender Katalog*

zeuchst, zeucht ⟨poet. für⟩ *ziehst, zieht*

Zeug ⟨n.1⟩ **1** ⟨nur Sg.⟩ *etwas, das man für wertlos, geringwertig hält;* auch: *Zeugs; altes Z.; jmdm. Z. reden; fürchterliches Z. essen* **2** ⟨veraltend, noch in Zus.⟩ **a** *Gewebe, Tuch* (Weiß~); *leinenes Z.* **b** *Wäschestück daraus* (Bett~, Unter~); *jmdm. etwas am Z. flicken* ⟨übertr.⟩ *jmdn. kritisieren (und ihm damit schaden)* **3** ⟨veraltend, noch in Zus.⟩ *Geräte für einen bestimmten Zweck* (Arbeits~, Schreib~, Wasch~); *was das Z. hält* ⟨übertr.⟩ *sehr (viel); das Z. zu etwas haben* **4** *Gesamtheit der Segel* (Halb~, Voll~); → *Takelage* **5** ⟨†⟩ *Geschirr (der Zugtiere); sich* ⟨mächtig⟩ *ins Z. legen* ⟨übertr.⟩ *sich anstrengen* [*zu ziehen,* urspr. "Zuggerät, Mittel, etwas zu erzeugen"]

Zeug|druck ⟨m.1⟩ **1** ⟨nur Sg.⟩ *Bedrucken von Textilien* (mit Holzmodel, durch maschinelle Verfahren) **2** *Textil, das durch dieses Verfahren sein Muster erhalten hat*

Zeu|ge ⟨m.11⟩ **1** *jmd., der bei einem Ereignis, Vorgang dabei war und darüber berichten kann; er war Z. des Gespräches;* ~n *anführen; etwas im Beisein von ~n sagen, tun; jmdn. als, zum ~ anrufen sich auf jmdn. berufen; die ~n Jehovas eine christliche Sekte* **2** *jmd., der vor Gericht über ein Ereignis, einen Vorgang aussagen soll; Z. eines Unfalles, eines Mordes; einen ~n laden, hören; als Z. aussagen; sich auf ~n berufen* [eigtl. "(zur Aussage) Gezogener"]

zeu|gen¹ ⟨V.1, hat gezeugt; mit Akk.⟩ **1** *durch Geschlechtsverkehr einer Frau entstehen lassen; ein Kind z.* **2** *hervorbringen; einen kühnen Gedanken z.* [< mhd. *ziugen* "erzeugen, zeugen, anfertigen, herstellen", < ahd. *ziugen* "zustande bringen", zu *giziug* "Werkzeug, Stoff, Mittel"]

zeu|gen² ⟨V.1, hat gezeugt; o.Obj.⟩ **1** *als Zeuge aussagen; er hat für ihn, gegen ihn gezeugt* **2** *von etwas z. auf etwas schließen lassen; seine Bemerkung zeugt von großer Naivität* [< mhd. *ziugen* "zeugen, beweisen" < ahd. *giziugon* "nachweisen"]

Zeu|gen|bank ⟨f.2⟩ *Sitzplatz der Zeugen im Gerichtssaal*

Zeug|haus ⟨n.4; früher⟩ *Gebäude zum Aufbewahren von Kriegsgerät*

Zeug|ma ⟨n., -s, -s oder -ma|ta⟩ *Stilfigur, bei der ein Satzteil (meist das Prädikat) nur einmal gesetzt wird, obwohl es mehrmals stehen müßte, z.B. "Der See kann sich, der Landvogt nicht erbarmen"* (Schiller) [< griech. *zeugma* "Zusammengefügtes, Verbindung, Joch, Brücke", zu *zeugnynai* "anschirren, anbinden, fesseln"]

Zeug|nis ⟨n.1⟩ **1** ⟨†⟩ *Aussage eines Zeugen, Aussage vor Gericht; Z. ablegen* **2** *amtliches Gutachten, amtliche Bescheinigung* (Führungs~); *ein Z. ausstellen, vorweisen* **3** *Urkunde mit der Bewertung von Leistungen* (Arbeits~, Schul~); *ein ausgezeichnetes, gutes, schlechtes Z. bekommen* **4** *Gutachten; ärztli-*

ches Z. **5** *etwas, das auf etwas hinweist; der Turm ist Z. einer versunkenen Kultur*

Zeugs ⟨n., -, nur Sg.; ugs.⟩ → *Zeug (1)*

Zeu|gung ⟨f.10⟩ *das Zeugen¹ (1)*

Zeu|gungs|glied ⟨n.3; geh.⟩ *(männliches) Glied, Penis*

zeu|gungs|un|fä|hig ⟨Adj., o.Steig.⟩ *unfähig zur Zeugung;* Syn. *impotent*

ZGB ⟨Abk. für⟩ *Zivilgesetzbuch*

z.H. ⟨Abk. für⟩ *zu Händen* (auf Briefanschriften); vgl. *Hand*

Zib|be ⟨f.11; bei Kaninchen, Ziegen⟩ *Muttertier*

Zi|be|be ⟨f.11; oberdt., veraltend⟩ *Rosine* [< ital. (sizilian.) *zibibbo* "bestimmte, sehr süße Rebsorte", < arab. *zabib* "getrocknete Weinbeeren"]

Zi|bet ⟨m., -s, nur Sg.⟩ *als Duftstoff verwendete Afterdrüsenabsonderung der Zibetkatze* [< mlat. *zibethum* < arab. *zabād* "Schaum", nach seiner Beschaffenheit]

Zi|bet|kat|ze ⟨f.11⟩ *(in Afrika und Südostasien vorkommende) Schleichkatze*

Zi|bo|ri|um ⟨n., -s, -ri|en⟩ **1** *Gefäß zum Aufbewahren der Hostie,* Syn. *Hostienkelch* **2** *von Säulen getragenes Dach über dem Altar* [Herkunft unsicher, vielleicht < lat. *ciborium* "Trinkbecher" < griech. *kibórion* "Fruchtgehäuse einer ägyptischen Pflanze" (das als Trinkbecher benutzt wurde, vielleicht auch zu lat. *cibus* "Speise"]

Zi|cho|rie [-çoria] ⟨f.11⟩ *aus der gerösteten und pulverisierten Wurzel einer Abart der Wegwarte gewonnener Kaffee-Ersatz* [< lat. *cichorium,* griech. *kichoreion* "Wegwarte", weitere Herkunft unbekannt]

Zi|cke ⟨-k·k-; f. 11; ugs.⟩ **1** *weibliche Ziege* **2** ⟨übertr.⟩ *Frau, über die man sich ärgert; dumme, blöde Z.!* **3** ⟨Pl.⟩ ~n, *Torheiten, unbesonnene Handlungen; mach keine ~n!*

Zickel ⟨-k·k-; n.5⟩ → *Zicklein*

zickeln ⟨-k·k-; V.1, hat gezickelt; o.Obj.; von der Ziege⟩ *Junge bekommen*

zickig ⟨-k·k-; Adj.; ugs.⟩ *altjüngferlich, prüde, schrullig*

Zick|lein ⟨n.7⟩ *Junges der Ziege;* Syn. *Zickel*

Zick|zack ⟨m.1⟩ *in Zacken verlaufende Linie; im Z. laufen, fliegen*

Zick|zack|kurs ⟨m.1⟩ *ständig nach links und rechts von der Geraden abweichender Kurs; politischer Z.*

Zi|der ⟨m.5⟩ *Obstwein (bes. Apfelwein)* [< frz. *cidre,* ital. *sidro* < lat. *sicera,* griech. *síkera* "berauschendes Getränk" < hebr. *šēkār* "berauschendes Getränk aus Obst und Honig", zu *šākar* "sich berauschen, betrinken"]

Zie|che ⟨f.11; österr.⟩ *Überzug (für ein Bett oder Kissen),* Polster~ [< mhd. *ziech, zieche* "Bettdecke, Leinenüberzug, Sack", über das Roman. < lat. *theca* "Hülle, Scheide, Decke", < griech. *theke* "Behälter"]

Zie|ge ⟨f.11⟩ **1** *Horntier mit nach hinten gebogenen Hörnern (und im Unterschied zum Schaf meist rauherem Fell)* **2** *etwa messerförmiger Karpfenfisch* **3** ⟨ugs.⟩ *unangenehmes weibliches Wesen* (Zimt~); *blöde Z.!*

Zie|gel ⟨m.5⟩ **1** *(aus Lehm, Ton oder tonigen Massen) braunrot gebrannter Baustein* (Mauer~); Syn. *Backstein, Ziegelstein* **2** *flacher Stein aus dem gleichen Material zum Dachdecken* (Dach~) [< lat. *tegula* "Ziegel", zu *tegere* zu "decken"]

Zie|ge|lei ⟨f.10⟩ *Betrieb, in dem Ziegel hergestellt werden*

Zie|gel|stein ⟨m.1⟩ → *Ziegel (1)*

Zie|gen|bart ⟨m.2⟩ **1** *Haare am Kinn des Ziegenbocks und der Ziege* **2** ⟨übertr.⟩ *(spärlicher) Bart am Kinn;* Syn. *Bocksbart* **3** *orangegelber, korallenartig verzweigter Keulenpilz*

Zie|gen|bock ⟨m.2⟩ *männliche Ziege;* Syn. ⟨bes. oberdt.⟩ *Geißbock*

Zie|gen|mel|ker ⟨m.5⟩ *nächtlich nach Insekten jagender, rindenähnlich gefärbter Vogel mit sehr großem Schnabelspalt;* Syn. *Nachtschwalbe* [nach einem alten Aberglauben, der vielleicht auf der Vorliebe mancher Hirten für Ziegenmilch beruht]

Zie|gen|pe|ter ⟨m.5⟩ → *Mumps*

Zie|ger ⟨m.5; schweiz.⟩ *Kräuterkäse, Quark(käse)* [< spätahd. *ziger,* Herkunft unklar]

Zieh|brun|nen ⟨m.7⟩ *Brunnen, bei dem ein Schöpfeimer mittels Gegengewichts hinabgelassen und hochgezogen wird*

Zieh|ei|sen ⟨n.7⟩ *Werkzeug mit verschieden großen Löchern, durch das Metall zu Draht gezogen wird*

Zieh|el|tern ⟨nur Pl.; †⟩ *Pflegeeltern*

zie|hen ⟨V.187⟩ **I** ⟨mit Akk.; hat gezogen⟩ **1** *etwas oder jmdn. z. zu sich her bewegen, hinter sich her bewegen;* einen Wagen z.; *jmdn. aus dem Wasser z.; ein Kind an der Hand mit sich z.; jmdn. zärtlich an sich z.; einen Korken aus der Flasche z.; sie zog alle Blicke auf sich* ⟨übertr.⟩; *jmdn. an sich z. etwas von jmdm. fassen, packen und zu sich her bewegen; jmdn. an den Haaren z.* **2** *etwas z. Wasser, Nährstoffe aus dem Boden* **b** *herausbefördern;* (jmdm.) *einen Zahn z.* **c** *herausnehmen (um etwas anzugreifen); das Messer, den Degen, den Revolver z.* **d** *anfassen und herausnehmen; eine Karte (aus einem Stoß) z.; ein Los z.; die Uhr aus der Tasche z.* **e** *an eine Stelle bringen; Glasperlen auf einen Faden z.; die Mütze über die Ohren z.* **f** *anziehen; eine Jacke über die Bluse z.* **g** *zeichnen; eine Linie z.; einen Schlußstrich unter etwas z.* ⟨übertr.⟩ *eine Sache beenden; der Vogel zieht am Himmel seine Kreise der Vogel beschreibt beim Fliegen Kreise am Himmel* **h** *in eine lange Form bringen, durch Strecken, Dehnen herstellen;* Draht, Kerzen z. **i** *entstehen lassen; alter Käse zieht Fäden* **k** *spannen, an zwei Stellen befestigen; eine Schnur z.; eine elektrische Leitung z.* **l** ⟨unschön⟩ *dehnen; die Töne* (beim Singen, beim Spielen eines Streich-, Blasinstruments) *z.* **m** *in eine Richtung bewegen und dadurch in eine bestimmte Stellung bringen; die Augenbrauen nach oben, die Mundwinkel nach unten z.; die Stirn in Falten z.; ein Gesicht z.* ⟨übertr.⟩ *eine enttäuschte, unzufriedene Miene machen; den Hut z. den Hut zur Begrüßung abnehmen* **n** *einatmen; den Rauch in die Lunge z.* **o** *aufbauen, errichten, anlegen, herstellen; einen Zaun, eine Mauer (um ein Grundstück) z.; einen Graben z.* **p** *wachsen lassen; Stecklinge, junge Pflanzen z.* **q** *in bestimmten Fügungen mit verschiedenen Subst.: eine Lehre aus etwas z. eine Erfahrung bei etwas als Lehre betrachten, etwas aus etwas lernen; Nutzen, Gewinn aus etwas z. Nutzen von etwas, Gewinn bei etwas haben; einen Schluß aus etwas z. etwas aus etwas schließen; einen Vergleich zwischen zwei Dingen z. zwei Dinge miteinander vergleichen* **II** ⟨refl.; hat gezogen⟩ *sich z.* **1** *dehnbar sein, sich dehnen lassen; Gummi zieht sich; die Strumpfhosen z. sich nach der Figur* **2** *sich erstrecken; die Straße zieht sich durch den Wald; der Weg zieht sich* ⟨übertr.⟩ *der Weg erscheint, ist lang; der Schmerz zieht sich von der Schulter bis hinauf zum Ohr* **III** ⟨o.Obj.⟩ **1** ⟨hat gezogen⟩ (ungeduldig) *vorwärtsdrängen; der Hund zieht (an der Leine)* **2** ⟨hat gezogen⟩ *Anziehungskraft ausüben; der Film, der Buchtitel zieht* **3** ⟨hat gezogen⟩ *Wirkung ausüben; die Warnung, Mahnung zieht nicht mehr; diese Ausrede zieht nicht* **4** ⟨hat gezogen⟩ *Lust für etwas zeigen; ich habe es ihm vorgeschlagen, aber er zieht nicht* **5** ⟨hat gezogen⟩ *Durchzug, Luftbewegung in sich haben; der Ofen, die Zigarre zieht gut, zieht nicht* **6** ⟨hat gezogen⟩ *Farbe und bestimmte Stoffe an das Wasser abgeben; der Tee muß fünf Minuten*

Ziehharmonika

z.; *der Tee hat noch nicht genügend gezogen* **7** ⟨hat gezogen⟩ *in Wasser liegen, das sich unmittelbar unter dem Siedepunkt befindet; Weißwürste dürfen nicht kochen, sie dürfen nur z.; Klöße 20 Minuten z. lassen* **8** ⟨ist gezogen⟩ *in großen Gruppen marschieren, wandern, fliegen; Truppen z. durch die Stadt; Flüchtlinge z. über die Landstraßen; Vögel z. nach Süden* **9** ⟨ist gezogen⟩ *sich gleichmäßig weiterbewegen; Wolken z. am Himmel; Nebelschwaden z. über die Berge* **10** ⟨ist gezogen⟩ *seinen Wohnsitz (an einen Ort) verlegen; wir z. nach Hamburg, in ein anderes Stadtviertel; sie ist wieder zu ihren Eltern gezogen* **11** ⟨hat gezogen⟩ *an etwas z.* **a** *etwas nach unten, oben, zu sich ziehen; an einem Seil, an der Glocke z.* **b** *ein Ende von etwas im Mund haben und Luft einsaugen; an der Zigarette z.* **12** ⟨hat gezogen⟩ *unpersönl.; mit ,,es'' und gelegentlich mit Dat.* **a** *es zieht, hier zieht es hier ist Zugluft zu spüren; hier zieht es mir zu sehr* **b** *es zieht mir (im Rücken, im Bauch) ich habe Schmerzen im Rücken, im Bauch*

Zieh|har|mo|ni|ka ⟨f., -, -s oder -ken⟩ →*Handharmonika*
Zieh|kind ⟨n.3; †⟩ *Pflegekind*
Zieh|mut|ter ⟨f.6; †⟩ →*Pflegemutter*
Zie|hung ⟨f.10⟩ *Lotto, Lotterie, Preisausschreiben*⟩ *Ermittlung der Gewinner*
Zieh|va|ter ⟨m.6; †⟩ →*Pflegevater*
Ziel ⟨n.1⟩ ⟨*nur Sg.*⟩ *das Zielen; ein gutes, schlechtes Ziel haben* **2** *angestrebter Endpunkt (Lebens~, Reise~, Wander~); das Z. erreichen; er hat sein Z. erreicht* **3** *markiertes Ende (einer Wettkampfstrecke); ins Z. kommen; durchs Z. gehen* **4** *etwas, das durch Werfen, Schießen getroffen werden soll; bewegliche ~e; feindliches Z.; übers Z. hinausschießen (auch übertr.) das Angemessene, das vernünftige Maß überschreiten* **5** *angestrebtes Ergebnis; etwas zum Z. setzen, stecken, stellen; sich etwas zum Z. setzen; das Z. der Verhandlungen ist ...* **6** ⟨*Kaufmannsspr.*⟩ *Zahlungsfrist, Termin (für eine Zahlung); Zahlung mit dem Z. von 30 Tagen*
ziel|be|wußt ⟨Adj., -er, am -esten⟩ *auf ein Ziel gerichtet, ein Ziel anstrebend; ein ~er Mensch; z. handeln; ~es Handeln*
zie|len ⟨V.1, hat gezielt⟩ **I** ⟨*o.Obj.*⟩ *eine Waffe auf ein Zielen richten; genau, sorgfältig, lange z.; ~d* →*transitiv; Ggs. nicht zielend* **II** ⟨*mit Präp.obj.*⟩ **1** *auf etwas oder jmdn. z.* **a** *die Waffe auf ein Ziel richten* **b** *etwas oder jmdn. meinen; die Bemerkung zielt auf den Vorfall von gestern, zielt auf dich* **2** *auf etwas z. etwas zum Ziel haben; der Vorschlag zielt auf eine möglichst schnelle Beseitigung dieser Mißstände; sein ganzes Streben zielt darauf, einmal einen solchen Betrieb zu leiten; eine gezielte Frage eine sorgfältig überlegte und etwas ganz Bestimmtes meinende Frage; gezielte Erziehung Erziehung mit einem bestimmten, fest umrissenen Ziel*
Ziel|fo|to ⟨n.9; bei Schnelligkeitswettbewerben im Sport⟩ *Foto, das die Reihenfolge des Einlaufs der Wettkämpfer festhält*
Ziel|ge|ra|de ⟨f.11⟩ *gerade, letzte Strecke vor dem Ziel*
Ziel|grup|pe ⟨f.11⟩ *Gruppe von Personen, die (z.B. durch Werbung) erreicht werden soll*
Ziel|kauf ⟨m.2⟩ *Kauf, bei dem die Zahlung erst zu einem bestimmten, vorher vereinbarten Termin fällig wird* [zu Ziel (6)]
Ziel|kur|ve ⟨f.11; Sport⟩ *Kurve zwischen der Zielgeraden und der Gegengeraden*
Ziel|li|nie ⟨f.11; Sport⟩ *über eine Laufbahn oder eine Rennstrecke gezogene Linie, die das Ziel bezeichnet*
ziel|los ⟨Adj., o.Steig.⟩ *ohne (festes) Ziel; z. durch die Straßen laufen* **Ziel|lo|sig|keit** ⟨f., -, nur Sg.⟩
Ziel|rich|ter ⟨m.5; Sport⟩ *jmd., der die Reihenfolge beim Zieleinlauf feststellt*

Ziel|schei|be ⟨f.11⟩ *Schießscheibe, Scheibe für Zielübungen; jmd. dient als Z. für den Spott der andern*
ziel|si|cher ⟨Adj.⟩ **1** *genau und sicher zielend, treffend; ein ~er Schütze* **2** *sein Ziel genau kennend; z. auf etwas zugehen* **Ziel|si|cher|heit** ⟨f., -, nur Sg.⟩
ziel|stre|big ⟨Adj.⟩ *sein Ziel unbeirrt verfolgend; z. auf etwas hinarbeiten; z. handeln; er ist z.* **Ziel|stre|big|keit** ⟨f., -, nur Sg.⟩
zie|men ⟨V.1, hat geziemt; †⟩ *auch: geziemen* **I** ⟨*mit Dat.*⟩ *jmdm. z. nach der herrschenden Sitte passend, richtig für jmdn. sein; dir ziemt etwas mehr Höflichkeit, Respekt; es ziemt ihm nicht, so neugierig zu sein* **II** ⟨*refl.*⟩ *sich z. nach der herrschenden Sitte passen, richtig sein, sich gehören, schicklich sein; ein solches Benehmen ziemt sich nicht (für ein wohlerzogenes Kind); es ziemt sich nicht, andere beim Sprechen zu unterbrechen*
Zie|mer ⟨m.5⟩ **1** *Rücken des Wildbrets* **2** ⟨kurz für⟩ →*Ochsenziemer* in denselben Bed., < altfrz. *escimer, seimier, semier* ,,Fleisch am Kreuz von Hirsch und Pferd'', dann ,,Schwanz'' sowie ,,männliches Glied''; weitere Herkunft nicht bekannt]
ziem|lich **I** ⟨Adj.⟩ **1** ⟨†⟩ *geziemend, schicklich; das ist nicht z.* **2** ⟨o.Steig.; ugs.⟩ *recht groß, lang, weit; eine z. Anstrengung, Strecke, Weile; mit ~er Sicherheit* **II** ⟨Adv.⟩ **1** *recht; z. groß, lang, breit, weit* **2** ⟨ugs.⟩ *etwa, ungefähr; z. in der Mitte; mit der Arbeit z. fertig sein; sie ist (so) z. in deinem Alter*
zie|pen ⟨V.1, hat geziept⟩ **I** ⟨*o.Obj.*⟩ **1** *fein stechend schmerzen (bes. beim Kämmen langer Haare); au, das zieptl; es tut nicht weh, es zieptl nur ein bißchen* **2** *einen hohen, feinen, ziemlich kurzen Laut von sich geben; Küken z.* **II** ⟨*mit Akk.*⟩ *jmdn. z.* **1** *jmdm. beim Kämmen feine, stechende Schmerzen zufügen* **2** *kurz und leicht reißen; jmdn. an den Haaren z.* **3** ⟨*unpersönl., mit ,,es''*⟩ *es zieptl mich im Bauch ich fühle leichte, feine Schmerzen im Bauch*
Zier ⟨f., -, nur Sg.; poet.⟩ →*Zierde*
Zie|rat ⟨m.1⟩ *Schmuck, schmückendes Beiwerk; die Blumen sind nur Z. sind nicht zu verkaufen*
Zier|de ⟨f.11⟩ *Verzierung, etwas, das schmückt; auch:* ⟨poet.⟩ *Zier; etwas zur Z. auf den Tisch legen; das dient nur zur Z. das hat keine Funktion*
zie|ren ⟨V.1, hat geziert⟩ **I** ⟨*mit Akk.*⟩ **1** *etwas ziert etwas etwas schmückt etwas, etwas dient für etwas als Schmuck, als Zierde; zahlreiche Orden zierten seine Brust; eine Girlande zierte seinen Platz an der Festtafel* **2** *jmd. ziert etwas jmd. schmückt etwas; sie zierten den Tisch, den Raum mit Blumen* **II** ⟨*refl.*⟩ *sich z.* **1** *scheinbar bescheiden abwehren, bescheiden tun; als man sie bat, etwas vorzusingen, zierte sie sich (nicht) lange; zier dich nicht, sondern lang zu! (beim Essen)* **2** *zimperlich tun, prüde tun; sie zierte sich, als sie sich zum Baden ausziehen sollte*
Zier|fand|ler ⟨m.5; österr.⟩ →*Silvaner*
zier|lich ⟨Adj.⟩ *zart und fein, klein und anmutig; eine ~ Figur; ein ~es Mädchen; ein ~es Schmuckstück* **Zier|lich|keit** ⟨f., -, nur Sg.⟩
Zier|pflan|ze ⟨f.11⟩ *Pflanze, die zur Zierde, wegen ihrer schönen Wuchsform, wegen farbiger Blüten u.a. gepflanzt und gehalten wird*
Zier|pup|pe ⟨f.11; ugs.⟩ *weibliches Wesen, das übertriebenen Wert auf modische Kleidung und Frisur legt*
Zier|stich ⟨m.1⟩ *Nähstich, der zur Zierde dient (z.B. Kreuzstich)*
Zie|sel ⟨m.5; österr. n.5⟩ *(u.a. im Südosten Österreichs vorkommendes) erdbewohnendes Hörnchen mit kleinen Ohren und kurzem, dünnem Schwanz* [vermutlich lautmalend nach dem hellen, pfeifenden Ruf bei Erregung]

Ziff. ⟨Abk. für⟩ *Ziffer*
Zif|fer ⟨f.11; Abk.: Ziff.⟩ **1** →*Zahlzeichen* **2** *numerierter Unterabschnitt eines Vertrages oder Gesetzestextes* [< altfrz., mlat. *cifra* < arab. *șifr* ,,Null'', zu *șafira* ,,leer sein'']
Zif|fer|blatt ⟨n.4⟩ *scheibenförmiger Teil der Uhr mit den Ziffern*
zig ⟨unbestimmtes Zahlwort; ugs.⟩ *eine unbestimmte Zahl von; es waren zig Leute da; ich habe es zigmal versucht;* [zigtausend [Endsilbe der Zehnerzahlen, z.B. von zwanzig]
Zi|ga|ret|te ⟨f.11⟩ *mit feingeschnittenem Tabak gefülltes Papierröhrchen zum Rauchen* [< frz. *cigarette* in ders. Bed., Verkleinerungsform von *cigar* ,,Zigarre'']
Zi|ga|ret|ten|pau|se ⟨f.11; ugs.⟩ *kurze Pause, in der man eine Zigarette rauchen kann*
Zi|ga|ret|ten|spit|ze ⟨f.11⟩ *Röhrchen zum Rauchen, in dessen dickeres Ende man eine Zigarette steckt*
Zi|ga|ril|lo ⟨m.9 oder n.9⟩ *kleine Zigarre* [< span. *cigarillo* in ders. Bed., zu →*Zigarre*]
Zi|gar|re ⟨f.11⟩ **1** *fest zusammengerollte Tabakblätter in Stabform* **2** ⟨übertr., ugs.⟩ *energische Rüge; eine Z. kriegen; jmdm. eine Z. verpassen* [< frz. *cigar* < span. *cigarro* in ders. Bed., < Maya (in Yucatan) *zicar, ziqar* ,,kleine Rolle aus Tabakblättern'']
Zi|geu|ner ⟨m.5⟩ **1** *Angehöriger eines weitverbreiteten Wandervolkes* **2** ⟨übertr.⟩ *unsteter Mensch* [Herkunft nicht ganz sicher, man leitet ihn heute von den *Athinganern* ab, einer Sekte im Byzantinischen Reich, aus mgriech. *Athinganoi* ,,die Unberührbaren''; die Mitglieder dieser Sekte hatten ihren Namen wegen ihrer strengen rituellen Reinheitsgebote bekommen; der Name ging dann auf die Zigeuner über, da man bei ihnen gewisse ähnliche Gebräuche beobachtete]
Zi|geu|ner|ka|pel|le ⟨f.11⟩ *aus Zigeunern bestehende Musikkapelle*
Zi|geu|ner|le|ben ⟨n., -s, nur Sg.; übertr.⟩ *unstetes Wanderleben*
Zi|geu|ner|mu|sik ⟨f.10⟩ *Musik der Zigeuner*
zi|geu|nern ⟨V.1, ist zigeunert; o.Obj.⟩ *ruhelos, abenteuernd umherwandern, -fahren; durch die Welt z.*
Zi|geu|ner|spra|che ⟨f., -, nur Sg.⟩ *(zahlreiche Lehnwörter aus indischen und iranischen Sprachen enthaltende, in verschiedenen Dialekten gesprochene) Sprache der Zigeuner*
Zi|ka|de ⟨f.11⟩ *(an Pflanzen saugendes) Insekt mit weichhäutigen Flügeln, dessen Männchen laute Töne erzeugen (Schaum~, Sing~); Syn. Zirpe* [< lat. *cicada*, vielleicht lautmalend nach dem scharfen Zirpen]
Zik|ku|rat ⟨f.9; sumer., assyr., syr. Baukunst⟩ *turmartiger, in Stufen ansteigender Tempel* [< akkad. *ziqqurratu* ,,Spitze, Gipfel, Tempelturm'', zu *zaqru* ,,hoch'', zum Verbstamm *zqr* ,,hoch sein'']
zi|li|ar ⟨Adj., o.Steig.⟩ *wimpernähnlich, mit Wimpern versehen, strahlig* [zu *Zilie*]
Zi|li|ar|kör|per ⟨m.5⟩ *vorderer, verdickter Teil der Aderhaut des Auges, Strahlenkörper*
Zi|lie ⟨f.11; bes. Zellen⟩ *kurzer Protoplasmafortsatz (zur Fortbewegung, zum Nahrungserwerb)* [< lat. *cilium* ,,Augenlid'', auch ,,Augenbraue, Augenwimper'', zu *celere* ,,verbergen'']
Zil|le ⟨f.11; österr.⟩ *flacher Kahn* [slaw.]
Zim|bal ⟨n.1 oder n.9⟩, **Zim|bel** ⟨f.11⟩ →*Zymbal*
Zim|ber ⟨m.14⟩ →*Kimber*
zim|brisch ⟨Adj., o.Steig.⟩ →*kimbrisch*
Zi|me|lie ⟨f.11⟩, **Zi|me|li|um** ⟨n., -s, -li|en⟩ **1** *Kleinod (eines Kirchenschatzes)* **2** *wertvoller Gegenstand (einer Bibliothek)* [< griech. *keimelion* ,,Liegenschaft, Schatz, Kostbarkeit, Kleinod'', zu *keisthai* ,,liegen'']
Zi|ment ⟨n.1; bayr.-österr.; †⟩ *metallenes zylindrisches Hohlmaß (der Gastwirte)* [< ital. *cimento* ,,Probe'']

Zi|mier ⟨n.1 oder f.10⟩ *Helmschmuck* [< frz. *cimier* „Helmschmuck", zu *cime* „Gipfel", < griech. *kyma* „Welle, Flut, Brandung", eigentlich „das Schwellende", zu *kyein* „schwanger sein"]

Zim|mer ⟨n.5⟩ *einzelner Raum einer Wohnung* (Arbeits~, Schlaf~, Wohn~); *die Wohnung hat drei Z.; ein Z. mieten; ein Z. nehmen* (im Hotel); *ein großes, helles, kleines Z.; er ist auf seinem, in seinem Z.* [< mhd. *zimer, zimber* „Bauholz, Holzauskleidung eines Stollens, Bau, Gebäude, Wohnung", < ahd. *zimbar* < angelsächs. *timber* „Bauholz"]

Zim|me|rei ⟨f.10⟩ **1** ⟨nur Sg.⟩ *Handwerk eines Zimmermannes* **2** *Werkstatt dafür*

Zim|me|rer ⟨m.5⟩ → *Zimmermann*

Zim|mer|flucht ⟨f.10⟩ *zusammenhängende Reihe von Zimmern*

Zim|mer|herr ⟨m., -n oder -en, -en; †⟩ *Untermieter*

...zim|me|rig ⟨in Zus.⟩ *mit einer bestimmten oder unbestimmten Anzahl von Zimmern versehen,* z.B. *einzimmerig, zweizimmerig, mehrzimmerig;* auch: *...zimmrig*

Zim|mer|kell|ner ⟨m.5; in Hotels⟩ *Kellner, der die Gäste in ihren Zimmern bedient*

Zim|mer|laut|stär|ke ⟨f., -, nur Sg.⟩ *Lautstärke* (eines Radio-, Fernsehgerätes), *die für das Hören im Zimmer genügt* (und die Nachbarn nicht belästigt); *das Radio auf Z. einstellen*

Zim|mer|ling ⟨m.1; Bgb.⟩ → *Zimmermann*

Zim|mer|mäd|chen ⟨n.7⟩ *Angestellte, die die Zimmer aufräumt, Betten macht usw.*; Syn. *Stubenmädchen*

Zim|mer|mann ⟨m., -(e)s, -leu|te⟩ *jmd., der Schreinerarbeiten auf dem Bau ausführt*; Syn. *Zimmerer,* ⟨Bgb.⟩ *Zimmerling*

zim|mern ⟨V.1, hat gezimmert⟩ **I** ⟨mit Akk.⟩ **1** *aus Holz aufbauen, errichten; einen Schrank, ein Regal z.; sich sein Leben z.* ⟨übertr.⟩ *sich sein Leben nach seinen eigenen Wünschen gestalten* **II** ⟨o.Obj.⟩ *Zimmermannsarbeit verrichten; er zimmert gern;* **2** *an etwas z. etwas aus Holz aufbauen, herstellen; er zimmert an seinen Bücherregalen*

Zim|mer|pflan|ze ⟨f.11⟩ *wärmeliebende Topfpflanze, die (nur) im Zimmer gedeihen kann*

Zim|mer|tan|ne ⟨f.11⟩ → *Araukarie*

Zim|mer|thea|ter ⟨n.5⟩ *sehr kleines Theater mit wenigen* (etwa unter 100) *Sitzplätzen*

Zim|me|rung ⟨f.10⟩ **1** *das Zimmern* **2** ⟨Bgb., Schacht- und Tunnelbau⟩ *Ausbau von Hohlraumwänden mit Stempeln und Brettern*

Zim|met ⟨m., -(e)s, nur Sg.; †⟩ → *Zimt* (1)

...zimm|rig ⟨in Zus.⟩ → *...zimmerig*

zim|per|lich ⟨Adj.⟩ **1** *übertrieben empfindlich, verweichlicht; ein ~es Kind; sei nicht so z.!* **2** *übertrieben schamhaft* **Zim|per|lich|keit** ⟨f., -, nur Sg.⟩

Zim|per|lie|se ⟨f.11; ugs.⟩ *zimperliches Mädchen*

Zimt ⟨m., -(e)s, nur Sg.⟩ **1** *aus der Rinde des Zimtbaumes gewonnenes rotbraunes, süßlich-aromatisches Würzpulver*; auch: ⟨†⟩ *Zimmet* **2** ⟨ugs.⟩ *Kram, Zeug, lästige Sache; den ganzen Z. wegwerfen* [< mhd. *zimet, zinemin* < lat. *cinnamum* < griech. *kinnamon* < hebr. *qinnamon* in ders. Bed.]

Zimt|baum ⟨m.2⟩ *ostasiatisch-australisches Lorbeergewächs mit aromatischen Stoffen* (Ceylon-Z.); *Chinesischer Z.*

Zin|der ⟨m.5⟩ *ausgeglühte Steinkohle* [< engl. *cinder* „Schlacke"]

Zi|ne|ra|ria, Zi|ne|ra|rie ⟨[-riə] f., -, -ri|en⟩ *Zierpflanze mit großen, herzförmigen Blättern und intensiv gefärbten Blüten* [< lat. *cinerarius* „Aschen...", zu *cinis,* Gen. *cineris,* „Asche"; *die Pflanze wird häufig von Läusen befallen und sieht dann aus wie mit Asche bedeckt*]

Zin|gel¹ ⟨m.5; früher⟩ *Mauer um eine Burg*

Zin|gel² ⟨m.5⟩ *Süßwasserfisch mit braunen Flecken*

Zin|gu|lum ⟨n., -s, -la⟩ **1** *Schnur zum Gürten der Albe* **2** *Schärpe der Soutane* [< lat. *cingulum* „Gürtel"]

Zink¹ ⟨m., -(e)s, nur Sg.; Zeichen: Zn⟩ *bläulichweißes Schwermetall* [von Paracelsus *zincum* benannt, er übernahm die Bezeichnung von Kärntner Bergleuten; der Name ist nicht geklärt, man vermutet eine Anlehnung an *Zinken* „Zacke", weil sich im Schmelzofen davon Zacken an den Wänden absetzen]

Zink² ⟨m.12⟩ *Holzblasinstrument (aus dem Barock und der Renaissance)* [< mhd. *zinke* „Zacken, Zinke, kleines Tierhorn, Blashorn"]

Zink|blen|de ⟨f.11⟩ ⟨gelb, rot, braun oder schwarz⟩ *glänzendes Mineral, Zinksulfid*

Zink|druck ⟨m.1⟩ **1** *ein Flachdruckverfahren mit Zinkplatte (z.B. für künstlerische Druckgraphik)* **2** *so hergestellter Druck*; Syn. *Zinkographie;* auch: ⟨kurz⟩ *Zinko*

Zin|ke ⟨f.11⟩ **1** *Zacke, Spitze* (Gabel~, Kamm~, Rechen~) **2** ⟨Schreinerei⟩ *Zapfen für Eckverbindungen*

zin|ken¹ ⟨Adj., o.Steig.; nur als Attr.⟩ *~er Waschtrog*

zin|ken² ⟨V.1, hat gezinkt; mit Akk.⟩ *Karten z.* (in betrügerischer Absicht) *Karten mit Zeichen versehen; mit gezinkten Karten spielen* [zu *Zinken*]

Zin|ken ⟨m.7⟩ *Zeichen, bildliches Schriftzeichen* (Gauner~) [zu *Zinke,* wahrscheinlich beeinflußt von lat. *signum* „Zeichen"]

Zin|ke|nist ⟨m.10⟩ *Musiker, der den Zink² bläst*

Zin|ker ⟨m.5⟩ **1** *jmd., der Spielkarten zinkt* **2** *Verräter, Spitzel* [zu *zinken²*]

...zin|kig ⟨in Zus.⟩ *mit einer bestimmten oder unbestimmten Anzahl von Zinken versehen,* z.B. *zweizinkig, mehrzinkig*

Zin|ko ⟨n.9; kurz für⟩ *Zinkographie,* → *Zinkdruck* (2)

Zin|ko|gra|phie ⟨f.11⟩ → *Zinkdruck* [< *Zink* und *...graphie*]

Zinn ⟨n., -(e)s, nur Sg.; Zeichen: Sn⟩ **1** *chemisches Element, silberweiß glänzendes, dehnbares Metall;* Syn. *Stannum* **2** *Geschirr daraus* [< ahd. *zin,* entwede < altnord., skand. *tin, ten* < germ. *tina* zur idg. Wurzel *dei-* „glänzen", oder < got. *tains* < germ. *taina,* „Stab", da man in der Schweiz in bronzezeitlichen Pfahlbauten wie auch in Schweden und Jütland in Baumsärgen eingeschlagene Zinnstifte oder -stäbe fand]

Zin|ne ⟨f.11⟩ **1** *(in einer Reihe sitzender) rechteckig aufragender Teil der Mauerkrone (zum Schutz gegen Geschosse)* **2** ⟨schweiz.⟩ *unbegrenzte Dachterrasse*

zin|nen, zin|nern ⟨Adj., o.Steig.; nur als Attr.⟩ *aus Zinn;* ~*es Geschirr*

Zin|nie ⟨[-njə] f.11⟩ *mexikanischer Korbblütler mit Blütenköpfen aus Zungenblüten, Zierpflanze* [nach dem Arzt und Botaniker Johann Gottfried *Zinn* (1727–1759)]

Zinn|kies ⟨m.1⟩ *stahlgraues Mineral, eisenhaltiges Kupferzinnsulfid;* Syn. *Stannin*

Zinn|kraut ⟨n.12⟩ → *Schachtelhalm* [mit den kieselsäurehaltigen Stengeln kann man *Zinn* reinigen]

Zinn|ober ⟨m., -s, nur Sg.⟩ **1** *(rotes, selten auch graues) Mineral, Quecksilbersulfid* **2** ⟨ugs.⟩ *Unsinn, Unfug, aufgebauschte Nichtigkeit, Zurschaustellung; der ganze Z.; auf den ganzen Z. könnte man verzichten* **II** ⟨m., -s, nur Sg.⟩ *gelbstichiger, roter Farbton* (etwa wie gerade reife Tomaten) [< lat. *cinnabaris* < griech. *kinnabari* „Drachenblut" (Malerfarbe), vielleicht aus dem Persischen]

Zinn|sol|dat ⟨m.10⟩ *(als Kinderspielzeug dienende) kleine Figur eines Soldaten aus Zinn*

Zinn|stein ⟨m., -(e)s, nur Sg.⟩ → *Kassiterit*

Zinn|wal|dit ⟨m., -s, nur Sg.⟩ *(braun, schwarz oder silbergrau) glänzendes Mineral, Lithiumeisenglimmer* [nach dem Ort *Zinnwald* im Erzgebirge]

Zins ⟨m.12⟩ **1** *in Prozent berechneter Betrag, den jmd. erhält, der eine bestimmte Geldsumme bei der Bank einbringt, oder den jmd. bezahlen muß, wenn er sich Geld ausleiht; hohe, niedrige ~en bekommen, bezahlen; jmdm. etwas mit Z. und Zinseszins heimzahlen* ⟨übertr., ugs.⟩ *jmdm. etwas gründlich heimzahlen* **2** ⟨landsch.⟩ *Abgabe, Steuer* (Miet~, Pacht~) [über mhd., ahd. *zins* „Steuer, Abgabe", < lat. *census,* urspr. „Schätzung der Vermögensverhältnisse", dann „das für diese Schätzung anzugebende Vermögen sowie die Steuer, Abgabe dafür", zu *censere* „prüfen, schätzen"]

Zins|ab|schnitt ⟨m.1⟩ *Abschnitt eines Zinsbogens, für den der Inhaber Zinsen erhält*

Zins|bau|er ⟨m.11; MA⟩ *zinspflichtiger Bauer*

Zins|bo|gen ⟨m.7; bei festverzinslichen Wertpapieren und Aktien⟩ *Bogen mit Abschnitten, bei deren Abgabe zu einem bestimmten Termin der Inhaber Zinsen erhält*

zin|sen ⟨V.1, hat gezinst; o.Obj. oder mit Dat.⟩ *~* er Waschtrog

Zin|ses|zins ⟨m.12, meist Pl.⟩ *Zinsen von Zinsen, die dem Grundkapital hinzugefügt werden; ein Darlehen mit Zins und Z. zurückzahlen*

zins|frei ⟨Adj., o.Steig.⟩ *frei von Zins* **Zins|frei|heit** ⟨f., -, nur Sg.⟩

Zins|fuß ⟨m.2⟩ → *Zinssatz*

Zins|gro|schen ⟨m.7; MA⟩ *geldliche Abgabe an den Grundherrn*

Zins|gut ⟨n.4; MA⟩ *vom Grundherrn zur Pacht abgegebenes, zinstragendes Bauerngut*

Zins|hahn ⟨m.2; nur in der Fügung⟩ *rot wie ein Z. rot vor Erregung* [urspr. „als Zins abgegebener Hahn" (den man vorher in Erregung versetzt hatte, damit sein Kamm gesund und gut durchblutet aussah)]

Zins|herr ⟨m., -n oder -en, -en; MA⟩ *Grundherr, dem jmd. zinspflichtig ist*

Zins|knecht|schaft ⟨f., -, nur Sg.; MA⟩ *Abhängigkeit vom Grundherrn mit der Verpflichtung, Zins zu zahlen*

Zins|leu|te ⟨Pl.; MA⟩ *Zinsbauern*

zins|los ⟨Adj., o.Steig.⟩ *keinen Zins kostend;* ~*es Darlehen*

Zins|pflicht ⟨f., -, nur Sg.; MA⟩ *Pflicht des Bauern, an den Grundherrn Zins zu zahlen*

zins|pflich|tig ⟨Adj., o.Steig.; MA⟩ *verpflichtet, Zins zu zahlen*

Zins|rech|nung ⟨f.10⟩ *Berechnung von Zinsen*

Zins|satz ⟨m.2⟩ *in Prozenten ausgedrückter Preis für die Überlassung von Kapital;* Syn. *Zinsfuß*

Zins|span|ne ⟨f.11⟩ *Spanne zwischen dem Zins, den eine Bank für die Einlagen bezahlt, und dem, der für Kredit zu entrichten ist*

Zio|nis|mus ⟨m., -, nur Sg.⟩ **1** *Ende des 19. Jahrhunderts entstandene politische Bewegung zur Aufrichtung und Sicherung eines nationalen jüdischen Staates* **2** *israelische politische Richtung, die die Ausdehnung der Staatsgrenzen bzw. die Eingliederung eroberter Gebiete zum Ziel hat* [zu *Zion,* der biblischen Bez. für Jerusalem, nach dem Berg Zion in Jerusalem, der den Tempel trug]

Zio|nist ⟨m.10⟩ *Anhänger des Zionismus*

zio|nis|tisch ⟨Adj., o.Steig.⟩ *zum Zionismus gehörig,* den Zionismus betreffend

Zip|fel ⟨m.5⟩ **1** *Ecke, Endstück, Ende* (von Kleidungsstücken, Stoffen, Würsten; Rock~, Bett~, Wurst~); *jmdn. am Z. seiner Jacke, seines Mantels zu fassen kriegen; etwas an allen vier ~n haben* ⟨ugs.⟩ *etwas ganz sicher haben* **2** ⟨bayr.; derb⟩ *Penis* **3** ⟨bayr.⟩ *männliche Person*

zip|fe|lig ⟨Adj.⟩ *(unerwünschte) Zipfel habend*; auch: *zipflig*; ein ~es Kleid

Zip|fel|müt|ze ⟨f.11⟩ *Wollmütze mit einem langen Zipfel (1)*

zip|feln ⟨V.1, hat gezipfelt; o.Obj.⟩ *ungleichmäßig herabhängen, Zipfel bilden*; der Rock, der Vorhang zipfelt

zip|flig ⟨Adj.⟩ →*zipfelig*

Zip|pol|le ⟨f.11; landsch.⟩ →*Zwiebel (1)* [< ital. *cipolla* „Zwiebel", < lat. *cepula* „kleine Zwiebel", zu *cepa* „Zwiebel"]

Zip|per|lein ⟨n., -s, nur Sg.; †, noch scherzh.⟩ *Fußgicht* [< mhd. *zipperlin* „Fußgicht", zu *zipfen* „trippeln"]

Zir|be ⟨f.11⟩, **Zir|bel** ⟨f.11⟩ →*Arve* [wohl zu ahd. *zerben* „sich drehen", vielleicht nach dem Wuchsform]

Zir|bel|drü|se ⟨f.11⟩ *innersekretorische Drüse an der Gehirnbasis (die u. a. Einfluß auf die körperliche Reife hat);* Syn. *Epiphyse* [< *Zirbe* und *Drüse*; sie wird mit den Zapfen des Baumes verglichen]

Zir|bel|kie|fer ⟨f.11⟩ →*Arve*

Zir|bel|nuß ⟨f.2⟩ *eßbarer Samen der Zirbe*

zir|ka ⟨Adv.; Abk.: ca.⟩ *ungefähr, etwa;* z. fünf Kilometer; z. zehn Jahre [< lat. *circa* „ringsumher, in der Umgebung, in der Nähe", übertr. „um, gegen, ungefähr", zu *circus* „Kreis"]

Zir|kel ⟨m.5⟩ **1** *Gerät zum Zeichnen von Kreisen und Abtragen von Strecken* **2** *geselliger Kreis von Personen, Klub* (Lese~) [< lat. *circulus* „Kreis, Kreislinie, -bahn", Verkleinerungsform von *circus* „Kreis"]

Zir|kel|be|weis ⟨m.1⟩ →*Circulus vitiosus (1)*

Zir|kel|de|fi|ni|ti|on ⟨f.10⟩ *Definition, bei der das Wort, das erklärt werden soll, mit zur Erklärung benutzt wird,* z.B.: Das Wetter ist der Ablauf meteorologischer Erscheinungen

Zir|kel|ka|non ⟨m.9; Mus.⟩ *Form des Kanons, mit ständig möglichem Stimmeinsatz und Wiederholung*

zir|keln ⟨V.1, hat gezirkelt⟩ **I** ⟨mit Akk.⟩ *genau abmessen, in peinlich genauen Formen zeichnen, gestalten;* gezirkelte Blumenbeete **II** ⟨o.Obj.; ugs.⟩ *herumprobieren, tüfteln;* ich habe lange gezirkelt, bis ich es in der Form hatte, die mir vorschwebte

Zir|kel|schluß ⟨m.2⟩ →*Circulus vitiosus (1);* Syn. *Zirkelbeweis*

Zir|kon ⟨m.1⟩ *(in vielen Farben vorkommendes) Mineral, Edelstein, Zirkoniumsilicat*

Zir|ko|ni|um ⟨n., -s, nur Sg.; Zeichen: Zr⟩ *chemisches Element, wie Stahl glänzendes, biegsames Metall* [< *Zirkon*, einem (Zirkonium enthaltenden) Mineral, < frz. *jargon* „gelblicher Diamant", < lat. *jargonce* < mlat. *iacinctus, iacintus* < griech. *hyakinthos,* der Bezeichnung für eine Blume sowie mehrere Korunde verschiedener Färbung]

zir|ku|lar, zir|ku|lär ⟨Adj., o.Steig.⟩ *kreisförmig* [< lat. *circularis* in ders. Bed., →*Zirkel*]

Zir|ku|lar ⟨n.1⟩ *Rundbrief*

Zir|ku|lar|no|te ⟨f.11⟩ *ein mehreren Staaten zugleich zugestelltes diplomatisches Schreiben*

Zir|ku|la|ti|on ⟨f.10⟩ *das Zirkulieren*

zir|ku|lie|ren ⟨V.3, ist, auch: hat zirkuliert; o.Obj.⟩ **1** *sich im Kreis, in einem Kreislauf bewegen, kreisen;* Luft zirkuliert im Raum; das Blut zirkuliert im Körper **2** *in Umlauf sein;* Geld zirkuliert [< lat. *circulari* „einen Kreis, eine Gruppe bilden", zu *circus* „Kreislinie, Kreisbahn, Kreis", zu *circus* „Kreis"]

Zir|kum|flex ⟨m.1; Zeichen: ˆ⟩ *Dehnungszeichen über einem Vokal;* vgl. *Accent circonflexe* [< lat. *circumflexus* „umgebogen", zu *circumflectere* „umbiegen", < *circum* „um" und *flectere* „biegen, krümmen"]

Zir|kum|po|lar|stern ⟨m.1⟩ *Stern, der für den Beobachtungsort nie untergeht* [< lat. *circum* „ringsum" (zu *circus* „Kreis") und *Polarstern*, der Stern über dem Nordpol, um den diese Sterne scheinbar kreisen]

zir|kum|skript ⟨Adj., o.Steig.; Med.⟩ *scharf umgrenzt, umschrieben* [< lat. *circum* „ringsum" und *scriptus* „geschrieben", zu *scribere* „schreiben"]

Zir|kum|skrip|ti|on ⟨f.10⟩ **1** *Umschreibung* **2** *Abgrenzung (kirchlicher Verwaltungsgebiete)* **3** *Grenzlinie* [< lat. *circumscriptio*, Gen. *-onis,* „Begrenzung, Umriß", eigtl. „Beschreibung eines Kreises" < *circum* „ringsum" (zu *circus* „Kreis") und *scribere* „schreiben"]

Zir|kum|zi|si|on ⟨f.10⟩ **1** →*Beschneidung (2)* **2** *das Herausschneiden von Geweberteilen rings um ein Geschwür* [< lat. *circumcisio*, Gen. *-onis,* „Beschneidung", < *circum* „ringsum" und *caedere* „hauen, schneiden"]

Zir|kus ⟨m.1⟩ **1** *(im alten Rom) kreisförmige oder ovale Arena mit stufenartig ansteigenden Steh- oder Sitzreihen für Gladiatorenkämpfe, Rennen o.ä.* **2** *Unternehmen, das (meist in einem großen Zelt) Tierdressuren, artistische, komische oder ähnliche Darbietungen zeigt* **3** ⟨nur Sg.; ugs.⟩ *lärmendes Durcheinander, Trubel, großes Aufhebens;* mach nicht so einen Z.! [< lat. *circus* „Kreis, Bahn für Wagen- und andere Rennen"]

Zir|pe ⟨f.11⟩ →*Zikade*

zir|pen ⟨V.1, hat gezirpt; o.Obj.⟩ *feine, hohe, etwas scharfe Töne von sich geben;* Grillen, Zikaden z.

Zir|rho|se ⟨f.11⟩ *entzündliche Bindegewebswucherung, die auch Drüsengewebe angreift* (Leber~) [< griech. *kirros* „gelbbraun, rotgelb", wegen der gelblichen Farbe körniger Verhärtungen des Gewebes]

Zir|ro|ku|mu|lus ⟨m., -, -li⟩ →*Cirrocumulus*

Zir|ro|stra|tus ⟨m., -, -⟩ →*Cirrostratus*

Zir|rus ⟨m., -, -ri oder -ren⟩ →*Cirrus*

zir|zen|sisch ⟨Adj., o.Steig.⟩ *den Zirkus betreffend, zu ihm gehörig;* eine ~e Meisterleistung; ~e Spiele *Wagen- und Pferderennen im alten Rom*

zis|al|pin ⟨Adj., o.Steig.⟩ *diesseits der Alpen (von Rom aus gesehen)* [< lat. *cis* „diesseits" und *alpin*]

zi|scheln ⟨V.1, hat gezischelt⟩ **I** ⟨o.Obj.⟩ *ohne Ton, ohne Stimme und dabei scharf, ungeduldig oder böse sprechen;* miteinander z.; sie zischelten hinter seinem Rücken über ihn **II** ⟨mit Akk.⟩ *ohne Stimme scharf sagen;* „,...!" zischelte sie

zi|schen ⟨V.1⟩ **I** ⟨o.Obj.⟩ **1** ⟨hat gezischt⟩ *einen scharfen, sausenden Ton von sich geben;* die Schlange, die Gans zischt; Wassertropfen z. auf der heißen Herdplatte; es zischte, als das geschmolzene Blei ins Wasser fiel **2** ⟨hat gezischt⟩ *einen scharfen Laut (ssss) von sich geben (als Zeichen des Mißfallens);* die Zuhörer, Zuschauer zischten **3** ⟨ist gezischt⟩ *sich mit einem scharfen, sausenden Geräusch bewegen;* die Peitschenschnur, eine Gerte durch die Luft z. lassen **4** ⟨ist gezischt; ugs.⟩ *rasch laufen oder fahren;* ich werde jetzt schnell in die Stadt z. **II** ⟨mit Akk.; hat gezischt⟩ **1** *etwas z. ohne Stimme mit scharfem Ton etwas sagen;* „Sei doch still!" zischte sie **2** ⟨ugs.⟩ *einen z. einen Schnaps trinken;* wir gehen jetzt einen z.

Zisch|laut ⟨m.1⟩ *stimmloser Reibelaut,* z.B. s, sch

Zi|se|leur ⟨[-lør] m.1⟩ *jmd., der berufsmäßig Metall ziseliert*

zi|se|lie|ren ⟨V.3, hat ziseliert; mit Akk.⟩ *mittels Stichel oder Punze verzieren;* Metall, (bes.) Gold, Silber z. [< frz. *ciseler* in ders. Bed., zu *ciseau* „Meißel, Schere", < lat. *caedere* „hauen, schneiden"]

Zis|sa|li|en ⟨f.11, Pl.⟩ *schlecht geprägte Münzen, die wieder eingeschmolzen werden müssen* [< frz. *cisaille(s)* „Abgeschnittenes, Schnitzel von Münzen", zu *ciseau* „Meißel, Schere", < lat. *caedere* „hauen, schneiden"]

Zis|so|i|de ⟨f.11⟩ *algebraische Kurve, ähnelt der Spitze eines Efeublatts* [< griech. *kissos* „Efeu" und *...oid*]

Zi|ster|ne ⟨f.11⟩ *unterirdischer, gemauerter Behälter für Regenwasser* [< lat. *cisterna* in ders. Bed., zu *cista* „Kiste, Kasten", < griech. *kiste* „Korb, Kasten"]

Zi|ster|zi|en|ser ⟨m.5⟩ *Angehöriger eines benediktinischen Mönchsordens;* Syn. *Bernhardiner* [nach dem frz. Kloster Cîteaux, mlat. *Cistercium*]

Zist|ro|se ⟨f.11⟩ *immergrüner Strauch der Mittelmeerländer mit würzig riechenden Blättern und rosenähnlichen Blüten* [< griech. *kistos* „Zistrose" und *Rose*]

Zi|ta|del|le ⟨f.11⟩ *Befestigungsanlage in einer Stadt, Kernbau einer Festung* [< ital. *citadella* „Stadtfestung, Stadtburg", Verkleinerungsform von *cittade,* der älteren Form von *città*]

Zi|tat ⟨n.1⟩ **1** *wörtlich angeführte Stelle (aus einem Buch, einer Rede);* ein Z. gebrauchen **2** *oft gebrauchter Ausspruch, geflügeltes Wort* (Goethe~) [< lat. *citatus* „herbei-, aufgefordert", zu *citare* „herbei-, aufrufen", Frequentativum von *ciere* „erregen, rege machen, herbeirufen"]

Zi|ta|ten|le|xi|kon ⟨n., -s, -ka⟩ *lexikalische Sammlung berühmter Zitate*

Zi|ta|ti|on ⟨f.10⟩ **1** *das Zitieren, wörtliche Anführung, wörtliche Wiederholung;* Z. von Textstellen **2** ⟨†⟩ *das Zitiertwerden (vor Gericht), Vorladung*

Zi|ther ⟨f.11⟩ *(alpenländisches) Zupfinstrument mit flachem Resonanzkasten (das beim Spielen auf einen Tisch oder auf die Knie gelegt wird)* [< griech. *kithara* „große Leier", weitere Herkunft nicht bekannt]

zi|tie|ren ⟨V.3, hat zitiert; mit Akk.⟩ **1** *etwas oder jmdn. z. etwas oder jmds. Worte wörtlich wiedergeben, wörtlich anführen;* eine Stelle aus einem Buch z.; er zitierte in seiner Rede mehrmals Goethe **2** *jmdn. z. vorladen, zum Erscheinen auffordern;* jmdn. vor Gericht z.; er hat ihn zu sich zitiert *er hat ihn aufgefordert, bei ihm zu erscheinen;* der Direktor zitierte einen Angestellten, einen Schüler zu sich; er wurde zum Direktor zitiert [< lat. *citare* „herbeirufen, aufrufen, vorladen", eigtl. „sich rühren machen, bewegen", zu *citus* „schnell, rasch"]

Zi|trin ⟨n.1⟩ →*Citrin*

Zi|tro|nat ⟨n., -(e)s, nur Sg.⟩ *kandierte Zitronenschale*

Zi|tro|ne ⟨f.11⟩ **1** *in warmen Ländern wachsendes, weiß bis rosa blühendes Rautengewächs;* Syn. *Zitronenbaum* **2** *dessen grüne bis gelbe mehrteilige Frucht, deren saurer Saft und Schale vielfältig verwendet werden;* jmdn. ausquetschen wie eine Z. ⟨ugs.⟩ *jmdn. unerbittlich ausfragen,* (auch) *jmdm. viel Geld ablocken* [< griech. *kitron* „Zitrone", *kitrea* „Zitronenbaum"]

Zi|tro|nen|baum ⟨m.2⟩ →*Zitrone (1)*

Zi|tro|nen|fal|ter ⟨m.5⟩ *zeitig im Frühjahr fliegender Schmetterling, bei dem die Männchen zitronengelb gefärbt sind*

Zi|tro|nen|me|lis|se ⟨f.11⟩ *Lippenblütler, Gewürzpflanze mit Zitronenaroma*

Zi|tro|nen|säu|re ⟨f., -, nur Sg.⟩ *(bes. in Zitronen vorkommende) farblose, sauer schmeckende Tricarbonsäure*

Zi|tro|nen|was|ser ⟨n.5⟩ *Getränk aus Wasser und Zitronensaft (mit Zucker)*

Zi|trus|frucht ⟨f.2⟩ *Frucht der Zitrusgewächse*

Zi|trus|ge|wächs ⟨n.1⟩ *(in warmen Gebieten angebautes) Rautengewächs mit immergrünen, länglichen Blättern und (bestimmten) ätherischen Ölen in den Fruchtschalen* (u.a. Zitrone, Apfelsine, Mandarine, Pampelmuse) [< lat. *citrus* „Zitronenbaum"]

Zit|ter|aal ⟨m.1⟩ *aalförmiger Fisch Südamerikas, der seine Beute durch Stromstöße tötet*

Zitter|gras ⟨n., -es, nur Sg.⟩ *Gras mit seitlich zusammengedrückten, hängenden Ährchen (die sich im leichtesten Wind bewegen)*

zit|te|rig ⟨Adj.⟩ *(vor Alter oder infolge Krankheit) zitternd;* auch: *zittrig;* ~e *Hände;* ~e *Stimme; der Kranke ist noch etwas z.; der Alte ist schon etwas z.*

zit|tern ⟨V.1; o.Obj.⟩ **1** ⟨hat gezittert⟩ *sich unwillkürlich rasch und fein hin- und herbewegen; er zitterte vor Kälte, vor Angst; seine Hände zitterten vor Aufregung; seine Stimme zitterte vor Erregung; er zitterte an allen Gliedern; ein alter Mann mit* ~*den Händen; vor jmdm. oder etwas z.;* ⟨übertr.⟩ *vor jmdm. oder etwas große Angst haben; alle z. vor dem Chef, vor seinem Zorn; um jmdn. oder etwas z.;* ⟨übertr.⟩ *um jmdn. oder etwas große Angst haben; er zittert um sein Leben, um sein Geld* **2** ⟨hat gezittert⟩ *sich infolge Erschütterung, Bewegung rasch und fein hin- und herbewegen; das Haus zitterte bei dem Bombeneinschlag; die Gläser zitterten im Schrank bei der Detonation; die Blätter z. im leichten Wind* **3** ⟨ist gezittert⟩; ugs.; scherzh.⟩ *(an einen Ort) gehen, laufen; ich bin rasch noch in die Stadt gezittert*

Zitter|pap|pel ⟨f.11⟩ *Pappel, deren Blätter beim leisesten Windhauch in Bewegung geraten;* Syn. *Espe*

Zitter|ro|chen ⟨m.7⟩ *(in vielen Arten vorkommender) Rochen warmer Meere, der zwischen Brust und Kopf ein elektrisches Organ besitzt*

zitt|rig ⟨Adj.⟩ →*zitterig*

Zit|wer ⟨m.5⟩ **1** *getrocknete, nicht ganz aufgeblühte Blütenköpfchen eines turkestanischen Korbblütlers (als Wurmmittel)* **2** *Wurzelstock eines asiatischen Ingwergewächses (als Magenmittel)* [pers.-arab.]

Zit|ze ⟨f.11; bei Säugetieren⟩ *Saugwarze an den Milchdrüsen;* Syn. *Mamma* [vermutlich ursprünglich lautmalend, nach dem Geräusch beim Saugen]

zi|vil ⟨Adj.⟩ **1** ⟨o.Steig.⟩ *bürgerlich, nicht militärisch;* ~e *Kleidung;* ~er *Ersatzmann* **2** ⟨übertr., ugs.⟩ *mäßig, angemessen;* ~e *Preise* [< lat. *civilis* ,,bürgerlich, zum Bürger gehörig", zu *civis* ,,Bürger" (im Unterschied zum Soldaten)]

Zi|vil ⟨n., -s, nur Sg.⟩ **1** *nichtmilitärische Kleidung* **2** ⟨schweiz.⟩ *Familienstand; jmdn. nach seinem z. befragen*

Zi|vil|be|ruf ⟨m.1⟩ *Beruf eines Soldaten außerhalb des Militärdienstes; der Kommandeur ist im Z. Rechtsanwalt*

Zi|vil|be|völ|ke|rung ⟨f., -, nur Sg.⟩ *Bevölkerung, die nicht dem Militär angehört*

Zi|vil|cou|ra|ge ⟨[-kuraʒə] f., -, nur Sg.⟩ *Mut, die eigene Überzeugung zu vertreten (selbst wenn dies zum eigenen Schaden gereichen kann); Z. haben, zeigen*

Zi|vil|dienst ⟨m.1⟩ *sozialer Dienst, den ein Kriegsdienstverweigerer anstelle des Militärdienstes leistet;* Syn. *Ersatzdienst*

Zi|vil|ehe ⟨f.11⟩ *standesamtlich (nicht kirchlich) geschlossene Ehe*

Zi|vil|ge|richt ⟨n.1⟩ *für Zivilprozesse zuständiges Gericht;* Syn. *Zivilkammer*

Zi|vil|ge|setz|buch ⟨n.4; Abk.: ZGB⟩ *die das bürgerliche Recht enthaltenden Gesetzbücher*

Zi|vi|li|sa|ti|on ⟨f.10⟩ *die durch Technik und Wissenschaft geschaffenen, verbesserten und verfeinerten materiellen und sozialen Lebensbedingungen (einer Gesellschaft)* [zu *zivilisieren*]

zi|vi|li|sa|to|risch ⟨Adj., o.Steig.⟩ *auf Zivilisation beruhend, sie fördernd*

zi|vi|li|sie|ren ⟨V.3, hat zivilisiert; mit Akk.⟩ *mit den Mitteln der Technik und Wissenschaft verfeinern; ein Volk z.* [< frz. *civiliser* ,,bürgerlich, gesittet machen", zu *civil* ,,bürgerlich, gesittet", < lat. *civilis* ,,bürgerlich", →*zivil*]

zi|vi|li|siert ⟨Adj., -er, am -esten⟩ **1** *mit den Mitteln der Technik und Wissenschaft verfeinert;* ~e *Völker; eine* ~e *Gesellschaft* **2** ⟨ugs.⟩ *in der westlichen Welt geltenden Sitten entsprechend; sich z. benehmen; nachdem er sich geduscht und umgezogen hatte, sah er wieder ganz z. aus*

Zi|vi|list ⟨m.10⟩ *Bürger, der nicht dem Militär angehört;* Syn. *Zivilperson*

Zi|vil|kam|mer ⟨f.11⟩ →*Zivilgericht;* Ggs. *Strafkammer*

Zi|vil|kla|ge ⟨f.11⟩ *Klage vor einem Zivilgericht*

Zi|vi|li|ste ⟨f.11⟩ *einem Monarchen zustehende Gelder zum Unterhalt seiner Hofhaltung aus der Staatskasse*

Zi|vil|per|son ⟨f.10⟩ →*Zivilist*

Zi|vil|pro|zeß ⟨m.1⟩ *Gerichtsverfahren aufgrund des Zivilrechts;* Ggs. *Strafprozeß*

Zi|vil|recht ⟨n., -(e)s, nur Sg.⟩ *Privatrecht, bürgerliches Recht (im Unterschied zu Strafrecht, Staatsrecht, Völkerrecht)*

Zi|vil|sa|che ⟨f.11⟩ *vor einem Zivilgericht abzuhandelnder Rechtsfall;* Ggs. *Strafsache*

Zi|vil|schutz ⟨m., -es, nur Sg.⟩ *Einrichtungen und Maßnahmen zum Schutze der Bevölkerung im Kriegsfall*

Zi|vil|stand ⟨m., -(e)s, nur Sg.⟩ **1** *Stand der nichtmilitärischen Person (im Unterschied zum Soldatenstand)* **2** ⟨schweiz.⟩ *Familien-, Personenstand*

Zi|vil|trau|ung ⟨f.10⟩ *standesamtliche Trauung (im Unterschied zur kirchlichen Trauung)*

ZK ⟨Abk. für⟩ *Zentralkomitee*

Zlo|ty ⟨[slɔ-] m., -(s), -⟩ *polnische Währungseinheit, zu 100 Groszy* [poln., ,,golden"]

Zn ⟨Zeichen für⟩ *Zink*

Zo|bel ⟨m.5⟩ **1** *sibirischer Marder mit dunkelbraunem Fell und orangegelbem Kehlfleck* **2** *dessen Pelz* [< russ., tschech. *sobol*, vielleicht zu Sanskrit *sabala-* ,,bunt, scheckig"]

zockeln ⟨-k·k-; V.1, ist gezockelt⟩ →*zuckeln*

zo|dia|kal ⟨Adj., o.Steig.⟩ *zum Zodiakus gehörig, mit ihm ausgehend*

Zo|dia|kal|licht ⟨n., -(e)s, nur Sg.⟩ *kegelförmiger Lichtstreifen längs des Zodiakus*

Zo|dia|kus ⟨m., -, nur Sg.⟩ →*Tierkreis* [< griech. *zodiakos* ,,Tierkreis", zu *zodion* ,,Tierchen, Bild des Tierkreises", Verkleinerungsform von *zoon* ,,Tier"]

Zo|fe ⟨f.11⟩ *Dienerin, Zimmermädchen adliger Damen* [< mdt. *zoffeln* ,,hinterhertrotten"]

Zoff ⟨m., -s, nur Sg.; ugs.⟩ *Streit, Ärger, Unfrieden; sie haben Z. miteinander* [< rotw. *Sof, Zoof* ,,Ende (einer Sache)", von daher auch im Sinne von ,,Ende einer Freundschaft oder Beziehung", vielleicht < hebr. *sôf* ,,Ende"]

zö|gern ⟨V.1, hat gezögert; o.Obj.⟩ *unschlüssig sein, unschlüssig warten; er zögerte einen Augenblick, dann sagte er ...; du hast zu lange gezögert, jetzt ist es zu spät; mit der Antwort z.; ohne zu z., sprang er dem Kind ins Wasser nach; er entschloß sich erst nach langem Zögern; er zögerte nur* ~d *langsam, unentschlossen, widerwillig; die Arbeit geht mit* ~d *voran nur langsam, mit Stockungen*

Zög|ling ⟨m.1⟩ *jmd., der (bes. in einem Heim) erzogen wird; er ist Z. eines Internats*

Zö|le|stin ⟨m.1⟩ →*Coelestin*

Zö|le|sti|ner ⟨m.5⟩ *Angehöriger einer ehemaligen Benediktinerkongregation* [nach Papst *Coelestinus* V.]

zö|le|stisch ⟨Adj., o.Steig.; †⟩ *himmlisch* [< lat. *caelestis* in ders. Bed.]

Zö|li|bat ⟨m. oder n., -(e)s, nur Sg.⟩ *vorgeschriebene Ehelosigkeit (von kath. Priestern und Mönchen); im Z. leben* [< lat. *caelibatus* ,,eheloser Stand (eines Mannes)", Ehelosigkeit"; zu *caelebs*, Gen. *caelibis*, ,,unverheiratet", wahrscheinlich über Sanskrit *kevala* ,,allein, vollständig, ausschließlich eigen, nur"]

zö|li|ba|tär ⟨Adj., o.Steig.⟩ *im Zölibat (lebend)*

Zoll¹ ⟨m., -(e)s, -; Zeichen: "⟩ **1** *altes Längenmaß, 2,3–3 cm; jeder Z., ein Z. ein Gentleman* ⟨ugs.⟩ *er ist ein vollkommener Gentleman* **2** →*Inch* [< mhd. *zol* ,,Klötzchen", urspr. vielleicht ,,Fingerglied"]

Zoll² ⟨m.2⟩ **1** *(früher) für die Benutzung von Straßen, Brücken o.ä. erhobene Abgabe (Brücken-*~*, Wege-*~*)* **2** *Abgabe, die auf Waren beim Transport über die Grenze erhoben wird; Z. erheben, zahlen* **3** ⟨nur Sg.⟩ *Amt, Amtsgebäude, in dem der Zoll erhoben wird* **4** ⟨ugs.⟩ *Stelle, an der die Zöllner die Reisenden kontrollieren; durch den Z. gehen, fahren* [< ahd. *zol* ,,Zoll", < kirchenlat. *teloneum* < griech. *telonion* ,,Zollhaus", zu *telos* ,,Abgabe, Steuer"]

zoll... ⟨in Zus.⟩ *ein oder mehrere Zoll dick, breit, hoch usw., z.B. zollbreit, zolldick, zollhoch*

Zoll|breit ⟨m.; nur in der Wendung⟩ *kein Z. überhaupt nicht*

zol|len ⟨V.1, hat gezollt; mit Dat. und Akk.⟩ *jmdm. oder einer Sache etwas z. jmdm. gegenüber oder einer Sache gegenüber einen Ausdruck bringen, zeigen; jmdm., jmds. Leistung Lob, Anerkennung, Bewunderung z.; jmds. Spiel, Gesang Beifall z.*

Zoll|er|klä|rung ⟨f.10⟩ *Erklärung über zu verzollende Waren*

Zoll|fahn|dung ⟨f.10⟩ **1** *Fahndung nach Vergehen gegen die Zollgesetze* **2** *Amt, das diese Fahndung durchführt*

zoll|frei ⟨Adj., o.Steig.⟩ *keinem Zoll unterliegend;* ~e *Waren* **Zoll|frei|heit** ⟨f., -, nur Sg.⟩

Zoll|ge|biet ⟨n.1⟩ *von einer Zollgrenze umschlossenes Gebiet*

Zoll|gren|ze ⟨f.11⟩ *Grenze, bei deren Überschreitung Zoll gezahlt werden muß*

...zol|lig, ...zöl|lig ⟨in Zus.⟩ *eine bestimmte oder unbestimmte Zahl von Zoll groß, z.B. dreizollig, dreizöllig, mehrzollig, mehrzöllig*

Zoll|kon|trol|le ⟨f.11⟩ *Überprüfung auf zollpflichtige Waren hin*

Zöll|ner ⟨m.5⟩ **1** ⟨früher⟩ *Zolleinnehmer* **2** ⟨ugs.⟩ *Zollbeamter*

zoll|pflich|tig ⟨Adj., o.Steig.⟩ *mit Zoll belegt;* ~e *Waren*

Zoll|schran|ke ⟨f.11⟩ **1** *Schranke an einem Grenzübergang* **2** ⟨meist Pl.⟩ *durch hohen Zoll erreichte Behinderung der Einfuhr von Waren*

Zoll|stock ⟨m.2⟩ *zusammenklappbarer Maßstab;* Syn. *Gliedermaßstab* [war früher nach *Zoll¹* eingeteilt]

Zoll|ta|rif ⟨m.1⟩ *Tarif, nach dem Zölle erhoben werden*

Zoll|uni|on ⟨f.10⟩ *Zusammenschluß mehrerer Staaten zu einem einheitlichen Zollgebiet*

Zö|lom ⟨n.1⟩ *Leibeshöhle der Säugetiere* [< griech. *koiloma* ,,Höhle, Vertiefung"]

Zö|me|te|ri|um ⟨n., -s, -ri|en⟩ **1** *frühchristliche Ruhestätte, Friedhof* **2** *Katakombe* [< mlat. *coemeterium* ,,Friedhof", < griech. *koimeterion* ,,Schlafzimmer, Ruhestätte", zu *koiman* ,,zur Ruhe legen"]

Zö|na|kel ⟨n.5; in Klöstern⟩ *Speisesaal* [< lat. *cenaculum* ,,Speisezimmer", zu *cenare* ,,(zu Mittag) essen", zu *cena* ,,Hauptmahlzeit, Mittagessen"]

zo|nal, zo|nar ⟨Adj., o.Steig.⟩ *zu einer Zone gehörig*

Zo|ne ⟨f.11⟩ *Gebiet, Bezirk, Gegend, Landstreifen* [< griech. *zone* ,,Gürtel", übertr.

Zo|nen|ta|rif ⟨m.1; bei der Post und öffentlichen Verkehrsmitteln⟩ *Beförderungstarif mit jeweils gleichbleibenden Preisen innerhalb bestimmter Entfernungszonen*

Zo|nen|zeit ⟨f.10⟩ →*Normalzeit*

Zö|no|bit ⟨m.10⟩ *im Kloster lebender Mönch (im Unterschied zum Eremiten);* auch: *Coe-*

Zönobium

nobit [< lat. *coenobita* „Klosterbruder, Mönch", zu *coenobium*, → Zönobium]

Zö|no|bi|um ⟨n., -s, -bi|en⟩ **1** Kloster **2** Vereinigung einzelliger Pflanzen oder Tiere, Zellkolonie [< lat. *coenobium* „Kloster", über griech. **koinobion* < *koinos* „gemeinsam" und *bios* „Leben"]

Zoo ⟨m.9⟩ Anlage mit vielen abgetrennten Bereichen, in der (bes. fremdländische) Tiere gehalten und gezeigt werden; Syn. Tiergarten, Tierpark, zoologischer Garten (Kurzw. von zoologischer Garten)

zoo..., **Zoo...** ⟨[tso:ɔ] in Zus.⟩ tier..., Tier... [< griech. *zoon* „Lebewesen, bes. Tier"]

zoo|gen ⟨[tso:ɔ-] Adj., o.Steig.⟩ *aus tierischen Resten gebildet;* ~es Gestein [< *zoo...* und *...gen*]

Zoo|la|trie ⟨f.11⟩ Verehrung von Tiergöttern, Tierkult [< griech. *zoon* „Lebewesen, Tier" und *latreia* „Dienst, Gottesdienst"]

Zoo|lo|ge ⟨m.11⟩ Wissenschaftler auf dem Gebiet der Zoologie

Zoo|lo|gie ⟨f., -, nur Sg.⟩ Wiss. von den Tieren; Syn. Tierkunde [< *Zoo...* und *...logie*]

zoo|lo|gisch ⟨Adj., o.Steig.⟩ *zur Zoologie gehörig, auf ihr beruhend;* ~er Garten → Zoo

Zoom ⟨[zum] n.9⟩ stufenlos verstellbares fotografisches Objektiv; Syn. Gummilinse [< engl. *zoom-lens* „Gummilinse", zu *to zoom* „hochreißen, schnell ansteigen, steil hochfliegen", eigtl. „summen, brummen"; der Bedeutungswandel ist wohl so zu erklären, daß die übertragene Bedeutung „hochfliegen, steil ansteigen" im Gedanken an ein rasch nach oben fliegendes, summendes Insekt entstanden ist, und die Übertragung auf das Objektiv, weil man bei ihm die Brennweite rasch und gleitend vergrößern (und verkleinern) kann]

zoo|morph ⟨Adj., o.Steig.⟩ *tiergestaltig* [< griech. *zoon* „Lebewesen, Tier" und *morphe* „...Gestalt"]

Zoo|no|se ⟨f.11⟩ *von Tieren auf Menschen übertragbare Infektionskrankheit* [< *Zoo...* und griech. *nose* „Krankheit, Seuche"]

zoo|phag ⟨Adj., o.Steig.⟩ *fleischfressend* [< *zoo...* und griech. *phagein* „essen"]

Zoo|pha|ge ⟨m.11⟩ *fleischfressendes Lebewesen*

Zoo|phyt ⟨m.10⟩ *festsitzendes Hohltier* [< *Zoo...* und griech. *phyton* „Pflanze"]

Zoo|plank|ton ⟨n., -s, nur Sg.⟩ *Gesamtheit der frei im Wasser schwebenden Tiere* [< *Zoo...* und *Plankton*]

Zoo|to|mie ⟨f., -, nur Sg.⟩ *Zerlegung von Tierkörpern zu Lehrzwecken, Tieranatomie* [< *Zoo...* und *...tomie*]

Zopf ⟨m.2⟩ **1** *aus mehreren Haarsträhnen geflochtener Kopfschmuck;* einen Z. flechten; ein alter Z. ⟨übertr.⟩ *ein alter, überholter Brauch* [nach dem Zopf, den die Soldaten Friedrich Wilhelms I. von Preußen trugen und der, nachdem er abgeschafft war, allgemein als rückständig galt]; die alten Zöpfe abschneiden ⟨übertr.⟩ *Überholtes aufgeben* **2** *aus mehreren Teigsträhnen geflochtenes Backwerk* (Hefe~) **3** ⟨Forstw.⟩ *dünner Baumwipfel*

zop|fig ⟨Adj.⟩ übertr. *rückständig, altertümlich* [zu *Zopf*]

Zopf|mu|ster ⟨n.5; Stricken⟩ *einem Zopf ähnelndes Muster*

Zopf|stil ⟨m., -(e)s, nur Sg.⟩ *Kunststil der Zopfzeit*

Zopf|zeit ⟨f., -, nur Sg.⟩ *Zeit zwischen Rokoko und Klassizismus, als die Männer Perücken mit Zöpfen trugen (etwa 1760–1780)*

Zo|res ⟨m., -, nur Sg.⟩ **1** *Ärger, Bedrängnis* **2** (bes. südwestdt.) *Durcheinander* [< hebr. *sãroth*, *su sãrã* „Not"]

Zorn ⟨m., -(e)s, nur Sg.⟩ *heftiger Unwille;* der Z. packte ihn; einen mächtigen Z. auf jmdn. oder etwas haben

Zorn|ader, **Zor|nes|ader** ⟨f.11⟩ *Ader an der Schläfe, die bei Zorn anschwillt;* ihm schwoll die Z. er wurde zornig

Zor|nes|aus|bruch ⟨m.2⟩ → Zornausbruch

zor|nig ⟨Adj.⟩ *von Zorn erfüllt;* ~e Blicke, Worte; z. werden in Zorn geraten

zorn|mü|tig ⟨Adj.; †⟩ *leicht zornig werdend*

Zo|ro|astris|mus ⟨m., -, nur Sg.⟩ *von dem altpersischen Philosophen Zoroaster (Zarathustra) begründete monotheistische Religion*

Zo|te ⟨f.11⟩ *grob unanständiger Witz* [< ital. *zotico* „ungeschliffen, grob und dumm", frz. *sot* „dumm", < hebr. *šôṭē* „dumm, töricht"]

zo|ten ⟨V.2, hat gezotet; o.Obj.⟩ *Zoten erzählen*

zo|tig ⟨Adj.⟩ *in der Art einer Zote, grob unanständig*

Zot|te ⟨f.11⟩ *fingerförmige Ausstülpung von Körpergewebe (bes. der Darmschleimhaut;* Darm~) [< mhd. *zote*, *zotte* „etwas Herabhängendes" < ahd. *zota*, *zotta* „herabhängendes Haar"]

Zot|tel ⟨f.11⟩ *unordentliche, verfilzte Haarsträhne, Fellsträhne*

zot|te|lig ⟨Adj.⟩ *wirr, unordentlich*

zot|teln ⟨V.1, o.Obj.⟩ **1** (ist gezottelt) *sich langsam, achtlos, (auch) gemächlich, ohne Eile fortbewegen;* durch die Straßen, durch die Stadt z. **2** (hat gezottelt) *in Zotteln herabhängen;* ihr z. die Haare ins Gesicht

Zot|ten|haut ⟨f.2⟩ → Chorion (1)

zot|tig ⟨Adj.⟩ **1** *Zotten tragend, mit einem in Zotten herabhängenden Fell;* ein Wolf **2** *wirr und unordentlich;* ~es Fell; ~e Haare

ZPO ⟨Abk. für⟩ Zivilprozeßordnung

Zr ⟨Zeichen für⟩ Zirkonium

z.T. ⟨Abk. für⟩ zum Teil

Ztr. ⟨Abk. für⟩ Zentner

zu I ⟨Präp. mit Dat.⟩ **1** ⟨räumlich⟩ **a** *in Richtung auf jmdn. oder etwas;* komm zu mir!; zu Boden stürzen **b** ⟨geh.⟩ *in, in hinein;* zu Bett gehen; er liegt noch zu Bett; der Dom zu Köln **c** ⟨in bestimmten Fügungen⟩ *auf;* zu Wasser; zu Lande; zu ebener Erde **d** *gemeinsam mit;* dieser Wein schmeckt nur zu Wild **2** ⟨zeitlich⟩ **a** *an (einen Zeitpunkt);* zu Anfang **b** *während (einer Zeit);* zu dieser Zeit; zu dieser Stunde; zu seinen Lebzeiten **c** *auf (einen Zeitpunkt) hin;* von Tag zu Tag **3** ⟨zur Bez. der Entwicklung, des Geratens in einen Zustand⟩ das Kind ist zu einem hübschen Mädchen geworden; Eiweiß zu Schnee schlagen; zu meiner großen Freude, Verwunderung hat er ...; zu seinem Glück ist nichts passiert **4** *mittels, mit;* zu Fuß gehen; zu Schiff reisen **5** *zum Zweck des, zu;* zu seinem Vergnügen; Vorbereitungen zu einer Reise **6** *hinsichtlich;* er wollte zu dem Vorfall nichts sagen **7** *gegenüber;* nett zu jmdn. sein **8** ⟨bei Zahlenangaben⟩ **a** *zu Dutzenden;* zu Hunderten **b** *für;* ein Pfund zu 12 Mark **c** *von;* im Schnitzel zu 200 Gramm **d** ⟨zur Bez. eines Verhältnisses⟩ der HSV hat 3 zu 2 gewonnen; eine Wahrscheinlichkeit von 5 zu 1 **9** ⟨vor Namen; urspr. zur Bez. des Ortes⟩ Freiherr von und zu Schreckenstein **II** ⟨Adv.⟩ **1** ⟨zur Bez. eines Übermaßes⟩ *allzu;* die Hose ist zu groß; er ist zu klein, zu schüchtern dazu **2** *auf ... hin;* der Weg wird zum Wald zu schmaler **3** *geschlossen;* Tür zu, es zieht! *(kurz für)* mach die Tür zu; die Packung, noch zu, lag auf dem Tisch **4** ⟨in ugs. Aufforderungen⟩ nur zu!, immer zu! *nur weiter so!, immer weiter so!* **5** ⟨in der Fügung⟩ ab und hin und wieder, dann und wann, manchmal **III** ⟨Konj.⟩ **1** ⟨mit einem Infinitiv⟩ es ist schön, das zu hören; der Wein ist nicht zu trinken (so schlecht ist er); du brauchst nicht zu kommen; hier gibt es viel zu sehen; ⟨in Verbindung mit „haben" zur Bez. einer Verpflichtung⟩ du hast sofort zu kommen, wenn ...; ⟨in Verbindung mit „haben", verneinend zur Bez. eines Verbots⟩ du hast hier gar nichts zu bestimmen; ⟨in Verbindung mit „sein"⟩ man sollte ...; es ist zu beachten, daß ...; es ist nicht zu glauben **2** ⟨vor dem Part. Präs.⟩ *die noch zu erledigende Aufgabe die Aufgabe, die noch erledigt werden muß;* die zu erwartende Post *die Post, die man noch erwarten darf*

zu... ⟨Vorsilbe von Verben⟩ *durch die im Verb genannte Tätigkeit schließen,* z.B. zubauen, zudrücken, zukleben, zunähen

zu|al|lerst ⟨auch [-ạl-] Adv., ugs.; verstärkend⟩ *zuerst*

zu|al|ler|letzt ⟨auch [-ạl-] Adv., ugs.; verstärkend⟩ *ganz zuletzt*

Zu|a|ve ⟨m.11⟩ **1** *Angehöriger eines algerischen Berberstammes* **2** *Angehöriger einer ehemaligen französischen Kolonialtruppe* [frz.-berber.]

Zu|be|hör ⟨n., -s, nur Sg.; schweiz. m., -s, -e oder -hör|den⟩ *etwas, das als Ergänzung zu einem Gerät, als eine Ausstattung, Einrichtung gehört;* ein Auto mit allem Z.; ein Haus mit Z.

zu|bei|ßen ⟨V.8, hat zugebissen; o.Obj.⟩ *plötzlich, unerwartet beißen;* Syn. zuschnappen; der Hund biß zu

zu|be|kom|men ⟨V.71, hat zubekommen; mit Akk.⟩ **1** → zubringen (2) **2** *zusätzlich bekommen;* Syn. zukriegen; als ich die Seife kaufte, habe ich eine Warenprobe zubekommen

zu|be|nannt ⟨Adj., o.Steig.; †⟩ *genannt;* Friedrich, z. der Große

Zu|ber ⟨m.5⟩ *großer Behälter mit zwei Handgriffen, Wanne* [< ahd. *zubar, zwibar* „Zuber, zu zwei und beran „tragen"]

zu|be|rei|ten ⟨V.2, hat zubereitet; mit Akk.⟩ **1** *kochen;* das Essen, eine Mahlzeit z.; einen Tee z. **2** *(mit der Hand) herstellen;* eine Arznei z. **Zu|be|rei|tung** ⟨f.10⟩

zu|bil|li|gen ⟨V.1, hat zugebilligt; mit Dat. und Akk.⟩ *jmdm. etwas z. (großzügigerweise, freundlicherweise) gewähren,* geben; jmdm. einen Rabatt, eine Gehaltserhöhung, ein Vorrecht z.; einem Angeklagten mildernde Umstände z. **Zu|bil|li|gung** ⟨f.10⟩

zu|bin|den ⟨V.14, hat zugebunden; mit Akk.⟩ *durch Binden mittels Schnur schließen;* Ggs. aufbinden

zu|blei|ben ⟨V.17, ist zugeblieben; o.Obj.; ugs.⟩ *geschlossen bleiben;* die Schachtel bleibt nicht zu (die Schachtel öffnet sich immer wieder); die Tür bleibt zu! (als Anweisung)

zu|blin|zeln ⟨V.1, hat zugeblinzelt; mit Dat.⟩ *jmdm. ansehen und dabei blinzeln (bes., um ihm damit ein Zeichen zu geben);* Syn. zuzwinkern

zu|brin|gen ⟨V.21, hat zugebracht; mit Akk.⟩ **1** *hinzu-, dazubringen, mitbringen;* sie hat das Haus (in die Ehe) zugebracht **2** *schließen können, zumachen können;* Syn. zubekommen, zukriegen; ich bringe den Koffer nicht zu **3** *verleben;* den Sommer auf dem Land z.; eine Nacht im Freien z.; die Ferien bei den Großeltern z.; die Zeit mit Lesen, Arbeiten, Aufwenden; ich habe viel Zeit damit zugebracht, die Papiere zu ordnen

Zu|brin|ger ⟨m.5⟩ **1** *Verkehrsmittel, mit dem Reisende von einem Verkehrsmittel zu einem anderen gebracht werden* (z.B. eine Busverbindung zwischen Bahnhof und Flugplatz) **2** *Straße, die zu einer übergeordneten Straße oder zu einem besonderen Ziel (Stadion, Messegelände o.ä.) führt (Autobahn~);* Syn. Zubringerlinie

Zu|brin|ger|li|nie ⟨f.11⟩ → Zubringer (2)

Zu|brot ⟨n., -(e)s, nur Sg.⟩ **1** *Beilage zum Brot* **2** *Nebenverdienst;* sich ein Z. verdienen

zu|but|tern ⟨V.1, hat zugebuttert; mit Akk.; ugs.⟩ *dazutun, dazugeben;* Syn. ⟨ugs.⟩ zuschustern; sie buttert von ihrer Rente etwas (zum Haushalt) zu

Zuc|chi|no ⟨[-ki-] m., -s, -ni; meist Pl.⟩ *gurkenähnliche Frucht eines Kürbisgewächses* [ital., zu *zucca* „Kürbis"]

1104

Zucht ⟨f.10⟩ **1** ⟨nur Sg.⟩ *das Züchten, Aufziehen von Lebewesen und Pflanzen* (Geflügel~, Rosen~) **2** *Ergebnis des Züchtens; beide Tiere stammen aus verschiedenen ~en* **3** ⟨nur Sg.⟩ *das Züchten, planmäßiges Kreuzen von Lebewesen zur Erzeugung von Nachkommen mit bestimmten Merkmalen* (Rein~, Verdrängungs~) **4** ⟨nur Sg.⟩ *strenge Erziehung; jmdn. in die Z. nehmen* **5** ⟨nur Sg.⟩ *Gehorsam, Straffheit, Disziplin*

Zucht|buch ⟨n.4⟩ *Buch mit Angaben über eine Pflanzen- oder Tierzüchtung (z.B. Herdbuch)*

züch|ten ⟨V.2, hat gezüchtet; mit Akk.⟩ **1** *Tiere, Pflanzen z. aufziehen, großziehen und durch Kreuzen bestimmte Eigenschaften, Merkmale bei Pflanzen, Tieren erzielen; Hunde z.; Rosen z.* **2** *wachsen lassen, heranziehen, zum Gedeihen bringen; Bakterien* (auf Nährböden) *z.; Pflanzen in Kulturen z.* **3** ⟨meist abwertend⟩ *wachrufen, entstehen lassen; in solchen Gemeinschaften wird Haß, Auflehnung gezüchtet*

Züch|ter ⟨m.5⟩ *jmd., der Pflanzen oder Tiere züchtet*

Zucht|haus ⟨n.4; früher⟩ **1** ⟨nur Sg.⟩ *schwere Gefängnisstrafe; jmdn. zu drei Jahren Z. verurteilen* **2** *Häftlingsanstalt, Gefängnis; im Z. sitzen; ins Z. kommen*

Zucht|häus|ler ⟨m.5; früher, ugs.⟩ *jmd., der sich als Gefangener im Zuchthaus befindet*

züch|tig ⟨Adj.⟩ *sittsam, tugendhaft, zurückhaltend; z. die Augen niederschlagen* **Züch|tig|keit** ⟨f., -, nur Sg.⟩

züch|ti|gen ⟨V.1, hat gezüchtigt; mit Akk.⟩ *durch Schlagen bestrafen; ein Schulkind z.; jmdn. mit dem Stock, mit der Peitsche z.* **Züch|ti|gung** ⟨f.10⟩

Zucht|läh|me ⟨f., -, nur Sg.⟩ →*Beschälseuche*

zucht|los ⟨Adj., -er, am -esten⟩ *ohne Zucht (4,5); ein ~er Mensch; ein ~es Leben führen* **Zucht|lo|sig|keit** ⟨f., -, nur Sg.⟩

Zucht|mei|ster ⟨m.5; †⟩ *Erzieher*

Zucht|per|le ⟨f.11⟩ *durch Einsetzen eines Fremdkörpers in einer Muschel erzeugte Perle*

Zucht|ru|te ⟨f.11; †⟩ **1** *Rute zur Züchtigung* **2** ⟨nur Sg.; Sinnbild für⟩ *harte Erziehung; unter jmds. Z. stehen*

Zucht|wahl ⟨f., -, nur Sg.⟩ →*Selektion (1)*

zuckeln ⟨-k|k-; V.1, ist gezuckelt; o.Obj.⟩ *langsam, achtlos,* ⟨auch⟩ *gemächlich gehen, fahren; auch: zockeln; das Pferd zuckelt mit dem Wagen über die Feldwege; der Wagen zuckelt durch die Ortschaften; wir sind durch die Stadt gezuckelt*

Zuckel|trab ⟨-k|k-; m., -(e)s, nur Sg.; scherzh.⟩ *langsamer, gemächlicher Trab; im Z. [zu zuckeln]*

zucken ⟨-k|k-; V.1; o.Obj.⟩ **1** ⟨hat gezuckt⟩ *unwillkürlich und plötzlich eine Bewegung machen; ich zuckte, als der Bohrer den Nerv (im Zahn) traf; sein Arm zuckte, als die Nadel eindrang; ihre Mundwinkel zuckten (vor unterdrücktem Lachen, Weinen); mit der Hand, mit den Augenbrauen z.; es zuckte mir in der Hand, als ich sagte ich hätte ihm am liebsten eine Ohrfeige gegeben; es zuckte ihr in den Füßen, Beinen, sie hätte zu gern mitgetanzt* **2** ⟨ist gezuckt⟩ *sich sehr rasch, ruckartig bewegen; ein Blitz zuckte am Himmel; ein Lichtstrahl zuckte durch die Dunkelheit; Flammen zuckten durchs Dach; der Widerschein der Flammen zuckte über die Wände*

zücken ⟨-k|k-; V.1, hat gezückt; mit Akk.⟩ *fassen, ergreifen, nehmen (um etwas damit zu tun); der Arzt zückte das Messer; den Bleistift z.* (um nachzuschreiben); *das Portemonnaie z.* (um zu bezahlen); *den Degen, das Schwert z.* (um anzugreifen)

Zucker ⟨-k|k-; m.5⟩ **1** *aus bestimmten Pflanzen gewonnenes, feinkörniges, süß schmeckendes Nahrungsmittel* (Rohr~, Rü-ben~); *das ist Z.!* ⟨ugs.⟩ *das ist großartig, begeisternd* **2** ⟨nur Sg.; ugs.; kurz für⟩ →*Zuckerkrankheit; er hat Z.* [< ital. *zucchero* < mlat. *succarum* < arab. *sukkar* < pers. *šakar*, über mittelind. *sakkhara-* < Sanskrit *śarkarā* „Kies, Sand, gemahlener Zucker"]

Zucker|bäcker ⟨-k|k-; m.5; veraltend⟩ →*Konditor*

Zucker|bäcker|stil ⟨-k|k-; m.1⟩ *geradliniger, stark verzierter Baustil (bes. des russischen Klassizismus)*

Zucker|hut ⟨-k|k-; m.2⟩ *spitzkegelig, an der Spitze abgerundet gegossener Zucker*

zucke|rig ⟨-k|k-; Adj.⟩ →*zuckrig*

Zucker|krank|heit ⟨-k|k-; f., -, nur Sg.⟩ *Stoffwechselerkrankung, bei der Zucker infolge mangelhafter Bildung von Insulin im Körper nicht mehr oder nicht genügend abgebaut werden kann; auch:* ⟨ugs., kurz⟩ *Zucker;* Syn. *Diabetes mellitus*

zuckern ⟨-k|k-; V.1, hat gezuckert; mit Akk.⟩ *etwas z. Zucker in etwas tun, mit Zucker bestreuen; den Tee z.; Früchte z.*

Zucker|rohr ⟨-k|k-; n., -(e)s, nur Sg.⟩ *in warmen Ländern angebautes, hohes Rispengras mit dicken Halmen, dessen gelblicher Stengelmarksaft viel Zucker enthält*

Zucker|rü|be ⟨-k|k-; f.11⟩ *Form der Runkelrübe, deren Wurzel viel Zucker enthält*

zucker|süß ⟨-k|k-; Adj., o.Steig.⟩ **1** *süß wie Zucker* **2** ⟨übertr.⟩ *zuckerwürdig, unangenehm liebenswürdig; eine ~e Verkäuferin*

Zucker|tü|te ⟨-k|k-; f.11⟩ →*Schultüte*

Zucker|wat|te ⟨-k|k-; f., -, nur Sg.⟩ *watteähnliche Süßigkeit aus zu Fäden gezogenem Zucker; jmdn. in Z. packen* ⟨übertr., ugs.⟩ *jmdn. sehr behutsam behandeln*

Zucker|werk ⟨-k|k-; n., -(e)s, nur Sg.⟩ *Süßigkeiten, Bonbons*

Zucker|zan|ge ⟨-k|k-; f.11⟩ *zangenähnliches Gerät, das benutzt wird, um Würfelzucker aus der Zuckerdose zu nehmen*

Zucker|zeug ⟨-k|k-; n., -s, nur Sg.⟩ →*Zuckerwerk*

Zuck|mücke ⟨-k|k-; f.11⟩ *(in vielen Arten vorkommende) kleine, harmlose Mücke, die oft in riesigen Schwärmen auftritt*

zuck|rig ⟨Adj.⟩ *auch: zuckerig* **1** *voller Zucker; ~er Finger* **2** *(zu viel) Zucker enthaltend; ~er Tee*

Zuckung ⟨-k|k-; f.10⟩ *zuckende Bewegung; nervöse ~; in den letzten ~en liegen* ⟨ugs.⟩ *sterben*

Zu|decke ⟨-k|k-; f.11; ugs.⟩ →*Bettdecke*

zu|decken ⟨-k|k-; V.1, hat zugedeckt; mit Akk.⟩ **1** *jmdn. oder sich z. mit einer Decke bedecken; ein Kind, einen Kranken, sich (warm, gut) z.* **2** *etwas z. mit einem Dach, Deckel, Tuch (oder etwas anderem) bedecken;* Gs. *aufdecken; das Frühbeet mit Brettern z.; den Vogelkäfig z.; einen Topf z.; ein Loch mit Zweigen z.* **b** ⟨übertr.⟩ *unhörbar oder schwer hörbar machen; das Orchester deckt die Stimmen zu; der Lärm, die laute Musik deckt jegliches Gespräch zu* **3** *jmdn. mit etwas* ⟨übertr.⟩ *jmdn. mit etwas überhäufen; jmdn. mit Fragen, mit Vorwürfen z.*

zu|dem ⟨Adv.⟩ *überdies, obendrein, außerdem; es regnete, und z. war es kalt*

zu|den|ken ⟨V.22, hat zugedacht; mit Dat. und Akk.⟩ *jmdm. etwas z. jmdm. etwas geben, schenken wollen;* ⟨meist im Perf.⟩ *das habe ich dir zugedacht das möchte ich dir schenken*

zu|dik|tie|ren ⟨V.3, hat zudiktiert; mit Dat. und Akk.⟩ *jmdm. etwas z. jmdm. etwas auferlegen; jmdm. eine Strafe, eine Aufgabe z.*

zu|dre|hen ⟨V.1, hat zugedreht⟩ **I** ⟨mit Akk.⟩ **1** ⟨ugs.⟩ *durch Drehen schließen;* Gs. *aufdrehen (I,1); den Wasserhahn z.* **2** *festdrehen; eine Schraube z.* **II** →*zuwenden (I,1)*

zu|dring|lich ⟨Adj.⟩ *jmdn. körperlich belästigend; er wurde ihr gegenüber z.*

Zu|dring|lich|keit ⟨f.10⟩ **1** ⟨nur Sg.⟩ *das Zudringlichsein* **2** *zudringliche Handlung; sie wehrte sich gegen seine ~en*

zu|eig|nen ⟨V.2, hat zugeeignet; mit Dat. und Akk.⟩ *jmdm. etwas z.* **1** ⟨†⟩ *jmdm. etwas zu eigen, als Eigentum geben, schenken; jmdm. ein Schmuckstück z.* **2** *jmdm. etwas widmen; jmdm. ein Buch z.* **Zu|eig|nung** ⟨f.10⟩

zu|ein|an|der ⟨Adv.⟩ *eine(r, -s) zum anderen; z. passen*

zu|er|ken|nen ⟨V.67, hat zuerkannt; mit Dat. und Akk.⟩ *jmdm. etwas z. aufgrund eines Beschlusses jmdm. etwas zusprechen; das Gericht erkannte ihm das Grundstück zu; die Jury erkannte ihm den ersten Preis zu* **Zu|er|ken|nung** ⟨f.10⟩

zu|erst ⟨Adv.⟩ **1** *am Anfang, als erstes; z. fahren wir nach Berlin* **2** *als erste(r, -s); wer z. kommt, bekommt den Preis* **3** *anfangs; ich wollte es z. nicht glauben* **4** *erst; man muß es z. sehen, ehe man urteilt*

zu|fah|ren ⟨V.32, ist zugefahren; o.Obj.⟩ **1** *losfahren, weiterfahren;* ⟨meist als drängende Aufforderung⟩ *fahr zu!; so fahr doch zu!* **2** *auf etwas oder jmdn. z. in Richtung auf etwas oder jmdn. fahren; auf das Dorf, auf die Insel zu; der Radfahrer fuhr genau auf mich zu*

Zu|fahrt ⟨f.10⟩ *Möglichkeit des Hinfahrens zu einem bestimmten Ziel; die Z. zum Stadion ist gesperrt*

Zu|fall ⟨m.2⟩ *unerwartetes, nicht vorhersehbares Ereignis; das ist reiner Z.; der Z. wollte es, daß ...; etwas dem Z. überlassen; ein dummer, glücklicher, unglücklicher Z.*

zu|fal|len ⟨V.33, ist zugefallen⟩ **I** ⟨o.Obj.⟩ *sich schließen; die Tür ist zugefallen; die Augen fielen mir (fast) zu vor Müdigkeit* **II** ⟨mit Dat.⟩ *etwas fällt jmdm. zu* **1** *etwas wird jmds. Eigentum; das Haus fällt nach seinem Tod dem ältesten Sohn zu* **2** *etwas wird jmdm. zugewiesen, übertragen; ihm ist die Rolle, die Aufgabe des Beraters zugefallen* **3** →*zufliegen (II,1)*

zu|fäl|lig ⟨Adj., o.Steig.⟩ *auf Zufall beruhend; ein ~es Treffen; das kam rein z. zustande*

zu|fäl|li|ger|wei|se ⟨Adv.⟩ *aus, durch Zufall*

Zu|fäl|lig|keit ⟨f.10⟩ **1** ⟨nur Sg.⟩ *das Zufälligsein* **2** *zufälliges Ereignis; eine Kette von ~en*

Zu|falls|er|geb|nis ⟨n.1⟩ *durch Zufall zustande gekommenes Ergebnis*

Zu|falls|haf|tung ⟨f.10⟩ *Haftung für Schäden, die man nicht verursacht hat*

Zu|falls|tref|fer ⟨m.5⟩ *zufällig erzielter Treffer; einen Z. landen*

zu|fas|sen ⟨V.1, hat zugefaßt⟩ →*zugreifen (1,2)*

zu|flie|gen ⟨V.38, ist zugeflogen⟩ **I** ⟨o.Obj.⟩ **1** *mit lautem Geräusch schließen;* ⟨ugs.⟩ *die Tür flog zu* **2** *auf etwas oder jmdn. z. in Richtung auf etwas oder jmdn. fliegen; wir fliegen jetzt auf München zu; der Vogel flog genau auf mich zu* **II** ⟨mit Dat.⟩ *etwas fliegt jmdm. zu* **1** *etwas wird von jmdm. leicht aufgenommen, jmd. eignet sich etwas mühelos an, lernt etwas mühelos;* Syn. *zufallen; in der Schule flog ihm alles zu* **2** ⟨in der Wendung⟩ *alle Herzen fliegen ihm zu er gewinnt schnell alle Herzen, er ist rasch bei allen beliebt, alle mögen ihn sofort gern* **3** *ein Vogel fliegt jmdm. zu. ein* (entflogener) *Vogel fliegt zu jmds. Fenster hinein und bleibt dort; uns ist ein Wellensittich zugeflogen*

zu|flie|ßen ⟨V.40, ist zugeflossen; mit Dat.⟩ *einer Sache z.* **1** *in Richtung auf eine Sache fließen (und sich in sie ergießen); der Fluß fließt dem Meer zu* **2** *einer Sache zugute kommen; die Spenden fließen der Entwicklungshilfe zu*

Zuflucht

Zu|flucht ⟨f., -, nur Sg.⟩ **1** *Hilfe, Rettung;* unter einem Baum Z. suchen; seine Z. zu etwas nehmen *(in einer Notlage)* Gebrauch von etwas machen **2** *Ort, an dem man, Person, bei der man Hilfe, Rettung findet;* diese Hütte war seine letzte Z.; du bist die einzige Z., die ich noch habe

zu|flüstern ⟨V.1, hat zugeflüstert; mit Dat. und Akk.⟩ jmdm. etwas z. *jmdm. etwas flüsternd sagen*

zu|folge ⟨Präp. mit Dat.⟩ *nach, gemäß, folgend;* dem Befehl z.; dem Bericht z.

zu|frie|den ⟨Adj.⟩ *befriedigt mit den Gegebenheiten, keine großen Forderungen stellend oder Änderungen wünschend;* ein ~es Lächeln; er ist nie z.; mit sich und der Welt z. sein

zu|frie|den|ge|ben ⟨V.45, hat zufriedengegeben; refl.⟩ sich z. **1** *sich begnügen;* gib dich mit dem Rest z.; mit diesem Ergebnis gab er sich zufrieden; er gibt sich mit einer Summe von 2000 DM zufrieden **2** *(von nun an) zufrieden sein;* nachdem er mehrmals gefragt hatte, gab er sich mit dieser Antwort zufrieden **3** ⟨ugs.⟩ *mit Nörgeln, Bitten, Kritisieren aufhören;* gib dich doch endlich zufrieden!

Zu|frie|den|heit ⟨f., -, nur Sg.⟩ *das Zufriedensein;* etwas zu jmds. voller Z. erledigen

zu|frie|den|las|sen ⟨V.75, hat zufriedengelassen; mit Akk.⟩ jmdn., ein Tier z. *jmdn., ein Tier in Ruhe lassen,* laß mich (endlich) z.!; laß den Hund zufrieden!; er soll mich mit seinen unbrauchbaren Vorschlägen z.!

zu|frie|den|stel|len ⟨V.1, hat zufriedengestellt; mit Akk.⟩ jmdn. z. *jmds. Wünsche, Forderungen erfüllen;* wir wollen unsere Kunden z.; einen Gläubiger z.

zu|frie|ren ⟨V.42, ist zugefroren; o.Obj.⟩ *sich mit einer Eisschicht überziehen;* der See friert langsam zu, ist zugefroren

zu|füh|ren ⟨V.1, hat zugeführt⟩ **I** ⟨o.Obj.⟩ *auf etwas z. in Richtung auf etwas verlaufen;* der Weg führt auf den Wald zu **II** ⟨mit Dat. und Akk.⟩ **1** einer Sache etwas z. *etwas zu einer Sache führen, leiten, etwas einer Sache zugute kommen lassen;* der Fluß führt dem See Wasser zu; die Leitung führt den Häusern Strom, Wasser zu; den Erlös aus der Veranstaltung einem wohltätigen Zweck z. **2** jmdn. jmdm. oder einer Sache z. *jmdn. zu jmdm., zu einer Sache führen* ⟨auch von Tieren⟩; bei der Hochzeitsfeier die Braut dem Bräutigam z.; einer Firma Kunden z.; die Kuh dem Bullen z.

Zu|füh|rung ⟨f.10⟩ **1** ⟨nur Sg.⟩ *das Zuführen* **2** *Leitung, die etwas zuführt*

Zug ⟨m.2⟩ **1** ⟨nur Sg.⟩ *das Ziehen (I,1);* Z. und Druck; Z. ausüben **2** *(ziehende) Kraft, die einen Körper zu dehnen sucht;* Festigkeit eines Werkstoffes gegen Z.; ein starker Z. nach rechts **3** *das Ziehen (III,8,9; Vogel~);* der Z. der Gänse, der Wolken **4** ⟨übertr.⟩ *Bewegung, Verlauf, Ablauf;* im ~e der Erneuerung; in einem (einzigen) Z. ohne Unterbrechung; ein Buch in einem Z. durchlesen; wir sind in einem Z. bis nach Hause durchgefahren **5** ⟨Rudern, Schwimmen⟩ *Bewegung der Arme;* in kräftigen Zügen schwimmen; um einen Z., um zwei Züge gewinnen **6** ⟨Brettspiel⟩ *Bewegung (einer Figur);* er ist am Z., in zehn Zügen matt setzen; Z. um Z. *ohne Unterbrechung nacheinander;* nicht zum ~e kommen ⟨übertr.⟩ *keine Möglichkeit zum Handeln haben* **7** *das Ein- und Ausatmen (Atem~);* etwas in vollen Zügen genießen ⟨übertr.⟩ *etwas so viel wie möglich auskosten;* in den letzten Zügen liegen ⟨übertr., ugs.⟩ *im Sterben liegen* **8** *das Ziehen (III, 11a, b);* Z. am Seil; einen Z. an der Zigarette nehmen **9** ⟨nur Sg.⟩ *unangenehme Luftbewegung;* er verträgt keinen Z.; im Z. sitzen **10** ⟨nur Sg.⟩ *zum Kamin führender Luftstrom;* der Ofen hat einen schlechten Z. **11** *Schluck,* mehrere Schlucke unmittelbar nacheinander; einen tiefen Z. aus der Flasche tun; das Glas in einem Z. austrinken **12** ⟨übertr.⟩ *Schwung, Bewegung;* Z. in etwas bringen; er war gerade im besten ~e **13** *Vorrichtung, um Zug (1) auszuüben;* der Z. am Rolladen **14** *Lokomotive (oder Triebwagen) mit angekoppelten Wagen;* ein fahrplanmäßiger, überfüllter Z.; der Z. fährt ab, kommt an, läuft ein; den Z. nach München nehmen; den Z. verpassen, erreichen; den Z. geht in zwei Stunden; jmdn. zum Z. bringen; der Z. ist abgefahren ⟨übertr., ugs.⟩ *bei dieser Sache kann man nichts mehr ändern;* im falschen Z. sitzen ⟨übertr.⟩ *sich falsch entschieden haben* **15** ⟨kurz für⟩ *Lastzug* **16** ⟨kurz für⟩ *Feuerlöschzug* **17** *Gespann;* ein Z. Pferde **18** *Schar, Kolonne von Menschen;* der Z. der Demonstranten, der Trauernden; sich zu einem Z. formieren **19** *(30–50 Mann starke, von einem Leutnant oder Feldwebel geführte) Teileinheit einer Kompanie oder Batterie* **20** *Gesichtszug, Linie im Gesicht;* feine Züge; einen brutalen Z. um den Mund haben **21** *Wesenszug, Charakterzug;* einen Z. ins Ordinäre haben; das ist ein schöner Z. an ihm **22** *längliche Formation einer Landschaft* (Gebirgs~) **23** *Zweig, Fachrichtung;* der naturwissenschaftliche Z. der Schule **24** *spiralig verlaufende, rillenförmige Vertiefung im Lauf einer Waffe* **25** *Art und Weise, zu schreiben oder zu zeichnen;* in großen Zügen *umrißhaft, nicht genau ausgeführt;* mit steilen Zügen schreiben

Zu|ga|be ⟨f.11⟩ **1** ⟨nur Sg.⟩ *das Zugeben (3), das Dazutun;* das Mehl unter Z. von Milch verrühren **2** *zusätzliche künstlerische Darbietung der Sänger, Pianist nach drei ~n;* das Publikum verlangte immer noch eine Z.

Zu|gang ⟨m.2⟩ **1** *Weg zu einem Ort, einer Stelle, Eingang;* die Zugänge zum Theater **2** *das Betreten;* Z. verboten! **3** *neu hinzugekommene Person;* die Schule hat jetzt viele Zugänge **4** ⟨übertr.⟩ *Verstehen, Einfühlung;* keinen Z. zur modernen Musik finden

zu|gän|gig ⟨Adj.; selten⟩ →*zugänglich*

zu|gäng|lich ⟨Adj.; auch: ⟨selten⟩ *zugängig* **1** ⟨o.Steig.⟩ *erreichbar, betretbar;* eine schwer ~e Schlucht; dieser Ort ist leicht, schwer z. **2** ⟨o.Steig.⟩ *zur Verfügung stehend, benutzbar;* die Bibliothek ist frei z., für die Öffentlichkeit nicht z. **3** *verständlich;* diese Musik, diese Art von Literatur ist schwer z. **4** *aufgeschlossen, voller Interesse, aufnahmebereit;* ein ~er Mensch; er ist für alle Vorschläge, Neuerungen z. **Zu|gänglich|keit** ⟨f., -, nur Sg.⟩

Zug|be|ein|flus|sung ⟨f.10; Eisenb.⟩ *Vorrichtung, die beim Überfahren eines auf „Halt" stehenden Signals wirksam wird;* Syn. *Zugsicherung*

Zug|brücke ⟨-k|k-; f.11⟩ *an einem Ende befestigte, hochziehbare Brücke;* Z. über einem Burggraben

zu|ge|ben ⟨V.45, hat zugegeben; mit Akk.⟩ **1** *dazugeben, zusätzlich geben;* (beim Abwiegen) ein paar Gramm Wurst z.; ein paar Minuten z. ⟨übertr.⟩ *ein paar Minuten länger warten, länger lassen* **2** *zusätzlich spielen, singen;* (beim Konzert) zwei Lieder, zwei Stücke z. **3** *hinzutun;* (beim Kochen) die Gewürze, die Rosinen z. **4** *erlauben, dulden;* die Eltern geben es nicht z., daß der Junge mitfährt **5** *für richtig, für wahr erklären (obwohl man zuerst nicht dieser Meinung war);* ich gebe zu, daß du recht hast **6** *eingestehen;* seine Schuld, einen Fehler z.; der Angeklagte hat zugegeben, daß er ...

zu|ge|ge|be|ner|ma|ßen ⟨Adv.⟩ *wie man zugeben (5,6) muß*

zu|ge|gen ⟨Adj., o.Steig.⟩ *nur mit „sein"* *anwesend, dabei;* ich war nicht z.

zu|ge|hen ⟨V.47, ist zugegangen⟩ **I** ⟨o.Obj.⟩ **1** ⟨ugs.⟩ *rasch gehen;* ihr müßt schon z., wenn ihr die S-Bahn noch erreichen wollt **2** *vorwärtsgehen, weitergehen;* ⟨bes. als drängende Aufforderung⟩ geh zu!; geh doch endlich zu!; ach, geh zu! ⟨oberdt.⟩ *sei doch nicht so!, sei doch vernünftig!, komm, sei friedlich!* **3** *sich schließen lassen;* der Kragen, der Koffer geht nicht, geht leicht zu **4** →*zulaufen (I,2)* **5** *auf etwas z.* **a** *in Richtung auf etwas verlaufen;* der Weg geht auf den Wald zu **b** *sich einem Zeitpunkt nähern;* der Tag geht, ⟨auch⟩ es geht auf den Abend zu *es wird Abend;* der Sommer geht zu *es wird Sommer;* er geht auf die Fünfzig zu *er wird bald 50 Jahre alt* **6** *auf jmdn. z. jmdm. nähern;* habe keine Angst, geh furchtlos auf ihn zu; aufeinander z. **7** ⟨unpersönl., mit „es"⟩ **a** *es geht zu es herrscht ein Zustand;* hier geht es ja zu! ⟨ugs.⟩ *hier ist ja ein Trubel, ein Betrieb!,* ⟨auch⟩ *hier herrschen Zustände, die man nicht beschreiben kann;* geht es bei euch immer so zu? *hier geht es laut, lustig zu hier ist viel Lärm, hier ist lustige Stimmung* **b** *(auf bestimmte Weise) geschehen, ablaufen;* es müßte schon merkwürdig z., wenn das nicht klappen würde *es müßte schon etwas Merkwürdiges geschehen, wenn ...;* wie geht das zu? *wie geschieht das? wie ist das möglich?;* ich weiß nicht, wie es zugegangen ist **II** ⟨mit Dat.⟩ **1** *einer Sache z. sich einer Sache nähern;* das Spiel, das Jahr geht seinem Ende zu **2** *jmdm. geschickt werden;* mir ist ein Brief zugegangen, der ...; morgen geht Ihnen die bestellte Ware zu; ich lasse Ihnen demnächst ein Buch z. *ich schicke Ihnen demnächst ein Buch*

Zu|geh|frau ⟨f.10; bayr.⟩ →*Putzfrau*

zu|ge|hö|ren ⟨V.1, hat zugehört; mit Dat.⟩ *geh.* jmdm., einer Sache z. *zu jmdm., zu einer Sache gehören;* dieses Drama gehört der Klassik zu; wir wissen, daß wir einander z.

zu|ge|hö|rig ⟨Adj., o.Steig.⟩ *zu jmdm., etwas gehörig;* ein Gerät mit der ~en Gebrauchsanweisung; er fühlt sich in der neuen Gemeinschaft schon ganz z.; ich fühle mich ihnen (nicht) z. **Zu|ge|hö|rig|keit** ⟨f., -, nur Sg.⟩

zu|ge|knöpft ⟨Adj., o.Steig.⟩ *auch: übertr., ugs.* *wortkarg, zurückhaltend, abweisend;* er zeigte sich sehr z. **Zu|ge|knöpft|heit** ⟨f., -, nur Sg.⟩

Zü|gel ⟨m.5⟩ *(mit der Trense oder Kandare verbundener) Lederriemen zum Lenken des Pferdes;* einem Pferd den Z. anlegen; sich Z. anlegen ⟨übertr.⟩ *sich beherrschen, sich zurückhalten;* seinen Leidenschaften Z. anlegen ⟨übertr.⟩ Z. straffer anziehen ⟨übertr.⟩ *mehr Ordnung und Disziplin fordern;* die Z. schleifen lassen ⟨übertr.⟩ *Personen nicht genügend beaufsichtigen, sich um Kleinigkeiten (im Ablauf einer Sache) nicht kümmern;* seinem Zorn die Z. schießen lassen ⟨übertr.⟩ *seinem Zorn unbeherrscht Ausdruck geben*

Zü|gel|hil|fe ⟨f.11⟩ *Hilfe (für das Pferd) durch Bewegung mit dem Zügel;* vgl. *Schenkelhilfe;* jmdm. Z. geben ⟨übertr.⟩ *jmdm. bei etwas ein wenig helfen*

zü|gel|los ⟨Adj., -er, am -esten; übertr.⟩ *unbeherrscht, hemmungslos;* z. trinken; ein ~es Leben führen **Zü|gel|lo|sig|keit** ⟨f.10⟩

zü|geln ⟨V.1⟩ **I** ⟨mit Akk.; hat gezügelt⟩ **1** ein Pferd z. *ein Pferd durch Anziehen der Zügel zu einer langsameren Gangart oder zum Stehenbleiben veranlassen* **2** *etwas oder sich z.* ⟨übertr.⟩ *etwas oder sich beherrschen, zurückhalten;* seinen Zorn, seine Leidenschaft z. **II** ⟨o.Obj.; ist gezügelt; schweiz.; ugs.⟩ *umziehen;* sie z. schon wieder

Zü|ge|lung ⟨f., -, nur Sg.⟩ *das Zügeln (I,2)*

Zu|ge|rei|ste(r) ⟨m., f.17 oder 18; bayr.⟩ *jmd., der von auswärts zugezogen ist*

zu|ge|sel|len ⟨V.1, hat zugesellt⟩ **I** ⟨refl. mit Dat.⟩ **1** sich jmdm. z. *sich jmdm. anschließen, zu jmdm. gehen und bei ihm blei-*

ben; sich einer Gruppe von Wanderern z. **2** sich einer Sache z. *zu einer Sache kommen, sich mit einer Sache vereinigen;* dieser Schwierigkeit hat sich noch eine weitere zugesellt **II** ⟨mit Dat. und Akk.⟩ einem Tier z. *einem Tier ein anderes Tier zur Gesellschaft geben;* sie haben dem Wellensittich ein Weibchen zugesellt

zu|ge|stan|de|ner|ma|ßen ⟨Adv.⟩ *wie man zugestehen muß*

Zu|ge|ständ|nis ⟨n.1⟩ *Entgegenkommen anderen gegenüber, Berücksichtigung der Wünsche anderer;* Z. machen

zu|ge|ste|hen ⟨V.151, hat zugestanden; mit Dat. und Akk.⟩ jmdm. etwas z. **1** *jmdm. etwas erlauben, erlauben, etwas zu tun, daß jmd. etwas bekommt, hat;* jmdm. ein Recht, Vorrecht z.; jmdm. eine gewisse Selbständigkeit z. **2** *jmdm. etwas als richtig, zutreffend erklären;* du wirst mir doch z., daß es besser so war, wie ich es gemacht habe

zu|ge|tan ⟨Adj., o.Steig.; nur als Attr. und mit „sein"⟩ jmdm., einer Sache z. sein *jmdm., etwas sehr gern haben;* er ist ihr sehr z.; er ist dem Wein sehr z.; er ist der Arbeit nicht gerade sehr z. ⟨iron.⟩; ein dem Wein ~er Mensch

Zu|ge|winn ⟨m.1⟩ *zusätzlich Gewonnenes;* bei Wahlen ~ erzielen

Zu|ge|winn|ge|mein|schaft ⟨f.10; BRD⟩ *Form des ehelichen Güterstandes, bei dem Mann und Frau ihr Kapital jeweils selbst verwalten können und der Zugewinn im Falle einer Trennung geteilt wird*

Zug|füh|rer ⟨m.5⟩ auch: ⟨österr.⟩ Zugsführer **1** *jmd., der im Eisenbahnzug die Aufsicht führt* **2** *jmd., der einen militärischen Zug führt*

Zug|funk ⟨m., -(e)s, nur Sg.⟩ *Sprechfunkverkehr zwischen Personen in fahrenden Zügen und Teilnehmern des öffentlichen Fernsprechnetzes*

zu|gig ⟨Adj.; nur als Attr. und mit „sein"⟩ *voller Zugluft;* hier ist es z.; an einer ~en Ecke stehen

zü|gig ⟨Adj.⟩ **1** *ohne Aufenthalt, ohne Verzögerung, gleichmäßig rasch;* eine ~e Arbeitsweise; es geht z. voran; z. arbeiten, marschieren **2** *rasche Schreibweise erkennen lassend und schwungvoll;* eine ~e Schrift

zug|kräf|tig ⟨Adj.⟩ *starke Wirkung ausübend;* eine ~e Werbung; ein ~er Buch-, Filmtitel; ein ~es Theaterstück

zu|gleich ⟨Adv.⟩ **1** *im selben Augenblick, zur gleichen Zeit;* sie sprachen alle z.; sie reisten ab, und z. kamen neue Gäste **2** *obendrein, ebenso;* er ist Maler und Schriftsteller z.

Zug|luft ⟨f.2⟩ *unangenehme Luftbewegung (bes. in Räumen)*

Zug|ma|schi|ne ⟨f.11⟩ *Fahrzeug zum Ziehen antriebsloser Fahrzeuge (z.B. Lokomotive, Traktor)*

Zug|mit|tel ⟨n.5⟩ **1** ⟨Med.⟩ *Mittel, das zusammenziehend wirkt, Zugsalbe, Zugpflaster* **2** *Mittel, mit dem jmd. angelockt werden soll;* ein Versprechen, ein höheres Gehalt als Z.

Zug|num|mer ⟨f.11⟩ **1** *Nummer eines Eisenbahnzuges* **2** ⟨Varieté, Zirkus⟩ *besonders zugkräftige Nummer eines Programms*

Zug|pferd ⟨n.1⟩ **1** *Pferd als Zugtier (im Unterschied zum Reitpferd)* **2** ⟨übertr.⟩ *jmd., der zugkräftig im Publikum wirkt, der andere anspornt;* ein Schlagerstar als Z.; ein Mitarbeiter als Z.

Zug|pfla|ster ⟨n.5⟩ *die Haut reizendes und ihre Durchblutung förderndes Pflaster, das dadurch gleichzeitig zusammenziehend auf Entzündungsherde wirkt (z.B. bei Furunkeln angewendet)*

zu|grei|fen ⟨V.59, hat zugegriffen; o.Obj.⟩ **1** *rasch die Hand ausstrecken und etwas ergreifen, festhalten;* Syn. *zufassen;* er griff (rasch) zu, als die Kanne kippte **2** ⟨rasch⟩ *helfen;* Syn. *zufassen, zupacken;* greif doch mal mit zu!; kräftig mit z.; er greift überall zu, wo jemand Hilfe braucht **3** ⟨beim Essen⟩ *sich etwas von den Speisen nehmen;* Syn. *zulangen;* bitte greifen Sie (tüchtig) zu! **4** *einschreiten, Maßnahmen ergreifen;* die Polizei beobachtete ihn, die Vorgänge eine Zeitlang, dann griff sie zu **5** *sich rasch zum Kauf, zum Annehmen entschließen;* wenn ich etwas im Schaufenster sehe, greife ich gleich zu; das Angebot kam mir gelegen, also griff ich sofort zu

Zu|griff ⟨m.1⟩ *das Zugreifen (1,4), Griff nach etwas;* jmdm. mit raschem Z.; polizeilicher Z.

Zu|griffs|zeit ⟨f.10; bei elektron. Speichern⟩ *Zeit zum Abrufen einer bestimmten Information*

zu|grun|de ⟨Adv.; in den Fügungen⟩ **1** z. gehen **a** *vernichtet, zerstört werden;* diese alten Kulturen sind z. gegangen **b** *sterben, umkommen;* er ist elend z. gegangen; an so einer Krankheit geht man nicht z. **2** z. legen *zur Grundlage machen;* einer Arbeit ein bestimmtes Prinzip z. legen **3** z. liegen *Grund, Grundlage sein;* ihrer Freundschaft liegt ein tiefes inneres Verständnis z.; seinem Mißtrauen liegt eine persönliche Erfahrung z. **4** z. richten *zerstören, verderben;* jmdn. z. richten; einen Hof, einen Besitz z. richten; ein Land z. richten

Zug|sal|be ⟨f.11⟩ *die Durchblutung anregende, zusammenziehend wirkende Salbe*

Zugs|füh|rer ⟨m.5; österr.⟩ → Zugführer

Zug|si|che|rung ⟨f.10⟩ → Zugbeeinflussung

Zug|stück ⟨n.1⟩ *besonders zugkräftiges Theaterstück*

Zug|tier ⟨n.1⟩ *zum Ziehen von Lasten verwendetes Tier (z.B. Ochse, Pferd)*

zu|gucken ⟨-k·k-; V.1, hat zugeguckt⟩ → zusehen (1,2)

zu|gun|sten ⟨Präp. mit Gen.⟩ *zu den Gunsten von ..., zum Vorteil von ...;* Maßnahmen z. der Behinderten

zu|gu|te ⟨Adv.; in den Fügungen⟩ **1** z. halten; jmdm. etwas z. halten *jmdm. etwas als Entschuldigung anrechnen;* sich etwas z. halten *sich etwas einbilden auf etwas* **2** z. kommen; jmdm., einer Sache z. kommen *jmdm., einer Sache helfen, nützen* **3** z. tun; jmdm., sich etwas z. tun; jmdm., sich etwas Gutes tun

Zug|ver|such ⟨m.1⟩ *Prüfverfahren zur Ermittlung des Verhaltens eines Werkstoffes bei Beanspruchung durch Zug (2)*

Zug|vo|gel ⟨m.6⟩ *Vogel, der vor der kalten Jahreszeit in wärmere Gebiete zieht und zur Brutzeit zurückkehrt;* vgl. Standvogel, Strichvogel

Zug|wind ⟨m.1⟩ *starke Zugluft*

Zug|zwang ⟨m., -(e)s, nur Sg.⟩ *Zwang zum Handeln (zu einem bestimmten Zeitpunkt);* unter Z. stehen; in Z. geraten, kommen

zu|hal|ten ⟨V.61, hat zugehalten⟩ **I** ⟨mit Akk.⟩ etwas z. **1** *so halten, daß es sich nicht öffnen läßt, sich nicht öffnet;* eine Tür z.; eine Schachtel z. **2** *mit der Hand, mit den Händen fest zuhalten;* sich die Nase z. (um etwas nicht zu riechen); sich die Ohren z. (um etwas nicht zu hören); jmdm. den Mund z. (damit er nicht schreit, nichts sagt) **II** ⟨o.Obj.⟩ auf etwas z. *in gerader Richtung auf etwas zugehen, zufahren, zufliegen;* auf die Kirche, auf den Leuchtturm z.

Zu|häl|ter ⟨m.5⟩ *jmd., der von den Einkünften einer Prostituierten (oder eines Strichjungen) lebt;* Syn. ⟨ugs.⟩ *Louis, Lude* [zu *zuhalten* (veraltet) „in außereheliches Verhältnis mit jmdm. haben"]

zu|häl|te|risch ⟨Adj., o.Steig.⟩ *zur Zuhälterei gehörig, in der Art eines Zuhälters*

zu|han|den ⟨Adv.⟩ **1** ⟨†⟩ *in die Hände;* es ist mir z. gekommen **2** ⟨schweiz.⟩ *zu Händen*

zu|hau|en ⟨V.63, hat zugehauen; o.Obj.; ugs.⟩ → zuschlagen (I,1, II)

zu|hauf ⟨Adv.; geh.⟩ *in Haufen, in Scharen;* Menschen kamen z.

zu|hau|se ⟨andere Schreibweise für⟩ *zu Hause*

Zu|hau|se ⟨n., -s, nur Sg.⟩ *Wohnung, Heim;* ein gemütliches Z.; kein Z. haben

Zu|hil|fe|nah|me ⟨f., -, nur Sg.⟩ *das Zuhilfenehmen, das Verwenden als Hilfsmittel;* unter Z. von ..., ⟨oder⟩ eines ... *mit Hilfe von, eines*

zu|hin|terst ⟨Adv.⟩ *ganz hinten, ganz zuletzt;* er stand, saß z.

zu|höchst ⟨Adv.⟩ *ganz oben;* z. auf dem Berg

zu|hö|ren ⟨V.1, hat zugehört⟩ **I** ⟨o.Obj.⟩ *etwas hören und dabei aufpassen;* nun hör mal gut zu!; bitte hör zu! **II** ⟨mit Dat.⟩ **1** jmdm. z. *darauf hören, was jmd. sagt, spielt, singt* **2** einer Sache z. *aufmerksam auf eine Sache hören, durch das Gehör wahrnehmen und geistig verarbeiten;* der Musik z.; einem Gespräch z.

Zu|hö|rer ⟨m.5⟩ *jmd., der bei etwas zuhört;* die Z. eines Konzertes; hier haben wir keine Z.

Zu|hö|rer|schaft ⟨f.10⟩ *Gesamtheit der Zuhörer*

zu|in|nerst ⟨Adv.⟩ *ganz innen;* z. überzeugt sein, daß ...

zu|ju|beln ⟨V.1, hat zugejubelt; mit Dat.⟩ jmdm. z. *jmdn. ansehen und jubeln;* dem Redner z.; den Sängern auf der Bühne z.

zu|keh|ren ⟨V.1, hat zugekehrt⟩ → zuwenden (1,1)

zu|klap|pen ⟨V.1⟩ **I** ⟨mit Akk.⟩ hat zugeklappt; *mit klappendem Geräusch schließen;* den Deckel z.; ein Buch z. **II** ⟨o.Obj.; ist zugeklappt⟩ *sich mit klappendem Geräusch (von sich aus) schließen;* der Deckel klappt selbsttätig zu

zu|knal|len ⟨V.1⟩ **I** ⟨mit Akk.⟩ hat zugeknallt; *laut und mit Kraft schließen;* wütend die Tür z.; den Deckel des Klaviers z. **II** ⟨o.Obj.; ist zugeknallt⟩ *sich laut mit einem Knall schließen;* die Tür ist zugeknallt

zu|knöp|fen ⟨V.1, hat zugeknöpft; mit Akk.⟩ *mit Knöpfen schließen;* Ggs. *aufknöpfen;* die Jacke z.; vgl. zugeknöpft

zu|kom|men ⟨V.71, ist zugekommen⟩ **I** ⟨o.Obj.⟩ auf jmdn. oder etwas z. *sich jmdm. oder einer Sache nähern;* das Kind kam auf mich zu; das Boot kommt gerade auf uns zu; er kam mit ausgestreckten Händen auf uns zu; es wird noch allerlei an Schwierigkeiten, Aufgaben auf uns z.; wir lassen uns Ruhe, wir warten es ab **II** ⟨mit Dat.⟩ jmdm. z. **1** *jmdm. angemessen sein, sich für jmdn. gehören, für jmdn. schicklich sein;* eine solche Tonart kommt dir nicht zu; solche Fragen kommen mir als Außenstehendem nicht zu **2** *gebühren;* ihm kommt der Titel „Meister" zu **III** ⟨mit Dat. und Akk.⟩ jmdm. etwas z. lassen **a** *jmdm. etwas schicken, (auf einem Umweg) schenken;* jmdm. eine Nachricht z. lassen; jmdm. im Buch einen Geldbetrag z. lassen **b** *jmdm. etwas gewähren;* jmdm. eine Vergünstigung z. lassen

Zu|kost ⟨f., nur Sg.⟩ *zusätzlich aufgenommene Nahrung;* gelegentlich fressen Marder Beeren als Z.

zu|krie|gen ⟨V.1, hat zugekriegt⟩ **1** → zubringen (2) **2** → zubekommen (2)

Zu|kunft ⟨f., -, nur Sg.⟩ **1** *kommende, noch ungewisse Zeit;* die Z. wird es zeigen; in ferner Z. künftig; die Z. der Menschheit; in ferner Z.; dieser Beruf hat Z. *dieser Beruf hat gute Entwicklungsmöglichkeiten;* dieses Auto wird die Z. dieses Auto wird sich (gegen andere) durchsetzen **2** ⟨Gramm.; kurz für⟩ *Zukunftsform*

zu|künf|tig ⟨Adj., o.Steig.⟩ **1** *künftig, noch eintreffend;* die ~e Lage der Dinge; mein Zukünftiger ⟨ugs., scherzh.⟩ *mein Verlobter* **2** ⟨als Adv.⟩ *in Zukunft;* das wird z. anders werden

Zu|kunfts|form ⟨f.10; Gramm.⟩ *Zeitform des Verbs, die ein in der Zukunft liegendes Geschehen bezeichnet, Futurum;* auch: ⟨kurz⟩ *Zukunft*

Zu|kunfts|for|schung ⟨f.10⟩ *Erforschung der kommenden Entwicklung, Futurologie*

Zu|kunfts|mu|sik ⟨f., -, nur Sg.⟩ übertr.⟩ *etwas, dessen Verwirklichung noch in der Zukunft liegt;* das ist noch Z.

Zu|kunfts|ro|man ⟨m.1⟩ *Roman, der in einer erdachten Zukunft spielt, utopischer Roman*

zu|kunfts|träch|tig ⟨Adj.⟩ *eine aussichtsreiche Zukunft habend;* eine ~e *Erfindung*

zu|lä|cheln ⟨V.1, hat zugelächelt; mit Dat.⟩ jmdm. z. *jmdn. ansehen und lächeln, jmdn. lächelnd ansehen*

zu|la|chen ⟨V.1, hat zugelacht; mit Dat.⟩ jmdm. z. *jmdn. ansehen und lachen, jmdn. lachend ansehen*

Zu|la|ge ⟨f.11⟩ *zusätzlich bezahlter Lohn* (Schlechtwetter~)

zu|lan|de ⟨Adv.⟩ *in dieser Gegend;* bei uns z.

zu|lan|gen ⟨V.1, hat zugelangt⟩ 1 → *zugreifen* (3) 2 → *zureichen* (I)

zu|läng|lich ⟨Adj., o.Steig.⟩ *ausreichend, genügend;* ~es Wissen haben

zu|las|sen ⟨V.75, hat zugelassen; mit Akk.⟩ 1 *etwas z.* a ⟨ugs.⟩ *geschlossen lassen;* das Fenster z.; *ich lasse es nicht zu, daß ...;* wir können keine Ausnahmen z.; dieser Satz läßt mehrere Auslegungen zu; *ein schnelleres Gehen nicht zu* c *erlauben, daß etwas benutzt wird;* ein Kraftfahrzeug z.; eine amtliche, technische Bezeichnung z.; Münzen für den Geldverkehr z. 2 jmdn. z. a *jmdm. die Ausübung eines Berufes, eines Gewerbes erlauben;* einen Arzt, als Arzt z. b *jmdm. eine Tätigkeit, die Teilnahme (an etwas) erlauben;* jmdn. zum Studium, zu einem Lehrgang z.

zu|läs|sig ⟨Adj., o.Steig.⟩ *erlaubt, zugelassen;* die ~e Geschwindigkeit; die ~e Höchstgrenze; etwas für z. erklären

Zu|las|sung ⟨f.10⟩ 1 ⟨nur Sg.⟩ *das Zulassen, das Zugelassenwerden* 2 *Erklärung, durch die etwas oder jmd. zugelassen wird;* seine Z. als Arzt, zum Studium erhalten

Zu|las|sungs|stel|le ⟨f.11⟩ *für Zulassungen zuständige Stelle* (Kraftfahrzeug~)

Zu|lauf ⟨m.2⟩ 1 ⟨nur Sg.⟩ *das Zulaufen* (I,3); der Z. von Wasser, Brennstoff; den Z. drosseln 2 ⟨nur Sg.⟩ *das Zulaufen* (II,1); der Arzt, das Lokal hat viel, wenig Z. 3 *Leitung, durch die etwas zuläuft* (I,3); der Z. ist verstopft

zu|lau|fen ⟨V.76, ist zugelaufen⟩ I ⟨o.Obj.⟩ 1 *loslaufen, weiterlaufen;* ⟨bes. als Aufforderung⟩ lauf zu! 2 *in bestimmter Weise geformt sein;* Syn. *zugehen;* der Pfahl läuft oben spitz zu 3 *auf etwas oder jmdn. zulaufen* in Richtung auf etwas oder jmdn. laufen; durch diese Leitung läuft Wasser, Brennstoff zu; wir laufen genau auf den Parkplatz zu; das Kind, der Hund lief auf mich zu 4 *auf etwas z. in Richtung auf etwas verlaufen, sich erstrecken;* der Weg läuft auf den Wald zu II ⟨mit Dat.⟩ jmdm. z. 1 *in großer Anzahl zu jmdm. kommen;* dem (diesem Arzt, diesem Anwalt) laufen die Patienten, Klienten zu ⟨in Scharen⟩ zu 2 *ein Tier läuft jmdm. zu ein Tier kommt zu jmdm., folgt jmdm. und bleibt bei ihm;* die Katze, der Hund ist uns zugelaufen

zu|le|gen ⟨V.1, hat zugelegt; ugs.⟩ I ⟨o.Obj.⟩ *das Tempo steigern;* der Läufer, Radfahrer legt ⟨mächtig⟩ zu II ⟨mit Akk.⟩ *dazulegen, hinzufügen;* leg noch ein paar Mark zu und kauf dir die besseren Schuhe; wir müssen einen Schritt, ein Schrittchen z. *wir müssen etwas schneller gehen* III ⟨mit Dat. und Akk.⟩ jmdm. z. *jmdm. (von nun an) etwas mehr Lohn, Gehalt zahlen* IV ⟨mit Dat. (sich) und Akk.⟩ 1 *sich etwas z. sich etwas anschaffen, kaufen;* sich ein neues Kleid, einen neuen Wagen z.; er hat sich einen Bart zugelegt ⟨scherzh.⟩ *er hat sich einen Bart wachsen lassen* 2 *sich z.* ⟨scherzh., in Wendungen wie⟩ sie hat sich einen neuen Freund zugelegt *sie hat jetzt einen neuen Freund*

zu|lei|de ⟨Adv.⟩ *nur in den Fügungen⟩ jmdm. etwas, nichts z. tun *jmdm. ein, kein Leid antun*

zu|lei|ten ⟨V.2, hat zugeleitet; mit Dat. und Akk.⟩ 1 *einer Sache etwas z. etwas zu einer Sache leiten, hinführen;* einem Grundstück Wasser z. 2 *jmdm. etwas schicken;* jmdm. eine Nachricht z.

Zu|lei|tung ⟨f.10⟩ 1 ⟨nur Sg.⟩ *das Zuleiten* 2 *Leitung;* die Z. war verstopft, unterbrochen

zu|ler|nen ⟨V.1, hat zugelernt, o.Obj. oder mit Akk.; ugs.⟩ *hinzulernen, dazulernen;* er hat durch Erfahrung, durch die Praxis (manches, eine Menge) zugelernt

zu|letzt ⟨Adv.⟩ 1 *am Ende, als letztes;* das machen wir z. 2 *als letzte(r, -s);* wer z. kommt, bekommt nichts mehr; an sich selbst z. denken 3 *das letzte Mal;* ich sah ihn vor drei Wochen z. 4 *endlich, schließlich;* z. gab er auf

zu|lie|be ⟨Adv.⟩ *um jmdm. einen Gefallen zu tun, um jmds., einer Sache willen;* dir z.; dieser Frau z.; der Wahrheit z.

Zu|lie|fer|in|du|strie ⟨f.11⟩ *Industrie, die Produkte liefert, die weiterverarbeitet werden*

zul|len ⟨V.1, hat gezullt; mit Akk. oder o.Obj.; ostmdt.⟩ *von Säuglingen, jungen Tieren⟩ saugen;* auch: *zulpen;* Milch z.; an der Flasche z., aus der Flasche z.

Zulp ⟨m.1; ostmdt.⟩ *Schnuller, Sauger*

zul|pen ⟨V.1, hat gezulpt⟩ → *zullen*

Zu|lu ⟨m., -(s), -(s)⟩ *Angehöriger eines Volkes der Bantuneger* II ⟨n., -(s), nur Sg.⟩ *dessen Sprache*

zum ⟨Präp. und Art.⟩ 1 *zu dem;* die Tür z. Schlafzimmer; z. Telefon laufen, greifen; Gasthaus z. Adler 2 *wegen des ...;* z. Spaß 3 *zu einem* z. *Teil* ⟨Abk.: z.T.⟩; die Arbeit ist z. (großen) Teil fertig

zu|ma|chen ⟨V.1, hat zugemacht; ugs.⟩ I ⟨mit Akk.⟩ *schließen;* Ggs. *aufmachen;* die Tür, das Fenster z.; die Augen z.; wenn das geschieht, kann er seinen Laden z. *dann ist er ruiniert;* dieser Vorfall hat seine Existenz vernichtet II ⟨o.Obj.⟩ 1 *die Geschäftszeit beenden oder unterbrechen;* die Läden machen abends um 18 Uhr, machen mittags zu 2 ⟨bes. im Imperativ⟩ *sich beeilen;* mach zu!

zu|mal I ⟨Konj.⟩ *vor allem (weil), um so mehr als;* z. er viel Verständnis für Kinder hat; z. er selbst drei hat; wir haben ihn sehr gern, z. unsere Tochter II ⟨Adv.; †⟩ *zugleich;* sie kamen alle z.

zu|meist ⟨Adv.⟩ *meist, meistens*

zu|mes|sen ⟨V.84, hat zugemessen; mit Dat. und Akk.⟩ 1 jmdm. etwas z. *etwas abmessen und es jmdm. geben, jmdm. etwas zuteilen;* jmdm. seinen Anteil, seine Ration z.; ihm ist noch eine kurze Spanne Zeit zugemessen ⟨poet.⟩ *er wird nur noch kurze Zeit leben* 2 *einer Sache etwas z. beimessen;* man sollte dem keine so große Bedeutung z.

zu|min|dest ⟨Adv.⟩ *wenigstens, mindestens, jedenfalls;* z. hätte er sich entschuldigen können (wenn er schon den Schaden nicht ersetzen will); z. behauptet er das; z. scheint es so

zu|mu|te ⟨Adv.⟩ *in der Wendung⟩ mir, ihm ist ... z. *ich, er fühlt sich ...;* mir ist nicht zum Lachen z.; mir war z., als müßte ich sterben

zu|mu|ten ⟨V.2, hat zugemutet; mit Dat. und Akk.⟩ jmdm. etwas z. *etwas von jmdm. verlangen, erwarten, was über das Erträgliche, Übliche, über seine Kraft hinausgeht;* jmdm. eine Arbeit z.; du kannst mir nicht z., daß ich ihn darum bitte; du hast dir zuviel zugemutet *du hast dich überanstrengt, du hast dir zuviel Arbeit aufgebürdet*

Zu|mu|tung ⟨f.10⟩ 1 *Forderung, die jmd. nicht erfüllen kann oder will, unbilliges Verlangen;* es ist eine Z., von mir zu erwarten, daß ich ... 2 *Unverschämtheit, Rücksichtslosigkeit;* der Lärm, der Tabaksqualm ist eine Z.

zu|nächst I ⟨Adv.⟩ 1 *zuerst, zu Beginn;* z. wollte ich nicht 2 *vorerst;* z. wollen wir dies bedenken II ⟨Präp. mit Dat.; geh.⟩ *nahe bei, von;* das Haus, der Straße z. liegt

Zu|nah|me ⟨f.11⟩ *das Zunehmen, Steigerung;* eine Z. von 50 Prozent

Zu|na|me ⟨m.15⟩ *Familienname, Beiname;* Vorname und Z.

Zünd|blätt|chen ⟨n.7⟩ *zwischen zwei Papierstreifen geklebtes Gemisch aus rotem Phosphor und Kaliumchlorat (für Kinderpistolen)*

zün|deln ⟨V.1, hat gezündelt; o.Obj.; bayr.-österr.⟩ *mit Feuer spielen;* die Kinder z. gern

zün|den ⟨V.2, hat gezündet⟩ I ⟨mit Akk.⟩ etwas z. 1 *bewirken, daß etwas explodiert;* eine Sprengladung z. 2 *das Triebwerk von etwas einschalten;* eine Rakete z. II ⟨o.Obj.⟩ 1 *einen Brand verursachen;* der Blitz hat gezündet 2 *in Brand geraten;* das Streichholz zündet nicht 3 ⟨unpersönl., mit „es"; ugs.⟩ es zündet bei jmdm. *jmd. begreift (endlich);* jetzt hat es bei mir gezündet 4 ⟨übertr.⟩ *Begeisterung erwecken, mitreißen;* sein Vorschlag zündete bei den Kollegen nicht; eine ~de Rede halten; eine ~de Musik

Zun|der ⟨m.5⟩ 1 *(früher zum Feueranzünden verwendeter) getrockneter Zunderschwamm;* etwas brennt wie Z. 2 *unerwünschte dünne Oxidschicht, die sich beim Abkühlen von Metallen bildet* 3 ⟨nur Sg.; ugs.⟩ *Prügel;* gleich gibt's Z.; jmdm. Z. geben *jmdn. verprügeln, jmdn. zur Eile antreiben, jmdn. ausschimpfen*

Zün|der ⟨m.5⟩ 1 *Vorrichtung zum Entzünden von Explosivstoffen und Sprengladungen* 2 ⟨österr.⟩ → *Streichholz*

Zünd|schwamm ⟨m.2⟩ *Parasit, zu den Porlingen gehöriger Baumpilz,* Syn. *Feuerschwamm*

Zünd|holz ⟨n.4; bes. oberdt.⟩ → *Streichholz*

Zünd|hüt|chen ⟨n.7⟩ *früher bei Handfeuerwaffen⟩ kleine Sprengkapsel, die die Verbrennung der Treibladung auslöst*

Zünd|ker|ze ⟨f.11⟩ *Isolierkörper mit zwei Elektroden, zwischen denen eine elektrische Entladung erfolgt (die zur Zündung von Verbrennungsmotoren dient)*

Zünd|na|del|ge|wehr ⟨n.1⟩ *Hinterladegewehr, bei dem eine vorschnellende Nadel das Zündhütchen der Patrone zur Explosion bringt*

Zünd|schloß ⟨n.4; an Kfz⟩ *Vorrichtung, durch die (mittels eines Schlüssels) die Kontakte zwischen den elektrischen Leitungen hergestellt werden*

Zünd|schlüs|sel ⟨m.5; bei Kfz⟩ *Schlüssel, mit dem das Zündschloß betätigt wird*

Zünd|schnur ⟨f.2⟩ → *Lunte* (1)

Zünd|stoff ⟨m.1⟩ *Stoff, der eine Verbrennung einleitet* 2 ⟨übertr.⟩ *etwas, das zu heftigen Auseinandersetzungen führt;* das Thema enthält eine Menge Z.

Zün|dung ⟨f.10⟩ 1 *das Zünden, Einleitung einer Verbrennung* 2 *(bei Verbrennungsmotoren) Vorrichtung zum Zünden des Brennstoffgemischs;* die Z. einstellen

zu|neh|men ⟨V.88, hat zugenommen⟩ I ⟨o.Obj.⟩ 1 *größer werden, wachsen;* der Mond nimmt zu; der Dunkelheit, Helligkeit nahm zu; sein Reichtum nimmt immer mehr zu; es geht ihm ~d besser *es geht ihm immer besser, von Tag zu Tag besser* 2 *länger werden;* die Tage nehmen zu 3 *an etwas im Hinblick auf etwas mehr, größer werden, wachsen;* der Sturm nahm an Stärke zu; an Jahren z. *älter werden* II ⟨o.Obj. oder mit Akk.⟩ 1 *dicker werden, sein Gewicht vergrö-*

ßern; er hat in letzter Zeit stark zugenommen; er hat 10 kg zugenommen 2 ⟨Stricken⟩ die Maschenzahl auf der Nadel vergrößern; auf jeder zweiten Nadel eine Masche z.

zu|nei|gen ⟨V.1, hat zugeneigt⟩ I ⟨mit Dat.⟩ *einer Sache z.* **1** *eine Sache besser finden;* ich neige (eher) der Ansicht, Auffassung zu, daß ... **2** *eine Sache schön, gut finden, eine Vorliebe für eine Sache haben;* er neigt der alten Musik zu II ⟨refl. mit Dat.⟩ *sich* **1** *sich einer Sache z.* **a** *Gefallen an einer Sache finden, sich einer Sache zuwenden* **b** *in Richtung auf eine Sache verlaufen, sich bewegen;* das Jahr, sein Leben neigt sich dem Ende zu **2** *sich jmdm. z. sich zu jmdm. neigen*

Zu|nei|gung ⟨f., -, nur Sg.⟩ *starkes Gefühl, jmdn. oder etwas gern zu haben, Sympathie zu jmdm.;* eine herzliche Z. zu jmdm. empfinden; Z. gewinnen

Zunft ⟨f.2; 11.–19. Jh.⟩ *Vereinigung von Handwerkern desselben Gewerbes (zur gegenseitigen Hilfe, zur Wahrung ihrer Interessen u.a.)* [< mhd. *zunft, zumft* „Regel, Schicklichkeit, nach bestimmten Regeln eingerichtete Gesellschaft", zu *zemen* „ziemen", eigtl. „Regel dessen, was sich ziemt"; dann „danach eingerichtete Gemeinschaft"]

zünf|tig ⟨Adj.⟩ **1** ⟨nur Sg.⟩ *zu einer Zunft gehörig, einer Zunft gemäß;* ~er Handwerker; ~e Ausführung **2** *einer Sache, Tätigkeit gemäß;* ~e Wanderkleidung **3** ⟨ugs.⟩ *den Erwartungen, Vorstellungen entsprechend;* eine ~e Feier

Zun|ge ⟨f.11⟩ **1** *mit Schleimhaut überzogenes, sehr bewegliches Muskelorgan der Mundhöhle;* belegte Z.; jmdm. die Z. herausstrecken (als Zeichen der Ablehnung, Verachtung); ich hätte mir die Z. abbeißen mögen *ich bereute sofort, daß ich das gesagt hatte;* mit der Z. schnalzen; mit der Z. anstoßen *lispeln;* eine spitze, scharfe, lose, böse Z. haben ⟨a⟩ *zu spitzen, scharfen, losen, bösen Bemerkungen neigen;* eine schwere Z. haben ⟨ugs.⟩ *betrunken sein;* mit doppelter, gespaltener Z. reden ⟨ugs.⟩ *unaufrichtig sein, reden;* mir hängt die Z. zum Hals heraus ⟨ugs.⟩ *ich bin außer Atem, sehr durstig;* halte deine Z. im Zaum!, hüte deine Z.! ⟨ugs.⟩ *sei vorsichtig mit dem, was du sagst!;* ich will mir nicht die Z. verbrennen ⟨ugs.⟩ *ich will nichts sagen, was mir später leid tun könnte;* ich kenne den Namen, aber er fällt mir nicht ein; es brennt mir auf der Z. ⟨ugs.⟩ *ich möchte es gern sagen (darf aber nicht)* **2** *Zunge (1) von Schlachttieren (als Speise)* **3** *längliches, einer Zunge (1) ähnliches Gebilde (Land~)* **4** *längliches, bewegliches, einer Zunge (1) ähnliches Teil;* Z. eines Gletschers, eines Halbschuhs (unter der Verschnürung), eines Rechenschiebers **5** ⟨bei Blasinstrumenten⟩ *Holz- oder Metallblatt, das beim Anblasen in Schwingung gerät und die Luftsäule im Instrument zum Erklingen bringt* **6** ⟨geh.⟩ *Sprache;* so weit die deutsche Z. reicht; mit tausend ~n sprechen *sehr nachdrücklich, eindringlich sprechen*

zün|geln ⟨V.1, hat gezüngelt; o.Obj.⟩ **1** *die Zunge schnell herausstrecken, mehrmals rasch bewegen und wieder zurückziehen;* die Schlange züngelt **2** ⟨von Dingen, die lang, schmal und spitz wie eine Zunge geformt sind⟩ *sich schnell hin und her, auf und nieder bewegen;* die Flammen z.; die Wellen z. bis zum Bootsrand

Zun|gen|bänd|chen ⟨n.7⟩ *Schleimhautfalte zwischen Zungenunterseite und Unterkieferschleimhaut*

Zun|gen|bein ⟨n.1⟩ *teils knöcherne, teils knorplige, hufeisenförmige Stütze der Zunge, die muskulös am Schädel aufgehängt ist*

zun|gen|fer|tig ⟨Adj.⟩ *redegewandt* **Zun|gen|fer|tig|keit** ⟨f., -, nur Sg.⟩

Zun|gen|laut ⟨m.1⟩ *mit der Zunge gebildeter Laut (z. B. das Zungen-R)*

Zun|gen|pfei|fe ⟨f.11⟩ *Orgelpfeife, bei der der Ton durch ein in Schwingungen versetztes Metallplättchen erzeugt wird;* Ggs. *Labialpfeife*

Zun|gen-R ⟨n., -(s), -(s)⟩ *mit der Zunge hinter den oberen Schneidezähnen gebildetes R;* Ggs. *Zäpfchen-R*

Zun|gen|schlag ⟨m.2⟩ **1** *rasche Bewegung der Zunge* **2** *Akzent;* mit französischem Z. reden **3** *bestimmte Sprechweise;* ein falscher Z. *ein Sichversprechen, versehentlich falsche Ausdrucksweise;* ein neuer Z.

Zun|gen|wurst ⟨f.2⟩ *Blutwurst, die Stückchen von Zunge (2) enthält*

Züng|lein ⟨n.7⟩ *kleine Zunge;* das Z. an der Waage (auch übertr.) *Person oder Sache, die eine Entscheidung herbeiführt*

zu|nich|te ⟨Adv.; nur in den Fügungen⟩ **1** z. machen *vernichten, zerstören;* jmds. Pläne z. machen **2** z. werden *vernichtet, zerstört, vereitelt werden;* unsere Pläne sind z. geworden

zu|nicken ⟨-k·k-; V.1, hat zugenickt; mit Dat.⟩ *jmdm. z. jmdn. ansehen und dabei nicken;* jmds. ermunternd, anerkennend, freundlich z.; jmdm. zum Gruß z.

zu|nie|derst ⟨Adv.; landsch.⟩ →*zuunterst*

Züns|ler ⟨m.5⟩ ⟨*in sehr vielen Arten vorkommender*⟩ *Kleinschmetterling (Mehl~)* [< mundartlich *zünseln* „flackern, unruhig fliegen"]

zu|nut|ze ⟨Adv.; in der Wendung⟩ sich etwas z. machen *etwas für sich ausnützen*

zu|oberst ⟨Adv.⟩ *ganz oben;* Ggs. *zuunterst;* die Hemden liegen z. im Schrank; das Unterste z. kehren *alles völlig umdrehen, durcheinanderbringen*

zu|ord|nen ⟨V.2, hat zugeordnet; mit Dat. und Akk.⟩ *etwas einer Sache, jmdn. einer Gruppe z. etwas oder jmdn. (einer bestimmten Ordnung gemäß) in eine Sache, eine Gruppe einordnen;* Syn. *zurechnen, zuzählen;* diese Bilder sind dem Impressionismus zuzuordnen; dieser Maler ist den Impressionisten zuzuordnen; welcher Zeit könnte man dieses Musikstück z.?; Pflanzen-, Tierarten einer bestimmten Familie, Rasse z. **Zu|ord|nung** ⟨f.10⟩

zu|packen ⟨-k·k-; V.1, hat zugepackt⟩ →*zugreifen (2)*

zu|paß ⟨Adv.; in der Fügung⟩ z. kommen *willkommen, gelegen sein;* das kommt mir gut, sehr nicht z.

zup|fen ⟨V.1, hat gezupft⟩ I ⟨o.Obj. oder mit Akk.⟩ *leicht und kurz ziehen;* nachdenklich an seinem Bart z.; verlegen, nervös an seinen Fingern z.; jmdn. am Ärmel, an den Haaren z. II ⟨mit Akk.⟩ **1** *mit leichtem Ruck ab-, herausreißen;* Unkraut z.; Beeren z.; lockere Fasern aus einem Gewebe z. **2** *ein Zupfinstrument z. die Saiten eines Zupfinstrumentes mit einem Finger oder mit dem Plektrum fassen und leicht reißen;* die Gitarre, die Zither z.

Zupf|gei|ge ⟨f.11; †⟩ →*Gitarre*

Zupf|in|stru|ment ⟨n.1⟩ *Instrument, dessen Töne durch das Zupfen von Saiten erzeugt werden (z. B. Gitarre, Harfe)*

zu|pro|sten ⟨V.2, hat zugeprostet; mit Dat.⟩ *jmdm. z. die Weinglas erheben, jmdn. ansehen, ihm „Prosit" oder „Prost" zurufen und einen Schluck trinken*

zur ⟨Präp. und Art.⟩ *zu der;* Post gehen; z. Ruhe gehen, kommen; z. Rechten, Linken; z. Neige gehen; z. Genüge

zu|ra|ten ⟨V.94, hat zugeraten; mit Dat.⟩ *jmdm. z. jmdm. zu etwas raten, jmdm. raten, etwas zu tun;* ich weiß nicht, ob ich dir z. soll (das zu tun); ich habe ihm dringend zugeraten

Zür|cher ⟨m.5⟩ *Einwohner von Zürich;* auch: *Züricher*

zu|rech|nen ⟨V.2, hat zugerechnet; mit Dat. und Akk.⟩ **1** *einer Sache etwas z.* →*zuord-*

nen **2** *jmdm. etwas z. etwas zählen, rechnen und jmdm. geben;* diese Stimmen sind alle dem Abgeordneten X zuzurechnen; diesen Betrag rechnen wir ihm als Vergütung zu

Zu|rech|nung ⟨f., -, nur Sg.⟩ *das Zurechnen (der Verantwortung des Menschen für sein Tun)*

zu|rech|nungs|fä|hig ⟨Adj., o.Steig.⟩ **1** *geistig in der Lage, sein Handeln zu überdenken* **2** ⟨Rechtsw.⟩ *schuldfähig* **Zu|rech|nungs|fä|hig|keit** ⟨f., -, nur Sg.⟩

zu|rech|nungs|un|fä|hig ⟨Adj., o.Steig.⟩ **1** *nicht zurechnungsfähig* **2** ⟨Rechtsw.⟩ *schuldunfähig* **Zu|rech|nungs|un|fä|hig|keit** ⟨f., -, nur Sg.⟩

zu|recht... ⟨in Zus. mit Verben⟩ *durch die im Verb genannte Tätigkeit in die gewünschte Form bringen, z.B. zurechtbiegen, zurechtschneiden, zurechtstutzen*

zu|recht|fin|den ⟨V.36, hat zurechtgefunden; refl.⟩ *sich z.* **1** *den Weg allein finden;* ich finde mich schon zurecht; sich in einer Stadt, in einer Gegend z. **2** *sich in einer Sache durch Prüfen, Lesen, Vergleichen, Fragen erkennen, worum es sich bei etwas handelt, vertraut mit etwas werden;* sich in einer neuen Arbeit, in einer Angelegenheit z.

zu|recht|kom|men ⟨V.71, ist zurechtgekommen; o.Obj.⟩ **1** *rechtzeitig kommen;* wir kamen gerade noch zum ersten Akt zurecht **2** *mit etwas z. mit etwas fertigwerden, etwas zustande bringen;* mit einer Arbeit, Aufgabe z. **3** *mit jmdm. z. mit jmdm. fertigwerden, jmdn. richtig behandeln können;* ich komme mit ihm, mit den Kindern gut, nicht zurecht

zu|recht|le|gen ⟨V.1, hat zurechtgelegt; mit Dat. und Akk.⟩ **1** *jmdm. oder sich etwas z. etwas vorher so hinlegen, wie es dann gebraucht werden wird;* jmdm. Kleidung z.; sich seine Schreibsachen, sich die Zutaten z. **2** *sich etwas z. sich vorher etwas überlegen, sich ausdenken;* sich eine Antwort, Ausrede z.

zu|recht|ma|chen ⟨V.1, hat zurechtgemacht; mit Akk.⟩ **1** *etwas z. etwas so vorbereiten, wie es dann gebraucht werden wird;* den Tisch für die Mahlzeit z.; das Zimmer für den Gast z.; eine Platte hübsch z. *hübsch anrichten, garnieren* **2** *jmdn. oder sich z. jmdn. oder sich ankleiden, frisieren, schminken;* ein Kind für die Schule, für das Fasching z.; sich fürs Theater, für eine Einladung z.

zu|recht|rücken ⟨-k·k-; V.1, hat zurechtgerückt; mit Akk.⟩ *ordentlich, handlich hinstellen, hinsetzen, wie es gebraucht wird;* die Stühle um den Tisch z.; jmdm. einen Sessel z.; einem Kranken die Kissen z.; jmdm. den Kopf z. ⟨übertr., ugs.⟩ *jmdm. die Meinung sagen, jmdn. zurechtweisen;* Syn. *zurechtsetzen;* eine Sache wieder z. *eine Sache wieder in Ordnung bringen, eine Sache klären*

zu|recht|set|zen ⟨V.1, hat zurechtgesetzt⟩ I ⟨mit Akk.⟩ *so hinsetzen, wie es gebraucht werden wird;* Gegenstände z.; jmdm. den Kopf z. →*zurechtrücken* II ⟨refl.⟩ *sich z. auf einem Sitzplatz ein paarmal hin und her rücken, um sich die richtige, bequeme Art des Sitzens finden;* sich auf dem Motorrad, im Auto z.; sich bequem, behaglich im Sessel z.

zu|recht|wei|sen ⟨V.177, hat zurechtgewiesen; mit Akk.⟩ *jmdm. z. jmdm. erklären, daß er etwas falsch macht oder gemacht hat, jmdm. einen deutlichen, klaren Vorwurf machen; jmdm. etwas mißbilligen;* jmdn. energisch, scharf, sanft z.; die Kinder z., weil sie zu laut sind

Zu|recht|wei|sung ⟨f.10⟩ *zurechtweisende Äußerung;* jmdm. eine Z. geben; eine Z. einstecken müssen

zu|recht|zim|mern ⟨V.1, hat zurechtgezimmert; mit Akk.⟩ *notdürftig, vorläufig herstellen, (aus Holz) anfertigen;* ein Regal z.; sich eine Ausrede z. ⟨übertr.⟩

zu|re|den ⟨V.2, hat zugeredet; mit Dat.⟩

jmdm. z. mit jmdm. reden, um ihn zu etwas zu veranlassen; jmdm. z. mitzukommen, nachzugeben; jmdm. gut z.

zu|rei|chen ⟨V.1, hat zugereicht⟩ **I** ⟨o.Obj.⟩ *reichen, ausreichen, genügen;* Syn. *zulangen;* 500 g werden z.; danke, das reicht zu **II** ⟨mit Dat. und Akk.⟩ *jmdm. etwas so geben, daß er es gut fassen kann;* jmdm. Werkzeug, Material z.

zu|rei|ten ⟨V.97⟩ **I** ⟨mit Akk.; hat zugeritten⟩ *ein Pferd z. ein Pferd an das Tragen eines Reiters gewöhnen und es lehren, wie es den Hilfen zu gehorchen hat* **II** ⟨o.Obj.; ist zugeritten⟩ *auf etwas zur. oder jmdn.* **2** *in Richtung auf etwas oder jmdn. reiten;* auf den Wald z.

Zü|ri|cher ⟨m.5⟩ →*Zürcher*

zu|rich|ten ⟨V.2, hat zugerichtet; mit Akk.⟩ **1** *etwas z.* **a** *(für einen bestimmten Zweck) vorbereiten;* Bretter z. zuschneiden und glätten; einen Steinblock z. *in eine bestimmte Form hauen* **b** *für den Druck vorbereiten, von Unebenheiten befreien;* eine Druckform z. **c** *haltbar, widerstandsfähig machen, appretieren;* Gewebe z. **d** *von Fleischresten befreien, glätten, gerben;* Felle z. **e** *nach dem Gerben weiterbearbeiten, veredeln;* Leder z. **f** *veredeln;* Pelzwerk z. **2** *etwas, jmdn. oder sich z. in einen schlechten, schmutzigen Zustand bringen, verletzen;* er hat den Wagen, seine Kleidung übel, ⟨iron.⟩ schön zugerichtet; ich habe mich beim Malen, Tünchen ziemlich zugerichtet; er ist bei der Schlägerei böse, übel zugerichtet worden

Zu|rich|tung ⟨f.10⟩ *das Zurichten* (1)

zür|nen ⟨V.1, hat gezürnt; mit Dat. oder o.Obj.⟩ *jmdm. z., mit jmdm. z. zornig auf jmdn. sein*

zur|ren ⟨V.1, hat gezurrt; mit Akk.⟩ **1** ⟨Seew.⟩ *auf Deck festbinden;* den Anker z.; ein Boot z. **2** ⟨allg.⟩ *festbinden,* ⟨meist⟩ *festzurren* [< älterem *sorren* < ndrl. *sjorren* in ders. Bed., wahrscheinlich lautmalend]

Zur|schau|stel|lung ⟨f.10⟩ *das Zurschaustellen;* vgl. *Schau* (4)

zu|rück ⟨Adv.⟩ **1** *wieder an den Ausgangspunkt;* eine Fahrkarte hin und z.; ich brauche hin und z. eine Stunde **2** *wieder am Ausgangspunkt, wieder hier, wieder da;* er ist von der Reise (noch nicht) z.; ich bin in zehn Minuten z. **3** *zurückgeblieben, an einer Stelle, in einem Stadium hinter den andern;* er ist in seiner Entwicklung z.; die Natur ist hier noch z. (im Vergleich zu andern Landschaften, in denen schon Frühling ist)

zu|rück... ⟨in Zus. mit Verben⟩ **1** *rückwärts, nach hinten,* z.B. zurückbiegen, zurückblicken **2** *in die Vergangenheit,* z.B. zurückdenken, zurückschauen **3** *in Richtung auf den Ausgangspunkt, an den Ausgangspunkt,* z.B. zurücklaufen **4** *wieder ...,* z.B. zurückbekommen, zurückerobern

zu|rück|be|hal|ten ⟨V.61, hat zurückbehalten; mit Akk.⟩ *etwas z.* **1** *bei sich behalten, nicht weggeben;* er hat von dem Geld etwas für Notfälle z.; er hat widerrechtlich Geld (für sich) z. **2** *behalten, nicht wieder loswerden;* sie hat von dem Unfall eine Lähmung z.

zu|rück|bil|den ⟨V.2, hat zurückgebildet; refl.⟩ *sich z. kleiner werden und verschwinden;* die Schwellung bildet sich mit der Zeit zurück

zu|rück|blei|ben ⟨V.17, ist zurückgeblieben; o.Obj.⟩ **1** *nicht mitkommen, nicht folgen können, hinter den andern bleiben;* beim Laufen, Wandern z.; in der Schule z.; er ist geistig zurückgeblieben *er hat sich geistig nicht normal entwickelt, nicht wie die übrigen Kinder entwickelt* **2** *stehen-, liegenbleiben, an einem Ort bleiben;* er blieb traurig am Bahnhof, zu Hause zurück; das Gepäck blieb vorläufig hier zurück; z.! ⟨Zuruf auf S-Bahnhöfen u.ä.⟩ *nicht mehr einsteigen!* **3** ⟨als Rest, als Schaden⟩ *bleiben;* er hat sich von seiner Krankheit erholt, aber ein ständiger Kopfschmerz ist zurückgeblieben; von dem Fleck ist nichts, ist ein Rand zurückgeblieben

zu|rück|da|tie|ren ⟨V.3, hat zurückdatiert⟩ →*nachdatieren*

zu|rück|dre|hen ⟨V.1, hat zurückgedreht; mit Akk.⟩ **1** *in Richtung der Ausgangsstellung drehen, rückwärts drehen;* eine Kurbel z.; die Uhrzeiger z.; man kann das Rad der Geschichte nicht z. ⟨übertr.⟩ *man kann Vergangenes nicht wiederherstellen;* bei elektr. Geräten **2** *in der Wirkung einschränken;* das Radio z. *auf eine geringere Lautstärke einstellen;* die Küchenmaschine z. *die Schnelligkeit ihrer Bewegung vermindern*

zu|rück|fah|ren ⟨V.32⟩ **I** ⟨o.Obj.; ist zurückgefahren⟩ **1** *an den Ausgangspunkt fahren, nach Hause fahren;* wir fahren morgen zurück **2** *umkehren und in der entgegengesetzten Richtung fahren;* fahren Sie bis zur nächsten Querstraße zurück und biegen Sie dort rechts ab **3** *sich rasch nach hinten bewegen, rasch zurückweichen* (vor Schreck, vor Ekel o.ä.); ich bin beinahe, richtig zurückgefahren, als ich ihn sah (so schlecht sah er aus); sie fuhr zurück, als das Tier auf sie zukroch **II** ⟨mit Akk.; hat zurückgefahren⟩ *im Fahrzeug zurückbringen*

zu|rück|fal|len ⟨V.33, ist zurückgefallen; o.Obj.⟩ **1** *nach hinten fallen;* der Kopf des Ohnmächtigen fiel zurück; der Kranke fiel in die Kissen zurück **2** ⟨in den Leistungen⟩ *schlechter werden;* er ist in der Schule zurückgefallen **3** *an jmdn., in etwas z. wieder in jmds. Besitz, in den Besitz einer Institution übergehen;* das Grundstück fällt nach seinem Tod an den Staat zurück **4** *in etwas z. wieder in etwas verfallen, wieder etwas annehmen;* in eine alte Gewohnheit, in einen alten Fehler z. **5** *auf etwas oder jmdn. z.* **a** *sich für etwas oder jmdn. ungünstig auswirken;* seine Unverschämtheit fällt auf die ganze Klasse zurück **b** *als verantwortlich für etwas zeigen;* wenn du dich so schlecht benimmst, fällt das nur auf deine Eltern zurück

zu|rück|fra|gen ⟨V.1, hat zurückgefragt⟩ **I** ⟨o.Obj.; selten für⟩ *rückfragen* **II** ⟨mit Akk.⟩ *etwas z. etwas mit einer Gegenfrage beantworten,* (auf eine Frage hin) *seinerseits etwas fragen;* ,,...?" fragte er zurück

zu|rück|füh|ren ⟨V.1, hat zurückgeführt⟩ **I** ⟨mit Akk.⟩ **1** *jmdn. z. jmdn. an den Ausgangspunkt führen;* man führte ihn auf seinen Platz z. **2** *etwas auf etwas z. etwas durch etwas erklären, etwas als Ursache für etwas betrachten;* wir führen den Unfall auf seine Übermüdung zurück; ich führe sein Verhalten darauf zurück, daß er verärgert war **II** ⟨o.Obj.⟩ *an den Ausgangspunkt führen, verlaufen;* der Weg führt zum Parkplatz zurück

Zu|rück|füh|rung ⟨f., -, nur Sg.⟩ *das Zurückführen* (1,2)

Zu|rück|ga|be ⟨f., -, nur Sg.⟩ *das Zurückgeben*

zu|rück|ge|ben ⟨V.45, hat zurückgegeben⟩ **I** ⟨mit Akk.⟩ *antworten;* ,,...!" gab sie zurück **II** ⟨mit Akk. oder mit Dat. und Akk.⟩ (jmdm.) *etwas z. etwas dem Eigentümer, dem Geber wiedergeben;* wir müssen die Theaterkarten z.; er hat das gestohlene Geld zurückgegeben; jmdm. sein Eigentum z.; ich gebe dir das Geld, das Buch morgen zurück; jmdm. eine (schriftliche) Arbeit korrigiert z.; jmdm. sein Versprechen z. ⟨geh.⟩ *jmdn. von seinem Versprechen entbinden, nicht mehr verlangen, daß er sein Versprechen hält*

zu|rück|ge|hen ⟨V.47, ist zurückgegangen; o.Obj.⟩ **1** *an den Ausgangspunkt gehen;* wir gehen den gleichen Weg zurück; in die Vergangenheit z. ⟨übertr.⟩ *Vergangenes wieder in die Erinnerung rufen, sich Vergangenes vor Augen führen;* ich habe nicht bestellte, mangelhafte Ware wieder (an den Absender) z. lassen *zurückschicken* **2** *umkehren und in entgegengesetzter Richtung gehen;* gehen Sie hundert Meter zurück und biegen Sie links ab **3** *kleiner, weniger, schwächer werden;* die Geschwulst, das Fieber ist zurückgegangen **4** *auf etwas z. etwas als Ausgangspunkt, als Ursache haben;* der Fehler geht auf ein Versehen zurück; die Entwicklung geht auf folgendes Ereignis zurück **5** *sich auf einen bestimmten Wert vermindern;* die Temperatur ist auf zehn Grad zurückgegangen; **5** *mit etwas z.* ⟨ugs.⟩ *etwas verringern;* mit dem Tempo z.

zu|rück|ge|zo|gen ⟨Adj.; nur als Attr. und Adv.⟩ *entfernt von andern Menschen, ohne Gesellschaft, einsam, für sich;* ein ~es Leben führen; sie leben sehr z. **Zu|rück|ge|zo|gen|heit** ⟨f., -, nur Sg.⟩

zu|rück|grei|fen ⟨V.59, hat zurückgegriffen; o.Obj.⟩ **1** *in die Vergangenheit zurückgehen, bei Vergangenem beginnen;* ich muß weit z., wenn ich darüber sprechen will **2** *von etwas Gebrauch machen, was schon lange vorhanden, bekannt ist;* auf ein Angebot z.; auf ein altes Mittel z.

zu|rück|hal|ten ⟨V.61, hat zurückgehalten⟩ **I** ⟨mit Akk.⟩ **1** *etwas z.* **a** *etwas nicht hergeben, nicht bekanntmachen;* Geld z.; eine Neuigkeit, Nachricht z. **b** *sich merken lassen, nicht äußern;* seinen Zorn, ein Lachen z. **c** *im Körper halten;* er kann das Wasser nicht z.; den Husten z. **2** *jmdn. z.* **a** *jmdn. am Weggehen hindern;* ich will dich nicht länger z. **b** *jmdn. hindern, davor bewahren, etwas zu tun;* jmdn. von einer unüberlegten Handlung z.; ich konnte ihn gerade noch vom Sprung ins Wasser z. **II** ⟨refl.⟩ *sich z.* **1** *sparsam mit Worten sein, sich kaum einmischen;* sei beim Streit z. **2** *mäßig sein;* sich im Essen, Trinken z.

zu|rück|hal|tend ⟨Adj.⟩ **1** *ruhig, sparsam mit Gefühlsäußerungen und Worten;* ein ~er Mensch; er ist sehr z. **2** *ohne Begeisterung, kühl;* ein ~e Begrüßung; der Beifall war z.

Zu|rück|hal|tung ⟨f., -, nur Sg.⟩ *das Sichzurückhalten, Kühle, Ruhe;* eine Nachricht mit Z. aufnehmen

zu|rück|keh|ren ⟨V.1, ist zurückgekehrt; o.Obj.; geh.⟩ **1** *wiederkommen, wieder nach Hause kommen;* sie kehren morgen zurück; sie sind wohlbehalten zurückgekehrt; er ist aus dem Krieg gesund zurückgekehrt **2** *wieder an den Ausgangspunkt kommen;* und damit kehren wir zu unserer ersten Frage zurück, zu unserem ersten Thema zurück **3** *zu etwas z. etwas wieder aufnehmen;* er ist zu seiner alten Gewohnheit zurückgekehrt; er ist zu jmdm. z. *wieder zu jmdm. kommen und* (nun) *bei ihm bleiben;* er ist zu seiner Frau zurückgekehrt (nachdem er sie verlassen hatte)

zu|rück|kom|men ⟨V.71, ist zurückgekommen; o.Obj.⟩ **1** *wiederkommen, erneut kommen* (nachdem man weggegangen ist); wann kommst du zurück?; ich komme in einer Stunde zurück **2** *auf etwas z. wieder von etwas sprechen* (von dem bereits gesprochen worden ist); ich komme gern auf Ihr Angebot zurück; ich möchte noch einmal auf Ihre Frage z.

zu|rück|las|sen ⟨V.75, hat zurückgelassen; mit Akk.⟩ *an einem Ort lassen und weggehen;* er hat sein Gepäck zurückgelassen; eine Nachricht z.; er hat nichts für mich zurückgelassen?; er hat bei seinem Tod eine Frau und drei kleine Kinder zurückgelassen

Zu|rück|las|sung ⟨f., -, nur Sg.⟩ *das Zurücklassen;* er verschwand unter Z. hoher Schulden

zu|rück|le|gen ⟨V.1, hat zurückgelegt⟩ **I** ⟨mit Akk.⟩ *etwas z.* **1** *wieder auf seinen Platz legen;* er nahm das Foto, betrachtete es und legte es (wieder) zurück **2** *nach hinten legen;* den Kopf z. **3** *sparen;* monatlich 100 DM z. **4** *aufheben* (bis es abgeholt wird); Theaterkarten z. lassen **5** *hinter sich bringen;* einen langen Weg z.; sie haben eine Strecke *von 200 km zurücklegt* **6** ⟨österr.⟩ *wiederlegen; ein Amt z.* **II** ⟨refl.⟩ *sich z. sich wieder auf die Rücken legen (nachdem man sich zum Sitzen aufgerichtet hatte)*

zu|rück|lie|gen ⟨V.80, hat zurückgelegen; o.Obj.⟩ **1** *vergangen sein; es liegt schon lange zurück; das Ereignis liegt etwa zehn Jahre zurück; in den ~den Jahren* **2** *im Rückstand sein, hinter den andern laufen, fahren; er liegt im Rennen weit zurück; er liegt zwei Runden zurück*

zu|rück|mel|den ⟨V.2, hat zurückgemeldet; mit Akk.⟩ *jmdn. oder sich z. melden, daß jmd. oder man (selbst) zurückgekehrt ist; er meldete sich beim Offizier vom Dienst, beim Abteilungsleiter zurück*

zu|rück|neh|men ⟨V.88, hat zurückgenommen⟩ **I** ⟨mit Akk.⟩ **1** *etwas z.* **a** *nach hinten bewegen; den Kopf, die Schultern z.; einen Fuß z.* **b** *wieder an sich nehmen; wir können die Ware, die Theaterkarten nicht z.* **c** *widerrufen, erklären, daß etwas nicht richtig sei; eine Aussage, Behauptung z.* **d** ⟨Brettspiel⟩ *rückgängig machen; einen Zug z.* **2** *jmdn. zurückgehen, zurückmarschieren lassen; Truppen z.* **II** ⟨refl.⟩ *sich z. seinen Zorn, seine Erregung zügeln*

zu|rück|pral|len ⟨V.1, ist zurückgeprallt; o.Obj.⟩ **1** *(von etwas) abprallen und sich wieder zum Ausgangspunkt bewegen; der Ball prallt (von der Wand) zurück* **2** *rasch und erschrocken zurückweichen; ich prallte fast zurück vor Schreck, als ich ihn sah (so elend sah er aus)*

zu|rück|schau|dern ⟨V.1, ist zurückgeschaudert; o.Obj.⟩ *schaudernd zurückweichen; ich schauderte zurück, als ich das sah; vor Gedanken, einer Tat z.*

zu|rück|scheu|en ⟨V.1, ist zurückgescheut; o.Obj.⟩ *vor etwas z. sich scheuen, Bedenken haben, etwas zu tun;* Syn. *zurückschrecken; er scheute davor zurück, seinen Mitschüler anzuzeigen; er scheut vor einem Mord (nicht) zurück; er scheut vor nichts zurück*

zu|rück|schrec|ken ⟨-k·k-⟩ **I** ⟨V.1 oder 126; o.Obj.⟩ ist zurückgeschreckt **1** → *zurückscheuen* **2** *erschrocken zurückweichen; vor einer dunklen Gestalt z.* **II** ⟨V.1; mit Akk.; hat zurückgeschreckt⟩ *jmdn. z. jmdn. in Angst versetzen (und dadurch hindern, etwas zu tun); sein Zorn, sein Drohen schreckt sie nicht zurück*

zu|rück|set|zen ⟨V.1, hat zurückgesetzt⟩ **I** ⟨mit Akk.⟩ **1** *etwas oder sich z. nach hinten setzen; Blumentöpfe weiter z.; einen Fuß z.; sich (im Sessel) z.* **2** *etwas z. wieder an den alten Platz setzen; einen Stuhl (den man sich herangezogen hat) z.* **b** *herabsetzen; den Preis für eine Ware z.* **c** *rückwärts fahren; den Wagen fünf Meter z.* **3** *jmdn. z. jmdn. weniger gut behandeln als die andern, weniger beachten als die andern; er fühlt sich durch ihr Verhalten zurückgesetzt; bitte sprich mit ihm, damit er sich nicht zurückgesetzt fühlt* **II** ⟨o.Obj.⟩ **1** *rückwärts fahren; wir müssen ein paar Meter z.* **2** ⟨Jägerspr.⟩ *ein kleineres Geweih ausbilden als bisher; der Hirsch hat zurückgesetzt*

Zu|rück|set|zung ⟨f.10⟩ *das Zurücksetzen (I,2b,3), das Zurückgesetztwerden (I,3); er war gekränkt über die Z.*

zu|rück|stec|ken ⟨-k·k-; V.1, hat zurückgesteckt⟩ **I** ⟨mit Akk.⟩ **1** *an den alten Platz stecken; einen Pfahl z.; einen Brief im Umschlag z.* **2** *weiter nach hinten stecken; Pfosten z.* ⟨übertr.⟩ *nachgeben, sich fügen* **3** *mäßigen, vermindern; seine Ansprüche z.* **II** ⟨o.Obj.⟩ *seine Ansprüche, Forderungen vermindern, sich mit weniger begnügen; man muß auch einmal z. können*

zu|rück|ste|hen ⟨V.151, hat zurückgestanden; o.Obj.⟩ **1** ⟨ugs.⟩ *weiter hinten stehen; das Haus steht etwas zurück* **2** *benachteiligt werden; ich will nicht immer z.; er muß immer hinter seinen Geschwistern z. er wird gegenüber seinen Geschwistern immer benachteiligt, er muß zugunsten seiner Geschwister immer auf irgend etwas verzichten*

zu|rück|stel|len ⟨V.1, hat zurückgestellt; mit Akk.⟩ **1** *etwas z.* **a** *an den alten Platz stellen; ein Buch ins Regal z.* **b** *weiter nach hinten stellen* **c** *darauf verzichten, etwas durchzusetzen; seine Interessen, Ansprüche z.* **d** *auf einen früheren Zeitpunkt stellen; die Uhr z.* **e** *auf eine geringere Temperatur einstellen; die Heizung z.* **f** ⟨österr.⟩ *zurückbringen; etwas Geliehenes z.* **2** *jmdn. z. vom Wehrdienst, vom Schulbesuch befreien; man hat ihn für ein Jahr zurückgestellt*

zu|rück|tre|ten ⟨V.163, ist zurückgetreten; o.Obj.⟩ **1** *nach hinten treten; einen Schritt z.* **2** *in den Hintergrund treten, weniger wichtig sein, als weniger wichtig gelten; gegenüber den Vorzügen dieser Wohnung treten die Nachteile zurück; zugunsten dieser Maßnahmen müssen die Interessen der einzelnen z.* **3** *sein Amt niederlegen; der Minister ist zurückgetreten* **4** *von etwas z. etwas aufgeben, auf etwas verzichten; von einem Amt z.; von einem Recht z.*

zu|rück|ver|fol|gen ⟨V.1, hat zurückverfolgt; mit Akk.⟩ *eine Sache z. den Weg einer Sache bis in vergangene Zeiten verfolgen, beobachten, feststellen; man kann diese Entwicklung weit, bis ins 15. Jahrhundert z.*

zu|rück|ver|set|zen ⟨V.1, hat zurückversetzt⟩ **I** ⟨mit Akk.⟩ *jmdn. z.* **1** *auf seinen früheren Posten versetzen* **2** *jmdn. z. jmdn. veranlassen, wie in einer früheren Zeit zu fühlen; der Film, der Roman versetzt den Zuschauer, den Leser ins 18. Jahrhundert, um 100 Jahre zurück* **II** ⟨refl.⟩ *sich in etwas z. sich an etwas erinnern, sich in eine Zeit z., in eine (frühere) Lage z.*

zu|rück|wei|sen ⟨V.177, hat zurückgewiesen⟩ **I** ⟨o.Obj.⟩ *nach hinten, rückwärts weisen; der Pfeil, der Wegweiser weist zurück* **II** ⟨mit Akk.⟩ **1** *etwas z.* **a** *etwas ablehnen, nicht annehmen wollen; ein Angebot z.; eine Bitte, eine Forderung z.; einen Anspruch z.; eine Frage z.* **b** *sich weigern, eine Frage zu beantworten* **b** *für falsch erklären; eine Behauptung, einen Vorwurf z.* **2** *jmdn. z. jmds. Bitte, Gesuch, Anliegen nicht erfüllen*

Zu|rück|wei|sung ⟨f.10⟩

zu|rück|wer|fen ⟨V.181, hat zurückgeworfen; mit Akk.⟩ **1** *etwas z.* **a** *an den Ausgangspunkt werfen; den Ball z.* **b** *etwas zurückgeben; die weiße Fläche wirft das Licht zurück; die Wände werfen den Schall zurück* **c** *nach hinten werfen; das Haar z. rasch und ruckartig nach hinten biegen; den Kopf (stolz) z.* **2** *jmdn. z.* **a** *auf einen früheren Punkt, in einen früheren Zustand zurückbringen; die Erkältung hat den Kranken wieder zurückgeworfen; der Verlust des Materials hat mich in meiner Arbeit um Wochen zurückgeworfen* **b** *zum Zurückweichen zwingen; den Gegner z.*

zu|rück|zah|len ⟨V.1, hat zurückgezahlt; mit (Dat. und) Akk.⟩ ⟨jmdm.⟩ *etwas z.* **1** *dem Geber zurückgeben; geliehenes Geld, eine geliehene Summe z.* **2** ⟨übertr.⟩ *vergelten, heimzahlen; jmdm. eine Kränkung z.*

Zu|rück|zah|lung ⟨f.10⟩ *das Zurückzahlen (1); mit der Z. hat es Zeit*

zu|rück|zie|hen ⟨V.187⟩ **I** ⟨mit Akk.⟩ **1** *etwas z.* **a** *zu sich heranziehen, an den Körper ziehen; die Hand, den (ausgestreckten) Fuß z.* **b** *zur Seite ziehen; die Vorhänge z.* **c** *widerrufen, für nicht mehr gültig, für nicht mehr erklären; eine Bestellung, einen Auftrag, eine Klage z.* **d** *aus dem Handel, aus dem Verkehr ziehen; eine Ware, ein Medikament z.* **2** *etwas oder jmdn. z. nach hinten ziehen, an eine Stelle weiter hinten ziehen; den Tisch ein Stück z.; jmdn. vom Ufer, vom Abgrund z.* **3** *jmdn. z.* **a** *an einen Ort weiter hinten marschieren lassen; Truppen z.* **b** *zurückkehren lassen; einen Botschafter z.* **c** ⟨unpersönl., mit "es"⟩ *es zieht jmdn. zurück in jmdm. erwacht das Bedürfnis zurückzukehren, wiederzukommen; es zieht mich immer wieder dorthin, hierher, in diese schöne Stadt zurück* **II** ⟨refl.⟩ *sich z. zurückgezogen⟩ sich z.* **1** *nach hinten gehen, sich rückwärts bewegen; Truppen ziehen sich zurück* **2** *an einen Ort gehen (an dem man allein, ungestört ist); sich in sein Zimmer z.; sich ins Privatleben z. seinen Beruf nicht mehr ausüben;* vgl. *zurückgezogen* **3** *sich aus, von etwas z. an etwas nicht mehr teilnehmen; sich aus dem Berufs-, Geschäftsleben, aus dem politischen Leben z.; sich von der Öffentlichkeit z.; der Schauspieler hat sich von der Bühne zurückgezogen der Schauspieler tritt nicht mehr auf* **4** *sich von jmdm. z. mit jmdm. nicht mehr zusammenkommen (wollen), den freundschaftlichen Verkehr mit jmdm. abbrechen* **III** ⟨o.Obj.; ist zurückgezogen⟩ *seinen Wohnsitz erneut an einen Ort verlegen (an dem man schon gewohnt hat); sie sind wieder nach Bonn zurückgezogen*

zu|ru|fen ⟨V.102, hat zugerufen; mit Dat. und Akk.⟩ *jmdm. etwas z. etwas in die Richtung rufen, in der sich jmd. befindet; jmdm. einen Gruß, eine Mitteilung z.*

zur|zeit ⟨Adv.⟩ österr., schweiz. Schreibung für *zur Zeit* (→ *Zeit*)

Zu|sa|ge ⟨f.11⟩ **1** *das Zusagen (I,II), zusagende Antwort, zusagendes Schreiben;* Ggs. *Absage (1); eine Z. erhalten haben* **2** *Zusicherung, Versprechen; bindende Z.*

zu|sa|gen ⟨V.1, hat zugesagt⟩ **I** ⟨o.Obj.⟩ *eine Einladung, Aufforderung annehmen; er hat für morgen zugesagt; er wird ~de Antwort bekommen, geben* **II** ⟨mit Akk.⟩ *etwas z. etwas versprechen, sagen, daß man etwas tun will; er hat sein Kommen, seine Mitarbeit zugesagt; er hat zugesagt, morgen zu kommen; er hat es fest zugesagt* **III** ⟨mit Dat.⟩ *jmdm. z. jmdm. gefallen; diese Farbe, diese Wohnung sagt mir (sehr, nicht) zu*

zu|sam|men ⟨Adv.⟩ **1** *gemeinsam; z. spielen; z. Musik machen; z. einen Film ansehen* **2** *insgesamt; das macht z. 25 DM; er weiß mehr als ihr alle z.*

zu|sam|men... ⟨in Zus.⟩ **1** *beisammen, beieinander, z.B. zusammenbleiben, zusammensitzen* **2** *zueinander, eins zum anderen, zu einem Haufen, zu einer Gesamtheit, z.B. zusammendrängen, zusammenkehren, zusammenbetteln* **3** *in sich, zu Boden, z.B. zusammensinken* **4** *entzwei..., kaputt..., z.B. zusammenhauen* **5** *eins an andere, z.B. zusammenleimen, zusammennageln*

zu|sam|men|ar|bei|ten ⟨V.2, hat zusammengearbeitet⟩ **I** ⟨o.Obj.⟩ *in enger Verbindung miteinander arbeiten; wir haben ein halbes Jahr zusammengearbeitet; wir haben immer gut zusammengearbeitet; ⟨aber⟩ wir wollen heute nachmittag zusammen arbeiten* **II** ⟨mit Akk.⟩ *Texte z. miteinander verbinden, vereinigen*

zu|sam|men|bac|ken ⟨-k·k-; V.1, hat oder ist zusammengebacken; o.Obj.⟩ *zu einem Klumpen zusammenkleben; der Schnee backt an den Schuhsohlen zusammen*

zu|sam|men|bal|len ⟨V.1, hat zusammengeballt⟩ **I** ⟨mit Akk.⟩ *zum Knäuel, Klumpen zusammendrücken; Papier z.; Schnee z.* **II** ⟨refl.⟩ *sich z. sich einander nähern und eine dichte Masse bilden; am Himmel ballen sich Wolken zusammen* **Zu|sam|men|bal|lung** ⟨f., -, nur Sg.⟩

zu|sam|men|bei|ßen ⟨V.8, hat zusammengebissen⟩ **I** ⟨mit Akk.⟩ *aufeinanderbeißen; die Zähne z. (vor Schmerz, Zorn, Enttäuschung o.ä.)* **II** ⟨refl.; ugs.⟩ *sich z.* → *zusammenraufen*

zu|sam|men|brau|en ⟨V.1, hat zusammengebraut I ⟨mit Akk.⟩ *auf nicht ganz sachgemäße Weise brauen, mischen;* ein Getränk z. II ⟨refl.⟩ sich z. *sich zusammenziehen, sich entwickeln;* ein Gewitter braut sich zusammen; ein Unheil braut sich zusammen

zu|sạm|men|bre|chen ⟨V.19, ist zusammengebrochen; o.Obj.⟩ **1** *in seine einzelnen Teile zerbrechen und einstürzen;* das alte Haus, die Brücke ist zusammengebrochen **2** *zu Boden stürzen; ohnmächtig z.;* vor Erschöpfung, Schwäche z. **3** *sich zum Geständnis veranlaßt sehen, aufhören zu leugnen;* der Angeklagte brach unter der Last der Beweise zusammen **4** *zum Stillstand kommen, zurückgeschlagen werden;* der Angriff brach zusammen **5** *nicht mehr arbeitsfähig, nicht mehr zahlungsfähig sein;* die Firma ist zusammengebrochen

zu|sạm|men|brin|gen ⟨V.21, hat zusammengebracht; mit Akk.⟩ **1** *etwas z.* **a** *beschaffen, sich besorgen, sammeln;* Geld für einen Kauf, einen wohltätigen Zweck z. **b** *anhäufen;* im Lauf seines Lebens hat er ein Vermögen zusammengebracht **c** *sprechen können;* er brachte vor Angst, vor Aufregung keinen Satz, keine richtige Antwort zusammen **d** *sich an etwas erinnern, aus dem Gedächtnis heraufholen;* ich bringe die Verse nicht mehr zusammen; ich bringe es nicht mehr zusammen, wie es sich abgespielt hat **2** *jmdn. z.* **a** *zwei oder mehrere Personen miteinander bekannt machen;* der Beruf bringt sie mit vielen interessanten Menschen zusammen; ich will ihn gern mit meinen Freunden z. **b** *zwei oder mehrere Personen miteinander versöhnen;* zwei streitende Familien wieder z.

Zu|sạm|men|bruch ⟨m.2⟩ *das Zusammenbrechen;* der Z. der Firma; nervlicher, körperlicher, seelischer Z.; wirtschaftlicher, politischer Z.

zu|sạm|men|fah|ren ⟨V.32⟩ I ⟨o.Obj.; ist zusammengefahren⟩ **1** *beim Fahren zusammenstoßen;* hier sind zwei Autos zusammengefahren **2** *erschrecken (bes. bei einem äußeren Reiz) und mit dem Körper eine schnelle Bewegung machen;* ich fuhr zusammen, als plötzlich jemand vor mir, hinter mir stand, mir die Hand auf die Schulter legte; ich fuhr bei dem Knall zusammen II ⟨mit Akk.; hat zusammengefahren; ugs.⟩ *kaputtfahren, beim Fahren stark beschädigen;* er hat sein Moped zusammengefahren

zu|sạm|men|fal|len ⟨V.33 ist zusammengefallen; o.Obj.⟩ **1** *in seine einzelnen Teile zerbrechen und fallen;* die Hütte ist zusammengefallen **2** *infolge Entweichens von Luft in sich selbst zusammensinken;* der Ballon, der Hefeteig ist zusammengefallen **3** *schwach und elend werden;* abends fällt er vor Müdigkeit zusammen **4** *zum gleichen Zeitpunkt stattfinden;* sein Geburtstag fällt dieses Jahr mit Ostersonntag zusammen; wenn Ostern und Pfingsten z. ⟨scherzh.⟩ *nie*

zu|sạm|men|fas|sen ⟨V.1, hat zusammengefaßt; mit Akk.⟩ **1** *vereinigen;* mehrere Gruppen z. **2** *in kurzer Form nochmals nennen, wiedergeben, wiederholen;* ich möchte das eben Gesagte (kurz) z.; er faßte seine Eindrücke in zwei Sätzen zusammen

Zu|sạm|men|fas|sung ⟨f.10⟩ **1** *das Zusammenfassen* **2** *Überblick, Wiederholung in kurzer Form*

zu|sạm|men|fin|den ⟨V.36, hat zusammengefunden⟩ I ⟨mit Akk.; selten⟩ *etwas z. alle Teile von etwas wiederfinden;* die Perlen der (zerrissenen) Kette wieder z. II ⟨o.Obj.⟩ *wieder zusammenkommen und zusammenleben;* ich hoffe, daß die beiden wieder z. III ⟨refl.⟩ sich z. ⟨von mehreren Personen⟩ *sich vereinigen;* am Nachmittag fanden wir uns alle bei den Großeltern z.; wir haben uns nach vielen Jahren wieder einmal zusammengefunden

zu|sạm|men|flie|ßen ⟨V.40, ist zusammengeflossen; o.Obj.⟩ *eins ins andere fließen, sich fließend miteinander vereinigen;* hier fließen drei Flüsse zusammen Zu|sạm|men|fluß ⟨m.2⟩

zu|sạm|men|fü|gen ⟨V.1, hat zusammengefügt⟩ I ⟨mit Akk.⟩ *miteinander verbinden, zu einem Ganzen vereinigen;* Teile, Bauteile, Einzelteile z. II ⟨refl.⟩ sich z. *sich miteinander verbinden, zusammenkommen;* es hat sich alles gut zusammengefügt

zu|sạm|men|füh|ren ⟨V.1, hat zusammengeführt⟩ I ⟨mit Akk.⟩ *eins zum andern führen, vereinen;* zwei Menschen z. *miteinander bekannt machen;* das Schicksal, ein merkwürdiger Zufall hat uns zusammengeführt; zwei Straßen z. *zwei Straßen so anlegen, daß sie sich vereinigen* II ⟨o.Obj.⟩ *sich vereinigen;* die Wege führen hier zusammen

zu|sạm|men|ge|ben ⟨V.45, hat zusammengegeben; mit Akk.; früher⟩ *(miteinander) verheiraten;* er will seine Tochter mit dem Sohn seines Freundes z.

zu|sạm|men|ge|hen ⟨V.47, ist zusammengegangen; o.Obj.⟩ **1** *sich vereinigen;* beide Gruppen wollen z.; ⟨aber⟩ wollen wir ein Stück zusammen gehen? *spazierengehen* **2** ⟨ugs.⟩ *zusammenpassen;* zwei so unterschiedliche Charaktere – das geht nicht zusammen **3** ⟨ugs.⟩ *kleiner werden;* der Pullover ist beim Waschen zusammengegangen **4** ⟨ugs.⟩ *(beim Altern) klein und krumm werden;* er ist im letzten Jahr sehr zusammengegangen **5** *sich vereinigen, einander treffen;* die beiden Wege gehen nach 200 Metern zusammen

zu|sạm|men|ge|hö|ren ⟨V.1, hat zusammengehört; o.Obj.⟩ **1** *eine Einheit, eine Gruppe bilden;* diese Hose und Jacke gehören zusammen; gehören die Kinder zusammen? **2** *eng verbunden sein;* sie haben das Gefühl, (fürs Leben) zusammenzugehören; wir beide gehören zusammen ⟨als Bemerkung beim Passieren einer Kontrollstelle⟩

zu|sạm|men|ge|hö|rig ⟨Adj., o.Steig.; nur als Attr. und mit „sein"⟩ *zusammengehörend, eine Gruppe, eine Einheit bildend;* ~e Personen, Kleidungsstücke, Möbel Zu|sạm|men|ge|hö|rig|keit ⟨f., -, nur Sg.⟩

zu|sạm|men|ge|ra|ten ⟨V.94, ist zusammengeraten; o.Obj.⟩ **1** ⟨ugs.⟩ *sich zufällig vereinen, zusammenkommen;* wie sind denn die beiden zusammengeraten? **2** *aneinandergeraten, in Streit geraten*

zu|sạm|men|ge|wür|felt ⟨Adj., o.Steig.; nur als Attr. und mit „sein"⟩ *zufällig zusammengekommen, zufällig vereinigt;* eine (bunt) ~e Gesellschaft

Zu|sạm|men|halt ⟨m., -(e)s, nur Sg.⟩ **1** *das Zusammenhalten (I,1,2), das Haften aneinander;* die beiden Teile haben keinen Z.; das Regal hat keinen richtigen Z. (mehr) **2** *Verbundenheit;* die Gruppe hat einen starken, hat keinen Z.; der feste Z. der Familie ist den Eltern zu verdanken

zu|sạm|men|hal|ten ⟨V.61, hat zusammengehalten⟩ I ⟨o.Obj.⟩ **1** *fest aneinander haften, verbunden bleiben;* die Teile halten jetzt, halten nicht zusammen **2** *in seinen einzelnen Teilen verbunden bleiben;* die alte Hütte hält kaum noch zusammen **3** *eine Einheit bilden (in der einer dem andern hilft, einer für den andern eintritt);* die beiden Kinder, Freunde halten fest zusammen; sie haben immer treu zusammengehalten; die Familie, die Gruppe hält immer zusammen; in der Not z. II ⟨mit Akk.⟩ **1** *miteinander verbinden, festhalten;* ein Faden hält den Strauß zusammen; sie hält ihr Haar mit einem Band zusammen **2** *als Einheit erhalten;* der Hirt, der Hund hält die Herde zusammen; hält die beiden, hält die Ehe zusammen; nur die Sorge um die Kinder hält die Ehe zusammen **3** *nebeneinanderhalten;* wenn man beide Fotos zusammenhält, sieht man, daß es sich um zwei verschiedene Personen handelt

Zu|sạm|men|hang ⟨m.2⟩ *Verbindung, Beziehung;* zwischen beiden Vorgängen besteht ein (innerer, ursächlicher) Z.; ich sehe zwischen beiden Ereignissen keinen Z.; die beiden Aussagen stehen miteinander in Z.; die Zusammenhänge erkennen, durchschauen; die Ereignisse in ihrem historischen Z. sehen; ich habe den Namen in einem anderen Z. schon gehört

zu|sạm|men|hän|gen ⟨V.62, hat zusammengehangen; o.Obj.⟩ **1** *zusammengefügt, zusammengebunden sein;* die Teile hängen nur locker, lose zusammen **2** *mit etwas in Verbindung stehen, verbunden sein;* beide Vorfälle hängen miteinander zusammen *seinen Grund in etwas haben;* sein Ärger hängt damit zusammen, daß ...

zu|sạm|men|hang|los ⟨Adj., o.Steig.⟩ *ohne Zusammenhang;* auch: *zusammenhangslos;* die Kapitel des Buches reihen sich z. aneinander; der Kranke gab nur ~e Sätze von sich Zu|sạm|men|hang|lo|sig|keit ⟨f., -, nur Sg.⟩

zu|sạm|men|hangs|los ⟨Adj.⟩ →*zusammenhanglos*

zu|sạm|men|klap|pen ⟨V.1⟩ I ⟨mit Akk.; hat zusammengeklappt⟩ *ein Teil aufs andere, ein Teil ins andere klappen;* eine Scheibe Brot bestreichen und z.; das Taschenmesser z. II ⟨o.Obj.; ist zusammengeklappt⟩ *zusammenbrechen, sich nicht mehr aufrechthalten können;* er ist vor Überanstrengung zusammengeklappt; bei der Hitze sind viele Teilnehmer während der Wanderung zusammengeklappt

zu|sạm|men|klin|gen ⟨V.69, hat zusammengeklungen; o.Obj.⟩ **1** *beim leichten Zusammenstoßen erklingen;* die Gläser klangen zusammen **2** *gleichzeitig erklingen, sich im Klang vereinen;* die Glocken klingen harmonisch zusammen

zu|sạm|men|kom|men ⟨V.71, ist zusammengekommen; o.Obj.⟩ **1** *einander begegnen, einander treffen;* Syn. *zusammentreffen;* wir kommen jede Woche einmal zusammen, um zu besprechen, wie ...; er kommt täglich mit vielen Leuten zusammen; ich möchte mit ihm nie wieder z.; ⟨aber⟩ wir sind zusammen gekommen *wir sind zur gleichen Zeit gekommen* **2** *sich gleichzeitig ereignen;* Syn. *zusammentreffen;* es kamen zwei glückliche, unglückliche Umstände zusammen **3** *sich ansammeln;* bei der Sammlung sind 1550 DM zusammengekommen

zu|sạm|men|krat|zen ⟨V.1, hat zusammengekratzt; mit Akk.; ugs.⟩ **1** *kratzend anhäufen;* Speisereste auf dem Teller z. **2** *sammeln, zusammennehmen;* sein ganzes restliches Geld z. (um etwas zu bezahlen)

Zu|sạm|men|kunft ⟨f.2⟩ *das Zusammenkommen (1), Treffen;* bei unserer nächsten Z.

zu|sạm|men|läp|pern ⟨V.1, hat zusammengeläppert; refl.; ugs.⟩ **1** *nach und nach zusammenkommen;* es sind immer nur kleine Beträge, aber allmählich läppert sich eine beträchtliche Summe zusammen; die Suche nach geeignetem Material ist mühsam, aber mit der Zeit läppert sich einiges zusammen

zu|sạm|men|lau|fen ⟨V.76, ist zusammengelaufen; o.Obj.⟩ **1** *von allen Seiten an einer Stelle zusammenkommen, sich einer Stelle nähern;* die Leute liefen zusammen, um zu sehen, was los sei; schrei doch nicht so, sonst laufen ja die Nachbarn zusammen!; ⟨aber⟩ wollen wir ein Stück zusammen laufen? *spazierenlaufen* **2** *einander treffen, sich vereinigen;* dort, wo die Linien, Wege z.; in seiner Hand laufen alle Fäden zusammen *er beherrscht, leitet die Sache* **3** *kleiner werden, schrumpfen,* ⟨meist⟩ *einlaufen;* der Stoff ist beim Waschen zusammengelaufen **4** *ineinanderlaufen, sich vermischen;* die Farben sind zusammengelaufen 5 *zusammenfließen, nach einer Stelle fließen;* mir läuft das Wasser im Mund zusammen, wenn ich das sehe *ich bekomme großen Appetit darauf*

zu|sam|men|le|ben ⟨V.1, hat zusammengelebt⟩ I ⟨o.Obj.⟩ *mit jmdm. gemeinsam leben;* sie haben 30 Jahre friedlich zusammengelebt II ⟨refl.⟩ sich z. *sich im Lauf des gemeinsamen Lebens einander anpassen und dadurch harmonieren;* die Gruppe hat sich gut zusammengelebt

zu|sam|men|le|gen ⟨V.1, hat zusammengelegt⟩ I ⟨mit Akk.⟩ 1 *mehrmals falten;* ein Tischtuch z. 2 *auf denselben Platz legen;* die Kleidungsstücke ordentlich z. 3 *zum gleichen Zeitpunkt stattfinden lassen;* zwei Unterrichtsstunden z. 4 *vereinigen;* zwei Schulklassen z.; die Hände im Schoß z. II ⟨o.Obj.⟩ *Geld sammeln;* wir haben alle zusammengelegt, um ihm mit einer Geldsumme zu helfen

Zu|sam|men|le|gung ⟨f.10⟩ *das Zusammenlegen (3,4)*

zu|sam|men|le|sen ⟨V.79, hat zusammengelesen; mit Akk.⟩ *einzeln aufheben und sammeln;* die heruntergefallenen Nadeln z.; Fallobst z.

zu|sam|men|lie|gen ⟨V.80, hat zusammengelegen; o.Obj.⟩ *an der gleichen Stelle liegen, unmittelbar beieinanderliegen;* es liegt schon alles zusammen und ist zum Einpacken bereit; die beiden Grundstücke liegen fast zusammen

zu|sam|men|neh|men ⟨V.88, hat zusammengenommen⟩ I ⟨mit Akk.⟩ 1 *sammeln, auf ein Ziel richten;* seine Gedanken, seine ganze Kraft z. 2 *zusammenzählen, zusammenrechnen;* alles zusammengenommen macht 25 DM II ⟨refl.⟩ sich z. *sich beherrschen, seinen Unmut zügeln, seinen Schmerz unterdrücken, seinem Zorn, Schmerz nicht nachgeben;* nimm dich zusammen und steh auf, und hör auf zu heulen!; man kann sich auch ein bißchen z.!

zu|sam|men|pas|sen ⟨V.1, hat zusammengepaßt⟩ I ⟨o.Obj.⟩ 1 *eins zum andern passen, nebeneinander gut aussehen;* die Farben, die Möbel passen nicht, passen gut zusammen, 2 *einander gut verstehen, gleiche Interessen haben, einander ergänzen;* die beiden passen gut zusammen II ⟨mit Akk.⟩ etwas z. *etwas so zusammensetzen, daß es paßt*

zu|sam|men|rau|fen ⟨V.1, hat zusammengerauft; refl.⟩ sich z. *es lernen, durch gemeinsames Leben, durch häufiges Austragen von Streit und gütliches Einigen, durch Selbstbeherrschung allmählich miteinander gut auszukommen;* Syn. *zusammenbeißen;* die beiden müssen sich erst noch z.; die beiden haben sich allmählich zusammengerauft

zu|sam|men|rech|nen ⟨V.2, hat zusammengerechnet; mit Akk.⟩ *zusammenzählen;* Beträge z.; alles z. *alles berücksichtigen und zusammenzählen;* alles zusammengerechnet ergibt 75 DM

zu|sam|men|rei|men ⟨V.1; hat zusammengereimt⟩ I ⟨mit Dat. (sich) und Akk.⟩ sich etwas z. *sich etwas erklären, einen Sinn in etwas finden, erkennen;* ich kann mir das nicht z.; ich kann mir das nur so z., daß .. II ⟨refl.⟩ sich z. *einen Sinn ergeben;* wie reimt sich das zusammen?

zu|sam|men|rei|ßen ⟨V.96, hat zusammengerissen; refl.; ugs.⟩ sich z. *seine Kraft zusammennehmen (um eine Schwäche zu überwinden), energisch mit sich selbst sein;* reiß dich zusammen und steh auf, und fang an!

zu|sam|men|rot|ten ⟨V.2, hat zusammengerottet; refl.⟩ sich z. *zusammenkommen und Gruppen oder eine große Gruppe bilden (bes. zum Zweck eines Aufruhrs)*

zu|sam|men|ru|fen ⟨V.102, hat zusammengerufen; mit Akk.⟩ jmdn. z. *mehrere Personen bitten zu kommen;* ich habe Sie zusammengerufen, um Ihnen mitzuteilen, daß ...

zu|sam|men|schla|gen ⟨V.116⟩ I ⟨mit Akk.; hat zusammengeschlagen⟩ 1 etwas z. a *eins ans andere schlagen;* in die Hände klatschen; die Hände z. ⟨übertr.⟩ *fassungslos, sehr erstaunt, empört sein;* die Becken z. ⟨Mus.⟩ b *zusammenlegen;* das Tischtuch z. c *auf etwas schlagen und es dadurch zerstören, entzweischlagen, kaputtschlagen;* die Wohnungseinrichtung z. 2 *jmdn. heftig schlagen und dadurch so verletzen, daß er nicht mehr aufstehen kann* II ⟨o.Obj.; ist zusammengeschlagen⟩ *über einer Sache oder jmdm. vereinigen und sie oder ihn bedecken;* die Wellen schlugen über ihm, über seinem Kopf zusammen; die Arbeit schlägt über mir zusammen ⟨übertr.⟩ *ich werde mit der Arbeit nicht mehr fertig, ich habe zuviel Arbeit*

zu|sam|men|schlie|ßen ⟨V.120, hat zusammengeschlossen⟩ I ⟨mit Akk.⟩ 1 *durch eine mit Schloß versehene Vorrichtung verbinden;* zwei Fahrräder z.; zwei Gefangene mit Ketten z. 2 *vereinigen, zu einer festen Einheit machen;* mehrere Unternehmen z. II ⟨refl.⟩ sich z. *sich (mit gemeinsamem Ziel) vereinigen;* mehrere Personen schließen sich zu einer Interessengemeinschaft, einer Bürgerinitiative zusammen

Zu|sam|men|schluß ⟨m.2⟩ *das Zusammenschließen (1,2), das Sichzusammenschließen*

zu|sam|men|schrecken ⟨-k·k-; V.1 oder 126, ist zusammengeschreckt oder -geschrocken; o.Obj.⟩ *erschrecken und mit dem Körper eine unwillkürliche, schnelle Bewegung machen;* sie schrak zusammen, als es klopfte

zu|sam|men|schrei|ben ⟨V.127, hat zusammengeschrieben; mit Akk.⟩ 1 *in einem Wort schreiben;* diese beiden Wörter werden zusammengeschrieben 2 *schreibend vereinigen und zu einem Werk gestalten;* er hat das Material für seine Doktorarbeit beisammen und muß es nun z. 3 ⟨ugs.⟩ *oberflächlich, gedankenlos, unschöpferisch schreibend zusammenstellen;* er hat die Arbeit nur aus verschiedenen Quellen zusammengeschrieben; er hat einen Bericht rasch zusammengeschrieben; er hat eine Menge Unsinn zusammengeschrieben 4 ⟨ugs.⟩ *durch rasches und oberflächliches Schreiben erwerben;* er hat sich mit seinen Romanen ein Vermögen zusammengeschrieben

zu|sam|men|sein ⟨V.137, ist zusammengewesen; o.Obj.⟩ 1 *die Zeit miteinander verbringen;* die beiden sind viel zusammen 2 *mit jmdm.* a *in jmds. unmittelbarer Nähe sein;* ich bin gern, viel mit ihm zusammen b ⟨verhüllend⟩ *mit jmdm. Geschlechtsverkehr haben*

zu|sam|men|set|zen ⟨V.1, hat zusammengesetzt⟩ I ⟨mit Akk.⟩ etwas z. 1 *die Teile von etwas zusammenfügen, etwas aus Teilen aufbauen, errichten;* ein Gerät auseinandernehmen und wieder z. 2 *aneinanderfügen und zu einer Einheit machen;* ein Wort z.; „Menschenliebe" ist z. II ⟨refl.⟩ 1 *sich nebeneinandersetzen, Sitzplätze unmittelbar nebeneinander einnehmen* 2 *(zu einem Zweck) zusammenkommen;* wir setzen uns einmal zusammen und besprechen die Sache, und arbeiten die Sache gemeinsam durch 3 *sich (aus bestimmten Teilen oder Personen) aufbauen;* die Gruppe setzt sich aus zehn Erwachsenen und drei Kindern zusammen; das Medikament setzt sich aus folgenden Stoffen zusammen

Zu|sam|men|set|zung ⟨f.10⟩ 1 *das Zusammengesetztsein, Art, wie etwas zusammengesetzt ist;* der Ausschuß tagt jedes Mal in anderer Z.; dieses Medikament hat eine andere Z. als jenes 2 *zusammengesetztes Wort, Kompositum;* aus zwei Wörtern eine Z. bilden

Zu|sam|men|spiel ⟨n.1⟩ *das Zusammenspielen;* ein gutes, vorbildliches Z.; ein reibungsloses Z. aller Beteiligten; das Z. von Kräften

zu|sam|men|spie|len ⟨V.1, hat zusammengespielt; o.Obj.⟩ 1 *miteinander spielen und das Spiel gemeinsam gestalten;* die Mannschaft spielt hervorragend zusammen; ein gut ~des Orchester 2 *eine Rolle spielen und dadurch etwas ermöglichen, bewirken;* bei dieser Entwicklung spielen mehrere Faktoren zusammen

zu|sam|men|stau|chen ⟨V.1, hat zusammengestaucht; mit Akk.; ugs.⟩ 1 *durch mehrmaliges Stauchen zusammenschütteln, verdichten;* gemahlenen Kaffee (in der Büchse) z. 2 ⟨übertr.⟩ *energisch, grob tadeln, rügen, zurechtweisen*

zu|sam|men|stecken ⟨-k·k-; V.1, hat zusammengesteckt⟩ I ⟨mit Akk.⟩ 1 *mit Nadeln verbinden, zusammenfügen* 2 *eins ins andere stecken;* zwei Geräteteile z. 3 *eng zusammen-, aneinanderhalten;* die Köpfe z. ⟨übertr.⟩ *miteinander tuscheln, heimlich über andere reden* II ⟨o.Obj.; süddt.: ist, sind zusammengesteckt⟩ *miteinander zusammensein;* die Kinder stecken viel zusammen; ⟨von Erwachsenen meist mit abwertendem Unterton⟩ die zwei stecken dauernd zusammen (und klatschen und verabreden etwas)

zu|sam|men|ste|hen ⟨V.151, hat, süddt.: ist zusammengestanden; o.Obj.⟩ *in einer Gruppe stehen, beieinanderstehen;* fest z. ⟨übertr.⟩ *zusammenhalten, einer für den andern einstehen*

zu|sam|men|stel|len ⟨V.1, hat zusammengestellt; mit Akk.⟩ 1 *an eine Stelle stellen, dicht nebeneinanderstellen* 2 *aus ausgewählten Personen, Dingen zusammenfügen, zu einer Einheit gestalten;* eine Gruppe, eine Schulklasse z.; eine Speisenfolge, ein Verzeichnis z.; ein Programm z.; die Farben (in diesem Raum) sind gut zusammengestellt

Zu|sam|men|stel|lung ⟨f.10⟩ 1 ⟨nur Sg.⟩ *das Zusammenstellen (2)* 2 *zusammengestellte Sache, Einheit;* eine Z. von Material zu einem Thema

zu|sam|men|stim|men ⟨V.1, hat zusammengestimmt⟩ 1 *aufeinander abgestimmt sein, harmonieren, gut zusammenpassen;* die Farben dieses Raumes stimmen gut zusammen 2 *auf denselben Ton gestimmt sein;* die Geigen stimmen nicht zusammen

zu|sam|men|stop|peln ⟨V.1, hat zusammengestoppelt; mit Akk.⟩ *aus vielen Stücken, Teilen oberflächlich, schlecht zusammenfügen;* eine aus anderen Werken zusammengestoppelte Arbeit; eine aus Wollresten zusammengestoppelte Decke

Zu|sam|men|stoß ⟨m.2⟩ 1 *das Zusammenstoßen;* Z. von Autos, Eisenbahnzügen 2 *Aufeinanderprall gegensätzlicher Meinungen, Auseinandersetzung, Streit;* es kam zwischen beiden zu einem Z.; er hat oft Zusammenstöße mit den Mitarbeitern; zwischen den beiden rivalisierenden Gruppen kam es zu blutigen Zusammenstößen

zu|sam|men|sto|ßen ⟨V.157, ist zusammengestoßen; o.Obj.⟩ 1 *gegeneinanderstoßen, im Laufen, Fahren, Fliegen gegen etwas oder jmdn. stoßen;* zwei Autos sind zusammengestoßen; ich stieß an der Ecke mit einem anderen Fußgänger zusammen 2 *eine starke Meinungsverschiedenheit, eine Auseinandersetzung mit jmdm. haben;* die beiden Mitarbeiter stoßen immer wieder zusammen 3 *an einer Stelle zusammenlaufen, sich an einer Stelle vereinigen;* hier stoßen zwei Linien, Wege zusammen

zu|sam|men|strei|chen ⟨V.158, hat zusammengestrichen; mit Akk.⟩ *durch Streichen großer Teile kürzen;* einen Text z.

Zu|sam|men|sturz ⟨m., -es, nur Sg.⟩ *das Zusammenstürzen*

zu|sam|men|stür|zen ⟨V.1, ist zusammengestürzt; o.Obj.⟩ *auseinanderbrechen und stürzen;* die Brücke, das alte Haus ist zusammengestürzt

zu|sam|men|te|le|fo|nie|ren ⟨V.3, hat zusammentelefoniert; refl.; ugs.⟩ sich z. *sich durch Telefonanruf verständigen, sich telefonisch endgültig verabreden;* wir telefonieren uns noch zusammen (wann wir uns treffen wollen)

zu|sam|men|tra|gen ⟨V.160, hat zusammengetragen; mit Akk.⟩ **1** *sammeln und zu einer Stelle tragen;* Fallobst z. **2** *sammeln; Material für eine Arbeit z.*

zu|sam|men|tref|fen ⟨V.161, ist zusammengetroffen⟩ →*zusammenkommen (1,2)*

zu|sam|men|tref|fen ⟨n.7⟩ **1** *gleichzeitiges Geschehen;* ein merkwürdiges Z.; es war ein glückliches Z., daß ... **2** *Begegnung, Treffen;* seit unserem letzten Z. habe ich nichts mehr von ihm gehört

zu|sam|men|tre|ten ⟨V.163⟩ **I** ⟨mit Akk.; hat zusammengetreten⟩ *durch Treten, durch Darauftreten flach machen, zusammenpressen;* Gras, Blumen achtlos z.; einen Karton z. **II** ⟨o.Obj.; ist zusammengetreten⟩ *(als Einheit mehrerer Personen) zusammenkommen, sich versammeln;* der Ausschuß, der Vorstand ist zusammengetreten

Zu|sam|men|tritt ⟨m., -(e)s, nur Sg.⟩ *das Zusammentreten (II);* der Z. des Vorstandes

zu|sam|men|trom|meln ⟨V.1, hat zusammengetrommelt; mit Akk.; ugs.⟩ *herbei-, zusammenrufen, zu kommen bitten;* alle Mitglieder, Freunde z.

zu|sam|men|tun ⟨V.167, hat zusammengetan; ugs.⟩ **I** ⟨mit Akk.⟩ *auf dieselbe Stelle tun, in dasselbe Gefäß tun;* das Gemüse auf eine Platte, in eine Schüssel z. **II** ⟨refl.⟩ z. *sich vereinigen, sich (mit jmdm.) verbinden, sich zu einer Gruppe, Einheit zusammenschließen;* sich z., um etwas zu erreichen, um eine Arbeit zu erledigen; die beiden haben sich zusammengetan, um ein Taxi für die weite Strecke gemeinsam zu nehmen; die beiden haben sich zusammengetan *haben sich befreundet, haben eine Liebesbeziehung miteinander begonnen,* ⟨auch⟩ *haben (einander) geheiratet;* sich mit einem Partner zur Gründung eines Geschäfts z.

zu|sam|men|wach|sen ⟨V.172, ist zusammengewachsen; o.Obj.⟩ **1** *durch Wachsen eine Einheit bilden, in eins wachsen;* zusammengewachsene Augenbrauen haben **2** *sich eng, innig miteinander verbinden;* die beiden sind durch ihr langes gemeinsames Leben zusammengewachsen

zu|sam|men|wir|ken ⟨V.1, hat zusammengewirkt; o.Obj.⟩ *gemeinsam wirken, sich gegenseitig unterstützen;* bei diesem Ergebnis haben zwei Faktoren zusammengewirkt; bei dieser Aufgabe müssen alle z.

zu|sam|men|zäh|len ⟨V.1, hat zusammengezählt; mit Akk.⟩ *immer wieder eins zum andern zählen;* Zahlen z.; Gegenstände z.; wenn man alle Ausgaben zusammenzählt, kommt man auf eine beträchtliche Summe

zu|sam|men|zie|hen ⟨V.187⟩ **I** ⟨mit Akk., hat zusammengezogen⟩ **1** *durch Ziehen kleiner machen;* eine Schlinge z.; einen Riß im Stoff mit einem Faden z.; einen Faden durch den Stoff ziehen und dann z., damit er sich bauscht; die Säure zieht den Mund zusammen; die Augenbrauen z. **2** *von mehreren Seiten her an eine Stelle marschieren lassen;* Truppen z. **II** ⟨refl.; hat zusammengezogen⟩ sich z. **1** *kleiner, enger werden;* ein ausgedehntes, gespanntes Gummiband zieht sich wieder zusammen **2** *sich an eine Stelle bewegen;* Wolken ziehen sich zusammen **3** *sich entwickeln, sich vorbereiten;* im Gewitter, ein Unwetter zieht sich zusammen **III** ⟨o.Obj.; ist zusammengezogen⟩ *eine gemeinsame Wohnung nehmen;* sie ist mit ihrem Freund zusammengezogen

zu|sam|men|zucken ⟨-k|k-; V.1, ist zusammengezuckt; o.Obj.⟩ *erschrecken und mit dem Körper eine schnelle, zuckende Bewegung machen;* er zuckte zusammen, als er seinen Namen, als er das Urteil hörte

zu|samt ⟨Präp. mit Dat.; †⟩ *mitsamt*

Zu|satz ⟨m.2⟩ **1** ⟨nur Sg.⟩ *das Zusetzen, Hinzugeben;* unter Z. von Zucker **2** *Stoff, der einem anderen Stoff zugesetzt wird* (Nahrungsmittel~) **3** *ergänzender Text;* einen Z., Zusätze anfügen, anbringen

Zu|satz|an|trag ⟨m.2⟩ *zusätzlich (zu einem Antrag) eingebrachter Antrag (im Parlament)*

zu|sätz|lich ⟨Adj., o.Steig.⟩ *als Ergänzung (hinzukommend);* ~e Ausgaben; das muß ich z. tun, zahlen

zu|schan|den ⟨Adv.⟩ *gebrauchsunfähig, kaputt;* einen Gegenstand z. machen; jmds. Hoffnung z. machen *jmds. Hoffnungen zerstören;* ein Auto z. fahren; ein Pferd z. reiten [zu *Schande*]

zu|schan|zen ⟨V.1, hat zugeschanzt; mit Dat. und Akk.⟩ jmdm. etwas z. *dafür sorgen, daß jmd. etwas bekommt;* Syn. *zuschustern;* jmdm. eine Einnahme, einen Posten z.

zu|schau|en ⟨V.1, hat zugeschaut⟩ →*zusehen (1,2,3)*

Zu|schau|er ⟨m.5⟩ *jmd., der (bes. bei einer Veranstaltung, im Kino oder Fernsehen) zusieht;* die meisten Z. des Rennens waren enttäuscht

Zu|schau|er|raum ⟨m.2⟩ *Raum mit Sitzreihen, in dem sich die Zuschauer (im Theater, Kino, Konzert o.ä.) aufhalten*

zu|schie|ben ⟨V.112, hat zugeschoben⟩ **I** ⟨mit Akk.⟩ etwas z. *durch Zurückschieben schließen;* die Schublade z. **II** ⟨mit Dat. und Akk.⟩ jmdm. etwas z. **1** *jmdm. etwas hinschieben, etwas (auf dem Tisch) vor jmdn. schieben;* jmdm. die Wurstplatte z. **2** *jmdm. etwas aufbürden, dafür sorgen, daß jmd. etwas tun, übernehmen muß;* jmdm. eine zusätzliche Arbeit z.; jmdm. die Verantwortung für etwas z. **3** *jmdm. etwas zur Last legen, auf jmdn. abwälzen;* jmdm. die Schuld an etwas z.

zu|schie|ßen ⟨V.113⟩ **I** ⟨mit Akk.; hat zugeschossen⟩ etwas z. *etwas dazugeben, beisteuern;* er hat zu dem Kauf der Eigentumswohnung 50000 DM zugeschossen **II** ⟨o.Obj.; ist zugeschossen⟩ auf etwas oder jmdn. z. *sich einer Sache oder jmdm. sehr rasch nähern;* als mich der Hund sah, schoß er auf mich zu

Zu|schlag ⟨m.2⟩ **1** *zusätzlich zu entrichtende Gebühr;* Z. für die erste Klasse zahlen **2** *zusätzliche Zahlung* (Feiertags~, Sonntags~) **3** ⟨bei Versteigerungen⟩ *Annahme des Höchstgebots durch Hammerschlag;* den Z. bei 5000 Mark erteilen **4** *Auftrag, den jmd. nach einer Ausschreibung erhält;* die Konkurrenzfirma hat den Z. erhalten **5** ⟨Bauw.⟩ *Füllstoff*

zu|schla|gen ⟨V.116⟩ **I** ⟨o.Obj.⟩ **1** ⟨hat zugeschlagen⟩ *plötzlich schlagen;* Syn. ⟨ugs.⟩ *zuhauen;* er hob die Faust und schlug zu **2** ⟨ist zugeschlagen⟩ *sich mit einem Knall, Krach schließen;* die Tür schlug zu **II** ⟨mit Akk.; hat zugeschlagen⟩ *heftig, mit einem Knall, Krach schließen;* Syn. ⟨ugs.⟩ *zuhauen;* die Tür, einen Kasten, ein Buch z. **III** ⟨mit Dat. und Akk.; hat zugeschlagen⟩ jmdm. etwas z. **a** *etwas durch Schlag in jmds. Richtung treiben, fliegen lassen;* jmdm. den Ball z. **b** ⟨auf Versteigerungen⟩ *mit Hammerschlag anzeigen, daß jmd. einen Gegenstand (für den er geboten hat) erhält* **c** *durch Beschluß jmdm. etwas zuerkennen;* jmdm. einen Teil des Gewinns z. **d** *einer Sache hinzurechnen;* die Unkosten werden dem Preis zugeschlagen

zu|schlie|ßen ⟨V.120, hat zugeschlossen; mit Akk.⟩ *mit dem Schlüssel verschließen;* die Tür, eine Schublade z.

zu|schnap|pen ⟨V.1; o.Obj.⟩ **1** ⟨hat zugeschnappt⟩ →*zubeißen* **2** ⟨ist zugeschnappt⟩ *sich mit einem knackenden Geräusch schließen;* das Schloß schnappte zu

zu|schnei|den ⟨V.125, hat zugeschnitten; mit Akk.⟩ **1** *nach bestimmten Maßen in bestimmter Form schneiden;* Bretter z.; einen Stoff für ein Kleid z. **2** *etwas z. nach bestimmten Maßen in bestimmter Form die Teile für etwas aus einem Stoff herausschneiden;* ein Kleid z. **3** *auf etwas zugeschnitten sein für etwas (gut) passen;* die Wohnung ist auf meine Bedürfnisse zugeschnitten

zu|schnei|en ⟨V.1, ist zugeschneit; o.Obj.⟩ *von Schnee bedeckt werden;* die Hütte schneit allmählich zu; die Wege sind zugeschneit

Zu|schnitt ⟨m.1⟩ **1** ⟨nur Sg.⟩ *das Zuschneiden;* Z. der Bretter **2** *Art, wie etwas zugeschnitten ist;* der Z. des Kleides ist unmodern **3** ⟨nur Sg.⟩ *Format, Art und Weise;* ein Mann von diesem Z.

zu|schrei|ben ⟨V.127, hat zugeschrieben; mit Dat. und Akk.⟩ **1** jmdm. etwas z. **a** *jmdn. als Urheber von etwas nennen;* man hat dieses Bild Dürer zugeschrieben; dieses Mißgeschick hast du dir selber zuzuschreiben **b** *etwas auf jmdn. zurückführen;* jmdm. die Schuld, das Verdienst (an etwas) z. **2** *einer Sache z. eine Sache als Ursache für etwas ansehen;* eine Katastrophe der menschlichen Unzulänglichkeit z.

Zu|schrift ⟨f.10⟩ *Schreiben, in dem jmd. (als Hörer, Leser, Interessent) etwas mitteilt;* nach der Sendung haben wir viele ~en erhalten

zu|schul|den ⟨Adv.⟩ *in den Wendungen* sich etwas, nichts z. kommen lassen *etwas, nichts Unrechtes tun*

Zu|schuß ⟨m.2⟩ **1** *finanzielle Unterstützung* (Wohnungs~); jmdm. einen Z. zahlen **2** ⟨Buchw.⟩ *über den Bedarf hinaus hergestellte Druckbogen (um fehlerhafte Bogen auswechseln zu können)*

Zu|schuß|be|trieb ⟨m.1⟩ *Betrieb, der keinen Gewinn erwirtschaftet und daher Zuschüsse benötigt*

zu|schu|stern ⟨V.1, hat zugeschustert⟩ **I** ⟨mit Akk.⟩ →*zubuttern* **II** ⟨mit Dat. und Akk.⟩ →*zuschanzen*

zu|se|hen ⟨V.136, hat zugesehen; o.Obj. oder mit Dat.⟩ **1** *einen Vorgang, etwas, das jmd. tut, beobachten;* Syn. *zugucken, zuschauen;* darf ich z.?; einem Spiel z.; jmdm. beim Malen z.; mir wird schon beim (bloßen) Zusehen schwindlig **2** *untätig bleiben (obwohl man eingreifen müßte);* Syn. *zugucken, zuschauen;* man kann doch nicht einfach z., wenn so etwas geschieht **3** ⟨ugs., in der Fügung⟩ z., daß ... *sich beeilen, damit ...;* Syn. *zuschauen;* ich muß z., daß ich noch rechtzeitig komme; sieh zu, daß du wegkommst!, geh (endlich)! **4** *etwas tun, sich darum kümmern;* ⟨nur in Wendungen⟩ wie sieh selber zu!; da siehe du zu!; ⟨†⟩ da muß er schon selber z.

zu|se|hends ⟨Adv.⟩ *merklich, sichtbar;* es geht ihm z. besser

zu|sein ⟨V.137, ist zugewesen; o.Obj.⟩ *geschlossen sein;* die Tür soll nachts z.; der Laden war schon zu, als ich kam

zu|set|zen ⟨V.1, hat zugesetzt⟩ **I** ⟨mit Akk.⟩ **1** *zum Kochen auf den Herd setzen;* die Kartoffeln z. **2** *zusätzlich geben und dadurch verlieren;* Geld (bei einer unsicheren Sache) z.; er hat nichts zuzusetzen ⟨ugs.⟩ *er ist so dünn, daß er im Fall einer Krankheit kein Fett mehr abgeben, verlieren kann* **II** ⟨mit Dat.⟩ jmdm. z. **1** *jmdn. bedrängen (daß er etwas tut);* die Kinder haben mir tagelang zugesetzt, ich soll mit ihnen in den Zirkus gehen; jmdm. mit Bitten, Drohungen z. **2** *jmdm. sehr unangenehm sein;* die Hitze setzt mir zu **III** ⟨mit Dat. und Akk.⟩ *einer Sache etwas z. zu einer Sache etwas hinzufügen;* einer Bowle noch Sekt, etwas Zucker z.

zu|si|chern ⟨V.1, hat zugesichert; mit Dat.

und Akk.) jmdm. etwas z. jmdm. etwas versprechen; jmdm. Stillschweigen z.; er hat mir zugesichert, daß die Sache erledigt wird

Zu|si|che|rung ⟨f.10⟩ das Zusichern, Versprechen; er verabschiedete sich mit der Z., daß ...

Zu|speis ⟨f., -, nur Sg.; österr.⟩ → Beilage

zu|sper|ren ⟨V.1, hat zugesperrt; mit Akk.⟩ mit Riegel oder Schlüssel verschließen, zuriegeln, zuschließen

Zu|spiel ⟨n.1; Sport⟩ das Zuspielen (eines Balles); ein geschicktes Z.

zu|spie|len ⟨V.1, hat zugespielt; mit Dat. und Akk.⟩ 1 jmdm. den Ball z. den Ball zu jmdm. werfen, stoßen 2 jmdm. etwas z. dafür sorgen, daß jmd. etwas (wie zufällig) bekommt; jmdm. eine Nachricht z.; jmdm. einen (für ihn wichtigen) Gegenstand z.

zu|spit|zen ⟨V.1, hat zugespitzt⟩ I ⟨mit Akk.⟩ 1 spitz machen, spitzen; einen Pfahl z. 2 ⟨übertr.⟩ verschärfen, gefährlich(er) machen; dieses Mißverständnis hat die Lage, den Konflikt zugespitzt II ⟨refl.⟩ sich z. 1 spitz zulaufen; der Turm spitzt sich nach oben zu 2 sich verschärfen, gefährlich(er) werden; die Lage, der Konflikt spitzt sich immer mehr zu

zu|spre|chen ⟨V.146, hat zugesprochen⟩ I ⟨mit Dat. und Akk.⟩ 1 etwas zu jmdm. sprechen, in Richtung auf jmdn. sprechen; die Souffleuse spricht den Schauspielern die Stichworte zu 2 durch Sprechen übermitteln; jmdm. ein Telegramm telefonisch z. 3 etwas sprechen, um damit in jmdm. etwas zu wecken, um damit jmdm. etwas zu geben; jmdm. Mut, Trost z. 4 durch Beschluß, Urteil etwas als jmdm. zugehörig erklären; die Kinder wurden der Mutter (bei der Ehescheidung) zugesprochen; jmdm. das Erbe z. 5 anerkennen, daß jmd. etwas hat; man muß ihm das Recht, die Fähigkeit z., daß ... II ⟨mit Dat.⟩ 1 jmdm. z. auf bestimmte Weise zu jmdm. sprechen; jmdm. freundlich, ermunternd, tröstend z. 2 einer Sache z. von etwas gern, häufig essen oder trinken; den Speisen, dem Wein z.

zu|sprin|gen ⟨V.148, ist zugesprungen; o.Obj.⟩ 1 hinzuspringen, im Sprung herankommen; ich konnte gerade noch z. und Kind auffangen (als es vom Stuhl fiel) 2 auf etwas oder jmdn. z. in Richtung auf etwas oder jmdn. springen; das Kind, der Hund sprang auf mich zu

Zu|spruch ⟨m., -(e)s, nur Sg.⟩ 1 tröstendes Zureden, Anklang, Beliebtheit; das Lokal findet viel Z., erfreut sich großen ~s

Zu|stand ⟨m.2⟩ 1 Beschaffenheit, Verfassung (zu einem bestimmten Zeitpunkt); in gutem körperlicher, seelischer, geistiger Z.; in gutem, schlechtem Z. sein; fester, flüssiger, gasförmiger Z.; im Z. geistiger Verwirrung; Zustände bekommen, kriegen ⟨ugs.⟩ ärgerlich, wütend werden 2 (bestimmte) Lage, Situation; das ist ein unhaltbarer Z.; die politischen, sozialen Zustände; Zustände wie im alten Rom! ⟨ugs.⟩ schlechte, schlimme Verhältnisse

zu|stan|de ⟨Adv.; in den Fügungen⟩ 1 z. bringen fertigbringen, bewirken (können), herstellen, anfertigen (können); Syn. zuwege bringen; einen Aufsatz z. bringen; er hat es z. gebracht, daß wir alle zusammen in Urlaub fahren können 2 z. kommen entstehen, sich verwirklichen; das Unternehmen kam doch noch zustande; trotz aller Bemühungen ist das Treffen, Wiedersehen nicht z. gekommen

zu|stän|dig ⟨Adj., o.Steig.⟩ verpflichtet, berechtigt, etwas zu behandeln, zu entscheiden; die ~e Stelle; dafür ist er nicht z. **Zu|stän|dig|keit** ⟨f.10⟩

zu|ständ|lich ⟨Adj., o.Steig.⟩ den (gegenwärtigen) Zustand betreffend, in ihm verharrend

Zu|stands|än|de|rung ⟨f.10; Thermodynamik⟩ Übergang eines Systems in einen anderen Zustand (z.B. Gefrieren, Verdampfen)

Zu|stands|dia|gramm ⟨n.1; Phys.⟩ graphische Darstellung des Verhaltens eines Stoffes bei Änderung der Zustandsgrößen

Zu|stands|grö|ße ⟨f.11⟩ ⟨Phys.⟩ Größe, die zur vollständigen Beschreibung des thermodynamischen Zustandes eines physikalischen Systems notwendig ist 2 Wert zur Beschreibung eines Sterns

Zu|stands|pas|siv ⟨n.1⟩ Verbform, die angibt, in welchem Zustand sich ein Objekt befindet (nachdem etwas mit ihm geschehen ist), und die zugleich das Objekt in ein Subjekt verwandelt, z.B. (ich schließe die Tür) die Tür ist geschlossen

zu|stat|ten ⟨Adv.; nur in der Fügung⟩ z. kommen nützlich sein; sein Wissen kommt ihm sehr z.

zu|stecken ⟨-k·k-; V.1, hat zugesteckt⟩ I ⟨mit Akk.⟩ mit Nadeln schließen; einen Riß z.; einen Verschluß z. II ⟨mit Dat. und Akk.⟩ jmdm. etwas z. jmdm. etwas heimlich geben; jmdm. Geld z.; jmdm. einen Brief z.

zu|ste|hen ⟨V.151, hat zugestanden; mit Dat.⟩ 1 jmdm. steht etwas zu jmd. kann etwas beanspruchen; ihm steht das Recht der Entscheidung zu; dieser Anteil, dieses Geld steht ihm zu 2 jmdm. steht zu, etwas zu tun a jmd. hat das Recht darauf, etwas zu tun; es steht ihm, mir nicht zu, darüber zu entscheiden, zu urteilen b für jmdn. passend, schicklich sein, sich für jmdn. gehören; es steht mir als Außenstehendem nicht zu, danach zu fragen

zu|stei|gen ⟨V.153, ist zugestiegen; o.Obj.⟩ (als Fahrgast, Mitreisender an einer Haltestelle, an einem Treffpunkt) in ein Fahrzeug steigen; ich bin an der letzten Haltestelle zugestiegen; ist noch jmd. zugestiegen? ⟨Frage des Eisenbahnschaffners⟩; Sie können unterwegs z.

zu|stel|len ⟨V.1, hat zugestellt⟩ I ⟨mit Akk.⟩ etwas verdecken, versperren, indem man etwas davorstellt; eine Tür mit einem Schrank z.; sie haben die Einfahrt mit Kisten zugestellt II ⟨mit Dat. und Akk.⟩ jmdm. etwas z. 1 jmdm. etwas durch die Post schicken 2 jmdm. etwas ins Haus bringen; der Briefträger hat mir heute den Brief zugestellt; wir stellen Ihnen die Ware morgen zu

Zu|stel|ler ⟨m.5⟩ jmd., der etwas zustellt (z.B. Briefträger)

Zu|stel|lung ⟨f.10⟩ das Zustellen (II)

zu|stim|men ⟨V.1, hat zugestimmt; mit Dat.⟩ 1 einer Sache z. a sich mit einer Sache einverstanden erklären; einem Plan, einem Vorschlag z. b der Meinung sein, daß eine Sache richtig ist; einer Behauptung, Aussage z.; ~d nicken 2 jmdm. z. erklären, daß man der gleichen Meinung wie jmd. sei; ich stimme Ihnen zu

Zu|stim|mung ⟨f.10⟩ das Zustimmen, Einverständnis; wir können auf seine Z. rechnen; dazu kann ich meine Z. nicht geben; es fehlt noch die Z. des Abteilungsleiters

zu|sto|ßen ⟨V.157⟩ I ⟨o.Obj.; hat zugestoßen⟩ (mit einer Stichwaffe) plötzlich rasch stoßen; er zog das Messer, den Degen und stieß zu II ⟨mit Akk.; hat zugestoßen⟩ etwas z. mit einem Stoß schließen; eine Tür, Schublade z. III ⟨mit Dat.; ist zugestoßen⟩ jmdm. etwas (Schlimmes) passiert, geschieht jmdm.; ist ihm etwas zugestoßen?; falls mir etwas z. sollte ⟨verhüllend⟩ falls ich sterben sollte; ihm ist etwas Schreckliches zugestoßen; hoffentlich stößt ihm bei der Bergtour nichts zu

Zu|strom ⟨m., -(e)s, nur Sg.⟩ 1 das Zuströmen, Hinzuströmen; der Z. kalter Luft 2 Andrang; der Z. der Besucher

zu|strö|men ⟨V.1, ist zugeströmt; mit Dat.⟩ 1 einer Sache z. zu etwas, in etwas strömen; der Fluß strömt dem Meer zu 2 jmdm. z. in Scharen, in großer Menge zu jmdm. kommen; diesem Arzt, diesem Wunderdoktor strömen die Patienten zu

zu|ta|ge ⟨Adv.; in den Fügungen⟩ 1 z. bringen, fördern zum Vorschein, ans Licht bringen, fördern; er förderte aus seiner Tasche einen zerknitterten Geldschein z. 2 z. liegen sichtbar sein; seine Absichten liegen klar z., sind offenkundig, allgemein sichtbar 3 z. treten, kommen an der Oberfläche sichtbar werden; hier tritt unter der dünnen Erdschicht der Fels z.

Zu|tat ⟨f.10⟩ 1 (zur Herstellung von etwas) benötigte Substanz (Back~); die ~en zusammenstellen 2 etwas nachträglich Hinzugefügtes; der Satz ist eine Z. des Übersetzers

zu|teil ⟨Adv.; in der Fügung⟩ z. werden zuteil werden, gewährt werden; ihm ist ein großes Glück z. geworden; jmdm. etwas z. werden lassen jmdm. etwas gewähren, geben, ermöglichen; er läßt seinen Kindern eine sorgfältige Erziehung, Ausbildung z. werden

zu|tei|len ⟨V.1, hat zugeteilt; mit Dat. und Akk.⟩ 1 jmdm. etwas z. jmdm. als Anteil geben; jmdm. seine Ration z.; im Krieg wurden jedem die Lebensmittel zugeteilt 2 jmdm. etwas übertragen, zu tun geben; jmdm. eine Aufgabe, ein Amt z.

Zu|tei|lung ⟨f.10⟩ 1 ⟨nur Sg.⟩ das Zuteilen; Z. von Lebensmitteln 2 zugeteilte Menge; wir kamen damals (im Krieg) mit der Z. kaum aus

zu|tiefst ⟨Adv.⟩ im Innersten, äußerst; z. beleidigt sein; etwas z. bedauern

zu|tra|gen ⟨V.160, hat zugetragen⟩ I ⟨mit Dat. und Akk.⟩ jmdm. etwas z. 1 etwas zu jmdm. hintragen; Material z. 2 jmdm. etwas mitteilen, weitererzählen; es ist mir zugetragen worden, daß ...; er trägt dem Chef alles zu, was in Büro abspielt II ⟨refl.⟩ sich z. sich ereignen, ablaufen, geschehen; folgendes trug sich zu; wie hat sich das zugetragen?; in der Zwischenzeit hat sich nicht viel zugetragen

Zu|trä|ger ⟨m.5⟩ jmd., der anderen heimlich Nachrichten mitteilt

Zu|trä|ge|rei ⟨f.10⟩ das Zutragen (von Nachrichten), Klatschen

zu|träg|lich ⟨Adj.⟩ günstig, nützlich, förderlich; das ist seiner Krankheit nicht z. **Zu|träg|lich|keit** ⟨f., -, nur Sg.⟩

zu|trau|en ⟨V.1, hat zugetraut; mit Dat. und Akk.⟩ glauben, daß jmd. oder man selbst etwas kann, etwas tut, zu etwas fähig ist; eine solche Gemeinheit traue ich ihm nicht zu; ich traue es ihm zu, daß er das gesagt hat; ich traue mir diese große Wanderung nicht zu

Zu|trau|en ⟨n., -s, nur Sg.⟩ 1 Glaube an jmds. Fähigkeiten; ich habe kein Z., einiges Z. zu dem neuen Mitarbeiter 2 Gefühl des Vertrauens, Glaube an jmds. Ehrlichkeit, Freundlichkeit; das Kind hat Z. zu ihm; Z. zu jmdm. fassen 3 ⟨ugs.⟩ Glaube an die Widerstandsfähigkeit, Haltbarkeit einer Sache; zu diesem Gerät habe ich kein Z.

zu|trau|lich ⟨Adj.⟩ voller Zutrauen, vertrauend, keine Scheu zeigend; ein ~es Kind, Tier; der Hund ist z., kam z. näher **Zu|trau|lich|keit** ⟨f., -, nur Sg.⟩

zu|tref|fen ⟨V.161, hat zugetroffen; o.Obj.⟩ richtig sein, wie es sein soll; erweisen; die Vermutung trifft zu; es trifft zu, daß er ...; diese Behauptung trifft nicht für alle zu; eine ~de Bemerkung; Zutreffendes bitte ankreuzen ⟨auf Formularen⟩

zu|tref|fen|den|falls ⟨Adv.⟩ wenn es zutrifft

zu|trin|ken ⟨V.165, hat zugetrunken; mit Dat.⟩ jmdm. z. das Weinglas erheben, jmdn. ansehen, ihm zunicken oder „Zum Wohl" oder „Auf dein Wohl, Auf Ihr Wohl" sagen und einen Schluck trinken

Zu|tritt ⟨m., -(e)s, nur Sg.⟩ *das Eintreten, Eindringen, Hinzukommen;* Z. verboten!; jmdm. den Z. erlauben, verweigern; der Stoff brennt unter Z. von Luft

zut|schen ⟨V.1, hat gezutscht; o.Obj.; norddt., mdt.⟩ *saugen, lutschen;* an etwas z.

zu|tu|lich ⟨Adj.; veraltend⟩ →*zutunlich*

zu|tun ⟨V.167, hat zugetan⟩ I ⟨mit Akk.⟩ *zumachen, schließen;* ⟨bes. in der Wendung⟩ die Augen z. *einschlafen;* ich habe die ganze Nacht kein Auge zugetan *ich habe die ganze Nacht nicht geschlafen;* er hat die Augen zugetan ⟨verhüllend⟩ *er ist gestorben* II ⟨refl.⟩ sich z. ⟨poet.⟩ *sich schließen;* die Tür hat sich zugetan III ⟨mit Dat. (sich) und Akk.⟩ sich etwas z. ⟨südwestdt.⟩ *sich etwas anschaffen, kaufen;* sie haben sich einen neuen Wagen zugetan

Zu|tun ⟨n., -s, nur Sg.⟩ *das Tun, Helfen, Hilfe;* (meist verneint) ohne mein (sein, ihr) Z. *ohne daß ich etwas dazugetan hätte;* das ist ohne mein Z. geschehen

zu|tun|lich ⟨Adj.⟩ *zutraulich, entgegenkommend;* auch: ⟨veraltend⟩ *zutulich* **Zu|tun|lich|keit** ⟨f., -, nur Sg.⟩

zu|un|gun|sten ⟨Präp. mit Gen.⟩ *zum Nachteil von;* die öffentliche Meinung hat sich z. des Kanzlers verändert

zu|un|terst ⟨Adv.⟩ *ganz unten;* Syn. ⟨landsch.⟩ *zuniederst;* Ggs. *zuoberst;* die Schuhe stehen z. im Schrank

zu|ver|läs|sig ⟨Adj.⟩ **1** *so beschaffen, daß man sich darauf, auf ihn, sie verlassen kann;* ein ~er Mitarbeiter; sie arbeitet sehr z.; das Gerät arbeitet z. **2** *glaubwürdig, vertrauenswürdig;* ich weiß es aus ~er Quelle; er hat z. versichert, daß ...

Zu|ver|sicht ⟨f., -, nur Sg.⟩ *Vertrauen auf eine positive Entwicklung, feste Hoffnung, Überzeugung, daß etwas gut, richtig geschieht;* voller Z. sein; mit einer unerschütterlichen Z. **zu|ver|sicht|lich** ⟨Adj.⟩ *voller Zuversicht;* in ~er Stimmung sein; wir sind recht z. **Zu|ver|sicht|lich|keit** ⟨f., -, nur Sg.⟩

zu|viel ⟨unbestimmtes Pron.⟩ *mehr als nötig, mehr als günstig, mehr als richtig oder angemessen;* z. gegessen haben; sie wiegt z.; er hat z. bekommen; ich habe z. Arbeit; die Arbeit wird mir z.; das ist z. gesagt *das ist übertrieben;* „gut" wäre z. gesagt; ich dachte, ich krieg z.! ⟨ugs.⟩ *ich dachte, ich werd verrückt, das war mir sehr ärgerlich;* was z. ist, ist z. ⟨ugs.⟩ *jetzt reicht es aber!*

Zu|viel ⟨n., -s, nur Sg.⟩ *Übermaß;* ein Z. an Liebe

zu|vor ⟨Adv.⟩ *vorher;* ich gehe z. noch einmal weg; tags z.; am Tag z.; es war alles wie z.

zu|vor|derst ⟨Adv.⟩ *ganz vorn*

zu|vor|derst ⟨Adv.⟩ *zuerst, vor allem;* z. möchte ich meinen Dank abstatten

zu|vor|kom|men ⟨V.71, ist zuvorgekommen; mit Dat.⟩ **1** jmdm. z. *schneller sein als jmd. (und ihn dadurch hindern, etwas zu tun);* er wollte sich setzen, aber ich kam ihm zuvor (und nahm ihm den Platz weg); ich wollte zahlen, aber er kam mir zuvor (und zahlte selbst, zahlte für uns beide) **2** einer Sache z. *handeln, ehe etwas eintritt, ehe etwas ausgesprochen wird;* einem Unheil z.; jmds. Wünschen z. *jmds. Wünsche erfüllen, ehe er sie ausgesprochen hat;* jmds. Angriff z.

zu|vor|kom|mend ⟨Adj.⟩ *auf jmds. Wünsche freundlich eingehend, höflich und hilfsbereit;* er ist sehr z.; jmdn. z. bedienen, behandeln

Zu|vor|kom|men|heit ⟨f., -, nur Sg.⟩ *zuvorkommendes Verhalten*

zu|vor|tun ⟨V.167, hat zuvorgetan; mit Dat. und Akk.⟩ es jmdm. z. *jmdn. übertreffen;* er tat es ihm an Schnelligkeit, Geschicklichkeit zuvor

Zu|waa|ge ⟨f.11; bayr.-österr.⟩ *Knochenzugabe (zum Fleisch)*

Zu|wachs ⟨m., -es, nur Sg.⟩ *Zunahme,* Wachstum, Vermehrung; ein Z. an Einkommen; Z. in der Familie haben ⟨übertr.⟩ *ein Baby in der Familie haben;* die Hose ist auf Z. gekauft ⟨ugs.⟩ *die Hose wurde zu groß gekauft (daß man noch hineinwachsen kann)*

zu|wach|sen ⟨V.172, ist zugewachsen⟩ ⟨o.Obj.⟩ **1** *sich infolge des Wachstums von Pflanzen schließen, durch wachsende Pflanzen verdeckt werden;* die Öffnung, das Fenster, die Lücke, die Aussicht, der Weg wächst allmählich zu **II** ⟨mit Dat.⟩ jmdm. **a** *beim Größerwerden, mit zunehmendem Alter vertraut mit jmdm. werden, in jmdm. Liebe wecken, jmdn. liebgewinnen;* die Stiefkinder sind ihr zugewachsen **b** *zuteil werden;* mit der neuen Aufgabe wuchsen ihm auch die Kräfte zu, sie zu bewältigen

Zu|wachs|ra|te ⟨f.11⟩ *in Prozent ausgedrückte Steigerung des Zuwachses;* die Z. des Außenhandels

zu|wan|dern ⟨V.1, ist zugewandert; o.Obj.⟩ *von auswärts kommen und bleiben;* sie sind aus dem Südosten Europas zugewandert **Zu|wan|de|rung** ⟨f.10⟩

zu|war|ten ⟨V.2, hat zugewartet; o.Obj.; ugs.; verstärkend⟩ *(geduldig) warten;* du mußt schon noch ein bißchen z.; ich habe lange zugewartet

zu|we|ge ⟨Adv.; in den Fügungen⟩ **1** z. bringen →*zustande bringen* **2** z. sein *rüstig sein;* er ist noch gut z.

zu|wei|len ⟨Adv.⟩ *manchmal, dann und wann;* z. ist er geistesabwesend; er kommt z. zu uns

zu|wei|sen ⟨V.177, hat zugewiesen; mit Dat. und Akk.⟩ jmdm. etwas z. *jmdm. etwas (von Amts wegen) geben, zuteilen;* jmdm. eine Aufgabe z.; jmdm. eine Wohnung z. **Zu|wei|sung** ⟨f.10⟩ **1** ⟨nur Sg.⟩ *das Zuweisen* **2** *Bescheinigung, mit der jmdm. etwas zugewiesen wird;* die Z. für eine Wohnung bekommen

zu|wen|den ⟨V.2 oder 178, hat zugewendet oder zugewandt⟩ **I** ⟨mit Dat. und Akk.⟩ **1** jmdm. etwas z. **a** *etwas in Richtung auf jmdn. wenden;* Syn. *zukehren, zudrehen;* jmdm. das Gesicht, den Rücken z. **b** *jmdm. etwas als Geschenk zukommen lassen;* Geld, größere Summen z. **2** *etwas einer Sache oder jmdm. z. etwas auf eine Sache oder jmdn. richten;* etwas einer Sache oder jmdm. z. etwas auf eine Sache oder jmdn. richten; er hat sein ganzes Interesse der Biologie zugewendet; sie wendete ihre ganze Aufmerksamkeit dem Spiel, dem Kind, dem Tier zu; er hat sein ganzes Interesse der Biologie zugewendet; sie wendete ihre ganze Aufmerksamkeit den behinderten Kindern zu **II** ⟨refl. mit Dat.⟩ sich jmdm. oder einer Sache z. **1** *sich zu jmdm. oder etwas umdrehen;* ich wendete mich ihm zu, als er mich ansprach; er wandte sich den Vorgängen auf der Bühne zu **2** *sich mit jmdm. oder etwas beschäftigen, auf jmdn. oder etwas eingehen, Interesse für jmdn. oder etwas zeigen;* sich liebevoll, freundlich einem Kind z.; sich einer Aufgabe, Arbeit, einer Liebhaberei z.; sich einer Partei z.

Zu|wen|dung ⟨f.10⟩ **1** ⟨nur Sg.⟩ *das Zuwenden (I)* **2** ⟨nur Sg.⟩ *das Sichzuwenden, Interesse, Eingehen;* das Kind braucht ihre Z.; liebevolle, verständnisvolle Z. **3** *Geldgeschenk;* jmdm. eine Z., ~en machen

zu|we|nig ⟨unbestimmtes Pron.⟩ *weniger als nötig, weniger als günstig, weniger als angemessen;* er schläft z.; sie wiegt z.; er hat z. bekommen; das ist mir z.

Zu|we|nig ⟨n., -s, nur Sg.⟩ *das Fehlen, Mangel;* ein Z. an Zuwendung schadet dem Kind

zu|wer|fen ⟨V.181, hat zugeworfen⟩ **I** ⟨mit Akk.⟩ *z. heftig, mit Knall, Krach schließen;* die Tür, den Deckel z. **II** ⟨mit Dat. und Akk.⟩ jmdm. etwas z. *etwas so werfen, daß das es auffangen kann;* jmdm. einen Ball, ein Geldstück z.; jmdm. einen Blick z. *jmdn. kurz anblicken;* jmdm. einen verständnisinnigen, ermunternden, anerkennenden Blick z.

zu|wi|der **I** ⟨Adv.⟩ **1** *etwas ist jmdm. z. etwas ist jmdm. unangenehm, widerwärtig;* der Kerl ist mir z.; Knoblauch ist mir z., darum bitten zu müssen **2** ⟨poet.⟩ *etwas ist jmdm., einer Sache z. etwas steht jmdm., einer Sache entgegen, ist jmdm., einer Sache hinderlich;* das Schicksal war ihren Absichten z. **II** ⟨Präp. mit vorangehendem Dat.⟩ *entgegen;* er fuhr der Vorschrift z. auf der linken Seite

zu|wi|der|han|deln ⟨V.1, hat zuwidergehandelt; mit Dat.⟩ *einer Sache z. entgegen einer Sache handeln, nicht im Sinne einer Sache handeln;* einem Gesetz, einer Vorschrift, einer Anweisung z. **Zu|wi|der|hand|lung** ⟨f.10⟩

zu|wi|der|lau|fen ⟨V.76, ist zuwidergelaufen; mit Dat.⟩ *einer Sache z. entgegen einer Sache verlaufen, wirken;* das läuft meinen Plänen zuwider

zu|win|ken ⟨V.1, hat zugewinkt⟩ **I** ⟨mit Dat.⟩ jmdm. z. *in Richtung auf jmdn. winken, sich jmdm. zuwenden und winken;* jmdm. zum Abschied z. **II** ⟨mit Dat. und Akk.⟩ jmdm. etwas z. *jmdm. durch Winken etwas andeuten;* jmdm. einen Gruß, ein Lebewohl z.

zu|zah|len ⟨V.1, hat zugezahlt; mit Akk.⟩ *über das Erwartete oder Geforderte hinaus zahlen, zusätzlich zahlen;* ich zahle gern ein paar Mark zu, wenn ...; bei bestimmten Leistungen des Arztes muß der Kassenpatient eine Summe z.

zu|zäh|len ⟨V.1, hat zugezählt⟩ **I** ⟨mit Akk.; ugs.⟩ *dazuzählen* **II** ⟨mit Dat. und Akk.⟩ *etwas einer Sache z.* →*zuordnen*

Zu|zah|lung ⟨f.10⟩ *das Zuzahlen*

zu|zei|ten ⟨Adv.⟩ *manchmal, zuweilen*

zu|zeln ⟨V.1, hat gezuzelt; mit Akk. oder o.Obj.; bayr.-österr.⟩ **1** *lutschen, saugen;* ein Bonbon z.; an der Flasche z. **2** *schlürfen;* genüßlich seinen Wein z.

zu|zie|hen ⟨V.187⟩ **I** ⟨mit Akk.; hat zugezogen⟩ **1** *etwas z. durch Ziehen schließen;* die Vorhänge z. **1a** einen Knoten z. *festziehen* **2** jmdn. zu Rate ziehen, um Rat fragen, um Auskunft bitten; einen Arzt, einen Sachverständigen z. **II** ⟨mit Dat. (sich) und Akk.; hat zugezogen⟩ sich etwas z. *etwas (gegen seinen Willen) bekommen;* sich eine Erkältung z.; ich weiß nicht, wodurch ich mir seinen Zorn zugezogen habe **III** ⟨o.Obj.; ist zugezogen⟩ *(von auswärts) nach hier, hierher ziehen, seinen Wohnsitz hierher verlegen;* sie sind vor einigen Jahren zugezogen **IV** ⟨mit Dat.; ist zugezogen; poet.⟩ *einem Ort, einer Gegend z. an einen Ort, in eine Gegend ziehen;* die Vögel ziehen dem Meer, dem Süden zu

Zu|zug ⟨m.2⟩ **1** *das Zuziehen (III), Zustrom;* Z. neuer Einwohner, neuer Mitglieder **2** *Zuwachs durch zuziehende Personen;* die Stadt hat starken Z. erhalten **3** ⟨schweiz.⟩ *Hilfeleistung*

Zu|zü|ger ⟨m.5; schweiz.⟩ → *Zuzügler*

Zu|züg|ler ⟨m.5; ugs.⟩ *jmd., der zugezogen ist;* auch: ⟨schweiz.⟩ *Zuzüger*

zu|zwin|kern ⟨V.1, hat zugezwinkert⟩ → *zublinzeln*

zwacken ⟨-k·k-; V.1, hat gezwackt⟩ → *zwicken;* (meist in der Verbindung) zwicken und z.; es zwickt und zwackt mich überall

Zwang ⟨m.2⟩ **1** *Anwendung von körperlicher oder seelischer Gewalt;* einen Z. ausüben; unter Z. handeln; unter Z. stehen **2** *Notwendigkeit, ausgeübter Druck* **3** *strenge Forderung;* gesellschaftliche, politische Zwänge **4** *Verpflichtung, Gebot* (Kauf~, Konsum~, Kostüm~); es besteht kein Z., ihn Z. zu verzehren **5** *Beschränkung, Hemmung;* sich keinen Z. antun *sich frei und natürlich bewegen und äußern;* einem Text Z. antun *einen Text nach eigenem Ermessen zu stark ändern* *oder falsch deuten* **6** *starker Drang;* der Z. des Geschlechtstriebes **7** ⟨Psych.⟩ *Erlebnisse und Antriebe, die einen Menschen gegen seinen Willen beherrschen* (Wasch~, Zähl~)

zwän|gen ⟨V.1, hat gezwängt; mit Akk.⟩ *mit Mühe, Gewalt (in etwas) drücken, pressen;* noch ein paar Sachen in den Koffer z.; sich in einen zu engen Anzug z.; wir zwängten uns zu fünft in das kleine Auto

zwang|haft ⟨Adj., o.Steig.⟩ *aufgrund eines seelischen, inneren Zwanges;* z. wiederholte Bewegungen

zwang|los ⟨Adj., -er, am -esten⟩ **1** *ohne äußeren oder inneren Zwang, ungezwungen, natürlich, frei;* sich z. benehmen, bewegen; ein ~es Beisammensein **2** *unregelmäßig;* die Zeitschrift erscheint in ~er Folge

Zwang|lo|sig|keit ⟨f., -, nur Sg.⟩ *zwanglose Beschaffenheit, das Zwanglossein;* die Z. ihres Benehmens

Zwangs|an|lei|he ⟨f.11⟩ *öffentliche Anleihe, zu deren Zeichnung bestimmte Bevölkerungsgruppen und Unternehmen gesetzlich verpflichtet werden*

Zwangs|ar|beit ⟨f.10⟩ *mit schwerer körperlicher Arbeit verbundene Freiheitsstrafe;* jmdn. zu zehn Jahren Z. verurteilen

Zwangs|be|wirt|schaf|tung ⟨f.10⟩ *Bewirtschaftung unter Zwang*

Zwangs|ein|wei|sung ⟨f.10⟩ *zwangsweise erfolgende Einweisung;* Z. in eine Heilanstalt

Zwangs|ent|eig|nung ⟨f.10⟩ *gesetzlich erzwungene Enteignung*

Zwangs|hand|lung ⟨f.10⟩ *unter einem krankhaften inneren Zwang erfolgende (meist nicht sinnvolle und häufig wiederholte) Handlung*

Zwangs|jacke ⟨-k·k-; f.11⟩ *Jacke mit sehr langen Ärmeln, die auf der Brust gekreuzt und auf dem Rücken zusammengebunden werden, so daß die Arme nicht bewegt werden können* (für Tobsüchtige); jmdn. in eine Z. stecken ⟨übertr.⟩ *jmdn. an der Entfaltung hindern, in seiner Wirksamkeit behindern*

Zwangs|la|ge ⟨f.11⟩ *Notlage, in der jmd. nur gezwungenermaßen handeln kann;* sich in einer Z. befinden

zwangs|läu|fig ⟨Adj., o.Steig.⟩ *unabwendbar, nicht anders verlaufen könnend;* eine ~e Entwicklung, Folge **Zwangs|läu|fig|keit** ⟨f., -, nur Sg.⟩

Zwangs|maß|nah|me ⟨f.11⟩ *unter Anwendung von Zwang durchgeführte Maßnahme*

Zwangs|mit|tel ⟨n.5, Pl.⟩ *Mittel zur zwangsweisen Durchsetzung einer Forderung*

Zwangs|neu|ro|se ⟨f.11⟩ *seelische Fehleinstellung, die vorwiegend durch Symptome des Zwangs (7), abnorm gesteigerte Schuldgefühle, gesteigerte Gewissenhaftigkeit und große Entschlußunfähigkeit gekennzeichnet ist*

Zwangs|ver|stei|ge|rung ⟨f.10⟩ *zwangsweise vorgenommene Versteigerung zur Abfindung der Gläubiger*

Zwangs|voll|streckung ⟨-k·k-; f.10⟩ *Durchsetzung von jmds. berechtigten Ansprüchen durch staatlichen Zwang*

Zwangs|vor|stel|lung ⟨f.11⟩ *immer wiederkehrende Vorstellung als (Teil einer) Zwangsneurose;* Syn. *Obsession*

zwangs|wei|se ⟨Adv., ugs. auch als Adj.⟩ *mit Hilfe von Zwang;* jmdn. z. in eine Anstalt einweisen; jmdn. z. versetzen

Zwangs|wirt|schaft ⟨f., -, nur Sg.⟩ *abwertend allein vom Staat gelenkte und verwaltete Wirtschaft*

zwan|zig ⟨Num.; Schreibung in Buchstaben für⟩ *20;* vgl. *achtzig*

Zwan|zig ⟨f.10⟩ *die Ziffer 20;* vgl. *Achtzig*

Zwan|zi|ger vgl. *achtziger*

Zwan|zi|ger ⟨m.5⟩ **1** vgl. *Achtziger* **2** ⟨ugs.⟩ *Zwanzigmarkschein*

Zwan|zi|ger|jah|re ⟨n., Pl.⟩ **1** *die Lebensjahre zwischen 20 und 29* **2** *die Jahre von 1920 bis 1929; auch:* die zwanziger Jahre

Zwan|zig|mark|schein ⟨m.1⟩ *Banknote im Wert von 20 DM*

zwar ⟨Konj.⟩ **1** *wohl;* er ist z. klein, aber kräftig **2** ⟨mit „und"⟩ *genauer gesagt;* ich werde es ihnen schicken, und z. noch heute

Zweck ⟨m.1⟩ **1** *Ziel (eines Tuns);* der Z. der Prüfung; dem Z. entsprechend; seinen Z. erfüllen, verfehlen tauglich, nicht tauglich sein; das ist ein guter Z.; jmdn. für seine ~e ausnutzen; der Z. heiligt die Mittel *für ein bestimmtes Ziel sind alle Mittel erlaubt* **2** *Sinn (einer Handlung);* das hat doch keinen Z.!

Zweck|bau ⟨m., -(e)s, -bau|ten⟩ *nur für einen bestimmten Zweck errichteter (und daher sehr einfacher und oft unschöner) Bau*

zweck|dien|lich ⟨Adj.⟩ *für einen bestimmten Zweck geeignet, passend, nützlich;* ~e Hinweise

Zwecke ⟨-k·k-; f.11; kurz für⟩ *Reißzwecke*

zwecken ⟨-k·k-⟩ ⟨V.1, hat gezweckt; mit Akk.⟩ *mittels Zwecke(n) befestigen;* ein Foto an die Tür z.

zweck|ent|frem|det ⟨Adj., o.Steig.⟩ *nicht dem vorgesehenen Zweck dienend;* ~e Räume, Gelder

zweck|ent|spre|chend ⟨Adj.⟩ *einem vorgesehenen Zweck entsprechend;* ein ~es Gerät; Mittel z. einsetzen

zweck|ge|bun|den ⟨Adj., o.Steig.⟩ *für einem bestimmten Zweck dienend;* ~e Spende

zweck|los ⟨Adj., Steig. nur ugs.⟩ *keinen Zweck habend, nutzlos;* ~e Bemühungen

Zweck|lo|sig|keit ⟨f., -, nur Sg.⟩

zweck|mä|ßig ⟨Adj.⟩ *seinen Zweck erfüllend, gut geeignet;* ein ~es Werkzeug **Zweck|mä|ßig|keit** ⟨f., -, nur Sg.⟩

zweck|ra|tio|nal ⟨Adj., o.Steig.⟩ *allein auf den Zweck (und nicht auf das Gefühl) ausgerichtet;* z. denken, handeln

zwecks ⟨Präp. mit Gen.⟩ *zum Zwecke des, der ...;* z. besserer Verständigung

Zweck|spa|ren ⟨n., -s, nur Sg.⟩ *zweckgebundenes Sparen*

Zweck|ver|band ⟨m.2⟩ *Zusammenschluß von Unternehmen oder Gemeinden zur Erfüllung bestimmter Zwecke oder Aufgaben*

zween ⟨Num.; †⟩ *zwei*

Zweh|le ⟨f.11; landsch.⟩ *Handtuch, Tischtuch;* vgl. *Dweil* [< ahd. *dwahila* „kleines Tuch, Serviette"]

zwei ⟨Num.; Schreibung in Buchstaben für⟩ *2;* vgl. *acht*

Zwei ⟨f.10⟩ **1** *die Ziffer 2;* vgl. *Acht*[2] **2** ⟨als Schulnote⟩ *gut;* vgl. *Drei*

Zwei|bei|ner ⟨m.5; scherzh.⟩ *Mensch*

zwei|bei|nig ⟨Adj.⟩ *zwei Beine besitzend*

zwei|bet|tig ⟨Adj., o.Steig.⟩ *mit zwei Betten versehen*

Zwei|bett|zim|mer ⟨n.5⟩ *mit zwei Betten ausgestattetes Zimmer*

Zwei|blatt ⟨n., -(e)s, nur Sg.⟩ *(u. a. in feuchten Wäldern vorkommende) grünlich blühende Orchidee mit nur zwei Blättern*

zwei|deu|tig ⟨Adj., o. Steig.⟩ **1** *zwei oder mehrere Bedeutungen besitzend* **2** ⟨ugs.⟩ *schlüpfrig, anstößig;* ~e Witze

Zwei|deu|tig|keit ⟨f.10⟩ **1** ⟨nur Sg.⟩ *das Zweideutigsein* **2** *zweideutige Äußerung*

zwei|di|men|sio|nal ⟨Adj., o.Steig.⟩ *zwei Dimensionen aufweisend, flächig*

Zwei|drit|tel|mehr|heit ⟨f., -, nur Sg.⟩ *Mehrheit von mehr als zwei Dritteln (der abgegebenen Stimmen);* die Satzungsänderung erfordert eine Z.

zwei|eiig ⟨Adj., o.Steig.; nur als Attr. und mit „ei"; bei Zwillingen⟩ *durch Reifung zweier von je einer Samenzelle befruchteter Eizellen entstanden;* vgl. *eineiig*

Zwei|er ⟨m.5⟩ **1** *Zweipfennigstück* **2** ⟨süddt.⟩ **a** *die Ziffer 2* **b** ⟨als Schulnote⟩ *Zwei;* vgl. *Dreier;* vgl. *Achter* **3** *Ruderboot für zwei Ruderer*

zwei|er|lei ⟨Adj., o.Steig., o.Dekl.⟩ **1** *zwei*

verschiedene; die Dinge mit z. Maß messen *ungerecht urteilen;* das sind z. Strümpfe **2** *zwei verschiedene Dinge;* Theorie und Praxis sind z.

Zwei|fa|mi|li|en|haus ⟨n.4⟩ *Haus für zwei Familien*

Zwei|fel ⟨m.5⟩ *Unsicherheit, Ungewißheit, Schwanken;* es besteht kein Z. (darüber), daß ...; es gibt keinen Z.; Z. hegen; quälender Z.; das steht außer Z.; ich bin über etwas im Z. sein *etwas nicht genau wissen;* ohne Z.! *ganz bestimmt!;* etwas in Z. ziehen, stellen *etwas bezweifeln*

Zwei|fel|der|wirt|schaft ⟨f.10⟩ *zwischen Anbau und Brache wechselnde Anbaumethode*

zwei|fel|haft ⟨Adj., -er, am -esten⟩ **1** *Zweifel veranlassend, fraglich, unsicher;* ein ~er Beweis; ein Film von ~em Wert **2** ⟨übertr.⟩ *moralisch anrüchig, fragwürdig;* ein ~es Lokal

zwei|fel|los ⟨Adv.⟩ *ohne Zweifel, ganz sicher*

zwei|feln ⟨V.1, hat gezweifelt⟩ **I** ⟨o.Obj.⟩ *Zweifel haben, nicht sicher sein;* ich zweifle, ob er recht hat; ich zweifle, was zu tun ist; ~d den Kopf schütteln **II** ⟨mit Präp.obj.⟩ *an etwas z. etwas in Frage stellen, nicht sicher sein, ob es wirklich so ist, wie es scheint, wie man glaubt;* an jmds. Ehrlichkeit z.; ich zweifle daran, daß er es wirklich kann; ich zweifle an seinem Verstand *er ist wohl verrückt, er ist wohl nicht gescheit?*

Zwei|fels|fall ⟨m.2⟩ *unsicherer Fall, Fall, der Zweifel zuläßt;* Anweisung für Zweifelsfälle; im Z. *wenn es feststeht, wenn Zweifel auftreten;* im Z. frag mich lieber

zwei|fels|oh|ne ⟨Adv.⟩ *ohne Zweifel, bestimmt*

Zwei|flüg|ler ⟨m.5⟩ *Insekt, bei dem nur die häutigen Vorderflügel flugtüchtig sind*

Zweig ⟨m.1⟩ **1** *kleiner, dünner Ast;* auf keinen grünen Z. kommen ⟨übertr., ugs.⟩ *keinen Erfolg haben* **2** *Gebiet innerhalb eines größeren Gebietes* (Wissenschafts~, Industrie~) **3** *abzweigende Linie;* Z. einer Eisenbahnlinie, einer Familie

zwei|ge|schlech|tig ⟨Adj., o.Steig.⟩ *mit männlichen und weiblichen Geschlechtsorganen (beim Einzelwesen);* vgl. *eingeschlechtig*

Zwei|ge|schlech|tig|keit ⟨f., -, nur Sg.⟩ → *Hermaphroditismus*

zwei|ge|stri|chen ⟨Adj., o.Steig.; nur als Attr.⟩ *vom eingestrichenen Ton aus (z.B. c") nach oben in der zweiten Oktave liegend;* das ~e C (c")

Zweig|ge|schäft ⟨n.1⟩ *zu einem Hauptgeschäft gehörendes kleines Geschäft, Filiale;* Syn. *Zweigniederlassung*

zwei|glei|sig ⟨Adj., o.Steig.⟩ **1** *mit zwei Gleisen versehen;* ~e Bahnstrecke **2** ⟨übertr.⟩ *zwei Möglichkeiten (gleichzeitig) verfolgend;* z. vorgehen

zwei|glied|rig, zwei|glied|rig ⟨Adj., o.Steig.⟩ *aus zwei Gliedern bestehend;* ~e Zahl; ~er sprachlicher Ausdruck

Zweig|nie|der|las|sung ⟨f.10⟩ → *Zweiggeschäft*

Zweig|stel|le ⟨f.11⟩ *zu einer Hauptverwaltung gehörende Niederlassung (einer Bank oder Behörde)*

Zwei|hän|der ⟨m.5; früher⟩ *langes, mit beiden Händen zu führendes Schwert;* Syn. *Beidhänder*

zwei|häu|sig ⟨Adj., o.Steig.⟩ *bei Pflanzen entweder nur männliche oder nur weibliche Blüten tragend; Syn. diözisch, Ggs. einhäusig*

Zwei|häu|sig|keit ⟨f., -, nur Sg.⟩

Zwei|heit ⟨f.10⟩ *Gesamtheit von zwei Begriffen oder Dingen*

Zwei|kam|mer|sy|stem ⟨n.1⟩ *Parlament, das aus zwei Körperschaften besteht, die jeweils getrennt abstimmen können*

Zwei|kampf ⟨m.2⟩ **1** *bewaffnete Auseinan-*

zweikeimblättrig

dersetzung zwischen zwei Menschen **2** Wettbewerb zwischen zwei Personen

zwei|keim|blätt|rig ⟨Adj., o.Steig.; bei Pflanzen⟩ *mit zwei Keimblättern;* Ggs. einkeimblättrig

Zwei|korn ⟨n., -(e)s, nur Sg.⟩ →*Emmer*

zwei|mah|dig, zwei|mäh|dig ⟨Adj., o.Steig.⟩ →*zweischürig*

zwei|mal ⟨Adv.⟩ **1** *doppelt; alles z. sagen müssen; z. pro Tag; er ließ es sich nicht z. sagen er tat es sofort* **2** *mit zwei multipliziert; z. drei ist sechs*

zwei|ma|lig ⟨Adj., o.Steig.⟩ *zweimal geschehend, stattfindend;* ~*e Aufforderung*

Zwei|pol ⟨m.1⟩ *elektrischer Schaltkreis mit zwei Anschlußklemmen*

Zwei|rad ⟨n.4⟩ *Fahrzeug mit zwei Rädern (bes. Fahrrad)*

Zwei|rei|her ⟨m.5⟩ *Anzug mit zwei Knopfreihen an der Jacke*

zwei|rei|hig ⟨Adj., o.Steig.⟩ *zwei Reihen aufweisend*

Zwei|sam|keit ⟨f., -, nur Sg.⟩ *Gemeinschaft zu zweien*

zwei|schläf|rig ⟨Adj., o.Steig.⟩ *für zwei Personen ausgestattet; ein* ~*es Bett*

zwei|schnei|dig ⟨Adj., o.Steig.⟩ *auf beiden Seiten geschliffen; ein* ~*es Messer; das ist ein* ~*es Schwert, (od. eine* ~*e Sache) ⟨übertr.⟩ das ist etwas, das sowohl nützen als auch schaden kann,* ⟨oder⟩ *das ist etwas, das für jmdn. in jedem Falle ungünstig verlaufen kann*

zwei|schü|rig ⟨Adj., o.Steig.⟩ *so beschaffen, daß zwei Schnitte im Jahr durchgeführt werden können;* Syn. zweimahdig, zweimähdig; vgl. dreischürig; ~*e Wiese*

zwei|sei|tig ⟨Adj., o.Steig.⟩ **1** *auf zwei Seiten; ein z. bedrucktes Textblatt* **2** *zwischen zwei Personen, Gruppen oder Staaten, nach zwei Seiten hin wirkend, wechselseitig;* ~*er Vertrag;* ~*e Bindungen*

zwei|sil|big ⟨Adj., o.Steig.⟩ *aus zwei Silben bestehend;* ~*e Wörter*

Zwei|sit|zer ⟨m.5⟩ *Fahrzeug mit zwei Sitzen*

zwei|spal|tig ⟨Adj., o.Steig.⟩ *mit zwei Spalten versehen; eine* ~*e Textseite; z. gedrucktes Wörterbuch*

Zwei|spän|ner ⟨m.5⟩ *Wagen, der mit zwei Pferden bespannt wird*

zwei|spän|nig ⟨Adj., o.Steig.⟩ *mit zwei Pferden bespannt; z. fahren*

Zwei|spitz ⟨m.1⟩ *Kopfbedeckung mit beidseitig hochgeklappter Krempe*

zwei|spra|chig ⟨Adj., o.Steig.⟩ **1** *(von Kindesalter an) zwei Sprachen sprechend; z. aufwachsen* **2** *in zwei Sprachen abgefaßt; ein* ~*es Buch* **Zwei|spra|chig|keit** ⟨f., -, nur Sg.⟩

zwei|stim|mig ⟨Adj., o.Steig.⟩ **1** *für zwei Stimmen vorgesehen, vertont; ein* ~*es Lied* **2** *mit zwei Stimmen;* ~*er Chor; ein Lied z. singen*

zwei|stöckig ⟨-k|k-; Adj., o.Steig.⟩ *zwei Stockwerke aufweisend; ein* ~*es Haus*

zweit *(nur in der Fügung)* zu z. *als Gruppe von zwei Personen; wir sind nur zu z. wir sind eine Gruppe von nur zwei Personen;* zu z. *erscheinen*

zweit... ⟨in Zus.⟩ *an zweiter Stelle stehend, z.B. zweitältest, zweitgrößt*

Zweit... ⟨in Zus.⟩ *etwas, das zu dem, zu der ersten dazukommt, das zusätzlich vorhanden ist, gebraucht wird, z.B. Zweitgerät, Zweitfrisur, Zweitwagen, Zweitwohnung*

Zwei|tak|ter ⟨m.5⟩, **Zwei|takt|mo|tor** ⟨m.13⟩ *Verbrennungsmotor, bei dem auf jede Umdrehung der Kurbelwelle ein Arbeitshub (Takt) entfällt*

zwei|tei|lig ⟨Adj., o.Steig.⟩ *aus zwei Teilen bestehend;* ~*er Badeanzug*

Zwei|tei|lung ⟨f., -, nur Sg.⟩ *Teilung in zwei Teile*

zwei|tens ⟨Adv.⟩ *an zweiter Stelle, als zweiter Punkt; erstens, z., drittens; das ist erstens*

nicht angenehm und z. auch ungesund; z. möchte ich bemerken, daß ...

zwei|te(r, -s) ⟨Num.⟩ *nach der, dem ersten kommend; der zweite von oben; zweiter Bildungsweg Einrichtung zur Erlangung der höheren Fachschul- oder Hochschulreife während der Berufsarbeit; das Zweite Gesicht* ⟨übertr.⟩ *(angebliche) Fähigkeit übersinnlicher Wahrnehmung; die zweite Geige spielen* ⟨übertr.⟩ *eine untergeordnete Rolle spielen; etwas aus zweiter Hand kaufen etwas gebraucht kaufen; der Zweite Weltkrieg; er ist ein zweiter ... ⟨ugs.⟩ er ist ebenso gut ...*

Zweit|fri|sur ⟨f.10; verhüllend⟩ *Perücke (für Damen)*

zweit|klas|sig ⟨Adj., o.Steig.⟩ *nicht besonders gut; ein* ~*es Hotel*

Zweit|schrift ⟨f.10⟩ →*Durchschlag, Durchschrift*

Zweit|stim|me ⟨f.11; in der BRD bei den Wahlen zum Bundestag⟩ *Stimme, mit der ein Wähler die Landesliste seiner Partei wählt*

Zwei|und|dreißig|stel ⟨n.5⟩, **Zwei|und|dreißig|stel|no|te** ⟨f.11⟩ *Note im Taktwert des 32. Teils einer ganzen Note*

Zwei|zack ⟨m.1⟩ *in zwei Spitzen auslaufender Speer*

Zwei|zei|ler ⟨m.5⟩ *Gedicht oder Spruch aus zwei Zeilen*

zwerch ⟨Adv., †⟩ *quer*

Zwerch|fell ⟨n.1⟩ *dünne Muskel- und Sehnenschicht, die Brust und Bauchhöhle trennt;* Syn. Diaphragma [< zwerch und Fell „Haut"]

zwerch|fell|er|schüt|ternd ⟨Adj., o.Steig.⟩ *zu heftigem Lachen reizend; er ist von* ~*er Komik*

Zwerg ⟨m.1⟩ **1** ⟨Myth.⟩ *(unter der Erde, im Wald lebendes) Männchen mit Bart und Zipfelmütze* **2** *kleinwüchsiger Mensch*

zwer|gen|haft ⟨Adj., o.Steig.⟩ *außerordentlich klein; ein* ~*er Mensch; er ist von* ~*em Wuchs*

Zwerg|huhn ⟨n.4⟩ *Haushuhn mit besonders kleinem Körperbau*

Zwerg|männ|chen ⟨n.7; bei manchen Tierarten⟩ *Männchen, das im Verhältnis zum Weibchen zwerghaft klein ist (z.B. beim Anglerfisch)*

Zwerg|maus ⟨f.2⟩ *kleinste mitteleuropäische Maus, die Kugelnester in Halmen von Getreide u.a. baut*

Zwerg|staat ⟨m.12⟩ *sehr kleiner Staat*

Zwerg|wuchs ⟨m., -es, nur Sg.⟩ **1** *(krankhafter) Wachstumsstillstand beim Menschen* **2** *wesentlich unter dem Durchschnitt liegende Körpergröße (beim erwachsenen Menschen unter 130 cm);* Syn. Nanismus, Nanosomie

Zwet|sche ⟨f.11; schweiz., südwestdt.⟩, **Zwetschge** ⟨f.11; bes. bayr.-österr.⟩ *länglich-eiförmige Pflaume;* auch: ⟨südwestdt.⟩ *Quetsche, Zwetsche*

Zwetsch|gen|was|ser ⟨n.6⟩ *aus Zwetschgen hergestellter, wasserklarer Trinkbranntwein*

Zwetsch|ke ⟨f.11⟩ →*Zwetschge*

Zwickel ⟨-k|k-; m.5⟩ **1** *drei- oder viereckiger Einsatz (an Kleidungsstücken)* **2** ⟨Baukunst⟩ *dreieckige Fläche (als Übergang zwischen einem von zwei Wänden gebildeten Winkel zu einem Bogen)* **3** ⟨ugs., landsch.⟩ *Kerl; ein komischer Z.* **4** ⟨ugs.⟩ *Zweimarkmünze*

zwicken ⟨-k|k-; V.1, hat gezwickt⟩ **I** ⟨mit Akk.⟩ **1** *jmdn. z.* **a** *jmds. Fleisch an einer Stelle mit zwei Fingern, mit den Zähnen oder einem Werkzeug zusammendrücken; jmdn. in den Arm z.; der Hund hat mich ins Bein gezwickt; jmdn. versehentlich mit der Zange, mit der Schere z.; jmdn. mit einer glühenden Zange z.* ⟨früher als Folter⟩ **b** *jmdm. einen leichten Schmerz verursachen; der Kragen ist zu eng und zwickt mich; mein Gewissen zwickt mich* ⟨übertr., ugs.⟩; *es zwickt mich im Bauch ich fühle einen leichten Schmerz im Bauch; es zwickt mich, daß ich das nicht ge-*

tan habe ⟨übertr., ugs.⟩ *es reut mich, ärgert mich ein bißchen, daß ich das nicht getan habe; es zwickt und zwackt mich überall es tut mir überall weh* **2** *etwas z.* **a** *lochen; einen Fahrschein z.* **b** *etwas an etwas z. etwas an einem Gegenstand festklemmen* **II** ⟨o.Obj.⟩ *einen leichten Schmerz verursachen; der Kragen zwickt; au, das zwickt!*

Zwicker[1] ⟨-k|k-; m.5⟩ *aus zwei Rebsorten verschnittener, elsässischer Wein (Edel~)* [vielleicht zu *Zwitter*]

Zwicker[2] ⟨-k|k-; m.5⟩ →*Kneifer* [zu *zwicken*]

Zwick|müh|le ⟨f.11⟩ **1** ⟨Mühlespiel⟩ *Stellung, in der das Hin- und Herschieben des gleichen Steines immer eine Mühle ergibt* **2** ⟨übertr.⟩ *schwierige Lage, aus der jeder Weg unangenehm ist; sich in einer Z. befinden*

Zwie|back ⟨m.1 oder m.2⟩ *zweimal gebackenes, trockenes, hartes Dauergebäck in Scheiben (aus Weizenmehl und Milch)*

Zwie|bel ⟨f.11⟩ **1** *Lauch, dessen Speicherorgan als Gewürz und Gemüse verwendet wird;* Syn. ⟨schweiz.⟩ Bölle, ⟨nddt.⟩ Bolle, ⟨landsch.⟩ Zipolle **2** ⟨bes. einkeimblättrigen Pflanzen⟩ *Speicherorgan aus dicht gelagerten, fleischig verdickten Blättern (Tulpen~)* **3** ⟨ugs., scherzh.⟩ *Taschenuhr* **4** ⟨ugs., scherzh.⟩ *Haarknoten; eine Z. tragen* [< lat. *cepulla* „(kleine) Zwiebel"]

Zwie|bel|fisch ⟨m.1; Buchw.⟩ *Buchstabe aus einer anderen Schrift*

Zwie|bel|ku|chen ⟨m.7⟩ *mit Zwiebeln und Speckwürfeln belegter Hefekuchen, der heiß gegessen wird*

Zwie|bel|mu|ster ⟨n., -s, nur Sg.⟩ *ein blaues Muster der Meißener Porzellanmanufaktur, dessen Hauptbestandteil eine Zwiebel ist*

zwie|beln ⟨V.1, hat gezwiebelt; mit Akk.; ugs.⟩ *peinigen, plagen, schikanieren*

Zwie|bel|turm ⟨m.2⟩ *Kirchturm mit zwiebelförmigem Dach*

zwie|fach ⟨Adj., o.Steig.⟩ *zweifach*

Zwie|fa|che(r) ⟨m.17 oder 18⟩ ⟨bes. in Niederbayern und Teilen Österreichs beliebter⟩ *Volkstanz mit Wechsel von zwei- und dreiteiligem Takt*

Zwie|ge|spräch ⟨n.1⟩ *Gespräch zwischen zwei Personen*

Zwie|laut ⟨m.1⟩ →*Diphthong*

Zwie|licht ⟨n., -(e)s, nur Sg.⟩ **1** *Dämmerlicht* **2** *Licht aus zwei verschiedenen Lichtquellen; ins Z. geraten* ⟨übertr.⟩ *einen fragwürdigen Ruf bekommen*

zwie|lich|tig ⟨Adj.; übertr.⟩ *undurchsichtig, anrüchig;* ~*e Gestalten*

Zwie|sel ⟨m.5 oder f.11⟩ **1** *Gabelung des Baumstammes* **2** *gegabelter Baumstamm* [zu *zwei*]

zwie|seln ⟨V.1, hat gezwieselt; refl.⟩ *sich z. sich gabeln* [zu *Zwiesel*]

Zwie|spalt ⟨m.1 oder m.2⟩ *innere Uneinigkeit, Gespaltenheit; sich in einem Z. zwischen Vernunft und Gefühl befinden; in Z. innerhalb der Fraktion*

zwie|späl|tig ⟨Adj.⟩ *in sich gespalten, uneins, unentschieden;* ~*e Gefühle hegen* **Zwie|späl|tig|keit** ⟨f., -, nur Sg.⟩

Zwie|spra|che ⟨f.11⟩ *das Sprechen mit einem (oft nicht vorhandenen) Partner; Z. mit einem Toten halten; Z. mit sich selbst halten*

Zwie|tracht ⟨f., -, nur Sg.⟩ *Streit, Unfrieden, Uneinigkeit; Z. säen; unter ihnen herrscht Z.; in Z. mit jmdm. leben*

Zwilch ⟨m.1⟩ →*Zwillich*

Zwil|le ⟨f.11; norddt.⟩ *kleine Steinschleuder* [zusammengezogen aus *Zwiesel*]

Zwil|lich ⟨m.1⟩ *grobes Leinengewebe, Drell;* auch: Zwilch [zu *zwei*; →*Drillich*]

Zwil|ling ⟨m.1⟩ **1** *jedes von zwei gleichzeitig in der Gebärmutter entwickelten Kindern oder Tieren; eineiige, zweieiige* ~*e* **2** *Handfeuerwaffe mit zwei Rohren, Doppelbüchse, Dop-*

pelgeschütz [< mhd. zwinelin, zwinelinc „Zwilling", < ahd. gezwinele „Zwillinge", zu zwinel „doppelt"]

Zwil|lings|art ⟨f.10; Biol.⟩ Art, die einer anderen Art zum Verwechseln ähnlich ist

Zwil|lings|rei|fen ⟨m.7; an Lastkraftwagen⟩ Doppelreifen

Zwing|burg ⟨f.10; MA⟩ stark befestigte Burg, von der aus das umliegende Land beherrscht wird

Zwin|ge ⟨f.11⟩ **1** Werkzeug zum Einspannen, Festhalten, mit zwei Backen und einem Schraubgewinde **2** Gummi- oder Metallring am Werkzeuggriff **3** Gummizylinder am Ende des Krückstocks (der das Abrutschen auf glatter Fläche verhindert)

zwin|gen ⟨V.188, hat gezwungen⟩ **I** ⟨mit Akk.⟩ **1** jmdn. z. **a** jmdn. mit Gewalt dazu bringen, etwas zu tun; jmdn. zum Mitkommen z.; jmdn. z., etwas zu gestehen, einen Brief zu unterschreiben **b** jmdn. mit Gewalt dazu bringen, eine bestimmte Lage, Stellung einzunehmen, sich an eine bestimmte Stelle zu begeben; jmdn. in die Knie z. ⟨auch übertr.⟩ jmdn. mit Gewalt, Drohungen zum Nachgeben bringen; jmdn. zu Boden z. **c** jmdn. dringend veranlassen, etwas zu tun; sein Gebot zwingt mich zu schweigen; diese Nachricht zwingt mich zur sofortigen Rückkehr; sein Virtuosität zwingt mich zur Bewunderung; man soll niemanden zu seinem Glücke z. jeder muß selbst wissen, was gut für ihn ist; vgl. gezwungen **2** etwas z. etwas (noch) bewältigen, essen können; ich zwinge die letzten 100 Meter nicht mehr; zwingst du drei Klöße? **II** ⟨refl.⟩ sich z., etwas zu tun mit Mühe etwas tun, sich überwinden, etwas zu tun; ich muß mich z., freundlich zu ihm zu sein; sich zu einem Lächeln z.

Zwin|ger ⟨m.5⟩ **1** Gang zwischen äußerer und innerer Burgmauer **2** Platz für Kampfspiele in der Burg **3** großer Käfig, Gehege für wilde Tiere oder Hunde

zwin|kern ⟨V.1, hat gezwinkert; o.Obj.⟩ die Augen schnell mehrmals nacheinander schließen; er zwinkerte, als der Lichtstrahl auf sein Gesicht fiel, als er in die Sonne schaute; sie zwinkerte, um ihm damit zu zeigen, daß ...

zwir|beln ⟨V.1, hat gezwirbelt; mit Akk.⟩ zwischen Daumen und Zeigefinger rasch drehen; einen Faden z.; die Schnurrbartenden z.

Zwirn ⟨m.1⟩ durch Verdrehung von mindestens zwei Einzelfäden entstandenes Garn [zu zwei]

zwir|nen **I** ⟨V.1, hat gezwirnt; mit Akk.⟩ durch Zusammendrehen zu Zwirn verarbeiten; Fäden z. **II** ⟨Adj., o.Steig.⟩ aus Zwirn, aus gezwirntem Material; ~e Handschuhe

zwi|schen ⟨Präp. mit Dat. und Akk.⟩ **I** ⟨mit Dat.⟩ **1** etwa in der Mitte von ... und ...; z. Mainz und Worms; z. dem und fünfzehn Mark; ich saß bei Tisch z. Herrn und Frau X; z. zwei Stationen blieb der Zug stehen; z. Ostern und Pfingsten **2** hin und her von einem z. andern; die Temperatur schwankt z. zehn und fünfzehn Grad; z. Blau und Grün schillernd **3** innerhalb eines Zeitraums von ... bis ...; er wollte z. zwei und drei Uhr hier sein **4** mitten unter; die Urkunde lag z. den Akten; er saß z. den Kindern **5** ⟨zur Kennzeichnung einer Beziehung, eines Verhältnisses⟩ unter; z. ihnen besteht eine enge Freundschaft; z. den beiden gibt es oft Streit; z. uns ist es aus unsere freundschaftliche Beziehung ist zu Ende **II** ⟨mit Akk.⟩ in einen freien Raum; einen Stuhl z. Wand und Tisch stellen

Zwi|schen|akt|mu|sik ⟨f.10⟩ zwischen zwei Akten eines Theaterstückes gespielte Musik

Zwi|schen|auf|ent|halt ⟨m.1⟩ (kurzer) Aufenthalt während einer Fahrt, einer Reise; Syn. ⟨schweiz.⟩ Zwischenhalt; auf der Fahrt nach Rom haben wir einen Z. in Florenz gemacht

Zwi|schen|be|mer|kung ⟨f.10⟩ eingeworfene Bemerkung, während jmd. anderer spricht

Zwi|schen|be|scheid ⟨m.1⟩ vorläufiger, noch nicht endgültiger Bescheid

zwi|schen|blen|den ⟨V.2, hat zwischengeblendet; mit Akk.⟩ einblenden

Zwi|schen|bo|den ⟨m.8⟩ zusätzlich eingezogene Decke, die die Raumhöhe vermindern soll; einen Z. einziehen

zwi|schen|drein ⟨Adv.⟩ **1** → zwischendurch (1) **2** dazwischen; pflanz doch ein paar Tulpen z.

zwi|schen|drin ⟨Adv.; ugs.⟩ **1** ⟨räumlich⟩ **a** mitten darunter; der Brief lag z. **b** → zwischendurch (2) **2** ⟨zeitlich⟩ → zwischendurch (1); z. kann ich etwas erledigen

zwi|schen|durch ⟨Adv.⟩ **1** ⟨zeitlich⟩ Syn. zwischendrin, zwischendrein, zwischenhinein **a** zwischen zwei Handlungen, Vorgängen; sich z. umziehen; z. kann ich etwas erledigen **b** während eines Ablaufs; während der Arbeit machen wir z. öfters eine Pause **2** ⟨örtlich; ugs.⟩ dazwischen, hier und da; Syn. zwischendrin; auf dem Tulpenbeet stehen z. auch einige Narzissen

Zwi|schen|er|geb|nis ⟨n.1⟩ vorläufiges, noch nicht endgültiges Ergebnis

Zwi|schen|fall ⟨m.1⟩ unerwartetes Ereignis, das einen Ablauf unterbricht; ein peinlicher, bedauerlicher Z.; es kam zu einem lustigen Z.

Zwi|schen|fra|ge ⟨f.11⟩ Frage, die eine Rede unterbricht; darf ich eine Z. stellen?

Zwi|schen|frucht ⟨f.2⟩ Feldfrucht, die nach der Hauptfrucht noch im gleichen Jahr auf demselben Feld angebaut wird

Zwi|schen|fut|ter ⟨n.5; Bekleidung⟩ Futter zwischen Stoff und Futter

Zwi|schen|ge|schoß ⟨n.1⟩ Geschoß zwischen zwei Stockwerken; Syn. Zwischenstock

Zwi|schen|glied ⟨n.3⟩ Glied, das zwei andere Glieder verbindet; Bindeglied

Zwi|schen|grö|ße ⟨f.11⟩ bei Textilien und Schuhen zwischen zwei Standardgrößen liegende Größe

Zwi|schen|halt ⟨m.1; schweiz.⟩ → Zwischenaufenthalt

zwi|schen|her ⟨Adv.; ugs.; selten⟩ zwischendurch

zwi|schen|hin|ein ⟨Adv.⟩ → zwischendurch (1)

Zwi|schen|hirn ⟨n.1⟩ Gehirnbereich zwischen Vorder- und Mittelhirn

Zwi|schen|kie|fer|kno|chen ⟨m.7⟩ Knochen zwischen den beiden Oberkiefern der Wirbeltiere, der beim Menschen bald nach der Geburt mit den Oberkieferknochen verwächst; Syn. Intermaxillarknochen

Zwi|schen|la|ge|rung ⟨f.10⟩ **1** vorübergehende Lagerung vor der weiteren Verarbeitung **2** ⟨Kerntech.⟩ Lagerung von abgebrannten Brennelementen (vor der Endlagerung oder Wiederaufbereitung)

zwi|schen|lan|den ⟨V.2, ist zwischengelandet; o.Obj.⟩ zwischendurch, unterwegs landen; die Maschine zwischenlandete in München, ⟨oder⟩ landete in München zwischen

Zwi|schen|lan|dung ⟨f.10⟩ das Zwischenlanden, Landung zur Unterbrechung eines Fluges

Zwi|schen|lauf ⟨m.2; Sport⟩ Wettbewerb zur Ermittlung der Teilnehmer am Endlauf

Zwi|schen|mahl|zeit ⟨f.10⟩ kleinere Mahlzeit zwischen den Hauptmahlzeiten

zwi|schen|mensch|lich ⟨Adj., o.Steig.⟩ zwischen den Menschen (vorhanden, stattfindend); ~e Beziehung

Zwi|schen|pro|dukt ⟨n.1⟩ **1** Halbfabrikat, das einer weiteren Bearbeitung zum Endprodukt unterworfen wird **2** ⟨Chem.⟩ bei einer Reaktion vorübergehend entstehende Verbindung, die in andere Verbindungen umgesetzt

Zwi|schen|prü|fung ⟨f.10⟩ Prüfung während des Studiums, deren Bestehen zum Besuch bestimmter wissenschaftlicher Übungen sowie zum Weiterstudium berechtigt

Zwi|schen|raum ⟨m.2⟩ **1** freier Raum (zwischen zwei Personen oder Dingen), Abstand; etwas Z. lassen; der Z. zwischen den Häusern **2** Zeitabstand; in kurzen Zwischenräumen sichtbar sein, ertönen

Zwi|schen|ruf ⟨m.1⟩ Ruf in eine Rede hinein; ein empörter, zustimmender Z.; jmdn. durch ~e unterbrechen

Zwi|schen|run|de ⟨f.11⟩ Wettkampf zur Ermittlung der Teilnehmer an der Endrunde

Zwi|schen|satz ⟨m.2⟩ eingeschobener Satz; vgl. Vordersatz, Nachsatz

Zwi|schen|spiel ⟨n.1⟩ **a** kleines Musikstück zwischen zwei Opernszenen und -akten **b** instrumentale Überleitung zwischen zwei Liedern o.ä. **2** kleines Spiel zwischen zwei Theaterstücken; ihre Liebe war nur ein Z. ⟨übertr.⟩ ihre Liebe war nur von vorübergehender Dauer

zwi|schen|staat|lich ⟨Adj., o.Steig.⟩ zwischen zwei oder mehr Staaten (vorhanden, stattfindend); ~e Abmachungen, Beziehungen

Zwi|schen|stock ⟨m., -(e)s, -stock|wer|ke⟩ → Zwischengeschoß

Zwi|schen|stück ⟨n.1⟩ Verbindungsstück (zwischen zwei Gegenständen oder Teilen)

Zwi|schen|stu|fe ⟨f.11⟩ Stufe zwischen zwei Stufen (einer Entwicklung)

Zwi|schen|stun|de ⟨f.11⟩ freie Stunde zwischen zwei Arbeits- oder Unterrichtsstunden

Zwi|schen|text ⟨m.1; Film, Theater⟩ zwei Bilder oder Szenen erläuternder, verbindender Text

Zwi|schen|trä|ger ⟨m.5⟩ jmd., der Äußerungen und Handlungen einer Person einer zweiten berichtet

Zwi|schen|wirt ⟨m.1⟩ in eine bestimmte Entwicklungsphase eingeschalteter Wirt (2) eines schmarotzenden Lebewesens

Zwi|schen|zeit ⟨f.10⟩ **1** Zeit zwischen zwei Handlungen oder Vorgängen; die Z. kann ich mit einem Kinobesuch ausfüllen; ich werde in der Z. abspülen **2** ⟨Sport⟩ nach einem Teil eines Rennens gemessene Zeit; er hat die zweitbeste Z.

zwi|schen|zeit|lich ⟨Adj., o.Steig.; ugs.⟩ **1** in der Zwischenzeit (geschehend, ablaufend); ~e Freistunden **2** ⟨Adv.⟩ inzwischen; ich habe dir ja z. schon Bescheid gegeben

Zwist ⟨m.1⟩ Streit, Zerwürfnis; einen Z. austragen, beilegen; im Z. mit jmdm. leben; mit jmdn. Z. haben [< mhd. zwist „Entzweiung"]

Zwi|stig|keit ⟨f.10, meist Pl.⟩ Zwist, Streit, familiäre, eheliche ~en

zwit|schern ⟨V.1, hat gezwitschert⟩ **I** ⟨o.Obj.⟩ von kleinen Vögeln⟩ Laute von sich geben, rufen **II** ⟨mit Akk.⟩ **1** ⟨von kleinen Vögeln⟩ singen; sie zwitscherten ihr Lied **2** ⟨ugs.⟩ einen z. einen Schnaps trinken

Zwit|ter ⟨m.5⟩ → Hermaphrodit [zu zwei]

zwit|te|rig ⟨Adj., o.Steig.⟩ → zwittrig

Zwit|ter|stel|lung ⟨f.10⟩ nicht genau festliegende Stellung zwischen zwei Möglichkeiten oder Personen; sich in einer Z. befinden; eine Z. einnehmen

zwitt|rig ⟨Adj., o.Steig.⟩ auch: zwitterig **1** → hermaphroditisch **2** sich in einer Zwitterstellung befindend, von gegensätzlichen Dingen etwas an sich habend; ~e Ionen

zwo ⟨Num.; zur verdeutlichenden Aussprache beim Ansagen von Zahlen⟩ zwei [< mhd. zwo, zwuo, Fem. von zwei]

zwölf ⟨Num.; Schreibung in Buchstaben für⟩ 12; vgl. acht

Zwölf ⟨f.10⟩ die Ziffer 12; vgl. Acht¹

Zwölf|en|der ⟨m.5⟩ **1** ⟨Jägerspr.⟩ Hirsch mit 12 Enden am Geweih; auch: ⟨kurz⟩ Zwölfer **2** ⟨Soldatenspr., †⟩ Soldat mit Dienstzeit von zwölf Jahren

Zwöl|fer ⟨m.5⟩ **1** ⟨süddt.⟩ die Ziffer 12 **2** ⟨Jägerspr., kurz für⟩ Zwölfender

Zwölf|fin|ger|darm ⟨m.2⟩ *Anfangsteil des Dünndarms;* Syn. *Duodenum*

Zwölf|flach ⟨n.1⟩, **Zwölf|fläch|ner** ⟨m.5⟩ →*Dodekaeder* [er ist etwa so lang wie *zwölf Finger* breit sind]

Zwölf|ton|mu|sik ⟨f., -, nur Sg.⟩ *Musik, bei der die zwölf Töne der Tonleiter gleichberechtigt nebeneinanderstehen und nicht auf einen Grundton bezogen sind;* Syn. *atonale Musik, Dodekaphonie*

zwo|te ⟨Num.; verdeutlichende Aussprache für⟩ *zweite*

z. Wv. ⟨Abk. für⟩ *zur Wiedervorlage*

Zy|an|ka|li ⟨n., -s, nur Sg.⟩ *sehr giftiges Kaliumsalz der Blausäure;* auch: *Cyankali* [< *Cyan* und *Kalium*]

Zya|no|se ⟨f.11⟩ *durch Sauerstoffmangel verursachte, blaurote Verfärbung der Haut und der Schleimhäute* [zu *Cyan*]

Zy|gä|ne I ⟨m.1⟩ *Widderchen* [< griech. *zygaina* „Hammerhai", nach der Fühlerform]

Zy|go|te ⟨f.11⟩ *durch Verschmelzung zweier Gameten entstandene Zelle* [< griech. *zygotos* „durch Joch verbunden", zu *zygon* „Joch"]

Zy|kla|me ⟨f.11; österr.⟩, **Zy|kla|men** ⟨n.7⟩ *Alpenveilchen* [< lat. *cyclamen* < griech. *kyklaminos*, zu *kykloma* „runder Gegenstand, Rundung", zu *kyklos* „Kreis", wegen der runden Wurzelknolle]

Zy|kli|ker ⟨m.5⟩ *Vertreter einer Gruppe von altgriechischen Dichtern, deren Werke zusammen mit der Ilias und Odyssee zu einem Zyklus vereinigt wurden;* auch: *Kykliker*

zy|klisch ⟨Adj., o.Steig.⟩ *in der Art eines Zyklus, regelmäßig wiederkehrend;* vgl. *cyclisch*

zy|klo|id ⟨Adj., o.Steig.⟩ *kreisförmig* [< *Zyklus* und *...oid*]

Zy|kloi|de ⟨f.11⟩ *algebraische Kurve, die von einem Punkt des Halbmessers eines Kreises beschrieben wird, wenn der Kreis auf einer Geraden abrollt*

Zy|klon I ⟨m.1⟩ 1 *Wirbelsturm (in den Tropen)* 2 *Gerät zum Trennen feinkörniger Mineralgemische* II ⟨n., -s, nur Sg.; Wz.⟩ *ein sehr giftiges Schädlingsbekämpfungsmittel* [< griech. *kykloun* „im Kreis drehen" und *kyklon* „Kreise drehend", zu *kyklos* „Kreis, Ring"]

Zy|klo|ne ⟨f.11⟩ →*Tiefdruckgebiet* [zu *Zyklon*]

Zy|klop ⟨m.10; griech. Myth.⟩ *einäugiger Riese;* auch: *Kyklop* [< griech. *kyklops*, Gen. *kyklopos*, in ders. Bed., eigtl. „Rundauge", < *kyklos* „Kreis, Ring, Scheibe" und *ops*, Gen. *opos*, „Auge"]

Zy|klo|pen|mau|er ⟨f.11⟩ *frühgeschichtliche Mauer aus unbehauenen, aber fugenlos aneinandergefügten Steinen*

zy|klo|pisch ⟨Adj., o.Steig.⟩ *riesenhaft* [zu *Zyklop*]

zy|klo|thym ⟨Adj., o.Steig.⟩ *gesellig, aufgeschlossen, rasch die Stimmung wechselnd* [< griech. *kyklos* „Kreis, Bewegung im Kreis" und *thymos* „Gemütsbewegung"]

Zy|klo|thy|mie ⟨f., -, nur Sg.⟩ *zyklothymes Wesen oder Verhalten*

Zy|klo|tron ⟨n.1⟩ *Beschleuniger für geladene Elementarteilchen, bei dem diese auf spiralförmigen Bahnen auf sehr hohe Energien beschleunigt werden* [< *Zyklus* und *Elektron*]

Zy|klus ⟨m., -, -klen⟩ 1 *Kreis, Kreislauf* 2 *Reihe, Folge; ein Z. von zehn Konzerten* 3 *Menstruation;* monatlicher *Z.* [< spätlat. *cyclus* < griech. *kyklos* „Kreis, Kreislauf"]

Zy|lin|der ⟨m.5⟩ 1 *röhren- oder walzenförmiger Körper* 2 ⟨Tech.⟩ *Hohlraum in Form eines Zylinders (1), in dem sich ein Kolben hin- und herbewegt;* der Motor hat vier *Z.* 3 *röhrenförmiger Herrenhut aus Seidensamt;* auch: *Zylinderhut* [< griech. *kylindros* „Walze, Rolle", zu *kylindein* „wälzen, rollen"]

Zy|lin|der|hut ⟨m.2⟩ →*Zylinder (3)*

Zy|lin|der|pro|jek|ti|on ⟨f.10⟩ *eine Kartenprojektion mit einem Zylindermantel als Abbildungsfläche*

zy|lin|drisch ⟨Adj., o.Steig.⟩ *zylinderförmig*

Zy|ma|se ⟨f.11⟩ *Zucker vergärendes Enzym(gemisch)* [< griech. *zyme* „Sauerteig"]

Zym|bal ⟨n.1 oder n.9⟩ 1 *Schlaginstrument, Vorläufer des Beckens* 2 *Glockenspiel;* auch: *Zimbal, Zimbel* [< lat. *cymbalum* „Becken", < griech. *kymbalon* „Metallbecken", zu *kymbalos* „Wölbung, Kuppe des Helms", zu *kymbe* „Topf, Schale" sowie *kymbos* „Trinkgefäß, Schale"]

zy|misch ⟨Adj., o.Steig.⟩ *auf Gärung beruhend* [zu *Zymase*]

Zy|mo|lo|gie ⟨f., -, nur Sg.⟩ *Lehre von der Gärung* [< griech. *zymosis* „Gärung" (zu *zyme* „Sauerteig") und *...logie*]

zy|mo|tisch ⟨Adj., o.Steig.⟩ *Gärung bewirkend* [< griech. *zymotikos* „gärend"]

Zyn|ege|tik ⟨f., -, nur Sg.⟩ *Kunst, Hunde zu dressieren* [< griech. *kynegetike* „Jägerei", eigtl. „Kunst, Hunde (zur Jagd) zu führen", < *kyon*, Gen. *kynos*, „Hund" und *hegeisthai* „führen"]

Zy|ni|ker ⟨m.5⟩ *zynischer Mensch* [→*Kyniker*]

zy|nisch ⟨Adj.⟩ *bissig-spöttisch, verletzend-frech* [→*Zynismus*]

Zy|nis|mus ⟨m., -, -men⟩ 1 ⟨nur Sg.⟩ *verletzender, bissiger, pietätloser Spott* 2 *zynische Äußerung* [nach dem *Kynosarges*, dem Gymnasium bei Athen, in dem Antisthenes (um 440 bis 366 v.Chr.) lehrte]

Zy|per|gras ⟨n.4⟩ *Horste bildendes Riedgras warmer Gebiete, Zimmerpflanze* [nach der Insel *Zypern*]

Zy|pres|se ⟨f.11⟩ *Nadelholz warmer Gebiete mit Blättern, die als Schuppen ausgebildet sind und sich paarweise über Kreuz gegenüberstehen* [< lat. *cupressus* < griech. *kyparissos*, weitere Herkunft unbekannt]

Zy|pri|ot ⟨m.10⟩ *Einwohner von Zypern*

zy|prio|tisch ⟨Adj., o.Steig.⟩ *Zypern betreffend, zu ihm gehörig, aus ihm stammend*

Zy|ste ⟨f.11⟩ 1 *mit Flüssigkeit gefüllte Geschwulst* 2 ⟨bei niederen Tieren⟩ *derbhülliges Gebilde zur Überdauerung bzw. Fortpflanzung* [< griech. *kystis* „Blase, bes. Harnblase"]

Zy|sti|tis ⟨f., -, -ti|den⟩ *Blasenentzündung* [< *Zyste* und *...itis*]

Zy|stom ⟨n.1⟩ *vom Drüsenepithel ausgehende Geschwulst mit schleimigem Inhalt (bes. an den Eierstöcken)* [zu *Zyste*]

Zy|sto|skop ⟨n.1⟩ *Gerät zum Untersuchen der Harnblase;* Syn. *Blasenspiegel* [< *Zyste* und *...skop*]

Zy|sto|sko|pie ⟨f.11⟩ *Untersuchung mit dem Zystoskop*

zy|to..., Zy|to... ⟨in Zus.⟩ *zell..., Zell...* [< neulat. *cytus* „Zelle", < griech. *kytos* „Wölbung, Hohlraum, Rumpf, Leib"]

Zy|to|blast ⟨m.10⟩ →*Zellkern* [< *Zyto...* und griech. *blaste, blastos* „Keim, Sproß"]

Zy|to|chrom ⟨[-krɔm] n.1⟩ *(in allen Zellen enthaltenes) Enzym der Zellatmung* [< *Zyto...* und griech. *chroma* „Farbe"]

zy|to|gen ⟨Adj., o.Steig.; Biol.⟩ *von einer Zelle gebildet* [< *zyto...* und griech. *gennan* „hervorbringen"]

Zy|to|lo|gie ⟨f., -, nur Sg.⟩ *Wiss. von den Zellen* [< *Zyto...* und *...logie*]

zy|to|lo|gisch ⟨Adj., o.Steig.⟩ *die Zytologie betreffend, zu ihr gehörig, auf ihr beruhend*

Zy|to|ly|se ⟨f.11⟩ *Auflösung der Zelle* [< *Zyto...* und griech. *lysis* „Auflösung"]

Zy|to|plas|ma ⟨n., -s, -men⟩ →*Zellplasma* [< *Zyto...* und *Plasma*]

Zy|to|sta|ti|kum ⟨n., -s, -ka⟩ *das Wachstum der Zellen (bes. der Krebszellen) hemmendes Arzneimittel* [< *Zyto...* und griech. *statikos* „stehend"]

Zy|to|stom ⟨n.1⟩, **Zy|to|sto|ma** ⟨n., -s, -ma|ta⟩ *Organell der tierischen Einzeller, das in seiner Funktion einer Mundöffnung entspricht;* Syn. *Zellmund* [< *Zyto...* und griech. *stoma* „Mund"]

Zy|to|to|xin ⟨n.1⟩ *die Gewebszellen angreifendes Gift (z.B. Blei, Quecksilber)* [< *Zyto...* und *Toxin*]

z. Z., z. Zt. ⟨Abk. für⟩ *zur Zeit*